PONS

Wörterbuch für
Schule und Studium

Studienausgabe

**Französisch
Deutsch**

Ernst Klett Sprachen

Barcelona · Belgrad · Budapest
Ljubljana · London · Posen · Prag
Sofia · Stuttgart · Zagreb

PONS Wörterbuch für Schule und Studium Französisch-Deutsch

Studienausgabe

Bearbeitet von: Frédéric Auvrai, Adelheid Buschner, Barbara Faber, Rachel Gachod-Schinko, Nathalie Karanfilovic, Monika Kopyczinski, Anne-Laure Le Merre, Cornelia Lutter, Katja Meister, Britta Metzing, Dr. Michèle Moncharmont, Ingrid Müller, Anne Rommeru, Arne Schmidt, Béatrice Simon, Anja Tauchmann

Entwickelt auf der Basis des PONS Wörterbuchs für die berufliche Praxis Französish

1. Auflage 2003 - Nachdruck 2005 (1,01)

Konzeption: Sylvie Cloeren
Projektleitung und Redaktion: Majka Dischler

Sprachdatenverarbeitung: Andreas Lang,conTEXT AG für Informatik und Kommunikation, Zürich

Einbandentwurf: deutschewerbeagentur, Stuttgart
Logoentwurf: Erwin Poell, Heidelberg
Logoüberarbeitung: Sabine Redlin, Ludwigsburg
Satz: Dörr + Schiller GmbH, Stuttgart
Druck: Legoprint S.p.A., Lavis (TN)
Printed in Italy
ISBN 3-12-517526-7

Inhaltsverzeichnis – Table des matières

Übersicht über die Infokästen	IV	Aperçu des encadrés	IV
Benutzerhinweise	VII	Notes explicatives	VII
Verwendete Lautschriftzeichen	XX	Signes utilisés pour la transcription phonétique	XX
Zeichen und Abkürzungen	XXIII	Symboles et abréviations	XXIII
Wörterbuch Französisch-Deutsch	**1–964**	**Dictionnaire français-allemand**	**1–964**
Wörterbuch Deutsch-Französisch	**1–968**	**Dictionnaire allemand-français**	**1–968**
Französische Kurzgrammatik	969	Précis de grammaire française	969
Französische Verben	1003	Verbes français	1003
Französische unregelmäßige Verben	1014	Verbes français irréguliers	1014
Deutsche Kurzgrammatik	1023	Précis de grammaire allemande	1023
Deutsche unregelmäßige Verben	1043	Verbes allemands irréguliers	1043
Die französische Silbentrennung	1048	La coupe syllabique en français	1048
Die französische Zeichensetzung	1049	La ponctuation française	1049
Die deutsche Silbentrennung	1050	La coupe syllabique en allemand	1050
Die deutsche Zeichensetzung	1051	La ponctuation allemande	1051
Französische Musterbriefe	1052	Modèles de lettres en français	1052
Deutsche Musterbriefe	1054	Modèles de lettres en allemand	1054
Bewerbungsschreiben, Lebenslauf	1056	Lettres de candidature, curriculum vitæ	1056
Die Zahlwörter	1064	Les nombres	1064
Maße und Gewichte	1067	Poids et mesures	1067
Frankreich – Regionen (und Regierungsstädte)	1069	La France – régions (et préfectures)	1069
Belgien	1070	La Belgique	1070
Quebec	1070	Le Québec	1070
Deutschland – Länder (und Hauptstädte)	1071	L'Allemagne – Länder (et capitales)	1071
Österreich – Bundesländer (und Hauptstädte)	1071	L'Autriche – provinces (et capitales)	1071
Die Schweiz – Kantone (und Hauptorte)	1072	La Suisse – cantons (et chefs-lieux)	1072
Frankreich – Departements und Hauptstädte	1073	La France – départements et chefs-lieux	1073
Überseedepartements	1074	Départements d'outre-mer	1074
Das Buchstabieralphabet	1075	L'alphabet télégraphique	1075

Übersicht über die Infokästen *Land und Leute* im französisch-deutschen Wörterbuchteil
Aperçu des encadrés *Land und Leute* dans la partie français-allemand

Académie Française
agrégation
A.N.P.E.
AOC
Arc de Triomphe de l'Étoile
argot
arrondissements
ASSEDIC
Assemblée nationale
autoroute
baccalauréat
banlieue
bars-tabac
Bastille
B.D.
beaux-arts
beur
bise
bleus
border le lit
bouquinistes
brasserie
bureau de tabac
café
C.A.P.
C.A.P.E.S.
catéchisme
chanson française
cidre
cinéma
code postal
cohabitation
collège
Comédie-Française
comité d'entreprise
concierge
concours
conduite accompagnée
coq gaulois
C.R.S.
C.V.
département
D.O.M.
études
fédéral
festival de Cannes
fêtes
films d'art et d'essai
francophonie
galette des Rois
gendarmerie
grâce
grandes écoles
Guignol
heures de fermeture
Hexagone
H.L.M.
impôts
laïcité
langues officielles
Légion d'honneur
Libération
licence
lycée
mademoiselle
Maghreb
maîtrise
Marseillaise
métro
Premier ministre
minitel
muguet
fête de la Musique
Noël
Nouvel an
Pâques
partis politiques
péage
pétanque
pied-noir
plaque minéralogique
préfecture
Président de la République
presse
prix littéraires
Québec
raï
rentrée
république
rugby
Sénat
service militaire
S.M.I.C.
S.N.C.F.
syndicat
T.G.V.
T.O.M.
Toussaint
vacances scolaires
vendanges
vitesse maximale

Übersicht über die Infokästen mit Formulierungshilfen im französisch-deutschen Wörterbuchteil
Aperçu des encadrés pour aider à formuler dans la partie français-allemand

accord
s'assurer
compétence
comprendre
prendre congé
critiquer
croire
demander
détermination/hésitation
doute
ennui/dégoût/antipathie
estime
s'excuser
exiger
exprimer son ignorance
information
insatisfaction/irritation
intention
interdire
interrompre
inviter
joie/enthousiasme
lettre
objecter/contredire
opinion
permettre
peur/souci
précision
proposer
remercier
refuser de répondre
réprimander
demander le silence
soulagement/sérénité
tristesse/déception/consternation

Aperçu des encadrés *Land und Leute* im deutsch-französischen Wörterbuchteil
Übersicht über die Infokästen *Land und Leute* dans la partie allemand-français

Abendbrot
Abgassonderuntersuchung
Abiball
Abitur
Advent
Adventskranz
Autobahngebühr
Beamte
Begrüßung
Berlinale
Berufsschule
Bescherung
Bettbezug
Biergarten
Bierzelt
schwarzes Brett
Brezel
Brot
Bundeskanzler
Bundesländer
Bundespräsident
Bundesrat
Bundestag
Damen
Dialekt
Einladung
evangelisch
Fachhochschulen
Fahrgemeinschaft
Fastnacht
Fensterbank
Fräulein
Frühstück
Führerschein
Gartenzwerg
Geburtstag
Glühwein
Grundschule
Gymnasium
Hansestädte
Hauptschule
hitzefrei
ICE
Imbissstube
Jugendhaus
Jugendherberge
Kaffee
Kaffeehaus
Kantone
Kirchensteuer
Ladenschlussgesetz
Landtag
Magister
1. Mai
Maibaum
Mineralwasser
Ministerpräsident
Mittagspause
Mülltrennung
Musiknoten
Muttertag
Nikolaus
Norddeutschland
Noten
Numerus clausus
Nummernschild
3. Oktober
Osterhase
Ozonalarm
Polterabend
Postleitzahl
Realschule
Religionsunterricht
Schorle
Schulferien
Schullandheim
Sie
Silvester
Sonderschule
Sperrmüll
Staatsexamen
Stammtisch
Strandkörbe
Süddeutschland
Tagesschau
Tageszeitungen
Tee
Telefon
Tempolimit
akademischer Titel
TÜV
Volksfest
Volkshochschule
volljährig
Wehrpflicht
Weihnachten
Weihnachtsmarkt
Wiedervereinigung
Wohngemeinschaft
Zivildienst

Aperçu des encadrés pour aider à formuler im deutsch-französischen Wörterbuchteil
Übersicht über die Infokästen mit Formulierungshilfen dans la partie allemand-français

Abneigung ausdrücken
Absicht ausdrücken
anbieten
Angst/Sorge ausdrücken
Antwort verweigern
Ärger ausdrücken
auffordern
beruhigen
bitten
Briefe
Dank ausdrücken/sich bedanken
einladen
einwilligen
sich entscheiden
sich entschuldigen
erlauben
Erleichterung ausdrücken
Freude/Begeisterung ausdrücken
Geringschätzung ausdrücken
glauben
Informationen erfragen
Kritik äußern
loben
Meinungen äußern
rückfragen
um Ruhe bitten
Traurigkeit/Enttäuschung/Bestürzung ausdrücken
unterbrechen
sich verabschieden
verbieten
sich vergewissern
verstehen
vorschlagen
widersprechen, einwenden
nicht wissen
zögern
zurechtweisen
Zuständigkeit
zustimmen
zweifeln

Notes explicatives

Benutzerhinweise

1. Les entrées

Les lettres, les abréviations et sigles, les mots tronqués, les expressions composées de plusieurs mots ou les noms propres constituent également des entrées.

1. Die Stichwörter

Das Wörterbuch führt nicht nur Wörter, sondern auch einzelne Buchstaben und Abkürzungen als Stichwörter auf, ebenso Kurzwörter, Mehrwortausdrücke und Eigennamen.

G, g [ge:] <-, -> *nt* ❶ G *m/g m*
❷ MUS sol *m*
► **G wie Gustav** g comme Gaston
Gebr. *Abk von* **Gebrüder**: ~ **Lang** Lang frères *mpl*
Demo ['de:mo] <-, -s> *f fam Abk von* **Demonstration** manif *f* (*fam*)
Fata Morgana ['fa:tamɔr'ga:na] <- -, - Morganen *o* -s> *f* mirage *m*
Trier [tri:ɐ] <-s> *nt* Trèves

A, a [ɑ] *m inv* A *nt/a nt;* ...
ABS [ɑbeɛs] *m abr de* **Anti-lock Brake System** ABS *nt*
a priori [apʀijɔʀi] **I.** *adv* (*au premier abord*) von vornherein; (*en principe*) a priori ...
Abel [abɛl] *m* Abel *m*

2. Le classement par ordre alphabétique des entrées

Étant donné qu'il n'existe pas de normes concernant l'ordre alphabétique (les dictionnaires, annuaires téléphoniques et catalogues de bibliothèques étant classés différemment), il est nécessaire d'indiquer les principes régissant ce dernier dans ce dictionnaire.

Si deux mots se distinguent l'un de l'autre par l'écriture minuscule ou majuscule, alors le mot commençant par une minuscule apparaît avant celui commençant par une majuscule.

2. Die alphabetische Anordnung

Da es kein einheitliches Alphabetisierungsprinzip gibt – Wörterbücher, Telefonbücher und Bibliothekskataloge sind alphabetisch unterschiedlich angeordnet –, ist es notwendig, das in diesem Wörterbuch gültige Alphabetisierungsprinzip zu erläutern:

Unterscheiden sich zwei Wörter nur durch Klein- und Großschreibung, so steht das kleingeschriebene Wort vor dem großgeschriebenen.

vermögen *tr V unreg geh* [**es**] ~ **etw zu tun** être à même de faire qc (*soutenu*); **viel/wenig** ~ *Vertrauen, Glaube:* agir beaucoup/peu
Vermögen [fɛɐ'mø:gən] <-s, -> *nt* ❶ fortune *f*, biens *mpl*
❷ *kein Pl geh* **sein** ~ [**etw zu tun**] sa capacité [à faire qc]

charlot [ʃaʀlo] *m fam* Clown *m*, Kasper *m*
Charlot [ʃaʀlo] *m* Charlie Chaplin

Les voyelles infléchies ä, ö et ü sont considérées comme des variantes des voyelles a, o et u et de ce fait se suivent. Les voyelles simples, sans tréma, apparaissent avant celles avec tréma.

Die Umlaute ä, ö und ü werden wie Varianten der Vokale a, o und u behandelt und stehen bei diesen. Der einfache Vokal (ohne Trema) steht jeweils vor demjenigen mit Trema.

Bar <-, -s> *f* ❶ (*Nachtlokal*) boîte *f* de nuit
❷ (*Theke*) bar *m*
Bär <-en, -en> *m* ❶ ours *m*
❷ ASTRON **der Große/Kleine** ~ la Grande/Petite Ourse
► **stark wie ein** ~ **sein** *fam* être fort(e) comme un bœuf; ...

mais [mɛ] ...
maïs [mais] ...

La voyelle simple apparaît également avant la voyelle avec un accent.

Ebenso steht der einfache Vokal jeweils vor dem Vokal mit Akzentzeichen.

ne [nə] <*devant voyelle ou h muet* n'> ...
né(e) [ne] ...

La lettre ß est traitée comme ss et se situe après le double s.

Der Buchstabe ß wird wie ss behandelt und steht nach dem Doppel-s.

flossRR [flɔs], **floß** *Imp von* **fließen**
Floß [flo:s, *Pl:* 'flø:sə] <-es, Flöße> *nt* radeau *m*

Les traits d'union, points, virgules et espaces ne sont pas considérés comme des lettres. Ils sont ignorés dans le classement alphabétique

Bindestriche, Punkte, Kommas und Wortzwischenräume zählen nicht als Buchstaben; sie werden bei der alphabetischen Einordnung ignoriert.

dreibändig *Adj* en trois volumes
dreibeinig *Adj Hocker, Tisch* à trois pieds
Dreibettzimmer *nt* chambre *f* pour trois
dreiblätt[e]rig *Adj* à trois feuilles
Drei-D-Effekt [draɪ'de:-] *m* effet *m* de relief **Drei-D-Film** *m* film *m* en 3D
dreidimensional I. *Adj* tridimensionnel(le); *Raum* à trois dimensions II. *Adv darstellen, wiedergeben* en trois dimensions

koscher ['ko:ʃɐ] I. *Adj* ❶ REL casher *inv* …
K.-o.-Schlag [ka:'ʔo:-] *m* coup *m* décisif (*provoquant un K.-O.*)
Koseform *f* diminutif *m*

Rückzieher <-s, -> *m fam* **einen ~ machen** faire machine arrière (*fam*)
ruck, zuck *Adv fam* en moins de deux (*fam*)
Rückzug *m* MIL retraite *f*; …

inopportun *Adj geh* inopportun(e); …
in petto [ɪn 'pɛto] ▸ **etw ~ haben** *fam* avoir qc en réserve
in puncto [ɪn 'pʊŋkto] *Adv fam* question; **~ Sicherheit/Sauberkeit** question sécurité/propreté (*fam*)
Input ['ɪnpʊt] <-s, -s> *m* INFORM input *m*

hl *abr de* **hectolitre** hl
H.L.M. [´aʃɛlɛm] I. *m o f inv abr de* **habitation à loyer modéré** Sozialwohnung *f*; (*immeuble*) Wohnblock *m* mit Sozialwohnungen; **habiter [dans] un ~** in einer Sozialwohnung wohnen II. *app inv* **cité ~** Siedlung *f* mit Sozialwohnungen
hm *abr de* **hectomètre** hm

Montréalais(e) [mɔ̃Realɛ, ɛz] *m(f)* Einwohner(in) *m(f)* von Montreal
montre-bracelet [mɔ̃tʀəbʀaslɛ] <montres-bracelets> *f* Armbanduhr *f*
montrer [mɔ̃tʀe] <1> I. *vt* ❶ **~ le copain/l'album à qn** jdm den Kumpel/das Album zeigen; …

abbesse [abɛs] *f* Äbtissin *f*
a b c [abese] *m inv* Abc *nt*, …
abcès [apsɛ] *m* Abszess *m* …

Les lettres entre crochets sont prises en compte dans le classement alphabétique. Les crochets indiquent que le mot existe également dans une variante sans la lettre concernée.

Eingeklammerte Buchstaben werden bei der alphabetischen Einordnung berücksichtigt. Die Klammern zeigen an, dass das Wort auch in einer Variante ohne den betreffenden Buchstaben existiert.

Essen[s]ausgabe *f* ❶ (*Schalter*) guichet *m* de distribution ❷ *kein Pl* (*Verteilung*) distribution *f* de la nourriture **Essen[s]marke** *f* ticket *m* [de] repas **Essenszeit** *f* heure *f* du repas

chêne [ʃɛn] *m* ❶ (*arbre*) Eiche *f*; **~ vert** Steineiche ❷ (*bois*) Eiche[nholz *nt*] *f*
chen[e]au [ʃ(ə)no] <x> *m* CH Dachrinne *f*, Dachkännel *m* (CH)
chéneau [ʃeno] <x> *m* Dachrinne *f*

Bon nombre de substantifs allemands qui désignent des activités ou dans un sens plus large des manières d'être ou de se comporter, existent sous les formes masculine et féminine. Il en est de même pour les nationalités. En règle générale, les deux formes apparaissent et sont traduites sous la même entrée. Dans certains cas, la forme féminine n'apparaît pas toujours dans le bon ordre alphabétique. Il en va de même pour les adjectifs et les substantifs français assortis de plusieurs genres.

Viele deutsche Substantive, die Tätigkeiten oder – im weitesten Sinne – Verhaltensweisen bezeichnen, existieren in männlicher und weiblicher Form; dasselbe gilt für Berufsbezeichnungen. In der Regel werden beide Formen in einem gemeinsamen Eintrag aufgeführt und übersetzt, Hierbei steht die weibliche Form mitunter nicht an ihrer alphabetisch korrekten Stelle. Ebenso verhält es sich mit französischen Adjektiven und Substantiven mit mehreren Geschlechtern.

Fach [fax, *Pl:* 'fɛçɐ] <-[e]s, ¨er> *nt* ① *einer Tasche, Brieftasche* compartiment *m; eines Schranks, Regals* rayon *m* ...
Facharbeiter(in) *m(f)* ouvrier *m* qualifié/ouvrière *f* qualifiée
Facharbeiterbrief *m* brevet *m* d'ouvrier(-ière) qualifié(e) ...

sec, sèche [sɛk, sɛʃ] *adj* ① trocken ...
sécante [sekɑ̃t] *f* Sekante *f*
sécateur [sekatœʀ] *m* Gartenschere *f*; (*grand*) Heckenschere *f*

Les mots composés commençant par un même élément, et qui se suivent alphabétiquement, sont regroupés au sein d'un même bloc.

Zusammengesetzte Stichwörter, deren erster Wortteil gleich ist und die alphabetisch aufeinander folgen, werden in Gruppen zusammengefasst.

Kabelkanal *m* chaîne *f* câblée **Kabelleger** <-s, -> *m* [navire *m*] mouilleur *m* de câbles **Kabelmantel** *m* ELEC gaine *f* de câble **Kabelnetz** *nt* réseau *m* câblé **Kabelrolle** *f* enrouleur *m* **Kabelschuh** *m* ELEC cosse *f* de câble **Kabeltrommel** *f* enrouleur *m* de câble

porte-à-faux [pɔʀtafo] ▸ **en** ~ *mur, roche* überhängend; *fig personne* in einer heiklen Lage **porte-à-porte** [pɔʀtapɔʀt] *m inv* Hausieren *nt;* **faire du** ~ *quêteur:* von Haus zu Haus gehen; *démarcheur:* Haustürgeschäfte machen; *marchand ambulant:* hausieren **porte-avions** [pɔʀtavjɔ̃] *m inv* Flugzeugträger *m* **porte-bagages** [pɔʀtbagaʒ] *m inv* ① Gepäckträger *m* ② (*dans un train*) Gepäckablage *f* **porte-bébé** [pɔʀtbebe] <porte-bébés> *m* (*sur le dos*) Babytraggestell *nt;* (*sur le ventre*) Babytragetasche *f* **porte-bonheur** [pɔʀtbɔnœʀ] *m inv* Glücksbringer *m* ...

Les différentes orthographes d'un mot sont données l'une après l'autre si elles se suivent directement dans l'alphabet.

Verschiedene Schreibweisen eines Wortes werden nur dann gemeinsam angegeben, wenn kein anderes Stichwort zwischen den beiden Varianten kommt.

minutiös [minu'tsjøːs], **minuziös** *geh* **I.** *Adj* minutieux(-euse) **II.** *Adv* minutieusement

arôme, arome [aʀom] *m* ① *du café* Aroma *nt*, ...

Sinon, la variante moins fréquente a été munie d'un renvoi qui mène les utilisateurs à la variante plus usitée.

Andernfalls wird von der selteneren Variante auf die frequentere verwiesen.

bayerisch ['baɪərɪʃ] *Adj* bavarois(e)
Bayern ['baɪen] <-s> *nt* la Bavière
bayrisch ['baɪrɪʃ] *s.* **bayerisch**

clé [kle] **I.** *f* ① (*instrument pour ouvrir*) Schlüssel *m;* ...
clean [klin] *adj fam* ① (*propre*) *look, intérieur* proper (*fam*) ② (*bien sous tous rapports*) *nana, mec* schwer in Ordnung (*fam*) ③ (*opp: speedé*) clean (*fam*)
clébard [klebaʀ] *m*, **clebs** [klɛps] *m fam* Köter *m* (*fam*)
clef [kle] *f v.* **clé**

3. Des signes particuliers dans les entrées

3.1 La réforme de l'orthographe

Ce dictionnaire prend en compte la nouvelle réglementation de la réforme de l'orthographe allemande, adoptée à Vienne en juillet 1996.
En raison de la réforme orthographique, l'ancienne et la nouvelle orthographe allemande vont coexister dans les prochaines années. Les maisons d'édition vont devoir s'adapter plus ou moins rapidement à cette nouvelle réglementation. Pour cette raison, le dictionnaire présente aussi bien les nouvelles que les anciennes orthographes des entrées concernées par la réforme. L'utilisateur a ainsi la possibilité de se reporter à la forme appropriée.
Afin d'éviter toute surcharge dans la présentation des deux orthographes, un système de renvoi a été mis au point. Il conduit l'utilisateur de l'ancienne à la nouvelle orthographe d'un mot (dans la mesure où les deux orthographes ne se suivent pas directement dans l'alphabet). La traduction recherchée se trouve alors sous l'entrée nouvellement orthographiée.

L'ancienne orthographe est marquée d'une trame grise, la nouvelle par le signe **RR** (Rechtschreibreform = réforme de l'orthographe).

3. Besondere Zeichen in und an den Stichwörtern

3.1 Die Rechtschreibreform

Dieses Wörterbuch berücksichtigt die im Juli 1996 in Wien beschlossene Neuregelung der deutschen Rechtschreibung.
In den nächsten Jahren werden die alten und die neuen Schreibungen nebeneinander existieren, denn die Buch- und Zeitungsverlage werden sich unterschiedlich schnell umstellen. Aus diesem Grund führt das Wörterbuch die von der Rechtschreibreform betroffenen Stichwörter sowohl in der alten als auch in der neuen Schreibung auf. Die Benutzer haben somit die Möglichkeit, die ihnen jeweils vorliegende Form eines Worts nachzuschlagen.
Um zu vermeiden, dass sich das Wörterbuch durch diese notwendigen doppelten Nennungen zu sehr aufbläht, wurde ein umfassendes Verweissystem eingearbeitet, das die Benutzer von der alten zur neuen Schreibung führt (sofern alt und neu alphabetisch nicht unmittelbar aufeinander folgen). Bei der neuen Schreibung finden sie dann die gesuchte Übersetzung.

Die alte Schreibung wird durch eine graue Rasterung kenntlich gemacht, die neue durch das hochgestellte Zeichen **RR** für Rechtschreibreform.

belemmert *s.* belämmert
belämmertRR [bəˈlɛmɐt] *fam* I. *Adj* ① (*betreten*) déconfit(e)
...

Seuls les mots simples de l'ancienne orthographe seront marqués. Les mots composés n'ont aucune marque de reconnaissance.

L'ancien mot composé „Glimmstengel“ n'apparaîtra plus. Seule sa nouvelle orthographe „Glimmstängel“ figurera dorénavant.

Alte Schreibungen werden nur bei einfachen, nicht bei zusammengesetzten Wörtern (Komposita) gekennzeichnet.

Das „alte“ Kompositum „Glimmstengel“ wird nicht mehr als Stichwort aufgeführt, sondern nur die neue Schreibung „Glimmstängel“.

GlimmstängelRR *m hum fam* tige *f* (*fam*)

Si les utilisateurs ont des difficultés à trouver un mot composé dans sa nouvelle orthographe, ils peuvent se reporter au mot de base (par ex „Stengel“) dans son ancienne orthographe, et ainsi trouver l'indication de renvoi à la nouvelle orthographe.

Wenn die Benutzer Schwierigkeiten haben, ein zusammengesetztes Wort in seiner neuen Schreibung aufzufinden, können sie auf das Grundwort in seiner alten Schreibung (also „Stengel“) zurückgehen; dort finden sie den Verweis auf die neue Schreibung.

Stengel *s.* Stängel

L'une des modifications les plus importantes que la réforme apporte à ce dictionnaire concerne la décomposition des mots jusqu'alors composés. Dans de nombreux cas, une entrée devient une courte expression qui apparaît sous l'entrée d'un des éléments qui le composaient. Afin de faciliter la recherche, l'utilisateur trouvera sous l'ancienne entrée une indication exacte de renvoi à la locution nouvellement orthographiée.

Eine der wichtigsten Veränderungen, die die Rechtschreibreform bringt, betrifft die Zusammen- und Getrenntschreibung. In zahlreichen Fällen wird aus einem Stichwort, das einen Wörterbucheintrag einleitet, eine Fügung aus mehreren Wörtern, die *in* dem Eintrag steht. Das Auffinden solch einer Fügung wird dadurch erleichtert, dass bei dem Stichwort alter Schreibung ein präziser Verweis die genaue Position der Fügung angibt.

allgemeinbildend *s.* allgemein II.1.
allgemein [ˈalgəˈmaɪn] I. *Adj* ① (*nicht speziell, nicht detailliert*) général(e); **im Allgemeinen** (*normalerweise*) en général; ...
II. *Adv* ① (*nicht speziell, nicht detailliert*) *formulieren* de façon générale; ~ **bildend** *Schule* d'enseignement général; *Unterricht* général(e) ...

Inversement, du fait de la réforme de l'orthographe, les anciennes locutions – c'est-à-dire les expressions composées de mots séparés – deviennent des entrées. Il s'agit donc ici d'une fusion. L'ancienne expression ne sera pas marquée d'une trame grise, car comme nous l'avons vu plus haut, cette signalisation n'apparaît que dans les entrées mêmes.

Umgekehrt werden durch die Rechtschreibreform bisherige Syntagmen, also getrennt geschriebene Fügungen, in neue Stichwörter umgewandelt. Hier findet eine Verschmelzung statt. Die „alte“ Fügung wird nicht durch Rasterung gekennzeichnet, weil diese Markierung, wie bereits gesagt, nur auf der Ebene der Stichwörter verwendet wird.

groß|schreibenRR *tr V unreg* ...

Dans la partie français-allemand, toutes les traductions correspondent également à la nouvelle orthographe allemande.

Ebenso folgen auf der französisch-deutschen Seite sämtliche Übersetzungen der neuen Rechtschreibung.

3.2 Signes d'accentuation dans les entrées

3.2 Betonungszeichen in deutschen Stichwörtern

Le trait signale une diphtongue (voyelle double accentuée: ai, ei, eu, au, äu) ou une voyelle longue (voyelle simple), le point signale une voyelle brève.

Der tiefgestellte Strich kennzeichnet einen Diphthong (Zwielaut: ai, ei, eu, au, äu) oder einen langen Vokal (Selbstlaut), der tiefgestellte Punkt einen kurzen Vokal.

verknautschen* *tr V fam* chiffoner *Mantel*
Fassade [fa'sa:də] <-, -n> *f a. fig* façade *f;* ...
verknüpfen* *tr V* ❶ *(verknoten)* nouer, attacher; [**miteinander**] ~ nouer, attacher ...

Différentes possibilités d'accentuation sont signalées l'une après l'autre.

Verschiedene Betonungsmöglichkeiten werden hintereinander angegeben.

durchaus *Adv,* **durchaus** *Adv* ❶ *(unbedingt)* absolument ❷ *(völlig, sehr wohl) zufrieden, akzeptabel, vernünftig* tout à fait; ...

3.3 Signes grammaticaux

3.3 Grammatische Zeichen

Le trait fin indique la particule séparable pour les verbes allemands.

Der feine Strich kennzeichnet die abtrennbare Vorsilbe bei unfest zusammengesetzten deutschen Verben.

durch|drehen I. *itr V* ❶ + *haben Räder:* tourner dans le vide ❷ + *haben o sein fam (die Nerven verlieren)* disjoncter *(fam);* ...

L'astérisque signale qu'un verbe allemand ne forme pas son participe passé avec *ge-*.

Das hochgestellte Sternchen zeigt an, dass das Partizip Perfekt des deutschen Verbs ohne *ge-* gebildet wird.

verkraften* *tr V Person:* faire face à; *Stromnetz, Straße:* supporter; **etw** ~ *Person:* faire face à qc; *Stromnetz, Straße:* supporter qc

Les exposants en chiffre arabe indiquent qu'il s'agit de mots identiques avec différents sens (homographes).

Hochgestellte arabische Ziffern machen gleich geschriebene Wörter mit unterschiedlichen Bedeutungen (Homographen) kenntlich.

vermessen*¹ *unreg* I. *tr V* mesurer *Gelände, Platz*
II. *r V* **sich** ~ se tromper en mesurant [*o* dans ses mesures]
vermessen² *Adj geh* présomptueux(-euse) *(soutenu);* **es ist ~ das zu sagen** il est présomptueux de dire cela *(soutenu)*
Flur¹ [flu:ɐ] <-[e]s, -e> *m (Korridor)* couloir *m; (Diele)* vestibule *m*
Flur² <-, -en> *f geh (freies Land)* campagne *f*
▶ **allein auf weiter ~ sein** [*o* **stehen**] ...

serre¹ [sɛʀ] *f* AGR Gewächshaus *nt;* ...
serre² [sɛʀ] *f surtout pl (griffe)* Fänge *Pl*

4. Composition des articles

4. Aufbau der Einträge

4.1 Chiffres romains

4.1 Römische Ziffern

Les chiffres romains subdivisent l'entrée en différentes catégories grammaticales. Ils signalent les différentes fonctions grammaticales de l'entrée.

Grâce aux chiffres romains, on distingue par exemple la préposition de la conjonction dans la partie allemande ou l'adjectif du substantif dans la partie française.

Mit Hilfe der römischen Ziffern wird ein Eintrag unter grammatischen Gesichtspunkten gegliedert. Die Ziffern zeigen also verschiedene grammatische Funktionen des Stichworts an:

Unterschiedliche Wortarten wie z. B. Präposition und Konjunktion auf der deutschen Seite oder Adjektiv und Substantiv auf der französischen Seite werden mit römischen Ziffern voneinander unterschieden.

während ['vɛ:rənt] I. *Präp* + *Gen* pendant; ~ **des Urlaubs** pendant les congés
II. *Konj* ❶ *(wohingegen)* alors que + *indic*
❷ *(in der Zeit als)* pendant que + *indic*

volontaire [vɔlɔ̃tɛʀ] I. *adj* ❶ *(voulu)* gewollt, beabsichtigt; ...
II. *mf* ❶ Freiwillige(r) *f(m)* ...

Pour les verbes, on différencie l'usage transitif, intransitif et pronominal. Si besoin est, on indique également l'auxiliaire.

Bei Verben wird zwischen transitiv, intransitiv und reflexiv unterschieden. Falls notwendig, wird auch das Hilfsverb angegeben.

> **verschleißen** [fɛɐ'ʃlaɪsən] <verschliss, verschlissen> I. *itr V* + *sein Material, Maschine:* s'user
> II. *tr V* + *haben* user
> III. *r V* + *haben* **sich** ~ *Person:* s'user
>
> **voter** [vɔte] <1> I. *vi* wählen; ...
> II. *vt* stimmen für; ...

Pour les adjectifs, on signale l'emploi adverbial.

Bei den Adjektiven wird der adverbiale Gebrauch kenntlich gemacht.

> **großzügig** ['gro:stsy:gɪç] I. *Adj* ❶ (*freigebig*) généreux(-euse); (*nachsichtig*) large d'esprit ...
> II. *Adv* ❶ (*freigebig*) généreusement; (*nachsichtig*) *behandeln* avec largesse d'esprit ...
>
> **bas(se)** [bɑ, bɑs] I. *adj* ❶ (*de peu de hauteur*) niedrig; *stature* klein ...
> II. *adv* ❶ (*à faible hauteur*) *voler* tief; ...

4.2 Chiffres arabes

Les chiffres arabes signalent les différents sens d'une entrée au sein d'une même catégorie grammaticale. Les indications en italique entre crochets ou les abréviations indiquant le domaine renseignent l'utilisateur sur le sens de la traduction donnée.

4.2 Arabische Ziffern

Die arabischen Ziffern kennzeichnen die unterschiedlichen Bedeutungen des Stichworts innerhalb einer Wortart. Die eingeklammerten Angaben in kursiver Schrift (oder – in anderen Fällen – die abgekürzten Sachgebietshinweise) erläutern, welche Bedeutung jeweils vorliegt.

> **Gabe** ['ga:bə] <-, -n> *f* ❶ *geh* (*Geschenk*) présent *m* (*soutenu*); (*Schenkung*) don *m*
> ❷ (*Spende*) **eine milde** ~ une aumône; **um eine milde** ~ **bitten** demander l'aumône
> ❸ (*Begabung*) don *m;* **die** ~ **haben etw zu tun** avoir le don de faire qc; *iron* avoir le chic pour faire qc (*iron*)
> ❹ *kein Pl* (*das Verabreichen*) administration *f*
>
> **gabardine** [gabaʀdin] *f* ❶ (*imperméable*) Gabardinemantel *m*
> ❷ (*tissu*) Gabardine *m o f*

4.3 Bloc phraséologique

Un triangle gris introduit le bloc des expressions figées. Il s'agit en règle générale de locutions et tournures idiomatiques dont le sens n'a que peu ou aucun rapport avec le sens premier (ou les sens premiers) de l'entrée. Les mots soulignés permettent une meilleure orientation dans le bloc. Ces mots d'ordre mettent en évidence le classement des locutions qui est le suivant:

entrée + substantif
entrée + adjectif/adverbe
entrée + verbe
entrée + préposition
reste

4.3 Phraseologischer Block

Ein graues Dreieck leitet den Block der festen Wendungen ein. Dies sind in der Regel bildhafte Redewendungen, die sich nur schwer oder gar nicht auf die Grundbedeutung (oder -bedeutungen) des Stichworts zurückführen lassen. Die Unterstreichung dient der besseren Orientierung im Wendungsblock. Sie hebt die sogenannten Ordnungswörter hervor, die nach einem bestimmten System angeordnet sind:

Stichwort + Substantiv
Stichwort + Adjektiv/Adverb
Stichwort + Verb
Stichwort + Präposition
Rest

> **Knie** [kni:, *Pl:* 'kni:ə] <-s, -> *nt* ❶ genou *m;* **vor jdm auf die** ~ **fallen** tomber à genoux devant qn; **sich vor jdm auf die** ~ **werfen** se mettre à genoux devant qn; **ihm zittern die** ~ il [en] a les jambes qui flageolent
> ❷ (*Krümmung*) *eines Wasserlaufs, Rohrs* coude *m*
> ▸ **weiche** ~ **bekommen** *fam* avoir les genoux qui flageolent; **eine Entscheidung übers** ~ **brechen** *fam* prendre une décision à la va-vite; **Gott/jdm auf [den]** ~**n danken** louer Dieu/remercier vivement qn; ...
>
> **métier** [metje] *m* ❶ (*profession*) Beruf *m;* ...
> ▸ **exercer le plus vieux** ~ **du monde** das älteste Gewerbe der Welt ausüben; **il n'y a pas de sot** ~ *prov* jeder Beruf hat seinen Wert; **gâcher le** ~ die Preise verderben; ...

4.4 Bloc des expressions composées de plusieurs mots dans la partie français-allemand

Le signe ◆ introduit le bloc des expressions constituées de plusieurs mots. Dans ces expressions, l'entrée est remplacée par un tilde et est reliée au deuxième mot le plus souvent par une préposition. Ces expressions sont classées par ordre alphabétique. Le bloc se trouve à la fin de l'article.

4.4 Block der Mehrwortausdrücke auf der französisch-deutschen Seite

Das Zeichen ◆ steht zu Beginn des Blocks der häufig gebrauchten französischen Mehrwortausdrücke, die neben dem durch die Tilde vertretenen Stichwort aus mindestens einem weiteren, meist durch eine Präposition angeschlossenen Wort bestehen. Diese zusammengesetzten Ausdrücke werden am Ende des Eintrags in alphabetischer Ordnung zusammengefasst.

chien [ʃjɛ̃] ...
◆ ~ **d'appartement** Haushund *m;* ~ **d'arrêt** Vorstehhund *m;* ~ **d'avalanche** Lawinensuchhund *m;* ~ **d'aveugle** Blindenhund *m;* ~ **de berger** Hütehund *m,* Schäferhund *m;* ~ **de chasse** Jagdhund *m;* ~ **de compagnie** Schoßhund *m;* ...

5. Formes féminines

Quant aux entrées françaises, la forme masculine est systématiquement suivie de la forme féminine, dès que cette dernière existe. Lorsqu'il suffit d'accoler la marque du féminin à la forme masculine pour obtenir la forme féminine, la terminaison féminine est indiquée entre parenthèses immédiatement après l'entrée.

5. Femininformen

Bei französischen Stichwörtern wird nach der Maskulinform, wo immer vorhanden, die Femininform aufgeführt. Wenn die Femininendung direkt an die Maskulinform angehängt wird, steht die Femininendung in Klammern dahinter.

doué(e) [dwe] ...
douillet(te) [dujɛ, jɛt] ...

Lorsque la forme féminine implique un changement partiel de la terminaison masculine, la marque du féminin est indiquée après une virgule et introduite par un tiret.

Wird die Maskulinendung durch eine Femininendung ersetzt, steht nach dem Komma die Femininform mit einem Bindestrich.

douloureux, -euse [duluʀø, -øz] ...

Si la forme féminine est très différente de la forme masculine, la forme féminine apparaît en entier après la virgule.

Weicht die Femininform stark von der Maskulinform ab, so steht nach dem Komma die vollständige Femininform.

fier, fière [fjɛʀ] ...

6. Balises de différenciation sémantique guidant l'utilisateur à la bonne traduction

Les traductions séparées par des virgules sont synonymes et donc interchangeables.

6. Wegweiser zur richtigen Übersetzung

Übersetzungen, die, nur durch Kommas getrennt, nebeneinander stehen, sind gleichbedeutend und somit austauschbar.

Kürbis ['kʏrbɪs] <-ses, -se> *m* ❶ potiron *m,* citrouille *f*
❷ *fam* (*Kopf*) citrouille *f* (*fam*)

Cambodge [kɑ̃bɔdʒ] *m* **le** ~ Kambodscha *nt,* Kamputschea *nt*

6.1 Indications de domaines

Les indications de domaines signalent de quelles spécialités relèvent les différentes acceptions de l'entrée et leurs traductions.

6.1 Sachgebietsangaben

Sachgebietsangaben zeigen an, auf welchen Wissensbereich sich die vorliegende Wortbedeutung und ihre Übersetzung beziehen.

Kolumne [ko'lʊmnə] <-, -n> *f* ❶ PRESSE chronique *f*
❷ TYP colonne *f*

claquage [klakaʒ] *m* ❶ MED Muskel[faser]riss *m*
❷ ELEC, PHYS Durchschlag *m*

6.2 Indications sémantiques

Les indications sémantiques sont indispensables dans les articles des entrées à plusieurs sens dont chacun nécessite une traduction différente. Elles figurent entre parenthèses pour signaler l'acception donnée de l'entrée sur laquelle porte la traduction.

6.2 Bedeutungshinweise

Bedeutungshinweise sind notwendig bei Stichwörtern, die mehrere Bedeutungen – mit jeweils unterschiedlichen Übersetzungen – haben. Die Hinweise stehen hinter den arabischen Ziffern in runden Klammern. Sie geben an, für welche Bedeutung des Stichworts die Übersetzung gilt.

närrisch ['nɛrɪʃ] *Adj* ❶ (*karnevalistisch*) de Carnaval
❷ *veraltet* (*verrückt*) *Person, Idee* fou(folle)
❸ *fam* (*versessen*) **ganz ~ auf jdn/etw sein** être [raide] dingue de qn/qc (*fam*)
▶ **wie ~** *geh* comme un fou/une folle

compter [kɔ̃te] <1> **I.** *vt* ❶ (*dénombrer*) zählen; (*totaliser*) zusammenzählen; [aus]zählen *voix, suffrages*
❷ (*donner avec parcimonie*) **~ son argent** mit seinem Geld geizen; **être compté(e)** *congés:* rar sein
❸ (*facturer, pénaliser*) berechnen; in Rechnung stellen *heure supplémentaire;* SCOL anrechnen *faute;* **~ cent euros à qn pour le dépannage** jdm hundert Euro für die Reparatur berechnen
❹ (*s'impatienter*) zählen *heures, jours*
❺ (*avoir duré*) **~ deux ans d'existence** seit zwei Jahren bestehen …

6.3 Indicateurs en italique

Parfois, il n'est pas possible de donner une seule traduction générale pour une entrée parce que la traduction varie selon le contexte. Dans ce cas, on trouvera à proximité des traductions contextuelles des mots en italique signalisant le contexte auquel elles sont liées. Ces mots en italique qui ne sont pas traduits sont appelés collocateurs; on entend par cela – en termes simples – des mots qui s'associent fréquemment à l'entrée et qui sont souvent utilisés avec elle.

6.3 Kursive Angaben

Mitunter ist es nicht möglich, für das Stichwort eine einzige, allgemein gültige Übersetzung anzugeben, weil es je nach Kontext anders übersetzt werden muss. In diesem Fall werden die verschiedenen Übersetzungen des Stichworts aufgeführt, wobei kursive Wörter den jeweiligen Kontext angeben, von dem die einzelne Übersetzung abhängt. Diese kursiven, nicht übersetzten Wörter nennt man Kollokatoren; darunter versteht man – vereinfacht gesagt – Wörter, die mit dem Stichwort eine enge, typische Verbindung eingehen, also oft mit ihm zusammen vorkommen.

6.3.1 Sujets typiques du verbe ou d'une locution verbale

Les sujets typiques du verbe sont placés *avant* la traduction et sont suivis de deux points.

6.3.1 Typische Subjekte des Verbs oder der verbalen Ausdrücke

Die typischen Subjekte des Verbs oder des verbalen Ausdrucks stehen *vor* der Übersetzung und enden mit einem Doppelpunkt.

gabeln ['ga:bəln] *r V* **sich ~** *Straße:* bifurquer; *Ast, Stamm:* se ramifier
flüssig ['flʏsɪç] **I.** *Adj* ❶ (*opp: fest*) *Honig, Lack* liquide; *Glas, Metall, Wachs, Fett* fondu(e); **~ werden** *Honig, Soße:* devenir liquide; *Wachs, Metall, Stickstoff:* se liquéfier; …

piaffer [pjafe] <1> *vi* ❶ *cheval:* [ungeduldig mit den Vorderhufen] stampfen …

6.3.2 Compléments d'objet direct typiques du verbe

Les compléments d'objet direct typiques sont placés *après* la traduction.

6.3.2 Typische direkte Objekte des Verbs

Die typischen direkten Objekte des Stichworts stehen *hinter* der Übersetzung.

fegen ['fe:gən] **I.** *tr V + haben* ❶ balayer *Straße, Hof;* ramoner *Schornstein;* **die Scherben von der Straße ~** balayer les débris de la chaussée …

piéger [pjeʒe] <2a, 5> *vt* ❶ (*attraper*) mit der Falle fangen *animal*
❷ (*tromper*) in die Falle locken *personne;* …

6.3.3 Substantifs typiques de l'adjectif

Les substantifs typiques fréquemment associés à l'adjectif sont placés avant la traduction.

6.3.3 Typische Substantive beim Adjektiv

Die typischen Substantive, die sich mit einem Adjektiv verbinden können, stehen vor der Übersetzung.

ehrlich I. *Adj* ① (*aufrichtig*) sincère; *Absicht, Angebot* honnête; **es ~ mit jdm meinen** être sincère avec qn
② (*verlässlich*) *Mitarbeiter, Finder* honnête
▶ **~ währt am längsten** *Spr.* l'honnêteté finit toujours par être récompensée ...

ambiant(e) [ɑ̃bjɑ̃, jɑ̃t] *adj idées, atmosphère* herrschend; *enthousiasme* allgemein; ...

6.3.4 Adjectifs et verbes typiques de l'adverbe

6.3.4 Typische Adjektive und Verben beim Adverb

richtig ['rɪçtɪç] I. *Adj* ① (*korrekt*) *Antwort, Lösung, Haus* bon(ne) *antéposé;* **das ist ~** c'est juste; ...
II. *Adv* ① (*korrekt*) *antworten, lösen, schreiben* correctement; *verstehen* bien; *kalkulieren, raten, rechnen* juste; **~ gehen** *Uhr:* donner l'heure exacte; ...
② (*angebracht*) *entscheiden, handeln, vorgehen* judicieusement; **sehr ~!** très juste!
③ (*am richtigen Ort*) *hängen, stehen* à la bonne place
④ (*wirklich*) *passen, sitzen, können* bien
⑤ *fam* (*regelrecht*) *gemütlich, wütend, betrügen* vraiment ...

très [tʀɛ] *adv* sehr; *dangereux, aimable* höchst, sehr; *nécessaire* dringend; ...

6.3.5 Compléments du nom typiques des substantifs

Pour les substantifs, il s'agit de compléments du nom typiques.

6.3.5 Typische Genitivanschlüsse bei Substantiven

Bei Substantiven sind es typische Genitivanschlüsse (Genitivattribute).

Größe ['grø:sə] <-, -n> *f* ① *einer Fläche* superficie *f; eines Raums* taille *f; einer Zahl, Menge* importance *f* ...

trésorier, -ière [tʀezɔʀje, -jɛʀ] *m, f* Kassenführer(in) *m(f); d'une association, d'un club* Kassenwart *m,* Kassierer(in) *m(f); d'un parti, syndicat* Schatzmeister(in) *m(f)*

7. Éléments descriptifs de la langue source et de la langue cible

7.1 Indications du niveau de langue

Le dictionnaire signale systématiquement si un mot ou une expression s'éloigne du niveau de langue neutre. Ces indications sont effectuées tant dans la langue source que dans la langue cible. Les niveaux de langue indiqués en tête d'article ou de catégorie s'appliquent à l'ensemble des significations et des emplois de ce même article ou de cette même catégorie (c.-à-d. d'un paragraphe muni d'un chiffre romain ou arabe).

7. Beschreibende Angaben zu Quell- und Zielsprache

7.1 Stilangaben

Weicht ein Stichwort von der neutralen Standardsprache ab, so wird dies grundsätzlich angegeben. Die Angaben erfolgen sowohl in der Quell- als auch in der Zielsprache. Stilangaben zu Beginn eines Eintrags oder einer Kategorie (d. h. eines römisch oder arabisch bezifferten Absatzes) beziehen sich auf den gesamten Eintrag oder auf den gesamten Absatz.

verknallen* *r V fam* **sich ~** s'amouracher (*fam*); **sich in jdn ~** s'amouracher de qn; **in jdn verknallt sein** être toqué(e) de qn (*fam*)

godasse [gɔdas] *f fam* Schuh *m,* Treter *m* (*fam*)

poét désigne un langage poétique, utilisé seulement en poésie.

littér désigne un langage littéraire, utilisé seulement en littérature.

soutenu désigne un langage soutenu, tel qu'il est utilisé, tant dans la langue écrite que dans la langue parlée, par les personnes s'exprimant en termes choisis.

form désigne un langage administratif, utilisé seulement dans la correspondance administrative, sur des formulaires ou lors d'allocutions officielles.

fam désigne un langage familier, utilisé seulement entre membres d'une même famille et entre amis au cours d'une conversation détendue et dans une correspondance privée. Dans les situations plus strictes et dans la correspondance formelle, ce style serait déplacé.

pop désigne un français populaire, utilisé uniquement par des personnes ayant l'habitude de se parler sur un ton très familier.

arg désigne un langage très familier, employé seulement entre locuteurs généralement jeunes. Ce style peut paraître cavalier et donc choquer.

vulg désigne des termes considérés généralement comme vulgaires et donc tabous. Leur emploi choque généralement.

poet bezeichnet einen poetischen Sprachgebrauch, wie er nur in der Lyrik vorkommt.

liter bezeichnet einen literarischen Sprachgebrauch, wie er nur in Romanen zu finden ist.

geh bezeichnet einen gehobenen Sprachgebrauch, sowohl in der gesprochenen wie in der geschriebenen Sprache, wie er gepflegt wird, wenn Menschen sich gewählt ausdrücken.

form bezeichnet einen förmlichen Sprachgebrauch, wie er im amtlichen Schriftverkehr, auf Formularen oder in formellen Ansprachen verwendet wird.

fam bezeichnet umgangssprachlichen Sprachgebrauch, wie er zwischen Familienmitgliedern und Freunden in zwangloser Unterhaltung und in privaten Briefen verwendet wird. In formelleren Situationen und förmlichem Schriftverkehr wäre dieser Stil unangebracht.

pop bezeichnet ein sehr umgangssprachliches Französisch, das nur unter Menschen verwendet wird, die einen familiären Umgangston miteinander pflegen.

sl bezeichnet einen sehr saloppen Sprachgebrauch, der nur von meist jüngeren Sprechern untereinander verwendet wird. Dieser Stil wirkt leicht flapsig und kann daher Anstoß erregen.

vulg bezeichnet Wörter, die allgemein als vulgär gelten und daher tabu sind. Ihr Gebrauch erregt meist Anstoß.

7.2 Délimitation de l'emploi dans le temps

Le dictionnaire signale systématiquement dans les deux langues si un mot ou une expression ne s'utilisent plus dans le langage actuel.

7.2 Altersangaben

Es wird in beiden Sprachen grundsätzlich angegeben, wenn ein Wort oder Ausdruck nicht mehr dem heutigen Sprachgebrauch entspricht.

echauffieren* [eʃɔ'fiːrən] *r V veraltet* **sich ~** s'échauffer (*vieilli*); **sich über jdn/etw ~** s'échauffer au sujet de qn/qc

lavandière [lavɑ̃djɛʀ] *f vieilli* Waschfrau *f*

vieilli désigne un mot ou une expression qui ne s'emploient plus de nos jours, mais qui sont encore compréhensibles.

veraltet bezeichnet ein Wort oder einen Ausdruck, der heutzutage nicht benutzt, aber durchaus noch verstanden wird.

7.3 Indications rhétoriques

Il est souvent possible d'attribuer à un mot ou une expression une connotation rhétorique qui les éloigne de leur sens premier. Si ce type de connotation existe, elle sera signalée dans la langue source par une marque correspondante. Au cas où le terme français reflète la même intention rhétorique, celle-ci sera également signalée.

7.3 Rhetorische Angaben

Viele Wörter und Wendungen können in einer bestimmten Sprechabsicht verwendet werden. In diesen Fällen wird bei der Quellsprache ein entsprechender Vermerk gemacht. Wenn die Übersetzung dieselbe rhetorische Absicht widerspiegelt, wird dies ebenfalls kenntlich gemacht.

> **gaffen** ['gafən] *itr V pej* reluquer (*péj fam*); **nach jdm/etw ~** reluquer qn/qc
>
> **niquer** [nike] <1> *vt vulg* ficken (*vulg*)

euph désigne un emploi euphémique destiné à remplacer un terme plus cru.

fig désigne un emploi figuré. Ce mot ou cette expression permettent de s'exprimer de façon imagée.

hum désigne un emploi humoristique.

iron désigne un emploi ironique. Le locuteur pense en veut laisser entendre le contraire de ce qu'il dit.

péj désigne un emploi péjoratif. Le locuteur exprime ainsi son mépris.

euph bezeichnet einen verhüllenden Sprachgebrauch; statt des eigentlichen Worts wird stellvertretend dieser beschönigende Ausdruck gebraucht.

fig bezeichnet einen übertragenen Sprachgebrauch. Das Wort oder die Wendung dient (in einem übertragenen Sinn) als Bild für das, was man ausdrücken will.

hum bezeichnet einen scherzhaften Sprachgebrauch.

iron bezeichnet einen ironischen Sprachgebrauch. Der Sprecher meint eigentlich das Gegenteil dessen, was er sagt.

pej bezeichnet einen abwertenden Sprachgebrauch. Der Sprecher drückt damit seine abschätzige Haltung aus.

7.4 Autres indications

Le dictionnaire précise également pour les deux langues si l'emploi d'un mot est restreint à une certaine région, un certain groupe d'âge, un certain type d'expression orale ou une certaine époque.

A terme utilisé uniquement en Autriche.

CH expression allemande ou française utilisée en Suisse.

NDEUTSCH expression employée dans le nord de l'Allemagne

SDEUTSCH expression employée dans le sud de l'Allemagne.

DIAL expression dont l'emploi est restreint à une région précise

BELG terme français utilisé uniquement en Belgique.

NS terme du langage national-socialiste

spéc désigne un terme de spécialiste qui n'est pas employé par le profane.

enfantin désigne une expression issue du langage des jeunes enfants que des adultes peuvent également employer en s'adressant à eux.

7.4 Sonstige Angaben

Weitere Angaben werden zu beiden Sprachen gemacht, wenn der Gebrauch eines Wortes auf eine bestimmte Region, Altersgruppe, Sprechsituation oder Zeit beschränkt ist

A nur in Österreich gebrauchter Ausdruck.

CH deutscher bzw. französischer Ausdruck, der in der Schweiz gebraucht wird.

NDEUTSCH im Norden Deutschlands gebrauchter Ausdruck

SDEUTSCH im Süden Deutschlands gebrauchter Ausdruck.

DIAL regional begrenzt gebrauchter Ausdruck.

BELG nur in Belgien üblicher französischer Ausdruck.

NS nationalsozialistisches Sprachgut

Fachspr. bezeichnet einen von Laien nicht benutzten Fachausdruck.

Kinderspr. bezeichnet einen Ausdruck, der nur im Gespräch mit kleinen Kindern benutzt wird.

8. Prononciation allemande

8.1 Accentuation

La voyelle accentuée est signalée par un point, lorsqu'elle est brève.
Elle est signalée par un trait, lorsqu'elle est longue ou lorsqu'il s'agit d'une diphtongue/voyelle double accentuée.

8.2 Phonétique

Une transcription phonétique est indiquée pour presque tous les mots allemands. Elle apparaît après l'entrée, entre crochets et en alphabet phonétique international (API).
Sont également munis d'une transcription phonétique les sigles et abréviations.

> **DDR** [deːdeːˈʔɛr] <-> *f Abk von* **Deutsche Demokratische Republik** HIST R.D.A. *f;* **die** ~ la R.D.A.; **die ehemalige** ~ l'ex-R.D.A.

Le symbole [ˈ] est placé devant la syllabe accentuée de tous les entrées dont on a indiqué la phonétique.

> **Gameshow** [ˈgeɪːmʃɔʊ] <-, -s> *f* jeu *m* télévisé

8.3 Particularités

Pour les mots étrangers qui ne sont pas empruntés à une langue vivante, les règles de prononciation sont les suivantes:

-tion se prononce [tsioːn]

Emotion [emoˈtsioːn]
Ration [raˈtsioːn]
Auktion [aukˈtsioːn]
Il en va de même des dérivés:
emotional [emotsioˈnaːl]
rationell [ratsioˈnɛl]
Aktionär [aktsioˈnɛːɐ]

-tio, -tia- se prononcent [tsio] et [tsia]

Ratio [ˈraːtsio]
Differential [dɪfərenˈtsiaːl]
Existentialismus [ɛksɪstentsiaˈlɪsmʊs]

-tius se prononce [tsiʊs]

Pontius [ˈpɔntsiʊs]

-tient se prononce [tsiɛnt]

Patient [paˈtsiɛnt]
Quotient [kvoˈtsiɛnt]

ph se prononce [f]

Phon [foːn]
Euphorie [ɔɪfoˈriː]
Apostroph [apoˈstroːf]

qu se prononce [kv]
lorsque ce n'est pas le cas, la phonétique est indiquée.

Quelle [ˈkvɛlə]

th se prononce [t]

Thema [ˈteːma]
synthetisch [zʏnˈteːtɪʃ]

y se prononce [ʏ] ou [y]

System [zʏsˈteːm]
Synagoge [zynaˈgoːgə]

aa, ee, oo Les voyelles doubles se prononcent comme une voyelle longue

Haar [haːɐ]
Meer [meːɐ]
Boot [boːt].

8.4 Difficultés

Pour les lettres ou combinaisons de lettres dont la prononciation n'est pas toujours identique, il convient d'appliquer les règles suivantes

c se prononce [k]	**Cafeteria** [kafetə'ri:a]
Lorsque ce n'est pas le cas, une indication correspondante sera donnée	**Calcium** ['kaltsiʊm]
ch se prononce [ç] après ä-, e-, i-, ö-, ü-, y-, ai-, ei-, äu- et eu-, ainsi qu'après une consonne	**mich** [mɪç] **Kelch** [kɛlç]
ch se prononce [x] après a-, o- et u-	**machen** ['maxən] **kochen** ['kɔxən] **Kuchen** ['ku:xən] Tous les mots commençant par **Ch** sont assortis d'une indication de prononciation.
chs se prononce [ks] en fin de mot	**Dachs** [daks]
Lorsque cette suite de lettres se prononce [ks-] à l'intérieur d'un mot, la prononciation est indiquée	**Wechsel** ['vɛksəl]
-ng se prononce [ŋ]	**singen** ['zɪŋən]
Lorsque le premier élément d'un mot composé se termine par un „n" et que le deuxième commence par un „g", il conviendra de prononcer [ng].	**angenehm** ['angəne:m] **Eingabe** ['aɪngabə]
-sp, st se prononcent [sp] et [st] à l'intérieur ou à la fin d'un mot	**Test** [tɛst] **beste** ['bɛstə] **Wespe** ['vɛstə]
Au début d'un mot ou du deuxième élément d'un composé, ils se prononceront [ʃp] et [ʃt]	**Sporn** [ʃpɔrn] **Ansporn** ['anʃpɔrn]
Toute exception à cette règle fait l'objet d'une indication correspondante	**stylen** ['stailən]
v se prononce généralement [f]	**Vater** ['fa:tɐ] **Naivling** [na'i:flɪŋ] **negativ** ['ne:gati:f]
Toutes les fois où le **v** se prononce [v], on trouvera une indication correspondante	**Vase** ['va:zə] **Advent** [-'vɛnt]
Lorsqu'un mot se termine en **-iv**, on prononce [-i:f] dans le cas de la forme non déclinée. Dans le cas de la forme déclinée, le [f] se transforme en [v]	**negativ** ['ne:gati:f] **die Negative** ['ne:gati:və]
-ig en fin de mot, se prononce [ç].	**ständig** ['ʃtɛndɪç]
Lorsqu'on accole à ce mot une terminaison commençant par une voyelle, le [ç] se transforme en [g].	**Königin** ['kø:nɪgɪn]
-ie se prononce [i:] dans une syllabe accentuée et est alors soulignée	**lieben** ['li:bən]
-ie se prononce [-iə] dans une syllabe non accentuée.	**Mumie** ['mu:miə]

1. Lautschriftzeichen für Französisch – Alphabet phonétique français

Vokale – Voyelles

[a]	bac	[bak]
[ɑ]	classe	[klɑs]
[e]	école	[ekɔl]
[ɛ]	caisse	[kɛs]
[ə]	renard	[ʀənaʀ]
[i]	diplôme	[diplom]

[ɔ]	obtenir	[ɔptəniʀ]
[o]	autodidacte	[otodidakt]
[ø]	européen	[øʀɔpeɛ̃]
[œ]	profondeur	[prɔfõdœʀ]
[u]	ouvert	[uvɛʀ]
[y]	maturité	[matyʀite]

Halbvokale – Semi-voyelles

[j]	pièce	[pjɛs]
[w]	boîte	[bwat]
[ɥ]	produit	[pʀɔdɥi]

Nasale – Nasales

[ɑ̃]	grand	[gʀɑ̃]
[ɛ̃]	point	[pwɛ̃]
[œ̃]	parfum	[paʀfœ̃]
[ɔ̃]	monde	[mɔ̃d]

Konsonanten – Consonnes

[b]	bébé	[bebe]
[d]	vide	[vid]
[dʒ]	adjectif	[adʒɛktif]
[f]	fana photo	[fana] [fɔto]
[g]	gaga	[gaga]
[ʒ]	jeune génial	[ʒœn] [ʒenjal]
[k]	caduque	[kadyk]
[l]	la	[la]
[m]	maman	[mamɑ̃]
[n]	nana	[nana]

[ɲ]	digne	[diɲ]
[ŋ]	marketing	[maʀketiŋ]
[p]	papa	[papa]
[ʀ]	règle	[ʀɛgl]
[s]	soleil	[sɔlɛj]
[ʃ]	charge	[ʃaʀʒ]
[v]	vitre	[vitʀ]
[z]	zèbre rose	[zɛbʀ] [ʀoz]
[ˊ] behauchtes h h aspiré	le héros	[ləˊeʀo]

2. Lautschriftzeichen für Deutsch – Alphabet phonétique allemand

Voyelles – Vokale

[a]	matt	[mat]	Tat	[taːt]
[ɐ]	Hafer	['haːfɐ]		
[ʌ]	Publicity	[pʌ'blɪsɪtɪ]		
[æ]	Chat	[tʃæt]		
[ɛ]	Bett Mensch	[bɛt] [mɛnʃ]	Zähne	['tsɛːnə]
[e]	Etappe	[e'tapə]	Seele	['zeːlə]
[ə]	Suppe fahren	['zʊpə] ['faːrən]		
[ɪ]	bitte	['bɪtə]		
[i]	privat	[pri'vaːt]	Biene	['biːnə]
[ɔ]	Gott	[gɔt]	Callboy	['kɔːlbɔɪ]
[o]	Produkt	[pro'dʊkt]	Hose	['hoːzə]
[œ]	öffnen	['œfnən]		
[ø]			Öl	[øːl]
[ʊ]	zum Mutter	[tsʊm] ['mʊtɐ]		
[u]			zumute	[tsʊmuːtə]
[ʏ]	Trümmer	['trʏmɐ]		
[y]	Büro	[by'roː]	Düse Zypern	['dyːzə] ['tsyːpɐn]

Nasales - Nasale

[ã]	Arrangement	[arãʒə'mãː]
[ɛ̃]	Interieur Bassin	[ɛ̃te'rjøːɐ] [ba'sɛ̃ː]
[õ]	Bonbon	[bõ'bõː]

Consonnes – Konsonanten

[b]	Bombe	['bɔmbə]
[ç]	echt	[ɛçt]
[d]	da	[da]
[dʒ]	Jeans Budget	[dʒi:ns] [bʏ'dʒe:]
[f]	Fisch viel	[fɪʃ] [fi:l]
[g]	gegen	['ge:gən]
[ʒ]	Genie	[ʒe'ni:]
[h]	Hut aha	[hu:t] [a'ha:]
[j]	Jahr	[ja:ɐ]
[k]	Charakter	[ka'raktɐ]
[l]	Lümmel	['lʏməl]
[m]	Mama	['mama]
[n]	nennen	['nɛnən]
[ŋ]	lang Finger	[laŋ] ['fɪŋɐ]
[p]	Papa	['papa]
[r]	rühren	['ry:rən]
[s]	das Masse	[das] ['masə]
[ʃ]	Schaf stur	[ʃa:f] [ʃtu:ɐ]
[t]	Tüte	['ty:te]
[ts]	Zimmer Blitz	['tsɪmɐ] [blɪts]
[θ]	Thriller	['θrɪlɐ]
[v]	Vase wann	['va:zə] [van]
[w]	Workaholic	[wə:kə'hɔlɪk]
[x]	hoch Bach	[ho:x] [bax]
[z]	Sonne Rose	['zɔnə] ['ro:zə]

Signes – Zeichen

['] Accent Betonung	bereit	[bə'raɪt]
[:] Longueur Länge	Bohne	['bo:nə]
[ʔ] Coup de glotte Knacklaut	USA DDR	[u:ʔɛs'ʔa:] [de:de:'ʔɛr]

Zeichen und Abkürzungen

Symboles et abréviations

alte Schreibung	░	ancienne orthographe
Block der festen Wendungen	►	bloc phraséologique
Block der Mehrwortausdrücke	◆	bloc des composés
zusammengesetztes, trennbares Verb	|	verbe composé séparable
Partizip ohne *ge-*	*	pas de *ge-* au participe passé
Kontraktion	=	contraction
entspricht etwa	≈	correspond à
Sprecherwechsel in einem Dialog	–	changement d'interlocuteur
Warenzeichen	®	marque déposée
reformierte Schreibung	**RR**	nouvelle orthographe
auch	*a.*	aussi
österreichisch	A	autrichien
Abkürzung	*abr, Abk.*	abréviation
Adjektiv	*adj, Adj*	adjectif
Verwaltung	ADMIN	administration
Adverb	*adv, Adv*	adverbe
Landwirtschaft	AGR	agriculture
Akkusativ	*Akk*	accusatif
Alpinismus	ALPIN	alpinisme
Anatomie	ANAT	anatomie
Apposition	*app*	apposition
Archäologie	ARCHEOL, ARCHÄOL	archéologie
Architektur	ARCHIT	architecture
frz. Argot	*arg*	argotique
Artikel	*art, Art*	article
Kunst	ART	beaux-arts
Astrologie	ASTROL	astrologie
Astronomie	ASTRON	astronomie
attributiv	*attr*	épithète
audiovisuelle Medien	AUDIOV	audiovisuel
Auto	AUT	automobile
Hilfsverb	*aux*	auxiliaire
Luftfahrt	AVIAT	aviation
belgisch	BELG	belge
besonders	*bes.*	surtout
biblisch	BIBL	biblique
Biologie	BIO	biologie
Börse	BÖRSE	Bourse
Botanik	BOT	botanique
Börse	BOURSE	Bourse
Boxen	BOXE, BOXEN	boxe
kanadisch	CAN	canadien
Kartenspiele	CARTES	jeux de cartes
schweizerisch	CH	suisse
Jagd	CHASSE	chasse
Chemie	CHEM, CHIM	chimie
Eisenbahn	CHEMDFER	chemin de fer
Film, Kino	CINE	cinéma
Handel	COM	commerce
Komparativ	*comp*	comparatif
Ergänzung, Objekt	*compl*	complément
Konditional	*cond*	conditionnel

Konjunktion	*conj*	conjonction
Bauwesen	CONSTR	construction
Mode	COUT	couture
Radsport	CYCLISME	cyclisme
Dativ	*Dat*	datif
bestimmt	*déf, def*	défini
dekliniert	*dekl*	décliné
demonstrativ	*dém, dem*	démonstratif
Begleiter des Substantivs	*dét, det*	déterminant
dialektal	DIAL	dialecte
Verkleinerungsform	*dim, Dim*	diminutif
kirchlich	ECCL	ecclésiastique
Schach	ECHECS	échecs
Ökologie	ECOL	écologie
Wirtschaft	ECON	économie
Eisenbahn	EISENBAHN	chemin de fer
Elektrizität	ELEC	électricité
Kindersprache	*enfantin*	langage enfantin
Raumfahrt	ESPACE	espace
etwas	etw	
verhüllend	*euph*	euphémisme
Femininum	*f*	féminin
Femininum(Maskulinum)	*f(m)*	féminin(masculin)
Fachausdruck	*Fachspr.*	langage de spécialiste
umgangssprachlich	*fam*	familier
Fußball	FBALL	football
bildlich	*fig*	figuré
Finanzen	FIN	finances
Steuern	FISC	fiscalité
förmlicher Sprachgebrauch	*form*	langage formel
Femininum Plural	*fpl*	féminin pluriel
Futur	*fut*	futur
Gastronomie	GASTR	gastronomie
gehobener Sprachgebrauch	*geh*	soutenu
Genitiv	*Gen*	génitif
meist	*gén*	généralement
Geographie	GEOG	géographie
Geologie	GEOL	géologie
Geometrie	GEOM	géométrie
Grammatik	GRAM	grammaire
Hilfsverb	*Hilfsv*	auxiliaire
Geschichte	HIST	histoire
Gartenbau	HORT	horticulture
scherzhaft	*hum*	humoristique
Imperfekt	*imparf, Imp*	imparfait
unpersönlich	*impers*	impersonnel
Industrie	IND	industrie
unbestimmt	*indéf, indef*	indéfini
Indikativ	*indic*	indicatif
Infinitiv	*infin, Infin*	infinitif
Informatik	INFORM	informatique
Interjektion	*interj, Interj*	interjection
fragend	*interrog*	interrogatif
unveränderlich	*inv*	invariable
ironisch	*iron*	ironique

unregelmäßig	*irr*	irrégulier
unregelmäßiges, unvollständiges Verb	*irr, déf*	irrégulier, défectif
intransitives Verb	*itr V*	verbe intransitif
Jagd	JAGD	chasse
jemand	jd	
jemandem	jdm	
jemanden	jdn	
jemandes	jds	
Spiele	JEUX	jeux
Jura, Recht	JUR	juridique
Kartenspiele	KARTEN	jeux de cartes
Kindersprache	*Kinderspr.*	langage enfantin
Komparativ	*Komp*	comparatif
Konjunktion	*Konj*	conjonction
Kunst	KUNST	beaux-arts
Linguistik	LING	linguistique
literarisch	*littér, liter*	littéraire
Literatur	LITTER, LITER	littérature
Wendung	*loc*	locution
Logik	LOGIQUE	logique
Maskulinum	*m*	masculin
Maskulinum(Femininum)	*m(f)*	masculin(féminin)
Maskulinum, Femininum	*m, f*	masculin, féminin
Mathematik	MATH	mathématiques
Medizin	MED	médecine
Medien	MEDIA	médias
Hüttenwesen	METAL	métallurgie
Meteorologie	METEO	météorologie
Maskulinum und Femininum	*mf*	masculin et féminin
Maskulinum und Femininum Plural	*mfpl*	masculin et féminin du pluriel
südfranzösisch	MIDI	du Midi
Militär	MIL	militaire
Bergbau	MIN	industrie minière
Mineralogie	MINER	minéralogie
Maskulinum Plural	*mpl*	masculin pluriel
Musik	MUS	musique
Mythologie	MYTH	mythologie
Seefahrt	NAUT	navigation
norddeutsch	NDEUTSCH	allemand du Nord
Verneinung	*nég*	négation
Nominativ	*Nom, Nomin*	nominatif
nordfranzösisch	NORD	du Nord
nationalsozialistisch	NS	national-socialiste
Neutrum	*nt*	neutre
Zahlwort	*num, Num*	numéral
oder	*o*	ou
Ökologie	ÖKOL	écologie
Wirtschaft	ÖKON	économie
Gegenteil von:	*opp:*	opposé, antonyme de:
Optik	OPT	optique
Vogelkunde	ORN	ornithologie
parlamentarisch	PARL	parlementaire
Partizip Perfekt	*part passé*	participe passé
Partizip Präsens	*part prés*	participe présent
Angeln	PECHE	pêche
abwertend	*péj, pej*	péjoratif
Person, personal	*pers, Pers*	personne, personnel
Pharmazie	PHARM	pharmacie
Philosophie	PHILOS	philosophie
Phonetik	PHON	phonétique
Fotografie	PHOT	photographie
Physik	PHYS	physique
Physiologie	PHYSIOL	physiologie
Plural	*pl, Pl*	pluriel
Poesie	POES	poésie
poetisch	*poét, poet*	poétique
Politik	POL	politique
sehr umgangssprachlich	*pop*	populaire
possessiv	*poss*	possessif
Post	POST	poste
Partizip Perfekt	*PP*	participe passé
prädikativ	*präd*	attribut
Präposition	*prép, Präp*	préposition
Präsens	*prés, Präs*	présent
Presse	PRESSE	presse
Pronomen	*pron, Pron*	pronom
sprichwörtlich	*prov*	proverbe
Psychologie	PSYCH	psychologie
etwas	qc	quelque chose
jemand, jemanden	qn	quelqu'un
Rundfunk	RADIO	radio
selten	*rare*	rare
Raumfahrt	RAUM	espace
reflexiv	*refl*	réfléchi
regelmäßig	*reg*	régulier
relativ	*rel*	relatif
religion	REL	Religion
Rugby	RUGBY	rugby
reflexives Verb	*r V*	verbe réfléchi
siehe	*s.*	voir
Sache	*S.*	chose
Schach	SCHACH	échecs
Naturwissenschaften	SCI	sciences naturelles
Schulwesen	SCOL, SCHULE	école
süddeutsch	SDEUTSCH	allemand du Sud
selten	*selten*	rare
Singular	*sing, Sing*	singulier
Skifahren	SKI	ski
salopp	*sl*	argot allemand
Soziologie	SOCIOL, SOZIOL	sociologie
gehoben	*soutenu*	soutenu
Fachausdruck	*spéc*	langage de spécialiste
Spiele	SPIEL	jeux
Sport	SPORT	sport
Sprichwort	*Spr.*	proverbe
Statistik	STATIST	statistique
Subjonctif	*subj*	subjonctif
Substantiv	*subst*	substantif
Superlativ	*superl, Superl*	superlatif
Technik	TECH	technique
Nachrichtentechnik	TELEC	télécommunications
Tennis	TENNIS	tennis
Textilien	TEXTIL	textile
Theater	THEAT	théâtre
Tourismus	TOURISME, TOURISMUS	tourisme

Transport und Verkehr	TRANSP	moyens de transport
transitives Verb	*tr V*	verbe transitif
Fernsehen	TV	télévision
Buchdruck	TYP	typographie
Universität	UNIV	université
unpersönlich	*unpers*	impersonnel
unregelmäßig	*unreg*	irrégulier
unveränderlich	*unv*	invariable
siehe	*v.*	voir
Verb	*vb*	verbe
veralteter Sprachgebrauch	*veraltet*	emploi vieilli
intransitives Verb	*vi*	verbe intransitif
veralteter Sprachgebrauch	*vieilli*	emploi vieilli
reflexives Verb	*vpr*	verbe pronominal
transitives Verb	*vt*	verbe transitif
vulgär	*vulg*	vulgaire
Zoologie	ZOOL	zoologie

Aa

A, a [ɑ] *m inv* A *nt*/a *nt;* **a accent circonflexe/grave** A Accent circonflexe/grave, A Zirkumflex/Gravis; **a commercial** INFORM at-Zeichen *nt*
▶ **a comme Anatole** A wie Anton; **prouver** [*o* **démontrer**] **qc par A + B** etw unwiderlegbar [*o* klipp und klar *fam*] beweisen; **de A jusqu'à** [*o* **à**] **Z** von A bis Z (*fam*)

a [a] *indic prés de* **avoir**

à [a] <à + le = au, à + les = aux> *prép* ❶ (*introduit un complément de temps*) **à huit/dix heures** um acht/zehn [Uhr]; **à Noël/Pâques/au Nouvel An/à la Toussaint** an [*o* zu] Weihnachten/Ostern/Neujahr/Allerheiligen; **à l'arrivée** bei der Ankunft; **à quelle heure?** um wieviel Uhr?; **le cinq juin au matin/soir** am fünften Juni morgens/abends
❷ (*indique une époque*) in (+ *Dat*); **au printemps** im Frühling; **aux premiers beaux jours** an den ersten schönen Tagen
❸ (*indique une date ultérieure*) in (+ *Dat*); **on se verra aux prochaines vacances/au printemps prochain** wir sehen uns in den nächsten Ferien/im nächsten Frühjahr; **à mon retour** bei meiner Rückkehr; **reporter la réunion au lendemain** die Versammlung auf den folgenden Tag verlegen; **j'ai hâte d'être à lundi** ich wollte, es wäre schon Montag
❹ (*pour prendre date*) bis; **à demain/lundi!** bis morgen/Montag!
❺ (*jusque*) (*temps*) bis; (*mesure*) bis an (+ *Akk*), bis zu; **de 2 à 8 heures** von 2 bis 8 Uhr
❻ (*introduit un complément de lieu*) (*pour indiquer une direction*) in (+ *Akk*); **aller à l'école/la piscine** in die Schule/ins Schwimmbad gehen; **aller à la poste** auf die [*o* zur] Post gehen; **aller à Paris/Londres** nach Paris/London fahren; **aller à la mer/montagne** ans Meer/ins Gebirge fahren; **aller au Japon/aux États-Unis** nach Japan/in die Vereinigten Staaten fliegen; **aller chercher de l'eau au puits/à la rivière/source** am [*o* vom] Brunnen/aus dem Fluss/an der Quelle Wasser holen; **s'asseoir à son bureau** sich an seinen Schreibtisch setzen; **se mettre à l'ombre** sich in den Schatten setzen
❼ (*indique le lieu où l'on est*) in (+ *Dat*); **être à l'école/la piscine** in der Schule/im Schwimmbad sein; **être à la poste** auf [*o* bei] der Post sein; **habiter à Paris/Londres** in Paris/London leben; **habiter à la montagne** im Gebirge leben; **habiter aux États-Unis/au Japon** in den Vereinigten Staaten/in Japan leben; **habiter au troisième étage** im dritten Stock wohnen; **être assis(e) à son bureau** an seinem Schreibtisch sitzen; **être assis(e) à l'ombre** im Schatten sitzen; **au coin de la rue/au carrefour** an der Straßenecke/an der Kreuzung; **à la page 36** auf Seite 36; **à cinq minutes/trois kilomètres d'ici** fünf Minuten/drei Kilometer von hier [entfernt]; **à la télévision/radio/au cinéma** im Fernsehen/Radio/Kino; **avoir mal à la tête/au dos/ventre** Kopf-/Rücken-/Bauchschmerzen haben; **avoir froid aux pieds/mains** kalte Füße/Hände haben; **à l'épaule/au genou** an der Schulter/am Knie; **le sourire aux lèvres** mit einem Lächeln auf den Lippen; **les larmes aux yeux** mit Tränen in den Augen
❽ (*indique le nombre de personnes*) **à deux/trois/douze** zu zweit/dritt/zwölft; **on peut tenir à 50 dans cette salle** dieser Saal fasst bis zu 50 Personen
❾ (*par*) **à l'heure/la minute/seconde** in der [*o* pro] Stunde/Minute/Sekunde; **à la journée** am [*o* pro] Tag; **six litres aux cent [kilomètres]** sechs Liter auf hundert Kilometer; **acheter au poids/à la douzaine** nach Gewicht/im Dutzend [ein]kaufen; **vendre au mètre** meterweise verkaufen
❿ (*cause*) bei; **à cette nouvelle, ...** bei dieser Nachricht ...
⓫ (*conséquence*) zu; **à ma plus grande surprise** zu meiner größten Überraschung
⓬ (*d'après*) **à la demande de qn** auf jds Wunsch (*Akk*)
⓭ (*indique une appartenance*) **c'est à moi/lui** das [*o* es] gehört mir/ihm; **un ami à eux** ein Freund von ihnen; **avoir une maison à soi** ein eigenes Haus haben; **votre devoir à tous** euer aller Aufgabe
⓮ (*indique le moyen*) **coudre/écrire qc à la machine** etw auf [*o* mit] der Maschine nähen/schreiben; **se chauffer au gaz/charbon/à l'électricité** mit Gas/Kohle/Strom heizen; **cuisiner au beurre** mit Butter kochen; **à la loupe/au microscope** durch die Lupe/unter dem Mikroskop; **boire au verre/à la bouteille** aus dem Glas/der Flasche trinken
⓯ (*introduit un superlatif*) **elle est au plus mal** es geht ihr sehr schlecht; **venir au plus tôt** möglichst bald kommen
⓰ (*au point de*) **s'ennuyer à mourir** sich zu Tode langweilen; **c'est à rendre fou/mourir de rire** das ist zum Verrücktwerden/Totlachen
⓱ (*complément indirect*) **donner qc à qn** jdm etw geben; **jouer aux cartes** Karten spielen; **jouer au tennis/basket** Tennis/Basketball spielen; **penser à qn/qc** an jdn/etw denken; **parler/téléphoner à qn** mit jdm sprechen/jdn anrufen; **participer à qc** an etw (*Dat*) teilnehmen
⓲ (*locution verbale*) **elle prend plaisir à faire qc** es macht ihr Spaß etw zu tun; **il se met à pleuvoir** es fängt an zu regnen; **c'est facile à faire** das ist leicht [zu machen]; **rien à faire!** nichts zu machen!; **aptitude à faire qc** Fähigkeit etw zu tun; **maison à vendre** Haus zu verkaufen

abaissable [abɛsabl] *adj* in der Höhe verstellbar

abaissant(e) [abɛsɑ̃, ɑ̃t] *adj punition, situation* erniedrigend, demütigend; *rôle, tâche, travail* entwürdigend

abaisse [abɛs] *f* GASTR [ausgerollter] Teig

abaisse-langue [abɛslɑ̃g] <abaisse-langue[s]> *m* Spatel *m o f*

abaissement [abɛsmɑ̃] *m* ❶ (*action de faire descendre*) *d'une vitre, persienne, d'un volet* Herunterlassen *nt; d'un niveau, siège* Niedrigerstellen *nt; d'une manette* Herunterdrücken *nt*
❷ (*action de diminuer*) *de l'âge de la retraite* Herabsetzen *nt; des charges, impôts, prix* Senkung *f*
❸ (*baisse*) *des températures, du niveau d'eau* Sinken *nt*
❹ (*humiliation*) Erniedrigung *f*

abaisser [abese] <1> **I.** *vt* ❶ (*faire descendre*) herunterlassen *vitre, volet, rideau;* niedriger stellen *niveau, siège;* herunterdrücken *manette*
❷ (*faire diminuer*) senken *température, charges, impôts, prix, nombre;* herabsetzen *âge de la retraite;* **la sécheresse a abaissé le niveau d'eau** wegen der Trockenheit ist der Wasserstand gesunken
❸ (*avilir*) erniedrigen; herabsetzen *collègue;* **ça l'abaisserait de faire le premier pas** es wäre unter seiner/ihrer Würde den ersten Schritt zu tun
II. *vpr* **s'~** ❶ (*descendre*) *vitre, rideau:* sich senken; *rideau de théâtre:* fallen
❷ (*s'humilier*) sich erniedrigen; **s'~ à qc/à faire qc** sich zu etw herablassen/sich dazu herablassen etw zu tun

abandon [abɑ̃dɔ̃] *m* ❶ (*désertion*) *d'une maison, d'un village* Verlassen *nt; d'un lieu* Aufgabe *f*
❷ (*délaissement*) *d'une personne* Verlassen *nt; d'un nouveau-né, animal* Aussetzen *nt; d'un véhicule* Stehenlassen *nt;* **laisser qc à l'~** etw verkommen lassen; **maison/jardin à l'~** verkommenes Haus/verwilderter Garten
❸ (*dépôt*) *de déchets, d'un objet* Zurücklassen *nt,* Liegenlassen *nt*
❹ (*fait de renoncer à*) *des études, de la lutte, d'une piste* Aufgabe *f; des recherches* Einstellung *f,* Abbruch *m;* **~ d'une méthode/d'un procédé** Verzicht *m* auf eine Methode/ein Verfahren
❺ **a.** JUR (*renonciation*) *de ses biens, de sa fortune* Abtretung *f;* **~ du pouvoir/d'une fonction** Verzicht *m* auf die Macht/ein Amt

❻ SPORT Aufgabe *f;* **vainqueur par ~** Sieger *m* durch Aufgabe [des Gegners]; **il y a eu de nombreux ~s** zahlreiche Teilnehmer haben aufgegeben
◆ **~ d'enfant** Kindesaussetzung *f;* **~ de famille** Vernachlässigung *f* der Unterhaltspflicht
abandonné(e) [abɑ̃dɔne] *adj maison, village, coin, femme, mari* verlassen; *enfant* ausgesetzt; *chat, chien* herrenlos
abandonner [abɑ̃dɔne] <1> **I.** *vt* ❶ (*déserter*) verlassen *maison, village, poste;* aufgeben, verlassen *lieu stratégique*
❷ (*quitter*) verlassen, im Stich lassen *femme, mari, famille, enfant;* aussetzen *nouveau-né, animal;* stehen lassen *véhicule;* leer stehen lassen *maison;* **~ son enfant à l'adoption** sein Kind zur Adoption freigeben; **je vous abandonne quelques instants** ich muss Sie/euch einen Augenblick allein lassen; **ses amis l'ont abandonné** seine Freunde haben ihn im Stich gelassen; **se sentir abandonné(e)** sich allein gelassen fühlen
❸ (*laisser derrière soi*) zurücklassen, liegen lassen *déchets*
❹ (*renoncer à*) aufgeben *combat, études, partie;* aufgeben, fallen lassen *hypothèse;* abkommen von, verzichten auf (+ *Akk*) *méthode, procédé;* verzichten auf (+ *Akk*) *pouvoir, fonction;* nicht mehr [weiter] verfolgen *piste;* abtreten *biens, fortune;* **~ sa fortune à qn** jdm sein Vermögen überlassen [*o* abtreten]; **~ les recherches** die Suche aufgeben
❺ (*laisser*) **~ qn à ses pensées/son sort** jdn seinen Gedanken/seinem Schicksal überlassen
❻ (*faire défaut*) *forces, énergie, volonté, courage:* verlassen
II. *vi* aufgeben; **j'abandonne!** ich geb['s] auf!
III. *vpr* ❶ (*se détendre*) **s'~** sich gehen lassen; (*couché*) entspannt [*o* gelöst] daliegen
❷ (*se laisser aller à*) **s'~ aux larmes** seinen Tränen freien Lauf lassen; **s'~ au désespoir** sich der Verzweiflung hingeben; **s'~ à la paresse** dem [süßen] Nichtstun frönen; **s'~ aux confidences** sein Herz ausschütten
abaque [abak] *m* (*boulier*) Abakus *m*
abasourdi(e) [abazuʀdi] **I.** *part passé de* **abasourdir**
II. *adj* ❶ (*étonné*) verblüfft
❷ (*par un grand bruit*) betäubt
abasourdir [abazuʀdiʀ] <8> *vt* ❶ (*stupéfier*) sprachlos machen; **être abasourdi(e)** verblüfft [*o* sprachlos] sein
❷ (*consterner*) bestürzen; **être abasourdi(e) par la mauvaise nouvelle** von der schlechten Nachricht [sehr] betroffen sein
❸ (*assourdir*) benommen machen
abasourdissant(e) [abazuʀdisɑ̃, ɑ̃t] *adj bruit, ovation, vacarme* ohrenbetäubend; *nouvelle* bestürzend
abasourdissement [abazuʀdismɑ̃, abasuʀdismɑ̃] *m* ❶ (*stupéfaction*) Verblüffung *f*
❷ (*consternation*) Bestürzung *f*
abâtardir [abɑtaʀdiʀ] <8> **I.** *vt* ❶ BIO **~ une race** zur Degeneration einer Rasse führen
❷ (*altérer*) entarten, unterminieren
II. *vpr* **s'~** *race:* degenerieren
abâtardissement [abɑtaʀdismɑ̃] *m d'une race* Degeneration *f*
abatis [abati] *m v.* **abattis**
abat-jour [abaʒuʀ] *m inv* ❶ Lampenschirm *m*
❷ ARCHIT Lichtöffnung *f*
abats [aba] *mpl* Innereien *Pl*
abattage [abataʒ] *m* ❶ *d'un mur, d'une maison* Abreißen *nt; d'une cloison* Einreißen *nt; d'un arbre* Fällen *nt*
❷ *d'un animal de boucherie* Schlachten *nt*
▸ **avoir de l'~** *fam* Feuer haben
abattant [abatɑ̃] *m* Klappe *f; d'un secrétaire* Schreibklappe; **~ d'un W.-C.** Klosettdeckel *m*
abattement [abatmɑ̃] *m* ❶ (*lassitude*) Mattigkeit *f*
❷ (*découragement*) Niedergeschlagenheit *f*
❸ (*rabais*) Ermäßigung *f*
❹ FISC Freibetrag *m*
abattis [abati] *m* ❶ GASTR *pl* Klein *nt; d'une poule* Hühnerklein *nt; d'une oie* Gänseklein *nt*
❷ *pl fam* (*bras et jambes*) Extremitäten *Pl*
❸ CAN (*terrain déboisé*) abgeholztes Gelände *nt*
▸ **pouvoir numéroter ses ~** *fam* sich (*Dat*) die Knochen nummerieren lassen können (*fam*)
abattoir [abatwaʀ] *m* Schlachthof *m*
abattre [abatʀ] <*irr*> **I.** *vt* ❶ (*faire tomber*) abreißen *mur, maison;* einreißen *cloison;* fällen *arbre;* abholzen *forêt;* abschießen *avion;* umwerfen *quille*
❷ *a. fig* **~ son jeu** seine Karten auf den Tisch legen
❸ (*tuer*) schlachten *animal de boucherie;* töten *animal blessé;* schießen, erlegen *gibier*
❹ (*assassiner*) ermorden
❺ (*affaiblir*) *fièvre, maladie:* schwächen; *temps:* matt machen
❻ (*décourager*) *souci:* erdrücken; *tâche, travail:* verzagen lassen; **ne pas se laisser ~** sich nicht unterkriegen lassen (*fam*); **ne te laisse pas ~!** *fam* (*à table*) lass es dir trotzdem schmecken!; **eh bien! Tu ne te laisses pas ~!** *fam* du haust ja ganz schön rein! (*fam*)
❼ (*travailler vite et beaucoup*) **~ de la besogne** seine Arbeit flott erledigen; **~ le travail de deux jours en un seul** die Arbeit von zwei Tagen an einem einzigen erledigen; **~ seul le travail de deux personnes** für zwei arbeiten
❽ (*rabattre*) *vent, tornade:* niederfegen
II. *vpr* **s'~** ❶ (*tomber*) *arbre, statue:* umstürzen; **s'~ sur le sol** zu Boden fallen
❷ (*tomber brutalement*) *pluie:* niederprasseln; *vagues:* branden, sich brechen; *rafales de vent:* fegen
❸ (*fondre sur*) *aigle, buse, personne:* sich stürzen auf (+ *Akk*); *criquets, fourmis:* herfallen über (+ *Akk*)
❹ *fig injures:* niederprasseln auf (+ *Akk*); *malheur:* hereinbrechen über (+ *Akk*)
abattu(e) [abaty] **I.** *part passé de* **abattre**
II. *adj* ❶ (*physiquement*) geschwächt, matt
❷ (*moralement*) niedergeschlagen
abbatial(e) [abasjal, jo] <-aux> *adj église* Abtei-; (*de l'abbé*) Abts-; (*de l'abbesse*) Äbtissinnen-; **ville ~e** zu einer Abtei gehörende Stadt
abbatiale [abasjal] *f* Abteikirche *f*
abbaye [abei] *f* Abtei *f*
abbé [abe] *m* ❶ (*prêtre*) Priester *m*
❷ (*supérieur d'une abbaye*) Abt *m*
abbesse [abɛs] *f* Äbtissin *f*
a b c [abese] *m inv* Abc *nt,* Einmaleins *nt;* **l'~ de la pédagogie** das Einmaleins der Pädagogik; **l'~ du métier** die Grundlagen *Pl* des Berufs[standes]
abcès [apsɛ] *m* Abszess *m*
▸ **crever** [*o* **vider**] **l'~** (*prendre des mesures énergiques*) energisch durchgreifen; (*dire ce que l'on pense*) Fraktur [*o* Tacheles *fam*] reden
abdication [abdikasjɔ̃] *f* Abdankung *f*
abdiquer [abdike] <1> *vi* ❶ *roi, souverain:* abdanken
❷ (*renoncer*) aufgeben, kapitulieren
abdomen [abdɔmɛn] *m* ❶ ANAT Bauch *m*
❷ ZOOL Hinterleib *m*
abdominal(e) [abdɔminal, o] <-aux> *adj* Bauch-
abdominaux [abdɔmino] *mpl* Bauchmuskeln *Pl;* **faire des ~** die Bauchmuskulatur trainieren
abécédaire [abesedɛʀ] *m* (*livre*) Fibel *f;* (*tableau*) gemaltes Alphabet
abeille [abɛj] *f* Biene *f*
Abel [abɛl] *m* Abel *m*
aber [abɛʀ] *m* (*en Bretagne*) *starke Flutbewegung, die auf Flussmündungen wirkt*
aberrant(e) [abeʀɑ̃, ɑ̃t] *adj* widersinnig; *idée* abwegig; *prix* irrsinnig; **c'est complètement ~ de faire ça!** es ist doch völlig unsinnig so etwas zu tun!
aberration [abeʀasjɔ̃] *f* Widersinnigkeit *f;* **c'est une ~!** das ist

absurd!
abêtir [abetiʀ] <8> **I.** *vt* ❶ (*rendre bête*) verdummen
❷ (*abrutir*) stumpfsinnig machen
II. *vpr* **s'~** dumm werden
abêtissant(e) [abetisɑ̃, ɑ̃t] *adj travail, activité* stumpfsinnig; *émission* verdummend
abêtissement [abetismɑ̃] *m* Verdummung *f*
abhorrer [abɔʀe] <1> *vt littér* verabscheuen
abîme [abim] *m* ❶ *soutenu* (*gouffre*) Abgrund *m*
❷ (*divergence*) Abgrund *m*, [tiefe] Kluft; **un ~ se creuse** eine [tiefe] Kluft tut sich auf; **un ~ nous sépare** uns trennen Welten
abîmer [abime] <1> **I.** *vt* (*détériorer*) beschädigen, ruinieren; **la pollution abîme les édifices** durch die Umweltverschmutzung werden die Gebäude zerfressen
II. *vpr* ❶ (*se détériorer*) **s'~** sich abnutzen, kaputt gehen; *fruits, légumes:* verderben
❷ (*détériorer*) **s'~ les yeux** [*o* **la vue**] sich (*Dat*) die Augen verderben; **s'~ la santé** seine Gesundheit ruinieren; **elle s'est abîmé les mains à travailler** ihre Hände sind vom Arbeiten [ganz] lädiert
❸ *littér* (*tomber, sombrer*) **s'~** *avion:* abstürzen; *bateau:* sinken
abiotique [abjɔtik] *adj lac* [biologisch] tot
abject(e) [abʒɛkt] *adj* niederträchtig, gemein, frech; *goût* widerlich; **avoir un comportement ~ envers qn** sich jdm gegenüber niederträchtig [*o* gemein] verhalten
abjection [abʒɛksjɔ̃] *f* ❶ *sans pl* (*avilissement*) Schmach *f*
❷ (*acte méprisable*) Schandtat *f*
abjuration [abʒyʀasjɔ̃] *f* Abschwören *nt; d'une doctrine* Widerruf *m*
abjurer [abʒyʀe] <1> **I.** *vi* abschwören
II. *vt* **~ qc** einer S. (*Dat*) abschwören, etw widerrufen
ablatif [ablatif] *m* Ablativ *m*
ablation [ablasjɔ̃] *f d'une tumeur* operative Entfernung; *d'un membre* Amputation *f*
ablette [ablɛt] *f* Ukelei *m*
ablution [ablysjɔ̃] *f* REL [rituelle] Waschung
▶ **faire ses ~s** sich waschen
abnégation [abnegasjɔ̃] *f* Selbstverleugnung *f*; **esprit d'~** Opfergeist *m*
aboiement [abwamɑ̃] *m* Bellen *nt*, Gebell *nt*; **des ~s** das Bellen, das Gebell
abois [abwa] *mpl* ▶ **être aux ~** in Bedrängnis [*o* in einer verzweifelten Lage] sein; *animal:* von der Meute gestellt sein
abolir [abɔliʀ] <8> *vt* abschaffen *esclavage, loi;* aufheben *frontières*
abolition [abɔlisjɔ̃] *f de l'esclavage, d'une loi* Abschaffung *f*; *des frontières* Aufhebung *f*
abolitionnisme [abɔlisjɔnism] *m* (*contre l'esclavage*) Bewegung *f* der Gegner der Sklaverei, Abolitionismus *m* (*Fachspr.*); (*contre la peine de mort*) Bewegung zur Abschaffung der Todesstrafe
abolitionniste [abɔlisjɔnist] **I.** *adj* ❶ (*contre l'esclavage*) gegen die Sklaverei, abolitionistisch (*Fachspr.*)
❷ (*contre la peine de mort*) gegen die Todesstrafe
II. *mf* ❶ (*contre l'esclavage*) Gegner(in) *m(f)* der Sklaverei, Abolitionist(in) *m(f)* (*Fachspr.*)
❷ (*contre la peine de mort*) Gegner(in) der Todesstrafe
abominable [abɔminabl] *adj* ❶ (*horrible*) abscheulich, grauenvoll; *action* grässlich; **acte ~** Gräueltat *f*
❷ (*très mauvais*) *odeur, goût, nourriture* scheußlich, widerlich; *temps* scheußlich, grässlich (*fam*)
❸ (*insupportable*) *enfant, personne* scheußlich, grässlich (*fam*); **avoir un mari ~** ein Ekel zum Mann haben
abominablement [abɔminabləmɑ̃] *adv* ❶ (*très mal*) miserabel, schauderhaft
❷ (*très*) grässlich (*fam*); **être ~ jaloux(-ouse)** entsetzlich eifersüchtig sein
abomination [abɔminasjɔ̃] *f* ❶ (*dégoût*) Abscheu *m o f*; **avoir qn/qc en ~** jdn/etw verabscheuen
❷ (*fait horrible*) abscheuliche Tat, Schandtat *f*; (*acte particulièrement répugnant*) Gräuel *m*, Gräueltat *f*
abondamment [abɔ̃damɑ̃] *adv* reichlich; **il en a parlé ~** er hat sich lang und breit darüber ausgelassen
abondance [abɔ̃dɑ̃s] *f* (*profusion*) Fülle *f*, Überfluss *m*; **une ~ de qc** eine Fülle von etw; **vivre dans l'~** im Überfluss leben
▶ **nager dans l'~** im Geld schwimmen; **parler d'~** *littér* aus dem Stegreif sprechen; **en ~** in Hülle und Fülle; **nous en avons en ~** wir haben reichlich davon; **les fleurs poussent/il y a des fruits en ~** die Blumen sprießen/es gibt Obst in Hülle und Fülle
abondant(e) [abɔ̃dɑ̃, ɑ̃t] *adj nourriture* reichhaltig; *erreurs* zahlreich; **des pluies ~es** ergiebige Regenfälle *Pl*; **d'~es chutes de neige** starke Schneefälle *Pl*; **l'écoulement de sang est ~** der Blutverlust ist beträchtlich
abonder [abɔ̃de] <1> *vi* ❶ (*exister en grande quantité*) reichlich vorhanden sein; **le gibier abonde en Sologne** die Sologne ist reich an Wild; **le poisson abonde dans cette rivière** dieser Fluss ist sehr fischreich; **les fruits abondent cette année** dieses Jahr gibt es reichlich Obst; **~ en fruits** voller Obst sein; **les erreurs abondent dans ce texte** dieser Text ist voller Fehler; **ce texte abonde en erreurs/citations** in dem Text wimmelt es von Fehlern/Zitaten
❷ (*être de même avis*) **~ dans le sens de qn** mit jdm [völlig] übereinstimmen
abonné(e) [abɔne] **I.** *adj* ❶ (*qui a un abonnement*) **lecteur ~** Abonnent *m*; **spectateur ~** [Theater]abonnent; **être ~(e) à un journal** eine Zeitung abonniert haben [*o* beziehen], auf eine Zeitung abonniert werden (CH); **être ~(e) à un club** Mitglied *nt* eines Klubs sein
❷ *fam* (*coutumier*) **être ~(e) aux mauvaises notes** auf schlechte Noten abonniert sein
II. *m(f) d'un théâtre, magazine, journal* Abonnent(in) *m(f)*; *d'un club* Mitglied *nt*
▶ **il est aux ~s absents** *fam* man kann ihn lang[e] suchen, er ist auf Tauchstation (*fam*)
◆ **~(e) au** [*o* **du**] **téléphone** Fernsprechteilnehmer(in) *m(f)*
abonnement [abɔnmɑ̃] *m* Abonnement *nt*, Abo *nt* (*fam*); (*au téléphone*) Anschluss *m*; (*à un club*) Mitgliedschaft *f*; **~ hebdomadaire/mensuel/annuel** Wochen-/Monats-/Jahreskarte *f*; **renouveler son ~** sein Abonnement verlängern; **prendre** [*o* **souscrire**] **un ~ à un journal/au théâtre** eine Zeitung im Abonnement/ein Theaterabonnement bestellen; **résilier son ~** (*au journal, magazine*) sein Abonnement kündigen; (*au téléphone*) seinen Telefonanschluss [*o* sein Telefon] abmelden
abonner [abɔne] <1> **I.** *vpr* **s'~ à un journal/au théâtre** eine Zeitung/einen Theaterplatz abonnieren; **s'~ à un club** einem Klub beitreten; **s'~ au téléphone** einen Telefonanschluss einrichten lassen
II. *vt* **~ qn à un journal** jdn für ein Zeitungsabonnement werben; **~ qn à un club** jdn als neues Mitglied werben
abord [abɔʀ] *m* ❶ (*alentours*) **les ~s d'une ville/forêt** die unmittelbare Umgebung einer Stadt/eines Waldes; **aux ~s de la maison** in unmittelbarer Nähe des Hauses
❷ (*attitude*) **être d'un ~ facile/difficile** umgänglich [*o* zugänglich]/schwer zugänglich sein; **être d'un ~ agréable/froid** warmherzig/kühl wirken; **son ~ froid** seine/ihre abweisend-kühle Haltung; **sous des ~s sévères, il est très gentil** er wirkt streng, ist aber in Wirklichkeit sehr nett
▶ **au premier ~, de prime ~** *littér* (*dès la première rencontre*) gleich zu Beginn [schon]; (*à première vue*) auf den ersten Blick; JUR beim ersten Anschein; **j'ai senti de prime ~ qu'il était d'accord** ich habe gleich zu Beginn gespürt, dass er einverstanden war; **tout d'~** (*temporel*) zuallererst; (*avant tout*) in allererster Linie; **d'~** *fam* **d'~ tu n'avais qu'à le lui dire,**

toi! also, du hättest es ihm/ihr einfach nur sagen müssen!; **et d'~, qui est-ce qui t'a dit ça?** und überhaupt, wer hat dir das gesagt?

abordable [abɔʀdabl] *adj* ❶ (*bon marché*) erschwinglich; **pas ~** unerschwinglich
❷ *littér* (*affable*) zugänglich; **ton père n'est pas ~ aujourd'hui** dein Vater ist heute nicht ansprechbar

abordage [abɔʀdaʒ] *m* ❶ (*assaut*) Entern *nt,* Enterung *f*
❷ (*collision*) [Schiffs]kollision *f*
▶ **à l'~!** entert das Schiff!

aborder [abɔʀde] <1> **I.** *vt* ❶ (*accoster*) ansprechen, anreden; **se faire ~ par qn** von jdm angesprochen werden
❷ (*évoquer*) ansprechen, zur Sprache bringen *sujet, problème;* anschneiden *question*
❸ (*appréhender*) herangehen an (+ *Akk*) *vie, auteur, texte;* anpacken *épreuve;* **~ la solitude** der Einsamkeit (*Dat*) entgegensehen
❹ (*amorcer*) **~ un carrefour** sich einer Kreuzung nähern; *automobiliste, voiture:* auf eine Kreuzung zufahren; **~ un virage** in eine Kurve einbiegen; **~ un carrefour dangereux** in eine gefährliche Kreuzung einfahren; **~ une montagne** einen Berg besteigen
❺ (*approcher*) **~ la trentaine/quarantaine** auf die Dreißig/Vierzig zugehen
❻ NAUT (*donner l'assaut*) *pirates:* entern; *navire:* festmachen an (+ *Dat*); (*heurter*) kollidieren mit
II. *vi* anlegen
III. *vpr* **s'~** ❶ (*se rencontrer*) *personnes:* aufeinander zugehen
❷ NAUT (*heurter*) kollidieren

aborigène [abɔʀiʒɛn] **I.** *adj peuple* eingeboren; *plante* einheimisch
II. *mf* Eingeborene(r) *f(m),* Ureinwohner(in) *m(f)*

abortif, -ive [abɔʀtif, -iv] *adj* Abtreibungs-; **pilule abortive** Abtreibungspille *f;* **risque ~** Risiko, das zu einer Fehlgeburt führen kann

aboucher [abuʃe] <1> **I.** *vt* ineinander stecken
II. *vpr littér* **s'~ avec qn** sich mit jdm zusammentun

abouler [abule] <1> *vt arg* rausrücken (*fam*); **allez, aboule le fric!** los, rück die Kohle raus! (*sl*), los, her mit der Kohle! (*sl*)

aboulie [abuli] *f* krankhafte Entschlussunfähigkeit *f*

about [abu] *m* Endstück *nt*

abouter [abute] <1> *vt* miteinander verbinden; an den Enden miteinander verbinden *baguettes*

abouti(e) [abuti] *adj projet* erfolgreich abgeschlossen [*o* zu Ende geführt]; *expérience, tentative* gelungen

aboutir [abutiʀ] <8> *vi* ❶ (*réussir*) Erfolg haben; *projet:* erfolgreich abgeschlossen [*o* zu Ende geführt] werden; **ne pas ~** erfolglos [geblieben] sein
❷ (*conduire à*) **~ à/dans qc** *rue, galerie, escalier:* zu etw führen; **cette rue aboutit dans une autre rue** diese Straße mündet in eine andere Straße
❸ (*se terminer par*) *démarche, enquête, demande:* führen zu

aboutissants [abutisɑ̃] *v.* **tenant**

aboutissement [abutismɑ̃] *m* Ergebnis *nt,* Erfolg *m*

aboyer [abwaje] <6> *vi* ❶ *chien:* bellen
❷ *fam* (*crier*) *personne:* brüllen

abracadabra [abʀakadabʀa] *m* Abrakadabra *nt*

abracadabrant(e) [abʀakadabʀɑ̃, ɑ̃t] *adj* ❶ (*extravagant*) ungewöhnlich
❷ (*invraisemblable*) unglaublich

abraser [abʀɑze] <1> *vt* abschleifen

abrasif [abʀɑzif] *m* Schleifmittel *nt*

abrasif, -ive [abʀɑzif, -iv] *adj produit, matière, papier* Schleif-; **avoir des propriétés abrasives** sich zum [Ab]schleifen eignen

abrasion [abʀɑzjɔ̃] *f* [Ab]schleifen *nt;* **le détartrage des dents par ~** das Entfernen von Zahnstein durch Polieren

abrégé [abʀeʒe] *m* ❶ (*texte réduit*) gekürzte Fassung, Kurzfassung *f;* **en ~** *texte* gekürzt; **mot en ~** abgekürztes Wort, Abkürzung *f;* **écrire/prendre en ~** in gekürzter Form schreiben/in gekürzter Fassung aufschreiben
❷ (*ouvrage*) Abriss *m*

abrègement, abrégement [abʀɛʒmɑ̃] *m d'un mot* Abkürzung *f; d'une entrevue, rencontre* Verkürzung *f; d'un texte, travail* Kürzung *f*

abréger [abʀeʒe] <2a, 5> **I.** *vt* verkürzen *études, visites, souffrances;* abkürzen *rencontre, repas, conférence, mot;* kürzen *texte*
II. *vpr* **s'~** abgekürzt werden

abreuver [abʀœve] <1> **I.** *vt* ❶ (*donner à boire*) tränken *animal*
❷ (*couvrir de*) **~ qn de compliments/reproches** jdn mit Komplimenten/Vorhaltungen überhäufen [*o* überschütten]; **~ qn de conseils** jdn mit [guten] Ratschlägen eindecken (*fam*)
II. *vpr* ❶ (*boire*) **s'~** *animal:* trinken
❷ (*se nourrir*) **s'~ de romans/littérature** in Romanen/Literatur schwelgen; **s'~ d'air pur** frische Luft tanken (*fam*)

abreuvoir [abʀœvwaʀ] *m* ❶ (*lieu*) Tränke *f*
❷ (*auge*) Wassertrog *m*
❸ (*dans l'étable, le poulailler*) Tränkrinne *f*
❹ (*dans une cage*) [kleiner] Trinknapf *m*

abréviatif, -ive [abʀevjatif, -iv] *adj formule* Kurz-; **signe ~** Kürzel *nt*

abréviation [abʀevjasjɔ̃] *f* ❶ (*mot abrégé*) Abkürzung *f*
❷ (*action d'abréger*) Abkürzung *f,* Abkürzen *nt*

abri [abʀi] *m* ❶ (*protection naturelle*) Schutz *m,* Unterschlupf *m;* **se mettre à l'~ de la pluie** sich [vor dem Regen] unterstellen; **se mettre à l'~ du vent/du froid** sich gegen den Wind/die Kälte schützen; **se mettre à l'~ des balles** [vor den Kugeln] in Deckung gehen; **mettre les documents à l'~** die Dokumente in Sicherheit bringen; **mettre un vélo à l'~** ein Fahrrad unterstellen; **être à l'~ de la pluie/du vent** vor dem Regen/Wind sicher [*o* geschützt] sein; **être à l'~ des gelées/intempéries** vor Frost/schlechtem Wetter geschützt sein; **être à l'~ des balles** an einem kugelsicheren Ort sein; **être à l'~** *personne:* in Sicherheit sein; *vélo, voiture:* untergestellt sein; **être un ~ contre la pluie** Schutz vor dem Regen bieten; **sous ~** an windgeschützter Stelle; **températures sous ~** Temperaturen, die an Wetterstationen gemessen wurden
❷ *fig* **se mettre à l'~ de la critique/des regards** sich vor Kritik/Blicken schützen; **à l'~ de la critique/des regards** vor Kritik/Blicken sicher; **à l'~ de tout soupçon** über jeden Verdacht erhaben (*geh*); **être à l'~ du besoin** keine finanziellen Sorgen [mehr] haben, ausgesorgt haben (*fam*); **ne pas être à l'~ d'un accident/du chômage** vor einem Unfall/der Arbeitslosigkeit nicht sicher sein, gegen einen Unfall/die Arbeitslosigkeit nicht gefeit sein
❸ MIL (*souterrain*) Unterstand *m;* **~ antiaérien** Luftschutzraum *m;* (*cave*) Luftschutzkeller *m;* (*fortification souterraine*) Luftschutzbunker *m;* **~ antiatomique** (*individuel*) Atomschutzraum; (*collectif*) Atomschutzbunker
❹ (*lieu aménagé*) Hütte *f;* (*en montagne*) Schutzhütte; (*pour le bétail*) Unterstand *m;* **~ météorologique** Wetter[beobachtungs]station *f*
◆ **~ de jardin** kleiner [Geräte]schuppen; **~ de plage** Strandkorb *m*

abribus [abʀibys] *m* Wartehäuschen *nt,* überdachte Bushaltestelle

abricot [abʀiko] **I.** *m* Aprikose *f,* Marille *f* (A)
II. *adj inv* aprikosenfarben

abricotier [abʀikɔtje] *m* Aprikosenbaum *m*

abrité(e) [abʀite] *adj* windgeschützt

abriter [abʀite] <1> **I.** *vt* ❶ (*protéger*) schützen vor (+ *Dat*), Schutz bieten vor (+ *Dat*)
❷ (*héberger*) beherbergen *personnes;* **cette maison abrite le consulat** in diesem Gebäude ist das Konsulat untergebracht
II. *vpr* ❶ **s'~** (*se protéger du danger*) in Deckung gehen; *population:* Schutz suchen; (*se protéger des intempéries*) sich

unterstellen; **s'~ de la pluie/du vent** sich vor dem Regen/Wind schützen; **s'~ sous un arbre** sich unter einen Baum stellen
❷ *(se protéger des critiques, reproches)* **s'~ derrière qn/qc** sich hinter jdm/etw verstecken [*o* verschanzen]

abrogatif, -ive [abʀɔgatif, -iv] *adj* JUR aufhebend

abrogation [abʀɔgasjɔ̃] *f* JUR *d'une loi* Aufhebung *f*

abrogatoire [abʀɔgatwaʀ] *adj v.* **abrogatif**

abroger [abʀɔʒe] <2a> *vt* aufheben, außer Kraft setzen

abrupt [abʀypt] *m* Steilwand *f*

abrupt(e) [abʀypt] *adj* ❶ *pente, versant* steil
❷ *fig manières, ton, réponse* schroff

abruti(e) [abʀyti] **I.** *adj* ❶ **être ~(e) de travail/bruit** von der Arbeit/vom Lärm [ganz] benommen sein
❷ *fam (idiot)* blöd *(fam)*
II. *m(f) fam* Idiot(in) *m(f)*; **espèce d'~(e)!** du Trottel! *(fam)*

abrutir [abʀytiʀ] <8> **I.** *vt (étourdir) bruit, soleil, travail:* [ganz] benommen machen; **~ qn de travail** jdn mit Arbeit überhäufen
II. *vpr* ❶ *(s'étourdir)* **s'~ de qc** von etw stumpfsinnig [*o* benommen] werden; **s'~ de bruit/travail** sich mit Lärm/Arbeit betäuben
❷ *(s'abêtir)* [durch etw] verdummen

abrutissant(e) [abʀytisɑ̃, ɑ̃t] *adj travail* stumpfsinnig; *bruit, musique* [ohren]betäubend; **le soleil est ~** die Sonne macht ganz benommen

abrutissement [abʀytismɑ̃] *m* ❶ *(extrême fatigue)* Benommenheit *f*; **travailler jusqu'à l'~** arbeiten, bis man nicht mehr klar denken kann
❷ *(abêtissement)* Verdummung *f*; **l'~ des masses** Massenverdummung

ABS [ɑbeɛs] *m abr de* **Anti-lock Brake System** ABS *nt*

abscisse [apsis] *f* Abszisse *f*

abscons(e) [apskɔ̃, ɔ̃s] *adj littér* schwer verständlich

absence [apsɑ̃s] *f* ❶ *(opp: présence)* Abwesenheit *f*; *d'un élève* Fehlen *nt*; **en l'~ de qn** in [*o* während] jds Abwesenheit; **les ~s de cet élève sont rares** dieser Schüler fehlt selten; **nous regrettons son ~ à notre réunion** wir bedauern, dass er/sie bei unserer Versammlung fehlt; **ton ~ me pèse** es bedrückt mich, dass du nicht da bist
❷ *(manque)* Fehlen *nt*; **~ de courtoisie** Unhöflichkeit *f*; **~ d'humour/de volonté** Humor-/Willenlosigkeit *f*; **en l'~ de règles** mangels Regeln *(Gen)*; **en l'~ de preuves** aus Mangel [*o* wegen Mangels] an Beweisen
❸ *(inattention)* Geistesabwesenheit *f*, Zerstreutheit *f*; **avoir une ~** geistesabwesend [*o* zerstreut] sein; **avoir des ~s** zeitweilig geistesabwesend sein
▶ **briller par son ~** *iron* durch Abwesenheit glänzen *(iron)*

absent(e) [apsɑ̃, ɑ̃t] **I.** *adj* ❶ *(opp: présent)* abwesend; **les élèves ~s** die fehlenden Schüler; **être ~(e) à une réunion/au cours** bei einer Besprechung/im Unterricht fehlen; **être ~(e) de Paris/de chez soi/du bureau** nicht in Paris/zu Hause/im Büro sein
❷ *(qui manque)* **être ~(e) de qc** bei etw fehlen
❸ *(distrait) air, regard* [geistes]abwesend; **être ~(e)** geistesabwesend sein
II. *m(f)* Abwesende(r) *f(m)*; **il y a des ~s?** fehlt jemand?
▶ **les ~s ont toujours tort** *prov* die Abwesenden haben immer Unrecht

absentéisme [apsɑ̃teism] *m d'un élève* häufiges Fernbleiben vom Unterricht; *d'un ouvrier, employé* häufiges Fernbleiben von der Arbeit; **~ scolaire** Fernbleiben vom Unterricht; **taux d'~** Abwesenheitsquote *f*

absentéiste [apsɑ̃teist] *mf* Arbeitnehmer, der/Arbeitnehmerin, die häufig fehlt [*o* oft krankfeiert *fam*]

absenter [apsɑ̃te] <1> *vpr* **s'~** weggehen; **je ne me suis absenté(e) que deux minutes** ich war nur zwei Minuten abwesend [*o* nicht da]

abside [apsid] *f* Apsis *f*

absinthe [apsɛ̃t] *f* ❶ *(alcool)* Absinth *m*
❷ BOT Wermut *m*

absolu [apsɔly] *m* **l'~** das Absolute; **dans l'~** [rein] theoretisch

absolu(e) [apsɔly] *adj* ❶ *(total) silence, nécessité* absolut; *confiance* uneingeschränkt; *amour* bedingungslos
❷ *(sans concession) jugement, ton* kategorisch; **un caractère ~, une nature ~e** ein Mensch mit einem kompromisslosen Charakter
❸ *monarque, pouvoir* absolut
❹ GRAM absolut

absolument [apsɔlymɑ̃] *adv* ❶ *remarquable, fantastique* ganz; *nécessaire* unbedingt; *vrai* vollkommen; *faux* völlig; **~ rien** absolut [*o* überhaupt] nichts; **~ tout** alles, aber auch alles; **~!** genau!; **mais ~!** aber sicher!
❷ *(à tout prix)* unbedingt

absolution [apsɔlysjɔ̃] *f* REL Absolution *f*; **donner l'~ à qn** jdm [die] Absolution erteilen

absolutisme [apsɔlytism] *m* Absolutismus *m*

absolutiste [apsɔlytist] **I.** *adj* absolutistisch
II. *mf* Absolutist(in) *m(f)*, Anhänger(in) *m(f)* des Absolutismus

absorbable [apsɔʀbabl] *adj* ❶ *(qui peut pénétrer)* **être ~ par qc** *liquide:* von etw aufgesaugt werden können
❷ *(consommable) médicament:* [von etw] aufgenommen [*o* absorbiert] werden können

absorbant(e) [apsɔʀbɑ̃, ɑ̃t] *adj* ❶ *papier, tissu, éponge* saugfähig
❷ *(prenant)* **activité ~e/travail ~** Tätigkeit/Arbeit, die einen sehr in Anspruch nimmt; **lecture ~e** Lektüre, die einen gefangennimmt

absorber [apsɔʀbe] <1> **I.** *vt* ❶ *(consommer)* zu sich nehmen *boisson, nourriture;* einnehmen *médicament*
❷ *(s'imbiber)* aufsaugen, aufnehmen; absorbieren *odeur, fumée*
❸ *(faire disparaître)* aufbrauchen *économies;* absorbieren *rayonnements, lumière*
❹ ECON übernehmen *concurrent, petit commerce*
❺ *(accaparer) travail, activité:* in Anspruch nehmen; *contemplation, observation de qc:* gefangen nehmen; **être absorbé(e) par une lecture** in eine Lektüre völlig vertieft sein
II. *vpr* **s'~ dans une lecture/la contemplation** sich in eine Lektüre/die Betrachtung vertiefen; **s'~ dans un travail** in einer Arbeit aufgehen

absorption [apsɔʀpsjɔ̃] *f* ❶ *(action de boire)* Trinken *nt*; *(action de manger)* Verzehr *m*; *d'un médicament* Einnahme *f*; **l'~ d'alcool** das Trinken von Alkohol, der Alhoholgenuss; **l'~ de toute nourriture est déconseillée** von jeglicher Nahrungsaufnahme wird abgeraten
❷ *(pénétration)* Absorption *f*; *de l'eau* Aufsaugen *nt*
❸ ECON *d'une société* Übernahme *f*; *du marché* Absorption *f* *(Fachspr.)*

absoudre [apsudʀ] <*irr*> *vt* ❶ REL **~ qn** jdm [die] Absolution erteilen
❷ JUR **~ qn** jdn von der Anklage freisprechen

abstenir [apstəniʀ] <9> *vpr* ❶ **s'~ de qc** auf etw *(Akk)* verzichten; **s'~ d'alcool/de café** keinen Alkohol/Kaffee trinken; **s'~ de tabac/viande** nicht rauchen/kein Fleisch essen; **s'~ de faire qc** darauf verzichten etw zu tun; **s'~ de tout [*o* du moindre] commentaire** sich jedes [*o* jeden] Kommentars enthalten
❷ *(ne pas voter)* **s'~** sich der Stimme *(Gen)* enthalten

abstention [apstɑ̃sjɔ̃] *f* [Stimm]enthaltung *f*

abstentionnisme [apstɑ̃sjɔnism] *m* Wahlmüdigkeit *f*

abstentionniste [apstɑ̃sjɔnist] **I.** *adj électorat* wahlmüde; **tendance ~** Tendenz *f* zum Nichtwählen
II. *mf* Nichtwähler(in) *m(f)*

abstinence [apstinɑ̃s] *f* ❶ *(chasteté)* Enthaltsamkeit *f*
❷ *(sobriété)* Abstinenz *f*; **pratiquer l'~** abstinent leben

abstinent(e) [apstinɑ̃, ɑ̃t] **I.** *adj* abstinent
II. *m(f)* Abstinenzler(in) *m(f)*

abstraction [apstʀaksjɔ̃] *f* ❶ *(action d'abstraire)* Abstraktion *f*, Abstrahieren *nt;* **faire ~ de qc** etw außer Acht lassen; **~ faite de qc** wenn man von etw absieht
❷ *(idée)* abstrakte Vorstellung
abstraire [apstʀɛʀ] <*irr*> **I.** *vt* ❶ *(schématiser)* abstrahieren
❷ *(isoler par la pensée)* absehen von (+ *Dat*), außer Acht lassen
II. *vpr* **s'~** sich in sich *(Akk)* selbst zurückziehen [*o* versenken]
abstrait [apstʀɛ] *m* ❶ **l'~** das Abstrakte; **dans l'~** abstrakt; **c'est intéressant dans l'~, mais...** rein abstrakt betrachtet ist das interessant, aber ...; **parler dans l'~** sich immer abstrakt ausdrücken
❷ ART abstrakte Kunst
❸ *(peintre)* abstrakter Maler, Abstrakte(r) *f(m)*
abstrait(e) [apstʀɛ, ɛt] *adj* abstrakt; **une idée ~e** eine abstrakte Vorstellung
abstraitement [abstʀɛtmɑ̃] *adv* abstrakt
absurde [apsyʀd] **I.** *adj* absurd, widersinnig; **allons, ne sois pas ~!** *(en actes)* komm schon, mach keinen Unsinn!; *(en paroles)* komm schon, erzähl keinen Unsinn!; **tu es ~!** das ist [doch] Unsinn!
II. *m* **l'~** das Absurde; **démonstration/raisonnement par l'~** Beweisführung durch die Umkehrung; **démontrer qc par l'~** etw durch die Umkehrung beweisen
absurdité [apsyʀdite] *f* ❶ *(caractère absurde)* Absurdität *f*, Widersinnigkeit *f*
❷ *(bêtise)* Unsinn *m kein Pl;* **dire/écrire des ~s** Unsinn reden/schreiben
abus [aby] *m* ❶ *(consommation excessive)* übermäßiger Genuss; **~ d'alcool/de tabac** übermäßiger Alkohol-/Tabakgenuss; **"~ dangereux; fumer provoque des maladies graves"** „übermäßiger Tabakgenuss ist gefährlich; Rauchen verursacht schwere Krankheiten"
❷ *(usage abusif)* Missbrauch *m;* **~ d'alcool/de tabac** Alkohol-/Tabakmissbrauch; **~ des plaisirs** Genusssucht *f;* **~ sexuel sur un enfant** sexueller Missbrauch eines Kindes
► **alors là, il y a de l'~** *fam* also wirklich, was zu viel ist, ist zu viel
◆ **~ d'autorité** Überschreitung *f* der Machtbefugnis; *(par un fonctionnaire)* Amtsmissbrauch *m;* **~ de biens sociaux** Unterschlagung *f*, Veruntreuung *f;* **~ de confiance** Vertrauensmissbrauch *m;* **~ de fixation des prix** Preismissbrauch *m;* **~ de langage** falscher Sprachgebrauch; **~ de pouvoir** *(par un fonctionnaire)* Amtsmissbrauch *m*, Kompetenzüberschreitung *f;* *(par un tyran)* Missbrauch der Machtbefugnisse
abuser [abyze] <1> **I.** *vi* ❶ *(consommer avec excès)* übertreiben; **~ de l'alcool/du tabac** zu viel trinken/rauchen; **~ des plaisirs** genusssüchtig sein; **~ des plaisirs de la table** [viel] zu viel essen; **il en use et en abuse** er verbraucht Unmengen davon
❷ *(faire un usage excessif)* **~ de son pouvoir/autorité** seine Macht/Autorität missbrauchen; **je ne veux pas ~ de votre temps** ich will Sie nicht länger aufhalten
❸ *(exploiter)* **~ de la gentillesse/confiance de qn** jds Freundlichkeit/Vertrauen ausnutzen [*o* missbrauchen]
❹ *(violer)* missbrauchen *(geh)*
II. *vt littér* täuschen
III. *vpr* **s'~** sich irren; **si je ne m'abuse** wenn ich [mich] nicht irre
abusif, -ive [abyzif, -iv] *adj* ❶ *(exagéré)* übermäßig; **consommation abusive d'alcool** Alkoholmissbrauch *m*
❷ *(incorrect)* *emploi d'un mot* falsch
❸ *(injuste)* *licenciement* ungerechtfertigt
abusivement [abyzivmɑ̃] *adv* ❶ *(incorrectement)* *employer* falsch
❷ *(exagérément)* übermäßig; **consommer ~ des tranquillisants** Beruhigungsmittel missbrauchen
abyssal(e) [abisal, o] <-aux> *adj* *faune* Tiefsee-; *profondeurs* Meeres-
abysse [abis] *m* Tiefseegraben *m*
abyssin(e) [abisɛ̃, in] *adj* abessinisch
Abyssinie [abisini] *f* HIST **l'~** Abessinien *nt*
acabit [akabi] *m* ► **de cet ~** *péj* **des gens de cet ~** Leute *Pl* dieses Schlags; **de** [*o* **du**] **même ~** *péj* vom gleichen Schlag; **il n'est pas du même ~ que les autres** er ist nicht aus dem gleichen Holz geschnitzt wie die anderen; **de tout ~** *péj* jeglicher Couleur *(Gen)*
acacia [akasja] *m* Akazie *f;* **faux ~** falsche Akazie, Robinie *f*
académicien(ne) [akademisjɛ̃, jɛn] *m(f)* Mitglied *nt* der Académie française; **la première [femme] ~ne** das erste weibliche Mitglied der Académie française
académie [akademi] *f* ❶ *(société savante)* Akademie *f*
❷ *(école)* **~ de danse/dessin** Tanz-/Kunstschule *f*
❸ SCOL, UNIV *(circonscription)* ≈ Schulaufsichtsbezirk *m (mehrere Départements umfassende regionale Verwaltungseinheit für Schulen und Universitäten);* **~ de Marseille** Schulaufsichtsbezirk Marseille
❹ *(service administratif d'une académie)* ≈ Oberschulamt *nt (Schulbehörde einer Académie)*
Académie [akademi] *f* Akademie *f;* **~ de médecine/d'architecture** Akademie für Medizin/Architektur; **~ des sciences/des beaux-arts** Akademie der Wissenschaften/der Künste; **l'~ française** die Académie française

i Land & Leute

Die **Académie française** in Paris ist mit der Pflege der französischen Sprache betraut. Die vierzig Mitglieder sind auf Lebenszeit gewählt, ebenso wie der *Secrétaire perpétuel*, der die *Académie* leitet. Die Sprachpflege besteht vor allem in der Erarbeitung eines Wörterbuchs, das für die französische Sprache maßgeblich sein soll. Darüber hinaus vergibt die **Académie française** begehrte Literaturpreise.

académique [akademik] *adj* ❶ *(d'une société savante)* Akademie-; **une culture ~** eine akademische Kultur
❷ *(de l'Académie française)* der Académie française; **fauteuil ~** Sitz *m* in der Académie française; **costume ~** Gewand *nt* der Mitglieder der Académie française
❸ SCOL, UNIV der Schulaufsichtsbehörde[n], ≈ des Kultusministeriums; **année ~** BELG, CAN, CH *(année universitaire)* akademisches Jahr
❹ *péj (conventionnel)* akademisch, nicht originell
académisme [akademism] *m* Akademismus *m*
Acadie [akadi] *f* HIST **l'~** Akadien *nt*
acajou [akaʒu] **I.** *m* ❶ *(bois)* Mahagoni *nt*
❷ *(arbre)* Mahagonibaum *m*
II. *adj inv* mahagonifarben, mahagonirot
acanthe [akɑ̃t] *f* BOT Akanthus *m*, Bärenklau *f o m*
a cap[p]ella [akapela, akapɛlla] *adv* a cappella
acariâtre [akaʀjɑtʀ] *adj* mürrisch, griesgrämig
acarien [akaʀjɛ̃] *m* Milbe *f*
acariens [akaʀjɛ̃] *mpl* Milben *Pl*
accablant(e) [akablɑ̃, ɑ̃t] *adj* ❶ *(physiquement pénible)* *chaleur* drückend; *douleur* unerträglich
❷ *(psychiquement pénible)* *nouvelle* deprimierend; *reproche* sehr schwer; *travail* erschöpfend
❸ *(accusateur)* *témoignage* belastend; *preuve, indice* belastend, erdrückend; **les témoignages sont ~s pour le suspect** die Zeugenaussagen belasten den Tatverdächtigen schwer
accablement [akabləmɑ̃] *m* ❶ *(abattement physique)* Erschöpfung *f*
❷ *(abattement moral)* Niedergeschlagenheit *f*
accabler [akable] <1> *vt* ❶ *(abattre)* *douleur:* quälen; *nouvelle:* deprimieren; *dettes:* lasten auf (+ *Dat*); *reproches:* bedrücken;

travail: an den Rand der Erschöpfung bringen; **être accablé(e) de travail** mit Arbeit überhäuft [*o* eingedeckt] sein; **être accablé(e) de fatigue** todmüde sein (*fam*); **être accablé(e) d'ennui** sich zu Tode langweilen (*fam*); **la chaleur l'accable** die Hitze macht ihm/ihr zu schaffen, er/sie leidet unter der Hitze
❷ (*imposer*) ~ **qn de travail** jdn mit Arbeit überhäufen [*o* eindecken]; ~ **qn de reproches/d'injures** jdn mit Vorwürfen/Beleidigungen überschütten; ~ **le peuple d'impôts** dem Volk [viel zu] hohe Steuern aufbürden
❸ (*confondre*) *témoignage, preuve, indice:* belasten

accalmie [akalmi] *f* ❶ METEO *de la pluie* [vorübergehendes] Nachlassen; *du vent* [kurze] Abschwächung; **la tempête a fait rage, il n'y a pas eu d'~** der Sturm hat getobt und einfach nicht nachgelassen
❷ (*trêve*) etwas ruhigere Phase; **en ce moment, nous traversons une ~** zur Zeit ist wieder etwas Ruhe eingekehrt

accaparant(e) [akapaʀɑ̃, ɑ̃t] *adj travail, enfant* anstrengend

accaparement [akapaʀmɑ̃] *m* ❶ (*monopolisation*) Ansichreißen *nt*
❷ (*excès d'occupation*) übermäßige Inanspruchnahme

accaparer [akapaʀe] <1> *vt* ❶ ~ **qn** *personne:* jdn [völlig] in Beschlag nehmen, jds ganze Aufmerksamkeit auf sich (*Akk*) ziehen; *travail, recherches:* jdn [völlig] in Anspruch nehmen; **les soucis l'accaparent** er/sie hat den Kopf voller Sorgen
❷ (*monopoliser*) für sich allein beanspruchen *pouvoir;* an sich (*Akk*) reißen *conversation;* mit Beschlag belegen *poste-clé;* auf sich (*Akk*) ziehen *attention*

accédant(e) [aksedɑ̃, ɑ̃t] *m(f)* ~(e) **à la propriété** Erwerber(in) *m(f)* von [Wohnungs]eigentum

accéder [aksede] <5> *vi* ❶ (*parvenir à*) ~ **à qc** zu etw gelangen; **par ce chemin on accède à la forêt** auf diesem Weg gelangt man zum Wald
❷ (*atteindre*) ~ **à un poste** eine Stelle erlangen; ~ **à la tête d'une entreprise** an die Unternehmensspitze gelangen; ~ **en finale** ins Finale kommen; ~ **à la propriété** Wohnungseigentümer werden
❸ (*mener à*) führen zu; ~ **à la ville** in die Stadt führen
❹ (*consentir à*) bewilligen; ~ **à un désir** einen Wunsch erfüllen

accélérateur [akseleʀatœʀ] *m* ❶ Gaspedal *nt;* **appuyer sur l'~** beschleunigen; **lâcher l'~** vom Gaspedal [*o* Gas *fam*] [herunter]gehen; **lever le pied de l'~** den Fuß vom Gaspedal [*o* Gas *fam*] nehmen
❷ CHIM, PHYS Beschleuniger *m*
▶ **donner un coup d'~** *chauffeur:* aufs Gaspedal [*o* Gas *fam*] treten; *fig* rasch beschleunigen
◆ ~ **de particules** Teilchenbeschleuniger *m*

accélération [akseleʀasjɔ̃] *f* Beschleunigung *f;* **en pleine ~** beim Beschleunigen; **l'~ du pouls/de la respiration** die Beschleunigung des Pulses/der Atmung

accéléré [akseleʀe] *m* Zeitraffer *m;* **en ~** im Zeitraffer

accélérer [akseleʀe] <5> **I.** *vi* beschleunigen, schneller werden; **vas-y, accélère!** mach schon, gib Gas!
II. *vt* beschleunigen; ~ **le pas** schneller gehen, seinen Schritt [*o* seine Schritte] beschleunigen; ~ **l'allure/la cadence/le mouvement** das Tempo beschleunigen; ~ **[le cours de] l'histoire** den Ablauf der geschichtlichen Ereignisse beschleunigen
III. *vpr* **s'~** *pouls, respiration:* sich beschleunigen; *travaux:* schneller gehen; **les événements s'accélèrent** die Ereignisse überstürzen [*o* überschlagen] sich

accent [aksɑ̃] *m* ❶ (*signe pour le français*) Accent *m;* ~ **aigu/grave/circonflexe** Accent *m* aigu/grave/circonflexe
❷ (*signe pour les autres langues*) Akzent *m;* ~ **aigu/grave/circonflexe** Akut *m*/Gravis *m*/Zirkumflex *m*
❸ (*manière de prononcer*) Akzent *m*, Tonfall *m;* ~ **pointu** *Art der Aussprache, die Südfranzosen der Bevölkerung von Paris nachsagen;* **avoir un ~** einen Akzent haben; **parler avec un ~** mit einem Akzent sprechen; **avoir l'~ du Midi** einen südfranzösischen Tonfall haben; **il a perdu son ~** er hat seinen Akzent nicht mehr; **parler avec un fort ~** mit einem starken Akzent sprechen
❹ PHON (*accentuation*) Akzent *m*, Betonung *f;* ~ **tonique** Betonung
❺ (*intonation expressive*) Ton *m;* (*plus faible*) Unterton; **prendre un ~ pathétique** einen pathetischen Ton anschlagen; **avoir un ~ de sincérité** aufrichtig klingen
▶ **mettre l'~ sur qc** etw [besonders] hervorheben [*o* betonen]

accentuation [aksɑ̃tɥasjɔ̃] *f* ❶ (*augmentation*) *du chômage, froid, de la délinquance* Zunahme *f; des symptômes* Verschlimmerung *f*
❷ GRAM Setzung *f* [*o* Setzen *nt*] der Akzente; **l'~ française** die Setzung [*o* das Setzen] der französischen Akzente
❸ PHON Betonung *f*

accentué(e) [aksɑ̃tɥe] *adj* ❶ *syllabe, voyelle* betont, akzentuiert
❷ *sourcils, traits, menton* markant

accentuer [aksɑ̃tɥe] <1> **I.** *vt* ❶ (*tracer un accent*) (*en écrivant*) einen Akzent setzen auf (+ *Akk*)
❷ (*prononcer un accent*) betonen, akzentuieren
❸ (*intensifier*) betonen *aspect, effet;* verstärken *aide, efforts;* vorantreiben *action;* unterstreichen *force, ressemblance;* verstärken *impression, chaleur;* erhöhen *risque*
II. *vpr* **s'~** sich verstärken; *froid:* sich verschärfen; *risque:* sich erhöhen

acceptable [aksɛptabl] *adj* akzeptabel, annehmbar

acceptation [aksɛptasjɔ̃] *f* ❶ (*le fait d'accepter*) *d'un traité* Annahme *f;* ~ **du contrat** Vertragsannahme; **après ~ de votre dossier** nach Annahme Ihres Antrags
❷ (*approbation*) *d'une proposition* Akzeptieren *nt*
❸ (*consentement*) Zustimmung *f*

accepter [aksɛpte] <1> **I.** *vt* ❶ (*prendre*) annehmen *cadeau, poste, commande;* annehmen, akzeptieren *excuses;* übernehmen *responsabilité, cautionnement*
❷ *a.* FIN (*accueillir favorablement*) akzeptieren; ~ **une thèse/théorie** einer These/Theorie (*Dat*) zustimmen
❸ (*se soumettre à*) akzeptieren, annehmen *échec, épreuve;* eingehen *risque;* annehmen, hinnehmen *destin*
❹ (*supporter*) akzeptieren; dulden *contradiction;* ~ **qn sous son toit** jdn in seinem Haus dulden
II. *vi* ❶ (*être d'accord*) akzeptieren; ~ **de faire qc** damit einverstanden sein etw zu tun; **j'accepte de t'aider** ich sage dir meine Hilfe zu
❷ (*tolérer*) dulden
❸ (*permettre*) zulassen

acception [aksɛpsjɔ̃] *f* Bedeutung *f;* **dans toute l'~ du terme** im wahrsten Sinne des Wortes

accès [aksɛ] *m* ❶ (*entrée*) Eingang *m;* (*pour piétons*) Zugang *m;* (*pour véhicules*) Zufahrt *f;* ~ **interdit** kein Zutritt, Zutritt verboten; **l'~ à ce village est difficile** dieses Dorf ist schwer zu erreichen [*o* schwer zugänglich]; **avoir ~ à qc** Zugang zu etw haben; **de la cuisine, on a ~ au jardin** von der Küche aus gelangt man in den Garten; **la trappe/le couloir donne ~ à qc** die Klapptür/der Flur führt zu etw
❷ (*action d'accéder à une position*) ~ **à un poste** Zugang *m* zu einer Stelle; ~ **à une école** Zulassung *f* zu einer Schule; **cette filière/ce diplôme donne ~ à qc** diese Laufbahn/dieses Diplom eröffnet den Zugang zu etw
❸ (*crise*) Anfall *m;* ~ **de tristesse** Anwandlung *f* von Traurigkeit; ~ **d'humeur** Launenhaftigkeit *f*
❹ (*abord*) **être d'un ~ facile/difficile** leicht zugänglich/unnahbar sein
❺ INFORM Zugang *m*, Zugriff *m*
◆ ~ **à l'internet** Internetzugang *m*

accessibilité [aksesibilite] *f* Erreichbarkeit *f;* (*à un emploi, une profession*) Zugänglichkeit *f*

accessible [aksesibl] *adj* ❶ (*où l'on peut accéder*) zugänglich; **ne pas être ~ à qn** für jdn nicht erreichbar sein

❷ (*compréhensible*) verständlich; **un livre ~ à un enfant de cet âge** ein Buch, das ein Kind in diesem Alter verstehen kann
❸ (*abordable*) *prix* erschwinglich
accession [aksesjɔ̃] *f* ~ **à qc** Erlangen *nt* [*o* Erlangung *f*] einer S. (*Gen*); ~ **au trône** Thronbesteigung *f;* **l'~ à l'indépendance** die Erlangung der Unabhängigkeit
◆ ~ **à la propriété** Erwerb *m* von Eigentum; (*en parlant d'un bien immobilier*) Erwerb von Wohnungseigentum
accessit [aksesit] *m* ❶ (*à un élève*) Belobigung *f*
❷ (*à un écrivain*) ehrende [*o* ehrenvolle] Erwähnung
accessoire [akseswaʀ] **I.** *adj* ❶ nebensächlich; *avantage* zusätzlich; **frais ~s** Nebenkosten *Pl*
❷ FIN akzessorisch
II. *m* ❶ (*pièce complémentaire*) Zubehörteil *nt;* **les ~s** das Zubehör
❷ COUT Accessoire *nt*
❸ THEAT, CINE Requisit *nt;* **magasin des ~s** Requisite *f*, Requisitenkammer *f*
❹ (*opp: l'essentiel*) **l'~** das Unwesentliche
accessoirement [akseswaʀmɑ̃] *adv* nebenbei; **il est ~ acteur** er ist [erst] in zweiter Linie Schauspieler; **le bureau sert ~ de chambre d'amis** das Arbeitszimmer dient zusätzlich als Gästezimmer
accessoiriste [akseswaʀist] *mf* Requisiteur(in) *m(f)*
accident [aksidɑ̃] *m* Unfall *m*, Unglück *nt;* ~ **domestique** Unfall im Haushalt; **un petit ~** ein kleines Missgeschick [*o* Malheur *fam*]; **avoir un ~** verunglücken
▸ **par ~** *littér* zufällig
◆ ~ **de parcours** Missgeschick *nt;* ~ **de terrain** Unebenheit *f* [des Geländes]; ~ **du travail** Arbeitsunfall *m;* JUR Dienstunfall
accidenté(e) [aksidɑ̃te] **I.** *adj* ❶ (*inégal*) *terrain* uneben; *région, endroits* hügelig; *relief* zerklüftet
❷ (*qui a eu un accident*) verunglückt; *véhicule, voiture* Unfall-
II. *m(f)* Verunglückte(r) *f(m);* **~(e) de la circulation** Opfer *nt* eines Verkehrsunfalls; **~(e) du travail** Opfer *nt* eines Arbeitsunfalls
accidentel(le) [aksidɑ̃tɛl] *adj* ❶ (*dû à un accident*) Unfall-; **mort ~le** Unfalltod *m*
❷ (*dû au hasard*) zufällig
accidentellement [aksidɑ̃tɛlmɑ̃] *adv* ❶ (*dans un accident*) **mourir ~** tödlich verunglücken, bei einem Unfall ums Leben kommen
❷ (*par hasard*) zufällig
acclamation [aklamasjɔ̃] *f* Jubel *m kein Pl*, Beifall *m kein Pl*, Beifallskundgebung *f;* **les ~s du public** die Beifall[s]rufe [*o* Jubelrufe] des Publikums; **par ~** durch Zuruf, durch [*o* per] Akklamation (*Fachspr.*)
acclamer [aklame] <1> *vt* ~ **qn** jdm zujubeln, jdn beklatschen
acclimatation [aklimatasjɔ̃] *f* Akklimatisation *f*, Akklimatisierung *f;* ~ **à nos climats** Akklimatisation, Anpassung *f* an unser Klima; ~ **à la campagne** Einleben *nt* [*o* Heimischwerden *nt*] auf dem Land
acclimater [aklimate] <1> **I.** *vt* heimisch machen *plante;* ~ **un animal dans une région/un zoo** ein Tier in einem Gebiet/Zoo eingewöhnen
II. *vpr* ❶ **s'~** sich eingewöhnen; *plante:* heimisch werden
❷ (*s'habituer*) **s'~ à une maison** sich in einem Haus eingewöhnen; **s'~ à la campagne** sich auf dem Land einleben
accointances [akwɛ̃tɑ̃s] *fpl* **avoir des ~ avec des voyous/dans le Milieu** Beziehungen zu Strolchen/zur Unterwelt haben
accolade¹ [akɔlad] *f* feierliche Umarmung, Akkolade *f;* **donner l'~ à qn** jdn feierlich umarmen
accolade² [akɔlad] *f* TYP geschweifte Klammer, Akkolade *f* (*Fachspr.*); **entre ~s** in geschweifte/geschweiften Klammern, in Akkoladen
accoler [akɔle] <1> *vt* anhängen an (+ *Akk*); aneinander reihen *lignes, mots;* **les maisons sont accolées le long de la route** in der Straße reiht sich ein Haus an das andere
accommodant(e) [akɔmɔdɑ̃, ɑ̃t] *adj camarade* umgänglich; *patron, directeur* entgegenkommend
accommodation [akɔmɔdasjɔ̃] *f* ❶ (*adaptation*) ~ **aux circonstances/à une nouvelle vie** Anpassung *f* an die Gegebenheiten/ein neues Leben; **capacité d'~** Anpassungsfähigkeit *f;* **phase d'~** Eingewöhnungszeit *f*
❷ *de l'œil* Akkommodation *f* (*Fachspr.*)
❸ GASTR [Art *f* der] Zubereitung *f;* ~ **des restes** Resteverwertung *f*
accommodement [akɔmɔdmɑ̃] *m* gütliche Einigung
accommoder [akɔmɔde] <1> **I.** *vt* GASTR zubereiten; verwerten *restes*
II. *vpr* ❶ *littér* (*s'adapter à*) **s'~ aux circonstances** sich den Gegebenheiten anpassen, sich auf die Gegebenheiten einstellen
❷ (*s'arranger*) **s'~ avec qn** mit jdm auskommen; **ils ne peuvent pas s'~** sie können nicht miteinander auskommen
❸ (*se contenter de*) **s'~ de qc** mit etw zufrieden sein
❹ (*supporter*) **s'~ de qc** sich mit etw abfinden; **je sais m'~ d'un repas simple** ich kann mich mit einer einfachen Mahlzeit begnügen
accompagnateur, -trice [akɔ̃paɲatœʀ, -tʀis] *m, f* ❶ (*guide*) Begleiter(in) *m(f)*, Begleitperson *f*
❷ MUS Begleiter(in) *m(f)*
accompagnement [akɔ̃paɲmɑ̃] *m* ❶ GASTR Beilage *f*
❷ MUS Begleitung *f;* ~ **à la flûte** Flötenbegleitung; **à l'~, le grand orchestre de Radio France** es begleitet das große Orchester von Radio France
❸ (*encadrement*) *d'un groupe* Begleitung *f;* **personnel d'~** Begleitpersonal *nt*, Begleitpersonen *Pl*
accompagner [akɔ̃paɲe] <1> **I.** *vt* ❶ begleiten; ~ **qn à l'école/au cinéma/dans ses voyages** jdn zur Schule/ins Kino/auf seinen Reisen begleiten
❷ MUS begleiten; ~ **qn à la guitare** jdn auf der Gitarre begleiten
❸ (*être joint à*) *notice explicative:* beiliegen; *accessoires, enveloppe:* dabei sein
❹ GASTR ~ **une viande** *légumes:* als Beilage zum Fleisch gereicht werden; ~ **un plat** *vin:* zu einem Gericht getrunken werden; **ce vin accompagne merveilleusement le gibier** dieser Wein passt wunderbar zu[m] Wild
❺ (*survenir en même temps*) einhergehen mit; **le tonnerre accompagne la foudre** der Blitz wird vom Donner begleitet
II. *vpr* ❶ MUS **s'~ à la guitare/au piano** sich auf der Gitarre/dem Klavier begleiten
❷ (*aller avec*) **s'~ de qc** mit etw einhergehen
accompli [akɔ̃pli] *m* LING **l'~** das vollendete [*o* abgeschlossene] Geschehen; **un temps de l'~** ein Tempus, mit dem ein Geschehen als vollendet [*o* abgeschlossen] dargestellt wird
accompli(e) [akɔ̃pli] *adj* perfekt, vollendet
accomplir [akɔ̃pliʀ] <8> **I.** *vt* ❶ (*s'acquitter de*) erledigen *travail;* erfüllen *tâche;* tun *devoir*
❷ (*exécuter*) ausführen *ordre, commandement;* vollbringen *miracle, prodiges*
❸ (*réaliser*) erfüllen *vœu;* erfüllen, einlösen *promesse;* ausführen *dessein, projet*
II. *vpr* ❶ (*s'épanouir*) **s'~ dans qc** in etw (*Dat*) Erfüllung finden
❷ (*se produire*) **s'~** *prédiction, prophétie:* sich erfüllen; *miracle:* geschehen
accomplissement [akɔ̃plismɑ̃] *m* ❶ (*réalisation*) *d'un travail, d'une tâche* Erledigung *f; d'un projet* Ausführung *f; d'un miracle* Vollbringung *f; d'une prédiction, de rêves* Erfüllung *f*
❷ (*épanouissement*) Erfüllung *f*
❸ JUR Leistung *f*
accord [akɔʀ] *m* ❶ (*consentement*) Einverständnis *nt;* ~ **écrit** schriftliche Zustimmung; **donner son ~ à qn** jdm seine

A

accord

• être d'accord, approuver	• zustimmen, beipflichten
Oui, je le pense aussi.	Ja, das denke ich auch.
Je suis tout à fait de ton avis.	Da bin ich ganz deiner Meinung.
Je suis d'accord.	Dem schließe ich mich an.
Je suis totalement de votre avis.	Ich stimme Ihnen voll und ganz zu.
Oui, je le vois (tout à fait) comme ça.	Ja, das sehe ich (ganz) genauso.
Je ne le vois pas autrement.	Ich sehe das nicht anders.
Vous avez absolument raison.	Ich gebe Ihnen da vollkommen Recht.
Je ne peux que vous donner raison.	Da kann ich Ihnen nur Recht geben.
C'est ce que j'ai dit (aussi).	(Das) habe ich ja (auch) gesagt.
Je trouve aussi.	Finde ich auch. *(fam)*
Exact!/C'est juste!	Genau!/Stimmt! *(fam)*

• donner son accord	• einwilligen
D'accord!/O.k.!/Marché conclu!	Einverstanden!/Okay!/Abgemacht!
Pas de problème!	Kein Problem!
D'accord!/Ça marche!	Geht in Ordnung!
Ce sera fait! Je le fais!	Wird gemacht!/Mach ich!

Zustimmung geben; **faire qc d'un commun ~** etw einmütig tun
❷ ECON *(convention)* Vereinbarung *f,* Übereinkunft *f;* *(contrat)* Vertrag *m,* Abkommen *nt;* **passer** [*o* **conclure**] **un ~ avec qn** mit jdm eine Vereinbarung treffen; **ils ont passé un ~ pour fusionner** sie haben eine Fusion vereinbart; **~ principal** Hauptvertrag; **~ tacite** stillschweigendes Übereinkommen, stillschweigende Vereinbarung, geheime Absprache
❸ *(harmonie, bonne intelligence)* [gutes] Einvernehmen; **faire qc en ~/en parfait ~ avec qn** etw im Einvernehmen/im besten Einvernehmen mit jdm tun; **entre eux c'est l'~ parfait** zwischen ihnen herrscht völlige Übereinstimmung; **être en ~ avec qc** mit etw übereinstimmen
❹ JUR Einigung *f;* **~ à l'amiable** gütliche Einigung; **conclure un ~ à l'amiable** sich gütlich einigen
❺ MUS *(association de plusieurs sons)* Akkord *m;* *(sur une guitare)* Griff *m;* **~ parfait** Dreiklang *m*
▶ **bon pour ~** zur Unterschrift; **être d'~** einverstanden sein; **être d'~ avec qn sur qc** [sich *(Dat)*] mit jdm über etw *(Akk)* einig sein; **je suis d'~ avec toi pour dire que c'est triste** ich finde genau wie du, dass es traurig ist; **être en ~ avec soi-même** mit sich selbst im Einklang sein; **se mettre d'~ avec qn** sich mit jdm einigen; **ils sont toujours d'~** sie sind sich immer einig; **tomber d'~ avec qn** sich mit jdm einigen; **tomber d'~ sur qc** sich auf etw *(Akk)* einigen; [**c'est**] **d'~!** gut!, einverstanden!, in Ordnung!, okay! *(fam)*

accord-cadre [akɔʀkadʀ] <accords-cadres> *m* Rahmenabkommen *nt,* Rahmenvereinbarung *f*

accordéon [akɔʀdeɔ̃] *m* Akkordeon *nt,* Schifferklavier *nt*
▶ **en ~** *chaussettes, pantalon* Ziehharmonika-

accordéoniste [akɔʀdeɔnist] *mf* Akkordeonspieler(in) *m(f),* Schifferklavierspieler(in) *m(f)*

accorder [akɔʀde] <1> **I.** *vt* ❶ *(donner)* gewähren *réduction, crédit, remise;* gewähren, bewilligen *délai;* erteilen *autorisation, permission;* einräumen *privilège;* erweisen *faveur;* zubilligen *circonstances atténuantes;* schenken *confiance;* **~ une commission à qn** jdm Provision gewähren; **~ une amnistie à qn** jdn begnadigen; **~ la main de sa fille à qn** jdm seine Tochter zur Frau geben; **voulez-vous m'~ cette danse?** darf ich Sie um diesen Tanz bitten?
❷ *(attribuer)* **~ de la valeur à qc** einer S. *(Dat)* Wert beimessen; **~ de l'importance à qc** einer S. *(Dat)* Gewicht beilegen, etw wichtig nehmen
❸ *(admettre)* **je t'accorde que tu as raison** ich gestehe dir zu, dass du Recht hast
❹ MUS stimmen
❺ GRAM **~ le verbe avec qc** das Verb an etw *(Akk)* angleichen
II. *vpr* ❶ *(se mettre d'accord)* **s'~ avec qn sur une solution** sich mit jdm über eine Lösung einig werden
❷ *(s'entendre)* **s'~ avec qn** sich [gut] mit jdm verstehen; **ils ne s'accordent pas** sie vertragen sich nicht
❸ *(s'octroyer)* **s'~ une pause/un café** sich *(Dat)* eine Pause/einen Kaffee gönnen
❹ GRAM **s'~ avec qc** *verbe, adjectif:* sich nach etw richten; **ne pas s'~** *mot:* nicht angeglichen werden

accordeur [akɔʀdœʀ] *m* Stimmer(in) *m(f);* **~ de piano** Klavierstimmer(in) *m(f)*

accostage [akɔstaʒ] *m* ❶ NAUT *(au quai)* Anlegen *nt,* Landung *f*
❷ ESPACE Andocken *nt*

accoster [akɔste] <1> **I.** *vi* anlegen, landen
II. *vt* ❶ *(aborder)* ansprechen; **se faire ~ dans la rue par qn** auf der Straße von jdm angesprochen werden; **un inconnu cherchait à m'~** ein Unbekannter versuchte mich anzuquatschen *(fam)*
❷ NAUT anlegen an (+ *Dat*) *quai;* **~ un bateau** an einem Boot längsseits gehen [*o* anlegen]
❸ ESPACE andocken an (+ *Dat*)

accotement [akɔtmɑ̃] *m* ❶ *d'une route* Bankett *nt,* Bankette *f,* Randstreifen *m;* **~s non stabilisés** Seitenstreifen [*o* Bankette] nicht befahrbar
❷ CHEMDFER Seitenweg *m,* Parallelweg *m*

accouchée [akuʃe] *f* Wöchnerin *f*

accouchement [akuʃmɑ̃] *m* ❶ MED Entbindung *f,* Geburt *f;* **~ sans douleur** schmerzlose Geburt
❷ *(élaboration difficile)* hartes Stück Arbeit, schwere Geburt *(fam)*

accoucher [akuʃe] <1> **I.** *vi* ❶ MED entbinden; **~ d'une fille/d'un garçon** ein Mädchen/einen Jungen zur Welt bringen,

von einem Mädchen/Jungen entbunden werden; ~ **prématurément** eine Frühgeburt haben
❷ *fam* (*parler*) mit der Sprache herausrücken (*fam*); **allez, accouche!** los, raus damit! (*fam*)
II. *vt* ~ **qn** jdn entbinden, bei jdm Geburtshilfe leisten
accoucheur, -euse [akuʃœʀ, -øz] I. *m, f* Geburtshelfer(in) *m(f)*, Hebamme *f*
II. *app* **médecin/gynécologue** ~ Arzt *m*/Gynäkologe *m* und Geburtshelfer *m*
accouder [akude] <1> *vpr* **s'**~ **à** [*o* **sur**] **qc** sich mit den Ellbogen auf etw (*Akk*) stützen
accoudoir [akudwaʀ] *m* Armlehne *f*
accouplement [akupləmɑ̃] *m* ❶ ZOOL Paarung *f*, Begattung *f*
❷ *péj* (*sexe*) Nummer *f* (*fam*)
❸ TECH (*fait d'accoupler*) Ankuppeln *nt*
❹ (*dispositif*) Kupplung *f*
accoupler [akuple] <1> I. *vpr* ❶ ZOOL **s'**~ sich paaren
❷ *péj* **s'**~ *personnes:* es miteinander treiben (*fam*)
II. *vt* ❶ ZOOL paaren mit, miteinander paaren
❷ (*mettre par deux*) paarweise anspannen *chevaux;* ~ **les chevaux à la charrue/l'avant de la diligence** die Pferde paarweise vor den Pflug/die Postkutsche spannen
❸ TECH koppeln *générateurs, vaisseaux spatiaux;* kuppeln *locomotives, tracteurs, wagons*
accourir [akuʀiʀ] <*irr*> *vi + avoir o être personne:* herbeieilen; *animal:* angelaufen [*o* angerannt] kommen
accoutrement [akutʀəmɑ̃] *m* Aufmachung *f*, Aufzug *m* (*pej*)
accoutrer [akutʀe] <1> I. *vpr* **s'**~ sich ausstaffieren; **s'**~ **bizarrement/d'une drôle de façon** sich merkwürdig/komisch kleiden, in einer merkwürdigen/komischen Aufmachung herumlaufen
II. *vt* ausstaffieren
accoutumance [akutymɑ̃s] *f* Gewöhnung *f*
accoutumé(e) [akutyme] *adj* gewohnt; **ma place** ~**e** mein gewohnter Platz, mein Stammplatz; **être** ~**(e) à qc/faire qc** an etw (*Akk*) gewöhnt sein/daran gewöhnt sein etw zu tun
▶ **comme à l'**~**e** wie gewöhnlich [*o* üblich]
accoutumer [akutyme] <1> I. *vt* ❶ ~ **son enfant à qc/à faire qc** (*habituer*) sein Kind an etw (*Akk*) gewöhnen/daran gewöhnen etw zu tun
❷ (*rassurer peu à peu*) ~ **sa femme à qc/à faire qc** seine Frau mit etw vertraut machen/damit vertraut machen etw zu tun
II. *vpr* **s'**~ **à qc/à faire qc** sich an etw (*Akk*) gewöhnen/daran gewöhnen etw zu tun
accréditation [akʀeditasjɔ̃] *f d'une diplomate, d'un jounaliste* Akkreditierung *f*
accréditer [akʀedite] <1> I. *vt* ❶ (*rendre crédible*) glaubwürdig erscheinen lassen, bestätigen *thèse, soupçon, rumeur*
❷ (*conférer une autorité*) akkreditieren *ambassadeur, journaliste;* bevollmächtigen *médiateur, négociateur*
II. *vpr* **s'**~ *bruit, rumeur, soupçons:* sich verstärken; *thèse:* immer glaubwürdiger erscheinen
accro [akʀo] *fam* I. *adj* ❶ (*dépendant d'une drogue*) süchtig; **être** ~ **à la cocaïne** kokainsüchtig sein
❷ (*passionné*) ~ **de jazz** [ganz] verrückt auf Jazz (*Akk*) (*fam*); **être** ~ **à la techno** ein Technofreak sein; **maintenant, je suis** ~ jetzt bin ich ganz verrückt darauf (*fam*)
II. *mf* ❶ (*drogué*) [Rauschgift]süchtige(r) *f(m)*, Junkie *m* (*sl*)
❷ (*passionné*) Fan *m* (*fam*), Freak *m* (*fam*); ~ **du footing/vélo** Jogging-/Radfreak *m* (*fam*); ~ **du boulot** Workaholic *m* (*fam*); **les** ~**s de musique classique/sensations fortes** die Fans der klassischen Musik/des Nervenkitzels (*fam*)
accroc [akʀo] *m* ❶ (*déchirure*) Riss *m;* **faire un** ~ **à sa chemise** sich (*Dat*) ein Loch ins Hemd reißen
❷ (*incident*) [unangenehmer/ärgerlicher] Zwischenfall; (*querelle*) Reiberei *f*
▶ **faire un** [**petit**] ~ **à la réputation de qn** jds Ruf (*Dat*) schaden; **sans** ~ reibungslos; **l'opération s'est déroulée sans** ~ die Operation ist glatt [*o* ohne Komplikationen] verlaufen
accrochage [akʀɔʃaʒ] *m* ❶ (*action d'accrocher*) *d'un tableau, lustre* Aufhängen *nt; d'un wagon* Ankoppeln *nt*
❷ (*collision*) [leichter] Zusammenstoß
❸ (*altercation*) Auseinandersetzung *f;* **ils ont eu un** ~ sie sind aneinander geraten
❹ MIL Zusammenstoß *m*
accroche [akʀɔʃ] *f* MEDIA Blickfang *m*
accroché *v.* **accro**
accroche-cœur [akʀɔʃkœʀ] <accroche-cœurs> *m* Schmachtlocke *f* (*fam*)
accrocher [akʀɔʃe] <1> I. *vt* ❶ (*suspendre*) aufhängen; ~ **un mobile au-dessus du lit** ein Mobile über das Bett hängen [*o* über dem Bett aufhängen]; ~ **son manteau dans une penderie** seinen Mantel an die Garderobe hängen; ~ **une caravane derrière une voiture** einen Wohnwagen an ein Auto hängen
❷ (*déchirer*) hängen bleiben mit
❸ (*entrer en collision*) streifen
❹ (*attirer*) auf sich ziehen *regards;* anziehen *client*
❺ (*aborder*) ansprechen
❻ (*intéresser*) *film:* fesseln
II. *vpr* ❶ (*se retenir*) **s'**~ **à qc** sich an etw (*Dat*) festklammern; *plantes grimpantes, chardon:* sich in etw (*Dat*) festhaken
❷ (*se faire un accroc*) **s'**~ **à qc** an etw (*Dat*) hängen bleiben
❸ (*persévérer*) **s'**~ durchhalten; **parfois, il faut s'**~ manchmal braucht man viel Stehvermögen
❹ *fam* (*mettre ses espoirs dans*) **s'**~ **à qc** sich an etw (*Akk*) klammern
❺ *fam* (*se disputer*) **s'**~ **avec qn** sich mit jdm in die Haare kriegen (*fam*)
▶ **tu peux te l'**~**!** *pop* den/die/das kannst du dir abschminken! (*sl*); **accroche-toi!** *fam* na, gute Nacht! (*fam*)
III. *vi* ❶ *fam* (*bien établir le contact*) daran Interesse finden; ~ **avec qn** mit jdm warm werden (*fam*); **je n'accroche pas avec ce livre** dieses Buch sagt mir einfach nichts; ~ **en maths** sich mit Mathe anfreunden können; **j'accroche sur ce thème** auf dieses Thema steh ich (*fam*)
❷ (*plaire*) [gut] ankommen; *livre, nom, titre:* von sich reden machen; *emballage, présentation:* Aufmerksamkeit erregen
❸ (*achopper*) *conférence, pourparlers, négociations:* sich festfahren
accrocheur, -euse [akʀɔʃœʀ, -øz] *adj* **titre** ~**/publicité accrocheuse** Titel, der/Werbung, die Aufmerksamkeit erregt; **il faut qu'une publicité soit accrocheuse** Werbung muss Aufmerksamkeit erregen
accroire [akʀwaʀ] <*irr, déf*> *vt, vi littér* **faire** [*o* **laisser**] ~ **qc à un voisin** einen Nachbarn etw glauben machen; **en faire** ~ **à qn** *littér* jdn hinters Licht führen; **s'en laisser** ~ *littér* sich hinters Licht führen lassen
accroissement [akʀwasmɑ̃] *m du chômage, des charges* Anstieg *m; du chiffre d'affaires* Steigerung *f;* ~ **de la population** Bevölkerungszunahme *f;* ~ **de la fortune** Vermögenszuwachs *m;* ~ **faible** leichte Zunahme
accroître [akʀwɑtʀ] <*irr*> I. *vt* erhöhen; vermehren *patrimoine;* verstärken *pouvoir, impression;* vergrößern *chances;* ~ **le mécontentement** die Unzufriedenheit anwachsen lassen
II. *vpr* **s'**~ *chômage, mécontentement:* zunehmen; *risque:* größer werden; *chances de succès:* steigen
accroupir [akʀupiʀ] <8> *vpr* **s'**~ in die Hocke gehen, sich kauern; **être accroupi(e)** [auf dem Boden] hocken, kauern
accroupissement [akʀupismɑ̃] *m* Hockstellung *f*, Kauern *nt*
accru(e) [akʀy] *adj* höher
accu [aky] *m souvent pl fam abr de* **accumulateur** Akku *m* (*fam*)
▶ **recharger ses** ~**s** *fam* wieder auftanken (*fam*)
accueil [akœj] *m* ❶ (*fait de recevoir*) Empfang *m;* **faire bon/mauvais** ~ **à qn** jdn freundlich/unfreundlich empfangen;

réserver un bon ~ à qn jdn gut aufnehmen; **réserver un ~ froid/chaleureux à qn** jdm einen ziemlich kühlen/herzlichen Empfang bereiten; **réserver un ~ mitigé à une proposition** einen Vorschlag mit mäßiger Begeisterung aufnehmen
❷ (*lieu*) Rezeption *f,* Empfang *m*

accueillant(e) [akœjɑ̃, ɑ̃t] *adj personne* freundlich; *salle, pièce* gastlich; *jardin* einladend

accueillir [akœjiʀ] *<irr> vt* ❶ (*recevoir*) empfangen; **~ qn avec un sourire/froidement** jdn lächelnd/kühl empfangen
❷ (*héberger*) *hôte, centre, école:* aufnehmen; **la salle des fêtes peut ~ mille personnes** die Festhalle kann tausend Besucher aufnehmen
❸ (*réagir à*) aufnehmen *nouvelle, information;* reagieren auf (+ *Akk*) *idée, projet;* begrüßen *projet;* **il a bien/mal accueilli mes idées** er hat zustimmend/ablehnend auf meine Einfälle reagiert; **ils ont accueilli la proposition avec une grande méfiance/circonspection** sie haben sehr misstrauisch/vorsichtig auf den Vorschlag reagiert

acculer [akyle] <1> *vt* ❶ (*coincer*) drängen
❷ (*contraindre*) **~ qn à la faillite/au suicide** jdn in den Konkurs/Selbstmord [*o* zum Selbstmord] treiben; **~ qn aux aveux** jdn in die Enge treiben um ein Geständnis zu erzwingen

acculturation [akyltyʀasjɔ̃] *f* SOCIOL Akkulturation *f*

accumulateur [akymylatœʀ] *m* ❶ Akku *m,* Akkumulator *m* (*form*); **charger/recharger les ~s** die Akkus aufladen/wieder aufladen; **les ~s sont à plat** die Akkus sind leer
❷ AUT Batterie *f*

accumulation [akymylasjɔ̃] *f* Anhäufung *f,* Akkumulation *f* (*form*); *de marchandises, provisions* Horten *nt; de preuves* Sammeln *nt; d'énergie* Speicherung *f;* **chauffage par ~** Nachtspeicherheizung *f*

accumuler [akymyle] <1> **I.** *vt* anhäufen; sammeln *preuves, pièces rares;* horten *marchandises, provisions;* speichern *énergie;* **~ des erreurs/des sottises** einen Fehler nach dem anderen begehen/eine Dummheit nach der anderen machen; **les intérêts accumulés pendant cinq ans** die in fünf Jahren aufgelaufenen Zinsen
II. *vpr* **s'~** ❶ sich sammeln; *difficultés:* sich häufen; *vaisselle:* sich stapeln; *déchets:* sich auftürmen; **les charges s'accumulent contre l'accusé** die Beweise gegen den Angeklagten häufen sich
❷ ECON sich akkumulieren (*Fachspr.*)

accusateur, -trice [akyzatœʀ, -tʀis] **I.** *adj regard, doigt* anklagend; *document, preuve* belastend; **traces accusatrices** belastende Hinweise
II. *m, f* Ankläger(in) *m(f)*

accusatif [akyzatif] *m* GRAM Akkusativ *m;* **être à l'~** *mot:* im Akkusativ stehen; **mettre un mot à l'~** ein Wort in den Akkusativ setzen

accusation [akyzasjɔ̃] *f* ❶ (*reproche*) Anschuldigung *f,* Beschuldigung *f,* Vorwurf *m;* **lancer** [*o* **porter**] **des ~s** Beschuldigungen erheben
❷ JUR Klage *f,* Anklage *f;* **mise en ~** Anklageerhebung *f;* **abandonner** [*o* **renoncer à**] **l'~** die Anklage fallen lassen; **mettre qn en ~** Anklage gegen jdn erheben; **rejeter/retirer une ~** eine Anklage zurückweisen/zurückziehen

accusé [akyze] *m* ❶ Angeklagte(r) *m;* **~, levez-vous!** Angeklagter, erheben Sie sich!
❷ (*document*) **~ de réception** Empfangsbestätigung *f,* Empfangsbescheinigung *f*

accusé(e) [akyze] *adj visage, traits* markant; **avoir les traits ~s par la maladie** von Krankheit gezeichnet sein

accusée [akyze] *f* Angeklagte *f*

accuser [akyze] <1> **I.** *vt* ❶ JUR (*déclarer coupable*) **~ qn d'un crime/d'avoir violé qn** jdn beschuldigen [*o* bezichtigen], ein Verbrechen begangen/jdn vergewaltigt zu haben; **~ qn d'un vol** jdn des Diebstahls beschuldigen [*o* bezichtigen]
❷ (*rendre responsable*) **~ qn d'une catastrophe/d'être à l'origine de l'accident** jdm für eine Katastrophe/einen Unfall die Schuld geben; **son silence l'accuse** sein/ihr Schweigen klagt ihn/sie an
❸ (*souligner*) unterstreichen, betonen
❹ (*montrer*) **son visage accuse un âge avancé** sein/ihr Gesicht lässt sein/ihr vorgeschrittenes Alter erkennen; **elle accuse la fatigue des jours passés** man sieht ihr die Anstrengung der vergangenen Tage an
▶ **~ le coup** es sich (*Dat*) anmerken lassen; **~ réception de qc** den Empfang einer S. (*Gen*) bestätigen
II. *vpr* ❶ (*se déclarer coupable*) **s'~ de qc** sich einer S. (*Gen*) bezichtigen
❷ (*se rendre responsable de*) **s'~ de qc** sich (*Dat*) die Schuld an etw (*Dat*) geben, sich (*Dat*) wegen etw Vorwürfe machen
▶ **qui s'excuse s'accuse** wer sich verteidigt, klagt sich an (*prov*)

ace [ɛs] *m* TENNIS Ass *nt*

acéphale [asefal] *adj* kopflos; *fig* führungslos; **une entreprise ~** ein Unternehmen ohne Führung

acerbe [asɛʀb] *adj ton, paroles* scharf, hart, verletzend; *critique, écrits* derb, bissig

acéré(e) [aseʀe] *adj griffes, couteau* scharf; *piques* spitz

acétate [asetat] *m* CHIM Acetat *nt*

acétique [asetik] *adj* **acide ~** Essigsäure *f*

acétone [asetɔn] *f* CHIM Aceton *nt*

acétylène [asetilɛn] *m* CHIM Acetylen *nt*

achalandé(e) [aʃalɑ̃de] *adj* **être bien ~(e)** *magasin:* eine große Auswahl haben, ein reichhaltiges Warenangebot haben

acharné(e) [aʃaʀne] *adj* fanatisch; *travailleur, combattant* verbissen, angestachelt; *joueur* leidenschaftlich; *combat, résistance* erbittert, hartnäckig; **au prix d'un effort ~** durch unermüdliche Anstrengung; **être ~(e)** hartnäckig sein, nicht lockerlassen; **~(e) à faire qc** von der Idee besessen etw zu tun; **être ~(e) contre qn/qc** verbissen gegen jdn/etw kämpfen

acharnement [aʃaʀnəmɑ̃] *m* Hartnäckigkeit *f; d'un combattant* Verbissenheit *f; d'un joueur* Leidenschaft *f; d'un plaideur* Engagement *nt;* **travailler avec ~** verbissen [*o* unermüdlich] arbeiten; **se battre avec ~** erbittert kämpfen; **son ~ à défendre la nature** die Hartnäckigkeit, mit der er sich für die Umwelt einsetzt; **dans son cas, il s'agit vraiment d'~ thérapeutique** man versucht wirklich, sein/ihr Leben mit allen Mitteln künstlich zu erhalten

acharner [aʃaʀne] <1> *vpr* ❶ (*persévérer*) **s'~** sich abmühen
❷ (*s'obstiner à résoudre, à comprendre*) **s'~ sur un texte/un devoir** sich an einem Text/einer Aufgabe festbeißen; **s'~ à faire qc** sich darauf versteifen etw zu tun
❸ (*ne pas lâcher prise*) **s'~ sur une victime** sich auf ein Opfer stürzen, von einem Opfer nicht ablassen
❹ (*combattre*) **s'~ contre le terrorisme/l'intolérance** einen erbitterten Kampf gegen den Terrorismus/die Intoleranz führen
❺ (*poursuivre*) **s'~ contre** [*o* **sur**] [*o* **après**] **qn** *sort, destin:* jdn verfolgen; **la malchance s'acharne contre lui** er wird vom Pech verfolgt
❻ (*détruire*) **s'~ sur un objet/un meuble** einen Gegenstand/ein Möbelstück blindwütig zerstören

achat [aʃa] *m* ❶ (*action*) Kauf *m; de biens durables* Kauf, Anschaffung *f;* **faire des ~s** einkaufen, Einkäufe machen [*o* erledigen]; **faire l'~ d'une voiture/d'un appareil** [sich (*Dat*)] ein Auto/Gerät kaufen; **ça me paraît cher à l'~** das scheint mir teuer zu sein
❷ (*chose achetée*) Einkauf *m;* **un bon ~** ein guter Kauf
❸ ECON, JUR Kauf *m;* **~ d'un terrain** Grundstückskauf; **~ journalier** Tageskauf
◆ **~ à crédit** Abzahlungsgeschäft *nt,* Abzahlungskauf *m,* Kauf *m* auf Kredit [*o* auf Raten]

acheminement [aʃ(ə)minmɑ̃] *m* ❶ (*transport*) *du courrier, des voyageurs* Beförderung *f; des marchandises, troupes* Transport *m;*

des réfugiés Transport *m,* Weiterleitung *f*
❷ (*avancement*) Voranschreiten *nt*

acheminer [aʃ(ə)mine] <1> **I.** *vt* ❶ (*transporter*) befördern *courrier, voyageurs;* befördern, transportieren *marchandises;* weiterleiten, transportieren, bringen *réfugiés*
❷ (*conduire*) umleiten *convoi, caravane, train;* ~ **un train sur une autre ville** einen Zug [*o* eine Zugverbindung] über eine andere Stadt leiten; ~ **des troupes sur** [*o* **vers**] **le front** die Truppen an die Front beordern
II. *vpr* ❶ (*aller en direction de*) **s'~ vers le bois** auf den Wald zugehen; **s'~ vers Paris/le centre-ville** *personne:* sich auf den Weg nach Paris/in die Innenstadt machen; *train, voiture, convoi:* sich in Richtung Paris/Stadtzentrum bewegen
❷ (*aller vers un résultat*) **s'~ vers une conclusion/une solution** sich (*Akk*) einem Ergebnis/einer Lösung nähern [*o* annähern]; **s'~ vers la ruine/la catastrophe** auf den Ruin/die Katastrophe zusteuern; **nous nous acheminons vers la fin de ce stage** wir nähern uns dem Ende unseres Praktikums, unser Praktikum geht dem Ende zu

acheter [aʃ(ə)te] <4> **I.** *vt* ❶ (*acquérir*) kaufen; **achetez français!** kaufen Sie [nur] französische Waren!; ~ **qc à** [*o* **pour**] **qn** jdm etw kaufen, etw für jdn kaufen; ~ **qc chez qn** etw bei jdm kaufen; ~ **qc au supermarché/au marché** etw im Supermarkt/auf dem Markt kaufen; ~ **qc au comptant/à crédit** etw gegen bar/auf Raten kaufen
❷ *péj* kaufen, bestechen *personne;* kaufen *votes;* sich (*Dat*) erkaufen *silence, complicité*
II. *vpr* **s'~ qc** sich (*Dat*) etw kaufen; **s'~ des biens durables/un animal** sich (*Dat*) etwas Dauerhaftes/ein Tier anschaffen

acheteur, -euse [aʃtœʀ, -øz] *m, f* ❶ (*particulier*) Käufer(in) *m(f);* (*entreprise*) Abnehmer(in) *m(f);* **gros** ~ Großabnehmer; **être ~(-euse)** [am Kauf] interessiert sein
❷ (*de profession*) Einkäufer(in) *m(f)*

achèvement [aʃɛvmɑ̃] *m* ❶ (*fin*) *d'un immeuble* Fertigstellung *f; d'une œuvre* Fertigstellung, Vollendung *f; des travaux* Beenden *nt,* Abschluss *m*
❷ (*perfection*) Vollendung *f*

achever [aʃ(ə)ve] <4> *vt* ❶ (*accomplir*) beenden, abschließen, beschließen *discours;* fertigstellen, vollenden *œuvre;* austrinken *bouteille;* aufbrauchen *provisions;* beschließen *ses jours, sa vie;* ~ **son repas/son assiette** zu Ende essen; ~ **la lecture d'un livre** ein Buch auslesen [*o* zu Ende lesen]; ~ **de faire qc** etw zu Ende tun
❷ (*tuer*) töten; ~ **un animal** ein Tier töten, einem Tier den Gnadenstoß geben
❸ (*épuiser*) **ça m'a achevé(e)!** das hat mir den Rest gegeben! (*fam*), das hat mich völlig fertig gemacht! (*fam*)

Achille [aʃil] *m* ❶ Achill[es] *m*
❷ HIST Achill[es] *m*

achoppement [aʃɔpmɑ̃] *m v.* **pierre**

achopper [aʃɔpe] <1> **I.** *vi littér* ~ **à un problème/sur une difficulté** auf ein Problem/eine Schwierigkeit stoßen
II. *vpr* **s'~ à qc** *fig littér* auf etw stoßen (*fig*)

achromatique [akʀɔmatik] *adj* OPT achromatisch

acide [asid] **I.** *adj* ❶ *fruit, saveur* sauer; *critique* scharf; *remarque* bissig
❷ CHIM *solution, milieu* sauer, säurehaltig
II. *m* ❶ CHIM Säure *f;* ~ **ascorbique/gras** Ascorbin-/Fettsäure; ~ **carbonique** Kohlensäure *f*
❷ *arg* (*drogue*) LSD *nt*

acidité [asidite] *f* ❶ *d'un fruit* saurer Geschmack; *d'une critique, remarque* Schärfe *f*
❷ CHIM Säuregehalt *m;* ~ **gastrique** Magensäure *f*

acidulé(e) [asidyle] *adj goût, bonbon* säuerlich, leicht sauer; *coloris, ton* grell; **un emballage vert** ~ eine giftgrüne Verpackung

acier [asje] *m* ❶ (*métal*) Stahl *m;* ~ **doux/trempé** weicher/gehärteter Stahl; ~ **chromé/inoxydable** verchromter/rostfreier Stahl; ~ **spécial** Edelstahl *m;* **être en** ~ aus Stahl sein; **un pont en** ~ eine stählerne Brücke; **une monture d'~** eine Stahlfassung
❷ (*industrie*) **l'~** die Stahlindustrie
▶ **d'~** (*dur*) *regard* hart; *muscles* stählern; *nerfs* aus Stahl; **avoir un moral d'~** unerschütterlich sein

aciérie [asjeʀi] *f* Stahlwerk *nt,* Stahlhütte *f*

acmé [akme] *m o f* ❶ MED *d'une maladie, fièvre* Akme *f*
❷ (*zénith*) *d'une ère, d'un mouvement* Hochzeit *f,* Höhepunkt *m*
❸ *fig* Gipfel *m*

acné [akne] *f* Akne *f;* ~ **juvénile** pubertäre Akne

acolyte [akɔlit] *m péj* Komplize *m*

acompte [akɔ̃t] *m* ❶ (*engagement d'achat*) Anzahlung *f;* **payer** [*o* **verser**] **un** ~ eine Anzahlung leisten
❷ (*avance*) Vorschuss *m;* ~ **sur salaire** Lohnvorschuss
❸ *fam* (*avant-goût*) Vorgeschmack *m*

aconit [akɔnit] *m* BOT Eisenhut *m*

acoquiner [akɔkine] <1> *vpr péj* **s'~ avec qn** sich mit jdm einlassen

Açores [asɔʀ] *fpl* **les** ~ die Azoren

à-côté [akote] <à-côtés> *m* ❶ (*détail*) Nebensächlichkeit *f,* nebensächlicher Punkt
❷ (*gain occasionnel*) Zubrot *nt kein Pl;* **avoir** [*o* **se faire**] **des à-côtés** sich (*Dat*) ein Zubrot verdienen

à-coup [aku] <à-coups> *m* ❶ *d'un moteur, d'une machine* Ruck *m,* Stoß *m;* **avoir des à-coups** *moteur:* stottern; **par à-coups** stoßweise, etappenweise, schubartig
❷ ECON (*fluctuation*) Schwankung *f;* **subir quelques à-coups** Rückschläge erleiden; **après quelques à-coups, l'industrie replonge dans la crise** nach einem kurzen Aufschwung befindet sich die Industrie wieder in einer Krise

acousticien(ne) [akustisjɛ̃, jɛn] *m(f)* Akustiker(in) *m(f)*

acoustique [akustik] **I.** *adj* akustisch; **nerf** ~ Gehörnerv *m;* **isolation** ~ Schalldämmung *f;* **ondes ~s** Schallwellen *Pl*
II. *f sans pl* ❶ (*science*) Akustik *f,* Lehre *f* vom Schall
❷ (*qualité*) *d'une salle* Akustik *f;* ~ **architecturale** Raumakustik

acquéreur, acquéresse [akeʀœʀ, akeʀɛs] *m, f* Käufer(in) *m(f),* Erwerber(in) *m(f);* **trouver** [**un**] ~ **pour qc** einen Käufer [*o* Abnehmer] für etw finden; **se porter** [*o* **se rendre**] ~ **de qc** etw kaufen

acquérir [akeʀiʀ] <irr> **I.** *vt* ❶ (*devenir propriétaire*) erwerben
❷ (*obtenir*) sich (*Dat*) aneignen *méthode, compétence;* erlangen *célébrité, faveur;* erwerben *habileté;* sammeln *expérience;* **il a acquis l'habitude de se lever tôt** es ist ihm zur Gewohnheit geworden früh aufzustehen
❸ (*gagner*) ~ **de l'importance/la valeur** an Wichtigkeit/Wert gewinnen
II. *vpr* (*s'obtenir*) **cette qualité peut s'~** diese Eigenschaft kann man sich (*Dat*) aneignen; **les connaissances s'acquièrent peu à peu** das Know-how bekommt man nach und nach; **les richesses ne s'acquièrent pas sans rien faire** zu Reichtum gelangt man nicht ohne etwas zu tun; **la sagesse s'acquiert avec l'âge** Weisheit kommt mit dem Alter

acquêt [akɛ] *m* JUR Erwerb *m,* Gewinn *m;* **communauté réduite aux ~s** Zugewinngemeinschaft *f*

acquiescement [akjɛsmɑ̃] *m* Zustimmung *f,* Einwilligung *f,* Einverständnis *nt;* **donner son ~ à qc** einer S. (*Dat*) zustimmen, seine Zustimmung zu einer S. geben, etw billigen [*o* genehmigen]; **refuser son ~ à qc** einer S. (*Dat*) seine Zustimmung verweigern; **en signe d'~** als Zeichen der Zustimmung, zustimmend

acquiescer [akjese] <2> *vi* zustimmen, beistimmen; ~ **d'un sourire/d'un signe de tête** zustimmend [*o* beipflichtend] lächeln/nicken

acquis [aki] *m* ❶ *vieilli* (*savoir*) umfangreiches Wissen; (*expérience*) reicher Erfahrungsschatz
❷ *pl* (*avantages sociaux*) Errungenschaften *Pl*

acquis(e) [aki, iz] **I.** *part passé de* **acquérir**

II. *adj* ❶ (*obtenu*) *fortune, aptitude* erworben; *droit* wohlerworben; *habitude* angenommen; *célébrité, richesse* erlangt; *expériences* gewonnen, gesammelt; *avantages* erkämpft
❷ (*reconnu*) gesichert, feststehend, unbestritten; **c'est un fait** ~ das steht fest; **considérer qc comme** ~(**e**) etw als gesichert betrachten; **tenir qc pour** ~(**e**) etw für erwiesen halten
❸ (*accordé*) **notre aide lui est** ~**e** unsere Hilfe ist ihm sicher

acquisition [akizisjɔ̃] *f* ❶ *a.* ECON, JUR (*action d'acheter*) Erwerb *m;* **faire l'**~ **de qc** etw erwerben
❷ *fig de connaissances* Erwerb *m; d'une langue* Erlernen *nt*
❸ (*objet acquis*) Anschaffung *f,* Errungenschaft *f;* **sa nouvelle** ~ seine/ihre neueste Errungenschaft

acquit [aki] *m* COM Quittung *f;* **pour** ~ Betrag [dankend] erhalten
▶ **par** ~ **de** conscience um ganz sicherzugehen

acquittement [akitmɑ̃] *m* ❶ *d'un accusé* Freispruch *m*
❷ (*règlement*) *d'une dette* Tilgung *f; d'une facture, note* Bezahlung *f,* Begleichung *f; d'une taxe* Entrichtung *f,* Zahlung
❸ (*exécution*) *d'une promesse* Einlösung *f,* Erfüllung *f; d'une tâche* Erfüllung; *d'une fonction* Ausübung *f; d'une mission* Ausführung *f*

acquitter [akite] <1> **I.** *vt* ❶ freisprechen *personne*
❷ (*payer*) bezahlen, begleichen *dette, facture*
❸ (*signer*) quittieren *livraison*
II. *vpr* **s'**~ **d'une dette** eine Schuld begleichen [*o* tilgen]; **s'**~ **d'une dette morale** eine moralische Verpflichtung erfüllen; **s'**~ **d'une promesse** ein Versprechen halten; **s'**~ **d'une obligation/de ses obligations** einer Verpflichtung/seinen Verpflichtungen (*Dat*) nachkommen; **s'**~ **d'une fonction** eine Funktion ausüben

acre [akʀ] *m* HIST Morgen *m,* Acre *m*

âcre [ɑkʀ] *adj* ❶ *vin, saveur* herb; *fumée* beißend; *odeur* streng; **il y a un goût** ~ **dedans** das schmeckt etwas herb
❷ *fig* bitter, herb; **l'**~ **sentiment de la rebuffade** das bittere Gefühl der Zurückweisung

âcreté [ɑkʀəte] *f d'une odeur* Schärfe *f; d'une saveur* Herbheit *f; de la fumée* beißender Geruch; *d'un parfum* strenger Geruch

acrimonie [akʀimɔni] *f* Groll *m*

acrobate [akʀɔbat] *mf* Akrobat(in) *m(f)*

acrobatie [akʀɔbasi] *f* ❶ (*tour*) Akrobatenstück *nt;* ~ **aérienne** (*discipline*) Kunstfliegen *nt;* (*figure*) Kunstflug *m*
❷ *pl* (*prouesses*) akrobatische Kunststücke *Pl;* **faire des** ~**s** Kunststücke vollführen
❸ (*ruse*) Akrobatik *f;* ~ **intellectuelle** Gedankenakrobatik *f,* geistige Klimmzüge *Pl* (*fam*); **il rétablit le budget par quelques** ~**s** er besserte das Budget mit einigen Kunstgriffen [*o* Tricks] auf

acrobatique [akʀɔbatik] *adj* akrobatisch

acronyme [akʀɔnim] *m* Akronym *nt*

acropole [akʀɔpɔl] *f* HIST Akropolis *f*

acrostiche [akʀɔstiʃ] *m* POES Akrostichon *nt*

acrylique [akʀilik] CHIM **I.** *adj* acrylhaltig; **fibre** ~ Acrylfaser *f*
II. *m* Acryl *nt*

acte [akt] *m* ❶ (*action*) Tat *f,* Handlung *f;* ~ **d'agression** aggressiver Akt; ~ **d'autorité** autoritative Handlung; ~ **de bravoure** mutige Tat; ~ **de charité** Akt der Nächstenliebe; ~ **de cruauté** grausame Tat, Gräueltat; ~ **d'hostilité** feindliches Vorgehen; ~ **de terrorisme** Terrorakt; ~ **de vandalisme** Akt blinder Zerstörungswut; ~ **désespéré/héroïque** Verzweiflungs-/Heldentat; ~ **gratuit** unmotivierte Handlung; ~ **prémédité** vorsätzliche Handlung; ~ **médical** ärztlicher Eingriff; ~ **sexuel** Geschlechtsakt; **faire** ~ **de bonne volonté** guten Willen zeigen; **faire** ~ **d'autorité** durchgreifen; (*en paroles*) ein Machtwort sprechen; **faire** ~ **de candidature à qc** für etw kandidieren; **faire** ~ **de présence** sich kurz blicken lassen; **passer à l'**~ zur Tat schreiten; **traduire qc en** ~ etw in die Tat umsetzen; **assez parlé, des** ~**s!** genug geredet, lasst Taten sprechen!
❷ (*document*) Urkunde *f,* Schriftstück *nt,* Dokument *nt;* (*communiquant une décision*) Bescheid *m;* (*contrat*) Vertrag *m;* ~ **authentique** beglaubigte Urkunde; **Acte Unique Européen** Einheitliche Europäische Akte; **signer un** ~ **devant notaire** einen Vertrag vor dem Notar unterzeichnen; **demander** ~ **à qn de qc** jdn bitten etw zu Protokoll zu nehmen; **donner** ~ **à qn de qc** jdm etw bestätigen; **prendre** ~ **de qc** (*écrire*) etw zu Protokoll nehmen; (*prendre connaissance de*) etw zur Kenntnis nehmen
❸ THEAT Akt *m*
◆ ~ **de baptême** Taufschein *m;* ~ **de décès** Sterbeurkunde *f,* Totenschein *m;* ~ **de l'état civil** standesamtliche Urkunde; ~ **de foi** Glaubensakt *m;* ~ **de foi manqué** Fehlleistung *f;* ~ **de mariage** Heiratsurkunde *f,* Trauschein *m;* ~ **de naissance** Geburtsurkunde *f;* ~ **d'origine** CH Heimatschein *m* (CH); ~ **de succession** Erbvertrag *m;* ~ **de vente** Kaufvertrag *m*

acteur, -trice [aktœʀ, -tʀis] *m, f* ❶ THEAT, CINE Schauspieler(in) *m(f)*
❷ (*auteur*) Akteur(in) *m(f); d'un événement* Täter *m*

actif [aktif] *m* ❶ ECON, JUR Aktivvermögen *nt,* Aktiva *Pl,* Aktivseite *f;* ~**s incorporels** immaterielle Anlagewerte *Pl;* ~ **d'une succession** Nachlassvermögen; **ils ont inscrit cette somme à l'**~ **de mon compte** sie haben mir diese Summe gutgeschrieben
❷ LING Aktiv *nt,* Tätigkeitsform *f;* **à l'**~ aktivisch, im Aktiv; **être à l'**~ *verbe:* im Aktiv stehen
❸ (*travailleur*) Erwerbstätige(r) *m*
❹ (*responsabilité, mérite*) **il a le crime à son** ~ das Verbrechen geht auf sein Konto; **elle a une victoire à son** ~ sie kann einen Sieg für sich verbuchen; **il faut mettre** [*o* **porter**] **à l'**~ **des étudiants les changements politiques** die politischen Veränderungen sind den Studenten zuzuschreiben

actif, -ive [aktif, -iv] *adj* ❶ (*dynamique*) aktiv; *vie* aktiv, ereignisreich; **méthode active** interaktiver Unterricht
❷ BOURSE *marché* lebhaft; **devenir** ~ sich beleben
❸ ECON *population* erwerbstätig; **vie active** Erwerbsleben *nt*
❹ (*efficace*) *produit, médicament* wirksam; *poison* schnell wirkend
❺ PHYS aktiv
❻ LING aktivisch; **la voix** [*o* **forme**] **active** das Aktiv; **ce verbe est à la voix active** dieses Verb steht im Aktiv; **conjuguer un verbe à la voix active** ein Verb im Aktiv konjugieren
❼ MIL *service* aktiv

action [aksjɔ̃] *f* ❶ (*acte*) Tat *f;* **accomplir** [*o* **faire**] **une bonne** ~ eine gute Tat vollbringen
❷ *sans pl* (*fait d'agir*) Handeln *nt,* Handlung *f;* (*démarche*) Vorgehen *nt,* Aktion *f; du gouvernement* Maßnahme *f;* **un homme d'**~ ein Mann der Tat; **aimer l'**~ es gern haben, wenn viel los ist; **entrer/être en** ~ in Aktion treten/sein; **mettre un projet en** ~ ein Projekt in die Tat umsetzen; **passer à l'**~ etwas unternehmen, zur Tat schreiten (*geh*); **assez de paroles, de l'**~**!** genug geredet, jetzt muss gehandelt werden!
❸ (*effet*) Wirkung *f; d'une loi* Auswirkung; (*intervention*) *du gouvernement, ministre* Eingreifen *nt;* **sous l'**~ **de l'humidité/du soleil** durch die Feuchtigkeit/Sonneneinstrahlung
❹ (*péripéties*) *d'une pièce, d'un film* Handlung *f;* (*multitude de péripéties*) Action *f* (*fam*); **l'**~ **du film/de la pièce se passe en Espagne** der Film/das Stück spielt in Spanien; **il y a de l'**~ **dans ce film** in diesem Film passiert viel, dieser Film hat Action (*fam*); **ce film manque d'**~ in diesem Film passiert nicht genug, dieser Film hat zu wenig Action (*fam*)
❺ (*lutte sociale*) Kampf *m;* (*mesure ponctuelle*) Aktion *f;* ~ **syndicale** Kampf der Gewerkschaft/der Gewerkschaften; **engager l'**~ den Kampf aufnehmen
❻ JUR Handlung *f;* (*plainte, demande*) Klage *f;* (*procédure*) Verfahren *nt;* **intenter** [*o* **introduire**] **une** ~ **contre qn** Klage gegen jdn erheben, eine Klage gegen jdn anstrengen (*geh*);

A

entraver l'~ de la justice das Gerichtsverfahren behindern; ~ **judiciaire** [*o* **en justice**] Gerichtsverfahren
❼ FIN, BOURSE Aktie *f;* **émettre des ~s** Aktien ausgeben; **société par ~s** Aktiengesellschaft *f,* AG *f;* ~ **cotée en Bourse** an der Börse notierte Aktie
▸ **les ~s de qn baissent** [*o* **sont en baisse**]/**montent** [*o* **sont en hausse**] *fam* jds Aktien fallen/steigen (*fam*), jd sinkt/steigt im Kurs (*fam*)
◆ ~ **d'éclat** Glanzleistung *f;* ~ **au porteur** Inhaberaktie *f;* ~ **en diffamation** Beleidigungsklage *f*
actionnaire [aksjɔnɛʀ] *mf* Aktionär(in) *m(f),* Anteilseigner(in) *m(f);* ~ **majoritaire** Mehrheitsaktionär(in); **les petits/gros ~s** die Klein-/Großaktionäre; **l'assemblée des ~s** die Aktionärsversammlung
actionnariat [aksjɔnaʀja] *m* ❶ (*le fait d'être actionnaire*) Aktienbesitz *m*
❷ (*l'ensemble des actionnaires*) Aktionäre *Pl;* **l'~ de Volkswagen s'est réuni** die Volkswagen-Aktionäre haben sich versammelt
actionnement [aksjɔnmɑ̃] *m d'un levier* Betätigen *nt; d'un moteur, d'une machine* Ingangsetzen *nt*
actionner [aksjɔne] <1> *vt* ❶ (*mettre en mouvement*) betätigen *levier, manivelle;* in Gang setzen *moteur, machine*
❷ JUR verklagen, gerichtlich belangen *personne*
❸ *fam* (*faire agir*) in Aktion bringen *personne*
activation [aktivasjɔ̃] *f* Aktivierung *f*
active [aktiv] *f* (*travailleuse*) Erwerbstätige *f*
activement [aktivmɑ̃] *adv* aktiv, intensiv; *rechercher qn* eifrig; *participer à qc* tatkräftig
activer [aktive] <1> **I.** *vt* ❶ (*accélérer*) anregen *circulation sanguine;* anfachen, schüren *feu;* beschleunigen *processus;* vorantreiben *travaux;* **prière de faire ~ ce dossier** diese Akte sollte schnellstmöglich bearbeitet werden
❷ CHIM, INFORM aktivieren
II. *vi fam* ein bisschen schneller [*o* voran *fam*] machen; **faire ~ qn** jdn antreiben; **allez, les enfants, activons, activons!** auf, meine Lieben, los, los!
III. *vpr* **s'~** ❶ (*s'affairer*) geschäftig hin und her sausen; **s'~ à faire qc** eifrig dabei sein etw zu tun
❷ *fam* (*se dépêcher*) sich beeilen, voranmachen (*fam*)
❸ (*bouger*) sich körperlich betätigen, sich bewegen
activisme [aktivism] *m* PHILOS, POL Aktivismus *m*
activiste [aktivist] **I.** *adj* aktivistisch
II. *mf* Aktivist(in) *m(f)*
activité [aktivite] *f* ❶ *sans pl* (*fait d'être actif*) Aktivität *f; d'un volcan* Tätigkeit *f;* **déployer une ~ fébrile** eine fieberhafte Aktivität entfalten; **ne plus avoir la même ~ qu'avant** nicht mehr so aktiv wie vorher sein; **entrer en ~** in Betrieb genommen werden; *volcan:* ausbrechen; **en ~** *machine, mine* in Betrieb; *volcan* tätig; **en pleine ~** florierend; *affaires* gut gehend; **hors d'~** *machine* außer Betrieb; *mine* stillgelegt; *volcan* untätig, erloschen; ~ **de l'entreprise** Unternehmenstätigkeit; ~ **économique** Wirtschaftstätigkeit; **relancer l'~ économique** die Wirtschaft ankurbeln; **avoir des ~s industrielles/commerciales** produzieren/Handel treiben; **suite à l'~ des investissements en baisse** infolge der nachlassenden Investitionstätigkeit; **cesser toutes ses ~s** sämtliche Geschäftstätigkeiten einstellen
❷ (*agitation dans un lieu*) Betriebsamkeit *f,* geschäftiges Treiben
❸ (*dynamisme d'une personne*) Tätigkeitsdrang *m*
❹ (*animation physique, intellectuelle*) Betätigung *f*
❺ (*occupation*) Betätigung *f,* Aktivität *f;* ~ **dirigée** ≈ [Schul]aufgabe *f*/[Schul]übung *f* nach genauen Vorgaben; ~ **physique/intellectuelle** körperliche/geistige Betätigung; **pratiquer une ~ sportive** eine Sportart ausüben, Sport treiben [*o* machen *fam*]; ~ **de plein air** Tätigkeit [*o* Betätigung] im Freien
❻ (*profession*) Tätigkeit *f;* **son ~ actuelle** seine/ihre bisherige Tätigkeit; ~ **indépendante** freiberufliche Tätigkeit; ~ **libérale/manuelle** selbstständige/handwerkliche Tätigkeit; ~ **professionnelle** berufliche/geschäftliche Tätigkeit; ~ **rémunérée** Erwerbstätigkeit; **femme en ~** berufstätige Frau; **exercer une ~ commerciale** (*être commerçant*) ein Handelsgewerbe betreiben; (*travailler dans une société*) eine kaufmännische Tätigkeit ausüben; **avoir plusieurs ~s** verschiedenen Beschäftigungen nachgehen; **ne pas avoir d'~ régulière** keiner geregelten Tätigkeit (*Dat*) nachgehen
❼ *sans pl* (*ensemble d'actes*) Tätigkeit *f;* **intense ~ diplomatique** rege diplomatische Bemühungen; ~ **politique** politische Aktivität; ~ **syndicale** Aktivitäten der Gewerkschaft[en], gewerkschaftliche Aktivitäten
❽ (*secteur*) Gewerbe *nt;* ~ **commerciale** Handelsgewerbe; JUR Erwerbsgeschäft *nt* (*Fachspr.*); ~ **industrielle** produzierendes Gewerbe
◆ ~ **d'éveil** ≈ kreatives Arbeiten und Spielen (*im Kindergarten und in der Vorschule*)
actrice [aktʀis] *f v.* **acteur**
actuaire [aktɥɛʀ] *mf* Versicherungsmathematiker(in) *m(f)*
actualisation [aktɥalizasjɔ̃] *f* Aktualisierung *f*
actualiser [aktɥalize] <1> *vt* (*mettre à jour*) aktualisieren, auf den neuesten Stand bringen
actualité [aktɥalite] *f* ❶ *sans pl* (*modernité*) *d'un sujet, livre* Aktualität *f;* **être d'~** aktuell sein; **être d'une ~ brûlante** brandaktuell sein
❷ *sans pl* (*événements*) Zeitgeschehen *nt;* **l'~ économique/médicale** das Neueste aus der Wirtschaft/aus dem Bereich der Medizin; **l'~ politique/sociale** das politische Tagesgeschehen/gesellschaftliche Zeitgeschehen [*o* Zeitgeschehen]; **l'~ quotidienne** das Tagesgeschehen, die Tagesereignisse; **l'~ sportive** die Sportnachrichten
❸ *pl* TV, RADIO Nachrichten *Pl;* CINE Wochenschau *f;* **~s régionales** Regionalnachrichten *Pl*
actuariel(le) [aktɥaʀjɛl] *adj* versicherungsmathematisch; **taux ~** Rendite *f,* Effektivverzinsung *f;* **taux ~ brut** Bruttozinssatz *m*
actuel(le) [aktɥɛl] *adj* ❶ (*présent*) *régime* herrschend; *directeur* derzeitig, jetzig; *monde* von heute; *état* gegenwärtig; *circonstances* gegenwärtig, augenblicklich
❷ (*d'actualité*) aktuell
actuellement [aktɥɛlmɑ̃] *adv* im Moment, zur Zeit, gegenwärtig
acuité [akɥite] *f* ❶ (*intensité*) *de la douleur* Heftigkeit *f; du son, du bruit* Intensität *f;* **l'~ du froid était telle que qn a fait qc** es war so kalt, dass jd etw getan hat
❷ (*sensibilité*) Schärfe *f;* **une grande ~ de l'ouïe** ein gutes Hörvermögen; ~ **de l'odorat** Geruchssinn *m;* ~ **visuelle** Sehschärfe *f;* **avoir une grande ~ visuelle** gute Augen haben
❸ (*gravité*) *d'une crise, situation* Ernst *m;* **l'~ de la crise économique est telle que** die Wirtschaftskrise ist so ernst [*o* hat sich so zugespitzt], dass
❹ (*finesse intellectuelle*) Schärfe *f;* ~ **d'esprit** *pour raisonner* Scharfsinn *m; pour juger* Urteilsfähigkeit *f*
acuponcteur, -trice [akypɔ̃ktœʀ, -tʀis] *m, f* Akupunkteur *m*/Akupunkteuse *f*
acuponcture [akypɔ̃ktyʀ] *f* Akupunktur *f*
acupuncteur, -trice [akypɔ̃ktœʀ, -tʀis] *m, f v.* **acuponcteur**
acupuncture [akypɔ̃ktyʀ] *f v.* **acuponcture**
acyclique [asiklik] *adj* BOT, CHIM azyklisch
adage [adaʒ] *m* ❶ geflügeltes Wort, Lebensweisheit *f*
❷ *Bewegungsablauf zu einem langsamen Rhythmus*
adagio [ada(d)ʒjo] MUS **I.** *m* Adagio *nt*
II. *adv* adagio
Adam [adɑ̃] *m* Adam *m*
adaptable [adaptabl] *adj* passend; **être ~ à qc** sich für etw eignen, zu etw passen

A

adaptateur [adaptatœʀ] *m* ❶ CINE, THEAT Bearbeiter *m*
❷ TECH Adapter *m*
adaptation [adaptasjɔ̃] *f* ❶ *sans pl* (*action d'adapter, de s'adapter*) Anpassung *f*, Adapt[at]ion *f*; **faire un effort d'**~ versuchen sich anzupassen; **il lui faut un certain temps d'**~ **à la lumière** er/sie braucht eine gewisse Zeit um sich wieder an das Licht zu gewöhnen
❷ CINE, THEAT Bearbeitung *f*, Adapt[at]ion *f*
adaptatrice [adaptatʀis] *f* CINE, THEAT Bearbeiterin *f*
adapter [adapte] <1> **I.** *vt* ❶ (*ajuster*) anbringen *embout, pièce, tuyau;* ~ **une pièce à une autre** ein Stück an einem anderen anbringen [*o* mit einem anderen verbinden]
❷ (*accorder*) anpassen; ~ **son comportement à la situation** sein Verhalten an die Situation anpassen, sich der Situation (*Dat*) gemäß verhalten
❸ (*faire l'adaptation de*) bearbeiten, adaptieren *pièce, roman;* ~ **une pièce pour le piano** ein Stück für das Klavier adaptieren; ~ **un roman à l'écran/au cinéma** (*modifier l'histoire*) das Drehbuch zu einem Roman schreiben; (*réaliser un film*) einen Roman [fürs Fernsehen/fürs Kino] verfilmen
II. *vpr* ❶ (*s'habituer à*) **s'**~ **à qn/qc** sich jdm/einer S. anpassen; **s'**~ **à un nouveau travail** sich an eine neue Arbeit gewöhnen; **s'**~ **à un nouveau pays** sich in einem Land einleben
❷ (*s'ajuster à*) **s'**~ **à qc** *tuyau:* auf etw (*Akk*) passen; *clé:* in etw (*Akk*) passen
addenda[s] [adɛ̃da] *mpl* Addenda *Pl*
additif [aditif] *m* ❶ (*supplément*) Zusatz *m*, Nachtrag *m*
❷ CHIM Zusatzstoff *m*, Zusatz *m*, Additiv *nt* (*Fachspr.*); ~ **alimentaire** Lebensmittelzusatz
◆ ~ **au budget** Nachtragshaushalt *m*
additif, -ive [aditif, -iv] *adj* additiv
addition [adisjɔ̃] *f* ❶ (*action*) Addition *f*, Addieren *nt*, Zusammenzählen *nt*
❷ *fig de problèmes* Anhäufung *f*
❸ (*résultat, somme*) Addition *f*
❹ (*facture*) Rechnung *f*; **garçon, l'**~**, s'il vous plaît!** Herr Ober, bitte zahlen [*o* bitte die Rechnung]!
❺ (*ajout*) *d'un produit, ingrédient* Hinzufügen *nt*, Beimischung *f*; *d'une terminaison* Anhängen *nt*
additionnel(le) [adisjɔnɛl] *adj* Zusatz-, zusätzlich
additionner [adisjɔne] <1> **I.** *vt* ❶ (*faire l'addition de*) addieren, zusammenzählen, zusammenrechnen
❷ (*ajouter*) ~ **qc à qc** einer S. (*Dat*) etw zusetzen [*o* beimengen] [*o* hinzufügen]; **jus de pomme additionné de sucre** Apfelsaft mit Zuckerzusatz
II. *vpr* **s'**~ *complications, erreurs:* sich summieren; *chiffres:* sich im Kopf addieren lassen; *difficultés, problèmes:* hinzukommen
adducteur [adyktœʀ] *m* ❶ ANAT Adduktor *m* (*Fachspr.*)
❷ (*canal*) Zuflusskanal *m*
adduction [adyksjɔ̃] *f* TECH Zuleitung *f*, Zufuhr *f*, Zuführung *f*; ~ **d'eau** Wasserversorgung *f*
adepte [adɛpt] *mf d'une religion, secte* Anhänger(in) *m(f)*; *d'un sport* Fan *m*; **faire des** ~**s** Anhänger gewinnen
adéquat(e) [adekwa, at] *adj* passend; *tenue, réponse* angemessen; *endroit* geeignet
adhérence [adeʀɑ̃s] *f* Haftung *f*; *d'une colle* Klebekraft *f*; *d'une voiture* Bodenhaftung *f*, Straßenlage *f*; *d'une semelle* Halt *m*; **avoir une bonne** ~ *colle:* gut kleben
adhérent(e) [adeʀɑ̃, ɑ̃t] **I.** *adj* **être** ~**(e) à qc** auf etw (*Dat*) haften; **ce pneu est** ~ **à la route** dieser Reifen hat eine gute Bodenhaftung
II. *m(f)* Mitglied *nt*; **carte d'**~ Mitgliedskarte *f*
adhérer [adeʀe] <5> *vi* ❶ (*coller*) ~ **à qc** an etw (*Dat*) festkleben [*o* haften]; *pneu:* auf etw (*Dat*) haften; **bien** ~ **dans les virages** *voiture:* gut in der Kurve liegen; **avec cette poêle, rien n'adhère** in dieser Pfanne klebt nichts fest
❷ (*approuver*) ~ **à une proposition/idée** einem Vorschlag/einer Idee zustimmen [*o* beipflichten]; ~ **à un point de vue** einer Sichtweise zustimmen, eine Meinung teilen
❸ (*reconnaître*) ~ **à un idéal/une idéologie** Anhänger(in) *m(f)* eines Ideals/einer Ideologie sein, einem Ideal/einer Ideologie anhängen
❹ (*devenir membre de*) ~ **à un parti/une association** in eine Partei/Vereinigung eintreten, einer Partei/Vereinigung beitreten, Mitglied [in/bei] einer Partei/Vereinigung werden
adhésif [adezif] *m* (*substance*) Klebstoff *m*; (*pansement*) Heftpflaster *nt*; (*papier collant*) Klebeband *nt*
adhésif, -ive [adezif, -iv] *adj* haftend, selbstklebend; **ruban** ~ Klebestreifen *m*, Klebeband *nt*
adhésion [adezjɔ̃] *f* ❶ (*approbation*) ~ **à qc** Zustimmung *f* zu etw; (*approbation publique*) *d'un homme politique, parti* Bekenntnis *nt* zu etw
❷ (*inscription*) ~ **à un parti/à l'Union européenne** Beitritt *m* [*o* Eintritt *m*] in eine Partei/in die Europäische Union; **bulletin d'**~ Beitrittserklärung *f*; **formule d'**~ Beitrittsmodalitäten *Pl*; **campagne d'**~ Mitgliederwerbeaktion *f*
❸ (*fait d'être membre*) Mitgliedschaft *f*
ad hoc [adɔk] *adv* ad hoc
adieu [adjø] <x> **I.** *m* ❶ (*prise de congé*) ~ **à qn/qc** Abschied *m* von jdm/etw; **lettre/baiser d'**~ Abschiedsbrief *m*/Abschiedskuss *m*; **dire** ~ **à qn** sich von jdm verabschieden; **faire ses** ~**x à qn** von jdm Abschied nehmen
❷ *pl* (*séparation*) Abschied *m*, Lebewohl *nt*
▶ dire ~ **à qc** etw vergessen [*o* verabschieden *fam*], sich (*Dat*) etw abschminken (*fam*)
II. *interj* lebe wohl!/leben Sie wohl!; ~**, la belle vie/les beaux jours** ade, du schönes Leben/du schöne Zeit; ~**, la tranquillité** jetzt ist die Ruhe dahin, vorbei ist's mit der Ruh' (*poet*)
à-Dieu-va[t] [adjøva(t)] *interj* ❶ (*advienne que pourra*) auf gut Glück; ~**!** komme, was wolle!
❷ NAUT *vieilli* ~**!** ree!
adipeux, -euse [adipø, -øz] *adj* ❶ fettig
❷ BIO das Fett betreffend; **tissu** ~ Fettgewebe *nt*
adiposité [adipozite] *f* Fettpolster *nt*, Fettablagerung *f*
adjacent(e) [adʒasɑ̃, ɑ̃t] *adj maison, pays* benachbart; *rue* nebenan gelegen; **être** ~**(e) à qc** an etw (*Akk*) angrenzen
adjectif [adʒɛktif] *m* Adjektiv *nt*; ~ **épithète** Attribut *nt*; ~ **substantivé/verbal** substantiviertes Adjektiv/Verbaladjektiv; ~ **démonstratif/possessif** Demonstrativ-/Possessivpronomen *nt*
adjectival(e) [adʒɛktival, o] <-aux> *adj* adjektivisch
adjectivé(e) [adʒɛktive] *adj* adjektiviert, als Adjektiv gebraucht
adjoindre [adʒwɛ̃dʀ] <irr> **I.** *vt* ❶ (*ajouter*) ~ **qc à une chose** etw zu einer S. hinzufügen, einer S. (*Dat*) etw hinzufügen; ~ **une aile à un bâtiment** einen Flügel an ein Gebäude anbauen; ~ **un -s à un substantif** ein -s an ein Substantiv anhängen
❷ (*associer*) ~ **une personne à qn** jdm eine Person zuteilen [*o* zuweisen] [*o* zur Seite stellen]
II. *vpr* **s'**~ **un collaborateur** sich (*Dat*) jdn zur Seite nehmen [*o* zu Hilfe holen]
adjoint(e) [adʒwɛ̃, wɛ̃t] **I.** *adj* stellvertretend
II. *m(f)* Assistent(in) *m(f)*, Gehilfe *m*/Gehilfin *f*; (*remplaçant*) Stellvertreter(in) *m(f)*; ~**(e) à la direction** Direktionsassistent(in) *m(f)*
◆ ~**(e) d'enseignement** *Lehrer(in) mit Aufsichtspflicht*
adjonction [adʒɔ̃ksjɔ̃] *f* ❶ TECH **l'**~ **à qc** (*à l'extérieur*) das Anbringen an etw; (*à l'intérieur*) der Einbau in etw; **l'**~ **d'une aile à un bâtiment** der Anbau eines Flügels an ein Gebäude
❷ CHIM **l'**~ **de sucre/d'un colorant à un produit** der Zusatz von Zucker/Farbstoff zu einem Produkt; **sans** ~ **de sucre** ohne Zuckerzusatz
❸ PRESSE (*mot, passage ajouté*) Zusatz *m*, Ergänzung *f*; **l'**~ **d'un article/d'un chapitre à un texte** das Hinzufügen eines

Artikels/Kapitels zu einem Text

adjudant [adʒydɑ̃] *m* ❶ MIL Oberfeldwebel *m*
❷ *fig, péj* Feldwebel *m;* **à vos ordres, mon ~!** zu Befehl, Herr Feldwebel!

adjudant-chef [adʒydɑ̃ʃɛf] <adjudants-chefs> *m* MIL Stabsfeldwebel *m,* Hauptfeldwebel

adjudicataire [adʒydikatɛʀ] *mf* (*pendant une vente aux enchères*) Käufer(in) *m(f),* Ersteigerer *m*/Ersteigerin *f*

adjudication [adʒydikasjɔ̃] *f* ❶ (*vente aux enchères*) Versteigerung *f;* ~ **forcée** Zwangsversteigerung *f*
❷ (*appel d'offres, attribution*) [öffentliche] Ausschreibung; ~ **administrative** öffentliche Ausschreibung; **par voie d'~** durch [öffentliche] Ausschreibung
❸ (*attribution*) Zuschlag *m,* Zuerkennung *f; d'un contrat, de travaux* Vergabe *f,* Verdingen *nt* (*Fachspr.*)

adjuger [adʒyʒe] <2a> **I.** *vt* ❶ (*attribuer aux enchères*) ~ **un objet d'art/un meuble à qn** jdm einen Kunstgegenstand/ein Möbelstück zusprechen [*o* zuschlagen]; **une fois, deux fois, trois fois, adjugé!** zum Ersten, zum Zweiten, zum Dritten!
❷ (*décerner*) ~ **une prime à qn** jdm eine Prämie zusagen; *fam* jdm eine Prämie geben; **le prix a été adjugé à un chercheur français** der Preis ging an einen französischen Forscher
❸ (*confier à*) ~ **un contrat/un marché à une entreprise** einen Vertrag/ein Geschäft an eine Firma vergeben
II. *vpr* ❶ (*obtenir*) **s'~ un contrat/des parts de marché** sich (*Dat*) einen Vertrag/Marktanteile sichern
❷ (*s'approprier*) **s'~ qc** sich (*Dat*) etw aneignen [*o* nehmen]

adjuration [adʒyʀasjɔ̃] *f* Beschwörung *f*

adjurer [adʒyʀe] <1> *vt littér* ~ **qn de faire qc** jdn beschwören etw zu tun, jdn inständig [*o* flehentlich *geh*] bitten etw zu tun

adjuvant [adʒyvɑ̃] *m* ❶ (*médicament*) unterstützendes Mittel, Adjuvans *nt* (*Fachspr.*)
❷ (*additif*) Zusatz *m*

ad libitum [adlibitɔm] nach Belieben

admettre [admɛtʀ] <*irr*> *vt* ❶ (*laisser entrer*) hineinlassen *personne, animal;* erlauben *visites;* **les mineurs ne sont pas admis** Minderjährige haben keinen Zutritt; **les visites ne sont admises que le matin** Besucher sind nur morgens zugelassen, nur morgens ist Besuchszeit; **on admet les chiens sur cette plage/dans ce café** auf diesen Strand/in dieses Café darf man Hunde mitnehmen; **les Noirs n'étaient pas admis dans certains lieux publics** Schwarze hatten zu bestimmten öffentlichen Orten keinen Zutritt, Schwarzen wurde der Zutritt zu bestimmten öffentlichen Orten verwehrt
❷ (*recevoir*) empfangen
❸ (*accueillir*) aufnehmen; *salle:* fassen; ~ **qn parmi ses amis** jdn in seinen Freundeskreis aufnehmen
❹ (*inscrire, sélectionner*) **être admis(e) en doctorat/en classe supérieure** zur Doktorprüfung zugelassen/in die nächsthöhere Klasse versetzt worden sein; **être admis(e) quatrième à un examen** eine Prüfung als Viertbeste(r) bestanden haben; **être admis(e) quatrième à un concours** bei einem Wettbewerb als Viertbeste(r) abgeschnitten [*o* Platz vier erreicht] haben; **être admis(e) à l'oral** zur mündlichen Prüfung zugelassen sein; **être admis(e) aux Beaux-Arts** an der Kunstakademie aufgenommen werden
❺ (*reconnaître*) zugeben, einräumen; **j'admets que c'est difficile** ich gebe zu, dass es schwierig ist; **il est admis que** es ist bekannt, dass
❻ (*permettre*) akzeptieren; zulassen *interprétation;* **j'admets que tu te fasses pousser les cheveux** ich akzeptiere, dass du dir die Haare wachsen lässt; **cette affaire n'admet aucun retard** bei dieser Sache darf es zu keiner Verzögerung kommen
❼ (*accepter*) dulden; gelten lassen *excuse, raison*
❽ (*supposer*) ~ **que** + *subj* annehmen, dass; **admettons que** angenommen, dass; nehmen wir einmal an, dass; **en admettant que** angenommen [*o* vorausgesetzt], dass

administrateur, -trice [administʀatœʀ, -tʀis] *m, f* ❶ (*gestionnaire*) Verwalter(in) *m(f)*
❷ (*gérant*) Geschäftsführer(in) *m(f); d'un théâtre* [General]intendant(in) *m(f)*
❸ (*administrateur légal*) Nachlassverwalter(in) *m(f);* **~(-trice) judiciaire** Konkursverwalter(in)
❹ (*membre d'un conseil d'administration*) Mitglied *nt* des Verwaltungsrats
◆ **~(-trice) de banque de données** INFORM Datenbankadministrator(in) *m(f);* **~(-trice) de biens** Vermögensverwalter(in) *m(f);* **~(-trice) de site** INFORM Webmaster *m;* **~(-trice) de société** Mitglied *nt* des Verwaltungsrats

administratif, -ive [administʀatif, -iv] *adj disposition, démarche* behördlich, administrativ; *fonction* administrativ, verwaltungstechnisch; **capitale administrative** Sitz *m* der Behörden; **cité administrative** Behördenviertel *nt;* **services ~s** Verwaltung *f;* **lenteur administrative** Langsamkeit *f* [*o* Trägheit *f*] der Behörden

administration [administʀasjɔ̃] *f* ❶ *sans pl* (*gestion*) Verwaltung *f; d'une entreprise* Leitung *f,* Führung *f;* ~ **de biens** Vermögensverwaltung; ~ **publique/privée** öffentliche Verwaltung/privater Träger; **être placé(e) sous ~ judiciaire** unter gerichtliche Zwangsverwaltung gestellt werden
❷ *sans pl* (*service public*) **l'Administration** die Verwaltung; **entrer dans l'Administration** in den Verwaltungsdienst [*o* die Verwaltung] gehen; **être dans l'Administration** im Verwaltungsdienst [*o* in der Verwaltung] tätig sein
❸ (*secteur du service public*) [Verwaltungs]behörde *f;* ~ **des douanes** Zollbehörde *f,* Zollamt *nt;* ~ **des impôts** Steuerbehörde; ~ **locale** Gemeindeverwaltung; ~ **départementale** Verwaltung des Departements; ~ **pénitentiaire** Gefängnisverwaltung
❹ *sans pl* (*action de donner*) *d'un médicament* Verabreichung *f; d'un sacrement* Erteilen *nt*

administrativement [administʀativmɑ̃] *adv* ❶ (*vu sous un angle administratif*) verwaltungstechnisch gesehen
❷ (*par la voie administrative*) auf dem Verwaltungsweg; (*sur un chemin prescrit*) auf dem Dienstweg

administré(e) [administʀe] *m(f)* **chers ~s!** liebe Mitbürger!

administrer [administʀe] <1> *vt* ❶ (*gérer*) verwalten; führen *affaires;* führen, leiten *entreprise;* regieren *pays*
❷ (*fournir*) liefern, erbringen *preuve;* sprechen *justice*
❸ (*donner*) ~ **un remède à qn** jdm eine Medizin [*o* ein Mittel] verabreichen; ~ **le sacrement du baptême à qn** jdm das Sakrament der Taufe erteilen [*o* zuteil werden lassen]; ~ **une gifle à qn** *fam* jdm eine Ohrfeige verpassen (*fam*); ~ **un coup à qn** jdm einen Schlag versetzen, jdm eins [*o* eine] verpassen (*fam*)

admirable [admiʀabl] *adj* bewundernswert, bewundernswürdig

admirablement [admiʀabləmɑ̃] *adv* bewundernswert, ausgesprochen gut; *se conduire* vorbildlich; *parler* sehr gut; *conserver* erstaunlich gut

admirateur, -trice [admiʀatœʀ, -tʀis] *m, f* Bewunderer *m*/Bewund[r]erin *f; d'une vedette* Verehrer(in) *m(f)*

admiratif, -ive [admiʀatif, -iv] *adj regard* bewundernd; *murmure* der Bewunderung; **rester ~(-ive) devant qc** voller Bewunderung vor etw (*Dat*) stehen bleiben

admiration [admiʀasjɔ̃] *f sans pl* Bewunderung *f;* **avec ~** voller Bewunderung; **être/rester/tomber en ~ devant qc** etw andächtig bewundern, etw voller Bewunderung betrachten; **être/rester/tomber en ~ devant qn** jdn sehr bewundern, tiefe Bewunderung für jdn empfinden (*geh*); **exciter** [*o* **soulever**] [*o* **susciter**] **l'~ de qn** jds Bewunderung erregen; **faire l'~ de qn** bei jdm Bewunderung auslösen; **porter une vive ~/une ~ sincère à qn** jdm eine lebhafte/aufrichtige Bewunderung entgegenbringen; **pousser un cri d'~** einen Ausruf der Bewunderung [*o* des Erstaunens] ausstoßen; **remplir qn d'**~ jdn mit Bewunderung erfüllen (*geh*)

admirer [admiʀe] <1> *vt* ① bewundern; ~ **qn pour son courage** jdn wegen seines Mutes bewundern
② *iron soutenu* (*s'étonner de*) erstaunt sein; **j'admire que tu sois si patient** ich bin erstaunt [*o* ich bewundere [es]], wie geduldig du bist

admissibilité [admisibilite] *f* (*à un concours, examen*) Zulassungsanspruch *m*

admissible [admisibl] **I.** *adj* ① (*tolérable*) akzeptabel, annehmbar; *à un examen, concours* zugelassen
② (*concevable*) vorstellbar, denkbar
II. *mf* [zur Abschlussprüfung] zugelassener Kandidat/zugelassene Kandidatin

admission [admisjɔ̃] *f* ① *sans pl* ~ **dans un club/à l'Union européenne** Aufnahme *f* in einen Klub/die Europäische Union; ~ **dans une discothèque/conférence** Zutritt *m* zu einer Diskothek/Konferenz; **ton ~ à l'examen** deine Zulassung zur Prüfung; **son ~ en classe de sixième** seine/ihre Aufnahme [*o* Versetzung *f*] in die fünfte Klasse
② AUT Einsaugen *nt; d'un gaz, de la vapeur* Einlass *m*

admonestation [admɔnɛstasjɔ̃] *f* JUR Verwarnung *f*

admonester [admɔnɛste] <1> *vt* JUR verwarnen

ADN [ɑdeɛn] *m* MED, BIO *abr de* **acide désoxyribonucléique** DNS *f*

ado [ado] *mf abr de* **adolescent** *fam* Heranwachsende(r) *f(m)*, Jugendliche(r) *f(m)*

adolescence [adɔlesɑ̃s] *f* Jugend *f*; **ses années d'**~ seine/ihre Jugendzeit

adolescent(e) [adɔlesɑ̃, ɑ̃t] **I.** *adj* jugendlich; **être ~(e)** jung sein
II. *m(f)* Jugendliche(r) *f(m)*, Heranwachsende(r) *f(m)*

Adonis [adɔnis] *m* Adonis *m*

adonner [adɔne] <1> *vpr* **s'~ à une passion/à la prière** sich einer Leidenschaft/dem Gebet hingeben; **s'~ à un vice** sich einem Laster hingeben, einem Laster frönen; **s'~ à ses études/à un sport** sich seinem Studium/einem Sport widmen; **s'~ à la boisson/au jeu** dem Alkohol/dem Spiel verfallen

adopter [adɔpte] <1> *vt* ① adoptieren; (*accepter*) annehmen, akzeptieren
② (*s'approprier*) annehmen *coutumes, nom;* einnehmen *point de vue;* ergreifen *mesure;* einführen *procédé, norme;* sich einsetzen für *cause;* sich entscheiden für *projet;* **j'ai adopté ce produit** dieses Produkt kaufe ich immer
③ POL annehmen *motion;* verabschieden *loi*
▶ **l'essayer c'est l'**~ *prov* einmal probiert – für immer verführt

adoptif, -ive [adɔptif, -iv] *adj* **enfants/parents ~s** Adoptivkinder/-eltern *Pl;* **elle est ma sœur adoptive** sie ist meine Adoptivschwester

adoption [adɔpsjɔ̃] *f* ① *d'un enfant* Adoption *f*
② (*approbation*) *d'un projet, d'une motion* Annahme *f; d'une religion, d'un nom* Annehmen *nt; d'une loi* Annahme, Verabschiedung *f; d'une cause* Verfechtung *f; d'une mesure* Ergreifen *nt; d'un procédé, d'une norme* Einführung *f*

adorable [adɔʀabl] *adj* (*joli*) *enfant* goldig (*fam*), süß; *personne* äußerst hübsch; *endroit, objet* wundervoll; (*gentil*) *enfant* [sehr] lieb; *personne* sehr nett; *sourire, geste* reizend

adorablement [adɔʀabləmɑ̃] *adv* wundervoll, erstklassig

adorateur, -trice [adɔʀatœʀ, -tʀis] *m, f d'une divinité* Anbeter(in) *m(f)*, Verehrer(in) *m(f); d'une femme* Verehrer(in); *d'un objet* Liebhaber(in) *m(f);* **~(-trice) des timbres chinois/de la bière** Liebhaber *m* chinesischer Briefmarken/Bierliebhaber
◆ **~(-trice) du Soleil** Sonnenanbeter(in) *m(f)*

adoration [adɔʀasjɔ̃] *f sans pl* Verehrung *f*, Vergötterung *f;* REL Anbetung *f;* **l'Adoration des Mages** die Huldigung der Heiligen Drei Könige; ~ **d'un enfant pour sa mère** [abgöttische] Liebe eines Kindes zu seiner Mutter; **être en ~ devant qn** jdn anbeten [*o* vergöttern]; **elle est en ~ devant son époux** sie liebt ihren [Ehe]mann abgöttisch; **vouer une ~ excessive à qn** jdn vergöttern

adorer [adɔʀe] <1> *vt* ① (*aimer*) sehr mögen; sehr gern haben *femme, mari, enfant;* schrecklich [*o* furchtbar] gern essen (*fam*) *plat, sucrerie;* schwärmen für *musique, chanteur;* lieben, gern gehen in (+ *Akk*) *cinéma, théâtre;* ~ **faire qc** etw sehr gern tun
② REL anbeten, verehren

adosser [adose] <1> **I.** *vt* ~ **qc à** [*o* **contre**] **un mur** etw an [*o* gegen] eine Wand stellen; ~ **une échelle au** [*o* **contre le**] **mur** eine Leiter an [*o* gegen] die Wand lehnen; **être adossé(e) au mur** *meuble:* an der Wand stehen; *échelle:* gegen die Wand lehnen, an der Wand angelehnt sein
II. *vpr* **s'~ à qc** *personne:* sich [mit dem Rücken] an etw (*Akk*) lehnen; *bâtiment:* an etw (*Akk*) gebaut sein, sich an etw (*Akk*) schmiegen (*liter*)

adoubement [adubmɑ̃] *m* Ritterschlag *m*, Aufnahme *f* in den Ritterstand

adouber [adube] <1> **I.** *vt* zum Ritter schlagen, in den Ritterstand erheben
II. *vi* ECHECS zurechtrücken *pièce;* **j'adoube** j'adoube (*Fachspr.*)

adoucir [adusiʀ] <8> **I.** *vt* mildern *saveur, dureté;* weich machen *linge;* enthärten *eau;* weich [*o* geschmeidig] machen *peau;* dämpfen *voix;* abschwächen *contraste;* glätten *aspérités, surface;* lindern *chagrin, peine;* erleichtern *épreuve;* versüßen *vie;* besänftigen *personne;* **le soleil adoucit les températures** durch die Sonne ist es [*o* sind die Temperaturen] milder geworden; ~ **ses manières** umgänglicher [*o* freundlicher] werden
II. *vpr* **s'**~ *personne, saveur:* milder werden; *voix:* sanfter werden; *couleur:* gedämpfter werden; *peau:* weich [*o* geschmeidig] werden; *pente:* abnehmen, geringer werden; **son caractère s'est adouci** er/sie ist umgänglicher geworden; **la température s'est adoucie** es ist milder [*o* wärmer] geworden

adoucissant [adusisɑ̃] *m* Weichspüler *m*

adoucissement [adusismɑ̃] *m d'une saveur, acidité* Mildern *nt; de la peau* Weichermachen *nt; de la voix* Dämpfen *nt; des couleurs, d'un contraste* Abschwächung *f; d'une surface, des aspérités* Glätten *nt; d'une consonne* Abschwächung; *d'une peine* Milderung *f; du linge* Weichmachen *nt; de l'eau* Weichmachen, Enthärten *nt*

adoucisseur [adusisœʀ] *m* (*appareil*) ~ **[d'eau]** (*pour cuisiner*) Wasserfilter *m;* (*dispositif d'une installation*) Wasserenthärtungsanlage *f*

ad patres [adpatʀɛs] ▶ **envoyer qn** ~ *fam* jdn in die ewigen Jagdgründe [*o* zur Hölle] schicken (*fam*)

adrénaline [adʀenalin] *f* Adrenalin *nt*

adressage [adʀɛsaʒ] *m* Adressierung *f*

adresse[1] [adʀɛs] *f* ① (*domicile*) Adresse *f*, Anschrift *f;* **changer d'**~ umziehen; **partir sans laisser d'**~ spurlos verschwinden (*fam*)
② INFORM Adresse *f;* ~ **électronique** INFORM E-Mail-Adresse
▶ **se tromper d'**~ an die falsche Adresse geraten (*fam*); **à l'~ de qn** an jdn gerichtet
◆ ~ **de messagerie** INFORM E-Mail-Adresse *f*

adresse[2] [adʀɛs] *f sans pl* ① (*habileté*) Geschick *nt*, Geschicklichkeit *f;* **jeu d'**~ Geschicklichkeitsspiel *nt*
② (*tact*) Feingefühl *nt*

adresser [adʀese] <1> **I.** *vt* ① (*envoyer*) ~ **qc à qn** etw an jdn schicken, jdm etw schicken [*o* senden]
② (*émettre*) ~ **un compliment/un reproche à qn** jdm ein Kompliment/einen Vorwurf machen; ~ **un regard à qn** jdm einen Blick zuwerfen; ~ **un sourire à qn** jdm zulächeln; ~ **la parole à qn** das Wort an jdn richten, jdn ansprechen; ~ **une remarque à qn** jdm gegenüber eine Bemerkung machen
③ (*diriger*) ~ **qn à un spécialiste** jdn zu einem Spezialisten schicken [*o* an einen Spezialisten überweisen *form*]
II. *vpr* ① **s'~ à qn** (*demander, parler à qn*) sich an jdn wenden, jdn ansprechen; (*aller chercher qn*) sich an jdn wenden, jdn aufsuchen

❷ (*être destiné à*) **s'~ à qn** *remarque:* jdm gelten, für jdn bestimmt sein; *publicité:* sich an jdn richten; *littérature, musique:* für jdn bestimmt sein
Adriatique [adʀijatik] *f* **l'~** die Adria, das Adriatische Meer
Adrien [adʀijɛ̃] *m* ❶ Adrian *m*
❷ HIST Hadrian *m*
adroit(e) [adʀwa, wat] *adj* ❶ (*habile*) geschickt, gewandt
❷ (*subtil*) geschickt
adroitement [adʀwatmɑ̃] *adv* geschickt
adsorption [atsɔʀpsjɔ̃] *f* CHIM, PHYS Adsorption *f*
adulateur, -trice [adylatœʀ, -tʀis] *m, f* Lobhudler(in) *m(f)* (*pej*)
adulation [adylasjɔ̃] *f littér* Vergötterung *f*
aduler [adyle] <1> *vt* ❶ (*flatter servilement*) lobhudeln
❷ *fig vieilli* beweihräuchern
adulte [adylt] **I.** *adj personne* erwachsen; *animal* ausgewachsen; **âge ~** Erwachsenenalter *nt;* **arriver à l'âge ~** erwachsen sein
II. *mf* Erwachsene(r) *f(m);* **réservé(e) aux ~s** nur für Erwachsene; **c'est un film réservé aux ~s** dieser Film ist erst ab 18 [freigegeben]; **un club réservé aux ~s** ein Club, zu dem Minderjährige keinen Zutritt haben
adultère [adyltɛʀ] **I.** *adj* ehebrecherisch; **femme ~** Ehebrecherin *f;* **relation ~** außereheliche Beziehung
II. *m* Ehebruch *m;* **commettre un ~** Ehebruch begehen (*form*), fremdgehen (*fam*)
adultérin(e) [adylteʀɛ̃, in] *adj* **enfant ~** außereheliches [*o* uneheliches] Kind *nt*
advenir [advəniʀ] <9> **I.** *vi* geschehen; **les événements/incidents advenus ces derniers jours** die Ereignisse/Vorfälle der letzten Tage; **advienne que pourra** komme, was wolle; mag kommen, was kommen mag
II. *vi impers* ❶ *soutenu* (*arriver*) **il advint qu'elle fit une prière** es geschah, dass sie betete; **quoi qu'il advienne** was auch geschehen mag
❷ (*devenir, résulter de*) **que va-t-il ~ de moi?** was wird aus mir?
adventice [advɑ̃tis] *adj* ❶ BOT **plante ~** Adventivpflanze *f*
❷ *fig* Zusatz-
adventiste [advɑ̃tist] *mf* REL Adventist(in) *m(f)*
adverbe [advɛʀb] *m* Adverb *nt*
adverbial(e) [advɛʀbjal, jo] <-aux> *adj* adverbial
adversaire [advɛʀsɛʀ] *mf a.* SPORT, POL Gegner(in) *m(f);* (*adversaire personnel*) Gegner(in), Widersacher(in) *m(f);* (*contradicteur*) Opponent(in) *m(f),* Kontrahent(in) *m(f)*
adverse [advɛʀs] *adj forces, camp* feindlich; *parti* oppositionell; *blocs, équipe* gegnerisch; **partie ~** Gegenpartei *f*
adversité [advɛʀsite] *f sans pl* ❶ *littér* (*fatalité*) Schicksal *nt;* **faire face à l'~** dem Schicksal die Stirn bieten
❷ *soutenu* (*détresse*) Unglück *nt,* Not *f;* **dans l'~** im Unglück
ad vitam æternam [advitametɛʀnam] *fam* bis in alle Ewigkeit, endlos
aérateur [aeʀatœʀ] *m* Lüftungsanlage *f*
aération [aeʀasjɔ̃] *f sans pl* ❶ *d'une literie, pièce* Lüften *nt; de la terre* Belüftung *f,* Belüften *nt*
❷ (*circulation d'air*) Belüftung *f,* Ventilation *f;* **manquer d'~** schlecht gelüftet sein
aéré(e) [aeʀe] *adj pièce, appartement* gelüftet; (*clair*) luftig; *v. a.* **centre**
aérer [aeʀe] <5> **I.** *vt* ❶ [aus]lüften *literie;* [durch]lüften *pièce;* belüften *terre*
❷ (*alléger*) auflockern *texte, démonstration*
II. *vpr* **s'~** (*prendre l'air*) frische Luft schnappen [*o* tanken] (*fam*); (*changer d'air*) einen Tapetenwechsel vornehmen
aérien(ne) [aeʀjɛ̃, jɛn] *adj* ❶ AVIAT **transport ~** Lufttransport *m,* Flugtransport *m;* **ligne/compagnie ~ne** Luftverkehrsweg *m/*-gesellschaft *f,* Fluglinie *f/*-gesellschaft; **attaque ~ne** Luftangriff *m,* Fliegerangriff
❷ BOT **racine ~ne** Luftwurzel *f*
❸ METEO **agitations ~nes** Luftbewegungen *Pl,* Bewegung *f* von Luftmassen
❹ (*en surface*) in der Luft; **ligne téléphonique/électrique ~ne** oberirdische Telefon-/Stromleitung; **métro ~** Hochbahn *f*
aérium [aeʀjɔm] *m* Sanatorium *nt*
aérobic [aeʀɔbik] *f* Aerobic *nt kein Art*
aérobie [aeʀɔbi] **I.** *adj* aerob
II. *m* BIO Aerobier *m*
aéro-club, aéroclub [aeʀoklœb] <aéro-clubs> *m* Aeroklub *m*
aérodrome [aeʀodʀom] *m* Flugplatz *m*
aérodynamique [aeʀodinamik] **I.** *adj véhicule, carrosserie* aerodynamisch, stromlinienförmig; **ligne ~** Stromlinienform *f*
II. *f* Aerodynamik *f*
aérodynamisme [aeʀodinamism] *m* Aerodynamik *f,* aerodynamische Form
aérofrein [aeʀofʀɛ̃] *m* TECH Druckluftbremse *f*
aérogare [aeʀogaʀ] *f* (*ensemble de bâtiments d'un aéroport*) Flughafen[gebäude *nt*] *m,* Abfertigungsgebäude [für Fluggäste]; (*terminal*) Terminal *nt o m*
aéroglisseur [aeʀoglisœʀ] *m* Luftkissenfahrzeug *nt,* Hovercraft *nt*
aérogramme [aeʀɔgʀam] *m* Aerogramm *nt*
aérolithe [aeʀɔlit] *m* Aerolith *m*
aéromodélisme [aeʀomɔdelism] *m* Modellflugzeugbau *m*
aéronaute [aeʀonot] *mf* Aeronaut(in) *m(f),* Ballonfahrer(in) *m(f)*
aéronautique [aeʀonotik] **I.** *adj* [von] der Luftfahrt; **secteur/industrie ~** Flugzeugbau *m*
II. *f sans pl* Luftfahrt *f*
aéronaval(e) [aeʀonaval] <s> *adj* zur Marine und zur Luftfahrt zugehörig; **forces ~es** Marineluftwaffe *f kein Pl*
Aéronavale [aeʀonaval] *f Luftwaffe der französischen Marine*
aérophagie [aeʀofaʒi] *f* MED [krankhaftes] Luftschlucken; **avoir** [*o* **faire**] **de l'~** Luft schlucken, aufstoßen
aéroport [aeʀopɔʀ] *m* Flughafen *m*
aéroporté(e) [aeʀopɔʀte] *adj* MIL auf dem Luftweg befördert
aéropostal(e) [aeʀopɔstal, o] <-aux> *adj* [von] der Luftpost
Aéropostale [aeʀopɔstal] *f abr de* **Compagnie générale aéropostale** *ehemalige französische Luftpostgesellschaft* (*1927 - 1933*)
aérosol [aeʀosɔl] *m* ❶ Spray *nt o m;* [**bombe**] **~** Sprühdose *f,* Spraydose *f;* **déodorant/laque en ~** Deospray *nt/*Sprühlack *m*
❷ MED Inhalationsapparat *m*
aérospatial(e) [aeʀospasjal, jo] <-aux> *adj* **recherche ~e** [Welt]raumforschung *f;* **industrie ~e** Luft- und Raumfahrtindustrie *f;* **véhicules aérospatiaux** Raumfahrzeuge *Pl,* Raumflugkörper *Pl*
aérospatiale [aeʀospasjal] *f* Luft- und Raumfahrtindustrie *f*
aérostat [aeʀɔsta] *m* AVIAT (*ballon*) Heißluftballon *m;* (*dirigeable*) Luftschiff *nt*
aérotrain [aeʀotʀɛ̃] *m* Schwebebahn *f*
affabilité [afabilite] *f* Freundlichkeit *f,* Liebenswürdigkeit *f*
affable [afabl] *adj* freundlich, liebenswürdig
affabulation [afabylasjɔ̃] *f* Lügenmärchen *nt,* Erfindung *f;* **tout n'est que mensonges et ~s** das sind alles Lügenmärchen, alles ist erstunken und erlogen (*fam*)
affabuler [afabyle] <1> **I.** *vt* erdichten
II. *vi* träumen, spinnen (*fam*)
affacturage [afaktyʀaʒ] *m* ECON, JUR Factoring *nt*
affadir [afadiʀ] <8> **I.** *vt a. fig* [den Geschmack] entkräften
II. *vpr* **s'~** an Geschmack [*o* Würze] verlieren
affaiblir [afebliʀ] <8> **I.** *vt* ❶ *a.* POL, MIL schwächen, entkräften; **être affaibli(e)** geschwächt sein
❷ (*diminuer l'intensité*) dämpfen *bruit*
II. *vpr* **s'~** nachlassen; *vent, personne:* schwächer werden; *sens d'un mot:* verblassen, sich abschwächen; *autorité, pouvoir:* schwinden; *économie:* geschwächt werden; *monnaie:* fallen; **ma**

vue/le bruit s'est affaibli(e) meine Sehstärke/der Lärm hat abgenommen [*o* ist schwächer geworden]

affaiblissement [afeblismɑ̃] *m* Schwächung *f; d'un malade* Schwächung, Entkräftung *f; d'un bruit* Abnahme *f; d'une monnaie, d'un cours* Abschwächung *f; de la conjoncture* Rückgang *m,* Abschwung *m; de l'autorité* Schwund *m; des valeurs morales* Verfall *m; des sens* Verblassen *nt; de l'intérêt* Nachlassen *nt;* **l'~ de la vue/l'ouïe** das Nachlassen der Sehstärke/des Hörvermögens

affaire [afɛʀ] *f* ❶ (*préoccupation*) Angelegenheit *f;* **c'est mon/ton ~** das ist meine/deine Sache [*o* Angelegenheit]; **ce n'est pas mon/ton ~** das geht mich/dich nichts an; **cela n'apporte rien à l'~** das tut nichts zur Sache, das spielt keine Rolle; **faire son ~ de qc** sich um etw kümmern; **se mêler** [*o* **s'occuper**] **des ~s d'autrui** sich in fremde Angelegenheiten mischen; **mêle-toi** [*o* **occupe-toi**] **de tes ~s** kümmere dich um deine eigenen Angelegenheiten; **~ confidentielle** Geheimsache; **c'est une ~ d'hommes** das ist Männersache
❷ *sans pl* (*problème*) Sache *f,* Angelegenheit *f;* **embarquer qn dans une ~** jdn in eine Angelegenheit [*o* Sache] verwickeln [*o* hineinziehen]; **se tirer** [*o* **se sortir**] **d'~** sich aus der Affäre ziehen; **tirer** [*o* **sortir**] **qn d'~** jdm aus der Klemme helfen (*fam*); **une ~ de conscience/de cœur** eine Gewissensfrage/Gefühlssache; **une ~ d'honneur/de mode** eine Ehrensache/Frage der Mode; **~ d'ordre professionnel** geschäftliche Sache [*o* Angelegenheit]
❸ (*scandale*) Affäre *f,* Sache *f;* **sale ~** schmutzige Sache; **~ de pots-de-vin** Schmiergeldaffäre, Bestechungsaffäre; **étouffer une ~** eine Angelegenheit vertuschen; **tremper dans une ~** in eine Sache verwickelt sein
❹ JUR Fall *m;* **ténébreuse ~** undurchsichtiger Fall, undurchsichtige Sache; **~ en cours** schwebender Fall; **classer une ~** eine Sache ad acta [*o* zu den Akten] legen; **démêler une ~** [*o* **tirer une ~ au clair**] Licht in eine Angelegenheit bringen; **plaider une ~** eine Sache vor Gericht vertreten; **résoudre une ~** einen Fall lösen
❺ COM (*transaction*) Geschäft *nt;* **[bonne] ~** guter Kauf; **mauvaise ~** schlechter Kauf; **~ frauduleuse** Schwindelgeschäft; **~ en or** sehr einträgliches [*o* vorteilhaftes] Geschäft, Bombengeschäft; **conclure une ~** ein Geschäft abschließen; **faire de grosses ~s** große [*o* gute] Geschäfte machen; **faire ~ avec qn** mit jdm im Geschäft sein [*o* ins Geschäft kommen]
❻ *sans pl* COM (*entreprise*) Geschäft *nt,* Betrieb *m,* Unternehmen *nt;* **~ prospère** gut gehendes Geschäft; **renflouer/reprendre l'~ familiale** den Familienbetrieb [*o* das Familienunternehmen] sanieren/übernehmen; **mon ~ marche bien** mein Geschäft geht [*o* läuft] gut
❼ *pl* COM (*commerce*) Geschäft *nt,* Geschäfte *Pl;* **augmentation des ~s** Absatzsteigerung *f;* **diminution/accroissement des ~s** Geschäftsflaute *f*/Geschäftszunahme *f;* **être dans les ~s** Geschäftsmann/-frau sein; **parler ~s** über das Geschäftliche reden; **se retirer des ~s** aus dem Geschäft aussteigen; **repas/relations d'~s** Geschäftsessen *nt*/-beziehungen *Pl;* **rendez-vous/réunion d'~s** geschäftliche Verabredung/geschäftliches Treffen
❽ *pl* POL Staatsgeschäfte *Pl;* **~s culturelles et sociales** kulturelle und soziale Angelegenheiten; **les Affaires étrangères** die auswärtigen Angelegenheiten; (*ministère*) das Außenministerium; **diriger les ~s du pays** die Staatsgeschäfte führen; **s'immiscer** [*o* **s'ingérer**] **dans les ~s intérieures d'un pays** sich in die inneren Angelegenheiten eines Landes einmischen
► **mettre de l'ordre dans ses ~s** Ordnung in seine Sachen bringen, seine Angelegenheiten in Ordnung bringen; **l'~ est dans la poche** [*o* **dans le sac**] *fam* die Sache ist geritzt [*o* unter Dach und Fach] (*fam*); **la belle ~!** was soll's! (*fam*); **c'est une ~ classée!** *fam* vergessen wir die Sache!, die Sache ist vergessen [*o* gegessen *fam*]; **ce n'est pas une petite** [*o* **mince**] **~** das ist keine Kleinigkeit [*o* keine einfache Sache]; **c'est toute une ~ que de faire cela** das zu tun ist ein Riesenakt [*o* eine Staatsaktion] (*fam*); **en faire toute une ~** *fam* daraus eine Staatsaffäre [*o* Staatsaktion] machen; **avoir ~ à qn/qc** es mit jdm/etw zu tun haben; **tu auras ~ à moi!** du bekommst [*o* kriegst *fam*] es mit mir zu tun!; **c'est l'~ de quelques minutes/d'un instant** das ist eine Sache von wenigen Minuten/einem Augenblick, das dauert nur wenige Minuten/einen Augenblick; **c'est l'~ d'un ou de deux coups de marteau** das sind nur ein oder zwei Schläge mit dem Hammer; **faire l'~** *quelque chose:* es tun (*fam*); *personne:* der/die Richtige [*o* geeignet] sein; **faire** [*o* **régler**] **son ~ à qn** *pop* mit jdm abrechnen; **les ~s sont les ~s** *prov* Geschäft ist Geschäft; **~ à suivre** eine Sache, die es weiter zu verfolgen gilt [*o* die weiter zu verfolgen bleibt]; **en voilà une ~!** *fam* das ist doch kein Beinbruch [*o* Weltuntergang]! (*fam*), was für ein Theater!; **hors d'~** außer Gefahr
◆ **~ de cœur** Herzensangelegenheit *f;* (*liaison*) Liebschaft *f;* **~ d'État** *a. iron* Staatsangelegenheit *f;* **~ de mœurs** (*scandale*) Sittenskandal *m;* (*délit*) Sittlichkeitsverbrechen *nt*

affairé(e) [afeʀe] *adj* sehr beschäftigt

affairement [afɛʀmɑ̃] *m* Geschäftigkeit *f,* geschäftiges Treiben; *d'un départ* Hektik *f*

affairer [afeʀe] <1> *vpr* **s'~** geschäftig hin und her eilen; **s'~ auprès** [*o* **autour**] **de qn** sich um jdn bemühen, um jdn bemüht sein; **s'~ à faire qc** damit beschäftigt sein [*o* dabei sein] etw zu tun

affairisme [afeʀism] *m* Geschäftemacherei *f*

affairiste [afeʀist] *mf péj* [gewissenloser] Geschäftemacher/[gewissenlose] Geschäftemacherin

affaissement [afɛsmɑ̃] *m* Senkung *f,* Absacken *nt;* **un ~ du sol** [*o* **de terrain**] eine Bodensenkung

affaisser [afese] <1> *vpr* **s'~** ❶ (*baisser de niveau*) *immeuble:* sich senken; *route, sol:* sich senken, absacken; *poutre:* durchhängen, durchsacken; *plancher:* sich senken, nachgeben; *colonne vertébrale:* krumm werden
❷ (*s'écrouler*) *personne:* zusammenbrechen

affaler [afale] <1> *vpr* **s'~ dans un fauteuil/sur une chaise** sich in einen Sessel/auf einen Stuhl fallen lassen; **être affalé(e) dans un fauteuil** in einem Sessel zusammengesunken sein

affamé(e) [afame] *adj* hungrig, ausgehungert; *population* hungernd; **être ~(e) de gloire** süchtig nach Ruhm sein, nach Ruhm dürsten

affamer [afame] <1> *vt* ❶ hungern lassen; MIL aushungern *ville, population*
❷ (*donner faim*) hungrig machen; **cette marche m'a affamé(e)** diese Wanderung hat mich hungrig gemacht

affect [afɛkt] *m* Affekt *m*

affectation [afɛktasjɔ̃] *f* ❶ *sans pl* (*mise à disposition*) **~ d'un bâtiment à l'enseignement scolaire** Bestimmung *f* eines Gebäudes für den Schulunterricht [*o* zum Zweck des Schulunterrichts]; **~ d'une somme à qc** Bereitstellung *f* einer Summe für etw
❷ ADMIN (*nomination*) Einstellungsbescheid *m;* MIL Einberufungsbescheid; **l'~ de qn à un poste** (*en parlant d'un fonctionnaire*) jds Einsetzen *nt* in eine Stellung [*o* Position]; (*en parlant d'un militaire*) jds Abkommandierung *f* auf eine Stellung; (*en parlant d'un professeur d'université*) jds Berufung *f* auf eine Stelle [*o* einen Lehrstuhl]; **l'~ de qn dans une région/un pays** (*en parlant d'un fonctionnaire*) jds Versetzung *f* in eine Gegend/ein Land; (*en parlant d'un militaire*) jds Abkommandierung *f* in eine Gegend/ein Land; **demander son ~ dans une autre ville/à Toulouse** *professeur:* seine Versetzung in eine andere Stadt/nach Toulouse beantragen
❸ (*manque de naturel*) Affektiertheit *f,* Unnatürlichkeit *f;* **avec/sans ~** affektiert/ganz natürlich; **parler avec ~** affektiert [*o* geziert] reden

affecté(e) [afɛkte] *adj* ❶ (*feint*) *sentiment* geheuchelt, unecht,

unaufrichtig; *attitude* geheuchelt, vorgetäuscht
❷ (*maniéré*) *personne* affektiert; *expression, stil* affektiert, geschraubt (*fam*); *comportement* unnatürlich, geziert, gekünstelt; **parler d'un ton** ~ affektiert [*o* gekünstelt] sprechen

affecter [afɛkte] <1> *vt* ❶ (*feindre*) vortäuschen, heucheln *sentiment, attitude;* ~ **de grands airs** sehr vornehm tun; ~ **de faire qc** so tun, als ob man etw tun würde [*o* als würde man etw tun], sich (*Dat*) den Anschein geben etw zu tun
❷ ADMIN (*nommer*) ~ **qn à un poste** (*en parlant d'un fonctionnaire*) jdm einen Posten zuweisen; (*en parlant d'un professeur d'université*) jdn auf eine Stelle berufen; (*en parlant d'un militaire*) jdm eine Stelle [*o* Stellung] zuteilen; ~ **qn dans une région/un pays** jdn in eine Gegend/ein Land versetzen
❸ (*émouvoir*) ~ **qn** jdm nahe gehen, jdn betroffen machen
❹ (*concerner*) treffen; *épidémie:* befallen; *résultat, événement, climat:* sich auswirken auf (+ *Akk*)
❺ (*mettre à disposition*) ~ **une somme/un bâtiment à qc** eine Summe/ein Gebäude einer S. (*Dat*) zuweisen

affectif, -ive [afɛktif, -iv] *adj* emotional; *réaction* gefühlsbetont; *valeur, connotation* affektiv; **vie affective** Gefühlsleben *nt;* **état** ~ Gemütszustand *m;* **traumatisme** ~ seelischer Schock, psychisches Trauma; **sur le plan** ~ gefühlsmäßig, was die Gefühle angeht; **faire un blocage** ~ sich gegen seine Gefühle sperren

affection [afɛksjɔ̃] *f* ❶ (*tendresse*) Zuneigung *f;* **gagner l'**~ **de qn** jds Zuneigung gewinnen; **prendre qn en** ~ jdn lieb gewinnen
❷ MED Erkrankung *f;* ~ **cardiaque** Herzleiden *nt*
❸ PSYCH Gemütsbewegung *f,* Gefühlsregung *f*

affectionné(e) [afɛksjɔne] *adj* wohlgewogen; (*formule de politesse dans une lettre*) ergebene(r); **votre ami** ~ ihr ergebener Freund

affectionner [afɛksjɔne] <1> *vt* ❶ (*préférer*) bevorzugen, eine Vorliebe haben für
❷ *vieilli* (*aimer*) sehr [gern] mögen, eine große Zuneigung haben zu

affectivité [afɛktivite] *f sans pl* Emotionalität *f,* Gefühle *Pl,* Affektivität *f* (*Fachspr.*)

affectueusement [afɛktɥøzmɑ̃] *adv* liebevoll, zärtlich; **je vous embrasse** ~ liebe Grüße [und Küsse]

affectueux, -euse [afɛktɥø, -øz] *adj* liebevoll, zärtlich; **je vous adresse mes affectueuses pensées** herzliche Grüße

afférent(e) [aferɑ̃, ɑ̃t] *adj* ❶ ADMIN *form* zusammenhängend, verbunden; **y** ~ dazugehörig, diesbezüglich (*form*); ~**(e) à une affaire** eine Sache betreffend, betreffs einer Sache (*form*); ~**(e) à des frais** mit Kosten [*o* Gebühren] verbunden
❷ JUR ~**(e) à qn** auf jdn entfallend [*o* zukommend]

affermage [afɛʀmaʒ] *m* JUR, FIN Verpachtung *f*

affermir [afɛʀmiʀ] <8> **I.** *vt* ❶ (*consolider*) festigen, stärken; sichern *paix;* ausbauen *pouvoir;* ~ **son autorité** seiner Autorität Nachdruck verleihen; ~ **qn dans son opinion/sa résolution** jdn in seiner Meinung/seinem Entschluss bestärken
❷ (*poser*) ~ **la voix** seiner Stimme einen festen Klang geben, seiner Stimme Festigkeit verleihen
❸ (*rendre plus ferme*) festigen, stärken *chairs;* kräftigen *muscles;* straffen *peau*
II. *vpr* **s'**~ *santé:* sich stabilisieren; *autorité:* sich festigen, wachsen

affermissement [afɛʀmismɑ̃] *m* Festigung *f,* Stärkung *f; de l'État* Erstarken *nt*

afféterie [afɛtʀi] *f littér* Affektiertheit *f*

affichage [afiʃaʒ] *m* ❶ *sans pl* (*action de poser des affiches*) Plakatieren *nt;* ~ **sauvage** unerlaubtes Plakatieren; ~ **électoral** Kleben *nt* von Wahlplakaten; **l'**~ **est interdit sur les murs** das Ankleben von Plakaten auf den Mauern ist verboten
❷ (*ensemble des affiches*) Plakate *Pl;* ~ **électoral** Wahlplakate; ~ **publicitaire** Plakatwerbung *f*
❸ (*moyen de renseigner*) Bekanntgabe *f* [*o* Bekanntmachung *f*] durch Aushang; **l'**~ **des résultats est fixé à jeudi** die Ergebnisse werden am Donnerstag ausgehängt [*o* durch Aushang bekannt gegeben]; ~ **des prix** Preisauszeichnung *f*
❹ (*dispositif*) ~ **électronique** elektronische Anzeigetafel; ~ **des départs** (*pour les avions*) Anzeigetafel für die Abflüge; (*pour les trains*) Anzeigetafel der [Zug]abfahrtszeiten
❺ INFORM Anzeige *f;* ~ **numérique** Digitalanzeige; **montre à** ~ **numérique** Digitaluhr *f*
◆ ~ **à cristaux liquides** LCD-Anzeige *f,* Flüssigkristallanzeige *f*

affiche [afiʃ] *f* ❶ Plakat *nt;* (*poster*) Poster *nt;* ADMIN Aushang *m,* Anschlag *m;* (*avis officiel*) [amtliche] Bekanntmachung; ~ **électorale/publicitaire** Wahl-/Werbeplakat; **colleur d'**~**s** Plakatkleber *m*
❷ *sans pl* (*programme théâtral*) [Theater]programm *nt;* (*distribution*) Besetzung *f;* **être à l'**~ aufgeführt werden, auf dem Spielplan stehen; **être en tête d'**~ eine Hauptrolle bekommen; **mettre qc à l'**~ etw ankündigen; THEAT etw auf den Spielplan setzen; **retirer qc de l'**~ etw absetzen

afficher [afiʃe] <1> **I.** *vt* ❶ aufhängen, anbringen; aushängen, durch Aushang bekannt geben *avis, résultat d'un examen;* **être affiché(e)** *avis officiel:* aushängen; *poster, affiche:* hängen, kleben
❷ THEAT spielen, aufführen, geben
❸ INFORM, TECH anzeigen; *écran:* sichtbar machen; **être affiché(e) électroniquement/sur l'écran** auf der Anzeigetafel/dem Bildschirm zu sehen sein
❹ (*montrer publiquement*) bekanntgeben *opinions politiques, idées*
II. *vi* **défense d'**~**!** Plakate ankleben verboten!
III. *vpr* (*s'exhiber*) **s'**~ *quelque chose:* angezeigt werden; *personne:* sich zur Schau stellen; **s'**~ **avec qn** sich in aller Öffentlichkeit mit jdm zeigen

affichette [afiʃɛt] *f* kleines Plakat *nt*

afficheur [afiʃœʀ] *m* ❶ (*colleur d'affiches*) Plakatkleber *m*
❷ (*société d'affichage*) Firma *f* für Außenwerbung
❸ INFORM Anzeigeinstrument *nt*

affichiste [afiʃist] *mf* Plakatmaler(in) *m(f);* (*graphiste*) Werbegrafiker(in) *m(f)*

affilé(e) [afile] *adj esprit* scharf

affilée [afile] ▶ **d'**~ (*sans interruption*) ununterbrochen, ohne Pause, ohne Unterbrechung; (*l'un après l'autre*) hintereinander, pausenlos

affiler [afile] <1> *vt* schärfen, schleifen *couteau*
▶ **avoir la langue affilée** redselig sein

affiliation [afiljasjɔ̃] *f* ❶ (*adhésion*) ~ **à un parti/un club** Eintritt *m* in eine Partei/einen Klub; ~ **à une fédération** Beitritt *m* zu einer Föderation
❷ (*admission*) ~ **à un parti/club** Aufnahme *f* in einer Partei/einem Klub; ~ **à une fédération** Anschluss *m* [*o* Angliederung *f*] an eine Föderation
❸ (*fait d'être membre*) ~ **à qc** Mitgliedschaft *f* in etw (*Dat*), Zugehörigkeit *f* zu etw

affilié(e) [afilje] **I.** *adj* **être** ~**(e) à un syndicat** Mitglied *nt* in einer Vereinigung sein; **être** ~**(e) à un parti** einer Partei (*Dat*) angehören; **être** ~**(e) à la Sécurité sociale** in der Sécurité sociale sein
II. *m(f)* Mitglied *nt*

affilier [afilje] <1a> **I.** *vt* ~ **qn à une association** jdn als Mitglied in einer Vereinigung aufnehmen
II. *vpr* **s'**~ **à un club/un syndicat** Mitglied in einem Klub/einer Vereinigung werden, in einen Klub/eine Vereinigung eintreten; **s'**~ **à la Sécurité sociale** sich bei der Sécurité sociale versichern

affinage [afinaʒ] *m* ❶ *d'un métal* Raffination *f,* Reinigung *f; du verre* Läuterung *f*
❷ (*achèvement de maturation*) *d'un fromage* Reife[prozess *m*] *f*

affinement [afinmɑ̃] *m d'un fromage* Reifen *nt*

affiner [afine] <1> **I.** *vt* ❶ reinigen, raffinieren *métal;* läutern *verre*
❷ (*achever la maturation*) reifen lassen *fromage*

3 (*rendre plus fin*) ausbilden *odorat, ouïe;* verfeinern *style*
II. *vpr* **s'**~ *style, goût:* sich verfeinern; *odorat, ouïe:* sich ausbilden
affinité [afinite] *f* Gemeinsamkeit *f,* Affinität *f;* ~**s électives** Wahlverwandtschaften *Pl;* ~ **intellectuelle** geistige Verwandtschaft, Geistesverwandtschaft *f;* **il y a entre eux des** ~**s de goût** ihr Geschmack ist ähnlich
affirmatif, -ive [afirmatif, -iv] **I.** *adj* **1** *réponse* positiv; *geste, sourire* zustimmend; *ton* entschieden, bestimmt; **être** ~**(-ive)** sich sicher sein; **être** ~**(-ive) à qc** etw bejahen
2 LING *proposition* affirmativ
II. *interj fam* ja[wohl], jawoll (*hum*); TELEC positiv
affirmation [afirmasjɔ̃] *f* **1** (*déclaration*) Behauptung *f;* ~ **gratuite** bloße Behauptung; **avancer une** ~ eine Behauptung aufstellen; **en dépit de vos** ~**s** trotz Ihrer Beteuerungen
2 Bejahung, bejahende Aussage; GRAM affirmativer [Aussage *f*]satz
3 *sans pl* (*manifestation*) ~ **de qc** Bekräftigung *f* [*o* Bestätigung *f*] einer S.
affirmative [afirmativ] *f sans pl* **répondre par l'**~ mit ja antworten; **dans l'**~ **...** wenn ja ..., im Falle einer positiven Antwort ...
affirmativement [afirmativmɑ̃] *adv* mit ja, positiv
affirmer [afirme] <1> **I.** *vt* **1** (*soutenir*) behaupten; **j'affirme que c'est vrai** ich behaupte, dass es wahr ist; (*solennellement*) ich beteuere, dass es wahr ist; ~ **sur l'honneur que** bei seiner/ihrer Ehre [be]schwören, dass; **pouvez-vous l'**~**?** sind Sie sich (*Dat*) Ihrer Sache sicher?; **on ne peut rien** ~ **de sûr** (*enquête de police*) wir können noch nichts Genaues sagen; (*spéculation philosophique*) es gibt nichts, dessen man sich sicher sein kann
2 (*manifester*) unter Beweis stellen, beweisen *originalité, autorité;* festigen *position;* **avoir une personnalité affirmée** eine starke Persönlichkeit haben
3 *soutenu* (*proclamer*) betonen
II. *vpr* **s'**~ *autorité, personnalité:* sich festigen; *originalité, talent:* [deutlich] erkennbar werden
affixe [afiks] *m* LING Affix *nt*
affleurement [aflœrmɑ̃] *m* ARCHIT *d'un sol* Abgleichen *nt*
affleurer [aflœre] <1> *vi a. fig* zum Vorschein kommen; *récif, roche:* zum Vorschein kommen, herausschauen, hervorragen; *filon, couche:* zum Vorschein kommen, zutage treten [*o* zu Tage treten]; *sentiment:* zum Vorschein kommen, sich offenbaren
affliction [afliksjɔ̃] *f* Betrübnis *f*
affligé(e) [afliʒe] *adj* (*triste, peiné*) **être** ~**(e) de qn/qc** unter jdm/einer S. leiden
affligeant(e) [afliʒɑ̃, ʒɑ̃t] *adj* **1** (*désespérant*) traurig, betrüblich
2 (*lamentable*) erbärmlich, miserabel
affliger [afliʒe] <2a> **I.** *vt littér* (*désoler*) *nouvelle, événement:* betrüben, bekümmern, traurig machen [*o* stimmen *geh*]; ~ **qn** jdm das Herz schwer machen, jdm Kummer bereiten
II. *vpr littér* **je m'afflige de faire cela** es betrübt [*o* bekümmert] mich, das zu tun
affluence [aflyɑ̃s] *f sans pl* Andrang *m,* Ansturm *m; de lettres* Flut *f;* ~ **record de visiteurs** Besucherrekord *m;* ~ **de dons** Spendenfluss *m,* Zulauf *m* von Spenden
affluent [aflyɑ̃] *m* Zufluss *m,* Nebenfluss *m*
affluer [aflye] <1> *vi* **1** (*arriver en grand nombre*) [zusammen]strömen; ~ **de toutes parts** von überall her strömen
2 (*couler en abondance*) *sang:* strömen; **faire** ~ **le sang au visage** *colère:* das Blut ins Gesicht treiben
3 (*apparaître en abondance*) *argent:* fließen; **les dons affluaient de toutes les régions** eine Flut von Spenden ging von überall her ein
afflux [afly] *m sans pl* **1** (*arrivée massive*) *de clients* Ansturm *m,* Andrang *m; de capitaux* Zustrom *m,* Zufluss *m; de produits étrangers* Zufuhr *f;* ~ **de visiteurs/réfugiés** Besucherstrom/Flüchtlingsstrom
2 ELEC Strom[fluss] *m*
3 BIO *du sang* Fluss *m*
affolant(e) [afɔlɑ̃, ɑ̃t] *adj* **1** (*effrayant*) beängstigend, erschreckend; *fam* (*incroyable*) verrückt; **des nouvelles** ~**es** Schreckensnachrichten *Pl;* **c'est** ~**!** das ist zum Verrücktwerden!
2 *littér* (*troublant*) beängstigend, beunruhigend
affolé(e) [afɔle] *adj* **1** (*paniqué*) *personne, foule* von panischer Angst ergriffen; *animal* zu Tode erschrocken; **être** ~**(e)** in Panik sein (*fam*)
2 (*qui subit des variations*) **la boussole/l'aiguille du mesureur est** ~**e** der Kompass/die Messnadel schlägt wild aus [*o* schwankt hin und her]
affolement [afɔlmɑ̃] *m sans pl* Panik *f;* **pas d'**~**!** nur keine Panik!
affoler [afɔle] <1> **I.** *vt* (*effrayer*) ~ **qn** *nouvelle:* jdn sehr erschrecken [*o* in großen Schrecken versetzen]; *cris, bruit:* jdm Angst einjagen [*o* machen]; (*inquiéter*) jdn beunruhigen, jdm Angst machen; **la peur des attentats affolait la population** die Angst vor den Attentaten versetzte die Bevölkerung in Panik
II. *vpr* **s'**~ in Panik geraten; **ne nous affolons pas** [*o* **on ne s'affole pas**]**!** nur keine Panik!, bloß nicht durchdrehen! (*fam*)
affranchi(e) [afrɑ̃ʃi] **I.** *adj esclave, serf* freigelassen; *attitude* freizügig
II. *m(f)* (*esclave libéré*) Freigelassene(r) *f(m)*
affranchir [afrɑ̃ʃir] <8> **I.** *vt* **1** POST (*avec des timbres*) freimachen, frankieren
2 (*libérer*) ~ **qn de ses angoisses/de sa timidité** jdn von seinen Ängsten/seiner Schüchternheit befreien
3 HIST freilassen *esclave*
4 *fam* (*mettre au courant*) ins Bild setzen
II. *vpr* **s'**~ **de ses angoisses** seine Ängste loswerden; **s'**~ **de la tradition/famille** sich von der Tradition/Familie frei machen [*o* losmachen]; **s'**~ **des lois** sich über das Gesetz hinwegsetzen
affranchissement [afrɑ̃ʃismɑ̃] *m* **1** POST (*action*) Frankieren *nt;* (*frais de port*) Porto *nt;* **tarifs d'**~ Postgebühren *Pl*
2 (*libération*) *d'un pays* Befreiung *f; d'un esclave* Freilassung *f*
affres [afr] *fpl* Qualen *Pl*
affrètement [afrɛtmɑ̃] *m* **1** (*mise en location*) Vermietung *f,* Verleih *m*
2 (*prise en location*) Mieten *nt; d'un bateau, avion* Chartern *nt,* Mieten *nt*
affréter [afrete] <5> *vt* **1** (*donner en location*) vermieten, verleihen
2 (*prendre en location*) mieten, leihen; mieten, chartern *bateau, avion*
affreusement [afrøzmɑ̃] *adv* **1** (*horriblement*) furchtbar, schrecklich, entsetzlich; *blessé* sehr
2 (*extrêmement*) furchtbar; *vexé* zutiefst; *inquiet* äußerst
affreux, -euse [afrø, -øz] *adj* **1** (*laid*) furchtbar hässlich
2 (*horrible*) *cauchemar* schrecklich, furchtbar; *mort* grauenvoll, grauenhaft
3 (*désagréable*) furchtbar, fürchterlich; *temps* furchtbar, scheußlich, abscheulich
affriolant(e) [afrijɔlɑ̃, ɑ̃t] *adj* **1** *robe* erregend
2 *occupation* verlockend
affrioler [afrijɔle] <1> *vt rare* verlocken
affront [afrɔ̃] *m soutenu* Beleidigung *f,* Kränkung *f,* Affront *m* (*geh*); **faire** [*o* **infliger**] **un** ~ **à qn** jdn beleidigen [*o* kränken]; **essuyer** [*o* **subir**] **un** ~ beleidigt werden, einen Affront erleben (*geh*); **il m'a fait l'**~ **de ne pas venir** er hat mich gekränkt, indem er nicht gekommen ist; seine Abwesenheit war ein Affront gegen mich (*geh*)
affrontement [afrɔ̃tmɑ̃] *m* **1** MIL Zusammenstoß *m,* Auseinandersetzung *f*
2 POL Konfrontation *f*
affronter [afrɔ̃te] <1> **I.** *vt* **1** *a.* SPORT (*combattre*) ~ **qn** jdm

gegenübertreten
❷ (*faire face à*) konfrontiert werden mit, stehen vor *situation difficile;* gerüstet sein für *hiver;* ~ **un danger** einer Gefahr trotzen [*o* die Stirn bieten]
II. *vpr* **s'**~ sich (*Dat*) gegenüberstehen, aufeinander treffen
affubler [afyble] <1> **I.** *vt* ❶ *péj* (*habiller*) ~ **qn de qc** jdn mit etw ausstaffieren [*o* herausputzen]
❷ *péj* (*surnommer*) ~ **qn d'un surnom** jdm einen Beinamen verpassen (*pej fam*)
II. *vpr péj* **s'**~ **de qc** sich mit etw herausputzen
affût [afy] *m* ❶ CHASSE (*endroit*) Hochsitz *m,* Ansitz *m,* Anstand *m* (*Fachspr.*); **chasser à l'**~ ansitzen, auf den Hochsitz [*o* Ansitz] gehen
❷ (*attente*) Warten *nt;* CHASSE Ansitz (*Fachspr.*)
❸ (*bâti*) *d'un canon* Lafette *f*
► **être à l'**~ **de qc** einer S. (*Dat*) auflauern, auf der Lauer [nach etw] liegen; **être à l'**~ **d'un scoop** hinter einer heißen Story hersein; **être à l'**~ **d'idées nouvelles** auf neue Ideen aus sein (*fam*); **être à l'**~ **de la moindre erreur** dem geringsten Fehler nachspüren/auf den geringsten Fehler lauern
affûtage [afytaʒ] *m d'un couteau* Schleifen *nt*
affûter [afyte] <1> *vt* schärfen, schleifen; anspitzen *crayon*
affûtiaux [afytjo] *mpl fam* Tand *m*
afghan [afgɑ̃] *m* **l'**~ Afghanisch *nt,* das Afghanische; *v. a.* **allemand**
afghan(e) [afgɑ̃, aːn] *adj* afghanisch
Afghan(e) [afgɑ̃, aːn] *m(f)* Afghane *m*/Afghanin *f*
Afghanistan [afganistɑ̃] *m* **l'**~ Afghanistan *nt*
aficionado [afisjɔnado] *m eines Sports, eines Autors* Fan *m*
afin [afɛ̃] *prép* ~ **de maigrir** um abzunehmen; ~ **de gagner la course** um das Rennen zu gewinnen; ~ **qu'on puisse vous prévenir** damit wir Ihnen Bescheid geben können
AFNOR [ɑfnɔʀ] *f abr de* **Association Française de Normalisation** *private französische Normierungsinstitution*
a fortiori [afɔʀsjɔʀi] *adv soutenu* um so mehr, erst recht; **il n'aura jamais terminé,** ~ **si vous ...** er wird nie zum Ende kommen, vor allem [*o* und erst recht nicht], wenn Sie ...
AFP [ɑɛfpe] *f abr de* **Agence France Presse** *französische Nachrichtenagentur*
africain(e) [afʀikɛ̃, ɛn] *adj* afrikanisch
Africain(e) [afʀikɛ̃, ɛn] *m(f)* Afrikaner(in) *m(f)*
africanisation [afʀikanizasjɔ̃] *f* Afrikanisierung *f*
afrikaans [afʀikɑ̃s] *m v.* **afrikans**
Afrikan[d]er [afʀikanɛʀ, afʀikɑ̃dɛʀ] *mf* Afrik[a]ander(in) *m(f)*
afrikans [afʀikɑ̃s] *m* **l'**~ Afrikaans *nt; v. a.* **allemand**
Afrique [afʀik] *f* **l'**~ Afrika *nt;* **l'**~ **du Nord/Sud** Nord-/Südafrika; **l'**~ **noire** Schwarzafrika
afro [afʀo] *adj* Afro-
afro-américain(e) [afʀoameʀikɛ̃, ɛn] <afro-américains> *adj* afroamerikanisch **Afro-Américain(e)** [afʀoameʀikɛ̃, ɛn] <afro-américains> *m(f)* Afroamerikaner(in) *m(f)* **afro-asiatique** [afʀoazjatik] <afro-asiatiques> *adj* afroasiatisch **Afro-Asiatique** [afʀoazjatik] <afro-asiatiques> *mf* Afroasiat(in) *m(f)*
after-shave [aftœʀʃɛv] *m inv* After[-]shave *nt*
AG [ɑʒe] *f fam abr de* **assemblée générale** Hauptversammlung *f,* Generalversammlung *f*
aga [aga] *m v.* **agha**
agaçant(e) [agasɑ̃, ɑ̃t] *adj* äußerst ärgerlich
agacement [agasmɑ̃] *m* Ärger *m;* **un soupir d'**~ ein gereiztes Stöhnen; **éprouver une sorte d'**~ verärgert sein, sich ärgern; **provoquer l'**~ **de qn** jdn verärgern
agacer [agase] <2> *vt* ❶ (*énerver*) ~ **qn** jdm auf die Nerven gehen [*o* den Nerv töten] (*fam*)
❷ (*taquiner*) ärgern
agaceries [agasʀi] *fpl* Avancen *Pl*
agape [agap] *f* ❶ HIST, ECCL (*repas*) Agape *f*
❷ Festschmaus *m*
agate [agat] *f* ❶ (*minéral*) Achat *m*
❷ (*verre*) *achatähnlich marmoriertes Glas*
agave [agav] *m* BOT Agave *f*
âge [ɑʒ] *m* ❶ *d'une personne, chose* Alter *nt;* ~ **adulte** Erwachsenenalter *nt;* **parvenir** [*o* **arriver**] **à l'**~ **adulte** erwachsen [*o* reif] werden, Reife *f* erlangen (*geh*); **l'**~ **bête/ingrat** die Flegeljahre; ~ **critique** kritisches Alter; **grand** ~ hohes Alter; ~ **mental** PSYCH Intelligenzalter (*Fachspr.*), geistige Reife; ~ **mûr** reifes Alter; **une femme d'**~ **mûr** eine reife Frau; ~ **requis pour ...** erforderliches Mindestalter für ...; ~ **scolaire** schulpflichtiges Alter; ~ **viril** Mannesalter *nt;* **être d'un** ~ **avancé** im vorgerücktem Alter sein, betagt sein; **être en bas** ~ ein Baby [*o* im Babyalter] sein; **être d'un** ~ **certain** wirklich nicht mehr der/die Jüngste sein; **être d'un certain** ~ nicht mehr ganz jung sein, schon etwas älter sein; **être du même** ~ gleichaltrig sein; **être vieux avant l'**~ frühzeitig gealtert sein; **être en** ~ **de faire qc** alt genug sein etw zu tun; **être en** ~ **de se marier** im heiratsfähigen Alter sein; **qn est sans** ~**, qn'a pas d'**~ jds Alter ist schwer zu bestimmen; **faire plus vieux/plus jeune que son** ~ älter/jünger aussehen [*o* wirken], als man ist; **il fait** [*o* **paraît**] [*o* **porte**] [**bien**] **son** ~ man sieht ihm sein Alter an; er sieht so alt aus, wie er ist; **il ne fait** [*o* **paraît**] [*o* **porte**] **pas son** ~ man sieht ihm sein Alter nicht an; **elle a passé l'**~ **de voyager/partir en vacances** sie ist zu alt zum [Ver]reisen/dazu, in Urlaub zu fahren; **prendre de l'**~ älter werden; **à l'**~ **de 8 ans** im Alter von 8 Jahren; **d'**~ **moyen** in den mittleren Jahren, mittleren Alters; **dans son jeune** ~ in seinen/ihren jungen Jahren, als er/sie jung war; **des gens de tout** ~ Menschen jeden Alters [*o* aller Altersstufen]; **entre deux** ~**s** mittleren Alters; **pour son** ~ für sein/ihr Alter; **quel** ~ **as-tu/a-t-il?** wie alt bist du/ist er?; **quel** ~ **tu me donnes?** für wie alt hältst du mich?, wie alt schätzt du mich?; **on ne te donnerait pas ton** ~ man würde dich für jünger halten; **amusez-vous, c'est de votre** ~**!** amüsiert euch nur, das gehört sich so [*o* das ist richtig so] in eurem Alter!; **l'**~ **ne fait rien à l'affaire** das Alter tut nichts zur Sache; **20 ans, c'est le bel** ~ 20, das ist ein schönes Alter
❷ (*ère*) Zeitalter *nt,* Äon *m* (*liter*); **à l'**~ **de l'ordinateur** im Computerzeitalter; **d'un autre** ~ vorsintflutlich (*fam*); **être d'un autre** ~ seiner Zeit hinterher sein, nicht ganz auf dem Laufenden sein
► **le quatrième** ~ das hohe Alter; **l'**~ **tendre** die Kindheit [und frühe Jugend]; **le troisième** ~ (*la vieillesse*) das Pensionsalter; (*les personnes*) die Senioren; **un club du troisième** ~ ein Seniorenklub
◆ ~ **du bronze** Bronzezeit *f;* ~ **du fer** Eisenzeit *f;* ~ **d'or** goldenes Zeitalter, Blütezeit *f;* ~ **de pierre** Steinzeit *f;* ~ **de raison** Alter *nt* der Vernunft; Alter, in dem man vernünftig wird; ~ **de la retraite** Pensionsalter *nt*
âgé(e) [ɑʒe] *adj* alt, älter; **les personnes** ~**es** die alten Menschen [*o* Leute], die Alten, die Senioren; **être** ~**(e)** alt sein; **être** ~**(e) de dix ans** zehn Jahre alt sein; **avoir trois enfants** ~**s de dix, sept et deux ans** drei Kinder im Alter von zehn, sieben und zwei Jahren haben
agence [aʒɑ̃s] *f* ❶ (*succursale bancaire*) [Bank]niederlassung *f,* Filiale *f,* Zweigstelle *f*
❷ (*représentation commerciale*) [Handels]vertretung *f;* (*pour les services*) Geschäftsstelle *f;* ~ **matrimoniale** Heiratsinstitut *nt,* Eheanbahnungsinstitut; ~ **immobiliaire** Maklerbüro *nt,* Immobilienbüro
❸ (*bureau de placement*) Vermittlungsbüro *nt;* (*pour les photos, voyages*) Agentur *f*
❹ (*organisme administratif*) **Agence nationale pour l'emploi** staatliche Arbeitsvermittlungsanstalt; (*en Allemagne*) ≈ Bundesanstalt *f* für Arbeit; **Agence internationale pour l'énergie atomique** Internationale Atomenergiebehörde
◆ ~ **de location** THEAT Vorverkaufsstelle *f,* Vorverkaufskasse *f;*

~ **de mannequins** Modelagentur *f;* ~ **de placement** Arbeitsvermittlungsstelle *f,* Stellenvermittlungsbüro *nt;* ~ **de presse** Presseagentur *f,* Nachrichtenagentur *f;* ~ **de publicité** Werbeagentur *f;* ~ **de relations publiques** PR-Agentur *f;* ~ **de tourisme** [*o* **de voyages**] Reisebüro *nt*

agencement [aʒɑ̃smɑ̃] *m* ❶ (*ordonnancement*) *d'éléments* Zusammenfügen *nt,* Zusammensetzen *nt;* (*enchaînement*) *de faits* Aneinanderreihung *f,* Aneinanderfügen *nt*
❷ LITTER, ART (*structure, composition*) *d'un roman, d'une phrase* Aufbau *m;* (*ordre*) *des mots* Stellung *f; des couleurs* Zusammenstellung *f,* Komposition *f*
❸ (*aménagement*) *d'un appartement, magasin* [Raum]aufteilung *f*
❹ (*équipement*) *d'une cuisine* Einrichtung *f*

agencer [aʒɑ̃se] <2> **I.** *vt* ❶ (*ordonner*) zusammensetzen, zusammenfügen *éléments*
❷ (*structurer, combiner*) [auf]bauen, konstruieren *phrase;* aufbauen *roman;* aneinanderreihen *mots;* [aufeinander] abstimmen *couleurs*
❸ (*aménager*) aufteilen, einrichten *local, appartement;* **être bien agencé(e)** gut angelegt sein
❹ (*équiper*) einrichten *cuisine*
II. *vpr* **s'~** *pièces d'un puzzle:* zusammenpassen, ineinander passen, sich zusammenfügen; *mots:* sich zusammensetzen; **s'~ en un ensemble harmonieux** ein harmonisches Ganzes ergeben, sich zu einem harmonischen Ganzen zusammenfügen

agenda [aʒɛ̃da] *m* [Taschen]kalender *m;* ~ **de poche/de bureau** Taschen-/Terminkalender; ~ **électronique** Organizer *m*

agenouillement [aʒ(ə)nujmɑ̃] *m* Niederknien *nt*

agenouiller [aʒ(ə)nuje] <1> *vpr* **s'~** sich hinknien; (*pour prier*) niederknien; **être agenouillé(e) sur qc** auf etw (*Dat*) knien

agenouilloir [aʒ(ə)nujwaʀ] *m* ECCL Kniebank *f*

agent [aʒɑ̃] *m* ❶ (*policier*) Polizist(in) *m(f)*
❷ ECON, JUR (*représentant*) Vertreter(in) *m(f);* ~ **commercial** Handelsvertreter(in), Handelsmakler(in) *m(f)* (*Fachspr.*); ~ **comptable** Buchhalter(in) *m(f),* Buchhaltungsangestellte(r) *f(m);* ~ **immobilier** Immobilienhändler(in) *m(f),* [Immobilien]makler(in); ~ **technique** Techniker(in) *m(f),* technische(r) Angestellte(r) *f(m),* technische Fachkraft; ~ **technico-commercial** Industriekaufmann *m/*-kauffrau *f*
❸ POL (*représentant*) Vertreter(in) *m(f);* ~ **consulaire** konsularischer Vertreter/konsularische Vertreterin, Konsularagent(in) *m(f);* ~**s diplomatiques** diplomatische Vertreter
❹ ART, LITTER ~ **artistique** Agent(in) *m(f);* ~ **littéraire** Literaturagent(in) *m(f)*
❺ (*espion*) Agent(in) *m(f),* Spitzel *m;* ~ **double** Doppelagent(in) *m(f);* ~ **secret** Geheimagent(in)
❻ ADMIN Bedienstete(r) *f(m),* Angestellte(r) *f(m);* ~ **administratif** Verwaltungsangestellte(r); (*fonctionnaire*) Verwaltungsbeamte(r) *m/*-beamtin *f;* ~ **du fisc** Finanzbeamte(r)/-beamtin
❼ CHIM [Wirk]stoff *m,* Substanz *f;* ~**s de fermentation** Gärstoffe *Pl,* Gärmittel *Pl*
❽ SCI ~**s naturels** Naturkräfte *Pl,* Naturgewalten *Pl;* ~ **pathogène** Krankheitserreger *m*
◆ ~ **d'affaires** (*administrateur*) Verwalter(in) *m(f);* (*intermédiaire*) Vermittler(in) *m(f)* [in geschäftlichen Angelegenheiten]; ~ **d'assurances** Versicherungsagent(in) *m(f),* Versicherungsvertreter(in) *m(f);* ~ **de la circulation** Verkehrspolizist(in) *m(f);* ~ **de conduite** Fahrer(in) *m(f);* ~ **de la force publique** Polizeibeamte(r) *m/*-beamtin *f;* ~ **de liaison** Verbindungsmann *m/*-frau *f;* ~ **de maîtrise** Angestellte(r) *f(m)* im mittleren Tarifgruppenbereich; (*qui encadre des techniciens*) leitende(r) technische(r) Angestellte(r) *f(m);* ~ **de police** Polizist(in) *m(f);* ~ **de production** Arbeiter(in) *m(f);* ~ **de publicité** Werbeagent(in) *m(f);* ~ **de renseignements** Geheimagent(in) *m(f);* ~ **de service** Amtsgehilfe *m/*-gehilfin *f;* ~ **de transmission** Meldefahrer(in) *m(f)*

agente [aʒɑ̃t] *f* Agentin *f,* Spionin *f*

agglo [aglo] *m fam abr de* **aggloméré**

agglomérat [aglɔmeʀa] *m* ❶ Ansammlung *f*
❷ GEOL Agglomerat *nt*

agglomération [aglɔmeʀasjɔ̃] *f* ❶ (*localité*) Ortschaft *f,* [An]siedlung *f;* ~ **rurale** ländliche Ansiedlung
❷ (*zone urbaine*) Ballungsraum *m,* Agglomeration *f* (CH)
❸ (*ville et banlieue*) Großraum *m;* **dans l'~ lyonnaise** im Großraum Lyon
❹ (*assemblage*) *de matériaux* Agglomeration *f,* Zusammenpressen *nt,* Verdichten *nt*

aggloméré [aglɔmeʀe] *m* CONSTR Pressstoff *m,* Pressmasse *f;* (*bois*) Pressholz *nt;* (*briquette*) Pressling *m,* Brikett *nt;* ~ **de béton** Betonformstein *m*

agglomérer [aglɔmeʀe] <5> **I.** *vt* ❶ (*amonceler*) anhäufen, zusammenwehen *neige, sable*
❷ TECH pressen, verdichten *bois;* pressen, brikettieren *charbon;* **bois aggloméré** Pressholz *nt*
II. *vpr* ❶ (*s'amonceler*) *neige, terre:* sich ansammeln, sich anhäufen
❷ TECH agglomerieren

agglutinant(e) [aglytinɑ̃, ɑ̃t] *adj cellule, bactérie, langue* agglutinierend

agglutination [aglytinasjɔ̃] *f* MED, LING Agglutination *f*

agglutiner [aglytine] <1> **I.** *vt* ❶ (*agglomérer*) zusammenkleben, verkleben *matériaux*
❷ (*rassembler*) **des gens sont agglutinés sur la place/devant l'église** auf dem Platz/vor der Kirche haben sich Leute angesammelt [*o* drängen sich Leute]
II. *vpr* ❶ (*s'agglomérer*) **s'~** *globules, molécules:* agglutinieren (*Fachspr.*), verklumpen
❷ (*se rassembler*) **s'~ sur une place** sich auf einem Platz sammeln [*o* drängen]

aggravant(e) [agʀavɑ̃, ɑ̃t] *adj* erschwerend

aggravation [agʀavasjɔ̃] *f d'une crise* Zuspitzung *f; d'un conflit, de tensions* Verschärfung *f; d'une situation* Verschlechterung *f; d'un mal, d'une maladie* Verschlimmerung *f; des intempéries* Zunahme *f; du chômage* Zunahme, Anstieg *m*

aggraver [agʀave] <1> **I.** *vt* ❶ (*faire empirer*) verschlimmern, schlimmer machen; erschweren *situation;* verschärfen *crise, tensions;* vergrößern *difficultés;* ansteigen lassen, anwachsen lassen *chômage*
❷ (*renforcer*) vergrößern *peine;* **cela aggrave ma colère** das steigert meine Wut, das macht mich [nur] noch wütender; **cela aggrave le mécontentement** das steigert [*o* dadurch steigt] die Unzufriedenheit
II. *vpr* **s'~** schlimmer werden; *mal, maladie:* schlimmer werden, sich verschlimmern; *état:* schlimmer werden, sich verschlechtern, schlechter [*o* ernster] werden; *situation:* schlimmer werden, sich zuspitzen, sich verschärfen; *pollution:* zunehmen; *conflit, crise:* sich zuspitzen; *conditions sociales:* schlechter werden, sich verschlechtern; *difficultés:* größer werden; *chômage:* ansteigen, zunehmen

agha [aga] *m* Aga *m früherer Titel höherer, dann auch niederer Offiziere und Zivilbeamter in der Türkei;* **Agha Khan** Aga Khan *m*

agile [aʒil] *adj geste* geschickt, flink; *doigts* geschickt, gelenkig, beweglich; *personne* geschickt, gewandt, agil; **avoir un esprit ~** geistig rege sein

agilement [aʒilmɑ̃] *adv* agil

agilité [aʒilite] *f sans pl* ❶ *d'une personne* Fitness *f,* Beweglichkeit *f,* Gelenkigkeit *f; des doigts* Gelenkigkeit, Beweglichkeit, Flinkheit *f*
❷ *de l'esprit* Regheit *f;* **conserver une grande ~ d'esprit** geistig sehr rege [*o* fit *fam*] geblieben sein

agio [aʒjo] *m* ❶ FIN (*commission*) Bankspesen *Pl,* Überziehungszinsen *Pl*

❷ BOURSE Aufgeld *nt*

à giorno [adʒɔʀno, aʒjɔʀno] taghell; **le couloir est éclairé ~** der Flur ist taghell erleuchtet

agir [aʒiʀ] <8> **I.** *vi* ❶ *(faire, être actif)* handeln; ~ **bien/mal** sich gut/schlecht verhalten; ~ **de son plein gré** [*o* **en toute liberté**] aus freien Stücken handeln
❷ *(exercer une influence)* ~ **sur qn/qc** Einfluss auf jdn/etw ausüben, jd/etw beeinflussen, auf jdn/etw einwirken
❸ *(opérer)* *médicament, poison:* wirken; **laissez ~ la nature** lassen Sie der Natur ihren Lauf
II. *vpr impers* ❶ *(il est question de)* **il s'agit de qn/qc** es geht um jdn/etw, es handelt [*o* dreht *fam*] sich um jdn/etw; **de quoi s'agit-il?** worum geht es?, worum handelt es sich?; **il ne s'agit pas de ça!** darum geht es [ja gar] nicht!
❷ *(il faut)* **il s'agit de faire qc** es geht darum etw zu tun; **quand il s'agit de travailler, il n'y a plus personne** wenn es ans [*o* ums] Arbeiten geht, drücken sich alle

âgisme [aʒism] *m Diskriminierung älterer Menschen*

agissant(e) [aʒisɑ̃, ɑ̃t] *adj personne* aktiv; *foi* tätig; *médicament* wirksam

agissements [aʒismɑ̃] *mpl péj* ❶ *(machinations)* Machenschaften *Pl*
❷ *(menées)* Umtriebe *Pl;* **surveiller ses ~s** genau beobachten, was er/sie Verdächtiges treibt *(pej)*

agitateur, -trice [aʒitatœʀ, -tʀis] *m, f* Agitator(in) *m(f),* Aufwiegler(in) *m(f) (pej)*

agitation [aʒitasjɔ̃] *f* ❶ *(animation)* geschäftiges Treiben
❷ *(excitation)* Aufregung *f*
❸ *(troubles)* Unruhe *f*
❹ *(mécontentement)* Unzufriedenheit *f;* **l'~ populaire augmente** im Volk gärt es immer mehr
◆ ~ **d'esprit** innere Unruhe

agité(e) [aʒite] *adj* ❶ *(animé de mouvements)* *mer* bewegt, unruhig; **être ~(e) de soubresauts** zucken
❷ *(nerveux)* unruhig
❸ *(excité)* aufgeregt, erregt
❹ *(troublé)* *situation* unsicher; *vie, époque* bewegt, unruhig

agiter [aʒite] <1> **I.** *vt* ❶ *(secouer)* schwenken *drapeau, bras;* schütteln *bouteille, liquide;* ~ **son mouchoir** mit dem Taschentuch winken; ~ **la main** winken; **bien ~ avant l'emploi!** vor Gebrauch gut schütteln!; **le vent agite les feuilles** der Wind bewegt die Blätter hin und her; **les vagues agitent le bateau** die Wellen werfen das Boot hin und her
❷ *fig* ~ **la menace d'une punition** mit einer Strafe drohen
❸ *littér (émouvoir)* ~ **qn** *sentiment:* jdn bewegen; *désir:* jdn umtreiben
❹ *(discuter)* erörtern *question*
II. *vpr* **s'~** ❶ *(bouger)* sich bewegen
❷ *(s'exciter)* sich aufregen
❸ *(s'énerver)* unruhig sein/werden; **le peuple s'agite** im Volk brodelt es
❹ *(s'affairer)* [geschäftig] hin und her eilen; **arrête de t'~ comme ça!** hör auf so herumzurennen!

agneau, agnelle [aɲo, aɲɛl] <x> *m, f* ❶ ZOOL Lamm *nt*
❷ GASTR Lamm[fleisch *nt*] *nt;* **côtelette/gigot d'~** Lammkotelett *nt*/-keule *f*
❸ *(fourrure)* Lamm[fell *nt*] *nt;* **veste en ~** Lammfelljacke *f*
❹ *(personne)* Lamm *nt;* **mes ~x!** *iron* meine Lieben! *(iron)*
▶ **l'Agneau de Dieu** das Lamm Gottes; **être doux(douce) comme un ~** sanft wie ein Lamm [*o* lammfromm] sein
◆ ~ **de lait** Milchlamm *nt*

agnelage [aɲ(ə)laʒ] *m* ❶ *(mise bas)* Lammen *nt*
❷ *(période)* Lammzeit *f*

agneler [aɲ(ə)le] <3> *vi* lammen

agnelet [aɲ(ə)lɛ] *m* Lämmchen *nt*

agnosticisme [agnɔstisism] *m* Agnostizismus *m*

agnostique [agnɔstik] **I.** *adj* agnostizistisch
II. *mf* Agnostiker(in) *m(f)*

agonie [agɔni] *f* ❶ Todeskampf *m,* Agonie *f (Fachspr.)*; **être à l'~** im Sterben liegen
❷ *fig* **l'~ d'un régime** der Untergang eines Regimes

agonir [agɔniʀ] <8> *vt* ~ **qn** *rare* jdn beschimpfen

agonisant(e) [agɔnizɑ̃, ɑ̃t] *adj* ❶ sterbend; **être ~(e)** im Sterben liegen
❷ *fig régime* dem Untergang geweiht *(geh)*

agoniser [agɔnize] <1> *vi* ❶ im Sterben liegen
❷ *fig empire:* untergehen; *économie:* da[r]niederliegen *(geh)*

agoraphobie [agɔʀafɔbi] *f* Platzangst *f,* Agoraphobie *f (Fachspr.)*

agrafage [agʀafaʒ] *m* ❶ *de feuilles* Zusammenheften *nt*
❷ MED Klammern *nt*

agrafe [agʀaf] *f* ❶ COUT Haken *m;* **fermer qc par une ~** etw zuhaken
❷ *(pour papiers)* Heftklammer *f*
❸ MED Klammer *f*

agrafer [agʀafe] <1> *vt* ❶ zusammenheften *feuilles*
❷ *(fermer)* ~ **une jupe** einen Rock zuhaken
❸ *fam (arrêter)* **se faire ~** geschnappt werden *(fam)*

agrafeuse [agʀaføz] *f* ❶ Tacker *m*
❷ *(pour papiers)* Heftgerät *nt*

agraire [agʀɛʀ] *adj* **politique ~** Agrarpolitik *f;* **réforme ~** Bodenreform *f;* **mesures ~s** Feldmaße *Pl*

agrandir [agʀɑ̃diʀ] <8> **I.** *vt* ❶ *(rendre plus grand)* vergrößern, größer machen
❷ *(rendre plus large)* erweitern
❸ *(développer)* vergrößern *entreprise*
❹ PHOT vergrößern
II. *vpr* **s'~** ❶ *(se creuser, s'élargir)* größer werden; *passage:* breiter werden; *écart:* sich vergrößern
❷ *(se développer)* *entreprise:* sich vergrößern; *ville:* sich ausdehnen
❸ *(devenir plus nombreux)* *famille:* Zuwachs bekommen; **s'~ d'un fils/d'une fille** sich um einen Sohn/eine Tochter vergrößern
❹ *fam (se loger plus spacieusement)* sich vergrößern *(fam)*

agrandissement [agʀɑ̃dismɑ̃] *m* ❶ *(action)* Vergrößerung *f; d'un passage* Vergrößerung, Verbreiterung *f;* **faire des travaux d'~ dans une maison** an ein Haus anbauen
❷ PHOT *(action d'agrandir)* Vergrößern *nt*
❸ PHOT *(résultat)* Vergrößerung *f*

agrandisseur [agʀɑ̃disœʀ] *m* Vergrößerungsapparat *m*

agréable [agʀeabl] *adj* ❶ *personne* sympathisch; **être ~ à regarder** ein angenehmes Äußere[s] haben; **il est ~ à vivre** er ist umgänglich
❷ *(qui plaît, agrée)* angenehm; *situation* erfreulich; *sourire* gewinnend; **une parole ~** ein freundliches Wort; **par une ~ journée d'été** eines schönen Sommertags; **être ~ à l'oreille/à l'œil** eine Wohltat für das Ohr/Auge sein; **être ~ à sentir** angenehm riechen; **être ~ à toucher** sich angenehm anfühlen; **voilà qui est ~ à entendre/à voir!** so etwas hört/sieht man gerne!; **il est ~ à qn de faire qc** es tut jdm gut etw zu tun

agréablement [agʀeabləmɑ̃] *adv* angenehm

agréé(e) [agʀee] *adj expert* zugelassen; **garage ~** Vertragswerkstatt *f;* **médecin ~** Kassenarzt *m*

agréer [agʀee] <1> *vt* *soutenu* annehmen *remerciements;* ~ **une demande** einer Bitte stattgeben *(form)*; **veuillez ~, Madame/Monsieur, mes salutations distinguées** ≈ mit freundlichen Grüßen

agrég [agʀɛg] *f fam abr de* **agrégation**

agrégat [agʀega] *m* ❶ GEOL Aggregat *nt*
❷ CONSTR Zuschlagstoffe *Pl*

agrégatif, -ive [agʀegatif, -iv] *m, f Kandidat(in), der/die den „Concours d'agrégation" vorbereitet*

agrégation [agʀegasjɔ̃] *f Staatsprüfung für Gymnasiallehrer in Form eines „Concours"*

i Land & Leute

Die **agrégation** ist eine Staatsprüfung für Gymnasiallehrer, die in Form eines *concours* stattfindet. Wer sie besteht, erwirbt gleichzeitig die Erlaubnis, an bestimmten Hochschulen zu lehren sowie das Anrecht, verbeamtet zu werden.

agrégé(e) [agʀeʒe] **I.** *adj* **être [professeur] ~(e)** die „Agrégation" haben
II. *m(f)* ❶ (*au lycée*) Gymnasiallehrer(in) *m(f)* mit „Agrégation"
❷ (*à l'université*) Dozent(in) *m(f)* mit „Agrégation"
agréger [agʀeʒe] <2a> *vt* ❶ MINER sich verfestigen
❷ (*admettre dans un corps [d'Etat]*) aufnehmen *Person*
agrément [agʀemɑ̃] *m* ❶ (*approbation*) Zustimmung *f*
❷ (*plaisir*) Vergnügen *nt;* **jardin d'~** Ziergarten *m;* **voyage d'~** Vergnügungsreise *f*
❸ (*attrait*) Reiz *m,* Charme *m;* **l'~ de sa conversation** seine/ihre charmante Art Konversation zu machen; **dépourvu(e) de tout ~** vollkommen ohne Reiz; **les ~s de la vie** die Annehmlichkeiten des Lebens
agrémenter [agʀemɑ̃te] <1> *vt* verschönern *pièce;* **~ une robe de perles** ein Kleid mit Perlen verzieren; **un discours agrémenté d'anecdotes** eine mit Anekdoten ausgeschmückte Rede
agrès [agʀɛ] *mpl* SPORT [Turn]geräte *Pl;* **les exercices aux ~** das Geräteturnen
agresser [agʀese] <1> **I.** *vt* ❶ (*attaquer*) überfallen; **se faire ~** überfallen werden
❷ (*insulter*) angreifen
❸ PSYCH (*irriter*) belästigen
❹ PSYCH (*menacer*) bedrohen
II. *vi couleur, son:* aggressiv sein/wirken; *jeu d'un acteur, style:* provozieren
agresseur [agʀesœʀ] **I.** *m* ❶ (*personne*) Angreifer(in) *m(f);* **son ~ était une femme** er/sie wurde von einer Frau angegriffen
❷ (*État*) Aggressor *m*
II. *app* **État/pays ~** Aggressor *m*
agressif, -ive [agʀesif, -iv] *adj personne, remarque, comportement* aggressiv; *couleur* grell
agression [agʀesjɔ̃] *f* ❶ (*attaque, coups*) Überfall *m;* **être victime d'une ~** überfallen werden; **~ verbale** Beleidigung *f,* verbaler Angriff
❷ (*nuisance*) **~ sonore** Lärmbelästigung *f*
❸ MIL **acte d'~** Aggression *f,* Angriff *m,* Überfall *m;* **~ contre un pays** Angriff [*o* Überfall] auf ein Land
agressivité [agʀesivite] *f* Aggressivität *f*
agricole [agʀikɔl] *adj* landwirtschaftlich; **produits ~s** landwirtschaftliche Produkte *Pl;* **ouvrier ~** Landarbeiter *m;* **machine ~** Landmaschine *f;* **région ~** Agrarregion *f;* **travaux ~s** Feldarbeit *f;* **ingénieur ~** Diplomlandwirt(in) *m(f)*
agriculteur, -trice [agʀikyltœʀ, -tʀis] *m, f* Landwirt(in) *m(f)*
agriculture [agʀikyltyʀ] *f* Landwirtschaft *f;* **ministre de l'Agriculture** Landwirtschaftsminister(in) *m(f)*
agripper [agʀipe] <1> **I.** *vt* packen; **il m'a agrippé le bras/par le bras** er hat meinen Arm/mich am Arm gepackt
II. *vpr* **s'~ à qn/qc** sich an jdm/etw festklammern, sich an jdn/etw klammern
agroalimentaire [agʀoalimɑ̃tɛʀ] **I.** *adj* **société/usine ~** Nahrungsmittelfirma *f*/-betrieb *m;* **industrie ~** Nahrungsgüterindustrie *f*
II. *m* Lebensmittelsektor *m*
agronome [agʀɔnɔm] *adj* **ingénieur ~** Diplomlandwirt(in) *m(f)*
agronomie [agʀɔnɔmi] *f* Agrarwissenschaft *f,* Landwirtschaftswissenschaft *f*
agrotourisme [agʀotuʀism] *m* Agrotourismus *m*
agrume [agʀym] *m* Zitrusfrucht *f*
aguerrir [ageʀiʀ] <8> **I.** *vt* ❶ (*endurcir*) **~ au [*o* contre le] froid** gegen Kälte abhärten
❷ (*habituer à la guerre*) für den Kampfeinsatz trainieren *troupes, soldats;* **être aguerri(e)** kampferprobt sein
II. *vpr* **s'~ au [*o* contre le] froid** sich gegen Kälte abhärten
aguets [agɛ] **être aux ~** auf der Lauer liegen
aguichant(e) [agiʃɑ̃, ɑ̃t] *adj* aufreizend, keck
aguicher [agiʃe] <1> *vt* aufreizen, anmachen (*fam*)
aguicheur, -euse [agiʃœʀ, -øz] *m, f* Verführer(in) *m(f)*
ah [ˊɑ] *interj* ❶ (*de joie, d'admiration*) **~!** ah!, oh!
❷ (*de sympathie, de déception*) **~!** ach!
❸ *iron* **~ ~!** ach ja?
❹ (*rire*) **~ ~!** haha!
❺ *interrog* (*étonnement*) **~?** ach ja?, so?
▸ **~ bon** (*résignation*) na ja; (*polémique*) aha, soso; (*étonnement*) ach ja, wirklich; **~ non** ach nein; **~ non alors!** o nein!; **~ oui** (*confirmation*) doch, doch; (*polémique*) soso
ahuri(e) [ayʀi] **I.** *adj* ❶ (*stupéfait*) verblüfft, sprachlos
❷ (*stupide*) begriffsstutzig
II. *m(f) péj fam* Blödmann *m* (*fam*), blöder Kerl/blöde Kuh (*fam*)
ahurir [ayʀiʀ] <8> *vt* verblüffen
ahurissant(e) [ayʀisɑ̃, ɑ̃t] *adj* ❶ (*stupéfiant*) verblüffend; **~(e) de vérité** verblüffend wahrheitsgetreu
❷ (*scandaleux*) unverschämt
ahurissement [ayʀismɑ̃] *m* Verblüffung *f*
ai [e] *indic prés de* **avoir**
aï [ai] *m* ZOOL Ai *nt*
aide [ɛd] **I.** *f* ❶ (*assistance*) Hilfe *f;* **à l'~!** [zu] Hilfe!; **appeler [*o* crier] à l'~** um Hilfe rufen [*o* schreien]; **appeler qn à l'~** jdn zu Hilfe rufen; **demander de l'~** um Hilfe bitten; **apporter son ~ à qn** jdm Hilfe leisten; **venir en ~ à qn** jdm zu Hilfe kommen; **~ médicale** medizinische Versorgung; **~ juridique** Rechtshilfe; **apporter une ~ juridique** Rechtshilfe leisten
❷ (*moyen*) **à l'~ d'un couteau** mit Hilfe eines Messers
❸ (*secours financier*) Beihilfe *f,* [finanzielle] Unterstützung; **~ financière de l'État** staatliche Förderung; **~ sociale** Sozialhilfe; **venir en ~ à qn** jdn finanziell unterstützen
II. *mf* (*assistant*) Aushilfe *f,* Aushilfskraft *f;* **~ familiale** Haushaltshilfe; **~ maternelle** Tagesmutter *f*
◆ **~ de camp** Adjutant *m*
aide-comptable [ɛdkɔ̃tabl] <aides-comptables> *mf* Buchhaltungsgehilfe *m*/-gehilfin *f* **aide-mémoire** [ɛdmemwaʀ] *m inv* ❶ (*mémento*) kurzer Abriss ❷ (*feuille*) Merkzettel *m* **aide-ménagère** [ɛdmenaʒɛʀ] <aides-ménagères> *f* Haushaltshilfe *f*
aider [ede] <1> **I.** *vt* ❶ **~ qn** jdm helfen [*o* behilflich sein]; **tu m'aiderais bien si tu ...** es wäre mir eine große Hilfe [*o* es würde mir sehr helfen], wenn du ...
❷ (*donner de l'argent*) **~ qn** jdn [finanziell] unterstützen
❸ (*prêter assistance*) **~ qn** jdm beistehen; **que Dieu vous aide!** Gott stehe Ihnen/euch bei!
❹ (*favoriser*) **~ la chance** dem Glück ein wenig nachhelfen
II. *vi* ❶ *personne:* [mit]helfen; *conseil, manuel, outil:* hilfreich sein; **travailler avec un dictionnaire, ça aide!** ein Wörterbuch erleichtert die Arbeit erheblich!
❷ (*contribuer*) **~ à qc** etw fördern, zu etw beitragen; **l'alcool/la fatigue aidant, il s'endormit** der Alkohol/die Müdigkeit trug dazu bei, dass er einschlief; **le temps aidant** mit der Zeit
III. *vpr* ❶ (*utiliser*) **s'~ de qc** etw zu Hilfe nehmen
❷ (*s'entraider*) **s'~** sich (*Dat*) [gegenseitig] helfen
aide-soignant(e) [ɛdswaɲɑ̃, ɑ̃t] <aides-soignants> *m(f)* Pflegehelfer(in) *m(f)*
aie [ɛ] *subj prés de* **avoir**

aïe [aj] *interj* ❶ *(douleur)* ~**!** au!, aua! *(fam)*, autsch! *(fam)*
❷ *(problème, imprévu)* ~**!** ach [herr]je!, oje!
▶ ~ ~ ~**!** *fam* auwei[a]! *(fam)*
aïeul(e) [ajœl] *m(f)* Ahne *mf*
aïeux [ajø] *mpl littér* Ahnen *Pl (geh)*
aigle [ɛgl] **I.** *mf* ZOOL Adler *m*/Adlerweibchen *nt*
▶ **ce n'est pas un** ~ *fam* er/sie ist keine große Leuchte *(fam)*
II. *f* MIL Adler *m;* **l'**~ **impériale** der napoleonische Adler
aiglefin [egləfɛ̃] *m* ZOOL Schellfisch *m*
aiglon(ne) [ɛglɔ̃, ɔn] *m(f)* ❶ ZOOL Adlerjunge(s) *nt*
❷ HIST **l'Aiglon** Napoleon II.
aigre [ɛgʀ] *adj* ❶ *(acide)* sauer; *odeur* säuerlich; **un peu** ~ säuerlich
❷ *(devenu acide)* *lait* sauer; **le vin est devenu** ~ der Wein ist [*o* umgekippt *fam*] sauer geworden
❸ *(criard et perçant)* *voix, son* schrill
❹ *(acerbe)* *critique* scharf; *ton* scharf, bissig, schneidend; **des paroles** ~**s** harte Worte
❺ *(vif)* *froid, vent* schneidend
aigre-doux, aigre-douce [ɛgʀədu, ɛgʀədus] <aigres-doux> *adj* süß-sauer
aigrefin [ɛgʀəfɛ̃] *m* Betrüger *m*, Gauner *m*
aigrelet(te) [ɛgʀəlɛ, ɛt] *adj* ❶ *(un peu acide)* säuerlich
❷ *(aigu et fluet)* piepsig
aigrement [ɛgʀəmɑ̃] *adv* bissig
aigrette [ɛgʀɛt] *f* ❶ *(oiseau)* Silberreiher *m*
❷ *(plumes)* Federbusch *m*
aigreur [ɛgʀœʀ] *f* ❶ *(acidité)* Säure *f*
❷ *(saveur aigre)* saurer Geschmack
❸ *(animosité)* *d'une remarque* Bissigkeit *f*
❹ MED **avoir des** ~**s** [**d'estomac**] Sodbrennen *nt* haben
aigri(e) [egʀi] *adj* verbittert
aigrir [egʀiʀ] <8> **I.** *vt* ~ **le caractère de qn** jdn verbittern
II. *vpr* **s'**~ ❶ *(devenir acide)* *lait:* sauer werden; *vin:* sauer werden, umkippen *(fam)*
❷ *(devenir amer)* *personne:* verbittern; **son caractère s'aigrit de jour en jour** er/sie verbittert immer mehr
aigu, aiguë [egy] **I.** *adj* ❶ *(pointu)* spitz; *pointe* scharf
❷ *(coupant)* scharf
❸ *(strident)* *voix* schrill; *note, ton* hoch
❹ *(vif)* *intelligence, perception* scharf
❺ *(violent)* *douleur* heftig; *(pénétrant)* stechend; **avoir un sens** ~ **de qc** einen ausgeprägten Sinn für etw haben
❻ *(à son paroxysme)* *crise* akut
II. *mpl* ~**s** hohe Töne *Pl*, Höhen *Pl*
aigue-marine [ɛgmaʀin] <aigues-marines> *f* Aquamarin *m*
aiguière [ɛgjɛʀ] *f* HIST Wasserkanne *f*
aiguillage [egɥijaʒ] *m* ❶ CHEMDFER *(dispositif)* Weiche *f*
❷ CHEMDFER *(manœuvre)* Weichenstellen *nt*
❸ *(orientation)* Weiterleitung *f*
aiguille [egɥij] *f* ❶ COUT Nadel *f*
❷ *(petite tige pointue)* *d'une montre* Zeiger *m; d'une boussole* Nadel *f;* ~ **aimantée** Magnetnadel *f;* ~ **du compteur de vitesse** Tachonadel *f*
❸ MED *d'une seringue* [Injektions]nadel *f; de l'acupuncteur* Nadel *f*
❹ GEOG [spitzer Berg]gipfel, Felsnadel *f*
❺ ARCHIT [Turm]spitze *f*
❻ CHEMDFER *(aiguillage)* Weiche *f*
▶ **chercher une** ~ **dans une meule de foin** eine Stecknadel in einem Heuhaufen suchen
◆ ~ **à broder** Sticknadel *f;* ~ **à coudre** Nähnadel *f;* ~ **à repriser** Stopfnadel *f;* ~ **à tricoter** Stricknadel *f;* ~ **de pin** Kiefernnadel *f;* ~ **de sapin** Tannennadel *f*
aiguillée [egɥije] *f* Nähfaden *m*
aiguiller [egɥije] <1> *vt* ❶ CHEMDFER umsetzen; ~ **un train** die Fahrstraße für einen Zug einstellen
❷ *(orienter)* **mal** ~ **qn** jdn in die falsche Richtung schicken; ~ **qn vers/sur qc** jdn zu etw hinführen
❸ *fig* **mal** ~ **qn dans la vie/dans ses études** jds Lebensplanung/Studium in falsche Bahnen lenken; ~ **la conversation sur qc** das Gespräch auf etw *(Akk)* bringen [*o* lenken]
aiguillette [egɥijɛt] *f* GASTR *de canard* Filet *nt*
aiguilleur [egɥijœʀ] *m* Stellwerksleiter(in) *m(f)*
◆ ~ **du ciel** Fluglotse *m*/-lotsin *f*
aiguillon [egɥijɔ̃] *m* ❶ *d'une abeille, guêpe* Stachel *m*
❷ *(baguette)* Treibstock *m*
aiguillonner [egɥijɔne] <1> *vt* ❶ *(piquer avec un aiguillon)* [mit dem Treibstock] antreiben
❷ *(stimuler)* anstacheln
aiguiser [egize] <1> *vt* ❶ *(affiler)* schärfen *outil;* wetzen, schleifen *couteau;* **l'oiseau aiguise son bec** der Vogel wetzt seinen Schnabel; **le chat aiguise ses griffes** die Katze schärft ihre Krallen
❷ *(stimuler)* anregen *appétit, sens;* verstärken *désir, sentiment;* schärfen *ouïe, toucher*
❸ *(affiner)* schärfen *intelligence;* ~ **son style** seinem Stil Schliff geben
aïkido [aikido] *m* Aikido *nt*
ail [aj] *m* Knoblauch *m*
aile [ɛl] *f* ❶ Flügel *m;* **agiter les** ~**s** mit den Flügeln schlagen
❷ *(partie latérale)* *d'un véhicule* Kotflügel *m; d'un avion, aéronef* Tragfläche *f;* ~ **delta** Deltagleiter *m*
❸ ARCHIT [Seiten]flügel *m*
▶ **voler de ses propres** ~**s** auf eigenen Füßen stehen; **battre de l'**~ *entreprise:* angeschlagen sein; **se brûler les** ~**s** sich *(Dat)* die Finger verbrennen; **donner des** ~**s à qn** *joie:* jdm Flügel verleihen; *peur:* jds Schritte beschleunigen; **prendre qn sous son** ~ [**protectrice**] jdn unter seine Fittiche nehmen
◆ ~**s du nez** Nasenflügel *Pl*
ailé(e) [ele] *adj* geflügelt *(fig)*; **démarche** ~**e** leichter Gang
aileron [ɛlʀɔ̃] *m* ❶ ANAT *de l'oiseau* Flügelspitze *f; du requin* [Rücken]flosse *f*
❷ GASTR *de dinde* Flügelstück *nt; de requin* Flosse *f*
❸ *d'un avion, aéronef* Querruder *nt*
❹ AUT Heckflosse *f*
❺ NAUT Hilfsruder *nt*
ailette [ɛlɛt] *f* ❶ *(empennage)* *d'un missile* [Stabilisierungs]flosse *f; d'une fléchette* Steuerfeder *f (am Wurfpfeil)*
❷ *(aube)* *d'une turbine* Schaufel *f; d'un ventilateur* Blatt *nt*
ailier [elje] *m* Flügelstürmer(in) *m(f);* ~ **droit/gauche** Rechts-/Linksaußen *m*
aille [aj] *subj prés de* **aller**
ailler [aje] <1> *vt* mit Knoblauch einreiben
ailleurs [ajœʀ] *adv* ❶ woanders; **chercher** ~ woanders suchen; **regarder** ~ woandershin schauen; **venir d'**~ von woanders herkommen; **nulle part** ~ nirgendwo anders; **partout** ~ überall sonst
❷ *en loc adv* **d'**~**, ...** übrigens, im übrigen; **lui non plus d'**~ er übrigens auch nicht; **cette explication, d'**~ **excellente, ...** diese Erklärung, die übrigens ausgezeichnet ist, ...; **par** ~ *(sinon)* sonst; *(en outre)* außerdem
▶ **être** ~ geistesabwesend sein; **va te faire pendre** ~**!** *fam* scher' dich doch zum Teufel! *(fam)*; **va voir** ~ **si j'y suis** *fam* du kannst mich mal *(fam)*
ailloli [ajɔli] *m* Knoblauchmayonnaise *f*, Knoblauchmajonäse *f*
aimable [ɛmabl] *adj* ❶ *(attentionné)* zuvorkommend, aufmerksam; **c'est bien** ~ **à lui d'être venu** es ist sehr freundlich von ihm, dass er gekommen ist; **trop** ~**!** *iron* tausend Dank! *(fam)*
❷ *(agréable, souriant)* nett, freundlich
aimablement [ɛmabləmɑ̃] *adv* ❶ *(avec politesse)* höflich
❷ *(avec cordialité)* freundlich
aimant [ɛmɑ̃] *m* Magnet *m*
▶ **attirer qn comme un** ~ auf jdn wie ein Magnet wirken, jdn magnetisch anziehen
aimantation [ɛmɑ̃tasjɔ̃] *f* ❶ *(dans un champ magnétique)*

Anziehungskraft *f*
② *d'un morceau en fer, d'une aiguille de compas* Magnetisierung *f*

aimanter [ɛmɑ̃te] <1> *vt* magnetisieren, magnetisch machen; **un corps aimanté** ein Magnet; **une aiguille aimantée** eine Magnetnadel

aimer [eme] <1> **I.** *vi* (*apprécier*) **tu aimes?** gefällt es dir?; **moi, j'aime** mir gefällt's
II. *vt* ① (*éprouver de l'amour*) lieben; **je t'aime** ich liebe dich
② (*éprouver de l'affection*) [gern] mögen
③ (*apprécier*) mögen, gern haben; **j'aime que le travail aille vite** ich habe es gern [*o* es gefällt mir], wenn die Arbeit schnell geht
④ (*prendre plaisir à*) lieben *art, nature, risque;* **bien** ~ [*o* ~ **assez**] **qc** etw mögen; **bien** ~ [*o* ~ **assez**] **faire qc** etw gern tun; ~ **le sport/les romans** gern Sport treiben/Romane lesen; ~ **la lecture/les voyages** gern lesen/reisen; ~ **chanter/danser** gern singen/tanzen
⑤ (*trouver bon*) mögen; gern essen *nourriture;* gern trinken *boisson;* **j'aime le café** ich mag Kaffee, ich trinke gern Kaffee
⑥ (*avoir besoin de*) **certaines plantes aiment l'ombre** manche Pflanzen lieben den Schatten
⑦ (*désirer, souhaiter*) **j'aimerais faire qc** ich würde gern etw tun; **il aimerait tant que tu le comprennes** er wünscht sich (*Dat*) so sehr, dass du ihn verstehst; **elle aimerait bien** [*o* **assez**] **que son projet aboutisse** sie möchte gern, dass ihr Projekt Erfolg hat
⑧ (*préférer*) ~ **autant** [*o* **mieux**] **qc** etw lieber mögen; **j'aime autant mardi** mir ist der Dienstag lieber; **j'aimerais mieux du fromage** ich hätte lieber [etwas] Käse; **ah bon! J'aime autant cela!** aha! [das ist [*o* gefällt mir]] schon besser!; **j'aime mieux le football que le tennis** mir gefällt Fußball besser als Tennis; **j'aime autant m'en aller** ich gehe lieber weg; **j'aimerais autant** [*o* **mieux**] **que tu viennes** mir wäre es lieber, wenn du kämest [*o* kommen würdest]
▶ **qui m'aime me suive** *prov* mir nach
III. *vpr* ① (*d'amour*) **s'**~ sich lieben
② (*d'amitié*) **s'**~ sich mögen
③ (*se plaire*) **s'**~ **dans une robe/un rôle** sich (*Dat*) in einem Kleid/einer Rolle gefallen

aine [ɛn] *f* ANAT Leiste *f;* **des douleurs à l'**~ Schmerzen in der Leistengegend

aîné(e) [ene] **I.** *adj* ① (*plus âgé de deux*) ältere(r, s)
② (*plus âgé de plusieurs*) älteste(r, s)
③ (*premier-né*) älteste(r, s)
II. *m(f)* ① (*plus âgé de deux*) Ältere(r, s)
② (*plus âgé parmi plusieurs*) Älteste(r, s); **elle est mon** ~**e de 3 ans** sie ist 3 Jahre älter als ich; **il est mon** ~ er ist der Ältere von uns beiden
③ (*premier-né*) Älteste(r) *f(m);* **son** ~/~**e** sein Ältester/seine Älteste
III. *mpl* ① *littér* **nos** ~**s** unsere Ahnen (*geh*)
② CAN **les** ~**s** (*le troisième âge*) die Senioren *Pl*

ainsi [ɛ̃si] *adv* ① (*de cette manière*) so; **c'est** ~ so ist das [nun einmal]; **c'est mieux** ~ so ist es besser; **s'il en est** ~**, ...** wenn das so ist, ...; **il en sera** ~**, et pas autrement** das wird so und nicht anders werden; **c'est** ~ **qu'il faut procéder: ...** so muss man das machen: ...; **et** ~ **de suite** und so weiter; **pour** ~ **dire** sozusagen
② ECCL ~ **soit-il!** amen!
③ (*par exemple*) so [zum Beispiel]; ~ **son frère** so zum Beispiel sein Bruder; ~ **il écrit: ...** so schreibt er [zum Beispiel]: ...
▶ ~ **donc** dann ... also; ~ **donc, c'est décidé?** dann ist es also entschieden?; ~ **que** (*comparaison*) [so] wie; (*énumeration*) und [auch], sowie

aïoli [ajɔli] *m v.* **ailloli**

air¹ [ɛʀ] *m* ① *sans pl* (*gaz*) Luft *f;* **l'**~ **de la campagne/mer** die Land-/Seeluft; ~ **conditionné** Klimaanlage *f;* **grand** ~, ~ **frais** frische Luft; ~ **liquide** flüssige Luft; **les fesses/seins à l'**~ im Adams-/Evakostüm (*hum fam*); **au grand** ~ an der frischen Luft; **en plein** ~ im Freien; **prendre l'**~ ein wenig frische Luft schnappen
② *sans pl* (*brise*) Lüftchen *nt;* **il n'y a pas un souffle d'**~ es regt sich kein Lüftchen; **il fait** [*o* **il y a**] **de l'**~ es geht ein leiser Wind [*o* ein Lüftchen]
③ *pl* (*ciel*) **les** ~**s** Luft *f,* Lüfte *Pl* (*geh*); **s'élever dans les** ~**s** sich in die Luft/Lüfte erheben
④ AVIAT Luft *f;* **par la voie des** ~**s** auf dem Luftwege; **armée de l'**~ Luftwaffe *f*
⑤ (*haut*) **les mains en l'**~**!** Hände hoch!; **lancer/tirer en l'**~ in die Luft werfen/schießen; **sauter en l'**~ einen Luftsprung machen (*a. fig*)
⑥ (*atmosphère, ambiance*) **être dans l'**~ in der Luft liegen; **avoir besoin de changer d'**~ einen Klimawechsel brauchen
▶ **vivre de l'**~ **du temps** von der Luft [*o* von Luft und Liebe] leben; **être libre comme l'**~ frei wie ein Vogel in der Luft sein; **ne pas manquer d'**~ *fam* ganz schön dreist sein (*fam*); **pomper l'**~ **à qn** *fam* jdm auf die Nerven [*o* auf den Geist *fam*] gehen; **parler en l'**~ einfach drauflos reden; **des paroles/promesses en l'**~ leere Worte/Versprechungen; **dire qc en l'**~ etw nur so dahinsagen; **c'est comme si je crachais en l'**~ *fam* das ist alles in den Wind geredet (*fam*); **s'envoyer en l'**~ **avec qn** *fam* mit jdm schlafen [*o* ins Bett gehen] (*fam*); **ficher** [*o* **foutre**] **en l'**~ *fam* wegschmeißen (*fam*); **tout ficher** [*o* **foutre**] **en l'**~ *fam* alles hinschmeißen (*fam*); **mettre en l'**~ *fam* das Unterste zuoberst kehren (*fam*); **se ficher** [*o* **se foutre** *fam*] **en l'**~ (*avoir un accident*) einen Unfall bauen (*fam*); (*se suicider*) mit seinem Leben Schluss machen

air² [ɛʀ] *m* ① (*allure*) Aussehen *nt;* **avoir l'**~ **distingué(e)/d'une reine** vornehm/wie eine Königin aussehen
② (*ressemblance*) **un faux** ~ **de qn** eine entfernte Ähnlichkeit mit jdm; **il y a comme un** ~ **de famille entre Paul et lui** Paul hat eine gewisse Ähnlichkeit mit ihm, Paul sieht ihm ein bisschen ähnlich
③ (*expression*) Miene *f,* Gesichtsausdruck *m;* **d'un** ~ **décidé** mit Entschiedenheit; **prendre un** ~ **grave** eine ernste Miene aufsetzen, ein ernstes Gesicht machen; **avoir l'**~ **fin** eine komische Figur abgeben; **avoir l'**~ **idiot** ein dummes Gesicht machen; **pourquoi prends-tu cet** ~ **triste?** warum machst du so ein trauriges Gesicht?
④ (*apparence*) **avoir l'**~ [**d'être**] **triste** einen traurigen Eindruck machen, traurig aussehen; **le gâteau a l'**~ **délicieux** der Kuchen sieht appetitlich [*o* lecker] aus; **cette proposition m'a l'**~ **idiote** dieser Vorschlag kommt mir dumm vor; **ça m'en a tout l'**~ es sieht mir ganz danach aus; **il a tout l'**~ **d'être le directeur** es sieht ganz so aus, als sei er der Direktor; er scheint der Direktor zu sein; **le restaurant a tout l'**~ [**d'être**] **fermé** das Restaurant scheint geschlossen zu sein; **avoir tout l'**~ **d'être un meurtre** ganz nach einem Mord aussehen; **il a l'**~ **de faire froid** es scheint kalt zu werden; **tu as l'**~ **de ne pas me croire** du glaubst mir wohl nicht
▶ **n'avoir l'**~ **de rien** *personne:* harmlos aussehen; *chose:* nach nichts aussehen; *performance:* kinderleicht aussehen; **sans en avoir l'**~**, sans avoir l'**~ **de rien** [*o* **d'y toucher**] obwohl man es [gar] nicht vermuten würde, obwohl es gar nicht so den Anschein hat; **lui, avec son** ~ **de ne pas y toucher!** er, der [immer] so harmlos tut!, er, der [immer] so tut, als könnte er kein Wässerchen trüben! (*fam*); **prendre** [*o* **se donner**] **des** [*o* **de grands**] ~**s** sich aufspielen, sich aufblasen (*fam*); **de quoi ai/aurais-je l'**~**?** wie stehe/stünde ich denn da?

air³ [ɛʀ] *m* ① (*mélodie*) Melodie *f;* ~ **populaire** Volksweise *f*
② (*aria*) Arie *f;* ~ **d'opéra/de concert** Opern-/Konzertarie *f*
③ *péj* (*discours*) Leier *f* (*fam*); **c'est toujours le même** ~**!** das ist immer dieselbe Leier! (*fam*)
▶ **l'**~ **ne fait pas la chanson** der Schein trügt

airbag [ɛʀbag] *m* ① AUT Airbag *m*
② *pl fig pop* (*sein de femme*) Airbags (*fig sl*)

airbus® [ɛʀbys] *m* Airbus *m*

aire [ɛʀ] *f* ❶ (*emplacement*) Platz *m;* ~ **de jeu/de stationnement/d'atterrissage** Spiel-/Park-/Landeplatz *m;* ~ **de lancement d'une fusée** Raketenabschussbasis *f;* ~ **de repos** [*o* **pique-nique**] Rastplatz *m;* ~ **de service** [Autobahn]raststätte *f* mit Tankstelle
❷ (*domaine*) ~ **d'influence/d'activité** Einfluss-/Tätigkeitsbereich *m*
❸ ANAT Bereich *m*
❹ MATH Flächeninhalt *m*
❺ (*nid*) Horst *m*

airelle [ɛʀɛl] *f* BOT ❶ (*à baies noires*) Heidelbeere *f,* Blaubeere *f*
❷ (*à baies rouges*) Preiselbeere *f*

aisance [ɛzɑ̃s] *f* ❶ (*richesse*) Wohlstand *m*
❷ (*facilité, naturel*) Leichtigkeit *f,* Geschicktheit *f;* **avec** ~ gewandt, geschickt, mit Leichtigkeit

aise [ɛz] *f* ❶ **être** [*o* **se sentir**] **à l'**~ [*o* **à son** ~] sich wohl fühlen; **être** [*o* **se sentir**] **mal à l'**~ sich nicht wohl fühlen; **se mettre à l'**~ (*s'installer confortablement*) es sich (*Dat*) bequem machen; (*enlever sa veste*) ablegen; **mettez-vous à l'**~**!** legen Sie doch ab!; **en parler à son** ~ gut reden haben; **en prendre à son** ~ **avec qn/qc** keine Rücksicht auf jdn/etw nehmen; **vivre à l'**~ ein sorgenfreies Leben haben; **à ton/votre** ~ bitte [schön], wie du willst/wie Sie wollen
❷ *pl* ~**s** Bequemlichkeit *f;* **aimer ses** ~**s** seine Bequemlichkeit lieben, es sich (*Dat*) gern gemütlich machen; **prendre ses** ~**s** ganz ungeniert sein; *iron* sich ganz wie zu Hause fühlen
❸ *littér* (*contentement*) **combler/remplir qn d'**~ jdn mit Freude erfüllen (*geh*)
► **à l'**~ [, **Blaise**] *fam* nichts leichter als das (*fam*), mit links (*fam*)

aisé(e) [eze] *adj* ❶ *soutenu* einfach, leicht; **un dictionnaire** ~ **à consulter** ein leicht zu benutzendes Wörterbuch; **il est** ~ **de critiquer qc** es ist leicht etw zu kritisieren
❷ (*fortuné*) wohlhabend
❸ (*naturel*) *style* flüssig; *ton* ungezwungen

aisément [ezemɑ̃] *adv* (*sans peine*) ohne weiteres, mühelos

aisselle [ɛsɛl] *f* Achselhöhle *f*

ait [ɛ] *subj prés de* **avoir**

Aix-la-Chapelle [ɛkslaʃapɛl] Aachen *nt*

ajonc [aʒɔ̃] *m* Stechginster *m*

ajouré(e) [aʒuʀe] *adj* durchbrochen

ajournement [aʒuʀnəmɑ̃] *m* ❶ *d'un examen, d'une élection, réunion* Verschiebung *f; d'un débat, procès, d'une séance* Vertagung *f; d'un paiement, remboursement* Aufschub *m,* Stundung *f*
❷ (*renvoi*) *d'un candidat, conscrit* Zurückstellung *f*

ajourner [aʒuʀne] <1> *vt* ❶ (*reporter*) verschieben *voyage, rendez-vous;* verschieben, verlegen *élection;* stunden *paiement;* vertagen *débat, procès, séance, réunion;* aufschieben *décision*
❷ (*renvoyer*) zurückstellen *candidat, conscrit*

ajout [aʒu] *m* Zusatz *m,* ergänzende Anmerkung

ajouter [aʒute] <1> **I.** *vt* ❶ (*mettre en plus*) hinzufügen; ~ **une note de gaieté à qc** einer S. (*Dat*) eine heitere Note geben; **ajoute deux assiettes!** stell noch zwei Teller auf den Tisch!
❷ (*additionner*) ~ **qc à qc** etw zu etw dazurechnen [*o* addieren]
❸ (*dire en plus*) hinzufügen; **sans** ~ **un mot** ohne ein weiteres Wort; ~ **que qn va faire qc** hinzufügen, dass jd etw tun wird; **ajoutez à cela que qn a bien fait qc** hinzu kommt noch, dass jd etw wirklich gemacht hat; **je n'ai rien à** ~ dem habe ich nichts hinzuzufügen; **avez-vous qc à** ~**?** haben Sie noch etw zu ergänzen [*o* hinzuzufügen]?
II. *vpr* **s'**~ [*o* **venir s'**~] **à qc** zu etw [noch] hinzukommen

ajustage [aʒystaʒ] *m* Justierung *f*

ajustement [aʒystəmɑ̃] *m* ❶ (*retouche*) *d'un texte* [Ab]änderung *f; d'une jupe* Änderung
❷ TECH Passung *f*
❸ ECON Anpassung *f*
❹ STATIST Ausgleichen *nt*

ajuster [aʒyste] <1> **I.** *vt* ❶ (*régler, adapter*) passend machen; TECH anpassen; richtig einstellen *ceinture de sécurité, étrier;* passend machen, anpassen *vêtement;* **être ajusté(e)** *vêtement:* auf Taille gearbeitet [*o* tailliert] sein
❷ (*viser*) zielen auf (+ *Akk*), aufs Korn nehmen
II. *vpr* ❶ (*s'emboîter*) **s'**~ **sur qc** auf [*o* in] etw (*Akk*) passen; **les pièces du puzzle s'ajustent entre elles** die Teile des Puzzles passen ineinander [*o* zueinander]
❷ (*s'adapter*) **s'**~ **à qc** für etw passend sein; **la robe ne s'ajuste pas à sa taille** das Kleid passt [*o* sitzt] [bei ihr] nicht in der Taille

ajusteur, -euse [aʒystœʀ, -øz] *m, f* Einrichter(in) *m(f)*

alaise [alɛz] *v.* **alèse**

alambic [alɑ̃bik] *m* Destillierkolben *m,* Retorte *f*

alambiqué(e) [alɑ̃bike] *adj discours* kompliziert; *style* geschraubt

alangui(e) [alɑ̃gi] **I.** *part passé de* **alanguir**
II. *adj pose* ermattet; *attitude, air* träge

alanguir [alɑ̃giʀ] <8> **I.** *vt soutenu* ❶ (*affaiblir*) ermatten (*geh*)
❷ (*amollir*) träge werden lassen
II. *vpr* **s'**~ (*moralement*) träge werden; (*physiquement*) schwach [*o* kraftlos] werden

alarmant(e) [alaʀmɑ̃, ɑ̃t] *adj* alarmierend, besorgniserregend

alarme [alaʀm] *f* ❶ (*signal*) Alarm *m,* Alarmsignal *nt;* **donner** [*o* **sonner**] **l'**~ Alarm auslösen [*o* schlagen *a. fig*]; **c'est une fausse** ~ das ist blinder Alarm
❷ (*dispositif*) Alarmanlage *f;* **déclencher l'**~ die Alarmanlage auslösen
❸ (*trouble, agitation*) Unruhe *f,* Aufregung *f;* **jeter l'**~ **dans la région** eine Region in Unruhe [*o* Aufregung] versetzen

alarmer [alaʀme] <1> **I.** *vt* beunruhigen, alarmieren
II. *vpr* **s'**~ **de** [*o* **pour**] **qc** sich wegen etw ängstigen [*o* beunruhigen]

alarmiste [alaʀmist] *adj* dramatisierend

albanais [albanɛ] *m* **l'**~ Albanisch *nt,* das Albanische; *v. a.* **allemand**

albanais(e) [albanɛ, ɛz] *adj* albanisch

Albanais(e) [albanɛ, ɛz] *m(f)* Albaner(in) *m(f)*

Albanie [albani] *f* **l'**~ Albanien *nt*

albâtre [albɑtʀ] *m* ❶ (*matière*) Alabaster *m;* **d'** [*o* **en**] ~ aus Alabaster
❷ *fig poét* **d'**~ alabastern (*fig poet*)

albatros [albatʀos] *m* ZOOL Albatros *m*

albigeois(e) [albiʒwa, waz] **I.** *adj* aus Albi
II. *m(f)* HIST **les** ~ die Albingenser *Pl*

albinos [albinos] **I.** *adj* **lapin** ~ Albinokaninchen *nt*
II. *mf* Albino *m*

album [albɔm] *m* ❶ (*cahier*) Album *nt;* ~ **de photos/timbres** Foto-/Briefmarkenalbum *nt*
❷ (*volume illustré*) Bildband *m*
❸ (*illustré pour enfants*) Bilderbuch *nt*
❹ (*bande dessinée*) Comic[band *m*] *m*
❺ (*disque*) Album *nt*

albumen [albymɛn] *m* Eiklar *nt,* Albumen *nt* (*Fachspr.*); **l'**~ **de l'œuf** das Eiweiß

albumine [albymin] *f* Albumin *nt* (*Fachspr.*); **avoir de l'**~ Eiweiß im Urin haben

alcali [alkali] *m* CHIM Alkali *nt*

alcalin(e) [alkalɛ̃, in] *adj* alkalisch; **métal** ~ Alkalimetall *nt*

alcaloïde [alkalɔid] *m* CHIM Alkaloid *nt*

alchimie [alʃimi] *f* Alchimie *f*

alchimiste [alʃimist] *mf* Alchimist(in) *m(f)*

alcool [alkɔl] *m* ❶ CHIM Alkohol *m;* ~ **à 90°** 90-prozentiger [*o* 90%iger] Alkohol; **teneur en** ~ Alkoholgehalt *m*
❷ (*spiritueux*) Spirituose *f meist Pl;* ~ **fort** hochprozentiges

Getränk; ~ **de poire/framboise** Birnen-/Himbeergeist *m;* **ne pas boire d'**~ keinen Alkohol trinken; **offrir un** [**petit**] ~ einen Schnaps anbieten; **supporter** [*o* **tenir**] **l'**~ trinkfest sein; **ne pas supporter** [*o* **tenir**] **l'**~ keinen Alkohol vertragen
◆ ~ **à brûler** [Brenn]spiritus *m;* ~ **de menthe** Minztinktur *f*

alcoolémie [alkɔlemi] *f* Blutalkohol[spiegel *m*] *m*

alcoolique [alkɔlik] **I.** *adj boisson* alkoholisch, alkoholhaltig; *personne* alkoholabhängig
II. *mf* Alkoholiker(in) *m(f);* **être un** ~ Alkoholiker sein

alcoolisé(e) [alkɔlize] *adj* alkoholisch, alkoholhaltig; **être** ~**(e)** Alkohol enthalten

alcooliser [alkɔlize] <1> **I.** *vt* ❶ (*convertir en alcool*) in Alkohol verwandeln
❷ (*additionner d'alcool*) mit Alkohol versetzen; *vin* alkoholisieren
II. *vpr* **s'**~ sich betrinken

alcoolisme [alkɔlism] *m* Alkoholismus *m*

alcootest® [alkɔtɛst] *m* ❶ (*appareil*) [Alkoholtest]röhrchen *nt,* Alkoholtestgerät *nt*
❷ (*test*) Alkoholtest *m;* **subir un** ~ sich einem Alkoholtest unterziehen [müssen]

alcôve [alkov] *f* Alkoven *m;* **histoires/secrets d'**~ Bettgeschichten *Pl*/-geheimnisse *Pl*

aldéhyd [aldeid] *m* CHIM Aldehyd *nt*

al dente [aldɛnte] *adj inv* al dente

aléa [alea] *m souvent pl* ~**s** [unangenehme] Zufälle *Pl;* **les** ~**s du métier** die beruflichen Risiken

aléas [alea] *mpl* Zufälligkeiten *Pl,* Zufälle *Pl;* **les** ~ **du métier** das Berufsrisiko

aléatoire [aleatwaʀ] *adj* ❶ (*incertain*) [rein] zufällig, zufallsbedingt
❷ MATH, INFORM **variable** ~ Zufallsvariable *f;* **grandeur** ~ Zufallsgröße *f*

alémanique [alemanik] **I.** *adj* alemannisch; **la Suisse** ~ die deutschsprachige Schweiz
II. *m* **l'**~ Alemannisch *nt,* das Alemannische; *v. a.* **allemand**

alentour [alɑ̃tuʀ] *adv* ringsumher; **les fermes d'**~ die umliegenden Gehöfte

alentours [alɑ̃tuʀ] *mpl* ❶ Umgebung *f;* **dans les** ~ in der Umgebung; **aux** ~ **de Cassel** in der Umgebung von Kassel
❷ *fig* **aux** ~ **de minuit** gegen [*o* ungefähr um] Mitternacht; **aux** ~ **de 500 gens** ungefähr [*o* um die] 500 Leute

alerte [alɛʀt] **I.** *adj* schwungvoll; *vieillard* rüstig; *style* lebendig; **avoir l'esprit** ~ geistig rege sein
II. *f* ❶ (*alarme*) Alarm *m;* ~ **aérienne** Luftalarm *m,* Fliegeralarm *m;* **fausse** ~ falscher [*o* blinder] Alarm; **exercice d'**~ Probealarm *m,* Alarmübung *f;* **donner l'**~ Alarm geben [*o* auslösen]; **être en** [**état d'**]~ in Alarmbereitschaft sein
❷ (*signes inquiétants*) Alarmsignal *nt,* Anzeichen *nt* von Gefahr; **à la première** [*o* **moindre**] ~ beim ersten [*o* geringsten] Anzeichen von Gefahr
◆ ~ **à la bombe** Bombenalarm *m*

alerter [alɛʀte] <1> *vt* ❶ (*donner l'alarme*) alarmieren
❷ (*informer*) in Kenntnis setzen
❸ (*attirer l'attention*) **c'est ce qui m'a alerté(e)** genau dies hat mich aufmerksam gemacht

alèse [alɛz] *f* (*pour le lit*) Matratzenschoner *m,* Bettunterlage *f*

aléser [aleze] <5> *vt* ausbohren

alevin [alvɛ̃] *m* PECHE Setzling *m*

aleviner [alvine] <1> *vt* mit Jungfischen [*o* Setzlingen] besetzen

Alexandre [alɛksɑ̃dʀ] *m* ❶ Alexander *m*
❷ HIST ~ **le Grand** Alexander der Große

alexandrin [alɛksɑ̃dʀɛ̃] *m* Alexandriner *m*

Alexis [alɛksi] *m* ❶ Alexis *m*
❷ REL Alexius *m*
❸ HIST Alexios *m*

alezan [alzɑ̃] *m* (*cheval*) [Rot]fuchs *m*

alezan(e) [alzɑ̃, an] *adj* fuchsrot, rotbraun

alfa [alfa] *m* (*plante*) Espertogras *nt,* Alfagras *m*

algarade [algaʀad] *f fig* Auseinandersetzung *f,* Disput *m*

algèbre [alʒɛbʀ] *f* Algebra *f*

algébrique [alʒebʀik] *adj* algebraisch

Alger [alʒe] Algier *nt*

Algérie [alʒeʀi] *f* **l'**~ Algerien *nt*

algérien(ne) [alʒeʀjɛ̃, jɛn] *adj* algerisch

Algérien(ne) [alʒeʀjɛ̃, jɛn] *m(f)* Algerier(in) *m(f)*

algérois(e) [alʒeʀwa, waz] *adj* aus Algier [stammend]

Algérois(e) [alʒeʀwa, waz] *m(f)* Einwohner(in) *m(f)* von Algier

algol [algɔl] *m* INFORM ALGOL *nt*

algorithme [algɔʀitm] *m* Algorithmus *m*

algue [alg] *f* Alge *f*

alias [aljas] *adv* alias

alibi [alibi] *m* ❶ JUR Alibi *nt;* **fournir un** ~ ein Alibi beibringen
❷ (*prétexte*) Alibi *nt,* Ausrede *f*

alicament [alikamɑ̃] *m mit gesundheitsfördernden Stoffen angereichertes Lebensmittel*

aliénant(e) [aljenɑ̃, ɑ̃t] *adj* entfremdend

aliénation [aljenasjɔ̃] *f* ❶ PHILOS Entfremdung *f*
❷ (*perte*) Preisgabe *f,* Verlust *m;* **l'**~ **de la liberté/d'un droit** die Preisgabe [*o* der Verlust] der Freiheit/eines Rechts
❸ MED ~ **mentale** Geistesgestörtheit *f*

aliéné(e) [aljene] *m(f)* Geistesgestörte(r) *f(m),* Geisteskranke(r) *f(m)*

aliéner [aljene] <5> **I.** *vt* ❶ *littér* ~ **sa liberté/un droit** seine Freiheit/ein Recht preisgeben (*geh*)
❷ JUR (*donner*) übertragen
❸ JUR (*vendre*) veräußern
II. *vpr* **s'**~ **ses amis** sich seinen Freunden entfremden, seine Freunde gegen sich einnehmen; **s'**~ **la sympathie du public** sich (*Dat*) die Sympathien der Öffentlichkeit verscherzen

aligné(e) [aliɲe] *adj* (*disposé en ligne droite*) gerade; **être** ~**(e)** in einer Reihe stehen

alignement [aliɲ(ə)mɑ̃] *m* ❶ (*action d'aligner*) Aufstellen *nt* [*o* Anordnen *nt*] in einer Reihe
❷ (*rangée*) [schnurgerade] Reihe; **sortir de l'**~ aus der Reihe ausscheren
❸ ARCHIT Flucht[linie *f*] *f;* **plan d'**~ Fluchtlinienplan *m;* ~ **d'une rue/de maisons** Straßen-/Häuserflucht; **des maisons à l'**~ Häuser, die in einer Flucht stehen
❹ (*mise en conformité*) ~ **sur les normes européennes** Anpassung *f* an die europäischen Normen; ~ **d'un pays sur une grande puissance** die Unterwerfung eines Landes unter eine Großmacht

aligner [aliɲe] <1> **I.** *vt* ❶ (*mettre en ligne*) in einer Reihe aufstellen; aufreihen *objets;* in Reih und Glied antreten lassen *soldats, troupes;* untereinander schreiben *chiffres*
❷ *péj* (*énoncer mécaniquement*) aneinander reihen, herunterleiern (*pej fam*) *mots, phrases, arguments*
❸ (*rendre conforme*) ~ **une monnaie sur qc** eine Währung an etw (*Akk*) angleichen; ~ **une politique sur qc** eine Politik an etw (*Akk*) anpassen
II. *vpr* ❶ (*se mettre en ligne*) **s'**~ sich [in einer Reihe] aufstellen; **soldats, alignez-vous!** Soldaten, richt' euch!
❷ (*être en ligne*) in einer Reihe [*o* aufgereiht] stehen
❸ (*se conformer*) **s'**~ **sur qn/qc** sich nach jdm/etw richten
❹ POL **s'**~ **sur qn/qc** sich jdm/etw anpassen
▸ **tu <u>peux</u> toujours t'**~ *fam* du kannst es ja versuchen, aber das kann leicht ins Auge gehen (*fam*)

aliment [alimɑ̃] *m* ❶ (*pour une personne*) Lebensmittel *nt,* Nahrungsmittel *nt;* ~**s** Nahrung *f;* ~ **liquide/solide** flüssige/feste Nahrung
❷ (*pour un animal*) Futter[mittel *nt*] *nt;* ~**s** Futter *nt;* ~ **pour chiens/chats** Hunde-/Katzenfutter *nt*

alimentaire [alimɑ̃tɛʀ] *adj* **industrie** ~ Nahrungsmittelindustrie *f;* **régime** ~ Diät *f;* **denrées** ~**s** Lebensmittel *Pl;* **besoins**

~s Nahrungsmittelbedarf *m*

alimentation [alimɑ̃tasjɔ̃] *f* ❶ (*action*) *d'une personne* Ernährung *f; d'un animal* Fütterung *f;* ~ **équilibrée** ausgewogene Ernährung; **changer d'**~ seine Ernährungsweise ändern; **avoir une bonne** ~ *bétail:* gut im Futter stehen
❷ (*produits pour une personne*) Nahrung *f*
❸ (*produits pour un animal*) Futter *nt*
❹ (*commerce*) Lebensmittelhandel *m;* **magasin d'**~ Lebensmittelgeschäft *nt;* **rayon** ~ Lebensmittelabteilung *f;* ~ **générale** (*magasin*) Lebensmittelgeschäft *nt;* (*enseigne*) Lebensmittel *Pl;* ~ **animale** Futtermittelhandel *m*
❺ (*industrie*) Nahrungsmittelindustrie *f;* ~ **animale** Futtermittelindustrie *f*
❻ (*approvisionnement*) **l'**~ **d'une usine en charbon** die Versorgung einer Fabrik mit Kohle; **l'**~ **de la ville en eau/en électricité** die Wasser-/Stromversorgung einer Stadt

alimenter [alimɑ̃te] <1> **I.** *vt* ❶ (*nourrir*) ernähren *personne;* füttern *animal*
❷ (*approvisionner*) ~ **un moteur en essence** einen Motor mit Benzin versorgen; ~ **une ville en eau/en électricité** eine Stadt mit Wasser/Strom versorgen
❸ (*entretenir*) ~ **la haine de qn** jds Hass [neue] Nahrung geben; ~ **la conversation** *personne:* das Gespräch in Gang halten; *événement:* für Gesprächsstoff sorgen
II. *vpr* **s'**~ *personne, animal:* Nahrung zu sich nehmen, sich ernähren

alinéa [alinea] *m* ❶ (*renfoncement*) Einzug *m;* **faire un** ~ einrücken
❷ (*paragraphe*) Absatz *m*

aliter [alite] <1> **I.** *vt* **être alité(e)** das Bett hüten müssen; **devoir rester alité(e)** im Bett bleiben müssen
II. *vpr* **s'**~ sich ins Bett legen

alizé [alize] *m* Passat[wind *m*] *m*

Allah [a(l)la] *m* Allah *m*

allaitement [alɛtmɑ̃] *m* ❶ (*pour un bébé*) ~ **maternel** Stillen *nt;* ~ **artificiel** Flaschennahrung *f;* ~ **mixte** Zwiemilchernährung *f;* ~ **au biberon** Füttern *nt* mit der Flasche
❷ (*pour un animal*) ~ **maternel** Säugen *nt;* ~ **artificiel** Aufzucht *f* mit der Flasche

allaiter [alete] <1> **I.** *vi* stillen
II. *vt* **la femme allaite son bébé** die Frau stillt ihr Baby; **la femelle allaite ses petits** das Weibchen säugt seine Jungen

allant [alɑ̃] *m* Schwung *m,* Tatendrang *m;* **avec** ~ mit Elan; **être plein(e) d'**~ voller Schwung [*o* Tatendrang] sein

alléchant(e) [aleʃɑ̃, ɑ̃t] *adj odeur, plat* verlockend; *proposition, promesse* verlockend, reizvoll

allécher [aleʃe] <5> *vt* ❶ (*mettre en appétit*) anlocken
❷ (*tenter en faisant miroiter qc*) ködern *personne*

allée [ale] *f* ❶ (*chemin dans une forêt, un jardin*) Weg *m*
❷ (*chemin bordé d'arbres*) Allee *f;* **habiter au 3,** ~ **des acacias** in der Akazienallee 3 wohnen
❸ (*passage*) ~ **centrale** [Mittel]gang *m*
❹ CH (*couloir d'entrée d'un immeuble*) Hauseingang *m*
▸ **faire des** ~**s et venues** hin und her gehen/fahren; **perdre son temps en** ~**s et venues** seine Zeit mit [unnötigen] Laufereien [*o* Fahrereien] vergeuden (*fam*); **c'était une** ~ **et venue continuelle** es herrschte ein ständiges Kommen und Gehen

allégation [a(l)legasjɔ̃] *f* ❶ (*affirmation*) Angabe *f*
❷ (*assertion douteuse*) Behauptung *f;* **des** ~**s mensongères** Unterstellungen *Pl*

allégé(e) [aleʒe] *adj* fettreduziert, fettarm; **produits** ~**s** Light-Produkte *Pl*

allégeance¹ [aleʒɑ̃s] *f vieilli* Erleichterung *f*

allégeance² [aleʒɑ̃s] *f* HIST **serment d'**~ Treueeid *m*

allégement, allègement [alɛʒmɑ̃] *m des charges* Verringerung *f,* Entlastung *f;* ~ **des programmes scolaires** Entlastung der Lehrpläne

alléger [aleʒe] <5> *vt* ❶ (*rendre moins lourd*) leichter machen; ~ **un véhicule** ein Fahrzeug leichter machen, das Gewicht eines Fahrzeugs verringern; ~ **sa valise de 10 kg** seinen Koffer um 10 kg leichter machen
❷ (*réduire*) senken *impôts;* entlasten *programmes scolaires*

allégorie [al(l)egɔʀi] *f* Allegorie *f*

allégorique [a(l)legɔʀik] *adj* allegorisch

allègre [a(l)lɛgʀ] *adj* munter, fröhlich; *musique, démarche* beschwingt

allègrement, allégrement [a(l)lɛgʀəmɑ̃] *adv* ❶ (*avec entrain*) beschwingt; *marcher* flott
❷ *péj* (*avec légèreté ou inconscience*) frisch-fröhlich, ungeniert

allégresse [a(l)legʀɛs] *f* ausgelassene Freude; ~ **générale** allgemeiner Jubel

allegro [al(l)egʀo] **I.** *adj* allegro
II. *m* Allegro *nt*

alléguer [a(l)lege] <5> *vt* ❶ (*prétexter*) vorschützen; ~ **un problème de santé** ein gesundheitliches Problem vorschützen
❷ (*prétendre*) ~ **que qn va faire qc** behaupten, dass jd etw tun wird; **un ouvrage qui allègue que** ein Werk, in dem behauptet wird, dass
❸ (*invoquer*) anführen *témoignage, texte;* sich berufen auf (+ *Akk*) *auteur, autorité*

alléluia [al(l)eluja] **I.** *m* Halleluja *nt*
II. *interj* halleluja

Allemagne [almaɲ] *f* **l'**~ Deutschland *nt;* **l'**~ **de l'Est** Ostdeutschland; **l'**~ **de l'Ouest** Westdeutschland; **l'**~ **fédérale** die Bundesrepublik Deutschland; **la réunification des deux** ~**s** die [Wieder]vereinigung Deutschlands [*o* der beiden deutschen Staaten]

allemand [almɑ̃] *m* **l'**~ Deutsch *nt,* das Deutsche; **le bas/haut** ~ Nieder-/Hochdeutsch *nt,* das Nieder-/Hochdeutsche; **parler** [**l'**]~ Deutsch sprechen; **parler couramment** [**l'**]~ fließend Deutsch sprechen; **écrire en** ~ auf Deutsch schreiben; **traduire en** ~ ins Deutsche übersetzen

allemand(e) [almɑ̃, ɑ̃d] *adj* deutsch; **ces fruits et légumes sont** ~**s** diese Früchte und dieses Gemüse kommen aus Deutschland

Allemand(e) [almɑ̃, ɑ̃d] *m(f)* Deutsche(r) *f(m)*

aller¹ [ale] <*irr*> **I.** *vi* + *être* ❶ (*se déplacer à pied*) [zu Fuß] gehen; **on a sonné; peux-tu y** ~**?** es hat geklingelt; kannst du mal hingehen?; **y** ~ **en courant/en nageant** hinlaufen/hinschwimmen; ~ **et venir** hin und her laufen
❷ (*se déplacer à cheval*) reiten
❸ (*pour faire quelque chose*) ~ **à la boulangerie/au travail/à une exposition** zum Bäcker/zur Arbeit/zu einer Ausstellung gehen; ~ **se coucher/se promener** schlafen gehen/spazieren gehen; ~ **voir qn** jdn besuchen gehen; **je vais voir ce qui se passe** ich gehe [mal] nachsehen, was los ist; ~ **au pain** *fam* Brot holen gehen (*fam*); ~ **aux myrtilles** in die Blaubeeren gehen (*fam*); ~ **chercher les enfants à l'école** die Kinder in [*o* von] [*o* aus] der Schule abholen gehen
❹ (*couvrir une distance*) *train:* fahren; *avion:* fliegen; ~ **à Varsovie via Berlin** über Berlin nach Warschau fahren/fliegen
❺ (*faire un voyage*) reisen; ~ **en Irlande** nach Irland reisen
❻ (*être acheminé*) ~ **à Paris** *marchandise:* nach Paris geliefert werden; *courrier:* nach Paris gehen
❼ (*mener*) führen, gehen; ~ **à Nancy** *route:* nach Nancy führen [*o* gehen]; ~ **du village à la forêt/jusqu'à la mer** *chemin:* vom Dorf in den Wald/ans Meer führen [*o* gehen]
❽ (*s'étendre, atteindre*) ~ **de ... à ...** *étendue:* von ... bis ... gehen, sich von ... bis ... erstrecken; *vacances:* von ... bis ... gehen [*o* dauern]; *texte:* von ... bis ... gehen; ~ **jusqu'à la mer/au plafond** bis ans Meer/an die Decke reichen [*o* gehen]; **son souci d'économie va jusqu'à l'avarice** seine Sparsamkeit grenzt an Geiz
❾ (*avoir sa place quelque part*) ~ **à la poubelle/lessive/**

cave in den Müll[eimer]/die Wäsche/den Keller kommen; **son héritage va directement aux petits enfants** sein Erbe geht direkt an die Enkel
⑩ (*être conçu pour*) **ce plat ne va pas au lave-vaisselle/ micro-ondes** diese Schüssel ist nicht spülmaschinen-/mikrowellenfest
⑪ (*oser*) ~ **jusqu'à faire qc** so weit gehen [*o* es wagen] etw zu tun; **je vais/j'irais jusqu'à voler** ich würde sogar [so weit gehen zu] stehlen; ~ **jusqu'à qn pour obtenir justice** bis zu jdm gehen um zu seinem Recht zu kommen
⑫ (*progresser*) ~ **vite** *personne:* schnell vorankommen; *chose:* schnell vorangehen; *nouvelles:* sich schnell herumsprechen; **les choses vont bon train** es [*o* die Sache] geht zügig voran
⑬ (*se porter*) **il va bien/mal/mieux** ihm geht es gut/ schlecht/besser; **comment ça va/vas-tu/allez-vous?** wie geht's?/wie geht es dir?/Ihnen?; **comment va la santé?** was macht die Gesundheit?; **on fait ~!** *fam* es geht [halt] so! (*fam*), es muss eben gehen! (*fam*); **ça va pas, la tête?** *fam* du hast sie wohl nicht alle beisammen! (*fam*), sonst geht's dir noch gut! (*fam*)
⑭ (*fonctionner, évoluer*) gehen, laufen; **ça va les études ?** was macht [*o* wie läuft] das Studium?; **comment vont les affaires?** was machen [*o* wie laufen] die Geschäfte?; **tout va bien à l'atelier?** geht in der Werkstatt alles klar? (*fam*); **tout va bien/mal** alles geht gut/schief; **ça va ~ mal** [*o* **mal ~**] **si tu ...** es wird Ärger geben, wenn du ...
⑮ (*connaître bientôt*) ~ **au-devant de difficultés** sich auf Schwierigkeiten gefasst machen müssen
⑯ (*prévenir*) ~ **au-devant des désirs de qn** jdm jeden Wunsch von den Augen ablesen
⑰ (*pour donner un âge approximatif*) ~ **sur ses trois ans** bald drei [Jahre alt] sein
⑱ (*convenir à qn*) **ça va** das ist gut [*o* in Ordnung]; **ça ira** das passt schon, das ist okay (*fam*); **ça peut ~** es geht schon; ~ **à qn** jdm zusagen [*o* recht sein]; **ça te va?** bist du damit einverstanden?; **ça me va!** einverstanden!, okay! (*fam*); **ça lui va bien de critiquer les autres!** ausgerechnet er/sie muss die anderen kritisieren!
⑲ (*être seyant*) ~ **bien/mal à qn** jdm gut/nicht stehen [*o* passen]
⑳ (*être coordonné, assorti*) ~ **avec qc** zu etw gehören; ~ **ensemble** zusammengehören; ~ **bien/mal avec qc** gut/ schlecht zu etw passen; **ces personnes vont bien ensemble** diese Personen passen gut zusammen
㉑ (*convenir, être adapté à*) **cet outil va en toute circonstance** dieses Werkzeug eignet sich für jeden Zweck; **cette clé ne va pas sur cette serrure** der Schlüssel passt nicht in dieses Schloss
㉒ (*se dérouler*) **ne pas ~ sans difficulté** nicht ohne Schwierigkeiten ablaufen; **laisser ~** die Zügel schleifen lassen; **laisser ~ les affaires** die Sache laufen lassen (*fam*)
㉓ (*exagérer*) **comme tu y vas/vous y allez!** sonst noch was! (*fam*), Sie sind/du bist [vielleicht] gut! (*fam*)
㉔ (*pour commencer, démarrer*) **on y va?** packen wir's an?, auf geht's! (*fam*)
㉕ (*produire*) **y ~ de sa petite chanson/de sa petite larme** wieder die alte Leier anfangen/zu weinen anfangen (*pej fam*)
㉖ *impers* **il y va de notre vie/ton avenir** es geht um unser Leben/deine Zukunft
㉗ (*ne rien faire*) **se laisser ~** (*se négliger*) sich gehen lassen; (*abandonner*) aufgeben, die Flinte ins Korn werfen; (*se décontracter*) sich entspannen; **se laisser ~ contre/dans qc** sich gegen etw/in etw (*Akk*) sinken lassen
㉘ (*être*) **il en va de la solitude comme du reste** mit der Einsamkeit verhält es sich genauso wie mit allem anderen; **il en va de même pour toi** dasselbe gilt auch für dich
▸ **cela/il va sans dire que qn a bien fait qc** das/es versteht sich von selbst, dass jd etw wirklich gemacht hat; **cela va de soi** [das ist doch] selbstverständlich; **ça va** [**comme ça**]! *fam* das reicht! (*fam*); **où allons-nous?** wo soll/wird das [noch] enden?; **rien ne va plus!** (*au casino*) rien ne va plus!, nichts geht mehr!
II. *aux + être* ① (*pour exprimer le futur proche*) ~ **faire qc** gleich etw tun; **il va faire qc** er wird gleich etw tun; **le train va partir** der Zug fährt gleich ab; **il va pleuvoir d'un moment à l'autre** es wird jeden Moment zu regnen anfangen; **il va être midi** es ist fast Mittag; **elle allait faire qc** sie wollte gerade etw tun; **nous allions partir sans toi** wir wollten schon ohne dich losgehen/losfahren
② (*pour exprimer la crainte*) **et s'il allait tout raconter?** und wenn er nun alles erzählt?; **ne va pas croire/imaginer que qn a fait qc** glaub bloß [*o* nur] nicht, dass jd etw getan hat (*fam*)
III. *vpr + être* **s'en ~** ① (*partir à pied*) [weg]gehen, [fort]gehen; (*en voiture, à vélo, en bateau*) [weg]fahren, [fort]fahren; (*à cheval*) [weg]reiten, [fort]reiten; (*en avion*) [weg]fliegen, [fort]fliegen; **s'en ~ en vacances/à l'étranger** in Urlaub fahren/ins Ausland gehen
② (*disparaître*) *années:* verrinnen; *héritage:* zerrinnen; *fatigue:* verschwinden; *tache:* herausgehen; *croûte, cicatrice:* weggehen, abheilen
IV. *interj* ① **vas-y/allons-y/allez-y!** (*en route!*) los geht's! (*fam*); (*au travail!*) [na] dann wollen wir mal! (*fam*); **vas-y/ allez-y!** (*pour encourager*) los! (*fam*), mach/macht schon! (*fam*); (*à table*) nimm dir/nehmt euch nur!; **allons!** Kopf hoch! (*fam*), nur Mut!; **allons debout!** auf geht's! (*fam*); **allez, presse-toi un peu!** komm, beeil dich ein bisschen!; **allez, allez, circulez!** los, weitergehen/weiterfahren!; **allez, au revoir!** also dann, auf Wiedersehen!; **allons/allez donc!** *iron fam* (*c'est évident!*) natürlich!; (*vraiment?*) ach komm/ kommen Sie! (*fam*); **et allez donc, ne vous gênez pas** nur weiter so! (*iron*)
② (*voyons!*) **un peu de calme, allons!** etwas Ruhe, bitte!; **allons, allons!** jetzt [mach/macht] mal langsam!
③ (*pour exprimer la résignation, la conciliation*) **je le sais bien, va!** schon gut, ich weiß es ja! (*fam*); **allez, allez, ça ne sera rien!** schon gut, es wird nicht so schlimm! (*fam*); **va/ allez savoir!** tja! (*fam*); **allez donc lui faire comprendre ça!** bringen Sie ihr/ihm das mal bei!; **allez y comprendre quelque chose!** wie soll man daraus klug werden!
④ (*non!?*) **allez!** *fam* [ach] komm! (*fam*)
⑤ (*d'accord!*) **alors, va pour le ciné!** also gut, dann gehen wir eben ins Kino!

aller² [ale] *m* ① (*trajet à pied*) Hinweg *m*
② (*trajet en voiture, train*) Hinfahrt *f*
③ (*trajet en avion*) Hinflug *m*
④ (*voyage*) Hinreise *f*; **à l'~** hinwärts
⑤ (*billet*) ~ **simple** einfache Hinfahrt; **un ~ pour Grenoble, s'il vous plaît** bitte einmal Grenoble [Hinfahrt]; ~ **retour** [Fahrkarte *f* für] Hin- und Rückfahrt *f*
◆ ~ [**et**] **retour** ① (*voyage*) **n'avoir que le temps de faire l'~ retour** nur schnell hin- und zurückfahren können; **après deux ~s et retours** nach zweimaligem Hin- und Herfahren
② *fam* (*gifle*) **un ~** [**et**] **retour** ein paar hinter die Löffel (*fam*)

allergie [alɛʀʒi] *f* ① Allergie *f*; **faire une ~ aux poils de chat/ aux pollens** eine Katzenhaar-/Pollenallergie haben, an einer Katzenhaar-/Pollenallergie leiden
② *fig* **faire une ~ au travail/à la bêtise** gegen Arbeit/ Dummheit allergisch sein

allergique [alɛʀʒik] *adj* ① allergisch; **être ~ à la craie/aux pollens** gegen [*o* auf] Kreide/Pollen allergisch sein
② *fig* **être ~ au travail/à la bêtise** gegen Arbeit/Dummheit allergisch sein

allergologie [alɛʀgɔlɔʒi] *f* Allergologie *f*

allergologiste [alɛʀgɔlɔʒist], **allergologue** [alɛʀgɔlɔg] *mf* Allergologe *m*/Allergologin *f*

alliage [aljaʒ] *m* Legierung *f;* ~ **léger** Leichtmetalllegierung *f*

alliance [aljɑ̃s] *f* ❶ (*engagement mutuel*) Bündnis *nt,* Allianz *f;* **conclure une** ~ ein Bündnis schließen; **faire** ~ sich verbünden; **une** ~ **entre partis politiques** eine Allianz [*o* ein Bündnis] zwischen politischen Parteien
❷ (*union*) ~ **entre deux personnes/familles** Verbindung *f* zwischen zwei Personen/Familien; **par** ~ angeheiratet; **être** [**des**] **parents par** ~ verschwägert sein
❸ (*combinaison*) Verbindung *f*
❹ (*anneau*) Ehering *m,* Trauring *m*
❺ REL Bund *m*

allié(e) [alje] **I.** *adj* ❶ POL verbündet, alliiert; **être** ~(**e**) **à qn** mit jdm verbündet sein
❷ JUR **être** ~(**e**) **à qn** mit jdm verschwägert sein
II. *m(f)* ❶ POL Bündnispartner(in) *m(f),* Verbündete(r) *f(m)*
❷ (*ami*) Verbündete(r) *f(m);* **trouver un** ~/**une** ~**e en qn** in jdm einen Verbündeten/eine Verbündete finden
❸ *pl* HIST **les Alliés** die Alliierten

allier [alje] <1a> **I.** *vt* ❶ (*associer*) ~ **la grâce à** [*o* **et**] **la force** Anmut mit Kraft verbinden [*o* vereinen *geh*]; ~ **la bêtise à** [*o* **et**] **l'orgueil** dumm und überheblich zugleich sein
❷ CHIM ~ **l'or à** [*o* **et**] **l'argent** Gold mit [*o* und] Silber legieren
II. *vpr* ❶ POL **s'**~ **à qn** sich mit jdm verbünden
❷ POL (*conclure une alliance avec*) **s'**~ **à qn** ein Bündnis mit jdm schließen
❸ (*s'associer*) **la grâce s'allie à** [*o* **avec**] **la force** die Anmut verbindet sich mit Kraft; **sa modestie s'allie à** [*o* **avec**] **son courage** seine/ihre Bescheidenheit verbindet sich mit seinem/ihrem Mut, er/sie vereint Bescheidenheit und Mut
❹ JUR **s'**~ **à une famille** in eine Familie einheiraten

alligator [aligatɔʀ] *m* Alligator *m*

allitération [a(l)literasjɔ̃] *f* Alliteration *f*

allô [alo] *interj* hallo

allocataire [alɔkatɛʀ] *mf* (*titulaire*) Beihilfeberechtigte(r) *f(m),* Leistungsberechtigte(r) *f(m)*

allocation [alɔkasjɔ̃] *f* (*somme*) Beihilfe *f,* Unterstützung *f;* ECON Geldleistung *f;* ~ **chômage/logement** Arbeitslosen-/Wohngeld *nt;* ~ **vieillesse** Altersbeihilfe; ~**s familiales** Kindergeld *nt,* Familienbeihilfe (A); ~ **parentale d'éducation** Ausbildungsbeihilfe für Eltern

allocution [alɔkysjɔ̃] *f* Ansprache *f;* **prononcer une** ~ eine Ansprache halten

allogène [alɔʒɛn] *adj population humaine* zugewandert

allonge [alɔ̃ʒ] *f* ❶ ELEC Verlängerungskabel *nt*
❷ BOXE Reichweite *f*

allongement [alɔ̃ʒmɑ̃] *m* ❶ (*fait de s'allonger*) Verlängerung *f; d'un muscle* Streckung *f; des métaux* [Längs]dehnung *f; d'une voyelle* Längung *f;* ~ **de la durée de la vie** zunehmende Lebensdauer
❷ (*action d'allonger*) Verlängerung *f; d'un réseau de transport* Ausbau *m*

allonger [alɔ̃ʒe] <2a> **I.** *vi* (*devenir plus long*) **les jours allongent à partir du 21 décembre** ab dem 21. Dezember werden die Tage [wieder] länger
II. *vt* ❶ (*rendre plus long*) verlängern, länger machen; **cette robe allonge sa silhouette** dieses Kleid macht sie größer
❷ (*étendre*) recken *cou;* [aus]strecken *jambe, bras;* ~ **le pas** schneller gehen
❸ (*coucher*) [ausgestreckt] hinlegen *blessé, enfant, malade;* **être allongé(e)** [ausgestreckt] liegen
❹ (*diluer*) strecken, verlängern *sauce*
III. *vpr* **s'**~ ❶ (*devenir plus long*) *personne:* in die Höhe schießen; *ombres, taille:* länger werden; *métaux:* sich dehnen
❷ (*se prolonger*) *jours:* [wieder] länger werden; *durée moyenne de la vie:* zunehmen
❸ (*s'éterniser*) sich in die Länge ziehen
❹ (*s'étendre*) *route:* sich [dahin]ziehen
❺ (*se coucher*) sich hinlegen

allopathie [alɔpati] *f* Allopathie *f*

allouer [alwe] <1> *vt* ❶ (*attribuer*) gewähren, bewilligen, einräumen *crédit;* gewähren *indemnité, gratification*
❷ (*octroyer*) **le temps qui m'a été alloué est écoulé** die Zeit, die mir vorgegeben war, ist abgelaufen

allumage [alymaʒ] *m* ❶ *du feu* Anzünden *nt,* Entfachen *nt* (*geh*); *du poêle* Anheizen *nt; d'un appareil de chauffage* Anstellen *nt*
❷ AUT Zündung *f;* **régler l'**~ die Zündung einstellen

allumé(e) [alyme] *adj* ❶ (*en feu*) *bougie, alumette* angezündet
❷ (*en marche*) *lampe, écran* angemacht
❸ *fig fam* abgefahren (*sl*)

allume-cigare [alymsigaʀ] <allume-cigares> *m* Zigarettenanzünder *m* **allume-feu** [alymfø] <allume-feu[x]> *m* Kohlen-/Grillkohlenanzünder *m* **allume-gaz** [alymgaz] *m inv* Gasanzünder *m*

allumer [alyme] <1> **I.** *vt* ❶ (*faire brûler*) anzünden, entfachen (*geh*) *feu;* anzünden *cigarette, pipe;* **être allumé(e)** *feu, cigarette, pipe:* brennen
❷ (*mettre en marche*) anmachen *briquet, gaz;* einschalten *four;* anheizen *poêle*
❸ (*faire de la lumière*) anzünden *bougie;* anmachen, einschalten *lampe, lumière;* einschalten *projecteur;* ~ **le couloir/la cave** im Flur/Keller [das] Licht [an]machen; **la cuisine/le bureau est allumé(e)** in der Küche/im Büro brennt [das] Licht
II. *vi* [das] Licht [an]machen; **pourriez-vous** ~**?** würden Sie bitte [das] Licht [an]machen?
III. *vpr* **s'**~ ❶ (*s'enflammer*) *bûche, bois, papier:* [an]brennen, sich entzünden; *briquet:* zünden
❷ (*devenir lumineux*) *lumière, lampe, projecteur:* angehen; *yeux:* aufleuchten; *regard:* sich aufhellen; **sa fenêtre s'allume** in seinem/ihrem Fenster geht das Licht an
❸ (*se mettre en marche automatiquement*) *appareil:* sich einschalten, angehen
❹ (*être mis en marche*) *moteur, chauffage, appareil:* eingeschaltet [*o* angemacht] werden (*fam*)
❺ (*prendre naissance*) *sentiment, haine:* aufflammen, auflodern; *querelle:* sich entzünden

allumette [alymɛt] *f* ❶ Streichholz *nt,* Zündholz *nt;* ~ **suédoise** Sicherheitszündholz *nt;* **frotter** [*o* **gratter**] **une** ~ ein Streichholz anzünden
❷ GASTR [kleine] Blätterteigstange; ~ **au fromage** [kleine] Käsestange, Käsegebäck *nt kein Pl*

allumeur [alymœʀ] *m* ❶ AUT [Zünd]verteiler *m*
❷ TECH Zünder *m,* Zündvorrichtung *f*

allumeuse [alymøz] *f péj fam* Vamp *m*

allure [alyʀ] *f* ❶ *sans pl* (*vitesse*) Geschwindigkeit *f,* Tempo *nt;* **à cette** ~ bei diesem Tempo; **ralentir l'**~ das Tempo reduzieren [*o* herabsetzen]; **soutenir l'**~ das Tempo halten; **à toute** ~ mit voller Geschwindigkeit, in vollem Tempo; **à une** ~ **modérée** mit mäßiger Geschwindigkeit; **à vive** ~ schnell; **à l'**~ **où vont les choses, ...** *fam* bei dem Tempo, in dem sich die Dinge entwickeln ...
❷ *sans pl* (*apparence*) Aussehen *nt;* **avoir belle** ~ eine elegante Erscheinung sein; **avoir fière** ~ sehr elegant [*o* vornehm] aussehen; **avoir de l'**~ *personne:* Stil haben; *chose:* elegant wirken; **avoir l'**~ **d'un paysan** wie ein Bauer aussehen; **avoir une drôle d'**~ seltsam aussehen [*o* wirken]; **prendre une drôle d'**~ *chose:* eine merkwürdige Entwicklung nehmen
❸ *pl* (*airs*) Gebaren *nt,* Verhalten *nt;* **avoir des** ~**s de conspirateur** sich wie ein Verschwörer benehmen [*o* verhalten]

allusif, -ive [a(l)lyzif, -iv] *adj* vielsagend, voller Anspielungen; **parole/phrase allusive** Anspielung *f;* **être toujours** ~ dauernd Anspielungen machen

allusion [a(l)lyzjɔ̃] *f* (*sous-entendu*) Anspielung *f;* **faire** ~ **à qn/qc** eine Anspielung auf jdn/etw machen, auf jdn/etw anspielen

alluvial(e) [a(l)lyvjal, jo] <-aux> *adj* angeschwemmt, alluvial

(*Fachspr.*); **terrains alluviaux** Schwemmland *nt*

alluvions [a(l)lyvjɔ̃] *fpl* Schwemmland *Pl*

almanach [almana] *m* Kalender *m*

aloès [alɔɛs] *m* Aloe *f*

aloi [alwa] ► **de bon** ~ gut; **succès de bon** ~ verdienter Erfolg; **gaieté de bon** ~ echte Fröhlichkeit; **de mauvais** ~ schlecht; **succès de mauvais** ~ unverdienter Erfolg; **gaieté de mauvais** ~ falsche Fröhlichkeit

alors [alɔʀ] **I.** *adv* ❶ (*à ce moment-là*) damals; **jusqu'**~ bis dahin, bis zu diesem Zeitpunkt
❷ (*par conséquent*) da; **ma voiture était en panne,** ~ **j'ai pris l'autobus** mein Auto war kaputt, da habe ich den Bus genommen
❸ (*dans ce cas*) ja dann; ~**, je comprends!** ja dann verstehe ich das!; ~**, qu'est-ce qu'on fait?** ja, was machen wir denn da?; **mais** ~**, vous aviez raison!** dann hatten Sie ja doch Recht!
❹ *fam* (*impatience, indignation*) ~**, tu viens?** also [*o* na], kommst du jetzt [endlich]? (*fam*); ~**, c'est comme ça qu'on parle à son père?** ja, sag mal [*o* na, hör mal]! Redet man so mit seinem Vater? (*fam*)
► **et** ~**?** (*la belle affaire!*) na und? (*fam*); (*suspense*) und dann?; (*perplexité*) [du lieber Gott,] und jetzt [*o* was nun]? (*fam*); ~ **là!** ja, dann!; ~ **là, qu'est-ce qu'il a pris!** also, da hat er vielleicht was zu hören gekriegt! (*fam*); **non, mais** ~**!** nein, also wirklich! (*fam*)
II. *conj* ~ **que** + *indic* ❶ (*pendant que*) während
❷ (*tandis que*) wohingegen, während
❸ (*bien que*) obwohl

alouette [alwɛt] *f* Lerche *f*
► **il/elle attend que les** ~**s lui tombent toutes rôties** [**dans le bec**] er/sie erwartet, dass ihm/ihr die gebratenen Tauben in den Mund fliegen

alourdir [aluʀdiʀ] <8> **I.** *vt* ❶ (*rendre plus lourd*) schwer[er] machen; **les livres alourdissent le sac** die Bücher machen die Tasche schwer[er]; **l'armure alourdit le chevalier** die schwere Rüstung belastet den Ritter [zusätzlich]
❷ (*rendre pesant*) schwerfällig machen *pas, démarche;* schwer machen *paupières, tête;* **l'humidité/la chaleur étouffante alourdit l'atmosphère** die Feuchtigkeit/die brütende Hitze drückt auf die Stimmung; **elle alourdit toujours ses phrases** sie formuliert ihre Sätze immer so schwerfällig; **trop de subordonnées alourdissent une phrase** zu viele Nebensätze machen einen Satz schwerfällig
❸ (*augmenter*) erhöhen *impôts, charges*
II. *vpr* **s'**~ *paupières:* schwer werden; *démarche:* schwer[fällig] werden; **sa silhouette s'alourdit** er/sie wird fülliger

alourdissement [aluʀdismɑ̃] *m* ❶ (*action*) Schwerermachen *nt; d'impôts, de charges* Erhöhung *f*
❷ (*lourdeur*) Schwere *f;* **une sensation d'**~ ein Gefühl der Schwere

aloyau [alwajo] *m d'un bœuf* Rückenstück *nt,* Lendenstück *nt*

alpaga [alpaga] *m* ❶ (*animal*) Alpaka *nt*
❷ (*tissu*) Alpaka *m*

alpage [alpaʒ] *m* Alm *f*

alpaguer [alpage] <1> *vt fam policier:* schnappen

alpe [alp] *f* Alm *f;* **se trouver dans l'**~ auf der Alm sein

Alpes [alp] *fpl* **les** ~ die Alpen

alpestre [alpɛstʀ] *adj* alpin

alpha [alfa] *m* Alpha *m*

alphabet [alfabɛ] *m* Alphabet *nt,* Abc *nt;* **réciter l'**~ das Alphabet [*o* Abc] aufsagen; ~ **phonétique international** internationale Lautschrift

alphabétique [alfabetik] *adj* alphabetisch; **par ordre** ~ in alphabetischer Reihenfolge; **écriture** ~ Buchstabenschrift *f*

alphabétisation [alfabetizasjɔ̃] *f* Alphabetisierung *f*

alphabétiser [alfabetize] <1> *vt* alphabetisieren, lesen und schreiben lehren *personne, groupe social*

alphanumérique [alfanymeʀik] *adj* alphanumerisch

alphapage [alfapaʒ] *m* Organizer *m*

alpin(e) [alpɛ̃, in] *adj* ❶ GEOG **chaîne** ~**e** Alpenkette *f*
❷ (*relatif à la montagne*) **plante** ~**e** [Hoch]gebirgspflanze *f;* **chalet** ~ Chalet *nt*
❸ (*relatif à l'alpinisme*) **club** ~ Alpenverein *m*

alpinisme [alpinism] *m* Bergsteigen *nt;* **pratiquer l'**~ Bergsteiger(in) *m(f)* sein

alpiniste [alpinist] *mf* Bergsteiger(in) *m(f)*

Alsace [alzas] *f* **l'**~ das Elsass; **vin d'**~ Wein *m* aus dem Elsass, Elsässer *m*

alsacien [alzasjɛ̃] *m* **l'**~ Elsässisch *nt,* das Elsässische; *v. a.* **allemand**

alsacien(ne) [alzasjɛ̃, jɛn] *adj* elsässisch; **ville** ~**ne** elsässische Stadt, Stadt *f* im Elsass

Alsacien(ne) [alzasjɛ̃, jɛn] *m(f)* Elsässer(in) *m(f)*

altération [alteʀasjɔ̃] *f* ❶ (*détérioration*) *d'un aliment* Verderben *nt; de la qualité* Minderung *f;* ~ **de la santé** Verschlechterung *f* des Gesundheitszustandes; **s'étonner de l'**~ **du caractère de qn** sich wundern, wie [sehr] sich jd zu seinem Nachteil verändert hat
❷ (*décomposition*) *des traits* Entstellung *f;* **l'**~ **de sa voix** seine/ihre seltsam veränderte Stimme
❸ (*falsification*) *d'un texte* Verstümmelung *f,* Entstellung *f; d'un fait, de la vérité* Verfälschung *f,* Verdrehung *f*
❹ MUS Versetzungszeichen *nt*

altercation [altɛʀkasjɔ̃] *f* [heftiger] Wortwechsel, Auseinandersetzung *f*

alter ego [altɛʀego] *m inv* Alter Ego *nt*

altérer [alteʀe] <5> **I.** *vt* ❶ (*détériorer*) beeinträchtigen *amitié, relation, santé, sentiment;* verändern *couleur, métal;* mindern *qualité;* verfälschen *goût;* ~ **le caractère** den Charakter nachteilig verändern
❷ (*décomposer*) entstellen *visage, traits;* seltsam verändern *voix*
❸ (*falsifier*) entstellen *sens;* entstellen, verstümmeln *texte;* verfälschen, verdrehen *fam fait, vérité*
II. *vpr* **s'**~ ❶ (*se détériorer*) *qualité:* beeinträchtigt [*o* gemindert] werden; *aliment:* verderben; *vin:* sauer werden, umkippen *fam; relations:* sich verschlechtern; *caractère:* sich zu seinem Nachteil verändern; *couleur, matière:* sich verändern; *sentiment:* erkalten
❷ (*se décomposer*) *visage, traits:* sich verzerren; *voix:* seltsam verändert klingen

alternance [altɛʀnɑ̃s] *f* ❶ (*succession*) Abfolge *f,* Aufeinanderfolge *f;* ~ **des cultures** Fruchtwechsel *m;* **en** ~ **avec** im Wechsel mit
❷ POL [Macht]wechsel *m,* Regierungswechsel *m*

alternant(e) [altɛʀnɑ̃, ɑ̃t] *adj* abwechselnd, alternierend (*geh*)

alternateur [altɛʀnatœʀ] *m* Wechselstromgenerator *m; d'une voiture* Lichtmaschine *f*

alternatif, -ive [altɛʀnatif, -iv] *adj* ❶ TECH **mouvement** ~ Bewegung *f* hin und zurück
❷ ELEC **courant** ~ Wechselstrom *m*
❸ (*qui offre un choix*) *solution* alternativ; **donner deux propositions alternatives** zwei mögliche Vorschläge zur Wahl stellen

alternative [altɛʀnativ] *f* Alternative *f*

alternativement [altɛʀnativmɑ̃] *adv* abwechselnd

alterné(e) [altɛʀne] *adj* wechselnd, alternierend (*geh*); **rimes** ~**es** Kreuzreim *m*

alterner [altɛʀne] <1> **I.** *vi* abwechseln; **le week end, l'équipe du matin alterne avec celle de l'après-midi** jedes Wochenende wechselt die Vormittagsschicht mit der Nachmittagsschicht; **de brusques tempêtes alternent avec des periodes de beau temps** plötzlich hereinbrechende Unwetter und Schönwetterperioden wechseln einander ab
II. *vt* AGR ~ **la betterave et le blé** Rüben und Weizen im Wechsel anbauen; ~ **les cultures** Fruchtwechsel durchführen

altesse [altɛs] *f* Hoheit *f;* **Son Altesse Royale** *form* Seine/Ihre Königliche Hoheit; **votre Altesse** *form* [Eure] Hoheit (*form*)
altier, -ière [altje, jɛʀ] *adj* hochmütig, stolz
altimètre [altimɛtʀ] *m* Höhenmesser *m*
altiport [altipɔʀ] *m Landefläche im Hochgebirge*
altiste [altist] *mf* Bratschist(in) *m(f)*
altitude [altityd] *f* ❶ GEOG Höhe *f* [über dem Meeresspiegel]; **l'~ de ce mont est de 400 m** dieser Berg ist 400 m hoch; **être** [*o* **se trouver**] **à 400 m d'~** sich in 400 m Höhe befinden; *village:* in 400 m Höhe liegen; **avoir une faible ~** *ville:* niedrig liegen; **en ~** (*en montagne*) im Gebirge; METEO in höheren Lagen; **l'air en ~** die Höhenluft
❷ AVIAT **~ de vol de 9.000 m** Flughöhe *f* von 9.000 m; **voler à basse** [*o* **faible**]/**haute ~** in geringer/großer Höhe fliegen; **être en ~** sich in großer Höhe befinden; **perdre/prendre de l'~** an Höhe verlieren/gewinnen; **s'élever en ~** aufsteigen
alto [alto] **I.** *m* ❶ (*instrument*) Bratsche *f*
❷ (*musicien*) Bratschist(in) *m(f)*
II. *f* (*voix, partie*) Altstimme *f,* Alt *m*
III. *app inv* **flûte/saxophone ~** Altflöte *f*/Altsaxophon *nt*
altruisme [altʀɥism] *m* Altruismus *m*
altruiste [altʀɥist] **I.** *adj* altruistisch
II. *mf* Altruist(in) *m(f)*
alu [aly] *m fam abr de* **aluminium** Alu *nt* (*fam*)
alumine [alymin] *f* Tonerde *f*
aluminium [alyminjɔm] *m* Aluminium *nt;* **papier d'~** Aluminiumfolie *f*
alun [alœ̃] *m* CHIM Alaun *m*
alunir [alyniʀ] <8> *vi* auf dem Mond landen
alunissage [alynisaʒ] *m* Mondlandung *f;* **l'~ de la fusée** die Landung der Rakete auf dem Mond
alvéolaire [alveɔlɛʀ] *adj* (*ayant la forme d'une alvéole*) alveolär; (*ayant un rapport à l'alvéole*) alveolar
alvéole [alveɔl] *f* ❶ (*cellule de cire*) Wabe[nzelle *f*] *f*
❷ (*cavité*) **en forme d'~** wabenförmig; **des emballages en ~** Luftpolsterfolie *f;* **texture en ~** Porenstruktur *f*
❸ ANAT **~ dentaire/pulmonaire** Zahnfach *nt*/Lungenbläschen *nt,* Alveole *f* (*Fachspr.*)
❹ (*dépression d'une roche*) Aushöhlung *f*
alvéolé(e) [alveɔle] *adj* **texture ~e** Porenstruktur *f;* **carton ~** Wellpappe *f*
alzheimer [alzajmɛʀ] *m* Alzheimer *m*
amabilité [amabilite] *f* ❶ (*gentillesse*) Liebenswürdigkeit *f;* **être d'une ~ extrême** äußerst liebenswürdig [*o* zuvorkommend] sein; **faire un effort d'~** sich bemühen so freundlich wie möglich zu sein; **être surpris(e) de l'~ de l'accueil de qn** von jds Freundlichkeit beim Empfang überrascht sein; **être plein(e) d'~ envers qn** jdm gegenüber besonders liebenswürdig [*o* zuvorkommend] sein; **ayez l'~ de m'apporter un café** wären Sie so freundlich mir einen Kaffee zu bringen
❷ *pl* (*politesses*) Höflichkeiten *Pl;* **faire des ~s à qn** jdm Komplimente machen
amadou [amadu] *m* Zunder *m*
amadouer [amadwe] <1> *vt* ❶ (*gagner à ses fins*) umstimmen; **~ qn pour qu'il fasse qc** jdn dazu bringen etw zu tun; **ne pas être facile à ~** nicht so leicht zu erweichen sein
❷ (*apaiser*) besänftigen
❸ (*apprivoiser*) zähmen
amaigrir [amegʀiʀ] <8> *vt* **qc amaigrit qn** jd magert durch etw ab; **être amaigri(e) par qc** durch etw abgemagert sein; *joues:* durch etw eingefallen sein
amaigrissant(e) [amegʀisɑ̃, ɑ̃t] *adj* gewichtsreduzierend; **médicament/régime ~** Schlankheitsmittel *nt*/-kur *f*
amaigrissement [amegʀismɑ̃] *m d'une personne* Gewichtsverlust *m; du visage* Abmagern *nt; v. a.* **cure**
amalgame [amalgam] *m* ❶ *a.* MED (*alliage de métaux*) Amalgam *nt;* (*matière obturatrice*) Amalgamfüllung *f*
❷ (*mélange*) *de matériaux* Gemisch *nt; de gens, de choses* Mischung *f; d'idées* Amalgam *nt*
❸ POL **pratiquer l'~** alle über einen Kamm scheren (*bezogen auf Parteien unterschiedlicher Ausrichtung, mit der Absicht sie zu diskreditieren*)
amalgamer [amalgame] <1> **I.** *vt* amalgamieren *métal;* vermischen *éléments;* verbinden *programmes;* **~ du beurre et/à de la farine** Butter und/mit Mehl vermischen
II. *vpr* (*se mélanger*) **s'~ avec/à qc** sich mit etw vermischen
amande [amɑ̃d] **I.** *f* ❶ Mandel *f;* **~ amère/douce/pralinée** bittere/süße/gebrannte Mandel; **~ salée** Salzmandel; **en ~** mandelförmig
❷ (*graine*) Kern *m*
II. *app inv* **vert ~** lindgrün
amandier [amɑ̃dje] *m* Mandelbaum *m*
amanite [amanit] *f* BIO Wulstling *m;* **~ phalloïde** [grüner] Knollenblätterpilz; **~ tue-mouche[s]** Fliegenpilz *m*
amant(e) [amɑ̃, ɑ̃t] *m(f)* Liebhaber(in) *m(f);* (*seulement extraconjugal*) Geliebte(r) *f(m);* **les ~s** die Liebenden; **prendre un ~** sich (*Dat*) einen Liebhaber zulegen
amarante [amaʀɑ̃t] *f* Fuchsschwanz *m,* Amarant *m*
amarrage [amaʀaʒ] *m d'un navire* Ankern *nt*
amarre [amaʀ] *f d'une barque* Halteleine *f; d'un ballon* Seil *nt; d'un cerf-volant* Schnur *f;* **fixer l'~ d'une barque** ein Boot festmachen; **larguez les ~s!** Leinen los!
amarrer [amaʀe] <1> *vt* ❶ vertäuen *bateau;* belegen *cordage*
❷ (*fixer*) festmachen; (*avec une corde, une sangle*) festbinden; (*avec une chaîne*) festketten
amaryllis [amaʀilis] *f* Amaryllis *f*
amas [amɑ] *m de pierres* Haufen *m; de papiers* Berg *m; de souvenirs* Flut *f;* **tout un ~ de vêtements** ein ganzer Haufen Kleider (*fam*)
amasser [amɑse] <1> **I.** *vt* anhäufen *objets, fortune;* horten *nourriture, argent;* sammeln *preuves, documents*
II. *vi* ❶ (*thésauriser*) [Geld] horten
❷ (*accumuler*) ansammeln
III. *vpr* **s'~** *personnes, foule:* sich drängen; *problèmes, preuves:* sich häufen
amateur, -trice [amatœʀ, -tʀis] **I.** *m, f* ❶ (*opp: professionnel*) Amateur(in) *m(f);* **en ~** als Amateur [*o* Hobby]
❷ *sans art* (*connaisseur*) **~ d'art** Kunstliebhaber(in) *m(f);* **être ~ de belle musique** schöne Musik lieben; **être ~ de films/de bons vins** gerne Filme sehen/gute Weine trinken; **en ~** aus Liebhaberei
❸ *péj* (*dilettante*) Stümper(in) *m(f)* (*pej*); **faire du travail d'~, travailler en ~** stümperhaft arbeiten (*pej*)
❹ (*acheteur*) Interessent(in) *m(f);* **ne pas être ~** *fam* nicht interessiert sein; **trouver ~** *objet:* einen Liebhaber finden
II. *adj pas de forme féminine* **équipe ~** Amateurmannschaft *f;* **peintre ~** Hobbymaler *m*
amateurisme [amatœʀism] *m* ❶ SPORT Amateursport *m*
❷ *péj* (*en art*) Dilettantismus *m* (*pej*); (*dans le travail*) Stümperei *f* (*pej*)
amazone [amazon] *f* (*cavalière*) Reiterin *f;* (*guerrière*) Amazone *f;* **en ~** im Damensitz
ambages [ɑ̃baʒ] *fpl* ▸ sans ~ ohne Umschweife *Pl*
ambassade [ɑ̃basad] *f* ❶ (*institution, bâtiment*) Botschaft *f;* (*personnel*) Botschaftspersonal *nt;* **l'~ de France** die französische Botschaft
❷ (*mission*) **en ~ auprès de qn** als Unterhändler bei jdm; **envoyer qn en ~ auprès de qn** jdn als Unterhändler zu jdm entsenden
❸ (*députation*) Delegation *f*
ambassadeur [ɑ̃basadœʀ] *m* ❶ (*diplomate*) Botschafter *m;* **l'~ d'Allemagne** der deutsche Botschafter; **~ extraordinaire** Sonderbotschafter
❷ (*représentant*) Vertreter *m*
ambassadrice [ɑ̃basadʀis] *f* ❶ (*femme diplomate*) Botschafterin *f*

❷ (*représentante*) Vertreterin *f*
❸ *vieilli* (*femme d'ambassadeur*) Frau *f* eines/des Botschafters

ambiance [ɑ̃bjɑ̃s] *f* ❶ (*climat*) Atmosphäre *f;* (*entre personnes*) Stimmung *f;* ~ **de travail** Arbeitsklima *nt,* Betriebsklima; **d'**~ *lumière, musique* gedämpft; **l'**~ **est à l'orage** *fam* es herrscht dicke Luft (*fam*); **évoluer dans une** ~ **calme** in einem ruhigen Umfeld leben
❷ (*gaieté*) Stimmung *f;* **il y a de l'**~ *fam* es herrscht [eine tolle] Stimmung; **mettre de l'**~ für Stimmung sorgen; **mettre qn dans l'**~ jdn einstimmen

ambiant(e) [ɑ̃bjɑ̃, jɑ̃t] *adj idées, atmosphère* herrschend; *enthousiasme* allgemein; **température** ~**e** Umgebungstemperatur *f;* **à l'air** ~ an der [frischen] Luft; **se boire à [la] température** ~**e** bei Zimmertemperatur getrunken werden

ambidextre [ɑ̃bidɛkstʀ] *adj* **être** ~ beidhändig sein

ambigu, ambiguë [ɑ̃bigy] *adj* ❶ (*à double sens*) zweideutig; (*permettant plusieurs interprétations*) mehrdeutig; (*contradictoire*) widersprüchlich
❷ (*louche*) *personnage* undurchsichtig

ambiguïté [ɑ̃bigɥite] *f* (*double sens*) Zweideutigkeit *f;* (*permettant plusieurs interprétations*) Mehrdeutigkeit *f;* (*contradiction*) Widersprüchlichkeit *f;* **être plein(e) d'**~**s** *phrase:* zweideutig/mehrdeutig sein; **sans** ~ *comportement, répondre, parler* unmissverständlich; **il n'y a pas d'**~ es ist alles klar

ambitieux, -euse [ɑ̃bisjø, -jøz] **I.** *adj* ehrgeizig
II. *m, f* ehrgeiziger Mensch

ambition [ɑ̃bisjɔ̃] *f* ❶ (*désir de réussite*) Ehrgeiz *m;* (*prétention*) Ambition *f* (*geh*); **avoir de l'**~**/manquer d'**~ Ehrgeiz/keinen Ehrgeiz haben; **avoir des** ~**s d'écrivain** schriftstellerische Ambitionen haben; **mettre toute son** ~ **à faire qc** alles daransetzen etw zu tun; **avoir l'**~ **de faire qc** die Absicht haben etw zu tun
❷ *euph* (*désir*) Wunsch *m*

ambitionner [ɑ̃bisjɔne] <1> *vt* ❶ (*convoiter*) anstreben *poste, prix, titre;* trachten nach (*geh*) *couronne*
❷ (*souhaiter*) ~ **de faire qc** etw unbedingt tun wollen

ambivalence [ɑ̃bivalɑ̃s] *f* ❶ (*deux aspects cumulatifs*) Ambivalenz *f,* Mehrdeutigkeit *f*
❷ (*deux aspects contradictoires*) *des sentiments* Zwiespältigkeit *f*

ambivalent(e) [ɑ̃bivalɑ̃, ɑ̃t] *adj* ambivalent

amble [ɑ̃bl] *m d'un cheval, d'un chameau* Passgang *m*

ambre [ɑ̃bʀ] *m* ❶ (*résine*) ~ **[jaune]** Bernstein *m;* **avoir une couleur d'**~ bernsteinfarben sein
❷ (*substance parfumée*) ~ **gris** Amber *m,* Ambra *f*

ambré(e) [ɑ̃bʀe] *adj* ❶ (*jaune, doré*) bernsteinfarben; *teint* gebräunt
❷ (*parfumé*) nach Ambra duftend

Ambroise [ɑ̃bʀwaz] *m* ❶ Ambrosius *m*
❷ HIST ~ **de Milan** Ambrosius von Mailand

ambroisie [ɑ̃bʀwazi] *f* MYTH Ambrosia *f*

ambulance [ɑ̃bylɑ̃s] *f* Krankenwagen *m*

ambulancier, -ière [ɑ̃bylɑ̃sje, -jɛʀ] *m, f* (*conducteur*) Krankenwagenfahrer(in) *m(f)*

ambulant(e) [ɑ̃bylɑ̃, ɑ̃t] *adj marchand* fliegend; **cirque** ~ Wanderzirkus *m;* **troupe théâtrale** ~**e** Wanderbühne *f;* **musicien** ~ Straßenmusikant *m;* HIST fahrender Sänger; **bibliothèque** ~**e** Bücherbus *m*

ambulatoire [ɑ̃bylatwaʀ] *adj* ambulant; *malade* nicht bettlägerig; **service** ~ Ambulanz *f;* **opérer en service** ~ ambulant operieren

âme [ɑm] *f* ❶ Seele *f;* **prier pour le repos de l'**~ **de qn** für jds Seelenheil beten; **recommander son** ~ **à Dieu** Gott seine Seele befehlen
❷ (*qualité morale*) Wesen *nt*
❸ (*sensibilité*) Seele *f,* Herz *nt;* **de toute son** ~ aus tiefster Seele; *aimer* von ganzem Herzen; *chanter* inbrünstig; **mettre toute son** ~ **à faire qc** sein ganzes Herz daran hängen etw zu tun; **blesser qn jusqu'au plus profond de son** ~ jdn bis ins Mark treffen
❹ PSYCH (*esprit, conscience*) Seele *f,* Psyche *f*
❺ (*personne*) Seele *f;* **une bonne** ~ eine gute Seele; **un village de cent** ~**s** ein hundert Seelen Dorf; **il n'y a pas** ~ **qui vive** es ist keine Menschenseele da
❻ TECH *d'un conducteur électrique* Seele *f; d'un violon* Stimmstock *m,* Seele
▸ **en mon/son** ~ **et <u>conscience</u>** nach bestem Wissen und Gewissen; **vendre son** ~ **au <u>diable</u>** dem Teufel seine Seele verkaufen; **errer comme une** ~ **en <u>peine</u>** wie eine verlorene Seele umherirren; **être l'**~ **<u>damnée</u> de qn** *fam* für jdn durchs Feuer gehen; **<u>avoir</u> une** ~ **de chef** der geborene Chef/die geborene Chefin sein; **<u>être</u> l'**~ **de qc** die Seele einer S. (*Gen*) sein; **<u>être</u> violoniste dans l'**~ mit Leib und Seele Geiger sein; **<u>fendre</u> l'**~ **à qn** jdm das Herz zerreißen; **un cri à fendre l'**~ ein herzzerreißender Schrei; **<u>rendre</u> l'**~ *soutenu* seine Seele aushauchen (*geh*); *iron fam machine:* den Geist aufgeben (*iron fam*)
◆ ~ **sœur** verwandte Seele

amélioration [ameljɔʀasjɔ̃] *f* ❶ *pl* CONSTR (*travaux*) Verbesserung[smaßnahm]en *Pl;* (*pour embellir*) Verschönerung[sarbeit]en *Pl;* **faire des** ~**s dans une maison** [ein Haus innen] umbauen
❷ (*progrès*) Verbesserung *f;* METEO [Wetter]besserung; ~ **de la santé** Besserung; **apporter une** ~ **à qc** eine Verbesserung an etw (*Dat*) vornehmen; **il y a une** ~**/des** ~**s dans qc** etw [ver]bessert sich; **sa santé est en nette** ~ sie/er befindet sich eindeutig auf dem Wege der Besserung

améliorer [ameljɔʀe] <1> **I.** *vt* ❶ CONSTR sanieren; (*embellir*) verschönern; ~ **son immeuble en y installant le chauffage central** sein Haus durch den Einbau einer Zentralheizung aufwerten
❷ (*rendre meilleur*) verbessern *conditions de travail, vie;* steigern *qualité, production;* aufbessern *budget*
II. *vpr* **s'**~ besser werden; (*dans son comportement*) sich bessern; *santé, situation, temps:* sich bessern; **tu ne t'améliores pas!** *hum* du wirst auch nicht besser!

amen [amɛn] *interj* amen
▸ **<u>dire</u>** ~ **à tout** zu allem ja und amen sagen (*fam*)

aménagement [amenaʒmɑ̃] *m* ❶ (*équipement*) Einrichtung *f;* ~ **intérieur** Inneneinrichtung *f*
❷ CONSTR (*modification*) Umbau *m;* (*extension*) Ausbau *m;* **l'**~ **du grenier en atelier** der Umbau/Ausbau des Dachbodens in ein/zu einem Atelier
❸ (*création*) *d'un quartier, d'une usine* Errichtung *f; d'un jardin, espace vert* Anlegen *nt*
❹ (*adaptation*) Anpassung *f*
❺ (*réorganisation*) Umstellung *f;* ~**s fiscaux** Steuererleichterungen *Pl*
❻ ADMIN Planung *f;* ~ **rural** landwirtschaftliche Raumordnung; ~ **d'un quartier à urbaniser** Urbanisierung *f* eines Stadtviertels
❼ POL *d'un texte de loi, décret* [Ab]änderung *f*
◆ ~ **du temps** [*o* **des horaires**] **de travail** Arbeitszeitregelung *f;* ~ **du territoire** Raumordnung *f*

aménager [amenaʒe] <2a> *vt* ❶ (*équiper*) einrichten *pièce;* anbringen *étagère;* einbauen *placard;* ~ **la chambre avec des rideaux** das Zimmer mit Vorhängen ausstatten
❷ (*modifier par des travaux*) umbauen; ~ **un grenier en atelier** einen Dachboden zu einem Atelier umbauen; ~ **une chambre en bureau** ein Zimmer als Büro einrichten
❸ (*créer*) anlegen *jardin, parc;* errichten *quartier*
❹ (*adapter*) anpassen *finances;* umstellen *horaire*
❺ ADMIN ~ **une ville/le territoire** Stadtplanungs-/Raumordnungsmaßnahmen durchführen
❻ POL [ab]ändern *texte de loi, décret*

amendable [amɑ̃dabl] *adj* POL [ab]änderbar; **être** ~ [ab]geän-

dert werden können
amende [amɑ̃d] *f* (*peine pécuniaire*) Geldstrafe *f;* (*pour sanctionner une contravention*) Geldbuße *f;* (*p.-v.*) gebührenpflichtige Verwarnung; (*somme*) Bußgeld *nt;* **avoir mille euros d'~** tausend Euro Strafe zahlen müssen
▸ **faire ~ honorable** Abbitte leisten
amendement [amɑ̃dmɑ̃] *m* ❶ POL *d'une loi* [Ab]änderungsantrag *m*
❷ AGR (*amélioration*) [Boden]verbesserung *f,* Melioration *f* (*Fachspr.*); (*substance*) Bodenverbesserer *m*
amender [amɑ̃de] <1> **I.** *vt* ❶ POL [ab]ändern
❷ AGR verbessern, meliorieren (*Fachspr.*)
❸ CH (*infliger une amende*) büßen (CH)
II. *vpr* (*se corriger*) **s'~** sich bessern
amenée [am(ə)ne] *f* (*action*) Zufuhr *f;* (*dispositif*) Zuführung *f*
amener [am(ə)ne] <4> **I.** *vt* ❶ *fam* (*apporter*) mitbringen; **~ qc à qn** jdm etw [mit]bringen
❷ (*mener*) **~ qn à/chez qn** jdn zu jdm bringen; **qu'est-ce qui t'amène ici?** was führt dich hierher?
❸ (*acheminer*) bringen, befördern; leiten *gaz, liquide;* **être amené(e) d'Algérie** aus Algerien kommen
❹ (*provoquer*) **~ qc** etw verursachen, zu etw führen; **le vent a amené la pluie** der Wind hat Regen [mit]gebracht; **elle ne vous amènera que des ennuis** sie wird Sie/euch nur in Schwierigkeiten bringen
❺ (*entraîner à*) **~ qn à faire qc** jdn dazu bringen etw zu tun; *circonstance:* jdn veranlassen etw zu tun
❻ (*introduire*) bringen *thème;* anbringen *citation, plaisanterie;* **conclusion bien amenée** sehr schlüssige Folgerung
❼ (*diriger*) **~ la conversation sur un sujet** das Gespräch auf ein Thema bringen
II. *vpr fam* (*se rappliquer*) **s'~** auftauchen; **amène-toi!** komm [schon] her! (*fam*)
aménité [amenite] *f d'un lieu* Annehmlichkeit *f; d'une personne* Liebenswürdigkeit *f*
aménorrhée [amenɔʀe] *f* MED Amenorrhö[e] *f*
amenuisement [amənɥizmɑ̃] *m* Schwinden *nt* (*geh*); *des chances* Verringerung *f; des forces* Nachlassen *nt; des ressources* Abnahme *f*
amenuiser [amənɥize] <1> **I.** *vt* ❶ (*affaiblir*) schwächen
❷ (*réduire*) verringern *chances, espoir*
II. *vpr* **s'~** *espoir:* schwinden (*geh*); *forces:* nachlassen; *provisions, ressources:* abnehmen; *valeur:* sich verringern
amer, -ère [amɛʀ] *adj* ❶ (*aigre*) bitter; **avoir la bouche amère** einen bitteren Geschmack im Mund haben
❷ *parole, sourire, ironie* bitter; *déception, critique* herb; *souvenir* schmerzlich; **ses paroles étaient amères** er/sie klang verbittert
amèrement [amɛʀmɑ̃] *adv* bitter; *critiquer* scharf
américain [ameʀikɛ̃] *m* **l'~** das amerikanische Englisch, Amerikanisch *nt,* das Amerikanische; *v. a.* **allemand**
américain(e) [ameʀikɛ̃, ɛn] *adj* amerikanisch
▸ **à l'~e** GASTR [auf] amerikanisch[e Art]
Américain(e) [ameʀikɛ̃, ɛn] *m(f)* Amerikaner(in) *m(f);* **~ du Nord/Sud** Nord-/Südamerikaner(in) *m(f)*
américanisation [ameʀikanizasjɔ̃] *f* (*action, résultat*) Amerikanisierung *f*
américaniser [ameʀikanize] <1> **I.** *vt* amerikanisieren
II. *vpr* **s'~** zunehmend amerikanisch geprägt sein; *mode de vie:* sich amerikanischen Verhältnissen angleichen
américanisme [ameʀikanism] *m* (*idiotisme, emprunt*) Amerikanismus *m;* (*études*) Amerikanistik *f*
amérindien(ne) [ameʀɛ̃djɛ̃, jɛn] *adj* indianisch
Amérindien(ne) [ameʀɛ̃djɛ̃, jɛn] *m(f)* Indianer(in) *m(f)* [aus Nordamerika]
Amérique [ameʀik] *f* **l'~** Amerika *nt;* **l'~ centrale/latine/du Nord/du Sud** Mittel-/Latein-/Nord-/Südamerika
Amerloque [amɛʀlɔk] *m péj fam* Ami *m* (*pej fam*)
amerrir [ameʀiʀ] <8> *vi* wassern
amerrissage [ameʀisaʒ] *m* Wasserung *f,* Wassern *nt*
amertume [amɛʀtym] *f* ❶ (*tristesse*) Bitterkeit *f;* **être plein(e) d'~** [ganz] verbittert sein; **des reproches pleins d'~** bittere Vorwürfe
❷ (*goût amer*) Bitterkeit *f,* bitterer Geschmack
améthyste [ametist] **I.** *f* Amethyst *m*
II. *app inv* amethystfarben
ameublement [amœbləmɑ̃] *m* (*meubles*) Möblierung *f;* (*avec tapis, rideaux*) Einrichtung *f;* **les articles d'~** die Möbel; (*avec tapis, rideaux*) die Einrichtungsgegenstände; **magasin d'~** Einrichtungshaus *nt;* **rayon ~** Möbelabteilung *f;* **tissu d'~** Deko[rations]stoff *m;* **l'~ de son salon est de style Louis XVI** sein/ihr Salon ist im Louis-seize-Stil eingerichtet
ameublir [amœbliʀ] <8> *vt* ❶ JUR zum Mobiliarvermögen rechnen
❷ auflockern *sol*
ameuter [amøte] <1> *vt* ❶ (*alerter*) alarmieren; **tais-toi, tu vas ~ toute la rue** sei still, sonst läuft die ganze Straße zusammen
❷ (*soulever*) **~ la foule contre qn** die Menge gegen jdn aufhetzen; **~ la foule contre qc** die Menge gegen etw aufwiegeln
ami(e) [ami] **I.** *m(f)* ❶ Freund(in) *m(f);* **~ d'enfance** Jugendfreund(in) *m(f);* **~ de la famille** Freund der Familie; **~ des arts** Kunstliebhaber(in) *m(f);* **~ des bêtes/de la nature** Tier-/Naturfreund(in) *m(f);* **mon cher ~/ma chère amie** mein Lieber/meine Liebe; *iron* mein lieber Freund/meine Liebe; **mon pauvre ~!** du Ärmster!; **se faire des ~s** Freunde finden; **en ~** als Freund(in)
❷ (*amant(e)*) Freund(in) *m(f);* **petit ~/petite ~e** [fester] Freund/[feste] Freundin
▸ **faux ~** Faux ami *m* (*Wort einer Fremdsprache, das in Schrift- und/oder Lautbild einem [Fremd]wort der Muttersprache ähnelt, aber eine andere Bedeutung hat*)
II. *adj regard, parole* freundschaftlich; *pays* befreundet; **être très ~(e) avec qn** mit jdm eng [*o* sehr gut] befreundet sein
amiable [amjabl] *adj décision, constat* einvernehmlich; **divorcer/s'arranger à l'~** sich gütlich trennen/einigen
amiante [amjɑ̃t] *m* Asbest *m;* **fil d'~** Asbestfaser *f;* **combinaison en ~** Asbestanzug *m*
amibe [amib] *f* Amöbe *f*
amibiase [amibjaz] *f* MED Amöbenruhr *f*
amibien(ne) [amibjɛ̃, jɛn] *adj* amöbisch
amibiens [amibjɛ̃] *mpl* Amöben *Pl*
amical(e) [amikal, o] <-aux> *adj* ❶ *rencontre, relation, conseil* freundschaftlich; *attitude* freundlich; *sourire* herzlich; **être très ~(e) avec qn** sehr freundlich zu jdm sein
❷ SPORT **match ~** Freundschaftsspiel
amicale [amikal] *f* (*association*) Vereinigung *f;* **~ sportive** Sportvereinigung *f;* **~ des anciens élèves** Freundeskreis *m* der ehemaligen Schüler
amicalement [amikalmɑ̃] *adv* ❶ freundschaftlich; *recevoir* herzlich
❷ (*formule de fin de lettre*) herzliche Grüße; **bien ~** herzlichst
amidon [amidɔ̃] *m* Stärke *f;* (*pour le linge*) [Wäsche]stärke *f*
amidonner [amidɔne] <1> *vt* stärken
amincir [amɛ̃siʀ] <8> **I.** *vt* schlank[er] machen; schlanker erscheinen lassen *hanches, taille*
II. *vi fam* abnehmen
III. *vpr* **s'~** *personne:* schlanker werden; *tissu, couche:* dünner werden
amincissant(e) [amɛ̃sisɑ̃, ɑ̃t] *adj* ❶ (*qui fait paraître plus mince*) **être ~(e)** *robe:* schlank machen
❷ (*qui fait mincir*) **crème ~e** Schlankheitscreme *f*
amincissement [amɛ̃sismɑ̃] *m du corps* Schlank[er]werden *nt; d'une couche de glace* Dünnerwerden *nt*

aminé(e) [amine] *adj* **acide** ~ Aminosäure *f*
amiral [amiʀal, o] <-aux> **I.** *m* Admiral *m*
II. *app* **vaisseau** ~ Flaggschiff *nt*
amirale [amiʀal] *f vieilli* (*épouse d'un amiral*) Frau *f* eines Admirals
amirauté [amiʀote] *f* Admiralität *f*
amitié [amitje] *f* ❶ (*affection*) Freundschaft *f*; (*sympathie*) Zuneigung *f*; **par** ~ **pour qn** aus Freundschaft zu jdm; **se lier d'**~ **avec qn** sich mit jdm anfreunden; **prendre qn en** ~ jdn ins Herz schließen; **se prendre d'**~ **pour qn** Zuneigung zu jdm fassen; **avoir de l'**~ **pour qn** jdn mögen
❷ (*entente entre pays*) Freundschaft *f*
❸ *pl* (*formule de fin de lettre*) ~**s de Bernadette** alles Liebe, Bernadette; **faire toutes ses** ~**s à qn** jdn herzlich grüßen lassen; **présente toutes mes** ~**s à tes parents** grüß deine Eltern herzlich von mir
❹ (*plaisir*) **nous ferez-vous l'**~ **de venir chez nous ce soir?** würden Sie uns die Freude machen heute abend zu uns zu kommen?
▶ ~**s particulières** *vieilli* gleichgeschlechtliche Beziehungen
ammoniac [amɔnjak] *m* CHIM Ammoniak *nt*
ammoniac, ammoniaque [amɔnjak] *adj* **gomme ammoniaque** Ammoniakgummi *nt*
ammoniacal(e) [amɔnjakal, o] <-aux> *adj* **puanteur** ~**e** Ammoniakgestank *m*; **sels ammoniacaux** Ammoniumsalze *Pl*
ammoniaque [amɔnjak] *f* (*liquide*) Salmiakgeist *m*
amnésie [amnezi] *f* Amnesie *f* (*Fachspr.*), Gedächtnisschwund *m*
amnésique [amnezik] **I.** *adj* an Gedächtnisschwund leidend, amnestisch (*Fachspr.*)
II. *mf* an Gedächtnisschwund Leidende(r) *f(m)*
amniocentèse [amnjosɛ̃tɛz] *f* Fruchtwasseruntersuchung *f*
amniotique [amnjɔtik] *adj* amniotisch (*Fachspr.*); **cavité** ~ Amnionhöhle *f* (*Fachspr.*); **liquide** ~ Fruchtwasser *nt*
amnistie [amnisti] *f* Amnestie *f*; **accorder l'**~ **à qn** jdm Amnestie gewähren
amnistier [amnistje] <1a> *vt* amnestieren
amocher [amɔʃe] <1> **I.** *vt fam* ❶ (*abîmer*) ramponieren (*fam*)
❷ (*blesser*) [übel] zurichten
II. *vpr pop* **il s'est bien amoché** (*il s'est blessé*) es hat ihn schwer erwischt (*fam*)
amoindrir [amwɛ̃dʀiʀ] <8> **I.** *vt* schwächen *autorité, confiance, forces;* schmälern *mérite*
II. *vpr* **s'**~ *forces, facultés:* abnehmen; *fortune:* sich verringern
amolissant(e) [amɔlisɑ̃, ɑ̃t] *adj* erschlaffend
amollir [amɔliʀ] <8> **I.** *vt* ❶ (*rendre mou*) weich machen; schmelzen lassen *cire, beurre;* aufweichen *asphalte*
❷ (*rendre moins énergique*) (*physiquement*) träge [*o* matt] machen; (*moralement*) verweichlichen; schwächen *volonté;* ins Wanken bringen *résolution*
II. *vpr* **s'**~ ❶ (*devenir mou*) weich werden; *beurre, cire:* schmelzen
❷ (*faiblir*) *personne:* [ganz] träge werden; *énergie:* nachlassen; **ses jambes s'amollissent** er/sie bekommt weiche Knie
amonceler [amɔ̃s(ə)le] <3> **I.** *vt* ❶ (*entasser*) aufhäufen, auftürmen; ~ **des feuilles mortes** trockenes Laub zu einem Haufen zusammenfegen
❷ (*accumuler*) anhäufen *richesses;* zusammentragen *documents, preuves*
II. *vpr* **s'**~ *neige:* sich türmen; *courrier:* sich anhäufen; *nuages:* sich auftürmen; *preuves, demandes:* sich häufen
amoncellement [amɔ̃sɛlmɑ̃] *m* Haufen *m*; *de lettres* Stapel *m*
amont [amɔ̃] **I.** *m* ❶ *d'un cours d'eau* Oberlauf *m*; **aller vers l'**~ flussaufwärts gehen/fahren; **en** ~ flussaufwärts; **en** ~ **de Valence** oberhalb von Valence; **se trouver en** ~ **de Valence sur le Rhône** *ville:* von Valence aus rhoneaufwärts liegen
❷ (*ce qui vient avant*) **décision en** ~ Vorentscheidung *f*; **industrie en** ~ Zuliefer[er]industrie *f*
II. *app inv* **ski** ~ Bergski *m*
amoral(e) [amɔʀal, o] <-aux> *adj* amoralisch
amorçage [amɔʀsaʒ] *m* ❶ (*action*) *d'un explosif* Scharfmachen *nt*
❷ (*dispositif*) Zünder *m*
❸ PECHE Beködern *nt*
amorce [amɔʀs] *f* ❶ *d'une cartouche* Zündhütchen *nt*; *d'un obus, d'une mine* Zünder *m*; *d'un pistolet d'enfant* Zündblättchen *nt*; **pistolet à** ~**s** Knallpistole *f*
❷ (*appât*) Köder *m*
❸ (*début*) *d'une route, voie ferrée* erstes Teilstück; *d'une pellicule* [Film]anfang *m*; **faire l'**~ **d'un trou** ein Loch vorbohren
❹ (*phase initiale*) *d'une négociation, d'un projet* Beginn *m*; *d'une idée* Keim *m*; ~ **d'une réforme** Reformansatz *m*
❺ INFORM Ladeprogramm *nt*
amorcer [amɔʀse] <2> **I.** *vt* ❶ scharf machen *explosif*
❷ PECHE beködern
❸ (*mettre en état de fonctionner*) betriebsbereit machen *syphon;* ~ **une pompe** ansaugen lassen
❹ (*commencer à percer*) vorbohren *trou;* ~ **une route/un tunnel** mit dem Bau einer Straße/eines Tunnels beginnen
❺ (*ébaucher un mouvement*) ~ **un virage** in eine Kurve gehen
❻ (*engager*) aufnehmen *négociation, conversation;* einleiten *réforme, changement*
II. *vpr* **s'**~ *dialogue:* in Gang kommen; *détente, baisse:* sich abzeichnen
amorphe [amɔʀf] *adj* ❶ (*sans énergie*) *personne* energielos; *esprit* träge
❷ (*sans réaction*) *personne, foule* teilnahmslos
amorti [amɔʀti] *m* FBALL Stoppen *nt*; TENNIS Stoppschlag *m*
amortir [amɔʀtiʀ] <8> *vt* ❶ dämpfen *bruit, choc;* bremsen *chute*
❷ (*rembourser*) tilgen *dette*
❸ (*rentabiliser*) amortisieren
amortissement [amɔʀtismɑ̃] *m* ❶ *d'un choc, bruit* Dämpfung *f*; *d'une chute* Abbremsen *nt*
❷ ECON, JUR (*paiement*) *d'une dette, hypothèque* Tilgung *f*; (*rentabilisation*) *d'un équipement* Amortisation *f*; (*inscription au bilan*) Abschreibung *f*; **l'**~ **des machines se fera en trois ans** die Maschinen werden über drei Jahre abgeschrieben; ~ **annuel** Sonderabschreibung
amortisseur [amɔʀtisœʀ] *m* AUT Stoßdämpfer *m*
amour [amuʀ] *m* ❶ (*sentiment*) Liebe *f*; **l'**~ **qu'elle a pour lui** ihre Liebe zu ihm; **faire un mariage d'**~ aus Liebe heiraten; **c'était l'**~ **fou entre eux** sie liebten sich leidenschaftlich; **filer le parfait** ~ im siebten Himmel schweben; **aimer qn d'un** ~ **platonique** jdn platonisch lieben
❷ (*acte*) Liebe *f*; ~ **libre** freie Liebe; **pendant l'**~ während des Geschlechtsverkehrs; **ils font l'**~ sie schlafen miteinander; **faites l'**~**, pas la guerre** make love, not war
❸ (*personne*) Liebe *f*; ~ **de jeunesse** Jugendliebe; ~ **de vacances** Urlaubsflirt *m*
❹ (*attachement, altruisme*) ~ **du prochain/de l'humanité/de la justice** Nächsten-/Menschen-/Gerechtigkeitsliebe; **avec** ~ *cuisiner* mit Liebe; **faire qc pour l'**~ **de qn** etw jdm zuliebe tun; **faire qc pour l'**~ **de qc** etw um einer S. (*Gen*) willen tun
❺ (*goût pour*) ~ **de la nature** Liebe *f* zur Natur; ~ **du sport** Sportbegeisterung *f*; ~ **des voyages** Reiselust *f*
❻ (*terme d'affection*) **mon** ~ [mein] Liebling [*o* Schatz]; **être un** ~ *fam* ein [richtiger] Schatz sein (*fam*); **un** ~ **d'enfant/de mari** ein süßes Kind/ein Traum von einem Ehemann; **quel** ~ **de robe!** *fam* was für ein traumhaftes Kleid!
❼ *pl* (*féminin si poétique*) Liebschaften *Pl*; **comment vont tes** ~**s?** was macht die Liebe?; **ne pas avoir de chance dans ses** ~**s** kein Glück in der Liebe haben
▶ **pour l'**~ **de Dieu** um Gottes willen; **vivre d'**~ **et d'eau**

fraîche von Luft und Liebe leben; **à tes/vos ~s!** *hum* Gesundheit!

amouracher [amuʀaʃe] <1> *vpr péj* **s'~ de qn** sich in jdn vernarren

amourette [amuʀɛt] *f vieilli* Liebelei *f*

amoureusement [amuʀøzmɑ̃] *adv* (*avec amour, soin*) liebevoll

amoureux, -euse [amuʀø, -øz] **I.** *adj personne, regard* verliebt; **la vie amoureuse de qn** jds Liebesleben *nt;* **être ~(-euse) de qn** in jdn verliebt sein; **tomber ~(-euse) de qn** sich in jdn verlieben; **être ~(-euse) de la nature** die Natur lieben; **être ~(-euse) de la gloire** ruhmsüchtig sein
II. *m, f* ❶ (*soupirant*) Verehrer(in) *m(f);* **des ~** Verliebte *Pl;* (*sentiment plus profond*) Liebende *Pl;* **~ transi** *hum* schmachtender Verehrer; **en ~** in trauter Zweisamkeit
❷ (*passionné*) **~(-euse) de la musique/de la nature** Musikliebhaber *m*/Naturfreund *m*

amour-propre [amuʀpʀɔpʀ] <amours-propres> *m* Selbstachtung *f,* Selbstwertgefühl *nt;* **n'avoir aucun ~** überhaupt keinen Stolz haben; **on a quand même son ~** man hat doch [schließlich] seinen Stolz

amovible [amɔvibl] *adj* ❶ *housse* abnehmbar; *doublure* herausnehmbar; (*par boutons*) ausknöpfbar; *roue* demontierbar
❷ (*qui peut être déplacé*) *fonctionnaire, magistrat* versetzbar; (*qui peut être révoqué*) absetzbar; *fonction* auf Widerruf

ampère [ɑ̃pɛʀ] *m* Ampere *nt*

amphétamine [ɑ̃fetamin] *f* Amphetamin *nt*

amphi [ɑ̃fi] *m* UNIV *fam abr de* **amphithéâtre** Hörsaal *m;* **le grand ~** das Audimax

amphibie [ɑ̃fibi] ZOOL **I.** *adj* ❶ amphibisch
❷ (*utilisable sur terre ou dans l'eau*) **voiture ~** Amphibienfahrzeug *nt*
II. *m* Amphibie *f*

amphibiens [ɑ̃fibjɛ̃] *mpl* Amphibien *Pl*

amphithéâtre [ɑ̃fiteɑtʀ] *m* ❶ ARCHIT Amphitheater *nt*
❷ UNIV Hörsaal *m;* **le grand ~** das Auditorium maximum
❸ THEAT Rang *m*
❹ GEOL **~ morainique** halbkreisförmige Ansammlung von Endmoränen; **s'élever en ~** halbkreisförmig ansteigen

Amphitryon [ɑ̃fitʀijɔ̃] *m* MYTH Amphitryon *m*

Amphitryon(ne) [ɑ̃fitʀiɔ̃, ɔn] *m(f) littér* Gastgeber(in) *m(f)*

amphore [ɑ̃fɔʀ] *f* Amphora *f,* Amphore *f*

ample [ɑ̃pl] *adj* ❶ (*large*) *vêtement* weit
❷ (*d'une grande amplitude*) *mouvement* weit ausholend; *voix* weithin hörbar
❸ (*opp: restreint*) *projet, sujet* umfangreich; *récit, information* ausführlich; **de plus ~s informations** nähere Informationen

amplement [ɑ̃pləmɑ̃] *adv* ausführlich; **être ~ suffisant** völlig ausreichen; **il a ~ fait ce qu'on attendait de lui** er hat mehr getan, als man von ihm verlangt hat

ampleur [ɑ̃plœʀ] *f* ❶ *d'un vêtement* Weite *f; d'une voix* Reichweite; **l'~ de ses gestes** seine/ihre ausladenden Gesten
❷ (*étendue*) *d'un récit* Ausführlichkeit *f; d'un sujet, projet* Umfang *m; d'une catastrophe* Ausmaß *nt;* **prendre de l'~** *événement:* an Bedeutung gewinnen; *manifestation:* sich ausweiten

ampli [ɑ̃pli] *m fam abr de* **amplificateur** Verstärker *m*

amplificateur [ɑ̃plifikatœʀ] *m* PHYS, RADIO Verstärker *m;* PHOT Vergrößerungsapparat *m;* **~ de 30 watts** 30-Watt-Verstärker *m;* **~ basse/haute fréquence** Nieder-/Hochfrequenzverstärker

amplification [ɑ̃plifikasjɔ̃] *f* ❶ (*action*) *d'un mouvement* Ausweitung *f; d'un son* Verstärken *nt; d'une image* Vergrößern *nt*
❷ (*résultat*) *d'un son* Verstärkung *f; d'une image* Vergrößerung *f; d'un texte, discours* Weitschweifigkeit *f*
❸ (*développement*) *d'une idée, d'un thème* Weiterentwicklung *f*
❹ (*exagération*) **l'~ médiatique d'un scandale** das Aufbauschen eines Skandals durch die Medien

amplifier [ɑ̃plifje] <1a> **I.** *vt* ❶ verstärken *son, courant;* vergrößern *image*
❷ (*développer*) verstärken *échanges, coopération, tendance;* verbreiten *idée;* erweitern *texte, thème;* **ceci a amplifié le mouvement/la manifestation** dadurch hat sich die Bewegung/Demonstration ausgeweitet
❸ (*exagérer*) aufblähen *texte, thème;* aufbauschen *incident*
II. *vpr* **s'~** *bruit:* anschwellen; *échange:* sich intensivieren; *mouvement, scandale:* sich ausweiten; *tendance:* zunehmen; *idée:* sich ausbreiten

amplitude [ɑ̃plityd] *f* ❶ PHYS, GEOM, METEO Amplitude *f;* **~ thermique** Temperaturamplitude; **~ d'un arc** Spannweite *f* eines Bogens
❷ (*ampleur*) Ausmaß *nt*

ampoule [ɑ̃pul] *f* ❶ ELEC [Glüh]birne *f;* **~ électrique de 40 watts** 40-Watt-Birne *f;* **~ de flash** Blitzlichtbirne; **~ à baïonnette** [Glüh]birne mit Bajonettfassung
❷ PHARM Ampulle *f;* **~ buvable autocassable** Trinkampulle mit Sollbruchstelle
❸ (*cloque*) Blase *f*

ampoulé(e) [ɑ̃pule] *adj style* aufgeblasen

amputation [ɑ̃pytasjɔ̃] *f* ❶ ANAT Amputation *f;* **procéder à l'~ d'une jambe** eine Beinamputation vornehmen
❷ (*diminution*) *d'un texte, roman* Kürzung *f;* (*mutilation*) Verstümmelung *f; d'un budget* Kürzung *f; d'un capital* Minderung *f; du territoire national* Verkleinerung *f*

amputé(e) [ɑ̃pyte] *m(f)* Amputierte(r) *f(m);* **un ~ du bras/de la jambe** ein Arm-/Beinamputierter

amputer [ɑ̃pyte] <1> *vt* ❶ ANAT amputieren; **~ qn de sa jambe** jdm das Bein amputieren [*o* abnehmen]; **être amputé(e) d'un bras** armamputiert sein
❷ *fig* **~ un texte d'une partie** einen Text um einen Teil kürzen; **~ une fortune** ein Vermögen verringern

amuïr [amɥiʀ] <8> *vpr* PHON **s'~** *voyelle, consonne, syllabe:* verstummen

amulette [amylɛt] *f* Amulett *nt*

amusant(e) [amyzɑ̃, ɑ̃t] *adj* ❶ (*divertissant*) *jeu* unterhaltsam; *travail, vacances* abwechslungsreich
❷ (*drôle*) amüsant, lustig; **l'~, c'est que** das Amüsante [*o* Witzige] [an der Sache] ist, dass; **l'~, c'est de faire qc** der Spaß besteht darin etw zu tun; **cela n'a rien d'~** das ist alles andere als lustig; **il n'est pas très ~** er ist nicht besonders lustig; (*il est difficile à vivre*) er ist nicht sehr umgänglich
❸ (*curieux*) witzig (*fam*)

amuse-gueule [amyzgœl] <amuse-gueule[s]> *m fam* Knabbereien *Pl;* (*petit sandwich*) Appetithäppchen *nt*

amusement [amyzmɑ̃] *m* ❶ (*divertissement*) Zeitvertreib *m,* Vergnügen *nt;* **servir à l'~ des enfants** den Kindern zum Zeitvertreib dienen
❷ (*plaisir*) Vergnügen *nt,* Spaß *m;* **faire qc par ~/pour son ~ personnel** etw zum/zu seinem eigenen Vergnügen tun
❸ (*moquerie*) Belustigung *f,* Erheiterung *f;* **écouter qn avec ~** jdm amüsiert zuhören

amuser [amyze] <1> **I.** *vt* ❶ (*divertir*) unterhalten; *activité:* Spaß [*o* Vergnügen] machen
❷ (*faire rire*) zum Lachen bringen, amüsieren; **cette remarque l'amuse** er/sie findet diese Bemerkung lustig; **ça ne m'amuse pas du tout** ich finde das gar nicht witzig
❸ (*détourner l'attention*) ablenken
II. *vpr* **s'~** ❶ (*jouer*) spielen, sich vergnügen; **s'~ avec qn/qc** mit jdm/etw spielen; **s'~ d'un rien** verspielt sein
❷ (*se divertir*) **bien s'~** sich gut amüsieren; (*à une soirée*) sich gut unterhalten; **amuse-toi/amusez-vous bien!** viel Spaß!; **si ça t'amuse** wenn's dir Spaß macht; **s'~ à qc** etw zum Spaß tun; **qn s'amuse à faire qc** es macht jdm Spaß etw zu tun
❸ (*batifoler*) sich amüsieren
❹ (*traîner*) [herum]trödeln (*fam*)

amusette [amyzɛt] *f* BELG *fam* (*personne frivole*) Luftikus *m* (*hum*)

amuseur, **-euse** [amyzœʀ, -øz] *m, f* ~ **public/amuseuse publique** Alleinunterhalter(in) *m(f)*; (*à la télé*) Entertainer(in) *m(f)*
amygdale [amidal] *f* Mandel *f*
an [ɑ̃] *m* ❶ (*durée*) Jahr *nt*; **six ~s de travail** sechs Jahre Arbeit; **amitié de vingt ~s** zwanzigjährige Freundschaft; **après cinq ~s de vie commune** nach fünfjährigem Zusammenleben
❷ (*âge*) Jahr *nt*; **avoir cinq ~s** fünf [Jahre alt] sein; **à quarante ~s** mit vierzig [Jahren]; **homme de cinquante ~s** fünfzigjähriger Mann; **fêter ses vingt ~s** seinen/ihren zwanzigsten Geburtstag feiern; **ne plus avoir vingt ~s** keine zwanzig mehr sein (*fam*)
❸ (*point du temps*) Jahr *nt*; **l'~ dernier/prochain** letztes/nächstes Jahr; **tous les ~s** jedes Jahr; **par ~** im [*o* pro] Jahr, jährlich; **en l'~ 200 avant Jésus-Christ** [im Jahr] 200 vor Christus; **le nouvel ~, le premier de l'~** Neujahr *nt*, der Neujahrstag; **au nouvel ~** an [*o* zu] Neujahr
▸ **bon ~, mal ~** alles in allem; **qn se moque de qc comme de l'~ quarante** etw lässt jdn [völlig] kalt (*fam*); **durer/attendre cent sept ~s** eine Ewigkeit dauern/warten
anabaptiste [anabatist] *mf* REL Anabaptist *m*
anabolisant [anabɔlizɑ̃] *m* MED Anabolikum *nt meist Pl*
anachorète [anakɔʀɛt] *m* HIST, ECCL Anachoret *m*
anachronique [anakʀɔnik] *adj* anachronistisch (*geh*)
anachronisme [anakʀɔnism] *m* Anachronismus *m* (*geh*); **il y a un ~ dans qc** etw ist anachronistisch (*geh*)
anacoluthe [anakɔlyt] *f* Anakoluth, nt o m
anaconda [anakɔ̃da] *m* ZOOL Anakonda *f*
anaérobie [anaeʀɔbi] *adj organisme, bactérie* anaerob, ohne Sauerstoff lebend
anagramme [anagʀam] *f* Anagramm *nt*; **faire une ~** ein Anagramm bilden
anal(e) [anal, o] <-aux> *adj* anal
analeptique [analɛptik] *adj* MED stärkend
analgésique [analʒezik] **I.** *adj* schmerzstillend
II. *m* Schmerzmittel *nt*
analogie [analɔʒi] *f* Analogie *f*; **il y a une ~ entre deux choses** zwei Dinge weisen eine Analogie auf; **il y a une ~ dans la conjugaison de ces verbes** diese Verben werden analog konjugiert; **il y a une ~ de caractères chez ces deux enfants** die beiden Kinder sind sich vom Charakter her ähnlich; **par ~** analog; **penser par ~** in Analogien denken; **raisonner par ~** einen Analogieschluss ziehen
analogique [analɔʒik] *adj* analog
analogue [analɔg] **I.** *adj* analog, ähnlich, vergleichbar; **les propriétés de ces deux médicaments sont ~s** diese beiden Medikamente haben vergleichbare Eigenschaften; **il a eu une idée ~ à la mienne** er hatte eine ähnliche Idee wie ich
II. *m* Entsprechung *f*; **sans ~** einzigartig
analphabète [analfabɛt] **I.** *adj* des Lesens und Schreibens unkundig; **être ~** nicht lesen und schreiben können
II. *mf* Analphabet(in) *m(f)*
analphabétisme [analfabetism] *m* (*état de l'analphabète*) Analphabetismus *m*; (*état des analphabètes d'un pays*) Analphabetentum *nt*
analysable [analizabl] *adj* analysierbar, [genauer] bestimmbar; **être ~** sich bestimmen [*o* analysieren] lassen
analyse [analiz] *f* ❶ Analyse *f*; **faire l'~ de qc** etw analysieren
❷ MED Untersuchung *f*; **~ de sang/des urines** Blut-/Urinuntersuchung; **laboratoire d'~s** [Untersuchungs]labor *nt*; **se faire faire des ~s** Laboruntersuchungen machen lassen
❸ PSYCH [Psycho]analyse *f*; **faire une ~** eine Analyse machen; **être en ~** [*o* **en cours d'~**] in psychoanalytischer Behandlung sein
❹ MATH Analysis *f*
❺ CHIM, LING, LOGIQUE Analyse *f*; **~ grammaticale/logique** grammatische Analyse/Satzanalyse; **avoir l'esprit d'~** analytisch vorgehen [*o* denken] können
❻ ECON Analyse *f*; **~ de marché/du travail** Markt-/Arbeitsanalyse
analyser [analize] <1> *vt* analysieren; GRAM bestimmen *mot;* MATH, MED untersuchen; **se faire ~** PSYCH eine Analyse machen
analyste [analist] **I.** *mf* ❶ Analytiker(in) *m(f)*; **~ financier(-ière)** Bilanzanalytiker(in), Analyst(in) *m(f)*
❷ PSYCH [Psycho]analytiker(in) *m(f)*
II. *app* MATH, CHIM **mathématicien ~** Analysisexperte *m*; **chimiste ~** Experte *m* für chemische Analysen
analyste-programmeur, **-euse** [analist(ə)pʀɔgʀamœʀ, -øz] <analystes-programmeurs> *m, f* Systemanalytiker(in) *m(f)*
analytique [analitik] *adj* analytisch; **avoir l'esprit ~** analytisch vorgehen [*o* denken] können; **table ~** Inhaltsübersicht *f* (*ausführlicher als ein Inhaltsverzeichnis*)
anamnèse [anamnɛz] *f* MED Anamnese *f*
ananas [anana(s)] *m* Ananas *f*
anaphore [anafɔʀ] *f* Anapher *f*
anar [anaʀ] *abr de* **anarchiste**
anarchie [anaʀʃi] *f* ❶ POL Anarchie *f*; **c'est l'~** es herrscht Anarchie; **être dans l'~** in Anarchie versinken
❷ (*pagaïe*) Chaos *nt*
❸ POL, PHILOS (*anarchisme*) Anarchismus *m*
anarchique [anaʀʃik] *adj* chaotisch, anarchisch
anarchisme [anaʀʃism] *m* ❶ (*anarchie*) Anarchie *f*
❷ PHILOS, POL (*doctrine, refus de toute règle*) Anarchismus *m*
anarchiste [anaʀʃist] **I.** *adj* anarchistisch; **être ~** *personne:* ein Anarchist/eine Anarchistin sein
II. *mf* Anarchist(in) *m(f)*
anastomose [anastɔmoz] *f* ANAT, BOT Anastomose *f*
anathème [anatɛm] **I.** *m* Exkommunikation *f*, Anathem[a] *nt* (*Fachspr.*); HIST Kirchenbann *m*; **prononcer l'~ contre qn** jdn exkommunizieren; HIST jdn mit dem Kirchenbann belegen; **jeter l'~ sur qn/qc** *fig* jdn/etw [in Grund und Boden] verdammen
II. *mf* (*excommunié*) Exkommunizierte(r) *f(m)*; HIST mit dem Kirchenbann Belegte(r) *f(m)*
Anatolie [anatoli] *f* **l'~** Anatolien *nt*
anatomie [anatɔmi] *f* ❶ Anatomie *f*; **~ humaine/animale** menschliche Anatomie/Anatomie der Tiere
❷ *fam* (*corps*) Körperbau *m*; **avoir une belle ~** gut gebaut sein
anatomique [anatɔmik] *adj* anatomisch
anatomiste [anatɔmist] *mf* Anatom(in) *m(f)*
ancestral(e) [ɑ̃sɛstʀal, o] <-aux> *adj* alt[überliefert], der Vorfahren
ancêtre [ɑ̃sɛtʀ] **I.** *mf* ❶ (*aïeul*) Vorfahr(in) *m(f)*; (*à l'origine d'une famille*) Urahn(in) *m(f)*
❷ (*précurseur*) *d'un genre artistique, objet* Vorläufer(in) *m(f)*
❸ *fam* (*vieillard*) alter Mann/alte Frau; **les ~s** die Alten
II. *mpl* HIST Vorfahren *Pl*
anche [ɑ̃ʃ] *f* MUS Rohrblatt *nt*
anchois [ɑ̃ʃwa] *m* Sardelle *f*, Anschovis *f* (*Fachspr.*)
ancien [ɑ̃sjɛ̃] *m* ❶ (*objets*) **l'~ et le moderne** Antikes und Modernes
❷ (*personnes*) **les ~s** die Alten; HIST (*peuples/écrivains*) die Völker/Schriftsteller des Altertums; **il faut respecter les ~s** man muss das Alter ehren
❸ (*collaborateur*) Altgediente(r) *m*; **être un ~ dans l'entreprise** schon lange zum Unternehmen gehören
ancien(ne) [ɑ̃sjɛ̃, jɛn] *adj* ❶ (*vieux*) *bâtiment, coutume* alt; *objet d'art* antik; *livre* antiquarisch
❷ *antéposé* (*ex-*) ehemalig, früher; **~ne élève** Ehemalige *f*
❸ (*antique*) *culture, peuple* antik; **dans des temps très ~s** in grauer Vorzeit
❹ (*qui a de l'ancienneté*) **être ~ dans le métier** schon lange im Beruf sein; **il est plus ~ que moi** er ist [schon] länger dabei als ich

ancienne [ɑ̃sjɛn] *f* ❶ (*personne*) **les ~s** die Alten; (*collaboratrices*) die Altgedienten; **être une ~ dans l'entreprise** schon lange zum Unternehmen gehören
❷ GASTR **à l'~** nach altem Rezept
anciennement [ɑ̃sjɛnmɑ̃] *adv* (*autrefois*) früher; (*dans les temps anciens*) einst (*geh*)
ancienneté [ɑ̃sjɛnte] *f* (*dans la fonction publique*) Dienstalter *nt;* (*dans une entreprise*) Betriebszugehörigkeit *f;* **avoir 8 ans d'~ dans la maison** seit 8 Jahren zur Firma gehören; **à l'~** dem Dienstalter/der Betriebszugehörigkeit nach
ancillaire [ɑ̃silɛʀ] *adj hum* **des amours ~s** Liebschaften mit Dienstmädchen
ancolie [ɑ̃kɔli] *f* BOT Akelei *f*
ancrage [ɑ̃kʀaʒ] *m* ❶ NAUT Ankerplatz *m*
❷ (*action, manière d'ancrer*) Verankerung *f*
ancre [ɑ̃kʀ] *f* Anker *m;* **être à l'~** vor Anker liegen
▶ **jeter l'~** vor Anker gehen; *fig* vor Anker gehen (*fam*), sich niederlassen; **lever l'~** den Anker lichten; *fig fam* aufbrechen
ancrer [ɑ̃kʀe] <1> **I.** *vt* ❶ verankern; **être ancré(e) dans la rade** auf der Reede liegen
❷ (*enraciner*) **être ancré(e) dans qc** in etw (*Dat*) [fest] verankert sein; **il a cette idée ancrée dans la tête** diese Idee hat sich in seinem Kopf festgesetzt
II. *vpr* ❶ **s'~** ankern
❷ (*s'enraciner*) **s'~ dans qc** sich in etw (*Dat*) festsetzen
andalou(se) [ɑ̃dalu, uz] *adj* andalusisch
Andalousie [ɑ̃daluzi] *f* **l'~** Andalusien *nt*
andante [ɑ̃dɑ̃t, andante] MUS **I.** *adv* (*indication de tempo*) andante
II. *m* (*morceau*) Andante *nt*
Andes [ɑ̃d] *fpl* **les** [*o* **la cordillère des**] **~** die Anden
andin(e) [ɑ̃dɛ̃, in] *adj* andin
andorran(e) [ɑ̃dɔʀɑ̃, an] *adj* andorranisch
Andorre [ɑ̃dɔʀ] *f* Andorra *nt*
andouille [ɑ̃duj] *f* ❶ *Wurst aus Innereien von Schwein oder Kalb*
❷ *fam* (*imbécile*) **une triple ~** ein ausgemachtes Rindvieh (*fam*); **faire l'~** den Hanswurst machen (*fam*); (*feindre l'ignorance*) sich [noch] dümmer anstellen, als man [schon] ist (*fam*)
andouiller [ɑ̃duje] *m des bois* [Geweih]Ende *nt*
andouillette [ɑ̃dujɛt] *f Würstchen aus Innereien*
androgène [ɑ̃dʀɔʒɛn] BIO **I.** *adj* androgen
II. *m* Androgen *nt*
androgyne [ɑ̃dʀɔʒin] BIO **I.** *adj* androgyn
II. *mf* Zwitter *m*
Andromaque [ɑ̃dʀɔmak] *f* Andromache *f*
Andromède [ɑ̃dʀɔmɛd] *f* Andromeda *f*
âne [ɑn] *m* ❶ ZOOL Esel *m*
❷ (*imbécile*) **quel ~!** so ein Esel!
▶ **être têtu(e) comme un ~** störrisch wie ein Esel sein
anéantir [aneɑ̃tiʀ] <8> **I.** *vt* ❶ (*détruire*) vernichten *ennemi;* aufreiben *armée;* dem Erdboden gleichmachen *ville;* zunichte machen *effort, espoir*
❷ (*déprimer, accabler*) niederdrücken; *mauvaise nouvelle:* niederschmettern; **la chaleur/fatigue/le chagrin l'anéantit** er/sie vergeht [fast] vor Hitze/Müdigkeit/Kummer
II. *vpr* **s'~** schwinden (*geh*); *volonté:* ins Wanken geraten
anéantissement [aneɑ̃tismɑ̃] *m* ❶ Vernichtung *f,* Zerstörung *f*
❷ (*fatigue*) Erschöpfung *f;* (*abattement*) Niedergeschlagenheit *f;* **être dans un état d'~ complet** völlig am Boden zerstört sein
anecdote [anɛkdɔt] *f* Anekdote *f;* **pour l'~** als Anekdote
anecdotique [anɛkdɔtik] *adj* ❶ anekdotisch
❷ *péj* (*peu important*) belanglos; **peinture/portrait ~** Genremalerei *f*/-bild *nt*
anémie [anemi] *f* ❶ MED Anämie *f,* Blutarmut *f*
❷ (*crise*) Flaute *f,* Depression *f;* **~ de la production** Produktionsrückgang *m*
anémié(e) [anemje] *adj* **être ~(e)** geschwächt sein
anémier [anemje] <1a> *vt a. fig* schwächen
anémique [anemik] *adj* anämisch
anémomètre [anemɔmɛtʀ] *m* Anemometer *nt*
anémone [anemɔn] *f* Anemone *f*
◆ **~ de mer** ZOOL Seeanemone *f*
ânerie [ɑnʀi] *f* Dummheit *f;* **ne dire que des ~s** nur Unsinn reden [*o* erzählen]; **faire des ~s** Dummheiten machen; (*ne pas savoir se conduire*) sich daneben benehmen (*fam*)
ânesse [ɑnɛs] *f* Eselin *f;* **lait d'~** Eselsmilch *f*
anesthésie [anɛstezi] *f* Anästhesie *f* (*Fachspr.*), Narkose *f;* **à l'~** in der Narkose; **sous ~** unter Narkose; **être encore sous ~** noch in [der] Narkose liegen; *dent, membre:* noch betäubt sein; **~ générale/locale** Vollnarkose/örtliche Betäubung; **pratiquer une ~ locale de qc** etw örtlich betäuben; **on lui a fait une ~ péridurale** sie hat eine Periduralanästhesie bekommen
anesthésier [anɛstezje] <1a> *vt* anästhesieren (*Fachspr.*), betäuben; **avoir peur d'être anesthésié(e)** Angst vor der Narkose haben; **on l'a anesthésié à 8 heures** um 8 Uhr hat er seine Narkose bekommen
anesthésique [anɛstezik] MED **I.** *adj* anästhetisch
II. *m* Anästhetikum *nt*
anesthésiste [anɛstezist] **I.** *mf* Narkosearzt *m*/-ärztin *f,* Anästhesist(in) *m(f)* (*Fachspr.*)
II. *app* **médecin ~** Narkosearzt *m*/-ärztin *f,* Anästhesist(in) *m(f)* (*Fachspr.*); **infirmier(-ière) ~** Anästhesiepfleger *m*/-schwester *f;* **assistant ~** Anästhesieassistent *m*
aneth [anɛt] *m* BOT Dill *m*
anévrisme [anevʀism] MED *m* Aneurysma *nt*
anfractuosité [ɑ̃fʀaktɥozite] *f* Vertiefung *f*
ange [ɑ̃ʒ] *m* ❶ Engel *m*
❷ (*personne*) Engel *m;* **mon ~** mein Engel; **être un ~ de bonté/de patience** von engelhafter Güte sein/eine Engelsgeduld haben; **être le bon/le mauvais ~ de qn** jds guter/böser Geist sein
▶ **~ gardien** Schutzengel *m;* (*garde du corps*) Leibwächter *m;* **être aux ~s** im siebten Himmel sein; **dormir comme un ~** wie ein Engel schlafen; **un ~ passe** ein Engel fliegt/geht durchs Zimmer
angélique[1] [ɑ̃ʒelik] *adj* (*opp: diabolique*) engelhaft
angélique[2] [ɑ̃ʒelik] *f* ❶ BOT Engelwurz *f,* Angelika *f*
❷ GASTR kandierte Engelwurz
angelot [ɑ̃ʒ(ə)lo] *m* Putte *f,* Engelchen *nt*
angélus [ɑ̃ʒelys] *m* Angelusläuten *nt*
angine [ɑ̃ʒin] *f* Angina *f;* **~ rouge/blanche** Halsentzündung *f*/eitrige Angina
◆ **~ de poitrine** Angina pectoris *f*
angiome [ɑ̃ʒjom] *m* MED Angiom *nt*
angiospermes [ɑ̃ʒjospɛʀm] *fpl* BOT Angiospermen *Pl*
anglais [ɑ̃glɛ] *m* **l'~** Englisch *nt,* das Englische; *v. a.* **allemand**
anglais(e) [ɑ̃glɛ, ɛz] *adj* englisch; **à l'~e** GASTR [auf] englisch[e Art]; ART *ameublement* im englischen Stil
▶ **filer à l'~e** sich [auf] französisch verabschieden
Anglais(e) [ɑ̃glɛ, ɛz] *m(f)* Engländer(in) *m(f)*
angle [ɑ̃gl] *m* ❶ (*coin*) Ecke *f;* **la maison qui fait l'~** das Eckhaus; **aller à l'~ de la rue Napoléon** bis zur Ecke Napoleonstraße gehen
❷ GEOM, PHOT, OPT Winkel *m;* **~ droit/aigu/obtus/plat** rechter/spitzer/stumpfer/gestreckter Winkel; **~ mort** toter Winkel; **objectif à grand ~** Weitwinkelobjektiv *nt*
❸ (*point de vue*) Blickwinkel *m,* Aspekt *m;* **vu(e) sous cet ~** unter diesem Gesichtspunkt betrachtet; **vu(e) sous un certain ~** in gewisser Hinsicht
▶ **arrondir les ~s** für einen Ausgleich sorgen, ausgleichend wirken
◆ **~ de braquage** [maximaler] Einschlagwinkel; **~ de réfraction** Brechungswinkel *m*
Angleterre [ɑ̃glətɛʀ] *f* **l'~** England *nt*

anglican [ɑ̃glikɑ̃] *adj* anglikanisch
anglicanisme [ɑ̃glikanism] *m* Anglikanismus *m*
Angliche [ɑ̃gliʃ] *fam* **I.** *adj* englisch
II. *mf* Engländer(in) *m(f)*
angliciser [ɑ̃glicize] <1> *vt* anglisieren
anglicisme [ɑ̃glisism] *m* (*emprunt*) Anglizismus *m*
angliciste [ɑ̃glisist] *mf* Anglist(in) *m(f)*; (*étudiant*) Anglistikstudent(in) *m(f)*
anglo-américain [ɑ̃gloameʀikɛ̃] *m* **l'**~ amerikanisches Englisch, das amerikanische Englisch; *v. a.* **allemand anglo-américain(e)** [ɑ̃gloameʀikɛ̃] <anglo-américains> *adj* angloamerikanisch **anglo-canadien(ne)** [ɑ̃glokanadjɛ̃, jɛn] <anglo-canadiens> *adj* anglokanadisch **Anglo-Canadien(ne)** [ɑ̃glokanadjɛ̃, jɛn] <Anglo-Canadiens> *m(f)* Anglokanadier(in) *m(f)*
anglomanie [ɑ̃glɔmani] *f* Anglomanie *f*
anglo-normand [ɑ̃glonɔʀmɑ̃] *m* **l'**~ (*dialecte*) Anglonormannisch *nt*, das Anglonormannische, Anglofranzösisch *nt*, das Anglofranzösische; *v. a.* **allemand anglo-normand(e)** [ɑ̃glonɔʀmɑ̃, ɑ̃d] <anglo-normands> *adj* ❶ GEOG **îles Anglo-Normandes** Kanalinseln *Pl*, Normannische Inseln ❷ ZOOL anglonormannisch
anglophile [ɑ̃glɔfil] **I.** *adj* anglophil; *politique* proenglisch
II. *mf* Anglophile(r) *f(m)*; **c'est une** ~ sie ist anglophil
anglophobe [ɑ̃glɔfɔb] **I.** *adj* anglophob; *politique* antienglisch
II. *mf* Englandgegner(in) *m(f)*; **être un** ~ antienglisch eingestellt sein
anglophone [ɑ̃glɔfɔn] **I.** *adj* englischsprechend; (*dont l'anglais est la langue maternelle*) anglophon (*geh*), englischsprachig
II. *mf* Englischsprechende(r) *f(m)*; (*dont l'anglais est la langue maternelle*) Englischsprachige(r) *f(m)*; ~ **d'Afrique** anglophoner Afrikaner
anglo-saxon(ne) [ɑ̃glosaksɔ̃, ɔn] <anglo-saxons> *adj* angelsächsisch **Anglo-Saxon(ne)** [ɑ̃glosaksɔ̃, ɔn] <Anglo-Saxons> *m(f)* Angelsachse *m*/-sächsin *f*
angoissant(e) [ɑ̃gwasɑ̃, ɑ̃t] *adj* beängstigend; *moment, jour* der Angst
angoisse [ɑ̃gwas] *f* ❶ (*peur*) Angst *f*; (*malaise*) Angstzustand *m*; **être pris(e) d'**~ Angstzustände bekommen; **sentir monter l'**~ die Angst in sich (*Dat*) aufsteigen fühlen; **vivre dans l'**~ in ständiger Angst leben; **vivre des moments d'**~ bange Minuten ausstehen; **avoir l'**~ **de qc** [panische] Angst vor etw (*Dat*) haben
❷ PHILOS Angst *f*; ~ **métaphysique** metaphysische [*o* existenzielle] Angst; ~ **de la mort** Todesangst *f*
angoissé(e) [ɑ̃gwase] **I.** *adj visage, voix, regard* angsterfüllt; *geste* angstvoll; (*craintif*) ängstlich; *personne* verängstigt; **cri** ~ Angstschrei *m*
II. *m(f)* ängstlicher Mensch
angoisser [ɑ̃gwase] <1> *vt* (*inquiéter*) ~ **qn** jdm Angst einjagen [*o* machen]; *situation, nouvelle, regard, silence:* jdn ängstigen; **cette nouvelle m'angoisse beaucoup** diese Nachricht versetzt mich in Angst und Schrecken
Angola [ɑ̃gɔla] *m* **l'**~ Angola *nt*
angora [ɑ̃gɔʀa] **I.** *adj* **laine/chèvre** ~ Angorawolle *f*/-ziege *f*
II. *m* (*chat*) Angorakatze *f*; (*lapin*) Angorahase *m*; (*laine*) Angorawolle *f*; **pull en** ~ Angorapulli *m*
anguille [ɑ̃gij] *f* Aal *m*; ~ **fumée** Räucheraal
► **il y a** ~ **sous roche** da steckt [doch] etwas dahinter (*fam*); **se faufiler comme une** ~ sich durchwinden wie ein Aal
angulaire [ɑ̃gylɛʀ] *adj forme* eckig; **distance** ~ Winkelabstand *m*
anguleux, -euse [ɑ̃gylø, -øz] *adj menton* eckig; *visage* kantig; *coude* spitz
anhydride [anidʀid] *m* CHIM Anhydrid *nt*
anicroche [anikʀɔʃ] *f* [kleiner] Zwischenfall; **se dérouler** [*o* **se passer**] **sans** ~ ohne Zwischenfälle [*o* reibungslos] verlaufen
aniline [anilin] *f* CHIM Anilin *nt*
animal [animal, o] <-aux> *m* ❶ Tier *nt*; ~ **domestique** Haustier; **animaux sauvages** wilde Tiere
❷ (*être humain*) [Lebe]wesen *nt*; **l'homme est un** ~ **sociable** der Mensch ist ein soziales Wesen
❸ (*personne stupide*) Rindvieh *nt* (*fam*); (*personne brutale*) Rohling *m*
animal(e) [animal, o] <-aux> *adj* ❶ *matières* tierisch; *fonctions* animalisch; **règne** ~ Tierreich *nt*
❷ (*rapporté à l'homme*) *instinct, comportement* tierhaft; *confiance* instinktiv
❸ *péj* (*bestial*) animalisch
animalerie [animalʀi] *f* (*magasin*) Tierhandlung *f*
animalier, -ière [animalje, -jɛʀ] **I.** *m, f* ❶ (*peintre*) Tiermaler(in) *m(f)*; (*sculpteur*) Tierbildhauer(in) *m(f)*
❷ (*dans un laboratoire*) [Versuchs]tierpfleger(in) *m(f)*
II. *app* **peintre** ~ Tiermaler(in) *m(f)*; **sculpteur** ~ Tierbildhauer(in) *m(f)*
III. *adj* **parc** ~ Tierpark *m*; **documentaire** ~ Tierfilm *m*
animalité [animalite] *f* ❶ (*le règne animal*) Tierreich *nt*
❷ (*de l'homme*) das tierische Wesen
animateur, -trice [animatœʀ, -tʀis] *m, f* ❶ (*spécialiste de l'animation*) *d'un groupe* Betreuer(in) *m(f)*; *d'un club de vacances* Animateur(in) *m(f)*; *d'un club de danse, de sport* Leiter(in) *m(f)*; ~ **socioculturel/animatrice socioculturelle** Freizeitbetreuer(in)
❷ (*présentateur*) *d'un débat, jeu* Leiter(in) *m(f)*; RADIO, TV Moderator(in) *m(f)*
❸ (*personne dynamique*) *d'un projet* Motor *m*
❹ CINE Animator(in) *m(f)*
animation [animasjɔ̃] *f* ❶ (*grande activité*) *d'un bureau* [rege] Betriebsamkeit; *d'un quartier* lebhaftes Treiben; **il y a beaucoup d'**~ **dans cette rue** diese Straße ist sehr belebt
❷ (*vivacité*) *d'une discussion* Lebhaftigkeit *f*; **l'**~ **de son visage** ihr/sein lebhafter Gesichtsausdruck; **avoir de l'**~ **dans le regard** einen wachen Blick haben; **avec** ~ lebhaft; **mettre de l'**~ für Stimmung sorgen; **mettre de l'**~ **dans qc** Leben in etw (*Akk*) bringen
❸ (*excitation*) Aufregung *f*
❹ (*conduite de groupe*) Leitung *f*; ~ **culturelle** Organisation *f* kultureller Veranstaltungen
❺ CINE, INFORM Animation *f*
animé(e) [anime] *adj visage, discussion, bourse* lebhaft; *rue* belebt; **dessin** ~ Zeichentrickfilm *m*; **être** ~ Lebewesen *nt*
animer [anime] <1> **I.** *vt* ❶ (*mener*) leiten *entreprise, débat;* betreuen *groupe;* führen durch *spectacle, émission*
❷ (*mouvoir*) bewegen; **être animé(e) d'un mouvement ascendant** *fusée:* nach oben steigen; **être animé(e) d'un mouvement régulier** *balancier:* gleichmäßig hin und her schwingen
❸ (*égayer*) beleben *regard, conversation;* mit Leben erfüllen *quartier;* Stimmung bringen in (+ *Akk*) *soirée*
II. *vpr* **s'**~ *rue, yeux, traits:* sich beleben; *conversation:* lebhaft werden; *statue:* lebendig werden; **une personne/foule s'anime** in eine Person/Menge kommt Leben
animisme [animism] *m* Animismus *m*
animiste [animist] *adj* animistisch
animosité [animozite] *f* Feindseligkeit *f*, Animosität *f*; **avec** ~ feindselig; **avoir** [*o* **éprouver**] **de l'**~ **contre qn/qc** Abneigung gegen jdn/etw empfinden
anis [anis] *m* ❶ BOT Anis *m*
❷ GASTR Anis *m*; **à l'**~ mit Anisgeschmack; **parfumé à l'**~ mit Anisaroma; **des** [**bonbons à l'**]~ Anisbonbons *Pl*
❸ (*boisson*) [**liqueur d'**]~ Anislikör *m*
aniser [anise] <1> *vt* mit Anis aromatisieren
anisette [anizɛt] *f* Anisette *m*
ankylose [ɑ̃kiloz] *f* Gelenkversteifung *f*, Ankylose *f* (*Fachspr.*)
ankyloser [ɑ̃kiloze] <1> **I.** *vt a. fig* steif werden lassen; **jambe ankylosée/bras ankylosé** steifes Bein/steifer Arm; **j'ai les**

jambes ankylosées meine Beine sind ganz steif; **l'arthrite/le manque d'activité l'a ankylosé** durch die Arthritis/den Mangel an Bewegung ist er ganz steif geworden
II. *vpr* **s'~** ❶ (*devenir raide*) steif werden; *personne:* [völlig] ungelenkig werden
❷ (*devenir inactif*) einrosten (*fam*)

annales [anal] *fpl* ❶ (*chronique*) Annalen *Pl;* **faire les ~ de la Révolution** die Annalen der Revolution schreiben
❷ (*histoire*) **rester dans les ~** in die Annalen eingehen (*geh*)
❸ (*titre de périodiques*) Annalen *Pl,* Jahrbücher *Pl*

anneau [ano] <x> *m* ❶ (*cercle, boucle*) Ring *m;* **~x de rideaux** Vorhangringe; **~ d'un porte-clés** Schlüsselring *m*
❷ (*bague*) Ring *m;* **~ de mariage en or** goldener Ehering [*o* Trauring]
❸ (*maillon*) Glied *nt*
❹ ZOOL *d'un ver* Segment *nt*
❺ *pl* SPORT Ringe *Pl*
❻ ASTRON Ring *m;* **~x de Saturne/Jupiter** Saturn-/Jupiterringe
❼ GEOM **~ sphérique** Kugelzone *f*

année [ane] *f* ❶ (*durée*) Jahr *nt;* **~ civile/bissextile** Kalender-/Schaltjahr; **deux ~s de perdues** zwei verlorene Jahre; **une ~ de réserves** Vorräte für ein Jahr; **une ~ de travail** ein Jahr Arbeit; **au cours des dernières ~s** in den letzten Jahren; **bien des ~s après** Jahre später; **dans les ~s à venir** in den kommenden Jahren; **pour de longues ~s** auf Jahre hinaus; **tout au long de l'~** das ganze Jahr [lang [*o* über]]; **cela fait des ~s que ...** ... [schon] seit Jahren; es ist schon Jahre her, dass ..., vor Jahren ...
❷ (*âge*) Lebensjahr *nt*
❸ (*période d'activité*) **~ scolaire** [Schul]jahr *nt;* **~ universitaire** akademisches Jahr; **~ de service** [*o* **d'ancienneté**] Dienstjahr *nt;* **~ théâtrale** Spielzeit *f;* **~ sabbatique** (*à l'université*) einjähriger Forschungsurlaub; (*dans une entreprise, une administration*) ein Jahr [unbezahlter] Bildungsurlaub; REL Sabbatjahr *nt;* **avoir cinq ~s de service chez un médecin** fünf Jahre bei einem Arzt gearbeitet haben
❹ (*date*) Jahr *nt;* **l'~ prochaine/dernière/passée** nächstes/letztes/vergangenes Jahr; **en début/en fin d'~** [am] Anfang/Ende des Jahres; **d'une ~ à l'autre** von einem Jahr zum anderen; **l'~ 1789** [das Jahr] 1789; **les ~s trente** die dreißiger Jahre; **1985, c'est une bonne ~ pour le Bordeaux** 1985 ist beim Bordeaux ein guter Jahrgang; **bonne ~!** ein gutes neues Jahr!; **bonne ~, bonne santé!** ein gesundes neues Jahr!; **souhaiter la bonne ~ à qn** jdm ein gutes neues Jahr wünschen
► **les ~s de plomb** *die vom Terrorismus geprägten Jahre 1970-1980;* **les ~s folles** die goldenen zwanziger Jahre
◆ **~ de naissance** Geburtsjahr *nt*

année-lumière [anelymjɛʀ] <années-lumière> *f* Lichtjahr *nt*

annelé(e) [an(ə)le] *adj* geringelt

annélides [anelid] *mpl* ZOOL Ringelwürmer *Pl,* Anneliden *Pl* (*Fachspr.*)

annexe [anɛks] **I.** *adj* ❶ (*secondaire*) *considération* zweitrangig; *remarque* beiläufig; **frais/dépenses ~s** Nebenkosten/-ausgaben *Pl*
❷ (*attaché à*) *document* beigefügt; **bâtiment ~** Nebengebäude *nt;* **pièce ~ d'un dossier** Anlage *f* eines Dossiers; **habiter dans un logement ~** in einer Wohnung nebenan wohnen
II. *f* ❶ CONSTR Nebengebäude *nt*
❷ (*document additif*) Anhang *m;* **~ d'un contrat/traité** Zusatz *m* [*o* Anhang] zu einem Vertrag; **nous joignons en ~ de la présente ...** als Anlage [zum vorliegenden Brief] fügen wir ... bei

annexer [anɛkse] <1> *vt* ❶ (*s'approprier*) annektieren *territoire, pays;* **~ un territoire à son État** seinem Staatsgebiet ein Gebiet einverleiben
❷ (*ajouter*) **~ un document à un dossier** den Akten ein Dokument beifügen

annexion [anɛksjɔ̃] *f d'un pays, territoire* Annexion *f,* Annektierung *f*

annihilation [aniilasjɔ̃] *f* ❶ (*anéantissement*) *des projets* Zunichtemachung *f*
❷ PHYS Annihilation *f*

annihiler [aniile] <1> *vt* zunichte machen *efforts, espoir;* zerstören *vie;* brechen *volonté;* **le chagrin l'a complètement annihilé** der Kummer hat ihn ganz zermürbt

anniversaire [anivɛʀsɛʀ] **I.** *adj* **jour ~** Jahrestag *m,* Gedenktag *m;* **cérémonie ~** Gedenkfeier *f; d'une association, entreprise* Jubiläumsfeier *f;* **le jour ~ de leurs 50 ans de mariage** ihr fünfzigster Hochzeitstag; **la cérémonie ~ de l'armistice** die Feier[lichkeiten] zum Jahrestag des Waffenstillstands
II. *m d'une personne* Geburtstag *m; d'un événement* Jahrestag; (*dans une association, entreprise*) Jubiläum *nt;* **l'~ de mariage/de la mort** der Hochzeitstag/Todestag *m;* **bon ~!** alles Gute zum Geburtstag!

annonce [anɔ̃s] *f* ❶ *d'un événement imminent* Ankündigung *f*
❷ (*action d'informer*) Bekanntgabe *f*
❸ (*information officielle*) Mitteilung *f;* (*transmise par les médias*) Meldung *f;* **l'~ de son licenciement nous a surpris** die Nachricht von seiner/ihrer Entlassung hat uns überrascht
❹ (*texte*) Anzeige *f,* Inserat *nt;* **les petites ~s** (*rubrique*) die Kleinanzeigen, der Anzeigenteil; **~ publicitaire** (*dans la presse*) Anzeige; (*à la radio, télé*) Werbung *f,* Reklame *f;* **mettre** [*o* **passer**] **une ~ dans un journal** [in einer Zeitung] inserieren, eine Annonce [in einer Zeitung] aufgeben; **faire une ~ publicitaire par affiches** Plakatwerbung machen
❺ (*présage*) Vorbote *m;* (*indice*) Anzeichen *nt*
❻ CARTES Ansage *f*

annoncer [anɔ̃se] <2> **I.** *vt* ❶ (*communiquer*) bekanntgeben, mitteilen *fait, décision;* (*à la radio, la TV*) melden *fait, décision;* ankündigen *événement imminent*
❷ (*signaler l'arrivée de qn*) **~ qn** jdn melden
❸ (*prédire*) ankündigen; **on annonce du soleil pour demain** für morgen ist Sonne[nschein] vorhergesagt
❹ (*être le signe de*) Vorbote sein für *printemps; signal:* verkünden; **cela n'annonce rien de bon** das verheißt nichts Gutes
❺ CARTES ansagen
II. *vpr* ❶ (*arriver*) **s'~** sich ankündigen, sich abzeichnen; *été:* vor der Tür stehen
❷ (*se présenter*) **ça ne s'annonce pas facile** das scheint nicht einfach zu werden; **bien/mal s'~** gut/schlecht anfangen; **ça s'annonce bien** es sieht gut [*o* viel versprechend] aus

annonceur, -euse [anɔ̃sœʀ, -øz] *m, f* ❶ (*speaker*) Sprecher(in) *m(f);* **être ~(-euse) à la radio/télévision** Rundfunksprecher(in)/Fernsehansager(in) *m(f)* sein
❷ (*qui passe une petite annonce*) Inserent(in) *m(f);* **être ~(-euse) pour la vente de sa voiture** sein Auto [zum Verkauf] inseriert haben
❸ (*bénéficiaire d'une publicité*) Werbetreibende(r) *f(m)*
❹ PRESSE Anzeigenkunde *m*/-kundin *f*
❺ (*sponsor*) Sponsor(in) *m(f);* **avoir besoin d'~s** *radio privée:* Werbeaufträge brauchen

annonciateur, -trice [anɔ̃sjatœʀ, -tʀis] *adj* **signe ~ de qc** Vorzeichen *nt* für etw; **être ~(-trice) de qc** [ein] [Vor]zeichen für etw sein, etw ankündigen; **des nuages ~s de pluie** Regenwolken *Pl*

Annonciation [anɔ̃sjasjɔ̃] *f* **l'~** Mariä Verkündigung *f*

annotation [anɔtasjɔ̃] *f* (*note critique ou explicative et note personnelle*) Anmerkung *f;* **~s en marge d'un texte** Randbemerkungen *Pl*

annoter [anɔte] <1> *vt* mit Anmerkungen versehen

annuaire [anɥɛʀ] *m* Jahrbuch *nt;* **~ téléphonique** [*o* **des téléphones**] Telefonbuch; **~ électronique** (*minitel*) elektronisches Telefonbuch

annuel(le) [anɥɛl] *adj* ❶ jährlich; **congé ~** Jahresurlaub *m;* **rente ~le** Jahresrente *f;* **visite ~le chez le dentiste** jährli-

cher Zahnarztbesuch
❷ (*qui dure un an*) einjährig
annuellement [anɥɛlmɑ̃] *adv* jährlich
annuité [anɥite] *f* ❶ *d'une dette* Jahresrate *f*
❷ (*paiement annuel*) jährliche Zahlung; **payer à qn une ~ de mille euros** jdm jährlich tausend Euro zahlen
❸ (*année de service*) *d'une pension, retraite* Beitragsjahr *nt;* **avoir toutes ses ~s** seine Wartezeit erfüllt haben; **être pris(e) en compte dans le calcul des ~s** auf die Wartezeit [*o* Beitragszeit] angerechnet werden
annulaire [anylɛʀ] **I.** *m* Ringfinger *m*
II. *adj* ringförmig
annulation [anylasjɔ̃] *f* *d'un voyage, d'une commande* Stornierung *f;* *d'un rendez-vous* Absage *f;* *d'un examen, résultat* Annullierung *f*
annuler [anyle] <1> **I.** *vt* ❶ (*supprimer*) rückgängig machen; bereinigen *dette;* stornieren *voyage, commande;* absagen *rendez-vous*
❷ JUR annullieren *mariage*
❸ INFORM abbrechen, canceln (*Fachspr.*)
II. *vpr* **s'~** sich [gegenseitig] aufheben
anoblir [anɔbliʀ] <8> *vt* adeln
anode [anɔd] *f* Anode *f*
anodin(e) [anɔdɛ̃, in] *adj* *personne, détail* unbedeutend; *critique, propos, blessure, remède* harmlos
anomalie [anɔmali] *f* ❶ GRAM Unregelmäßigkeit *f*
❷ (*singularité*) Anomalie *f*
❸ (*caractère inhabituel*) *d'un comportement* Ungewöhnliche(s) *nt;* (*caractère déviant*) Abnormität *f;* **les ~s dans leur comportement** ihr ungewöhnliches/abnormes Verhalten
❹ BIO Anomalie *f;* **il y a une ~ dans qc** bei etw tritt eine Anomalie auf
❺ TECH Defekt *m*
ânon [ɑnɔ̃] *m* (*très jeune âne*) Eselsfohlen *nt;* (*petit âne*) Eselchen *nt*
ânonnement [ɑnɔnmɛ̃] *m* Stottern *nt*
ânonner [ɑnɔne] <1> **I.** *vi* stockend sprechen; **il ânonne quand on l'interroge** er gerät ins Stocken, wenn man ihn fragt
II. *vt* stockend sprechen; (*en lisant*) stockend lesen; stockend aufsagen *poésie, leçon*
anonymat [anɔnima] *m* Anonymität *f;* **rester dans l'~** anonym bleiben; **garder l'~** seine Anonymität wahren; **sous le couvert de l'~** anonym
anonyme [anɔnim] *adj* anonym; *décor, vêtement* nichts sagend; **son mobilier est plutôt ~** seine/ihre Einrichtung hat keine persönliche Note
anophèle [anɔfɛl] *m* Anopheles *f*
anorak [anɔʀak] *m* Anorak *m*
anorexie [anɔʀɛksi] *f* ❶ (*perte d'appétit*) Appetitlosigkeit *f*
❷ (*refus de s'alimenter*) **~ mentale** Magersucht *f;* **faire de l'~** magersüchtig sein
anorexigène [anɔʀɛksiʒɛn] *adj* MED appetithemmend
anorexique [anɔʀɛksik] **I.** *adj* *personne* magersüchtig; **troubles ~s** mit Appetitlosigkeit einhergehende Essstörungen
II. *mf* Magersüchtige(r) *f(m)*
anormal(e) [anɔʀmal, o] <-aux> **I.** *adj* ❶ (*inhabituel*) ungewöhnlich; **quelque chose d'~** etwas Ungewöhnliches; **être d'une pâleur ~e** ungewöhnlich blass sein
❷ (*non conforme à la règle*) anormal; *comportement* seltsam; **l'évolution de sa maladie est ~e** seine/ihre Krankheit verläuft nicht normal
❸ (*injuste*) nicht normal
II. *m(f)* ❶ (*déséquilibré*) [psychisch] Gestörte(r) *f(m);* **c'est un ~** der ist [psychisch] gestört
❷ (*enfant arriéré*) entwicklungsgestörtes Kind
anormalement [anɔʀmalmɑ̃] *adv* ungewöhnlich; **agir** [*o* **se conduire**] **~** sich nicht normal verhalten

A.N.P.E. [aɛnpeø] *f abr de* **Agence nationale pour l'emploi** (*organisme national*) nationale Arbeitsvermittlung (*entspricht der Bundesanstalt für Arbeit*); (*agence locale*) Arbeitsamt *nt*

i Land & Leute

Die **A.N.P.E.**, das staatliche Arbeitsamt, existiert in dieser Form seit 1967. Diese Behörde ist ausschließlich für die Stellenvermittlung zuständig.
Das Arbeitslosengeld – *l'allocation chômage* – wird nicht hier, sondern bei der *ASSEDIC* ausbezahlt.

anse [ɑ̃s] *f* Henkel *m*
◆ **~ [de panier]** ARCHIT Korbbogen *m*
antagonique [ɑ̃tagɔnik] *adj* gegensätzlich, antagonistisch
antagonisme [ɑ̃tagɔnism] *m* Gegensatz *m,* Antagonismus *m* (*geh*)
antagoniste [ɑ̃tagɔnist] **I.** *adj* antagonistisch; *désirs, propositions* gegensätzlich; *force, parti* gegnerisch; **les muscles ~s** die Antagonisten
II. *mf* Gegner(in) *m(f),* Widersacher(in) *m(f);* (*seulement d'une personne*) Antagonist(in) *m(f)*
antalgique [ɑ̃talʒik] *adj* MED schmerzstillend
antan [ɑ̃tɑ̃] *adj* **d'~** früher, vergangen
antarctique [ɑ̃taʀktik] **I.** *adj* antarktisch
II. *m* **l'Antarctique** die Antarktis
antécédent [ɑ̃tesedɑ̃] *m* ❶ GRAM Bezugswort *nt*
❷ PHILOS Ursache *f,* Antezedens *nt* (*Fachspr.*); **la cause est l'~ d'un fait** die Ursache geht einem Faktum voraus
❸ *pl* MED Vorgeschichte *f*
❹ *pl* (*actes du passé*) *d'une personne* Vorleben *nt;* *d'une affaire* Vorgeschichte *f;* **avoir de bons/mauvais ~s** ein untadeliges/übles Vorleben haben
antécédent(e) [ɑ̃tesedɑ̃, ɑ̃t] *adj* **~ à qc** einer S. (*Dat*) vorausgehend; **les faits ~s à qc** die Vorgeschichte einer S. (*Gen*)
Antéchrist [ɑ̃tekʀist] *m* Antichrist *m*
antédiluvien(ne) [ɑ̃tedilyvjɛ̃, jɛn] *adj fig* vorsintflutlich (*fam*)
antémémoire [ɑ̃tememwaʀ] *f* Cache[speicher] *m*
antenne [ɑ̃tɛn] *f* ❶ (*pour capter*) Antenne *f;* **l'~ d'un radar/autoradio** eine Radar-/Autoradioantenne *f;* **~ télescopique/parabolique** Teleskop-/Parabolantenne *f;* **débrancher l'~ de radio** den Antennenstecker des Radios herausziehen
❷ RADIO, TV Sender *m;* **une heure d'~** eine Stunde Sendezeit; **garder l'~** auf Sendung bleiben; **passer l'~ à qn** zu jdm [um]schalten; **à l'~** am Mikrofon; *invité:* im Studio; *correspondant:* auf Sendung; **hors ~** außerhalb der Sendung, inoffiziell; **sur notre ~/vos ~s** auf unserem/Ihrem Sender; **sur l'~ de RTL** bei RTL
❸ ZOOL Fühler *m*
❹ MIL (*poste avancé*) Vorposten *m;* **~ chirurgicale** vorgeschobene Sanitätseinheit
▶ **avoir des ~s** einen [*o* den] sechsten Sinn haben; **avoir des ~s au ministère de l'Intérieur** seine Informationsquellen im Innenministerium haben
antépénultième [ɑ̃tepenyltjɛm] *adj* vorvorletzte(r, s)
antéposé(e) [ɑ̃tepoze] *adj* vorangestellt
antérieur(e) [ɑ̃teʀjœʀ] *adj* ❶ frühere(r, s); **être ~ à qc** vor etw (*Dat*) liegen; **être ~(e) à 1900** *œuvre:* vor 1900 entstanden sein; **l'époque ~e à qc** die Zeit vor etw (*Dat*)
❷ ANAT **patte ~e/membre ~** Vorderpfote *f*/-bein *nt*
❸ PHON palatal
antérieurement [ɑ̃teʀjœʀmɑ̃] *adv* früher; **~ à qc** vor etw (*Dat*)
antérieurs [ɑ̃teʀjœʀ] *mpl* Vorderbeine *Pl*
antériorité [ɑ̃teʀjɔʀite] *f* ❶ [zeitlich] früheres Vorhandensein, Priorität *f;* **il y a ~ dans ce cas** in diesem Fall gibt es klare Prioritäten; **l'~ d'un droit par rapport à l'autre** die Priorität

eines Rechts vor einem anderen; **l'~ de cette découverte est prouvée** es ist bewiesen, dass diese Entdeckung älter ist
② GRAM Vorzeitigkeit *f*
anthère [ɑ̃tɛʀ] *f* BOT Staubbeutel *m,* Anthere *f* (*Fachspr.*)
anthologie [ɑ̃tɔlɔʒi] *f* Anthologie *f*
anthracite [ɑ̃tʀasit] **I.** *m* Anthrazit *m*
II. *app inv* [**gris**] ~ anthrazitfarben
anthrax [ɑ̃tʀaks] *m* Milzbrand *m*
anthropocentrique [ɑ̃tʀɔposɑ̃tʀik] *adj* anthropozentrisch
anthropoïde [ɑ̃tʀɔpɔid] *m* ZOOL Anthropoid[e] *m,* Menschenaffe *m*
anthropologie [ɑ̃tʀɔpɔlɔʒi] *f* Anthropologie *f*
anthropologue [ɑ̃tʀɔpɔlɔg] *mf* Anthropologe *m*/Anthropologin *f*
anthropomorphisme [ɑ̃tʀɔpɔmɔʀfism] *m* Anthropomorphismus *m*
anthropophage [ɑ̃tʀɔpɔfaʒ] **I.** *adj* kannibalisch; **tribu** ~ Kannibalenstamm *m;* **être** ~ Kannibale sein
II. *mf* Kannibale *m*/Kannibalin *f*
antiadhésif, -ive [ɑ̃tiadezif, -iv] *adj* antihaftbeschichtet
antiaérien(ne) [ɑ̃tiaeʀjɛ̃, jɛn] *adj* **canon/missile** ~ Flugabwehrkanone *f*/-rakete *f;* **abri** ~ Luftschutzraum *m;* **avion** ~ Abfangjäger *m;* **défense ~ne** Flugabwehr *f*
antialcoolique [ɑ̃tialkɔlik] *adj* **campagne** ~ Antialkoholkampagne *f*
antiallergique [ɑ̃tialɛʀʒik] *adj médicament* antiallergisch
antiaméricanisme [ɑ̃tiameʀikanism] *m* Antiamerikanismus *m*
antiatomique [ɑ̃tiatɔmik] *adj* **abri** ~ Strahlenschutzbunker *m,* Atombunker; **protection** ~ Strahlenschutz *m*
antiautoritaire [ɑ̃tiɔtɔʀitɛʀ] *adj* antiautoritär
antibiotique [ɑ̃tibjɔtik] **I.** *adj* antibiotisch
II. *m* Antibiotikum *nt*
antiblocage [ɑ̃tiblɔkaʒ] *adj inv* AUT Antiblockier-
antibrouillard [ɑ̃tibʀujaʀ] **I.** *adj* Nebel-
II. *m* Nebelscheinwerfer *m*
antibruit [ɑ̃tibʀɥi] *adj inv* Lärmschutz-; **campagne** ~ Anti-Lärm-Kampagne *f,* Lärmbekämpfungskampagne *f*
antibuée [ɑ̃tibɥe] *adj inv* um ein Beschlagen zu verhindern
anticancéreux, -euse [ɑ̃tikɑ̃seʀø, -øz] *adj* **centre** *m* ~ Krebszentrum *nt*
anti-cartel [ɑ̃tikaʀtɛl] *adj inv* kartellfeindlich
antichambre [ɑ̃tiʃɑ̃bʀ] *f* Vorzimmer *nt*
▶ **faire** ~ [im Vorzimmer] warten
antichar [ɑ̃tiʃaʀ] *adj* panzerbrechend
antichoc [ɑ̃tiʃɔk] *adj* stoßfest, stoßsicher
anticipation [ɑ̃tisipasjɔ̃] *f* ① (*prévision*) [gedankliche] Vorwegnahme
② LITTER, CINE Sciencefiction *f*
③ FIN ~ **de paiement** Vorauszahlung *f;* **par** ~ im Voraus
anticiper [ɑ̃tisipe] <1> **I.** *vi* ① (*devancer les faits*) vorgreifen; **n'anticipons pas!** wir wollen nicht vorgreifen!
② (*se représenter à l'avance*) sich in die Zukunft versetzen; (*prévoir*) gedanklich vorwegnehmen; ~ **sur le résultat de l'examen** dem Untersuchungsergebnis vorgreifen; ~ **sur une passe** einen Pass abschätzen
II. *vt* ① (*prévoir*) vorhersehen *avenir, événement;* SPORT abschätzen *trajectoire*
② (*faire par avance*) **adresser des remerciements anticipés** sich im Voraus bedanken
③ FIN im Voraus [*o* vor Fälligkeit] leisten
anticlérical(e) [ɑ̃tikleʀikal, o] <-aux> **I.** *adj* antiklerikal, kirchenfeindlich
II. *m(f)* Antiklerikale(r) *f(m),* Kirchenfeind(in) *m(f)*
anticléricalisme [ɑ̃tikleʀikalism] *m* Antiklerikalismus *m,* Kirchenfeindlichkeit *f*
anticoagulant [ɑ̃tikɔagylɑ̃] *m* Mittel *nt* gegen die Blutgerinnung
anticoagulant(e) [ɑ̃tikɔagylɑ̃, ɑ̃t] MED *adj* gegen die Blutgerinnung
anticolonialisme [ɑ̃tikɔlɔnjalism] *m* Antikolonialismus *m*
anticolonialiste [ɑ̃tikɔlɔnjalist] **I.** *adj* antikolonialistisch
II. *mf* Gegner(in) *m(f)* des Kolonialismus
anticommunisme [ɑ̃tikɔmynism] *m* Antikommunismus *m*
anticommuniste [ɑ̃tikɔmynist] **I.** *adj* antikommunistisch
II. *mf* Antikommunist(in) *m(f)*
anticonceptionnel(le) [ɑ̃tikɔ̃sɛpsjɔnɛl] *adj produit* empfängnisverhütend; *information* zur Empfängnisverhütung; **moyen** ~ Verhütungsmittel *nt;* **pilule ~le** Antibabypille *f*
anticonformisme [ɑ̃tikɔ̃fɔʀmism] *m* Antikonformismus *f*
anticonformiste [ɑ̃tikɔ̃fɔʀmist] **I.** *adj* nonkonformistisch
II. *mf* Nonkonformist(in) *m(f)*
anticonstitutionnel(le) [ɑ̃tikɔ̃stitysjɔnɛl] *adj* verfassungswidrig
anticonstitutionnellement [ɑ̃tikɔ̃stitysjɔnɛlmɑ̃] *adv* verfassungswidrig
anticorps [ɑ̃tikɔʀ] *m* Antikörper *m*
anticorrosion [ɑ̃tikɔʀozjɔ̃] *adj inv* Rostschutz-; **traitement** ~ Rostschutzbehandlung *f*
anticyclone [ɑ̃tisiklon] *m* METEO (*phénomène*) Hoch *nt;* (*zone*) Hochdruckgebiet *nt*
antidater [ɑ̃tidate] <1> *vt* zurückdatieren
antidémocratique [ɑ̃tidemɔkʀatik] *adj* ① (*peu démocratique*) undemokratisch
② (*opposé à la démocratie*) antidemokratisch, demokratiefeindlich
antidépresseur [ɑ̃tidepʀesœʀ] **I.** *adj* gegen Depressionen
II. *m* Antidepressivum *nt*
antidérapant(e) [ɑ̃tideʀapɑ̃, ɑ̃t] *adj semelle* rutschfest; *pneu* rutschsicher; **chaîne ~e** Schneekette *f*
antidiphtérique [ɑ̃tidifteʀik] *adj* MED gegen Diphterie
antidopage [ɑ̃tidɔpaʒ] *adj,* **antidoping** [ɑ̃tidɔpiŋ] *adj lutte* gegen das Doping; **contrôle** ~ Dopingkontrolle *f*
antidote [ɑ̃tidɔt] *m* ① MED Gegenmittel *nt*
② (*remède*) **un ~ à** [*o* **contre**] **qc** ein Mittel gegen etw
antidouleur [ɑ̃tidulœʀ] *adj inv* schmerzstillend
antienne [ɑ̃tjɛn] *f* ① MUS Antiphon *f,* Wechselgesang *m*
② *fig vieilli* Refrain *m*
antifasciste [ɑ̃tifaʃist, ɑ̃tifasist] **I.** *adj* antifaschistisch
II. *mf* Antifaschist(in) *m(f)*
antigang [ɑ̃tigɑ̃g] **I.** *adj* Bandenkriminalität bekämpfend
II. *m Polizist einer Einheit gegen Bandenkriminalität*
antigel [ɑ̃tiʒɛl] *m* Frostschutzmittel *nt*
Antigone [ɑ̃tigɔn] *f* Antigone *f*
antigouvernemental(e) [ɑ̃tiguvɛʀnəmɑ̃tal, o] <-aux> *adj* regierungsfeindlich
antigrève [ɑ̃tigʀɛv] *adj* **des mesures ~s** Anti-Streik-Maßnahmen *Pl*
antihéros [ɑ̃tieʀo] *m* Antiheld *m*
anti-inflammatoire [ɑ̃tiɛ̃flamatwaʀ] <anti-inflammatoires> *adj* entzündungshemmend **anti-inflationiste** [ɑ̃tiɛ̃flasjonist] *adj* antiinflationistisch
antillais(e) [ɑ̃tijɛ, jɛz] *adj* antillisch, der Antillen
Antillais(e) [ɑ̃tijɛ, ɛz] *m(f)* Bewohner(in) *m(f)* der Antillen
Antilles [ɑ̃tij] *fpl* **les** ~ die Antillen
antilope [ɑ̃tilɔp] *f* Antilope *f*
antimatière [ɑ̃timatjɛʀ] *f* Antimaterie *f*
antimilitarisme [ɑ̃timilitaʀism] *m* Antimilitarismus *m*
antimilitariste [ɑ̃timilitaʀist] **I.** *adj* antimilitaristisch
II. *mf* Antimilitarist(in) *m(f)*
antimissile [ɑ̃timisil] *adj* Raketenabwehr-
antimite [ɑ̃timit] **I.** *adj* gegen Motten; **poudre** ~ Mottenpulver *nt*
II. *m* Mottenschutzmittel *nt*
antimoine [ɑ̃timwan] *m* CHIM Antimon *nt*
antimonarchique [ɑ̃timɔnaʀʃik] *adj* monarchiefeindlich
antimonarchiste [ɑ̃timɔnaʀʃist] **I.** *adj* monarchiefeindlich

II. *mf* Gegner(in) *m(f)* der Monarchie
antinataliste [ɑ̃tinatalist] *adj* die Geburten beschränkend; **mesures ~s** Maßnahmen zur Geburtenkontrolle
antinomie [ɑ̃tinɔmi] *f* Antinomie *f*
antinucléaire [ɑ̃tinykleɛʀ] **I.** *adj* Anti-Atomkraft-
II. *mf* Atomkraftgegner(in) *m(f)*
antipape [ɑ̃tipap] *m* HIST Gegenpapst *m*
antiparasite [ɑ̃tipaʀazit] **I.** *adj* zur Entstörung
II. *m* Entstörungssystem *nt*
antipathie [ɑ̃tipati] *f* ~ **pour qn/qc** Abneigung *f* [*o* Antipathie *f*] gegen jdn/etw
antipathique [ɑ̃tipatik] *adj* unsympathisch; *comportement* unfreundlich; **être ~ à qn** jdm unsympathisch sein; *discours:* jdm unangenehm sein
antipatriotique [ɑ̃tipatʀijɔtik] *adj* unpatriotisch; *acte, parole, discours* vaterlandsfeindlich, gegen das Vaterland
antipelliculaire [ɑ̃tipelikylɛʀ] *adj* gegen Schuppen
antiphrase [ɑ̃tifʀɑz] *f* Antiphrase *f* (*Fachspr.*); **par ~** ironisch
antipode [ɑ̃tipɔd] *m* GEOG Ort *m* auf der anderen Seite der Erdkugel; **être à l'~** [*o* **aux ~s**] **de qc** einer S. (*Dat*) auf der Erdkugel diametral gegenüberliegen; **aux ~s** am anderen Ende der Welt
▸ **être à l'~** [*o* **aux ~s**] **de qn/qc** (*être différent*) das genaue Gegenteil von jdm/etw sein
antipoison [ɑ̃tipwazɔ̃] *adj inv* **centre ~** *Spezialklinik für Vergiftungen*
antipolio [ɑ̃tipɔljo] *adj inv abr de* **antipoliomyélitique** gegen Kinderlähmung
antipollution [ɑ̃tipɔlysjɔ̃] *adj inv* **campagne ~** Umweltschutzkampagne *f*
antiquaille [ɑ̃tikaj] *f péj* alter Kram (*pej*)
antiquaire [ɑ̃tikɛʀ] *mf* Antiquitätenhändler(in) *m(f)*
antique [ɑ̃tik] *adj* ❶ (*de l'Antiquité*) antik; *lieu* der Antike
❷ *a. iron* (*très ancien*) uralt
antiquité [ɑ̃tikite] **I.** *f sans pl* ❶ HIST **l'Antiquité** (*ancienne civilisation*) das Altertum; (*civilisation gréco-romaine*) die Antike
❷ (*période très reculée*) Vorzeit *f*
II. *fpl* ❶ (*œuvres d'art antiques*) Altertümer *Pl*
❷ (*objets, meubles anciens*) Antiquitäten *Pl*
antirabique [ɑ̃tiʀabik] *adj* Anti-Tollwut-, gegen die Tollwut wirkend
antiraciste [ɑ̃tiʀasist] *adj* antirassistisch
antiradiation [ɑ̃tiʀadjasjɔ̃] *adj* vor Strahlen schützend, Strahlenschutz-; **un mur ~** eine Strahlenschutzwand
antireflet [ɑ̃tiʀəflɛ] *adj couche* Antireflex-; *vitre, verre* entspiegelt
antirides [ɑ̃tiʀid] *adj* gegen Falten
antirouille [ɑ̃tiʀuj] **I.** *adj inv* Rostschutz-
II. *m* Rostschutzmittel *nt*
antisèche [ɑ̃tisɛʃ] *f fam* Spickzettel *m* (*fam*)
antisémite [ɑ̃tisemit] **I.** *adj* antisemitisch, judenfeindlich
II. *mf* Antisemit(in) *m(f)*
antisémitisme [ɑ̃tisemitism] *m* Antisemitismus *m*
antisepsie [ɑ̃tisɛpsi] *f* Antisepsis *f*
antiseptique [ɑ̃tisɛptik] **I.** *adj* antiseptisch
II. *m* Antiseptikum *nt*
antisismique [ɑ̃tisismik] *adj* erdbebenfest, erdbebensicher
antisocial(e) [ɑ̃tisɔsjal, jo] <-aux> *adj* unsozial
antispasmodique [ɑ̃tispasmɔdik] **I.** *adj* krampflösend
II. *m* krampflösendes Mittel
antisportif, -ive [ɑ̃tispɔʀtif, -iv] *adj personne, esprit* unsportlich
antistatique [ɑ̃tistatik] *adj* antistatisch
anti-subversif, -ive [ɑ̃tisybvɛʀsif, -iv] <anti-subversifs> *adj* gegen subversive Kräfte
antitabac [ɑ̃titaba] *adj inv* Antiraucher-, gegen das Rauchen; **propagande ~** Propaganda gegen das Rauchen
antiterroriste [ɑ̃titeʀɔʀist] *adj* antiterroristisch
antitétanique [ɑ̃titetanik] *adj* gegen Tetanus
antithèse [ɑ̃titɛz] *f* ❶ PHILOS Antithese *f*
❷ (*l'opposé*) **l'** ~ der Gegensatz
antithétique [ɑ̃titetik] *adj* gegensätzlich, antithetisch
antitrust [ɑ̃titʀœst] *adj* gegen die Monopolisierung
antituberculeux, -euse [ɑ̃titybɛʀkylø, -øz] *adj* gegen Tuberkulose
antitussif [ɑ̃titysif] *m* Hustenmittel *nt*
antitussif, -ive [ɑ̃titysif, -iv] MED *adj* gegen Husten; *propriétés* hustenstillend
antivariolique [ɑ̃tivaʀjɔlik] *adj* **vaccination ~** [Schutz]Impfung gegen Pocken
antiviral(e) [ɑ̃tiviʀal, o] <-aux> *adj* Antivirus-, gegen Viren gerichtet
anti-virus [ɑ̃tiviʀys] *inv* INFORM **I.** *adj* Antiviren-
II. *m* Antivirenprogramm *nt*
antivol [ɑ̃tivɔl] **I.** *adj inv* gegen Diebstahl; **alarme** [*o* **sirène**] ~ Alarmanlage *f*
II. *m d'une voiture* Lenkradschloss *nt; d'un vélo* [Fahrrad]schloss *nt*
Antoine [ɑ̃twan] *m* ❶ Anton *m*
❷ HIST, REL Antonius *m*
antonyme [ɑ̃tɔnim] *m* LING Antonym *nt*
antre [ɑ̃tʀ] *m* ❶ *d'un animal* Höhle *f*
❷ *fig d'une personne, d'un écrivain* Refugium *nt; d'un sorcier* Höhle *f,* Schlupfwinkel *m*
▸ **l'~ du lion** die Höhle des Löwen
anus [anys] *m* After *m,* Anus *m* (*Fachspr.*)
Anvers [ɑ̃vɛʀ] Antwerpen *nt*
anxiété [ɑ̃ksjete] *f a.* MED, PSYCH Angst *f;* (*trait de caractère*) Ängstlichkeit *f;* **être dans l'~** in großer Sorge sein
anxieusement [ɑ̃ksjøzmɑ̃] *adv* ängstlich
anxieux, -euse [ɑ̃ksjø, -jøz] **I.** *adj* ängstlich; *attente* bang; **état ~** Angstzustand *m;* **être ~(-euse) de connaître/voir qc** voller Angst darauf warten etw zu erfahren/sehen
II. *m, f* ängstlicher Mensch
AOC [ɑose] *abr de* **appellation d'origine contrôlée** *Qualitätsmerkmal für Wein oder Käse aus einem bestimmten Anbaugebiet*

i Land & Leute

AOC-Weine sind Weine mit kontrollierter Herkunftsbezeichnung. Die Rebsorte und das Herstellungsverfahren sind vorgeschrieben. In Frankreich gibt es ca. 390 Weine mit dem angesehenen AOC-Prädikat. 40% der gesamten Weinanbaufläche Frankreichs werden zu **AOC-Weinen** verarbeitet.

aorte [aɔʀt] *f* Aorta *f,* Hauptschlagader *f*
août [u(t)] *m* ❶ August *m;* [**le mois d'**]~ **a 31 jours** der August hat 31 Tage; ~ **est un mois d'été** der August ist ein Sommermonat
❷ (*pour indiquer la date, un laps de temps*) **en ~, au mois d'~** im August; **début/fin ~** Anfang/Ende August; **pendant tout le mois d'~** den ganzen August über; **à partir du premier ~** ab [dem] ersten August; **il est né le 31 ~ 1973** er ist am 31. August 1973 geboren; **son anniversaire est le 3 ~** er/sie hat am 3. August Geburtstag; **Toulouse, le 16 ~** Toulouse, den 16. August; **vendredi, 8 ~ 2003** Freitag, den 8. August 2003; **le 15 ~, c'est l'Assomption** der 15. August ist Mariä Himmelfahrt
aoûtien(ne) [ausjɛ̃, jɛn] *m(f)* Augusturlauber(in) *m(f)*
apache [apaʃ] *mf* Apatsche *m*/Apatschin *f*
apaisant(e) [apɛzɑ̃, ɑ̃t] *adj* ❶ (*qui calme*) beruhigend
❷ (*qui ramène la paix*) beschwichtigend
apaisement [apɛzmɑ̃] *m* Beruhigung *f; de la douleur* Linderung *f; du vent, de la passion* Nachlassen *nt; d'une querelle, d'un conflit*

Beruhigung *f*

apaiser [apeze] <1> **I.** *vt* beruhigen; lindern *douleur;* stillen *faim, désir, soif, curiosité;* zum Erliegen bringen *protestations;* dämpfen *colère;* zerstreuen *scrupules, craintes;* versöhnlich stimmen *dieux*

II. *vpr* **s'~** *personne:* sich beruhigen; *douleur:* nachlassen; *colère, tempête, querelle, craintes, scrupules:* sich legen

apanage [apanaʒ] *m* Vorrecht *nt,* Privileg *nt;* **qn a l'~ de qc** etw ist jdm vorbehalten; **ne pas avoir l'~ du cœur/de l'intelligence** die Menschlichkeit/Weisheit nicht für sich gepachtet haben (*fam*)

aparté [apaʀte] *m* (*entretien*) vertrauliches Gespräch; THEAT beiseite Gesprochene(s) *nt;* **en ~** beiseite

apartheid [apaʀtɛd] *m* Apartheid *f*

apathie [apati] *f* Apathie *f*

apathique [apatik] *adj* apathisch

apatride [apatʀid] *mf* Staatenlose(r) *f(m)*

Apennin [apenɛ̃] *m* **l'~** der Apennin; **les ~s** die Apenninen

apercevoir [apɛʀsəvwaʀ] <12> **I.** *vt* ❶ (*entrevoir*) flüchtig wahrnehmen [*o* sehen]

❷ (*remarquer*) bemerken

❸ (*distinguer*) erkennen; **~ la terre** *marin:* Land sichten

II. *vpr* ❶ (*se voir*) **s'~** sich sehen

❷ (*se rendre compte*) **s'~ d'une erreur/des manigances de qn** einen Fehler bemerken/jds Machenschaften durchschauen; **s'~ de la présence de qn** jdn bemerken; **sans s'en ~** ohne es zu merken; **s'~ que qn a fait qc** erkennen, dass jd etw getan hat

aperçu [apɛʀsy] *m* ❶ kurzer Überblick; **donner un ~ de la situation** einen kurzen Überblick über die Lage geben

❷ INFORM Seitenansicht *f*

apéritif [apeʀitif] *m* Aperitif *m*

apéro [apeʀo] *m fam abr de* **apéritif** Aperitif *m*

aperture [apɛʀtyʀ] *f* PHON Öffnung *f*

apesanteur [apəzɑ̃tœʀ] *f* Schwerelosigkeit *f*

à-peu-près [apøpʀɛ] *m inv* ❶ (*approximation*) vage Angabe; **c'est de l'~** das ist alles nur so ungefähr

❷ (*travail peu soigné*) **de l'~** eine Pfuscharbeit [*o* halbe Sache]

apeuré(e) [apœʀe] *adj* verängstigt; *regard* ängstlich

aphasie [afazi] *f* MED Aphasie *f*

aphone [afɔn, afon] *adj* ohne Stimme

aphorisme [afɔʀism] *m* ❶ (*maxime*) Aphorismus *m*

❷ *péj* (*formule prétentieuse*) dumme Phrase

aphrodisiaque [afʀɔdizjak] **I.** *adj* aphrodisisch

II. *m* Aphrodisiakum *nt*

Aphrodite [afʀɔdit] *f* Aphrodite *f*

aphte [aft] *m* MED Aphthe *f*

à-pic [apik] <à-pics> *m* Steilhang *m,* Steilwand *f;* (*en bord de mer*) Kliff *nt*

apical(e) [apikal, o] <-aux> *adj* BOT, PHON apikal

apiculteur, -trice [apikyltœʀ, -tʀis] *m, f* Imker(in) *m(f),* Bienenzüchter(in) *m(f)*

apiculture [apikyltyʀ] *f* Bienenzucht *f*

apitoiement [apitwamɑ̃] *m* **~ sur qn** Mitleid *nt* [*o* Mitgefühl *nt*] mit jdm; **~ sur soi-même** Selbstmitleid *nt*

apitoyer [apitwaje] <6> **I.** *vt* **~ qn** jds Mitleid erregen; **~ qn sur qc** jds Mitgefühl für etw erwecken

II. *vpr* **s'~ sur qn/qc** jdn/etw bemitleiden, Mitleid [*o* Erbarmen] mit jdm/etw haben

aplanir [aplaniʀ] <8> **I.** *vt* ❶ (*niveler*) einebnen, planieren

❷ (*faire disparaître*) aus dem Weg[e] räumen, beseitigen *obstacles, difficultés*

II. *vpr* **s'~** sich regeln

aplati(e) [aplati] *adj* platt [gedrückt]; **être ~(e) sur le dessus** oben abgeflacht sein

aplatir [aplatiʀ] <8> **I.** *vt* platt drücken; abflachen *voute;* glatt streichen *pli*

II. *vpr* ❶ (*se plaquer*) **s'~ sur la table/à terre** sich flach auf den Tisch/Boden legen; **s'~ contre le mur** sich gegen [*o* an] die Wand drücken

❷ (*devenir plat*) **s'~** flach werden

❸ (*être rendu plat*) **s'~** flach gedrückt werden

❹ (*s'écraser*) **s'~ contre** [*o* **sur**] **qc** gegen etw prallen

► **s'~ devant qn** *fam* vor jdm kriechen (*sl*)

aplatissement [aplatismɑ̃] *m* (*action d'aplatir*) Abflachung *f*

aplomb [aplɔ̃] *m* ❶ (*équilibre*) Gleichgewicht *nt;* (*verticalité*) Lot *nt,* Senkrechte *f;* **à l'~** im Lot; **d'~** senkrecht

❷ (*assurance*) Selbstsicherheit *f*

❸ (*effronterie*) Frechheit *f,* Unverfrorenheit *f;* **avoir de l'~** ganz schön frech sein

❹ (*équilibre physique/moral*) **être d'~** auf der Höhe/im Gleichgewicht sein; **remettre qn d'~** jdn wieder auf die Beine/ins Gleichgewicht bringen

apnée [apne] *f* MED Atemstillstand *m;* SPORT Tauchen *nt* ohne Sauerstoffgerät; **en ~** ohne Sauerstoffgerät

apocalypse [apɔkalips] *f* ❶ REL **l'Apocalypse** die Apokalypse; **les cavaliers de l'Apocalypse** die Apokalyptischen Reiter

❷ (*désastre*) Apokalypse *f*

apocalyptique [apɔkaliptik] *adj* apokalyptisch

apocope [apɔkɔp] *f* Apokope *f*

apocryphe [apɔkʀif] *adj* apokryph

apogée [apɔʒe] *m* Höhepunkt *m;* **être à son ~** seinen Höhepunkt erreicht haben; **être à l'~ de qc** auf dem Höhepunkt einer S. (*Gen*) angelangt sein

apolitique [apɔlitik] *adj* unpolitisch

Apollon [apɔlɔ̃] *m* ❶ Apollo *m*

❷ POES Apoll *m*

apologétique [apɔlɔʒetik] **I.** *m* Apologetik *f*

II. *adj* apologetisch

apologie [apɔlɔʒi] *f* (*éloge*) Verherrlichung *f;* (*justification*) Verteidigung *f,* Apologie *f;* **faire l'~ de qn/qc** (*faire l'éloge*) jdn/etw verherrlichen; (*justifier*) jdn/etw verteidigen

apologiste [apɔlɔʒist] *m, f* Apologet(in) *m(f)*

apophyse [apɔfiz] *f* ANAT Apophyse *f*

apoplectique [apɔplɛktik] *adj* apoplektisch

apoplexie [apɔplɛksi] *f* MED Gehirnschlag *m,* Apoplexie *f* (*Fachspr.*); **crise d'~** Schlaganfall *m*

apostasie [apɔstazi] *f* REL Lossagung *f,* Apostasie *f* (*geh*)

apostat [apɔsta] *m* Abtrünniger *m*

a posteriori [a pɔsteʀjɔʀi] **I.** *adv* ❶ (*après coup*) im Nachhinein, nachträglich

❷ PHILOS a posteriori, aus Erfahrung

II. *adj inv* auf Erfahrung gründend, aposteriorisch (*Fachspr.*)

apostolat [apɔstɔla] *m* ❶ (*mission*) Berufung *f*

❷ (*propagation de la foi*) Verkündung *f*

❸ (*ministère d'apôtre*) Apostolat *nt*

apostolique [apɔstɔlik] *adj* apostolisch

apostrophe [apɔstʀɔf] *f* ❶ (*signe*) Apostroph *m,* Auslassungszeichen *nt*

❷ (*interpellation*) barscher Zuruf

❸ (*figure de style*) Anrede *f,* Apostrophe *f;* **en ~** als Anrede

apostropher [apɔstʀɔfe] <1> *vt* anfahren, anherrschen

apothéose [apɔteoz] *f* ❶ (*consécration*) Krönung *f;* (*sommet*) Höhepunkt *m,* Apotheose *f* (*geh*)

❷ (*partie finale*) krönender Abschluss, großes Finale; THEAT Apotheose *f* (*geh*)

apôtre [apotʀ] *m* ❶ REL, HIST Jünger *m,* Apostel *m*

❷ (*propagateur d'une idée*) Verfechter(in) *m(f);* **se faire l'~ de qc** sich zum Verfechter/zur Verfechterin einer S. (*Gen*) machen

► **faire** [*o* **jouer**] **le bon ~** *fam* scheinheilig tun (*fam*)

apparaître [apaʀɛtʀ] <*irr*> **I.** *vi + être* ❶ (*se montrer*) erscheinen; *maison, silhouette, animal:* auftauchen; *acteur:* auftreten; **~ à qn** jdm erscheinen

❷ (*surgir*) *idée:* aufkommen; *signe, difficulté, fièvre:* auftreten; *obstacle:* auftauchen; *vérité:* zutage treten [*o* zu Tage treten], ans

Licht kommen
❸ (*se révéler*) ~ **à qn** *vérité:* jdm bewusst werden; **laisser** ~ erkennen lassen
❹ (*sembler*) ~ **grand/difficile/bon à qn** jdm groß/schwierig/gut scheinen
❺ (*se présenter*) ~ **comme qc à qn** jdm wie etw erscheinen
II. *vi impers + être* ❶ (*surgir*) **il apparaît qn/qc** jd/etw taucht auf
❷ (*devenir évident*) **il apparaît que qn a fait qc** es zeigt sich, dass jd etw getan hat

apparat [apaʀa] *m* Pomp *m,* Prunk *m;* **d'**~ prunkvoll

apparatchik [apaʀatʃik] *m* Apparatschik *m*

appareil [apaʀɛj] *m* ❶ (*machine, instrument, radio, télévision*) Gerät *nt,* Apparat *m;* (*avion*) Maschine *f;* ~ [**téléphonique**] Telefonapparat, Telefon *nt;* **à l'**~ am Apparat; ~ **photographique** Fotoapparat; ~**s ménagers** Haushaltsgeräte
❷ (*prothèse*) Prothese *f;* (*dentaire*) Zahnspange *f,* Zahnklammer *f;* (*dentier*) Gebiss *nt;* (*attelle*) Schiene *f;* ~ **auditif** Hörgerät *nt*
❸ (*ensemble complexe*) Apparat *m;* ~ **digestif** Verdauungsapparat; ~ **circulatoire** Kreislaufsystem *nt;* ~ **respiratoire** Atmungsorgane *Pl;* ~ **policier** Polizeiapparat
❹ *pl* SPORT Geräte *Pl*
▶ **être dans le plus simple** ~ im Adams-/Evaskostüm sein
◆ ~ **d'écoute** Abhörgerät *nt;* ~ **de levage** Hebemaschine *f;* ~ **de mesure** Messgerät *nt;* ~ **de projection** Vorführgerät *nt,* Projektor *m;* ~ **à sous** Spielautomat *m*

appareillage [apaʀɛjaʒ] *m* ❶ NAUT Auslaufen *nt,* Ablegen *nt*
❷ ELEC Apparatur *f*

appareiller [apaʀeje] <1> **I.** *vi* auslaufen, ablegen
II. *vt* ❶ NAUT klarmachen
❷ (*assortir*) passend zusammenstellen

appareil photo [apaʀɛjfɔto] <appareils photo> *m* Fotoapparat *m*

apparemment [apaʀamɑ̃] *adv* anscheinend; (*vraisemblablement*) offenbar, offensichtlich

apparence [apaʀɑ̃s] *f* ❶ (*aspect*) Anblick *m;* ~ **physique** äußeres Erscheinungsbild; **un homme de belle** ~ ein gut aussehender Mann
❷ (*ce qui semble être*) [An]schein *m;* **selon toute** ~ allem Anschein nach; **contre toute** ~ allem Anschein zum Trotz; **en** ~ scheinbar, nach außen hin; **toutes les** ~**s sont contre moi** alle äußeren Anzeichen sprechen gegen mich; **juger qn/qc sur les** ~**s** jdn/etw nach dem Äußeren beurteilen; **sous ces** ~**s** hinter dieser Fassade
▶ **les** ~**s sont trompeuses** der Schein trügt; **garder** [*o* **sauver**] **les** ~**s** den Schein wahren; **sacrifier les** ~**s** nichts auf das Gerede der Leute geben

apparent(e) [apaʀɑ̃, ɑ̃t] *adj* ❶ (*visible*) sichtbar; **être** ~**(e)** zu erkennen [*o* sehen] sein
❷ (*évident, manifeste*) offensichtlich; *ruse* plump
❸ (*supposé, trompeur*) scheinbar

apparenté(e) [apaʀɑ̃te] *adj* ❶ (*ressemblant*) ~**(e) à qc** einer S. (*Dat*) ähnlich
❷ (*parent*) verwandt; ~**(e) à qn/qc** mit jdm/etw verwandt
❸ POL ~**(e) socialiste** den Sozialisten nahe stehend

apparentement [apaʀɑ̃tmɑ̃] *m* Wahlbündnis *nt,* Listenverbindung *f*

apparenter [apaʀɑ̃te] <1> *vpr* **s'**~ **à qc** ❶ (*ressembler*) einer S. (*Dat*) ähneln
❷ (*se lier par mariage*) in etw (*Akk*) einheiraten
❸ POL sich mit etw verbünden

apparier [apaʀje] <1a> *vt* paaren *animaux;* paarweise ordnen *objets*

appariteur [apaʀitœʀ] *m* (*huissier*) Gerichtsvollzieher *m;* (*huissier de faculté*) Pedell *m*

apparition [apaʀisjɔ̃] *f* ❶ (*action de paraître*) *d'une personne* Erscheinen *nt; d'un acteur* Auftritt *m;* **ne faire qu'une courte** ~ sich nur kurz sehen [*o* blicken] lassen; **faire son** ~ auftauchen
❷ *sans pl* (*fait de devenir visible*) *d'un phénomène, des hommes sur la Terre* Auftreten *nt; d'une étoile* Erscheinen *nt*
❸ (*manifestation*) *d'un être surnaturel* Erscheinung *f;* **avoir des** ~**s** Erscheinungen haben; (*déraisonner*) Gespenster sehen
❹ (*fantôme*) Gespenst *nt,* Geist *m*

apparoir [apaʀwaʀ] *vi impers* hervorgehen; **il appert de ...** JUR es geht aus ... hervor

appart [apaʀt] *m fam abr de* **appartement** Wohnung *f*

appartement [apaʀtəmɑ̃] *m* ❶ (*habitation*) Wohnung *f*
❷ (*dans un hôtel*) Suite *f,* Appartement *nt*
◆ ~ **de fonction** Dienstwohnung *f*

appartenance [apaʀtənɑ̃s] *f* ❶ ~ **à un parti/une famille** Mitgliedschaft *f* in einer Partei/Zugehörigkeit *f* zu einer Familie
❷ MATH ~ **à qc** Enthaltensein *nt* in etw (*Dat*)

appartenir [apaʀtəniʀ] <9> **I.** *vi* ❶ (*être la propriété de*) ~ **à qn** jdm gehören
❷ (*faire partie de*) ~ **à qc** einer S. (*Dat*) angehören
❸ MATH ~ **à qc** in etw (*Dat*) enthalten sein
II. *vi impers* **il appartient à qn de faire qc** es ist jds Sache [*o* Aufgabe], etw zu tun

appas [apa] *mpl d'une femme* Reize *Pl*

appât [apɑ] *m* Köder *m;* **mordre à l'**~ *a. fig* anbeißen; **l'**~ **du gain** die Verlockung des Geldes

appâter [apɑte] <1> *vt* ❶ CHASSE, PECHE ködern *poisson;* anlocken *oiseau, gibier*
❷ (*allécher*) locken, ködern (*fam*) *personne*

appauvrir [apovʀiʀ] <8> **I.** *vt* arm machen *personne;* verarmen lassen *langue, pays;* verkümmern lassen *intelligence;* auslaugen *terre*
II. *vpr* **s'**~ verarmen; *intelligence:* verkümmern; *terre:* ausgelaugt werden

appauvrissement [apovʀismɑ̃] *m* Verarmung *f; de l'intelligence, l'esprit* Verkümmern *nt; de la terre* Auslaugung *f*

appeau [apo] *m* (*instrument*) Vogelpfeife *f;* (*oiseau*) Lockvogel *m*
▶ **se laisser prendre à l'**~ sich hereinlegen lassen

appel [apɛl] *m* ❶ (*cri*) Ruf *m*
❷ (*signal*) Zeichen *nt*
❸ (*demande*) Appell *m;* **faire** ~ **à qn/qc** an jdn/etw appellieren; **faire** ~ **à son courage** seinen Mut zusammennehmen; **faire** ~ **à ses souvenirs** sich zu erinnern versuchen; **faire** ~ **à l'armée/aux pompiers** die Armee/Feuerwehr rufen [*o* alarmieren]
❹ (*exhortation*) ~ **à qc** Aufforderung *f* [*o* Aufruf *m*] zu etw; **lancer un** ~ **à qn** einen Appell an jdn richten
❺ (*vérification de présence*) namentlicher Aufruf; MIL Appell *m;* **faire l'**~ die Namen aufrufen; MIL den Appell abhalten
❻ TELEC ~ **téléphonique** Telefonanruf *m*
❼ SPORT (*élan*) Absprung *m;* **prendre** [**son**] ~ **sur le pied droit/gauche** mit dem rechten/linken Fuß abspringen
❽ INFORM Aufruf *m*
❾ JUR (*pourvoi*) Berufung *f*
▶ **faire un** ~ **du pied à qn** *fam* jdm einen Wink mit dem Zaunpfahl geben (*fam*); **devancer l'**~ MIL sich vorzeitig melden; **faire** [*o* **interjeter**] ~, **se pourvoir en** ~ Berufung einlegen; **sans** ~ endgültig, unwiderruflich; *juger* gnadenlos
◆ ~ **d'air** Luftzufuhr *f;* ~ **aux armes** Ruf *m* zu den Waffen; ~ **de fonds** Zahlungsaufforderung *f;* ~ **d'offres** ECON Aufforderung *f* zur Angebotsabgabe, Ausschreibung *f;* ~ **au peuple** Volksaufruf *m;* ~ **de phares** Lichthupe *f*

appelé(e) [aple] *m(f)* ❶ MIL Einberufene(r) *m*
❷ REL Berufene(r) *f(m)*
▶ **il y a beaucoup d'**~**s, mais peu d'élus** viele sind berufen, aber wenige sind auserwählt

appeler [aple] **I.** *vt* ❶ (*interpeller*) rufen; aufrufen *nom*

❷ (*faire venir*) [herbei]rufen; **faire ~ qn** jdn rufen lassen
❸ (*téléphoner à*) anrufen
❹ (*nommer*) **~ qn Pierre/par son prénom** jdn Pierre nennen/mit seinem Vornamen anreden; **c'est ce que j'appelle vivre** das nenne ich leben
❺ (*réclamer*) *situation, conduite:* erforderlich [*o* notwendig] machen; *affaires, devoir:* rufen; **~ l'attention de qn sur qc** jdn auf etw (*Akk*) aufmerksam machen
❻ (*désigner*) **~ qn à une charge** jdm einen Auftrag erteilen; **~ qn à un poste** jdm eine Stelle zuteilen; **~ qn à une fonction** jdn in ein Amt berufen; **~ qn à faire qc** *personne:* jdn dazu auffordern etw zu tun; *chose:* jdn dazu berufen etw zu tun
❼ (*se référer à*) **en ~ à qc** an etw (*Akk*) appellieren
❽ (*entraîner*) **une chose en appelle une autre** eine S. zieht eine andere nach sich
❾ INFORM aufrufen
II. *vi* (*héler*) rufen; (*téléphoner*) anrufen
III. *vpr* ❶ (*porter comme nom*) **s'~** heißen; **comment t'appelles-tu/s'appelle cette plante?** wie heißt du/diese Pflanze?
❷ (*être équivalent à*) **cela** [*o* **voilà ce qui**] **s'appelle faire qc** *fam* das nennt man etw tun

appellation [apelasjɔ̃, apɛllasjɔ̃] *f* Bezeichnung *f*
◆ **~ d'origine** Herkunftsbezeichnung *f*, Ursprungsbezeichnung; **~ [d'origine] contrôlée** aus kontrolliertem Anbau

appendice [apɛ̃dis] *m* ❶ (*texte annexe*) Anhang *m*
❷ ANAT Blinddarm *m*
❸ ZOOL Schwanz *m*

appendicite [apɛ̃disit] *f* MED Blinddarmentzündung *f*; **avoir l'~/une crise d'~** eine Blinddarmentzündung/akute Blinddarmentzündung haben

appentis [apɑ̃ti] *m* (*toit*) Pultdach *nt*; (*bâtiment*) angebauter Schuppen *m*

appesantir [apəzɑ̃tiʀ] <8> **I.** *vt* schwerer machen, schwerer werden lassen; **être appesanti(e) par qc** durch etw schwer werden; *geste, démarche:* durch etw schwerfällig werden
II. *vpr* **s'~** ❶ (*devenir lourd*) *tête:* schwer werden; *esprit:* träge werden; *geste, pas:* schwerfällig werden
❷ (*trop insister*) **s'~ sur qc** zu lange bei etw verweilen
❸ (*accabler*) **s'~ sur qn/qc** schwer auf jdm/etw lasten

appesantissement [apəzɑ̃tismɑ̃] *m* Schwere *f*; *d'une personne* Trägheit *f*, Schwerfälligkeit *f*

appétence [apetɑ̃s] *f littér* **~ de qc** Begierde nach etw (*Dat*), Lust auf etw (*Akk*)

appétissant(e) [apetisɑ̃, ɑ̃t] *adj* ❶ (*alléchant*) appetitanregend; *nom* verlockend
❷ *fam* (*attirant*) knackig (*fam*)

appétit [apeti] *m* ❶ Appetit *m*; **avoir de l'~/bon ~** Appetit/einen guten Appetit haben; **avoir un ~ d'oiseau/de loup** [*o* **d'ogre**] *fam* wie ein Spatz essen/einen Bärenhunger haben (*fam*); **bon ~!** guten Appetit!; **donner de/couper l'~ à qn** jdm Appetit machen/den Appetit verderben; **manger de bon ~** kräftig zulangen (*fam*); **mettre qn en ~** jdm Appetit machen; **ouvrir l'~** den Appetit anregen
❷ *fig* **~ de richesses/vengeance** Geld-/Rachgier *f*; **~ de gloire/pouvoir** Ruhmsucht *f*/Machtgelüste *Pl*; **~ de savoir** Wissensdurst *m*; **mettre qn en ~** jdn auf den Geschmack bringen
▸ **l'~ vient en mangeant** *prov* der Appetit kommt beim [*o* mit dem] Essen

applaudimètre [aplodimɛtʀ] *m* Applausmesser *m*

applaudir [aplodiʀ] <8> **I.** *vi* [Beifall] klatschen, applaudieren; **~ à tout rompre** tosenden Beifall spenden
II. *vt* **~ qn** jdm applaudieren; **~ qc** einer S. (*Dat*) Beifall spenden

applaudissements [aplodismɑ̃] *mpl* Beifall *m*, Applaus *m*

applicable [aplikabl] *adj* **~ à qn/qc** *théorie, loi* anwendbar auf jdn/etw; *découverte* brauchbar für jdn/etw

applicateur [aplikatœʀ] **I.** *adj* zum Auftragen
II. *m* Instrument *nt* zum Auftragen

application [aplikasjɔ̃] *f* ❶ (*pose*) *d'un vernis, enduit, d'une peinture* Auftragen *nt*; *d'un tampon* Aufdrücken *nt*; *d'un papier peint* Ankleben *nt*, Anbringen *nt*
❷ (*utilisation*) *d'une théorie, méthode, d'un traitement, remède* Anwendung *f*; *d'une découverte* Verwendung *f*
❸ (*mise en pratique*) *d'une idée* Umsetzung *f*; *d'une décision* Ausführung *f*; *d'une règle* Anwendung *f*; *d'une mesure* Ergreifung *f*; **entrer en ~** in Kraft treten; **mettre qc en ~** etw praktisch anwenden, etw in die Praxis umsetzen
❹ (*zèle*) **~ à qc** Eifer *m* [*o* Fleiß *m*] bei etw
❺ INFORM Anwendung *f*; **lancer une ~** eine Anwendung starten
◆ **~ du droit** JUR Rechtsanwendung *f*

applique [aplik] *f* Wandleuchte *f*

appliqué(e) [aplike] *adj* ❶ (*attentif et studieux*) fleißig, eifrig
❷ (*soigné*) sorgfältig, akkurat
❸ (*mis en pratique*) angewandt
❹ (*assené*) **bien ~(e)** gut gezielt

appliquer [aplike] <1> **I.** *vt* ❶ (*poser*) **~ de la peinture/du vernis sur qc** Farbe/Lack auf etw (*Akk*) auftragen; **~ un revêtement sur qc** eine Auskleidung an etw (*Dat*) anbringen; **~ un pansement sur qc** ein Pflaster an etw (*Dat*) anlegen; **~ un baiser sur qc** einen Kuss auf etw (*Akk*) drücken; **~ son oreille sur qc** sein Ohr an etw (*Akk*) halten; **~ une échelle contre le mur** eine Leiter an [*o* gegen] die Wand lehnen
❷ (*mettre en pratique*) [praktisch] anwenden; verabreichen *remède*; ausführen *décision*; befolgen *mode d'emploi, règlement*; **~ qc à qn/qc** etw auf jdn/etw anwenden
❸ (*attribuer*) **~ une peine à qn** jdn zu einer Strafe verurteilen; **~ un qualificatif à qc** einer S. (*Dat*) ein Prädikat zusprechen
II. *vpr* ❶ (*se poser*) **s'~ sur qc** sich auf etw (*Akk*) auftragen lassen
❷ (*correspondre à*) **s'~ à qn/qc** *remarque:* für jdn/etw gelten; *nom, titre:* zu jdm/etw passen
❸ (*s'efforcer*) **s'~ à qc** sich (*Dat*) bei etw Mühe geben, sich [bei etw] bemühen; **s'~ à faire qc** sich (*Dat*) Mühe geben [*o* sich bemühen] etw zu tun

appoint [apwɛ̃] *m* (*complément*) Zubrot *nt*; (*aide*) Unterstützung *f*; **d'~** zusätzlich
▸ **avoir l'~** es passend haben; **faire l'~ à qn** jdm eine Geldsumme passend geben

appointements [apwɛ̃tmɑ̃] *mpl* Gehalt *nt*, Bezüge *Pl*

appointer [apwɛte] <1> *vt* ❶ (*donner des appointements*) Gehalt [*o* Bezüge] auszahlen
❷ (*tailler en pointe*) zuspitzen *instrument, outil*; anspitzen *crayon*

appontage [apɔ̃taʒ] *m* Landung *f* (*auf einem Flugzeugträger*)

appontement [apɔ̃tmɑ̃] *m* Landungsbrücke *f*, Pier *m o f*

apponter [apɔ̃te] <1> *vi* auf dem Flugdeck [eines Flugzeugträgers] landen

apport [apɔʀ] *m* ❶ (*contribution*) **~ à qc** Beitrag *m* zu etw; **être d'un ~ considérable à qn** jdm eine große Hilfe sein
❷ (*source*) **~ de** [*o* **en**] **vitamines/chaleur** Vitamin-/Wärmezufuhr *f*
❸ (*capitaux apportés*) Einlage *f*; **~ en devises** Deviseneinfuhr *f*
❹ (*action d'apporter*) Einbringung *f*
◆ **~s en communauté** in die Ehe eingebrachtes Gut; **~ en société** [Gesellschafter]einlage *f*; (*en cas d'une S.A.R.L.*) Stammeinlage

apporter [apɔʀte] <1> *vt* ❶ (*porter*) *personne:* bringen
❷ (*porter avec soi en un lieu*) *personne:* mitbringen; *vent, automne, vieillesse:* bringen
❸ (*fournir*) **~ une preuve/solution à qc** einen Beweis/eine

Lösung für etw liefern; ~ **une réponse à une question** eine Antwort auf eine Frage geben; ~ **son concours/sa contribution à qc** bei etw mitwirken/seinen Beitrag leisten zu etw; **ne rien ~ de nouveau** nichts Neues bringen

❹ (*procurer*) geben; spenden *consolation;* bereiten *ennuis;* bringen, verschaffen *soulagement*

❺ (*produire*) ~ **une modification/un changement à qc** eine Veränderung an etw (*Dat*) vornehmen/für etw mit sich bringen; ~ **un progrès à qc** einen Fortschritt für etw bringen

❻ (*mettre*) ~ **du soin/beaucoup de précaution à qc** bei etw Sorgfalt/große Vorsicht walten lassen; ~ **de l'énergie/de la passion à qc** in etw (*Akk*) Energie stecken/Liebe legen (*fam*); ~ **de l'attention à qc** einer S. (*Dat*) Aufmerksamkeit schenken; ~ **beaucoup de soin à faire qc** etw mit großer Sorgfalt tun

❼ (*profiter à*) ~ **beaucoup à qn/qc** *chose:* jdm/einer S. viel geben; *personne:* jdm viel geben

apposer [apoze] <1> *vt* ❶ (*appliquer*) ~ **un timbre sur qc** eine Briefmarke auf etw (*Akk*) kleben; ~ **une signature sur qc** eine Unterschrift unter etw (*Akk*) setzen

❷ JUR ~ **une clause à qc** eine Klausel in etw (*Akk*) einfügen; ~ **une condition à qc** eine Bedingung an etw (*Akk*) knüpfen

apposition [apozisjɔ̃] *f* ❶ GRAM Apposition *f,* Beifügung *f*

❷ (*application*) Anbringen *nt; d'un timbre* Aufkleben *nt;* ~ **d'une signature sur un document** Unterzeichnen *nt* [*o* Unterschreiben *nt*] eines Dokumentes; ~ **des scellés** gerichtliche [*o* amtliche] Versiegelung

appréciable [apresjabl] *adj* beachtlich; *changement* spürbar

appréciation [apresjasjɔ̃] *f* ❶ *sans pl* (*évaluation*) *d'une distance* Abschätzen *nt,* Abschätzung *f; d'une situation* Beurteilung *f,* Einschätzung *f; d'un objet de valeur* Schätzung *f;* ~ **sur qc** Einschätzung [*o* Beurteilung] einer S. (*Gen*)

❷ (*commentaire*) Bemerkung *f;* (*jugement*) Beurteilung *f;* **porter une ~ sur qn/qc** ein Urteil über jdn/etw abgeben

apprécier [apresje] <1a> **I.** *vt* ❶ (*évaluer*) abschätzen *distance, vitesse;* schätzen *grandeur, objet, valeur;* einschätzen *importance*

❷ (*aimer*) schätzen; **il sait ~ un bon repas** er weiß ein gutes Essen zu schätzen; **ne pas ~ que qn fasse qc** es nicht sehr schätzen, dass jd etw tut

❸ (*juger*) **laisser qn ~ qc** jdn etw beurteilen lassen

II. *vi fam* **il n'a pas apprécié!** das hat ihm gar nicht gefallen!; **je vous laisse ~** ich lasse Sie selbst urteilen; **se faire ~ de qn** sich bei jdm durchsetzen

III. *vpr* **s'~** sich schätzen

appréhender [apreɑ̃de] <1> *vt* ❶ (*redouter*) ~ **qc** Angst vor etw (*Dat*) haben; ~ **de faire qc** Angst haben etw zu tun; ~ **que qn n'ait pas fait qc** befürchten, dass jd etw nicht getan hat

❷ (*arrêter*) fassen

appréhension [apreɑ̃sjɔ̃] *f* Befürchtung *f;* **éprouver une certaine ~** gewisse Befürchtungen haben; **l'~ de qc/de faire qc** die Angst vor etw (*Dat*)/etw zu tun; **avec ~** ängstlich

apprendre [aprɑ̃dʀ] <13> **I.** *vt* ❶ (*être informé de*) erfahren; erfahren von *événement;* ~ **que qn a fait qc** erfahren, dass jd etw getan hat

❷ (*annoncer*) **qn/qc apprend une chose à qn** jd teilt jdm eine S. mit/jd erfährt durch etw von einer S.; **qn/qc apprend à qn que qc est arrivé** jd teilt jdm mit, dass/jd erfährt durch etw, dass sich etw ereignet hat; ~ **à l'instant que qn a fait qc** gerade erfahren, dass jd etw getan hat

❸ (*étudier*) lernen *leçon, texte, langue;* erlernen *science, art, métier, technique*

❹ (*devenir capable de*) ~ **à faire qc** lernen etw zu tun

❺ (*enseigner*) ~ **qc à qn** jdn etw lehren, jdm etw beibringen; **ce livre ne m'a rien appris de nouveau** durch dieses Buch habe ich nichts Neues erfahren; ~ **à qn à faire qc** jdn lehren etw zu tun; **il leur apprend à lire et à écrire** er bringt ihnen Lesen und Schreiben bei; **je vais t'~ à te moquer de moi!** *iron* ich werde dir helfen, dich über mich lustig zu machen!; ~ **à qn que qc est vrai** jdn lehren, dass etw wahr ist

► ~ **à vivre à qn** *personne:* jdm Manieren beibringen; *accident, expérience:* jdm eine Lehre sein

II. *vi* lernen

III. *vpr* **s'~** sich erlernen lassen, zu erlernen sein

apprenti(e) [aprɑ̃ti] *m(f)* ❶ (*élève*) Lehrling *m,* Lehrjunge *m/* -mädchen *nt,* Auszubildende(r) *f(m);* **elle est ~e couturière** sie macht eine Schneiderlehre

❷ (*débutant*) Anfänger(in) *m(f)*

◆ ~ **sorcier** Zauberlehrling *m; péj* Hexenmeister *m*

apprentissage [aprɑ̃tisaʒ] *m* ❶ (*formation*) Lehre *f,* Ausbildung *f;* **entrer en ~ chez qn** bei jdm eine Lehre antreten [*o* beginnen]; **être en ~ chez qn** bei jdm in die Lehre gehen; **sortir d'~, terminer son ~** die [*o* seine] Lehre beenden; **faire un ~ commercial** eine kaufmännische Lehre machen; **il fait son ~ de menuisier** er macht eine Tischlerlehre

❷ (*état d'apprenti*) Ausbildungsverhältnis *nt;* **être en ~** im Ausbildungsverhältnis stehen [*o* sein]

❸ (*acquisition*) Erlernen *nt;* **faire l'~ de la tolérance** lernen tolerant zu sein

apprêt [aprɛ] *m* ❶ TECH Appretur *f*

❷ (*peinture*) Grundierfarbe *f;* (*opération*) Grundieren *nt*

► **sans ~** (*naturellement*) natürlich, ungekünstelt

apprêté(e) [aprete] *adj* affektiert, gekünstelt

apprêter [aprete] <1> **I.** *vt* TECH appretieren

II. *vpr* **s'~ à faire qc** (*se préparer*) Vorbereitungen treffen um etw zu tun; (*être sur le point de*) im Begriff sein etw zu tun

apprivoisable [aprivwazabl] *adj* zähmbar

apprivoiser [aprivwaze] <1> **I.** *vt* ❶ (*dresser*) zähmen *animal*

❷ (*rendre plus doux*) zähmen, umgänglicher machen *personne*

❸ (*vaincre*) bezwingen

II. *vpr* **s'~** *personne:* zugänglich[er] werden; *enfant:* zutraulich[er] werden; *animal:* zahm[er] werden

approbateur, -trice [aprɔbatœʀ, -tʀis] *adj* zustimmend, beifällig

approbation [aprɔbasjɔ̃] *f* ❶ (*accord*) Zustimmung *f*

❷ (*jugement favorable*) Anerkennung *f; du public* Beifall *m*

approche [aprɔʃ] *f* ❶ (*arrivée*) *d'une personne, d'un véhicule* Näherkommen *nt;* **à l'~ du passant** wenn der Passant näher kommt; (*dans le passé*) als der Passant näher kam; **à l'~ de la ville** wenn man sich der Stadt nähert; (*dans le passé*) als man sich der Stadt näherte

❷ (*proximité*) *d'un événement, danger, d'une période* [Heran]nahen *nt,* Näherrücken *nt;* **à l'~ d'un danger** wenn eine Gefahr im Anzug ist; (*dans le passé*) als eine Gefahr im Anzug war; **à l'~ du printemps/de noël** wenn der Frühling/Weihnachten naht; (*dans le passé*) als der Frühling/Weihnachten nahte; **à l'~ de la cinquantaine** wenn er/sie auf die fünfzig zugeht; (*dans le passé*) als er/sie auf die fünfzig zuging

❸ (*manière d'aborder un sujet*) Vorgehensweise *f,* Herangehensweise; **l'~ du problème** der Problemansatz

❹ *pl* (*parages*) Umgebung *f;* **aux ~s de la ville/Paris** in der Nähe der Stadt/von Paris; **aux ~s de Noël** kurz vor Weihnachten

approcher [aprɔʃe] <1> **I.** *vi personne:* näher kommen; *moment, date, jour:* näher rücken; *saison:* nahen; *nuit:* hereinbrechen; *orage:* [her]aufziehen; **laisser qn ~** jdn näher treten lassen; ~ **de la gare/d'un but/résultat** sich dem Bahnhof/einem Ziel/Ergebnis nähern; ~ **de la soixantaine** auf die sechzig zugehen; **il approche du moment où ...** er steuert auf den Augenblick zu, wo ...

II. *vt* ❶ (*mettre plus près*) ~ **une chose de qn/qc** eine S. an jdn/etw näher heranschieben [*o* heranrücken]; **il approche le verre de ses lèvres** er führt das Glas an die Lippen; **elle approche son visage du sien** sie nähert ihr Gesicht dem seinen/ihren

❷ (*venir plus près*) ~ **qn** sich jdm nähern; **ne m'approche**

pas! komm mir nicht zu nahe!
III. *vpr* **s'~ de qn/qc** sich jdm/einer S. nähern, an jdn/etw näher herantreten
approfondi(e) [apʀɔfɔ̃di] *adj* gründlich; *connaissance* fundiert
approfondir [apʀɔfɔ̃diʀ] <8> *vt* ❶ (*creuser*) vertiefen
❷ (*étudier*) sich näher beschäftigen mit; erweitern *connaissances;* **sans ~** nur oberflächlich
approfondissement [apʀɔfɔ̃dismɑ̃] *m* ❶ (*creusement*) Vertiefen *nt*
❷ (*étude*) nähere Betrachtung
appropriation[1] [apʀɔpʀijasjɔ̃] *f* JUR Aneignung *f*
appropriation[2] [apʀɔpʀijasjɔ̃] *f* BELG (*nettoyage*) Reinigen *nt,* Reinigung *f*
approprié(e) [apʀɔpʀije] *adj* **~(e) à qc** für etw geeignet; *réponse, style* zu etw passend
approprier[1] [apʀɔpʀije] <1a> **I.** *vt* **~ à qc** einer S. (*Dat*) anpassen
II. *vpr* **s'~ un bien** sich (*Dat*) einen Besitz aneignen; **s'~ un héritage** sich (*Dat*) eine Erbschaft erschleichen; **s'~ un droit** sich (*Dat*) ein Recht anmaßen; **s'~ le pouvoir** die Macht an sich (*Akk*) reißen; **s'~ une pensée/idée** sich (*Dat*) einen Gedanken/eine Idee zu eigen machen
approprier[2] [apʀɔpʀije] <1> *vt* BELG (*nettoyer*) reinigen
approuver [apʀuve] <1> *vt* ❶ **~ qn** jdm zustimmen [*o* beipflichten]; **~ qc** etw gutheißen; **~ que qn fasse qc** es begrüßen, dass jd etw tut
❷ JUR gegenzeichnen *contrat;* annehmen *projet de loi;* bestätigen *nomination;* genehmigen *procès-verbal*
approvisionnement [apʀɔvizjɔnmɑ̃] *m* ❶ (*ravitaillement*) Versorgung *f*
❷ (*réserve*) **~ en qc** Vorrat *m* an etw (*Dat*)
approvisionner [apʀɔvizjɔne] <1> **I.** *vt* **~ une ville/armée en qc** eine Stadt/Armee mit etw versorgen; **~ un magasin en qc** ein Geschäft mit etw beliefern; **~ un compte en qc** ein Konto mit etw auffüllen; **mon compte est approvisionné** mein Konto ist gedeckt; **le magasin est bien approvisionné en qc** das Geschäft verfügt über ein gutes Angebot an etw (*Dat*)
II. *vpr* **s'~ en qc** sich mit etw versorgen
approximatif, -ive [apʀɔksimatif, -iv] *adj* ungefähr; *valeur* annähernd; *calcul* grob; *terme* vage; MATH Näherungs-
approximation [apʀɔksimasjɔ̃] *f* [ungefähre] Schätzung; MATH Näherungswert *m*
approximativement [apʀɔksimativmɑ̃] *adv* ungefähr, etwa
appui [apɥi] *m* ❶ (*support*) Stütze *f,* Halt *m;* **perdre ~** den Halt verlieren; **prendre ~ sur qc** *personne:* sich auf etw (*Akk*) stützen; *chose:* auf etw (*Dat*) ruhen
❷ (*aide*) Unterstützung *f*
❸ ARCHIT **~ de fenêtre** Fensterbank *f*
❹ (*justification*) **à l'~ de qc** zum [*o* als] Beweis einer S. (*Gen*)
appuie-tête [apɥitɛt] <appuie-tête[s]> *m* Kopfstütze *f*
appuyé(e) [apɥije] *adj* betont; *regard* eindringlich; *plaisanterie* dick aufgetragen
appuyer [apɥije] <6> **I.** *vi* ❶ (*presser*) drücken; **~ sur** (*avec la main/le pied*) drücken/treten auf (+ *Akk*)
❷ (*insister sur*) **~ sur qc** (*prononciation*) etw betonen; (*argumentation*) etw hervorheben
II. *vt* ❶ (*poser*) **~ contre/sur qc** gegen etw lehnen/auf etw (*Akk*) stützen; auf etw (*Akk*) setzen *revolver*
❷ (*presser*) **~ sa main/son pied sur qc** mit der Hand auf etw (*Akk*) drücken/mit dem Fuß auf etw (*Akk*) treten
❸ (*soutenir*) unterstützen
III. *vpr* ❶ (*prendre appui*) **s'~ contre qn/qc** sich an jdn/etw [an]lehnen, sich gegen jdn/etw lehnen; **s'~ sur qn/sur** [*o* **à**] **qc** sich auf jdn/etw stützen
❷ (*compter sur*) **s'~ sur qn/qc** sich auf jdn/etw verlassen
❸ (*se fonder sur*) **s'~ sur qc** *preuves, documentation:* sich auf etw (*Akk*) stützen
âpre [ɑpʀ] *adj* ❶ (*qui racle la gorge*) herb
❷ (*désagréablement rude*) *froid* bitter; *vent, voix* rau; *hiver* streng, hart; *ton* barsch, schroff
❸ (*dur*) *discussion, critique* heftig; *lutte, concurrence, vie* hart; *détermination, résolution* eisern
âprement [apʀəmɑ̃] *adv défendre* bitter; *lutter* hart; *reprocher* heftig
après [apʀɛ] **I.** *prép* ❶ (*perspective temporelle*) nach (+ *Dat*); **peu ~ ...** kurz nach ...; **~ s'être bien reposé** nachdem er sich ausgeruht hatte
❷ (*plus loin que*) nach (+ *Dat*); (*derrière*) hinter (+ *Dat*); **courir ~ l'autobus** dem Bus hinterherrennen; **~ toi/vous!** [bitte] nach dir/nach Ihnen!
❸ (*dans un classement*) nach (+ *Dat*); **sa famille passe ~ sa carrière** seine Familie kommt nach seiner Karriere
❹ *fam* (*contre*) **crier/aboyer ~ qn** mit jdm schimpfen/jdn anbellen; **être furieux/en avoir ~ qn** auf jdn wütend sein/sich mit jdm anlegen
❺ (*chaque*) **semaine ~ semaine, jour ~ jour** Woche für Woche, Tag für Tag; **page ~ page** Seite für Seite
❻ (*selon*) **d'~ qn/qc** nach jdm/etw; **d'~ moi** meiner Meinung nach; **comprendre d'~ un regard que** mit einem Blick erkennen, dass
II. *adv* ❶ (*plus tard, ensuite*) danach, darauf, später; (*par la suite*) nachher; **pas maintenant, mais ~** jetzt nicht, aber nachher; **aussitôt ~** gleich danach; **longtemps ~** viel später, lange [Zeit] danach; **peu ~** bald [*o* kurz] darauf
❷ (*plus loin, derrière*) dahinter
❸ (*dans un classement*) danach; **le reste vient ~** der Rest kommt danach
❹ (*à part ça*) ansonsten
❺ *fam* (*à la suite de*) hinterher
❻ (*qui suit*) **d'~** danach, darauf; **la page d'~** die Seite danach, die nächste Seite; **prendre le train d'~** den Zug danach [*o* den nächsten Zug] nehmen; **le jour/la semaine d'~** am Tag/in der Woche darauf [*o* danach], am nächsten Tag/in der nächsten Woche
▸ **et ~?** *fam* [na] und? (*fam*), was ist schon dabei? (*fam*); **~ tout** schließlich
III. *conj* **~ que qn a** [*o* **ait**] **fait qc** nachdem jd etw getan hat
après-demain [apʀɛdmɛ̃] *adv* übermorgen **après-guerre** [apʀɛgɛʀ] <après-guerres> *m* Nachkriegszeit *f* **après-midi** [apʀɛmidi] **I.** *m o f inv* Nachmittag *m;* **cet[te] ~** heute Nachmittag; **[dans] l'~** am Nachmittag; **quatre heures de l'~** vier Uhr nachmittags **II.** *adv* **mardi ~** [am] Dienstagnachmittag; **hier/demain ~** gestern/morgen Nachmittag; **tous les lundis ~** jeden Montagnachmittag, montagnachmittags **après-mur** [apʀɛmyʀ] *m inv* **l'~ [de Berlin]** die Zeit nach der Wende, die Nach-Wende-Zeit **après-rasage** [apʀɛʀɑzaʒ] **I.** *m inv* Rasierwasser *nt,* Aftershave *nt* **II.** *adj inv lotion* Aftershave- **après-ski** [apʀɛski] *m inv* Schneestiefel *m,* Moonboots *Pl* **après-vente** [apʀɛvɑ̃t] *m inv* Kundendienst *m*
âpreté [ɑpʀəte] *f* ❶ (*goût qui râcle le gorge*) *d'un fruit, vin* Herbheit *f*
❷ (*rudesse désagréable*) *du froid* Strenge *f; du vent, paysage, d'une voix* Rauheit *f; de l'hiver* Härte *f; d'un caractère* Schroffheit *f*
❸ (*dureté*) *d'une discussion, critique, d'un reproche* Heftigkeit *f; d'une lutte, concurrence, vie* Härte *f;* **avec ~** verbissen
a priori [apʀijɔʀi] **I.** *adv* (*au premier abord*) von vornherein; (*en principe*) a priori
II. *m inv* Apriori *nt*
III. *adj inv* apriorisch, a priori *nachgestellt*
apr. J.-C. *abr de* **après Jésus-Christ** n. Chr.
à-propos [apʀɔpo] *m* **esprit d'~** (*en parlant*) Schlagfertigkeit *f;* (*en agissant*) Geistesgegenwart *f;* **avec ~** (*au bon moment*) zum angemessenen Zeitpunkt, zur rechten Zeit
apte [apt] *adj* ❶ (*capable*) **il est ~ à cette fonction/au travail en équipe** er ist für diese Aufgabe geeignet/zur Gruppenar-

beit fähig; ~ **à faire qc** fähig etw zu tun
❷ MIL **être ~ au service** wehrdiensttauglich sein
❸ JUR ~ **à faire qc** fähig etw zu tun
aptitude [aptityd] *f* Eignung *f*, Fähigkeit *f*; ~ **à** [*o* **pour**] **qc/à faire qc** Begabung *f* für etw/etw zu tun; **avoir de grandes ~s/des ~s pour la musique** sehr/musikalisch begabt sein
apurer [apyʀe] <1> *vt* abschließen *compte;* prüfen *Rechnung*
aquabonisme [akwabɔnism] *m fam* Wurstigkeit *f* (*fam*)
aquaculture [akwakyltyʀ] *f* Aquakultur *f*
aquaplanage [akwaplanaʒ] *m*, **aquaplaning** [akwaplaniŋ] *m* Aquaplaning *nt*
aquarelle [akwaʀɛl] *f* ❶ *sans pl* (*technique*) Aquarellmalerei *f;* **faire de l'~** Aquarell malen
❷ (*tableau*) Aquarell *nt*
aquarelliste [akwaʀelist] *mf* Aquarellmaler(in) *m(f)*
aquarium [akwaʀjɔm] *m* Aquarium *nt*
aquatique [akwatik] *adj* Wasser-
aqueduc [akdyk] *m* Aquädukt *m o nt*
aqueux, -euse [akø, -øz] *adj* wasserhaltig, auf Wasserbasis; *solution* wässrig
aquilin [akilɛ̃] *adj* **un nez ~** eine Adlernase
aquilon [akilɔ̃] *m poét* Nordwind *m*
Aquitaine [akitɛn] *f* **l'~** Aquitanien *nt*
A.R. *abr de* **Altesse royale** Kgl. Hoheit
ara [aʀa] *m* Ara *m*
arabe [aʀab] **I.** *adj* arabisch
II. *m* (*langue*) **l'~** Arabisch *nt*, das Arabische; *v. a.* **allemand**
Arabe [aʀab] *mf* Araber(in) *m(f)*
arabesque [aʀabɛsk] *f* ❶ (*ligne sinueuse*) Arabeske *f*, Schnörkel *m*
❷ ART, ARCHIT Arabeske *f*
❸ (*en danse*) Arabesque *f*
Arabie [aʀabi] *f* **l'~** Arabien *nt;* **l'~ Saoudite** Saudi-Arabien
arabique [aʀabik] *adj* arabisch; **gomme ~** Gummiarabikum *nt*
arabisant(e) [aʀabizɑ̃, ɑ̃t] *m(f)* Arabist(in) *m(f)*
arabisme [aʀabism] *m* Arabismus *m*
arable [aʀabl] *adj terre* Acker-
arabophone [aʀabɔfɔn] *adj* arabischsprachig; **être ~** Arabisch als Muttersprache haben
arac [aʀak] *m v.* **arak**
arachide [aʀaʃid] *f* ❶ (*plante*) Erdnuss *f*
❷ (*fruit*) **huile d'~** Erdnussöl *nt;* **des ~s salées** CAN gesalzene Erdnüsse *Pl*
arachnéen(e) [aʀakneɛ̃, ɛn] *adj* ❶ (*de la nature des araignées*) spinnenartig
❷ *fig* hauchdünn [wie ein Spinnennetz]
Aragon [aʀagɔ̃] *m* **l'~** Aragonien *nt*
araignée [aʀeɲe] *f* Spinne *f*
▶ **avoir une ~ dans le plafond** [*o* **au**] *fam* einen Vogel haben (*fam*)
arak [aʀak] *m* Arrak *m*
araméen(e) [aʀameɛ̃, ɛn] *adj* aramäisch
araser [aʀaze] <1> *vt* abgleichen *mur;* ausgleichen *fondement*
aratoire [aʀatwaʀ] *adj* Acker-; **instruments ~s** landwirtschaftliche Geräte
araucaria [aʀokaʀja] *m* BOT Araukarie *f*
arbalète [aʀbalɛt] *f* Armbrust *f*
arbalétrier [aʀbaletʀije] *m* ❶ *vieilli* (*soldat*) Armbrustschütze *m*
❷ (*poutre*) [Binder]Sparren *m*
arbitrage [aʀbitʀaʒ] *m* ❶ SPORT (*fonction*) Schiedsrichteramt *nt;* (*acte*) Ausübung *f* des Schiedsrichteramtes
❷ (*juridiction*) Schiedsgerichtsbarkeit *f;* (*médiation*) Schlichtung *f;* **bureau d'~** Schiedsstelle *f*
❸ (*sentence*) Schiedsspruch *m*
arbitraire [aʀbitʀɛʀ] *adj* ❶ (*non motivé*) willkürlich; *valeur* beliebig
❷ (*tyrannique*) willkürlich; *autorité, pouvoir* auf Willkür beruhend
arbitrairement [aʀbitʀɛʀmɑ̃] *adv* willkürlich
arbitre¹ [aʀbitʀ] *mf* ❶ SPORT Schiedsrichter(in) *m(f);* BOXE Ringrichter(in) *m(f)*
❷ (*conciliateur*) Schlichter(in) *m(f)*, Vermittler(in) *m(f);* **prendre qn pour ~** jdn als Schiedsrichter anrufen
arbitre² [aʀbitʀ] *m* PHILOS **libre ~** freier Wille, Willensfreiheit *f*
arbitrer [aʀbitʀe] <1> *vt* ❶ (*servir de conciliateur*) ~ **qc** bei etw schlichten [*o* vermitteln]
❷ SPORT ~ **qc** bei etw Schiedsrichter(in) sein
arboré(e) [aʀbɔʀe] *adj* BELG (*planté d'arbres*) *jardin* mit Bäumen bestanden
arborer [aʀbɔʀe] <1> *vt* ❶ (*hisser*) hissen *drapeau;* aufstellen *bannière, pancarte*
❷ (*montrer*) zur Schau tragen, protzen mit; aufsetzen *air, sourire*
❸ PRESSE bringen *gros titre, manchette*
arborescence [aʀbɔʀesɑ̃s] *f* INFORM Baumstruktur *f*
arborescent(e) [aʀbɔʀesɑ̃, ɑ̃t] *adj* (*qui prend la forme d'un arbre*) baumartig; (*qui rapelle la forme d'un arbre*) baumförmig
arboricole [aʀbɔʀikɔl] *adj* ZOOL *rare* (*qui vit sur les arbres*) auf Bäumen lebend
arboriculteur, -trice [aʀbɔʀikyltœʀ, -tʀis] *m, f* Baumpfleger(in) *m(f)*
arboriculture [aʀbɔʀikyltyʀ] *f* Baumzucht *f*
arborisation [aʀbɔʀizasjɔ̃] *f baum- bzw. pflanzenförmiges Muster auf Steinen*
arbre [aʀbʀ] *m* ❶ BOT Baum *m;* ~ **fruitier/généalogique** Obst-/Stammbaum
❷ TECH Welle *f*
▶ **entre l'~ et l'écorce il ne faut pas mettre le doigt** *prov* man soll sich nicht in fremde Angelegenheiten mischen; **les ~s lui cachent** [*o* **masquent**] **la forêt** er/sie sieht den Wald vor lauter Bäumen nicht; **c'est au fruit qu'on connaît l'~** *littér* an den Früchten sollt ihr sie erkennen
◆ ~ **à cames** Nockenwelle *f;* ~ **d'entraînement** Antriebswelle *f;* ~ **à feuilles persistantes** immergrüner Baum; ~ **moteur** Antriebswelle *f;* ~ **de Noël** Weihnachtsbaum *m;* ~ **à pain** Brot[frucht]baum *m;* ~ **de transmission** Übertragungswelle *f;* ~ **de vie** Lebensbaum *m*
arbrisseau [aʀbʀiso] <x> *m* Busch *m*
arbuste [aʀbyst] *m* Strauch *m*, Busch *m*
arc [aʀk] *m* ❶ (*arme*) Bogen *m;* **tirer à l'~** mit dem Bogen schießen
❷ GEOM Bogen *m*
▶ ~ **électrique** [*o* **voltaïque**] Lichtbogen *m*
◆ ~ **de cercle** Kreisbogen *m;* **en ~ de cercle** halbkreisförmig; *s'asseoir* im Halbkreis; ~ **en ogive** Spitzbogen *m;* ~ **en plein cintre** Rundbogen *m*, romanischer Bogen; ~ **de triomphe** Triumphbogen *m*

i Land & Leute

> Der **Arc de triomphe de l'Étoile** wurde 1806–1836 auf Veranlassung Napoleons I. erbaut. Er steht auf der „Place Charles de Gaulle", die früher „Place de l'Étoile" hieß, und gehört zu den berühmtesten Sehenswürdigkeiten von Paris.

arcade [aʀkad] *f* ❶ ARCHIT Arkade *f*
❷ ANAT ~ **sourcilière** Augenbrauenbogen *m;* **s'ouvrir l'~ sourcilière** sich die Augenbraue aufschlagen
arcane [aʀkan] *m* ❶ (*dans l'alchimie*) Arkanum *nt* (*geh*)
❷ *fig* **les ~s** die Geheimnisse *nt*
arc-boutant [aʀkbutɑ̃] <arcs-boutants> *m* ARCHIT Strebebogen *m* **arc-bouter** [aʀkbute] <1> *vpr* **s'~ contre** [*o* **à**] **qc** sich gegen etw stemmen; **s'~ sur qc** sich auf etw (*Akk*) stützen
arceau [aʀso] <x> *m* kleiner Bogen; (*au croquet*) Tor *nt*

◆ ~ **de protection** AUT Sturzbügel *m;* ~ **de sécurité** AUT Überrollbügel *m*
arc-en-ciel [aʀkɑ̃sjɛl] <arcs-en-ciel> *m* Regenbogen *m*
archaïque [aʀkaik] *adj* archaisch; *mot, tournure* veraltet
archaïsant(e) [aʀkaizɑ̃, ɑ̃t] *adj style, langue* archaisierend
archaïsme [aʀkaism] *m* ❶ (*caractère désuet*) Veraltetsein *nt*
❷ LING Archaismus *m*
archange [aʀkɑ̃ʒ] *m* Erzengel *m;* **l'~ Gabriel** der Erzengel Gabriel
arche [aʀʃ] *f* Bogen *m*
◆ ~ **d'alliance** Bundeslade *f;* ~ **de Noé** Arche *f* Noah
archelle [aʀʃɛl] *f* BELG (*étagère de salle à manger*) Esszimmerregal *nt*
archéologie [aʀkeɔlɔʒi] *f* Archäologie *f*
archéologique [aʀkeɔlɔʒik] *adj* archäologisch
archéologue [aʀkeɔlɔg] *mf* Archäologe *m*/-login *f*
archéoptéryx [aʀkeɔpteʀiks] *m* Archäopterix *m o f*
archer, -ère [aʀʃe, -ɛʀ] *m, f* Bogenschütze *m*/-schützin *f*
archet [aʀʃɛ] *m* Bogen *m*
archétype [aʀketip] *m a.* PHILOS, BIO Archetyp[us] *m*
archevêché [aʀʃəveʃe] *m* ❶ (*territoire*) Erzbistum *nt,* Erzdiözese *f*
❷ (*charge*) Amt *nt* des Erzbischofs
❸ (*palais*) erzbischöfliches Palais
archevêque [aʀʃəvɛk] *m* Erzbischof *m*
archi [aʀʃi] *abr de* **architecture**
archibondé(e) [aʀʃibɔ̃de] *adj* brechend voll
archicomble [aʀʃikɔ̃bl] *adj* brechend voll
archiconnu(e) [aʀʃikɔny] *adj* überall bekannt
archidiacre [aʀʃidjakʀ] *m* Archidiakon *m*
archidifficile [aʀʃidifisil] *adj* äußerst schwierig
archiduc, archiduchesse [aʀʃidyk, aʀʃidyʃɛs] *m, f* Erzherzog(in) *m(f)*
archifaux, archifausse [aʀʃifo, aʀʃifos] *adj* grundfalsch
archimandrite [aʀʃimɑ̃dʀit] *m* ECCL Archimandrit *m*
Archimède [aʀʃimɛd] *m* Archimedes *m*
archimillionnaire [aʀʃimiljɔnɛʀ] *adj* steinreich
archipel [aʀʃipɛl] *m* Archipel *m,* Inselgruppe *f*
archiplein(e) [aʀʃiplɛ̃, ɛn] *adj fam* brechend voll
archiprêtre [aʀʃipʀɛtʀ] *m* ECCL Erzpriester *m*
architecte [aʀʃitɛkt] *mf* ❶ ARCHIT Architekt(in) *m(f)*
❷ (*créateur*) Schöpfer *m*
◆ ~ **d'intérieur** Innenarchitekt(in) *m(f)*
architectonique [aʀʃitɛktɔnik] **I.** *adj* architektonisch
II. *f* Architektonik *f*
architectural(e) [aʀʃitɛktyʀal, o] <-aux> *adj* architektonisch
architecture [aʀʃitɛktyʀ] *f* ❶ ARCHIT Architektur *f,* Baukunst *f;* (*style*) Architektur *f,* Baustil *m*
❷ *d'un texte* Aufbau *m*
❸ INFORM Struktur *f*
architrave [aʀʃitʀav] *f* ARCHIT Architrav *m*
archivage [aʀʃivaʒ] *m* Archivierung *f*
archive [aʀʃiv] *f* INFORM Archiv *nt;* **une ~ zip** ein ZIP-Archiv
archiver [aʀʃive] <1> *vt* archivieren
archives [aʀʃiv] *fpl* ❶ (*documents*) (*publics*) Archiv *nt;* (*personnels*) Privatarchiv *nt*
❷ (*lieu*) Archiv *nt;* **Les Archives nationales** das Nationalarchiv
archiviste [aʀʃivist] *mf* Archivar(in) *m(f)*
arçon [aʀsɔ̃] *m* Sattelbogen *m;* **être** [*o* **rester**] **ferme sur ses ~s** fest im Sattel sitzen; **vider les ~s** aus dem Sattel fallen
arctique [aʀktik] **I.** *adj* arktisch; *pôle* Nord-; *expédition* Nordpol-; *front* Polar-
II. *m* **l'Arctique** die Arktis
ardemment [aʀdamɑ̃] *adv* sehnlichst
Ardennes [aʀdɛn] *fpl* **les ~** die Ardennen *Pl*
ardent(e) [aʀdɑ̃, ɑ̃t] *adj* ❶ (*brûlant*) glühend; *soleil* stechend; *feu* lodernd; *fièvre* heftig; *soif* brennend; *roux* flammend, feurig; **un regard ~ de colère/désir** hasserfüllter/feuriger Blick
❷ (*violent*) *curiosité, désir, passion* brennend; *amour, lutte* heiß; *haine* wild; *vœu* sehnlichst; *imagination* lebhaft; *discours* flammend, feurig; *piété, foi, conviction* tief; **une prière ~e** (*demande*) eine inständige Bitte; (*oraison*) ein inbrünstiges Gebet
❸ (*bouillant*) *nature, partisan* leidenschaftlich; *jeunesse* ungestüm; *cheval, amant, tempérament* feurig
ardeur [aʀdœʀ] *f* ❶ (*chaleur*) glühende Hitze
❷ (*force vive*) Heftigkeit *f; de la foi, conviction, piété* Inbrunst *f; de la jeunesse, d'une passion, d'un amour, discours* Feuer *nt;* **l'~ d'une prière** (*demande*) die Inständigkeit einer Bitte; REL die Inbrunst eines Gebetes
❸ (*zèle*) Begeisterung *f,* Leidenschaftlichkeit *f;* ~ **à qc/à faire qc** Eifer *m* bei etw/, etw zu tun; **plein(e) d'~** voller Schwung [*o* Elan]; *cheval* feurig; **l'~ au travail** der Arbeitseifer; **dans l'~ du combat** im Eifer des Gefechts; **avec l'~ du désespoir** mit dem Mut der Verzweiflung
ardoise [aʀdwaz] **I.** *f* ❶ *sans pl* GEOL Schiefer *m*
❷ (*plaques d'ardoise*) Schieferplatte *f;* **toit d'~[s]** Schieferdach *nt*
❸ (*pour écrire*) [Schiefer]tafel *f*
▶ **avoir une ~** (*une dette*) in der Kreide stehen (*fam*)
II. *adj inv* (*couleur*) schieferfarben; *bleu, gris* schiefer-
ardoisier [aʀdwazje] *m* BELG (*couvreur*) Dachdecker(in) *m(f)*
ardu(e) [aʀdy] *adj* ❶ *problème, question* schwierig; *épreuve* schwer; *travail* mühselig
❷ *chemin* steil
are [aʀ] *m* Ar *nt*
arène [aʀɛn] *f* ❶ (*piste*) Arena *f*
❷ *pl* (*lieu de corrida*) Stierkampfarena *f;* (*amphithéâtre romain*) Amphitheater *nt*
❸ GEOL Sand *m;* **l'~ granitique** der Quarzsand
▶ **l'~ politique** die politische Arena [*o* Bühne]; **descendre dans l'~** den Kampf aufnehmen, die Herausforderung annehmen
aréole [aʀeɔl] *f* ANAT Warzenhof *m*
aréopage [aʀeɔpaʒ] *m* Areopag *m*
arête [aʀɛt] *f* ❶ ZOOL *d'un poisson* Gräte *f*
❷ (*bord saillant*) *d'un objet, ski, d'une pierre* Kante *f; d'un toit, d'une montagne* Grat *m; du nez* Rücken *m*
argent [aʀʒɑ̃] **I.** *adj inv* (*couleur*) Silber-, silb[e]rig
II. *m* ❶ Geld *nt;* **payer en ~ et en nature** mit Geld und in Naturalien bezahlen; **payer en ~ comptant** bar [*o* mit Bargeld] bezahlen; **contre ~ comptant** gegen bares Geld; **en avoir/vouloir pour son ~** etwas für sein Geld bekommen/haben wollen; **~ liquide** Bargeld; **~ frais** neues Kapital
❷ (*métal*) Silber *nt;* **d'~, en ~** Silber-, aus Silber, silbern; (*couleur*) silb[e]rig; **couverts/pièces/bijoux d'~** Silberbesteck *nt*/-münzen *Pl*/-schmuck *m*
▶ **l'~ ne fait pas le bonheur** *prov* Geld macht nicht glücklich (*prov*); **l'~ brûle les doigts de qn** [*o* **fond dans les mains de qn**] jdm rinnt das Geld durch die Finger; **jeter l'~ par les fenêtres** das Geld zum Fenster hinauswerfen; **l'~ n'a pas d'odeur** *prov* Geld stinkt nicht (*prov*); **prendre qc pour ~ comptant** etw für bare Münze nehmen
◆ ~ **de poche** Taschengeld *nt*
argenté(e) [aʀʒɑ̃te] *adj* ❶ silberfarben; *couleur, barbe, reflets* silbern, silbrig; *cheveux* silbergrau
❷ (*recouvert d'argent*) versilbert
❸ *fam* (*riche*) **ne pas être très ~(e)** nicht gut bei Kasse sein (*fam*)
argenter [aʀʒɑ̃te] <1> *vt* ❶ (*couvrir d'argent*) versilbern
❷ *fig* silbrig schimmern lassen
argenterie [aʀʒɑ̃tʀi] *f sans pl* Silberwaren *Pl,* Tafelsilber *nt;* (*vaisselle*) Silbergeschirr *nt;* (*couverts*) Silberbesteck *nt*
argentier [aʀʒɑ̃tje] *m* ❶ HIST **le grand ~** Schatzmeister *m; hum* Finanzminister *m*

❷ (*meuble*) Silberschrank *m*
argentifère [aʀʒɑ̃tifɛʀ] *adj* **mine/minerai** ~ Silbermine *f*/Silbererz *nt*
argentin(e) [aʀʒɑ̃tɛ̃, in] *adj* argentinisch
Argentin(e) [aʀʒɑ̃tɛ̃, in] *m(f)* Argentinier(in) *m(f)*
Argentine [aʀʒɑ̃tin] *f* **l'**~ Argentinien *nt*
argile [aʀʒil] *f* Ton *m*; **statue d'**~ Tonfigur *f*
argileux, -euse [aʀʒilø, -øz] *adj* tonig, tonhaltig
argon [aʀgɔ̃] *m* CHIM Argon *nt*
argot [aʀgo] *m* ❶ *sans pl* Argot *m o nt*
❷ (*langage particulier*) Jargon *m*; **l'**~ **du milieu** die Milieusprache, der Milieujargon

i Land & Leute

Der **argot** ist einerseits eine Art französische Umgangssprache. Wer ihn benutzt, drückt sich salopper aus, als es mit einem Ausdruck aus der gemäßigten Umgangssprache, dem *français familier*, der Fall wäre.
Andererseits versteht man unter **argot** auch die leicht saloppe Ausdrucksweise einer bestimmten Personengruppe, also einen Jargon. Tatsächlich geht der Argot auf einen sehr speziellen Jargon zurück: Er war ursprünglich die Geheimsprache der Gauner.
T'as zieuté les poulagas?≈As-tu vu les policiers? – Hast du die Polizisten gesehen?

argotique [aʀgɔtik] *adj* **expression** ~ Argotausdruck *m*
Argovie [aʀgɔvi] *f* **l'**~ der Aargau
arguer [aʀgɥe] <1> *vt littér* ~ **que qn a fait qc** geltend machen, dass jd etw getan hat; **faire qc en arguant que c'est correct** etw tun mit dem Argument, dass es richtig ist
argument [aʀgymɑ̃] *m* ❶ (*raisonnement, preuve*) Argument *nt*
❷ THEAT, LITTER Plot *m o nt*
◆ ~ **de vente** Verkaufsargument *nt*
argumentaire [aʀgymɑ̃tɛʀ] *m* Argumentationshilfe *f*
argumentation [aʀgymɑ̃tasjɔ̃] *f* Argumentation *f*
argumenter [aʀgymɑ̃te] <1> *vi* ~ **contre qn/qc** gegen jdn/etw argumentieren; **un article bien argumenté** ein von der Argumentation her gesehen guter Artikel
Argus [aʀgys] *m* AUT Zeitwerttabelle *f*, ≈ Schwackeliste *f*; **ma voiture est cotée 20 000 euros à l'**~ mein Auto hat [noch] einen Zeitwert von 20.000 Euro
arguties [aʀgysi] *fpl* Haarspaltereien *Pl*, Spitzfindigkeiten *Pl*
aria [aʀja] *f* Arie *f*
Ariane [aʀjan] *f* MYTH Ariadne *f*
aride [aʀid] *adj* ❶ trocken; *climat* regenarm, arid (*Fachspr.*); *sol* trocken, arid (*Fachspr.*)
❷ *fig sujet, matière* trocken; *travail* öde
aridité [aʀidite] *f sans pl* ❶ Trockenheit *f*, Aridität *f* (*Fachspr.*)
❷ *fig d'un sujet, d'une matière* Trockenheit *f*; *d'un travail* Stumpfsinn *m*
ariette [aʀjɛt] *f* Arietta *f*, Ariette *f*
aristo [aʀisto] *mf fam abr de* **aristocrate** Blaublütige(r) *f(m)*
aristocrate [aʀistɔkʀat] *mf* Aristokrat(in) *m(f)*
aristocratie [aʀistɔkʀasi] *f* ❶ (*caste*) Aristokratie *f*
❷ (*régime*) Aristokratie *f*, Adelsherrschaft *f*
aristocratique [aʀistɔkʀatik] *adj* aristokratisch
Aristote [aʀistɔt] *m* Aristoteles *m*
aristotélicien(ne) [aʀistɔtelisjɛ̃, jɛn] *adj* aristotelisch
arithmétique [aʀitmetik] **I.** *f* ❶ SCOL Rechnen *nt*; **exercice d'**~ Rechenaufgabe *f*
❷ (*science*) Arithmetik *f*; **les quatre opérations élémentaires de l'**~ die vier Grundrechenarten
II. *adj* arithmetisch; **par un simple calcul** ~ durch ein einfaches Rechenexempel; **qc est juste du point de vue** ~ etw ist rechnerisch richtig
arlequin [aʀləkɛ̃] *m* Harlekin *m*
arlequinade [aʀləkinad] *f* (*pièce de théâtre*) Harlekinade *f*
armada [aʀmada] *f* Heer *nt*; **une** ~ **de touristes** ein [ganzes] Heer von Touristen
► **l'Invincible Armada** HIST die unüberwindliche Armada
armagnac [aʀmaɲak] *m* Armagnac *m*
armateur [aʀmatœʀ] *m* Reeder(in) *m(f)*
armature [aʀmatyʀ] *f* (*charpente*) Gerüst *nt*; *d'une tente* Gestänge *nt*; *d'un abat-jour, parapluie* Gestell *nt*; *du béton armé* Armierung *f*; *d'un soutien-gorge* Bügel *Pl*
arme [aʀm] *f* ❶ Waffe *f*; **l'**~ **du crime** die Tatwaffe; ~ **blanche** Hieb-, Stich- oder Stoßwaffe; **aux** ~**s!** zu den Waffen!; **en** ~**s** bewaffnet; **par les** ~**s** *régler un différend* mit Waffen; *prendre le pouvoir* mit Waffengewalt
❷ (*corps de l'armée*) Waffengattung *f*
❸ *pl* MIL *littér* **la carrière des** ~**s** die militärische Laufbahn; **le métier des** ~**s** der Soldatenberuf; **compagnon d'**~**s** Waffengefährte *m*
► **avec** ~**s et bagages** *fam* mit Sack und Pack; **passer l'**~ **à gauche** ins Gras beißen (*fam*); **à** ~**s égales** mit gleichen Waffen; **faire ses premières** ~**s dans qc** seine ersten Erfahrungen in etw (*Dat*) [*o* bei etw] sammeln; **être appelé(e) sous les** ~**s** zu den Waffen gerufen werden; **déposer les** ~**s** die Waffen niederlegen; **passer qn par les** ~**s** jdn standrechtlich erschießen; **prendre les** ~**s contre qn** die Waffen gegen jdn erheben; **rendre les** ~**s** (*capituler*) die Waffen strecken; (*céder*) sich geschlagen geben
◆ ~ **à feu** Feuerwaffe *f*; ~ **de poing** Faustfeuerwaffe *f*
armé(e) [aʀme] *adj* ❶ ~ **d'un couteau/revolver** mit einem Messer/Revolver bewaffnet
❷ *fig* ~ **d'un dictionnaire** mit einem Wörterbuch ausgerüstet [*o* bewaffnet *hum*]; **être bien** ~ **pour/contre qc** für/gegen etw gut gewappnet sein
armée [aʀme] *f* ❶ **l'**~ die Armee; **être à l'**~ seinen Militärdienst absolvieren; **être dans l'**~ bei der Armee sein; **la Grande Armée** *Bezeichnung der napoleonischen Armee;* **l'Armée rouge** die Rote Armee
❷ (*troupes*) Armee *f*, Heer *nt*; ~ **active** aktive Truppe; ~ **régulière** stehendes Heer; **les** ~**s alliées** die alliierten Streitkräfte
❸ (*foule*) Heer *nt*
◆ ~ **de l'air** Luftwaffe *f*; ~ **de libération** Befreiungstruppen *Pl*, Befreiungsarmee *f*; ~ **de mercenaires** Söldnerheer *nt*; ~ **d'occupation** Besatzungsmacht *f*; ~ **de réserve** Reserveheer *nt*, Reservearmee *f*; ~ **du Salut** Heilsarmee *f*; ~ **de terre** Heer *nt*
armement [aʀməmɑ̃] *m* ❶ *sans pl* (*action*) *d'un pays, d'une armée* Aufrüstung *f*; *d'un soldat* Bewaffnung *f*; *d'un navire* Ausrüstung *f*; *d'un fusil* Laden *nt*; *d'un appareil photo* Spannen *nt*; **l'**~ **d'un avion/navire de guerre** die Bestückung eines Kampfflugzeugs/Kriegsschiffs mit Waffen
❷ (*armes*) *d'un soldat, d'une troupe* Bewaffnung *f*; *d'un pays* Rüstung *f*; *d'un avion, bateau* Bordwaffen *Pl*
Arménie [aʀmeni] *f* **l'**~ Armenien *nt*
arménien [aʀmenjɛ̃] *m* **l'**~ Armenisch *nt*, das Armenische; *v. a.* **allemand**
arménien(ne) [aʀmenjɛ̃, jɛn] *adj* armenisch
Arménien(ne) [aʀmenjɛ̃, jɛn] *m(f)* Armenier(in) *m(f)*
armer [aʀme] <1> **I.** *vt* ❶ (*munir d'armes*) bewaffnen *soldat, pays*
❷ (*équiper*) ausrüsten *soldat, pays;* bestücken *bateau, forteresse*
❸ (*aguerrir*) ~ **qn contre qc** jdn gegen etw wappnen
❹ (*charger*) laden *fusil;* spannen *appareil photo*
❺ (*renforcer*) armieren *béton*
II. *vpr* ❶ **s'**~ **contre qn/qc** *soldat:* sich gegen jdn/etw bewaffnen; *pays, peuple:* gegen jdn/etw aufrüsten
❷ (*se munir de*) **s'**~ **d'un dictionnaire** sich mit einem Wörterbuch bewaffnen (*hum*); **s'**~ **de patience** sich mit Geduld wappnen; **s'**~ **contre le froid** sich gegen das kalte Wetter rüs-

A

ten

armistice [aʀmistis] *m* Waffenstillstand *m;* **l'Armistice** *französischer Feiertag am 11. November anlässlich des Waffenstillstands 1918*

armoire [aʀmwaʀ] *f* Schrank *m;* ~ **frigorifique** Kühlregal *nt*
◆ ~ **à glace** (*meuble*) Spiegelschrank *m; fam* (*costaud*) [Kleider]schrank *m* (*fam*); ~ **à linge** Wäscheschrank *m;* ~ **à pharmacie** Arzneischränkchen *nt;* ~ **de toilette** Toilettenschrank *m*

armoiries [aʀmwaʀi] *fpl* Wappen *nt*

armoricain(e) [aʀmɔʀikɛ̃, kɛn] *adj* armorikanisch

armorier [aʀmɔʀje] <1a> *vt* mit Wappen[zeichnungen] schmücken

Armorique [aʀmɔʀik] *f* **l'~** Armorika *nt* (*keltischer Name für die Bretagne*)

armure [aʀmyʀ] *f* ❶ MIL Rüstung *f*
❷ *fig* Panzer *m*

armurerie [aʀmyʀʀi] *f* (*commerce*) Waffenhandlung *f*

armurier [aʀmyʀje] *m* ❶ (*marchand*) Waffenhändler(in) *m(f)*
❷ (*fabricant*) Waffenhersteller(in) *m(f);* HIST Waffenschmied(in) *m(f)*
❸ MIL Waffenmeister *m*

ARN [ɑɛʀɛn] *m abr de* **acide ribonucléique** RNS *f*

arnaque [aʀnak] *f fam* Nepp *m* (*fam*); (*escroquerie impudente*) Abzockerei *f* (*fam*); **c'est de l'~!** das ist Nepp! (*fam*)

arnaquer [aʀnake] <1> *vt fam* (*escroquer*) übers Ohr hauen (*fam*); **se faire ~** übers Ohr gehauen werden

arnaqueur, -euse [aʀnakœʀ, -øz] *m, f fam* Betrüger(in) *m(f)*

arnica [aʀnika] *f* Arnika *f*

arobas [aʀɔbas] *m,* **arobase** [aʀɔbɑz] *f* INFORM at *nt*

aromacologie [aʀɔmakɔlɔʒi] *f* Aromaforschung *f*

aromate [aʀɔmat] *m* Gewürzkraut *nt*

aromathérapie [aʀomateʀapi] *f* Aromatherapie *f*

aromatique [aʀɔmatik] *adj huile* aromatisch; *saveur, goût* würzig, kräftig; **plante ~** Gewürzpflanze

aromatisant [aʀɔmatisɑ̃] *m* Geschmacksstoff *m,* Aroma *nt*

aromatiser [aʀɔmatize] <1> *vt* würzen *aliment;* parfümieren *savon, produit cosmétique;* **yaourt aromatisé à la vanille** Yoghurt mit Vanillengeschmack

arôme, arome [aʀom] *m* ❶ *du café* Aroma *nt,* Duft *m; d'un vin* Bouquet *nt*
❷ (*additif alimentaire*) Aroma *nt;* ~ **de fraise** Erdbeeraroma

arpège [aʀpɛʒ] *m* MUS Arpeggio *nt*

arpent [aʀpɑ̃] *m* ❶ *ehemaliges Flächenmaß zwischen 20 und 50 Ar;* **ils se sont disputés pour quelques ~s de terre** sie haben sich um ein paar Quadratmeter Land gestritten
❷ CAN (*mesure de longueur*) *Längenmaß (58,47 m);* (*mesure de superficie*) *Flächenmaß (34,20 Ar)*

arpentage [aʀpɑ̃taʒ] *m* Vermessung *f*

arpenter [aʀpɑ̃te] <1> *vt* ❶ (*parcourir*) durchmessen *pièce*
❷ (*mesurer*) vermessen

arpenteur [aʀpɑ̃tœʀ] *m* Vermesser(in) *m(f)*

arpète [aʀpɛt] *m fam* Stift *m* (*fam*), Lehrling *m* (*veraltet*), Lehrmädchen *nt* (*veraltet*)

arpion [aʀpjɔ̃] *m pop* (*pied*) Flosse *f* (*fam*)

arqué(e) [aʀke] *adj sourcils* geschwungen; *dos* gebeugt, gekrümmt; **jambes ~es** krumme Beine; **avoir les jambes ~es** O-Beine haben (*fam*)

arquebuse [aʀkəbyz] *f* HIST Hakenbüchse *f,* Arkebuse *f*

arquer [aʀke] <1> **I.** *vt* biegen, krümmen; **avoir les jambes arquées** krumme Beine haben
II. *vpr* **s'~** krumm werden, sich krümmen

arrachage [aʀaʃaʒ] *m* Herausreißen *nt; des mauvaises herbes* Jäten *nt; d'un arbre* Entwurzeln *nt; des légumes* Herausmachen *nt; d'un clou* Herausziehen *nt; d'une dent* Ziehen *nt*

arrache-clou [aʀaʃklu] <arrache-clous> *m* BOT Geißfuß *m,* Nagelklaue *f*

arrachement [aʀaʃmɑ̃] *m* ❶ *rare d'un arbre* Herausreißen *nt*
❷ (*douleur*) Abschiedsschmerz *m*

arrache-pied [aʀaʃpje] *adv* **d'~** *lutter, travailler* unermüdlich

arracher [aʀaʃe] <1> **I.** *vt* ❶ herausreißen *page, herbes, poil;* entwurzeln *arbre;* herausmachen *légumes;* herausziehen *clou;* ziehen *dent;* abreißen *affiche;* ~ **un bras à qn** *personne:* jdm einen Arm ausreißen; *chien:* jdm einen Arm abbeißen; *grenade:* jdm einen Arm abreißen; ~ **la chemise à qn** jdm das Hemd vom Leib reißen; ~ **une plume à un oiseau** einem Vogel eine Feder ausreißen
❷ (*prendre*) ~ **qn à qn** jdm jdn wegreißen; ~ **qn des mains/de l'emprise de qn** jdn jds Händen entreißen/jds Einfluss entziehen; ~ **son arme à qn** jdm die Waffe entreißen; ~ **qc des mains de qn** jdm etw aus den Händen reißen; (*par un effort soutenu*) jdm etw entwinden
❸ (*obtenir*) ~ **de l'argent/une décision à qn** jdm Geld/einen Entschluss abringen; ~ **un secret/une larme à qn** jdm ein Geheimnis/eine Träne entlocken
❹ (*soustraire*) ~ **qn à son travail** jdn aus seiner Arbeit herausreißen; ~ **qn à la mort** jdn vor dem sicheren Tod bewahren
II. *vpr* ❶ **s'~ les cheveux** sich (*Dat*) die Haare ausreißen
❷ (*se disputer*) **s'~ qn/qc** sich um jdn/etw reißen; **on se l'arrache** (*en parlant d'une personne*) man reißt sich um ihn/sie; (*en parlant d'une chose*) man reißt sich darum
❸ (*se soustraire*) **s'~ à un souvenir** sich (*Akk*) von einer Erinnerung losreißen; **s'~ à son sommeil** die Müdigkeit von sich abschütteln
❹ *fam* (*partir*) **s'~** abhauen (*fam*)

arracheur [aʀaʃœʀ] ▶ **mentir comme un ~ de dents** lügen, dass sich die Balken biegen (*fam*)

arraisonnement [aʀɛzɔnmɑ̃] *m* NAUT *d'un navire* Durchsuchung *f;* (*contrôle*) Überprüfung *f*

arraisonner [aʀɛzɔne] <1> *vt* (*perquisitionner*) durchsuchen *navire;* (*contrôler*) überprüfen *navire*

arrangeant(e) [aʀɑ̃ʒɑ̃, ʒɑ̃t] *adj* umgänglich, entgegenkommend; (*dans une négociation*) kulant

arrangement [aʀɑ̃ʒmɑ̃] *m* ❶ (*agencement*) *de fleurs* Arrangement *nt* (*geh*); *du mobilier, de vêtements* Zusammenstellung *f; d'une pièce* Einrichtung *f; d'une maison* Aufteilung *f*
❷ (*action*) *de fleurs* Zusammenstellen *nt; d'une coiffure* Zurechtmachen *nt; d'une entrevue* Organisation *f*
❸ (*accord*) Einigung *f;* **parvenir à un ~** zu einer Übereinkunft gelangen
❹ MUS Arrangement *nt*

arranger [aʀɑ̃ʒe] <2a> **I.** *vt* ❶ (*disposer*) ordnen; arrangieren *fleurs;* einrichten *pièce, appartement;* zurechtmachen *coiffure;* in Ordnung bringen *vêtement;* herrichten *table;* **il a arrangé l'histoire à sa façon** er hat die Geschichte so hingebogen *fam,* wie es ihm gelegen kam
❷ (*organiser*) organisieren *voyage, réunion;* arrangieren *rencontre;* regeln *affaires*
❸ (*régler*) regeln; **tout est arrangé** alles ist geregelt
❹ (*contenter*) ~ **qn** jdm gelegen kommen; **ça m'arrange vraiment!** das kommt mir sehr gelegen!; **si ça vous arrange** wenn es Ihnen recht ist; **ça l'arrange de faire qc** es passt ihm/ihr etw zu tun; **ça l'arrange que qn fasse qc** es passt ihm/ihr gut, dass jd etw tut
❺ (*réparer*) in Ordnung bringen
❻ *fam* (*malmener*) übel zurichten; **se faire ~ le portrait par qn** von jdm übel zugerichtet werden; **te voilà bien arrangé(e)!** wie siehst du denn aus! (*fam*); (*tu es sale*) na, du bist vielleicht verdreckt! (*fam*); (*tu es blessé*) du siehst ja übel [zugerichtet] aus!
II. *vpr* ❶ (*se mettre d'accord*) **s'~ avec qn pour faire qc** sich mit jdm einigen etw zu tun; **ils se sont arrangés entre eux** sie haben sich untereinander geeinigt; **s'~ à l'amiable** sich gütlich einigen; **arrange-toi avec elle!** einige dich mit ihr!
❷ (*s'améliorer*) **s'~** *problème:* sich regeln; *situation, état de santé:* sich bessern; *temps:* wieder besser werden; *querelle:* beigelegt

werden; **leur dispute s'est arrangée** sie haben ihren Streit beigelegt; **tout s'arrange** das gibt sich alles; **tout va s'~** es wird sich alles finden; **les choses s'arrangent d'elles-mêmes** die Dinge regeln sich von selbst
❸ (*se débrouiller*) **s'~ pour que qn fasse qc** es sich (*Dat*) so einrichten, dass jd etw tut; **arrangez-vous comme vous voudrez, mais ...** machen Sie das, wie Sie wollen, aber ...; **arrange-toi pour être à l'heure** richte es [so] ein, dass du pünktlich bist; **je ne sais pas comment il s'arrange, mais ...** ich weiß nicht, wie er es anstellt, aber ...
❹ (*ajuster sa toilette*) **s'~** sich zurechtmachen; **savoir s'~** es verstehen, sich zurechtzumachen (*fam*); **s'~ les cheveux/le maquillage** sich (*Dat*) die Frisur wieder herrichten/das Make-up erneuern
▸ **il ne s'est pas arrangé** *fam* (*physiquement*) er hat sich nicht zu seinem Vorteil verändert; (*moralement*) er hat sich nicht gebessert

arrangeur, -euse [aʀɑ̃ʒœʀ, -øz] *m, f* MUS Arrangeur *m*

arrérages [aʀeʀaʒ] *mpl* fällige Rente *f*

arrestation [aʀɛstasjɔ̃] *f* ❶ (*action*) Verhaftung *f,* Festnahme *f;* ~ **arbitraire/illégale** willkürliche/widerrechtliche Verhaftung; ~ **provisoire** vorläufige Festnahme
❷ (*état*) Haft *f;* ~ **préventive** Vorbeugehaft *f;* **vous êtes en état d'~!** Sie sind verhaftet!

arrêt [aʀɛ] *m* ❶ *d'une machine, d'un moteur* Abstellen *nt; d'une centrale, d'un réacteur* Abschalten *nt; d'un véhicule* Anhalten *nt; des négociations, hostilités* Einstellen *nt; de la croissance* Stillstand *m; de la production* Einstellung *f; du compte à rebours* Abbrechen *nt; d'une hémorragie, du cœur* Stillstand *m;* ~ **cardiaque** Herzstillstand; ~ **des essais nucléaires** Atomteststopp *m;* **bouton d'~** *d'une machine* Abstellknopf *m;* **sans** ~ (*sans interruption*) unaufhörlich, ununterbrochen; (*fréquemment*) ständig
❷ (*halte*) *d'un train, automobiliste* Halt *m;* **dix minutes d'~ à Nancy** zehn Minuten Aufenthalt in Nancy; **le train est sans ~ de Paris à Lyon** der Zug fährt von Paris nach Lyon durch; **faire quelques ~s au cours du voyage** [**en voiture**] auf der Fahrt ein paarmal anhalten; **être à l'~** *véhicule, chauffeur:* stehen; **rester** [*o* **tomber**] **en** ~ stehenbleiben; *chien de chasse:* vorstehen
❸ (*station*) Haltestelle *f;* ~ **d'autobus** Bushaltestelle
❹ JUR (*jugement*) Entscheid *m,* Gerichtsurteil *nt*
❺ *pl* MIL (*sanction*) Arrest *m;* **mettre qn aux ~s** jdn unter Arrest stellen; **être aux ~s** unter Arrest stehen
◆ ~ **de jeu** SPORT [Spiel]unterbrechung *f;* ~ **de maladie** (*congé*) Beurlaubung *f* wegen Krankheit; (*certificat*) Arbeitsunfähigkeitsbescheinigung *f;* **être en ~ de maladie** krank geschrieben sein; **prescrire un ~ de maladie de quinze jours à qn** jdn für zwei Wochen krank schreiben; ~ **de mort** Todesurteil *nt* ▸ **signer son ~ de mort** sein [eigenes] Todesurteil unterzeichnen; **qc signe l'~ de mort de qn/qc** etw bedeutet das Todesurteil für jdn/etw; ~ **pipi** *fam* Pinkelpause *f* (*fam*); ~ **de** [*o* **du**] **travail** (*grève*) Arbeitsniederlegung *f;* (*congé*) Beurlaubung *f* wegen Krankheit; (*certificat*) Arbeitsunfähigkeitsbescheinigung *f;* **être en ~ de travail** krank geschrieben sein

arrêté [aʀete] *m* Erlass *m,* Anordnung *f;* ~ **municipal** städtische Verordnung; **par ~ préfectoral** durch Erlass [*o* auf Anordnung] des Präfekten
◆ ~ **d'expropriation** Enteignungsbeschluss *m;* ~ **d'expulsion** *d'un étranger* Ausweisungsverfügung *f; d'un locataire* Räumungsbefehl *m*

arrêté(e) [aʀete] *adj décision, volonté, idée* fest; *péj* festgefahren; **sa décision n'est pas encore ~e** seine/ihre Entscheidung steht noch nicht fest

arrêter [aʀete] <1> **I.** *vi* ❶ aufhören; ~ **de faire qc** aufhören etw zu tun; **ne pas ~ de grandir** nicht aufhören zu wachsen; **cette rengaine n'arrête pas de me tourner dans la tête** dieser Schlager geht mir nicht mehr aus dem Kopf; **son souvenir n'arrête pas de me hanter** ich werde die Erinnerung an ihn/sie nicht los; **arrête, je ne te crois pas!** hör auf, ich glaub' dir nicht!
❷ (*s'interrompre*) ~ **de parler/de lire** aufhören zu reden/zu lesen
II. *vt* ❶ (*stopper*) anhalten; abstellen *moteur, machine, chauffage;* ausmachen *télé, radio;* **au voleur, arrêtez-le!** haltet den Dieb!; ~ **la porte avec le pied** mit dem Fuß die Tür aufhalten; **être arrêté(e)** *production:* stillstehen; **le trafic est arrêté sur les lignes 8 et 10** die Linien 8 und 10 haben den Verkehr eingestellt
❷ (*déposer*) absetzen; ~ **qn à la gare** jdn am Bahnhof absetzen
❸ (*terminer*) aufhören mit; beenden *cours, travail*
❹ (*interrompre*) unterbrechen *orateur, réunion;* ~ **le travail** die Arbeit unterbrechen; (*faire grève*) die Arbeit niederlegen; **il n'y a pas moyen de l'~!** unmöglich ihn zu bremsen!
❺ (*bloquer*) aufhalten *personne, foule;* stoppen *ennemi, troupe;* zum Stillstand bringen *hémorragie;* bremsen *ambition;* ~ **qn** *timidité:* jdn zurückhalten
❻ (*abandonner*) aufhören mit; einstellen *exploitation, fabrication, projet;* absetzen *pilule;* ~ **la cigarette/le foot** mit dem Rauchen/Fußballspielen aufhören
❼ (*faire prisonnier*) verhaften
❽ (*fixer*) festlegen *détails, date*
III. *vpr* ❶ (*s'immobiliser*) **s'~** *personne, moteur, montre:* stehen bleiben; *véhicule, chauffeur:* [an]halten
❷ (*séjourner*) Station machen
❸ (*s'interrompre*) **s'~ de faire qc** aufhören etw zu tun
❹ (*cesser*) **s'~** aufhören; *épidémie, inflation:* zum Stillstand kommen; *pluie, hémorragie, bruit, travail, production:* zum Erliegen kommen; **s'~ de fumer** aufhören zu rauchen, mit dem Rauchen aufhören; **à quelle page du roman t'es-tu arrêté(e)?** bis zu welcher Seite des Romans bist du gekommen?

arrêt-maladie [aʀɛmaladi] <arrêts-maladie> *m* (*congé*) Beurlaubung *f* wegen Krankheit; (*certificat*) Arbeitsunfähigkeitsbescheinigung *f;* **être en ~** krank geschrieben sein

arrhes [aʀ] *fpl* ❶ Anzahlung *f;* **verser des ~** eine Anzahlung leisten
❷ JUR Abstandsgeld *nt,* Reugeld (*Fachspr.*)
❸ FIN Angeld *nt* (*Fachspr.*)

arriération [aʀjeʀasjɔ̃] *f* PSYCH Zurückgebliebensein *nt*

arrière [aʀjɛʀ] **I.** *m* ❶ *sans pl* (*queue*) *d'un train* hinteres Teil; *d'une voiture, d'un bateau, avion* Heck *nt;* **à l'~ de la voiture** auf dem Rücksitz des Wagens
❷ (*pour une indication spatiale, temporelle*) **être en ~ de qn/qc** hinter jdm/etw sein; **se pencher en ~** sich zurückbeugen; **regarder en ~** (*derrière soi/vers le passé*) nach hinten sehen/zurücksehen; **rester en ~** hinten bleiben, zurückbleiben; **aller en ~** rückwärts gehen; **en ~, tout le monde!** alle zurück[treten]!
❸ SPORT Verteidiger(in) *m(f);* RUGBY Schluss[spieler *m*] *m;* **jouer ~ centre/droit** als Vorstopper/rechter Verteidiger spielen
❹ MIL **l'~** das Hinterland
▸ **protéger** [*o* **assurer**] **ses ~s** MIL die Nachhut sichern; (*éviter les risques*) sich absichern
II. *adj inv* **roue ~** Hinterrad *nt;* **siège ~** Rücksitz *m;* **la partie/la façade ~ du bâtiment** der hintere Teil/die Rückfront des Gebäudes

arriéré [aʀjeʀe] *m* ❶ FIN Rückstand *m;* **régler l'~ de sa dette** seine Außenstände begleichen
❷ PSYCH [geistig] Zurückgebliebene(r) *m*

arriéré(e) [aʀjeʀe] *adj* ❶ (*demeuré*) *personne* zurückgeblieben
❷ (*en retard*) *région* rückständig
❸ *péj* (*rétrograde*) *méthode, personne* rückständig

arrière-ban [aʀjɛʀbɑ̃] <arrière-bans> *m* HIST Heerbann *m*
arrière-bouche [aʀjɛʀbuʃ] <arrière-bouches> *f* Schlund *m,* Rachen *m* **arrière-boutique** [aʀjɛʀbutik] <arrière-boutiques> *f* Hinterzimmer *nt* **arrière-cour** [aʀjɛʀkuʀ] <arrière

-cours> *f* Hinterhof *m*

arriérée [aʀjeʀe] *f* PSYCH [geistig] Zurückgebliebene *f*

arrière-garde [aʀjɛʀgaʀd] <arrière-gardes> *f* Nachhut *f* **arrière-goût** [aʀjɛʀgu] <arrière-goûts> *m* Nachgeschmack *m* **arrière-grand-mère** [aʀjɛʀgʀɑ̃mɛʀ] <arrière-grands--mères> *f* Urgroßmutter *f* **arrière-grand-père** [aʀjɛʀgʀɑ̃pɛʀ] <arrière-grands-pères> *m* Urgroßvater *m* **arrière-grands-parents** [aʀjɛʀgʀɑ̃paʀɑ̃] *mpl* Urgroßeltern *Pl* **arrière-pays** [aʀjɛʀpei] *m inv* Hinterland *nt* **arrière-pensée** [aʀjɛʀpɑ̃se] <arrière-pensées> *f* Hintergedanke *m;* **sans ~** ohne Hintergedanken; *accepter* rückhaltlos, ohne Vorbehalt **arrière-petite-fille** [aʀjɛʀpətitfij] <arrière-petites-filles> *f* Urenkelin *f* **arrière-petit-fils** [aʀjɛʀpətifis] <arrière-petits-fils> *m* Urenkel *m* **arrière-petits-enfants** [aʀjɛʀpətizɑ̃fɑ̃] *mpl* Urenkel *Pl* **arrière-plan** [aʀjɛʀplɑ̃] <arrière-plans> *m a. fig* Hintergrund *m;* **être à l'~** im Hintergrund stehen; **passer à l'~** in den Hintergrund rücken; **être relégué(e) à l'~** zurückgestellt werden; **en ~** im Hintergrund **arrière-saison** [aʀjɛʀsɛzɔ̃] <arrière-saisons> *f* Nachsaison *f* **arrière-salle** [aʀjɛʀsal] <arrière-salles> *f* Hinterzimmer *nt* **arrière-train** [aʀjɛʀtʀɛ̃] <arrière-trains> *m* ❶ Hinterteil *nt* ❷ (*fesses*) Hintern *m* (*fam*)

arrimage [aʀimaʒ] *m* NAUT *des marchandises* Verstauen *nt*

arrimer [aʀime] <1> **I.** *vt* ❶ (*fixer*) festzurren *colis;* **être solidement arrimé(e)** *chargement:* gut befestigt sein
❷ NAUT verstauen *cargaison*
II. *vpr* ESPACE **s'~ à qc** an etw (*Akk o Dat*) andocken

arrivage [aʀivaʒ] *m* ❶ (*arrivée*) *de marchandises* [eintreffende] Lieferung *f*
❷ (*marchandises*) [frische] Lieferung *f*

arrivant(e) [aʀivɑ̃, ɑ̃t] *m(f)* Ankommende(r) *f(m);* **le nouvel ~/la nouvelle ~e** der Neuankömmling; **les premiers ~s ont/avaient le choix** wer zuerst ankommt, hat die Wahl/ankam, hatte die Wahl

arrivée [aʀive] *f* ❶ (*action*) Ankunft *f; d'un sportif* Einlauf *m* [ins Ziel]; **~ du courrier** Eintreffen *nt* der Post, Posteingang *m;* **à mon ~ à Paris** bei meiner Ankunft in Paris; **avec l'~ du printemps, on voit revenir les rhumes des foins** mit dem Frühling kommt auch wieder der Heuschnupfen
❷ (*endroit*) *d'une course* Ziel *nt;* **figurer à l'~** ins Ziel kommen
❸ (*halle*) *d'une gare, d'un aéroport* Ankunftshalle *f*
❹ TECH (*robinet*) Anschluss *m;* **~ de gaz/d'eau** Gas-/Wasseranschluss

arriver [aʀive] <1> **I.** *vi + être* ❶ ankommen; **~ chez qn/à destination** bei jdm/am Zielort ankommen; **~ à Rennes/de Bavière** in Rennes ankommen/aus Bayern [an]kommen; **~ en voiture/en train** mit dem Auto/Zug [an]kommen; **~ en smoking** im Smoking kommen; **~ sur le marché** *produit:* auf den Markt kommen; **comment arrive-t-on chez eux?** wie kommt man zu ihnen?
❷ (*approcher*) kommen; *nuit:* hereinbrechen; **~ en courant** angelaufen kommen; **~ sans se presser** ganz gemächlich daherkommen; **j'arrive!** ich komme!
❸ (*être acheminé*) **~ par un tuyau** durch ein Rohr kommen
❹ (*terminer une compétition*) **~ [le] premier/dernier** als erster/letzter ankommen; **~ en tête** als erster ankommen; **~ en bonne place** einen der vorderen Plätze belegen; **~ avant/après [o devant/derrière] qn** vor/nach jdm ins Ziel kommen; **~ en tête du hit-parade** auf den ersten Platz der Hitparade kommen
❺ (*aller jusque*) **~ aux mollets** *robe:* bis an die Waden gehen; **~ jusqu'à la maison** *conduite, câble:* bis zum Haus gehen; **il m'arrive à l'épaule** er reicht mir bis zur Schulter; **l'eau m'arrive jusqu'au cou** das Wasser geht mir bis zum Hals; **~ jusqu'à qn [o aux oreilles de qn]** *bruit, nouvelle:* bis zu jdm dringen
❻ (*atteindre*) **~ à qc** *personne:* etw erreichen; **~ au terme de son existence** am Ende seines Lebens anlangen; **~ au résultat/à la conclusion que qn a dit la vérité** zu dem Ergebnis/der Schlussfolgerung kommen, dass jd die Wahrheit gesagt hat
❼ (*réussir*) **qn arrive à faire qc** es gelingt jdm etw zu tun
❽ (*réussir socialement*) **vouloir ~** es zu etwas bringen wollen; **être arrivé(e)** es zu etwas gebracht haben; **il n'arrivera jamais à rien** er wird es nie zu etwas bringen
❾ (*survenir*) **~ à qn** jdm passieren; **qu'est-ce qui est arrivé?** was ist passiert?; **ça devait lui ~!** das musste ihm/ihr ja passieren!
❿ (*aboutir*) **en ~ à faire qc** schließlich etw tun
► **il faudra bien en ~ là** das wird wohl sein müssen; **comment peut-on en ~ là?** wie kann man es nur so weit kommen lassen?
II. *vi impers + être* ❶ (*survenir*) **il arrive qc à qn** jdm passiert etw; **s'il arrive un ennui, ...** wenn es Schwierigkeiten gibt, ...; **il lui arrivera des ennuis s'il ...** er wird Ärger bekommen, wenn er ...; **qu'est-ce qu'il t'est arrivé?** was ist dir denn passiert?
❷ (*se produire de temps en temps*) **il m'arrive de faire qc** es kommt vor, dass ich etw tue; **il arrive que qn fasse qc** es kommt vor, dass jd etw tut

arrivisme [aʀivism] *m* Strebertum *nt*

arriviste [aʀivist] *mf* Karrierist(in) *m(f)*

arrobas [aʀɔbas] *m,* **arrobase** [aʀɔbɑz] *f v.* **arobas**

arrogance [aʀɔgɑ̃s] *f* Arroganz *f*

arrogant(e) [aʀɔgɑ̃, ɑ̃t] *adj* arrogant

arroger [aʀɔʒe] <2a> *vpr* **s'~ un droit** sich (*Dat*) ein Recht anmaßen; **s'~ le droit de faire qc** sich (*Dat*) anmaßen etw zu tun; **s'~ un titre** sich (*Dat*) einen Titel widerrechtlich zulegen

arrondir [aʀɔ̃diʀ] <8> **I.** *vt* ❶ (*rendre rond*) rund machen; (*avec un tour*) drehen; runden *bord;* abrunden *angle;* runden *lèvres;* **~ le dos** einen runden Rücken machen; **des formes arrondies** runde Formen *Pl*
❷ (*accroître*) aufbessern *fortune*
❸ (*simplifier*) **~ qc à qc** (*vers le haut/le bas*) etw auf etw (*Akk*) aufrunden/abrunden
II. *vpr* **s'~** ❶ (*grossir*) [immer] runder werden
❷ (*devenir moins anguleux*) *relief:* sanfter werden; *paysage:* lieblicher werden
❸ (*augmenter*) *fortune:* sich vermehren

arrondissement [aʀɔ̃dismɑ̃] *m* Arrondissement *nt* (*Stadtbezirk einer Großstadt, Verwaltungsbezirk eines Departements*)

i Land & Leute

In Paris, Lyon und Marseille heißen die Stadtbezirke **arrondissements.** Aber auch die Verwaltungsbezirke eines Departements werden so genannt.
Paris ist in zwanzig durchnummerierte Arrondissements unterteilt. Diejenigen mit den niedrigen Nummern befinden sich im Zentrum. An der Postleitzahl kann man das Arrondissement ablesen: 75020 Paris steht für „Paris vingtième", also für das zwanzigste Arrondissement.

arrosage [aʀozaʒ] *m* (*au jet*) *des rues, d'un jardin* Sprengen *nt;* (*à l'arrosoir*) Gießen *nt*

arroser [aʀoze] <1> *vt* ❶ (*à l'arrosoir*) gießen
❷ (*au jet*) sprengen
❸ (*avec un produit*) besprühen; **~ qc d'essence** etw mit Benzin übergießen
❹ (*mouiller*) *pluie:* nass machen; **se faire bien ~** *fam* ganz schön nass werden (*fam*); **un pays très arrosé** ein sehr regenreiches Land
❺ (*couler à travers*) *fleuve:* fließen durch; **une région bien arrosée** eine flussreiche Gegend
❻ GASTR begießen *rôti, gâteau*
❼ *fam* (*fêter*) begießen; **ça s'arrose!** *fam* das müssen wir begießen! (*fam*); **on va ~ ça!** darauf müssen wir anstoßen!

❸ (*accompagner d'alcool*) ~ **un repas d'un bon vin** zum Essen einen guten Wein trinken; **ça a été un repas bien arrosé** bei diesem Essen wurde reichlich getrunken
arroseur [aʀozœʀ] *m* (*appareil*) Rasensprenger *m*
arrosoir [aʀozwaʀ] *m* Gießkanne *f*
arsenal [aʀsənal, o] <-aux> *m* ❶ Waffenlager *nt,* Waffenarsenal *nt*
❷ *fam* (*matériel*) Arsenal *nt*
arsenic [aʀsənik] *m* Arsen *nt*
arsouille [aʀsuj] *m, f* Gauner *m*
art [aʀ] *m* ❶ Kunst *f;* **les ~s décoratifs** das Kunsthandwerk, die angewandte Kunst; ~ **de vivre** Lebenskunst
❷ *sans pl* (*style*) Kunst *f;* **l'~ de Rembrandt** der Stil Rembrandts; **l'~ nouveau** der Jugendstil
❸ *sans pl* (*technique, talent*) Kunst *f;* **c'est du grand ~!** das ist eine Kunst!; **c'est tout un ~ [que] de faire qc** es ist eine Kunst etw zu tun; **posséder l'~ de faire qc** die Kunst beherrschen etw zu tun; **avoir l'~ du compromis** es meisterhaft verstehen Kompromisse zu schließen
► **le septième** ~ die Filmkunst
◆ ~ **déco** Art deco *f*
artère [aʀtɛʀ] *f* ❶ ANAT Arterie *f*
❷ (*voie de communication*) ~ **routière** Hauptverkehrsader *f;* ~ **commerçante** Hauptgeschäftsstraße *f*
artériel(le) [aʀteʀjɛl] *adj* arteriell
artériosclérose [aʀteʀjoskleʀoz] *f* MED Arteriosklerose *f*
artérite [aʀteʀit] *f* Arterienentzündung *f*
artésien(ne) [aʀtezjɛ̃, jɛn] *adj* aus dem Artois
arthrite [aʀtʀit] *f* MED Arthritis *f*
arthropodes [aʀtʀɔpɔd] *mpl* ZOOL Gliederfüß[l]er *Pl,* Arthropoden *Pl* (*Fachspr.*)
arthrose [aʀtʀoz] *f* MED Arthrose *f*
Arthur [aʀtyʀ] *m* ❶ Art[h]ur *m*
❷ MYTH **le roi** ~ König Artus
artichaut [aʀtiʃo] *m* Artischocke *f*
article [aʀtikl] *m* ❶ (*marchandise*) Artikel *m;* ~ **de marque** Markenware *f;* **magasin d'~s de sport** Sportgeschäft *nt*
❷ (*écrit*) Artikel *m; d'un dictionnaire* Eintrag *m;* ~ **de journal** [*o* **de presse**] Zeitungsartikel
❸ JUR Paragraph *m*
❹ GRAM Artikel *m;* ~ **défini/indéfini** bestimmter/unbestimmter Artikel; ~ **partitif** Teilungsartikel
► **être à l'~ de la mort** im Sterben liegen; **sur** [*o* **pour**] **cet** ~ in diesem Punkt
articulaire [aʀtikylɛʀ] *adj* Gelenk-; **affection** ~ Gelenkentzündung *f*
articulation [aʀtikylasjɔ̃] *f* ❶ ANAT, TECH Gelenk *nt;* **avoir mal aux ~s** Schmerzen in den Gelenken haben
❷ (*enchaînement*) logischer Übergang
❸ (*combinaison*) Zusammenspiel *nt*
❹ (*prononciation*) Artikulieren *nt*
articulatoire [aʀtikylatwaʀ] *adj* artikulatorisch, Artikulation-
articulé(e) [aʀtikyle] *adj* ❶ **une poupée ~e** eine Gliederpuppe; **un bus** ~ ein Gelenkbus; **être ~(e) sur qc** beweglich mit etw verbunden sein, beweglich auf etw (*Dat*) angebracht sein
❷ (*opp inarticulé*) *langage* artikuliert
articuler [aʀtikyle] <1> **I.** *vt* (*prononcer*) artikulieren *son;* hervorbringen *mot, phrase;* **bien/mal** ~ deutlich/undeutlich sprechen; **articule, s'il te plaît!** bitte, sprich deutlich!
II. *vpr* ❶ ANAT, TECH **s'~ sur qc** beweglich auf etw (*Dat*) sitzen, durch ein Gelenk mit etw verbunden sein; **s'~ à** [*o* **avec**] **qc** *os:* durch ein Gelenk mit etw verbunden sein
❷ (*s'organiser*) **bien s'~** *parties d'un texte:* gut gegliedert sein; **s'~ autour de qc** *discours:* sich um etw herum bauen
artifice [aʀtifis] *m* ❶ (*moyen ingénieux*) Trick *m,* Film-/Bühnentrick; ~ **de style** stilistischer Kunstgriff
❷ *souvent pl* (*tromperie*) List *f*
artificiel(le) [aʀtifisjɛl] *adj* ❶ (*fabriqué*) künstlich; *diamant* unecht; *parfum* synthetisch; **soie ~le** Kunstseide *f*
❷ (*factice*) künstlich; *sourire, style* gekünstelt; *enthousiasme, gaieté* gespielt; *raisonnement* willkürlich
artificiellement [aʀtifisjɛlmɑ̃] *adv* künstlich
artificier [aʀtifisje] *m* ❶ (*fabricant, organisateur*) Feuerwerker(in) *m(f)*
❷ (*spécialiste du désamorçage*) [Bomben]entschärfer(in) *m(f)*
artillerie [aʀtijʀi] *f* Artillerie *f;* ~ **légère/lourde** leichte/schwere Artillerie; ~ **de campagne** Feldartillerie
► **la grosse** ~ schwere Geschütze *Pl*
artilleur [aʀtijœʀ] *m* Artillerist *m*
artimon [aʀtimɔ̃] *m* ❶ (*mât*) Besanmast *m*
❷ (*voile*) Besan[segel *nt*] *m*
artisan(e) [aʀtizɑ̃, an] *m(f)* Handwerker(in) *m(f);* ~ **boulanger/maçon** Bäcker-/Maurermeister(in) *m(f);* ~ **d'art** Kunsthandwerker(in) *m(f)*
artisanal(e) [aʀtizanal, o] <-aux> *adj* handwerklich; *produit* handgearbeitet; *méthode de production* auf Handarbeit beruhend; **métier ~/entreprise ~e** Handwerksberuf *m*/-unternehmen *nt;* **être encore très ~(e)** *usine:* noch sehr handwerklich arbeiten
artisanat [aʀtizana] *m* ❶ (*métier*) Handwerk *nt;* ~ **d'art** Kunsthandwerk
❷ (*les artisans*) Handwerker *Pl*
artiste [aʀtist] **I.** *mf* ❶ Künstler(in) *m(f);* ~ **peintre** Kunstmaler(in) *m(f)*
❷ CINE, THEAT, MUS (*interprète*) Künstler(in) *m(f);* (*au cirque*) Artist(in) *m(f);* ~ **de la scène** Bühnenkünstler(in) *m(f);* ~ **de variétés** Unterhaltungskünstler(in) *m(f)*
❸ (*personne non-conformiste*) Lebenskünstler(in) *m(f)*
► **salut, l'~!** *fam* (*à un fantaisiste*) na, du Luftikus!; (*adieu respectueux*) Hut ab [vor dem Künstler]!
II. *adj* **milieu** ~ Künstlermilieu *nt;* **elle est née** ~ sie wurde zur Künstlerin geboren
artistement [aʀtistəmɑ̃] *adv* kunstvoll, geschmackvoll
artistique [aʀtistik] *adj* künstlerisch; *arrangement* kunstvoll
arum [aʀɔm] *m* BOT Calla *f*
aryen(ne) [aʀjɛ̃, jɛn] *adj* arisch
Aryen(ne) [aʀjɛ̃, jɛn] *m(f)* Arier(in) *m(f)*
arythmie [aʀitmi] *f* MED Arrhythmie *f*
as¹ [a] *indic prés de* **avoir**
as² [ɑs] *m* ❶ CARTES Ass *nt;* (*aux autres jeux*) Eins *f;* ~ **de cœur** Herz-Ass
❷ (*champion*) Ass *nt;* ~ **du volant/en calcul mental** Ass im Fahren [*o* am Steuer]/im Kopfrechnen; **l'~ des** ~ das Spitzenass
► **être plein(e) aux** ~ *fam* Geld wie Heu haben (*fam*); **passer à l'~** *fam* (*tomber à l'eau*) ins Wasser fallen (*fam*); (*être escamoté*) unter den Tisch fallen; **passer qc à l'~** etw unter den Tisch fallen lassen
AS [ɑɛs] *f abr de* **association sportive** ≈ SV *m*
ASA [aza] *m inv abr de* **American standards association** ISO *f,* ASA *f*
asbeste [asbɛst] *m spéc* Asbest *m*
ascaride [askaʀid] *m* Spulwurm *m*
ascendance [asɑ̃dɑ̃s] *f sans pl* ❶ (*origine*) Abstammung *f;* **être d'~ bretonne** bretonischer Abstammung sein; **mon ~ maternelle/paternelle** meine Vorfahren mütterlicherseits/väterlicherseits
❷ ASTRON Aufgang *m;* METEO Aufwind *m*
ascendant [asɑ̃dɑ̃] *m* ❶ *sans pl* (*influence*) ~ **sur qn/qc** [starker] Einfluss auf jdn/etw; **avoir/exercer de l'~ sur qn** auf jdn starken Einfluss haben/ausüben; **subir l'~ de qn** jds Beeinflussung (*Dat*) ausgesetzt sein
❷ *sans pl* ASTROL Aszendent *m*
❸ *pl* JUR (*parents*) Vorfahren *Pl*
ascendant(e) [asɑ̃dɑ̃, ɑ̃t] *adj air chaud* aufsteigend; *mélodie*

A

ansteigend; **vent** ~ Aufwind *m;* **mouvement** ~ Aufwärtsbewegung *f; du soleil* Aufgehen *nt; d'un oiseau, avion* Aufsteigen *nt;* **marche ~e vers le pouvoir** Weg *m* nach oben an die Macht; **tendance ~e de l'activité économique** Aufwärtstrend *m* der Wirtschaft

ascenseur [asɑ̃sœʀ] *m* Aufzug *m;* **prendre l'~** mit dem Aufzug fahren; **monter/descendre par l'~** mit dem Aufzug hoch-/runterfahren; **appelle l'~!** hol [mal] den Aufzug! (*fam*)
▸ **renvoyer l'~ à qn** *fam* sich bei jdm für eine Gefälligkeit revanchieren

ascension [asɑ̃sjɔ̃] *f* ❶ (*montée*) *d'un ballon* Aufsteigen *nt; d'une montgolfière* Aufstieg *m; d'une fusée* Aufsteigen *nt; d'une monnaie* Anstieg *m; d'un homme politique* Aufstieg; ~ **sociale** sozialer Aufstieg
❷ ALPIN Aufstieg *m;* **faire l'~ d'une montagne** einen Berg besteigen
❸ *sans pl* REL **l'Ascension** Christi Himmelfahrt

ascensionnel(le) [asɑ̃sjɔnɛl] *adj* ❶ aufsteigend, Steig-
❷ (*ayant tendance à faire monter dans les airs*) emporsteigend; **force ~le** Auftrieb *m*

ascèse [asɛz] *f* Askese *f*

ascète [asɛt] *mf* Asket(in) *m(f);* **mener une vie d'~** ein asketisches Leben führen

ascétique [asetik] *adj* asketisch

ASCII [aski] *m abr de* **American Standard Code for Information Interchange** ASCII *m*

ascorbique [askɔʀbik] *adj* Ascorbin-; **acide** ~ Ascorbinsäure *f*

asepsie [asɛpsi] *f* MED Keimfreiheit *f,* Asepsis *f* (*geh*)

aseptique [asɛptik] *adj* aseptisch, keimfrei

aseptisé(e) [asɛptize] *adj* ❶ *instrument* sterilisiert; *pansement* keimfrei; *chambre, plaie* desinfiziert
❷ *fig* steril

aseptiser [asɛptize] <1> *vt* sterilisieren *instrument;* keimfrei machen *pansement;* desinfizieren *chambre, plaie*

asexué(e) [asɛksɥe] *adj* ❶ ungeschlechtlich
❷ *fig* geschlechtslos

ashkénase [aʃkenaz] *adj* askenasisch

asiatique [azjatik] *adj* asiatisch

Asiatique [azjatik] *mf* Asiat(in) *m(f)*

Asie [azi] *f* **l'~** Asien *nt;* **l'~ du Sud-Est** Südostasien; **l'~ centrale/Mineure** Zentral-/Kleinasien

asile [azil] *m* ❶ REL, JUR, POL Asyl *nt;* **demander ~ à qn/qc** jdn/etw um Asyl bitten, bei jdm/etw um Asyl nachsuchen (*form*); **demander l'~ politique à qn** jdn um politisches Asyl bitten; **donner** [*o* **accorder**] **l'~ à qn** jdm Asyl gewähren
❷ (*refuge*) Zufluchtsort *m,* Unterschlupf *m;* **offrir un ~ à qn** jdm Unterschlupf gewähren; **trouver un ~ provisoire** vorübergehend Unterschlupf finden
❸ *vieilli* (*maison de retraite*) Altersheim *nt;* (*clinique psychiatrique*) Irrenanstalt *f* (*fam*)
▸ **être bon(ne) pour l'~** *fam* reif für die Irrenanstalt sein (*fam*)
◆ ~ **de nuit** Nachtasyl *nt*

asocial(e) [asɔsjal, jo] <-aux> **I.** *adj personne, comportement* unsozial; *enfant* verhaltensgestört
II. *m(f)* Asoziale(r) *f(m)*

asparagus [aspaʀagys] *m* Asparagus *m*

aspartam(e) [aspaʀtam] *m* Süßstoff *m*

aspect [aspɛ] *m* ❶ *sans pl d'une personne* Aussehen *nt; d'un objet, paysage* Anblick *m;* ~ **peu engageant** wenig ansprechendes Äußeres; **offrir un ~ misérable** einen elenden Anblick bieten; **avoir un ~ sauvage** *paysage:* wildromantisch aussehen; **au premier ~** vom ersten Eindruck her
❷ (*trait de caractère*) Seite *f;* **apparaître sous un ~ nouveau** sich von einer neuen Seite zeigen
❸ (*point de vue*) Aspekt *m;* **vu(e) sous cet ~** unter diesem Aspekt/aus diesem Blickwinkel betrachtet; **envisager une question sous tous ses ~s** alle Aspekte einer Frage betrachten

asperge [aspɛʀʒ] *f* ❶ Spargel *m;* **elle aime les ~s** sie isst gern Spargel
❷ *fam* (*personne*) Bohnenstange *f* (*hum*)

asperger [aspɛʀʒe] <2a> **I.** *vt* ~ **qn/qc d'eau** jdn/etw mit Wasser bespritzen; **se faire ~ par une voiture** von einem Auto bespritzt [*o* vollgespritzt *fam*] werden
II. *vpr* **s'~ de parfum/d'eau** sich mit Parfüm besprühen/mit Wasser bespritzen; **s'~ le visage d'eau froide** sich (*Dat*) kaltes Wasser ins Gesicht spritzen

aspérité [aspeʀite] *f* ❶ *gén pl* Unebenheit *f;* **les ~s du sol** die Unebenheiten im Boden
❷ (*rugosité*) Rauigkeit *f,* raue Beschaffenheit

aspersion [aspɛʀsjɔ̃] *f* ❶ AGR Besprengen *nt,* Besprühen *nt*
❷ ECCL Besprühen *nt* [mit Weihwasser]

asphaltage [asfaltaʒ] *m* Asphaltierung *nt*

asphalte [asfalt] *m* Asphalt *m*

asphalter [asfalte] <1> *vt* asphaltieren; **route asphaltée** Asphaltstraße *f*

asphyxiant(e) [asfiksjɑ̃, jɑ̃t] *adj* ❶ *air, fumée* erstickend; *chaleur* drückend
❷ *fig ambiance* erdrückend; *mesures* lähmend

asphyxie [asfiksi] *f sans pl* ❶ Ersticken *nt;* **mourir par ~** ersticken
❷ *fig* Lähmung *f*

asphyxier [asfiksje] <1a> **I.** *vt* ❶ ersticken; **il est mort asphyxié** er ist erstickt
❷ *fig* ersticken *démocratie;* lähmen *industrie*
II. *vpr* ❶ **s'~** ersticken; (*ne plus pouvoir respirer*) keine Luft mehr bekommen
❷ (*se suicider*) **s'~ au gaz** den Gashahn öffnen (*fam*)
❸ (*être paralysé*) **s'~** *vie politique:* erlahmen; *industrie:* lahmgelegt werden

aspic [aspik] *m* ❶ GASTR Sülze *f,* Sulz *f* (A); ~ **de volaille** Geflügel *nt* in Aspik
❷ ZOOL Viper *f*

aspirant [aspiʀɑ̃] *m* MIL Offiziersanwärter(in) *m(f)*

aspirant(e) [aspiʀɑ̃, ɑ̃t] *adj* saugend

aspirateur [aspiʀatœʀ] *m* Staubsauger *m;* **passer l'~** [*o* **un coup d'~**] staubsaugen [*o* Staub saugen]; **passer un tapis à l'~** einen Teppich saugen; ~ **de voiture** Autostaubsauger

aspirateur-balai [aspiʀatœʀbalɛ] <aspirateurs-balais> *m* Handstaubsauger *m*

aspiration [aspiʀasjɔ̃] *f* ❶ *sans pl* (*inspiration*) Einatmen *nt*
❷ TECH Saugen *nt,* Ansaugen; *d'un liquide, gaz, de poussières* Absaugen *nt*
❸ (*avec la bouche*) Saugen *nt,* Ziehen *nt*
❹ PHON Aspiration *f*
❺ MED Absaugen *nt*
❻ *sans pl* (*élan*) Streben *nt;* ~ **à la liberté** Streben *nt* nach Freiheit
❼ *pl* (*désirs*) Sehnsüchte *Pl,* [sehnsüchtiges] Verlangen; **avoir de nobles ~s** hehre Ideale haben

aspiré(e) [aspiʀe] *adj* PHON aspiriert

aspirée [aspiʀe] *f* PHON aspirierter Konsonant

aspirer [aspiʀe] <1> **I.** *vt* ❶ (*inspirer*) einatmen; ~ **à pleins poumons** tief durchatmen
❷ (*inhaler*) einatmen *air, gaz;* einsaugen *odeur*
❸ (*avec la bouche*) [ein]saugen
❹ PHON aspirieren
❺ TECH absaugen
II. *vi* ❶ (*désirer*) ~ **à qc** sich nach etw sehnen
❷ (*chercher à obtenir*) ~ **à qc** nach etw streben; ~ **à faire qc** danach streben etw zu tun; ~ **à se venger** nach Rache trachten (*geh*)

aspirine [aspiʀin] *f* Aspirin® *nt;* **prendre de l'~/un cachet d'~** Aspirin/ein Aspirin nehmen

assagir [asaʒiʀ] <8> **I.** *vt* ruhiger machen *personne;* zähmen *pas-*

sions

II. *vpr* **s'**~ *personne:* ruhiger werden; *passion:* sich legen

assaillant(e) [asajɑ̃, jɑ̃t] *m(f)* Angreifer(in) *m(f)*

assaillir [asajiʀ] <*irr*> *vt* ❶ (*attaquer*) angreifen
❷ (*se ruer sur*) sich stürzen auf (+ *Akk*); ~ **qn de questions** jdn mit Fragen bestürmen
❸ (*tourmenter*) bedrängen

assainir [asениʀ] <8> *vt* CONSTR, ECON sanieren; trockenlegen *marécage;* verbessern *eau, air, climat social;* stützen *monnaie;* bereinigen *situation*

assainissement [asenismɑ̃] *m* CONSTR, ECON Sanierung *f; d'un marécage* Trockenlegung *f; de l'eau, de l'air, du climat social* Verbesserung *f; d'une monnaie* Stützung *f; d'une situation* Bereinigung *f*

assainisseur [asɛnisœʀ] *m* Luftreiniger *m*

assaisonnement [asɛzɔnmɑ̃] *m* ❶ *sans pl* (*action, résultat*) Würzen *nt; d'une salade* Anmachen *nt;* **l'**~ **de cette salade est excellent** dieser Salat ist hervorragend angemacht; **l'**~ **de ce plat est excellent** dieses Gericht ist hervorragend zubereitet
❷ (*ingrédient*) Würze *f;* **manquer d'**~ nicht genug gewürzt sein

assaisonner [asɛzɔne] <1> *vt* ❶ (*épicer*) ~ **qc à** [*o* **avec**] **qc** etw mit etw würzen; **être trop assaisonné(e)** zu stark gewürzt sein; ~ **la salade** den Salat anmachen
❷ (*relever*) schmackhaft machen
❸ (*agrémenter*) ~ **qc de qc** etw mit etw würzen

assassin [asasɛ̃] *m* Mörder(in) *m(f);* **cette femme est un** ~ diese Frau ist eine Mörderin

assassin(e) [asasɛ̃, in] *adj* ❶ (*séducteur*) *regard* unwiderstehlich
❷ (*qui tue*) *main* mörderisch; *regard* vernichtend

assassinat [asasina] *m* ❶ (*action*) Ermordung *f*
❷ (*résultat*) Mord *m*

assassiner [asasine] <1> *vt* ermorden

assaut [aso] *m* ❶ MIL ~ **d'une forteresse** Erstürmung *f* einer Festung, Sturm *m* auf eine Festung; ~ **final** Sturmangriff *m;* **aller** [*o* **monter**] **à l'**~ **de qc** zum Sturm auf etw (*Akk*) ansetzen; **à l'**~**!** Attacke!
❷ *fig* Stürmen *nt;* **prendre un bus/magasin d'**~ einen Bus/ein Geschäft stürmen
❸ (*ruée*) Ansturm *m;* **subir l'**~ **des journalistes** von Journalisten bestürmt werden
▶ **faire** ~ **d'élégance** sich [gegenseitig] in etw (*Dat*) zu übertreffen suchen

assèchement [asɛʃmɑ̃] *m* Trockenlegung *f; d'un canal* Entwässerung *f*

assécher [aseʃe] <5> *vt* ❶ (*mettre à sec*) trocken legen
❷ (*vider*) leer laufen lassen *réservoir;* entleeren *citerne*

ASSEDIC [asedik] *fpl abr de* **Association pour l'emploi dans l'industrie et le commerce** ❶ (*organisme*) *für die Zahlung der Arbeitslosenversicherung in Frankreich zuständige Organisation*
❷ (*régime d'assurance*) ≈ Arbeitslosenversicherung *f*
❸ (*cotisation*) ≈ Beitrag *m* für die Arbeitslosenversicherung
❹ (*indemnités*) ≈ Arbeitslosengeld *nt;* **toucher les** ~ Arbeitslosengeld bekommen [*o* beziehen]

i Land & Leute

Die für die Arbeitslosenversicherung zuständige Organisation *UNEDIC* unterhält in den einzelnen Departements und Regionen Niederlassungen oder Kassen, die **ASSEDIC** heißen. Diese Abkürzung ist auch die Bezeichnung für die finanzielle Unterstützung, auf die die Versicherten im Falle von Arbeitslosigkeit Anspruch haben: *toucher les ASSEDIC* ≈ Arbeitslosengeld bekommen.

assemblage [asɑ̃blaʒ] *m* ❶ AUT, CINE (*action*) Montage *f;* COUT Zusammennähen *nt; d'une charpente* Aufbau *m; de pièces mécaniques* Zusammenbauen *nt; de pièces de bois* Zusammenfügen *nt; de feuilles* Zusammenheften *nt*
❷ (*résultat*) *de couleurs, formes* Zusammenstellung *f; de charpente* Verbindung *f;* ~ **de poutres** Balkenwerk *nt*

assemblée [asɑ̃ble] *f* ❶ *a.* JUR, ECON Versammlung *f;* ~ **annuelle** Jahresversammlung; ~ **constitutive** Gründungsversammlung; ~ **législative/constituante/délibérante** gesetzgebende/verfassunggebende/beratende Versammlung; **être à une** ~ auf [*o* in] einer Versammlung sein; **tenir une** ~ eine Versammlung abhalten
❷ POL **l'Assemblée nationale** die Nationalversammlung; **l'Assemblée fédérale** CH Rat *m* (CH)

i Land & Leute

Die **Assemblée nationale** ist die erste Kammer des französischen Parlaments. Sie setzt sich aus 490 Abgeordneten zusammen – 473 für das Mutterland Frankreich, 17 für die Überseegebiete –, die nach dem Mehrheitswahlrecht für fünf Jahre gewählt werden.

assembler [asɑ̃ble] <1> **I.** *vt* ❶ zusammensetzen *pièces d'une machine, d'un puzzle;* zusammenbauen *meuble, moteur;* zusammenstellen *couleurs;* zusammennähen *vêtement, pièces d'étoffe;* zusammenheften *feuilles volantes*
❷ (*rassembler*) sammeln *pièces;* zusammentragen *idées, données*
II. *vpr* **s'**~ sich versammeln

assembleur [asɑ̃blœʀ] *m* INFORM Assembler *m*

assener <4> *vt,* **asséner** [asene] <5> *vt* verabreichen; versetzen *coup, gifle;* von sich geben *vérités, conceptions;* ~ **une réplique** mit aller Schärfe erwidern; ~ **des injures à qn** jdm beleidigen; **être assené(e)** [*o* **asséné(e)**] **par qn/qc** *propagande, vérités:* von jdm/etw verbreitet werden

assentiment [asɑ̃timɑ̃] *m* Zustimmung *f;* **en signe d'**~ als Zeichen der Zustimmung; **l'**~ **de qn à qc** jds Zustimmung zu etw

asseoir [aswaʀ] <*irr*> **I.** *vt* ~ **qn sur/dans/contre qc** jdn auf/in/an etw (*Akk*) setzen; **faire** ~ **qn** jdn bitten sich zu setzen; **fais-le** ~**!** lass ihn sich setzen!; **être assis(e)** sitzen; **rester assis(e)** sitzen bleiben; **assis!** (*à une personne*) hingesetzt!; (*à un chien*) sitz!; **on est bien/mal assis sur ces chaises** man sitzt gut/schlecht auf diesen Stühlen
II. *vpr* **s'**~ sich [hin]setzen; **asseyez-vous!** setzt euch!/setzen Sie sich!; **il n'y a rien pour s'**~ man kann sich nirgends [hin]setzen

assermenté(e) [asɛʀmɑ̃te] *adj* vereidigt; **être** ~**(e)** unter Eid stehen

assertion [asɛʀsjɔ̃] *f* Behauptung *f*

asservir [asɛʀviʀ] <8> *vt* unterwerfen; unterdrücken *peuple, presse;* **l'homme asservi par le système** der dem System unterworfene Mensch

asservissement [asɛʀvismɑ̃] *m* Knechtung *f* (*geh*); **tenir qn dans l'**~ jdn knechten (*liter*)

assesseur [asesœʀ] *m* Beisitzer(in) *m(f)*

assez [ase] *adv* ❶ genug; **avoir** ~ **travaillé** genug gearbeitet haben; **elle gagne** ~ **pour qu'ils ne manquent de rien** sie verdient so viel, dass es ihnen an nichts fehlt; ~ **de beurre/timbres** genug [*o* genügend] Butter/Briefmarken; **il y a** ~ **de place** es ist genug Platz da; **être** ~ **riche/grand(e)** reich/groß genug sein; **tu es** ~ **riche comme ça** du bist schon reich genug; **faire qc** ~ **souvent pour être correct(e)** etw so oft tun, dass es richtig ist; etw oft genug tun um richtig zu sein; ~ **parlé!** genug der Worte!
❷ (*plutôt*) ziemlich; **être** ~ **grand(e)** ziemlich groß; **aimer** ~ **les films de Bergman** die Filme von Bergman ganz gerne sehen; **il pleut** ~ **souvent** es regnet ziemlich oft
❸ (*quantité suffisante*) **c'est/ce n'est pas** ~ das reicht/reicht

nicht; **cinq euros, c'est ~?** fünf Euro, reicht das?
❹ (*de préférence, dans l'ensemble*) **être ~ content(e) de soi** [eigentlich] ganz zufrieden mit sich sein; **je suis ~ pour ce projet** ich bin schon [einigermaßen] für das Projekt (*fam*)
❺ SCOL **~ bien** ≈ befriedigend
❻ (*exprimant la lassitude*) **~!** genug!; **c'est ~!, c'en est ~!** genug jetzt!, jetzt reicht's!; **en voilà ~!** jetzt ist es aber genug!; **j'en ai ~!** jetzt hab' ich aber genug!; **~ de toutes ces histoires!** genug jetzt von all diesen Geschichten!; **en avoir ~ de qn/qc** von jdm/etw genug haben; **j'en ai ~ de toi/de tes bêtises!** jetzt reicht's mir aber mit dir/mit deinen Dummheiten!; **en avoir plus qu'~ de qn/qc** von jdm/etw endgültig genug haben

assidu(e) [asidy] *adj* ❶ (*régulier*) *présence* regelmäßig; *élève, employé* immer anwesend; *lecteur* eifrig; *travail, soins* ständig; **être ~(e) aux cours** regelmäßig am Unterricht teilnehmen; **être ~(e) à sa tâche** seine Arbeit beharrlich machen
❷ (*empressé*) *amoureux* eifrig

assiduité [asidɥite] *f* ❶ *sans pl d'un élève* regelmäßige Anwesenheit; *d'un employé* regelmäßiges Erscheinen; **son ~ dans le travail** seine/ihre Beharrlichkeit bei der Arbeit; **son ~ au travail** sein/ihr regelmäßiges Erscheinen bei der Arbeit; **fréquenter qc avec ~** ein eifriger Besucher einer S. (*Gen*) sein; **fréquenter qn avec ~** jdm beharrlich Besuche abstatten
❷ *pl* (*empressement*) **poursuivre qn de ses ~s** jdn beharrlich umwerben, um jdn eifrig bemüht sein

assidûment [asidymɑ̃] *adv fréquenter* regelmäßig, eifrig; *travailler, s'entraîner* beharrlich; *accomplir sa tâche* gewissenhaft; **fréquenter ~ les musées** ein eifriger Museumsbesucher sein; **fréquenter qn ~** jdm beharrlich Besuche abstatten

assiéger [asjeʒe] <2a, 5> *vt* ❶ MIL belagern *place, population;* einschließen *armée*
❷ (*prendre d'assaut*) belagern *guichet;* umlagern *personne, hôtel*

assiette [asjɛt] *f* ❶ Teller *m;* **~ plate/creuse** flacher/tiefer Teller; **~ profonde** BELG (*assiette creuse*) tiefer Teller; **~ à soupe/à dessert** Suppen-/Dessertteller; **~ de soupe/de crudités** Teller Suppe/Rohkost; **~ en carton** Pappteller; **~ anglaise** *gemischte Platte mit Schinken und kaltem Braten;* **finis ton ~!** iss deinen Teller leer!
❷ FISC (*base de calcul*) Bemessungsgrundlage *f;* (*action de calculer*) Veranlagung *f*
▶ **qn n'est pas dans son ~** *fam* jd ist nicht auf dem Damm (*fam*); (*a mal au cœur*) jdm ist schlecht

assiettée [asjete] *f* **une ~ de soupe** ein Teller [voll] Suppe

assignat [asiɲa] *m* HIST **~s** Assignaten *Pl*

assignation [asiɲasjɔ̃] *f* **~ [à comparaître en justice]** Vorladung *f,* gerichtliche Ladung; **~ comme témoin** Zeugenvorladung
◆ **~ en justice** Vorladung *f,* gerichtliche Ladung; **~ à résidence** gerichtliche Anweisung des Aufenthaltsortes

assigner [asiɲe] <1> *vt* ❶ (*attribuer*) zuteilen, zuordnen; **~ un rôle/une part à qn** jdm eine Rolle/einen Teil zuweisen
❷ (*fixer*) bemessen; **~ une cause à qc** einer S. (*Dat*) eine Ursache zuschreiben; **~ une limite à qc** eine Grenze für etw festsetzen
❸ JUR **~ qn à résidence** jdm einen Aufenthaltsort zuweisen; **~ qn en justice** jdn vor Gericht zitieren; **~ un témoin à comparaître** einen Zeugen vorladen

assimilable [asimilabl] *adj* ❶ (*comparable*) **~ à qn/qc** vergleichbar mit jdm/etw
❷ (*qui peut être digéré*) *nourriture* verwertbar; *fig connaissances* erwerbbar
❸ (*qui peut s'intégrer*) *personne* eingliederungsfähig

assimilation [asimilasjɔ̃] *f* ❶ **~ à qc** (*comparaison*) Vergleich *m* mit etw; (*amalgame*) Gleichsetzung *f* mit etw
❷ BIO *des aliments* Umwandlung *f,* Assimilation *f*
❸ *fig de connaissances* Aneignen *nt*
❹ (*intégration*) **~ à qc** Eingliederung *f* in etw (*Akk*); **politique d'~** Eingliederungspolitik *f*

assimilé [asimile] *m* **les fonctionnaires et les ~s** die Beamten und die ihnen gleichgestellten Personen

assimiler [asimile] <1> **I.** *vt* ❶ (*confondre*) **~ qn/qc à qn/qc** jdn/etw mit jdm/etw gleichsetzen; **~ qn à qc** jdn mit etw vergleichen
❷ BIO assimilieren
❸ (*apprendre*) sich (*Dat*) aneignen, aufnehmen *connaissances*
❹ (*intégrer*) eingliedern, assimilieren (*Fachspr.*); **des étrangers assimilés depuis longtemps** schon seit langem integrierte Ausländer
II. *vpr* ❶ (*s'identifier*) **s'~ à qn** sich mit jdm identifizieren
❷ (*être absorbé*) **s'~ facilement** *aliment:* leicht/gut verdaulich sein
❸ (*s'apprendre*) **cela s'assimile** das kann man sich (*Dat*) aneignen
❹ (*s'intégrer*) **s'~ à qc** sich in etw (*Akk*) integrieren, sich an etw (*Akk*) anpassen

assis(e) [asi, iz] **I.** *part passé de* **asseoir**
II. *adj* ❶ sitzend; **être/rester ~(e)** sitzen/sitzen bleiben
❷ (*affermi*) **être bien [o solidement] ~(e)** *personne:* sich gut etabliert haben; *régime politique, autorité:* gefestigt sein; *bases:* solid[e] [*o* gefestigt] sein; *positions, raisonnement:* wohlbegründet sein; **avoir une situation bien [o solidement] ~e** eine gesicherte Position [*o* Stellung] haben

assise [asiz] *f* ❶ CONSTR (*rangée*) Schicht *f*
❷ *souvent pl* (*fondement*) *d'une doctrine, société* Grundlage *f; d'un monument* Fundament *nt*
❸ *pl* GEOL (*strates*) Schicht *f,* Platte *f*

assises [asiz] *fpl* ❶ JUR (*cour*) Schwurgericht *nt,* Geschworenengericht *nt;* **être envoyé(e) aux ~** vor das Schwurgericht [*o* Geschworenengericht] gestellt werden
❷ JUR (*séance*) Schwurgerichtssitzung *f*
❸ (*réunion*) Tagung *f; d'un parti politique* Parteitag *m;* **tenir ses ~** eine Tagung abhalten; *parti politique:* einen Parteitag abhalten

assistanat [asistana] *m* ❶ UNIV, SCOL Assistenz *f*
❷ (*prise en charge*) Unterstützung *f;* **tomber dans l'~** in wirtschaftliche Abhängigkeit geraten

assistance [asistɑ̃s] *f* ❶ (*public*) Publikum *nt; d'une conférence, d'un concert* Zuhörer *Pl,* Publikum; *d'un match* Zuschauer *Pl,* Publikum
❷ (*secours*) Hilfe *f,* Beistand *m* (*geh*); **demander ~ à qn, demander à qn son ~** jdn um Hilfe [*o* Beistand *geh*] bitten; **donner [o prêter] ~ à qn** jdm Hilfe leisten, jdm Hilfe [*o* Beistand *geh*] leisten; **prêter ~ à un naufragé** einem Schiffbrüchigen zu Hilfe kommen
❸ (*dons*) **donner [o prêter] ~ à qn** jdm helfen; *mécène:* jdn fördern
❹ (*aide organisée*) **~ médicale** medizinische Betreuung; **~ technique** Entwicklungshilfe *f*
❺ (*type d'assurance*) [Versicherungs]schutz *m;* **demander ~ à la société d'assurance** die Versicherung in Anspruch nehmen
◆ **~ freinage** Bremskraftverstärker *m*

assistant(e) [asistɑ̃, ɑ̃t] *m(f)* ❶ SCOL, UNIV, AUDIOV Assistent(in) *m(f);* MED [Arzt]helfer(in) *m(f),* Sprechstundenhilfe *f,* Assistent; **~ social/~e sociale** Sozialarbeiter(in) *m(f)*
❷ (*public*) **les ~s** die Anwesenden *Pl*
❸ INFORM **~ personnel** Organizer *m*
❹ (*Excel*) **~ graphique** Diagramm-Assistent *m*
◆ **~(e) du metteur en scène [o du réalisateur]** Regieassistent(in) *m(f);* **~(e) de prise de son** Tonassistent(in) *m(f)*

assisté(e) [asiste] **I.** *adj* ❶ **personne ~e** Sozialhilfeempfänger(in) *m(f);* **famille ~e** Familie, die Sozialhilfe bekommt [*o* von der Sozialhilfe lebt]; **pays ~** Land, das Wirtschaftshilfe bekommt

② AUT **direction ~e** Servolenkung *f*
③ INFORM **dessin ~ par ordinateur** Computer Aided Design *nt;* **traduction ~e par ordinateur** computergestützte Übersetzung
II. *m(f) péj* ① Fürsorgeempfänger(in) *m(f)* (*veraltet*); **mentalité d'~** Anspruchsdenken *nt*
② (*entreprise*) Subventionsempfänger(in) *m(f)*

assister [asiste] <1> **I.** *vi* ① (*être présent*) ~ **à qc** bei etw anwesend [*o* zugegen *geh*] sein, einer S. (*Dat*) beiwohnen (*geh*)
② (*regarder*) ~ **à qc** sich (*Dat*) etw ansehen
③ (*être témoin de*) ~ **à qc** etw miterleben
④ (*participer*) ~ **à qc** an etw (*Dat*) teilnehmen
II. *vt* ① (*aider*) ~ **qn dans qc** jdm bei etw helfen, jdn in etw (*Dat*) unterstützen
② (*en chirurgie*) ~ **qn dans qc** jdm bei etw assistieren
③ (*être aux côtés de*) ~ **un mourant** einem Sterbenden beistehen; **assisté(e) de qn** im Beisein von jdm; **être assisté(e) de qn** sich von jdm helfen lassen
④ JUR *curateur:* rechtlich vertreten; ~ **qn d'office** jds Pflichtverteidigung übernehmen

associatif, -ive [asɔsjatif, -iv] *adj* ① *mémoire* assoziativ
② MATH assoziativ
③ (*relatif à une association*) **vie associative** Vereinsleben *nt*

association [asɔsjasjɔ̃] *f* ① (*action d'associer*) Vereinigung *f*
② (*action de s'associer*) Zusammenschluss *m;* **en ~ avec un ami** gemeinsam mit einem Freund
③ (*action de participer, de faire participer*) Beteiligung *f;* **l'~ des salariés aux bénéfices de l'entreprise** die Beteiligung der Beschäftigten am Unternehmensgewinn
④ (*groupement*) Organisation *f,* Verband *m,* Vereinigung *f;* ~ **déclarée/reconnue d'utilité publique** eingetragener/gemeinnütziger Verein; ~ **économique/sportive** Wirtschaftsverband/Sportverein; ~ **politique/religieuse** politischer/kirchlicher Verein, politische/kirchliche Vereinigung; ~ **pour la protection de l'environnement** Umweltverband
⑤ JUR (*opp: société*) Verein *m*
⑥ (*assemblage*) ~ **de qc à qc** [*o* **de qc et de qc**] Verbindung *f* von etw mit etw
◆ ~ **à but non lucratif,** ~ **loi de 1901** nichtwirtschaftlicher Verein, Idealverein *m* (*Fachspr.*); ~ **d'idées** PSYCH Assoziation *f;* ~ **de malfaiteurs** kriminelle Vereinigung *f*

associativité [asɔsjativite] *f* MATH Assoziativität *f*

associé(e) [asɔsje] JUR, ECON **I.** *adj gérant* teilhabend; *membre* assoziiert
II. *m(f)* Gesellschafter(in) *m(f),* Partner(in) *m(f);* **prendre qn pour ~(e)** jdn zum Teilhaber machen; **entrer en qualité d'~(e)** als Teilhaber(in) eintreten

associer [asɔsje] <1a> **I.** *vt* ① (*faire participer*) ~ **qn à sa joie** jdn an seiner Freude teilhaben lassen; ~ **qn à un travail** jdn an einer Arbeit beteiligen, jdn mitarbeiten lassen; ~ **les travailleurs aux bénéfices** die Arbeitnehmer am Gewinn beteiligen
② (*unir, lier*) [miteinander] verbinden *choses, personnes;* miteinander kombinieren *couleurs;* ~ **qc à** [*o* **avec**] **qc** etw mit etw verbinden
II. *vpr* ① (*s'allier*) **s'~** *personnes, pays:* sich zusammenschließen; **s'~ à** [*o* **avec**] **qn** sich mit jdm zusammentun (*fam*)
② (*s'adjoindre*) **s'~ un collaborateur** einen Mitarbeiter hinzuziehen
③ (*s'accorder*) **s'~** *choses:* sich zusammenfügen; **l'élégance et la beauté s'associent** Eleganz ist mit Schönheit gepaart (*geh*), Eleganz und Schönheit gehen Hand in Hand; **qc s'associe à qc** etw gesellt sich zu etw
④ (*participer à*) **s'~ à la joie de qn** jds Freude teilen; **s'~ au projet de qn** sich an jds Vorhaben beteiligen

assoiffé(e) [aswafe] **I.** *adj* ① [sehr] durstig
② (*avide*) **~(e) de pouvoir/d'amour/de lectures** macht-/liebes-/lesehungrig; **~(e) de gloire/plaisirs/de vengeance** ruhm-/vergnügungs-/rachsüchtig; **~(e) de sang** *littér* blutdürstig (*geh*), blutrünstig
II. *m(f)* ① *hum* Verdurstende(r) *f(m)*
② (*personne avide*) **~(e) de culture** Bildungshungrige(r) *f(m);* **~(e) d'aventure** Abenteuerlustige(r) *f(m)*

assolement [asɔlmɑ̃] *m* AGR Fruchtfolge *f,* Fruchtwechsel *m*

assombri(e) [asɔ̃bʀi] *adj* ① dunkel; *lieu, ciel* finster, dunkel; *campagne* in Dunkel[heit] gehüllt [*o* getaucht] (*geh*)
② (*triste, grave*) *regard* finster; *front* umwölkt (*liter*); *futur, avenir* düster; *jours* dunkel

assombrir [asɔ̃bʀiʀ] <8> **I.** *vt* ① verdunkeln *ciel, horizon, pièce*
② (*rembrunir, peser sur*) trübsinnig machen *personne;* verschlechtern *situation*
II. *vpr* **s'~** sich verdunkeln; *couloir:* dunkel werden; *ciel:* sich verdunkeln; *horizon, visage:* sich verfinstern; *personne:* trübsinnig werden; *front:* sich umwölken (*liter*); *situation:* sich verschlechtern

assombrissement [asɔ̃bʀismɑ̃] *m* ① (*fait d'assombrir*) *d'une pièce* Verdunk[e]lung *f; du ciel* Verfinsterung *f,* Verdunk[e]lung *f*
② (*fait de s'assombrir*) Verfinsterung *f; des prunelles* Verfinstern *nt; d'une personne* Trübsinnigwerden *nt; de l'humeur, d'une situation* Verschlechterung *f*

assommant(e) [asɔmɑ̃, ɑ̃t] *adj fam personne* nervtötend (*fam*); *blague* todlangweilig (*fam*)

assommer [asɔme] <1> **I.** *vt* ① (*étourdir*) bewusstlos schlagen; betäuben *animal*
② (*abasourdir*) **cet orateur/cette nouvelle m'a assommé(e)** dieser Redner/diese Nachricht hat mich sprachlos gemacht
③ (*abrutir*) **le soleil/le bruit m'a assommé(e)** die Sonne/der Lärm machte mich benommen
④ *fam* (*ennuyer*) zu Tode [*o* tödlich] langweilen, anöden (*sl*)
II. *vpr* **s'~** ① (*se cogner*) sich (*Dat*) eine Gehirnerschütterung holen
② *fam* (*se battre*) sich halbtot schlagen (*fam*)

Assomption [asɔ̃psjɔ̃] *f* Mariä Himmelfahrt *f*

assonance [asɔnɑ̃s] *f* POES Assonanz *f*

assorti(e) [asɔʀti] *adj* ① *couleurs, vêtements* passend; **être ~(e) aux rideaux** zum Vorhang passen; **être bien/mal ~(e)s** *personnes, choses:* gut/schlecht zusammenpassen
② (*achalandé*) **être bien/mal ~(e)** *magasin:* eine große Auswahl/wenig Auswahl haben, ein reichhaltiges/begrenztes Angebot haben
③ *pl* (*variés*) **chocolats ~s** verschiedene [*o* diverse] Schokoladensorten

assortiment [asɔʀtimɑ̃] *m* ① (*mélange*) Sortiment *nt;* ~ **de charcuterie** Wurstplatte *f;* ~ **de gâteaux** Gebäckmischung *f;* **tout un ~ de crayons** ein ganzes Sortiment Bleistifte [*o* an Bleistiften]; **acheter un ~ de couleurs** eine Farbenpalette *f* kaufen
② COM (*stock*) Bestand *m;* **renouveler l'~** die Bestände auffüllen
③ (*arrangement*) ~ **de couleurs** Farbkombination *f*

assortir [asɔʀtiʀ] <8> **I.** *vt* ① zusammenstellen *couleurs, fleurs;* ~ **les rideaux au tapis** die Vorhänge auf den Teppich abstimmen
② (*réunir*) zusammenbringen *personnes*
③ *a.* FIN (*accompagner*) ~ **son exposé d'anecdotes** seinem Bericht Anekdoten hinzufügen
④ COM ~ **un magasin d'articles variés** ein Geschäft mit verschiedenen Waren ausstatten
II. *vpr* ① **s'~** zueinander passen
② (*s'accompagner*) **s'~ d'enluminures** mit Buchminiaturen versehen sein; **s'~ d'allusions à l'actualité** Anspielungen auf das Tagesgeschehen enthalten

assoupi(e) [asupi] *adj* ① dösend; **être ~(e) par la chaleur** ganz benommen von der Hitze sein
② (*affaibli*) *passion* abgekühlt; *douleur* gelindert

assoupir [asupiʀ] <8> **I.** *vt* ① schläfrig machen

❷ (*affaiblir*) trüben, schwächen *sens, sensualité;* lindern *douleur;* abbauen *haine;* ~ **les remords de qn** jds Gewissen beruhigen
II. *vpr* **s'**~ ❶ dösen, einschlafen
❷ *littér* (*s'apaiser*) nachlassen; *douleur, haine:* schwinden (*geh*), nachlassen; *pensée:* schwinden (*geh*); *mer:* sich beruhigen; *volcan:* erlöschen

assoupissement [asupismɑ̃] *m* ❶ Schläfrigkeit *f;* **court** ~ vorübergehende Müdigkeit; ~ **profond** starke Benommenheit [*o* Müdigkeit]
❷ *littér* (*apaisement*) *d'une passion, sensation, haine* Nachlassen *nt; d'une douleur* Linderung *f*

assouplir [asupliʀ] <8> I. *vt* ❶ geschmeidig machen *cheveux, cuir;* weich machen *linge;* lockern *muscles;* **membres assouplis** biegsame [*o* gelenkige] Glieder
❷ (*rendre moins rigoureux*) lockern *règlement;* ~ **le caractère de qn** jdn umgänglich[er] [*o* nachgiebig[er]] machen
II. *vpr* **s'**~ ❶ *chaussures:* weich[er] werden; *cuir:* geschmeidig[er] [*o* weich[er]] werden; *personne:* gelenkig[er] werden
❷ (*devenir moins rigide*) umgänglich[er] [*o* nachgiebig[er]] werden

assouplissant [asuplisɑ̃] *m* Weichspüler *m,* Weichspülmittel *nt*

assouplissant(e) [asuplisɑ̃, ɑ̃t] *adj* **produit** ~ Weichspüler *m;* **avoir une action ~e sur les cheveux** die Haare geschmeidig[er] machen

assouplissement [asuplismɑ̃] *m* ❶ *du linge* Weichmachen *nt; du cuir* Geschmeidigmachen *nt; d'une articulation* Lockerung *f;* **exercices d'**~ Lockerungsübungen *Pl*
❷ (*action de rendre moins rigide*) *d'une loi, d'un système* Lockerung *f; d'un caractère* Nachgiebig[er]machen *nt,* Gefügig[er]machen *nt*

assourdir [asuʀdiʀ] <8> I. *vt* ❶ (*abasourdir*) betäuben
❷ (*abrutir*) benommen machen
❸ (*rendre moins sonore*) dämpfen *bruit, pas*
❹ PHON stimmlos machen *sonore*
II. *vpr* **s'**~ ❶ *bruit:* schwächer werden
❷ PHON *sonore:* stimmlos werden

assourdissant(e) [asuʀdisɑ̃, ɑ̃t] *adj* [ohren]betäubend

assourdissement [asuʀdismɑ̃] *m* ❶ (*surdité passagère*) vorübergehende Taubheit
❷ (*état de surdité*) Taubheit *f;* **risque d'**~ Gefahr *f* eines Hörschadens
❸ (*amortissement*) *d'un pas* Dämpfen *nt*
❹ PHON Entsonorisierung *f*

assouvir [asuviʀ] <8> I. *vt* stillen *faim, vengeance, passion;* befriedigen *curiosité, gourmandise, instinct;* erfüllen *désir*
II. *vpr* **s'**~ *faim:* gestillt werden; *passion, curiosité:* befriedigt werden

assujetti(e) [asyʒeti] I. *adj* **être ~(e) à qn** jdm unterworfen sein; **être ~(e) à sa pensée** auf sein Denkvermögen angewiesen sein; **être ~(e) à certaines conditions** bestimmten Konditionen unterliegen, sozialversicherungspflichtig
II. *m(f)* (*en parlant de l'impôt*) Steuerpflichtige(r) *f(m);* (*en parlant de la sécurité sociale*) Beitragspflichtige(r) *f(m)*

assujettir [asyʒetiʀ] <8> I. *vt* ❶ (*astreindre*) ~ **qn à l'impôt** jdm eine Steuer auferlegen; **son métier l'assujettit à une présence constante** sein Beruf verpflichtet ihn zu ständiger Anwesenheit
❷ *littér* (*conquérir*) unterwerfen
❸ (*fixer*) befestigen; verkeilen *poutre;* schließen *porte;* sichern *volet*
II. *vpr soutenu* ❶ (*se plier*) **s'**~ **à des règles** sich Regeln unterwerfen; **s'**~ **à un régime alimentaire** sich einer Diät (*Dat*) unterziehen (*geh*)
❷ (*conquérir*) **s'**~ **un peuple** ein Volk unterwerfen

assujettissement [asyʒetismɑ̃] *m soutenu* ❶ (*état de servitude*) Unterwerfung *f;* **maintenir le peuple dans l'**~ das Volk unterdrücken
❷ (*état de soumission*) Anpassung *f;* ~ **à la mode** Modezwang *m;* ~ **à l'impôt** Steuerpflicht *f*

assumer [asyme] <1> I. *vt* ❶ (*exercer, supporter*) auf sich (*Akk*) nehmen *risque;* übernehmen *tâche, responsabilité;* bekleiden *fonction;* ausfüllen *poste;* ertragen *douleur*
❷ (*accepter*) akzeptieren *condition;* stehen zu *instincts*
II. *vpr* ❶ **s'**~ sich akzeptieren
❷ (*se supporter*) **une amputation s'assume difficilement** mit einer Amputation wird man schwer fertig
III. *vi fam* dazu stehen

assurable [asyʀabl] *adj* JUR versicherbar

assurance [asyʀɑ̃s] *f* ❶ *sans pl* (*aplomb*) Selbstbewusstsein *nt,* [Selbst]sicherheit *f;* **avec** ~ selbstsicher; **avoir beaucoup d'**~ sehr selbstsicher [*o* selbstbewusst] sein; **perdre son** ~ sein Selbstbewusstsein verlieren, unsicher werden
❷ (*garantie*) Zusicherung *f,* Versprechen *nt; d'un témoin* Versicherung *f;* **donner l'**~ **de faire qc/que qn fera qc** versprechen etw zu tun/dass jd etw tun wird; **donner des ~s à qn** jdm Zusicherungen machen, jdm etw zusichern [*o* versprechen]; **"veuillez agréer, Monsieur, l'**~ **de ma considération distinguée/mes sentiments distingués"** „mit freundlichen Grüßen", „hochachtungsvoll" (*form*)
❸ (*contrat*) Versicherung *f;* ~ **complémentaire** Nachversicherung; **prendre une** ~ **complémentaire** sich nachversichern; ~ **sociale** Sozialversicherung; **prendre** [*o* **souscrire**] **une** ~ **contre qc** eine Versicherung gegen etw abschließen; ~ **au tiers** [Auto]haftpflichtversicherung; ~ **contre le vol** Diebstahlversicherung
❹ (*société*) Versicherungsgesellschaft *f,* Versicherung *f*
❺ ALPIN Sicherung *f*
◆ ~ **automobile** Kraftfahrzeugversicherung *f;* ~ **chômage** Arbeitslosenversicherung *f;* ~ **invalidité-vieillesse** Berufsunfähigkeitszusatzversicherung mit Rentenzahlung *f;* ~ **maladie** Krankenversicherung *f;* ~ **multirisques** Kombinationsversicherung *f;* ~ **rapatriement** Rückführungsversicherung *f;* ~ **de responsabilité civile** [Privat]Haftpflichtversicherung *f;* ~ **tierce collision** Teilkaskoversicherung *f;* ~ **tous risques** Vollkaskoversicherung *f;* ~ **vie** Lebensversicherung *f;* ~ **sur la vie** Versicherung *f* auf den Erlebensfall; ~ **vieillesse** Rentenversicherung *f;* ~ **voyage** Reiseversicherung *f*

assurance-dépendance [asyʀɑ̃sdepɑ̃dɑ̃s] <assurances-dépendance> *f* Pflegeversicherung *f* **assurance-vie** [asyʀɑ̃svi] <assurances-vie> *f* Lebensversicherung *f*

assuré(e) [asyʀe] I. *adj* ❶ (*opp: hésitant*) *démarche* sicher; *regard* fest; **avoir un air** ~ selbstsicher wirken
❷ (*garanti*) sicher; **tenir qc pour ~(e)** *littér* etw für sicher halten
II. *m(f)* Versicherte(r) *f(m),* Versicherungsnehmer(in) *m(f);* ~ **social/~e sociale** Sozialversicherte(r) *f(m)*

assurément [asyʀemɑ̃] *adv soutenu* gewiss (*geh*)

assurer [asyʀe] <1> I. *vt* ❶ (*affirmer*) ~ **à qn que qn fera qc** jdm versichern, dass jd etw tun wird; **si, si, je t'assure!** doch, doch, das kannst du mir glauben!
❷ (*garantir*) ~ **qn de son soutien** jdn seiner Unterstützung (*Gen*) versichern (*geh*); **mon témoignage va** ~ **le jury de son innocence** meine Aussage wird die Jury von seiner Unschuld überzeugen
❸ (*par un contrat d'assurance*) versichern; ~ **qn/qc à la compagnie X contre le vol** jdn/etw bei der Versicherungsgesellschaft X gegen Diebstahl versichern
❹ (*se charger de*) gewährleisten *protection, service après-vente*
❺ (*rendre sûr*) sichern *avenir, fortune, position*
❻ (*accorder*) ~ **une retraite à qn** jdm eine Rente zusichern; ~ **la priorité à qn** jdm Priorität einräumen
❼ ALPIN sichern
II. *vpr* ❶ (*contracter une assurance*) **s'**~ **à** [*o* **auprès de**] **la compagnie X contre qc** sich bei der Gesellschaft X gegen etw versichern

s'assurer

• s'assurer	• sich vergewissern
Tout va bien?	**Alles in Ordnung?**
Est-ce que je l'ai bien fait?	**Habe ich das so richtig gemacht?**
Est-ce que c'était bon?	**Hat es Ihnen geschmeckt?**
Est-ce que c'est le bus pour Francfort?	**Ist das der** Bus nach Frankfurt?
(au téléphone) **Je suis bien à** l'office de protection de la jeunesse?	*(am Telefon)* **Bin ich hier richtig beim** Jugendamt?
C'est bien le film que tu as tant adoré?	**Ist das** der Film, von dem du so geschwärmt hast?
Es-tu sûr(e) que c'est le bon numéro?	**Bist du dir sicher, dass** die Hausnummer stimmt?
• assurer, affirmer quelque chose à quelqu'un	**• jemandem versichern, beteuern**
Le train avait **vraiment** eu du retard.	Der Zug hatte **wirklich** Verspätung gehabt.
Vraiment! Je n'en savais rien.	**Wirklich!** Ich habe nichts davon gewusst.
Que tu le croies ou non, ils se sont **vraiment** séparés.	**Ob du es nun glaubst oder nicht,** sie haben sich **tatsächlich** getrennt.
Je peux vous assurer que cette voiture roulera encore quelques années.	**Ich kann Ihnen versichern, dass** das Auto noch einige Jahre fahren wird.
Crois-moi, ce concert aura un grand succès.	**Glaub mir,** das Konzert wird ein Riesenerfolg.
Tu peux être sûr(e) qu'il n'a rien remarqué.	**Du kannst ganz sicher sein,** er hat nichts gemerkt.
Je vous garantis que la majorité votera contre.	**Ich garantiere Ihnen, dass** die Mehrheit dagegen stimmen wird.
Les recettes ont été déclarées en bonne et due forme, **j'en mets ma main au feu.**	Die Einnahmen sind ordnungsgemäß versteuert, **dafür lege ich meine Hand ins Feuer.**

② *(vérifier)* **s'~ de qc** sich von etw überzeugen; **s'~ que qn a bien fait qc** sich überzeugen, dass jd etw wirklich getan hat
③ *(gagner)* **s'~ l'appui de qn** sich jds Unterstützung *(Gen)* versichern, sich *(Dat)* jds Unterstützung sichern
III. *vi fam* wissen, wo's langgeht *(fam)*

assureur [asyʀœʀ] *m* Versicherer *m,* Versicherungsträger *m*
Assyrie [asiʀi] *f* HIST **l'~** Assyrien *nt*
assyrien(ne) [asiʀjɛ̃, jɛn] *adj* HIST assyrisch
aster [astɛʀ] *m* BOT Aster *f*
astérisque [asteʀisk] *m* Sternchen *nt*
astéroïde [asteʀɔid] *m* Asteroid *m*
asthénie [asteni] *f* MED Kraftlosigkeit *f,* Asthenie *f*
asthénique [astenik] MED **I.** *adj* asthenisch *(Fachspr.)*
II. *mf* Astheniker(in) *m(f) (Fachspr.)*
asthmatique [asmatik] **I.** *adj* asthmatisch
II. *mf* Asthmatiker(in) *m(f)*
asthme [asm] *m* Asthma *nt*
asticot [astiko] *m fam (ver)* Made *f*
asticoter [astikɔte] <1> *vt fam* nerven *(fam)*
astigmate [astigmat] **I.** *adj* astigmatisch
II. *mf* an Astigmatismus Leidende(r) *f(m)*
astigmatisme [astigmatism] *m* Astigmatismus *m*
astiquer [astike] <1> *vt* putzen *chaussures;* polieren *meubles, pomme;* auf Hochglanz bringen *maison, voiture*
astragale [astʀagal] *m* ① *(os)* Sprungbein *nt*
② *(partie d'une colonne)* Rundstab *m,* Astragal *m*
astrakan [astʀakɑ̃] *m* Persianer *m*
astral(e) [astʀal, o] <-aux> *adj* **influence ~e** Einfluss *m* der Sterne; **signe ~** Sternzeichen *nt*
astre [astʀ] *m* ① ASTRON Gestirn *nt*
② ASTROL Stern *m;* **consulter les ~s** die Sterne befragen; **lire dans les ~s** in den Sternen lesen
◆ **~ du jour** *poét* Tagesgestirn *nt (liter);* **~ de la nuit** *poét* Nachtgestirn *nt (liter)*
astreignant(e) [astʀɛɲɑ̃, ɑ̃t] *adj travail, emploi* anstrengend; *horaire, règle* wenig Freiraum lassend
astreindre [astʀɛ̃dʀ] <*irr*> **I.** *vt* **~ qn à un travail** jdn zu einer Arbeit zwingen; **~ qn à un régime sévère** *médecin:* jdm eine strenge Diät verordnen; **~ qn à faire qc** jdn nötigen [*o* zwingen] etw zu tun
II. *vpr* **s'~ à qc/à faire qc** sich zu etw zwingen/sich zwingen etw zu tun
astreinte [astʀɛ̃t] *f* Zwang *m;* **quelle ~!** wie lästig!
astringent [astʀɛ̃ʒɑ̃] *m* adstringierendes Mittel, Adstringens *nt*
astringent(e) [astʀɛ̃ʒɑ̃, ʒɑ̃t] *adj* adstringierend, zusammenziehend
astrologie [astʀɔlɔʒi] *f* Astrologie *f*
astrologique [astʀɔlɔʒik] *adj* astrologisch
astrologue [astʀɔlɔg] *mf* Astrologe *m/*Astrologin *f*
astronaute [astʀonot] *mf* Astronaut(in) *m(f)*
astronautique [astʀonotik] *f* Raumfahrt *f*
astronef [astʀonɛf] *m* Raumschiff *nt*
astronome [astʀɔnɔm] *mf* Astronom(in) *m(f)*
astronomie [astʀɔnɔmi] *f* Astronomie *f*
astronomique [astʀɔnɔmik] *adj* ① ASTRON astronomisch
② *(faramineux) nombre, prix* astronomisch [hoch] *(fam)*
astrophysique [astʀofizik] *f* Astrophysik *f*
astuce [astys] *f* ① *sans pl (qualité)* Schlauheit *f,* Raffiniertheit *f*
② *souvent pl (truc)* Trick *m;* **il y a une ~** da ist doch ein Trick dabei *(fam)*
③ *gén pl fam (plaisanterie)* Witz *m*
◆ **~s du métier connaître toutes les ~s du métier** sein Handwerk verstehen
astucieusement [astysjøzmɑ̃] *adv éviter, défendre* geschickt; *répondre* klug
astucieux, -euse [astysjø, -jøz] *adj personne* schlau, raffiniert; *réponse, raisonnement* klug; *idée* schlau; *imagination* einfallsreich
Asturies [astyʀi] *fpl* **les ~** Asturien *nt*
asymétrie [asimetʀi] *f* Asymmetrie *f*
asymétrique [asimetʀik] *adj* asymmetrisch; *jambes* ungleich

asynchrone [asɛ̃kʀon] *adj* asynchron, ungleichzeitig
atavique [atawik] *adj* atavistisch
atavisme [atawism] *m* Atavismus *m*
atchoum [atʃum] *interj* hatschi
atelier [atəlje] *m* ❶ (*lieu de travail*) Werkstatt *f; d'un artiste* Atelier *nt;* ~ **de cordonnier** Schuhmacherwerkstatt *f;* ~ **de sculpteur** Bildhaueratelier *nt*
❷ IND *d'une usine* Produktionsanlage *f*
❸ (*ensemble des ouvriers*) Belegschaft *f*
❹ (*groupe de réflexion*) Arbeitsgruppe *f;* **travailler par** [*o* **en**] ~**s** in Arbeitsgruppen arbeiten
◆ ~ **de couture** Schneiderwerkstatt *f;* ~ **de fabrication** Produktionsstätte *f;* ~ **de montage** Montagehalle *f;* ~ **de théâtre** Theaterwerkstatt *f*
atermoiement [atɛʀmwamɑ̃] *m* ❶ *gén pl* **des** ~**s** Ausflüchte; **après bien des** ~**s** nach langem Zögern
❷ JUR [Zahlungs]aufschub *m*
atermoyer [atɛʀmwaje] <6> *vt* ❶ JUR *vieilli* aufschieben, stunden *paiement, engagements*
❷ (*remettre à plus tard*) hinauszögern, Zeit zu gewinnen suchen
athée [ate] **I.** *adj* atheistisch
II. *mf* Atheist(in) *m(f)*
athéisme [ateism] *m* Atheismus *m*
athénée [atene] *m* BELG (*établissement secondaire d'enseignement public*) ≈ Gymnasium *nt*
Athènes [atɛn] Athen *nt*
athénien(ne) [atenjɛ̃, jɛn] *adj* athenisch
Athénien(ne) [atenjɛ̃, jɛn] *m(f)* Athener(in) *m(f)*
athlète [atlɛt] *mf* ❶ Leichtathlet(in) *m(f)*
❷ (*dans une compétition*) Wettkämpfer(in) *m(f)*
❸ (*dans l'Antiquité*) Athlet(in) *m(f)*
❹ (*personne musclée*) Kraftmensch *m,* Athlet *m;* **corps d'**~ athletischer Körper
athlétique [atletik] *adj* ❶ *corps, musculature* athletisch; *personne* athletisch gebaut
❷ SPORT *discipline* leichtathletisch; **jeux** ~**s** Leichtathletikwettkämpfe *Pl;* **sports** ~**s** Leichtathletiksportarten; (*dans l'Antiquité*) Sportspiele *Pl*
athlétisme [atletism] *m* Leichtathletik *f;* **championnat d'**~ Leichtathletikmeisterschaft *f*
atlantique [atlɑ̃tik] *adj* atlantisch; **côte** ~ Atlantikküste *f*
Atlantique [atlɑ̃tik] *m* ❶ GEOG **l'**~ der Atlantik, der Atlantische Ozean
❷ POL **Pacte de l'**~ **Nord** Nordatlantikpakt *m*
atlantisme [atlɑ̃tism] *m amerika- und natofreundliche Politik*
atlas [atlɑs] *m* GEOG, ANAT Atlas *m*
Atlas [atlas] *m* **l'**~ der Atlas *m*
atmosphère [atmɔsfɛʀ] *f* ❶ (*couche de gaz*) Atmosphäre *f*
❷ METEO, PHYS Atmosphäre *f;* **degré d'humidité de l'**~ Luftfeuchtigkeitsgrad *m*
❸ (*air*) Luft *f*
❹ (*ambiance*) Atmosphäre *f,* Stimmung *f;* ~ **de vacances** Ferienstimmung *f;* ~ **de travail** Arbeitsatmosphäre *f;* **détendre l'**~ die Spannung lösen; **devoir changer d'**~ *fam* einen Tapetenwechsel brauchen (*fam*)
▶ **l'**~ **devient irrespirable** (*vicié*) die Luft ist stickig; (*invivable*) die Atmosphäre ist unerträglich, es herrscht dicke Luft (*fam*)
atmosphérique [atmɔsfeʀik] *adj* atmosphärisch; *phénomène* meteorologisch; **pression** ~ Luftdruck *m;* **conditions** ~**s** Wetterlage *f,* Witterungsverhältnisse *Pl*
atoll [atɔl] *m* Atoll *nt*
atome [atom] *m* PHYS Atom *nt;* ~ **d'oxygène** Sauerstoffatom *nt*
▶ **ne pas avoir un** ~ **de bon sens** nicht einen Funken gesunden Menschenverstand haben (*fam*); ~**s crochus** Affinitäten *Pl*
atomique [atɔmik] *adj* ❶ PHYS atomar; **énergie** ~ Kernenergie *f,* Atomenergie *f;* **bombe** ~ Atombombe *f;* **résidus** ~**s** Atommüll *m*
❷ CHIM atomisch; **structure** ~ Struktur *f* eines Atoms; **numéro** ~ Ordnungszahl *f*
atomisation [atɔmizasjɔ̃] *f* Aufsplitterung *f,* Atomisierung *f*
atomisé(e) [atɔmize] **I.** *adj* (*survivant*) strahlengeschädigt
II. *m(f)* ❶ Opfer *nt* einer Nuklearkatastrophe
❷ (*survivant*) Strahlengeschädigte(r) *f(m)*
atomiser [atɔmize] <1> **I.** *vt* ❶ (*pulvériser*) zerstäuben
❷ (*détruire*) zunichte machen *œuvre, décret;* vernichten *adversaire, œuvre d'art*
II. *vpr* **s'**~ *responsabilité:* sich aufteilen; *classe ouvrière:* sich aufsplittern, sich aufteilen
atomiseur [atɔmizœʀ] *m* Zerstäuber *m*
atomiste [atɔmist] **I.** *adj* **physicien(ne)** ~ Atomphysiker(in) *m(f)*
II. *mf* Atomwissenschaftler(in) *m(f)*
atonal(e) [atɔnal, o] <-aux> *adj* atonal
atone [atɔn] *adj* ❶ *regard, œil* ausdruckslos; *personne* kraftlos; *assemblée* träge; *vie* eintönig, langweilig
❷ MED *intestin* träge
❸ PHON unbetont
atonie [atɔni] *f* ❶ MED Atonie *f*
❷ *fig* Schlaffheit *f,* Erschlaffung *f*
atours [atuʀ] *mpl* **se parer de ses plus beaux** ~ *hum* seinen Sonntagsstaat anziehen
atout [atu] *m* ❶ CARTES Trumpf *m;* ~ **maître** höchster Trumpf; **jouer** ~ Trumpf spielen
❷ (*avantage*) Trumpf *m;* **avoir des** ~**s** Trümpfe haben; **avoir/mettre tous les** ~**s dans son jeu** [*o* **de son côté**] alle Trümpfe in der Hand haben; **jouer ses** ~**s** seine Trümpfe ausspielen
❸ (*qualité*) Pluspunkt *m*
atoxique [atɔksik] *adj* ungiftig
A.T.P. [atepe] *f* TENNIS *abr de* **Association of Tennis Professionals** A.T.P. *f*
âtre [ɑtʀ] *m* ❶ (*foyer*) Feuerstelle *f*
❷ (*cheminée*) Kamin *m*
atrium [atʀijɔm] *m* HIST Atrium *nt*
atroce [atʀɔs] *adj* ❶ (*horrible*) *crime, image* grauenhaft; *vengeance, peur* furchtbar; *souffrance* unsagbar (*geh*)
❷ *fam* (*affreux*) *musique, film, vêtement* fürchterlich; *temps, repas, boisson* scheußlich; *personne* schrecklich; **être d'une bêtise/laideur** ~ furchtbar [*o* entsetzlich] dumm/hässlich sein; **ton café est** ~ dein Kaffee schmeckt grässlich
atrocement [atʀɔsmɑ̃] *adv* ❶ (*horriblement*) *faire mal, souffrir* unsagbar, furchtbar; **avoir** ~ **mal aux dents** furchtbare Zahnschmerzen haben
❷ *fam* (*affreusement*) fürchterlich, furchtbar
atrocité [atʀɔsite] *f* ❶ (*cruauté*) *d'une action* Scheußlichkeit *f,* Abscheulichkeit *f; d'un crime* Grauenhaftigkeit *f*
❷ *pl* (*action*) Gräuel *Pl,* Gräueltaten *Pl,* Schandtaten; ~**s de la guerre** Kriegsgräuel *Pl*
❸ (*calomnie*) **dire des** ~**s** Gräuelmärchen erzählen
atrophie [atʀɔfi] *f* ❶ MED Rückbildung *f,* Atrophie *f* (*Fachspr.*); ~ **musculaire** Muskelschwund *m,* Muskelatrophie *f* (*Fachspr.*)
❷ *littér* (*régression*) *d'un sentiment* Schwinden *nt* (*geh*); ~ **intellectuelle** geistiger Verfall
atrophié(e) [atʀɔfje] *adj* verkümmert
atrophier [atʀɔfje] <1a> **I.** *vpr* **s'**~ ❶ (*diminuer*) verkümmern; *membre, organe:* sich zurückbilden, verkümmern
❷ *littér* (*s'étioler*) verkümmern
II. *vt* ❶ (*faire dépérir*) verkümmern lassen *muscle*
❷ *littér* (*détruire*) verkümmern lassen *qualité, esprit;* auslöschen, ersticken *volonté*
attabler [atable] <1> **I.** *vpr* **s'**~ sich zu Tisch setzen
II. *vi* **être attablé(e)s autour d'une bouteille de vin** bei einer Flasche Wein zusammensitzen

attachant(e) [ataʃɑ̃, ɑ̃t] *adj personne, personnalité* fesselnd; *enfant* reizend; *animal* possierlich (*geh*); *film, roman* spannend; *région* reizvoll

attache [ataʃ] *f* ❶ Befestigung *f*, Halterung *f*
❷ (*pour attacher des animaux*) Kette *f*; **tenir un chien à l'~** einen Hund an der Leine führen
❸ (*pour attacher des plantes, des arbres*) Schnur *f*
❹ (*pour attacher un cadre*) Aufhänger *m*
❺ *gén pl* (*relations*) Verbindungen *Pl*, Beziehungen *Pl*; **libre et sans ~s** frei und ungebunden; **rompre ses ~s** alle Beziehungen [*o* jede Verbindung] abbrechen
❻ BOT Ranke *f*
❼ ANAT Handgelenk *nt*; *d'un pied* Fußgelenk *nt*
◆ **~ de sécurité** POST Musterbeutelklammer *f*; SKI Fangriemen *m*

attaché(e) [ataʃe] **I.** *adj* ❶ (*ligoté*) **être ~(e) à qc** an etw (*Akk*) gefesselt sein
❷ (*lié par l'affection, l'habitude*) **être ~(e) à qn/qc** an jdm/etw hängen; **être ~(e) à une coutume** an einem Brauch festhalten
❸ (*associé*) **être ~(e) à qc** *avantage, rétribution:* mit etw verbunden [*o* verknüpft] sein; *bonheur:* von etw abhängig sein, an etw (*Akk*) gebunden sein
II. *m(f)* Attaché *m*; **~ commercial/~e commerciale** Handelsvertreter(in) *m(f)*; **~ culturel/~e culturelle** Kulturattaché; **~ militaire** Militärattaché
◆ **~(e) d'ambassade** Botschaftsrat *m*/-rätin *f*; **~(e) de direction** Direktionsmitarbeiter(in) *m(f)*; **~(e) de presse** Pressesprecher(in) *m(f)*

attaché-case [ataʃekɛz] <attachés-cases> *m* Aktenkoffer *m*

attachement [ataʃmɑ̃] *m* ❶ (*affection*) Anhänglichkeit *f*; **avoir de l'~ pour qn/qc** an jdm/etw hängen
❷ CONSTR [*tägliche*] *Aufstellung der ausgeführten Bauarbeiten und entstandenen Kosten*

attacher [ataʃe] <1> **I.** *vt* ❶ (*fixer*) **~ qn/qc à** [*o* **sur**] **qc** jdn/etw an etw (*Dat*) festmachen, etw an etw (*Dat*) befestigen; **~ une caravane à** [*o* **derrière**] **qc** einen Wohnwagen an etw (*Akk*) anhängen
❷ (*fixer avec une corde, ficelle*) **~ qn/qc à qc** jdn/etw an etw (*Akk*) anbinden; **~ qn sur qc** jdn an etw (*Akk*) fesseln; **~ un animal à qc** ein Tier an etw (*Dat*) festbinden
❸ (*fixer avec des clous*) **~ qn sur qc** jdn an etw (*Akk*) nageln
❹ (*mettre ensemble*) zusammenbringen; heften *feuilles de papier;* **~ les mains à qn** jdm die Hände [zusammen]binden
❺ (*fermer*) binden *lacets, tablier;* zumachen *montre, collier, ceinture;* **~ sa ceinture de sécurité** sich anschnallen
❻ (*faire tenir*) **~ ses cheveux avec un élastique** seine Haare mit einem Gummiband zusammenbinden; **~ un paquet avec de la ficelle/du ruban adhésif** ein Paket mit einer Kordel zubinden/mit Klebeband zukleben
❼ (*maintenir*) **des pinces à linge attachent les dessins à la ficelle** die Zeichnungen werden mit Wäscheklammern an der Schnur befestigt
❽ (*lier affectivement*) **~ qn à qn/qc** jdn mit jdm/etw verbinden
❾ (*enchaîner*) **~ qn à qn/qc** jdn an jdn/etw binden
❿ (*attribuer*) **~ de l'importance à qc** einer S. (*Dat*) Bedeutung beimessen; **~ du prix** [*o* **de la valeur**] **à qc** Wert auf etw (*Akk*) legen; **quel sens attaches-tu à ce mot?** was verbindest du mit diesem Wort?
II. *vi fam aliment, gâteau:* anbrennen; **cette poêle attache** in der Pfanne brennt alles an
III. *vpr* ❶ (*mettre sa ceinture de sécurité*) **s'~** sich anschnallen
❷ (*être attaché*) **s'~ à qc** *muscles:* mit etw [fest] verbunden sein; *lierre:* sich an etw (*Dat*) fest ranken
❸ (*s'encorder*) **s'~ à une corde** sich anseilen; **s'~ à un guide** sich an einem Bergführer anseilen
❹ (*se fermer*) **s'~ avec/par qc** mit etw zugemacht werden; **s'~ par derrière** *ceinture:* hinten zugemacht werden; *tablier:* hinten gebunden werden
❺ (*être lié d'affection*) **s'~ à qn** jdn lieb gewinnen, zu jdm Zuneigung fassen; **s'~ à un objet** an einem Gegenstand hängen
❻ (*prendre en compte*) **s'~ à qc** sich mit etw befassen [*o* beschäftigen]
❼ (*s'appliquer*) **s'~ à faire qc** sich bemühen etw zu tun

attaquable [atakabl] *adj* ❶ MIL angreifbar
❷ JUR *jugement, testament* anfechtbar

attaquant(e) [atakɑ̃, ɑ̃t] *m(f)* Angreifer(in) *m(f)*

attaque [atak] *f* ❶ MIL Angriff *m*; **~ aérienne** Luftangriff *m*; **l'~ de la Bastille** der Sturm auf die Bastille; **l'~ de la forteresse** der Angriff auf die Festung; **à l'~!** zum Angriff!
❷ (*acte de violence*) **~ de qc** Überfall *m* auf etw (*Akk*)
❸ (*critique acerbe*) **~ contre qn/qc** Angriff *m* auf jdn/etw
❹ MED (*crise*) Anfall *m*; **avoir une ~ cardiaque/cérébrale/d'épilepsie** einen Herzanfall/Schlaganfall/epileptischen Anfall bekommen [*o* haben]
❺ SPORT Angriff *m*; (*joueurs*) Sturm *m*; **l'équipe joue en ~** die Mannschaft greift an; **le joueur joue en ~** der Spieler ist Stürmer
❻ MUS Einsetzen *nt*; (*en parlant du jazz*) Attacke *f*
❼ PHON Ansatz *m*
► **être** [*o* **se sentir**] **d'~** *fam* in Form [*o* fit] sein
◆ **~ à main armée** bewaffneter Überfall

attaquer [atake] <1> **I.** *vt* ❶ angreifen
❷ (*pour voler*) überfallen *personne, banque*
❸ SPORT angreifen
❹ (*critiquer*) angreifen; **~ qn sur qc** jdn wegen etw angreifen
❺ JUR anfechten *jugement, testament, décision;* **~ une loi** sich gegen ein Gesetz wenden
❻ (*ronger*) angreifen *organe, fer;* auswaschen *falaise;* **l'épidémie de choléra a attaqué toute la ville** die ganze Stadt ist von der Choleraepidemie befallen
❼ (*commencer*) beginnen; anschneiden *sujet;* beginnen, in Angriff nehmen *travail*
❽ MUS **~ un morceau** beginnen ein Stück zu spielen
❾ *fam* (*commencer à manger*) **~ un plat** über ein Essen herfallen, sich über ein Essen hermachen (*fam*)
❿ (*chercher à surmonter*) angehen, anpacken *difficulté;* **~ le mal à sa racine** das Übel an der Wurzel packen
II. *vpr* ❶ (*affronter*) **s'~ à qn/qc** jdn/etw angreifen; **s'~ à plus fort que soi** sich mit Stärkeren anlegen
❷ (*chercher à résoudre*) **s'~ à une difficulté** ein Problem angehen [*o* anpacken]
❸ (*commencer*) **s'~ à qc** etw in Angriff nehmen

attardé(e) [ataʀde] **I.** *adj* ❶ (*en retard*) verspätet
❷ PSYCH [geistig] zurückgeblieben
II. *m(f) péj* [geistig] Zurückgebliebene(r) *f(m)*

attarder [ataʀde] <1> **I.** *vt* aufhalten
II. *vpr* ❶ **s'~** sich verspäten; **ne t'attarde pas en route!** halte dich unterwegs nicht zu lange auf!
❷ (*continuer de faire qc*) **s'~ à un détail** sich an einem Detail aufhalten

atteindre [atɛ̃dʀ] <*irr*> **I.** *vt* ❶ (*toucher*) treffen *personne, cible;* **~ qn à la jambe** jdn am Bein treffen
❷ (*parvenir à toucher*) erreichen; **~ difficilement un livre** an ein Buch schwer herankommen
❸ (*gagner*) erreichen *terre, sommet*
❹ (*parvenir à*) erreichen *objectif;* **~ le cœur du problème** auf den Kern des Problems stoßen
❺ (*s'élever à*) erreichen *niveau*
❻ (*joindre par téléphone*) erreichen
❼ (*rattraper*) einholen; **~ le peloton** zum Hauptfeld aufschließen
❽ (*avoir un effet nuisible sur*) **la gelée a atteint les plantes**

der Frost hat die Pflanzen angegriffen; **la maladie a atteint les plantes** die Krankheit hat die Pflanzen befallen

❾ (*blesser moralement*) treffen; **~ qn dans son amour-propre** jdn in seinem Selbstwertgefühl treffen

❿ (*troubler intellectuellement*) irritieren; **~ qn dans ses convictions** jdn in seinen Überzeugungen verunsichern

⓫ (*émouvoir*) berühren; **ça ne m'atteint pas!** das rührt [*o* trifft] mich nicht!

II. *vi littér* **~ à la perfection** Perfektion *f* erreichen; **~ au sublime** zur Vollkommenheit *f* gelangen (*liter*)

atteint(e) [atɛ̃, ɛ̃t] *adj* ❶ (*touché par la maladie*) **être très ~(e)** *personne:* schwer krank sein; *organe:* stark angegriffen sein; **je vois que tu es bien ~(e)** ich sehe, es hat dich ganz schön erwischt (*fam*); **le malade ~ du cancer** der Krebspatient *m;* **être ~(e) du sida** an Aids (*Dat*) erkrankt sein

❷ *fam* (*fou*) übergeschnappt (*fam*)

atteinte [atɛ̃t] *f* ❶ (*dommage causé*) **c'est une ~ à ma réputation** das schadet meinem Ansehen; **porter ~ à l'autorité des parents** die Autorität der Eltern untergraben [*o* beeinträchtigen]; **~ à un droit/à l'indépendance** Einschränkung *f* eines Rechts/der Unabhängigkeit

❷ *pl* (*effet pénible*) *de l'âge* Spuren *Pl; du froid* Beeinträchtigung *f; du mal* Folgeerscheinung *f;* **~s du temps** Witterungsschäden *Pl*

❸ (*portée*) **réputation hors d'~** unantastbares Ansehen; **être hors d'~ des balles** außer Schussweite sein; **se mettre hors d'~** sich in Sicherheit bringen

❹ JUR **~ à la liberté individuelle** Beeinträchtigung *f* der persönlichen Freiheit

◆ **~ à la sûreté de l'État** Gefährdung *f* der Staatssicherheit, Hochverrat *m*

attelage [at(ə)laʒ] *m* ❶ (*dispositif*) *de chevaux, chiens* Geschirr *nt; d'un véhicule de chemin de fer* Kupplung *f*

❷ (*action*) *d'un cheval* Anspannen *nt; d'un bœuf* Einspannen *nt; d'un wagon* Anhängen *nt*

atteler [at(ə)le] <3> **I.** *vt* ❶ (*attacher*) anspannen *voiture, animal;* einspannen *bœuf;* **~ le cheval à la charrette** das Pferd vor den Karren spannen

❷ *fig* **~ qn à un travail** jdn zu einer Arbeit heranziehen, jdn einspannen (*fam*)

II. *vpr* **s'~ à un travail/au rangement de qc** sich an eine Arbeit machen *fam*/sich daranmachen etw aufzuräumen

attelle [atɛl] *f* Schiene *f*

attenant(e) [at(ə)nɑ̃, ɑ̃t] *adj* angrenzend; **~ à qc** angrenzend an etw (*Akk*); **être ~ à qc** an etw (*Akk*) grenzen

attendre [atɑ̃dʀ] <14> **I.** *vt* ❶ **~ qn/qc** auf jdn/etw warten; **~ l'ouverture du magasin** warten, bis das Geschäft öffnet

❷ (*ne rien faire avant de*) abwarten *moment favorable;* **~ qn/qc pour faire qc** auf jdn/etw warten um etw zu tun; **j'attends d'avoir mon bac** ich warte [ab], bis ich mein Abitur habe; **~ que ça passe** einfach abwarten; **j'attends de voir pour y croire!** das glaube ich erst, wenn ich es sehe!

❸ (*compter sur*) erwarten; **~ un enfant** ein Kind erwarten; **~ une chose/n'~ qu'une chose** auf eins/nur auf eins warten; **n'~ que ça** nur darauf warten; **en attendant mieux** in Erwartung eines Besseren

❹ (*être préparé*) **~ qn** *voiture, surprise:* auf jdn warten; *sort, déception:* jdm bevorstehen

❺ *fam* (*se montrer impatient avec*) **~ après qn** auf jdn warten

❻ *fam* (*avoir besoin de*) **~ après qc** auf etw (*Akk*) warten

❼ (*jusqu'à*) **mais en attendant** doch bis dahin [*o* bis es soweit ist]; **elle travaille au noir en attendant de trouver un emploi** sie arbeitet schwarz, [so lange] bis sie eine Stelle gefunden hat; **en attendant que qn fasse qc** [so lange] bis jd etw macht

❽ (*toujours est-il*) **en attendant** immerhin

II. *vi* ❶ warten; **faire ~ qn** jdn warten lassen; **se faire ~** auf sich (*Akk*) warten lassen

❷ (*patienter*) **les impôts, ça peut ~!** die Steuern, die können [noch] warten!; **tu peux toujours ~!** da kannst du lange warten!

❸ (*immédiatement*) **sans ~** sofort, unverzüglich

❹ (*interjection*) **attends!** (*pour interrompre, pour réfléchir*) warte mal!, [einen] Augenblick [mal]!; (*pour menacer*) na, warte!

III. *vpr* **s'~ à qc** etw erwarten, mit etw rechnen; (*en cas de chose désagréable*) auf etw (*Akk*) gefasst sein; **s'~ à ce que qn fasse qc** erwarten [*o* damit rechnen], dass jd etw tut; (*en cas de chose désagréable*) darauf gefasst sein, dass jd etw tut; **il faut s'~ à ce que qn fasse qc** es ist zu erwarten, dass jd etw tut; **comme il fallait s'y ~** wie zu erwarten war

attendri(e) [atɑ̃dʀi] *adj* gerührt; **regarder qn d'un air ~** jdn liebevoll ansehen; **regarder qc d'un air ~** etw gerührt ansehen

attendrir [atɑ̃dʀiʀ] <8> **I.** *vt* ❶ (*émouvoir*) rühren

❷ (*apitoyer*) Mitleid erregen; erweichen *cœur*

❸ GASTR weich machen; **pour ~ la viande** damit das Fleisch zart wird

II. *vpr* ❶ (*s'émouvoir*) **se laisser ~** sich erweichen lassen; **il s'~ sur [le sort de] sa voisine** das Schicksal seiner Nachbarin rührt ihn

❷ (*s'apitoyer*) **s'~ sur soi-même** sich selbst bemitleiden; **il s'attendrit sur sa voisine** er hat [*o* empfindet] Mitleid mit seiner Nachbarin

attendrissant(e) [atɑ̃dʀisɑ̃, ɑ̃t] *adj* rührend

attendrissement [atɑ̃dʀismɑ̃] *m* Rührung *f*

attendrisseur [atɑ̃dʀisœʀ] *m* Fleischklopfer *m*

attendu(e) [atɑ̃dy] **I.** *part passé de* **attendre**

II. *adj* ❶ (*espéré*) erwartet; **le jour tant ~** der lang ersehnte Tag

❷ JUR **~ que qn a fait qc** angesichts der Tatsache, dass jd etw getan hat

III. *mpl* JUR Urteilsbegründung *f*

attentat [atɑ̃ta] *m* **~ contre qn/qc** Attentat *nt* [*o* Anschlag *m*] auf jdn/etw

◆ **~ à la bombe** Bombenanschlag *m;* **~ à la liberté** JUR Freiheitsberaubung *f;* **~ au plastic** Sprengstoffanschlag *m;* **~ à la pudeur** JUR Sittlichkeitsdelikt *nt*

attente [atɑ̃t] *f* ❶ **l'~ de qn/qc** das Warten auf jdn/etw; **solution d'~** vorübergehende Lösung; **salle d'~** Wartesaal *m;* **les voyageurs en ~ du vol ...** die Passagiere des Fluges ...; **laisser qc en ~** etw liegen lassen

❷ (*espoir*) **contre toute ~** wider Erwarten; **décevoir l'~ de qn** jds Erwartungen enttäuschen; **répondre [*o* correspondre] à l'~ de qn** jds Erwartungen (*Dat*) entsprechen; **dans l'~ de qc** in Erwartung einer S. (*Gen*)

attenter [atɑ̃te] <1> *vi* **~ à sa vie [*o* à ses jours]** Selbstmord verüben; **~ à la vie de qn** jdm nach dem Leben trachten (*geh*); **~ à la vie du Président** einen Anschlag auf das Leben des Präsidenten verüben; **~ à la dignité de qn** jds Würde *f* antasten; **~ à la sûreté de l'État** die Staatssicherheit gefährden

attentif, -ive [atɑ̃tif, -iv] *adj* ❶ (*vigilant*) aufmerksam

❷ (*veillant soigneusement*) **être ~(-ive) aux différences** auf Unterschiede achten; **~(-ive) à faire qc** darauf bedacht etw zu tun

❸ (*prévenant*) aufmerksam; *soins* sorgfältig, aufmerksam

attention [atɑ̃sjɔ̃] *f* ❶ (*concentration*) Aufmerksamkeit *f;* **avec ~** aufmerksam; **fixer son ~ sur qn/qc** sich auf jdn/etw konzentrieren

❷ (*capacité de se concentrer*) Aufnahmefähigkeit *f*

❸ (*intérêt*) Aufmerksamkeit *f;* **à l'~ de qn** zu jds Händen; **attirer [*o* éveiller] l'~ de qn** jds Aufmerksamkeit erregen; **attirer l'~ de qn sur qc** jds Aufmerksamkeit auf etw (*Akk*) lenken; **attirer l'~ de qn sur le fait que qn a fait qc** jdn

darauf aufmerksam machen, dass jd etw getan hat; **mériter toute l'~ de qn** jds ganze Aufmerksamkeit verdienen; **prêter ~ à qn/qc** jdm/einer S. Aufmerksamkeit [*o* Beachtung *f*] schenken, von jdm/etw Notiz nehmen (*fam*)
④ *souvent pl* (*prévenance*) Aufmerksamkeit *f;* **avoir des ~s pour qn** jdm Aufmerksamkeiten erweisen (*geh*)
⑤ (*soin*) **faire ~ à qn/qc** auf jdn/etw Acht geben [*o* aufpassen]; **faire ~ à ce que qn a fait** aufpassen, was jd getan hat; **faire ~ [à ce] que qn fasse bien qc** aufpassen, dass jd etw wirklich macht; **fais ~!** pass [doch] auf!
⑥ (*avertissement*) **~!** Vorsicht!, Achtung!; **~ à la marche!** Vorsicht Stufe!; **mais ~! vous en êtes responsable(s)!** aber ich warne Sie/euch! Sie sind/Ihr seid dafür verantwortlich!; **alors là, ~ [les yeux]!** *fam* aber hallo! (*fam*)

attentionné(e) [atɑ̃sjɔne] *adj* **~(e) envers** [*o* **pour**] **qn** aufmerksam [*o* zuvorkommend] jdm gegenüber

attentisme [atɑ̃tism] *m* POL Attentismus *m*

attentiste [atɑ̃tist] **I.** *adj personne* eine abwartende Haltung einnehmend, sich abwartend verhaltend; *position* abwartend
II. *mf* Mann, der/Frau, die sich abwartend verhält

attentivement [atɑ̃tivmɑ̃] *adv* aufmerksam

atténuant(e) [atenɥɑ̃, ɑ̃t] *adj* mildernd; **circonstances ~es** mildernde Umstände

atténuation [atenɥasjɔ̃] *f littér* ① (*fait de s'atténuer*) *d'une douleur, d'un sentiment* Nachlassen *nt*
② (*action d'atténuer*) *d'un sentiment* Milderung *f; d'une souffrance, douleur* Linderung *f; d'une discipline* Lockerung *f*
◆ **~ de peine** JUR Strafmilderung *f*

atténuer [atenɥe] <1> **I.** *vt* lindern *douleur;* dämpfen *passion, bruit;* abschwächen *amertume, termes, couleur;* abschwächen, verharmlosen *faute*
II. *vpr* **s'~** sich mildern; *bruit, douleur:* nachlassen; *amertume:* sich abschwächen, sich mildern; *secousse sismique:* schwächer werden

atterrant(e) [atɛʀɑ̃, ɑ̃t] *adj* bestürzend

atterré(e) [ateʀe] *adj* erschüttert, [aufs höchste] bestürzt

atterrer [ateʀe] <1> *vt nouvelle:* sehr betroffen machen

atterrir [ateʀiʀ] <8> *vi* ① AVIAT, NAUT *avion, passager d'un avion:* landen; *bateau:* anlegen; *passager d'un bateau:* an Land gehen
② *fam* (*se retrouver*) landen (*fam*); **~ à Rennes/dans la corbeille à papier** in Rennes/im Papierkorb landen (*fam*)
③ *fam* (*revenir sur terre*) **atterris!** wach auf!; **j'atterris** bei mir dämmert's (*fam*)

atterrissage [ateʀisaʒ] *m* Landen *nt; d'un avion* Landung *f; d'un bateau* Anlegen *nt;* **~ sur le ventre** Bauchlandung *f*
◆ **~ en catastrophe** Bruchlandung *f*

attestation [atɛstasjɔ̃] *f* ① Bescheinigung *f,* Nachweis *m*
② JUR Testat *nt* (*Fachspr.*)
◆ **~ d'activité salariée** [*o* **d'employeur**] Arbeitsbescheinigung *f;* **~ d'assurance** Versicherungsnachweis *m;* **~ de domicile** Wohnungsnachweis *m,* Wohnsitzbescheinigung *f*

attester [atɛste] <1> *vt* ① (*certifier*) **~ qc/que qn a fait qc** etw bestätigen/bestätigen, dass jd etw getan hat
② (*certifier par écrit*) **~ qc/que qn a fait qc** etw bescheinigen/bescheinigen, dass jd etw getan hat
③ (*être la preuve*) **~ qc/que qn a fait qc** ein Beweis für etw sein/dafür sein, dass jd etw getan hat
④ LING **être attesté(e) dans/par un texte** durch einen Text belegt sein

attiédir [atjediʀ] <8> **I.** *vt* ① (*rendre tiède en refroidissant*) abkühlen
② (*rendre tiède en réchauffant*) erwärmen
③ (*rendre moins vif*) abkühlen *sentiment;* dämpfen *zèle*
II. *vpr* **s'~** ① (*devenir tiède en se refroidissant*) abkühlen
② (*devenir tiède en se réchauffant*) sich erwärmen
③ (*devenir moins vif*) abkühlen, nachlassen

attiédissement [atjedismɑ̃] *m du zèle, de la foi* Nachlassen *nt; d'un sentiment* Erkalten *nt*

attifé(e) [atife] *adj fam* herausgeputzt (*fam*); **mal ~(e)** furchtbar angezogen

attifer [atife] <1> **I.** *vt fam* ausstaffieren, herausputzen (*fam*)
II. *vpr fam* **s'~** sich herausputzen, sich ausstaffieren; **ne pas savoir s'~** keinen Geschmack für Klamotten haben (*fam*)

Attila [at(t)ila] *m* Attila *m,* Etzel *m*

attique [atik] **I.** *adj* attisch
II. *m* ARCHIT [aufgesetztes] Dachgeschoss *nt*

attirail [atiʀaj] *m fam* (*barda, fourbi*) Kram *m* (*fam*), Zeug *nt* (*fam*); **~ de pêche** Angelausrüstung *f;* **~ de maquillage** Schminkzeug *nt*

attirance [atiʀɑ̃s] *f* Anziehungskraft *f;* **éprouver une certaine/de l'~ pour** [*o* **envers**] **qn** sich zu jdm hingezogen [*o* sich von jdm angezogen] fühlen; **l'~ pour les littératures étrangères** der Reiz, der von der ausländischen Literatur ausgeht

attirant(e) [atiʀɑ̃, ɑ̃t] *adj personne, physionomie* anziehend; *proposition* verlockend; *publicité* ansprechend

attirer [atiʀe] <1> **I.** *vt* ① PHYS anziehen
② (*tirer à soi*) zu sich [her]ziehen; **~ qn dans un coin** jdn in eine [stille] Ecke ziehen; **~ qn dans ses bras** jdn in seine Arme schließen
③ (*faire venir*) anziehen *personne;* anlocken *animal;* **~ qn/un animal dans un piège** jdn/ein Tier in eine Falle locken
④ (*allécher*) ködern, locken
⑤ (*intéresser*) *projet, pays:* ansprechen
⑥ (*retenir*) **~ le regard/les foules** den Blick/die Aufmerksamkeit der Menge auf sich (*Akk*) lenken; **~ le regard/l'attention** Aufsehen/Aufmerksamkeit erregen
⑦ (*procurer*) **~ des amis à qn** jdm Freunde verschaffen; **~ des ennuis à qn** jdn in Schwierigkeiten bringen
⑧ (*susciter*) **~ sur soi** [*o* **sur sa tête**] **la colère de toute la ville** sich (*Dat*) den Zorn der ganzen Stadt zuziehen
⑨ (*faire monter*) **la colère attire le sang à la tête** die Wut lässt das Blut in den Kopf steigen
II. *vpr* ① PHYS **s'~** sich anziehen
② (*se plaire*) **s'~** sich anziehen
③ (*obtenir, susciter*) **s'~ qn** jdn gewinnen; **s'~ de nombreux ennemis/amis** sich (*Dat*) viele Feinde/Freunde schaffen; **s'~ un compliment** ein Kompliment bekommen; **s'~ de nombreuses inimitiés** sich (*Dat*) viel Hass zuziehen; **l'élève s'est attiré un blâme** der Schüler hat sich (*Dat*) einen Verweis eingehandelt

attiser [atize] <1> *vt a. fig* schüren, anfachen

attitré(e) [atitʀe] *adj promoteur* beauftragt; **médecin ~** Hausarzt *m*

attitude [atityd] *f* ① (*du corps*) Haltung *f;* **~ de base** Grundhaltung *f*
② (*disposition*) [innere] Haltung; **~ de l'esprit** Geisteshaltung *f;* **~ à l'égard de** [*o* **envers**] **qn/qc** Haltung gegenüber jdm/etw
③ *souvent pl péj* (*affectation*) Getu(e) *nt* (*pej fam*); **prendre** [*o* **se donner**] **des ~s** posieren

attouchement [atuʃmɑ̃] *m* ① (*toucher*) Berührung *f*
② (*caresse légère*) Streicheln *nt*
③ *souvent pl euph* (*caresse sexuelle*) unsittliche Berührung

attractif, -ive [atʀaktif, -iv] *adj* ① (*séduisant*) ansprechend; *plat* verlockend, ansprechend; *épargne, prix, programme* interessant; **centre ~** [Haupt]anziehungspunkt *m*
② PHYS **force attractive** Anziehungskraft *f*

attraction [atʀaksjɔ̃] *f* ① (*séduction*) Anziehungskraft *f;* **exercer une ~ sur qn** eine Anziehungskraft auf jdn ausüben, jdn anziehen
② (*divertissement*) Attraktion *f*
③ *souvent pl* (*show*) *d'une boîte de nuit* Darbietungen *Pl*
④ PHYS Anziehungskraft *f;* **~ magnétique** magnetische Anziehung; **~ universelle** Gravitation *f;* **loi de l'~** Gravitationsgesetz *nt*

A

❺ GRAM Angleichung *f*

attrait [atʀɛ] *m* Reiz *m;* **faire tout l'~ de qc** den ganzen Reiz einer S. (*Gen*) ausmachen; **avoir de l'~** [*o* **beaucoup d'~**[**s**]] **pour qn** *paysage:* sehr reizvoll für jdn sein; *proposition:* sehr verlockend für jdn sein; **éprouver un ~/de l'~ pour qn/qc** sich von jdm/etw angezogen fühlen, sich zu jdm/etw hingezogen fühlen

attrape [atʀap] *f* Scherzartikel *m*

attrape-mouche [atʀapmuʃ] <attrape-mouches> *m* Fliegenfänger *m* **attrape-nigaud** [atʀapnigo] <attrape-nigauds> *m* Bauernfängerei *f,* Schwindel *m;* **des attrape-nigauds** Betrügereien *Pl,* faule Tricks *Pl* (*fam*)

attraper [atʀape] <1> **I.** *vt* ❶ (*capturer, saisir*) fangen *animal, personne;* ~ **qn/un animal par qc** jdn/ein Tier an etw (*Dat*) packen; **au voleur! attrapez-le!** Hilfe, ein Dieb! haltet ihn!
❷ (*saisir au vol*) [auf]fangen; **attrape!** fang!
❸ (*atteindre*) ~ **qc** an etw (*Akk*) herankommen
❹ (*prendre sur le fait*) ~ **qn à faire qc** jdn dabei ertappen [*o* erwischen], wie er etw tut (*fam*)
❺ (*tromper*) an der Nase herumführen, reinlegen (*fam*); **être bien attrapé**(**e**) schön hereingefallen [*o* reingefallen *fam*] sein
❻ *fam* (*gronder*) ~ **un enfant** einem Kind eine Standpauke halten (*fam*); ~ **un employé** einem Angestellten einen Rüffel geben (*fam*)
❼ (*prendre à temps*) erreichen, erwischen (*fam*) *bus, train, avion*
❽ (*comprendre*) verstehen, mitbekommen (*fam*) *bribes, paroles*
❾ (*savoir reproduire*) sich (*Dat*) zu Eigen machen *comportement, style;* annehmen *accent*
❿ (*avoir*) bekommen, sich (*Dat*) holen *maladie, coup de soleil*
⓫ (*recevoir*) bekommen *punition, amende*
II. *vpr* **s'~** ❶ (*se transmettre*) *maladie contagieuse:* sich übertragen; **l'anorexie, ça ne s'attrape pas** Magersucht ist nicht ansteckend; **un coup de soleil s'attrape facilement** einen Sonnenbrand holt man sich leicht
❷ (*s'assimiler*) **l'accent anglais, ça ne s'attrape qu'en Angleterre!** den englischen Akzent erlernt man nur in England!
❸ *fam* (*se disputer*) sich streiten, sich anschnauzen (*fam*)

attrayant(**e**) [atʀɛjɑ̃, jɑ̃t] *adj paysage* reizvoll; *travail* interessant; *personne* anziehend, attraktiv

attribuable [atʀibɥabl] *adj* zuzuschreiben; **être ~ à qn/à qch** jdm/einer S. (*Dat*) zuzuschreiben sein

attribuer [atʀibɥe] <1> **I.** *vt* ❶ (*donner*) ~ **un prix à qn** jdm einen Preis verleihen; ~ **une bourse d'études à qn** jdm ein Stipendium geben [*o* gewähren]; ~ **un logement/travail à qn** jdm eine Wohnung/Arbeit zuweisen [*o* zuteilen]
❷ (*considérer comme propre à*) ~ **une œuvre/un mérite à qn** jdm ein Werk/ein Verdienst zuschreiben (*geh*); ~ **une faculté à qn** jdm eine Fähigkeit zutrauen; ~ **des arrière-pensées à qn** jdm Hintergedanken unterstellen; ~ **la culpabilité à qn** jdm die Schuld zuschieben; ~ **de l'importance à qc** einer S. (*Dat*) Bedeutung beimessen; ~ **un échec à qc** einen Misserfolg auf etw (*Akk*) zurückführen
II. *vpr* ❶ (*s'approprier*) **s'~ qc** sich (*Dat*) etw nehmen
❷ (*s'adjuger, revendiquer*) **s'~ qc** sich (*Dat*) etw zuschreiben, etw für sich in Anspruch nehmen; **s'~ la responsabilité de qc** die Verantwortung für etwas übernehmen

attribut [atʀiby] **I.** *m* ❶ (*propriété, symbole*) Attribut *nt,* Eigenschaft *f*
❷ LING prädikative Ergänzung
II. *adj* LING *adjectif* prädikativ; **nom ~** Substantiv *nt* als Prädikatsnomen *nt*
◆ **~ du sujet** prädikative Ergänzung zum Subjekt *nt*

attribution [atʀibysjɔ̃] *f* ❶ (*action*) *d'un appartement* Zuweisung *f,* Vergabe *f; d'une indemnité* Gewährung *f; d'un prix* Verleihung *f*
❷ *pl* (*compétences*) Zuständigkeitsbereich *m,* Zuständigkeit *f,* Kompetenzbereich; **faire partie des ~s de qn** in jds Zuständigkeit[sbereich] (*Akk*) fallen; **empiéter sur les ~s de qn** in jds Kompetenz[bereich] (*Akk*) eingreifen; **cela dépasse le cadre de ses ~s** das ist [*o* liegt] außerhalb seiner/ihrer Kompetenzen

attristant(**e**) [atʀistɑ̃] *adj* ❶ (*affligeant, désolant*) *perspectives* schlecht
❷ (*pénible, triste*) *spectacle, nouvelle* traurig
❸ (*déplorable*) *bêtise* beklagenswert

attrister [atʀiste] <1> **I.** *vt* traurig machen, betrüben
II. *vpr* **s'~ devant qc** angesichts einer S. (*Gen*) traurig [*o* betrübt] sein; **s'~ de constater que qn a fait qc** betrübt [*o* bekümmert] feststellen, dass jd etw getan hat (*geh*)

attroupement [atʀupmɑ̃] *m* Menschenauflauf *m,* Menschenansammlung *f*

attrouper [atʀupe] <1> *vpr* **s'~ sur la place** auf dem Platz zusammenströmen

atypique [atipik] *adj* atypisch

au [o] = **à le** *v.* **à**

aubade [obad] *f* Morgenständchen *nt*

aubaine [obɛn] *f* ❶ (*chance*) Geschenk *nt* des Himmels; **profiter de l'~** [*o* **la bonne ~**] die/die günstige Gelegenheit nutzen; **tu parles d'une ~!** *iron* Schöne Bescherung! (*iron*); **c'est une ~!** das ist eine einmalige Gelegenheit!
❷ CAN (*vente à prix réduit*) Sonderangebot *nt*

aube¹ [ob] *f* ❶ (*point du jour*) Morgengrauen *nt,* Morgendämmerung *f,* Tagesanbruch *m;* **à** [*o* **dès**] **l'~** bei Tagesanbruch, im Morgengrauen
❷ *littér* **l'~ du XXᵉ siècle** der Anbeginn des 20. Jahrhunderts (*geh*); **être à l'~ de qc** am Anfang einer S. (*Gen*) stehen

aube² [ob] *f* TECH Schaufel *f;* **bateau** [*o* **navire**] **à ~s** Raddampfer *m*

aubépine [obepin] *f* [eingriffeliger] Weißdorn

auberge [obɛʀʒ] *f* [Land]gasthof *m,* [Land]gasthaus *nt*
▸ **on n'est pas sorti de l'~** *fam* uns steht noch allerhand bevor (*fam*); **c'est l'~ espagnole** (*roman*) das ist ein Sammelsurium *nt* (*fam*)
◆ **~ de jeunesse** Jugendherberge *f*

aubergine [obɛʀʒin] **I.** *f* ❶ (*légume*) Aubergine *f,* Melanzani *f* (A)
❷ *vieilli fam* (*contractuelle*) Politesse *f*
II. *adj inv* auberginefarben

aubergiste [obɛʀʒist] *mf* [Gast]wirt(in) *m(f)*

aubette [obɛt] *f* ❶ (*abribus*) Wartehäuschen *nt,* überdachte Bushaltestelle
❷ BELG (*kiosque à journaux*) Zeitungskiosk *m*

aubier [obje] *m* Splint[holz *nt*] *m*

auburn [obœʀn] *adj inv* kastanienbraun

aucun(**e**) [okœ̃, okyn] **I.** *adj antéposé* ❶ ~ **... ne ..., ne ...** ~ **...** kein(e); ~ **humain n'échappera à la mort** kein Mensch entgeht dem Tod; **n'avoir ~e preuve** gar [*o* überhaupt] keinen Beweis haben; **en ~e façon** keineswegs, in keiner Weise; **sans faire ~ bruit** ohne jeden [*o* den geringsten] Lärm
❷ *littér* (*quelque*) jede(r, s); **lire plus qu'~ autre enfant** mehr lesen als jedes andere Kind
❸ (*dans une question*) irgendein(e); **croyez-vous qu'~ auditeur vous écoute?** glauben Sie, irgendein Zuhörer hört Ihnen zu?
II. *pron* ❶ ~ **ne ..., ne ...** ~ keine(r, s), kein einziger/keine einzige/kein einziges; ~(**e**) **d'entre nous** keine(r) von uns; **n'aimer ~ de ces romans** keinen dieser Romane mögen
❷ *littér* (*quiconque*) jede(r, s)
❸ *littér* (*dans une question*) irgendeine(r, s); **pensez-vous qu'~ ait compris vos explications?** glauben Sie, irgendjemand hätte Ihre Erklärungen verstanden?
❹ *littér* (*certains*) **d'~s** einige

aucunement [okynmɑ̃] *adv* keineswegs, in keiner Weise, gar nicht; **n'avoir ~ envie** überhaupt [*o* gar] keine Lust haben; **êtes-vous d'accord? – Aucunement!** sind Sie einverstanden? – Nie und nimmer!

audace [odas] *f* ❶ (*témérité*) Kühnheit *f*; **avoir de l'~** kühn sein
❷ (*effronterie*) Dreistigkeit *f*, Unverschämtheit *f*; **avoir l'~ de faire qc** die Dreistigkeit [*o* Unverfrorenheit] besitzen etw zu tun; **ne pas manquer d'~** reichlich frech sein
❸ *gén pl* (*innovation*) **~s de style** gewagter Stil; **les ~s de la mode** die Extravaganzen der Mode

audacieux, -euse [odasjø, -jøz] **I.** *adj* ❶ kühn
❷ (*effronté*) dreist, frech
❸ (*risqué, hardi*) *projet, mode* gewagt
II. *m, f* Kühne(r) *f(m)*; *vieilli* Wagemutige(r) *f(m)*; **c'est un ~!** er ist waghalsig!

au-dedans [odədɑ̃] **I.** *adv* (*intérieurement*) drinnen, im Inner[e]n; **être bouleversé(e)** ~ innerlich aufgewühlt sein **II.** *prép* ❶ (*à l'intérieur de, sans mouvement*) **~ de qc** innerhalb [*o* im Innern] einer S. (*Gen*) ❷ (*à l'intérieur de, avec mouvement*) **~ de qc** ins Innere einer S. (*Gen*), in etw (*Akk*) [hinein] **au-dehors** [odəɔʀ] **I.** *adv* ❶ (*à l'extérieur*) *laisser, faire beau, vivre* draußen; *sortir, se répandre* nach [dr]außen ❷ (*dans l'apparence extérieure*) äußerlich **II.** *prép* ❶ (*à l'extérieur de, sans mouvement*) **~ de qc** außerhalb einer S. (*Gen*) ❷ (*à l'extérieur de, avec mouvement*) **~ de qc** aus etw [heraus] **au-delà** [od(ə)la] **I.** *adv* (*plus loin*) *être* weiter [hinten]; *aller, voir* weiter [nach hinten] **II.** *prép* ❶ (*de l'autre côté de, sans mouvement*) **~ de qc** jenseits [*o* auf der anderen Seite] einer S. (*Gen*); **~ de la mort** nach dem Tod[e] ❷ (*de l'autre côté de, avec mouvement*) **~ de qc** auf die andere Seite einer S. (*Gen*) ❸ (*dépassant*) **~ de qc** über etw (*Akk*) hinaus; **être ~ des espérances de qn** *succès:* jds Erwartungen übertreffen; **être ~ de toute vraisemblance** *roman:* unwahrscheinlich [*o* unrealistisch] sein **III.** *m* Jenseits *nt* **au-dessous** [od(ə)su] **I.** *adv* darunter **II.** *prép* ❶ **~ de qn/qc** unter jdm/etw ❷ (*au sud de*) **~ de Lyon** unterhalb von Lyon ❸ (*inférieur, subordonné*) **être ~ de qn** unter jdm stehen; **être ~ de tout** *personne:* ein Nichtsnutz sein; *concert:* das Letzte sein **au-dessus** [od(ə)sy] **I.** *adv* ❶ darüber ❷ (*mieux*) **il n'y a rien ~** das ist das Beste **II.** *prép* ❶ (*sans mouvement*) **~ de qn/qc** über jdm/etw ❷ (*avec mouvement*) **~ de qn/qc** über jdn/etw ❸ (*au nord de*) **~ de Lyon** oberhalb von Lyon ❹ (*supérieur*) **être ~ de qn** über jdm stehen, jdm überlegen sein; **être ~ de qc** über etw (*Dat*) stehen [*o* schweben] **au-devant** [od(ə)vɑ̃] *prép* **aller ~ des désirs de qn** jds Wünschen entgegenkommen

audible [odibl] *adj* ❶ (*qu'on peut entendre*) hörbar
❷ (*agréable à entendre*) **trouver qc ~** finden, dass sich etw gut anhört

audience [odjɑ̃s] *f* ❶ (*entretien*) Audienz *f*; **être reçu(e) en ~** in Audienz empfangen werden; **tenir ~** eine Sitzung abhalten; **demander [une] ~ à qn** jdn um eine Audienz bitten; **donner [une] ~ à qn** jdm eine Audienz geben
❷ JUR **~ [du tribunal]** Gerichtssitzung *f*, Gerichtsverhandlung *f*; **tenir ~** tagen
❸ *littér* (*attention*) Anklang *m* (*geh*), Beachtung *f*; **avoir l'~ de qn** von jdm beachtet werden; **mériter plus d'~** mehr Beachtung verdienen
❹ (*indice d'écoute*) Einschaltquote *f*
❺ *vieilli* (*auditoire*) Publikum *nt*, Zuhörerschaft *f*

audimat® [odimat] *m* ❶ (*appareil*) Messgerät *nt* für die Einschaltquote
❷ (*taux d'écoute*) Einschaltquote *f*

audimètre [odimɛtʀ] *m* Messgerät *nt* für die Einschaltquote

audio [odjo] *adj inv* Audio-, Hör-; **cassette ~** Audiokassette *f*

audiomètre [odjɔmɛtʀ] *m* Audiometer *nt*

audionumérique [odjonymeʀik] *adj* digital

audiophile [odjofil] *mf* Hi-Fi-Liebhaber(in) *m(f)*

audioprothésiste [odjopʀɔtezist] *mf* Hörgeräteakustiker(in) *m(f)*

audiotex [odjotɛks] *m telefonisches Nachrichtensystem*

audiovisuel [odjovisɥɛl] *m* ❶ Audio-Video-Technik *f*, audiovisuelle Arbeitsmittel
❷ (*chaînes de télévision*) audiovisuelle Medien *Pl*

audiovisuel(le) [odjovisɥɛl] *adj* audiovisuell

audit [odit] *m* ❶ (*procédure*) Revision *f*
❷ (*personne*) Wirtschaftsprüfer(in) *m(f)*

auditeur, -trice [oditœʀ, -tʀis] *m, f* ❶ Zuhörer(in) *m(f)*; *d'une radio* Hörer(in) *m(f)*; *d'une télévision* Zuschauer(in) *m(f)*
❷ UNIV **~(-trice) libre** Gasthörer(in) *m(f)*
◆ **~(-trice) au Conseil d'État** *untere Charge im französischen Staatsrat*; **~(-trice) à la Cour des Comptes** *Kommissar(in) am französischen Rechnungshof*

auditif, -ive [oditif, -iv] **I.** *adj mémoire* auditiv; **appareil ~** Hörgerät *nt*
II. *m, f* auditiver Typ

audition [odisjɔ̃] *f* ❶ (*sens*) Hören *nt*; **test d'~** Hörtest *m*; **déficience de l'~** Hörschwäche *f*
❷ (*écoute*) Hören *nt*; **après plusieurs ~s** nach mehrmaligem Hören
❸ THEAT, CINE *d'un acteur* Vorsprechen *nt*; *d'un chanteur* Vorsingen *nt*; *d'un musicien* Vorspielen *nt*; *d'un artiste de cirque* Probevorstellung *f*
❹ (*concert*) Konzert *nt*

auditionner [odisjɔne] <1> **I.** *vt* vorsprechen lassen *acteur;* vorspielen lassen *musicien;* vorsingen lassen *chanteur*
II. *vi acteur:* vorsprechen; *musicien:* vorspielen; *chanteur:* vorsingen

auditoire [oditwaʀ] *m* ❶ (*public*) Publikum *nt*, Zuhörerschaft *f*
❷ UNIV BELG, CH (*amphithéâtre*) Hörsaal *m*

auditorium [oditɔʀjɔm] *m* ❶ RADIO, TV Sendesaal *m*
❷ (*salle de concert*) Konzertsaal *m*

auge [oʒ] *f* ❶ (*abreuvoir*) Tränke *f*
❷ (*mangeoire*) *des porcs* Futtertrog *m*; *des bêtes du parc* Futterkrippe *f*
❸ *pop* (*assiette*) Teller *m*
❹ CONSTR **~ à mortier** Mörtelkübel *m*
❺ (*godet d'une roue*) **roue à ~s** Mühlrad *nt*, Wasserrad

augmentation [ɔgmɑ̃tasjɔ̃] *f* ❶ (*action de faire augmenter*) *de la vitesse* Erhöhung *f*; *du pouls cardiaque* Beschleunigung *f*; *de la production* Steigerung *f*; **~ des bénéfices** Gewinnerhöhung; **~ de l'impôt sur les sociétés** Körperschaftssteuererhöhung; **~ de prix** Preiserhöhung, Preissteigerung; **~ de salaire** Gehalts-/Lohnerhöhung
❷ (*processus*) *du coût de la vie* Anstieg *m*; *du chômage, de l'inflation* Zunahme *f*; **~ de prix** Preisanstieg
❸ (*au tricot*) Zunehmen *nt*; **faire une ~** eine Masche zunehmen

augmenter [ɔgmɑ̃te] <1> **I.** *vt* ❶ (*accroître*) erhöhen *salaires, force, quantité, prix, impôts;* aufbessern *revenus;* vergrößern, erhöhen *nombre;* verstärken *intensité de la lumière;* vergrößern *misère;* **~ la hauteur de qc** etw erhöhen
❷ (*accroître le salaire*) **~ qn de qc** jds Gehalt/Lohn um etw erhöhen [*o* aufbessern]
II. *vi* ❶ (*s'accroître*) wachsen; *production, population:* zunehmen, wachsen; *difficulté, inquiétude, quantité:* größer werden, wachsen; *nombre:* sich erhöhen, steigen; *salaire:* steigen; *douleur:* stärker werden, zunehmen
❷ (*devenir plus cher*) *impôts:* erhöht werden; *prix, loyer:* [an]steigen, erhöht werden; *marchandise, vie:* teurer werden
III. *vpr* **ma collection s'est augmentée d'un volume** meine Sammlung ist um einen Band erweitert worden

augure¹ [ogyʀ] *m* **être de bon/mauvais ~** Gutes/nichts Gutes verheißen, ein gutes/schlechtes Vorzeichen sein

augure² [ogyʀ] *m* ❶ HIST (*prêtre antique*) Augur *m*
❷ (*devin*) Augur *m* (*geh*), Prophet *m*; **consulter les ~s** sich (*Dat*) wahrsagen lassen

augurer [ogyʀe] <1> *vt* ~ **qc d'un signe** etw aus einem Zeichen schließen; ~ **de qc que qn va faire qc** aus etw schließen, dass jd etw tun wird; **laisser ~ qc** auf etw (*Akk*) schließen lassen
auguste [ogyst(ə)] *m* dummer August *m*
Auguste [ogyst(ə)] *m* ❶ August *m*
❷ HIST **l'empereur ~** Kaiser Augustus
Augustin [ogystɛ̃] *m* ❶ Augustin *m*
❷ REL **Saint ~** Augustinus *m*
aujourd'hui [oʒuʀdɥi] *adv* ❶ (*opp: hier, demain*) heute; **quel jour sommes-nous ~?** den Wievielten haben wir heute?, der Wievielte ist heute?; **pain d'~** Brot von heute; **exercice d'~** heutige Übung; **à compter/dater/partir d'~** ab heute, von heute an; **dès ~** gleich heute; **il y a ~ huit jours/un an que qn a fait qc** heute vor acht Tagen/einem Jahr hat jd etw getan; ~ **en huit** heute in acht Tagen
❷ (*actuellement*) heute; **les jeunes d'~** die jungen Leute von heute, die heutige Jugend; **au jour d'~** *fam* (*actuellement*) heutzutage; (*jusqu'à maintenant*) bis heute
▶ **c'est pour ~ ou pour demain?** *fam* wird's bald? (*fam*); **ça ne date pas d'~** das ist nicht neu, das gibt's nicht erst seit heute (*fam*); **ce n'est pas d'~ que je le sais** das weiß ich schon lange [*o* nicht erst seit heute]
aula [ola] *f* CH ❶ UNIV (*amphithéâtre*) Hörsaal *m*
❷ (*grande salle*) *d'un établissement scolaire* Aula *f*
aulne [o(l)n] *m* Erle *f*
aumône [omon] *f* ❶ (*don*) Almosen *nt;* **demander l'~** um [ein] Almosen bitten, betteln; **faire** [*o* **accorder**] **l'~ à qn** jdm ein Almosen geben
❷ (*faveur*) **faire l'~ d'un regard à qn** jdn eines Blickes würdigen
aumônerie [omonʀi] *f* Seelsorge *f;* (*lieu*) Andachtsraum *m;* ~ **militaire** Militärseelsorge
aumônier [omonje] *m* ~ **d'un lycée** Religionsunterricht erteilender Geistlicher; ~ **d'une prison/d'un hôpital/d'un régiment** Gefängnis-/Krankenhaus-/Militärpfarrer *m*
aune¹ [on] *m v.* **aulne**
aune² [on] *f* **juger** [*o* **mesurer**] **une personne/une chose à l'~ de qn/qc** *littér* jdn/etw zum Maßstab für einen Menschen/eine S. nehmen
auparavant [opaʀavɑ̃] *adv* vorher, zuvor; **une heure/un mois ~** eine Stunde/einen Monat vorher [*o* zuvor]
auprès [opʀɛ] *prép* ~ **de** ❶ *a. fig* (*tout près, à côté de*) bei; **être ~ de qn** bei jdm sein; **viens ~ de moi** komm zu mir; **viens t'asseoir ~ de moi!** komm, setz dich zu mir!; **l'enfant se réfugia ~ de sa mère** das Kind suchte bei seiner Mutter Zuflucht; ~ **de qc** *littér* neben etw (*Dat o Akk*), in der Nähe einer S. (*Gen*)
❷ (*en comparaison de*) ~ **de qn/qc** im Vergleich zu jdm/etw
❸ (*aux yeux de*) bei; ~ **de qn** bei jdm; **il est fort bien vu ~ de ses chefs** er ist bei seinen Vorgesetzten recht gut angesehen
❹ ADMIN ~ **du ministre/du gouvernement** beim Minister/bei der Regierung
auquel [okɛl] = **à lequel** *v.* **lequel**
aura [ɔʀa] *f* Aura *f* (*geh*)
aurai [ɔʀɛ] *fut de* **avoir**
auréole [ɔʀeɔl] *f* ❶ (*tache*) Rand *m*
❷ (*halo*) *d'un astre* Hof *m*
❸ (*cercle doré*) *d'un saint* Heiligenschein *m*
❹ *fig littér* (*éclat*) Nimbus *m* (*liter*); ~ **de gloire** Glorienschein *m* (*geh*); ~ **du martyre** Märtyrerkrone *f;* **être entouré(e)** [*o* **paré(e)**] **d'une ~** von einem Nimbus umgeben sein (*liter*)
auréoler [ɔʀeɔle] <1> **I.** *vt* ❶ (*parer de*) ~ **qn de gloire** jdn mit einem Glorienschein umgeben
❷ (*entourer*) einrahmen; **être auréolé(e) de soleil** von Sonnenstrahlen umgeben (*liter*); **être auréolé(e) de boucles** von Locken umkränzt sein (*liter*)
❸ (*glorifier*) **la légende auréole son courage** die Legende glorifiziert seinen Mut
II. *vpr* **s'~ de toutes les vertus** sich mit dem Nimbus aller Tugenden (*Gen*) umgeben (*liter*)
auriculaire [ɔʀikylɛʀ] **I.** *m* kleiner Finger
II. *adj* **pavillon ~** Ohrmuschel *f*
aurifère [ɔʀifɛʀ] *adj* goldhaltig
aurochs [ɔʀɔk] *m* Auerochse *m*
aurons [oʀɔ̃] *fut de* **avoir**
aurore [ɔʀɔʀ] *f* ❶ (*aube*) Morgenrot *nt,* Morgenröte *f;* (*heure du jour*) Tagesanbruch *m,* Morgengrauen *nt;* **se lever aux ~s** *hum* in aller Herrgottsfrühe aufstehen (*fam*)
❷ *littér* (*début*) Anbeginn *m* (*geh*)
❸ ASTRON ~ **australe/boréale/polaire** Süd-/Nord-/Polarlicht *nt*
auscultation [ɔskyltasjɔ̃] *f* Abhorchen *nt,* Abhören *nt*
ausculter [ɔskylte] <1> *vt* abhorchen, abhören
auspices [ɔspis] *mpl* ❶ (*augure*) **sous de bons** [*o* **d'heureux**]**/de mauvais** [*o* **fâcheux**] ~ unter guten/schlechten Vorzeichen
❷ (*appui*) **sous les ~ de qn** unter jds Schutz (*Dat*); **sous les ~ de la municipalité** unter der Schirmherrschaft der Stadt
aussi [osi] **I.** *adv* ❶ (*élément de comparaison*) ~ **... que** so ... wie; **elle est ~ grande que moi** sie ist [genau]so [*o* ebenso] groß wie ich; **il est ~ grand qu'il est bête** [*o* **que bête**] er ist so dumm wie er lang ist (*fam*); **d'~ loin qu'il nous voit, il nous salue** sobald er uns in der Ferne sieht, grüßt er uns
❷ (*également*) auch; **c'est ~ mon avis** das ist auch [*o* ebenfalls] meine Meinung; **bon appétit! – Merci, vous ~!** guten Appetit! – Danke, gleichfalls!; **ça peut tout ~ bien être faux!** das kann genauso [*o* ebenso] gut falsch sein!
❸ (*en plus*) auch noch, außerdem [noch]; **non seulement ..., mais ~** nicht nur ..., sondern auch [noch]
❹ *fam* (*non plus*) **moi ~, je ne suis pas d'accord** ich bin auch nicht einverstanden
❺ (*bien que*) ~ **riche soit-il** so reich er auch sein mag
❻ (*autant* [*que*]) **Paul ~ bien que son frère** Paul [eben]so wie sein Bruder
❼ (*d'ailleurs*) **mais ~ ...?** aber auch ...?; **mais ~, qu'allait-il faire dans cette galère?** wie konnte er sich auch darauf einlassen?, was hatte er [aber] auch da zu suchen? (*fam*)
II. *conj* ~ [**bien**] daher, deshalb
aussitôt [osito] **I.** *adv* ❶ (*tout de suite*) sofort, gleich; ~ **après** gleich danach
❷ (*sitôt*) gleich nach[dem]; ~ **arrivé, il s'allongea** gleich nachdem er angekommen war, legte er sich hin; ~ **dit,** ~ **fait** gesagt, getan
II. *conj* ~ **que qn a fait qc** sobald [*o* sowie] jd etw getan hat
austère [ostɛʀ] *adj* streng; *style, monument* schmucklos, streng; *vie* enthaltsam, asketisch
austérité [osteʀite] *f* ❶ (*caractère*) *d'une personne, éducation* Strenge *f;* *d'un style, monument* Schmucklosigkeit *f,* Strenge; ~ **des mœurs** Sittenstrenge *f*
❷ *pl* REL *littér* Kasteiungen *Pl*
❸ (*rigueur*) **mesure d'~** Sparmaßnahmen *Pl;* **période d'~** harte Zeiten
austral(e) [ɔstʀal] <s> *adj* *hémisphère* südlich; **pôle ~** Südpol *m*
Australie [ɔstʀali] *f* **l'~** Australien *nt;* **Sydney est une ville d'~** Sydney ist eine Stadt in Australien
australien(ne) [ɔstʀaljɛ̃, jɛn] *adj* australisch
Australien(ne) [ɔstʀaljɛ̃, jɛn] *m(f)* Australier(in) *m(f)*
austro-hongrois(e) [ɔstʀoɔ̃gʀwa, waz] *adj* österreichisch-ungarisch; **monarchie ~e** österreichisch-ungarische Monarchie
autant [otɑ̃] *adv* ❶ (*tant*) so viel; **comment peut-il dormir ~?** wie kann er nur so viel schlafen?; ~ **d'argent** so viel Geld
❷ (*relation d'égalité*) ~ **que** *surprendre, valoir, aimer* ebenso [*o* genauso] [sehr] wie; *donner, travailler* ebenso [*o* genauso] viel wie; **il peut crier ~ qu'il veut** er kann so viel schreien, wie er

will; **il travaille ~ qu'il peut** er arbeitet, so viel er kann; **tu ne peux pas en dire ~!** das kannst du von dir nicht sagen!; **en faire ~** dasselbe tun, es genauso [*o* ebenso] machen; **d'~** ebenso viel, in gleichem Maße; **la Bible ~ que le Coran** die Bibel ebenso wie der Koran; **son aisance le surprenait ~ que sa beauté** seine/ihre Gewandtheit überraschte ihn ebenso sehr wie seine/ihre Schönheit; **~ de beurre que de farine** genauso [*o* ebenso] viel Butter wie Mehl; **ils ont ~ de talents l'un que l'autre** der eine ist ebenso begabt wie der andere; **il n'y a pas ~ de neige que l'année dernière** es liegt nicht so viel Schnee wie im letzten Jahr

❸ (*cela revient à*) ebenso [*o* genauso] gut; **~ parler à un sourd!** ebenso gut könnte man zu einem Tauben sprechen!; **~ dire** so gut wie, praktisch, im Grunde; **~ dire que qn a bien fait qc** das heißt so viel wie, dass jd etw gut getan hat

❹ (*sans exception*) **ces personnes sont ~ de chômeurs** diese Menschen sind alle arbeitslos; **tous ~ que vous êtes** alle, die ihr da seid

❺ (*pour comparer*) **~ j'aime la mer, ~ je déteste la montagne** so sehr ich das Meer liebe, so sehr hasse ich die Berge; **~ il est gentil avec elle, ~ il est désagréable avec nous** so nett er zu ihr ist, so unfreundlich ist er zu uns

❻ (*dans la mesure où*) **[pour] ~ que qn fasse qc** vorausgesetzt, dass [*o* sofern] jd etw tut; **[pour] ~ que je sache** soviel ich weiß, meines Wissens; **~ que possible** [*o* **qu'il est possible**] [*o* **que faire se peut**] so weit wie [*o* als] möglich; **cela n'a d'intérêt qu'~ qu'on en profite** das ist nur insofern [*o* insoweit] von Interesse, als man davon profitieren kann; **n'être qc qu'~ que** etw [in]soweit sein, als

❼ (*encore plus, moins* [*pour la raison que*]) **d'~ moins ... que qn a fait qc** umso weniger ... als jd etw getan hat; **d'~ [plus] que qn a fait qc** zumal jd etw getan hat; **d'~ mieux/moins/plus** umso besser/weniger/mehr

▸ **c'est ~ de gagné/pris** das ist immerhin [*o* wenigstens] etwas, besser als nichts; **c'est ~ de fait** was weg ist, ist weg; **pour ~** trotzdem; **il va mieux; il n'est pas remis pour ~** es geht ihm besser; deswegen ist er aber noch lange nicht wieder gesund; **~ pour moi!** *fam* das war mein Fehler!, ich habe mich geirrt!

autarcie [otaʀsi] *f* Autarkie *f*, wirtschaftliche Unabhängigkeit; **vivre en ~** autark sein

autarcique [otaʀsik] *adj régime, vie* autark, wirtschaftlich unabhängig; *politique* autarkisch

autel [otɛl] *m* Altar *m*; HIST Opfertisch *m*, Altar

▸ **conduire/suivre qn à l'~** *soutenu* jdn zum Traualtar führen/mit jdm vor den Traualtar treten (*geh*)

auteur [otœʀ] *m* ❶ *d'un manuscrit, poème, article* Verfasser(in) *m(f)*; *d'une chanson* Textschreiber(in) *m(f)*; (*écrivain*) Autor(in) *m(f)*

❷ (*créateur*) Schöpfer(in) *m(f)*; **~ de la découverte** Entdecker(in) *m(f)*

❸ (*responsable*) Verursacher(in) *m(f)*; **~ du crime** Täter(in) *m(f)*; **~ de l'attentat** Attentäter(in) *m(f)*; **qui est l'~ de cette blague?** wer hat sich diesen Scherz ausgedacht?

auteur-compositeur [otœʀkɔ̃pozitœʀ] <auteurs-compositeurs> *m* Texter(in) *m(f)* und Komponist(in) *m(f)*

auteur-compositeur-interprète [otœʀkɔ̃pozitœʀɛ̃tɛʀpʀɛt] <auteurs-compositeurs-interprètes> *m* Chansonsänger(in) *m(f)*, ≈ Liedermacher(in) *m(f)*

authenticité [otɑ̃tisite] *f* ❶ *d'un document, d'une œuvre* Echtheit *f*, Authentizität *f* (*geh*)

❷ (*sincérité*) *d'un comédien, d'une interprétation* Glaubwürdigkeit *f*

authentification [otɑ̃tifikasjɔ̃] *f* Beurkundung *f*

authentifier [otɑ̃tifje] <1a> *vt* beglaubigen *document, signature*; für echt befinden [*o* erklären] *tableau*

authentique [otɑ̃tik] *adj* ❶ authentisch (*geh*); *tableau* echt; *acte* beglaubigt; **le tableau ~** das Original

❷ (*sincère*) *personne* unverfälscht; *émotion* echt

▸ **~!** ja wirklich!

authentiquement [otɑ̃tikmɑ̃] *adv* wirklich

autisme [otism] *m* Autismus *m*

autiste [otist] **I.** *adj* autistisch

II. *mf* Autist(in) *m(f)*

autistique [otistik] *adj* autistisch

auto [oto] *f abr de* **automobile** Auto *nt*; **~ tamponneuse** Autoskooter *m*

auto-accusation [otoakyzasjɔ̃] *f* Selbstbeschuldigung *f*

autoadhésif, -ive [otoadezif, -iv] *adj* selbstklebend, selbsthaftend

autoallumage [otoalymaʒ] *m* Selbstzündung *f*

autoamnistier [otoamnistje] <1> *vpr* **s'~** sich selbst amnestieren

autobiographie [otobjɔgʀafi] *f* Autobiografie *f*

autobiographique [otobjɔgʀafik] *adj* autobiografisch

autobloquant(e) [otoblɔkɑ̃, ɑ̃t] *adj porte* selbstverriegelnd

autobus [otobys] *m* [Auto]bus *m*; **prendre l'~** mit dem [Auto]bus fahren, den [Auto]bus nehmen

◆ **~ à impériale** Doppeldecker *m* (*fam*)

autocar [otokaʀ] *m* Reisebus *m*

◆ **~ de ligne régulière** Überlandbus *m*; **~ pullman** Pullmanreisebus *m*; **~ de tourisme** Reisebus *m*

autocensure [otosɑ̃syʀ] *f* Selbstzensur *f*

autochenille [otoʃ(ə)nij] *f* Raupenfahrzeug *nt*

autochtone [otokton] **I.** *adj* einheimisch; (*indigène*) eingeboren

II. *mf* Einheimische(r) *f(m)*, Eingeborene(r) *f(m)*

autoclave [otoklav] *adj* selbst schließend; **marmite ~** Schnellkochtopf *m*

autocollant [otokɔlɑ̃] *m* Aufkleber *m*

autocollant(e) [otokɔlɑ̃, ɑ̃t] *adj* selbstklebend

auto-couchettes, autocouchettes [otokuʃɛt] *adj inv* **train ~** Autoreisezug *m*

autocrate [otokʀat] *mf* Autokrat(in) *m(f)* (*geh*), Alleinherrscher(in) *m(f)*

▸ **en ~** *se comporter, régner* wie ein Alleinherrscher, selbstherrlich

autocritique [otokʀitik] *f* Selbstkritik *f*; **faire son ~** Selbstkritik üben

autocuiseur [otokɥizœʀ] *m* Schnellkochtopf *m*

autodafé [otodafe] *m* Autodafé *nt* (*geh*), [öffentliche] Verbrennung; **~ de livres** Bücherverbrennung *f*

autodéfense [otodefɑ̃s] *f* Selbstverteidigung *f*; (*prévention*) Selbstschutz *m*

autodérision [otodeʀizjɔ̃] *f* Selbstironie *f*

autodestruction [otodɛstʀyksjɔ̃] *f* Selbstzerstörung *f*

autodétermination [otodetɛʀminasjɔ̃] *f* Selbstbestimmung *f*

autodétruire [otodetʀɥiʀ] <*irr*> *vpr* **s'~** *machine, cassette:* sich selbst vernichten; *personne:* sich [selbst] zugrunde richten

autodidacte [otodidakt] **I.** *adj* autodidaktisch

II. *mf* Autodidakt(in) *m(f)*

autodiscipline [otodisiplin] *f* Selbstdisziplin *f*

autodrome [otodʀom] *m* Autorennbahn *f*, Rennstrecke *f*

autoécole, auto-école [otoekɔl] <auto-écoles> *f* Fahrschule *f*

autofinancer [otofinɑ̃se] <2> **I.** *vt* selbst finanzieren

II. *vpr* **s'~** sich selbst finanzieren

autofocus [otofɔkys] **I.** *adj* mit Autofokus

II. *m* Automatikkamera *f*

autogène [otoʒɛn] *adj* PSYCH autogen; **training ~** autogenes Training

autogéré(e) [otoʒeʀe] *adj* selbstverwaltet; **une entreprise ~e** ein selbstverwaltetes Unternehmen

autogérer [otoʒeʀe] <5> *vpr* **s'~** sich selbst verwalten

autogestion [otoʒɛstjɔ̃] *f* Selbstverwaltung *f*

autographe [otogʀaf] *m* Autogramm *nt*

autoguidage [otogidaʒ] *m* TECH Selbststeuerung *f*

autoguidé(e) [otogide] *adj* selbst gesteuert, selbst gelenkt
auto-intoxication [otoɛ̃tɔksikasjɔ̃] <auto-intoxications> *f* Selbstvergiftung *f*, Autointoxikation *f* (*Fachspr.*)
automate [otomat] *m* Automat *m*
automatique [otomatik] **I.** *adj* ❶ TECH automatisch
❷ (*machinal*) *geste, réaction* automatisch
❸ (*régulier*) *augmention, reconduction* automatisch; **avancement** ~ Regelbeförderung *f*
▸ **c'est ~!** *fam* das ist ganz klar! (*fam*)
II. *m* ❶ TELEC Selbstwählverkehr *m*
❷ (*pistolet*) Selbstladepistole *f*, Automatik *f* (*fam*)
III. *f* AUT Auto *nt* mit Automatik[getriebe]
automatiquement [otomatikmɑ̃] *adv* ❶ automatisch
❷ *fam* (*forcément*) automatisch, unweigerlich
automatisation [otomatizasjɔ̃] *f* ❶ Automatisierung *f*
❷ (*résultat*) Automation *f*
automatiser [otomatize] <1> *vt* automatisieren
automatisme [otomatism] *m* ❶ Automatismus *m*; **acquérir/créer un ~/des ~s** Automatismen erwerben/entwickeln
❷ TECH Automatik *f*, Automatismus *m*
automédication [otomedikasjɔ̃] *f* Selbstmedikation *f*
automitrailleuse [otomitʀɑjøz] *f* Radpanzer[fahrzeug *nt*] *m*
automnal(e) [otɔnal, o] <-aux> *adj* herbstlich; *brume, fleurs* Herbst-; *couleur* herbstlich, Herbst-
automne [otɔn] *m* Herbst *m*; **cet ~** diesen [*o* in diesem] Herbst; **en ~** im Herbst; **nous étions en ~, c'était l'~** es war Herbst; **l'~, ...** im Herbst ...; **l'~ dernier** [im] letzten Herbst
▸ **l'~ de la vie** *vieilli littér* der Herbst des Lebens (*poet*)
automobile [otomɔbil] **I.** *adj* ❶ TECH **canot ~** Motorboot *nt*; **voiture/véhicule ~** Kraftwagen *m*/Kraftfahrzeug *nt*
❷ (*relatif à la voiture*) *circuit, circulation, course* Auto-; *industrie, salon* Automobil-; *assurance* Kraftfahrzeug-; **coureur ~** Rennfahrer *m*; **sport ~** Motorsport *m*
II. *f* ❶ Auto *nt*, Automobil *nt* (*veraltet*)
❷ (*sport*) Motorsport *m*
❸ (*industrie*) Auto[mobil]industrie *f*
automobilisme [ɔtɔmɔbilism, otomɔbilism] *m* (*sport*) Autosport *m*
automobiliste [otomɔbilist] *mf* Autofahrer(in) *m(f)*, Kraftfahrer(in) *m(f)* (*form*)
automoteur [otomɔtœʀ] *m* motorisierter Lastkahn *m*
automoteur, -trice [otomɔtœʀ, -tʀis] *adj* motorgetrieben
automotrice [otomɔtʀis] *f* Triebwagen *f*
automutilation [otomytilasjɔ̃] *f* Selbstverstümmelung *f*
autoneige [otonɛʒ] *f* (*véhicule*) Schneeraupe *f*
autonettoyant(e) [otonetwajɑ̃, ɑ̃t] *adj* selbstreinigend
autonome [otonom] *adj* ❶ unabhängig; *état, province* autonom; *république* unabhängig, autonom; *gestion* selbständig; *port* mit Selbstverwaltung; **travailleur ~** CAN (*free-lance*) Freiberufler *m*
❷ (*responsable*) *vie* eigenständig; *personne* selbstständig; *existence* eigen
❸ INFORM offline
autonomie [otonomi] *f* ❶ Autonomie *f*; (*sur le plan financier*) Unabhängigkeit *f*; *d'une personne* finanzielle Unabhängigkeit; **~ administrative** Selbstverwaltung *f*
❷ TECH *d'un moyen de transport* Aktionsradius *m*, Reichweite *f*; *d'une machine, pile* Betriebsdauer *f*
◆ **~ de vol** Aktionsradius *m* [*o* Reichweite *f*] beim Fliegen
autonomisme [ɔtɔnɔmism, otonomism] *m* Autonomiebestrebungen *Pl*
autonomiste [otonomist] **I.** *adj* *personne, province* nach Autonomie strebend; *mouvement* Autonomie-
II. *mf* Anhänger(in) *m(f)* einer Autonomiebewegung
autopompe [otopɔ̃p] *f* [Feuer]löschfahrzeug *nt*
autoportrait [otopɔʀtʀɛ] *m* Selbstporträt *nt*, Selbstbildnis *nt*; **faire son ~** ein Selbstbildnis zeichnen; (*se décrire*) eine Selbstdarstellung liefern [*o* geben]
autopropulsé(e) [otopʀɔpylse] *adj* mit Eigenantrieb
autopropulsion [otopʀɔpylsjɔ̃] *f* Eigenantrieb *m*
autopsie [otɔpsi] *f* MED Autopsie *f*, Leichenöffnung *f*; (*ordonnée par un tribunal*) Obduktion *f*
autopsier [otɔpsje] <1a> *vt* **~ qn** *médecin:* jds Leiche öffnen; *médecin légiste:* jdn obduzieren
autopunition [otopynisjɔ̃] *f* Selbstbestrafung *f*
autoradio [otoʀadjo] *m* Autoradio *nt*
autorail [otoʀaj] *m* Schienenbus *m*, Triebwagen *m*
autoreverse [otoʀivœʀs] *adj inv* mit Autoreverse
autorisation [otoʀizasjɔ̃] *f* ❶ Erlaubnis *f*
❷ (*de caractère officiel*) Genehmigung *f*; JUR Ermächtigung *f* (*form*); **demander/solliciter/recevoir une ~** eine Genehmigung beantragen/einholen/erhalten; **sans ~** ohne Erlaubnis/Genehmigung
❸ (*permis, document*) schriftliche Genehmigung
◆ **~ de sortie** Ausgangserlaubnis *f*; **~ de sortie du territoire** Ausreisegenehmigung *f* (*für Minderjährige*)
autorisé(e) [otoʀize] *adj* ❶ *milieux, source, avis* maßgeblich
❷ (*ayant pouvoir*) *service, personne* befugt
❸ (*permis*) *stationnement* erlaubt; *tournure* zulässig
autoriser [otoʀize] <1> *vt* ❶ (*permettre*) erlauben, gestatten; **~ qn à faire qc** jdm erlauben [*o* gestatten], etw zu tun; (*habiliter*) *titre, décret:* jdn berechtigen [*o* jdm das Recht geben], etw zu tun; *personne:* jdn ermächtigen [*o* autorisieren *geh*], etw zu tun
❷ (*rendre licite*) zulassen, erlauben *stationnement;* genehmigen *manifestation, sortie*
❸ (*donner lieu à*) erlauben *abus, excès;* Anlass geben zu *espoir;* **tout nous autorise à penser que** alle Anzeichen berechtigen uns zu der Annahme, dass
autoritaire [otoʀitɛʀ] *adj* autoritär; *personne, ton* herrisch, autoritär
autoritarisme [otoʀitaʀism] *m* *d'un gouvernement* Autoritarismus *m*; *d'une personne* autoritäre [*o* herrische] Art
autorité [otoʀite] *f* ❶ Autorität *f*, Macht *f*; **agir avec ~** bestimmt [*o* souverän] handeln; **faire preuve** [*o* **acte**] **d'~** ein Machtwort sprechen; **~ de la loi** Gesetzesgewalt *f*, gesetzliche Gewalt; **~ parentale/des parents** elterliche Gewalt; **avoir de l'~ sur qn** Gewalt [*o* Macht] über jdn haben; **être sous** [*o* **être soumis à**] **l'~ de qn** *employé:* jdm unterstehen; *enfant:* unter jds Aufsicht (*Dat*) stehen
❷ (*capacité de se faire obéir*) Autorität *f*; **avoir de l'~** Autorität besitzen; **perdre de son ~** an Autorität verlieren
❸ (*influence, considération*) Ansehen *nt*; **jouir d'une grande ~** großes Ansehen genießen; **faire ~** *ouvrage:* als maßgebend gelten; *personne:* als Autorität gelten
❹ (*personne influente*) Autorität *f*, Kapazität *f*
❺ *souvent pl* (*organisme*) Behörde *f*; **~ législative** gesetzgebendes Organ; **~ suprême** oberste Gewalt; **l'~ politique** [*o* **les ~s politiques**] die politischen Organe; **l'~ religieuse** [*o* **les ~s religieuses**] die geistliche Obrigkeit
▸ **de ma/sa propre ~** eigenmächtig; **d'~** eigenmächtig, von sich aus; **sous l'~ de qn** *travailler* unter jds Regie (*Dat*)
◆ **~ de tutelle** Aufsichtsbehörde *f*
autoroute [otoʀut] *f* Autobahn *f*; **~ urbaine** Stadtautobahn
◆ **~ de contournement, ~ de dégagement** Ringautobahn *f*; **~ de l'information** Datenautobahn *f*; **~ de liaison** Verbindungsautobahn *f*; **~ à péage** gebührenpflichtige Autobahn; **~ du Soleil** *Autobahn Paris-Marseille*

i Land & Leute

Die französischen Autobahnen sind gebührenpflichtig. Wer sie nur gelegentlich benutzt, kann die Gebühr – *le péage* – in bar an den Zahlstellen entrichten; wer sie häufig benutzt, kann eine Abonnementkarte kaufen.
Auf den **autoroutes** gilt das Tempolimit von 130 km/h.

autoroutier, -ière [otoʀutje, -jɛʀ] *adj* Autobahn-
autosatisfaction [otosatisfaksjɔ̃] *f* Selbstzufriedenheit *f*, Selbstgefälligkeit *f* (*pej*)
autostop, auto-stop [otostɔp] *m sans pl* Autostop[p] *m*, Trampen *nt*; **faire de l'**~ per Anhalter fahren [*o* reisen], trampen; **prendre qn en** ~ jdn [als Anhalter/Anhalterin] mitnehmen; **en** ~ per Anhalter
autostoppeur, -euse, auto-stoppeur, -euse [otostɔpœʀ, -øz] <auto-stoppeurs> *m, f* Anhalter(in) *m(f)*, Tramper(in) *m(f)*
autosuggestion [otosygʒɛstjɔ̃] *f* Autosuggestion *f*; **c'est de l'**~ das ist Einbildung
autour [otuʀ] **I.** *adv* darum [herum]; **tout** ~ rundherum, ringsum; **une maison avec une clôture** ~ ein Haus, das von einem Zaun umgeben ist
II. *prép* ❶ ~ **de qn/qc** um jdn/etw herum; **tout** ~ **de qn/qc** ringsherum um jdn/etw
❷ (*à proximité de*) ~ **de qn/qc** in der Umgebung von jdm/etw
❸ (*environ*) ~ **des mille euros** um die tausend Euro [herum]; ~ **des 15 heures** [so] gegen 15 Uhr
autovaccin [otovaksɛ̃] *m* MED Autovakzine *f* (*Fachspr.*), Autovakzin *nt* (*Fachspr.*)
autre [otʀ] **I.** *adj antéposé* ❶ andere(r, s); **un** ~ **livre/disque** ein anderes Buch/eine andere Kassette; ~ **chose** etwas anderes; **d'une** ~ **manière** anders, auf eine andere Art; **son avis est tout** ~ er/sie ist völlig anderer Meinung
❷ (*supplémentaire*) weitere(r, s); **une** ~ **information/d'**~**s informations** eine weitere Information/weitere Informationen
❸ (*second des deux*) **l'**~ **...** der/die/das andere ...
► **nous** ~**s ..., vous** ~**s ...** wir ..., ihr [dagegen] ...
II. *pron indéf* ❶ andere(r); **un** ~**/une** ~ **que** ein anderer/eine andere als; **tout** ~ **... que** ein ganz anderer/eine ganz andere ... als; **quelqu'un d'**~ jemand anders, irgendjemand anderes; **qui d'**~**?** wer sonst?
❷ (*chose différente*) andere(r, s); **un** ~**/une** ~ ein anderer/eine andere/ein anderes; **d'**~**s** andere; **quelques** ~**s** ein paar andere; **quelque chose d'**~ etwas anderes; **rien d'**~ nichts anderes; **quoi d'**~**?** was sonst?
❸ (*personne supplémentaire*) weitere(r, s); **tu es une menteuse! – J'en connais une** ~**!** du bist eine Lügnerin! – Du ebenfalls!
❹ (*chose supplémentaire*) weitere(r, s); **j'en aimerais un** ~**/d'**~**s** ich hätte gern[e] noch einen weiteren/eine weitere/ein weiteres/noch mehr davon
❺ (*opp: l'un*) **l'un l'**~**/l'une l'**~**/les uns les** ~**s** einander, sich gegenseitig
► **à d'**~**s!** wer's glaubt [wird selig]! (*fam*); **entre** ~**s** unter anderem; **sans** ~ CH (*bien entendu*) selbstverständlich; **une** ~**!** Zugabe!
autrefois [otʀəfwa] *adv* früher, einst (*geh*); **la vie d'**~ das Leben in früheren Zeiten
autrement [otʀəmɑ̃] *adv* ❶ anders; **tout** ~ ganz anders; **faire** ~ es anders machen; **on ne peut pas faire** ~ es geht nicht anders; **je ne pouvais pas faire** ~ mir blieb nichts anderes übrig; **il ne peut en être** ~ alles andere ist unwahrscheinlich
❷ (*sinon, sans quoi*) sonst, andernfalls
❸ (*à part cela*) sonst, ansonsten (*fam*)
► ~ **dit** mit anderen Worten; ~ **plus facile/difficile** *fam* viel leichter/schwieriger
autrice [otʀis] *f v.* **auteur 1.**
Autriche [otʀiʃ] *f* **l'**~ Österreich *nt*
autrichien(ne) [otʀiʃjɛ̃, jɛn] *adj* österreichisch
Autrichien(ne) [otʀiʃjɛ̃, jɛn] *m(f)* Österreicher(in) *m(f)*
autruche [otʀyʃ] *f* ORN Strauß *m*
► **faire l'**~ den Kopf in den Sand stecken
autrui [otʀɥi] *pron inv* (*quelqu'un d'autre*) ein anderer/eine andere; (*les autres*) andere; **amour d'**~ Nächstenliebe *f*; **pour le compte d'**~ auf fremde Rechnung; **le bien d'**~ fremdes [Hab und] Gut
auvent [ovɑ̃] *m* Vordach *nt*; **toit en** ~ [abgestütztes] Vordach
auvergnat(e) [ovɛʀɲa, at] *adj* aus der Auvergne
Auvergnat(e) [ovɛʀɲa, at] *m(f)* Bewohner(in) *m(f)* der Auvergne; **c'est un** ~**/une** ~**e** er/sie stammt aus der Auvergne
Auvergne [ovɛʀɲ] *f* **l'**~ die Auvergne
aux [o] = **à les** *v.* **à**
auxiliaire [ɔksiljɛʀ] **I.** *adj* ❶ Hilfs-; *troupe* Hilfs-, Ersatz-; *verbe, moteur* Hilfs-; *armée, service* Ersatz-
❷ (*non titulaire*) Hilfs-; **personnel** ~ Hilfspersonal *nt*; (*temporaire*) Aushilfspersonal *nt*; **infirmière** ~ Schwesternhelferin *f*
II. *mf* Hilfskraft *f*; **être un** ~ **précieux pour qn** eine wertvolle Hilfe für jdn sein
III. *m* GRAM Hilfsverb *nt*
◆ ~ **de mode** Modalverb *nt*
auxquels, auxquelles [okɛl] *pron pl de* **auquel**
av *f abr de* **avenue**
avachi(e) [avaʃi] *adj* ❶ *personne* schlaff, energielos; *attitude* lasch; *air* lustlos
❷ (*déformé*) *chaussures* ausgetreten; *sac, vêtement* ausgebeult
avachir [avaʃiʀ] <8> *vpr* ❶ **s'**~ *muscles, traits, visage:* erschlaffen, schlaff werden; *silhouette:* zusammenfallen; *chaussures:* ausleiern
❷ *fam* (*devenir amorphe*) träge [*o* schlaff] werden
avachissement [avaʃismɑ̃] *m* ❶ (*action*) *d'une personne* Erlahmen *nt*; *des muscles* Erschlaffen *nt*, Erschlaffung *f*; **éviter l'**~ **des pullovers** verhindern, dass die Pullover die Fasson verlieren
❷ (*état*) *d'une personne* Schlaffheit *f*, Energielosigkeit *f*; *des muscles* Schlaffheit *f*
avais [avɛ] *imparf de* **avoir**
aval [aval] *m* ❶ (*partie inférieure*) Unterlauf *m*, unterer Wasserlauf; (*direction*) Talrichtung *f*; SKI Talhang *m*
❷ (*soutien*) Unterstützung *f*; **donner son** ~ **à qn/qc** jdn/etw unterstützen; **avec/sans votre** ~ mit eurer/ohne eure Unterstützung
► **en** ~ (*spatial*) stromabwärts, flussabwärts; (*temporel*) in einer späteren Phase, später; **en** ~ **du pont** unterhalb von der Brücke [*o* der Brücke (*Gen*)]
avalanche [avalɑ̃ʃ] *f* ❶ Lawine *f*
❷ (*accumulation*) **une** ~ **de coups/d'injures** ein Hagel von Schlägen/Schimpfwörtern; **une** ~ **de dossiers/de lettres** ein Berg von Akten/Briefen
avaler [avale] <1> **I.** *vt* ❶ [hinunter]schlucken; (*par accident*) verschlucken
❷ (*manger*) zu sich nehmen, in den Bauch kriegen (*fam*)
❸ (*dévorer*) hinunterschlingen *repas;* hinunterstürzen *liquide*
❹ *fig* verschlingen *roman, livre;* herunterreißen (*fam*) *kilomètre, route;* auffressen (*fam*) *personne;* **le distributeur a avalé ma carte** der Automat hat meine Karte geschluckt
❺ (*encaisser*) einstecken, hinnehmen *affront, injure;* hinnehmen, schlucken *fam remarque*
❻ (*croire*) **on peut lui faire** ~ **n'importe quoi** er kauft [*o* nimmt] einem alles ab (*fam*); **tu ne me feras pas** ~ **cette histoire** diese Geschichte nehme ich dir nicht ab (*fam*)
II. *vi* schlucken
avaleur [avalœʀ] *m* ◆ ~ **de sabres** Schwertschlucker *m*
avance [avɑ̃s] *f* ❶ (*mouvement*) Vormarsch *m*, Vorrücken *nt*; ~ **rapide** [*o* **accélérée**] Schnellvorlauf *m*
❷ (*opp: retard*) **être en** ~ *personne, train:* zu früh da sein; **arriver en** ~ **de cinq minutes** fünf Minuten früher [*o* zu früh] ankommen; **avoir de l'**~ [*o* **être en** ~] **sur l'horaire** *train, car:* früher [als geplant] kommen; **être en** ~ **dans son programme** weiter in seinem Programm sein als vorgesehen
❸ (*précocité*) **être en** ~ **pour son âge** seinem Alter voraus sein; **être en** ~ **sur qn** jdm voraus sein

❹ (*distance*) **avoir de l'~ sur qn/qc** einen Vorsprung vor jdm/etw haben; **prendre de l'~ sur qn/qc** einen Vorsprung vor jdm/etw gewinnen; **avec une minute d'~** mit einer Minute Vorsprung
❺ (*sur un achat*) Anzahlung *f;* **faire une ~ sur le loyer** einen Teil der Miete im Voraus bezahlen
❻ *pl* (*approche amoureuse*) Annäherungsversuche *Pl;* **faire des ~s à qn** bei jdm Annäherungsversuche machen
▶ **à l'~, d'~** [*o* **par ~**] *littér* im Voraus, vorher; **il n'y a pas d'~ à faire qc** BELG (*cela n'avance à rien de faire qc*) es [*o* das] bringt gar nichts [ein], etw zu tun

avancé(e) [avɑ̃se] *adj* ❶ (*en avant dans l'espace*) vorspringend; **poste ~** MIL vorgeschobener Posten
❷ (*en avance dans le temps*) vorgeschritten; *travail, végétation, nuit* fortgeschritten; *âge* fortgeschritten, vorgerückt; *civilisation, technique* hoch entwickelt; *idées, opinions, technologie* fortschrittlich; **un enfant ~ pour son âge** ein für sein Alter weit entwickeltes Kind; **être ~(e) dans son travail** in seiner Arbeit vorangekommen sein; **à une heure ~e de la nuit** zu vorgerückter Stunde
▶ **ne pas être plus ~(e)** nicht viel weiter als vorher sein; **me/le voilà bien** [*o* **drôlement**] **~(e)!** jetzt bin ich/ist er genausoweit wie vorher!

avancée [avɑ̃se] *f* ❶ Vorsprung *m*
❷ (*progression*) *de l'ennemi* Vormarsch *m; des salaires* Anhebung *f;* **faire une ~** *criminalité, drogue:* auf dem Vormarsch sein

avancement [avɑ̃smɑ̃] *m* ❶ *des travaux, des négociations* Fortgang *m,* Vorankommen *nt; des sciences, technologies* Fortschreiten *nt;* **si l'~ des travaux le permet** wenn die Arbeiten weiterhin so gut vorangehen
❷ (*promotion*) Aufstieg *m,* Beförderung *f;* **avoir** [*o* **obtenir**] **de l'~** aufsteigen, befördert werden
◆ **~ à l'ancienneté** Beförderung *f* nach dem Dienstalter; (*dans une entreprise*) Beförderung nach der Betriebszugehörigkeit; **~ au choix** Beförderung *f* nach dem Leistungsprinzip

avancer [avɑ̃se] <2> **I.** *vt* ❶ vorstellen *montre;* vorverlegen *rendez-vous, départ;* **~ la date du départ d'un jour** den Abreisetermin um einen Tag vorverlegen
❷ (*pousser en avant*) vorrücken [*o* vorschieben] *chaise, table;* vorfahren *voiture*
❸ (*affirmer*) behaupten; vorbringen *idée, thèse*
❹ (*faire progresser*) vorantreiben *travail*
❺ (*payer par avance*) im Voraus zahlen *argent;* (*prêter*) vorstrecken *argent*
▶ **ça t'avance/nous avance à quoi?** [und] was hast du/haben wir davon?, [und] was bringt dir/uns das [ein]?; **ça ne t'avance/nous avance à rien!** das bringt dir/uns gar nichts [ein]!
II. *vi* ❶ *conducteur, voiture:* [weiter] vorfahren; *personne:* vorwärts kommen; **avance vers moi!** komm näher her [*o* zu mir]!
❷ MIL *ennemi, armée:* vorrücken, vorstoßen; **~ sur Paris/la frontière** in Richtung Paris/Grenze vorrücken
❸ (*être en avance*) **~ de cinq minutes** *montre:* fünf Minuten vorgehen; **j'avance de cinq minutes** meine Uhr geht fünf Minuten vor
❹ (*former une avancée, une saillie*) *rocher, balcon:* vorspringen, hinausragen
❺ (*progresser*) *personne:* vorankommen; *travail:* vorangehen; *nuit, jour:* voranschreiten; **~ en âge/en sagesse** älter/weiser werden; **à mesure que l'on avance en âge** mit zunehmendem Alter; **~ en grade** befördert werden
III. *vpr* ❶ **s'~** (*pour sortir d'un rang*) vortreten, vorkommen; (*pour continuer sa route*) weitergehen; (*en s'approchant*) näher kommen; **s'~ vers qn/qc** auf jdn/etw zugehen
❷ (*prendre de l'avance*) **s'~ dans son travail** mit der Arbeit vorankommen
❸ (*se risquer, anticiper*) **s'~ trop** sich zu weit vorwagen; **là, tu t'avances trop!** da bist du etwas zu voreilig!

avanie [avani] *f vieilli* Schmach *f* (*geh*); **faire subir des ~s à qn** jdm [eine] Schmach antun

avant [avɑ̃] **I.** *prép* ❶ (*temporel*) vor (+ *Dat*); **bien ~ qc** lange vor etw (*Dat*); **peu ~ qc** kurz [*o* unmittelbar] vor etw (*Dat*); **~ de faire qc** bevor jd etw tut
❷ (*devant*) vor (+ *Dat*); **en ~ de qn/qc** vor jdm/etw
❸ (*exprimant la priorité*) vor (+ *Dat*); **passer ~ qc** vor etw kommen; **~ tout** vor allem
II. *adv* ❶ vorher, davor; **passer ~** vorgehen, Vorrang haben; **en ~** *se pencher* nach vorne, vornüber; *regarder* vorwärts, nach vorn[e]
❷ (*plus tôt*) *après compl* vorher, zuvor; **plus ~** weiter vor, weiter nach vorn[e]; **trop ~** zu weit vor, zu weit nach vorn[e]; **le jour/l'année d'~** am Tag/das Jahr davor
▶ **en ~** [**marche**]! nun los!; MIL vorwärts [marsch]!; **mettre qc en ~** (*prétexter*) etw vorbringen, etw anführen; **se mettre en ~** sich gerne in den Vordergrund schieben
III. *conj* **~ qu'elle ne parte** bevor sie abreist; **bien** [*o* **longtemps**]**/juste** [*o* **peu**] **~ qu'il ait terminé** lange/kurz bevor er fertig war
IV. *m* ❶ Vorderteil *nt o m;* **à l'~** vorn[e]; **à l'~ du train** im vorderen Teil des Zugs; **à l'~ du bateau** auf dem Vorschiff; **à l'~ du peloton** im vorderen Feld; **vers l'~** nach vorn, vornhin
❷ SPORT (*joueur*) Stürmer(in) *m(f)*
▶ **aller de l'~** vorwärts kommen, sich vorwagen; **jouer à l'~** SPORT im Sturm spielen
V. *adj inv* (*opp: arrière*) Vorder-; **traction ~** Frontantrieb *m,* Vorderradantrieb; **le clignotant ~ droit** der Blinker vorne rechts

avantage [avɑ̃taʒ] *m* ❶ (*profit*) Vorteil *m,* Nutzen *m;* **à son ~** zu seinem/ihrem Vorteil; **tirer ~ de qc** Vorteil [*o* Nutzen] aus etw ziehen; **tourner à l'~ de qn** sich zu jds Gunsten wenden; **qn a ~ à faire qc** es ist für jdn von Vorteil [*o* es ist besser für jdn], etw zu tun; **tu as ~ à prendre l'autoroute** du nimmst besser die Autobahn; **avoir** [*o* **présenter**] **l'~ de faire qc** den Vorteil haben [*o* bieten], etw zu tun
❷ *souvent pl* (*gain*) Vorteil *m,* Vergünstigung *f*
❸ (*supériorité*) Vorteil *m,* Überlegenheit *f;* **avoir l'~ sur qn** jdm gegenüber im Vorteil sein; **avoir l'~ du nombre sur qn** jdm zahlenmäßig überlegen sein, jdm gegenüber zahlenmäßig im Vorteil sein; **avoir l'~ de la naissance** durch die Herkunft begünstigt sein; **avoir l'~ de l'intelligence/de l'expérience sur qn** jdm an Intelligenz/Erfahrung überlegen sein; **changer à son ~** sich zu seinem Vorteil verändern; **être à son ~** vorteilhaft aussehen
❹ SPORT Vorteil *m;* **avoir l'~** führen; **~ service/dehors** TENNIS Vorteil Aufschläger/Rückschläger; **prendre/perdre l'~ sur son adversaire** *boxeur:* die Oberhand über seinen Gegner gewinnen/verlieren; **avec l'~ du terrain, Nancy devrait gagner** mit Heimvorteil [*o* Platzvorteil] müsste Nancy gewinnen
❺ *soutenu* (*plaisir*) Vergnügen *nt,* Ehre *f;* **je n'ai pas eu l'~ de le connaître** ich hatte noch nicht das Vergnügen, seine Bekanntschaft zu machen; **qu'est-ce qui me vaut l'~ de votre visite?** was verschafft mir die Ehre Ihres Besuchs?

avantager [avɑ̃taʒe] <2a> *vt* ❶ begünstigen; **~ qn par rapport à qn/au détriment de qn** jdn jdm gegenüber/zu jds Nachteil begünstigen; **la nature l'a avantagé** die Natur hat ihn reich bedacht
❷ (*mettre en valeur*) **~ qn** *vêtement, coiffure:* für jdn vorteilhaft sein, jdm gut stehen

avantageusement [avɑ̃taʒøzmɑ̃] *adv* günstig, vorteilhaft; *vendre* günstig; **remplacer ~ qn/qc** ein guter Ersatz für jdn/etw sein

avantageux, -euse [avɑ̃taʒø, -ʒøz] *adj* ❶ *occasion, situation* günstig; *prix, conditions* günstig, vorteilhaft
❷ (*favorable*) *portrait* vorteilhaft; *termes* schmeichelhaft; *opi-*

nion, idée positiv; **présenter qc sous un jour ~** etw in rosigem Licht hinstellen

avant-bras [avɑ̃bʀɑ] <avant-bras> *m* Unterarm *m* **avant--centre** [avɑ̃sɑ̃tʀ] <avants-centres> *m* Mittelstürmer(in) *m(f)* **avant-coureur** [avɑ̃kuʀœʀ] <avant-coureurs> *adj bruit* vorauseilend; **signe ~ de qc** Anzeichen *nt* für etw, Vorbote *m* einer S. (*Gen*) **avant-dernier, -ière** [avɑ̃dɛʀnje, -jɛʀ] <avant--derniers> **I.** *adj* vorletzte(r, s), zweitletzte(r, s) **II.** *m, f* Vorletzte(r) *f(m)* **avant-garde** [avɑ̃gaʀd] <avant-gardes> *f* ART, LITTER Avantgarde *f;* **à l'~ de qc** an der Spitze einer S. (*Gen*); **d'~** avantgardistisch **avant-gardisme** [avɑ̃gaʀdism] *m* Avantgardismus *m* **avant-goût** [avɑ̃gu] <avant-goûts> *m* **~ de qc** Vorgeschmack *m* von etw **avant-guerre** [avɑ̃gɛʀ] <avant--guerres> *f* Vorkriegszeit *f;* **d'~** Vorkriegs- **avant-hier** [avɑ̃tjɛʀ] *adv* vorgestern **avant-midi** [avɑ̃midi] *m o f* BELG, CAN *masc en Belgique et fém au Québec, inv* (*matinée*) Vormittag *m* **avant-poste** [avɑ̃pɔst] <avant-postes> *m* Vorposten *m;* **aux avant-postes** an vorderster [*o* der vordersten] Front **avant-première** [avɑ̃pʀəmjɛʀ] <avant-premières> *f* Voraufführung *f;* **en ~** als Voraufführung **avant-projet** [avɑ̃pʀɔʒɛ] <avant-projets> *m* Vorentwurf *m* **avant-propos** [avɑ̃pʀɔpo] <avant-propos> *m* Vorwort *nt* **avant-scène** [avɑ̃sɛn] <avant--scènes> *f* Proszenium *nt;* (*loge*) Proszeniumsloge *f* **avant--veille** [avɑ̃vɛj] <avant-veilles> *f* zwei Tage zuvor; **l'~ de la réunion** zwei Tage vor dem Treffen

avare [avaʀ] **I.** *adj* geizig; **être ~ de qc** mit etw geizen [*o* geizig sein]; **être ~ de paroles** wortkarg sein; **il n'est vraiment pas ~ d'efforts** ihm ist wirklich nichts zu viel

II. *mf* Geizhals *m,* Geizkragen *m* (*fam*); **"L'Avare" de Molière** „Der Geizige" von Molière

avarice [avaʀis] *f* Geiz *m*

avarié(e) [avaʀje] *adj* ❶ *bateau* beschädigt, havariert (*Fachspr.*)

❷ (*pourri*) *nourriture* verdorben

avarier [avaʀje] <1a> *vpr* **s'~** verderben, schlecht werden

avatar [avataʀ] *m* ❶ *gén pl* Unannehmlichkeit *f;* (*plus fort*) Unglück *nt kein Pl*

❷ (*transformation*) Veränderung *f*

ave [ave] *m* Ave *nt*

avec [avɛk] **I.** *prép* ❶ mit; **j'emporte trois valises ~ moi** ich nehme drei Koffer mit

❷ (*contre*) *se battre, être fâché* mit

❸ (*à cause de*) durch, wegen (+ *Dat o Gen*); **~ la pluie, les routes sont glissantes** bei dem Regen sind die Straßen rutschig; **~ toutes ces histoires, j'ai oublié de faire les courses** wegen all dieser Geschichten habe ich vergessen einzukaufen

❹ (*au moyen de, grâce à*) mit; **~ le temps, tout s'oublie** mit der Zeit vergisst man alles

❺ (*manière*) mit; **agir ~ précaution** vorsichtig handeln

❻ (*envers, à l'égard de*) mit, zu; **être gentil(le)/poli(e) ~ qn** nett/höflich zu jdm sein; **avoir de la patience** [*o* **être patient**] **~ qn** geduldig mit jdm sein

❼ (*en ce qui concerne*) **~ moi, vous pouvez avoir confiance** auf mich können Sie vertrauen, zu mir können Sie Vertrauen haben; **~ ces gens on n'est jamais sûr de rien** bei diesen Leuten ist man nie sicher

❽ (*d'après*) **~ ma sœur, il faudrait ...** nach dem, was meine Schwester sagt, müsste man ...

❾ (*en même temps que*) bei, mit; **arriver ~ la nuit** bei Nacht ankommen; **se lever ~ le jour/soleil** bei Tagesanbruch/mit der Sonne aufstehen

❿ (*malgré*) trotz (+ *Dat o Gen*); **~ la meilleure bonne volonté du monde ...** beim besten Willen ...

⓫ (*qui possède*) mit; **chambre ~ vue sur la mer** Zimmer mit Blick aufs Meer [*o* mit Meeresblick]

► **et ~ ça ...** *fam* **il est insolent et ~ ça paresseux** er ist frech und dazu noch faul [*o* und noch faul dazu]; **~ tout ça** *fam* bei all[e]dem; **et ~ cela** [*o* **ça**] [**Madame/Monsieur**]? sonst noch etwas?, darf's sonst noch etwas sein?

II. *adv fam* damit; **prends mes lunettes, je ne veux pas me baigner ~** nimm meine Brille, ich möchte nicht damit baden; **tu viens ~?** BELG kommst du mit?

► **il faut faire ~** damit muss man sich [eben] abfinden; (*en quantité*) es muss eben reichen; **tant pis, on fera ~!** was soll's, wir werden schon zurechtkommen!

aven [avɛn] *m* GEOL Karsthöhle *f*

avenant(e) [av(ə)nɑ̃, ɑ̃t] *adj* ansprechend, gefällig

avènement [avɛnmɑ̃] *m* ❶ *d'un roi* Thronbesteigung *f; d'un régime* Machtergreifung *f*

❷ (*percée, instauration*) *d'une politique, idée* Durchbruch *m; d'une époque, ère* Anbruch *m* (*geh*)

❸ REL *du Messie* Ankunft *f,* Kommen *nt*

avenir [av(ə)niʀ] *m* ❶ Zukunft *f;* **à l'~** in Zukunft, zukünftig; **dans un ~ lointain** in ferner Zukunft, in der Ferne; **dans un proche ~** [*o* **~ proche**] in naher Zukunft

❷ (*situation future, perspective*) *d'une personne* Zukunft *f; d'une chose* Zukunft, zukünftige Entwicklung; **avoir un bel ~ devant soi** schöne Zukunftsaussichten haben, eine schöne Zukunft vor sich (*Dat*) haben; **se préparer un bel ~** *iron* sich (*Dat*) seine ganze Zukunft verscherzen, eine schöne Zukunft vor sich (*Dat*) haben (*fam*); **qn/qc est promis(e) à un bel ~** jd hat sehr gute Zukunftsaussichten/die Zukunftsaussichten für etw sind sehr gut; **avoir de l'~/n'avoir aucun ~** Zukunft/keine Zukunft haben; **engager l'~ du projet** Auswirkungen auf die zukünftige Entwicklung des Projekts haben; **prédire l'~** die Zukunft vorhersagen; **d'~** mit Zukunft, mit sehr guten Aussichten; **sans ~** ohne Zukunft

avent [avɑ̃] *m* Advent *m,* Adventszeit *f*

aventure [avɑ̃tyʀ] *f* ❶ Abenteuer *nt;* **il m'est arrivé une ~** mir ist etwas Unerwartetes [*o* Abenteuerliches] passiert; **j'ai eu une drôle d'~/une fâcheuse ~** mir ist [da] etwas Merkwürdiges/Ärgerliches passiert; **esprit d'~** Abenteuerlust *f;* **avoir l'esprit d'~** abenteuerlustig sein; **chercher [l']~** auf Abenteuer aus sein; **courir l'~** auf der Jagd nach Abenteuer sein; **tenter l'~** das Wagnis eingehen

❷ (*liaison*) [Liebes]abenteuer *nt;* **avoir une ~ avec qn** ein Liebesabenteuer mit jdm haben

► **dire la bonne ~ à qn** jdm die Zukunft voraussagen [*o* wahrsagen]; **à l'~** aufs Geratewohl; **partir à l'~** ins Blaue [hinein] fahren (*fam*); **si d'~** *littér* sollte es der Zufall wollen, dass; **si d'~ je commets une erreur** sollte ich einen Fehler machen

aventurer [avɑ̃tyʀe] <1> **I.** *vt* aufs Spiel setzen, riskieren *argent, réputation*

II. *vpr* **s'~ sur la route/dans un quartier** sich auf die Straße/in ein Viertel wagen; **s'~ dans une affaire risquée** sich auf eine riskante Sache einlassen; **s'~ sur un terrain glissant** *fig* sich auf schwankenden [*o* unsicheren] Boden begeben

aventureusement [avɑ̃tyʀøzmɑ̃] *adv* in waghalsiger [*o* abenteuerlicher] Weise, auf waghalsige [*o* abenteuerliche] Weise

aventureux, -euse [avɑ̃tyʀø, -øz] *adj* ❶ *personne* abenteuerlustig; *vie* abenteuerlich; **esprit ~** Wagemut *m*

❷ (*qui comporte des risques*) *entreprise, projet* abenteuerlich, waghalsig

aventurier, -ière [avɑ̃tyʀje, -jɛʀ] *m, f* ❶ Abenteurer(in) *m(f);* **âme d'~** Abenteurernatur *f*

❷ (*intrigant*) skrupellose [*o* rücksichtslose] Person

aventurisme [avɑ̃tyʀism] *m* Abenteuertum *nt*

avenu(e) [av(ə)ny] *adj* ❶ *vieilli* existent

❷ JUR **nul et non ~** null und nichtig; **déclarer qc nul et non ~** etwas für null und nichtig erklären

avenue [av(ə)ny] *f* Avenue *f*

avéré(e) [aveʀe] *adj* erwiesen; **il est ~ que ...** es ist erwiesen, dass ...; **c'est un fait ~** das ist einwandfrei erwiesen, das ist eine [allgemein] anerkannte Tatsache

avérer [aveʀe] <5> *vpr* **s'~ être qn/qc** sich als jd/etw erweisen [*o* herausstellen]; **s'~ exact/faux** sich als richtig/falsch erweisen [*o* herausstellen]; **il s'avère que ...** es erweist sich [*o* es stellt sich heraus], dass ...

avers [avɛʀ] *m d'une médaille, d'une monnaie* Vorderseite *f,* Avers *m* (*Fachspr.*)

averse [avɛʀs] *f* ❶ [Regen]schauer *m,* Regenguss *m;* ~ **de grêle** Hagelschauer *m;* ~ **orageuse** Gewitterschauer *m;* **essuyer** [*o* **recevoir**] **une** ~ einen Regenguss abbekommen; **être pris(e) sous une** ~ in einen [Regen]schauer geraten [*o* kommen]
❷ *fig* ~ **d'injures/de reproches** Flut *f* von Beschimpfungen/Vorwürfen
► **ne pas être né(e)** [*o* **tombé(e)**] **de la dernière** ~ *fam* nicht auf den Kopf gefallen sein (*fam*)

aversion [avɛʀsjɔ̃] *f* Abneigung *f,* Widerwille *m;* **éprouver de l'**~ **pour qn/qc** Abneigung [*o* Widerwille] gegen jdn/etw empfinden; **prendre qn/qc en** ~ eine Abneigung gegen jdn/etw bekommen; **inspirer l'**~ **la plus profonde à qn** jdn zutiefst anwidern

averti(e) [avɛʀti] *adj* kompetent, gut informiert; *public* sachverständig; **être** ~**(e) de qc** über etw gut informiert sein [*o* Bescheid wissen]; **public** ~ sachkundiges Publikum
► **un homme** ~ **en vaut deux** *prov* Gefahr erkannt, Gefahr gebannt (*prov*)

avertir [avɛʀtiʀ] <8> *vt* ❶ ~ **qn** jdn benachrichtigen, jdm Bescheid sagen; ~ **qn de qc** jdn von etw in Kenntnis setzen, jdn über etw (*Akk*) [*o* von etw] unterrichten; **je l'ai averti(e) que je viendrai** ich habe ihm/ihr mitgeteilt, dass ich komme
❷ (*mettre en garde*) warnen; **je t'avertis que ça va aller mal** ich warne dich, da kommt nichts Gutes dabei heraus

avertissement [avɛʀtismɑ̃] *m* ❶ Warnung *f;* JUR, ADMIN Verwarnung *f*
❷ (*signal*) Warnsignal *nt,* Warnung *f*
❸ SPORT (*sanction*) Verwarnung *f;* SCOL Verwarnung, Mahnung *f;* **au deuxième** ~ bei der zweiten Verwarnung; **au bout de deux** ~**s** nach zwei Verwarnungen; **dernier** ~ letzte Mahnung
❹ (*préface*) ~ **au lecteur** Hinweis *m* für den Leser, kurzes Vorwort
► ~ **sans frais** gut gemeinte Warnung

avertisseur [avɛʀtisœʀ] *m* Hupe *f;* ~ **sonore** Alarmsignal *nt*
◆ ~ **d'incendie** Feueralarm *m*

aveu [avø] <x> *m* ❶ Geständnis *nt,* Eingeständnis *nt;* **faire l'**~ **de qc à qn** jdm etw [ein]gestehen; **faire un** ~ **à qn** jdm ein Geständnis machen
❷ JUR *souvent pl* Geständnis *nt;* **arracher** [*o* **extorquer**] **des** ~**x à qn** jdm ein Geständnis abnötigen, von jdm ein Geständnis erpressen; **faire des** ~**x complets/spontanés/tardifs** ein volles/freiwilliges/spätes Geständnis ablegen; **passer aux** ~**x** geständig werden, ein Schuldgeständnis ablegen
► **de l'**~ **de qn** (*selon*) nach jds [eigenen] Aussagen; **de son propre** ~ nach eigenem Bekunden
◆ ~ **d'impuissance** Eingeständnis *nt* der eigenen Schwäche

aveuglant(e) [avœglɑ̃, ɑ̃t] *adj* ❶ *lumière, soleil* grell; **être** ~**(e)** *lumière:* blenden
❷ (*évident*) in die Augen springend; **être** ~**(e)** *vérité:* auf der Hand liegen

aveugle [avœgl] **I.** *adj* ❶ blind; **être** ~ **d'un œil/des deux yeux** auf einem Auge/beiden Augen blind sein; ~ **de naissance** blind geboren, von Geburt an blind
❷ (*privé de discernement, de raison*) *confiance, obéissance, passion* blind; *personne* verblendet; *attentat* ungezielt
❸ ARCHIT *fenêtre* blind; *arcade* blind, Blend-; *façade, mur* ohne Fenster, fensterlos
II. *mf* Blinde(r) *f(m);* ~ **de naissance** Blindgebor[e]ne(r) *f(m)*
► **en** ~ unüberlegt, blindlings (*fam*)

aveuglement [avœgləmɑ̃] *m* Blindheit *f,* Verblendung *f;* **comment peut-on pousser l'**~ **à ce point!** wie kann man nur so blind sein!

aveuglément [avœglemɑ̃] *adv* ❶ blind[lings]
❷ (*sans discernement*) unüberlegt, unbesonnen

aveugler [avœgle] <1> **I.** *vt* ❶ blenden
❷ (*priver de discernement*) blind machen, verblenden
II. *vpr* **s'**~ **sur qc** vor etw (*Dat*) die Augen verschließen

aveuglette [avœglɛt] ► **à l'**~ (*à tâtons*) wie ein Blinder [tastend]; (*au hasard*) aufs Geratewohl; **aller à l'**~ im Dunkeln tappen; **prendre une décision à l'**~ eine Entscheidung ohne jede Überlegung [*o* aufs Geratewohl] treffen

avez [ave] *indic prés de* **avoir**

aviateur, -trice [avjatœʀ, -tʀis] *m, f* Flieger(in) *m(f)*

aviation [avjasjɔ̃] *f* ❶ Luftfahrt *f,* Flugwesen *nt;* (*sport*) Flugsport *m;* **compagnie d'**~ Fluggesellschaft *f;* ~ **civile** zivile Luftfahrt, Zivilluftfahrt *f;* ~ **commerciale** Handelsluftfahrt *f;* ~ **militaire** Militärluftfahrt *f;* ~ **privée** private Luftfahrt
❷ MIL Luftwaffe *f*
◆ ~ **de bombardement** Bomberflotte *f;* ~ **de chasse** Jagdflotte *f;* ~ **de combat** Kampfflotte *f*

avicole [avikɔl] *adj* Geflügelzucht-, Vogelzucht-

aviculteur, -trice [avikyltœʀ, -tʀis] *m, f* (*éleveur de volailles*) Geflügelzüchter(in) *m(f);* (*éleveur d'oiseaux*) Vogelzüchter(in) *m(f)*

aviculture [avikyltyʀ] *f* (*élevage de volailles*) Geflügelzucht *f;* (*élevage d'oiseaux*) Vogelzucht *f*

avide [avid] *adj personne, regard, yeux* gierig, begierig; *curiosité* brennend; *lèvres* sinnlich; **écouter qn d'une oreille** ~ jdm neugierig lauschen; **être** ~ **de qc** gierig nach etw (*Dat*) [*o* auf etw (*Akk*)] sein; ~ **d'argent/de pouvoir** geldgierig/machthungrig; ~ **de connaissances** [*o* **savoir**] wissbegierig; ~ **de plaisirs** vergnügungssüchtig; ~ **d'honneurs** ehrsüchtig; ~ **de vengeance** rachsüchtig, rachgierig; ~ **de lectures** lesehungrig; **être** ~ **de nourriture** begierig wünschen, etw zu essen; **être** ~ **de faire qc** begierig danach [*o* darauf] sein, etw zu tun; **être** ~ **d'apprendre** lernbegierig sein

avidement [avidmɑ̃] *adv* (*avec une avidité physique*) gierig; (*avec une avidité intellectuelle*) begierig

avidité [avidite] *f* (*désir physique*) Gier *f,* Begierde *f;* (*cupidité*) Geldgier *f;* ~ **de qc** Gier [*o* Begierde] nach etw; ~ **de savoir** [*o* **connaissances**] Wissensdurst *m,* Wissbegierde *f;* ~ **de lectures** Lesehunger *m;* ~ **de plaisirs** Vergnügungssucht *f;* ~ **d'honneurs** Ehrsucht *f;* **avec** ~ gierig [*o* voller Gier]/begierig [*o* voll Begierde]

avilir [aviliʀ] <8> **I.** *vt* erniedrigen, entwürdigen
II. *vpr* **s'**~ sich erniedrigen, sich entwürdigen

avilissant(e) [avilisɑ̃, ɑ̃t] *adj* entwürdigend, erniedrigend

aviné(e) [avine] *adj personne* betrunken; *voix* Säufer-, versoffen (*fam*); **haleine** ~**e** Weinfahne *f*

avion [avjɔ̃] *m* Flugzeug *nt;* ~ **commercial/militaire** Transport-/Militärflugzeug; ~ **furtif** Tarnkappenbomber *m;* ~ **renifleur** Aufklärungsflugzeug; ~ **postal** Flugzeug für Luftposttransporte; ~ **privé** Privatflugzeug; ~ **sanitaire** Flugzeug für Krankentransporte; ~ **supersonique** Überschallflugzeug; **aller** [*o* **voyager**] **en** ~ fliegen, mit dem Flugzeug reisen; **survoler qc en** ~ mit dem Flugzeug über etw (*Akk*) fliegen; **voyage en** ~ Flugreise *f;* **il est malade en** ~ ihm wird beim Fliegen übel; **par** ~ POST per [*o* mit] Luftpost
◆ ~ **charter** Chartermaschine *f,* Charterflugzeug *nt;* ~ **de chasse** Jagdflugzeug *nt;* ~ **de combat** Kampfflugzeug *nt;* ~ **à décollage vertical** Senkrechtstarter *m;* ~ **à hélice** Propellermaschine *f,* Propellerflugzeug *nt;* ~ **de ligne** Linienflugzeug *nt,* Linienmaschine *f;* ~ **à réaction** Düsenmaschine *f,* Düsenflugzeug *nt;* ~ **de reconnaissance** Aufklärungsflugzeug *nt,* Aufklärer *m;* ~ **de tourisme** Privatflugzeug *nt;* ~ **de transport** Transportflugzeug *nt,* Transportmaschine *f*

avion-cargo [avjɔ̃kaʀgo] <avions-cargos> *m* Frachtflugzeug *nt* **avion-citerne** [avjɔ̃sitɛʀn] <avions-citernes> *m* Tankflugzeug *nt*

avionnerie [avjɔnʀi] *f* CAN (*usine de constructions aéronautiques*) Flugzeugfabrik *f*

A

avionneur [avjɔnœʀ] *m* Flugzeugbauer *m,* Flugzeugkonstrukteur *m*
avion-taxi [avjɔ̃taksi] <avions-taxis> *m* Lufttaxi *nt*
aviron [aviʀɔ̃] *m* ❶ Ruder *nt,* Riemen *m* (*Fachspr.*)
❷ (*sport*) Rudern *nt,* Rudersport *m;* **course d'~** Ruderregatta *f;* **faire de** [*o* **pratiquer**] **l'~** rudern, Rudersport treiben; **championnat du monde d'~** Weltmeisterschaft *f* im Rudern
avis [avi] *m* ❶ Ansicht *f,* Auffassung *f,* Meinung *f;* **donner son ~** seine Meinung abgeben; **donne-moi ton ~** sag mir deine Meinung; **dire son ~ sur qc** seine Ansicht [*o* Meinung] über etw (*Akk*) äußern; **changer d'~** seine Meinung ändern; (*se raviser*) es sich (*Dat*) anders überlegen; **être d'~ de faire qc** es für gut halten, etw zu tun; **je suis d'~ qu'il vienne** ich bin dafür, dass er kommt; **être de l'~ de qn** jds Meinung sein; **se ranger à l'~ de qn** sich jds Meinung [*o* Auffassung] anschließen; **si tu veux mon ~** wenn du mich fragst; **à mon/son humble ~** meiner/seiner/ihrer bescheidenen Meinung nach; **de l'~ de qn** nach jds Meinung [*o* Auffassung] [*o* Ansicht]; **de l'~ de tous** nach allgemeiner Auffassung [*o* Ansicht]; **de l'~ de tous il est très compétent** er gilt allgemein als sehr kompetent
❷ (*notification*) Mitteilung *f,* Bescheid *m;* (*affiche officielle*) Bekanntmachung *f;* **~ au lecteur** Hinweis *m* für den Leser; **~ à la population** [*o* **au public**] (*titre d'une affiche*) öffentliche Bekanntmachung; (*au haut-parleur*) allgemeine Durchsage; **sauf ~ contraire** sofern keine gegenteilige Mitteilung ergeht (*form*), sofern nichts anderes entschieden wird
▶ **~ aux amateurs!** falls es jemanden interessiert; **changer d'~ comme de chemise** seine Meinung[en] wechseln wie sein [*o* das] Hemd; **deux ~ valent mieux qu'un** es kann nicht schaden, eine zweite Meinung dazu zu hören
◆ **~ de décès** Todesanzeige *f;* **~ de livraison** Lieferschein *m;* **~ de mariage** Heiratsanzeige *f;* **~ de non-imposition** Freistellungsbescheid *m;* **~ de paiement** Zahlungsmitteilung *f,* Zahlungsanzeige *f;* **~ de réception** Empfangsbestätigung *f;* **~ de recherche** (*écrit*) Suchanzeige *f;* (*radiodiffusé, télédiffusé*) Suchmeldung *f*
avisé(e) [avize] *adj* klug, gescheit; **être bien/mal ~(e) de faire qc** gut/schlecht beraten sein, etw zu tun
aviser [avize] <1> **I.** *vt* ❶ benachrichtigen, in Kenntnis setzen (*form*); **~ qn de qc** jdm etw mitteilen, jdn von etw benachrichtigen
❷ *littér* (*remarquer*) erblicken
II. *vpr* **s'~ de faire qc** sich unterstehen, etw zu tun; **ne t'avise pas de tout dépenser!** untersteh dich [nicht], alles auszugeben!
III. *vi* sich etwas einfallen lassen; **nous aviserons plus tard** das werden wir später sehen; **il sera toujours temps d'~** das können wir immer noch sehen
aviso [avizo] *m* Geleitschiff *nt*
avitaminose [avitaminoz] *f* Vitaminmangel *m*
aviver [avive] <1> *vt* auffrischen *couleurs, teint;* aufleben lassen *souvenir;* aufreißen *plaie;* verstärken *douleur, regrets;* wieder anfachen *feu, querelle*
av. J.-C. *abr de* **avant Jésus-Christ** v. Chr.
avocat [avɔka] *m* Avocado *f*
avocat(e) [avɔka, at] *m(f)* ❶ [Rechts]anwalt *m/*-anwältin *f,* Advokat(in) *m(f)* (A, CH); **~ général** [Ober]staatsanwalt/-anwältin; **~(e) stagiaire** Anwaltsassessor(in) *m(f);* **~ marron** *péj* Winkeladvokat(in) *m(f)* (*pej*)
❷ *fig* Anwalt *m/*Anwältin *f,* Fürsprecher(in) *m(f);* **se faire l'~ de qc** sich zum Anwalt [*o* Fürsprecher] einer S. (*Gen*) machen
▶ **se faire l'~ du diable** den Advocatus Diaboli spielen
◆ **~(e) de la défense** Anwalt *m/*Anwältin *f* der Verteidigung; **~(e) de la partie civile** Zivilverteidiger(in) *m(f)*
avoine [avwan] *f* Hafer *m*
avoir[1] [avwaʀ] <*irr*> **I.** *vt* ❶ haben; **~ qc à faire, ~ à faire qc** etw zu tun haben, etw tun müssen; **j'ai des cachets à prendre** ich muss Tabletten [ein]nehmen; **ne pas ~ à faire qc** (*ne pas devoir*) etw nicht tun sollen, etw nicht zu tun haben; (*ne pas avoir besoin*) etw nicht zu machen brauchen; **tu n'as pas à t'occuper de ça** darum hast du dich nicht zu kümmern; **tu n'auras pas à prendre le taxi, je viendrai te chercher** du brauchst kein Taxi zu nehmen, ich hole dich ab
❷ (*obtenir, attraper*) bekommen, kriegen (*fam*) *renseignement, prix, train;* bestehen *examen;* bekommen *subventions, logement, aide;* **pouvez-vous m'~ ce livre?** können Sie mir dieses Buch besorgen?
❸ (*souffrir de*) haben *crise, fièvre, maladie;* **j'ai eu des vertiges** mir wurde ganz schwindlig; **~ une syncope** ohnmächtig werden/sein
❹ (*porter sur ou avec soi*) haben *canne, pipe;* aufhaben *chapeau;* anhaben *vêtement*
❺ (*être doté de*) haben; haben, besitzen *courage, ambition;* **quel âge as-tu?** wie alt bist du?; **~ douze ans** zwölf Jahre alt sein; **~ deux mètres de haut/large** zwei Meter hoch/breit sein; **la maison a quatre étages** das Haus hat [*o* besitzt] vier Stockwerke
❻ (*éprouver*) haben *faim, soif, peur;* **~ quelque chose contre qn/qc** etwas gegen jdn/etw haben; **qu'est-ce que tu as à toujours rouspéter?** *fam* warum meckerst du eigentlich immer?
❼ (*recevoir* [*chez soi*]) **~ des amis/le plombier chez soi** Freunde/den Klempner bei sich haben; **~ de la visite** Besuch haben
❽ (*assister, participer à*) **~ cours/sport/français** Unterricht/Sport/Französisch haben
❾ *fam* (*rouler*) **vous m'avez bien eu(e)!** Sie haben mich ganz schön reingelegt [*o* drangekriegt]! (*fam*)
❿ *fam* (*attraper, vaincre*) **on les aura!** wir kriegen sie schon noch! (*fam*)
▶ **n'~ que faire de qn/qc** mit jdm/etw nichts anfangen können; **en ~ après** *fam* [*o* **à**] [*o* **contre**] **qn** etwas gegen jdn haben (*fam*), es auf jdn abgesehen haben; **en ~ jusque-là de qc** *fam* die Nase voll von etw haben (*fam*); **j'en ai jusque-là** es steht mir bis da (*fam*); **en ~ pour deux minutes** zwei Minuten brauchen; **j'en ai eu pour cent euros** es hat mich hundert Euro gekostet; **j'ai!** JEUX es kann losgehen!; SPORT lasst mich spielen!; **qu'est-ce qu'il/elle a?** was hat er/sie denn?, was ist denn mit ihm/ihr?
II. *aux* **il n'a rien dit** er hat nichts gesagt; **elle a couru/marché deux heures** sie ist zwei Stunden gelaufen/gegangen; **la soirée a été agréable** der Abend ist angenehm gewesen; **l'Italie a été battue par le Brésil** Italien wurde von Brasilien geschlagen, Italien ist von Brasilien geschlagen worden
III. *vt impers* ❶ **il y a ...** es gibt ..., es ist/sind ...; **en France, il y a 57 millions d'habitants** Frankreich hat 57 Millionen Einwohner; **il y a une plume à son chapeau** an seinem Hut steckt eine Feder; **il y a des jours où ...** es gibt Tage, an denen ...; **il y a 300 km de Nancy à Paris** von Nancy nach Paris sind es 300 km; **il y a champagne et champagne** Champagner ist nicht gleich Champagner; **il n'y a pas que l'argent dans la vie** Geld ist nicht alles im Leben; **qu'y a-t-il** [*o* **qu'est-ce qu'il y a**]**? – Il y a que j'ai faim!** was ist [denn] los? [*o* was ist denn?] – Na was denn wohl, ich habe Hunger!; **il y a sûrement quelque chose à faire** es gibt sicher etwas zu tun; **il y a la vaisselle à faire** das Geschirr muss gespült werden; **il n'y a rien à faire** es gibt nichts zu tun; (*es ist zu spät*) man kann nichts mehr tun; **il n'y a pas à discuter** jetzt wird nicht diskutiert; **il n'y a qu'à partir plus tôt** wir müssen/ihr müsst nur früher losfahren; **il n'y a que toi pour faire cela!** das bringst nur du fertig!
❷ (*temporel*) **il y a trois jours/quatre ans** vor drei Tagen/vier Jahren; (*durée*) [schon] seit drei Tagen/vier Jahren
▶ **il n'y a pas à dire** *fam* da gibt's nichts (*fam*), da gibt es nichts zu rütteln (*fam*); **il n'y a plus rien à faire** da ist nichts

mehr zu machen; **il n'y en a que pour lui/elle** alles dreht sich [*o* es geht] nur [noch] um ihn/sie; **il y en a qui ...** *péj* Leute gibt es, die ...; **il n'y a pas de quoi!** keine Ursache!, nichts zu danken!
avoir[2] [avwaʀ] *m* ❶ Guthaben *nt*
❷ (*bon d'achat*) Gutschein *m*, Gutschrift *f*
avoisinant(e) [avwazinɑ̃, ɑ̃t] *adj* benachbart; *rue* Nachbar-; *village* benachbart, Nachbar-
avoisiner [avwazine] <1> *vt a. fig* ~ **qc** an etw (*Akk*) grenzen
avons [avɔ̃] *indic prés de* **avoir**
avortement [avɔʀtəmɑ̃] *m* Schwangerschaftsabbruch *m;* (*provoqué*) Abtreibung *f;* (*spontané*) Fehlgeburt *f*, Abort *m* (*Fachspr.*); ~ **thérapeutique** indizierter Schwangerschaftsabbruch
avorter [avɔʀte] <1> **I.** *vi* ❶ (*de façon volontaire*) abtreiben; (*de façon spontanée*) eine Fehlgeburt haben; **se faire** ~ abtreiben [lassen]
❷ (*échouer*) fehlschlagen; **faire** ~ **qc** etw zu Fall bringen
II. *vt* ~ **qn** eine Abtreibung bei jdm vornehmen
avorteur, -euse [avɔʀtœʀ, -øz] *m, f péj* Engelmacher(in) *m(f)*
avorton [avɔʀtɔ̃] *m péj* Gnom *m;* **espèce d'~!** elende Missgeburt!
avouable [avwabl] *adj* redlich
avoué [avwe] *m* [nichtplädierender] [Rechts]anwalt
avoué(e) [avwe] *adj* erklärt; *bénéfice, revenu* eingestanden, zugestanden
avouer [avwe] <1> **I.** *vt* gestehen; gestehen, zugeben *crime;* eingestehen *erreur, méprise, faiblesse;* ~ **faire qc** zugeben, etw zu tun; **je dois vous** ~ **que** ich muss Ihnen gestehen, dass; **il faut bien** ~ **que c'est beau** man muss schon zugeben, dass es schön ist
II. *vi* ❶ gestehen
❷ (*admettre*) zugeben
III. *vpr* **s'~ coupable** sich schuldig bekennen; **s'~ vaincu(e)** sich geschlagen geben; **je dois m'~ déçu(e)** ich muss [Ihnen] meine Enttäuschung gestehen
avril [avʀil] *m* April *m*
▸ **en ~ ne te découvre pas d'un fil, en mai, fais ce qu'il te plaît!** *prov* im April sollte man sich nicht zu leicht anziehen, im Mai kann man machen, was man will; **poisson d'~** Aprilscherz *m;* **poisson d'~!** April, April!; *v. a.* **août**
axe [aks] *m* ❶ Achse *f;* **dans l'~ de qc** auf der Verlängerungsachse [*o* in der gedachten Verlängerung] einer S. (*Gen*)
❷ (*tige, pièce*) *d'une roue, pédale* Achse *f; d'un engrenage, d'une aiguille* Welle *f; de ciseaux* Bolzen *m;* ~ **central** zentrale Achse, Hauptachse *f*
❸ (*ligne directrice*) *d'un discours, d'une pensée, politique* allgemeine Richtung [*o* Linie]; **grands ~s d'un ouvrage** (*grandes tendances*) Grundtendenzen *Pl* eines Werkes; **être dans l'~ du parti** auf der Parteilinie liegen
❹ (*voie de circulation*) [Verkehrs]achse *f;* ~ **ferroviaire** Hauptverkehrsstrecke *f* [der Bahn]; **grand** ~ Hauptverkehrsachse, Hauptverkehrsstrecke; ~ **routier** Verkehrsader *f*
◆ ~ **de rotation** [*o* **révolution**] Drehachse *f*, Rotationsachse *f;* ~ **de roue** Radachse *f;* ~ **de symétrie** Symmetrieachse *f*
axel [aksɛl] *m* SPORT Axel *m*
axer [akse] <1> *vt* ~ **qc sur qc** etw auf etw (*Akk*) ausrichten
axial(e) [aksjal, o] <-aux> *adj* axial, Achsen-
axiomatique [aksjɔmatik] **I.** *adj* axiomatisch, unanzweifelbar
II. *f* MATH Axiomatik *f*
axiome [aksjom] *m* ❶ Grundsatz *m*, allgemein gültige Wahrheit
❷ PHILOS, MATH Axiom *nt*, Lehrsatz *m*
ayant [ɛjɑ̃] *part prés de* **avoir**
ayant droit [ɛjɑ̃dʀwa] <ayants droit> *mf* JUR [Anspruchs]berechtigte(r) *f(m);* **votre** ~ Ihr(e) anspruchsberechtigte(r) Angehörige(r)
ayatollah [ajatɔla] *m* Ajatollah *m*
ayons [ɛjɔ̃] *subj prés de* **avoir**
azalée [azale] *f* BOT Azalee *f*
azimut [azimyt] *m* ASTRON Azimut *m o nt*
▸ **campagne tous ~s** umfassende Kampagne; **défense tous ~s** Rundumverteidigung *f;* **offensive tous ~s de l'automobile japonaise** weltweite Offensive der japanischen Automobilindustrie
azote [azɔt] *m* Stickstoff *m*
azoté(e) [azɔte] *adj* stickstoffhaltig, Stickstoff-
A.Z.T® [azɛdte] *m abr de* **azidothymidine** MED AZT *nt*
aztèque [astɛk] *adj* aztekisch; **art** ~ Kunst *f* der Azteken
Aztèque [astɛk] *mf* Azteke *m*/Aztekin *f*
azur [azyʀ] *m* ❶ **ciel d'~** azurblauer Himmel
❷ *littér* (*ciel*) Azur *m* (*poet*)
azuré(e) [azyʀe] *adj* Azur-; **bleu** ~ azurblau
azuréen(ne) [azyʀeɛ̃, ɛn] *adj* von der Côte d'Azur
azyme [azim] *adj pain* ungesäuert

Bb

B, b [be] *m inv* B *nt*/b *nt*
▸ **b comme Berthe** B wie Berta
B.A. [bea] *f sans pl abr de* **bonne action** gute Tat
baba[1] [baba] *m* GASTR ≈ Savarin *m* (*mit Rum und Sirup übergossener Hefekuchen*)
◆ ~ **au rhum** ≈ Rum-Savarin *m*
baba[2] [baba] **I.** *m* ▸ **l'avoir dans le ~** *fam* (*être bien roulé*) der/die Gelackmeierte sein (*fam*); (*s'être trompé*) sich gewaltig verhauen haben (*fam*)
II. *adj fam* baff (*fam*); **en être** [*o* **rester**] ~ baff sein (*fam*)
B.A.-BA [beaba] *m sans pl* Einmaleins *nt*
baba [cool] [baba(kul)] <babas [cool]> *m fam* Alternativler(in) *m(f)* (*fam*)
babeurre [babœʀ] *m* Buttermilch *f*
babil [babil] *m* Plappern *nt*
babillage [babijaʒ] *m* ❶ *d'un bébé* Plappern *nt*
❷ (*bavardage incessant*) Geplapper *nt* (*pej fam*)
babiller [babije] <1> *vi bébé, enfant:* plappern; *adulte:* plappern, quasseln (*fam*)
babines [babin] *fpl d'un animal* Lefzen *Pl*
▸ **qn s'en lèche les ~s** jdm läuft das Wasser im Mund zusammen
babiole [babjɔl] *f* ❶ (*objet*) Kleinigkeit *f;* **des ~s** Nippes *Pl*
❷ (*vétille*) Kleinigkeit *f*, Bagatelle *f*
bâbord [babɔʀ] *m* Backbord *nt;* **à ~** (*indiquant la position*) backbord[s]; (*indiquant la direction*) nach Backbord
babouche [babuʃ] *f* Schnabelschuh *m*
babouin [babwɛ̃] *m* ZOOL Pavian *m*
baby-boom [bebibum] *m* Babyboom *m* **baby-foot®** [babifut] *m inv* Tischfußball[spiel *nt*] *m*
Babylone [babilɔn] Babylon *nt*
babylonien(ne) [babilɔnjɛ̃, jɛn] *adj* babylonisch
baby-sitter [babisitœʀ] <baby-sitters> *mf* Babysitter *m*
baby-sitting [bebisitiŋ, babisitiŋ] *m sans pl* Babysitting *nt;* **faire du ~** babysitten
bac[1] [bak] *m* ❶ (*récipient*) Behälter *m; d'un évier* [Spül]becken *nt;* ~ **à laver** Waschtrog *m*
❷ (*bateau*) Fähre *f*
◆ ~ **à eau/glace** Wasser-/Eiswürfelbehälter *m;* ~ **à légumes** Gemüsefach *nt;* ~ **à plantes** Pflanztrog *m;* ~ **à sable** Sandkasten *m*
bac[2] [bak] *m fam abr de* **baccalauréat** Abi *nt* (*fam*); **passer/**

avoir le ~ das Abi machen/haben (*fam*)
baccalauréat [bakalɔʀea] *m* ① Abitur *nt*
② CAN (*études universitaires de premier cycle*) Grundstudium *nt;* (*diplôme*) Bachelor *m;* ~ **ès sciences** Bakkalaureus der Naturwissenschaften

i Land & Leute

Das **baccalauréat** ist die Abschlussprüfung des *lycée* und es berechtigt zum Hochschulstudium. Termin und Inhalt der Abiturprüfung werden in Frankreich vom Staat einheitlich für das ganze Land festgelegt.

baccara [bakaʀa] *m* (*jeu*) Bakkarat *nt*
baccarat [bakaʀat] *m Kristallglas aus der Manufaktur von Baccarat*
bacchanale [bakanal] *f* Bacchanal *nt*
bacchantes [bakɑ̃t] *fpl fam* Schnurrbart *m*
Bacchus [bakys] *m* Bacchus *m*
bâche [bɑʃ] *f* Plane *f*
bachelier, -ière [baʃəlje, -jɛʀ] *m, f* Abiturient(in) *m(f)*
bâcher [bɑʃe] <1> *vt* [mit einer Plane] abdecken
bachique [baʃik] *adj* bacchantisch
bachot¹ [baʃo] *m* (*barque*) Fährkahn *m*
bachot² [baʃo] *m vieilli fam* (*bac*) Abi *nt* (*fam*)
bachotage [baʃɔtaʒ] *m* Paukerei *f* (*fam*)
bachoter [baʃɔte] <1> *vi* pauken (*fam*)
bacillaire [basilɛʀ] **I.** *adj maladie* von Bazillen übertragen
II. *mf* Bazillenträger *m*
bacille [basil] *m* Bazillus *m*
backchich [bakʃiʃ] *m v.* **bakchich**
background [bakgʀaund] *m* Background *m*
bâcler [bɑkle] <1> *vt fam* hinschludern (*fam*) *devoir, travail;* **c'est du travail bâclé!** das ist Pfusch! (*fam*)
bacon [bekɔn] *m* ① (*jambon*) Lachsschinken *m*
② (*filet de porc*) [zartes] Schweinefilet
bactéricide [bakteʀisid] **I.** *adj* bakterizid
II. *m* Bakterizid *nt*
bactérie [bakteʀi] *f* Bakterie *f*
bactériologique [bakteʀjɔlɔʒik] *adj* bakteriologisch
bactériostatique [bakteʀjostatik] *adj* MED, PHARM bakteriostatisch
badaboum [badabum] *interj* bums (*fam*)
badaud(e) [bado, od] *m(f)* Schaulustige(r) *f(m)*, Gaffer(in) *m(f)*
Bade [bad] *m* **le** ~ Baden *nt*
baderne [badɛʀn] *f fam* **vieille** ~ alte(r) Trottel *m* (*fam*), alte(r) Knacker *m* (*fam*)
Bade-Wurtemberg [badvyʀtɑ̃bɛʀg] *m* **le** ~ Baden-Württemberg *nt*
badge [badʒ] *m* Button *m*
badiane [badjan] *f* BOT Sternanis *m*
badigeon [badiʒɔ̃] *m* Tünche *f*
badigeonnage [badiʒɔnaʒ] *m* (*action de badigeonner*) Tünchen *nt*
badigeonner [badiʒɔne] <1> *vt* ① (*mettre du badigeon*) tünchen
② (*peindre*) [an]streichen
③ MED einpinseln
badin(e) [badɛ̃, in] *adj* scherzhaft
badinage [badinaʒ] *m* Scherzen *nt*
badiner [badine] <1> *vi* scherzen; **ne pas** ~ **avec qc** bei etw [*o* in puncto einer S.] keinen Spaß verstehen; **il ne faut pas** ~ **avec qc** mit etw ist nicht zu spaßen
badminton [badmintɔn] *m* Badminton *nt*
badois(e) [badwa, waz] *adj* badisch
baffe [baf] *f fam* Ohrfeige *f;* **donner une** ~ **à qn** jdm eine kleben (*fam*)
baffle [bafl] *m* Lautsprecherbox *f*
bafouer [bafwe] <1> *vt* verhöhnen, lächerlich machen; ins Lächerliche ziehen *règlement*
bafouillage [bafujaʒ] *m fam* ① (*bredouillage*) Gestammel *nt*
② (*propos incohérents*) Gefasel *nt* (*fam*)
bafouille [bafuj] *f fam* (*lettre*) Schrieb *m* (*fam*)
bafouiller [bafuje] <1> *vt, vi fam* stammeln
bâfrer [bɑfʀe] <1> **I.** *vt fam* verschlingen
II. *vi fam* (*être glouton*) fressen (*sl*)
bagage [bagaʒ] *m* ① *pl* Gepäck *nt;* **faire/défaire ses** ~**s** seine Koffer packen/auspacken
② (*connaissances*) Kenntnisse *Pl;* (*pour assumer une tâche*) Rüstzeug *nt;* **le** ~ **musical de cet enfant** das musikalische Können dieses Kindes
▸ **plier** ~ (*faire ses valises*) die Koffer packen; (*partir*) aufbrechen
◆ ~**s à main** Handgepäck *nt*
bagagiste [bagaʒist] *mf* Kofferträger(in) *m(f)*
bagarre [bagaʀ] *f* ① Schlägerei *f;* **chercher la** ~ Streit suchen
② (*lutte*) Streit *m*, Auseinandersetzung *f;* (*compétition*) Konkurrenzkampf *m*
bagarrer [bagaʀe] <1> **I.** *vi fam* kämpfen
II. *vpr fam* ① **se** ~ **avec qn** sich mit jdm prügeln; *enfant:* mit jdm raufen; (*se quereller*) sich mit jdm streiten
② (*s'opposer*) **se** ~ **contre qn/qc** sich jdm/einer S. widersetzen [*o* entgegenstellen]
bagarreur, -euse [bagaʀœʀ, -øz] **I.** *adj fam* **être** ~(**-euse**) sich gern prügeln; *enfant:* gern raufen; (*être combatif*) eine Kämpfernatur sein
II. *m, f fam* ① (*querelleur*) Raufbold *m*
② (*battant*) Kämpfernatur *f*
bagatelle [bagatɛl] *f* ① (*somme*) Kleinigkeit *f* (*iron*); **la** ~ **de mille euros** die Kleinigkeit von tausend Euro (*fam*); **pour une** ~ für 'nen Appel und 'n Ei (*fam*)
② (*vétille*) Bagatelle *f*, Lappalie *f;* **pour une** ~ wegen einer Lappalie
bagnard [baɲaʀ] *m* Sträfling *m*
bagne [baɲ] *m* ① HIST Bagno *nt* (*Straflager*)
② *fig* **quel** ~**!** (*travail/lieu horrible*) die reinste Sklavenarbeit/Hölle!
bagnole [baɲɔl] *f fam* Schlitten *m* (*fam*), Karre *f* (*fam*)
bagou[t] [bagu] *m fam* Zungenfertigkeit *f*, Mundwerk *nt* (*fam*); **avoir du** ~ ein großes Mundwerk haben (*fam*)
bague [bag] *f* ① Ring *m; d'un oiseau* [Fuß]ring *m; d'un cigare* Bauchbinde *f*
② TECH Ring *m*
▸ **mettre** [*o* **passer**] **la** ~ **au doigt de qn** *fam* jdn heiraten
◆ ~ **de fiançailles** Verlobungsring *m*
baguenauder [bagnode] <1> *vi* ① *vieilli* (*s'amuser*) Unfug treiben
② (*se promener*) bummeln, [umher]schlendern
baguer [bage] <1> *vt* beringen *animal*
baguette [bagɛt] *f* ① (*pain*) Baguette *f o nt*
② (*bâton*) Stab *m; d'un tambour* Schlegel *m; d'un chef d'orchestre* Taktstock *m*
③ (*couvert chinois*) Stäbchen *nt*
④ TECH [Profil]leiste *f*, [Zier]leiste
▸ **marcher à la** ~ aufs Wort gehorchen; **mener** [*o* **faire marcher**] **qn à la** ~ jdn an der Kandare haben
◆ ~ **de fée** Zauberstab *m*
bah [bɑ] *interj* pah
bahut [bay] *m* ① (*buffet*) Anrichte *f*
② (*coffre*) Truhe *f*
③ *fam* (*lycée*) Penne *f* (*fam*)
④ *fam* (*camion*) Brummi *m* (*fam*)
bai(e) [bɛ] *adj cheval* [rot]braun
baie [bɛ] *f* ① GEOG Bucht *f*
② (*fenêtre*) ~ **vitrée** großes Glasfenster

❸ BOT Beere *f*
baignade [bɛɲad] *f* ❶ (*action*) Baden *nt;* ~ **interdite!** Baden verboten!
❷ (*lieu*) Badeplatz *m*
baigner [beɲe] <1> **I.** *vt* ❶ baden
❷ (*entourer*) *mer:* umspülen (*geh*)
❸ (*tremper*) **baigné(e) de sang/sueur** *chemise* blutgetränkt/schweißnass; **baigné(e) de larmes/de sueur** *visage* tränen-/schweißüberströmt
II. *vi* ~ **dans qc** in etw (*Dat*) schwimmen
▸ **ça** [*o* **tout**] **baigne** [**dans l'huile**] *fam* alles ist in Butter (*fam*)
III. *vpr* **se** ~ baden; (*dans une piscine*) schwimmen
baigneur [bɛɲœʀ] *m* ❶ Badende(r) *m*
❷ (*poupée*) Babypuppe *f*
baigneuse [bɛɲøz] *f* Badende *f*
baignoire [bɛɲwaʀ] *f* ❶ Badewanne *f;* ~ **sabot** Sitzbadewanne
❷ THEAT Parterreloge *f*
bail [baj, bo] <baux> *m* (*contrat*) *d'un local commercial* Pachtvertrag *m; d'une maison* Mietvertrag; **conclure** [*o* **passer**] **un** ~ einen Pacht-/Mietvertrag abschließen; **signer/résilier un** ~ einen Pacht-/Mietvertrag abschließen/aufkündigen
▸ **ça fait un** ~ **que qn a fait qc** *fam* es ist eine Ewigkeit her, dass jd etw getan hat
◆ ~ **de location** Mietverhältnis *nt;* **résilier un** ~ **de location** ein Mietverhältnis beenden
bâillement [bɑjmɑ̃] *m* Gähnen *nt*
bâiller [bɑje] <1> *vi* ❶ *personne:* gähnen
❷ (*être entrouvert*) *porte:* offen stehen; *col:* abstehen
bailleur, bailleresse [bajœʀ, bajœʀɛs] *m, f* (*à ferme*) Verpächter(in) *m(f);* (*à loyer*) Vermieter(in) *m(f)*
bailli [baji] *m* HIST Vogt *m*
bâillon [bɑjɔ̃] *m* Knebel *m;* **mettre un** ~ **à qn** jdn knebeln
bâillonnement [bɑjɔnmɑ̃] *m* ❶ *d'une personne* Knebeln *nt*
❷ *d'une liberté* Ersticken *nt;* ~ **de la liberté d'expression** Unterdrückung der Meinungsfreiheit
bâillonner [bɑjɔne] <1> *vt* ❶ knebeln
❷ *fig* mundtot machen *opposition, presse*
bain [bɛ̃] *m* ❶ (*action*) Bad *nt;* **prendre un** ~ ein Bad nehmen, baden
❷ (*eau*) [Bade]wasser *nt*
❸ (*baignoire*) [Bade]wanne *f;* **sortir du** ~ aus der Wanne steigen
❹ (*préparation*) Bad *nt;* ~ **d'acide** Säurebad *nt*
❺ (*établissement*) Bad *nt;* ~**s municipaux** städtisches Bad
❻ (*bassin*) **grand/petit** ~ Schwimmer-/Nichtschwimmerbecken *nt*
▸ **on est tous dans le même** ~ wir sitzen alle im selben Boot; **être dans le** ~ (*être au courant*) auf dem Laufenden sein; (*être compromis*) in die Sache verwickelt sein; **mettre qn dans le** ~ (*informer*) jdn ins Bild setzen; (*compromettre*) jdn in eine Sache mit hineinziehen; **se remettre dans le** ~ sich wieder einarbeiten
◆ ~ **de bouche** Mundspülung *f;* ~ **de boue** Moorbad *nt;* ~ **de fixage** PHOT Fixierbad *nt;* ~ **de foule** Bad *nt* in der Menge; ~ **de pieds** Fußbad *nt;* ~ **de sang** Blutbad *nt;* ~ **de soleil** Sonnenbad *nt;* ~ **de vapeur** Dampfbad *nt*
bain-marie [bɛ̃maʀi] <bains-marie> *m* Wasserbad *nt;* **faire cuire au** ~ im Wasserbad erhitzen
baïonnette [bajɔnɛt] *f* Bajonett *nt*
baise [bɛz] *f* ❶ *fam* Bumsen *nt* (*sl*)
❷ BELG (*bise*) Kuss *m*
baisemain [bɛzmɛ̃] *m* Handkuss *m;* **faire le** ~ **à qn** jdm die Hand küssen
baiser¹ [beze] *m* ❶ Kuss *m;* **donner à qn un** ~ **sur la joue** jdn auf die Wange küssen; **envoyer un** ~ **à qn** jdm eine Kusshand zuwerfen
❷ (*en formule*) **bons** ~**s** liebe Grüße
◆ ~ **de Judas** Judaskuss *m*
baiser² [beze] <1> **I.** *vt* ❶ küssen; ~ **la main de qn** jdm die Hand küssen
❷ *fam* (*coucher avec*) bumsen (*vulg*)
❸ *fam* (*tromper*) [he]reinlegen (*fam*)
II. *vi fam* bumsen (*vulg*)
baisodrome [bɛzodʀom] *m hum fam* Liebesnest *nt*
baisse [bɛs] *f* ❶ *des prix, de température* Rückgang *m,* Sinken *nt; de pouvoir, d'influence* Schwinden *nt; de popularité* Einbuße *f;* ~ **du chiffre d'affaires** Umsatzrückgang; **être en** ~ *cours de la bourse, baromètre:* fallen; *thermomètre:* sinken; *température:* zurückgehen, sinken
❷ BOURSE Baisse *f*
◆ ~ **de pression** Druckabfall *m;* ~ **de température** Temperaturrückgang *m;* ~ **de tension** ELEC Spannungsabfall *m;* MED Blutdruckabfall
baisser [bese] <1> **I.** *vt* ❶ (*faire descendre*) herunterlassen *store, rideau;* herunterkurbeln *vitre de voiture;* herunterschlagen *col*
❷ (*fixer plus bas*) tiefer hängen
❸ (*orienter vers le bas*) senken *tête;* niederschlagen *yeux*
❹ (*rendre moins fort*) leiser machen *son;* abblenden *phare;* senken (*geh*) *voix;* **baisse le ton!** nicht so laut!
II. *vi* ❶ (*diminuer de niveau, d'intensité*) *forces, mémoire, vue:* nachlassen; *vent:* abflauen, sich legen; *niveau, rivière:* sinken; *baromètre:* fallen; *température:* zurückgehen; *jour:* sich neigen (*geh*); **les jours baissent** die Tage werden kürzer; **la mer baisse** das Wasser geht zurück; ~ **dans l'estime de qn** in jds Achtung sinken
❷ ECON, BOURSE fallen; *prix:* nachgeben, sinken
❸ (*s'affaiblir*) *personne:* nachlassen
III. *vpr* **se** ~ sich bücken; (*pour esquiver*) sich ducken
▸ **il n'y a qu'à** [*o* **on n'a qu'à**] **se** ~ **pour le/la/les ramasser** *fam* ≈ das/die gibt es dort wie Sand am Meer
bajoue [baʒu] *f d'une personne* Hängebacke *f; d'un animal* Backe *f*
bakchich [bakʃiʃ] *m* Bakschisch *nt,* Trinkgeld *nt*
bakélite [bakelit] *f* Bakelit *nt*
bal [bal] <s> *m* ❶ (*réunion populaire, d'apparat*) Ball *m;* **aller au** ~ zum Ball gehen, tanzen gehen; ~ **costumé/masqué/de la Saint-Sylvestre** Kostüm-/Masken-/Sylvesterball *m*
❷ (*lieu*) Tanzlokal *nt*
BAL *abr de* **boîte aux lettres**
balade [balad] *f fam* ❶ (*promenade*) (*à pied*) Spaziergang *m;* (*en voiture*) Spazierfahrt *f;* (*à cheval*) Ausritt *m*
❷ (*excursion*) Ausflug *m*
balader [balade] <1> **I.** *vt fam* spazieren führen *animal;* spazieren gehen mit *personne;* ~ **qc partout** etw überallhin mitschleppen (*fam*)
▸ **envoyer** ~ **qn** *fam* jdn zum Teufel jagen (*fam*)
II. *vpr* **se** ~ *fam* ❶ (*se promener*) (*à pied*) spazieren gehen; (*en voiture*) spazieren fahren; (*à cheval*) ausreiten
❷ (*traîner*) herumliegen
baladeur [baladœʀ] *m* Walkman® *m*
baladeuse [baladøz] *f* Handlampe *f*
baladin(e) [baladɛ̃, in] *m(f)* ❶ *vieilli* (*danseur, danseuse*) [Ballett]tänzer(in) *m(f)*
❷ (*bouffon*) Gaukler(in) *m(f)*
balafon [balafɔ̃] *m* MUS Marimba *f*
balafre [balɑfʀ] *f* ❶ (*blessure*) Schmiss *m;* (*en se rasant*) Schnittwunde *f*
❷ (*cicatrice*) Schmiss *m*
balafré(e) [balɑfʀe] *adj* mit einem Schmiss, mit Schmissen
balafrer [balafʀe] *vt* mit Hiebwunden verletzen; (*dans une association d'étudiants*) einen Schmiss beibringen
balai [balɛ] *m* ❶ Besen *m;* **passer le** ~ [mal schnell] fegen
❷ ELEC *d'une dynamo* Bürste *f*
▸ **con(ne) comme un** ~ *fam* total bescheuert (*fam*); **raide comme un** ~ *fam* stocksteif (*fam*)
◆ ~ **d'essuie-glace** Scheibenwischerblatt *nt*

balai-brosse [balɛbʀɔs] <balais-brosses> *m* Schrubber *m*

balalaïka [balalaika] *f* Balalaika *f*

balan [balɑ̃] *m* CH **je suis sur le ~** ich schwanke; (*incertain*) ich bin unsicher

balance [balɑ̃s] *f* (*instrument*) Waage *f*
▸ **jeter** [*o* **mettre**] **qc dans la ~** etw in die Waagschale werfen; **maintenir** [*o* **tenir**] **la ~ égale entre deux partis** eine unparteiische Haltung zwischen zwei Parteien (*Dat*) einnehmen; **qn/qc fait pencher la ~ en faveur de qn/qc** jd/etw gibt den Ausschlag für jdn/etw; **peser dans la ~** ins Gewicht fallen
◆ **~ des forces** Gleichgewicht *nt* der Kräfte; **~ de ménage** Küchenwaage *f;* **~ de précision** Präzisionswaage *f*

Balance [balɑ̃s] *f* ASTROL Waage *f;* **être** [**du signe de la**] **~** [eine] Waage sein, im Zeichen der Waage geboren sein

balancé(e) [balɑ̃se] *adj* ❶ (*équilibré*) ausgewogen
❷ *fam* (*joli*) **bien ~(e)** gut gebaut (*fam*)

balancelle [balɑ̃sɛl] *f* Hollywoodschaukel *f*

balancement [balɑ̃smɑ̃] *m* ❶ Hin- und Herschwanken *nt; d'un pendule* Hin- und Herschwingen *nt; des hanches* Wiegen *nt*
❷ (*rythme*) *d'une phrase* Ebenmaß *nt*

balancer [balɑ̃se] <2> **I.** *vt* ❶ schaukeln *personne;* **~ les bras/ses jambes** mit den Armen schlenkern/den Beinen baumeln
❷ (*tenir en agitant*) schwenken *sac, encensoire*
❸ (*ballotter*) schaukeln *bateau;* hin und her bewegen *branche, lustre*
❹ *fam* (*envoyer*) schmeißen (*fam*) *objet;* **~ qc par la fenêtre** etw zum Fenster hinausschmeißen (*fam*)
❺ *fam* (*se débarrasser*) wegschmeißen (*fam*) *objet;* rausschmeißen (*fam*), feuern (*fam*) *employé;* (*dénoncer*) verpfeifen (*fam*) *complice;* **elle a envie de tout ~** sie würde am liebsten alles hinschmeißen (*fam*)
II. *vi fig littér* schwanken
III. *vpr* **se ~** ❶ *bateau:* [hin und her] schaukeln; *branches:* sich hin und her bewegen; *corde:* hin und her schwingen; **se ~ sur ses jambes/d'un pied sur l'autre** von einem Bein auf das andere/von einem Fuß auf den anderen treten
❷ (*sur une balançoire*) schaukeln; (*sur une bascule*) wippen
▸ **qn s'en balance** *fam* das ist jdm piepegal (*fam*)

balancier [balɑ̃sje] *m d'une horloge* Pendel *nt; d'un funambule* Balancierstange *f*

balançoire [balɑ̃swaʀ] *f* (*escarpolette*) Schaukel *f;* (*bascule*) Wippe *f;* **faire de la ~** schaukeln/wippen

balayage [balɛjaʒ] *m* ❶ Kehren *nt,* Fegen *nt*
❷ INFORM Scannen *nt*

balayer [baleje] <7> *vt* ❶ (*ramasser*) zusammenfegen
❷ (*nettoyer*) fegen
❸ (*passer sur*) **~ qc** *faisceau lumineux:* über etw (*Akk*) hingleiten; *vent:* über etw (*Akk*) [hinweg]fegen; *vague:* etw überspülen
❹ INFORM scannen
❺ (*chasser*) *vague:* hinwegspülen; *vent:* vor sich (*Dat*) hertreiben *feuilles;* aus dem Weg räumen *obstacle;* vom Tisch wischen (*fam*) *objection, argument;* ausräumen *doute*

balayette [balɛjɛt] *f* Handfeger *m,* Bartwisch *m* (A)

balayeur [balɛjœʀ] *m* Straßenfeger *m*

balayeuse [balɛjøz] *f* ❶ Straßenfegerin *f*
❷ (*machine*) [Straßen]kehrmaschine *f*

balayures [balejyʀ] *fpl* Kehricht *m*

balbutiement [balbysimɑ̃] *m* ❶ (*action*) Stammeln *nt; d'un bébé* Brabbeln *nt*
❷ *pl* (*débuts*) Anfänge *Pl;* **en être à ses premiers ~s** in den Kinderschuhen stecken

balbutier [balbysje] <1> **I.** *vi* ❶ (*bredouiller*) stammeln; *bébé:* brabbeln
❷ (*marmotter*) nuscheln (*fam*)
II. *vt* ❶ (*bredouiller*) stammeln *excuses; bébé:* brabbeln *mots*
❷ (*marmotter*) [vor sich hin] murmeln *prière*

balbuzard [balbyzaʀ] *m* ORN Fischadler *m*

balcon [balkɔ̃] *m* ❶ ARCHIT Balkon *m;* (*balustrade*) [Balkon]brüstung *f*
❷ THEAT Balkon *m,* Rang *m*

balconnet [balkɔnɛ] *m* ❶ (*soutien-gorge*) Formbügel-BH *m*
❷ *d'un réfrigérateur* Türfach *nt*

baldaquin [baldakɛ̃] *m* Baldachin *m*

Bâle [bɑl] Basel *nt*

Baléares [baleaʀ] *fpl* **les** [**îles**] **~** die Balearen

baleine [balɛn] *f* ❶ ZOOL Wal *m;* **pêche à la ~** Walfang *m*
❷ (*renfort*) **~ de corset** Korsettstange

baleinier [balenje] *m* Walfänger *m*

baleinière [balenjɛʀ] *f* Beiboot *nt,* Walfangboot *nt*

balèze [balɛz] *fam* **I.** *adj* ❶ (*musclé*) kräftig, stämmig; **être drôlement ~** ganz schöne Muckis haben (*fam*)
❷ (*doué*) beschlagen; **être ~ en maths** es in Mathe drauf haben (*fam*)
II. *m* [Kleider]schrank *m* (*fam*)

balinais(e) [balinɛ, ɛz] *adj* balinesisch

Balinais(e) [balinɛ, ɛz] *m(f)* Balinese *m*/Balinesin *f*

balisage [balizaʒ] *m* ❶ (*action*) Markieren *nt; d'une piste d'atterrissage* Befeuern *nt*
❷ (*signaux*) *d'un chemin, d'une piste de ski* Markierung *f; d'une route* Leitpfosten *Pl*

balise [baliz] *f* ❶ AVIAT, NAUT Bake *f;* (*signal lumineux*) Leuchtfeuer *nt*
❷ AUT Leitpfosten *m*
❸ INFORM Tag *m*

baliser¹ [balize] <1> *vt* ❶ (*signaliser*) markieren
❷ AVIAT, NAUT mit Baken markieren; (*avec des signaux lumineux*) befeuern
❸ INFORM markieren *texte*

baliser² [balize] <1> *vi fam* Bammel haben (*fam*)

balistique [balistik] **I.** *adj* ballistisch
II. *f* Ballistik *f*

baliverne [balivɛʀn] *f* Unsinn *m kein Pl;* **raconter des ~s** Unsinn [*o* dummes Zeug *fam*] erzählen; **~s que tout cela!** so ein Unsinn!

balkanique [balkanik] *adj* Balkan-

balkanisation [balkanizasjɔ̃] *f* Balkanisierung *f,* Kleinstaaterei *f*

Balkans [balkɑ̃] *mpl* **les ~** der Balkan; **dans les ~** auf dem Balkan

ballade [balad] *f* Ballade *f*

ballant(e) [balɑ̃, ɑ̃t] *adj jambes* baumelnd; *bras* schlenkernd

ballast [balast] *m* Schotter[bett *nt*] *m*

balle [bal] *f* ❶ JEUX, SPORT Ball *m;* **jouer à la ~** Ball spielen; **faire des** [*o* **quelques**] **~s** ein paar Bälle schlagen
❷ (*projectile*) Kugel *f*
❸ (*ballot*) Ballen *m*
❹ *pl* HIST *fam* (*francs*) **cent ~s** hundert Franc
▸ **saisir la ~ au bond** die Gelegenheit beim Schopf ergreifen; **la ~ est dans le camp de qn** jd ist am Zug; **renvoyer la ~ à qn** jdm keine Antwort schuldig bleiben; **se renvoyer la ~** sich gegenseitig die Verantwortung [*o* den schwarzen Peter *fam*] zuschieben
◆ **~ de fusil** Gewehrkugel *f;* **~ de golf** Golfball *m;* **~ de match** Matchball *m;* **~ de revolver** Revolverkugel *f;* **~ de tennis** Tennisball *m*

ballerine [balʀin] *f* ❶ (*danseuse*) Ballerina *f*
❷ (*chaussure*) Ballerinaschuh *m*

ballet [balɛ] *m* Ballett *nt*

ballon [balɔ̃] *m* ❶ JEUX, SPORT Ball *m;* **jeux de ~** Ballspiele *Pl;* **jouer au ~** Ball spielen
❷ (*baudruche*) Luftballon *m*
❸ (*aérostat*) Ballon *m;* **~ à air** Heißluftballon *m;* **~ à gaz** Gasballon *m;* **~ dirigeable** Luftschiff *nt,* Zeppelin *m;* **monter en ~** mit einem Ballon aufsteigen
❹ GEOG Belchen *m*
❺ (*verre*) *bauchiges Weinglas;* (*contenu*) Glas *nt;* CH [kleines] Weinglas *nt* (*mit 0,1 l Inhalt*)

◆ ~ **de basket** Basketball *m;* ~ **d'eau chaude** [Warmwasser]boiler *m;* ~ **d'essai** Versuchsballon *m;* ~ **de football** Fußball *m;* ~ **d'oxygène** Sauerstoffflasche *f;* ~ **de plage** Wasserball *m;* ~ **de rugby** Rugbyball *m*
ballonnement [balɔnmɑ̃] *m du ventre* Aufgeblähtsein *nt;* **donner des ~s à qn** bei jdm zu Blähungen führen
ballonner [balɔne] <1> *vt* aufblähen *ventre, estomac*
ballon-sonde [balɔ̃sɔ̃d] <ballons-sondes> *m* Wetterballon *m*
ballot [balo] *m* ❶ *(paquet)* [kleiner] Ballen; *de livres* Packen *m*
❷ *fam (imbécile)* Dummkopf *m (fam)*
ballottage [balɔtaʒ] *m* **il y a** ~ die Wahl ist unentschieden; **être en** ~ in die Stichwahl kommen
ballottement [balɔtmɑ̃] *m d'un corps* Schütteln *nt*
ballotter [balɔte] <1> **I.** *vi* hin- und herrutschen; *bouteille:* hin- und herrollen
II. *vt voiture:* durchschütteln; **être ballotté(e) entre qc/qn et qc/qn** hin- und hergerissen sein zwischen etw/jdm und etw/jdm
ball-trap [baltʀap] <ball-traps> *m* ❶ *(sport)* Tontaubenschießen *nt*
❷ *(lieu)* Tontaubenschießanlage *f*
balluchon [balyʃɔ̃] *m* Bündel *nt;* **faire son** ~ sein Bündel schnüren
balnéaire [balneɛʀ] *adj* **station** ~ Seebad *nt*
balnéothérapie [balneoteʀapi] *f* Balneotherapie *f,* Bäderkur *f*
balourd [baluʀ] *m* ❶ Tollpatsch *m*
❷ TECH Unwucht *f*
balourd(e) [baluʀ, uʀd] *adj* unbeholfen, ungeschickt
balourdise [baluʀdiz] *f* ❶ *(caractère)* Unbeholfenheit *f,* Ungeschicklichkeit *f*
❷ *(acte ou propos)* Dummheit *f,* Schnitzer *m (fam)*
balsamique [balsamik] *adj* balsamisch; **vinaigre** ~ Balsamessig *m,* Balsamicoessig *m*
balte [balt] *adj* **les États ~s** die Baltischen Staaten
Balte [balt] *mf* Balte *m*/Baltin *f*
Balthazar [baltazaːʀ] *m* BIBL *(Roi mage)* Balthasar *m; (dernier roi de Babylone)* Belsazar *m*
baltique [baltik] *adj langues* baltisch
Baltique [baltik] *f* **la [mer]** ~ die Ostsee
baluchon [balyʃɔ̃] *m v.* **balluchon**
balustrade [balystʀad] *f (en bois, métal)* Geländer *nt; (en maçonnerie)* Brüstung *f*
balustre [balystʀ] *m* ARCHIT Baluster *m,* Stützsäule *f* [in einem Geländer]
bambin(e) [bɑ̃bɛ̃] *m(f)* kleiner Junge/kleines Mädchen
bambocher [bɑ̃bɔʃe] *vi* prassen
bambou [bɑ̃bu] *m* Bambus *m*
bamboula [bɑ̃bula] *f fam* Fete *f (fam)*
▸ **faire la** ~ auf die Pauke hauen *(fam)*
ban [bɑ̃] *m* ❶ *pl de mariage* Aufgebot *nt;* **publier les ~s [de mariage]** das Aufgebot aushängen
❷ *fam (applaudissements)* rhythmischer Beifall; **faire un ~ pour qn** *fam* jdn hochleben lassen; **un ~ pour X!** *fam* ein Hoch auf X! *(fam)*
❸ JUR CH **mettre à** ~ *(interdire l'accès de)* den Zutritt untersagen *(per gerichtlicher Verfügung)*
▸ **mettre qn au ~ de la société** jdn ächten; **mettre un pays au ~ des nations** ein Land aus dem Kreis der Nationen ausschließen
banal(e) [banal] <s> *adj* banal; *choses, idée, affaire* alltäglich, gewöhnlich; *propos* abgedroschen; *personne* durchschnittlich; **c'est pas** ~ *fam* das ist wirklich 'n Ding *(fam)*
banalement [banalmɑ̃] *adv* einfach
banalisation [banalizasjɔ̃] *f* Banalisierung *f*
banaliser [banalize] <1> *vt* banalisieren; **voiture banalisée** *[als Privatwagen] getarntes Polizeiauto*
banalité [banalite] *f* ❶ Banalität *f; de la vie* Stumpfsinnigkeit *f; d'un propos* Abgedroschenheit *f*
❷ *(propos)* Gemeinplatz *m*
banana split [bananasplit] *m inv* Bananensplit *nt*
banane [banan] *f* ❶ Banane *f*
❷ *(pochette)* Gürteltasche *f*
bananeraie [bananʀɛ] *f* Bananenplantage *f*
bananier [bananje] *m* ❶ *(plante)* Bananenstaude *f*
❷ *(bateau)* Bananendampfer *m*
banc [bɑ̃] *m* ❶ Bank *f;* ~ **public** Parkbank *f;* **nous nous sommes connus sur les ~s de l'école** wir haben gemeinsam die Schulbank gedrückt
❷ GEOL Schicht *f*
❸ *(colonie) de poissons* Schwarm *m*
◆ ~ **des accusés** Anklagebank *f;* ~ **d'essai** Prüfstand *m; fig* Prüfstein *m;* ~ **d'huîtres** Austernbank *f;* ~ **de menuisier** Werkbank *f;* ~ **de sable** Sandbank *f*
bancaire [bɑ̃kɛʀ] *adj* Bank-
bancal(e) [bɑ̃kal] <s> *adj* ❶ *(instable) meuble* wack[e]lig; *personne* hinkend, krummbeinig; **être ~(e)** *personne:* hinken; *table:* wackeln
❷ *fig raisonnement* nicht stichhaltig; **idée ~e** Schnapsidee *f (fam)*
bancassurance [bɑ̃kasyʀɑ̃s] *f Verkauf von Versicherungsleistungen über Bankfilialen*
banco [bɑ̃ko] **I.** *adj* FIN *vieilli* banco
II. *m* JEUX **faire** ~ allein gegen die Bank spielen
bandage [bɑ̃daʒ] *m* ❶ *(bande)* Verband *m*
❷ *(action)* Verbinden *nt*
bandagiste [bɑ̃daʒist] *mf* Bandagist(in) *m(f)*
bandant(e) [bɑ̃dɑ̃, ɑ̃t] *adj fam (excitant)* aufregend; *(sexuellement excitant)* anmachend *(fam)*
bande¹ [bɑ̃d] *f* ❶ Streifen *m; de métal* Band *nt; de tissu* Streifen; *d'un magnétophone* [Ton]band; CINE Film[streifen]; ~ **sonore** Tonspur *f*
❷ MED Binde *f;* ~ **de gaze** Mullbinde; ~ **Velpeau®** elastische Binde
❸ *(partie [étroite et allongée] de qc)* Streifen *m;* **tissu à ~s** gestreifter Stoff
▸ ~ **dessinée** Comic *m,* Comicstrip *m;* **par la** ~ hintenherum
◆ ~ **d'arrêt d'urgence** Standspur *f;* ~ **de fréquence** Frequenzband *nt;* ~ **de roulement** Lauffläche *f;* ~ **de terrain [o terre]** Streifen *m* Land
bande² [bɑ̃d] *f* ❶ *de personnes* Gruppe *f; de loups, chiens* Rudel *nt; d'oiseaux* Schar *f;* ~ **d'enfants** Kinderschar *f*
❷ *(groupe constitué)* Bande *f;* ~ **de gamins/d'adolescents** Kinder-/Jugendbande *f;* ~ **rebelle** Aufrührerbande *f;* ~ **d'amis** Clique *f*
▸ **faire ~ à part** sich absondern
bandé(e) [bɑ̃de] *adj écu* mit Bändern verziert
bande-annonce [bɑ̃danɔ̃s] <bandes-annonces> *f* Trailer *m,* Vorschau *f*
bandeau [bɑ̃do] <x> *m* ❶ *(dans les cheveux)* [Haar]band *nt*
❷ *(serre-tête)* Stirnband *nt*
❸ *(sur les yeux)* Binde *f;* **avec un ~ sur les yeux** mit verbundenen Augen; **mettre à qn un ~ sur les yeux** jdm die Augen verbinden
▸ **avoir un ~ sur les yeux** mit Blindheit geschlagen sein; **arracher le ~ des yeux de qn** jdm die Augen öffnen
bandelette [bɑ̃dlɛt] *f* schmaler Stoffstreifen
bander [bɑ̃de] <1> **I.** *vt* ❶ *(panser)* verbinden
❷ *(tendre)* spannen
II. *vi fam* einen Ständer kriegen/haben *(fam)*
banderille [bɑ̃dʀij] *f* Banderilla *f*
banderole [bɑ̃dʀɔl] *f* ❶ *(petite bannière)* Wimpel *m*
❷ *(bande avec inscription)* Spruchband *nt,* Transparent *nt*
bande-son [bɑ̃dsɔ̃] <bandes-son> *f* ❶ *(sur la pellicule)* Tonspur *f* ❷ *(son)* Ton *m* **bande-vidéo** [bɑ̃dvideo] <bandes-vidéo> *f* Videoband *nt*
bandit [bɑ̃di] *m* ❶ *(malfaiteur)* Bandit *m,* Verbrecher *m;* ~ **de**

grand chemin** Straßenräuber *m*
❷ (*personne malhonnête*) Gauner *m*
❸ *fam* (*affectif*) Schlingel *m* (*fam*)
banditisme [bɑ̃ditism] *m* Verbrechertum *nt*
bandonéon [bɑ̃dɔneɔ̃] *m* MUS Bandoneon *nt,* Bandonion *nt*
bandoulière [bɑ̃duljɛʀ] *f* Schulterriemen *m;* **porter qc en ~** etw umgehängt [*o* über die Schulter gehängt] tragen; **le fusil en ~** mit umgehängtem Gewehr
bang [bɑ̃g] **I.** *interj* peng!
II. *m inv* Knall *m;* **le big** [*o* **grand**] **~** ASTRON der Urknall
bangladais(e) [bɑ̃gladɛ, ɛz] *adj* bangladeschisch
Bangladais(e) [bɑ̃gladɛ, ɛz] *m(f)* Bangladescher(in) *m(f)*
Bangladesh [bɑ̃gladɛʃ, bɛ̃gladɛʃ] *m* Banglades[c]h *nt*
banjo [bɑ̃(d)ʒo] *m* Banjo *nt*
banlieue [bɑ̃ljø] *f d'une ville* Vororte *Pl;* **train de ~** Nahverkehrszug *m;* **habiter en** [*o* **dans la**] **~** in einem Vorort wohnen

i Land & Leute

Durch die Verlagerung von Wohnraum für sozial Schwächere in die Vorstädte seit den Sechzigerjahren, ergaben sich längerfristige Probleme. Die **banlieues** sind heute oft soziale Brennpunkte, gekennzeichnet von einer hohen Jugendarbeitslosigkeit, einem niedrigen Bildungsstand und einer hohen Kriminalitätsrate.

banlieusard(e) [bɑ̃ljøzaʀ, aʀd] *m(f)* Vorstädter(in) *m(f);* (*qui fait la navette*) Pendler(in) *m(f)*
banni(e) [bani] **I.** *adj* ❶ *personne* verbannt
❷ *fig sujet, mot* tabu
II. *m(f)* ❶ (*exilé*) Verbannte(r) *f(m)*
❷ (*exclu*) Ausgestoßene(r) *f(m)*
bannière [banjɛʀ] *f* Banner *nt;* REL Prozessionsfahne *f*
▶ **se <u>ranger</u>** [*o* **se <u>mettre</u>**] **sous la ~ de qn** sich jdm anschließen
bannir [baniʀ] <8> *vt* ❶ (*mettre au ban*) **~ qn d'un pays** jdn aus einem Land verbannen
❷ (*supprimer*) ächten; **~ qc de qc** etw aus etw verbannen
bannissement [banismɑ̃] *m* Verbannung *f*
banquable [bɑ̃kabl] *adj v.* **bancable**
banque [bɑ̃k] *f* FIN, JEUX Bank *f;* **avoir de l'argent en ~** Geld auf der Bank haben; **Banque centrale nationale indépendante** unabhängige nationale Zentralbank; **Banque centrale européenne** Europäische Zentralbank; **Banque européenne d'investissement** Europäische Investitionsbank
◆ **~ de commerce** Handelsbank *f;* **~ de crédit** Kreditbank *f,* Finanzierungsbank; **~ de données** Datenbank *f;* **administrateur de ~ de données** Datenbankadministrator *m;* **Banque de France** Bank von Frankreich; **~ d'informations génétiques** Genbank *f;* **~ d'organes** Organbank *f;* **~ du sang** Blutbank *f;* **~ du sperme** Samenbank *f*
banquer [bɑ̃ke] <1> *vi fam* blechen (*fam*)
banqueroute [bɑ̃kʀut] *f* Bankrott *m;* **faire ~** Bankrott machen [*o* gehen]
banquet [bɑ̃kɛ] *m* Bankett *nt* (*geh*), [Fest]essen *nt;* **donner un ~** ein Bankett geben (*geh*), ein [Fest]essen geben
banquette [bɑ̃kɛt] *f* ❶ [Sitz]bank *f;* **~ avant/arrière** AUT Vordersitz *m*/Rücksitzbank; **~ convertible** Schlafcouch *f*
❷ ARCHIT [Fenster]bank *f*
❸ (*chemin*) schmaler Gehweg; *d'une voie* Bankett[e *f*] *nt*
❹ (*muret*) *d'un manège* Bande *f*
◆ **~ d'angle** [*o* **de coin**] Eckbank *f;* **~ de piano** Klavierbank *f*
banquier, -ière [bɑ̃kje, -jɛʀ] *m, f* ❶ Bankier *m,* Banker(in) *m(f)*
❷ JEUX Bankhalter(in) *m(f)*
banquise [bɑ̃kiz] *f* Packeis *nt*
bantou(e) [bɑ̃tu] *adj* Bantu-; **langue ~e** Bantusprache *f*
baobab [baɔbab] *m* BOT Affenbrotbaum *m*
baptême [batɛm] *m* Taufe *f; d'une promotion* Einstandsfeier *f;* **administrer** [*o* **donner**] **le ~ à qn** jdn taufen; **recevoir le ~** die Taufe empfangen
◆ **~ de l'air** Jungfernflug *m;* **~ du feu** Feuertaufe *f;* **~ de la ligne** [*o* **du tropique**] Äquatortaufe *f*
baptiser [batize] <1> *vt* ❶ **~ qn Pierre** jdn auf den Namen Pierre taufen
❷ (*surnommer*) **~ qn "L'asperge"** jdm den Spitznamen „Bohnenstange" geben
baptismal(e) [batismal, o] <-aux> *adj* Tauf-; *v. a.* **fonts**
baptisme [batism] *m* REL Baptismus *m*
baptistère [batistɛʀ] *m* Taufkapelle *f,* Baptisterium *nt* (*Fachspr.*)
baquet [bakɛ] *m* Bottich *m*
bar¹ [baʀ] *m* (*café, comptoir, meuble*) Bar *f*
bar² [baʀ] *m* ZOOL Seebarsch *m*
bar³ [baʀ] *m* PHYS Bar *nt*
baragouin [baʀagwɛ̃] *m fam* Kauderwelsch *nt*
baragouinage [baʀagwinaʒ] *m fam* Kauderwelsch *nt*
baragouiner [baʀagwine] <1> **I.** *vt fam* ❶ (*parler mal*) radebrechen *langue;* **~ un peu le français** ein paar Brocken Französisch können
❷ (*marmonner*) [vor sich hin] murmeln
II. *vi fam* Kauderwelsch reden
baraka [baʀaka] *f inv fam* Glück *nt;* **<u>avoir</u> la ~** Schwein haben (*fam*)
baraque [baʀak] *f* ❶ (*cabane*) [Holz]baracke *f;* (*pour les outils de jardinage*) Schuppen *m;* **~ foraine** Jahrmarktsbude *f*
❷ *fam* (*maison*) Bude *f* (*fam*); (*maison délabrée*) Bruchbude *f* (*fam*); (*maison somptueuse*) Nobelhütte *f* (*fam*)
❸ CAN *Hütte, in der Ahornzucker und -sirup hergestellt werden*
▶ **<u>casser</u> la ~** *fam* einen Riesenerfolg haben (*fam*)
◆ **~ de chantier** Baubude *f*
baraqué(e) [baʀake] *adj fam* breitschultrig, kräftig
baraquement [baʀakmɑ̃] *m* Barackenlager *nt*
baratin [baʀatɛ̃] *m fam* Geschwätz *nt* (*fam*); **faire du** [*o* **son**] **~ à qn** jdn bequatschen (*fam*); (*draguer*) jdn anmachen (*fam*)
baratiner [baʀatine] <1> **I.** *vt fam* ❶ (*bonimenter*) **~ qn** auf jdn einreden (*fam*)
❷ (*essayer de persuader*) bequatschen (*fam*)
❸ (*draguer*) anmachen (*fam*)
II. *vi fam* dummes Zeug reden (*fam*)
baratineur, -euse [baʀatinœʀ, -øz] **I.** *adj fam* **être ~/baratineuse** ein Schwätzer/eine Quasselstrippe sein (*fam*)
II. *m, f fam* Schwätzer(in) *m(f);* (*flatteur*) Süßholzraspler(in) *m(f)* (*fam*)
baratte [baʀat] *f* HIST Butterfass *nt*
barbacane [baʀbakan] *f* ❶ HIST Schießscharte *f*
❷ (*ouverture pour l'écoulement de l'eau*) Entwässerungsschlitz *m*
barbant(e) [baʀbɑ̃, ɑ̃t] *adj fam* öde (*fam*)
barbaque [baʀbak] *f fam* [mieses] Fleisch (*fam*)
barbare [baʀbaʀ] **I.** *adj* ❶ (*cruel*) barbarisch, unmenschlich
❷ (*grossier*) unkultiviert
II. *m* ❶ (*brute*) Barbar *m,* Unmensch *m*
❷ (*inculte*) [Kultur]banause *m*
barbaresque [baʀbaʀɛsk] *adj* HIST *vieilli* Berber-, Mahgreb-
barbarie [baʀbaʀi] *f* ❶ (*opp: civilisation*) Barbarei *f*
❷ (*cruauté*) Barbarei *f,* Unmenschlichkeit *f*
❸ (*grossièreté*) Geschmacklosigkeit *f; de propos, d'idées* Derbheit *f*
barbarisme [baʀbaʀism] *m* Barbarismus *m*
barbe [baʀb] *f* ❶ Bart *m;* **~ fleurie** weißer Bart; **~ naissante** Flaum *m;* **~ de trois jours** Dreitagebart *m;* **porter la ~** einen Bart tragen [*o* haben]; **faire** [*o* **tailler**] **la ~ à qn** jdm den Bart stutzen
❷ ZOOL Bart *m; d'un chat* Schnurrhaare *Pl*

❸ BOT Granne *f*
❹ *pl* TECH Widerhaken *Pl*, Zacken *Pl*
▶ **vieille** ~ *péj* alter Griesgram (*fam*); **rire dans sa** ~ heimlich [*o* versteckt] lachen; **à la** ~ **de qn** vor jds Augen; **la** ~ **!** *fam* jetzt reicht's! (*fam*); **quelle** ~ **!** *fam* so'n Mist! (*fam*)
◆ ~ **à papa** Zuckerwatte *f*; ~ **en pointe** Spitzbart *m*
barbeau [baʀbo] <x> *m* ❶ ZOOL Barbe *f*
❷ BOT Kornblume *f*
Barbe-Bleue [baʀbəblø] *m* Blaubart *m*
barbecue [baʀbəkju] *m* ❶ (*gril*) Holzkohlengrill *m*
❷ (*repas*) **faire un** [*o* **du**] ~ grillen
barbe-de-capucin [baʀbdəkapysɛ̃] <barbes-de-capucin> *f* BOT Wilde Zichorie *f*, Wegwarte *f*
barbelé [baʀbəle] *m* Stacheldraht *m*
barbelé(e) [baʀbəle] *adj* **fil de fer** ~ Stacheldraht *m*
barber [baʀbe] <1> **I.** *vt fam* anöden (*fam*)
II. *vpr fam* **se** ~ sich langweilen
Barberousse [baʀbəʀus(ə)] *m* Barbarossa *m*
barbet [baʀbɛ] *m* Wasserspaniel *m*
▶ **suivre qn comme un** ~ jdm auf Schritt und Tritt [*o* wie ein Schatten] folgen
barbiche [baʀbiʃ] *f* Spitzbart *m*
barbichette [baʀbiʃɛt] *f fam* Spitzbärtchen *nt*
barbier [baʀbje] *m* Barbier *m*; CAN Herrenfriseur *m*
barbillon [baʀbijɔ̃] *m d'un poisson* Barbe *f*
barbiturique [baʀbityʀik] *m* PHARM Barbiturat *nt*
barbon [baʀbɔ̃] *m hum* Graubart *m* (*fam*); **vieux** ~ alter Knacker (*fam*)
barbotage [baʀbɔtaʒ] *m des canards* Plätschern *nt*
barboter [baʀbɔte] <1> **I.** *vi* ~ **dans qc** in etw (*Dat*) [herum]planschen
II. *vt fam* klauen (*fam*)
barboteuse [baʀbɔtøz] *f* Strampelhöschen *nt*
barbouillage [baʀbujaʒ] *m* ❶ (*peinture*) Geschmier[e] *nt*, Gekleckse *nt*
❷ (*écriture*) Gekritzel *nt*
barbouiller [baʀbuje] <1> **I.** *vt* ❶ (*enduire*) ~ **qn/qc de qc** jdn/etw mit etw beschmieren; **des mains barbouillées de boue/chocolat** dreck-/schokoladenverschmierte Hände
❷ (*peindre*) bepinseln (*fam*) *mur;* beklecksen, voll schmieren (*fam*) *toile*
❸ *péj* (*écrire*) vollkritzeln *papier, page;* hinschmieren (*fam*) *article*
❹ *fam* (*donner la nausée*) ~ **l'estomac à qn** jdm auf den Magen schlagen; **avoir l'estomac barbouillé** einen verdorbenen Magen haben
II. *vpr* **se** ~ **de mousse à raser** sich mit Rasierschaum einseifen; **se** ~ **le visage de confiture** sich (*Dat*) das Gesicht mit Marmelade voll schmieren
barbouilleur, -euse [baʀbujœʀ, -øz] *fam m, f* Schmierfink *m* (*fam*)
◆ ~ **de papier** *fig* Schreiberling *nt*
barbouze [baʀbuz] *f fam* Geheimagent *m*
barbu [baʀby] *m* Bärtige(r) *m*, Mann *m* mit Bart
barbu(e) [baʀby] *adj* bärtig; **être** ~**(e)** einen Bart tragen
barbue [baʀby] *f* ZOOL Glattbutt *m*
barcarolle [baʀkaʀɔl] *f* MUS Barkarole *f*
barcasse [baʀkas] *f* NAUT Barkasse *f*
barda [baʀda] *m* ❶ *arg* (*paquetage*) [Marsch]gepäck *nt*
❷ *fam* (*affaires*) Kram *m* (*fam*)
bardane [baʀdan] *f* BOT Klette *f*
barde¹ [baʀd] *f* Speckscheibe *f*
barde² [baʀd] *m* Barde *m*
bardeau [baʀdo] <x> *m* Dachschindel *f*
barder [baʀde] <1> **I.** *vt* ❶ GASTR mit Speck[scheiben] umwickeln
❷ (*garnir*) ~ **qn de décorations** jdn mit Orden dekorieren
II. *vi fam* ▶ **ça barde** es ist dicke Luft (*fam*); **ça va** ~ es wird was setzen (*fam*)
bardot [baʀdo] *m* Maulesel *m*
barème [baʀɛm] *m* Tarifordnung *f*, Tarife *Pl;* SCOL Notenmaßstab *m;* ~ **des prix** Preisliste *f;* **appliquer un** ~ *artisan:* sich nach den allgemein gültigen Tarifen richten; *professeur:* einen Bewertungsmaßstab anlegen
barge¹ [baʀʒ] *f* ORN Uferschnepfe *f*
barge² [baʀʒ] *f* NAUT Jolle *f*
barigoule [baʀigul] *f* **artichauts à la** ~ *gefüllte und in Olivenöl gekochte Artischocken*
baril [baʀil] *m* ❶ (*récipient*) Fass *nt*
❷ (*unité de mesure*) Barrel *nt*
◆ ~ **de lessive** Waschmittelltonne *f;* ~ **de pétrole** Barrel *nt* [Roh]öl; ~ **de poudre** Pulverfass *nt* ▶ **être assis(e) sur un** ~ **de poudre** auf einem Pulverfass sitzen
barillet [baʀijɛ] *m d'une montre* Federgehäuse *nt; d'un objectif* Tubus *m; d'un revolver* Trommel *f*
bariolé(e) [baʀjɔle] *adj* bunt[scheckig], bunt bemalt
barioler [baʀjɔle] <1> *vt* bunt bemalen
barjo [baʀʒo] *adj inv fam* total verrückt (*fam*)
barmaid [baʀmɛd] *f* Bardame *f*
barman [baʀman, -mɛn] <s *o* -men> *m* Barkeeper *m*
barnache [baʀnaʃ] *f v.* **bernache**
baromètre [baʀɔmɛtʀ] *m* ❶ Barometer *nt;* **le** ~ **descend/monte** das Barometer fällt/steigt; **le** ~ **est au beau [fixe]/à la pluie** das Barometer steht auf schön/auf Regen
❷ *fig* ~ **de la popularité des hommes politiques** Politbarometer
barométrique [baʀɔmetʀik] *adj* Barometer-; **échelle** ~ Barometerskala *f;* **hauteur** ~ Barometerstand *m*
baron [baʀɔ̃] *m* Baron *m*
◆ ~ **d'agneau** Lammbraten *m* (*Keulen mit Lendenstück*)
baronne [baʀɔn] *f* Baronin *f*
baroque [baʀɔk] **I.** *adj* ❶ barock; *église, musique, style* Barock-
❷ (*bizarre*) eigenartig, verschroben
II. *m* Barock *m o nt*
baroudeur [baʀudœʀ] *m fam* Haudegen *m*
barouf [baʀuf] *m fam* Heidenlärm *m* (*fam*); **faire du** ~ einen Höllenlärm machen (*fam*)
barque [baʀk] *f* Boot *nt*, Kahn *m;* ~ **de pêcheur** Fischerboot *nt*
▶ **mener la** ~ den Ton angeben, den Laden schmeißen (*fam*); **bien mener sa** ~ sein Geschäft verstehen
barquette [baʀkɛt] *f* ❶ (*tartelette*) *kleines Gebäck in Form eines Schiffchens*
❷ (*récipient*) Schale *f*, Schälchen *nt*
barracuda [baʀakyda, baʀakuda] *m* ZOOL Pfeilhecht *m*, Barrakuda *m*
barrage [baʀaʒ] *m* ❶ (*barrière*) Sperre *f;* (*sur la route*) Straßensperre; **faire** ~ **à qn** *police:* jdm den Weg versperren; *fig* jdm Steine in den Weg legen
❷ ELEC [Stau]damm *m*
❸ FBALL **match de** ~ Ausscheidungsspiel *nt*
◆ ~ **de police** Polizeisperre *f;* ~ **de régulation** [Stau]wehr *nt;* ~ **de vallée** Talsperre *f*
barre [baʀ] *f* ❶ (*pièce*) Stange *f;* ~ **de bois/fer** Holz-/Eisenstange *f*
❷ (*trait*) Strich *m;* ~ **oblique** Schrägstrich *m*
❸ SPORT (*pour la danse*) Stange *f;* (*en athlétisme*) [Sprung]latte *f;* ~ **fixe** Reck *nt;* ~**s parallèles** Barren *m;* ~**s asymétriques** Stufenbarren *m*
❹ NAUT [Ruder]pinne *f*
❺ (*vague*) Brandung *f*
❻ (*douleur*) [schmerzender] Druck; **avoir une** ~ **sur l'estomac** Magendrücken haben
▶ **avoir** ~ **sur qn** jdm gegenüber im Vorteil sein; **mettre la** ~ **trop haut** den Bogen überspannen
◆ ~ **de chocolat** Schokoladenriegel *m;* ~ **de défilement**

INFORM Bildlaufleiste *f;* ~ **d'espacement** Leertaste *f;* ~ **de fraction** Bruchstrich *m;* ~ **de menu** INFORM Menüleiste *f;* ~ **de mesure** Taktstrich *m;* ~ **de protection** Sicherheitsbügel *m;* ~ **de sélection** INFORM Auswahlmenü *nt;* ~ **des tâches** INFORM Taskleiste *f;* ~ **des témoins** Zeugenstand *m;* ~ **de titre** INFORM Titelleiste *f*

barré [baʀe] *m* MUS Barré *nt*

barré(e) [baʀe] *adj rue* gesperrt; *porte* verriegelt
▸ **qn/qc est mal ~(e)** *fam* für jdn/etw sieht es schlecht aus *(fam)*

barreau [baʀo] <x> *m* ❶ *d'une échelle* Sprosse *f; d'une grille* [Gitter]stab *m*
❷ JUR Anwaltschaft *f,* Anwaltsstand *m;* **être inscrit(e) au ~** in die Anwaltskammer aufgenommen sein
▸ **être derrière les ~x** hinter Gittern sitzen; **mettre qn derrière les ~x** jdn hinter Gitter bringen

barrer [baʀe] <1> **I.** *vt* ❶ versperren *chemin;* sperren *route;* verriegeln *porte;* ~ **le chemin/la vue à qn** jdm den Weg/die Aussicht versperren
❷ *(biffer)* durchstreichen
❸ NAUT steuern
❹ CAN *(fermer à clé)* abschließen, zuschließen
II. *vi* steuern
III. *vpr fam* **se ~** abhauen *(fam)*

barrette [baʀɛt] *f* ❶ *(pince)* [Haar]spange *f*
❷ *(bijou)* Anstecknadel *f*
❸ *(décoration)* Ordensspange *f*

barreur, -euse [baʀœʀ, -øz] *m, f* Steuermann *m/*-frau *f*

barricade [baʀikad] *f* Barrikade *f*
▸ **monter sur les ~s** auf die Barrikaden gehen

barricader [baʀikade] <1> **I.** *vt* verbarrikadieren *porte;* versperren *rue*
II. *vpr* **se ~** ❶ sich verbarrikadieren
❷ *(s'enfermer)* sich einschließen

barrière [baʀjɛʀ] *f* ❶ *(fermeture)* Absperrung *f; d'une clôture* Gatter *nt;* CHEMDFER Schranke *f*
❷ *(clôture)* Zaun *m*
❸ SPORT Hindernis *nt*
❹ *(séparation)* Barriere *f;* ~**s douanières** Zollschranken *Pl;* ~ **linguistique** Sprachbarriere; ~ **psychologique** [seelische] Hemmung
▸ **être de l'autre côté de la ~** auf der anderen Seite stehen
◆ ~ **de dégel** *Sperrung der Straße [für schwere Fahrzeuge] wegen Frostaufbruch;* ~ **de passage à niveau** Bahnschranke *f*

barrique [baʀik] *f* Fass *nt*
▸ **être plein(e) comme une ~** *fam* total blau sein *(fam)*

barrir [baʀiʀ] <8> *vi éléphant:* trompeten

barrissement [baʀismɑ̃] *m de l'éléphant* Trompeten *nt*

bar-tabac [baʀtaba] <bars-tabac> *m Bistro mit Tabakwarenverkauf*

i Land & Leute

Die **bars-tabac** sind Cafés, in denen auch Tabakwaren verkauft werden. Sie sind – ebenso wie die *bureaux de tabac* – an einem großen roten Zeichen zu erkennen, das im Volksmund *carotte* genannt wird.

baryton [baʀitɔ̃] *m* Bariton *m*

baryum [baʀjɔm] *m* CHIM Barium *nt*

bas¹ [bɑ] *m* ❶ unterer Teil, untere Hälfte; *d'une maison* Erdgeschoss *nt;* **de ~ en haut** von unten nach oben; **du ~ jusqu'en haut** *(des pieds à la tête)* von Kopf bis Fuß
❷ *(trivial)* **le ~** das Niedrige, das Gemeine
◆ ~ **de gamme** untere Preisklasse, Produkte *Pl* der unteren Preisklasse; **produit ~ de gamme** Billigprodukt *nt;* **voiture ~ de gamme** Auto *nt* der unteren Preisklasse

bas² [bɑ] *m* Strumpf *m;* ~ **de laine/soie** Woll-/Seidenstrumpf *m*
◆ ~ **de laine** *fig* Sparstrumpf *m;* **le ~ de laine des Français** die Ersparnisse der Franzosen

bas(se) [bɑ, bɑs] **I.** *adj* ❶ *(de peu de hauteur)* niedrig; *stature* klein
❷ *(à faible hauteur) branche, ciel* tief hängend; *plafond* niedrig; **être ~(se)** *soleil:* tief stehen
❸ *antéposé (inférieur)* niedrig; ~**ses eaux** Niedrigwasser *nt;* **être ~(se)** *fleuve:* wenig Wasser führen; **le ~ Rhin** der Niederrhein; **la ~se Seine** der Unterlauf der Seine
❹ *(opp: aigu)* tief
❺ *(peu intense)* leise
❻ *antéposé (dans une échelle)* niedrig; ~ **salaire** Niedriglohn *m*
❼ *(dans la hiérarchie sociale)* niedrig; *peuple* einfach
❽ *(au moral)* niedrig; *sentiment* erbärmlich; *attaques* niederträchtig; *besogne* schmutzig
II. *adv* ❶ *(à faible hauteur) voler* tief; **tomber très ~** *thermomètre:* stark fallen
❷ *(au-dessous)* **en ~** *loger* unten, im Erdgeschoss
❸ *(ci-dessous)* **voir plus ~** siehe unten
❹ *(au pied de)* **en ~ de la colline** am Fuße des Hügels
❺ *(opp: aigu)* tief
❻ *(doucement)* leise
▸ **qn est bien ~** mit jdm steht es ziemlich schlecht; *(démoralisé)* jd ist ziemlich niedergeschlagen; **mettre ~ les armes** die Waffen niederlegen; **mettre une maison à ~** ein Haus abreißen; **mettre une statue à ~** eine Statue vom Sockel stürzen; **être tombé(e) bien ~** sehr tief gesunken sein; **voler ~** unter die Gürtellinie gehen; **à ~ qn/la dictature!** nieder mit jdm/der Diktatur!

basal(e) [bazal, o] <-aux> *adj d'un organe, d'un os* basal; **métabolisme ~** Grundumsatz *m*

basalte [bazalt] *m* GEOL Basalt *m*

basaltique [bazaltik] *adj* basaltisch, aus Basalt

basane [bazan] *f* Schafleder *nt*

basané(e) [bazane] **I.** *adj* ❶ *(bronzé)* braun gebrannt, [sonnen]gebräunt
❷ *(de couleur)* dunkel[häutig]
II. *m(f) péj* Ausländer(in) *m(f)*

bas-bleu [bɑblø] <bas-bleus> *m péj* Blaustrumpf *m (veraltet)*

bas-côté [bɑkote] <bas-côtés> *m* ❶ *d'une route* [Straßen]rand *m; d'une autoroute* Seitenstreifen *m*
❷ *d'une église* Seitenschiff *nt*

bascule [baskyl] *f* ❶ *(balançoire)* Wippe *f*
❷ *(balance)* Waage *f*

basculer [baskyle] <1> **I.** *vi* ❶ *(tomber)* umkippen; ~ **dans qc** hintenüber/vornüber in etw *(Akk)* kippen
❷ *fig* ~ **dans qc** *(sombrer)* in etw *(Akk)* abgleiten
II. *vt* ❶ *(faire pivoter)* [um]kippen
❷ *(faire tomber)* ~ **qc dans qc** etw in etw *(Akk)* kippen
❸ ELEC umlegen

basculeur [baskylœʀ] *m* ❶ TECH Kippvorrichtung *f*
❷ ELEC Kippschalter *m*

base [bɑz] *f* ❶ *(pied) d'une montagne* Fuß *m; d'une statue* Sockel *m; d'un monument* Fundament *nt*
❷ *(principe)* Grundlage *f,* Basis *f;* **formation/salaire de ~** Grundausbildung *f/*-lohn *m;* **ouvrage de ~** Standardwerk *nt;* **jeter** [*o* **poser**] **les ~s de qc** die Grundlagen für etw schaffen
❸ *(connaissances élémentaires)* **la ~, les ~s** die Grundlagen
❹ *(composant principal)* Basis *f;* **à ~ de farine** auf Mehlbasis
❺ MIL [Militär]basis *f;* ~ **aérienne/navale** Luftwaffen-/Flottenstützpunkt *m*
❻ MATH, GEOM Basis *f*
❼ LING [Wort]stamm *m*
❽ CHIM Base *f,* Lauge *f*
◆ ~ **de calcul** Kalkulationsgrundlage *f;* ~ **de données** Datenbank *f;* ~ **de données relationnelles** relationale Datenbank;

~ **de données objet orienté** objektorientierte Datenbank; ~ **de lancement** Abschussrampe *f;* ~ **de loisirs** Freizeitanlage *f;* ~ **de maquillage** Grundierungscreme *f;* ~ **de ravitaillement** Versorgungsbasis *f;* ~ **de registres** INFORM Registerdatenbank *f*
base-ball [bɛzbol] *m* Baseball *m*
baser [bɑze] <1> **I.** *vt* ❶ ~ **qc sur qc** etw auf etw (*Akk*) stützen; **être basé(e) sur qc** sich auf etw (*Akk*) stützen; *roman:* auf etw (*Dat*) basieren
❷ MIL **être basé(e) à Strasbourg** in Straßburg stationiert sein
II. *vpr* **se** ~ **sur qc** sich auf etw (*Akk*) stützen
bas-fond [bɑfɔ̃] <bas-fonds> *m* ❶ (*endroit*) Untiefe *f*
❷ *pl d'une ville* Elendsviertel *Pl; d'une société* Abschaum *m* (*pej*)
basic [bazik] *m* INFORM *abr de* **Beginner's All-Purpose Symbolic Instruction Code** BASIC [*o* Basic] *nt*
basicité [bazisite] *f* CHIM Basizität *f* (*Fachspr.*)
basilic [bazilik] *m* Basilikum *nt*
basilique [bazilik] *f* Basilika *f*
basique [bazik] *adj* CHIM basisch, alkalisch
basket [baskɛt] *f* Basketballschuh *m*
► __lâche-moi__ **les** ~**s!** *fam* lass mich in Ruhe! (*fam*); **à** __l'aise__ [*o* __bien__] **dans ses** ~**s** *fam* rundherum zufrieden
basket[-ball] [baskɛt(-bol)] *m* Basketball *m*
basketteur, -euse [basketœʀ, -øz] *m, f* Basketballspieler(in) *m(f)*
basmati [basmati] *m* Basmatireis *m*
basoche [bazɔʃ] *f péj fam* Juristen *Pl*
Basquaise [baskɛz] *f* Baskin *f*
basque¹ [bask] *adj* baskisch; **Pays** ~ Baskenland *nt*
basque² [bask] *f* [Rock]schoß *m*
► **être** __pendu__**(e) aux** ~**s de qn** *fam* an jds Rockschößen hängen
Basque [bask] *mf* Baske *m*/Baskin *f*
bas-relief [bɑʀəljɛf] <bas-reliefs> *m* Basrelief *nt*
Bas-Rhin [bɑʀɛ̃] *m* **le** ~ Niederrhein *m*
basse [bɑs] *f* ❶ (*voix*) Bass *m*
❷ (*chanteur*) Bass *m,* Bassist *m*
► __doucement__ **les** ~**s** *fam* sachte, sachte (*fam*)
Basse-Autriche [bɑsotʀiʃ] *f* **la** ~ Niederösterreich *nt*
basse-cour [bɑskuʀ] <basses-cours> *f* ❶ (*lieu*) Hühnerhof *m*
❷ (*animaux*) Kleinvieh *nt*
bassement [bɑsmɑ̃] *adv se venger* niederträchtig; *penser* auf gemeine Weise
Basse-Saxe [bɑssaks] *f* **la** ~ Niedersachsen *nt*
bassesse [bɑsɛs] *f* Niederträchtigkeit *f; d'un sentiment* Erbärmlichkeit *f*
basset [basɛ] *m* (*chien*) Basset *m,* Dachshund *m*
bassin [basɛ̃] *m* ❶ (*récipient*) Becken *nt*
❷ (*pièce d'eau*) *d'une fontaine, piscine* Becken *nt; d'un jardin* [Garten]teich *m;* **grand/petit** ~ Schwimmer-/Nichtschwimmerbecken *nt*
❸ (*dans un port*) Hafenbecken *nt*
❹ GEOG ~ **d'un fleuve** Flussbecken *nt*
❺ ANAT, GEOL, MIN Becken *nt;* ~ **houiller/minier** [Stein]kohlen-/Erzbecken *nt*
◆ ~ **de décantation** Klärbecken *nt;* ~ **d'emploi** Potenzial *nt* an Arbeitsplätzen/-kräften; ~ **à flots** Dock *nt;* ~ **d'inondation** Flutungsbecken *nt;* ~ **de radoub** Trockendock *nt*
bassinant(e) [basinɑ̃, ɑ̃t] *adj fam* anödend (*fam*), stinklangweilig (*fam*)
bassine [basin] *f* Wanne *f*
◆ ~ **à confiture** Einmachtopf *m*
bassiner [basine] <1> *vt* ❶ (*humecter*) besprühen *plante*
❷ (*chauffer*) [mit dem Bettwärmer] vorwärmen
❸ *fam* (*ennuyer*) ~ **qn** jdm auf den Wecker gehen (*fam*)
bassinoire [basinwaʀ] *f* HIST Bettwärmer *m*
bassiste [basist] *mf* Bassist(in) *m(f)*
basson [basɔ̃] *m* ❶ (*instrument*) Fagott *nt*
❷ (*musicien*) Fagottist(in) *m(f)*
baster [baste] <1> *vi* CH (*céder, s'incliner*) nachgeben
bastide [bastid] *f* ❶ HIST (*ouvrage de fortification*) Festungsanlage *f*
❷ (*maison de campagne en Provence*) Landhaus *nt*
bastille [bastij] *f* (*château-fort*) Zwingburg *f;* **la Bastille** die Bastille

i Land & Leute

Die im 14. Jahrhundert erbaute **Bastille** war ein berüchtigtes Staatsgefängnis in Paris. Bei dem berühmten „Sturm auf die Bastille" am 14. Juli 1789 wurden die Gefangenen befreit und das Gebäude zerstört. Dieser Tag markierte den Beginn der Französischen Revolution. Er ist heute Nationalfeiertag in Frankreich.

bastingage [bastɛ̃gaʒ] *m* Reling *f*
bastion [bastjɔ̃] *m* ❶ (*fortification*) Bastion *f*
❷ (*haut lieu*) Bastion *f,* Bollwerk *nt; d'un parti politique* Hochburg *f*
baston [bastɔ̃] *m o f arg* Prügelei *f* (*fam*)
bastonnade [bastɔnad] *f* Bastonnade *f,* Stockschläge *Pl;* **la peine de la** ~ die Prügelstrafe
bastringue [bastʀɛ̃g] *m fam* ❶ (*attirail*) Krempel *m* (*fam*)
❷ (*vacarme*) Getöse *nt* (*fam*)
❸ (*bal*) einfaches Tanzlokal
bas-ventre [bɑvɑ̃tʀ] <bas-ventres> *m* Unterleib *m*
bât [bɑ] *m* Packsattel *m*
► **c'est là que** [*o* **où**] **le** ~ __blesse__ da drückt der Schuh
bataclan [bataklɑ̃] *m fam* Krempel *m* (*fam*)
► **et** __tout__ **le** ~ und was sonst noch so dazugehört; (*pour abréger*) und so weiter und so fort
bataille [bataj] *f* ❶ (*pendant une guerre*) Schlacht *f;* ~ **aérienne** Luftschlacht; ~ **navale** MIL Seeschlacht; (*jeu*) Schiffe versenken; **livrer** ~ MIL eine Schlacht liefern
❷ (*épreuve de force*) Kampf *m;* ~ **électorale/juridique** Wahlschlacht *f*/Rechtsstreit *m*
❸ (*bagarre*) Schlägerei *f*
❹ (*jeu*) *Kartenspiel, bei dem der gewinnt, der zuletzt alle Karten hat*
► __arriver__ **après la** ~ zu spät kommen; **avoir les cheveux** __en__ ~ zerzauste Haare haben
◆ ~ **de boules de neige** Schneeballschlacht *f;* ~ **de polochons** Kissenschlacht *f;* ~ **de rue** Straßenschlacht *f*
batailler [bataje] <1> *vi* ❶ (*se battre*) ~ **pour qc** um etw kämpfen
❷ (*argumenter*) streiten
❸ *fam* (*faire des efforts*) sich abmühen; ~ **avec qn/qc** sich mit jdm/etw herumschlagen (*fam*)
batailleur, -euse [batajœʀ, -jøz] **I.** *adj* **être** ~**(-euse)** ein Raufbold sein
II. *m, f* Kämpfer(in) *m(f),* Kämpfernatur *f*
bataillon [batajɔ̃] *m* ❶ MIL Bataillon *nt*
❷ (*grand nombre*) *de touristes* Heer *nt*
► __inconnu__**(e) au** ~ *fam* völlig unbekannt
bâtard [bɑtaʀ] *m* ❶ (*pain*) Stangenbrot *nt* (*250 g schwer*)
❷ (*enfant*) uneheliches Kind, Bastard *m* (*pej*)
❸ (*chien*) Promenadenmischung *f*
bâtard(e) [bɑtaʀ, aʀd] *adj* ❶ *enfant* unehelich; *chien* nicht reinrassig; **solution** ~**e** Kompromisslösung *f*
❷ (*de fantaisie*) **pain** ~ Stangenbrot *nt* (*250 g schwer*)
bâtarde [bɑtaʀd] *f* ❶ (*enfant*) uneheliches Kind, Bastard *m* (*pej*)
❷ (*chien*) Promenadenmischung *f*
batave [batav] *adj vieilli o hum* holländisch
batavia [batavja] *f* Batavia *m*
bateau [bato] <x> **I.** *adj fam* abgedroschen, abgenutzt

II. *m* ❶ (*embarcation*) Schiff *nt;* (*plus petit*) Boot *nt;* ~ **gonflable** Schlauchboot; **prendre le** [*o* **voyager en**] ~ mit dem Schiff fahren [*o* reisen]; **par** ~ per Schiff
❷ (*sortie de garage*) Ausfahrt *f*
▶ **on est tous dans le même** ~ wir sitzen alle in einem Boot (*fam*); **mener qn en** ~, **monter un** ~ **à qn** *fam* jdn auf den Arm nehmen (*fam*)
◆ ~ **à moteur** Motorboot *nt;* ~ **de plaisance** [Motor-/Segel]jacht *f;* ~ **de sauvetage** Rettungsboot *nt;* ~ **de tramping,** ~ **à vapeur** Dampfschiff *nt;* ~ **à voiles** Segelboot *nt*
bateau-citerne [batositɛʀn] <bateaux-citernes> *m* Tanker *m*
bateau-mouche [batomuʃ] <bateaux-mouches> *m kleines Vergnügungsschiff auf der Seine* **bateau-pilote** [batopilɔt] <bateaux-pilotes> *m* Lotsenboot *nt*
batelier, -ière [batəlje, -jɛʀ] *m, f* [Fluss]schiffer(in) *m(f);* (*passeur*) Fährmann *m*
batellerie [batɛlʀi] *f* Binnenschifffahrt *f*
bâter [bate] *vt* (*mettre un bât à*) einen Packsattel aufsetzen
bathyscaphe [batiskaf] *m* Bathyskaph *m*
bâti [bɑti] *m* ❶ COUT Heftstiche *Pl*
❷ TECH Gestell *nt,* Rahmen *m*
bâti(e) [bɑti] *adj* bebaut; **non** ~**(e)** unbebaut; **être bien/mal** ~**(e)** gut/schlecht gebaut sein, eine gute/schlechte Figur haben
batifoler [batifɔle] <1> *vi fam* herumtollen
batik [batik] *m* Batik *m o f*
bâtiment [bɑtimɑ̃] *m* ❶ (*édifice*) Gebäude *nt;* ~ **d'entreprise** Betriebsgebäude; ~ **à usage de bureaux** Bürogebäude
❷ ECON Baugewerbe *nt;* **entreprise/ouvrier du** ~ Bauunternehmen *nt*/-handwerker *m;* **être dans le** ~ im Baugeschäft sein
❸ NAUT [großes] Schiff
bâtir [bɑtiʀ] <8> *vt* ❶ bauen
❷ (*fonder*) ~ **une théorie sur qc** eine Theorie auf etw (*Akk*) stützen; ~ **sa fortune sur qc** seinen Reichtum auf etw (*Dat*) begründen
❸ COUT heften
bâtisse [bɑtis] *f* Kasten *m* (*fam*)
bâtisseur, -euse [batisœʀ, -øz] *m, f* Erbauer(in) *m(f); fig* Gründer(in) *m(f)*
batiste [batist] *f* TEXTIL Batist *m*
bâton [bɑtɔ̃] *m* ❶ (*canne*) Stock *m,* Stab *m*
❷ (*bâtonnet*) Stiel *m*
❸ (*stick*) Stift *m*
❹ (*trait vertical*) [senkrechter] Strich
❺ *fam* (*10 000 euros*) zehn Riesen (*fam*)
▶ **mettre à qn des** ~**s dans les roues** jdm Knüppel zwischen die Beine werfen; **parler à** ~**s rompus** über dieses und jenes reden
◆ ~ **de berger** Hirtenstab *m;* ~ **de colle** Klebestift *m;* ~ **de craie** [Stück *nt*] Kreide *f;* ~ **de rouge à lèvres** Lippenstift *m;* ~ **de ski** Skistock *m*
bâtonnet [bɑtɔnɛ] *m* Stöckchen *nt,* Stäbchen *nt;* (*pour examiner la gorge*) Spatel *m;* ~ **d'encens** Räucherstäbchen *nt;* ~ **de poisson** Fischstäbchen *nt*
bâtonnier [bɑtɔnje] *m* Präsident(in) *m(f)* der Anwaltskammer
batracien [batʀasjɛ̃] *m* ZOOL Amphibie *f,* Lurch *m*
battage [bataʒ] *m* ❶ (*action*) *des céréales* Dreschen *nt; d'un tapis* Klopfen *nt*
❷ (*publicité*) Rummel *m* (*fam*)
battant [batɑ̃] *m* ❶ Kämpfernatur *f*
❷ *d'une cloche* Klöppel *m*
❸ *d'une fenêtre, porte* Flügel *m;* **porte à deux** ~**s** Flügeltür *f*
battant(e) [batɑ̃, ɑ̃t] *adj personne* einsatzfreudig
battante [batɑ̃t] *f* Kämpfernatur *f*
batte [bat] *f* Schläger *m;* ~ **de base-ball** Baseballschläger
battement [batmɑ̃] *m* ❶ (*bruit*) Schlagen *nt; de la pluie* Prasseln *nt;* ~**[s] de mains/de pieds** Klatschen *nt*/Trampeln *nt*
❷ (*mouvement*) ~ **de jambes/d'ailes** Bein-/Flügelschlag *m*
❸ (*rythme*) *du pouls, cœur* Schlagen *nt; d'une horloge* Ticken *nt;* **les** ~**s de son cœur** sein/ihr Herzschlag
❹ (*intervalle de temps*) [verfügbare] Zeit; (*entre deux cours*) Pause *f*
◆ ~ **des cils** Lidschlag *m;* (*dû à un éblouissement*) Blinzeln *nt;* (*flirt*) Klimpern *nt* mit den Wimpern; ~**s de cœur** Herzklopfen *nt,* Herzrasen *nt*
batterie [batʀi] *f* ❶ AUT, MIL Batterie *f*
❷ MUS Schlagzeug *nt*
❸ (*groupe*) ~ **de tests** Testreihe *f;* **élevage en** ~ (*de poules*) Batteriehaltung *f;* (*de veaux*) Massenaufzucht *f*
▶ **recharger ses** ~**s** *fam* auftanken (*fam*)
◆ ~ **de cuisine** Topf- und Pfannenset *nt* (*einschließlich Kelle, Schaumlöffel etc.*)
batteur [batœʀ] *m* ❶ [Hand]rührgerät *nt,* [Hand]mixer *m*
❷ MUS Schlagzeuger(in) *m(f)*
batteuse [batøz] *f* Dreschmaschine *f*
battoir [batwaʀ] *m* ❶ (*instrument qui sert à battre*) Schlegel *m*
❷ *fam* (*main*) Pranke *f* (*fam*), Flosse *f* (*fam*)
battre [batʀ] <*irr*> **I.** *vt* ❶ schlagen, [ver]prügeln; ~ **la table des poings** mit den Fäusten auf den Tisch hämmern
❷ (*vaincre*) schlagen, besiegen
❸ (*travailler en tapant*) dreschen *blé;* schmieden *fer;* [aus]klopfen *tapis, matelas*
❹ (*mélanger, mixer*) schlagen *blanc d'œuf, crème;* verquirlen *œuf entier*
❺ (*frapper*) *vent, tempête:* peitschen; ~ **la fenêtre** *pluie:* gegen [*o* an] das Fenster trommeln; ~ **la falaise** *mer:* gegen [*o* an] die Steilküste branden
❻ (*parcourir en cherchant*) durchkämmen *campagne, région*
❼ MUS schlagen *mesure, tambour*
II. *vi* ❶ schlagen; *porte, volet:* klappern
❷ (*frapper*) ~ **contre qc** gegen etw schlagen; *pluie:* gegen [*o* an] etw (*Akk*) trommeln; *mer, vagues:* gegen [*o* an] etw (*Akk*) branden
❸ (*agiter*) ~ **des ailes** mit den Flügeln schlagen; ~ **des cils** blinzeln, zwinkern; ~ **des mains** [in die Hände] klatschen
III. *vpr* ❶ **se** ~ kämpfen; **se** ~ **avec qn** sich mit jdm schlagen; **se** ~ **contre qn** mit jdm [*o* gegen jdn] kämpfen; **se** ~ **à l'épée/au pistolet** sich mit dem Schwert/mit der Pistole duellieren; **il s'est bien battu** er hat sich gut geschlagen
❷ (*se disputer*) **se** ~ **avec qn pour qc** sich mit jdm um etw streiten
❸ (*militer*) **se** ~ **pour qc** für etw streiten (*geh*)
❹ (*avoir des difficultés*) **se** ~ **avec un problème** sich mit einem Problem herumschlagen
battu(e) [baty] **I.** *part passé de* **battre**
II. *adj* (*vaincu*) geschlagen, besiegt
battue [baty] *f* Suchaktion *f;* CHASSE Treibjagd *f*
batture [batyʀ] *f* CAN (*estran*) Watt *nt*
baud [bo] *m* INFORM Baud *nt*
baudet [bodɛ] *m fam* Esel *m,* Grautier *nt* (*fam*)
▶ **être chargé(e) comme un** ~ wie ein Packesel beladen sein
baudrier [bodʀije] *m* Wehrgehänge *nt*
baudroie [bodʀwa] *f* ZOOL Seeteufel *m*
baudruche [bodʀyʃ] *f* ❶ **ballon de** ~ Luftballon *m*
❷ (*personne sans caractère*) Waschlappen *m*
bauge [boʒ] *f* Schweinekoben *m;* (*taudis*) Schweinestall *m*
baume [bom] *m* Balsam *m*
▶ **qc m'a/lui a mis du** ~ **au cœur** etw ist Balsam für meine/ihre/seine Seele
baux [bo] *v.* **bail**
bauxite [boksit] *f* Bauxit *m*
bavard(e) [bavaʀ, aʀd] **I.** *adj* ❶ redselig
❷ (*indiscret*) geschwätzig (*pej*)
II. *m(f)* ❶ Schwätzer(in) *m(f)*

❷ (*indiscret*) Klatschbase *f* (*fam*)
bavardage [bavaʀdaʒ] *m* ❶ Plauderei *f,* Schwatz *m* (*fam*)
❷ (*propos vides*) Geschwätz *nt* (*fam*)
❸ (*commérages*) Klatsch *m* (*fam*), Gerede *nt* (*fam*)
bavarder [bavaʀde] <1> *vi* ❶ ~ **avec qn** mit jdm plaudern; *élève:* mit jdm schwatzen (*fam*)
❷ (*sur Internet*) chatten
❸ (*divulguer un secret*) plaudern, nicht dicht halten (*fam*)
bavarois [bavaʀwa] *m* ❶ (*dialecte*) **le** ~ Bairisch *nt,* das Bairische; *v. a.* **allemand**
❷ GASTR Bayerische Creme
bavarois(e) [bavaʀwa, waz] *adj* bay[e]risch; *dialecte* bay[e]risch, bairisch
Bavarois(e) [bavaʀwa, waz] *m(f)* Bayer(in) *m(f)*
bavasser [bavase] <1> *vi péj fam* (*bavarder*) quatschen (*fam*); (*dire des médisances*) tratschen (*fam*)
bave [bav] *f* ❶ Speichel *m; d'un animal enragé* Geifer *m,* Schaum *m*
❷ (*liquide gluant*) *des gastéropodes* Schleim *m*
❸ (*calomnie*) Geifer *m;* **étaler sa** ~ **sur qn/qc** seinen Geifer über jdn/etw ausgießen
baver [bave] <1> *vi* ❶ speicheln, geifern; *escargot, limace:* Schleim absondern
❷ (*couler*) *stylo, porte-plume:* auslaufen; *pinceau:* tropfen
❸ (*médire*) ~ **sur qn/qc** gegen jdn/etw geifern
❹ (*être ahuri de*) **en** ~ **d'envie** Stielaugen machen (*fam*); **en** ~ **de jalousie** vor Neid vergehen; **il en bave d'admiration** ihm bleibt vor Bewunderung der Mund offen stehen
▸ **en faire** ~ **à qn** *fam* jdm das Leben schwer machen (*fam*); **en** ~ **avec qn/qc** *fam* sich mit jdm/etw abmühen; **j'en ai bavé** das war ganz schön happig (*fam*)
bavette [bavɛt] *f* ❶ Lätzchen *nt; d'un vêtement* Latz *m*
❷ (*viande*) *Steakfleisch aus dem oberen Teil des Bauchlappens*
baveux, -euse [bavø, -øz] *adj* ❶ *personne, animal* speichelnd, sabbernd (*fam*); *escargot, limace* schleimig
❷ GASTR **omelette baveuse** nicht ganz gares Omelett
Bavière [bavjɛʀ] *f* **la** ~ Bayern *nt*
bavoir [bavwaʀ] *m* Latz *m,* Lätzchen *nt*
bavure [bavyʀ] *f* ❶ Klecks *m*
❷ (*erreur*) Irrtum *m*
▸ **[net(te) et] sans** ~**[s]** *fam* einwandfrei
bayer [baje] <7> *vi* ▸ ~ **aux corneilles** Maulaffen feilhaben (*fam*)
bazar [bazaʀ] *m* ❶ Kaufhalle *f*
❷ (*souk*) Basar *m*
❸ *fam* (*effets personnels*) Siebensachen *Pl* (*fam*)
❹ *fam* (*désordre*) Durcheinander *nt,* Kuddelmuddel *nt* (*fam*); (*amas d'objets hétéroclites*) Sammelsurium *nt* (*fam*)
bazarder [bazaʀde] <1> *vt fam* wegschmeißen (*fam*); (*vendre*) verscherbeln (*fam*)
bazooka [bazuka] *m* Panzerfaust *f*
B.C.B.G. [besebeʒe] *adj abr de* **bon chic bon genre** super adrett (*fam*), schnieke (*fam*)
BCE [beseø] *f abr de* **Banque centrale européenne** EZB *f*
B.C.G. [beseʒe] *m abr de* **bacille Bilié de Calmette et Guérin** (*vaccin*) BCG-Impfstoff *m;* (*vaccination*) BCG-[Schutz]impfung *f*
bd *abr de* **boulevard**
B.D. [bede] *f fam abr de* **bande dessinée** Comic *m*

i Land & Leute

Von der gezeichneten Bildergeschichte für Kinder hat sich die **B.D.** längst zu einem eigenen Genre auch für Erwachsene entwickelt. Berühmte *bandes dessinées* sind die Asterixbücher von Goscinny und Uderzo (1959) sowie von belgischen Autoren „Lucky Luke" (1946) und „Tin-tin" (1929). Aktueller Beliebtheit erfreuen sich u. a. die Comics von André Franquin.

beach-volley [bitʃvɔlɛ] *m inv* Beachvolleyball *m*
béant(e) [beɑ̃, ɑ̃t] *adj yeux* [weit] aufgerissen; *blessure* klaffend; *gouffre, trou* gähnend; **bouche** ~**e** mit offenem Mund
béarnais(e) [beaʀnɛ, ɛz] *adj* aus dem Béarn; **sauce** ~**e** Béarner Soße
Béarnais(e) [beaʀnɛ, ɛz] *m(f)* Bewohner(in) *m(f)* des Béarn
béarnaise [beaʀnɛz] **I.** *f* Sauce *f* béarnaise
II. *app* mit Sauce béarnaise
béat(e) [bea, at] *adj* ❶ (*heureux*) *air, sourire* [glück]selig; **qn est** ~ **d'admiration devant ...** jdm verschlägt es vor Bewunderung die Sprache angesichts ... (+ *Gen*)
❷ (*content de soi*) selbstgefällig
❸ (*niais*) dümmlich; *admiration, optimisme* naiv
béatement [beatmɑ̃] *adv* (*heureux*) [glücks]selig; (*content de soi*) selbstgefällig; (*niaisement*) dümmlich
béatification [beatifikasjɔ̃] *f* Seligsprechung *f*
béatifier [beatifje] <1> *vt* selig sprechen
béatitude [beatityd] *f* Glücksgefühl *nt,* [Glück]seligkeit *f*
beatnik [bitnik] *mf* Aussteiger(in) *m(f)*
beau [bo] *m* ❶ **le** ~ das Schöne; **le culte du** ~ der Schönheitskult
❷ METEO **le temps se met au** ~ das Wetter wird schön
▸ **être au** ~ **fixe** *baromètre:* auf Schön stehen; *temps:* beständig [schön] sein; *relations:* ungetrübt sein
beau, bel, belle [bo, bɛl] <x> *adj antéposé* ❶ schön; *homme* schön, gut aussehend; *femme* schön, hübsch; *voiture* schön, edel
❷ (*qui plaît à l'esprit*) schön; *travail* schön, gut; *discours* wohlgesetzt
❸ (*agréable*) schön; *voyage* schön, angenehm; **la mer est belle** das Meer [*o* die See] ist ruhig
❹ (*intensif*) schön, ordentlich; *appétit* gesund; **une belle gifle** eine saftige Ohrfeige (*fam*); **une belle somme** ein hübsches Sümmchen; **tu nous as fait une belle peur** du hast uns ganz schön Angst eingejagt
❺ (*sacré*) schön; **c'est un** ~ **gâchis!** das ist ja eine schöne Bescherung! (*fam*)
▸ **bel et bien** tatsächlich; **qn a** ~ **faire qc** jd kann etw tun, so viel er/sie will; (*plusieurs fois*) jd kann etw tun, sooft er will; **j'ai** ~ **chercher** ich kann suchen, so viel ich will; **il aura** ~ **faire** er kann machen, was er will; **on a** ~ **dire** man kann sagen, was man will; **l'avoir belle** es schön haben; **l'échapper belle** gerade noch mal Glück haben; **c'est** ~ CAN (*c'est bon*) das ist gut so, das reicht; **il fait** ~ es ist schön[es Wetter]; **se faire** ~**(belle)** sich fein machen; *femme:* sich fein [*o* schön] machen; **de plus belle** umso schlimmer
beauceron(ne) [bosʀɔ̃, ɔn] *adj* aus der Beauce [stammend]
beaucoup [boku] *adv* ❶ (*en grande quantité*) **boire** ~ viel trinken
❷ (*intensément*) **ce film m'a** ~ **plu** dieser Film hat mir sehr gut gefallen
❸ (*fréquemment*) **aller** ~ **au cinéma** [sehr] oft ins Kino gehen
❹ (*plein de*) ~ **de neige** viel Schnee
❺ (*de nombreux*) ~ **de voitures** viele Autos
❻ (*beaucoup de personnes, de choses*) ~ **pensent la même chose** viele glauben dasselbe; **il y a encore** ~ **à faire** es gibt noch viel zu tun
❼ *avec un comparatif* ~ **plus rapide/petit(e)** viel schneller/kleiner
❽ *avec un adverbe* **c'est** ~ **trop** das ist viel zu viel
▸ **c'est** ~ **dire** das ist zu viel gesagt; **être** [*o* **compter**] **pour** ~ **dans qc** eine große Rolle für etw spielen, viel zu etw beitragen; **il s'en faut de** ~ **que le stade soit plein** das Stadion ist bei weitem [noch] nicht voll; **de** ~ mit Abstand
beauf [bof] *m fam* ❶ Schwager *m*

❷ *(pauvre type)* Blödmann *m* *(fam)*, blöder Spießer *(fam)*

beau-fils [bofis] <beaux-fils> *m* ❶ Schwiegersohn *m* ❷ *(fils du conjoint)* Stiefsohn *m* **beau-frère** [bofʀɛʀ] <beaux--frères> *m* Schwager *m*

beaujolais [boʒɔlɛ] *m* *(vin)* Beaujolais *m*

beau-papa [bopapa] <beaux-papas> *m* Schwiegerpapa *m* **beau-père** [bopɛʀ] <beaux-pères> *m* ❶ Schwiegervater *m* ❷ *(conjoint de la mère)* Stiefvater *m*

beaupré [bopʀe] *m* NAUT Bugspriet *nt o m*

beauté [bote] *f* *(caractère, personne)* Schönheit *f*
▸ **être de toute ~** wunderschön sein; **c'est une femme de toute ~** sie ist eine bildschöne Frau; **se refaire une ~** *fam* sich noch etwas zurechtmachen; **être en ~** besonders schön sein; **finir l'année scolaire en ~** das Schuljahr erfolgreich [*o* mit Erfolg] beenden; **perdre en ~** *iron* mit Glanz und Gloria verlieren

beaux-arts [bozaʀ] *mpl* **les ~** die schönen Künste

i Land & Leute

An der **École des beaux-arts** werden alle Fachbereiche der Schönen Künste, darunter vor allem die Architektur, Bildhauerei und Malerei, gelehrt.

beaux-enfants [bozɑ̃fɑ̃] *mpl* Stiefkinder *Pl* **beaux-parents** [bopaʀɑ̃] *mpl* Schwiegereltern *Pl*

bébé [bebe] *m* Baby *nt;* **~ phoque** Robbenbaby

bébé-éprouvette [bebeepʀuvɛt] <bébés-éprouvettes> *m* Retortenbaby *nt*

bébête [bebɛt] **I.** *adj fam* bisschen doof *(fam)*
II. *f enfantin fam* Tierchen *nt*

be-bop [bibɔp] *m vieilli* ❶ *sans pl* *(style de jazz)* Bebop *m* ❷ *(danse)* Bebop *m*

bec [bɛk] *m* ❶ *d'un oiseau* Schnabel *m*
❷ *fam* *(bouche)* Schnabel *m* *(fam)*; **ouvrir/fermer le ~** *fam* den Schnabel aufmachen/halten
❸ *(gourmet)* **~ fin** *fam* Feinschmecker(in) *m(f)*
❹ *(extrémité pointue)* **~ [verseur]** *d'une casserole, d'un pot* Ausgießer *m; d'une cafetière, théière* Tülle *f; d'une plume* Spitze *f; d'une clarinette, flûte* Mundstück *nt*
▸ **clouer [*o* fermer] le ~ à qn** *fam personne:* jdm das Maul stopfen *(fam)*; *remarque, réponse:* jdm die Sprache verschlagen; **donner un ~ à qn** BELG *fam* jdm ein Küsschen geben; **tomber sur un ~** *fam* auf eine harte Nuss treffen
◆ **~ Bunsen** Bunsenbrenner *m;* **~ de gaz** Gaslaterne *f*

bécane [bekan] *f fam* ❶ [Fahr]rad *nt;* *(moto)* Maschine *f* *(fam)*
❷ *(machine, ordinateur)* Kiste *f* *(fam)*

bécarre [bekaʀ] *m* MUS Auflösungszeichen *nt*

bécasse [bekas] *f* ❶ ORN [Wald]schnepfe *f*
❷ *fam* *(sotte)* dumme [*o* blöde] Gans

bécasseau [bekaso] <x> *m* ORN Strandläufer *m*

bécassine [bekasin] *f* ❶ ORN Sumpfschnepfe *f*, Bekassine *f* *(Fachspr.)*
❷ *fam* *(fille)* Gänschen *nt*

bec-de-cane [bɛkdəkan] <becs-de-cane> *m* [Tür]klinke *f;* *(bouton)* Türknauf *m* **bec-de-lièvre** [bɛkdəljɛvʀ] <becs-de--lièvre> *m* Hasenscharte *f*

bêchage [bɛʃaʒ] *m* AGR [Um]Graben *nt*

béchamel [beʃamɛl] *f* Béchamelsoße *f*

bêche [bɛʃ] *f* Spaten *m*

bêcher [beʃe] <1> **I.** *vt* AGR umgraben
II. *vi* ❶ umgraben
❷ *fam* *(être fier)* hochnäsig sein *(fam)*

bêcheur, -euse [bɛʃœʀ, -øz] *m, f péj* *(homme)* eingebildeter Schnösel *(fam)*; *(femme)* eingebildete [*o* hochnäsige] Pute *(fam)*; **être ~(-euse) avec qn** jdn von oben herab behandeln

bécoter [bekɔte] <1> **I.** *vt fam* abknutschen *(fam)*
II. *vpr fam* **se ~** knutschen *(fam)*

becquée [beke] *f* **donner la ~ à qn** jdn füttern

becquerel [bɛkʀɛl] *m* Becquerel *nt*

becquet [bekɛ] *m* AUT Spoiler *m*

bec[que]tance [bɛktɑ̃s] *f fam* Fressalien *Pl* *(hum fam)*

becqueter [bɛkte] <3> **I.** *vt* ORN aufpicken
II. *vi* ❶ ORN picken
❷ *fam* *(bouffer)* *personne:* futtern *(fam)*

becter [bɛkte] <1> *vt fam* futtern *(fam)*

bedaine [bədɛn] *f fam* Wampe *f* *(fam)*; *d'un enfant* Bäuchlein *nt*

bédé [bede] *f fam* Comic *m*

bedeau [bədo] <x> *m* Kirchendiener *m,* Küster(in) *m(f)*

bédéiste [bedeist] *mf fam* Comicautor(in) *m(f)*

bédéphile [bedefil] *fam* **I.** *adj* *enfant* auf Comics versessen; **être ~** Comics lieben
II. *mf* Comicfan *m* *(fam)*

bedon [bədɔ̃] *m fam* Schmerbauch *m* *(fam)*, Wampe *f* *(fam)*

bedonnant(e) [bədɔnɑ̃, ɑ̃t] *adj fam* dick[bäuchig]

bedonner [bədɔne] <1> *vi* einen Bauch ansetzen

bédouin(e) [bedwɛ̃, in] *m(f)* Beduine *m*/Beduinin *f*

bée [be] *adj v.* **bouche**

beefsteak [biftɛk] *v.* **bifteck**

béer [bee] <1> *vi* ❶ *rare* *(être grand ouvert)* weit geöffnet sein, weit offen stehen
❷ *littér* **~ d'étonnenement** vor Staunen den Mund nicht zubekommen *(fam)*

beffroi [befʀwa] *m* ❶ Wach[t]turm *m*
❷ NORD, BELG *(campanile)* Glockenturm *m,* Beffroi *m*

bégaiement [begɛmɑ̃] *m* ❶ Stottern *nt*
❷ *(balbutiement)* *d'un bébé* **les premiers ~s** die ersten Sprechversuche
❸ *pl* *(débuts)* **les premiers ~s d'une nouvelle technologie** die ersten Gehversuche einer neuen Technik

bégayant(e) [begɛjɑ̃, ɑ̃t] *adj* ❶ *(qui bégaie)* stotternd
❷ *fig* *(qui s'exprime avec hésitation)* zögerlich

bégayer [begeje] <7> **I.** *vi* stottern
II. *vt* stammeln

bégonia [begɔnja] *m* Begonie *f*

bègue [bɛg] **I.** *adj* stotternd; **être ~** stottern
II. *mf* Stotterer *m*/Stotterin *f*

bégueule [begœl] *adj* prüde

béguin [begɛ̃] *m* Haube *f; d'un enfant* Häubchen *nt*
▸ **avoir le ~ pour qn** *fam* in jdn verknallt sein *(fam)*; **avoir le ~ pour une maison** sich auf den ersten Blick in ein Haus verlieben

béguinage [beginaʒ] *m* *(maison)* Beginenhof *m;* *(communauté)* Beginengemeinschaft *f*

béguine [begin] *f* REL Begine *f*

behaviorisme [bievjɔʀism, beavjɔʀism] *m* Behaviorismus *m*

beige [bɛʒ] **I.** *adj* beige
II. *m* Beige *nt*

beigne [bɛɲ] *f* ❶ *fam* *(claque)* Ohrfeige *f;* **donner une ~ à qn** jdm eine langen *(fam)*
❷ CAN *v.* **beignet**

beignet [bɛɲɛ] *m* Krapfen *m,* Buchtel *f* (A); **~ aux pommes** Apfelkrapfen *m,* Apfelküchle *nt* (SDEUTSCH)

bel [bɛl] *v.* **beau**

Belarus [belaʀys] *m* **le ~** Weißrussland *nt*

Belarusse [belaʀys] *mf* Weißrusse *m*/Weißrussin *f*

bel canto [bɛlkɑ̃to] *m* Belcanto *m,* Belkanto *m*

bêlement [bɛlmɑ̃] *m* ❶ *(cri des moutons)* Blöken *nt*
❷ *fig* *(plainte niaise)* Plärren *nt*

bêler [bele] <1> *vi* ❶ *mouton:* blöken; *chèvre:* meckern
❷ *fig fam* jammern *(fam)*

belette [bəlɛt] *f* ❶ ZOOL Wiesel *nt*
❷ *fam* *(fille considérée comme facile)* Flittchen *nt* *(pej fam)*

belge [bɛlʒ] *adj* belgisch

Belge [bɛlʒ] *mf* Belgier(in) *m(f)*

belgicisme [bɛlʒisism] *m* belgischer Ausdruck

Belgique [bɛlʒik] *f* **la** ~ Belgien *nt*

Belgrade [bɛlgʀad] Belgrad *nt*

bélier [belje] *m* ❶ ZOOL Widder *m*
❷ MIL Rammbock *m*
❸ TECH ~ **hydraulique** Stoßheber *m,* hydraulischer Widder

Bélier [belje] *m* ASTROL Widder *m;* **être** [**du signe du**] ~ [ein] Widder sein, im Zeichen des Widders geboren sein

belladone [bɛlladɔn] *f* Tollkirsche *f*

bellâtre [bɛlɑtʀ] *m* Beau *m* (*pej*), Schönling *m* (*pej*)

belle [bɛl] I. *adj v.* **beau**
II. *f* ❶ (*conquête*) Schöne *f;* (*petite amie*) Freundin *f*
❷ SPORT Entscheidungsspiel *nt*
▸ **la Belle et la Bête** die Schöne und das Biest; **la Belle au bois dormant** Dornröschen *nt*

belle-de-jour [bɛldəʒuʀ] <belles-de-jour> *f* ❶ BOT Winde *f* ❷ (*prostituée*) Straßenmädchen *nt* **belle-doche** [bɛldɔʃ] <belles-doches> *f péj fam* (*mère du conjoint*) Schwiegermutter *f;* (*nouvelle épouse du père*) Stiefmutter *f* **belle-famille** [bɛlfamij] <belles-familles> *f* angeheiratete Familie *f* **belle-fille** [bɛlfij] <belles-filles> *f* ❶ Schwiegertochter *f* ❷ (*fille du conjoint*) Stieftochter *f* **belle-mère** [bɛlmɛʀ] <belles-mères> *f* ❶ Schwiegermutter *f* ❷ (*conjointe du père*) Stiefmutter *f* **belle-sœur** [bɛlsœʀ] <belles-sœurs> *f* Schwägerin *f*

bellicisme [belisism, bɛllisism] *m* kriegerische Gesinnung *f*

belliciste [belisist, bɛllisist] *adj* kriegstreiberisch

belligérance [beliʒeʀɑ̃s, bɛlliʒeʀɑ̃s] *f* Status *m* einer kriegsführenden Macht

belligérant(e) [beliʒeʀɑ̃, ɑ̃t] I. *adj* Krieg führend
II. *mpl* Krieg führende Mächte *Pl*

belliqueux, -euse [belikø, -øz] *adj* ❶ kriegerisch; *discours* kriegerisch, aggressiv; *peuple* kriegerisch, kriegslustig
❷ (*querelleur*) streitlustig; *tempérament* streitlustig, hitzig; *personne* streitlustig, streitsüchtig

belon [bəlɔ̃] *f Austernart mit braunem Fleisch*

belote [bəlɔt] *f dem Schafkopf ähnliches französisches Kartenspiel;* **faire une** ~ [eine Partie [*o* Runde]] Belote spielen

bélouga [beluga] *m* ZOOL ❶ (*baleine*) Weißwal *m,* Beluga *f*
❷ (*poisson*) Hausen *m,* Beluga *f*

belvédère [bɛlvedɛʀ] *m* ❶ (*édifice*) Belvedere *nt*
❷ (*point de vue*) Aussichtspunkt *m*

bémol [bemɔl] *m* MUS b *nt,* Erniedrigungszeichen *nt;* **do/ré** ~ **majeur** Ces-/Des-Dur *nt;* **do/ré** ~ **mineur** Ces-/Des-Moll *nt;* **un** ~ **à la clé** ein vorgezeichnetes b
▸ **mettre un** ~ *fam* (*parler moins fort*) leiser sprechen; (*être moins arrogant*) halblang machen (*fam*)

bémoliser [bemɔlize] <1> *vi fig fam* (*adoucir le ton*) einen sanfteren Ton anschlagen (*fig*); (*atténuer les propos*) sachte machen (*fig fam*)

ben [bɛ̃] *adv fam* **eh** ~**!** Mensch Meier! (*fam*); ~ **ça alors!** na, so was!; **ah** ~ **dis donc!** sag bloß! (*fam*); ~ **non** nö (*fam*); ~**, mon vieux!** Junge, Junge! (*fam*)

bénédicité [benedisite] *m* Tischgebet *nt*

bénédictin [benediktɛ̃] *m* Benediktiner *m*

bénédictin(e) [benediktɛ̃, in] *adj* Benediktiner-

bénédictine [benediktin] *f* ❶ Benediktinerin *f*
❷ (*liqueur*) **la Bénédictine** der Benediktiner (*ein Kräuterlikör*)

bénédiction [benediksjɔ̃] *f* ❶ Segen *m;* **une terre de** ~ ein gelobtes Land
❷ (*action*) *d'un(e) fidèle* Segnung *f;* *d'une cloche, d'un navire* Weihe *f;* ~ **nuptiale** kirchliche Trauung; **donner la** ~ **à qn** jdn segnen
❸ (*assentiment*) Segen *m*

bénef [benɛf] *m fam abr de* **bénéfice** Profit *m,* Gewinn *m;* **c'est tout** ~ das bringt's (*fam*)

bénéfice [benefis] *m* ❶ COM Profit *m,* Gewinn *m;* **faire des** ~**s** Gewinne erzielen
❷ (*avantage*) Vorteil *m,* Nutzen *m;* **tirer** ~ **de qc** Nutzen aus etw ziehen
❸ JUR ~ **des circonstances atténuantes** Zubilligung *f* mildernder Umstände
▸ **au** ~ **de qn/qc** zugunsten jds/einer S.; **au** ~ **du doute** aus Mangel an Beweisen

bénéficiaire [benefisjɛʀ] I. *adj* ❶ *entreprise* mit Gewinn arbeitend; *opération* einträglich; **marge** ~ Gewinnspanne *f;* **être** ~ mit Gewinn arbeiten
❷ JUR, ECON anspruchsberechtigt; **les étudiants** ~**s d'une bourse** die Studierenden, die eine Studienbeihilfe beziehen; ~ **d'un allégement fiscal** steuerbegünstigt
II. *mf* Empfänger(in) *m(f);* CH *d'une retraite* Bezieher(in) *m(f),* Bezüger(in) *m(f)* (CH); ~ **d'une bourse** Bezieher(in) einer Studienbeihilfe *m;* ~ **de l'allocation logement** Wohngeldempfänger(in) *m(f)*

bénéficier [benefisje] <1a> *vi* ~ **de qc** von etw profitieren; ~ **d'un avantage fiscal** in den Genuss einer Steuervergünstigung kommen; ~ **de circonstances atténuantes** mildernde Umstände [zugebilligt] bekommen; **il bénéficie d'un non-lieu** das Verfahren gegen ihn wird eingestellt

bénéfique [benefik] *adj* günstig, vorteilhaft; **être** ~ **à qn/qc** sich günstig auf jdn/etw auswirken

Benelux [benelyks] *m* **le** ~ die Benelux[staaten]

benêt [bənɛ] *m* Dummkopf *m*

bénévolat [benevɔla] *m* Freiwilligkeit *f;* *d'une fonction* Ehrenamtlichkeit *f;* (*activité*) ehrenamtliche Tätigkeit

bénévole [benevɔl] I. *adj* ❶ freiwillig; **être** ~ **pour faire qc** etw freiwillig [*o* aus freien Stücken] tun
❷ (*gratuit*) kostenlos, unentgeltlich; *fonction* ehrenamtlich; **qn reçoit une aide** ~ jdm wird kostenlos geholfen
II. *mf* Freiwillige(r) *f(m);* (*dans une fonction*) Ehrenamtliche(r) *f(m)*

bénévolement [benevɔlmɑ̃] *adv* freiwillig; (*gratuitement*) unentgeltlich; (*dans une fonction*) ehrenamtlich

bengalais(e) [bɛ̃galɛ, ɛz] *adj* bengalesisch

Bengale [bɛ̃gal] *m* **le** ~ Bengalen *nt*

bengali [bɛ̃gali] *m* ORN Prachtfink *m*

Bengladesh [bɑ̃gladɛʃ] *v.* **Bangladesh**

bénignité [beniɲite] *f* ❶ *d'une maladie* Gutartigkeit *f,* Harmlosigkeit *f*
❷ *vieilli* (*qualité d'une personne*) Güte *f*

bénin, bénigne [benɛ̃, beniɲ] *adj* harmlos; *tumeur* gutartig; *punition* mild[e]

Bénin [benɛ̃] *m* **le** ~ Benin *nt*

béninois(e) [beninwa, waz] *adj* beninisch

Béninois(e) [beninwa, waz] *m(f)* Beniner(in) *m(f)*

béni-oui-oui [beniwiwi] *m inv fam* Jasager(in) *m(f)*

bénir [beniʀ] <8> *vt* ❶ REL segnen; weihen *cloche;* ~ **le mariage de qn** jdn trauen; **être béni(e)** gesegnet sein
❷ (*remercier*) ~ **qn/qc** jdn/etw preisen, jdm/für etwas ewig dankbar sein
❸ *fig* **être béni(e)** (*favorisé par le sort*) *époque, temps* glücklich sein

bénit(e) [beni, it] *adj* geweiht; **eau** ~**e** Weihwasser *nt*

bénitier [benitje] *m* Weihwasserbecken *nt*

benjamin(e) [bɛ̃ʒamɛ̃, in] *m(f)* ❶ Jüngste(r) *f(m),* jüngstes Kind
❷ SPORT **les** ~**s** die D-Jugend

benji [bɛnʒi] *m* Bungee-Jumping *nt*

benjoin [bɛ̃ʒwɛ̃] *m* Benzoe *f*

benne [bɛn] *f* ❶ TECH *de charbon, minerai* Lore *f;* ~ **basculante** Kipplore
❷ (*container*) Kübel *m;* *d'un camion* Mulde *f;* ~ **à béton** Betonkübel; **camion à** ~ Kipper *m*
❸ (*cabine*) *d'un téléphérique* Kabine *f*
◆ ~ **à ordures** Müll[abfuhr]wagen *m*

Benoît [bənwa] *m* Benedikt *m*

benzène [bɛ̃zɛn] *m* CHIM [Rein]Benzol *nt*

benzine [bɛ̃zin] *f* Reinigungsbenzin *nt*
benzol [bɛ̃zɔl] *m* Benzol *nt*
béotien(ne) [beɔsjɛ̃, jɛn] *m(f)* [Kultur]banause *m;* (*profane*) Laie *m*
B.E.P. [beəpe] *m abr de* **brevet d'études professionnelles** ≈ Berufsschulabschluss *m*
B.E.P.C. [beøpese] *m abr de* **brevet d'études du premier cycle** *Abgangszeugnis,* ≈ Mittlere Reife
béquée [beke] *f v.* **becquée**
béquet [bekɛ] *v.* **becquet**
béqueter [bekte] <3> *v.* **becqueter**
béquille [bekij] *f* ① Krücke *f;* **marcher avec des ~s** an Krücken gehen
② (*support*) *d'une moto, d'un vélo* Ständer *m; d'une remorque* [Deichsel]stütze *f; d'un bateau* Stützbalken *m*
③ (*bec-de-cane*) Klinke *f*
béquiller [bekije] *vi* an Krücken gehen
berbère [bɛʀbɛʀ] **I.** *adj* berberisch
II. *m* **le ~** die Berbersprache[n]
Berbère [bɛʀbɛʀ] *mf* Berber(in) *m(f)*
bercail [bɛʀkaj] *m* **rentrer** [*o* **revenir**] **au ~** *hum* in den Schoß der Familie zurückkehren; REL in den Schoß der Kirche zurückkehren
berçant(e) [bɛʀsɑ̃, sɑ̃t] *adj* CAN **chaise ~e** (*rocking-chair*) Schaukelstuhl *m*
berce [bɛʀs] *f* BELG (*berceau d'enfant*) Wiege *f*
berceau [bɛʀso] <x> *m* ① Wiege *f;* (*à roues*) Stubenwagen *m*
② (*lieu d'origine*) *d'une idée, technique* Geburtsstätte *f,* Wiege *f; d'une personne* Heimat *f,* Geburtsstätte
③ ARCHIT Rundbogen *m*
④ HORT Laubendach *nt,* Pergola *f*
▶ **dès le ~** von klein auf, von Kindesbeinen an
bercement [bɛʀsəmɑ̃] *m* Wiegen *nt*
bercer [bɛʀse] <2> **I.** *vt* wiegen *personne;* [hin und her] wiegen *canot, navire*
II. *vpr* **se ~ d'illusions sur le compte de qn/qc** sich in Illusionen über jdn/etw wiegen; **se ~ de promesses** sich von Versprechungen einlullen lassen (*fam*)
berceuse [bɛʀsøz] *f* ① Wiegenlied *nt*
② (*fauteuil*) Schaukelstuhl *m*
béret [beʀɛ] *m* **~ basque** Baskenmütze *f*
◆ **~ de marin** Matrosenmütze *f*
bérézina [beʀezina] *f fam* **la ~** der Wahnsinn; **c'est la ~!** das ist echt eine Katastrophe! (*fam*)
bergamote [bɛʀgamɔt] *f* BOT Bergamotte *f*
berge [bɛʀʒ] *f* ① Ufer *nt;* **voie exprès sur ~** Uferschnellstraße *f*
② *pl fam* (*années*) Jahre *Pl;* **avoir 40 ~s** 40 sein
berger [bɛʀʒe] *m* ① Hirte *m;* (*gardien de moutons*) Schäfer *m;* (*gardien de chèvres*) Ziegenhirt *m*
② (*chien*) Hirtenhund *m;* **~ allemand** Deutscher Schäferhund
◆ **~ des Pyrénées** Pyrenäen-Schäferhund *m*
bergère [bɛʀʒɛʀ] *f* ① Hirtin *f;* (*gardienne de moutons*) Schäferin *f;* (*gardienne de chèvres*) Ziegenhirtin *f*
② (*fauteuil*) Ohrensessel *m*
bergerie [bɛʀʒəʀi] *f* Schafstall *m*
bergeronnette [bɛʀʒəʀɔnɛt] *f* ORN Bachstelze *f*
béribéri [beʀibeʀi] *m* MED Beriberi *f*
berk [bɛʀk] *interj fam* bäh (*fam*)
berkélium [bɛʀkeljɔm] *m* Berkelium *nt*
Berlin [bɛʀlɛ̃] Berlin *nt;* **~-Est/-Ouest** Ost-/West-Berlin; **le mur de ~** die Berliner Mauer
berline [bɛʀlin] *f* ① AUT Limousine *f*
② MIN Lore *f*
berlingot [bɛʀlɛ̃go] *m* ① *tetraederförmiges Frucht- oder Gewürzbonbon mit weißen Streifen*
② (*emballage*) Tetrapak® *m*
berlinois [bɛʀlinwa] *m* **le ~** Berlinerisch *nt,* das Berlinerische; **parler [le] ~** berlinerisch sprechen, berlinern
berlinois(e) [bɛʀlinwa, az] *adj* aus Berlin, Berliner
Berlinois(e) [bɛʀlinwa, az] *m(f)* Berliner(in) *m(f);* **être ~(e)** Berliner(in) [*o* aus Berlin] sein
berlue [bɛʀly] *f fam* **dis donc, j'ai la ~** ich seh' wohl nicht richtig (*fam*); **si je n'ai pas la ~** wenn mich nicht alles täuscht
berme [bɛʀm] *f* (*chemin au bord d'un canal*) Uferweg *m;* (*dans une fortification*) *schmaler Weg zwischen Mauern und Festungsgraben*
bermuda [bɛʀmyda] *m* Bermudashorts *Pl*
Bermudes [bɛʀmyd] *fpl* **les [îles] ~** die Bermudainseln *Pl,* die Bermudas *Pl*
bernache [bɛʀnaʃ] *f* ORN Wildgans *f*
bernacle [bɛʀnakl] *f v.* **bernache**
bernard-l'[h]ermite [bɛʀnaʀlɛʀmit] *m inv* Einsiedlerkrebs *m*
berne [bɛʀn] ▶ **être <u>en</u> ~** auf halbmast [gesetzt] sein; **mettre son pavillon <u>en</u> ~** seine Flagge auf halbmast setzen
Berne [bɛʀn] Bern *nt*
berner [bɛʀne] <1> *vt* an der Nase herumführen, zum Narren halten
bernicle [bɛʀnikl] *f* Entenmuschel *f*
bernique [bɛʀnik] *f v.* **bernicle**
berrichon(e) [bɛʀiʃɔ̃, ɔn] *adj* aus dem Berry
Berrichon(e) [bɛʀiʃɔ̃, ɔn] *m(f)* Bewohner(in) *m(f)* des Berry
béryl [beʀil] *m* MINER Beryll *m;* **~ vert** Smaragd *m*
béryllium [beʀiljɔm] *m* Beryllium *nt*
berzingue [bɛʀzɛ̃g] *fam* ▶ **<u>à</u> toute ~** mit vollem Karacho (*fam*); (*niveau sonore*) mit voller Lautstärke
besace [bəzas] *f* Umhängetasche *f*
bésef [bezɛf] *fam* ▶ **ça fait** [*o* **y en a**] [*o* **c'est**] **<u>pas</u> ~** das ist lausig wenig (*fam*); **y avait pas ~ de monde** es waren lausig wenig Leute da (*fam*)
bésicles [bezikl] *fpl hum* Brille *f*
besogne [bəzɔɲ] *f* Aufgabe *f,* Pflicht *f;* (*travail*) Arbeit *f;* **abattre de la ~** flink [*o* tüchtig] arbeiten; **se mettre à la ~** sich an die Arbeit machen
▶ **aller <u>vite</u> en ~** nicht lange fackeln (*fam*); **aller un peu <u>vite</u> en ~** ein bisschen voreilig sein
besogneux, -euse [bəzɔɲø, -øz] *adj* ① bedürftig
② (*affecté à de petits travaux*) bescheiden, klein; **un employé de bureau ~** ein kleiner Büroangestellter
besoin [bəzwɛ̃] *m* ① **~ de sommeil** (*constant*) Bedarf *m* an Schlaf; (*momentané*) Bedürfnis *nt* nach Schlaf; **~ de rire/bouger** Drang *m* zu lachen/sich zu bewegen; **avoir ~ de qc** etw brauchen; **nous avons ~ de nous reposer** wir brauchen Erholung, wir müssen uns erholen; **n'avez-vous ~ de rien?** haben Sie alles, was Sie brauchen?
② *gén pl* (*nécessités*) **~s financiers** finanzielle Bedürfnisse *Pl;* **voir de petits/grands** [*o* **gros**] **~s d'argent** wenig/viel Geld brauchen; **subvenir aux ~s de qn** für jds Unterhalt aufkommen; **~s énergétiques** Energiebedarf *m;* **les ~s du corps en vitamines** der Vitaminbedarf des Körpers
③ *euph* (*nécessité d'uriner*) **~ naturel** Notdurft *f* (*geh*), Geschäft *nt* (*fam*); **faire ses ~s** sein Geschäft verrichten; **le chien fait ses ~s dans le jardin** der Hund macht in den Garten [*o* verrichtet sein Geschäft im Garten]
④ ECON, JUR Bedarf *m,* Bedürfnis *nt;* **~ en ressources** Ressourcenbedarf
▶ **pour les ~s de la <u>cause</u>** notgedrungen; **<u>au</u> ~** bei Bedarf, wenn nötig; **<u>dans</u> le ~** Not leidend, bedürftig; **être** [*o* **vivre**] **dans le ~** in Armut leben, Not leiden (*geh*)
bestiaire [bɛstjɛʀ] *m* ① (*recueil*) Bestiarium *nt*
② (*gladiateur*) Tierkämpfer *m*
bestial(e) [bɛstjal, jo] <-aux> *adj* brutal; *instinct, avidité* tierisch
bestialement [bɛstjalmɑ̃] *adv* brutal; *copuler* wie ein Tier; *manger* wie ein Schwein
bestialité [bɛstjalite] *f* Bestialität *f;* **avec ~** bestialisch

bestiaux [bɛstjo] *mpl* Vieh *nt;* **la foire aux** ~ der Viehmarkt
bestiole [bɛstjɔl] *f fam* Tier[chen] *nt*
best of [bɛstɔf] *m inv* Sampler *m*
best-seller [bɛstsɛlœʀ] <best-sellers> *m* Bestseller *m*
beta [beta] *app* INFORM **version ~ d'un programme** Betaversion *f* eines Programms
bêta, bêtasse [bɛta, bɛtɑs] *fam* **I.** *adj* dumm, dämlich (*fam*)
II. *m, f* Dussel *m* (*fam*), Dummkopf *m;* **ne fais pas le ~/la bêtasse** benimm dich nicht so doof (*fam*)
bêtabloquant [bɛtablɔkɑ̃] *m* Beta[rezeptoren]blocker *m*
bétail [betaj] *m sans pl* Vieh *nt;* **une vingtaine de têtes de ~** etwa zwanzig Stück Vieh; **gros/petit ~** Groß-/Kleinvieh
bétaillère [betajɛʀ] *f* Viehtransporter *m*
bête [bɛt] **I.** *f* ① Tier *nt;* **les ~s** (*bétail*) Vieh *nt;* **~ sauvage** wildes Tier
② (*insecte*) Viech *nt* (*pej*); (*vermine*) Ungeziefer *nt;* **~ nuisible** Schädling *m*
③ (*être humain*) Bestie *f*
④ (*animalité*) **la ~** das Animalische
▸ **être la ~ noire de qn** für jdn ein rotes Tuch sein; **chercher la petite ~** ein Haar in der Suppe suchen (*fam*); **sale ~!** *fam* (*personne*) gemeines [*o* fieses] Stück! (*fam*); (*animal*) Mistvieh! (*fam*); **être malade comme une ~** sich hundeelend fühlen; **travailler comme une ~ [de somme]** wie ein Pferd arbeiten
II. *adj personne, histoire, question* dumm, blöd[e] (*fam*); **prendre l'air** [*o* **un air**] **~** sich dumm stellen
▸ **c'est tout ~** es ist ganz einfach
◆ **~ à bon Dieu** *fam* Marienkäfer *m,* Glückskäfer *m;* **~ à cornes** Horntier *nt; pl* Hornvieh *nt;* **~ de somme** Lasttier *nt;* **~ de trait** Zugtier *nt*
bétel [betɛl] *m* (*masticatoire*) Betel *m;* (*poivrier*) Betelpfeffer *m*
bêtement [bɛtmɑ̃] *adv* ① dumm, blöd (*fam*)
② (*malencontreusement*) dummerweise
▸ **tout ~** ganz einfach
bêtifiant(e) [bɛtifjɑ̃, jɑ̃t] *adj* geisttötend
bêtifier [betifje] <1a> **I.** *vi* **~ [avec qn]** [mit jdm] albern tun [*o* herumblödeln] (*fam*)
II. *vpr* **se ~** verblöden
bêtise [betiz] *f* ① (*caractère, acte*) Dummheit *f;* **faire une grosse ~** eine große Riesendummheit machen; **c'était une ~ de ma part** das war dumm von mir
② (*parole*) Unsinn *m kein Pl,* dummes Zeug *kein Pl* (*fam*); **dire une ~** etwas Dummes sagen
③ (*peccadille*) Lappalie *f*
bêtisier [bɛtizje] *m* Stilblütensammlung *f*
béton [betɔ̃] *m* Beton *m;* **~ armé** Stahlbeton; **~ prêt à l'emploi** Fertigbeton
bétonnage [betɔnaʒ] *m* (*action de bétonner*) Betonnieren *nt*
bétonner [betɔne] <1> **I.** *vt* betonieren
II. *vi* SPORT mauern
bétonnière [betɔnjɛʀ] *f* ① Betonmischmaschine *f*
② (*camion*) Transportmischer *m*
bette [bɛt] *f* Mangold *m*
betterave [bɛtʀav] *f* Rübe *f;* **~ rouge** rote Be[e]te, rote Rübe
◆ **~ à sucre** Zuckerrübe *f*
beuglante [bøglɑ̃t] *f fam* gegrölte(s) Lied *nt*
beuglement [bøgləmɑ̃] *m* ① *de la vache, du veau* Muhen *nt; du taureau, bœuf* Brüllen *nt*
② *fig d'un chanteur* Gegröle *nt* (*fam*); *de la radio, télé* Dröhnen *nt*
beugler [bøgle] <1> *vi* ① *vache, veau:* muhen; *taureau, bœuf:* brüllen
② *fig chanteur:* grölen (*fam*); *radio, télé:* dröhnen; **faire ~ sa télé/radio** *fam* seinen Fernseher/sein Radio voll aufdrehen
beur(e) [bœʀ] *m(f)*, **beur, beurette** [bœʀ, bœʀɛt] *m, f fam in Frankreich geborenes Kind maghrebinischer Einwanderer*

i Land & Leute

Mit **beur** und den weiblichen Formen **beure** oder **beurette** werden die Kinder der Einwanderer aus den ehemaligen französischen Kolonien Tunesien, Algerien und Marokko bezeichnet. Die Betroffenen selbst verwenden diese Bezeichnungen auch und empfinden sie nicht als abwertend. Die Jugendkultur – besonders Musik, Film und Theater – wird von diesen französischen Staatsbürgerinnen und -bürgern arabischer Herkunft stark beeinflusst, wie man zum Beispiel am *raï* sehen kann, einer sehr populären Musikrichtung nordafrikanischen Ursprungs.

beurk [bœʀk] *v.* **berk**
beurre [bœʀ] *m* Butter *f;* **~ demi-sel/doux** leicht gesalzene Butter/Süßrahmbutter; **pur ~** mit reiner Butter [gebacken]
▸ **mettre du ~ dans les épinards** *fam personne:* sich (*Dat*) ein nettes Zubrot verdienen; *héritage, boulot:* ein nettes Zubrot sein; **faire son ~** *fam* seine Schäfchen ins Trockene bringen (*fam*)
◆ **~ d'anchois** Sardellenbutter *f;* **~ de cacao** Kakaobutter *f;* **~ d'écrevisses** Krabbenbutter *f;* **~ d'escargot** Schneckenbutter *f*
beurré(e) [bœʀe] *adj fam* blau (*fam*); **complètement ~(e)** sternhagelvoll (*fam*)
beurrer [bœʀe] <1> *vt* mit Butter bestreichen *tartine, toast;* [mit Butter] einfetten *moule;* **tartine beurrée** Butterbrot *nt*
beurrier [bœʀje] *m* Butterdose *f*
beurrier, -ière [bœʀje, -jɛʀ] *adj* Butter-; *industrie* Butter-, buttererzeugend
beuverie [bœvʀi] *f* Trinkgelage *nt*
bévue [bevy] *f* Fehler *m,* Schnitzer *m* (*fam*)
bézef [bezɛf] *v.* **bésef**
biafrais(e) [bjafʀɛ, ɛz] *adj* aus Biafra [stammend]
biais [bjɛ] *m* Umweg *m;* (*échappatoire*) Ausweg *m;* **par des ~** auf Umwegen; **chercher un ~** einen Ausweg suchen
▸ **de** [*o* **en**] **~** schräg; **par le ~ de qn/qc** über jdn/etw
biaiser [bjeze] <1> *vi* ① ausweichen
② *littér* (*obliquer*) **~ vers la forêt** in Richtung auf den Wald abbiegen
biathlon [biatlɔ̃] *m* Biathlon *nt*
bibelot [biblo] *m* Nippfigur *f;* **des ~s** Nippes *Pl*
bibendum [bibɛ̃dɔm] *m* ① (*homme corpulent*) Dicke(r) *m*
② *fam* (*employé de Michelin*) Beschäftigte(r) *m* bei Michelin
biberon [bibʀɔ̃] *m* Flasche *f,* Fläschchen *nt;* **élever un enfant/un animal au ~** ein Kind/ein Tier mit der Flasche großziehen
biberonner [bibʀɔne] <1> *vi fam* picheln (*fam*)
bibi [bibi] *pron pers fam* ich, meine Wenigkeit (*fam*); **ce parapluie est à ~** *fam* dieser Regenschirm gehört mir
bibine [bibin] *f fam* übles Gesöff (*fam*)
bible [bibl] *f* Bibel *f;* **la [Sainte] Bible** die Bibel
biblio [biblijo] *f fam abr de* **bibliothèque**
bibliobus [biblijobys] *m* Bücherbus *m*
bibliographie [biblijɔgʀafi] *f* Bibliographie *f*
bibliographique [biblijɔgʀafik] *adj* bibliographisch
bibliophile [biblijɔfil] *mf* Bücherliebhaber(in) *m(f)*
bibliothécaire [biblijɔtekɛʀ] *mf* Bibliothekar(in) *m(f)*
bibliothèque [biblijɔtɛk] *f* ① Bibliothek *f;* (*bibliothèque publique*) Bücherei *f;* **~ municipale** Stadtbücherei; **Bibliothèque nationale** Nationalbibliothek
② (*meuble*) (*étagère*) Bücherregal *nt;* (*armoire*) Bücherschrank *m*
③ (*kiosque*) Bücherstand *m*
④ (*collection*) Büchersammlung *f,* Bibliothek *f*
◆ **~ de prêt** Leihbücherei *f*
biblique [biblik] *adj* biblisch; *personnage* biblisch, der Bibel
bic® [bik] *m fam* (*stylo à bille*) ≈ Kuli *m*

bicarbonate [bikaRbɔnat] *m* Hydrogenkarbonat *nt,* Bikarbonat *nt* (*veraltet*); ~ **de soude** Natron *nt*
bicentenaire [bisɑ̃tnɛR] *m* zweihundertster Jahrestag; (*festivités*) Zweihundertjahrfeier *f*
bicéphale [bisefal] *adj* zweiköpfig, doppelköpfig; **l'aigle** ~ Doppeladler *m*
biceps [bisɛps] *m* Bizeps *m*
▸ **avoir des** ~ Muskeln haben, stark sein
biche [biʃ] *f* Hirschkuh *f*
▸ **ma** ~ mein Schatz
bicher [biʃe] <1> *vi fam* (*se réjouir*) happy sein (*fam*)
bichette [biʃɛt] *f* **ma** ~ mein Schätzchen
bichon(ne) [biʃɔ̃, ɔn] *m(f)* (*chien*) Malteser(in) *m(f)*
bichonner [biʃɔne] <1> **I.** *vt* herausputzen, fein machen; (*prendre bien soin de*) [ver]hätscheln; ~ **sa voiture** sein Auto auf Hochglanz bringen
II. *vpr* **se** ~ sich fein machen
bichromate [bikRɔmat] **I.** *adj* zweifarbig, bichrom (*Fachspr.*)
II. *m* Bichromat *nt*
bicolore [bikɔlɔR] *adj* zweifarbig
biconcave [bikɔ̃kav] *adj* bikonkav
biconvexe [bikɔ̃vɛks] *adj* bikonvex
bicoque [bikɔk] *f péj fam* (*maison*) Bruchbude *f* (*fam*)
bicorne [bikɔRn] *m* Zweispitz *m*
bicot [biko] *m péj vieilli Schimpfwort für nordafrikanische Männer*
bicross [bikRɔs] *m* ❶ BMX[-Rad] *nt;* (*V.T.T.*) Mountainbike *nt*
❷ (*sport*) Mountainbiking *nt*
bicyclette [bisiklɛt] *f* [Fahr]rad *nt;* ~ **d'homme/de femme** Herren-/Damen[fahr]rad; ~ **de course** Renn[sport]rad; ~ **de cyclotourisme** Tourenrad; **faire de la** ~ Rad fahren; **aller à l'école à** ~ mit dem Fahrrad zur Schule fahren, zur Schule radeln
bidasse [bidas] *m fam* [einfacher] Soldat
bide [bid] *m fam* ❶ (*ventre*) Wampe *f* (*fam*)
❷ (*échec*) Flop *m* (*fam*); **faire un** ~ **complet** ein totaler Flop sein (*fam*)
bidet [bidɛ] *m* ❶ Bidet *nt*
❷ *fam* (*cheval*) Pferdchen *nt*
bidoche [bidɔʃ] *f fam* Fleisch *nt*
bidon [bidɔ̃] **I.** *m* ❶ Kanister *m;* *de lait* Kanne *f;* (*gourde*) [Trink]flasche *f;* MIL Feldflasche *f*
❷ *fam* (*ventre*) Bäuchlein *nt,* Wampe *f* (*fam*)
▸ **c'est du** ~ *fam* [das ist] alles nur Schwindel (*fam*)
II. *adj inv fam* *attentat, attaque* Schein-; *élections* manipuliert
◆ ~ **de lait** Milchkanne *f*
bidonnage [bidɔnaʒ] *m fam* [Ver]fälschung *f*
bidonnant(e) [bidɔnɑ̃, ɑ̃t] *adj fam* spaßig, drollig
bidonner [bidɔne] <1> *vpr fam* **se** ~ sich schieflachen (*fam*)
bidonville [bidɔ̃vil] *m* Slum[siedlung *f*] *m,* Elendsviertel *nt*
bidouiller [biduje] <1> *vt fam* ~ **qc** an etw (*Dat*) herumbasteln
bidouilleur, -euse [bidujœR, -øz] *m, f fam* Bastler(in) *m(f)*
bidule [bidyl] *m fam* ❶ Dings[bums] *nt* (*fam*), Ding[sda] *nt* (*fam*)
❷ (*matraque*) [Gummi]knüppel *m*
bief [bjɛf] *m* ❶ (*portion d'un cours d'eau*) Abschnitt *m*
❷ (*canal*) *d'un moulin* Mühlbach *m*
bielle [bjɛl] *f d'une voiture* Pleuel *m,* Pleuelstange *f;* *d'une locomotive* Pleuelgestänge *nt*
biélorusse [bjeloRys] *adj* weißrussisch
Biélorussie [bjeloRysi] *f* **la** ~ Weißrussland *nt*
bien [bjɛ̃] **I.** *adv* ❶ (*beaucoup*) ~ **des gens/problèmes/années** viele Leute/Probleme/Jahre; ~ **du souci/de la chance** viele Sorgen/viel Glück; **il a** ~ **du mal à faire qc** ihm fällt es sehr schwer, etw zu tun
❷ (*très*) sehr; ~ **souvent** sehr oft; (*trop*) *jeune, fatigué* [noch] recht
❸ (*au moins*) gut, mindestens
❹ (*plus*) **c'est** ~ **mieux/trop large** das ist viel besser/zu groß; ~ **assez** mehr als genug
❺ (*de manière satisfaisante*) gut; **tu as** ~ **fait** das war richtig [*o* gut] so; **j'ai cru** ~ **faire** ich habe es gut gemeint; **tu ferais** ~ **de me le dire** du sagst es mir wohl besser
❻ (*comme il se doit*) *agir, se conduire, se tenir* richtig; *s'asseoir* richtig, anständig
❼ (*vraiment*) sehr; *vouloir* gerne; *rire* viel; *boire* eine Menge, ganz schön (*fam*); *imaginer, voir* gut; *avoir l'intention* sehr wohl; *compter sur* ganz bestimmt, sicher; **aimer** ~ **qn/qc** jdn/etw gern haben; **je veux** ~**, merci!** gern, danke!; **j'y compte** ~ ich nehme es an
❽ (*à la rigueur*) schon; **moi, je veux** ~**, mais ...** meinetwegen [schon], aber ...; **il a** ~ **voulu nous recevoir** er war so nett [*o* freundlich], uns zu empfangen; **je vous prie de** ~ **vouloir faire qc** ich bitte Sie, etw zu tun; **j'espère** ~**!** das will ich hoffen!
❾ (*pourtant*) doch; **il pouvait** ~ **penser que ...** er konnte sich doch [gleich] denken, dass ...
❿ (*en effet*) ja; **il faut** ~ **s'occuper** irgendetwas muss man ja tun; **je viendrais** ~ **à ta boum mais ...** ich würde ja gern zu deiner Fete kommen, aber ...
⓫ (*aussi*) [doch] auch; **tu l'as** ~ **fait, toi!** du hast es doch auch gemacht!
⓬ (*effectivement*) wirklich; **es-tu** ~ **certain(e) que ...?** bist du wirklich sicher, dass ...?
⓭ (*sans le moindre doute*) [sehr] wohl; **elle était** ~ **dans son bureau** sie war sehr wohl in ihrem Arbeitszimmer
⓮ (*typiquement*) **c'est** ~ **toi** das ist typisch für dich, das sieht dir ähnlich
⓯ (*probablement*) wohl, [wohl] schon; (*sûrement*) bestimmt; **il te prêtera** ~ **son vélo** er wird dir wohl schon/bestimmt sein Fahrrad leihen
▸ **qn a** ~ **eu qn** *fam* jd hat jdn ganz schön reingelegt (*fam*); **entendre** ~ **faire qc** die feste Absicht haben, etw zu tun; **j'entends** ~ **ne pas le faire** ich habe nicht die geringste Absicht, das zu tun; **pour** ~ **faire, il faudrait faire qc** das Beste wäre, etw zu tun; **ça fait** ~ das macht sich gut; *iron* das macht sich gut, das passt; **c'est** ~ **fait pour lui/elle!** das geschieht ihm/ihr [ganz] recht!; **il faut** ~**!** was sein muss, muss sein!; **ça tombe** ~**!** das trifft sich gut!; **tomber** ~ gerade recht kommen; **qn va** ~ jdm geht es gut; **comment allez-vous? – Bien merci** wie geht es Ihnen? – Gut, danke [*o* danke, gut]; **eh** ~**!** na!; (*menace*) na warte! (*fam*); (*surprise*) [na *fam*] so was!; (*accord*) na gut!; (*incitation*) na [los]!; **eh** ~**, qu'est-ce que tu attends?** na [los], worauf wartest du denn?; **ou** ~ oder [lieber]; ~ **plus** schlimmer noch; ~ **que tu sois trop jeune** obwohl du zu jung bist; **tant et si** ~ **que je suis arrivé(e) en retard** sodass [*o* so dass] ich letztendlich zu spät eingetroffen bin; **tant** ~ **que mal** mehr schlecht als recht
II. *adj inv* ❶ **être** ~ gut sein
❷ (*en forme*) **qn est** ~ jdm geht es gut; **se sentir** ~ sich wohl fühlen
❸ (*à l'aise*) **être** ~ es bequem haben; **être** ~ **avec qn** sich gut mit jdm verstehen
❹ (*joli*) schön; *femme* schön, hübsch; *homme* schön, gut aussehend; **il est** ~ **pour son âge** er sieht [noch] gut aus für sein Alter
❺ (*sympathique*) nett, in Ordnung
❻ (*comme il faut*) anständig; **ils ont l'air** ~ sie scheinen anständige Leute zu sein
❼ (*présentable*) vornehm, fein
III. *m* ❶ (*avantage, intérêt*) ~ **général** [All]gemeinwohl *nt*
❷ (*capital matériel*) Gut *nt,* Habe *f;* *pl* Hab *nt* und Gut; **avoir du** ~ Vermögen haben, vermögend sein
❸ (*qualité morale*) **le** ~ **et le mal** das Gute und das Böse; **un homme de** ~ ein guter [*o* edler] Mensch

④ *gén pl* JUR Sache *f,* Gut *nt;* **~s collectifs** Kollektivgüter; **~s corporels** Sachvermögen *nt,* Realvermögen; **~ foncier** Grundbesitz *m*
⑤ *gén pl* (*produit, marchandise*) Gut *nt*
▸ **dire grand ~ de qn/qc** jdn/etw in den höchsten Tönen loben; **~ mal acquis ne profite jamais** *prov* unrecht Gut gedeiht nicht; **dire du ~ de qn/qc** jdm/einer S. Gutes nachsagen; **on m'a dit beaucoup de ~ de toi** ich habe viel Gutes über dich gehört; **c'est pour le ~ de qn** es ist [nur] zu jds Besten; **faire du ~ à qn** jdm gut tun; **mener à ~** zu einem guten Ende bringen; **parler en ~ de qn/qc** nur Gutes über jdn/etw erzählen; **penser du ~ de qn/qc** viel von jdm/etw halten, eine gute Meinung von jdm/einer S. haben; **vouloir du ~ à qn** es gut mit jdm meinen; **je ne veux que ton ~** ich will [doch] nur dein Bestes
◆ **~s de consommation** Konsumgüter *Pl,* Verbrauchsgüter; **~s de famille** Familienbesitz *m;* **~s d'investissement** Investitionsgüter *Pl;* **~s de production** Produktionsgüter *Pl*

bien-aimé(e) [bjɛ̃neme] <bien-aimés> **I.** *adj* geliebt **II.** *m(f)* Geliebte(r) *f(m),* [Herzaller]liebste(r) *f(m);* **Louis XV, dit le Bien-aimé** Ludwig XV., genannt der Vielgeliebte **bien-être** [bjɛ̃nɛtʀ] *m sans pl* ① Wohlbefinden *nt;* **une sensation de ~** ein wohliges Gefühl ② (*confort*) Wohlstand *m*

bienfaisance [bjɛ̃fəzɑ̃s] *f* Wohltätigkeit *f;* **association de ~** Wohlfahrtsverband *m,* karitative Einrichtung; **au profit d'une œuvre de ~** für wohltätige [*o* karitative] Zwecke

bienfaisant(e) [bjɛ̃fəzɑ̃, ɑ̃t] *adj personne* wohltätig; *climat, pluie* wohltuend; **être ~(e) à qn** für jdn wohltuend [*o* eine Wohltat] sein

bienfait [bjɛ̃fɛ] *m* ① Wohltat *f; du ciel, des dieux* Wohltat, Geschenk *nt*
② *pl* (*effet*) *de la science, civilisation* Errungenschaften *Pl; d'un traitement, de la paix* wohltuende Wirkung, Wohltat *f*

bienfaiteur, -trice [bjɛ̃fɛtœʀ, -tʀis] *m, f* ① Wohltäter(in) *m(f)*
② (*mécène*) Gönner(in) *m(f)*

bien-fondé [bjɛ̃fɔ̃de] <bien-fondés> *m* Richtigkeit *f;* JUR *d'une réclamation, revendication* Berechtigung *f; d'un argument* Stichhaltigkeit *f* **bien-fonds** [bjɛ̃fɔ̃] <biens-fonds> *m* JUR Grundbesitz *m;* **les biens-fonds** Liegenschaften *Pl*

bienheureux, -euse [bjɛ̃nœʀø, -øz] **I.** *adj littér* glücklich; *nouvelle* glücklich, sehr gut; REL *personne* selig
II. *m, f* Selige(r) *f(m)*

biennal(e) [bjɛnal, o] <-aux> *adj* zweijährlich; (*qui dure deux ans*) zweijährig; **être ~(e)** *événement:* alle zwei Jahre stattfinden; *publication:* alle zwei Jahre erscheinen

biennale [bjɛnal] *f* Biennale *f*

bien-pensant(e) [bjɛ̃pɑ̃sɑ̃, ɑ̃t] <bien-pensants> **I.** *adj* konformistisch
II. *m(f)* Konformist(in) *m(f)*

bienséance [bjɛ̃seɑ̃s] *f* Anstand *m;* **les règles de la ~** die Regeln des Anstands; THEAT die Regeln der Bienseance

bientôt [bjɛ̃to] *adv* ① bald, demnächst; **c'est pour ~** es ist bald so weit; **à ~!** bis bald!
② (*rapidement*) bald, in Kürze

bienveillance [bjɛ̃vɛjɑ̃s] *f* Wohlwollen *nt;* **avec ~** wohlwollend

bienveillant(e) [bjɛ̃vɛjɑ̃, jɑ̃t] *adj* wohlwollend; *comportement* wohlwollend, entgegenkommend; **se montrer ~(e) envers qn** jdm mit Wohlwollen begegnen

bienvenu [bjɛ̃v(ə)ny] *m* **être le ~ pour qn/qc** jdm/einer S. gelegen kommen [*o* willkommen sein]
▸ **sois/soyez le ~** [sei/seien Sie] [herzlich] willkommen

bienvenu(e) [bjɛ̃v(ə)ny] *adj* willkommen; **être ~(e)** willkommen sein; (*arriver à point nommé*) gelegen kommen

bienvenue [bjɛ̃v(ə)ny] **I.** *f* ① **être la ~ pour qn/qc** jdm/einer S. gelegen kommen [*o* willkommen sein]
② (*salutation d'accueil*) **souhaiter la ~ à qn** jdn [herzlich] willkommen heißen
▸ **sois/soyez la ~** [sei/seien Sie] [herzlich] willkommen
II. *interj* CAN *fam* **~ !** (*je vous en prie*) gern geschehen!, keine Ursache!

bière¹ [bjɛʀ] *f* Bier *nt;* **~ blonde/brune** helles/dunkles Bier
◆ **~ [à la] pression** Bier vom Fass *nt,* Fassbier *nt*

bière² [bjɛʀ] *f* Sarg *m;* **mettre qn en ~** jdn in den Sarg legen

biffer [bife] <1> *vt* [aus]streichen, durchstreichen

bifidus [bifidys] *m* Bifidusbakterium *nt* (*zur Milchfermentierung benützt*)

bifocal(e) [bifɔkal, o] <-aux> *adj* Bifokal-

bifteck [biftɛk] *m* [Beef]steak *nt*
▸ **gagner son ~** *fam* sich seine Brötchen verdienen (*fam*)

bifurcation [bifyʀkasjɔ̃] *f* ① Gabelung *f,* Abzweigung *f; d'une voie ferrée* Abzweigstelle *f*
② BOT, ANAT Gabelung *f; d'une tige* Gabelung, Verzweigung *f; d'une artère* Gabelung, Bifurkation *f* (*Fachspr.*)

bifurquer [bifyʀke] <1> *vi* ① sich gabeln, sich teilen
② (*changer de direction*) abbiegen; **~ vers la droite/la gauche** nach rechts/links abbiegen
③ (*changer d'occupation*) **~ vers qc** auf etw (*Akk*) umsatteln

bigame [bigam] **I.** *adj* bigamistisch
II. *m* Bigamist(in) *m(f)*

bigamie [bigami] *f* Bigamie *f*

bigarade [bigaʀad] *f* Pomeranze *f,* Bitter-Orange *f*

bigarré(e) [bigaʀe] *adj tissu* bunt[gemustert]; *foule, langue, société* bunt gemischt

bigarreau [bigaʀo] <x> *m* BOT Knorpelkirsche *f*

bigarrure [bigaʀyʀ] *f d'un tissu* Musterung *f*

big-bang [bigbɑ̃g] *m* Urknall *m*

bigler [bigle] <1> *vi fam* (*loucher*) schielen

bigleux, -euse [biglø, -øz] *adj fam* **être ~(-euse)** (*loucher*) schielen; (*voir mal*) schlecht sehen

bigophone [bigɔfɔn] *m fam* Telefon *m;* **passer un coup de ~ à qn** jdn anklingeln (*fam*)

bigorneau [bigɔʀno] <x> *m* ZOOL Strandschnecke *f*

bigot(e) [bigo, ɔt] **I.** *adj* bigott
II. *m(f)* Frömmler(in) *m(f)*

bigoterie [bigɔtʀi] *f* Bigotterie *f*

bigoudi [bigudi] *m* Lockenwickler *m;* **être en ~s** Lockenwickler im Haar haben

bigre [bigʀ] **I.** *m fam* Kerl *m;* **ce ~ de fainéant!** so ein Faulpelz! (*fam*)
II. *interj* **~!** Donnerwetter!

bigrement [bigʀəmɑ̃] *adv fam* verdammt (*fam*)

bihebdomadaire [biɛbdɔmadɛʀ] *adj* **être ~** *journal, revue:* zweimal wöchentlich erscheinen; *émission:* zweimal wöchentlich gesendet werden; *cours, réunion:* zweimal wöchentlich stattfinden

bijou [biʒu] <x> *m* ① Schmuckstück *nt;* **des ~x** Schmuckstücke *Pl,* Schmuck *m;* **des ~x fantaisie** Modeschmuck; **les ~x de famille** der Familienschmuck
② (*chef-d'œuvre*) Juwel *nt,* Kleinod *nt*

bijouterie [biʒutʀi] *f* ① Juweliergeschäft *nt*
② (*art*) Goldschmiedekunst *f*
③ (*commerce*) Schmuckgeschäft *nt*
④ (*objets*) Schmuck[waren *Pl*] *m*

bijoutier, -ière [biʒutje, -jɛʀ] *m, f* Juwelier(in) *m(f)*

bikini® [bikini] *m* Bikini *m*

bilame [bilam] *m* TECH Bimetall *nt,* Bimetallstreifen *m*

bilan [bilɑ̃] *m* ① [Geschäfts]bilanz *f;* **dresser [*o* établir] le ~** die Bilanz erstellen; **déposer le ~** Konkurs anmelden
② (*résultat*) Bilanz *f;* **faire le ~ d'une situation** die Bilanz aus einer Situation ziehen
③ MED Untersuchung *f;* **~ sanguin** Blutuntersuchung
◆ **~ de santé** Check-up *m,* [allgemeine] Vorsorgeuntersuchung

bilatéral(e) [bilateʀal, o] <-aux> *adj* ① (*des deux côtés*) beidseitig; *stationnement* auf beiden Seiten
② MED doppelseitig

bilboquet [bilbɔkɛ] *m* Fangbecherspiel *nt*
bile [bil] *f* ① ANAT Galle *f*
② (*amertume*) Verbitterung *f*
► **se faire de la ~ pour qc** sich (*Dat*) Sorgen wegen etw machen
biler [bile] <1> *vpr fam* **se ~** sich beunruhigen, sich Sorgen machen; **ne pas se ~** sich nicht aufregen
bileux, -euse [bilø, -øz] *adj fam* besorgt
bilharziose [bilaʀzjoz] *f* MED Bilharziose *f*
biliaire [biljɛʀ] *adj* Gallen-; **calculs ~s** Gallensteine *Pl*
bilingue [bilɛ̃g] **I.** *adj* zweisprachig
II. *mf* Zweisprachige(r) *f(m)*
bilinguisme [bilɛ̃gɥism] *m* Zweisprachigkeit *f*
billard [bijaʀ] *m* ① Billard[spiel *nt*] *nt*; **~ électrique** Flipper[automat *m*] *m*; **faire un ~** [eine Partie] Billard spielen
② (*lieu*) Billardzimmer *nt*; (*table*) Billardtisch *m*
► **passer sur le ~** *fam* unters Messer kommen (*fam*)
bille[1] [bij] *f* ① Murmel *f*; **jouer aux ~s** [mit] Murmeln spielen
② (*au billard*) [Billard]kugel *f*
③ TECH **crayon** [*o* **stylo**] **à ~** Kugelschreiber *m*; **roulement à ~s** Kugellager *nt*; **déodorant à ~** Deoroller *m*
④ *pl fam* (*yeux*) Glotzer *Pl* (*fam*); **rouler des ~s** *fam* große Augen machen (*fam*)
⑤ *fam* (*figure*) Visage *f* (*sl*)
◆ **~ de billard** *fam* (*crâne*) Glatzkopf *m* (*fam*)
bille[2] [bij] *f* [Holz]klotz *m*
billet [bijɛ] *m* ① Eintrittskarte *f*; **~ de cinéma/théâtre** Kino-/Theaterkarte
② (*titre de transport*) *d'autobus* Fahrschein *m*; *de train* Fahrkarte *f*; *d'avion* [Flug]ticket *nt*, Flugschein; **~ aller/aller-retour** Einzel-/Rückfahrkarte
③ (*numéro*) Los *nt*; **~ de loterie** [Lotterie]los, Lotterieschein *m*
④ (*argent*) [Geld]schein *m*, [Bank]note *f*; **faux ~** falsche Banknote, Blüte *f* (*fam*); **~ vert** [amerikanischer] Dollar; **en ~s de cent euros** in Hundert-Euro-Scheinen
⑤ (*message*) Zettel *m*, Briefchen *nt*; **un ~ d'absence/d'excuse** eine Entschuldigung; **~ doux** Liebesbrief *m*
◆ **~ de banque** Banknote *f*; **~ d'entrée** Eintrittskarte *f*; **~s [en] euro** Euro-Banknoten *Pl*, Euro-Scheine *Pl*; **~ au porteur** an den Inhaber zahlbarer Wechsel
billetterie [bijɛtʀi] *f* ① Kasse *f*
② (*distributeur de billets*) Geldautomat *m*, Bankomat *m*; **~ automatique** Fahrkartenautomat *m*
billion [biljɔ̃] *m* ① (*million de millions*) Billion *f*
② *vieilli* (*mille millions*) Milliarde *f*
billot [bijo] *m* ① (*tronçon de bois*) Holzblock *m*; (*pour couper du bois*) Hackblock *m*; (*pour une décapitation*) Richtblock *m*
② TECH Unterlage *f*
bimbo [bimbo] *f fam* Modepüppchen *nt* (*fam*), Modetussi *f* (*sl*)
bimensuel(le) [bimɑ̃sɥɛl] *adj* **être ~(le)** *journal, revue:* zweimal im Monat erscheinen; *émission:* zweimal im Monat ausgestrahlt werden [*o* gesendet]; *cours, réunion:* zweimal im Monat stattfinden
bimestriel(le) [bimɛstʀijɛl] *adj* **être ~(le)** *journal, revue:* alle zwei Monate erscheinen; *émission:* alle zwei Monate ausgestrahlt werden; *cours, réunion:* alle zwei Monate stattfinden
bimétallisme [bimetalism] *m* HIST Bimetallismus *m*
bimillénaire [bimi(l)lenɛʀ] **I.** *adj* zweitausendjährig
II. *m* zweitausendster Jahrestag *m*
bimoteur [bimɔtœʀ] **I.** *adj inv avion, bateau* zweimotorig
II. *m* (*avion*) zweimotoriges Flugzeug
binage [binaʒ] *m* AGR [Um]Hacken *nt*
binaire [binɛʀ] **I.** *adj* binär; **nombre ~** Binärzahl *f*; **numération ~** Binärsystem *nt*, Dualsystem; **des données ~s** Binärdaten *Pl*
II. *m* Binärdatei *f*
biner [bine] <1> *vt* [durch]hacken; harken *allée, chemin*
binette [binɛt] *f* ① Hacke *f*
② *fam* (*visage*) Gesicht *nt*; **t'en fais une sacrée ~** du machst ja vielleicht ein komisches Gesicht
bineuse [binøz] *f* AGR Hackmaschine *f*
bing [biŋ] *interj* peng
bingo [biŋgo] *m* (*jeu*) Bingo *nt*
biniou [binju] *m* [bretonischer] Dudelsack
binocle [binɔkl] *m* ① *vieilli* (*téléscope double*) Binokel *nt* (*veraltet*)
② (*lunettes sans branches*) Kneifer *m*, Zwicker *m* (*veraltet*); **mes ~s** *fam* meine Brille
binoculaire [binɔkylɛʀ] *adj* binokular; **vision ~** binokulares Sehen
binôme [binom] *m* MATH Binom *nt*
bin's, binz [bins] *m fam* (*désordre*) Chaos *nt*; (*affaire compliquée*) Zirkus *m* (*fam*); **c'est tout un ~ pour aller chez elle** das ist vielleicht ein Zirkus, bis man zu ihr kommt (*fam*)
biocarburant [bjokaʀbyʀɑ̃] *m* Biokraftstoff *m*
biochimie [bjoʃimi] *f* Biochemie *f*
biochimiste [bjoʃimist] *mf* Biochemiker(in) *m(f)*
biodégradable [bjodegʀadabl] *adj détergents* biologisch abbaubar; *sachet, matière plastique* kompostierbar
biodégrader [bjodegʀade] <1> *vpr* **se ~** sich biologisch abbauen
biodiversité [bjodivɛʀsite] *f* BIO Artenvielfalt *f*
bioénergétique [bjoenɛʀʒetik] *f* PHYS Bioenergetik *f*
bioénergie [bjoenɛʀʒi] *f* PSYCH Bioenergetik *f*
bioéthique [bjoetik] *f* Bioethik *f*
biographie [bjɔgʀafi] *f* Biografie *f*
biographique [bjɔgʀafik] *adj* biografisch
bio-industrie [bjoɛ̃dystʀi] *f* Bioindustrie *f*
biologie [bjɔlɔʒi] *f* Biologie *f*
biologique [bjɔlɔʒik] *adj conditions, agriculture* biologisch; **aliments ~s** Biokost *f*; **les sciences ~s** die Biologie
biologiser [bjɔlɔʒize] <1> *vt fam* streng biologisch deuten/erklären
biologiste [bjɔlɔʒist] *mf* Biologe *m*/Biologin *f*
biomasse [bjomas] *f* Biomasse *f*
bionique [bjɔnik] *f* Bionik *f*
biophysique [bjofizik] *f* Biophysik *f*
biopsie [bjɔpsi] *f* Biopsie *f*
biorisque [bjoʀisk] *m* Biogefährdung *f*
biorythme [bjoʀitm] *m* Biorhythmus *m*
biosphère [bjosfɛʀ] *f* Biosphäre *f*
biosynthèse [bjosɛ̃tɛz] *f* Biosynthese *f*
biotechnique [bjotɛknik] *f* Biotechnik *f*
biotechnologie [bjotɛknɔlɔʒi] *f* Biotechnologie *f*
biotope [bjɔtɔp] *m* Biotop *nt*
bioxyde [bijɔksid] *m* Dioxid *nt*, Dioxyd *nt*
bip [bip] *m* Tonzeichen *nt*; *fam* (*appareil*) Piepser *m*; **~ sonore** Pfeifton *m*
biparti(e) [bipaʀti] *adj gouvernement, système* Zweiparteien-; *accord* bilateral; *comité* aus Vertretern beider Seiten [zusammengesetzt]; *portillon* zweiteilig
bipartisme [bipaʀtism] *m* POL Zweiparteiensystem *nt*
bipartite [bipaʀtit] *adj v.* **biparti**
bipartition [bipaʀtisjɔ̃] *f* Zweiteilung *f*
bipède [bipɛd] **I.** *adj* zweifüßig
II. *m* Zweifüßer *m*; *hum* (*homme*) Zweibeiner *m*
biper [bipe] <1> *vt fam* anpiepsen (*fam*)
biphasé(e) [bifaze] *adj* zweiphasig
biplace [biplas] **I.** *adj* zweisitzig
II. *m* Zweisitzer *m*
biplan [biplɑ̃] *m* Doppeldecker *m*
bipolaire [bipɔlɛʀ] *adj* PHYS *a. fig* bipolar
bique [bik] *f fam* Ziege *f*
► **vieille ~** *péj* alte [Zimt]ziege [*o* [Zimt]zicke] (*fam*)

biquet(te) [bikɛ, ɛt] *m(f) fam* ► **mon ~/ma ~te** mein Schätzchen
birbe [biʀb] *m fam* **vieux ~** alter Knacker (*pej fam*)
biréacteur [biʀeaktœʀ] *m* zweistrahliges Flugzeug
biréfringence [biʀefʀɛ̃ʒɑ̃s] *f* PHYS Doppelbrechung *f*
birman(e) [biʀmɑ̃, an] *adj* birmanisch
Birman(e) [biʀmɑ̃, an] *m(f)* Birmane *m*/Birmanin *f*
Birmanie [biʀmani] *f* HIST **la ~** Birma
bis [bis] **I.** *adv* MUS da capo; **c'est marqué ~** hier steht ein Wiederholungszeichen
► **~!** Zugabe!
II. *m* Dakapo *nt*
III. *app* **n° 12 ~** Nr. 12a
bis(e) [bi, biz] *adj* graubraun; **pain ~** Mischbrot *nt*, Graubrot *nt*
bisaïeul(e) [bizajœl] *m(f)* Urgroßvater *m*/-mutter *f*; **les ~s** die Urgroßeltern
bisannuel(le) [bizanɥɛl] *adj plante* zweijährig; (*biennal*) zweijährlich
bisbille [bizbij] *f fam* Zwist *m*, Kabbelei *f* (*fam*)
biscornu(e) [biskɔʀny] *adj forme* bizarr, absonderlich; *idée, esprit* verschroben, verrückt
biscoteau [biskɔto] <x> *m fam* Bizeps *m*
biscotte [biskɔt] *f* Zwieback *m*
biscuit [biskɥi] *m* ❶ Keks *m*; **~ à la cuiller** Löffelbiskuit *m*, Biskotte *f* (A); **~ fourré à la vanille** mit Vanillecreme gefüllter Keks; **~s salés** Salzgebäck *nt*
❷ (*pâtisserie*) Biskuit *m*; **~ roulé** Biskuitrolle *f*
❸ (*céramique*) Biskuitporzellan *nt*
◆ **~ de chien** Hundekuchen *m*
biscuiterie [biskɥitʀi] *f* (*fabrication*) Keksherstellung *f*; (*entreprise*) Keksfabrik *f*
bise¹ [biz] *f* (*vent du Nord*) kalter Nordwind
bise² [biz] *f fam* Küsschen *nt*, Bussi *nt* (*fam*); **faire la ~ à qn** jdm ein Küsschen geben; **se faire la ~** sich Küsschen geben; **grosses ~s!** viele Grüße und Küsse!

i Land & Leute

Das Küsschen auf die Wange gehört in Frankreich zur Begrüßung und Verabschiedung dazu – vorausgesetzt, man ist bekannt miteinander, kennt sich vom Sehen oder über Dritte. Unter Verwandten ist es selbstverständlich. Auch Männer begrüßen sich mitunter mit einer **bise**, verbunden mit einer Umarmung; in der Regel geben sie sich aber die Hand.

biseau [bizo] <x> *m* [abgeschrägte] Kante; **être taillé(e) en ~** abgeschrägt sein; *miroir, glace:* facettiert sein
biseauter [bizote] <1> *vt* ❶ TECH abschrägen; facettieren *miroir, diamant*
❷ CARTES zinken
bisexualité [bisɛksɥalite] *f* ❶ BOT, ZOOL Zweigeschlechtigkeit *f*
❷ PSYCH *d'une personne* Bisexualität *f*
bisexuel(le) [bisɛksɥɛl] *adj* bisexuell
bismuth [bismyt] *m* Wismut *nt*
bison [bizɔ̃] *m* Bison *m*; (*d'Europe*) Wisent *m*
► **Bison futé** *Informationen zum Vermeiden/Umfahren von Staus*
bisou [bizu] *m fam* Bussi *nt* (*fam*), Küsschen *nt*
bisque [bisk] *f* **~ de homard/d'écrevisses** feine Hummer-/Krebssuppe
bisquer [biske] <1> *vi* sich ärgern, fuchsig werden (*fam*); **faire ~ qn** jdn auf die Palme bringen (*fam*)
bissectrice [bisɛktʀis] *f* MATH Winkelhalbierende *f*
bisser [bise] <1> *vt* wiederholen *vers, chanson;* **~ un acteur/un musicien** eine Zugabe von einem Schauspieler/einem Musiker fordern
bissextile [bisɛkstil] *adj* **année ~** Schaltjahr *nt*
bistouri [bistuʀi] *m* Skalpell *nt*; **~ électrique** Operationselektrode *f*
bistre [bistʀ] *m* (*couleur*) Schwarzbraun *nt*; (*matière*) Bister *m*
bistro[t] [bistʀo] *m fam* Kneipe *f* (*fam*), Bistro *nt*
bistrotier, -ière [bistʀɔtje, -jɛʀ] *m, f* Bistrobetreiber(in) *m(f)*
bit [bit] *m* INFORM Bit *nt*
B.I.T. [beite] *m abr de* **bureau international du travail** IAO *f*
bite [bit] *f fam* Schwanz *m* (*sl*)
bitte [bit] *f* ❶ NAUT Poller *m*
❷ *fam* (*pénis*) *v.* **bite**
◆ **~ d'amarrage** Poller *m* (*am Kai*); **~ d'enroulement** Poller *m* (*auf dem Schiff*)
bitume [bitym] *m* ❶ Asphalt *m*
❷ *fam* (*trottoir*) Trottoir *m*
bitumer [bityme] <1> *vt* asphaltieren
bitumineux, -euse [bityminø, -øz] *adj* bituminös; **schiste ~** Ölschiefer *m*
biture [bityʀ] *f fam* ► **prendre une ~** sich besaufen (*vulg*)
biturer [bityʀe] <1> *vpr fam* **se ~** sich besaufen (*vulg*)
bivalent(e) [bivalɑ̃, ɑ̃t] *adj* CHIM zweiwertig, bivalent (*Fachspr.*)
bivouac [bivwak] *m* Biwak *nt*
bivouaquer [bivwake] <1> *vi* biwakieren
bizarre [bizaʀ] **I.** *adj* seltsam, merkwürdig, eigenartig
II. *m* Bizarre(s) *nt*; **le ~ de la situation** das Seltsame [*o* Merkwürdige] [*o* Eigenartige] an der Situation
bizarrement [bizaʀmɑ̃] *adv* seltsam, merkwürdig, eigenartig
bizarrerie [bizaʀʀi] *f d'une personne* seltsame [*o* merkwürdige] Art; *d'une idée, initiative* Eigenartigkeit *f*; **la ~ de cet accoutrement** diese seltsame Aufmachung
bizarroïde [bizaʀɔid] *adj fam* komisch, höchst merkwürdig, seltsam
bizness [biznɛs] *m v.* **business**
bizutage [bizytaʒ] *m arg Brauch an den Grandes Écoles, die Neulinge zu schikanieren*
bizuter [bizyte] <1> *vt arg* schikanieren
bizut[h] [bizy(t)] *m arg Student(in) im ersten Studienjahr einer Grande École*
blablabla [blablabla] *m fam* Blabla *nt* (*fam*), Geschwafel *nt* (*fam*)
black [blak] *fam* **I.** *adj musique, mode* schwarz
II. *m, f* Schwarze(r) *f(m)*
blackbouler [blakbule] <1> *vt* ❶ POL **se faire ~** eine Niederlage erleiden
❷ *fam* durchfallen lassen *candidat*
black-out [blakaut] *m inv* ❶ MIL Verdunkelung *f*
❷ *fig* Nachrichtensperre *f*; **faire le ~ sur qc** nichts über etw (*Akk*) durchdringen lassen, etw totschweigen
blafard(e) [blafaʀ, aʀd] *adj teint, visage* bleich; *lumière, aube, lueur* fahl (*geh*)
blague [blag] *f fam* ❶ Witz *m*
❷ (*farce*) Streich *m*; **faire une bonne/sale ~ à qn** jdm einen gelungenen/üblen Streich spielen
❸ (*tabatière*) Tabaksbeutel *m*
► **~ à part** Scherz [*o* Spaß] beiseite; **sans ~!** im Ernst!; **ne me raconte pas de ~s!** erzähl mir nichts! (*fam*)
blaguer [blage] <1> *vi* Witze machen
blagueur, -euse [blagœʀ, -øz] **I.** *adj sourire, air* spöttisch; **être ~(-euse)** immer Witze [*o* Scherze] machen
II. *m, f* Witzbold *m* (*fam*), Spaßvogel *m*
blair [blɛʀ] *m arg* Riechkolben *m* (*fam*), Zinken *m* (*fam*)
blaireau [blɛʀo] <x> *m* ❶ Dachs *m*
❷ (*pour la barbe*) Rasierpinsel *m*
❸ *fam* dummer Spießer *m* (*pej fam*)
blairer [bleʀe] <1> *vt fam* riechen (*fam*); **je ne peux pas le ~!** ich kann ihn nicht ausstehen!
blâmable [blɑmabl] *adj* tadelnswert

blâme [blɑm] *m* ❶ Tadel *m,* Rüge *f;* **s'attirer** [*o* **encourir**] **le** ~ **de qn** sich (*Dat*) jds Tadel [*o* Missbilligung] (*Akk*) zuziehen
❷ (*sanction*) Verweis *m;* **adresser** [*o* **infliger**] **un** ~ **à un élève/fonctionnaire** einem Schüler einen Verweis/einem Beamten eine Verwarnung erteilen
blâmer [blɑme] <1> *vt* ❶ tadeln, rügen *personne;* verurteilen *attitude, conduite*
❷ (*condamner moralement*) ~ **qn** jdm die Schuld geben; ~ **qn de faire qc** jdm vorwerfen, etw zu tun
❸ (*sanctionner*) ~ **un élève/fonctionnaire** einem Schüler einen Verweis/einem Beamten eine Verwarnung erteilen
blanc [blɑ̃] *m* ❶ (*personne, vin*) Weiße(r) *m*
❷ (*couleur*) Weiß *nt;* **se marier en** ~ in Weiß heiraten; ~ **cassé** gebrochenes Weiß; **être** ~ **cassé** gebrochen weiß sein; **être chauffé(e) à** ~ weiß glühend sein; **chauffer qn à** ~ jdn anheizen
❸ TYP, INFORM Leerstelle *f,* Blank *nt* (*Fachspr.*)
❹ (*espace vide*) (*dans une traduction, un devoir*) Lücke *f;* (*sur une cassette*) unbespielte Stelle *f,* Pause *f*
❺ (*linge*) Weißwäsche *f;* **quinzaine du** ~ weiße Woche
❻ (*fard blanc*) weiße Schminke
❼ GASTR ~ **d'œuf** Eiweiß *nt;* **battre** [*o* **monter**] **les** ~**s en neige** Eiweiß zu Schnee schlagen; ~ **de poulet** Hähnchenbrust *f*
❽ ANAT **le** ~ **de l'œil** das Weiße im Auge
❾ TYP Tipp-Ex® *nt,* Korrekturflüssigkeit *f*
❿ BOT (*maladie*) Mehltau *m*
▸ **regarder qn dans le** ~ **des yeux** jdm gerade [*o* fest] in die Augen sehen; **des cartouches à** ~ Platzpatronen *Pl;* **tirer à** ~ mit Platzpatronen schießen; **saigner un animal à** ~ ein Tier völlig ausbluten lassen; **chèque en** ~ Blankoscheck *m;* **laisser la marge en** ~ den Rand frei lassen
◆ ~ **de** ~[**s**] Blanc de Blanc[s] *m* (*Champagner oder Weißwein aus weißen Trauben*)*;* ~ **de chaux** Kalkfarbe *f*
blanc, blanche [blɑ̃, blɑ̃ʃ] **I.** *adj* ❶ weiß; (*non écrit*) *bulletin de vote* leer; *feuille* unbeschrieben, leer; (*propre*) *draps* sauber
❷ (*pâle, non bronzé*) *personne* weiß, blass; *peau* weiß, hell; **être** ~(**blanche**) **de colère/peur** weiß [*o* leichenblass] vor Zorn/Angst sein
❸ (*innocent*) unschuldig; **être** ~(**blanche**) eine weiße [*o* reine] Weste haben
❹ (*fictif*) **mariage** ~ Scheinheirat *f,* Scheinehe *f;* **examen** ~ Probeklausur *f*
II. *adv* **laver plus** ~ weißer waschen; **voter** ~ einen leeren Stimmzettel abgeben
▸ **dire tantôt** ~**, tantôt noir** mal so, mal so sagen
Blanc, Blanche [blɑ̃, blɑ̃ʃ] *m, f* Weiße(r) *f(m)*
blanc-bec [blɑ̃bɛk] <blancs-becs> *m fam* Grünschnabel *m* (*fam*)
blanchâtre [blɑ̃ʃɑtʀ] *adj* weißlich
blanche [blɑ̃ʃ] **I.** *adj v.* **blanc**
II. *f* ❶ (*boule de billard*) Weiße *f*
❷ MUS halbe Note
❸ *arg* (*cocaïne*) Schnee *m* (*fam*)
Blanche-Neige [blɑ̃ʃnɛʒ] *f* Schneewittchen *nt*
blancheur [blɑ̃ʃœʀ] *f* Weiß *nt,* Weiße *f; du visage, teint* Blässe *f*
blanchiment [blɑ̃ʃimɑ̃] *m d'un mur, d'une façade* Weißen *nt;* ~ **de l'argent** Geldwäsche *f*
blanchir [blɑ̃ʃiʀ] <8> **I.** *vt* ❶ weiß machen; weißen *mur;* bleichen *linge, draps;* weiß werden lassen *cheveux;* ~ **à la chaux** kalken
❷ (*nettoyer*) waschen *linge;* **donner son linge à** ~ **à qn** jdm seine Wäsche zum Waschen geben, seine Wäsche bei jdm waschen lassen; **être nourri(e), logé(e) et blanchi(e)** Unterkunft, Verpflegung und Wäsche frei haben
❸ (*disculper*) ~ **qn** jdn reinwaschen; ~ **qn d'un soupçon** jdn von einem Verdacht befreien
❹ (*légaliser*) waschen *argent*
❺ GASTR blanchieren *légumes*
II. *vi* weiß werden, weiße Haare bekommen; *cheveux:* weiß werden; *horizon:* hell werden; ~ **sous l'effet de la lumière/au lavage** im [*o* durch das] Licht/durch das Waschen bleichen
III. *vpr* **se** ~ sich reinwaschen
blanchissage [blɑ̃ʃisaʒ] *m du linge* Waschen *nt;* (*avec un produit blanchissant*) Bleichen *nt;* **donner son linge au** ~ seine Wäsche zum Waschen [in die Wäscherei] geben
blanchissement [blɑ̃ʃismɑ̃] *m des cheveux* Weißwerden *nt*
blanchisserie [blɑ̃ʃisʀi] *f* Wäscherei *f*
blanchisseur, -euse [blɑ̃ʃisœʀ, -øz] *m, f* Wäscher(in) *m(f)*
blanc-seing [blɑ̃sɛ̃] <blancs-seings> *m* Blankounterschrift *f;* **donner un** ~ **à qn** jdm [eine] Blankovollmacht geben [*o* erteilen]
blanquette [blɑ̃kɛt] *f* ❶ Frikassee *nt*
❷ (*vin*) ~ **de Limoux** *Schaumwein nach dem Champagnerverfahren aus dem Languedoc*
blasé(e) [blɑze] **I.** *adj* blasiert
II. *m(f)* blasierter Mensch; **faire le** ~**/la** ~**e** einen auf blasiert machen (*fam*); **fais pas le** ~**/la** ~**e!** spiel dich bloß nicht so auf! (*fam*)
blaser [blɑze] <1> **I.** *vt* **la vie m'a blasé(e)** das Leben hat mich abgestumpft; **le luxe l'a blasée** Luxus ist für sie nichts Besonderes mehr; **être blasé(e)** gelangweilt sein
II. *vpr* **se** ~ **de qc** einer S. (*Gen*) überdrüssig werden
blason [blɑzɔ̃] *m* Wappen *nt*
▸ **redorer son** ~ seine Finanzen aufpolieren (*fam*), wieder zu Geld kommen; (*se refaire une image de marque*) sein Image aufwerten
blasphématoire [blasfematwaʀ] *adj* blasphemisch; (*en religion*) blasphemisch, gotteslästerlich
blasphème [blasfɛm] *m* Blasphemie *f;* (*en religion*) Blasphemie, Gotteslästerung *f*
blasphémer [blasfeme] <5> **I.** *vi* Gott lästern; ~ **contre le Ciel** den Himmel verfluchen; **c'est** ~ **que de critiquer une telle œuvre** es grenzt schon an Blasphemie, ein solches Werk zu kritisieren
II. *vt* verfluchen; *soutenu* (*porter préjudice à*) höhnen (*geh*)
blatte [blat] *f* Schabe *f*
blazer [blazɛʀ, blazœʀ] *m* Blazer *m*
blé [ble] *m* ❶ Weizen *m;* (*grain*) Getreide *nt,* Korn *nt;* ~ **dur** Hartweizen; ~ **noir** Buchweizen
❷ *arg* (*argent*) Knete *f* (*fam*), Schotter *m* (*sl*)
▸ **manger son** ~ **en herbe** sein Geld [*o* sein Vermögen] vorzeitig aufbrauchen[, statt es zinsbringend anzulegen]
bled [blɛd] *m péj fam* Kaff *nt* (*pej fam*)
blême [blɛm] *adj visage* bleich, grau; *lumière* fahl (*geh*)
blêmir [blemiʀ] <8> *vi personne:* bleich werden; *horizon:* hell werden; ~ **de peur/d'épouvante** vor Angst/Schrecken [kreide]bleich werden; ~ **de rage** vor Zorn ganz weiß im Gesicht werden; **son visage blêmit** er/sie wurde [kreide]bleich [im Gesicht]
blende [blɛ̃d] *f* CHIM [Zink]blende *f*
blennorragie [blenɔʀaʒi] *f* MED Gonorrhö[e] *f,* Tripper *m*
blessant(e) [blesɑ̃, ɑ̃t] *adj* verletzend, kränkend
blessé(e) [blese] **I.** *adj* ❶ verletzt; *soldat* verwundet; ~(**e**) **à la tête/à la jambe** am Kopf/am Bein verletzt [*o* verwundet]
❷ (*offensé*) verletzt, gekränkt; **être** ~(**e**) **dans son orgueil/amour-propre** in seinem Stolz/Selbstwertgefühl verletzt [*o* gekränkt] sein
II. *m(f)* Verletzte(r) *f(m);* MIL Verwundete(r) *f(m);* **grand** ~, ~ **grave** Schwerverletzte(r) *f(m);* MIL Schwerverwundete(r) *f(m);* ~ **léger** Leichtverletzte(r) *f(m);* MIL Leichtverwundete(r) *f(m)*
◆ ~(**e**) **de guerre** Kriegsbeschädigte(r) *f(m),* Kriegsversehrte(r) *f(m)*
blesser [blese] <1> **I.** *vt* ❶ verletzen; MIL verwunden
❷ (*meurtrir*) *chaussures:* drücken, reiben; *courroies:* wund rei-

ben, wundscheuern
❸ (*offenser*) verletzen, kränken; beleidigen *oreille, vue;* ~ **qn dans son orgueil** jdn in seinem Stolz verletzen; **un rien la blesse** sie ist leicht gekränkt
II. *vpr* **se** ~ sich verletzen

blessure [blesyʀ] *f* ❶ Verletzung *f;* MIL Verwundung *f;* (*plaie*) Wunde *f;* **succomber à ses ~s** seinen Verletzungen erliegen; **se faire une ~ à la main/au pied** sich (*Dat*) eine Verletzung an der Hand/am Fuß zuziehen, sich an der Hand/am Fuß verletzen; **recevoir une ~** verletzt [*o* verwundet] werden, eine Verletzung davontragen
❷ *soutenu* (*offense*) Wunde *f;* ~ **d'amour-propre** verletzte Eitelkeit *kein Pl;* ~ **oubliée** alte Wunde; **rouvrir** [*o* **raviver**] **une ~** eine alte Wunde [wieder] aufreißen

blet(te) [blɛ, blɛt] *adj poire, nèfle* überreif

blette [blɛt] *f* Mangold *m*

bleu [blø] *m* ❶ Blau *nt;* ~ **acier** Stahlblau; ~ **ciel** [*o* **horizon**] Himmelblau; ~ **clair/foncé** Hell-/Dunkelblau; ~ **marine** Marineblau; ~ **vert** Blaugrün *nt;* **truite au ~** Forelle blau
❷ (*marque*) blauer Fleck; **se faire un ~** sich (*Dat*) einen blauen Fleck holen (*fam*); **être couvert de ~s** überall blaue Flecken haben
❸ (*vêtement*) blauer Arbeitsanzug, Blaumann *m* (*fam*)
❹ (*fromage*) Blauschimmelkäse *m*
❺ (*nouveau venu*) Neuling *m;* (*nouveau membre*) Neuling, Frischling *m*
❻ *pl* SPORT **les ~s** *die französische Nationalmannschaft*
◆ ~ **de méthylène** Methylenblau *nt;* ~ **de travail** Blaumann *m* (*fam*)

i Land & Leute

Les bleus, der Spitzname für die französische Fußballnationalmannschaft, leitet sich von den blauen Trikots der Spieler ab. Die Fans rufen zur Unterstützung ihrer Mannschaft: „Allez les bleus!"

bleu(e) [blø] *adj* ❶ blau; **~(e) de froid** blau vor Kälte, blau gefroren
❷ GASTR *steak* sehr blutig, englisch

bleuâtre [bløɑtʀ] *adj* bläulich

bleue [blø] *f* **la grande ~** das Mittelmeer

bleuet [bløɛ] *m* Kornblume *f*

bleuir [bløiʀ] <8> **I.** *vt* **le froid lui bleuit le visage** sein/ihr Gesicht ist von der Kälte ganz blau; **avoir les mains/les lèvres toutes bleuies par le froid** von der Kälte ganz blaue Hände/Lippen haben, ganz blau gefrorene Hände/Lippen haben; **avoir les bras et les jambes bleuis par des coups** ganz blau geschlagene Arme und Beine haben
II. *vi* blau werden; *visage:* blau anlaufen

bleuté(e) [bløte] *adj* bläulich; **des verres ~s** blau getönte Gläser; **les verres sont ~s** die Gläser sind blau getönt

blindage [blɛ̃daʒ] *m* Panzerung *f*

blindé [blɛ̃de] *m* Panzer *m,* Panzerfahrzeug *nt,* Panzerwagen *m*

blindé(e) [blɛ̃de] *adj* ❶ *porte, voiture* gepanzert; **division/colonne ~e** Panzerdivision *f*/-kolonne *f*
❷ *fam* (*endurci*) **être ~(e) contre qc** gegen etw abgehärtet sein, ein dickes Fell haben (*fam*)

blinder [blɛ̃de] <1> *vt* ❶ panzern *véhicule, porte*
❷ *fam* (*endurcir*) ~ **qn contre qc** jdn gegen etw abhärten

blinis [blini] *m inv* GASTR *russischer Pfannkuchen, besonders aus Buchweizenmehl*

blister [blistɛʀ] *m* Blisterpackung *f* (*Klarsichtpackung, speziell für kleinere Gegenstände*)

blizzard [blizaʀ] *m* Blizzard *m*

bloc [blɔk] *m* ❶ Block *m;* ~ **de marbre/glace** Marmor-/Eisblock; ~ **de roche** Felsblock; **être fait(e) d'un seul ~** aus einem Stück sein
❷ (*cahier, carnet*) Block *m;* ~ **de correspondance** [*o* **de papier à lettres**] Block Briefpapier; ~ **de sténo** Steno[gramm]block
❸ (*ensemble*) Gruppe *f;* (*pâté de maisons*) [Häuser]block *m;* (*immeuble*) [Wohn]block *m*
❹ (*union*) Block *m;* ~ **monétaire** Währungsblock; ~ **de l'Est** HIST Ostblock; ~ **des gauches** Block der Linken
❺ *fam* (*prison*) Bau *m* (*fam*)
▶ ~ **électrique** Stromanlage *f;* ~ **opératoire** Operationstrakt *m;* ~ **sanitaire** Sanitäranlage *f;* **faire ~ avec qn** sich mit jdm zusammenschließen; **faire ~ contre qc** einen Block [*o* eine geschlossene Front] gegen etw bilden; **visser/fermer/serrer/tourner à ~** ganz fest anschrauben/schließen/zuschrauben/zudrehen; **appuyer à ~ sur la pédale** das Pedal durchtreten; **freiner à ~** eine Vollbremsung machen; **être gonflé(e) à ~** *fam* voller Energie [*o* Tatendrang] sein; **se retourner d'un** [**seul**] ~ [*o* **tout d'un ~**] sich mit einem Ruck umdrehen (*fam*); **en ~** en bloc, im ganzen; **considérer en ~** als Ganzes betrachten; **arriver en ~** alle auf einmal ankommen
◆ ~ **de culasse** Zylinderblock *m*

blocage [blɔkaʒ] *m* ❶ (*action de bloquer*) *des roues, freins* Blockieren *nt; d'une pièce mobile, d'un boulon* Feststellen *nt; d'un écrou* Anziehen *nt; d'une vis* Festdrehen *nt; de la porte* Versperren *nt;* (*avec une cale*) Verkeilen *nt*
❷ ECON *d'un crédit, des commandes* Sperrung *f;* ~ **des prix** Preisstopp *m*
❸ (*dispositif*) ~ **de l'accélérateur** Gashebelsperre *f*
❹ PSYCH innerer Widerstand; **faire un véritable ~** innerlich wie blockiert sein

bloc-cuisine [blɔkkɥizin] <blocs-cuisines> *m* Küchenzeile *f* **bloc-cylindres** [blɔksilɛ̃dʀ] <blocs-cylindres> *m* Zylinderblock *m* **bloc-évier** [blɔkevje] <blocs-éviers> *m* Spülzeile *f*

blockhaus [blɔkos] *m* Bunker *m*

bloc-moteur [blɔkmɔtœʀ] <blocs-moteurs> *m* TECH Motorgetriebeblock *m; de l'aspirateur* Motoraggregat *nt; de la voiture* Motorblock *m* **bloc-notes** [blɔknɔt] <blocs-notes> *m* Notizblock *m*

blocus [blɔkys] *m* Blockade *f;* **faire le ~ de qc** eine Blockade über etw (*Akk*) verhängen; **forcer/lever le ~** die Blockade brechen/aufheben; ~ **économique** Wirtschaftsblockade, Handelsblockade
▶ ~ **continental** Kontinentalsperre *f*

blond [blɔ̃] *m* ❶ (*personne*) Blonde(r) *m,* Blondhaarige(r) *m*
❷ (*couleur*) Blond *nt;* ~ **cendré** Aschblond; ~ **doré** Goldblond; ~ **foncé** Dunkelblond; ~ **roux** Rotblond

blond(e) [blɔ̃, blɔ̃d] *adj* blond; *tabac, bière, cigarettes* hell

blondasse [blɔ̃das] *adj péj* strohblond

blonde [blɔ̃d] *f* ❶ (*personne*) Blondhaarige *f,* Blonde *f,* Blondine *f*
❷ (*bière*) helles Bier, Helles *nt*
❸ (*cigarette*) Zigarette *f* aus hellem Tabak
❹ CAN **sa ~** (*sa maîtresse*) seine Freundin; (*sa fiancée*) seine Verlobte

blondeur [blɔ̃dœʀ] *f d'une personne* Blondheit *f*

blondin(e) [blɔ̃dɛ̃, in] *m(f)* Blondschopf *m*

blondinet(te) [blɔ̃dinɛ, ɛt] *m(f)* Blondschopf *m*

blondir [blɔ̃diʀ] <8> *vi cheveux:* blond [*o* hell] werden

bloquer [blɔke] <1> **I.** *vt* ❶ blockieren; versperren, blockieren *passage, route, porte;* festdrehen *vis;* fest anziehen *écrou;* feststellen *pièce mobile, boulon;* ~ **les roues/la porte avec une cale** einen Keil unter die Räder/die Tür schieben; ~ **qn contre un mur** jdn an [*o* gegen] eine Wand drücken; ~ **les freins** die Bremse durchtreten; ~ **un train en gare** einen Zug im Bahnhof aufhalten; ~ **un avion au sol** ein Flugzeug am Start hindern; **être bloqué(e) dans un tunnel/l'ascenseur** in einem Tunnel/im Fahrstuhl festsitzen; **être bloqué(e) au sol** nicht starten können; **être bloqué(e) par la neige/un accident**

wegen des Schnee[fall]s/eines Unfalls gesperrt [*o* blockiert] sein
❷ ECON sperren; einfrieren, sperren *crédits;* zum Stocken bringen *négociations*
❸ (*regrouper*) zusammenlegen *jours de congés;* zusammenfassen *paragraphes;* ~ **ses cours en début de semaine** alle seine Kurse auf den Wochenanfang legen
❹ SPORT stoppen *balle*
❺ BELG *fam* (*bûcher*) pauken (*fam*)
❻ CAN (*échouer à*) ~ **un examen** eine Prüfung nicht bestehen
II. *vpr* **se** ~ ❶ klemmen, sich verklemmen; *roues, freins:* blockieren; **se** ~ **dans la serrure** *clé:* im Schloss festsitzen
❷ PSYCH sich innerlich sperren
❸ INFORM *programme:* abstürzen
III. *vi* PSYCH *fam* blockieren (*fam*), abblocken (*fam*)

blottir [blɔtiʀ] <8> *vpr* **se** ~ **contre qn** sich an jdn kuscheln [*o* schmiegen]; *enfant effrayé:* sich an jdn drücken; **se** ~ **les un(e)s contre les autres** sich aneinander kuscheln; **se** ~ **sous une couverture** sich in eine Decke kuscheln; **se** ~ **dans un coin** sich in eine Ecke kauern

blouse [bluz] *f* ❶ [Arbeits]kittel *m*
❷ (*corsage*) Bluse *f*

blouser [bluse] <1> I. *vi* *vêtement, tissu* sich bauschen
II. *vt fam* (*tromper*) hereinlegen (*fam*)

blouson [bluzɔ̃] *m* Blouson *m o nt;* ~ **de** [*o* **en**] **cuir** Lederjacke *f;* ~ **d'aviateur** Bomberjacke *f*
▸ ~ **noir** Rocker *m,* Halbstarke(r) *f(m)*

blue-jean [bludʒin] <blue-jeans> *m* [Blue]jeans *f*

blues [bluz] *m* Blues *m*

bluet [blyɛ] *m v.* **bleuet**

bluff [blœf] *m* Bluff *m*

bluffer [blœfe] <1> *vt, vi* bluffen

bluffeur, -euse [blœfœʀ, -øz] *m, f* Bluffer(in) *m(f)*

bluter [blyte] <1> *vt* sieben *farine*

boa [bɔa] *m* ❶ Boa *f*
❷ (*écharpe*) [Feder]boa *f*

boat people [botpipœl] *m inv* Boatpeople *Pl*

bob [bɔb] *m* ❶ Bob *m;* **piste de** ~ Bobbahn *f*
❷ (*chapeau*) Stoffhut *m* (*gegen Sonne und Regen*)

bobard [bɔbaʀ] *m fam* [Lügen]märchen *nt*

bobeur [bɔbœʀ] *m* Bobfahrer *m*

bobinage [bɔbinaʒ] *m* Wicklung *f*

bobine [bɔbin] *f* ❶ Spule *f; de fil* Spule, Rolle *f*
❷ *fam* (*mine*) Flunsch *m* (*fam*); **tu/t'en fais une de ces ~s!** du machst vielleicht ein Gesicht! (*fam*); **avoir une sale** ~ eine [dreckige] Visage haben
◆ ~ **d'allumage** Zündspule *f;* ~ **d'induction** Induktionsspule *f;* ~ **de pellicule** Filmspule *f*

bobiner [bɔbine] <1> *vt* ~ **qc sur qc** etw auf etw (*Akk*) spulen

bobo [bobo] *m* ❶ *enfantin* Aua *nt* (*fam*)
❷ *fam* Wehwehchen *nt* (*fam*)

bobonne [bɔbɔn] *f pop* (*épouse*) Ehehälfte *f* (*hum fam*)

bobsleigh [bɔbslɛg] *m v.* **bob**

bocage [bɔkaʒ] *m* Bocage *m* (*Landschaftstyp im Westen Frankreichs*)

bocager, -ère [bɔkaʒe, -ɛʀ] *adj* mit Hecken durchzogen

bocal [bɔkal, o] <-aux> *m* Glas *nt;* **mettre en bocaux** einmachen

boche [bɔʃ] *adj péj fam* **les avions ~s** die Flugzeuge der Boches (*fam*)

Boche [bɔʃ] *mf péj fam abwertende Bezeichnung für Deutsche aus dem 2. Weltkrieg*

bock [bɔk] *m* (*verre d'1/8 litre*) Bierglas *nt;* (*contenu*) Glas *nt* Bier

body [bɔdi] *m* Body *m*

bodybuilding [bɔdibildiŋ] *m* Bodybuilding *nt*

bœuf [bœf, bø] I. *m* ❶ ZOOL Rind *nt*
❷ (*opp: taureau, vache*) Ochse *m*
❸ GASTR Rindfleisch *nt;* ~ **bourguignon** Bœuf Bourguignon *nt;* ~ **mode** *Rinderschmorbraten in Rotweinsauce*
▸ **être fort comme un** ~ bärenstark sein (*fam*), stark wie ein Bulle sein; **saigner comme un** ~ wie ein Schwein bluten (*sl*); **souffler comme un** ~ wie ein Gaul [*o* eine Lokomotive] schnaufen (*fam*); **travailler comme un** ~ wie ein Pferd arbeiten (*fam*), [wie ein Pferd] schuften (*fam*)
II. *app inv* ❶ (*très grand, étonnant*) **effet** ~ Bombeneffekt *m* (*fam*), Bombenwirkung *f* (*fam*); **faire un effet** ~ einen Rieseneindruck machen (*fam*); **succès** ~ Bombenerfolg *m* (*fam*)
❷ CH *fam* **c'est** ~ (*c'est bête*) das ist echt blöd (*fam*), das ist ärgerlich

bof [bɔf] *interj* na ja

bogue [bɔg] *m o f* INFORM Programmfehler *m,* bug *m;* ~ **de l'an 2000** Jahr-2000-Problem *nt*

bohème [bɔɛm] I. *adj* unkonventionell, unbürgerlich; **avoir l'esprit un peu** ~ ein kleiner Bohemien sein
II. *mf* Bohemien *m;* **vivre en** ~ ein Bohemeleben führen
III. *f* Boheme *f*

Bohême [bɔɛm] *f* **la** ~ Böhmen *nt*

bohémien(ne) [bɔemjɛ̃, jɛn] *m(f)* Zigeuner(in) *m(f)*

boille [bɔj] *f* CH (*récipient à lait*) Milchkanne *f*

boire [bwaʀ] <*irr*> I. *vt* ❶ trinken; *animal:* trinken, saufen; (*finir de boire*) austrinken; ~ **à la bouteille/dans un bol** aus der Flasche/aus einer Schale trinken
❷ (*s'imprégner de*) aufsaugen
II. *vi* ❶ trinken; *animal:* trinken, saufen; ~ **au succès de qn/à la santé de qn** auf jds Erfolg/Gesundheit [*o* Wohl] trinken; **faire** ~ **qn** jdm zu trinken geben; **faire** ~ **un animal** einem Tier zu trinken geben, ein Tier tränken
❷ (*être alcoolique*) trinken
▸ **qui a bu boira** *prov* die Katze lässt das Mausen nicht; **il y a à** ~ **et à manger là-dedans** (*vérités et mensonges*) das ist mit Vorsicht zu genießen; (*du bon et du moins bon*) das ist sehr gemischt
III. *vpr* **se** ~ sich trinken lassen; **se** ~ **à l'apéritif/au dessert** als Aperitif/zum Nachtisch getrunken werden; **se** ~ **chambré(e)** Zimmertemperatur haben sollen

bois [bwa] I. *m* ❶ [kleiner] Wald; **se promener dans les** ~ im Wald spazieren gehen
❷ (*matériau*) Holz *nt;* **être en** ~ aus Holz sein; **table en** ~ Holztisch *m;* **se chauffer au** ~ mit Holz heizen; ~ **blanc** helles Holz; ~ **dur/tendre** Hart-/Weichholz; ~ **exotique** Tropenholz; ~ **mort** dürres Holz; **du petit** ~ Reisig *nt;* (*petites bûches*) Kleinholz; ~ **vert** grünes Holz
❸ (*gravure*) Holzschnitt *m*
▸ **être du** ~ **dont on fait les flûtes** aus weichem Holz geschnitzt sein; **ne pas être du** ~ **dont on fait les flûtes** nicht alles mit sich machen lassen; **je vais lui montrer de quel** ~ **je me chauffe!** ich werde ihm/ihr zeigen, mit wem er/sie es zu tun hat!, der/die soll mich [noch] kennen lernen!; **ne pas être de** ~ nicht aus Holz sein; **toucher du** ~ [dreimal] auf Holz klopfen
II. *mpl* ❶ Holzblasinstrumente *Pl*
❷ (*cornes*) *des cervidés* Geweih *nt*
◆ ~ **de chauffage** Brennholz *nt;* ~ **de construction** Bauholz *nt;* ~ **de lit** Bettgestell *nt;* ~ **de rose** Rosenholz *nt*

boisé(e) [bwaze] *adj* bewaldet; **région ~e** Waldgebiet *nt*

boiser [bwaze] <1> *vt* aufforsten, bewalden *région*

boiserie [bwazʀi] *f* [Holz]täfelung *f,* Paneel *nt*

boisseau [bwaso] <x> *m* (*mesure de capacité*) Scheffel *m*

boisson [bwasɔ̃] *f* ❶ Getränk *nt;* **distributeur** [**automatique**] **de ~s** Getränkeautomat *m*
❷ (*alcoolisme*) Alkoholismus *m;* **s'adonner à la** ~ trinken

boîte [bwat] *f* ❶ Schachtel *f;* (*en carton*) Schachtel, Karton *m;* (*en bois*) Kiste *f;* ~ **en plastique** Plastikdose *f;* ~ **pliante** Faltschachtel
❷ (*conserve*) Dose *f,* Büchse *f;* ~ **de petits pois** Dose Erbsen; **en** ~ aus [*o* in] der Dose; **mettre en** ~ eindosen

❸ *fam* (*discothèque*) Disko *f* (*fam*)
❹ *fam* (*entreprise*) Laden *m* (*fam*); (*école*) Laden, Kasten *m* (*fam*); **travailler dans une grosse** ~ in einem großen Schuppen arbeiten (*fam*)
❺ MED ~ **crânienne** Schädel *m*
❻ AVIAT ~ **noire** Flugschreiber *m*
❼ (*casier*) ~ **postale** Postfach *nt*
▶ **mettre qn en** ~ *fam* jdn auf die Schippe nehmen (*fam*)
◆ ~ **à chaussures** Schuhkarton *m;* ~ **à couture** Nähkästchen *nt;* ~ **à gants** Handschuhfach *nt;* ~ **à** [*o* **aux**] **lettres** Briefkasten *m;* ~ **à lunch** CAN Lunchbehälter *m* ▶ **servir de** ~ **à lettres** als Mittelsmann fungieren; ~ **aux lettres** [**électronique**] Mailbox *f;* **relever sa** ~ **aux lettres** [**électronique**] seine Mailbox leeren; ~ **à malice** Trickkiste *f;* ~ **à musique** Spieluhr *f;* ~ **à outils** Werkzeugkasten *m;* ~ **à sardines** Sardinenbüchse *f;* ~ **à savon** Seifendose *f;* ~ **d'allumettes** Streichholzschachtel *f;* ~ **de chocolats** Schachtel *f* Pralinen; ~ **de conserves** Konservendose *f;* ~ **de couleurs** Malkasten *m,* Farbkasten *m;* ~ **de dialogue** Dialogfeld *nt;* ~ **de nuit** Nachtklub *m;* ~ **de réception** INFORM Posteingang *m;* ~ **de vitesses** [Schalt]getriebe *nt;* ~ **de vitesse automatique** Automatikgetriebe *nt*

boitement [bwatmɑ̃] *m* Humpeln *nt*

boiter [bwate] <1> *vi* ❶ hinken; (*temporairement*) humpeln; ~ **de la jambe droite** auf dem rechten Bein hinken, das rechte Bein nachziehen
❷ *fig raisonnement:* nicht stichhaltig sein, auf schwachen Beinen stehen; *comparaison:* hinken

boiteux, **-euse** [bwatø, -øz] *adj* ❶ *meuble* wack[e]lig; *personne* hinkend; (*temporairement*) humpelnd; **être** ~(**-euse**) **de naissance** von Geburt an hinken
❷ *fig explication* schwach, wenig überzeugend; *raisonnement* wenig überzeugend; *paix* unsicher

boîtier [bwatje] *m* Gehäuse *nt;* (*pour des instruments*) Kasten *m;* (*pour des cassettes*) Plastikkassette *f*
◆ ~ **de mixage** kleines Mischpult; ~ **de télécommande** Fernbedienung *f*

boitiller [bwatije] <1> *vi* leicht hinken; (*temporairement*) leicht humpeln

boiton [bwatɔ̃] *m* CH (*porcherie*) Schweinestall *m*

boit-sans-soif [bwasɑ̃swaf] *m, f inv fam* **des** ~ Trunkenbolde *Pl* (*fam*)

bol [bɔl] *m* ❶ Schale *f,* Bol *nt;* **un** ~ **de lait/de soupe** eine Schale [voll] Milch/ein Bol [voll] Suppe
❷ *fam* (*chance*) Schwein *nt* (*fam*); **avoir du** ~ Schwein haben (*fam*); **c'est une question de** ~ das ist reine Glückssache
❸ CAN (*cuvette*) ~ **de toilette** Toilettenschüssel *f*
▶ **prendre un** ~ **d'air** frische Luft schnappen [*o* tanken] (*fam*); **en avoir ras le** ~ *fam* die Schnauze [*o* Nase] voll haben (*fam*)

bolchevik [bɔlʃəvik, bɔlʃevik] *m, f* Bolschewik(in) *m(f)*

boléro [bɔleʀo] *m* (*danse, gilet*) Bolero *m*

bolet [bɔlɛ] *m* BOT Röhrling *m*

bolide [bɔlid] *m* Rennwagen *m*
▶ **filer comme un** ~ *voiture:* mit Höchstgeschwindigkeit [*o* rasend schnell *fam*] fahren; *personne:* [schnell] wie der Blitz rennen (*fam*)

Bolivie [bɔlivi] *f* **la** ~ Bolivien *nt*

bolivien(**ne**) [bɔlivjɛ̃, jɛn] *adj* bolivianisch, bolivisch

Bolivien(**ne**) [bɔlivjɛ̃, jɛn] *m(f)* Bolivianer(in) *m(f),* Bolivier(in) *m(f)*

bombance [bɔ̃bɑ̃s] *f* **faire** ~ *fam* ein großes Eß- und Trinkgelage machen

bombardement [bɔ̃baʀdəmɑ̃] *m* ❶ ~ **de qc** Bombardierung *f* einer S. (*Gen*), Bombenangriff *m* auf etw (*Akk*); (*par obus*) Granatfeuer *nt* auf etw (*Akk*); ~ **aérien** Luftangriff; ~ **atomique** Atomangriff
❷ *fig* **cela s'est terminé par un** ~ **de projectiles** es flogen Wurfgeschosse durch die Gegend
❸ PHYS Beschuss *m* [des Atomkerns mit Elementarteilchen]

bombarder [bɔ̃baʀde] <1> *vt* ❶ bombardieren; ~ **qn de tomates** jdn mit Tomaten bewerfen; ~ **qn de questions** jdn mit Fragen bestürmen; ~ **qn de lettres** jdn mit Briefen überhäufen
❷ PHYS ~ **qc de qc** etw mit etw beschießen
❸ *fam* (*nommer à un poste*) ~ **qn directeur** jdn auf den Posten des Direktors katapultieren

bombardier [bɔ̃baʀdje] *m* Bomber *m,* Bombenflugzeug *nt*

bombe [bɔ̃b] *f* ❶ Bombe *f;* ~ **atomique** Atombombe; ~ **incendiaire** Brandbombe; ~ **lacrymogène** Tränengas *nt;* ~ **thermonucléaire** Wasserstoffbombe; **attentat à la** ~ Bombenanschlag *m*
❷ (*atomiseur*) Spraydose *f;* ~ **aérosol** Spraydose; ~ **antigel** Enteiser[spray *m o nt*] *m;* ~ **déodorante** Deodorant[spray *m o nt*] *nt;* ~ **désodorisante** Spray zum Desodorieren; ~ **insecticide** Insektenspray *m o nt*
❸ (*casquette*) Reitkappe *f*
❹ GASTR ~ **glacée** Eisbombe *f*
▶ **éclater comme une** ~ *nouvelle:* wie eine Bombe einschlagen; **faire la** ~ *fam* ordentlich einen draufmachen (*fam*)
◆ ~ **A** Atombombe *f;* ~ **au cobalt** Kobaltbombe *f* (*fam*); ~ **à hydrogène,** ~ **H** Wasserstoffbombe *f,* H-Bombe *f;* ~ **de laque** Haarspraydose *f;* ~ **de peinture** [Farb]sprühdose *f;* ~ **à retardement** Bombe *f* mit Zeitzünder

bombé(**e**) [bɔ̃be] *adj* gewölbt

bombement [bɔ̃bmɑ̃] *m d'un mur* Wölbung *f* [nach außen]

bomber [bɔ̃be] <1> **I.** *vt* ❶ [he]rausstrecken (*fam*) *poitrine, torse;* blähen, bauschen *voiles, rideau*
❷ *fam* (*peindre*) ~ **qc sur qc** etw an [*o* auf] etw (*Akk*) sprühen
❸ (*passer un insecticide*) versprühen
II. *vi* ❶ *bois:* sich verziehen, sich werfen; *mur, planche:* sich wölben; **l'humidité fait** ~ **le parquet** durch die Feuchtigkeit verzieht sich das Parkett
❷ *fam* (*foncer*) rasen (*fam*)

bombonne [bɔ̃bɔn] *f v.* **bonbonne**

bôme [bom] *f* NAUT Rah[e] *f*

bon [bɔ̃] **I.** *adv* **sentir** ~ duften
▶ **il fait** ~ es ist mild [*o* schön warm]; **il ne fait pas** ~ **faire qc** man sollte etw lieber nicht tun; **tenir** ~ standhaft bleiben, nicht nachgeben; (*dans un effort*) durchhalten; **il fait** ~ **vivre** das Leben ist schön
II. *m* ❶ (*coupon d'échange*) Gutschein *m,* Bon *m;* (*formulaire*) Schein *m,* Zettel *m*
❷ Gute(s) *nt*
❸ (*personne*) Gute(r) *m*
▶ **avoir du** ~ seine Vorzüge haben, etwas für sich haben; **ça a du** ~ das hat etwas Gutes [*o* für sich]; **il y a du** ~ **et du mauvais/et du moins** ~ **dans qc** etw hat gute und schlechte/weniger gute Seiten
◆ ~ **d'achat** Gutschein *m;* JUR Kaufschein *m;* ~ **de caisse** Kassenzettel *m,* Kassenbon *m;* ~ **de commande** Bestellschein *m;* ~ **de garantie** Garantieschein *m;* ~ **de livraison** Lieferschein *m;* ~ **de réduction** Ermäßigungsschein *m*

bon(**ne**) [bɔ̃, bɔn] <meilleur> *adj antéposé* ❶ gut; **être** ~(**ne**) **en latin/maths** gut in Latein/Mathe sein; **être** ~(**ne**) **avec les autres** gut zu anderen sein; **faire de la** ~**ne cuisine** gut kochen
❷ (*adéquat, correct*) richtig; *moment* passend, richtig; *remède, conseil* gut; *solution* richtig, gut; **tous les moyens sont** ~**s** alle Mittel sind recht; **être** ~(**ne**) **pour qc** (*sain*) gut für etw sein
❸ (*valable*) *billet, ticket* gültig; **mes pneus sont encore** ~**s** meine Reifen sind noch gut [genug]
❹ (*agréable*) gut; *soirée, surprise* schön, nett; *moment, vacances, week-end* schön; *eau* sehr angenehm, toll (*fam*)
❺ (*délicieux*) gut; (*comestible*) gut; **avoir** ~ **goût** gut schmecken; **être très** ~(**ne**) sehr gut schmecken; **ne pas être** ~(**ne**)

à manger *fruit:* noch nicht reif sein; **l'eau de la fontaine est ~ne** das Wasser aus dem Brunnen kann man trinken; **ces champignons sont ~s** diese Pilze kann man essen [*o* sind essbar]

❻ (*intensif de quantité*) gut; (*intensif de qualité*) ordentlich (*fam*), anständig (*fam*); **un ~ kilo** ein gutes Kilo; **une ~ne moitié de la population** gut die Hälfte der Bevölkerung; **une ~ne pincée de sel** eine ordentliche Prise Salz (*fam*); **avoir besoin d'une ~ne couche de peinture** mal ordentlich gestrichen werden müssen (*fam*); **tenir une ~ne cuite** ganz schön einen sitzen haben (*fam*); **une ~ne paire de gifles** ein paar ordentliche Ohrfeigen (*fam*), ein Satz heiße Ohren (*fam*)

❼ (*être fait pour*) **être ~(ne) à jeter** nur noch für den Mülleimer taugen (*fam*); **cette vieille valise est ~ne à jeter** diesen alten Koffer kann man wegwerfen; **c'est tout juste ~ à nous créer des ennuis** das wird uns nur Ärger einbringen; **tout n'est pas ~ à dire** einige Dinge sollten besser ungesagt bleiben; **c'est toujours ~ à prendre** das ist immer noch besser als gar nichts; **c'est ~ à savoir** das ist gut zu wissen; **le vin est ~ à tirer** der Wein kann abgefüllt werden; **ce texte est ~ à être imprimé** der Text ist druckreif; **être ~(ne) à marier** sich für die Ehe eignen

❽ **être ~(ne) pour qc** reif für etw sein (*fam*); **être ~(ne) pour la casse** *fam* auf den Schrott [*o* Schrottplatz] gehören

❾ (*moralement*) gut; **il n'a pas de ~nes lectures/fréquentations** er liest nichts Anständiges/er hat keine anständigen Freunde

▶ **il m'a à la ~ne** *fam* ich bin bei ihm gut angeschrieben; **allons ~!** was ist denn nun schon wieder! (*fam*); **en avoir de ~nes** *fam* vielleicht gut sein (*fam*), Witze machen (*fam*); **croire ~ de faire qc** meinen, es sei richtig, etw zu tun; **t'es ~(ne), toi!** *fam* du bist vielleicht gut! (*fam*); **c'est ~** (*a bon goût*) das ist [*o* schmeckt] gut; (*fait du bien*) das tut gut; (*ça ira comme ça*) das reicht, das ist o.k. so (*fam*); (*tant pis*) egal (*fam*), macht nichts; **c'est ~ de faire qc** (*agréable*) es tut gut, etw zu tun; (*sain*) es ist gut [*o* gesund], etw zu tun; **il est ~ de faire qc** es ist angebracht, etw zu tun; **elle est bien ~ne, celle-là!** *fam* der ist gut!, das ist vielleicht ein guter Witz!; **[cette fois], on est ~(ne)s!** *fam* jetzt sind wir dran! (*fam*), jetzt haben sie uns erwischt! (*fam*); **n'être ~(ne) à rien** zu nichts zu gebrauchen sein; **être bien [*o* trop] ~(ne)** schön dumm sein (*fam*); **juger [*o* trouver] ~ de faire qc** es für gut [*o* richtig] halten, etw zu tun; **il serait ~ de faire qc** es wäre ratsam [*o* angebracht], etw zu tun; **il serait ~ que qn fasse qc** es wäre ratsam [*o* angebracht], wenn jd etw tun würde; **comme/quand/si ~ vous semble** wie/wann/wenn Sie es für richtig halten [*o* Sie meinen]; **en tenir une ~ne** (*être ivre*) ganz schön einen sitzen haben (*fam*), anständig einen getankt haben (*fam*); (*être stupide*) ganz schön dämlich sein (*fam*); **à quoi ~?** wozu [eigentlich]?; **pour de ~?** wirklich?, im Ernst?; **faire qc pour de ~** etw wirklich tun; **jouer pour de ~** um Punkte spielen; **c'est pour de ~, on compte** jetzt gilt es, wir zählen; **se mettre en colère pour de ~** sich ernsthaft aufregen; **ah ~?** ach ja [*o* was]?, wirklich?; **~!** gut!, schön!; **~, il faut commencer** so, dann wollen wir mal anfangen; **~, ça va, je n'insiste pas** ist ja schon gut, ich hör ja schon auf

bonapartiste [bɔnapaʀtist] **I.** *adj* bonapartistisch
II. *mf* Bonapartist(in) *m(f)*

bonasse [bɔnas] *adj* [all]zu gutmütig

bonbon [bɔ̃bɔ̃] *m* ❶ (*friandise*) Bonbon *m o nt*; **~ acidulé** saurer Drops, saures Bonbon; **~ à la menthe** Pfefferminzbonbon; **~ au chocolat** Praline *f*

❷ BELG (*biscuit*) Keks *m*

bonbonne [bɔ̃bɔn] *f* [bauchige] Korbflasche

bonbonnière [bɔ̃bɔnjɛʀ] *f* Bonbonniere *f*

bond [bɔ̃] *m* ❶ *d'une personne, d'un animal* Sprung *m*, Satz *m*; SPORT Sprung *m*; **d'un ~** mit einem Satz; **franchir qc d'un ~** einen Satz über etw (*Akk*) machen; **se lever d'un ~** aufspringen, in die Höhe fahren; **faire des ~s de joie** Freudensprünge machen; **~ en avant** ECON [großer] Sprung nach vorn

❷ (*rebond*) **faire plusieurs ~s** mehrmals hochspringen; **la voiture a fait un ~ de plusieurs mètres** das Auto wurde mehrere Meter hoch in die Luft geschleudert

▶ **faire faux ~ à qn** jdn versetzen (*fam*); **faire un ~** in die Höhe schnellen; *prix, monnaie:* in die Höhe schnellen, sprunghaft steigen; **progresser par ~s** *rééducation, rétablissement:* in Schüben vorangehen; *intelligence:* sich schubweise [*o* in Phasen] entwickeln; **saisir une occasion au ~** eine Gelegenheit beim Schopfe packen; **saisir une affaire au ~** sich (*Dat*) ein Geschäft nicht entgehen lassen; **saisir un propos au ~** einen Vorschlag sofort verstehen

bonde [bɔ̃d] *f* ❶ *du tonneau* Spundloch *nt*; *de l'évier, de la baignoire* Abflussloch *nt*

❷ (*bouchon*) *du tonneau* Spund *m*; *de l'évier, de la baignoire* Stöpsel *m*

bondé(e) [bɔ̃de] *adj* überfüllt, proppenvoll (*fam*)

bondelle [bɔndɛl] *f* ZOOL CH (*poisson du genre corégone*) Edelmaräne *f*

bondieuserie [bɔ̃djøzʀi] *f* religiöser Schnickschnack (*fam*)

bondir [bɔ̃diʀ] <8> *vi* ❶ [hoch]springen; **~ hors du lit/de la voiture** aus dem Bett/dem Auto springen; **~ à la porte/au téléphone** an die Tür/zum Telefon stürzen; **~ sur qn/qc** sich auf jdn/etw stürzen; **~ vers qn/qc** jdm entgegenstürzen/zu etw [hin]stürzen

❷ (*sursauter*) empört [*o* geschockt] sein (*fam*); **~ de colère** vor Wut (*Dat*) kochen (*fam*); **~ de joie** Freudensprünge machen (*fam*); **faire ~ qn** jdn rasend [*o* total wütend *fam*] machen; **comment ne pas ~!** wie soll man da ruhig bleiben! (*fam*)

bondissement [bɔ̃dismɑ̃] *m d'un animal* [Auf]Springen *nt*

bonheur [bɔnœʀ] *m* ❶ Glück *nt*; **troubler le ~ de qn** jds Glück trüben

❷ (*chance*) Glück *nt*; **le ~ d'aimer** das Glück zu lieben; **le ~ de vivre** die Lebensfreude; **avoir le ~ de faire qc** das [große] Glück haben, etw zu tun; (*joie*) die [große] Freude haben, etw zu tun; **porter ~ à qn** jdm Glück bringen

▶ **au petit ~ [la chance]** *fam* auf gut Glück, aufs Geratewohl; **ne pas connaître son ~** nicht wissen, wie gut man es hat; **faire le ~ de qn** jdn glücklich machen; **si ce stylo peut faire ton ~!** wenn dieser Kuli dir Freude macht[, dann nimm ihn]!; **chacun fait son ~ soi-même** jeder ist seines Glückes Schmied (*prov*); **avec ~** *littér* auf glückliche Weise; **ce roman allie avec ~ humour et tendresse** dieser Roman ist eine gelungene Mischung aus Humor und Zärtlichkeit; **par ~** zum Glück, glücklicherweise

bonheur-du-jour [bɔnœʀdyʒuʀ] <bonheurs-du-jour> *m Möbelstück aus dem 18. Jhd, eine Art Sekretär*

bonhomie [bɔnɔmi] *f* selbstverständliche Freundlichkeit, Herzlichkeit *f*

bonhomme [bɔnɔm, bɔ̃zɔm] <bonshommes> *m* ❶ *fam* (*homme*) Mann *m*; (*plutôt négatif*) Kerl *m*, Typ *m* (*fam*); **un sacré ~** ein toller Kerl; **un drôle de ~** ein komischer Kerl

❷ (*petit garçon*) **petit ~** kleiner Mann; **quel âge a votre petit ~?** wie alt ist Ihr Junge [*o* der kleine Mann]?; **un adorable petit ~ de deux ans** ein süßer kleiner Knirps von zwei Jahren

❸ (*dessin*) Männchen *nt*

▶ **aller son petit ~ de chemin** unbeirrt seinen Weg gehen [*o* sein Ziel verfolgen]

◆ **~ de neige** Schneemann *m*

boni [bɔni] *m* Gewinn *m*, Einnahmen *Pl*

boniche [bɔniʃ] *f péj fam* Dienstmädchen *nt*

bonification [bɔnifikasjɔ̃] *f* ❶ *d'un vin* Verbesserung *f*; *des terres* Verbesserung, Amelioration *f* (*Fachspr.*)

❷ (*bonus*) Bonus *m*, Pluspunkt *m*; SPORT Zeitgutschrift *f*, Punktegutschrift *f*

bonifier [bɔnifje] <1a> **I.** *vt* verbessern, ameliorieren *terres*
II. *vpr* **se ~** sich machen (*fam*); *vin:* besser werden

boniment [bɔnimɑ̃] *m* ❶ *d'un vendeur, camelot* Anpreisen *nt* der Ware, Marktschreierei *f*
❷ (*mensonges*) Lügengeschichte *f*, Humbug *m* (*fam*); **raconter des ~s** Märchen auftischen, Lügengeschichten erzählen

bonjour [bɔ̃ʒuʀ] **I.** *interj* ❶ guten Tag/Morgen; **dire ~ à qn** jdm guten Tag sagen
❷ CAN (*bonne journée*) einen schönen Tag noch
II. *m* **donner bien le ~ à qn de la part de qn** jdn schön von jdm grüßen, jdm von jdm einen schönen Gruß [*o* schöne Grüße] bestellen [*o* ausrichten]
► **c'est ~ bonsoir** man grüßt sich [nur]; **être simple comme ~** ganz einfach [*o* kinderleicht *fam*] sein

bonne [bɔn] *f* Dienstmädchen *nt*
◆ **~ d'enfants** Kindermädchen *nt;* **~ à tout faire** Mädchen *nt* für alles

bonne-maman [bɔnmamɑ̃] <bonnes-mamans> *f* Großmama *f*, Großmutti *f*

bonnement [bɔnmɑ̃] *adv* ► **tout ~** ganz einfach

bonnet [bɔnɛ] *m* ❶ Mütze *f; du nourrisson* Häubchen *nt; du bébé* Mützchen *nt;* **~ phrygien** phrygische Mütze, Jakobinermütze *f*
❷ (*poche*) *du soutien-gorge* Körbchen *nt*
► **être ~ blanc et blanc ~** Jacke wie Hose sein (*fam*); **gros ~** *fam de l'industrie, de la politique* hohes Tier (*fam*); **les gros ~s de la drogue/finance** die Drogenbosse/Finanzhaie (*fam*); **prendre qc sous son ~** etw auf seine Kappe nehmen (*fam*)
◆ **~ d'âne** *Papierhut, den man früher dem schlechtesten Schüler aufsetzte;* **~ de bain** Badekappe *f;* **~ de nuit** ❶ Nachtmütze *f;* (*pour les femmes*) Nachthaube *f* ❷ (*personne ennuyeuse*) Miesmacher(in) *m(f)* (*fam*); **~ de ski** Skimütze *f*

bonneterie [bɔnɛtʀi, bɔn(ə)tʀi] *f* (*articles*) Wirk- und Strickwaren *Pl;* (*fabrication*) Wirk- und Strickwarenindustrie *f;* (*commerce*) Wirk- und Strickwarenhandel *m;* (*usine*) Wirk- und Strickwarenfabrik *f;* (*magasin*) Wirk- und Strickwarengeschäft *nt*

bonnetier, -ière [bɔntje, -jɛʀ] *m, f* (*fabricant*) Strickwarenhersteller(in) *m(f)*, Trikotagenhersteller(in) *m(f);* (*vendeur*) Strickwarenhändler(in) *m(f)*, Trikotagenhändler(in) *m(f)*

bonniche [bɔniʃ] *f v.* **boniche**

bon-papa [bɔ̃papa] <bons-papas> *m* Großpapa *m*, Großpapi *m*

bonsaï [bɔ̃(d)zaj] *m* Bonsai *m*

bonshommes [bɔ̃zɔm] *pl de* **bonhomme**

bonsoir [bɔ̃swaʀ] *interj* (*en arrivant*) guten Abend; (*en partant*) auf Wiedersehen; (*avant le coucher*) gute Nacht

bonté [bɔ̃te] *f* Güte *f;* **avec ~/avec une grande ~** gütig [*o* mit Güte]/mit großer Güte; **avoir la ~ de faire qc** die Güte haben [*o* so gütig sein], etw zu tun; die Güte haben [*o* so gütig sein] und etw tun; **être d'une grande ~** sehr gütig sein; **faire qc par pure ~ d'âme** etw aus reiner [*o* purer] Menschenliebe tun
► **~ divine!** gütiger Himmel!

bonus [bɔnys] *m* Bonus *m* für unfallfreies Fahren, Schadenfreiheitsrabatt *m*

bonze [bɔ̃z] *m* ❶ Bonze *m*
❷ *péj fam* (*personnage en vue*) Bonze *m;* **les ~s du parti** die Parteibonzen

boogie-woogie [bugiwugi] <boogie-woogies> *m* MUS Boogie-woogie *m*

bookmaker [bukmɛkœʀ] *m* Buchmacher *m*

boom [bum] *m* Boom *m;* **~ économique** wirtschaftlicher Aufschwung; **~ démographique** Bevölkerungsexplosion *f;* **connaître un ~** einen Boom erleben; **être en plein ~** (*avoir beaucoup de travail*) alle Hände voll zu tun haben; (*être en plein essor*) boomen

boomerang [bumʀɑ̃g] *m* Bumerang *m;* **effet de ~** Bumerangeffekt *m;* **faire ~** sich als Bumerang erweisen

boot [but] *m* INFORM Booten *nt*

booter [bute] <1> *vi* INFORM [hoch]booten

boots [buts] *fpl* Boots *Pl*

borax [bɔʀaks] *m* CHIM Borax *m*

borborygme [bɔʀbɔʀigm] *m* Magenknurren *nt*

bord [bɔʀ] *m* Rand *m; d'une table, d'un trottoir* Kante *f; d'un lac, d'une rivière* Ufer *nt; d'un chapeau* Krempe *f;* **~ du quai** Bahnsteigkante; **chapeau à larges ~s** breitkrempiger Hut
► **remplir qc à ras ~** etw randvoll machen [*o* bis zum Rand voll machen]; **être du ~ de qn** auf jds Seite (*Dat*) stehen; **être du même ~ que qn** die gleichen Anschauungen wie jd haben [*o* vertreten]; (*en politique*) im gleichen Lager wie jd stehen; **jeter qn/qc par-dessus ~** jdn/etw über Bord werfen; **passer par-dessus ~** über Bord gehen; **prendre qn à [son] ~** (*dans la voiture*) jdn einsteigen lassen; (*sur le bateau*) jdn an Bord nehmen; **être rempli jusqu'au ~** randvoll sein [*o* bis zum Rand voll sein]; **virer de ~** wenden; *fig* umschwenken; **à ~** an Bord; **les quatre personnes à ~ de la voiture** die vier Insassen des Wagens; **monter à ~ d'un navire/avion** an Bord eines Schiffes/Flugzeugs gehen; **~ à ~** Seite an Seite; **au ~ du lac** am Seeufer; **être au ~ des larmes** den Tränen nahe sein; **être au ~ du désespoir** am Rande der Verzweiflung stehen; **sur les ~s** *fam* so ein bisschen, leicht
◆ **~ de [la] mer** Küste *f;* **au ~ de [la] mer** am Meer, an der See

bordages [bɔʀdaʒ] *mpl* NAUT [Schiffs]planken *Pl*

bordeaux [bɔʀdo] **I.** *m* Bordeauxwein *m*, Bordeaux *m*
II. *adj inv* weinrot, bordeaux[rot]

bordée [bɔʀde] *f* ❶ Breitseite *f*, [Geschütz]salve *f*
❷ *fig fam* **~ d'injures** Schwall *m* von Flüchen; **~ d'applaudissements** Beifallssturm *m*

bordel [bɔʀdɛl] **I.** *m* ❶ *vulg* Bordell *nt*, Puff *m* (*fam*)
❷ *fam* (*désordre*) Chaos *nt*, Saustall *m* (*fam*); **mettre le ~ dans qc** *fam* ein wüstes Durcheinander [*o* ein furchtbares Chaos] in etw (*Dat*) anrichten (*fam*); **mettre le ~ dans les affaires de qn** jds Sachen völlig durcheinander bringen
❸ *fam* (*tapage*) Radau *m;* **faire le [o du] ~** *fam* einen Riesenradau machen (*fam*)
► **et tout le ~** *fam* und der ganze Mist (*fam*); **ça va être le ~ pour faire qc** *fam* das wird nicht ohne sein, etw zu tun (*fam*)
II. *interj fam* verdammt noch mal! (*fam*)

bordelais(e) [bɔʀd(ə)lɛ, ɛz] *adj* aus Bordeaux

bordélique [bɔʀdelik] *adj fam* chaotisch; *personne* chaotisch, schlampig (*fam*)

border [bɔʀde] <1> *vt* ❶ säumen (*geh*) *rivière, route;* **être bordé(e) de qc** *route, rivière:* mit [*o* von] etw gesäumt sein (*geh*); *place:* von etw eingesäumt sein (*geh*); *terrasse:* von etw umgeben sein
❷ COUT **~ qc de fourrure** etw mit Pelz verbrämen; **~ un mouchoir de dentelle** ein Taschentuch mit Spitze besetzen [*o* einfassen]
❸ (*couvrir*) zudecken *enfant, malade;* machen *lit* (*indem man die Laken unter der Matratze feststeckt*)
❹ NAUT einholen *voile*

i Land & Leute

Bei der französischen Art, die Betten zu machen, wird die Zudecke an drei Seiten des Betts unter die Matratze gesteckt, sodass sie glatt und straff aufliegt. Beim Zubettgehen wird sie nur wenig gelockert. Zu einem liebevollen Gutenachtgruß für Kinder und Kranke gehört oft, dass man ihnen die Decke wieder möglichst fest unter die Matratze steckt.

bordereau [bɔʀdəʀo] <x> *m* (*formulaire*) Zettel *m*, Schein *m;* (*liste*) Liste *f;* (*facture*) Rechnung *f*
◆ **~ d'achat** [Kauf]beleg *m;* **~ de compte** Kontoauszug *m;*

~ **d'envoi** Begleitschein *m;* ~ **de livraison** Lieferschein *m;* ~ **de salaires** Lohnliste *f*

bordier [bɔʀdje] *m* CH (*riverain*) Anlieger *m,* Anstößer *m* (CH)

bordure [bɔʀdyʀ] *f* ❶ Rand *m; d'un quai, trottoir* Kante *f;* (*empiècement*) Bordüre *f;* ~ **d'un champ/d'une forêt** Feld-/Waldrand; ~ **d'un chapeau** Hutkrempe *f;* ~ **de fourrure** Pelzbesatz *m;* ~ **brodée** Stickereisaum *m;* **en** ~ **d'une voie de chemin de fer** an einer Eisenbahnlinie/an einer Eisenbahnlinie entlang; **en** ~ **d'une rivière** am Ufer eines Flusses/an einem Fluss entlang; **en** ~ **de forêt** am Waldrand; **en** ~ **de mer** an der Küste *f*
❷ (*rangée*) Reihe *f;* ~ **de rosiers** Rosenstockreihe *f*
❸ (*rangée de pavés*) Einfassung *f,* Umrandung *f;* ~ **d'allée** Wegeinfassung *f*
◆ ~ **de fleurs** Blumenrabatte *f;* ~ **de trottoir** Bordstein *m*

bore [bɔʀ] *m* CHIM Bor *nt*

boréal(e) [bɔʀeal, o] <s o -aux> *adj* nördlich

borgne [bɔʀɲ] *adj* ❶ *personne* einäugig, auf einem Auge blind
❷ ARCHIT *pièce* ohne Fenster; *fenêtre* ohne Ausblick
❸ (*mal famé*) *hôtel, rue* verrufen, anrüchig

borique [bɔʀik] *adj* Bor-; **acide** ~ Borsäure *f*

bornage [bɔʀnaʒ] *m* ❶ JUR *d'une propriété* Grenzscheidung *f*
❷ NAUT Küstenschifffahrt *f*

borne [bɔʀn] *f* ❶ Grenzstein *m;* ~ **hectométrique** Hundertmeter[markierungs]stein; ~ **kilométrique** Kilometerstein
❷ (*protection*) Steinpfosten *m*
❸ *pl* (*limite*) Grenzen *Pl;* **avoir des** ~**s** Grenzen haben; **dépasser** [*o* **franchir**] [*o* **passer**] **les** ~**s** *personne:* zu weit gehen, übertreiben; *ignorance, bêtise:* grenzenlos sein, keine Grenzen kennen; *punition:* zu weit gehen; **cela dépasse les** ~**s** das geht zu weit; **dépasser les** ~**s de la raison/l'entendement** gegen alle [Regeln der] Vernunft gehen/völlig unbegreiflich sein; **sans** ~[**s**] grenzenlos
❹ *fam* (*distance de 1 km*) Kilometer *m*
❺ ELEC [Anschluss]klemme *f*
► **rester planté(e) comme une** ~ Maulaffen feilhalten
◆ ~ **d'incendie** [Überflur]hydrant *m*

borné(e) [bɔʀne] *adj* beschränkt; *intelligence* beschränkt, begrenzt; *personne* borniert, engstirnig; **politique** ~**e/enseignement** ~ Schmalspurpolitik *f/*-unterricht *m* (*fam*); **avoir un esprit** ~ engstirnig sein

borner [bɔʀne] <1> **I.** *vt* ❶ begrenzen, die Grenze bilden zu *terrain*
❷ *fig* ~ **son ambition à qc/à faire qc** seinen Ergeiz auf etw/darauf beschränken, etw zu tun
II. *vpr* **se** ~ **à qc/à faire qc** (*se limiter à*) sich auf etw (*Akk*) beschränken/sich darauf beschränken, etw zu tun; (*se contenter de*) sich mit etw begnügen/sich damit begnügen, etw zu tun

bortsch [bɔʀtʃ] *m* GASTR Borschtsch *m*

bosniaque [bɔsnjak] *adj* bosnisch

Bosniaque [bɔsnjak] *mf* Bosnier(in) *m(f)*

Bosnie [bɔsni] *f* **la** ~ Bosnien *nt*

Bosnie-Herzégovine [bɔsniɛʀzegɔvin] *f* **la** ~ Bosnien-Herzegovina *nt*

bosquet [bɔskɛ] *m* Baumgruppe *f,* Wäldchen *m*

boss [bɔs] *m fam* Boss *m* (*fam*)

bossage [bɔsaʒ] *m* ARCHIT Bosse *f*

bossa-nova [bɔsanɔva] <bossas-novas> *m* MUS Bossa Nova *m*

bosse [bɔs] *f* ❶ Beule *f;* **se faire une** ~ **au front/à la tête** sich (*Dat*) an der Stirn/am Kopf eine Beule holen
❷ (*protubérance*) *du chameau* Höcker *m*
❸ (*difformité*) Buckel *m*
❹ (*accident de terrain*) [leichte] Erhebung, Buckel *m* (*fam*)
❺ (*don*) **avoir la** ~ **des maths/de la musique** *fam* in Mathe was draufhaben/ein kleines Musikgenie sein (*fam*); **avoir la** ~ **du commerce** ein Händchen fürs Geschäft haben (*fam*)
► **rouler sa** ~ *fam* herumkommen (*fam*)

bosselage [bɔslaʒ] *m* (*en orfèvrerie*) getriebene Arbeit *f*

bosseler [bɔsle] <3> *vt* ❶ (*déformer par une bosse*) einbeulen, verbeulen; (*cabosser*) verbeulen
❷ (*en orfèvrerie*) treiben; **être en argent/or bosselé** aus getriebenem Silber/Gold sein

bosser [bɔse] <1> **I.** *vi fam* arbeiten; (*travailler dur*) schuften (*fam*); (*bûcher*) büffeln (*fam*)
II. *vt fam* büffeln (*fam*) *matière;* ~ **un examen** für eine Prüfung büffeln (*fam*)

bosseur, -euse [bɔsœʀ, -øz] *m, f fam* Arbeitstier *nt* (*fam*)

bossu(e) [bɔsy] **I.** *adj* buck[e]lig; (*voûté*) krumm
II. *m(f)* Buck[e]lige(r) *f(m)*
► **rire comme un** ~ sich schieflachen (*fam*)

bot(e) [bo, bɔt] *adj pied, main* verwachsen; **pied** ~ Klumpfuß *m*

botanique [bɔtanik] **I.** *adj* botanisch; **géographie** ~ Geobotanik *f*
II. *f* Botanik *f*

botaniste [bɔtanist] *mf* Botaniker(in) *m(f)*

botte [bɔt] *f* ❶ Stiefel *m*
❷ (*paquet*) *de légumes, fleurs* Bund *nt; de foin, paille* (*en gerbe*) Bündel *nt;* (*au carré*) Ballen *m*
❸ (*en escrime*) Stoß *m*
► **en avoir plein les** ~**s** *fam* es satt haben; **en avoir plein les** ~**s de qc** etw satt haben; ~ **secrète** Geheimrezept *nt;* **lécher les** ~**s à qn** *fam* vor jdm kriechen; (*flatter*) jdm schöntun (*fam*); **être à la** ~ **de qn** jdm ergeben sein; **être sous la** ~ **de qn** unter jds Gewaltherrschaft (*Dat*) sein
◆ ~ **de caoutchouc** Gummistiefel *m;* ~ **d'équitation** Reitstiefel *m;* ~**s de sept lieues** Siebenmeilenstiefel *Pl*

botté(e) [bɔte] *adj* gestiefelt

botter [bɔte] <1> *vt* ❶ ~ **le derrière/les fesses à qn** jdn in den Hintern treten (*sl*)
❷ *fam* (*plaire*) **ça me botte** das macht mich an (*fam*); **ça** [**ne**] **me botte pas** das sagt mir nichts (*fam*), das macht mich nicht an (*fam*); **ça me botterait, mais ...** ich hätte schon Lust, aber ...

bottier [bɔtje] *m* Maßschuhmacher(in) *m(f)*

bottillon [bɔtijɔ̃] *m* Halbstiefel *m*

bottin® [bɔtɛ̃] *m* Telefonbuch *nt*

bottine [bɔtin] *f* Damenhalbstiefel *m,* Stiefelette *f*

boubou [bubu] *m* Tunika *f* in Schwarzafrika

bouc [buk] *m* ❶ Ziegenbock *m*
❷ (*barbe*) Spitzbart *m,* Ziegenbart *m* (*fam*)
► ~ **émissaire** Sündenbock *m;* **ça pue le** ~ hier stinkt's [*o* mieft's] [ganz schön] (*fam*)

boucan [bukɑ̃] *m fam* Radau *m* (*fam*); **faire du** ~ Radau machen; (*protester*) Krach schlagen (*fam*), Rabatz machen (*fam*)

boucaner [bukane] <1> *vt* räuchern *poisson, viande*

bouchage [buʃaʒ] *m* (*action de boucher*) Verschließen *nt;* (*manière de boucher*) Verschluss *m*

bouche [buʃ] *f* ❶ Mund *m; d'un animal* Maul *nt;* **parler la** ~ **pleine** mit vollem Mund sprechen
❷ (*ouverture*) *d'un volcan* Kraterloch *nt; d'un tuyau* Öffnung *f; d'un canon* Mündung *f*
❸ *pl* GEOG **les** ~**s du Rhône/de l'Escaut** die Mündung der Rhone/Schelde
► **la** ~ **en cul de poule** *fam* mit spitzem Mund; **la** ~ **en cul de poule, elle me demanda ...** mit spitzen Lippen fragte sie mich ...; ~ **bée** bass erstaunt; **regarder** [*o* **être**] ~ **bée** Bauklötze staunen (*fam*), Mund und Augen aufreißen; **qn reste** ~ **bée devant qc** jdm bleibt bei etw der Mund [vor Staunen] offen stehen; **j'en suis resté(e)** ~ **bée!** ich war ganz platt! (*fam*); **pour la bonne** ~ als krönender Abschluss; **garder qc pour la bonne** ~ etw für den Schluss aufheben; [**motus et**] ~ **cousue!** kein Sterbenswörtchen darüber!, nichts verraten!; **être une fine** ~ ein Feinschmecker sein; **faire la fine** ~ wählerisch sein; ~ **inutile** unnützer Esser; **avoir la** ~ **pâteuse** einen

pappigen Geschmack im Mund haben (*fam*); **en avoir plein la ~ de qn/qc** immer wieder auf jdn/etw zu sprechen kommen; (*en être pénétré*) ganz in etw (*Dat*) aufgehen, ganz von etw überzeugt sein; **mordre à pleine ~** kraftvoll zubeißen; **s'embrasser à pleine ~** sich einen Zungenkuss/Zungenküsse geben; **avoir la ~ sèche** einen trockenen Mund haben; **n'avoir que qc à la ~** ständig [*o* nur noch] von etw sprechen [*o* reden]; **l'argent, il n'a que ce mot à la ~!** er redet immer nur von Geld; **être dans** [*o* **sur**] **toutes les ~s** in aller Munde sein; **avoir cinq/huit ~s à nourrir** fünf/acht hungrige Mäuler zu stopfen haben (*fam*); **un mot qui revient souvent dans la ~ de qn** ein Wort, das jd häufig in den Mund nimmt; **ce mot choque dans sa ~** dieses Wort klingt schockierend aus seinem Munde; **de ~ en ~** von Mund zu Mund; **passer de ~ en ~** sich herumsprechen

◆ **~ d'aération** Lüftungsöffnung *f*, Öffnung *f* des Belüftungsschachts; **~ de chaleur** [Warm]luftschacht *m;* **~ d'égout** Gully *m;* **~ d'incendie** [Unterflur]hydrant *m;* **~ de métro** Metroeingang *m;* **~ à oreille** *m* Mund-zu-Mund-Propaganda *f*

bouché(e) [buʃe] *adj* ❶ *temps* trüb[e]; *ciel* verhangen
❷ (*sans avenir*) ohne Zukunft; **être ~(e)** *branche:* keine Aussichten bieten
❸ *fam* (*idiot*) *personne* beschränkt; **mais tu es ~(e) ou quoi?** wie kann man nur so schwer von Kapee sein! (*fam*)

bouche-à-bouche [buʃabuʃ] *m sans pl* Mund-zu-Mund-Beatmung *f*

bouchée [buʃe] *f* ❶ Bissen *m;* (*ce qui est dans la bouche*) Mundvoll *m*
❷ GASTR **~ au chocolat** Praline *f;* **~ à la liqueur** Weinbrandbohne *f*
▶ **pour une ~ de pain** für ein Butterbrot (*fam*), für'n Appel und 'n Ei (*fam*); **mettre les ~s doubles** einen Zahn zulegen (*fam*); **ne faire qu'une ~ de qc** etw in Windeseile verdrücken (*fam*); **ne faire qu'une ~ de qn** mit jdm kurzen Prozess machen (*fam*)
◆ **~ à la reine** Königinpastetchen *nt*

boucher[1] [buʃe] <1> **I.** *vt* zukorken *bouteille;* zumachen, zustopfen *trou;* zuschütten *trous de la route;* zumachen, zuschmieren *fente;* verstopfen *toilettes, évier;* **être bouché(e) par qc** mit etw verstopft sein; *bouteille:* mit etw verschlossen sein; *rue:* von etw blockiert sein; **avoir le nez bouché** eine verstopfte Nase haben
II. *vpr* **se ~** *évier:* verstopfen; **se ~ le nez/les oreilles** sich (*Dat*) die Nase/Ohren zuhalten; **se ~ les yeux** *fig* die Augen verschließen; **le temps se bouche** es zieht sich zu

boucher[2] [buʃe] *m* ❶ Fleischer *m*, Metzger *m* (SDEUTSCH), Schlachter *m* (NDEUTSCH)
❷ *péj* (*chirurgien*) Metzger *m* (*pej*)

bouchère [buʃɛʀ] *f* ❶ Fleischerin *f*, Metzgerin *f* (SDEUTSCH), Schlachterin *f* (NDEUTSCH)
❷ (*femme du boucher*) Fleischersfrau *f*, Metzgersfrau *f* (SDEUTSCH)

boucherie [buʃʀi] *f* ❶ Metzgerei *f*, Fleischerei *f;* **~ charcuterie** Fleisch- und Wurstwarengeschäft *nt;* **~ chevaline** Pferdemetzgerei *f*
❷ (*métier*) Metzgerhandwerk *nt*, Fleischerhandwerk *nt;* **syndicat de la ~** Fleischerinnung *f;* **animaux de ~** Schlachtvieh *nt*
❸ (*massacre*) Gemetzel *nt*
❹ CH, CAN Schlachten *nt;* **faire ~** (*tuer le cochon*) das Schwein schlachten

bouche-trou [buʃtʀu] <bouche-trous> *m* ❶ (*personne*) Lückenbüßer(in) *m(f)*
❷ (*article de journal*) [Lücken]füller *m*

bouchon [buʃɔ̃] *m* ❶ *d'une bouteille* Korken *m; d'une carafe, d'un évier* Stöpsel *m; d'un bidon, tube, radiateur* Verschluss *m; d'un réservoir* Deckel *m;* **~ de champagne** Sektkorken; **~ en plastique** Plastikkorken, Plastikverschluss; **faire sauter les ~s de champagne** die Sektkorken knallen lassen; **~ antivol** verschließbarer Tankdeckel; **~ doseur** Verschlusskappe *f* zum Dosieren; **sentir le ~** *vin:* nach Korken schmecken
❷ PECHE Schwimmer *m*
❸ (*embouteillage*) [Verkehrs]stau *m;* **un ~ de 2 km s'est formé** es hat sich ein 2 km langer Stau gebildet
▶ **c'est plus fort que de jouer au ~** *fam* das ist schon ein starkes Stück (*fam*); **pousser le ~ un peu trop loin** ein bisschen zu weit gehen
◆ **~ de liège** [echter] Korken; **~ de paille** Strohwisch *m;* **~ de radiateur** Kühlerverschluss *m;* **~ de réservoir** Tankdeckel *m*

bouchonné(e) [buʃɔne] *adj* **un vin ~** ein Wein, der nach Korken schmeckt [*o* der Kork[en] hat]

bouchonner [buʃɔne] <1> **I.** *vt* [mit einem Strohwisch] abreiben
II. *vi fam* stauen; **ça bouchonne** es staut

bouchot [buʃo] *m für Zuchtmuscheln künstlich angelegte Muschelbank*

bouclage [buklaʒ] *m* ❶ *fam* (*action d'enfermer*) Einschließen *nt*
❷ POL, MIL *d'un quartier* Abriegelung *f*
❸ PRESSE *d'un journal* Redaktionsschluss *m*

boucle [bukl] *f* ❶ (*anneau*) *de soulier, ceinture, d'un harnais* Schnalle *f*
❷ (*forme géométrique*) Schleife *f; d'une rivière* Windung *f*
❸ INFORM Schleife *f*
❹ AVIAT Looping *m o nt;* SPORT (*en voiture, à pied*) Rundstrecke *f;* (*en patinage*) (*figure imposée*) Schlinge *f;* (*saut*) Rittberger *m*
▶ **boucler la ~** sich wieder am Ausgangspunkt befinden
◆ **~ de cheveux** Haarlocke *f;* **~ d'oreille** Ohrring *m*, Flinserl *nt* (A); **~ de rappel** Abseilschlinge *f*

bouclé(e) [bukle] *adj cheveux, poils* lockig; **tête ~e** Lockenkopf *m*

boucler [bukle] <1> **I.** *vt* ❶ (*attacher*) zumachen *ceinture;* **~ la ceinture de sécurité** den Sicherheitsgurt anlegen
❷ *fam* (*fermer*) schließen *magasin, porte, bagages;* **~ ses valises** [*o* **malles**] *fig* sich reisefertig machen
❸ (*terminer*) beenden *affaire, enquête;* abschließen *recherches, dossier;* fertig stellen *travail;* **~ un journal/une revue** die Redaktion einer Zeitung/einer Zeitschrift abschließen
❹ (*équilibrer*) ausgleichen *budget;* **~ le mois/ses comptes** mit seinem Geld auskommen, über die Runden kommen (*fam*)
❺ POL, MIL (*encercler*) abriegeln *quartier*
❻ *fam* (*enfermer*) einsperren
❼ (*friser, onduler*) **~ ses cheveux** sich (*Dat*) Locken in die Haare machen
▶ **la ~** *fam* den Mund halten (*fam*)
II. *vi* ❶ **ses cheveux ~ent naturellement** er/sie hat Naturlocken
❷ INFORM eine Schleife machen
III. *vpr* ❶ (*se faire des boucles*) **se ~** sich (*Dat*) die Haare eindrehen
❷ (*s'enfermer*) **se ~ dans sa chambre** sich in seinem Zimmer einschließen

bouclette [buklɛt] *f* [Ringel]löckchen *nt*

bouclier [buklije] *m* ❶ MIL Schild *m;* **~ thermique** Hitzeschild
❷ (*protection*) Schutz[schild *m*] *m*

Bouddha [buda] *m* Buddha *m*

bouddhisme [budism] *m* Buddhismus *m*

bouddhiste [budist] **I.** *adj* buddhistisch
II. *mf* Buddhist *m*

bouder [bude] <1> **I.** *vi* schmollen
II. *vt* ❶ (*montrer du mécontentement à qn*) **~ qn** jdm schmollend begegnen
❷ (*ne plus rechercher qc*) **~ un film/une pièce** einem Film/Theaterstück fernbleiben; **~ un produit** ein Produkt unbeach-

tet lassen

bouderie [budʀi] *f* Schmollen *nt*

boudeur, -euse [budœʀ, -øz] **I.** *adj* beleidigt, eingeschnappt (*fam*); **être très ~(-euse)** immer gleich eingeschnappt sein (*fam*)
II. *m, f* Junge, der/Mädchen, das [oft] schmollt; **je n'aime pas les ~s** ich mag keine beleidigten Leberwürste (*fam*)

boudin [budɛ̃] *m* ❶ **~ noir** ≈ Blutwurst *f,* ≈ Blunze[n] *f* (A); **~ blanc** *aus Geflügelfleisch, Milch, Ei und Brotkrume hergestellte Wurst*
❷ *fam* (*fille grosse et disgrâcieuse*) Pummel *m* (*fam*)
❸ NORD, BELG (*traversin*) [lange] Nackenrolle *f*

boudiné(e) [budine] *adj* ❶ (*en forme de boudin*) *doigt* Wurst- (*fam*)
❷ (*serré dans un vêtement étriqué*) beengt; **être ~(e) dans une veste** in eine Jacke [*o* ein Jackett] eingezwängt sein

boudiner [budine] <1> **I.** *vt fam* **~ qn** *vêtement:* jdn beengen
II. *vpr fam* **se ~ dans un vêtement** sich in ein Kleidungsstück zwängen

boudoir [budwaʀ] *m* ❶ Boudoir *nt* (*veraltet*)
❷ (*gâteau*) Löffelbiskuit *m*

boue [bu] *f* Schlamm *m,* Matsch *m,* Gatsch *m* (A); **~s industrielles** Industrieschlamm; **des chaussures pleines de ~** völlig schmutzige Schuhe
► **couvrir qn de ~** jdn mit Schmutz bewerfen; **traîner qn dans la ~** jdn durch [*o* in] den Schmutz ziehen; **se vautrer dans la ~** sich dem völligen Verfall hingeben

bouée [bwe] *f* ❶ (*balise*) Boje *f;* **~ lumineuse/sonore** Leucht-/Heulboje
❷ (*protection gonflable*) Schwimmreifen *m*
◆ **~ de sauvetage** Rettungsring *m; fig* Rettungsanker *m*

boueux, -euse [bwø, -øz] *adj* *chaussures, chemin, eau* schlammig; **des coulées boueuses** Schlammströme *Pl*

bouffant(e) [bufɑ̃, ɑ̃t] *adj* **des manches ~es** Puffärmel *Pl;* **pantalon ~** Pluderhose *f*

bouffarde [bufaʀd] *f fam* Stummelpfeife *f*

bouffe[1] [buf] *adj v.* **opéra**

bouffe[2] [buf] *f fam* Essen *nt,* Fressen *nt* (*vulg*); **ne penser qu'à la ~** nur ans Futtern denken (*fam*); **se faire une bonne [petite] ~** sich (*Dat*) was Ordentliches zu essen machen (*fam*); **à la ~!** *fam* zu Tisch!

bouffée [bufe] *f* ❶ (*souffle*) **~ de vent** Windstoß *m;* **il respirait par ~s** er atmete stoßweise; **tirer des ~s de sa pipe** seine Pfeife paffen (*fam*); **~ d'air frais/chaud** frischer Luftzug [*o* frische Brise]/Schwall *m* heißer Luft
❷ (*haleine*) **des ~s de vin** Fahne, die nach Wein riecht; **des ~s d'ail** Knoblauchfahne *f*
❸ (*poussée*) **~ de chaleur/fièvre** [Hitze]wallung *f*/Fieberanfall *m;* **~ de colère** Wutanfall *m;* **~ d'orgueil** Anwandlung *f* von Stolz

bouffer [bufe] <1> **I.** *vi* ❶ *fam* essen, fressen (*fam*)
❷ (*se gonfler*) sich bauschen
II. *vt fam* ❶ essen, futtern (*fam*), fressen (*vulg*); **je n'ai rien à ~ à la maison** ich habe nichts Essbares im Haus
❷ (*consommer*) schlucken (*fam*) *essence, huile;* fressen (*fam*) *kilomètres*
❸ *pop* (*manifester sa colère*) **~ qn** jdn gefressen haben (*fam*); **je vais [*o* pourrais] le ~!** ich könnte ihm den Hals/Kragen umdrehen! (*fam*)

bouffetance [buftɑ̃s] *f fam* Fressalien *Pl* (*fam*)

bouffi(e) [bufi] *adj* ❶ *visage* aufgedunsen; *yeux* verquollen; *mains* angeschwollen; **visage ~ de graisses** feistes Gesicht
❷ *péj* **être ~(e) d'orgueil [*o* de vanité]** aufgeblasen sein (*pej fam*)

bouffir [bufiʀ] <8> **I.** *vt* aufquellen [*o* anschwellen] lassen *visage*
II. *vi* *personne:* [krankhaft] zunehmen; *corps:* sich aufblähen; *yeux:* aufquellen

bouffon(ne) [bufɔ̃, ɔn] **I.** *adj* spaßig
II. *m(f)* Narr *m,* Kasper *m;* **faire le ~** den Clown spielen
◆ **~ de cour, ~ du roi** Hofnarr *m*

bouffonnerie [bufɔnʀi] *f* Drolligkeit *f; d'une scène, pièce* [derbe] Komik; *souvent pl* (*propos, comportement*) Blödelei *f;* **arrête tes ~s!** hör auf mit dem Blödsinn! (*fam*)

bougainvillée [bugɛ̃vile] *f,* **bougainvillier** [bugɛ̃vilje] *m* BOT Bougainvillea *f*

bouge [buʒ] *m* ❶ (*bar mal famé*) Spelunke *f* (*pej*)
❷ (*taudis*) Loch *nt* (*pej sl*)

bougeoir [buʒwaʀ] *m* Kerzenleuchter *m* (*mit Griff*)

bougeotte [buʒɔt] *f* **avoir la ~** *fam* (*ne pas tenir en place*) kein Sitzfleisch haben (*fam*); *enfant:* ein Zappelphilipp sein (*fam*); (*voyager sans cesse*) von der Reiselust gepackt sein

bouger [buʒe] <2a> **I.** *vi* ❶ sich bewegen; **être incapable de ~** unfähig sein, sich zu rühren
❷ POL (*protester*) **~ devant qn/qc** gegen jdn/etw aufbegehren
❸ *fam* (*changer, s'altérer*) sich verändern; *couleur:* ausgehen; *tissu:* einlaufen; **ne pas ~** *prix, taux:* unverändert bleiben; **faire ~ qc** etw ins Rollen bringen (*fam*)
❹ (*se déplacer, voyager*) **je ne bouge pas d'ici!** ich rühre mich nicht vom Fleck!; **faire ~ qn** jdm Beine machen (*fam*)
► **ça bouge [pas mal]!** *fam* da ist ganz schön was los [*o* geht's ganz schön ab]! (*fam*)
II. *vt* ❶ (*déplacer*) umstellen *meuble, objet*
❷ (*remuer*) bewegen *bras, doigt, tête*
III. *vpr fam* **se ~** ❶ sich bewegen; **bouge-toi de là!** geh' da mal weg! (*fam*)
❷ (*faire un effort*) sich anstrengen

bougie [buʒi] *f* ❶ Kerze *f;* **s'éclairer à la ~** bei Kerzenlicht leben; **souffler dix ~s** zehn Jahre alt werden
❷ AUT Zündkerze *f*

bougnoul(e) [buɲul] *m péj fam* ❶ Kameltreiber(in) *m(f)*
❷ (*Maghrébin*) Nordafrikaner *m,* Araber *m* (*rassistische Beleidigung*)

bougon(ne) [bugɔ̃, ɔn] **I.** *adj* mürrisch, griesgrämig
II. *m(f)* Miesepeter *m* (*fam*)

bougonner [bugɔne] <1> *vi* **~ contre qn/qc** über jdn/etw murren

bougre, bougresse [bugʀ, bugʀɛs] *m, f* ❶ *fam* Kerl *m* (*fam*); **c'est un pauvre ~** er ist ein armer Teufel; **c'est vraiment un bon ~** *iron* er ist wirklich ein gutmütiger Kerl (*fam*)
❷ *péj* (*espèce*) **~ d'idiot!** du Idiot!; **ce ~ d'enfant** dieses verflixte [*o* verdammte] Kind (*pej*)

bougrement [bugʀəmɑ̃] *adv vieilli fam* unheimlich (*fam*), verdammt (*fam*)

boui-boui [bwibwi] <bouis-bouis> *m péj fam* Spelunke *f* (*pej*)

bouillabaisse [bujabɛs] *f* GASTR Bouillabaisse *f*

bouillant(e) [bujɑ̃, jɑ̃t] *adj* ❶ (*qui bout*) kochend
❷ (*très chaud*) *boisson* kochend heiß
❸ (*fougueux*) ungestüm, hitzig; **être ~(e) de colère/rage** vor Wut kochen; **être ~(e) d'impatience** vor Ungeduld brennen

bouille [buj] *f fam* Gesicht *nt;* **avoir une bonne ~** nett [*o* lieb] aussehen (*fam*)

bouilleur [bujœʀ] *m* (*personne*) Destillateur *m;* **~ de cru** *Person, die Obstwasser für den Eigenbedarf brennt*

bouilli(e) [buji] **I.** *part passé de* **bouillir**
II. *adj* *légumes, viande, poisson* gekocht; *eau* abgekocht; *lait* aufgekocht

bouillie [buji] *f* Brei *m;* **mettre [*o* réduire] en ~** pürieren
► **mettre [*o* réduire] qn en ~** *fam* aus jdm Kleinholz [*o* Hackfleisch *fam*] machen; **avoir le visage/la jambe en ~** ein völlig zerquetschtes Gesicht/Bein haben

bouillir [bujiʀ] <*irr*> **I.** *vi* ❶ kochen
❷ (*porter à ébullition*) zum Kochen bringen; **faire ~ du lait** Milch aufkochen lassen
❸ (*laver à l'eau bouillante, stériliser*) [aus]kochen

❹ (*s'emporter*) ~ **de colère/de rage** vor Wut kochen; ~ **d'impatience** vor Ungeduld brennen
II. *vt* ❶ (*porter à ébullition*) zum Kochen bringen *lait, eau;* [aus]kochen *linge;* **de l'eau bouillie** abgekochtes Wasser
❷ (*cuire à l'eau*) kochen *viande, légumes*
bouilloire [bujwaʀ] *f* [Wasser]kessel *m*
bouillon [bujɔ̃] *m* ❶ Brühe *f,* Bouillon *f*
❷ (*bouillonnement*) Aufkochen *nt;* **à gros ~s** stark; **bouillir/cuire à gros ~s** brodeln
▸ **boire un ~** (*avaler de l'eau en nageant*) [Wasser] schlucken; (*essuyer un échec financier*) auf die Nase fallen (*fam*)
◆ ~ **de culture** BIO Nährbrühe *f; fig* Nährboden *m;* ~ **de légumes** Gemüsebrühe *f;* ~ **d'onze heures** *fam* Gifttrank *m*
bouillon-cube [bujɔ̃kyb] <bouillon-cubes> *m* Brühwürfel *m*
bouillonnant(e) [bujɔnɑ̃, ɑ̃t] *adj* ❶ sprudelnd; **des bains ~s** ein Whirlpool
❷ (*imaginatif*) überschäumend; *imagination* blühend
bouillonnement [bujɔnmɑ̃] *m* ❶ Sprudeln *nt*
❷ *fig des désirs* Aufwallen *nt* (*geh*); *des idées* Überschäumen *nt*
bouillonner [bujɔne] <1> *vi* ❶ brodeln
❷ (*être énervé*) ~ **de rage/colère** vor Wut schäumen (*geh*)
❸ (*être imaginatif*) ~ **d'idées** vor Ideen überschäumen
bouillotte [bujɔt] *f* Wärmflasche *f*
boulange [bulɑ̃ʒ] *f fam abr de* **boulangerie** Bäckerei *f*
boulanger [bulɑ̃ʒe] I. *m* Bäcker *m*
II. *app* Bäcker-; **patron/garçon** [*o* **apprenti**] ~ Bäckermeister *m*/Bäckerlehrling *m*
boulangère [bulɑ̃ʒɛʀ] *f* ❶ Bäckerin *f*
❷ (*femme d'un boulanger*) Bäckersfrau *f*
boulangerie [bulɑ̃ʒʀi] *f* ❶ Bäckerei *f*
❷ (*usine*) ~ **industrielle** Brotfabrik *f*
❸ (*métier*) Bäckerei *f;* **être** [*o* **travailler**] **dans la** ~ Bäcker sein
boulangerie-pâtisserie [bulɑ̃ʒʀipɑtisʀi] <boulangeries-pâtisseries> *f* Bäckerei-Konditorei *f*
boulanger-pâtissier [bulɑ̃ʒepɑtisje] <boulangers-pâtissiers> *m* Bäcker und Konditor *m*
boule [bul] *f* ❶ Kugel *f;* ~ **de verre/d'acier** Glas-/Stahlkugel
❷ (*objet de forme ronde*) ~ **de glace** Eiskugel; ~ **de laine** Wollknäuel *m;* ~ **de coton** Wattebausch *m;* ~ **de feu** Feuerball *m*
❸ *pl fam* (*testicules*) Eier *Pl* (*fam*)
❹ *pl* JEUX **jeu de ~s** Boule[spiel] *nt;* **jouer aux ~s** Boule spielen
❺ (*tête*) **avoir la ~ à zéro** *fam* eine Glatze haben; **perdre la ~** *fam* (*devenir fou*) überschnappen (*fam*); (*s'affoler*) durchdrehen (*fam*)
❻ BELG (*bonbon*) Bonbon *m o nt*
▸ **avoir une ~ dans la gorge** *fam* einen Kloß im Hals haben (*fam*); **avoir les ~s** *fam* (*avoir peur*) Muffe haben (*fam*); (*être frustré*) frustriert sein; (*être déprimé*) mies [*o* schlecht] drauf sein (*fam*); (*être en colère*) verärgert sein; (*avoir honte*) peinlich berührt sein; **être** [*o* **se mettre**] **en ~** *fam* in die Luft gehen (*fam*); **mettre qn en ~** *fam* jdn auf die Palme bringen (*fam*)
◆ ~ **de billard** ❶ Billardkugel *f* ❷ *fig* Glatzkopf *m;* ~ **de commande** Trackball *m;* ~ **de cristal** Kristallkugel *f;* ~ **de gomme** [Husten]pastille *f;* ~ **de neige** Schneeball *m* ▸ **effet ~ de neige** Kettenreaktion *f;* **faire ~ de neige** *capitaux:* sich ständig vermehren, stetig zunehmen; *mouvement, grève:* einen Schneeballeffekt haben; ~ **de pain** Brotlaib *m;* ~**s Quiès®** Ohropax® *nt kein Pl;* ~ **à thé** Tee-Ei *nt*
bouleau [bulo] <x> *m* BOT Birke *f*
bouledogue [buldɔg] *m* ZOOL Bulldogge *f*
bouler [bule] <1> *vi* **envoyer qn/qc ~** *fam* jdn/etw rausschmeißen (*fam*)
boulet [bulɛ] *m* ❶ (*boule de métal pour charger les canons*) [Kanonen]kugel *f;* (*boule de métal attachée aux pieds des condamnés*) [Eisen]kugel *f*
❷ (*fardeau*) Last *f*
❸ (*charbon*) Eierbrikett *nt*
▸ **s'attacher un ~ aux pieds** sich (*Dat*) etw aufhalsen; **tirer à ~s rouges sur qn** jdn schonungslos angreifen; **c'est un ~ à traîner!** (*personne*) der/die ist ein Klotz am Bein! (*fam*); **quel ~!** was für eine Last [*o* ein Klotz am Bein] ! (*fam*)
◆ ~ **de canon** Kanonenkugel *f* ▸ **arriver comme un ~ de canon** angeschossen kommen (*fam*)
boulette [bulɛt] *f* ❶ Kügelchen *nt*
❷ GASTR Frikadelle *f*
❸ *fig fam* (*gaffe*) **faire une ~** ins Fettnäpfchen treten (*fam*); (*faire une erreur professionnelle*) einen Fehler [*o* Schnitzer *fam*] machen
boulevard [bulvaʀ] *m* Boulevard *m;* **les ~s extérieurs** der äußere Ring; **les Grands Boulevards** die großen Boulevards (*zwischen Place de la Madeleine und Place de la République in Paris*)
bouleversant(e) [bulvɛʀsɑ̃, ɑ̃t] *adj spectacle, récit* erschütternd; *acteur, rôle* überwältigend
bouleversement [bulvɛʀsəmɑ̃] *m* grundlegende [*o* tiefgreifende] Veränderung; (*dans la vie d'une personne*) Erschütterung *f;* ~ **politique/économique** politische/wirtschaftliche Umwälzung
bouleverser [bulvɛʀse] <1> *vt* ❶ (*causer une émotion violente*) [zutiefst] erschüttern *personne;* **elle a le visage bouleversé par l'angoisse** die Angst steht ihr im Gesicht geschrieben
❷ (*apporter des changements brutaux*) völlig verändern *carrière, vie;* umstoßen *emploi du temps, programme;* **la société est bouleversée** die Gesellschaft befindet sich im Umbruch
❸ (*mettre sens dessus dessous*) völlig durcheinander bringen, auf den Kopf stellen (*fam*) *maison, pièce*
boulier [bulje] *m* Rechenmaschine *f*
boulimie [bulimi] *f* ❶ MED Bulimie *f*
❷ (*désir intense*) **avoir une ~ de voyage/lecture** große Reiselust/großen Lesehunger haben [*o* verspüren]
boulimique [bulimik] I. *adj* MED *die Bulimie betreffend;* (*vorace*) gefräßig; (*insatiable*) unersättlich; **appétit/faim ~** Heißhunger *m*
II. *mf* an Bulimie Leidende(r) *f(m)*
bouliste [bulist] *mf* Boulespieler(in) *m(f)*
boulodrome [bulodʀom] *m* Bouleplatz *m*
boulon [bulɔ̃] *m* Schraubenbolzen *m* [mit Mutter]
▸ **[res]serrer les ~s** die Zügel straffer anziehen
boulonnage [bulɔnaʒ] *m* TECH Verschraubung *f*
boulonner [bulɔne] <1> I. *vt* zusammenschrauben, verbolzen
II. *vi fam* (*travailler*) schuften (*fam*); (*pour un examen*) büffeln, pauken (*fam*)
boulot [bulo] *m fam* (*travail*) Arbeit *f;* (*emploi*) Job *m* (*fam*); **petit ~** Gelegenheitsjob (*fam*); **avoir un petit ~** jobben (*fam*); **faire du sale ~** schlechte [*o* miese *fam*] Arbeit leisten; **allez, au ~!** hopp, an die Arbeit!; **quel ~!** was für eine Heidenarbeit! (*fam*)
boulot(te) [bulo, ɔt] *adj fam* pummelig (*fam*)
boulotte [bulɔt] *f* (*femme rondelette*) Pummel *m* (*fam*)
boulotter [bulɔte] <1> *vi fam* futtern (*fam*); **qu'est-ce qu'il boulotte!** was der reinfuttert! (*fam*)
boum¹ [bum] I. *interj* bum[s], plumps
II. *m* ❶ (*bruit sonore*) Bums *m* (*fam*)
❷ (*succès retentissant*) Knüller *m* (*fam*)
❸ (*croissance rapide*) ~ **démographique/économique** Bevölkerungs-/Wirtschaftsboom *m;* **être en plein ~** alle Hände voll zu tun haben (*fam*)
boum² [bum] *f fam* Fete *f* (*fam*)
boumer [bume] <1> *vi pop* **alors, ça boume?** na, alles klar? (*fam*)
bouquet [bukɛ] *m* ❶ *de fleurs* Strauß *m; de persil, thym* Bund *nt;* ~ **garni** GASTR Bund *nt* Kräuter (*Thymian, Petersilie und Lor-*

beerblätter)
❷ *d'un feu d'artifice* krönende Schlussgarbe
❸ (*parfum*) *d'un vin* Blume *f*, Bukett *nt*
❹ (*grosse crevette*) Riesengarnele *f*
▶ **c'est le ~!** *fam* das ist [ja] die Höhe [*o* der Gipfel]!
◆ **~ de mariée** Brautstrauß *m*
bouquetin [buktɛ̃] *m* ZOOL Steinbock *m*
bouquin [bukɛ̃] *m fam* Schmöker *m* (*fam*)
bouquiner [bukine] <1> **I.** *vt fam* **~ un roman** in einem Roman schmökern (*fam*)
II. *vi fam* schmökern (*fam*)
bouquiniste [bukinist] *mf* Bouquinist *m*

i Land & Leute

Die **bouquinistes** sind Antiquare und Straßenbuchhändler. Man findet sie an den Seineufern in Paris ebenso wie an den Ufern der Saône in Lyon.

bourbe [buʀb] *f* Morast *m*, Schlamm *m*
bourbeux, -euse [buʀbø, -øz] *adj* morastig, schlammig
bourbier [buʀbje] *m* Schlammloch *nt*
▶ **se mettre** [*o* **tomber**] **dans un** [**sale**] **~** in eine schwierige Lage geraten; **se tirer d'un ~** sich aus einer schwierigen Lage befreien
bourbon [buʀbɔ̃] *m* Bourbon *m*
bourbonien(ne) [buʀbɔnjɛ̃, jɛn] *adj* bourbonisch; **nez ~** für die Bourbonen typische [Haken]nase
Bourbons [buʀbɔ̃] *mpl* HIST **les ~** die Burbonen *Pl*
bourde [buʀd] *f fam* ❶ (*bévue*) Schnitzer *m* (*fam*); **faire une ~** einen Bock schießen (*fam*)
❷ (*mensonge*) Lüge *f*; **arrête de me raconter des ~s!** hör auf, mir etwas vorzuschwindeln! (*fam*)
bourdon [buʀdɔ̃] *m* ❶ ZOOL Hummel *f*
❷ MUS *große Glocke, die dunkel klingt; d'un orgue* Bordun *m*
▶ **avoir le ~** *pop* deprimiert [*o* down *fam*] sein
bourdonnant(e) [buʀdɔnɑ̃, ɑ̃t] *adj insecte* summend; *moteur* brummend
bourdonnement [buʀdɔnmɑ̃] *m d'un insecte* Summen *nt*; *d'un moteur* Brummen *nt*; *des voix* Gemurmel *nt*; **des ~s d'oreilles** Ohrensausen *nt*
bourdonner [buʀdɔne] <1> *vi moteur:* brummen; *insecte:* summen; *hélice:* surren
bourg [buʀ] *m* Marktflecken *m*
bourgade [buʀgad] *f* kleiner Marktflecken
bourgeois [buʀʒwa] *m* ❶ Bürgerliche(r) *m*
❷ *péj* Spießbürger *m* (*pej*); **petit ~** Kleinbürger *m*; *péj* Spießbürger (*pej*)
❸ HIST (*citoyen*) Bürger *m*
❹ CH (*personne possédant la bourgeoisie*) Bürger *m*
bourgeois(e) [buʀʒwa, waz] *adj* ❶ bürgerlich; **une maison ~e** ein Bürgerhaus; **faire un mariage ~** einen Bürgerlichen heiraten; **classe ~e** Bürgertum *nt*
❷ *péj* (*étroitement conservateur*) spießbürgerlich (*pej*)
bourgeoise [buʀʒwaz] *f* ❶ Bürgerliche *f*
❷ *péj* Spießbürgerin *f* (*pej*); **petite ~** Kleinbürgerin *f*; *péj* Spießbürgerin (*pej*)
❸ HIST (*citoyenne*) Bürgerin *f*
❹ *pop* (*femme*) **ma/ta ~** meine/deine Alte (*fam*)
bourgeoisement [buʀʒwazmɑ̃] *adv* bürgerlich; *péj* spießbürgerlich (*pej*)
bourgeoisie [buʀʒwazi] *f* ❶ Bürgertum *nt*; **haute** [*o* **grande**]/**moyenne/petite ~** Großbürgertum *nt*/gehobener Mittelstand/Kleinbürgertum *nt*
❷ HIST Bourgeoisie *f*
❸ CH (*droit de cité*) Bürgerrecht *nt*
bourgeon [buʀʒɔ̃] *m d'un arbre, d'une plante* Knospe *f*
◆ **~ de sapin** Tannenspitze *f*
bourgeonnement [buʀʒɔnmɑ̃] *m* ❶ *des arbres* Knospung *f*
❷ *d'une plaie* Granulom *nt*
bourgeonner [buʀʒɔne] <1> *vi* ❶ *arbre:* Knospen treiben [*o* ansetzen]
❷ *fig* **son visage bourgeonne** er/sie bekommt Pickel im Gesicht
bourgmestre [buʀgmɛstʀ] *m* BELG Bürgermeister *m*
bourgogne [buʀgɔɲ] *m* Burgunder[wein *m*] *m*
Bourgogne [buʀgɔɲ] *f* **la ~** Burgund *nt*
bourguignon(ne) [buʀgiɲɔ̃, ɔn] *adj* burgundisch; GASTR Burgunder-
Bourguignon(ne) [buʀgiɲɔ̃, ɔn] *m(f)* Burgunder(in) *m(f)*
bourlinguer [buʀlɛ̃ge] <1> *vi fig fam* [viel] herumreisen (*fam*)
bourlingueur, -euse [buʀlɛ̃gœʀ, -øz] **I.** *m, f* Globetrotter *m*
II. *adj* Globetrotter-
bourrache [buʀaʃ] *f* BOT Borretsch *m*, Gurkenkraut *nt*
bourrade [buʀad] *f* Stoß *m*; **donner une ~ amicale à qn** jdn [*o* jdm] freundschaftlich in die Rippen puffen; **recevoir une ~ dans les côtes** einen Rippenstoß bekommen
bourrage [buʀaʒ] *m d'un coussin, matelas* Füllen *nt*; *d'une pipe* Stopfen *nt*
◆ **~ de crâne** *fam* (*endoctrinement*) Indoktrination *f*; (*gavage intellectuel*) stures [Ein]pauken (*pej fam*); **~ de papier** Papierstau *m*
bourrasque [buʀask] *f* ❶ *de vent* Bö *f*; *de neige* Gestöber *nt*; **le vent souffle en ~s** es weht ein böiger Wind; **essuyer une violente ~** in eine Sturmbö geraten; **des ~s de pluie** peitschender Regen
❷ *fig d'injures, de mots, paroles* Hagel *m*
▶ **rentrer dans la pièce comme une ~** ins Zimmer [herein]stürmen
bourratif, -ive [buʀatif, -iv] *adj fam aliment* sättigend; **c'est ~** das stopft (*fam*)
bourre [buʀ] *f* ❶ (*matière de remplissage*) Füllung *f*
❷ (*duvet des bourgeons*) Flaum *m*
❸ *d'une arme, cartouche* Pfropfen *m*
▶ **être à la ~** *fam* sich beeilen müssen
bourré(e) [buʀe] *adj* ❶ randvoll; *portefeuille* prall; **être ~(e) de meubles** mit Möbeln voll gestellt sein (*fam*); **être ~(e) de fautes/préjugés/complexes** voller Fehler/Vorurteile/Komplexe sein; **être ~(e) de fric** *fam* stinkreich sein (*fam*)
❷ (*serré*) **être ~(e) dans qc** *personnes:* in etw (*Dat*) zusammengepfercht sein
❸ *fam* (*ivre*) besoffen (*fam*)
bourreau [buʀo] <x> *m* ❶ Henker *m*
❷ (*tortionnaire*) Peiniger *m*
◆ **~ des cœurs** *iron* Herzensbrecher *m*; **~ d'enfants** Kinderschänder *m*; **~ de travail** Arbeitstier *nt*
bourrée [buʀe] *f* Bourrée *f alter franz. Volkstanz*
bourreler [buʀ(ə)le] <3> *vt* quälen, peinigen; **bourrelé(e) de remords** von Vorwürfen gepeinigt
bourrelet [buʀlɛ] *m* ❶ (*pour isoler*) Abdichtung *f*
❷ *de chair, graisse* Wulst *m o f*
bourrelier, -ière [buʀəlje, -jɛʀ] *m, f* Sattler(in) *m(f)*
bourrer [buʀe] <1> **I.** *vt* ❶ voll stopfen; stopfen *pipe*
❷ (*gaver*) **~ qn de nourriture** jdn mit Essen voll stopfen; **ses parents l'ont bourrée de complexes** wegen ihrer Eltern steckt sie voller Komplexe; **~ le crâne à qn** (*endoctriner*) jdn indoktrinieren; (*gaver de connaissances*) jdn mit Wissen voll stopfen
II. *vpr* **se ~ de qc** sich mit etw voll stopfen
III. *vi* sättigen, stopfen (*fam*)
bourrette [buʀɛt] *f* TEXTIL Rohseide *f*
bourriche [buʀiʃ] *f* (*panier, contenu*) Korb *m* (*ohne Henkel, mit Deckel*); **manger une ~ d'huitres** einen [ganzen] Korb Austern essen
bourrichon [buʀiʃɔ̃] *m fam* **monter le ~ à qn** jdn aufhetzen; **se monter le ~** sich (*Akk*) Illusionen machen; *personnes:* sich

gegenseitig aufstacheln
bourricot [buʀiko] *m fam* Esel *m*
bourrin [buʀɛ̃] *m pop* Gaul *m* (*fam*)
bourrique [buʀik] *f fam* Esel(in) *m(f)*
▸ **être têtu(e) comme une ~** störrisch wie ein Esel sein (*fam*); **faire tourner qn en ~** jdn verrückt [*o* wahnsinnig] machen; **quelle ~!** so ein sturer Bock!
bourru(e) [buʀy] *adj* (*peu aimable*) mürrisch, rau
bourse[1] [buʀs] *f* ❶ (*porte-monnaie*) Geldbeutel *m;* **avoir la ~ bien garnie/plate** gut/schlecht [*o* knapp] bei Kasse sein (*fam*)
❷ *pl* ANAT Hodensack *m*
▸ **la ~ ou la vie!** Geld oder Leben!; **sans ~ délier** ohne einen Pfennig auszugeben [*o* zu zahlen]
◆ **~ d'études** Stipendium *nt*
bourse[2] [buʀs] *f* **~ aux vêtements** Kleidermarkt *m*
◆ **~ du travail** Gewerkschaftshaus *nt*
Bourse [buʀs] *f* ❶ (*lieu, ensemble des cours*) Börse *f;* **jouer à la** [*o* **en**] **~** [an der Börse] spekulieren
❷ (*ensemble des opérations*) Börsenhandel *m*
boursiconaute [buʀsikɔnot] *mf* [Online]börsenspekulant(in) *m(f)*
boursicoter [buʀsikɔte] <1> *vi fam* kleine Börsengeschäfte machen
boursier, **-ière**[1] [buʀsje, -jɛʀ] **I.** *adj* **étudiant ~/étudiante boursière** Stipendiat(in) *m(f)*
II. *m, f* Stipendiat(in) *m(f)*
boursier, **-ière**[2] [buʀsje, -jɛʀ] *adj* (*relatif à la Bourse*) Börsen-
boursouflé(e) [buʀsufle] *adj* ❶ *peau, main* [an]geschwollen; *visage* aufgedunsen
❷ (*emphatique*) *style, discours* schwülstig, geschwollen (*pej*)
boursoufler [buʀsufle] <1> **I.** *vt* anschwellen
II. *vpr* **se ~** *peinture, surface:* Blasen bilden
boursouflure [buʀsuflyʀ] *f de la peau, du visage* Schwellung *f; d'une surface, peinture* Blase *f*
bouscueil [buskœj] *m* CAN (*mouvement des glaces*) Eisgang *m*
bousculade [buskylad] *f* ❶ (*remous de foule*) Gedränge *nt*
❷ (*précipitation*) Eile *f;* **dans la ~ du départ** in der Hektik des Aufbruchs; **c'est la ~** es/alles geht drunter und drüber (*fam*)
bousculer [buskyle] <1> **I.** *vt* ❶ (*heurter*) anstoßen *personne;* umwerfen *livres, chaises*
❷ (*mettre sens dessus dessous*) völlig durcheinander bringen, auf den Kopf stellen (*fam*)
❸ (*modifier brutalement*) von Grund auf ändern *conception, traditions;* umstoßen *projet*
❹ (*exercer une pression sur qn*) jdn drängen; **être bousculé(e)** viel um die Ohren haben (*fam*)
II. *vpr* ❶ (*se pousser mutuellement*) **se ~** sich drängeln
❷ (*être en confusion*) *sentiments:* hin und her gerissen sein; **les idées se bousculaient dans sa tête** die Gedanken schwirrten ihm/ihr durch den Kopf
bouse [buz] *f* Kuhfladen *m*
bouseux [buzø] *m péj* Bauer *m* (*pej fam*)
bousillage [buzijaʒ] *m fam* ❶ (*travail mal fait*) Pfusch *m* (*pej fam*)
❷ (*mise hors d'usage*) Kaputtmachen *nt* (*fam*)
bousiller [buzije] <1> *vt fam* ❶ (*mettre hors d'usage*) kaputt machen
❷ (*mal faire*) verpfuschen *travail*
boussole [busɔl] *f* [Magnet]kompass *m*
▸ **perdre la ~** *fam* durchdrehen (*fam*)
boustifaille [bustifaj] *f pop* Fressen *nt* (*pej vulg*)
bout [bu] *m* ❶ *du doigt, nez* Spitze *f; d'un objet* Ende *nt;* **au ~ de la table** am Tischende; **avoir un poisson au ~ de sa ligne** einen Fisch an der Angel haben; **de ~ en ~** [*o* **d'un ~ à l'autre**] ganz; **~ à ~** aneinander; **jusqu'au ~** bis zum Schluss [*o* Ende]; **tenir jusqu'au ~** durchhalten
❷ (*limite*) Ende *nt;* **au ~ du chemin/couloir** am Ende des Weges/Ganges; **tout au ~** ganz hinten
❸ (*morceau*) Stück[chen *nt*] *nt*
❹ (*terme*) **au ~ d'un moment/d'une année** nach einer Weile/einem Jahr
▸ **faire un bon ~ de chemin** *fam* sich ganz schön gemacht haben (*fam*), ein gutes Stück vorangekommen sein; **savoir qc sur le ~ des doigts** etw im Schlaf können [*o* beherrschen]; **petit ~ de femme** *fam* zierliches Persönchen *nt;* **qn a un mot/un nom sur le ~ de la langue** jdm liegt ein Wort/Name auf der Zunge; **faire qc du ~ des lèvres** etw [nur] sehr ungern [*o* widerwillig] tun; **ce n'est pas le ~ du monde** das ist [doch] nicht die Welt; **montrer le ~ de son nez** sich kurz blicken lassen; **ne pas voir plus loin que le ~ de son nez** nicht über den eigenen [*o* seinen] Tellerrand hinaussehen; **se laver seulement le ~ du nez** nur Katzenwäsche machen (*fam*); **mener qn par le ~ du nez** jdn gängeln (*pej*); **jusqu'au ~ des ongles** *posséder* in höchstem Maße; *être soigné* äußerst; *connaître, savoir* in- und auswendig (*fam*); **montrer le ~ de l'oreille** sich verraten; **un ~ de temps** eine Zeit lang; **voir le ~ du tunnel** Licht am Ende des Tunnels sehen; **tenir le bon ~** es bald geschafft haben; **joindre les deux ~s** mit seinem Geld auskommen; **tirer à ~ portant** aus nächster Nähe schießen; **en connaître un bon ~** *fam* sich da recht gut auskennen (*fam*); **manger un ~** eine Kleinigkeit essen; **mettre les ~s** *fam* sich aus dem Staub machen (*fam*); **à ~ de bras** mit gestreckten Armen; **à tout ~ de champ** alle naselang (*fam*); **être à ~ de nerfs/forces** mit seinen Nerven/Kräften am Ende sein (*fam*); **être à ~ de souffle** außer Atem sein; **mettre** [*o* **pousser**] **qn à ~** jdm zusetzen; **venir à ~ de qc/qn** mit etw/jdm fertig werden; **au ~ du compte** letzten Endes; **au ~ du fil** am anderen Ende [der Leitung]; **au ~ du monde** am Ende der Welt
◆ **~ d'essai** CINE Probeaufnahmen *Pl;* **~ filtre** Filter *m;* **cigarette à ~ filtre** Filterzigarette *f*
boutade [butad] *f* Bonmot *nt*
boute-en-train [butɑ̃tʀɛ̃] *m inv* Stimmungskanone *f* (*fam*)
boutefas [butfa] *m* CH (*saucisson de porc*) *geräucherte Wurst aus Schweinefleisch*
bouteille [butɛj] *f* ❶ Flasche *f;* **~ consignée/non consignée** Pfand-/Einwegflasche; **~ de vin/lait** Wein-/Milchflasche; **mettre le vin en ~s** den Wein [in Flaschen] abfüllen; **boire à la ~** aus der Flasche trinken
❷ (*contenu*) Flasche *f;* **~ de vin/lait** Flasche Wein/Milch; **une bonne ~** ein guter [*o* edler] Tropfen *m*
▸ **aimer la ~** *fam* gerne einen trinken (*fam*); **prendre de la ~** *fam* (*mûrir*) reifer [*o* erfahrener] werden; (*vieillir*) älter werden
bouteur [butœʀ] *m rare* Bulldozer *m*
boutique [butik] *f* ❶ *fam* Laden *m*, Geschäft *nt;* **~ du boulanger/de l'épicier** Bäckerladen/Lebensmittelgeschäft; **~ de fruits/légumes/d'antiquités** Obst-/Gemüse-/Antiquitätengeschäft
❷ (*magasin de prêt-à-porter*) [Mode]boutique *f*
❸ *fam* (*entreprise*) Geschäft *nt*, Arbeit *f*
▸ **ouvrir/fermer ~** einen Laden [*o* ein Geschäft] eröffnen/dicht machen *fam*; **fermer/plier ~** aufhören, verzichten; **vendre toute la ~** *fam* den ganzen Laden hinschmeißen (*fam*)
boutiquier, **-ière** [butikje, -jɛʀ] *m, f* Ladenbesitzer(in) *m(f)*, Ladeninhaber(in) *m(f)*
boutoir [butwaʀ] *m v.* **coup**
bouton [butɔ̃] *m* ❶ *de vêtement* Knopf *m*
❷ (*commande d'un mécanisme*) *de la radio, télé, sonnette* Knopf *m; de porte* Knauf *m; d'un interrupteur* Schalter *m*
❸ MED **~ de rougeole/fièvre** Masern-/Fieberbläschen *nt;* **~ d'acné** Aknepickel *m*
❹ BOT Knospe *f;* **~ de rose** Rosenknospe; **~s à feuilles/fleurs** Blatt-/Blütenknospen *Pl*
❺ INFORM Schaltfläche *f;* **~ Démarrer** Schaltfläche Start
◆ **~ de manchettes** Manschettenknopf *m;* **~ de la souris**

Maustaste *f;* ~ **droit/gauche de la souris** rechte/linke Maustaste

bouton-d'or [butɔ̃dɔʀ] <boutons-d'or> *m* BOT Butterblume *f,* Hahnenfuß *m*

boutonnage [butɔnaʒ] *m* Knöpfen *nt*

boutonné(e) [butɔne] *adj* zugeknöpft; **robe ~e derrière** hinten geknöpftes Kleid

boutonner [butɔne] <1> **I.** *vt* zuknöpfen
II. *vi* pick[e]lig werden; **avoir le nez qui boutonne** Pickel auf der Nase bekommen
III. *vpr* **se ~** *vêtement:* zugeknöpft werden; *personne:* seine Knöpfe zumachen

boutonneux, -euse [butɔnø, -øz] *adj* pick[e]lig

boutonnière [butɔnjɛʀ] *f* Knopfloch *nt;* **à la ~** im Knopfloch

bouton-poussoir [butɔ̃puswaʀ] <boutons-poussoirs> *m* Druckschalter *m* **bouton-pression** [butɔ̃pʀesjɔ̃] <boutons--pression> *m* Druckknopf *m*

bouturage [butyʀaʒ] *m* HORT Vermehrung *f* durch Stecklinge

bouture [butyʀ] *f* Steckling *m*

bouturer [butyʀe] <1> *vt* ~ **les géraniums** Geraniensteckling e setzen

bouvet [buvɛ] *m* TECH Falzhobel *m*

bouvier, -ière [buvje, -jɛʀ] *m, f* Rinderhirt(in) *m(f)*

bouvreuil [buvʀœj] *m* ORN Dompfaff *m,* Gimpel *m*

bovidés [bɔvide] *mpl* wiederkäuende Paarhufer *Pl*

bovin(e) [bɔvɛ̃, in] **I.** *adj* (*qui concerne le bœuf*) Rinder-
II. *mpl* Rinder *Pl*

bowling [buliŋ] *m* ❶ (*jeu*) Bowling *nt*
❷ (*lieu*) Bowlingbahn *f*

box [bɔks] <es> *m* (*dans une écurie*) Box *f;* (*dans un garage*) Stellplatz *m;* (*dans un hôtel, un dortoir*) abgeteilter Raum
◆ ~ **des accusés** Anklagebank *f*

boxe [bɔks] *f* Boxen *nt;* **match** [*o* **combat**] **de ~** Boxkampf *m;* **faire de la ~** boxen

boxer¹ [bɔkse] <1> **I.** *vi* boxen; **~ contre qn** gegen jdn boxen
II. *vt fam* **~ qn** jdn boxen; **se faire ~** eins auf die Nase kriegen (*fam*)

boxer² [bɔksœʀ], **boxer-short** [bɔksœʀʃɔʀt] <boxers-shorts> *m* Boxershorts *Pl*

boxeur, -euse [bɔksœʀ, -øz] *m, f* Boxer(in) *m(f);* ~ **amateur/professionnel** Amateur-/Berufsboxer

box-office [bɔksɔfis] <box-offices> *m* Kassenschlager *m* (*fam*), Publikumserfolg *m*
▸ **être** [*o* **arriver**] **en tête du ~** *acteur, film:* großen Erfolg haben

boxon [bɔksɔ̃] *m fam* Durcheinander *nt*

boy [bɔj] *m* Boy *m*

boyau [bwajo] <x> *m* ❶ ANAT Darm *m*
❷ (*tranchée*) Verbindungsgraben *m*
❸ (*chambre à air*) Schlauch *m*
❹ (*corde*) *d'une raquette, d'un violon* Saite *f*

boycott [bɔjkɔt] *m,* **boycottage** [bɔjkɔtaʒ] *m* Boykott *m;* **faire le ~ de qc** etw boykottieren

boycotter [bɔjkɔte] <1> *vt* boykottieren

boy-scout [bɔjskut] <boys-scouts> *m* Pfadfinder *m*

B.P. [bepe] *abr de* **boîte postale**

brabançon(ne) [bʀabɑ̃sɔ̃, ɔn] *adj* aus Brabant

Brabançonne [bʀabɑ̃sɔn] *f* **la ~** *die belgische Nationalhymne*

Brabant [bʀabɑ̃] *m* **le ~** Brabant

bracelet [bʀaslɛ] *m* Armband *nt;* (*rigide*) Armreif *m*
◆ ~ **de force** Gelenkstütze *f;* ~ **d'identité** Identitätsband *nt*

bracelet-montre [bʀaslɛmɔ̃tʀ] <bracelets-montres> *m* Armbanduhr *f*

brachycéphale [bʀakisefal] *adj personne* kurzköpfig, brachyzephal (*Fachspr.*)

braconnage [bʀakɔnaʒ] *m* CHASSE Wilderei *f;* PECHE Angeln *nt* ohne Angelschein

braconner [bʀakɔne] <1> *vi* CHASSE wildern; PECHE ohne Angelschein angeln

braconnier, -ière [bʀakɔnje, -jɛʀ] *m, f* CHASSE Wilderer *m;* PECHE Angler(in) *m(f)* ohne Angelschein

bractée [bʀakte] *f* BOT, BIO Deckblatt *nt*

brader [bʀade] <1> *vt* ❶ COM verschleudern, zum Schleuderpreis verkaufen
❷ (*se débarrasser de*) verscherbeln (*fam*); herschenken *territoire, colonie*

braderie [bʀadʀi] *f* (*foire*) Trödelmarkt *m;* (*liquidation*) [Straßen]verkauf *m* zu Spottpreisen [*o* Schleuderpreisen]; (*soldes*) Ausverkauf *m*

braguette [bʀagɛt] *f* Hosenschlitz *m*

brahmane [bʀaman] *m* Brahmane *m*

brahmanisme [bʀɑmanism] *m* Brahmanismus *m*

braillard(e) [bʀɑjaʀ, -jaʀd] *fam* **I.** *adj bébé, enfant* plärrend (*fam*); *ivrogne, foule* grölend
II. *m(f)* Schreihals *m* (*fam*)

braille [bʀɑj] *m* Blindenschrift *f*

braillement [bʀɑjmɑ̃] *m* (*cri*) Brüllen *nt*

brailler [bʀɑje] <1> **I.** *vi* brüllen, schreien
II. *vt* brüllen; *ivrogne, foule:* grölen

braiment [bʀɛmɑ̃] *m de l'âne* Iahen *nt*

brainstorming [bʀɛnstɔʀmiŋ] *m* Brainstorming *nt*

brain-trust [bʀɛntʀœst] *m* Braintrust *m*

braire [bʀɛʀ] <irr> *vt* ❶ *âne:* iahen; *fam* (*brailler*) brüllen
❷ *fam* (*suer*) **faire ~ qn** jmd tierisch auf die Nerven gehen (*fam*)

braise [bʀɛz] *f* Glut *f*
▸ **être sur la ~** [wie] auf [glühenden] Kohlen sitzen

braiser [bʀeze] <1> *vt* schmoren; **être braisé(e)** *poisson* gedämpft sein

brame [bʀɑm] *m,* **bramement** [bʀɑmmɑ̃] *m* Röhren *nt;* **la saison du ~** die Brunftzeit

bramer [bʀɑme] <1> *vi* ❶ *cerf, daim:* röhren
❷ (*se plaindre*) jammern

brancard [bʀɑ̃kaʀ] *m* ❶ (*civière*) Tragbahre *f*
❷ (*bras d'une civière, d'une brouette*) Holm *m*
❸ (*pour attacher un cheval*) Deichselstange *f*
▸ **ruer dans les ~s** rebellisch werden

brancardier, -ière [bʀɑ̃kaʀdje, -jɛʀ] *m, f* Träger(in) *m(f)*

branchage [bʀɑ̃ʃaʒ] *m* Geäst *nt*

branche [bʀɑ̃ʃ] *f* ❶ *d'un arbre* Ast *m,* Zweig *m;* **des ~s mortes** dürre Äste [*o* Zweige] *Pl*
❷ (*tige*) *d'une paire de lunettes* Bügel *m; d'un chandelier* Arm *m; de ciseaux* Schneide *f; d'un compas* Nadel *f*
❸ (*famille*) Linie *f*
❹ (*domaine*) *d'enseignement, d'une science* Zweig *m; de l'économie, de profession* Branche *f;* ~ **dure d'un parti** harter Flügel einer Partei
▸ **vieille ~** *fam* altes Haus (*fam*); **se rattraper aux ~s** gerade noch einmal davongekommen sein (*fam*); **scier la ~ sur laquelle on est assis** den Ast absägen, auf dem man sitzt

branché(e) [bʀɑ̃ʃe] *adj fam* up to date (*fam*); **être ~(e) cinéma/moto** (*adorer*) auf Kino/Motorräder abfahren (*sl*); (*s'y connaître*) sich mit Kino/Motorrädern auskennen

branchement [bʀɑ̃ʃmɑ̃] *m* ❶ (*action*) Verbindung *f*
❷ (*circuit*) Anschluss *m;* ~ **électrique/téléphonique** Strom-/Telefonanschluss; ~ **Internet** Internetanschluss

brancher [bʀɑ̃ʃe] <1> **I.** *vt* ❶ ~ **le téléphone sur le réseau** das Telefon an das Netz anschließen; **la télé n'est pas branchée** der Fernseher ist nicht angeschlossen
❷ (*faire parler*) ~ **la conversation sur un autre sujet** die Unterhaltung auf ein anderes Thema bringen [*o* lenken]
❸ *fam* (*draguer*) anmachen (*fam*); (*aborder*) anquatschen (*fam*)
❹ *fam* (*intéresser*) **ça me branche** dazu habe ich Lust; **ta proposition me branche** deinen Vorschlag finde ich super (*fam*)
II. *vpr* **se ~ sur qc** etw einschalten

branchies [bʀɑ̃ʃi] *fpl* Kiemen *Pl*
brandade [bʀɑ̃dad] *f* GASTR *de morue provenzalisches Gericht aus zerkleinertem Stockfisch, Knoblauch, Olivenöl und Sahne*
Brandebourg [bʀɑ̃dbuʀ] *m* **le** ~ Brandenburg *nt*
brandebourgeois(e) [bʀɑ̃dbuʀʒwa, -waz] *adj* brandenburgisch
Brandebourgeois(e) [bʀɑ̃dbuʀʒwa, waz] *m(f)* Brandenburger(in) *m(f)*
brandir [bʀɑ̃diʀ] <8> *vt* drohend schwingen *arme;* schwenken *drapeau;* **en brandissant son épée** mit erhobenem Schwert
brandon [bʀɑ̃dɔ̃] *m* (*intentionnel*) Brandfackel *f*
brandy [bʀɑ̃di] *m* Brandy *m*
branlant(e) [bʀɑ̃lɑ̃, ɑ̃t] *adj* wack[e]lig
branle [bʀɑ̃l] *m* Schwingen *nt*
▸ **mettre qc en** ~ *cloches* in Schwingung versetzen; **se mettre en** ~ sich in Bewegung setzen
branle-bas [bʀɑ̃lba] *m inv fig* Trubel *m,* Durcheinander *nt*
◆ ~ **de combat** MIL (*manœuvre*) Klarmachen *nt* zum Gefecht; (*ordre*) [Schiff] klar zum Gefecht!
branler [bʀɑ̃le] <1> **I.** *vi* wackeln
▸ **ne pas en** ~ [**une**] **lourd** *arg* keinen Finger krumm machen (*fam*)
II. *vpr vulg* **se** ~ sich (*Dat*) einen runterholen (*vulg*)
▸ **s'en** ~ *pop* scheißegal sein (*sl*)
branleur, -euse [bʀɑ̃lœʀ, -øz] *m fam* ❶ Wichser *m* (*vulg*)
❷ (*paresseux*) Faulpelz *m*
brante [bʀɑ̃t] *f* CH (*hotte pour la vendange*) Butte *f,* Hotte *f* (SDEUTSCH)
braquage [bʀakaʒ] *m* ❶ *des roues* Einschlagen *nt*
❷ *arg* (*attaque*) bewaffneter Überfall *m*
braque [bʀak] **I.** *adj fam* ein bisschen verrückt (*fig*)
II. *m* Bracke *m o f*
braquer [bʀake] <1> **I.** *vt* ❶ AUT ~ **le volant à droite/à gauche** nach rechts/links einschlagen
❷ (*diriger*) ~ **le regard/l'arme sur qn** den Blick/die Waffe auf jdn richten; ~ **son attention sur qn** jdm seine Aufmerksamkeit widmen
❸ *pop* (*attaquer*) überfallen *banque, magasin*
❹ (*provoquer l'hostilité*) ~ **le collègue contre le chef/projet** den Kollegen gegen den Chef/das Projekt aufbringen
II. *vi* ~ **bien/mal** *voiture:* einen kleinen/großen Wendekreis haben
III. *vpr* **se** ~ auf stur schalten (*fam*); **se** ~ **contre qn/qc** sich gegen jdn/etw sperren
braquet [bʀakɛ] *m* CYCLISME Übersetzung *f;* **changer de** ~ einen anderen Gang nehmen
braqueur, -euse [bʀakœʀ, -øz] *m, f arg* Räuber(in) *m(f)* (*bei einem bewaffneten Überfall*)
bras [bʀa] *m* ❶ Arm *m;* **lever les** ~ **au ciel** die Hände über dem Kopf zusammenschlagen; **se donner le** ~ sich unterhaken; ~ **dessus** ~ **dessous** Arm in Arm, untergehakt; **sa sacoche sous le** ~ seine/ihre Mappe unter dem Arm
❷ (*main-d'œuvre*) Arbeitskraft *f*
❸ TECH *d'un levier* Arm *m; d'un électrophone* Tonarm; *d'un fauteuil* Armlehne *f; d'un brancard* Holm *m*
❹ GEOG Arm *m;* ~ **mort du Danube** toter Arm der Donau; ~ **de mer** Meeresarm
▸ **se mettre en** ~ **de chemise** sein Jackett/seinen Pullover ausziehen; **le** ~ **de la justice** der Arm des Gesetzes; **cogner** [*o* **taper**] **qn à tour de** ~ [wie wild] auf jdn einschlagen, jdn verprügeln; **rester les** ~ **ballants** [*o* **croisés**] untätig herumsitzen/-stehen; **être le** ~ **droit de qn** *fam* jds rechte Hand sein; **gros** ~ Muskelpaket *nt;* **jouer les gros** ~ den starken Mann markieren [*o* miemen]; **avoir le** ~ **long** einen langen Arm haben; **à** ~ **raccourcis** mit voller Wucht; **baisser les** ~ das Handtuch werfen; **les** ~ **m'en tombent** ich kann es kaum fassen, ich bin sprachlos [*o* baff *fam*]
◆ ~ **de fer** Armdrücken *nt; fig* Tauziehen *nt*
brasage [bʀasaʒ] *m* TECH Löten *nt*
brasero [bʀazeʀo] *m* Kohlenbecken *nt*
brasier [bʀɑzje] *m* Flammenmeer *nt* (*geh*); *fig* Inferno *nt*
bras-le-corps [abʀaləkɔʀ] ▸ **prendre** [*o* **saisir**] **à** ~ in die Arme schließen *enfant;* anpacken *problème*
brassage [bʀasaʒ] *m* ❶ *de la bière* Brauen *nt; de l'eau* Umwälzen *nt*
❷ (*mélange*) [Ver]mischung *f;* ~ **des peuples** *fig* Völkergemisch *nt*
brassard [bʀasaʀ] *m* Armbinde *f*
brasse [bʀas] *f* Brustschwimmen *nt;* ~ **papillon** Delphinschwimmen *nt;* **nager la** ~ brustschwimmen
brassée [bʀase] *f* einen Arm voll[er]; **des** ~**s de fleurs** Arme voll[er] Blumen
brasser [bʀase] <1> *vt* ❶ (*mélanger*) mischen; durchkneten *pâte*
❷ *fig* ~ **de l'argent/des affaires** mit großen Summen umgehen/große Geschäfte machen
❸ (*fabriquer*) brauen *bière*
brasserie [bʀasʀi] *f* ❶ (*restaurant*) *Café-Restaurant*
❷ (*industrie*) Braugewerbe *nt;* (*entreprise*) Brauerei *f*

i Land & Leute

Eine **brasserie** ist ein Speiselokal, in dem vorwiegend Bier und deftige Speisen angeboten werden. Typisch sind die oft im Jugendstil gehaltenen großen Speisesäle mit ihrem volkstümlichen Ambiente. Es gibt **brasseries,** die sich mittlerweile als echte Feinschmeckerlokale einen Namen gemacht haben.

brasseur [bʀasœʀ] *m* [Bier]brauer *m*
brassière [bʀasjɛʀ] *f* ❶ (*sous-vêtement*) Hemdchen *nt*
❷ (*chandail*) Jäckchen *nt*
❸ CAN *fam* (*soutien-gorge*) BH *m* (*fam*)
◆ ~ **de sauvetage** NAUT Schwimmweste [*o* Rettungs-] *f*
bravache [bʀavaʃ] *m péj* Großmaul *nt* (*pej fam*)
bravade [bʀavad] *f* ❶ (*ostentation de bravoure*) Imponiergehabe *nt;* **par** ~ aus reinem Imponiergehabe
❷ (*attitude de défi insolent*) dreiste Herausforderung
brave [bʀav] *adj* ❶ (*courageux*) mutig; *soldat* tapfer
❷ *antéposé* (*honnête*) anständig
❸ (*naïf*) [lieb und] gut; **mon** ~ [**homme**]/**ma** ~ [**dame**] *vieilli* mein Guter/meine Gute
bravement [bʀavmɑ̃] *adv* ❶ (*avec bravoure*) tapfer, mutig
❷ (*résolument*) beherzt, wacker
braver [bʀave] <1> *vt* ❶ (*défier*) ~ **un adversaire/une autorité** einem Gegner/einer Autorität die Stirn bieten; ~ **le danger/la mort** der Gefahr/dem Tod ins Auge sehen; ~ **le froid/les intempéries** der Kälte/dem schlechten Wetter trotzen
❷ (*ne pas respecter*) sich hinwegsetzen über (+ *Akk*) *convenances, loi*
bravo [bʀavo] **I.** *interj* bravo
II. *m* Bravoruf *m,* Bravo *nt*
bravoure [bʀavuʀ] *f* Mut *m;* **faire preuve de** ~ Mut beweisen; **morceau de** ~ Bravourstück [*o* Glanz-] *nt*
break [bʀɛk] *m* ❶ AUT Kombiwagen *m,* Kombi *m*
❷ TENNIS Break *m o nt;* **faire le** ~ den Aufschlag abnehmen
❸ *fam* (*pause*) Pause *f*
brebis [bʀəbi] *f* [Mutter]schaf *nt*
▸ ~ **égarée** verlorenes Schaf; ~ **galeuse** schwarzes Schaf
brèche [bʀɛʃ] *f* (*dans une clôture, une haie, un mur*) Öffnung *f;* (*dans une coque*) Loch *nt;* (*sur une lame*) Scharte *f;* MIL (*sur le front*) Bresche *f;* **colmater une** ~ ein Loch schließen
▸ **battre qn/qc en** ~ (*ruiner*) jdn ruinieren/etw zunichte machen; (*attaquer*) jdn/etw angreifen; MIL eine Bresche in etw (*Akk*) schlagen; **être sur la** ~ immer im Einsatz sein

bredouillage [bʀədujaʒ] *m* Gebrabbel *nt (fam)*
bredouille [bʀəduj] *adj* **rentrer** ~ *(sans succès)* unverrichteter Dinge zurückkehren; *chasseur* ohne Beute zurückkehren; *pêcheur* ohne einen einzigen Fang zurückkehren
bredouillement [bʀədujmɑ̃] *m v.* **bredouillage**
bredouiller [bʀəduje] <1> **I.** *vi* stottern; *(parler confusément)* wirres Zeug brabbeln *(fam)*; ~ **d'émotion/de colère** sich vor Aufregung/Wut verhaspeln *(fam)*
II. *vt* murmeln; ~ **qc entre ses dents** etw in seinen Bart murmeln *(fam)*
bref [bʀɛf] *m* Briefing *nt*
bref, brève [bʀɛf, bʀɛv] **I.** *adj* kurz; *(concis)* knapp; **soyez ~(brève)!** fassen Sie sich kurz!; **d'un** [*o* **sur un**] **ton** ~ in scharfem Ton; **à ~ délai** in Kürze; **dans les plus ~s délais** in kürzester Zeit; **pour être ~(brève)** um es kurz zu machen
II. *adv* **en** ~ kurz; **enfin** ~ kurz und gut
brelan [bʀəlɑ̃] *m* Dreier *m;* ~ **d'as/de rois** Dreier mit Assen/Königen
breloque [bʀəlɔk] *f* [Armband]anhänger *m*
brème [bʀɛm] *f* ZOOL Brasse *f,* Brassen *m*
Brême [bʀɛm] Bremen
Brésil [bʀezil] *m* **le** ~ Brasilien
brésilien(ne) [bʀeziljɛ̃, -jɛn] *adj* brasilianisch
Brésilien(ne) [bʀeziljɛ̃, -jɛn] *m(f)* Brasilianer(in) *m(f)*
Bretagne [bʀətaɲ] *f* **la** ~ die Bretagne
bretelle [bʀətɛl] *f* ❶ *de pantalon* Hosenträger *m; de soutien-gorge* Träger *m; de sac* Trageriemen *m*
❷ *(bifurcation d'autoroute)* Auffahrt *f*/Abfahrt *f*
◆ ~ **d'accès** Auffahrt *f;* ~ **de contournement** Umgehung *f;* ~ **de raccordement** Zubringer *m;* ~ **de sortie** Ausfahrt *f*
breton [bʀətɔ̃] *m (langue)* **le** ~ Bretonisch *nt,* das Bretonische; *v. a.* **allemand**
breton(ne) [bʀətɔ̃, ɔn] *adj* bretonisch
Breton(ne) [bʀətɔ̃, -ɔn] *m(f)* Bretone *m*/Bretonin *f*
bretzel [bʀɛtzɛl] *m* Brezel *f*
breuvage [bʀœvaʒ] *m* ❶ *poét (boisson d'une composition spéciale)* Trank *m (geh); péj* Gebräu *nt*
❷ CAN *(boisson non alcoolisée)* nichtalkoholisches Getränk, Getränk *nt;* **que voulez-vous comme ~?** was möchten Sie trinken?
brève [bʀɛv] *f v.* **bref**
brevet [bʀəvɛ] *m* ❶ *(diplôme)* Diplom *nt*
❷ *(certificat)* [Abschluss]zeugnis *nt;* MIL, NAUT, AVIAT Schein *m;* ~ **de capitaine** Kapitänspatent *nt;* ~ **de pilote d'avion** Pilotenschein
❸ JUR ~ **[d'invention]** Patent *nt (Fachspr.)*; **bureau des ~s** Patentabteilung *f*
◆ ~ **d'apprentissage** Lehrbrief *m;* ~ **de capacité** Diplom *nt;* ~ **des collèges** ≈ mittlere Reife; ~ **de secourisme** Erste-Hilfe-Schein *m;* ~ **de technicien supérieur** Diplom *nt*
breveté(e) [bʀəv(ə)te] *adj* ❶ gesetzlich geschützt; *invention* patentiert
❷ *(diplômé) ingénieur, interprète* Diplom-
breveter [bʀəv(ə)te] <3> *vt* patentieren; **faire ~ qc** etw patentieren lassen, etw zum Patent anmelden
bréviaire [bʀevjɛʀ] *m* Brevier *nt*
brévité [bʀevite] *f* PHON *d'une syllabe, d'une voyelle* Kürze *f*
bribe [bʀib] *f souvent pl* ❶ *vieilli* Bruchstück *nt*
❷ *fig de conversation* Wortfetzen *m; d'une langue* Brocken *m; d'une fortune, d'un héritage* kümmerlicher Rest; **faire qc par ~s** etw stückweise [*o* nach und nach] tun
bric-à-brac [bʀikabʀak] *m inv* ❶ Durcheinander *nt; d'un antiquaire* Trödel *m (fam)*
❷ *(magasin de brocanteur)* Trödelladen [*o* Trödler-] *m (fam)*
bricelet [bʀislɛ] *m* CH *(gaufre) dünne, knusprige Waffel*
bric et de broc [dəbʀikedəbʀɔk] **de** ~ von da und dort; **s'être meublé(e) de** ~ seine Möbel von überall [her] zusammengetragen haben
brick¹ [bʀik] *m (voilier)* Brigg *f*
brick² [bʀik] *m* GASTR *tunesiches Gebäck aus einem feinen salzigen Teig und einem Ei*
brick³ [bʀik] *m v.* **brique 2., 3.**
bricolage [bʀikɔlaʒ] *m* ❶ Heimwerken *nt; (travail manuel)* Basteln *nt;* **des articles de** ~ Heimwerkerartikel *Pl;* **le rayon "~"** die Heimwerkerabteilung; **faire du** ~ sich als Heimwerker betätigen; *(faire de petits travaux)* basteln
❷ *(mauvais travail)* Pfusch *m (pej fam)*
bricole [bʀikɔl] *f* ❶ *(objet de peu de valeur)* Plunder *m (pej fam)*
❷ *(petit événement)* Lappalie *f (fam)*
❸ *(ennui, problème)* Ärger *m*
bricoler [bʀikɔle] <1> **I.** *vi* ❶ basteln; **savoir** ~ [handwerklich] geschickt sein
❷ *péj (faire du mauvais travail)* pfuschen *(pej fam)*
❸ *(ne pas avoir de travail fixe)* Gelegenheitsarbeiten verrichten
II. *vt* ❶ *(construire, installer)* [zusammen]basteln
❷ *(réparer tant bien que mal)* herumbasteln an *(+ Dat)*
❸ *(trafiquer)* tunen *moteur*
bricoleur, -euse [bʀikɔlœʀ, -øz] **I.** *adj* [handwerklich] geschickt; **être très ~(-euse)** *(aimer bricoler)* gern basteln; *(savoir bricoler)* sehr geschickt sein
II. *m, f* Bastler(in) *m(f),* Heimwerker(in) *m(f)*
bride [bʀid] *f* ❶ Zaum[zeug *nt*] *m,* Zügel *m;* **tenir son cheval par la** ~ sein Pferd am Zügel führen; **tenir la ~ haute à un cheval** bei einem Pferd die Zügel kurz halten; **rendre/lâcher la ~ à un cheval** bei einem Pferd die Zügel locker lassen
❷ *(lien) d'un bonnet, d'une cape* Band *nt;* TECH Flansch *m*
▶ **avoir la ~ sur le cou** völlige Freiheit genießen; **à ~ abattue** mit vollem Karacho *(fam)*; **tenir la ~ haute à qn** jdn kurz halten; **courir à toutes ~s** rasen; **rendre/lâcher la ~ à qn** bei jdm die Zügel schleifen lassen; **serrer la ~ à qn** bei jdm die Zügel straffer anziehen
bridé(e) [bʀide] *adj* **des yeux ~s** Schlitzaugen *Pl*
brider [bʀide] <1> *vt* ❶ *(mettre la bride)* [auf]zäumen *cheval*
❷ *(réprimer)* zügeln; bremsen *passion, enthousiasme;* kurz halten *personne*
❸ TECH flanschen *tuyau*
bridge [bʀidʒ] *m* ❶ *(jeu de cartes)* Bridge *nt;* **jouer au** ~ Bridge spielen; **faire un** ~ eine Partie Bridge spielen
❷ *(prothèse dentaire)* Brücke *f*
brie [bʀi] *m* Brie[käse *m*] *m*
briefer [bʀife] <1> *vt* instruieren
briefing [bʀifiŋ] *m* Instruktion *f,* Information *f;* **faire un ~ à qn** jdn instruieren
brièvement [bʀijɛvmɑ̃] *adv (de manière succincte)* kurz und bündig; *(pour peu de temps)* kurz
brièveté [bʀijɛvte] *f (courte longueur)* Kürze *f;* *(courte durée)* kurze Dauer *f*
brigade [bʀigad] *f* ❶ MIL Brigade *f;* ~ **de gendarmerie** ≈ Brigade *(kleinste Einheit der Gendarmerie nationale, mit vier bis zehn Mann)*; ~ **antidrogue** Abteilung *f* zur Drogenbekämpfung; ~ **criminelle** Kriminalpolizei *f;* ~ **volante** mobiles Einsatzkommando
❷ *(équipe)* ~ **du matin** Frühschicht *f;* **toute une ~ de supporters** ein ganzer Trupp *m* Schlachtenbummler
❸ POL **les ~s rouges** die Roten Brigaden
◆ ~ **des mineurs** Abteilung *f* zum Schutz[e] der Jugend; ~ **des mœurs** Sittendezernat *nt;* ~ **des recherches** Fahndungsdezernat *nt;* ~ **des stupéfiants** Rauschgiftdezernat *nt*
brigadier [bʀigadje] *m de gendarmerie* Brigadeführer *m; d'artillerie, de cavalerie* Gefreite(r) *m*
brigadier-chef [bʀigadjeʃɛf] <brigadiers-chefs> *m* Obergefreite(r) *m*
brigand [bʀigɑ̃] *m* ❶ *vieilli* [Straßen]räuber *m*
❷ *péj* Betrüger *m;* **mon ~ de fils** *iron* mein Sohn, dieser

B

Schlingel *m*
brigandage [bʀigɑ̃daʒ] *m* schwerer Raub *m*
briguer [bʀige] <1> *vt* ❶ (*solliciter*) sich bemühen um *emploi*
❷ *littér* (*s'efforcer de conquérir*) sich bemühen um *amitié;* werben um *suffrages, main*
brillamment [bʀijamɑ̃] *adv* brillant, glänzend
brillance [bʀijɑ̃s] *f* Glanz *m*
brillant [bʀijɑ̃] *m* ❶ (*diamant*) Brillant *m*
❷ (*aspect brillant*) **le** ~ *d'un objet* Glanz *m; d'un propos, du langage* Brillanz *f*
brillant(e) [bʀijɑ̃, jɑ̃t] *adj* ❶ *meubles, yeux* glänzend; *couleurs* leuchtend; *plan d'eau* glitzernd; **des yeux ~s de fièvre** fiebergIänzende Augen
❷ (*qui a de l'allure*) glänzend; *discours, candidat* brillant; *élève* glänzend; *cérémonie, représentation* glanzvoll; *victoire* glorreich
▶ **ce n'est pas ~!** das ist nicht gerade überragend!
brillantine [bʀijɑ̃tin] *f* Brillantine *f*
briller [bʀije] <1> *vi* ❶ *soleil, étoile:* scheinen; *diamant:* funkeln; *éclair:* leuchten; *yeux, visage:* leuchten, strahlen; *chaussures, cheveux:* glänzen; ~ **de joie** *yeux:* vor Freude strahlen; **faire ~ qc** etw auf Hochglanz polieren
❷ (*se mettre en valeur*) ~ **par qc** durch etw glänzen
❸ (*vanter*) **faire ~ un voyage à qn** jdm eine Reise in den leuchtendsten Farben ausmalen
brimade [bʀimad] *f* Schikane *f;* **infliger** [*o* **faire subir**] **une ~ à qn** jdn schikanieren
brimer [bʀime] <1> *vt* (*faire subir des vexations*) schikanieren; (*désavantager*) benachteiligen
brin [bʀɛ̃] *m* ❶ (*mince tige*) Stiel *m;* ~ **de paille** Strohhalm *m;* ~ **d'herbe** Grashalm *m;* ~ **de muguet** Maiglöckchen *nt*
❷ (*filament*) ~ **de chanvre/lin** Hanf-/Leinenfaser *f;* ~ **de laine** [kurzer] Wollfaden
❸ (*petite quantité*) **un ~ d'espoir** ein Funke *m* Hoffnung; **un ~ de chance** etwas [*o* ein wenig] Glück; **faire un ~ de causette** *fam* ein kleines Schwätzchen halten (*fam*); **faire un ~ de toilette** sich schnell frisch machen
▶ **un beau ~ de fille** ein hübsches Ding (*fam*); **être un ~ soûl(e)** ganz schön voll sein (*fam*)
brindille [bʀɛ̃dij] *f* Reis *nt* (*geh*) (*kleiner, dünner Zweig*)*;* **feu de ~s** Reisigfeuer *nt*
bringue¹ [bʀɛ̃g] *f péj fam* (*grande fille*) **grande ~** Bohnenstange *f* (*fam*)
bringue² [bʀɛ̃g] *f* ❶ *fam* (*fête*) Fete *f,* Gelage *nt;* **faire la ~** *fam* (*en ville*) einen drauf machen (*fam*); (*chez soi*) eine Fete machen (*fam*)
❷ CH (*querelle*) Streit *m;* (*rengaine*) alte Leier *f*
bringuebalant(e) [bʀɛ̃g(ə)balɑ̃, ɑ̃t] *adj* klapprig
bringuebaler [bʀɛ̃g(ə)bale], **brinquebaler** [bʀɛ̃k(ə)bale] <1> **I.** *vi fam* hin- und herwanken, hin- und herschwanken (*fam*); **sa bagnole est toute brinquebalante** seine/ihre Kiste ist ganz klapprig (*fam*)
II. *vt fam* mitschleppen; **être bringuebalé(e)** [*o* **brinquebalé(e)**] **de droite à gauche** hin- und hergeschoben werden
brio [bʀijo] *m* Bravour *f;* **avec ~** brillant
brioche [bʀijɔʃ] *f* Brioche *f in kleinen, runden Formen gebackenes Hefegebäck*
▶ **avoir/prendre de la ~** *iron* ein Bäuchlein [*o* einen Bauch] haben/bekommen (*fam*)
brioché(e) [bʀijɔʃe] *adj pâte, pain* Hefe-
brique [bʀik] **I.** *f* ❶ (*matériau*) Ziegelstein *m,* Ziegel *m,* Backstein; **maison de** [*o* **en**] ~ Backsteinhaus *nt*
❷ (*matière ayant cette forme*) ~ **de savon** Stück *nt* Seife; ~ **de tourbe** Torfballen *m*
❸ (*emballage*) Tetra Pak® *m*
❹ *fam* (*dix mille euros*) zehntausend Euro, zehn Riesen (*fam*)
❺ CH (*fragment, éclat*) Splitter *m;* **mettre en ~s** (*casser*) in Stücke schlagen, zertrümmern; **pas une ~ de** (*pas du tout de*) überhaupt kein
▶ [**ne**] **pas casser des** [*o* **les**] **~s** *fam* nicht besonders sein (*fam*), nicht gerade der Hit sein (*fam*)
II. *app inv* (*couleur*) ziegelrot
briquer [bʀike] <1> *vt* [auf Hochglanz] polieren; schrubben *pont d'un navire*
briquet [bʀikɛ] *m* Feuerzeug *nt;* ~ **à gaz/essence** Gas-/Benzinfeuerzeug; ~ **jetable** Einwegfeuerzeug
briqueterie [bʀik(ə)tʀi, bʀikɛtʀi] *f* Ziegel[brenner]ei *f*
briquette [bʀikɛt] *f* Brikett *nt*
bris [bʀi] *m* Bruch *m;* **assurance contre le ~ de glaces** Glasbruchversicherung *f;* ~ **de scellés** JUR Siegelbruch
brisant [bʀizɑ̃] *m* ❶ (*rocher*) [Felsen]klippe *f*
❷ (*écume*) Gischt *m o f*
brise [bʀiz] *f* Brise *f;* ~ **de mer** [*o* **du large**]**/de terre** [leichter] See-/Landwind; **la ~ se lève** eine Brise kommt auf
brisées [bʀize] *fpl* ▶ **aller** [*o* **marcher**] **sur les ~ de qn** jdm ins Gehege [*o* in die Quere] kommen
brise-fer [bʀizfɛʀ] *m, f inv fam* Tolpatsch *m,* Tölpel *m* **brise-glace** [bʀizglas] *m inv* Eisbrecher *m* **brise-jet** [bʀizʒɛ] *m inv* Wasserstrahlregler *m* **brise-lames** [bʀizlam] *m inv* Wellenbrecher *m* **brise-mottes** [bʀizmɔt] *m inv* Schollenbrecher *m*
briser [bʀize] <1> **I.** *vt* ❶ (*casser*) zerbrechen *vaisselle, vase;* zerreißen *collier, chaîne;* einschlagen *vitre, carreau*
❷ (*mater*) brechen *grève, révolte, blocus*
❸ (*anéantir*) zerstören *espoir, illusions, amitié;* brechen *forces, volonté, silence;* ~ **le cœur à qn** jdm das Herz brechen; **le chagrin l'a brisée** sie ist an ihrem Kummer zerbrochen; **d'une voix brisée par l'émotion/le chagrin/la peur** mit vor Rührung/Kummer/Angst gebrochener Stimme
❹ (*fatiguer*) *voyage:* ermüden; **être brisé(e) de fatigue** wie gerädert [*o* ganz erschlagen] sein (*fam*)
❺ (*interrompre*) durchbrechen *monotonie, ennui;* unterbrechen *conversation;* brechen *silence*
▶ **être brisé(e)** CAN (*être en panne*) defekt sein
II. *vpr* ❶ **se ~** *vitre, porcelaine:* zerbrechen; **mon cœur se brise** mir bricht das Herz
❷ (*échouer*) **se ~ contre/sur qn/qc** *résistance, assauts:* an jdm/etw scheitern; *mer:* gegen/an etw (*Akk*) branden; *vagues:* sich an etw (*Dat*) brechen
brise-tout [bʀiztu] *m inv* Tollpatsch *m*
briseur, -euse [bʀizœʀ, -øz] *m, f* ~(**-euse**) **de grève** Streikbrecher(in) *m(f)*
brise-vent [bʀizvɑ̃] <brise-vent[s]> *m* Windschutz *m*
bristol [bʀistɔl] **I.** *m* ❶ weißer Zeichenkarton, Bristolkarton *m*
❷ (*carte de visite*) [Visiten]karte *f*
II. *app inv* **du carton ~** Bristolkarton *m*
brisure [bʀizyʀ] *f* (*cassure*) Bruch *m,* Bruchstelle *f*
britannique [bʀitanik] *adj* britisch; **les îles ~s** die Britischen Inseln
Britannique [bʀitanik] *mf* Brite *m*/Britin *f*
broc [bʀo] *m* Krug *m,* Kanne *f;* ~ **d'eau/de vin** (*récipient*) Wasser-/Weinkrug; (*contenu*) Krug [voll] Wasser/Wein
brocante [bʀɔkɑ̃t] *f* (*boutique*) Trödelladen [*o* Trödler-] *m* (*fam*); (*foire*) Trödelmarkt *m*
brocanteur, -euse [bʀɔkɑ̃tœʀ, -øz] *m, f* Trödler(in) *m(f)*
brocarder [bʀɔkaʀde] <1> *vt* verspotten, spotten über (+ *Akk*) *personne*
brocart [bʀɔkaʀ] *m* TEXTIL Brokat *nt*
brochage [bʀɔʃaʒ] *m* ❶ *des feuilles* Broschierung *f*
❷ *du brocart* Weben *nt*
broche [bʀɔʃ] *f* ❶ Brosche *f,* Anstecknadel *f*
❷ GASTR [Brat]spieß *m;* **faire cuire qc à la ~** etw am Spieß braten
❸ MED Stift *m,* Nagel *m*
broché [bʀɔʃe] *m* TEXTIL Broché *m*
brocher [bʀɔʃe] <1> *vt* broschieren *livre;* **édition brochée** broschierte Ausgabe; **livre broché** Broschur *f*
brochet [bʀɔʃɛ] *m* Hecht *m;* ~ **au bleu** GASTR Hecht blau

brochette [bʀɔʃɛt] *f* ❶ Spieß *m*, Schaschlik *m o nt*; ~ **de bœuf/d'agneau** Rindfleisch-/Lammspieß
❷ *iron* (*groupe de personnes*) [ganzer] Schwung *m* (*fam*); **une belle ~ de personnalités** ein ganzer Schwung Honoratioren
❸ (*petite broche*) ~ **de décorations** Ordensspange *f*
brochure [bʀɔʃyʀ] *f* Broschüre *f*; ~ **de propagande** Propagandaschrift *f*; ~ **publicitaire** Werbebroschüre
brocoli [bʀɔkɔli] *m* Broccoli *m o Pl*, Brokkoli *m o Pl*
brodequin [bʀɔd(ə)kɛ̃] *m* Bergschuh *m*
broder [bʀɔde] <1> **I.** *vt* besticken *étoffe*; sticken *motif*; **du linge brodé** bestickte Wäsche
II. *vi* ❶ COUT sticken
❷ (*affabuler*) fabulieren; ~ **sur qc** etw ausschmücken
broderie [bʀɔdʀi] *f* ❶ (*art*) Stickerei *f*, Sticken *nt*; **faire de la ~** sticken
❷ (*pièce brodée*) Stickerei *f*, Stickarbeit *f*
brodeur [bʀɔdœʀ] *m* Sticker *m*
brodeuse [bʀɔdøz] *f* ❶ Stickerin *f*
❷ (*machine*) Stickmaschine *f*
brome [bʀom] *m* CHIM Brom *nt*
bromure [bʀɔmyʀ] *m* CHIM Bromid *nt*; ~ **d'argent** Bromsilber *nt*
bronche [bʀɔ̃ʃ] *f* ANAT Bronchie *f*; **les ~s** die Bronchien
broncher [bʀɔ̃ʃe] <1> *vi* aufmucken (*fam*)
bronchiole [bʀɔ̃ʃjɔl, bʀɔ̃kjɔl] *f* ANAT *spéc* Bronchiole *f* (*Fachspr.*)
bronchiolite [bʀɔ̃kjɔlit] *f* MED Bronchiolitis *f*
bronchite [bʀɔ̃ʃit] *f* MED Bronchitis *f*
bronchitique [bʀɔ̃ʃitik] *adj* MED **être ~** an chronischer Bronchitis leiden
bronchopneumonie [bʀɔ̃kopnømɔni] *f* MED Bronchopneumonie *f*
bronzage [bʀɔ̃zaʒ] *m* [Sonnen]bräune *f*
bronzant(e) [bʀɔ̃zɑ̃, ɑ̃t] *adj* bräunend; **crème ~e** [Selbst]Bräunungscreme *f*
bronze [bʀɔ̃z] *m* Bronze *f*; **de** [*o* **en**] ~ Bronze-, bronzen
bronzé(e) [bʀɔ̃ze] *adj* [sonnen]gebräunt, braun[gebrannt]
bronzer [bʀɔ̃ze] <1> **I.** *vt* ART, TECH bronzieren, mit Bronze überziehen
II. *vi* bräunen; ~ **facilement** *peau, personne:* leicht bräunen [*o* braun werden]
III. *vpr* sich bräunen
bronzette [bʀɔ̃zɛt] *f* **faire ~** *fam* sich sonnen
brossage [bʀɔsaʒ] *m des cheveux* Bürsten *nt*; *des vêtements* Abbürsten [*o* Aus-]; ~ **des dents** Zähneputzen *nt*
brosse [bʀɔs] *f* ❶ (*ustensile*) Bürste *f*; ~ **métallique** Drahtbürste; **donner un coup de ~ à qc** etw kurz abbürsten; **se donner un coup de ~** sich kurz bürsten
❷ (*pinceau*) Quast *m*
❸ (*coupe de cheveux*) Bürsten[haar]schnitt *m*; **cheveux** [**coupés**] **en ~** Bürstenfrisur *f*
▸ **manier** [*o* **passer**] **la ~ à reluire à qn** jdm um den Bart gehen/streichen
◆ ~ **à cheveux** Haarbürste *f*; ~ **à dents** Zahnbürste *f*; ~ **à ongles** Nagelbürste *f*
brosser [bʀɔse] <1> **I.** *vt* ❶ abbürsten
❷ (*esquisser*) schildern *situation;* zeichnen *portrait;* ~ **le/un tableau inquiétant de qc** etw als beunruhigend schildern
❸ SPORT (*donner de l'effet*) ~ **la balle/le ballon** dem Ball einen Drall geben, den Ball anschneiden
❹ BELG *fam* (*sécher*) schwänzen (*fam*) *cours*
II. *vpr* **se ~** sich abbürsten; **se ~ les cheveux** sich (*Dat*) die Haare bürsten; **se ~ les dents** sich (*Dat*) die Zähne putzen
▸ **tu peux te ~!** *pop* das kannst du vergessen [*o* dir abschminken]! (*fam*)
brosserie [bʀɔsʀi] *f* (*fabrication*) Bürstenherstellung *f*; (*usine*) Bürstenfabrik *f*

brou [bʀu] *m de la noix, de l'amande* grüne Außenschale
◆ ~ **de noix** Nussschalenbeize *f*
brouet [bʀuɛ] *m* Schleimsuppe *f*
brouette [bʀuɛt] *f* Schubkarre *f*, Schubkarren *m*
brouettée [bʀuete] *f* Schubkarrenladung *f*; ~ **de sable** [Schub]karre *f* voll Sand, Schubkarrenladung Sand
brouetter [bʀuete] <1> *vt* karren, mit einem Schubkarren [*o* einer Schubkarre] befördern
brouhaha [bʀuaa] *m* Lärm *m*; **immense ~** gewaltiges Getöse; ~ **des voix/des conversations** [lautes] Stimmengewirr
brouillage [bʀujaʒ] *m* Störung *f*; ~ **sonore/visuel** Ton-/Bildstörung
brouillard [bʀujaʀ] *m* (*épais*) Nebel *m*; (*léger*) Dunst *m*; ~ **épais** dichter Nebel; **un ~ à couper au couteau** sehr dichter Nebel, eine [echte] Waschküche/Suppe (*fam*); **des nappes de ~** Nebelfelder *Pl*; **il y a beaucoup de ~** es ist sehr neb[e]lig
▸ **avoir un ~ devant les yeux** einen Schleier vor den Augen haben; **être dans le ~** im Dunkeln tappen; **foncer dans le ~** sich ins Ungewisse stürzen
brouille [bʀuj] *f* Streit *m*; **légère** [*o* **petite**] ~ kleine Meinungsverschiedenheit *f*; **petite ~ familiale** kleiner Familienzwist *m*; **les ~s entre voisins sont fréquentes** unter Nachbarn kommt es oft zu Streitigkeiten
brouillé(e) [bʀuje] *adj* ❶ (*fâché*) **être ~(e) avec qn** mit jdm zerstritten sein
❷ *fam* (*nul*) **être ~(e) avec les chiffres/la grammaire** mit Zahlen/Grammatik auf Kriegsfuß stehen (*hum*)
❸ (*atteint*) **avoir le teint ~** mitgenommen aussehen; **avoir les idées ~es** keine klaren Gedanken fassen können
brouiller [bʀuje] <1> **I.** *vt* ❶ (*rendre trouble*) trüben; **la buée sur ses lunettes lui brouillait la vue** wegen seiner beschlagenen Brille sah er alles [nur] undeutlich [*o* verschwommen]
❷ (*embrouiller*) ~ **les idées/l'esprit à qn** jdn verwirren [*o* durcheinander bringen]
❸ (*mettre en désordre*) durcheinander bringen *dossiers, papiers;* mischen *cartes;* verwischen *pistes*
❹ (*rendre inintelligible*) stören *émission, émetteur;* verstellen *combinaison d'un coffre*
❺ (*fâcher*) **des querelles d'héritage ont brouillé les deux frères** Streitereien um das Erbe haben die beiden Brüder entzweit
II. *vpr* ❶ **se ~ avec qn** sich mit jdm zerstreiten [*o* entzweien]
❷ (*se troubler*) **ma vue se brouille** ich sehe alles [nur noch] ganz verschwommen; **mes idées se brouillent** ich kann keine klaren Gedanken fassen
❸ (*se couvrir*) **se ~** *ciel:* sich bedecken, sich bewölken
brouilleur [bʀujœʀ] *m* Störsender *m*
brouillon [bʀujɔ̃] *m* [erster] Entwurf, Skizze *f*; (*pour une lettre, un discours*) Konzept *nt*; **papier** [**de**] ~ Konzeptpapier *nt*, Schmierpapier *nt* (*fam*)
brouillon(ne) [bʀujɔ̃, jɔn] *adj* ❶ *élève* schlampig (*pej fam*)
❷ (*peu clair*) wirr; **avoir l'esprit ~** ein Wirrkopf sein (*pej*)
broum [bʀum] *interj* (*imitation d'un moteur*) brumm
broussaille [bʀusɑj] *f* Gestrüpp *nt*
▸ **en ~** *cheveux* zerzaust, strubbelig; *barbe* struppig; *sourcils* buschig
broussailleux, -euse [bʀusɑjø, -jøz] *adj* ❶ voller Gestrüpp; *jardin* verwildert; **sous-bois ~** dichtes Unterholz
❷ *cheveux* strubbelig, struppig; *barbe* struppig; *sourcils* buschig
brousse [bʀus] *f* ❶ (*contrée tropicale*) Busch *m*
❷ *fam* (*région isolée*) Pampa *f* (*sl*); **habiter en pleine ~** ganz weit draußen [*o* mitten in der Pampa *sl*] wohnen
brouter [bʀute] <1> **I.** *vt* abweiden; *cervidés:* abäsen
II. *vi* weiden, grasen; *cervidé:* äsen
broutille [bʀutij] *f fig* Lappalie *f*; **ce n'est qu'une ~!** das ist doch belanglos [*o* läppisch *pej*]!
browning [bʀoniŋ] *m* (*pistolet*) Browning *m*
broyer [bʀwaje] <6> *vt* ❶ (*écraser*) zerkleinern *aliments;*

[zer]mahlen *céréales*
❷ (*détruire*) zerkleinern *ordures;* zerquetschen *main, voiture*
broyeur [bʀwajœʀ] *m* Zerkleinerungsmaschine *f*
broyeur, -euse [bʀwajœʀ, -jøz] *adj insecte, mandibules* beißend-kauend
brrr [bʀʀ] *interj* brr, huch
bru [bʀy] *f vieilli* Schwiegertochter *f*
brucellose [bʀyseloz] *f* MED Maltafieber *nt*
Bruges [bʀyʒ] Brügge
brugnon [bʀyɲɔ̃] *m* Nektarine *f*
bruine [bʀɥin] *f* Nieselregen [*o* Sprüh-] *m*
bruiner [bʀɥine] <1> *vi impers* nieseln; **il bruine** es nieselt
bruire [bʀɥiʀ] <*irr, déf*> *vi vent, feuilles:* säuseln; *ruisseau:* plätschern; *insectes:* summen; *papier, tissu:* rascheln
bruissement [bʀɥismɑ̃] *m des feuilles, du vent* Säuseln *nt; d'un ruisseau* [leises] Plätschern *nt; du tissu, papier* Rascheln *nt; des insectes* Summen *nt*
bruit [bʀɥi] *m* ❶ (*son*) Geräusch *nt; de vaisselle* Klappern *nt; de ferraille* Scheppern *nt;* ~ **sourd/suspect** dumpfes/verdächtiges Geräusch; **entendre un ~ de pas/des ~s de voix** Schritte/Stimmen hören
❷ (*vacarme*) Lärm *m,* Krach *m;* **il y a trop de ~ ici** hier ist es zu laut; **faire du ~** Krach [*o* Lärm] machen
❸ (*rumeur*) Gerücht *nt;* **faux ~** Falschmeldung *f;* **répandre/émettre des faux ~s** Gerüchte verbreiten/in Umlauf bringen; **faire courir le ~ que** das Gerücht verbreiten, dass; **le ~ court que** es geht das Gerücht um, dass
► **ce chien fait plus de ~ que de mal** Hunde, die bellen, beißen nicht (*prov*); **faire grand** [*o* **du**] **~** Aufsehen erregen; **faire grand** [*o* **beaucoup de**] **~ autour de qc** viel Aufhebens von etw machen (*geh*); **faire beaucoup de ~ pour rien** viel Lärm um nichts machen
◆ ~ **de couloir** Gerücht *nt;* ~ **de fond** Geräusch *nt* im Hintergrund
bruitage [bʀɥitaʒ] *m* Geräuschkulisse *f;* ~ **des films** akustische Untermalung von Filmen
bruiteur, -euse [bʀɥitœʀ, -øz] *m, f* Geräuschtechniker(in) *m(f)*
brûlage [bʀylaʒ] *m des herbes* Verbrennen *nt,* Abbrennen *nt*
brûlant(e) [bʀylɑ̃, ɑ̃t] *adj* ❶ glühend heiß; *plat, liquide* kochend heiß; **être ~(e) de fièvre** vor Fieber glühen
❷ (*passionné*) leidenschaftlich; *regard* feurig
❸ (*délicat*) *sujet, question* heiß
brûlé [bʀyle] *m* ❶ Verbrannte(s) *nt;* GASTR Angebrannte(s) *nt*
❷ (*blessé*) **grand ~** Verletzte(r) *m* mit schweren Verbrennungen
► **sentir le ~** verbrannt/angebrannt riechen; (*devenir dangereux*) brenzlig werden (*fam*)
brûlé(e) [bʀyle] *adj* verbrannt; *plat* angebrannt
brûlée [bʀyle] *f* (*blessée*) **grande ~** Verletzte *f* mit schweren Verbrennungen
brûle-gueule [bʀylgœl] *m inv* Stummelpfeife *f* **brûle-parfum** [bʀylpaʀfœ̃] *m inv* Räuchergefäß *nt* **brûle-pourpoint** [bʀylpuʀpwɛ̃] ► **à ~** ohne Umschweife; **demander qc à ~** etw freiheraus fordern; **refuser qc à ~** etw kurzerhand ablehnen
brûler [bʀyle] <1> **I.** *vi* ❶ (*se consumer*) brennen
❷ GASTR anbrennen
❸ (*être très chaud*) heiß sein
❹ (*être irrité*) *bouche, yeux, gorge:* brennen; **l'estomac me brûle** ich habe Sodbrennen
❺ (*être dévoré*) ~ **d'impatience/de soif** vor Ungeduld vergehen/vor Durst umkommen; ~ [**d'envie**] **de faire qc** darauf brennen, etw zu tun
❻ (*être proche du but*) **tu brûles!** [ganz] heiß!, du bist ganz nah dran!
II. *vt* ❶ (*détruire par le feu*) verbrennen; niederbrennen *forêt, maison*
❷ (*pour chauffer, éclairer*) verfeuern *bois, charbon;* abbrennen *allumette;* verbrauchen *électricité;* **laisser/faire ~ la lumière** das Licht brennen lassen
❸ (*endommager*) *bougie, cigarette, fer à repasser:* ansengen; *liquide bouillant:* verbrühen; *gel:* erfrieren lassen; *soleil:* verbrennen; *acide:* angreifen
❹ (*irriter*) ~ **le gosier/les yeux** in der Kehle/den Augen brennen; **le sable brûle les pieds** man verbrennt sich die Füße im heißen Sand
❺ (*ne pas respecter*) überfahren *stop, signal;* überspringen *étape;* ~ **un feu rouge** bei Rot über die Ampel fahren; ~ **un arrêt/une gare** an einer Haltestelle/einem Bahnhof nicht halten
❻ (*consommer*) verbrauchen *calories*
❼ GASTR anbrennen lassen
III. *vpr* **se ~** sich verbrennen; **se ~ qc** sich (*Dat*) etw verbrennen
brûlerie [bʀylʀi] *f* Kaffeerösterei *f*
brûleur [bʀylœʀ] *m* Brenner *m*
brûlis [bʀyli] *m* Brandrodung *f*
brûlot [bʀylo] *m* ❶ HIST Brandschiff *nt*
❷ ZOOL CAN *eine Stechmückenart*
brûlure [bʀylyʀ] *f* ❶ (*blessure*) Verbrennung *f;* (*plaie*) Brandwunde *f;* ~ **du premier degré** Verbrennung ersten Grades; **une sensation de ~ sur la peau** ein [leichtes] Brennen auf der Haut; **se faire une ~** sich (*Dat*) eine Brandwunde zuziehen
❷ (*tache*) Brandfleck *m;* (*trou*) Brandloch *nt*
◆ **~s d'estomac** Sodbrennen *nt*
brumaire [bʀymɛʀ] *m zweiter Monat des Kalenders, der nach der französischen Revolution eingeführt wurde* (*22. Oktober bis 21. November*)
brume [bʀym] *f* ❶ (*brouillard*) [leichter] Nebel, Dunst *m;* **des nappes de ~** Nebelschwaden *Pl;* **chargé(e) de ~s** dunstig, diesig
❷ (*en mer*) Nebel *m;* **signal de ~** Nebelsignal *nt*
❸ *pl fig* **les ~s de l'alcool** der Alkoholnebel
brumeux, -euse [bʀymø, -øz] *adj* ❶ dunstig, diesig
❷ (*confus*) unklar, verschwommen; **Pierre a l'esprit ~** Pierre ist konfus
brumisateur® [bʀymizatœʀ] *m* Zerstäuber *m*
brun [bʀœ̃] *m* ❶ Dunkelhaarige(r) *m*
❷ (*couleur*) Braun *nt*
brun(e) [bʀœ̃, bʀyn] *adj* ❶ braun; *cheveux, peau, tabac, bière* dunkel; **cheveux ~ clair/foncé** hell-/dunkelbraunes Haar; **être ~(e)** dunkelhaarig sein
❷ (*bronzé*) braun[gebrannt]
brunante [bʀynɑ̃t] *f* CAN (*crépuscule*) Abenddämmerung *f;* **à la ~** in der [Abend]dämmerung, bei Einbruch der Dunkelheit
brunâtre [bʀynɑtʀ] *adj* bräunlich
brunch [bʀœnʃ] <[e]s> *m* Brunch *m*
brune [bʀyn] *f* ❶ Dunkelhaarige *f*
❷ (*cigarette*) Zigarette *f* aus dunklem Tabak
❸ (*bière*) Dunkle(s) *nt,* dunkles Bier
brunir [bʀyniʀ] <8> **I.** *vi* braun werden; *cheveux:* dunkler werden, nachdunkeln
II. *vt* bräunen; dunkel beizen *boiserie*
brunissage [bʀynisaʒ] *m* TECH Polieren *nt*
Brunswick [bʀœ̃svik] Braunschweig *nt*
brushing [bʀœʃiŋ] *m* Föhnfrisur *f,* Föhnwelle *f*
brusque [bʀysk] *adj* ❶ (*soudain*) plötzlich
❷ (*sec*) *personne, ton* barsch, schroff; *manières* ungehobelt, grob; *geste* heftig
brusquement [bʀyskəmɑ̃] *adv* plötzlich
brusquer [bʀyske] <1> *vt* ❶ (*précipiter*) überstürzen; voreilig angehen *affaire;* **cet incident brusqua sa décision** der Vorfall führte bei ihm/ihr zu einer vorschnellen Entscheidung
❷ (*bousculer*) brüsk behandeln; (*parler durement*) anfahren, anherrschen

brusquerie [bʀyskəʀi] *f* Barschheit *f,* Schroffheit *f*

brut(e) [bʀyt] **I.** *adj* ① Roh-; *champagne* brut; *diamant* ungeschliffen; *toile* ungebleicht
② *fig fait* nackt; *idée* unausgereift
③ ECON Brutto-
II. *adv* brutto

brutal(e) [bʀytal, o] <-aux> *adj* ① *(violent)* brutal, gewalttätig; *manières* ungehobelt, grob; *instinct* tierisch; **avec une force ~e** mit roher Gewalt
② *(qui choque) langage, réponse* unverblümt; *franchise, réalisme* brutal, schonungslos; *vérité* ungeschminkt, nackt
③ *(soudain) choc* schwer; *coup* hart; *mort* plötzlich; *décision* [unerwartet] streng

brutalement [bʀytalmɑ̃] *adv* ① *(violemment)* brutal
② *(sans ménagement)* unverblümt
③ *(soudainement)* [ur]plötzlich

brutaliser [bʀytalize] <1> *vt* brutal behandeln

brutalité [bʀytalite] *f* ① *sans pl (violence)* Brutalität *f; de paroles, d'un jeu* Härte *f;* **avec/sans ~** brutal/sanft; **dire la vérité avec ~** die Wahrheit unverblümt aussprechen
② *pl (actes violents)* **les ~s policières** das harte [*o* brutale] Vorgehen der Polizei; **être victime de ~s** ein Opfer der Gewalt sein
③ *sans pl (soudaineté)* Plötzlichkeit *f*

brute [bʀyt] *f* ① *(violent)* brutaler Kerl, Rohling *m;* **sale ~!** *(homme)* gemeiner Kerl!; *(femme)* gemeines Biest!
② *(rustre)* Rüpel *m*
▸ **~ épaisse** *fam* Trampel *m (fam)*

Brutus [bʀytys] *m* Brutus *m*

Bruxelles [bʀy(k)sɛl] Brüssel *nt*

bruxellois(e) [bʀyksɛlwa, waz] *adj* aus Brüssel

bruyamment [bʀyjamɑ̃, bʀɥijamɑ̃] *adv* ① laut
② *(avec insistance)* lautstark

bruyant(e) [bʀyjɑ̃, bʀɥijɑ̃, jɑ̃t] *adj* laut; *réunion, foule* lärmend; **avec une joie ~e** mit Freudengeschrei

bruyère [bʀyjɛʀ, bʀɥijɛʀ] *f* Heidekraut *nt,* Erika *f*

B.T.S. [beteɛs] *m abr de* **brevet de technicien supérieur** Ingenieurdiplom *nt*

bu(e) [by] *part passé de* **boire**

buanderie [bɥɑ̃dʀi] *f* ① *(pièce)* Waschküche *f*
② CAN *(blanchisserie)* Wäscherei *f*

buandier, -ière [bɥɑ̃dje, -jɛʀ] *m* CAN *(blanchisseur)* Wäscher(in) *m(f)*

bubon [bybɔ̃] *m* MED Drüsenschwellung *f*

Bucarest [bykaʀɛst] Bukarest *nt*

buccal(e) [bykal, o] <-aux> *adj* Mund-

buccodentaire [bykodɑ̃tɛʀ] *adj hygiène* Mund- und Zahn-

buccogénital(e) [bykoʒenital, o] <-aux> *adj* **caresses ~es** *(cunnilingus)* Cunnilingus *m; (fellation)* Fellatio *f*

bûche [byʃ] *f* [Holz]scheit *nt*
▸ **dormir comme une ~** wie ein Stein schlafen; **[se] prendre** [*o* **ramasser**] **une ~** *fam* hinfliegen *(fam)*
◆ **~ de Noël** *mit Crème gefüllte Biskuitrolle*

bûcher¹ [byʃe] *m* ① Scheiterhaufen *m;* **condamner au ~** zum [Tod auf dem] Scheiterhaufen verurteilen; **faire un ~ de qc** etw verbrennen
② *(local)* Holzschuppen *m*

bûcher² [byʃe] <1> **I.** *vi fam* büffeln *(fam)*
II. *vt fam* pauken *(fam)*

bûcheron(ne) [byʃʀɔ̃, ɔn] *m(f)* Holzfäller(in) *m(f)*

bûchette [byʃɛt] *f* ① *(petite bûche)* kleines Holzscheit
② *(bâtonnet)* Holzstäbchen *nt*

bûcheur, -euse [byʃœʀ, -øz] *fam* **I.** *adj* fleißig
II. *m, f* Arbeitstier *nt (fam)*

bucolique [bykɔlik] *adj* bukolisch; *existence* naturverbunden; *paysage* idyllisch

Budapest [bydapɛst] Budapest *nt*

budget [bydʒɛ] *m* ① POL Budget *nt,* Etat *m,* Haushalt *m; (exposé prévisionnel)* Haushaltsplan *m;* **~ de l'État** Staatshaushalt; **voter le ~** den Haushalt verabschieden; **mettre son ~ en équilibre** das Budget ausgleichen
② ECON Budget *nt,* Etat *m*
③ *d'une famille, d'un particulier* finanzielle Mittel *Pl,* Budget *nt;* **~ familial** Familienbudget; **se faire un ~ pour le mois** einen Haushaltsplan für den Monat aufstellen; **pour les petits ~s** für den kleinen Geldbeutel
▸ **boucler son ~** mit seinem Geld auskommen

budgétisation [bydʒetizasjɔ̃] *f* Budgetierung *f,* Veranschlagung *f* im Haushalt [*o* Etat]

budgétiser [bydʒetize] <1> *vt* budgetieren, im Haushalt [*o* Etat] veranschlagen

buée [bɥe] *f* **se couvrir de ~** beschlagen; **faire de la ~ sur qc** etw anhauchen; **des vitres couvertes de ~** beschlagene Fensterscheiben

buffet [byfɛ] *m* Büfett *nt;* **~ froid** kaltes Büfett
▸ **danser devant le ~** *fam* nichts zu essen [*o* beißen *fam*] haben
◆ **~ de cuisine** Küchenbüfett *nt,* Küchenanrichte *f;* **~ de la gare** Bahnhofsgaststätte *f;* **~ d'orgue** Orgelgehäuse *nt*

buffle [byfl] *m* Büffel *m*

bug [bœg] *m* INFORM Programmfehler *m*

buggy [bygi] *m* Buggy *m*

bugle [bygl] *m* MUS *d'une trompette, d'un clairon* Bügelhorn *nt*

building [b(y)ildiŋ] *m* Hochhaus *nt*

buis [bɥi] *m* BOT Buchs *m; (arbuste)* Buchs[baum] *m*

buisson [bɥisɔ̃] *m* Busch *m,* Strauch *m*
▸ **~ ardent** brennender Dornbusch

buissonneux, -euse [bɥisɔnø, -øz] *adj* mit Büschen [*o* Sträuchern] bewachsen

buissonnière [bɥisɔnjɛʀ] *adj v.* **école**

bulbe [bylb] *m* ① BOT Zwiebel *f;* **~ de tulipe** Tulpenzwiebel
② ARCHIT Zwiebel *f;* **clocher à ~** Zwiebelturm *m*
③ ANAT **~ pileux/rachidien** Haarzwiebel *f*/verlängertes Rückenmark

bulbeux, -euse [bylbø, -øz] *adj* Zwiebel-, zwiebelförmig

bulgare [bylgaʀ] **I.** *adj* bulgarisch
II. *m* **le ~** Bulgarisch *nt,* das Bulgarische; *v. a.* **allemand**

Bulgare [bylgaʀ] *mf* Bulgare *m*/Bulgarin *f*

Bulgarie [bylgaʀi] *f* **la ~** Bulgarien *nt*

bulgomme® [bylgɔm] *m* Tischschoner *m*

bulldozer [byldɔzɛʀ, buldozœʀ] *m* Planierraupe *f,* Bulldozer *m*

bulle [byl] *f* ① Blase *f;* **~ d'air/de savon** Luft-/Seifenblase
② *(dans une bande dessinée)* Sprechblase *f*
③ *(décret)* Bulle *f;* **une ~ du pape** eine päpstliche Bulle
▸ **coincer la ~** *fam* auf der faulen Haut liegen *(fam)*

buller [byle] <1> *vi fam* faulenzen

bulletin [byltɛ̃] *m* ① *(communiqué)* Bericht *m,* Bulletin *nt;* **~ officiel** amtlicher [*o* offizieller] Bericht; **~ d'enneigement** Schneebericht
② PRESSE *(journal)* Bulletin *nt; (rubrique)* Bericht *m;* **~ de l'étranger** Auslandsbericht; **~ météorologique** Wetterbericht
③ POL **~ blanc/nul** leerer/ungültiger Stimmzettel
④ SCOL **~ scolaire** Schulzeugnis *nt*
⑤ *(certificat)* Schein *m;* **~ de garantie/consigne** Garantie-/Gepäckschein
▸ **à ~s secrets** geheim
◆ **~ d'abonnement** Bestellformular *nt* für ein Abonnement; **~ d'information** Nachrichten *Pl;* **~ de notes** [Schul]zeugnis *nt;* **~ de paye** [*o* **de salaire**] *d'un ouvrier* Lohnzettel *m,* Lohnabrechnung *f; d'un employé* Gehaltszettel; **~ de santé** ärztliches Bulletin; **~ de versement** CH Zahlkarte *f,* Einzahlungsschein *m* (CH); **~ de vote** Stimmzettel *m,* Wahlzettel *m;* **~ de vote par correspondance** Briefwahlunterlagen *Pl*

bulletin-réponse [byltɛ̃ʀepɔ̃s] <bulletins-réponses> *m* Teilnahmekarte *f,* Teilnahmeschein *m*

bull-terrier [bultɛʀje] <bull-terriers> *m* Bullterrier *m*
bungalow [bœ̃galo] *m* Bungalow *m*
bunker [bunkœʀ] *m* Bunker *m*
buraliste [byʀalist] *mf* Tabak[waren]händler(in) *m(f)*
bure [byʀ] *f* TEXTIL *grober, brauner Stoff aus Wolle*
bureau [byʀo] <x> *m* ❶ (*meuble*) Schreibtisch *m*
❷ (*pièce*) Büro *nt,* Arbeitszimmer *nt*
❸ (*lieu de travail*) Büro *nt;* **aller au** [*o* **à son**] ~ ins Büro gehen; **à la fermeture des ~x** nach Dienstschluss; **un immeuble de ~x** ein Bürogebäude
❹ (*service*) Büro *nt,* Abteilung *f;* ~ **des expéditions** Versandabteilung; ~ **de tri** Sortierstelle *f;* ~ **de douane** Zollamt *nt;* ~ **de location** Vorverkaufsstelle *f;* ~ **d'enregistrement des bagages** Gepäckabfertigungsstelle *f,* Gepäckabfertigung *f;* ~ **de renseignements** Auskunftsbüro, Auskunftsstelle *f;* ~ **des objets trouvés** Fundbüro
❺ (*comité*) ~ [**politique**] Präsidium *nt,* Vorstand *m;* ~ **exécutif** Exekutivausschuss *m;* **réunion/membre du** ~ Vorstandssitzung *f*/-mitglied *nt*
❻ MIL Abteilung *f*
❼ INFORM (*sur l'écran*) Arbeitsoberfläche *f,* Desktop *m*
▸ **Deuxième Bureau** *vieilli militärischer Geheimdienst*
◆ ~ **d'aide sociale** Sozialamt *nt;* ~ **de change** Wechselstube *f;* ~ **de conciliation** Schlichtungsstelle *f;* ~ **d'études** technisches Planungsbüro; (*indépendant*) Ingenieurbüro *nt;* ~ **de placement** Stellenvermittlung *f;* ~ **des pleurs** *fam* Anlaufstelle *f* für Beschwerden; ~ **de poste** Postamt *nt; d'une entreprise* Poststelle *f;* ~ **de tabac** Tabak[waren]laden *m;* ~ **de vote** Wahllokal *nt*

i Land & Leute

Zigaretten und andere Tabakwaren werden in Frankreich ausschließlich in den **bureaux de tabac** sowie in speziellen *bars-tabac* verkauft. Diese Verkaufsstellen sind an einem großen roten Zeichen zu erkennen, der so genannten *carotte.* Sie stellt ein gerolltes Tabakblatt dar.

bureaucrate [byʀokʀat] *mf* Bürokrat(in) *m(f)*
bureaucratie [byʀokʀasi] *f* Bürokratie *f*
bureaucratique [byʀokʀatik] *adj* bürokratisch
bureautique® [byʀotik] *f* Büroautomatisierung *f,* Bürokommunikation *f*
burette [byʀɛt] *f* ❶ TECH Ölkanne *f,* Ölkännchen *nt*
❷ CHIM Bürette *f*
❸ REL Messkännchen *nt*
❹ *pl pop* (*testicules*) Hoden *Pl,* Eier *Pl* (*vulg*)
burgrave [byʀgʀav] *m* HIST Burggraf *m*
burin [byʀɛ̃] *m* ❶ (*outil pour graver*) [Gravier]nadel *f;* **gravé au** ~ gestochen
❷ (*gravure*) [Stahl]stich *m*
❸ (*ciseau*) Meißel *m*
buriné(e) [byʀine] *adj visage* zerfurcht; *traits* scharf
Burkina-Faso [byʀkinafaso] *m* **le** ~ Burkina Faso *nt*
burlesque [byʀlɛsk] **I.** *adj* ❶ THEAT, CINE burlesk; **une farce** ~ eine Burleske
❷ (*extravagant*) grotesk
II. *m* Burleske *nt;* CINE Slapstick *m*
burlingue [byʀlɛ̃g] *m arg* [kleines] Büro *nt*
burnous [byʀnu(s)] *m* Burnus *m*
▸ **faire suer le** ~ *fam* rassistisch ausbeuten
bus¹ [bys] *m abr de* **autobus** Bus *m*
bus² [bys] *m* INFORM ~ **de données** Datenbus *m*
bus³ [by] *passé simple de* **boire**
busard [byzaʀ] *m* ORN Weihe *f*
buse¹ [byz] *f* ORN Bussard *m*
▸ **triple** ~ *hum fam* Vollidiot *m* (*fam*)

buse² [byz] *f* TECH Düse *f;* ~ **d'aération** Lüftungsschacht *m;* ~ **d'injection** Einspritzdüse *f*
business [biznɛs] *m* ❶ (*affaires*) Geschäft *nt;* **elle est dans le** ~ sie ist Geschäftsfrau
❷ *fam* (*affaire louche*) Deal *m* (*fam*)
businessman [biznɛsman, -mɛn] <*s o* -men> *m* Geschäftsmann *m*
busqué(e) [byske] *adj nez* Haken-
buste [byst] *m* ❶ (*torse*) Oberkörper *m*
❷ (*poitrine de femme*) Brust *f*
❸ (*sculpture*) Büste *f*
bustier [bystje] *m* ❶ (*sous-vêtement*) Bustier *nt*
❷ (*vêtement*) Korsage *f*
but [by(t)] *m* ❶ (*destination*) Ziel *nt*
❷ (*objectif*) Ziel *nt;* (*intention*) Absicht *f;* ~ **final/dans la vie** End-/Lebensziel; **se donner/avoir pour** ~ **de faire qc** sich (*Dat*) zum Ziel setzen/darauf abzielen, etw zu tun; **toucher au** ~ nahe am Ziel sein; **dans un** ~ **criminel/bien précis/déterminé** in verbrecherischer Absicht/aus einem ganz bestimmten Grund/absichtlich; **dans le** ~ **exclusif de faire qc** nur um etw zu tun; **dans ce** ~ zu diesem Zweck; **à** ~ **lucratif** zu kommerziellen Zwecken, in Gewinnerzielungsabsicht; **à** ~ **non lucratif** gemeinnützig
❸ SPORT Tor *nt;* **les ~s** (*cage*) das Tor; ~ **égalisateur** Ausgleichstor, Ausgleichstreffer *m;* ~ **en or** Golden Goal *nt;* **le score est de un** ~ **à zéro** es steht eins zu null; **gagner par trois ~s à deux** mit drei zu zwei [Toren] gewinnen
▸ **de** ~ **en blanc** ohne Umschweife; **aller droit au** ~ sofort [*o* gleich] zur Sache kommen
butane [bytan] *m* Butan[gas *nt*] *nt*
buté(e) [byte] *adj* trotzig; *personne* verstockt, trotzig; **d'un air** ~ trotzig
butée [byte] *f* TECH Anschlag *m*
buter [byte] <1> **I.** *vi* ❶ (*heurter*) ~ **contre qc** gegen etw stoßen
❷ (*faire face à une difficulté*) ~ **contre** [*o* **sur**] **qc** über etw (*Akk*) stolpern
II. *vt* ❶ verärgern
❷ *fam* (*tuer*) umlegen (*fam*)
III. *vpr* **se** ~ **sur qc** sich auf etw (*Dat*) versteifen
buteur [bytœʀ] *m* Torjäger *m*
butin [bytɛ̃] *m* Beute *f; d'une fouille* Fund *m*
◆ ~ **de guerre** Kriegsbeute *f*
butiner [bytine] <1> *vi* Nektar [*o* Blütenstaub] sammeln
butoir [bytwaʀ] *m* ❶ CHEMDFER Prellbock *m*
❷ TECH Anschlag *m;* ~ **de porte** Türpuffer *m*
butor [bytɔʀ] *m* ❶ *péj* (*rustre*) Flegel *m,* Rüpel *m*
❷ ORN Rohrdommel *f*
buttage [bytaʒ] *m* HORT Häufeln *nt*
butte [byt] *f* [Erd]hügel *m;* (*colline*) [An]höhe *f*
▸ **être en** ~ **à qc** die Zielscheibe von etw sein, einer S. (*Dat*) ausgesetzt sein
butter [byte] <1> *vt* AGR [an]häufeln
butyrique [bytiʀik] *adj* CHIM Butter-; **acide** ~ Buttersäure *f*
buvable [byvabl] *adj* trinkbar
▸ **ne pas être** ~ *boisson:* ungenießbar sein; *fig fam* entsetzlich sein
buvais [byvɛ] *imparf de* **boire**
buvant [byvɑ̃] *part prés de* **boire**
buvard [byvaʀ] *m* ❶ (*papier*) Löschblatt *nt,* Löschpapier *nt*
❷ (*sous-main*) Schreibunterlage *f*
buvette [byvɛt] *f* ❶ (*local*) Bar *f;* (*en plein air*) Getränkekiosk *m*
❷ (*thermale*) Trinkhalle *f*
buveur, -euse [byvœʀ, -øz] *m, f* ❶ (*alcoolique*) Trinker(in) *m(f),* Säufer(in) *m(f)* (*pej*)
❷ (*consommateur*) *d'un restaurant* Gast *m;* ~ **de bière/café** Bier-/Kaffeetrinker *m*

buvez [byve] *impératif de* **boire**
buvons [byvɔ̃] *indic prés de* **boire**
by-pass [bajpas] *inv m* MED Bypass *m*
byte [bajt] *m* INFORM Byte *nt*
Byzance [bisɑ̃s] *f* Byzanz *nt*
byzantin(e) [bizɑ̃tɛ̃, in] *adj* byzantinisch
▸ des querelles [*o* discussions] ~**es** Haarspaltereien *Pl*
byzantinisme [bizɑ̃tinism] *m* Haarspaltereien *Pl*

Cc

C, c [se] *m inv* C *nt*/c *nt;* **c cédille** C-Cedille *nt*
▸ **c comme Célestin** C wie Cäsar
c' *v.* **ce**
ç' *v.* **ce**
ça¹ [sa] *m* PSYCH Es *nt*
ça² [sa] *pron dém* (1) *fam* (*pour désigner*) das; **pour** ~ deshalb, deswegen; **après** ~ danach; **qu'est-ce que c'est que** ~**?** was ist denn das?; **ah** ~ **non!** das auf gar keinen Fall!; ~ **oui, pour être furieux, je suis furieux!** o ja, ich bin wirklich wütend!; ~ **fait dix jours/longtemps que j'attends** es ist jetzt zehn Tage/schon lange her, dass ich warte
(2) *fam* (*répétitif*) **les haricots? Si, j'aime** ~ Bohnen? Doch, die ess ich gern; **le fer,** ~ **rouille** Eisen rostet nun eben mal
(3) *péj* (*personne*) **et** ~ **vote/conduit!** und so etwas wählt/fährt Auto! (*fam*)
(4) (*pour renforcer*) **qui** ~**?** wer/wen?; **quand/comment** ~**?** wann/wie?; **où** ~**?** wo/wohin?; **il est parti?! Comment** ~**, parti?!** er ist abgefahren?! Was heißt das, abgefahren?!
▸ ~ **par exemple!,** ~ **alors!** na, so was!; **c'est toujours** ~ immerhin etwas; **c'est** ~ [ganz] genau; **c'est comme** ~ so ist es nun [ein]mal; **si ce n'est que** ~ wenn's weiter nichts ist; ~ **va? – C'est pas** ~ wie geht's? – Nicht gerade toll; **et avec** ~**?** darf's noch was sein?, und außerdem?; **et modeste/menteur avec** ~ und noch dazu bescheiden/ein Lügner, und bescheiden/ein Lügner obendrein; **dire comme** ~ nur so sagen; **pas de** ~**!** ausgeschlossen!; **pour** ~ **oui/non** das kann man wohl sagen/das kann man wirklich nicht behaupten; **sans** ~ sonst, ansonsten
çà [sa] *adv* ~ **et là** hier und da; **courir** ~ **et là** hierhin und dorthin laufen; **écouter** ~ **et là** sich umhören
cabale [kabal] *f* Intrige *f,* Komplott *nt;* **former une** ~ **contre qn** gegen jdn intrigieren [*o* eine Intrige spinnen]
cabalistique [kabalistik] *adj* kabbalistisch
caban [kabɑ̃] *m* Caban *m* (*modischer kurzer Herrenmantel*)
cabane [kaban] *f* (1) Hütte *f; péj* [Bruch]bude *f;* (*pour animaux*) Verschlag *m;* (*remise*) Schuppen *m;* CH (*refuge de haute montagne*) Berghütte *f*
(2) *fam* (*prison*) Kittchen *nt* (*fam*), Knast *m* (*fam*); **être en** ~ im Knast [*o* Kittchen] sitzen
◆ ~ **à lapins** Kaninchenstall *m; péj* (*H.L.M.*) Hasenstall *m* (*fam*)
cabanon [kabanɔ̃] *m* (*remise*) Schuppen *m*
cabaret [kabaʀɛ] *m* (1) Nachtlokal *nt*
(2) CAN (*plateau*) Tablett *nt*
cabas [kaba] *m* Einkaufstasche *f*
cabernet [kabɛʀnɛ] *m rote Rebsorte, die im Loiretal und in der Gironde angebaut wird*
cabestan [kabɛstɑ̃] *m* Winde *f;* NAUT Spill *nt*
cabillaud [kabijo] *m* Kabeljau *m*
cabine [kabin] *f* (1) (*poste de commande*) *d'un camion* Fahrerhaus *nt; d'un train* Führerhaus *nt; d'une grue* Führerkabine *f; d'un avion, véhicule spatial* Cockpit *nt;* ~ **spatiale** Raumkapsel *f*
(2) (*petit local*) *d'un navire* Kabine *f,* Kajüte *f; d'une piscine* Kabine *f;* ~ **individuelle** Einzelkabine; ~ **téléphonique** Telefonzelle *f*
◆ ~ **d'ascenseur** Fahrstuhl[kabine *f*] *m;* ~ **de bain** Badekabine *f,* Umkleidekabine *f;* ~ **de douche** Duschkabine *f;* ~ **d'enregistrement** Aufnahmekabine *f;* ~ **d'essayage** Umkleidekabine *f;* ~ **de pilotage** Cockpit *nt;* ~ **de projection** Vorführraum *m,* Vorführkabine *f;* ~ **de téléphérique** Kabine *f* [einer Seilbahn]
cabinet [kabinɛ] *m* (1) *pl* (*toilettes*) Toilette *f;* **être aux** ~**s** auf der Toilette sein; **as-tu envie d'aller aux** ~**s?** musst du auf die Toilette?
(2) (*local professionnel*) *d'un médecin, dentiste* Praxis *f; d'un avocat, notaire* Kanzlei *f*
(3) POL Kabinett *nt*
(4) (*endroit isolé*) ~ **particulier** [kleines] Nebenzimmer
◆ ~ **de consultation** Sprechzimmer *nt;* ~ **de toilette** [kleiner] Waschraum; ~ **de travail** Arbeitszimmer *nt*
cabinet-conseil [kabinɛkɔ̃sɛj] <cabinets-conseils> *m* Beratungsbüro *nt*
câblage [kɑblaʒ] *m* (1) TV Verkabelung *f*
(2) ELEC Verdrahtung *f,* Verkabelung *f*
(3) (*fabrication d'un câble*) Kabelherstellung *f*
(4) (*envoi*) *d'une dépêche* Kabeln *nt*
câble [kɑbl] *m* (1) Kabel *nt;* **poser un** ~ ein Kabel legen; ~ **métallique** Drahtseil *nt;* ~ **du téléphone** Telefonkabel, Telefonleitung *f*
(2) TV Kabelfernsehen *nt;* **avoir le** ~ verkabelt sein
◆ ~ **d'amarrage** Halteleine *f;* ~ **de démarrage** Starthilfekabel *nt;* ~ **à fibre optique** Glasfaserkabel *nt;* ~ **de frein** Bremsseil *nt;* ~ **de remorquage** Abschleppseil *nt;* ~ **de transmission** Treibseil *nt*
câblé(e) [kable] *adj fil* gezwirnt; *ville, maison* verkabelt
câbler [kɑble] <1> *vt* (1) (*transmettre*) kabeln
(2) TV verkabeln
câblier [kablije] *m* (1) (*navire*) Kabelleger *m*
(2) (*fabricant*) Kabelhersteller(in) *m(f)*
câblodistribution [kablodistʀibysjɔ̃] *f* Kabelfernsehen *nt*
cabochard(e) [kabɔʃaʀ, aʀd] *fam* **I.** *adj* eigensinnig, dickköpfig (*fam*)
II. *m(f)* Dickkopf *m* (*fam*)
caboche [kabɔʃ] *f fam* Kopf *m,* Schädel *m* (*fam*); **il a une sacrée** ~**!** das ist vielleicht ein Dickkopf! (*fam*); **ne rien avoir dans la** ~ nichts im Kopf haben; **se mettre qc dans la** ~ sich (*Dat*) etw in den Kopf setzen; **mets-toi ça dans la** ~**!** schreib dir das hinter die Ohren! (*fam*)
cabochon [kabɔʃɔ̃] *m* Cabochon *m* (*polierter, noch ungeschliffener Edelstein*)
cabosser [kabɔse] <1> *vt* verbeulen; **être cabossé(e)** *voiture:* verbeult sein
cabot [kabo] *m fam* (1) *péj* (*chien*) Köter *m* (*fam*), Kläffer *m* (*fam*)
(2) (*cabotin*) Wichtigtuer *m* (*fam*)
cabotage [kabɔtaʒ] *m* Küstenschifffahrt *f*
caboteur [kabɔtœʀ] *m* Küstenschiff *nt*
cabotin(e) [kabɔtɛ̃, in] *fam* **I.** *adj* wichtigtuerisch (*fam*)
II. *m(f)* (1) Wichtigtuer *m* (*fam*)
(2) THEAT, CINE Schmierenkomödiant(in) *m(f)*
cabotinage [kabɔtinaʒ] *m fam* Schmierentheater *nt* (*pej*)
cabrer [kɑbʀe] <1> **I.** *vt* steigen lassen *cheval;* hochziehen *avion;* ~ **qn contre qn/qc** jdn gegen jdn/etw aufwiegeln
II. *vpr* (1) **se** ~ *cheval:* sich [auf]bäumen, steigen; *avion:* steigen
(2) (*se révolter*) **se** ~ **devant qc** sich gen etw sträuben; **il** [*o* **sa volonté**] **se cabre à l'idée qu'il est trop jeune** er sträubt sich bei dem Gedanken, dass er zu jung ist
cabri [kabʀi] *m* Zicklein *nt*
▸ **sauter comme un** ~ Luftsprünge machen
cabriole [kabʀijɔl] *f* Luftsprung *m; d'un danseur, cheval* Kapriole *f; d'un chevreau* Bocksprung *m*

C

cabrioler [kabʀijɔle] <1> *vi* Luftsprünge machen; *cheval:* Kapriolen machen; *chevreau:* Bocksprünge machen
cabriolet [kabʀijɔlɛ] *m* ❶ (*automobile*) Cabrio[let] *nt,* Kabrio[lett] *nt*
❷ (*voiture à cheval*) Kabriolett *nt*
caca [kaka] **I.** *m enfantin fam* **faire** ~ Aa machen (*fam*)
II. *adj adj inv* ~ **d'oie** gelbgrün
cacahouète, cacahuète [kakawɛt] *f* Erdnuss *f*
cacao [kakao] *m* Kakao *m*
cacaoté(e) [kakaɔte] *adj* kakaohaltig
cacatoès [kakatɔɛs] *m* Kakadu *m*
cacatois [kakatwa] *m* NAUT Royalsegel *nt*
cachalot [kaʃalo] *m* Pottwal *m*
▸ **souffler comme un** ~ wie ein Walross schnaufen (*fam*)
cache¹ [kaʃ] *m* ❶ PHOT, CINE Maske *f;* **mettre un** ~ **sur qc** etw abdecken
❷ INFORM Cache[speicher] *m*
cache² [kaʃ] *f* Versteck *nt*
caché(e) [kaʃe] *adj lieu, refuge* abgeschieden, abgelegen; *charmes, sens* verborgen; *sentiments* unausgesprochen; COM, JUR *vice* verborgen
cache-cache [kaʃkaʃ] *m inv* Verstecken *nt,* Versteckspiel *nt*
▸ **jouer à** [*o* **faire une partie de**] ~ Versteck[en] spielen
cache-cœur [kaʃkœʀ] <cache-cœurs> *m kurze Jacke mit V-Ausschnitt, die hinten über kreuz gebunden wird* **cache-col** [kaʃkɔl] *m inv* Halstuch *nt,* Schal *m*
cachemire [kaʃmiʀ] *m* Kaschmir *m*
cache-misère [kaʃmizɛʀ] *m inv* Übermantel *m* (*zum Verdecken schlechter Kleider*) **cache-nez** [kaʃne] *m inv* Schal *m* **cache-pot** [kaʃpo] <cache-pots> *m* Übertopf *m;* (*en papier*) [Blumentopf]manschette *f* **cache-prise** [kaʃpʀiz] <cache-prise[s]> *m* Kindersicherung *f* [für Steckdosen]
cacher¹ [kaʃe] <1> **I.** *vt* ❶ (*dissimuler*) verstecken
❷ (*masquer*) verdecken; (*ne pas laisser voir*) verbergen
❸ (*garder secret*) ~ **qc à qn** jdm etw verheimlichen, etw vor jdm geheim halten; ~ **ses sentiments à qn** seine Gefühle vor jdm verbergen; ~ **à qn qu'il est déjà là** jdm verschweigen, dass er schon da ist
II. *vpr* ❶ (*se dissimuler*) **se** ~ sich verstecken; *chose:* sich verbergen; **va te** ~**!** scher dich fort!, verschwinde!
❷ (*être introuvable*) **mais où se cache le directeur?** wo steckt denn der Direktor?; **mais où peut bien se** ~ **cette facture?** wo ist denn bloß diese Rechnung hingekommen?
❸ (*tenir secret*) **ne pas se** ~ **de qc** keinen Hehl aus etw machen
cacher² [kaʃɛʀ] *adj v.* **casher**
cache-radiateur [kaʃʀadjatœʀ] <cache-radiateurs> *m* Heizkörperverkleidung *f* **cache-sexe** [kaʃsɛks] <cache-sexe[s]> *m* Minislip *m*
cachet [kaʃɛ] *m* ❶ PHARM Tablette *f*
❷ (*tampon*) Stempel *m;* ~ **officiel** Dienstsiegel *nt,* Amtssiegel
❸ (*rétribution*) Honorar *nt; d'un acteur* Gage *f;* **courir le** ~ sich um ein Engagement bemühen
▸ **être blanc(blanche) comme un** ~ **d'aspirine** kreidebleich sein; **avoir du** ~ eine besondere Note haben; **donner du** ~ **à qc** einer S. (*Dat*) eine besondere Note verleihen
cachetage [kaʃtaʒ] *m* (*action*) Versiegeln *nt;* (*résultat*) Versiegelung *f*
cache-tampon [kaʃtɑ̃pɔ̃] *m inv* Versteckspiel *nt* (*bei dem ein Gegenstand versteckt wird*)
cacheter [kaʃte] <3> *vt* versiegeln; zukleben *enveloppe*
cachette [kaʃɛt] *f* Versteck *nt*
▸ **en** ~ heimlich; **en** ~ **de qn** ohne jds Wissen; (*en cas d'une action répréhensible*) hinter jds Rücken (*Dat*)
cachot [kaʃo] *m* ❶ (*cellule*) Kerker *m*
❷ (*punition*) Einzelhaft *f;* **mettre qn au** ~ jdn in Einzelhaft stecken
cachotterie [kaʃɔtʀi] *f gén pl* Geheimniskrämerei *f,* Heimlichtuerei *f;* **faire des** ~**s à qn** jdm gegenüber heimlich tun
cachottier, -ière [kaʃɔtje, -jɛʀ] **I.** *adj* heimlichtuerisch; **être très** ~**(-ière)** sehr geheimnisvoll tun
II. *m, f* Heimlichtuer(in) *m(f),* Geheimniskrämer(in) *m(f)*
cachou [kaʃu] *m* Cachou[bonbon] *nt o m*
cacique [kasik] *m* Schüler(in) *m(f)* mit dem besten Ergebnis in der Zulassungsprüfung der Ecole normale supérieure
cacophonie [kakɔfɔni] *f* Missklang *m,* Kakophonie *f*
cactus [kaktys] *m* Kaktus *m*
c.-à-d. *abr de* **c'est-à-dire** d.h.
cadastral(e) [kadastʀal, o] <-aux> *adj* Kataster-
cadastre [kadastʀ] *m* ❶ (*registre*) Kataster *m o nt,* Flurbuch *nt*
❷ (*service*) Katasteramt *nt*
cadavéreux, -euse [kadaveʀø, -øz] *adj littér teint* leichenblass
cadavérique [kadaveʀik] *adj teint* [asch]fahl, blass; **rigidité** ~ Leichenstarre *f,* Totenstarre *f;* **être d'une pâleur** ~ leichenblass [*o* kreideweiß] sein
cadavre [kadɑvʀ] *m* ❶ *d'une personne* Leiche *f,* Leichnam *m* (*geh*); *d'un animal* Kadaver *m*
❷ *fam* (*bouteille vide*) leere Flasche
▸ **être pâle comme un** ~ leichenblass sein; **être un** ~ **ambulant** *fam* aussehen wie der Tod (*fam*)
caddie®¹ [kadi] *m* (*chariot*) Einkaufswagen *m*
caddie² [kadi] *m* SPORT Caddie *m*
cadeau [kado] <x> *m* ~ **de Noël/d'anniversaire** Weihnachts-/Geburtstagsgeschenk *nt;* **faire** ~ **de qc à qn** jdm etw schenken; **en** ~ als Zugabe; **ton frère/cette maison, ce n'est pas un** ~ deinen Bruder/dieses Haus möchte ich nicht einmal geschenkt haben
▸ **les petits** ~**x entretiennent l'amitié** *prov* kleine Geschenke erhalten die Freundschaft (*prov*)
cadenas [kadnɑ] *m* Vorhängeschloss *nt;* **fermer au** ~ mit einem Vorhängeschloss verschließen
cadenasser [kadnɑse] <1> *vt* mit einem Vorhängeschloss verschließen; **être cadenassé(e)** *porte:* mit einem Vorhängeschloss versehen sein
cadence [kadɑ̃s] *f* ❶ (*rythme*) Rhythmus *m;* **marquer la** ~ den Takt schlagen [*o* angeben]; **en** ~ im Takt
❷ (*vitesse*) Tempo *nt,* Geschwindigkeit *f;* **forcer** [*o* **augmenter**] **la** ~ das Tempo beschleunigen; **à une bonne** ~ schnell; **à une** ~ **accélérée** schneller
❸ (*rythme de travail*) (*à la chaîne*) Takt *m*
◆ ~ **de production** Produktionsrhythmus *m;* ~ **de tir** Schussfolge *f,* Feuergeschwindigkeit *f*
cadencé(e) [kadɑ̃se] *adj* rhythmisch; **au pas** ~ im Gleichschritt
cadencer [kadɑ̃se] <2> *vt* rhythmisch gestalten, rhythmisieren; ~ **son pas** Schritt halten
cadet(te) [kadɛ, ɛt] **I.** *adj* ❶ (*le plus jeune*) jüngste(r, s)
❷ (*le plus jeune de deux*) jüngere(r, s)
❸ (*plus jeune que qn*) jüngere(r, s); **l'une de mes sœurs** ~**tes** eine meiner jüngeren Schwestern
II. *m(f)* ❶ (*dernier-né*) Jüngste(r) *f(m);* **le** ~ **des garçons** der jüngste Junge; **la** ~**te des filles** das jüngste Mädchen, die jüngste Tochter
❷ (*plus jeune que qn*) Jüngere(r) *f(m);* **c'est ma** ~**te** das ist meine jüngere Schwester; **elle est ma** ~**te de trois mois** sie ist drei Monate jünger als ich
❸ SPORT Nachwuchsspieler(in) *m(f)*
❹ MIL, HIST Kadett *m*
▸ **c'est le** ~ **de mes soucis** das ist meine geringste Sorge
cadmium [kadmjɔm] *m* Kadmium *nt,* Cadmium *nt* (*Fachspr.*)
cadrage [kɑdʀaʒ] *m* Bildeinstellung *f*
cadran [kɑdʀɑ̃] *m* ❶ Zifferblatt *nt; d'un baromètre, compteur* Skala *f; d'un téléphone* Wählscheibe *f; d'une montre* Leuchtzifferblatt *nt;* ~ **lumineux** beleuchtete Skala; ~ **solaire** Sonnenuhr *f*
❷ CAN *fam* (*réveil*) Wecker *m*
cadre [kɑdʀ] *m* ❶ (*encadrement*) Rahmen *m;* **mettre un**

tableau dans un ~ ein Gemälde [ein]rahmen
❷ (*charpente*) *d'un vélo* Rahmen *m*
❸ (*place*) *d'un formulaire* Feld *nt*
❹ (*environnement*) Umgebung *f;* (*décor*) Rahmen *m;* **dans un** ~ **de verdure** im Grünen
❺ (*limites*) Rahmen *m;* **cela entre bien dans le** ~ **de ses fonctions** das fällt genau in seinen Aufgabenbereich
❻ (*responsable hiérarchique*) leitender Angestellter/leitende Angestellte; **jeune** ~ Jungmanager(in) *m(f);* ~ **moyen/supérieur** mittlere/obere Führungskraft, Leitende(r) *f(m)* im mittleren Management/in Führungsposition
❼ MIL Offizier *m;* **les** ~**s d'un régiment** der [Führungs]stab eines Regiments; **être rayé(e) des** ~**s** entlassen werden; **officier hors** ~ Offizier *m* in Reservebereitschaft
❽ POL ~ **du parti** Parteifunktionär(in) *m(f);* (*ensemble*) Parteikader *m*
❾ (*contexte*) **dans le** ~ **de qc** im Rahmen einer S. (*Gen*)
◆ ~ **de vie** Umgebung *f*
cadrer [kɑdʀe] <1> **I.** *vi* ~ **avec qc** mit etw übereinstimmen, sich mit etw decken; **être mal cadré(e)** schlecht aufeinander abgestimmt sein
II. *vt* zentrieren
cadreur [kɑdʀœʀ] *m* Kameramann *m*/Kamerafrau *f*
caduc, caduque [kadyk] *adj* ❶ (*périmé*) veraltet, überholt; **devenir** ~/**caduque** *loi:* seine Gültigkeit verlieren; *acte:* seine Verbindlichkeit verlieren; *accord, convention:* unwirksam werden
❷ BOT, ZOOL abwerfbar; **à feuilles caduques** im Winter die Blätter verlierend
caducée [kadyse] *m* Äskulapstab *m*
caducité [kadysite] *f* ❶ *vieilli littér d'une personne* Verfall *m*
❷ *d'une institution* Veraltetsein *nt*
cæcum [sekɔm] *m* ANAT Blinddarm *m*
cæsium [sezjɔm] *m v.* **césium**
cafard [kafaʀ] *m* ❶ (*insecte*) [Küchen]schabe *f,* Kakerlak *m*
❷ (*spleen*) Depressionen *Pl,* trübe Stimmung; **avoir le** ~ trübsinnig sein; **j'aurais le** ~ ich würde trübsinnig werden; **donner le** ~ **à qn** jdn trübsinnig machen
cafardage [kafaʀdaʒ] *m* [Ver]petzen *nt*
cafarder [kafaʀde] <1> **I.** *vi fam* ❶ (*dénoncer*) petzen
❷ (*être déprimé*) down sein (*fam*), durchhängen (*fam*)
II. *vt fam* verpetzen
cafardeur, -euse [kafaʀdœʀ, -øz] *m, f* Petze *f* (*fam*)
cafardeux, -euse [kafaʀdø, -øz] *adj* schwermütig
café [kafe] *m* ❶ (*boisson*) Kaffee *m;* ~ **crème/filtre** Milch-/Filterkaffee; ~ **liégeois** Eiskaffee; ~ **décaféiné/serré** koffeinfreier/starker Kaffee; ~ **express** Espresso *m;* ~ **frappé** Kaffee frappé
❷ (*établissement*) Bar *f,* Kneipe *f* (*fam*); ~ **avec terrasse** Straßencafé *nt;* ~ **électronique** Internet Café *nt*
❸ (*plante*) Kaffee *m;* **différents** ~**s** verschiedene Kaffeesorten
❹ (*arôme*) **au** ~ Mokka-
❺ (*moment du repas*) **au** ~ beim Kaffee
❻ CH (*dîner*) **un** ~ **complet** ein leichtes Nachtessen (CH)
▶ **c'est un peu fort de** ~ das ist ja ein starkes Stück
◆ ~ **au lait** ❶ *m* Milchkaffee *m* ❷ *adj inv* (*couleur*) hellbraun; *peau* kaffeebraun; ~ **en grains** ungemahlener Kaffee

i Land & Leute

Der französische **café** ist ähnlich stark wie ein Espresso und wird in kleinen Tassen serviert. Ein **café crème** ist ein Milchkaffee. Er wird mit aufgeschäumter Milch in einer größeren Tasse serviert. Ein **café au lait** ist die einfache Variante eines Milchkaffees, wie man ihn sich privat zubereitet: mit Milch, die nicht unbedingt aufgeschäumt oder erwärmt ist, und in dem Mischungsverhältnis zwischen Kaffee und Milch, wie man es bevorzugt. (In der Gastronomie wird der Begriff **café au lait** kaum verwendet.)

café-bar [kafebaʀ] <cafés-bars> *m* kleine Bar, kleines Lokal
café-concert [kafekɔ̃sɛʀ] <cafés-concerts> *m* Bar *f* mit Varietee-Darbietungen
caféier [kafeje] *m* BOT Kaffeepflanze *f*
caféine [kafein] *f* Koffein *nt*
café-restaurant [kafeʀɛstɔʀɑ̃] <cafés-restaurants> *m* Bar *f* mit Restaurationsbetrieb **café-tabac** [kafetaba] <cafés-tabacs> *m* Bar *f* mit Tabakladen
cafetan [kaftɑ̃] *m* (*vêtement oriental*) Kaftan *m*
cafeter [kafte] <1> *vt v.* **cafter**
cafétéria [kafeteʀja] *f* Cafeteria *f*
café-théâtre [kafeteɑtʀ] <cafés-théâtres> *m* Kleinkunstbühne *f*
cafetière [kaftjɛʀ] *f* Kaffeekanne *f;* ~ **électrique** Kaffeemaschine *f*
cafouillage [kafujaʒ] *m fam* totales Chaos (*fam*)
cafouiller [kafuje] <1> *vi fam* ❶ (*agir avec confusion*) Murks machen (*fam*)
❷ (*s'embrouiller*) *discussion, organisation:* chaotisch werden; ~ **dans qc** *personne:* mit etw durcheinander kommen
❸ (*mal fonctionner*) *moteur:* stottern; *appareil:* ungleichmäßig laufen
cafouillis [kafuji] *m fam v.* **cafouillage**
caftan [kaftɑ̃] *m v.* **cafetan**
cafter [kafte] *vt fam* ~ **qn** jdn verpetzen (*fam*)
cage [kaʒ] *f* ❶ (*pour enfermer*) Käfig *m; d'un ours, lion* Zwinger *m*
❷ SPORT (*buts*) Tor *nt*
❸ ANAT ~ **thoracique** Brustkorb *m*
◆ ~ **d'ascenseur** Aufzugschacht *m,* Fahrstuhlschacht *m;* ~ **d'escalier** Treppenhaus *nt;* ~ **d'extraction** Förderkorb *m;* ~ **à lapin** Kaninchenstall *m; péj fam* (*H.L.M.*) Hasenstall *m* (*fam*), Wohnung *f* in einem Wohnsilo; ~ **à poules** Hühnerstall *m*
cageot [kaʒo] *m* ❶ (*emballage*) [Obst]kiste *f;* ~ **à fruits** Obstkiste; **un** ~ **de pêches** eine Kiste Pfirsiche
❷ *fam* (*fille laide*) hässliches Entlein
cagette [kaʒɛt] *f* [Obst]kiste *f*
cagibi [kaʒibi] *m* Abstellkammer *f*
cagne [kaɲ] *f v.* **khâgne**
cagneux, -euse [kaɲø, -øz] **I.** *adj genoux* nach innen gerichtet; *personne* x-beinig; *cheval* mit nach innen gerichteten Vorderbeinen; **jambes cagneuses** x-Beine *Pl*
II. *m, f v.* **khâgneux**
cagnotte [kaɲɔt] *f* ❶ (*caisse*) gemeinsame Kasse
❷ *fam* (*économies*) Notgroschen *m*
cagoule [kagul] *f* ❶ (*couvre-chef*) Kapuzenmütze *f*
❷ (*masque*) Maske *f*
❸ (*capuchon*) Kapuze *f*
cagoulé(e) [kagule] *adj* maskiert; (*encagoulé*) vermummt
cahier [kaje] *m* ❶ SCOL [Schreib]heft *nt;* ~ **de calcul** Rechenheft
❷ TYP gefalzter Druckbogen
❸ *pl* (*publication*) Zeitschrift *f,* Heft *nt*
◆ ~ **de brouillon** Schmierheft *nt;* ~ **d'exercices** Übungsheft *nt;* ~ **de textes** Aufgabenheft *nt*
cahin-caha [kaɛ̃kaa] *adv fam* so lala (*fam*); **se déplacer** ~ sich so recht und schlecht vorwärts bewegen
cahot [kao] *m* Stoß *m*
cahotant(e) [kaɔtɑ̃, ɑ̃t] *adj route* holp[e]rig; *véhicule* holpernd
cahoter [kaɔte] <1> **I.** *vi* holpern
II. *vt* durchrütteln, durchschütteln *voyageurs;* hin und her werfen *véhicule;* **la famille fut cahotée de ville en ville** es hat die Familie immer wieder in eine andere Stadt verschlagen
cahoteux, -euse [kaɔtø, -øz] *adj chemin* uneben, holprig
cahute [kayt] *f* Hütte *f*

C

caïd [kaid] *m* ❶ (*malfaiteur*) [Gangster]boss *m*
❷ *fam* (*meneur*) Anführer(in) *m(f)*
❸ *fam* (*ponte*) hohes Tier (*fam*)
caillasse [kajas] *f fam* (*cailloux*) Kies *m*
caille [kaj] *f* Wachtel *f*
► **gras(se)** [*o* **rond(e)**] **comme une** ~ *fam* rund wie ein Hefekloß (*fam*); **ma petite** ~ *fam* mein Herzchen (*fam*)
caillé(e) [kaje] *adj sang* geronnen; *lait* sauer
cailler [kaje] <1> **I.** *vi* ❶ *sang:* gerinnen; *lait:* sauer werden
❷ *fam* (*avoir froid*) sich (*Dat*) einen abfrieren (*fam*); **ça** [*o* **on**] **caille ici** es ist verdammt kalt hier (*fam*)
II. *vt* zum Gerinnen bringen, gerinnen lassen; sauer werden lassen *lait*
III. *vpr* ❶ **se** ~ *sang:* gerinnen; *lait:* sauer werden
❷ *fam* (*avoir froid*) **se** ~ *personne:* sich (*Dat*) einen abfrieren (*fam*)
caillette [kajɛt] *f* ZOOL *des ruminants* Labmagen *m*
caillot [kajo] *m de sang* Gerinnsel *nt*
caillou [kaju] <x> *m* ❶ (*pierre*) Kiesel[stein *m*] *m;* **~x d'empierrement** Schotter *m*
❷ *fam* (*pierre précieuse*) Klunker *m* (*fam*)
❸ *fam* (*crâne*) Birne *f* (*fam*); (*sans cheveux*) Platte *f* (*fam*)
caillouter [kajute] <1> *vt* mit Schotter bedecken *chemin*
caillouteux, -euse [kajutø, -øz] *adj* steinig
cailloutis [kajuti] *m* Schotter *m*
caïman [kaimɑ̃] *m* ZOOL Kaiman *m*
Caïn [kaɛ̃] *m* Kain *m*
Caire [kɛʀ] *m* **le** ~ Kairo *nt*
caisse [kɛs] *f* ❶ (*boîte*) Kiste *f,* Kasten *m;* ~ **à fleurs/à claire-voie** Blumenkasten/[Obst]kiste; **une** ~ **d'oranges/de vin** eine Kiste Apfelsinen/Wein
❷ (*dépôt d'argent, guichet*) Kasse *f;* ~ **enregistreuse** Registrierkasse; ~ **portable** [Geld]kassette *f;* ~ **noire** Geheimfonds *m; d'une entreprise* Reptilienfonds; **à la** ~ an der Kasse; **faire la** [*o* **sa**] ~ Kasse[nsturz] machen; **tenir la** ~ die Kasse führen
❸ (*organisme de gestion*) Kasse *f*
❹ (*boîtier*) *d'une horloge* Gehäuse *nt; d'un tambour* Resonanzkörper *m; d'une voiture* Karosserie *f;* **grosse** ~ große Trommel
❺ *fam* (*voiture*) Kiste *f* (*fam*)
❻ CH **avoir une** ~ (*être ivre*) betrunken sein, blau sein (*fam*); **prendre une** ~ (*s'enivrer*) sich betrinken, sich voll laufen lassen (*fam*)
► **à fond la** ~ *fam* mit vollem Karacho (*fam*); **passer à la** ~ (*payer*) zur Kasse gehen; (*être renvoyé*) [fristlos] entlassen sein
◆ ~ **à outils** Werkzeugkasten *m;* ~ **à savon** *fam* Kasten *m* (*fam*); ~ **d'allocations familiales** Familienausgleichskasse *f;* ~ **d'assurance maladie** Krankenkasse *f;* ~ **de compensation** CH Ausgleichskasse *f* (CH); ~ **d'épargne** Sparkasse *f;* **~s de l'État** Staatskasse *f;* ~ **de prévoyance** Vorsorgekasse *f;* ~ **de résonance** *d'un piano* Resonanzboden *m; d'un tambour* Resonanzkörper *m;* **faire** ~ **de résonance** wie ein Resonanzkörper wirken; ~ **de retraite** Rentenkasse *f;* ~ **du tympan** Paukenhöhle *f*
caissette [kɛsɛt] *f* Kistchen *nt,* Kästchen *nt*
caissier, -ière [kesje, -jɛʀ] *m, f* Kassierer(in) *m(f)*
caisson [kɛsɔ̃] *m* ❶ Kiste *f*
❷ TECH Caisson *m,* Senkkasten *m*
cajoler [kaʒɔle] <1> *vt* herzen, liebkosen; (*pour obtenir qc*) umschmeicheln
cajolerie [kaʒɔlʀi] *f gén pl* Zärtlichkeiten *Pl*
cajoleur, -euse [kaʒɔlœʀ, -øz] *adj* zärtlich; *voix* sanft
cajou [kaʒu] *m* Cashewnuss *f*
cake [kɛk] *m* englischer [Tee]kuchen
cal [kal] *m* Schwiele *f*
calamar [kalamaʀ] *m* Tintenfisch *m*
calamine [kalamin] *f* Ablagerung *f*
calaminer [kalamine] <1> *vpr* **se** ~ verrußen
calamité [kalamite] *f* Katastrophe *f*
calancher [kalɑ̃ʃe] <1> *vi pop* ins Gras beißen (*sl*)
calandre [kalɑ̃dʀ] *f* ❶ AUT Kühlergrill *m*
❷ TECH Kalander *m*
calanque [kalɑ̃k] *f* [kleine] Felsbucht
calcaire [kalkɛʀ] **I.** *adj* kalkhaltig; *dépôt, roche, plateau, pierre* Kalk-; *relief* Kalkstein-
II. *m* Kesselstein *m;* GEOL Kalk[stein *m*] *m*
calcanéum [kalkaneɔm] *m* ANAT Fersenbein *nt,* Calcaneus *m* (*Fachspr.*)
calcédoine [kalsedwan] *f* MINER Chalcedon *m*
calcification [kalsifikasjɔ̃] *f* Verkalkung *f;* ~ **des os** Knochenverkalkung
calcifié(e) [kalsifje] *adj* verkalkt
calciné(e) [kalsine] *adj* verkohlt
calciner [kalsine] <1> *vt* CHIM kalzinieren
calcium [kalsjɔm] *m* Kalzium *nt,* Calcium *nt* (*Fachspr.*); **oxyde de** ~ Calciumoxid *nt;* **manquer de** ~ an Kalziummangel leiden
calcul[1] [kalkyl] *m* ❶ (*opération*) Berechnung *f;* **faire le** ~ **de qc** etw berechnen; **faire une erreur de** ~ [*o* **un mauvais** ~] sich verrechnen; **sauf erreur de** ~ **de ma part ...** wenn ich mich nicht verrechnet habe ...; ~ **mental** Kopfrechnen *nt;* **il fit un rapide** ~ **mental** er rechnete ganz schnell im Kopf
❷ (*arithmétique*) ~ **algébrique** algebraisches Rechnen; ~ **différentiel/intégral** Differenzial-/Integralrechnung *f*
❸ ECON, JUR, FISC [Be]rechnung *f; du prix, coût d'un produit* Kalkulation *f;* ~ **approximatif** Grobberechnung; ~ **des bénéfices/du chiffre d'affaires** Gewinn-/Umsatzermittlung *f;* ~ **du bilan** Bilanzrechnung; ~ **des dépenses** Kosten[be]rechnung; ~ **de l'impôt** Steuerberechnung; ~ **du montant de l'impôt** Steuerfestsetzung *f*
❹ *pl* (*estimation*) Berechnung *f;* **d'après mes ~s** nach meiner Schätzung; **faire rentrer qc dans ses ~s** etw [mit] einkalkulieren
❺ (*manigance*) Berechnung *f;* **faire qc par** ~ etw aus Berechnung tun
◆ ~ **des probabilités** Wahrscheinlichkeitsrechnung *f*
calcul[2] [kalkyl] *m* MED Stein *m;* ~ **biliaire/rénal** Gallen-/Nierenstein
calculable [kalkylabl] *adj* berechenbar
calculateur [kalkylatœʀ] *m* Rechner *m;* ~ **analogique/numérique** Analog-/Digitalrechner
calculateur, -trice [kalkylatœʀ, -tʀis] *adj* berechnend
calculatrice [kalkylatʀis] *f* Rechner *m*
◆ ~ **de poche** Taschenrechner *m*
calculer [kalkyle] <1> **I.** *vi* ❶ ~ **mentalement** im Kopf rechnen
❷ (*compter ses sous*) mit dem Geld rechnen; ~ **au plus juste** sehr knapp kalkulieren
II. *vt* ❶ (*déterminer par le calcul*) ausrechnen; kalkulieren *prix*
❷ (*évaluer, prévoir*) einkalkulieren *risque;* bedenken *conséquences;* gegeneinander abwägen *avantages, inconvénients;* ~ **ses chances** seine Chancen ausrechnen; ~ **que ça suffit** schätzen [*o* rechnen], dass es reicht; ~ **large** großzügig kalkulieren; **tout bien calculé** alles in allem
❸ (*étudier*) genau durchdenken *attitude;* wohl überlegen *geste;* genau berechnen *effet;* sorgfältig wählen *termes;* **calculé(e)** (*intéressé*) kalkuliert, berechnet
calculette [kalkylɛt] *f* Taschenrechner *m*
cale[1] [kal] *f* NAUT Laderaum *m,* Frachtraum; **être/mettre en** ~ **sèche** im Trockendock liegen/ins Trockendock bringen
◆ ~ **de chargement** Verladerampe *f*
cale[2] [kal] *f* (*coin*) Keil *m*
calé(e) [kale] *adj fam* ❶ (*fort*) beschlagen; **être** ~**(e) en qc** in etw (*Dat*) etwas draufhaben (*fam*)
❷ (*difficile*) schwierig
calebasse [kalbas] *f* ❶ BOT Flaschenkürbis *m*
❷ (*récipient*) Kalebasse *f*
calèche [kalɛʃ] *f* Kalesche *f*

caleçon [kalsɔ̃] *m* (*pour homme*) Unterhose *f;* (*pour femme*) Leggings *Pl;* **des ~s longs** lange Unterhosen *Pl*
◆ **~ de bain** Badehose *f*
caléidoscope [kaleidɔskɔp] *m* Kaleidoskop *nt*
calembour [kalɑ̃buʀ] *m* Kalauer *m,* Wortspiel *nt;* **faire un ~** kalauern
calembredaine [kalɑ̃bʀədɛn] *f souvent pl* (*plaisanterie*) alberner Spaß *m*
calendes [kalɑ̃d] *fpl* Kalenden *Pl* (*erster Tag des altrömischen Monats*)
► **renvoyer** [*o* **remettre**] **qc aux ~ grecques** etw auf den [Sankt-]Nimmerleinstag verschieben (*fam*)
calendos [kalɑ̃dos] *m fam* Camembert *m*
calendrier [kalɑ̃dʀije] *m* ❶ Kalender *m;* **consulter le ~** im Kalender nachsehen; **~ perpétuel** immer währender Kalender; **~ républicain** Revolutionskalender
❷ (*programme*) Zeitplan *m,* Programm *nt;* **~ d'amortissement** Abschreibungsplan *m;* **établir/respecter un ~** einen Zeitplan aufstellen/einhalten
◆ **~ de l'avent** Adventskalender *m;* **~ des examens** Prüfungstermine *Pl;* **~ des rencontres** Spielplan *m;* **~ de travail** Arbeitsprogramm *nt*
cale-pied [kalpje] <cale-pieds> *m* Rennbügel *m*
calepin [kalpɛ̃] *m* ❶ (*carnet*) Notizbuch *nt*
❷ BELG (*cartable*) Schultasche *f*
caler [kale] <1> **I.** *vi* ❶ AUT *conducteur:* den Motor abwürgen; *moteur:* absterben
❷ *fam* (*être rassasié*) bis obenhin voll sein (*fam*)
II. *vt* ❶ (*fixer avec une cale*) mit einem Keil fixieren; aufbocken *véhicule;* **~ un meuble** ein Möbelstück unterlegen
❷ (*à être maintenu*) **~ un malade** einen Kranken stützen, einem Kranken Halt geben; **~ qc contre qc** etw gegen etw lehnen
❸ AUT abwürgen
❹ TECH (*rendre fixe*) feststellen
❺ NAUT niederholen, herunterlassen
III. *vpr* **se ~** sich zurechtsetzen
caleter [kalte] <1> *vi v.* **calter**
calfater [kalfate] *vt* NAUT kalfatern *barque*
calfeutrage [kalføtʀaʒ] *m* Abdichten *nt*
calfeutrer [kalføtʀe] **I.** *vt* abdichten
II. *vpr* **se ~** sich verkriechen; (*rester au chaud*) in der warmen Stube bleiben
calibrage [kalibʀaʒ] *m* ❶ *des œufs, des fruits* Sortierung *f* nach Größe
❷ TECH Kalibrieren *nt*
calibre [kalibʀ] *m* ❶ (*diamètre*) Durchmesser *m; d'une arme, d'un projectile* Kaliber *nt; des fruits, œufs* Größe *f;* **un pistolet de gros/petit ~/de ~ 7,35** eine groß-/kleinkalibrige/7,35 mm Pistole
❷ TECH [Schub]lehre *f*
❸ (*envergure*) *d'une personne* Format *nt;* **de gros ~** groß, bedeutend; **un escroc de ce ~** ein Betrüger seines Schlages; **être d'un autre ~** aus anderem Holz geschnitzt sein; **ils ne sont pas du même ~** sie sind nicht zu vergleichen
calibrer [kalibʀe] <1> *vt* ❶ (*mesurer*) kalibrieren; **~ un tuyau/fusil** den Durchmesser von einem Rohr/das Kaliber von einem Gewehr bestimmen
❷ (*classer*) klassieren
❸ (*donner le calibre voulu*) kalibrieren
calice [kalis] *m* ❶ BOT [Blüten]kelch *m*
❷ REL [Abendmahls]kelch *m*
❸ ANAT Nierenkelch *m*
► **boire le ~ jusqu'à la lie** den Kelch bis zur Neige leeren
calicot [kaliko] *m* TEXTIL Kaliko *m*
calife [kalif] *m* Kalif *m*
Californie [kalifɔʀni] *f* **la ~** Kalifornien *nt*
califourchon [kalifuʀʃɔ̃] **à ~** rittlings
Caligula [kaligyla] *m* Caligula *m*
câlin [kɑlɛ̃] *m* ❶ Zärtlichkeit *f;* **faire un ~ à qn/au chat** *fam* mit jdm schmusen *fam*/die Katze streicheln
❷ (*acte sexuel*) Bums *m* (*fam*)
câlin(e) [kɑlɛ̃, in] *adj* ❶ (*qui aime les caresses*) anschmiegsam
❷ (*caressant*) zärtlich, liebevoll
câliner [kɑline] <1> *vt* **~ qn** zu jdm zärtlich sein
câlinerie [kɑlinʀi] *f* Zärtlichkeit *f;* **faire des ~s à qn** zu jdm zärtlich sein
calisson [kalisɔ̃] *m kandierte Mandelspezialität aus der Provence*
calleux, -euse [kalø, -øz] *adj* schwielig; **peau calleuse** Hornhaut *f*
call-girl [kolgœʀl] <call-girls> *f* Callgirl *nt*
calligramme [ka(l)ligʀam] *m* POES *Gedicht, dessen Versanordnung eine Zeichnung formt*
calligraphie [ka(l)ligʀafi] *f* ❶ (*technique*) Kalligraphie *f*
❷ (*écriture élégante*) Schönschrift *f*
calligraphier [ka(l)ligʀafje] <1> *vt* in Schönschrift schreiben
callosité [kalozite] *f* Hornhaut *f;* **être couvert(e) de ~** voller Schwielen sein
calmant [kalmɑ̃] *m* Beruhigungsmittel *nt,* Tranquilizer *m;* (*antidouleur*) Schmerzmittel *nt,* schmerzstillendes Mittel
calmant(e) [kalmɑ̃, ɑ̃t] *adj* ❶ beruhigend
❷ PHARM beruhigend; (*antidouleur*) schmerzstillend; **tisane ~e** Beruhigungstee *m*
calmar [kalmaʀ] *m v.* **calamar**
calme [kalm] **I.** *adj* ❶ ruhig; *temps* windstill; *lieu* still; *marché, bourse* ruhig, zurückhaltend
❷ (*réfléchi*) besonnen; (*opp: troublé*) gelassen
II. *m* ❶ (*sérénité*) Ruhe *f,* Gelassenheit *f;* **~ intérieur/olympien** innere Ruhe/olympische Gelassenheit; **garder/perdre/retrouver son ~** gelassen bleiben/seine Ruhe verlieren/sich wieder beruhigen; **ramener le ~** die Gemüter beruhigen; **rester au ~** sich nicht aufregen; **du ~!** Ruhe bewahren!
❷ (*tranquillité*) Ruhe *f;* **du ~!** Ruhe bitte!; **ramener le ~** die Ruhe wiederherstellen
❸ (*accalmie*) [vorübergehende] Beruhigung
❹ METEO Windstille *f;* **~ équatorial** äquatorialer Kalmengürtel
► **le ~ avant la tempête** die Ruhe vor dem Sturm; **~ plat** Flaute *f,* völlige Windstille; (*sans communication*) absolutes Schweigen, Funkstille *f* (*fam*); ECON [wirtschaftliche] Flaute
calmement [kalməmɑ̃] *adv* ruhig; **réfléchir ~** in Ruhe überlegen
calmer [kalme] <1> **I.** *vt* ❶ (*apaiser*) beruhigen *personne, esprits;* entschärfen *discussion, polémique;* zur Ruhe bringen *soulèvement*
❷ (*soulager*) lindern, mildern; dämpfen *colère, enthousiasme;* senken *fièvre;* zügeln *impatience;* beruhigen *nerfs;* stillen *faim;* löschen *soif*
► **je vais te ~, moi** *fam* ich werde dich schon zur Vernunft bringen
II. *vpr* **se ~** ❶ (*s'apaiser*) sich beruhigen; *polémique, discussion:* an Schärfe verlieren; *tempête:* nachlassen; *querelle:* sich legen
❷ (*diminuer*) nachlassen; *crainte:* sich verflüchtigen
calomniateur, -trice [kalɔmnjatœʀ, -tʀis] **I.** *adj* verleumderisch
II. *m, f* Verleumder(in) *m(f)*
calomnie [kalɔmni] *f* Verleumdung *f*
calomnier [kalɔmnje] <1a> *vt* verleumden
calomnieux, -euse [kalɔmnjø, -jøz] *adj* verleumderisch
calorie [kalɔʀi] *f* Kalorie *f;* **basses ~s** kalorienarm; **pauvre/riche en ~s** kalorienarm/kalorienreich
calorifère [kalɔʀifɛʀ] *adj tuyau* Wärme ausstrahlend
calorifique [kalɔʀifik] *adj* wärmeerzeugend
calorifuge [kalɔʀifyʒ] **I.** *adj* wärmeisolierend, wärmedämmend
II. *m* Wärmeisolierstoff *m,* Wärmedämmstoff *m*
calorifuger [kalɔʀifyʒe] <2a> *vt* [gegen Wärmeverlust] däm-

men [*o* isolieren]
calorimètre [kalɔʀimɛtʀ] *m* PHYS Kalorimeter *nt*
calorique [kalɔʀik] *adj* PHYSIOL Kalorien-; **valeur** ~ Kaloriengehalt *m*
calot [kalo] *m* ① (*coiffure*) Feldmütze *f*, Schiffchen *nt* (*fam*)
② (*bille*) große Murmel
calotin [kalɔtɛ̃] *m péj fam* Kleriker *m*, Schwarzrock *m* (*pej fam*)
calotte [kalɔt] *f* ① (*bonnet*) [Scheitel]käppchen *nt*
② REL (*coiffure*) Kalotte *f*
③ *péj* (*clergé*) Pfaffen *Pl*
④ ARCHIT Kalotte *f*
⑤ *fam* (*gifle*) Ohrfeige *f*; **ficher une** ~ **à qn** jdm eine wischen [*o* langen] (*fam*)
⑥ ANAT ~ **crânienne** Schädeldecke *f*, Schädeldach *nt*
⑦ GEOG ~ **glaciaire** Eiskappe *f*
⑧ GEOM ~ **sphérique** Kalotte *f*
calque [kalk] *m* ① (*copie*) Pause *f*; **prendre un** ~ **de qc** etw durchpausen [*o* durchzeichnen]
② (*papier*) Pauspapier *nt*
③ (*imitation*) Nachahmung *f*; (*sosie*) Ebenbild *nt*
calquer [kalke] <1> *vt* durchpausen, durchzeichnen; (*imiter*) nachahmen; ~ **qc sur qc** etw auf etw (*Akk*) übertragen; **être calqué(e) de l'anglais** *expression:* eine wörtliche Übersetzung aus dem Englischen sein
calter [kalte] <1> *vi pop* abhauen (*fam*)
calumet [kalymɛ] *m* Kalumet *nt*
▸ **fumer le** ~ **de la paix** die Friedenspfeife rauchen
calva [kalva] *m abr de* **calvados** *fam* Calvados *m*
calvados [kalvados] *m* Calvados *m*
calvaire [kalvɛʀ] *m* ① (*épreuve*) Martyrium *nt*; **être un long** ~ ein einziges Martyrium sein
② (*croix*) Bildstock *m*
③ (*peinture*) Kreuzigungsgruppe *f*
Calvin [kalvɛ̃] *m* Calvin *m*
calvinisme [kalvinism] *m* Kalvinismus *m*
calviniste [kalvinist] **I.** *adj* kalvinistisch
II. *mf* Kalvinist(in) *m(f)*
calvitie [kalvisi] *f* Glatze *f*; (*phénomène*) Kahlköpfigkeit *f*; ~ **précoce** vorzeitige [*o* frühzeitige] Glatze; **un début de** ~ erste Ansätze einer Glatze
calypso [kalipso] *m* (*danse, musique*) Calypso *m*
camaïeu [kamajø] <x> *m* Farbschattierungen *Pl* (*der gleichen Grundfarbe*); **en** ~ in unterschiedlichen Farbschattierungen; **un/en** ~ **de bleu** verschiedene/in unterschiedlichen Blautöne
camarade [kamaʀad] *mf* Kamerad(in) *m(f)*; POL Genosse *m*/Genossin *f*
◆ ~ **d'école** Schulkamerad(in) *m(f)*; ~ **d'études** Studienkollege *m*/-kollegin *f*, Kommilitone *m*/Kommilitonin *f*; ~ **de jeu** Spielkamerad(in) *m(f)*, Spielgefährte *m*/-gefährtin *f*; ~ **de régiment** Kamerad *m* aus der Militärzeit
camaraderie [kamaʀadʀi] *f* Kameradschaft *f*
camard(e) [kamaʀ, aʀd] *adj* **avoir un nez** ~ eine Sattelnase haben
camarguais(e) [kamaʀgɛ, ɛz] *adj* aus der Camargue
Camargue [kamaʀg] *f* **la** ~ die Camargue; **en** ~ in der/die Camargue
Cambodge [kɑ̃bɔdʒ] *m* **le** ~ Kambodscha *nt*, Kamputschea *nt*
cambouis [kɑ̃bwi] *m* [gebrauchtes] Schmieröl; **couvert de** ~ ölverschmiert; **des taches de** ~ Ölflecken *Pl*
cambré(e) [kɑ̃bʀe] *adj pied, chaussure* mit hohem Spann, gewölbt; **être très** ~**(e)** *personne:* ein starkes Hohlkreuz haben; **le dos** ~, **la taille** ~**e** mit einem Hohlkreuz
cambrer [kɑ̃bʀe] <1> **I.** *vt* wölben *pied;* ~ **la taille** [*o* **les reins**] ein Hohlkreuz machen; ~ **fièrement la taille** sich stolz in die Brust werfen
II. *vpr* **se** ~ sich in die Brust werfen
cambrien(ne) [kɑ̃bʀijɛ̃, jɛn] *adj* GEOL kambrisch
cambriolage [kɑ̃bʀijɔlaʒ] *m* Einbruch[sdiebstahl *m*] *m*
cambrioler [kɑ̃bʀijɔle] <1> *vt* ~ **qc** in etw (*Akk*) einbrechen; **qn se fait** ~ bei jdm wird eingebrochen
cambrioleur, -euse [kɑ̃bʀijɔlœʀ, -øz] *m, f* Einbrecher(in) *m(f)*
cambrousse [kɑ̃bʀus] *f fam* ländliche Gegend; **en pleine** ~ mitten in der Pampa (*fam*); **débarquer de sa** ~ gerade aus seinem Kuhdorf kommen (*fam*)
cambrure [kɑ̃bʀyʀ] *f* ① ANAT ~ **de la taille** [*o* **des reins**] Hohlkreuz *nt*; ~ **du pied** Fußwölbung *f*
② (*forme arquée*) *d'une pièce de bois* Biegung *f*; *d'une poutre* Wölbung *f*
cambuse [kɑ̃byz] *f* ① NAUT *kleiner Lebensmittelstore an Bord größere Schiffe*
② *fam* (*logis*) Bude *f* (*fam*)
came[1] [kam] *f* TECH Nocken *m*
came[2] [kam] *f fam* (*drogue*) Stoff *m* (*fam*)
camé(e) [kame] *m(f) fam* Fixer(in) *m(f)* (*fam*)
camée [kame] *m* (*pierre fine sculptée*) Kamee *f*
caméléon [kameleɔ̃] *m* ① ZOOL Chamäleon *nt*
② (*personne*) Chamäleon *nt*; POL Wendehals *m*
camélia [kamelja] *m* BOT Kamelie *f*
camelot [kamlo] *m* Straßenhändler *m*
camelote [kamlɔt] *f fam* Ramsch *m* (*fam*), Plunder *m* (*fam*)
▸ **de la belle** [*o* **bonne**] ~ gute Ware
camembert [kamɑ̃bɛʀ] *m* ① (*fromage*) Camembert *m*
② (*graphique*) Tortengrafik *f*
camer [kame] <1> *vpr fam* **se** ~ fixen (*fam*)
caméra [kameʀa] *f* Kamera *f*; CINE [Film]kamera *f*; TV [Fernseh]kamera *f*; ~ **vidéo** Videokamera; **regarder la** ~ in die Kamera schauen
caméraman [kameʀaman, -mɛn] <s *o* -men> *m* Kameramann *m*/-frau *f*
camériste [kameʀist] *f* ① HIST Kammerfrau *f* (*einer italienischen oder spanischen Prinzessin*)
② *hum littér* (*femme de chambre*) Zimmermädchen *nt*
Cameroun [kamʀun] *m* **le** ~ Kamerun *nt*
caméscope [kameskɔp] *m* Kamerarecorder *m*, Camcorder *m*
camion [kamjɔ̃] *m* Lastwagen *m*, Lkw *m*; ~ **de dix tonnes** Zehntonner *m*; ~ **bâché** Planwagen *m*
◆ ~ **de déménagement** Möbelwagen *m*; ~ **à remorque** Lkw *m* mit Anhänger, Lastzug *m*; ~ **à semi-remorque** Sattelschlepper *m*
camion-citerne [kamjɔ̃sitɛʀn] <camions-citernes> *m* Tankwagen *m*
camionnage [kamjɔnaʒ] *m* ① (*transport par camion*) Lkw-Transport *m*
② (*coût de transport*) Transportkosten *Pl* (*bei einem Lkw-Transport*)
camionnette [kamjɔnɛt] *f* Lieferwagen *m*, Kleintransporter *m*
camionneur [kamjɔnœʀ] *m* ① (*chauffeur*) Lastwagenfahrer(in) *m(f)*, Lkw-Fahrer(in) *m(f)*
② (*entrepreneur*) Fuhrunternehmer(in) *m(f)*
camisard [kamizaʀ] *m* HIST Kamisarde *m* (*Hugenotte aus den Cevennen, der sich gegen die Verfolgungen durch die Aufhebung des Edikts von Nantes erhob*)
camisole [kamizɔl] *f* Mieder *nt*
◆ ~ **de force** Zwangsjacke *f*; **passer la** ~ **de force à qn** jdn in die Zwangsjacke stecken
camomille [kamɔmij] *f* (*fleur*) Kamille *f*; (*tisane*) Kamillentee *m*
camouflage [kamuflaʒ] *m* ① MIL (*technique*) Tarnen *nt*, Tarnung *f*
② (*maquillage*) *d'une erreur* Vertuschung *f*, Verschleierung *f*; *d'un crime* Tarnung *f*
③ (*dissimulation*) *de bénéfices* Veruntreuung *f*
camoufler [kamufle] <1> *vt* ① verheimlichen; vertuschen *erreur, faute;* verbergen, verheimlichen *intentions, sentiment;* ~ **qc**

en qc etw als etw tarnen
❷ MIL tarnen
camouflet [kamuflɛ] *m* Schmach *f;* **donner** [*o* **infliger**] **un** ~ **à qn** jdm [eine] Schmach antun; **essuyer un** ~ [eine] Schmach erleiden
camp [kɑ̃] *m* ❶ (*campement*) [Zelt]lager *nt;* MIL [Truppen]lager; ~ **retranché** befestigtes Lager; **lever le** ~ abziehen
❷ SPORT Seite *f;* POL Lager *nt;* **se ranger dans le** ~ **de qn** sich auf jds Seite (*Akk*) schlagen; **changer de** ~ ins andere Lager überwechseln; *soldat:* sich auf die andere Seite schlagen; *joueur:* die Seiten wechseln; POL die Partei wechseln
❸ CAN ~ [**d'été**] Wochenendhaus *nt*
▶ **ficher** [*o* **foutre**] **le** ~ *fam* verduften (*fam*), abhauen (*fam*); **fiche-moi le** ~ **!** *fam* lass mich in Ruhe!
◆ ~ **de base** Basislager *nt;* ~ **de chasse** Jagdhaus *nt,* Jagdhütte *f;* ~ **de concentration** Konzentrationslager *nt;* ~ **d'extermination** Vernichtungslager *nt;* ~ **de la mort** Vernichtungslager *nt;* ~ **de nudistes** FKK-Anlage *f,* FKK-Gelände *nt;* ~ **de prisonniers** [Kriegs]gefangenenlager *nt;* ~ **de réfugiés** Flüchtlingslager *nt;* ~ **de transit** Durchgangslager *nt;* ~ **de travail** Arbeitslager *nt;* ~ **de vacances** Ferienlager *nt*
campagnard(e) [kɑ̃paɲaʀ, aʀd] **I.** *adj existence* ländlich; *manières* bäuerlich
II. *m(f)* Landbewohner(in) *m(f)*
campagne [kɑ̃paɲ] *f* ❶ (*opp: ville*) Land *nt;* **à la** ~ auf dem Land[e]; **en pleine** ~ weit draußen auf dem Land[e]; **la** ~ **les tentait** es zog sie aufs Land; **pour trouver la** ~ um aufs Land zu kommen
❷ (*paysage*) ländliche Gegend; **la** ~ **environnante** die ländliche Umgebung
❸ (*opp: bocage*) **en rase** ~ auf freiem Feld
❹ MIL Feldzug *m;* **la** ~ **de Russie** HIST der Russlandfeldzug; **entrer en** ~ ins Feld ziehen
❺ (*action de communication*) Kampagne *f;* ~ **commerciale** Verkaufsaktion *f;* ~ **déloyale** Schmutzkampagne *f;* ~ **électorale** Wahlkampagne; **en pleine** ~ **électorale** mitten im Wahlkampf; ~ **publicitaire** Werbekampagne, Werbefeldzug *m;* **mener une** ~ **pour/contre qc** eine Kampagne [*o* einen Feldzug] für/gegen etw führen; **entrer** [*o* **se mettre**] **en** ~ seinen Wahlkampf starten; **faire** ~ **pour qn** Wahlwerbung für jdn machen [*o* betreiben]
▶ **battre la** ~ das Land durchstreifen; (*divaguer*) irrereden; (*rêver*) träumen
◆ ~ **de diffamation** Verleumdungskampagne *f;* ~ **de presse** Pressekampagne *f*
campanile [kɑ̃panil] *m* Kampanile *m*
campanule [kɑ̃panyl] *f* Glockenblume *f*
campé(e) [kɑ̃pe] *adj* breitbeinig dastehend
campement [kɑ̃pmɑ̃] *m* Lager *nt;* (*lieu*) Lagerplatz *m;* ~ **de nomades** Nomadenlager; **établir un** ~ ein Lager aufschlagen
camper [kɑ̃pe] <1> **I.** *vi* ❶ campen, zelten
❷ (*être installé provisoirement*) vorübergehend sein Lager aufschlagen, kampieren (*fam*)
II. *vt* (*décrire*) beschreiben; (*jouer*) spielen
III. *vpr* **se** ~ **devant qn/qc** sich vor jdm/etw aufstellen
campeur, -euse [kɑ̃pœʀ, -øz] *m, f* Camper *m*
camphre [kɑ̃fʀ] *m* Kampfer *m*
camphré(e) [kɑ̃fʀe] *adj* kampferhaltig; **alcool** ~ Kampferspiritus *m*
camphrier [kɑ̃fʀije] *m* BOT Kampferbaum *m*
camping [kɑ̃piŋ] *m* ❶ Zelten *nt,* Campen *nt;* **faire du** ~ zelten, campen
❷ (*lieu*) [**terrain de**] ~ Zeltplatz *m,* Campingplatz *m*
camping-car [kɑ̃piŋkaʀ] <camping-cars> *m* Wohnmobil *nt,* Campingbus *m* **camping-gaz®** [kɑ̃piŋgɑz] *m inv* Gaskocher *m*
campus [kɑ̃pys] *m* Unigelände *nt* (*fam*), Universitätsgelände, Campus *m*
camus(e) [kamy, yz] *adj péj nez* breit [und kurz]; *face, visage* platt gedrückt
canada [kanada] *f* CAN (*variété de pomme*) *Name einer Renettensorte*
Canada [kanada] *m* **le** ~ Kanada *nt*
canadair® [kanadɛʀ] *m* Löschflugzeug *nt*
canadianisme [kanadjanism] *m* Ausdruck *m* aus dem kanadischen Französisch
canadien(ne) [kanadjɛ̃, jɛn] *adj* kanadisch
Canadien(ne) [kanadjɛ̃, jɛn] *m(f)* Kanadier(in) *m(f)*
canadienne [kanadjɛn] *f* ❶ (*veste*) lammfellgefütterte Jacke (*aus Stoff oder Leder*)
❷ (*tente*) kleines [Zweimann]zelt
❸ (*bateau*) Kanadier *m*
canaille [kanɑj] **I.** *adj air, manière* pöbelhaft, ordinär
II. *f* ❶ (*fripon*) Halunke *m,* Schurke *m*
❷ *hum* (*enfant*) Schlingel *m*
canaillerie [kanɑjʀi] *f* ❶ (*action malhonnête*) Schurkenstreich *m*
❷ (*polissonnerie*) Derbheit *f*
canal [kanal, o] <-aux> *m* ❶ (*cours d'eau, conduite*) Kanal *m;* ~ **maritime/d'irrigation** Schifffahrts-/Bewässerungskanal; ~ **de Panama/Suez** Panama-/Sueskanal
❷ RADIO, TV Kanal *m*
▶ **par le** ~ **de qn/qc** über jdn/etw
◆ ~ **de télévision** CAN Fernsehsender *m*
canalisation [kanalizasjɔ̃] *f* ❶ (*tuyauterie*) Rohrleitung *f;* (*égouts*) Kanalisation *f;* ~ **d'eau/de gaz** Wasser-/Gasleitung *f*
❷ (*aménagement*) *d'un cours d'eau* Kanalisierung *f*
❸ (*contrôle*) *des informations* Kanalisieren *nt; de la circulation* Regulierung *f; de la foule* Lotsen *nt,* Dirigieren *nt*
canaliser [kanalize] <1> *vt* ❶ (*rendre navigable*) kanalisieren
❷ (*contrôler, diriger*) kanalisieren *énergie, information;* dirigieren, lotsen *foule;* regulieren *circulation*
canapé [kanape] *m* ❶ (*meuble*) Sofa *nt,* Couch *f;* ~ **convertible** Bettcouch, Schlafcouch
❷ GASTR Häppchen *nt*
canapé-lit [kanapeli] <canapés-lits> *m* Bettcouch *f,* Schlafcouch
canaque [kanak] *adj* der Kanaken
Canaque [kanak] *mf* Kanake *m*/Kanakin *f*
canard [kanaʀ] *m* ❶ ZOOL Ente *f;* (*opp: cane*) Erpel *m,* Enterich *m;* ~ **sauvage** Wildente
❷ GASTR Ente[nfleisch *nt*] *f*
❸ *fam* (*journal*) Blatt *nt; péj* Käseblatt
❹ MUS falsche Note; **faire un** ~ falsch [*o* eine falsche Note] spielen
▶ ~ **boîteux** *fam* (*personne*) lahme Ente; (*entreprise*) marodes Unternehmen; **mon petit** ~ mein Spatz
canarder [kanaʀde] <1> *vt fam* unter Beschuss nehmen; **ça canardait de tous les côtés** es ballerte von allen Seiten (*fam*)
canari [kanaʀi] **I.** *adj inv* **jaune** ~ gelbgrün
II. *m* Kanarienvogel *m*
Canaries [kanaʀi] *fpl* **les** [**îles**] ~ die Kanaren, die kanarischen Inseln
canasson [kanasɔ̃] *m péj* Gaul *m* (*pej*), Klepper *m* (*pej*)
canasta [kanasta] *f* JEUX Canasta *nt*
cancan [kɑ̃kɑ̃] *m* ❶ *pl* (*racontars*) Klatsch *m kein Pl,* Tratsch *m kein Pl*
❷ (*danse*) **french** ~ French-Cancan *m*
cancaner [kɑ̃kane] <1> *vi* klatschen (*fam*), tratschen (*fam*)
cancanier, -ière [kɑ̃kanje, -jɛʀ] **I.** *adj* klatschhaft
II. *m, f* Klatschbase *f* (*fam*)
cancer [kɑ̃sɛʀ] *m* ❶ MED Krebs *m;* ~ **généralisé** Krebs, der Metastasen gebildet hat; **avoir le** ~ Krebs haben; **avoir un** ~ **du sang/du sein/de la gorge/du poumon** Blut-/Brust-/Kehlkopf-/Lungenkrebs haben
❷ (*ce qui ronge*) Übel *nt*

Cancer [kɑ̃sɛʀ] *m* ASTROL Krebs *m;* **être [du signe du] ~** [ein] Krebs sein, im Zeichen des Krebses geboren sein

cancéreux, -euse [kɑ̃seʀø, -øz] **I.** *adj* **tumeur cancéreuse** Krebsgeschwulst *f*
II. *m, f* Krebskranke(r) *f(m)*

cancérigène [kɑ̃seʀiʒɛn] *adj* Krebs erregend, kanzerogen (*Fachspr.*)

cancérisation [kɑ̃seʀizasjɔ̃] *f* MED Bildung *f* eines Krebstumors (*aus einem gutartigen Tumor*)

cancérogène [kɑ̃seʀɔʒɛn] *adj v.* **cancérigène**

cancérologie [kɑ̃seʀɔlɔʒi] *f* Krebsforschung *f*

cancérologue [kɑ̃seʀɔlɔg] *mf* Krebsspezialist(in) *m(f)*

cancre [kɑ̃kʀ] *m fam* fauler Schüler/faule Schülerin

cancrelat [kɑ̃kʀəla] *m* Kakerlak *m,* Küchenschabe *f*

candélabre [kɑ̃delɑbʀ] *m* [mehrarmiger] Kerzenständer, Kandelaber *m*

candeur [kɑ̃dœʀ] *f* ❶ (*ingénuité*) Arglosigkeit *f,* Unverdorbenheit *f*
❷ *péj* (*crédulité*) Naivität *f,* Gutgläubigkeit *f*

candi [kɑ̃di] *adj v.* **sucre**

candidat(e) [kɑ̃dida, at] *m(f)* ❶ (*à un examen*) Kandidat(in) *m(f);* (*au baccalauréat*) Abiturient(in) *m(f)*
❷ (*aux élections*) Kandidat(in) *m(f);* **~ à la députation** Kandidat bei der Parlamentswahl; **se porter** [*o* **être**] **~(e) à des élections** bei einer Wahl kandidieren
❸ (*à un poste*) Bewerber(in) *m(f);* **se porter** [*o* **être**] **~(e) à un poste** sich um eine Stelle bewerben
❹ (*à un jeu*) Kandidat(in) *m(f)*

candidature [kɑ̃didatyʀ] *f* ❶ (*aux élections*) Kandidatur *f;* **annoncer sa ~ aux prochaines élections** seine Kandidatur für die kommenden Wahlen anmelden; **poser sa ~ aux élections** bei den Wahlen kandidieren
❷ (*à un poste*) Bewerbung *f;* **~ spontanée** Blindbewerbung; **poser sa ~ à un poste** sich um eine Stelle bewerben
❸ (*à un jeu*) Bewerbung *f*

candide [kɑ̃did] *adj* ❶ (*ingénu*) arglos, unverdorben; *question, regard* unschuldig
❷ *péj* (*crédule*) naiv, gutgläubig

cane [kan] *f* Ente *f;* (*opp: mâle*) Entenweibchen *nt*

caner [kane] <1> *vi* ❶ + *avoir fam* (*flancher*) schlapp machen (*fam*); (*psychiquement*) kneifen (*fam*)
❷ + *être pop* (*mourir*) verrecken (*vulg*), krepieren (*fam*)

caneton [kantɔ̃] *m* Entenküken *nt*

canette [kanɛt] *f* ❶ (*bouteille*) kleine Flasche
❷ (*bobine*) Spule *f,* Rolle *f*

canevas [kanvɑ] *m* ❶ COUT (*toile*) Kanevas *m,* Stramin *m;* (*ouvrage*) Stickerei *f,* gesticktes Bild
❷ (*plan, scénario*) Grundgerüst *nt,* [grober] Rahmen

caniche [kaniʃ] *m* Pudel *m*
▶ **suivre qn comme un ~** jdm nachlaufen wie ein Hund

caniculaire [kanikylɛʀ] *adj* brütend heiß; *chaleur* unerträglich

canicule [kanikyl] *f* (*période*) Hundstage *Pl;* (*chaleur*) Hitze *f;* **c'est la ~ ici!** hier ist es unerträglich heiß!

canidés [kanide] *mpl* ZOOL Familie *f* der Hunde, Canidae *Pl* (*Fachspr.*)

canif [kanif] *m* Taschenmesser *nt,* Feitel *m* (A)

canin(e) [kanɛ̃, in] *adj* **races ~es** Hunderassen *Pl*

canine [kanin] *f* Eckzahn *m*

caniveau [kanivo] <x> *m* Rinnstein *m*

cannabis [kanabis] *m* Cannabis *m*

cannage [kanaʒ] *m* ❶ (*action*) Flechten *nt* [eines Stuhls]
❷ (*objet*) Flechtwerk *nt* [bei einem Stuhl]

canne [kan] *f* (*bâton*) [Spazier]stock *m;* **marcher avec une ~** am Stock gehen
◆ **~ à pêche** Angelrute *f;* **~ à sucre** Zuckerrohr *nt*

canné(e) [kane] *adj* [rohr]geflochten; **siège ~** Rohrstuhl *m*

cannelé(e) [kanle] *adj* kanneliert

cannelier [kanəlje] *m* BOT Zimtbaum *m*

cannelle [kanɛl] *f* Zimt *m*

cannelloni[s] [kanelɔni] *mpl* Cannelloni *Pl*

cannelure [kanlyʀ] *f* ❶ *d'une colonne, d'un meuble* Kannelur *f,* Kannelüre *f*
❷ BOT Riefe *f;* **les ~s** die Riefelung

canner[1] [kane] <1> *vt* mit einem Rohrgeflecht versehen *siège*

canner[2] [kane] <1> *vt* CAN *fam* (*mettre en boîtes de conserve*) eindosen

cannibale [kanibal] **I.** *adj* ❶ (*anthropophage*) kannibalisch; **tribu ~** Kannibalenstamm *m*
❷ BELG **toast ~** (*steak tartare*) *Tartarsteak auf geröstetem Toastbroat*
II. *mf* Kannibale *m/*Kannibalin *f*

cannibalisme [kanibalism] *m* Kannibalismus *m*

canoë [kanɔe] *m* ❶ (*embarcation*) Kanu *nt*
❷ (*sport*) Kanufahren *nt,* Kanusport *m*

canoéiste [kanɔeist] *m, f* Kanufahrer(in) *m(f)*

canoë-kayak [kanɔekajak] <canoës-kayaks> *m* Kajak *m o nt;* **faire du ~** Kajak fahren

canon [kanɔ̃] **I.** *adj inv fam* (*mignon*) super (*fam*)
II. *m* ❶ (*arme*) Kanone *f;* **~ antiaérien/antichar** Flugabwehr-/Panzerabwehrkanone, Flak *f/*Pak *f*
❷ (*tube*) *d'un fusil* Lauf *m;* **à deux ~s** *fusil* doppelläufig
❸ *soutenu* (*norme*) Kanon *m kein Pl* (*geh*)
❹ MUS Kanon *m;* **chanter une chanson en ~** ein Lied im Kanon singen
◆ **~ à eau** Wasserwerfer *m;* **~ à neige** Schneekanone *f*

canonique [kanɔnik] *adj* kanonisch

canonisation [kanɔnizasjɔ̃] *f* Heiligsprechung *f,* Kanonisierung *f*

canoniser [kanɔnize] <1> *vt* heilig sprechen, kanonisieren

canonnade [kanɔnad] *f* Kanonenfeuer *nt;* (*bruit*) Kanonendonner *m*

canot [kano] *m* ❶ (*embarcation légère*) Boot *nt;* **~ pneumatique/à moteur/de sauvetage** Schlauch-/Motor-/Rettungsboot
❷ SPORT CAN Kanu *nt*

canotage [kanɔtaʒ] *m* Bootfahren *nt;* **faire du ~** Boot fahren

canoter [kanɔte] <1> *vi* Boot fahren; CAN Kanusport betreiben, Kanu fahren

canotier [kanɔtje] *m* ❶ (*chapeau*) [flacher] Strohhut
❷ (*rameur*) Ruderer *m*

cantal [kantal] <s> *m* Cantal *m* (*Schnittkäse aus Vollmilch*)

cantate [kɑ̃tat] *f* Kantate *f*

cantatrice [kɑ̃tatʀis] *f* [Opern]sängerin *f*

cantilène [kɑ̃tilɛn] *f* ❶ MUS Kantilene *f*
❷ LITTER Klagelied *nt*

cantine [kɑ̃tin] *f* Kantine *f*

cantinière [kɑ̃tinjɛʀ] *f* HIST Marketenderin *f*

cantique [kɑ̃tik] *m* ❶ (*chant religieux*) [Kirchen]lied *nt*
❷ (*chant d'action de grâce*) Loblied *nt*

canton [kɑ̃tɔ̃] *m* (*en France*) ≈ Landkreis *m,* ≈ Stadtkreis *m;* (*en Suisse*) Kanton *m*

cantonade [kɑ̃tɔnad] *f* **crier qc à la ~** etw in den Raum rufen; (*dehors*) etw in die Menge rufen

cantonal(e) [kɑ̃tɔnal, o] <-aux> **I.** *adj* ❶ (*en France*) **élections ~es** ≈ Kreiswahlen *Pl*
❷ (*en Suisse*) kantonal; **autorités ~es** Kantonsbehörden *Pl*
II. *fpl* ≈ Kreiswahlen *Pl*

cantonnement [kɑ̃tɔnmɑ̃] *m* ❶ (*action*) Einquartierung *f*
❷ (*campement*) Quartier *nt*

cantonner [kɑ̃tɔne] <1> **I.** *vt* ❶ MIL einquartieren
❷ (*reléguer*) **~ qn dans qc** jdn auf etw (*Akk*) beschränken
II. *vi* **~ dans une ferme** auf einem Hof Quartier beziehen
III. *vpr* ❶ (*s'isoler*) **se ~ chez soi** sich zu Hause verkriechen (*fam*); **se ~ dans le silence** sich in Schweigen hüllen
❷ (*se limiter*) **se ~ dans qc** sich auf etw (*Akk*) beschränken

cantonnier [kɑ̃tɔnje] *m* Straßenarbeiter *m;* CHEMDFER Streckenarbeiter *m*

cantor [kɑ̃tɔʀ] *m* Kantor *m*

canular [kanylaʀ] *m fam* Scherz *m;* (*dans un journal*) [Zeitungs]ente *f*

canule [kanyl] *f* Kanüle *f,* Hohlnadel *f*

canut [kany] *m Arbeiter in den Seidenmanufakturen von Lyon*

cañon [kaɲɔn], **canyon** [kanjɔn] *m* Cañon *m*

C.A.O. [seao] *abr de* **conception assistée par ordinateur** CAD *nt*

caoua [kawa] *m fam* Käffchen *nt* (*fam*)

caoutchouc [kautʃu] *m* ❶ (*matière*) Gummi *m o nt,* Kautschuk *m;* ~ **naturel/synthétique** natürlicher/synthetischer Kautschuk; ~ **mousse** Schaumgummi *m*
❷ (*élastique*) Gummi[ring *m*] *m*
❸ (*plante*) Gummibaum *m*

caoutchouter [kautʃute] <1> *vt* kautschutieren, mit Kautschuk überziehen

caoutchouteux, -euse [kautʃutø, -øz] *adj* gummiartig, kautschukartig

cap [kap] *m* ❶ (*pointe de terre*) Kap *nt;* ~ **de Bonne-Espérance** Kap der Guten Hoffnung; **doubler un** ~ ein Kap umschiffen
❷ (*direction*) Kurs *m;* **mettre le** ~ **au large** in See stechen; **maintenir le** ~ den Kurs halten; **mettre le** ~ **sur qc** Kurs auf etw (*Akk*) nehmen, etw ansteuern
► <u>**changer**</u> **de** ~ den Kurs ändern; **[dé]passer** [*o* <u>**franchir**</u>] **le** ~ **des trente ans/des 1000 km** das Alter von dreißig Jahren/die Grenze von 1000 km überschreiten

C.A.P. [seape] *m abr de* **certificat d'aptitude professionnelle** *Zeugnis für eine abgeschlossene Berufsausbildung* (*z.B. Gesellenbrief*)

i Land & Leute

Das *Certificat d'aptitude professionnelle* (**C.A.P.**) ist das Abschlusszeugnis über die berufliche Qualifikation. Nach einer erfolgreichen Lehre und einem Abschluss an einem *lycée professionnel,* einer Berufsschule, erhält man sein C.A.P.

capable [kapabl] *adj* ❶ (*compétent*) fähig
❷ (*susceptible*) **être** ~ **de générosité** großzügig sein können; **être** ~ **de tout** zu allem fähig sein; **être** ~ **de faire qc** *personne:* fähig sein, etw zu tun; *chose:* etw tun können

capacité [kapasite] *f* ❶ (*contenance*) Inhalt *m,* Fassungsvermögen *nt*
❷ INFORM, ELEC Kapazität *f;* ~ **d'une/de mémoire** Speicherkapazität
❸ (*faculté*) Fähigkeit *f;* ~ **d'analyse** analytische Begabung; ~ **de concentration** Konzentrationsfähigkeit, Konzentrationsvermögen *nt;* ~**s intellectuelles/professionnelles** geistige/berufliche Fähigkeiten; **avoir la** ~ **de faire qc** die Fähigkeit haben, etw zu tun; **avoir des** ~**s en qc** für etw begabt sein; **posséder une grande** ~ **de travail** sehr leistungsfähig sein; **la** ~ **des hommes à s'adapter** die Anpassungsfähigkeit der Menschen
❹ JUR Fähigkeit *f*
❺ ECON Kapazität *f*
◆ ~ **d'accueil** *d'un hôtel* Aufnahmekapazität *f; d'une unité de formation* Ausbildungskapazität; ~ **en droit** *Abschlusszeugnis eines vereinfachten Jurastudiums für Nichtabiturienten*

cape [kap] *f* (*vêtement*) Umhang *m,* Cape *nt*
► <u>**rire**</u> **sous** ~ sich (*Dat*) [eins] ins Fäustchen lachen

capeline [kaplin] *f Damenhut mit breiter Krempe*

C.A.P.E.S. [kapɛs] *m abr de* **certificat d'aptitude au professorat de l'enseignement secondaire** ≈ *Staatsexamen für das Lehramt an höheren Schulen*

i Land & Leute

Das **C.A.P.E.S.** ist eine Staatsprüfung. Lehrer mit einem **C.A.P.E.S.** können an Sekundarschulen (*collèges*) unterrichten. Sie werden verbeamtet und haben eine Lehrverpflichtung von 18 Wochenstunden. Der Prüfung folgt eine einjährige Referendariatszeit.

capésien(ne) [kapesjɛ̃, jɛn] *m(f)* ❶ (*étudiant*) *Student, der/Studentin, die sich auf das C.A.P.E.S. vorbereitet*
❷ (*professeur*) *Lehrer(in) mit C.A.P.E.S.*

capétien(ne) [kapesjɛ̃, jɛn] *adj* der Kapetinger

Capétien(ne) [kapesjɛ̃, jɛn] *m(f)* Kapetinger(in) *m(f)*

capharnaüm [kafaʀnaɔm] *m fam* (*lieu*) Rumpelkammer *f* (*fam*); (*désordre*) [heilloses] Durcheinander

capillaire [kapilɛʀ] **I.** *adj* ❶ (*concernant les cheveux*) **lotion** ~ Haarwasser *nt*
❷ ANAT **vaisseau** ~ Haargefäß *nt,* Kapillargefäß
II. *m* Haargefäß *nt,* Kapillargefäß

capillarité [kapilaʀite] *f* PHYS Kapillarität *f*

capilotade [kapilɔtad] *m fam* ► **avoir le** <u>**dos**</u> **en** ~ kreuzlahm sein (*fam*); <u>**être**</u> **en** ~ gerädert sein (*fam*)

capitaine [kapitɛn] *m* ❶ MIL Hauptmann *m;* **"mon** ~**"** „Herr Hauptmann"; ~ **de gendarmerie** Hauptmann der Gendarmerie
❷ NAUT, AVIAT, SPORT Kapitän *m;* ~ **au long cours** Kapitän auf großer Fahrt; ~ **de port** Hafenmeister *m*
◆ ~ **d'industrie** Industriekapitän *m;* ~ **des pompiers** Brandmeister *m*

capitainerie [kapitɛnʀi] *f* NAUT Büro *nt* des Hafenkapitäns

capital [kapital, o] <-aux> *m* ❶ Kapital *nt;* **capitaux propres** Eigenkapital; ~ **social** Gesellschaftskapital; *d'une S.A.R.L.* Stammkapital; *d'une S.A.* Grundkapital; **société anonyme au** ~ **de dix millions** Aktiengesellschaft mit zehn Millionen Grundkapital
❷ *pl* FIN [Geld]mittel *Pl,* Gelder *Pl;* **capitaux extérieurs** fremde Gelder
❸ (*possédants*) Kapital *nt;* **grand** ~ Großkapital
❹ (*richesse, fonds*) ~ **artistique** Kunstschatz *m;* ~ **intellectuel** geistiges Kapital; ~ **génétique** Erbgut *nt*
◆ ~ **de confiance** Vertrauensvorschuss *m;* ~ **décès** Sterbegeld *nt,* finanzielle Betriebsmittel; ~ **de lancement** Startkapital *nt,* Anfangskapital

capital(e) [kapital, o] <-aux> *adj* wesentlich; **œuvre** ~**e** Hauptwerk *nt;* **vérité** ~**e** Grundwahrheit *f;* **attacher une importance** ~**e à qc** etw für überaus wichtig halten

capitale [kapital] *f* ❶ (*ville*) Hauptstadt *f;* ~ **administrative/économique** politische/wirtschaftliche Hauptstadt; ~ **régionale** ≈ Landeshauptstadt; ~ **de la mode** Modezentrum *nt*
❷ (*lettre*) Großbuchstabe *m;* **en** ~**s d'imprimerie** in großen Druckbuchstaben

capitalisable [kapitalizabl] *adj* ECON, FIN *intérêts* in Kapital umwandelbar, kapitalisierbar

capitaliser [kapitalize] <1> **I.** *vt* (*accumuler*) anhäufen
II. *vi* sparen

capitalisme [kapitalism] *m* Kapitalismus *m*

capitaliste [kapitalist] **I.** *adj* kapitalistisch
II. *mf* Kapitalist(in) *m(f);* **gros** ~ Großkapitalist

capital-risque [kapitalʀisk] *m* ECON Risikokapital *nt;* **société de** ~ Risikokapitalgesellschaft *f*

capiteux, -euse [kapitø, -øz] *adj parfum, vin* berauschend; *beauté, femme, regard* betörend (*geh*)

Capitole [kapitɔl] *m* HIST **le** ~ das Kapitol

capitonnage [kapitɔnaʒ] *m* ❶ (*action*) Polstern *nt*
❷ (*résultat*) Polsterung *f*

capitonner [kapitɔne] <1> *vt* polstern; **être capitonné(e)** gepolstert sein; **porte capitonnée** Polstertür *f;* **fauteuil capi-**

tonné Polstersessel *m;* **capitonné(e) de plumes** *nid* mit Federn ausgepolstert

capitulaire [kapitylɛʀ] *adj* ❶ REL Kapitel-; **salle** ~ Kapitelsaal *m*
❷ TYP **lettre** ~ Initiale *f*

capitulation [kapitylasjɔ̃] *f* Kapitulation *f; fig* Nachgeben *nt*

capitule [kapityl] *m* BOT Blütenköpfchen *nt*

capituler [kapityle] <1> *vi* ~ **devant qn/qc** vor jdm/etw kapitulieren

caporal [kapɔʀal, o] <-aux> *m* Obergefreite(r) *m*

caporal-chef [kapɔʀalʃɛf] <caporaux-chefs> *m* Hauptgefreite(r) *m*

capot [kapo] *m d'une voiture* Motorhaube *f*

capotage [kapɔtaʒ] *m* ❶ Überschlagen *nt;* **si tu ne freines pas à temps, c'est le ~ assuré** wenn du nicht rechtzeitig bremst, überschlägst du dich ganz sicher
❷ *fig fam* Scheitern *nt*

capote [kapɔt] *f* ❶ *d'une voiture* Verdeck *nt*
❷ (*manteau*) Kapuzenmantel *m*
❸ *fam* (*préservatif*) ~ [**anglaise**] Pariser *m* (*fam*)

capoter [kapɔte] <1> *vi fam* ❶ (*se retourner*) *auto, avion:* sich überschlagen
❷ (*échouer*) *projet, entreprise:* scheitern; **faire ~ qc** etw zum Scheitern bringen, etw kippen (*fam*); **faire ~ un projet de loi** ein Gesetzesvorhaben kippen (*fam*)

cappuccino [kaputʃino] *m* Cappuccino *m*

câpre [kɑpʀ] *f* Kaper *f*

caprice [kapʀis] *m* ❶ (*fantaisie*) Laune *f;* **faire qc au gré de son ~** etw je nach Lust und Laune tun; **avoir** [*o* **faire**] **des ~s** launisch sein; **faire un ~** (*se mettre en colère*) einen Wutanfall haben; (*avoir une envie*) einer Laune nachgeben; **passer à qn tous ses ~s** jdm alles durchgehen lassen
❷ (*amourette*) Liebschaft *f*
❸ *pl* (*changement*) Launen *Pl; de la lumière, du vent* [launenhaftes] Spiel
❹ (*exigence d'un enfant*) Quengelei *f;* **arrête tes ~s!** hör auf zu quengeln!

capricieux, -euse [kapʀisjø, -jøz] *adj* ❶ (*instable*) *personne* launisch
❷ (*changeant*) *chose* unzuverlässig; *humeur* wechselhaft; *mode, temps* unbeständig; *itinéraire, rivière* gewunden; *tracé* willkürlich

Capricorne [kapʀikɔʀn] *m* ASTROL Steinbock *m;* **être** [**du signe du**] ~ [ein] Steinbock sein, im Zeichen des Steinbocks geboren sein

câprier [kɑpʀije] *m* BOT Kapernstrauch *m*

caprin(e) [kapʀɛ̃, in] *adj race, espèce* Ziegen-

capsule [kapsyl] *f* ❶ *d'une bouteille* Kron[en]korken *m*
❷ (*enveloppe*) *d'un médicament* Kapsel *f*
❸ ESPACE ~ **spatiale** Raumkapsel *f*
❹ (*amorce*) Zündhütchen *nt*

capsuler [kapsyle] <1> *vt* verkapseln *bouteille*

captage [kaptaʒ] *m d'une source* (*action*) Fassen *nt;* (*résultat*) Fassung *f; d'une émission* Empfang *m*

captation [kaptasjɔ̃] *f* JUR Erschleichen *nt;* ~ **d'héritage** Erbschleicherei *f*

capter [kapte] <1> *vt* ❶ (*canaliser*) fassen *source;* einfangen *énergie;* abnehmen *électricité*
❷ (*recevoir*) empfangen *émission;* mitbekommen (*fam*) *message*
❸ (*chercher à obtenir*) gewinnen; ~ **l'attention de qn** jdn fesseln

capteur [kaptœʀ] *m* Sensor *m;* ~ **solaire** Sonnenkollektor *m,* Solarkollektor *m*

captieux, -euse [kapsjø, -øz] *adj littér* trügerisch; *raisonnement, discours, argument* fadenscheinig, Schein-

captif, -ive [kaptif, -iv] **I.** *adj personne, animal* gefangen [gehalten]
II. *m, f* Gefangene(r) *f(m)*

captivant(e) [kaptivɑ̃, ɑ̃t] *adj* fesselnd

captiver [kaptive] <1> *vt* (*fasciner*) fesseln; *charme, beauté, personne:* bezaubern

captivité [kaptivite] *f* Gefangenschaft *f;* **en ~** *vivre* in Gefangenschaft; **être tenu(e) en ~** *personne:* gefangen gehalten werden; *animal:* in Gefangenschaft gehalten werden

capture [kaptyʀ] *f* ❶ (*action*) *d'un animal* [Ein]fangen *nt; d'un criminel* Festnahme *f,* Verhaftung *f; d'un navire* Kapern *nt,* Aufbringung *f*
❷ (*proie*) Fang *m*

capturer [kaptyʀe] <1> *vt* fassen *personne;* einfangen *animal;* kapern, aufbringen *navire*

capuche [kapyʃ] *f* Kapuze *f*

capuchon [kapyʃɔ̃] *m* ❶ (*capuche*) Kapuze *f*
❷ (*bouchon*) *d'un stylo, tube* [Verschluss]kappe *f*
❸ (*pèlerine*) Kapuzenmantel *m*

capucin [kapysɛ̃] *m* ❶ (*religieux*) Kapuziner[mönch] *m*
❷ (*singe*) Kapuziner[affe] *m*

capucine [kapysin] *f* ❶ (*religieuse*) Kapuzinernonne *f,* Kapuzinerin *f*
❷ BOT Kapuzinerkresse *f*

caque [kak] *f* Heringsfass *nt*
► **la ~ sent toujours le hareng** *prov* man kann seine eigene Herkunft nicht verbergen

caquelon [kaklɔ̃] *m* Fonduetopf *m*

caquet [kakɛ] *m* (*bavardage*) Geschwätz *nt*
► **rabattre** [*o* **rabaisser**] **le ~ à qn** *fam* jdm den Mund stopfen (*fam*)

caquetage [kaktaʒ] *m d'une poule* Gackern *nt; d'une personne* Geschwätz *nt,* Geplapper *nt*

caqueter [kakte] <3> *vi poule:* gackern; *personne:* schwatzen

car[1] [kaʀ] *m* Bus *m;* ~ **de ramassage scolaire** Schulbus; ~ **de police** Mannschaftswagen *m;* ~ **de reportage** Fernseh-Übertragungswagen *m*

car[2] [kaʀ] *conj* denn; **il n'a pas pu venir ~ il était malade** er konnte nicht kommen, denn er war krank

carabe [kaʀab] *m* ZOOL Laufkäfer *m;* ~ **doré** Goldlaufkäfer *m,* Feuerstehler *m*

carabine [kaʀabin] *f* Karabiner *m;* ~ **à air comprimé** Luftgewehr *nt*

carabiné(e) [kaʀabine] *adj fam grippe, migraine* gewaltig (*fam*); *amende, engueulade* gesalzen (*fam*)

carabinier [kaʀabinje] *m* (*en Italie*) Karabiniere *m;* (*en Espagne*) Zollbeamter *m*

caraco [kaʀako] *m* (*sous-vêtement*) Unterhemd *nt* mit Spitzen

caracoler [kaʀakɔle] <1> *vi* ❶ *cheval:* tänzeln; *cavalier:* sein Pferd tänzeln lassen
❷ (*s'agiter*) *enfants:* herumtollen
❸ (*être largement en tête*) ~ **en tête de la course** weit vorn liegen

caractère [kaʀaktɛʀ] *m* ❶ (*tempérament*) Charakter *m,* Wesen *nt;* **avoir** [**un**] **bon/mauvais ~** einen guten/schlechten Charakter haben; **avoir un ~ de cochon** *fam* (*avoir mauvais caractère*) unausstehlich sein; (*être entêté*) einen Dickschädel haben (*fam*); **être jeune de ~** ein jugendliches Wesen haben; **avoir un sale ~** *fam* unausstehlich sein; **ce n'est pas dans son ~ de faire qc** es ist nicht seine/ihre Art, etw zu tun
❷ (*fermeté*) Charakterstärke *f,* Charakter *m;* **de ~** *homme, femme* mit Charakter, charakterstark; **avoir du ~/n'avoir aucun ~** [seinen eigenen] Charakter/keinerlei Charakter haben
❸ (*personne*) [starke] Persönlichkeit
❹ LITTER (*type*) Charakter *m*
❺ (*caractéristique, nature*) Charakter *m,* Eigenheit *f;* ~ **officiel/privé** offizieller/privater Charakter; **avoir un ~ confidentiel** vertraulichen Charakter haben; **avoir** [*o* **présenter**] **tous les ~s de qc** alle Merkmale einer S. (*Gen*) aufweisen; *maladie:* alle Anzeichen [*o* Symptome] einer S. (*Gen*) aufweisen
❻ (*cachet*) **donner du ~ à qc** einer S. (*Dat*) eine besondere

Note geben; **sans** ~ ohne [eigenen] Charakter, farblos
❼ (*lettre, signe*) [Schrift]zeichen *nt*
❽ TYP (*type*) [Druck]type *f*, Druckbuchstabe *m*; ~**s d'imprimerie** Druckschrift *f*; ~**s chinois/cyrilliques/latins** chinesische/kyrillische/lateinische Schrift; **écrire en gros/petits** ~**s** mit großer/kleiner Schrift schreiben
❾ TYP, INFORM Zeichen *nt*; **taille des** ~**s** Schriftgröße *f*; **en** ~**s gras/italiques** fett/kursiv

caractériel(le) [kaʀakteʀjɛl] **I.** *adj personne* verhaltensgestört; **trait** ~ Charakterzug *m*; **des troubles** ~**s** Verhaltensstörungen *Pl*
II. *m(f)* Verhaltensgestörte(r) *f(m)*

caractérisation [kaʀakteʀizasjɔ̃] *f* (*fait de caractériser*) Charakterisierung *f*; (*manière dont une chose est caractérisée*) Charakteristik *f*

caractérisé(e) [kaʀakteʀize] *adj insolence, mensonge, erreur* eindeutig; *maladie* ausgeprägt; **la maladie n'était pas nettement** ~**e** die Symptome der Krankheit waren nicht sehr ausgeprägt

caractériser [kaʀakteʀize] <1> **I.** *vt* ❶ (*être typique de*) kennzeichnen; **avec la franchise qui le caractérise** mit der für ihn charakteristischen Offenheit; **la grippe est caractérisée par une forte fièvre** bei Grippe ist hohes Fieber symptomatisch
❷ (*définir*) charakterisieren, beschreiben *personnage, œuvre*
II. *vpr* **se** ~ **par qc** sich durch etw auszeichnen, durch etw gekennzeichnet sein

caractéristique [kaʀakteʀistik] **I.** *adj* charakteristisch; **être** ~ **de qn/qc** charakteristisch für jdn/etw sein
II. *f* typisches Merkmal, Charakteristikum *nt* (*geh*); ~**s techniques** technische Daten *Pl*

caractérologie [kaʀakteʀɔlɔʒi] *f* Charakterologie *f*

carafe [kaʀaf] *f* ❶ (*récipient*) Karaffe *f*
❷ *pop* (*tête*) Birne *f* (*fam*), Rübe *f* (*fam*); **ne rien avoir dans la** ~ nur Stroh im Kopf haben (*fam*)

carafon [kaʀafɔ̃] *m* kleine Karaffe, kleiner Krug

caraïbe [kaʀaib] *adj* karibisch

Caraïbes [kaʀaib] *fpl* **les** ~ die Karibik

carambolage [kaʀɑ̃bɔlaʒ] *m* [Massen]karambolage *f*, Auffahrunfall *m*

caramboler [kaʀɑ̃bɔle] <1> **I.** *vt* ~ **qc** mit etw zusammenstoßen [*o* zusammenprallen]
II. *vpr* **se** ~ zusammenstoßen, aufeinander prallen

carambouillage [kaʀɑ̃bujaʒ] *m* Betrug *m* (*Verkauf einer Ware, die dem Verkäufer nicht gehört*)

caramel [kaʀamɛl] *m* ❶ (*bonbon*) Karamellbonbon *m o nt*; ~ **dur/mou** harte/weiche Karamelle
❷ (*substance*) Karamell *m*; **flan au** ~ ≈ Karamellpudding *m*

caraméliser [kaʀamelize] <1> **I.** *vt* karamellisieren; **être caramélisé(e)** *pomme:* karamellisiert; **sucre caramélisé** Karamellzucker *m*, karamellierter Zucker
II. *vi, vpr* [**se**] ~ karamellieren

carapace [kaʀapas] *f* ❶ *d'un crabe, d'une tortue* Panzer *m*
❷ (*couche*) ~ **de boue** Schlammkruste *f*; ~ **de glace** Eisdecke *f*
❸ (*protection morale*) [Schutz]panzer *m*

carapater [kaʀapate] <1> *vpr fam* **se** ~ verduften (*fam*), abhauen (*fam*)

carat [kaʀa] *m* Karat *nt*; **or** [**à**] **18** ~**s** achtzehnkarätiges Gold

caravane [kaʀavan] *f* ❶ *de nomades* Karawane *f*
❷ (*véhicule*) Wohnwagen *m*
❸ (*groupe*) Kolonne *f*; ~ **publicitaire** Werbetross *m*

caravanier, -ière [kaʀavanje, -jɛʀ] **I.** *adj* **chemin** ~ Karawanenstraße *f*; **tourisme** ~ Wohnwagentourismus *m*, Caravaning *nt*
II. *m, f* (*touriste*) Wohnwagentourist(in) *m(f)*, Caravaner(in) *m(f)*

caravaning [kaʀavaniŋ] *m* ❶ (*tourisme*) Caravaning *nt*, Wohnwagentourismus *m*
❷ (*lieu*) Campingplatz *m* für Wohnwagen

caravansérail [kaʀavɑ̃seʀaj] *m* HIST Karawanserei *f*

caravelle [kaʀavɛl] *f* Karavelle *f*

carbochimie [kaʀboʃimi] *f* Kohlechemie *f*

carbonade [kaʀbɔnad] *f* BELG *Rinderschmorbraten mit Zwiebeln*

carbonate [kaʀbɔnat] *m* Karbonat *nt*; ~ **de sodium** Natriumkarbonat

carbone [kaʀbɔn] *m* ❶ (*substance*) Kohlenstoff *m*
❷ (*papier*) Kohlepapier *nt*, Durchschlagpapier *nt*; (*copie*) Durchschlag *m*

carbonifère [kaʀbɔnifɛʀ] *adj terrain* kohlehaltig

carbonique [kaʀbɔnik] *adj* CHIM Kohlen-; **acide** ~ Kohlensäure *f*

carbonisation [kaʀbɔnizasjɔ̃] *f* ❶ CHIM Karbonisierung *f*
❷ *des bois* Verkohlen *nt*

carbonisé(e) [kaʀbɔnize] *adj* verkohlt; **mourir** ~**(e)** verbrennen

carboniser [kaʀbɔnize] <1> *vt* ❶ (*réduire en charbon*) verkohlen
❷ (*détruire*) verbrennen
❸ (*trop cuire*) verkohlen lassen

carburant [kaʀbyʀɑ̃] *m* Treibstoff *m*, Kraftstoff *m*

carburateur [kaʀbyʀatœʀ] *m* Vergaser *m*

carburation [kaʀbyʀasjɔ̃] *f* Vergasung *f*; **chambre de** ~ Mischkammer *f*, Mischraum *m*

carbure [kaʀbyʀ] *m* ~ **métallique** Karbid *nt*

carburer [kaʀbyʀe] <1> *vi* ❶ (*effectuer la carburation*) *moteur:* vergasen
❷ *fam* (*aller*) **ça carbure** es läuft (*fam*)
❸ *fam* (*travailler*) schuften (*fam*); **ça carbure** es wird geschuftet (*fam*)

carcan [kaʀkɑ̃] *m* ❶ HIST (*collier*) Halseisen *nt*
❷ (*contrainte*) drückende Last, Joch *nt* (*geh*)

carcasse [kaʀkas] *f* ❶ (*squelette d'un animal*) Gerippe *nt*
❷ *fam* (*corps humain*) **ma vieille** ~ meine alten Knochen (*fam*)
❸ (*armature*) *d'un bateau, avion* Gerippe *nt*; *d'un édifice* Skelett *nt*, Gerüst *nt*

carcéral(e) [kaʀseʀal, o] <-aux> *adj* **univers** ~ Gefängniswelt *f*

carcinogène [kaʀsinɔʒɛn] *adj* Krebs erregend

carcinome [kaʀsinom] *m* MED Karzinom *nt*

cardage [kaʀdaʒ] *m* TEXTIL Karden *nt*

cardan [kaʀdɑ̃] *m* Kardanantrieb *m*

carder [kaʀde] <1> *vt* karden, glätten

cardiaque [kaʀdjak] **I.** *adj* **malaise** ~ Herzanfall *m*; **être** ~ herzkrank sein
II. *mf* Herzkranke(r) *f(m)*; **être un grand/une grande** ~ ein schweres Herzleiden haben

cardigan [kaʀdigɑ̃] *m* Strickjacke *f*

cardinal [kaʀdinal, o] <-aux> *m* Kardinal *m*

cardinal(e) [kaʀdinal, o] <-aux> *adj* ❶ MATH **nombre** ~ Kardinalzahl *f*
❷ *littér* (*essentiel*) wesentlich; **autel** ~ Hauptaltar *m*

cardinalice [kaʀdinalis] *adj* Kardinals-

cardiogramme [kaʀdjɔgʀam] *m* Kardiogramm *nt*

cardiologie [kaʀdjɔlɔʒi] *f* Kardiologie *f*

cardiologue [kaʀdjɔlɔg] *mf* Herzspezialist(in) *m(f)*, Kardiologe *m*/Kardiologin *f*

cardiovasculaire [kaʀdjovaskylɛʀ] *adj* Herz und Gefäße betreffend, kardiovaskulär (*Fachspr.*)

cardon [kaʀdɔ̃] *m* BOT Kardone *f*

carême [kaʀɛm] *m* (*jeûne*) Fasten *nt*; (*période*) Fastenzeit *f*; **dimanche de** ~ Fastensonntag *m*; **faire** ~ die Fastenzeit einhalten

carénage [kaʀenaʒ] *m* ❶ NAUT (*action*) Kielholen *nt*
❷ (*lieu*) Dock *nt*
❸ (*carrosserie*) stromlinienförmige Karosserie

carence [karɑ̃s] *f* ❶ MED Mangel *m;* ~ **alimentaire** einseitige Ernährung; ~ **en fer/en protéines** Eisen-/Eiweißmangel
❷ PSYCH ~ **affective** Affektionsmangel
❸ (*impuissance*) *du pouvoir* Versagen *nt*
carène [karɛn] *f* ❶ (*partie de la coque [d'un navire]*) [Schiffs]kiel *m,* [Schiffs]boden *m*
❷ (*carénage*) **mettre un navire en** ~ ein Schiff kielholen
caréner [karene] <5> *vt* kielholen *bateau;* ~ **une voiture** einem Auto Stromlinienform geben; **être très bien caréné(e)** *véhicule:* eine äußerst windschnittige Linienführung haben
caressant(e) [karesɑ̃, ɑ̃t] *adj personne, animal* anschmiegsam; *regard, voix* zärtlich
caresse [karɛs] *f* (*à un animal*) Streicheln *nt;* (*à une personne*) Liebkosung *f* (*geh*); **donner une** ~ **à un enfant** ein Kind streicheln [*o* liebkosen]; **faire des** ~**s à qn/un animal** jdn/ein Tier streicheln
caresser [karese] <1> *vt* ❶ (*donner des caresses*) streicheln *personne, animal;* ~ **qc** zärtlich über etw (*Akk*) streichen
❷ (*effleurer*) ~ **qc** *personne:* mit der Hand über etw (*Akk*) fahren; *vent, eau:* etw sanft berühren
❸ (*nourrir*) hegen, nähren *espoir;* ~ **un projet** mit einem Projekt liebäugeln
car-ferry [karferi] <car-ferrys *o* car-ferries> *m* Autofähre *f*
cargaison [kargɛzɔ̃] *f* ❶ (*chargement*) Ladung *f;* **une** ~ **de viande/de légumes frais** eine Ladung Fleisch/frisches Gemüse; ~ **à expédier/en route** abgehende/unterwegs befindliche Ladung; ~ **flottante/encombrante** schwimmende/sperrige Ladung
❷ *fam* (*grande quantité*) **une** ~ **de fruits** eine Wagenladung Obst (*fam*); **des** ~**s d'histoires drôles** Unmengen von lustigen Geschichten (*fam*)
cargo [kargo] *m* Frachtschiff *nt,* Frachter *m*
cariatide [karjatid] *f* ARCHIT Karyatide *f*
caribou [karibu] *m* ZOOL Karibu *nt o m*
caricatural(e) [karikatyral, o] <-aux> *adj* grotesk, lächerlich; (*exagéré*) karikaturistisch
caricature [karikatyr] *f* Karikatur *f;* **faire la** ~ **de qn/qc** jdn/etw karikieren
caricaturer [karikatyre] <1> *vt* karikieren; verzerrt darstellen *faits, théorie;* verdrehen *propos, pensée*
caricaturiste [karikatyrist] *mf* Karikaturenzeichner(in) *m(f),* Karikaturist(in) *m(f)*
carie [kari] *f* Karies *f;* **avoir une** ~ ein Loch im Zahn haben; **avoir des** ~**s** an Karies leiden
carié(e) [karje] *adj* von Karies befallen; **avoir une dent** ~**e** einen schlechten Zahn haben
carier [karje] <1a> **I.** *vt* ~ **une dent** Karies auf einen Zahn übertragen
II. *vpr* **se** ~ Kariesbefall haben, von Karies befallen sein
carillon [karijɔ̃] *m* ❶ *d'une église* Glockenspiel *nt*
❷ (*sonnerie*) *d'une horloge* Läutwerk *nt; d'une porte d'entrée* Türglocke *f;* ~ **électrique** elektrischer Gong
❸ (*horloge*) Schlaguhr *f*
❹ (*air*) [Glocken]geläute *nt*
carillonner [karijɔne] <1> **I.** *vi* ❶ (*résonner*) *cloche, horloge:* läuten, schlagen
❷ (*sonner*) ~ **[à la porte]** läuten
II. *vt* ~ **toutes les heures/tous les quarts** *horloge:* jede [volle] Stunde/jede Viertelstunde schlagen; **être carillonné(e)** *fête:* eingeläutet werden
carillonneur [karijɔnœr] *m* Glöckner *m*
cariste [karist] *m* Gabelstaplerfahrer(in) *m(f)*
caritatif, -ive [karitatif, -iv] *adj* karitativ
carlin [karlɛ̃] *m* ZOOL Mops *m*
carlingue [karlɛ̃g] *f* AVIAT [Piloten]kanzel *f*
carme [karm] *m* ECCL Karmeliter *m*
carmélite [karmelit] *f* Karmelit[er]in *f*
carmin [karmɛ̃] **I.** *adj inv* karmin[rot], karmesin[rot]
II. *m* ❶ (*colorant*) Karm[es]in *nt*
❷ (*couleur*) Karm[es]inrot *nt*
carnage [karnaʒ] *m* ❶ (*tuerie*) Blutbad *nt,* Gemetzel *nt*
❷ *fam* (*dévastation*) Verwüstung *f*
carnassier [karnasje] *m* Fleischfresser *m*
carnassier, -ière [karnasje, -jɛr] *adj* Fleisch fressend
carnation [karnasjɔ̃] *f* ❶ (*teint*) Teint *m*
❷ ART Inkarnat *nt,* Karnation *f*
carnaval [karnaval] <s> *m* (*fête*) Karneval *m,* Fastnacht *f,* Fasching *m* (SDEUTSCH); **tenue de** ~ Karnevalskostüm *nt;* **le** ~ **de Nice/Venise/Rio** der Karneval von Nizza/Venedig/Rio
carnavalesque [karnavalɛsk] *adj* ❶ (*de carnaval*) **tenue** ~ Karnevalskostüm *nt*
❷ (*grotesque*) närrisch
carne [karn] *f péj fam* ❶ (*viande*) **c'est de la** ~**!** das ist zäh wie Leder! (*fam*)
❷ (*cheval*) Gaul *m,* Klepper *m*
❸ (*personne méchante*) Ekel *nt* (*fam*)
carné(e) [karne] *adj produits* Fleisch-; **régime** ~ Fleischkost *f*
carnet [karnɛ] *m* ❶ (*petit cahier*) Heft *nt*
❷ (*réunion*) ~ **de tickets** Fahrscheinheft *nt;* ~ **de timbres** Briefmarkenheftchen *nt*
◆ ~ **d'adresses** Adressbuch *nt;* ~ **de bord** Fahrtenbuch *nt; d'un avion, bateau* Bordbuch *nt;* ~ **de chèques** Scheckheft *nt;* **les** ~**s de commandes sont pleins/vides** die Auftragslage ist gut/schlecht; ~ **d'épargne** CH Sparbuch *nt,* Sparheft *nt* (CH); ~ **de notes** SCOL Zeugnisheft *nt;* **avoir un bon/mauvais** ~ **[de notes]** ein gutes/schlechtes Zeugnis haben; ~ **de santé** Gesundheitspass *m;* ~ **à souches** Abreißblock *m*
carnier [karnje] *m* kleine Jagdtasche *f*
carnivore [karnivɔr] **I.** *adj* Fleisch fressend; **animal** ~ Fleischfresser *m;* **être** ~ *fam personne:* [ein] Fleischesser sein
II. *m* Fleischfresser *m*
carnotset [karnɔtsɛ] *m* CH Partykeller *m*
carolingien(ne) [karɔlɛ̃ʒjɛ̃, jɛn] *adj* karolingisch
Carolingien(ne) [karɔlɛ̃ʒjɛ̃, jɛn] *m(f)* Karolinger(in) *m(f)*
caroncule [karɔ̃kyl] *f* ANAT Karunkel *f,* Fleischwarze *f*
carotène [karɔtɛn] *m* Karotin *nt,* Carotin *nt*
carotide [karɔtid] *f* Halsschlagader *f*
carotte [karɔt] **I.** *f* ❶ (*plante*) Karotte *f,* Möhre *f;* ~ **rouge** CH (*betterave rouge*) rote Rübe *f,* Rote Bete *f*
❷ (*échantillon*) Bohrprobe *f*
▸ **la** ~ **et le bâton** Zuckerbrot und Peitsche; **politique de la** ~ **et du bâton** Politik *f* mit Zuckerbrot und Peitsche; **les** ~**s sont cuites** *fam* es ist nichts mehr zu machen (*fam*)
II. *adj inv* **avoir les cheveux** ~ fuchsrote Haare haben
carotter [karɔte] <1> *vt fam* klauen (*fam*), mopsen (*fam*) *objet, argent;* ~ **qn de deux euros/de deux jours de vacances** jdn um zwei Euro/zwei Urlaubstage beschummeln
caroube [karub] *f* Johannisbrot *nt*
caroubier [karubje] *f* Johannisbrotbaum *m*
Carpates [karpat] *fpl* **les** ~ die Karpaten *Pl*
carpe [karp] *f* Karpfen *m*
▸ **muet(te) comme une** ~ stumm wie ein Fisch; **bâiller comme une** ~ ununterbrochen gähnen
carpette [karpɛt] *f* ❶ (*tapis*) Läufer *m*
❷ *péj fam* (*personne*) Speichellecker(in) *m(f)*
▸ **s'aplatir comme une** ~ **devant qn** vor jdm katzbuckeln [*o* auf dem Boden kriechen]
carpien(ne) [karpjɛ̃, jɛn] *adj* ANAT **os** ~ Handwurzelknochen *m*
carquois [karkwa] *m* [Pfeil]köcher *m*
carre [kar] *f d'un ski* [Stahl]kante *f*
carré [kare] *m* ❶ MATH, GEOM Quadrat *nt;* **élever un nombre au** ~ eine Zahl ins Quadrat erheben; **quatre/six au** ~ vier/sechs im Quadrat
❷ CARTES **un** ~ **de dix/rois/d'as** vier Zehner/Könige/Asse
❸ (*parcelle*) ~ **de terre** Stück *nt* Land; ~ **de salades** Salatbeet *nt*

④ (*foulard*) ~ **de tissu/de soie** Stück *nt* Stoff/Seide *f*
◆ ~ **d'agneau** Rippenstück *nt* vom Lamm; ~ **de porc** Rippenstück *nt* vom Schwein

carré(e) [kaʀe] *adj* ① (*en forme de quadrilatère*) quadratisch, viereckig
② (*robuste*) *épaules* breit; (*anguleux*) *menton* kantig
③ MATH **mètre/kilomètre** ~ Quadratmeter *m*/-kilometer *m*
④ (*franc*) *personne* direkt; *réponse* klar, eindeutig

carreau [kaʀo] <x> *m* ① (*vitre*) [Fenster]scheibe *f*; **faire les ~x** die Fenster putzen
② (*carrelage*) Fliese *f*, Kachel *f*
③ (*motif sur tissu*) Karo *nt*; (*sur papier*) Kästchen *nt*; **à grands/petits ~x** groß/klein kariert
④ CARTES Karo *nt*; **as de ~** Karoass *nt*
▶ **laisser qn sur le ~** jdn außer Gefecht setzen, jdn zu Boden schlagen; **rester sur le ~** (*dans une bagarre*) am Boden bleiben; *fig* auf der Strecke bleiben; **se tenir à ~** vorsichtig sein
◆ ~ **de mine** Zechenplatz *m*

carrefour [kaʀfuʀ] *m* ① *de routes* Kreuzung *f*
② (*point de rencontre*) Treffpunkt *m*; **Strasbourg, ~ de l'Europe** Straßburg, Drehscheibe *f* Europas; **discipline au ~ de plusieurs sciences** Disziplin an der Schnittstelle zwischen mehreren Wissenschaftszweigen
③ (*situation décisive*) *d'une vie, carrière* Scheideweg *m*
④ (*forum*) Forum *nt*

carrelage [kaʀlaʒ] *m* ① (*action*) Fliesen *nt*
② (*revêtement*) Fliesen *Pl*; **poser un ~** Fliesen [ver]legen

carreler [kaʀle] <3> *vt* fliesen; **être carrelé(e)** *mur, piscine:* gekachelt sein

carrelet [kaʀlɛ] *m* Scholle *f*, Goldbutt *m*

carreleur, -euse [kaʀlœʀ, -øz] *m, f* Fliesenleger(in) *m(f)*

carrément [kaʀemɑ̃] *adv fam* ① (*franchement*) ohne Umschweife, geradeheraus; **tu n'as qu'à répondre ~ que qn a fait qc** du brauchst nur einfach zu sagen, dass jd etw getan hat
② (*sans hésiter*) **y aller ~** drauflosgehen (*fam*)
③ (*fermement*) fest, ordentlich
④ (*directement, tout de suite*) **il lui a ~ tiré dessus** er hat einfach [*o* glatt] auf ihn/sie geschossen (*fam*); **cela nous fait gagner ~ deux heures** dadurch gewinnen wir glatt zwei Stunden (*fam*)
⑤ (*complètement*) *débile* geradezu

carrer [kaʀe] <1> *vpr* **se ~ dans un fauteuil** sich [bequem] in einem Sessel zurechtsetzen

carrier [kaʀje] *m* (*entrepreneur*) Betreiber *m* eines Steinbruchs; (*travailleur*) Arbeiter *m* in einem Steinbruch

carrière[1] [kaʀjɛʀ] *f* Laufbahn *f*; **les ~s de l'électronique/du tourisme** die Berufe im Bereich der Elektronik/des Fremdenverkehrs; **faire ~** Karriere machen; **faire ~ dans la marine/la médecine** eine Laufbahn in der Marine/als Arzt [*o* Ärztin] einschlagen

carrière[2] [kaʀjɛʀ] *f* ~ **de pierres** Steinbruch *m*; ~ **de sable** Sandgrube *f*

carriérisme [kaʀjeʀism] *m péj* Karrierismus *m*

carriériste [kaʀjeʀist] *mf péj* Karrieremacher(in) *m(f)*, Karrierist(in) *m(f)*

carriole [kaʀjɔl] *f* ① (*petite charrette*) Karren *m*
② CAN (*voiture d'hiver hippomobile*) Pferdeschlitten *m*

carrossable [kaʀɔsabl] *adj* befahrbar

carrosse [kaʀɔs] *m* Prunkkutsche *f*, Karosse *f*

carrosser [kaʀɔse] <1> *vt* (*munir d'une carrosserie*) karossieren; (*dessiner*) die Karosserie entwerfen; **une voiture bien carrossée** ein Wagen mit formschöner Karosserie

carrosserie [kaʀɔsʀi] *f* ① *d'une voiture* Karosserie *f*
② (*métier*) Karosseriebau *m*

carrossier [kaʀɔsje] *m* ① (*mécanicien*) Karosseriebauer(in) *m(f)*
② (*dessinateur*) Karosserie-Designer(in) *m(f)*

carrousel [kaʀuzɛl] *m* ① TECH kreisförmiges Förderband; (*pour des bagages*) Gepäckausgabe *f*
② (*circulation intense*) Kreisverkehr *m*
▶ ~ **ministériel** ständiger Ministerwechsel, Ministerkarussell *nt*

carroyage [kaʀwajaʒ] *m* (*pour un dessin*) Kartengitternetz *nt*

carrure [kaʀyʀ] *f* ① (*largeur du dos*) *d'une personne* Schulterbreite *f*; ~ **d'athlète** athletische Schultern *Pl*; **être trop étroit(e)/large de ~** *veste:* an den Schultern zu eng/weit sein
② (*envergure*) Format *nt*

cartable [kaʀtabl] *m* ① Schultasche *f*
② CAN (*classeur à anneaux*) Ringordner *m*

carte [kaʀt] *f* ① GEOG [Land]karte *f*; ~ **de France** Frankreichkarte; ~ **d'état major** Generalstabskarte; ~ **au 25 000**^e^ [*o* **au 1/25 000**] Karte im Maßstab 1:25 000; ~ **administrative** Karte der Verwaltungsgliederung; ~ **politique** politische Karte; ~ **marine/météorologique/routière** See-/Wetter-/Straßenkarte
② JEUX ~ **[à jouer]** Spielkarte *f*; **battre [*o* mélanger] les ~s** die Karten mischen; **couper les ~s** abheben; **jouer une ~** eine Karte ausspielen; **tirer les ~s à qn** jdm die Karten legen
③ POST ~ **postale** [Post]karte *f*; (*avec une photo touristique*) Ansichtskarte; ~ **d'anniversaire/de vœux** Geburtstags-/Neujahrskarte
④ GASTR [Speise]karte *f*; ~ **des vins** Weinkarte
⑤ (*bristol*) ~ **de visite** Visitenkarte *f*
⑥ (*moyen de paiement*) Karte *f*; ~ **à mémoire/à puce** Magnet-/Chipkarte; ~ **bancaire** Kreditkarte; ~ **eurochèque** Eurocheque-Karte
⑦ INFORM Karte *f*; ~ **d'extension mémoire** Speichererweiterungskarte; ~ **enfichable/perforée** Steck-/Lochkarte; ~ **graphique/vidéo** Grafikkarte
⑧ (*document*) ~ **d'abonnement** Zeitkarte *f*, Dauerkarte; ~ **grise** Kraftfahrzeugschein *m*; ~ **jeune** ≈ Junior-Pass *m*; ~ **orange** TRANSP Netzkarte (*für die Pariser Verkehrsmittel*); ~ **verte** grüne Versicherungskarte; ~ **d'adhérent/de membre** Mitgliedskarte, Mitgliedsausweis *m*
▶ **avoir plus d'une ~/toutes les ~s dans son jeu** mehrere Trümpfe/alle Trümpfe in der Hand haben; **jouer ~s sur table** mit offenen Karten spielen; **mettre ~s sur table** seine Karten aufdecken; **avoir ~ blanche** freie Hand haben; **donner [*o* laisser] ~ blanche à qn** jdm freie Hand lassen; **jouer sa dernière ~** seine letzte Karte [*o* seinen letzten Trumpf] ausspielen; **abattre/montrer ses ~s** seine Karten aufdecken; **brouiller les ~s** [bewusst] Verwirrung stiften; **jouer la ~ de qc** auf etw (*Akk*) setzen; **à la ~** GASTR à la carte; *horaire* gleitend; *programme* nach Wunsch
◆ ~ **Inter-rail** Interrail-Pass *m*; ~ **mère** INFORM Hauptplatine *f*, Motherboard *nt* (*Fachspr.*); ~ **réseau** INFORM Netz[werk]karte *f*; ~ **son** INFORM Soundkarte *f*, Soundboard *nt* (*Fachspr.*); ~ **vermeil** ≈ Seniorenpass *m*; ~ **de crédit** Kreditkarte *f*; ~ **d'électeur** Wahlschein *m*; ~ **d'étudiant** Studentenausweis *m*; ~ **de fidélité** Kundenrabattkarte *f*; ~ **[nationale] d'identité** Personalausweis *m*; ~ **de pêche** Angelschein *m*; ~ **de sécurité sociale** Sozialversicherungskarte *f*; ~ **de séjour** Aufenthaltserlaubnis *f*; ~ **de téléphone** Telefonkarte *f*; ~ **de travail** Arbeitsgenehmigung *f*

cartel [kaʀtɛl] *m* JUR Kartell *nt*

carte-lettre [kaʀtəlɛtʀ] <cartes-lettres> *f* Kartenbrief *m*

carter [kaʀtɛʀ] *m* ① (*protection*) *d'une machine* Gehäuse *nt*; *d'un vélo* Kettenschutz *m*
② (*boîtier*) *d'une boîte de vitesse* Gehäuse *nt*; *d'un moteur* Wanne *f*

carte-réponse [kaʀt(ə)ʀepɔ̃s] <cartes-réponses> *f* Antwortkarte *f*

carterie [kaʀtəʀi] *f* Kartengeschäft *nt*

cartésianisme [kaʀtezjanism] *m* PHILOS Kartesianismus *m*

cartésien(ne) [kaʀtezjɛ̃, jɛn] *adj* ① PHILOS kartesisch, kartesia-

nisch
❷ (*rationnel*) *esprit* rational; *personne* verstandesbetont
carte-vue [kaʀtvy] <cartes-vues> *f* BELG (*carte représentant une vue*) Ansichtskarte *f*
cartilage [kaʀtilaʒ] *m* Knorpel *m*; ~ **articulaire** Gelenkknorpel
cartilagineux, -euse [kaʀtilaʒinø, -øz] *adj viande* knorp[e]lig; **poisson/tissu** ~ Knorpelfisch *m*/-gewebe *nt*
cartographe [kaʀtɔgʀaf] *mf* Kartograph(in) *m(f)*, Kartenzeichner(in) *m(f)*
cartographie [kaʀtɔgʀafi] *f* Kartographie *f*
cartographique [kaʀtɔgʀafik] *adj* kartographisch
cartomancien(ne) [kaʀtɔmɑ̃sjɛ̃, jɛn] *m(f)* Kartenleger(in) *m(f)*
carton [kaʀtɔ̃] *m* ❶ (*matière*) Pappe *f*, Karton *m*; **valise en/masque de** ~ Pappkoffer *m*/-maske *f*, Koffer/Maske aus Pappe
❷ (*boîte*) Karton *m*; ~ **pliant** Faltschachtel *f*; ~ **à chapeau** Hutschachtel; ~ **à chaussures** Schuhkarton, Schuhschachtel; **un** ~ **de lait** eine Packung Milch
▶ ~ **jaune/rouge** gelbe/rote Karte; **faire un** ~ [am Schießstand] schießen; (*avoir du succès*) *chanteur:* einen Bombenerfolg haben; *équipe de foot:* haushoch gewinnen; **faire un** ~ **sur qc/qn** *fam* auf etw/jdn schießen; **rester dans les** ~**s** in der Schublade bleiben; **taper le** ~ *fam* Karten spielen
◆ ~ **à dessin** Zeichenmappe *f*
cartonnage [kaʀtɔnaʒ] *m* (*emballage*) Verpackungsmaterial *nt*, Verpackung *f*
cartonné(e) [kaʀtɔne] *adj* kartoniert; **livre** ~ Buch *nt* mit kartoniertem Einband
cartonner [kaʀtɔne] <1> **I.** *vt* mit Pappe überziehen; kartonnieren *livre*
II. *vi fam* (*réussir*) ein Knüller [*o* Hit] sein (*fam*)
carton-pâte [kaʀtɔ̃pɑt] <cartons-pâtes> *m* Pappmaché *nt*; **personnage de** ~ Wichtigtuer(in) *m(f)*
cartouche¹ [kaʀtuʃ] *f* ❶ *d'un fusil* Patrone *f*; ~ **à balle/à plomb/à blanc** scharfe Patrone/Schrot-/Platzpatrone
❷ (*emballage*) ~ **de cigarettes** Stange *f* Zigaretten
❸ (*recharge*) ~ **d'encre** Tintenpatrone *f*
▶ **brûler** [*o* **tirer**] **ses dernières** ~**s** seine letzte Munition verschießen
cartouche² [kaʀtuʃ] *m* ❶ (*ornement*) Kartusche *f*
❷ (*emplacement*) *d'un plan, d'une carte* Legende[nfeld *nt*] *f*
cartouchière [kaʀtuʃjɛʀ] *f* ❶ (*ceinture*) Patronengürtel *m*, Patronengurt *m*
❷ (*sac*) Patronentasche *f*
carvi [kaʀvi] *m* BOT Feldkümmel *m*
caryatide [kaʀjatid] *f v.* **cariatide**
cas [kɑ] *m* ❶ (*circonstance, situation*) Fall *m*; ~ **difficile** schwierige Angelegenheit; ~ **limite** Grenzfall; ~ **d'urgence** Notfall; **le** ~ **des jeunes au chômage est dramatique** die Lage der arbeitslosen Jugendlichen ist dramatisch; **si tel est le** ~ wenn das der Fall ist; **c'est bien le** ~ das ist tatsächlich der Fall; **auquel** ~**...** in welchem Fall ...; **dans ce** ~, **en ce** ~ *soutenu* in diesem Fall; **dans le** ~ **contraire** andernfalls; **dans le** ~ **présent** im vorliegenden Fall; **dans les** ~ **d'extrême urgence** in dringenden Notfällen; **dans tous les** ~ auf alle Fälle, auf jeden Fall; **dans tous les** ~ **où il a dit cela** jedes Mal wenn er das gesagt hat; **en pareil** ~ in einem solchen Fall
❷ (*hypothèse, possibilité*) **au** ~**/dans le** ~**/pour le** ~ **où qn ferait qc** falls [*o* für den Fall, dass] jd etw täte; **au** ~ **où je serais empêché(e)** falls ich verhindert sein sollte, sollte ich verhindert sein; **en** ~ **d'absence** bei Abwesenheit; **en** ~ **de besoin** wenn nötig; **en** ~ **de doute** im Zweifelsfall; **en** ~ **d'empêchement** im Verhinderungsfalle (*form*), im Falle einer Verhinderung; **en** ~ **de pluie** falls es regnen sollte, bei Regen; **envisager/prévoir un** ~ eine Möglichkeit in Betracht ziehen
❸ MED Fall *m*; ~ **grave/désespéré** schwerer/hoffnungsloser Fall; **c'est un** ~ **d'appendicite** es handelt sich um einen Fall von Blinddarmentzündung
❹ JUR Fall *m*; ~ **juridique** Rechtsfall; ~ **de divorce** Scheidungsfall; ~ **de légitime défense/de faillite frauduleuse** Fall von Notwehr/von betrügerischem Konkurs; **soumettre un** ~ **à un juge** einen Fall einem Richter vorführen
❺ LING Fall *m*, Kasus *m* (*Fachspr.*)
▶ **le** ~ **échéant** gegebenenfalls, wenn nötig; ~ **social** Sozialfall *m*; **aggraver son** ~ seine Lage verschlimmern; **c'est le** ~ **de le dire** das kann man wohl sagen; **c'est un** ~ *fam* das ist ein schwieriger Fall; **Pierre, c'est un** ~**!** *fam* Pierre ist [vielleicht] eine Nummer! (*fam*); **faire grand** ~ **de qc** großen Wert auf etw legen; **faire peu de** ~ **de qn/qc** jdm/einer S. wenig Beachtung schenken; **ne faire aucun** ~ **de qn/qc** jdm/einer S. keinerlei Beachtung schenken; **en aucun** ~ keinesfalls, auf keinen Fall; **en tout** ~ auf jeden Fall, jedenfalls
◆ ~ **de conscience** Gewissensfrage *f*; ~ **d'espèce** Sonderfall *m*, Einzelfall *m*; ~ **de figure** Möglichkeit *f*; ~ **de force majeure** Fall *m* höherer Gewalt
casanier, -ière [kazanje, -jɛʀ] *adj personne* häuslich; *vie* zurückgezogen; **personne casanière** Stubenhocker(in) *m(f)* (*pej*); **prendre des habitudes casanières** [recht] bequem werden
casaque [kazak] *f* Jockeydress *m*
▶ **tourner** ~ *fam* (*changer de parti, d'opinion*) umschwenken, seine Meinung ändern
casbah [kazba] *f* Kasba[h] *f*
cascade [kaskad] *f* ❶ (*chute d'eau*) Wasserfall *m*
❷ (*ce qui se produit par rebondissements*) ~ **d'applaudissements** Beifallssturm *m*; ~ **de chiffres** Zahlenflut *f*; ~ **d'événements** Abfolge *f* von Ereignissen; ~ **de paroles** Wortschwall *m*; ~ **de rires** Lachsalve *f*; **entraîner des démissions en** ~ reihenweise Kündigungen nach sich ziehen
❸ CINE Stunt *m*
cascadeur, -euse [kaskadœʀ, -øz] *m, f* ❶ CINE Stuntman *m*/Stuntwoman *f*
❷ (*acrobate*) Kaskadeur(in) *m(f)*
case [kɑz] *f* ❶ *d'un formulaire, tableau, damier* Feld *nt*
❷ (*casier*) Fach *nt*
❸ (*hutte*) Hütte *f*
❹ CH ~ **postale** (*boîte postale*) Postfach *nt*
▶ **il a une** ~ **vide** [*o* **en moins**], **il lui manque une** ~ *fam* bei ihm ist eine Schraube locker (*fam*), er hat nicht alle Tassen im Schrank (*fam*)
◆ ~ **départ** *d'un jeu de société* Start *m*; **revenir** [*o* **retourner**] **à la** ~ **départ** wieder von vorne anfangen müssen
caséine [kazein] *f* BIO, CHIM Kasein *nt*, Casein *nt*
casemate [kazmat] *f* Bunker *m*
caser [kɑze] <1> **I.** *vt* ❶ (*trouver une place, loger*) ~ **qn à une table/chez des amis/dans un emploi** jdn an einem Tisch/bei Freunden unterbringen/jdm eine Stelle verschaffen; ~ **qc dans une valise** etw in einem Koffer unterbringen
❷ (*marier*) unter die Haube bringen
II. *vpr* **se** ~ ❶ (*trouver une place, un logement, un emploi*) unterkommen
❷ (*se marier*) heiraten, einen Mann/eine Frau finden
caserne [kazɛʀn] *f* MIL Kaserne *f*
casernement [kazɛʀnəmɑ̃] *m* ❶ (*action*) Kasernierung *f*
❷ (*bâtiment*) Kaserne *f*
cash [kaʃ] *adv fam* bar, cash (*sl*)
casher [kaʃɛʀ] *adj inv* koscher
cash-flow [kaʃflo] <cash-flows> *m* Cash-flow *m*
cashmere [kaʃmiʀ] *m v.* **cachemire**
casier [kɑzje] *m* ❶ (*compartiment*) Fach *nt*
❷ JUR ~ **judiciaire** Strafregister *nt*, Vorstrafenregister *nt*; **avoir un** ~ **judiciaire/judiciaire vierge** vorbestraft/nicht vorbestraft sein
❸ PECHE Korb *m*; **poser des** ~**s** Körbe auslegen
◆ ~ **à bouteilles** Flaschenregal *nt*
casino [kazino] *m* [Spiel]kasino *nt*
casoar [kazoaʀ] *m* ZOOL Kasuar *m*; **le** ~ **à casque** der Helmka-

suar

casque [kask] *m* ❶ (*protection*) Helm *m; d'un soldat* [Stahl]helm; *d'un motocycliste* Sturzhelm; ~ **colonial** Tropenhelm; ~ **intégral** Integralhelm; ~ **à pointe** Pickelhaube *f*
❷ (*séchoir*) *d'un coiffeur* [Trocken]haube *f*
❸ TECH, MUS ~ **à écouteurs** Kopfhörer *m*
▸ ~ **bleu** Blauhelm *m*

casqué(e) [kaske] *adj* behelmt, mit Helm

casquer [kaske] <1> *vi fam* blechen (*fam*)

casquette [kaskɛt] *f* Schirmmütze *f;* ~ **de marin** Schiffermütze *f*

cassable [kasabl] *adj* zerbrechlich

Cassandre [kasɑ̃:dʀ(ə)] *f* Kassandra *f*

cassant(e) [kasɑ̃, ɑ̃t] *adj* ❶ (*fragile*) *métal, verre* bruchempfindlich; *cheveux* brüchig; **être ~(e)** leicht brechen
❷ (*abrupt*) *ton* scharf; *manières, personne* schroff

cassate [kasat] *f* (*glace*) Cassata *f*

cassation [kasasjɔ̃] *f* ❶ JUR *d'un testament, acte* Ungültigkeitserklärung *f,* Nichtigkeitserklärung *f;* (*en cas d'un jugement*) Urteilsaufhebung *f;* **prononcer la ~ de qc** etw für ungültig [*o* nichtig] erklären
❷ MIL Degradierung *f*

casse [kɑs] **I.** *f* ❶ (*dégât*) Schaden *m;* (*pendant un transport*) Bruchschaden *m;* **payer la ~** für den Schaden aufkommen
❷ (*bagarre*) **il va y avoir de la ~** *fam* gleich gibt's eine Schlägerei
❸ (*commerce du ferrailleur*) Schrottplatz *m;* **acheter qc à la ~** etw beim Schrotthändler kaufen; **mettre/vendre qc à la ~** etw zum Verschrotten geben/etw zum Schrottwert verkaufen; **être bon(ne) pour la ~** schrottreif sein
II. *m arg* Bruch *m* (*sl*); **faire un ~** einen Bruch machen (*sl*)

cassé(e) [kɑse] *adj vieillard* gekrümmt; *voix* rau, heiser

casse-cou [kasku] *m inv fam* Draufgänger(in) *m(f);* **être [un] ~** ein Draufgänger sein, waghalsig sein **casse-croûte** [kaskʀut] *m inv* ❶ *fam* (*en-cas*) Imbiss *m,* Zwischenmahlzeit *f;* **manger un ~** eine Kleinigkeit essen ❷ CAN (*restaurant où l'on sert des repas rapides*) Schnellrestaurant *nt* **casse-dalle** [kasdal] <casse-dalle, casse-dalles> *m fam* (*repas*) Imbiss *m;* (*sandwich*) belegtes Brot *nt,* Stulle *f* (NDEUTSCH) **casse-graine** [kasgʀɛn] *m inv v.* **casse-croûte casse-gueule** [kasgœl] *inv fam* **I.** *adj* gefährlich **II.** *m* **c'est un vrai ~!** (*endroit glissant*) das ist die reinste Rutschbahn! (*fam*); (*entreprise périlleuse*) das ist ein Spiel mit dem Feuer!

cassement [kasmɑ̃] *m fam* (*cambriolage*) Bruch *m* (*fam*)

casse-noisettes [kasnwazɛt] *m inv* Nussknacker *m* **casse-noix** [kasnwa] *m inv* Nussknacker *m* **casse-pieds** [kaspje] *inv fam* **I.** *adj* ❶ (*importun*) lästig, nervig (*fam*); **ce que tu peux être ~, bon sang!** Mensch, kannst du einen nerven! (*fam*) ❷ (*ennuyeux*) langweilig **II.** *mf* Nervensäge *f* (*fam*) **casse-pipe** [kaspip] *m sans pl fam* ▸ **c'est le ~ assuré!** das geht garantiert daneben! (*fam*); **aller** [*o* **monter**] **au ~** Kopf und Kragen riskieren; MIL [dem Feind] ins Messer laufen; **envoyer qn au ~** jdn ans Messer liefern (*fam*)

casser [kɑse] <1> **I.** *vt* ❶ (*briser*) zerbrechen, kaputtmachen *objet;* kaputtmachen *appareil;* abbrechen, abknicken *branche;* [auf]knacken *noix;* ~ **un carreau** (*volontairement*) ein Fenster einschlagen; (*involontairement*) ein Fenster kaputtmachen; ~ **un bras/une jambe à qn** jdm einen Arm/ein Bein brechen; ~ **une dent à qn** jdm einen Zahn ausschlagen; **elle a un bras cassé** sie hat sich (*Dat*) den Arm gebrochen; ~ **qc en deux** etw in zwei Teile brechen
❷ (*troubler*) stören *ambiance, rythme;* ~ **le moral à qn** jds Moral untergraben; ~ **de vieilles habitudes** mit alten Gewohnheiten brechen
❸ ECON abrupt stoppen, zum Stillstand bringen *consommation, croissance*
❹ POL, SOCIOL brechen *grève;* zerschlagen *mouvement syndical*
❺ ADMIN, JUR kassieren, aufheben *jugement;* aufheben *décision;* für ungültig [*o* nichtig] erklären *mariage*
❻ MIL degradieren
▸ **à tout ~** (*au maximum*) höchstens; (*extraordinaire*) *fête, succès* toll, fantastisch; **tu me les casses!** *fam* du fällst mir auf den Wecker! (*fam*); **il/elle ne casse rien** er/sie ist nicht [besonders] umwerfend; **ça ne casse rien** das ist nichts besonderes
II. *vi objet:* kaputtgehen, zerbrechen; *branche:* abbrechen, abknicken; *corde, fil:* [ab]reißen
III. *vpr* ❶ (*se rompre*) **se ~** zerbrechen, kaputtgehen; *branche, aiguille:* abbrechen; **se ~ en mille morceaux** in tausend Stücke springen; **se ~ en deux** entzweibrechen
❷ (*être fragile*) **se ~/ne pas se ~** zerbrechlich/unzerbrechlich sein
❸ (*se briser*) **se ~ un bras/une jambe** sich (*Dat*) einen Arm/ein Bein brechen; **se ~ une dent** sich (*Dat*) einen Zahn ausbrechen
❹ *fam* (*se donner du mal*) **ne pas se ~** sich (*Dat*) keinen abbrechen (*fam*); **ne pas se ~ la tête pour faire qc** *fam* sich nicht sonderlich bemühen, um etw zu tun (*fam*)
❺ *fam* (*s'en aller*) abhauen (*fam*)

casserole [kasʀɔl] *f* ❶ (*ustensile*) [Stiel]kasserole *f*
❷ *péj* (*piano*) Klimperkasten *m* (*fam*)
▸ **chanter comme une ~** *fam* total daneben singen (*fam*); **passer à la ~** *volaille:* in den Kochtopf wandern (*fam*)

casse-tête [kastɛt] <casse-tête[s]> *m* ❶ (*problème*) knifflige Aufgabe; **être un vrai ~ pour qn** *exercice:* für jdn eine harte Nuss sein
❷ (*jeu*) Geduldsspiel *nt,* Knobelspiel *nt;* CAN Puzzle[spiel] *nt*

cassette [kasɛt] *f* ❶ (*support magnétique*) Kassette *f;* ~ **D.A.T** DAT-Kassette; ~ **digitale** [*o* **numérique**] Digitalkassette; ~ **vidéo** Videokassette; ~ **de nettoyage** Reinigungskassette
❷ *vieilli* (*coffret*) Schmuckkästchen *nt,* Schatulle *f*
❸ (*trésor*) ~ **particulière** Privatschatulle *f*

cassettothèque [kasɛtɔtɛk] *f* [Musik]kassettensammlung *f*

casseur, -euse [kɑsœʀ, -øz] *m, f* ❶ (*ferrailleur*) Schrotthändler(in) *m(f)*
❷ (*au cours d'une manifestation*) Randalierer(in) *m(f)*
◆ ~ **de pierres** Steinbrecher *m*

Cassiopée [kasjɔpe] *f* Kassiopeia *f*

cassis [kasis] *m* ❶ (*arbuste*) schwarzer Johannisbeerstrauch
❷ (*fruit*) schwarze Johannisbeere
❸ (*liqueur*) schwarzer Johannisbeerlikör
❹ (*en travers d'une route*) Querrinne *f*

cassolette [kasɔlɛt] *f* (*rechaud*) Räucherpfanne *f;* (*récipient*) Pfännchen *nt*

cassonade [kasɔnad] *f* brauner Zucker *m*

cassoulet [kasulɛ] *m weißer Bohneneintopf mit Würstchen und Fleisch aus Südwestfrankreich*

cassure [kɑsyʀ] *f* ❶ (*brisure*) Bruch *m,* Bruchstelle *f*
❷ GEOL Verwerfung *f,* Verwurf *m*
❸ (*rupture*) **provoquer une ~ dans une amitié** *malentendu:* zu einem Bruch in einer Freundschaft führen

castagne [kastaɲ] *f arg* Prügelei *f*

castagner [kastaɲe] <1> *arg* **I.** *vt* verdreschen (*fam*)
II. *vpr* **se ~** sich verprügeln

castagnettes [kastaɲɛt] *fpl* Kastagnetten *Pl*

caste [kast] *f* Kaste *f*

castel [kastɛl] *m* kleines Schloss *nt*

castillan [kastijɑ̃] *m* **le ~** Kastilisch *nt,* das Kastilische; *v. a.* **allemand**

castillan(e) [kastijɑ̃, an] *adj* aus Kastilien [stammend], kastilisch

casting [kastiŋ] *m* CINE, THEAT Casting *nt*

castor [kastɔʀ] *m* ❶ (*animal*) Biber *m*
❷ (*fourrure*) Biberpelz *m*

castrat [kastʀa] *m* Kastrat *m*

castration [kastʀasjɔ̃] *f* Kastration *f*

castrer [kastʀe] <1> *vt* kastrieren

cataclysme [kataklism] *m* ❶ (*catastrophe naturelle*) [Natur]ka-

tastrophe *f*
❷ (*bouleversement*) Katastrophe *f*
catacombes [katakɔ̃b] *fpl* Katakomben *Pl*
catadioptre [katadjɔptʀ] *m* Rückstrahler *m*
catafalque [katafalk] *m* Katafalk *m*
catalan [katalɑ̃] *m* **le** ~ Katalanisch *nt,* das Katalanische; *v. a.* **allemand**
catalan(e) [katalɑ̃, an] *adj* aus Katalonien, katalanisch
catalogne [katalɔɲ] *f* CAN ❶ (*étoffe*) *aus Stoffstreifen hergestellter Stoff*
❷ (*tapis*) [bunter] Flickenteppich *m*
Catalogne [katalɔɲ] *f* **la** ~ Katalonien *nt*
catalogue [katalɔg] *m* Katalog *m;* **faire le** ~ **des œuvres d'un auteur** das Verzeichnis der Werke eines Autors erstellen; **faire le** ~ **des mérites de qn** jds Verdienste aufzählen
cataloguer [katalɔge] <1> *vt* ❶ (*classer*) in einen Katalog aufnehmen, katalogisieren
❷ *péj* (*porter un jugement*) abstempeln; **être catalogué(e)** abgestempelt sein
catalyse [kataliz] *f* Katalyse *f*
catalyser [katalize] <1> *vt* ❶ CHIM katalysieren
❷ (*déclencher*) wachrufen *antipathie, opposition;* auf sich (*Akk*) ziehen *attention, regards*
catalyseur [katalizœʀ] *m* CHIM Katalysator *m*
► **jouer un rôle de** ~ als Katalysator wirken
catalytique [katalitik] *adj* mit Katalysator, katalytisch
catamaran [katamaʀɑ̃] *m* Katamaran *m,* Doppelrumpfboot *nt*
cataphote® [katafɔt] *m d'une bicyclette* Rückstrahler *m*
cataplasme [kataplasm] *m* MED Breiumschlag *m*
catapulte [katapylt] *f* ❶ AVIAT Katapult *nt*
❷ HIST Wurfmaschine *f,* Katapult *nt*
catapulter [katapylte] <1> *vt* ❶ AVIAT katapultieren
❷ (*projeter*) schleudern
❸ (*nommer*) ~ **qn à un poste important** jdn in eine wichtige Stellung katapultieren
cataracte¹ [kataʀakt] *f d'une rivière* Katarakt *m*
► **il tombe des** ~**s** es regnet in Strömen
cataracte² [kataʀakt] *f* MED grauer Star
catarrhe [kataʀ] *m* MED Katarr[h] *m*
catastrophe [katastʀɔf] *f* Katastrophe *f;* ~ **aérienne/ferroviaire** schweres Flugzeug-/Eisenbahnunglück
► **courir à la** ~ ins [*o* in sein] Verderben laufen; **en** ~ **atterrissage en** ~ Notlandung *f;* **faire qc en** ~ etw überstürzt tun; **atterrir/freiner en** ~ notlanden/notbremsen; ~**!** verdammt! (*fam*)
catastrophé(e) [katastʀɔfe] *adj fam* entsetzt, niedergeschmettert
catastropher [katastʀɔfe] <1> *vt fam* in Katastrophenstimmung [*o* in helle Aufregung] versetzen (*fam*)
catastrophique [katastʀɔfik] *adj* katastrophal
catch [katʃ] *m* Catchen *nt;* **faire du** ~ catchen
catcheur, -euse [katʃœʀ, -øz] *m, f* Catcher(in) *m(f)*
catéchèse [kateʃɛz] *f* REL Katechese *f*
catéchiser [kateʃize] <1> *vt* ~ **qn** (*enseigner le catéchisme*) jdm Religionsunterricht erteilen; (*endoctriner*) auf jdn einpredigen; (*sermonner*) jdn tadeln
catéchisme [kateʃism] *m* ❶ (*enseignement*) Religionsunterricht *m*
❷ (*livre*) Katechismus *m*
❸ (*dogme*) Lehre *f*

i Land & Leute

Es gibt in Frankreich an den staatlichen Schulen keinen Religionsunterricht. Die Unterweisung in christlicher Religionslehre, dem **catéchisme,** findet in kirchlichen Einrichtungen statt.

catéchiste [kateʃist] *mf* REL Katechet(in) *m(f)*
catégorie [kategɔʀi] *f* ❶ Kategorie *f;* ~ **grammaticale** Wortart *f,* Wortklasse *f;* ~ **sociale** Gesellschaftsschicht *f;* ~ **socioprofessionnelle** Berufsstand *m*
❷ SPORT Klasse *f;* ~ **d'âge** Altersklasse, Altersgruppe *f*
❸ (*qualité*) *d'un hôtel* Kategorie *f; d'un produit alimentaire* Güteklasse *f,* Handelsklasse; **de 1ère** ~ *produit alimentaire* Güteklasse [*o* Handelsklasse] 1; *hôtel* erster Kategorie [*o* Klasse]
❹ ECON, FISC Lohngruppe *f,* Gehaltsgruppe
❺ PHILOS Kategorie *f*
❻ JUR *d'un brevet* Klasse *f*
catégorique [kategɔʀik] *adj* kategorisch, entschieden; *ton* bestimmt, nachdrücklich; **être** ~ **sur qc** auf etw (*Dat*) bestehen
catégoriquement [kategɔʀikmɑ̃] *adv refuser* kategorisch, entschieden
catelle [katɛl] *f* CH (*carreau de faïence vernissée*) [glasierte] Kachel *f*
caténaire [katenɛʀ] *f* Oberleitung *f*
cathédrale [katedʀal] *f* Kathedrale *f;* ~ **de Cologne/de Strasbourg** Kölner Dom *m*/Straßburger Münster *nt*
Catherine [kat(ə)ʀin(ə)] *f* ❶ Katharina *f,* Kathrin *f*
❷ HIST ~ **de Médicis** Katharina von Medici; ~ **la Grande** Katharina die Große
catherinette [katʀinɛt] *f junge Frau, die 25 Jahre alt und nicht verheiratet ist*
cathéter [katetɛʀ] *m* MED Katheter *m*
catho [kato] *adj, mf fam abr de* **catholique**
cathode [katɔd] *f* PHYS Kathode *f*
cathodique [katɔdik] *adj* **génération** ~ Fernsehgeneration *f; v.* **tube**
catholicisme [katɔlisism] *m* Katholizismus *m,* katholische Religion; **se convertir au** ~ zum katholischen Glauben konvertieren
catholique [katɔlik] **I.** *adj* ❶ katholisch
❷ *fig fam* **ne pas être [très]** ~ *personne:* etwas zwielichtig [*o* undurchsichtig] sein; *affaire, solution:* nicht ganz sauber sein (*fam*)
II. *mf* Katholik(in) *m(f)*
catimini [katimini] ► **en** ~ [klamm]heimlich; **partir en** ~ sich davonstehlen
catogan [katɔgɑ̃] *m* (*coiffure*) *Frisur, bei der die Haare im Nacken zusammengebunden werden*
cauchemar [koʃmaʀ] *m a. fig* Alptraum *m;* **faire un** ~ einen Alptraum haben
cauchemardesque [koʃmaʀdɛsk] *adj* alptraumhaft; **une vision** ~ eine Schreckensvision; **devenir** ~ zum Alptraum werden
caudal(e) [kodal, o] <-aux> *adj* **appendice** ~ Schwanz *m;* **plumes** ~**es** Schwanzfedern *Pl*
causal(e) [kozal, o] <s *o* -aux> *adj* kausal, ursächlich; **proposition** ~**e** Kausalsatz *m*
causalité [kozalite] *f* Kausalität *f;* **lien de** ~ Kausalzusammenhang *m*
causant(e) [kozɑ̃, ɑ̃t] *adj* gesprächig; **ne pas être très** ~**(e)** nicht sehr gesprächig sein, wortkarg sein
cause [koz] *f* ❶ Ursache *f,* Grund *m;* ~ **de licenciement** Entlassungsgrund; **la première** ~ **d'accidents** die häufigste Unfallursache; **à** ~ **de qc** wegen einer S. (*Gen*); **pour** ~ **de maladie** *absence* krankheitsbedingt; **fermé(e) pour** ~ **de maladie** wegen Krankheit geschlossen; **pour une** ~ **indéterminée** aus ungeklärter Ursache; **avoir** [*o* **trouver**] **sa** ~ **dans qc** seine Ursache in etw (*Dat*) haben, von etw kommen
❷ (*sujet d'argumentation*) Sache *f;* **gagner une** ~ sich [mit seinen Argumenten] durchsetzen; **plaider sa** ~ seine Sache vertreten; **obtenir gain de** ~ das erreichen, was man wollte
❸ (*ensemble d'intérêt*) Sache *f,* Angelegenheit *f;* **pour la bonne** ~ für einen guten Zweck; **défendre une** ~ sich für

eine Sache einsetzen; **faire ~ commune avec qn** mit jdm gemeinsame Sache machen (*fam*)
❹ (*situation, fait*) [Sach]lage *f;* **pour les besoins de la ~** in Anbetracht der [Sach]lage; **en connaissance de ~** in Kenntnis der [Sach]lage; **en tout état de ~** in jedem [*o* auf jeden] Fall
❺ JUR Fall *m,* [Rechts]sache *f;* **~ civile/criminelle** Zivil-/Strafsache; **~ célèbre** berühmter Fall; **plaider une ~** einen Fall [*o* eine Sache] vertreten
❻ PHILOS Ursache *f;* **~ première/finale** Causa *f* prima/finalis
► **être en ~** *personne:* unter Verdacht stehen; *chose:* in Frage stehen; **n'être nullement en ~** außer Frage stehen; **mettre qn en ~** (*accuser*) jdn beschuldigen; (*remettre les idées de qn en question*) jdn in Frage stellen; **mettre qc en ~** etw in Frage stellen; **la mise en ~ de qn** die Anschuldigungen gegen jdn; **être hors de ~** außer Verdacht sein; **mettre qn hors de ~** jdn entlasten; **mettre qc hors de ~** etw aus dem Spiel lassen; **et pour ~!** und zwar aus gutem Grund [*o* guten Gründen]; **il n'a pas insisté, et pour ~!** er hat wohlweislich nicht darauf bestanden!

causer¹ [koze] <1> *vt* (*provoquer*) verursachen; **~ de la joie/peine à qn** jdm Freude/Leid bereiten; **~ des dégâts à qn** jdm Schaden zufügen; **~ un préjudice moral à qn** JUR jdn immateriell schädigen (*Fachspr.*)

causer² [koze] <1> *vt, vi* ❶ (*parler*) reden, sprechen; (*s'entretenir*) sich unterhalten; (*sans façon*) plaudern; **~ à** [*o* **avec**] **un professeur de l'enfant/la note** *fam* mit einem Lehrer über das Kind/die Note reden; **assez causé!** *fam* genug geredet! (*fam*); **je te/vous cause!** ich rede mit dir/Ihnen!; **cause toujours!** *fam* red' du nur! (*fam*)
❷ *fam* (*médire*) **~ sur** [**le compte de**] **qn** über jdn reden [*o* lästern] (*pej fam*); **faire ~** für Gerede [*o* Gesprächsstoff] sorgen; **on commence à ~** es wird schon getratscht (*pej fam*); **~ politique/chiffons** über Politik/Mode reden

causerie [kozʀi] *f* (*conversation*) Unterhaltung *f,* Plauderei *f;* (*discours, conférence*) zwangloser Vortrag

causette [kozɛt] *f* **faire la** [*o* **un brin de**] **~** *fam* einen [kleinen] Schwatz halten (*fam*)

causeur, -euse [kozœʀ, -øz] *m, f* [sehr] gesprächige Person; **un brillant ~** ein brillanter Redner

causeuse [kozøz] *f* (*canapé*) kleines Sofa *nt* (*für zwei Personen*)

causse [kos] *m* Kalk[stein]plateau *nt;* **les Causses** *Kalkplateau südlich des Zentralmassivs*

causticité [kostisite] *f* ❶ CHIM *d'un acide* Ätzkraft *f*
❷ *fig de propos* Bissigkeit *f,* Schärfe *f;* **être** [**empreint**(**e**)] **d'une forte ~** bissig [*o* sarkastisch] sein

caustique [kostik] *adj* ❶ CHIM ätzend, kaustisch (*Fachspr.*); **soude ~** Ätznatron *nt*
❷ *fig* bissig, sarkastisch

cauteleux, -euse [kotlø, -øz] *adj manière* durchtrieben; *personne, air* abgefeimt, verschlagen

cautère [kotɛʀ] ► **c'est un ~ sur une jambe de bois** das ist ein sinnloses Unterfangen *nt*

cautérisation [koteʀizasjɔ̃] *f* MED Kauterisation *f* (*Fachspr.*)

cautériser [koteʀize] <1> *vt* MED kauterisieren (*Fachspr.*); ausbrennen *blessure*

caution [kosjɔ̃] *f* ❶ (*garantie*) Bürgschaft *f;* **être libéré(e) sous ~** gegen Kaution freigelassen werden
❷ (*personne qui se porte garant*) Bürge *m*/Bürgin *f;* **se porter ~ pour qn** für jdn [eine] Bürgschaft leisten, für jdn bürgen
❸ (*appui*) Rückhalt *m,* Rückendeckung *f;* **apporter sa ~ à qn/qc** jdm/einer S. Rückendeckung geben; **recevoir la ~ de qn/qc** jds Rückhalt/den Rückhalt einer S. haben, Rückendeckung von jdm/durch etw bekommen
► **être sujet(te) à ~** mit Vorsicht zu genießen sein; **sous ~** (*sans certitude*) unter Vorbehalt; *information* unbestätigt

cautionnement [kosjɔnmɑ̃] *m* ❶ (*garantie*) Sicherheit *f;* JUR Bürgschaft *f*
❷ (*action de payer*) Sicherheitsleistung *f;* (*pour une location*) Kautionszahlung *f*
❸ (*acte*) Bürgschaftsurkunde *f*
❹ (*somme d'argent*) Kaution *f;* **~ électoral** Wahlkaution

cautionner [kosjɔne] <1> *vt* ❶ JUR bürgen für *personne*
❷ (*approuver*) unterstützen; gutheißen *action, situation*

cavalcade [kavalkad] *f* ❶ (*défilé*) [Um]zug *m;* **~ du Carnaval de Nice** Karnevals[um]zug in Nizza
❷ (*course tumultueuse*) Rennerei *f; de personnes* [wilde] Horde

cavale [kaval] *f arg* [Gefängnis]ausbruch *m*

cavaler [kavale] <1> **I.** *vi* ❶ *fam* (*courir*) Gas geben (*fam*)
❷ *arg* (*courir le jupon*) **~ après une femme** einer Frau nachsteigen (*fam*)
II. *vt pop* anöden (*fam*)
III. *vpr pop* **se ~** türmen (*fam*), abhauen (*fam*)

cavalerie [kavalʀi] *f* ❶ MIL (*ensemble de troupes à cheval*) Kavallerie *f*
❷ (*ensemble de cheveaux, écurie d'un cirque*) Pferde *Pl*

cavaleur, -euse [kavalœʀ, -øz] *fam* **I.** *adj* **être ~(-euse)** *homme:* ein Schürzenjäger sein, hinter jedem Rock her sein (*fam*); *femme:* hinter den Männern her sein (*fam*), scharf auf Männer sein (*sl*)
II. *m, f* (*homme*) Schürzenjäger *m;* (*femme*) scharfe Frau (*fam*)

cavalier [kavalje] *m* ❶ SPORT Reiter *m*
❷ (*au bal*) Tanzpartner *m*
❸ MIL Kavallerist *m*
❹ ECHECS Springer *m,* Pferd *nt*
❺ (*titre de politesse*) Kavalier *m*

cavalier, -ière [kavalje, -jɛʀ] *adj* ❶ *péj* (*impertinent*) unverschämt
❷ (*réservé aux cavaliers*) **piste cavalière** Reitweg *m*

cavalière [kavaljɛʀ] *f* ❶ SPORT Reiterin *f*
❷ (*au bal*) Tanzpartnerin *f*

cavalièrement [kavaljɛʀmɑ̃] *adv* unverschämt; **agir ~** kein Benehmen haben

cave¹ [kav] *f* ❶ (*local souterrain*) Keller *m;* **~ voûtée** Kellergewölbe *nt;* **~ à vin/à provisions** Wein-/Vorratskeller
❷ (*provision de vins*) Weinkeller *m;* **avoir une bonne ~** einen guten Weinkeller haben
❸ *pl* (*propriété*) **~s viticoles** Weinkellerei *f*
❹ (*cabaret*) Kellerkneipe *f,* Kellerbar *f*
► **de la ~ au grenier** in allen Ecken; **fouiller/nettoyer la maison de la ~ au grenier** das ganze Haus durchsuchen/putzen

cave² [kav] *adj* (*creux*) hohl

cave³ [kav] *arg* **I.** *adj* (*étranger au milieu*) **ce qu'il/elle est ~!** er/sie weiß nicht, was [hier] abgeht! (*fam*)
II. *mf* ❶ (*étranger au groupe*) Nicht-Eingeweihte(r) *f(m)*
❷ (*niais*) Hohlkopf *m* (*fam*)

caveau [kavo] <x> *m* ❶ (*tombeau*) Gruft *f,* Grab *nt*
❷ (*bar*) Kellerbar *f;* (*à jazz*) Jazzkeller *m*

caverne [kavɛʀn] *f* ❶ (*grotte*) Höhle *f;* **~ de brigands** Räuberhöhle
❷ MED Hohlraum *m,* Kaverne *f* (*Fachspr.*)

caverneux, -euse [kavɛʀnø, -øz] *adj* ❶ ausgehöhlt
❷ (*grave*) **voix caverneuse** [sehr] tiefe Stimme, Grabesstimme *f*
❸ MED *poumon, rein* kavernös (*Fachspr.*)

caviar [kavjaʀ] *m* GASTR Kaviar *m;* **~ rouge** roter Kaviar, Lachskaviar

caviarder [kavjaʀde] <1> *vt* zensieren, [ein]schwärzen

caviste [kavist] *mf* Kellermeister(in) *m(f)*

cavité [kavite] *f* ❶ (*caverne*) Höhle *f;* (*excavation*) Grube *f*
❷ ANAT Höhle *f;* **~ buccale/nasale** Mund-/Nasenhöhle
❸ MED Kaverne *f* (*Fachspr.*); **~ dans une dent** Loch *nt* im Zahn

C.B. [sibi] *f abr de* **Citizen's band** CB-Funk *m*

C.C.P. [sesepe] *m abr de* **compte chèques postal** ≈ Postgirokonto *nt*

CD [sede] *m abr de* **compact disc** CD *f;* **lecteur de ~** CD-Player *m;* **~ audio** Musik-CD; **~ photo** Foto-CD

C.D.D. [sedede] *m abr de* **contrat à durée déterminée** Zeitvertrag *m*

C.D.I. [sedei] *m abr de* **contrat à durée indéterminée** unbefristeter Vertrag

CD-I, C.D.-I [sedei] *m abr de* **compact disc interactive** INFORM CD-I *f*

CD-ROM [sedeʀɔm] *m abr de* **compact disc read only memory** CD-ROM *f;* **introduire un ~ dans le lecteur** eine CD-ROM in das Laufwerk einlegen

ce¹ [sə] <*devant "en" et formes de "être"* c'; *devant "a"* ç'> *pron dém* ❶ (*pour désigner un nom*) **c'est un beau garçon** das [*o* er] ist ein hübscher Junge; **c'est des** [*o* **~ sont de**] **bons souvenirs** das [*o* es] sind schöne Erinnerungen; **la rigueur, c'est la bonne gestion** Sparsamkeit[, das] ist die richtige Haushaltspolitik; **c'est beau, la vie** das Leben ist schön; **un hôtel pas cher, c'est difficile à trouver** ein preiswertes Hotel[, das] ist schwer zu finden; es ist schwierig, ein preiswertes Hotel zu finden
❷ (*pour désigner un pronom*) **c'est moi/lui/nous** ich/er/wir; **qui est-ce? – C'est moi/elle** wer ist da? – Ich [bin es]/sie [ist es]; **qui a fait cela? – C'est** [*o* **~ sont**] **eux/elles** wer war das? – [Das waren] sie; **à qui est ce livre ? – C'est à lui/à moi** wem gehört das Buch? – [Es gehört] ihm/mir
❸ (*dans une interrogation*) **qui est-ce?, c'est qui?** *fam* wer ist das?; (*en parlant d'un homme*) wer ist das?, wer ist er?; (*en parlant d'une femme*) wer ist das?, wer ist sie?; (*en parlant de plusieurs personnes*) wer ist das?, wer sind sie?; (*à la porte, au téléphone*) wer ist da?; (*à un tiers*) wer ist das?; **qui est-ce qui/que** wer/wen; **qu'est-ce?, c'est quoi?** *fam* was ist das?; **qu'est-ce qui/que** was; **c'est qui** [*o* **qui c'est**] **ce Monsieur?** *fam* wer ist dieser [*o* der] Mann?; **est-ce vous?, c'est vous?** *fam* sind Sie es?, sind Sie's? (*fam*); **à qui est cette montre? Est-ce que c'est à vous?** wem gehört diese Uhr? [Gehört sie] Ihnen?; **qu'est-ce que c'est?** was ist das?
❹ (*tournure emphatique*) **c'est plus d'un mois plus tard qu'elle y songe** erst mehr als einen Monat später fällt es ihr ein; **c'est maintenant qu'on en a besoin** gerade jetzt braucht man es; **c'est en tombant par terre que l'objet a explosé** [in dem Moment,] als es auf den Boden fiel, explodierte das Ding; **c'est elle qui s'occupe du jardin et non son mari** sie kümmert sich um den Garten, nicht ihr Mann; **c'est vous qui le dites!** das sagen Sie!; **c'est avec plaisir que nous acceptons cette invitation** wir nehmen die Einladung gerne an; **c'est un scandale de voir cela** es ist ein Skandal, das mit ansehen zu müssen; **c'est à elle/lui de faire qc** (*c'est à son tour*) er/sie ist dran, etw zu tun; (*c'est son rôle*) er/sie soll etw tun; **c'est à vous de prendre cette décision** diese Entscheidung müssen Sie selbst treffen; **c'est à mon tour de jouer** ich bin dran; **c'est à s'arracher les cheveux!** *fam* es ist zum Haareraufen!; **c'est à mourir de rire!** es ist zum Totlachen!; **c'est à se taper la tête contre les murs!** *fam* es ist zum an den Wänden hochgehen! (*fam*); **c'est à se demander si ...** da fragt man sich doch [*o* muss man sich doch fragen], ob ...
❺ (*pour justifier, expliquer*) **c'est que ...** nämlich ...; (*dans une réponse*) eigentlich ...; (*pour préciser la cause, la raison*) das bedeutet ..., das heißt ...
❻ (*devant une proposition relative*) **voilà tout ~ que je sais** das ist alles, was ich weiß; **fais-moi la liste de ~ dont tu as besoin** schreib mir auf, was du brauchst; **~ qui ne m'étonne pas de ta part** was mich bei dir nicht überrascht; **~ dont on pouvait fort bien se douter** wie [nicht anders] zu erwarten [war]; **~ à quoi je ne m'attendais pas** worauf ich nicht gefasst war; **~ à quoi j'ai pensé** woran ich gedacht habe; **~ sur quoi je voudrais insister** was ich besonders betonen möchte; **~ que c'est idiot!** das ist vielleicht idiotisch! (*fam*); **~ que c'est énervant, ce bruit!** *fam* was für ein nervtötender Lärm!; **~ que** [*o* **qu'est-ce que**] **ce paysage est beau!** was für eine schöne Landschaft!, ist das aber eine schöne Landschaft!; **qu'est-ce qu'on s'amuse!** *fam* so eine Gaudi!; **~ que tu es/~ qu'il est grand!** du bist aber/er ist aber groß!, wie groß du bist/er ist!; **~ qu'il parle bien** *fam* er spricht aber gut; [**voilà**] **~ que c'est que de faire ...** (*explicatif*) das kommt davon, wenn man ...
▸ **et ~** und zwar, und das; **à ~ qu'on dit, qn a fait qc** wie es heißt [*o* es heißt], jd hat etw getan; **sur ~** daraufhin; **et sur ~, je vous dis au revoir** und damit verabschiede ich mich

ce² [sə] *adj dém* ❶ (*pour désigner une personne ou chose proche*) diese(r, s); **~ classeur/vase/tableau/cet homme** dieser Ordner/diese Vase/dieses Bild/dieser Mann; **en ~ dernier dimanche de l'avent** an diesem [*o* dem diesjährigen] letzten Adventssonntag; **alors, ~ rhume, comment ça va?** na, wie geht's [mit] deinem/Ihrem Schnupfen?
❷ (*intensif, péjoratif*) **~ garçon-là** der Junge da; **aurait-il vraiment ~ courage?** sollte er wirklich den [*o* so viel] Mut haben?; **comment peut-il raconter ~ mensonge!** wie kann er nur so eine Lüge erzählen!; **~ fumier de Martin!** *fam* dieser Mistkerl von Martin! (*fam*)
❸ (*avec une nuance d'étonnement*) so ein(e), was für ein(e); **~ toupet!** was für eine Frechheit!
❹ (*formule de politesse*) der; **si ~ jeune homme veut bien s'asseoir!** wenn sich der junge Herr bitte setzen wollte!
❺ (*mise en opposition*) **~ livre-ci ... ~ livre-là** dieses Buch hier ... jenes Buch dort
❻ (*temporel*) **~ matin/midi/soir** heute Morgen/Mittag/Abend; **~ jour-là** jener [*o* der] Tag; **~ mois-ci/trimestre-ci** diesen/in diesem Monat/dieses/in diesem Trimester
❼ (*allusion à un sujet dont on a déjà parlé*) **et ~ journal, ça vient?** und die [*o* meine] Zeitung, wo bleibt die?, und wo bleibt die [*o* meine] Zeitung?

C.E. [seø] *f abr de* **Communauté européenne** EG *f*

CÉ *abr de* **courrier électronique**

CE1 [seøœ̃] *m abr de* **cours élémentaire un** *zweite Grundschulklasse*

CE2 [seødø] *m abr de* **cours élémentaire deux** *dritte Grundschulklasse*

C.E.A. [seəa] *m abr de* **Commissariat à l'énergie atomique** *französische Atomenergiebehörde*

C.E.C.A. [seka] *f abr de* **Communauté européenne du charbon et de l'acier** EGKS *f*

ceci [səsi] *pron dém* dieses [hier], dies [hier], das [hier]; **~ compense/explique cela** das eine [*o* eins] wiegt das andere auf/erklärt das andere; **il a ~ d'agréable qu'il est gai** das Sympathische an ihm ist, dass er [so] fröhlich ist; **à ~ près qu'il ment** abgesehen davon [*o* außer], dass er lügt

cécité [sesite] *f* ❶ Blindheit *f;* **être frappé(e)** [*o* **atteint(e)**] **de ~** blind sein, erblindet sein
❷ *fig* **~ pour qc** Blindheit etw (*Dat*) gegenüber

céder [sede] <5> **I.** *vt* ❶ (*abandonner au profit de qn*) **~ qc à qn** jdm etw abgeben [*o* überlassen]; **~ l'antenne à qn** zu jdm umschalten; **~ son tour à qn** jdm den Vorrang lassen, mit jdm tauschen
❷ (*vendre*) **~ un bail à qn** an jdn verpachten [*o* vermieten]
II. *vi* ❶ (*renoncer*) nachgeben, einlenken; (*capituler*) aufgeben; *troupes:* zurückweichen
❷ (*succomber*) nachgeben; **~ à la tentation** der Versuchung (*Dat*) nachgeben [*o* erliegen]
❸ (*se rompre*) nachgeben; *chaise:* zusammenbrechen; *câble, corde:* reißen

cédérom [sedeʀɔm] *m v.* CD-ROM

cédex, CEDEX [sedɛks] *m abr de* **courrier d'entreprise à distribution exceptionnelle** *Sammelpostamt für gesondert* *zugestellte Firmen- und Behördenpost*

cédille [sedij] *f* Cédille *f* (*kommaähnliches, diakritisches Zeichen unter einem c/C*)

cèdre [sɛdʀ] *m* ❶ (*arbre*) Zeder *f*
❷ (*bois*) Zeder[nholz *nt*] *f*

C.E.E. [seəə] *f abr de* **Communauté économique européenne** HIST EWG *f*

cégétiste [seʒetist] **I.** *adj* in der [Gewerkschaft] C.G.T. organisiert
II. *mf* C.G.T.-Mitglied *nt*

C.E.I. [seøi] *f abr de* **Communauté des États indépendants** GUS *f*

ceindre [sɛ̃dʀ] <*irr*> *vt* ❶ (*entourer*) ~ **une ville de murailles** eine Stadt mit einer Stadtmauer umgeben; ~ **ses épaules d'un châle** sich (*Dat*) ein Tuch um die Schultern legen
❷ (*revêtir*) umbinden *écharpe;* ~ **l'écharpe municipale** *fig* Bürgermeister werden; **ceint(e) de l'écharpe tricolore** mit umgebundener Trikolore[schärpe]

ceint(e) [sə, ɛ̃t] *part passé de* **ceindre**

ceinture [sɛ̃tyʀ] *f* ❶ (*pour la taille*) Gürtel *m*
❷ (*partie d'un vêtement*) Bund *m; d'une robe* Taille *f*
❸ ANAT Taille *f*
❹ BOXE *a. fig* Gürtellinie *f*
❺ AUT, AVIAT [Sicherheits]gurt *m;* **attacher sa ~ de sécurité** den Sicherheitsgurt anlegen, sich anschnallen
❻ SPORT (*écharpe*) Gürtel *m;* (*personne*) Träger(in) *m(f)* eines Gürtels; **être ~ noire** Träger(in) des schwarzen Gürtels sein, den schwarzen Gürtel haben
❼ (*zone environnante*) Gürtel *m;* ~ **verte** Grüngürtel; ~ **de protection** Sicherheitszone *f*
❽ (*route périphérique*) Ring[straße *f*] *m;* **la petite/grande ~** der innere/äußere Ring
▶ **se serrer la ~** *fam* den Gürtel enger schnallen (*fam*)
◆ ~ **de chasteté** HIST Keuschheitsgürtel *m;* ~ **de flanelle** Nierenwärmer *m;* ~ **de natation** Schwimmgürtel *m;* ~ **de sauvetage** Rettungsring *m;* ~ **de sécurité** Sicherheitsgurt *m*

ceinturer [sɛ̃tyʀe] <1> *vt* ❶ (*prendre à la taille*) umklammern *personne;* (*pour l'arrêter*) festhalten *personne*
❷ (*entourer*) *ville:* umgeben; *champ:* umzäunen

ceinturon [sɛ̃tyʀɔ̃] *m* MIL Koppel *nt*

cela [s(ə)la] *pron dém* ❶ (*pour désigner*) das; ~ **te plaît?** gefällt dir das?; **pour ~, ...** deshalb ..., deswegen ...; **après ~** danach; **je ne pense qu'à ~** ich denke nur daran [*o* an nichts anderes]
❷ (*pour renforcer*) **qui ~?** wer/wen [sagst du/sagen Sie]?; **quand ~?** wann [sagst du/sagen Sie]?; **où ~?** wo/wohin [sagst du/sagen Sie]?; **comment ~?** was [sagst du/sagen Sie (da)]?, wie das?; **il travaille toujours? Et pourquoi ~?** er arbeitet immer noch? Und warum das?
❸ (*pour insister sur la durée*) ~ **fait quinze jours que ...** es ist jetzt [schon] vierzehn Tage her, dass ...
▶ **c'est ~ même** ganz genau, genau so ist es; **si ce n'est que ~** wenn es weiter nichts ist; **à ~ près qu'il ment** abgesehen davon [*o* außer], dass er lügt; **et avec ~?** was darf es sonst noch sein?; **comme ~** dann also; **sans ~** sonst, ansonsten

célébrant [selebʀɑ̃] *m* REL Zelebrant *m*

célébration [selebʀasjɔ̃] *f* ❶ (*fête*) Feierlichkeiten *Pl,* Feier *f;* ~ **du mariage** Trauung *f;* **la ~ de notre mariage a eu lieu dans la plus stricte intimité** wir haben unsere Hochzeit im engsten Kreis gefeiert; ~ **du bicentenaire de la Révolution** Zweihundertjahrfeier der Revolution
❷ REL *d'un office* Zelebration *f;* **pendant la ~ de la messe** während der Messe

célèbre [selɛbʀ] *adj* berühmt; ~ **dans le monde entier** weltberühmt; **se rendre ~ par qc** durch etw berühmt werden

célébrer [selebʀe] <5> *vt* ❶ (*fêter*) feiern *fête, victoire;* rühmen, preisen *exploit*
❷ REL ~ **un office** eine Messe halten

célébrité [selebʀite] *f* ❶ (*renommée*) *d'un site, événement* Berühmtheit *f; d'une personne, œuvre* Berühmtheit, Ruhm *m;* **parvenir** [*o* **accéder**] **à la ~** Berühmtheit erlangen
❷ (*personne*) Berühmtheit *f,* berühmte Persönlichkeit
▶ ~ **locale** *iron* lokale Größe

C.élec *abr de* **courrier électronique**

celer [səle, sele] <4> *vt littér* ~ **qc à qn** jdm etw verheimlichen [*o* verhehlen *geh*]

céleri [sɛlʀi] *m* Sellerie *m o f;* ~ **en branches** Stangensellerie

céleri-rave [sɛlʀiʀav] <céleris-raves> *m* Sellerie[knolle *f*] *m o f,* Knollensellerie, Wurzelsellerie

célérité [seleʀite] *f* Schnelligkeit *f;* **avec ~** schnell, prompt

céleste [selɛst] *adj* ❶ (*relatif au ciel*) **corps ~** Himmelskörper *m;* **les espaces ~s** das Weltall
❷ (*divin*) *demeure, béatitude, Père* himmlisch; *colère* göttlich
❸ (*merveilleux*) himmlisch

célibat [seliba] *m* Ehelosigkeit *f; d'un prêtre* Zölibat *nt o m*

célibataire [selibatɛʀ] **I.** *adj* ledig, unverheiratet; *mère, père* allein erziehend
II. *mf* Junggeselle *m*/-gesellin *f,* Alleinstehende(r) *f(m),* Single *m;* **club de ~s** Singleclub *m*

celle, celui [sɛl] <s> *pron dém* ❶ der[jenige]/die[jenige]/das[jenige]; **ma fleur/table/maison est plus jolie que ~ de Paul** meine Blume/mein Tisch/mein Haus ist schöner als die/der/das von Paul [*o* als Pauls]
❷ *avec pron rel* der/die/das; **c'est ~ que tu as vue dans le magazin** das ist der, den du im Laden gesehen hast; ~ **que tu as achetée est moins chère** die, die du gekauft hast, ist billiger; **mets donc ta robe rouge, c'est ~ qui te va le mieux** zieh doch dein rotes Kleid an, das steht dir am besten; **la marchandise importée est moins chère que ~ fabriquée en France** die importierte Ware ist preisgünstiger als die, die in Frankreich hergestellt wird [*o* als die in Frankreich hergestellte]

celle-ci, celui-ci [sɛlsi] <celles-ci> *pron dém* ❶ (*portant sur une personne*) diese(r) [hier]; (*portant sur une chose*) diese(r, s) [hier], der/die/das [hier] ❷ (*avec un geste démonstratif*) ~ **est meilleure** diese(r, s) [hier] ist besser, der/die/das [hier] ist besser ❸ (*référence à un antécédent*) diese; **il écrivit à sa sœur – ~ ne répondit pas** er schrieb an seine Schwester – diese antwortete nicht ❹ (*dans une opposition*) ~ **est moins chère que celle-là** diese(r,s) ist billiger als jene(r,s); (*avec un geste démonstratif*) diese(r,s) [*o* der/die/das] [hier] ist billiger als diese(r, s) [*o* der/die/das] [da] **celle-là, celui-là** [sɛlla] <celles-là> *pron dém* ❶ (*portant sur une personne*) diese [da]; (*portant sur une chose*) diese(r, s) [da], der/die/das [da] ❷ (*avec un geste démonstratif*) ~ **est meilleure** diese(r, s) [da] ist besser, der/die/das [da] ist besser ❸ (*référence à un antécédent*) **ah! Je la retiens ~ alors!** *fam* das werde ich mir merken!, das verzeihe ich ihr nie!; **elle est bien bonne ~!** das ist ein bisschen dick aufgetragen! ❹ (*dans une opposition*) **celle-ci est moins chère que ~** diese(r,s) ist billiger als jene(r,s); (*avec un geste démonstratif*) diese(r,s) [*o* der/die/das] hier ist billiger als diese(r, s) [*o* der/die/das] da

celles, ceux [sɛl] *pl pron dém* ❶ die[jenigen]; ~ **d'entre vous/nous** diejenigen von [*o* unter] Ihnen/uns
❷ *avec pron rel* ~ **qui ont fini peuvent sortir** die[jenigen], die fertig sind, können gehen; **les marchandises importées sont moins chères que ~ fabriquées en France** die importierten Waren sind preisgünstiger als die, die in Frankreich hergestellt werden [*o* als die in Frankreich hergestellten]

celles-ci, ceux-ci [sɛlsi] *pl pron dém* ❶ (*pour distinguer plusieurs personnes ou choses d'un groupe*) diese [hier], die [hier] ❷ (*référence à un antécédent*) diese; **il écrivit à ses sœurs – ~ ne répondirent pas** er schrieb an seine Schwestern – diese antworteten nicht ❸ (*dans une opposition*) ~ **sont moins chères que celles-là** diese sind billiger als jene; (*avec un geste démonstratif*) diese [*o* die] hier sind billiger als diese [*o* die] da **celles-là**, **ceux-là** [sɛlla] *pl pron dém* ❶ (*avec un geste démonstratif*) diese [da], die [da]; ~ **sont les meilleures** die[se] da [*o* dort] sind die besten ❷ (*référence à un antécédent*) **ah! je les retiens** ~ **alors!** *fam* die werde ich mir merken!, das verzeihe ich ihnen nie! ❸ (*dans une opposition*) **celles-ci sont moins chères que** ~ diese sind billiger als jene; (*avec un geste démonstratif*) diese [*o* die] hier sind billiger als diese [*o* die] da

cellier [selje] *m* Vorratsraum *m;* (*cave*) [Vorrats]keller *m*

cellophane® [selɔfan] *f* Zellophan® *nt,* Cellophan® *nt;* (*emballage alimentaire*) Frischhaltefolie *f;* **des feuilles de** ~ Zellophanpapier *nt;* **sous** ~ in [Frischhalte]folie verpackt

cellulaire [selylɛʀ] **I.** *adj* ❶ (*relatif à la cellule*) **division** ~ Zellteilung *f*
❷ (*relatif à la prison*) **régime** ~ [Einzel]haft *f;* **fourgon** [*o* **voiture**] ~ Zellenwagen *m,* Gefangenentransporter *m*
II. *m* CAN (*téléphone portable*) Handy *nt*

cellular [selylaʀ] *m* TEXTIL **chemise en** ~ Netzhemd *nt*

cellule [selyl] *f* ❶ (*local*) Zelle *f;* ~ **d'isolement** Einzelzelle
❷ BIO Zelle *f;* **les** ~**s nerveuses/reproductrices** die Nerven-/Keimzellen
❸ TECH Zelle *f;* ~ **photoélectrique** Fotozelle
❹ BOT (*gâteau de cire*) Wabe[nzelle *f*] *f*
❺ AVIAT Flugzeugzelle *f*
❻ (*groupement politique*) Zelle *f;* ~ **de crise** Krisenstab *m*
► ~ **familiale** *Familie als Keimzelle der Gesellschaft*

cellulite [selylit] *f* MED Zellulitis *f*

celluloïd [selylɔid] *m* Zelluloid *nt;* **en** ~ aus Zelluloid

cellulose [selyloz] *f* Zellulose *f,* Cellulose *f*

cellulosique [selylozik] *adj* **fibre** ~ Zellulosefaser *f,* Cellulosefaser *f*

celte [sɛlt] *adj* keltisch

Celte [sɛlt] *m, f* Kelte *m*/Keltin *f*

celtique [sɛltik] **I.** *adj* keltisch
II. *m* **le** ~ Keltisch *nt,* das Keltische; *v. a.* **allemand**

celui, celle [səlɥi] <ceux> *pron dém* ❶ *avec préposition* der[jenige]/die[jenige]/das[jenige]; **mon classeur/vase/tableau est plus joli que** ~ **de Paul** mein Ordner/meine Vase/mein Bild ist schöner als der/die/das von Paul [*o* als Pauls]
❷ *avec pron rel* der/die/das; **voilà l'ordinateur qui est encore mieux que** ~ **de Jules** das ist der Computer, der noch besser ist als der von Jules; **mets donc ton pantalon rouge, c'est** ~ **qui te va le mieux** zieh doch deine rote Hose an, die steht dir am besten; **ce tableau est moins cher que** ~ **que j'ai acheté** dieses Bild ist billiger als das, das ich dir gekauft habe
❸ *avec adjectif ou participe* der/die/das; **le produit importé est moins cher que** ~ **fabriqué en France** die importierte Ware ist preisgünstiger als die, die in Frankreich hergestellt wird [*o* als die in Frankreich hergestellte]

celui-ci, celle-ci [səlɥisi] <ceux-ci> *pron dém* ❶ (*portant sur une personne*) diese(r) [hier]; (*portant sur une chose*) diese(r, s) [hier], der/die/das [hier] ❷ (*pour distinguer l'un de l'autre*) ~ **est meilleur** diese(r, s) [hier] ist besser, der/die/das [hier] ist besser ❸ (*référence à un antécédent*) dieser; **il écrivit à son frère –** ~ **ne répondit pas** er schrieb an seinen Bruder – dieser antwortete nicht ❹ (*dans une opposition*) ~ **est moins cher que celui-là** diese(r,s) ist billiger als jene(r,s); (*avec un geste démonstratif*) diese(r,s) [*o* der/die/das] hier ist billiger als diese(r, s) [*o* der/die/das] da **celui-là, celle-là** [səlɥila] <ceux-là> *pron dém* ❶ (*portant sur une personne*) diese(r) [da]; (*portant sur une chose*) diese(r, s) [da], der/die/das [da] ❷ (*avec un geste démonstratif*) ~ **est meilleur** diese(r, s) [da/dort] ist besser ❸ (*référence à un antécédent*) **ah! Je le retiens** ~ **alors!** *fam* das werde ich mir merken!, das verzeihe ich ihm nie!; **il est bien bonne** ~**!** das ist ein bisschen dick aufgetragen! ❹ (*dans une opposition*) **celui-ci est moins cher que** ~ diese(r,s) ist billiger als jene(r,s); (*avec un geste démonstratif*) diese(r,s) [*o* der/die/das] hier ist billiger als diese(r, s) [*o* der/die/das] da

cénacle [senakl] *m* ❶ *d'artistes, d'hommes de lettres* [kleiner] Kreis *m*
❷ REL *v.* **Cène**

cendre [sɑ̃dʀ] *f* ❶ (*résidu de la combustion*) Asche *f;* ~ **de cigarette** Zigarettenasche; **couleur** [**de**] ~ aschgrau
❷ *pl* GEOL (*cendres volcaniques*) [Vulkan]asche *f*
❸ *pl* (*restes d'un mort*) Asche *f;* **paix à ses** ~**s!** Friede ihrer/seiner Asche!

cendré(e) [sɑ̃dʀe] *adj lumière* fahl; *cheveux* aschblond

cendrée [sɑ̃dʀe] *f* SPORT Aschenbahn *f;* **sur** ~ auf einer Aschenbahn

cendrier [sɑ̃dʀije] *m* Aschenbecher *m; d'un poêle* Asch[en]eimer *m*

Cendrillon [sɑ̃dʀijɔ̃] *f* Aschenputtel *nt,* Aschenbrödel *nt*

Cène [sɛn] *f* REL **la** ~ das letzte Abendmahl

cenellier [sənəlje] *m* CAN (*aubépine*) Weißdorn *m*

censé(e) [sɑ̃se] *adj* ❶ (*présumé en train de faire qc*) **être** ~**(e) faire qc** [eigentlich] etw tun wollen
❷ (*présumé capable de faire qc*) **je suis** ~**(e) connaître la réponse** ich bin der/die Einzige, der/die die Antwort kennt
❸ (*présumé devoir faire qc*) **je te le dis, mais tu n'es pas** ~**(e) le savoir** ich sage es dir, aber eigentlich darfst du es gar nicht wissen

censément [sɑ̃semɑ̃] *adv* (*apparement*) offensichtlich, anscheinend

censeur [sɑ̃sœʀ] *m* ❶ MEDIA (*critique*) Kritiker(in) *m(f)*
❷ POL Zensor(in) *m(f)*
❸ SCOL *vieilli Beamter, der/Beamtin, die an Gymnasien für die Schulordnung zuständig war*

censure [sɑ̃syʀ] *f* ❶ Zensur *f;* ~ **politique/cinématographique** politische Zensur/Filmzensur; ~ **sur la presse** Pressezensur; **la commission de** ~ die Zensurbehörde; **passer** [*o* **être soumis(e)**] **à la** ~ der Zensur unterliegen, zensiert werden
❷ POL (*sanction prononcée par une assemblée*) Misstrauensvotum *nt;* **déposer une motion de** ~ einen Misstrauensantrag stellen; **voter la** [**motion de**] ~ ein Misstrauensvotum abgeben

censurer [sɑ̃syʀe] <1> *vt* ❶ zensieren; **être censuré(e) pendant des années** jahrelang von der Zensur verboten sein [*o* auf dem Index stehen]
❷ *a.* POL (*sanctionner*) ~ **qn/qc** jdm das Misstrauen aussprechen/Misstrauen gegenüber etw empfinden

cent[1] [sɑ̃] **I.** *num* ❶ [ein]hundert; **cinq** ~**s euros** fünfhundert Euro; **mille** ~ [*o* **onze** ~**s**] **euros** [ein]tausendeinhundert [*o* elfhundert] Euro; **deux** ~ **mille** zweihunderttausend; **trois** ~**s millions** dreihundert Millionen; ~ **un(e)** hundert[und]eins/-eine(r); **deux** ~ **deux jours** zweihundert[und]zwei Tage
❷ (*dans l'indication de l'âge, la durée*) **avoir** ~ **ans** hundert [Jahre alt] sein; **personne de** ~ **ans** Hundertjährige(r) *f(m);* **période de** ~ **ans** Zeitraum *m* von hundert Jahren
❸ *inv* (*dans l'indication de l'ordre*) **page deux** ~ Seite zweihundert
❹ *antéposé* (*nombreux*) hundert; **vous avez** ~ **fois raison** Sie haben hundertprozentig [*o* völlig] recht
II. *m inv* ❶ Hundert *f*
❷ (*numéro*) Nummer *f* hundert, Hundert *f*
► **pour** ~ Prozent *nt;* **cinq/dix pour** ~ **des Français** fünf/zehn Prozent der Franzosen; ~ **pour** ~ hundertprozentig, völlig
III. *f* (*table, chambre... numéro cent*) Hundert *f; v. a.* **cinq, cinquante**

cent[2] [sɛnt] *m* (*centième partie de l'euro*) Cent *m*

cent[3] [sɛnt] *f* CAN Cent *m*

centaine [sɑ̃tɛn] *f* ❶ **une** ~ **de personnes/pages** etwa [*o* ungefähr] hundert Personen/Seiten; **des** ~**s de per-**

sonnes/pages Hunderte *Pl* von Personen/Seiten; **plusieurs ~s de manifestants** mehrere Hundert Demonstranten; **des/les ~s de milliers d'Allemands** Hunderttausend Deutsche/Hunderttausende von Deutschen; **par ~s** zu Hunderten
❷ (*cent unités*) Hunderter *m;* **dans 648, 6 est le chiffre des ~s** in 648 steht 6 für die Hunderter
❸ COM Hundert *nt;* **à la ~** im Hundert[erpack]

centaure [sɑ̃tɔʀ] *m* MYTH Zentaur *m,* Kentaur *m*

centenaire [sɑ̃tnɛʀ] **I.** *adj* hundertjährig; **être ~** hundert Jahre alt sein
II. *mf* Hundertjährige(r) *f(m)*
III. *m d'une personne, chose* hundertster Geburtstag; *d'un événement* hundertster Jahrestag; (*cérémonie*) Hundertjahrfeier *f*

centésimal(e) [sɑ̃tezimal, o] <-aux> *adj* zentesimal (*Fachspr.*), hundertteilig; **degré ~** Hundertstelgrad *m;* (*sur un thermomètre*) Grad *m* Celsius

centième [sɑ̃tjɛm] **I.** *adj antéposé* hundertste(r, s)
II. *mf* **le/la ~** der/die/das Hundertste
III. *m* (*fraction*) Hundertstel *nt;* **un ~ [de seconde]** ein Hundertstel, eine Hundertstelsekunde
IV. *f* THEAT hundertste Aufführung; *v. a.* **cinquième**

centigrade [sɑ̃tigʀad] *adj vieilli* **degré ~** Hundertstelgrad *m; v. a.* **centésimal**

centigramme [sɑ̃tigʀam] *m* Zentigramm *nt;* **peser qc au ~ près** etw auf [ein] hundertstel Gramm genau abwiegen

centilitre [sɑ̃tilitʀ] *m* Zentiliter *m o nt;* **25 ~s** ein viertel Liter [*o* Viertelliter], 0,25 Liter

centime [sɑ̃tim] *m* ❶ HIST Centime *m*
❷ **~ [d'euro]** Cent *m* **une pièce de 50 ~s** eine Fünfzigcentmünze, fünfzig Cent
❸ *fig* **ne pas avoir un ~ sur soi** keinen Pfennig [bei sich (*Dat*)] haben

centimètre [sɑ̃timɛtʀ] *m* ❶ (*unité*) Zentimeter *m o nt*
❷ (*ruban*) Zentimetermaß *nt*
◆ **~ carré** Quadratzentimeter *m;* **~ cube** Kubikzentimeter *m*

centrafricain(e) [sɑ̃tʀafʀikɛ̃, ɛn] *adj* zentralafrikanisch

central [sɑ̃tʀal, o] <-aux> *m* TELEC [Telefon]zentrale *f*

central(e) [sɑ̃tʀal, o] <-aux> *adj* ❶ (*situé au centre*) zentral; *quartier* zentral [gelegen]; **partie ~e** Mittelstück *nt,* mittlerer Teil; **l'Amérique/l'Asie ~e** Mittelamerika *nt*/Zentralasien *nt*
❷ (*important*) zentral; **être ~(e)** *passage:* von zentraler Bedeutung sein; **personnage ~** Hauptperson *f,* Hauptfigur *f*
❸ ADMIN **administration ~e** Zentralverwaltung *f*

centrale [sɑ̃tʀal] *f* ❶ ELEC (*usine*) Kraftwerk *nt;* **~ atomique [*o* nucléaire]** Atomkraftwerk, Kernkraftwerk; **~ électrique** Elektrizitätswerk; **~ éolienne** Windenergieanlage *f;* **~ thermique** Wärmekraftwerk
❷ POL (*organisation ouvrière*) [gewerkschaftliche] Organisation, Arbeitnehmerorganisation *f;* **~ syndicale** Gewerkschaft *f*
❸ (*prison*) Strafvollzugsanstalt *f*
❹ (*grande école*) **la Centrale** *renommierte staatliche Hochschule für Ingenieure und Manager*

centralien(ne) [sɑ̃tʀaljɛ̃, jɛn] *m(f) [ehemaliger] Schüler/[ehemalige] Schülerin der „Ecole centrale des arts et manufactures"*

centralisateur, -trice [sɑ̃tʀalizatœʀ, -tʀis] *adj* zentralistisch

centralisation [sɑ̃tʀalizasjɔ̃] *f* ❶ (*action de centraliser*) *de la politique, de l'économique* Zentralisierung *f,* Zentralisation *f; des dons, des secours* zentrale Koordinierung [*o* Koordination]; *des renseignements* zentrale Erfassung
❷ (*résultat*) Zentralisation *f*

centraliser [sɑ̃tʀalize] <1> *vt* zentralisieren *pouvoir, administration, économie;* [zentral] erfassen [*o* sammeln] *information;* koordinieren *dons, secours*

centralisme [sɑ̃tʀalism] *m* Zentralismus *m;* **~ de l'État** staatlicher Zentralismus

centre [sɑ̃tʀ] *m* ❶ (*milieu*) *d'un cercle, globe, d'une sphère* Mittelpunkt *m; d'une place, ville* Mitte *f,* Zentrum *nt;* **le ~ de la ville** die Stadtmitte, die Innenstadt
❷ POL Mitte *f;* **parti du ~** Partei *f* der Mitte; **~ gauche/droit** gemäßigte Linke/Rechte
❸ (*lieu d'activités*) Zentrum *nt;* **~ financier/industriel/commercial** Finanz-/Industrie-/Handelszentrum; **~ ferroviaire** Eisenbahnknotenpunkt *m;* **les grands ~s urbains** die großen Ballungszentren
❹ (*organisme, local*) Zentrum *nt;* **~ aéré** Ferien- und Freizeitzentrum; **~ commercial/culturel** Einkaufs-/Kulturzentrum; **~ hospitalier régional/universitaire** Landes-/Universitätsklinik *f;* **~ spatial/nautique** Raumfahrt-/Wassersportzentrum
❺ FBALL (*terrain*) Mittelfeld *nt;* (*joueur*) Mittelstürmer *m;* (*passe*) Flanke *f*
❻ (*point essentiel*) Mittelpunkt *m;* **être au ~ de qc** im Mittelpunkt einer S. (*Gen*) sein; **être au ~ des préoccupations de qn** jds Hauptsorge sein
◆ **~ d'accueil** Beratungsstelle *f;* (*pour réfugiés*) Aufnahmelager *nt;* **~ d'achats** CAN (*centre commercial*) Einkaufszentrum *nt;* **~ d'art dramatique** Theaterwerkstatt *f;* **~ de contrôle** AVIAT Kontrollturm *m;* **~ de détention** Untersuchungsgefängnis *nt;* **~ de documentation** Dokumentationszentrum *nt;* **~ de formation** Ausbildungszentrum *nt;* **~ de gravité** PHYS Schwerpunkt *m;* **~ d'hébergement** Gästehaus *nt;* (*pour réfugiés*) Sammelunterkunft *f;* **~ d'intérêt** [Themen]schwerpunkt *m;* **~ d'organisation** Organisationszentrum *nt;* **~ de pèlerinage** Wallfahrtsort *m;* **~ de rééducation** MED Rehabilitationszentrum *nt;* **~ de transfusion sanguine** Blutspendezentrum *nt;* **~ de tri** POST Sortierstelle *f;* **~ de vacances** Ferienlager *nt*

centre-avant [sɑ̃tʀavɑ̃] <centres-avants> *m* SPORT BELG (*avant-centre*) Mittelstürmer(in) *m(f)*

centrer [sɑ̃tʀe] <1> *vt* ❶ *a. fig* (*placer au centre*) zentrieren; **~ son discours sur un sujet** ein Thema in den Mittelpunkt seiner Rede stellen
❷ SPORT [zur Mitte] flanken

centre[-]ville [sɑ̃tʀəvil] <centres-villes> *m abusif* Stadtzentrum *nt; v.* **centre**

centrifuge [sɑ̃tʀifyʒ] *adj* zentrifugal; **force ~** Zentrifugalkraft *f;* **essoreuse ~** Schleuder *f*

centrifuger [sɑ̃tʀifyʒe] <2a> *vt* zentrifugieren

centrifugeuse [sɑ̃tʀifyʒøz] *f* Zentrifuge *f;* (*pour produire du jus*) Entsafter *m*

centripète [sɑ̃tʀipɛt] *adj* PHYS zentripetal; **la force ~** Zentripetalkraft *f*

centrisme [sɑ̃tʀism] *m* Politik *f* der Mitte

centriste [sɑ̃tʀist] **I.** *adj député* der Mitte; *convictions politiques* gemäßigt, in der politischen Mitte angesiedelt
II. *mf* Abgeordnete(r) *f(m)* der Mitte

centuple [sɑ̃typl] **I.** *adj* hundertfach; **mille est un nombre ~ de dix** tausend ist das Hundertfache von zehn
II. *m a. fig* Hundertfache(s) *nt;* **rendre une dette à qn au ~** jdm eine Schuld mit Zins und Zinseszins zurückzahlen

centupler [sɑ̃typle] <1> **I.** *vi* sich verhundertfachen
II. *vt* verhundertfachen

cep [sɛp] *m* (*pied de vigne*) Rebstock *m,* Weinstock *m*

cépage [sepaʒ] *m* Rebsorte *f,* Rebe *f*

cèpe [sɛp] *m* Steinpilz *m,* Herrenpilz (A)

cependant [s(ə)pɑ̃dɑ̃] *adv* ❶ doch, jedoch; **c'est incroyable et ~ vrai** es ist unglaublich, aber [dennoch] wahr; **~, en fin de journée ...** gegen Abend jedoch ...; **et ~** und doch; **il a raté son examen et ~ il avait travaillé** er ist durch die Prüfung gefallen, obwohl er doch gearbeitet hatte
❷ *littér* **~ que** während

céphalorachidien(ne) [sefalɔʀaʃidjɛ̃, jɛn] *adj* MED **liquide ~** [Hirn- u.] Rückenmarksflüssigkeit *f*

céramique [seʀamik] **I.** *adj* keramisch; **production ~** Keramikproduktion *f*
II. *f* ❶ (*objet*) Keramik *f;* **en ~** aus Keramik
❷ (*art*) Töpferei *f,* Töpferkunst *f*

❸ MED ~ **dentaire** Zahnkeramik *f*

céramiste [seʀamist] *mf* Keramiker(in) *m(f)*

Cerbère [sɛʀbɛːʀ(ə)] *m* Zerberus *m*

cerceau [sɛʀso] <x> *m* Reifen *m; d'un tonneau* Reif[en] *m*, Band *nt; d'une tonnelle* Bogen *m*

cerclage [sɛʀklaʒ] *m* ❶ TECH Bereifen *nt*
❷ MED Cerclage *f*

cercle [sɛʀkl] *m* ❶ (*forme géométrique*) Kreis *m;* **former un** ~ einen Kreis bilden [*o* schließen]; **en** ~ im Kreis
❷ (*étendue*) *de personnes* Kreis *m; de connaissances, recherches* Bereich *m;* ~ **d'amis** Freundeskreis; **le** ~ **de mes relations** mein Bekanntenkreis; **le** ~ **de famille** der Kreis der Familie; **élargir le** ~ **de ses connaissances/clients** seinen Bekannten-/Kundenkreis erweitern
❸ (*club, groupe*) *littéraire* Kreis, Zirkel *m; politique* Arbeitskreis; *militaire* Bund *m;* (*sportif*) Club *m*, Klub *m;* ~ **des officiers** Offizierskasino *nt;* ~ **amical France-Allemagne** deutsch-französischer Freundeskreis; ~ **d'études** Studienkreis
❹ GEOG ~ **antarctique/arctique** südlicher/nördlicher Polarkreis
▶ ~ **vicieux** Teufelskreis *m*
◆ ~ **de qualité** ECON Qualitätszirkel *m*

cercler [sɛʀkle] <1> *vt* (*munir de cercles*) binden, bereifen; (*entourer*) einfassen, umranden; **des lunettes cerclées d'or** eine Brille mit Goldfassung; **lunettes cerclées d'écaille** Brille mit Hornfassung [*o* Schildpattfassung]

cercueil [sɛʀkœj] *m* Sarg *m*

céréale [seʀeal] *f* Getreide *nt;* **les** ~**s** das Getreide; (*au petit-déjeuner*) *Haferflocken, Cornflakes, Müsli etc*

céréalier [seʀealje] *m* (*producteur de céréales*) Getreidebauer(in) *m(f)*

céréalier, -ière [seʀealje, -jɛʀ] *adj* **culture céréalière** Getreideanbau *m*

cérébral(e) [seʀebʀal, o] <-aux> **I.** *adj* ❶ ANAT **les hémisphères cérébraux** die Großhirnhälften; **hémorragie** ~**e** [Ge]hirnblutung *f;* **lésion** ~**e** [Ge]hirnverletzung *f;* **congestion** ~**e** Schlaganfall *m*
❷ (*intellectuel*) geistig; **être plus manuel que** ~**(e)** mehr handwerkliche [*o* manuelle] als geistige [*o* intellektuelle] Fähigkeiten haben
II. *mf* **être un pur** ~ ein reiner Verstandesmensch sein

cérébrospinal(e) [seʀebʀospinal, o] <-aux> *adj* MED Hirn und Rückenmark betreffend, zerebrospinal (*Fachspr.*)

cérémonial(e) [seʀemɔnjal] <s> *m(f)* Zeremoniell *nt*

cérémonie [seʀemɔni] *f* Zeremonie *f*, Feier[lichkeiten *Pl*] *f;* ~ **religieuse** kirchliche Feier; ~ **religieuse/civile du mariage** kirchliche/standesamtliche Trauung; ~ **du mariage** Hochzeitsfeier[lichkeiten]; **habit de** ~ feierliche Kleidung, Gesellschaftskleidung *f*
▶ **sans plus de** ~**s** ohne weitere Umstände

cérémonieusement [seʀemɔnjøzmɑ̃] *adv souvent péj* feierlich, zeremoniell; (*sans cordialité*) förmlich, steif

cérémonieux, -euse [seʀemɔnjø, -jøz] *adj* zeremoniell; *salut, ton, accueil* feierlich; (*sans cordialité*) förmlich, steif; **prendre des airs** ~ ganz förmlich werden

cerf [sɛʀ] *m* ZOOL Hirsch *m;* ~ **[de] dix cors** Zehnender *m*

cerfeuil [sɛʀfœj] *m* Kerbel *m*

cerf-volant [sɛʀvɔlɑ̃] <cerfs-volants> *m* ❶ (*jouet*) Drachen *m;* **faire voler un** ~ einen Drachen steigen lassen
❷ ZOOL Hirschkäfer *m*

cerise [s(ə)ʀiz] **I.** *f* Kirsche *f*
II. *adj inv* [**rouge**] ~ kirschrot

cerisier [s(ə)ʀizje] *m* ❶ (*arbre*) Kirschbaum *m*
❷ (*bois*) Kirschbaum[holz *nt*] *m*, Kirsche *f*

cérium [seʀjɔm] *m* CHIM Cer *nt*

CERN [sɛʀn] *m abr de* **Conseil européen pour la recherche nucléaire** *europäische Organisation für Kernforschung in Genf*

cerne [sɛʀn] *m* ❶ *pl* (*sous les yeux*) Ringe *Pl* [*o* Schatten *Pl*] unter den Augen
❷ (*cercle coloré*) Ring *m; d'une tache* Rand *m; de la lune* Hof *m*
❸ *d'un arbre* Jahresring *m*

cerné(e) [sɛʀne] *adj* **avoir les yeux** ~**s** Ringe [*o* Schatten] *Pl* unter den Augen haben

cerneau [sɛʀno] <x> *m* (*noix verte*) grüne [*o* unreife] Nuss; (*chair*) Nusskern *m*

cerner [sɛʀne] <1> *vt* ❶ (*entourer*) umschließen, umgeben
❷ *a. fig* (*entourer d'un trait*) umreißen, skizzieren
❸ (*encercler*) umstellen, einkreisen *ennemi, ville*
❹ (*assaillir*) hereinbrechen über *personne;* **les soucis le cernent de toutes parts** die Sorgen wachsen ihm über den Kopf
❺ *fig* einkreisen; (*analyser*) erfassen *problème, situation;* einschätzen *difficulté*
❻ *fam* (*évaluer*) einordnen, einschätzen *personne*

certain(e) [sɛʀtɛ̃, ɛn] **I.** *adj* sicher; **qc est sûr et** ~ etw ist hundertprozentig [*o* ganz] sicher; **tenir qc pour** ~ etw für gesichert halten, von etw überzeugt sein; **j'en suis sûr(e) et** ~**(e)!** dessen bin ich mir ganz sicher!, davon bin ich überzeugt!
II. *adj indéf* ❶ *pl antéposé* (*quelques*) gewisse, bestimmte
❷ (*bien déterminé*) **un** ~ **endroit/une** ~**e époque** eine bestimmte Stelle/Epoche
III. *pron pl* (*personnes, choses*) manche, einige, gewisse (*pej*); ~**(e)s d'entre vous** manche [*o* einige] unter Ihnen/euch; **aux yeux de** ~**(e)s** in den Augen einiger [*o* gewisser *pej*] Leute

certainement [sɛʀtɛnmɑ̃] *adv* ❶ (*selon toute apparence*) sicher[lich], bestimmt
❷ (*sans aucun doute*) [ganz] sicher, [ganz] bestimmt, zweifellos

certes [sɛʀt] *adv* ❶ (*pour exprimer une réserve*) (*en début de phrase*) zugegeben ..., gewiss ...; (*au milieu de la phrase*) sicher, zwar; (*dans une négation*) bestimmt, gewiss (*geh*); **c'est le plus doué,** ~**! Mais ...** er ist sicher [*o* zwar] der Begabteste, aber ..., zugegeben [*o* gewiss *geh*], er ist der Begabteste, aber ...
❷ *littér* (*pour renforcer une affirmation*) gewiss (*geh*)

certificat [sɛʀtifika] *m* ❶ (*attestation*) Bescheinigung *f;* ~ **médical** ärztliches Attest; (*fiche de maladie*) [ärztliche] Krankmeldung
❷ (*diplôme*) Zeugnis *nt; d'un domestique* Referenz *f;* (*des études universitaires*) Diplom *nt;* **délivrer** [*o* **fournir**] **un** ~ **à qn** jdm ein Zeugnis ausstellen
◆ ~ **d'aptitude** Tauglichkeitszeugnis *nt;* ~ **d'aptitude professionnelle** JUR beruflicher Befähigungsnachweis; ~ **d'authenticité** Echtheitszeugnis *nt;* ~ **de bonne conduite** Führungszeugnis *nt;* ~ **de bonne moralité** Leumundszeugnis *nt;* ~ **de décès** Totenschein *m;* ~ **de garantie** Garantieschein *m;* ~ **de mise en circulation** JUR Gebrauchsabnahmebescheinigung *f* (*Fachspr.*); ~ **de naissance** Geburtsurkunde *f;* ~ **de résidence** [An]meldebestätigung *f;* ~ **de scolarité** Schulbescheinigung *f;* ~ **de travail** Arbeitsbescheinigung *f;* ~ **de vaccination** Impfschein *m*

certifié(e) [sɛʀtifje] **I.** *adj* (*titulaire du C.A.P.E.S*) **professeur** ~ ≈ *Lehrer(in) für das höhere Lehramt*
II. *m(f)* (*titulaire du C.A.P.E.S*) ≈ *Lehrer(in) für das höhere Lehramt*

certifier [sɛʀtifje] <1a> *vt* ❶ versichern; **il n'a pu** ~ **l'heure du décès** er konnte nicht mit Sicherheit sagen, wann der Tod eingetreten war
❷ JUR, ADMIN beglaubigen; **cette copie est certifiée conforme à l'original** diese Kopie ist beglaubigt; (*mention sur le tampon*) Kopie entspricht dem Original

certitude [sɛʀtityd] *f* Sicherheit *f*, Gewissheit *f;* **avec** ~ sicher, mit Sicherheit; **c'est maintenant une** ~ **absolue** darüber besteht jetzt absolute Gewissheit [*o* Sicherheit]; **avoir la** ~ **de qc** sich (*Dat*) einer S. (*Gen*) sicher sein

cérumen [seʀymɛn] *m* Ohrenschmalz *nt*

cerveau [sɛʀvo] <x> *m* ① ANAT Gehirn *nt*
② (*ensemble des facultés mentales*) [Ge]hirn *nt*, Kopf *m*, Verstand *m*
③ (*centre de direction*) *d'une entreprise, organisation* [Schalt]zentrale *f*
④ (*personne*) intelligenter [*o* kluger] Kopf; (*célébrité*) großer Geist
⑤ (*organisateur*) Kopf *m*
▸ **avoir le ~ dérangé** [*o* **fêlé**] *fam* nicht ganz richtig im Kopf sein (*fam*), nicht ganz bei Verstand sein (*fam*); **se creuser** [*o* **se fatiguer**] **le ~** sich (*Dat*) den Kopf zerbrechen, sich (*Dat*) das Hirn zermartern (*fam*)

cervelas [sɛʀvəla] *m* Zervelatwurst *f*

cervelet [sɛʀvəlɛ] *m* ANAT Kleinhirn *nt*

cervelle [sɛʀvɛl] *f* ① *fam* (*esprit*) Verstand *m*; **une tête sans ~** ein Hohlkopf [*o* Dummkopf] *m* (*fam*); **ne rien avoir dans la ~** nichts im Kopf haben
② GASTR Hirn *nt*; **~ de veau** Hirn vom Kalb, Kalbshirn

cervical(e) [sɛʀvikal, o] <-aux> *adj* ANAT zervikal (*Fachspr.*); **les [vertèbres] ~es** die Halswirbel; **douleurs ~es** Nackenschmerzen *Pl*

cervidés [sɛʀvide] *m pl* ZOOL [die Familie der] Hirsche *Pl*

Cervin [sɛʀvɛ̃] *m* **le ~** das Matterhorn

cervoise [sɛʀvwaz] *f* HIST Bier *nt* (*das bis ins Mittelalter verbreitet war und keinen Hopfen enthält*)

ces [se] *adj dém pl* ① (*pour désigner des personnes ou choses proches*) diese; **~ tableaux/fleurs** diese Bilder/Blumen; **en ~ derniers jours d'été** in diesen letzten Sommertagen
② *fam* (*intensif, péjoratif*) **il a de ~ idées!** er hat vielleicht Ideen! (*fam*); **comment peut-il raconter ~ mensonges** wie kann er nur solche Lügen auftischen! (*fam*)
③ (*avec une nuance d'étonnement*) diese, solche; **~ mensonges!** diese Lügen!
④ (*formule de politesse*) die; **si ~ dames/messieurs veulent bien s'asseoir!** wenn sich die Damen/Herren bitte setzen wollten! (*veraltet*)
⑤ (*mise en opposition*) diese, die; **~ gens-ci ... ~ gens-là** die Leute hier ... die Leute dort, diese Leute ... die anderen Leute
⑥ (*temporel*) **~ nuits-ci, j'ai mal dormi** diese Nächte [*o* in diesen Nächten] habe ich schlecht geschlafen; **~ jours-ci** zur Zeit; **un de ~ jours** irgendwann [mal]; **à un de ~ jours!** bis dann!; **dans ~ années-là** in jenen Jahren
⑦ (*allusion à un sujet dont on a déjà parlé*) **et ~ projets de construction, ça marche?** und die [*o* deine/Ihre] Baupläne, was machen die?, und was machen die [*o* deine/Ihre] Baupläne?

C.E.S. [seøɛs] *m* ① *abr de* **collège d'enseignement secondaire** ≈ Schule der Sekundarstufe I
② *abr de* **contrat emploi-solidarité** (*emploi*) ≈ ABM-Stelle *f*

César [seza:ʀ] *m* HIST **Jules ~** Julius Cäsar

césarienne [sezaʀjɛn] *f* MED Kaiserschnitt *m*

césium [sezjɔm] *m* CHIM Cäsium *nt*

cessant(e) [sesɑ̃, ɑ̃t] *adj* ▸ **toute chose** [*o* **affaire**] **~e** vordringlich, besonders wichtig

cessation [sesasjɔ̃] *f* Einstellen *nt*; **en état de ~ de paiements** zahlungsunfähig

cesse [sɛs] ▸ **n'avoir [pas] de ~** keine Ruhe geben; **sans ~** (*sans interruption*) ständig, unaufhörlich; (*de manière répétitive*) immer wieder

cesser [sese] <1> **I.** *vt* einstellen; beenden *discours*; **~ le travail** (*finir de travailler*) *personne:* seine Arbeit beenden, Feierabend machen; (*se mettre en grève*) die Arbeit einstellen; **cessez ces cris!** hört mit dem Geschrei auf! (*fam*); **faire ~ qc** etw beenden; **faire ~ le chaos** das Chaos beseitigen
II. *vi* aufhören; *combat, travail:* eingestellt werden; *conflit:* ein Ende finden; *fièvre:* fallen; **~ de fumer** das Rauchen aufgeben

cessez-le-feu [sesel(ə)fø] *m inv* (*arrêt prolongé*) Waffenruhe *f*; (*arrêt momentané*) Waffenpause *f*

cession [sesjɔ̃] *f* JUR Übertragung *f*; *de biens* Überschreibung *f*; *de droits* Abtretung *f*; (*vente*) Veräußerung *f*

c'est-à-dire [sɛtadiʀ] *conj* ① (*à savoir*) das heißt [also], das bedeutet [also]
② (*justificatif d'une réticence*) eigentlich; die Sache ist die, dass; **viendras-tu dimanche? – ~ que je suis déjà invité(e)** kommst du am Sonntag? – eigentlich bin ich schon eingeladen
③ (*en conséquence*) das heißt, das bedeutet
④ (*rectificatif d'une affirmation antérieure*) das heißt, besser gesagt; **j'ai égaré mes clés – C'est-à-dire que tu les as oubliées au bureau** ich habe meine Schlüssel verlegt – Das heißt [*o* besser gesagt], du hast sie im Büro vergessen

césure [sezyʀ] *f* POES *a. fig* Zäsur *f*

cet [sɛt] *adj dém v.* **ce**

C.E.T. [seøte] *m abr de* **collège d'enseignement technique** ≈ Berufsfachschule *f*

cétacé [setase] *m* ZOOL Wal *m*

cette [sɛt] *adj dém* ① (*pour désigner une personne ou chose proche*) diese(r, s); **~ chaise/fleur/maison** dieser Stuhl/diese Blume/dieses Haus; **en ~ dernière semaine de l'avent** in dieser [*o* der diesjährigen] letzten Adventswoche; **alors, ~ grippe, comment ça va?** na, wie geht's [mit] deiner/Ihrer Grippe?
② (*intensif, péjoratif*) **~ fille-là** das Mädchen da; **aurait-il vraiment ~ chance?** sollte er wirklich das [*o* so viel] Glück haben?; **comment peut-il raconter ~ histoire!** wie kann er nur so eine Geschichte erzählen!
③ (*avec une nuance d'étonnement*) so ein(e), was für ein(e); **~ franchise/chance!** was für eine Offenheit/ein Glück!
④ (*formule de politesse*) die; **si ~ demoiselle veut bien s'asseoir!** wenn sich die junge Dame bitte setzen wollte!
⑤ (*mise en opposition*) **~ version-ci ... ~ version-là** diese Fassung hier ... jene Fassung dort
⑥ (*temporel*) **~ nuit** heute Nacht; **~ semaine-là, nous n'avions pas beaucoup de temps** in der [*o* jener] Woche hatten wir nicht viel Zeit; **~ semaine, nous devons terminer le travail** diese Woche müssen wir die Arbeit beenden
⑦ (*allusion à un sujet dont on a déjà parlé*) **et ~ bière, ça vient?** und wo bleibt das [*o* mein] Bier?

ceux, celles [sø] *pl pron dém* ① **~ d'entre vous/nous** diejenigen von [*o* unter] Ihnen/uns
② *avec pron rel* **~ qui ont fini peuvent sortir** die[jenigen], die fertig sind, können gehen
③ (*dans une opposition*) **les produits importés sont moins chers que ~ fabriqués en France** die importierten Waren sind preisgünstiger als die, die in Frankreich hergestellt werden [*o* als die in Frankreich hergestellten]

ceux-ci, celles-ci [søsi] *pl pron dém* ① (*pour distinguer plusieurs personnes ou choses d'un groupe*) diese [hier], die [hier] ② (*référence à un antécédent*) diese; **elle écrivit à ses frères – ~ ne répondirent pas** sie schrieb an ihre Brüder – diese antworteten nicht ③ (*dans une opposition*) **~ sont moins chers que ceux-là** diese sind billiger als jene; (*avec un geste démonstratif*) diese [*o* die] hier sind billiger als diese [*o* die] da **ceux-là, celles-là** [søla] *pl pron dém* ① (*avec un geste démonstratif*) diese [da], die [da]; **~ sont les meilleurs** diese [*o* die] da [*o* dort] sind die besten ② (*référence à un antécédent*) **ah! Je les retiens ~ alors!** *fam* die werde ich mir merken!, das verzeihe ich ihnen nie! ③ (*dans une opposition*) **ceux-ci sont moins chers que ~** diese sind billiger als jene; (*avec un geste démonstratif*) diese [*o* die] hier sind billiger als diese [*o* die] da

Cévennes [sevɛn] *fpl* **les ~** die Cevennen

cévenol(e) [sev(ə)nɔl] *adj* aus den Cevennen

Ceylan [sɛlɑ̃] *f* HIST Ceylon *nt*; **thé de ~** Ceylontee *m*

cf., Cf. [kɔ̃fɛʀ] *abr de* **confer** vgl., s.

C.F.A. [seɛfa] *adj abr de* **communauté financière africaine: franc ~** CFA-Franc *m*

C.F.C. [seɛfse] *m abr de* **chlorofluorocarbone** FCKW *m*
C.F.D.T. [seɛfdete] *f abr de* **Confédération française et démocratique du travail** *französische Gewerkschaft, die der sozialistischen Partei nahe steht*
C.F.T.C. [seɛftese] *f abr de* **Confédération française des travailleurs chrétiens** *christliche französische Gewerkschaft*
C.G.C. [seʒese] *f abr de* **Confédération générale des cadres** *französische Gewerkschaft für leitende Angestellte*
C.G.T. [seʒete] *f abr de* **Confédération générale du travail** *kommunistische französische Gewerkschaft*
ch [ʃəvo] *abr de* **cheval-vapeur** PS *f*
chacal [ʃakal] <s> *m* ZOOL Schakal *m*
cha-cha-cha [tʃatʃatʃa] *m inv* Cha-Cha-Cha *m*
chacun(e) [ʃakœ̃, ʃakyn] *pron* ❶ (*chose ou personne dans un ensemble défini*) jede(r, s) [Einzelne]; (*de deux personnes*) jede(r) von beiden; ~/~**e de nous** jeder/jede [Einzelne] von uns; ~ **à sa façon** jeder auf seine Weise; ~ **[à] son tour** einer nach dem anderen, jeder der Reihe nach; **elle leur donna [à] ~ cent euros** [*o* **cent euros à ~**] sie gab jedem [von ihnen] hundert Euro
❷ (*toute personne*) jede(r)
chafouin(e) [ʃafwɛ̃, in] *adj mine, visage* hinterhältig, verschlagen, heimtückisch
chagrin¹ [ʃagʀɛ̃] *m* (*peine*) Kummer *m,* Leid *nt;* ~ **d'amour** Liebeskummer; ~ **d'enfant** Kindersorgen *Pl;* **avoir du/beaucoup de** [*o* **un gros**] ~ Kummer/viel [*o* großen] Kummer haben; **faire** [*o* **causer**] **du ~ à qn** jdm Kummer machen [*o* bereiten]
chagrin² [ʃagʀɛ̃] *m* (*cuir*) Chagrin[leder *nt*] *nt*
chagrin(e)³ [ʃagʀɛ̃, in] *adj* bekümmert, betrübt; *enfant* bedrückt
chagriner [ʃagʀine] <1> *vt* ~ **qn** (*causer de la peine*) jdm Kummer machen [*o* bereiten]; (*contrarier*) jdn verärgern; **je ne voudrais ~ personne, mais ...** ich möchte niemandem zu nahe treten, aber ...
chah [ʃa] *m v.* **schah**
chahut [ʃay] *m* Aufruhr *m;* (*bruit*) Krach *m;* **faire du ~** ein Spektakel machen [*o* veranstalten]
chahuter [ʃayte] <1> **I.** *vi élèves:* ein Spektakel machen [*o* veranstalten]; *enfants:* herumtoben; (*faire du bruit*) Krach [*o* Radau *fam*] machen; **assez chahuté comme ça!** macht nicht so ein Spektakel [*o* Krach]!, hört auf, so herumzutoben!; **ce professeur est toujours chahuté** bei diesem Lehrer ist es immer laut
II. *vt* ❶ (*bousculer par plaisir*) fertig machen (*fam*)
❷ (*troubler par du chahut*) ~ **un professeur** den Unterricht eines Lehrers stören; **se faire ~ par le public** vom Publikum ausgebuht werden
chahuteur, -euse [ʃaytœʀ, -øz] **I.** *adj* aufsässig, undiszipliniert
II. *m, f* (*élève indiscipliné*) Unruhestifter(in) *m(f)*
chai [ʃɛ] *m* [Wein]lager *nt*
chaîne [ʃɛn] *f* ❶ (*bijou*) ~ **de cou** Halskette *f;* ~ **de montre** Uhrkette; ~ **en or/en argent** Gold-/Siberkette, Kette aus Gold/Silber
❷ (*dispositif métallique*) Kette *f;* ~ **de bicyclette/sûreté** Fahrrad-/Sicherheitskette
❸ *pl* AUT Schneeketten *Pl*
❹ TEXTIL Kette *f;* **le fil de ~** der Kettfaden
❺ (*suite d'éléments, d'actions*) *de personnes* Kette *f; de manifestants* [Menschen]kette; *d'événements* [Ab]folge *f;* **la ~ d'un raisonnement** die Argumentationskette; **faire la ~** eine Kette bilden; **réaction en ~** Kettenreaktion *f;* ~ **alimentaire** Nahrungskette
❻ IND [Fließ]band *nt*
❼ (*émetteur*) Sender *m;* (*programme*) Programm *nt;* ~ **privée** Privatsender; ~ **câblée** Kabelkanal *m;* **sur la 3ᵉ ~** im dritten Programm
❽ (*appareil stéréo*) Anlage *f;* ~ **haute-fidélité** [*o* **hi-fi**] [*o* **stéréo**] Hi-Fi-Anlage, Stereoanlage
❾ COM (*groupement*) ~ **d'hôtels/de magasins** Hotel-/Ladenkette *f*
▶ **briser** [*o* **secouer**] **ses ~s** seine Ketten [*o* Fesseln] sprengen [*o* abschütteln]
◆ ~ **d'arpenteur** Messkette *f;* ~ **de fabrication** [Fließ]band *nt;* ~ **de montage** [Montage]band *nt;* ~ **de montagnes** Gebirgskette *f;* ~ **sans fin** Endloskette *f*
chaînette [ʃɛnɛt] *f* (*petite chaîne*) Kettchen *nt*
chaînon [ʃɛnɔ̃] *m* ❶ *a. fig* (*maillon d'une chaîne*) [Ketten]glied *nt;* ~ **du raisonnement** Glied in der Argumentationskette
❷ (*chaîne de montagnes secondaires*) Vorgebirge *nt*
chair [ʃɛʀ] **I.** *f* ❶ Fleisch *nt;* **de la ~ fraîche** rohes Fleisch; **de la ~ de bœuf/de poulet** Rind-/Hühnerfleisch, Fleisch vom Rind/Huhn; ~ **à pâté** [*o* **saucisse**] Hackepeter *m* (*fam*)
❷ (*pulpe des fruits*) [Frucht]fleisch *nt*
❸ REL, LITTER (*corps opposé à esprit*) Fleisch *nt,* Leib *m*
❹ (*instinct sexuel*) Fleisch[eslust *f*] *nt;* **les plaisirs de la ~** die sinnlichen Freuden, die fleischlichen Genüsse
II. *adj inv* **couleur ~** fleischfarben, hautfarben
chaire [ʃɛʀ] *f* ❶ (*tribune*) Rednerpult *nt; du prêtre, du prédicateur* Kanzel *f;* **monter en ~** auf die Kanzel steigen
❷ UNIV Lehrstuhl *m;* **être titulaire de la ~ d'histoire moderne** den Lehrstuhl für Neuere Geschichte innehaben
chaise [ʃɛz] *f* Stuhl *m;* ~ **pliante** Klappstuhl; ~ **électrique** elektrischer Stuhl; ~ **longue/haute** Liege-/Kinderstuhl; ~ **roulante** Rollstuhl
▶ **politique de la ~ vide** Politik *f* der Verweigerung; **pratiquer la politique de la ~ vide** eine Verweigerungshaltung einnehmen; **être assis(e)** [*o* **avoir le cul** *fam*] **entre deux ~s** zwischen zwei Stühlen sitzen
◆ ~ **à bascule** Schaukelstuhl *m;* ~ **à porteurs** HIST Sänfte *f*
chaland [ʃalɑ̃] *m* (*péniche*) Lastkahn *m,* Frachtkahn *m*
châle [ʃɑl] *m* [Schulter]tuch *nt;* ~ **à franges** Tuch mit Fransen
chalet [ʃalɛ] *m* ❶ Chalet *nt* (CH); ~ **d'alpage** CH Chalet, Almhütte *f*
❷ CH (*habitation*) ~ **d'habitation** Chalet *nt* (CH)
❸ (*abri*) Hütte *f*
❹ CAN (*maison de campagne*) Landhaus *nt*
chaleur [ʃalœʀ] *f* ❶ (*température élevée*) Wärme *f;* (*très élevée*) Hitze *f;* **vague de ~** Hitzewelle *f;* **sous l'effet de la ~** unter der Wärme-/Hitzeeinwirkung; **conserver sa ~** warm/heiß bleiben; **il fait une ~ accablante/lourde** es ist drückend heiß/schwül; **il fait une ~ caniculaire** es herrscht [eine] hochsommerliche Hitze
❷ PHYSIOL (*température du corps*) Körperwärme *f*
❸ *fig* Wärme *f; d'un accueil, sentiment* Herzlichkeit *f; d'une réunion* Gemütlichkeit *f; d'une discussion* Hitze *f,* Eifer *m;* **avec ~** voller Wärme, herzlich; **dégager beaucoup de ~ humaine** [menschliche] Wärme ausstrahlen; **manquer de ~** nicht besonders herzlich sein
chaleureusement [ʃalœʀøzmɑ̃] *adv* warm, herzlich
chaleureux, -euse [ʃalœʀø, -øz] *adj* warm; *accueil, félicitations* herzlich; *soirée* gemütlich; **parler de qn en termes ~** herzlich von jdm sprechen
châlit [ʃɑli] *m* Bettgestell *nt*
challenge [ʃalɑ̃ʒ, tʃalɛndʒ] *m* ❶ (*compétition sportive*) Pokalwettbewerb *m,* Titelkampf *m;* ~ **d'escrime** Fechtturnier *nt*
❷ (*titre*) Pokal *m,* Titel *m*
❸ (*défi*) Herausforderung *f*
challenger [tʃalɛndʒœʀ] *m,* **challengeur** [ʃalɑ̃ʒœʀ] *m* Herausforderer *m;* **être le ~ de qn** SPORT jdn herausfordern; *a.* POL gegen jdn antreten
chaloupe [ʃalup] *f* Beiboot *nt;* CAN (*petit bateau à rames*) kleines Ruderboot *nt*
chaloupé(e) [ʃalupe] *adj danse, démarche* wiegend
chalumeau [ʃalymo] <x> *m* ❶ (*appareil*) (*pour souder*) Schweißbrenner *m;* (*pour découper*) Schneidbrenner *m*

❷ MUS Schalmei *f*

chalut [ʃaly] *m* PECHE [Grund]schleppnetz *nt;* **se pêcher au ~** *poissons, crevettes:* mit dem Schleppnetz gefischt werden

chalutier [ʃalytje] *m* ❶ *(bateau)* Fischkutter *m,* Trawler *m*
❷ *(pêcheur)* Trawlerfischer *m*

chamade [ʃamad] ▶ **qn a le cœur qui bat la ~** jds Herz schlägt bis zum Hals[e]

chamaille [ʃamɑj] *f* Gezänk *nt*

chamailler [ʃamɑje] <1> *vpr* **se ~** *enfants:* sich zanken

chamaillerie [ʃamɑjʀi] *f fam* Gezanke *nt (fam)*

chamailleur, -euse [ʃamɑjœʀ, -jøz] *adj* zänkisch

chamarré(e) [ʃamaʀe] *adj* geschmückt, überladen *(pej)*; **~(e) de décorations** mit Orden bestückt [*o* behängt *pej*]; **~(e) de citations** mit Zitaten gespickt

chambard [ʃɑ̃baʀ] *m* Krawall *m;* **faire du ~** Krawall machen *(fam)*

chambardement [ʃɑ̃baʀdəmɑ̃] *m fam* Durcheinander *nt,* Tohuwabohu *nt (fam)*; POL Umwälzung *f; des valeurs, des idées* Wandel *m*

chambarder [ʃɑ̃baʀde] <1> *vt fam* über den Haufen werfen *(fam) projets, habitudes;* auf den Kopf stellen *(fam) maison, pièce*

chambellan [ʃɑ̃belɑ̃, ʃɑ̃bɛllɑ̃] *m* HIST Kammerherr *m*

chambouler [ʃɑ̃bule] <1> *vt* ❶ *fam* über den Haufen werfen *(fam) projets, programme*
❷ POL umstoßen

chambranle [ʃɑ̃bʀɑ̃l] *m d'une porte, fenêtre* Rahmen *m; d'une cheminée (au-dessus)* Sims *m; (autour)* Verkleidung *f*

chambre [ʃɑ̃bʀ] *f* ❶ *(pièce où l'on dort)* Schlafzimmer *nt;* **en ~ individuelle** im Einzelzimmer; **~ mansardée** Dachzimmer; **~ d'amis** Gästezimmer; **~ pour une personne/deux personnes** Einzel-/Doppelzimmer
❷ *(pièce spéciale)* **~ forte** Tresorraum *m;* **~ froide** [*o* **frigorifique**] Kühlraum *m*
❸ POL *(assemblée)* Kammer *f;* **système à deux ~s** Zweikammersystem *nt;* **la Chambre** die Kammer, das Abgeordnetenhaus; **la Chambre basse/haute** das Unter-/Oberhaus
❹ COM **~ syndicale** [*o* **patronale**] Arbeitgeberverband *m*
❺ JUR *(subdivision d'un tribunal)* Kammer *f;* **~ civile/correctionnelle** [*o* **criminelle**] Zivil-/Strafkammer
❻ PHOT **~ noire** [*o* **obscure**] Camera obscura *f*
▶ **faire ~ commune** ein gemeinsames Schlafzimmer haben; **faire ~ à part** getrennte Schlafzimmer haben
◆ **~ à air** Schlauch *m;* **~ à coucher** *(pièce)* Schlafzimmer *nt; (mobilier)* Schlafzimmermöbel *Pl,* Schlafzimmer; **~ à gaz** Gaskammer *f;* **~ d'agriculture** Landwirtschaftskammer *f;* **~ de bonne** Dienstbotenkammer *f; (sous les toits)* Dachkammer *f;* **~ de chauffe** NAUT Heizraum *m;* **~ de combustion** TECH Brennkammer *f;* **~ de commerce** Handelskammer *f;* **~ du commerce extérieur** FIN Außenhandelskammer *f;* **~ de commerce et d'industrie** Industrie- und Handelskammer *f;* **Chambre des députés** Abgeordnetenkammer *f,* Abgeordnetenhaus *nt;* **~ d'enfant** *(pièce)* Kinderzimmer *nt; (mobilier)* Kinderzimmermöbel *Pl,* Kinderzimmer; **~ d'étudiant** Studentenzimmer *nt,* Studentenbude *f (fam)*; **~ d'hôte** Fremdenzimmer *nt;* **Chambre des lords** [*o* **des pairs**] Oberhaus *nt;* **~ des machines** NAUT Maschinenraum *m;* **~ de métiers** Handwerkerinnung *f;* **Chambre des communes** Unterhaus *nt*

chambrée [ʃɑ̃bʀe] *f* ❶ MIL *(pièce)* Stube *f*
❷ *(occupants)* Zimmergenossen *Pl;* MIL Stubengemeinschaft *f*

chambrer [ʃɑ̃bʀe] <1> *vt* ❶ *(tempérer)* temperieren, auf Zimmertemperatur bringen
❷ *fam (se moquer de)* aufziehen *(fam)*

chambrette [ʃɑ̃bʀɛt] *f* Zimmerchen *nt*

chambrière [ʃɑ̃bʀijɛʀ] *f (fouet)* Dressurpeitsche *f,* lange Peitsche *f*

chameau [ʃamo] <x> *m* ❶ ZOOL Kamel *nt;* **manteau en poil de ~** Kamelhaarmantel *m*
❷ *fam (gros mot) femme:* Biest *nt (fam)*; *homme:* Schuft *m (fam)*

chamelier [ʃaməlje] *m* Kameltreiber(in) *m(f)*

chamelle [ʃamɛl] *f* Kamelstute *f*

chamois [ʃamwa] **I.** *m* ❶ ZOOL Gämse *f*
❷ *(cuir)* Gamsleder *nt,* Chamois[leder *nt*] *nt;* **un manteau en** [*o* **de**] **~** ein Gamsledermantel, ein Mantel aus Gamsleder; **peau de ~** Fensterleder *nt,* Ledertuch *nt*
II. *adj inv* **couleur ~** gelbbräunlich, chamois

champ [ʃɑ̃] *m* ❶ AGR *de céréales* Feld *nt; de pommes de terre, betteraves* Acker *m;* **~ de paille** Stoppelfeld; **travailler dans les** [*o* **aux**] **~s** auf dem Feld arbeiten
❷ *(campagne) pl* Land *nt;* **vie aux ~s** Landleben *nt;* **couper à travers ~s** querfeldein gehen; **vivre en pleins ~s** auf dem flachen [*o* platten] Land leben *(fam)*; **fleurs des ~s** Wiesenblumen *Pl*
❸ *(domaine)* Feld *nt;* **~ expérimental** Experimentierfeld; **~ de connaissances** Wissensgebiet *nt;* **agrandir le ~ de ses connaissances** seinen Kenntnisstand [*o* seine Kenntnisse] erweitern
❹ PHYS, ELEC Feld *nt;* **~ électrique/magnétique** elektrisches/magnetisches Feld [*o* Magnetfeld]
❺ CINE, PHOT, OPT Bild[ausschnitt *m*] *nt; (secteur embrassé par le regard)* Blickfeld *nt;* **~ visuel** [*o* **de vision**] Blickfeld, Gesichtsfeld; **prendre qn dans le ~ de son objectif** jdn aufs Bild bekommen; **sortir du ~** nicht mehr im Bild sein
❻ TECH **~ opératoire** Operationsfeld *nt*
▶ **avoir le ~ libre** freie Bahn haben; **laisser du ~ libre à qn** jdm freie Hand lassen; **laisser le ~ libre à qn** jdm das Feld überlassen; **sur le ~** auf der Stelle, sofort
◆ **~ d'action** Tätigkeitsbereich *m,* Wirkungsfeld *nt; (effet)* Wirkungskreis *m;* **~ d'activité** COM Vertriebsgebiet *nt;* **~ d'aviation** Flugfeld *nt;* **~ de bataille** Schlachtfeld *nt;* **~ de courses** Rennbahn *f;* **~ de foire** Festplatz *m; (pour des foires commerciales)* Messegelände *nt;* **~ d'honneur** Feld *nt* der Ehre; **tomber** [*o* **mourir**] **au ~ d'honneur** auf dem Feld der Ehre fallen; **~ de manœuvre** MIL Truppenübungsplatz *m;* **Champ de Mars** *Park am Fuß des Eiffelturms in Paris, früher ein Exerzier- und Paradeplatz;* **~ de mines** Minenfeld *nt;* **~ pétrolifère** IND Ölfeld *nt;* **~ de tir** Schießstand *m;* MIL Schießplatz *m*

champagne [ʃɑ̃paɲ] *m* Champagner *m;* **du ~ brut/sec/demi-sec** extra trockener/trockener/halbtrockener Champagner

Champagne [ʃɑ̃paɲ] *f* **la ~** die Champagne

champagniser [ʃɑ̃paɲize] <1> *vt* **~ un vin** einen Wein zu Champagner verarbeiten; **vin champagnisé** Sekt *m,* Schaumwein *m*

champenois(e) [ʃɑ̃pənwa, waz] *adj* der Champagne; *(originaire de la Champagne)* aus der Champagne; **méthode ~e** Champagnerverfahren *nt*

Champenois(e) [ʃɑ̃pənwa, waz] *m(f) (originaire)* jemand, der aus der Champagne kommt; *(habitant)* jemand, der in der Champagne wohnt

champêtre [ʃɑ̃pɛtʀ] *adj* ländlich; **vie ~** Landleben *nt;* **fête ~** Dorffest *nt;* **les plaisirs ~s** die Freuden des Landlebens

champignon [ʃɑ̃piɲɔ̃] *m* ❶ BOT, GASTR, MED Pilz *m; (moisissure)* Schimmel[pilz] *m; (mycose)* Pilz[erkrankung *f*] *m;* **~s de couche** [*o* **de Paris**] [Zucht]champignons *Pl;* **~s comestibles/vénéneux** essbare/giftige Pilze [*o* Giftpilze]
❷ *fam (accélérateur)* Gaspedal *nt;* **appuyer sur le ~** Gas geben, aufs Gas drücken *(fam)*
▶ **~ atomique** Atompilz *m;* **pousser comme des ~** wie Pilze aus dem Boden schießen *(schnell [an]wachsen)*

champignonnière [ʃɑ̃piɲɔnjɛʀ] *f* Pilzkultur *f,* Champignonkultur *f*

champion(ne) [ʃɑ̃pjɔ̃, -jɔn] **I.** *adj fam* **être ~(ne)** [einsame] Spitze [*o* [große] Klasse] [*o* super] sein *(fam)*
II. *m(f)* ❶ SPORT, *a. fig* Meister(in) *m(f),* Champion *m; (sportif*

éminent) Ass *nt;* ~ **du monde de boxe** Boxweltmeister; ~ **de France/olympique de boxe** französischer Meister/Olympiasieger im Boxen; **ils sont ~s de la consommation d'alcool** sie sind Weltmeister im Alkoholtrinken [*o* im Trinken]
❷ (*défenseur*) Vorkämpfer(in) *m(f),* Verfechter(in) *m(f);* ~**(ne) de la liberté** Freiheitskämpfer(in) *m(f);* **se faire le ~ des droits de l'homme** sich für die Menschenrechte einsetzen [*o* stark machen]

championnat [ʃɑ̃pjɔna] *m* Meisterschaft *f;* ~ **d'Europe/du monde** Europa-/Weltmeisterschaft; **les ~s de France de parachutisme** die französischen Meisterschaften im Fallschirmspringen

chance [ʃɑ̃s] *f* ❶ (*bonne fortune*) Glück *nt;* **coup de** ~ glücklicher Zufall, Glücksfall *m;* **avoir de la** ~ Glück haben; (*toujours*) ein Glückskind sein; **porter ~ à qn** jdm Glück bringen; **avec un peu de** ~ mit ein bisschen Glück; **par** ~ (*heureusement*) zum Glück, glücklicherweise; **bonne ~!** viel Glück!; **pas de ~!** *fam* [so ein] Pech!; **quelle ~!** ein Glück!, zum Glück!
❷ (*hasard*) Glück *nt;* **par** ~ zufälligerweise, [rein] zufällig; **quelle ~!** so ein Zufall!
❸ (*probabilité, possibilité de succès*) Chance *f;* **avoir beaucoup/peu de ~s de faire qc** gute/kaum Aussichten [*o* große/kaum Chancen] haben, etw zu tun; **il y a une ~ sur cent/mille pour que qn fasse qc** die Chancen stehen eins zu hundert/tausend, dass jd etw tut; **n'avoir plus aucune ~ de faire qc** keine Chance[n] [*o* Aussicht[en]] mehr haben, etw zu tun; **n'avoir plus aucune ~ de succès** keine Aussicht auf Erfolg mehr haben; **courir** [*o* **tenter**] **sa** ~ sein Glück versuchen; **évaluer** [*o* **peser**] **ses ~s** seine Chancen abschätzen [*o* abwägen]; **mettre toutes les ~s de son côté** nichts dem Zufall überlassen; **quelles sont mes/ses ~s?** wie stehen [*o* wie groß sind] meine/seine/ihre Chancen?, welche Chancen habe ich/hat er/sie?

chancelant(e) [ʃɑ̃slɑ̃, ɑ̃t] *adj a. fig objet* wack[e]lig; *pas, démarche* schwankend, taumelnd; *santé* angegriffen; *autorité* wack[e]lig; *foi* wankend; **devenir** ~ *stabilité, paix, économie:* ins Wanken geraten; **marcher d'un pas** ~ [beim Gehen] schwanken [*o* taumeln]; *ivrogne:* torkeln

chanceler [ʃɑ̃s(ə)le] <3> *vi* ❶ (*tituber*) schwanken, taumeln; *ivrogne:* torkeln; **faire ~ qc** etw zum Schwanken [*o* zum Wackeln] bringen
❷ (*faiblir*) *décision, autorité:* ins Wanken geraten; *courage:* schwinden; *santé:* sich verschlechtern

chancelier [ʃɑ̃səlje] *m* HIST [Reichs]kanzler *m*

chancelier, -ière [ʃɑ̃səlje, -jɛʀ] *m, f* Kanzler(in) *m(f);* (*garde des Sceaux en France*) ≈ Justizminister(in) *m(f);* (*Premier ministre en Allemagne, Autriche*) [Bundes]kanzler(in) *m(f);* **Grand ~ de la Légion d'honneur** Großkanzler der Ehrenlegion

chancellerie [ʃɑ̃sɛlʀi] *f* Kanzlei *f;* (*ministère de la Justice en France*) Justizministerium *nt,* oberste Justizbehörde; (*service du Premier ministre en Allemagne, Autriche*) [Bundes]kanzleramt *nt*

chanceux, -euse [ʃɑ̃sø, -øz] *adj* **être ~(-euse)** Glück haben, ein Glückspilz sein; **tu es plus ~(-euse) que moi** du hast mehr Glück als ich; **les plus** ~ die größten Glückspilze

chancre [ʃɑ̃kʀ] *m* MED Schanker *m*
▸ **bouffer comme un** ~ *pop* wie ein Scheunendrescher essen (*sl*)

chandail [ʃɑ̃daj] *m* Pullover *m*

Chandeleur [ʃɑ̃d(ə)lœʀ] *f* REL **la** ~ [Mariä] Lichtmess; **le jour de la** ~ [an] Lichtmess

chandelier [ʃɑ̃dəlje] *m* Leuchter *m;* (*bougeoir*) Kerzenständer *m;* ~ **à sept branches** siebenarmiger Leuchter

chandelle [ʃɑ̃dɛl] *f* ❶ (*bougie*) Kerze *f;* **dîner aux ~s** bei Kerzenlicht essen
❷ *fam* (*écoulement nasal*) Rotznase *f*
❸ SPORT **faire la** ~ eine Kerze machen; **faire une** ~ einen hohen Ball spielen; FBALL eine Kerze schießen; **monter en** ~ AVIAT steil nach oben ziehen
▸ **brûler la ~ par les deux bouts** (*gaspiller son argent*) sein Geld zum Fenster rausschmeißen (*fam*); (*gaspiller sa santé*) mit seiner Gesundheit Raubbau treiben; **devoir une fière ~ à qn** jdm großen Dank schulden, jdm zu großem Dank verpflichtet sein (*form*); **voir trente-six ~s** Sterne [*o* Sternchen] sehen (*fam*); **tenir la ~ à qn** *hum* das fünfte Rad am Wagen sein

chanfrein [ʃɑ̃fʀɛ̃] *m* ❶ ARCHIT Fase *f,* Schrägkante *f*
❷ (*partie antérieure de la tête*) *d'un cheval* Gesicht *nt*

change [ʃɑ̃ʒ] *m* ❶ (*échange d'une monnaie*) [Geld]wechsel *m;* **bureau de** ~ Wechselstube *f*
❷ (*taux du change*) [Wechsel]kurs *m*
❸ (*billet à ordre*) **lettre de** ~ Wechsel *m*
❹ (*couche*) [wegwerfbares] Windelhöschen
▸ **donner le ~ à qn** jdn in die Irre [*o* hinters Licht] führen; **gagner/perdre au** ~ einen guten/schlechten Tausch machen

changeant(e) [ʃɑ̃ʒɑ̃, ɑ̃t] *adj temps, humeur* wechselhaft; *personne* wankelmütig; *couleur, reflets* schillernd; *aspect, forme* wechselnd; **être d'humeur ~e** sehr launisch sein

changement [ʃɑ̃ʒmɑ̃] *m* ❶ (*transformation*) Veränderung *f;* ~ **en bien/mal** Veränderung zum Guten/Schlechten; **le ~ de couleur du ciel** die Verfärbung des Himmels; **~ par rapport à l'année passée** Veränderung gegenüber dem Vorjahr
❷ (*évolution*) Veränderung *f;* ~ **de société** gesellschaftlicher Wandel
❸ (*substitution, remplacement*) Änderung *f,* Wechseln *nt,* Wechsel *m;* ~ **d'emploi** Stellenwechsel; ~ **d'idées** Meinungsänderung; **ses continuels ~s d'humeur** seine/ihre ständig wechselnden Launen; **un ~ d'attitude/de langage** [*o* **de ton**] eine veränderte Haltung/ein anderer Ton; ~ **de statuts** Statutenwechsel
❹ TRANSP **il n'y a aucun** ~ man muss kein einziges Mal umsteigen
❺ (*à pied, vélo, en voiture*) ~ **de file** Spurwechsel *m;* ~ **de trottoir** [Über]wechseln *nt* auf die andere Straßenseite
❻ (*pour sortir de la routine*) **avoir besoin de** ~ Abwechslung brauchen
❼ ADMIN Versetzung *f;* **obtenir son** ~ wunschgemäß versetzt werden
❽ METEO [Ver]änderung *f;* ~ **de température/climat** Temperaturänderung/Klimaveränderung; **des ~s de température** Temperaturschwankungen *Pl*
◆ ~ **d'adresse** Adressenänderung *f;* ~ **de direction** Richtungswechsel *m;* ~ **de domicile** Wohnsitzverlegung *f;* ~ **de gouvernement** Regierungswechsel *m;* ~ **de programme** Programmänderung *f;* ~ **de temps** Wetteränderung *f;* **un brusque ~ de temps** ein Wetterumschlag *m;* ~ **de vitesse** (*dispositif*) Gangschaltung *f;* (*mouvement*) Schalten *nt*

changer [ʃɑ̃ʒe] <2a> **I.** *vt* ❶ (*modifier*) verändern *personne, société, comportement;* ändern *projet, date;* verstellen *voix;* **cette nouvelle coiffure te change** mit der neuen Frisur siehst du verändert aus; **ne ~ en rien qc** an etw (*Dat*) nichts ändern; **ne rien ~ à ses habitudes** um nichts von ihren/seinen Gewohnheiten abweichen; **tu n'y changeras rien** du wirst daran nichts ändern [können]; **cela m'a changé les idées** das hat mich auf andere Gedanken gebracht
❷ (*déplacer*) ~ **qc de place** etw umstellen; ~ **qn de poste** jdn versetzen
❸ (*remplacer*) ersetzen *personne;* [aus]wechseln *chose, joueur de football;* ~ **les draps** die Betten frisch beziehen
❹ (*échanger*) austauschen; tauschen *place;* ~ **qc pour** [*o* **contre**] **qc** etw gegen etw austauschen/tauschen
❺ FIN (*convertir*) umtauschen, wechseln; ~ **qc contre qc** etw in etw (*Akk*) umtauschen [*o* wechseln]; ~ **des euros en dollars** Euro in Dollar umtauschen [*o* wechseln]
❻ (*changer la couche*) [frisch] wickeln, trockenlegen *bébé*

C

❼ (*transformer*) ~ **en qc** in etw (*Akk*) verwandeln
❽ (*divertir*) ~ **qn de qc** für jdn Abwechslung von etw sein; **un jeu, ça me change de la télé!** ein Spiel bringt mich mal vom [alltäglichen] Fernsehen ab; **pour** ~ zur Abwechslung
II. *vi* ❶ (*se transformer*) sich verändern; **il a beaucoup changé** er hat sich sehr verändert
❷ (*évoluer*) *temps, personne:* sich ändern; **les temps changent** die Zeiten ändern sich
❸ (*se modifier*) ~ **de qc** etw ändern; ~ **de ton** einen anderen Ton anschlagen; ~ **de forme** eine andere Form annehmen; ~ **de coiffure** eine neue Frisur haben; ~ **de caractère** seinen Charakter verändern; **la rivière a changé de cours** der Fluss hat seinen Lauf verändert
❹ (*substituer*) ~ **de chemise/de poste** das Hemd/den Arbeitsplatz wechseln; ~ **d'études/de métier** das Studienfach/den Beruf wechseln, umsatteln (*fam*); ~ **de chaîne** [*o* **programme**] das Programm wechseln; ~ **de voiture** sich (*Dat*) einen neuen Wagen anschaffen; **un pays change de gouvernement** in einem Land wechselt die Regierung
❺ (*déménager*) ~ **d'adresse** umziehen; ~ **d'appartement/de ville/de quartier** [in eine andere Wohnung/Stadt/in ein anderes Viertel] umziehen
❻ AUT ~ **de vitesse** [um]schalten, einen anderen Gang einlegen
❼ (*faire un échange*) ~ **avec qn** mit jdm tauschen; ~ **de place avec qn** [den Platz] mit jdm tauschen
❽ TRANSP ~ **à Paris** in Paris umsteigen; ~ **de train/bus/d'avion à Berlin** in Berlin den Zug/Bus/das Flugzeug wechseln
❾ (*pour exprimer le franchissement*) ~ **de trottoir** auf die andere [Straßen]seite gehen [*o* [über]wechseln]; ~ **de file** [*o* **voie**] die [Fahr]spur wechseln, auf die andere [Fahr]spur [über]wechseln
▶ **pour** ~ *iron,* **pour pas** ~ *fam* (*comme d'habitude*) wie üblich
III. *vpr* **se** ~ sich umziehen
changeur [ʃɑ̃ʒœʀ] *m* ~ **de CD** CD-Wechsler *m*
◆ ~ **de monnaie** Wechselautomat *m*
changeur, -euse [ʃɑ̃ʒœʀ, -øz] *m, f* (*personne*) Wechsler(in) *m(f)*
chanoine [ʃanwan] *m* Domherr *m,* Chorherr *m,* Kanoniker *m*
chanson [ʃɑ̃sɔ̃] *f* ❶ MUS Lied *nt;* ~ **populaire** [*o* **à la mode**] Schlager *m;* ~ **folklorique** Volkslied *nt;* **la** ~ **française** der französische Schlager; (*avec textes littéraires, poétiques*) das französische Chanson; ~ **pour enfants** Kinderlied *nt;* **faire des ~s sur qn/qc** Lieder über jdn/etw schreiben
❷ (*poème lyrique*) Lied *nt*
❸ (*poème épique*) Lied *nt,* Epos *nt;* **la Chanson de Roland** das Rolandslied
❹ *fam* (*rengaine*) Lied *nt,* Leier *f* (*fam*)
▶ **ça, c'est une autre** ~**!** das steht auf einem anderen Blatt!; **c'est toujours la même** ~**!** *fam* es ist immer das gleiche Lied [*o* die alte Leier *fam*]!; **connaître la** ~ *fam* das Lied [*o* die Leier] schon kennen (*fam*); **comme dit la** ~ wie es doch so schön [*o* richtig] heißt
◆ ~ **d'amour** Liebeslied *nt;* ~ **à boire** Trinklied *nt;* ~ **de geste** Heldenepos *nt,* Chanson *nt* de geste

i Land & Leute

Das **chanson française** ist ein typisch französisches Musikgenre mit sozialkritischen, humoristischen bzw. poetischen Texten und Instrumentalbegleitung. Wichtige Vertreter sind u. a. George Brassens, Jacques Brel, Édith Piaf, Juliette Gréco und Gilbert Bécaud.

chansonnette [ʃɑ̃sɔnɛt] *f* Liedchen *nt;* **pousser la** ~ ein Lied trällern
chansonnier [ʃɑ̃sɔnje] *m* Kabarettist(in) *m(f)*
chant¹ [ʃɑ̃] *m* ❶ (*action de chanter, musique vocale*) Gesang *m;* ~ **choral** Chorgesang; **apprendre le** ~ Gesangsunterricht nehmen
❷ (*chanson*) Lied *nt;* ~ **grégorien** gregorianischer Choral; ~ **patriotique** patriotisches Lied; ~ **populaire** Volkslied; ~ **religieux** geistlicher Gesang
❸ (*cri d'animaux*) *du coq* Krähen *nt; de la cigale, du grillon* Zirpen *nt,* Gezirpe *nt;* **le** ~ **des oiseaux** das Zwitschern [*o* der Gesang] der Vögel; **le** ~ **du rossignol** der Gesang [*o* Schlag] der Nachtigall; **au** ~ **du coq** beim ersten Hahnenschrei
❹ *littér* (*sons harmonieux*) *du vent* Säuseln *nt;* (*plus fort*) Rauschen *nt*
❺ (*ligne mélodique*) *du violon, piano* Melodie *f;* **le** ~ **du violon** die Violinstimme
❻ (*poème lyrique ou épique*) Gesang *m*
▶ ~ **du cygne** Schwanengesang *m*
◆ ~ **de Noël** Weihnachtslied *nt*
chant² [ʃɑ̃] *m d'une brique, pierre* Schmalseite *f;* **des briques posées de** [*o* **sur**] ~ hochkant stehende Ziegel
chantage [ʃɑ̃taʒ] *m* Erpressung *f;* ~ **à qc** Erpressung mit etw; **faire du** ~ erpressen; **faire du** ~ **à qc** etw als Erpressungsmittel benutzen; **exercer un** ~ **sur qn** jdn erpressen
chantant(e) [ʃɑ̃tɑ̃, ɑ̃t] *adj accent* singend; *voix, langue* melodisch; *air, musique* eingängig
chanter [ʃɑ̃te] <1> **I.** *vi* ❶ (*produire des sons*) singen; *oiseau:* singen, zwitschern; *rossignol:* singen, schlagen; *coq:* krähen; *poule:* gackern; *insecte:* zirpen; *littér rivière:* plätschern, murmeln; *vent:* säuseln; (*plus fort*) rauschen; *instrument de musique, violon:* klingen; **faire** ~ **son violon** seine Geige zum Klingen bringen
❷ (*menacer*) **faire** ~ erpressen
II. *vt* ❶ (*interpréter*) singen; ~ **à qn** jdm [vor]singen
❷ (*célébrer*) besingen *mérites, printemps, liberté*
❸ (*raconter, dire*) **qu'est-ce que tu me/nous chantes là?** was willst du mir/uns da weismachen?
▶ **comme ça te/vous chante** *fam* wie du lustig bist/Sie lustig sind/ihr lustig seid (*fam*); **si ça te/vous chante** wenn du Lust hast/Sie Lust haben/ihr Lust habt
chanterelle [ʃɑ̃tʀɛl] *f* ❶ (*champignon*) Pfifferling *m,* Eierschwamm *m* (A), Eierschwammerl *nt* (A)
❷ (*corde*) *d'un violon, alto* höchste Saite, E-Saite *f*
chanteur, -euse [ʃɑ̃tœʀ, -øz] **I.** *adj oiseau* Sing-
II. *m, f* Sänger(in) *m(f)*
◆ ~ **de charme** Schnulzensänger *m* (*pej fam*); ~(**-euse**) **d'opéra** Opernsänger(in) *m(f);* ~(**-euse**) **de variétés** Schlagersänger(in) *m(f)*
chantier [ʃɑ̃tje] *m* ❶ CONSTR (*lieu*) Baustelle *f;* (*travaux*) Bauarbeiten *Pl;* ~ **naval** [Schiffs]werft *f;* ~ **interdit** [**au public**] Betreten der Baustelle verboten; **être en** ~ *maison, immeuble, route:* im Bau sein; **pendant toute la durée du** ~ während der Bauarbeiten, für die Dauer der Bauarbeiten
❷ *fam* (*désordre*) Durcheinander *nt;* **quel** ~**!** *fam* was für ein Chaos!
❸ *fig* **avoir en** ~ in Arbeit haben; **être en** ~ *roman, enquête:* in Arbeit sein; **mettre en** ~ in Angriff nehmen
❹ HIST CAN (*lieu d'exploitation forestière*) Holzfällerlager *nt;* (*habitation des bûcherons*) Holzfällerhütte *f*
▶ **faire** ~ CAN Holz fällen
◆ ~ **de démolition** Abbruchstelle *f;* ~ **d'exploitation** Bergwerk *nt*
chantilly [ʃɑ̃tiji] *f* [Schlag]sahne, Schlagobers *nt* (A)
chantonner [ʃɑ̃tɔne] <1> **I.** *vi* (*fredonner*) leise singen, summen
II. *vt* summen, leise singen; ~ **qc à qn** jdm etw [vor]summen [*o* leise [vor]singen]
chantourner [ʃɑ̃tuʀne] <1> *vt* TECH (*découper*) aussägen; (*évider*) ausbohren

chantre [ʃɑ̃tʀ] *m* ❶ REL Vorsänger(in) *m(f)*
❷ (*poète*) Sänger *m*
❸ (*défenseur*) **se faire le ~ de qc** sich für etw einsetzen
chanvre [ʃɑ̃vʀ] *m* Hanf *m*
chaos [kao] *m* Chaos *nt*
chaotique [kaɔtik] *adj* chaotisch
chaource [ʃauʀs] *m* GASTR *runder Rohmilchkäse aus der Champagne*
chapardage [ʃapaʀdaʒ] *m fam* [kleiner] Diebstahl
chaparder [ʃapaʀde] <1> *vt, vi fam* stibitzen (*fam*), klauen (*fam*)
chape [ʃap] *f* ❶ (*revêtement*) (*de béton*) Estrich *m;* (*d'asphalte*) Asphaltdecke *f; d'un pneu* Lauffläche *f; d'une poulie* Gehäuse *nt*
❷ REL Rauchmantel *m,* Pluviale *f* (*Fachspr.*)
▸ **s'abattre/peser comme une ~ de plomb sur qc** sich bleiern auf etw (*Akk*) legen/bleiern auf etw (*Dat*) liegen
chapeau [ʃapo] <x> *m* ❶ (*couvre-chef*) Hut *m;* **retirer son ~** seinen [*o* den] Hut abnehmen; **~ à plumes/fleurs** Hut mit Federn/Blumen; **~ de paille/feutre/soleil** Stroh-/Filz-/Sonnenhut; **~ claque** Chapeau claque *m;* **~ haut-de-forme** Zylinder *m;* **~ melon** Melone *f*
❷ BOT *d'un champignon* Hut *m*
❸ TYP *d'un article* Vorspann *m*
❹ GASTR *d'une bouchée à la reine* Deckel *m*
▸ **~ bas!** Hut ab!; **porter le ~** *fam* seinen Kopf hinhalten [müssen]; **faire porter le ~ à qn** *fam* jdm den schwarzen Peter zuschieben; **tirer son ~ à qn** vor jdm den Hut ziehen; **travailler du ~** *fam* ausrasten (*fam*); **~!** *fam* Hut ab!, alle Achtung!
◆ **~ de gendarme** Papierhut *m;* **~ de roue** Radkappe *f;* **partir** [*o* **démarrer**] **sur les ~x de roues** *fam* (*avec un véhicule*) mit quietschenden Reifen anfahren; (*se dépêcher*) losdüsen (*fam*), mit Volldampf loslegen (*fam*); **~ de sécurité** CAN (*casque*) Schutzhelm *m*
chapeauté(e) [ʃapote] *adj* mit Hut
chapeauter [ʃapote] <1> *vt fam* **~ qn** ADMIN jds Vorgesetzter sein; **~ un parti** einer Partei (*Dat*) vorstehen; **être chapeauté(e) par qn/qc** jdm/einer S. (*Dat*) unterstehen; *événement, manifestation:* unter jds Schirmherrschaft (*Dat*) stehen
chapelain [ʃaplɛ̃] *m* [Haus]kaplan *m*
chapelet [ʃaplɛ] *m* ❶ REL (*objet*) Rosenkranz *m*
❷ (*prières*) Rosenkranz[gebete *Pl*] *m;* **dire** [*o* **réciter**] [*o* **égrener**] **son ~** den Rosenkranz beten
❸ (*série*) **un ~ d'injures** ein Schwall *m* von Beschimpfungen; **des ~s de bombes** ein Bombenhagel *m;* **~ d'îles/de saucisses** Insel-/Wurstkette *f*
▸ **dévider** [*o* **défiler**] **son ~** (*se confier*) sein Herz ausschütten
chapelier, -ière [ʃapəlje, -jɛʀ] *m, f* (*fabricant*) Hutmacher(in) *m(f);* (*vendeur*) Hutverkäufer(in) *m(f)*
chapelle [ʃapɛl] *f* ❶ (*lieu de culte*) Kapelle *f*
❷ (*partie d'une église*) Seitenkapelle *f*
❸ (*clan*) Klüngel *m* (*pej*), Clique *f*
❹ (*catafalque déposé*) **~ ardente** Leichenhalle *f*
▸ **prêcher pour sa ~** in eigener Sache reden
chapelure [ʃaplyʀ] *f* Semmelmehl *nt,* Paniermehl *nt*
chaperon [ʃapʀɔ̃] *m* (*personne*) Begleiter *m,* Anstandsdame *f*
▸ **le Petit Chaperon rouge** [das] Rotkäppchen
chaperonner [ʃapʀɔne] <1> *vt hum* **~ qn** für jdn den Anstandswauwau spielen (*hum fam*)
chapiteau [ʃapito] <x> *m* ❶ (*tente de cirque*) Zirkuszelt *nt;* **sous le ~** unter der Zirkuskuppel *f*
❷ (*tente pour une manifestation, un concert*) Festzelt *nt*
❸ (*le cirque*) Zirkus[welt *f*] *m*
❹ ARCHIT (*couronnement*) Kapitell *nt*
chapitre [ʃapitʀ] *m* ❶ (*section*) *d'un livre* Kapitel *nt*
❷ *fig de la vie* Kapitel, Abschnitt *m*
❸ (*sujet*) Kapitel *nt;* **sur le ~ de qc** was etw betrifft; **on pourrait dire beaucoup de choses sur ce ~** zu diesem Thema [*o* dazu] gäbe es viel zu sagen
❹ FIN Teil *m*
❺ (*assemblée de religieux*) Kapitel *nt*
chapitrer [ʃapitʀe] <1> *vt soutenu* (*réprimander*) **~ qn** jdm die Leviten lesen
chapon [ʃapɔ̃] *m* Kapaun *m*
chaque [ʃak] *adj inv* ❶ (*qui est pris séparément*) jede(r, s); **~ élève** jeder Schüler/jede Schülerin; **une place pour ~ chose** einen Platz für jedes einzelne Objekt
❷ *fam* (*chacun*) je[weils]; **un peu de ~** ein bisschen von allem; **je voudrais cent grammes de ~** ich möchte je[weils] hundert Gramm; **ces cravates coûtent cinquante euros ~** diese Krawatten kosten je fünfzig Euro [*o* hundert Franc pro Stück]
❸ *abusif* (*tous, toutes les*) alle; **~ dix minutes** alle zehn Minuten
char [ʃaʀ] *m* ❶ MIL Panzer *m*
❷ (*voiture décorée*) Wagen *m*
❸ *vieilli* (*voiture rurale*) Karren *m*
❹ HIST [Streit]wagen *m*
▸ **arrête ton ~!** *fam* nun mach aber mal einen Punkt! (*fam*)
◆ **~ à voile** Strandsegler *m;* (*sport*) Strandsegeln *nt*
charabia [ʃaʀabja] *m fam* Kauderwelsch *nt*
charade [ʃaʀad] *f* Scharade *f*
charançon [ʃaʀɑ̃sɔ̃] *m* Rüsselkäfer *m;* (*du blé*) Kornkäfer *m;* (*du riz*) Reiskäfer *m*
charbon [ʃaʀbɔ̃] *m* ❶ (*houille, combustible*) Kohle *f;* **~ actif** Aktivkohle *f;* **être du vrai ~** völlig verkohlt sein
❷ PHARM Kohle[tabletten *Pl*] *f*
❸ (*fusain*) [Zeichen]kohle *f;* **dessin au ~** Kohlezeichnung *f*
❹ MED (*maladie*) Milzbrand *m*
❺ ELEC Kohle *f*
▸ **être sur des ~s ardents** [wie] auf glühenden Kohlen sitzen; **au ~!** *fam* an die Arbeit!
◆ **~ de bois** Holzkohle *f*
charbonnages [ʃaʀbɔnaʒ] *mpl* Kohlenbergwerke *Pl,* Kohlenbergbau *m*
charbonner [ʃaʀbɔne] <1> **I.** *vi* ❶ (*fumer*) *lampe, poêle:* rußen
❷ (*se calciner*) verkohlen
II. *vt* (*noircir*) schwärzen *mur, visage*
charbonneux, -euse [ʃaʀbɔnø, -øz] *adj* ❶ (*très noir*) *sourcils, visage* kohlrabenschwarz, pechschwarz; *yeux* kohlrabenschwarz [geschminkt]
❷ (*noirci par le charbon*) geschwärzt
charbonnier, -ière [ʃaʀbɔnje, -jɛʀ] **I.** *adj* Kohlen-; **industries charbonnières et sidérurgiques** Montanindustrie *f*
II. *m, f* Kohlenhändler(in) *m(f)*
▸ **~ est maître dans sa maison** [*o* **chez soi**] *prov* jeder soll nach seiner eigenen Fasson selig werden
charcuter [ʃaʀkyte] <1> *vt péj fam* (*mal opérer*) übel zurichten
charcuterie [ʃaʀkytʀi] *f* ❶ (*boutique*) Fleischerei *f,* Metzgerei *f* (SDEUTSCH) (*für Fleisch und Wurst vom Schwein*)
❷ (*spécialité à base de porc*) Wurst[waren *Pl*] *f* (*aus Schweinefleisch*)
❸ (*industrie*) Fleisch- und Wurstwarenherstellung *f* (*vom Schwein*)
❹ (*activité*) Fleischerhandwerk *nt,* Metzgerhandwerk *nt*
charcutier [ʃaʀkytje] *m* (*personne*) Fleischer *m,* Metzger *m* (SDEUTSCH), Schlachter *m* (NDEUTSCH)
charcutière [ʃaʀkytjɛʀ] *f* ❶ (*personne*) Fleischerin *f,* Metzgerin *f* (SDEUTSCH), Schlachterin *f* (NDEUTSCH)
❷ (*femme du charcutier*) Fleischersfrau *f,* Metzgersfrau *f* (SDEUTSCH)
chardon [ʃaʀdɔ̃] *m* ❶ (*plante*) Distel *f*
❷ (*pointe de fer*) Eisenspitze *f*
chardonneret [ʃaʀdɔnʀɛ] *m* Distelfink *m,* Stieglitz *m*
charentais(e) [ʃaʀɑ̃tɛ, ɛz] *adj* der Charente; *produit* aus der Charente

Charentais(e) [ʃaʀɑ̃tɛ, ɛz] *m(f)* Bewohner(in) *m(f)* der Charente

charentaise [ʃaʀɑ̃tɛz] *f* Filzhausschuh *m*

Charentes [ʃaʀɑ̃t] *fpl* **les ~** *die Départements, die zur Region Poitou-Charentes gehören*

charge [ʃaʀʒ] *f* ① (*fardeau*) Last *f; d'un camion* Ladung *f;* **~ maximale** zulässiges Gesamtgewicht; *d'un camion* [Höchst]nutzlast; **~ utile** Nutzlast; **en ~** beladen
② ECON *de la capacité de production* Ausnutzung *f,* Auslastung *f;* **~ optimale** optimale Auslastung
③ (*responsabilité*) Belastung *f,* Bürde *f* (*geh*); **avoir [pour] ~ de faire qc** den Auftrag haben, etw zu tun; **avoir la ~ de faire qc** die Aufgabe haben, etw zu tun; **avoir la ~ de qn/qc** für jdn/etw verantwortlich sein; **être à [la] ~ de qn** jdm gegenüber unterhaltsberechtigt sein; **personnes à ~** unterhaltsberechtigte Angehörige; **prendre qn en ~** für jdn sorgen; **prendre qc en ~** etw übernehmen; **se prendre en ~** sich auf eigene [*o* die eigenen] Füße stellen; **à ~ pour qn de faire qc** mit der Verpflichtung [*o* Auflage] für jdn, etw zu tun
④ (*fonction, poste*) Amt *nt;* **occuper une ~** ein Amt bekleiden
⑤ (*obligation*) Auflage *f;* **~ écologique** Umweltauflage
⑥ *gén pl* (*obligations financières*) Kosten *Pl;* **loyer sans les ~s** Miete *f* ohne Nebenkosten; **~s comprises** einschließlich Nebenkosten; **~s foncières** Grundstückslasten; **~s sociales** Sozialabgaben; **à votre ~** auf Ihre Rechnung
⑦ (*point d'accusation*) Anklagepunkt *m; pl* Belastungsmaterial *nt;* **de lourdes ~s pèsent sur lui** es liegen schwere Verdachtsmomente gegen ihn vor
⑧ MIL (*attaque*) Angriff *m,* Attacke *f;* **à la ~!** Attacke!
⑨ (*cartouche*) *d'un fusil, d'une arme à feu* Ladung *f;* **~ de plastic/d'explosifs** Plastikbombe *f*/Sprengladung; **une ~ de dynamite** eine Ladung Dynamit
⑩ ELEC Ladung *f*
⑪ PSYCH **~ affective** Befrachtung *f* mit Emotionen; **avoir une ~ affective** mit Emotionen befrachtet sein
⑫ (*caricature*) Karikatur *f*
▶ **à ~ de revanche** unter der Bedingung, dass ich mich revanchieren kann; **revenir à la ~** in seinen Bemühungen nicht nachlassen

chargé(e) [ʃaʀʒe] *adj* ① (*qui porte une charge*) **~(e) de qc** *personne, animal, véhicule* mit etw beladen; **un voyageur très ~** ein Reisender mit schwerem Gepäck
② (*bien occupé*) *programme* voll; *journée, soirée* [gut] ausgefüllt; *classe* überfüllt
③ (*responsable*) **~(e) de qn/qc** verantwortlich [*o* zuständig] für jdn/etw; **~(e) d'une mission** mit einer Mission betraut; **~(e) de faire qc** damit beauftragt, etw zu tun
④ (*garni*) *fusil* geladen; *batterie* [auf]geladen; **mon appareil photo n'est pas ~** in meinem Fotoapparat ist kein Film
⑤ (*lourd*) *conscience* belastet; *passé* bewegt; *casier judiciaire* lang; **avoir une hérédité ~e** erblich [vor]belastet sein
⑥ PHYSIOL *estomac* [über]voll; *langue* belegt
⑦ (*rempli*) **~ de nuages** bewölkt; **le ciel restera ~** es bleibt bewölkt; **des nuages ~s de pluie** regenschwere Wolken
⑧ (*exagéré*) *style, art* überladen
⑨ (*riche*) **être ~(e) de qc** reich an etw (*Dat*) [*o* voller S.] sein; **~(e) d'histoire/de symboles** geschichts-/symbolträchtig; **des mots ~s de sens** bedeutungsvolle [*o* bedeutungsschwere] Worte
⑩ *fam* (*drogué, dopé*) voll gedröhnt [*o* gepumpt] (*sl*)
◆ **~(e) d'affaires** Geschäftsträger(in) *m(f);* (*avocat*) Beauftragte(r) *f(m);* **~(e) de cours** Dozent(in) *m(f),* Lehrbeauftragte(r) *f(m);* **~(e) de mission** ADMIN ≈ Referent(in) *m(f)*

chargement [ʃaʀʒəmɑ̃] *m* ① (*action*) Beladen *nt; d'une arme* Laden *nt; d'un poêle* Füllen *nt; d'une marchandise* Einladen *nt; d'un film* Einlegen *nt;* **le ~ de qc se fait par le haut** etw wird von oben beladen/geladen/gefüllt/eingeladen/eingelegt; **être en ~** beladen werden
② (*marchandises*) Ladung *f;* **le ~ de fruits et de légumes** die Ladung Obst und Gemüse
③ (*fret*) Fracht *f*
④ INFORM Laden *nt*

charger [ʃaʀʒe] <2a> **I.** *vt* ① (*faire porter une charge*) verladen *fardeau, marchandise;* **~ qn/qc de qc** jdn/etw mit etw beladen; **~ sur/dans qc** auf etw (*Akk*) [auf]laden/in etw (*Akk*) [ein]laden; **~ qc sur son épaule/ses épaules** etw schultern; **~ qn sur son épaule/ses épaules** jdn auf die Schultern nehmen
② *fig* **~ la mémoire de qc** das Gedächtnis mit etw belasten; **~ le style de qc** den Stil mit etw überladen; **~ qn d'impôts** jdn mit Steuern belegen
③ (*attribuer une mission à*) **~ qn de qc** jdn mit etw beauftragen; **être chargé(e) de qc** für etw verantwortlich sein; **~ qn de faire qc** jdn [damit] beauftragen, etw zu tun; **il m'a chargé de vous saluer** er hat mir Grüße für Sie aufgetragen
④ (*accuser*) **~ qn de qc** jdn mit etw belasten; **~ qn d'une faute** jdn für einen Fehler verantwortlich machen
⑤ (*attaquer*) **~ qn** angreifen
⑥ SPORT angreifen
⑦ TECH (*mettre des cartouches, piles*) laden *arme;* [auf]laden *batterie;* füllen *poêle;* **~ un appareil photo** einen Film in einen Fotoapparat einlegen
⑧ INFORM laden
⑨ (*exagérer*) übertrieben darstellen *portrait;* **il a vraiment chargé le trait** er hat wirklich zu dick aufgetragen
⑩ (*prendre en taxi*) mitnehmen
II. *vi* (*attaquer*) zum Angriff übergehen
III. *vpr* ① (*s'occuper de*) **se ~ de qn/qc** sich um jdn/etw kümmern; **se ~ de faire qc** es übernehmen, etw zu tun
② (*s'alourdir*) **se ~** viel Gepäck mitnehmen; **je ne veux pas trop me ~** ich möchte nicht so schwer tragen

chargeur [ʃaʀʒœʀ] *m* ① (*docker*) Docker *m,* Schauermann *m,* Stauer *m*
② *d'une arme à feu* Magazin *nt; d'une pile, batterie* Ladegerät *nt*
③ PHOT Filmkassette *f*

chariot [ʃaʀjo] *m* ① (*plate-forme tractée*) Wagen *m*
② AGR Fuhrwerk *nt*
③ (*petit engin de transport*) Wagen *m*
④ (*caddy à bagages*) Kofferkuli *m*
⑤ COM Einkaufswagen
⑥ GASTR Servierwagen
⑦ CINE Kamerawagen *m*
⑧ (*d'une machine à écrire*) Wagen *m*
⑨ ASTRON **Grand/Petit Chariot** Großer/Kleiner Wagen
◆ **~ élévateur** Gabelstapler *m*

charismatique [kaʀismatik] *adj* charismatisch

charisme [kaʀism] *m* Charisma *nt*

charitable [ʃaʀitabl] *adj personne* wohltätig, mildtätig; *âme* barmherzig; *geste, acte* mildtätig, barmherzig; *conseil* wohl gemeint; **une œuvre ~** eine karitative Einrichtung

charitablement [ʃaʀitabləmɑ̃] *adv* freundlicherweise

charité [ʃaʀite] *f* ① (*amour du prochain*) Nächstenliebe *f*
② (*geste, action*) Mildtätigkeit *f,* Wohltätigkeit *f;* **demander la ~** um ein Almosen [*o* eine milde Gabe] bitten; **vivre de la ~ publique** von der Fürsorge leben
③ (*bienveillance, bonté*) **avoir la ~ de faire qc** die Güte [*o* Freundlichkeit] besitzen, etw zu tun
▶ **~ bien ordonnée commence par soi-même** *prov* jeder ist sich (*Dat*) selbst der Nächste

charivari [ʃaʀivaʀi] *m* Krach *m,* Tohuwabohu *nt* (*fam*)

charlatan [ʃaʀlatɑ̃] *m* ① (*escroc*) Scharlatan *m*
② (*guérisseur*) Quacksalber *m*
③ (*mauvais médecin*) Kurpfuscher *m*

charlatanisme [ʃaʀlatanism] *m* Scharlatanerie *f; d'un guérisseur* Quacksalberei *f; d'un mauvais médecin* Kurpfuscherei *f*

Charlemagne [ʃaʀləmaɲ(ə)] *m* Karl der Große

Charles [ʃaʀl(ə)] *m* ❶ Karl *m*
❷ HIST ~ **X** Karl X., Karl der Zehnte; ~ **Martel** Karl Martell; ~ **le Téméraire** Karl der Kühne
Charles-Quint [ʃaʀləkɛ̃] *m* Karl V., Karl der Fünfte
charleston [ʃaʀlɛstɔn] *m* Charleston *m*
charlot [ʃaʀlo] *m fam* Clown *m,* Kasper *m*
Charlot [ʃaʀlo] *m* Charlie Chaplin
charlotte [ʃaʀlɔt] *f* ❶ GASTR Charlotte *f*
❷ (*coiffure*) *Damenhut mit Spitzenvolant*
❸ (*bonnet de plastique*) Duschhaube *f*
Charlotte-Élisabeth [ʃaʀlɔtelizabɛt] *f* ~ **de Bavière** Liselotte von der Pfalz
charmant(e) [ʃaʀmɑ̃, ɑ̃t] *adj* ❶ (*agréable, affable*) reizend; *personne, attitude* reizend, charmant; *lieu, cadre, objet* reizend, entzückend, bezaubernd; *séjour* zauberhaft; *humeur* strahlend
❷ (*ravissant*) *garçon* charmant; *jeune fille* charmant, bezaubernd; **le prince** ~ der Märchenprinz
❸ *antéposé iron* (*désagréable*) entzückend (*iron*), reizend (*iron*)
charme¹ [ʃaʀm] *m* ❶ *d'une personne* Charme *m; d'un lieu, paysage, livre* Charme, Zauber *m,* Reiz *m; de la nouveauté* Reiz; **avoir du/beaucoup de** ~ [einen gewissen] Charme/viel Charme haben; **avoir son** ~ auch seinen Reiz haben; *paysage:* [sehr] reizvoll sein; **faire du** ~ **à qn** jdn zu bezirzen versuchen
❷ *souvent pl* (*beauté*) Reize *Pl;* **elle vit de ses** ~**s** sie bietet ihren Körper [*o* ihre weiblichen Reize] feil
❸ (*envoûtement*) Zauber *m,* Bann *m;* **être sous le** ~ **de qn/qc** jds Charme erliegen/unter dem Bann einer S. (*Gen*) stehen; **rompre le** ~ den Zauber brechen; **le** ~ **est rompu** der Zauber ist verflogen; **tenir sous son** ~ in seinen Bann ziehen
► **se porter comme un** ~ vor [*o* von] Gesundheit strotzen
charme² [ʃaʀm] *m* ❶ (*arbre*) Weißbuche *f,* Hainbuche *f,* Hagebuche *f*
❷ (*bois*) Weißbuche[nholz *nt*] *f*
charmé(e) [ʃaʀme] *adj* **être** ~**(e) de qc/faire qc** über etw (*Akk*) erfreut sein/erfreut sein, etw zu tun; sich [sehr] über etw (*Akk*) freuen/sich [sehr] freuen, etw zu tun; **il est** ~ **de son séjour** ihm gefällt der Aufenthalt [sehr]
charmer [ʃaʀme] <1> *vt* ❶ (*enchanter*) bezaubern; bezaubern, fesseln *public;* schmeicheln (+ *Dat*) *œil, oreille;* ~ **l'oreille et le regard** zauberhaft anzuhören und anzuschauen sein
❷ (*envoûter*) verzaubern, in seinen Bann schlagen
charmeur, -euse [ʃaʀmœʀ, -øz] **I.** *adj sourire, manières* bezaubernd; *air* einschmeichelnd
II. *m, f* ❶ (*séducteur*) Charmeur *m*/Circe *f*
❷ (*magicien*) Magier(in) *m(f)*
◆ ~**(-euse) de serpents** Schlangenbeschwörer(in) *m(f)*
charmille [ʃaʀmij] *f* ❶ (*arbuste*) Weißbuche *f,* Hainbuche *f,* Hagebuche *f*
❷ *vieilli poét* (*allée d'arbres*) Laubengang *m*
charnel(le) [ʃaʀnɛl] *adj* ❶ (*corporel, matériel*) fleischlich; **un être** ~ ein Wesen aus Fleisch und Blut
❷ (*relatif aux plaisirs de la chair*) körperlich; *amour* körperlich, sinnlich
charnier [ʃaʀnje] *m* (*fosse commune*) Massengrab *nt*
charnière [ʃaʀnjɛʀ] **I.** *f* ❶ (*pièce métallique*) Scharnier *nt*
❷ (*point de jonction*) Angelpunkt *m;* **à la** ~ **de deux choses** an der Nahtstelle zwischen zwei Dingen; **être** [*o* **se situer**] **à la** ~ **de deux époques** sich am Übergang von einer Epoche zur anderen befinden
❸ (*personne*) Bindeglied *nt*
II. *adj* ❶ (*de transition*) Übergangs-
❷ (*décisif*) entscheidend; **date** ~ bedeutendes Datum; **texte** ~ Schlüsseltext *m*
charnu(e) [ʃaʀny] *adj lèvre* wulstig; *partie du corps* fleischig; *fruit, feuille* fleischig
charognard [ʃaʀɔɲaʀ] *m* ❶ (*animal*) Aasfresser *m*
❷ (*vautour*) [Aas]geier *m*
❸ (*personne*) Aasgeier *m* (*fam*)
charogne [ʃaʀɔɲ] *f* ❶ (*cadavre*) Aas *nt*
❷ *péj fam* (*terme d'injure*) gemeines Aas (*fam*), Mistkerl *m*/Miststück *nt* (*fam*)
charpente [ʃaʀpɑ̃t] *f* ❶ (*bâti*) Gerüst *nt; d'un bateau* Gerippe *nt; d'une maison* Balkenwerk *nt;* ~ **métallique** Stahlgerüst; **la** ~ **du toit** der Dachstuhl
❷ LITTER *d'une pièce de théâtre, d'un roman* Struktur *f*
❸ (*carrure*) *d'une personne* Körperbau *m*
charpenté(e) [ʃaʀpɑ̃te] *adj* ❶ *personne* kräftig [gebaut]
❷ *roman, poème* gut strukturiert
charpentier [ʃaʀpɑ̃tje] *m* Zimmermann *m*
charpie [ʃaʀpi] *f* ❶ **faire de la** ~ **avec qc** etw zerfetzen, etw in kleine Stücke [zer]reißen, etw [in kleine Fetzen] zerreißen
❷ (*battre*) **faire de la** ~ **avec qn** jdn kurz und klein schlagen
charretée [ʃaʀte] *f* (*contenu d'une charrette*) Wagenladung *f; de foin, paille* Fuhre *f*
charretier [ʃaʀtje] *m* Fuhrmann *m*
► **jurer comme un** ~ wie ein Landsknecht fluchen
charrette¹ [ʃaʀɛt] *f* [zweirädriger] Wagen, Karren *m*
charrette² [ʃaʀɛt] *f* CH (*coquin, canaille*) Kanaille *f,* Halunke *m*
charrier [ʃaʀje] <1> **I.** *vt* ❶ (*transporter*) fahren; *rivière:* mit sich führen; *vent:* vor sich (*Dat*) hertreiben *nuages;* **le ciel charrie de gros nuages noirs** am Himmel treiben dicke schwarze Wolken
❷ (*à la main, sur le dos*) schleppen
❸ *fam* (*se moquer de*) auf den Arm [*o* die Schippe] nehmen (*fam*)
II. *vi fam* übertreiben; **[il ne] faut pas** ~**!** *fam* das geht echt zu weit! (*fam*)
charrue [ʃaʀy] *f* Pflug *m*
► **mettre la** ~ **avant** [*o* **devant**] **les bœufs** das Pferd am [*o* beim] Schwanz aufzäumen
charte [ʃaʀt] *f* Charta *f,* Urkunde *f;* **passer une** ~ **avec qn** einen Vertrag mit jdm schließen
◆ **Charte de l'Atlantique** Atlantikcharta *f;* **Charte des Nations Unies** Charta *f* der Vereinten Nationen, UN-Charta *f*
charter [ʃaʀtɛʀ] **I.** *m* ❶ (*vol*) Charter[flug *m*] *m*
❷ (*avion*) Chartermaschine *f*
II. *app inv* Charter-
chartreuse [ʃaʀtʀøz] *f* ❶ Kartäuserin *f*
❷ (*couvent*) Kartäuserkloster *nt,* Kartause *f*
❸ (*liqueur*) Chartreuse® *m* (*Kräuterlikör, der von den Kartäusermönchen hergestellt wird*)
chartreux [ʃaʀtʀø] *m* Kartäuser *m,* Kartäusermönch *m*
Charybde [kaʀibd] *f* MYTH Charybdis *f;* **tomber de** ~ **en Scylla** *prov* zwischen Szylla und Charybdis [sein] (*prov*)
chas [ʃɑ] *m* Öhr *nt*
chasse¹ [ʃas] *f* ❶ (*action*) Jagd *f;* **la** ~ **est ouverte/fermée** die Jagdsaison ist eröffnet/beendet; ~ **sous-marine** Unterwasserjagd; **la** ~ **au chamois/au renard/aux papillons** die Jagd auf Gämsen/Füchse/Schmetterlinge; **aller à la** ~ auf die Jagd gehen; **faire la** ~ **à un criminel/aux souris/moustiques** Jagd auf einen Verbrecher/Mäuse/Mücken machen
❷ (*pour éliminer*) ~ **à l'homme/aux sorcières** Menschen-/Hexenjagd *f*
❸ (*pour obtenir*) **la** ~ **aux occasions** die Jagd nach günstigen Gelegenheiten; **la** ~ **à l'appartement** die Suche nach einer Wohnung
❹ (*lieu*) Jagd *f,* Jagdrevier *nt;* ~ **gardée** privates Jagdrevier
❺ AVIAT Jagdverbände *Pl;* **pilote de** ~ Jagdflieger *m*
❻ (*poursuite*) **prendre qn/qc en** ~ jds Verfolgung/die Verfolgung einer S. (*Gen*) aufnehmen
► **qui va à la** ~ **perd sa place** *prov* weggegangen – Platz vergangen
◆ ~ **à courre** Hetzjagd *f;* ~ **au trésor** Schnitzeljagd *f*
chasse² [ʃas] *f fam* (*chasse d'eau*) [Wasser]spülung *f;* **tirer la** ~ spülen

◆ ~ **d'eau** Wasserspülung *f*

châsse [ʃɑs] *f* Reliquienschrein *m*

chassé-croisé [ʃasekʀwaze] <chassés-croisés> *m* Hin und Her *nt; des estivants* Kommen und Gehen *nt*

chasse-mouches [ʃasmuʃ] *m inv* Fliegenklatsche *f* **chasse-neige** [ʃasnɛʒ] *m inv* 1 (*véhicule*) Schneeräumgerät *nt*, Schneepflug *m* 2 SKI [Schnee]pflug *m;* **descendre en** ~ [im] [Schnee]pflug hinunterfahren

chasser [ʃase] <1> **I.** *vi* 1 (*aller à la chasse*) jagen, auf die Jagd gehen
2 (*déraper*) *roue, véhicule:* wegrutschen
3 (*passer rapidement*) **les nuages chassent dans le ciel** die Wolken jagen über den Himmel
4 NAUT *ancre:* treiben; *bateau:* vor Anker treiben
II. *vt* 1 (*aller à la chasse*) jagen
2 (*faire partir*) ~ **qn/qc de qc** jdn/etw aus etw vertreiben [*o* verjagen]
3 *fig* vertreiben *mauvais souvenir, idées noires*
4 (*pousser*) treiben *troupeau, animaux;* **le vent chasse les nuages** der Wind treibt die Wolken über den Himmel

chasseur [ʃasœʀ] *m* 1 MIL Jäger *m;* ~ **alpin** Gebirgsjäger; **le 3e ~s** das 3. Jägerregiment
2 (*avion*) Jagdflugzeug *nt*, Jäger *m*
3 (*garçon d'hôtel*) Hotelboy *m*, Hotelpage *m*

chasseur, -euse [ʃasœʀ, -øz] *m, f* Jäger(in) *m(f)*
◆ ~**(-euse) d'autographes** Autogrammjäger(in) *m(f);* ~ **de têtes** *fig* Headhunter *m;* ~**(-euse) d'images** Motivjäger(in) *m(f)*

chasseur-bombardier [ʃasœʀbɔ̃baʀdje] <chasseurs-bombardiers> *m* Jagdbomber *m*

chassieux, -euse [ʃasjø, -jøz] *adj yeux* verklebt

châssis [ʃɑsi] *m* 1 TECH Chassis *nt*
2 AUT Chassis, Fahrgestell *nt*
3 (*cadre*) *d'une fenêtre, porte* Rahmen *m; d'une toile, d'un tableau* Keilrahmen, Blendrahmen
4 HORT Frühbeet *nt;* (*panneau*) Frühbeetfenster *nt*

chaste [ʃast] *adj a. antéposé* keusch; *personne* keusch, züchtig; *amour, baiser* keusch, unschuldig, zart; *pensées* keusch, rein

chasteté [ʃastəte] *f* Keuschheit *f*

chasuble [ʃazybl] *f* 1 REL Messgewand *nt*
2 (*robe*) [**robe**] ~ Chasuble *nt*

chat¹ [ʃa] *m* 1 (*animal*) Katze *f;* (*mâle*) Kater *m;* ~ **angora/siamois/sauvage** Angora-/Siam-/Wildkatze; **le Chat botté** der Gestiefelte Kater
2 (*terme affectueux*) **mon** [**petit**] ~ mein kleiner Spatz; (*petite fille*) meine kleine Maus
▶ ~ **échaudé craint l'eau froide** *prov* ein gebranntes Kind scheut das Feuer (*prov*); **avoir un ~ dans la gorge** einen Frosch im Hals haben; **retomber comme un ~ sur ses pattes** immer wieder auf die Füße fallen; **jouer au ~ et à la souris** Katz und Maus spielen; **quand le ~ n'est pas là, les souris dansent** *prov* wenn die Katze aus dem Haus ist, tanzen die Mäuse; **avoir d'autres ~s à fouetter** andere Sorgen haben; **jouer à ~ perché** *Fangspiel, bei dem der Wolf die Katzen fangen muss, die durch Klettern zu entkommen versuchen;* **il n'y a pas un ~ dans la rue** es ist keine Menschenseele auf der Straße; **appeler un ~ un ~** das Kind beim Namen nennen; **il n'y a pas de quoi fouetter un ~** da ist doch nichts dabei
◆ ~ **de gouttière** gewöhnliche Katze

chat² [tʃat] *m* INFORM Chat *m*

chat(te) [ʃa, ʃat] *app air, manières* kokett

châtaigne [ʃɑtɛɲ] *f* 1 (*fruit*) Esskastanie *f*, Edelkastanie *f*
2 *fam* (*coup de poing*) Faustschlag *m;* **je lui ai flanqué une de ces ~s!** ich hab ihm/ihr vielleicht eine verpasst! (*fam*)

châtaignier [ʃɑteɲe] *m* 1 (*arbre*) Kastanie[nbaum *m*] *f*
2 (*bois*) Kastanie[nholz *nt*] *f*

châtain [ʃɑtɛ̃] *adj pas de forme féminine cheveux* [kastanien]braun; **être ~ clair** hellbraunes Haar haben; **cheveux ~ clair/~s** hellbraunes/kastanienbraunes Haar

château [ʃɑto] <x> *m* 1 (*palais*) Schloss *nt;* **le ~ de Versailles** das Schloss von Versailles; **les ~x de la Loire** die Loireschlösser
2 (*forteresse*) ~ [**fort**], ~ [**féodal**] Burg *f*
3 (*belle maison*) Herrensitz *m*, Landschlösschen *nt*
4 (*vin*) **un ~-Margaux** ein Château-Margaux *m*
5 NAUT Aufbau *m*
▶ **bâtir des ~x en Espagne** Luftschlösser bauen
◆ ~ **de cartes** Kartenhaus *nt* ▶ **s'écrouler comme un ~ de cartes** wie ein Kartenhaus in sich zusammenfallen; ~ **d'eau** Wasserturm *m;* ~ **de sable** Sandburg *f*

chateaubriand, châteaubriant [ʃatobʀijɑ̃] *m* Rinderfilet Chateaubriand *nt*

châtelain(e) [ʃɑt(ə)lɛ̃, ɛn] *m(f)* 1 HIST Schlossherr(in) *m(f)*
2 (*seigneur d'un château fortifié*) Burgherr(in) *m(f)*, Burggraf *m/*-gräfin *f*
3 (*propriétaire d'un manoir*) Gutsherr(in) *m(f)*

chat-huant [ʃayɑ̃] <chats-huants> *m* Waldkauz *m*

châtié(e) [ʃɑtje] *adj* gewählt, gepflegt; **s'exprimer dans un langage ~** sich sehr gewählt ausdrücken

châtier [ʃɑtje] <1> *vt* 1 *soutenu* (*punir*) bestrafen
2 REL ~ **son corps** [*o* **sa chair**] sich kasteien
3 (*soigner*) verfeinern *style, langage*

chatière [ʃatjɛʀ] *f* (*pour chat*) Katzenklappe *f*

châtiment [ʃɑtimɑ̃] *m* Strafe *f;* ~ **corporel** Prügelstrafe; **faire subir un ~** bestrafen

chatoiement [ʃatwamɑ̃] *m* Schillern *nt; d'un diamant* Schillern, Funkeln *nt*

chaton [ʃatɔ̃] *m* 1 (*jeune chat*) Kätzchen *nt*
2 BOT Kätzchen *nt;* ~ **de noisetier/saule** Hasel-/Weidenkätzchen
3 (*en orfèvrerie*) *d'une bague* Fassung *f*

chatouille [ʃatuj] *f* Kitzeln *nt;* **craindre la ~** kitz[e]lig sein; **faire des ~s à qn** jdn kitzeln

chatouillement [ʃatujmɑ̃] *m* 1 (*action de chatouiller*) Kitzeln *nt*
2 (*picotement*) **un ~ dans la gorge** ein Kratzen *nt* im Hals; **des ~s dans le nez** ein Kribbeln *nt* in der Nase

chatouiller [ʃatuje] <1> *vt* 1 (*exciter par des chatouilles*) kitzeln; **elle lui chatouille le bras** sie kitzelt ihn am Arm
2 (*flatter*) kitzeln; schmeicheln (+ *Dat*) *amour-propre;* reizen *curiosité;* **ça chatouille le palais** das ist ein Gaumenkitzel
3 (*agacer*) reizen *personne;* rühren an (+ *Akk*) *amour-propre, fierté, orgueil;* **tu chatouilles ma fierté** du triffst mich in meinem Stolz

chatouilleux, -euse [ʃatujø, -jøz] *adj* 1 *personne* kitz[e]lig; **être ~(-euse) de qc** an etw (*Dat*) kitz[e]lig sein
2 (*susceptible*) *caractère* empfindlich; **avoir l'amour-propre ~** ein empfindliches Selbstwertgefühl haben; **être ~(-euse) sur qc** in Bezug auf etw (*Akk*) empfindlich sein

chatouillis [ʃatuji] *m fam* Kitzeln *nt;* **faire des ~ à qn** jdn kitzeln

chatoyant(e) [ʃatwajɑ̃, ɑ̃t] *adj* schillernd; *pierre précieuse* schillernd, funkelnd

chatoyer [ʃatwaje] <6> *vi* schillern; *bijou:* schillern, funkeln

châtrer [ʃɑtʀe] <1> *vt* kastrieren

chatte [ʃat] *f* 1 (*femelle du chat*) Katze *f*
2 (*terme affectueux*) **ma petite ~** mein kleiner Liebling

chatter [tʃate] <1> *vi* INFORM chatten

chatterie [ʃatʀi] *f gén pl* (*caresses*) Liebkosungen *Pl;* **faire des ~s à qn** jdn streicheln

chatterton [ʃatɛʀtɔn] *m* Isolierband *nt*

chaud [ʃo] **I.** *adv* (*opp: froid*) warm; (*très chaud*) heiß; **manger ~** warm essen; **servir ~** heiß servieren
▶ **à ~ travailler qc à ~** (*après avoir chauffé*) etw bearbeiten, solange es heiß ist; **reportage à ~** (*sur le vif*) brandaktuelle Reportage; **faire un reportage à ~** eine brandaktuelle Repor-

tage machen; **faire qc à ~** etw ohne Aufschub [*o* unverzüglich] tun

II. *m* Wärme *f;* (*chaleur extrême*) Hitze *f;* **il/elle a ~** ihm/ihr ist [es] warm/heiß; **il fait ~** es ist warm/heiß; **crever de ~** *fam* vor Hitze umkommen (*fam*); **au ~** im Warmen; **tenir ~ à qn** *vêtement, couverture:* jdn warm halten; **garder** [*o* **tenir**] **qc au ~** etw warm halten

▸ **il/elle a eu ~ aux fesses** *fam* er/sie hatte [ganz schön] Bammel (*fam*); **attraper un ~ et froid** sich verkühlen, sich erkälten; **il/elle souffle le ~ et le froid** er/sie kann schalten und walten wie er/sie will; **ne faire ni ~ ni froid à qn** jdn kalt lassen; **il/elle a eu ~** *fam* er/sie ist mit dem Schrecken davongekommen

chaud(e) [ʃo, ʃod] *adj* ❶ (*opp: froid*) warm; (*très chaud*) heiß; **un repas ~/des plats ~s** warme Mahlzeit/warme Speisen; **cette tarte se mange ~e** dieser Kuchen wird warm gegessen; **avoir le front ~** eine heiße Stirn haben; **vin ~** Glühwein *m*
❷ (*qui tient chaud*) *couverture, vêtement* warm
❸ *antéposé* (*pour exprimer l'intensité*) *bataille* heiß; *discussion* heiß, hitzig; *félicitations* herzlich; **avec les plus ~es recommandations** mit den wärmsten Empfehlungen; **l'alerte a été ~e** es wurde brenzlig (*fam*)
❹ (*sujet à des conflits*) heiß; **point ~** Krisenherd *m;* **l'automne sera ~** es wird ein heißer Herbst
❺ (*qui impressionne la vue, l'ouïe*) *couleur, ton, son* warm
❻ (*récent*) *information, nouvelle* brandaktuell
❼ *fam* (*sensuel*) *personne* heiß (*fam*)
❽ (*voué à la prostitution*) *quartier* Rotlicht- (*fam*)
❾ (*enthousiaste*) *partisan, admirateur* glühend; *défenseur* glühend, hitzig; **ne pas être très ~(e) pour faire qc** nicht gerade begeistert davon sein etw zu tun

chaudement [ʃodmɑ̃] *adv* ❶ (*contre le froid*) *habiller, couvrir* warm
❷ (*vivement*) *féliciter* herzlich, von Herzen; *recommander* wärmstens; *appuyer* voll und ganz; *applaudir, acclamer* heftig, begeistert

chaud-froid [ʃofʀwa] <chauds-froids> *m kalt serviertes Fleisch in Gelee oder mit Majonäse*

chaudière [ʃodjɛʀ] *f* Kessel *m;* **~ d'un engin** Dampfkessel; **~ à gaz/mazout** Gas-/[Heiz]ölkessel; **~ du chauffage central** Heiz[ungs]kessel

chaudron [ʃodʀɔ̃] *m* [Koch]kessel *m*

chaudronnerie [ʃodʀɔnʀi] *f* ❶ (*industrie, corporation*) Eisen-, Blech- und Metallwarenindustrie *f;* **~ industrielle** Kesselbau *m*
❷ (*usine*) Eisen-, Blech- und Metallwarenfabrik *f*
◆ **~ d'art** (*fabrique*) Kupferschmiede *f;* (*objets*) [kunstgewerbliche] Kupferwaren; (*artisanat*) Kupferschmiedekunst *f*

chaudronnier [ʃodʀɔnje] *m* ❶ (*artisan*) Kupferschmied *m*
❷ (*ouvrier*) Kesselbauer *m*

chauffage [ʃofaʒ] *m* ❶ (*installation*) Heizung *f;* **~ au bois/charbon/mazout/gaz** Holz-/Kohle-/Öl-/Gasheizung; **~ central** Zentralheizung; **~ collectif** Sammelheizung, Gebäudezentralheizung; **~ individuel** eigene Heizanlage (*ohne Anschluss an Fernwärme*); (*dans un HLM*) Etagenheizung; **~ compris** einschließlich Heizkosten *Pl*
❷ (*action*) Heizen *nt; d'un métal* Erhitzen *nt*
◆ **~ d'appoint** [Zusatz]heizgerät *nt*

chauffagiste [ʃofaʒist] *mf* Heizungsmonteur(in) *m(f)*

chauffant(e) [ʃofɑ̃, ɑ̃t] *adj* Heiz-; **brosse ~e** Lockenstab *m*

chauffard [ʃofaʀ] *m* Verkehrsrowdy *m*

chauffe [ʃof] *f* ❶ (*lieu*) Feuerraum *m; d'un navire* Maschinenraum *m*
❷ (*action*) Heizen *nt; d'un moteur* Warmlaufen *nt*

chauffe-bain [ʃofbɛ̃] <chauffe-bains> *m* Boiler *m* **chauffe-biberon** [ʃofbibʀɔ̃] <chauffe-biberons> *m* Flaschenwärmer *m,* Fläschchenwärmer *m* **chauffe-eau** [ʃofo] *m inv* Durchlauferhitzer *m;* (*à accumulation*) Boiler *m,* Heißwasserbereiter *m* **chauffe-plat** [ʃofpla] <chauffe-plats> *m* Warmhalteplatte *f*

chauffer [ʃofe] <1> **I.** *vi* ❶ (*être sur le feu*) *aliment, eau:* warm werden, sich erwärmen; (*très chaud*) heiß werden
❷ (*devenir chaud*) *appareil ménager, radiateur:* warm werden; (*très chaud*) heiß werden; *moteur:* warm laufen
❸ (*devenir trop chaud*) *freins, moteur, roue:* heißlaufen; *appareil:* überhitzen; *pneu:* heiß werden
❹ (*donner de la chaleur*) **bien/mal ~** *combustible, source de chaleur:* gut/schlecht heizen
❺ (*mettre du chauffage*) heizen; **~ au bois/gaz** mit Holz/Gas heizen
❻ JEUX **tu chauffes!** warm!
▸ **ça va ~** *fam* es wird was setzen (*fam*)
II. *vt* ❶ *source de chaleur, soleil:* wärmen *personne;* erwärmen, erhitzen *pièce, appartement;* heizen *maison, pièce;* heiß machen *eau;* warm machen *biberon;* anwärmen *lit;* **~ les voisins** für die Nachbarn heizen; **faire ~** [auf]wärmen, erhitzen; **mettre à ~** warm machen [*o* stellen]; **faire ~ le four** den Backofen vorheizen; **le soleil me chauffe le dos** die Sonne wärmt mir den Rücken
❷ TECH zum Glühen bringen *métal, verre, liquide;* anheizen, einheizen *chaudière;* **~ à blanc** weiß glühen
❸ (*mettre dans l'ambiance*) aufheizen *auditoire, salle*
❹ *fam* (*stimuler, entraîner*) einstimmen, vorbereiten *élève, sportif*
III. *vpr* **se ~ au soleil** sich in der Sonne [auf]wärmen; **se ~ près du radiateur** sich am Radiator [auf]wärmen; **se ~ au gaz/charbon** mit Gas/Kohle heizen; **se ~ le dos au soleil/les mains devant le feu** sich (*Dat*) den Rücken in der Sonne/die Hände am Feuer wärmen

chaufferette [ʃofʀɛt] *f* (*boîte à couvercle*) Fußwärmer *m*

chaufferie [ʃofʀi] *f* Heiz(ungs)raum *m*

chauffeur [ʃofœʀ] *m* ❶ (*conducteur*) Fahrer(in) *m(f);* **~ routier** Fernfahrer(in) *m(f)*
❷ (*personnel*) Fahrer, Chauffeur *m*
❸ (*automobiliste*) Autofahrer(in) *m(f)*
▸ **~ du dimanche** *fam* Sonntagsfahrer *m* (*pej*)
◆ **~ d'autobus** [*o* **de bus**] Busfahrer(in) *m(f);* **~ de taxi** Taxifahrer(in) *m(f)*

chauffeuse [ʃoføz] *f* Sessel *m*

chauler [ʃole] <1> *vt* kalken

chaume [ʃom] *m* ❶ (*partie des tiges*) Stoppel *f*
❷ *pl* (*champ*) Stoppelfeld *nt*
❸ (*paille*) Stroh *nt*

chaumière [ʃomjɛʀ] *f* (*masure*) strohgedeckte Hütte

chaussée [ʃose] *f* ❶ (*voie*) Fahrbahn *f;* **"~ déformée"** „Fahrbahnschäden"; **~ glissante** Straßenglätte *f*
❷ (*route, rue*) Fahrbahn, Straße *f*
❸ (*digue*) Damm *m,* Deich *m*

chausse-pied [ʃospje] <chausse-pieds> *m* Schuhlöffel *m*

chausser [ʃose] <1> **I.** *vt* ❶ (*mettre*) anziehen *chaussures, bottes;* anschnallen *skis;* aufsetzen *lunettes;* **~ les étriers** die Füße in die Steigbügel setzen; **être chaussé(e) de bottes/baskets** Stiefel/Turnschuhe tragen
❷ (*mettre une chaussure*) **~ un enfant** einem Kind Schuhe anziehen
❸ (*fournir en chaussures*) **ce marchand nous chausse depuis dix ans** wir kaufen unsere Schuhe seit zehn Jahren in diesem Geschäft
❹ (*aller*) **bien/mal ~** *chaussure:* gut/schlecht sitzen
❺ (*équiper de pneus*) [neu] bereifen
II. *vi* **~ du 38/42** Schuhgröße 38/42 tragen [*o* haben]; **du combien chaussez-vous?** welche Schuhgröße haben Sie?
III. *vpr* **se ~** [sich (*Dat*)] Schuhe anziehen; **se ~ chez qn** seine Schuhe bei jdm kaufen

chausse-trap[p]e [ʃostʀap] <chausse-trap[p]es> *f* ❶ (*piège*) Fallgrube *f*

❷ *fig* Fußangel *f*, Fallstrick *m*

chaussette [ʃosɛt] *f* ❶ (*soquette*) Socke *f*, Socken *m* (SDEUTSCH); **en ~s** in Socken
❷ (*mi-bas*) Kniestrumpf *m*
▸ **laisser tomber qn comme une vieille ~** jdn wie eine heiße Kartoffel fallen lassen

chausseur [ʃosœʀ] *m* ❶ (*marchand*) Schuh[waren]händler(in) *m(f)*
❷ (*fabricant*) Schuhfabrikant(in) *m(f)*, Schuhhersteller(in) *m(f)*

chausson [ʃosɔ̃] *m* Hausschuh *m*; **des ~s pour bébés** Babyschuhe
◆ **~ de danse** Ballettschuh *m*, Spitzenschuh; **~ aux pommes** Apfeltasche *f*

chaussure [ʃosyʀ] *f* ❶ (*soulier*) Schuh *m*; **~ basse** Halbschuh; **~s montantes** halbhohe Schuhe; **~ à boucle/bride/lacets** Schnallen-/Spangen-/Schnürschuh; **~s à talons** Schuhe mit hohen Absätzen; **~s à crampons** Spikes *Pl*; **~ de sport/ski/ville/marche** Sport-/Schi-/Straßen-/Wanderschuh
❷ (*industrie*) Schuhfabrikation *f*
❸ (*commerce*) Schuhhandel *m*
▸ **trouver ~ à son pied** (*trouver un compagnon, une compagne*) den Richtigen/die Richtige finden

chauve [ʃov] **I.** *adj* kahl; *homme* kahl, kahlköpfig; **être ~** eine Glatze haben
II. *m* Mann *m* mit einer Glatze, Glatzkopf *m* (*fam*)

chauve-souris [ʃovsuʀi] <chauves-souris> *f* Fledermaus *f*

chauvin(e) [ʃovɛ̃, in] **I.** *adj* (*à propos de son pays*) chauvinistisch; (*à propos de sa région, ville*) lokalpatriotisch; **être ~(e)** [ein] Chauvinist/[eine] Chauvinistin sein
II. *m(f)* (*à propos de son pays*) Chauvinist(in) *m(f)*; (*à propos de sa région, ville*) Lokalpatriot(in) *m(f)*

chauvinisme [ʃovinism] *m* ❶ (*patriotisme*) Chauvinismus *m*
❷ (*admiration exclusive de sa région, ville*) Lokalpatriotismus *m*

chaux [ʃo] *f* Kalk *m*; **blanchir** [*o* **passer**] **à la ~** kalken, [mit Kalk] weißen

chavirer [ʃaviʀe] <1> **I.** *vi* ❶ (*se retourner*) *bateau:* kentern; **faire ~** zum Kentern bringen; **ses yeux chaviraient** er/sie verdrehte die Augen
❷ *soutenu* (*se déstabiliser*) *valeurs morales:* ins Wanken geraten; *gouvernement, entreprise:* Schiffbruch erleiden
❸ (*s'émouvoir*) **~ de bonheur/douleur** von Glück/Schmerz überwältigt sein
II. *vt* ❶ (*renverser*) umwerfen; zum Kentern bringen *bateau, navire*
❷ (*bouleverser*) erschüttern, aus der Fassung bringen; **être tout(e) chaviré(e)** ganz [*o* völlig] außer sich sein

chéchia [ʃeʃja] *f* Fez *m*, Fes *m*

check-up [(t)ʃɛkœp] *m inv* MED, TECH Checkup *m*

chef [ʃɛf] *m* ❶ (*responsable*) Chef(in) *m(f)*; *d'un service* Leiter(in) *m(f)*; (*supérieur*) Vorgesetzte(r) *f(m)*; *d'une tribu* Häuptling *m*; **~ de clinique/projet** Klinik-/Projektleiter(in) *m(f)*; **~ du personnel** Personalchef(in), Personaldirektor(in) *m(f)*; **~ boucher/pâtissier** Leiter(in) der Metzgerei/Konditorei; **rédacteur(-trice)/ingénieur en ~** Chefredakteur(in) *m(f)*/-ingenieur(in) *m(f)*; **~ de patrouille/train** Patrouillen-/Zugführer(in) *m(f)*; **la ~** *fam* die Chefin; **le grand ~** *fam* der Boss (*fam*); **jouer au petit ~** *fam* sich als Chef aufspielen
❷ (*meneur*) [An]führer(in) *m(f)*
❸ *fam* (*personne remarquable*) Ass *nt* (*fam*); **se débrouiller comme un ~** das [alles] fabelhaft machen (*fam*)
❹ MIL (*sergent-chef*) Feldwebel *m*; **oui ~!** zu Befehl!
❺ (*cuisinier*) Küchenchef(in) *m(f)*, Chefkoch *m*/-köchin *f*
❻ *vieilli* (*tête*) Haupt *nt* (*geh*); **opiner du ~** zustimmend nicken
▸ **au premier ~** in erster Linie; **de son propre ~** von selbst
◆ **~ d'accusation** Hauptanklagepunkt *m*; **~ d'atelier** Werkmeister(in) *m(f)*; **~ de bord** Chefsteward *m*/-stewardess *f*; **~ de cabinet** persönlicher Referent/persönliche Referentin [eines Ministers]; **~ de chantier** Polier *m*; **~ d'entreprise** Firmenchef(in) *m(f)*, Unternehmensleiter(in) *m(f)*; **~ d'équipe** Vorarbeiter(in) *m(f)*; **~ d'État** Staatschef(in) *m(f)*, Staatsoberhaupt *nt*; **~ d'état-major** Stabschef *m*; **~ de famille** Familienoberhaupt *nt*; ECON Haushaltsvorstand *m*; **~ de file** [führender] Kopf; **le ~ de file de l'opposition** der Oppositionsführer/die Oppositionsführerin; **~ de gare** Bahnhofsvorsteher(in) *m(f)*; **~ d'orchestre** Dirigent(in) *m(f)*; **~ de patrouille** Patrouillenführer *m*; **~ du personnel** Personalchef(in) *m(f)*, Personaldirektor(in) *m(f)*; **~ de rayon** Disponent(in) *m(f)*; **~ de train** Zugführer(in) *m(f)*

chef-d'œuvre [ʃɛdœvʀ] <chefs-d'œuvre> *m* Meisterwerk *nt*

chef-lieu [ʃɛfljø] <chefs-lieux> *m* Hauptstadt *f*; **~ de département/canton** Hauptstadt des Departements/Kantonshauptstadt

cheftaine [ʃɛftɛn] *f* Führerin *f*; *iron* Chefin *f*

cheik [ʃɛk] *m* Scheich *m*

chelem [ʃlɛm] *m* Schlemm *m*; **grand ~** CARTES Großschlemm *m*; TENNIS Grandslam *m*; (*en rugby*) *Sieg in allen Begegnungen des Fünf-Nationen-Turniers*

chemin [ʃ(ə)mɛ̃] *m* ❶ (*voie*) Weg *m*; **~ creux** Hohlweg; **demander son ~ à qn** jdn nach dem Weg fragen; **passer son ~** seiner Wege gehen; **prendre le bon/mauvais ~** den richtigen/falschen Weg einschlagen; **prendre le ~ de la gare** in Richtung Bahnhof gehen; **rebrousser ~** umkehren; **se mettre en ~** sich auf den Weg machen; **~ faisant, en ~** unterwegs; **se tromper de ~** (*à pied*) sich verlaufen; (*en voiture*) sich verfahren
❷ (*distance à parcourir*) Strecke *f*, Weg[strecke *f*] *m*; **un bon bout de ~** eine ganz nette Strecke (*fam*); **deux heures de ~** zwei Wegstunden; (*en voiture*) zwei Stunden Fahrt, zwei Autostunden; **faire le ~ à pied/bicyclette/en voiture** die Strecke zu Fuß zurücklegen/mit dem Rad/Auto fahren
❸ (*méthode, voie*) Weg[strecke *f*] *m*; **le ~ de la réussite/du succès** der Weg zum Erfolg; **faire une partie du ~** einen Teil des Weges [*o* der Strecke] zurücklegen; **se mettre en travers du ~ de qn** sich jdm in den Weg stellen; **tracer le ~ à qn** jdm den Weg ebnen
❹ INFORM Pfad *m*
▸ **prendre le ~ des écoliers** herumtrödeln; **tous les ~s mènent à Rome** *prov* alle Wege führen nach Rom; **rester dans le droit ~** auf dem rechten Weg bleiben; **ne pas y aller par quatre ~s** (*en parlant*) keine Umschweife machen; (*en agissant*) nicht lange fackeln (*fam*); **aller son ~** sein Leben leben; **ne pas s'arrêter en si bon ~** nicht auf halbem Weg stehen bleiben; **faire son ~** *idée, projet:* an Boden gewinnen; **se mettre en travers du** [*o* **sur le**] **~ de qn** jdm in die Quere kommen; **en prendre/ne pas en prendre le ~** auf dem besten Weg dahin sein/nichts dergleichen tun; **ça en prend/n'en prend pas le ~** es sieht ganz/nicht danach aus
◆ **~ de croix** Kreuzweg *m*; *fig* Leidensweg *m*; **~ de ronde** Wehrgang *m*; **~ de traverse** Querfeldeinweg *m*

chemin de fer [ʃ(ə)mɛ̃dəfɛʀ] <chemins de fer> *m* Eisenbahn *f*; **les chemins de fer français** die französische Eisenbahn

cheminée [ʃ(ə)mine] *f* ❶ (*à l'extérieur*) *d'une maison* Schornstein *m*, Kamin *m* (SDEUTSCH); *d'une usine* Schornstein, Schlot *m*; *d'un paquebot, d'une locomotive* Schornstein
❷ (*dans une pièce*) [offener] Kamin
❸ (*encadrement du foyer*) Kamin[einfassung *f*] *m*; **sur la ~** auf dem/den Kaminsims
❹ (*conduit*) Kamin[schacht] *m*
❺ GEOL *d'un volcan* Schlot *m*

cheminement [ʃ(ə)minmɑ̃] *m* ❶ *d'une personne* Dahinwandern *nt*; *de l'eau* Sickern *nt*
❷ *fig de la pensée, d'une idée* Entwicklung *f*; **le ~ de ta pensée** deine Gedankengänge *Pl*

cheminer [ʃ(ə)mine] <1> *vi* ❶ seines Weges ziehen; ~ **vers la ville** auf dem Weg in die Stadt sein; ~ **dans la montagne** *sentier:* im Gebirge verlaufen
❷ (*progresser lentement*) *pensée, idée:* sich entwickeln
cheminot [ʃ(ə)mino] *m* Eisenbahner *m*
chemise [ʃ(ə)miz] *f* ❶ (*vêtement*) Hemd *nt;* ~ **américaine** Unterhemd *nt,* T-Shirt *nt*
❷ (*dossier*) [Akten]mappe *f,* Aktendeckel *m*
❸ AUT Ummantelung *f*
▶ **les ~s brunes** HIST die Braunhemden; **laisser dans qc/y laisser jusqu'à sa dernière** ~ bei etw sein letztes Hemd/[noch] sein letztes Hemd verlieren; **qn se soucie** [*o* **se fiche** *fam*] [*o* **se moque**] **de qc comme de sa première** ~ etw kümmert jdn nicht im Geringsten; **changer de qn/qc comme de** ~ jdn/etw wie das Hemd wechseln
◆ ~ **de nuit** Nachthemd *nt*
chemiserie [ʃ(ə)mizʀi] *f* ❶ (*magasin*) Hemdengeschäft *nt*
❷ (*industrie*) Herrenwäscheindustrie *f*
chemisette [ʃ(ə)mizɛt] *f* kurzärmeliges Hemd
chemisier [ʃ(ə)mizje] *m* Bluse *f*
chenal [ʃənal, o] <-aux> *m* (*passage*) Fahrrinne *f*
chenapan [ʃ(ə)napɑ̃] *m* ❶ *hum* (*enfant*) Frechdachs *m*
❷ (*garçon*) Frechdachs, Lausbub *m,* Strolch *m*
❸ *vieilli* (*vaurien*) Strolch *m,* Taugenichts *m*
chêne [ʃɛn] *m* ❶ (*arbre*) Eiche *f;* ~ **vert** Steineiche
❷ (*bois*) Eiche[nholz *nt*] *f*
chen[e]au [ʃ(ə)no] <x> *m* CH Dachrinne *f,* Dachkännel *m* (CH)
chéneau [ʃeno] <x> *m* Dachrinne *f*
chêne-liège [ʃɛnljɛʒ] <chênes-lièges> *m* Korkeiche *f*
chenet [ʃ(ə)nɛ] *m* Kaminbock *m*
chenil [ʃ(ə)nil] *m* ❶ (*lieu d'élevage*) Zwinger *m*
❷ (*lieu de garde*) Tierheim *nt,* Hundeheim *nt*
❸ CH (*désordre*) Durcheinander *nt;* (*objets sans valeur*) Krempel *m*
chenille [ʃ(ə)nij] *f* ❶ ZOOL Raupe *f*
❷ (*attraction foraine*) Berg-und-Tal-Bahn *f*
❸ TECH *d'un char, engin de chantier* Raupe[nkette *f*] *f,* Gleiskette *f*
❹ TEXTIL Chenille *f*
chenillé(e) [ʃ(ə)nije] *adj char, engin* Raupen[ketten]-, Gleisketten-
chenu(e) [ʃəny] *adj littér* schlohweiß (*geh*); *personne* schlohweiß, weißhaarig
cheptel [ʃɛptɛl] *m* Viehbestand *m;* ~ **bovin/ovin/porcin** Rinder-/Schaf-/Schweinebestand *m*
chèque [ʃɛk] *m* ❶ (*pièce bancaire*) Scheck *m;* **payer par** ~ mit [*o* per] Scheck zahlen; **faire un** ~ **de mille euros à qn** jdm einen Scheck über tausend Euro ausstellen; ~ **bancaire/postal** Bank-/Postscheck; ~ **sans provision** ungedeckter Scheck
❷ (*bon*) Gutschein *m*
◆ ~ **en blanc** Blankoscheck *m;* ~ **en bois** *fam* ungedeckter Scheck; ~ **de voyage** Reisescheck *m*
chèque-repas [ʃɛkʀəpɑ] <chèques-repas> *m* [Essens]bon *m,* Essensgutschein *m* **chèque-restaurant** [ʃɛkʀɛstɔʀɑ̃] <chèques-restaurant> *m* Essensgutschein *m* (*für bestimmte Restaurants*), Restaurantscheck *m* **chèque-vacances** [ʃɛkvakɑ̃s] <chèques-vacances> *m Berechtigungsgutschein für verbilligten Urlaub, zu dem der Arbeitgeber einen Zuschuss als freiwillige Sozialleistung zahlt*
chéquier [ʃekje] *m* Scheckbuch *nt,* Scheckheft *nt;* **être interdit(e) de** ~ vom Scheckverkehr ausgeschlossen sein
cher, chère [ʃɛʀ] **I.** *adj* ❶ (*coûteux*) teuer; *vie* teuer, kostspielig; **c'est moins** ~ **ici** hier ist es billiger; **être trop** ~**(chère) pour ce que c'est** seinen Preis nicht wert sein
❷ (*aimé*) lieb; *ami* lieb, teuer (*geh*); **c'est mon plus** ~ **désir** das ist mein innigster Wunsch; **c'est ce qu'il a de plus** ~ [**au monde**] das ist das Kostbarste, was er besitzt; **être** ~**(chère) à qn** jdm lieb und teuer sein
❸ *antéposé* (*dans une formule de politesse*) liebe(r, s); **chère Élodie,** ~ **Gérard** liebe Élodie, lieber Gérard; ~ **Monsieur** lieber Herr ...; **chère Madame** liebe Frau ...; **~s tous** Ihr Lieben
II. *m, f* (*appellatif*) **mon** ~**/ma chère** mein Lieber/meine Liebe
III. *adv* ❶ (*opp: bon marché*) teuer; **acheter qc trop** ~ für etw zu viel bezahlen; **avoir pour pas** ~ *fam* billig erstehen [*o* bekommen]; **coûter** ~ teuer sein; **coûter** ~ **à qn** *études, gros investissement:* jdn teuer kommen (*geh*); **payer** ~ **qc** etw teuer bezahlen; **revenir** ~ **à qn** jdn viel kosten; **valoir** ~ viel [Geld] wert sein; **c'est moins** ~ es ist billiger
❷ *fig* **coûter** ~ **à qn** jdn teuer zu stehen kommen; **payer** ~ **qc** einen hohen Preis für etw zahlen, sich (*Dat*) etw teuer erkaufen; **payer** [*o* **donner**] ~ **pour connaître la clef de l'énigme** viel dafür geben, des Rätsels Lösung zu kennen
▶ **ne pas donner** ~ **de qc** einer S. (*Dat*) keine großen Chancen geben; **faire payer** ~ **à qn** [**pour**] **qc** jdn etw teuer bezahlen lassen; **ne pas valoir** ~ *personne:* nicht viel wert sein
chercher [ʃɛʀʃe] <1> **I.** *vt* ❶ suchen, suchen nach *personne, objet, compromis;* ~ **le sommeil** versuchen, einzuschlafen; ~ **qn des yeux** [*o* **du regard**] nach jdm Ausschau halten
❷ (*s'efforcer d'avoir, d'obtenir*) suchen *ami, travail;* ~ **la gloire** nach Ruhm streben; **ne** ~ **que son avantage** [*o* **intérêt**] nur auf seinen Vorteil bedacht [*o* aus] sein
❸ (*provoquer*) ~ **la bagarre/les ennuis** Streit/Ärger suchen; ~ **qn** *fam* mit jdm Streit suchen; **tu cherches vraiment l'accident** du legst es wirklich auf einen Unfall an
❹ (*ramener, rapporter*) **aller** [*o* **passer**] ~ [ab]holen, [ab]holen gehen; **venir** ~ [ab]holen, [ab]holen kommen; **aller** ~ **qn/qc à l'école** jdn von der Schule/etw in der Schule abholen; **envoyer un enfant** ~ **qn/qc** ein Kind jdn/etw holen schicken; **va lui** ~ **le médecin!** hol ihm/ihr den Arzt!
▶ **qu'est-ce que tu vas** ~ [**là**]**!** wie kommst du denn darauf!; **tu l'as** [**bien**] **cherché!** du hast es ja so gewollt!
II. *vi* ❶ ~ **à faire qc** versuchen, etw zu tun; ~ **à ce que qn fasse qc** bestrebt [*o* bemüht] sein, dass jd etw tut
❷ (*essayer de trouver*) ~ **dans qc** in etw (*Dat*) suchen
❸ (*fouiller*) ~ **dans qc** in etw (*Dat*) herumstöbern
❹ (*réfléchir*) nachdenken
▶ **ça peut aller** ~ **loin!** *fam* das kann teuer werden! (*fam*); **cherchez et vous trouverez** *prov* suchet, so werdet ihr finden (*prov*)
III. *vpr* **se** ~ auf der Suche nach sich selbst sein
chercheur [ʃɛʀʃœʀ] *m* ASTRON Sucher *m*
chercheur, -euse [ʃɛʀʃœʀ, -øz] **I.** *adj* **esprit** ~ Forschergeist *m*
II. *m, f* ❶ (*scientifique*) Forscher(in) *m(f)*
❷ (*personne en quête*) ~**(-euse) d'or** Goldgräber(in) *m(f);* ~**(-euse) de trésors** Schatzsucher(in) *m(f)*
chère [ʃɛʀ] *f soutenu* Speise *f* (*geh*), Mahl *nt* (*geh*)
▶ **faire bonne** ~ *soutenu* gut speisen (*geh*)
chèrement [ʃɛʀmɑ̃] *adv payer, vendre* teuer; **une victoire** ~ **acquise** ein teuer erkaufter Sieg
chéri(e) [ʃeʀi] **I.** *adj* geliebt; **l'enfant** ~ **de qn** jds Liebling *m*
II. *m(f)* ❶ (*personne aimée*) Liebling *m,* Schatz *m*
❷ *péj* (*favori*) **le** ~**/la** ~**e de qn** jds Liebling *m*
chérir [ʃeʀiʀ] <8> *vt* ❶ (*aimer*) [zärtlich] lieben
❷ *littér* (*être attaché*) lieben *mer, liberté;* ~ **la mémoire** [*o* **le souvenir**] **de qn** jdm ein liebevolles Andenken bewahren
chérot [ʃeʀo] *adj fam* **c'est** ~**, ça fait un peu** ~ das ist ganz schön happig (*fam*)
cherry [ʃeʀi] <s *o* cherries> *m* Cherrybrandy *m*
cherté [ʃɛʀte] *f vieilli* hoher Preis; ~ **de la vie** hohe Lebenshaltungskosten
chérubin [ʃeʀybɛ̃] *m* ❶ REL Cherub *m*
❷ (*enfant*) Engel *m*
chétif, -ive [ʃetif, -iv] *adj* ❶ *animal, arbre* kümmerlich; *personne, corps* schwächlich, schmächtig
❷ *littér* (*minable*) *insecte* gemein; *récolte* mager
chevaine [ʃəvɛn] *m v.* **chevesne**

cheval [ʃ(ə)val, o] <-aux> *m* ❶ (*animal*) Pferd *nt;* ~ **arabe** Araber *m;* ~ **sauvage** Wildpferd *nt;* **un carrosse à deux/six chevaux** ein Zweispänner/Sechsspänner *m*
❷ SPORT **faire du/monter à/aller à** ~ reiten; **promenade à** ~ Ausritt *m*
❸ AUT (*puissance*) Pferdestärke *f,* PS *f;* **elle fait combien de chevaux, votre voiture?** wie viel PS hat Ihr Wagen?
❹ FISC ~ **fiscal** *Kfz-Steuereinheit*
❺ ECHECS Pferd *nt,* Springer *m*
❻ (*personne infatigable*) Pferd *nt* (*fam*); **Anatole, au boulot, c'est un vrai** ~ Anatole arbeitet wie ein Pferd (*fam*)
❼ *péj vieilli* (*rustre*) Bauer *m* (*fam*)
❽ *péj fam* (*femme masculine*) Mannweib *nt* (*pej*)
▸ **miser sur le bon/mauvais** ~ auf das richtige/falsche Pferd setzen; **changer son ~ borgne contre** [*o* **pour**] **un** [~] **aveugle** vom Regen in die Traufe kommen (*fam*); **être à ~ sur la chaise/sur la branche** rittlings auf dem Stuhl/auf dem Ast sitzen; **être à ~ sur deux régions** genau [an der Grenze] zwischen zwei Regionen liegen; **être à ~ sur le règlement** es mit den Regeln peinlich genau nehmen; **être à ~ sur les principes** ein Prinzipienreiter sein; **le paiement de la facture est à ~ sur deux mois** die Zahlung der Rechnung erstreckt sich über zwei Monate
◆ ~ **d'arçons** *inv* SPORT Pferd *nt;* ~ **à bascule** Schaukelpferd *nt;* ~ **de bataille** Schlachtross *nt; fig* Lieblingsthema *nt,* bevorzugtes Thema; **chevaux de bois** Pferdekarussell *nt;* ~ **de boucherie** Schlachtpferd *nt;* ~ **de cirque** Zirkuspferd *nt;* ~ **de course** Rennpferd *nt;* ~ **de fiacre** Kutschpferd *nt;* ~ **de frise** spanischer Reiter; ~ **de labour** Arbeitspferd *nt;* ~ **de manège** Voltigierpferd *nt;* ~ **de poste** [*o* **relais**] Postpferd *nt;* ~ **de retour** *fig* Rückfällige(r) *f(m);* ~ **de selle** Reitpferd *nt;* ~ **de trait** Zugpferd *nt;* ~ **de Troie** Trojanisches Pferd

chevalement [ʃ(ə)valmɑ̃] *m* ❶ (*madrier*) Verstrebung *f*
❷ MIN Förderturm *m*

chevaleresque [ʃ(ə)valʀɛsk] *adj* ❶ (*courtois*) ritterlich; *littérature* höfisch; **honneur** ~ Ritterehre *f*
❷ (*généreux*) ehrenhaft, edel

chevalerie [ʃ(ə)valʀi] *f* Rittertum *nt;* **ordre de** ~ Ritterorden *m*

chevalet [ʃ(ə)valɛ] *m de menuisier* Sägebock *m; de peintre* Staffelei *f; d'un violon* Steg *m*

chevalier [ʃ(ə)valje] *m* ❶ HIST Ritter *m;* **armer** [*o* **faire**] **qn** ~ jdn zum Ritter schlagen; **être nommé ~ par qn** von jdm zum Ritter ernannt werden
❷ ORN Strandläufer *m*
▸ ~ **errant** fahrender Ritter; **se faire ~ de qn/qc** sich für jdn/etw einsetzen
◆ ~ **de la Légion d'honneur** Ritter *m* der Ehrenlegion; **faire** [*o* **nommer**] **qn ~ de la Légion d'honneur** jdn zum Ritter der Ehrenlegion ernennen; ~ **de l'ordre du Mérite** Ritter *m* des Ordens Pour le Mérite; ~ **de l'ordre teutonique** Deutschordensritter *m;* ~ **des palmes académiques** *Träger der Auszeichnung für Verdienste um das Bildungswesen;* ~ **du Saint Sépulcre** Ritter *m* vom Heiligen Grab; ~ **de la Table ronde** Ritter *m* der Tafelrunde

chevalière [ʃ(ə)valjɛʀ] *f* Siegelring *m*

chevalin(e) [ʃ(ə)valɛ̃, in] *adj race, boucherie, regard* Pferde-; *sourire* pferdeähnlich

cheval-vapeur [ʃ(ə)valvapœʀ] <chevaux-vapeur> *m* Pferdestärke *f,* PS *f*

chevauchée [ʃ(ə)voʃe] *f* ❶ (*promenade*) Ausritt *m*
❷ *littér* (*groupe de cavaliers*) Kavalkade *f*

chevauchement [ʃ(ə)voʃmɑ̃] *m* Überschneidung *f,* Überlappung *f*

chevaucher [ʃ(ə)voʃe] <1> **I.** *vt* ~ **qc** auf etw (*Dat*) reiten
II. *vi, vpr* [**se**] ~ *des dents:* übereinander stehen; *des emplois du temps:* sich überlappen, sich überschneiden; *des domaines de compétence:* teilweise deckungsgleich sein
III. *vi littér* reiten

chevêche [ʃ(ə)vɛʃ] *f* ZOOL Steinkauz *m*

chevelu(e) [ʃəvly] **I.** *adj personne, tête* mit langen Haaren; *épis* buschig, zottig; *fruits* behaart
II. *m(f) péj* Langhaarige(r) *f(m)*

chevelure [ʃəvlyʀ] *f* ❶ Haare *Pl,* Haar *nt;* **avoir une abondante** ~ volles [*o* dichtes] Haar haben
❷ (*traînée lumineuse*) *d'une comète* Schweif *m*

chevesne [ʃ(ə)vɛn] *m* ZOOL Döbel *m*

chevet [ʃ(ə)vɛ] *m* ❶ (*tête de lit*) Kopfende *nt;* **table de** ~ Nachttisch *m;* **livre de** ~ Lieblingslektüre *f;* **être au ~ de qn** an jds Bett (*Dat*) sitzen/stehen
❷ *fig* **appeler qn au ~ d'une économie malade** jdn rufen, um eine marode Wirtschaft zu retten
❸ ARCHIT *d'une église* [Chor]apsis *f*

cheveu [ʃ(ə)vø] <x> *m* [Kopf]haar *nt;* ~**x crépus** krauses Haar; ~**x au vent** mit flatternden [*o* wehenden] Haaren; **avoir les ~x courts/longs** kurze/lange Haare [*o* kurzes/langes Haar] haben; **n'avoir plus un ~ sur la tête** [*o* **sur le caillou** *fam*] vollständig kahl sein, eine Platte haben (*fam*); **il perd ses ~x** ihm gehen die Haare aus; **des personnes se prennent aux ~x** Menschen kriegen [*o* geraten] sich in die Haare; **faire dresser les ~x sur la tête à qn** jdm die Haare zu Berge stehen lassen; **couper les ~x en quatre** Haarspalterei betreiben; **être tiré(e) par les ~x** an den Haaren herbeigezogen [*o* weit hergeholt] sein; **c'était à un ~ près, il s'en est fallu d'un ~** es ging um Haaresbreite [*o* um ein Haar *fam*] daneben
▸ **avoir un ~ sur la langue** lispeln; **arriver** [*o* **venir**] [*o* **tomber**] **comme un ~ sur la soupe** völlig ungelegen kommen; **les ~x blancs** das Alter; **s'arracher les ~x** sich (*Dat*) die Haare raufen
◆ ~**x d'ange** (*guirlande*) Engel[s]haar *nt;* (*vermicelles*) feine Fadennudeln

cheville [ʃ(ə)vij] *f* ❶ (*partie du corps*) Knöchel *m*
❷ (*tige pour assembler*) Zapfen *m*
❸ (*tige pour boucher un trou*) Dübel *m*
❹ MUS *d'un violon* Wirbel *m*
❺ (*crochet*) Haken *m*
▸ ~ **ouvrière** treibende Kraft; **ne pas arriver à la ~ de qn** jdm nicht das Wasser reichen können (*fam*)

cheviller [ʃ(ə)vije] <1> *vt* verzapfen

chèvre [ʃɛvʀ] **I.** *f* ❶ (*animal*) Ziege *f*
❷ (*femelle*) Geiß *f*
❸ (*appareil de levage*) [Seil]aufzug *m*
❹ (*chevalet*) Sägebock *m,* [Auflage]bock *m*
▸ **ménager la ~ et le chou** es allen recht machen wollen
II. *m* (*fromage*) Ziegenkäse *m*

chevreau [ʃəvʀo] <x> *m* ❶ (*animal*) Zicklein *nt,* Kitz *nt*
❷ (*peau*) Ziegenleder *nt,* Glacéleder *nt*

chèvrefeuille [ʃɛvʀəfœj] *m* Geißblatt *nt,* Jelängerjelieber *nt*

chevrette [ʃəvʀɛt] *f* ❶ (*petite chèvre*) Kitz *nt,* Zicklein *nt,* junge Ziege
❷ (*femelle du chevreuil*) Reh[geiß *f*] *nt,* Ricke *f*
❸ (*peau*) Ziegenfell *nt*

chevreuil [ʃəvʀœj] *m* ❶ ZOOL Reh *nt;* (*mâle*) Rehbock *m*
❷ GASTR Reh[fleisch *nt*] *nt*
❸ ZOOL CAN (*cerf de Virginie*) Virginiahirsch *m,* Weißwedelhirsch *m*

chevrier, -ière [ʃəvʀije, -jɛʀ] *m, f* Ziegenhirt(in) *m(f)*

chevron [ʃəvʀɔ̃] *m* ❶ (*poutre*) [Dach]sparren *m*
❷ MIL (*galon*) Chevron *m,* Winkel *m*
❸ (*ornement*) Zackenornament *nt,* Zickzackornament *nt*
❹ TYP Spitzklammer *f*

chevronné(e) [ʃəvʀɔne] *adj* erfahren, versiert, routiniert

chevrotant(e) [ʃəvʀɔtɑ̃, ɑ̃t] *adj* zitt[e]rig

chevrotement [ʃəvʀɔtmɑ̃] *m* Zittern *nt*

chevroter [ʃəvʀɔte] <1> *vi voix:* zittern, zittrig sein; *vieillard, chanteur:* eine zitternde Stimme haben; *chèvre:* meckern

chevrotine [ʃəvʀɔtin] *f* [Reh]posten *m*

chewing-gum [ʃwiŋgɔm] <chewing-gums> *m* Kaugummi *m*

o nt

chez [ʃe] *prép* ❶ (*à la maison du sujet*) **je vais/rentre ~ moi** ich gehe nach Hause [*o* heim]; **tu es/restes ~ toi** du bist/bleibst zu Hause [*o* daheim]; **elle ne sort plus de ~ elle** sie geht nicht mehr aus dem Haus[e]; **se réunir ~ soi** sich zu Hause treffen; **faites comme ~ vous!** fühlt euch/fühlen Sie sich wie zu Hause!; ~ **lui, c'est petit** seine Wohnung ist klein; **à côté** [*o* **près**] **de ~ moi/nous** in meiner/unserer Nähe
❷ (*dans le pays du sujet*) **ils rentrent ~ eux, en Italie** sie kehren nach Italien zurück; **bien de ~ nous** *fam coutume, accent* ganz wie bei uns [in Frankreich]; **il est bien de ~ nous** er kommt aus unserer Gegend; **c'est comme ça qu'on dit par ~ nous** das sagt man bei uns [*o* in unserer Gegend] so
❸ (*dans la maison, l'appartement de qn d'autre*) ~ **qn** bei jdm [zu Hause], in jds Haus/Wohnung (*Dat*); **je vais ~ toi** ich komme zu dir; **il veut renvoyer sa femme ~ ses parents** er will seine Frau zu ihren Eltern zurückschicken
❹ (*dans le pays de qn d'autre*) ~ **qn** bei jdm, in jds Land (*Dat*)
❺ (*dans la famille*) ~ **les Durand** in der Familie Durand
❻ (*dans la boutique de qn*) **aller ~ le coiffeur** zum Frisör gehen; **acheter ~ le boulanger** beim Bäcker kaufen
❼ (*dans un groupe, une personne*) **les ouvriers de ~ Renault** die Arbeiter bei Renault; ~ **Corneille** bei Corneille; **c'est une habitude ~ lui** das ist eine Gewohnheit bei [*o* von] ihm

chez-moi [ʃemwa] *m inv* **mon ~** die [*o* meine] eigenen vier Wände **chez-soi** [ʃeswa] *m inv* **son ~** die [*o* seine/ihre] eigenen vier Wände

chiadé(e) [ʃjade] *adj fam problème* verzwickt (*fam*), kniff[e]lig (*fam*)

chiader [ʃjade] <1> *vt fam* ~ **un exposé** sich mit einem Referat abrackern (*fam*)

chialer [ʃjale] <1> *vi fam* heulen (*fam*)

chialeur, -euse [ʃjalœʀ, -øz] *fam* **I.** *adj* **des gosses ~s** Heulsusen *Pl* (*fam*)
II. *m, f* Heulpeter *m*/Heulsuse *f* (*fam*)

chiant(e) [ʃjɑ̃, ʃjɑ̃t] *adj fam* stinklangweilig (*fam*), nervtötend (*fam*), beschissen (*sl*)

chiasse [ʃjas] *f vulg* Dünnpfiff *m* (*sl*), Dünnschiss *m* (*sl*)
▶ **avoir la ~** (*avoir une colique*) Dünnschiss [*o* Dünnpfiff] haben (*sl*); (*avoir peur*) Schiss [*o* Bammel] haben (*fam*)

chic [ʃik] **I.** *m sans pl* Schick *m;* **avec ~** schick; **avoir un ~ fou** unwahrscheinlich [*o* unheimlich] schick sein (*fam*)
▶ **bon ~ bon genre** *iron* geschniegelt und gebügelt; **quartier bon ~ bon genre** Schickimicki-Viertel *nt;* **avoir le ~ de qc/pour faire qc** ein Händchen für etw haben *fam*/die seltene Begabung [*o* das seltene Talent] haben, etw zu tun
II. *adj inv* ❶ (*élégant*) schick; *allure* vornehm; **ta façon de parler est plus ~ que la sienne** wenn du sprichst, hört es sich besser an als bei ihm/ihr
❷ (*sélect*) *soirée, quartier* vornehm; **un monsieur ~** ein vornehm [*o* elegant] aussehender Herr
❸ *fam* (*gentil*) **un ~ type/une ~ fille** ein feiner [*o* prima *fam*] Kerl; **c'est ~/ce n'est pas très ~ de sa part** das ist nett [*o* freundlich]/nicht gerade nett [*o* freundlich] von ihm/ihr
❹ *antéposé fam* (*beau*) *voiture* schick; *voyage, soirée* toll
III. *interj fam* ~ [**alors**]! prima! (*fam*), klasse! (*fam*), toll! (*fam*)

chicane [ʃikan] *f* ❶ (*obstacle*) Straßenhindernis *nt* in Zickzackform
❷ (*querelle*) Streiterei *f;* **chercher ~ à qn** Streit mit jdm suchen
❸ JUR **aimer la ~** ein Prozesshansel sein (*fam*)

chicaner [ʃikane] <1> **I.** *vi* (*ergoter*) ~ **sur** [*o* **pour**] **qc** wegen etw streiten [*o* Streit vom Zaun brechen]
II. *vt* ❶ *fam* (*faire du souci à*) ~ **qn** jdm schwer im Magen liegen
❷ (*chercher querelle à*) ~ **qn sur** [*o* **au sujet de**] **qc** jdn wegen etw maßregeln
III. *vpr fam* **se ~** miteinander im Clinch liegen (*fam*); *enfants:* sich kabbeln (*fam*)

chicanerie [ʃikanʀi] *f gén pl* (*querelle*) Streiterei *f;* **c'est pure ~!** das ist reine Schikane!

chicaneur, -euse [ʃikanœʀ, -øz] **I.** *adj personne* streitsüchtig; **je n'ai pas l'esprit ~** ich bin ein friedliebender Mensch
II. *m, f* Streithahn *m,* Zänker(in) *m(f)*

chicanier, -ière [ʃikanje, -jɛʀ] *adj personne* streitsüchtig

chiche [ʃiʃ] **I.** *adj* ❶ (*avare de*) **être ~ d'explications/de paroles** mit Erklärungen/Worten geizen [*o* sehr sparsam umgehen]; **être ~** geizig sein
❷ (*pas grand-chose*) **c'est un peu/plutôt ~** das ist kümmerlich
❸ (*capable*) **t'es pas ~ de faire qc!** *fam* du traust dich doch nie, etw zu tun!
II. *interj fam* ~ **que je le fais?** (*capable*) wetten, dass ich es tu?; ~**!** (*pari accepté*) die Wette gilt!

chichement [ʃiʃmɑ̃] *adv* **vivre ~** kümmerlich [*o* kärglich] leben, ein kümmerliches Leben führen

chichi [ʃiʃi] *m gén pl* **en voilà un ~!** das ist vielleicht ein Getue!; **faire des ~s** [*o* **du ~**] (*en faire de trop*) einen Wirbel machen; (*être trop compliqué*) viele Umstände machen; **réception/soirée à ~** zeremonieller Empfang/zeremonielle Soiree

chichiteux, -euse [ʃiʃitø, -øz] *adj fam* geziert

chicon [ʃikɔ̃] *m* ❶ (*laitue*) Römersalat *m,* Romanasalat *m*
❷ BELG (*endive*) Chicorée *m o f*

chicorée [ʃikɔʀe] *f* ❶ (*plante*) Endivie *f;* [~] **frisée** Friseesalat *m,* Frisee *m*
❷ (*café*) Kaffee-Ersatz *m,* Zichorienkaffee *m*

chicot [ʃiko] *m* [Zahn]stumpf *m*

chié(e) [ʃje] *adj fam* ❶ (*super*) *voiture, spectacle, fille* super (*fam*)
❷ (*incroyable*) **être ~(e)** unverschämt sein

chiée [ʃje] *f fam* **une ~** [*o* **des ~s**] **d'amis/de problèmes** ein Haufen *m* Freunde/ein Berg *m* Probleme

chien [ʃjɛ̃] **I.** *m* ❶ (*animal*) Hund *m;* ~ **bâtard** Promenadenmischung *f;* ~ **courant** Hatzhund; ~ **errant** streunender Hund; [**attention**] ~ **méchant!** Vorsicht! Bissiger Hund!; ~ **policier** Polizeihund; ~ **sauvage** Wildhund; ~ **savant** abgerichteter Hund
❷ (*pièce coudée*) *d'un fusil* Hahn *m,* Schlaghebel *m*
▶ **s'entendre** [*o* **vivre**] **comme ~ et chat avec qn** mit jdm wie Hund und Katze leben; **garder** [*o* **réserver**] **à qn un ~ de sa chienne** es jdm heimzahlen werden; **entre ~ et loup** in der Abenddämmerung; **arriver comme un ~ dans un jeu de quilles** völlig ungelegen kommen; **bon ~ chasse de race** *prov* der Apfel fällt nicht weit vom Stamm (*prov*); **ne pas attacher son ~ avec des saucisses** *fam* jede Mark [*o* jeden Pfennig] zehn [*o* zig] Mal umdrehen; **faire le ~ couchant** kriechen, dienern; ~**s écrasés** unbedeutende Nachrichten, Füller *Pl;* **rubrique des ~s écrasés** vermischte [Lokal]nachrichten; **faire le ~ fou** [*o* **le jeune ~**] verrückt spielen (*fam*); **traiter qn comme un ~ galeux** jdn wie einen räudigen Hund behandeln; **avoir du ~** [so] ein gewisses Etwas haben; ~ **qui aboie ne mord pas** *prov* Hunde, die bellen, beißen nicht (*prov*); **rompre les ~s** *littér* eine Unterredung abbrechen; **comme un ~** wie ein Hund; **tuer qn comme un ~** jdn wie einen Hund abknallen (*fam*); **vie de ~** Hundeleben *nt* (*fam*); **temps de ~** Sauwetter *nt* (*fam*); **métier de ~** Saujob *m* (*fam*); **avoir un caractère de ~** ein schwieriger Mensch sein; **il a un mal de ~ pour finir son travail** ihn kostet es wahnsinnige Mühe, seine Arbeit zu beenden
II. *adj inv* (*avare*) geizig; **ne pas être ~ avec qn** jdm gegenüber recht großzügig sein
◆ ~ **d'appartement** Haushund *m;* ~ **d'arrêt** Vorstehhund *m;* ~ **d'avalanche** Lawinensuchhund *m;* ~ **d'aveugle** Blindenhund *m;* ~ **de berger** Hütehund *m,* Schäferhund *m;* ~ **de chasse** Jagdhund *m;* ~ **de compagnie** Schoßhund *m;* ~ **de**

fusil Hahn *m,* Schlaghebel *m* ▶ **être couché(e)/dormir en ~ de fusil** mit angezogenen Beinen daliegen/schlafen; **~ de garde** Wachhund *m;* **~ de mer** Hundshai *m;* **~ de race** Rassehund *m;* **~ de traîneau** [*o* **d'esquimau**] Schlittenhund *m*

chien-assis [ʃjɛ̃asi] <chiens-assis> *m* ARCHIT Dachgaube *f*

chien-chien [ʃjɛ̃ʃjɛ̃] <chiens-chiens> *m iron fam* Schoßhündchen *nt*

chiendent [ʃjɛ̃dɑ̃] *m* Quecke *f*

chienlit [ʃjɑ̃li] *f* Chaos *nt*

chien-loup [ʃjɛ̃lu] <chiens-loups> *m* Wolfshund *m*

chienne [ʃjɛn] *f* (*femelle du chien*) Hündin *f*
▶ **se comporter comme une ~ en chaleur** sich wie eine räudige Hündin verhalten; **~ de vie** Hundeleben *nt* (*fam*)

chier [ʃje] <1a> *vt, vi vulg* scheißen (*vulg*), kacken (*vulg*)
▶ **y a pas à ~!** *fam* daran ist nicht [*o* da gibt es nichts] zu rütteln!; **faire ~ qn** *fam* jdm auf den Wecker [*o* Geist] gehen (*fam*); **fais pas ~!** *fam* mach keine Zicken! (*fam*); **se faire ~** *fam* total angeödet sein (*sl*); **ça va ~** [**des bulles**]! *fam* das gibt Stunk! (*fam*)

chiffe [ʃif] *f* Waschlappen *m* (*fam*), Flasche *f* (*fam*); **c'est une ~ molle** er/sie ist eine Memme (*fam*)

chiffon [ʃifɔ̃] *m* ① Lappen *m,* Fetzen *m,* Lumpen *m*
② (*document sans valeur*) **ce devoir est un vrai ~** diese Hausaufgabe ist hingeschmiert (*fam*)
③ (*vêtement de femme*) **parler** [*o* **causer**] **~s** *fam* über Mode [*o* Klamotten *fam*] reden [*o* sprechen]
▶ **vêtements en ~** zerknitterte Kleidungsstücke
◆ **~ à chaussures** Schuhputzlappen *m,* Schuhputztuch *nt;* **~ de papier** Fetzen *m* Papier; **~ à poussière** Staubtuch *nt*

chiffonnade [ʃifɔnad] *f* GASTR *Zubereitung, bei der der Salat fein geschnitten und in Butter gedünstet wird*

chiffonné(e) [ʃifɔne] *adj* ① zerknittert; *papier* zerknüllt
② *fig* **avoir la mine ~e** angegriffen aussehen

chiffonner [ʃifɔne] <1> **I.** *vt* ① (*froisser*) zerknittern; zerknüllen *papier*
② (*chagriner*) bedrücken
③ (*déranger*) stören
II. *vpr* **se ~** knittern

chiffonnier [ʃifɔnje] *m* ① Lumpensammler *m*
② (*meuble*) Nähschränkchen *nt*
▶ **se battre** [*o* **se disputer**] **comme des ~s** sich heftig schlagen [*o* prügeln]
◆ **Chiffoniers d'Emmaüs** *karitative Organisation, die Kleiderstuben unterhält*

chiffonnière [ʃifɔnjɛʀ] *f* Lumpensammlerin *f*

chiffrable [ʃifʀabl] *adj* **être difficilement/ne pas être ~** sich nur schwer/überhaupt nicht in Zahlen ausdrücken lassen

chiffrage [ʃifʀaʒ] *m* Berechnung *f,* Berechnen *nt,* Ausrechnen *nt*

chiffre [ʃifʀ] *m* ① Zahl *f;* (*un seul caractère*) Ziffer *f;* **~ arabe/romain** arabische/römische Ziffer; **à/de trois ~s** dreistellig; **des colonnes de ~s** Zahlenkolonnen *Pl*
② (*montant*) *des dépenses, frais* Summe *f,* Betrag *m;* **~ brut/net** Brutto-/Nettobetrag
③ (*nombre*) *des naissances* [An]zahl *f*
④ *pl a.* ECON (*statistiques, résultats*) Zahlen *Pl;* **en ~s ronds** in runden Zahlen; **les ~s du chômage/de fréquentation** die Arbeitslosen-/Besucherzahl; **~s budgétés** Soll-Zahlen
⑤ (*code*) *d'un coffre-fort* [Zahlen]kombination *f; d'un message* Kode *m,* Chiffreschrift *f,* Geheimschrift
⑥ (*service d'un ministère*) Chiffrierabteilung *f*
⑦ (*initiales*) Monogramm *nt*
⑧ MUS Ziffer *f*
⑨ *fam* (*chiffre d'affaires*) **faire du ~** den Umsatz nach oben treiben
◆ **~ d'affaires** Umsatz *m;* **~ d'affaires brut** Bruttoumsatz

chiffrement [ʃifʀəmɑ̃] *m* (*codage*) Kodierung *f*

chiffrer [ʃifʀe] <1> **I.** *vt* ① (*numéroter*) beziffern, nummerieren
② (*évaluer*) beziffern; **bilan chiffré** zahlenmäßige Bilanz
③ (*coder*) verschlüsseln, chiffrieren; **message chiffré** verschlüsselte [*o* chiffrierte] Nachricht
④ (*marquer à son chiffre*) **~ qc à ses initiales** etw mit seinem Monogramm versehen
⑤ MUS beziffern
II. *vi fam* **ça chiffre** das läppert sich (*fam*)
III. *vpr* **se ~ à qc** sich auf etw (*Akk*) beziffern [*o* belaufen]; **se ~ par millions/milliards** in die Millionen/Milliarden gehen

chiffreur, -euse [ʃifʀœʀ, -øz] *m, f* Chiffrierer(in) *m(f)*

chigner [ʃiɲe] <1> *vi fam* quengeln (*fam*)

chignole [ʃiɲɔl] *f* ① (*perceuse*) Handbohrmaschine *f*
② *péj fam* (*voiture*) [Klapper]kiste *f* (*fam*), Mühle *f* (*fam*)

chignon [ʃiɲɔ̃] *m* Hochfrisur *f;* (*en boule*) [Haar]knoten *m,* Chignon *m;* **les cheveux relevés en ~** die Haare zum Knoten gesteckt

chiite [ʃiit] *adj* schiitisch

Chiite [ʃiit] *mf* Schiite *m*/Schiitin *f*

Chili [ʃili] *m* **le ~** Chile *nt*

chilien(ne) [ʃiljɛ̃, jɛn] *adj* chilenisch

Chilien(ne) [ʃiljɛ̃, jɛn] *m(f)* Chilene *m*/Chilenin *f*

chimère [ʃimɛːʀ(ə)] *f* (*utopie*) Hirngespinst *nt,* Trugbild *nt;* **poursuivre des ~s** Hirngespinsten nachjagen; **se repaître de ~s** *littér* in einem Traumland leben

Chimère [ʃimɛːʀ(ə)] *f* MYTH Chimära *f,* Chimäre *f*

chimérique [ʃimeʀik] *adj imagination* überhitzt; *projet* utopisch; **c'est un esprit ~** er/sie ist ein Fantast

chimie [ʃimi] *f* ① (*science*) Chemie *f;* **des expériences de ~** chemische Versuche [*o* Experimente]; **~ appliquée** angewandte Chemie; **~ biologique** Biochemie *f;* **~ minérale/organique** anorganische/organische Chemie
② (*élément*) **la ~ de qc** die chemische Zusammensetzung von etw

chimio [ʃimjo] *f fam abr de* **chimiothérapie**

chimiothérapie [ʃimjoteʀapi] *f* Chemotherapie *f;* **suivre une ~** in chemotherapeutischer Behandlung sein

chimique [ʃimik] *adj* chemisch; **produits ~s** Chemikalien *Pl;* **guerre ~** Krieg *m* mit chemischen Waffen

chimiquement [ʃimikmɑ̃] *adv* chemisch; *fabriquer* auf chemischem Wege

chimiquier [ʃimikje] *m* Chemietransportschiff *nt*

chimiste [ʃimist] *mf* Chemiker(in) *m(f)*

chimpanzé [ʃɛ̃pɑ̃ze] *m* Schimpanse *m*

chinchilla [ʃɛ̃ʃila] *m* ① (*animal*) Chinchilla *f o nt*
② (*fourrure*) Chinchilla[pelz *m*] *nt*

chine[1] [ʃin] *m* ① (*porcelaine*) chinesisches Porzellan
② (*papier*) Chinapapier *nt*

chine[2] [ʃin] *f* (*brocante*) Antiquitäten *Pl*

Chine [ʃin] *f* **la ~** China *nt;* **la République populaire de ~** die Volksrepublik China; **la ~ nationaliste** Nationalchina

chiné(e) [ʃine] *adj tissu, laine* meliert

chiner [ʃine] <1> **I.** *vt* ① TEXTIL **~ qc** ein buntes Muster in etw (*Akk*) weben
② (*taquiner*) **~ qn** jdn aufziehen [*o* foppen *fam*]
II. *vi* sich nach Trödelwaren umsehen

Chinetoque [ʃintɔk] *mf péj fam* Schlitzauge *nt* (*fam*)

chinois [ʃinwa] *m* ① (*langue*) **le ~** Chinesisch *nt,* das Chinesische; *v. a.* **allemand**
② (*chose incompréhensible*) **pour moi c'est du ~** das ist chinesisch für mich (*fam*)
③ GASTR trichterförmiges Sieb

chinois(e) [ʃinwa, waz] *adj* ① chinesisch
② *péj* (*pinailleur*) penibel, pingelig (*fam*)

Chinois(e) [ʃinwa, waz] *m(f)* ① Chinese *m*/Chinesin *f*
② *péj* (*type bizarre*) Eigenbrötler *m,* komischer Kauz
③ *péj* (*pinailleur*) Kleinigkeitskrämer(in) *m(f)*

chinoiser [ʃinwaze] <1> *vi* penibel [*o* pingelig *fam*] sein;

~ **pour quelques euros** sich wegen ein paar [lächerlicher] Euro anstellen (*fam*)
chinoiserie [ʃinwazʀi] *f* ❶ (*bibelot*) **des ~s** chinesische Kunstgegenstände
❷ *pl* (*complication*) Spitzfindigkeiten *Pl*
chiot [ʃjo] *m* Welpe *m*, junger Hund
chiotte [ʃjɔt] *m o f fam* ❶ *pl* Klo *nt* (*fam*)
❷ (*voiture*) Schlitten *m* (*fam*)
▶ **aux ~s, l'arbitre!** Schiedsrichter, raus!
chiper [ʃipe] <1> *vt fam* (*voler*) klauen (*sl*) *idée, portefeuille;* mausen (*fam*), mopsen (*fam*), stibitzen (*fam*) *bonbons*
chipie [ʃipi] *f* ❶ (*femme acariâtre*) zänkisches Weib, Drachen *m* (*fam*); **vieille ~** alter Drachen (*fam*), alte Hexe (*fam*)
❷ (*petite fille espiègle*) Luder *nt*
chipotage [ʃipɔtaʒ] *m* ❶ (*action de manger sans appétit*) Herumstochern *nt*
❷ (*discussion mesquine*) Feilschen *nt*
chipoter [ʃipɔte] <1> **I.** *vi* ❶ (*ergoter*) ~ **sur qc** wegen etw nörgeln
❷ (*marchander*) ~ **sur le prix** herumfeilschen
❸ (*manger sans appétit*) ~ **sur qc** in etw (*Dat*) herumstochern
II. *vpr fam* (*se quereller*) **se ~ avec qn** sich mit jdm zanken [*o* streiten]
chips [ʃips] *f gén pl* [Kartoffel]chip *m*
chique [ʃik] *f* ❶ (*tabac*) Kautabak *m*, Priem *m*; **mastiquer sa ~** seinen Priem kauen
❷ *fam* (*enflure*) geschwollene [*o* dicke *fam*] Backe
❸ BELG (*bonbon*) Bonbon *m o nt*
▶ **avaler sa ~** *fam* ins Gras beißen (*fam*); **couper la ~ à qn** *fam* jdm über den Mund fahren; **ça te coupe la ~, hein!** *fam* da kuckst du, was! (*fam*)
chiqué [ʃike] *m fam* ❶ (*affectation*) Getue *nt* (*fam*), Affentheater *nt* (*fam*); **c'est du ~** das ist nur [*o* reine] Angabe; **faire du ~ [*o* tout au ~]** nur so tun, als ob
❷ (*bluff au catch*) Schau *f*, Mache *f* (*fam*)
chiquenaude [ʃiknod] *f* ❶ (*pichenette*) Schubs *m*
❷ (*petite impulsion*) Auslöser *m*; **légère ~** geringer Anlass
chiquer [ʃike] <1> **I.** *vi* Tabak kauen, priemen
▶ **y a pas à ~** *fam* da hilft alles nichts
II. *vt* kauen
chiromancie [kiʀɔmɑ̃si] *f* Chiromantie *f*, Handlesekunst *f*
chiromancien(ne) [kiʀɔmɑ̃sjɛ̃, jɛn] *m(f)* Chiromant(in) *m(f)*, Handleser(in) *m(f)*
chiropracteur [kiʀɔpʀaktœʀ] *m* Chiropraktiker(in) *m(f)*
chiropractie [kiʀɔpʀakti] *f* Chiropraktik *f*
chiropraticien(ne) [kiʀɔpʀatisjɛ̃, jɛn] *m(f) v.* **chiropracteur**
chiropraxie [kiʀɔpʀaksi] *f v.* **chiropractie**
chirurgical(e) [ʃiʀyʀʒikal, o] <-aux> *adj* chirurgisch
chirurgie [ʃiʀyʀʒi] *f* Chirurgie *f*; ~ **esthétique** Schönheitschirurgie; ~ **dentaire** Zahnheilkunde *f*; ~ **du cœur/des poumons/des os** Herz-/Lungen-/Knochenchirurgie
chirurgien(ne) [ʃiʀyʀʒjɛ̃, jɛn] *m(f)* Chirurg(in) *m(f)*
◆ ~ **dentiste** Zahnarzt *m*/-ärztin *f*
chiure [ʃjyʀ] *f souvent pl* ~[**s**] **de mouches** Fliegendreck *m*
chleuh [ʃlø] *adj péj fam* **les avions ~s** die Flugzeuge der Chleus (*fam*)
Chleuh [ʃlø] *mf péj fam abwertende Bezeichnung für Deutsche aus dem 2. Weltkrieg*
chlinguer [ʃlɛ̃ge] <1> *vi v.* **schlinguer**
chlorate [klɔʀat] *m* Chlorat *nt*; ~ **de potassium** Kaliumchlorat
chlore [klɔʀ] *m* Chlor *nt*
chloré(e) [klɔʀe] *adj* *eau, solution* chlorhaltig; (*après ajout de chlore*) gechlort
chlorhydrique [klɔʀidʀik] *adj* **acide ~** Salzsäure *f*
chlorofluorocarbone [klɔʀoflyɔʀokaʀbɔn] *m* Fluorchlorkohlenwasserstoff *m*
chloroforme [klɔʀɔfɔʀm] *m* Chloroform *nt*; **il a été endormi au ~** er wurde mit Chloroform betäubt
chloroformer [klɔʀɔfɔʀme] <1> *vt* mit Chloroform betäuben
chlorophylle [klɔʀɔfil] *f* Chlorophyll *nt*, Blattgrün *nt*
chlorure [klɔʀyʀ] *m* Chlorid *nt*
◆ ~ **de chaux** Chlorkalk *m*; ~ **de sodium** Natriumchlorid *nt*, Kochsalz *nt*
chnoque [ʃnɔk] *m fam v.* **schnock**
chnouf [ʃnuf] *f arg v.* **schnouf**
choc [ʃɔk] **I.** *m* ❶ (*émotion brutale*) Schock *m*; ~ **nerveux** Nervenschock; ~ **culturel** Kulturschock; **être en état de ~** unter Schock stehen
❷ (*coup*) Stoß *m*; **ce matériau ne résiste pas aux ~s** dieses Material ist nicht stoßsicher [*o* stoßfest]
❸ (*heurt*) Aufprall *m*; *des idées* Aufeinanderprallen *nt*; **sous le ~** (*sous l'effet du choc*) durch den Aufprall; (*au moment du choc*) beim Aufprall
❹ (*collision*) *de véhicules* Zusammenstoß *m*; ~ **frontal** Frontalzusammenstoß
❺ (*affrontement*) *de manifestants, troupes* Zusammenstoß *m*
❻ (*bruit d'impact*) *d'un marteau, de billes d'acier* Schlag *m*; *de verres* Klirren *nt*; *de gouttes, grêlons* Trommeln *nt*, Trommelschlag *m*
▶ ~ **en retour** Gegenschlag *m*; **accuser le ~** *fam* betroffen reagieren; **syndicalistes de ~** Gewerkschaftler mit Biss (*fam*); **professeur de ~** Vollblutlehrer *m*; **traitement de ~** Schocktherapie *f*
II. *app* **formule-~** treffender [*o* prägnanter] Ausdruck; **argument-~** treffendes [*o* stichhaltiges] Argument; **discours-~** sehr überzeugende Rede; **mesures-~** drastische Maßnahmen; **prix-~** Preisknüller *m* (*fam*)
chochotte [ʃɔʃɔt] *fam* **I.** *adj* (*snob*) **être ~** sich zieren (*pej*)
II. *f* ▶ **faire la [*o* sa] ~** (*faire son petit mondain*) herumdrucksen (*fam*)
chocolat [ʃɔkɔla] **I.** *m* ❶ (*produit*) Schokolade *f*; ~ **blanc/noir** weiße/dunkle Schokolade; ~ **praliné** Nugatschokolade; **barre de ~** Schokoladenriegel *m*; **œuf en ~** Schokoladenei *nt*
❷ (*boisson*) Trinkschokolade *f*, Kakao *m*; ~ **chaud** heiße Schokolade
❸ (*friandise*) Praline *f*
▶ ~ **liégeois** Eisschokolade *f*
II. *adj inv* (*couleur*) schokoladenfarben
▶ **être ~** *fam* belämmert [*o* perplex] sein (*fam*)
◆ ~ **de couverture** Schokoladenglasur *f*; ~ **à cuire [*o* de ménage]** Blockschokolade *f*; ~ **au lait** Milchschokolade *f*; ~ **aux noisettes** Nussschokolade *f*; ~ **en poudre** Kakaopulver *nt*
chocolaté(e) [ʃɔkɔlate] *adj* **crème ~e** Schokoladencreme *f*
chocolaterie [ʃɔkɔlatʀi] *f* Schokoladenfabrik *f*
chocolatier, -ière [ʃɔkɔlatje, -jɛʀ] **I.** *adj* **industrie chocolatière** Schokoladenindustrie *f*
II. *m, f* ❶ (*producteur*) Schokoladenfabrikant(in) *m(f)*
❷ (*commerçant*) Schokoladen[groß]händler(in) *m(f)*
chocottes [ʃɔkɔt] *fpl fam* **avoir les ~** Manschetten haben (*fam*)
chœur [kœʀ] *m* ❶ (*chanteurs*) Chor *m*; ~ **d'enfants/de femmes/d'hommes** Kinder-/Frauen-/Männerchor; **~s de l'opéra** Opernchor; ~ **mixte** gemischter Chor; **chanter en ~** im Chor singen
❷ MUS, LITTER, ARCHIT Chor *m*
❸ (*groupe*) Schar *f*; **s'écrier/protester en ~** gemeinsam [*o* im Chor] rufen/protestieren; **ils déclarèrent en ~** sie erklärten einstimmig
choir [ʃwaʀ] <*irr*> *vi* **laisser ~ qn** *fam* jdn stehen lassen (*fam*)
choisi(e) [ʃwazi] *adj* ❶ *morceau, œuvre, passage* ausgewählt
❷ *langage* gewählt; *société* exklusiv
choisir [ʃwaziʀ] <8> **I.** *vi* ❶ (*faire son choix*) ~ **entre qn et qn/qc et qc** zwischen jdm und jdm/etw und etw wählen
❷ (*trancher*) sich entscheiden, eine Entscheidung treffen; **c'est la vie qui choisit pour nous** das Leben nimmt uns die Entscheidung ab

II. *vt* ❶ (*faire le choix de*) [aus]wählen, aussuchen; wählen *métier;* ~ **qn/qc pour faire qc** jdn/etw wählen, um etw zu tun; ~ **qc plutôt qu'autre chose** etw einer S. (*Dat*) vorziehen; **de deux choses,** ~ **une chose** von zwei Dingen ein Ding auswählen; ~ **qn entre deux personnes/parmi plusieurs personnes** sich zwischen zwei Menschen für jdn entscheiden/jdn unter mehreren Menschen auswählen
❷ (*se décider à*) ~ **de faire qc** sich entscheiden, etw zu tun; ~ **si/quand/où/comment** sich entscheiden, ob/wann/wo/wie
❸ (*élire*) wählen; (*désigner*) bestimmen; ~ **qn comme député** jdn zum Abgeordneten wählen; ~ **qn comme avocat/interprète** jdn als Anwalt/Übersetzer bestimmen; ~ **qc comme point de départ** etw als Ausgangspunkt wählen
❹ (*sélectionner*) wählen
III. *vpr* **se** ~ **qn/qc** sich für jdn/etw entscheiden

choix [ʃwa] *m* ❶ (*action de choisir*) *d'un ami, cadeau* Wahl *f;* **faire son** ~ seine Wahl treffen; **faire un bon/mauvais** ~ eine gute/schlechte Wahl treffen; **de mon/son** ~ [nach] meiner/seiner/ihrer Wahl; **laisser le** ~ **à qn** jdm die Wahl lassen
❷ (*décision*) **c'est un** ~ **à faire** das ist eine Entscheidung, die getroffen werden muss; **arrêter** [*o* **fixer**] [*o* **porter**] **son** ~ **sur qc** sich für etw entscheiden
❸ (*variété*) *de marchandises* Auswahl *f;* **au** ~ zur Auswahl
❹ (*sélection*) *de lettres* Auswahl *f;* ~ **de poèmes** Gedichtauswahl
❺ (*qualité*) **de** ~ erster Wahl, bester Qualität; **des spectacles de** ~ erstklassige [*o* großartige] Aufführungen; **premier/second** ~ erste/zweite Wahl
❻ *a.* JUR (*liberté de choisir*) **avoir/n'avoir pas le** ~ die Wahl/keine [andere] Wahl haben; **à ton/leur** ~ wie du willst/wie sie wollen; **un dessert au** ~ ein Dessert nach Wahl

choléra [kɔleʀa] *m* Cholera *f*

cholestérol [kɔlɛsteʀɔl] *m* Cholesterin *nt;* **taux de** ~ Cholesterinspiegel *m;* **avoir** [*o* **faire**] **du** ~ einen erhöhten Cholesterinspiegel haben

chômage [ʃomaʒ] *m* Arbeitslosigkeit *f,* Erwerbslosigkeit; ~ **partiel** Kurzarbeit *f;* ~ **technique** betriebsbedingte Kurzarbeit; ~ **saisonnier** saisonale [*o* saisonbedingte] Arbeitslosigkeit; **être au** [*o* **en**] ~ arbeitslos sein; **s'inscrire au** ~ sich arbeitslos melden; **réduire qn au** ~ jdn arbeitslos machen; **toucher le** ~ *fam* Arbeitslosengeld kriegen (*fam*)
◆ ~ **de longue durée** Langzeitarbeitslosigkeit *f*

chômé(e) [ʃome] *adj* **jour** ~ arbeitsfreier Tag, Feiertag *m*

chômer [ʃome] <1> *vi* ❶ (*être sans travail*) arbeitslos sein; **l'usine chôme** die Arbeit in der Fabrik steht still [*o* ruht]
❷ (*ne pas travailler*) nicht arbeiten

chômeur, -euse [ʃomœʀ, -øz] *m, f* Arbeitslose(r) *f(m);* ~(**-euse**) **de longue durée** Langzeitarbeitslose(r); ~ **en fin de droits** ≈ Empfänger *m* von Arbeitslosenhilfe

chope [ʃɔp] *f* ❶ (*verre à bière*) Humpen *m,* Seidel *nt*
❷ (*contenu*) Humpen *m* [*o* Seidel *nt*] Bier

choper [ʃɔpe] <1> *vt fam* ❶ (*arrêter*) ~ **qn en train de faire qc** *police:* jdn dabei schnappen [*o* erwischen], wie er etw tut (*fam*)
❷ (*attraper*) sich (*Dat*) holen (*fam*) *grippe, crève*
❸ *fam* (*voler*) klauen (*fam*)

chopine [ʃɔpin] *f* ❶ *fam* Halbliterflasche *f* Wein
❷ CAN (*mesure de capacité*) *ein Flüssigkeitsmaß (0,568 l)*

choquant(e) [ʃɔkɑ̃, ɑ̃t] *adj manières, propos* schockierend; *contraste* schreiend

choquer [ʃɔke] <1> **I.** *vi* Aufsehen erregen
II. *vt* ❶ (*scandaliser*) schockieren, vor den Kopf stoßen; **être choqué(e) de voir/d'entendre que qn a fait qc** für jdn ein Schock sein, zu sehen/hören, dass jd etw getan hat
❷ (*offusquer*) verletzen *pudeur;* ~ **le bon goût** gegen den guten Geschmack verstoßen; **ces couleurs criardes choquent la vue** diese schreienden Farben tun den Augen weh
❸ (*commotionner*) ~ **qn** jdn zutiefst erschüttern
III. *vpr* **se** ~ **facilement** leicht [*o* schnell] schockiert sein; **je ne me choque plus de rien** mich kann nichts mehr erschüttern [*o* schockieren]

choral [kɔʀal] <s> *m* Choral *m*

choral(e) [kɔʀal] <-aux *o* s> *adj* **musique** ~**e** Chormusik *f;* **chants** ~**s** Chorgesang *m,* mehrstimmiger Gesang

chorale [kɔʀal] *f* Chor *m,* Gesangverein *m*

chorégraphe [kɔʀegʀaf] *mf* Choreograph(in) *m(f)*

chorégraphie [kɔʀegʀafi] *f* Choreographie *f*

chorégraphique [kɔʀegʀafik] *adj* choreographisch

choriste [kɔʀist] *mf* Chorsänger(in) *m(f),* Chormitglied *nt*

chorus [kɔʀys] *m* MUS Chorus *m*
► **faire** ~ **avec qn** jdm beipflichten [*o* beistimmen]; **faire** ~ einstimmen

chose [ʃoz] **I.** *f* ❶ (*objet abstrait*) Sache *f;* (*objet matériel*) Ding *nt,* Sache; **appeler les** ~**s par leur nom** die Dinge beim [rechten] Namen nennen; **ne pas faire les** ~**s à moitié** keine halben Sachen machen; **il a réalisé de grandes** ~**s dans sa vie** er hat in seinem Leben Großes geleistet; **une** ~ **peu banale** etwas Außergewöhnliches; **c'est une** ~ **admise que qn a fait qc** es ist eine anerkannte Tatsache, dass jd etw getan hat; **chaque** ~ **en son temps** alles zu seiner Zeit; **les meilleures** ~**s ont une fin** alles hat einmal ein Ende; **ce n'est pas** ~ **facile** [*o* **aisée**] das ist nicht einfach
❷ *pl* (*ensemble d'événements, de circonstances*) **les** ~**s** die Dinge; **comment les** ~**s se sont-elles passées?** wie haben sich die Dinge zugetragen?; **voyons où en sont les** ~**s!** lasst uns mal sehen, wie es [*o* die Sache] [so] steht [*o* wie die Dinge [so] stehen]; **les** ~**s étant ce qu'elles sont** [so] wie die Dinge [nun einmal] stehen [*o* liegen]; **au point où en sont les** ~**s, dans l'état actuel des** ~**s** [so] wie die Dinge im Moment liegen [*o* stehen]; **les** ~**s se gâtent** [*o* **vont mal**] [*o* **tournent mal**] die Sache läuft schief; **prendre les** ~**s comme elles viennent** die Dinge so nehmen, wie sie sind
❸ (*ce dont il s'agit*) Sache *f;* **la** ~ **parle d'elle-même** die Sache spricht für sich selbst; **comment a-t-il pris la** ~**?** wie hat er die Sache [*o* es] aufgenommen?; **encore une** ~ eine Sache noch; **c'est** ~ **faite** das ist erledigt; **mettre les** ~**s au point** die Dinge auf den Punkt bringen; **c'est tout autre** ~ das ist etwas ganz anderes
❹ (*paroles*) **j'ai deux/plusieurs** ~**s à vous dire** ich habe Ihnen Verschiedenes [*o* einiges] zu sagen; **vous lui direz bien des** ~**s de ma part** richten Sie ihm/ihr [bitte] viele Grüße von mir aus; **parler de** ~**s et d'autres** von diesem und jenem reden [*o* sprechen]; **passer à autre** ~ zu etwas anderem [*o* zu einem anderen Thema] übergehen
❺ *péj* (*personne*) **il en a fait sa** ~ er machte aus ihm/ihr ein willenloses Geschöpf
❻ JUR (*objet, bien*) Sache *f*
► **en mettant les** ~**s au mieux/pis** im besten/schlimmsten Fall, bestenfalls/schlimmstenfalls; **pousser les** ~ **au noir, voir les** ~ **en noir** alles schwarz sehen; **voilà autre** ~**!** *fam* auch das noch!; **voilà une bonne** ~ **de faite** das ist erledigt; **faire bien les** ~**s** großzügig sein, sich nicht lumpen lassen (*fam*); **c'est** ~ **commune** das ist allgemein bekannt; ~ **dite,** ~ **faite** gesagt, getan; **drôle de** ~ Merkwürdige(s) *nt,* Seltsame(s) *nt;* **quelle drôle de** ~**!** nein, so [et]was!; **toutes** ~**s égales d'ailleurs** bei gleich bleibenden Bedingungen; ~ **jugée** rechtskräftig entschiedene Sache; **c'est la moindre des** ~**s** das ist das wenigste; **à peu de** ~**s près** so ungefähr; ~ **promise,** ~ **due** *prov* was man versprochen hat, muss man auch halten; **la** ~ **publique** das Gemeinwesen; **c'est la** ~ **à ne pas dire!** das sagt man doch nicht laut!; **être porté(e) sur la** ~ nur an das eine denken; **avant toute** ~ vor allem
II. *pron* **quelque** ~ etwas, was (*fam*); **quelque** ~ **de beau** etwas Schönes; **avoir quelque** ~ etwas haben; **apprendre quelque** ~ **au sujet de qc** etwas über etw (*Akk*) erfahren; **il**

C

t'est arrivé quelque ~? ist dir [irgend]etwas passiert?; **c'est déjà quelque ~!** das ist doch immerhin [*o* wenigstens] etwas
▸ **apporter/donner un petit quelque ~ à qn** *fam* jdm eine Kleinigkeit mitbringen/schenken; **prendre un petit quelque ~** *fam* (*une collation*) eine Kleinigkeit [*o* einen Happen *fam*] essen; (*un petit verre*) einen Schluck trinken; **il a dû y avoir quelque ~ entre qn et qn** zwischen jdm und jdm muss [irgend]etwas vorgefallen sein; **se croire** [*o* **se prendre pour**] **quelque ~** sich für etwas [*o* was *fam*] Besonderes halten; **c'est quelque ~ tout de même!** *fam* das ist doch allerhand!; **être quelque ~ quelque part** irgendwo jd sein; **être pour quelque ~ dans qc** etwas mit etw zu tun haben; **qc/ça fait quelque ~ à qn** etw/das trifft jdn; **quelque ~ comme** etwa; **il y a quelque ~ comme trois jours** vor etwa drei Tagen
III. *m fam* (*truc, machin*) Ding *nt* (*fam*), Dingsda *nt* (*fam*), Dingsbums *nt* (*fam*); **monsieur/madame Chose** Herr/Frau Dings [*o* Dingsda] (*fam*)
IV. *adj inv fam* **avoir l'air tout(e) ~** [ganz] verwirrt aussehen; **être** [*o* **se sentir**] **tout ~** sich nicht ganz auf dem Damm [*o* dem Posten] fühlen (*fam*)

chou [ʃu] <x> *m* (*légume*) Kohl *m*; **~ frisé** [*o* **de Milan**] Grünkohl; **~ blanc** [*o* **Cabus**] Weißkohl; **~ rouge** Rotkohl, Rotkraut *nt*, Blaukraut *nt*
▸ **être bête comme ~** ein Kinderspiel [*o* kinderleicht] sein (*fam*); **faire ~ blanc** Pech haben; **faire ses ~x gras de qc** etw gut gebrauchen können; **aller planter ses ~x** sich aufs Land zurückziehen; **être dans les ~x** *candidat:* weg vom Fenster sein (*fam*); *sportif:* aus dem Rennen sein; **rentrer dans le ~ à qn** über jdn herfallen
◆ **~ de Bruxelles** Rosenkohl *m*, Kohlsprosse *f* (A); **~ de Chine** Chinakohl *m*; **~ à la crème** Windbeutel *m*

chou(te) [ʃu, ʃut] **I.** <x> *m(f)* Liebling *m*, Schatz *m*
II. *adj inv fam* ❶ (*ravissant*) goldig (*fam*)
❷ (*gentil*) lieb (*fam*)

chouan [ʃwɑ̃] *m königstreuer Republikgegner zur Zeit der Französischen Revolution*

choucas [ʃukɑ] *m* Dohle *f*

chouchou [ʃuʃu] *m* (*élastique pour cheveux, enveloppé d'un tissu*) Haargummi *nt*

chouchou(te) [ʃuʃu, ut] *m(f) fam* Herzchen *nt* (*fam*); **le ~/la ~te du prof** der Liebling des Lehrers

chouchouter [ʃuʃute] <1> *vt fam* verhätscheln (*fam*) *enfant*

choucroute [ʃukʀut] *f* Sauerkraut *nt*; **~ garnie** *Sauerkraut mit Speck und Wurstwaren*
▸ **pédaler dans la ~** *fam* auf dem Schlauch stehen (*fam*); *police, enquêteurs:* im Dunkeln tappen

chouette [ʃwɛt] **I.** *adj fam* klasse (*fam*), super (*fam*), toll (*fam*); **allez, sois ~! Prête-moi cent euros!** komm, sei ein Schatz! Leih mir hundert Euro! (*fam*)
II. *f* (*oiseau*) Eule *f*
▸ **vieille ~** *péj* alte Hexe

chou-fleur [ʃuflœʀ] <choux-fleurs> *m* Blumenkohl *m*

chouïa [ʃuja] *m fam* **un ~** ein wenig [*o* bisschen]

chouille [ʃuj] *f fam* Party *f*; **faire la ~** Party machen

chou-navet [ʃunavɛ] <choux-navets> *m* Kohlrübe *f*, Steckrübe *f*

chouquette [ʃukɛt] *f* GASTR *rundes, mit Zucker bestreutes Brandteiggebäck* **chou-rave** [ʃuʀav] <choux-raves> *m* Kohlrabi *m*

chouraver [ʃuʀave] <1> *vt*, **chourer** [ʃuʀe] <1> *vt fam* klauen (*fam*)

chouya [ʃuja] *m v.* **chouïa**

choyer [ʃwaje] <6> *vt* **~ qn** für jdn liebevoll sorgen

chrême [kʀɛm] *m* REL Salböl *nt*

chrétien(ne) [kʀetjɛ̃, jɛn] **I.** *adj* christlich; **être ~(ne)** Christ sein
II. *m(f)* Christ(in) *m(f)*; **vivre en bon ~** als guter Christ leben

chrétiennement [kʀetjɛnmɑ̃] *adv* *agir* christlich; *élever* im christlichen Glauben, christlich; *vivre, mourir* als [guter] Christ

chrétienté [kʀetjɛ̃te] *f* Christenheit *f*

christ [kʀist] *m* (*crucifix*) Christus[figur *f*] *m*

Christ [kʀist] *m* **le ~** Christus *m*; **la naissance du ~** die Geburt Christi

christiania [kʀistjanja] *m* Parallelschwung *m*

christianisation [kʀistjanizasjɔ̃] *f* Christianisierung *f*

christianiser [kʀistjanize] <1> *vt* christianisieren

christianisme [kʀistjanism] *m* Christentum *nt*; **convertir qn au ~** jdn zum Christentum bekehren

Christophe [kʀistɔf(ə)] *m* ❶ Christoph *m*
❷ HIST **~ Colomb** Christoph Kolumbus
❸ REL **Saint ~** Christophorus

chromatique [kʀɔmatik] *adj* ❶ MUS, OPT chromatisch
❷ BIO **réduction ~** Chromosomenreduktion *f*

chrome [kʀom] *m* ❶ (*métal*) Chrom *nt*
❷ (*pièce*) Chrom[teil *nt*] *nt*

chromé(e) [kʀome] *adj* verchromt, chromhaltig

chromer [kʀome] <1> *vt* verchromen

chromo [kʀomo] *m péj* Kitschbild *nt*

chromosome [kʀomozom] *m* Chromosom *nt*

chromosomique [kʀomozomik] *adj* Chromosomen-

chronique [kʀɔnik] **I.** *adj* ❶ (*qui se développe lentement*) *maladie* chronisch
❷ (*qui dure*) *difficulté, problème* andauernd; **chômage ~** Dauerarbeitslosigkeit *f*; **avoir des difficultés financières ~s** an chronischem Geldmangel leiden (*iron*)
II. *f* ❶ LITTER (*récits*) Chronik *f*
❷ (*bruits qui circulent*) **la ~ scandaleuse de la ville** [*o* **locale**] der lokale Tratsch
❸ MEDIA (*commentaire libre*) Kolumne *f*; RADIO Kommentar *m*; **~ artistique/littéraire/théâtrale** Feuilleton *nt*; **~ financière** Börsenbericht *m*; RADIO, TV Sportsendung *f*
▸ **défrayer la ~** von sich reden machen

chroniqueur, -euse [kʀɔnikœʀ, -øz] *m, f* ❶ LITTER Chronist(in) *m(f)*
❷ PRESSE, RADIO, TV **~(-euse) artistique/littéraire/musical(e)/théâtral(e)** Feuilletonist(in) *m(f)*; **~ financier/sportif** Wirtschafts-/Sportredakteur *m*; **chroniqueuse financière/sportive** Wirtschafts-/Sportredakteurin *f*; **~ parlementaire** parlamentarischer Berichterstatter
◆ **~(-euse) de mode** PRESSE Redakteur(in) *m(f)* einer Modezeitschrift; RADIO, TV Moderedakteur(in)

chrono [kʀɔno] *m fam abr de* **chronomètre** Stoppuhr *f*; **faire un bon ~** eine gute Zeit laufen; *coureur auto:* eine gute Zeit fahren

chronobiologie [kʀonobjɔlɔʒi] *f* Chronobiologie *f*

chronologie [kʀɔnɔlɔʒi] *f* ❶ (*succession des événements*) Chronologie *f*, zeitliche Abfolge
❷ (*science*) Chronologie *f*

chronologique [kʀɔnɔlɔʒik] *adj* *ordre, plan* chronologisch; *liste* chronologisch geordnet; **table ~** Zeittafel *f*

chronologiquement [kʀɔnɔlɔʒikmɑ̃] *adv* chronologisch

chronométrage [kʀɔnɔmetʀaʒ] *m* Zeitmessung *f*, Stoppen *nt*

chronomètre [kʀɔnɔmɛtʀ] *m* Stoppuhr *f*

chronométrer [kʀɔnɔmetʀe] <5> *vt* **~ qn/qc** jdn/etw stoppen

chronométreur, -euse [kʀɔnɔmetʀœʀ, -øz] *m, f* Zeitnehmer(in) *m(f)*

chronométrique [kʀɔnɔmetʀik] *adj* *exactitude, précision* chronometrisch

chrysalide [kʀizalid] *f* Puppe *f*
▸ **le projet sort de sa ~** das Projekt nimmt Gestalt an

chrysanthème [kʀizɑ̃tɛm] *m* Chrysantheme *f*
▸ **inaugurer les ~s** repräsentative Aufgaben übernehmen

chti [ʃti], **chtimi, ch'timi** [ʃtimi] **I.** *adj inv fam* aus Nordfrankreich; **Louise est ~** Louise kommt aus Nordfrankreich
II. *mf inv fam* Nordfranzose *m*/-französin *f*

C.H.U. [seaʃy] *m abr de* **centre hospitalier universitaire** Universitätsklinik[um *nt*] *f*
chu(e) [ʃy] *part passé de* **choir**
chuchotement [ʃyʃɔtmɑ̃] *m* ① *d'une personne* Flüstern *nt,* Geflüster *nt;* (*en cachette*) Tuscheln *nt*
② *littér* (*bruissement*) *du vent* Säuseln *nt* (*geh*); *de l'eau* Murmeln *nt* (*geh*)
chuchoter [ʃyʃɔte] <1> **I.** *vi* ① flüstern; (*en cachette*) tuscheln
② (*bruire*) *vent:* säuseln (*geh*)
II. *vt* ~ **qc à l'oreille de qn** jdm etw ins Ohr flüstern; **on chuchote que qn a fait qc** es geht das Gerücht, dass jd etw getan hat
chuchotis [ʃyʃɔti] *m v.* **chuchotement**
chuintant(e) [ʃɥɛ̃tɑ̃, ɑ̃t] *adj consonne* zischend
chuintement [ʃɥɛ̃tmɑ̃] *m* ① (*défaut de prononciation*) *fehlerhafte Aussprache, bei der „s" wie „sch" gesprochen wird*
② (*sifflement*) Zischen *nt*
chuinter [ʃɥɛ̃te] <1> *vi* ① „s" wie „sch" aussprechen
② (*siffler*) *scie:* kreischen; *vapeur:* zischen
③ (*pousser son cri*) *chouette:* schreien
chus [ʃy] *passé simple de* **choir**
chut [ʃyt] *interj* pst
chute [ʃyt] *f* ① (*action*) *d'une personne* Fall *m,* Sturz *m; des feuilles* [Ab]fallen *nt;* ~ **des cheveux/dents** Haar-/Zahnausfall *m;* **faire une mauvaise** ~ unglücklich fallen [*o* stürzen]; **elle a fait une** ~ **de cinq mètres** sie ist fünf Meter in die Tiefe gestürzt
② (*effondrement*) *d'un empire* Zusammenbruch *m,* Untergang *m; d'un gouvernement, homme politique* Fall *m,* Sturz *m; d'une ville assiégée* Fall; *d'une pièce de théâtre* Durchfall; **entraîner qn dans sa** ~ jdn mit sich reißen
③ GEOG **les** ~**s du Niagara/Zambèse** die Niagara-/Viktoriafälle
④ METEO ~ **de neige/pluie** Schnee-/Regenfall *m*
⑤ (*baisse rapide*) ~ **de pression** Druckabfall *m;* ~ **de température** Temperatursturz *m*
⑥ (*déchets*) *de tissu* Fetzen *m; de papier* Stückchen *nt,* Fetzen
⑦ (*pente*) *d'un toit* Neigung *f*
⑧ REL **la** ~ [**d'Adam**] der Sündenfall
⑨ (*fin*) *d'une histoire* Schluss *m; d'un poème* Pointe *f*
⑩ CARTES Unterstich *m*
▶ **à la** ~ **du jour** bei Einbruch der Dunkelheit; ~ **libre** freier Fall; **en** ~ **libre** im freien Fall
◆ ~ **d'eau** Wasserfall *m;* ~ **de pierres** Steinschlag *m;* ~ **du rideau** THEAT Ende *nt* der Vorstellung
chuter [ʃyte] <1> *vi* ① *fam* (*tomber*) stürzen, fallen
② *fam* (*échouer*) *candidat, pièce de théâtre:* durchfallen; *joueur, sportif:* eine Niederlage erleiden, verlieren; ~ **contre qn** gegen jdn verlieren, eine Niederlage gegen jdn erleiden; ~ **sur une question/sur les maths** wegen einer Frage/Mathematik durchfallen
③ (*baisser*) *cours, prix:* sinken, fallen; **la Bourse chute** die Börsenkurse fallen
④ CARTES zu wenig Stiche machen
Chypre [ʃipʀ] *f* [**l'île de**] ~ Zypern *nt*
chypriote [ʃipʀijɔt] *adj v.* **cypriote**
Chypriote [ʃipʀijɔt] *mf v.* **Cypriote**
ci [si] *adv* **comme** ~ **comme ça** *fam* so lala (*fam*); ~ **et ça** dies und das; *v. a.* **ceci, celui**
ci-après [siapʀɛ] *adv* [weiter] unten, nachstehend
cibiste [sibist] *mf* CB-Funker(in) *m(f)*
cible [sibl] **I.** *f* ① SPORT Zielscheibe *f;* **atteindre** [*o* **toucher**] **la** ~ das Ziel treffen
② MIL, CHASSE, POL Ziel *nt*
③ COM, MEDIA Ziel[gruppe *f*] *nt;* **atteindre la/sa** ~ das/sein Ziel [*o* die/seine Zielgruppe] erreichen
④ (*objet d'une attaque*) **servir de** ~ **aux quolibets** Zielscheibe für spöttische Bemerkungen sein; **être la** ~ **de tous les regards** alle Blicke auf sich (*Akk*) ziehen; **prendre qn pour** ~ jdn als Zielscheibe benutzen [*o* nehmen]
II. *adj* **langue** ~ Zielsprache *f;* **clientèle** ~ Zielgruppe *f;* **quel est notre acheteur** ~**?** welchen Käufer wollen wir ansprechen?
cibler [sible] <1> *vt* ① (*déterminer*) ~ **des personnes** Menschen gezielt ansprechen; **public ciblé** gezieltes Publikum
② (*définir*) bestimmen, festlegen; **émission ciblée** auf ein bestimmtes Publikum ausgerichtete Sendung; **être mal/bien/très bien ciblé(e)** schlecht/gut/hervorragend durchdacht sein
ciboire [sibwaʀ] *m* Messkelch *m,* Ziborium *nt*
ciboulette [sibulɛt] *f* Schnittlauch *m*
ciboulot [sibulo] *m pop* Deez *m* (DIAL), Hirn *nt;* **se creuser le** ~ sich (*Dat*) das Hirn zermartern
cicatrice [sikatʀis] *f* Narbe *f; d'un cataclysme* Spur *f*
cicatriciel(le) [sikatʀisjɛl] *adj* MED Narben-
cicatrisant(e) [sikatʀizɑ̃, ɑ̃t] *adj* die Heilung fördernd; **crème** ~**e** Wundsalbe *f,* Heilsalbe *f*
cicatrisation [sikatʀizasjɔ̃] *f* Vernarbung *f,* Vernarben *nt;* **la** ~ **de cette égratignure sera rapide** diese Kratzwunde wird schnell vernarben
cicatriser [sikatʀize] <1> **I.** *vt* ① vernarben lassen *plaie;* **être cicatrisé(e)** vernarbt sein
② *fig* ~ **une déception amoureuse** über eine enttäuschte Liebe hinwegkommen; **ce n'est pas encore cicatrisé** das ist noch nicht überwunden
II. *vi, vpr* [**se**] ~ vernarben
Cicéron [siseʀɔ̃] *m* Cicero *m*
ci-contre [sikɔ̃tʀ] *adv* nebenstehend **ci-dessous** [sid(ə)su] *adv* [weiter] unten **ci-dessus** [sid(ə)sy] *adv* [weiter] oben; **la description/l'explication** ~ die vorangehende Beschreibung/Erläuterung **ci-devant** [sid(ə)vɑ̃] *adv* ehemals, einstmals (*bei Titeln aus der Zeit vor der Französischen Revolution*)
cidre [sidʀ] *m* Cidre *m,* Apfelwein *m;* ~ **bouché** *stark moussierender, auf Flaschen gezogener Cidre;* ~ **brut/doux** herber [*o* trockener]/süßer Cidre

i Land & Leute

Der **cidre** ist ein leicht moussierender Apfelwein. Die besseren Sorten werden – wie Sekt – in dickwandigen Flaschen verkauft.

cidrerie [sidʀəʀi] *f* Apfelweinkellerei *f*
Cie *abr de* **compagnie** Co
ciel [sjɛl, sjø] <cieux *o* s> *m* ① <s> Himmel *m;* **haut dans le** ~ hoch am Himmel; **entre** ~ **et terre** zwischen Himmel und Erde; ~ **d'azur** azurner [*o* azurblauer] Himmel; ~ **clément** heiteres [*o* schönes] Wetter; **lever les bras au** ~ die Arme gen Himmel strecken
② REL **les cieux** der Himmel; **royaume des cieux** Himmelreich *nt*
③ REL (*paradis*) Himmel *m;* **mériter le** ~ es verdienen, in den Himmel zu kommen; **être monté(e) tout droit au** ~ direkt zum [*o* in den] Himmel aufgefahren sein
④ REL (*providence*) Himmel *m;* **grâce au** ~ Gott sei Dank
⑤ <s> ART Himmel *m*
▶ **au nom du** ~**!** um Himmels willen!; **le** ~ **m'est témoin** der Himmel ist [*o* sei] mein Zeuge; **remuer** ~ **et terre** Himmel und Hölle/Erde in Bewegung setzen; **sous d'autres cieux** in anderen Gegenden [*o* Gefilden *geh*]; **sous des cieux plus cléments** in milderen Zonen; **à** ~ **ouvert** unter freiem Himmel; **piscine à** ~ **ouvert** Freibad *nt;* **aide-toi, le** ~ **t'aidera** *prov* hilf dir selbst, so hilft dir Gott; **bénir le** ~ **que qn ait fait qc** dem Himmel danken, dass er etw getan hat; **c'est écrit dans le** ~ es steht fest; **fasse le** ~ [*o* **plût au** ~] **que qn ait fait qc** gebe [es] der Himmel, dass jd etw getan hat; **le** ~ **soit loué!** dem Him-

mel sei Dank!; **tomber du ~ à qn** jdm wie gerufen kommen; **sous le ~ de Provence** in provenzalischen Gefilden *geh* [*o* in der Provence]
◆ **~ de lit** <~s de lit> Betthimmel *m*

cierge [sjɛʀʒ] *m* ❶ (*chandelle*) Kerze *f*; **~ pascal** Osterkerze
❷ (*plante*) Säulenkaktus *m*
▶ **se tenir droit(e) comme un ~** sich kerzengerade halten
◆ **~ de Pâques** Osterkerze *f*

cieux [sjø] *pl de* **ciel**

cigale [sigal] *f* Zikade *f*

cigare[1] [sigaʀ] *m* ❶ Zigarre *f*
❷ BELG (*remontrance*) Rüge *f*, Rüffel *m* (*fam*)

cigare[2] [sigaʀ] *m* ▶ **ne rien avoir dans le ~** *fam* nur Stroh in der Birne haben (*fam*)

cigarette [sigaʀɛt] *f* Zigarette *f*
◆ **~ [à bout] filtre** Filterzigarette *f*

cigarillo [sigaʀijo] *m* Zigarillo *nt o m*

ci-gît [siʒi] hier ruht

cigogne [sigɔɲ] *f* Storch *m*

ciguë [sigy] *f* Schierling *m*

ci-inclus [siɛ̃kly] *adv* anbei, als [*o* in der] Anlage **ci-inclus(e)** [siɛ̃kly, yz] *adj* beiliegend; **la copie ~e** die beiliegende Kopie

ci-joint [siʒwɛ̃] *adv* anbei, als [*o* in der] Anlage **ci-joint(e)** [siʒwɛ̃, ʒwɛ̃t] <ci-joints> *adj* beiliegend; **les documents ~s** die beiliegenden Dokumente

cil [sil] *m* ❶ Wimper *f*; **faux ~s** falsche [*o* künstliche] Wimpern; **battre des ~s** [mit den Augen] zwinkern [*o* blinzeln]; (*pour séduire*) mit den Wimpern klimpern (*fam*)
❷ BIO **~ vibratile** Flimmerhaar *nt*, Zilie *f* (*Fachspr.*)

cilice [silis] *m* Büßergewand *nt*, Büßerhemd *nt*

cillement [sijmɑ̃] *m* Blinzeln *nt*

ciller [sije] <1> *vi* **~ des yeux** mit den Augen zwinkern [*o* blinzeln]
▶ **ne pas ~** nicht mit der Wimper zucken, keine Miene verziehen

cimaise [simɛz] *f* ARCHIT Karnies *nt*; (*dans une chambre*) Wandleiste *f*

cime [sim] *f* ❶ (*sommet*) *d'un arbre* Wipfel *m*; *d'une montagne* Gipfel *m*
❷ *vieilli* (*plus haut degré*) *de la gloire* Gipfel *m*

ciment [simɑ̃] *m* ❶ (*mortier*) Zement *m*; **~ armé** Stahlbeton *m*
❷ *littér* (*lien*) **cela a été le ~ de notre amitié** das hat unsere Freundschaft gefestigt
◆ **~ de laitier, ~ Portland** Portlandzement *m*; **~ à prise lente** langsam bindender Zement; **~ à prise rapide** schnell bindender Zement

cimenter [simɑ̃te] <1> *vt* ❶ zementieren *sol, piscine*
❷ (*consolider*) festigen

cimenterie [simɑ̃tʀi] *f* Zementfabrik *f*, Zementwerk *nt*

cimeterre [simtɛʀ] *m* (*sabre oriental*) Krummsäbel *m*, Jatagan *m*

cimetière [simtjɛʀ] *m* Friedhof *m*; **aller au ~** auf den [*o* zum] Friedhof gehen; **~ militaire** Soldatenfriedhof
◆ **~ d'éléphants** Elefantenfriedhof *m*; **~ de voitures** Autofriedhof *m* (*fam*)

cimier [simje] *m* ❶ (*viande*) *d'un cerf, bœuf* Lendenstück *nt*
❷ (*ornement d'un casque*) Helmbusch *m*

ciné [sine] *m fam abr de* **cinéma** Kino *nt*; **aller au ~** ins Kino gehen

cinéaste [sineast] *m* Filmemacher(in) *m(f)*

ciné-club [sineklœb] <ciné-clubs> *m* Filmclub *m*

cinéma [sinema] *m* ❶ (*art, industrie*) Kino *nt*; **~ muet/parlant** Stumm-/Tonfilm *m*; **~ porno[graphique]** Pornofilm *m*; **~ professionnel** professionelles Kino; **être dans le ~** beim Film sein
❷ (*salle*) Kino *nt*, Filmtheater *nt*; **~ permanent** Nonstopkino *nt*
▶ **se faire son petit ~** *fam* sich (*Dat*) etw vormachen; **arrête ton ~** *fam* hör auf mit dem [*o* diesem] Theater (*fam*); **c'est tout un ~ pour faire qc** *fam* so ein Affenzirkus [*o* Affentheater], nur um etw zu tun (*fam*); **faire son ~** *fam* eine Show [*o* Schau] abziehen (*fam*); **faire tout un ~** *fam* ein Affentheater [*o* einen Affenzirkus] veranstalten (*fam*)
◆ **~ d'amateur** Amateurfilmkunst *f*, Amateurfilmerei *f* (*fam*); **~ d'animation** [Zeichen]trickfilm *m*; **~ d'art et d'essai** Programmkino *nt*

i Land & Leute

Die Brüder Lumière entwickelten den ersten Apparat zur Aufnahme und Wiedergabe von bewegten Bildern und ließen ihn 1895 als so genannten *cinématographe* patentieren. Sie gelten damit als Erfinder des Kinos. Aus *cinématographe* leitet sich der heutige Begriff für Kino – **cinéma** – ab.

cinémascope® [sinemaskɔp] *m* Cinemascope® *nt*

cinémathèque [sinematɛk] *f* Filmarchiv *nt*, Kinemathek *f*

cinématique [sinematik] *f* Kinematik *f*

cinématographe [sinematɔgʀaf] *m vieilli* Kinematograph *m* (*veraltet*)

cinématographie [sinematɔgʀafi] *f spéc* Kinematographie *f*

cinématographique [sinematɔgʀafik] *adj* **industrie ~** Filmindustrie *f*

cinémomètre [sinemɔmɛtʀ] *m* Radarkontrollgerät *nt*

cinéparc, ciné-parc [sinepaʀk] <ciné-parcs> *m* Autokino *nt*

cinéphile [sinefil] *mf* Kinofreund(in) *m(f)*, Kinofan *m*, Filmfreund(in) *m(f)*, Filmfan *m*

cinéraire [sineʀɛʀ] *f* Zinerarie *f*, Cineraria *f*

cinérama® [sineʀama] *m* CINE Cinerama® *nt*

cinétique [sinetik] *adj* kinetisch

cinglant(e) [sɛ̃glɑ̃, ɑ̃t] *adj* ❶ *pluie* peitschend; *bise* schneidend
❷ *réflexion, remarque, phrase* bissig; *reproche, affrontement* heftig; *leçon* scharf

cinglé(e) [sɛ̃gle] *fam* **I.** *adj* bekloppt (*fam*), übergeschnappt (*fam*); **être ~(e)** spinnen (*fam*), 'nen Vogel haben (*fam*)
II. *m(f)* **quel ~/quelle ~e!** was für ein Spinner/eine blöde Ziege! (*fam*)

cingler [sɛ̃gle] <1> **I.** *vt* ❶ (*frapper*) **~ son cheval de coups de cravache** sein/ihr Pferd mit der Peitsche antreiben
❷ (*fouetter*) **~ le visage/les jambes à qn** jdm ins Gesicht/gegen die Beine schlagen; **les branches leur cinglaient le visage** die Zweige peitschten ihnen ins Gesicht; **la pluie cinglait les vitres** der Regen trommelte gegen die [Fenster]scheiben
❸ (*blesser*) **~ qn d'une insulte** jdn mit einer Beleidigung sehr verletzen
II. *vi* (*faire voile dans une direction*) **~ vers qc** *bateau, marin, flotte:* auf etw (*Akk*) zusegeln

cinoche [sinɔʃ] *m fam* Kino *nt*, Kintopp *m* (*fam*)

cinq [sɛ̃k, *devant une consonne* sɛ̃] **I.** *num* ❶ fünf; **pour ~ personnes** *couvert* fünfteilig; **coûter ~ euros** fünf Euro kosten; **à ~ roues/places** fünfräd[e]rig/-sitzig; **en ~ exemplaires** in fünffacher Ausfertigung; **en ~ jours** in fünf Tagen; **dans ~ jours** heute in fünf Tagen; **de ~ heures/jours** fünfstündig/-tägig; **faire qc un jour sur ~** alle fünf Tage etw tun; **un Français/foyer sur ~** jeder fünfte Franzose/Haushalt; **une personne sur ~** jeder Fünfte; **jeu de ~** fünfteiliges Spiel; **famille de ~** fünfköpfige Familie; **couper qc en ~** etw in fünf Teile schneiden; **vendre qc par ~** etw im Fünferpack verkaufen; **rentrer ~ par ~** [jeweils] zu fünft [*o* in Fünfergruppen] hineingehen; **emballer des cigares ~ par ~** je[weils] fünf Zigarren verpacken; **être ~** fünf sein; **à ~** zu fünft; **tous(toutes) les ~** alle fünf; **gagner ~ à un** fünf zu eins gewinnen
❷ (*dans l'indication de l'âge, la durée*) **avoir/avoir bientôt**

~ **ans** fünf [Jahre alt] sein/werden; **à ~ ans** mit fünf [Jahren]; **enfant de ~ ans** Fünfjährige(r) *f(m)*; **période de ~ ans** Zeitraum *m* von fünf Jahren
❸ (*dans l'indication de l'heure*) **il est ~ heures** es ist fünf [Uhr]; **à/vers ~ heures** um/gegen fünf [Uhr]; **peu avant ~ heures** kurz vor fünf; **il n'est pas encore ~ heures** es ist noch vor fünf; **il est déjà ~ heures passées** es ist schon nach fünf; **il est dix heures ~/moins ~** es ist fünf [Minuten] nach/vor zehn; **toutes les ~ heures** alle fünf Stunden; **arriver dans ~ minutes** in fünf Minuten ankommen
❹ (*dans l'indication de la date*) **le ~ mars** *geschrieben:*, **le 5 mars** der fünfte März *écrit:*, der 5. März; **arriver le ~ mars** am fünften März kommen; **arriver le ~** am Fünften kommen; **nous sommes** [*o* **on est**] **le ~ mars** wir haben den fünften März; **nous sommes** [*o* **on est**] **le ~** wir haben den Fünften; **aujourd'hui, c'est le ~ mars** heute ist der fünfte März; **aujourd'hui, c'est le ~** heute ist der Fünfte; **le vendredi ~ mars** am Freitag, den fünften März; **Aix, le ~ mars** Aix, den fünften März; **tous les ~ du mois** jeweils am 5. des Monats
❺ (*dans l'indication de l'ordre*) **arriver ~ ou sixième** als Fünfte(r) oder Sechste(r) kommen; **chapitre/page ~** Kapitel/Seite fünf; **acte V, scène 2** *gesprochen:*, **acte ~, scène deux** Akt V, Szene 2 *oral:*, fünfter Akt, zweite Szene
❻ (*dans les noms de personnages*) **Charles V** *gesprochen:*, **Charles ~** Karl V. *oral:*, Karl der Fünfte
❼ TV **TV 5** (*frankophoner Fernsehsender*)
▸ **c'était moins ~!** *fam* das war knapp! (*fam*)
II. *m inv* ❶ Fünf *f*; **~ arabe/romain** arabische/römische Fünf; **deux et trois font ~** zwei und drei sind [*o* macht] [*o* gibt] fünf; **compter de ~ en ~** in Fünferschritten zählen
❷ (*numéro*) Nummer *f* fünf, Fünf *f*; **habiter au 5, rue de l'église** [in der] Rue de l'église Nummer 5 wohnen
❸ TRANSP **le ~** die Linie [*o* Nummer] fünf, die Fünf (*fam*)
❹ JEUX Fünf *f*; **le ~ de cœur** die Herzfünf; **faire un ~** eine Fünf würfeln; **ne faire que des ~** nur Fünfen würfeln; **jouer** [*o* **miser**] **le ~** (*à la roulette/aux courses*) auf die Fünf/die Nummer fünf setzen
❺ SCOL **avoir ~** [**sur dix/sur vingt**] ≈ eine Vier/eine Sechs haben; **avoir** [**un**] **~ à l'interro de maths** *fam* ≈ in der Mathearbeit eine Vier/eine Sechs haben (*fam*)
▸ **en ~ sec** im Nu (*fam*), in null Komma nichts (*fam*); **~ sur ~** (*parfaitement*) einwandfrei, ohne Schwierigkeiten
III. *f* (*table, chambre... numéro cinq*) Fünf *f*
IV. *adv* (*dans une énumération*) fünftens; (*dans un ordre du jour*) Punkt fünf

cinquantaine [sɛ̃kɑ̃tɛn] *f* ❶ **une ~ de personnes/pages** etwa [*o* ungefähr] fünfzig Personen/Seiten
❷ (*âge approximatif*) **avoir la ~** [*o* **une ~ d'années**] ungefähr [*o* etwa] fünfzig [Jahre alt] sein; **approcher de la ~** auf die Fünfzig zugehen; **avoir largement dépassé la ~** weit über fünfzig [Jahre alt] sein

cinquante [sɛ̃kɑ̃t] **I.** *num* ❶ fünfzig; **à ~ à l'heure** [*o* **kilomètres à l'heure**] mit fünfzig Stundenkilometern
❷ (*dans l'indication de l'âge, la durée*) **avoir/avoir bientôt ~ ans** fünfzig [Jahre alt] sein/werden; **personne/période de ~ ans** Fünfzigjährige(r) *f(m)*/Zeitraum *m* von fünfzig Jahren
❸ (*dans l'indication de l'heure*) **à dix heures ~** um zehn Uhr fünfzig
❹ (*dans l'indication des époques*) **les années ~** die fünfziger Jahre
❺ (*dans l'indication de l'ordre*) **arriver ~ ou ~ et unième** als Fünfzigste(r) oder Einundfünfzigste(r) kommen
▸ **je ne répéterai pas ~ fois la même chose!** ich sage nicht hundertmal das Gleiche!
II. *m inv* ❶ Fünfzig *f*
❷ (*numéro*) Nummer *f* fünfzig, Fünfzig *f*
❸ TRANSP **le ~** die Linie [*o* Nummer] fünfzig, die Fünfzig (*fam*)
❹ (*taille de confection*) **faire du ~** ≈ Größe 48 tragen
III. *f* (*table, chambre... numéro cinquante*) Fünfzig *f*
◆ **~ et un(e)** einundfünfzig; *v. a.* **cinq**

cinquantenaire [sɛ̃kɑ̃tnɛʀ] **I.** *adj* fünfzigjährig; **être ~** fünfzig Jahre alt sein
II. *m* fünfzigjähriges [*o* goldenes] Jubiläum; **le ~ de notre mariage** unser fünfzigster Hochzeitstag, unsere Goldene Hochzeit

cinquantième [sɛ̃kɑ̃tjɛm] **I.** *adj antéposé* fünfzigste(r, s)
II. *mf* **le/la ~** der/die/das Fünfzigste
III. *m* (*fraction*) Fünfzigstel *nt*; *v. a.* **cinquième**

cinquième [sɛ̃kjɛm] **I.** *adj antéposé* fünfte(r, s); **la ~ page avant la fin** die fünftletzte Seite; **arriver ~/obtenir la ~ place** Fünfte(r) werden [*o* sein]; **au ~ siècle** im fünften Jahrhundert; **au ~ coup de sonnette, il se leva** als es zum fünften Mal läutete, stand er auf; **le ~ centenaire** das fünfhundertjährige Jubiläum
II. *mf* **le/la ~** der/die/das Fünfte; **être le/la ~ de la classe** der/die Fünfte [*o* Fünftbeste] [in] der Klasse sein; **être le ~ à demander qc** der Fünfte sein, der nach etw fragt
III. *m* ❶ (*fraction*) Fünftel *nt*; **les trois ~s du gâteau** drei Fünftel des Kuchens
❷ (*étage*) fünfter Stock; **habiter au ~** im fünften Stock wohnen
❸ (*arrondissement*) **habiter dans le ~** im fünften Arrondissement wohnen
❹ (*dans une charade*) fünfte Silbe
IV. *f* ❶ (*vitesse*) fünfter Gang; **passer en ~** in den fünften Gang schalten, den fünften Gang einlegen
❷ SCOL ≈ siebte Klasse; **élève de ~** ≈ Siebtklässler(in) *m(f)*; **professeur de ~** ≈ Lehrer(in) *m(f)* einer siebten Klasse

Cinquième [sɛ̃kjɛm] *f* **La ~** *privater französischer Fernsehsender*

cinquièmement [sɛ̃kjɛmmɑ̃] *adv* fünftens

cintrage [sɛ̃tʀaʒ] *m* TECH Biegen *nt*

cintre [sɛ̃tʀ] *m* ❶ (*portemanteau*) [Kleider]bügel *m*
❷ ARCHIT Bogen *m*; **plein ~** Rundbogen *m*
❸ TECH Lehrbogen *m*
❹ *pl* THEAT Schnürboden *m*

cintré(e) [sɛ̃tʀe] *adj* ❶ *chemise* tailliert
❷ ARCHIT *porte* mit Rundbogen; *galerie* mit Rundbögen; **fenêtre ~e** Rundbogenfenster *nt*

cintrer [sɛ̃tʀe] <1> *vt* ❶ TECH biegen *tôle*
❷ ARCHIT mit Rundbogen konstruieren
❸ (*ajuster à la taille*) taillieren

cirage [siʀaʒ] *m* ❶ (*produit*) Schuhcreme *f*
❷ (*action*) *des chaussures* Putzen *nt*; *d'un parquet* Bohnern *nt*
▸ **être noir(e) comme du ~** kohl[raben]schwarz sein; **être dans le ~** *fam* (*être inconscient*) ganz weg sein (*fam*); (*ne rien comprendre*) nicht mehr durchblicken (*fam*)

circoncire [siʀkɔ̃siʀ] <*irr*> *vt* beschneiden *enfant*

circoncis [siʀkɔ̃si] *m* Beschnittene(r) *m*

circoncis(e) [siʀkɔ̃si, iz] *adj* beschnitten

circoncision [siʀkɔ̃sizjɔ̃] *f* Beschneidung *f*

circonférence [siʀkɔ̃ferɑ̃s] *f* [Kreis]umfang *m*; (*ligne*) Kreislinie *f*; (*pourtour*) Peripherie *f*

circonflexe [siʀkɔ̃flɛks] *adj v.* **accent**

circonlocution [siʀkɔ̃lɔkysjɔ̃] *f* Umschreibung *f*

circonscription [siʀkɔ̃skʀipsjɔ̃] *f* ❶ ADMIN [Verwaltungs]bezirk *m*
❷ POL Wahlkreis *m*; **~ électorale** Wahlkreis *m*
❸ TELEC **~ tarifaire** Tarifzone *f*

circonscrire [siʀkɔ̃skʀiʀ] <*irr*> **I.** *vt* ❶ (*tracer les limites de*) begrenzen *espace*
❷ GEOM **~ un cercle à un triangle** einen Kreis um ein Dreieck beschreiben
❸ (*délimiter*) abgrenzen, abstecken
❹ (*borner*) **~ les recherches à un secteur** die Nachforschungen auf ein Gebiet beschränken

❺ (*empêcher l'extension de*) eindämmen *épidémie, incendie*
❻ (*cerner*) umreißen *sujet*
II. *vpr* **se ~ à qc** sich auf etw (*Akk*) beschränken

circonspect(e) [siʀkɔ̃spɛ(kt), ɛkt] *adj termes* besonnen; *attitude, personne* vorsichtig, umsichtig, besonnen; *réflexion* [gut] durchdacht; *œil* wachsam

circonspection [siʀkɔ̃spɛksjɔ̃] *f* Umsichtigkeit *f*, Vorsichtigkeit *f*, Besonnenheit *f*; **avec ~** besonnen, umsichtig, mit Vorsicht

circonstance [siʀkɔ̃stɑ̃s] *f* ❶ *souvent pl* (*conditions*) Umstand *m*; **les ~s d'un accident** die Umstände [*o* Einzelheiten] eines Unfalls; **en toutes ~s** unter allen Umständen; **~s indépendantes de notre volonté** unvorhergesehene Umstände; **~ aggravante/atténuante** erschwerender/mildernder Umstand
❷ (*occasion*) Gelegenheit *f*; **air/tête de ~** dem Anlass entsprechend; **discours/habit de ~** angemessene Rede/Kleidung; **œuvre de ~** Gelegenheitsdichtung *f*

circonstancié(e) [siʀkɔ̃stɑ̃sje] *adj* ausführlich, eingehend, [sehr] detailliert; **faire un rapport ~ de qc** ausführlich über etw (*Akk*) berichten

circonstanciel(le) [siʀkɔ̃stɑ̃sjɛl] *adj* ❶ GRAM **subordonnée ~le** Adverbialsatz *m*; **complément ~ de temps/lieu/manière** Umstandsbestimmung *f* der Zeit/des Ortes/der Art und Weise
❷ *littér* (*d'opportunité*) *déclaration* der Situation angemessen; *présence* durch die Situation bedingt; *informations* zu Einzelheiten

circonvenir [siʀkɔ̃vniʀ] <*irr*> *vt* umgarnen, umstimmen; **s'efforcer** [*o* **tenter**] **de ~ qn** versuchen, jdn für sich zu gewinnen

circonvolution [siʀkɔ̃vɔlysjɔ̃] *f* Windung *f*; **~s cérébrales/intestinales** Gehirn-/Darmwindungen *Pl*; **la rivière décrit des ~s à travers la forêt** der Fluss schlängelt sich durch den Wald

circuit [siʀkɥi] *m* ❶ (*itinéraire touristique*) Rundreise *f*, Rundfahrt *f*; **un ~ d'autocar** eine Busrundreise
❷ (*parcours*) Strecke *f*, Weg *m*
❸ SPORT Rennstrecke *f*; **le ~ du Mans** die Rennstrecke von Le Mans
❹ (*jeu*) Spielzeugautorennbahn *f*
❺ ELEC Stromkreis *m*; **~ électrique** Stromkreis; **~ fermé** geschlossener Stromkreis; **mettre qc en ~** etw [in den Stromkreis] einschalten
❻ TECH Umlauf *m*, Kreislauf *m*; **~ intégré** integrierter Schaltkreis
❼ ECON, FIN Kreislauf *m*; **~ économique** Wirtschaftskreislauf
▶ **en ~ fermé** im geschlossenen Kreis; **être/ne plus être dans le ~** *fam* noch ganz schön auf Zack/nicht mehr auf Zack sein (*fam*); **être hors ~** aus dem Rennen sein
◆ **~ de distribution** Verkaufsnetz *nt*, Vertriebsweg *m*; **~ de production** Arbeitsfluss *m*; **~ de refroidissement** Kühl[mittel]kreislauf *m*

circulaire [siʀkylɛʀ] I. *adj* ❶ *bassin, fenêtre* kreisrund; *mouvement, scie* Kreis-
❷ *voyage* Rund-; **jeter un regard ~** rundherum blicken [*o* schauen]
II. *f* Rundschreiben *nt*

circulation [siʀkylasjɔ̃] *f* ❶ (*trafic*) Verkehr *m*; **~ automobile/ferroviaire** Auto-/Eisenbahnverkehr; **~ aérienne** Flugverkehr, Luftverkehr; **~ interdite** (*aux piétons*) kein Durchgang; (*aux voitures*) keine Durchfahrt; **faire la ~** den Verkehr regeln; **la route est mise en ~** die Straße wird dem Verkehr übergeben; **la ~ est difficile** die Verkehrsbedingungen sind schlecht; **la ~ a dû être détournée** [*o* **déviée**] der Verkehr musste umgeleitet werden
❷ (*mouvement*) *de l'air* Zirkulation *f*; *de l'eau* Strömen *nt*, Fließen *nt*; *de fausses nouvelles* Kursieren *nt*, Verbreitung *f*; ECON *de l'argent, des devises* Umlauf *m*, Verkehr *m*; **libre ~ de capitaux** freier Kapitalverkehr; **mettre en ~** in Umlauf setzen [*o* bringen]; **retirer de la ~** aus dem Verkehr ziehen, außer Kurs setzen
❸ MED **~ [du sang]** Blutkreislauf *m*, Blutzirkulation; **grande/petite ~** großer/kleiner [Blut]kreislauf; **bonne/mauvaise ~** gute/schlechte Durchblutung; **~ veineuse** venöser Kreislauf
▶ **disparaître de la ~** *fam* von der Bildfläche [*o* in der Versenkung] verschwinden (*fam*)

circulatoire [siʀkylatwaʀ] *adj* **appareil ~** Kreislaufsystem *nt*, Kreislauforgane *Pl*; **assistance ~** Stärkung *f* des Kreislaufs

circuler [siʀkyle] <1> *vi* ❶ (*se déplacer en véhicule*) unterwegs sein, fahren; **~ en voiture** mit dem Auto fahren [*o* unterwegs sein]
❷ (*aller et venir*) herumgehen; **le droit de ~ librement** das Recht auf Bewegungsfreiheit; **circulez!** weiterfahren[, nicht stehen bleiben]!/weitergehen[, nicht stehen bleiben]!
❸ (*passer de main en main*) in Umlauf sein; *pétition:* zirkulieren
❹ (*couler*) **le sang circule dans les veines** das Blut fließt in den Venen
❺ (*se renouveler*) **l'air circule dans la pièce** die Luft zirkuliert im Zimmer
❻ (*se répandre*) *nouvelle, histoire:* kursieren; **faire ~ qc** etw in Umlauf setzen [*o* bringen]

circumnavigation [siʀkɔmnavigasjɔ̃] *f d'un continent* Umschiffung *f*, Umschiffen *nt*

cire [siʀ] *f* ❶ (*matière*) Wachs *nt*; (*pour les parquets*) [Bohner]wachs; **~ liquide** flüssiges Wachs; **~ vierge** naturreines Wachs
❷ (*cérumen*) Ohrenschmalz *nt*
❸ (*figurine*) Wachsfigur *f*
▶ **c'est une ~ molle** *fam* er/sie ist wachsweich (*fam*)
◆ **~ d'abeille** Bienenwachs *nt*; **~ à cacheter** Siegellack *m*; **~ à épiler** Wachs *nt* zum Entfernen von Körperhaaren

ciré [siʀe] *m* ❶ Regenkleidung *f*
❷ (*de marin*) Ölzeug *nt*, Öljacke *f*

ciré(e) [siʀe] *adj chaussures* poliert; *parquet* gebohnert; *étoffe* wasserdicht; **toile ~e** Wachstuch *nt*

cirer [siʀe] <1> *vt* polieren *chaussures, meuble;* [wachsen und] bohnern *parquet, escaliers*
▶ **j'en ai rien à ~, moi, de toutes tes histoires!** *fam* mit deinen Geschichten habe ich nichts am Hut (*fam*)

cireur [siʀœʀ] *m* **~ de chaussures** Schuhputzer *m*

cireuse [siʀøz] *f* ❶ **~ de chaussures** Schuhputzerin *f*
❷ (*machine*) Bohnermaschine *f*

cireux, -euse [siʀø, -øz] *adj* wächsern

cirque [siʀk] *m* ❶ (*spectacle*) Zirkus *m*; **~ ambulant** Wanderzirkus
❷ GEOG Talmulde *f*
❸ HIST Zirkus *m*; **jeux du ~** Zirkusspiele *Pl*
▶ **arrête ton ~!** *fam* mach nicht so einen Zirkus! (*fam*); **c'est le** [*o* **un vrai**] **~ ici** *fam* es geht hier zu [*o* drunter und drüber] wie in einem Tollhaus (*fam*); **quel ~ pour faire qc** was für ein Zirkus, wenn man etw tun will (*fam*)

cirrhose [siʀoz] *f* Zirrhose *f*
◆ **~ du foie** Leberzirrhose *f*, Säuferleber *f* (*fam*)

cirrus [siʀys] *m* Zirrus[wolke *f*] *m*

cisaille [sizɑj] *f* **~ de tôlier** Blechschere *f*; **~ de jardinier** Baumschere *f*

cisaillement [sizajmɑ̃] *m* (*action*) Abscheren *nt*

cisailler [sizaje] <1> *vt* ❶ (*couper, tailler*) [zer]schneiden
❷ (*détacher*) [ab]schneiden
❸ (*élaguer*) [be]schneiden

cisalpin(e) [sizalpɛ̃, in] *adj* diesseits der Alpen

ciseau [sizo] <x> *m* ❶ *pl* (*instrument pour couper*) Schere *f*; **une paire de ~x** eine Schere
❷ (*outil*) Meißel *m*; **tailler qc au ~** etw ausmeißeln; **~ à bois/de menuisier/sculpteur** [Stech]beitel *m*
❸ SPORT [Bein]schere *f*; **faire des ~x** die Beine grätschen

◆ ~x de brodeuse Stickschere *f;* ~x de chirurgien chirurgische Schere; ~x de couturière Schneiderschere *f;* ~x de jardinier Gartenschere *f;* ~x à ongles Nagelschere *f*
ciseler [sizle] <4> *vt* ❶ (*travailler avec un ciselet*) ziselieren; **être ciselé(e)** *vaisselle:* ziseliert
❷ (*limer*) ausfeilen
ciseleur [sizlœʀ] *m* Ziseleur *m,* Ziselierer(in) *m(f)*
ciselure [sizlyʀ] *f* ❶ (*art*) Ziselieren *nt*
❷ (*ornement*) Ziselierung *f*
Cisjordanie [sisʒɔʀdani] *f* **la** ~ Westjordanland *nt*
cistercien(ne) [sistɛʀsjɛ̃, jɛn] *adj* zisterziensisch
citadelle [sitadɛl] *f* ❶ (*forteresse*) Festung *f,* Zitadelle *f*
❷ (*bastion*) ~ **de qc** Hochburg *f* einer S. (*Gen*)
citadin(e) [sitadɛ̃, in] **I.** *adj* städtisch; **la vie** ~**e** das Leben in der Stadt
II. *m(f)* Städter(in) *m(f)*
citation [sitasjɔ̃] *f* ❶ (*extrait*) Zitat *nt;* **être truffé(e) de** ~**s** mit Zitaten gespickt sein
❷ JUR [Vor]ladung *f*
❸ MIL Belobigung *f,* ehrenvolle Erwähnung
cité [site] *f* ❶ (*ville*) Stadt *f*
❷ (*vieux quartier*) Altstadt *f*
❸ (*groupe d'immeubles*) Siedlung *f;* ~ **administrative** Behördenviertel *nt;* ~ **ouvrière** Arbeitersiedlung; ~ **universitaire,** ~ **U** Studenten[wohn]heim *nt*
❹ HIST Stadtstaat *m*
cité-dortoir [sitedɔʀtwaʀ] <cités-dortoirs> *f* Schlafstadt *f* (*fam*)
citer [site] <1> *vt* ❶ (*rapporter les termes*) zitieren
❷ (*énumérer*) nennen
❸ (*reconnaître les mérites*) lobend erwähnen; ~ **en exemple** als Beispiel nehmen
❹ JUR vorladen
citerne [sitɛʀn] *f* ❶ (*réservoir*) Tank *m*
❷ (*pour l'eau de pluie*) Zisterne *f*
cithare [sitaʀ] *f* MUS Zither *f*
citoyen(ne) [sitwajɛ̃, jɛn] **I.** *m(f)* ❶ (*personne civique*) [Staats]bürger(in) *m(f)*
❷ (*titre*) Bürger(in) *m(f);* ~**(ne) d'honneur** Ehrenbürger(in) *m(f)*
❸ HIST Bürger(in) *m(f)*
▸ **être un drôle de** ~ *fam* ein komischer Kauz sein
II. *app roi, soldat* Bürger-
citoyenneté [sitwajɛnte] *f* Staatsbürgerschaft *f;* **la** ~ **allemande** die deutsche Staatsbürgerschaft
citrate [sitʀat] *m* CHIM Zitrat *nt*
citrin(e) [sitʀɛ̃, -in] *adj* LITTER zitronengelb
citrine [sitʀin] *f* Zitrin *m*
citrique [sitʀik] *adj* **acide** ~ Zitronensäure *f*
citron [sitʀɔ̃] **I.** *m* ❶ (*fruit*) Zitrone *f;* ~ **pressé** Zitrone natur
❷ *fam* (*tête*) Birne *f* (*fam*)
▸ **presser qn comme un** ~ jdn wie eine Zitrone auspressen [*o* ausquetschen *fam*]
II. *adj inv* [**jaune**] ~ zitronengelb
citronnade [sitʀɔnad] *f* Zitronenwasser *nt*
citronné(e) [sitʀɔne] *adj* Zitronen-; **être** ~**(e)** nach Zitrone schmecken/riechen
citronnelle [sitʀɔnɛl] *f* ❶ BOT Zitronenmelisse *f*
❷ (*liqueur*) Zitronenlikör *m*
citronnier [sitʀɔnje] *m* ❶ (*arbre*) Zitronenbaum *m*
❷ (*bois*) Zitronenholz *nt*
citrouille [sitʀuj] *f* BOT Kürbis *m*
▸ **ne rien avoir dans la** ~ *fam* nichts in der Birne haben (*fam*)
civet [sivɛ] *m in Wein geschmortes Wildragout;* ~ **de lièvre** Hasenpfeffer *m*
civette [sivɛt] *f* ❶ ZOOL Zibetkatze *f*
❷ (*fourrure*) Zibetfell *nt*
❸ (*parfum, sécrétion*) Zibet *m*
❹ (*ciboulette*) Schnittlauch *m*
civière [sivjɛʀ] *f* (*pour les blessés*) [Trag]bahre *f;* (*pour le transport de matériaux*) Trage *f*
civil [sivil] *m* ❶ (*personne*) Zivilist *m*
❷ (*vie civile*) **dans le** ~ im Zivilleben; **s'habiller en** ~ Zivil[kleidung] anziehen
civil(e) [sivil] *adj* ❶ (*relatif au citoyen*) Zivil-; **année** ~**e** Kalenderjahr *nt;* **guerre** ~**e** Bürgerkrieg *m*
❷ (*opp: religieux*) **mariage** ~ standesamtliche Trauung
❸ JUR *droit* bürgerlich; **procédure** ~**e** Zivilverfahren *nt;* **responsabilité** ~**e** zivilrechtliche Haftung; **en matière** ~**e** in Zivilsachen; **se porter partie** ~**e** als Nebenkläger auftreten
❹ *littér* (*correct*) *comportement* höflich
civilement [sivilmɑ̃] *adv* ❶ JUR zivilrechtlich
❷ (*sans cérémonie religieuse*) standesamtlich
❸ *littér* (*avec courtoisie*) zuvorkommend
civilisateur, -trice [sivilizatœʀ, -tʀis] **I.** *adj* zivilisierend
II. *m, f* (*personne*) Kulturbringer(in) *m(f)*
civilisation [sivilizasjɔ̃] *f* ❶ (*culture*) Kultur *f*
❷ (*action de civiliser*) Zivilisierung *f*
❸ (*état de ce qui est civilisé*) Zivilisation *f*
civilisé(e) [sivilize] *adj société, pays* zivilisiert
civiliser [sivilize] <1> **I.** *vt* ❶ (*policer*) zivilisieren
❷ *fam* (*rendre plus sociable*) Umgangsformen beibringen
II. *vpr* **se** ~ ❶ (*s'affiner*) sich zivilisieren
❷ *fam* (*devenir plus sociable*) zivilisierter werden
civique [sivik] *adj* ❶ (*relatif au citoyen*) [staats]bürgerlich; **droits** ~**s** bürgerliche Ehrenrechte; **instruction** ~ Gemeinschaftskunde *f*
❷ (*propre au bon citoyen*) staatsbürgerlich
civisme [sivism] *m* staatsbürgerliches Pflichtgefühl
cl *abr de* **centilitre** cl
clabaud [klabo] *m* ❶ (*chien*) kläffender Jagdhund
❷ *fam* (*homme*) Schreihals *m* (*fam*)
clabaudage [klabodaʒ] *m* ❶ (*aboiements*) Gekläff *nt*
❷ (*criaillerie*) Gekeife *nt*
clabauder [klabode] <1> *vi* ❶ (*aboyer*) kläffen
❷ *fig* keifen
clac [klak] *interj* klapp
clafoutis [klafuti] *m Süßspeise, die aus einem Eierkuchenteig und Kirschen besteht*
claie [klɛ] *f* [Stroh-/Weiden-/Draht-]geflecht *nt*
clair [klɛʀ] **I.** *adv* ❶ (*distinctement*) klar; **tu ne vois pas** ~ du siehst wohl schlecht (*fam*); **voir** ~ **dans qc** *fig* etw durchschauen; **il fait** ~ **comme en plein jour** es ist taghell; **émission en** ~ unverschlüsselte Sendung; **passer en** ~ unverschlüsselt ausgestrahlt werden
❷ (*sans ambiguïté*) deutlich; **parler** ~ **et net** ganz offen sprechen; **en** ~ auf gut Deutsch
II. *m* ❶ *pl* ART Lichter *Pl*
❷ (*clarté*) Schein *m*
▸ **le plus** ~ **de son/mon temps** die meiste Zeit; **être au** ~ **sur qc** etw kennen; **mettre ses notes au** ~ seine Notizen ordnen; **tirer au** ~ [auf]klären; **en** ~ im Klartext
◆ ~ **de lune** Mondschein *m*
clair(e) [klɛʀ] *adj* ❶ (*lumineux*) klar; *flamme, pièce* hell
❷ (*opp: foncé*) *couleur, teint* hell; *bleu, vert* hell-
❸ (*transparent*) klar
❹ (*opp: sourd*) *voix, son* klar
❺ (*peu consistant*) dünn
❻ (*intelligible*) klar; *explication* einleuchtend; **avoir les idées** ~**es** klar [*o* logisch] denken
❼ (*évident*) deutlich, klar; **il est** ~ **qu'il a raison** es ist klar, dass er Recht hat; **c'est** ~ **!** das ist [ganz] klar!
❽ LING hell
▸ **ne pas être** ~**(e)** *fam* (*être éméché(e)*) angeheitert [*o* beschwipst *fam*] sein; (*être de moralité douteuse*) nicht ganz koscher sein (*fam*); (*avoir l'esprit dérangé*) nicht mehr [ganz]

richtig ticken (*fam*)

claire [klɛʀ] *f* ❶ (*bassin*) Austernpark *m*
❷ (*huître*) Auster *f* aus einem Austernpark

clairement [klɛʀmɑ̃] *adv* deutlich

clairet [klɛʀɛ] *adj vin* leicht; *fam soupe* dünn

claire-voie [klɛʀvwa] <claires-voies> *f* ❶ (*clôture*) Lattenzaun *m*
❷ ARCHIT Lichtgaden *m*
❸ (*avec des espaces*) **volet à** ~ Fensterladen *m* mit Lamellen; **barrière à** ~ Gitter *nt*

clairière [klɛʀjɛʀ] *f* Lichtung *f*

clair-obscur [klɛʀɔpskyʀ] <clairs-obscurs> *m* ❶ ART Helldunkel *nt*, Clair-obscur *nt*
❷ (*lumière tamisée*) Halbdunkel *nt*

clairon [klɛʀɔ̃] *m* ❶ (*instrument*) Bügelhorn *nt*
❷ (*jeu d'orgue*) Clarino *nt*
❸ (*personne*) Hornist(in) *m(f)*

claironnant(e) [klɛʀɔnɑ̃, ɑ̃t] *adj* schmetternd

claironner [klɛʀɔne] <1> **I.** *vt iron* ausposaunen
II. *vi* Bügelhorn spielen

clairsemé(e) [klɛʀsəme] *adj* ❶ (*dispersé, peu nombreux*) *population, auditoire* spärlich; *villages* verstreut; *arbres, spectateurs* vereinzelt
❷ (*peu dense*) *cheveux, gazon* spärlich; *blé* dünngesät

clairvoyance [klɛʀvwajɑ̃s] *f* Weitblick *m*

clairvoyant(e) [klɛʀvwajɑ̃, jɑ̃t] *adj* weit blickend; **esprit** ~ Weitblick *m*

clam [klam] *m* ZOOL Venusmuschel *f*

clamecer [klamse] <2> *vi pop v.* **clamser**

clamer [klɑme] <1> *vt* hinausschreien; *innocence* lauthals beteuern

clameur [klɑmœʀ] *f* Geschrei *nt*

clampin(e) [klɑ̃pɛ̃, in] *fam* **I.** *adj* faul
II. *m(f)* Faulenzer(in) *m(f)*

clamser [klamse] <1> *vi pop* krepieren (*sl*)

clan [klɑ̃] *m* ❶ *péj* Clique *f*
❷ HIST Klan *m*

clandestin(e) [klɑ̃dɛstɛ̃, in] **I.** *adj* geheim; *revue* heimlich erscheinend [*o* gedruckt]; *commerce* illegal, Schwarz-; **passager** ~ blinder Passagier; **mouvement** ~ Untergrundbewegung *f*
II. *m(f)* illegaler Einwanderer/illegale Einwanderin

clandestinement [klɑ̃dɛstinmɑ̃] *adv* heimlich

clandestinité [klɑ̃dɛstinite] *f* ❶ (*fait de ne pas être déclaré*) *d'un travail, d'une activité* Heimlichkeit *f*
❷ (*vie cachée*) Untergrund *m;* **entrer dans la** ~ in den Untergrund gehen

clapet [klapɛ] *m* ❶ TECH [Klappen]ventil *nt*
❷ *fam* (*bouche*) Klappe *f* (*fam*), Mundwerk *nt* (*fam*)

clapier [klapje] *m* ❶ (*cage*) Kaninchenstall *m*
❷ *péj* (*logement*) Loch *nt* (*pej sl*)

clapotement [klapɔtmɑ̃] *m* Plätschern *nt*

clapoter [klapɔte] <1> *vi* plätschern

clapotis [klapɔti] *m v.* **clapotement**

clappement [klapmɑ̃] *m* ❶ (*action*) Schnalzen *nt*
❷ (*résultat*) Schnalzer *m*

clapper [klape] <1> *vi* schnalzen; ~ **de la langue** mit der Zunge schnalzen

claquage [klakaʒ] *m* ❶ MED Muskel[faser]riss *m*
❷ ELEC, PHYS Durchschlag *m*

claquant(e) [klakɑ̃, ɑ̃t] *adj fam* total anstrengend (*fam*)

claque[1] [klak] *f* ❶ (*coup du plat de la main, tape*) (*sur la joue*) Ohrfeige *f;* (*sur l'épaule, dans le dos*) Klaps *m*
❷ THEAT Claque *f*
❸ CAN (*protection de chaussure, en caoutchouc*) Überschuh *m* (*aus Gummi*)
▶ **j'en ai/il en a sa** ~ *fam* mir/ihm reicht's (*fam*); **prendre une de ces** ~**s** [*o* **une sacrée** ~] *fam* (*au sport*) [ordentlich] eins draufkriegen (*fam*); (*à un jeu d'argent*) ganz schön abgezockt werden (*sl*)

claque[2] [klak] *m* Klappzylinder *m*, Chapeau claque *m*

claqué(e) [klake] *adj fam* fix und fertig (*fam*)

claquement [klakmɑ̃] *m d'un volet, d'une porte* [Zu]schlagen *nt; d'un drapeau* Knattern *nt; d'un coup de feu* Krachen *nt; des talons* Zusammenschlagen *nt;* ~ **du fouet** Knallen *nt* mit der Peitsche, Peitschenknallen; ~ **des doigts** Schnippen *nt* mit den Fingern, Fingerschnippen; ~ **de la langue** Schnalzen *nt* mit der Zunge; ~ **des dents** Klappern *nt* mit den Zähnen, Zähneklappern

claquemurer [klakmyʀe] <1> *vpr* **se** ~ sich einigeln

claquer [klake] <1> **I.** *vt* ❶ (*fermer avec un bruit sec*) zuschlagen
❷ (*faire s'entrechoquer*) zusammenschlagen *talons;* ~ **sa langue** mit der Zunge schnalzen
❸ (*jeter violemment*) knallen
❹ *fam* (*dépenser*) verpulvern (*fam*) *fric, héritage*
❺ *fam* (*fatiguer*) [fix und] fertig machen (*fam*)
❻ *fam* (*blesser*) **se** ~ **un muscle** sich (*Dat*) einen Muskel[faser]riss zuziehen
II. *vi* ❶ (*produire un bruit sec*) *drapeau:* schlagen; *porte, volet:* [zu]schlagen; *fouet:* knallen; *coup de feu:* krachen; ~ **des dents** mit den Zähnen klappern; ~ **des mains** in die Hände klatschen
❷ *fam* (*mourir*) abkratzen (*sl*)
❸ *fam* (*se casser*) *élastique, ficelle:* reißen; *verre, ampoule:* springen
III. *vpr fam* (*se fatiguer*) **se** ~ sich total verausgaben (*fam*)

claqueter [klak(ə)te] <3> *vi cigogne:* klappern; *poule:* gackern

claquette [klakɛt] **I.** *f* CINE Klappe *f*
II. *fpl* (*danse*) Stepptanz *m;* **danseur à** ~**s** Stepptänzer *m;* **faire des** ~**s** steppen

clarification [klaʀifikasjɔ̃] *f d'une question, situation* Klärung *f*

clarifier [klaʀifje] <1> **I.** *vt* ❶ (*rendre intelligible*) ~ **un fait** Licht in eine Sache bringen
❷ (*rendre transparent*) klären *liquide, bouillon*
II. *vpr* **se** ~ *fait, situation:* sich klären

clarine [klaʀin] *f* Kuhglocke *f*

clarinette [klaʀinɛt] *f* MUS Klarinette *f*

clarinettiste [klaʀinetist] *mf* Klarinettist(in) *m(f)*

clarisse [klaʀis] *f* ECCL Klarisse *f*, Klarissin *f*

clarté [klaʀte] *f* ❶ (*lumière*) *d'une étoile* Helligkeit *f; d'une bougie* Schein *m; du ciel* Helle *f*
❷ (*transparence*) *de l'eau, du verre* Klarheit *f*, Reinheit *f*
❸ (*éclat*) *du teint* Frische *f*
❹ (*opp: confusion*) Klarheit *f;* **s'exprimer avec** ~ sich klar ausdrücken

clash [klaʃ] *m* Konflikt *m*

classe [klɑs] *f* ❶ (*groupe, catégorie*) Klasse *f;* ~ **ouvrière/dirigeante** Arbeiterklasse/Oberschicht *f;* ~**s moyennes** Mittelstand *m;* **la** ~ **politique** die Politiker; ~ **d'âge** Altersklasse
❷ (*rang, niveau*) **de grande/première** ~ *équipe, matériel, film* erstklassig; *appartement* Luxus-; **hôtel de première** ~ Hotel *nt* der Spitzenklasse; **être hors** ~ Spitzenklasse sein; ~ **affaires/économique/touriste** Business-/Economy-Class/Touristenklasse *f;* **billet de première/deuxième** ~ Fahrschein *m* erster/zweiter Klasse; **voyager en première/deuxième** ~ erster/zweiter Klasse reisen
❸ *fam* (*distinction, élégance*) **être** ~ Klasse sein (*fam*); **c'est** ~ ! das ist todschick! (*fam*)
❹ SCOL (*niveau*) Klasse *f;* (*ensemble d'élèves*) [Schul]klasse; (*cours*) Unterricht *m;* (*salle de cours*) Klasse[nzimmer *nt*] *f;* ~ **de cinquième/seconde** ≈ 8./11. Klasse; ~ **terminale** ≈ Abitur-/13. Klasse *f;* **passer dans la** ~ **supérieure** versetzt werden; **sauter une** ~ eine Klasse überspringen; **faire [la]** ~ unterrichten; **être en** ~, **avoir** ~ Unterricht [*o* Schule]

haben; **aller en** ~ zur Schule gehen; **demain, il n'y a pas** ~ morgen ist keine Schule; ~ **verte/de mer/de neige** (*enseignement, séjour*) *Schullandheim mit Unterricht in Biologie/Wassersport/Wintersport;* ~ **préparatoire** Vorbereitungsklasse [auf eine der „Grandes Écoles"]
⑤ MIL (*contingent*) Jahrgang *m;* **faire ses ~s** (*formation de base*) die Grundausbildung machen; *fig* lernen

classé(e) [klase] *adj* ① (*protégé*) *bâtiment* unter Denkmalschutz stehend
② (*réglé*) *affaire, dossier* abgeschlossen, ad acta gelegt
③ (*de valeur*) *vin* klassifiziert

classement [klɑsmɑ̃] *m* ① (*rangement*) Einordnen *nt,* Einteilung *f; de timbres* Einsortieren *nt; de dossiers* Ablage *f; de livres* Anordnung *f*
② (*classification*) *d'un fonctionnaire* [Laufbahn]einstufung *f; d'un élève* Einstufung *f; d'un joueur* Ranglistenplatz *m; d'un hôtel* Kategorie *f*
③ (*place sur une liste*) Rangfolge *f*
④ (*liste par ordre de mérite*) Wertung *f*
⑤ (*opp: traitement*) *d'une affaire, d'un dossier* Abschluss *m*
⑥ (*inscription au patrimoine national*) *d'un monument* Eintragung *f* in die Denkmalliste; *d'un site* Erklärung *f* zum Landschaftsschutzgebiet

classer [klɑse] <1> **I.** *vt* ① (*ranger, ordonner*) ordnen; sortieren *timbres;* ~ **qc dans un tableau** etw tabellarisch anordnen; ~ **les livres par ordre de grandeur/dans l'ordre alphabétique** die Bücher nach Größe/nach dem Alphabet ordnen
② (*répartir, faire des catégories*) ~ **parmi qn/qc** zu jdm/etw zählen
③ (*ranger selon la performance, la qualité*) einstufen
④ (*opp: traiter*) ad acta legen, abschließen *affaire, dossier*
⑤ (*mettre dans le patrimoine national*) unter Denkmalschutz stellen *monument;* zum Landschaftsschutzgebiet erklären *site*
⑥ *péj* (*juger définitivement*) einordnen
II. *vpr* (*obtenir un certain rang*) **se** ~ **premier/troisième** sich als Erster/Dritter platzieren

classeur [klɑsœʀ] *m* ① (*dossier*) [Akten]ordner *m*
② (*meuble*) Aktenschrank *m*
③ (*Excel*) [Arbeits]mappe *f*

classicisme [klasisism] *m* ART Klassik *f*

classification [klasifikasjɔ̃] *f* Klassifizierung *f;* ~ **périodique des éléments** Periodensystem *nt*

classifier [klasifje] <1> *vt* klassifizieren

classique [klasik] **I.** *adj* ① ART klassisch
② (*sobre*) klassisch
③ (*habituel*) typisch; *produit d'entretien, médicament* herkömmlich; **c'est** [**le coup**] ~**!** *fam* das ist [ganz] typisch!
④ (*banal*) gängig
⑤ SCOL humanistisch; **filière** ~ humanistischer Zweig
⑥ (*qui fait autorité*) anerkannt
II. *m* ① (*auteur*) Klassiker *m;* **connaître ses ~s** *hum* in der Schule aufgepasst haben; **ah mais, je connais mes ~s** *hum* tja, gelernt ist gelernt
② (*œuvre*) Klassiker *m*
③ (*art classique*) Klassische(s) *nt*
④ (*musique classique*) Klassik *f*
III. *f* SPORT traditionelles Rennen

Claude [kloːd(ə)] **I.** *f* Claudia *f*
II. *m* ① *männlicher Vorname*
② HIST **l'empereur** ~ Kaiser Claudius

claudication [klodikasjɔ̃] *f littér* Hinken *nt*

claudiquer [klodike] <1> *vi hum littér* hinken

clause [kloz] *f* Klausel *f*
◆ ~ **de désistement** Rücktrittsklausel *f;* ~ **de résiliation** Rücktrittsklausel *f;* ~ **de risque** JUR Gefahrenklausel *f*

claustral(e) [klostʀal, o] <-aux> *adj vie* klösterlich, Kloster-

claustration [klostʀasjɔ̃] *f* Zurückgezogenheit *f;* **vivre dans la** ~ äußerst zurückgezogen leben

claustrer [klostʀe] <1> *vpr* **se** ~ ① (*s'isoler*) sich ganz zurückziehen
② (*se murer*) **se** ~ **dans qc** sich hinter etw (*Dat*) verschanzen

claustrophobe [klostʀɔfɔb] **I.** *adj* **être** ~ an Klaustrophobie leiden (*Fachspr.*)
II. *mf* an Klaustrophobie Leidende(r) *f(m)* (*Fachspr.*)

claustrophobie [klostʀɔfɔbi] *f* Klaustrophobie *f* (*Fachspr.*)

claveau [klavo] <x> *m* ARCHIT Keilstein *m*

clavecin [klavsɛ̃] *m* MUS Cembalo *nt*

claveciniste [klavsinist] *mf* Cembalist(in) *m(f)*

clavette [klavɛt] *f* TECH Keil *m*

clavicule [klavikyl] *f* ANAT Schlüsselbein *nt*

clavier [klavje] *m* Tastatur *f; d'un piano* Tastatur, Klaviatur *f; d'un orgue* Tastatur, Manual *nt*

claviste [klavist] *mf* Schriftsetzer(in) *m(f)*

clayère [klɛjɛʀ] *f* Austernpark *m*

clayette [klɛjɛt] *f* ① (*emballage*) Klarsichtverpackung *f* (*für Lebensmittel*)
② (*d'un réfrigérateur*) Abstellrost *nt*

clayonnage [klɛjɔnaʒ] *m* (*claie*) Flechtzaun *m*

clé [kle] **I.** *f* ① (*instrument pour ouvrir*) Schlüssel *m;* **maison** ~[**s**] **en mains** schlüsselfertiges Haus; **être sous** ~ unter Verschluss sein; **fermer à** ~ *personne:* abschließen; *porte, meuble:* abschließbar sein; **mettre un document sous** ~ ein Dokument wegschließen
② (*outil*) Schlüssel *m;* ~ **anglaise** Engländer *m,* Franzose *m* (*verstellbarer Schraubenschlüssel*)
③ (*moyen d'accéder à, de connaître*) **la** ~ **de la réussite/du succès** der Schlüssel zum Erfolg; **la** ~ **de l'énigme** des Rätsels Lösung; **roman/livre à** ~ Schlüsselroman; INFORM Passwort *nt*
④ MUS (*signe*) Schlüssel *m;* ~ **de sol** G-Schlüssel *m;* (*pièce d'un instrument*) Klappe *f*
⑤ SPORT Hebel *m*
▶ **prendre la** ~ **des champs** das Weite suchen; **mettre la** ~ **sous le paillasson** *fam* sang- und klanglos verschwinden (*fam*); **à la** ~ in Aussicht
II. *app* **position-**~ Schlüsselposition *f;* **élément-**~ entscheidendes Element; **ouvrage-**~ wichtigstes Werk; **témoin-**~ Kronzeuge *m/-zeugin f*
◆ ~ **d'accès** INFORM Passwort *nt;* ~ **de contact** Zündschlüssel *m;* ~ **de fonction** Funktionstaste *f;* ~ **de voûte** Dreh- und Angelpunkt *m*

clean [klin] *adj fam* ① (*propre*) *look, intérieur* proper (*fam*)
② (*bien sous tous rapports*) *nana, mec* schwer in Ordnung (*fam*)
③ (*opp: speedé*) clean (*fam*)

clébard [klebaʀ] *m,* **clebs** [klɛps] *m fam* Köter *m* (*fam*)

clef [kle] *f v.* **clé**

clématite [klematit] *f* BOT Klematis *f*

clémence [klemɑ̃s] *f littér* ① (*indulgence*) Milde *f;* **faire preuve de** ~ Gnade vor Recht ergehen lassen
② (*douceur*) *du temps, d'une journée* Milde *f*

clément(e) [klemɑ̃, ɑ̃t] *adj* mild

Clément [klemɑ̃] *m* ① Klemens *m,* Clemens *m*
② HIST ~ **V** Klemens V., Klemens der Fünfte

clémentine [klemɑ̃tin] *f* Klementine *f*

clenche [klɑ̃ʃ] *f* ① (*bras de levier*) *d'un loquet* Riegel *m*
② BELG (*poignée de porte*) Klinke *f,* Türgriff *m*

Cléopâtre [kleɔpɑːtʀ(ə)] *f* Kleopatra *f*

cleptomane [klɛptɔman] *mf* Kleptomane *m*/Kleptomanin *f*

cleptomanie [klɛptɔmani] *f* Kleptomanie *f*

clerc [klɛʀ] *m* ① *de notaire, d'avoué* Schreiber *m*
② (*membre du clergé*) Geistliche(r) *m,* Kleriker *m*
▶ **être grand** ~ **en qc** in etw (*Dat*) gut bewandert sein; **ne pas être grand** ~ **en qc** in etw (*Dat*) kein Kirchenlicht sein (*fam*)

clergé [klɛʀʒe] *m* Klerus *m*

clergyman [klɛʀʒiman] <clergymans, clergymen> *m* anglikanischer Pastor *m*

clérical(e) [kleʀikal, o] <-aux> **I.** *adj* geistlich; *parti* klerikal
II. *m(f)* Klerikale(r) *f(m)*
cléricalisme [kleʀikalism] *m* Klerikalismus *m*
clic [klik] **I.** *interj* klick
II. *m* Klick *m;* ~ **sur la souris** Mausklick
clic-clac [klikklak] **I.** *interj* klipp, klapp
II. *m inv* Klappsofa *nt*
cliché [kliʃe] *m* ❶ *(banalité)* Klischee *nt*
❷ PHOT Negativ *nt;* *(photo)* Abzug *m*
clicheur, -euse [kliʃœʀ, -øz] *m, f* TYP Stereotypeur *m*
client(e) [klijɑ̃, jɑ̃t] *m(f)* ❶ *(acheteur)* Kunde *m*/Kundin *f;* **le ~ est roi** der Kunde ist König
❷ *(bénéficiaire d'un service)* *d'un restaurant* Gast *m;* *d'un avocat* Klient(in) *m(f);* *d'un médecin* Patient(in) *m(f);* *d'un taxi* Fahrgast *m*
❸ ECON Abnehmer(in) *m(f)*
clientèle [klijɑ̃tɛl] *f* ❶ *(ensemble des clients)* Kundschaft *f,* Kunden *Pl;* *d'un avocat* Klientel *f;* *d'un médecin* Patienten *Pl;* *d'un restaurant* Gäste *Pl;* *d'un pays* Abnehmer *Pl*
❷ *(adeptes)* Anhänger *Pl;* *d'un parti* Wähler *Pl*
clignement [kliɲ(ə)mɑ̃] *m* ❶ *(battement des paupières)* Blinzeln *nt*
❷ *(tic nerveux)* Zucken *nt*
❸ *(signe de connivence)* Zwinkern *nt*
cligner [kliɲe] <1> **I.** *vt* ❶ *(fermer à moitié)* zusammenkneifen *yeux*
❷ *(clignoter)* ~ **des yeux** blinzeln; ~ **de l'œil** *(en signe de connivence)* zwinkern
II. *vi œil, yeux:* zucken
clignotant [kliɲɔtɑ̃] *m* ❶ AUT Blinker *m;* **mettre le/son** ~ blinken
❷ ECON *(indice de danger)* [Warn]signal *nt*
clignotant(e) [kliɲɔtɑ̃, ɑ̃t] *adj feu, signal* Blink-
clignotement [kliɲɔtmɑ̃] *m* *des yeux* Blinzeln *nt;* *de la lumière* Blinken *nt;* *d'une ampoule* Flackern *nt*
clignoter [kliɲɔte] <1> *vi* ❶ *(papilloter)* **ses yeux** [*o* **paupières**] **clignotaient** er/sie blinzelte
❷ *(éclairer de façon intermittente)* blinken; *lampe:* flackern
clignoteur [kliɲɔtœʀ] *m* BELG *(clignotant)* Blinker *m*
clim [klim] *f fam abr de* **climatisation** Klimaanlage *f*
climat [klima] *m* ❶ Klima *nt*
❷ *(ambiance)* Atmosphäre *f;* **bon ~ de travail** Betriebsfrieden *m*
climatique [klimatik] *adj* ❶ *(concernant le climat)* klimatisch; **variations ~s** Klimaschwankungen *Pl*
❷ *(d'un climat sain)* *station* heilklimatisch, Luftkur-
climatisation [klimatizasjɔ̃] *f* ❶ *(action)* Klimatisierung *f*
❷ *(dispositif)* Klimaanlage *f*
climatiser [klimatize] <1> *vt* klimatisieren; **des salles climatisées** klimatisierte Räume
climatiseur [klimatizœʀ] *m* Klimaanlage *f*
climatologie [klimatɔlɔʒi] *f* Klimatologie *f,* Klimaforschung *f*
climatologique [klimatɔlɔʒik] *adj* klimatologisch
clin d'œil [klɛ̃dœj] <clins d'œil *o* clins d'yeux> *m* Augenzwinkern *nt;* **faire un ~ à qn** jdm zublinzeln [*o* zwinkern]
▸ **en** un ~ im Nu, im Handumdrehen
clinicien(ne) [klinisjɛ̃, jɛn] *m(f)* *(médecin)* praktizierender Arzt *m*/praktizierende Ärztin *f;* *(dans un hôpital)* Kliniker(in) *m(f)*
clinique [klinik] **I.** *adj* klinisch
II. *f* ❶ *(établissement)* [Privat]klinik *f*
❷ *(section d'hôpital)* *Abteilung* [*eines Krankenhauses*], *in der Studenten klinisch ausgebildet werden*
❸ *(enseignement)* Klinik *f,* klinischer Unterricht
cliniquement [klinikmɑ̃] *adv* klinisch
clinquant [klɛ̃kɑ̃] *m* ❶ *(faux bijoux)* Flitter *m kein Pl*
❷ *(tape-à-l'œil)* Flitterglanz *m,* Kitsch *m*
clinquant(e) [klɛ̃kɑ̃, ɑ̃t] *adj* überladen
clip [klip] *m* ❶ TV, CINE Clip *m*
❷ *(bijou)* Klipp *m,* Klips *m,* Clip *m*
clipper [klipœʀ] *m* *(voilier)* Klipper *m*
clique [klik] *f péj fam* Clique *f*
▸ **prendre ses ~s et ses claques** *fam* seine Siebensachen packen und gehen
cliquer [klike] <1> *vi* INFORM klicken; ~ **à droite/à gauche** rechts/links klicken; ~ **sur un symbole avec la souris** ein Symbol mit der Maus anklicken; ~ **deux fois de suite sur l'icône** auf das Icon doppelt klicken
cliques [klik] *fpl* ▸ **prendre ses ~ et ses claques** *fam* mit Kind und Kegel flüchten, mit Sack und Pack verschwinden
cliquet [klikɛ] *m* Sperrklinke *f*
cliqueter [klik(ə)te] <3> *vi* *pièces de monnaie, clés:* klimpern; *verre, épées:* klirren; *couverts:* klappern; *chaînes:* rasseln; *moteur:* klopfen
cliquetis [klik(ə)ti] *m* *de pièces de monnaie, clés* Klimpern *nt;* *de verres, d'épées* Klirren *nt;* *de chaînes* Rasseln *nt;* *d'une machine à écrire, de couverts* Klappern *nt*
clitoridien(ne) [klitɔʀidjɛ̃, jɛn] *adj* klitoral
clitoris [klitɔʀis] *m* ANAT Klitoris *f,* Kitzler *m*
clivage [klivaʒ] *m* *(séparation)* *des groupes* Spaltung *f;* *des idées* Unterschiedlichkeit *f;* *des opinions* Diskrepanz *f*
cliver [klive] <1> **I.** *vt* spalten *ardoise, diamant, mica*
II. *vpr* **se** ~ sich spalten
cloaque [klɔak] *m* *(bourbier)* Kloake *f*
clochard(e) [klɔʃaʀ, aʀd] *m(f)* Stadtstreicher(in) *m(f),* Penner(in) *m(f)* *(pej sl);* *(en France)* Clochard *m*
clochardisation [klɔʃaʀdizasjɔ̃] *f* Verelendung *f*
clochardiser [klɔʃaʀdize] **I.** *vpr* **se** ~ verwahrlosen
II. *vt* verwahrlosen lassen
cloche[1] [klɔʃ] *f* ❶ *d'une église* Glocke *f*
❷ *(couvercle)* [Glas]glocke *f;* ~ **à fromage** Käseglocke
▸ **déménager à la ~ de bois** sich davon machen[, ohne die Miete zu bezahlen]; **qui n'entend qu'une ~ n'entend qu'un son** *prov* man sollte alle Seiten [einer Geschichte] hören; **sonner les ~s à qn** *fam* jdm die Leviten lesen *(fam);* **se faire sonner les ~s** eins auf den Deckel kriegen *(fam);* **se taper la ~** *fam* sich *(Dat)* den Bauch voll schlagen *(fam)*
cloche[2] [klɔʃ] **I.** *adj fam* ❶ *(maladroit)* tollpatschig
❷ *(stupide)* dämlich *(fam)*
II. *f fam* ❶ *(maladroit)* Tollpatsch *m*
❷ *(idiot)* Dussel *m* *(fam)*
❸ *(vie de clochard)* Pennerleben *nt* *(pej sl)*
cloche-pied [klɔʃpje] **à ~** auf einem Bein
clocher[1] [klɔʃe] *m* Kirchturm *m*
▸ **avoir l'esprit de ~** [ein] Lokalpatriot sein
clocher[2] [klɔʃe] <1> *vi fam* nicht stimmen; *comparaison, vers:* nicht stimmen, hinken; **il y a quelque chose qui cloche dans qc** da stimmt etwas nicht mit etw
clocheton [klɔʃtɔ̃] *m* Türmchen *nt*
clochette [klɔʃɛt] *f* Glöckchen *nt*
clodo [klodo] *m fam abr de* **clochard** Pennbruder *m* *(pej fam)*
cloison [klwazɔ̃] *f* ❶ *(séparation)* [Zwischen]wand *f;* ~ **étanche** wasserdichtes Schott
❷ ANAT, BOT Scheidewand *f*
cloisonné(e) [klwazɔne] *adj* *espace, lieu, volume* [ab]getrennt
cloisonnement [klwazɔnmɑ̃] *m* ❶ *(séparation idéologique, sociale)* Abgrenzung *f;* *de la société* Aufteilung *f* in Schichten, Kastenwesen *nt*
❷ *(action de cloisonner)* ~ **d'une pièce** Einziehen *nt* von [Zwischen]wänden in einem Raum
cloisonner [klwazɔne] <1> *vt* ❶ *(séparer à l'aide de cloisons)* durch Zwischenwände abtrennen *pièce;* in Fächer einteilen *tiroir*
❷ *(compartimenter)* unterteilen *activité, service*
cloître [klwatʀ] *m* ❶ ARCHIT Kreuzgang *m*
❷ *(monastère)* Kloster *nt*
❸ *(vie monastique)* Kloster[leben *nt*] *nt*

cloîtrer [klwatʀe] <1> **I.** *vt* ❶ (*enfermer dans un cloître*) in ein Kloster sperren [*o* stecken]
❷ (*tenir enfermé*) einsperren
II. *vpr* ❶ REL **se ~** ins Kloster gehen
❷ (*se tenir enfermé*) **se ~ dans une maison** sich in einem Haus einschließen, sich in ein Haus zurückziehen
clonage [klɔnaʒ] *m* Klonen *nt*
clone [klon] *m* BIO, INFORM Klon *m*
cloner [klone] <1> *vt* klonen
clope [klɔp] *m o f fam* ❶ (*cigarette*) Glimmstängel *m* (*fam*)
❷ (*mégot*) Kippe *f* (*fam*)
▶ des ~s! nichts da! (*fam*), denkste! (*fam*)
clopin-clopant [klɔpɛ̃klɔpɑ̃] *adv fam* (*en boitant*) humpelnd
clopiner [klɔpine] <1> *vi* humpeln
clopinettes [klɔpinɛt] *fpl fam* **manger/gagner des ~** [fast] nichts essen/verdienen; **des ~!** nichts da! (*fam*), kommt nicht in die Tüte! (*fam*)
cloporte [klɔpɔʀt] *m* ❶ ZOOL [Keller]assel *f*
❷ *péj* (*individu répugnant*) Widerling *m*
cloque [klɔk] *f* (*bulle d'air ou d'eau*) Blase *f;* (*sur la peau*) [Brand]blase
cloqué(e) [klɔke] *adj peau* voller Blasen; *peinture* blasig
cloquer [klɔke] <1> **I.** *vi* Blasen bilden; *peau:* Brandblasen bilden
II. *vt* TECH gaufrieren *tissu, papier*
clore [klɔʀ] *<irr> vt* ❶ (*terminer*) schließen, [be]enden; *conclusion, remerciements:* [be]schließen
❷ (*entourer*) einfrieden *terrain, propriété*
❸ FIN abschließen *compte*
clos [klo] *m* (*vignoble*) [eingefriedeter] Weinberg
clos(e) [klo, kloz] **I.** *part passé de* **clore**
II. *adj* ❶ (*fermé*) geschlossen; **trouver porte ~e** vor verschlossenen Türen stehen
❷ (*clôturé*) eingefriedet
❸ (*achevé*) *affaire, incident* erledigt
closerie [klozʀi] *f* kleines, eingefriedetes Stück Land *nt*
clôture [klotyʀ] *f* ❶ (*enceinte*) Zaun *m; d'arbustes, de haies vives* Hecke *f;* (*en ciment, pierres*) [Umfassungs]mauer *f*
❷ (*fermeture, arrêt*) *d'un festival* Ende *nt; d'un débat* Beendigung *f;* **~ des bureaux/d'un magasin** Büro-/Ladenschluss *m;* **~ d'un compte** Kontoabschluss
❸ INFORM **~ d'une session** Logoff *nt*
clôturer [klotyʀe] <1> *vt* ❶ (*entourer*) einfrieden
❷ (*terminer, arrêter*) [be]schließen, beenden
❸ FIN (*fermer*) [ab]schließen *compte*
clou [klu] *m* ❶ (*pointe de métal*) Nagel *m*
❷ MED *fam* Furunkel *m o nt*
❸ (*attraction principale*) *du spectacle, de l'exposition* Höhepunkt *m*
❹ *pl fam* (*passage clouté*) Zebrastreifen *m*
❺ *fam* (*véhicule*) **vieux ~** Klapperkiste *f* (*fam*)
▶ **être maigre comme un ~** [*o* **un cent de ~s**] *fam* spindeldürr sein; **enfoncer le ~** immer wieder wiederholen; **river le** [*o* **son**] **~ à qn** jdm den Mund *fam* [*o* das Maul *sl*] stopfen; **ne pas valoir un ~** *fam* keinen Pfifferling wert sein (*fam*); **des ~s!** *fam* nichts da! (*fam*), denkste! (*fam*)
◆ **~ de girofle** Gewürznelke *f*
clouer [klue] <1> *vt* ❶ (*fixer*) annageln; zusammennageln *planches;* **~ le tableau sur le mur** das Bild an die Wand nageln
❷ (*fermer*) vernageln *caisse*
❸ *fam* (*immobiliser*) **~ qn au lit** *grippe, maladie:* jdn ans Bett fesseln; **son emploi le cloue à Paris** wegen seiner Arbeit sitzt er in Paris fest; **cloué(e) de stupeur** wie angewurzelt
clouté(e) [klute] *adj* mit Nägeln beschlagen; **pneus ~s** Spikesreifen *Pl*
Clovis [klɔvis] *m* Chlodwig *m*
clown [klun] *m* Clown *m;* **faire le ~** den Clown [*o* Hanswurst] spielen, herumkaspern
clownerie [klunʀi] *f* Alberei *f;* **faire des ~s** herumalbern
clownesque [klunɛsk] *adj* ❶ (*ridicule*) lächerlich
❷ (*ubuesque*) possenhaft
club [klœb] *m* ❶ (*association*) Klub *m*
❷ (*crosse de golf*) Golfschläger *m*
cluse [klyz] *f* Schlucht *f,* Klause *f*
cm *abr de* **centimètre** cm
CM1 [seɛmœ̃] *m abr de* **cours moyen un** *vierte Grundschulklasse*
CM2 [seɛmdø] *m abr de* **cours moyen deux** *fünfte Grundschulklasse*
C.N.I.L. [knil] *f abr de* **Commission nationale de l'informatique et des libertés** ≈ nationale Datenschutzkommission
C.N.R.S. [seɛnɛʀɛs] *m abr de* **Centre national de la recherche scientifique** *nationales Forschungszentrum für Wissenschaft und Technik*
C.N.T E. [seɛnteø] *f abr de* **Centre national de téléenseignement** ≈ Landeszentrale *f* für Fernunterricht
coaccusé(e) [koakyze] *m(f)* Mitangeklagte(r) *f(m)*
coacquéreur [koakeʀœʀ] *m* Miterwerber(in) *m(f)*
coadjuteur [koadʒytœʀ] *m* ECCL Koadjutor *m*
coagulable [kɔagylabl] *adj* gerinnbar
coagulant [kɔagylɑ̃] *m* MED [blut]gerinnungsförderndes Mittel, Koagulans *nt* (*Fachspr.*)
coagulant(e) [kɔagylɑ̃, ɑ̃t] *adj* MED [blut]gerinnungsfördernd
coagulation [kɔagylasjɔ̃] *f* Gerinnung *nt;* **temps de ~** Gerinnungszeit *f*
coaguler [kɔagyle] <1> **I.** *vt* zum Gerinnen bringen
II. *vi* gerinnen
III. *vpr* **se ~** gerinnen
coaliser [kɔalize] <1> **I.** *vt* verbünden
II. *vpr* **se ~** *personnes:* sich verbünden
coalition [kɔalisjɔ̃] *f* Bündnis *nt,* Koalition *f;* **droit de ~** Vereinigungsrecht *nt*
coassement [kɔasmɑ̃] *m* Quaken *nt*
coasser [kɔase] <1> *vi* quaken
coauteur [kootœʀ] *m* ❶ LITTER Koautor(in) *m(f),* Mitverfasser(in) *m(f)*
❷ JUR Mittäter(in) *m(f)*
coaxial(e) [koaksjal, jo] <-aux> *adj roues* koaxial; *câble, hélices* Koaxial-
C.O.B. [kɔb] *f abr de* **Commission des opérations de Bourse** ≈ Börsenaufsichtsamt *nt*
cobalt [kɔbalt] *m* CHIM Kobalt *nt*
cobaye [kɔbaj] *m* ❶ (*animal*) Meerschweinchen *nt*
❷ (*personne*) Versuchskaninchen *nt* (*fam*)
Coblence [kɔblɑ̃s] Koblenz *nt*
COBOL [kɔbɔl] *m abr de* **Common Business Orientated Language** COBOL *nt*
cobra [kɔbʀa] *m* ZOOL Kobra *f*
coca [kɔka] **I.** *m o f* (*plante*) Kokastrauch *m,* Koka *f*
II. *f* (*drogue*) Kokain *nt*
coca[-cola]® [kɔkakɔla] *m* [Coca-]Cola® *f*
cocagne [kɔkaɲ] *f v.* **mât; pays; vie**
cocaïne [kɔkain] *f* Kokain *nt*
cocaïnomane [kɔkainɔman] *mf* Kokainsüchtige(r) *f(m)*
cocarde [kɔkaʀd] *f* (*décoration*) Kokarde *f*
cocardier, -ière [kɔkaʀdje, -jɛʀ] **I.** *adj* hurrapatriotisch, chauvinistisch
II. *m, f* Hurrapatriot(in) *m(f),* Chauvinist(in) *m(f)*
cocasse [kɔkas] *adj fam* drollig
cocasserie [kɔkasʀi] *f* ❶ (*drôlerie*) Drolligkeit *f*
❷ (*histoire cocasse*) lustige [*o* komische] Geschichte
coccinelle [kɔksinɛl] *f* ❶ (*insecte*) Marienkäfer *m*
❷ (*voiture*) Käfer *m*
coccyx [kɔksis] *m* ANAT Steißbein *nt*
coche [kɔʃ] *m* Kutsche *f*
▶ **manquer** [*o* **rater**] [*o* **louper** *fam*] **le ~** die Gelegenheit ver-

passen

cochenille [kɔʃnij] *f* ZOOL Schildlaus *f*

cocher¹ [kɔʃe] <1> *vt* (*marquer d'un trait de crayon*) abhaken; ankreuzen *case, réponse*

cocher² [kɔʃe] *m* Kutscher *m*

cochère [kɔʃɛʀ] *adj v.* **porte**

cochon [kɔʃɔ̃] *m* ❶ (*animal*) Schwein *nt*
❷ GASTR Schweinefleisch *nt*
❸ (*sanglier*) Wildschwein *nt*
❹ *péj fam* (*personne sale, vicieuse*) Ferkel *nt* (*fam*), Schwein *nt* (*sl*); **vieux** ~ Lustmolch *m*
❺ *péj fam* (*salaud*) Schwein *nt* (*sl*); **ce ~ de commerçant** dieses Schwein von einem Händler (*sl*)
► **un ~ n'y retrouverait pas ses petits** das ist [ja] hier der reinste Schweinestall; **faire le ~ pendu** SPORT einen Kniehang machen; **si les petits ~s ne le mangent pas** *fam* wenn nichts Weltbewegendes passiert; **~ qui s'en dédit!** [mein] Ehrenwort!; **nous n'avons pas gardé les ~s ensemble** wir haben noch keine Schweine zusammen gehütet (*fam*); **comme un ~** wie ein Schwein (*fam*); **être copains comme ~s** *fam* dicke Freunde sein (*fam*)
◆ **~ d'Inde** Meerschweinchen *nt;* **~ de lait** Spanferkel *nt*

cochon(ne) [kɔʃɔ̃, ɔn] *fam adj* ❶ (*malpropre*) schmuddelig (*fam*)
❷ (*grossier, obscène*) schweinisch (*fam*); **histoires ~nes** Zoten *Pl*
❸ (*pornographique*) **film ~** Schmuddelfilm *m* (*fam*)

cochonnaille [kɔʃɔnaj] *f souvent pl fam* Fleisch- und Wurstwaren *Pl* (*aus Schweinefleisch*)

cochonne [kɔʃɔn] *f péj fam* ❶ (*personne sale, vicieuse*) Ferkel *nt* (*fam*), Schwein *nt* (*sl*)
❷ (*salope*) Aas *nt* (*sl*); **cette ~ de voisine** dieses Aas von einer Nachbarin

cochonner [kɔʃɔne] <1> *vt fam* ❶ (*bâcler*) hinpfuschen (*fam*) *travail, tâche*
❷ (*salir*) dreckig machen, anferkeln (*fam*)

cochonnerie [kɔʃɔnʀi] *f fam* ❶ (*nourriture*) (*avariée*) etwas Schlechtes, etwas Verdorbenes; **ne mange pas ces ~s** *fam* (*mauvaise pour la santé*) iss nicht so ein Dreckszeug (*pej fam*)
❷ (*objet de mauvaise qualité*) Schund *m* (*fam*), Dreck *m* (*fam*)
❸ *souvent pl fam* (*propos obscènes*) Ferkeleien *Pl* (*fam*)
❹ *pl* (*souillures*) Dreck *m;* **ne fais pas de ~s sur la table** ferkle nicht auf dem Tisch rum (*fam*)
❺ *fam* **~ de temps/brouillard/bagnole** Mistwetter *nt*/-nebel *m*/-karre *f* (*fam*)

cochonnet [kɔʃɔnɛ] *m* ❶ ZOOL Ferkel *nt*
❷ (*au jeu de boules*) Setzkugel *f*, Schweinchen *nt* (*fam*)

cocker [kɔkɛʀ] *m* Cockerspaniel *m*

cockpit [kɔkpit] *m* Cockpit *nt*

cocktail [kɔktɛl] *m* ❶ (*boisson*) Cocktail *m*
❷ (*réunion*) Cocktail[party *f*] *m*
❸ (*mélange*) Mischung *f*
◆ **~ Molotov** Molotowcocktail *m*

coco¹ [koko] *m* ❶ (*terme d'affection*) **mon [petit] ~** Schatz *m*
❷ *péj* (*personne douteuse*) **c'est un drôle de ~** das ist mir ein sauberes Früchtchen (*fam*)
❸ *fam* (*communiste*) Rote(r) *f(m)* (*fam*)
❹ (*noix de coco*) Kokosnuss *f;* **huile/lait de ~** Kokosöl *nt*/-milch *f;* **balai/natte en ~** Kokosbesen *m*/-matte *f*
❺ *enfantin* (*œuf*) Ei *nt*

coco² [koko] *f fam* Koks *m* (*fam*)

cocon [kɔkɔ̃] *m* ❶ ZOOL Kokon *m*
❷ *fig* **grandir dans un ~** überbehütet aufwachsen

cocooning [kɔkuniŋ] *m* Cocooning *nt* (*starkes Bedürfnis nach Häuslichkeit*)

cocorico [kɔkɔʀiko] **I.** *interj* kikeriki
II. *m* (*chant du coq*) Kikeriki *nt*

cocoter [kɔkɔte] <1> *vi fam* stinken (*fam*)

cocotier [kɔkɔtje] *m* Kokospalme *f*

cocotte [kɔkɔt] *f* ❶ (*marmite*) Topf *m*
❷ *enfantin* (*poule*) Putput *nt*
❸ *fam* (*terme affectueux*) **ma ~** Schatz *m*
◆ **~ en papier** gefalteter Papiervogel

cocotte-minute® [kɔkɔtminyt] <cocottes-minute> *f* ≈ Sicomatic® *m*, Schnellkochtopf *m*

cocotter [kɔkɔte] *vi v.* **cocoter**

cocu(e) [kɔky] *fam* **I.** *adj* betrogen; **faire ~(e)** betrügen
II. *m(f)* betrogener Ehemann/betrogene Ehefrau

cocufier [kɔkyfje] <1a> *vt fam* hörnen (*fam*) *époux;* betrügen *époux, épouse*

codage [kɔdaʒ] *m* Kodieren *nt*

code [kɔd] *m* ❶ (*chiffrage*) Kode *m;* **~ confidentiel** Geheimzahl *f;* **~ postal** Postleitzahl; **en ~** verschlüsselt; **faites [*o* tapez] votre ~** geben Sie Ihre Geheimzahl ein
❷ (*partie du permis de conduire*) theoretische [Fahr]prüfung
❸ (*feux de croisement*) Abblendlicht *nt;* **mettre ses ~s, se mettre en ~[s]** abblenden
❹ (*recueil de lois*) Gesetzbuch *nt;* **~ civil, ~ Napoléon** ≈ Bürgerliches Gesetzbuch; **~ pénal** ≈ Strafgesetzbuch; **~ d'instruction criminelle** ≈ Strafprozessordnung *f;* **~ des professions de l'artisanat, du commerce et de l'industrie** Gewerbeordnung
◆ **~ d'accès** (*mot*) Passwort *nt;* (*chiffre*) Kodenummer *f;* **~ de commerce** ≈ Handelsgesetzbuch *nt;* **~ de conduite** Verhaltenskodex *m;* **~ de la libération** ECON Liberalisierungskodex *m;* **~ de la nationalité** Staatsbürgerschaftsrecht *nt;* **~ de la route** Straßenverkehrsordnung *f;* **~ du travail** JUR Arbeitsgesetzbuch *nt*

i Land & Leute

Der fünfstellige **code postal** setzt sich folgendermaßen zusammen: Die ersten beiden Ziffern geben das *département* an, die restlichen vier den Ort beziehungsweise den Ortsteil, z. B. *06000 Nice-Centre.*

code-barre [kɔdbaʀ] <codes-barres> *m* Strichcode *m*

codécision [kodesizjɔ̃] *f* POL gemeinsamer Entschluss *m* [der EU]

codéine [kɔdein] *f* Kodein *nt*

coder [kɔde] <1> *vt* verschlüsseln; **données codées** verschlüsselte Daten

codétenteur, -trice [kodetɑ̃tœʀ, -tʀis] *m, f* ❶ JUR Mitbesitzer(in) *m(f)*
❷ SPORT Mitinhaber(in) *m(f)*

codétenu(e) [kodet(ə)ny] *m(f)* Mithäftling *m*

codex [kɔdɛks] *m* [*französisches*] *Arzneibuch*

codicille [kɔdisil] *m* Kodizill *nt* (*Fachspr.*)

coédition [koedisjɔ̃] *f* gemeinsame Ausgabe

coefficient [kɔefisjɑ̃] *m* ❶ ECON, MATH, PHYS Koeffizient *m*
❷ (*facteur, pourcentage*) **~ d'erreur** Fehlerquote *f;* **~ de sécurité** Sicherheitsfaktor *m;* **~ annuel** CH Steuer(an)satz *m*, Steuerfuß *m* (CH)

cœlacanthe [selakɑ̃t] *m* ZOOL Latimeria *f* (*letzte noch lebende Art des Quastenflossers*)

coéquipier, -ière [koekipje, -jɛʀ] *m, f* Mannschaftskamerad(in) *m(f)*

coercitif, -ive [kɔɛʀsitif, -iv] *adj* Zwangs-

coercition [kɔɛʀsisjɔ̃] *f* JUR Zwang *m*

cœur [kœʀ] *m* ❶ ANAT Herz *nt;* **opération à ~ ouvert** Operation *f* am offenen Herzen
❷ (*poitrine*) Herz *nt* (*geh*)
❸ (*centre*) Herz *nt; de l'atome* Kern *m; d'un débat* Kernpunkt *m;* **le ~ d'un chou/d'une salade** die Herzblätter eines Kraut-/Salatkopfs; **au ~ de la forêt/nuit** mitten im Wald/in der

Nacht; **en plein** ~ **de l'hiver** im tiefsten Winter; **au** ~ **de l'Europe** in Herzen Europas
❹ (*sentiment*) Herz *nt;* **affaire/ami de** ~ Herzensangelegenheit *f*/-freund *m;* **peines de** ~ Liebeskummer *m;* **courrier du** ~ Kummerkastenpost *f*
❺ (*pensées intimes*) Herz *nt*
❻ CARTES Herz *nt*
❼ (*objet en forme de cœur*) Herz *nt*
▶ **s'en donner à** ~ **joie** es nach Herzenslust genießen; **avoir le** ~ **sur la main** sehr großzügig [*o* freigebig] sein; **qn a mal au** ~ jdm ist schlecht; **avoir un** ~ **d'or/de pierre** ein Herz aus Gold/Stein haben; **avoir le** ~ **à l'ouvrage** mit Leib und Seele bei der Sache sein; **donner du** ~ **à l'ouvrage** einem Werk Auftrieb geben; **le** ~ **a ses raisons que la raison ignore** [*o* **ne connaît pas**] Herz und Verstand gehen nicht in einer Hand; **avoir le** ~ **bien accroché** einiges verkraften können; **avoir bon** ~ ein gutes Herz haben; **faire qc de bon** ~ etw [von Herzen] gern tun; **qn a le** ~ **gros** jdm ist das Herz schwer; **qn en a gros sur le** ~ jdm ist schwer ums Herz; **vouloir en avoir le** ~ **net** wissen wollen, woran jd ist; **parler à** ~ **ouvert** offen [*o* frei von der Leber weg *fam*] sprechen; **de tout** [**son**] ~ von ganzem Herzen; **ne pas avoir le** ~ **de faire qc** (*le courage*) das Herz nicht haben, etw zu tun; **ne pas/plus avoir le** ~ **de** [*o* **à**] **faire qc** (*le goût*) keine Lust haben/mehr haben, etw zu tun; **je n'ai pas le** ~ **à rire** mir ist nicht nach Lachen zumute; **ne pas/plus avoir le** ~ **à qc** keine Lust/keine Lust mehr zu etw (*Dat*) haben; **qn a qc à** ~**/a à** ~ **de faire qc** jdm liegt sehr viel an etw (*Dat*)/daran, etw zu tun; **avoir sur le** ~ auf dem Herzen haben; **si le** ~ **lui/vous en dit** *fam* wenn er/sie Lust [dazu] hat/Sie Lust [dazu] haben; **le** ~ **n'y est pas** [nur] halbherzig; **être de tout** ~ **avec qn** in Gedanken ganz bei jdm sein; **fendre le** ~ das Herz brechen; **ouvrir son** ~ sein Herz ausschütten; **ne pas porter dans son** ~ nicht gerade ins Herz geschlossen haben; **prendre à** ~ sich (*Dat*) etw zu Herzen nehmen, sich (*Dat*) etw angelegen sein lassen (*geh*); **cela me réchauffe le** ~ dabei wird mir warm ums Herz; **soulever le** ~ den Magen umdrehen; **tenir à** ~ sehr am Herzen liegen; **aller** [**droit**] **au** ~ **de qn** jdm zu Herzen gehen; **venir du** ~ von Herzen kommen; **comme un** ~ *joli, mignon, beau* bild-; **gentil**(**le**) **comme un** ~ sehr nett; **par** ~ *apprendre* auswendig; *connaître* [in- und] auswendig; *réciter* aus dem Kopf; **sans** ~ herzlos; **mon** [**petit**] ~ mein Herz

cœur-de-pigeon [kœʀdəpiʒɔ̃] <cœurs-de-pigeon> *m* Piemont-Kirsche *f* **cœur-poumon** [kœʀpumɔ̃] <cœurs-poumons> *m* ~ **artificiel** Herz-Lungen-Maschine *f*

coexistence [kɔɛgzistɑ̃s] *f* Nebeneinanderbestehen *nt;* ~ **pacifique** friedliche Koexistenz

coexister [kɔegziste] <1> *vi* nebeneinander bestehen, koexistieren (*geh*)

coffrage [kɔfʀaʒ] *m* ❶ (*action de coffrer*) Verschalen *nt*
❷ (*protection*) [Ver]schalung *f;* (*pour le béton*) [Ein]schalung *f*

coffre [kɔfʀ] *m* ❶ (*meuble*) Truhe *f;* ~ **à jouets** Spielzeugkiste *f;* ~ **à linge** Wäschetruhe; ~ **à outils** Werkzeugkasten *m*
❷ AUT Kofferraum *m*
❸ (*coffre-fort*) Safe *m,* Tresor *m*
❹ (*boîtier*) *d'une horloge* Gehäuse *nt; d'un piano* Kasten *m*
▶ **avoir du** ~ *fam* (*avoir une belle voix forte*) eine kräftige Stimme haben; (*avoir du courage*) Mumm *m* [*o* Schneid *m*] haben (*fam*)

coffre-fort [kɔfʀəfɔʀ] <coffres-forts> *m* Safe *m,* Tresor *m*

coffrer [kɔfʀe] <1> *vt* ❶ TECH [ein]schalen *béton;* verschalen *tranchée, galerie*
❷ *fam* (*emprisonner*) ins Kittchen bringen (*fam*); **se faire** ~ ins Kittchen wandern (*fam*)

coffret [kɔfʀɛ] *m* Schatulle *f;* ~ **à bijoux** Schmuckkästchen *nt;* ~ **cadeau** Geschenkpackung *f*

cogérer [koʒeʀe] <5> *vt* gemeinsam verwalten; **entreprise cogérée** Betrieb *m* mit Mitbestimmung

cogestion [koʒɛstjɔ̃] *f* Mitbestimmung *f*

cogiter [kɔʒite] <1> **I.** *vi iron* scharf nachdenken
II. *vt* ▶ **qu'est-ce que tu cogites/qu'il cogite?** was heckst du/heckt er aus?

cognac [kɔɲak] *m* Cognac *m*

cognassier [kɔɲasje] *m* Quitte[nbaum *m*] *f*

cogne [kɔɲ] *m pop* (*policier*) Bulle *m* (*pej fam*)

cognée [kɔɲe] *f* [Holzfäller]axt *f*

cogner [kɔɲe] <1> **I.** *vt* ❶ (*heurter*) ~ **qn/qc** an jdn/etw [an]stoßen
❷ *pop* (*frapper*) verdreschen (*fam*)
II. *vi* ❶ (*taper*) zuschlagen; ~ **à/sur/contre qc** an/auf/gegen etw (*Akk*) schlagen [*o* hämmern]
❷ (*heurter*) ~ **contre qc** *volet, caillou:* gegen etw schlagen
❸ *fam* (*être très chaud*) *soleil:* brennen
III. *vpr* **se** ~ **qc contre qc** sich etw (*Akk*) an etw (*Dat*) stoßen

cognitif, -ive [kɔgnitif, -iv] *adj* kognitiv

cognition [kɔgnisjɔ̃] *f* ❶ PHILOS Erkenntnis *f*
❷ PHYSIOL Kognition *f*

cohabitation [koabitasjɔ̃] *f* Zusammenleben *nt,* Leben *nt* unter einem Dach; POL Kohabitation *f*

i Land & Leute

Als **cohabitation** wird ein besonderes politisches Kräfteverhältnis in der französischen Regierung bezeichnet: Wenn der direkt vom Volk gewählte Präsident aus einem anderen politischen Lager stammt als die Partei, die die Parlamentswahlen gewinnt und daraufhin die Regierung bildet, spricht man von einer **cohabitation.** Sowohl der Präsident als auch der Premierminister müssen dann versuchen, die Regierungsgeschäfte kooperativ und effektiv zu führen, ohne sich ständig gegenseitig zu blockieren.

cohabiter [koabite] <1> *vi* ❶ (*vivre ensemble*) zusammen unter einem Dach leben
❷ (*partager un même lieu, intérêt*) zusammen leben

cohérence [koeʀɑ̃s] *f* ❶ (*logique*) *d'une pensée, d'un propos* Zusammenhang *m; d'un raisonnement* Kohärenz *f*
❷ (*solidarité*) Zusammenhalt *m*

cohérent(**e**) [koeʀɑ̃, ɑ̃t] *adj* ❶ (*logique*) *ensemble, argument* kohärent; *conduite* konsequent; *texte* [logisch] zusammenhängend
❷ (*soudé*) *équipe* [gut] eingespielt

cohésion [koezjɔ̃] *f* ❶ (*assemblage logique*) Kohärenz *f,* [logischer] Zusammenhang
❷ (*solidarité*) *d'un groupe* Zusammenhalt *m,* Geschlossenheit *f*
❸ SCI Kohäsion *f*

cohorte [koɔʀt] *f* (*groupe*) *de touristes, fans, curieux* Schar *f*

cohue [kɔy] *f* ❶ (*foule*) [Menschen]menge *f*
❷ (*bousculade*) Gedränge *nt*

coi(**te**) [kwa, kwat] *adj* **rester** ~(**te**) völlig sprachlos sein; **se tenir** ~(**te**) still bleiben

coiffe [kwaf] *f* ❶ (*bonnet*) [Trachten]haube *f*
❷ TECH Kappe *f,* Haube *f; d'une fusée* Bugkonus *m*

coiffé(**e**) [kwafe] *adj* ❶ (*peigné*) frisiert
❷ (*chapeauté*) mit Kopfbedeckung; **être** ~(**e**) **de qc** etw tragen

coiffer [kwafe] <1> **I.** *vt* ❶ (*arranger les cheveux*) frisieren
❷ (*mettre un chapeau, une casquette*) aufsetzen; ~ **qn de qc** jdm etw aufsetzen
❸ (*dépasser dans une course*) überholen
II. *vpr* ❶ (*arranger ses cheveux*) **se** ~ sich frisieren
❷ (*mettre un chapeau, une casquette*) **se** ~ **de qc** [sich (*Dat*)] etw aufsetzen

coiffeur [kwafœʀ] *m* Friseur *m,* Frisör; **aller chez le** ~ zum Friseur gehen; ~ **pour hommes/pour dames** Herren-/Damenfriseur *m*

coiffeuse [kwaføz] *f* ❶ Friseurin *f*, Frisörin, Friseuse *f*, Frisöse
❷ (*meuble*) Frisierkommode *f*

coiffure [kwafyʀ] *f* ❶ (*façon d'être peigné*) Frisur *f*
❷ (*chapeau*) Kopfbedeckung *f*
❸ (*métier*) Frisörhandwerk *nt*

coin [kwɛ̃] *m* ❶ (*angle*) Ecke *f*; **armoire/place de ~** Eckschrank *m*/-platz *m*; **mettre au ~** in die Ecke stellen; **au ~ de la rue** an der [Straßen]ecke; **à chaque ~** [*o* **à tous les ~s**] **de rue** an jeder Straßenecke; **la maison qui fait le ~** das Eckhaus; *de l'œil, de la bouche* Winkel *m*; **regard/sourire en ~** verschlagener Blick/hämisches Lächeln; **regarder en ~** schief ansehen
❷ (*espace délimité*) **~ cuisine/repas** Koch-/Essecke *f*; **au ~ du feu** am Kamin
❸ (*portion d'espace*) Winkel *m*; **chercher** [*o* **fouiller**] [*o* **regarder**] **dans tous les ~s** in allen [Ecken und] Winkeln suchen; **un ~ à l'ombre** ein Plätzchen im Schatten; **un ~ de ciel bleu/de verdure** ein Fleckchen unter freiem Himmel/im Grünen
❹ *fam* (*lieu de résidence*) Winkel *m*; **un ~ perdu** ein entlegener [*o* abgelegener] Winkel
❺ TECH (*outil*) Keil *m*; (*pour graver de la monnaie*) Stempel *m*
► **en prendre une sur le ~ de la figure** *fam* eins auf die Rübe kriegen (*sl*); **aux/des quatre ~s du monde/de la ville** in/aus allen Ecken [und Enden] der Welt/der Stadt; **le petit ~** *fam* das [stille] Örtchen; **ça t'en/vous en bouche un ~!** *fam* da staunste/staunt ihr[, was]? (*fam*)

coincé(e) [kwɛ̃se] *adj fam* verklemmt (*fam*)

coincement [kwɛ̃smɑ̃] *m d'un objet* Verklemmung *f*, Verklemmtsein *nt*

coincer [kwɛ̃se] <2> **I.** *vt* ❶ (*caler*) **~ entre deux chaises** zwischen zwei Stühle (*Akk*) klemmen
❷ (*bloquer accidentellement*) *personne:* einklemmen; *grain de sable, panne:* blockieren *mécanisme, engrenage, ascenseur;* **~ qn contre un mur** jdn gegen eine Mauer/Wand drücken; **être coincé(e) quelque part** irgendwo festsitzen [*o* feststecken]
❸ *fam* (*intercepter*) erwischen (*fam*); schnappen (*fam*) *délinquant, voleur*
❹ *fam* (*lors d'un examen, interrogatoire*) in Verlegenheit bringen
II. *vi* (*poser problème*) klemmen
III. *vpr* **se ~** sich verklemmen; **se ~ le doigt** sich (*Dat*) den Finger einklemmen

coïncidence [kɔɛ̃sidɑ̃s] *f* (*hasard*) Zufall *m*; **pure ~** reiner Zufall

coïncident(e) [kɔɛ̃sidɑ̃, ɑ̃t] *adj* ❶ (*concomitant*) zeitgleich
❷ GEOM kongruent

coïncider [kɔɛ̃side] <1> *vi* ❶ (*être concomitant*) [zeitlich] zusammenfallen; **nos vacances ne coïncident jamais** wir haben nie gleichzeitig Urlaub
❷ (*correspondre*) übereinstimmen
❸ GEOM kongruent sein

coin-coin [kwɛ̃kwɛ̃] *m inv* Quakquak *nt*, Quaken *nt*

coïnculpé(e) [koɛ̃kylpe] *m(f)* Mitangeklagte(r) *f(m)*

coing [kwɛ̃] *m* Quitte *f*
► **être jaune comme un ~** *fam* quitte[n]gelb sein

coïntéressé(e) [kɔɛ̃teʀese] *m(f)* JUR Mitbeteiligte(r) *f(m)*

coïnventeur, -trice [kɔɛ̃vɑ̃tœʀ, -tʀis] *m* Miterfinder(in) *m(f)*

coïnvention [kɔɛ̃vɑ̃sjɔ̃] *f* Miterfindung *f*

coït [kɔit] *m* Koitus *m*

coite [kwat] *adj v.* **coi**

coke[1] [kɔk] *m* Koks *m*

coke[2] [kɔk] *f fam abr de* **cocaïne** Koks *m*

cokéfaction [kɔkefaksjɔ̃] *f* TECH Verkokung *f*

cokerie [kɔkʀi] *f* (*usine*) Kokerei *f*

col [kɔl] *m* ❶ *d'un vêtement* Kragen *m*; **~ officier** [*o* **droit**] Stehkragen; **~ cassé** Stehkragen mit umgebogenen Ecken; **faux ~** *d'une chemise* abknöpfbarer Kragen; *d'un verre de bière* Schaum *m*; **~ roulé** (*encolure*) Rollkragen; (*pull*) Rollkragenpullover *m*, Rolli *m* (*fam*)
❷ GEOG [Gebirgs]pass *m*
❸ (*partie étroite*) *d'une carafe, d'un verre* Hals *m*
► **~ blanc** Angestellte(r) *m*
◆ **~ du fémur** ANAT Oberschenkelhals *m*; **~ de l'utérus** ANAT Gebärmutterhals *m*

cola [kɔla] *m o f* ❶ (*graine de cola*) Kolanuss *f*
❷ (*produit stimulant*) Koffein *nt*
❸ (*boisson*) Cola *nt o f*

colback [kɔlbak] *m fam* **attraper qn par le ~** jdn am Schlafittchen packen (*fam*)

colchique [kɔlʃik] *m* BOT Herbstzeitlose *f*

col-de-cygne [kɔldəsiɲ] <cols-de-cygne> *m d'un tuyau, robinet, d'une pièce* Schwanenhals *m*

coléoptère [kɔleɔptɛʀ] *m* ZOOL Käfer *m*

colère [kɔlɛʀ] *f* ❶ (*irritation*) Wut *f*
❷ (*accès d'irritation*) Wutanfall *m*, Wutausbruch *m*; **être blême/rouge de ~** blass/rot vor Wut sein; **entrer/être dans une ~ noire** fuchsteufelswild werden/sein; **être/se mettre en ~ contre qn** auf jdn wütend sein/werden; **faire une ~/des ~s** *enfant:* einen Wutanfall kriegen/haben; **piquer une ~** *fam* einen Koller kriegen (*fam*); **la ~ monte en qn** in jdm steigt Wut auf; **passer sa ~ sur qn/qc** seinen Zorn [*o* seine Wut] an jdm/etw auslassen; **en ~** aufgebracht

coléreux, -euse [kɔleʀø, -øz] *adj*, **colérique** [kɔleʀik] *adj* jähzornig; **avoir un tempérament ~** jähzornig sein

colibacille [kɔlibasil] *m* Kolibakterie *f*

colibri [kɔlibʀi] *m* ORN Kolibri *m*

colifichet [kɔlifiʃɛ] *m* Tand *m*, Kinkerlitzchen *Pl*

colimaçon [kɔlimasɔ̃] *m* ZOOL Schnecke *f*

colin [kɔlɛ̃] *m* Seehecht *m*

colin-maillard [kɔlɛ̃majaʀ] *m sans pl* **jouer à ~** Blindekuh spielen

colinot [kɔlino] *m* kleiner Seehecht

colique [kɔlik] *f* ❶ (*diarrhée*) Durchfall *m*
❷ *gén pl* (*douleurs intestinales*) [Darm]krämpfe *Pl*, Kolik *f*; **~s hépatiques/néphrétiques** Gallen-/Nierenkolik *f*
► **quelle ~!** *fam* was für ein Kreuz! (*fam*)

colis [kɔli] *m* Paket *nt*; **~ postal** Postpaket; **petit ~ postal** COM Kleingut *nt*; **~ de détail** Stückgut

Colisée [kɔlize] *m* HIST **le ~** das Kolosseum

colistier, -ière [kolistje, -jɛʀ] *m, f* Mitkandidat(in) *m(f)* [auf der gleichen Liste]

colite [kɔlit] *f* MED Kolitis *f*

collabo [ko(l)labɔ] *mf péj fam abr de* **collaborateur** Kollaborateur(in) *m(f)*

collaborateur, -trice [ko(l)labɔʀatœʀ, -tʀis] *m, f* ❶ (*membre du personnel*) Mitarbeiter(in) *m(f)*
❷ (*intervenant occasionnel*) freier Mitarbeiter/freie Mitarbeiterin
❸ (*pendant une guerre*) Kollaborateur(in) *m(f)*

collaboration [ko(l)labɔʀasjɔ̃] *f* ❶ (*coopération*) Zusammenarbeit *f*
❷ (*contribution*) **~ à qc** Mitarbeit *f* an etw (*Dat*); **apporter sa ~ à qc** an etw (*Dat*) mitarbeiten; **en ~ avec** in Zusammenarbeit mit
❸ (*pendant une guerre*) Kollaboration *f*

collaborer [ko(l)labɔʀe] <1> *vi* ❶ **~ avec qn** mit jdm zusammenarbeiten; **~ à qc** an etw (*Dat*) mitarbeiten
❷ (*pendant une guerre*) kollaborieren

collage [kɔlaʒ] *m* ❶ (*action*) *d'une étiquette* Aufkleben *nt*; *de papier peint, d'une affiche* Ankleben *nt*; *de pièces* Zusammenkleben *nt*; *du bois* Verleimen *nt*
❷ ART, MUS Collage *f*
❸ (*clarification*) *du vin* Schönen *nt*

collagène [kɔlaʒɛn] *m* Kollagen *nt*

collant [kɔlɑ̃] *m* ❶ (*bas*) Strumpfhose *f*
❷ (*combinaison*) (*pour la gymnastique*) Gymnastikanzug *m;* (*pour la danse, l'acrobatie*) Trikot *nt*

collant(e) [kɔlɑ̃, ɑ̃t] *adj* ❶ (*moulant*) hauteng
❷ (*poisseux*) klebrig
❸ *fam* (*importun*) aufdringlich; **être vraiment** ~(**e**) eine richtige Klette sein (*fam*)

collapsus [kɔlapsys] *m* MED (*état pathologique*) Kollaps *m;* ~ **cardiovasculaire** Kreislaufzusammenbruch *m*

collatéral(e) [kɔ(l)lateʀal, o] <-aux> *adj* Neben-, Seiten-; **artère** ~**e** Nebenschlagader *f;* **nef** ~**e** Seitenschiff *nt*

collation [kɔlasjɔ̃] *f* Imbiss *m*

collationner [kɔlasjɔne] <1> *vt* kollationieren *texte, manuscrit*

colle [kɔl] *f* ❶ (*substance gluante*) Klebstoff *m;* (*pour papier peint*) Kleister *m;* (*pour le bois*) Leim *m;* (*pour la porcelaine*) Kitt *m;* ~ **universelle** Alleskleber *m*
❷ (*masse collante*) Papp *m;* **être de la vraie** ~ der reinste Papp [*o* Kleister] sein (*fam*)
❸ (*question*) knifflige Frage
❹ (*punition*) Nachsitzen *nt;* **avoir une** ~ nachsitzen müssen
❺ SCOL *arg* (*examen blanc*) simulierte Prüfung
❻ *fam* (*union libre*) **vivre à la** ~ *fam* in wilder Ehe leben

collecte [kɔlɛkt] *f* ❶ (*quête*) Sammlung *f;* **faire une** ~ sammeln
❷ (*collectage*) *du lait* [Ein]sammeln *nt;* ~ **des impôts** Steuererhebung *f;* **jeudi, il y a** ~ **de sang** Donnerstag ist Blutspendetag
◆ ~ **des déchets** Müllbeseitigung *f*

collecter [kɔlɛkte] <1> *vt* sammeln *dons, signatures;* einsammeln *lait*

collecteur [kɔlɛktœʀ] *m* ❶ (*personne*) Sammler *m*
❷ (*égout*) Hauptkanal *m,* Sammler *m*
❸ AUT ~ **d'échappement** Auspuffkrümmer *m*

collectif [kɔlɛktif] *m* ❶ LING Kollektivum *nt*
❷ POL Kollektiv *nt*

collectif, -ive [kɔlɛktif, -iv] *adj* ❶ (*commun*) gemeinsam; *propriété, installations* Gemeinschafts-; *travail* gemeinsam, Gemeinschafts-; *punition, responsabilité* Kollektiv-; *billet, réservation* Sammel-; **logements** ~**s** Wohnblöcke *Pl;* **équipements** ~**s** öffentliche Einrichtungen
❷ PSYCH *délire, psychose* Massen-; *hallucination* kollektiv; *conscience* Kollektiv-
❸ LING Sammel-; **nom** ~ Kollektivum *nt*

collection [kɔlɛksjɔ̃] *f* ❶ (*réunion d'objets*) Sammlung *f;* ~ **de timbres** Briefmarkensammlung; **pièce de** ~ Sammlerstück *nt;* **faire** ~ **de qc** etw sammeln
❷ (*série*) ~ **de livres/revues** Bücher-/Zeitschriftenreihe *f;* **toute la** ~ **des œuvres de ...** die gesammelten Werke von ...
❸ (*modèles nouveaux, créations nouvelles*) Kollektion *f*

collectionner [kɔlɛksjɔne] <1> *vt* sammeln

collectionneur, -euse [kɔlɛksjɔnœʀ, -øz] *m, f* Sammler(in) *m(f)*

collectivement [kɔlɛktivmɑ̃] *adv* ❶ (*dans la totalité*) **s'adresser** ~ **au personnel** sich an das ganze [*o* gesamte] Personal richten
❷ (*ensemble*) *démissionner, protester* geschlossen

collectivisation [kɔlɛktivizasjɔ̃] *f* Kollektivierung *f*

collectivisme [kɔlɛktivism] *m* Kollektivismus *m*

collectivité [kɔlɛktivite] *f* ❶ (*ensemble de citoyens*) Gemeinschaft *f*
❷ JUR Körperschaft *f;* ~ **locale** [*o* **territoriale**] Gebietskörperschaft
❸ (*vie en communauté*) Kollektiv *nt*

collectrice [kɔlɛktʀis] *f* Sammlerin *f*

collège [kɔlɛʒ] *m* SCOL *4-klassiger Schultyp im Sekundarbereich I*
❷ (*groupe*) ~ **électoral** Wähler[schaft *f*] *Pl*
◆ **Collège de France** *universitätsähnliche Lehranstalt, deren Vorlesungen von jedermann besucht werden können, an der jedoch keine Diplome vergeben werden*

i Land & Leute

Im Anschluss an die Grundschule, im Alter von elf Jahren, beginnt für alle französischen Schulkinder das **collège**. Es handelt sich hierbei um eine vierklassige Gesamtschule, in der ganztägig unterrichtet wird. Die Klassen, die die Schülerinnen und Schüler durchlaufen, heißen *sixième, cinquième, quatrième* und *troisième*. Das Abschlusszeugnis, mit dem man danach abgehen kann, ist das *brevet des collèges.*

collégial(e) [kɔleʒjal, o] <-aux> *adj* **direction** ~**e** kollegiale Leitung; POL kollektive Führung

collégien(ne) [kɔleʒjɛ̃, jɛn] *m(f)* ❶ (*élève*) Schüler(in) *m(f)* der Sekundarstufe I
❷ (*jeune sans expérience*) Grünschnabel *m,* [dummer] Schuljunge/[dummes] Schulmädchen

collègue [kɔ(l)lɛg] *mf* Kollege *m*/Kollegin *f*

coller [kɔle] <1> **I.** *vt* ❶ (*fixer*) kleben; aufkleben *image, timbre, étiquette;* ankleben *affiche, papier peint;* zukleben *enveloppe;* zusammenkleben *deux morceaux*
❷ (*presser*) ~ **à** [*o* **contre**] **qc** an [*o* gegen] etw (*Akk*) drücken [*o* pressen] *figure, nez, œil*
❸ *fam* (*donner*) ~ **un devoir à qn** jdm eine Aufgabe aufbrummen (*fam*); ~ **une fausse pièce à qn** jdm eine falsche Münze andrehen (*fam*); ~ **une baffe** [*o* **gifle**] [*o* **tarte**] **à qn** jdm eine kleben [*o* schmieren] (*fam*)
❹ SCOL *arg* (*consigner*) nachsitzen lassen; **être collé(e)** [*o* **se faire** ~] **à qc** (*recaler*) bei etw durchfallen [*o* durchrasseln *fam*], durch etw fallen [*o* rasseln *fam*]
❺ *fam* (*embarrasser par une question*) ~ **qn** jdm eine knifflige Frage stellen
❻ *fam* (*suivre*) ~ **qn** wie eine Klette an jdm hängen; *voiture:* hinter jdm kleben
❼ *fam* (*planter*) ~ **quelque part** irgendwohin pflanzen (*fam*)
❽ *fam* (*rester*) **être collé(e) quelque part** irgendwo hocken (*fam*)
II. *vi* ❶ (*adhérer*) kleben; **qc qui colle** etw Klebriges
❷ (*être moulant*) hauteng [sein]
❸ *fam* (*suivre*) ~ **à qc** sich dicht an etw (*Akk*) halten; *voiture:* dicht auffahren; ~ **à la réalité** *fig* sich an die Tatsachen halten
❹ (*s'adapter*) ~ **à la route** *voiture:* gut auf der Straße liegen; ~ **au sujet** das Thema treffend darstellen; ~ **à une idée** einen Gedanken präzise ausdrücken
❺ *fam* (*bien marcher*) hinhauen (*fam*), passen; **il y a quelque chose qui ne colle pas dans son histoire** an seiner Geschichte stimmt was nicht [*o* ist was faul] (*fam*); **entre eux, ça ne colle pas** zwischen den beiden stimmt es nicht [*o* haut es nicht hin] (*fam*)
❻ (*au jeu de cache-cache*) **c'est toi qui colles** du musst zählen
III. *vpr* ❶ (*s'accrocher*) **se** ~ **à qn** sich an jdn schmiegen
❷ (*se presser*) **se** ~ **à** [*o* **contre**] **qc** sich gegen etw drücken

collerette [kɔlʀɛt] *f* ❶ (*collet*) Halskrause *f*
❷ *d'une plante, d'un dent* Hals *m*

collet [kɔlɛ] *m* ❶ (*piège*) Schlinge *f*
❷ GASTR Hals *m*
▶ **être** ~ **monté** steif sein; **prendre** [*o* **saisir**] **au** ~ am Kragen [*o* Schlafittchen *fam*] packen

colleter [kɔlte] <3> *vpr* **se** ~ **avec qn** sich mit jdm schlagen [*o* prügeln]; **se** ~ **avec qc** sich mit etw herumschlagen

colleur [kɔlœʀ] *m* ❶ (*personne qui colle*) ~ **d'affiches** Plakatkleber *m*
❷ SCOL *arg* Prüfer *m* (*bei simulierten mündlichen Prüfungen*)

colleuse [kɔløz] *f* ❶ (*personne qui colle*) ~ **d'affiches** Plakatkleberin *f*
❷ SCOL *arg* Prüferin *f* (*bei simulierten mündlichen Prüfungen*)

③ (*machine servant à coller*) Klebepresse *f*
colley [kɔlɛ] *m* ZOOL Collie *m*
collier [kɔlje] *m* ① (*bijou*) Halskette *f;* (*rigide*) Kollier *nt;* ~ **de fleurs/perles** Blumen-/Perlenkette; ~ **de diamants** Diamantkollier
② (*courroie*) *d'un chien* Halsband *nt; d'un cheval* Kum[me]t *nt*
③ (*pelage, plumes autour du cou*) Halsring *m*
④ (*barbe*) Krause *f*
⑤ TECH [Rohr]schelle *f;* ~ **de serrage** Klemmschelle
▶ **être franc(franche) du** ~ *personne:* aufrichtig sein; *animal:* tüchtig sein; **reprendre le** ~ wieder arbeiten gehen
collimateur [kɔlimatœʀ] *m* ▶ **avoir dans le** ~ im Visier haben; **être dans le** ~ **de qn** in jds Visier (*Dat*) sein
colline [kɔlin] *f* Hügel *m*
collision [kɔlizjɔ̃] *f* Zusammenstoß *m;* ~ **en chaîne** Massenkarambolage *f;* **entrer en** ~ zusammenstoßen
collocation [kɔ(l)lɔkasjɔ̃] *f* ① JUR Rangzuweisung *f* der Gläubiger bei Konkursverfahren
② JUR BELG (*internement*) Internierung *f;* (*emprisonnement*) Inhaftierung *f*
③ LING Kollokation *f*
collodion [kɔlɔdjɔ̃] *m* CHIM Kollodium *nt*
colloïdal(e) [kɔlɔidal, o] <-aux> *adj* CHIM, PHYS kolloidal; **une solution** ~**e** eine kolloidale Lösung
colloque [kɔ(l)lɔk] *m* Kolloquium *nt*
collusion [kɔ(l)lyzjɔ̃] *f* (*complicité*) [geheime] Absprache
collutoire [kɔlytwaʀ] *m* MED, PHARM Antiseptikum *nt* für den Mund- und Rachenbereich
collyre [kɔliʀ] *m* Augentropfen *Pl*
colmatage [kɔlmataʒ] *m d'une brèche* Abdichten *nt*
colmater [kɔlmate] <1> *vt* ① abdichten *fuite;* zuspachteln *fissure;* schließen *brèche*
② MIL schließen
colo [kɔlɔ] *f fam abr de* **colonie de vacances** Ferienlager *nt;* **être en** ~ im Ferienlager sein; **faire une** ~ in einem Ferienlager arbeiten
colocataire [kolɔkatɛʀ] *mf* Mitbewohner(in) *m(f)*
colocation [kolɔkasjɔ̃] *f* Mietgemeinschaft *f*
Cologne [kɔlɔɲ] *f* Köln *nt*
Colomb [kɔlɔ̃] *m* **Christophe** ~ Christoph Kolumbus
colombage [kɔlɔ̃baʒ] *m* Fachwerk *nt;* **maison à** ~ Fachwerkhaus *nt*
colombe [kɔlɔ̃b] *f* Taube *f*
▶ **la** ~ **de la paix** die Friedenstaube
Colombie [kɔlɔ̃bi] *f* **la** ~ Kolumbien *nt*
colombien(ne) [kɔlɔ̃bjɛ̃, jɛn] *adj* kolumbianisch, kolumbisch
Colombien(ne) [kɔlɔ̃bjɛ̃, jɛn] *m(f)* Kolumbianer(in) *m(f),* Kolumbier(in) *m(f)*
colombier [kɔlɔ̃bje] *m* (*pigeonnier*) Taubenschlag *m*
colombin [kɔlɔ̃bɛ̃] *m* (*rouleau de pâte*) [Spiral]wulst *m o f* aus Ton
colombophile [kɔlɔ̃bɔfil] **I.** *adj société* Brieftaubenzüchter-
II. *mf* Brieftaubenzüchter(in) *m(f)*
colon [kɔlɔ̃] *m* ① Kolonist(in) *m(f)*
② (*enfant*) Kind *nt* im Ferienlager
côlon [kolɔ̃] *m* ANAT Grimmdarm *m,* Kolon *nt* (*Fachspr.*)
colonel(le) [kɔlɔnɛl] *m(f)* Oberst *m*
colonial [kɔlɔnjal, jo] <-aux> *m* ① (*habitant*) Kolonist *m*
② MIL Angehörige(r) *m* der Kolonialtruppen
colonial(e) [kɔlɔnjal, jo] <-aux> *adj* kolonial; **empire** ~ Kolonialreich *nt;* **guerre** ~**e** Kolonialkrieg *m*
coloniale [kɔlɔnjal] *f* ① Kolonistin *f*
② (*armée*) Kolonialtruppen *Pl*
colonialisme [kɔlɔnjalism] *m* Kolonialismus *m*
colonialiste [kɔlɔnjalist] *adj* kolonialistisch
colonie [kɔlɔni] *f* (*territoire, communauté*) Kolonie *f*
◆ ~ **de vacances** Ferienlager *nt*
colonisateur, -trice [kɔlɔnizatœʀ, -tʀis] **I.** *adj* Kolonial-
II. *m, f* Kolonisator(in) *m(f)*
colonisation [kɔlɔnizasjɔ̃] *f* Kolonisation *f*
colonisé [kɔlɔnize] *adj* kolonisiert
coloniser [kɔlɔnize] <1> *vt* kolonisieren
colonnade [kɔlɔnad] *f* Säulengang *m,* Kolonnade *f*
colonne [kɔlɔn] *f* ① ARCHIT Säule *f*
② (*dans un journal, cahier*) Spalte *f;* **cinq** ~**s à la une** die ganze Titelseite; ~ **de chiffres** Zahlenkolonne *f*
③ (*file*) Reihe *f;* **se mettre en** ~ **par deux** sich paarweise in einer Reihe aufstellen
④ MIL Kolonne *f;* ~ **blindée** Panzerkolonne *f*
⑤ ANAT ~ **vertébrale** Wirbelsäule *f*
◆ ~ **d'air** Luftsäule *f;* ~ **de fumée** Rauchsäule *f;* ~ **Morris** Litfasssäule *f;* ~ **de secours** Rettungsmannschaft *f*
colonnette [kɔlɔnɛt] *f* ARCHIT kleine Säule *f*
colophane [kɔlɔfan] *f* (*résine*) Kolophonium *nt*
coloquinte [kɔlɔkɛ̃t] *f* BOT Koloquint[h]e *f* (*Flaschenkürbis*)
colorant [kɔlɔʀɑ̃] *m* Farbstoff *m*
colorant(e) [kɔlɔʀɑ̃, ɑ̃t] *adj produit* Färbe-; **matière** ~**e** Farbstoff *m;* **shampooing** ~ Tönung *f,* Tönungsshampoo *nt*
coloration [kɔlɔʀasjɔ̃] *f* ① (*processus*) [Ein]färben *nt*
② (*teinte*) Farbe *f;* **prendre une** ~ **rouge** sich rot färben
③ (*nuance*) Färbung *f*
colorature [kɔlɔʀatyʀ] *f* MUS (*passage de musique*) Koloratur *f;* **un soprano** ~ (*voix*) ein Koloratursopran *m*
coloré(e) [kɔlɔʀe] *adj* ① gefärbt; *verre* gefärbt, farbig; *foule* bunt[gemischt]
② *fig style* farbig; *description* lebendig; *récit* anschaulich
colorer [kɔlɔʀe] <1> **I.** *vt* ① färben; ~ **qc en rouge** etw rot färben
② *littér* (*enjoliver*) ausschmücken
II. *vpr* **se** ~ ① sich färben; **se** ~ **de rouge** sich rot färben
② (*s'empreindre*) **sa pitié se colore de curiosité** in seinem/ihrem Mitleid schwingt Neugier mit
coloriage [kɔlɔʀjaʒ] *m* ① (*action*) Ausmalen *nt;* **faire du** ~ ausmalen
② ART Kolorieren *nt;* **faire du** ~ kolorieren
③ (*résultat*) ausgemaltes Bild; ART Kolorierung *f*
colorier [kɔlɔʀje] <1a> *vt* ① (*jeu*) ausmalen
② ART kolorieren
coloris [kɔlɔʀi] *m* ① (*teinte*) Kolorit *nt,* Farbgebung *f*
② (*couleur*) Farbe *f*
③ *fig d'un style* Farbigkeit *f*
colorisation [kɔlɔʀizasjɔ̃] *f* Kolorierung *f*
coloriser [kɔlɔʀize] <1> *vt* kolorieren
coloriste [kɔlɔʀist] *mf* Kolorist(in) *m(f)*
colossal [kɔlɔsal] *m* **le** ~ das Monumentale
colossal(e) [kɔlɔsal, o] <-aux> *adj fortune, travail* riesig; *statue* kolossal, monumental
colosse [kɔlɔs] *m* ① (*géant*) Hüne *m,* Koloss *m*
② *fig* Gigant *m*
colostrum [kɔlɔstʀɔm] *m* Kolostrum *nt,* Vormilch *f*
colportage [kɔlpɔʀtaʒ] *m* ① (*métier*) **le** ~ **de qc** das Hausieren mit etw; **faire du** ~ hausieren gehen
② *fig de ragots* Verbreitung *f*
colporter [kɔlpɔʀte] <1> *vt* ① (*vendre*) hausieren mit
② *péj* (*répandre*) [überall] herumerzählen, verbreiten *nouvelle, ragot*
colporteur, -euse [kɔlpɔʀtœʀ, -øz] *m, f* (*marchand*) Hausierer(in) *m(f)*
◆ ~(-euse) **de ragots** *péj* Gerüchtemacher(in) *m(f),* Kolporteur *m*
colt® [kɔlt] *m* Colt® *m*
coltiner [kɔltine] <1> *vpr fam* **se** ~ **qn/qc** sich jdn/etw aufhalsen [*o* aufladen] (*fam*)
columbarium [kɔlɔ̃baʀjɔm] *m* Urnenhalle *f,* Kolumbarium *nt*
colvert [kɔlvɛʀ] *m* ZOOL Stockente *f*
colza [kɔlza] *m* Raps *m*

coma [kɔma] *m* Koma *nt;* **être dans le** ~ im Koma liegen; **entrer dans le** ~ ins Koma fallen; **sortir du** ~ aus dem Koma erwachen; ~ **dépassé** Hirntod *m*

comateux, -euse [kɔmatø, -øz] **I.** *adj* komatös; **dans un état** ~ im Koma; *fig* in einem komaähnlichen Zustand
II. *m, f* Komapatient(in) *m(f)*

combat [kɔ̃ba] *m* ① MIL Kampf *m,* Gefecht *nt;* ~ **naval** Seeschlacht *f;* ~ **aérien** Luftkampf *m;* ~ **singulier** Zweikampf *m;* **partir au** ~ in den Kampf ziehen; **mourir au** ~ im Kampf fallen
② *(lutte)* Kampf *m;* **mener un dur** ~ **pour/contre qc** einen harten Kampf für/gegen etw führen
③ SPORT Kampf *m;* ~ **de coqs** Hahnenkampf *m*
◆ ~ **d'arrière-garde** *fig* Kampf *m* auf verlorenem Posten; ~ **des chefs** *fig* Machtkampf *m;* ~ **de rue** Straßenkampf *m*

combatif, -ive [kɔ̃batif, -iv] *adj* kämpferisch, kampflustig; **être** ~**(-ive)** eine Kämpfernatur sein

combativité [kɔ̃bativite] *f* Kampfgeist *m*

combattant(e) [kɔ̃batɑ̃, ɑ̃t] *m(f)* Kämpfer(in) *m(f);* **ancien** ~ Veteran *m*

combattre [kɔ̃batʀ] <*irr*> **I.** *vt* kämpfen gegen *adversaire, ennemi;* bekämpfen *incendie, maladie;* anfechten *théorie*
II. *vi* ~ **contre qn/qc/pour qc** gegen jdn/etw/für etw kämpfen; ~ **contre des préjugés** gegen Vorurteile ankämpfen

combe [kɔ̃b] *f* GEOG, GEOL Schlucht *f*

combi [kɔ̃bi] *f abr de* **combinaison de ski**

combien [kɔ̃bjɛ̃] **I.** *adv* ① *(concernant la quantité)* wie viel; ~ **d'argent** wie viel Geld; ~ **de temps** wie lange; **depuis** ~ **de temps** seit wann; ~ **coûte cela?** wie viel kostet das?; **ça fait** ~**?** *fam* wie viel macht das? *(fam);* ~ **pèses/mesures-tu?** wie viel wiegst/wie groß bist du?
② *(concernant le nombre)* wie viele; ~ **de personnes/kilomètres** wie viele Personen/Kilometer; ~ **de fois** wie oft
③ *littér (à quel point)* ~ **elle est malhonnête!** wie unehrlich sie ist!; **si tu savais** ~ **je t'aime!** wenn du wüsstest, wie sehr ich dich liebe!
II. *m* ① *(en parlant de la date)* **nous sommes le** ~**?** *fam* den Wievielten haben wir heute?
② *(en parlant d'un intervalle)* **le bus passe tous les** ~**?** *fam* wie oft fährt der Bus?
III. *mf* **le/la** ~**?** der/die Wievielte?

combientième [kɔ̃bjɛ̃tjɛm] *fam* **I.** *adj abusif* **le/la** ~ **...** der/die/das wievielte ...; **c'est la** ~ **fois que je te le dis?** wie oft habe ich dir das schon gesagt?
II. *mf abusif* **le/la** ~**?** der/die Wievielte?

combinaison [kɔ̃binɛzɔ̃] *f* ① *(assemblage)* Kombination *f;* ~ **de couleurs** Farbkombination
② CHIM Verbindung *f*
③ *(code) d'un cadenas, coffre-fort* [Zahlen]kombination *f*
④ *(vêtement féminin)* Unterkleid *nt,* Unterrock *m*
⑤ *(vêtement de protection)* Overall *m;* ~ **de mécanicien** Monteuranzug *m;* ~ **de plongée** Taucheranzug; ~ **de ski** Skianzug
⑥ *(stratagème)* Dreh *m (fam);* **avoir/trouver une** ~ geeignete Mittel und Wege haben/herausfinden
⑦ *(manœuvres douteuses)* Machenschaften *Pl*

combinard(e) [kɔ̃binaʀ, aʀd] *adj péj fam* ausgebufft *(pej sl)*

combinatoire [kɔ̃binatwaʀ] **I.** *adj* kombinatorisch
II. *f* Kombinatorik *f*

combine [kɔ̃bin] *f fam* Dreh *m (fam);* **connaître la** ~ den [richtigen] Dreh heraushaben *(fam);* **ça sent** [*o* **pue**] **la** ~ da ist [doch] was faul *(fam)*
► **être dans la** ~ Bescheid wissen

combiné [kɔ̃bine] *m* ① TELEC *du téléphone* Hörer *m*
② *(épreuve de ski)* ~ **alpin/nordique** alpine/nordische Kombination *f*

combiner [kɔ̃bine] <1> **I.** *vt* ① *(assembler)* ~ **qc avec qc** etw mit etw kombinieren
② CHIM ~ **qc avec qc** etw mit etw verbinden
③ *(organiser)* ausarbeiten *emploi du temps;* ausklügeln, ausarbeiten *plan;* aushecken *mauvais coup*
II. *vpr* ① *(s'assembler)* **se** ~ **avec qc** *couleur:* sich mit etw kombinieren lassen
② CHIM **se** ~ **avec qc** sich mit etw verbinden
③ *(s'arranger)* **bien/mal se** ~ sich gut/schlecht anlassen; **bien se** ~ **avec qc** *horaires de travail:* sich gut mit etw vereinbaren lassen

comble[1] [kɔ̃bl] *m* ① *(summum)* Gipfel *m;* **le** ~ **de la bêtise** der Gipfel der Dummheit; **c'est le** [*o* **un**] ~**!** das ist [doch] der Gipfel!; **être à son** ~ seinen Höhepunkt erreichen; **être au** ~ **du bonheur/désespoir** überglücklich/zutiefst verzweifelt sein; **mettre le** ~ **à qc** etw auf die Spitze treiben
② *souvent pl (grenier)* Dachboden *m;* ~**s aménageables** ausbaubares Dachgeschoss; **sous les** ~**s** unter dem Dach
► **pour** ~ **de malheur/d'ironie** zu allem Überfluss

comble[2] [kɔ̃bl] *adj* [brechend] voll

comblement [kɔ̃bləmɑ̃] *m d'un puits, d'un lac* Auffüllen *nt*

combler [kɔ̃ble] <1> *vt* ① *(boucher)* auffüllen, zuschütten *trou, fossé*
② *(rattraper)* aufholen *retard;* schließen *lacune*
③ *(satisfaire)* wunschlos glücklich machen *personne;* erfüllen *vœu;* **être comblé(e)** *personne:* wunschlos glücklich sein
④ *(couvrir, remplir de)* ~ **qn de cadeaux/d'honneurs** jdn mit Geschenken/Ehrungen überhäufen; ~ **qn de joie** jdn mit Freude erfüllen

combustible [kɔ̃bystibl] **I.** *adj* brennbar
II. *m* Brennstoff *m;* ~ **fossile** fossiler Brennstoff; ~ **nucléaire** Kernbrennstoff

combustion [kɔ̃bystjɔ̃] *f* Verbrennung *f;* **moteur à** ~ **interne** Verbrennungsmotor *m*

come-back [kɔmbak] *m inv* Comeback *nt*

comédie [kɔmedi] *f* ① *(pièce)* Komödie *f,* Lustspiel *nt;* ~ **musicale** Musical *nt*
② *(film)* [Film]komödie *f*
③ *(simulation)* Theater *nt;* **jouer la** ~ Theater spielen; **faire toute une** ~ ein furchtbares Theater machen; **la** ~ **a assez duré!** Schluss mit dem Theater!
◆ ~ **de boulevard** Boulevardkomödie *f;* ~ **de caractères** Charakterkomödie *f;* ~ **de mœurs** Sittenkomödie *f;* ~ **de situation** Sitcom *f*

Comédie-Française [kɔmedifʀɑ̃sɛz] *f* **la** ~ die Comédie Française *(französisches Staatstheater; 1680 Gründung der Truppe mit Molière)*

i Land & Leute

Die **Comédie-Française** wurde 1680 von Ludwig XIV als königliches Theater gegründet. Die Truppe besteht aus *pensionnaires* (Schauspielern, die ein Jahr fest angestellt sind) und *sociétaires* (ständigen Mitgliedern bis zum Ruhestand). Gespielt werden heute vor allem die Klassiker, aber auch modernere Stücke.

comédien(ne) [kɔmedjɛ̃, jɛn] **I.** *m(f)* ① *(acteur)* Schauspieler(in) *m(f)*
② *(simulateur)* Schauspieler(in) *m(f) (pej)*
③ *(hypocrite)* Heuchler(in) *m(f)*
II. *adj* **être un peu** ~**(ne)** *(momentanément/habituellement)* ein bisschen/gern Theater spielen

comédon [kɔmedɔ̃] *m* Mitesser *m*

comestible [kɔmɛstibl] *adj* essbar, genießbar

comète [kɔmɛt] *f* Komet *m*

comice [kɔmis] *m* ~ **agricole** ≈ [regionaler] Bauernverband

comique [kɔmik] **I.** *adj* ① *(amusant)* lustig, komisch
② THEAT, CINE, LITTER *auteur* Komödien-; **acteur** ~ Komiker *m*

II. *m* ❶ (*auteur*) Komödiendichter(in) *m(f)*
❷ (*interprète*) Komiker(in) *m(f)*
❸ (*genre*) Komik *f*
❹ (*caractère amusant*) *d'une situation, scène* Komik *f;* **le ~ de l'histoire, c'est qu'elle est vraie** das Komische an der Geschichte ist, dass sie wahr ist
◆ ~ **de caractère** Charakterkomik *f;* ~ **de situation** Situationskomik *f*

comité [kɔmite] *m* ❶ (*organisation*) Komitee *nt;* ~ **central** Zentralkomitee; ~ **directeur** Vorstand *m*
❷ (*élu par un organisme*) Ausschuss *m*
❸ (*institution de l'UE*) **Comité des régions** Ausschuss *m* der Regionen; **Comité économique et social** Wirtschafts- und Sozialausschuss
▸ **faire qc en petit** ~ [*o* ~ **restreint**] etw in kleinem Kreis machen
◆ ~ **d'action** Aktionskomitee *nt;* ~ **de défense des citoyens** Bürgerinitiative *f;* ~ **d'entreprise** ≈ Betriebsrat *m;* ~ **des fêtes** Festkomitee *nt;* ~ **de gestion** geschäftsführender Ausschuss

i Land & Leute

Während ein Betriebsrat ein Organ der betrieblichen Mitbestimmung ist, hat ein französisches **comité d'entreprise** einen anderen Status. Seine Aufgaben und Befugnisse liegen eher im sozialen und kulturellen Bereich. Es ist z. B. verantwortlich für Fragen der Fortbildung, der Kantinenverpflegung, der Kinderbetreuung und der Freizeitaktivitäten (besonders für die Organisation kultureller Veranstaltungen).

commandant(e) [kɔmɑ̃dɑ̃, ɑ̃t] *m(f)* ❶ MIL (*chef*) Chef(in) *m(f);* (*grade*) Major(in) *m(f);* ~ **du camp** Lagerkommandant *m*
❷ NAUT Kommandant(in) *m(f)*
◆ ~(**e**) **de bord** Flugkapitän(in) *m(f);* ~ **en chef** Oberbefehlshaber *m*

commande [kɔmɑ̃d] *f* ❶ (*ordre d'achat*) Bestellung *f;* COM Order *f;* **passer une** ~ eine Bestellung aufgeben; COM eine Order erteilen; **prendre la** ~ die Bestellung aufnehmen; **à la** ~ bei Bestellung; **ouvrage de** ~ Auftragsarbeit *f*
❷ (*marchandise commandée*) Bestellung *f*
❸ (*œuvre commandée*) Auftragswerk *nt*
❹ TECH Bedienung *f;* **levier de** ~ Bedienungshebel *m;* **la** ~ **des freins ne répond plus** die Bremsen reagieren nicht mehr
❺ INFORM Befehl *m;* **frapper une** ~ einen Befehl eingeben
▸ **être aux ~s** am Steuer sitzen; **être aux ~s d'une entreprise** an der Spitze eines Unternehmens stehen; **prendre les ~s** das Steuer übernehmen; **de** ~ *sourire, rire* gekünstelt; **afficher un sourire de** ~ gekünstelt lächeln; **sur** ~ *vendre* auf Bestellung; *sourire, écrire, pleurer* auf Kommando
◆ ~ **à distance** Fernbedienung *f;* ~ **à main** Handbetrieb *m;* ~ **à pied** Fußbetrieb *m*

commandement [kɔmɑ̃dmɑ̃] *m* ❶ Befehlsgewalt *f,* Kommando *nt;* **prendre le ~ d'une armée/d'un navire** das Kommando über eine Armee/ein Schiff übernehmen
❷ (*état-major*) **le haut** ~ das Oberkommando
❸ (*ordre*) Befehl *m;* **ton de** ~ Befehlston *m*
❹ REL Gebot *nt;* **les dix ~s** die Zehn Gebote
❺ SPORT **prendre le** ~ die Führung übernehmen

commander [kɔmɑ̃de] <1> I. *vt* ❶ (*passer commande*) bestellen; ~ **qc à qn** etw bei jdm bestellen; **qu'as-tu commandé au père Noël?** was wünschst du dir vom Christkind?
❷ (*exercer son autorité*) kommandieren, herumkommandieren (*fam*)
❸ (*ordonner*) befehlen; ~ **qc à qn** jdm etw befehlen; ~ **le silence** Ruhe gebieten
❹ (*diriger*) leiten *manœuvre, travaux*
❺ (*faire fonctionner*) in Gang setzen; auslösen *système d'alarme*
II. *vi* ❶ (*passer commande*) bestellen
❷ (*exercer son autorité*) befehlen
❸ *littér* (*être maître de*) ~ **à ses passions** Herr über seine Leidenschaften sein; ~ **à ses sentiments** seine Gefühle beherrschen
III. *vpr* ❶ **se ~ de l'extérieur** *porte:* von außen zu bedienen sein [*o* bedient werden]
❷ (*contrôler*) **ne pas se** ~ *sentiments:* sich nicht erzwingen lassen

commanderie [kɔmɑ̃dʀi] *f* HIST Komturei *f*

commandeur [kɔmɑ̃dœʀ] *m* Kommandeur(in) *m(f)*

commanditaire [kɔmɑ̃ditɛʀ] *m* ❶ COM Kommanditist(in) *m(f)*
❷ (*sponsor*) Geldgeber(in) *m(f)*

commandite [kɔmɑ̃dit] *f* (*société*) Kommanditgesellschaft *f*

commanditer [kɔmɑ̃dite] <1> *vt* (*avancer des fonds*) ~ **qn/qc** jdn/etw finanzieren

commando [kɔmɑ̃do] *m* Kommando *nt;* ~ **d'hommes armés** bewaffnetes Kommando; ~ **de terroristes** Terrorkommando *nt*

comme [kɔm] I. *conj* ❶ (*au moment où*) [gerade] als
❷ (*étant donné que*) da
❸ (*de même que*) wie auch; **hier ~ aujourd'hui** gestern wie heute
❹ (*exprimant une comparaison*) wie; **il était ~ mort** er war wie tot; **il eut ~ une hésitation** er schien zu zögern; **grand(e)/petit(e) ~ ça** so groß/klein; **il est tout ~ mon père** er ist genauso wie mein Vater; ~ **si** als ob
❺ (*en tant que*) als; **apprécier qn ~ collègue** jdn als Kollege/Kollegin schätzen
❻ (*tel que*) wie; **je n'ai jamais vu un film ~ celui-ci** ich habe noch nie einen Film wie diesen gesehen
▸ ~ **ci ~ ça** so lala (*fam*); ~ **quoi** (*disant que*) wonach; (*ce qui prouve*) was zeigt, dass; **... ~ tout** *fam* echt ... (*fam*); **il est mignon ~ tout!** er ist echt süß!; ~ **pas un(e)** *fam* wie kaum eine(r); **elle est rusée ~ pas une** sie ist ungeheuer schlau
II. *adv* ❶ (*exclamatif*) wie; ~ **c'est gentil!** wie nett!
❷ (*manière*) wie; **tu sais ~ il est** du weißt ja, wie er ist; **savoir** ~ wissen wie (sehr)

commedia dell'arte [kɔmedjadɛlaʀte] *f* Commedia dell'Arte *f*

commémoratif, -ive [kɔmemɔʀatif, -iv] *adj* Gedenk-; **monument** ~ Denkmal *nt*

commémoration [kɔmemɔʀasjɔ̃] *f* Gedenkfeier *f;* **en ~ de qc** zum Gedenken an etw (*Akk*)

commémorer [kɔmemɔʀe] <1> *vt* ~ **qc** einer S. (*Gen*) gedenken

commencement [kɔmɑ̃smɑ̃] *m* ❶ (*début*) Anfang *m;* **au ~ du match/de l'année** zu Spiel-/Jahresbeginn; **du ~ à la fin** von Anfang bis Ende
❷ *pl* (*premiers temps*) Anfänge *Pl;* **malgré des ~s difficiles** trotz anfänglicher Schwierigkeiten
▸ **le ~ de la fin** der Anfang vom Ende; **il y a un ~ à tout** es ist noch kein Meister vom Himmel gefallen

commencer [kɔmɑ̃se] <2> I. *vt* ~ **qc** [mit] etw anfangen [*o* beginnen]
II. *vi* ❶ (*débuter*) *fête, événement:* anfangen, beginnen; ~ **à** [*o* **de**] **faire qc** anfangen [*o* beginnen], etw zu tun
❷ (*faire en premier*) ~ **par qc** mit etw anfangen; ~ **par faire qc** erst einmal etw tun
❸ (*comporter en premier*) ~ **par qc** mit etw anfangen
▸ **ça commence bien** *iron* das fängt ja gut an; **ça commence à bien faire** jetzt reicht es aber; **pour** ~ zunächst, als Erstes

commensal(e) [kɔmɑ̃sal, o] <-aux> *m(f)* Tischgenosse *m/*-genossin *f*

commensurable [kɔmɑ̃syʀabl] *adj lignes, nombre* kommensurabel

comment [kɔmɑ̃] *adv* ❶ (*de quelle façon*) wie; ~ **se fait-il**

qu'il est [*o* **soit**] **là?** wie kommt es, dass er da ist?
❷ (*invitation à répéter*) **~?** wie bitte?
▶ **mais ~ donc!** aber natürlich [*o* selbstverständlich]!; **~ cela?** wieso?, warum?; **et ~!** und ob!

commentaire [kɔmɑ̃tɛʀ] *m* ❶ RADIO, TV Kommentar *m*
❷ (*explication*) *de texte* Interpretation *f;* **~ composé** Interpretation; **édition avec ~s** kommentierte Ausgabe
❸ *péj* (*remarque*) Kommentar *m;* **dispenser qn de ses ~s** auf jds Kommentare (*Akk*) verzichten; **sans ~!** ohne Kommentar!; **pas de ~s!** kein Kommentar!

commentateur, -trice [kɔmɑ̃tatœʀ, -tʀis] *m, f* Kommentator(in) *m(f)*

commenter [kɔmɑ̃te] <1> *vt* kommentieren *opinion, événement, nouvelle;* interpretieren *poème, citation*

commérage [kɔmeʀaʒ] *m souvent pl* Gerede *nt kein Pl,* Geschwätz *nt kein Pl*

commerçant(e) [kɔmɛʀsɑ̃, ɑ̃t] **I.** *adj* ❶ (*actif, animé*) *rue, quartier* Geschäfts-
❷ (*habile à faire du commerce*) geschäftstüchtig
II. *m(f)* ❶ (*personne*) Geschäftsmann *m*/-frau *f,* Händler(in) *m(f);* **petit ~/petite ~e** Einzelhändler(in); **~(e) en gros** Großhändler(in)
❷ *m* JUR **~ inscrit au registre du commerce et des sociétés** JUR Registerkaufmann

commerce [kɔmɛʀs] *m* ❶ (*activité*) Handel *m;* **~ du tabac** Tabakhandel; **~ électronique** E-Commerce *m;* **~ extérieur/intérieur** Außen-/Binnenhandel; **~ en gros** Großhandel; **faire du ~** handeln, Handel treiben; **dans le ~** im Handel; **école de ~** Handelsschule *f;* **employé de ~** kaufmännischer Angestellter; **un facteur du ~ extérieur** ein außenwirtschaftlicher Faktor
❷ (*magasin*) Geschäft *nt;* JUR Handelsgewerbe *nt* (*Fachspr.*); **~ d'alimentation** Lebensmittelgeschäft; **tenir un ~** ein Geschäft führen
▶ **être d'un ~ agréable** *littér* angenehm im Umgang sein

commercial [kɔmɛʀsjal] <-aux> *m* kaufmännischer Angestellter

commercial(e) [kɔmɛʀsjal, jo] <-aux> *adj* ❶ (*relatif au commerce*) *relation, activité, entreprise* Handels-; **centre ~** Einkaufszentrum *nt*
❷ *péj film, télévision, œuvre* kommerziell ausgerichtet

commerciale [kɔmɛʀsjal] *f* ❶ kaufmännische Angestellte
❷ (*véhicule*) Kombiwagen *m,* Kombi *m*

commercialisation [kɔmɛʀsjalizasjɔ̃] *f* Vermarktung *f*

commercialiser [kɔmɛʀsjalize] <1> *vt* ❶ (*vendre*) vermarkten; **produit facile à ~** marktgängiges Produkt
❷ (*mettre sur le marché*) auf den Markt bringen

commère [kɔmɛʀ] *f péj* Klatschbase *f* (*fam*)

commettre [kɔmɛtʀ] <*irr*> **I.** *vt* ❶ (*accomplir*) begehen *crime, délit, faute, erreur;* verüben *attentat*
❷ JUR (*nommer*) **~ qn à qc** jdn für etw bestellen
II. *vpr* **se ~ avec qn** *péj* (*fréquenter qn*) sich mit jdm einlassen

comminatoire [kɔminatwaʀ] *adj* drohend; **peine ~** JUR Strafandrohung *f*

commis [kɔmi] *m* kleine(r) Angestellte(r) *f(m),* Gehilfe *m*/Gehilfin *f;* **~ voyageur** *vieilli* Handlungsreisende(r) *m;* **grands ~ de l'État** hohe Staatsbeamte *Pl*
◆ **~ de ferme** Knecht *m*

commisération [kɔmizeʀasjɔ̃] *f* Mitleid *nt;* **éprouver/avoir de la ~ pour qn** Mitleid für jdn empfinden/mit jdm haben

commissaire [kɔmisɛʀ] *mf* ❶ (*fonctionnaire*) *de police* Kommissar(in) *m(f)*
❷ (*membre d'une commission*) Kommissionsmitglied *nt; de l'Union européenne* Kommissar(in) *m(f)*
◆ **~ du peuple** Volkskommissar(in) *m(f);* **~ à la protection des données** Datenschutzbeauftragte(r) *f(m);* **~ de la République** Regierungspräsident(in) *m(f)*

commissaire-priseur [kɔmisɛʀpʀizœʀ] <commissaires-priseurs> *m* Auktionator(in) *m(f)*

commissariat [kɔmisaʀja] *m* ❶ (*bureau*) *de police* Revier *nt*
❷ ADMIN (*fonction*) Amt *nt*
◆ **~ aux comptes** Wirtschaftsprüfung *f;* **~ à l'énergie atomique** Kommissariat *nt* für Atomenergie

commission [kɔmisjɔ̃] *f* ❶ ADMIN (*réunion restreinte*) Kommission *f,* Ausschuss *m;* **Commission européenne** Europäische Kommission; **~ paritaire** paritätischer Ausschuss; (*au parlement*) Vermittlungsausschuss; **~ parlementaire** parlamentarischer Ausschuss; **~ de conciliation** Schiedskommission
❷ (*message*) Nachricht *f;* **faire une ~ à qn** jdm etwas ausrichten
❸ (*mission*) Aufgabe *f*
❹ *pl* (*courses*) Einkäufe *Pl;* **partir en/faire les ~s** einkaufen gehen
❺ COM (*prime*) [Kommissions]provision *f;* (*pourcentage prélevé par un intermédiaire*) Vermittlungsgebühr *f;* **ne toucher que des ~s** auf Provisionsbasis arbeiten; **~ prélevée par la banque** von der Bank erhobene Gebühr
◆ **~ d'examen** Prüfungskommission *f;* **~ d'experts** Gutachterausschuss *m,* Expertengruppe *f;* **~ des opérations de bourse** ≈ Bundesaufsichtsamt *nt* für den Wertpapierhandel

commissionnaire [kɔmisjɔnɛʀ] *mf* ❶ (*coursier*) Bote *m*/Botin *f*
❷ COM Kommissionär(in) *m(f)*
◆ **~ en douane** Zollagent(in) *m(f)*

commissionner [kɔmisjɔne] <1> *vt* bevollmächtigen

commissure [kɔmisyʀ] *f* ANAT Kommissur *f* (*Fachspr.*)
◆ **~ des lèvres** Mundwinkel *m*

commode[1] [kɔmɔd] *adj* ❶ (*pratique*) praktisch
❷ *souvent négatif* (*facile*) einfach; **ce serait trop ~!** so einfach geht's nun auch wieder nicht!
❸ (*d'un caractère facile*) **ses parents n'ont pas l'air ~** seine/ihre Eltern scheinen nicht sehr umgänglich zu sein

commode[2] [kɔmɔd] *f* Kommode *f*

commodément [kɔmɔdemɑ̃] *adv* ❶ (*confortablement*) bequem
❷ (*aisément*) leicht, einfach

commodité [kɔmɔdite] *f* ❶ (*confort, agrément*) Behaglichkeit *f,* Komfort *m*
❷ (*simplification*) *de la discussion, démonstration* Vereinfachung *f;* **pour plus de ~** bequemlichkeitshalber
❸ *pl* (*éléments de confort*) Annehmlichkeiten *Pl*

commotion [komosjɔ̃] *f* ❶ (*choc physique*) Erschütterung *f;* **~ cérébrale** Gehirnerschütterung *f*
❷ (*secousse morale*) Schock *m*

commotionner [komosjɔne] <1> *vt* erschüttern; **le choc a commotionné quelques passagers** durch den Aufprall erlitten einige Passagiere einen schweren Schock

commuable [kɔmɥabl] *adj* umwandelbar

commuer [kɔmɥe] <1> *vt* umwandeln

commun [kɔmœ̃] *m* ▶ **le ~ des mortels** die Normalsterblichen; **hors du ~** außergewöhnlich

commun(e) [kɔmœ̃, yn] *adj* ❶ (*partagé par plusieurs*) gemeinsam
❷ (*utilisé par plusieurs*) *cuisine, salle* Gemeinschafts-
❸ MATH gemeinsam
❹ (*général*) *volonté* der Gemeinschaft; *bien, intérêt* Gemein-
❺ (*courant*) *erreur, variété* [weit]verbreitet
❻ (*trivial*) *personne, manières* gewöhnlich
▶ **n'avoir rien de ~ avec qn/qc** mit jdm nichts gemein haben/mit etw nicht zu vergleichen sein; **faire qc en ~** etw gemeinsam tun; **mettre qc en ~** [**pour faire qc**] **ils ont mis leur argent/leurs efforts en ~** sie haben [ihr Geld] zusammengelegt/gemeinsame Anstrengungen unternommen; **se mettre en ~ pour faire qc** sich zusammentun, um etwas zu tun; **en ~** zusammen

communal(e) [kɔmynal, o] <-aux> *adj* ❶ (*qui appartient à la* *commune*) *dépenses, recettes* kommunal; *fête, forêt, terrain* Gemeinde-

❷ BELG **conseil** ~ (*conseil municipal*) Gemeinderat *m;* **maison** ~**e** (*mairie*) Rathaus *nt*

communard(e) [kɔmynaʀ, aʀd] *m(f)* HIST Kommunarde *m/* Kommunardin *f,* Anhänger(in) *m(f)* der Pariser Kommune

communautaire [kɔmynotɛʀ] *adj* ❶ (*commun*) gemeinschaftlich; *expérience* Gemeinschafts-

❷ (*de l'Union européenne*) der Europäischen Union, EU-; **la politique** ~ die EU-Politik

communauté [kɔmynote] *f* ❶ *a.* ECON (*groupe*) Gemeinschaft *f;* ~ **linguistique/religieuse** Sprach-/Religionsgemeinschaft; **Communauté des États indépendants** Gemeinschaft Unabhängiger Staaten; **Communauté européenne** Europäische Gemeinschaft; **vivre en** ~ in einer Wohngemeinschaft leben; REL in einer [Ordens]gemeinschaft leben

❷ (*Église*) [Kirchen]gemeinde *f*

❸ (*identité*) *de goûts, d'intérêts* Übereinstimmung *f*

❹ JUR Gemeinschaft *f;* (*entre époux*) Gütergemeinschaft; **régime de la** ~ eheliche Gütergemeinschaft; ~ **réduite aux acquêts** Zugewinngemeinschaft; ~ **légale** gesetzliche Gütergemeinschaft

commune [kɔmyn] *f* ❶ Gemeinde *f,* Kommune *f*

❷ HIST **la Commune [de Paris]** die Pariser Kommune

communément [kɔmynemɑ̃] *adv* gemeinhin, für gewöhnlich; **on dit** ~ **que** man sagt im Allgemeinen, dass

communiant(e) [kɔmynjɑ̃, jɑ̃t] *m(f)* Kommunikant(in) *m(f);* **premier** ~**/première** ~**e** Erstkommunikant(in) *m(f)*

▸ **avec ton air de premier** ~**/première** ~**e** mit deiner Unschuldsmiene

communicable [kɔmynikabl] *adj document* einsehbar; *impression* in Worte zu fassen; *renseignement* mitteilbar

communicant(e) [kɔmynikɑ̃, ɑ̃t] *adj pièces, salles* miteinander verbunden; **vases** ~**s** kommunizierende Röhren *Pl*

communicatif, -ive [kɔmynikatif, -iv] *adj* ❶ (*contagieux*) *rire, tristesse* ansteckend

❷ (*expansif*) mitteilsam, kommunikativ

communication [kɔmynikasjɔ̃] *f* ❶ (*transmission*) *d'une nouvelle, information* Mitteilung *f;* ~ **d'informations** Informationsfluss *m;* **les métiers de la** ~ die Berufe auf dem Kommunikationssektor; **la** ~ **du dossier nous a été interdite** es wurde uns nicht gestattet, die Akte einzusehen

❷ TELEC (*jonction*) Verbindung *f;* (*conversation*) Gespräch *nt;* ~ **en PCV** R-Gespräch; ~ **interurbaine** Ferngespräch; ~ **locale** Ortsgespräch; **passer une** ~ ein Gespräch durchstellen; **être en** ~ **avec qn** mit jdm sprechen; **prendre/couper la/une** ~ das/ein Gespräch annehmen/unterbrechen; **toutes les** ~**s sont coupées** alle Leitungen sind tot

❸ (*message*) Nachricht *f*

❹ (*relation*) Verständigung *f,* Kommunikation *f*

❺ (*moyen de liaison*) **moyen de** ~ Verkehrsmittel *nt;* **voies de** ~ Verkehrswege *Pl;* **porte de** ~ Verbindungstür *f*

▸ **demander** ~ **d'un dossier à qn** jdn um Einsicht in eine Akte bitten; **donner** ~ **de qc à qn** jdm Einsicht in etw (*Akk*) gewähren; **entrer en** ~ **avec qn** mit jdm in Verbindung treten; **mettre qn en** ~ **avec qn** jdn mit jdm verbinden

communier [kɔmynje] <1a> *vi* REL kommunizieren

communion [kɔmynjɔ̃] *f* ❶ (*sacrement, partie de la messe*) Kommunion *f*

❷ (*cérémonie*) [Erst]kommunion *f;* ~ **solennelle** feierliche Erstkommunion

❸ (*accord*) Übereinstimmung *f;* **être en parfaite** ~ **de pensées/sentiments avec qn** mit jdm in seinen Gedanken/Gefühlen (*Dat*) völlig übereinstimmen

◆ ~ **des saints** REL Gemeinschaft *f* der Heiligen

communiqué [kɔmynike] *m* Kommuniqué *nt;* ~ **officiel** [regierungs]amtliche Mitteilung

◆ ~ **de presse** Pressemitteilung *f*

communiquer [kɔmynike] <1> **I.** *vt* ❶ (*faire connaître*) ~ **une demande à qn** jdm eine Bitte mitteilen, eine Bitte an jdn weiterleiten

❷ (*transmettre*) ~ **un dossier/document à qn** jdm eine Akte/ein Dokument aushändigen

❸ (*contaminer*) ~ **une passion/une maladie à qn** jdn mit einer Leidenschaft/Krankheit anstecken, eine Leidenschaft/Krankheit auf jdn übertragen

II. *vi* ❶ (*dans la vie courante*) ~ **avec qn** mit jdm kommunizieren (*geh*)

❷ (*au cours d'un examen*) ~ **avec qn** sich heimlich mit jdm verständigen

❸ (*être relié*) ~ **avec qc** mit etw verbunden sein

III. *vpr* **se** ~ **à qc** *feu:* auf etw (*Akk*) übergreifen; **se** ~ **à qn** *maladie, virus:* auf jdn übertragen werden

communisme [kɔmynism] *m* Kommunismus *m*

communiste [kɔmynist] **I.** *adj* kommunistisch

II. *mf* Kommunist(in) *m(f)*

communs [kɔmœ̃] *mpl vieilli* (*bâtiments*) Nebengebäude *Pl*

commutateur [kɔmytatœʀ] *m* Schalter *m*

commutatif, -ive [kɔmytatif, -iv] *adj* vertauschbar, kommutativ (*Fachspr.*)

commutation [kɔmytasjɔ̃] *f* JUR ~ **de peine** Strafmilderung *f*

commutativité [kɔmytativite] *f* JUR Austauschbarkeit *f*

commuter [kɔmyte] <1> **I.** *vt* TECH umschalten

II. *vi* LING, MATH ~ **avec qc** mit etw vertauschbar sein, mit etw kommutieren (*Fachspr.*)

compacité [kɔ̃pasite] *f* Kompaktheit *f*

compact [kɔ̃pakt] *m* CD *f*

compact(e) [kɔ̃pakt] *adj* ❶ (*dense*) fest, kompakt; *foule* dicht[gedrängt]

❷ (*de faible encombrement*) Kompakt-

compacter [kɔ̃pakte] <1> *vt* verdichten *beton, sol*

compagne [kɔ̃paɲ] *f* ❶ (*concubine*) Lebensgefährtin *f*

❷ *vieilli* (*camarade*) Gefährtin *f*

compagnie [kɔ̃paɲi] *f* ❶ (*présence auprès de qn, clique*) Gesellschaft *f*

❷ (*société commerciale*) Gesellschaft *f;* ~ **aérienne** Fluggesellschaft; ~ **de transports aériens** Luftverkehrsgesellschaft

❸ (*troupe*) *de théâtre* Truppe *f*

❹ MIL Kompanie *f*

▸ **fausser** ~ **à qn** jdn einfach stehen lassen; **tenir** ~ **à qn** jdm Gesellschaft leisten; **en** ~ **de qn** in jds Begleitung

◆ ~ **d'assurances** Versicherungsgesellschaft *f;* ~ **des eaux** Wasserwerk *nt;* ~ **de Jésus** Gesellschaft *f* Jesu; **Compagnies républicaines de sécurité** Bereitschaftspolizei *f;* ~ **de transport** Transportunternehmen *nt*

compagnon [kɔ̃paɲɔ̃] *m* ❶ *vieilli* (*camarade*) Kamerad(in) *m(f);* ~ **d'armes** Waffenbruder *m;* ~ **d'infortune** Leidensgenosse *m*

❷ (*concubin*) Lebensgefährte *m*

❸ (*ouvrier*) [Handwerks]geselle *m*

▸ ~ **à quatre pattes** vierbeiniger Freund

◆ ~ **du Tour de France** [Handwerks]geselle *m* auf Wanderschaft

compagnonnage [kɔ̃paɲɔnaʒ] *m* Gesellenverein *m;* **un an de** ~ ein Gesellenjahr

comparable [kɔ̃paʀabl] *adj* vergleichbar; **être** ~ **à qn/qc** mit jdm/etw vergleichbar sein; **ce n'est pas** ~ das ist nicht vergleichbar

comparaison [kɔ̃paʀɛzɔ̃] *f* ❶ Vergleich *m;* **établir** [*o* **faire**] **une** ~ **entre qn/qc et qn/qc** einen Vergleich zwischen jdm/etw und jdm/etw anstellen; **soutenir la** ~ **avec qn/qc** dem Vergleich mit jdm/etw standhalten; **en** ~ vergleichsweise; **en** ~ **de qc** im Vergleich zu etw; **par** ~ **à** [*o* **avec**] im Vergleich zu [*o* mit]; **sans** ~ unvergleichlich

❷ GRAM Steigerung *f*

❸ LITTER Vergleich *m*

compétence

• demander la compétence	**• nach Zuständigkeit fragen**
Êtes-vous le médecin traitant?	Sind Sie der behandelnde Arzt/die behandelnde Ärztin?
En êtes-vous responsable?	Sind Sie dafür zuständig?
• exprimer la compétence	**• Zuständigkeit ausdrücken**
Oui, cela relève de ma compétence.	Ja, bei mir sind Sie richtig.
Je suis responsable de l'organisation de la fête.	Ich bin für die Organisation des Festes verantwortlich/zuständig.
• exprimer sa non-compétence	**• Nicht-Zuständigkeit ausdrücken**
Vous n'avez pas frappé à la bonne porte.	Da sind Sie bei mir an der falschen Adresse. *(fam)*
(Je regrette, mais) cela ne relève pas de ma compétence.	Dafür bin ich (leider) nicht zuständig.
(Je regrette, mais) je n'y suis pas autorisé/je n'en ai pas le droit.	Dazu bin ich (leider) nicht berechtigt/befugt.
Ce n'est pas de notre ressort.	Das fällt nicht in unseren Zuständigkeitsbereich. *(form)*

comparaître [kɔ̃paʀɛtʀ] <*irr*> *vi* ~ **devant qn** vor jdm erscheinen

comparatif [kɔ̃paʀatif] *m* GRAM Komparativ *m;* **être au** ~ im Komparativ stehen

comparatif, -ive [kɔ̃paʀatif, -iv] *adj* ❶ (*qui confronte*) *essai, tableau, étude* Vergleichs-
❷ GRAM Komparativ-

comparatiste [kɔ̃paʀatist] *mf* Komparatist(in) *m(f)*

comparativement [kɔ̃paʀativmɑ̃] *adv* vergleichsweise; ~ **à** verglichen mit

comparé(e) [kɔ̃paʀe] *adj droit, grammaire* vergleichend; **littérature** ~**e** vergleichende Literaturwissenschaft

comparer [kɔ̃paʀe] <1> **I.** *vt* vergleichen; ~ **qn/qc à** [*o* **avec**] **qn/qc** jdn/etw mit jdm/etw vergleichen; **comparé(e) à** verglichen mit
II. *vi* vergleichen
III. *vpr* **se** ~ **à** [*o* **avec**] **qn** sich mit jdm vergleichen; **ça ne se compare même pas!** das ist überhaupt kein Vergleich!

comparse [kɔ̃paʀs] *mf péj* Komparse *m*/Komparsin *f;* **jouer** [*o* **tenir**] **un rôle de** ~ eine Nebenrolle spielen

compartiment [kɔ̃paʀtimɑ̃] *m* ❶ (*casier*) Fach *nt;* ~ **congélateur** Gefrierfach
❷ (*dans un train*) Abteil *nt;* ~ **fumeurs/non-fumeurs** Raucher-/Nichtraucherabteil
◆ ~ **de chemin de fer** Eisenbahnabteil *nt;* ~ **à glace** Eisfach *nt*

compartimentage [kɔ̃paʀtimɑ̃taʒ] *m d'un tiroir, réfrigérateur* Unterteilung *f* [in Fächer]

compartimenter [kɔ̃paʀtimɑ̃te] <1> *vt* ❶ (*subdiviser*) unterteilen
❷ (*structurer logiquement*) streng auseinander halten *questions, problèmes*

compas [kɔ̃pɑ] *m* ❶ GEOM Zirkel *m*
❷ NAUT, AVIAT Kompass *m;* ~ **gyroscopique** Gyroskop *nt*
▸ **avoir le** ~ **dans l'œil** ein gutes Augenmaß haben

compassé(e) [kɔ̃pɑse] *adj soutenu air* aufgesetzt; *personne* steif

compassion [kɔ̃pasjɔ̃] *f soutenu* Mitgefühl *nt*

compatibilité [kɔ̃patibilite] *f* ❶ (*concordance*) ~ **entre qc et qc** Vereinbarkeit *f* von etw und etw
❷ INFORM, MED Kompatibilität *f*

compatible [kɔ̃patibl] *adj* ❶ (*qui peut s'accorder*) vereinbar; **être** ~ **avec qc** mit etw vereinbar sein
❷ INFORM, MED kompatibel; ~ **avec réseau** *logiciel* netzwerkfähig

compatir [kɔ̃patiʀ] <8> *vi soutenu* Anteil nehmen, mitfühlen; ~ **à la douleur/peine de qn** an jds Schmerz/Leid (*Dat*) Anteil nehmen

compatissant(e) [kɔ̃patisɑ̃, ɑ̃t] *adj personne, parole* mitfühlend; *regard* teilnahmsvoll

compatriote [kɔ̃patʀijɔt] *mf* Landsmann *m*/Landsmännin *f;* **nos** ~**s** unsere Landsleute

compendium [kɔ̃pɛ̃djɔm] *m* (*livre*) Kompendium *nt;* (*résumé*) Abriss *m*

compensable [kɔ̃pɑ̃sabl] *adj* (*réparable*) ausgleichbar; **ces pertes sont difficilement** ~**s** diese Verluste sind nur schwer auszugleichen

compensateur, -trice [kɔ̃pɑ̃satœʀ, -tʀis] *adj allocation* Ausgleichs-; *mouvement* Gegen-; **une indemnité compensatrice** eine Entschädigung

compensation [kɔ̃pɑ̃sasjɔ̃] *f* ❶ (*dédommagement*) Gegenleistung *f;* (*équilibre, neutralisation*) Ausgleich *m;* ~ **financière** Entschädigung *f;* **à titre de** ~ (*en dédommagement*) zur Wiedergutmachung; (*en remerciement*) als Dankeschön; **en** ~ dafür; **en** ~ **de qc** als Gegenleistung/Entschädigung/Ausgleich für etw; **il y a** ~ **entre les avantages et les inconvénients** die Vor- und Nachteile wiegen sich auf
❷ MED, PSYCH Kompensation *f*
▸ **être une maigre** [*o* **piètre**] ~ ein magerer [*o* dürftiger] Lohn sein
◆ ~ **des pertes** Verlustausgleich *m*

compensatoire [kɔ̃pɑ̃satwaʀ] *adj droits, montants* Ausgleichs-

compenser [kɔ̃pɑ̃se] <1> **I.** *vt* ❶ (*équilibrer*) ~ **qc par qc** etw durch etw ausgleichen, etw mit etw kompensieren
❷ (*dédommager*) **pour** ~ als Entschädigung [dafür]; (*remercier*) als Dankeschön [dafür]
❸ FIN ausgleichen *dette*
❹ JUR verteilen *dépens*
II. *vpr* **se** ~ sich ausgleichen

compère [kɔ̃pɛʀ] *m* Kumpan *m*, Mitwisser *m*

compère-loriot [kɔ̃pɛʀlɔʀjo] <compères-loriots> *m* MED Gerstenkorn *nt*

compétence [kɔ̃petɑ̃s] *f* ❶ (*capacité*) Kompetenz *f*, [Sach]kenntnis *f*, [Fach]kenntnis; **avec** ~ kompetent, fachkundig, sachkundig
❷ JUR (*responsabilité*) Zuständigkeit *f*, Kompetenz *f;* (*domaine de responsabilité*) Zuständigkeitsbereich *m*, Kompetenzbereich; **entrer dans les** ~**s du maire** in den Zuständigkeitsbereich des Bürgermeisters fallen; **être de la** ~ **du préfet** im Zuständigkeitsbereich des Präfekten liegen; **cela ne relève**

pas de ma ~ dafür bin ich nicht zuständig
compétent(e) [kɔ̃petɑ̃, ɑ̃t] *adj* ❶ (*capable*) fähig, kompetent; **être ~(e) en qc** kompetent [*o* bewandert] in etw (*Dat*) sein
❷ (*habilité*) zuständig; **les autorités ~es** die zuständigen Behörden
compétiteur, -trice [kɔ̃petitœʀ, -tʀis] *m, f* SPORT Herausforderer *m*/Herausforderin *f*
compétition [kɔ̃petisjɔ̃] *f* ❶ Konkurrenz *f*, Wettbewerb *m*; **être en ~ avec qn** mit jdm im Wettstreit liegen; COM mit jdm in Konkurrenz stehen
❷ SPORT (*activité*) Leistungssport *m*; **le sport de [haute] ~** der Hochleistungssport; **~ automobile** Autorennen *nt*; **faire de la ~** Leistungssport [be]treiben
❸ (*épreuve*) Wettkampf *m*; **~ sportive** Sportwettkampf *m*
compétitivité [kɔ̃petitivite] *f* Wettbewerbsfähigkeit *f*, Konkurrenzfähigkeit *f*
compil [kɔ̃pil] *f abr de* **compilation** Sampler *m*
compilateur [kɔ̃pilatœʀ] *m* ❶ INFORM Compiler *m*
❷ *péj* (*plagiaire*) Kompilator *m* (*geh*)
compilation [kɔ̃pilasjɔ̃] *f* ❶ *péj* Kompilation *f*
❷ MUS Sampler *m*
❸ INFORM (*action*) Kompilieren *nt*
❹ (*logiciels*) Programmpaket *nt*
compilatrice [kɔ̃pilatʀis] *f péj* Kompilatorin *f* (*geh*)
compiler [kɔ̃pile] <1> *vt* INFORM kompilieren
complainte [kɔ̃plɛ̃t] *f* Klagelied *nt*
complaire [kɔ̃plɛʀ] <*irr*> *vpr* **se ~ dans qc/à faire qc** Gefallen an etw (*Dat*) finden/daran finden, etw zu tun
complaisamment [kɔ̃plɛzamɑ̃] *adv* ❶ (*obligeamment*) liebenswürdigerweise
❷ (*avec autosatisfaction*) selbstgefällig
complaisance [kɔ̃plɛzɑ̃s] *f* ❶ *soutenu* (*obligeance*) Liebenswürdigkeit *f*; **par ~** aus Gefälligkeit
❷ *péj* (*indulgence*) Nachsicht *f*; **faire preuve de trop de ~ envers qn** jdm gegenüber viel zu nachsichtig sein
❸ (*autosatisfaction*) Selbstgefälligkeit *f*
complaisant(e) [kɔ̃plɛzɑ̃, ɑ̃t] *adj* ❶ (*obligeant*) gütig, hilfsbereit; **vous n'êtes pas très ~(e)** Sie sind nicht sehr entgegenkommend
❷ (*indulgent*) nachsichtig; *oreille* offen
❸ (*satisfait*) selbstgefällig
complément [kɔ̃plemɑ̃] *m* ❶ (*ce qui s'ajoute*) *d'un objet* Zubehörteil *nt*; **~ d'un angle** Ergänzungswinkel *m*; **le ~ d'une/de la somme** der restliche Betrag; **~ familial** Familienzulage *f*; **un ~ d'information/enquête** zusätzliche Informationen/Untersuchungen *Pl*; **ajouter un ~ à son testament** sein Testament mit einem Zusatz versehen
❷ GRAM Ergänzung *f*; **~ circonstanciel de temps/lieu** Umstandsbestimmung *f* der Zeit/des Ortes; **~ déterminatif** nähere Bestimmung; **~ de lieu** Ortsangabe *f*, Ortsbestimmung *f*
◆ **~ d'agent** Agens *nt*; **~ d'attribution** Dativobjekt *nt*; **~ du nom** Genitivobjekt *nt*; **~ d'objet direct** direktes Objekt
complémentaire [kɔ̃plemɑ̃tɛʀ] *adj* (*additionnel*) ergänzend; *renseignement* zusätzlich; **des précisions ~s** weitere [*o* nähere] Erläuterungen
complémentarité [kɔ̃plemɑ̃taʀite] *f* Komplementarität *f*
complet [kɔ̃plɛ] *m vieilli* (*costume*) Anzug *m*
complet, -ète [kɔ̃plɛ, -ɛt] *adj* ❶ (*exhaustif, entier*) vollständig, komplett; *pain, farine* Vollkorn-; *étude* umfassend; **les œuvres complètes** die gesammelten Werke; **aliment ~** (*pour les personnes/animaux*) vollwertiges Nahrungsmittel/Futter
❷ (*total*) *obscurité, misère* völlig; **succès/échec ~** voller Erfolg/totaler Misserfolg
❸ (*achevé*) *acteur, athlète* vollendet; *homme, femme* perfekt
❹ (*qui possède toutes les fonctions*) **être ~(-ète)** *appareil, meuble:* mit allem ausgestattet sein
❺ (*plein*) *autobus* voll; *hôtel* voll belegt; *parking* besetzt; **afficher ~** *théâtre, spectacle, pièce:* ausverkauft sein; **nous affichons ~ pour ce voyage** diese Reise ist ausgebucht
▶ **eh bien, c'est ~!** das ist [wirklich] eine reife Leistung!; **au [grand] ~** vollzählig
complètement [kɔ̃plɛtmɑ̃] *adv* ❶ (*entièrement*) vollständig, ganz
❷ (*absolument*) völlig
compléter [kɔ̃plete] <5> **I.** *vt* ❶ (*rendre complet*) vervollständigen
❷ (*améliorer*) vervollkommnen
❸ (*fournir ultérieurement*) nachtragen *informations*
II. *vpr* **se ~** ❶ (*s'accroître*) sich vervollständigen
❷ (*se parfaire en s'associant*) sich ergänzen
complétif, -ive [kɔ̃pletif, -iv] *adj* ergänzend; **proposition complétive** Ergänzungssatz *m*, Objektsatz *m*
complexe [kɔ̃plɛks] **I.** *adj* ❶ (*compliqué*) komplex; *situation, caractère* schwierig
❷ GRAM zusammengesetzt
❸ CHIM, MATH komplex
II. *m* ❶ PSYCH Komplex *m*; **sans [aucun] ~** ohne Komplexe
❷ (*batiments*) Komplex *m*; **~ hôtelier** Hotelkomplex; **~ industriel** Industriekomplex; **~ touristique** Touristenzentrum *nt*
❸ CHIM, PHARM Komplexverbindung *f*
▶ **être bourré(e) de ~s** voller Komplexe stecken; **donner des ~s à qn** bei jdm Komplexe hervorrufen; **faire un ~** *fam* Komplexe haben
◆ **~ d'infériorité** Minderwertigkeitskomplex *m*; **~ d'Œdipe** Ödipuskomplex *m*
complexé(e) [kɔ̃plɛkse] *adj fam* ❶ PSYCH voller Komplexe
❷ (*coincé*) verklemmt
complexer [kɔ̃plɛkse] <1> *vt* **~ qn** bei jdm Komplexe hervorrufen
complexifier [kɔ̃plɛksifje] <1a> *vt* verkomplizieren
complexion [kɔ̃plɛksjɔ̃] *f* ❶ *littér* (*constitution*) Körperbau *m*
❷ *vieilli* (*caractère*) Naturell *nt*, Veranlagung *f*
complexité [kɔ̃plɛksite] *f* Komplexität *f*, Vielschichtigkeit *f*
complication [kɔ̃plikasjɔ̃] *f* ❶ (*complexité, ennui*) Schwierigkeit *f*; **faire des ~s** Schwierigkeiten machen
❷ MED Komplikation *f*
complice [kɔ̃plis] **I.** *adj* ❶ (*coresponsable*) **être ~ d'un vol** Komplize bei einem Diebstahl sein
❷ (*qui marque une connivence*) verständnisinnig; **être ~ de qn** mit jdm gemeinsame Sache machen, mit jdm unter einer Decke stecken (*fam*)
II. *mf* Komplize *m*/Komplizin *f*
complicité [kɔ̃plisite] *f* ❶ (*participation à un délit*) Mittäterschaft *f*, Beihilfe *f*; **~ de meurtre/vol** Beihilfe zum Mord/Diebstahl; **grâce à la ~ d'un gardien** dank der Beihilfe eines Wärters; **agir en ~** [*o* **par aide**] Beihilfe leisten
❷ (*connivence*) [geheimes] Einverständnis; **il y a une certaine ~ entre eux** sie verstehen sich auch ohne viele Worte
▶ **agir en ~ avec qn** JUR mit jdm gemeinsame Sache machen; *fig* sich mit jdm zusammentun; **avoir des** [*o* **bénéficier de**] **~s** Verbindungen [*o* Kontakte] haben
complies [kɔ̃pli] *fpl* REL Komplet *nt*
compliment [kɔ̃plimɑ̃] *m* ❶ (*parole élogieuse*) Kompliment *nt*; **je prends ça comme un ~** ich fasse das als Kompliment auf; **faire des ~s à qn pour** [*o* **sur**] **qc** jdm für etw Komplimente machen
❷ (*félicitations*) Glückwunsch *m*; **tous mes ~s!** herzlichen Glückwunsch!
❸ *pl* (*politesse*) Empfehlung *f*; **mes ~s à Madame votre mère** meine Empfehlung an Ihre Frau Mutter
❹ (*petit discours*) **dire** [*o* **réciter**] **un ~** ein paar Worte der Begrüßung/des Glückwunsches sagen
▶ **retourner le ~ à qn** jds Kompliment erwidern; **avec les ~s de qn** mit jds freundlichen Grüßen; **merci du ~!** danke für die

Blumen!; **mes ~s!** mein Kompliment!, gratuliere!

complimenter [kɔ̃plimɑ̃te] <1> *vt* ① *(congratuler)* ~ **qn pour qc** jdn zu etw beglückwünschen
② *(faire des compliments)* ~ **qn pour** [*o* **sur**] **qc** jdm für etw Komplimente machen

complimenteur, **-euse** [kɔ̃plimɑ̃tœʀ, -øz] *adj* schmeichlerisch; **être ~(-euse)** viele Komplimente machen

compliqué(e) [kɔ̃plike] *adj* ① *(difficile à comprendre)* kompliziert; *problème* schwierig
② *(qui aime la complication)* umständlich; **avoir l'esprit ~** umständlich sein
▶ **c'est pas ~** *fam* [ganz] einfach *(fam)*; **c'est pas ~, elle m'énerve** sie geht mir einfach auf den Wecker *(fam)*; **c'est déjà assez ~ comme ça** es ist so schon kompliziert genug; *problème, situation:* es ist so schon schwierig genug

compliquer [kɔ̃plike] <1> **I.** *vt* erschweren
II. *vpr* **se ~** ① *(devenir plus compliqué)* *choses, affaire:* komplizierter werden; *situation:* sich zuspitzen; *maladie:* sich verschlimmern
② *(rendre plus compliqué)* **se ~ la vie** sich *(Dat)* das Leben [unnötig] schwer machen
▶ **ça se complique** *fam* jetzt wird's schwierig [*o* kompliziert]

complot [kɔ̃plo] *m* Komplott *nt;* **former** [*o* **ourdir**] [*o* **tramer**] **un ~ contre qn** ein Komplott gegen jdn schmieden

comploter [kɔ̃plɔte] <1> **I.** *vt* ausklügeln *mauvais coup;* **~ de faire qc** heimlich planen, etw zu tun; **qu'est-ce que vous complotez?** was heckt ihr [wieder] aus? *(fam)*
II. *vi* **~ contre qn** gegen jdn ein Komplott schmieden

comploteur, **-euse** [kɔ̃plɔtœʀ, -øz] *m, f* Verschwörer(in) *m(f)*

componction [kɔ̃pɔ̃ksjɔ̃] *f* *(gravité affecté)* übertriebener Ernst *m*

comportement [kɔ̃pɔʀtəmɑ̃] *m a.* JUR, COM *(attitude)* Verhalten *nt;* **il a un ~ étrange** er benimmt [*o* verhält] sich merkwürdig; **~ envers qn** Verhalten gegenüber jdm, missbräuchliches Marktverhalten; **~ alimentaire** Essverhalten; **~ routier** Fahrverhalten

comportemental(e) [kɔ̃pɔʀtəmɑ̃tal, o] <-aux> *adj* Verhaltens-; **thérapie ~e** Verhaltenstherapie *f*

comportementaliste [kɔ̃pɔʀtəmɑ̃talist] *adj* behavioristisch

comporter [kɔ̃pɔʀte] <1> **I.** *vt* ① *(être constitué de)* bestehen aus, umfassen
② *(inclure)* **~ qc** etw aufweisen; *appareil:* mit etw ausgestattet sein
II. *vpr* **se ~** ① *(se conduire)* sich benehmen; **se ~ bien/mal** sich gut/schlecht benehmen; **se ~ comme un gamin** sich wie ein kleines Kind benehmen
② *(réagir)* sich verhalten; **se ~ mal dans les virages** *voiture:* ein schlechtes Kurvenverhalten haben

composant [kɔ̃pozɑ̃] *m* ① CHIM Bestandteil *m*
② ELEC Bauelement *nt*

composant(e) [kɔ̃pozɑ̃, ɑ̃t] *adj* **élément ~** Bestandteil *m*

composante [kɔ̃pozɑ̃t] *f* Komponente *f*

composé [kɔ̃poze] *m* ① CHIM Verbindung *f*
② GRAM zusammengesetztes Wort, Kompositum *nt*
③ *(mélange)* Mischung *f*

composé(e) [kɔ̃poze] *adj* GRAM, CHIM zusammengesetzt

composées [kɔ̃poze] *fpl* BOT Korbblütler *Pl*

composer [kɔ̃poze] <1> **I.** *vt* ① *(constituer)* zusammenstellen; aufstellen *équipe*
② *(créer)* kreieren *boisson, plat;* komponieren *œuvre musicale;* verfassen, schreiben *poème*
③ TYP setzen
④ *(faire partie de)* bilden; **être composé(e) de personnes/choses** aus Menschen/Dingen bestehen
II. *vi* ① MUS komponieren
② *(transiger)* **~ avec sa conscience/un ennemi** sich mit seinem Gewissen/einem Feind gütlich einigen
III. *vpr* **se ~ de qc** aus etw bestehen

composite [kɔ̃pozit] *adj* ① *(hétéroclite)* [bunt]gemischt, zusammengewürfelt
② CHIM, TECH **matériau ~** Verbundmaterial *nt*

compositeur, **-trice** [kɔ̃pozitœʀ, -tʀis] *m, f* MUS Komponist(in) *m(f)*

composition [kɔ̃pozisjɔ̃] *f* ① *(agencement)* Zusammenstellung *f; d'une équipe* Zusammenstellung, Aufstellung *f*
② TYP *(fait de composer)* Setzen *nt;* *(résultat)* Satz *m*
③ ART, LITTER, MUS *(fait de composer)* *d'une œuvre musicale* Komponieren *nt;* **la ~ d'un roman** das Schreiben eines Romans
④ *(œuvre)* Komposition *f;* **une œuvre de ma/ta/sa ~** eine Eigenkomposition; **la ~ française** der [französische] Aufsatz
⑤ GASTR Kreation *f*
⑥ *(ensemble des composants)* Zusammensetzung *f*
⑦ *(structure)* *d'un poème, texte* Aufbau *m;* *d'un tableau* Komposition *f*
▶ **être de bonne ~** gutmütig [veranlagt] sein

compost [kɔ̃pɔst] *m* Kompost *m*

compostage [kɔ̃pɔstaʒ] *m* ① *(traitement au compost)* Düngen *nt* mit Kompost
② *(validation au composteur)* Entwerten *nt*

composter [kɔ̃pɔste] <1> *vt* ① *(amender)* mit Kompost düngen
② *(valider)* entwerten

composteur [kɔ̃pɔstœʀ] *m* Entwerter *m*

compote [kɔ̃pɔt] *f* Kompott *nt;* **~ de pommes** Apfelkompott

compotier [kɔ̃pɔtje] *m* ① *(plat)* Kompottschüssel *f*
② *(contenu)* Schüssel *f* Kompott

compound [kɔ̃pund] **I.** *adj inv* TECH Verbund-
II. *f* Compoundmaschine *f*

compréhensible [kɔ̃pʀeɑ̃sibl] *adj* ① *(qui peut être compris)* verständlich
② *(qui s'explique facilement)* verständlich, begreiflich

compréhensif, **-ive** [kɔ̃pʀeɑ̃sif, -iv] *adj* verständnisvoll

compréhension [kɔ̃pʀeɑ̃sjɔ̃] *f* ① *(possibilité d'être compris)* Verständlichkeit *f*
② *(tolérance)* Verständnis *nt*
③ *(faculté de comprendre)* Auffassungsgabe *f*

comprendre [kɔ̃pʀɑ̃dʀ] <13> **I.** *vt* ① *(entendre clairement)* verstehen; **faire ~ qc à qn** *(expliquer)* jdm etw klarmachen; *(dire indirectement)* jdm etw zu verstehen geben
② *(saisir le sens)* verstehen, begreifen
③ *(concevoir)* **~ qn/qc** jdn/etw verstehen, für jdn/etw Verständnis haben; **~ que ce soit difficile** verstehen, dass es schwierig ist
④ *(se rendre compte de)* **~ qc** sich *(Dat)* über etw *(Akk)* im Klaren sein
⑤ *(être composé de)* bestehen aus
⑥ *(inclure)* **~ qn/qc** jdn/etw mit einschließen; **je vous ai compris(e) dans la liste** ich habe Sie in der Liste mit aufgeführt; **je ne comprends pas les frais de déménagement** ich rechne die Umzugskosten nicht mit ein; **T.V.A. comprise** MwSt. inbegriffen; **le loyer ne comprend pas les charges** in der Miete sind die Nebenkosten nicht inbegriffen
▶ **~ mal qn** jdn missverstehen, jdn falsch verstehen; **croire ~ que qn/qc fait qc** zu verstehen glauben, dass jd/etw etw tut; **dois-je ~ que c'est vous?** soll das heißen, dass Sie es sind?; **faire ~ qc à qn** *(expliquer)* jdm etw klarmachen; *(dit indirectement)* jdm etw zu verstehen geben; **ne ~ rien à rien** *fam* überhaupt nichts kapieren *(fam)*
II. *vi* verstehen
▶ **il ne faut pas chercher à ~** da gibt es nichts zu verstehen; **se faire ~** sich klar [und deutlich] ausdrücken
III. *vpr* **se ~** ① *(être compréhensible)* verständlich sein
② *(communiquer)* sich verständigen
③ *(s'accorder)* *personnes:* sich [gut] verstehen
▶ **ça se comprend** das ist verständlich, das ist nicht verwunderlich

C

comprendre

• signaler la compréhension	• Verstehen signalisieren
(Oui,) je comprends!	(Ja, ich) verstehe!
Exactement!	Genau!
Oui, je comprends cela.	Ja, das kann ich nachvollziehen.

• signaler l'incompréhension	• Nicht-Verstehen signalisieren
Que voulez-vous dire par là?	Was meinen Sie damit?
Pardon? – Je n'ai pas entendu ce que vous disiez à l'instant.	Wie bitte? – Das habe ich eben akustisch nicht verstanden.
Pourriez-vous répéter, s'il vous plaît?	Könnten Sie das bitte noch einmal wiederholen?
Je comprends pas!/Je pige pas! *(fam.)*	Versteh ich nicht!/Kapier ich nicht! *(fam)*
Je ne comprends pas (très bien).	Das verstehe ich nicht (ganz).
(Excusez-moi, mais) je n'ai pas compris.	(Entschuldigen Sie bitte, aber) das hab ich eben nicht verstanden.
Je ne vous suis pas vraiment.	Ich kann Ihnen nicht ganz folgen.

• s'assurer qu'on a bien été entendu	• kontrollieren, ob man akustisch verstanden wird
(à un public) Vous m'entendez tous?	*(an ein Publikum)* Verstehen Sie mich alle?
(au téléphone) Vous m'entendez?	*(am Telefon)* Können Sie mich hören?
(au téléphone) Vous comprenez ce que je dis?	*(am Telefon)* Verstehen Sie, was ich sage?

comprenette [kɔ̃pʀənɛt] *f* **avoir la ~ un peu dure** *fam* schwer von Begriff sein (*fam*)

compresse [kɔ̃pʀɛs] *f* Kompresse *f;* **~ stérile** sterile [Mull]kompresse

compresser [kɔ̃pʀese] <1> *vt* zusammendrücken

compresseur [kɔ̃pʀesœʀ] *m* Kompressor *m*

compressibilité [kɔ̃pʀesibilite] *f* ❶ PHYS Verdichtbarkeit *f,* Kompressibilität *f*
❷ FIN Reduzierbarkeit *f*

compressible [kɔ̃pʀesibl] *adj* ❶ PHYS verdichtbar, kompressibel
❷ FIN reduzierbar; **nos dépenses ne sont pas ~s** unsere Ausgaben können nicht gesenkt [*o* reduziert] werden

compressif, -ive [kɔ̃pʀesif, -iv] *adj* ❶ MED **pansement ~** Druckverband *m*
❷ FIN **mesures compressives** Einsparungsmaßnahmen *Pl*

compression [kɔ̃pʀesjɔ̃] *f* ❶ PHYS Verdichtung *f,* Komprimierung *f*
❷ (*réduction*) Senkung *f,* Reduzierung *f;* **~ de personnel** Personalabbau *m;* **~s budgétaires** Haushaltskürzungen *Pl*
❸ INFORM Komprimierung *f*

comprimé [kɔ̃pʀime] *m* Tablette *f*

comprimé(e) [kɔ̃pʀime] *adj* ❶ (*serré*) **être ~(e) dans qc** *personne:* in etw (*Dat*) eingezwängt sein
❷ PHYS **air ~** Pressluft *f;* **carabine à air ~** Luftgewehr *nt*

comprimer [kɔ̃pʀime] <1> *vt* ❶ (*presser*) komprimieren; abdrücken *artère*
❷ (*serrer*) **~ qc à qn** jdm etw zusammendrücken; **la ceinture lui comprime le ventre** der Gürtel schnürt ihm/ihr den Bauch ein
❸ (*réduire*) reduzieren *dépenses, effectifs, budget*
❹ (*réprimer*) unterdrücken *colère, larmes*
❺ INFORM komprimieren

compris(e) [kɔ̃pʀi, iz] **I.** *part passé de* **comprendre**
II. *adj* ❶ (*inclus*) inklusive, einschließlich; **être ~(e) dans le prix** im Preis inbegriffen sein; **[la] T.V.A. non ~e** ohne Mehrwertsteuer; **jusqu'à la page 43 non ~e** bis einschließlich Seite 42; **tout ~** alles inbegriffen
❷ (*situé*) **être ~(e) entre cinq et sept pourcent** zwischen fünf und sieben Prozent liegen; **période ~e entre 1920 et 1930** Zeitabschnitt *m* von 1920 bis 1930

compromettant(e) [kɔ̃pʀɔmetɑ̃, ɑ̃t] *adj* kompromittierend

compromettre [kɔ̃pʀɔmɛtʀ] <*irr*> **I.** *vt* ❶ kompromittieren, bloßstellen *personne;* schädigen *réputation, nom;* **être compromis(e)** *réputation:* Schaden genommen haben; **être compromis(e) dans qc** wegen etw ins Gerede gekommen sein
❷ (*menacer*) gefährden; **notre voyage est compromis** aus unserer Reise wird wohl nichts
II. *vpr* **se ~ avec qn/dans qc** wegen jdm/einer S. ins Gerede kommen

compromis [kɔ̃pʀɔmi] *m* Kompromiss *m;* **faire un ~** einen Kompromiss schließen

compromission [kɔ̃pʀɔmisjɔ̃] *f* Zugeständnis *nt*

compta [kɔ̃ta] *f fam abr de* **comptabilité** Buchhaltung *f*

comptabiliser [kɔ̃tabilize] <1> *vt* ❶ FIN erfassen, [ver]buchen
❷ (*compter*) **~ qc dans qc** etw zu etw zählen

comptabilité [kɔ̃tabilite] *f* ❶ (*discipline*) Rechnungswesen *nt*
❷ (*comptes*) Buchführung *f,* Buchhaltung *f;* **gérer** [*o* **tenir**] **la ~** die Buchhaltung [*o* Buchführung] machen; **passer qc en ~** etw [ver]buchen; **~ simple** einfache Buchführung
❸ (*service*) Buchhaltung *f,* Rechnungswesen *nt*

comptable [kɔ̃tabl] **I.** *adj* **plan ~** Kontenplan *m;* **exercice ~** Rechnungsjahr *nt;* **document/pièce ~** Buchungsbeleg *m;* **service ~** Buchhaltung *f*
II. *mf* Buchhalter(in) *m(f);* **~ agréé(e)** vereidigter Steuerprüfer/vereidigte Steuerprüferin
◆ **~ du Trésor** *form* Finanzbeamte(r) *m*/-beamtin *f*

comptage [kɔ̃taʒ] *m* Zählung *f,* Zählen *nt*

comptant [kɔ̃tɑ̃] **I.** *m sans pl* Barzahlung *f;* **acheter/vendre au ~** gegen Barzahlung kaufen/verkaufen
II. *adv* **payer ~** bar bezahlen, per Kassa bezahlen (*Fachspr.*)
III. *adj inv* bar; *v. a.* **argent**

compte [kɔ̃t] *m* ❶ *sans pl* (*calcul*) Zählung *f; des suffrages, points* [Aus]zählung *f;* (*calcul détaillé*) Aufstellung *f*
❷ *sans pl* (*résultat*) Ergebnis *nt;* **faire le ~** stimmen; **avez-**

-vous le bon ~ de chaises? (*suffisamment*) haben Sie genug Stühle?; (*le même nombre*) sind noch alle Stühle da?; **le ~ est bon** [*o* **juste**] es stimmt; **le ~ y est** *fam* es haut hin (*fam*); **cela fait un ~ rond** es macht [*o* ergibt] eine runde Summe
③ (*note*) Rechnung *f;* **faire le ~** die Rechnung machen
④ (*écritures comptables*) Konto *nt;* **publier à ~ d'auteur** auf Kosten des Autors veröffentlichen; **~s d'une entreprise/de l'État** Unternehmens-/Staatskonten; **faire** [*o* **régler**] **les ~s** Bilanz ziehen; **faire ses ~** abrechnen; **tenir les ~s** die Finanzen regeln; **agir pour son propre ~** COM auf eigene Rechnung handeln; **livre de ~** Geschäftsbuch *nt;* (*pour le ménage*) Haushaltsbuch
⑤ (*compte en banque*) Konto *nt;* **~ courant** Girokonto; **~ créditeur/débiteur** Aktiv-/Passivkonto; **~ chèque** Scheckkonto; **~ sur livret** Sparkonto; **avoir un ~ dans une banque** ein Konto bei einer Bank haben; **ouvrir/fermer un ~** ein Konto eröffnen/auflösen
▶ **les bons ~s font les bons amis** *prov* ≈ Genauigkeit in Gelddingen erhält die Freundschaft; **des ~s d'apothicaire** *fam* komplizierte Rechnerei; **au bout du ~** schließlich; **en fin de ~** letzten Endes; **son ~ est bon!** *fam* er kriegt, was er verdient! (*fam*); **s'en tirer à bon ~** [noch] gut [*o* billig] davon kommen; **être loin du ~** sich [ganz schön] vertan haben; **avoir son ~** (*recevoir son dû*) auf seine Kosten kommen; (*être ivre*) sein Quantum haben; (*être K.-O.*) sein[en] Teil bekommen haben; **avoir son ~ de qc** genug von etwas haben; **avoir un ~ à régler avec qn** *fam* mit jdm eine Rechnung zu begleichen haben; **demander** [*o* **réclamer**] **des ~s à qn** jdn zur Rechenschaft ziehen; **devoir des ~s à qn** jdm Rechenschaft schuldig sein; **donner son ~ à qn** jdm kündigen; **faire le ~ de qc** aus etw [die] Bilanz ziehen; **comment fait-il/fait-elle son ~ pour ...?** wie bringt er/sie das nur fertig, zu ...?; **tout ~ fait** alles in allem; **laisser qn/qc pour ~** jdn/etw außer Acht lassen; **être laissé(e) pour ~** das Nachsehen haben; **mettre qc sur le ~ de qn/qc** jdn/etw für etw verantwortlich machen; **prendre qc à son ~** etw übernehmen, die Kosten einer S. (*Gen*) übernehmen; **prendre qc sur son ~** für etw die Verantwortung übernehmen; **prendre qc en ~** etw berücksichtigen, etw in Rechnung stellen; **en prendre pour son ~** *fam* [von etw] die Schnauze voll haben (*fam*); **régler ses ~s avec qn** mit jdm ins Reine kommen; **régler son ~ à qn** (*renvoyer*) jdm übel mitspielen; (*faire un mauvais sort à*) mit jdm abrechnen; **rendre des ~s à qn** (*se justifier*) jdm [gegenüber] Rechenschaft ablegen; **rendre ~ de qc à qn** jdm über etw (*Akk*) berichten; **se rendre ~ de qc** (*s'apercevoir*) etw bemerken; (*comprendre*) sich (*Dat*) über etw (*Akk*) im Klaren sein; **se rendre ~ que** + *indic* (*s'apercevoir*) bemerken, dass; (*comprendre*) sich (*Dat*) darüber im Klaren sein, dass; **tu te rends ~!** [hoffentlich] bist du dir darüber im Klaren!; (*imagine*) kannst du dir das vorstellen!; **reprendre qc à son ~** etw übernehmen; **~ tenu de qc** in Anbetracht einer S. (*Gen*); **tenir ~ à qn de qc** *soutenu* jdm etw zugute halten (*geh*); **tenir ~ de qc** etw berücksichtigen; **tenir ~ du fait que** + *indic* berücksichtigen, dass; **y trouver son ~** dabei auf seine Kosten kommen; **à son ~** selb[st]ständig; **s'installer** [*o* **se mettre**] **à son ~** sich selb[st]ständig machen; **à ce ~-là** (*dans ces conditions*) dann, in diesem Fall; (*à ce rythme-là*) wenn das so weitergeht; **pour le ~ de qn/qc** COM in jds Auftrag (*Dat*)/im Auftrag einer S. (*Gen*); **pour mon ~** [**personnel**] was mich angeht, ich für mein[en] Teil; **pour mon ~ personnel** für meinen persönlichen Bedarf; **sur le ~ de qn** in Bezug auf jdn
◆ **~ à rebours** Countdown *m;* **~** [**d'**]**épargne** Sparkonto *nt;* **~ d'épargne-logement** Bausparkonto *nt*

compte-gouttes [kɔ̃tgut] *m inv* Pipette *f*
▶ **au ~** tröpfchenweise (*fam*), in Etappen; **laisser entrer les visiteurs au ~** die Besucher nach und nach eintreten lassen

compter [kɔ̃te] <1> **I.** *vt* ① (*dénombrer*) zählen; (*totaliser*) zusammenzählen; [aus]zählen *voix, suffrages*
② (*donner avec parcimonie*) **~ son argent** mit seinem Geld geizen; **être compté(e)** *congés:* rar sein
③ (*facturer, pénaliser*) berechnen; in Rechnung stellen *heure supplémentaire;* SCOL anrechnen *faute;* **~ cent euros à qn pour le dépannage** jdm hundert Euro für die Reparatur berechnen
④ (*s'impatienter*) zählen *heures, jours*
⑤ (*avoir duré*) **~ deux ans d'existence** seit zwei Jahren bestehen
⑥ (*prévoir, évaluer*) rechnen; **~ 200 g/100 euros par personne** 200 g/100 Euro pro Person [*o* pro Kopf] rechnen; **~ trois heures de train pour le retour** drei Stunden für die Rückfahrt rechnen
⑦ (*prendre en compte*) berücksichtigen *ourlet, emballage;* (*ajouter à un nombre de*) [mit]zählen, [mit]rechnen; **dix personnes sans ~ les enfants** zehn Personen, die Kinder nicht mitgerechnet
⑧ (*ranger parmi*) **~ qn/qc parmi** [*o* **au nombre de**] **...** jdn/etw zu ... zählen [*o* rechnen]
⑨ (*posséder, comporter*) *personne:* haben; **la ville compte plusieurs monuments** in der Stadt befinden sich mehrere Denkmäler; **la ville compte dix mille habitants** die Stadt zählt zehntausend Einwohner; **~ de nombreuses pièces rares** *collection:* viele seltene Stücke umfassen; **ne pas ~ d'ennemis** keine Feinde haben
⑩ (*avoir l'intention de*) **~ faire qc** beabsichtigen [*o* vorhaben], etw zu tun; (*espérer*) damit rechnen, etw zu tun; **~ recevoir une réponse dans huit jours** innerhalb einer Woche mit einer Antwort rechnen; **je compte bien qu'elle viendra** ich rechne schon damit, dass sie kommt
▶ **on peut les ~ sur les doigts de la main** man kann sie an den Fingern abzählen; **on ne les compte plus** man kann sie schon nicht mehr zählen; **sans ~ que le patron le sait** (*et en outre*) zudem weiß der Chef es; (*d'autant plus que*) zumal der Chef es weiß
II. *vi* ① (*énumérer*) zählen; **savoir ~** zählen können
② (*calculer*) rechnen; **~ sur ses doigts** mit den Fingern rechnen; **~ large** großzügig [*o* gut] rechnen
③ (*être économe*) mit jedem Pfennig rechnen; **dépenser sans ~** ausgeben ohne aufs Geld zu sehen; **s'engager sans ~** sich voll und ganz einsetzen
④ (*tenir, ne pas tenir compte de*) **~ avec qn/qc** mit jdm/etw rechnen, jdn/etw einkalkulieren; **~ sans qn/qc** jdn/etw außer Acht lassen
⑤ (*s'appuyer, tabler sur*) **~ sur qn/qc** mit jdm/etw rechnen, auf jdn/etw zählen; **j'y compte bien!** *fam* ich verlasse mich drauf!; **tu peux ~** [**là-**]**dessus!** darauf kannst du dich verlassen!; **n'y comptez pas avant mardi!** das wird wohl nichts vor Dienstag!, rechnen Sie nicht vor Dienstag damit!
⑥ (*avoir de l'importance*) zählen; **~ pour qn** jdm etwas bedeuten; **~ beaucoup pour qn** jdm viel bedeuten; **~ pour beaucoup dans qc** zu etw viel beitragen, bei etw eine große Rolle spielen; **ne ~ pour rien dans qc** keinen Anteil an etw (*Dat*) haben, nichts mit etw zu tun haben; **dix ans, ça compte!** zehn Jahre, das ist eine ganze Menge! (*fam*); **ce qui compte, c'est d'être en bonne santé** was zählt, ist die Gesundheit
⑦ (*être valable, valoir*) zählen; **~ pour deux/double** für zwei/doppelt zählen; **ça ne compte pas!** das zählt nicht!
⑧ (*être parmi*) **~ parmi les ...** zu den ... zählen
▶ **tout bien compté** wenn man es genau bedenkt/wenn ich es genau bedenke; **compte là-dessus!** *iron pop* da kannst du warten, bis du schwarz wirst! (*fam*); **à ~ de** von ... an
III. *vpr* (*s'inclure*) **se ~** sich mitzählen
▶ **se ~ par milliers** in die Tausende gehen; **ses médailles ne se comptent plus** ihre Medaillen kann man [*o* lassen sich] [gar] nicht mehr zählen

compte rendu [kɔ̃tʀɑ̃dy] *m* Bericht *m; d'un film, livre* Besprechung *f;* TV, RADIO Berichterstattung *f*

compte-tours [kɔ̃ttuʀ] *m inv* Drehzahlmesser *m;* TECH Tourenzähler *m*

compteur [kɔ̃tœʀ] *m* ❶ Tachometer *m,* Tacho *m* (*fam*), Geschwindigkeitsmesser *m;* ~ **kilométrique** Kilometerzähler *m*
❷ (*taximètre*) Taxameter *m*
❸ (*compteur d'électricité, de gaz, d'eau*) Zähler *m;* ~ **électrique** Stromzähler; **relever le** ~ den Zähler ablesen
◆ ~ **d'eau** Wasserzähler *m,* Wasseruhr *f;* ~ **d'électricité** Stromzähler *m;* ~ **de gaz** Gaszähler *m,* Gasuhr *f;* ~ **Geiger** Geigerzähler *m;* ~ **de vitesse** Geschwindigkeitsmesser *m*

comptine [kɔ̃tin] *f* Abzählreim *m*

comptoir [kɔ̃twaʀ] *m* Theke *f; d'un café, restaurant* Theke, Tresen *m; d'un magasin* Theke, Ladentisch *m; d'un grand magasin* Theke, Verkaufstisch *m; d'une banque, compagnie aérienne* Schalter *m*

compulser [kɔ̃pylse] <1> *vt* nachschlagen in (+ *Dat*), durchsehen

compulsif, -ive [kɔ̃pylsif, -iv] *adj* PSYCH zwanghaft

compulsion [kɔ̃pylsjɔ̃] *f* PSYCH Zwangshandlung *f*

comte [kɔ̃t] *m* Graf *m*

comté [kɔ̃te] *m* Grafschaft *f*

comtesse [kɔ̃tɛs] *f* Gräfin *f*

comtois(e) [kɔ̃twa, waz] *adj* [aus] der Franche-Comté

Comtois(e) [kɔ̃twa, waz] *m(f)* Einwohner(in) *m(f)* der Franche-Comté; **être** ~**(e)** aus der Franche-Comté stammen

con(ne) [kɔ̃, kɔn] *pop* **I.** *adj parfois inv* bescheuert (*fam*), doof (*fam*), blöd (*fam*)
II. *m(f)* (*homme*) [Voll]idiot *m* (*fam*), Blödmann *m* (*fam*); (*femme*) blöde [*o* Kuh] Ziege (*fam*), dumme Nuss (*fam*); **grand** ~**!** du Vollidiot!; **pauvre** ~**(ne)**! Blödmann *fam*/blöde Kuh!; **sale** ~**(ne)**! *péj* Scheißkerl *m*/Drecksau *f*! (*vulg*); **petit** ~**/petite** ~**ne** dummer Junge/dumme Gans (*fam*); **faire le** ~ *pop* Blödsinn *fam* [*o* Scheiß *sl*] machen; **oh! le** ~**/la** ~**ne!** *pop* ach du Schande! (*fam*), ach du Scheiße! (*sl*)

conard [kɔnaʀ] *m pop v.* **connard**

conasse [kɔnas] *f pop v.* **connasse**

concasser [kɔ̃kɑse] <1> *vt* zerkleinern *pierre, roche;* zerstoßen *épices;* ~ **du grain** (*avec une meule*) Getreide schroten [*o* [grob] mahlen]; (*avec un pilon*) Getreide zerstoßen

concave [kɔ̃kav] *adj* konkav; **miroir** ~ Hohlspiegel *m*

concavité [kɔ̃kavite] *f* ❶ OPT Konkavität *f* (*Fachspr.*); *d'une lentille* Krümmung *f* [nach innen]; *d'un miroir* Wölbung *f* [nach innen]
❷ (*creux*) *d'un sol, rocher* Vertiefung *f,* [Aus]höhlung *f*

concéder [kɔ̃sede] <5> *vt* ❶ (*accorder*) zugestehen, zubilligen *droit, privilège;* erteilen *monopole;* ~ **à qn l'exploitation de qc** jdm etw zur Nutzung überlassen
❷ *form* (*admettre*) zugeben, einräumen; **je le concède** ich gebe es zu; **je vous le concède** da gebe ich Ihnen recht; **je vous concède ce point** in diesem Punkt stimme ich Ihnen zu
❸ SPORT kassieren (*fam*) *but, point*

concélébrer [kɔ̃selebʀe] <5> *vt* konzelebrieren *messe, eucharistie*

concentration [kɔ̃sɑ̃tʀasjɔ̃] *f* ❶ Konzentration *f;* ~ **urbaine** Ballungsraum *m*
❷ (*accumulation*) Anhäufung *f,* Ansammlung *f*

concentrationnaire [kɔ̃sɑ̃tʀasjɔnɛʀ] *adj* Konzentrationslager-

concentré [kɔ̃sɑ̃tʀe] *m* ❶ GASTR Konzentrat *nt*
❷ CHIM Extrakt *m*
◆ ~ **de tomate** Tomatenmark *nt*

concentré(e) [kɔ̃sɑ̃tʀe] *adj* ❶ (*condensé*) *aliment, produit, solution* konzentriert; *lait* Kondens-; *odeur* intensiv
❷ (*réfléchi*) konzentriert

concentrer [kɔ̃sɑ̃tʀe] <1> **I.** *vt* ❶ (*rassembler*) konzentrieren, massieren; zusammenziehen *troupes, forces*
❷ OPT konzentrieren; bündeln *rayons*
❸ CHIM konzentrieren
II. *vpr* ❶ (*se rassembler*) **se** ~ *troupes:* sich zusammenziehen, sich konzentrieren; *foule, manifestants:* sich sammeln; (*confluer*) zusammenströmen
❷ (*se cantonner*) **se** ~ **dans qc** sich auf etw (*Akk*) konzentrieren; **se** ~ **dans une région** (*se trouver*) sich besonders [*o* vor allem] in einer [bestimmten] Region befinden
❸ (*fixer son attention*) **se** ~ **sur qn/qc** sich auf jdn/etw konzentrieren

concentrique [kɔ̃sɑ̃tʀik] *adj* konzentrisch

concept [kɔ̃sɛpt] *m* ❶ PHILOS Konzept *nt,* Vorstellung *f;* LING Bedeutung *f*
❷ (*idée générale*) Konzept *nt*

conception [kɔ̃sɛpsjɔ̃] *f* ❶ *sans pl* BIO Empfängnis *f,* Konzeption *f* (*Fachspr.*)
❷ *sans pl* (*élaboration*) Konzeption *f; d'un produit* Entwicklung *f;* ~ **d'ensemble** Gesamtkonzeption; ~ **assistée par ordinateur** CAD *nt,* Computer Aided Design *nt*
❸ *sans pl* (*idée*) Auffassung *f,* Vorstellung *f*
▶ **Immaculée Conception** Unbefleckte Empfängnis
◆ ~ **du monde** Weltbild *nt*

conceptualiser [kɔ̃sɛptɥalize] <1> *vt* ein Konzept erarbeiten [*o* erstellen] für

conceptuel(le) [kɔ̃sɛptɥɛl] *adj* konzeptuell, Konzept-

concernant [kɔ̃sɛʀnɑ̃] *prép* (*quant à*) bezüglich (+ *Gen*), hinsichtlich (+ *Gen*); COM betreffs (+ *Gen*), bezüglich

concerner [kɔ̃sɛʀne] <1> *vt* betreffen; (*se rapporter à*) sich beziehen auf (+ *Akk*); **les nouvelles concernent souvent des catastrophes** in den Nachrichten geht es oft um Katastrophen; **en** [*o* **pour**] **ce qui concerne qn/qc** was jdn/etw ... betrifft[, so]

concert [kɔ̃sɛʀ] *m* ❶ MUS Konzert *nt*
❷ *fig* ~ **d'avertisseurs** [*o* **de klaxons**] Hupkonzert *nt;* ~ **de sifflets** Pfeifkonzert; ~ **d'exclamations** großes Geschrei
▶ **agir de** ~ **avec qn** mit jdm gemeinsam vorgehen; **décider qc de** ~ **avec qn** etw im Einvernehmen mit jdm entscheiden; **travailler de** ~ **avec qn** Hand in Hand mit jdm arbeiten; (*ensemble*) zusammen mit jdm arbeiten

concertant(e) [kɔ̃sɛʀtɑ̃, ɑ̃t] *adj symphonie* konzertant

concertation [kɔ̃sɛʀtasjɔ̃] *f* Abstimmung *f;* ~ **sur qc** Abstimmung hinsichtlich einer S. (*Gen*); **sans** ~ **préalable** ohne vorherige Abstimmung

concerté(e) [kɔ̃sɛʀte] *adj plan* [vorher miteinander] abgestimmt; *action* konzertiert

concerter [kɔ̃sɛʀte] <1> **I.** *vt* abstimmen, besprechen *plan, projet, action*
II. *vpr* **se** ~ **sur qc** sich hinsichtlich einer S. (*Gen*) besprechen

concertiste [kɔ̃sɛʀtist] *mf* Konzertmusiker(in) *m(f)*

concerto [kɔ̃sɛʀto] *m* Konzert *nt*

concessif, -ive [kɔ̃sesif, -iv] *adj* konzessiv, Konzessiv-

concession [kɔ̃sesjɔ̃] *f* ❶ (*compromis*) Zugeständnis *nt,* Konzession *f* (*geh*); **faire de larges** ~**s** weitgehende Zugeständnisse machen; **c'est un homme sans** ~ er ist zu keinem Kompromiss bereit
❷ ADMIN, JUR (*droit d'exploiter*) Nutzungsrecht *nt;* **faire la** ~ **d'un terrain à qn** jdm ein Grundstück abtreten; ~ **d'utilisation [d'un procédé de fabrication]** Herstellungslizenz *f*
❸ COM Konzession *f;* ~ **commerciale exclusive** Alleinvertretung *f*
❹ (*terrain exploité*) zur Nutzung freigegebenes Grundstück; ~ **forestière/pétrolière** zur Nutzung freigegebenes Waldstück/Ölfeld; ~ **minière** zum Abbau freigegebene Mine
❺ (*place au cimetière*) gekauftes Grab

concessionnaire [kɔ̃sesjɔnɛʀ] **I.** *adj* konzessioniert, Konzessions-
II. *mf* ADMIN, ECON Konzessionär(in) *m(f),* Konzessionsinhaber(in) *m(f);* COM Vertragshändler(in) *m(f);* ~ **exclusif de qc** Alleinvertreter(in) *m(f)* für etw

concessive [kɔ̃sesiv] *f* Konzessivsatz *m*

concevable [kɔ̃s(ə)vabl] *adj* denkbar

concevoir [kɔ̃s(ə)vwaʀ] <12> **I.** *vt* ① *soutenu* (*engendrer*) empfangen
② (*se représenter*) begreifen; erarbeiten *politique, solution;* ~ **qc comme qc** etw als etw begreifen [*o* auffassen]
③ (*élaborer, ébaucher*) konzipieren, entwerfen *maison, voiture;* abfassen *texte, lettre*
④ (*comprendre*) begreifen, verstehen; **on conçoit sa déception** seine/ihre Enttäuschung ist verständlich
II. *vpr* **se** ~ ① (*se comprendre*) **cela se conçoit facilement** das kann man gut verstehen
② *soutenu* (*être imaginé*) *plan, projet:* ins Auge gefasst werden; **le pire qui puisse se** ~**, c'est ...** das Schlimmste, was man sich (*Dat*) vorstellen kann, ist ...

concierge [kɔ̃sjɛʀʒ] *mf* Hausmeister(in) *m(f),* Abwart *m/* Abwärtin *f* (CH)
▸ **c'est une** <u>**vraie**</u> ~ *fam* das ist ein richtiges Klatschmaul (*fam*)

i Land & Leute

Die/der **concierge** kümmert sich um alle anfallenden Dienste in größeren Wohnhäusern. Sie/er verteilt die Post, putzt die Treppen, sorgt für die Müllabfuhr, gibt Auskünfte. Heute ist dieser Beruf am Aussterben.

conciergerie [kɔ̃sjɛʀʒ] *f* CAN (*grand immeuble d'habitation*) großes Mietshaus *nt*

concile [kɔ̃sil] *m* Konzil *nt*

conciliable [kɔ̃siljabl] *adj* vereinbar; **être** ~ sich vereinbaren lassen

conciliabule [kɔ̃siljabyl] *m* **tenir** [*o* **faire**] **des** ~**s avec qn** mit jdm tuscheln

conciliaire [kɔ̃siljɛʀ] *adj* Konzil-; **les pères** ~**s** die Konzilsväter

conciliant(e) [kɔ̃siljɑ̃, jɑ̃t] *adj personne* entgegenkommend; *parole* vermittelnd; *caractère* verträglich, ausgleichend

conciliateur, -trice [kɔ̃siljatœʀ, -tʀis] **I.** *adj* ausgleichend, vermittelnd
II. *m, f* Vermittler(in) *m(f),* Schlichter(in) *m(f)*

conciliation [kɔ̃siljasjɔ̃] *f* ① (*médiation*) Ausgleich *m;* **tentative de** ~ Vermittlungsversuch *m;* **par esprit de** ~ aus Kompromissbereitschaft
② JUR Sühneversuch *m;* (*réussie*) Vergleich *m;* (*arbitrage*) Schlichtung *f;* **bureau de** ~ Einigungsstelle *f;* **être cité(e) en** ~ zum Sühnetermin geladen sein

conciliatoire [kɔ̃siljatwaʀ] *adj* **procédure** ~ Sühneverfahren *nt*

concilier [kɔ̃silje] <1a> **I.** *vt* ① (*harmoniser*) [miteinander] vereinbaren [*o* in Einklang bringen]
② (*faire gagner*) ~ **à qn les faveurs du public** jdm die Gunst [*o* Sympathien] der Öffentlichkeit einbringen
③ JUR ~ **des personnes** einen Vergleich zwischen Menschen herbeiführen; ~ **des époux** (*arbitrer*) eine Versöhnung zwischen Ehepartnern herbeiführen
II. *vpr* **se** ~ **qn** jdn für sich gewinnen; **se** ~ **les faveurs/l'amitié/la bienveillance de qn** [sich (*Dat*)] jds Gunst/Freundschaft/Wohlwollen erwerben

concis(e) [kɔ̃si, iz] *adj style, texte* knapp; *termes* kurz und bündig, prägnant; *pensée* prägnant; **soyez** ~ fassen Sie sich kurz

concision [kɔ̃sizjɔ̃] *f sans pl d'un style* Knappheit *f; d'un texte* Kürze *f; d'un terme, d'une pensée* Prägnanz *f*

concitoyen(ne) [kɔ̃sitwajɛ̃, jɛn] *m(f)* Mitbürger(in) *m(f)*

conclave [kɔ̃klav] *m* Konklave *f*

concluant(e) [kɔ̃klyɑ̃, ɑ̃t] *adj argument* schlagend, stichhaltig; *résultat* zwingend, überzeugend; *expérience, essai* beweiskräftig

conclure [kɔ̃klyʀ] <*irr*> **I.** *vt* ① (*signer*) abschließen *affaire;* [ab]schließen *marché, pacte, traité;* schließen *paix;* ~ **un accord avec qn** mit jdm ein Abkommen treffen
② (*terminer*) abschließen; beschließen *discours;* beenden *repas*
③ (*déduire*) ~ **qc de qc** etw aus etw schließen; ~ **que qn a raison** [schluss]folgern, dass jd Recht hat
II. *vi* ① (*terminer*) zum Schluss [*o* Ende] kommen; **pour** ~ um abzuschließen; ~ **par qc** *exposé:* mit etw schließen
② (*se prononcer pour*) ~ **à un accident** auf einen Unfall schließen; ~ **à l'innocence de qn** jdn für unschuldig befinden; ~ **à l'acquittement** auf Freispruch entscheiden
III. *vpr* **se** ~ **par qc** mit etw [ab]schließen

conclusion [kɔ̃klyzjɔ̃] *f* ① (*signature*) *d'un accord, traité* Abschluss *m; d'un mariage* Schließen *nt;* ~ **d'un/du contrat** Vertragsschluss *m;* **en cas de** ~ **du contrat/marché** bei Vertrags-/Kaufabschluss
② (*fin*) *d'un article, roman, discours* Ende *nt,* Schluss *m; d'une intrigue, d'un événement* Auflösung *f,* Schluss
③ (*déduction*) *d'une fable* Moral *f,* Lehre *f; d'une thèse* [Schluss]folgerung *f,* Konklusion *f* (*geh*); [**en**] **arriver à la** ~ **que qn a raison** zu dem Schluss kommen, dass jd Recht hat; **tirer de qc la** ~ **que qn a raison** aus etw folgern [*o* den Schluss ziehen], dass jd Recht hat
▸ <u>**en**</u> ~ letzten Endes; ~, ... Fazit: ...

concocter [kɔ̃kɔkte] <1> *vt hum* aushecken (*fam*)

concombre [kɔ̃kɔ̃bʀ] *m* Gurke *f*

concomitance [kɔ̃kɔmitɑ̃s] *f* gleichzeitiges Auftreten, Nebeneinander *nt*

concomitant [kɔ̃kɔmitɑ̃, ɑ̃t] *adj* Begleit-; **symptômes** ~**s** Begleiterscheinungen *Pl,* Begleitsymptome *Pl*

concordance [kɔ̃kɔʀdɑ̃s] *f* (*accord*) Übereinstimmung *f; de situations, conditions* Ähnlichkeit *f*
◆ ~ **des temps** Zeitenfolge *f*

concordant(e) [kɔ̃kɔʀdɑ̃, ɑ̃t] <1> *adj pl* **des choses sont** ~**es entre elles** Dinge stimmen miteinander überein

concordat [kɔ̃kɔʀda] *m* JUR Konkordat *nt*

concorde [kɔ̃kɔʀd] *f sans pl soutenu* Eintracht *f;* **vivre dans la** ~ in Eintracht leben

concorder [kɔ̃kɔʀde] <1> *vi* übereinstimmen

concourant(e) [kɔ̃kuʀɑ̃, ɑ̃t] *adj* MATH *droites* konvergierend

concourir [kɔ̃kuʀiʀ] <*irr*> *vi* ① *soutenu* (*contribuer*) ~ **à qc** zu etw beitragen
② (*être en compétition*) ~ **à qc** die Prüfung für etw machen, am Wettbewerb um etw teilnehmen; **être admis(e) à** ~ UNIV zum Auswahlverfahren zugelassen sein; SPORT zum Wettkampf zugelassen sein

concours [kɔ̃kuʀ] *m* ① (*compétition*) Wettbewerb *m;* SPORT Wettkampf *m;* ~ **de pêche** Wettangeln; ~ **hippique** Reit[- und Spring]turnier *nt;* ~ **de beauté/de chant** Schönheits-/Gesangswettbewerb
② (*jeu doté de prix*) Preisausschreiben *nt*
③ SCOL, UNIV Aufnahmeprüfung *f;* ADMIN Auswahlverfahren *nt;* ~ **d'entrée** Aufnahmeprüfung *f;* ~ **de recrutement** Bewerbungsverfahren *nt;* ~ **général** *mit Preisen prämierte Prüfung, an der sich die besten Schüler der gymnasialen Oberstufe beteiligen;* **mettre qc au** ~ etw ausschreiben
④ (*aide*) Beitrag *m,* Hilfe *f;* **s'assurer le** ~ **de qn** sich (*Dat*) jds Mithilfe sichern; **prêter son** ~ **à qc** seinen Teil zu etw beitragen; **un concert avec le** ~ **de qn** ein Konzert unter Mitwirkung von jdm
⑤ (*coïncidence*) ~ **de circonstances/d'événements** Zusammentreffen *nt* von Umständen/Ereignissen
▸ **être** <u>**hors**</u> ~ außer Konkurrenz teilnehmen; **être mis(e)** <u>**hors**</u> ~ vom Wettbewerb ausgeschlossen [*o* disqualifiziert] sein/werden; **tireur/produit** <u>**hors**</u> ~ erstklassiger Schütze/erstklassiges Produkt

i Land & Leute

Zahlreiche Auswahlverfahren für Studienplätze, Beamtenstellen sowie für Beförderungen finden in Frankreich in Form von **concours** statt. Dies sind einheitliche Prüfungen, bei denen eine von vornherein feststehende Zahl von Plätzen oder Posten vergeben wird. Die Auslese ist in der Regel sehr streng, besonders aber, wenn über die Zulassung zum Studium an den Elitehochschulen, den *grandes écoles*, entschieden wird.

concret [kɔ̃kʀɛ] *m sans pl* **le ~** das Konkrete
concret, -ète [kɔ̃kʀɛ, -ɛt] *adj* konkret; *esprit* praxisorientiert
concrètement [kɔ̃kʀɛtmɑ̃] *adv* konkret
concrétisation [kɔ̃kʀetizasjɔ̃] *f* Konkretisierung *f*
concrétiser [kɔ̃kʀetize] <1> **I.** *vt* ❶ (*réaliser*) erfüllen *espérance;* verwirklichen *rêve, projet;* einlösen *promesse*
❷ (*matérialiser*) veranschaulichen *démonstration, exemple*
II. *vpr* **se ~** *projet, programme:* konkrete Formen annehmen; *espoir, rêve:* wahr werden, in Erfüllung gehen; *promesse:* sich erfüllen
conçu(e) [kɔ̃sy] *part passé de* **concevoir**
concubin(e) [kɔ̃kybɛ̃, in] *m(f)* Lebensgefährte(in) *m(f)*
concubinage [kɔ̃kybinaʒ] *m* wilde Ehe; **~ notoire** JUR rechtlich anerkannte nichteheliche Lebensgemeinschaft; **vivre en ~ avec qn** mit jdm in wilder Ehe [*o* zusammen] leben
concupiscent(e) [kɔ̃kypisɑ̃, ɑ̃t] *adj hum* lüstern
concurremment [kɔ̃kyʀamɑ̃] *adv* ❶ (*conjointement*) **~ avec qn/qc** zusammen mit jdm/etw
❷ (*simultanément*) zugleich, gleichzeitig
concurrence [kɔ̃kyʀɑ̃s] *f* ❶ *sans pl* (*compétition*) Konkurrenz *f;* COM Konkurrenz, Wettbewerb *m;* **~ des produits** Güterwettbewerb; **~ déloyale** unlauterer Wettbewerb; **libre ~** freier Wettbewerb; **faire ~ à qn/qc** jdm/einer S. Konkurrenz machen; **défier toute ~** *prix:* die Konkurrenz unterbieten; **soutenir la ~** konkurrenzfähig sein
❷ *sans pl* (*ensemble de concurrents*) Konkurrenz *f*
▶ **jusqu'à ~ de...** bis zum Höchstbetrag von ..., bis zu einem Betrag von ...
concurrencer [kɔ̃kyʀɑ̃se] <2> *vt* **~ qn/qc** mit jdm/etw konkurrieren; **~ dangereusement qn** eine gefährliche Konkurrenz für jdn sein
concurrent(e) [kɔ̃kyʀɑ̃, ɑ̃t] **I.** *adj* konkurrierend
II. *m(f)* Konkurrent(in) *m(f)*
concurrentiel(le) [kɔ̃kyʀɑ̃sjɛl] *adj* konkurrenzfähig, wettbewerbsfähig
concussion [kɔ̃kysjɔ̃] *f* übermäßige Gebührenerhebung
condamnable [kɔ̃dɑnabl] *adj* verwerflich, sträflich
condamnation [kɔ̃dɑnasjɔ̃] *f* ❶ *sans pl* JUR (*fait de condamner*) Verurteilung *f;* (*peine*) Strafe *f;* **~ à dix ans de prison** zu zehn Jahren Gefängnis verurteilen; **~ pour viol/meurtre** Verurteilung wegen Vergewaltigung/Totschlags; **~ avec sursis** Bewährungsstrafe; **avoir subi une ~/plusieurs ~s** schon einmal/mehrfach vorbestraft sein
❷ (*censure*) *d'un auteur, journal, livre* Verbot *nt*
❸ (*réprobation*) Verurteilung *f*
❹ *sans pl* (*fin*) **la ~ des petites entreprises** das Ende [*o* der Ruin] für die kleinen Unternehmen
❺ (*action de fermer*) Schließen *nt;* (*système de fermeture*) *d'une porte* Schließvorrichtung *f; d'un bâtiment* Schließanlage *f;* **la ~ des portes se fait automatiquement** die Türen schließen selbsttätig
condamné(e) [kɔ̃dɑne] *m(f)* Sträfling *m,* Strafgefangene(r) *f(m);* **~(e) à mort** zum Tode Verurteilte(r) *f(m)*
condamner [kɔ̃dɑne] <1> *vt* ❶ JUR verurteilen; **~ qn à dix ans de prison** jdn zu zehn Jahren Haft [*o* Gefängnis] verurteilen; **~ qn à payer une amende** jdn zu einer Geldbuße verurteilen
❷ (*punir*) *loi:* unter Strafe stellen; **ces délits sont sévèrement condamnés** diese Vergehen werden streng bestraft
❸ (*blâmer*) verurteilen, rügen; **~ qn d'avoir fait qc** jdm vorwerfen, etw getan zu haben
❹ MED **~ qn** jdm keine Chancen [mehr] geben; **qn est condamné(e)** jd ist ein hoffnungsloser Fall
❺ (*obliger*) **~ qn à l'inaction** jdn zur Untätigkeit verdammen; **~ qn à faire qc** jdn dazu zwingen, etw zu tun
❻ (*fermer*) (*avec briques, ciment*) zumauern; (*avec planches*) vernageln; (*à clé*) verriegeln *porte, portière;* sperren *rue*
condensateur [kɔ̃dɑ̃satœʀ] *m* ELEC Kondensator *m;* OPT Kondensor *m*
condensation [kɔ̃dɑ̃sasjɔ̃] *f sans pl* Kondensation *f*
condensé [kɔ̃dɑ̃se] *m* Kondensat *nt; d'un livre, article* Kurzfassung *f*
condenser [kɔ̃dɑ̃se] <1> **I.** *vt* ❶ kondensieren, verflüssigen *gaz, vapeur*
❷ *fig* straffen *exposé, pensée, texte*
II. *vpr* **se ~** kondensieren
condenseur [kɔ̃dɑ̃sœʀ] *m* TECH Kondensator *m*
condescendance [kɔ̃desɑ̃dɑ̃s] *f* Herablassung *f;* **un air de ~** herablassende Miene; **regarder avec ~** herablassend [*o* verächtlich] ansehen [*o* betrachten]
condescendant(e) [kɔ̃desɑ̃dɑ̃, ɑ̃t] *adj* herablassend; (*dénigrant*) *propos* herabsetzend
condescendre [kɔ̃desɑ̃dʀ] <14> *vt indirect littér* **~ à une invitation** geruhen eine Einladung anzunehmen (*geh*); **~ aux souhaits de qn** jds Wünschen nachgeben
condiment [kɔ̃dimɑ̃] *m a. fig* würzige Zutat
condisciple [kɔ̃disipl] *mf* Kommilitone *m*/Kommilitonin *f,* Studienkollege *m*/-kollegin *f*
condition [kɔ̃disjɔ̃] *f* ❶ (*exigence*) Bedingung *f,* Voraussetzung *f;* **~ préalable à qc** Voraussetzung für etw; **~ sine qua non** unerlässliche Bedingung, Voraussetzung, Conditio sine qua non *f* (*geh*); **~s d'admission à un club** Bedingungen für die Aufnahme in einen Klub; **~ du contrat** Vertragsbedingung; **~s générales** Rahmenbedingungen; **~s juridiques/économiques générales** rechtliche/wirtschaftliche Rahmenbedingungen; **~s d'exemption** JUR Freistellungsvoraussetzungen (*Fachspr.*); **remplir toutes les ~s** alle Bedingungen erfüllen; **réunir toutes les ~s** alle Voraussetzungen mitbringen; **poser/dicter ses ~s** seine Bedingungen stellen/diktieren; **mettre une ~ à qc** eine Bedingung hinsichtlich einer S. (*Gen*) stellen; **à ~ de faire qc** unter der Bedingung, etw zu tun; **à ~ que tu aies raison** vorausgesetzt, du hast Recht; **mais à une ~, c'est que tu aies raison** aber nur unter der Voraussetzung, dass du Recht hast; **sans ~[s]** bedingungslos; **sous ~** unter Vorbehalt; **sous certaines ~s** unter bestimmten Bedingungen
❷ *pl* COM [Geschäfts]bedingungen *Pl;* (*prix, tarifs*) Preise *Pl,* Konditionen *Pl;* **~s préférentielles** Vorzugskonditionen *Pl;* **~s de crédit/paiement** Kredit-/Zahlungsbedingungen; **~s de livraison** Liefer[ungs]bedingungen; (*conditions d'expédition*) Versandbedingungen
❸ *sans pl* SOCIOL Situation *f,* Stellung *f;* **la ~ ouvrière/féminine/humaine** die Situation der Arbeiter/Frauen/Menschen, die Situation des Arbeiters/der Frau/des Menschen
❹ *sans pl* (*forme physique*) Kondition *f;* **être en excellente ~** in ausgezeichneter Verfassung [*o* Form] sein; **mettre qn/se mettre en ~ pour qc** SPORT jdn/sich auf etw (*Akk*) vorbereiten; PSYCH jdn/sich auf etw (*Akk*) einstimmen
❺ *pl* (*cadre, circonstances*) Umstände *Pl,* Bedingungen *Pl;* **dans ces ~s** unter diesen Bedingungen; **~s économiques** wirtschaftliche Lage; **~s météorologiques** Wetterbedingungen *Pl;* **~s propices** günstige Umstände; **~s d'habitation** [*o* **de logement**] Wohnverhältnisse *Pl;* **~s de travail/vie** Arbeits-/Lebensbedingungen *Pl*
❻ (*rang social*) soziale Stellung; **des gens de toutes les ~s** Menschen aus allen gesellschaftlichen Schichten; **être de basse ~/de ~ élevée** aus einfachen/besseren Verhältnissen stammen
❼ *gén pl* JUR (*clause*) Bedingung *f,* Kondition *f* (*geh*); **~s d'exemption** Freistellungsvoraussetzungen *Pl*
conditionné(e) [kɔ̃disjɔne] *adj* ❶ (*soumis à des conditions*)

Bedingungen unterworfen
❷ PSYCH *personne, animal* konditionniert
❸ *produit* verpackt

conditionnel [kɔ̃disjɔnɛl] *m* Konditional *m,* Möglichkeitsform *f*

conditionnel(le) [kɔ̃disjɔnɛl] *adj* ❶ *accord, promesse* an eine Bedingung gebunden
❷ GRAM *proposition* Bedingungs-, Konditional-

conditionnelle [kɔ̃disjɔnɛl] *f* Konditionalsatz *m,* Bedingungssatz *m*

conditionnement [kɔ̃disjɔnmɑ̃] *m* ❶ (*emballage*) Präsentation *f,* Aufmachung *f*
❷ *sans pl* (*procédé d'emballage*) konservierendes [*o* haltbarmachendes] Verpacken; ~ **sous vide** luftdichtes Verpacken
❸ (*traitement*) *d'un textile, du bois* Haltbarmachung *f,* wärmetechnische Behandlung; ~ **de l'air** Klimatisierung *f*

conditionner [kɔ̃disjɔne] <1> *vt* ❶ (*emballer*) verpacken; ~ **qc en bouteilles/en pots** etw in Flaschen/Gläser abfüllen
❷ (*traiter*) haltbar machen, wärmetechnisch behandeln; klimatisieren *air*
❸ (*influencer*) konditionieren
❹ (*déterminer*) bedingen, zur Folge haben

condoléances [kɔ̃dɔleɑ̃s] *fpl form* Beileidsbezeigung *f;* **sincères** ~ aufrichtiges Beileid; **exprimer** [*o* **présenter**] [**toutes**] **ses** ~ **à qn** jdm sein Beileid aussprechen [*o* bezeigen]; [**toutes**] **mes** ~**!** mein Beileid!

condor [kɔ̃dɔʀ] *m* Kondor *m*

conductance [kɔ̃dyktɑ̃s] *f* PHYS Leitwert *m*

conducteur [kɔ̃dyktœʀ] *m* ❶ Fahrer *m;* (*conducteur d'un train*) Zugführer *m*
❷ PHYS Leiter *m*
◆ ~ **d'engins** Fahrer *m;* ~ **de machines** Maschinenführer *m;* ~ **de travaux** Bauführer *m*

conducteur, -trice [kɔ̃dyktœʀ, -tʀis] *adj* PHYS leitend; ~(**-trice**) **de chaleur** wärmeleitend

conductibilité [kɔ̃dyktibilite] *f* Leitfähigkeit *f*

conductible [kɔ̃dyktibl] *adj* ~ **de la chaleur** wärmeleitfähig

conduction [kɔ̃dyksjɔ̃] *f* PHYS, ELEC ~ **électrique** Leitung *f* von Elektrizität; ~ **thermique** Wärmeleitung *f*

conductivité [kɔ̃dyktivite] *f* ELEC Leitfähigkeit *f*

conductrice [kɔ̃dyktʀis] *f* Fahrerin *f;* (*conductrice d'un train*) Zugführerin *f*

conduire [kɔ̃dɥiʀ] <*irr*> **I.** *vi* ❶ fahren; **savoir** ~ fahren können; **bien/mal** ~ gut/schlecht fahren
❷ (*aboutir*) ~ **à la catastrophe** zu einer Katastrophe führen; ~ **à l'échec** zum Scheitern führen
II. *vt* ❶ (*diriger*) steuern *véhicule, bateau;* fahren *voiture, moto*
❷ (*emmener*) ~ **qn en ville** jdn in die Stadt bringen; ~ **qn jusqu'au but** jdn bis ans Ziel führen
❸ (*mener*) ~ **qn à la ruine** jdn in den Ruin stürzen; ~ **qn à la folie** jdn wahnsinnig machen; ~ **qn à faire qc** jdn dazu bringen, etw zu tun; **cela peut nous** ~ **loin!** das kann böse Folgen [für uns] haben!; **où cela va-t-il nous** ~**?** wo soll [uns] das nur hinführen?
❹ (*guider*) führen *troupeau, caravane, touriste*
❺ (*diriger*) leiten; führen *armée, pays;* anführen *délégation, convoi*
❻ PHYS leiten *électricité, chaleur*
III. *vpr* ❶ (*se comporter*) **se** ~ sich benehmen
❷ AUT **se** ~ **facilement/bien** sich leicht/gut steuern [*o* fahren] lassen

conduit [kɔ̃dɥi] *m* (*fermé*) Röhre *f,* [Rohr]leitung *f;* (*ouvert*) Rinne *f;* ~ **souterrain** unterirdische Leitung; ~ **auditif** Gehörgang *m*
◆ ~ **d'admission** Einlassrohr *nt;* ~ **d'aération** Lüftungsrohr *nt;* ~ **d'alimentation** Zuführungsleitung *f;* ~ **de fumée** Rauchabzug *m;* ~ **de ventilation** *de l'air frais* Belüftungsrohr *nt; de l'air vicié* Entlüftungsrohr

conduite [kɔ̃dɥit] *f* ❶ *sans pl* AUT ~ **à droite/à gauche** Rechts-/Linksverkehr *m;* **la voiture a la** ~ **à gauche** das Steuer dieses Wagens ist auf der linken Seite
❷ (*façon de conduire*) Fahrstil *m,* Fahrweise *f;* **leçon de** ~ Fahrstunde *f;* ~ **en état d'ivresse** Trunkenheit *f* am Steuer; **les règles de la** ~ die Verkehrsregeln; ~ **accompagnée** *für Jugendliche ab 16 erlaubtes Fahren im Beisein eines erwachsenen Führerscheinbesitzers*
❸ *sans pl* (*pilotage*) Führen *nt; d'un camion* Fahren *nt*
❹ *sans pl* (*responsabilité*) Führung *f,* Leitung *f;* **sous la** ~ **d'un animateur/dictateur/capitaine** unter der Führung eines Animateurs/Diktators/Kapitäns; **sous la** ~ **d'un chef d'orchestre/directeur** unter der Leitung eines Dirigenten/Direktors
❺ (*comportement*) Benehmen *nt,* Verhalten *nt;* (*mode de vie*) Lebenswandel *m;* SCOL Betragen *nt;* ~ **relâchée** lockerer Lebenswandel; **bonne** ~ gute Führung; **aligner sa** ~ **sur qn/qc** sein Verhalten nach jdm/etw richten
❻ (*tuyau*) Leitung *f*

i Land & Leute

Jugendliche ab 16 Jahren dürfen in Frankreich in Begleitung eines Erwachsenen mit einer Sondergenehmigung Auto fahren. Die so genannte **conduite accompagnée** erkennen andere Verkehrsteilnehmer an einem Aufkleber, auf dem ein kleines Männchen am Steuer neben einem größeren zu sehen ist.

condyle [kɔ̃dil] *m* ANAT Gelenkkopf *m*

cône [kon] *m* Kegel *m;* GEOM Kegel, Konus *m* (*Fachspr.*); **tronc de** ~ Kegelstumpf *m;* **en** [**forme de**] ~ kegelförmig, konisch (*Fachspr.*)
◆ ~ **de lumière** Lichtkegel *m*

confection [kɔ̃fɛksjɔ̃] *f* ❶ GASTR Zubereitung *f*
❷ (*fabrication*) Anfertigung *f; d'un livre* Herstellung *f*
❸ *sans pl* (*prêt-à-porter*) Bekleidungsindustrie *f;* **s'habiller en** ~ Konfektionskleidung [*o* Kleidung von der Stange] tragen

confectionner [kɔ̃fɛksjɔne] <1> **I.** *vt* ❶ GASTR zubereiten
❷ (*fabriquer*) anfertigen *vêtement, maquette, bijou;* herstellen *livre*
II. *vpr* **se** ~ **un vêtement** sich ein Kleidungsstück anfertigen

confédéral(e) [kɔ̃fedeʀal, o] <-aux> *adj* eine [*o* die] Konföderation betreffend

confédération [kɔ̃fedeʀasjɔ̃] *f* ❶ POL Konföderation *f,* Staatenbund *m;* **Confédération germanique** Deutscher Bund; **Confédération helvétique** Schweizerische Eidgenossenschaft
❷ (*centrale syndicale*) Bund *m,* Zusammenschluss *m;* (*groupement d'associations*) Vereinigung *f,* Verband *m;* **Confédération générale du travail/des cadres** *französische Gewerkschaftsverbände*

confédéré(e) [kɔ̃fedeʀe] *m(f)* CH Eidgenosse *m*/-genossin *f*

confédérer [kɔ̃fedeʀe] <5> **I.** *vt* zu einem Bund zusammenschließen
II. *vpr* **se** ~ *nations, cantons:* eine Konföderation bilden

conférence [kɔ̃feʀɑ̃s] *f* ❶ (*exposé*) Vortrag *m;* **cycle de** ~**s** Vortragsreihe *f;* **donner** [*o* **tenir**] **une** ~ **sur qc** einen Vortrag über etw (*Akk*) halten
❷ (*réunion*) Sitzung *f,* Besprechung *f; a.* POL Konferenz *f;* ~ **de travail** [Arbeits]sitzung *f;* ~ **sur le désarmement** Abrüstungskonferenz *f;* ~ **des présidents d'université** Rektorenkonferenz *f;* **être en** ~ in einer Sitzung sein
◆ ~ **de presse** Pressekonferenz *f;* **tenir une** ~ **de presse** eine Pressekonferenz abhalten; ~ **au sommet** Gipfelkonferenz *f*

conférencier, -ière [kɔ̃feʀɑ̃sje, -jɛʀ] *m, f* Vortragende(r) *f(m),* Redner(in) *m(f);* (*avec de fréquents déplacements*) Vortragsreisende(r) *f(m)*

conférer [kɔ̃feʀe] <5> **I.** *vt soutenu* verleihen; spenden *baptême;* verleihen *autorité;* ~ **un sens à qc** einer S. (*Dat*) einen

Sinn verleihen
II. *vi soutenu* konferieren (*geh*); ~ **avec qn sur qc** etw mit jdm besprechen
confesse [kɔ̃fɛs] *f* **aller à** ~ zur Beichte gehen
confesser [kɔ̃fese] <1> **I.** *vi* die Beichte abnehmen
II. *vt* ❶ beichten *péché;* eingestehen *erreur, tort;* gestehen *vérité*
❷ (*entendre en confession*) ~ **qn** jdm die Beichte abnehmen; *fam* (*faire parler*) jdn zum Sprechen bringen
III. *vpr* **se** ~ **à qn** bei jdm beichten; (*se confier*) sich jdm anvertrauen; *auteur:* sich jdm mitteilen; **aller se** ~ zur Beichte gehen
confesseur [kɔ̃fesœʀ] *m* Beichtvater *m*
confession [kɔ̃fesjɔ̃] *f* ❶ (*sacrement*) Beichte *f;* **le secret de la** ~ das Beichtgeheimnis; **entendre qn en** ~ jdm die Beichte abnehmen
❷ (*religion*) Konfession *f,* Bekenntnis *nt;* **des chrétiens de** ~ **catholique** Christen katholischen Glaubens
❸ (*aveu*) Geständnis *nt;* **faire une** ~ **complète** ein volles Geständnis ablegen
confessionnal [kɔ̃fesjɔnal, o] <-aux> *m* Beichtstuhl *m*
confessionnel(le) [kɔ̃fesjɔnɛl] *adj établissement* konfessionell; *école, querelle* Konfessions-
confetti [kɔ̃feti] *m* Konfetti *nt*
confiance [kɔ̃fjɑ̃s] *f sans pl* Vertrauen *nt;* **perte de** ~ Vertrauensverlust *m;* ~ **en Dieu** Vertrauen auf Gott; **un homme/une personne de** ~ ein Vertrauensmann/eine Vertrauensperson *m;* **avoir pleine et entière** ~ **en qn/dans qc** volles Vertrauen in jdn [*o* zu jdm]/in etw (*Akk*) haben; **avoir toute la** ~ **de qn** jds volles Vertrauen haben [*o* genießen]; **ayez** ~**!** haben Sie Vertrauen!; **donner/inspirer** ~ **à qn** einen Vertrauen erweckenden Eindruck auf jdn machen; **perdre** ~ **en qn** das Vertrauen in jdn [*o* zu jdm] verlieren; **perdre/reprendre** ~ **[en soi]** sein Selbstvertrauen verlieren/wiedererlangen; **redonner** ~ **à qn** jdm wieder Vertrauen geben; **envisager l'avenir avec** ~ in die Zukunft vertrauen; **faire qc en toute** ~ etw in vollstem Vertrauen machen
▸ **fais-moi/faites-moi** ~**!** das kannst du mir/können Sie mir glauben!; (*plus menaçant*) darauf kannst du dich/können Sie sich verlassen!; **la** ~ **règne!** *iron* so was von Vertrauen! (*iron fam*)
◆ ~ **en soi** Selbstvertrauen *nt*
confiant(e) [kɔ̃fjɑ̃, jɑ̃t] *adj* ❶ (*sans méfiance, défiance*) vertrauensselig, gutgläubig; *regard* vertrauensvoll; ~ **en** [*o* **dans**] **qn/qc** auf jdn/etw vertrauend
❷ (*sûr de soi*) selbstbewusst
confidence [kɔ̃fidɑ̃s] *f* vertrauliche Mitteilung; **être dans la** ~ [in ein Geheimnis] eingeweiht sein; **faire une** ~ **à qn** (*avouer*) jdm etwas gestehen; (*dire un secret*) jdm eine vertrauliche Mitteilung machen; **mettre qn dans la** ~ jdn ins Vertrauen ziehen
▸ ~**s sur l'oreiller** Bettgeflüster *nt;* **faire de fausses** ~**s** [Lügen]märchen erzählen; ~ **pour** ~ Vertrauen gegen Vertrauen
confident(e) [kɔ̃fidɑ̃, ɑ̃t] *m(f)* Vertraute(r) *f(m);* ~ **discret/**~**e discrète** diskrete Vertrauensperson
confidentialité [kɔ̃fidɑ̃sjalite] *f des informations* Vertraulichkeit *f*
confidentiel(le) [kɔ̃fidɑ̃sjɛl] *adj* ❶ (*secret*) vertraulich; **à titre** ~**, sache que** im Vertrauen gesagt: ...
❷ (*restreint*) *diffusion, revue* für einen kleinen Kreis bestimmt
confidentiellement [kɔ̃fidɑ̃sjɛlmɑ̃] *adv* im Vertrauen
confier [kɔ̃fje] <1a> **I.** *vt* ❶ (*dévoiler*) mitteilen, anvertrauen
❷ (*remettre*) anvertrauen; ~ **une mission à qn** jdn mit einem Auftrag betrauen
II. *vpr* (*se confesser*) **se** ~ **à qn** sich jdm anvertrauen
configuration [kɔ̃figyʀasjɔ̃] *f* ❶ Beschaffenheit *f; d'un terrain* Beschaffenheit, Formation *f*
❷ BIO Beschaffenheit *f,* Form *f,* Gestalt *f*
❸ PHYS, CHIM, INFORM Konfiguration *f;* ~ **requise** Systemvoraussetzungen *Pl*
confiné(e) [kɔ̃fine] *adj* ❶ (*reclus*) *être, rester* eingesperrt; *vivre* zurückgezogen
❷ (*lourd*) *atmosphère* stickig; *air* abgestanden, verbraucht
confinement [kɔ̃finmɑ̃] *m* ❶ MED *d'un malade* Quarantäne *f*
❷ PHYS *d'une installation nucléaire* Abschirmung *f*
confiner [kɔ̃fine] <1> **I.** *vi* ~ **à qc** an etw (*Akk*) grenzen
II. *vt* ❶ (*enfermer*) einsperren
❷ (*reléguer, limiter*) ~ **qn dans ses fonctions** jdn in seinen Aufgaben beschränken
III. *vpr* ❶ (*s'enfermer*) **se** ~ **dans sa chambre** sich in seinem [*o* sein] Zimmer einsperren, in seinem Zimmer bleiben
❷ (*se limiter*) **se** ~ **dans un rôle/une fonction** sich mit einem Aufgabenbereich/einer Aufgabe begnügen
confins [kɔ̃fɛ̃] *mpl* **aux** ~ **de qc et de qc** an der Grenze von etw und etw; **aux** ~ **de la science** im Grenzbereich der Wissenschaft
confirmand [kɔ̃fiʀmɑ̃] *m* (*dans l'église protestante*) Konfirmand(in) *m(f);* (*dans l'église catholique*) Firmling *m*
confirmation [kɔ̃fiʀmasjɔ̃] *f* ❶ (*preuve*) Bestätigung *f; d'une promesse* Bekräftigung *f;* **demander** ~ **de qc** sich (*Dat*) etw bestätigen lassen; **donner** ~ **de qc à qn** jdm etw bestätigen; **qc mérite** ~ an etw (*Dat*) ist etwas Wahres dran
❷ ECON, FIN (*action*) Bestätigung *f,* Bestätigungsaktion *f* (*Fachspr.*); (*document*) Bestätigung *f;* **lettre de** ~ Bestätigungsschreiben *nt;* ~ **de commande** Auftragsbestätigung; ~ **de l'encaissement d'un/du chèque** Scheckeinlösungsbestätigung; **nous voudrions** ~ **de votre commande** wir bitten um Bestätigung Ihres Auftrages
❸ REL (*catholique*) Firmung *f;* (*protestante*) Konfirmation *f*
confirmé(e) [kɔ̃fiʀme] *adj* bewährt, erprobt
confirmer [kɔ̃fiʀme] <1> **I.** *vt* ❶ (*valider, certifier*) bestätigen *rendez-vous, réservation, commande, fait, rumeur*
❷ (*renforcer*) ~ **qn dans ses opinions** jdn in seinen Ansichten bestätigen
❸ REL (*catholique*) firmen; (*protestant*) konfirmieren
II. *vpr* **se** ~ ❶ (*se renforcer*) *tendance:* anhalten
❷ (*être exact*) sich bewahrheiten, sich bestätigen
confiscation [kɔ̃fiskasjɔ̃] *f* JUR Beschlagnahme *f,* Konfiszierung *f,* Konfiskation *f* (*Fachspr.*)
confiserie [kɔ̃fizʀi] *f* ❶ (*magasin*) Süßwarenladen *m*
❷ (*sucrerie*) Süßigkeit *f*
❸ *sans pl* (*industrie*) Süßwarenindustrie *f*
confiseur, -euse [kɔ̃fizœʀ, -øz] *m, f* (*industriel*) Süßwarenfabrikant(in) *m(f);* (*artisan*) Zuckerbäcker(in) *m(f);* (*commerçant*) Süßwarenhändler(in) *m(f)*
confisquer [kɔ̃fiske] <1> *vt* ~ **un objet** *professeur, surveillant:* einen Gegenstand abnehmen; *police, douanier:* einen Gegenstand beschlagnahmen [*o* konfiszieren]; ~ **le pouvoir à qn** jdm die Macht entziehen
confit [kɔ̃fi] *m* ~ **d'oie/de canard** Gänse-/Enten-Confit *nt* (*im eigenen Fett gebratenes Fleisch*)
confit(e) [kɔ̃fi, it] *adj fruits* kandiert; *olives, cornichons* eingelegt; *foie, gésier* eingemacht
confiture [kɔ̃fityʀ] *f* Marmelade *f,* Konfitüre *f*
▸ **donner de la** ~ **aux cochons** Perlen vor die Säue werfen
conflagration [kɔ̃flagʀasjɔ̃] *f soutenu* Aufruhr *m,* Umwälzung *f*
conflictuel(le) [kɔ̃fliktɥɛl] *adj pulsions, intérêts* entgegengesetzt; *rapports* konfliktgeladen; **situation** ~**le** Konfliktsituation *f*
conflit [kɔ̃fli] *m* ❶ Konflikt *m;* ~ **armé** bewaffneter Konflikt; ~**s sociaux** soziale Spannungen *Pl;* ~ **des générations** Generationenkonflikt; **entrer/être en** ~ **avec qn/qc** mit jdm/etw in Konflikt geraten/sein
❷ JUR Konflikt *m;* ~ **d'intérêts** [*o* **des intérêts**] Interessenkonflikt, Interessenkollision
confluence [kɔ̃flyɑ̃s] *f* (*action*) *de deux fleuves* Zusammenflies-

sen *nt;* (*lieu*) Zusammenfluss *m*
confluent [kɔ̃flyɑ̃] *m* Zusammenfluss *m*
confluer [kɔ̃flye] <1> *vi fleuves, rivières:* zusammenfließen; *rues:* zusammentreffen; *personnes:* zusammenströmen
confondant(e) [kɔ̃fɔ̃dɑ̃, ɑ̃t] *adj* erstaunlich; *ressemblance* frappierend
confondre [kɔ̃fɔ̃dʀ] <14> **I.** *vi* sich irren; **il ne faudrait pas ~** da sollte man sich nicht täuschen
II. *vt* ❶ (*mêler*) durcheinander bringen, verwechseln; **on peut les ~** man kann sie [miteinander] verwechseln; **j'ai dû vous ~ avec une autre** ich hab' Sie mit jemand anderem verwechselt
❷ (*décontenancer*) verblüffen; übersteigen *entendement, imagination;* **je suis confondu(e) devant sa politesse** seine Höflichkeit macht mich sprachlos
❸ (*démasquer*) entlarven
III. *vpr* ❶ (*se mêler*) **se ~** ineinander übergehen; *couleurs:* ineinander übergehen, zerfließen; **se ~ dans l'obscurité/avec la foule** in der Dunkelheit/Menge verschwinden; **se ~ dans l'esprit de qn** im Kopf von jdm durcheinander geraten
❷ (*prodiguer*) **se ~ en remerciements/en excuses** jdn mit Dank/Entschuldigungen überschütten
conformation [kɔ̃fɔʀmasjɔ̃] *f d'un squelette, corps* Bau *m; d'une molécule* Aufbau *m;* **~ anatomique** Körperbau *m*
conforme [kɔ̃fɔʀm] *adj* ❶ (*correspondant*) **être ~ à qc** einer S. (*Dat*) entsprechen; **~ à ses besoins** seinen/ihren Bedürfnissen entsprechend
❷ (*en accord avec*) **être ~ à qc** mit etw übereinstimmen
❸ (*conformiste*) *pensée, opinion* konformistisch, angepasst
❹ JUR **~ à la loi** gesetzeskonform; **~ au contrat/à la Constitution** vertrags-/verfassungsgemäß
▶ **certifié(e) ~** [amtlich] beglaubigt; **le document devra être certifié ~** das Schriftstück muss beglaubigt werden
conformé(e) [kɔ̃fɔʀme] *adj* **bien ~(e)** wohlgebildet; **mal ~(e)** missgestaltet
conformément [kɔ̃fɔʀmemɑ̃] *adv* **~ à vos désirs** Ihren Wünschen entsprechend, wunschgemäß; **~ aux termes de votre courrier du …** *form* mit Bezug auf Ihr Schreiben vom … (*form*)
conformer [kɔ̃fɔʀme] <1> **I.** *vt soutenu* **~ qc à qc** etw einer S. (*Dat*) anpassen
II. *vpr* **se ~ à qc** sich an etw (*Akk*) halten
conformisme [kɔ̃fɔʀmism] *m* Konformismus *m,* Angepasstheit *f*
conformiste [kɔ̃fɔʀmist] **I.** *adj* angepasst
II. *mf* Konformist(in) *m(f)*
conformité [kɔ̃fɔʀmite] *f* ❶ (*ressemblance*) Ähnlichkeit *f*
❷ (*concordance*) *des points de vue, goûts, sentiments* Übereinstimmung *f;* **en ~ avec qc** (*en accord avec*) in Übereinstimmung mit etw; (*suivant*) gemäß einer S. (*Dat*); **en ~ avec l'original** originalgetreu; **en ~ avec les ordres reçus** befehlsgemäß; **être en ~ avec les normes en vigueur** den gültigen Normen entsprechen
confort [kɔ̃fɔʀ] *m* ❶ *sans pl* Komfort *m;* **avoir tout le ~** allen Komfort bieten; **offrir un grand ~** sehr komfortabel sein; **tout ~** mit allem Komfort
❷ (*commodité*) **~ d'écoute/de lecture** Hör-/Lesekomfort *m;* **offrir un grand ~ d'utilisation** benutzerfreundlich [*o* leicht zu handhaben] sein
❸ *sans pl* (*bien-être*) *d'une personne* Wohlbefinden *nt;* **~ personnel** persönliches Wohlbefinden; **le petit ~ de qn** jds Gewohnheiten; **aimer son ~** die Bequemlichkeit lieben
confortable [kɔ̃fɔʀtabl] *adj* ❶ *maison, voiture, avion* komfortabel; *fauteuil, canapé, lit, vêtement* bequem; *tissu* angenehm
❷ (*large*) **vie/situation ~** (*agréable*) angenehmes Leben/angenehme Stelle; (*financièrement*) [finanziell] gesichertes Leben/[finanziell] gesicherte Stelle
❸ (*suffisant*) *revenu, salaire, retraite, intérêts* ordentlich (*fam*)
❹ (*important*) *avance* beachtlich (*fam*)
confortablement [kɔ̃fɔʀtabləmɑ̃] *adv* ❶ *s'installer, s'asseoir* bequem
❷ (*largement*) **vivre/être payé(e) ~** nicht schlecht leben/bezahlt werden
conforter [kɔ̃fɔʀte] <1> *vt* stärken *régime politique;* bestärken *thèse;* **être conforté(e) dans son opinion** in seiner Meinung bestärkt werden
confraternel(le) [kɔ̃fʀatɛʀnɛl] *adj* (*entre confrères*) brüderlich; (*entre consœurs*) schwesterlich
confrère [kɔ̃fʀɛʀ] *m* Kollege *m;* **mon cher ~** verehrter [Herr] Kollege
confrérie [kɔ̃fʀeʀi] *f* (*religieuse*) Bruderschaft *f;* (*laïque*) Gilde *f*
confrontation [kɔ̃fʀɔ̃tasjɔ̃] *f* ❶ JUR Gegenüberstellung *f*
❷ (*affrontement*) *des opinions, personnes* Konfrontation *f,* Aufeinandertreffen *nt;* **~ armée** kriegerische Auseinandersetzung
confronter [kɔ̃fʀɔ̃te] <1> **I.** *vt* ❶ JUR **~ qn avec qn** jdn jdm gegenüberstellen
❷ (*mettre en face de*) konfrontieren
❸ (*opposer*) [einander] gegenüberstellen *choses, explications, idées, opinions;* (*comparer*) [zum Vergleich] einander gegenüberstellen *textes*
II. *vpr* ❶ (*s'opposer*) **se ~ sur qc** ein Streitgespräch über etw (*Akk*) führen, kontrovers über etw (*Akk*) diskutieren
❷ (*se trouver face à*) **se ~ à qc** vor etw (*Dat*) stehen; **se ~ à la réalité** sich der Wirklichkeit stellen
confucianisme [kɔ̃fysjanism] *m* Konfuzianismus *m*
Confucius [kɔ̃fysjys] *m* Konfuzius *m*
confus(e) [kɔ̃fy, yz] *adj* ❶ *rumeur, murmures, cris* undeutlich; **des voix ~es** Stimmengewirr *nt*
❷ (*embrouillé*) konfus, verworren; *esprit* konfus, verworren, wirr; (*vague*) *souvenir* vage; *sentiment* unbestimmt
❸ (*embarrassé*) verlegen, verwirrt; **je suis ~(e)!** (*je regrette*) das ist mir sehr/so peinlich!; (*vivement touché*) ich bin überwältigt
confusément [kɔ̃fyzemɑ̃] *adv* (*indistinctement*) undeutlich; (*de manière obscure*) wirr; (*vaguement*) vage
confusion [kɔ̃fyzjɔ̃] *f* ❶ *sans pl* (*embarras*) Verlegenheit *f;* **rougir de ~** vor Verlegenheit rot werden; **à la grande ~ de qn** zu jds großer Schande
❷ (*erreur*) *de personnes, dates* Verwechslung *f;* **~ de noms** Namensverwechslung *f;* **il y a ~!** da muss eine Verwechslung vorliegen!; **prêter à ~** verwirrend sein
❸ *sans pl* (*agitation*) Unruhe *f;* (*désordre*) Durcheinander *nt,* Verwirrung *f;* **jeter** [*o* **mettre**] **la ~** Verwirrung stiften
congé [kɔ̃ʒe] *m* ❶ Urlaub *m;* SCOL [Schul]ferien *Pl;* UNIV Semesterferien *Pl;* **un jour de ~** ein Tag Urlaub; SCOL ein schulfreier Tag; **prendre un ~** frei nehmen; **~ annuel/parental** Jahres-/Erziehungsurlaub; **~s payés** bezahlter Urlaub; **~ sans solde, ~ sabbatique** unbezahlter Urlaub; **~ supplémentaire** Zusatzurlaub; **avoir deux jours/un mois de ~** zwei Tage/einen Monat Urlaub [*o* frei] haben; **être en ~** in [*o* im] Urlaub sein; **partir en ~** in [den] Urlaub fahren; **être en ~ de maladie** krankgeschrieben sein
❷ (*licenciement*) **demander son ~ à qn** bei jdm kündigen; **donner son ~ à qn** jdm kündigen, jdn entlassen; **donner ~ à qn** (*en terminant un entretien*) jdn entlassen; *employeur:* jdm [ein paar Stunden] freigeben; *propriétaire d'appartement:* jdm [die Wohnung] kündigen; **signifier son ~ à qn** *soutenu* (*mettre à la porte*) jdm kündigen; (*donner la permission de partir*) jdn gehen lassen
❸ (*salutation*) **prendre ~ de qn/qc** sich von jdm/etw verabschieden
◆ **~ [de] formation** Bildungsurlaub *m;* **~ de longue durée** Beurlaubung *f;* **~ [de] maternité** Mutterschaftsurlaub *m*
congédiement [kɔ̃ʒedimɑ̃] *m* Entlassung *f*
congédier [kɔ̃ʒedje] <1a> *vt* entlassen *employé;* [mit sanfter Gewalt] verabschieden, hinauskomplimentieren *visiteur;* **~ un**

prendre congé

• prendre congé	• sich verabschieden
Au revoir!	Auf Wiedersehen!
À bientôt!	Auf ein baldiges Wiedersehen!
Salut!	Tschüss! *(fam)*/Ciao! *(fam)*
Bon courage!	Mach's gut! *(fam)*
À bientôt (, alors)!	(Also dann,) bis bald! *(fam)*
À demain!/À la semaine prochaine!	Bis morgen!/Bis nächste Woche!
À la prochaine!	Man sieht sich! *(fam)*
Rentre bien!	Komm gut heim! *(fam)*
Sois prudent(e)!	Pass auf dich auf! *(fam)*
Rentrez bien!	Kommen Sie gut nach Hause!
Bonne soirée!	Einen schönen Abend noch!

• dire au revoir au téléphone	• sich am Telefon verabschieden
Au revoir!	Auf Wiederhören! *(form)*
À bientôt, alors!	Also dann, bis bald wieder! *(fam)*
Salut!	Tschüss! *(fam)*/Ciao! *(fam)*

locataire einem Mieter [die Wohnung] kündigen

congélateur [kɔ̃ʒelatœʀ] *m* (*armoire*) Gefrierschrank *m;* (*bahut*) Gefriertruhe *f,* Tiefkühltruhe *f;* **compartiment** ~ Gefrierfach *nt*

congélation [kɔ̃ʒelasjɔ̃] *f sans pl* Einfrieren *nt; de l'eau* [Ge]frieren *nt; de l'huile* Erstarren *nt*

congeler [kɔ̃ʒ(ə)le] <4> **I.** *vt* ❶ PHYS zum Gefrieren bringen; dickflüssig werden lassen *huile*
❷ GASTR einfrieren; **être congelé**(**e**) eingefroren werden, tiefgefroren sein
II. *vpr* **se** ~ gefrieren

congénère [kɔ̃ʒenɛʀ] *mf souvent pl péj* Artgenosse *m/*-genossin *f* (*pej*); **vous et vos** ~**s** Sie und Ihresgleichen (*pej*)

congénital(**e**) [kɔ̃ʒenital, o] <-aux> *adj a. fig* angeboren

congère [kɔ̃ʒɛʀ] *m* Schneewehe *f*

congestion [kɔ̃ʒɛstjɔ̃] *f* MED Schlaganfall *m;* ~ **cérébrale** [Ge]hirnschlag *m;* ~ **pulmonaire** [leichte] Lungenentzündung

congestionner [kɔ̃ʒɛstjɔne] <1> **I.** *vt* ❶ (*rougir*) erröten *visage, personne;* **être congestionné**(**e**) **par qc** ganz rot wegen etw/durch etw werden
❷ *fig* (*embouteiller*) **être embouteillé**(**e**) *voies d'accès:* verstopft sein
II. *vpr* **se** ~ *visage:* [ganz] rot werden

conglomérat [kɔ̃glɔmeʀa] *m* ❶ GEOL Konglomerat *nt*
❷ ECON Mischkonzern *m*
❸ (*assemblage hétéroclite*) Gemisch *nt,* Konglomerat *nt*

congratulations [kɔ̃gʀatylasjɔ̃] *fpl* Glückwünsche *Pl,* Gratulation *f*

congratuler [kɔ̃gʀatyle] <1> *vt soutenu* ~ **qn** jdm seine Glückwünsche darbringen (*geh*)

congre [kɔ̃gʀ] *m* Meeraal *m*

congrégation [kɔ̃gʀegasjɔ̃] *f* Kongregation *f*

congrès [kɔ̃gʀɛ] *m* Kongress *m,* Tagung *f;* **le Congrès** POL der Kongress

congressiste [kɔ̃gʀesist] *mf* Kongressteilnehmer(in) *m(f)*

congru(**e**) [kɔ̃gʀy] *adj* **portion** ~**e** [Existenz]minimum *nt*

congruent(**e**) [kɔ̃gʀyɑ̃, ɑ̃t] *adj* ❶ *idée* passend
❷ MATH *figures* kongruent

conifère [kɔnifɛʀ] *m* Nadelbaum *m,* Konifere *f*

conique [kɔnik] *adj* kegelförmig, konisch (*Fachspr.*)

conjectural(**e**) [kɔ̃ʒɛktyʀal, o] <-aux> *adj* spekulativ, auf Vermutungen beruhend

conjecture [kɔ̃ʒɛktyʀ] *f* Vermutung *f,* Mutmaßung *f;* **en être réduit**(**e**) **à des** ~**s** auf Vermutungen angewiesen sein; **des** ~**s sur l'avenir** Spekulationen *Pl* über die Zukunft

conjecturer [kɔ̃ʒɛktyʀe] <1> *vt* vermuten, Vermutungen anstellen in Bezug auf (+ *Akk*); erahnen, voraussehen *évolution, issue*

conjoint(**e**) [kɔ̃ʒwɛ̃, wɛ̃t] **I.** *adj* ❶ *problèmes* miteinander verbunden, zusammenhängend; *action* gemeinsam, gemeinschaftlich
❷ JUR *legs, requête* gemeinschaftlich
II. *m(f) form* [Ehe]gatte *m/*[Ehe]gattin *f* (*form*); **les** ~**s** die Eheleute

conjointement [kɔ̃ʒwɛ̃tmɑ̃] *adv* zusammen, gemeinsam

conjonctif, -ive [kɔ̃ʒɔ̃ktif, -iv] *adj* ❶ *tissu* Binde-; *cellule, fibre* Bindegewebs-
❷ GRAM *locution* konjunktional; *proposition* Konjunktional-

conjonction [kɔ̃ʒɔ̃ksjɔ̃] *f* ❶ GRAM Konjunktion *f,* Bindewort *nt*
❷ *sans pl* (*réunification*) Vereinigung *f,* Verbindung *f;* **la** ~ **de nos efforts nous permettra d'aboutir** mit vereinten Kräften werden wir es schaffen
❸ ASTRON, ASTROL Zusammentreffen *nt,* Konjunktion *f* (*Fachspr.*)
◆ ~ **de coordination** beiordnende Konjunktion; ~ **de subordination** unterordnende Konjunktion

conjonctive [kɔ̃ʒɔ̃ktiv] *f* ❶ GRAM Konjunktionalsatz *m*
❷ ANAT Bindehaut *f*

conjonctivite [kɔ̃ʒɔ̃ktivit] *f* Bindehautentzündung *f,* Konjunktivitis *f* (*Fachspr.*)

conjoncture [kɔ̃ʒɔ̃ktyʀ] *f* ❶ *sans pl* (*situation*) Bedingungen *Pl,* Situation *f;* ~ **internationale actuelle** gegenwärtige internationale Lage; **dans la** ~ **présente** unter [*o* bei] den gegenwärtigen Bedingungen
❷ *sans pl* ECON Konjunktur *f;* **sensible à la** ~ konjunkturabhängig; **la situation de la** ~ die konjunkturelle Lage; **haute** ~ Hochkonjunktur; **basse** ~ Konjunkturflaute *f*

conjoncturel(**le**) [kɔ̃ʒɔ̃ktyʀɛl] *adj crise, cycle, politique* Konjunktur-; *inflation* konjunkturbedingt; **dépression** ~**le** Depression *f;* **fléchissement/revirement** ~ Konjunkturabschwächung *f/*-umschwung *m;* **des prévisions** ~**les** Konjunkturprognosen *Pl*

conjugable [kɔ̃ʒygabl] *adj verbe* konjugierbar

conjugaison [kɔ̃ʒygɛzɔ̃] *f* ❶ GRAM Konjugation *f*, Beugung *f*
❷ *sans pl* (*réunion*) Vereinigung *f*; **grâce à la ~ de nos efforts, ...** mit vereinten Kräften ...

conjugal(e) [kɔ̃ʒygal, o] <-aux> *adj* ehelich; *lit, vie* Ehe-

conjugalement [kɔ̃ʒygalmɑ̃] *adv vivre* in Ehegemeinschaft, zusammen als Mann und Frau

conjugué(e) [kɔ̃ʒyge] *adj efforts* vereint; *action* gemeinsam

conjuguer [kɔ̃ʒyge] <1> **I.** *vt* ❶ GRAM konjugieren, beugen *verbe*
❷ (*unir*) vereinigen *efforts, forces*; **en conjugant nos efforts** mit vereinten Kräften
II. *vpr* GRAM **se ~** *verbe:* konjugiert werden

conjuration [kɔ̃ʒyʀasjɔ̃] *f* ❶ (*complot*) Verschwörung *f*; **c'est une [véritable] ~!** das ist ja die reinste Verschwörung!
❷ (*exorcisme*) [Geister]beschwörung *f*

conjuré(e) [kɔ̃ʒyʀe] *m(f)* Verschwörer(in) *m(f)*

conjurer [kɔ̃ʒyʀe] <1> **I.** *vt* ❶ (*éviter*) abwenden *échec, crise;* abwenden, bannen *danger*
❷ (*supplier*) beschwören; **je vous en conjure!** ich flehe Sie an!
❸ (*exorciser*) beschwören *sort*
II. *vpr* (*comploter, s'unir*) **se ~** sich verschwören; **tout se conjure contre moi!** es hat sich aber auch alles gegen mich verschworen!

connaissable [kɔnɛsabl] *adj* der Erkenntnis zugänglich

connaissance [kɔnɛsɑ̃s] *f* ❶ *sans pl* (*fait de connaître*) Kenntnis *f*; **~ de soi** Selbsteinschätzung *f*; **~ des hommes** Menschenkenntnis; **avoir ~ de qc** von etw Kenntnis haben; **donner ~ de qc à qn** jdn von etw in Kenntnis setzen; **porter qc à la ~ de qn** jdm etw mitteilen; **il est porté à la ~ du public que les dates ont changé** es wird hiermit öffentlich mitgeteilt, dass sich die Daten geändert haben; **prendre ~ de qc** von etw Kenntnis nehmen, etw zur Kenntnis nehmen; **à ma ~** nach meiner Kenntnis, meines Wissens; **pas à ma ~** nicht, dass ich wüsste
❷ *pl* (*choses apprises*) Kenntnisse *Pl*, Wissen *nt*; **~s en médecine** medizinische Kenntnisse; **~s élémentaires** Grundkenntnisse; **~s générales** Allgemeinwissen; **avoir une bonne ~ des langues** gute Sprachkenntnisse haben; **approfondir ses ~s** sein Wissen vertiefen
❸ (*personne*) Bekannte(r) *f(m)*, Bekanntschaft *f*; **une personne de ma ~** ein Bekannter/eine Bekannte [von mir]; **faire de nouvelles ~s** neue Bekanntschaften machen
❹ (*lucidité*) Bewusstsein *nt*; **avoir toute sa ~** bei vollem Bewusstsein sein; **perdre ~** das Bewusstsein verlieren; **reprendre ~** wieder zu Bewusstsein kommen; **rester sans ~** bewusstlos bleiben
▶ **en ~ de cause** in Kenntnis der Sachlage; **je suis enchanté(e) de faire votre ~** ich bin sehr erfreut *form* [*o* ich freue mich sehr], Ihre Bekanntschaft zu machen [*o* Sie kennen zu lernen]; **faire ~ avec qn/qc** mit jdm/etw Bekanntschaft machen; **il vous fera faire ~ avec elle** er wird Sie mit ihr bekannt machen; **faire la ~ de qn** jdn kennen lernen; **renouer ~ avec qn** die Bekanntschaft mit jdm wieder auffrischen

connaissement [kɔnɛsmɑ̃] *m* COM Frachtbrief *m*, [Umlade]konnossement *nt* (*Fachspr.*)

connaisseur, -euse [kɔnɛsœʀ, -øz] **I.** *adj* **air/coup d'œil [*o* regard] ~** Kennermiene *f*/Kennerblick *m*
II. *m, f* Kenner(in) *m(f)*; **public de ~s** sachverständiges Publikum; **~ en vins** Weinkenner *m*; **elle est très ~ [*o* connaisseuse] en la matière** sie kennt sich auf diesem Gebiet sehr gut aus

connaître [kɔnɛtʀ] <*irr*> **I.** *vt* ❶ kennen *personne, roman, situation, sentiment, mot;* wissen *nom, adresse, date;* **faire ~ qc à qn** jdm etw mitteilen; **je la connais** ich kenne sie; **je ne le connais plus!** der ist für mich erledigt! (*fam*); **on connaît les meurtriers?** weiß man, wer die Mörder sind?; **vous connaissez la nouvelle?** wissen Sie schon das Neueste?; **vous apprendrez à le ~** Sie werden ihn [nach und nach] kennen lernen; **comme je te connais, ...** wie ich dich kenne, ...; **je ne connais que lui!** *fam* und ob ich den kenne! (*fam*)
❷ (*avoir des connaissances*) **~ son métier** sein Handwerk verstehen; **~ la mécanique/la musique** Ahnung von [der] Mechanik/[der] Musik haben; **~ l'allemand** Deutsch können; **ne rien ~ à qc** von etw nichts verstehen, nicht die geringste Ahnung von etw haben
❸ (*rencontrer*) kennen lernen; **faire ~ qn à qn** jdn mit jdm bekannt machen
❹ (*éprouver*) erleben; **~ un succès fou** *personne:* einen Riesenerfolg haben; *film:* ein Riesenerfolg sein; **ne ~ aucune exception** ausnahmslos gültig sein, keine Ausnahme kennen
▶ **ça me connaît!** *fam* da kenn' ich mich aus! (*fam*)
II. *vpr* ❶ (*se fréquenter*) **se ~ depuis longtemps** sich schon lange kennen; **ils se sont connus en vacances** sie haben sich im Urlaub kennen gelernt
❷ (*connaître ses possibilités*) **se ~** sich kennen; **tel que je me connais** wie ich mich kenne
❸ (*être spécialiste*) **s'y ~** etwas davon verstehen; **s'y ~ en musique/en ordinateurs** sich [gut] in der Musik/mit Computern auskennen
▶ **se faire ~** (*dire son identité*) sich zu erkennen geben; (*devenir célèbre*) bekannt werden; (*se présenter*) sich vorstellen

connard [kɔnaʀ] *m pop* [Voll]idiot *m* (*fam*), Blödmann *m* (*fam*)

connasse [kɔnas] *f pop* blöde Kuh [*o* Ziege] (*fam*)

conne [kɔn] *f v.* **con**

connecter [kɔnɛkte] <1> **I.** *vt* anschließen an (+ *Akk*); **~ des ordinateurs en réseau** Computer vernetzen
II. *vpr* **se ~ au réseau** sich ins Netz einloggen; **se ~ à Internet** sich ins Internet einloggen; **non connecté(e)** offline

connecteur [kɔnɛktœʀ] *m* INFORM Steckplatz *m*

connerie [kɔnʀi] *f* ❶ *sans pl pop* (*stupidité*) Schwachsinn *m* (*fam*), Blödheit *f* (*fam*)
❷ *pop* (*acte, parole*) Quatsch *m kein Pl* (*fam*); **tout ça, c'est des ~s!** das ist [doch/ja] alles Blödsinn! (*fam*)

connétable [kɔnetabl] *m* HIST Konnetabel *m*

connexe [kɔnɛks] *adj affaires, idées* zusammenhängend

connexion [kɔnɛksjɔ̃] *f* ❶ (*relation*) Zusammenhang *m*, Verbindung *f*
❷ ELEC (*à un circuit*) Anschluss *m*; (*entre deux appareils*) Verbindung *f*
❸ INFORM Verbindung *f*; **obtenir une ~ à Internet** eine Verbindung zum Internet herstellen

connivence [kɔnivɑ̃s] *f* heimliches Einverständnis; **un sourire de ~** ein komplizenhaftes [*o* verschwörerisches] Lächeln; **être de ~ avec qn** mit jdm unter einer Decke stecken; **agir de ~ avec qn** mit jdm gemeinsame Sache machen

connotation [kɔnɔtasjɔ̃] *f* Konnotation *f*

connoter [kɔnɔte] <1> *vt* die Vorstellung hervorrufen von, konnotieren (*Fachspr.*); **~ une valeur poétique** *mot:* eine poetische Konnotation haben

connu(e) [kɔny] **I.** *part passé de* **connaître**
II. *adj* ❶ (*célèbre, répandu*) bekannt; **c'est bien ~ que je suis le plus fort** es ist allgemein bekannt, dass ich der stärkste bin; **un fait ~ de tous** eine allgemein bekannte Tatsache
❷ (*familier*) [bisher] bekannt; **le monde ~** das [bisher] erforschte Universum

conque [kɔ̃k] *f* ZOOL [See]muschel *f*

conquérant(e) [kɔ̃keʀɑ̃, ɑ̃t] **I.** *adj esprit, peuple* eroberungslustig; *ardeur* eroberungslustig, draufgängerisch; *regard, air* selbstbewusst
II. *m(f)* Eroberer *m*/Eroberin *f*

conquérir [kɔ̃keʀiʀ] <*irr*> *vt* erobern; für sich gewinnen *personne;* erwerben *estime, respect*

conquête [kɔ̃kɛt] *f* ❶ *sans pl d'un pays, espace, marché, pouvoir,*

d'une montagne Eroberung *f; d'une faveur, d'un suffrage* Gewinnen *nt;* **partir à la ~ de qc** ausziehen, [um] etw zu erobern
❷ *pl* (*territoire*) Eroberungen *Pl;* (*acquis*) Errungenschaften *Pl*
❸ (*conquête amoureuse*) Eroberung *f;* **faire la ~ de qn** jdn erobern; **c'est sa nouvelle ~** das ist seine neueste Eroberung
conquis(e) [kɔ̃ki, iz] *part passé de* **conquérir**
consacré(e) [kɔ̃sakʀe] *adj* ❶ *hostie, église, lieu* geweiht
❷ (*adéquat*) *formule, expression, terme* üblich, landläufig
❸ (*célèbre*) *auteur, écrivain, œuvre* anerkannt
consacrer [kɔ̃sakʀe] <1> **I.** *vt* ❶ (*donner*) *vie* widmen; **~ son argent à qc** sein Geld für etw verwenden; **~ son énergie à faire qc** seine Energie auf etw (*Akk*) konzentrieren [*o* in etw (*Akk*) setzen]
❷ REL weihen *prêtre, temple, église, hostie;* segnen *pain, vin*
❸ (*entériner*) sich durchsetzen *mot, expression;* allgemein üblich werden lassen *coutume;* verankern *droit;* **la coutume a été consacrée par l'usage** der Brauch hat sich nach und nach durchgesetzt
II. *vpr* **se ~ à qn/qc** sich jdm/einer S. widmen
consanguin(e) [kɔ̃sɑ̃gɛ̃, in] *adj mariage, union* zwischen Blutsverwandten; **frère ~/sœur ~e** Halbbruder *m*/-schwester *f*
consanguinité [kɔ̃sɑ̃g(ɥ)inite] *f* ❶ (*parenté du même père*) Verwandtschaft *f* väterlicherseits
❷ (*parenté héréditaire*) Blutsverwandtschaft *f*
❸ (*union consanguine*) Inzucht *f*
consciemment [kɔ̃sjamɑ̃] *adj* bewusst, wissentlich
conscience [kɔ̃sjɑ̃s] *f* ❶ *sans pl* PSYCH Bewusstsein *nt;* **prise de ~** Bewusstwerdung *f;* **avoir/prendre ~ de qc** sich (*Dat*) einer S. (*Gen*) bewusst sein/werden; **perdre ~** das Bewusstsein verlieren, ohnmächtig werden; **reprendre ~** wieder zu sich kommen
❷ *sans pl* (*connaissance*) **la ~ de qc** das Wissen um etw
❸ *sans pl* (*sens moral*) Gewissen *nt;* (*sens du devoir*) Gewissenhaftigkeit *f;* **avoir la ~ en paix/nette** ein ruhiges/reines Gewissen haben; **~ morale** sittliches Bewusstsein; **~ professionnelle** Berufsehre *f;* **bonne ~** Selbstgerechtigkeit *f;* **bonne/mauvaise ~** gutes/schlechtes Gewissen; **qc donne bonne/mauvaise ~ à qn** jd hat bei etw ein gutes/schlechtes Gewissen; **en avoir gros** [*o* **lourd**] **sur la ~** betrübt sein; **avoir sa ~ pour soi** sich (*Dat*) nichts vorzuwerfen haben; **avoir qc/qn sur la ~** etw/jdn auf dem Gewissen haben
❹ (*libre arbitre*) Meinungsfreiheit *f;* **opprimer les ~s** die freie Meinungsäußerung unterdrücken
◆ **~ de soi** Bewusstsein *nt* seiner selbst
consciencieusement [kɔ̃sjɑ̃sjøzmɑ̃] *adv* gewissenhaft
consciencieux, -euse [kɔ̃sjɑ̃sjø, -jøz] *adj* gewissenhaft
conscient(e) [kɔ̃sjɑ̃, jɑ̃t] *adj* ❶ (*informé*) bewusst; **être ~(e) de qc/d'avoir fait qc** sich (*Dat*) einer S. (*Gen*) bewusst sein/sich (*Dat*) [der Tatsache] bewusst sein, etw gemacht zu haben
❷ (*intentionnel*) *geste, méchanceté* bewusst
❸ (*lucide*) *personne* bei Bewusstsein, ganz klar; *mouvement* bewusst
conscription [kɔ̃skʀipsjɔ̃] *f* Konskription *f* (*früher: Einberufung zum Wehrdienst*)
conscrit [kɔ̃skʀi] *m* (*inscrit au rôle*) Wehrpflichtige(r) *m;* (*recrue*) Rekrut *m;* **les ~s de 1930** der Jahrgang [der Wehrpflichtigen] von 1930
consécration [kɔ̃sekʀasjɔ̃] *f* ❶ *d'un prêtre, pasteur* Weihe *f; d'un lieu, temple, d'une église* Weihe, Weihung *f*
❷ *sans pl* (*moment de la messe*) Wandlung *f*
❸ *sans pl* (*confirmation*) *des efforts, d'une théorie* Anerkennung *f; d'un abus, droit, d'une coutume* Sanktionierung *f,* Billigung *f;* (*triomphe*) *d'un artiste, d'une vie, carrière* Krönung *f*
consécutif, -ive [kɔ̃sekytif, -iv] *adj* ❶ (*à la file*) **des périodes consécutives d'activité et de détente** aufeinander folgende Phasen von Aktivität und Ruhe; **être ~(-ive) à qc** die Folge von etw sein
❷ (*résultant de*) **~(-ive) à qc** durch etw hervorgerufen
consécutivement [kɔ̃sekytivmɑ̃] *adv* ❶ (*sans interruption*) nacheinander
❷ (*par suite de*) **~ à qc** wegen einer S. (*Gen*), infolge einer S. (*Gen*)
conseil [kɔ̃sɛj] *m* ❶ (*recommandation*) Rat *m,* Ratschlag *m;* **donner des ~s à qn** jdm Ratschläge erteilen; **être de bon ~** stets Rat wissen; **demander ~ à qn** jdn um Rat bitten [*o* fragen]; **prendre ~ de qn** jds Rat einholen; **faire qc sur le ~ de qn** etw auf jds Rat hin tun
❷ **~ en recrutement** Berater(in) *m(f)* in Personalfragen; **~ fiscal** Steuerberater(in); **~ juridique** Rechtsberater(in)
❸ (*assemblée*) (*dans le privé*) Vorstand *m;* (*dans le public*) Verwaltungsrat *m;* **Conseil exécutif** CH Regierungsrat (CH); **Conseil fédéral** CH Bundesrat (CH); **~ général** *oberstes Exekutivorgan eines Departements;* **~ municipal** Gemeinderat; **Conseil national** CH Nationalrat (CH); **~ de l'Europe, ~ européen** Europarat, Europäischer Rat; **~ économique et social** Wirtschafts- und Sozialrat
▸ **tenir ~** sich beraten
◆ **~ d'administration** Verwaltungsrat *m;* **~ de classe** Schulkonferenz *f;* **~ de discipline** Disziplinarausschuss *m;* SCOL Schulvorstand *m;* **passer en ~ de discipline** vor den Disziplinarausschuss gestellt werden; **Conseil d'État** *höchstes französisches Verwaltungsgericht;* **~ de famille** Familienrat *m;* **~ de guerre** Kriegsgericht *nt;* **passer en ~ de guerre** vor das Kriegsgericht gestellt werden; **Conseil des ministres** Ministerrat *m;* **Conseil des ministres de l'Économie et des Finances** (*de l'UE*) Rat *m* der Wirtschafts- und Finanzminister; **Conseil de l'Ordre des avocats/des médecins** Vorstand *m* der Anwalts-/Ärztekammer; **~ des prud'hommes** [paritätisches] Arbeitsgericht; **Conseil de sécurité** Sicherheitsrat *m;* **~ de surveillance** Aufsichtsrat *m;* **Conseil de l'Union européenne** Europäischer Rat, Rat der Europäischen Union; **Conseil d'Université** [Universitäts]senat *m*
conseiller [kɔ̃seje] <1> **I.** *vt* ❶ (*recommander*) **~ un docteur/vin à qn** jdm einen Arzt/Wein empfehlen; **~ la prudence à qn** jdm zur Vorsicht raten; **~ à qn de faire qc** jdm raten, etw zu tun
❷ (*inciter*) **~ à qn de faire qc** *prudence:* jdm gebieten, etw zu tun
❸ (*guider*) **~ qn dans qc** jdn bei etw beraten; **être bien conseillé(e) par qn** gut von jdm beraten sein
II. *vt impers* **il est conseillé à qn de faire qc** es empfiehlt sich für jdn, etw zu tun
conseiller, -ère [kɔ̃seje, -ɛʀ] *m, f* ❶ (*qui donne des conseils*) Ratgeber(in) *m(f)*
❷ *m* (*expert*) **~(-ère) juridique** Rechtsberater(in); **~(-ère) en entreprise** Unternehmensberater(in)
❸ *m* ADMIN, POL Rat *m*/Rätin *f;* **~ municipal/conseillère municipale** Gemeinderat/-rätin; **~ fédéral/conseillère fédérale** CH Bundesrat/-rätin (CH)
◆ **~ [principal]/conseillère [principale] d'éducation** Schulbeauftragte(r) *f(m)* für Disziplinarfragen; **~/conseillère d'État** Staatsrat *m*/-rätin *f,* Regierungsrat/-rätin (CH); **~(-ère) d'orientation** Berufsberater(in) *m(f)* [für Schüler]
conseilleur, -euse [kɔ̃sejœʀ, -jøz] *m, f* ▸ **les ~s ne sont pas les payeurs** *prov* wer nicht betroffen ist, hat gut reden
consensuel(le) [kɔ̃sɑ̃sɥɛl] *adj* **en accord ~** in gegenseitigem Einvernehmen
consensus [kɔ̃sɛ̃sys] *m* Konsens *m;* **recueillir un large ~** breite Zustimmung finden
consentant(e) [kɔ̃sɑ̃tɑ̃, ɑ̃t] *adj* ❶ *soutenu* **être ~(e)** einverstanden sein
❷ JUR **les deux parties en présence étant ~es** mit Einwilligung der beiden anwesenden Parteien
consentement [kɔ̃sɑ̃tmɑ̃] *m* **~ à qc** Zustimmung *f* [*o* Einverständnis *nt*] zu etw; **par ~ mutuel** in gegenseitigem [*o* beiderseitigem] Einverständnis; **accorder** [*o* **donner**]**/refuser son**

~ **à qn** jdm seine Zustimmung geben/verweigern; **donner son ~ à qc** einer S. (*Dat*) zustimmen
consentir [kɔ̃sɑ̃tiʀ] <10> **I.** *vi* (*accepter*) ~ **à qc** einer S. (*Dat*) zustimmen; ~ **à faire qc/à ce que qn fasse qc** damit einverstanden sein, etw zu tun/dass jd etw tut
II. *vt* (*accorder*) gewähren
conséquence [kɔ̃sekɑ̃s] *f* ❶ (*résultat, effet*) Folge *f;* **gros(se)** [*o* **lourd(e)**] **de ~s** folgenschwer; **avoir qc pour** [*o* **comme**] ~ etw zur Folge haben; **tirer les ~s de qc** die Konsequenzen aus etw ziehen; **ne pas prêter** [*o* **tirer**] **à ~** unwichtig [*o* belanglos] sein; **sans ~** ohne Folgen; **accident/blessure sans ~** harmloser Unfall/harmlose Verletzung; **en ~** (*donc*) infolgedessen; (*conformément à cela*) [dem]entsprechend; **obtenir des résultats en ~** entsprechende Resultate erzielen; **en ~ de qc** infolge einer S. (*Gen*)
❷ PHILOS (*suite logique*) Folgerung *f;* (*résultat logique*) Schluss *m*
conséquent(e) [kɔ̃sekɑ̃, ɑ̃t] *adj* ❶ (*cohérent*) konsequent; **être ~(e) dans ses actes/avec ses principes** konsequent handeln/seine Prinzipien haben; **être ~(e) avec soi-même** sich (*Dat*) selbst treu sein; **par ~** infolgedessen, folglich
❷ *fam* (*considérable*) *somme* beachtlich
conservateur [kɔ̃sɛʀvatœʀ] *m* ❶ *d'un musée, d'une bibliothèque* Verwalter *m*
❷ POL Konservative(r) *m*
❸ (*produit chimique*) Konservierungsstoff *m,* Konservierungsmittel *nt*
◆ ~ **des Eaux et Forêts** Forstbeamter *m*
conservateur, -trice [kɔ̃sɛʀvatœʀ, -tʀis] *adj* ❶ POL konservativ
❷ (*qui conserve*) **agent ~** Konservierungsmittel *nt,* Konservierungsstoff *m;* **compartiment ~** Tiefkühlfach *nt*
conservation [kɔ̃sɛʀvasjɔ̃] *f* ❶ (*action*) *d'un aliment* Haltbarmachung *f,* Konservieren *nt; d'un monument* Pflege *f,* Instandhaltung *f*
❷ (*garde*) *d'un aliment* Aufbewahrung *f; des archives* Pflege *f*
❸ (*état*) guter Zustand; **rester/garder en bon état de ~** gut erhalten bleiben/gut aufbewahren
◆ ~ **des Eaux et Forêts** Forstamt *nt;* ~ **des hypothèques** Grundbuchamt *nt*
conservatisme [kɔ̃sɛʀvatism] *m* Konservatismus *m*
conservatoire [kɔ̃sɛʀvatwaʀ] **I.** *adj* JUR **acte** [*o* **mesure**]**/saisie ~** Sicherungsmaßnahme *f*/Sicherheitspfändung *f*
II. *m* (*école de musique*) Konservatorium *nt;* (*école de comédie*) Schauspielschule *f*
◆ **Conservatoire des Arts et Métiers** *Gewerbemuseum mit angeschlossener technischer Hochschule zur beruflichen Weiterbildung;* **Conservatoire du littoral** *oberste Küstenschutzbehörde*
conservatrice [kɔ̃sɛʀvatʀis] *f* ❶ *d'un musée, d'une bibliothèque* Verwalterin *f*
❷ POL Konservative *f*
◆ ~ **des Eaux et Forêts** Forstbeamtin *f*
conserve¹ [kɔ̃sɛʀv] *f* Konserve *f;* **des petits pois en ~** Erbsen aus der Dose; **mettre qc en ~** (*industriellement*) etw zu Konserven verarbeiten; (*à la maison*) etw einmachen
▸ **on ne va pas en faire des ~s!** man kann das doch nicht ewig aufheben!
conserve² [kɔ̃sɛʀv] *adv* **de ~** gemeinsam; **bateaux/voitures de ~** Schiffe/Autos im Konvoi
conservé(e) [kɔ̃sɛʀve] *adj fam* **bien** [*o* **pas mal**] **~(e) pour son âge** gut erhalten für sein/ihr Alter (*fam*)
conserver [kɔ̃sɛʀve] <1> **I.** *vt* ❶ (*garder, préserver*) aufbewahren *objets, papiers, aliments;* instand [*o* in Stand] halten, pflegen *monument;* für sich behalten *secret*
❷ GASTR haltbar machen, konservieren *aliments;* ~ **en bocal/dans du vinaigre** einwecken [*o* einmachen]/in Essig einlegen
❸ (*ne pas perdre*) behalten; pflegen *usage, tradition;* beibehalten *habitude;* nicht aufgeben *espoir;* wahren *droit;* sich (*Dat*) bewahren *illusions, innocence;* ~ **son calme/sa beauté** Ruhe bewahren/schön bleiben
II. *vi fam* **qc/ça conserve** etw/das hält jung
III. *vpr* **se ~** *aliment:* sich halten
conserverie [kɔ̃sɛʀvəʀi] *f* ❶ (*fabrique*) Konservenfabrik *f*
❷ (*industrie*) Konservenindustrie *f*
considérable [kɔ̃sideʀabl] *adj* beachtlich; *dégâts, pertes, retard* beträchtlich, erheblich; *émotion* heftig; *changement* grundlegend; **un travail ~** viel Arbeit
considérablement [kɔ̃sideʀabləmɑ̃] *adv* beachtlich; *nuire* erheblich, beträchtlich; *changer* grundlegend; *travailler* viel
considérant [kɔ̃sideʀɑ̃] *m* JUR Beweggrund *m*
considération [kɔ̃sideʀasjɔ̃] *f* ❶ *pl* (*raisonnement*) Überlegungen *Pl,* Erwägungen *Pl;* **~s sur qn/qc** Ausführungen *Pl* über jdn/etw
❷ *pl* (*motifs, raisons*) Gründe *Pl*
❸ (*estime*) Achtung *f,* Ansehen *nt;* **digne de ~** achtenswert; **avoir la ~ de ses supérieurs** bei seinen Vorgesetzten angesehen sein; **par ~ pour qn** (*par estime*) aus Achtung vor jdm; (*par délicatesse*) aus Rücksicht auf jdn
❹ (*examen, attention*) **mériter ~** Beachtung verdienen; **digne de ~** beachtenswert; **en ~ de qc** angesichts [*o* in Anbetracht] einer S. (*Gen*); **prendre qn/qc en ~** jdn/etw berücksichtigen
considérer [kɔ̃sideʀe] <5> **I.** *vt* ❶ (*étudier*) nachdenken über (+ *Akk*), überdenken; bedenken *détail, circonstance;* **tout bien considéré** nach reiflicher Erwägung
❷ (*tenir compte de*) berücksichtigen; **considérant qc** wenn man etw bedenkt; **considérant que** wenn man bedenkt, dass; JUR in Anbetracht dessen, dass
❸ (*estimer*) **être considéré(e)** geschätzt werden
❹ (*contempler*) [eingehend] betrachten
❺ (*être d'avis que*) ~ **que qn a raison** finden, dass jd Recht hat; **ne pas ~ que qn ait raison** nicht finden, dass jd Recht hat
❻ (*tenir pour*) ~ **qn comme un traître** jdn als einen Verräter betrachten, jdn für einen Verräter halten; ~ **ce point comme acquis** diesen Punkt für geklärt halten; ~ **qn assez intelligent pour ...** jdn für intelligent genug halten, um ...; **on le considère généralement compétent et travailleur** er gilt gemeinhin als kompetent und fleißig
II. *vpr* (*se tenir pour*) **se ~ très important(e)/comme le responsable** sich für sehr wichtig/für den Verantwortlichen halten
consignation [kɔ̃siɲasjɔ̃] *f* ❶ COM, JUR *de marchandises, d'argent* Hinterlegung *f;* **en ~** hinterlegt; **mettre en ~** hinterlegen
❷ (*récupération*) **la ~ des bouteilles** die Pfanderhebung auf Flaschen (*Akk*)
consigne [kɔ̃siɲ] *f* ❶ *sans pl* TRANSP Gepäckaufbewahrung *f;* ~ **automatique** Schließfach *nt*
❷ *sans pl* COM Pfand *nt;* **se faire rembourser la ~** sich (*Dat*) das Pfand[geld] zurückgeben lassen
❸ (*instructions*) Anweisungen *Pl,* Vorschriften *Pl;* **brûler la ~** sich nicht an die Vorschriften halten
❹ *sans pl* MIL Stubenarrest *m;* SCOL Nachsitzen *nt*
consigné(e) [kɔ̃siɲe] *adj* *bouteille* Pfand-; *emballage* Mehrweg-
consigner [kɔ̃siɲe] <1> *vt* ❶ (*mettre à la consigne*) zur Aufbewahrung geben *bagages;* (*mettre en dépôt*) hinterlegen *somme d'argent, marchandises*
❷ (*facturer provisoirement*) **qc est consigné** auf etw (*Dat*) wird Pfand erhoben
❸ (*enregistrer*) notieren, festhalten
❹ MIL, SCOL ~ **un soldat/élève** über einen Soldaten eine Ausgangssperre verhängen/einen Schüler nachsitzen lassen; **être consigné(e)** *soldat, troupe:* Ausgangssperre haben; *élève:* nachsitzen müssen
consistance [kɔ̃sistɑ̃s] *f* Beschaffenheit *f,* Konsistenz *f;* **d'une ~ molle** von weicher Beschaffenheit; **prendre ~** *pâte:* fest[er]

werden; *liquide:* dick[er] werden; *nouvelle, rumeur:* sich verdichten; **manquer de** ~ *sauce, crème:* zu dünnflüssig sein; *pâte:* nicht fest genug sein; *fig propos, argument:* dürftig sein; **sans** ~ konsistenzlos; *nouvelle, rumeur, argument* ohne Grundlage; *caractère, esprit* unbeständig; **donner de la** ~ **à la sauce/crème fouettée** die Soße eindicken/die Sahne steif schlagen; **donner de la** ~ **à la rumeur** dem Gerücht Nahrung geben
consistant(e) [kɔ̃sistɑ̃, ɑ̃t] *adj* ❶ (*épais*) *sauce* dickflüssig
❷ *fam* (*substantiel*) *repas, nourriture* gehaltvoll
❸ (*fondé*) *bruit, rumeur* nicht unbegründet; *argument* stichhaltig
consister [kɔ̃siste] <1> *vi* ❶ (*se composer de*) ~ **en qc** aus etw bestehen
❷ (*être*) ~ **en qc** in etw (*Dat*) bestehen; ~ **à faire qc** darin bestehen, etw zu tun
❸ (*résider*) ~ **dans qc** in etw (*Dat*) liegen
consistoire [kɔ̃sistwaʀ] *m* ECCL Konsistorium *nt*
conso [kɔ̃so] *f abr de* **consommation**
consœur [kɔ̃sœʀ] *f* Kollegin *f*
consolable [kɔ̃sɔlabl] *adj* **ne pas être** ~ untröstlich sein; **facilement** ~ leicht zu trösten
consolant(e) [kɔ̃sɔlɑ̃, ɑ̃t] *adj* tröstlich
consolateur [kɔ̃sɔlatœʀ, tʀis] *m, f littér* Tröster(in) *m(f)*
consolation [kɔ̃sɔlasjɔ̃] *f* Trost *m*
console [kɔ̃sɔl] *f* ❶ *a.* INFORM Konsole *f*
❷ ARCHIT Konsole *f*, Kragstein *m*
◆ ~ **d'enregistrement** Aufnahmepult *nt;* ~ **de jeux [vidéo]** Videospielgerät *nt;* ~ **de mixage** Mischpult *nt;* ~ **de visualisation** Bildschirm *m*
consoler [kɔ̃sɔle] <1> I. *vt* trösten; lindern *chagrin, peine;* ~ **qn avec qc de qc** jdn mit etw über etw (*Akk*) trösten
II. *vpr* **se** ~ sich trösten; **se** ~ **avec qc de qc** sich mit etw über etw (*Akk*) trösten
consolidation [kɔ̃sɔlidasjɔ̃] *f sans pl* ❶ Sicherung *f; d'un mur, d'une façade* Befestigung *f; d'une table* Verstärkung *f*
❷ MED *d'une fracture* Zusammenwachsen *nt*, Konsolidierung *f* (*Fachspr.*); *d'une maladie* Stillstand *m*
❸ FIN, JUR Konsolidierung *f*, Stützung *f*
consolider [kɔ̃sɔlide] <1> I. *vt* ❶ (*rendre solide*) sichern; befestigen *mur;* verstärken *table*
❷ *fig* festigen *position, alliance, amitié;* sichern *victoire, fortune, traité*
❸ FIN, ECON konsolidieren
II. *vpr* **se** ~ ❶ *régime, parti:* sich behaupten; *position:* gefestigt werden; *marché:* sich festigen
❷ MED *fracture:* zusammenwachsen
consommable [kɔ̃sɔmabl] *adj* essbar, genießbar; *boisson* trinkbar
consommateur, -trice [kɔ̃sɔmatœʀ, -tʀis] *m, f* ❶ (*acheteur*) Verbraucher(in) *m(f);* **organisme de défense des** ~**s** Verbraucherverband *m;* **être un gros** ~ **de ...** viel ... konsumieren
❷ (*client*) Gast *m*
consommation [kɔ̃sɔmasjɔ̃] *f* ❶ *sans pl* (*action de consommer*) ~ **de qc** Verbrauch *m* von [*o* an] etw (*Dat*); ECON Konsum *m* von [*o* an] etw (*Dat*); (*quantité consommée*) Verbrauch/Konsum an etw (*Dat*); ~ **moyenne** Durchschnittsverbrauch; ~ **personnelle** Eigenverbrauch
❷ (*action de manger*) **impropre à la** ~ nicht zum Verzehr geeignet
❸ (*boisson*) Getränk *nt*
◆ ~ **du mariage** Vollzug *m* der Ehe; ~ **de masse** Massenkonsum *m*
consommé [kɔ̃sɔme] *m* [Kraft]brühe *f;* ~ **de poulet** Hühnerbrühe *f*
consommé(e) [kɔ̃sɔme] *adj soutenu art, habileté, diplomate, musicien* vollendet
consommer [kɔ̃sɔme] <1> I. *vi* ❶ (*prendre une consommation*) etwas zu sich nehmen
❷ (*acheter*) konsumieren
II. *vt* ❶ zu sich nehmen *boisson, nourriture*
❷ (*user*) verbrauchen
❸ (*accomplir*) **le mariage est consommé** die Ehe wird vollzogen
III. *vpr* **qc se consomme chaud(e)/froid(e)** etw wird warm/kalt gegessen; *boisson:* etw wird warm/kalt getrunken; **qc se consomme cru(e)/cuit(e)** etw wird roh/gekocht gegessen; **à** ~ **avant le ...** mindestens haltbar bis ...
consonance [kɔ̃sɔnɑ̃s] *f* ❶ MUS Konsonanz *f*
❷ PHON Klang *m;* **aux** ~**s étrangères/douces** fremdklingend/mit weichem Klang
consonant(e) [kɔ̃sɔnɑ̃, ɑ̃t] *adj accord* konsonant; *phrase* wohlklingend
consonantique [kɔ̃sɔ̃nɑ̃tik] *adj* konsonantisch; **système** ~ Konsonantensystem *nt*
consonne [kɔ̃sɔn] *f* Konsonant *m*
◆ ~ **de liaison** Fugenlaut *m*
consort [kɔ̃sɔʀ] *adj v.* **prince**
consortium [kɔ̃sɔʀsjɔm] *m* Konsortium *nt*
consorts [kɔ̃sɔʀ] *mpl* **Max et** ~**s** *péj* Max und Konsorten (*pej*)
conspirateur, -trice [kɔ̃spiʀatœʀ, -tʀis] *m, f* Verschwörer(in) *m(f)*
conspiration [kɔ̃spiʀasjɔ̃] *f* Machtkomplott *nt;* ~ **contre qn/qc** Verschwörung *f* gegen jdn/etw
▶ **être victime de la** ~ **du silence** totgeschwiegen werden
conspirer [kɔ̃spiʀe] <1> *vi* ❶ (*comploter*) ~ **contre qn/qc** gegen jdn/etw konspirieren
❷ (*concourir*) ~ **à qc** auf etw (*Akk*) hinwirken
conspuer [kɔ̃spɥe] <1> *vt* ausbuhen *personne;* verurteilen *valeurs bourgeoises*
constamment [kɔ̃stamɑ̃] *adv* ❶ (*sans discontinuer*) ununterbrochen, ständig
❷ (*très fréquemment*) ständig, immer wieder
constance [kɔ̃stɑ̃s] *f* ❶ Beständigkeit *f*
❷ *littér* (*persévérance*) Beharrlichkeit *f*
Constance [kɔ̃stɑ̃s] Konstanz *nt*
constant(e) [kɔ̃stɑ̃, ɑ̃t] *adj* ❶ (*invariable*) konstant, gleich bleibend
❷ (*continuel*) ständig
❸ *littér* (*persévérant*) **être** ~**(e) dans ses efforts/la poursuite du but** sich unentwegt [*o* beharrlich] bemühen/beharrlich das Ziel verfolgen
constante [kɔ̃stɑ̃t] *f* ❶ (*caractéristique*) Konstante *f*, konstantes Merkmal
❷ SCI, MATH Konstante *f*
constat [kɔ̃sta] *m* ❶ (*procès-verbal*) Protokoll *nt*
❷ JUR Feststellungsbescheid *m* (*Fachspr.*)
◆ ~ **d'accident** Unfallprotokoll *nt;* ~ **d'adultère** *Feststellung des Ehebruchs durch die Polizei;* ~ **à l'amiable** Unfallaufnahme *f* (*ohne Hinzuziehung der Polizei*); ~ **d'échec** negative Bilanz; **dresser un** ~ **d'échec** eine negative Bilanz ziehen; ~ **d'huissier** Feststellungsprotokoll *nt* durch eine Amtsperson
constatation [kɔ̃statasjɔ̃] *f* ❶ *a.* JUR Feststellung *f;* **arriver à la** ~ **suivante que** + *indic* zu der Feststellung gelangen, dass; ~ **du dommage** Schadensfeststellung
❷ *pl* ADMIN Ergebnisse *Pl*
constater [kɔ̃state] <1> I. *vt* ❶ (*se rendre compte de*) ~ **que qn a raison** feststellen, dass jd Recht hat
❷ *form* (*certifier*) bescheinigen; **faire** ~ **qc par qn** sich etw von jdm bescheinigen lassen
II. *vi* feststellen
constellation [kɔ̃stelasjɔ̃] *f* ❶ ASTRON Sternbild *nt*
❷ *fig littér* ~ **de lumières** Lichtermeer *nt*
constellé(e) [kɔ̃stele] *adj* ~**(e) de taches/d'étoiles** voller Flecken/Sterne
consteller [kɔ̃stele] <1> *vt* **des étoiles constellent le ciel** der Himmel ist voller Sterne
consternant(e) [kɔ̃stɛʀnɑ̃, ɑ̃t] *adj* erschütternd, bestürzend

consternation [kɔ̃stɛʀnasjɔ̃] *f* Betroffenheit *f*, Bestürzung *f*; **frappé(e) de** ~ bestürzt, betroffen; **plonger qn dans une profonde** ~ jdn betroffen machen; **jeter la** ~ Bestürzung auslösen
consterné(e) [kɔ̃stɛʀne] *adj* bestürzt, betroffen
consterner [kɔ̃stɛʀne] <1> *vt* (*atterrer*) betroffen machen
constipation [kɔ̃stipasjɔ̃] *f* Verstopfung *f*
constipé(e) [kɔ̃stipe] *adj* ❶ MED verstopft
❷ *fam* (*guindé*) verklemmt (*fam*)
constiper [kɔ̃stipe] <1> **I.** *vt* ~ **qn** bei jdm [eine] Verstopfung verursachen
II. *vi* [eine] Verstopfung verursachen
constituant(e) [kɔ̃stitɥɑ̃, ɑ̃t] *adj* ❶ POL verfassunggebend
❷ (*constitutif*) **éléments** ~**s**, **parties** ~**es** Bestandteile *Pl*
constituante [kɔ̃stitɥɑ̃t] *f* UNIV CAN [**université**] ~ *Lehr- oder Forschungsinstitut einer Universität*
Constituante [kɔ̃stitɥɑ̃t] *f* HIST **la** ~ die Constituante (*die verfassunggebende Versammlung von 1789*)
constitué(e) [kɔ̃stitɥe] *adj* ❶ (*composé*) **une chose** ~**e de qc** eine aus etw bestehende S.; **être** ~**(e) de qc** aus etw bestehen
❷ (*conformé*) **bien/mal/normalement** ~**(e)** gut/schlecht/normal entwickelt
constituer [kɔ̃stitɥe] <1> **I.** *vt* ❶ (*composer*) bilden, ergeben
❷ (*former*) bilden *gouvernement, ministère, groupe;* anlegen *collection, dossier;* gründen *comité, société*
❸ (*représenter*) darstellen
❹ JUR, ECON (*établir*) ~ **une dot/rente/pension à qn** jdm eine Mitgift/Rente/Pension aussetzen
II. *vpr* ❶ JUR (*s'instituer*) **se** ~ **partie civile/témoin** als Nebenkläger/Zeuge auftreten
❷ COM (*fonder*) **se** ~ **en société** sich zu einer Gesellschaft zusammenzuschließen
❸ (*accumuler*) **se** ~ **qc** sich (*Dat*) etw ersparen [*o* zusammensparen *fam*]
constitut [kɔ̃stity] *m* ~ **possessoire** JUR Besitzkonstitut *nt*
constitutif, -ive [kɔ̃stitytif, -iv] *adj* **les éléments** ~**s de qc** die Bestandteile einer S. (*Gen*)
constitution [kɔ̃stitysjɔ̃] *f* ❶ POL Verfassung *f*
❷ *sans pl* (*action de constituer*) *d'une équipe, d'un gouvernement, groupe* Bildung *f*; *d'une bibliothèque* Einrichtung *f*; *d'un dossier, stock* Anlage *f*
❸ *sans pl* (*composition*) Zusammensetzung *f*
❹ (*complexion*) Konstitution *f*; **être de** ~ **chétive/robuste** eine schwache/kräftige Konstitution haben
◆ ~ **d'avocat** Wahl *f* eines Verteidigers; ~ **d'un cautionnement** JUR Bürgschaftsbestellung *f*; ~ **de partie civile** Erhebung *f* einer Privatklage; ~ **d'un patrimoine** Eigentumsbildung *f*; ~ **de société** Gesellschaftsgründung *f*
constitutionnaliser [kɔ̃stitysjɔnalize] *vt* JUR ~ **une loi** einem Gesetz Verfassungsrang geben
constitutionnel(le) [kɔ̃stitysjɔnɛl] *adj* (*conforme à la constitution*) verfassungskonform
constricteur [kɔ̃stʀiktœʀ] *adj v.* **boa**
constriction [kɔ̃stʀiksjɔ̃] *f* ❶ (*action*) Zusammenschnüren *nt*
❷ *des vaisseaux sanguins* Verengung *f*
constructeur [kɔ̃stʀyktœʀ] *m* ❶ (*ingénieur*) Konstrukteur(in) *m(f)*; (*firme*) Hersteller *m*
❷ (*bâtisseur*) Baumeister(in) *m(f)*
constructible [kɔ̃stʀyktibl] *adj* ❶ *terrain* bebaubar
❷ GEOM *droite, polygone* konstruierbar
constructif, -ive [kɔ̃stʀyktif, -iv] *adj* konstruktiv
construction [kɔ̃stʀyksjɔ̃] *f* ❶ *sans pl* (*action de bâtir*) Bau *m*; (*façon de bâtir*) Bauweise *f*; (*secteur d'activité*) Baugewerbe *nt*, Bausektor *m*; **être en** ~ im Bau sein; **la** ~ **de l'Europe** der Aufbau Europas
❷ (*édifice*) Bauwerk *nt*, Bau *m*, Konstruktion *f*
❸ (*production, secteur*) ~ **automobile/aéronavale** Fahrzeug-/Flugzeugbau *m*; ~ **navale** Schiffsbau; **un navire de** ~ **allemande** ein in Deutschland gebautes Schiff
❹ (*structure*) Aufbau *m*
❺ LING (*tournure*) Konstruktion *f*; ~ **passive** Passivkonstruktion
❻ GEOM Figur *f*
◆ ~ **de l'esprit** Hirngespinst *nt*
construire [kɔ̃stʀɥiʀ] <*irr*> **I.** *vt* ❶ (*bâtir*) ~ **qc à qn** jdm etw bauen
❷ (*fabriquer*) herstellen
❸ (*élaborer*) aufstellen *thèse, théorie;* verfassen *pièce, poème;* sich (*Dat*) ausdenken *intrigue*
❹ LING bilden *phrase*
❺ GEOM zeichnen, konstruieren
II. *vi* bauen
III. *vpr* ❶ (*être bâti*) **se** ~ gebaut werden
❷ LING **se** ~ **avec le datif** den Dativ verlangen [*o* regieren]; **ce verbe se construit avec l'indicatif** nach diesem Verb steht der Indikativ
consul [kɔ̃syl] *m* Konsul(in) *m(f)*; ~ **de France** französischer Konsul; ~ **général** Generalkonsul; **Madame le** ~ Frau Konsulin
consulaire [kɔ̃sylɛʀ] *adj* konsularisch, Konsular-; **personnel** ~ Konsulatsangestellte *Pl*
consulat [kɔ̃syla] *m* Konsulat *nt*
Consulat [kɔ̃syla] *m* HIST **le** ~ das Konsulat
consultable [kɔ̃syltabl] *adj* **être** ~ eingesehen werden können
consultant(e) [kɔ̃syltɑ̃, ɑ̃t] **I.** *adj* beratend
II. *m(f)* Berater(in) *m(f)*
consultation [kɔ̃syltasjɔ̃] *f* ❶ *sans pl* (*action de consulter*) ~ **d'un dictionnaire** Nachschlagen *nt* in einem Wörterbuch; ~ **d'un agenda** Nachsehen *nt* in einem Kalender; ~ **d'un plan** Nachsehen *nt* auf einem Plan
❷ (*séance*) (*chez un expert, conseil*) Beratung *f*; (*chez un médecin*) Sprechstunde *f*; **être en** ~, **donner des** ~**s** Sprechstunde haben; **entrer en** ~ Rücksprache halten; **quelles sont vos heures de** ~**?** wann sind Ihre Sprechzeiten?; ~ **externe** (*service*) Ambulanz *f*; (*visite*) ambulante Behandlung
❸ (*délibération*) Beratung *f*
❹ POL (*sondage*) ~ **de l'opinion** Meinungsumfrage *f*; ~ **populaire** Volksbefragung *f*; ~ **électorale** Wahlen *Pl*
❺ CH (*prise de position*) Stellungnahme *f*, Vernehmlassung *f* (CH)
◆ ~ **d'experts** Expertenbefragung *f*
consulter [kɔ̃sylte] <1> **I.** *vi médecin:* Sprechstunde haben
II. *vt* ❶ (*demander conseil*) um Rat fragen, zu Rate ziehen; aufsuchen *médecin*
❷ (*regarder pour trouver une information*) sehen [*o* schauen] auf (+ *Akk*) *montre, boussole, horaire, plan;* nachschlagen in (+ *Dat*) *dictionnaire, ouvrage, règlement;* nachsehen [*o* nachschauen] in (+ *Dat*) *agenda*
❸ POL ~ **l'opinion** eine Meinungsumfrage durchführen; (*par référendum*) eine Volksbefragung durchführen
III. *vpr* (*se concerter*) **se** ~ sich beraten
consumer [kɔ̃syme] <1> **I.** *vt* ❶ (*brûler*) verbrennen
❷ *littér* (*miner*) *passion, ambition:* verzehren (*geh*); *fièvre:* auszehren (*geh*); *chagrin:* zehren an (+ *Dat*) (*geh*)
❸ *littér* (*dépenser*) vergeuden *vie, forces, fortune*
II. *vpr* ❶ (*brûler*) **se** ~ verbrennen; *bougie, cigarette:* herunterbrennen
❷ *littér* (*dépérir*) **se** ~ dahinsiechen (*geh*)
❸ *littér* (*se miner*) **se** ~ **de chagrin/désespoir** vor Kummer/Verzweiflung (*Dat*) vergehen (*liter*)
consumérisme [kɔ̃symeʀism] *m* Verbraucherschutz *m*
contact [kɔ̃takt] *m* ❶ *sans pl* (*toucher*) Kontakt *m*, Berührung *f*; **au** ~ **de qc** bei der Berührung mit etw; **au** ~ **de l'air/du froid** an der Luft/bei Kälte; **des choses entrent/sont en** ~ Dinge kommen/stehen [miteinander] in Berührung [*o* berühren sich]

C

❷ (*rapport*) Kontakt *m;* **au ~ de qn** im Umgang mit jdm; **avoir le ~ facile** kontaktfreudig sein; **entrer en** [*o* **prendre**] **~ avec qn/qc** mit jdm/etw Kontakt aufnehmen; **être en ~ avec qn/qc** mit jdm/etw in Kontakt sein [*o* in Verbindung stehen]; **garder** [*o* **maintenir**] **le ~ avec qn/qc** mit jdm/etw in Verbindung bleiben; **mettre qn en ~ avec qn** jdn mit jdm in Verbindung bringen; **se mettre en ~ avec qn** mit jdm Kontakt aufnehmen, sich mit jdm in Verbindung setzen; **perdre le ~ avec qn/qc** zu jdm/etw keinen Kontakt [*o* keine Verbindung] mehr haben; AVIAT, MIL, RADIO den Funkkontakt [mit jdm/etw] verlieren; **rester en ~ avec qn/qc** mit jdm/etw in Verbindung bleiben; AVIAT, MIL, RADIO mit jdm/etw in [Funk]verbindung bleiben; **rompre les ~s** die Beziehungen abbrechen

❸ ELEC, AUT Kontakt *m;* **faux** [*o* **mauvais**] **~** Wackelkontakt *m;* **couper/mettre le ~** den Motor abstellen/anlassen

contacter [kɔ̃takte] <1> *vt* **~ qn/qc** sich mit jdm/etw in Verbindung setzen, mit jdm/etw Kontakt aufnehmen; (*s'adresser à*) sich an jdn/etw wenden

contacteur [kɔ̃taktœʀ] *m* ELEC [Ein- und Aus]schalter *m*

contagieux, -euse [kɔ̃taʒjø, -jøz] *adj* ansteckend

contagion [kɔ̃taʒjɔ̃] *f* Ansteckung *f;* **les risques de ~** die Ansteckungsgefahr; **s'exposer à la ~** sich der Ansteckungsgefahr aussetzen

container [kɔ̃tɛnɛʀ] *m* Behälter *m,* Container *m*

contamination [kɔ̃taminasjɔ̃] *f d'une personne* Ansteckung *f; d'un organisme* Infektion *f; de l'eau, du milieu* Verseuchung *f*

contaminer [kɔ̃tamine] <1> *vt personne:* anstecken; *virus:* infizieren; verseuchen *cours d'eau, puits;* **être contaminé(e) par qn/qc** *personne:* sich bei jdm/mit etw angesteckt haben; *cours d'eau, puits:* durch jdn/etw verseucht sein

conte [kɔ̃t] *m* Märchen *nt*

▸ **~ à dormir debout** *littér* unwahrscheinliche Geschichte

◆ **~ de fées** Märchen *nt*

contemplatif, -ive [kɔ̃tɑ̃platif, -iv] *adj* kontemplativ; *air* versonnen; *vie* beschaulich

contemplation [kɔ̃tɑ̃plasjɔ̃] *f* ❶ *sans pl* (*action de contempler*) Betrachtung *f;* **être/rester en ~ devant qc** betrachtend vor etw (*Dat*) stehen/verweilen

❷ (*rêverie*) Gedankenspielerei *f;* **être plongé(e) dans une ~ intérieure** in Gedanken versunken sein

❸ (*méditation*) Meditation *f,* innere Versenkung

contempler [kɔ̃tɑ̃ple] <1> **I.** *vt* betrachten

II. *vpr* **se ~ mutuellement/dans la glace** sich gegenseitig/im Spiegel betrachten

contemporain(e) [kɔ̃tɑ̃pɔʀɛ̃, ɛn] **I.** *adj* ❶ (*de la même époque*) **être ~(e) de qn** ein Zeitgenosse/eine Zeitgenossin von jdm sein; **être ~(e) de qc** in der [*o* zur] gleichen Zeit wie etw entstanden sein; **être ~(e)s l'un(e) de l'autre** *personnes:* in der gleichen Zeit gelebt haben; *œuvres:* in der gleichen Zeit entstanden sein

❷ (*moderne*) *auteur, musique, art* zeitgenössisch; *histoire* der Gegenwart; *français* heutig

II. *m(f)* Zeitgenosse *m*/-genossin *f*

contenance [kɔ̃t(ə)nɑ̃s] *f* ❶ (*capacité*) *d'une bouteille, d'un récipient* Inhalt *m; d'un réservoir* Fassungsvermögen *nt; d'un navire* Ladekapazität *f;* **quelle est sa ~?** wie viel [Liter] gehen da hinein?

❷ (*attitude*) Haltung *f;* **ne pas savoir quelle ~ adopter** nicht wissen, wie jd sich verhalten soll; **se donner une ~** Haltung annehmen; **pour se donner une ~** um sicherer zu wirken; **prendre une ~ embarrassée/assurée** verlegen wirken/sich selbstsicher geben; **garder une ~ aimable** freundlich bleiben; **faire bonne/mauvaise ~ devant qn/qc** jdm gegenüber eine gute/schlechte Figur machen; **perdre ~** die Fassung verlieren

contenant [kɔ̃t(ə)nɑ̃] *m* Behältnis *nt*

conteneur [kɔ̃t(ə)nœʀ] *m* Container *m*

contenir [kɔ̃t(ə)niʀ] <9> **I.** *vt* ❶ (*avoir une capacité de*) fassen; *car, avion:* aufnehmen können

❷ (*renfermer*) enthalten

❸ (*maîtriser*) unterdrücken *colère, rire, sanglots;* in Schach halten *adversaire, foule*

II. *vpr* **se ~** sich beherrschen

content [kɔ̃tɑ̃] *m* **avoir** [**tout**] **son ~** alles haben, was man braucht; **avoir son ~ de qc** von etw mehr als genug haben; **dormir son ~** genügend schlafen

content(e) [kɔ̃tɑ̃, ɑ̃t] *adj* ❶ (*heureux*) erfreut; **très ~(e)** glücklich; **~(e) de qc** erfreut über etw (*Akk*); **être ~(e) pour qn** sich für jdn freuen; **être ~(e) de faire qc/que qn ait raison** sich freuen, etw zu tun/, dass jd Recht hat

❷ (*satisfait*) **~(e) de qn/qc** zufrieden mit jdm/etw; **être ~(e) de sa personne** selbstzufrieden [*o* selbstgefällig] sein

▸ **non ~(e) de ...** nicht genug [*o* es reicht nicht], dass ...

contentement [kɔ̃tɑ̃tmɑ̃] *m sans pl* (*état de satisfaction*) Zufriedenheit *f*

◆ **~ de soi** Selbstgefälligkeit *f*

contenter [kɔ̃tɑ̃te] <1> **I.** *vt* zufrieden stellen *personne;* befriedigen *désir;* stillen, befriedigen *besoin, curiosité;* **on ne peut pas toujours ~ tout le monde!** man kann es nicht immer allen recht machen!

II. *vpr* **se ~ de qc** sich mit etw zufrieden geben [*o* begnügen]; **se ~ de faire qc** sich damit begnügen, etw zu tun

contentieux [kɔ̃tɑ̃sjø] *m* ❶ JUR (*litige*) Streitsache *f*

❷ (*service*) Rechtsabteilung *f*

❸ (*conflit*) Streit *m*

contenu [kɔ̃t(ə)ny] *m* Inhalt *m;* **~ d'un/du contrat** Vertragstext *m*

contenu(e) [kɔ̃t(ə)ny] *adj émotion, colère, sentiments* unterdrückt

conter [kɔ̃te] <1> *vt* **ne pas s'en laisser ~** sich (*Dat*) nichts vormachen lassen; **que me contes-tu/que me contez-vous là?** *vieilli* was erzählst du mir/was erzählen Sie mir da?; **allez, conte-moi tes malheurs!** (**Et ça ira mieux**) *iron* ganz so schlimm kann es nicht sein!

contestable [kɔ̃tɛstabl] *adj* zweifelhaft; *théorie, hypothèse* anfechtbar; *argument* fraglich

contestataire [kɔ̃tɛstatɛʀ] **I.** *adj* oppositionell; *mouvement* Protest-

II. *mf* Systemgegner(in) *m(f)*

contestation [kɔ̃tɛstasjɔ̃] *f* Einwand *m; d'un droit* Anfechtung *f; d'une qualité* Bestreiten *nt;* **sans ~ possible** unbestreitbar; **faire de la ~** protestieren

◆ **~ de faillite** Konkursanfechtung *f*

conteste [kɔ̃tɛst] *adv* **sans ~** zweifelsohne, zweifellos

contester [kɔ̃tɛste] <1> **I.** *vi* widersprechen; **~ dans la rue** auf die Straße gehen

II. *vt* ❶ (*mettre en doute*) anzweifeln, in Frage [*o* infrage] stellen; anfechten *droit;* **~ qc à qn** jdm etw abstreiten; **ne pas ~ que qn ait raison** nicht bezweifeln [*o* bestreiten], dass jd Recht hat

❷ (*controverser*) **être contesté(e)** umstritten sein

conteur, -euse [kɔ̃tœʀ, -øz] *m, f* Märchendichter(in) *m(f)*

contexte [kɔ̃tɛkst] *m* ❶ *a.* LING Kontext *m,* Zusammenhang *m;* **sorti(e)** [*o* **détaché(e)**] [*o* **isolé(e)**] **de son ~** aus dem Zusammenhang gerissen

❷ (*situation*) Kontext *m,* Rahmen *m;* **le ~ familial** der familiäre Hintergrund; **dans le ~ actuel** in der augenblicklichen Lage

contextuel(le) [kɔ̃tɛkstɥɛl] *adj* LING *sens* Kontext gebunden

contigu, contiguë [kɔ̃tigy] *adj territoires* aneinander stoßend; *édifices* aneinander gebaut; **~(contiguë) à un territoire/édifice** an ein Grundstück stoßend/an ein Gebäude angebaut

contiguïté [kɔ̃tigɥite] *f* [unmittelbare] Nachbarschaft [*o* Nähe]

continence [kɔ̃tinɑ̃s] *f* Enthaltsamkeit *f*

continent [kɔ̃tinɑ̃] *m* ❶ GEOG Kontinent *m,* Erdteil *m*

❷ (*opp: île*) Festland *nt*

continental(e) [kɔ̃tinɑ̃tal, o] <-aux> *adj* Kontinental-

contingence [kɔ̃tɛ̃ʒɑ̃s] *f* ❶ *pl* (*bagatelles*) Belanglosigkeiten *Pl,* Lappalien *Pl*
❷ *pl* (*facteurs non prévisibles*) Eventualitäten *Pl*
❸ PHILOS Zufällige(s) *nt,* Akzidens *nt* (*Fachspr.*)

contingent [kɔ̃tɛ̃ʒɑ̃] *m* ❶ MIL Jahrgang *m* [von Wehrdienstpflichtigen]; **tout un ~ de touristes** *fig* eine ganze Schar von Touristen
❷ *a.* COM (*quantité limitée*) Kontingent *nt;* (*pourcentage limité*) Quote *f;* **~ de marchandises** Warenkontingent
❸ (*part*) [An]teil *m;* **apporter son ~ à qc** seinen Teil zu etw beitragen; **la guerre avec son ~ de misères** der Krieg mit all seinem Elend

contingent(e) [kɔ̃tɛ̃ʒɑ̃, ʒɑ̃t] *adj* ❶ (*non essentiel*) unwesentlich
❷ (*accidentel*) unvorhergesehen
❸ PHILOS zufällig, akzidentell (*Fachspr.*)

contingentement [kɔ̃tɛ̃ʒɑ̃tmɑ̃] *m* COM, JUR Kontingentierung *f;* (*limitation des commandes*) Bezugsbeschränkung *f*
◆ **~ des importations** Einfuhrkontingentierung *f;* **~ des ventes** Absatzbeschränkung *f*

contingenter [kɔ̃tɛ̃ʒɑ̃te] <1> *vt* COM, JUR kontingentieren

continu [kɔ̃tiny] *m sans pl* ❶ **en ~** ohne Pause; **papier en ~** Endlospapier
❷ MATH, PHYS Kontinuum *nt*

continu(e) [kɔ̃tiny] *adj mouvement* andauernd; *bruit* unaufhörlich; *suite, série* fortlaufend; *ligne* durchgehend; *silence, pluie* anhaltend; *souffrance* ständig; *effort* kontinuierlich; *croissance* stetig

continuateur, -trice [kɔ̃tinɥatœʀ, -tʀis] *m, f* **être le ~ d'une personne/réforme** jds Werk fortsetzen/eine Reform weiterführen

continuation [kɔ̃tinɥasjɔ̃] *f* ❶ (*action*) Weiterführung *f;* (*effet*) Fortbestand *m;* **[je vous souhaite une] bonne ~!** weiterhin viel Erfolg!
❷ JUR, FIN **décision de ~** Fortsetzungsbeschluss *m*
◆ **~ des affaires** Geschäftsfortführung *f*

continuel(le) [kɔ̃tinɥɛl] *adj* (*qui se répète fréquemment*) ständig; (*ininterrompu*) ununterbrochen; **faire des efforts ~s pour arriver à qc** sich ständig darum bemühen, etw zu erreichen

continuellement [kɔ̃tinɥɛlmɑ̃] *adv* (*très fréquemment*) ständig; (*sans s'arrêter*) ununterbrochen

continuer [kɔ̃tinɥe] <1> **I.** *vi* ❶ (*se poursuivre*) weitergehen; *bruit, pluie:* anhalten; **tout a continué comme avant** alles lief weiter wie bisher
❷ (*poursuivre*) weitermachen, fortfahren; (*poursuivre sa route*) (*à pied*) weitergehen; (*en voiture*) weiterfahren; **la pluie/neige continue de** [*o* **à**] **tomber** es regnet/schneit weiter; **~ à lire/travailler** weiterlesen/-arbeiten
❸ (*persister*) **~ à croire/penser que qn a raison** nach wie vor [*o* weiterhin] glauben/denken, dass jd Recht hat; **si tu continues, je vais me fâcher!** wenn du so weitermachst, werde ich böse!
II. *vt* ❶ (*poursuivre dans le temps*) fortsetzen; weiterführen *politique;* fortfahren mit *exposé*
❷ (*prolonger dans l'espace*) verlängern, weiterführen
III. *vpr* **se ~ par qc** durch etw fortgesetzt werden; *texte:* mit etw weitergehen

continuité [kɔ̃tinɥite] *f* Kontinuität *f; d'une tradition* Wahrung *f; de l'espèce* Fortbestand *m*
◆ **~ du bilan** FIN Bilanzkontinuität *f*

continûment [kɔ̃tinymɑ̃] *adv* ununterbrochen

contondant(e) [kɔ̃tɔ̃dɑ̃, ɑ̃t] *adj* stumpf; **arme ~e** stumpfer Gegenstand

contorsionner [kɔ̃tɔʀsjɔne] <1> *vpr* **se ~** sich verrenken; (*faire des manières*) katzbuckeln

contorsionniste [kɔ̃tɔʀsjɔnist] *mf* Schlangenmensch *m*

contorsions [kɔ̃tɔʀsjɔ̃] *fpl d'un acrobate, pitre* Verrenkungen *Pl; d'une personne obséquieuse* Katzbuckelei *f*

contour [kɔ̃tuʀ] *m* ❶ Umrisse *Pl,* Konturen *Pl; d'un dessin* Linien *Pl*
❷ *pl* (*méandres*) Windungen *Pl*

contourner [kɔ̃tuʀne] <1> *vt* (*faire le tour*) **~ qc** *route, chemin:* um etw herumführen; *personne:* um etw herumgehen; (*en véhicule*) um etw herumfahren; (*en avion*) um etw herumfliegen

contraceptif [kɔ̃tʀasɛptif] *m* Verhütungsmittel *nt,* empfängnisverhütendes Mittel

contraceptif, -ive [kɔ̃tʀasɛptif, -iv] *adj* empfängnisverhütend; **pilule contraceptive** Antibabypille *f;* **méthode contraceptive** Verhütungsmethode *f*

contraception [kɔ̃tʀasɛpsjɔ̃] *f* Empfängnisverhütung *f;* **être sous ~** Verhütungsmittel genommen haben

contractant [kɔ̃tʀaktɑ̃] *m* JUR Vertragspartner(in) *m(f)*

contractant(e) [kɔ̃tʀaktɑ̃, ɑ̃t] *adj* vertragschließend; **les parties ~es** die Vertragspartner

contracté(e) [kɔ̃tʀakte] *adj* ❶ (*tendu*) angespannt; (*trop*) verkrampft
❷ LING zusammengezogen; **être ~(e) en qc** zu etw zusammengezogen werden

contracter[1] [kɔ̃tʀakte] <1> **I.** *vt* ❶ ANAT anspannen; (*trop*) verkrampfen; verzerren *traits, visage;* **le froid contracte qc** bei Kälte zieht sich etw zusammen; **la peur lui contractait la gorge** die Angst schnürte ihm/ihr die Kehle zu
❷ (*rendre anxieux*) Verkrampfung auslösen bei
II. *vpr* **se ~** sich zusammenziehen; (*trop*) sich verkrampfen; *gorge:* sich zuschnüren; *traits, visage:* sich verzerren; *gaz:* sich verdichten

contracter[2] [kɔ̃tʀakte] <1> *vt* ❶ (*se lier par*) eingehen *obligation, engagement, alliance;* machen *dette;* abschließen *assurance;* **~ mariage** die Ehe schließen; **~ des engagements** FIN Verbindlichkeiten eingehen
❷ (*attraper*) sich (*Dat*) zuziehen *maladie*
❸ (*acquérir*) annehmen *manie, habitude*

contraction [kɔ̃tʀaksjɔ̃] *f* ❶ (*action*) Zusammenziehen *nt;* (*exagérée*) Verkrampfen *nt*
❷ (*état*) Anspannung *f;* (*trop tendu*) Verkrampfung *f; des traits, du visage* Verzerrung *f*
❸ *pl* (*lors d'un accouchement*) Wehen *Pl*
◆ **~ de texte** Zusammenfassung *f*

contractuel(le) [kɔ̃tʀaktɥɛl] **I.** *adj* vertraglich [festgelegt]
II. *m(f)* ❶ (*agent d'un service public*) Angestellte(r) *f(m)* [im öffentlichen Dienst]
❷ (*auxiliaire de police*) Hilfspolizist *m*/Politesse *f*

contradicteur [kɔ̃tʀadiktœʀ] *m* Widersacher(in) *m(f)*

contradiction [kɔ̃tʀadiksjɔ̃] *f* ❶ *sans pl* (*objections*) Widerspruch *m;* **être en ~ avec qn** nicht jds Meinung sein
❷ (*fait de se contredire*) **~ flagrante** krasser Widerspruch; **vous êtes en ~ avec vous-même** Sie widersprechen sich selbst; **tomber dans la ~** [*o* **les ~s**] sich in Widersprüche verstricken
❸ (*incompatibilité*) Widerspruch *m;* **être en ~ avec qc** im Widerspruch zu etw stehen

contradictoire [kɔ̃tʀadiktwaʀ] *adj* ❶ (*incompatible*) widersprüchlich; *influences, passions* gegensätzlich
❷ (*où s'opposent des idées*) **débat ~** Streitgespräch *nt,* Debatte *f*
❸ JUR *jugement, arrêt* nach Anhörung der Parteien

contraignable [kɔ̃tʀɛɲabl] *adj* JUR erzwingbar

contraignant(e) [kɔ̃tʀɛɲɑ̃, ɑ̃t] *adj* zwingend; *horaire* streng [festgelegt]

contraindre [kɔ̃tʀɛ̃dʀ] <*irr*> **I.** *vt* **~ qn à qc/à faire qc** jdn zu etw zwingen/jdn zwingen, etw zu tun; **être contraint(e) à qc/de faire qc** zu etw gezwungen sein/gezwungen sein, etw zu tun
II. *vpr* **se ~ à qc/à faire qc** sich zu etw zwingen/sich zwin-

C

gen, etw zu tun

contraint(e) [kɔ̃tʀɛ̃, ɛ̃t] *adj* gezwungen; *manière, style* gekünstelt, unnatürlich; **d'un air** ~ befangen; **être** ~**(e) et forcé(e)** unter Druck [und Zwang] stehen; **ce n'est que** ~**s et forcés qu'ils sont partis** nur gezwungenermaßen sind sie weggegangen

contrainte [kɔ̃tʀɛ̃t] *f* ❶ Zwang *m;* ~ **morale/sociale** moralische/soziale Verpflichtung; **soumettre qn à des** ~**s** jdm Zwänge auferlegen; **être soumis(e) à des** ~**s** unter Zwang stehen; **par la** ~ mit Gewalt; **sous la** ~ unter Zwang
❷ JUR Erzwingung *f*
◆ ~ **par corps** Erzwingungshaft *f*

contraire [kɔ̃tʀɛʀ] **I.** *adj* ❶ *(opposé)* entgegengesetzt; *preuve, mouvement* Gegen-; **avoir des opinions** ~**s** gegensätzlicher Meinung sein
❷ *(incompatible avec)* ~ **à la commande** auftragswidrig; ~ **à la loi/au droit** gesetzes-/rechtswidrig; ~ **à la raison** vernunftwidrig, wider die Vernunft; ~ **au règlement intérieur** dienstwidrig; ~ **à l'usage/la morale** gegen die Gewohnheit/Moral; ~ **aux idées/intérêts** unvereinbar mit den Ideen/Interessen
❸ *(défavorable)* ungünstig; **le sort lui fut** ~ das Schicksal war gegen ihn
II. *m* Gegenteil *nt;* **les** ~**s s'attirent** Gegensätze ziehen sich an; **bien** [*o* **tout**] **au** ~ ganz im Gegenteil; **au** ~ **de son frère** anders als sein Bruder, im Gegensatz zu seinem Bruder

contrairement [kɔ̃tʀɛʀmɑ̃] *adv* ~ **à qn** im Gegensatz zu jdm; ~ **à qc** entgegen einer S. *(Dat)*; ~ **à ce que je croyais** entgegen dem, was ich glaubte; **agir** ~ **à la loi/aux bonnes mœurs** gesetzeswidrig/sittenwidrig handeln

contralto [kɔ̃tʀalto] *m* Kontraalt *m*

contrariant(e) [kɔ̃tʀaʀjɑ̃, jɑ̃t] *adj* ❶ *(opp: docile)* *personne* widerspenstig; **être d'humeur** ~**e** widerspenstig sein
❷ *(fâcheux)* ärgerlich

contrarié(e) [kɔ̃tʀaʀje] *adj* ❶ *(combattu)* *amour* verhindert
❷ *(fâché)* **être** ~**(e)** erbost sein

contrarier [kɔ̃tʀaʀje] <1a> *vt* ❶ *(agacer)* ärgern; **être contrarié(e) par qc** wegen etw verärgert sein
❷ *(déranger)* stören; **être contrarié(e) par qc** *(avoir des soucis)* wegen etw bedrückt sein
❸ *(faire obstacle à)* hindern *personne;* durchkreuzen *projets, intérêts, plans;* nachteilig sein für *passion*

contrariété [kɔ̃tʀaʀjete] *f* ❶ *sans pl* *(déplaisir agacé)* Verärgerung *f;* **éprouver une** ~ verärgert sein
❷ *(obstacle)* Ärgernis *nt,* Missgeschick *nt*

contraste [kɔ̃tʀast] *m* ❶ Gegensatz *m,* Kontrast *m;* **faire** ~ **avec qc** sich von etw abheben, mit etw kontrastrieren; **offrir un** ~ **avec qn/qc** jds Gegenteil/das Gegenteil einer S. *(Gen)* sein; **par** ~ im Gegensatz dazu, vergleichsweise
❷ TV Kontrast *m*

contrasté(e) [kɔ̃tʀaste] *adj* kontrastreich

contraster [kɔ̃tʀaste] <1> **I.** *vi* ~ **avec qc** im Gegensatz zu etw stehen, mit etw konstratrieren; **des choses contrastent entre elles** Dinge kontrastieren miteinander [*o* stehen im Gegensatz zueinander]
II. *vt* ~ **qc** einer S. *(Dat)* Kontrast geben

contrat [kɔ̃tʀa] *m* Vertrag *m;* **passer un** ~ **avec qn** *(passer un accord)* mit jdm eine Abmachung treffen; *(se lier par un acte officiel)* mit jdm einen Vertrag abschließen; **remplir son** ~ *(tenir ses promesses)* seine Versprechungen halten; *(respecter un engagement moral)* seinen Pflichten nachkommen; **être sous** ~ vertraglich gebunden sein; **par** ~ vertraglich; ~ **à durée déterminée** befristeter Vertrag; ~ **à durée indéterminée** unbefristeter Vertrag, Dauervertrag; **durée d'un** ~ Dauer *f* eines Vertrags; ~ **à prix ferme** Festpreisvertrag, Abschluss *m* auf Termin; ~ **d'approvisionnement** Versorgungsvertrag; ~ **d'assistance technique** Know-how-Vereinbarung *f;* ~ **de coûts inhérents** JUR Folgekostenvertrag *(Fachspr.)*; ~ **d'entente relative aux remises sur les prix** Rabattkartellvertrag; ~ **d'entrepôt commissionnaire** JUR, ECON Konsignationslagervertrag *(Fachspr.)*; ~ **de gestion** [*o* **d'administration**] **des affaires d'autrui** JUR Geschäftsbesorgungsvertrag *(Fachspr.)*; ~ **d'ouverture d'un crédit** Krediteröffnungsvertrag; ~ **de protection de la clientèle** Kundenschutzvertrag; ~ **de protection des capitaux** Kapitalschutzvertrag; ~ **de transmission d'un véhicule** Kraftfahrzeugüberlassungsvertrag; **ancien** ~ JUR Altvertrag; ~ **bancaire** Bankvertrag; ~ **bilatéral** [*o* **synallagmatique**] JUR Austauschvertrag; ~ **concessionnaire** Konzessionsvertrag; ~ **exclusif** Exklusivvertrag; ~ **familial** Familienvertrag; ~ **général** Gesellschaftervertrag; ~ **immobilier** Immobiliarvertrag; ~ **individuel** Individualvertrag; ~ **léonin** Knebelungsvertrag; ~ **modificateur** Änderungsvertrag; ~ **se référant aux équipements industriels** Industrieanlagenvertrag; ~ **prévoyant une obligation de vendre** JUR Absatzbindungsvertrag *(Fachspr.)*; ~ **relatif à l'économie des échanges extérieurs** JUR Außenwirtschaftsvertrag *(Fachspr.)*; ~ **avec clause de choix du droit applicable** Rechtswahlvertrag *(Fachspr.)*
◆ ~ **cadre** Rahmenvertrag *m;* ~ **à la consommation** Konsumentenvertrag *m;* ~ **d'accession** JUR Aufnahmevertrag *m;* ~ **d'affermage** ECON Pachtvertrag *m;* ~ **d'affermage relatif à une entreprise** Betriebspachtvertrag; ~ **d'agence** JUR Agenturvertrag *m,* Agenturvereinbarung *f;* ~ **d'apprentissage** Lehrvertrag *m;* ~ **d'avocat** JUR Anwaltsvertrag *m;* ~ **de cession d'usage** JUR Gebrauchsüberlassungsvertrag *m;* ~ **de commerce extérieur** JUR Außenhandelsvertrag *m;* ~ **de commission** Kommissionsvertrag *m;* ~ **de constitution** [**d'une société**] Gründungsvertrag *m;* ~ **de construction** Bauvertrag *m;* ~ **de coopération** Kooperationsvertrag *m;* ~ **de dissolution** JUR Auflösungsvertrag *m;* ~ **de distribution exclusive** JUR Alleinvertriebsvertrag *m;* ~ **d'enchaînement** JUR Folgevertrag *m;* ~ **d'enrichissement** JUR Bereicherungsvertrag *m;* ~ **d'entreprise générale** JUR Generalunternehmervertrag *m;* ~ **d'équipement du terrain** JUR Erschließungsvertrag *m;* ~ **d'exportation** Exportvertrag *m;* ~ **de forfait** JUR Forfaitiervertrag *m;* ~ **de fourniture d'énergie** Energielieferungsvertrag *m;* ~ **de fourniture de services** Dienstleistungsvertrag *m;* ~ **de fourniture permanent** JUR Dauerbelieferungsvertrag *m;* ~ **de franchisage** JUR Franchisevertrag *m;* ~ **de garantie** Garantievertrag *m,* Garantieerklärung *f;* *(en parlant d'un cautionnement)* Bürgschaftsvertrag; ~ **d'hébergement** JUR Beherbergungsvertrag *m;* ~ **d'hérédité** JUR Erbvertrag *m;* ~ **de location** Mietvertrag *m;* ~ **de maintenance** Wartungsvertrag *m;* ~ **de mariage** Ehevertrag *m;* ~ **de prise de contrôle** JUR Beherrschungsvertrag *m;* ~ **de promotion immobilière** Bauträgervertrag *m;* ~ **de protection territoriale** JUR Gebietsschutzvertrag *m;* ~ **de réassurance** Rückversicherungsvertrag *m;* ~ **de remise de dette** JUR Erlassvertrag *m;* ~ **de remise en état** Instandsetzungsvertrag *m;* ~ **de représentation exclusive** JUR Alleinvertretungsvertrag *m;* ~ **de reprise de bail** JUR Ablösevertrag *m;* ~ **de résiliation** Aufhebungsvertrag *m;* ~ **de S.A.R.L.** GmbH-Vertrag *m;* ~ **de satisfaction des besoins** JUR Bedarfsdeckungsvertrag *f;* ~ **de transport** Beförderungsvertrag *m;* JUR Frachtvertrag, Frachtgeschäft *nt;* ~ **de transport de marchandises** JUR Güterbeförderungsvertrag *m;* ~ **de travail** Arbeitsvertrag *m;* *(rapport juridique entre l'employer et l'employé)* Beschäftigungsverhältnis *nt;* ~ **individuel de travail** Einzelarbeitsvertrag; ~ **de vente** Kaufvertrag *m*

contrat-client [kɔ̃tʀakliɑ̃] <contrats-clients> *m* JUR Kundenvertrag *m*

contravention [kɔ̃tʀavɑ̃sjɔ̃] *f* ❶ *(infraction)* ~ **à qc** Verstoß *m* gegen etw; **être en** ~ einen Verstoß begehen
❷ *(procès-verbal)* Strafmandat *nt,* Strafzettel *m* *(fam)*; **attraper une** ~ einen Strafzettel bekommen *(fam)*; **dresser** ~ **à qn** [jdn] gebührenpflichtig verwarnen; **donner** [*o* **flanquer** *fam*] **une** ~ **à qn** jdm einen Strafzettel verpassen *(fam)*

❸ (*amende*) Geldstrafe *f*

contre [kɔ̃tʀ] **I.** *prép* ❶ (*proximité et contact*) (*avec mouvement*) an (+ *Akk*); (*sans mouvement*) an (+ *Dat*); **venir tout ~ qn** sich [eng] an jdn schmiegen; **les gens sont debout, serrés les uns ~ les autres** die Leute stehen dicht aneinander gedrängt; **la maison est juste ~ l'église** das Haus ist an die Kirche angebaut; **danser joue ~ joue** Wange an Wange tanzen; **jeter des pierres ~ la fenêtre** Steine gegen das Fenster werfen
❷ (*opposition*) gegen; **~ le courant** gegen den Strom; **le match Toulouse ~ Monaco** das Spiel Toulouse gegen Monaco; **avoir quelque chose ~ qn/qc** etwas gegen jdn/etw haben; **être ~ qn/qc** gegen jdn/etw sein; **être furieux(-se) ~ qn** auf jdn wütend sein; **~ toute apparence/attente** entgegen allem Anschein/allen Erwartungen, wider Erwarten
❸ (*protection*) gegen
❹ (*échange*) gegen; **échanger un sac ~ une montre** eine Tasche gegen eine Uhr [ein]tauschen
❺ (*proportion*) zu, gegen; **ils se battaient à dix ~ un** sie waren zehn gegen einen; **le projet de loi a été adopté à 32 voix ~ 24** der Gesetzentwurf wurde mit 32 zu 24 Stimmen angenommen
II. *adv* (*opposition*) dagegen; **être/voter ~** dagegen sein/stimmen; **je n'ai rien ~** ich habe nichts dagegen
► **par ~** dagegen, jedoch
III. *m* SPORT Konter *m*

contre-allée [kɔ̃tʀale] <contre-allées> *f* Seitenallee *f*, Nebenallee *f* **contre-amiral** [kɔ̃tʀamiʀal, o] <-aux> *m* Konteradmiral *m* **contre-attaque** [kɔ̃tʀatak] <contre-attaques> *f* Gegenangriff *m* **contre-attaquer** [kɔ̃tʀatake] <1> *vi* zum Gegenschlag ausholen, einen Gegenangriff starten

contrebalancer [kɔ̃tʀəbalɑ̃se] <2> **I.** *vt* ❶ (*faire équilibre à*) *poids:* aufwiegen
❷ (*compenser*) *avantage:* ausgleichen, wettmachen
II. *vpr* **s'en ~** *fam* (*s'en moquer*) sich darüber lustig machen

contrebande [kɔ̃tʀəbɑ̃d] *f* ❶ (*activité*) Schmuggel *m;* **produit de ~** Schmuggelware *f;* **faire de la ~** schmuggeln; **faire la ~ de qc, passer qc en ~** etw schmuggeln; **introduire** [*o* **faire entrer**] **qc en ~** etw einschmuggeln
❷ (*marchandise*) Schmuggelware *f*

contrebandier, -ière [kɔ̃tʀəbɑ̃dje, -jɛʀ] *m, f* Schmuggler(in) *m(f);* **chemin de ~s** Schmugglerpfad *m*

contrebas [kɔ̃tʀəbɑ] *adv* **en ~ de qc** unterhalb einer S. (*Gen*)

contrebasse [kɔ̃tʀəbɑs] *f* Kontrabass *m*

contrebassiste [kɔ̃tʀəbɑsist] *mf* Kontrabassist(in) *m(f)*, Kontrabassspieler(in) *m(f)*

contrebraquer [kɔ̃tʀəbʀake] <1> *vi* gegenlenken

contrecarrer [kɔ̃tʀəkaʀe] <1> *vt* vereiteln

contrechamp [kɔ̃tʀəʃɑ̃] *m* Schwenk *m* [der Kamera]

contrecœur [kɔ̃tʀəkœʀ] *adv* **à ~** widerwillig, ungern

contrecoup [kɔ̃tʀəku] *m* Folge *f;* **avoir pour ~** zur Folge haben; **par ~** als Folge davon

contre-courant [kɔ̃tʀəkuʀɑ̃] <contre-courants> *m* Gegenströmung *f;* **à ~** gegen den Strom; **à ~ de l'époque** gegen die Zeitströmung **contre-culture** [kɔ̃tʀəkyltyʀ] <contre-cultures> *f* Gegenkultur *f*

contredanse [kɔ̃tʀədɑ̃s] *f fam* ❶ (*procès-verbal*) Strafzettel *m* (*fam*)
❷ (*amende*) Geldstrafe *f*

contredire [kɔ̃tʀədiʀ] <*irr*> **I.** *vt* **~ qn/qc** jdm/einer S. widersprechen
II. *vpr* **se ~** sich (*Dat*) widersprechen; **des personnes/des choses se contredisent entre elles** [*o* **l'une l'autre**] Menschen/Dinge widersprechen sich [*o* einander]

contredit [kɔ̃tʀədi] *adv* **sans ~** zweifelsohne

contrée [kɔ̃tʀe] *f littér* (*pays*) Land *nt;* (*région*) Gegend *f*, Landstrich *m;* **dans nos ~s** hierzulande, in unserer Gegend

contre-écrou [kɔ̃tʀekʀu] <contre-écrous> *m* TECH Gegenmutter *f* **contre-enquête** [kɔ̃tʀɑ̃kɛt] <contre-enquêtes> *f* Gegenuntersuchung *f* **contre-épreuve** [kɔ̃tʀepʀœv] <contre-épreuves> *f* Gegenprobe *f* **contre-espionnage** [kɔ̃tʀɛspjɔnaʒ] *m sans pl* [Spionage]abwehr *f* **contre-exemple** [kɔ̃tʀɛgzɑ̃pl] <contre-exemples> *m* Gegenbeispiel *nt* **contre-expertise** [kɔ̃tʀɛkspɛʀtiz] <contre-expertises> *f* Gegengutachten *nt*

contrefaçon [kɔ̃tʀəfasɔ̃] *f* ❶ (*action*) Fälschen *nt;* **~ de pièces de monnaie** Falschmünzerei *f*
❷ (*chose*) Fälschung *f; d'un livre* unerlaubter Nachdruck

contrefacteur [kɔ̃tʀəfaktœʀ] *m* JUR Fälscher(in) *m(f)*

contrefaire [kɔ̃tʀəfɛʀ] <*irr*> *vt* ❶ (*imiter frauduleusement*) fälschen; unerlaubt nachdrucken *édition;* nachmachen *écriture;* **~ un brevet** ein Patent verletzen
❷ (*déguiser*) verstellen *voix, écriture*

contrefait(e) [kɔ̃tʀəfɛ, ɛt] *adj* ❶ (*imité*) gefälscht
❷ (*difforme*) verwachsen

contre-feu [kɔ̃tʀəfø] <contre-feux> *m* Gegenfeuer *nt*

contreficher [kɔ̃tʀəfiʃe] <1> *vpr fam* **se ~ de qc** auf etw (*Akk*) pfeifen (*fam*)

contre-fil [kɔ̃tʀəfil] <contre-fils> *m* ► **à ~** gegen den Strich **contre-filet** [kɔ̃tʀəfilɛ] <contre-filets> *m* Lende *f*

contrefort [kɔ̃tʀəfɔʀ] *m* ❶ ARCHIT Strebepfeiler *m*
❷ (*pièce arrière*) *d'une chaussure* Hinterkappe *f*
❸ GEOG Ausläufer *Pl*, Vorgebirge *nt;* **les ~s des Alpes** die Voralpen

contrefoutre [kɔ̃tʀəfutʀ] <*irr, déf*> *vpr pop* **se ~ de qc** sich einen Dreck um etw kümmern (*fam*)

contre-indication [kɔ̃tʀɛ̃dikasjɔ̃] <contre-indications> *f* Gegenanzeige *f* **contre-indiqué(e)** [kɔ̃tʀɛ̃dike] *adj* ❶ MED **être ~(e)** kontraindiziert [*o* nicht geeignet] sein ❷ (*déconseillé*) nicht ratsam; **il est ~ de faire qc** es ist nicht ratsam, etw zu tun **contre-interrogatoire** [kɔ̃tʀɛ̃tɛʀɔgatwaʀ] *m* Kreuzverhör *nt;* **procéder au ~ de qn** jdn ins Kreuzverhör nehmen **contre-jour** [kɔ̃tʀəʒuʀ] *m* ❶ (*éclairage*) Gegenlicht *nt;* **à ~** im Gegenlicht, gegen das Licht ❷ (*photographie*) Gegenlichtaufnahme *f*

contremaître, contremaîtresse [kɔ̃tʀəmɛtʀ, kɔ̃tʀəmɛtʀɛs] *m, f* Vorarbeiter(in) *m(f)*, Werkmeister(in) *m(f);* CONSTR Polier *m*

contre-manifestation [kɔ̃tʀəmanifɛstasjɔ̃] <contre-manifestations> *f* Gegendemonstration *f*

contremarque [kɔ̃tʀəmaʀk] *f* THEAT Karte *f* für den Wiedereintritt

contre-mesure [kɔ̃tʀəm(ə)zyʀ] <contre-mesures> *f* Gegenmaßnahme *f* **contre-offensive** [kɔ̃tʀɔfɑ̃siv] *f* Gegenangriff *m*, Gegenoffensive *f*

contrepartie [kɔ̃tʀəpaʀti] *f* ❶ (*compensation*) Gegenleistung *f;* **~ financière** (*dédommagement*) Entschädigung *f;* **en ~** als Gegenleistung/Entschädigung; (*par contre*) andererseits
❷ (*registre comptable*) Gegenbuchungen *Pl*

contre[-]pente [kɔ̃tʀəpɑ̃t] <contre[-]pentes> *f* gegenüberliegender Hang **contre-performance** [kɔ̃tʀəpɛʀfɔʀmɑ̃s] <contre-performances> *f* schlechte Leistung

contrepèterie [kɔ̃tʀəpɛtʀi] *f* [zotiger] Schüttelreim

contre-pied [kɔ̃tʀəpje] *m sans pl* ❶ (*contraire*) [genaues] Gegenteil; **prendre le ~ d'une action/opinion** das Gegenteil machen/behaupten ❷ SPORT **prendre qn à ~** jdn durch Täuschungsmanöver verwirren **contre-plaqué** [kɔ̃tʀəplake] *m sans pl* Sperrholz *nt* **contre-plongée** [kɔ̃tʀəplɔ̃ʒe] <contre-plongées> *f* Aufnahme *f* von unten; **en ~** von unten

contrepoids [kɔ̃tʀəpwa] *m* Gegengewicht *nt; d'une horloge* Gewicht *nt;* **faire ~** ein Gegengewicht herstellen; **servir de** [*o* **apporter un**] **~ à qc** etw ausgleichen, ein Gegengewicht zu etw darstellen

contre-poil [kɔ̃tʀəpwal] *adv* **à ~** gegen den Strich
► **prendre qn à ~** jdn vor den Kopf stoßen

contrepoint [kɔ̃tʀəpwɛ̃] *m* MUS *a. fig* Kontrapunkt *m*

C

contrepoison [kɔ̃tʀəpwazɔ̃] *m* Gegengift *nt*
contre-pouvoir [kɔ̃tʀəpuvwaʀ] <contre-pouvoirs> *m* Gegenmacht *f* **contre-productif, -ive** [kɔ̃tʀəpʀɔdyktif, -iv] *adj* kontraproduktiv **contre-propagande** [kɔ̃tʀəpʀɔpagɑ̃d] *f sans pl* Gegenpropaganda *f* **contre-proposition** [kɔ̃tʀəpʀɔpozisjɔ̃] <contre-propositions> *f* Gegenvorschlag *m;* (*dans une assemblée*) Gegenantrag *m* **contre-publicité** [kɔ̃tʀəpyblisite] <contre-publicités> *f* (*riposte*) Werbekampagne *f* als Gegenangriff; (*mauvaise publicité*) Antiwerbung *f;* **faire de la ~ à qn** für jdn Antiwerbung machen; **se faire de la ~** Antiwerbung betreiben
contrer [kɔ̃tʀe] <1> **I.** *vi* CARTES Kontra sagen [*o* geben]
II. *vt* **~ qn/qc** jdm Kontra geben [*o* widersprechen]/etw durchkreuzen [*o* vereiteln]; SPORT jdn/etw kontern; **elle a contré mon annonce** CARTES sie hat mir Kontra gegeben
contre-réforme [kɔ̃tʀəʀefɔʀm] *f* Gegenreformation *f* **contre-révolution** [kɔ̃tʀəʀevɔlysjɔ̃] <contre-révolutions> *f* Gegenrevolution *f,* Konterrevolution *f* **contre-révolutionnaire** [kɔ̃tʀəʀevɔlysjɔnɛʀ] <contre-révolutionnaires> *mf* Konterrevolutionär(in) *m(f)*
contreseing [kɔ̃tʀəsɛ̃] *m* Gegenunterschrift *f*
contresens [kɔ̃tʀəsɑ̃s] *m* (*interprétation erronée*) Fehlinterpretation *f;* (*dans une traduction*) Übersetzungsfehler *m;* **à ~** nicht richtig; (*dans une mauvaise direction*) in verkehrter Richtung
contresigner [kɔ̃tʀəsiɲe] <1> *vt* gegenzeichnen
contretemps [kɔ̃tʀətɑ̃] *m* (*empêchement*) widriger Umstand; **à moins d'un ~** wenn nichts dazwischenkommt; **j'ai eu un ~** mir ist etwas dazwischengekommen; **à ~** ungelegen; MUS nicht im Takt
contre-terrorisme [kɔ̃tʀəteʀɔʀism] *f* Terrorismusbekämpfung *f* **contre-valeur** [kɔ̃tʀəvalœʀ] *f* Gegenwert *m*
contrevenant(e) [kɔ̃tʀəv(ə)nɑ̃, ɑ̃t] *m(f)* Zuwiderhandelnde(r) *f(m)*
contrevenir [kɔ̃tʀəv(ə)niʀ] <9> *vi* **~ à qc** gegen etw verstoßen
contrevent [kɔ̃tʀəvɑ̃] *m* (*volet*) [Fenster]laden *m*
contre-vérité [kɔ̃tʀəveʀite] *f* Unwahrheit *f* **contre-visite** [kɔ̃tʀəvisit] <contre-visites> *f* (*examen médical*) Kontrolluntersuchung *f* **contre-voie** [kɔ̃tʀəvwa] *adv* **monter/descendre à ~** auf der Gleisseite ein-/aussteigen
contribuable [kɔ̃tʀibɥabl] *mf* Steuerzahler(in) *m(f);* FISC Steuerpflichtige(r) *f(m),* Steuerträger(in) *m(f)* (*Fachspr.*)
contribuer [kɔ̃tʀibɥe] <1> *vi* **~ à qc** zu etw beitragen; **~ à faire de qc un succès** dazu beitragen, dass etw ein Erfolg wird
contributif, -ive [kɔ̃tʀibytif, -iv] *adj* Steuer-, steuerlich
contribution [kɔ̃tʀibysjɔ̃] *f* ❶ (*participation*) **~ à qc** Beitrag *m* zu etw; **mettre qn à ~ pour qc** jds Dienste bei etw in Anspruch nehmen
❷ *pl* (*impôts*) Steuern *Pl*
❸ *pl* (*service*) Steuerbehörde *f,* Finanzbehörde *f*
▶ **ça ne durera pas autant que les ~s** *fam* (*pas éternellement*) es ist nicht für immer und ewig
contrit(e) [kɔ̃tʀi] *adj* (*penaud*) reuevoll
contrôlable [kɔ̃tʀolabl] *adj* ❶ (*vérifiable*) überprüfbar
❷ (*maîtrisable*) kontrollierbar
contrôle [kɔ̃tʀol] *m* ❶ (*vérification*) *des billets, passeports* Kontrolle *f; des comptes, de la caisse* Prüfung *f;* (*douane*) Zoll *m,* Zollkontrolle
❷ *sans pl* (*surveillance*) Aufsicht *f,* Überwachung *f;* **sous le ~ de qn/qc** unter jds Aufsicht (*Dat*)/unter der Aufsicht einer S. (*Gen*); **exercer un ~ sur qc** etw überwachen
❸ SCOL Arbeit *f,* Test *m;* **~ continu** UNIV kontinuierliche Leistungskontrolle
❹ (*bureau*) Kontrollbüro *nt;* THEAT [Theater]kasse *f*
❺ (*domination*) **~ économique** Wirtschaftskontrolle *f;* **sous ~ étranger** in ausländischer Hand; **sous le ~ de qn** unter jds Einfluss (*Dat*); **avoir qc sous son ~** etw unter Kontrolle haben; **garder/perdre le ~ de qc** die Kontrolle über etw (*Akk*) behalten/verlieren; **garder le ~ de soi** sich unter Kontrolle haben; **perdre le ~ de soi** die Kontrolle über sich (*Akk*) verlieren
❻ ECON (*influence*) Steuerung *f*
◆ **~ des changes** Devisenkontrolle *f;* **~ des connaissances** Test *m;* **~ de gestion** Controlling *nt;* **~ d'identité** Ausweiskontrolle *f,* Überprüfung *f* der Personalien; **~ des loyers** Mietpreislenkung *f;* **~ des naissances** Geburtenkontrolle *f;* **~ des prix** Preiskontrolle *f,* Preisüberwachung *f*
contrôler [kɔ̃tʀole] <1> **I.** *vt* ❶ (*vérifier*) kontrollieren; überprüfen *liste, régularité, affirmation;* prüfen *comptes, qualité;* **~ que** [*o* **si**] **qn a raison** [über]prüfen, ob jd Recht hat
❷ (*surveiller*) beaufsichtigen *agissements, opération;* kontrollieren, überwachen *prix, loyers*
❸ (*dominer*) unter Kontrolle haben; bestimmen *course, jeu;* **~ le ballon** im Ballbesitz sein; **~ la situation** Herr der Lage sein
II. *vpr* **se ~** sich beherrschen; **ne plus se ~** sich nicht mehr beherrschen können
contrôleur [kɔ̃tʀolœʀ] *m* ❶ TRANSP Kontrolleur *m*
❷ ECON, JUR Prüfer *m*
❸ TECH (*appareil*) Prüfgerät *nt,* Kontrollgerät *nt*
❹ INFORM Controller *m*
◆ **~ de gestion** Controller *m;* **~ de la navigation aérienne** Fluglotse *m;* **~ de vol** (*boîte noire*) Flugschreiber *m*
contrôleuse [kɔ̃tʀoløz] *f* ❶ TRANSP Kontrolleurin *f*
❷ ECON, JUR Prüferin *f*
contrordre [kɔ̃tʀɔʀdʀ] *m* Gegenbefehl *m*
controuvé(e) [kɔ̃tʀuve] *adj littér nouvelle, fait* erfunden, erlogen
controversable [kɔ̃tʀɔvɛʀsabl] *adj* (*discutable*) *question* strittig; *opinion* anfechtbar
controverse [kɔ̃tʀɔvɛʀs] *f* Kontroverse *f,* Streit *m;* **prêter à ~** umstritten sein
controversé(e) [kɔ̃tʀɔvɛʀse] *adj* umstritten
contumace [kɔ̃tymas] *adv* **par ~** in Abwesenheit
contusion [kɔ̃tyzjɔ̃] *f* Prellung *f,* Quetschung *f*
contusionné(e) [kɔ̃tyzjɔne] *adj* mit Prellungen; **avoir le bras ~** eine Prellung am Arm haben
convaincant(e) [kɔ̃vɛ̃kɑ̃, ɑ̃t] *adj* überzeugend; *preuve* eindeutig
convaincre [kɔ̃vɛ̃kʀ] *<irr>* **I.** *vt* ❶ (*persuader*) überzeugen; **~ qn de qc/de faire qc** jdn von etw überzeugen/jdn überreden, etw zu tun; **se laisser ~ par qn/qc** sich von jdm/etw überzeugen lassen
❷ (*prouver la culpabilité*) **~ qn de trahison/crime** jdn des Verrats/Verbrechens überführen
II. *vpr* **se ~ de qc** sich von etw überzeugen
convaincu(e) [kɔ̃vɛ̃ky] **I.** *part passé de* **convaincre**
II. *adj* **~(e) de qc** überzeugt von etw; **~(e) que qn a raison** überzeugt, dass jd Recht hat
convainquant(e) [kɔ̃vɛ̃kɑ̃, ɑ̃t] *adj argument* überzeugend; *preuve* schlagend
convalescence [kɔ̃valesɑ̃s] *f* Genesung *f,* Rekonvaleszenz *f* (*geh*); **entrer/être en ~** sich auf dem Weg der Besserung befinden
convalescent(e) [kɔ̃valesɑ̃, ɑ̃t] **I.** *m(f)* Genesende(r) *f(m),* Rekonvaleszent(in) *m(f)* (*geh*)
II. *adj* auf dem Wege der Besserung
convection [kɔ̃vɛksjɔ̃] *f* PHYS, GEOG Konvektion *f*
convenable [kɔ̃vnabl] *adj* ❶ (*adéquat*) passend; *distance* angemessen; *vêtements* angemessen, passend
❷ (*correct, bienséant*) korrekt, anständig; **il n'est pas ~ de faire qc** es gehört [*o* schickt] sich nicht, etw zu tun
❸ (*acceptable*) *salaire, logement* angemessen; *devoir* befriedigend; *réponse* richtig; *langue* korrekt; *limites* vertretbar; *vin, cigare* ordentlich
convenablement [kɔ̃vnabləmɑ̃] *adv* ❶ (*de manière adéquate*) *habillé, chaussé* passend; *être équipé* entsprechend
❷ (*décemment*) *se tenir, s'exprimer, s'habiller* korrekt, anständig

❸ (*de manière acceptable*) ordentlich

convenance [kɔ̃vnɑ̃s] *f* ❶ *pl* (*bon usage*) Anstand *m;* **les ~s veulent que vous vous teniez bien à table** die Regeln des Anstands verlangen, dass Sie sich bei Tisch ordentlich benehmen; **respecter** [*o* **observer**] **les ~s** die Form wahren
❷ (*agrément*) **à ma/sa ~** wie es mir/ihm/ihr beliebt; **qn trouve qc à sa ~** etw ist ganz nach jds Wunsch; **pour** [**des raisons de**] **~**[**s**] **personnelle**[**s**] (*commodité*) aus persönlichen Gründen

convenir¹ [kɔ̃vniʀ] <9> **I.** *vi* ❶ (*aller*) **~ à qn** jdm passen [*o* zusagen]; *climat, nourriture:* jdm bekommen
❷ (*être approprié*) **~ à qc** zu etw passen; **c'est tout à fait l'homme qui convient** er ist genau der richtige Mann; **trouver les mots qui conviennent** die passenden Worte finden
II. *vi impers* **il convient de faire qc** es ist richtig [*o* angebracht], etw zu tun; **il a parlé bien plus qu'il n'aurait convenu** er hat viel länger gesprochen, als es angebracht gewesen wäre; **je ferai ce qu'il convient de faire** ich werde tun, was zu tun ist; **il convient d'être prudents** es ist Vorsicht geboten; **je le traiterai comme il convient** ich werde ihn so behandeln, wie es sich gehört; **il ne convient pas de critiquer sans discernement** man sollte nicht undifferenziert kritisieren; **il convient de faire remarquer que qn a raison** man muss feststellen, dass jd Recht hat

convenir² [kɔ̃vniʀ] <9> **I.** *vi* ❶ (*s'entendre sur*) **~ de qc/de faire qc** sich auf etw (*Akk*) einigen/sich darauf einigen, etw zu tun
❷ (*reconnaître*) **~ de qc** etw zugeben
II. *vt impers* **il est convenu que je parte avant vous** es ist abgemacht [*o* vereinbart], dass ich vor Ihnen gehe; **comme convenu** wie abgemacht [*o* vereinbart]
III. *vt* ❶ (*reconnaître*) **~ que qn a raison** zugeben, dass je Recht hat; **~ avoir fait qc** zugeben, etw gemacht zu haben
❷ + *être littér* (*se mettre d'accord pour*) **~ que qn partira avant les autres** vereinbaren [*o* abmachen], dass jd vor den anderen geht

convention [kɔ̃vɑ̃sjɔ̃] *f* ❶ (*accord officiel*) Abkommen *nt;* **~ collective** Tarifvereinbarung *f;* **question concernant la ~ collective** tarifvertragliche Frage; **régler qc conformément à la ~ collective** etw tarifvertraglich regeln
❷ (*règle*) Konvention *f;* **de ~** *œuvre, pièce* konventionell; **sourire de ~** Lächeln *nt* aus Höflichkeit; **visite de ~** Höflichkeitsbesuch *m;* **sentiments de ~** leere [*o* unechte] Gefühle; **par ~** üblicherweise, in der Regel
❸ (*assemblée nationale constituante*) Konvent *m*
◆ **~ au donnant, donnant** JUR Zug-um-Zug-Geschäft *nt*

conventionné(**e**) [kɔ̃vɑ̃sjɔne] *adj établissement, clinique* Vertrags-; *médecin* Kassen-

conventionnel(**le**) [kɔ̃vɑ̃sjɔnɛl] *adj* konventionell

conventionnellement [kɔ̃vɑ̃sjɔnɛlmɑ̃] *adv* ❶ (*par convention*) üblicherweise, in der Regel
❷ (*selon les conventions*) höflich [distanziert]

conventuel(**le**) [kɔ̃vɑ̃tɥɛl] *adj* klösterlich

convenu(**e**) [kɔ̃vny] **I.** *part passé de* **convenir**
II. *adj* ❶ (*décidé*) vereinbart; **c'était une chose ~e!** es war eine abgemachte Sache!
❷ (*conventionnel*) gekünstelt

convergence [kɔ̃vɛʀʒɑ̃s] *f* ❶ *des lignes* Zusammenlaufen *nt; des points de vue, intérêts* Übereinstimmung *f;* **grâce à la ~ de nos efforts vers un même but** da unsere Bemühungen auf dasselbe Ziel gerichtet sind
❷ (*concernant l'euro*) Konvergenz *f;* **les critères de ~** die Konvergenzkriterien

convergent(**e**) [kɔ̃vɛʀʒɑ̃, ʒɑ̃t] *adj lignes, routes* zusammenlaufend; *points de vue, intérêts, pensées* übereinstimmend; *détails, regards, efforts* in die gleiche Richtung weisend; *flèches* auf denselben Punkt gerichtet; **lentille ~e** Sammellinse *f*

converger [kɔ̃vɛʀʒe] <2a> *vi pensées, points de vue, intérêts:* übereinstimmen; *détails:* in die gleiche Richtung weisen; *efforts:* sich auf das gleiche Ziel richten; **~ vers** [*o* **sur**] **un point/la rivière** *lignes, routes:* an einem Punkt/beim Fluss zusammenlaufen; *détails:* auf einen Punkt/den Fluss hinweisen; **les regards convergent vers qn/qc** die Blicke richten sich auf jdn/etw

convers(**e**) [kɔ̃vɛʀ, ɛʀs] *adj* REL **frère ~** Laienbruder *m;* **sœur ~e** Laienschwester *f*

conversation [kɔ̃vɛʀsasjɔ̃] *f* ❶ Unterhaltung *f,* Gespräch *nt;* **~ téléphonique** Telefongespräch; **une ~ entre amis** ein Gespräch unter Freunden; **lier ~** ein Gespräch anknüpfen; **être en grande ~ avec qn** ein langes Gespräch mit jdm führen; **faire la ~ à qn** mit jdm plaudern; **amener la ~ sur un autre sujet** das Gespräch auf ein anderes Thema bringen; **détourner la** [*o* **changer de**] **~** vom Thema ablenken
❷ (*manière de discuter*) **avoir de la ~** unterhaltsam sein; **dans la ~ courante** umgangssprachlich; **sa ~ est plate et insipide** die Unterhaltung mit ihm/ihr ist uninteressant

converser [kɔ̃vɛʀse] <1> *vi soutenu* **~ avec qn** sich mit jdm unterhalten; **ils/elles conversent** sie unterhalten sich

conversion [kɔ̃vɛʀsjɔ̃] *f* ❶ REL Übertritt *m,* Konvertieren *nt;* **~ au protestantisme** Übertritt [*o* Wechsel *m*] zum protestantischen Glauben
❷ (*adhésion*) **~ à une idée/théorie** Übernahme *f* einer Idee/Theorie
❸ FIN Umtausch *m*
❹ (*recyclage professionnel*) Umschulung *f*
❺ PHYS, MATH **~ de qc en qc** Umwandlung *f* von etw in etw (*Akk*)
❻ SKI Spitzkehre *f;* MIL Richtungsänderung *f*

converti(**e**) [kɔ̃vɛʀti] **I.** *adj* bekehrt; **~**(**e**) **à qc** zu etw bekehrt
II. *m(f)* Konvertit(in) *m(f)*
▶ **prêcher un ~** offene Türen einrennen

convertibilité [kɔ̃vɛʀtibilite] *f* FIN *d'une monnaie, rente* Konvertibilität *f,* Konvertierbarkeit *f*

convertible [kɔ̃vɛʀtibl] **I.** *adj* (*que l'on peut transformer*) umwandelbar; **canapé ~** Bettcouch *f*
II. *m* Bettcouch *f*

convertir [kɔ̃vɛʀtiʀ] <8> **I.** *vt* ❶ (*amener*) **~ qn à une religion** jdn zu einer Religion bekehren; **~ qn à une théorie/un art** jdn für eine Theorie/Kunst gewinnen
❷ (*transformer*) **~ un métal en or/une assurance en rente** Metall in Gold/eine Versicherung in eine Rente umwandeln; **~ des euros en dollars/une tonne en kilogrammes** Euro in Dollar/eine Tonne in Kilogramm umrechnen
❸ INFORM konvertieren
II. *vpr* (*adopter*) **se ~** konvertieren; **se ~ au catholicisme** zum katholischen Glauben übertreten; **se ~ à l'expressionnisme** sich dem Expressionismus zuwenden; **se ~ à une idée/théorie** eine Idee/Theorie übernehmen

convertisseur [kɔ̃vɛʀtisœʀ] *m* Konverter *m;* **~ analogique numérique/numérique analogique** Analog-Digital-/Digital-Analog-Wandler *m*
◆ **~ Bessemer** Bessemerbirne *f;* **~ d'images** Bildumformer *m;* **~ de tension** Spannungsumwandler *m*

convexe [kɔ̃vɛks] *adj* konvex

convexité [kɔ̃vɛksite] *f* Konvexität *f,* Wölbung *f*

conviction [kɔ̃viksjɔ̃] *f* ❶ (*certitude*) Überzeugung *f;* **les ~s de qn** (*idées*) jds Überzeugung; **les ~s politiques de qn** jds politische Einstellung; **avoir la ~ de qc/que qn a raison** von etw überzeugt sein/davon überzeugt sein, dass jd Recht hat; **il ment, j'en ai la ~** er lügt, davon bin ich überzeugt
❷ (*assurance*) Überzeugung *f*
❸ (*persuasion*) **il manque de ~** ihm fehlt es an Überzeugungskraft; **avec/sans ~** überzeugend/nicht überzeugend

convier [kɔ̃vje] <1a> *vt soutenu* ❶ (*inviter*) **~ qn à un repas** jdn zu einem Essen laden (*geh*)
❷ (*inciter*) **~ qn à démissionner** jdm nahe legen, sein Amt

C

niederzulegen; ~ **qn à donner son avis** jdn um seine Meinung bitten
convive [kɔ̃viv] *mf gén pl* Gast *m*
convivial(e) [kɔ̃vivjal, jo] <-aux> *adj personne* gesellig
convivialité [kɔ̃vivjalite] *f sans pl* ❶ *(agrément)* [harmonisches] Zusammenleben; *d'une réunion* Geselligkeit *f*
❷ INFORM Benutzerfreundlichkeit *f*
convocation [kɔ̃vɔkasjɔ̃] *f* ❶ *(action)* Einberufung *f; d'un groupe, d'une personne* Einladung *f*
❷ JUR *(action)* Vorladung *f;* **se rendre à une** ~ einer Vorladung *(Dat)* Folge leisten
❸ JUR *(formulaire)* Vorladung *f*
❹ SCOL [schriftliche] Aufforderung [zu erscheinen]
❺ MIL Einberufung *f,* Einberufungsbefehl *m*
convoi [kɔ̃vwa] *m* ❶ *(véhicules)* Konvoi *m; de navires* Verband *m,* Konvoi; ~ **exceptionnel** Sondertransport *m,* [überbreiter] Schwertransport; ~ **humanitaire** Hilfsgütertransport *m;* ~ **de matériel** Konvoi mit Material; ~ **militaire** Militärkolonne *f*
❷ *(personnes) de troupes, réfugiés* Transport *m; de nomades* Karawane *f*
❸ CHEMDFER Zug *m;* ~ **de marchandises** Güterzug
❹ *(cortège funèbre)* Leichenzug *m*
convoiter [kɔ̃vwate] <1> *vt* ❶ *(vouloir s'approprier)* begehren; anstreben *poste, place;* **le poste est convoité** der Posten ist begehrt
❷ *littér (désirer)* begehren
convoitise [kɔ̃vwatiz] *f* ❶ *(envie)* Begierde *f;* **avec** ~ begehrlich, begierig; **regarder qc avec** ~ begehrliche [*o* begierige] Blicke auf etw *(Akk)* werfen
❷ *sans pl (désir amoureux)* Begehren *nt;* **regarder qn avec** ~ jdn voller Begehren ansehen [*o* lüstern]
convoler [kɔ̃vɔle] <1> *vi hum (se marier)* ~ **en justes noces** in den Hafen der Ehe einlaufen
convoquer [kɔ̃vɔke] <1> *vt* ❶ bestellen, kommen lassen; einberufen *assemblée;* **être convoqué(e) chez le patron** zum Chef bestellt werden; **être convoqué(e) à dix heures pour l'[examen] oral** um zehn Uhr zur mündlichen Prüfung antreten müssen
❷ MIL einberufen
❸ JUR vorladen
convoyage [kɔ̃vwajaʒ] *m* Eskortieren *nt*
convoyer [kɔ̃vwaje] <6> *vt* ~ **des tableaux/de l'or** den Transport von Bildern/Gold bewachen [*o* sichern]; ~ **qc** MIL etw eskortieren, einer S. *(Dat)* Geleit[schutz] geben
convoyeur [kɔ̃vwajœʀ] *m* ❶ Begleiter *m (bei Sicherheitstransporten);* MIL Eskorte *f;* **les** ~**s** die Begleitmannschaft
❷ TECH Förderer *m*
❸ NAUT Geleitschiff *nt*
◆ ~ **de fonds** Begleiter *m* von Geldtransporten
convoyeuse [kɔ̃vwajøz] *f* Begleiterin *f (bei Sicherheitstransporten)*
◆ ~ **de fonds** Begleiterin *f* von Geldtransporten
convulsé(e) [kɔ̃vylse] *adj visage* verzerrt
convulser [kɔ̃vylse] <1> **I.** *vt* verzerren *visage, traits;* **traits convulsés par la peur** angstverzerrte Züge
II. *vpr* **se** ~ *visage:* sich [krampfhaft] verzerren; *personne, corps:* Krämpfe bekommen, von Krämpfen geschüttelt werden; **se** ~ **de douleur** sich vor Schmerzen winden
convulsif, -ive [kɔ̃vylsif, -iv] *adj* krampfhaft; *toux* krampfartig, konvulsiv[isch] *(Fachspr.); maladie* mit Krämpfen verbunden; **rire** ~**/sanglots** ~**s** Lach-/Weinkrampf *m;* **des mouvements** ~**s secouent qn/qc** jd/etw zuckt krampfartig [*o* konvulsivisch *Fachspr.*]
convulsion [kɔ̃vylsjɔ̃] *f gén pl* ❶ *(crise, bouleversement)* ~**s politiques/sociales** politische/soziale Wirren *Pl*
❷ MED [Schüttel]krampf *m,* Zuckung *f,* Konvulsion *f (Fachspr.);* **être pris(e) de** ~**s** von Krämpfen geschüttelt werden
convulsionner [kɔ̃vylsjɔne] <1> *vt* **être convulsionné(e)** *visage:* krampfhaft verzerrt sein
cooccupant(e) [kɔɔkypɑ̃, ɑ̃t] *m(f)* **locataire** ~**(e)** Mitbewohner(in) *m(f)*
cool [kul] *adj inv fam* cool *(fam)*
coolie [kuli] *m* Kuli *m*
coopérant(e) [kɔɔpeʀɑ̃, ɑ̃t] **I.** *m(f)* Entwicklungshelfer(in) *m(f);* MIL *Wehrdienstpflichtiger, der seinen Ersatzdienst als Entwicklungshelfer leistet*
II. *adj (coopératif)* kooperativ
coopérateur, -trice [kɔ(ɔ)peʀatœʀ, -tʀis] **I.** *adj* genossenschaftlich; *mouvement* Genossenschafts-
II. *m, f (membre d'une coopérative)* Genossenschaftsmitglied *nt,* Genossenschaft[l]er(in) *m(f)*
coopératif, -ive [kɔ(ɔ)peʀatif, -iv] *adj* ❶ *(qui coopère)* kooperativ *(geh)*
❷ ECON genossenschaftlich, Genossenschafts-; **le monde** ~ das Genossenschaftswesen
coopération [kɔɔpeʀasjɔ̃] *f* ❶ *(fait de coopérer)* ~ **à un projet** Mitarbeit *f* bei [*o* an] einem Projekt; **apporter sa** ~ **à un projet** bei einem Projekt mitarbeiten [*o* mitwirken]
❷ POL Kooperation *f,* Zusammenarbeit *f;* **la Coopération** die [staatliche] Entwicklungshilfe; **le ministère de la Coopération** das Ministerium für Entwicklungshilfe
coopératisme [k(ɔ)ɔpeʀatism] *m (système économique)* genossenschaftliches System *nt*
coopérative [kɔ(ɔ)peʀativ] *f* ❶ *(groupement)* Genossenschaft *f;* ~ **agricole** landwirtschaftliche Genossenschaft; ~ **de/des consommateurs** Verbrauchergenossenschaft
❷ *(local, magasin)* Genossenschaftszentrale *f*
coopérer [kɔɔpeʀe] <5> *vi* ❶ *(collaborer)* ~ **avec qn/qc** mit jdm/etw zusammenarbeiten [*o* kooperieren]; **se dire prêt(e) à** ~ zur Zusammenarbeit bereit sein
❷ *(apporter son concours)* ~ **à qc** bei etw mitarbeiten
cooptation [kɔɔptasjɔ̃] *f* Kooptation *f*
coopter [kɔɔpte] <1> *vt* [selbst] hinzuwählen
coordinateur, -trice [kɔɔʀdinatœʀ, -tʀis] *m, f v.* **coordonnateur**
coordination [kɔɔʀdinasjɔ̃] *f* ❶ *sans pl (action)* Koordinierung *f,* Koordination *f*
❷ *(équipe)* Koordinationsgremium *nt*
❸ *sans pl* GRAM Nebenordnung *f,* Beiordnung *f*
coordonnateur, -trice [kɔɔʀdɔnatœʀ, -tʀis] **I.** *adj* koordinierend; *bureau* Koordinations-
II. *m, f* Koordinator(in) *m(f);* **être** ~**(-trice) de qc** etw koordinieren
coordonné(e) [kɔɔʀdɔne] *adj* ❶ *(opp: désordonné)* koordiniert, aufeinander abgestimmt
❷ GRAM nebengeordnet, beigeordnet
❸ *(assorti)* aufeinander abgestimmt, [zusammen]passend
coordonnée [kɔɔʀdɔne] *f* ❶ *pl fam (renseignements)* **les** ~**s de qn** jds Adresse und Telefonnummer; **laissez-moi vos** ~**s** sagen Sie mir, wie [und wo] ich Sie erreichen kann
❷ GRAM nebengeordneter [*o* beigeordneter] Satz
❸ GEOM Koordinate *f*
coordonner [kɔɔʀdɔne] <1> *vt* GRAM ~ **deux adjectifs** zwei Adjektive einander beiordnen
coordonnés [kɔɔʀdɔne] *mpl (vêtements assortis)* Ensemble *nt*
copain, copine [kɔpɛ̃, kɔpin] *m, f fam* Freund(in) *m(f),* Kumpel *m (fam); d'école, du service militaire* Kamerad(in) *m(f),* Freund(in) *m(f),* Kumpel *m (fam);* ~**(copine) de jeu** Spielkamerad(in) *m(f);* ~**/copine de bureau** [befreundeter] Kollege *m/*[befreundete] Kollegin *f;* **de vieux** ~**s** alte Kumpel; **avec sa bande de** ~**s/copines** mit seiner/ihrer Clique; **être très** ~**/copine avec qn** mit jdm eng befreundet sein; **ils/elles sont très** ~**s/copines** sie sind dick befreundet *(fam)*
► **être** ~**s comme cochons** dicke Freunde sein *(fam);* **petit** ~**/petite copine** [fester] Freund/[feste] Freundin

coparticipation [kopaʀtisipasjɔ̃] *f* [stille] Teilhaberschaft; ~ **aux bénéfices** Gewinnbeteiligung *f*
copeau [kɔpo] <x> *m* Span *m;* **des ~x de bois** Hobelspäne *Pl*
Copenhague [kɔpɛnag] Kopenhagen *nt*
Copernic [kɔpɛʀnik] *m* Kopernikus *m*
copiage [kɔpjaʒ] *m sans pl* ① SCOL Abschreiben *nt,* Spicken *nt* (*fam*)
② ART Kopieren *nt*
copie [kɔpi] *f* ① (*document*) Kopie *f;* JUR Zweitschrift *f,* Abschrift *f;* ~ **conforme** gleich lautende Abschrift; ~ **certifiée conforme** beglaubigte Kopie [*o* Abschrift]; **"pour ~ conforme"** „für die Übereinstimmung mit dem Original"
② (*produit*) Imitation *f,* Imitat *nt*
③ (*feuille double*) Doppelbogen *m*
④ (*devoir*) Arbeit *f;* **rendre sa ~/[une] ~ blanche** seine Arbeit/ein leeres Blatt abgeben; **ramasser les ~s** die Arbeiten einsammeln
⑤ PRESSE Manuskript *nt*
⑥ CINE Kopie *f;* **tirer une ~** eine Kopie ziehen
⑦ POL (*exposé*) **rendre sa ~** seinen Bericht vorlegen; **revoir sa ~** seine Vorlage überarbeiten
▶ **n'être que la pâle ~ de qc** nur ein schwacher Abklatsch einer S. (*Gen*) sein
◆ ~ **papier** Ausdruck *m;* ~ **de sauvegarde,** ~ **de sécurité** Sicherheitskopie *f,* Backup *nt* (*Fachspr.*)
copier [kɔpje] <1a> **I.** *vt* ① (*transcrire*) abschreiben; ~ **qc dans un livre** etw aus einem Buch abschreiben; ~ **un texte sur qn** einen Text bei jdm abschreiben; **tu me copieras cent fois:...** du schreibst [mir] hundert Mal: ...
② (*photocopier*) [foto]kopieren
③ (*imiter*) nachahmen, nachmachen
④ (*plagier*) kopieren
II. *vi* SCOL ~ **sur qn** bei [*o* von] jdm abschreiben
copieur [kɔpjœʀ] *m* ① (*personne*) Abschreiber *m;* **ce n'est qu'un sale ~** er schreibt immer ab
② (*photocopieuse*) Kopierer *m,* Kopiergerät *nt*
copieuse [kɔpjøz] *f* Abschreiberin *f*
copieusement [kɔpjøzmɑ̃] *adv* ① (*abondamment*) reichlich
② (*beaucoup*) heftig
copieux, -euse [kɔpjø, -jøz] *adj* reichlich; *exemples, notes* ausführlich
copilote [kopilɔt] *mf* ① AVIAT Kopilot(in) *m(f)*
② AUT Beifahrer(in) *m(f)*
copinage [kɔpinaʒ] *m péj fam* Vetternwirtschaft *f,* Cliquenwirtschaft *f;* **par ~** durch Beziehungen [*o* Vitamin B *iron*]
copine [kɔpin] *f v.* **copain**
copiner [kɔpine] <1> *vi fam* ~ **avec qn/avec tout le monde** mit jdm [dick]/mit Hinz und Kunz befreundet sein
copinerie [kɔpinʀi] *f* (*ensemble de copains*) Freundeskreis *m,* Kumpel *Pl* (*fam*)
copiste [kɔpist] *m a.* HIST *d'un manuscrit, d'une peinture* Kopist *m*
copra(h) [kɔpʀa] *m* Kopra *f*
coprésidence [kopʀezidɑ̃s] *f* Kopräsidentschaft *f; d'une conférence, manifestation* Mitvorsitz *m;* **avoir la ~** gemeinsam den Vorsitz führen
coprésident(e) [kopʀezidɑ̃, ɑ̃t] *m(f)* Kopräsident(in) *m(f); d'une conférence, manifestation* Mitvorsitzende(r) *f(m);* **les deux ~s** die beiden Kopräsidenten/Vorsitzenden
coprocesseur [kopʀɔsesœʀ] *m* Koprozessor *m*
coproduction [kopʀɔdyksjɔ̃] *f* Koproduktion *f*
copropriétaire [kopʀɔpʀijetɛʀ] *mf* (*d'un bien indivis*) Miteigentümer(in) *m(f);* (*d'un bien divis*) Teileigentümer(in)
copropriété [kopʀɔpʀijete] *f a.* JUR (*indivise*) Gemeinschaftseigentum *nt;* (*divise*) Teileigentum; **immeuble en ~** Wohnanlage *f* mit Eigentumswohnungen; **règlement de ~** Eigentumsordnung *f*
copte [kɔpt] *adj langue, église* koptisch
copulatif, -ive [kɔpylatif, -iv] *adj* LING *conjonction* kopulativ
copulation [kɔpylasjɔ̃] *f* BIO Begattung *f,* Kopulation *f*
copule [kɔpyl] *f* LING, PHILOS Kopula *f*
copuler [kɔpyle] <1> *vi animal:* kopulieren; *personne:* Geschlechtsverkehr haben (*fam*)
copyright [kɔpiʀajt] *m inv* Copyright *nt,* Urheberrecht *nt*
coq [kɔk] *m* ① (*mâle*) Hahn *m;* ~ **perdrix/faisan** Rebhahn/Fasanenhahn
② GASTR Hahn *m;* ~ **au vin** *Hähnchen in Rotweinsauce*
③ (*girouette*) [Wetter]hahn *m,* Turmhahn *m*
④ BOXE Bantamgewicht[ler *m*] *nt*
▶ **passer** [*o* **sauter**] **du ~ à l'âne** von einem Thema zum anderen springen; **fier comme un ~** stolz wie ein Pfau; **rouge comme un ~** puterrot
◆ ~ **de bruyère** Auerhahn *m;* ~ **de combat** Kampfhahn *m;* ~ **de village** *fam* Dorfcasanova *m* (*fam*)

i Land & Leute

Der **coq gaulois** ist das Symbol für das französische Volk (lat. *gallus* entspricht *gaulois* und *coq*). Der Hahn löste einst die Lilie – das Symbol der Bourbonen – ab und wurde offizielles Emblem Frankreichs.

coq-à-l'âne [kɔkalɑn] *m inv* Gedankensprung *m*
coquard, coquart [kɔkaʀ] *m fam* Veilchen *nt* (*fam*)
coque [kɔk] *f* ① (*revêtement*) *d'un avion, navire* Rumpf *m; d'une voiture* [selbsttragende] Karosserie
② BOT Schale *f*
③ ZOOL Herzmuschel *f*
◆ ~ **de noix** Nussschale *f*
coquelet [kɔklɛ] *m* Hähnchen *nt*
coqueleux [kɔklø] *m* NORD, BELG (*éleveur de coqs de combat*) Kampfhahnzüchter *m*
coquelicot [kɔkliko] *m* [Klatsch]mohn *m*
▶ **être rouge comme un ~** rot wie eine Tomate sein
coqueluche [kɔklyʃ] *f* MED Keuchhusten *m*
coquet(te) [kɔkɛ, ɛt] *adj* ① (*soucieux de sa personne*) **être ~(te)** eitel sein, auf sein Äußeres bedacht sein
② (*charmant*) *maison, intérieur* hübsch, nett; *ville* reizend
③ *fam* (*assez important*) *héritage, indemnité* stolz, ansehnlich; *pourboire* großzügig; **la ~te somme de 500 000 euros** die stolze Summe [*o* das hübsche Sümmchen *fam*] von 500 000 Euro
coquetier [kɔktje] *m* Eierbecher *m*
coquettement [kɔkɛtmɑ̃] *adv* ① (*avec élégance*) *s'habiller* kess, flott
② (*confortablement*) *meubler, aménager* hübsch, gemütlich
③ (*avec un désir de plaire*) *sourire, regarder* kokett
coquetterie [kɔkɛtʀi] *f* ① (*souci d'élégance*) *d'une personne* Eitelkeit *f; d'une toilette, coiffure* Schick *m;* **habillé(e) avec ~** schick angezogen
② (*désir de plaire*) Koketterie *f*
③ *littér* (*amour-propre*) Stolz *m;* **mettre de la ~ à faire qc** seinen Stolz daran setzen, etw zu tun
coquillage [kɔkijaʒ] *m* ① (*coquille*) Muschel[schale *f*] *f;* **collier de ~s** Muschelkette *f*
② (*mollusque*) Muschel *f*
coquille [kɔkij] *f* ① ZOOL Gehäuse *nt; de l'escargot* [Schnecken]haus *nt; des huîtres, coquillages* Schale *f; d'un œuf* [Eier]schale *f*
② BOT [Nuss]schale *f*
③ TYP Druckfehler *m*
④ SPORT (*protection*) Tiefschutz *m; d'une épée, d'un sabre* Glocke *f*
⑤ MED Gipsbett *nt*
⑥ GASTR (*récipient*) Schälchen *nt* (*das Gefäß kann muschelförmig oder die Schale einer Jakobsmuschel sein*)
⑦ (*mets*) Schälchen *nt*

C

⑧ ART Muschelornament *nt*
▸ **rentrer dans sa** ~ sich in sein Schneckenhaus zurückziehen; **sortir de sa** ~ [ein wenig] aus sich herausgehen
◆ ~ **Saint-Jacques** (*mollusque*) [Jakobs]pilgermuschel *f;* GASTR Jakobsmuschel

coquillettes [kɔkijɛt] *fpl* Hörnchen *Pl*

coquin(e) [kɔkɛ̃, in] **I.** *adj* ① (*espiègle*) schelmisch, verschmitzt
② (*grivois*) anzüglich; *allusion, histoire* anzüglich, zweideutig, frivol
II. *m(f)* (*enfant*) Frechdachs *m,* Schelm *m*

cor¹ [kɔʀ] *m* MUS Horn *nt;* ~ **anglais/à piston** Englisch-/Ventilhorn; ~ **de basset/de chasse/d'harmonie** Bassett-/Jagd-/Waldhorn
▸ **réclamer qn/qc à** ~ **et à cri** lauthals nach jdm schreien/etw lauthals fordern

cor² [kɔʀ] *m* MED Hühnerauge *nt*

corail¹ [kɔʀaj, kɔʀo] <coraux> **I.** *m* ① *de la coquille Saint-Jacques, du homard* Rogen *m*
② (*polype*) Koralle *f*
II. *app inv* korallenrot

corail®² [kɔʀaj] *adj inv* CHEMDFER *voiture, wagon* Großraum-; **train** ~ ≈ Intercity *m*

corallien(ne) [kɔʀaljɛ̃, jɛn] *adj* aus Korallen; **récif** ~ Korallenriff *m*

Coran [kɔʀɑ̃] *m* **le** ~ der Koran

coranique [kɔʀanik] *adj* koranisch; *loi* des Koran, koranisch; *école* Koran-

corbeau [kɔʀbo] <x> *m* ① ORN (*oiseau*) Rabe *m;* **grand** ~ [Kolk]rabe *m*
② *fam* (*dénonciateur*) anonymer Briefschreiber *m*/anonyme Briefschreiberin *f*
③ ARCHIT Kragstein *m,* Konsole *f*

corbeille [kɔʀbɛj] *f* ① (*panier*) Korb *m;* ~ **à papier/pain/ouvrage** Papier-/Brot-/Nähkorb; ~ **à courrier** Postablage *f,* Postkörbchen *nt;* ~ **de fruits/fleurs** Korb [mit] Obst/Blumen; ~ **d'osier/de jonc** Weiden-/Binsenkorb
② THEAT Rangloge *f*
③ ARCHIT Kapitell *nt*
④ *sans pl* (*bourse*) Börse *f*
◆ ~ **de mariage** Hochzeitsgeschenke *Pl;* **dans la** ~ **de mariage** bei [*o* unter] den Hochzeitsgeschenken

corbillard [kɔʀbijaʀ] *m* Leichenwagen *m*

cordage [kɔʀdaʒ] *m* ① (*corde*) Seil *nt,* Tau *nt;* ~ **de traction** Zugleine *f*
② NAUT (*gréement*) Tauwerk *nt,* Takelage *f*
③ TENNIS *d'une raquette* Bespannung *f,* Besaitung *f*

corde [kɔʀd] *f* ① (*lien, câble*) Strick *m; d'un alpiniste, équilibriste, d'une balançoire* Seil *nt; d'un bateau* Leine *f*
② (*matériau*) *semelle* Hanf-; *tapis* Bast-; *échelle* Strick-
③ MUS Saite *f; pl* Streichinstrumente *Pl; d'un orchestre* Streicher *Pl;* **quatuor à** ~**s** Streichquartett *nt*
④ SPORT *d'une raquette* Saite *f; d'un arc, d'une arbalète* Sehne *f;* ~ **lisse** [Kletter]seil *nt;* **grimper** [*o* **monter**] **à la** ~ am Seil hochklettern
⑤ *sans pl* (*bord de piste*) innere Bahnbegrenzung; **prendre un virage à la** ~ eine Kurve eng anfangen; **se placer à la** ~, **tenir la** ~ SPORT auf der Innenbahn laufen/fahren
⑥ *pl* (*limites du ring*) Seile *Pl;* **être dans les** ~**s** in den Seilen hängen
⑦ ANAT ~**s vocales** Stimmbänder *Pl*
▸ **avoir plus d'une** ~ [*o* **plusieurs** ~**s**] **à son arc** mehrere Eisen im Feuer haben; **avoir la** ~ **au cou** in einer misslichen Lage stecken; **il pleut** [*o* **tombe**] **des** ~**s** es regnet Bindfäden (*fam*)
◆ ~ **à linge** Wäscheleine *f;* ~ **à nœuds** Knotenseil *nt;* ~ **à piano** Klaviersaite *f;* ~ **à sauter** Springseil *nt*

cordé(e) [kɔʀde] *adj* CAN (*côtelé*) **velours** ~ Cord[samt] *m*

cordeau [kɔʀdo] <x> *m* ① (*petite corde*) Schnur *f*
② (*mèche*) ~ **détonant** Zündschnur *f*
▸ **au** ~ schnurgerade; *fig* ordentlich

cordée [kɔʀde] *f* Seilschaft *f*

cordelette [kɔʀdəlɛt] *f* dünne Schnur *f*

cordelière [kɔʀdəljɛʀ] *f* (*corde*) Kordel *f*

cordeliers [kɔʀdəlje] *mpl* HIST, REL **les** ~**s** die Franziskaner *Pl*

corder [kɔʀde] <1> *vt* verschnüren *malle;* kordieren *manche, raquette de tennis;* ~ **du chanvre** einen Strick aus Hanf flechten

corderie [kɔʀd(ə)ʀi] *f* (*usine, fabrication*) Seilerei *f*

cordial [kɔʀdjal, jo] <-aux> *m* Stärkungsmittel *nt*

cordial(e) [kɔʀdjal, jo] <-aux> *adj* ① (*chaleureux*) herzlich, warmherzig; *accueil* warm, herzlich
② (*profond*) aus tiefstem Herzen kommend; *antipathie* heftig

cordialement [kɔʀdjalmɑ̃] *adv* ① (*chaleureusement*) herzlich; *parler* in herzlichem Ton
② (*profondément*) zutiefst, von Herzen
▸ ~ **vôtre** mit herzlichen Grüßen, herzlichst

cordialité [kɔʀdjalite] *f sans pl* Herzlichkeit *f,* Warmherzigkeit *f; d'un accueil* Wärme *f,* Herzlichkeit

cordier [kɔʀdje] *f* ① (*métier*) Seiler *m*
② *d'un instrument à cordes* Saitenhalter *m*

cordillère [kɔʀdijɛʀ] *f* Gebirgskette *f,* Kettengebirge *nt*
◆ ~ **des Andes** Anden *Pl,* Kordilleren *Pl*

cordon [kɔʀdɔ̃] *m* ① (*petite corde*) Schnur *f; d'une bourse, d'un sac* Band *nt,* Schnur; *d'un tablier* Band; ~ **de sonnette** Klingelzug *m;* **lier qc avec un** ~ etw zusammenschnüren; **refermer qc en tirant les** ~**s** etw wieder zuziehen
② (*décoration*) [Ordens]band *nt,* Kordon *m*
③ GEOG ~ **littoral** Küstenstreifen *m*
④ ANAT ~ **médullaire** Rückenmark *nt*
▸ **tenir les** ~**s de la bourse** die [Haushalts]kasse verwalten; ~ **ombilical** ANAT Nabelschnur *f;* **couper le** ~ **ombilical** die Nabelschnur durchtrennen

cordon-bleu [kɔʀdɔ̃blø] <cordons-bleus> *m fam* fabelhafter Koch/fabelhafte Köchin

cordonnerie [kɔʀdɔnʀi] *f* (*métier*) Schusterei *f;* (*atelier*) Schuhmacherei *f*

cordonnet [kɔʀdɔnɛ] *m* dünne Schnur *f*

cordonnier, -ière [kɔʀdɔnje, -jɛʀ] *m, f* Schuhmacher(in) *m(f),* Schuster(in) *m(f)*

Corée [kɔʀe] *f* **la** ~ Korea *nt;* **la** ~ **du Nord/du Sud** Nord-/Südkorea

coréen [kɔʀeɛ̃] *m* **le** ~ Koreanisch *nt,* das Koreanische; *v. a.* **allemand**

coréen(ne) [kɔʀeɛ̃, ɛn] *adj* koreanisch

Coréen(ne) [kɔʀeɛ̃, ɛn] *m(f)* Koreaner(in) *m(f)*

coreligionnaire [kɔʀ(ə)liʒjɔnɛʀ] *mf* Glaubensgenosse *m*/-genossin *f*

coresponsable [kɔʀɛspɔ̃sabl] *mf* Mitverantwortliche(r) *f(m)*

coriace [kɔʀjas] *adj* zäh; *personne* unerbittlich, unnachgiebig

coriandre [kɔʀjɑ̃dʀ] *f* Koriander *m*

coricide [kɔʀisid] *m* Mittel *nt* gegen Hühneraugen

corindon [kɔʀɛ̃dɔ̃] *m* MINER Korund *m*

corinthien(ne) [kɔʀɛ̃tjɛ̃, jɛn] *adj colonne, temple* korinthisch

cormier [kɔʀmje] *m* Vogelbeerbaum *m,* Eberesche *f*

cormoran [kɔʀmɔʀɑ̃] *m* ORN Kormoran *m*

cornac [kɔʀnak] *m* Elefantenführer *m;* **servir de** ~ **à qn** *fig* jdn einführen

cornaline [kɔʀnalin] *f* MINER Karneol *m*

corne [kɔʀn] *f* ① ZOOL Horn *nt;* **bêtes à** ~**s** Horntiere *Pl,* Hornvieh *nt;* **un coup de** ~ ein Stoß mit dem Horn [*o* den Hörnern]; **les** ~**s** *d'un cerf* das Geweih; *d'un escargot* die Hörner
② (*matériau*) Horn *nt;* **de** [*o* **en**] ~ aus Horn; **peigne de** [*o* **en**] ~ Kamm *m* aus Horn, Hornkamm
③ (*instrument*) Horn *nt;* ~ **de chasse** Jagdhorn
④ (*pli*) *d'une page* Eselsohr *nt;* **faire une** ~ **à une page** die Ecke einer Seite umknicken
⑤ *sans pl* (*callosité*) Hornhaut *f*
⑥ (*pointe*) *de la lune, d'un croissant* Spitze *f*

▸ avoir [*o* porter] **des ~s** *fam* [von seinem Partner] betrogen werden

◆ **~ d'abondance** Füllhorn *nt*

corned-beef [kɔʀnɛdbif, kɔʀnbif] *m* Cornedbeef *nt*

cornée [kɔʀne] *f* ANAT Hornhaut *f* [des Auges]

cornéen(ne) [kɔʀneɛ̃, ɛn] *adj* Hornhaut-

corneille [kɔʀnɛj] *f* ORN Krähe *f*

cornélien(ne) [kɔʀneljɛ̃, jɛn] *adj* ❶ *personnage* wie bei Corneille, wie in einer Tragödie von Corneille; *situation, choix* qualvoll

❷ LITTER **les comédies ~nes** die Komödien Corneilles; **la tragédie ~ne** die Corneillesche Tragödie

cornemuse [kɔʀnəmyz] *f* MUS Dudelsack *m*

corner¹ [kɔʀne] <1> *vt* **~ une page** die Ecke einer Seite umknicken; **être tout(e) corné(e)** lauter Eselsohren haben

corner² [kɔʀnɛʀ] *m* FBALL Ecke *f*, Eckstoß *m*, Eckball *m*; **mettre la balle en ~** den Ball ins Toraus spielen; **tirer le ~** die Ecke treten

cornet [kɔʀnɛ] *m* ❶ (*récipient conique*) [Papier]tüte *f*; *d'une glace* Waffeltüte; CH (*sachet de papier*) Papiertüte *f*, Papiertragetasche *f*; *d'une glace* Waffeltüte

❷ (*contenu*) Tüte *f*; **un ~ de glace** eine Tüte Eis

❸ MUS (*jeu d'orgue*) Kornett *nt*; **~ à pistons** Ventilkornett *nt*, Piston *nt*

◆ **~ à dés** Würfelbecher *m*; **~s du nez** Nasenmuscheln *Pl*

cornette [kɔʀnɛt] *f d'une religieuse* Flügelhaube *f*

cornettiste [kɔʀnetist] *m, f* Kornettist(in) *m(f)*

corn-flakes [kɔʀnflɛks] *mpl* Corn-flakes *Pl*

corniaud [kɔʀnjo] **I.** *adj fam* doof, dämlich

II. *m* ❶ (*chien*) Promenadenmischung *f*

❷ *fam* (*imbécile*) Kamel *nt* (*fam*)

corniche [kɔʀniʃ] *f* ❶ ARCHIT Gesims *nt*, Sims *nt o m*

❷ (*escarpement*) [Fels]vorsprung *m*

❸ (*route*) *Straße an einer Steilküste, einem Steilhang*

cornichon [kɔʀniʃɔ̃] *m* ❶ (*concombre*) Gürkchen *nt*; **des ~s au vinaigre** Essiggürkchen

❷ *fam* (*personne*) Blödmann *m* (*fam*), Heini *m* (*fam*)

cornier, -ière [kɔʀnje, -jɛʀ] *m, f* Eck-; **poteau ~** Eckpfosten *m*

corniste [kɔʀnist] *mf* Hornist(in) *m(f)*

cornouiller [kɔʀnuje] *m* (*arbuste*) Kornelkirsche *f*

cornu(e) [kɔʀny] *adj* gehörnt, mit Hörnern; *bête* Horn-, gehörnt, mit Hörnern; **être ~(e)** Hörner haben

cornue [kɔʀny] *f* (*récipient*) Retorte *f*

corollaire [kɔʀɔlɛʀ] *m* [logische] Folge, Konsequenz *f*; **le ~ de qc** die [logische] Folge aus etw (*Dat*), die Konsequenz einer S. (*Gen*); **la crise a le chômage pour ~** die Krise hat die Arbeitslosigkeit zur Folge

corolle [kɔʀɔl] *f* Blütenkrone *f*, Korolla *f* (*Fachspr.*); **en forme de ~** blütenförmig

coron [kɔʀɔ̃] *m* NORD Bergarbeitersiedlung *f*

coronaire [kɔʀɔnɛʀ] *adj* ANAT, MED Herzkranz-, Koronar-; *artère* Kranz-; **la grande veine ~** die große Herzvene

corporatif, -ive [kɔʀpɔʀatif, -iv] *adj* korporativ; **esprit ~** Korpsgeist *m*

corporation [kɔʀpɔʀasjɔ̃] *f* ❶ (*association*) Korporation *f*, Körperschaft *f*; *de notaires, médecins* Berufsverband *m*; *d'artisans* Innung *f*

❷ HIST *d'artisans* Zunft *f*; *de commerçants* Gilde *f*; **le système des ~s** das Zunftwesen

corporatisme [kɔʀpɔʀatism] *m péj* (*intérêts particuliers*) Standesdenken *nt*

corporel(le) [kɔʀpɔʀɛl] *adj* ❶ (*physique*) körperlich; *soins* Körper-; **châtiments ~s** [körperliche] Züchtigungen *Pl* (*geh*); **expression ~le** Gymnastik *f*; **soins ~s** Körperpflege *f*

❷ JUR materiell; **biens ~s** Sachgüter *Pl*

corps [kɔʀ] *m* ❶ Körper *m*, Leib *m* (*geh*); **trembler de tout son ~** am ganzen Körper zittern; **mouvements du ~** Körperbewegungen *Pl*; **la santé du ~** die körperliche Gesundheit

❷ (*tronc*) Rumpf *m*; **jusqu'au milieu du ~** bis zur Taille

❸ (*cadavre*) Leiche *f*

❹ (*défunt*) Leichnam *m*

❺ PHYS Körper *m*

❻ CHIM Substanz *f*; **~ simple/composé** [chemisches] Element/[chemische] Verbindung

❼ (*groupe*) Körperschaft *f*; **~ constitués** oberste [Verwaltungs- und Justiz]behörden; **~ diplomatique** diplomatisches Korps; **~ électoral** Wählerschaft *f*; **~ enseignant** (*catégorie professionnelle*) Lehrerschaft *f*; (*membres d'un établissement*) [Lehrer]kollegium *nt*; **réunion du ~ enseignant** Lehrerkonferenz *f*; **~ législatif** gesetzgebende Körperschaft; **~ médical** Ärzteschaft *f*; **~ politique** Bürgerschaft *f*; **le ~ de la magistrature** die Justizbehörden; **les grands ~ de l'État** die Staatsorgane; **~ de métier** Berufsverband *m*; **le ~ des sapeurs-pompiers** die [Berufs]feuerwehr

❽ MIL **~ d'armée** Armeekorps *nt*; **chef de ~** Regiments-/Bataillonskommandeur *m*; **les ~ blindés** die Panzertruppen; **~ de rattachement** Stammeinheit *f*; **~ expéditionnaire** Expeditionskorps *nt*; **~ franc** Freikorps *nt*

❾ (*partie essentielle*) Hauptteil *m*; *d'un bâtiment* Haupttrakt *m*; *d'un violon* Klangkörper *m*

❿ TYP Schriftgrad *m*

⓫ (*ensemble*) Sammlung *f*

⓬ ASTRON **~ céleste** Himmelskörper *m*

⓭ PHYSIOL **~ jaune** Gelbkörper *m*; **~ gras** Fett *nt*

▸ **~ et âme** mit Leib und Seele; **à mon/son ~ défendant** höchst widerwillig; **~ étranger** Fremdkörper *m*; **avoir du ~** *vin:* Körper haben, körperreich sein; **passer** [*o* **marcher**] **sur le ~ de qn** über jds Leiche (*Akk*) gehen; **prendre ~** Gestalt annehmen

◆ **~ à corps** Nahkampf *m*; BOXE Infight *m*, Nahkampf *m*; **lutter au ~ à ~** Mann gegen Mann kämpfen; **~ de ballet** Ballettkorps *nt*; **~ du délit** Corpus Delicti *nt* (*geh*); **~ de garde** Wache *f*; **~ de logis** Hauptgebäude *nt*

corpulence [kɔʀpylɑ̃s] *f* Korpulenz *f*, Beleibtheit *f*; **de ~ moyenne** von mittlerer Statur; **être de forte ~** korpulent sein

corpulent(e) [kɔʀpylɑ̃, ɑ̃t] *adj* korpulent, beleibt

corpus [kɔʀpys] *m* Korpus *nt*

corpuscule [kɔʀpyskyl] *m* PHYS *vieilli* [Masse]teilchen *nt*, Korpuskel *f*

corral [kɔʀal] *m* Korral *m*, Pferch *m* [für Rinder und Ochsen]

correct(e) [kɔʀɛkt] *adj* ❶ (*exact*) korrekt, richtig

❷ (*convenable*) korrekt; **être ~(e) avec qn** jdn korrekt behandeln; **être ~(e) en affaires** in geschäftlichen Dingen korrekt sein

❸ *fam* (*acceptable*) annehmbar, passabel

▸ **c'est ~** CAN (*ça va*) [das] ist/geht in Ordnung

correctement [kɔʀɛktəmɑ̃] *adv* richtig; *se conduire, s'habiller* korrekt; **gagner ~ sa vie** recht ordentlich verdienen

correcteur [kɔʀɛktœʀ] *m* Regler *m*; **~ liquide** Korrekturflüssigkeit *f*; **~ orthographique** INFORM Rechtschreibprüfung *f*

correcteur, -trice [kɔʀɛktœʀ, -tʀis] **I.** *adj ruban* Korrektur-; *mesure* korrigierend

II. *m, f* SCOL, TYP Korrektor(in) *m(f)*

correctif [kɔʀɛktif] *m* ❶ (*atténuation*) **~ à qc** Korrektiv *nt* für etw, Ausgleich *m* einer S. (*Gen*); **il faut apporter un ~ à qc** etw muss korrigiert [*o* [ab]gemildert] werden; **être le ~ de qc** der Ausgleich für etw sein

❷ (*rectificatif*) Richtigstellung *f*

correctif, -ive [kɔʀɛktif, -iv] *adj* ❶ Korrektur-, korrigierend

❷ MED *gymnastique* Kranken-

correction [kɔʀɛksjɔ̃] *f* ❶ (*action de relever les fautes*) Korrektur *f*; (*action de supprimer les fautes*) Verbesserung *f*; **faire la ~ de qc** etw korrigieren/verbessern; **signes de ~** Korrekturzeichen *Pl*

❷ (*action de rectifier, de relativer*) **~ de trajectoire** Korrektur *f* der Flugbahn, Kurskorrektur

❸ (*châtiment*) Schläge *Pl*, Prügel *Pl*; **recevoir une bonne ~** eine ordentliche [*o* gehörige] Tracht Prügel bekommen; **donner** [*o* **administrer**] **une ~ à qn** jdm eine Tracht Prügel verpassen
❹ *souvent pl* (*surcharge*) Korrektur *f*
❺ (*justesse*) *du langage, style* Korrektheit *f*, Richtigkeit *f*
❻ (*bienséance*) Korrektheit *f*; **avec ~** korrekt; **être d'une parfaite ~** sich vollkommen korrekt verhalten
◆ **~ des cours** ECON Kurskorrektur *f*

correctionnel(le) [kɔʀɛksjɔnɛl] *adj* Straf-; **délit ~** Vergehen *nt*; **peine ~le** Strafe *f* [für ein Vergehen]; **tribunal ~** Strafkammer *f*

correctionnelle [kɔʀɛksjɔnɛl] *f* (*tribunal*) Strafkammer *f*; **passer en ~** sich vor der Strafkammer verantworten müssen

Corrège [kɔʀɛʒ] *m* **le ~** Corregio *m*

corrélatif [kɔʀelatif] *m* GRAM Korrelat *nt*

corrélatif, -ive [kɔʀelatif, -iv] *adj* ❶ (*correspondant*) entsprechend, damit verbunden; **deux choses sont corrélatives** zwei Dinge bedingen einander
❷ LING korrelativ

corrélation [kɔʀelasjɔ̃] *f* [direkter] Zusammenhang [*o* Bezug]; **être en ~ avec qc** in [direktem] Zusammenhang mit etw stehen; **mettre deux choses en ~** zwei Dinge zueinander in Beziehung setzen

correspondance [kɔʀɛspɔ̃dɑ̃s] *f* ❶ (*échange de lettres*) Briefwechsel *m*, Korrespondenz *f* (*geh*)
❷ *sans pl* (*courrier*) Post *f*; **faire la ~** die Korrespondenz [*o* die Post] erledigen
❸ TRANSP Anschluss *m*; **rater la ~** den Anschluss verpassen; **nous avons une ~ à Stuttgart** wir steigen in Stuttgart um
❹ MEDIA [Korrespondenten]bericht *m*
❺ (*conformité*) Übereinstimmung *f*; **~ entre les sons et les couleurs** Abstimmung *f* von Ton und Klang; **elles sont en parfaite ~ d'idées** sie haben genau die gleichen Ansichten
❻ (*symétrie*) Symmetrie *f*
❼ MATH **~ univoque** eindeutige Abbildung, injektive Abbildung (*Fachspr.*)

correspondancier, -ière [kɔʀɛspɔ̃dɑ̃sje, -jɛʀ] *m, f* Korrespondent(in) *m(f)*; **correspondancière trilingue** Fremdsprachenkorrespondentin für drei Sprachen

correspondant(e) [kɔʀɛspɔ̃dɑ̃, ɑ̃t] **I.** *adj* entsprechend; **angles ~s** Stufenwinkel *Pl*
II. *m(f)* ❶ (*contact*) Briefpartner(in) *m(f)*; *d'un enfant, jeune* Brieffreund(in) *m(f)*
❷ (*au téléphone*) Gesprächspartner(in) *m(f)*
❸ COM [Geschäfts]partner(in) *m(f)*
❹ MEDIA Korrespondent(in) *m(f)*; **~(e) de guerre** Kriegsberichterstatter(in) *m(f)*
❺ SCOL Betreuer(in) *m(f)* [eines Internatsschülers]

correspondre [kɔʀɛspɔ̃dʀ] <14> **I.** *vi* ❶ (*être en contact*) **~ avec qn** mit jdm im Briefwechsel stehen; **~ par fax/courrier électronique** per Fax/E-Mail korrespondieren
❷ TRANSP **~ avec qc** Anschluss an etw (*Akk*) haben
❸ (*aller avec*) **~ à qc** zu etw gehören; **ci-joint un chèque correspondant à la facture** anbei ein Scheck über den Rechnungsbetrag
❹ (*s'accorder avec*) **~ à qc** einer S. (*Dat*) entsprechen; **sa version des faits ne correspond pas à la réalité** seine Darstellung entspricht nicht der Wahrheit; **cette théorie ne correspond à rien** diese Theorie ist völlig haltlos; **sa voix ne correspondait pas au reste de sa personne** seine Stimme paßte nicht zu seinem übrigen Aussehen
❺ (*être typique*) **~ à qn** jdm ähnlich sehen, zu jdm passen
❻ (*être l'équivalent de*) **~ à qc** einer S. (*Dat*) entsprechen; **ce mot correspond exactement au terme anglais** dieses Wort entspricht genau dem englischen Begriff
II. *vpr* **se ~** sich entsprechen

corrida [kɔʀida] *f* Stierkampf *m*

corridor [kɔʀidɔʀ] *m* Korridor *m*, Gang *m*

corrigé [kɔʀiʒe] *m* SCOL Lösung *f*; **~type** Musterlösung *f*

corrigeable [kɔʀiʒabl] *adj* korrigierbar

corriger [kɔʀiʒe] <2a> **I.** *vt* ❶ (*relever les fautes*) korrigieren, verbessern *copie, examen*
❷ (*supprimer les fautes*) verbessern
❸ (*rectifier*) korrigieren; berichtigen, revidieren *théorie, jugement, prévisions*; abstellen *abus, mauvaise habitude*; **corrigé(e) du taux d'inflation** inflationsbereinigt
❹ (*désaccoutumer*) **~ qn de qc** jdm etw abgewöhnen, jdn von etw kurieren
❺ (*punir*) schlagen; **se faire ~ par qn** von jdm Schläge beziehen
II. *vpr* ❶ **se ~** (*devenir raisonnable*) sich bessern
❷ (*se désaccoutumer*) **se ~ de qc** sich (*Dat*) etw abgewöhnen

corroborer [kɔʀɔbɔʀe] <1> *vt* erhärten, untermauern

corrodant [kɔʀɔdɑ̃] *m* ätzende Substanz, Ätzmittel *nt*

corrodant(e) [kɔʀɔdɑ̃, ɑ̃t] *adj* korrosiv, korrodierend

corroder [kɔʀɔde] <1> *vt* ❶ (*oxyder*) angreifen, korrodieren
❷ (*miner*) zerstören

corrompre [kɔʀɔ̃pʀ] <*irr*> **I.** *vt* ❶ (*acheter*) bestechen
❷ *soutenu* (*pervertir*) verderben
❸ *littér* (*gâter*) verderben
II. *vpr littér* **se ~** verderben (*geh*); *amour, goût:* nachlassen

corrompu(e) [kɔʀɔ̃py] **I.** *part passé de* **corrompre**
II. *adj* ❶ (*malhonnête*) korrupt, bestechlich
❷ (*perverti*) verdorben
III. *m(f)* verdorbenes Individuum

corrosif [kɔʀozif] *m* Ätzmittel *nt*

corrosif, -ive [kɔʀozif, -iv] *adj* ❶ (*qui corrode*) ätzend; *acide, liquide* ätzend, korrosiv
❷ (*acerbe*) ätzend, bissig

corrosion [kɔʀozjɔ̃] *f* Korrosion *f*

corroyage [kɔʀwajaʒ] *m des cuirs* Zurichten *nt*

corroyer [kɔʀwaje] <1> *vt* zurichten *cuir*

corrupteur, -trice [kɔʀyptœʀ, -tʀis] **I.** *adj littér* korrumpierend, verderblich; **être ~(-trice)** einen verderblichen Einfluss haben
II. *m, f* Bestecher(in) *m(f)*

corruptible [kɔʀyptibl] *adj* korrupt; *personne* korrupt, bestechlich, käuflich

corruption [kɔʀypsjɔ̃] *f* ❶ (*délit*) Korruption *f*, Bestechung *f*; **tentative de ~** Bestechungsversuch *m*; **~ électorale** Wahlbestechung *f*
❷ *sans pl* (*dégradation*) Korruption *f*; *des mœurs, d'un jugement* Verfall *m*
❸ (*résultat*) Korruptheit *f*, Verdorbenheit *f*

corsage [kɔʀsaʒ] *m* Bluse *f*; *d'une robe* Oberteil *nt*

corsaire [kɔʀsɛʀ] *m* ❶ (*marin*) Korsar *m*, Freibeuter *m*
❷ (*navire*) Kaperschiff *nt*
❸ (*pantalon*) Caprihose *f*

Corse [kɔʀs] *f* **la ~** Korsika *nt*

corse [kɔʀs] *adj* korsisch

Corse [kɔʀs] *mf* Korse *m*/Korsin *f*

corsé(e) [kɔʀse] *adj* ❶ (*épicé*) *mets, sauce* scharf [gewürzt], pikant; *vin* vollmundig; *café* aromatisch, voll im Geschmack
❷ (*scabreux*) deftig, schlüpfrig
❸ (*excessif*) *prix, facture* gesalzen, saftig
❹ (*compliqué*) knifflig

corselet [kɔʀsəlɛ] *m d'un costume régional* Mieder *nt*

corser [kɔʀse] <1> **I.** *vt* würzen *mets, sauce*; komplizieren *problème, situation*; **~ un vin** einem Wein Alkohol zusetzen; **~ un récit de détails croustillants** eine Erzählung durch interessante Details spannender machen
II. *vpr* **l'affaire/l'histoire se corse** die Angelegenheit/die Geschichte wird spannend

corset [kɔʀsɛ] *m* Mieder *nt*, Korsett *nt*; **~ orthopédique** [*o* **médical**] Stützkorsett

corseter [kɔʀsəte] <4> *vt* einengen
corso [kɔʀso] *m* Korso *m,* Umzug *m;* ~ **fleuri** Blumenkorso
cortège [kɔʀtɛʒ] *m d'une fête, manifestation* Zug *m; du roi* Gefolge *nt;* REL Prozession *f;* ~ **nuptial** [*o* **de mariage**] Hochzeitszug; ~ **funèbre** Trauerzug, Leichenzug; **se former en** ~ sich zu einem Zug formieren
cortex [kɔʀtɛks] *m* ANAT Rinde *f;* ~ **cérébral** Großhirn *nt;* ~ **rénal** Nierenrinde
cortical(e) [kɔʀtikal, o] <-aux> *adj* ❶ ANAT kortikal; *hormone* Nebennierenrinden-
❷ BOT Rinden-
cortisone [kɔʀtizɔn] *f* Kortison *nt*
corvéable [kɔʀveabl] *adj* HIST zur Fron[arbeit] verpflichtet
corvée [kɔʀve] *f* ❶ (*obligation pénible*) lästige Pflicht; **la** ~ **du ménage, les** ~**s domestiques** die lästige Hausarbeit; **la** ~ **de la vaisselle** der [Geschirr]spüldienst; **être de** ~ **de qc** mit etw dran [*o* an der Reihe] sein; **quelle** ~ **!** wie lästig!
❷ MIL (*travail*) Arbeitsdienst *m*
❸ HIST Fron[arbeit *f*] *f,* Frondienst *m*
❹ CH (*travail non payé, fait de plein gré*) Fronarbeit *f* (CH)
❺ CAN (*travail en commun*) *gemeinsame, unbezahlte Arbeit mit Nachbarn oder Freunden*
corvette [kɔʀvɛt] *f* Korvette *f*
coryphée [kɔʀife] *m* ❶ (*dans le théâtre antique*) Chorführer *m*
❷ (*danseur de ballet*) erster Solotänzer *m*/erste Solotänzerin *f*
❸ *d'un parti, d'un secte* [An]führer *m*
coryza [kɔʀiza] *m spéc* Schnupfen *m*
cosaque [kɔzak] *m* Kosak *m*
cosignataire [kosiɲatɛʀ] **I.** *adj* mitunterzeichnend; **les personnes** ~**s** die Mitunterzeichner, die Mitunterzeichnenden; **les deux États sont** ~**s de qc** beide Staaten haben etw gemeinsam unterzeichnet
II. *mf* Mitunterzeichner(in) *m(f),* Mitunterzeichnende(r) *f(m)*
cosigner [kosiɲe] <1> *vt* mitunterzeichnen *texte*
cosinus [kɔsinys] *m* MATH Kosinus *m*
cosmétique [kɔsmetik] **I.** *adj* kosmetisch; **produits** ~**s** Kosmetika *Pl;* **les soins** ~**s** die Kosmetik, die Schönheitspflege
II. *m* Kosmetikum *nt,* Schönheitsmittel *nt;* **l'industrie des** ~**s** die Kosmetikindustrie; **magasin de** ~**s** Kosmetikgeschäft *nt*
cosmétologie [kɔsmetɔlɔʒi] *f* Kosmetologie *f*
cosmétologue [kɔsmetɔlɔg] *mf* Kosmetologe *m*/Kosmetologin *f,* Kosmetikexperte *m*/-expertin *f*
cosmique [kɔsmik] *adj* kosmisch; *vaisseau, fusée* [Welt]raum-
cosmogonie [kɔsmɔgɔni] *f* Kosmogonie *f*
cosmographie [kɔsmɔgʀafi] *f* Kosmographie *f*
cosmographique [kɔsmɔgʀafik] *adj* kosmographisch
cosmologie [kɔsmɔlɔʒi] *f* Kosmologie *f*
cosmonaute [kɔsmɔnot] *mf* Kosmonaut(in) *m(f)*
cosmopolite [kɔsmɔpɔlit] *adj* kosmopolitisch; *goût, existence, personne* weltbürgerlich, kosmopolitisch; *carrière* international
cosmopolitisme [kɔsmɔpɔlitism] *m d'une personne* Kosmopolitismus *m,* Weltbürgertum *nt*
cosmos [kɔsmos] *m* Kosmos *m,* Weltall *nt*
cossard(e) [kɔsaʀ, aʀd] **I.** *adj fam* faul
II. *m(f) fam* Faulpelz *m,* Faulenzer(in) *m(f)*
cosse [kɔs] *f* ❶ BOT Hülse *f; des pois* Schote *f*
❷ ELEC Kabelschuh *m,* Kabelöse *f*
cossu(e) [kɔsy] *adj personne* wohlhabend, begütert; *villa, intérieur* luxuriös, prunkvoll
costal(e) [kɔstal, o] <-aux> *adj* Rippen-
costard [kɔstaʀ] *m fam* Anzug *m*
costaricain(e) [kɔstaʀikɛ̃, kɛn] *adj* costa-ricanisch
Costaricain(e) [kɔstaʀikɛ̃, kɛn] *m(f)* Costa-Ricaner(in) *m(f)*
costaricien(ne) [kɔstaʀisjɛ̃, jɛn] *adj v.* **costaricain**
Costaricien(ne) [kɔstaʀisjɛ̃, jɛn] *m(f) v.* **Costaricain**
costaud [kɔsto] *m* **c'est du** ~**!** *fam* das ist was Solides! (*fam*)
costaud(e) [kɔsto, od] *fam* **I.** *adj* ❶ (*fort*) kräftig, stark; *alcool* stark
❷ (*trapu*) stämmig
❸ (*résistant*) robust; *ficelle, tissu* fest, widerstandsfähig; *meuble, voiture* stabil
❹ (*calé*) beschlagen (*fam*)
II. *m(f)* starker Mann/robuste Frau
costume [kɔstym] *m* ❶ (*vêtement d'homme*) [Herren]anzug *m;* ~ **de confection/sur mesure** Konfektions-/Maßanzug; ~ **deux pièces/trois pièces** zweiteiliger/dreiteiliger Anzug [*o* Anzug mit Weste]; ~ **d'apparat** [*o* **de cérémonie**] [große] Festrobe
❷ (*vêtement typique*) *d'une époque* Kostüm *nt; d'un pays, d'une région* Tracht *f;* ~ **marin/de chasse** Matrosen-/Jagdanzug *m*
❸ THEAT, CINE (*déguisement*) Kostüm *nt;* ~ **d'Arlequin** Harlekinkostüm; **bal/répétition en** ~ Kostümball *m*/Kostümprobe *f*
▶ **être** [*o* **se promener**] **en** ~ **d'Adam/d'Ève** *fam* im Adams-/Evaskostüm herumlaufen
costumé(e) [kɔstyme] *adj* kostümiert
costumer [kɔstyme] <1> *vpr* ❶ (*déguiser*) **se** ~ **en clown** sich als Clown verkleiden
❷ THEAT, CINE **se** ~ sein Kostüm anlegen
costumier, -ière [kɔstymje, -jɛʀ] *m, f* ❶ (*loueur*) Kostümverleiher(in) *m(f);* **avoir loué un smoking chez un** ~ einen Smoking vom Kostümverleih haben
❷ (*fabricant*) Kostümschneider(in) *m(f)*
❸ THEAT, CINE Gewandmeister(in) *m(f)*
cotation [kɔtasjɔ̃] *f* ❶ BOURSE [Börsen]notierung *f;* ECON Kursnotierung; ~ **de l'or** Goldnotierung; ~ **en continu** fortlaufende Notierung
❷ (*estimation*) Schätzung *f*
cote [kɔt] *f* ❶ BOURSE (*tableau*) Kursblatt *nt,* Kursbericht *m*
❷ (*valeur estimée*) [Schätz]wert *m*
❸ (*popularité*) Beliebtheit *f*
❹ SPORT *d'un cheval* Gewinnquote *f,* Odds *Pl* (*Fachspr.*)
❺ CINE Klassifikation *f*
❻ GEOG Höhenangabe *f*
❼ ARCHIT, IND Maßzahl *f,* Abmessung *f*
❽ (*marque de classement*) Nummer *f,* Kennziffer *f; d'un livre de bibliothèque* Signatur *f; d'un acte* Aktenzeichen *nt*
❾ FIN Anteil *m,* Quote *f;* ~ **foncière/mobilière** Anteil an der Grund-/Wohnraumsteuer
▶ **avoir la** ~ **avec** [*o* **auprès de**] **qn** *fam* bei jdm hoch im Kurs stehen
◆ ~ **d'alerte** *d'une rivière* Hochwassermarke *f;* (*point critique*) kritische Marke; ~ **d'amour** Beliebtheit[sgrad *m*] *f*
côte [kot] *f* ❶ (*littoral*) Küste *f;* **le long des** ~**s** an der Küste; **la route qui longe la** ~ die Küstenstraße; **s'installer sur la** ~ an die Küste ziehen
❷ (*pente qui monte*) Hang *m,* Steigung *f;* **une** ~ **raide** ein steiler Hang; **démarrer en** ~ am Berg anfahren; **la route est en** ~ die Straße führt bergauf
❸ (*pente qui descend*) [Ab]hang *m*
❹ (*vigne*) **les** ~**s du Rhône** die Weinberge des Rhônetals
❺ ANAT Rippe *f*
❻ GASTR Kotelett *nt;* ~ **de bœuf** T-Bone-Steak *nt;* **plat de** ~**s** Schälrippe *f*
❼ BOT [Blatt]rippe *f*
❽ TEXTIL Rippe *f;* **velours à** ~**s** Cordsamt *m;* **pull à** ~**s** Rippenpulli *m* (*fam*)
▶ **se tenir les** ~**s** [**de rire**] sich den Bauch [*o* die Seiten] vor Lachen halten; ~ **à** ~ Seite an Seite
côté [kote] **I.** *m* ❶ (*partie latérale*) Seite *f;* **par le** ~ **gauche/droit** von links/rechts; **de chaque** ~ **de qc** auf jeder/jede Seite einer S. (*Gen*); **des deux** ~**s de qc** auf beiden/beide Seiten einer S. (*Gen*); **de ce** ~ **de la rue** auf dieser/diese Straßenseite; **de l'autre** ~ **de la rue** auf der anderen/die andere Straßenseite; **sauter de l'autre** ~ **du ruisseau** über den Bach

springen
❷ GEOM Seite *f*
❸ (*aspect*) Seite *f;* **le ~ théorique/pratique** die theoretische/praktische Seite; **par certains ~s** in gewissen Punkten, in mancher Hinsicht
❹ (*direction*) Seite *f,* Richtung *f; suivi d'un subst sans art* -seite *f;* **la chambre ~ cour/rue** das Zimmer zum Hof/zur Straße hin; **venir de tous [les] ~s** von überall her kommen; **partir/se disperser de tous [les] ~s** überallhin aufbrechen/sich überallhin zerstreuen; **de quel ~ allez-vous?** in welche Richtung gehen Sie?; **de quel ~ venez-vous?** aus welcher Richtung kommen Sie?; **du ~ de la mer** vom Meer her/in Richtung Meer; **du ~ opposé** aus der entgegengesetzten/in die entgegengesetzte Richtung; **du mauvais ~** aus der falschen/in die falsche Richtung
❺ (*parti*) Seite *f;* **du ~ de qn** auf jds Seite (*Akk o Dat*); **se ranger du ~ de qn** sich auf jds Seite (*Akk*) stellen; **passer du ~ de qn** sich auf jds Seite (*Akk*) schlagen; **mettre qn de son ~** jdn auf seine Seite bringen; **être aux ~s de qn** jdm beistehen [*o* zur Seite stehen]; **aux ~s de qn** an jds Seite (*Dat*); **siéger aux ~s de qn** neben jdm [*o* an jds Seite (*Dat*)] sitzen; **de mon ~** von meiner Seite [aus], ich meinerseits
❻ (*branche familiale*) Seite *f;* **du ~ paternel [*o* du père]** väterlicherseits; **du ~ maternel [*o* de la mère]** mütterlicherseits
► **être/passer de l'autre ~ [de la barricade]** auf der anderen Seite stehen/auf die andere Seite überlaufen; **d'un ~ ..., de l'autre [~] [*o* d'un autre ~]** einerseits ..., andererseits; auf der einen Seite ..., auf der anderen Seite; **passer à ~ de qc** etw verfehlen; **passer à ~ de beaucoup de choses** viel versäumen; **le conférencier est passé à ~ de l'essentiel** der Conférencier hat am Wesentlichen vorbeigeredet; **marcher de ~** seitlich gehen; **se tourner de ~** sich zur Seite drehen; **regarder qn/qc de ~** jdn/etw verstohlen betrachten; **mettre de l'argent de ~** Geld auf die Seite legen; **faire un bond de ~** zur Seite [*o* auf die Seite] springen; **se jeter de ~** sich zur Seite [*o* auf die Seite] werfen; **laisser qn de ~** jdn links liegen lassen; **laisser une remarque/un détail de ~** eine Bemerkung/ein Detail beiseite lassen; **de ce ~** *fam* in dieser Hinsicht [*o* Beziehung]; **du ~ de chez qn** in jds Nähe (*Dat*); **du ~ de qc** in der Nähe von etw, nah bei etw
II. *adv* ❶ (*à proximité*) **à ~** nebenan, daneben; **juste [*o* tout] à ~** gleich nebenan [*o* daneben]
❷ (*en comparaison*) **à ~** daneben
❸ (*en dehors de la cible, du sujet*) **à ~** daneben; *tomber, tirer, frapper* daneben-, daneben
❹ (*en plus*) **à ~** daneben, nebenher; **avoir encore un travail à ~** noch eine Nebenbeschäftigung haben
❺ (*voisin*) **les gens [d'] à ~** die Leute von nebenan, die Nachbarsleute; **nos voisins [d'] à ~** unsere direkten Nachbarn; **la maison d'à ~** das Nachbarhaus; **la pièce d'à ~** das Nebenzimmer; **être/passer [dans la pièce d'] à ~** nebenan sein/nach nebenan gehen
III. *prép* ❶ (*à proximité de*) **à ~ de qn/qc** neben jdm/jdn/etw; **à ~ de Paris/Berlin** bei Paris/Berlin; **juste [*o* tout] à ~ de qc** gleich [*o* genau] [*o* direkt] neben etw (*Akk o Dat*)
❷ (*en comparaison de*) **à ~ de qn/qc** neben jdm/etw, gemessen an jdm/etw
❸ (*hors de*) **à ~ de qc** neben etw (*Akk o Dat*); **répondre à ~ de la question** mit seiner Antwort daneben liegen; (*intentionnellement*) der Frage ausweichen; **être à ~ du sujet/de la vérité** das Thema verfehlen/die Wahrheit nicht sehen
❹ (*en plus de*) **à ~ de qc** neben etw (*Akk o Dat*)
coté(e) [kɔte] *adj* geschätzt, beliebt
coteau [kɔto] <x> *m* ❶ (*versant*) Hang *m*
❷ (*vignoble*) Weinberg *m*
Côte d'Azur [kotdazyʀ] *f* **la ~** die Côte d'Azur, die Französische Riviera
Côte d'Ivoire [kotdivwaʀ] *f* **la ~** die Elfenbeinküste
côtelé(e) [kot(ə)le] *adj* gerippt, Rippen-
côtelette [kotlɛt] *f* GASTR Kotelett *nt*
coter [kɔte] <1> *vt* ❶ BOURSE [an der Börse] notieren; **entreprise cotée depuis peu** Börsenneuling *m*
❷ (*apprécier la valeur de*) **être coté(e)** einen [festen] Schätzwert haben; **la voiture est cotée à l'Argus** das Auto steht auf der Schwackeliste [*o* Zeitwerttabelle]
❸ SPORT **être coté(e) à 5 contre 1** [mit einer Gewinnquote von] 5 zu 1 gewettet werden
❹ (*numéroter*) **être coté(e)** *pièce de dossier:* ein Aktenzeichen haben; *livre de bibliothèque:* eine Signatur haben
coterie [kɔtʀi] *f péj* Clique *f* (*pej*), Sippschaft *f* (*pej*)
côtier, -ière [kotje, -jɛʀ] *adj* Küsten-
cotillons [kɔtijɔ̃] *mpl* (*accessoires*) Partyartikel *Pl* (*Konfetti, Papierschlangen, -hütchen etc*)
cotisant(e) [kɔtizɑ̃, ɑ̃t] *m(f)* Beitragszahler(in) *m(f); d'un club, syndicat* [zahlendes] Mitglied
cotisation [kɔtizasjɔ̃] *f* ❶ (*somme versée*) Beitrag *m;* **~ ouvrière/patronale** Arbeitnehmer-/Arbeitgeberanteil *m* [an der Sozialversicherung]; **~ syndicale** Gewerkschaftsbeitrag; **~ à la Sécurité sociale** ≈ Sozialversicherungsbeitrag; **~ vieillesse** Rentenbeitrag
❷ (*action*) **~ à qc** Beitrag *m* [*o* Beitragszahlung *f*] zu etw
cotiser [kɔtize] <1> **I.** *vi* **~ à qc** [seine] Beiträge zu etw zahlen [*o* entrichten]
II. *vpr* **se ~ pour faire qc** zusammenlegen, um etw zu tun
coton [kɔtɔ̃] *m* ❶ Baumwolle *f;* **en [*o* de] ~** aus Baumwolle, Baumwoll-
❷ (*fil*) [Baumwoll]garn *nt;* **~ à broder/à repriser** Stick-/Stopfgarn
❸ (*morceau d'ouate*) Wattebausch *m;* **du ~** Watte *f;* **~ hydrophile** [Verband]watte
► **filer un mauvais ~** (*physiquement*) nicht auf der Höhe sein; (*moralement*) ein Tief haben, durchhängen (*fam*); **avoir les jambes en ~** weiche Knie haben; **avoir été élevé(e) dans du ~** immer in Watte gepackt worden sein
cotonnade [kɔtɔnad] *f* Baumwollstoff *m*
cotonneux, -euse [kɔtɔnø, -øz] *adj feuille, tige* flaumig; *fruit* mehlig; *bruit* abgedämpft
cotonnier [kɔtɔnje] *m* (*arbrisseau*) Baumwolle *m*
coton-tige® [kɔtɔ̃tiʒ] <cotons-tiges> *m* Wattestäbchen *nt*
côtoyer [kotwaje] <6> **I.** *vt soutenu* ❶ (*fréquenter*) **~ qn** mit jdm verkehren; **être amené(e) à ~ beaucoup de gens** mit vielen Leuten in Kontakt kommen
❷ (*longer*) **~ qc** *chemin, route:* neben etw (*Dat*) verlaufen; *personne:* an etw (*Dat*) entlanggehen/fahren
❸ (*frôler*) **~ le ridicule** ans Lächerliche grenzen; **aimer ~ le danger** gern riskant leben
II. *vpr* **se ~** *soutenu* ❶ (*se fréquenter*) miteinander verkehren
❷ (*se toucher*) dicht beieinander liegen [*o* aneinander grenzen]
cotte [kɔt] *f* ◆ **~ de mailles** Kettenhemd *nt*
cotutelle [kotytɛl] *f* Mitvormundschaft *f*
cotuteur, -trice [kotytœʀ, -tʀis] *m, f* Mitvormund *m*
cotylédon [kɔtiledɔ̃] *m d'une plante* Keimblatt *nt*
cou [ku] *m* ❶ ANAT Hals *m;* **vertèbres du ~** Halswirbel *Pl;* **allonger [*o* tendre] le ~** den Hals recken; **serrer le ~ à qn** jdm den Hals zudrücken
❷ (*goulot*) Hals *m;* **à long ~** mit langem Hals, langhalsig
► **~ de cygne** Schwanenhals *m;* **~ de taureau** Stiernacken *m;* **se casser [*o* se rompre] le ~** (*se blesser grièvement*) sich (*Dat*) alle Knochen brechen; (*se tuer, échouer*) sich (*Dat*) den Hals brechen [*o* das Genick]; **tordre le ~ à qn/un animal** jdm/einem Tier den Hals umdrehen; **s'endetter jusqu'au ~** bis zum Hals in Schulden stecken
couac [kwak] *m d'une trompette* Quäken *nt*
couard(e) [kwaʀ, aʀd] *littér* **I.** *adj* feige

II. *m(f)* Feigling *m,* Memme *f* (*veraltet*)

couardise [kwaʀdiz] *f littér* Feigheit *f*

couchage [kuʃaʒ] *m* Liegefläche *f;* **matériel de** ~ Ausrüstung *f* zum Übernachten

couchant [kuʃɑ̃] **I.** *adj* untergehend; **au soleil** ~ bei Sonnenuntergang
II. *m* ❶ (*ouest*) Westen *m;* **face au** ~ nach Westen
❷ (*soleil couchant*) Abendhimmel *m,* Abendrot *nt*

couche [kuʃ] *f* ❶ (*épaisseur*) Schicht *f;* ~ **isolante/protectrice** Isolier-/Schutzschicht; ~ **de peinture/de graisse** Farb-/Fettschicht; ~ **de neige** Schneedecke *f;* **étaler une** ~ **de beurre sur du pain** Brot mit Butter bestreichen; **passer deux** ~**s de peinture sur qc** etw mit einem Doppelanstrich versehen
❷ GEOL, METEO Schicht *f;* ~ **sédimentaire/de calcaire/d'argile** Sediment-/Kalk-/Tonschicht
❸ SOCIOL Schicht *f;* **les** ~**s laborieuses** die Arbeiterschaft
❹ (*lange*) Windel *f;* ~ **jetable** Wegwerfwindel
❺ *pl* (*alitement, enfantement*) Wochenbett *nt;* **en** ~**s** im Wochenbett/bei der Entbindung; **être en** ~**s** in den Wehen liegen
❻ HORT Mistbeet *nt*
❼ MED **fausse** ~ Fehlgeburt *f;* **faire une fausse** ~ eine Fehlgeburt haben

couché(e) [kuʃe] *adj* ❶ (*étendu*) liegend; **être** ~**(e)** liegen; **rester** ~**(e)** liegen bleiben
❷ (*au lit*) **être déjà** ~**(e)** bereits im Bett sein; **rester** ~**(e)** liegen bleiben, im Bett bleiben

couche-culotte [kuʃkylɔt] <couches-culottes> *f* Windelhöschen *nt*

coucher [kuʃe] <1> **I.** *vi* ❶ (*dormir*) schlafen; ~ **à l'hôtel** im Hotel übernachten; ~ **chez des amis** bei Freunden schlafen; ~ **sur le dos/à plat** auf dem Rücken/ganz flach schlafen
❷ *fam* (*avoir des relations sexuelles*) ~ **avec qn** mit jdm schlafen [*o* ins Bett gehen]; ~ **ensemble** miteinander schlafen [*o* ins Bett gehen]
II. *vt* ❶ (*mettre au lit*) ~ **qn** jdn ins Bett bringen [*o* legen]
❷ (*offrir un lit*) beherbergen (*geh*); **on peut vous** ~ **si vous voulez** Sie können bei uns übernachten, wenn Sie möchten
❸ (*étendre*) legen; liegend lagern *bouteille;* umlegen *blés;* umlegen *bateau;* **devoir rester couché(e) une semaine** eine Woche im Bett liegen [bleiben] müssen
III. *vpr* ❶ (*aller au lit*) **se** ~ ins Bett gehen; **envoyer qn se** ~ jdn ins Bett schicken
❷ (*s'allonger*) **se** ~ sich legen
❸ (*se courber sur*) **se** ~ **sur qc** sich tief über etw (*Akk*) beugen
❹ (*disparaître*) **le soleil/la lune se couche** die Sonne/der Mond geht unter
▶ **va** te ~**!** *fam* lass mich/ihn/sie ... in Ruhe! (*fam*), zieh Leine! (*fam*)
IV. *m* ❶ (*fait d'aller au lit*) Zubettgehen *nt,* Schlafengehen *nt;* **au** ~ beim Zubettgehen; **c'est l'heure du** ~ es ist Schlafenszeit; **le** ~ **était à neuf heures** um neun Uhr war Zapfenstreich
❷ (*crépuscule*) Untergang *m;* ~ **de soleil** Sonnenuntergang *m;* **au** ~ **du soleil** bei Sonnenuntergang

coucherie [kuʃʀi] *f gén pl péj fam* Bettgeschichten *Pl,* Rumgebumse *nt* (*fam*)

couche-tard [kuʃtaʀ] *mf inv* Nachtmensch *m,* Nachteule *f*

couche-tôt [kuʃto] *mf inv* **c'est une** ~ sie geht mit den Hühnern schlafen

couchette [kuʃɛt] *f* Liege[wagen]platz *m;* **compartiment [à]** ~**s** Liegewagenabteil *nt*

coucheur, -euse [kuʃœʀ, -øz] *m, f* ▶ **être un mauvais** ~/**une mauvaise coucheuse** *fam* ein alter Meckerfritze/eine alte Meckerliese sein (*fam*)

couci-couça [kusikusa] *adv fam* so lala

coucou [kuku] **I.** *m* ❶ (*oiseau*) Kuckuck *m;* **le** ~ **chante** der Kuckuck ruft
❷ (*pendule*) Kuckucksuhr *f*
❸ *péj* (*vieil avion*) [alte] Mühle (*fam*)
❹ *péj* (*petit avion*) Stoppelhopser *m* (*fam*)
❺ BOT (*primevère sauvage*) Schlüsselblume *f*
❻ BOT (*narcisse des bois*) wilde Osterglocke
II. *interj* kuckuck

coude [kud] *m* ❶ ANAT Ell[en]bogen *m*
❷ (*courbure*) Biegung *f; d'une route* Knick *m,* Biegung *f; d'un tuyau, d'une barre* Krümmung *f,* Knie *nt;* **mettre un** ~ **à un tuyau** ein Knie[stück] [*o* einen Krümmer] in ein Rohr einsetzen
▶ **jouer des** ~**s** die Ell[en]bogen gebrauchen; **lever le** ~ *fam* gerne einen heben [*o* kippen] (*fam*), gerne bechern (*fam*); **se serrer** [*o* **se tenir**] **les** ~**s** zusammenhalten; ~ **à** ~ Seite an Seite; **au** ~ **à** ~ gleichauf; **être au** ~ **à** ~ gleichauf liegen

coudé(e) [kude] *adj* gebogen, gekrümmt; **être** ~**(e)** eine Krümmung [*o* ein Knie] haben

coudée [kude] *f* ▶ **avoir les** ~**s franches** freies Spiel haben

cou-de-pied [kudpje] <cous-de-pied> *m* Rist *m,* Spann *m;* **avoir un fort** ~ einen hohen Rist [*o* Spann] haben

couder [kude] <1> *vt* biegen; krümmen, biegen *tuyau*

coudoyer [kudwaje] <6> *vt* ❶ (*frôler*) ~ **qn** mit jdm auf Tuchfühlung sein
❷ (*côtoyer*) ~ **qn** mit jdm Kontakt haben; ~ **qc** Seite an Seite mit etw stehen

coudre [kudʀ] *<irr>* **I.** *vi* nähen; ~ **à la main/machine** mit der Hand/[Näh]maschine nähen
II. *vt* ❶ (*assembler*) zusammennähen
❷ (*recoudre*) wieder [zusammen]nähen, flicken
❸ (*fixer*) ~ **un bouton à qc** einen Knopf an etw (*Akk*) annähen; ~ **une pièce sur qc** ein Teil auf etw (*Akk*) aufnähen
❹ (*enfermer*) ~ **qc dans l'ourlet de la veste** etw in den Jackensaum einnähen
❺ MED [ver]nähen, zunähen

coudrier [kudʀije] *m* BOT Haselstrauch *m,* Hasel *f*

couenne [kwan] *f* ❶ (*peau de porc*) Schwarte *f*
❷ CH (*croûte du fromage*) Käserinde *f*

couette[1] [kwɛt] *f* ❶ (*édredon*) Federbett *nt,* Steppdecke *f*
❷ NAUT Helling *f*

couette[2] [kwɛt] *f gén pl* (*coiffure*) Rattenschwanz *m* (*fam*)

couffin [kufɛ̃] *m* [Baby]tragekorb *m*

cougouar [kugwaʀ], **couguar** [kugwaʀ] *m* ZOOL Puma *m,* Kuguar *m*

couic [kwik] *interj* wutsch

couille [kuj] *f* ❶ *gén pl vulg* (*testicule*) Sack *m* (*vulg*); **les** ~**s** die Eier *Pl* (*vulg*)
❷ *fam* (*ennui*) Ärger *m*
▶ ~ **molle** *pop* Schlappschwanz *m* (*sl*), feiger Sack (*vulg*); **casser les** ~**s à qn** *fam* jdm auf den Wecker gehen (*fam*), jdm auf den Sack fallen (*sl*)

couillon(ne) [kujɔ̃, jɔn] *m(f) fam* Blödmann *m* (*fam*), Pfeife *f* (*fam*)

couillonner [kujɔne] <1> *vt fam* reinlegen, aufs Kreuz legen (*fam*); **être couillonné(e)** der/die Angeschmierte *fam* [*o* Beschissene *sl*] sein

couinement [kwinmɑ̃] *m du rat, porc* Quieken *nt; du lièvre, lapin* Fiepen *nt; d'une personne* Wimmern *nt;* **les** ~**s** das Gequieke/Gefiepe/Gewimmer

couiner [kwine] <1> *vi rat, porc:* quieken; *lièvre, lapin:* fiepen; *personne:* wimmern; *porte:* quietschen

coulage [kulaʒ] *m* ❶ (*façonnage*) Gießen *nt*
❷ *fam* (*gaspillage*) Schwund *m*

coulant [kulɑ̃] *m* ❶ (*passant*) [Gürtel]schlaufe *f*
❷ (*stolon*) Ausläufer *m*

coulant(e) [kulɑ̃, ɑ̃t] *adj* ❶ *fam* (*accommodant*) nachsichtig; (*en affaires*) kulant, entgegenkommend
❷ (*fluide*) *pâte* flüssig; *fromage* so weich, dass er läuft
❸ (*léger*) *vin* süffig; *style* flüssig

coulée [kule] *f* ❶ (*écoulement*) Strom *m;* ~ **boueuse**

C

Schlammstrom; ~ **de lave** Lavastrom; ~ **de neige** abrutschende Schneemassen
❷ METAL Guss *m,* Abstich *m*
couler [kule] <1> **I.** *vi* ❶ (*s'écouler*) fließen
❷ (*s'écouler en petite quantité*) rinnen
❸ (*s'écouler en grande quantité*) strömen; ~ **sur les flancs du volcan** sich über die Hänge des Vulkans ergießen
❹ (*préparer*) **faire ~ un bain à qn** jdm ein Bad einlassen
❺ (*passer*) *rivière:* fließen; ~ **à Paris/en France** durch Paris/in Frankreich fließen
❻ (*se liquéfier*) *fromage, maquillage:* laufen
❼ (*être ouvert*) *robinet:* laufen
❽ (*fuir*) *robinet, bougie:* tropfen; *tonneau, récipient:* lecken; *stylo:* auslaufen
❾ (*goutter*) *nez:* laufen; *œil:* tränen
❿ (*sombrer*) untergehen; *bateau:* sinken, untergehen
⓫ (*être aisé*) *style:* flüssig sein
II. *vt* ❶ (*verser, mettre*) ~ **du plomb dans un moule** Blei in eine Form gießen
❷ (*fabriquer*) gießen
❸ (*faire sombrer*) versenken
❹ (*ruiner*) in den Untergang [*o* Ruin] treiben
❺ (*discréditer*) erledigen
❻ (*faire échouer*) fertig machen, auflaufen lassen (*fam*)
❼ (*passer*) verbringen *existence paisible, vie heureuse*
III. *vpr* **se ~ dans qc** ❶ (*se glisser dans qc*) in etw (*Akk*) schlüpfen
❷ (*se conformer à qc*) sich einer S. (*Dat*) anpassen, sich nach etw richten
couleur [kulœʀ] **I.** *f* ❶ (*teinte*) Farbe *f;* **les ~s du spectre** die Spektralfarben; **d'une seule ~** einfarbig; **de plusieurs ~s** mehrfarbig; ~ **complémentaire** Komplementärfarbe; ~ **fondamentale** [*o* **primaire**] Grundfarbe
❷ (*matière colorante*) Farbe *f,* Farbstoff *m;* ~ **animale/végétale** tierischer/pflanzlicher Farbstoff; ~ **à l'eau/à l'huile/à la colle** Wasser-/Öl-/Leimfarbe *f*
❸ (*coloration du visage*) **perdre ses ~s** ganz bleich [*o* ganz blass] werden; **prendre des ~s** Farbe bekommen
❹ (*linge coloré*) Buntwäsche *f*
❺ PHOT, TV Farbe *f;* **photo [en] ~** Farbbild *nt;* **télévision en ~/téléviseur ~** Farbfernsehen *nt;* **ne jamais faire de ~** nie Farbbilder machen
❻ *sans pl* ART, LITTER Ausdruckskraft *f; d'un récit* [Unter]ton *m,* Färbung *f;* **dans la ~ du temps** im Stil der Zeit
❼ *sans pl* LITTER *d'un style* Farbigkeit *f;* **plein(e) de ~** farbig; **sans ~** farblos
❽ POL [politische] Couleur [*o* Färbung]
❾ CARTES Farbe *f;* **jouer dans la ~** Farbe bekennen, die Farbe bedienen
❿ (*au casino*) **jouer la ~** auf Farbe setzen
⓫ *pl* SPORT Farben *Pl;* **courir sous les ~s de qn** für jds Farben fahren/laufen/reiten
⓬ *pl* (*drapeau*) Farben *Pl;* **les ~s nationales** die Nationalfarben, die Landesfarben
⓭ *pl* NAUT Flagge *f;* **hisser** [*o* **lever**] **les ~s** die Flagge hissen; **amener les ~s** die Flagge einholen
▶ **passer par toutes les ~s de l'arc-en-ciel** abwechselnd rot und weiß [*o* blass] werden; **c'est un personnage haut en ~** er/sie ist äußerst originell; ~ **locale** Lokalkolorit *nt;* **faire ~ locale** zum Lokalkolorit beitragen; **femme/homme/personne de ~** Farbige(r) *f(m);* **sous ~ de** unter dem Anstrich von
II. *adj sans pl* ~ **rose/fraise** rosa-/erdbeerfarben; ~ **chair/paille** fleisch-/strohfarben; ~ **d'azur** himmelblau
couleuvre [kulœvʀ] *f* ZOOL Natter *f;* ~ **lisse/vipérine/à collier** Glatt-/Viper-/Ringelnatter
coulis [kuli] **I.** *adj v.* **vent**
II. *m* ❶ GASTR *de crustacés* Fond *m; de légumes, fruits* Püree *nt;* ~ **de framboises** Himbeersoße *f*
❷ TECH Ausfugmasse *f*
coulissant(e) [kulisɑ̃, ɑ̃t] *adj* Schiebe-; *panneau* [ver]schiebbar, Schiebe-; **être ~(e)** sich [auf]schieben lassen; **cette porte est ~e** dies ist eine Schiebetür
coulisse [kulis] *f* ❶ *souvent pl* THEAT Kulisse *f;* **dans les ~s** [*o* **la ~**], **en ~** (*indiquant le lieu*) hinter den Kulissen [*o* der Bühne]; (*indiquant la direction*) hinter die Kulissen [*o* die Bühne]
❷ (*rainure, guide*) *d'une porte* [Führungs]schiene *f; d'un tiroir* Schubleiste *f*
❸ (*côté caché*) **les ~s du monde du sport** die Vorgänge hinter den Kulissen des Sports; **connaître les ~s du monde du sport** wissen, was sich im Sport hinter den Kulissen abspielt; **se tenir dans la ~** [*o* **dans les ~s**] sich im Hintergrund halten, im Hintergrund bleiben; **regarder/observer en ~** verstohlen [*o* von der Seite] betrachten/beobachten; **agir en ~** hinter den Kulissen [*o* heimlich, still und leise] agieren
coulisser [kulise] <1> **I.** *vi* [in einer Schiene] laufen [*o* gleiten]; ~ **sur qc** auf etw (*Dat*) laufen [*o* gleiten]
II. *vt* ❶ ~ **qc** eine Führungsschiene an etw (*Dat*) anbringen
❷ COUT ~ **qc** einen Zugsaum an etw (*Akk*) nähen
couloir [kulwaʀ] *m* ❶ (*corridor*) Gang *m,* Korridor *m,* Flur *m*
❷ CHEMDFER, AVIAT Gang; ~ **central/latéral** Mittel-/Seitengang
❸ SPORT Bahn *f;* **le coureur du deuxième ~** der Läufer auf der zweiten Bahn
❹ GEOG Schlucht *f,* Klamm *f;* ~ **rocheux** Fels[en]schlucht; **le ~ rhodanien** die Rhônefurche
❺ AVIAT ~ **aérien** Luftkorridor *m,* Flugschneise *f*
◆ ~ **d'autobus** Bus[- und Taxi]spur *f;* ~ **d'avalanche** Lawinenzug *m,* Lawinengasse *f;* ~ **de navigation** NAUT Fahrrinne *f*
coulomb [kulɔ̃] *m* (*unité de mesure*) Coulomb *nt*
coulommiers [kulɔmje] *m Weichkäsesorte ähnlich wie Camembert*
coulpe [kulp] *f* ▶ **battre sa ~** *littér* sich an die Brust schlagen
coup [ku] *m* ❶ (*agression*) Schlag *m;* **porter** [*o* **donner**] **un ~ à qn** jdn schlagen; **administrer des ~s à qn** jdm Schläge [*o* [eine Tracht] Prügel] verabreichen [*o* verpassen]; **encaisser des ~s** Schläge [*o* Prügel] einstecken; **en venir aux ~s** handgreiflich werden; **échanger des ~s** sich verprügeln; **être noir(e) de ~s** grün und blau geschlagen sein; ~ **de bâton/fouet** Stock-/Peitschenhieb *m;* ~ **de poing/de pied** Faustschlag *m* [*o* Fausthieb *m*]/Fußtritt *m;* ~ **de couteau** Messerstich *m;* ~ **de poignard** Dolchstoß *m;* **un ~ de pied au derrière** [*o* **au cul** *fam*] ein Tritt in den Hintern (*fam*); **d'un ~ de dent** mit einem Biss; **donner un ~ de bec à qn** nach jdm hacken; **donner** [*o* **envoyer**] **un ~ de pied à qn** jdm einen Fußtritt geben [*o* versetzen], jdn treten; **recevoir un ~ de couteau/de poing** einen Messerstich/Fausthieb [*o* Faustschlag] abbekommen; **lancer un ~ de sabot à qn** nach jdm ausschlagen, mit dem Huf nach jdm treten; **donner un ~ de corne au toréador** [mit den Hörnern] nach dem Torero stoßen
❷ (*bruit*) Klopfen *nt,* Pochen *nt;* **entendre des ~s** ein Klopfen [*o* Pochen] hören; **frapper trois ~s** dreimal klopfen; **donner des ~s dans qc** an etw (*Akk*) klopfen [*o* pochen]
❸ (*heurt*) Stoß *m;* **se donner un ~ contre une armoire** gegen einen Schrank stoßen, sich an einem Schrank stoßen
❹ (*décharge*) Schuss *m;* **des ~s de canon/de fusil** Kanonen-/Gewehrschüsse *Pl;* **revolver à six ~s** Revolver *m* mit sechs Schuss, sechsschüssiger Revolver
❺ (*choc moral*) Schlag *m;* **être un ~ pour qn** ein Schlag für jdn sein, jdn hart [*o* wie ein Schlag] treffen; **porter un ~ à qn** jdm einen Schlag versetzen
❻ (*mouvement*) ~ **de genou/coude** Stoß *m* mit dem Knie/Ellenbogen; **donner un ~ de coude à qn** jdn mit dem Ell[en]bogen [an]stoßen; (*plus fort*) einen Stoß mit dem Ell[en]bogen versetzen; **donner un ~ de reins pour soulever qc** etw mit einem Ruck hochheben
❼ (*action de manier rapidement*) **d'un ~ de crayon/de pin-**

ceau mit wenigen schnellen [Bleistift]strichen/Pinselstrichen; **passer un ~ d'éponge/de chiffon sur qc** mit dem Schwamm/Tuch über etw (*Akk*) wischen [*o* fahren]; **donner un ~ de chiffon sur les meubles** rasch [auf den Möbeln] Staub wischen; **donner un ~ de brosse/lime à qc** rasch etw abbürsten/abfeilen; **se donner un ~ de peigne** sich (*Dat*) rasch mit dem Kamm durch die Haare fahren, sich (*Dat*) rasch die Haare kämmen; **donner un ~ de fer à qc** etw [auf]bügeln
⑧ BOXE Hieb *m,* Schlag *m*
⑨ (*au golf*) **le ~ droit** der Treibschlag, der Drive
⑩ (*au tennis*) **le ~ droit** die Vorhand
⑪ (*au football, rugby*) **~ franc** Freistoß *m*
⑫ (*au basket, handball*) **~ franc** Freiwurf *m*
⑬ ECHECS Zug *m*
⑭ (*manifestation brusque*) **~ de tonnerre/cloche** Donner-/Glockenschlag *m;* **~ de grisou** Schlagwetter *nt;* **~ de vent** Windstoß *m;* **~ de roulis** [plötzliche] Krängung, [plötzliches] Schlingern; **~ de mer** Sturzsee *f*
⑮ (*accès*) **un ~ de désespoir/de cafard/de folie** ein Anfall von Verzweiflung/Katzenjammer/Wahnsinn; **avoir un ~ de cafard** down sein (*fam*), sich down fühlen (*fam*)
⑯ (*action*) Coup *m,* Ding *nt* (*fam*); **~ publicitaire** Werbecoup; **~ de force** Handstreich *m,* Gewaltstreich *m;* **~ de génie** Geniestreich *m;* (*idée*) genialer Einfall, Geistesblitz *m;* **~ de maître** Meisterleistung *f,* Meisterstück *nt,* Glanzleistung *f;* **~ d'essai** erster Versuch; **il n'en est pas à son ~ d'essai** er macht das nicht zum ersten Mal, er ist kein Anfänger mehr; **être sur un ~** gerade etwas [*o* ein Ding] aushecken [*o* ausbrüten] (*fam*); **calculer le** [*o* **son**] **~** die Sache [*o* das Risiko] genau berechnen; **c'est un ~ à tenter/à risquer** das ist den Versuch/das Risiko wert; **qn réussit un ~ magistral** jdm gelingt ein genialer Schachzug, jd landet einen genialen Coup (*fam*)
⑰ (*action désagréable*) **ça c'est un ~ des enfants** das haben die Kinder verbrochen; **~ de vache** *fam* übler Streich; **faire un ~ de vache à qn** jdm ganz übel mitspielen; **il nous fait le ~** [**à**] **chaque fois** das bringt [*o* macht] er jedes Mal
⑱ (*quantité bue*) Schluck *m;* **un ~ de rouge** ein Schluck Rotwein; **boire à petits ~s** mit kleinen Schlucken trinken
⑲ (*événement*) **~ de chance** [*o* **veine**] [*o* **pot** *fam*] Glück[sfall *m*] *nt,* Dusel *m* (*fam*); **~ de déveine** Pech *nt;* **~ du destin** [*o* **sort**] Schicksalsschlag *m*
▸ **donner un ~ d'accélérateur** AUT aufs Gas[pedal] treten, Gas geben; *fam* (*se presser*) einen Zahn zulegen (*fam*); **avoir un ~ dans l'aile** (*être dans une mauvaise passe*) in Schwierigkeiten [*o* in der Klemme *fam*] stecken; *fam* (*être ivre*) einen in der Krone haben (*fam*), einen sitzen haben (*fam*); **d'un ~ de baguette magique** wie durch [*o* von] Zauberhand; **donner un ~ de bec à qn** auf jdm herumhacken; **pour ~s et blessures** wegen schwerer Körperverletzung; **tirer un grand ~ de chapeau à qn** (*admirer*) vor jdm den Hut ziehen [*o* abnehmen]; **avoir un véritable ~ de cœur pour qc** sich richtig in etw (*Akk*) verlieben, sich in etw (*Akk*) vergucken (*fam*); **donner le ~ d'envoi à qc** SPORT etw anpfeifen; (*donner l'ordre de commencer*) den Startschuss [*o* das Startzeichen] geben; (*inaugurer*) [etw] eröffnen; **~ de fouet être un ~ de fouet pour qn/qc** jdn/etw in Schwung [*o* auf Trab] bringen; *drogue:* jdn aufputschen; **donner un ~ de frein** plötzlich bremsen, auf die Bremse steigen (*fam*); **prendre un ~ de froid** sich erkälten; **sur le ~ de trois/quatre heures** gegen drei/vier Uhr; **qn a le ~ de main** jd hat den Bogen raus; **donner un ~ de main à qn** jdm zur Hand gehen, jdm helfen; **avoir un ~ dans le nez** *fam* zu tief ins Glas geschaut haben; **jeter** [*o* **lancer**] **un ~ d'œil à qn** jdm einen Blick zuwerfen; **jeter un ~ d'œil à un texte** einen Text überfliegen; **jeter un ~ d'œil sur le feu** ein Auge auf das Feuer (*Akk*) haben; **donner un ~ de pied dans la fourmilière** in ein Wespennest stechen; **avoir le** [*o* **un**] **~ de pompe** *fam* einen Durchhänger [*o* toten Punkt] haben (*fam*); **~ de tête** [plötzliche] Anwandlung, [plötzlicher] Impuls; **sur un ~ de tête** aus einer plötzlichen Anwandlung heraus; **faire qc sur un ~ de tête** etw Unüberlegtes machen; **comme un ~ de tonnerre** wie ein Blitz aus heiterem Himmel; **éclater comme un ~ de tonnerre** wie eine Bombe einschlagen; **passer en ~ de vent** auf einen Sprung vorbeikommen (*fam*); **prendre un ~ de vieux** *fam* mit einem Schlag älter werden; **pleurer/rire un bon** [*o* **grand**] **~** sich [richtig] ausweinen/aus vollem Halse lachen; **faire les quatre cents ~s** allerhand anstellen, Sachen machen; **c'est le ~ classique** *fam* das ist doch wieder typisch; **c'est un ~ dur** [*o* **rude**] **pour qn** das ist ein harter [*o* schwerer] Schlag für jdn; **frapper un grand ~** einen großen Coup landen; **mauvais ~** (*action illégale*) krummes Ding; **attraper un mauvais ~** (*blessure*) ganz schön was abbekommen; **faire/mijoter un mauvais ~** ein [krummes] Ding drehen/aushecken; **du même ~** gleichzeitig; **~ monté contre qn** abgekartetes Spiel gegen jdn; **tous les ~s sont permis** alles ist erlaubt, alle Kniffe sind erlaubt; **du premier ~** auf Anhieb; **faire** [*o* **jouer**] **un sale ~ à qn** jdm übel mitspielen, jdm eins auswischen; **d'un seul ~** auf ein Mal; **boire un ~** *fam* einen trinken [*o* heben] (*fam*); **être dans le ~** *fam* (*être impliqué*) an der Sache beteiligt sein; (*être au courant*) wissen, worum es geht; **pour marquer le ~** (*pour protester*) aus Protest; (*pour fêter*) zur Feier des Tages; **mettre qn dans le ~** *fam* (*informer*) jdn ins Bild setzen [*o* aufklären]; (*impliquer*) jdn ins Vertrauen ziehen; **monter un ~** *fam* einen Coup planen; **c'est lui qui a monté le ~** er war der Drahtzieher; **rendre ~ pour ~ à qn** es jdm mit gleicher Münze heimzahlen, Gleiches mit Gleichem vergelten; **risquer** [*o* **tenter**] **le ~** *fam* es auf einen Versuch ankommen lassen; **tenir le ~** *fam personne:* durchhalten; *objet, voiture:* es aushalten; **ça vaut le ~ de faire qc** es lohnt sich, etw zu tun; **tout à ~** plötzlich; **après ~** im Nachhinein; **modifier/féliciter après ~** nachträglich [*o* im Nachhinein] verändern/beglückwünschen; **du ~** *fam* deshalb, darum; **tout d'un ~** ganz plötzlich; **pour un ~** dieses eine Mal; **sur le ~** (*aussitôt*) sofort, auf der Stelle; (*au début*) im ersten Moment [*o* Augenblick], zunächst; **à tous les ~s, à tout ~** jedes Mal; (*à tout propos*) bei jeder Gelegenheit
◆ **~ d'arrêt** Beeinträchtigung *f;* **ça a été un ~ d'arrêt brutal à mes activités** meine Aktivitäten wurden plötzlich stark gebremst ▸ **donner un ~ d'arrêt à qc** einer S. (*Dat*) einen Riegel vorschieben; **~ de barre** ① NAUT [plötzliche] Kursänderung; (*changement de politique*) Richtungsänderung *f* ② (*fatigue*) Durchhänger *m* (*fam*); **~ d'éclat** (*action glorieuse*) Glanzleistung *f;* (*scandale*) Eklat *m;* **~ de dé[s]** (*jeu*) Wurf *m;* (*décision hasardeuse*) Würfeln *nt;* **jouer qc sur un ~ de dé** etw aufs Spiel setzen ▸ **d'un ~ de dés** von jetzt auf nachher, mit einem Schlag; **sur un ~ de dés** aufs Geratewohl, auf gut Glück; **~ d'État** POL Staatsstreich *m;* **~ de feu** Schuss *m;* **tirer un ~ de feu** einen Schuss abgeben ▸ **c'est le ~ de feu** es herrscht gerade Hochbetrieb; **~ de fil** Anruf *m;* **donner** [*o* **passer**] **un ~ de fil à qn** jdn anrufen; **je peux passer un ~ de fil?** kann ich mal telefonieren?; **~ de filet** Fang *m,* Fischzug *m;* **~ de foudre** Liebe *f* auf den ersten Blick; **avoir le ~ de foudre pour qn/qc** sich auf den ersten Blick [*o* auf Anhieb] in jdn/etw verlieben; **~ de glotte** Knacklaut *m,* Glottisschlag *m* (*Fachspr.*); **~ de grâce** Gnadenstoß *m;* **~ du lapin** *fam* Genickschlag *m;* (*au cours d'un accident*) Schleudertrauma *nt;* **~ de poker c'était un ~ de poker** das war gepokert; **~ de sang** Schlaganfall *m,* Schlag *m;* **~ de semonce** Warnschuss *m;* **~ de sifflet** Pfiff *m;* **~ de sifflet final** Schlusspfiff; **~ de soleil** (*insolation*) Sonnenstich *m;* (*brûlure*) Sonnenbrand *m;* **~ de téléphone** Anruf *m;* **~ de théâtre** (*rebondissement*) Theatercoup *m;* (*changement imprévu*) Knalleffekt *m;* **être un joli ~ de théâtre** wie eine Bombe einschlagen

coupable [kupabl] **I.** *adj* ① (*fautif*) **~ de meurtre** eines Mordes schuldig; **~ d'avoir tué** schuldig, einen Mord begangen zu haben; **s'avouer ~** sich schuldig bekennen; **être reconnu(e) ~** für schuldig befunden werden; **plaider ~/non ~** sich schul-

dig/nicht schuldig bekennen
❷ (*condamnable*) *pensées, désirs* verwerflich, sündhaft; *faiblesse* tadelnswert; **être d'une indulgence ~** viel zu nachsichtig sein
II. *mf* ❶ (*responsable*) Schuldige(r) *f(m)*; **le/la ~ désigné(e)** der ideale Sündenbock
❷ (*malfaiteur*) Täter(in) *m(f)*
coupage [kupaʒ] *m* Verschnitt *m*; **on fait des ~s de différents cépages** verschiedene Rebsorten werden miteinander verschnitten
coupant(e) [kupɑ̃, ɑ̃t] *adj* ❶ (*tranchant*) scharf [geschliffen]; *angle* scharfkantig
❷ (*péremptoire*) scharf, schneidend; **le ton de la femme était ~** die Frau sprach in einem schneidenden [*o* scharfen] Ton
coup-de-poing [kudpwɛ̃] **I.** *adj inv opération, politique* knallhart
II. <coups-de-poing> *m* **~ [américain]** Schlagring *m*
coupe[1] [kup] *f* ❶ (*verre à pied*) Trinkschale *f*; **une ~ de champagne** eine Schale Champagner
❷ (*récipient*) Schale *f*; **~ à fruits/à glace** Obstschale/Eisbecher *m*
❸ (*contenu*) Portion *f*
❹ SPORT Pokal *m*, Cup *m*; (*épreuve*) Pokalwettbewerb *m*, Pokal *m*; **la ~ Davis** der Davis-Cup; **la ~ de France** die französische Meisterschaft; **la ~ du monde de football** die Fußballweltmeisterschaft
► **boire la ~ jusqu'à la lie** den Kelch bis zur Neige leeren [*o* trinken]
◆ **~ à champagne** Champagnerschale *f*, Sektschale
coupe[2] [kup] *f* ❶ (*action de couper*) Zuschneiden *nt*; *d'arbres* Fällen *nt*; **acheter du fromage à la ~** Käse am Stück kaufen
❷ (*résultat*) *de cheveux* Schnitt *m*
❸ (*morceau*) **~ de tissu** Stück *nt* Stoff
❹ COUT (*façon*) Schnitt *m*; **de bonne ~** mit tadellosem Schnitt
❺ (*étendue élaguée*) abgeholzte Fläche
❻ BIO, BOT Schnitt *m*
❼ (*dessin*) Schnitt *m*; **~ longitudinale [*o* en long]/transversale** Längs-/Querschnitt
❽ ECON **~ claire [*o* sombre]** einschneidende Kürzung
► **tomber sous la ~ de qn** unter jds Fuchtel (*Akk*) geraten (*fam*); **être sous la ~ de qn** unter jds Fuchtel (*Dat*) stehen (*fam*)
◆ **~ au bol** Topfschnitt *m*; **~ en brosse** Bürsten[haar]schnitt *m*, Bürstenfrisur *f*; **~ au carré** Pagenschnitt *m*; **~ de cheveux** Haarschnitt *m*; **~ aux ciseaux** Haarschnitt *m* mit der Schere; **~ au rasoir** Messer[form]schnitt *m*
coupé [kupe] *m* AUT Coupé *nt*
coupé(e) [kupe] *adj* ❶ geschnitten; *herbe, blés* gemäht; (*à la scie*) *bois* zersägt; (*à la hache*) gespalten; **des cheveux ~s court** kurzgeschnittene Haare; **fleurs ~es** Schnittblumen *Pl*; **~(e) en tranches** in Scheiben geschnitten
❷ (*divisé*) *mot* getrennt; **être ~(e) en deux/trois** zwei-/dreigeteilt sein; **la pièce est ~e par un rideau** der Raum ist durch einen Vorhang geteilt
❸ COUT **bien/mal ~(e)** mit einem tadellosen/schlechten Schnitt
❹ TRANSP *col, route, chemin* gesperrt; (*encombré*) versperrt
❺ TELEC *communication, ligne* unterbrochen
❻ (*dilué*) *vin* mit Wasser verdünnt
coupe-choux [kupʃu] *m inv fam* kurzer Säbel *m* **coupe-cigare[s]** [kupsigaʀ] <coupe-cigares> *m* Zigarrenabschneider *m* **coupe-circuit** [kupsiʀkɥi] <coupe-circuits> *m* Sicherung *f*
coupée [kupe] *f* NAUT **échelle de ~** Fallreep *nt*
coupe-faim [kupfɛ̃] <coupe-faim[s]> *m* Appetitzügler *m* **coupe-feu** [kupfø] <coupe-feu[x]> **I.** *m* [Brand]schneise *f*; (*mur*) Brandmauer *f* **II.** *app inv* **porte ~** Brandschutztür *f*; **tranchée ~** [Brand]schneise *f* **coupe-file** [kupfil] <coupe-files> *m* Passierschein *m* **coupe-frites** [kupfʀit] *m inv* Pommes-frites-Schneider *m* **coupe-gorge** [kupgɔʀʒ] <coupe-gorge[s]> *m* (*établissement*) Spelunke *f*; (*passage, quartier*) gefährliche Ecke **coupe-légumes** [kuplegym] *m inv* Hobel *m*; (*électrique*) Gemüseschneider *m*
coupelle [kupɛl] *f* ❶ Schälchen *nt*
❷ CHIM Kupelle *f* (*Fachspr.*)
coupe-ongle [kupɔ̃gl] <coupe-ongles> *m* Nagelknipser *m* **coupe-papier** [kuppapje] *m inv* Brieföffner *m*
couper [kupe] <1> **I.** *vi* ❶ (*être tranchant*) *couteau, verre:* schneiden; **~ comme un rasoir** scharf wie ein Rasiermesser sein; **attention, ça coupe!** Achtung, das ist scharf!
❷ (*prendre un raccourci*) abkürzen; **~ à travers champs/par le bois** eine Abkürzung über die Felder/durch den Wald nehmen
❸ (*interrompre*) unterbrechen; **ne coupez pas!** TELEC bleiben Sie am Apparat!; **coupez!** CINE Schnitt!
❹ CARTES abheben; **~ à cœur** mit Herz trumpfen
❺ (*être mordant*) *vent, froid:* schneiden
❻ *fam* (*échapper à*) **~ à une corvée/une punition** um eine Arbeit/Strafe [he]rumkommen (*fam*); **tu n'y couperas pas!** da kommst du nicht drum [he]rum (*fam*)
II. *vt* ❶ (*trancher*) schneiden; zuschneiden *tissu, robe;* abschneiden *cime, tête, cou, bord, branche;* durchschneiden *gorge;* aufschneiden *volaille;* zerlegen *poisson;* fällen *arbre;* **~ les cheveux à qn** jdm die Haare schneiden; **~ du bois à la hache** Holz hacken
❷ (*blesser*) schneiden; **~ le doigt à qn** jdm in den Finger schneiden
❸ (*isoler*) isolieren; **être coupé(e) de toute civilisation** von jeglicher Zivilisation abgeschnitten sein
❹ (*raccourcir*) kürzen *texte;* schneiden *film, scène;* herausnehmen *passage*
❺ (*arrêter, interrompre*) unterbrechen *ligne téléphonique, émission;* abbrechen *communication;* **~ l'eau/l'électricité à qn** jdm das Wasser/den Strom abstellen
❻ (*mettre un terme*) abbrechen *relations;* senken *fièvre;* nehmen *faim;* **~ les ponts avec qn** die Beziehung zu jdm abbrechen
❼ (*bloquer*) versperren *chemin, route, pont;* **~ les vivres à qn** jdm die finanzielle Unterstützung entziehen; **~ le crédit à qn** jdm den Kredit sperren
❽ (*traverser, croiser*) *route, ligne:* schneiden; **~ les champs** *route:* die Felder durchschneiden
❾ (*diluer*) verdünnen *vin*
❿ (*mordre*) **le froid/le vent me coupe le visage/les lèvres** die Kälte/der Wind schneidet mir ins Gesicht/tut mir an den Lippen weh
⓫ CARTES abheben
⓬ (*scinder*) trennen *mot;* unterteilen *paragraphe, pièce;* **mot mal coupé** falsch getrenntes Wort
► **ça me/te la coupe!** *fam* da bin ich/bist du platt! (*fam*)
III. *vpr* ❶ (*se blesser*) **se ~** sich schneiden; **se ~ la main** sich (*Akk o Dat*) in die Hand schneiden
❷ (*trancher*) **se ~ les cheveux/les ongles** sich (*Dat*) die Haare/Nägel schneiden; **se ~ du pain/une robe** sich (*Dat*) Brot abschneiden/ein Kleid zuschneiden
❸ (*se contredire*) **se ~** sich (*Dat*) widersprechen
❹ (*être coupé*) **bien/mal se ~** sich gut/schlecht schneiden lassen
❺ (*se croiser*) **se ~** *routes, chemins:* sich schneiden
► **se ~ en quatre pour qn** sich für jdn ins Zeug legen
couperet [kupʀɛ] *m* ❶ (*couteau de boucher*) Schlachtermesser *nt*
❷ (*couperet de la guillotine*) Fallbeil *nt*
► **le ~ tombe** das Ende ist besiegelt
couperose [kupʀoz] *f* Kupferrose *f*, Kupferfinne *f*, Rosazea *f* (*Fachspr.*)
couperosé(e) [kupʀoze] *adj visage, nez* blaurot

coupeur, **-euse** [kupœʀ, -øz] *m, f* COUT Zuschneider(in) *m(f)*
▶ **~(-euse) de cheveux en quatre** Haarspalter(in) *m(f)*
◆ **~ de têtes** Kopfjäger *m*
coupe-vent [kupvɑ̃] <coupe-vent[s]> *m* ❶ (*vêtement*) Windjacke *f*
❷ (*protection contre le vent*) Windschutz *m*
couplage [kuplaʒ] *m* TECH, ELEC, JUR Kopplung *f*
couple [kupl] **I.** *m* ❶ (*deux êtres vivant ensemble*) [Liebes]paar *nt;* (*époux*) Ehepaar *nt;* **par ~s** paarweise; **~ uni** harmonisches Paar; **un ~ bien/mal assorti** ein Paar, das gut/schlecht zusammenpasst
❷ (*partenaires*) **~ de danseurs/de patineurs** Tanz-/Eislaufpaar *nt*
❸ (*animaux*) **~ de pigeons** Taubenpaar *nt*
II. *f* CAN *fam* **une ~ de journées** (*quelques*) ein paar Tage
couplé [kuple] *m* Zweierwette *f* im Pferdetoto
coupler [kuple] <1> *vt* ❶ aneinander hängen *bateaux, péniches;* koppeln, kuppeln *bielles, roues;* zusammenbinden *animaux*
❷ INFORM [miteinander] vernetzen *ordinateurs;* **~ une imprimante à un ordinateur** einen Drucker an einen Rechner anschließen
couplet [kuplɛ] *m* Strophe *f;* **à huit ~s** achtstrophig
▶ **resortir son ~** wieder bei seinem Lieblingsthema sein
coupleur [kuplœʀ] *m* ❶ INFORM Koppler *m;* **~ acoustique** Akustikkoppler *m*
❷ AUT **~ d'une remorque** Anhängerkupplung *f*
coupole [kupɔl] *f* Kuppel *f*
coupon [kupɔ̃] *m* ❶ COUT (*coupe*) Stoffrest *m;* (*rouleau de tissu*) Stoffballen *m*
❷ (*bon*) Abschnitt *m,* Kupon *m;* **~ détachable** [**de commande**] Bestellabschnitt, Bestellkupon
coupon-réponse [kupɔ̃ʀepɔ̃s] <coupons-réponse> *m* Antwortkarte *f*
coupure [kupyʀ] *f* ❶ (*blessure*) Schnitt *m,* Schnittwunde *f*
❷ PRESSE **~ de journal** [*o* **de presse**] Zeitungsausschnitt *m*
❸ LITTER, CINE Kürzung *f;* **faire des ~s dans un texte/film** einen Text/Film kürzen
❹ (*interruption*) **~ d'eau/de gaz** (*involontaire*) Unterbrechung *f* der Wasser-/Gasversorgung; (*volontaire*) Abstellen *nt* des Wassers/Gases; **~ d'électricité/de téléphone** (*involontaire*) Unterbrechung *f* der Stromversorgung/Telefonleitung; (*volontaire*) Abschaltung *f* des Stroms/Telefons
❺ (*billet de banque*) **~ de cent euros** Hunderteuroschein *m;* **grosses/petites ~s** große/kleine Scheine
❻ (*changement brutal*) **une ~ dans la vie de qn** ein [tiefer] Einschnitt in jds Leben
couque [kuk] *f* NORD, BELG (*pain d'épice*) Gewürzkuchen *m*
cour [kuʀ] *f* ❶ *d'un bâtiment* Hof *m;* **~ de l'école** Pausenhof, Schulhof; **~ intérieure** Innenhof
❷ (*courtisans*) *d'un roi* Hof *m;* **les gens de ~** Hofgesellschaft *f*
❸ (*cercle de personnes*) *d'un puissant, d'une célébrité* Hofstaat *m* (*hum*); **~ d'admirateurs** Anhängerschaft *f;* **faire la ~ à qn** jdm den Hof machen
❹ JUR **la Cour suprême** der oberste Gerichtshof, das oberste Gericht; **~ martiale** Kriegsgericht *nt,* Standgericht *nt*
❺ BELG (*toilettes*) Toilette *f*
▶ **c'est la ~ des Miracles** das ist ja wie im Armenhaus
◆ **Cour d'appel** Berufungsgericht *nt,* Appellationstribunal *nt;* **~ d'assises** Schwurgericht *nt;* **~ de cassation** Kassations[gerichts]hof *m,* Kassationsgericht *nt;* **~ des Comptes** Rechnungshof *m;* **Cour des Comptes Européenne** Europäischer Rechnungshof; **~ d'honneur** Ehrenhof *m;* **~ de justice** Gerichtshof *m;* **Haute Cour de justice** Staatsgerichtshof; **Cour internationale de justice** Internationaler Gerichtshof; **Cour de Justice Euroopéenne** Europäischer Gerichtshof; **~ de sûreté de l'état** Verfassungsgericht *nt,* Verfassungsgerichtshof *m*
courage [kuʀaʒ] *m* ❶ (*bravoure*) Mut *m;* **bon ~!** (*formule d'encouragement*) nur Mut!; (*bonne chance*) viel Glück!; (*bon succès*) viel Erfolg!; **~ civique/héroique** Zivilcourage *f*/Heldenmut *m;* **avoir du ~** Mut haben [*o* besitzen]; (*avoir l'énergie*) Energie haben; **avoir le ~ de faire qc** den Mut haben etw zu tun; **le ~ manque à qn** jd ist nicht in der Lage dazu; **perdre/reprendre ~** den Mut verlieren/wieder Mut fassen; **rassembler tout son ~, s'armer de ~** seinen ganzen Mut zusammennehmen; **redonner** [*o* **rendre**] **le ~ à qn** (*encourager*) jdm [wieder] Mut machen; (*réconforter*) jdn [wieder] aufmuntern; **avec ~** tapfer; [**du**] **~!** nur Mut!
❷ (*ardeur*) Eifer *m;* **avec ~** eifrig
▶ **prendre son ~ à deux mains** sich (*Dat*) ein Herz fassen; **avoir le ~ de ses opinions** fest zu seiner Meinung stehen
courageusement [kuʀaʒøzmɑ̃] *adv* tapfer, mutig
courageux, **-euse** [kuʀaʒø, -ʒøz] *adj* ❶ (*opp: lâche*) mutig; *soldat, attitude* tapfer; *conduite* mutig; (*en souffrant*) tapfer; *réponse* kühn
❷ (*travailleur*) tatkräftig, zupackend
▶ **~, mais pas téméraire!** man muss ja nicht gleich Kopf und Kragen riskieren!; (*à qn qui se dégonfle*) da verlässt dich/ihn/sie wohl der Mut!
couramment [kuʀamɑ̃] *adv* ❶ (*aisément*) *parler* fließend; *lire, écrire* flüssig
❷ (*souvent*) oft, häufig
courant [kuʀɑ̃] *m* ❶ ELEC Strom *m;* **du ~ basse/haute tension** Schwach-/Starkstrom; **~ alternatif/continu/triphasé** Wechsel-/Gleich-/Drehstrom
❷ (*cours d'eau*) Strömung *f;* **descendre** [*o* **suivre**]/**remonter le ~** stromabwärts/stromaufwärts fahren
❸ (*dans l'air*) [Luft]strömung *f,* Luftstrom *m;* **~ ascendant/descendant** Auf-/Abwind *m*
❹ (*mouvement*) Strömung *f,* Bewegung *f;* **un ~ d'émigration/de population** eine Auswanderungswelle/Völkerwanderung; **un ~ de sympathie/de haine** eine Sympathiewelle/eine Welle des Hasses; **un ~ de pensée** [*o* **d'idées**] eine Denkweise; **le ~ d'opinion** der Meinungstrend
❺ (*cours*) **dans le ~ de la journée/conversation** im Laufe des Tages/der Unterhaltung
▶ **le ~ passe entre des personnes** der Funke springt zwischen Menschen über; **être au ~ de qc** in Bezug auf etw (*Akk*) auf dem Laufenden sein; **mettre** [*o* **tenir**] **qn au ~ de qc** jdn in Bezug auf etw (*Akk*) auf dem Laufenden halten; **se mettre** [*o* **tenir**] **au ~** sich auf dem Laufenden halten; **suivre le ~** mit dem Strom schwimmen
◆ **~ d'air** [Luft]zug *m;* (*gênant*) Durchzug *m;* **il y a un ~ d'air** es zieht; **faire un ~ d'air** Durchzug machen
courant(**e**) [kuʀɑ̃, ɑ̃t] *adj* ❶ (*habituel*) normal; *chose, réaction* üblich; *prix* normal, üblich; *travail* gewöhnlich; *dépenses* laufend; (*fréquent*) *procédé* üblich; *pratique, usage, locution* geläufig; *incident* häufig
❷ (*standard*) **modèle ~** Standardmodell *nt;* **langage ~, langue ~e** Umgangssprache *f;* **c'est ~ que les bébés n'aient pas de cheveux en naissant** es ist allgemein üblich, dass die Babys bei der Geburt keine Haare haben
❸ (*en cours*) *année, mois, semaine, affaires* laufend; *monnaie* gültig; *prix* handelsüblich; **le 3 ~** am 3. dieses Monats
courante [kuʀɑ̃t] *f pop* Dünnpfiff *m* (*sl*)
courbatu(**e**) [kuʀbaty] *adj* zerschlagen, [wie] gerädert; **être ~(e), avoir les membres ~s** Muskelkater haben
courbature [kuʀbatyʀ] *f souvent pl* Muskelkater *m kein Pl;* **avoir des ~s** Muskelkater haben
courbaturer [kuʀbatyʀe] <1> *vt* **ça m'a courbaturé**(**e**) ich habe Muskelkater davon
courbe [kuʀb] **I.** *adj* gebogen; *ligne, trajectoire, surface* gekrümmt
II. *f* GEOG, STATIST Kurve *f; d'une route, d'un fleuve* Biegung *f; des reins* Wölbung *f;* **décrire une ~** eine Kurve beschreiben
◆ **~ de niveau** Höhenlinie *f;* **~ des prix** Preiskurve *f;* **~ des salaires** Lohnkurve *f;* **~ des températures** Temperaturkurve *f*
courbé(**e**) [kuʀbe] *adj dos* krumm, gekrümmt; *épaules* hängend;

barre, branche krumm, gebogen; **être ~(e)** *personne:* einen krummen Rücken haben; **marcher tout(e) ~(e)** ganz gebeugt gehen

courber [kuʀbe] <1> **I.** *vi* **~ sous qc** *personne:* den Rücken wegen etw krümmen; *branche, planche:* sich unter etw (*Dat*) biegen

II. *vt* ❶ (*plier*) biegen

❷ (*pencher*) **~ le dos/les épaules** den Rücken krümmen/die Schultern hängen lassen

▸ **~ le front [o l'échine] [o la tête] devant qn** sich jdm beugen

III. *vpr* **se ~** ❶ (*se baisser*) den Rücken krümmen; (*à cause de l'âge*) einen krummen Rücken haben; (*pour saluer*) sich verbeugen

❷ (*ployer*) *planche, branche:* sich biegen

courbette [kuʀbɛt] *f* **faire des ~s à [o devant] qn** vor jdm katzbuckeln

courbure [kuʀbyʀ] *f des sourcils, du nez* Bogen *m; d'une ligne* Krümmung *f; du pied, d'une surface, voûte, des reins* Wölbung *f*

coureur, -euse [kuʀœʀ, -øz] *m, f* ❶ SPORT (*en athlétisme*) Läufer(in) *m(f);* AUT, CYCLISME Fahrer(in) *m(f);* **~ de demi-fond/de fond** Mittel-/Langstreckenläufer; **~ cycliste/automobile** Radrennfahrer/Rennfahrer

❷ (*dragueur*) Schürzenjäger *m;* **être une coureuse d'hommes/un ~ de femmes** hinter Männern/Frauen her sein (*fam*); **être un ~ de bars** ständig durch die Kneipen ziehen

◆ **~ de jupons** Schürzenjäger *m;* **~ de[s] bois** CAN Jäger *m* und Trapper

courge [kuʀʒ] *f* Kürbis *m*

courgette [kuʀʒɛt] *f* Zucchini *f*

courir [kuʀiʀ] <irr> **I.** *vi* ❶ (*aller au pas de course*) laufen; (*plus vite*) rennen; **~ partout** überall herumrennen

❷ (*se dépêcher*) laufen; (*plus vite*) rennen; **~ faire qc** schnell etw tun gehen; **~ chercher le médecin** schnell den Arzt holen; **bon, j'y cours** gut, ich laufe schnell hin

❸ (*participer à une course*) starten, ins Rennen gehen

❹ *littér* (*couler, glisser*) *eau:* fließen; (*avec plus de force*) strömen; *ombre, reflet:* wandern; (*très vite*) huschen; *plume, stylo:* eilen, gleiten; *bateau:* fahren

❺ (*se répandre*) *bruit:* umgehen, kursieren; **faire ~ le bruit que qn est mort** das Gerücht in Gang setzen, dass jd gestorben ist

❻ (*se diriger vers*) **~ à la faillite/à la catastrophe** kurz vor dem Bankrott/vor der Katastrophe stehen; **~ à sa perte [o ruine]** ins Verderben rennen

❼ (*s'écouler*) *temps:* dahineilen

▸ **laisse ~!** *fam* vergiss es! (*fam*); **tu peux toujours ~!** da kannst du lange warten!; **rien ne sert de ~, il faut partir à point!** *prov* das nutzt jetzt auch nichts mehr!; **~ après qn/qc** *fam* hinter jdm/etw her sein (*fam*); **ne pas ~ après qc** auf etw nicht scharf sein; **faire qc en courant** etw in aller Eile tun

II. *vt* ❶ (*participer à une course*) **~ qc** bei etw starten

❷ (*parcourir*) durchstreifen *bois, campagne, champs;* befahren *mers;* bereisen *monde, pays;* ablaufen, abklappern (*fam*) *magasins, bureaux, agences;* **~ les rues** ständig draußen [*o* auf der Straße] sein

❸ (*fréquenter*) **~ les théâtres/bars** ständig ins Theater gehen/in den Kneipen herumziehen; **~ les filles/hommes** hinter den Mädchen/Männern her sein (*fam*); **~ les jupons** ein Schürzenjäger sein

courlis [kuʀli] *m* Brachvogel *m*

couronne [kuʀɔn] *f* ❶ *d'un souverain* Krone *f;* **la ~** (*monarchie*) die Krone

❷ (*pour décorer*) Kranz *m;* **~ de fleurs/de laurier** Blumen-/Lorbeerkranz; **la ~ d'épines du Christ** die Dornenkrone Christi; **~ de mariée** Brautkranz; **~ funéraire [o mortuaire]** Totenkranz

❸ BOT *d'un arbre* Krone *f*

❹ (*capsule métallique*) *d'une dent* Krone *f*

❺ FIN Krone *f*

❻ (*pain*) kranzförmiges Brot

couronné [kuʀɔne] *adj* ❶ (*récompensé*) *ouvrage, film* preisgekrönt

❷ (*qui porte une couronne*) **les têtes ~es** die gekrönten Häupter

couronnement [kuʀɔnmɑ̃] *m* Krönung *f*

couronner [kuʀɔne] <1> *vt* ❶ krönen *souverain;* **~ qn empereur** jdn zum Kaiser krönen

❷ (*récompenser*) auszeichnen *lauréat, auteur, roman*

❸ (*décorer*) *bandeau, cheveux:* schmücken *tête, front;* **un sommet couronné de neige** ein Gipfel mit einer Schneehaube

❹ (*consacrer*) krönen *carrière, œuvre, vie;* **couronné(e) de succès** von Erfolg gekrönt

courre [kuʀ] <irr> *vt v.* **chasse**

courriel [kuʀjɛl] *m abr de* **courrier électronique** E-Mail *m*

courrier [kuʀje] *m* ❶ (*lettres*) Post *f;* **~ postal** Briefpost; **~ interne** Hauspost; **~ par fax** Faxpost; **faire son ~** seine Post erledigen

❷ (*nom d'un journal*) Kurier *m*

❸ (*rubrique d'un journal*) **le ~ économique/littéraire** der Wirtschafts-/Literaturteil; **le ~ du cœur** die Spalte „Leser fragen um Rat"; **le ~ des lecteurs** die Leserbriefe

❹ (*personne*) [Eil]bote *m;* **par ~ [spécial]** per Eilbote

❺ INFORM **~ électronique** E-Mail *nt o f;* **~ arrivée/départ** Eingangs-/Ausgangspost *f*

courriériste [kuʀjeʀist] *mf* Kolumnist(in) *m(f)*

courroie [kuʀwa] *f* ❶ (*sangle*) Riemen *m,* Gurt *m*

❷ TECH **~ de transmission [o d'entraînement]** Treibriemen *m*

❸ AUT **~ d'alternateur [o trapézoïdale]** Keilriemen *m*

courroucé(e) [kuʀuse] *adj littér dieux, personne* erzürnt; *air, voix* zornig, wütend; *flots* tobend

courroux [kuʀu] *m littér* Zorn *m*

cours [kuʀ] *m* ❶ (*déroulement*) Verlauf *m; des saisons* Ablauf *m; du temps* Lauf *m;* **au ~ de qc** im Laufe einer S. (*Gen*); **suivre son ~** seinen Lauf nehmen; **suivre le ~ de ses pensées [o idées]** seinen/ihren Gedankengängen folgen; **donner [o laisser] ~ à sa colère/son imagination** seine Wut herauslassen/seiner Phantasie freien Lauf lassen; **en ~** *affaire, mois* laufend; **procédure en ~** JUR schwebendes Verfahren; **être en ~ de route** unterwegs sein

❷ (*leçon*) Unterricht *m;* (*leçon privée*) Kurs *m;* UNIV Seminar *nt;* **~ magistral** Vorlesung *f;* **~ de langues** Sprachunterricht/-kurs; **~ de danse** Tanzunterricht/-kurs; **~ du soir/de vacances** Abend-/Ferienkurs; **~ par correspondance** Fernkurs; **~ particulier [o privé]** Privatunterricht; (*pour rattraper*) Nachhilfeunterricht; **avoir ~** Unterricht haben; **donner des ~ de qc à qn** jdm Vorträge über etw (*Akk*) halten; **faire ~ de qc à qn** jdn in etw (*Dat*) unterrichten; **suivre un ~ [o des ~]** einen Kurs besuchen

❸ (*école*) Schule *f;* **~ privé** Privatschule; **~ de danse/de peinture** Tanz-/Kunstschule

❹ (*manuel*) Lehrbuch *nt*

❺ (*classe*) Klasse *f;* **~ préparatoire** ≈ 1. Grundschulklasse; **~ élémentaire 1 et 2** ≈ 2. und 3. Grundschulklasse; **~ moyen 1 et 2** ≈ 4. Grundschulklasse und 5. Klasse

❻ FIN, COM *d'une monnaie, du change, des actions* Kurs *m; de produits, marchandises* Preis *m;* **~ de la Bourse** Börsenkurs; **~ du dollar/change** Dollar-/Wechselkurs; **avoir/ne plus avoir ~** gültig/nicht mehr gültig sein; **~ au comptant** Kassakurs

❼ (*courant*) *d'un fleuve, d'une rivière* Lauf *m;* **~ inférieur/supérieur** Unter-/Oberlauf; **remonter/descendre le ~ du Rhin** rheinaufwärts/rheinabwärts fahren

▸ **au long ~** auf hoher See

◆ **~ d'eau** Wasserlauf *m*

course [kuʀs] *f* ❶ (*action de courir*) Laufen *nt;* **marcher au pas de ~** im Laufschritt gehen; **c'est la ~!** *fam* das ist Stress!

(fam)
② *(épreuve sportive)* Rennen *nt;* *(à pied)* Lauf *m;* ~ **automobile/cycliste** Auto-/Radrennen; ~ **par étapes** Etappenrennen/Etappenlauf; ~ **de fond/demi-fond/haies/relais/d'obstacles** Langstrecken-/Mittelstrecken-/Hürden-/Staffel-/Hindernislauf; ~ **d'endurance** Dauerlauf; ~ **de côte** Bergrennen; ~ **de voiliers** Segelregatta *f;* **cheval/voiture de** ~ Rennpferd *nt*/Rennwagen *m;* **vélo de** ~ Rennrad *nt;* **faire la** ~ **avec qn** mit jdm um die Wette laufen; **remporter la** ~ das Rennen gewinnen
③ *pl* JEUX [Pferde]rennen *nt;* **jouer** [*o* **parier**] **aux** ~**s** beim [Pferde]rennen wetten; **champ de** ~**s** [Pferde]rennbahn *f*
④ *(déplacement)* Fahrt *f;* ~ **de taxi** Taxifahrt; **poursuivre sa** ~ *voiture, bateau:* weiterfahren; *avion:* weiterfliegen
⑤ TECH *d'un frein* Weg *m;* ~ **d'un/du piston** Kolbenhub *m;* **la cassette arrive en fin de** ~ die Kassette ist abgelaufen
⑥ *(commission)* Erledigung *f;* **les** ~**s** die Besorgungen; **faire les** [*o* **ses**] ~**s** Besorgungen machen; **faire une** ~ *(régler qc)* eine Besorgung machen; *(faire un achat)* einen Einkauf tätigen
⑦ *(ruée)* **la** ~ **au pouvoir** der Wettstreit um die Macht; **la** ~ **aux armements** das Wettrüsten
⑧ CH *(excursion)* Ausflug *m*
▸ ~ **contre la montre** CYCLISME Zeitfahren *nt; fig* Wettlauf *m* mit der Zeit
◆ ~ **à pied** Laufsport *m;* ~ **au** [*o* **de**] **trot attelé** Trabrennen *nt;* ~ **en sac** Sackhüpfen *nt;* ~ **de vitesse** Sprint *m*

courser [kuʀse] <1> *vt form* verfolgen; **se faire** ~ **par qn** von jdm verfolgt werden

coursier, -ière [kuʀsje, -jɛʀ] *m, f* Laufbursche *m*

coursive [kuʀsiv] *f* [schmaler] Gang

court [kuʀ] *m* ~ **de tennis** Tennisplatz *m*

court(e) [kuʀ, kuʀt] **I.** *adj* ① *(opp: long)* kurz
② *(concis)* kurz, knapp; **c'est un peu** ~**!** das ist ein bisschen wenig!
II. *adv* ① *(opp: long)* kurz; **s'habiller** ~ kurze Kleider tragen
② *(concis)* **faire** ~ sich kurz fassen; **s'arrêter** ~ plötzlich innehalten; *(à pied, en voiture)* plötzlich anhalten; **couper** ~ **à qc** einer S. *(Dat)* ein Ende bereiten; **tourner** ~ schnell vorbei sein; **tout** ~ ganz einfach
▸ **être à** ~ **de qc** von etw nicht genug haben; **prendre qn de** ~ jdn in Verlegenheit bringen

courtage [kuʀtaʒ] *m* ① *(profession)* Maklerwesen *nt,* Maklergeschäft *nt*
② *(commission)* Maklergebühr *f*

courtaud(e) [kuʀto, od] *adj* gedrungen

court-bouillon [kuʀbujɔ̃] <courts-bouillons> *m* Brühe *f*

court-circuit [kuʀsiʀkɥi] <courts-circuits> *m* Kurzschluss *m*
court-circuitage [kuʀsiʀkɥitaʒ] <courts-circuitages> *m fam* **le** ~ **de qn/qc** das Umgehen eines Menschen/einer S. **court-circuiter** [kuʀsiʀkɥite] <1> *vt* ① ELEC kurzschließen ② *fam* ~ **qn/qc** *(éliminer)* jdn/etw umgehen; *(agir derrière le dos de)* jdn hintergehen

courtepointe [kuʀtəpwɛ̃t] *f* gesteppte Tagesdecke

courtier, -ière [kuʀtje, -jɛʀ] *m, f* Makler(in) *m(f);* ~(**-ière**) **en Bourse** Börsenmakler(in); ~ **en vins** Weinkommissionär

courtine [kuʀtin] *f d'une fortification* Kurtine *f*

courtisan [kuʀtizɑ̃] *m d'un roi* Höfling *m; fig* Schmeichler *m*

courtisane [kuʀtizan] *f* HIST, LITTER Kurtisane *f*

courtiser [kuʀtize] <1> *vt* ① *(faire la cour)* ~ **qn** jdm den Hof machen
② *(flatter)* ~ **qn** jdn hofieren, um jds Gunst buhlen; **très courtisé(e)** viel umworben

court-jus [kuʀʒy] <courts-jus> *m fam* Kurzschluss *m,* Kurze(r) *m (fam)* **court-métrage** [kuʀmetʀaʒ] <courts-métrages> *m* Kurzfilm *m*

courtois(e) [kuʀtwa, waz] *adj* ① *(poli)* höflich
② HIST, LITTER höfisch

courtoisement [kuʀtwazmɑ̃] *adv* höflich

courtoisie [kuʀtwazi] *f* Höflichkeit *f;* **par** ~ aus Höflichkeit

court-vêtu(e) [kuʀvety] <court-vêtus> *adj femme* mit [*o* in] einem kurzen Kleid

couru(e) [kuʀy] **I.** *part passé de* **courir**
II. *adj lieu* stark frequentiert; *restaurant, spectacle* gut besucht; **ce bar est** ~ **du tout Paris** ganz Paris geht in diese Bar
▸ **c'est** ~ **d'avance** das ist doch von vornherein klar

couscous [kuskus] *m* Kuskus *nt,* Couscous *nt*

couscoussier [kuskusje] *m* Kuskustopf *m*

cousin(e) [kuzɛ̃, in] *m(f)* Cousin *m*/Cousine, Vetter *m*/Base *f;* ~**s germains** Cousins [*o* Vettern] ersten Grades; ~**e éloignée** entfernte Kusine

coussin [kusɛ̃] *m* ① Kissen *nt*
② BELG *(oreiller)* Kopfkissen *nt*
③ *(partie rembourrée)* Polster *nt,* Polsterung *f*
◆ ~ **d'air** Luftkissen *nt*

coussinet [kusinɛ] *m* ① *(petit coussin)* kleines Kissen
② *(partie de la patte) d'un chat, chien* Ballen *m*
③ TECH, AUT, CHEMDFER Lager *nt*

cousu(e) [kuzy] **I.** *part passé de* **coudre**
II. *adj* genäht; ~(**e**) **main** handgenäht

coût [ku] *m* ① *(dépense)* Kosten *Pl; d'une marchandise* Preis *m;* **le** ~ **de qc est trop élevé** die Kosten für etw sind zu hoch
② *gén pl* ECON, FIN Kosten *Pl;* ~ **moyen** Durchschnittskosten; ~**s de revient** Selbstkosten; **évaluer les** ~**s de revient** die Selbstkosten veranschlagen
◆ ~**s du crédit** Kreditkosten *Pl;* ~**s d'entretien** Unterhaltungskosten *Pl;* ~ **du financement** JUR Geldbeschaffungskosten *Pl;* ~ **de production** Produktionskosten *Pl;* ~ **de la vie** Lebenshaltungskosten *Pl*

coûtant [kutɑ̃] *adj* **prix** ~ Selbstkostenpreis *m*

couteau [kuto] <x> *m* ① *(ustensile)* Messer *nt;* ~ **à pain** Brotmesser; ~ **à découper/éplucher** Tranchiermesser/Schälmesser; ~ **de cuisine/suisse** Küchen-/Schweizermesser; ~ **poche** [*o* **pliant**] Taschenmesser
② *(coquillage)* Messermuschel *f,* Scheidenmuschel *f*
▸ **mettre le** ~ **sous** [*o* **sur**] **la gorge de qn** jdm die Pistole auf die Brust setzen; **remuer** [*o* **retourner**] **le** ~ **dans la plaie** Salz in die Wunde streuen; **être à** ~ **tiré avec qn** jdn bis aufs Messer bekämpfen, mit jdm spinnefeind sein *(fam)*
◆ ~ **à cran d'arrêt** Klappmesser *nt*

couteau-scie [kutosi] <couteaux-scies> *m* Sägemesser *nt*

coutelas [kutla] *m* *(couteau)* langes Küchenmesser *nt;* *(pour la viande)* Fleischmesser *nt*

coutelier, -ière [kutəlje, -jɛʀ] *m, f* *(fabricant)* Messerschmied *m*

coutellerie [kutɛlʀi] *f* *(industrie)* Schneidwarenindustrie *f;* *(produits)* Schneidwaren *Pl*

coûter [kute] <1> **I.** *vt* ① *(valoir)* kosten; ~ **cent euros** hundert Euro kosten; **ça m'a coûté dix euros** das hat mich zehn Euro gekostet
② *(causer)* ~ **des larmes/des efforts à qn** jdn Tränen/einige Mühen kosten
③ *(faire perdre)* ~ **la vie/la situation à qn** jdn das Leben/die Stellung kosten
▸ **ça va me/te** ~ **cher de faire qc** das wird mich/dich teuer zu stehen kommen etw zu tun; **pour ce que ça coûte** das bringt einen nicht um *(fam)*; **coûte que coûte** koste es, was es wolle; **ça ne coûte rien** das kostet nichts; **ça ne coûte rien de faire qc** es kostet nichts etw zu tun
II. *vi* *(donner du mal)* **qc me/te coûte** etw kostet mich/dich Überwindung, etw fällt mir/dir schwer; **ça me/te** [*o* **il m'en/t'en**] **coûte de faire qc** es kostet mich/dich Überwindung etw zu tun

coûteux, -euse [kutø, -øz] *adj* ① *(qui coûte de l'argent)* teuer, kostspielig
② *(qui demande un effort)* mühsam

coutil [kuti] *m* Drillich *m*

C

coutume [kutym] *f* ❶ (*usage*) Brauch *m*, Sitte *f*; (*habitude*) Gewohnheit *f*; **c'est la ~** das ist so üblich; **la ~ veut que les invités fassent un cadeau aux mariés** es ist üblich, dass die Gäste dem Hochzeitspaar ein Geschenk machen; **avoir ~ de faire qc** es gewohnt sein [*o* die Gewohnheit haben] etw zu tun; **comme de ~** wie üblich; **plus/moins que de ~** mehr/weniger als üblich
❷ (*mœurs*) **~s d'un peuple** Sitten *Pl* [*o* Bräuche *Pl*] eines Volkes

coutumier, **-ière** [kutymje, -jɛʀ] *adj* ❶ (*habituel*) üblich, gewöhnlich; **être ~(-ière) à qn** jdm vertraut sein
❷ JUR **droit ~** Gewohnheitsrecht *nt*

couture [kutyʀ] *f* ❶ (*action*) Nähen *nt*, Schneidern *nt*; **faire de la ~** nähen, schneidern
❷ (*ouvrage*) Näharbeit *f*
❸ (*profession*) Konfektion[sindustrie *f*] *f*, Bekleidungsindustrie *f*; **la haute ~** die Haute Couture
❹ (*suite de points*) Naht *f*
▸ **battre qn à plate[s] ~[s]** jdn haushoch [*o* vernichtend] schlagen; **se faire battre à plate[s] ~[s]** haushoch [*o* vernichtend] geschlagen werden; **examiner** [*o* **inspecter**] **qn/qc sous toutes les ~s** jdn/etw genauestens untersuchen

couturé(e) [kutyʀe] *adj visage, peau* mit Narben übersät

couturier [kutyʀje] *m* Modeschöpfer *m*

couturière [kutyʀjɛʀ] *f* (*à son compte*) Schneider[meister]in *f*; (*en atelier*) Näherin *f*

couvain [kuvɛ̃] *m d'abeilles* Brut *f*

couvée [kuve] *f* (*œufs*) Gelege *nt*; (*poussins*) Brut *f*; **une ~ de merles** eine Amselbrut

couvent [kuvɑ̃] *m* (*bâtiment*) Kloster *nt*; (*communauté*) Klostergemeinschaft *f*, Konvent *m* (*Fachspr.*); **entrer au ~** ins Kloster gehen

couver [kuve] <1> **I.** *vi feu, incendie:* schwelen; *fanatisme, haine:* gären; *complot, émeute:* sich zusammenbrauen; *passion:* sich entwickeln
II. *vt* ❶ brüten *œuf*
❷ (*materner*) umhegen; **~ qn des yeux** [*o* **du regard**] jdn nicht aus den Augen lassen
❸ (*porter en germe*) mit sich (*Dat*) herumtragen *maladie*
❹ (*nourrir*) hegen *projets*

couvercle [kuvɛʀkl] *m* Deckel *m*; *d'une bouteille* Verschluss *m*, Deckel

couvert [kuvɛʀ] *m* ❶ (*ustensiles*) Besteck *nt*; **~ à salade** Salatbesteck; **mettre le ~** den Tisch decken
❷ (*place au restaurant, à table*) Gedeck *nt*; **je mets combien de ~s?** für wie viele Personen soll ich decken?
❸ (*protection*) **sous le ~ de qn** mit jds Rückhalt; **être à ~** COM abgesichert sein
❹ (*prétexte*) **sous le ~ de qc** unter dem Deckmantel einer S. (*Gen*)

couvert(e) [kuvɛʀ, ɛʀt] **I.** *part passé de* **couvrir**
II. *adj* ❶ (*habillé*) **être trop ~(e)** zu warm angezogen sein
❷ (*protégé*) **être ~(e)** (*d'une couverture*) zugedeckt sein; (*par qn*) Rückendeckung bekommen
❸ (*assuré*) **être ~(e) par une assurance** bei einer Versicherung versichert sein
❹ (*opp: en plein air*) *cour, marché, rue* überdacht
❺ METEO *ciel* bedeckt; *temps* trüb
❻ (*recouvert*) *allée* überwachsen; **~(e) de neige/chaume** schneebedeckt/strohgedeckt; **~(e) de feuilles/poussière** mit Laub/Staub bedeckt
❼ (*plein de*) **être ~(e) de bleus/de sang** voller blauer Flecke/Blut sein
❽ (*caché*) verdeckt; *mots* verschlüsselt; **s'exprimer à mots ~s** in Andeutungen sprechen

couverture [kuvɛʀtyʀ] *f* ❶ *d'un lit* [Bett]decke *f*; **~ de laine** Wolldecke; **~ chauffante** Heizdecke
❷ (*toiture*) **~ de tuiles** Bedachung *f* aus Ziegeln
❸ (*partie qui couvre*) *d'un cahier* Umschlag *m*; *d'un livre* Deckel *m*; *d'un magazine* Titelblatt *nt*; **faire la** [*o* **être en**] **~ d'un magazine** auf der Titelseite stehen
❹ PRESSE **~ d'un événement** Berichterstattung *f* über ein Ereignis
❺ (*garantie, compensation*) **~ bancaire** Absicherung *f* durch eine/die Bank; **~ financière/sociale** finanzielle/soziale Absicherung
❻ MIL Deckung *f*, Abschirmung *f*; **~ aérienne** Sicherung *f* des Luftraums
❼ (*prétexte*) Deckmantel *m*, Vorwand *m*
▸ **tirer la ~ à soi** alle Anerkennung einstecken

couveuse [kuvøz] *f* ❶ (*poule*) Bruthenne *f*
❷ (*incubateur*) **~ [artificielle]** (*pour œufs*) Brutapparat *m*; (*pour prématurés*) Brutkasten *m*

couvrant(e) [kuvʀɑ̃, ɑ̃t] *adj* [gut] deckend; **couleur** [*o* **peinture**] **~e** Deckfarbe *f*

couvre-chef [kuvʀəʃɛf] <couvre-chefs> *m* Kopfbedeckung *f*
couvre-feu [kuvʀəfø] <couvre-feux> *m* (*signal*) Alarm *m*; (*période*) Sperrstunde *f* **couvre-lit** [kuvʀəli] <couvre-lits> *m* Tagesdecke *f* **couvre-livre** [kuvʀəlivʀ] <couvre-livres> *m* Buchhülle *f* **couvre-pied[s]** [kuvʀəpje] <couvre-pieds> *m* [kurze] Decke

couvreur, **-euse** [kuvʀœʀ, -øz] *m, f* Dachdecker(in) *m(f)*

couvrir [kuvʀiʀ] <11> **I.** *vt* ❶ (*mettre sur*) abdecken; zudecken *récipient, personne;* decken *toit;* einbinden *livre*
❷ (*recouvrir*) *couverture, toile:* zudecken; **qc couvre qn** jd ist mit etw zugedeckt
❸ (*parsemer de*) *feuilles mortes, neige, nuage:* bedecken
❹ (*habiller*) **~ trop qn** *personne:* jdn zu warm anziehen; *cape, châle:* jdn zu sehr einhüllen; **~ les épaules de qn** jds Schultern bedecken
❺ (*cacher*) verdecken *visage;* übertönen *voix, son;* decken *faute;* verschleiern *abus*
❻ (*protéger*) **~ qn** hinter jdm stehen, jdm den Rücken stärken; **~ qn/qc** MIL jdm Deckung geben/etw abschirmen; **il est couvert par son chef** sein Chef steht hinter ihm; **~ qn de son corps** jdn mit seinem Körper schützen
❼ (*garantir*) ausschalten *risque;* **~ qn/qc** *assurance:* für jdn/etw haften; **~ les frais** *personne:* die Kosten übernehmen; *somme:* die Kosten decken
❽ (*parcourir*) zurücklegen *distance, kilomètres*
❾ (*relater*) berichten über (+ *Akk*) *événement*
❿ (*combler*) **~ qn de baisers** jdn mit Küssen bedecken; **~ qn de cadeaux** jdn mit Geschenken überhäufen; **~ qn de reproches** jdn mit Vorwürfen überschütten; **on l'a couvert de coups** Schläge prasselten auf ihn nieder
II. *vpr* ❶ **se ~** (*s'habiller*) sich anziehen; (*mettre un chapeau*) sich (*Dat*) einen Hut aufsetzen; **couvre-toi, il fait froid!** zieh [dir] was an, es ist kalt!
❷ (*se protéger*) **se ~** sich absichern, sich schützen
❸ METEO **se ~ [de nuages]** *ciel:* sich bewölken; **le temps se couvre** es trübt sich ein
❹ (*se remplir de*) **se ~ de bourgeons** viele Knospen entwickeln; **se ~ de taches** *personne:* sich bekleckern

cover-girl [kɔvœʀgœʀl] <cover-girls> *f* Covergirl *nt*

covoiturage [kovwatyʀaʒ] *m* CAN (*transport en commun dans une voiture particulière*) Fahrgemeinschaftssystem *nt*; **pratiquer le ~** in einer Fahrgemeinschaft fahren, eine Fahrgemeinschaft bilden

cow-boy [kobɔj, kaobɔj] <cow-boys> *m* Cowboy *m*

coyote [kɔjɔt] *m* Kojote *m*, Coyote *m*

CP [sepe] *m abr de* **cours préparatoire** *erste Grundschulklasse*

C.Q.F.D. [sekyɛfde] *abr de* **ce qu'il fallait démontrer** was zu beweisen war, quod erat demonstrandum (*geh*)

crabe [kʀɑb] *m* Krabbe *f*
▸ **marcher** [*o* **avancer**] **en ~** seitwärts gehen

crac [kʀak] *interj* knack
crachat [kʀaʃa] *m* Spucke *f*
craché(e) [kʀaʃe] *adj* ▶ **c'est lui tout** ~ *fam* (*très ressemblant*) er/sie ist ihm wie aus dem Gesicht geschnitten; (*typique de qn*) das sieht ihm ähnlich (*fam*)
crachement [kʀaʃmɑ̃] *m* ❶ (*expectoration*) *de salive* Ausspucken *nt;* ~ **de sang** Blutspucken *nt*
❷ (*rejet*) *d'étincelles* Sprühen *nt; de flammes* Hochschießen *nt,* Hochschlagen *nt; de gaz, de vapeur* Ausströmen *nt*
cracher [kʀaʃe] <1> **I.** *vi* ❶ (*expectorer*) [aus]spucken; ~ **par terre** auf den Boden spucken
❷ (*baver*) *plume, stylo:* klecksen
▶ ~ **dans la soupe** das eigene Nest beschmutzen; **c'est comme si qn crachait en l'air** *fam* das ist, als würde jd gegen eine Wand reden; **ne pas** ~ **sur qn/qc** *fam* jdn/etw nicht verachten
II. *vt* ❶ (*rejeter*) ausspucken; spucken *sang;* verspritzen, sprühen *venin*
❷ (*faire jaillir, émettre*) ausstoßen *fumée, suie;* speien *feu, lave;* ausspucken *projectiles;* sprühen *étincelles*
❸ (*proférer*) ausstoßen *injures, insultes;* ~ **qc au visage de qn** jdm etw ins Gesicht schleudern
cracheur [kʀaʃœʀ] *m* ◆ ~ **de feu** [*o* **de flammes**] Feuerschlucker *m*
crachin [kʀaʃɛ̃] *m* Sprühregen *m*
crachiner [kʀaʃine] *vi impers* nieseln; **il crachine** es nieselt
crachoir [kʀaʃwaʀ] *m* Spucknapf *m*
▶ **tenir le** ~ *fam* wie ein Wasserfall reden (*fam*); **tenir le** ~ **à qn** *fam* jdn belabern (*fam*)
crachotement [kʀaʃɔtmɑ̃] *m* Knacken *nt,* Knistern *nt*
crachoter [kʀaʃɔte] <1> *vi robinet:* tropfen; **le haut-parleur/téléphone crachote** es knistert im Lautsprecher/in der Telefonleitung
crack¹ [kʀak] *m fam* (*as*) Ass *nt* (*fam*), Kanone *f* (*fam*); **c'est un** ~ **en maths** er/sie ist ein Ass in Mathe
crack² [kʀak] *m arg* (*drogue*) Crack *nt o m* (*sl*)
cracker¹ [kʀakœʀ, kʀakɛʀ] *m* Cracker *m*
cracker² [kʀakœʀ] *m* INFORM Hacker *m*
cracra [kʀakʀa] *adj inv fam abr de* **crasseux** dreckig
crade [kʀɑd], **cradingue** [kʀadɛ̃g], **crado** [kʀɑdo] *adj fam* dreckig (*fam*), versifft (*sl*)
craie [kʀɛ] *f* Kreide *f;* **falaise de** ~ Kreidefelsen *m;* **bâton de** ~ Stück *nt* Kreide
craignos [kʀɛɲos] *adj fam* mies (*fam*)
craindre [kʀɛ̃dʀ] <*irr*> **I.** *vt* ❶ (*avoir peur de*) ~ **qn/qc** jdn/etw fürchten, sich vor jdm/etw fürchten; ~ **de faire qc** sich fürchten etw zu tun
❷ (*pressentir*) [be]fürchten; ~ **la colère de qn** [be]fürchten, dass jd wütend wird; ~ **de tomber malade** befürchten krank zu werden; **je crains qu'il ne soit trop tard** ich [be]fürchte, es ist zu spät; **tu crois qu'il va pleuvoir? – Oui, je le crains** glaubst du, dass es regnen wird? – Ich fürchte, ja
❸ (*être sensible à*) ~ **l'humidité** gegen Feuchtigkeit empfindlich sein; ~ **la chaleur/les taches** hitze-/schmutzempfindlich sein
II. *vi* ❶ (*avoir peur pour*) ~ **pour qn/qc** Angst um jdn/etw haben; **il n'y a rien à** ~ es besteht kein Grund zur Sorge; **ça ne craint rien** da kann man unbesorgt sein; (*ce n'est pas fragile*) das ist unempfindlich; **ne crains/ne craignez rien!** mach dir/machen Sie sich keine Sorgen!
❷ (*être respecté*) **être craint(e) de qn** [*o* **par qn**] von jdm respektiert werden; (*faire peur*) von jdm gefürchtet werden; **se faire** ~ **de qn** sich (*Dat*) bei jdm Respekt verschaffen
❸ *fam* (*être minable*) *personne:* bescheuert sein (*fam*); (*être louche*) *personne, lieu:* nicht ganz koscher sein (*fam*); **ça craint!** *fam* (*ce n'est pas o.k.*) das ist nicht in Ordnung!; (*c'est risqué*) das ist riskant!; (*c'est louche*) das ist nicht ganz koscher! (*fam*)

crainte [kʀɛ̃t] *f* ❶ (*peur*) **la** ~ **de qn/qc** die Furcht vor jdm/etw; **n'aie/n'ayez [aucune]** ~**!, sois/soyez sans** ~**[s]!** sei/seien Sie unbesorgt!; **de** [*o* **dans la**] [*o* **par**] ~ **de qc** aus Furcht [*o* Angst] vor etw (*Dat*); **de** [*o* **dans la**] [*o* **par**] ~ **de faire qc** aus Furcht [*o* Angst] etw zu tun
❷ (*pressentiment*) Befürchtung *f*
❸ *pl* (*appréhension*) Befürchtungen *Pl;* **avoir des** ~**s au sujet de qn/qc** um jdn/etw besorgt sein
craintif, -ive [kʀɛ̃tif, -iv] *adj* ängstlich; *animal, personne* scheu; *yeux* angsterfüllt
craintivement [kʀɛ̃tivmɑ̃] *adv* ängstlich
cramer [kʀame] <1> *vi fam maison:* abbrennen; *meuble, objet:* verbrennen; *aliment:* anbrennen; *câble:* durchbrennen
cramique [kʀamik] *m* BELG (*pain au beurre et au raisins de Corinthe*) Rosinenbrot *nt*
cramoisi(e) [kʀamwazi] *adj* purpurrot, karm[es]inrot; **devenir** ~**(e)** puterrot werden
crampe [kʀɑ̃p] *f* [Muskel]krampf *m*
◆ ~ **d'estomac** Magenkrampf *m*
crampillon [kʀɑ̃pijɔ̃] *m* Krampe *f*
crampon [kʀɑ̃pɔ̃] *m* ❶ TECH, CONSTR Bauklammer *f*
❷ ALPIN Steigeisen *nt*
❸ SPORT Stollen *m;* ~ **vissé** Schraubstollen
❹ *fam* (*personne*) Klette *f* (*fam*)
cramponner [kʀɑ̃pɔne] <1> **I.** *vt* ❶ TECH, CONSTR [ver]klammern
❷ *fam* (*importuner*) ~ **qn** sich wie eine Klette an jdn hängen (*fam*)
II. *vpr* ❶ (*se tenir*) **se** ~ **à qn/qc** sich an jdm/etw festklammern
❷ *fig* **se** ~ **à la vie/à une personne** sich ans Leben/sich an eine Person klammern; **je veux le quitter mais il se cramponne** ich will mich von ihm trennen, aber er klammert
cran¹ [kʀɑ̃] *m* ❶ (*entaille*) *d'une crémaillère, d'un pignon* Kerbe *f,* Einschnitt *m; d'une arme* Kimme *f,* Visiereinschnitt *m;* **hausser/baisser qc d'un** ~ etw [um] ein Loch [*o* eine Stufe] höher/tiefer stellen
❷ (*trou*) *d'une ceinture, courroie* Loch *nt;* **serrer la ceinture d'un** ~ den Gürtel [um] ein Loch enger schnallen
❸ (*coiffure*) Welle *f*
▶ **descendre/monter d'un** ~ **dans l'estime de qn** bei jdm an Ansehen verlieren/gewinnen; **descendre/monter** [*o* **baisser/avancer**] **d'un** ~ **dans la hiérarchie** eine Stufe in der Hierarchie zurückfallen/höhersteigen
◆ ~ **d'arrêt** Raste *f* [des Ladehebels]; ~ **de sûreté** Sicherung *f*
cran² [kʀɑ̃] *m fam* (*courage*) **avoir du** ~ Mumm haben (*fam*); **avoir le** ~ **de faire qc** den Mumm haben etw zu tun (*fam*)
crâne [kʀɑn] *m* ❶ (*os*) Schädel *m*
❷ (*tête*) Kopf *m,* Schädel *m* (*fam*); **ne rien avoir dans le** ~ nichts im Schädel [*o* Kopf] haben
❸ (*cerveau*) Schädel *m*
▶ **avoir le** ~ **dur** einen Dickschädel [*o* Dickkopf] haben (*fam*); **bourrer le** ~ **à qn** *fam* jdn endlos belabern (*fam*); **se bourrer le** ~ **avec qc** sich (*Dat*) wegen etw den Kopf zermartern; **mettre** [*o* **enfoncer**] **qc dans le** ~ **à qn** jdm etw einhämmern; **se mettre qc dans le** ~ sich (*Dat*) etw hinter die Ohren schreiben
crâner [kʀɑne] <1> *vi fam* angeben, eine Schau abziehen (*fam*)
crâneur, -euse [kʀɑnœʀ, -øz] **I.** *adj* angeberisch; **être** ~**(-euse)** ganz schön angeben (*fam*)
II. *m, f* Angeber(in) *m(f)*
crânien(ne) [kʀɑnjɛ̃, jɛn] *adj* Schädel-; **calotte** ~**ne** Schädeldecke *f*
cranter [kʀɑ̃te] <1> *vt* zahnen *roue, pignon;* in Wellen legen, wellen *cheveux;* **une roue crantée** ein Zahnrad
crapahuter [kʀapayte] <1> *vi fam* kraxeln (*fam*); *bébé:* krabbeln
crapaud [kʀapo] *m* ZOOL Kröte *f*
crapoter [kʀapɔte] <1> *vi fam* paffen (*fam*)

crapule [kʀapyl] *f* Schuft *m*
crapuleusement [kʀapyløzmɑ̃] *adv* auf niederträchtige [*o* gemeine] Weise
crapuleux, -euse [kʀapylø, -øz] *adj* niederträchtig, gemein; *vie* unehrenhaft
craquage [kʀakaʒ] *m* Cracken *nt*
craquant(e) [kʀakɑ̃, ɑ̃t] *adj fam* (*irrésistible*) toll (*fam*), knackig (*fam*); (*mignon*) süß (*fam*)
craque [kʀak] *f fam* Aufschneiderei *f* (*fam*); **raconter des ~s** aufschneiden (*fam*)
craqueler [kʀakle] <3> **I.** *vt* rissig werden lassen; **être craquelé(e)** Risse haben; *vernis:* Sprünge haben
II. *vpr* **se ~** Risse bekommen
craquellement [kʀakɛlmɑ̃] *m* (*état*) Risse *Pl;* (*action*) Rissigwerden *nt*
craquelure [kʀaklyʀ] *f* Riss *m*
craquement [kʀakmɑ̃] *m d'un arbre, de la banquise* Krachen *nt; du bois qui brûle, d'une boiserie, branche* Knacken *nt; d'un plancher, de chaussures* Knarren *nt; des feuilles mortes* Rascheln *nt; de la neige* Knirschen *nt*
craquer [kʀake] <1> **I.** *vi* ❶ (*faire un bruit*) *bonbon:* krachen; *chaussures, parquet:* knarren; *feuilles mortes:* rascheln; *neige:* knirschen; *bois, disque:* knacken; **faire ~ une allumette** ein Zündholz anreißen; **faire ~ ses doigts** mit den Fingern knacken
❷ (*céder*) *branche, couche de glace:* brechen, krachen (*fam*); (*se déchirer*) *vêtement, bas:* reißen; (*aux coutures*) [auf]platzen
❸ (*s'effondrer nerveusement*) *personne:* zusammenbrechen; *nerfs:* versagen
❹ (*s'attendrir*) weich werden, schwach werden; **~ devant qc** bei etw schwach [*o* weich] werden
II. *vt* zerreißen *vêtement;* zum Platzen bringen *couture;* anreißen *allumette;* **être craqué(e)** *vêtement:* gerissen sein; (*aux coutures*) geplatzt sein
craqueter [kʀakte] <3> *vt* knistern; *Storch* klappern
crash [kʀaʃ] <[e]s> *m* Absturz *m*
crasher [kʀaʃe] <1> *vpr fam avion:* **se ~** abstürzen; **se ~ contre la tour** am Turm zerschellen
crasse [kʀas] **I.** *adj bêtise, ignorance* unerhört, haarsträubend
II. *f* ❶ (*saleté*) Dreck *m,* Schmutz *m*
❷ (*sale tour*) Gemeinheit *f;* **faire une ~ à qn** *fam* jdm eins auswischen (*fam*)
crasseux, -euse [kʀasø, -øz] *adj* schmutzig, dreckig
crassier [kʀasje] *m* [Abraum]halde *f*
cratère [kʀatɛʀ] *m* Krater *m;* **~ d'une bombe** Bombentrichter *m*
cravache [kʀavaʃ] *f* [Reit]gerte *f,* Reitpeitsche *f*
▶ **mener qn à la ~** jdn an die Kandare nehmen
cravacher [kʀavaʃe] <1> **I.** *vt* **~ un animal** einem Tier die Peitsche geben
II. *vi* ❶ (*à cheval*) sein Pferd mit Peitschenhieben antreiben
❷ *fam* (*travailler dur*) schuften (*fam*)
cravate [kʀavat] *f* Krawatte *f,* Schlips *m* (*fam*); **mettre une ~** [sich (*Dat*)] eine Krawatte umbinden
▶ **s'en jeter un derrière la ~** *fam* sich (*Dat*) einen hinter die Binde gießen (*fam*)
cravater [kʀavate] <1> **I.** *vt fam* (*attraper*) schnappen (*fam*)
II. *vpr* **se ~** [sich (*Dat*)] eine Krawatte umbinden
crawl [kʀol] *m* Kraul *nt,* Kraulen *nt*
crawler [kʀole] <1> *vi* kraulen; **dos crawlé** Rückenkraulen *nt*
crayeux, -euse [kʀɛjø, -jøz] *adj sol, substance, terrain* kreidig, kreidehaltig; *teint* kreideweiß, kreidebleich
crayon [kʀɛjɔ̃] *m* **~ [noir]** Bleistift *m;* **~ feutre** Filzstift *m;* **~ gras/maigre** weicher/harter Bleistift; **~ optique** Lichtstift *m,* Lichtgriffel *m*
◆ **~ à bille** Kugelschreiber *m;* **~ de couleur** Buntstift *m;* **~ à lèvres** Konturenstift *m;* **~ de mine** Bleistift *m;* **~ de papier** Bleistift *m;* **~ à sourcils** Augenbrauenstift *m;* **~ pour les yeux** Eyeliner *m,* Lidstift *m*

crayonnage [kʀɛjɔnaʒ] *m* ❶ (*dessin*) Bleistiftzeichnung *f*
❷ (*action*) Zeichnen *nt* mit dem Bleistift
crayonné [kʀɛjɔne] *m* [Bleistift]skizze *f*
crayonner [kʀɛjɔne] <1> *vt* [mit dem Bleistift] zu Papier bringen
créance [kʀeɑ̃s] *f* FIN ❶ Forderung *f,* Schuld *f;* JUR Gläubigerforderung; **~ exigible** fällige Schuld; **régler une ~** eine Forderung regulieren
❷ *pl* Aktivschulden *Pl,* ausstehende Schulden; **~s à recouvrer sur actions** ausstehende Zahlungen; **~s émanant de l'étranger** Auslandsverbindlichkeiten *Pl;* **~s irrécouvrables** nicht einziehbare Außenstände
créancier, -ière [kʀeɑ̃sje, -jɛʀ] *m, f* JUR, FIN Gläubiger(in) *m(f)*
créateur, -trice [kʀeatœʀ, -tʀis] **I.** *adj* schöpferisch, kreativ
II. *m, f* ❶ (*artiste*) Schöpfer(in) *m(f); d'un rôle* Erstdarsteller(in) *m(f);* IND *d'un produit* Hersteller(in) *m(f)*
❷ REL **le Créateur** der Schöpfer
créatif [kʀeatif] *m* (*concepteur*) Kreativmanager(in) *m(f)*
créatif, -ive [kʀeatif, -iv] *adj* kreativ, einfallsreich
création [kʀeasjɔ̃] *f* ❶ *sans pl* REL Erschaffung *f,* Schöpfung *f;* **la Création** die Schöpfung
❷ (*monde*) Schöpfung *f,* Universum *nt*
❸ ART *d'un peintre, sculpteur, écrivain* Werk *nt; d'un couturier, cuisinier* Kreation *f;* THEAT *d'un spectacle, d'une pièce de théâtre* Erstaufführung *f,* Uraufführung *f; d'un rôle* erstmalige Darstellung
❹ (*invention*) Herstellung *f,* Herstellen *nt; d'un art nouveau* Erfindung *f*
❺ ECON, JUR (*fondation, formation*) *d'une entreprise* Gründung *f*
◆ **~ d'emploi** [*o* **de poste**] Schaffung *f* eines Arbeitsplatzes; **cent ~s d'emploi** Schaffung *f* von hundert Arbeitsplätzen; **~ d'entreprise** Firmengründung *f,* Unternehmensgründung
créativité [kʀeativite] *f* Kreativität *f,* Einfallsreichtum *m*
créature [kʀeatyʀ] *f* ❶ (*être animé*) Lebewesen *nt*
❷ (*être humain*) menschliches Wesen, menschliche Kreatur
crécelle [kʀesɛl] *f* Knarre *f,* Rätsche *f* (SDEUTSCH)
crèche [kʀɛʃ] *f* ❶ REL Krippe *f;* **~ de Noël** Weihnachtskrippe
❷ (*pouponnière*) Kinderkrippe *f*
❸ *vieilli fam* (*chambre, maison*) Bude *f* (*fam*)
crécher [kʀeʃe] <5> *vi fam* wohnen; **tu peux ~ chez moi cette nuit** heute Nacht kannst du bei mir schlafen
crédibiliser [kʀedibilize] <1> *vt* glaubwürdig machen
crédibilité [kʀedibilite] *f* Glaubwürdigkeit *f,* Glaubhaftigkeit *f*
crédible [kʀedibl] *adj* glaubhaft, glaubwürdig
crédit [kʀedi] *m* ❶ (*paiement échelonné*) Ratenzahlung *f;* **acheter/vendre à ~** auf Raten kaufen/verkaufen; **faire ~ à qn** Ratenzahlungen von jdm akzeptieren
❷ (*prêt*) Kredit *m;* **accorder un ~ à qn** jdm einen Kredit gewähren; **~ bancaire/commercial/industriel** Bank-/Handels-/Industriekredit; **~ bancaire de fin de mois** Ultimogeld *nt* (*Fachspr.*); **~ à la consommation** persönlicher Anschaffungskredit; **~ à l'embarquement** Verschiffungskredit; **~ à tempérament** Teilzahlungskredit; **~ de financement des achats à tempérament** Teilzahlungskredit; **~ stand-by** FIN Stand-by-Kredit (*Fachspr.*); **~ swing** FIN Swing *m* (*Fachspr.*)
❸ (*dans une raison sociale*) Bankinstitut *nt;* **~ municipal** städtisches Pfandleihhaus
❹ (*opp: débit*) Guthaben *nt;* **j'ai mille euros au ~ de mon compte** ich habe ein Guthaben von tausend Euro auf meinem Konto; **la somme est portée** [*o* **mise**] **au ~ de votre compte** die Summe wird Ihrem Konto gutgeschrieben
❺ *pl* POL (*budget*) Mittel *Pl,* Gelder *Pl;* **~s budgétaires** Haushaltsmittel; **~s extraordinaires** Sonderfonds *m*
❻ (*confiance*) Ansehen *nt,* Glaubwürdigkeit *f;* **avoir du/perdre son ~ auprès de qn** jds Vertrauen genießen/verlieren; **jouir d'un grand ~ auprès de qn** großes Ansehen bei jdm haben; **accorder [du] ~ à qn/qc** jdm/einer S. Glauben schenken [*o* vertrauen]
▶ **porter** [*o* **mettre**] **qc au ~ de qn** jdm etw zugute halten

◆ ~ **au particulier** Privatkundenkredit *m;* ~ **à la reconstruction** Wiederaufbaukredit *f*
créditer [kʀedite] <1> *vt* ❶ ~ **qn/un compte de cent euros** jdm/einem Konto hundert Euro gutschreiben
❷ *fig* ~ **qn de qc** jdm etw zugute halten; ~ **qn d'un point** SPORT jdm einen Punkt gutschreiben
créditeur, -trice [kʀeditœʀ, -tʀis] **I.** *adj* **compte** ~ [Gut]habensaldo *nt*
II. *m, f* Gläubiger(in) *m(f)*
crédit-fournisseur [kʀedifuʀnisœʀ] <crédits-fournisseurs> *m* Lieferantenkredit *m*
credo [kʀedo] *m* REL Glaubensbekenntnis *nt;* (*principe*) Kredo *nt*
crédule [kʀedyl] *adj* leichtgläubig, gutgläubig
crédulité [kʀedylite] *f* Leichtgläubigkeit *f,* Gutgläubigkeit *f*
créer [kʀee] <1> **I.** *vt* ❶ (*réaliser*) schaffen *emploi, œuvre;* gründen *entreprise, foyer, ville;* ins Leben rufen *industrie;* kreieren *modèle, produit;* erschaffen *monde;* THEAT uraufführen *pièce;* ~ **un rôle** der erste Darsteller einer Rolle sein
❷ (*provoquer*) schaffen *besoins, dépendance;* bereiten *ennuis, problèmes*
II. *vi artiste, inventeur:* schöpferisch tätig sein
III. *vpr* ❶ **se** ~ **des besoins/un monde imaginaire** sich (*Dat*) Bedürfnisse/eine imaginäre Welt schaffen; **se** ~ **des illusions** sich (*Dat*) Illusionen machen; **se** ~ **des difficultés/problèmes** sich (*Dat*) Schwierigkeiten/Probleme bereiten
❷ (*apparaître*) **se** ~ *climat, situation, tension:* entstehen
crémaillère [kʀemajɛʀ] *f* TECH Zahnstange *f; de la cheminée* Zahngestänge *nt;* **direction à** ~ Zahnstangenführung *f;* **tram à** ~ Zahnradbahn *f*
▶ **pendre la** ~ eine Einweihungsparty geben
crémant [kʀemɑ̃] *m* Sekt *m,* Cremant *m*
crémation [kʀemasjɔ̃] *f d'un cadavre* Einäscherung *f,* Kremation *f*
crématoire [kʀematwaʀ] **I.** *adj* **four** ~ Krematorium *nt*
II. *m* Krematorium *nt*
crematorium, crématorium [kʀematɔʀjɔm] *m* Krematorium *nt*
crème [kʀɛm] **I.** *adj inv* cremefarben
II. *f* ❶ (*produit laitier*) Rahm *m;* ~ **chantilly** [*o* **fouettée**] Schlagsahne *f;* ~ **fraîche** Crème fraîche *f*
❷ (*peau sur le lait*) Rahm *m,* [Rahm]haut *f*
❸ (*entremets*) Creme *f;* ~ **anglaise/à la vanille** Vanillecreme; ~ **brûlée** *im Ofen gebräunte Milch-Eierspeise;* ~ **glacée** Eiscreme; ~ **pâtissière** Konditorcreme; ~ **renversée** gestürzte Creme
❹ (*liqueur*) ~ **de cassis** Johannisbeerlikör *m*
❺ (*de soins*) Creme *f;* ~ **antirides/de soins** Antifalten-/Pflegecreme; ~ **démaquillante/[d]épilatoire** Reinigungslotion *f*/Enthaarungscreme; ~ **solaire/hydratante** Sonnen-/Feuchtigkeitscreme; ~ **teintée** Make-up *nt*
❻ (*la haute société*) Creme *f,* gesellschaftliche Elite
▶ **c'est la** ~ **des hommes** er ist der Beste aller Männer
◆ ~ **à épiler** Enthaarungscreme *f;* ~ **au beurre** Buttercreme *f;* ~ **de beauté** Schönheitscreme *f;* ~ **de jour** Tagescreme *f;* ~ **de nuit** Nachtcreme *f;* ~ **à raser** Rasiercreme *f*
IV. *m* Kaffee *m* mit Milch, Milchkaffee
crémerie [kʀɛmʀi] *f* Milch-[und Käse]geschäft *nt*
▶ **changer de** ~ woandershin gehen
crémeux, -euse [kʀemø, -øz] *adj* cremig, sahnig
crémier, -ière [kʀemje, -jɛʀ] *m, f* Milch-[und Käse]händler(in) *m(f)*
crémone [kʀemɔn] *f d'une fenêtre* Fensterriegel *m*
créneau [kʀeno] <x> *m* ❶ AUT [Park]lücke *f;* **faire un** ~ einparken
❷ COM Marktlücke *f*
❸ (*intervalle*) **avoir un** ~ **de dix minutes** eine Pause von zehn Minuten haben
❹ RADIO Sendezeit *f*
❺ MIL *d'un rempart* Schießscharte *f*
▶ **monter au** ~ auf den Plan treten
crénelé(e) [kʀenle] *adj mur, rempart* mit Schießscharten; *feuille* gezackt
créneler [kʀenle] <3> *vt* auszacken *roue*
créole [kʀeɔl] **I.** *adj* kreolisch
II. *m* **le** ~ Kreolisch *nt,* das Kreolische; *v. a.* **allemand**
Créole [kʀeɔl] *mf* Kreole *m*/Kreolin *f*
crêpage [kʀɛpaʒ] *m des cheveux* Toupieren *nt*
▶ ~ **de chignon** *fam* Zankerei *f;* (*bataille*) Rauferei *f*
crêpe¹ [kʀɛp] *f* GASTR Crêpe *f*
▶ **retourner qn comme une** ~ *fam* jdn umstimmen [*o* herumkriegen *fam*]
crêpe² [kʀɛp] *m* ❶ TEXTIL Krepp *m,* Crêpe *m*
❷ (*voile*) Trauerschleier *m;* (*ruban*) Trauerflor *m*
❸ (*pour semelles*) Kreppgummi *m o nt*
◆ ~ **de Chine** Crêpe de Chine *m,* Chinakrepp *m*
crêper [kʀepe] <1> **I.** *vt* ❶ TEXTIL kreppen
❷ toupieren *cheveux*
II. *vpr* **se** ~ **les cheveux** sich (*Dat*) die Haare toupieren
▶ **se** ~ **le chignon** sich zanken; (*se battre*) sich raufen
crêperie [kʀɛpʀi] *f* Crêperie *f*
crépi [kʀepi] *m* [Rauh]putz *m,* Verputz *m*
crêpier [kʀepje] *m* Crêpebäcker *m*
crêpière [kʀepjɛʀ] *f* ❶ Crêpebäckerin *f*
❷ (*plaque*) Crêpeeisen *nt;* (*poêle*) Crêpepfanne *f*
crépine [kʀepin] *f* ❶ (*frange*) Franse *f*
❷ (*tôle*) Filterrohr *nt*
crépir [kʀepiʀ] <8> *vt* verputzen
crépitation [kʀepitasjɔ̃] *f du feu* Knistern *nt,* Prasseln *nt*
crépitement [kʀepitmɑ̃] *m de la pluie, de l'eau* Prasseln *nt; du feu* Prasseln *nt,* Knistern *nt; d'une arme* Rattern *nt,* Knattern *nt; d'une radio* Knacken *nt,* Knistern *nt*
crépiter [kʀepite] <1> *vi feu, flamme:* knistern, prasseln; *arme:* rattern, knattern; *marrons:* platzen; **les applaudissements se mirent à** ~ rauschender Beifall kam auf
crépon [kʀepɔ̃] *m* Krepon *m*
crépu(e) [kʀepy] *adj cheveux* gekräuselt, kraus; **être** ~**(e)** gekräuselte Haare [*o* krauses Haar] haben
crépusculaire [kʀepyskylɛʀ] *adj littér* **lueur/lumière** ~ Dämmerschein *m*/Dämmerlicht *nt*
crépuscule [kʀepyskyl] *m* ❶ Dämmerung *f*
❷ *soutenu* (*décadence*) *d'un empire* Niedergang *m;* **le** ~ **de la vie** der Lebensabend
crescendo [kʀeʃɛndo] *m inv* Crescendo *nt*
cresson [kʀesɔ̃, kʀəsɔ̃] *m* Kresse *f*
Crésus [kʀezys] *m* HIST Krösus *m*
▶ **être riche comme** ~ ein Krösus sein, Geld wie Heu haben
crétacé [kʀetase] *m* Kreidezeit *f,* Kreide[formation] *f*
crête [kʀɛt] *f* ❶ ZOOL *d'un gallinacé* Kamm *m; d'un oiseau* Haube *f*
❷ (*sommet*) *d'une montagne* Grat *m,* Kamm *m; d'un mur* Krone *f; d'un toit* First *m; d'une vague* Kamm
Crète [kʀɛt] *f* **la** ~ Kreta *nt;* **en** ~ auf Kreta
crétin(e) [kʀetɛ̃, in] *fam* **I.** *adj* blöd[e] (*fam*)
II. *m(f)* Flachkopf *m*/dumme Kuh (*fam*)
crétinerie [kʀetinʀi] *f fam* Blödsinn *m* (*pej fam*)
crétiniser [kʀetinize] *vt* verdummen
crétinisme [kʀetinism] *m* MED Kretinismus *m;* (*bêtise*) Dummheit *f*
crétois(e) [kʀetwa, waz] *adj* kretisch
cretonne [kʀətɔn] *f* Kretonne *f o m*
creusage [kʀøzaʒ] *m,* **creusement** [kʀøzmɑ̃] *m d'un tunnel* Bohren *nt,* Graben *nt; d'un canal* Aushub *m*
creuser [kʀøze] <1> **I.** *vt* ❶ (*forer*) ausheben; ziehen *sillon;* bohren *tunnel*
❷ (*évider*) graben *tombe;* aushöhlen *pomme, falaise;* ~ **le sable** im Sand graben

❸ (*cambrer*) einziehen *ventre, joues;* ~ **la taille** [*o* **les reins**] ein Hohlkreuz machen
II. *vi grand air, exercice:* hungrig machen
III. *vpr* ❶ **se** ~ *joues:* einfallen, hohl werden; *reins:* abmagern; *falaise, roche:* ausgehöhlt werden; **ses yeux se sont creusés** er/sie ist hohläugig geworden
❷ *fig* **se** ~ *abîme, écart, fossé:* sich auftun
▸ **se ~ la tête** [*o* **les méninges**] sich (*Dat*) den Kopf zerbrechen

creuset [kʀøzɛ] *m* CHIM, IND [Schmelz]tiegel *m*

creux [kʀø] *m* ❶ (*cavité*) Höhle *f*, Loch *nt;* (*dans un terrain*) Mulde *f*, Vertiefung *f;* **les chemins sont pleins de** ~ die Wege sind voller Löcher; **le** ~ **d'une vague** das Wellental; **le** ~ **des reins** das Kreuz; **le** ~ **de l'aisselle/de l'épaule** die Achselhöhle/Schultergrube; **le** ~ **de la main** die hohle Hand
❷ (*manque d'activité*) Zeit *f* außerhalb des Stoßbetrieb[e]s
❸ *fam* (*faim*) Hunger *m*, Kohldampf *m* (*fam*); **avoir un** ~ [**à l'estomac**] Kohldampf haben (*fam*)
▸ **dire/confier qc dans le** ~ **de l'oreille de qn** jdm etw ins Ohr flüstern/jdm etw anvertrauen; ~ **de la vague** Talsohle *f;* **être dans le** [*o* **au**] ~ **de la vague** sich an einem Tiefpunkt befinden

creux, -euse [kʀø, -øz] *adj* ❶ (*vide*) hohl; *estomac, ventre, tête* leer
❷ (*donnant une impression de vide*) **le son est** ~ es klingt hohl
❸ (*vide de sens*) nichtssagend; *paroles* leer
❹ (*concave*) *surface* nach innen gewölbt
❺ (*rentré*) *visage* eingefallen; *joue* hohl; **avoir les yeux** ~ hohläugig sein
❻ (*sans activité*) *période, jour* ruhig; **les heures creuses** die Zeiten außerhalb des Stoßbetrieb[e]s

crevaison [kʀəvɛzɔ̃] *f* Reifenpanne *f*

crevant(e) [kʀəvɑ̃, ɑ̃t] *adj fam* mörderisch (*fam*), anstrengend

crevasse [kʀəvas] *f* ❶ (*dans un rocher*) Spalte *f*, Spalt *m;* (*dans un mur, un sol*) [tiefer] Riss; (*dans un glacier*) Gletscherspalte
❷ (*sur la peau*) Riss *m*, Schrunde *f*

crevassé(e) [kʀəvase] *adj* ❶ *mur, sol, terre* rissig; *glacier* mit vielen [Gletscher]spalten
❷ (*gercé*) *lèvres, mains, peau* aufgesprungen, rissig

crevasser [kʀəvase] <1> I. *vt* rissig machen
II. *vpr* **se** ~ *sol, mur, terre:* rissig werden; *lèvres, peau, mains:* rissig werden, aufspringen

crève [kʀɛv] *f fam* böse Erkältung; **avoir/attraper la** ~ total erkältet sein/sich (*Dat*) den Tod holen (*fam*)

crevé(e) [kʀəve] *adj* ❶ (*fichu*) kaputt; *pneu, ballon* platt; *sac* [auf]gerissen
❷ *fam* (*fatigué*) kaputt (*fam*)
❸ *pop* (*mort*) krepiert (*sl*), verreckt (*sl*)

crève-cœur [kʀɛvkœʀ] <crève-cœurs> *m* Kummer *m*, [tiefes] Leid **crève-la-faim** [kʀɛvlafɛ̃] *m inv fam* Hungerleider(in) *m(f)* (*fam*)

crever [kʀəve] <4> I. *vi* ❶ (*éclater*) *ballon, bulle de savon, pneu:* platzen; *sachet, sac:* aufplatzen, reißen; *abcès:* aufbrechen, aufgehen
❷ AUT eine Reifenpanne haben
❸ (*être plein de*) ~ **de dépit/jalousie** vor Ärger/Eifersucht (*Dat*) platzen
❹ *pop* (*mourir*) ~ **de qc** an etw (*Dat*) krepieren (*sl*); *plante:* an etw (*Dat*) eingehen; **faire** ~ **qn** jdn umbringen
❺ *fam* (*souffrir*) ~ **de froid/de faim** vor Kälte/Hunger umkommen (*fam*); ~ **d'envie de qc/de faire qc** ganz wild auf etw (*Akk*) sein/ganz wild darauf sein etw zu tun (*fam*); **une chaleur à** ~ eine mörderische Hitze (*fam*)
II. *vt* ❶ (*percer*) aufstechen *cloque, abcès;* kaputtstechen *ballon, pneu*
❷ *fam* (*exténuer*) schinden *personne, animal*
III. *vpr fam* **se** ~ sich kaputtmachen (*fam*); **se** ~ **à faire qc** sich abrackern etw zu tun (*fam*); **se** ~ **la santé** seine Gesundheit ruinieren

crevette [kʀəvɛt] *f* Garnele *f*, Krevette *f*

cri [kʀi] *m* ❶ (*éclat de voix*) Schrei *m;* **des** ~**s** Schreie *Pl*, Geschrei *nt;* **pousser/étouffer un** ~ einen Schrei ausstoßen/unterdrücken
❷ (*expression de qc*) ~ **de surprise/douleur** Überraschungs-/Schmerzensschrei *m;* ~ **de joie/colère** Freudenschrei/wütender Schrei; (*dans l'ensemble*) Freuden-/Wutgeschrei *nt;* ~ **d'indignation** Schrei der Empörung; ~**s d'approbation** Beifallsrufe *Pl*
❸ (*appel*) Ruf *m*, Schrei *m;* ~ **d'amour** Schrei nach Liebe; ~ **d'alarme/de détresse** Warnschrei/Hilferuf
❹ (*mode d'expression*) *d'un nouveau-né, du chat* Schrei *m; d'un oiseau* Schrei, Ruf *m;* **pousser** [*o* **lancer**] **son** ~ seinen Schrei ausstoßen; *oiseau:* rufen
▸ **pousser des** ~**s d'orfraie** wie am Spieß schreien; **le dernier** ~ *fam* (*la dernière mode*) der letzte Schrei (*fam*)
◆ ~ **du cœur** Stimme *f* des Herzens; ~ **de guerre** Kriegsgeschrei *nt*, Kriegsgeheul *nt*

criaillement [kʀi(j)ɑjmɑ̃] *m souvent pl* ❶ (*cris désagréables*) Gekreisch[e] *nt*, Geschrei *nt; d'un bébé* Plärren *nt*
❷ ORN *de la perdrix, pintade* Schreien *nt; de l'oie* Schnattern *nt*, Geschnatter *nt; du paon, de la mouette* Kreischen *nt*

criailler [kʀijɑje] <1> *vi* ❶ *bébé:* plärren, schreien; *faisan, perdrix, pintade:* schreien; *oie:* schnattern; *paon, mouette:* kreischen
❷ (*râler*) herumschreien (*fam*)

criailleries [kʀijɑjʀi] *fpl* Gezeter *nt*

criant(e) [kʀijɑ̃, jɑ̃t] *adj* ❶ (*révoltant*) *erreur* ungeheuerlich, unerhört; *injustice* himmelschreiend
❷ (*manifeste*) *contraste* deutlich, stark; *vérité, preuve* offenkundig

criard(e) [kʀijaʀ, jaʀd] *adj* ❶ *personne* ständig schreiend; *son, voix* gellend, keifend
❷ (*tapageur*) *couleur* grell, schreiend

criblage [kʀiblaʒ] *m du grain* Sieben *nt; du minerai* Klassierung *f*

crible [kʀibl] *m* [grobes] Sieb
▸ **passer qc au** ~ (*tamiser*) etw sieben; *fig* etw genau unter die Lupe nehmen (*fam*)

criblé(e) [kʀible] *adj* ❶ (*percé*) ~**(e) de trous/balles** durchbohrt/von Kugeln durchsiebt
❷ (*couvert de*) ~**(e) de boutons/taches** voller Pickel/Flecken; ~**(e) de dettes** hochverschuldet

cribler [kʀible] <1> *vt* (*percer*) ~ **qn de balles** jdn mit Kugeln durchsieben; ~ **qc de trous** etw durchlöchern

cric [kʀik] *m* Winde *f;* ~ **hydraulique** Hydraulik-Winde *f;* AUT Hydraulik-Wagenheber *m*
◆ ~ **à manivelle** Kurbelwinde *f*

cric-crac [kʀikkʀak] *interj* knack; (*rupture, cassure*) krach

cricket [kʀikɛt] *m* Kricket[spiel *nt*] *nt*

cricri, cri-cri [kʀikʀi] <cri-cri> *m* ❶ (*bruit du grillon*) Zirpen *nt*, Gezirp[e] *nt* (*pej*)
❷ *enfantin* (*grillon*) Grille *f*

criée [kʀije] *f* ❶ Versteigerung *f*, Auktion *f;* **vente à la** ~ Versteigerung
❷ (*marché aux poissons*) Fischmarkt *m*

crier [kʀije] <1a> I. *vi* ❶ (*hurler*) schreien, brüllen; *bébé:* schreien, brüllen, weinen; ~ **de peur/douleur/joie** vor Angst/Schmerz/Freude schreien; ~ **à l'assassin/au feu** „Mörder"/„Feuer" rufen
❷ (*parler fort*) schreien
❸ *fam* (*se fâcher*) ~ **contre/après qn** jdn anschreien
❹ (*émettre des sons*) *mouette:* schreien; *oiseau:* zwitschern; *cochon:* quieken; *oie:* schnattern; *souris:* piepsen
❺ (*dénoncer*) ~ **au scandale/à l'injustice** etw als Skandal/Ungerechtigkeit bezeichnen
▸ **il/elle crie comme si on l'écorchait** er/sie schreit wie am Spieß *m* (*fam*)

II. *vt* ❶ (*à voix forte*) rufen, schreien; ~ **qc à qn** jdm etw zurufen
❷ (*exprimer avec force*) ~ **sa rage** seiner Wut Luft machen; ~ **son innocence** seine Unschuld beteuern
▶ **sans ~ gare** ohne Vorwarnung *f*

crieur, -euse [kʀijœʀ, -øz] *m, f* (*marchand*) Straßenhändler(in) *m(f)*, fliegender Händler *m*/fliegende Händlerin *f*

crime [kʀim] *m* ❶ (*meurtre*) Mord *m*; **victime du ~** Mordopfer *nt*; **arme du ~** Tatwaffe *f*; **heure du ~** Tatzeit *f*; **~ parfait** perfekter Mord; **~ crapuleux** Raubmord
❷ JUR Straftat *f*, Verbrechen *nt*; **~ contre qn/qc** Verbrechen gegen jdn/etw
❸ (*faute morale*) **~ contre qn/qc** Verbrechen *nt* [an jdm/etw]; **c'est un ~!** das ist kriminell!
▶ **le ~ ne paie pas** *prov* Verbrechen zahlen sich nicht aus
◆ **~ de guerre** Kriegsverbrechen *nt*; **~ de lèse-majesté** Majestätsbeleidigung *f*

Crimée [kʀime] *f* **la ~** die Krim

criminaliser [kʀiminalize] <1> *vt* JUR zur Strafsache machen *affaire*

criminalité [kʀiminalite] *f sans pl* Kriminalität *f*

criminel [kʀiminɛl] *m* ❶ (*assassin*) Mörder *m*
❷ (*coupable*) Verbrecher *m*
❸ (*juridiction*) Strafgericht *nt*; **poursuivre qn au ~** jdn strafrechtlich verfolgen
◆ **~ de guerre** Kriegsverbrecher *m*

criminel(le) [kʀiminɛl] *adj* ❶ kriminell, strafbar; *organisation* kriminell; *complot, intention* kriminell, verbrecherisch; *incendie* durch Brandstiftung *f* verursacht, absichtlich gelegt; **acte ~** Straftat *f*; **brigade ~le** Kriminalpolizei *f*
❷ JUR **droit ~** Strafrecht *nt*
▶ **c'est ~ de faire cela** *fam* es ist kriminell [*o* ein Verbrechen *nt*] das zu tun

criminelle [kʀiminɛl] *f* ❶ (*assassin*) Mörderin *f*
❷ (*coupable*) Verbrecherin *f*

criminellement [kʀiminɛlmɑ̃] *adv* ❶ *agir* kriminell; *abuser, se taire* in krimineller [*o* verbrecherischer] Weise
❷ JUR *poursuivre* strafrechtlich

criminologie [kʀiminɔlɔʒi] *f sans pl* Kriminologie *f*

crin [kʀɛ̃] *m* ❶ (*poil*) *d'un cheval, âne* Pferde-/Eselshaar *nt*
❷ *sans pl* (*matière*) Rosshaar *nt*; **matelas de ~** Rosshaarmatratze *f*

crinière [kʀinjɛʀ] *f* ❶ *d'un cheval, lion* Mähne *f*
❷ *fam* (*chevelure*) Mähne *f*

crinoline [kʀinɔlin] *f* Reifrock *m*, Krinoline *f*

crique [kʀik] *f* kleine Bucht

criquet [kʀikɛ] *m* Heuschrecke *f*; **~ pèlerin** Wanderheuschrecke

crise [kʀiz] *f* ❶ MED **~ cardiaque** Herzanfall *m*; **~ de goutte/d'asthme** Gicht-/Asthmaanfall *m*; **~ de foie** akute Leberbeschwerden; **~ d'appendicite** Blinddarmentzündung *f*
❷ (*accès*) **~ de rage/jalousie** Wut-/Eifersuchtsanfall *m*; **avoir souvent des ~s de mélancolie** oft in Melancholie *f* verfallen
❸ *fam* (*lubie*) **avoir une ~ de rangement/nettoyage** einen Anfall von Ordnungswut/Putzwut kriegen (*fam*)
❹ ECON, POL, FIN Krise *f*; **~ du logement** Wohnungsnot *f*; **~ de l'énergie/du pétrole** Energie-/Erdölkrise; **~ économique/gouvernementale** Wirtschafts-/Regierungskrise; **~ monétaire** Geldkrise; **c'est la ~, en ce moment!** momentan herrscht Krisenstimmung!; **en période de ~** in Krisenzeiten *Pl*
❺ (*période difficile*) Krise *f*; **~ d'adolescence/de puberté** Pubertätskrise; **~ de la quarantaine** Midlifecrisis *f*; **traverser une ~** in einer Krise stecken
▶ **faire sa ~** *fam* ausrasten (*fam*); **piquer une ~ [de colère]** *fam* einen Wutanfall bekommen (*fam*)
◆ **~ de confiance** Vertrauenskrise *f*; **~ de conscience** Gewissenskonflikt *m*; **~ d'identité** Identitätskrise *f*; **~ de larmes** Weinkrampf *m*; **~ de nerfs** Nervenzusammenbruch *m*; **faire une ~ de nerfs** einen Nervenzusammenbruch bekommen

crispant(e) [kʀispɑ̃, ɑ̃t] *adj* nervtötend; *attente, comportement* unerträglich; **être ~(e)** auf die Nerven gehen

crispation [kʀispasjɔ̃] *f* ❶ (*contraction*) *des traits du visage* Zucken *nt*; *d'un muscle* Krampf *m*, Zuckung *f*; **des ~s nerveuses** nervöse Zuckungen *Pl*
❷ (*tension*) nervöse Spannung; **donner des ~s à qn** jds Nerven strapazieren

crispé(e) [kʀispe] *adj* verkrampft; *poing* [zusammen]geballt

crisper [kʀispe] <1> **I.** *vt* ❶ (*contracter*) **l'effort crispe ses muscles** seine/ihre Muskeln sind vor Anstrengung angespannt; **la douleur/l'angoisse lui crispait le visage** der Schmerz/die Angst verzerrte sein/ihr Gesicht; **sa main était crispée sur ma cuisse** seine/ihre Finger gruben sich in meinen Schenkel
❷ (*agacer*) **~ qn** jdm auf die Nerven fallen (*fam*)
❸ (*plisser*) **le froid crispe la peau** in der Kälte zieht sich die Haut zusammen
II. *vpr* **se ~** ❶ (*se contracter*) *visage, sourire:* sich verkrampfen, sich verzerren
❷ (*se serrer*) *main:* sich verkrampfen; *poing:* sich ballen

crissement [kʀismɑ̃] *m des pneus, de la craie* Quietschen *nt*; *des freins* Kreischen *nt*; *des pas* Knirschen *nt*; *d'un tissu* Rascheln *nt*

crisser [kʀise] <1> *vi pneus, craie:* quietschen; *chaussures, neige, gravier, pas:* knirschen; *freins:* kreischen; *tissu:* rascheln

cristal [kʀistal, o] <-aux> *m* ❶ MINER [Quarz]kristall *m*
❷ (*verre, verreries*) Kristall *nt*; **en [*o* de] ~** aus Kristall; **un verre de ~** ein Kristallglas *nt*; **une voix de ~** eine kristallklare Stimme
❸ *pl* (*cristallisation*) *de glace, neige* Kristalle *Pl*
◆ **~ de Baccarat** Kristall aus Baccarat; **~ de Bohême** böhmisches [Blei]kristall; **~ de plomb** Bleikristall *nt*; **~ de roche** MINER Bergkristall *m*, Quarz *m*

cristallerie [kʀistalʀi] *f* ❶ (*fabrique*) Kristallfabrik *f*
❷ (*objets en cristal*) Kristall *nt*

cristallin [kʀistalɛ̃] *m de l'œil* Linse *f*

cristallin(e) [kʀistalɛ̃, in] *adj* ❶ *voix, son* [kristall]klar; *eau* glasklar
❷ MINER kristallin; **les roches ~es** das kristalline Gestein

cristallisation [kʀistalizasjɔ̃] *f* ❶ *sans pl a.* CHIM Kristallisation *f*, Kristallisierung *f*
❷ *fig littér* (*concrétisation*) Verwirklichung *f*, Erfüllung *f*; **la ~ de ses souvenirs** das Wecken ihrer/seiner Erinnerung
❸ (*cristaux*) Kristalle *Pl*; **les ~s sur la vitre** die Eisblumen an der Fensterscheibe

cristallisé [kʀistalize] *adj* kristallisiert; **du sucre ~** [Kristall]zucker *m*

cristalliser [kʀistalize] <1> **I.** *vi* ❶ CHIM kristallisieren, Kristalle *Pl* bilden
❷ *littér* (*prendre forme*) *idées, sentiment:* sich herauskristallisieren
II. *vt* ❶ CHIM auskristallisieren
❷ *fig littér* (*donner forme*) heraufbeschwören
III. *vpr* **se ~** ❶ CHIM Kristalle bilden
❷ *littér* (*prendre forme*) *idées, sentiments:* sich herauskristallisieren (*geh*)

cristallisoir [kʀistalizwaʀ] *m* CHIM Kristallisationsgefäß *nt*, Kristallisierschale *f*

cristallographie [kʀistalɔgʀafi] *f* Kristallographie *f*

critère [kʀitɛʀ] *m* Kriterium *nt*; **~ de succès** Erfolgskriterium

critérium [kʀiteʀjɔm] *m* SPORT Kriterium *nt*

critiquable [kʀitikabl] *adj* kritisierbar; *personne* angreifbar; *attitude* kritikwürdig

critique [kʀitik] **I.** *adj* kritisch; **édition ~** kritische Ausgabe; **esprit [*o* sens] ~** Kritikfähigkeit *f*; **faire preuve d'esprit ~** sich kritisch zeigen; **manquer d'esprit ~** unkritisch sein; **être ~ envers qn** jdm gegenüber kritisch sein; **d'un œil ~** mit kri-

critiquer

• critiquer, juger négativement	• kritisieren, negativ bewerten
Cela ne me plaît pas du tout.	Das gefällt mir gar nicht.
Il y a beaucoup de choses à redire à ce sujet.	Dagegen lässt sich einiges sagen.
J'ai des doutes.	Da habe ich so meine Bedenken.
On aurait pu mieux faire.	Das hätte man aber besser machen können.
• désapprouver	**• missbilligen**
Je ne peux pas approuver cela.	Das kann ich nicht gutheißen.
Je trouve que ce n'est pas bien du tout de ta part.	Das finde ich gar nicht gut von dir.
Je m'y oppose totalement./Je suis tout à fait contre.	Da bin ich absolut dagegen.
• exprimer le dédain/mécontentement	**• Geringschätzung/Missfallen ausdrücken**
(Je suis désolé(e) mais) ce genre de personnes **ne m'intéresse pas du tout.**	(Es tut mir Leid, aber) **ich habe für** diese Typen **nichts übrig.** *(fam)*
Je ne trouve pas ça bien./Je n'en pense rien de bien.	**Davon halte ich gar/überhaupt nichts.**
L'art moderne **ne me dit rien du tout.**	**Ich kann mit** moderner Kunst **nichts anfangen.** *(fam)*
Ne me parle pas de psychologie!	**Komm mir bloß nicht mit** Psychologie! *(fam)*

tischem Blick

II. *f* Kritik *f;* **la ~ est aisée** Kritisieren ist leicht; **accabler qn de ~s** jdn stark kritisieren; **émettre** [*o* **formuler**] **de sévères ~s contre qn/qc** harte Kritik an jdm/etw üben; **la ~ musicale/dramatique/littéraire/de films** die Musik-/Theater-/Literatur-/Filmkritik; **faire de la ~ littéraire** Literaturkritiker(in) *m(f)* sein; **~ des sources** Quellenkritik; **~ d'un texte** Textkritik; **~ philologique/historique** sprach-/geschichtskritische Betrachtung; **la ~ a bien accueilli son livre** sein/ihr Buch kam bei den Kritikern gut an; **faire la ~ d'un livre/film/d'une pièce de théâtre** ein Buch/einen Film/ein Theaterstück besprechen [*o* rezensieren]; **faire la ~ des sources/documents** (*analyse*) Quellen/Dokumente kritisch überprüfen

III. *mf* Kritiker(in) *m(f);* **être ~ musical(e)/littéraire/de cinéma/de théâtre/d'art** Musik-/Literatur-/Film-/Theater-/Kunstkritiker(in) sein

critiquer [kʀitike] <1> *vt* ❶ (*condamner*) kritisieren; **~ tout le monde** alles und jeden kritisieren
❷ (*juger*) besprechen, rezensieren *livre, spectacle, film;* (*examiner*) kritisch prüfen *documents*

croassement [kʀɔasmɑ̃] *m du corbeau, de la corneille* Krächzen *nt*

croasser [kʀɔase] <1> *vi corbeau, corneille:* krächzen

croate [kʀɔat] *adj* kroatisch

Croate [kʀɔat] *mf* Kroate *m*/Kroatin *f*

Croatie [kʀɔasi] *f* **la ~** Kroatien *nt*

croc [kʀo] *m* Fangzahn *m;* **le chien montre les ~s** der Hund fletscht [*o* bleckt] die Zähne
▸ **montrer les ~s à qn** *fam* jdm die Zähne zeigen

croc-en-jambe [kʀɔkɑ̃ʒɑ̃b] <crocs-en-jambe> *m* ❶ *vieilli* (*mouvement*) **faire un ~ à qn** jdm ein Bein stellen
❷ (*manœuvre*) **faire un ~ à qn** jdm Knüppel zwischen die Beine werfen

croche [kʀɔʃ] *f* MUS Achtel *nt,* Achtelnote *f;* **double/triple/quadruple ~** Sechzehntel-/Zweiunddreißigstel-/Vierundsechzigstelnote *f*

croche-pied [kʀɔʃpje] <croche-pieds> *m* **faire un ~ à qn** jdm ein Bein stellen

crocher [kʀɔʃe] <1> *vt* CH **~ qc** (*fixer solidement*) etw befestigen

crochet [kʀɔʃɛ] *m* ❶ (*pour accrocher*) [Wand]haken *m*
❷ (*aiguille*) Häkelnadel *f*
❸ *sans pl* (*technique*) Häkeln *nt;* **faire un pull au ~** einen Pulli häkeln
❹ SPORT Haken *m;* **un ~ du droit/du gauche** ein rechter/linker Haken
❺ *pl* TYP eckige Klammern *Pl;* **mettre un mot entre ~s** ein Wort in eckige Klammern setzen
❻ *pl* (*dent*) *du serpent* Giftzähne *Pl*
❼ (*détour*) **faire un ~** *route:* einen Knick machen; **faire un ~ pour raccompagner qn** *personne:* einen Umweg machen um jdn nach Hause zu begleiten
❽ CHEMDFER *d'une remorque* Anhängerkupplung *f*
▸ **vivre aux ~s de qn** jdm auf der Tasche liegen
◆ **~ de boucher** Fleischerhaken *m*

crocheter [kʀɔʃte] <4> *vt* (*ouvrir*) mit dem Dietrich öffnen *porte, serrure*

crochu(e) [kʀɔʃy] *adj bec* gekrümmt; *doigts* verkrümmt; **avoir le nez ~** eine Hakennase haben
▸ **avoir les doigts ~s** *fam* gierig sein

croco [kʀɔko] *m fam abr de* **crocodile**

crocodile [kʀɔkɔdil] *m* ❶ Krokodil *nt*
❷ (*cuir*) Krokodilleder *nt;* **sac en ~** Krokohandtasche *f*

crocus [kʀɔkys] *m* Krokus *m*

croire [kʀwaʀ] <*irr*> **I.** *vt* ❶ (*tenir pour vrai*) glauben *histoire, récit, information;* **~ ce que qn raconte** glauben, was jd erzählt; **je veux bien le ~** das will ich gerne glauben; **faire ~ qc à qn** jdn etw (*Akk*) glauben machen; **à ce que je crois** meiner Meinung nach
❷ (*avoir confiance en qn*) **~ qn** jdm trauen; **~ qn, car il ne ment jamais** jdm glauben, denn er lügt niemals; **je te/vous crois!** *fam* na klar!
❸ (*s'imaginer qc qui n'est pas*) sich einbilden; **~ entendre des bruits** sich einbilden Geräusche zu hören
❹ (*penser*) **~ faire qc** glauben etw zu tun; **il a bien cru manquer son train** er hat geglaubt, er würde seinen Zug verpassen; **je croyais arriver plus tôt** ich glaubte, ich wäre früher hier
❺ (*supposer*) **je crois que oui/non** ich glaube ja/nein; **je crois qu'il va pleuvoir demain** ich glaube, dass es morgen regnen wird; **on a cru [qu'il était] préférable de faire qc** man hielt es für besser etw zu tun; **c'est à ~ qu'il va pleuvoir** wahrscheinlich wird es morgen regnen; **il faut ~ que le**

croire

• croire	• glauben
Je crois qu'elle réussira l'examen/**que** notre équipe gagnera.	**Ich glaube, dass** sie die Prüfung bestehen wird/**an** den Sieg unserer Mannschaft.
Je pense que cette histoire **est vraie.**	**Ich halte** diese Geschichte **für wahr.**

• exprimer des hypothèses	• Vermutungen ausdrücken
Je suppose qu'elle ne viendra pas.	**Ich vermute,** sie wird nicht kommen.
J'ai l'impression qu'il nous cache quelque chose.	**Es kommt mir so vor, als** würde er uns irgendetwas verheimlichen.
J'ai le sentiment qu'elle ne va plus tenir le coup longtemps.	**Ich habe das Gefühl, dass** sie das nicht mehr lange mitmacht.
Je considère qu'un krach boursier **est (tout à fait) possible** dans un avenir proche.	**Ich halte** einen Börsenkrach in der nächsten Zeit **für (durchaus) denkbar/möglich.**
Je la **soupçonne d'**avoir fait une erreur dans les comptes.	**Ich habe da so den Verdacht, dass** sie bei der Abrechnung einen Fehler gemacht hat.
Je présume qu'il est satisfait de son nouveau travail.	**Ich nehme an,** dass er mit seiner neuen Arbeit zufrieden ist.
J'ai comme un pressentiment.	**Ich habe da so eine Ahnung.**

patron a raison es ist anzunehmen, dass der Chef Recht hat; **ne pas ~ que qn a** [*o* **ait**] **raison** nicht glauben, dass jd Recht hat; **croit-il/croit-elle que je sois bête?** glaubt er/sie, dass ich blöd bin?; **crois-tu qu'elle vienne?** glaubst du, dass sie kommt?

⑥ (*estimer*) ~ **qn capable/incapable** jdn für fähig/unfähig halten; ~ **la situation perdue** die Lage für aussichtslos halten; **on l'a crue morte** man hielt sie für tot

⑦ (*se fier à*) **en ~ qn/qc** jdm/einer S. vertrauen, sich auf jdn/etw verlassen; **si j'en crois ce qu'on raconte** wenn ich glaube, was man sich (*Dat*) erzählt; **si vous m'en croyez, ...** wenn Sie auf mich hören, ...

▸ **~ que c'est arrivé** *fam* glauben, es sei geschafft; **ne pas ~ si bien dire** den Nagel auf den Kopf treffen

II. *vi* ① REL glauben, gläubig sein; ~ **en Dieu** an Gott (*Akk*) glauben

② (*faire confiance à qn*) ~ **en qn** an jdn glauben, jdm vertrauen

③ (*être convaincu de qc*) ~ **à qc** an etw (*Akk*) glauben, es für etw halten; ~ **en qc** an etw (*Akk*) glauben, in etw (*Akk*) vertrauen

④ (*ajouter foi à*) ~ **au diable/à la magie noire/à la réincarnation** an den Teufel/an die schwarze Magie/an die Reinkarnation glauben; ~ **au Père Noël** *fam* wohl noch an den Weihnachtsmann glauben

▸ **je vous prie de ~ à** [**l'expression**] **de ma considération distinguée, veuillez ~ à mes sentiments les meilleurs** *form* mit freundlichen Grüßen

III. *vpr* **se ~ intelligent**(**e**) sich für intelligent halten; **se ~ perdu**(**e**) sich verloren glauben, sich für verloren halten; **se ~ tout permis** glauben sich alles erlauben zu können; **se ~ qn** *fam* sich für jdn halten; **qu'est-ce qu'il se croit, celui-là?** wofür hält er sich denn?

croisade [kʀwazad] *f* HIST Kreuzzug *m,* Kreuzfahrt *f;* (*campagne*) Feldzug *m,* Kampagne *f;* **partir en ~ contre qc** gegen etw zu Felde ziehen

croisé(**e**)[1] [kʀwaze] *adj* ① (*disposé en croix*) **les bras ~s** verschränkte Arme

② (*qui n'est pas de race pure*) **un chien de race ~e** Mischlingshund *m*

③ *fig veste* zweireihig; **mots ~s** Kreuzworträtsel *nt;* **rime ~e** Kreuzreim *m*

croisé(**e**)[2] [kʀwaze] *m(f)* HIST Kreuzfahrer(in) *m(f),* Kreuzritter *m*

croisée [kʀwaze] *f* (*fenêtre*) Fenster *nt*

▸ **à la ~ des chemins** am Scheideweg

◆ **~ du transept** Vierung *f*

croisement [kʀwazmɑ̃] *m* ① *sans pl* (*fait de croiser*) *de deux véhicules sur une route* Aneinandervorbeifahren *nt;* **feux de ~** Abblendlicht *nt*

② (*intersection*) *de deux routes* Kreuzung[spunkt *m*] *f;* **tournez à droite au premier ~** biegen Sie an der ersten Kreuzung rechts ab

③ (*mélange*) *de races, d'espèces, de plantes* Kreuzung *f*

croiser [kʀwaze] <1> **I.** *vt* ① (*mettre en croix*) verschränken *bras;* übereinanderschlagen *jambes;* falten *mains*

② (*couper*) kreuzen *route, chemin, regard;* begegnen *véhicule*

③ (*passer à côté de qn*) ~ **qn** jdm begegnen, jdn treffen; ~ **qc** *regard:* auf etw (*Dat*) fallen; **son regard a croisé le mien** unsere Blicke haben sich gekreuzt [*o* sind sich begegnet]

④ BIO, ZOOL kreuzen

II. *vpr* **se ~** ① (*passer l'un à côté de l'autre*) *lettres:* sich überkreuzen; *personnes:* sich treffen; *regards:* sich treffen, sich begegnen

② (*se couper*) *chemins, routes:* sich kreuzen

③ BIO, ZOOL (*se reproduire par croisement*) *animaux, plantes:* gekreuzt werden

Croisette [kʀwazɛt] *f* **la ~** die Croisette (*berühmte Promenade von Cannes*)

croiseur [kʀwazœʀ] *m* NAUT, MIL Kreuzer *m*

croisière [kʀwazjɛʀ] *f* Kreuzfahrt *f*

croisillon [kʀwazijɔ̃] *m d'une fenêtre* Sprosse *f; d'une croix* Querbalken *m;* ARCHIT *d'une église* Arm *m* des Querschiffs, Flügel *m* des Querhauses

croissance [kʀwasɑ̃s] *f sans pl* ① Wachstum *nt; d'un enfant* Entwicklung *f;* ~ **démographique** Bevölkerungswachstum

② ECON [Wirtschafts]wachstum *nt;* ~ **zéro** Nullwachstum; **un pays à forte ~** ein Land mit hoher Wachstumsrate

croissant [kʀwasɑ̃] *m* ① GASTR Croissant *nt,* Hörnchen *nt*

② *sans pl* (*forme*) *de la lune* Sichel *f;* **en** [**forme de**] **~** sichelförmig

③ REL (*symbole*) Halbmond *m;* **le Croissant-Rouge** der Rote Halbmond

◆ **~ de lune** Mondsichel *f*

croissant(**e**) [kʀwasɑ̃, ɑ̃t] *adj* wachsend; *tension, colère* zunehmend; *nombre* steigend; **le nombre ~ des voitures** die steigende Anzahl der Autos

croissanterie [kʀwasɑ̃tʀi] *f* Croissanterie *f* (*Laden, in dem vor allem Hefegebäck verkauft wird*)

croître [kʀwatʀ] <*irr*> *vi* ❶ (*pousser*) *plante, arbre:* wachsen; (*grandir*) *personnes:* wachsen; ~ **en beauté/sagesse/intelligence** *littér* immer schöner/weiser/intelligenter werden
❷ (*augmenter*) *choses:* zunehmen; *ambition, exaltation, inquiétude, colère:* zunehmen, wachsen; *production, chômage:* ansteigen; ~ **en volume/intensité** an Volumen/Intensität zunehmen
❸ (*pousser naturellement*) *plantes:* wachsen

croix [kʀwa] *f* Kreuz *nt;* ~ **gammée** Hakenkreuz; **en** [**forme de**] ~ in Form eines Kreuzes, kreuzförmig; **être disposé(e) en** ~ kreuzförmig angeordnet sein; **les bras en** ~ mit verschränkten Armen; **le supplice de la** ~ der Kreuzigungstod, der Kreuzestod; **le signe de** ~ das Kreuzzeichen; **faire un signe de** ~ ein Kreuzzeichen machen, sich bekreuzigen; **le chemin de** ~ der Kreuzweg; **marquer qc d'une** ~ etw ankreuzen; **mettre une** ~ **dans la case qui convient** das zutreffende Feld bitte ankreuzen
► ~ **de bois,** ~ **de fer** [**si je mens, je vais en enfer**] *Eidesformel von Kindern beim Spiel;* **faire une** ~ **sur qc** *fam* etw abschreiben [*o* vergessen können] (*fam*); **porter sa** ~ *littér* sein Kreuz tragen
◆ ~ **de guerre** Kriegsverdienstkreuz *nt;* ~ **de la Légion d'honneur** Kreuz *nt* der Ehrenlegion; ~ **de Lorraine** Lothringerkreuz *nt*

Croix-Rouge [kʀwaʀuʒ] *f* **la** ~ das Rote Kreuz

crooner [kʀunœʀ] *m* Schnulzensänger *m*

croquant(e) [kʀɔkɑ̃, ɑ̃t] *adj* knackig; *biscuit* knusprig

croque[1] [kʀɔk] ► **à la** ~ **au sel** nur mit Salz [gewürzt]

croque[2] [kʀɔk] *m abr de* **croque-monsieur**

croque-madame [kʀɔkmadam] *m inv getoastetes Käse-Schinken-Sandwich mit Spiegelei* **croque-mitaine** [kʀɔkmitɛn] <croque-mitaines> *m* (*personnage imaginaire*) Kinderschreck *m,* Schwarzer Mann *m* **croque-monsieur** [kʀɔkməsjø] *m inv getoastetes Käse-Schinken-Sandwich* **croque-mort** [kʀɔkmɔʀ] <croque-morts> *m fam* Leichenbestatter *m*

croquenots [kʀɔkno] *mpl fam* Quadratlatschen *Pl* (*fam*)

croquer [kʀɔke] <1> **I.** *vt* ❶ (*manger*) knabbern *biscuit;* zerbeißen *bonbons, pastilles;* ~ **une pomme/carotte** in einen Apfel/in eine Karotte beißen
❷ *fam* (*dépenser*) verschleudern *argent;* durchbringen *héritage*
❸ (*dessiner*) skizzieren
► **être à** ~ *a. fig* zum Anbeißen sein (*fam*)
II. *vi* ❶ (*être croustillant*) *fruits, salade:* knacken; *biscuits, bonbons:* krachen
❷ (*mordre*) ~ **dans une pomme** [kräftig] in einen Apfel beißen

croquet [kʀɔkɛ] *m* SPORT Krocket *nt*

croquette [kʀɔkɛt] *f* Krokette *f;* ~ **de pommes de terre** Kartoffelkrokette; ~ **de poisson** Fischbällchen *nt*

croqueuse [kʀɔkøz] *f* ◆ ~ **de diamants** verschwenderische Liebhaberin

croquis [kʀɔki] *m* Skizze *f;* **des** ~ **de mode** Modeentwürfe *Pl,* Modeskizzen *Pl;* **dessiner** [*o* **faire**] **un** ~ **de qn/qc** jdn/etw skizzieren

crosne [kʀon] *m* BOT Knollenziest *m*

cross [kʀɔs] *m* (*course à pied*) Geländelauf *m;* (*course de vélo, de moto*) Querfeldeinwettbewerb *m*

crosse [kʀɔs] *f* ❶ *d'un fusil* Kolben *m; d'un revolver* Griff *m;* **assommer qn à coups de** ~ jdn mit Kolbenhieben zusammenschlagen
❷ (*bâton*) *d'un évêque* Bischofsstab *m,* Krummstab *m*
❸ SPORT *de golf, de hockey* Schläger *m*
► **mettre** [*o* **lever**] **la** ~ **en l'air** sich ergeben

crotale [kʀɔtal] *m* Klapperschlange *f*

crotte [kʀɔt] *f* ❶ (*excrément*) Kot *m* (*geh*), Dreck *m* (*fam*); *de chien* Haufen *m* (*fam*); *de cheval* Pferdeapfel *m; de nez* Popel *m* (*fam*); **faire sa** ~ *fam* Aa machen (*fam*)
❷ GASTR *spéc* ~ **en chocolat** [*o* **de**] Schoko[laden]praline *f*
► ~**!** *fam* Mist! (*fam*); **c'est de la** ~ **de bique!** *fam* das ist der letzte Dreck! (*fam*); **qn ne se prend pas pour de la** ~ *fam* jd hält sich für was Besonderes [*o* Besseres] (*fam*)

crotté(e) [kʀɔte] *adj* schmutzig, dreckig

crottin [kʀɔtɛ̃] *m* ❶ *d'un âne* Mist *m; d'un cheval* Pferdeapfel *m*
❷ (*fromage*) *kleiner, runder Ziegenkäse*

croulant(e) [kʀulɑ̃, ɑ̃t] **I.** *adj mur, maison* baufällig; *économie, empire* am Rande des Zusammenbruchs
II. *m(f) fam* Alte(r) *f(m)* (*fam*), Tattergreis *m* (*fam*); **les** ~**s** (*parents*) die Alten (*fam*)

crouler [kʀule] <1> *vi* ❶ (*s'écrouler*) *maison, mur:* einstürzen
❷ (*être écrasé, accablé*) ~ **sous les fruits** *arbre:* sich unter dem Gewicht der Früchte biegen; ~ **sous les cadeaux** *personne:* mit Geschenken überhäuft werden; ~ **sous le travail** von der Arbeit erdrückt werden; ~ **sous les applaudissements** *salle:* von tosendem Beifall dröhnen
❸ (*s'effondrer*) zusammenbrechen; **faire** ~ **un projet** ein Projekt platzen lassen

croupe [kʀup] *f* ❶ *d'un cheval* Kruppe *f; fam d'une femme* Hintern *m* (*fam*)
❷ (*sommet*) *d'une colline, montagne* Kuppe *f*
► **monter en** ~ hinten aufsitzen

croupetons [kʀup(ə)tɔ̃] *adv* **à** ~ hockend; **se tenir à** ~ hocken

croupi(e) [kʀupi] *adj eau* faul[ig]

croupier, -ière [kʀupje, -jɛʀ] *m, f* Croupier *m*

croupion [kʀupjɔ̃] *m d'un oiseau* Sterz *m,* Bürzel *m*

croupir [kʀupiʀ] <8> *vi* ❶ *eau:* stehen und dabei faulig werden; *feuilles, détritus:* verfaulen, vermodern
❷ (*stagner, végéter*) *personne:* verkommen; ~ **en prison** im Gefängnis verfaulen; ~ **dans la paresse** vor Faulheit verkommen [*o* stinken] (*fam*)

croupissant(e) [kʀupisɑ̃, ɑ̃t] *adj eaux* stehend

croustade [kʀustad] *f* [Krusten]pastete *f,* Krustade *f* (*Fachspr.*)

croustillant(e) [kʀustijɑ̃, jɑ̃t] *adj* ❶ GASTR knusprig
❷ (*grivois*) pikant

croustille [kʀustij] *f* CAN (*chips*) [Kartoffel]chips *m*

croustiller [kʀustije] <1> *vi* knusprig sein

croûte [kʀut] *f* ❶ *sans pl de pain, fromage* Rinde *f;* ~**s de pain** Brotrinden *Pl*
❷ GASTR (*pâte qui entoure qc*) Teigmantel *m;* **pâté en** ~ Blätterteigpastete *f*
❸ *sans pl* (*couche*) Schicht *f;* MED Schorf *m; de sang* Kruste *f*
❹ (*sédiment*) Belag *m;* ~ **de tartre** Belag aus Kesselstein; ~ **de rouille/de calcaire** Rost-/Kalkschicht *f*
❺ GEOL ~ **terrestre** Erdkruste *f*
❻ *péj* (*mauvais tableau*) Schinken *m*
► **casser la** ~ *fam* etwas essen; **gagner sa** ~ *fam* seine Brötchen *Pl* verdienen (*fam*)

croûter [kʀute] <1> *vi fam* etwas essen [*o* futtern *fam*]

croûton [kʀutɔ̃] *m* ❶ (*extrémité du pain*) Randstück *nt,* Kanten *m* (NDEUTSCH), Knäuschen *nt* (SDEUTSCH)
❷ (*pain frit*) Croûton *m*
► **vieux** ~ *fam* verknöcherte(r) Alte(r) *f(m)* (*fam*), alter Knochen (*fam*)

croyable [kʀwajabl] *adj* glaubhaft, glaubwürdig; **des histoires difficilement** ~**s** Geschichten *Pl,* die man nur schwer glauben kann; **c'est à peine** ~ es ist kaum zu glauben; **ce n'est pas** ~ es ist nicht zu glauben

croyance [kʀwajɑ̃s] *f* ❶ *sans pl* (*le fait de croire*) **la** ~ **dans/en qc** der Glaube an/in etw (*Akk*); ~ **en Dieu** Glaube an Gott; ~ **à qn/qc** Glaube an jdn/etw; ~ **au progrès/aux fantômes** Glaube an den Fortschritt/an Geister
❷ (*ce que l'on croit*) ~ **religieuse** Glaube *m,* Konfession *f;* ~**s superstitieuses** Aberglaube *m;* ~ **populaire** Volksglaube *m*

croyant [kʀwajɑ̃] *part prés de* **croire**

croyant(e) [kʀwajɑ̃, jɑ̃t] I. *adj* religiös; **être ~(e)** gläubig [*o* religiös] sein
II. *m(f)* Gläubige(r) *f(m)*

C.R.S. [seɛʀɛs] *m abr de* **compagnie républicaine de sécurité** ≈ Bereitschaftspolizei *f;* (*policier de la compagnie républicaine de sécurité*) Bereitschaftspolizist(in) *m(f);* **les ~** die Bereitschaftspolizei

i Land & Leute

Die **C.R.S.** wurde 1945 als mobile Bereitschaftspolizei gegründet. Sie wird hauptsächlich zur Bewachung öffentlicher Gebäude und bei Demonstrationen eingesetzt.

cru [kʀy] I. *adv* **dire qc tout ~** etw ohne Umschweife [*o* knallhart *fam*] sagen; **monter à ~** (*sans selle*) ohne Sattel reiten
II. *m* ❶ (*terroir*) [Wein]anbaugebiet *nt,* Weinberg *m,* Lage *f*
❷ (*vin*) **un grand ~** ein großer Wein, eine gute Lage; **un des grands ~s de Bourgogne** einer der besten Burgunder
❸ (*invention*) **c'est de mon propre ~** es ist meine eigene Erfindung, es ist von mir persönlich

cru(e) [kʀy] I. *part passé de* **croire**
II. *adj* ❶ *aliments* roh; **lait ~** Rohmilch *f;* **légumes ~s** Rohkost *f*
❷ (*non traité*) *soie, chanvre, cuir, métal, bois* roh; *toile* unbehandelt
❸ (*vif*) *lumière, couleur* grell
❹ (*direct*) *langage* ungeschminkt, direkt; *propos, termes, description* schonungslos, drastisch; (*osé*) *histoire, chanson* derb; *langage* ordinär, derb; **faire une description ~e de qc** etw schonungslos [*o* drastisch] beschreiben; **répondre à qn de façon ~e** jdm mit schonungsloser Offenheit antworten

crû(e) [kʀy] *part passé de* **croître**

cruauté [kʀyote] *f sans pl* (*férocité*) Grausamkeit *f;* *du destin, sort* Unerbittlichkeit *f;* **~ mentale** seelische Grausamkeit; **traiter qn avec ~** jdn grausam [*o* unmenschlich] behandeln

cruche [kʀyʃ] *f* ❶ Krug *m;* **~ à eau** Wasserkrug; **une ~ d'eau/de vin** ein Krug Wasser/Wein
❷ *fam* (*sot*) Idiot(in) *m(f),* Trottel *m* (*fam*); (*maladroit*) Trampel *m o nt* (*fam*)

cruchon [kʀyʃɔ̃] *m* kleiner Krug *m*

crucial(e) [kʀysjal, jo] <-aux> *adj* entscheidend

crucifère [kʀysifɛʀ] I. *adj* ARCHIT ein Kreuz tragend
II. *fpl* BOT Kreuzblütler *Pl*

crucifiement [kʀysifimɑ̃] *m* (*action de crucifier*) Kreuzigung *f*

crucifier [kʀysifje] <1a> *vt* ❶ (*attacher qn sur la croix*) kreuzigen
❷ (*tourmenter*) quälen

crucifix [kʀysifi] *m* Kruzifix *nt*

crucifixion [kʀysifiksjɔ̃] *f* (*supplice du Christ*) Kreuzigung *f;* (*tableau, sculpture*) Kreuzigung[sgruppe *f*]

cruciforme [kʀysifɔʀm] *adj* ❶ ARCHIT kreuzförmig
❷ TECH **tournevis ~** Kreuzschlitzschraubendreher *m*

cruciverbiste [kʀysivɛʀbist] *mf* Kreuzworträtselfan *m*

crudité [kʀydite] *f* ❶ *sans pl* Direktheit *f;* *du langage* Derbheit *f;* *d'une description, expression* Unverblümtheit *f;* *des couleurs, de la lumière* Grellheit *f*
❷ *pl* GASTR [Gemüse]rohkost *f;* **assiette de ~s** ≈ Salatplatte *f*

crue [kʀy] *f* (*montée des eaux*) [An]steigen *nt,* Hochwasser *nt;* **être en ~** steigen, anschwellen; **les ~s du Nil** die Nilschwelle, die Nil-Überschwemmungen

cruel(le) [kʀyɛl] *adj* ❶ (*méchant*) *personne* grausam; **être ~(le) envers** [*o* **avec**] **qn** grausam zu jdm sein
❷ (*douloureux*) *destin, sort* grausam; *perte, remords, froid* bitter; *épreuve, décision* schwer; *doute* furchtbar, quälend; **être dans un ~ embarras/une ~le incertitude** furchtbar verlegen/zutiefst verunsichert sein; **être dans la ~le nécessité de faire qc** sich leider gezwungen sehen etw zu tun

cruellement [kʀyɛlmɑ̃] *adv* ❶ (*méchamment*) grausam
❷ (*douloureusement*) unmenschlich; (*péniblement*) schwer; **l'argent lui fait ~ défaut** er/sie hat Geld bitter nötig

crûment [kʀymɑ̃] *adv* ❶ unverblümt, direkt; *parler* unmissverständlich; *dire* knallhart (*fam*); *décrire* ohne Beschönigung
❷ (*avec une lumière crue*) **éclairer ~** in grelles Licht tauchen

crus [kʀy] *passé simple de* **croire**

crûs [kʀy] *passé simple de* **croître**

crustacé [kʀystase] *m* Krebs *m,* Krebstier *nt,* Krustentier; **assiette de ~s** Platte *f* mit Krustentieren

cryptage [kʀiptaʒ] *m* INFORM Verschlüsselung *f*

crypte [kʀipt] *f* Krypta *f*

crypté(e) [kʀipte] *adj* verschlüsselt; **chaîne ~e** verschlüsselter [Privat]sender

crypter [kʀipte] <1> *vt* verschlüsseln, kodieren

cryptogamique [kʀiptɔgamik] *adj* BOT **maladie ~** Pilzerkrankung *f*

cryptogramme [kʀiptɔgʀam] *m* verschlüsselter Text, Kryptogramm *nt*

C.S.G. [seɛsʒe] *f abr de* **Contribution sociale généralisée** *Sozialversicherungssteuer, eine allgemeine Abgabe ähnlich einem Sozialbeitrag, der auf die Einkommenssteuer aufgeschlagen wird*

Cuba [kyba] *m* Kuba *nt*

cubage [kybaʒ] *m* ❶ (*volume*) Rauminhalt *m;* **~ d'air d'une pièce** Luftvolumen *nt* eines Raumes
❷ *sans pl* (*évaluation*) Kubikmeterberechnung *f;* *des arbres* Festmeterberechnung *f*

cubain(e) [kybɛ̃, ɛn] *adj* kubanisch

Cubain(e) [kybɛ̃, ɛn] *m(f)* Kubaner(in) *m(f)*

cube [kyb] *m* ❶ **mètre ~** Kubikmeter *m;* **moto de 1100 cm³** Motorrad *nt* mit 1100 Kubik; **une 750 cm³** eine Siebenhundertfünfziger; **un gros ~** ein Motorrad mit großem Hubraum
❷ GEOM Würfel *m,* Kubus *m* (*geh*); **en forme de ~** würfelförmig, kubisch (*geh*)
❸ (*forme*) Würfel *m;* **~ en** [*o* **de**] **bois/plastique** Holz-/Plastikwürfel; **~ de béton** Betonklotz *m;* (*jouet*) Holzklötzchen *nt*
❹ MATH Kubikzahl *f,* dritte Potenz; **le ~ de 3 est 27** die Kubikzahl [*o* dritte Potenz] von 3 ist 27; **élever ces chiffres au ~** diese Zahlen in die dritte Potenz erheben

cuber [kybe] <1> I. *vt* ❶ MATH in die dritte Potenz erheben, hoch 3 nehmen (*fam*)
❷ (*mesurer le volume de*) **~ qc** das Volumen [*o* den Rauminhalt] einer S. (*Gen*) errechnen
II. *vi* ❶ (*avoir le volume de*) *citerne:* fassen; *pièce:* messen
❷ (*représenter une grande quantité*) **ça cube** [*o* **finit par ~**] *fam* das läppert sich zusammen (*fam*)

cubique [kybik] *adj* ❶ würfelförmig, kubisch (*geh*)
❷ MATH **racine ~** Kubikwurzel *f*

cubisme [kybism] *m* ART Kubismus *m*

cubiste [kybist] ART I. *adj* kubistisch
II. *mf* Kubist(in) *m(f)*

cubitus [kybitys] *m* Elle *f*

cucu(l) [kyky] I. *adj inv fam* (*niais*) doof (*fam*); *personne* einfältig; *film, histoire* kitschig
II. *m enfantin* Popo *m*

cucurbitacées [kykyʀbitase] *fpl* BOT Kürbisgewächse *Pl*

cueillette [kœjɛt] *f* ❶ *sans pl* (*action*) Ernten *nt;* *des fruits* Pflücken *nt;* *des champignons, myrtilles* Sammeln *nt;* (*récolte*) Ernte *f*
❷ *sans pl* SOCIOL Sammeln *nt;* **vivre de chasse et de ~** Jäger und Sammler sein

cueilleur, -euse [kœjœʀ, -øz] *m, f* Pflücker(in) *m(f)*

cueillir [kœjiʀ] <*irr*> *vt* ❶ pflücken *fleurs;* ernten *fruits, légumes;* sammeln *myrtilles, champignons;* lesen *raisins*
❷ *fam* (*arrêter*) schnappen (*fam*)
❸ *fam* (*prendre au passage*) abholen, auflesen (*fam*)
▶ **~ des lauriers** Lorbeeren *Pl* ernten

cui-cui [kɥikɥi] I. *interj* piep-piep

II. *m inv fam* Piepen *nt,* Gepiep[s]e *nt* (*pej*)

cuiller, **cuillère** [kɥijɛʀ] *f* ❶ (*ustensile*) Löffel *m;* ~ **de** [*o* **en**] **bois** Holzlöffel; ~ **en** [*o* **d'**] **argent** Silberlöffel, Kochlöffel; **petite** ~ kleiner Löffel, Kaffee-/Teelöffel
❷ (*contenu*) **une** ~ **d'huile/de sirop** ein Löffel *m* Öl/Sirup
❸ PECHE Blinker *m;* **pêcher à la** ~ blinkern
► **être né(e) avec une** ~ **d'argent dans la bouche** mit dem Silberlöffel im Mund geboren sein; **ne pas y aller avec le dos de la** ~ nicht zimperlich sein; **être à ramasser à la petite** ~ *fam* fix und fertig [*o* am Ende] sein (*fam*), auf allen vieren daherkommen (*fam*); **faire qc en deux coups de** ~ **à pot** etw im Handumdrehen machen
◆ ~ **à café** CAN Kaffeelöffel *m;* ~ **à thé** CAN Teelöffel *m;* ~ **à dessert** Dessertlöffel *m;* ~ **à pot** Schöpflöffel *m;* ~ **à soupe** CAN Suppenlöffel *m;* ~ **à table** CAN Esslöffel *m*

cuillerée, **cuillérée** [kɥijeʀe] *f* **une** ~ **de café/d'huile** ein Löffel *m* Kaffee/Öl; **deux** ~**s de sucre** zwei Löffel Zucker
◆ ~ **à café** Kaffeelöffel *m,* Teelöffel *m;* ~ **à soupe** Esslöffel *m*

cuir [kɥiʀ] *m* ❶ *sans pl* Leder *nt;* ~ **artificiel** Kunstleder; ~ **brut** Rohleder; ~ **verni** Lackleder; **veste de** ~ Lederjacke *f;* **du vrai** ~ echt[es] Leder; **commerce de** ~**s et peaux** Lederwarengeschäft *nt;* ~ **de vache/veau** Rinds-/Kalbsleder
❷ *sans pl fam* (*vêtement de cuir*) **mettre son** ~ seine Ledersachen *Pl* anziehen
► ~ **chevelu** Kopfhaut *f;* **tanner le** ~ **à qn** *fam* jdm das Fell gerben (*fam*)
◆ ~ **en croûte** Spaltleder *nt*

cuirasse [kɥiʀas] *f* ❶ ZOOL Panzer *m*
❷ MIL (*blindage*) Panzer[ung *f*] *m*
❸ HIST *du chevalier* [Brust]harnisch *m*
► **le défaut de la** ~ die verwundbare Stelle

cuirassé [kɥiʀase] *m* Panzerkreuzer *m*

cuirassé(e) [kɥiʀase] *adj* ❶ (*revêtu d'une cuirasse*) geharnischt; **navire** ~ gepanzertes Schiff
❷ (*endurci*) **être** ~**(e) contre qc** gegen etw immun [*o* gefeit *geh*] sein

cuirasser [kɥiʀase] <1> **I.** *vt* (*revêtir d'une cuirasse*) panzern *navire*
II. *vpr* ❶ MIL (*se revêtir d'une cuirasse*) **se** ~ einen [Brust]harnisch anlegen
❷ (*se protéger*) **se** ~ **contre qc** sich gegen etw wappnen

cuirassier [kɥiʀasje] *m* ❶ HIST Kürassier *m*
❷ MIL **le 1**[er]**/2**[e] ~ das 1./2. Panzerbataillon

cuire [kɥiʀ] <*irr*> **I.** *vt* ❶ (*au bouillon, à l'eau*) kochen; (*à la cocotte, la vapeur*) garen; (*à la casserole, à l'étouffée*) schmoren *viande;* dünsten *légumes;* (*au four*) braten *rôti, volaille;* backen *pain, gâteau, gratin;* (*à la poêle*) fritieren, backen *frites, beignets;* **faire** ~ **qc à la broche/au grill** etw am Spieß/auf dem Grill braten; **faire** ~ **qc à l'eau/à la vapeur** etw in Wasser kochen/mit Dampf garen; **faire** ~ **qc au bain-marie** etw im Wasserbad garen; **faire** ~ **qc au four** etw im Ofen zubereiten; **chocolat à** ~ Kochschokolade *f,* Blockschokolade *f*
❷ TECH brennen *poterie, porcelaine*
► **être dur à** ~ hartgesotten sein
II. *vi* ❶ GASTR *viande:* schmoren; *légumes:* garen; *pâtes:* kochen; *pain, gâteau:* backen
❷ *fam* (*avoir très chaud*) glühen
❸ (*brûler, picoter*) *mains, yeux, dos, peau:* brennen
► **en** ~ **à qn** jdn reuen; **il lui en cuira** das wird ihm [bestimmt] noch leid tun

cuisant(e) [kɥizɑ̃, ɑ̃t] *adj blessure, douleur* brennend; *remords* nagend; *déception, échec, défaite* bitter; *froid* schneidend; *remarque* scharf, schneidend

cuisine [kɥizin] *f* ❶ (*pièce*) Küche *f;* (*meubles*) Einbauküche
❷ (*art culinaire*) Kochkunst *f,* Küche *f;* (*nourriture*) Küche, Essen *nt;* **livre de** ~ Kochbuch *nt;* **recette de** ~ [Koch]rezept *nt;* **la** ~ **française/bourgeoise** die französische/gutbürgerliche Küche; **la nouvelle** ~ die Nouvelle Cuisine; **aimer la bonne** ~ gerne gut essen; **faire la** ~ **au beurre/à l'huile** mit Butter/Öl kochen; **la** ~ **de ce restaurant est délicieuse** dieses Restaurant hat eine ausgezeichnete Küche
❸ *sans pl fam* (*intrigue*) ~ **électorale** Schlammschlacht *f* vor den Wahlen, Wahlzirkus *m*

cuisiné(e) [kɥizine] *adj* **plats** ~**s** Fertiggerichte

cuisiner [kɥizine] <1> **I.** *vi* (*faire la cuisine*) kochen; **bien/mal** ~ gut/schlecht kochen
II. *vt* ❶ (*préparer des plats*) kochen, zubereiten; ~ **un plat de poisson** einen Fisch zubereiten; **plat cuisiné** Fertiggericht *nt*
❷ *fam* (*interroger*) ~ **qn** jdn ausquetschen (*fam*)

cuisinette [kɥizinɛt] *f* Kochecke *f*

cuisinier [kɥizinje] *m* (*personne*) Koch *m;* **toque de** ~ Kochmütze *f;* **tablier de** ~ Küchenschürze *f*

cuisinière [kɥizinjɛʀ] *f* ❶ (*personne*) Köchin *f;* **tablier de** ~ Küchenschürze *f*
❷ (*fourneau de cuisine*) [Küchen]herd *m;* ~ **à gaz/à l'électricité/au charbon** Gas-/Elektro-/Kohleherd

cuissage [kɥisaʒ] *m* ❶ HIST Recht *nt* der ersten Nacht
❷ *fam* (*harcèlement sexuel*) Belästigung *f*

cuissard [kɥisaʀ] *m* ❶ HIST *de l'armure* Diechling *m*
❷ *d'un cycliste* Radlerhose *nt*

cuissardes [kɥisaʀd] *fpl* kniehohe Stiefel *Pl; du pêcheur* Anglerstiefel

cuisse [kɥis] *f* ❶ ANAT Schenkel *m*
❷ GASTR *de lièvre, volaille* Keule *f,* Schlägel *m; de grenouille* Schenkel *m*
► **se croire sorti(e) de la** ~ **de Jupiter** *fam* sich für etwas [ganz] Besonderes halten

cuisseau [kɥiso] <x> *m de veau* Keule *f* [mit Lendenstück]

cuissettes [kɥisɛt] *fpl* CH (*culottes de sport*) [kurze] Sporthose *f*

cuisson [kɥisɔ̃] *f* ❶ *sans pl* Kochen *nt,* Garen *nt; de la viande* Schmoren *nt; des légumes* Dünsten *nt; d'un rôti* Braten *nt; du pain, gâteau* Backen *nt;* **temps de** ~ Gar-/Koch-/Brat-/Backzeit *f;* **la** ~ **de ce poulet est insuffisante** dieses Hühnchen ist nicht durchgebraten; **vous la voulez comment, la** ~ **de votre steak: bien cuit, à point, saignant, bleu?** wie möchten Sie Ihr Steak: gut durchgebraten, medium, englisch, blutig?
❷ (*durée*) Gar-/Koch-/Brat-/Backzeit *f;* **des légumes qui ont une** ~ **rapide/longue** Gemüse mit kurzer/langer Garzeit
❸ *sans pl* TECH *de la poterie, porcelaine* Brennen *nt*

cuissot [kɥiso] *m du sanglier, chevreuil* Keule *f*

cuistot [kɥisto] *m fam* Koch *m*

cuistre [kɥistʀ] *m littér* Schulmeister *m* (*pej*)

cuit(e) [kɥi, kɥit] **I.** *part passé de* **cuire**
II. *adj* ❶ GASTR gar; *légumes, jambon, poule au pot* gekocht; *steak, gigot* gebraten; *gâteau, pain* gebacken; **ne pas être [assez]** ~**(e)** nicht gar/nicht durchgebraten/nicht durchgebacken sein; **être trop** ~**(e)** zerkocht/zu stark gebraten/zu stark gebacken sein; **une baguette bien** ~**e** ein dunkles Baguette; **un gigot** ~ **à point** eine rosagebratene Lammkeule
❷ TECH *poterie, porcelaine* gebrannt; **terre** ~**e** Terrakotta *f*
❸ *fam* (*ivre*) besoffen (*sl*), blau (*fam*)
► **c'est** ~ *fam* es ist aus und vorbei, es ist gelaufen (*fam*); **c'est du tout** ~ *fam* das ist ein Klacks (*fam*); **être** ~**(e)** *fam* am Ende sein (*fam*)

cuite [kɥit] *f* ❶ (*cuisson*) *de la porcelaine* Brand *m,* Brennen *nt*
❷ *fam* Rausch *m;* **tenir une sacrée** ~ ganz schön einen sitzen haben (*fam*); **prendre une** ~ sich (*Dat*) einen antrinken (*fam*)

cuiter [kɥite] <1> *vpr fam* **se** ~ sich besaufen (*fam*), sich volllaufen lassen (*sl*)

cuivre [kɥivʀ] *m* ❶ *sans pl* Kupfer *nt;* ~ **rouge** [reines] Kupfer; ~ **jaune** Messing *nt;* **extraction du** ~ Kupfergewinnung *f;* **casseroles en** ~ Kupfergeschirr *nt;* **gravures sur** ~ Kupferstiche *Pl*
❷ *pl* (*ustensiles*) Kupfer *nt;* **faire briller les** ~**s** das Kupfer putzen [*o* polieren]

❸ ART (*planche d'illustration*) Kupferstichplatte *f*
❹ *pl* MUS Blech[blas]instrumente *Pl*, Blech *nt* (*fam*)

cuivré(e) [kɥivʀe] *adj* ❶ kupferfarben; *reflets* kupferfarben, kupfern; *peau, teint* kupferfarben, rotbraun
❷ (*sonore*) *voix* sonor, volltönend

cuivrer [kɥivʀe] <1> *vt* (*couvrir d'une couche de cuivre*) verkupfern

cul [ky] *m* ❶ *sans pl fam* (*derrière*) *d'une personne* Hintern *m* (*fam*), Arsch *m* (*vulg*); **botter le ~ à qn** jdm den Hintern versohlen (*fam*); **recevoir des coups de pied au ~** einen Arschtritt bekommen (*vulg*)
❷ *pop* (*anus*) Arschloch *nt* (*vulg*), Hintern *m* (*fam*)
❸ *sans pl pop* (*sexe*) Sex *m*; **histoire de ~** Sexgeschichte *f*; **film de ~** Pornofilm *m*; **ne penser qu'au ~** nur an Sex denken; **faire commerce de son ~** auf den Strich gehen (*fam*)
❹ (*fond*) *d'une bouteille* Boden *m*
▶ **avoir le ~ entre deux chaises** *fam* zwischen zwei Stühlen sitzen; **s'entendre comme ~ et chemise** *fam* ein Herz und eine Seele sein; **avoir le feu au ~** *vulg* sexhungrig sein; **coûter la peau du ~** *fam* den letzten Pfennig kosten; **se taper le ~ par terre** *fam* zum Kugeln [*o* Verrücktwerden] sein (*fam*); **être un faux ~** *fam* ein falscher Fünfziger [*o* Hund] sein (*fam*); **en avoir plein le ~** *vulg* die Schnauze [gestrichen] voll haben (*sl*); **faire ~ sec** *fam* auf ex trinken (*fam*); **se casser le ~ à faire qc** *fam* sich (*Dat*) den Arsch aufreißen um etw zu tun (*vulg*); **lécher le ~ à qn** *vulg* jdm in den Arsch kriechen (*vulg*); **parle à mon ~ [ma tête est malade]** *fam* gib dir keine Mühe, dein Geschwätz interessiert mich nicht; **péter plus haut que son ~** *vulg* größenwahnsinnig werden (*fam*); **tirer au ~** *vulg* sich drücken (*fam*); **mon ~!** *vulg* du kannst mich [mal]! (*sl*), scheiß drauf! (*vulg*)

culasse [kylas] *f* ❶ *d'un moteur* Zylinderkopf *m*
❷ (*extrémité postérieure*) *d'un fusil, canon* Verschluss *m*

culbute [kylbyt] *f* ❶ (*galipette*) **faire une ~** einen Purzelbaum machen [*o* schlagen]
❷ (*chute*) **faire des ~s dans l'escalier** kopfüber die Treppe hinunterfallen; **faire une ~ dans la rivière** *voiture:* sich überschlagen und in den Fluss fallen
▶ **faire la ~** *fam* pleite gehen (*fam*)

culbuter [kylbyte] <1> **I.** *vi* (*tomber*) *bateau:* kentern; **~ dans un fossé** *personne:* kopfüber in einen Graben stürzen; *voiture:* sich überschlagen und in einen Graben stürzen
II. *vt* ❶ (*faire tomber*) umwerfen, umstoßen; überrennen *ennemi;* stürzen *gouvernement;* **~ un obstacle** sich über ein Hindernis hinwegsetzen; **tout ~ sur son passage** auf seinem Weg alles zerstören
❷ *vulg* (*prendre sexuellement*) flachlegen (*sl*)

culbuteur [kylbytœʀ] *m* ❶ AUT *d'un moteur* Kipphebel *m*
❷ TECH *d'une benne* Kippvorrichtung *f*

cul-de-basse-fosse [kyd(ə)bɑsfos] <culs-de-basse-fosse> *m* Kerker *m*, Verlies *nt* **cul-de-four** [kyld(ə)fuʀ] <culs-de-four> *m* ARCHIT Halbkuppelgewölbe *nt* **cul-de-jatte** [kydʒat] <culs-de-jatte> *mf* beinloser Krüppel **cul-de-lampe** [kyld(ə)lɑ̃p] <culs-de-lampe> *m* TYP Vignette *f* **cul-de-sac** [kydsak] <culs-de-sac> *m* Sackgasse *f*

culée [kyle] *f* ARCHIT Widerlager *nt*

culinaire [kylinɛʀ] *adj* **art ~** Kochkunst *f*

culminant(e) [kylminɑ̃, ɑ̃t] *adj* ❶ **point ~ d'une montagne** Gipfel *m* eines Berges
❷ *fig* **point ~ de qc** Höhepunkt *m* einer S. (*Gen*)

culminer [kylmine] <1> *vi* ❶ (*avoir une hauteur de*) **le pic culmine à 8000 m** der Berggipfel liegt bei 8000 m, der Berg ist 8000 m hoch
❷ (*être à son maximum*) seinen Höhepunkt erreichen; **les salaires de la firme culminent à 2500 euros** die Firma zahlt Gehälter bis zu 2500 Euro
❸ ASTRON *étoile:* seinen Kulminationspunkt erreichen

culot [kylo] *m d'une ampoule* Sockel *m*; *d'un obus* Boden *m*
❷ *fam* (*assurance effrontée*) Frechheit *f*; **avoir du ~** unverschämt sein; **avoir un sacré ~** unglaublich dreist sein (*fam*); **avoir le ~ de faire qc** die Stirn [*o* Frechheit] haben etw zu tun

culotte [kylɔt] *f* ❶ (*slip*) Slip *m*, Unterhose *f*
❷ (*short*) kurze Hose[n] *f*; **des ~s de cuir** kurze Lederhosen; **porter des ~s courtes** kurze Hosen tragen
❸ SPORT (*pantalon long*) lange Hose[n]; **~s de golf/de cheval** Knickerbocker *Pl*/Reithosen
❹ GASTR Hüftstück *nt*
▶ **faire dans sa ~** *fam* sich in die Hosen machen; **mouiller sa ~** *pop* in die Hosen machen (*fam*); (*de désir sexuel*) feucht werden (*sl*); **porter la ~ dans le ménage** *fam* zu Hause die Hosen anhaben (*fam*); **ramasser une ~** *fam* haushoch verlieren
◆ **~ de cheval** Fettpolster *Pl* an den Oberschenkeln, Reithosen *f*

culotté(e) [kylɔte] *adj fam* (*effronté*) dreist, frech; (*audacieux*) draufgängerisch

culotter [kylɔte] <1> *vt* einrauchen *pipe*

culpabilisation [kylpabilizasjɔ̃] *f* Erwecken *nt* von Schuldgefühlen

culpabiliser [kylpabilize] <1> **I.** *vt* **~ qn** bei jdm Schuldgefühle wecken; **se sentir culpabilisé(e)** Schuldgefühle bekommen
II. *vpr* **se ~** sich schuldig fühlen, sich (*Dat*) Vorwürfe *Pl* machen

culpabilité [kylpabilite] *f sans pl* Schuld *f*; **sentiment de ~** Schuldgefühl *nt*

culte [kylt] *m* ❶ *sans pl* (*vénération*) Verehrung *f*, Kult *m*; **~ des morts** Totenkult *m*; **le ~ de Dieu** die Verehrung Gottes; **rendre un ~ à qn/qc** jdn/etw verehren
❷ *sans pl* (*cérémonie*) (*chrétienne*) Gottesdienst *m*; (*païenne*) Kultfeier[n *Pl*] *f*; (*religion*) Religion *f*
❸ (*office protestant*) [Predigt]gottesdienst *m*
❹ *fig* **vouer un ~ à qn** jdn verehren; **avoir le ~ de l'argent** das [liebe] Geld anbeten
◆ **~ de la personnalité** Personenkult *m*

cul-terreux [kyteʀø] <culs-terreux> *m péj* Bauer *m*, Bauerntrampel *m* (*péj fam*)

cultivable [kyltivabl] *adj* bebaubar, anbaufähig

cultivateur, -trice [kyltivatœʀ, -tʀis] **I.** *adj peuple* ackerbautreibend
II. *m, f* Landwirt(in) *m(f)*, Bauer *m*/Bäuerin *f*; **petit/gros ~** Klein-/Großbauer

cultivé(e) [kyltive] *adj personne* gebildet; **c'est un esprit ~** er/sie ist [sehr] gebildet; **être peu ~(e)** nur wenig Bildung *f* besitzen

cultiver [kyltive] <1> **I.** *vt* ❶ AGR anbauen *plantes, céréales, légumes, vigne;* **des terrains cultivés** bebaute Felder *Pl*; **des plantes cultivées** Kulturpflanzen *Pl*
❷ (*exercer*) trainieren *mémoire;* fördern *dispositions, don;* pflegen *goût;* **~ son esprit** sich [weiter]bilden
❸ *littér* (*pratiquer*) pflegen (*geh*) *art, sciences*
❹ (*entretenir*) pflegen *relations, amitié, réputation*
II. *vpr* **se ~ en faisant qc** sich bilden, indem man etw tut

culture [kyltyʀ] *f* ❶ *sans pl des céréales, légumes, fruits* Anbau *m*; **~ de la vigne** Weinbau *m*; **~ fruitière/maraîchère/céréalière** Obst-/Gemüse-/Getreideanbau; **~ fourragère** Anbau von Futterpflanzen
❷ *sans pl* (*action de cultiver*) *d'un champ* Bestellen *nt*; *d'un verger* Bewirtschaftung *f*; **~ biologique** biologischer Anbau; **~ intensive** intensiver Anbau, Intensivwirtschaft *f*; **~ du jardin** Gartenarbeit *f*; **méthodes/travaux de ~** Anbaumethoden *Pl*; **~ itinérante** Wanderfeldbau *m*; **mettre ses terrains en ~** sein Land *nt* bewirtschaften, seine Felder bestellen; **pays de petite/moyenne/grande ~** Land mit kleinen/mittleren/großen landwirtschaftlichen Betrieben
❸ *pl* (*terres cultivées*) Felder *Pl*
❹ BIO Kultur *f*; **~ microbienne** Bakterienkultur

❺ *sans pl* (*savoir*) Bildung *f;* (*connaissances spécialisées*) Wissen *nt,* Kenntnisse *Pl;* ~ **générale** Allgemeinbildung; **posséder une vaste/solide** ~ sehr gebildet sein; **ministre de la Culture** Kultusminister *m*
❻ (*civilisation*) Kultur *f;* **la** ~ **occidentale** die westliche [*o* abendländische] Kultur; **la** ~ **orientale** die östliche Kultur
❼ SOCIOL (*ensemble de comportements*) Lebensweise *f,* Kultur *f;* **la** ~ **populaire/bourgeoise/ouvrière** die Lebensweise der breiten Masse/des Bürgertums/der Arbeiterschaft
❽ SPORT ~ **physique** Gymnastik *f*

culturel(le) [kyltyʀɛl] *adj* **échange** ~ Kulturaustausch *m; revendications, identité, manifestations* kulturell; **voyage** ~ Bildungsreise *f*

culturisme [kyltyʀism] *m sans pl* Bodybuilding *nt,* [gezieltes] Muskeltraining

culturiste [kyltyʀist] *mf* Bodybuilder(in) *m(f)*

cumin [kymɛ̃] *m* Kümmel *m*

cumul [kymyl] *m sans pl* ❶ Häufung *f;* ~ **de fonctions/mandats** Ämterhäufung
❷ JUR *de peines* Kumulation *f*

cumulable [kymylabl] *adj* kumulierbar

cumulard(e) [kymylaʀ, aʀd] *m(f) péj* (*personne touchant deux salaires*) Doppelverdiener(in) *m(f)*

cumuler [kymyle] <1> *vt* ❶ (*réunir*) kumulieren; ~ **des fonctions/mandats** mehrere Ämter innehaben [*o* auf sich (*Akk*) vereinigen]; ~ **plusieurs traitements** mehrere Gehälter beziehen; ~ **les bêtises** eine Dummheit nach der anderen machen
❷ FIN ~ **les intérêts** die Zinseszinsen berechnen; **les intérêts cumulés** die Zinseszinsen *Pl*

cumulonimbus [kymylonɛ̃bys] *m* Kumulonimbus *f* (*Fachspr.*), Gewitterwolke *f*

cumulus [kymylys] *m* ❶ (*nuage*) Haufenwolke *f,* Kumulus *m* (*Fachspr.*)
❷ (*chauffe-eau*) Boiler *m*

cunéiforme [kyneifɔʀm] *adj os* keilförmig, zugespitzt; **écriture** ~ Keilschrift *f*

cupide [kypid] *adj vieilli personne* [geld]gierig; *air, regard* gierig

cupidité [kypidite] *f sans pl soutenu* Habgier *f;* **la** ~ **de son regard** die Gier in seinem/ihrem Blick

cuproalliage [kypʀoaljaʒ] *m* Kupferlegierung *f*

cupule [kypyl] *f* BOT Fruchtbecher *m*

curable [kyʀabl] *adj* heilbar

curaçao [kyʀaso] *m* Curaçao *m*

curage [kyʀaʒ] *m* Reinigung *f;* ~ **des égouts** Abwasserreinigung

curare [kyʀaʀ] *m* (*poison*) Kurare *nt*

curatelle [kyʀatɛl] *f* JUR Pflegschaft *f*

curateur, -trice [kyʀatœʀ, -tʀis] *m, f* JUR *d'un mineur, aliéné* Vormund *m,* Betreuer(in) *m(f)* (*seit 1992*); ~(**-trice**) **à succession vacante** Nachlasspfleger(in) *m(f)*

curatif, -ive [kyʀatif, -iv] *adj* **remède** ~ Heilmittel *nt;* **vertu curative d'une plante** Heilkraft *f* einer Pflanze

cure¹ [kyʀ] *f* ❶ (*traitement*) Kur *f;* ~ **d'amaigrissement/de désintoxication** Schlankheitskur/Entziehungskur; ~ **de thalassothérapie** Kur am Meer, Thalassotherapie *f* (*Fachspr.*); ~ **thermale** Thermalkur; ~ **psychanalytique** Psychoanalyse *f;* **faire une** ~ eine Kur machen; **aller/être en** ~ zur Kur gehen/sein
❷ (*grande consommation*) Kur *f;* ~ **de sommeil/repos** Schlaf-/Liegekur; ~ **de fruits** Obstkur
► **n'avoir** ~ **de qc** *littér* etw ignorieren

cure² [kyʀ] *f* ❶ REL (*fonction*) Pfarrstelle *f;* (*circonscription*) Pfarrei *f*
❷ *vieilli* (*presbytère*) Pfarrhaus *nt*

curé [kyʀe] *m* Pfarrer(in) *m(f); péj* Pfaffe *m;* ~ **de campagne** Landpfarrer; **les** ~**s** der Priesterstand
► **bouffer du** ~ *fam* ein Pfaffenfresser sein (*fam*), gegen die Kirche eingestellt sein

cure-dent[s] [kyʀdɑ̃] <cure-dents> *m* Zahnstocher *m*

curée [kyʀe] *f* ❶ CHASSE Jagdanteil *m* (*für die Jagdhunde*)
❷ *fig des places* Jagd *nt*

cure-ongle [kyʀɔ̃gl] <cure-ongles> *m* Nagelreiniger *m*

cure-pipe [kyʀpip] <cure-pipes> *m* Pfeifenreiniger *m*

curer [kyʀe] <1> **I.** *vt* reinigen
II. *vpr* **se** ~ **les dents** sich (*Dat*) die Zähne reinigen; **se** ~ **les ongles/oreilles** sich (*Dat*) die Nägel/Ohren sauber machen

curetage [kyʀtaʒ] *m* MED Ausschabung *f,* Kürettage *f* (*Fachspr.*)

cureton [kyʀtɔ̃] *m péj* Pfaffe *m* (*pej*)

curette [kyʀɛt] *f* ❶ TECH Schabeisen *nt*
❷ MED Kürette *f*

curie [kyʀi] *f* ❶ REL Kurie *f*
❷ PHYS Curie *nt*

curieusement [kyʀjøzmɑ̃] *adv* seltsam, merkwürdig; ~, **il ne m'a rien demandé** seltsamerweise [*o* merkwürdigerweise] hat er mich nichts gefragt

curieux, -euse [kyʀjø, -jøz] **I.** *adj* ❶ (*ouvert*) neugierig, interessiert; **c'est un esprit** ~ er/sie ist wissbegierig [*o* interessiert]
❷ (*indiscret*) neugierig
❸ (*intéressé*) **être** ~(**-euse**) **de qc** sich für etw interessieren, an etw (*Dat*) interessiert sein; **être** ~(**-euse**) **de faire qc** [zu] gerne etw tun wollen; **être** ~(**-euse**) **d'apprendre qc** auf etw (*Akk*) gespannt sein; **être** ~(**-euse**) **de faire la connaissance de qn** zu gerne jdn kennen lernen wollen
❹ (*étrange*) *coïncidence, personnage, réaction, animal* seltsam, merkwürdig; **ce qui est** ~**, c'est qu'elle a** [*o* **ait**] **raison** das Seltsame [daran] ist, dass sie Recht hat; **chose curieuse, ...** seltsamerweise ..., merkwürdigerweise ...
II. *m, f* ❶ *sans pl* (*indiscret*) Schnüffler(in) *m(f)* (*fam*); **c'est un** ~ der steckt seine Nase in alles (*fam*)
❷ *pl* (*badauds*) Schaulustige(n) *Pl;* **se protéger des** ~ sich vor neugierigen Blicken schützen

curiosité [kyʀjozite] *f* ❶ *sans pl* (*intérêt*) Neugier[de] *f,* Interesse *nt;* ~ **intellectuelle** Wissensdurst *m,* Wissensdrang *m;* **exciter/satisfaire la** ~ **de qn** jds Interesse wecken/befriedigen
❷ *sans pl* (*indiscrétion*) Neugier[de] *f;* **il a été puni de sa** ~ das hat er nun von seiner Neugier[de]
❸ (*monument, site*) *d'une ville, région* Sehenswürdigkeit *f;* ~ **touristique** Touristenattraktion *f*
❹ (*objet rare*) Rarität *f;* **magasin de** ~**s** Raritätengeschäft *nt*

curiste [kyʀist] *mf* Kurgast *m*

curium [kyʀjɔm] *m* Curium *nt*

curling [kœʀliŋ] *m sans pl* SPORT Eis[stock]schießen *nt,* Curling *nt*

curriculum [vitæ] [kyʀikylɔm(vite)] *m inv* Lebenslauf *m*

curry [kyʀi] *m sans pl* Curry *nt o m;* **riz/poulet au** ~ Curryreis *m*/Curryhuhn *nt;* ~ **d'agneau** Lammgericht *nt* mit Curry

curseur [kyʀsœʀ] *m* ❶ INFORM Einfügemarke *f,* Cursor *m* (*Fachspr.*)
❷ (*index*) *d'un potentiomètre* Regler *m; d'une règle à calculer, balance* Schieber *m*

cursif, -ive [kyʀsif, -iv] *adj* ❶ **lettre cursive** kursiver Buchstabe
❷ (*rapide*) *lecture* flüchtig, kursorisch (*geh*); **faites une lecture cursive du texte** überfliegen Sie den Text

cursus [kyʀsys] *m* UNIV Studiengang *m,* Studium *nt*

curvimètre [kyʀvimɛtʀ] *m* Kurvenmesser *m,* Messrädchen *nt,* Kurvimeter *nt* (*Fachspr.*)

custode [kystɔd] *f d'une automobile* **glace de** ~ kleines Rückfenster *nt*

customiser [kœstɔmize] <1> *vt* ~ **qc** einer S. (*Dat*) eine persönliche Note verleihen

cutané(e) [kytane] *adj* **affection/maladie** ~**e** Hautirritation *f*/Hautkrankheit *f*

cuti [kyti] *f fam abr de* **cutiréaction**
► **virer sa** ~ *fam* sein Leben umkrempeln (*fam*)

cuticule [kytikyl] *f* ❶ *d'un ongle* Nagelhaut *f*
❷ ZOOL, BOT Kutikula *f* (*Fachspr.*)
cutiréaction [kytiʀeaksjɔ̃] *f* Haut[reaktions]test *m*
cutter [kœtœʀ, kytɛʀ] *m* Cutter *m*, Cutter-Messer *nt*
cuvage [kyvaʒ] *m* Gärung *f*
cuve [kyv] *f* (*fermée*) Tank *m*; (*ouverte*) Bottich *m*
◆ ~ **de développement** PHOT Entwicklerdose *f*, Entwicklungstrommel *f*; ~ **à mazout** [Heiz]öltank *m*; ~ **à vin** Bütte *f*
cuvée [kyve] *f* ❶ (*quantité*) **vin de la même** ~ Wein *m* aus demselben [Gär]bottich/[Gär]tank
❷ (*produit de toute une vigne*) Jahrgang *m*; **bonne/mauvaise** ~ guter/schlechter Jahrgang
cuver [kyve] <1> **I.** *vi vin, raisins:* gären
II. *vt* ~ **[son vin]** *fam* seinen Rausch ausschlafen
cuvette [kyvɛt] *f* ❶ (*récipient*) Waschschüssel *f*
❷ (*partie avec de l'eau*) *d'un lavabo, évier, W.-C.* Becken *nt*
❸ GEOG Kessel *m*
CV *abr de* **cheval fiscal**
C.V. [seve] *m abr de* **curriculum vitæ**

i Land & Leute

C.V. steht für *curriculum vitae*, einen Lebenslauf, der mit persönlichen Daten und einem Werdegang einer Bewerbung beigefügt wird.

cyanhydrique [sjanidʀik] *adj* Zyanwasserstoff-; **acide** ~ Blausäure *f*
cyanose [sjanoz] *f* MED Blausucht *f*, Zyanose *f*
cyanure [sjanyʀ] *m* Zyanid *nt*; (*cyanure de potassium*) Zyankali *nt*
cyberbazar [sibɛʀbazaʀ] *m* Internetbasar *m*, elektronischer Marktplatz *m*
cyberboutique [sibɛʀbutik] *f* Shopping Mall *f*
cybercâble [sibɛʀkɑbl] *m* Internetzugang *m*, Internetleitung *f*
cybercafé [sibɛʀkafe] *m* Internetcafé *nt*
cybercriminalité [sibɛʀkʀiminalite] *f* Internetkriminalität *f*
cyberculture [sibɛʀkyltyʀ] *f* Internetkultur *f*
cyberéconomie [sibɛʀekɔnɔmi] *f* Internetwirtschaft *f*
cyberespace [sibɛʀɛspas] *m* Cyberspace *m*
cybermarché [sibɛʀmaʀʃe] *m* elektronischer Marktplatz *m*
cybermonde [sibɛʀmɔ̃d] *m* Internetworld *f*
cybernaute [sibɛʀnot] *mf* [Internet]surfer(in) *m(f)*
cybernétique [sibɛʀnetik] *f* Kybernetik *f*
cyberprof [sibɛʀpʀɔf] *mf fam* Internetlehrer(in) *m(f)*, Onlinelehrer(in) *m(f)*
cybersexe [sibɛʀsɛks] *m* Cybersex *m*
cybersouk [sibɛʀsuk] *m* elektronischer Marktplatz *m*
cyberspace [sibɛʀspas] *m* Cyberspace *m*
cyclable [siklabl] *adj v.* **piste**
cyclamen [siklamɛn] *m* Alpenveilchen *nt*
cycle¹ [sikl] *m* ❶ BIO, MED Zyklus *m*; ~ **menstruel** Menstruationszyklus, Periode *f*
❷ ASTRON, ECON Kreislauf *m*, Zyklus *m*; ~ **solaire/lunaire/annuel** Sonnen-/Mond-/Jahreszyklus; **le** ~ **des saisons** der Kreislauf der Jahreszeiten
❸ TECH Phase *f*; **les** ~**s à quatre temps dans un moteur à explosion** die vier Taktphasen eines Verbrennungsmotors
❹ ELEC Periode *f*
❺ LITTER Themenkreis *m*; ~ **épique** Sagenkreis
❻ SCOL **premier** ~ ≈ Sekundarstufe I *f*, ≈ Unter- und Mittelstufe *f*; **deuxième** ~ ≈ Sekundarstufe II, ≈ Oberstufe
❼ UNIV **premier** ~ ≈ Grundstudium *nt*; **deuxième** ~ ≈ Hauptstudium; **troisième** ~ ≈ Postgraduiertenstudium, ≈ Doktorandenstudium
◆ ~ **d'études** UNIV Studiengang *m*; ~ **d'orientation** SCOL ≈ Orientierungsstufe *f* (*8. und 9. Schuljahr als Orientierung für die Wahl des Abiturtyps*); ~ **de vie** COM Lebenszyklus *m*

cycle² [sikl] *m* (*à deux roues*) Zweirad *nt*; (*à trois roues*) Dreirad
cyclique [siklik] *adj* zyklisch
cyclisme [siklism] *m sans pl* Radsport *m*; **faire du** ~ Radsport betreiben; ~ **sur route/sur piste** Straßen-/Bahnrennen *nt*
cycliste [siklist] **I.** *adj* **course** ~ Radrennen *nt*; **coureur** ~ Radrennfahrer *m*
II. *mf* Radfahrer(in) *m(f)*
III. *m* Radlerhose *f*
cyclo-cross [siklokʀɔs] *m inv* SPORT (*course*) Querfeldeinrennen *nt*
cycloïde [siklɔid] *f* MATH Zykloide *f*, Radkurve *f*
cyclomoteur [siklomɔtœʀ] *m* Mofa *nt*
cyclomotoriste [siklomɔtɔʀist] *mf* Mopedfahrer(in) *m(f)*
cyclone [siklon] *m* ❶ (*tempête*) Zyklon *m*, [heftiger] Wirbelsturm *m*
❷ (*basses pressions*) Tief[druckgebiet *nt*] *nt*, Zyklone *Pl* (*Fachspr.*)
▶ **arriver/entrer comme un** ~ angestürmt kommen/hereinstürmen
cyclope [siklɔp] *m* Zyklop *m*
cyclopéen(ne) [siklɔpeɛ̃, ɛn] *adj* (*gigantesque*) riesenhaft
cyclopousse, cyclo-pousse [siklopus] <cyclo-pousses> *m* Fahrradrikscha *f*
cyclothymie [siklotimi] *f* (*maladie, tempérament*) Zyklothymie *f*
cyclothymique [siklotimik] *adj* ❶ MED zyklotym
❷ *tempérament, personne* launenhaft
cyclotourisme [sikloturism] *m sans pl* Radwandern *nt*; **faire du** ~ Radwanderungen *Pl* machen, Rad wandern gehen
cyclotron [siklɔtʀɔ̃] *m* PHYS Zyklotron *nt*
cygne [siɲ] *m* Schwan *m*
cylindrage [silɛ̃dʀaʒ] *m sans pl d'une étoffe* Kalandern *nt*, Kalandrieren *nt*; *du macadam* Walzen *nt*
cylindre [silɛ̃dʀ] *m* ❶ GEOM Zylinder *m*; **en forme de** ~ zylinderförmig; ~ **de révolution** Kreiszylinder; ~ **droit/oblique** gerader/schiefer Zylinder
❷ (*rouleau*) Walze *f*; ~ **d'impression** Druckwalze, Druckzylinder *m*
❸ AUT, TECH Zylinder *m*; **moteur à six** ~**s** Sechszylindermotor *m*, sechszylindriger Motor; **moteur à quatre** ~**s en ligne** Vierzylinderreihenmotor; **moteur à six** ~**s en V** Sechszylinder-V-Motor, V-6-Motor; **une quatre/six** ~**s** *fam* ein Vier-/Sechszylinder *m* (*fam*)
cylindrée [silɛ̃dʀe] *f* ❶ *sans pl* (*volume*) Hubraum *m*; **une voiture de 1 500 cm³ de** ~ ein Auto mit 1 500 cm³ Hubraum; **une voiture de petite/grosse** ~ ein Wagen mit kleinem/großem Hubraum
❷ (*voiture*) **grosse/petite** ~ Auto *nt* mit großem/kleinem Hubraum; **une grosse/petite** ~ (*moto*) eine große/kleine Maschine
cylindrer [silɛ̃dʀe] <1> *vt* ❶ (*former en cylindre*) walzen *métal, pièce;* aufwickeln, aufrollen *papier*
❷ (*presser*) kalandern, kalandrieren *linge*
cylindrique [silɛ̃dʀik] *adj* zylindrisch, rund
cymbale [sɛ̃bal] *f sans pl* MUS Becken *nt*; **coup de** ~**s** Beckenschlag *m*
cymbalier, -ière [sɛ̃balje, -jɛʀ] *m, f* Beckenschläger(in) *m(f)*
cymbaliste [sɛ̃balist] *mf* Beckenschläger(in) *m(f)*
cynégétique [sineʒetik] **I.** *adj* weidmännisch
II. *f sans pl* Weidwerk *nt*
cynique [sinik] **I.** *adj* ❶ zynisch
❷ PHILOS kynisch
II. *mf* ❶ Zyniker(in) *m(f)*
❷ PHILOS Kyniker(in) *m(f)*
cyniquement [sinikmɑ̃] *adv* zynisch
cynisme [sinism] *m* ❶ *sans pl* Zynismus *m*; **avec** ~ zynisch
❷ PHILOS Kynismus *m*

cynocéphale [sinosefal] I. *adj* hundsköpfig
II. *m* ZOOL Hundskopfaffe *m*
cynodrome [sinodʀom] *m* Hunderennbahn *f*
cyprès [sipʀɛ] *m* Zypresse *f*
cypriote [sipʀijɔt] *adj* zypriotisch
Cypriote [sipʀijɔt] *mf* Zypriot(in) *m(f)*
cyrillique [siʀilik] *adj alphabet, caractères* kyrillisch
cystite [sistit] *f* Blasenentzündung *f*
cytise [sitiz] *m* BOT Goldregen *m*
cytogénétique [sitoʒenetik] *f* Zytogenetik *f*
cytologie [sitɔlɔʒi] *f sans pl* Zellforschung *f,* Zytologie *f* (*Fachspr.*)
cytologique [sitɔlɔʒik] *adj* zytologisch (*Fachspr.*)
cytoplasme [sitɔplasm] *m* Zellplasma *nt,* Zytoplasma *nt* (*Fachspr.*)

Dd

D, d [de] *m inv* D *nt*/d *nt*
▸ **d comme Désiré** D wie Dora
d' *v.* **de**
DAB [dab] *m abr de* **distributeur automatique de billets** Geldautomat *m*
d'abord [dabɔʀ] *v.* **abord**
d'accord [dakɔʀ] *v.* **accord**
dactyle [daktil] *m* ❶ LITTER, POES Daktylus *m*
❷ BOT Knäuelgras *nt*
dactylo [daktilo] I. *mf abr de* **dactylographe** Schreibkraft *f;* **être ~** als Schreibkraft arbeiten
II. *f abr de* **dactylographie**: **apprendre la ~** Maschinenschreiben lernen, Schreibmaschine *f* schreiben lernen; **cours de ~** Schreibmaschinenkurs *m*
dactylographe[1] [daktilɔgʀaf] *m* CAN (*machine à écrire*) Schreibmaschine *f*
dactylographe[2] [daktilɔgʀaf] *mf vieilli* Schreibkraft *f*
dactylographie [daktilɔgʀafi] *f sans pl v.* **dactylo**
dactylographier [daktilɔgʀafje] <1a> *vt* auf der [Schreib]maschine schreiben *lettre, texte;* **un C.V. dactylographié** ein maschinengeschriebener [*o* getippter *fam*] Lebenslauf
dactylographique [daktilɔgʀafik] *adj* **des travaux ~s** Schreibarbeiten *Pl*
dada[1] [dada] *m* ❶ *enfantin* (*cheval*) Hottehü *nt*
❷ *fam* (*marotte, manie*) Tick *m,* Fimmel *m;* **avoir un ~** ein Steckenpferd haben
dada[2] [dada] *adj inv* ART, LITTER dadaistisch; **le mouvement ~** der Dadaismus
dadais [dadɛ] *m* **grand ~** Tollpatsch *m*
dadaïsme [dadaism] *m* Dadaismus *m*
dadaïste [dadaist] I. *adj* dadaistisch
II. *mf* Dadaist(in) *m(f)*
dague [dag] *f* ❶ (*poignard*) Dolch *m*
❷ (*bois, défense*) *d'un cerf* Spieß *m; d'un sanglier* Hauer *m*
daguerréotype [dageʀeɔtip] *m sans pl* (*instrument*) Kamera *f* für Daguerreotypien; (*image*) Daguerreotypie *f*
daguet [dagɛ] *m* Spießbock *m,* Spießer *m*
dahlia [dalja] *m* Dahlie *f*
dahu [day] *m* ≈Wolpertinger *m*
daigner [deɲe] <1> *vt* **~ faire qc** geruhen [*o* sich herablassen] etw zu tun; **~ venir/répondre** die Güte haben zu kommen/zu antworten; **ne pas ~ regarder qn** jdn keines Blickes würdigen
daim [dɛ̃] *m* ❶ Damwild *nt;* (*mâle*) Damhirsch *m*
❷ (*cuir*) Wildleder *nt;* **des chaussures de ~** Wildlederschuhe *Pl*
daine [dɛn] *f* Damhirschkuh *f*
dais [dɛ] *m* Baldachin *m*
dalaï-lama [dalailama] <dalaï-lamas> *m* Dalai-Lama *m*
dallage [dalaʒ] *m* ❶ *sans pl* (*action*) Plätteln *nt; d'un trottoir* Pflastern *nt*
❷ (*revêtement*) Plattenbelag *m; d'un trottoir* Pflaster *nt;* **~ de marbre** Marmorbelag *m*
dalle [dal] *f* (*plaque*) [Stein]platte *f,* [Boden]fliese *f;* **~ de marbre** Marmorplatte; **~ de ciment** Zementplatte; **~ funéraire** Grabplatte; **couler une ~ de béton** eine Betonplatte gießen
▸ **avoir la ~ en pente** *fam* ein Schluckspecht *m* sein (*fam*); **avoir la ~** *fam* Kohldampf haben (*fam*); **se rincer la ~** *fam* sich (*Dat*) die Kehle schmieren (*fam*); **que ~!** *fam* denkste! (*fam*), Pustekuchen! (*fam*); **[n']y comprendre que ~** *fam* nur Bahnhof verstehen (*fam*), überhaupt nichts kapieren (*fam*); **[n']y voir que ~** *fam* die Hand nicht vor [den] Augen sehen können
daller [dale] <1> *vt* plätteln, fliesen; pflastern *trottoir, cour;* **être dallé(e)** *cuisine:* gefliest sein; *sol:* gepflastert sein
dalmatien(ne) [dalmasjɛ̃, jɛn] *m(f)* Dalmatiner(in) *m(f)*
daltonien(ne) [daltɔnjɛ̃, jɛn] *adj* farbenblind, rotgrünblind
daltonisme [daltɔnism] *m sans pl* Farbenblindheit *f,* Rotgrünblindheit
dam [dɑ̃, dam] *m* ▸ **au grand ~ de qn** *soutenu* zu jds [größtem] Leidwesen *nt*
damas [dama(s)] *m* ❶ TEXTIL [Seiden]damast *m;* **en ~** aus [Seiden]damast, damasten (*geh*)
❷ (*acier*) Damaszenerstahl *m*
damasquinage [damaskinaʒ] *m* TECH ❶ (*art de damasquiner*) Tauschierarbeit *f*
❷ (*aspect*) Tauschierung *f*
damassé [damase] *m* (*de lin*) [Leinen]damast *m;* (*de coton*) [Baumwoll]damast; **en ~** aus [Leinen/Baumwoll]damast
damassé(e) [damase] *adj* damasten (*geh*); **tissu ~** Damast[stoff] *m;* **coton ~** Baumwolldamast
dame [dam] I. *f* ❶ (*femme*) Dame *f;* (*personne de sexe féminin*) Frau *f;* **coiffeur/liqueur pour ~s** Damenfriseur *m*/-likör *m;* **se montrer galant envers les ~s** den Damen gegenüber galant sein
❷ *vieilli* (*épouse*) Frau [Gemahlin *veraltet*] *f;* **ma bonne ~!** *fam* gute [*o* liebe] Frau!; **ma petite ~!** *fam* meine Dame!, gnä' Frau! (*fam*)
❸ (*femme de qualité*) Dame *f;* **grande ~** feine Dame; **la grande ~ du théâtre** die große Dame des Theaters; **la ~ de ses pensées** seine Angebetete; **la première ~ de France** Frankreichs First Lady *f*
❹ *pl* (*jeu*) Dame *kein Art,* Damespiel *nt;* **faire une partie de ~s, jouer aux ~s** Dame spielen
❺ ECHECS, CARTES Dame *f;* **~ de trèfle/cœur/pique/carreau** Kreuz-/Herz-/Pik-/Karodame; **aller à ~** in eine Dame verwandelt werden
❻ TECH (*masse*) [Hand]ramme *f;* NAUT Dolle *f*
II. *interj fam* **~!** na! (*fam*); **~ oui/non!** na klar/ach was! (*fam*)
◆ **~ de charité** Wohltäterin *f;* **~ de compagnie** Gesellschafterin *f;* **~ d'honneur** Hofdame *f,* Ehrendame; **~ pipi** *fam* Toilettenfrau *f*
dame-jeanne [damʒan] <dames-jeannes> *f* Ballon[flasche *f*] *m,* große, bauchige [Korb]flasche
damer [dame] <1> *vt* ❶ (*tasser*) fest stampfen *terre;* walzen *neige;* **~ une piste de ski** eine Skipiste walzen
❷ JEUX (*aux échecs*) verwandeln; (*aux dames*) in eine Dame verwandeln
▸ **~ le pion à qn** jdm eine Retourkutsche verpassen (*fam*)
damier [damje] *m* ❶ JEUX Damebrett *nt*
❷ (*dessin*) Schachbrettmuster *nt;* **un tissu en ~** ein gewürfelter Stoff; **une nappe à ~, blanche et rouge** ein rot-weiß

kariertes Tischtuch

damnation [danasjɔ̃] *f sans pl* Verdammnis *f*
▸ [enfer et] ~! *littér* Tod und Teufel!

damné(e) [dane] **I.** *adj* ❶ REL verdammt
❷ *antéposé fam* verdammt; **cette ~e voiture ne marche jamais!** dieses verdammte Auto fährt auch nie!
▸ **être l'âme ~e de qn** *fam* für jdn den Kopf hinhalten
II. *m(f)* Verdammte(r) *f(m)*
▸ **souffrir comme un ~** Höllenqualen *Pl* leiden (*fam*); **travailler comme un ~** wie ein Pferd *nt* schuften (*fam*)

damner [dane] <1> **I.** *vt* verdammen
▸ **faire ~ qn** *fam* jdn zur Weißglut bringen
II. *vpr* **se ~ pour qn/qc** *fam* für jdn/etw Kopf und Kragen riskieren

damoiseau [damwazo] <x> *m* ❶ *vieilli* Knappe *m*
❷ *hum* (*gentilhomme empressé*) Stutzer *m*

dan [dan] *m* SPORT Dan *m*; **être deuxième ~** den zweiten Dan haben

dancing [dɑ̃siŋ] *m* Tanzlokal *nt*

dandinement [dɑ̃dinmɑ̃] *m d'un canard* Watscheln *nt*; *d'une personne* Hin- und Herschaukeln *nt*

dandiner [dɑ̃dine] <1> *vpr* **se ~** *canard, personne:* watscheln; **se ~ d'une jambe sur l'autre** [ständig] von einem Fuß auf den anderen treten; **elle marchait en se dandinant** sie watschelte

dandy [dɑ̃di] *m vieilli* Dandy *m*

dandysme [dɑ̃dism] *m* LITTER Dandismus *m*

Danemark [danmaʀk] *m* **le ~** Dänemark *nt*

danger [dɑ̃ʒe] *m* Gefahr *f*; **les ~s de la route** die Gefahren im Verkehr [*o* auf der Straße]; **pas de ~!** [nur] keine Angst! (*fam*), bestimmt nicht!; **sans ~** ohne Risiko [*o* Gefahr]; **attention ~!** Vorsicht!; **~ de mort!** Lebensgefahr!; **courir un ~** sich in Gefahr begeben; **être en ~** in Gefahr sein, gefährdet sein; **sa vie est en ~** er/sie schwebt in Lebensgefahr; **être hors de ~** außer [Lebens]gefahr sein; **mettre qn en ~** jdn gefährden; **échapper au ~** einer Gefahr entkommen
▸ **un [vrai] ~ public** *fam* eine Gefahr für die Allgemeinheit; **il n'y a pas de ~ que la voiture prenne feu** *fam* es besteht keine Gefahr, dass das Auto in Brand gerät

dangereusement [dɑ̃ʒʀøzmɑ̃] *adv* gefährlich; **être ~ blessé(e)** [lebens]gefährlich verletzt sein; **il conduit ~** seine Fahrweise ist gefährlich

dangereux, -euse [dɑ̃ʒʀø, -øz] *adj* gefährlich; *émission, lecture* schädlich; *entreprise, jeu* riskant, gewagt; **un fou ~** ein gemeingefährlicher Verrückter; **zone dangereuse** Gefahrenzone *f*; **ne pas être ~(-euse)** ungefährlich [*o* harmlos] sein; **la télé est dangereuse pour les enfants** Fernsehen *nt* ist für Kinder schädlich; **il est ~ de se pencher au dehors** das Hinauslehnen ist gefährlich

dangerosité [dɑ̃ʒʀozite] *f* Gefahr *f*; *d'un produit* Gefährlichkeit *f*

danois [danwa] *m* **le ~** Dänisch *nt*, das Dänische; *v. a.* **allemand**

danois(e) [danwa, waz] *adj* dänisch

Danois(e) [danwa, waz] *m(f)* Däne *m*/Dänin *f*

dans [dɑ̃] *prép* ❶ (*local, sans changement de lieu*) in (+ *Dat*); **jouer ~ la cour/la rue** im [*o* auf dem] Hof/in der [*o* auf der] Straße spielen; **aller/être ~ la bonne direction** (*à pied*) in die richtige Richtung gehen/auf dem richtigen Weg sein; **errer ~ les rues** durch die Straßen irren
❷ (*à travers*) durch (+ *Akk*); **regarder ~ une longue vue** durch ein Fernglas sehen
❸ (*à l'intérieur de*) in (+ *Dat*), innerhalb (+ *Gen*); **s'asseoir ~ un fauteuil** sich in einen Sessel setzen
❹ (*contenant*) aus; **boire ~ un verre** aus einem Glas trinken
❺ (*futur*) in (+ *Dat*); **~ combien de temps?** wann?
❻ (*dans un délai de*) innerhalb von, binnen; **~ les 24 heures/les trois mois** innerhalb von [*o* binnen] 24 Stunden/drei Monaten; **~ les délais** termingemäß
❼ (*dans le courant de*) **~ la journée/l'après-midi/la soirée** im Laufe des Tages/des Nachmittags/des Abends
❽ (*état, manière, cause*) in (+ *Dat*); **être ~ la finance/le privé** im Finanzwesen/in der Privatwirtschaft tätig sein; **~ sa précipitation/sa colère** in der Eile/in seinem/ihrem Zorn; **~ ces conditions/circonstances** unter diesen Bedingungen/Umständen
❾ (*environ*) ungefähr, circa, [so] um die; **peser ~ les 60 kilos** [so] um die 60 Kilo wiegen; **il me faudra bien ~ les quatre semaines** dazu brauche ich gut und gern ungefähr vier Wochen

dansant(e) [dɑ̃sɑ̃, ɑ̃t] *adj rythme, mélodie* Tanz-; *reflet, lueur* tanzend; **soirée ~e** Tanzabend *m*

danse [dɑ̃s] *f* Tanz *m*, Tanzen *nt*; **ouvrir la ~** den Tanz eröffnen; **~ classique** Ballett *nt*
▸ **donner [*o* flanquer] une ~ à qn** *fam* jdn verprügeln; **mener la ~** der Anführer/die Anführerin sein; **recevoir une ~** *fam* eine Abreibung bekommen
◆ **~ sur glace** Eistanz *m*; **~ de Saint-Guy** Veitstanz *m*; **~ du ventre** Bauchtanz *m*

danser [dɑ̃se] <1> **I.** *vi* ❶ tanzen
❷ (*remuer*) *flammes, reflets:* flackern
II. *vt* tanzen

danseur, -euse [dɑ̃sœʀ, -øz] *m, f* Tänzer(in) *m(f)*
▸ **en danseuse** in den Pedalen stehend
◆ **~(-euse) de ballet** Balletttänzer(in) *m(f)*; **~(-euse) de claquettes** Stepptänzer(in) *m(f)*; **~(-euse) de corde** Seiltänzer(in) *m(f)*; **~ étoile** Solotänzer *m*, erster Tänzer; **danseuse étoile** Primaballerina *f*, Solotänzerin *f*, erste Tänzerin

dantesque [dɑ̃tɛsk] *adj poésie* dantesk; *vision* dantisch

Danube [danyb] *m* **le ~** die Donau

danubien(ne) [danybjɛ̃, jɛn] *adj* Donau-

D.A.O. [deao] *m abr de* **dessin assisté par ordinateur** CAD *nt*

dard [daʀ] *m* (*organe*) Stachel *m*

darder [daʀde] <1> *vt* abschießen *flèche;* schleudern *objet;* **~ son regard/un regard haineux sur qn** jdn mit seinem Blick durchbohren

dare-dare [daʀdaʀ] *adv fam* schnurstracks (*fam*)

darne [daʀn] *f* Fischsteak *nt*; (*sans arêtes*) Fischfilet *nt*; **~ de thon** Thunfischsteak *nt*

dartre [daʀtʀ] *f* [Haut]flechte *f*

darwinien(ne) [daʀwinjɛ̃, jɛn] *adj théorie* darwinisch, Darwin-

darwinisme [daʀwinism] *m* Darwinismus *m*

DASS [das] *f abr de* **Direction de l'action sanitaire et sociale** *Leitung des Sozial- und Gesundheitswesens*

D.A.T. [deate] *m abr de* **digital audio tape** DAT *nt*; **cassette ~** DAT-Kassette *f*; **lecteur ~** DAT-Rekorder *m*

datable [databl] *adj* datierbar

DATAR [dataʀ] *f abr de* **Délégation à l'aménagement du territoire et à l'action régionale** *Flächenwidmungs- und Regionalförderungsbehörde*

datation [datasjɔ̃] *f* Datierung *f*

date [dat] *f* ❶ Datum *nt*; **~ de naissance/de mariage** Geburts-/Hochzeitstag *m*; **~ limite d'envoi** Einsendeschluss *m*; **~ limite de paiement** letzter Zahlungstermin; **à quelle ~?** wann?; **à cette ~-là, il était déjà parti** zu diesem Zeitpunkt war er schon weg; **de longue ~** *ami, amitié, client* langjährig; **connaître qn/qc de longue ~** jdn/etw seit langem kennen; **en ~ du 10 mai** vom 10. Mai; **le premier/dernier en ~** der Erste/Letzte [*o* Allerneueste]
❷ (*rendez-vous*) **prendre ~ avec qn** mit jdm einen Termin vereinbaren, sich mit jdm verabreden
❸ HIST Datum *nt*, Jahreszahl *f*
❹ (*événement*) Datum *nt*, Ereignis *nt*; **les grandes ~s de l'Histoire** die bedeutenden Ereignisse der Geschichte
❺ JUR Termin *m*
◆ **~ d'expédition** Absendetag *m*; **~ d'expiration** Ablaufdatum *nt*; **~ de livraison** Lieferdatum *nt*, Liefertermin *m*; **~ de paie-**

D

ment Zahlungstermin *m;* ~ **de transfert** Übergangsstichtag *m*

dater [date] <1> **I.** *vt* datieren; **être daté(e) du...** das Datum vom ... tragen
II. *vi* ❶ (*remonter à*) ~ **de la guerre** *objet:* aus dem Krieg stammen; **cette décision date de quelques minutes** diese Entscheidung ist vor einigen Minuten getroffen worden [*o* ist einige Minuten alt]; **à** ~ **du 3 mai** vom 3. Mai an; **à** ~ **d'aujourd'hui** ab heute; ~ **dans la vie de qn** ein Einschnitt in jds Leben (*Dat*) sein
❷ (*être démodé*) veraltet sein
▸ **ne pas** ~ **d'hier** nicht neu sein

dateur [datœʀ] *m* ❶ *d'une montre* Datumsanzeiger *m*
❷ (*tampon*) Datumsstempel *m*

datif [datif] *m* Dativ *m,* Wemfall *m;* **être au** ~ im Dativ stehen

datte [dat] *f* Dattel *f*

dattier [datje] *m* Dattelpalme *f*

daube [dob] *f* GASTR Schmorbraten *m*

dauber [dobe] <1> *vt* GASTR schmoren *viande*

dauphin [dofɛ̃] *m* ❶ Kronprinz *m,* Thronfolger *m*
❷ ZOOL Delphin *m*

dauphine [dofin] *f* ❶ Kronprinzessin *f,* Thronfolgerin *f*
❷ HIST *Gemahlin des französischen Thronfolgers*

Dauphiné [dofine] *m* **le** ~ die Dauphiné

dauphinois(e) [dofinwa, waz] *adj* aus der Dauphiné; **gratin** ~ *Kartoffelgratin mit Knoblauch und Crème fraîche*

daurade [dɔʀad] *f* ZOOL Goldbrasse *f*

davantage [davɑ̃taʒ] *adv* ❶ (*plus*) *gagner, travailler, manger* mehr; **bien** ~ **de...** viel mehr ...
❷ (*plus longtemps*) länger

DB [debe] *abr de* **division blindée** PzDiv (*Panzerdivision*)

D.C.A. [desea] *f abr de* **défense contre avions** Flug[zeug]abwehr *f*

DCA [desea] *f abr de* **défense contre avions** FLAK *f*

D.D.A. [dedea] *f abr de* **direction départementale de l'agriculture** *Landwirtschaftsabteilung auf Departementebene*

D.D.E. [dedeø] *f abr de* **direction départementale de l'équipement** *Amt für das öffentliche Bau- und Straßenwesen auf Departementebene*

D.D.T.® [dedete] *m abr de* **dichloro-diphénil-trichloréthane** DDT® *nt*

de¹ [də, dy, de] <d', de la, du, des> *prép* ❶ (*point de départ*) von [... aus]
❷ (*origine*) aus, von; **venir** ~ **Paris/d'Angleterre** aus Paris/aus England stammen [*o* kommen]; **le vin d'Italie** italienischer Wein; **sortir** ~ **la maison/**~ **la pièce** aus dem Haus/aus dem Zimmer kommen; **d'où venez-vous?** wo kommen Sie her?; **le train** ~ **Paris** (*provenance*) der Zug aus Paris; (*destination*) der Zug nach Paris; ~ **Berlin à Paris** von Berlin bis Paris
❸ (*appartenance*) **la voiture** ~ **ta fille** das Auto deiner Tochter; **la femme d'Antoine** Antoines Frau
❹ (*détermination*) **le prix des tomates** der Preis der Tomaten; **la couleur du ciel** die Farbe des Himmels
❺ *sans art* (*matière*) aus; ~ [*o* **en**] **bois** aus Holz, Holz-; **plaque** ~ **marbre** Marmorplatte *f;* **barre** ~ **fer** Eisenstange *f*
❻ (*spécificité*) **roue** ~ **secours** Ersatzrad *nt;* **couteau** ~ **cuisine** Küchenmesser *nt*
❼ (*partie*) **une collection** ~ **timbres** eine Briefmarkensammlung; **la majorité des Français** die Mehrheit der Franzosen; **beaucoup d'enfants** viele Kinder
❽ *avec un contenant, âge, poids, temps* **un sac** ~ **pommes** ein Sack Äpfel; **deux kilos d'oranges** zwei Kilo Orangen; **un billet** ~ **cent euros** ein Hundert-Euro-Schein; **un chèque** ~ **2000 euros** ein Scheck über 2000 Euro; **un brochet** ~ **dix livres** ein zehn Pfund schwerer Hecht; **une jeune fille** ~ **vingt ans** ein zwanzigjähriges Mädchen; **avancer/reculer** ~ **trois/cinq pas** drei/fünf Schritte vor-/zurückgehen; **augmenter les prix** ~ **cinq pour cent** die Preise um fünf Prozent erhöhen; **gagner cinquante euros** ~ **l'heure** fünfzig Euro pro [*o* in der] Stunde verdienen
❾ (*identification*) *souvent non traduit ou par comp;* **la Ville** ~ **Paris** die Stadt Paris; **le mois** ~ **juin** der [Monat] Juni; **l'Hôtel** ~ **la Poste** das Hotel zur Post
❿ (*qualification*) von einem/einer; **cet idiot** ~ **Durand** dieser Dummkopf von Durand; **un amour** ~ **mari** eine Seele von einem Ehemann; **chienne** ~ **vie** *fam* Hundeleben *nt* (*fam*)
⓫ (*parmi*) **le/la plus doué(e)** ~ **nous** der/die Begabteste von uns
⓬ (*qualité*) von; **une femme d'une beauté remarquable** eine Frau von bemerkenswerter Schönheit; **ce film est d'un ennui/d'un triste!** dieser Film ist vielleicht langweilig/traurig! (*fam*)
⓭ (*particule nobiliaire*) von; **le général** ~ **Gaulle** der General de Gaulle
⓮ *après un nom dérivé de verbe* (*complément de nom*) des/der/des; **la montée** ~ **la violence** das Ansteigen der Gewalt; **la crainte** ~ **qn/qc** die Angst vor jdm/etw; **le meurtre** ~ **qn** der Mord an jdm
⓯ + *compl d'un verbe* (*agent*) von; **elle est aimée** ~ **tous** sie wird von allen geliebt
⓰ (*cause*) **mourir** ~ **qc** an etw (*Dat*) sterben; ~ **joie/peur/colère** vor Freude/Angst/Zorn; **être fatigué(e) du voyage** müde von der Reise sein
⓱ (*temporel*) ~ **nuit** nachts; **ne rien faire** ~ **la journée/**~ **l'année** den ganzen Tag/das ganze Jahr über nichts tun; ~ **temps en temps** von Zeit zu Zeit; ~ **loin en loin** hier und da; ~ **mai à juin** von Mai bis Juni
⓲ (*manière*) mit; **d'une voix aiguë/douce** mit schriller/sanfter Stimme; ~ **mémoire** aus dem Gedächtnis
⓳ (*moyen*) mit; **faire signe** ~ **la main** [mit der Hand] winken; **d'un coup** ~ **poing** mit einem Faustschlag
⓴ (*introduction d'un complément*) **c'est l'occasion** ~ **nous réunir** das ist eine gute Gelegenheit uns zu versammeln; **c'est à toi** ~ **jouer** du bist dran; **il est intéressant/difficile** ~ **faire qc** es ist interessant/schwierig etw zu tun; **elle est contente** ~ **partir** sie freut sich wegzufahren; **j'évite** ~ **sortir** ~ **la maison** ich vermeide es aus dem Haus zu gehen

de² [də, dy, de] <d', de la, du, des> *art partitif* **du vin/**~ **la bière/des gâteaux** Wein/Bier/Kekse; **il ne boit pas** ~ **vin/d'eau** er trinkt keinen Wein/kein Wasser; **il n'écoute jamais** ~ **musique** er hört nie Musik

dé¹ [de] *m* ❶ (*jeu*) Würfel *m;* **jeu de** ~**s** Würfelspiel *nt;* **jeter les** ~**s** würfeln
❷ (*cube*) **couper qc en** ~**s** etw in Würfel schneiden
▸ **les** ~**s sont jetés** die Würfel sind gefallen; **les** ~**s sont pipés** das ist ein abgekartetes Spiel

dé² [de] *m* ~ **à coudre** Fingerhut *m;* **un** ~ **à coudre de qc** ein Fingerhut voll etw

D.E.A. [deøɑ] *m abr de* **diplôme d'études approfondies** (*cycle d'études*) *Aufbaustudium;* (*examen*) *Abschluss eines Aufbaustudiums*

dealer¹ [dilœʀ] *m fam* Dealer(in) *m(f),* Drogenhändler(in) *m(f)*

dealer² [dile] <1> *vt fam* ~ **qc** mit etw dealen

déambulatoire [deɑ̃bylatwaʀ] *m* Chorumgang *m*

déambuler [deɑ̃byle] <1> *vi* auf und ab wandern, flanieren

débâcle [debɑkl] *f* ❶ (*déroute*) Zusammenbruch *m,* Auflösung *f;* ~ **électorale** Wahlfiasko *nt*
❷ (*fonte des glaces*) Eisgang *m*

déballage [debalaʒ] *m* ❶ *d'un paquet, colis* Auspacken *nt*
❷ (*étalage*) *de marchandises, d'objets* Ausstellung *f*
❸ *fam* (*désordre*) Chaos *nt* (*fam*)
❹ *péj fam* (*divulgations*) Erguss *m*

déballer [debale] <1> *vt* ❶ (*sortir*) auspacken
❷ *fam* (*raconter*) ausplaudern *secrets;* ~ **sa science** sein Wissen an den Mann bringen; ~ **la vérité** auspacken (*fam*)

débandade [debɑ̃dad] *f* Auseinanderlaufen *nt;* MIL überstürzte

Flucht; **ça a été la ~ générale** alles lief fluchtartig auseinander

débander [debɑ̃de] <1> **I.** *vt* ① MED **~ le bras à qn** jdm den Verband vom Arm nehmen
② (*enlever le bandeau*) **~ les yeux à qn** jdm die Binde [von den Augen] abnehmen
③ (*relâcher*) entspannen, lockern *arc, ressort*
II. *vi fam* schlaff werden (*fam*)
III. *vpr* **se ~** *arc, ressort:* sich lockern

débaptiser [debatize] <1> *vt* umtaufen *personne;* umbenennen *rue, bateau*

débarbouillage [debaʀbujaʒ] *m* Gesichtswäsche *f*

débarbouiller [debaʀbuje] <1> **I.** *vt* **~ qn** jdm das Gesicht waschen
II. *vpr* **se ~** sich (*Dat*) das Gesicht waschen

débarbouillette [debaʀbujɛt] *f* CAN Waschlappen *m*

débarcadère [debaʀkadɛʀ] *m* Landesteg *m,* Landungsbrücke *f*

débarder [debaʀde] <1> *vt* ① (*transporter*) abtransportieren *bois, pierre*
② NAUT (*décharger*) löschen, ausladen *marchandises*

débardeur [debaʀdœʀ] *m* ① (*pull sans bras*) Pullunder *m*
② (*t-shirt sans bras*) ärmelloses T-Shirt
③ (*ouvrier*) Transportarbeiter(in) *m(f)*
④ *vieilli* (*docker*) Hafenarbeiter(in) *m(f)*

débarqué(e) [debaʀke] *adj fam* (*arrivé*) angekommen, gelandet (*fam*)

débarquement [debaʀkəmɑ̃] *m* ① *des voyageurs* Aussteigen *nt*
② (*action de mettre à terre*) *des marchandises* AVIAT Ausladen *nt;* NAUT Ausladen, Löschen *nt*
③ (*opération militaire*) *des troupes* Landung *f*

débarquer [debaʀke] <1> **I.** *vt* ① NAUT ausladen, löschen *marchandises;* absetzen, an Land setzen *passagers*
② *fam* (*destituer*) ausbooten (*fam*)
II. *vi* ① *passager:* von Bord gehen; NAUT von Bord gehen, an Land gehen; *troupes:* landen; **~ de l'autobus/de la voiture** CAN aus dem Bus aussteigen/aus dem Wagen steigen
② *fam* (*arriver*) **~ chez qn** bei jdm aufkreuzen (*fam*)
③ *fam* (*ne pas être au courant*) auf dem Mond leben (*fam*), nichts mitkriegen (*fam*)

débarras [debaʀɑ] *m* Abstellraum *m,* Rumpelkammer *f* (*fam*)
▶ **bon ~!** den/die/das wären wir los!

débarrasser [debaʀɑse] <1> **I.** *vt* ausräumen *pièce;* entrümpeln *grenier;* abräumen, abdecken *table;* **~ qn d'un gêneur** jdm helfen eine Klette loszuwerden; **~ qn de son manteau** jdm aus dem Mantel helfen; **~ qn d'une verrue** jdm eine Warze entfernen
II. *vpr* ① (*ôter*) **se ~ de son manteau** seinen Mantel ablegen
② (*donner ou vendre*) **se ~ de vieux livres** alte Bücher weggeben
③ (*liquider*) **se ~ d'une affaire** sich einer Sache (*Gen*) entledigen; **se ~ d'une maladie** eine Krankheit loswerden
④ (*éloigner*) **se ~ de qn** jdn loswerden, sich (*Dat*) jdn vom Hals schaffen

débat [deba] *m* ① (*discussion*) Debatte *f,* Diskussion *f*
② (*discussion entre deux candidats*) Streitgespräch *nt;* **~ public/télévisé** öffentliche Debatte/Fernsehdebatte
③ *gén pl* POL Debatte *f*
④ JUR [Haupt]verhandlung *f*

débâtir [debɑtiʀ] <8> *vt* **~ qc** die Heftfäden aus etw herausziehen

débatteur [debatœʀ] *m* Debattenteilnehmer(in) *m(f),* Debatter(in) *m(f)*

débattre [debatʀ] <*irr*> **I.** *vt* **~ qc** über etw (*Akk*) debattieren [*o* diskutieren], etw erörtern; **~ un prix avec qn** mit jdm über einen Preis verhandeln
▶ **à ~** auszuhandeln
II. *vi* **~ de qc** über etw (*Akk*) verhandeln
III. *vpr* **se ~** um sich schlagen; **se ~ contre qn** sich gegen jdn wehren

débauchage [deboʃaʒ] *m* Abwerben *nt,* Abspenstigmachen *nt*

débauche [deboʃ] *f* ① (*vice*) Ausschweifung *f;* **scènes de ~** unzüchtige Szenen *Pl;* **vie de ~** ausschweifendes Leben
② (*abondance, excès*) verschwenderische Fülle; **~ de couleurs** Farbenpracht *f*

débauché(e) [deboʃe] *m(f)* Wüstling *m*

débaucher [deboʃe] <1> **I.** *vt* ① (*détourner d'un travail pour son compte*) abwerben
② *hum fam* (*pour aller s'amuser*) **~ qn** jdn vom Arbeiten abhalten; **~ qn pour faire qc** jdn dazu verleiten etw zu tun
③ (*licencier*) entlassen
④ *hum vieilli* (*dévoyer*) **~ qn** jdn zu Ausschweifungen verführen
II. *vpr* **se ~** ausschweifen

débecter [debɛkte] <1> *vt fam* anwidern, anekeln

débet [debe] *m* FIN *d'un compte* Passivsaldo *nt*

débile [debil] **I.** *adj* ① *fam* (*stupide*) idiotisch, schwachsinnig (*fam*); **c'est ~!** das ist doch Schwachsinn! (*fam*)
② (*atteint de débilité*) schwachsinnig, geistig behindert
③ (*frêle*) *corps* geschwächt; *enfant* schwächlich; *santé* schwach
II. *mf* ① MED Schwachsinnige(r) *f(m),* geistig Behinderte(r) *f(m);* **~ mental(e)** Geistesgestörte(r) *f(m)*
② *péj fam* (*imbécile*) Spinner(in) *m(f)* (*fam*)

débilitant(e) [debilitɑ̃, ɑ̃t] *adj* ① (*affaiblissant*) *climat* deprimierend
② *fig* (*démoralisant*) *atmosphère* demoralisierend

débilité [debilite] *f* ① MED *de l'esprit* Schwachsinn *m,* geistige Behinderung; *du corps* Hinfälligkeit *f*
② *fam* (*stupidité*) Schwachsinn *m* (*fam*)

débine [debin] *f pop* (*misère*) Klemme *f,* Not *f*
▶ **tomber dans la ~** in die Klemme geraten

débiner [debine] <1> **I.** *vt fam* (*dénigrer*) heruntermachen (*fam*); **~ son collègue auprès du patron** seinen Kollegen beim Chef schlecht machen
II. *vpr fam* **se ~** sich aus dem Staub machen (*fam*), verduften (*fam*)

débit¹ [debi] *m* ① COM Absatz *m;* **avoir du ~** einen großen Absatz haben
② (*écoulement*) *d'une pompe* Förderstrom *m,* Pumpleistung *f; d'un tuyau, robinet* Durchflussmenge *f; d'une rivière* Wasserführung *f;* **~ cardiaque** Herzfrequenz *f*
③ (*élocution*) Redefluss *m*
◆ **~ de boissons** Getränkeausschank *m;* **~ de tabac** Tabakladen *m*

débit² [debi] *m* FIN Soll *nt;* **le ~ et le crédit** [das] Soll und Haben; **porter une somme au ~ du titulaire du compte** das Konto des Kontoinhabers mit einem Betrag belasten

débitage [debitaʒ] *m du bois* Zuschneiden *nt,* Zuschnitt *m*

débitant(e) [debitɑ̃, ɑ̃t] *m(f)* ◆**~(e) de boissons** Schankwirt(in) *m(f);* **~(e) de tabac** Tabakwarenhändler(in) *m(f)*

débiter [debite] <1> *vt* ① FIN belasten, debitieren (*Fachspr.*); **~ un compte de cent euros** ein Konto mit hundert Euro belasten
② (*vendre*) verkaufen; ausschenken *boissons*
③ *péj* (*dire*) heruntersagen, herunterleiern *discours, poème;* von sich geben, verzapfen (*fam*) *banalités, sottises*
④ (*produire*) ausstoßen
⑤ (*écouler*) **~ une grande quantité d'eau** *robinet, tuyau:* eine große Wassermenge durchlaufen lassen
⑥ (*découper*) zerschneiden *bois, tissu;* zerlegen *viande*

débiteur, -trice [debitœʀ, -tʀis] ECON, JUR **I.** *adj compte* Debet-; **solde ~** Passivsaldo *m,* Sollsaldo
II. *m, f* Schuldner(in) *m(f)*

déblai [deblɛ] *m* ① Aushub *m*
② *pl* ausgehobene Erde *f*

déblaiement [deblɛmɑ̃] *m* Freimachen *nt,* Räumung *f*

déblatérer [deblateʀe] <5> *vi fam* **~ contre** [*o* **sur**] **qn/qc** über jdn/etw vom Leder ziehen (*fam*)

D

déblayage [deblɛjaʒ] *m* (*déblaiement*) Aufräumen *nt*
déblayer [debleje] <7> *vt* (*débarrasser*) freimachen, räumen
déblocage [deblɔkaʒ] *m* ❶ *d'un frein, écrou, mécanisme* Lösen *nt*
❷ ECON **le ~ progressif des prix/salaires** die allmähliche Aufhebung des Preisstopps/Lohnstopps
❸ (*issue*) *de la situation* Verbesserung *f; d'une crise* Überwindung *f*
débloquer [deblɔke] <1> **I.** *vt* ❶ TECH lösen *frein;* lockern *écrou;* lösen, lockern *vis;* entriegeln *serrure;* wieder aufbekommen *porte*
❷ ECON freigeben *crédit, marchandise;* ~ **un compte** die Kontosperre aufheben
❸ (*trouver une issue à*) ~ **une crise** eine Krise überwinden
II. *vi fam* überschnappen, spinnen (*fam*)
III. *vpr* TECH **se ~** *vis:* sich lockern; *serrure, porte:* wieder aufgehen
débobiner [debɔbine] <1> *vt* abspulen
déboguer [debɔge] <1> *vt* INFORM ~ **qc** einen Systemfehler in etw beheben
déboires [debwaʀ] *mpl* Enttäuschungen *Pl,* Ärger *m*
déboisement [debwazmɑ̃] *m* ❶ (*action*) Abholzen *nt*
❷ (*résultat*) Entwaldung *f*
déboiser [debwaze] <1> *vt* abholzen, abforsten; **région déboisée** entwaldete Gegend
déboîtement [debwatmɑ̃] *m* ❶ MED *d'une épaule, hanche* Verrenkung *f*
❷ AUT *d'un véhicule* Ausscheren *nt*
déboîter [debwate] <1> **I.** *vt* ❶ MED **sa chute lui a déboîté une épaule** er hat sich bei seinem Sturz die Schulter verrenkt
❷ (*démonter*) aus den Angeln heben *porte;* auseinander montieren *tuyaux*
II. *vpr* **se ~ une épaule** sich (*Dat*) die Schulter verrenken
III. *vi* AUT ausscheren
débonnaire [debɔnɛʀ] *adj* gutmütig
débordant(e) [debɔʀdɑ̃, ɑ̃t] *adj activité* rastlos; *imagination* blühend; *enthousiasme, joie* überschwänglich; **être ~(e) de santé** vor Gesundheit strotzen
débordé(e) [debɔʀde] *adj* ❶ (*submergé*) überlastet; **être ~(e) de travail** mit Arbeit überhäuft sein; **être ~(e) d'occupations** immer voll ausgelastet sein
❷ (*détaché du bord*) *drap* herausgerutscht; *lit* in Unordnung geraten
débordement [debɔʀdəmɑ̃] *m* ❶ *d'un liquide* Überlaufen *nt; d'une rivière* Übertreten *nt,* Überschwemmung *f*
❷ SPORT Angriff *m* über die Flanke, Umgehungsmanöver *nt*
❸ (*flot, explosion*) ~ **de paroles** Wortschwall *m;* ~ **de joie/d'enthousiasme** Freuden-/Begeisterungsausbruch *m*
❹ *gén pl* (*désordres*) Ausschreitungen *Pl*
❺ *pl* (*excès*) Exzesse *Pl,* Ausschweifungen *Pl*
déborder [debɔʀde] <1> **I.** *vi* ❶ (*sortir*) *liquide:* überlaufen, überschwappen; *lac, rivière:* über die Ufer treten; *récipient:* überlaufen
❷ (*être plein de*) ~ **de joie** außer sich vor Freude sein; ~ **de santé** vor Gesundheit strotzen
❸ (*dépasser les limites*) **les arbres débordent sur le terrain voisin** die Bäume ragen in das Nachbargelände hinein
II. *vt* ❶ (*dépasser*) **une maison déborde les autres** [**maisons**] ein Haus steht vor
❷ (*aller au-delà de*) überschreiten *temps imparti;* ~ **le cadre de qc** über den Rahmen einer S. hinausgehen
❸ MIL, POL, SPORT **se laisser ~** sich von der Flanke her angreifen lassen, sich überrollen lassen
❹ (*être dépassé*) **être débordé(e) par qn/qc** jds/einer S. nicht mehr Herr werden; **être débordé(e) par les événements** von den Ereignissen überrollt werden
❺ (*tirer les draps*) ~ **un drap/une couverture** ein Laken unter der Matratze herausziehen; ~ **qn** jdn aufdecken
débotter [debɔte] <1> **I.** *vt* ~ **qn** jdm die Stiefel ausziehen
II. *vpr* **se ~** sich die Stiefel ausziehen
débouchage [debuʃaʒ] *m d'une bouteille* Öffnen *nt,* Entkorken *nt; d'un tuyau, du lavabo* Freimachen *nt*
débouché [debuʃe] *m* ❶ (*marché*) Absatzmarkt *m*
❷ *pl* (*perspectives*) Berufsaussichten *Pl*
❸ (*issue*) Zugang *m; d'une rue* [Ein]mündung *f*
débouchement [debuʃmɑ̃] *m d'un conduit* Beseitigung *f* einer Verstopfung
déboucher [debuʃe] <1> **I.** *vt* ❶ (*désobstruer*) freibekommen *nez;* ~ **un lavabo/un tuyau** ein Waschbecken/Rohr frei machen; **mon nez est débouché** meine Nase ist wieder frei
❷ (*ouvrir*) öffnen; entkorken *bouteille;* aufschrauben *tube*
II. *vpr* **se ~** *tuyau, lavabo, nez:* frei werden
III. *vi* ❶ (*sortir*) *piéton:* hervorkommen [*o* herauskommen]; *véhicule:* herausgefahren kommen
❷ (*sortir à grande vitesse*) *véhicule:* herausgeschossen kommen
❸ (*aboutir*) ~ **dans/sur une rue** *personne:* auf eine Straße stoßen; *voie:* in eine Straße [ein]münden
❹ (*aboutir à*) ~ **sur qc** zu etw führen; *conversation:* bei etw anlangen
déboucheur [debuʃœʀ] *m* Entkorker *m*
débouchoir [debuʃwaʀ] *m* Rohrreinigungsgerät *nt*
déboucler [debukle] <1> *vt* aufschnallen *ceinture*
débouler [debule] <1> *vi fam* ❶ (*tomber en roulant*) *landau:* **le landau a déboulé du premier étage** der Kinderwagen ist aus dem ersten Stock die Treppe heruntergeholpert
❷ (*faire irruption*) ~ **chez qn** bei jdm hereingestolpert kommen (*fam*)
déboulonnage [debulɔnaʒ] *m,* **déboulonnement** [debulɔnmɑ̃] *m* ❶ TECH Abschrauben *nt*
❷ (*chute*) Fall *m,* Herabwürdigung *f*
déboulonner [debulɔne] <1> *vt* ❶ (*démonter*) abschrauben; von seinem Sockel heben *statue*
❷ *fam* (*renvoyer*) vom Sockel stürzen
débourber [debuʀbe] <1> *vt* ❶ (*désenvaser*) ausschlämmen *canal*
❷ (*désembourber*) aus dem Dreck ziehen *véhicule*
débourrer [debuʀe] <1> **I.** *vt* ❶ (*dépiler*) enthaaren *cuir*
❷ (*vider*) reinigen *pipe*
❸ SPORT zureiten *cheval*
II. *vi vigne:* aufbrechen
débourser [debuʀse] <1> *vt* ausgeben
déboussoler [debusɔle] <1> *vt fam* aus dem Gleichgewicht bringen, verstören; **être complètement déboussolé(e)** völlig aus der Fassung sein
debout [d(ə)bu] *adv* ❶ (*en position verticale*) *personne* stehend; *manger, voyager* im Stehen, stehend; **la fille ~ près de la fenêtre** das Mädchen, das neben dem Fenster steht; **être/rester ~** stehen/stehen bleiben; **se mettre ~** aufstehen; **poser/ranger qc ~** etw [aufrecht] hinstellen; **tenir ~ tout(e) seul(e)** *personne:* stehen können; *chose:* von alleine stehen bleiben; **se tenir ~** stehen
❷ (*levé*) **être/rester ~** auf sein/aufbleiben; **être ~ à six heures** um sechs Uhr aufstehen; **être ~ depuis cinq heures du matin** seit fünf Uhr auf den Beinen sein
❸ (*opp malade, fatigué*) **ne plus tenir ~** nicht mehr stehen können, sich nicht mehr [*o* kaum noch] auf den Beinen halten können
❹ (*en bon état*) **tenir encore ~** *construction:* noch stehen; *institution:* noch existieren
▸ **dormir ~** im Stehen [ein]schlafen; **des histoires à dormir ~** Märchen *Pl;* **tenir ~** *théorie, histoire:* Hand und Fuß haben
débouter [debute] <1> *vt* ~ **qn de sa plainte** jds Klage zurückweisen
déboutonner [debutɔne] <1> **I.** *vt* aufknöpfen *chemise, gilet;* aufmachen *bouton;* ~ **qn** jds Hemd/Mantel/... aufknöpfen
II. *vpr* **se ~** *personne:* sein Hemd/seinen Mantel/... aufknöp-

fen; *vêtement:* aufgehen

débraillé(e) [debʀɑje] *adj* *personne, tenue* unordentlich, schlampig; *allure* nachlässig; *manières* schludrig

débrailler [debʀɑje] <1> *vpr* **se ~** sich entblößen; *fig conversation:* jede Zurückhaltung vermissen lassen

débranchement [debʀɑ̃ʃmɑ̃] *m* ELEC Abschalten *nt,* Ausschalten *nt*

débrancher [debʀɑ̃ʃe] <1> *vt* ❶ ELEC, TELEC **~ une lampe/un appareil** den Stecker einer Lampe/eines Geräts herausziehen; **~ le téléphone** das Telefon abstellen
❷ CHEMDFER abkuppeln *wagon*

débrayable [debʀɛjablə] *adj* AUT auskuppelbar

débrayage [debʀɛjaʒ] *m* ❶ AUT Auskuppeln *nt*
❷ *(grève)* Ausstand *m*

débrayer [debʀeje] <7> *vi* ❶ AUT [aus]kuppeln, auf die Kupplung treten
❷ *(faire grève)* in den Ausstand treten, die Arbeit niederlegen

débridé(e) [debʀide] *adj* ungezügelt, zügellos

débrider [debʀide] <1> *vt* *(ôter la bride)* abzäumen

débris [debʀi] *m* ❶ *gén pl* Scherbe *f*
❷ *pl littér (restes)* Überreste *Pl*
▸ **un vieux ~** *fam* ein alter Knacker *(fam)*

débrouillard(e) [debʀujaʀ, jaʀd] **I.** *adj fam* schlau, gewitzt; **être ~(e)** sich *(Dat)* zu helfen wissen
II. *m(f) fam* Schlaukopf *m,* findiger Kopf

débrouillardise [debʀujaʀdiz] *f* Schlauheit *f,* Gewitztheit *f*

débrouiller [debʀuje] <1> **I.** *vt* ❶ *(démêler)* entwirren *écheveau, fil*
❷ *(élucider)* Klarheit bringen in (+ *Akk*) *affaire*
❸ *fam (former)* **~ qn** jdm das Nötigste beibringen
II. *vpr fam* **se ~** zurechtkommen, sich *(Dat)* zu helfen wissen; **il se débrouille pas mal pour un débutant** für einen Anfänger stellt er sich nicht schlecht an; **se ~ pour faire qc** es schaffen etw zu tun; **débrouille-toi tout(e) seul(e)!** sieh zu, wie du zurechtkommst!

débroussailler [debʀusaje] <1> *vt* ❶ *(défricher)* **~ un terrain** das Gestrüpp von einem Gelände entfernen
❷ *(éclaircir)* Licht bringen in (+ *Akk*) *affaire, texte*

débusquer [debyske] <1> *vt* aufjagen, aufscheuchen *animal;* verjagen, verscheuchen *(fam) personne*

début [deby] *m* ❶ *(commencement)* Anfang *m,* Beginn *m;* **du ~ à la fin** von Anfang bis Ende; **au ~** anfangs; **tout au ~** gleich zu Beginn; **reprends depuis le ~!** fang noch mal von vorne an!
❷ *pl* Debüt *nt;* **ses ~s dans/à qc** sein/ihr Debüt in etw *(Dat),* seine/ihre ersten Schritte in/auf etw *(Dat);* **n'en être qu'à ses ~s** noch in den Anfängen stecken; **faire ses ~s** debütieren

débutant(e) [debytɑ̃, ɑ̃t] **I.** *adj* *joueur, footballeur* unerfahren, ungeübt; *pianiste* angehend; **être professeur ~** [gerade] als Lehrer(in) anfangen
II. *m(f)* ❶ *(élève, ouvrier)* Anfänger(in) *m(f)*
❷ *(acteur)* Debütant(in) *m(f)*

débuter [debyte] <1> **I.** *vi* anfangen; **~ au théâtre** beim Theater debütieren; **~ à huit heures** um acht Uhr anfangen [*o* beginnen]
II. *vt* beginnen

déca [deka] *m fam abr de* **décaféiné** Koffeinfreie(r) *m*

deçà [dəsa] *adv* ❶ *(de ce côté)* **être en ~ de qc** diesseits einer S. *(Gen)* sein
❷ *(en dessous)* **être en ~ de qc** unterhalb einer S. *(Gen)* sein; **ses résultats sont très en ~ de ses possibilités** seine Leistungen liegen weit unter seinen Möglichkeiten; **être en ~ de la vérité** *fig* nicht an die Wahrheit heranreichen; **ne restez pas en ~ de ce que vous pensez** *fig* halten Sie nicht mit Ihrer Meinung hinter dem Berg *(fig)*
▸ **au-delà et en ~** diesseits und jenseits

décacheter [dekaʃte] <3> *vt* öffnen *lettre;* entsiegeln *document scellé*

décade [dekad] *f* ❶ *(dix jours)* Dekade *f (Zeitraum von zehn Tagen)*
❷ *abusif (décennie)* Jahrzehnt *nt*

décadence [dekadɑ̃s] *f d'une civilisation, d'un empire* Niedergang *m; des mœurs* Verfall *m; d'une personne* Dekadenz *f;* **tomber en ~** verfallen; **un peuple en ~** ein untergehendes Volk

décadent(e) [dekadɑ̃, ɑ̃t] *adj art, civilisation* untergehend; *personne* dekadent

décaèdre [dekaɛdʀ] **I.** *adj forme* zehnseitig, zehnflächig
II. *m* Dekaeder *nt*

décaféiné [dekafeine] *m* koffeinfreier Kaffee

décaféiner [dekafeine] <1> *vt* entkoffeinieren

décagramme [dekagʀam] *m* Dekagramm *nt*

décaisser [dekese] <1> *vt* ❶ *(retirer d'une caisse)* auspacken
❷ *(payer)* auszahlen

décalage [dekalaʒ] *m* ❶ *(action) d'un horaire, d'une date, émission* [zeitliche] Verschiebung
❷ *(écart temporel)* Zeitabstand *m;* **~ horaire** Zeitunterschied *m,* Jetlag *m*
❸ *(écart spatial)* Versetzung *f,* Verschiebung *f;* **il y a un ~ entre ces deux maisons** diese zwei Häuser stehen versetzt
❹ *(différence)* Diskrepanz *f;* *(plus fort)* Kluft *f*

décalaminer [dekalamine] <1> *vt* TECH entrußen *moteur, piston*

décalcification [dekalsifikasjɔ̃] *f* MED Kalziumverlust *m,* Kalkmangel *m*

décalcifier [dekalsifje] <1a> **I.** *vpr* **se ~** an Kalzium verlieren
II. *vt* **~ l'organisme** dem Organismus Kalzium entziehen

décalcomanie [dekalkɔmani] *f* ❶ *(image)* Abziehbild *nt*
❷ *(procédé)* Abziehbildverfahren *nt*

décalé(e) [dekale] *adj* ❶ *(non aligné)* **la maison est ~e** das Haus steht versetzt
❷ *(bancal)* **le meuble est ~** das Möbelstück steht schief
❸ *(inattendu)* *humour, ton* unerwartet
❹ *(déphasé)* **être [complètement] ~(e)** *(dans le temps)* einen ungewöhnlichen Rhythmus haben; *(dans une société)* vollkommen unorthodox sein

décaler [dekale] <1> **I.** *vt* ❶ *(avancer/retarder)* **~ qc d'un jour** etw um einen Tag vorverlegen/verschieben
❷ *(déplacer)* [ein bisschen] weiter schieben *meuble, appareil;* versetzen *titre, paragraphe*
II. *vpr* **se ~** sich einen Platz weiter setzen

décalitre [dekalitʀ] *m* Dekaliter *m*

décalquage [dekalkaʒ] *m* Abpausen *nt,* Durchpausen *nt*

décalque [dekalk] *m* ❶ *(reproduction)* Pause *f*
❷ *(imitation)* Nachahmung *f*

décalquer [dekalke] <1> *vt* ❶ *(copier)* **~ qc sur qc** etw aus etw abpausen
❷ *(reporter)* **~ qc sur qc** etw auf etw *(Akk)* abpausen

décamètre [dekamɛtʀ] *m* Dekameter *m o nt; d'arpenteur* Dekametermaß *nt*

décamper [dekɑ̃pe] <1> *vi fam* sich aus dem Staub machen *(fam),* Leine ziehen *(fam)*

décan [dekɑ̃] *m* ASTROL Dekade *f*

décanat [dekana] *m* Dekanat *nt*

décaniller [dekanije] <1> *vi fam* abhauen *(fam),* verduften *(fam)*

décantation [dekɑ̃tasjɔ̃] *f* Klärvorgang *m*

décanter [dekɑ̃te] <1> **I.** *vt* klären *liquide;* dekantieren *vin*
II. *vi* *liquide, vin:* sich klären
III. *vpr* **se ~** *liquide:* sich klären; *idées, réflexions:* klarer werden; *choses, situation:* sich [auf]klären

décapage [dekapaʒ] *m d'une pièce métallique* Beizen *nt; d'une peinture, d'un vernis, du bois* Abbeizen *nt*

décapant [dekapɑ̃] *m* ❶ *(pour métal)* Beizmittel *nt*
❷ *(pour peinture)* Abbeizmittel *nt*

décapant(e) [dekapɑ̃, ɑ̃t] *adj* ❶ *produit* Abbeiz-; *pouvoir, vertu* ätzend

❷ (*sans complaisance*) *article, humour* ätzend; *analyse* schonungslos
décaper [dekape] <1> *vt* beizen *métal;* abbeizen *bois, meuble, parquet*
décapitation [dekapitasjɔ̃] *f* Enthauptung *f*
décapiter [dekapite] <1> *vt* ❶ enthaupten, köpfen *condamné;* köpfen *fleur;* **la barre/l'hélice l'a décapité(e)** die Schranke/der Propeller hat ihm/ihr den Kopf abgeschlagen
❷ *fig* führerlos machen *parti, réseau*
décapode [dekapɔd] *m* Zehnfußkrebs *m,* Zehnfüßer *m*
décapotable [dekapɔtabl] **I.** *adj* mit aufklappbarem Verdeck
II. *f* Kabriolett *nt*
décapoter [dekapɔte] <1> *vt* ~ **une voiture** das Verdeck eines Autos zurückklappen
décapsuler [dekapsyle] <1> *vt* öffnen *bouteille*
décapsuleur [dekapsylœʀ] *m* Flaschenöffner *m*
décarcasser [dekaʀkase] <1> *vpr fam* **se ~ pour qn** sich für jdn abrackern (*fam*)
décarreler [dekaʀle] <3> *vt* ~ **qc** die Kacheln von etw entfernen
décasyllabe [dekasilab] POES **I.** *adj vers* zehnsilbig
II. *m* Zehnsilber *m*
décathlon [dekatlɔ̃] *m* Zehnkampf *m*
décathlonien(ne) [dekatlɔnjɛ̃, jɛn] *m(f)* Zehnkämpfer(in) *m(f)*
décati(e) [dekati] **I.** *part passé de* **décatir**
II. *adj fam* (*personne*) gealtert, verblüht (*liter*)
décatir [dekatiʀ] <8> **I.** *vt* TECH dekatieren *drap*
II. *vpr fam* **se ~** seine Frische verlieren, altern
décauser [dekoze] <1> *vt* BELG ~ **qn** (*dire du mal de qn*) über jdn schlecht sprechen, jdn schlecht machen
décavé(e) [dekave] *adj* ❶ (*défait*) *visage* ausgezehrt; *yeux* ausgehöhlt
❷ (*ruiné*) *joueur* ruiniert
décéder [desede] <5> *vi + être form* versterben (*geh*); ~ **de qc** an etw (*Dat*) sterben; **être décédé(e)** verstorben [*o* verschieden] sein; **de père et de mère décédé(e)s** *form* verwaist
décelable [des(ə)labl] *adj* erkennbar, nachweisbar
déceler [des(ə)le] <4> *vt* ❶ (*découvrir*) entdecken, feststellen; herausfinden *cause, raison;* aufdecken *intrigue, lacune;* wahrnehmen *sentiment, fatigue*
❷ (*être l'indice de*) erkennen lassen
décélération [deseleʀasjɔ̃] *f* ❶ (*perte de vitesse*) Geschwindigkeitsabnahme *f,* Geschwindigkeitsverlust *m*
❷ (*ralentissement de croissance*) Verlangsamung *f*
décélérer [deseleʀe] <5> *vi* sich verlangsamen
décembre [desɑ̃bʀ] *m* Dezember *m; v. a.* **août**
décemment [desamɑ̃] *adv* ❶ *s'exprimer, se comporter* anständig; *s'habiller* schicklich (*geh*)
❷ (*assez bien*) [ganz] ordentlich
décence [desɑ̃s] *f* Anstand *m;* **être vêtu(e) avec ~** schicklich gekleidet sein (*geh*); **choquer la ~** anstößig sein; **avoir la ~ de faire qc** so anständig sein etw zu tun
décennal(e) [desenal, o] <-aux> *adj* ❶ (*de dix ans*) *contrat, garantie* Zehnjahres-, zehnjährig
❷ (*qui revient tous les dix ans*) *exposition, fête* zehnjährlich; **un prix ~** ein Preis, der nur alle zehn Jahre vergeben wird
décennie [deseni] *f* Jahrzehnt *nt*
décent(e) [desɑ̃, ɑ̃t] *adj* ❶ (*convenable*) *tenue, comportement* anständig, schicklich (*geh*)
❷ (*acceptable*) *niveau de vie, situation* anständig; *salaire* anständig, annehmbar; **jouer du violon d'une manière ~e** ganz ordentlich Geige spielen
décentrage [desɑ̃tʀaʒ] *m* Dezentrierung *f*
décentralisateur, -trice [desɑ̃tʀalizatœʀ, -tʀis] *adj action, politique* Dezentralisations-, dezentralisierend; **mon chef est plutôt ~** mein Chef ist eher für die Dezentralisierung
décentralisation [desɑ̃tʀalizasjɔ̃] *f* Dezentralisierung *f*
décentralisé(e) [desɑ̃tʀalize] *adj entreprise, administration* ausgelagert, dezentralisiert
décentraliser [desɑ̃tʀalize] <1> **I.** *vt* auslagern, dezentralisieren
II. *vpr* **se ~** dezentralisiert werden
décentrer [desɑ̃tʀe] <1> **I.** *vt* dezentrieren
II. *vpr* **se ~** sich dezentrieren
déception [desɛpsjɔ̃] *f* Enttäuschung *f*
décerner [desɛʀne] <1> *vt* ~ **un prix/une médaille à qn** jdm einen Preis/einen Orden verleihen, jdn mit einem Preis/Orden auszeichnen
décès [desɛ] *m form* ❶ Tod *m,* Ableben *nt* (*form*); **la cause du ~** die Todesursache; **du fait du ~** JUR von Todes wegen (*Fachspr.*)
❷ STATIST Sterbefall *m*
décevant(e) [des(ə)vɑ̃, ɑ̃t] *adj* enttäuschend; **se montrer/se révéler ~(e)** die Erwartungen enttäuschen
décevoir [des(ə)vwaʀ] <12> *vt* enttäuschen; **qc déçoit qn** jd ist von etw enttäuscht
déchaîné(e) [deʃene] *adj passions* entfesselt, hemmungslos; *instincts* ungezügelt; *vent* entfesselt; *mer* tosend; *foule, enfant* außer Rand und Band; **être ~(e) contre qn/qc** gegen jdn/etw aufgebracht sein
déchaînement [deʃɛnmɑ̃] *m de la tempête* Wüten *nt; de la mer* Toben *nt; de la haine, colère, violence* Ausbruch *m; des passions* Entfesselung *f*
déchaîner [deʃene] <1> **I.** *vt* entfesseln *passions;* entfachen *enthousiasme, conflit;* auslösen *indignation, hilarité, conflit;* ~ **l'opinion publique contre qn/qc** die Öffentlichkeit gegen jdn/etw aufbringen
II. *vpr* **se ~** toben; **se ~ contre qn/qc** gegen jdn/etw wüten
déchanter [deʃɑ̃te] <1> *vi fam* seine Illusionen aufgeben
décharge [deʃaʀʒ] *f* ❶ (*dépôt*) Schuttabladeplatz *m,* Mülldeponie *f*
❷ (*salve*) *de carabine* Schüsse *Pl; de plombs* Ladung *f*
❸ ELEC Schlag *m;* ~ **électrique** elektrischer Schlag; **prendre** [*o* **recevoir**] **une ~** sich elektrisieren
❹ MED ~ **d'adrénaline** Adrenalinstoß *m*
❺ JUR Entlastung *f;* **à sa ~ il faut dire qu'il a vraiment bien fait les choses** zu seiner Entlastung muss gesagt werden, dass er es wirklich gut gemacht hat
déchargement [deʃaʀʒəmɑ̃] *m d'un camion, wagon* Entladen *nt,* Ausladen *nt; d'un navire* Löschen *nt; d'une arme à feu* Entladen *nt*
décharger [deʃaʀʒe] <2a> **I.** *vt* ❶ (*débarrasser de sa charge*) ausladen *voiture;* löschen *bateau;* ~ **qn d'un sac** jdm einen Sack abnehmen
❷ (*enlever, débarquer*) von Bord gehen lassen *passagers;* ~ **qc d'un camion** etw von einem Lastwagen abladen; **être déchargé(e)** abgeladen sein; ~ **qc d'une voiture** etw aus einem Auto ausladen
❸ (*libérer*) ~ **qn d'un travail** jdm eine Arbeit abnehmen; ~ **qn de ses fonctions** jdn von einem Amt entbinden
❹ (*soulager*) erleichtern; ~ **sa colère sur qn** seinen Zorn an jdm auslassen
❺ (*tirer*) ~ **son révolver sur qn** auf jdn abfeuern; **arme déchargée** abgefeuerte [*o* entladene] Waffe
❻ ELEC entladen *batterie, accumulateur;* **être déchargé(e)** entladen sein
❼ JUR entlasten; **être déchargé(e)** *accusé:* entlastet [*o* freigesprochen] sein
II. *vpr* ❶ **se ~ du travail sur qn** die Arbeit auf jdn abwälzen
❷ ELEC **se ~** sich entladen
III. *vi fam* (*éjaculer*) spritzen (*fam*)
décharné(e) [deʃaʀne] *adj visage* abgezehrt, ausgemergelt; *corps, personne* abgemagert
déchaussé(e) [deʃose] *adj* ❶ *dent* locker; *mur* mit bloßliegendem Fundament
❷ (*sans chaussures*) ohne Schuhe

déchausser [deʃose] <1> **I.** *vt* abschnallen *skis;* ~ **qn** jdm die Schuhe ausziehen
II. *vpr* **se** ~ ❶ (*enlever ses chaussures*) seine Schuhe ausziehen
❷ MED *dent:* locker werden
dèche [dɛʃ] *f fam* Misere *f;* **c'est la ~ complète** ich bin/wir sind total pleite [*o* blank] (*fam*)
déchéance [deʃeɑ̃s] *f* ❶ (*déclin*) Verfall *m,* Zerrüttung *f; d'une civilisation* Niedergang *m,* Untergang *m;* ~ **morale/physique** seelische Zerrüttung/körperlicher Verfall
❷ JUR *d'un souverain* Absetzung *f; de l'autorité paternelle* Aberkennung *f*
déchets [deʃɛ] *mpl* Abfall *m,* Müll *m;* ~ **biodégradables** Biomüll, kompostierbarer Müll; ~ **nucléaires** [*o* **radioactifs**] Atommüll; ~ **toxiques** Giftmüll
déchetterie [deʃɛtʀi] *f* Müllverwertungsanlage *f*
déchiffonner [deʃifɔne] <1> **I.** *vt* glätten
II. *vpr* **se** ~ sich aushängen
déchiffrable [deʃifʀabl] *adj* entzifferbar; **être** ~ zu entziffern sein
déchiffrage [deʃifʀaʒ] *m* ❶ Entziffern *nt*
❷ MUS Notenlesen *nt*
déchiffrement [deʃifʀəmɑ̃] *m de hiéroglyphes, d'un texte codé* Entzifferung *f,* Entschlüsselung *f*
déchiffrer [deʃifʀe] <1> **I.** *vt* ❶ (*décrypter*) entschlüsseln, dechiffrieren *message, code*
❷ (*comprendre*) entziffern, entschlüsseln *hiéroglyphes, texte;* entziffern *écriture, mot*
❸ MUS ~ **un morceau** ein Stück vom Blatt lesen/spielen/singen
❹ (*déceler*) durchschauen *intentions;* erraten *sentiments*
II. *vi* MUS Noten lesen
déchiffreur, -euse [deʃifʀœʀ, -øz] *m, f* Entzifferer *m*
déchiqueté(e) [deʃikte] *adj* ❶ *feuille* gezackt; *côte* zerklüftet; *sommet* gezackt
❷ *fam* (*épuisé, ivre*) breit (*fam*)
déchiqueter [deʃikte] <3> *vt* zerfetzen; **mon chien a déchiqueté le steak en un clin d'œil** mein Hund hat das Steak im Handumdrehen in Stücke gerissen
déchirant(e) [deʃiʀɑ̃, ɑ̃t] *adj cri* markerschütternd; *spectacle, adieux* herzzerreißend
déchirement [deʃiʀmɑ̃] *m* ❶ *d'un muscle* Riss *m; d'un tissu* Zerreißen *nt*
❷ (*souffrance*) seelischer Schmerz, großer Kummer
❸ (*divisions*) Uneinigkeit *f,* Zwietracht *f;* POL, REL Spaltung *f*
déchirer [deʃiʀe] <1> **I.** *vt* ❶ (*déchiqueter*) zerreißen *papier, tissu;* ~ **qc en morceaux** etw in Stücke reißen
❷ (*faire un accroc*) ~ **un pantalon** eine Hose aufreißen
❸ (*couper*) aufreißen *enveloppe*
❹ (*troubler*) zerreißen *silence*
❺ (*faire souffrir*) ~ **qn** jdm das Herz zerreißen; **le bruit me déchire les tympans/les oreilles** der Lärm dröhnt mir in den Ohren
❻ (*diviser*) spalten, entzweien *parti, pays*
II. *vpr* ❶ **se** ~ *sac:* [auf]reißen; *vêtement:* einen Riss bekommen; *nuage:* aufreißen; *cœur:* brechen
❷ MED **se ~ un muscle** sich (*Dat*) einen Muskelriss zuziehen
❸ (*se quereller*) **se** ~ sich gegenseitig zerfleischen
déchirure [deʃiʀyʀ] *f* ❶ *d'un vêtement* Riss *m*
❷ MED ~ **ligamentaire/musculaire** Bänder-/Muskel[faser]riss *m*
❸ (*trouée*) *du ciel* Spalt *m*
déchoir [deʃwaʀ] *<irr> vi personne:* tief sinken, sich erniedrigen; ~ **de qc** etw einbüßen
déchristianisation [dekʀistjanizasjɔ̃] *f* Säkularisierung *f*
déchristianiser [dekʀistjanize] <1> **I.** *vt* säkularisieren, dem Christentum entfremden
II. *vpr* **se** ~ sich säkularisieren

déchu(e) [deʃy] *adj* ❶ *souverain* gestürzt, abgesetzt
❷ JUR **être ~(e) d'un droit** eines Rechts verlustig gehen (*form*)
❸ REL gefallen
de-ci [dəsi] *adv* ▶ ~ **de-là** hier und da
déci [desi] *m* CH *abr de* **décilitre** Deziliter Wein *m*
décibel [desibɛl] *m* Dezibel *nt*
décidé(e) [deside] *adj air, allure* entschlossen; *personne* entschlossen, resolut; *ton* bestimmt, entschieden; **c'est [une] chose ~e** das ist beschlossene Sache; **c'est ~, ...** jetzt steht es fest, ...
décidément [desidemɑ̃] *adv* ❶ (*après répétition d'une expérience désagréable*) also wirklich
❷ (*après hésitation ou réflexion*) **oui, ~, c'est bien lui le meilleur!** ja, er ist entschieden der Bessere!; **non, ~, il vaut mieux laisser tomber!** das lassen wir wirklich lieber bleiben!
décider [deside] <1> **I.** *vt* ❶ (*prendre une décision*) beschließen; ~ **de faire qc** beschließen etw zu tun
❷ (*persuader*) ~ **qn à faire qc** jdn dazu bewegen etw zu tun
II. *vi* ~ **de qc** etw bestimmen, über etw (*Akk*) befinden [*o* entscheiden]
III. *vpr* ❶ (*être fixé*) **se** ~ *chose, événement:* sich entscheiden
❷ (*prendre une décision*) **se** ~ sich entscheiden; **se ~ à faire qc** sich dazu entschließen etw zu tun; **il ne se décidait pas à partir** er machte keine Anstalten zu gehen
❸ METEO **va-t-il enfin se ~ à neiger/pleuvoir?** wird es endlich schneien/regnen?
décideur, -euse [desidœʀ, -øz] *m, f* Entscheidungsträger(in) *m(f)*
décigramme [desigʀam] *m* Dezigramm *nt*
décilitre [desilitʀ] *m* Deziliter *m*
décimal(e) [desimal, o] <-aux> *adj* dezimal, Dezimal-; **système** ~ Dezimalsystem *nt;* **nombre** ~ Dezimalzahl *f*
décimale [desimal] *f* Dezimale *f,* Dezimalstelle *f*
décimation [desimasjɔ̃] *f* Dezimierung *f*
décimer [desime] <1> *vt* dezimieren
décimètre [desimɛtʀ] *m* ❶ (*mesure*) Dezimeter *m o nt*
❷ (*règle*) **double** ~ *Lineal von 20 cm Länge*
décimétrique [desimetʀik] *adj* Dezimeter-
décisif, -ive [desizif, -iv] *adj moment, tournant* entscheidend; *argument* ausschlaggebend; *preuve* entscheidend, ausschlaggebend; *intervention, rôle, influence* maßgeblich; *ton* entschieden, bestimmend; *bataille* entscheidend, Entscheidungs-
décision [desizjɔ̃] *f* ❶ (*choix*) Entscheidung *f;* **prendre une** ~ eine Entscheidung treffen, einen Entschluss fassen
❷ *a.* ECON (*choix fait par une assemblée, un organisme*) Beschluss *m*
❸ (*choix fait par un tribunal*) Entscheid *m,* Entscheidung *f,* Bescheid *m;* ~ **d'un/du conseil** Ratsbeschluss *m;* ~ **administrative** behördlicher Bescheid, behördliche Verfügung; ~ **judiciaire** Gerichtsentscheidung
❹ (*fermeté*) Entschiedenheit *f,* Bestimmtheit *f;* **esprit de** ~ Entschlusskraft *f*
décisionnaire [desizjɔnɛʀ] **I.** *adj rôle* entscheidend
II. *mf* Entscheidungsträger(in) *m(f)*
décisionnel(le) [desizjɔnɛl] *adj* Entscheidungs-
déclamation [deklamasjɔ̃] *f* ❶ (*art de déclamer*) Vortragskunst *f,* Deklamation *f*
❷ (*fait de déclamer*) Vortragen *nt,* Deklamieren *nt*
déclamatoire [deklamatwaʀ] *adj ton, style* deklamatorisch, übertrieben betont
déclamer [deklame] <1> *vt* vortragen, deklamieren *poème, vers*
déclarable [deklaʀabl] *adj marchandise* verzollbar; *revenus* versteuerbar
déclaratif, -ive [deklaʀatif, -iv] *adj* ❶ GRAM *phrase, verbe* Aussage-
❷ JUR *jugement* deklaratorisch
déclaration [deklaʀasjɔ̃] *f* ❶ (*discours*) [öffentliche] Erklärung;

D

faire une ~ eine Erklärung abgeben
❷ (*propos*) Erklärung *f*, Äußerung *f*
❸ (*témoignage*) Erklärung *f*, Aussage *f*; ~ **sous serment/sur l'honneur** eidliche/eidesstattliche Versicherung
❹ (*aveu*) ~ **d'amour** Liebeserklärung *f*
❺ (*enregistrement officiel*) *d'un décès, changement de domicile* Meldung *f*; *d'une naissance* Meldung, Anmeldung; ~ **en douane** Zollerklärung
❻ (*formulaire*) ~ **d'accident/de sinistre** Unfall-/Schadensmeldung *f*
❼ FISC ~ **d'impôt[s]** Steuererklärung *f*; **remettre sa** ~ **de revenus** seine Einkommen[s]steuererklärung abgeben
◆ ~ **de guerre** Kriegserklärung *f*; ~ **d'impôt[s]** Steuererklärung *f*; ~ **de revenus** Einkommenserklärung *f*
déclaré(e) [deklaʀe] *adj socialiste, athée* erklärt; *ennemi* erklärt, geschworen
déclarer [deklaʀe] <1> **I.** *vt* ❶ (*annoncer*) ~ **ses projets à qn** jdm seine Pläne eröffnen; ~ **son amour à qn** jdm seine Liebe erklären; ~ **qn coupable** jdn für schuldig erklären
❷ ADMIN (*enregistrer*) anmelden *employé, personnel*; anmelden, deklarieren *marchandise*; melden *décès, naissance, changement d'adresse*; **[vous n'avez] rien à** ~**?, vous avez quelque chose à** ~**?** haben Sie etwas zu verzollen [*o* anzumelden]?
II. *vpr* ❶ (*se manifester*) **se** ~ *incendie, orage:* ausbrechen; *fièvre, maladie:* zum Ausbruch kommen
❷ (*se prononcer*) **se** ~ **pour/contre qn/qc** sich für/gegen jdn/etw aussprechen
❸ (*se dire*) **se** ~ **l'auteur du crime** erklären der Täter zu sein
❹ (*faire une déclaration d'amour*) **se** ~ **à qn** sich jdm erklären, jdm seine Liebe erklären
déclassé(e) [deklase] **I.** *adj* ❶ SPORT deklassiert, abgeschlagen
❷ CHEMDFER *billet* heruntergestuft
❸ COM *porcelaine* ausgemustert
II. *m(f)* Deklassierte(r) *f(m)*
déclassement [deklɑsmɑ̃] *m* Zurückstufung *f*; ~ **social** sozialer Abstieg, soziale Deklassierung
déclasser [deklɑse] <1> *vt* ❶ (*rétrograder*) herunterstufen *route, hôtel*; zurückstufen *candidat, sportif*
❷ (*déranger*) in Unordnung bringen
déclenchement [deklɑ̃ʃmɑ̃] *m* Auslösung *f*, Auslösen *nt*
déclencher [deklɑ̃ʃe] <1> **I.** *vt* ❶ TECH auslösen
❷ (*provoquer*) auslösen *réaction, conflit*; einleiten *offensive*; auslösen, hervorrufen *rire, colère*
II. *vpr* **se** ~ *mécanisme:* losgehen, in Gang kommen; *attaque, grève:* ausbrechen
déclencheur [deklɑ̃ʃœʀ] *m* Auslöser *m*; ~ **à retardement** Selbstauslöser *m*
déclic [deklik] *m* ❶ (*mécanisme*) Ausklinkvorrichtung *f*, Auslöseknopf *m*
❷ (*bruit*) Klicken *nt*
▶ **c'est/ça a été le** ~ der Groschen fällt/ist gefallen (*fam*)
déclin [deklɛ̃] *m des forces physiques et mentales* Nachlassen *nt*, Schwinden *nt*; *de la popularité* Abnahme *f*, Schwinden *nt*; *du jour* Abnehmen *nt*; *du soleil* Untergehen *nt*, Sinken *nt*; *d'une civilisation* Niedergang *m*; **au** ~ **du jour** als der Tag sich neigte; **le** ~ **de l'Occident** der Untergang des Abendlandes
déclinable [deklinabl] *adj* GRAM deklinierbar
déclinaison [deklinɛzɔ̃] *f* GRAM, ASTRON Deklination *f*
décliner [dekline] <1> **I.** *vt* ❶ (*refuser*) zurückweisen, ablehnen
❷ GRAM deklinieren
❸ (*dire*) angeben
II. *vi* ❶ *jour:* abnehmen, sich neigen (*geh*); *forces, prestige:* abnehmen, schwinden (*geh*)
❷ ASTRON *soleil, lune:* untergehen, sinken; *astre:* [vom Himmelsäquator] abweichen
III. *vpr* **se** ~ GRAM dekliniert werden
déclivité [deklivite] *f* Abschüssigkeit *f*, Gefälle *nt*
décloisonner [deklwazɔne] <1> *vt* ~ **les diverses disciplines** einen fächerübergreifenden Austausch ermöglichen
déclouer [deklue] <1> *vt* ❶ (*défaire*) abmachen, losmachen *planche*
❷ (*ouvrir*) aufmachen *caisse*
❸ (*ôter les clous de*) ~ **une planche** die Nägel aus einem Brett herausziehen
déco [dekɔ] *f abr de* **décoration**
décocher [dekɔʃe] <1> *vt* ~ **une remarque à qn** jdm gegenüber eine Bemerkung vom Stapel lassen (*fam*); ~ **une réponse à qn** jdm eine Antwort entgegenschleudern; ~ **un regard/une œillade** jdm einen Blick zuwerfen
décoction [dekɔksjɔ̃] *f* PHARM Abkochung *f*, Dekokt *nt* (*Fachspr.*)
décodage [dekɔdaʒ] *m d'une information, d'un message* Dekodierung *f*, Entschlüsselung *f*
décoder [dekɔde] <1> *vt* dekodieren, decodieren, entschlüsseln *message*
décodeur [dekɔdœʀ] *m* Dekodiergerät *nt*, Decoder *m*
décoffrer [dekɔfʀe] <1> *vt* TECH ausschalen *poteau*
décoiffer [dekwafe] <1> **I.** *vt* ~ **qn** jds Haare zerzausen [*o* durcheinander bringen]; **être tout(e) décoiffé(e)** ganz zerzaust sein
II. *vi* ▶ **ça décoiffe** *fam* [das ist der reine] Wahnsinn (*fam*), das ist echt geil (*sl*)
décoincer [dekwɛ̃se] <2> *vt* ❶ (*dégager*) herausziehen *pied, doigt, tiroir*; aufziehen *porte*; herausbekommen *pièce de monnaie, jeton*
❷ *fam* (*détendre*) locker machen *personne*
décolérer [dekɔleʀe] <5> *vi* ❶ **ne pas** ~ immer noch wütend sein; **il ne décolère pas contre elle** sein Zorn auf sie ist noch nicht verraucht
❷ *fig littér* **ne pas** ~ *mer:* sich nicht beruhigen; *volcan:* sich nicht beruhigen, weiterhin Feuer speien; *vent:* sich nicht legen; *ouragan:* immer noch wüten
décollage [dekɔlaʒ] *m* ❶ *d'un avion* Start *m*; **au** ~ **et à l'atterrissage** beim Start und bei der Landung
❷ *d'un papier peint, timbre-poste* Ablösen *nt*; *d'un pansement adhésif* Entfernen *nt*
❸ ECON *d'une industrie, d'un pays* Aufschwung *m*, Boom *m*; ~ **économique** wirtschaftlicher Aufschwung
décollement [dekɔlmɑ̃] *m* (*fait d'être décollé*) Abgehen *nt*; *d'un papier peint, d'une moquette* Ablösen *nt*; *d'un carrelage* Lösen *nt*; **il a constaté un** ~ **des carrelages** er stellte fest, dass die Kacheln sich gelöst hatten
◆ ~ **des oreilles** abstehende Ohren *Pl*; ~ **de la rétine** Netzhautablösung *f*
décoller [dekɔle] <1> **I.** *vt* ~ **un timbre de l'enveloppe** die Briefmarke vom Umschlag ablösen; **l'humidité a décollé le papier peint** durch die Feuchtigkeit hat sich die Tapete gelöst; **timbre décollé** abgelöste Briefmarke
▶ **ne pas** ~ **qn une minute** [ständig] wie eine Klette an jdm hängen; **avoir les oreilles décollées** abstehende Ohren haben
II. *vi* ❶ AVIAT ~ **de qc** von etw abfliegen; **un avion décolle de la piste** ein Flugzeug hebt von der Startbahn ab; **nous décollons à 13 h** wir fliegen [*o* unser Flugzeug fliegt] um 13 Uhr ab
❷ SPORT **une voiture décolle de la route/piste** ein Auto kommt von der Straße/Piste ab; **un skieur décolle du tremplin** ein Schispringer springt vom Schanzentisch ab; **un cycliste décolle du peloton** ein Radfahrer löst sich vom Feld [*o* von der Gruppe]
❸ (*prendre de l'essor*) *pays:* einen wirtschaftlichen Aufschwung erleben; *économie:* einen Aufschwung erleben; *production:* anlaufen; *affaires, commerce:* florieren; *science:* sich entwickeln
❹ *fam* (*partir, sortir*) **ne pas** ~ **du lit/fauteuil** nicht aus dem Bett/Sessel hochkommen (*fam*); **ne pas** ~ **d'un lieu/de devant la télé** nicht von einem Ort/vom Fernseher wegkom-

men (*fam*); **ne pas ~ de chez qn** bei jdm hängen bleiben (*fam*), von jdm nicht wegkommen (*fam*); **faire ~ qn** jdn loswerden (*fam*)
❺ *fam* (*maigrir*) abmagern, vom Fleisch fallen (*fam*)
III. *vpr* **se ~** *carrelage, timbre:* sich lösen; *rétine:* sich ablösen

décolleté [dekɔlte] *m* Dekolletee *nt,* Ausschnitt *m;* **en grand ~** mit großem Dekolletee; **~ plongeant** tiefes Dekolletee, tiefer Ausschnitt
◆ **~ bateau** U-Boot-Ausschnitt *m;* **~ en pointe** [*o* **en V**] V-Ausschnitt *m*

décolleté(e) [dekɔlte] *adj* ❶ *vêtement* [tief] ausgeschnitten; **~(e) dans le dos/devant** hinten/vorne [tief] ausgeschnitten
❷ *personne* dekolletiert

décolleter [dekɔlte] <3> **I.** *vt* ❶ (*laisser voir le décolleté*) **cette robe la décollette trop** dieses Kleid lässt zu viel ihres Dekolletees sehen
❷ (*échancrer*) **~ un vêtement** ein Kleidungsstück dekolletieren [*o* mit einem Ausschnitt versehen]
II. *vpr* **se ~** tief dekolletierte [*o* ausgeschnittene] Kleider tragen

décolonisation [dekɔlɔnizasjɔ̃] *f* ❶ Dekolonisation *f*
❷ *fig d'une administration* Entbürokratisierung *f*

décoloniser [dekɔlɔnize] <1> *vt* dekolonisieren, in die Unabhängigkeit entlassen *pays, habitants;* **~ une province** einer Provinz (*Dat*) die Unabhängigkeit zugestehen

décolorant [dekɔlɔʀɑ̃] *m* Bleichmittel *nt,* Entfärber *m,* Aufheller *m*

décolorant(e) [dekɔlɔʀɑ̃, ɑ̃t] *adj action, pouvoir* entfärbend, bleichend; **produit ~** Bleichmittel *nt,* Entfärbungsmittel *nt;* **shampooing ~** aufhellendes Shampoo

décoloration [dekɔlɔʀasjɔ̃] *f* Bleichen *nt,* Entfärben *nt; des cheveux* Aufhellen *nt; des rideaux, de la tapisserie* Ausbleichen *nt,* Verschießen *nt; d'une matière* Verblassen *nt;* **se faire/se faire faire une ~** sich (*Dat*) das Haar bleichen/bleichen lassen

décoloré(e) [dekɔlɔʀe] *adj cheveux, poils* gebleicht, aufgehellt; *couleur* verwaschen; *rideaux, vêtement* ausgebleicht, verschossen; *papier, affiches* vergilbt; *lèvres* farblos, blutleer

décolorer [dekɔlɔʀe] <1> **I.** *vt* bleichen, entfärben *tissus, vêtements;* bleichen, aufhellen *cheveux*
II. *vpr* ❶ (*perdre sa couleur*) **se ~** *cheveux:* [aus]bleichen; *étoffe:* ausbleichen; (*au lavage*) die Farbe verlieren
❷ (*enlever la couleur*) **se ~ les cheveux** sich (*Dat*) die Haare bleichen [*o* aufhellen]

décombres [dekɔ̃bʀ] *mpl fig a.* Trümmer *Pl* (*a. fig*), Überreste *Pl* (*a. fig*)

décommander [dekɔmɑ̃de] <1> **I.** *vt* absagen *rendez-vous, réunion;* abbestellen *marchandise;* **~ qn** jdm absagen, jdn ausladen
II. *vpr* **se ~** absagen

décompacter [dekɔ̃pakte] <1> *vt* INFORM entkomprimieren

décompenser [dekɔ̃pɑ̃se] <1> *vi fam* (*se défouler*) sich abreagieren (*fam*)

décomplexé(e) [dekɔ̃plɛkse] *adj fam* ohne Hemmungen; **un homme ~** ein Mann ohne Hemmungen

décomplexer [dekɔ̃plɛkse] <1> *vt fam* **~ qn** jdm seine Hemmungen [*o* Komplexe] nehmen

décomposable [dekɔ̃pozabl] *adj* **~ en qc** PHYS, MATH, GRAM zerlegbar in etw (*Akk*); CHIM zersetzbar in etw (*Akk*); **ce texte est ~ en trois parties** dieser Text kann in drei Teile untergliedert werden

décomposé(e) [dekɔ̃poze] *adj* ❶ *substance organique* zersetzt; *cadavre* verwest
❷ *visage, traits* verzerrt, entstellt

décomposer [dekɔ̃poze] <1> **I.** *vt* ❶ CHIM, PHYS, MATH, GRAM (*diviser*) **~ un élément en ses composants** ein Element in seine Bestandteile zerlegen
❷ (*analyser*) analysieren *idée, problème, savoir*
❸ (*détailler*) im Einzelnen zeigen [*o* vorführen]
❹ (*altérer*) zersetzen *substance organique, société, morale;* verzerren, entstellen *visage, traits*
II. *vpr* ❶ CHIM, PHYS, MATH, GRAM (*se diviser*) **se ~ en qc** sich in etw (*Akk*) zerlegen lassen
❷ (*pouvoir s'analyser*) **se ~ en qc** *problème, idée, savoir:* sich in etw (*Akk*) aufgliedern [*o* zerlegen] lassen
❸ (*se détailler*) **se ~ en qc** *mouvement, procédure:* aus etw bestehen
❹ (*s'altérer*) **se ~** *substance organique:* sich zersetzen; *cadavre:* verwesen; *visage, traits:* sich verzerren; *société:* zerfallen, sich auflösen

décomposition [dekɔ̃pozisjɔ̃] *f* ❶ CHIM, PHYS, MATH **~ d'un élément en ses composants** Zerlegung *f* eines Elements in seine Bestandteile
❷ (*analyse*) *d'un problème, d'une difficulté* Aufgliederung *f*
❸ (*putréfaction*) *d'une substance organique* Zersetzung *f; d'un cadavre* Verwesung *f;* **être en état de ~** *cadavre:* im Zustand der Verwesung sein; *matière organique:* am Verfaulen sein
❹ (*altération*) **la ~ de son visage** sein/ihr verzerrtes Gesicht; **la ~ de ses traits** seine/ihre verzerrten Gesichtszüge
❺ (*détail*) *d'un mouvement* Vorführung *f* im Einzelnen
❻ (*chute*) *d'une civilisation, d'un État* Auflösung *f; des valeurs, de la société* Zerfall *m*

décompresser [dekɔ̃pʀese] <1> **I.** *vi fam* ausspannen (*fam*)
II. *vt* INFORM entkomprimieren

décompression [dekɔ̃pʀesjɔ̃] *f* ❶ Druckverminderung *f,* Dekompression *f* (*Fachspr.*); **la soupape de ~** das Überdruckventil
❷ *fam* (*détente*) Entspannung *f;* **au moment de la ~, il a craqué** als er endlich zur Ruhe kam, brach er zusammen
❸ MED **accident de ~** Caissonkrankheit *f,* Taucherkrankheit *f*
❹ INFORM Entkomprimierung *f*

décomprimer [dekɔ̃pʀime] <1> *vt* TECH **~ de l'air/du gaz** den Luft-/Gasdruck vermindern

décompte [dekɔ̃t] *m* ❶ (*compte*) *des bulletins de vote* Auszählung *f; des points* Zusammenzählen *nt,* Zusammenrechnen *nt;* **faire le ~ de qc** etw zusammenrechnen
❷ (*facture*) Abrechnung *f;* **faire le ~ de qc** eine [detaillierte] Aufstellung einer S. machen
❸ (*déduction*) Abzug *m;* **venir en ~ de qc** mit etw verrechnet werden; **faire le ~ de qc** etw in Abzug bringen (*form*)

décompter [dekɔ̃te] <1> *vt* ❶ (*dénombrer*) [aus]zählen *votes;* aufzählen *objets*
❷ (*déduire*) abziehen

déconcentré(e) [dekɔ̃sɑ̃tʀe] *adj* unkonzentriert

déconcentrer [dekɔ̃sɑ̃tʀe] <1> **I.** *vt* ❶ ADMIN, ECON dekonzentrieren
❷ (*dévier l'attention de qn*) aus dem Konzept bringen *personne;* **~ son attention de qc** seine/ihre Aufmerksamkeit von etw ablenken
II. *vpr* **se ~** sich aus dem Konzept bringen lassen

déconcertant(e) [dekɔ̃sɛʀtɑ̃, ɑ̃t] *adj* verwirrend; *nouvelles* beunruhigend; *facilité, rapidité* erstaunlich; **elle est ~e** bei ihr weiß man nicht, woran man ist

déconcerter [dekɔ̃sɛʀte] <1> *vt* (*troubler*) verwirren; (*décontenancer*) aus der Fassung bringen

déconditionner [dekɔ̃disjɔne] <1> *vt* (*soustraire à une habitude*) entwöhnen

déconfit(e) [dekɔ̃fi, it] *adj personne* niedergeschlagen; *air, mine* betreten

déconfiture [dekɔ̃fityʀ] *f* ❶ *fam* (*faillite*) Pleite *f* (*fam*); **être en pleine ~** *entreprise, personne:* total pleite sein (*fam*)
❷ *fam* (*chute*) *d'un parti politique, de l'État* Zusammenbruch *m; des valeurs morales* Zerfall *m; d'une armée* Scheitern *nt;* **tourner à la ~** *projet:* sich als Pleite herausstellen (*fam*)
❸ JUR Zahlungsunfähigkeit *f*

décongélation [dekɔ̃ʒelasjɔ̃] *f* Auftauen *nt*

décongeler [dekɔ̃ʒ(ə)le] <4> *vt, vi* auftauen

décongestionner [dekɔ̃ʒɛstjɔne] <1> *vt* ❶ MED zum

D

Abschwellen bringen *œil, hématome;* freimachen *poumons, nez*
❷ (*désengorger*) entlasten *quartier, réseau routier*

déconnecter [dekɔnɛkte] <1> **I.** *vt* ❶ ELEC unterbrechen; abschalten, unterbrechen *circuit*
❷ INFORM ausloggen; verlassen *serveur, réseau*
❸ (*séparer*) ~ **qn/qc du monde environnant** jdn/etw von der Umgebung fernhalten; **déconnecté(e) de la vie/du monde** lebensfern/weltfremd
II. *vi fam* abschalten (*fam*)
III. *vpr* **se** ~ **de son travail** von seiner Arbeit abschalten; **se** ~ **de ses soucis** seine Sorgen vergessen

déconner [dekɔne] <1> *vi fam* ❶ (*dire des bêtises*) Mist [*o* Stuss] reden (*fam*)
❷ (*faire des bêtises*) Mist [*o* Stuss] machen (*fam*)
❸ (*être détraqué*) ~ **complètement** [total] spinnen [*o* durchdrehen] (*fam*); **déconne pas!** spinn nicht rum! (*fam*)
► **faut pas ~!** da hört sich doch alles auf! (*fam*)

déconnexion [dekɔnɛksjɔ̃] *f* ❶ PHYSIOL *des centres nerveux* Störung *f*
❷ ELEC Abschaltung *f*, Ausschaltung *f*
❸ INFORM Abmeldung *f*

déconseillé(e) [dekɔ̃seje] *adj* nicht empfehlenswert, nicht zu empfehlen; **il est ~ de faire qc** es ist nicht ratsam etw zu tun; **c'est tout à fait ~** es wird dringend davon abgeraten

déconseiller [dekɔ̃seje] <1> *vt* ~ **un livre à un ami** einem Freund von einem Buch abraten; ~ **à un collègue de faire qc** einem Kollegen davon abraten etw zu tun

déconsidération [dekɔ̃sideʀasjɔ̃] *f littér* Verruf *m*, Misskredit *m*

déconsidérer [dekɔ̃sideʀe] <5> **I.** *vt* in Misskredit [*o* in Verruf] bringen; **être complètement déconsidéré(e) auprès de qn** bei jdm völlig in Verruf gekommen sein
II. *vpr* **se** ~ **auprès de qn/aux yeux de qn** sich bei jdm/in jds Augen in Verruf bringen

déconsigner [dekɔ̃siɲe] <1> *vt* ❶ (*rembourser le prix de la consigne*) ~ **les bouteilles** die Pfandflaschen zurückgeben
❷ (*retirer de la consigne*) ~ **un bagage/une valise** ein Gepäckstück/einen Koffer von der Gepäckaufbewahrung abholen

décontamination [dekɔ̃taminasjɔ̃] *f d'une personne, d'un lieu* Dekontamination *f; d'une rivière* Reinigung *f*, Entgiftung *f; de l'atmosphère* Entlastung *f* von Umweltgiften

décontaminer [dekɔ̃tamine] <1> *vt* dekontaminieren *lieu, personne;* reinigen, entgiften *rivière;* von Umweltgiften entlasten, entgiften *atmosphère;* INFORM von Viren befreien *disquettes*

décontenancé(e) [dekɔ̃t(ə)nɑ̃se] *adj* aus der Fassung, fassungslos; (*intimidé*) [völlig] verunsichert

décontenancer [dekɔ̃t(ə)nɑ̃se] <2> **I.** *vt* aus der Fassung bringen
II. *vpr* **se** ~ die Fassung verlieren

décontracté(e) [dekɔ̃tʀakte] **I.** *adj* ❶ *partie du corps, personne* entspannt
❷ *fam* (*sûr de soi*) selbstsicher, ungezwungen; *péj* zu lässig
❸ *fam* (*non guindé*) *atmosphère, situation* entspannt; *tenue* bequem, zwanglos; *style, ton, air* ungezwungen, locker; *péj* zu lässig
II. *adv fam s'habiller* lässig, bequem; *conduire* entspannt

décontracter [dekɔ̃tʀakte] <1> **I.** *vt* entspannen
II. *vpr* **se** ~ sich entspannen

décontraction [dekɔ̃tʀaksjɔ̃] *f* ❶ *du corps, d'une personne* Entspannung *f*
❷ (*désinvolture*) Ungezwungenheit *f*, Unbekümmertheit *f*; *péj* Lässigkeit *f*

déconvenue [dekɔ̃v(ə)ny] *f* Enttäuschung *f*

décor [dekɔʀ] *m* ❶ Dekor *m o nt*, Ausstattung *f;* THEAT Bühnenbild *nt;* CINE Szenenaufbau *m*
❷ (*cadre*) Umgebung *f;* (*arrière-plan*) Hintergrund *m*, Szenerie *f;* **dans un ~ de verdure** im Grünen; **un ~ de hautes montagnes/de rocailles** eine Gebirgs-/Felslandschaft
❸ (*style*) Stil *m;* ~ **Empire/Louis XV** [im] Empirestil/[im] Louis-quinze-Stil
❹ (*art de la décoration*) Dekoration *f;* ~ **de la table** Tischdekoration *f*
► **changer de ~** THEAT das Bühnenbild wechseln; **j'ai besoin de changer de ~** ich brauche einen Tapetenwechsel; **envoyer qn dans le ~** [*o* **les ~s**] *fam* (*provoquer un accident*) jdn von der Fahrbahn [ab]drängen; (*se battre et avoir le dessus*) jdn k.o. schlagen; SPORT (*envoyer qn au tapis*) jdn zu Boden strecken; **planter le ~** den Rahmen abstecken; **aller** [*o* **entrer**] [*o* **foncer**] [*o* **se retrouver**] **dans le ~** [*o* **les ~s**] *fam* von der Fahrbahn abkommen, im Graben landen (*fam*)

décorateur, -trice [dekɔʀatœʀ, -tʀis] *m, f* ❶ Dekorateur(in) *m(f);* ~(**-trice**) **de vitrines** Schaufensterdekorateur(in) *m(f);* ~(**-trice**) **d'intérieurs** Innenausstatter(in) *m(f);* **tapissier ~** Tapezierer *m*
❷ CINE, THEAT Bühnenbildner(in) *m(f)*

décoratif, -ive [dekɔʀatif, -iv] *adj* ❶ (*ornemental*) dekorativ; **motifs ~s** Verzierungen *Pl*
❷ *fam homme, femme, invité* repräsentabel; **une femme décorative** eine Frau, mit der man sich zeigen kann
❸ *péj fonction* repräsentativ; *rôle* repräsentativ, Statisten-

décoration [dekɔʀasjɔ̃] *f* ❶ (*fait de décorer*) Schmücken *nt*, Dekorieren *nt*
❷ (*résultat*) Dekoration *f*, Ausstattung *f;* **~s de Noël** Weihnachtsdekoration; (*du sapin*) Christbaumschmuck *m*
❸ (*art*) Innenarchitektur *f*, Raumkunst *f*
❹ (*distinction honorifique*) Orden *m*, Auszeichnung *f;* **une poitrine bardée** [*o* **couverte**] **de ~s** eine ordengeschmückte Brust

décorder [dekɔʀde] <1> *vpr* ALPIN **se** ~ sich losbinden

décoré(e) [dekɔʀe] *adj* ❶ *lieu, plat* verziert; *vitrines* dekoriert
❷ *personne* [mit einem Orden] ausgezeichnet [*o* dekoriert]

décorer [dekɔʀe] <1> *vt* ❶ (*embellir*) ~ **un plat de qc** ein Gericht mit etw garnieren; ~ **une vitrine de qc** ein Schaufenster mit etw dekorieren; ~ **une table de qc** einen Tisch mit etw schmücken; ~ **un appartement de qc** eine Wohnung mit etw ausstatten
❷ (*agrémenter*) schmücken, [ver]zieren
❸ (*médailler*) ~ **qn d'une médaille** jdn mit einer Medaille auszeichnen [*o* dekorieren]; ~ **qn d'une distinction** jdm eine Auszeichnung verleihen

décorner [dekɔʀne] <1> *vt v.* **vent**

décorticage [dekɔʀtikaʒ] *m* ❶ *des amandes, graines* Schälen *nt*
❷ *d'un texte* Analysieren *nt; péj* Zerpflücken *nt* (*pej*)

décortiquer [dekɔʀtike] <1> *vt* ❶ (*enlever l'enveloppe*) schälen *marrons, graines;* enthülsen, schälen *riz, cacahuètes;* entrinden, schälen *arbre;* [ab]schälen *tige;* knacken *noix, noisettes*
❷ (*détailler*) analysieren, zerpflücken (*pej*) *texte;* ganz genau unter die Lupe nehmen *affaire*

décorum [dekɔʀɔm] *m sans pl* Etikette *f; d'une fête* Zeremoniell *nt*

décote [dekɔt] *f des impôts* [Steuer]ermäßigung *f; de la valeur, des cours de la Bourse* [Kurs]abschlag *m*

découcher [dekuʃe] <1> *vi* auswärts [*o* nicht zu Hause] schlafen

découdre [dekudʀ] <*irr*> **I.** *vt* abtrennen *boutons;* auftrennen *ourlet;* heraustrennen *doublure*
► **être décidé(e)** [*o* **prêt(e)**] **à en ~ avec qn/qc** (*en se battant*) entschlossen [*o* bereit] sein sich mit jdm zu schlagen; (*en argumentant*) entschlossen [*o* bereit] sein sich mit jdm verbal zu messen
II. *vpr* **se** ~ *couture:* aufgehen, aufplatzen; *boutons:* abgehen; **le sac s'est décousu** an der Tasche ist die Naht aufgegangen

découler [dekule] <1> *vi* ~ **de qc** von etw kommen [*o* herrühren]; ~ **d'un droit** sich von einem Recht herleiten [*o* ableiten] lassen; **il découle de qc...** aus etw ergibt sich [*o* folgt] ...; **il en**

découle qu'il a tort daraus folgt, dass er im Unrecht ist

découpage [dekupaʒ] *m* ❶ (*fait de trancher avec un couteau*) Zerschneiden *nt; d'un gâteau, d'une viande* Zerschneiden, Aufschneiden *nt; d'une volaille* Zerschneiden, Tranchieren *nt*, Zerlegen *nt*
❷ (*couper suivant un contour, tracé*) [Zu]schneiden *nt; d'un papier* [Aus]schneiden *nt;* (*à la presse*) [Aus]stanzen *nt;* ~ **au chalumeau** Brennschneiden *nt*
❸ *souvent pl* (*images*) Ausschneidebilder *Pl;* **faire des ~s** Bilder ausschneiden
❹ ADMIN, POL Einteilung *f;* ~ **électoral** Einteilung *f* in Wahlkreise
❺ CINE *d'un film* Cutten *nt*, Schneiden *nt*

découpe [dekup] *f* ❶ COUT Passe *f*
❷ TECH Zuschneiden *nt;* (*avec une scie*) Aussägen *nt;* **ses découpes sont parfaites** er schneidet perfekt zu
❸ (*atelier de découpe*) *Ort, wo man Holz zuschneiden lassen kann*

découpé(e) [dekupe] *adj côte, relief* zerklüftet; *sommet, feuille* gezackt

découper [dekupe] <1> **I.** *vt* ❶ (*trancher*) aufschneiden, in Stücke schneiden *gâteau, viande;* tranchieren, zerlegen *volaille;* abschneiden *tranche de saucisson*
❷ (*couper suivant un contour, tracé*) (*avec des ciseaux, au cutter*) zuschneiden *tissu, moquette, tapisserie;* (*à la scie*) aussägen *images, motif;* (*à la presse*) [aus]stanzen; ~ **un article/une photo/recette dans qc** einen Artikel/ein Foto/Rezept aus etw ausschneiden
❸ (*profiler*) **les Alpes découpent leurs crêtes sur le ciel** die Gipfel der Alpen zeichnen sich gegen den Himmel ab
II. *vpr* (*se profiler*) **se ~ dans/sur qc** sich gegen etw [*o* von etw] abheben, sich gegen etw abzeichnen

découplé(e) [dekuple] *adj* **bien ~(e)** *personne* wohlproportioniert; *garçon* gut gebaut

découpure [dekupyʀ] *f* ❶ (*bord*) Rand *m*
❷ (*morceau coupé*) *d'un papier, tissu* ausgeschnittenes Stück; *d'un journal* Ausschnitt *m;* ~ **de papier** Papierschnipsel *Pl*
❸ (*échancrure*) *d'une côte* Zerklüftung *f;* (*bordure arrondie/en pointe*) *d'une broderie, guirlande, dentelle* gezackter/gebogener Rand

découragé(e) [dekuʀaʒe] *adj* entmutigt, mutlos

décourageant(e) [dekuʀaʒɑ̃, ʒɑ̃t] *adj* entmutigend; *nouvelle, résultats* entmutigend, deprimierend; *travail* entmutigend, frustrierend; **vous êtes ~(e)** Sie nehmen mir den/jeden Mut

découragement [dekuʀaʒmɑ̃] *m* Mutlosigkeit *f*, Niedergeschlagenheit *f*
▶ **se laisser aller au** [*o* **gagner par le**] ~ sich [völlig] entmutigen lassen

décourager [dekuʀaʒe] <2a> **I.** *vt* ❶ (*démoraliser*) entmutigen; **se laisser ~ par qc** sich durch etw entmutigen lassen
❷ (*dissuader*) ~ **qn de la création d'une entreprise** [*o* **créer une entreprise**] jdn davon abhalten [*o* abbringen] eine Firma zu gründen; **c'est pour ~ les cambrioleurs** das dient dazu die Diebe abzuschrecken
❸ (*empêcher de faire*) verhindern *questions, critique;* lähmen *bonne volonté;* nicht aufkommen lassen *familiarité*
II. *vpr* **se ~** den Mut verlieren

décousu [dekuzy] *m sans pl* Zusammenhanglosigkeit *f*

décousu(e) [dekuzy] *adj* ❶ *couture* aufgetrennt; *ourlet* aufgetrennt, offen; **la poche est ~e** die Tasche hat ein Loch
❷ (*dépourvu de logique*) *conversation, récit, devoir* unzusammenhängend, zusammenhanglos; *idées* wirr, konfus; *style* holprig

découvert [dekuvɛʀ] *m* ❶ FIN Defizit *nt*, Fehlbetrag *m; d'un compte* Überziehung *f;* ~ **autorisé** Überziehungskredit *m;* **la banque lui accorde un ~ de...** die Bank gewährt ihm/ihr einen Überziehungskredit von ...; ~ **budgétaire** Haushaltsdefizit *nt;* **elle a un ~ de mille/trois mille euros** sie hat ihr Konto um tausend/dreitausend Euro überzogen; **je suis à ~** ich bin im Soll [*o* in den roten Zahlen] (*fam*); **vendre à ~** blanko verkaufen
❷ MIL (*terrain*) freies Gelände
▶ **à ~** FIN ungedeckt; *compte* ungedeckt, überzogen; (*ouvertement*) offen; *parler* offen, freiheraus; (*à la vue de qn*) frei, unbedeckt; MIL ohne Deckung

découvert(e) [dekuvɛʀ, ɛʀt] *adj* ❶ unbedeckt, bloß; *bras, épaules* bloß, nackt; **tu es trop ~(e)** du bist zu dünn angezogen (*fam*)
❷ *lieu* offen[liegend]; *zone* frei; *terrain* frei, offen

découverte [dekuvɛʀt] *f* Entdeckung *f;* ~ **scientifique** wissenschaftliche Entdeckung [*o* Errungenschaft]; **faire la ~ de qc** etw entdecken; **partir à la ~** auf Entdeckungsreise gehen; **aller** [*o* **partir**] **à la ~ d'une ville** eine Stadt erkunden gehen; **aller** [*o* **partir**] **à la ~ de bons vins/d'une sensation** auf der Suche nach guten Weinen/einer Sensation sein
▶ **c'est pas une ~!** *fam* das ist nichts Neues!

découvreur, -euse [dekuvʀœʀ, -øz] *m, f* Entdecker(in) *m(f)*

découvrir [dekuvʀiʀ] <11> **I.** *vt* ❶ *a.* SCI (*trouver, deviner, percer, déceler*) entdecken; ~ **du pétrole** auf Erdöl (*Akk*) stoßen; ~ **la cause de qc** die Ursache für etw herausfinden [*o* entdecken]; ~ **un complot/secret** ein Komplott/Geheimnis aufdecken [*o* entdecken]; ~ **comment/où/pourquoi** herausfinden, wie/wo/warum; ~ **que c'est vrai** herausfinden, dass es wahr ist
❷ (*apprendre à connaître*) entdecken, kennen lernen *auteur, compositeur, œuvre*
❸ (*enlever la couverture*) aufdecken *enfant, malade*
❹ (*ouvrir*) ~ **une casserole** den Deckel von einem Topf abnehmen
❺ (*enlever ce qui couvre*) aufdecken; enthüllen *statue;* ~ **une voiture** das Verdeck eines Autos aufmachen
❻ (*mettre au jour*) ausgraben *ruines, objet enfoui*
❼ (*apercevoir*) entdecken *panorama, paysage;* (*dans la foule*) entdecken, erblicken *visage, personne*
❽ (*laisser voir*) entblößen, zeigen *jambes, épaules;* zum Vorschein kommen lassen *ciel, racines, terre*
❾ (*révéler*) ~ **un secret à son ami** seinem/ihrem Freund ein Geheimnis verraten; ~ **une intention/un plan à qn** jdm eine Absicht/einen Plan mitteilen [*o* verraten]; ~ **son cœur à qn** *littér* jdm sein Herz aufschließen (*geh*); ~ **son jeu** seine Karten aufdecken
❿ ECHECS ungedeckt lassen
II. *vpr* ❶ (*enlever sa couverture*) **se ~** sich aufdecken; (*enlever son vêtement*) sich ausziehen; (*enlever son chapeau*) den Hut abnehmen; (*pour saluer*) den Hut ziehen
❷ (*s'exposer aux attaques*) **se ~** *armée:* die Deckung verlassen; *boxeur, escrimeur:* sich (*Dat*) eine Blöße geben
❸ (*se confier*) **se ~ à qn** sich jdm offenbaren; *a. fig* (*abattre son jeu*) die Karten aufdecken
❹ (*apprendre à se connaître*) **se ~ lui-même** sich selbst entdecken
❺ (*apprendre*) **se ~ des dons/un goût pour qc** seine Begabung/Vorliebe für etw entdecken; **je me suis découvert un oncle en Amérique** ich habe herausgefunden, dass ich einen Onkel in Amerika habe
❻ (*apparaître*) **se ~** *panorama, paysage:* zu sehen [*o* zu erkennen] sein; *secret:* entdeckt [*o* enthüllt] werden; *vérité:* an den Tag kommen
❼ (*s'éclaircir*) **le ciel se découvre** der Himmel hellt sich auf

décrassage [dekʀasaʒ] *m* ❶ *d'un objet sale* [gründliche] Säuberung [*o* Reinigung]; **être bon(ne) pour un ~** mal gründlich sauber gemacht werden müssen
❷ *hum d'une personne, des poumons* gründliche Reinigung; *du corps* Entschlackung *f*

décrasser [dekʀase] <1> **I.** *vt* ❶ (*nettoyer*) [gründlich] reinigen [*o* säubern]; [gründlich] scheuern *planchers, faitouts*

❷ (*laver*) gründlich waschen *personne, mains, visage; fig* [gründlich] durchpusten (*fam*) *poumons*
❸ (*dégrossir*) ~ **qn** jdm Manieren beibringen; (*rendre moins ignorant*) jdm das Nötigste beibringen
II. *vpr* **se** ~ ❶ (*se laver*) sich gründlich waschen
❷ *fig* bessere Manieren annehmen

décrédibiliser [dekʀedibilize] <1> *vt* diskreditieren

décrêper [dekʀepe] <1> *vt* (*rendre lisse*) *cheveux* glätten, glatt machen; (*démêler*) entwirren

décrépi(e) [dekʀepi] *adj* **un mur** ~ eine Mauer, von der der Putz abfällt

décrépir [dekʀepiʀ] <8> **I.** *vt* ~ **un mur** den Putz von einer Mauer entfernen [*o* abschlagen]
II. *vpr* **le mur se décrépit** von der Mauer fällt [*o* geht] der Putz ab

décrépit(e) [dekʀepi, it] *adj* ❶ *personne* altersschwach, gebrechlich
❷ *arbre* morsch; *bâtisse* baufällig

décrépitude [dekʀepityd] *f* ❶ *vieilli d'une personne* Altersschwäche *f,* Gebrechlichkeit *f;* **tomber dans la** ~ altersschwach [*o* gebrechlich] werden
❷ *d'une maison* Verfall *m; fig d'un empire, d'une nation* Niedergang *m;* **tomber en** ~ *maison:* baufällig werden; *monument historique, empire:* verfallen; *coutume:* langsam aussterben; *amour:* langsam erlöschen

decrescendo [dekʀeʃɛndo] **I.** *adv* MUS decrescendo
► **aller** ~ *amitié:* langsam auseinander gehen; *talent:* langsam verloren gehen
II. *m* MUS Decrescendo *nt*

décret [dekʀɛ] *m* ❶ POL [Rechts]verordnung *f;* ~ **sur qc** Verordnung über etw (*Akk*)
❷ *pl fig littér du destin, hasard* Fügung *f;* **les ~s de la mode** die Vorschriften der Mode
❸ REL Dekret *nt*

décréter [dekʀete] <5> **I.** *vt* ❶ POL verfügen, anordnen
❷ *fig* ~ **que qc doit se faire** beschließen [*o* bestimmen], dass etw gemacht werden muss
II. *vpr* **qc/ça ne se décrète pas** etw/das lässt sich nicht erzwingen

décret-loi [dekʀɛlwa] <décrets-lois> *m* Verordnung *f* mit Gesetzeskraft; **gouverner par** ~ per [*o* mittels] Notverordnung regieren

décrier [dekʀije] <1a> *vt littér* verunglimpfen (*geh*); verreißen, verunglimpfen (*geh*) *œuvre, livre, auteur;* **peintre décrié** verrufener Maler

décrire [dekʀiʀ] <*irr*> *vt* ❶ (*dépeindre*) beschreiben; schildern *événement, situation, impressions*
❷ (*tracer*) beschreiben *cercle;* ~ **une courbe** *route, fleuve:* eine Kurve machen; ~ **des cercles au-dessus de la forêt** *avion, oiseau:* über dem Wald kreisen [*o* Kreise ziehen]

décrispation [dekʀispasjɔ̃] *f* Entschärfung *f* (*einer Lage im politischen oder soziologischen Bereich*)

décrisper [dekʀispe] <1> *vt* entschärfen *situation, affrontement;* besänftigen *relations*

décrochage [dekʀɔʃaʒ] *m* ❶ *des rideaux* Abnehmen *nt; d'un tableau* Abnehmen, Abhängen *nt; d'un wagon* Abkoppeln *nt,* Abhängen *nt*
❷ RADIO Umschalten *nt*
❸ MIL, POL **les troupes ont dû faire un** ~ die Truppen mussten sich absetzen
❹ (*recul*) *des affaires, ventes, de la production* Rückgang *m*
❺ AVIAT Überziehen *nt*
❻ ESPACE **le** ~ **de l'orbite lunaire** das Verlassen der Mondumlaufbahn

décrochement [dekʀɔʃmɑ̃] *m d'une muraille* Nische *f; d'une route* Ausbuchtung *f*

décrocher [dekʀɔʃe] <1> **I.** *vt* ❶ abnehmen *rideaux, linge;* abkoppeln, abhängen *wagon;* losmachen *laisse, sangle;* aufmachen *volets;* ~ **le téléphone** (*pour répondre*) den [Telefon]hörer abheben [*o* abnehmen]; (*pour ne pas être dérangé*) den [Telefon]hörer daneben legen
❷ *fam* (*obtenir*) kriegen (*fam*); sich (*Dat*) holen (*fam*) *prix;* sich (*Dat*) angeln (*fam*), ergattern (*fam*) *poste*
❸ SPORT abhängen (*fam*) *concurrents, peloton*
❹ FIN ~ **une monnaie de qc** eine Währung von etw abkoppeln
II. *vpr* **se** ~ *personne, poisson:* sich losmachen (*fam*); *vêtement, tableau:* [vom Haken] runterfallen (*fam*)
III. *vi* ❶ (*au téléphone*) den [Telefon]hörer abnehmen [*o* abheben]; **tu peux** ~**?** kannst du mal [d]rangehen? (*fam*)
❷ *fam* ~ **de qc** (*décompresser*) von etw abschalten; (*se désintéresser*) sich aus etw zurückziehen; *militant:* von etw abspringen (*fam*); (*arrêter le travail*) sich zur Ruhe setzen; (*abandonner une activité, course*) aufgeben
❸ (*ne plus écouter*) abschalten
❹ MIL *armée, troupes:* sich absetzen
❺ AVIAT *avion:* überziehen
❻ RADIO *émetteur:* umschalten

décrochez-moi-ça [dekʀɔʃemwasa] *m inv fam* Trödelladen *m* (*fam*)

décroiser [dekʀwaze] <1> *vt* nebeneinander stellen *jambes;* wieder fallen lassen *bras;* entwirren *fils*

décroissance [dekʀwasɑ̃s] *f* Abnahme *f; de la natalité* Rückgang *m*

décroissant(e) [dekʀwasɑ̃, ɑ̃t] *adj intensité, vitesse* abnehmend; *bruit* schwindend; **à vitesse** ~**e** mit herabgesetzter Geschwindigkeit; **par ordre** ~ in abnehmender Reihenfolge; **courbe** ~**e de natalité** rückläufige Geburtenzahl; **aller** ~**(e)** zurückgehen; *taux de natalité, chiffre d'affaires:* zurückgehen, rückläufig sein; *douleur, forces, vitalité, bruit:* nachlassen; *vitesse:* abnehmen; *état de santé:* sich verschlechtern

décroître [dekʀwatʀ] <*irr*> *vi + avoir o être* abnehmen; *jours:* abnehmen, kürzer werden; *vitesse:* abnehmen, sich verringern; *bruit:* schwächer werden; *réputation:* schlechter werden; *vitalité, forces:* nachlassen, schwinden; *eau, fièvre:* sinken; *ombre:* immer kleiner werden; *affaires, commandes:* zurückgehen; *capacité de qc:* nachlassen

décrotter [dekʀɔte] <1> *vt* ❶ (*enlever la boue*) ~ **des pneus/chaussures** den Schmutz [*o* Dreck] von Reifen/Schuhen abmachen [*o* abkratzen]
❷ *fig fam* ~ **qn** jdm Manieren beibringen

décrottoir [dekʀɔtwaʀ] *m* Kratzeisen *nt,* Fußabstreifer *m*

décrue [dekʀy] *f* ❶ *des eaux* Sinken *nt,* Fallen *nt*
❷ *fig* **la** ~ **de l'or se poursuit** der Goldkurs sinkt [*o* fällt] weiter; **la** ~ **démographique** der Bevölkerungsrückgang

décrypter [dekʀipte] <1> *vt* entziffern *hiéroglyphe;* entschlüsseln *message, code*

déçu(e) [desy] **I.** *part passé de* **décevoir**
II. *adj* enttäuscht
III. *m(f) souvent pl* Enttäuschte(r) *f(m)*

déculottée [dekylɔte] *f fam* (*défaite*) Schlappe *f* (*fam*); **prendre** [*o* **recevoir**] **une** ~ eine Schlappe einstecken (*fam*)

déculotter [dekylɔte] <1> **I.** *vt* ❶ ~ **qn** jdm die Hosen ausziehen
❷ (*vider*) ausklopfen, reinigen *pipe*
II. *vpr* ❶ (*enlever sa culotte, son pantalon*) **se** ~ sich (*Dat*) die Hosen ausziehen
❷ *fig fam* **se** ~ **devant qn** vor jdm kriechen (*fam*)

déculpabilisation [dekylpabilizasjɔ̃] *f* Befreiung *f* vom Schuldgefühl

déculpabiliser [dekylpabilize] <1> *vt* entschuldbar machen *action, situation;* ~ **qn** jdm das Schuldgefühl nehmen

décuple [dekypl] **I.** *adj* zehnfach
II. *m* Zehnfache(s) *nt*

décuplement [dekypləmɑ̃] *m* ❶ (*multiplication par dix*) Verzehnfachung *f*

❷ *fig* ~ **des efforts/forces** beträchtliche Steigerung der Willensanstrengungen/Kräfte; **sans un ~ des énergies** ohne einen erhöhten Energieaufwand

décupler [dekyple] <1> **I.** *vi* ❶ *prix, quantité, valeur:* sich verzehnfachen

❷ *fig forces, colère, vitalité:* beträchtlich [*o* gewaltig] wachsen; **ses forces ont décuplé** er/sie ist sehr viel stärker geworden

II. *vt* ❶ verzehnfachen

❷ *fig* beträchtlich steigern *énergie, force, sentiment*

dédaignable [dedɛɲabl] *adj* **n'être pas ~** nicht zu verachten sein

dédaigner [dedeɲe] <1> *vt* ~ **qn** jdn verachten, auf jdn herabsehen; **il dédaigne qc** etw lässt ihn gleichgültig, er verschmäht etw (*geh*); ~ **de faire qc** es für unter seiner Würde halten etw zu tun; **n'être pas à ~** nicht zu verachten sein; **ne pas ~ qc** einer S. (*Dat*) nicht abgeneigt sein; **ne pas ~ de faire qc** nicht abgeneigt sein etw zu tun

dédaigneusement [dedɛɲøzmɑ̃] *adv* verächtlich, herablassend; **traiter qn ~** jdn von oben herab behandeln

dédaigneux, -euse [dedɛɲø, -øz] *adj* ❶ *comportement, personne* herablassend; *regard, air, sourire* herablassend, verächtlich; (*dénigrant*) *propos* herabsetzend

❷ *littér* **être ~(-euse) de qc/de faire qc** etw verachten/es verachten etw zu tun; **il est ~ des honneurs** er legt keinen Wert auf Ehrungen; **il est ~ de plaire** er legt keinen Wert darauf zu gefallen

► **faire le ~/la dédaigneuse** verächtlich tun, die Nase rümpfen

dédain [dedɛ̃] *m* Verachtung *f,* Geringschätzung *f;* **avec ~** verächtlich; ~ **de** [*o* **envers**] **qn/qc** Verachtung [*o* Geringschätzung] jdm/einer S. gegenüber; **avoir du ~ pour qn/qc** jdn/etw verachten; **manifester du ~ pour qn/qc** nur Verachtung für jdn/etw übrig haben

dédale [dedal(ə)] *m* ❶ *de rues, chemins* Gewirr *nt,* Labyrinth *nt*

❷ *fig* ~ **de pensées** Gedankenwirrwarr *m;* ~ **de contradictions** Vielzahl *f* von Widersprüchen

Dédale [dedal(ə)] *m* Dädalus *m*

dedans [d(ə)dɑ̃] **I.** *adv avec un verbe de mouvement* hinein; *avec un verbe d'état* darin; (*dans un lieu*) innen; **venir de ~** von drinnen kommen; **ouvrir de ~** von innen öffnen; **voir de ~** von drinnen [*o* innen] sehen; **en ~** innen; *fig* im Inneren; **en ~ de lui-même, il réprouve cet acte** im Innersten seines Herzens missbilligt er diese Tat; *v. a.* **au-dedans**

► **mettre en plein ~** ins Schwarze treffen; **se fiche** [*o* **se foutre**] ~ *fam* sich gewaltig täuschen [*o* irren]; (*se tromper en calculant*) sich [total] verhauen (*fam*); **mettre** [*o* **foutre**] [*o* **fiche**] **qn ~** *fam* jdn [he]reinlegen (*fam*); **rentrer en plein ~** *fam* (*heurter*) (*en voiture*) voll reinfahren (*fam*); (*à pied*) voll reinrennen (*fam*); **lui rentrer ~** *fam* (*frapper*) auf jdn losgehen (*fam*); **ils se sont rentrés ~** die sind aufeinander losgegangen

II. *m sans pl* ❶ (*intérieur, âme, cœur*) Innere(s) *nt*

❷ (*face interne*) **le ~ de qc** die Innenseite einer S. (*Gen*)

dédicace [dedikas] *f* ❶ (*sur une photo, un livre*) Widmung *f;* (*sur un monument*) Widmung, Inschrift *f*

❷ *d'une église, d'un temple* Einweihung *f,* Weihe *f*

dédicacer [dedikase] <2> *vt* ~ **un roman à ses parents** seinen/ihren Eltern einen Roman widmen, einen Roman mit einer Widmung für seine/ihre Eltern versehen; **un livre/disque dédicacé** ein Buch/eine Schallplatte mit einer Widmung

dédicataire [dedikatɛʀ] *mf* Widmungsempfänger(in) *m(f)*

dédier [dedje] <1a> *vt* ❶ ~ **une œuvre/sa vie/son travail à qn/qc** jdm/etw ein Werk/sein Leben/seine Arbeit widmen; **il a dédié sa vie aux arts** er hat sein Leben der Kunst verschrieben

❷ REL ~ **une cloche à un saint** einem Heiligen eine Glocke weihen

dédire [dediʀ] <*irr*> *vpr* **se ~** das Gesagte [*o* sein Wort *nt*] zurücknehmen; **le témoin s'est dédit** der Zeuge hat widerrufen

dédit [dedi] *m* JUR ❶ (*acte*) Rücktritt *m;* **le contrat ne comporte pas de clause de ~** der Vertrag enthält keine Rücktrittsklausel

❷ (*somme*) Abstandssumme *f*

dédommagement [dedɔmaʒmɑ̃] *m* Entschädigung *f,* Ausgleich *m;* ~ **de/des victimes** Opferentschädigung; **en ~ de qc** als Entschädigung für etw

dédommager [dedɔmaʒe] <2a> **I.** *vt* ~ **une victime de qc** ein Opfer für etw entschädigen

II. *vpr* **se ~ de qc** sich schadlos für etw halten

dédouaner [dedwane] <1> **I.** *vt* ❶ verzollen *marchandise*

❷ *fig* rehabilitieren *personne*

II. *vpr* **se ~** sich rehabilitieren

dédoublement [dedubləmɑ̃] *m d'une classe, d'un fil* Teilung *f; d'une autoroute* Ausbau *m;* **le ~ des trains** der Einsatz von Sonderzügen

◆ ~ **de la personnalité** PSYCH Persönlichkeitsspaltung *f*

dédoubler [deduble] <1> **I.** *vt* ❶ teilen *classe, fil;* ausbauen *autoroute;* ~ **les trains** Sonderzüge einsetzen

❷ (*enlever la doublure*) ~ **un manteau** das Futter aus einem Mantel heraustrennen

II. *vpr* **se ~** ❶ **je ne peux pas me ~** ich kann nicht überall gleichzeitig sein

❷ PSYCH *personnalité:* sich spalten; *personne:* an Persönlichkeitsspaltung leiden

❸ *fil, laine:* sich teilen; *ongles:* sich spalten

dédramatiser [dedʀamatize] <1> *vt, vi* entdramatisieren

déductible [dedyktibl] *adj* FISC **fiscalement ~** steuerlich abzugsfähig, steuerlich absetzbar; **être ~ des impôts** von der Steuer absetzbar sein; **être ~ des revenus** von den Einnahmen abziehbar sein

déductif, -ive [dedyktif, -iv] *adj* deduktiv; **avoir un esprit ~** deduktiv denken können

déduction [dedyksjɔ̃] *f* ❶ COM Abzug *m;* ~ **d'impôt** Steuerabzug; ~ **pour frais professionnels** Freibetrag *m* für berufliche Aufwendung; **moins la ~ de dix pour cent** abzüglich zehn Prozent; **entrer en ~ de qc** von etw abgezogen werden; **faire** [**la**] ~ **de qc** etw abziehen

❷ (*réflexion*) [Rück]schluss *m,* Schlussfolgerung *f;* (*conclusion*) Deduktion *f*

déduire [dedɥiʀ] <*irr*> **I.** *vt* ❶ (*retrancher*) abziehen *acompte, frais;* **être déduit(e)** abgezogen sein; **pouvant être déduit(e) de l'impôt** steuerabzugsfähig; **tous frais déduits** abzüglich aller Kosten

❷ (*conclure*) ableiten; ~ **de qc qu'il a réussi** aus etw schließen [*o* folgern], dass er Erfolg hatte; **être déduit(e)** *hypothèse, raisonnement:* abgeleitet [*o* deduziert] sein

II. *vpr* **se ~ de qc** sich von [*o* aus] etw herleiten [*o* ableiten] lassen

déesse [deɛs] *f* Göttin *f;* **la ~ [de la] Liberté/Raison** die Göttin der Freiheit/Vernunft

de facto [defakto] *adv* de facto

défaillance [defajɑ̃s] *f* ❶ (*physique, morale*) Schwäche *f;* (*intellectuelle*) Black-out *nt o m;* **un instant de ~** ein schwacher Moment; ~ **cardiaque** Herzversagen *nt;* ~ **humaine** menschliches Versagen

❷ (*panne*) *d'un moteur, système* Ausfall *m,* Versagen *nt; d'un appareil* Defekt *m; d'une loi* Schwachstelle *f;* ~ **mécanique/technique** mechanischer/technischer Defekt

❸ JUR (*non-respect d'un contrat*) Nichteinhaltung *f* eines Vertrags; (*absence*) *d'un témoin* Nichterscheinen *nt* vor Gericht

► **avoir une ~** (*s'évanouir*) einen Schwächeanfall erleiden; (*s'assoupir*) einen toten Punkt haben; (*perdre la mémoire*) ein[en] Black-out haben; (*céder*) eine Schwäche haben; **tomber en ~** in Ohnmacht fallen; **sans ~** zuverlässig; **cette machine fonctionne sans ~** diese Maschine arbeitet einwandfrei

défaillant(e) [defajɑ̃, jɑ̃t] *adj* ❶ *santé, volonté* schwach; *forces* geschwächt; *mémoire* nachlassend; **ma mémoire est ~e** mein Gedächtnis lässt nach
❷ *(sans force) personne* geschwächt, kraftlos; *voix* zitternd; *main* unsicher
❸ *(absent) candidat, témoin* nicht erschienen

défaillir [defajiʀ] *<irr> vi capacités, qualités, mémoire:* nachlassen; *forces, volonté, élan:* nachlassen, schwinden; *courage:* sinken; *personne:* in Ohnmacht fallen; ~ **de joie/d'angoisse** vor Freude/Angst [fast] in Ohnmacht fallen; ~ **de faim** vor Hunger [fast] umfallen; **le cœur défaillant d'angoisse** fast ohnmächtig vor Angst; **sans** ~ ohne schwach zu werden

défaire [defɛʀ] *<irr>* **I.** *vt* ❶ *(détacher, pour ouvrir)* aufmachen; *(dénouer, délier)* lösen, aufmachen *nœud, cravate, corde;* *(pour enlever)* ausziehen *chaussures, manteau;* abmachen *skis, bretelles*
❷ *(enlever ce qui est fait)* aufmachen; auftrennen *ourlet;* wieder aufmachen *rangs d'un tricot;* auseinander nehmen *assemblage, construction;* ~ **le lit** *(pour changer de drap/se coucher)* das Bett abziehen/aufdecken; *(mettre en désordre)* das Bett zerwühlen; **le lit n'a même pas été défait!** das Bett war überhaupt nicht benutzt!
❸ *(détacher)* abmachen *(fam)*; losbinden *corde;* herausziehen *prise*
❹ *(mettre en désordre)* durcheinander bringen
❺ *(déballer)* auspacken
❻ *(rompre)* auflösen *contrat;* zunichte machen *plan, projet;* zerstören *mariage*
❼ *littér* schlagen, besiegen *armée*
❽ *(débarrasser)* ~ **qn d'une habitude** jdm eine Verhaltensweise abgewöhnen; ~ **qn de ses préjugés/opinions** jdn von seinen Vorurteilen/Meinungen abbringen; ~ **un voyageur de qn/qc** *littér* einen Reisenden von jdm/einer S. befreien
II. *vpr* ❶ **se** ~ *paquet, ourlet, nœud, lacets:* aufgehen; *bouton:* abgehen; *coiffure:* in Unordnung geraten; *fig amitié, relation:* kaputtgehen
❷ *littér (s'altérer)* **se** ~ *visage, traits:* sich verziehen, sich verzerren
❸ *(se séparer)* **se** ~ **de qn** jdn loswerden; **se** ~ **d'une montre** sich von einer Uhr trennen; **se** ~ **d'une habitude** eine Gewohnheit ablegen

défait(e) [defɛ, defɛt] **I.** *part passé de* **défaire**
II. *adj mine, visage, air* abgespannt

défaite [defɛt] *f* Niederlage *f;* *(échec)* Niederlage, Scheitern *nt;* ~ **électorale** Wahlniederlage *f;* **essuyer une** ~ eine Niederlage hinnehmen müssen

défaitisme [defetism] *m* Defätismus *m (geh)*

défaitiste [defetist] **I.** *adj* defätistisch *(geh)*; **esprit** ~ Hang *m* zum Defätismus
II. *mf* Defätist(in) *m(f) (geh)*

défalcation [defalkasjɔ̃] *f* FIN Abzug *m;* ~ **faite de qc** abzüglich einer S. *(Gen)*

défalquer [defalke] <1> *vt* abziehen, in Abzug bringen

défatiguer [defatige] <1> **I.** *vt* munter machen, entspannen
II. *vpr* **se** ~ munter werden, sich entspannen

défausser [defose] <1> *vpr* JEUX **se** ~ die schlechten Karten [*o* die Fehlkarten] abwerfen

défaut [defo] *m* ❶ *(travers)* Fehler *m;* **~s de caractère** Charakterfehler *Pl;* **ne pas avoir de ~s, n'avoir aucun** ~ perfekt sein
❷ *(défectuosité)* Fehler *m; d'un appareil* Defekt *m,* Fehler; *d'une marchandise* Qualitätsmangel *m;* ~ **de tissage** Webfehler
❸ *(inconvénient)* Fehler *m,* Manko *nt*
❹ *(imperfection physique)* Schönheitsfehler *m;* **un corps/une peau sans [un]** ~ ein makelloser Körper/eine makellose Haut
❺ *(impureté) d'une pierre précieuse* Unreinheit *f; d'un verre* fehlerhafte Stelle, Fehler *m*
❻ *(faiblesse) d'un roman, film* Schwäche *f; d'une théorie* Schwachstelle *f*
❼ *(manque)* ~ **de preuves** Mangel *m* an Beweisen; ~ **de vitamines/calcium** Vitamin-/Kalziummangel; **à** ~ **de qc** aus Mangel an etw *(Dat)*, mangels einer S. *(Gen)*; **faire** ~ fehlen
❽ JUR ~ **de comparution** Nichterscheinen *nt;* **faire** ~ nicht erscheinen; **condamner/juger qn par** ~ jdn in Abwesenheit verurteilen
▶ **y a comme un** ~ *fam* da stimmt was nicht *(fam)*; **être en** ~ *personne:* im Unrecht sein; *(être en infraction)* sich rechtswidrig verhalten; *mémoire:* nachlassen; **mettre qn en** ~ jdn ertappen; **pécher par** ~ zuwenig tun; **prendre qn en** ~ jdn [bei einem Verstoß] ertappen; **à** ~ notfalls; **par** ~ abgerundet; **arrondir un nombre par** ~ eine Zahl abrunden
◆ ~ **de construction** Konstruktionsfehler *m;* ~ **de la cuirasse** [*o* **de l'armure**] schwache Stelle; ~ **de fabrication** Fabrikationsfehler *m,* Herstellungsfehler; ~ **de prononciation** Sprachfehler *m*

défaveur [defavœʀ] *f* Ungnade *f;* **être/tomber en** ~ **auprès de qn** bei jdm in Ungnade stehen/fallen; **se tromper en ma/sa** ~ sich zu meinen/seinen/ihren Ungunsten verrechnen

défavorable [defavɔʀabl] *adj* ❶ *(difficile) conditions, temps* ungünstig
❷ *(opp: en faveur de)* **être** ~ **à un projet/une solution** einem Vorhaben/einer Lösung ablehnend gegenüberstehen; **une chose est** ~ **à qn/qc** etw ist ungünstig für jdn/etw
❸ *(qui ne convient pas)* **le climat est** ~ **à qn/qc** das Klima bekommt jdm/einer S. nicht

défavorablement [defavoʀabləmɑ̃] *adv* ungünstig

défavorisé(e) [defavɔʀize] *adj* benachteiligt; **un milieu** ~ ein sozial schwaches Milieu

défavoriser [defavɔʀize] <1> *vt* ~ **Jean par rapport à Paul** Jean im Vergleich zu Paul benachteiligen

défécation [defekasjɔ̃] *f form* Stuhlgang *m,* Defäkation *f (Fachspr.)*

défectif, -ive [defɛktif, -iv] *adj* GRAM defektiv, unvollständig

défection [defɛksjɔ̃] *f d'un partisan, ami, membre d'un parti* Abfall *m,* Abtrünnigwerden *nt; d'un invité, candidat* Fernbleiben *nt,* Nichterscheinen *nt;* **faire** ~ nicht erscheinen, fernbleiben

défectueux, -euse [defɛktɥø, -øz] *adj* ❶ *(qui présente des défauts) appareil, outil* defekt; *prononciation, orthographe* fehlerhaft; *organisation* schlecht; **un texte** ~ ein Text voller Fehler
❷ JUR **jugement** ~ Urteil *nt* mit Formfehlern

défectuosité [defɛktyɔsite] *f* Schadhaftigkeit *f,* Mangel *m*

défendable [defɑ̃dabl] *adj* ❶ MIL **être** ~ verteidigt werden können; **n'être pas** ~ nicht zu verteidigen sein
❷ *(justifiable) opinion, position* vertretbar; *attitude* vertretbar; **cette thèse n'est pas** ~ diese These ist nicht haltbar

défendre[1] [defɑ̃dʀ] <14> **I.** *vt* ❶ MIL *soldat:* verteidigen; *enceinte, batterie:* schützen
❷ *(prendre la défense de)* ~ **un acteur contre qn/qc** einen Schauspieler gegen jdn/etw verteidigen; ~ **un acteur contre qn/qc** *avocat:* einen Schauspieler vertreten [*o* gegen jdn/etw verteidigen]; *article, émission:* einen Schauspieler vor jdm/etw schützen
❸ *(soutenir)* vertreten, verteidigen *opinion, théorie;* ~ **une cause** sich für eine Sache einsetzen
❹ *(sauvegarder)* verteidigen *son honneur, titre, sa réputation, vie*
❺ *(protéger)* ~ **qn/qc de la chaleur/du froid** jdn/etw vor der Hitze/Kälte schützen
❻ SPORT verteidigen *titre;* ~ **les/ses buts** im Tor stehen
II. *vpr* ❶ *(se protéger)* **se** ~ **contre un agresseur/une attaque** sich gegen einen Angreifer/Angriff verteidigen [*o* wehren]
❷ *(se préserver)* **se** ~ **de** [*o* **contre**] **la chaleur/du** [*o* **contre le**] **froid** sich gegen die [*o* vor der] Hitze/Kälte schützen
❸ *littér (nier)* **se** ~ **de faire qc** abstreiten [*o* leugnen] etw zu tun; **il se défend d'être un spécialiste** er bestreitet ein Fachmann zu sein

❹ *fam* (*se débrouiller*) **se ~ en qc** in etw (*Dat*) zurechtkommen
❺ (*résister aux assauts de l'âge*) **se ~** sich [gut] halten
❻ *fam* (*être défendable*) **se ~** *idée, raisonnement, projet:* sich vertreten lassen
défendre² [defɑ̃dʀ] <14> **I.** *vt* (*interdire*) **~ qu'on fasse qc** verbieten [*o* untersagen], dass man etw macht; **~ qc/de faire qc à un élève** einem Schüler etw verbieten/einem Schüler verbieten etw zu tun
II. *vpr* ❶ (*s'interdire*) **se ~ tout plaisir** sich (*Dat*) jedes Vergnügen versagen; **se ~ toute remarque/critique** sich jeder Bemerkung/Kritik enthalten (*geh*); **se ~ de faire qc** [es] sich (*Dat*) versagen etw zu tun; **elle se défendait de pleurer** sie unterdrückte ihre Tränen
❷ (*se retenir, se contenir, s'empêcher*) **ne pouvoir se ~ de qc** sich einer S. (*Gen*) nicht erwehren können (*geh*); **ne pouvoir se ~ de faire qc** nicht umhin können etw zu tun; **il ne peut se ~ de sourire** er kann sich das Lächeln nicht verkneifen (*fam*)
défendu(e) [defɑ̃dy] **I.** *part passé de* **défendre**
II. *adj* verboten, nicht erlaubt; **il est ~ de faire qc** es ist verboten etw zu tun
défenestration [defənɛstʀasjɔ̃] *f* Fenstersturz *m,* Defenestration *f* (*Fachspr.*)
◆ **~ de Prague** HIST Prager Fenstersturz
défenestrer [def(ə)nɛstʀe] <1> *vt* aus dem Fenster stürzen
défense¹ [defɑ̃s] *f* ❶ (*fait de défendre*) Verteidigung *f;* (*protection*) Schutz *m;* **~ d'une théorie** Vertreten *nt* [*o* Verfechten *nt*] einer Theorie; **~ d'une cause** Eintreten *nt* für eine Sache; **la meilleure ~, c'est l'attaque** Angriff ist die beste Verteidigung; **légitime ~** Notwehr *f;* **en état de légitime ~** in Notwehr; **aller/courir à la ~ de qn** jdm zu Hilfe kommen/eilen; **assurer la ~ de qn** jds Verteidigung übernehmen; **avoir de la ~** sich zu wehren wissen; **ne pas avoir de ~** sich nicht wehren können; **opposer une ~ à qn/qc** jdm/einer S. Widerstand leisten; **prendre la ~ de qn/qc** jdn/etw verteidigen; **sans ~** schutzlos, ausgeliefert
❷ PSYCH **l'instinct/les réflexes de ~** der Abwehrinstinkt/die Abwehrreflexe; **le mécanisme de ~** der Abwehrmechanismus
❸ PHYSIOL Abwehrkräfte *Pl;* **~s immunitaires** Immunabwehrkräfte *Pl*
❹ *pl* (*dispositifs militaires*) Verteidigungsstellungen *Pl;* **~ civile** [*o* **passive**] (*en cas d'attaque aérienne, de guerre atomique*) [ziviler] Luftschutz; (*organisation non-violente*) ziviler Ungehorsam
❺ POL **la Défense nationale** die Landesverteidigung; **la conception de la Défense nationale** die nationale Verteidigungsstrategie; **le ministre de la Défense** der Verteidigungsminister; **appel de préparation à la ~** Einberufung zum Zivilschutz (*anstelle des Militärdienstes*)
❻ SPORT **être bon(ne) en ~** ein guter Verteidiger sein; **jouer la ~** rein defensiv spielen; **jouer/se mettre en ~** in der Abwehr spielen/in die Verteidigung gehen
◆ **~ de l'environnement** Umweltschutz *m*
défense² [defɑ̃s] *f* (*interdiction*) Verbot *nt;* **~ de fumer** Rauchen verboten; **~ d'entrer** Eintritt [*o* Zutritt] verboten; **~ de se pencher au-dehors** nicht aus dem Fenster lehnen
défense³ [defɑ̃s] *f* ZOOL *d'un éléphant* Stoßzahn *m; d'un sanglier* Hauer *m; d'un morse* Eckzahn *m*
défenseur [defɑ̃sœʀ] *m* ❶ MIL, JUR, SPORT Verteidiger(in) *m(f)*
❷ (*partisan*) Anhänger(in) *m(f),* Verfechter(in) *m(f); d'un projet* Befürworter(in) *m(f);* **~ des droits de l'Homme** Verteidiger *m* der Menschenrechte; **~ de l'environnement** Umweltschützer *m;* **~ de la paix** Verfechter *m* des Friedens, Friedensanhänger *m*
défensif, -ive [defɑ̃sif, -iv] *adj* ❶ *guerre, tactique, arme* Verteidigungs-; *alliance* Verteidigungs-, Schutz-
❷ *fig attitude* defensiv
❸ SPORT *jeu* defensiv
défensive [defɑ̃siv] *f a.* SPORT Defensive *f;* **être** [*o* **se tenir**] **sur la ~** in der Defensive sein; **mettre qn sur la ~** jdn in die Defensive drängen; **jouer la ~** *joueur, équipe:* aus der Defensive spielen
déféquer [defeke] <5> *vi form* den Darm entleeren
déférence [defeʀɑ̃s] *f* Respekt *m,* Ehrerbietung *f* (*geh*); **avec ~** respektvoll, ehrerbietig (*geh*); **par ~ pour** [*o* **à l'égard de**] **qn** aus Respekt vor jdm
déférent(e) [defeʀɑ̃, ɑ̃t] *adj* respektvoll, ehrerbietig (*geh*); **être** [*o* **se montrer**] **~(e) à l'égard de qn** sich jdm gegenüber respektvoll verhalten [*o* zeigen]
déférer [defeʀe] <5> *vt* JUR **~ qn à la justice** jdn vor Gericht (*Akk*) bringen, jdn der Justiz (*Dat*) überantworten; **~ qn au parquet** jdn der Staatsanwaltschaft (*Dat*) übergeben
déferlant(e) [defɛʀlɑ̃, ɑ̃t] *adj* ❶ *vague* wogend, brandend
❷ *fig armée* einfallend
déferlante [defɛʀlɑ̃t] *f* Brandungswelle *f*
déferlement [defɛʀləmɑ̃] *m des vagues* Brechen *nt; de la mer* Brandung *f; fig des barbares* Einfall *m;* **~ de touristes** Touristenstrom *m;* **~ d'enthousiasme** Welle *f* [*o* Woge *f*] der Begeisterung
déferler [defɛʀle] <1> *vi vagues:* sich brechen; *mer:* branden; **la foule déferle dans la rue/sur la place** die Menge strömt auf die Straße/auf den Platz; **les touristes déferlent sur la Grèce** die Touristen überschwemmen Griechenland; **une vague de terrorisme déferle sur la France** eine Welle des Terrorismus überrollt Frankreich; **la mode [du] mini a déferlé sur toute la France** die Minimode hat ganz Frankreich erfasst
défi [defi] *m* (*provocation, challenge*) Herausforderung *f;* **d'un air de ~** mit herausfordernder Miene; **~ à la science/médecine** Herausforderung für die Wissenschaft/Medizin; **~ au danger** Nervenkitzel *m* (*fam*); **accepter** [*o* **relever**] **le ~** die Herausforderung annehmen; **jeter** [*o* **lancer**] **un ~ à qn/qc** jdn/etw herausfordern; **mettre qn au ~ de prouver le contraire** wetten, dass jd nicht das Gegenteil beweisen kann; **faire qc par ~** etw tun, weil man dazu herausgefordert wird/wurde
défiance [defjɑ̃s] *f* Misstrauen *nt,* Argwohn *m* (*geh*); **mettre qn en ~** jds Misstrauen erwecken; **avec/sans ~** mit Misstrauen [*o* misstrauisch]/ohne Misstrauen [*o* arglos]
défiant(e) [defjɑ̃, jɑ̃t] *adj personne* misstrauisch; **avoir un caractère ~** misstrauisch sein
déficeler [defis(ə)le] <3> **I.** *vt* **~ un paquet** ein Paket aufschnüren; **~ un rôti** den Bindfaden von einem Braten abmachen
II. *vpr* **le paquet s'est déficelé pendant le transport** beim Transport ist die Schnur des Pakets aufgegangen [*o* hat sich die Schnur des Pakets gelöst]
déficience [defisjɑ̃s] *f* ❶ Schwäche *f;* **une ~ organique/musculaire/cardiaque** eine Organ-/Muskel-/Herzschwäche; **une ~ rénale** eine Niereninsuffizienz; **être atteint(e) d'une ~ mentale** geistig zurückgeblieben sein; **~ du vouloir/de mémoire** Willensschwäche [*o* mangelnde Willenskraft]/Gedächtnisschwäche
❷ (*manque*) **~ en magnésium/calcium** Magnesium-/Kalziummangel *m*
déficient(e) [defisjɑ̃, jɑ̃t] **I.** *adj intelligence* schwach ausgeprägt; *raisonnement* unterdurchschnittlich; *forces* schwach, gering; *corps* unterentwickelt; *personne* schwach, schwächlich; **un enfant ~** (*intellectuellement*) ein geistig zurückgebliebenes Kind; (*physiquement*) ein körperlich zurückgebliebenes Kind
II. *m(f)* **~ mental/~e mentale** [*o* **intellectuel(le)**] geistig Behinderte(r) *f(m)*
déficit [defisit] *m* ❶ FIN Defizit *nt,* Fehlbetrag *m;* **~ en devises** Devisendefizit; **~ budgétaire** [*o* **commercial**] Handelsdefizit;

D

être en ~ ein Defizit aufweisen
❷ (*perte*) Verlust *m*
❸ MED ~ **en calcium/magnésium/fer** Kalzium-/Magnesium-/Eisenmangel *m;* ~ **hormonal/immunitaire** Hormon-/Immunschwäche *f;* ~ [**au niveau**] **de l'oreille droite** Hörschwäche auf dem rechten Ohr; ~ **intellectuel** geistige Schwäche

déficitaire [defisitɛʀ] *adj* ❶ *budget, compte* defizitär; *entreprise* defizitär, Verlust bringend; *année* verlustreich; *récolte* mager; **être** ~ *entrepreneur, entreprise:* Verlust machen; **l'année a été ~ en fruits** in diesem Jahr gab es wenig Obst
❷ MED **taux de calcium** ~ zu niedriger Kalziumspiegel

défier [defje] <1a> **I.** *vt* ❶ (*provoquer*) herausfordern; ~ **qn aux échecs** jdn zu einer Partie Schach herausfordern; ~ **qc** mit etw spielen
❷ (*parier*) **je te défie de faire ça** ich wette, dass du das nicht tun kannst
❸ (*braver*) sich hinwegsetzen über (+*Akk*) *convenances;* ~ **l'autorité** sich der Autorität (*Dat*) widersetzen; ~ **l'avenir** der Zukunft (*Dat*) die Stirn bieten; ~ **le danger/la mort** der Gefahr/dem Tod trotzen (*geh*)
❹ (*soutenir l'épreuve de*) ~ **les intempéries/le temps** der schlechten Witterung/dem Wetter trotzen (*geh*); ~ **la raison/le bon sens** der Vernunft/dem Verstand widersprechen [*o* spotten]; **des prix** [*o* **tarifs**] **défiant toute concurrence** Preise, die außer Konkurrenz stehen
II. *vpr littér* **se** ~ **de qn/qc** jdm/einer S. misstrauen

défiguration [defigyʀasjɔ̃] *f* Entstellung *f; d'un monument* Verunstaltung *f*

défigurer [defigyʀe] <1> *vt* ❶ (*abîmer le visage de qn*) entstellen; **l'accident l'a défigurée/lui a défiguré le visage** der Unfall hat sie/ihr Gesicht entstellt
❷ (*enlaidir*) verunstalten, verschandeln (*fam*) *monument, paysage, site*
❸ (*travestir*) verzerren, falsch wiedergeben *faits, vérité, pensée;* verunstalten *article, texte*

défilé [defile] *m* ❶ (*cortège*) Umzug *m,* Parade *f;* MIL [Militär]parade; **c'est le ~ chez elle/à l'A.N.P.E.!** bei ihr/auf dem Arbeitsamt ist vielleicht ein Andrang!
❷ (*succession*) ~ **d'images/de souvenirs** Reihe *f* [*o* Folge *f*] von Bildern/Erinnerungen
❸ (*gorge*) Engpass *m,* Schlucht *f*
◆ ~ **de mannequins** [*o* **de mode**] Modenschau *f*

défiler [defile] <1> **I.** *vi* ❶ (*marcher en colonne, file*) *majorettes:* vorbeimarschieren; *soldats, armée:* vorbeimarschieren, defilieren; *cortège, manifestants:* vorbeiziehen; *mannequins:* sich auf dem Laufsteg präsentieren
❷ (*se succéder*) *clients, visiteurs:* sich die Klinke in die Hand geben (*fam*); *voitures, rames:* vorbeifahren; *souvenirs, images:* vorüberziehen; *jours:* dahinziehen; **l'été, ça défile/les visiteurs défilent** im Sommer herrscht Andrang/reißt der Besucherstrom nicht ab
❸ (*passer en continu*) *bande, film:* [ab]laufen; *texte:* durchlaufen; *paysage:* vorbeiziehen
❹ INFORM **faire ~ qc vers le haut/bas** etw nach oben/unten blättern [*o* scrollen] (*Fachspr.*)
II. *vpr fam* (*se dérober*) **se** ~ sich drücken (*fam*); (*s'éclipser*) sich verdrücken (*fam*)

défini(e) [defini] *adj* ❶ *chose* bestimmt; **bien/mal ~(e)** *mot, terme* gut/schlecht definiert; *douleur* ganz bestimmt/undefinierbar; **une tâche bien ~e** eine genau abgegrenzte Aufgabe; **une attitude bien ~e** eine klare Haltung
❷ GRAM *article* bestimmt

définir [definiʀ] <8> **I.** *vt* ❶ (*donner la définition de*) definieren *concept, terme*
❷ (*expliquer*) genau beschreiben *sensation;* erläutern *position*
❸ (*décrire*) charakterisieren, beschreiben
❹ (*déterminer*) festlegen *modalités, objectifs;* bestimmen *politique*
II. *vpr* **se** ~ **comme qn** sich selbst als jdn beschreiben

définissable [definisabl] *adj* definierbar, bestimmbar

définitif [definitif] *m fam* **c'est du** ~ das ist was Endgültiges (*fam*); (*relation sérieuse*) das ist was Festes (*fam*)

définitif, -ive [definitif, -iv] *adj* ❶ (*opp: provisoire*) endgültig; *refus, décision* endgültig, definitiv; *victoire* entscheidend
❷ (*sans appel*) *argument* überzeugend, schlüssig; *jugement* rechtskräftig
▶ **en définitive** schließlich, letzten Endes

définition [definisjɔ̃] *f* ❶ LING, MATH, JUR Definition *f;* ~ **d'un mot** Begriffsbestimmung *f;* **par** ~ definitionsgemäß, per definitionem
❷ (*caractérisation*) Beschreibung *f,* Charakterisierung *f;* **donner une ~ de qn** jdn beschreiben [*o* charakterisieren]
❸ TV ~ **de l'image** Bildauflösung *f;* **haute** ~ *télé, écran* mit hoher Bildauflösung

définitivement [definitivmɑ̃] *adv* endgültig, definitiv; *s'installer, quitter* endgültig, definitiv, für immer

défiscaliser [defiskalize] <1> *vt* von der Steuer befreien; **être défiscalisé(e)** von der Steuer befreit sein/werden

déflagration [deflagʀasjɔ̃] *f* Verpuffung *f*

déflation [deflasjɔ̃] *f* Deflation *f*

déflationniste [deflɑsjɔnist] *adj* deflationistisch, deflationär

déflecteur [deflɛktœʀ] *m* Ausstellfenster *nt*

déflexion [deflɛksjɔ̃] *f* ❶ PHYS *d'un rayon* Ablenkung *f*
❷ MED *de la tête du fœtus* Deflexion *f* (*Fachspr.*)
❸ PSYCH Zerstreutheit *f,* Geistesabwesenheit *f*

défloraison [deflɔʀɛzɔ̃] *f* Verblühen *nt*

défloration [deflɔʀasjɔ̃] *f* Entjungferung *f,* Defloration *f* (*Fachspr.*)

déflorer [deflɔʀe] <1> *vt* ❶ entjungfern, deflorieren (*Fachspr.*)
❷ *fig* ~ **qc** einer S. (*Dat*) den Reiz [*o* die Spannung] nehmen

défoliant [defɔljɑ̃] **I.** *adj* **produit chimique** ~ chemisches Entlaubungsmittel
II. *m* Entlaubungsmittel *nt*

défoliation [defɔljasjɔ̃] *f* ❶ (*destruction*) Entlaubung *f*
❷ (*perte des feuilles*) Laubfall *m*

défonçage [defɔ̃saʒ] *m v.* **défoncement**

défonce [defɔ̃s] *f fam* Trip *m*
▶ **être en pleine** ~ voll auf dem Trip sein (*fam*), total high sein (*fam*)

défoncé(e) [defɔ̃se] *adj* ❶ (*détérioré*) beschädigt; *canapé, sommier, matelas* beschädigt, kaputt; (*déformé*) *route, chaussée* beschädigt, uneben
❷ *fam* (*sous l'effet de la drogue*) **être ~(e)** auf dem Trip sein, high sein

défoncement [defɔ̃smɑ̃] *m d'une porte* Einschlagen *nt;* **le ~ de la route était important** die Straße war stark ausgefahren

défoncer [defɔ̃se] <2> **I.** *vt* ❶ (*casser en enfonçant*) eindrücken; einschlagen *porte, vitre;* **il lui défonce le crâne** [*o* **la figure**] *pop* er schlägt ihm den Schädel ein (*fam*)
❷ (*enlever le fond*) ~ **une caisse** den Boden einer Kiste (*Gen*) ausschlagen
❸ (*détériorer*) **les chars/camions défoncent la route/le terrain** die Panzer/Lastwagen beschädigen die Straße/das Gelände schwer
❹ *fam* (*droguer*) ~ **qn** *drogue:* jdn high machen (*fam*); *fig* [jdn] süchtig machen
II. *vpr* **se** ~ ❶ (*se détériorer*) *sol:* aufreißen
❷ *fam* (*se droguer*) sich einen Trip reinziehen (*fam*); **se ~ à l'héroïne/à la colle** Heroin fixen/Klebstoff schnüffeln
❸ *fam* (*se donner du mal*) sich abschinden (*fam*)

déforcer [defɔʀse] <1> *vt* BELG (*déprimer*) deprimieren

déforestation [defɔʀɛstasjɔ̃] *f* Zerstörung *f* des Waldes

déformant(e) [defɔʀmɑ̃, ɑ̃t] *adj* **miroir** ~ Zerrspiegel *m*

déformation [defɔʀmasjɔ̃] *f* (*altération*) *d'une pièce métallique, d'un objet* Verformung *f; d'un nom* Abänderung *f; de pensées, faits*

Verzerrung *f; d'un caractère* Veränderung *f;* MED Deformierung *f,* Verformung

▶ ~ **professionnelle** Abfärben *nt* des Berufs auf das Privatleben; **c'est une** [*o* **de la**] ~ **professionnelle!** das ist eine Berufskrankheit! (*hum*)

déformer [defɔʀme] <1> **I.** *vt* ❶ (*altérer*) verformen; deformieren, verformen *jambes, doigts;* austreten *chaussures;* verziehen *bouche*

❷ (*fausser*) verzerrt [*o* falsch] darstellen, verdrehen *faits;* verzerrt [*o* falsch] wiedergeben *pensées;* verderben *goût;* ~ **la réalité** ein verzerrtes [*o* falsches] Bild der Realität geben; ~ **l'ouïe/la vue** dem Gehörsinn/der Sehkraft schaden; ~ **la voix** die Stimme verzerren

II. *vpr* **se** ~ *chaussures:* sich verformen; *vêtement:* die Form [*o* Fasson] verlieren; *étagère:* sich verziehen

défoulement [defulmɑ̃] *m* Abreagieren *nt*

défouler [defule] <1> **I.** *vpr* **se** ~ sich abreagieren; *enfant, jeune:* sich abreagieren, sich austoben; **se** ~ **sur qn/qc** seinen Ärger an jdm/etw auslassen

II. *vt* ❶ (*libérer son agressivité*) ~ **son ressentiment sur qn/qc** seine/ihre Abneigung an jdm/etw abreagieren

❷ (*décontracter*) **la moto/course me défoule** beim Motorradfahren/Laufen kann ich mich abreagieren; **ça la défoule de jouer au petit chef** wenn sie herumkommandiert, reagiert sie sich ab

défraîchi(e) [defʀeʃi] *adj couleur* verblasst; *tissu, vêtement* nicht mehr neu [aussehend]; (*usé*) abgetragen; *légumes, fruits* nicht mehr frisch [aussehend]; *charmes* verblüht

défraîchir [defʀeʃiʀ] <8> *vpr* **se** ~ *tissu:* nicht mehr neu aussehen; *vêtement:* abgetragen aussehen; *couleur:* verblassen; *charmes:* verblühen

défranchi(e) [defʀɑ̃ʃi] *adj* BELG (*intimidé*) einschüchtert

défrayer [defʀeje] <7> *vt* ❶ (*rembourser*) ~ **qn du trajet** jdm die Unkosten [*o* Auslagen] für die Reise erstatten

❷ (*être le sujet de conversation*) ~ **la chronique** Anlass zu[m] Gerede geben

défrichage [defʀiʃaʒ] *m,* **défrichement** [defʀiʃmɑ̃] *m* ❶ *d'une forêt* Rodung *f,* Roden *nt; d'un terrain* Urbarmachung *f*

❷ (*préparatif*) Vorarbeit *f;* (*traitement*) Aufbereitung *f*

défricher [defʀiʃe] <1> *vt* ❶ roden *forêt;* urbar machen *terrain*

❷ (*traiter*) erforschen *domaine scientifique;* aufbereiten *sujet, question*

❸ (*préparer*) ~ **qc** die Vorarbeit zu etw leisten; ~ **le terrain** den Weg ebnen [*o* bereiten]

défriper [defʀipe] <1> *vt v.* **défroisser**

défriser [defʀize] <1> *vt* ❶ *fam* (*gêner*) ärgern, fuchsen (*fam*)

❷ (*enlever la frisure*) entkrausen; *temps, pluie:* glatt machen; ~ **qn** jds Frisur zerstören; **elle s'est fait** ~ **les cheveux** sie hat sich (*Dat*) die Haare entkrausen lassen

défroisser [defʀwase] <1> *vt vêtement, feuille de papier* glätten, wieder in Form bringen

défroque [defʀɔk] *f* alte, abgelegte Klamotten *Pl* (*fam*)

défroqué [defʀɔke] *m* ehemaliger Mönch [*o* Priester]

défroquer [defʀɔke] <1> *vi, vpr* [**se**] ~ *curé:* das Priestergewand ablegen; *moine:* die Mönchskutte ablegen, aus dem Orden austreten

défunt(e) [defœ̃, œ̃t] **I.** *adj littér* verstorben; **son** ~ **père** sein/ihr verstorbener Vater; **sa** ~**e mère** seine/ihre verstorbene Mutter

II. *m(f) littér* Verstorbene(r) *f(m)*

dégagé(e) [degaʒe] *adj* ❶ *ciel* klar, wolkenlos; *sommet* sichtbar; *vue* frei; *route* frei, geräumt

❷ *front* frei; *nuque* frei, ausrasiert

❸ *allure, air* lässig; *ton, manière* lässig, ungezwungen

dégagement [degaʒmɑ̃] *m* ❶ (*fait de déterrer*) *d'une poterie, d'un objet enfoui* Bergung *f; d'une personne* Bergung, Befreiung *f;* (*fait de décoincer*) *d'un boulon, membre* Herausziehen *nt; d'une personne* Bergung, Befreiung

❷ (*déblaiement*) *d'une route, rue, d'un trottoir* Räumung *f*

❸ (*émanation*) ~ **de gaz** Ausströmen *nt* von Gas; ~ **de chaleur** Wärmeentwicklung *f,* Wärmeabgabe *f;* ~ **de fumée** Rauchentwicklung

❹ FBALL, RUGBY Befreiungsschlag *m*

❺ (*passage*) *d'un appartement* Flur *m; d'un lotissement, quartier* freier Platz

dégager [degaʒe] <2a> **I.** *vt* ❶ (*libérer*) bergen *objet enfoui;* enthüllen *objet couvert;* herausziehen *objet coincé;* ~ **sa main/tête de qc** seine/ihre Hand/seinen/ihren Kopf aus etw herausziehen; ~ **des personnes ensevelies de qc** Verschüttete aus etw befreien [*o* bergen]

❷ (*désobstruer*) freimachen *bronches, gorge, nez;* räumen *rue, couloir;* **le vent a dégagé le ciel de ses nuages** der Wind hat die Wolken am Himmel vertrieben; **dégagez la piste!** *fam* Platz da!

❸ (*faire apparaître*) frei lassen *cou, épaules*

❹ (*soustraire à une obligation*) ~ **sa parole** sein Versprechen zurücknehmen; ~ **sa responsabilité** die Verantwortung ablehnen; **il dégage toujours sa responsabilité** er entzieht sich immer der Verantwortung; ~ **qn d'un engagement/d'une parole** jdn von einer Verpflichtung/einem Versprechen entbinden [*o* befreien]

❺ *fam* (*enlever*) ~ **des jouets de la table** Spielzeug vom Tisch wegräumen

❻ (*produire*) verbreiten, verströmen *odeur, parfum;* freisetzen, entwickeln *vapeurs toxiques, gaz;* abgeben *fumée;* erzielen *profits, bénéfices*

❼ FBALL klären; ~ **le ballon en touche** den Ball ins Aus klären; ~ **son camp/but** den Ball weit ins Feld zurückschießen

❽ ECON, FIN (*octroyer*) bereitstellen *crédits*

❾ (*extraire*) ~ **une idée de qc** einen Gedanken [aus etw] herausarbeiten; ~ **une leçon/morale de qc** eine Lehre aus etw ziehen

❿ (*mettre en valeur*) **cette robe dégage bien sa taille** dieses Kleid lässt ihre Taille gut zur Geltung kommen

II. *vpr* ❶ (*se libérer*) **se** ~ *passage, voie d'accès:* frei [*o* leer] werden, sich leeren; *voie respiratoire:* frei werden; **le ciel se dégage** der Himmel hellt sich auf; **se** ~ **d'une entrave/avalanche** sich von einer Fessel/aus einer Lawine befreien

❷ *fig* **se** ~ **de ses obligations/promesses** sich aus seinen Verpflichtungen/von seinen Versprechungen lösen; **se** ~ *fam* (*trouver du temps libre*) sich frei nehmen

❸ (*émaner*) **se** ~ **de qc** *fumée:* aus etw aufsteigen; *gaz, vapeur:* aus etw ausströmen [*o* entweichen]; *odeur:* [aus etw] ausströmen, von etw ausgehen

❹ (*ressortir*) **se** ~ [**de**] **quelque part** sich irgendwo abzeichnen; **le clocher du village se dégageait au loin** in der Ferne ragte der Kirchturm des Dorfes empor; **se** ~ **de qc** *idée:* sich in etw (*Dat*) abzeichnen; *impression, mystère:* von etw ausgehen; *vérité:* sich in etw (*Dat*) zeigen

III. *vi fam* ❶ (*sentir mauvais*) stinken; *endroit:* miefen (*fam*)

❷ (*déguerpir*) verschwinden; (*s'écarter*) Platz machen; **dégagez, s'il vous plaît!** gehen/fahren Sie bitte weiter!; **dégage de là!** hau ab hier! (*fam*), verschwinde von hier!

dégaine [degɛn] *f péj fam* **quelle** ~**!** (*air, accoutrement bizarre*) wie der/die aussieht!; (*drôle d'allure*) wie der/die daherkommt!; **un homme à** ~ **de noceur** jd, der aussieht wie ein Lebemann

dégainer [degene] <1> *vt, vi* ~ **une arme** eine Waffe ziehen

déganter [degɑ̃te] <1> *vpr* (*enlever ses gants*) **se** ~ seine Handschuhe ausziehen

dégarni(e) [degaʀni] *adj* **front** ~ Stirnglatze *f;* **tempes** ~**es** Geheimratsecken *Pl;* **sa tête est un peu** ~**e** sein Haar ist ein wenig schütter

dégarnir [degaʀniʀ] <8> **I.** *vpr* ❶ (*se vider*) **se** ~ *lieu:* sich leeren

❷ (*perdre ses cheveux*) **il se dégarnit** sein Haar wird schüt-

ter, er bekommt [langsam] eine Glatze; **son front se dégarnit/ses tempes se dégarnissent** er bekommt eine Stirnglatze/Geheimratsecken
❸ (*devenir moins touffu*) **se** ~ *bois:* kahl werden; *arbre:* kahl werden, seine Blätter verlieren
II. *vt* ❶ (*vider*) ausräumen *vitrine;* abräumen *table;* leeren *boîte de chocolats;* ~ **le sapin de Noël** den Schmuck vom Weihnachtsbaum abnehmen
❷ MIL ~ **une ville/place** Truppen aus einer Stadt/von einem Platz abziehen

dégât [dega] *m* ❶ *pl* (*détérioration*) Schaden *m,* Schäden *Pl;* **l'ampleur des ~s** das Ausmaß des Schadens; **l'inondation a fait des ~s** das Hochwasser hat Schäden verursacht; **~s matériels** Sachschaden *m*
❷ *sing* ADMIN Schaden *m;* **je ne suis pas assuré(e) pour le ~ des eaux** ich bin gegen Wasserschaden nicht versichert
❸ *sing fam* (*casse*) Katastrophe *f;* **ils m'ont fait du ~!** die haben ganz schön wüst gehaust! (*fam*)
▶ **il y a du ~!** *fam* der Schaden ist ganz schön groß!; (*après une tempête*) das ist vielleicht eine Verwüstung! (*fam*); **il va y avoir du ~!** gleich gibt's ein Unglück! (*fam*); **faire des ~s** (*faire tourner les têtes*) manche Herzen brechen; (*ne pas se contrôler*) großen Schaden anrichten; **limiter les ~s** das Schlimmste verhindern; **bonjour les ~s!** da haben wir den Salat! (*fam*)

dégazer [degaze] <1> **I.** *vi* Ölrückstände ablassen
II. *vt* entlüften *mine;* ~ **une eau minérale** einem Mineralwasser die Kohlensäure entziehen

dégel [deʒɛl] *m* ❶ (*fonte des glaces*) Tauwetter *nt;* **c'est le ~** es taut; **en période de ~** bei Tauwetter
❷ POL (*détente*) Tauwetter *nt*
❸ ECON (*reprise*) Belebung *f*
❹ FIN (*déblocage*) Freigabe *f*

dégelée [deʒ(ə)le] *f fam* ❶ (*volée*) Tracht *f* Prügel, Dresche *f* (*fam*); **il a pris une de ces ~s** er hat ordentlich Dresche gekriegt (*fam*)
❷ (*défaite*) *d'une armée, d'un sportif* Schlappe *f* (*fam*); **ils ont pris une sacrée ~** sie haben eine ordentliche Schlappe einstecken müssen (*fam*)

dégeler [deʒ(ə)le] <4> **I.** *vt* ❶ (*faire fondre*) auftauen
❷ (*réchauffer*) aufwärmen *pieds, mains*
❸ (*détendre*) aus der Reserve locken *personne;* auflockern *atmosphère;* entspannen *rapports;* **une plaisanterie dégèle le candidat** durch einen Scherz taut der Kandidat auf
❹ (*débloquer*) freigeben *crédits, dossier*
II. *vi* ❶ auftauen
❷ *impers* **il dégèle** es taut
III. *vpr* ❶ (*être moins réservé*) **se ~** auftauen
❷ (*se réchauffer*) **se ~ les pieds/mains** sich (*Dat*) die Füße/Hände aufwärmen

dégénéré(e) [deʒenere] **I.** *adj* ❶ MED geistesgestört
❷ (*dénaturé*) *art, idéologie* degeneriert, entartet
II. *m(f)* (*physiquement*) degenerierter Mensch; (*intellectuellement*) Geistesgestörte(r) *f(m)*

dégénérer [deʒenere] <5> *vi* ❶ (*perdre ses qualités*) *espèce, race:* degenerieren
❷ (*se dégrader*) degenerieren, entarten; *goût, qualité:* sich verschlechtern; **à chaque fois, ça dégénère!** das artet jedesmal aus!
❸ (*se changer en*) ~ **en qc** in etw (*Akk*) ausarten; **son refroidissement a dégénéré en bronchite** seine/ihre Erkältung hat sich zu einer Bronchitis entwickelt

dégénérescence [deʒeneresɑ̃s] *f* ❶ SCI, MED *d'un organe, tissu* Degeneration *f; a.* BOT Entartung *f*
❷ (*décadence*) *d'une civilisation, des mœurs* Degeneration *f,* Entartung *f*

dégingandé(e) [deʒɛ̃gɑ̃de] *adj* schlacksig (*fam*)

dégivrage [deʒivraʒ] *m d'une vitre* Enteisung *f; d'un réfrigérateur* Abtauen *nt;* **un réfrigérateur à ~ automatique** ein Kühlschrank *m* mit Abtau-Automatik

dégivrer [deʒivre] <1> *vt* abtauen *réfrigérateur;* enteisen *vitres, avion*

dégivreur [deʒivrœr] *m* Entfroster *m,* Enteiser *m*

déglacer [deglase] <2> *vt* GASTR ~ **qc au vin** etw mit Wein ablöschen

déglinguer [deglɛ̃ge] <1> *fam* **I.** *vt* (*abîmer*) kaputtmachen; **une voiture déglinguée** ein klappriges Auto
II. *vpr* **se ~** kaputtgehen; *chaise:* kaputtgehen, aus dem Leim gehen (*fam*); *voiture:* auseinander fallen (*fam*)

déglutir [deglytir] <8> *vt, vi* ~ **qc** etw hinunterschlucken

déglutition [deglytisjɔ̃] *f* [Hinunter]schlucken *nt;* **il a eu un mouvement de ~** er schluckte

dégobiller [degɔbije] <1> *vt, vi pop* [aus]kotzen (*sl*)

dégoiser [degwaze] <1> **I.** *vt péj fam* verzapfen (*fam*) *âneries;* vom Stapel lassen (*fam*) *discours, grossièretés;* **faut rien lui dire, il va tout ~!** dem darf man nichts erzählen, der tratscht alles weiter! (*fam*)
II. *vi fam* ~ **sur qn/qc** über jdn/etw quatschen (*fam*)

dégommer [degɔme] <1> *vt fam* (*licencier*) hinauswerfen (*fam*); (*prendre la place*) verdrängen

dégonflé(e) [degɔ̃fle] **I.** *adj* ❶ nicht aufgepumpt; *pneu* platt; *ballon* nicht aufgeblasen; **le pneu/ballon est ~** im Reifen/Ballon ist keine Luft mehr
❷ *fam* [**ne**] **pas être ~(e)** ganz schön dreist sein (*fam*)
II. *m(f) fam* Angsthase *m* (*fam*), Waschlappen *m* (*fam*)

dégonflement [degɔ̃fləmɑ̃] *m d'un ballon, pneu* Herauslassen *nt* der Luft; *d'une tuméfaction* Abschwellen *nt*

dégonfler [degɔ̃fle] <1> **I.** *vt* ❶ zum Abschwellen bringen *enflure;* ~ **un ballon/pneu** die Luft aus einem Ball/Reifen [heraus]lassen
❷ (*diminuer*) senken *prix, budget*
❸ (*minimiser*) herunterspielen *importance de qc*
II. *vpr* **se ~** ❶ *ballon, pneu:* [die] Luft verlieren; *enflure:* zurückgehen, abschwellen
❷ *fam* (*avoir peur*) Bammel *fam* kriegen; (*reculer*) kneifen (*fam*)
III. *vi enflure:* zurückgehen, abschwellen

dégorgement [degɔrʒəmɑ̃] *m* ❶ MED *de la bile* Entleerung *f*
❷ (*évacuation*) *des égouts* Entleerung *f; d'un puisard* Ausspülung *f*

dégorger [degɔrʒe] <2a> **I.** *vi* ❶ (*se déverser*) ~ **dans qc** *égouts, rivière:* in etw (*Akk*) fließen; *canal:* sich in etw (*Akk*) entleeren
❷ GASTR *concombres, aubergines:* Wasser ziehen; *poisson, viande:* wässern
II. *vt* ❶ (*déverser*) *égout:* ablassen; *tuyau:* ablaufen lassen
❷ (*vider*) entleeren *égout;* ausspülen *puisard*
III. *vpr* (*se déverser*) **se ~ dans qc** *personnes:* in etw (*Akk*) strömen; *égouts, rivière:* [in etw (*Akk*)] strömen [*o* fließen]

dégoter [degɔt(t)e] <1> *vt* ❶ *fam* (*déposséder d'un poste*) rauswerfen (*fam*)
❷ *fam* (*trouver*) aufgabeln (*fam*); **mais où est-ce que tu l'as dégot[t]é(e)?** Mensch, wo hast du denn den/die aufgegabelt? (*fam*)

dégoulinade [degulinad] *f fam* (*action*) Tröpfeln *nt;* ~ **de qc** (*trace*) Spur *f* [*o* Klecks *m*] von etw

dégoulinement [degulinmɑ̃] *m* Tröpfeln *nt,* Tropfen *nt*

dégouliner [deguline] <1> *vi* (*goutte à goutte*) [herab]tropfen, [herab]tröpfeln; (*en filet*) laufen; **la pluie me dégoulinait dans le cou** der Regen tropfte [*o* lief] mir in den Kragen

dégoupiller [degupije] <1> *vt* entsichern *grenade*

dégourdi(e) [degurdi] **I.** *adj* *enfant* aufgeweckt, pfiffig; *adulte* geschickt, auf Draht (*fam*)
II. *m(f)* (*garçon*) aufgeweckter Junge; (*fille*) aufgewecktes Mädchen; **tu me fais une belle ~e!** *iron* du bist mir vielleicht eine Leuchte! (*fam*)

dégourdir [deguʀdiʀ] <8> **I.** *vt* ❶ wieder beweglich machen *membres*
❷ (*dessaler*) selb[st]ständiger machen
II. *vpr* **se** ~ ❶ (*se donner de l'exercice*) sich auflockern; **se ~ les jambes** sich (*Dat*) die Beine vertreten; **des exercices pour se ~ les doigts** Lockerungsübungen *Pl* für die Finger
❷ (*perdre sa gaucherie*) *jeune homme, jeune fille:* sich machen (*fam*); **elle ne s'est pas dégourdie** sie ist immer noch so unbeholfen

dégoût [degu] *m* ❶ (*écœurement*) ~ **d'un** [*o* **pour un**] **aliment** Ekel *m* vor einem Nahrungsmittel; **il a fait une moue de** ~ er verzog angeekelt den Mund; **avec** ~ angeekelt, angewidert
❷ (*aversion*) ~ **pour qn/qc** Widerwillen *m* [*o* Abneigung *f*] gegen jdn/etw
❸ (*lassitude*) Überdruss *m;* **il a un ~ de lui-même** er ist seiner Selbst überdrüssig

dégoûtant(e) [degutɑ̃, ɑ̃t] **I.** *adj* ❶ (*écœurant*) *nourriture, plat* widerlich, ekelhaft; *odeur* widerlich, ekelhaft, Ekel erregend
❷ (*sale*) [ekelhaft] dreckig; *personne, vêtement* [total] verdreckt (*fam*); **le travail** ~ die Drecksarbeit (*fam*)
❸ (*abject, ignoble*) *personne* gemein, ek[e]lig; *propos, attitude, magouille* verabscheuungswürdig; **c'est ~ de faire qc/qu'il ait fait ça** es ist abscheulich [*o* empörend] etw zu tun/, dass er das getan hat
❹ (*grivois, licencieux*) *personne* widerlich, ekelhaft; *histoire* obszön, schmutzig; **des gestes ~s** Obszönitäten *Pl*
II. *m(f) fam* ❶ (*personne sale*) Ferkel *nt* (*fam*)
❷ (*vicieux*) widerlicher [*o* fieser] Kerl (*fam*)

dégoûtation [degutasjɔ̃] *f* ❶ (*répugnance*) Widerwille *m,* Ekel *m*
❷ (*chose sâle, horreur*) Scheußlichkeit *f*

dégoûté(e) [degute] **I.** *adj* (*écœuré*) *personne, mine* angeekelt, angewidert; **je suis ~(e)** (*scandalisé*) ich bin empört; (*lassé*) ich bin es leid; **être ~(e) de qc/de faire qc** etw leid sein/es leid sein etw zu tun; **être ~(e) de la vie/de vivre** des Lebens überdrüssig sein/lebensüberdrüssig sein
► **n'être pas ~(e)** nicht gerade wählerisch [*o* zimperlich] sein
II. *m(f)* Angewiderte(r) *f(m)*
► **faire le ~/la ~e** [angewidert] die Nase rümpfen; (*jouer le difficile*) wählerisch sein

dégoûter [degute] <1> **I.** *vt* ❶ (*répugner physiquement*) ~ **qn** *nourriture, odeur:* jdn anekeln [*o* anwidern]; **être dégoûté(e) par qc** von etw angewidert sein; **les araignées/crapauds le dégoûtent** er ekelt sich vor Spinnen/Kröten
❷ (*répugner moralement*) ~ **qn** *personne, comportement:* jdn anwidern; **la vie le dégoûte** er ist das Leben leid
❸ (*ôter l'envie de*) ~ **qn** es jdm verleiden; ~ **qn des épinards/du sport** jdm [den] Spinat/den Sport verleiden; ~ **qn de faire qc** es jdm verleiden [*o* jdm die Lust nehmen] etw zu tun; **c'est à vous ~ de faire qc** das nimmt einem jede Lust etw zu tun
II. *vpr* **se ~ de qn/qc** jdn/etw leid sein/werden, jds/einer S. überdrüssig sein/werden

dégoutter [degute] <1> *vi* ❶ (*couler*) ~ **des marroniers** *eau, sueur:* von den Kastanienbäumen [herab]tropfen; **la sueur lui dégouttait du front** der Schweiß tropfte ihm/ihr von der Stirn [herab]
❷ (*être trempé*) ~ **de sueur** vor Schweiß triefen; ~ **de pluie** vom Regen triefnass sein; **dégouttant(e) de sueur** schweißtriefend

dégradant(e) [degʀadɑ̃, ɑ̃t] *adj* erniedrigend, entwürdigend

dégradation [degʀadasjɔ̃] *f* ❶ (*dégâts*) Beschädigung *f; de l'environnement* Zerstörung *f;* **~s** Schäden *Pl;* **causer** [*o* **faire subir**] **des ~s à qc** etw beschädigen
❷ (*détérioration*) Verschlechterung *f*
❸ *littér* (*avilissement*) *d'une personne* Erniedrigung *f*
❹ MIL Degradierung *f*

dégradé [degʀade] *m* ❶ *de couleurs* Abstufung *f*
❷ (*coupe de cheveux*) Stufenschnitt *m;* **coiffure en** ~ stufig geschnittenes Haar

dégrader¹ [degʀade] <1> **I.** *vt* ❶ (*détériorer*) beschädigen *édifice, route;* verschlechtern *situation, climat social;* ~ **l'environnement** der Umwelt (*Dat*) schaden, die Umwelt [nach und nach] zerstören
❷ *littér* (*avilir*) herabwürdigen, entwürdigen
❸ MIL degradieren
II. *vpr* **se** ~ ❶ (*s'avilir*) sich erniedrigen, sich herabwürdigen
❷ (*se détériorer*) *édifice:* verfallen; (*à cause des intempéries*) verwittern; *situation, climat social, temps:* sich verschlechtern

dégrader² [degʀade] <1> *vt* abstufen *couleur, teintes;* abstufen, abschwächen *lumière*

dégrafer [degʀafe] <1> **I.** *vt* ~ **qc** etw aufhaken [*o* aufmachen]
II. *vpr* **une robe/un bracelet se dégrafe** der Verschluss eines Kleides/Armbands hakt sich aus [*o* geht auf]

dégrafeur [degʀafœʀ] *m* Enthefter *m*

dégraissage [degʀɛsaʒ] *m* ❶ *d'un bouillon, d'une sauce* Abschöpfen *nt* des Fettes; *d'une viande* Abschneiden *nt* des Fettes; *de la laine, d'un métal* Entfettung *f*
❷ ECON *fam des effectifs* Abbau *m; d'une entreprise* Gesundschrumpfung *f*

dégraissant [degʀɛsɑ̃] *m* (*solvant*) Fettlöser *m;* (*détachant*) Fleck[en]entferner *m*

dégraissant(e) [degʀɛsɑ̃, ɑ̃t] *adj* (*solvant*) fettlösend, entfettend; **produit** ~ Fettlöser *m*

dégraisser [degʀese] <1> *vt* ❶ (*nettoyer*) entfetten *métal, laine*
❷ (*enlever la graisse*) entfetten *cheveux;* ~ **un bouillon/une sauce** das Fett von einer Bouillon/Sauce abschöpfen; ~ **une viande** das Fett von einem [Stück] Fleisch abschneiden; **ce shampooing dégraisse les cheveux** dieses Haarwaschmittel ist gegen fettiges Haar
❸ ECON *fam* abbauen *effectifs;* gesundschrumpfen *entreprise*

degré¹ [dəgʀe] *m* ❶ (*intensité*) Grad *m,* Stufe *f; de l'échelle de Richter* Stärke *f;* ~ **de difficulté** Schwierigkeitsgrad; ~ **de perfection** Grad der Vollkommenheit; **un tel ~ de cynisme/bêtise** ein solches Maß an Zynismus/Dummheit; **à ce ~ de bêtise, ...** wenn jemand so dumm ist, ...; **à ce ~ de dépendance à la drogue, ...** wenn man so stark drogenabhängig ist, ...; **jusqu'à un certain** ~ bis zu einem gewissen Grad; **au dernier/plus haut** ~ im höchsten Maß; **ils sont apparentés au premier/deuxième** ~ sie sind Verwandte ersten/zweiten Grades; **équation du premier** ~ Gleichung *f* ersten Grades
❷ (*dans une hiérarchie*) Stufe *f,* Sprosse *f;* **enseignement du premier** ~ Grundschulwesen *nt;* **enseignant(e) du premier** ~ Grundschullehrer(in) *m(f);* **enseignement du second** ~ höheres Schulwesen; **enseignant(e) du second** ~ Lehrer(in) *m(f)* an einer höheren [*o* weiterführenden] Schule
❸ MED *d'une brûlure* Grad *m; d'une maladie* Stadium *nt;* **brûlure du premier/second** ~ Verbrennung *f* ersten/zweiten Grades; **il est tuberculeux au dernier** ~ er hat TB im letzten Stadium
❹ LING Steigerungsstufe *f;* **on distingue trois ~s** man unterscheidet drei Steigerungsstufen
❺ ALPIN Schwierigkeitsgrad *m*
❻ *littér* (*escalier*) [Treppen]stufe *f*
❼ ECON Grad *m*
► **[com]prendre qc au premier/second** ~ etw wörtlich/nicht wörtlich nehmen; ~ **zéro d'une civilisation/culture** Anfangsstadium *nt* einer Zivilisation/Kultur; **par ~[s]** nach und nach; *avancer, procéder* nach und nach, schrittweise
◆ ~ **de juridiction** Instanz *f;* **double ~ de juridiction** zweite Instanz; ~ **de parenté** Verwandtschaftsgrad *m;* ~ **de signification** LING Steigerungsstufe *f*

degré² [dəgʀe] *m* ❶ MATH, GEOG *d'un angle* Grad *m;* **angle de quatre-vingt-dix ~s** Winkel *m* von neunzig Grad; ~ **de longitude/latitude** Längen-/Breitengrad; **être à cinq ~s de lati-**

D

tude nord/longitude est auf dem fünften Grad nördlicher Breite/östlicher Länge liegen
❷ (*unité de température*) Grad *m;* **le thermomètre marque** [*o* **indique**] **cinq ~s au-dessous de zéro** das Thermometer zeigt fünf Grad minus [*o* fünf Grad unter Null]; ~ **absolu** Kelvin *nt unv*
❸ (*unité de proportion*) *d'un alcool* [Volum]prozent *nt;* **alcool à quatre-vingt-dix ~s** neunzigprozentiger Alkohol; ~ **alcoolique** [*o* **en alcool**] Alkoholgehalt *m;* **faire** [*o* **titrer**] **neuf/onze ~s** neun/elf Prozent Alkohol[gehalt] haben
❹ MUS Stufe *f*
◆ ~ **Celsius** [*o* **centigrade** *vieilli*] Grad *m unv* Celsius; ~ **Fahrenheit** Grad *m unv* Fahrenheit
dégressif, -ive [degʀesif, -iv] *adj* degressiv; **tarif** ~ Mengenrabatt *m*
dégrever [degʀəve] <4> *vt* ❶ senken *impôt*
❷ entlasten *hypothèque*
dégriffé(e) [degʀife] *adj* ohne Markenzeichen
dégringolade [degʀɛ̃gɔlad] *f fam d'une monnaie, des cours* Sturz *m; des titres* Fall *m;* ~ **du dollar/des cours** Dollar-/Kurssturz
▶ **c'est la ~!** *fam* das ist die absolute Talfahrt! (*fam*)
dégringoler [degʀɛ̃gɔle] <1> **I.** *vi fam* ❶ *actions, monnaie:* [stark] fallen; *notes:* [rapide] absinken
❷ (*tomber*) ~ **de qc** von etw [he]runterpurzeln (*fam*)
II. *vt fam* [he]runtersausen (*fam*) *escalier*
dégrippant [degʀipɑ̃] *m* Rostumwandler *m,* Rostlöser *m*
dégrisement [degʀizmɑ̃] *m d'une personne ivre* Ausnüchterung *f,* Nüchternwerden *nt*
dégriser [degʀize] <1> **I.** *vt* ❶ (*désenivrer*) nüchtern machen
❷ (*désillusionner*) ernüchtern
II. *vpr* **se** ~ nüchtern werden; **il s'est dégrisé** er ist wieder nüchtern
dégrossir [degʀosiʀ] <8> *vt* grob bearbeiten; [grob] behauen *pierre;* grob umreißen *problème;* ~ **le travail** die Vorarbeit leisten
▶ **mal dégrossi(e)** ungehobelt
dégrouiller [degʀuje] <1> *vpr fam* **se** ~ voranmachen (*fam*); **dégrouille-toi!** los, mach schon! (*fam*)
déguenillé(e) [deg(ə)nije] *adj* zerlumpt
déguerpir [degɛʀpiʀ] <8> *vi* sich davonmachen, abhauen (*fam*); **déguerpissez d'ici tout de suite!** macht sofort, dass ihr hier wegkommt!; **faire ~ qn** jdn verjagen
dégueu [degø] *adj inv fam abr de* **dégueulasse**
dégueulasse [degœlas] *adj fam* ❶ (*sale*) *mains, pantalon, personne* [total] verdreckt (*fam*)
❷ (*dégoûtant*) *personne, comportement* widerlich, ekelhaft; (*moralement*) fies (*fam*); **c'est ~ de ta part!** das ist [wirklich] fies von dir!
❸ (*mauvais*) mies; *temps* scheußlich; *aliment* ekelhaft; **c'est pas ~!** das ist Spitze! (*fam*)
dégueulasser [degœlase] <1> **I.** *vt fam* verdrecken (*fam*)
II. *vpr fam* **se** ~ sich dreckig machen (*fam*)
dégueuler [degœle] <1> **I.** *vi vulg* ❶ kotzen (*sl*)
❷ (*débiner*) ~ **sur qn/qc** über jdn/etw herziehen (*fam*)
II. *vt vulg* rauskotzen (*sl*)
dégueulis [degøli] *m vulg* Kotze *f* (*vulg*)
déguisé(e) [degize] *adj* ❶ verkleidet; (*pour le carneval*) kostümiert; ~ **en femme** als Frau [verkleidet]
❷ (*masqué pour tromper*) *voix, écriture* verstellt; *ambition, sentiment* versteckt; *dévaluation* verschleiert; **un meurtre ~ en accident** ein als Unfall getarnter Mord
déguisement [degizmɑ̃] *m* ❶ Verkleidung *f;* **sous ce ~** in dieser Verkleidung
❷ (*costume*) [Masken]kostüm *nt*
déguiser [degize] <1> **I.** *vt* ❶ ~ **un enfant en pirate** ein Kind als Pirat verkleiden
❷ (*contrefaire*) verstellen *voix, écriture;* verschleiern *vérité*
II. *vpr* **se** ~ **en qc** sich als etw verkleiden
dégurgiter [degyʀʒite] <1> *vt* ❶ erbrechen *repas*
❷ *fig* herunterbeten *connaissances*
dégustateur, -trice [degystatœʀ, -tʀis] *m, f* Verkoster(in) *m(f)*
dégustation [degystasjɔ̃] *f de fruits de mer, fromage* Kostprobe *f; de vin, café* Probe *f;* (*par un professionnel*) Verkostung *f* (*Fachspr.*); ~ **de vin(s)/de champagne** Wein-/Champagnerprobe; **ici, ~ d'huîtres** hier können Sie unsere Austern probieren
déguster [degyste] <1> **I.** *vt* ❶ probieren, kosten; *dégustateur:* verkosten (*Fachspr.*)
❷ (*savourer*) genießen
II. *vi* ❶ (*savourer*) genießen
❷ *fam* (*subir*) (*des coups*) [et]was abbekommen (*fam*); (*des douleurs*) was mitmachen (*fam*); (*des réprimandes*) was zu hören bekommen (*fam*); **qu'est-ce que j'ai dégusté!** das hat vielleicht weh getan!
déhanchement [deɑ̃ʃmɑ̃] *m* Schwingen *nt* der Hüften
déhancher [deɑ̃ʃe] <1> *vpr* **se** ~ die Hüften schwingen
dehors [dəɔʀ] **I.** *adv* ❶ (*à l'extérieur*) draußen
❷ (*pas chez soi*) außer Haus
▶ **ficher qn/qc ~** *fam* jdn/etw rausschmeißen (*fam*); **mettre qn ~** jdn hinauswerfen; **passer par ~** außen herumgehen; **au ~** äußerlich, nach außen [hin]; **paraître calme au ~** nach außen hin [*o* äußerlich] ruhig erscheinen; **de ~** von draußen; **en ~ se pencher en ~** sich hinauslehnen; **marcher les pieds en ~** beim Gehen die Zehenspitzen nach außen drehen; **rester en ~** sich heraushalten; **en ~ de qc** (*à l'extérieur de*) außerhalb einer S. (+ *Gen*); (*mis à part*) außer einer S., abgesehen von etw; **en ~ de cela** abgesehen davon; **être en ~ du sujet** nicht zur Sache gehören; **~!** raus!
II. *m* ❶ (*extérieur*) **les bruits du ~** die Geräusche von draußen; **des gens du ~** Leute von außerhalb
❷ *gén pl* (*apparences*) *d'une personne* Äußere(s) *nt kein Pl;* **sous des ~ austères, il cache...** hinter seinem strengen Äußeren verbirgt sich ...
déification [deifikasjɔ̃] *f* Vergötterung *f*
déisme [deism] *m* Deismus *m*
déité [deite] *f* Gottheit *f*
déjà [deʒa] **I.** *adv* ❶ (*dès maintenant*) schon, bereits; **il était ~ parti** er war schon [*o* bereits] weg; **~?** schon?
❷ (*auparavant*) schon [einmal]; **à cette époque ~** damals schon; **j'ai ~ vu ce film** ich habe diesen Film schon [einmal] gesehen
❸ (*intensif*) schon; **il est ~ assez paresseux!** der ist so schon faul genug!; **c'est ~ pas mal!** das ist [doch] schon nicht schlecht!; **c'est ~ quelque chose!** das ist doch [immerhin] schon etwas! (*fam*)
❹ (*à la fin d'une question*) noch [gleich], doch gleich; **comment vous appelez-vous ~?** wie heißen Sie noch [*o* doch gleich]?
II. *conj fam* ~ **que qn a fait qc** schon genug [*o* [es] reicht schon], dass jd etw getan hat
déjanté(e) [deʒɑ̃te] *fam* **I.** *adj* **être ~(e)** ein Rad abhaben (*fam*), abgedreht sein (*sl*)
II. *m(f)* Durchgeknallte(r) *f(m)* (*fam*)
déjanter [deʒɑ̃te] <1> **I.** *vi* ❶ *pneu:* sich von der Felge lösen, von der Felge springen; **il a déjanté** *personne:* ihm ist der Reifen von der Felge gesprungen
❷ *fam personne:* spinnen (*fam*)
II. *vpr* **se** ~ sich von der Felge lösen
déjà-vu [deʒavy] <déjà-vus> *m* Déjà-vu-Erlebnis *nt*
déjections [deʒɛksjɔ̃] *fpl* ❶ (*excréments*) Exkremente *Pl;* ~ **canines** Hundekot *m*
❷ GEOL *d'un volcan* Auswurfmasse *f*
déjeté(e) [dej(ə)te] *adj* ❶ (*dévié*) krumm, verbogen; *mur* schief
❷ (*décati*) *vieillard* verlebt
❸ BELG *fam* (*en désordre*) unordentlich, durcheinander
déjeuner [deʒœne] <1> **I.** *vi* ❶ (*à midi*) zu Mittag essen; **invi-**

ter qn à ~ jdn zum Mittagessen einladen; **avoir qn à** ~ jdn [als Gast] zum Mittagessen haben
❷ (*le matin*) frühstücken; ~ **d'un café noir** [nur] einen schwarzen Kaffee zum Frühstück trinken
II. *m* (*repas de midi*) Mittagessen *nt;* **au** [*o* **pour le**] ~ zum Mittagessen
◆ ~ **d'affaires** Geschäftsessen *nt;* POL Arbeitsessen *nt;* ~ **sur l'herbe** Picknick *nt*

déjouer [deʒwe] <1> *vt* vereiteln; durchkreuzen *plan;* ~ **la surveillance** sich der Überwachung (*Dat*) entziehen

déjuger [deʒyʒe] <2a> *vpr* **se** ~ seine Meinung ändern

delà [dəla] *adv v.* **au-delà, par-delà**

délabré(e) [delɑbʀe] *adj maison, mur* verfallen, baufällig; *façade* verwittert; *santé* zerrüttet

délabrement [delɑbʀəmɑ̃] *m d'une maison, d'un mur* Verfall *m,* schlechter Zustand; *de la santé* Zerrüttung *f*

délabrer [delɑbʀe] <1> **I.** *vt* ruinieren, zerstören *santé*
II. *vpr* ❶ **se** ~ *maison, mur:* verfallen; *santé:* sich verschlechtern; *affaires:* schlechter laufen
❷ (*se ruiner*) **se** ~ **qc** sich (*Dat*) etw kaputt machen; **se** ~ **la santé** sich (*Dat*) die Gesundheit ruinieren

délacer [delase] <2> *vt* aufschnüren

délai [delɛ] *m* ❶ (*temps accordé*) Zeit *f,* Zeitspanne *f;* **disposer d'un** ~ **de sept jours** sieben Tage Zeit haben; **il faut compter un** ~ **de...** man muss mit einer Zeitspanne von ... rechnen; ~ **d'expédition** Abfertigungszeit
❷ (*temps à l'expiration duquel on sera tenu de fournir certaines prestations*) Frist *f;* ~ **conventionnel** vertragliche Frist; **dernier** ~ äußerste [*o* letzte] Frist; ~ **légal** gesetzliche Frist; ~ **maximal** Höchstfrist; ~ **réglementaire** festgesetzte Frist; **observation d'un/du** ~ Fristeinhaltung *f;* **dépasser les** ~**s** die Frist überschreiten; **une fois le** ~ **légal expiré, ...** nach Ablauf der gesetzlichen Frist ...; **se donner un** ~ sich (*Dat*) eine Frist setzen; **avec** ~ **de préavis de trois mois** mit dreimonatiger Kündigungsfrist; **sans** ~ **de préavis** ohne Kündigungsfrist; **à bref** ~ kurzfristig; **dans les plus brefs** ~**s** innerhalb kürzester Frist; **dans un** ~ **de quinze jours** innerhalb von vierzehn Tagen; **sans** ~ unverzüglich, umgehend
❸ (*sursis*) Aufschub *m;* **accorder un** ~ **à qn** jdm einen Aufschub gewähren
◆ ~ **d'expiration** JUR Ablauffrist *f;* ~ **de grâce** Gnadenfrist *f;* JUR Nachfrist *f;* ~ **de livraison** Lieferfrist *f;* (*délai accordé*) Zahlungsfrist *f;* (*en cas d'un versement en espèces*) Einzahlungsfrist; (*sursis*) Zahlungsaufschub *m,* Stundungsfrist; ~ **de préavis** Kündigungsfrist *f;* ~ **de publication** JUR Offenlegungsfrist *f;* ~ **de réflexion** Bedenkzeit *f;* ~ **de rigueur** äußerster Termin; JUR Notfrist *f*

délai-congé [delɛkɔ̃ʒe] <délais-congés> *m* Kündigungsfrist *f*

délaissé(e) [delese] *adj* ❶ (*abandonné*) im Stich gelassen, verlassen
❷ (*négligé*) vernachlässigt; *aspect* nicht berücksichtigt, vernachlässigt

délaissement [delɛsmɑ̃] *m* ❶ (*abandon*) Verlassen *nt*
❷ JUR (*renonciation*) Abtretung *f,* Verzicht *m*
❸ (*isolement*) Vereinsamung *f*

délaisser [delese] <1> *vt* ❶ (*négliger*) vernachlässigen
❷ (*abandonner*) verlassen; im Stich lassen *enfant;* aufgeben *activité*

délassant(e) [delɑsɑ̃, ɑ̃t] *adj* entspannend

délassement [delɑsmɑ̃] *m* ❶ (*état*) Entspannung *f;* **avoir besoin de** ~ etwas ausspannen müssen
❷ (*activité*) Erholung *f,* Entspannung *f;* **la lecture est pour moi un** ~ Lesen ist für mich eine Entspannung

délasser [delɑse] <1> **I.** *vt* ~ **qn/qc** entspannend auf jdn/etw wirken; *exercice:* jdm Entspannung bringen
II. *vi* entspannen
III. *vpr* **se** ~ sich entspannen

délateur, -trice [delatœʀ, -tʀis] *m, f* Denunziant(in) *m(f)*

délation [delasjɔ̃] *f* Denunziation *f;* **inciter qn à la** ~ jdn zum Denunzieren anstacheln

délavage [delavaʒ] *m* Bleichen *nt*

délavé(e) [delave] *adj* ❶ (*pâle*) *couleur* wässrig; *yeux* hell; **ses yeux d'un bleu** ~ seine/ihre wasserblauen Augen
❷ (*éclairci par des lavages*) *couleur, tissu* verwaschen; (*à l'eau de Javel*) *jeans* [vor]gebleicht
❸ (*détrempé*) *terre* aufgeweicht

délaver [delave] <1> **I.** *vt* ❶ (*diluer*) verdünnen *peinture, couleur*
❷ (*éclaircir*) bleichen *jean;* abwaschen *inscription*
❸ *vieilli* (*détremper*) aufweichen *terre*
II. *vpr* **se** ~ *peinture:* sich abwaschen; *inscription:* verblassen

délayage [delɛjaʒ] *m* ❶ (*action*) Anrühren *nt*
❷ *fam* (*bavardage*) leeres Geschwafel (*fam*); **faire du** ~ etwas daherschwafeln (*fam*)

délayer [deleje] <7> **I.** *vt* ❶ (*diluer*) ~ **la farine/le plâtre dans qc** das Mehl/den Gips mit etw anrühren
❷ *fig* weitschweifig darlegen *pensée;* verwässern *idée*
II. *vi* abschweifen

delco® [dɛlko] *m* AUT [Zünd]verteiler *m*

délectable [delɛktabl] *adj littér* köstlich

délectation [delɛktasjɔ̃] *f* (*plaisir sensuel*) Genuss *m;* (*plaisir intellectuel*) Genugtuung *f*

délecter [delɛkte] <1> *vpr* **se** ~ **à qc** sich an etw (*Dat*) ergötzen (*geh*); **se** ~ **de qc/à faire qc** etw genießen/es genießen etw zu tun

délégation [delegasjɔ̃] *f* ❶ *d'élus, de députés* Abordnung *f,* Delegation *f;* ~ **syndicale** Gewerkschaftsdelegation; **venir en** ~ als Abordnung [*o* Delegation] kommen
❷ (*mandat*) Vollmacht *f;* **en vertu d'une** ~ kraft [einer] Vollmacht; **par** ~ im Auftrag
❸ (*agence de l'État*) Ressort *nt*
◆ ~ **de pouvoir** Vollmacht *f;* **faire une** ~ **de pouvoir à qn** jdm eine Vollmacht ausstellen

délégué(e) [delege] **I.** *adj* abgeordnet, delegiert; **les membres** ~**s** die Abgeordneten
II. *m(f) d'une association, d'un parti* Delegierte(r) *f(m),* Vertreter(in) *m(f);* ~ **syndical/**~**e syndicale** Gewerkschaftsvertreter(in) *m(f)*
◆ ~(**e**) **de classe** Klassensprecher(in) *m(f);* ~(**e**) **du personnel** Personalvertreter(in) *m(f)*

déléguer [delege] <5> **I.** *vt* ❶ ~ **qn à un congrès/une négociation** jdn zu einem Kongress/einer Verhandlung entsenden; **il nous avait délégué le sous-chef** er hatte uns den zweiten Direktor geschickt
❷ (*transmettre*) ~ **sa responsabilité à qn** an jdn seine/ihre Verantwortung delegieren, jdm seine/ihre Verantwortung übertragen
II. *vi* delegieren

délestage [delɛstaʒ] *m* ❶ ELEC [kurzzeitige] Stromabschaltung
❷ TRANSP Entlastung *f;* **itinéraire de** ~ Entlastungsstrecke *f*

délester [delɛste] <1> **I.** *vt* ❶ ELEC ~ **qc** [kurzzeitig] den Strom in etw (*Dat*) abstellen
❷ TRANSP entlasten
❸ AVIAT ~ **qc** Ballast aus etw abwerfen
❹ *iron* (*voler*) ~ **qn de l'argent** jdn um Geld erleichtern
II. *vpr fam* **se** ~ **de qc** sich einer S. (*Gen*) entledigen

délétère [deletɛʀ] *adj* ❶ (*nuisible à la santé*) schädlich, gefährlich
❷ *fig littér* verderblich

délibérant(e) [delibeʀɑ̃, ɑ̃t] *adj v.* **assemblée**

délibératif, -ive [delibeʀatif, -iv] *adj voix* beratend

délibération [delibeʀasjɔ̃] *f* ❶ *d'une assemblée* Debatte *f; d'un jury* Beratung *f;* **après** ~ **du jury** nach Beratung der Jury; **mettre qc en** ~ etw zur Beratung stellen; **être encore en** ~ noch beraten, noch in der Beratung sein; **les** ~**s du tribunal ne sont pas publiques** die Beratungen des Gerichts sind

nicht öffentlich
❷ (*décision*) Beschluss *m;* **~s du jury** Entscheidungen *Pl* der Jury; **le registre** [*o* **cahier**] **des ~s** das Protokollbuch
❸ (*réflexion*) Überlegung *f;* **sans ~** ohne zu überlegen; **après mûre ~/mille ~s** nach reiflicher Überlegung

délibéré [delibeʀe] *m* Beratung *f;* **être mis(e) en ~** zur Beratung gestellt werden

délibéré(e) [delibeʀe] *adj intention, volonté* fest; *refus* entschieden; **de manière ~e** absichtlich; **c'était ~** das war Absicht; **intention** [*o* **volonté**] **~e de nuire** JUR Schädigungsabsicht *f*

délibérément [delibeʀemɑ̃] *adv* absichtlich, bewusst; *violer la loi* vorsätzlich

délibérer [delibeʀe] <5> *vi* ❶ (*débattre*) **~ de** [*o* **sur**] **qc** über etw (*Akk*) beraten; **se retirer pour ~** sich zur Beratung zurückziehen
❷ (*décider*) einen Beschluss fassen; **l'assemblée peut ~ valablement** die Versammlung ist beschlussfähig
❸ *littér* (*réfléchir*) **~ sur qc** etw überlegen

délicat(e) [delika, at] *adj* ❶ (*fin*) *peau, parfum, couleur* zart; *visage, traits, nez* fein; *mets* delikat; *arôme* mild
❷ (*léger*) *geste* behutsam
❸ (*fragile*) empfindlich; *enfant* zart, empfindlich; *santé* schwach; *objet* zerbrechlich
❹ (*difficile*) *question, situation* heikel; *opération* schwierig; **il est ~ de faire qc** es ist [äußerst] heikel etw zu tun
❺ (*raffiné, sensible*) *personne* feinfühlig; *odorat, oreilles* empfindlich; *palais* fein; *esprit* feinsinnig
❻ (*plein de tact*) *personne* taktvoll; *geste* aufmerksam; *comportement, procédés* rücksichtsvoll; **utiliser des procédés bien peu ~s** wenig rücksichtsvoll vorgehen; **quelle ~e attention de votre part!** wie aufmerksam von Ihnen!
► **faire le ~/la ~e** (*faire le difficile*) wählerisch [*o* anspruchsvoll] sein; (*faire le sensible*) den Empfindsamen/die Empfindsame spielen

délicatement [delikatmɑ̃] *adv* ❶ (*finement*) fein
❷ (*avec douceur*) vorsichtig, behutsam
❸ (*avec tact*) taktvoll

délicatesse [delikatɛs] *f* ❶ (*finesse*) Zartheit *f; d'un objet, travail* Feinheit *f;* **des mets d'une telle ~** so feine Speisen; **un parfum d'une grande ~** ein sehr zartes Parfüm
❷ (*douceur*) Behutsamkeit *f;* **avec ~** vorsichtig, behutsam
❸ (*difficulté*) *d'une opération, situation* Schwierigkeit *f;* **cette question est d'une telle ~ que** diese Frage ist derart heikel, dass
❹ (*raffinement*) Feinheit *f,* Finesse *f;* **la ~ de son style** sein/ihr äußerst gepflegter Stil
❺ (*tact*) Feingefühl *nt,* Takt[gefühl *nt*] *m;* **manque de ~** Mangel *m* an Taktgefühl; **avec/sans ~** taktvoll/taktlos

délice [delis] **I.** *m* (*jouissance*) Genuss *m;* **avec ~** genussvoll
II. *fpl littér* Freuden *Pl,* Wonnen *Pl;* **faire les ~s de qn** eine wahre Wonne für jdn sein
◆ **~ de l'amour** *littér* Wonnen *Pl* der Liebe

délicieusement [delisjøzmɑ̃] *adv* herrlich; *naïf* reizend; **~ beau(belle)** entzückend schön; **~ bon(ne)** köstlich; **jouer ~ du piano** entzückend [schön] Klavier spielen

délicieux, -euse [delisjø, -jøz] *adj* ❶ (*exquis*) köstlich; *sensation, sentiment* [höchst] wohltuend; **un ~ sentiment de joie** ein wohliges Glücksgefühl
❷ (*charmant*) *personne* reizend

délictueux, -euse [deliktɥø, -øz] *adj* strafbar; *intention* verbrecherisch; **acte ~** strafbare Handlung

délié(e) [delje] *adj littér* ❶ (*agile*) *doigts* beweglich
❷ (*fin*) *écriture* fein; *esprit* scharf
❸ (*élancé*) *taille* schmal

délier [delje] <1a> **I.** *vt* ❶ (*détacher*) losbinden; lösen *corde*
❷ (*dégager*) **~ qn d'une promesse** jdn von einem Versprechen entbinden
II. *vpr* ❶ (*se détacher*) **se ~** *prisonnier:* sich losmachen; *paquet:* aufgehen; *corde:* sich lösen
❷ (*se désengager*) **se ~ d'une promesse** sich nicht an sein Versprechen halten; **se ~ d'une obligation** sich (*Dat*) von einer Verpflichtung freimachen

délimitation [delimitasjɔ̃] *f* Abgrenzung *f;* **~ territoriale** Gebietsabgrenzung; **~ des frontières** Festlegung *f* der Grenzen; **~ de prestation** JUR Leistungsabgrenzung (*Fachspr.*); **~ des tâches** Aufgabenabgrenzung

délimiter [delimite] <1> *vt* ❶ **~ qc** *clôture, borne:* etw begrenzen, etw abgrenzen; *personne:* die Grenzen einer S. (*Gen*) festsetzen
❷ *fig* abgrenzen *responsabilités;* eingrenzen *sujet*

délinquance [delɛ̃kɑ̃s] *f* Kriminalität *f;* **grande ~** Schwerverbrechen *Pl;* **~ juvénile** Jugendkriminalität; **petite ~** leichte Straftaten *Pl*

délinquant(e) [delɛ̃kɑ̃, ɑ̃t] **I.** *adj* straffällig; **enfance/jeunesse ~e** straffällige Kinder/Jugendliche *Pl*
II. *m(f)* Straffällige(r) *f(m);* JUR Deliktstäter(in) *m(f)* (*Fachspr.*); **devenir** [**un**] **~/**[**une**] **~e** straffällig werden; **~(e) primaire** Ersttäter(in) *m(f)*

déliquescence [delikesɑ̃s] *f des mœurs* [völliger] Verfall; *d'une société, d'un système* Dekadenz *f;* **être en pleine ~** völlig verfallen; *industrie:* zugrunde [*o* zu Grunde] gehen

déliquescent(e) [delikesɑ̃, ɑ̃t] *adj atmosphère, société* dekadent; *fam vieillard* vertrottelt (*fam*)

délirant(e) [deliʀɑ̃, ɑ̃t] *adj histoire, idée* [völlig] verrückt; *enthousiasme, joie* wahnsinnig; **c'est complètement ~!** *fam* das ist ja total verrückt! (*fam*)

délire [deliʀ] *m* ❶ Delirium *nt;* (*dû à la fièvre*) [Fieber]wahn *m;* **crise de ~** Wahnsinnsanfall *m;* **tourner au ~** zum Wahn [*o* zur Wahnvorstellung] werden
❷ (*exaltation*) Wahn *m;* **le ~ de son imagination** seine/ihre Wahnvorstellung; **une foule en ~** eine tobende [*o* rasende] Menge
► **c'est le ~ total!** *fam* das ist der absolute Wahnsinn! (*fam*); **c'est du ~!** *fam* (*la foule jubile*) die Menge tobt!; (*c'est déraisonnable*) das ist ja total hirnrissig! (*fam*)
◆ **~ de persécution** Verfolgungswahn *m*

délirer [deliʀe] <1> *vi* ❶ MED fantasieren, delirieren; **la soif/fièvre fait ~ qn** jd fantasiert vor Durst/im Fieber
❷ (*être exalté*) **~ de joie/d'enthousiasme** außer sich vor Freude/Begeisterung sein
❸ (*dérailler*) spinnen (*fam*); (*dire des bêtises*) Unsinn reden

delirium tremens [deliʀjɔmtʀemɛ̃s] *m sans pl* Säuferwahn *m,* Delirium tremens *nt*

délit [deli] *m* ❶ Straftat *f,* Delikt *nt;* **~ informatique** Datenmissbrauch *m;* **~ mineur** Bagatelldelikt; **~ politique** politische Straftat; **flagrant ~** Straftat, bei der der Täter auf frischer Tat ertappt wird; **prendre qn en flagrant ~ de qc** jdn auf frischer Tat bei etw ertappen
❷ *pl* (*délinquance*) Kriminalität *f*
◆ **~ de droit commun** allgemeinrechtliches Vergehen; **~ de fuite** Fahrerflucht *f;* **~ d'initié** Insiderdelikt *nt;* **~ d'opinion** Gesinnungstat *f;* **être condamné(e) pour ~ d'opinion** wegen seiner Gesinnung verurteilt werden

délivrance [delivʀɑ̃s] *f* ❶ (*soulagement*) Erleichterung *f,* Erlösung *f;* **l'heure de la ~** die Stunde der Erlösung
❷ (*libération*) Befreiung *f*
❸ ADMIN *d'un certificat, passeport* Ausstellung *f; d'un brevet* Erteilung *f; d'une somme d'argent* Aushändigung *f*
❹ MED Nachgeburt *f*
◆ **~ de brevet** Patenterteilung *f*

délivrer [delivʀe] <1> **I.** *vt* ❶ (*libérer*) **~ l'otage de qc** die Geisel aus etw befreien; **~ qn de ses liens** jdn von seinen Fesseln befreien
❷ *a. fig* (*débarrasser*) **~ qn d'un raseur/du mal** jdn von einer Nervensäge/vom Bösen befreien [*o* erlösen]; **je suis délivré(e) de ce souci** ich bin diese Sorge los

❸ ADMIN ausstellen *certificat, passeport*
II. *vpr* **se ~ de ses liens** sich von seinen Fesseln befreien
délocalisation [delɔkalizasjɔ̃] *f* Auslagerung *f;* (*transfert à l'étranger*) Verlagerung *f* ins Ausland
délocaliser [delɔkalize] <1> *vt* auslagern; (*transférer à l'étranger*) ins Ausland verlagern
déloger [delɔʒe] <2a> **I.** *vt* vertreiben; ausquartieren *locataire, habitant;* aufscheuchen *animal*
II. *vi* ❶ *vieilli* **faire ~ qn** jdn vertreiben
❷ BELG (*découcher*) auswärts [*o* nicht zu Hause] schlafen
déloyal(e) [delwajal, jo] <-aux> *adj adversaire, attitude* unfair; *ami* treulos; *procédé* unlauter; **concurrence ~e** unlauterer Wettbewerb; **être ~(e) envers qn** jdm gegenüber unfair sein
déloyauté [delwajote] *f* (*manque de sens de la justice*) Unfairness *f;* **sa ~ envers toi** seine/ihre Unfairness dir gegenüber; **faire preuve de beaucoup de ~** sich äußerst unfair verhalten
delta [dɛlta] *m* ❶ LING Delta *nt*
❷ GEOG Delta *nt;* **le ~ du Nil** das Nildelta
deltaplane® [dɛltaplan] *m* ❶ (*appareil*) Drachen *m*
❷ (*sport*) Drachenfliegen *nt;* **faire du ~** drachenfliegen
deltoïde [dɛltɔid] ANAT **I.** *adj muscle* deltaförmig
II. *m* Deltamuskel *m*
déluge [delyʒ] *m* ❶ BIBL Sintflut *f*
❷ (*averse*) Sturzregen *m*
❸ *fig* **~ de compliments/questions** Flut *f* von Komplimenten/Fragen; **~ de coups/protestations** Hagel *m* von Schlägen/Protesten; **~ de larmes** Strom *m* von Tränen; **un ~ de paroles** ein [wahrer] Wortschwall
▶ **~ de fer et de feu** Feuerhagel *m;* **dater du** [*o* **dater d'avant le**] [*o* **remonter au**] **~** *objet:* vorsintflutlich sein; *événement, histoire:* Jahre zurückliegen; **après moi/nous, le ~!** nach mir/uns die Sintflut!
déluré(e) [delyʀe] *adj* ❶ *enfant, air* aufgeweckt, pfiffig
❷ *péj fille* kess
démagnétisation [demaɲetizasjɔ̃] *f* Entmagnetisierung *f*
démagnétiser [demaɲetize] <1> *vt* entmagnetisieren; **être démagnétisé(e)** entmagnetisiert sein
démago [demago] *adj fam abr de* **démagogue**
démagogie [demagɔʒi] *f* Demagogie *f;* **faire de la ~** Demagogie betreiben
démagogique [demagɔʒik] *adj* demagogisch
démagogue [demagɔg] **I.** *mf* Demagoge *m*/Demagogin *f*
II. *adj* demagogisch; **être ~** ein Demagoge/eine Demagogin sein
démailler [demɑje] <1> **I.** *vt* aufziehen *tricot*
II. *vpr* **le bas/collant se démaille** der Strumpf/die Strumpfhose hat eine Laufmasche
démailloter [demajɔte] <1> *vt* **~ un bébé** einem Baby die Windeln abnehmen
demain [d(ə)mɛ̃] *adv* morgen; **~ soir** morgen Abend; **le temps pour ~** das Wetter von morgen; **~ en huit** morgen in acht Tagen; **à ~!** bis morgen!; **à partir de ~** ab morgen
démanché(e) [demɑ̃ʃe] *adj* ❶ *outil, pince* ohne Griff; *hache, marteau* ohne Stiel; *couteau* ohne Heft; **la hache est ~e** die Axt hat keinen Stiel [mehr]
❷ (*disloqué*) *chaise* entzweigegangen
démancher [demɑ̃ʃe] <1> *vpr* ❶ **se ~** *outil, pince:* den Griff verlieren; *hache, marteau:* den Stiel verlieren; *couteau:* das Heft verlieren
❷ *fam* (*se désarticuler*) **se ~ qc** sich (*Dat*) etw ausrenken [*o* auskugeln]
demande [d(ə)mɑ̃d] *f* ❶ (*souhait, prière*) Wunsch *m,* Bitte *f;* **à la ~ générale** auf allgemeinen Wunsch [hin]; **j'aurais une ~ à vous faire** ich hätte eine Bitte an Sie
❷ (*pour obtenir un renseignement*) Anfrage *f*
❸ (*exigence*) Forderung *f;* **~ de rançon de trois millions d'euros** Lösegeldforderung über drei Millionen Euro
❹ ADMIN, JUR Antrag *m;* **faire une ~** einen Antrag stellen; **faire une ~ de congé** einen Urlaubsantrag stellen, Urlaub beantragen; **faire une ~ de crédit** einen Kreditantrag stellen, einen Kredit beantragen; **~ d'adhésion/d'allocation** Beitritts-/Beihilfeantrag *nt;* **~ d'emploi** Stellengesuch *nt;* **~ de renseignements** Auskunftsersuchen *nt;* **~ de subvention/de mutation** Antrag auf Unterstützung/Versetzung; **~ de vérification** Prüfungsantrag
❺ PSYCH **~ de qc** Bedürfnis *nt* nach etw
❻ ECON Nachfrage *f*
❼ JUR [Klage]antrag *m,* Klage *f;* **faire sa ~ en divorce** die Scheidung[sklage] einreichen; **faire une ~ en dommages-intérêts** auf Schadenersatz klagen, Schadenersatzansprüche stellen; **~ en renvoi** Verweisungsantrag
❽ (*formulaire*) Antragsformular *nt,* Antrag *m*
▶ **faire les ~s et les réponses** Fragen stellen und selbst die Antworten geben; **à la ~** nach Bedarf; **à la ~ de qn** (*souhait*) auf jds Wunsch [hin]; (*requête*) auf jds Antrag [hin]; **sur [simple] ~** auf Anfrage
◆ **~ d'agrément** Zulassungsantrag *m;* **~ d'autorisation** Genehmigungsantrag *m,* Erlaubnisantrag; **~ d'extradition** Auslieferungsantrag *m;* **~ d'interruption** JUR Antrag *m* auf Einstellung des Verfahrens; **~ de suspension** JUR Antrag *m* auf Einstellung des Verfahrens; **~ en mariage** Heiratsantrag *m*
demandé(e) [d(ə)mɑ̃de] *adj* **être ~(e)** gefragt [*o* begehrt] sein
demander [d(ə)mɑ̃de] <1> **I.** *vt* ❶ (*solliciter*) bitten um; **~ conseil** um Rat fragen; **~ un délai/une faveur à qn** jdn um einen Aufschub/Gefallen bitten; **~ un renseignement à qn** jdn um eine Auskunft bitten, jdn etwas fragen; **~ à faire qc** darum bitten etw tun zu dürfen; **~ à qn de faire qc** jdn [darum] bitten etw zu tun; **~ que qn fasse qc** [darum] bitten, dass jd etw tut
❷ (*appeler*) rufen *médecin, plombier;* **l'enfant/le malade demande sa mère/le prêtre** das Kind/der Kranke verlangt nach seiner Mutter/dem Priester; **vous êtes demandé(e) à l'information** Sie werden an der Information verlangt
❸ (*vouloir parler à*) sprechen wollen *employé;* (*au téléphone*) sprechen wollen, verlangen *personne, poste;* **qui demandez-vous?** wen möchten Sie sprechen?; **on vous a demandé(e) pendant votre absence** man hat nach Ihnen gefragt, während Sie weg waren
❹ (*s'enquérir de*) **~ à qn** jdn fragen; **~ le chemin/l'heure à qn** jdn nach dem Weg/der Uhrzeit fragen; **~ des nouvelles de qn** sich nach jdm erkundigen
❺ (*nécessiter*) erfordern *efforts, travail, patience;* brauchen *soin, eau;* **~ qc à** [*o* **de la part de**] **qn** etw von jdm erfordern [*o* verlangen]; **ce projet m'a demandé beaucoup d'efforts** dieses Projekt hat mich viel Mühe gekostet
❻ (*exiger*) **~ de l'obéissance à** [*o* **de**] **qn** von jdm Gehorsam verlangen [*o* fordern]; **être demandé(e)** *diplôme, qualification:* verlangt werden, erforderlich sein; **en ~ beaucoup/trop à qn** viel/zu viel von jdm verlangen; **je n'en demande pas tant!** so viel verlange [*o* erwarte] ich gar nicht!
❼ (*rechercher*) suchen *ouvrier, caissière;* **on demande du personnel qualifié** Fachkräfte werden gesucht
❽ (*exiger*) verlangen *prix;* **combien demandez-vous pour ce vase?** wie viel verlangen Sie für diese Vase?
❾ (*réclamer par une demande en justice*) beantragen
▶ **ne pas ~ mieux que de faire qc** sich nichts mehr wünschen als etw zu tun; **qn ne demande qu'à faire qc** jd möchte [ja] gerne etw tun
II. *vi* **~ à qn** jdn fragen; **~ à qn si** jdn fragen, ob; **~ comment/pourquoi** fragen, wie/warum; **~ après qn** *fam* nach jdm fragen
▶ **il n'y a qu'à ~** man braucht doch nur zu fragen; **je demande à voir** das möchte ich erst mal sehen
III. *vpr* **se ~ ce que/comment** sich fragen, was/wie
▶ **c'est à se ~ si** *fam* da muss man sich fragen, ob; **cela** [*o* **ça**] **ne se demande pas!** das versteht sich von selbst!

D

demander

• demander	• bitten
Peux-tu/Pourrais-tu descendre la poubelle, s'il te plaît?	**Kannst/Könntest du bitte mal** den Müll runterbringen?
Sois gentil(le), apporte-moi ma veste.	**Bitte sei so gut und** bring mir meine Jacke.
Aurais-tu la gentillesse de me rapporter un journal?	**Wärst du so nett und würdest** mir die Zeitung mitbringen?
Auriez-vous l'amabilité de pousser votre valise sur le côté?	**Würden Sie bitte so freundlich sein und** Ihr Gepäck etwas zur Seite rücken?
Puis-je vous demander de baisser un peu votre musique?	**Darf ich Sie bitten,** Ihre Musik etwas leiser zu stellen?

• demander de l'aide	• um Hilfe bitten
Peux-tu me rendre un service?	**Kannst du mir einen Gefallen tun?**
Puis-je/Pourrais-je vous demander un service?	**Darf/Dürfte ich Sie um einen Gefallen bitten?**
Pourrais-tu m'aider, s'il te plaît?	**Könntest du mir bitte helfen?**
Pourriez-vous m'aider, s'il vous plaît?	**Könnten Sie mir bitte behilflich sein?**
Je vous serais très reconnaissant(e) si vous pouviez m'aider.	**Ich wäre Ihnen dankbar, wenn** Sie mir dabei helfen könnten.

demandeur, -euse [d(ə)mɑ̃dœʀ, -øz] **I.** *adj* **être ~(-euse) de qc** an etw (*Dat*) interessiert sein; **certains pays sont très ~s de qc** in manchen Ländern besteht eine große Nachfrage nach etw
II. *m, f* ❶ TELEC Anrufer(in) *m(f)*
❷ (*requérant*) Antragsteller(in) *m(f)*
◆ **~(-euse) d'asile** Asylbewerber(in) *m(f)*; **~(-euse) d'emploi** Arbeit[s]suchende(r) *f(m)*

demandeur, -deresse [d(ə)mɑ̃dœʀ, -dəʀɛs] *m, f* JUR Kläger(in) *m(f)*

démangeaison [demɑ̃ʒɛzɔ̃] *f gén pl* ❶ Juckreiz *m kein Pl,* Jucken *nt kein Pl;* **il a des ~s** es juckt ihn
❷ *fig fam* (*désir*) **avoir des ~s de qc** [unwiderstehliche] Lust auf etw (*Akk*) haben; **avoir des ~s faire qc** [unwiderstehliche] Lust haben etw zu tun; **ça me donne des ~s de faire qc** es reizt [*o* juckt *fam*] mich etw zu tun

démanger [demɑ̃ʒe] <2a> **I.** *vt* jucken; **ça me démange dans le dos** es juckt mich im Rücken
II. *vi* (*avoir envie*) **la main me démange** es juckt mir in den Fingern; **la langue me démangeait de donner la réponse** die Antwort brannte mir auf der Zunge; **ça me/le démange de faire qc** *fam* mich/ihn juckt [*o* reizt] es etw zu tun (*fam*)

démantèlement [demɑ̃tɛlmɑ̃] *m* Zerstörung *f; d'un cartel, d'une organisation* Zerschlagung *f*

démanteler [demɑ̃t(ə)le] <4> *vt* zerstören; zerschlagen *cartel, organisation*

démantibuler [demɑ̃tibyle] <1> *vt fam* kaputtmachen; **être démantibulé(e)** kaputt sein

démaquillage [demakijaʒ] *m* Abschminken *nt*

démaquillant [demakijɑ̃] *m* Abschminkmittel *nt,* Make-up-Entferner *m*

démaquillant(e) [demakijɑ̃, jɑ̃t] *adj* Reinigungs-; **lait ~** Reinigungsmilch *f;* **produit ~** Abschminkmittel *nt*

démaquiller [demakije] <1> **I.** *vt* abschminken
II. *vpr* **se ~ le visage** sich (*Dat*) das Gesicht abschminken

démarcage [demaʀkaʒ] *m v.* **démarquage**

démarcation [demaʀkasjɔ̃] *f a. fig* Abgrenzung *f;* **ligne de ~** Grenzlinie *f;* MIL Demarkationslinie *f*

démarchage [demaʀʃaʒ] *m* **~ [de clients]** Kundenwerbung *f* [durch Vertreterbesuche]; **~ par téléphone** Kundenwerbung per Telefon; **faire du ~** Vertreterbesuche machen

démarche [demaʀʃ] *f* ❶ Gang *m*
❷ (*cheminement*) *d'une argumentation* Entwicklung *f; d'une personne* Methode *f;* **la ~ de sa pensée** sein/ihr Gedankengang
❸ (*intervention*) Schritt *m;* **faire des ~s** Schritte [*o* etwas] unternehmen; **faire une ~ auprès de qn** bei jdm vorsprechen

démarcher [demaʀʃe] <1> *vt* **~ qn** bei jdm einen Vertreterbesuch machen; **~ les gens par téléphone** Kunden per Telefon werben

démarcheur, -euse [demaʀʃœʀ, -øz] *m, f* Vertreter(in) *m(f)*

démarquage [demaʀkaʒ] *m* ❶ COM Entfernung *f* des Markenzeichens
❷ (*copiage*) [unlautere] Nachahmung *nt;* (*résultat*) Kopie *f*
❸ SPORT Freispielen *nt*

démarque [demaʀk] *f* COM Entfernen *nt* des Markenzeichens (*mit der Folge einer Preissenkung*)

démarqué(e) [demaʀke] *adj* ❶ (*dégriffé*) ohne Markenzeichen
❷ (*soldé*) herabgesetzt
❸ SPORT frei[gespielt]

démarquer [demaʀke] <1> **I.** *vt* ❶ COM **~ qc** (*dégriffer*) das Markenzeichen von etw entfernen; (*solder*) etw herabsetzen
❷ SPORT freispielen
II. *vpr* ❶ SPORT **se ~** sich freispielen
❷ (*prendre ses distances*) **se ~ de qn/qc** sich von jdm/etw distanzieren

démarrage [demaʀaʒ] *m* ❶ *d'un moteur, d'une voiture* Anlassen *nt,* Starten *nt*
❷ (*départ*) Anfahren *nt;* **être brusque dans ses ~s** ruckartig anfahren
❸ SPORT Spurt *m;* **placer un ~** lossprurten
❹ (*lancement*) Start *m;* **des difficultés de ~** Anlaufschwierigkeiten *Pl;* **connaître un ~ spectaculaire** spektakulär anlaufen
❺ INFORM **~ à chaud/à froid** Warm-/Kaltstart *m*
▸ **au ~** beim Anfahren; *fig* anfangs
◆ **~ en côte** Anfahren *nt* am Hang; **~ à froid** Kaltstart *m;* **~ en trombe** AUT Blitzstart *m*

démarrer [demaʀe] <1> **I.** *vi* ❶ (*mettre en marche*) den Motor anlassen; **je n'ai pas réussi à ~** mein Auto ist nicht angesprungen
❷ (*se mettre en marche*) *voiture:* anspringen; *machine:* anlaufen; **ma voiture n'a pas démarré** mein Auto ist nicht angesprungen; **faire ~ qc** etw anlassen
❸ (*partir*) anfahren
❹ (*débuter*) *campagne, exposition:* beginnen; *conversation:* in Gang kommen; *industrie, économie:* in Schwung kommen; **~ bien/mal** *film, affaire:* gut/schlecht anlaufen; *disque, livre:* sich gut/schlecht verkaufen; **~ bien/mal en maths** einen

guten/schlechten Start in Mathe haben
⑤ SPORT losspurten
II. *vt* ① (*mettre en marche*) anlassen
② *fam* (*lancer*) starten *logiciel, programme;* ins Leben rufen *mouvement;* in Gang setzen *processus*
③ *fam* (*commencer*) ~ **le travail/les peintures** mit der Arbeit/dem Anstreichen loslegen (*fam*)
④ INFORM ~ **un logiciel** ein Programm starten; (*Windows 95/ NT*) Start *m*
démarreur [demaʀœʀ] *m* Anlasser *m*
démasquer [demaske] <1> **I.** *vt* entlarven, demaskieren *voleur, traître;* enttarnen *espion;* enthüllen *plan;* aufdecken *fraude, trahison*
II. *vpr* **se** ~ seine Maske fallen lassen
dématér [demɑte] <1> *vi* seinen Mast/seine Masten verlieren
dématérialisation [dematerjalizasjɔ̃] *f* ① (*action de rendre immatériel*) Dematerialisation *f*
② PHYS *des particules* Zerstrahlung *f*
③ *de la monnaie* Entmaterialisierung *f*
démêlage [demɛlaʒ] *m* ① (*action*) Entwirren *nt; des cheveux* Auskämmen *nt*
② *fam* (*éclaircissement*) Aufklärung *f*
démêlant [demelɑ̃] *m* Spülung *f*
démêlé [demele] *m* Streit *m,* Auseinandersetzung *f;* **avoir un ~ avec qn** Streit mit jdm haben; **avoir des ~s avec qn** Ärger mit jdm haben; **il a déjà eu des ~s avec la justice** er hat schon mit der Justiz zu tun gehabt
démêler [demele] <1> *vt* ① (*défaire*) entwirren *fil;* auskämmen *cheveux*
② (*éclaircir*) aufklären *affaire;* durchschauen *intentions, plans*
démembrement [demɑ̃bʀəmɑ̃] *m* Zerstückelung *f*
démembrer [demɑ̃bʀe] <1> *vt* zerstückeln, [auf]teilen *pays, propriété*
déménagement [demenaʒmɑ̃] *m* ① (*changement de domicile*) Umzug *m*
② (*fait de quitter le logement*) Auszug *m*
③ (*déplacement de meubles*) Umräumen *nt*
④ (*fait de vider une pièce*) Ausräumen *nt*
déménager [demenaʒe] <2a> **I.** *vi* ① (*changer de domicile*) umziehen; ~ **à Paris/rue de...** nach Paris/in die ... Straße [um]ziehen
② (*quitter un logement*) ausziehen
③ *fam* (*partir*) **faire ~ qn** jdn vor die Tür setzen
④ *fam* (*déraisonner*) spinnen (*fam*)
II. *vt* ① (*transporter ailleurs*) [um]räumen *meubles;* (*pour débarrasser*) wegräumen *meubles, objet*
② (*vider*) ausräumen *maison, pièce*
déménageur [demenaʒœʀ] *m* ① Möbelpacker(in) *m(f)*
② (*entrepreneur*) Spediteur *m*
démence [demɑ̃s] *f* Wahnsinn *m,* Demenz *f* (*Fachspr.*); ~ **sénile** Altersschwachsinn *m;* **crise/état de ~** Anfall *m/* Zustand *m* [von] geistiger Umnachtung
▶ **c'est de la ~!** das ist [heller] Wahnsinn!
démener [dem(ə)ne] <4> *vpr* ① (*se débattre*) **se ~** um sich schlagen
② (*faire des efforts*) **se ~ pour faire qc** sich (*Dat*) [große] Mühe geben um etw zu tun
dément(e) [demɑ̃, ɑ̃t] **I.** *adj* ① (*aliéné*) geisteskrank
② *fam* (*insensé, super*) verrückt (*fam*)
II. *m(f)* Geisteskranke(r) *f(m)*
démenti [demɑ̃ti] *m* Dementi *nt;* **opposer un ~ à qc** etw dementieren
démentiel(le) [demɑ̃sjɛl] *adj* verrückt; **prix ~** Wahnsinnspreis *m;* **vitesse ~le** Wahnsinnsgeschwindigkeit *f* (*fam*)
démentir [demɑ̃tiʀ] <10> **I.** *vt* ① (*contredire*) ~ **qn** jdm widersprechen
② (*nier*) dementieren; ~ **faire qc** bestreiten etw zu tun; ~ **que ce soit** [*o* **c'est**] **ainsi** bestreiten, dass es so ist
③ (*infirmer*) entkräften; widerlegen *prévisions*
II. *vi* dementieren, ein Dementi abgeben
III. *vpr* **ne pas se ~** *amitié, succès:* nicht nachlassen [*o* abflauen]
démerdard(e) [demɛʀdaʀ, aʀd] *adj fam* gewieft (*fam*)
démerder [demɛʀde] <1> *vpr fam* ① (*se débrouiller*) [**savoir**] **se ~** sich (*Dat*) zu helfen wissen; **se ~ pour faire qc** es irgendwie schaffen [*o* hinkriegen] etw zu tun (*fam*)
② (*se tirer d'affaire*) **se ~** zurechtkommen, sich durchwursteln (*fam*); **démerde-toi!** sieh zu, wie du zurechtkommst!
③ (*se dépêcher*) **se ~** sich ranhalten (*fam*)
démériter [demeʀite] <1> *vi* sich als unwürdig erweisen; **en quoi ai-je démérité?** was habe ich mir zuschulden kommen lassen?
démesure [deməzyʀ] *f* Maßlosigkeit *f;* **faire dans la ~** kein Maß kennen
démesuré(e) [deməzyʀe] *adj* maßlos; *importance, orgueil* übermäßig; *proportions* unverhältnismäßig; **des bras/pieds ~s** überlange Arme/übergroße Füße
démesurément [deməzyʀemɑ̃] *adv grand, long* unverhältnismäßig; *exagérer* maßlos
démettre [demɛtʀ] <*irr*> **I.** *vt* ① (*luxer*) verdrehen, verrenken *bras, poignet;* auskugeln *épaule*
② (*révoquer*) ~ **qn de ses fonctions/de son poste** jdn seines Amtes/Dienstes entheben
II. *vpr* ① (*se luxer*) **se ~ le bras** sich (*Dat*) den Arm verdrehen [*o* verrenken]; **se ~ l'épaule** sich (*Dat*) die Schulter auskugeln
② (*renoncer à*) **se ~ de qc** von etw zurücktreten
demeurant [dəmœʀɑ̃] ▶ **au ~** (*tout bien considéré*) alles in allem; (*pour le reste*) im Übrigen
demeure [d(ə)mœʀ] *f* ① *littér* (*lieu*) Wohnsitz *m;* **une belle ~ du siècle dernier** ein schönes Haus aus dem letzten Jahrhundert
② JUR **mettre qn en ~ de faire qc** jdn auffordern [*o* mahnen] etw zu tun
▶ **conduire qn [jusqu']à sa dernière ~** jdn zu seiner letzten Ruhestätte geleiten; **à ~** auf Dauer, für immer
demeuré(e) [dəmœʀe] **I.** *adj* [geistig] zurückgeblieben
II. *m(f)* Schwachsinnige(r) *f(m); fig* Schwachkopf *m;* **le ~ du village** der Dorftrottel
demeurer [dəmœʀe] <1> *vi* ① + *avoir* (*habiter*) wohnen; **demeurant à** wohnhaft in (+ *Dat*)
② + *avoir* (*subsister*) [bestehen] bleiben, weiterbestehen; **une interrogation demeure toutefois** eine Frage jedoch bleibt offen
③ + *être* (*rester*) bleiben; ~ **ministre/une énigme** weiterhin Minister/ein Rätsel bleiben; ~ **sans emploi** weiterhin ohne Arbeit sein; ~ **sans réponse** unbeantwortet bleiben
④ *impers* **il demeure que c'est arrivé** Tatsache ist jedoch, dass es eingetroffen ist; **il n'en demeure pas moins que vous avez tort** nichtsdestoweniger haben Sie/habt ihr Unrecht
▶ **en ~ là** es dabei belassen [*o* bewenden lassen]; **la conversation en est demeurée là** die Unterhaltung wurde nicht fortgesetzt
demi [d(ə)mi] *m* ① (*moitié*) Hälfte *f*
② (*fraction*) **un ~** ein Halb; **trois ~s** drei Halbe
③ (*bière*) Bier *nt*
◆ **~ de mêlée** Gedrängehalbspieler *m;* ~ **d'ouverture** [Flügel]halbspieler(in) *m(f)*
demi(e) [d(ə)mi] *adj* **une heure/deux heures et ~e** eineinhalb [*o* anderthalb]/zweieinhalb Stunden; **avoir quatre ans et ~** viereinhalb [Jahre alt] sein; **être à ~ satisfait(e)** halbzufrieden sein; **un verre/une bouteille à ~ plein(e)** ein halb volles Glas/eine halb volle Flasche; **être à ~ plein(ne)** halb voll sein; **n'être qu'à ~ rassuré(e)** nur teilweise beruhigt sein; **ouvrir à ~ les yeux** die Augen halb aufmachen [*o* öffnen]; **ne pas faire les choses à ~** keine halben Sachen machen

D

demiard [dəmjaʀ] *m* CAN *Flüssigkeitsmaß (0,284 Liter)*
demi-barrière [d(ə)mibaʀjɛʀ] <demi-barrières> *f* Halbschranke *f* **demi-botte** [d(ə)mibɔt] <demi-bottes> *f* Halbstiefel *m* **demi-bouteille** [d(ə)mibutɛj] <demi-bouteilles> *f* halbe Flasche **demi-canton** [d(ə)mikɑ̃tɔ̃] <demi-cantons> *m* CH Halbkanton *m* (CH) **demi-cercle** [d(ə)misɛʀkl] <demi--cercles> *m* Halbkreis *m;* **en ~** im Halbkreis **demi-colonne** [d(ə)mikɔlɔn] <demi-colonnes> *f* Halbsäule *f* **demi-dieu** [d(ə)midjø] <demi-dieux> *m* Halbgott *m* **demi-douzaine** [d(ə)miduzɛn] <demi-douzaines> *f* halbes Dutzend
demie [d(ə)mi] *f* ❶ *(moitié)* Hälfte *f*
❷ *(heure)* **sonner les heures et les ~s** zu jeder ganzen und halben Stunde schlagen; **partir à la ~** um halb gehen; **il est la ~ passée** es ist schon nach halb
demi-fin(e) [d(ə)mifɛ̃, fin] <demi-fins> *adj* mittelgroß; **une aiguille ~e** eine Nadel mittlerer Stärke **demi-finale** [d(ə)mifinal] <demi-finales> *f* Halbfinale *nt* **demi-finaliste** [d(ə)mifinalist] <demi-finalistes> *mf* Teilnehmer(in) *m(f)* am Halbfinale **demi-fond** [d(ə)mifɔ̃] *m sans pl* Mittelstrecke *f* **demi--frère** [d(ə)mifʀɛʀ] <demi-frères> *m* Halbbruder *m* **demi--gros** [d(ə)migʀo] *m sans pl* Zwischenhandel *m* **demi-heure** [d(ə)mijœʀ] <demi-heures> *f* halbe Stunde **demi-jour** [d(ə)miʒuʀ] *m inv* Halbdunkel *nt,* Dämmerlicht *nt* **demi--journée** [d(ə)miʒuʀne] <demi-journées> *f* halber Tag
démilitarisation [demilitaʀizasjɔ̃] *f* Entmilitarisierung *f*
démilitarisé(e) [demilitaʀize] *adj* entmilitarisiert
démilitariser [demilitaʀize] <1> *vt* entmilitarisieren
demi-litre [d(ə)militʀ] <demi-litres> *m* ❶ *(contenu)* halber Liter ❷ *(contenant)* Halbliterflasche *f* **demi-livre** [d(ə)milivʀ] <demi-livres> *f* halbes Pfund **demi-longueur** [d(ə)milɔ̃gœʀ] <demi-longueurs> *f* halbe Länge **demi-lune** [d(ə)milyn] <demi-lunes> **I.** *f* ❶ ASTRON Halbmond *m* ❷ ARCHIT halbkreisförmiger Platz; **en ~** halbkreisförmig ❸ MIL Außenwerk *nt (einer Festung)* **II.** *adj inv meuble* halbrund **demi-mal** [d(ə)mimal, d(ə)mimo] <demi-maux> *m* kleines Übel; **il n'y a que** [*o* **ce n'est qu'un**] **~** das ist alles halb so schlimm **demi-mesure** [d(ə)mim(ə)zyʀ] <demi-mesures> *f* Halbheit *f* **demi-mondaine** [d(ə)mimɔ̃dɛn] <demi-mondaines> *f* Halbweltdame *f* **demi-mot** [d(ə)mimo] <demi-mots> *m* **à ~** andeutungsweise; **se comprendre à ~** sich auch ohne viele Worte verstehen
déminage [deminaʒ] *m* Entminung *f*
déminer [demine] <1> *vt* entminen
déminéralisation [demineʀalizasjɔ̃] *f* CHIM Demineralisieren *nt;* MED Demineralisation *f (Fachspr.)*
déminéralisé(e) [demineʀalize] *adj* **eau ~e** destilliertes Wasser
démineur [deminœʀ] *m* Mitglied *nt* eines Minenräumkommandos
demi-part [d(ə)mipaʀ] <demi-parts> *f* halbes Stück **demi--pause** [d(ə)mipoz] <demi-pauses> *f* halbe Pause **demi--pension** [d(ə)mipɑ̃sjɔ̃] <demi-pensions> *f* ❶ Halbpension *f;* **en ~** mit Halbpension ❷ SCOL [Schul]kantine *f* **demi-pensionnaire** [d(ə)mipɑ̃sjɔnɛʀ] <demi-pensionnaires> *mf* Schüler, der/Schülerin, die in der [Schul]kantine isst; **être ~** in der [Schul]kantine essen **demi-place** [d(ə)miplas] <demi--places> *f* TRANSP Fahrkarte *f* zum halben Preis; CINE Eintrittskarte *f* zum halben Preis; **ne payer qu'une ~** nur den halben Preis zahlen **demi-plan** [d(ə)miplɑ̃] <demi-plans> *m* Halbebene *f* **demi-portion** [d(ə)mipɔʀsjɔ̃] <demi-portions> *f a. fig* halbe Portion **demi-queue** [d(ə)mikø] *m inv* Stutzflügel *m* **demi-reliure** [d(ə)miʀəljyʀ] <demi-reliures> *f* Halbfranz *nt*
démis(e) [demi, iz] **I.** *part passé de* **démettre**
II. *adj poignet* verrenkt; *épaule, bras* ausgerenkt, ausgekugelt
demi-saison [d(ə)misɛzɔ̃] <demi-saisons> *f* Übergangszeit *f;* **vêtements de ~** Übergangskleidung *f* **demi-sang** [d(ə)misɑ̃] <demi-sang[s]> *m* Halbblut *nt* **demi-sec** [d(ə)misɛk] *adj* halb trocken **demi-sel** [d(ə)misɛl] **I.** *adj inv* GASTR leicht gesalzen **II.** *m* Frischkäse *m* **demi-siècle** [d(ə)misjɛkl] <demi--siècles> *m* halbes Jahrhundert *nt* **demi-sœur** [d(ə)misœʀ] <demi-sœurs> *f* Halbschwester *f* **demi-sommeil** [d(ə)misɔmɛj] <demi-sommeils> *m* Halbschlaf *m* **demi-soupir** [d(ə)misupiʀ] <demi-soupirs> *m* Achtelpause *f*
démission [demisjɔ̃] *f* ❶ *(action) d'un ministre, gouvernement* Rücktritt *m; d'un salarié* Kündigung *f;* **la ~ d'une/de la fonction** das Ausscheiden aus einem/dem Amt; **donner** [*o* **remettre**] **sa ~** seinen Rücktritt erklären; *salarié:* seine Kündigung einreichen
❷ *(renoncement)* Kapitulation *f*
démissionnaire [demisjɔnɛʀ] **I.** *adj* zurückgetreten
II. *mf* [von seinem/ihrem Amt] Zurückgetretene(r) *f(m)*
démissionner [demisjɔne] <1> **I.** *vi* ❶ *(se démettre)* **~ d'une fonction** von einem Amt zurücktreten; **~ de son poste** seine Stelle kündigen
❷ *fam (renoncer)* **~ devant qc** vor etw *(Dat)* kapitulieren
II. *vt iron (renvoyer)* **on l'a démissionné** er ist gegangen worden *(fam)*
demi-tarif [d(ə)mitaʀif] <demi-tarifs> *m* halber Preis; **un billet** [**à**] **~** TRANSP eine Fahrkarte zum halben Preis; CINE eine Eintrittskarte zum halben Preis **demi-teinte** [d(ə)mitɛ̃t] <demi-teintes> *f* Halbton *m,* gebrochener Farbton; **en ~** in gebrochenen Farbtönen **demi-ton** [d(ə)mitɔ̃] <demi-tons> *m* Halbton *m;* **~ chromatique/diatonique** chromatischer/diatonischer Halbton **demi-tour** [d(ə)mituʀ] <demi-tours> *m d'une personne* Kehrtwendung *f; de manivelle* halbe Umdrehung; **faire ~** umkehren; *(en voiture)* wenden; **~, droite!** MIL rechtsum kehrt! **demi-vie** [d(ə)mivi] <demi-vies> *f* Halbwert[s]zeit *f* **demi-volée** [d(ə)mivɔle] <demi-volées> *f* Halfvolley *m*
démo [demo] *f abr de* **démonstration** [Kurz]präsentation *f*
démobilisateur, -trice [demɔbilizatœʀ, -tʀis] *adj* demotivierend
démobilisation [demɔbilizasjɔ̃] *f* ❶ MIL Demobilisierung *f; d'un appelé* Entlassung *f* [aus dem Militärdienst]
❷ POL Demotivation *f*
démobiliser [demɔbilize] <1> **I.** *vt* ❶ MIL demobilisieren
❷ POL demotivieren
II. *vpr* **se ~** sich geschlagen geben
démocrate [demɔkʀat] **I.** *adj* demokratisch
II. *mf* Demokrat(in) *m(f)*
démocrate-chrétien(ne) [demɔkʀatkʀetjɛ̃, jɛn] <démocrates--chrétiens> **I.** *adj* christlich-demokratisch
II. *m(f)* Christdemokrat(in) *m(f)*
démocratie [demɔkʀasi] *f* Demokratie *f;* **~ chrétienne** Christdemokratie; **~ populaire** Volksdemokratie
démocratique [demɔkʀatik] *adj* demokratisch
démocratiquement [demɔkʀatikmɑ̃] *adv* demokratisch
démocratisation [demɔkʀatizasjɔ̃] *f d'un pays* Demokratisierung *f; d'un sport* Popularisierung *f*
démocratiser [demɔkʀatize] <1> **I.** *vt* demokratisieren; popularisieren *sport;* **~ un pays** die Demokratie in einem Land einführen
II. *vpr* **se ~** demokratisch werden; *sport:* zum Breitensport werden
démodé(e) [demɔde] *adj* altmodisch; *procédé, théorie* überholt
démoder [demɔde] <1> *vpr* **se ~** aus der Mode kommen
démographe [demɔgʀaf] *mf* Demograph(in) *m(f),* Bevölkerungsstatistiker(in) *m(f)*
démographie [demɔgʀafi] *f* ❶ *(science)* Demographie *f,* Bevölkerungswissenschaft *f*
❷ *(évolution de la population)* Bevölkerungsentwicklung *f;* **~ galopante** sprunghafte Bevölkerungszunahme
démographique [demɔgʀafik] *adj données, étude* demographisch; **croissance/évolution ~** Bevölkerungswachstum *nt/*-entwicklung *f;* **poussée ~** rascher Zuwachs der Bevölkerung
demoiselle [d(ə)mwazɛl] *f* ❶ *(jeune fille)* Fräulein *nt; iron* [junge] Dame; *(femme non mariée)* [altes] Fräulein; **c'est une**

vraie ~ maintenant! sie ist eine richtige junge Dame geworden!
❷ ZOOL Wasserjungfer *f,* Libelle *f*
◆ ~ **de compagnie** Gesellschaftsdame *f;* ~ **d'honneur** Brautjungfer *f*

démolir [demɔliʀ] <8> **I.** *vt* ❶ (*détruire*) abreißen; niederreißen *mur;* kaputtmachen *jouet, objet*
❷ *fam* (*frapper*) zusammenschlagen; **se faire ~ par qn** von jdm zusammengeschlagen werden
❸ *fam* (*critiquer*) verreißen (*fam*); **se faire ~ par qn** von jdm verrissen werden (*fam*)
❹ *fam* (*saper le moral*) *événement, nouvelle:* fertig machen (*fam*)
❺ *fam* (*endommager*) kaputtmachen (*fam*) *santé, foie, estomac*
II. *vpr fam* **se ~ l'estomac/la santé** sich (*Dat*) den Magen kaputtmachen *fam*/die Gesundheit ruinieren

démolissage [demɔlisaʒ] *m* vernichtende Kritik, Verriss *m* (*fam*)

démolisseur, -euse [demɔlisœʀ, -øz] *m, f* ❶ (*ouvrier*) Abbrucharbeiter(in) *m(f)*
❷ (*destructeur*) Zerstörer(in) *m(f);* ~(**-euse**) **d'idées** Umstürzler(in) *m(f);* **c'est une démolisseuse de ménages** sie macht andere Ehen kaputt

démolition [demɔlisjɔ̃] *f* ❶ *d'une maison* Abbruch *m; d'un mur* Niederreißen *nt;* **chantier/entreprise de ~** Abbruchstelle *f*/Abbruchunternehmen *nt;* **être en ~** [gerade] abgerissen werden
❷ *fig* Zerstörung *f; d'une idée* Zunichtemachen *nt; d'une institution* Beseitigung *f*

démon [demɔ̃] *m* ❶ MYTH Dämon *m*
❷ REL Teufel *m*
❸ (*personne*) Satan *m;* (*enfant*) kleiner Teufel
▶ **avoir le ~ de la** <u>**curiosité**</u>**/du** <u>**jeu**</u> von krankhafter Neugier/vom Spielteufel besessen sein; <u>**comme**</u> **un ~** wie besessen
◆ ~ **de midi avoir le ~ de midi** seinen zweiten Frühling erleben

démonétisation [demɔnetizasjɔ̃] *f* ❶ *de la monnaie* Außerkurssetzung *f,* Demonetisierung *f*
❷ *fig* (*discrédit*) Verunglimpfung *f*

démoniaque [demɔnjak] *adj* dämonisch, teuflisch

démonstrateur, -trice [demɔ̃stʀatœʀ, -tʀis] *m, f* Vorführer(in) *m(f)*

démonstratif [demɔ̃stʀatif] *m* GRAM Demonstrativpronomen *nt*

démonstratif, -ive [demɔ̃stʀatif, -iv] *adj* ❶ *grimace, mimique* demonstrativ; *personne* überschwänglich; **peu ~(-ive)** zurückhaltend
❷ GRAM *pronom* hinweisend, Demonstrativ-

démonstration [demɔ̃stʀasjɔ̃] *f* ❶ *a.* MATH (*preuve*) Beweis *m*
❷ (*argumentation*) Beweisführung *f*
❸ (*présentation*) Demonstration *f;* **faire la ~ de ses talents** seine Talente vorführen [*o* demonstrieren]; **tu fais la ~ de ta bêtise** du stellst deine Dummheit unter Beweis [*o* zur Schau]
❹ COM *d'un produit* Vorführung *f;* **appareil/voiture de ~** Vorführgerät *nt*/Vorführwagen *m;* **faire la ~ de qc** etw vorführen
❺ *gén pl* (*manifestation*) **~s d'amitié/de joie** Freundschafts-/Freudenbekundungen *Pl;* **tout ça n'est que ~s!** das ist alles nur Schau! (*fam*)
◆ ~ **par l'absurde** MATH Widerspruchsbeweis *m,* indirekter [*o* apagogischer] Beweis (*Fachspr.*); ~ **de force** Demonstration *f* der Stärke

démontable [demɔ̃tabl] *adj* zerlegbar

démontage [demɔ̃taʒ] *m* Zerlegen *nt,* Auseinandernehmen *nt; d'une tente* Abbauen *nt*

démonté(e) [demɔ̃te] *adj mer* aufgewühlt

démonte-pneu [demɔ̃t(ə)pnø] <démonte-pneus> *m* Montiereisen *nt*

démonter [demɔ̃te] <1> **I.** *vt* ❶ (*défaire*) zerlegen, auseinandernehmen; abbauen *auvent, tente;* abmontieren *pneu;* aushängen *porte*
❷ SPORT *cheval:* abwerfen
❸ (*déconcerter*) aus der Fassung bringen; **ne pas se laisser ~ par qn/qc** sich von jdm/durch etw nicht aus der Fassung bringen lassen
II. *vpr* **se ~** ❶ *appareil, meuble:* sich zerlegen [*o* auseinander nehmen] lassen; (*accidentellement*) auseinander fallen
❷ (*se troubler*) die Fassung verlieren; **sans se ~** ohne sich aus der Fassung bringen zu lassen

démontrable [demɔ̃tʀabl] *adj* beweisbar; **être ~** beweisbar sein, sich beweisen lassen

démontrer [demɔ̃tʀe] <1> **I.** *vt* ❶ (*prouver*) ~ **sa confiance à qn** jdm sein/ihr Vertrauen beweisen; ~ **que c'est exact** beweisen [*o* zeigen], dass es korrekt ist; ~ **la loi de la gravitation universelle** den Beweis für das Gravitationsgesetz erbringen
❷ *impers* **il est démontré que c'est exact** es ist bewiesen, dass es korrekt ist
II. *vpr* **se ~** sich beweisen lassen

démoralisant(e) [demɔʀalizɑ̃, ɑ̃t] *adj* deprimierend; *remarque, échec* entmutigend

démoralisateur, -trice [demɔʀalizatœʀ, -tʀis] *adj* demoralisierend

démoralisation [demɔʀalizasjɔ̃] *f* Demoralisierung *f*

démoraliser [demɔʀalize] <1> **I.** *vt, vi* entmutigen, demoralisieren
II. *vpr* **se ~** den Mut verlieren; **ne pas se ~ facilement** sich nicht so leicht entmutigen lassen

démordre [demɔʀdʀ] <14> *vi* **ne pas ~ de qc** sich nicht von etw abbringen lassen, auf etw (*Dat*) bestehen; **il n'en démord pas** er besteht darauf

démotivant(e) [demɔtivɑ̃, ɑ̃t] *adj* demotivierend

démotivation [demɔtivasjɔ̃] *f* Demotivation *f,* fehlende Motivation

démotivé(e) [demɔtive] *adj* demotiviert

démotiver [demɔtive] <1> **I.** *vt* ~ **qn** jdn demotivieren, jdm die Motivation nehmen; **ça te démotive complètement!** das nimmt einem jegliche Motivation!
II. *vpr* **se ~** die Motivation verlieren; **se ~ complètement** jegliche Motivation verlieren

démoulage [demulaʒ] *m* [Heraus]nehmen *nt* aus der Form

démouler [demule] <1> *vt* aus der Form nehmen

démultiplicateur [demyltiplikatœʀ] *m* TECH Untersetzungsgetriebe *nt*

démultiplicateur, -trice [demyltiplikatœʀ, -tʀis] *adj* untersetzend

démultiplication [demyltiplikasjɔ̃] *f* ❶ TECH Untersetzung *f*
❷ (*accroissement de l'effet*) Steigerung *f,* Verstärkung *f*

démultiplié(e) [demyltiplije] *adj transmission* heruntergesetzt, untersetzt

démultiplier [demyltiplije] <1a> *vt* ❶ TECH untersetzen
❷ (*accroître l'effet*) steigern, verstärken

démuni(e) [demyni] *adj* ❶ arm, mittellos
❷ (*impuissant*) ~(**e**) **devant qn/qc** hilflos jdm/etw gegenüber
❸ (*privé de*) **être ~(e) de qc** etw nicht haben [*o* besitzen]; ~(**e**) **d'intérêt/de protection** ohne Interesse/schutzlos; **elle n'est pas ~e de talents** es fehlt ihr nicht an Talent

démunir [demyniʀ] <8> **I.** *vt* (*priver*) ~ **qn de l'argent** jdm Geld wegnehmen
II. *vpr* (*se défaire*) **se ~ de qc** etw hergeben; (*se priver*) sich von etw trennen

démuseler [demyz(ə)le] <3> *vt* ❶ ~ **un animal** einem Tier den Maulkorb abnehmen
❷ POL ~ **la presse** wieder Pressefreiheit gewähren

démystification [demistifikasjɔ̃] *f* ❶ (*fait de détromper*) Aufklärung *f*

❷ (*démythification*) Entmystifizierung *f*
démystifier [demistifje] <1a> *vt* ❶ (*détromper*) aufklären
❷ (*démythifier*) entmystifizieren
démythification [demitifikasjɔ̃] *f spéc* Entmythisierung *f*
démythifier [demitifje] <1a> *vt* entmythisieren
dénasalisation [denazalizasjɔ̃] *f* PHON Entnasalisierung *f*
dénatalité [denatalite] *f* Geburtenrückgang *m*
dénationalisation [denasjɔnalizasjɔ̃] *f* Reprivatisierung *f*
dénationaliser [denasjɔnalize] <1> **I.** *vt* reprivatisieren
II. *vi* Reprivatisierungen *Pl* vornehmen, reprivatisieren
dénaturant [denatyʀɑ̃] *m* Denaturierungsmittel *nt*
dénaturant(e) [denatyʀɑ̃, ɑ̃t] *adj produit* denaturierend
dénaturé(e) [denatyʀe] *adj* entartet; **parents ~s** Rabeneltern *Pl*
dénaturer [denatyʀe] <1> *vt* ❶ (*altérer*) verfälschen *goût, saveur*
❷ (*déformer*) entstellen *paroles, propos;* verfälschen *faits, vérité*
dénazification [denazifikasjɔ̃] *f* Entnazifizierung *f*
dénazifier [denazifje] <1a> *vt* entnazifizieren
dénégation [denegasjɔ̃] *f* ❶ (*action*) Abstreiten *nt*
❷ (*refus*) Ablehnung *f;* **faire un geste de ~** abwinken
déneigement [denɛʒmɑ̃] *m* Schneeräumung *f;* **le ~ d'une route** die Schneeräumarbeiten auf einer Straße
déneiger [deneʒe] <2a> *vt* [vom Schnee frei]räumen
déniaiser [denjeze] <1> *vt* ❶ (*dégourdir*) **~ qn** jdn aufwecken
❷ (*dépuceler*) **~ qn** jdm die Unschuld nehmen
dénicher [deniʃe] <1> *vt* ausfindig machen; aufstöbern *bistrot, objet rare;* auftreiben (*fam*) *personne*
dénicotinisation [denikɔtinizasjɔ̃] *f* Nikotinentzug *m*
dénicotinisé(e) [denikɔtinize] *adj* nikotinarm
denier¹ [dənje] *m* ▸ **de ses propres ~s** von seinem/ihrem eigenen Geld; **les ~s publics** die öffentlichen Gelder
◆ **~ du culte** REL Kirchgeld *nt* (*freiwilliger Beitrag der Gemeindemitglieder*)
denier² [dənje] *m* TEXTIL Denier *nt;* **20 ~s** 20 den
dénier [denje] <1a> *vt* ❶ abstreiten, zurückweisen *responsabilité, faute;* **~ avoir fait qc** abstreiten, etw getan zu haben
❷ (*refuser*) absprechen *droit*
dénigrement [denigʀəmɑ̃] *m* Verunglimpfung *f,* [systematisches] Schlechtmachen
dénigrer [denigʀe] <1> *vt* herabsetzen *personne;* schlechtmachen *action, politique*
dénitrification [denitʀifikasjɔ̃] *f* Denitrifikation *f*
dénitrifier [denitʀifje] <1a> *vt* denitrifizieren
dénivellation [denivelasjɔ̃] *f* ❶ (*inégalité*) Unebenheit *f*
❷ (*différence de niveau*) Höhenunterschied *m*
dénombrable [denɔ̃bʀabl] *adj* ❶ zählbar; **être difficilement ~** sich kaum zählen lassen
❷ MATH abzählbar (*Fachspr.*)
dénombrement [denɔ̃bʀəmɑ̃] *m* Zählung *f*
dénombrer [denɔ̃bʀe] <1> *vt* zählen
dénominateur [denɔminatœʀ] *m* MATH Nenner *m;* **~ commun** *a. fig* gemeinsamer Nenner
dénominatif [denɔminatif] *m* GRAM Denominativ *nt*
dénominatif, -ive [denɔminatif, -iv] *adj terme* abgeleitet
dénomination [denɔminasjɔ̃] *f* Bezeichnung *f*
dénommé(e) [denɔme] *adj antéposé* **un ~/une ~e Durand** ein gewisser [Herr]/eine gewisse [Frau] Durand; **le ~/la ~e Durand** der/die besagte Durand
dénommer [denɔme] <1> *vt* bezeichnen; **c'est ainsi que l'on dénomme...** so nennt [*o* bezeichnet] man ...
dénoncer [denɔ̃se] <2> **I.** *vt* ❶ **~ un complice à qn** einen Komplizen bei jdm verraten; **~ un opposant politique à qn** einen Oppositionellen bei jdm denunzieren; **~ qn à la police** jdn bei der Polizei anzeigen
❷ (*s'élever contre*) anprangern *abus, injustice*
❸ JUR [auf]kündigen *contrat*
II. *vpr* **se ~** sich melden; **se ~ à la police** sich [der Polizei] stellen
dénonciateur, -trice [denɔ̃sjatœʀ, -tʀis] *m, f* ❶ *d'une personne* Denunziant(in) *m(f);* **les ~s de Juifs** diejenigen, die Juden denunziert haben
❷ (*accusateur*) *d'une injustice, inégalité* Ankläger(in) *m(f);* **se faire le ~ de qc** etw anprangern
dénonciation [denɔ̃sjasjɔ̃] *f* ❶ Anzeige *f;* (*dans une dictature*) Denunzierung *f,* Denunziation *f;* **sur ~** infolge von Denunzierung; **~ calomnieuse** JUR falsche Anschuldigung
❷ (*accusation*) Anprangerung *f*
❸ JUR *d'un contrat* [Auf]kündigung *f*
dénoter [denɔte] <1> *vt* ❶ **~ qc** von etw zeugen, auf etw (*Akk*) schließen lassen
❷ LING bezeichnen
dénouement [denumɑ̃] *m* Ausgang *m; de l'enquête* Ergebnis *nt*
dénouer [denwe] <1> **I.** *vt* ❶ (*défaire*) aufmachen, lösen; aufknoten *ficelle, lacets;* aufbinden *nœud;* **les cheveux dénoués** mit offenen Haaren
❷ (*résoudre*) aufklären, lösen *intrigue, affaire;* beseitigen *difficulté;* entspannen *situation*
II. *vpr* **se ~** ❶ (*se défaire*) aufgehen, sich lösen
❷ (*se résoudre*) *intrigue:* sich lösen; *situation:* sich entspannen
dénoyauter [denwajote] <1> *vt* entsteinen
denrée [dɑ̃ʀe] *f* Essware *f;* **~s alimentaires** Lebensmittel *Pl*
▸ **~ rare** Mangelware *f; fig* Rarität *f*
dense [dɑ̃s] *adj* ❶ *a.* PHYS dicht; *foule* dichtgedrängt
❷ (*condensé*) *œuvre, film* komplex; *style* gedrängt
densimètre [dɑ̃simɛtʀ] *m* TECH Densimeter *m*
densité [dɑ̃site] *f* ❶ *a.* PHYS, INFORM Dichte *f;* **~ [de population]** Bevölkerungsdichte; **double/haute ~** Doubledensity/Highdensity, DD/HD
❷ (*complexité*) *d'une œuvre* Komplexität *f;* **la ~ de son style** sein/ihr gedrängter Stil
◆ **~ de circulation** Verkehrsdichte *f*
dent [dɑ̃] *f* ❶ *de l'homme, animal* Zahn *m;* **~ creuse/gâtée** hohler/schlechter Zahn; **fausses ~s** falsche Zähne; **faire [*o* percer] ses ~s** Zähne bekommen, zahnen
❷ *d'une fourchette, d'un râteau* Zinke *f; d'un peigne, engrenage, d'une scie* Zahn *m*
❸ (*sommet de montagne*) Zacke *f*
▸ **en ~s de scie** gezackt; *fig* mit ständigem Auf und Ab; **armé(e) jusqu'aux ~s** bis an die Zähne bewaffnet; **manger/mordre à belles ~s** mit gesundem Appetit essen/kräftig hineinbeißen; **avoir la ~ dure** hart in seiner Kritik sein; **avoir les ~s longues** sehr ehrgeizig sein; (*être avide*) gierig sein; **avoir une ~ contre qn** etwas gegen jdn haben; **se casser les ~s sur qc** sich (*Dat*) an etw (*Dat*) die Zähne ausbeißen (*fam*); **claquer/grincer des ~s** mit den Zähnen klappern/knirschen; **ne pas desserrer les ~s** den Mund nicht aufmachen (*fam*); **être sur les ~s** in äußerster Anspannung sein; **se faire les ~s** Erfahrung sammeln; **n'avoir rien à se mettre sous la ~** nichts zu beißen haben; **parler entre ses ~s** vor sich hin brummeln (*fam*)
◆ **~ de devant** Vorderzahn *m;* **~ du fond** Backenzahn *m;* **~ de lait** Milchzahn *m;* **~ de sagesse** Weisheitszahn *m*
dentaire [dɑ̃tɛʀ] *adj* **abcès ~** Abszess *m* am Zahn; **plaque/prothèse ~** Zahnbelag *m*/Zahnersatz *m;* **cabinet ~** Zahnarztpraxis *f;* **soins ~s** zahnärztliche Behandlung
dental(e) [dɑ̃tal, o] <-aux> *adj* dental; **consonne ~e** Dental[laut *m*] *m,* Zahnlaut *m*
dentale [dɑ̃tal] *f* Dental[laut *m*] *m,* Zahnlaut *m*
denté(e) [dɑ̃te] *adj* gezackt, gezahnt; **roue ~e** Zahnrad *nt*
dentelé(e) [dɑ̃t(ə)le] *adj* gezackt, gezahnt; *arête* zackig
denteler [dɑ̃t(ə)le] <3> *vt* auszacken *guirlande*
dentelle [dɑ̃tɛl] *f* Spitze *f;* **col/robe de ~** Spitzenkragen *m*/-kleid *nt*
dentellière [dɑ̃təljɛʀ] *f* Spitzenklöpplerin *f*
dentelure [dɑ̃t(ə)lyʀ] *f d'une feuille, montagne* Zacken *Pl; d'un*

timbre Zahnung *f*

dentier [dɑ̃tje] *m* Gebiss *nt*

dentifrice [dɑ̃tifʀis] *m* Zahnpasta *f*

dentine [dɑ̃tin] *f* ANAT Zahnbein *nt,* Dentin *nt* (*Fachspr.*)

dentiste [dɑ̃tist] *mf* Zahnarzt *m*/-ärztin *f;* **médecin** ~ CH (*chirurgien dentiste*) Zahnarzt *m*

dentisterie [dɑ̃tistəʀi] *f* Zahnmedizin *f*

dentition [dɑ̃tisjɔ̃] *f* Zähne *Pl,* Gebiss *nt*

denture [dɑ̃tyʀ] *f* Zahnung *f*

dénucléarisation [denykleaʀizasjɔ̃] *f* Entnuklearisierung *f*

dénucléarisé(e) [denykleaʀize] *adj* atomwaffenfrei

dénucléariser [denykleaʀize] <1> *vt* atomwaffenfrei machen

dénudé(e) [denyde] *adj dos, épaules* entblößt; *montagne, arbre* kahl; *câble électrique* abisoliert

dénuder [denyde] <1> **I.** *vt* ❶ (*dévêtir*) entkleiden
❷ (*laisser voir*) unbedeckt [*o* frei] lassen *dos, bras*
❸ ELEC abisolieren *câble*
II. *vpr* **se** ~ *personne:* sich entblößen; *arbre:* kahl werden; **son crâne commence à se** ~ sein/ihr Haar wird schütter

dénué(e) [denɥe] *adj* **être** ~**(e) de qc** einer S. (*Gen*) entbehren; **être** ~**(e) d'intérêt** uninteressant sein; **être** ~**(e) de tout fondement** jeglicher Grundlage entbehren

dénuement [denymɑ̃] *m* Elend *nt,* Not *f;* **vivre dans le** ~ **le plus complet** in äußerstem Elend leben

dénutrition [denytʀisjɔ̃] *f* Unterernährung *f*

déodorant [deɔdɔʀɑ̃] *m* Deodorant *nt*
◆ ~ **en aérosol** [*o* **bombe**] Deospray *nt o m;* ~ **à bille** Deoroller *m;* ~ **en stick** Deostift *m*

déodorant(e) [deɔdɔʀɑ̃, ɑ̃t] *adj* deodorierend, Deo-

déontologie [deɔ̃tɔlɔʒi] *f* [Berufs]ethik *f* (*Fachspr.*); ~ **médicale** Berufsethik des Arztes

déontologique [deɔ̃tɔlɔʒik] *adj* deontologisch (*Fachspr.*); **charte** ~ ethischer Verhaltenskodex

dépacser [depakse] <1> *vi den Vertrag über die eheähnliche Lebensgemeinschaft* (*PACS*) *auflösen*

dépannage [depanaʒ] *m* ❶ (*réparation*) *d'une machine, voiture* Reparatur *f;* **service de** ~ Pannenhilfe *f*
❷ (*solution provisoire*) Behelf *m;* **à titre de** ~ behelfsweise; **solution de** ~ Notlösung *f*

dépanner [depane] <1> *vt* ❶ reparieren *machine, voiture;* ~ **qn** jds Panne beheben; (*remorquer*) jdn abschleppen
❷ *fam* (*aider*) ~ **qn** jdm aushelfen; **tu pourrais me prêter cent euros pour me** ~**?** könntest du mir mit hundert Euro aushelfen?; **votre échelle m'a bien dépanné(e)** Ihre Leiter hat mir wirklich aus der Patsche geholfen

dépanneur [depanœʀ] *m* ❶ (*réparateur*) Mechaniker *m*
❷ CAN (*épicerie*) [kleines] Lebensmittelgeschäft *nt*

dépanneuse [depanøz] *f* ❶ Mechanikerin *f*
❷ (*véhicule*) Abschleppwagen *m*

dépaqueter [depakte] <3> *vt* auspacken

déparasitage [depaʀazitaʒ] *m* ELEC Entstörung *f*

dépareillé(e) [depaʀeje] *adj* (*incomplet*) *service de verres, collection* unvollständig; (*isolé*) *gant, tasse, chaise* einzeln; (*pas assorti*) *verres, tasses* ungleich

déparer [depaʀe] <1> **I.** *vt* entstellen, verunstalten *paysage, visage, collection*
II. *vi* **ne pas** ~ **à côté de/avec/dans qc** neben/zu/in etw (*Akk*) passen

départ [depaʀ] *m* ❶ (*action de partir*) (*à pied*) Weggehen *nt;* (*en avion*) Abflug *m;* (*en voiture, bateau*) Abfahrt *f,* Abreise *f;* ~ **précipité** überstürzter [*o* übereilter] Aufbruch; **au** ~ **de l'hôtel** beim Verlassen des Hotels; **lors de leur** ~ **de Stuttgart** als sie aus Stuttgart abfuhren/von Stuttgart abflogen; ~ **en vacances** Abreise in die Ferien; **les grands** ~**s en vacances** die Ferienreisewelle
❷ (*opp: arrivée*) *d'un train, bateau, bus* Abfahrt; **tableau des** ~**s et des arrivées** Anzeigetafel *f* für Abfahrt und Ankunft; **donner le** ~ **à un train** einem Zug das Zeichen zur Abfahrt geben; ~ **du courrier** Postausgang *m*
❸ SPORT Start *m;* ~ **en flèche** Blitzstart; ~ **arrêté** stehender Start; **faux** ~ Fehlstart; **donner le** ~ das Startsignal geben; **prendre le** [*o* **être au**] ~ **de la course** bei dem Rennen starten [*o* antreten]
❹ (*lieu*) **quai de** ~ **des grandes lignes** Abfahrtsgleis *nt* der Fernzüge
❺ (*démission*) Rücktritt *m;* (*licenciement*) Entlassung *f;* ~ **à la** [*o* **en**] **retraite** Pensionierung *f;* ~ **d'une/de la société, après son** ~ **du gouvernement** nach seinem/ihrem Austritt aus der Regierung
❻ (*début, origine*) Beginn *m;* **de** ~ *idée* anfänglich; *point* Ausgangs-; **au** ~ zu Beginn; **dès le** ~ gleich zu Beginn
▸ **prendre un bon/mauvais** ~ *personne:* gut/schlecht anfangen [*o* beginnen]; *cheval:* einen guten/schlechten Start haben; *livre:* gut/schlecht anfangen; (*se vendre bien/mal*) einen guten/schlechten [Verkaufs]start haben; **prendre un nouveau** ~ **[dans la vie]** einen Neuanfang machen; **au** ~ **de Paris** ab Paris, von Paris aus; **être sur le** ~ im Aufbruch sein

départager [depaʀtaʒe] <2a> **I.** *vt* ~ **les candidats/bateaux** zwischen den Kandidaten/Schiffen entscheiden; ~ **les concurrents** den Sieger bestimmen; ~ **les bons et les mauvais** die Guten von den Schlechten trennen
II. *vpr* **les concurrents peuvent se** ~ zwischen den Konkurrenten fällt eine Entscheidung; **réussir/ne pas réussir à se** ~ *équipes:* eine/keine Entscheidung herbeiführen können

département [depaʀtəmɑ̃] *m* ❶ Departement *nt* (*einer der 95 Verwaltungsbezirke in Frankreich*)*;* ~ **d'outre-mer** Überseedepartement
❷ (*secteur*) *d'un musée, ministère, d'une entreprise* Abteilung *f; d'une université* Fachbereich *m*
❸ ADMIN, POL CH Direktion *f* (CH)
◆ **Département d'État** CAN (*ministère des Affaires étrangères*) Außenministerium *nt,* State Department *nt* (*Außenministerium der USA*)*;* **Département des Finances** CH Finanzdirektion *f* (CH); **Département de l'Instruction publique** CH Erziehungsdirektion *f* (CH)

> **i Land & Leute**
>
> Ein französisches **département** ist eine Verwaltungseinheit, also ein Teil des Staatsgebiets mit eigenen Zuständigkeiten z. B. im sozialen und medizinischen Bereich. In Frankreich gibt es 96 Departements und fünf *départements d'outre-mer (D. O. M).*

départemental(e) [depaʀtəmɑ̃tal, o] <-aux> *adj* Departements-, auf Departementsebene; **route** ~**e** ≈ Landstraße *f*

départir [depaʀtiʀ] <10> *vpr* **se** ~ **d'une idée** eine Idee aufgeben; **se** ~ **de son opinion** von seiner Meinung abweichen; **se** ~ **de sa bonne humeur/de son calme** die gute Laune/die Ruhe verlieren

dépassé(e) [depɑse] *adj* ❶ (*démodé*) überholt; **c'est une mode tout à fait** ~**e** das ist total altmodisch
❷ (*désorienté*) **être** ~**(e) par qc** bei etw nicht mehr mitkommen (*fam*); **être** ~**(e) par les événements** von den Ereignissen überrollt werden

dépassement [depɑsmɑ̃] *m* ❶ *d'un véhicule* Überholen *nt;* ~ **dangereux** gefährliches Überholmanöver
❷ (*action de dépasser un seuil*) *des crédits, dépenses, prix* Überschreitung *f,* Überschreiten *nt;* **pratiquer des** ~**s d'honoraires** erhöhte Honorare verlangen

dépasser [depɑse] <1> **I.** *vt* ❶ (*doubler*) überholen
❷ (*aller plus loin que*) (*à pied*) vorbeigehen an (+ *Dat*); (*en véhicule*) vorbeifahren an (+ *Dat*)
❸ (*outrepasser*) überschreiten; **pour votre paiement, tâchez de ne pas** ~ **le 25 avril!** zahlen Sie bitte noch vor

dem 25. April!

4 (*aller plus loin en quantité*) ~ **qn de dix centimètres** zehn Zentimeter größer als jd sein; ~ **trois heures** *réunion:* länger als drei Stunden dauern; **je ne voudrais pas ~ mille euros** ich möchte nicht mehr als tausend Euro ausgeben; **avoir dépassé la quarantaine** über vierzig sein; **cela dépasse mes forces** das geht über meine Kräfte; **cela dépasse mes moyens** das übersteigt meine Möglichkeiten

5 (*surpasser*) übertreffen; ~ **l'attente de qn** jds Erwartungen übertreffen; ~ **qn en intelligence** jdm geistig überlegen sein; **cela dépasse tout ce qu'on peut imaginer** [*o* **l'entendement**] das übertrifft alles

▶ **ça me/le dépasse!** das ist mir/ihm zu hoch! (*fam*)

II. *vi* 1 (*doubler*) überholen; **défense de ~!** Überholverbot!

2 (*être trop haut, trop long*) *bâtiment, tour:* hervorragen; *vêtement:* hervorschauen; ~ **de qc** *vêtement:* unter etw (*Dat*) hervorschauen

III. *vpr* **se** ~ sich selbst übertreffen

dépassionner [depasjɔne] <1> *vt* versachlichen

dépatouiller [depatuje] <1> *vpr fam* **se ~ de qc** aus etw herauskommen; **il n'a plus qu'à se ~ tout seul!** jetzt kann er seine Suppe allein auslöffeln! (*fam*); **je n'arriverai jamais à me ~ tout seul!** ich komme da nie allein raus! (*fam*); **laisse-le donc se ~ tout seul!** soll er doch selbst damit fertig werden!

dépaver [depave] <1> *vt* ~ **une rue** das Pflaster einer Straße aufreißen

dépaysé(e) [depeize] *adj* fremd, verloren; **se sentir ~(e)** sich aus der gewohnten Umgebung herausgerissen fühlen; **être complètement ~(e)** (*suite à un déménagement*) sich überhaupt nicht zurechtfinden

dépaysement [depeizmɑ̃] *m* 1 (*désorientation*) Fremdheit *f;* (*changement*) Umstellung *f;* **quel ~ pour moi!** was für eine Umstellung für mich!

2 (*changement salutaire*) [willkommene] Abwechslung

dépayser [depeize] <1> **I.** *vt* 1 (*désorienter*) verunsichern, verwirren

2 (*changer les idées*) ablenken

II. *vpr* **se** ~ sich (*Dat*) Ablenkung [*o* Abwechslung] verschaffen

dépeçage [depəsaʒ] *m* Zerlegen *nt*

dépecer [depəse] <2> *vt* 1 zerlegen *animal;* ~ **sa proie/un livre** seine Beute/ein Buch in Stücke reißen

2 (*démembrer*) zerstückeln *territoire*

dépêche [depɛʃ] *f* 1 (*information*) Nachricht *f;* PRESSE Nachricht *f,* Agenturmeldung *f*

2 *vieilli* (*télégramme*) Depesche *f* (*veraltet*)

3 POL (*communication officielle*) Depesche *f;* **la ~ d'Ems** die Emser Depesche

dépêcher [depeʃe] <1> **I.** *vpr* **se ~ de faire qc** sich beeilen etw zu tun; **je me dépêche de terminer ma lettre** ich schreibe schnell meinen Brief fertig

II. *vt form* ~ **qn auprès de qn** jdn zu jdm entsenden (*form*)

dépeigner [depeɲe] <1> *vt* zerzausen

dépeindre [depɛ̃dʀ] <*irr*> *vt* schildern

dépenaillé(e) [dep(ə)naje] *adj* *personne* zerlumpt; *vêtement* zerfetzt

dépendance [depɑ̃dɑ̃s] *f* 1 (*assujettissement*) Abhängigkeit *f;* ~ **à l'égard** [*o* **vis à vis**] **de qn/qc** Abhängigkeit von jdm/etw; **être sous la ~ financière de qn** von jdm finanziell abhängig sein; **être sous la ~ de qc** unter dem Einfluss einer S. (*Gen*) stehen

2 (*bâtiment*) Nebengebäude *nt*

3 (*terrain*) zugehöriges Gebiet

dépendre [depɑ̃dʀ] <14> **I.** *vi* 1 (*être sous la dépendance de*) ~ **de qn/qc** von jdm/etw abhängig sein

2 (*faire partie de*) ~ **de qc** *terrain:* zu etw gehören

3 (*relever de*) ~ **de qn/qc** jdm/etw unterstehen

4 (*être conditionné par*) ~ **des circonstances/du temps** von den Umständen/vom Wetter abhängen; **il dépend de l'artiste/de l'économie de réaliser le projet** es ist [die] Sache des Künstlers/der Wirtschaft das Projekt zu realisieren, es obliegt dem Künstler/der Wirtschaft das Projekt zu realisieren (*geh*); **il dépend de toi de réussir** es liegt an dir, ob du Erfolg hast; **ça dépend** *fam* das kommt drauf an (*fam*), je nachdem; **ça dépend [de] ce que/comment/où** *fam* es hängt davon ab, was/wie/wo; **ça dépend du temps** das hängt vom Wetter ab

II. *vt* (*décrocher*) abnehmen

dépens [depɑ̃] *mpl* **aux ~ de qn/qc** auf jds Kosten (*Akk*)/auf Kosten einer S. (*Gen*); **j'ai appris à mes ~ que qn a fait qc** aus eigener [*o* leidvoller] Erfahrung weiß ich, dass jd etw getan hat

dépense [depɑ̃s] *f* 1 *souvent pl* (*frais*) Ausgabe *f;* **~s supplémentaires** Mehrausgaben; **~s de l'État** Staatsausgaben; **~s du ménage** Haushaltskosten *Pl;* **~s de chauffage** Heiz[ungs]kosten; ~ **en électricité** Stromkosten; (*consommation*) Stromverbrauch *m;* **couvrir les ~s** die Kosten decken; **engager des ~s** Unkosten haben; **faire face à des ~s** Ausgaben bestreiten; **régler les ~s de qn** für jdn [*o* für jds Ausgaben] aufkommen; **se lancer dans de grosses ~s** sich in ungeheure Unkosten stürzen

2 (*usage*) Aufwand *m;* ~ **nerveuse** nervliche Belastung; ~ **physique** körperliche Anstrengung; ~ **de temps/de forces** Zeit-/Kraftaufwand

3 ECON, JUR Aufwand *m;* (*coût*) Kosten *Pl*

▶ **pousser** [*o* **entraîner**] **qn à la ~** jdn zum Geldausgeben verleiten [*o* verführen]; **regarder à la ~** aufs Geld sehen (*fam*); **ne pas regarder à la ~** nicht aufs Geld sehen

dépenser [depɑ̃se] <1> **I.** *vt* 1 (*débourser*) ausgeben

2 (*consommer*) verbrauchen *électricité, énergie*

3 (*user*) ~ **son temps/son énergie à faire qc** kostbare Zeit/Energie aufwenden um etw zu machen; **ne dépense pas inutilement ta salive!** spar' dir deine Worte!

▶ ~ **sans compter** mit dem Geld [nur so] um sich werfen (*fam*), das Geld mit vollen Händen ausgeben; (*pour des bonnes œuvres*) großzügig spenden

II. *vpr* **se** ~ sich verausgaben; *enfant:* sich austoben

▶ **se ~ sans compter** sich abplagen, sich abschinden (*fam*); **se ~ sans compter pour qc** (*s'engager*) sich voll und ganz für etw einsetzen [*o* verausgaben]

dépensier, -ière [depɑ̃sje, -jɛʀ] **I.** *adj* verschwenderisch

II. *m, f* Verschwender(in) *m(f)*

déperdition [depɛʀdisjɔ̃] *f* ~ **de chaleur/d'énergie** Wärme-/Energieverlust *m;* ~ **de forces** (*chez un malade*) Kräfteverfall *m*

dépérir [depeʀiʀ] <8> *vi* 1 *personne:* dahinsiechen, dahinvegetieren; *animal:* eingehen; *plante:* verkümmern

2 (*péricliter*) **qc dépérit** mit etw geht es bergab; *affaire:* etw kommt zum Erliegen; **la pollution fait ~ les arbres** durch die Luftverschmutzung gehen die Bäume ein

dépérissement [depeʀismɑ̃] *m d'une personne* Dahinsiechen *nt; d'un animal* Eingehen *nt; d'une plante* Eingehen *nt,* Verkümmern *nt; d'une affaire, entreprise* Niedergang *m;* **le ~ de la forêt** das Waldsterben

dépersonnaliser [depɛʀsɔnalize] <1> **I.** *vt* entpersönlichen

II. *vpr* **se** ~ 1 (*abandonner sa personnalité*) seine Persönlichkeit [*o* Identität] aufgeben; PSYCH an einer Depersonalisation leiden

2 (*devenir anonyme*) *maison, paysage:* unpersönlich [*o* fremd] werden

dépêtrer [depetʀe] <1> **I.** *vt fam* herausholen; ~ **qn d'une situation** jdm aus der Klemme helfen (*fam*)

II. *vpr* (*se dégager*) **se ~ de qc** sich aus/von etw befreien; *fig fam* (*se tirer d'affaires*) sich aus etw herausziehen; **dépêtre-toi tout seul!** sieh zu, wie du da alleine wieder rauskommst [*o* du dich da selbst rausziehst]! (*fam*)

dépeuplement [depœpləmɑ̃] *m* ~ **d'une région** Entvölkerung *f* einer Region; ~ **des campagnes** Landflucht *f*

dépeupler [depœple] <1> **I.** *vt* entvölkern *pays, région;* ~ **une rivière** den Fischbestand eines Flusses vernichten; **les départs en vacances dépeuplent la ville** [**de ses habitants**] durch die Ferienwelle ist die Stadt wie leer gefegt (*fam*)
II. *vpr* **une ville/une région se dépeuple** die Bevölkerung einer Stadt/Region geht zurück; **la forêt/le fleuve se dépeuple** der Wild- und Baumbestand des Waldes/der Fischbestand des Flusses geht zurück

déphasage [defazaʒ] *m fam* (*décalage*) Diskrepanz *f,* Kluft *f;* **le** ~ **entre la société et les partis** die Kluft zwischen Gesellschaft und Parteien; **il y a un** ~ **entre ce que tu t'imagines et la réalité** deine Vorstellungen und die Wirklichkeit stimmen nicht überein

déphasé(e) [defaze] *adj fam* (*désorienté*) **être** ~**(e)** neben sich (*Dat*) stehen (*fam*)

dépiauter [depjote] <1> *vt fam* schälen *fruit;* auswickeln *bonbon;* ~ **un animal** ein Tier abziehen [*o* häuten], einem Tier die Haut abziehen

dépilation [depilasjɔ̃] *f* Enthaarung *f;* MED Haarausfall *m*

dépilatoire [depilatwaʀ] *adj* Enthaarungs-

dépistage [depistaʒ] *m d'un malfaiteur* Aufspüren *nt; d'une maladie* Erkennung *f;* ~ **précoce** Früherkennung *f;* ~ **du cancer** Krebsvorsorge *f;* **test de** ~ **du Sida** Aidstest *m*

dépister [depiste] <1> *vt* (*rechercher*) aufspüren *personne, animal;* erkennen *maladie*

dépit [depi] *m* Ärger *m;* ~ **amoureux** enttäuschte Liebe; **de** [*o* **par**] ~ aus Trotz; **éprouver du** ~ tief gekränkt sein; **crever de** ~ vor Neid erblassen; **ravaler son** ~ seinen Ärger herunterschlucken; **causer du** ~ **à qn** jdm Ärger bereiten
▶ **en** ~ **du bon sens** unsinnig, gegen den gesunden Menschenverstand; *agir* widersinnig; **en** ~ **de qc** einer S. (*Dat*) zum Trotz, trotz einer S. (*Gen*); **en** ~ **de tout et de tous** allem und jedem zum Trotz; **en** ~ **de la pluie** trotz des Regens; **en** ~ **de sa jeunesse** trotz seiner/ihrer Jugend

dépité(e) [depite] *adj* bitter enttäuscht

dépiter [depite] <1> *vt* ärgern

déplacé(e) [deplase] *adj* (*inopportun*) *intervention, présence* unangebracht, unpassend; (*inconvenant*) *geste* anstößig, ungehörig; *propos, remarque* unhöflich, ungehörig

déplacement [deplasmɑ̃] *m* ❶ (*changement de place*) *d'un objet* Umstellen *nt; d'un os, d'une vertèbre* Verschiebung *f*
❷ (*voyage*) [Geschäfts]reise *f;* **être en** ~ unterwegs [*o* auf Reisen] [*o* verreist] sein; **pour mes** ~**s en ville, je ne prends jamais la voiture** um mich in der Stadt fortzubewegen nehme ich nie das Auto
❸ (*mouvement*) *d'une balle* Bewegung *f;* METEO *des perturbations atmosphériques, du vent* Bewegung
❹ (*mutation*) Versetzung *f*
▶ **cela vaut le** ~ das lohnt sich, dafür lohnt sich der Weg, es lohnt sich hinzugehen/-fahren/-reisen; **Berlin vaut le** ~**!** Berlin ist eine Reise wert!
◆ ~ **d'air** Luftverdrängung *f;* **le** ~ **d'air provoqué par le train** die vom Zug verdrängte Luft; ~ **de population** Bevölkerungsverschiebung *f,* Migration *f* [der Bevölkerung]; ~ **de troupes** Truppenbewegung *f*

déplacer [deplase] <2> **I.** *vt* ❶ (*changer de place*) an einen anderen Platz legen/stellen *objet;* umstellen *meuble*
❷ MED verschieben *vertèbre;* verrenken *articulation;* ~ **une vertèbre à qn** jdm etw ausrenken
❸ (*muter*) versetzen *fonctionnaire*
❹ (*réinstaller*) umsiedeln *population, habitants*
❺ TECH ~ **de l'air** Luft verdrängen
❻ (*éluder*) ~ **une question/un problème** einer Frage/einem Problem ausweichen
II. *vpr* ❶ (*être en mouvement*) **se** ~ *personne, animal:* sich fortbewegen; *cyclone:* sich bewegen; *nuages:* sich bewegen, ziehen; **se** ~ **en chaise roulante** sich im Rollstuhl fortbewegen
❷ (*se décaler*) **se** ~ (*en position debout*) zur Seite gehen; (*en position assise*) zur Seite rücken
❸ (*voyager*) **se** ~ reisen; **se** ~ **en avion/voiture** fliegen/mit dem Auto fahren
❹ MED **se** ~ **une articulation** sich (*Dat*) ein Gelenk verrenken [*o* ausrenken]

déplafonner [deplafɔne] <1> *vt* ~ **les salaires/le crédit** (*relever la limite*) die Höchstgrenze der Gehälter/des Kredits heraufsetzen; (*supprimer la limite*) die Höchstgrenze der Gehälter/des Kredits aufheben; ~ **les cotisations** (*supprimer la limite*) die Beitragsbemessungsgrenze aufheben; (*relever la limite*) die Beitragsbemessungsgrenze anheben

déplaire [deplɛʀ] <*irr*> **I.** *vi* ❶ (*ne pas plaire*) ~ **à qn** jdm missfallen; (*irriter*) jdn verstimmen [*o* ärgern]
❷ *form* (*contrarier*) **il déplaît/déplairait à qn de faire qc** es ist/wäre jdm sehr unangenehm etw tun zu müssen; **il me déplairait beaucoup d'avoir à vous punir** ich würde euch nur ungern bestrafen
▶ **n'en déplaise à qn** *iron* mag es jdm recht sein oder nicht, ob es jdm gefällt oder nicht
II. *vpr* **se** ~ **en ville/dans un emploi** sich in der Stadt/bei einer Arbeit nicht wohl fühlen; **se** ~ **dans un sol trop sec** *plante:* in einem zu trockenen Boden nicht gedeihen

déplaisant(e) [deplɛzɑ̃, ɑ̃t] *adj personne* unangenehm, unfreundlich; *remarque, réflexion* unschön; *ton* unfreundlich, unhöflich

déplaisir [deplezirʀ] *m* **à mon grand** ~ (*contrariété*) zu meinem großen Ärger; (*regret*) zu meinem großen Leidwesen [*o* Bedauern]; **avec** ~ (*sans envie*) [nur] ungern, widerwillig; (*avec regret*) mit Bedauern; **sans** ~ gerne

déplanter [deplɑ̃te] <1> *vt* ausgraben

déplâtrage [deplatʀaʒ] *m* MED Abnehmen *nt* [*o* Entfernen *nt*] des/eines Gipsverbandes

déplâtrer [deplatʀe] <1> *vt* MED ~ **qn/le bras de qn** jdm den Gips[verband] abnehmen/den Gips[verband] vom Arm abnehmen; **se faire** ~ sich (*Dat*) den Gips[verband] entfernen [*o* abnehmen] lassen

dépliage [depliaʒ] *m* Auseinanderfalten *nt*

dépliant [deplijɑ̃] *m* Faltprospekt *m;* ~ **touristique** Reiseprospekt

déplier [deplije] <1a> **I.** *vt* auffalten *drap, vêtement;* auseinander falten *plan, journal;* ausstrecken *jambes*
II. *vpr* **se** ~ ❶ *parachute:* sich öffnen; *jeune feuille:* sich öffnen, sich entfalten; **ce canapé peut se** ~ diese Couch ist ausziehbar
❷ (*s'allonger*) *personne:* sich ausstrecken; (*se dresser*) sich aufrichten

déplisser [deplise] <1> **I.** *vt* glätten; (*à la main*) glatt streichen; ~ **une jupe en la repassant** die Falten aus einem Rock herausbügeln, einen Rock glatt bügeln
II. *vpr* **se** ~ *étoffe, vêtement:* seine Falten verlieren; **ce tissu se déplisse facilement** aus diesem Stoff gehen die Falten leicht heraus

déploiement [deplwamɑ̃] *m* ❶ (*action de déployer*) ~ **d'une aile/d'une banderole** Ausbreiten *nt* eines Flügels/Spruchbandes; ~ **d'un drapeau** Hissen *nt* einer Flagge; ~ **d'une voile** Setzen *nt* eines Segels
❷ (*étalage*) ~ **d'amabilités** Demonstration *f* von Liebenswürdigkeit; ~ **de richesses** Zurschaustellen *nt* [*o* Zurschaustellung *f*] des Reichtums
❸ (*dépense*) ~ **d'énergie** Aufwand *m* an Energie
❹ MIL ~ **de troupes/d'une armée** Aufmarsch *m* der Truppen/einer Armee; ~ **de chars/de missiles** Stationierung *f* von Panzern/Raketen

déplomber [deplɔ̃be] <1> *vt* ❶ (*enlever le sceau*) die Plombe entfernen; ~ **un camion** den Zollverschluss [*o* die Plombe] an einem Lastwagen entfernen

D

❷ *(enlever le plombage)* ~ **une dent** die Füllung [*o* Plombe] aus einem Zahn entfernen; **j'ai une dent déplombée** mir ist die Füllung aus einem Zahn herausgefallen
❸ INFORM ~ **un logiciel** den Code eines Programms knacken
déplorable [deplɔʀabl] *adj effet, fin, oubli* bedauerlich; *comportement, personne, situation, résultats* erbärmlich [schlecht]; **être dans un état** ~ *enfant:* in einem jämmerlichen Zustand sein
déplorablement [deplɔʀabləmɑ̃] *adv* erbärmlich [schlecht], sehr schlecht
déplorer [deplɔʀe] <1> *vt* ❶ *(regretter)* bedauern; ~ **ne pas pouvoir faire qc** bedauern etw nicht tun zu können
❷ *(enregistrer)* **on déplore des victimes** Opfer sind zu beklagen *(geh)*
❸ *(être affligé de)* beklagen, betrauern *malheur, mort*
déployer [deplwaje] <7> **I.** *vt* ❶ *(déplier)* ausbreiten *ailes, carte, drapeau;* setzen *voile*
❷ MIL aufmarschieren lassen *troupes, forces de police;* stationieren *chars, missiles*
❸ *(mettre en œuvre)* einsetzen *énergie, ingéniosité;* aufbringen *courage;* *(étaler)* zur Schau stellen, zeigen *charmes, richesses;* ~ **une activité fébrile** eine fieberhafte Aktivität an den Tag legen; ~ **beaucoup de fastes** großen Aufwand betreiben
II. *vpr* ❶ *(se déplier)* **se** ~ *ailes:* sich ausbreiten; *drapeau, tissu:* sich entfalten; *voile:* sich blähen
❷ *(se disperser)* *soldats, troupes:* ausschwärmen; *cortège:* sich verteilen, sich auseinander ziehen
déplumé(e) [deplyme] *adj oiseau* gerupft; *fam arbre, crâne, personne* kahl
déplumer [deplyme] <1> *vpr* ❶ *(perdre ses plumes)* **se** ~ die Federn verlieren
❷ *fam (se dégarnir)* **se** ~ *personne:* eine Glatze bekommen, die Haare verlieren; *crâne:* kahl werden; *plante, arbre:* die/seine Blätter verlieren
dépoitraillé(e) [depwatʀaje] *adj fam* **qn est** ~**(e)** jds Hemd steht offen
dépoli(e) [depɔli] *adj* matt, glanzlos, trüb
dépolir [depɔliʀ] <8> **I.** *vt* matt machen
II. *vpr* **se** ~ *miroir:* blind werden; *métal:* anlaufen
dépolitisation [depɔlitizasjɔ̃] *f (action de dépolitiser)* Entpolitisierung *f;* *(manque d'intérêt politique)* Desinteresse *nt* [*o* fehlendes Interesse] an der Politik
dépolitiser [depɔlitize] <1> *vt* entpolitisieren *vie, entreprise;* ~ **qn** jdm das Interesse an der Politik nehmen
dépolluer [depɔlɥe] <1> *vt* säubern *lieu;* säubern, sanieren *rivière, mer*
dépollution [depɔlysjɔ̃] *f* Säuberung *f; d'une rivière, de la mer* Sanierung *f*
dépopulation [depɔpylasjɔ̃] *f* Bevölkerungsrückgang *m*
déport [depɔʀ] *m* BOURSE Kursabschlag *m*
déportation [depɔʀtasjɔ̃] *f* HIST Verschleppung *f,* Deportation *f,* Deportierung *f;* *(bannissement)* Zwangsverschickung *f,* Verbannung *f;* **en** ~ im Lager
déporté(e) [depɔʀte] *m(f)* Deportierte(r) *f(m),* Zwangsverschleppte(r) *f(m)*
déportement [depɔʀtəmɑ̃] *m pl* [lockerer] Lebenswandel *m*
déporter [depɔʀte] <1> **I.** *vt* ❶ HIST *(exiler)* deportieren, verschleppen; *(bannir)* verschicken, verbannen
❷ *(faire dévier)* abdrängen *voiture, vélo*
II. *vpr* AUT **se** ~ ausscheren, aus der Spur geraten; **se** ~ **dans le virage** aus der Kurve getragen werden
dépose [depoz] *f d'un chauffe-eau, d'un appareil* Abmontieren *nt; d'un élément de cuisine a.* Abbauen *nt; d'une machine* Zerlegen *nt; d'un moteur, de la plomberie* Ausbauen *nt; de rideaux* Abnehmen *nt;* **la** ~ **de l'aile de la voiture** das Abmontieren des Kotflügels
déposer [depoze] <1> **I.** *vt* ❶ *(poser)* abstellen *fardeau;* niederlegen *gerbe;* abladen *ordures;* ~ **qc sur la table** etw auf den Tisch stellen/legen; ~ **une gerbe sur une tombe** einen Kranz auf ein Grab legen [*o* auf einem Grab niederlegen]
❷ *(conduire, livrer)* absetzen, rauslassen *(fam) personne;* abladen *ordures*
❸ *(décanter)* ~ **de la boue** *crues:* Schlamm anschwemmen; ~ **du sable** *vent:* Sand herantragen [*o* heranwehen]; ~ **des saletés sur la plage** *mer:* Dreck an den Strand schwemmen [*o* spülen]
❹ *(confier)* abgeben *bagages, carte de visite, manteau;* hinterlegen *lettre, document;* abgeben *paquet, colis*
❺ FIN einzahlen *argent;* hinterlegen *valeur, titre;* einreichen *chèque;* ~ **mille euros sur son compte/au guichet** tausend Euro auf sein Konto/am Schalter einzahlen
❻ *(faire enregistrer)* anmelden *brevet;* einreichen *réclamation, rapport, pétition;* **marque déposée** eingetragenes Warenzeichen; ~ **plainte** Anzeige erstatten, Klage erheben
❼ *(démonter)* abmontieren *appareil;* ausbauen *moteur*
❽ *(abdiquer)* niederlegen *couronne;* ~ **le pouvoir** zurücktreten, abtreten
❾ *(destituer)* ~ **qn** jdn absetzen, jdn seines Amtes entheben
II. *vi* ❶ *(témoigner)* aussagen
❷ *(laisser un dépôt)* *vin, eau:* sich setzen
III. *vpr* **se** ~ *lie, poussière:* sich absetzen
dépositaire [depozitɛʀ] *m* ❶ *(détenteur) d'un secret* Mitwisser(in) *m(f);* ~ **de l'autorité de l'État** Träger *m* der Staatsgewalt
❷ *(concessionnaire)* Vertragshändler(in) *m(f),* Vertreter(in) *m(f);* ~ **de journaux** Zeitungshändler(in) *m(f)*
déposition [depozisjɔ̃] *f* ❶ *(témoignage)* [Zeugen]aussage *f;* **faire/recueillir/signer une** ~ eine [Zeugen]aussage machen/einholen/unterschreiben; **faire une** ~ **par écrit** eine schriftliche Aussage machen
❷ *(destitution) d'un souverain* Absetzung *f*
déposséder [depɔsede] <5> *vt* enteignen *personne;* ~ **qn de ses biens** jdn enteignen; ~ **qn d'une charge** jdn einer Aufgabe entheben
dépossession [depɔsesjɔ̃] *f* Enteignung *f*
dépôt [depo] *m* ❶ *(présentation) d'un projet de loi* Einbringen *nt;* *(enregistrement) d'une plainte* Erheben *nt; d'une marque déposée* Eintragen *nt; d'un brevet, d'une candidature* Anmeldung *f;* ~ **légal** Depotzwang *m,* Pflichtablieferung *f*
❷ *(action de déposer) d'un chèque* Einreichen *nt; d'argent, d'espèces* Einzahlung *f,* Einzahlen *nt*
❸ *(avoir)* Guthaben *nt,* Einlage *f;* ~**s bancaires** Bankguthaben, Bankeinlagen; **laisser de l'argent en** ~ **dans une banque** Geld bei einer Bank hinterlegen
❹ *(fait de confier) d'objets précieux, d'un testament* Hinterlegung *f,* Hinterlegen *nt; d'un vêtement* Abgabe *f;* **laisser qc en** ~ **chez qn** etw bei jdm in Verwahrung geben, jdm etw anvertrauen
❺ *(action de poser) d'une gerbe, couronne* Niederlegung *f*
❻ *(sédiment)* Ablagerung *f;* **il y a un** ~ **de lie/il y a du** ~ **dans la bouteille** am Boden der Flasche hat sich ein Satz gebildet; ~ **de tartre** *(sur les dents)* Zahnstein *m;* *(dans une bouilloire)* Kesselstein *m;* *(dans les conduits, chaudières)* Kalkablagerung
❼ *(entrepôt) d'autobus, de trams* Depot *nt;* ~ **d'armes** Waffendepot, Waffenlager; ~ **de carburants/marchandises/munitions** Treibstoff-/Waren-/Munitionslager
◆ ~ **de bilan** Konkursanmeldung *f; d'un locataire* [Miet]kaution *f;* ~ **d'ordures** Mülldeponie *f,* Schuttabladeplatz *m,* Kehrichtdeponie (CH)
dépoter [depɔte] <1> *vt* umtopfen
dépotoir [depɔtwaʀ] *m* ❶ *(dépôt d'ordures)* Müllhalde *f,* Schuttabladeplatz *m*
❷ *fam (désordre)* Saustall *m (fam),* Müllhalde *f (fam);* **c'est une véritable classe** ~ diese Klasse ist ein Sammelbecken für schlechte Schüler [*o* Nieten *fam*]
dépouille [depuj] *f* ❶ *(peau) d'un animal à fourrure* Fell *nt,* Balg *m; d'un serpent* Haut *f*

② *form* (*corps*) ~ **mortelle** *form* sterbliche Überreste *Pl* (*form*)
③ *pl* Habschaften *Pl;* (*butin*) [Sieges]beute *f;* (*héritage*) Hinterlassenschaft *f*
dépouillé(e) [depuje] *adj* ① (*sobre*) *décor* schmucklos, kahl, karg; *style* klar, knapp; *texte* trocken, nüchtern
② (*exempt*) **être ~(e) de qc** ohne etw sein
dépouillement [depujmɑ̃] *m* ① *d'un décor, mode de vie* Einfachheit *f; d'un style* Nüchternheit *f,* Knappheit *f*
② *d'un scrutin* [Aus]zählen *nt; du courrier* Sichten *nt,* Durchsehen *nt*
dépouiller [depuje] <1> **I.** *vt* ① (*ouvrir*) [aus]zählen *scrutin;* sichten, durchsehen *courrier*
② (*dévaliser*) berauben; ~ **qn de ses biens** jdn [seiner Güter] berauben; ~ **qn de sa part d'héritage** jdn um sein Erbteil bringen
③ (*écorcher, déshabiller*) ~ **un animal** einem Tier die Haut abziehen, ein Tier abbalgen; ~ **qn de ses vêtements** jdn entkleiden, jdm die Kleider ausziehen, jdn entblößen; ~ **une branche de son écorce/de ses feuilles** die Rinde/Blätter von einem Ast entfernen, die Rinde von einem Ast abschälen/einen Ast entblättern
II. *vpr* ① (*se déshabiller*) **se ~ de ses vêtements** seine Kleidung ablegen [*o* ausziehen]
② (*faire don*) **se ~ de sa fortune** sein Vermögen weggeben
③ *littér* (*se dénuder*) **se ~ de ses feuilles** seine Blätter verlieren
dépourvu(e) [depuʀvy] *adj* ① (*privé*) **être ~(e)** (*être sans ressources*) mittellos sein; **être ~(e) de qc** ohne etw sein; **cette famille est ~e de tout** dieser Familie fehlt es an allem, diese Familie ist vollkommen mittellos; **être ~(e) de bon sens** nicht ganz bei Verstand sein (*fam*)
② (*ne pas être équipé*) **être ~(e) de chauffage/d'électricité** keine Heizung/keinen Strom haben
▶ <u>**prendre**</u> **qn au ~** jdn überrumpeln, jdn unvorbereitet treffen; **être pris(e) au ~ par qn/qc** von jdm/etw überrumpelt werden
dépoussiérage [depusjeʀaʒ] *m* Entstauben *nt; fig de l'administration, des institutions* Auffrischung *f,* Entmottung *f* (*fam*)
dépoussiérer [depusjeʀe] <5> *vt* ① (*nettoyer*) abstauben
② (*rajeunir*) auffrischen; ~ **une institution** einer Einrichtung neue Impulse geben
dépravation [depʀavasjɔ̃] *f* Verfall *m;* ~ **des mœurs** Sittenverfall *m*
dépravé(e) [depʀave] **I.** *adj jugement* pervertiert; *goût, personne* verdorben
II. *m(f)* verkommenes Individuum
dépraver [depʀave] <1> **I.** *vt argent:* korrumpieren; negativ beeinflussen *chose;* verderben *goût, personne*
II. *vpr* **se ~** moralisch immer tiefer sinken; *mœurs:* verfallen
dépréciatif, -ive [depʀesjatif, -iv] *adj* LING abwertend; **suffixe ~** pejoratives Suffix
dépréciation [depʀesjasjɔ̃] *f d'une marchandise* Wertminderung *f; d'une monnaie, de valeurs* Abwertung *f*
déprécier [depʀesje] <1a> **I.** *vt* ① (*faire perdre de la valeur*) abwerten *monnaie, valeur;* ~ **une marchandise** den Wert einer Ware mindern
② (*minimiser*) unterschätzen; schmälern *service rendu, mérite*
II. *vpr* **se ~** ① (*se dévaluer*) *bien, marchandise:* an Wert verlieren; *monnaie, valeur:* abgewertet werden
② (*se dénigrer*) sich selbst herabsetzen
déprédateur, -trice [depʀedatœʀ, -tʀis] **I.** *m, f* Veruntreuer(in) *m(f)*
II. *adj* räuberisch
déprédation [depʀedasjɔ̃] *f gén pl* (*dégâts naturels ou dans la nature*) Verwüstung *f;* (*dégâts matériels*) Beschädigung *f;* (*pillage*) Plünderung *f;* (*malversation*) Veruntreuung *f;* **commettre** [*o* **se livrer à**] **des ~s** Schäden verursachen, Schaden anrichten
déprendre [depʀɑ̃dʀ] <13> *vpr* **se ~ de qn/qc** sich von jdm/etw frei machen
dépressif, -ive [depʀesif, -iv] **I.** *adj* depressiv
II. *m, f* Depressive(r) *f(m);* **c'est un grand ~** er neigt zu Depressionen
dépression [depʀesjɔ̃] *f* ① (*découragement*) [moralisches] Tief; PSYCH Depression *f;* **faire une ~ nerveuse** einen Nervenzusammenbruch haben; **faire de la ~** Depressionen haben
② METEO Tief *nt;* ~ **atlantique** atlantisches Tief; ~ **atmosphérique/barométrique** Tief[druckgebiet *nt*]
③ ECON **traverser une ~ économique** eine Wirtschaftskrise durchmachen
④ GEOG *d'un terrain* Senke *f*
dépressionnaire [depʀesjɔnɛʀ] *adj* Tiefdruck-
dépressurisation [depʀesyʀizasjɔ̃] *f* Druckabfall *m*
dépressuriser [depʀesyʀize] <1> *vt* ~ **une cabine** den [Luft]druck in einer Kabine vermindern
déprimant(e) [depʀimɑ̃, ɑ̃t] *adj* (*démoralisant*) deprimierend
déprime [depʀim] *f fam* Katzenjammer *m* (*fam*); **être en pleine ~** total fertig [*o* total am Ende] sein (*fam*); **c'est la ~** es herrscht Flaute; **faire de la ~** deprimiert sein
déprimé(e) [depʀime] *adj personne* deprimiert
déprimer [depʀime] <1> **I.** *vt* (*démoraliser*) deprimieren
II. *vi fam* deprimiert sein
déprogrammation [depʀɔgʀamasjɔ̃] *f d'une émission* Absetzung *f*
déprogrammer [depʀɔgʀame] <1> *vt* ① AUDIOV aus dem Programm nehmen *émission, spectacle*
② INFORM umprogrammieren *magnétoscope, téléviseur, robot*
dépuceler [depys(ə)le] <3> *vt pop* entjungfern
depuis [dəpɥi] **I.** *prép* ① (*à partir de*) seit; ~ **le jour où** seit dem Tag, an dem; ~ **quelle date?** seit wann?; ~ **Paris, ...** seit Paris ...; **ce concert est retransmis ~ nos studios** dieses Konzert wird aus unseren Studios übertragen; ~ **ma fenêtre** von meinem Fenster aus; **toutes les tailles ~ le 36** alle Größen ab [Größe] 36; ~ **le 11.6.** seit dem 11.6.; ~ **mon plus jeune âge** seit meiner frühesten Kindheit; ~ **le début jusqu'à la fin** vom Anfang bis zum Ende; ~ **le premier jusqu'au dernier** vom Ersten bis zum Letzten; ~ **quand?** seit wann?; ~ **que qn a fait qc** seit[dem] jd etw getan hat
② (*durée, distance*) seit; ~ **des mois/dix minutes** seit Monaten/zehn Minuten; ~ **longtemps** seit langem; ~ **peu** seit kurzem; ~ **toujours** schon immer; ~ **dix minutes** *être parti* seit [*o* vor] zehn Minuten; **attendre ~ plus d'une heure** schon über eine Stunde warten; **je n'ai pas été au théâtre ~ des siècles** ich war schon ewig nicht mehr im Theater; ~ **plusieurs kilomètres** schon seit mehreren Kilometern; ~ **cela** [*o* **lors**] seitdem
II. *adv* seither
dépuratif [depyʀatif] *m* Blutreinigungsmittel *nt*
dépuratif, -ive [depyʀatif, -iv] *adj* blutreinigend
dépuration [depyʀasjɔ̃] *f* Läuterung *f;* ~ **du sang** Blutreinigung *f*
dépurer [depyʀe] <1> *vt* läutern; reinigen *sang, métal*
députation [depytasjɔ̃] *f* ① (*envoi*) Entsendung *f*
② (*groupe*) Abordnung *f*
③ (*fonction*) Abgeordnetenmandat *nt;* **elle est candidate à la ~** sie kandidiert als Abgeordnete
député(e) [depyte] *m(f)* ① (*parlementaire*) Abgeordnete(r) *f(m);* **les ~s à l'Assemblée nationale** die Abgeordneten [in] der Nationalversammlung
② CH (*membre du parlement de canton*) ~ **du Grand Conseil** Großrat *m* (CH)
député-maire, députée-maire [depytemɛʀ] <députés-maires> *m, f* Abgeordnete(r) *f(m)* [in der Nationalversammlung] und Bürgermeister(in)
députer [depyte] <1> *vt* entsenden *ambassadeur*

déqualification [dekalifikasjɔ̃] *f* Qualifikationsminderung *f*
der [dɛʀ] *mf fam abr de* **dernier, dernière: boire le ~** einen letzten Schluck [*o* ein letztes Glas] mit jdm trinken
► **dix de ~** *zehn Punkte beim letzten Stich im Belote* (*franz. Kartenspiel*); **la ~ des ~s** (*partie*) das Allerletzte; **les combattants en 1914 croyaient que ce serait la ~ des ~s** die Kriegsteilnehmer glaubten 1914, dass dies der letzte [große] Krieg sei
déracinement [deʀasinmɑ̃] *m* ❶ *d'un arbre* Entwurzelung *f*
❷ (*élimination*) *d'un préjugé* Ausrottung *f; d'une habitude* Aufgeben *nt*
❸ (*expatriation*) Entwurzelung *f;* **être déraciné(e)** entwurzelt sein
déraciner [deʀasine] <1> *vt* ❶ (*arracher*) entwurzeln *arbre, plante*
❷ (*éliminer*) ausrotten *préjugé;* **~ une habitude** eine Gewohnheit ablegen
❸ *fig* (*expatrier*) entwurzeln
déraidir [deʀediʀ] <8> *vt* geschmeidig[er] machen; *fig* fügsam[er] machen *caractère*
déraillement [deʀɑjmɑ̃] *m d'un train* Entgleisung *f*
dérailler [deʀɑje] <1> *vi* ❶ (*sortir des rails*) *train:* entgleisen; **faire ~ un train** einen Zug zum Entgleisen bringen
❷ *fam* (*déraisonner*) Unsinn reden (*fam*); **il déraille complètement** der spinnt total (*fam*)
❸ (*mal fonctionner*) *machine, appareil:* nicht richtig funktionieren
dérailleur [deʀɑjœʀ] *m* Kettenschaltung *f*
déraison [deʀɛzɔ̃] *f littér* Unvernunft *f,* Unverstand *m*
déraisonnable [deʀɛzɔnabl] *adj* unvernünftig
déraisonner [deʀɛzɔne] <1> *vi* faseln (*pej fam*)
dérangé(e) [deʀɑ̃ʒe] *adj* ❶ *fam* (*fou*) verwirrt (*fam*)
❷ MED **être ~(e)** eine Magenverstimmung haben; **avoir l'estomac/l'intestin ~** eine Magenverstimmung/Darmbeschwerden haben
❸ (*désordonné*) unaufgeräumt
dérangement [deʀɑ̃ʒmɑ̃] *m* ❶ (*gêne*) Störung *f;* **~ intestinal** Darmbeschwerden *Pl;* **excusez-moi du ~!** entschuldigen Sie die Störung!; **causer du/beaucoup de ~ à qn** jdm Umstände/große Umstände bereiten
❷ (*incident technique*) **être en ~** *ligne:* gestört sein; *téléphone:* nicht richtig funktionieren
déranger [deʀɑ̃ʒe] <2a> **I.** *vt* ❶ (*gêner*) stören; aufscheuchen *animal;* **~ qn pour un service** jdn [wegen eines Gefallens] bemühen; **ne pas ~!** bitte nicht stören!; **[est-ce que] ça vous dérange si je fume?** stört es Sie, wenn ich rauche?; **ça ne vous dérange pas de m'accompagner?** würde es Ihnen etwas ausmachen mich zu begleiten?
❷ (*mettre en désordre*) in Unordnung bringen; durcheinander bringen *objet, affaires, pièce;* zerzausen *coiffure*
❸ (*perturber*) umstoßen *projets;* **~ l'esprit à qn** *événement:* jdn um den Verstand bringen; **ce repas m'a dérangé l'estomac** von dem Essen habe ich eine Magenverstimmung; **l'orage d'hier soir a dérangé le temps** seit dem Gewitter gestern Abend ist das Wetter unbeständig
II. *vi* ❶ (*arriver mal à propos*) stören
❷ (*mettre mal à l'aise*) für Unbehagen sorgen
III. *vpr* ❶ (*se déplacer*) **se ~** sich bemühen; **se ~ pour qn** etwas für jdn tun; **je veux bien me ~ pour vous** ich kann das gerne für Sie tun; **je me suis dérangé(e) pour rien** mein Gang war umsonst; **refuser de se ~ pour dépanner qn** *garage:* nicht bereit sein zu kommen um jds Panne zu beheben
❷ (*interrompre ses occupations*) **se ~ pour qn** sich (*Dat*) wegen jdm Umstände machen; **ne vous dérangez pas pour moi!** machen Sie sich meinetwegen keine Umstände!; **ne vous dérangez pas pour moi, je ne fais que passer** lassen Sie sich nicht stören, ich bleibe nicht lange
dérapage [deʀapaʒ] *m* ❶ AUT Schleudern *nt;* **~ contrôlé** kontrolliertes Schleudern
❷ (*acte imprévu, impair*) Ausrutscher *m;* **~ [verbal]** Entgleisung *f*
❸ (*dérive*) **~ des prix** Preisrutsch *m*
déraper [deʀape] <1> *vi* ❶ (*glisser*) ausrutschen; *semelles:* rutschen; *voiture:* ins Schleudern geraten
❷ (*dévier*) *personne:* abweichen; *conversation:* abgleiten; **~ vers la politique** *roman, discussion:* in die Politik abrutschen
❸ ECON *prix, politique économique:* außer Kontrolle geraten
dératé(e) [deʀate] *m(f)* ► **courir comme un ~/une ~e** wie ein Wilder/eine Wilde rennen
dératisation [deʀatizasjɔ̃] *f* Rattenbekämpfung *f*
dératiser [deʀatize] <1> *vt* von Ratten befreien
derby [dɛʀbi] *m* [Lokal]derby *nt*
derechef [dəʀəʃɛf] *adv littér* wiederum
déréglé(e) [deʀegle] *adj* ❶ (*dérangé*) *estomac* verstimmt; *pouls* unregelmäßig; *appétit* gestört; *machine, mécanisme* nicht in Ordnung; **être ~(e)** *temps:* verrückt spielen (*fam*)
❷ (*désordonné*) *habitudes* unstet; *vie, existence* ausschweifend; *mœurs* unmoralisch
dérèglement [deʀɛgləmɑ̃] *m de l'appétit, d'une machine* Störung *f; de l'estomac* Verstimmung *f; de l'esprit* Verwirrung *f;* **~ du climat** Klimastörung; **le ~ de son esprit** seine/ihre geistige Verwirrung
déréglementation [deʀɛgləmɑ̃tasjɔ̃] *f* Deregulierung *f*
déréglementer [deʀɛgləmɑ̃te] <1> *vt* deregulieren
dérégler [deʀegle] <5> **I.** *vt* ❶ (*déranger*) verstellen *machine;* verändern *climat;* durcheinander bringen *appétit;* **ça a déréglé mon estomac** damit habe ich mir den Magen verdorben
❷ (*pervertir*) verderben *mœurs*
II. *vpr* ❶ (*mal fonctionner*) **se ~** *machine:* sich verstellen; *climat:* sich verändern; *estomac:* streiken (*fam*); **se ~ sans cesse** *montre:* ständig falsch gehen; **se ~ l'appétit/l'estomac** sich (*Dat*) den Appetit/den Magen verderben
❷ (*se pervertir*) *mœurs:* verfallen
dérégulation [deʀegylasjɔ̃] *f* Deregulierung *f*
dérider [deʀide] <1> **I.** *vt* aufheitern
II. *vpr* **se ~** auftauen; *visage:* sich entspannen; **ne jamais se ~** *personne:* nie lachen
dérision [deʀizjɔ̃] *f* Spott *m;* **tourner qn/qc en ~** jdn/etw verspotten; **geste de ~** spöttische Geste; **par ~** zum Spott
dérisoire [deʀizwaʀ] *adj* lächerlich; **à un prix ~** *vendre* spottbillig
dérivatif [deʀivatif] *m* Ablenkung *f;* **~ à qc** Ablenkung von etw; **cela ferait un ~ à tes soucis** das würde dich von deinen Sorgen ablenken
dérivation [deʀivasjɔ̃] *f d'un cours d'eau, d'une route* Umleitung *f*
dérive [deʀiv] *f* ❶ (*déviation*) *d'un avion, bateau* Abdrift *f;* GEOG Verschiebung *f; fig d'une politique* Abdriften *nt; d'une monnaie* Abgleiten *nt; de l'économie* Abflauen *nt;* **~ des continents** Kontinentalverschiebung *f;* **être à la ~** *bateau:* dahintreiben
❷ (*dispositif*) *d'un avion* Seitenleitwerk *nt; d'un bateau* [Haupt]schwert *nt*
► **être/aller** [*o* **partir**] **à la ~** sich treiben lassen; *projets:* den Bach runtergehen (*fam*); **cette entreprise est à la ~** mit diesem Unternehmen geht es bergab; **à la ~** haltlos
dérivé [deʀive] *m* CHIM Derivat *nt;* LING Ableitung *f*
dérivé(e) [deʀive] *adj* **être ~(e) de qc** *race:* von etw abstammen; *style, œuvre d'art/littéraire:* etw nachahmen; CHIM aus etw gewonnen werden
dérivée [deʀive] *f* Ableitung *f*
dériver [deʀive] <1> **I.** *vt* ❶ (*détourner*) umleiten
❷ MATH, LING ableiten
II. *vi* ❶ LING **~ de qc** aus etw kommen
❷ (*s'écarter*) *barque:* abtreiben
dériveur [deʀivœʀ] *m* (*voile*) Sturmsegel *nt;* (*petit voilier*) Jolle *f*
dermatologie [dɛʀmatɔlɔʒi] *f* Dermatologie *f*

dermatologue [dɛʀmatɔlɔg] *mf* Hautarzt *m*/-ärztin *f*
dermatose [dɛʀmatoz] *f* Hautkrankheit *f*
derme [dɛʀm] *m* Lederhaut *f*
dernier [dɛʀnje] *m* **le** ~ (*dans le temps*) der/die/das Letzte; (*pour le mérite*) der/die/das Schlechteste; **il est arrivé le** ~, **c'est lui le** ~ **arrivé** er kam als Letzter, er war der Letzte; **le** ~ **qui sortira...** wer als Letzter geht, ...; **son petit** ~ ihr Jüngster; **c'est le** ~ **de mes soucis** das ist meine geringste Sorge; **habiter au** ~ ganz oben wohnen; **ils ont été tués jusqu'au** ~ sie sind bis auf den Letzten getötet worden; **être le** ~ **de la/sa classe** der Schlechteste in der/seiner Klasse sein; **être le** ~ **des imbéciles** der Letzte sein; **en** ~ als Letzte(r, s); **on l'a inscrit en** ~ **sur la liste** er wurde als Letzter in die Liste eingetragen; **le** ~ **de tout** BELG (*la fin de tout*) das Allerletzte
▶ **les** ~**s seront les premiers** *prov* die Letzten werden die Ersten sein; **rira bien qui rira le** ~ *prov* wer zuletzt lacht, lacht am besten
dernier, -ière [dɛʀnje, -jɛʀ] *adj* ❶ *antéposé* (*ultime*) letzte(r, s); **le** ~ **étage** das oberste Stockwerk; **la dernière marche** (*la plus haute*) die oberste Stufe; (*la plus basse*) die unterste Stufe; **avant le 15 mai,** ~ **délai** bis spätestens 15. Mai; **arriver** ~**(-ière)** (*dans une course, une réunion*) als Letzte(r) eintreffen; (*dans un classement*) Letzte(r) sein; **être reçu(e)** ~**(-ière) à un concours** eine Prüfung als Schlechteste(r) bestehen; **être** ~**(-ière) en classe** der/die Schlechteste in der Klasse sein; **examiner qc dans les** ~**s détails** etw bis ins kleinste Detail prüfen; **c'était la dernière chose à faire** das war das Schlimmste, was man machen konnte
❷ *antéposé* (*le plus récent*) *œuvre, temps, heure* letzte(r, s); *mode, nouvelle, édition* neueste(r, s); *événement* jüngste(r, s); **ces** ~**s temps/jours** in letzter Zeit/in den letzten Tagen; **aux dernières nouvelles** nach [den] neuesten Nachrichten; **être du** ~ **chic** äußerst schick sein
❸ *postposé* (*antérieur*) *an, mois, semaine, siècle* letzte(r, s), vergangene(r, s), vorige(r, s); **l'an** ~ **à cette époque** letztes Jahr um diese Zeit; **au siècle** ~ im letzten Jahrhundert
dernière [dɛʀnjɛʀ] *f* ❶ **la** ~ (*dans le temps*) der/die/das Letzte; (*pour le mérite*) der/die/das Schlechteste
❷ (*représentation*) **la** ~ die Schlussvorstellung
❸ *fam* (*histoire, nouvelle*) **la** ~ das Neueste; **tu connais la** ~**?** weißt du schon das Neueste?
dernièrement [dɛʀnjɛʀmɑ̃] *adv* neulich; **j'ai appris cette nouvelle tout** ~ ich habe diese Neuigkeit gerade erst gehört
dernier-né, dernière-née [dɛʀnjene, dɛʀnjɛʀne] <derniers-nés> *m, f* Letztgeborene(r) *f(m)*; **la dernière-née des voitures Renault** der neueste Renault
dérobade [deʀɔbad] *f* Ausweichmanöver *nt*; (*verbale*) Ausflucht *f*
dérobé(e) [deʀɔbe] *adj escalier, porte* Geheim-, versteckt
dérobée [deʀɔbe] *f* **à la** ~ heimlich
dérober [deʀɔbe] <1> **I.** *vt* ❶ *littér* (*voler*) stehlen; entlocken *secret*; rauben *baiser*
❷ *form* (*dissimuler*) verbergen; ~ **qn/qc à la justice** jdn/etw vor der Justiz schützen; ~ **qn à la mort** jdn vor dem Tode bewahren; **une palissade le dérobait à ma vue** durch einen Zaun war er meinem Blick entzogen
II. *vpr* ❶ (*éviter d'agir, de répondre*) **se** ~ ausweichen; **se** ~ **à son devoir** sich seiner Aufgabe entziehen; **se** ~ **à la discussion** der Diskussion ausweichen
❷ (*se cacher de*) **se** ~ **à la police** sich vor der Polizei verbergen; **se** ~ **à la curiosité de qn** jds Neugier entgehen; **se** ~ **aux regards de la foule** sich den Blicken der Menge entziehen
❸ (*se dégager*) **se** ~ sich entziehen
❹ (*s'effondrer*) **se** ~ *sol:* nachgeben; *genoux, jambes:* versagen
dérogation [deʀɔgasjɔ̃] *f* ❶ (*exception*) Ausnahme *f*; **par** ~ aufgrund einer Sonderregelung; **obtenir une** ~ eine Sondererlaubnis bekommen; **admettre quelques** ~**s** *règlement:* einige Sonderfälle vorsehen
❷ (*violation*) Verstoß *m*; ~ **à la loi** Verstoß gegen das Gesetz sein
déroger [deʀɔʒe] <2a> *vi* ~ **à une loi/un usage** gegen ein Gesetz/eine Gewohnheit verstoßen; ~ **à ses habitudes** seinen Gewohnheiten zuwiderhandeln
dérougir [deʀuʒiʀ] <8> *vi* seine/ihre rote Farbe verlieren
dérouillée [deʀuje] *f pop* Haue *f kein Pl* (*fam*); **prendre** [*o* **recevoir**] **une** ~ Haue kriegen (*fam*)
dérouiller [deʀuje] <1> **I.** *vt* ❶ *pop* (*battre*) verdreschen (*fam*)
❷ (*ôter la rouille*) entrosten
II. *vi pop* (*recevoir une correction*) etwas einstecken müssen (*fam*); (*souffrir*) etwas durchmachen
III. *vpr* **se** ~ **les muscles** die Muskeln spielen lassen; **se** ~ **les jambes** sich (*Dat*) die Beine vertreten
déroulement [deʀulmɑ̃] *m* ❶ (*processus*) *d'une cérémonie* Verlauf *m*; (*suite des faits*) *d'un crime* Ablauf *m*; **le** ~ **de l'action** die Handlung; **pendant le** ~ **du film** während der Film lief; ~ **de la procédure** JUR Verfahrensablauf
❷ (*fait de dérouler*) *d'un rouleau, tuyau* Abrollen *nt*; *d'une bobine, cassette* Abspulen *nt*; **le** ~ **de la pellicule se fait manuellement** der Film wird manuell transportiert
dérouler [deʀule] <1> **I.** *vt* (*dévider*) abrollen *tuyau, rouleau*; abspulen *bobine, cassette*; herablassen *store*
II. *vpr* ❶ (*s'écouler*) **se** ~ *vie, maladie, manifestation:* verlaufen; *crime, idylle, événement:* sich abspielen; *action, pièce, film:* spielen; *cérémonie, concert:* stattfinden; **se** ~ **sous les yeux de qn** *drame:* sich vor jds Augen (*Dat*) abspielen
❷ (*se dévider*) **se** ~ *rouleau, ruban, tuyau, bobine, cassette:* sich abwickeln; **permettre à la pellicule de se** ~ den Film abspulen
déroutant(e) [deʀutɑ̃, ɑ̃t] *adj* verwirrend; *nouvelle* unerwartet; *contradiction, attitude* unerklärlich; **je ne m'attendais pas à une question aussi** ~**e** auf eine derartige Frage war ich nicht gefasst; **c'est vraiment quelqu'un de** ~ er/sie ist wirklich unberechenbar
déroute [deʀut] *f* Flucht *f*; (*effondrement*) Zusammenbruch *m*; **mettre une armée/des manifestants en** ~ eine Armee/Demonstranten in die Flucht schlagen
déroutement [deʀutmɑ̃] *m d'un avion, navire* Kursänderung *f*
dérouter [deʀute] <1> *vt* ❶ (*écarter de sa route*) umleiten; ~ **un avion sur un aéroport** ein Flugzeug auf einen Flughafen umleiten; **le vol 607 est dérouté sur Orly** der Flug 607 wird nach Orly umgeleitet
❷ (*déconcerter*) verwirren; aus dem Konzept bringen *orateur, candidat*; **être complètement dérouté(e) par de nouvelles méthodes** von neuen Methoden vollkommen überfordert sein
derrick [deʀik] *m* Bohrturm *m*
derrière [dɛʀjɛʀ] **I.** *prép* (*sans mouvement*) hinter (+ *Dat*); (*avec mouvement*) hinter (+ *Akk*); **être** ~ **qn** hinter jdm sein; (*dans un classement*) hinter jdm kommen; (*dans une compétition*) hinter jdm liegen; (*soutenir qn*) hinter jdm stehen; (*suivre qn*) hinter jdm her sein; **le ballon se trouve/est tombé** ~ **le mur** der Ball liegt hinter der Mauer/ist hinter die Mauer gefallen; **regarder** ~ **soi** sich umsehen; **ma place est** ~ **lui en classe** in der Schule sitze ich hinter ihm; **j'ai une rude journée** ~ **moi** ich habe einen harten Tag hinter mir; **avoir qn/qc** ~ **soi** jdn/etw hinter sich (*Dat*) haben; **faire qc** ~ **qn** *fig* etw hinter jds Rücken (*Dat*) tun; **laisser qn/qc** ~ **soi** (*abandonner*) jdn/etw zurücklassen; (*après la mort*) etw hinterlassen, jdn zurücklassen; SPORT jdn/etw hinter sich (*Dat*) lassen; **de** ~ **qc** hinter etw (*Dat*) vor; **sortir de** ~ **le buisson** hinter dem Busch [her]vortreten; **par** ~ **qc** hinter etw (*Dat*) herum; **passez par** ~**!** gehen Sie hinten herum!
II. *adv* hinten; **de** ~ von hinten; **là** ~ da hinten; **marcher** ~ am Ende gehen; **rester loin** ~ weit zurückbleiben; **courir** ~ hin-

D

terherlaufen; **se boutonner** ~ *vêtement:* hinten geknöpft werden; **avoir ses parents** ~ (*en renfort*) seine Eltern hinter sich (*Dat*) haben
III. *m* ❶ (*partie arrière*) *d'une maison* Rückseite *f;* **la porte de** ~ die Hintertür; **la poche de** ~ **du pantalon** die Gesäßtasche; **la roue de** ~ das Hinterrad
❷ *fam* (*postérieur*) *d'un animal* Hinterteil *nt; d'une personne* Hintern *m* (*fam*)
▸ **botter le** ~ **à qn** jdm den Hintern versohlen (*fam*); **qn en reste** [*o* **tombe**] **sur le** ~ jdm bleibt der Mund offen stehen (*fam*), jd ist sprachlos

derviche [dɛʀviʃ] *m* REL Derwisch *m;* ~ **tourneur** tanzender Derwisch

des [de] I. *v.* **de**
II. *art indéfini, pluriel* **j'ai acheté** ~ **pommes et** ~ **citrons** ich habe Äpel und Zitronen gekauft

dès [dɛ] *prép* (*à partir de*) bereits; ~ **lors** (*à partir de ce moment-là*) seitdem; (*par conséquent*) infolgedessen; ~ **lors que qn a fait qc** (*puisque*) da [*o* nachdem] jd etw getan hat; ~ **maintenant** ab sofort; ~ **que qn a fait qc** sobald jd etw getan hat; ~ **le matin...** schon morgens ...; ~ **l'époque romaine...** schon zu Zeiten der Römer ...; ~ **mon retour je ferai...** gleich nach meiner Rückkehr werde ich ...; ~ **le 14 août, ...** gleich am 14. August ...; ~ **Valence** schon ab Valence; **j'ai remarqué** ~ **l'entrée que quelqu'un était venu** schon beim Eintreten bemerkte ich, dass jemand gekommen war; ~ **la sortie de Paris** schon als wir aus Paris hinausfuhren; ~ **le premier verre** schon nach dem ersten Glas

désabonnement [dezabɔnmɑ̃] *m* ~ **à un journal** Abbestellung *f* eines Zeitungsabonnements

désabusé(e) [dezabyze] *adj expression, geste* enttäuscht; *attitude* lustlos; *personne* desillusioniert; **prendre un air** ~ ein enttäuschtes Gesicht machen; ~**(e) de qc** einer S. (*Gen*) überdrüssig

désabuser [dezabyze] <1> *vt form* ~ **qn de qc** jdm die Illusionen über etw (*Akk*) nehmen; **je l'ai désabusé** ich habe ihm die Augen geöffnet

désaccord [dezakɔʀ] *m* ❶ (*mésentente*) Unstimmigkeit *f*
❷ (*divergence*) Uneinigkeit *f;* **un** ~ **d'idées** eine Meinungsverschiedenheit; **être en** ~ **avec qn/qc sur qc** mit jdm/etw in etw (*Dat*) nicht einig sein
❸ (*désapprobation*) Missbilligung *f;* **exprimer son** ~ **sur qc** seine Missbilligung einer S. (*Gen*) zum Ausdruck bringen
❹ (*contradiction*) Diskrepanz *f*
❺ JUR Dissens *m* (*Fachspr.*)

désaccordé(e) [dezakɔʀde] *adj* verstimmt

désaccorder [dezakɔʀde] <1> I. *vt* verstimmen
II. *vpr* **se** ~ sich verstimmen

désaccoupler [dezakuple] <1> *vt* TECH, ELEC entkoppeln

désaccoutumance [dezakutymɑ̃s] *f* Entwöhnung *f;* **la** ~ **aux drogues dures est pratiquement impossible** es ist kaum möglich von harten Drogen loszukommen; **la** ~ **à la cigarette/l'alcool est difficile** es ist schwer sich (*Dat*) das Rauchen/Trinken abzugewöhnen

désaccoutumer [dezakutyme] <1> I. *vt* ~ **l'enfant d'une mauvaise habitude** dem Kind eine schlechte Angewohnheit abgewöhnen; ~ **qn de mentir** jdm abgewöhnen zu lügen
II. *vpr* **se** ~ **d'une drogue** von einer Droge loskommen; **se** ~ **de fumer/du tabac** sich das Rauchen abgewöhnen

désacralisation [desakʀalizasjɔ̃] *f soutenu* Profanierung *f* (*geh*)

désacraliser [desakʀalize] <1> *vt soutenu* profanieren (*geh*)

désactivation [dezaktivasjɔ̃] *f* Deaktivierung *f*

désadapté(e) [dezadapte] *adj* unangepasst

désaffecté(e) [dezafɛkte] *adj église, école* geschlossen; *usine, gare* stillgelegt; (*qui a perdu sa destination première*) ehemalige(r, s); **usine** ~**e** ehemalige Fabrik

désaffection [dezafɛksjɔ̃] *f* Unbeliebtheit *f;* **subir une** ~ **an** Beliebtheit einbüßen

désagréable [dezagʀeabl] *adj* unangenehm; **être** ~ **à qn** jdm unangenehm sein; **être** ~ **avec qn** zu jdm unfreundlich sein; **elle n'est pas** ~ **à regarder** sie ist ein erfreulicher Anblick; **voilà un chèque pas** ~ **à encaisser** diesen Scheck reicht man gerne ein

désagréablement [dezagʀeabləmɑ̃] *adv* unangenehm; *répondre* barsch

désagrégation [dezagʀegasjɔ̃] *f* ❶ (*désintégration*) *d'une roche* Verwitterung *f;* CHIM Zerfall *m*
❷ (*décomposition*) *d'une nation, d'un empire* Zerfall *m; d'un groupe, d'une équipe* Auflösung *f*

désagréger [dezagʀeʒe] <2a, 5> I. *vt* ❶ (*désintégrer*) zersetzen
❷ (*décomposer*) sprengen *groupe, parti;* ~ **une nation/un empire** zum Verfall einer Nation/eines Reiches führen
II. *vpr* **se** ~ *corps chimique:* zerfallen; *roche:* verwittern; *foule:* sich auflösen

désagrément [dezagʀemɑ̃] *m* Unannehmlichkeit *f;* **attirer** [*o* **causer**] **du** ~ **à qn** jdm Unannehmlichkeiten machen [*o* bereiten]; **cette voiture m'a valu bien des** ~**s** ich hatte nur Ärger mit diesem Auto

désaimanter [dezɛmɑ̃te] <1> *vt* TECH entmagnetisieren

désaliéner [dezaljene] <1> *vt* befreien *personne*

désalper [dezalpe] <1> *vi* CH das Vieh von der Alm abtreiben

désaltérant(e) [dezalteʀɑ̃, ɑ̃t] *adj* durststillend; **le thé est une boisson** ~**e** Tee löscht gut den Durst [*o* ist ein guter Durstlöscher]

désaltérer [dezalteʀe] <5> I. *vt, vi* den Durst stillen; ~ **qn** jds Durst stillen [*o* löschen]
II. *vpr* **se** ~ seinen Durst stillen

désamiantage [dezamjɑ̃taʒ] *m* Asbestsanierung *f*

désamianter [dezamjɑ̃te] <1> *vt* von Asbest sanieren

désamorçage [dezamɔʀsaʒ] *m* ❶ *d'une arme* Sicherung *f; d'une bombe* Entschärfung *f; d'une pompe* Entwässerung *f; d'un siphon* Trockenlegung
❷ (*neutralisation*) *d'une situation, crise* Entschärfung *f*

désamorcer [dezamɔʀse] <2> I. *vt* ❶ (*interrompre le fonctionnement de*) sichern *arme;* entschärfen *bombe;* trockenlegen *pompe, siphon*
❷ (*neutraliser*) entschärfen *situation, crise;* abwenden *danger*
II. *vpr* **se** ~ *pompe, siphon:* leer gelaufen sein

désamour [dezamuʀ] *m littér* Entlieben *nt*

désappointé(e) [dezapwɛ̃te] *adj* enttäuscht; **être** ~**(e) de qc** über etw (*Akk*) enttäuscht sein

désappointement [dezapwɛ̃tmɑ̃] *m* Enttäuschung *f*

désappointer [dezapwɛ̃te] <1> *vt* enttäuschen

désapprendre [dezapʀɑ̃dʀ] <*irr*> *vt* verlernen

désapprobateur, -trice [dezapʀɔbatœʀ, -tʀis] *adj* missbilligend

désapprobation [dezapʀɔbasjɔ̃] *f* Missbilligung *f;* ~ **muette** [*o* **silencieuse**] stummer Protest; **la** ~ **de sa mère** der Tadel seiner/ihrer Mutter; **des murmures de** ~ missbilligendes Gemurmel; **manifester sa** ~ sein Missfallen zum Ausdruck bringen

désapprouver [dezapʀuve] <1> I. *vt* missbilligen *comportement;* ablehnen *entreprise, projet;* **je désapprouve totalement votre comportement** ich kann Ihr Benehmen auf keinen Fall gutheißen [*o* billigen]; ~ **un voisin de faire une fête** nicht damit einverstanden sein, dass ein Nachbar ein Fest macht
II. *vi* nicht einverstanden sein

désarçonner [dezaʀsɔne] <1> *vt* ❶ (*jeter à bas*) abwerfen
❷ (*désemparer*) aus der Fassung bringen *candidat, orateur*

désargenté(e) [dezaʀʒɑ̃te] *adj fam* **être** ~**(e)** pleite/blank sein (*fam*)

désarmant(e) [dezaʀmɑ̃, ɑ̃t] *adj* entwaffnend

désarmé(e) [dezaʀme] *adj* ❶ (*privé d'armes*) *adversaire, soldat* entwaffnet; *pays* abgerüstet

❷ (*impuissant*) ohnmächtig; ~(e) **devant la concurrence** ohnmächtig gegenüber der Konkurrenz
❸ (*dépourvu*) entwaffnet; (*décontenancé*) fassungslos

désarmement [dezaʀməmɑ̃] *m d'une personne, population* Entwaffnung *f; d'un pays* Abrüstung *f; d'un navire* Auflegen *nt,* Abrüstung; **le ~ d'une forteresse/d'un bunker** das Entfernen der Waffen aus einer Festung/einem Bunker; ~ **nucléaire** nukleare Abrüstung

désarmer [dezaʀme] <1> **I.** *vt* ❶ (*dépouiller de ses armes*) entwaffnen *personne, population;* abrüsten *pays*
❷ (*déséquiper*) abtakeln, abrüsten *navire*
❸ (*décharger*) entladen *arme;* (*mettre le cran de sûreté*) sichern
❹ (*désemparer*) entwaffnen *personne*
II. *vi* ❶ *gouvernement, pays:* abrüsten
❷ (*s'adoucir*) **ne pas ~ contre qn** jdm gegenüber nicht nachgeben; *douleurs:* nicht nachlassen; *haine, vengeance:* sich nicht besänftigen [*o* beschwichtigen] lassen
❸ (*ne pas lâcher prise*) **ne pas ~** nicht aufgeben, es nicht bleiben lassen

désarrimage [dezaʀimaʒ] *m* ❶ NAUT Verrutschen *nt* der [*o* einer] Schiffsladung
❷ (*séparation*) *de deux engins* Abkoppeln *nt*

désarrimer [dezaʀime] <1> *vt* NAUT [verstaute Schiffsladung] verschieben

désarroi [dezaʀwa] *m* ❶ (*trouble*) Verwirrung *f*
❷ (*désespoir*) Verzweiflung *f;* **être en grand** [*o* **plein**] ~ in großer Bedrängnis sein; **plonger qn dans le plus profond ~** (*matériellement*) jdn in größte Bedrängnis [*o* Not] bringen; (*moralement*) jdn zur Verzweiflung treiben [*o* bringen]

désarticuler [dezaʀtikyle] <1> **I.** *vt* ❶ (*faire sortir de son articulation*) ~ **l'épaule/le genou à qn** jdm die Schulter/das Knie ausrenken [*o* auskugeln]; **être désarticulé(e)** ausgerenkt sein
❷ (*détraquer*) kaputtmachen
II. *vpr* ❶ **se ~ l'épaule/le genou** sich (*Dat*) die Schulter/das Knie ausrenken [*o* auskugeln]
❷ (*se contorsionner*) sich verrenken; **être désarticulé(e)** *corps:* gelenkig [*o* biegsam] sein; **pantin désarticulé** Hampelmann *m*

désassembler [dezasɑ̃ble] <1> *vt* TECH auseinander nehmen

désassorti(e) [dezasɔʀti] *adj* ungleich

désastre [dezastʀ] *m* ❶ (*catastrophe*) Katastrophe *f*
❷ (*dégât*) Schaden *m*
❸ (*échec complet*) Reinfall *m* (*fam*); ~ **financier** finanzielles Desaster; **courir au ~** in sein Verderben rennen [*o* laufen]

désastreux, -euse [dezastʀø, -øz] *adj* ❶ (*catastrophique*) verheerend
❷ (*nul*) miserabel

désavantage [dezavɑ̃taʒ] *m* Nachteil *m;* (*physique*) Handikap *nt;* **à son ~** zu seinen/ihren Ungunsten; *changer* zu seinem/ihrem Nachteil; **causer des ~s à qn** jdm Nachteile bringen; **présenter des ~s** Nachteile haben; **mon ~ sur qn** mein Nachteil [*o* Handikap] gegenüber jdm; **être** [*o* **se montrer**] **à son ~** sich nicht von seiner besten Seite zeigen; **tourner au ~ de qn** sich gegen jdn wenden; **voir qn à son ~** jdn in einem ungünstigen Licht sehen

désavantager [dezavɑ̃taʒe] <2a> *vt* ~ **un collègue par rapport à un autre/au profit d'un autre** einen Kollegen gegenüber einem anderen/zugunsten eines anderen benachteiligen; **qc désavantage qn** etw benachteiligt jdn

désavantageux, -euse [dezavɑ̃taʒø, -jøz] *adj* nachteilig; **porter sur qn un jugement ~** jdn zu seinen Ungunsten beurteilen; **se montrer sous un jour très ~** sich in einem sehr ungünstigen Licht zeigen

désaveu [dezavø] <x> *m* ❶ (*rétractation*) Widerruf *m;* (*reniement*) Verleugnung *f;* **les aveux d'un accusé sont souvent suivis de ~x** es kommt oft vor, dass ein Angeklagter sein Geständnis widerruft
❷ (*condamnation*) *d'un comportement, d'une personne* Verurteilung *f;* (*réprobation*) Missbilligung *f;* **infliger un ~ cinglant à qn** jdn scharf zurechtweisen
❸ JUR Nichtanerkennung *f*
◆ ~ **de paternité** Nichtanerkennung *f* der Vaterschaft

désavouer [dezavwe] <1> *vt* ❶ (*refuser comme sien*) verleugnen *ouvrage, collaborateur;* abstreiten *paroles;* nicht anerkennen, abstreiten *paternité;* ~ **une signature/un enfant** eine Unterschrift nicht [als seine eigene]/ein Kind nicht [als sein eigenes] anerkennen
❷ (*rétracter*) ~ **une opinion soutenue** eine bisher vertretene Meinung revidieren; ~ **des propos tenus** seine Worte zurücknehmen
❸ (*désapprouver*) verurteilen *personne, conduite de qn, loi*

désaxé(e) [dezakse] **I.** *adj personne* gestört; *vie* unstet
II. *m(f)* (*personne*) Gestörte(r) *f(m)*

désaxer [dezakse] <1> *vt* ❶ (*faire sortir de son axe*) verziehen
❷ (*déséquilibrer*) aus dem Gleichgewicht bringen

desceller [desele] <1> **I.** *vt* ❶ (*enlever le sceau*) ~ **une lettre** einen Brief entsiegeln
❷ (*détacher*) lösen
II. *vpr* **se ~** *pavé, pierre:* sich lockern

descendance [desɑ̃dɑ̃s] *f* ❶ (*postérité*) Nachkommenschaft *f;* **une nombreuse ~** zahlreiche Nachkommen; **mourir sans laisser de ~** kinderlos sterben
❷ (*origine*) Abstammung *f;* **avoir une ~ illustre** aus einer berühmten Familie stammen

descendant(e) [desɑ̃dɑ̃, ɑ̃t] **I.** *adj chemin* abschüssig; *gamme* absteigend
II. *m(f)* Nachkomme *m;* **les derniers ~s de la famille royale** die letzten Abkömmlinge der königlichen Familie

descendeur, -euse [desɑ̃dœʀ, -øz] *m, f* SKI Abfahrtsläufer(in) *m(f)*

descendre [desɑ̃dʀ] <14> **I.** *vi + être* ❶ (*par un escalier, un chemin*) (*vu d'en haut/d'en bas*) hinuntergehen/herunterkommen; ~ **à la cave** in den Keller hinuntergehen/herunterkommen; ~ **par l'escalier** über die Treppe hinuntergehen/herunterkommen; ~ **à pied** zu Fuß hinuntergehen/herunterkommen; **je descends fermer la porte!** ich gehe runter und schließe die Tür ab!
❷ (*en véhicule, par l'ascenseur*) (*vu d'en haut/d'en bas*) hinunterfahren/herunterkommen; ~ **en voiture** mit dem Auto hinunter-/herunterfahren; ~ **par l'ascenseur** mit dem Aufzug hinunterfahren/herunterkommen
❸ (*opp: grimper, escalader*) (*vu d'en haut/d'en bas*) hinunterklettern/herunterklettern; ~ **de l'arbre** vom Baum [herunter]klettern
❹ (*quitter, sortir*) aussteigen; *cavalier:* absteigen; ~ **du bateau** von Bord gehen; ~ **de la voiture/du train** aus dem Auto/dem Zug [aus]steigen; ~ **du cheval** vom Pferd steigen; ~ **à la mairie** beim [*o* am] Rathaus aussteigen; **faire ~ le chat de la table** die Katze vom Tisch scheuchen
❺ (*voler*) tiefer fliegen; (*pour se poser, vu d'en haut/d'en bas*) *avion:* runtergehen *fam*/herunterkommen; *oiseau:* hinunterfliegen; *parachutiste:* hinuntergleiten
❻ (*aller, se rendre*) ~ **en ville** in die Stadt gehen/fahren; ~ **dans le sud** in den Süden fahren/fliegen
❼ (*faire irruption*) ~ **dans un bar** *police, justice:* in einer Bar eine Razzia machen; *voyous:* [in] eine Bar stürmen
❽ (*loger*) ~ **à l'hôtel/chez qn** im Hotel/bei jdm absteigen
❾ (*être issu de*) ~ **de qn/d'une famille pauvre** von jdm abstammen/aus einer armen Familie stammen
❿ (*aller en pente*) ~ **en pente douce** *route, chemin:* leicht abwärts führen; *vignoble, terrain:* sanft abfallen
⓫ (*aller de haut en bas*) *ballon, voiture:* hinunterrollen; *avalanche:* niedergehen; ~ **dans la plaine** *rivière:* in die Ebene [hinunter]fließen; *route:* in die Ebene [hinunter]führen

12 *littér* (*tomber*) *soleil:* sinken; *soir, nuit:* anbrechen; *jour:* zu Ende gehen
13 (*tomber du ciel*) *pluie, neige, brouillard:* fallen; **qu'est-ce que ça descend!** *fam* das gießt vielleicht! (*fam*)
14 (*baisser*) *marée:* zurückgehen; *niveau de l'eau, prix, taux:* sinken; *baromètre, thermomètre:* fallen
15 MUS ~ **jusqu' au mi/plus bas** *voix:* bis zum E/tiefer heruntergehen
16 (*atteindre*) ~ **à/jusqu'à** *robe, cheveux:* bis zu etw gehen [*o* reichen]; *puits, tunnel, sous-marin:* [bis] auf etw (*Akk*) hinuntergehen
▸ ~ **dans la rue** auf die Straße gehen; **ça fait** ~ *fam* das hilft verdauen
II. *vt + avoir* 1 (*se déplacer à pied*) (*vu d'en haut*) hinuntergehen *escalier, colline;* (*vu d'en bas*) herunterkommen
2 (*se déplacer en véhicule*) (*vu d'en haut/d'en bas*) hinunterfahren/herunterkommen *rue, route*
3 (*porter en bas*) (*vu d'en haut*) hinunterbringen, hinuntertragen; (*vu d'en bas*) herunterbringen, heruntertragen; ~ **qc à la cave** etw in den Keller bringen; ~ **le chat d'un arbre** die Katze vom Baum herunternehmen [*o* herunterholen]
4 (*baisser*) herunterlassen *stores, rideaux;* tiefer hängen *tableau, étagère*
5 *fam* (*déposer*) ~ **qn à l'école/au feu** jdn an der Schule/an der Ampel aussteigen lassen
6 *fam* (*abattre*) abschießen, herunterholen (*fam*) *avion;* abknallen (*fam*) *personne*
7 *fam* (*critiquer*) verreißen (*fam*) *film, auteur*
8 *fam* (*boire*) herunterkippen (*fam*); (*manger*) verputzen (*fam*); **qu'est-ce qu'il descend, le Marcel!** der verträgt ganz anständig was, der Marcel! (*fam*)
9 MUS ~ **la gamme** *chanteur:* die Tonleiter abwärts singen; *joueur:* die Tonleiter abwärts spielen

descente [desɑ̃t] *f* 1 (*action de descendre une pente à pied, en escalade*) Abstieg *m;* (*en voiture, à vélo, ski*) Abfahrt *f;* (*action de descendre un fleuve*) Fahrt *f* stromabwärts; **faire la ~ du Rhin en bateau** mit dem Schiff den Rhein hinunterfahren
2 AVIAT Landung *f*
3 (*arrivée*) **à la ~ d'avion/de bateau** bei der Ankunft im Flughafen/Hafen; **accueillir qn à la ~ de l'avion/du train** jdn am Flughafen/auf dem Bahnsteig begrüßen
4 (*action de descendre au fond de*) ~ **dans qc** Hinuntersteigen *nt* in etw (*Akk*)
5 *fam* (*attaque brusque*) **faire une ~ dans un bar** eine Razzia in einer Bar machen
6 (*pente*) Gefälle *nt;* ~ **rapide** starkes Gefälle; **dans la ~/les ~s** auf abfallender Strecke
7 (*action de porter en bas, déposer*) (*vu d'en haut*) Hinunterbringen *nt,* Hinuntertragen *nt;* (*vu d'en bas*) Herunterholen *nt,* Heruntertragen *nt;* ~ **des bagages de la voiture** Ausladen *nt* des Gepäcks aus dem Auto
8 MED ~ **d'organe/de l'utérus** Organ-/Gebärmuttersenkung *f*
▸ **avoir une bonne** ~ *fam* einen ordentlichen Schluck [*o* einiges] vertragen können (*fam*); **faire une** ~ *police:* eine Razzia machen; *footballeur:* vorstürmen; **faire une ~ chez qn** jdn überfallen (*fam*); **faire une ~ dans le frigo** sich über den Kühlschrank hermachen (*fam*)
◆ ~ **de Croix** Kreuzabnahme *f;* ~ **dames** Abfahrtslauf *m* der Damen; ~ **aux enfers** Höllenfahrt *f;* ~ **hommes** Abfahrtslauf *m* der Herren; ~ **de lit** Bettvorleger *m;* ~ **de police** Polizeikontrolle *f;* ~ **en rappel** Abseilen *nt* [im Dülfersitz]; ~ **en vol plané** Gleitflug *m*

descripteur [dɛskʀiptœʀ] *m* 1 (*narrateur*) beschreibender Erzähler *m*
2 INFORM Deskriptor *m*

descriptif [dɛskʀiptif] *m* Beschreibung *f*

descriptif, -ive [dɛskʀiptif, -iv] *adj* beschreibend, deskriptiv; *musique* tonmalerisch

description [dɛskʀipsjɔ̃] *f* Beschreibung *f; d'un événement* Schilderung *f*

désembourber [dezɑ̃buʀbe] <1> *vt* aus dem Schlamm ziehen

désembouteiller [dezɑ̃buteje] <1> *vt* entlasten *circulation, lignes téléphoniques*

désembuer [dezɑ̃bɥe] <1> *vt* frei machen *vitre*

désemparé(e) [dezɑ̃paʀe] *adj personne* hilflos, ratlos

désemparer [dezɑ̃paʀe] <1> ▸ **sans** ~ unablässig, ununterbrochen

désemplir [dezɑ̃pliʀ] <8> *vi* **ne pas** ~ immer voll sein

désenchanté(e) [dezɑ̃ʃɑ̃te] *adj* ernüchtert, desillusioniert

désenclavement [dezɑ̃klavmɑ̃] *m* [Verkehrs]anschluss *m*

désenclaver [dezɑ̃klave] <1> **I.** *vt* mit der Außenwelt verbinden *région, ville;* [aus der Isolation] befreien *sinistré*
II. *vpr* **se** ~ *région, habitants:* sich aus der Isolation befreien

désencombrer [dezɑ̃kɔ̃bʀe] <1> *vt* ~ **une route/voie de qc** eine Straße/Spur von etw räumen [*o* frei machen]; ~ **les voies respiratoires de qc** die Atemwege von etw frei machen

désencrasser [dezɑ̃kʀase] <1> *vt* reinigen, säubern

désendettement [dezɑ̃dɛtmɑ̃] *m* Entschuldung *f*

désendetter [dezɑ̃dete] <1> *vpr* **se** ~ seine Schulden tilgen

désenfler [dezɑ̃fle] <1> **I.** *vt* zum Abschwellen bringen
II. *vi* abschwellen
III. *vpr* **se** ~ abschwellen

désengagement [dezɑ̃gaʒmɑ̃] *m de deux États* Disengagement *nt;* ~ **de la France par rapport à ce pays** mangelndes Engagement Frankreichs gegenüber diesem Land; **le ~ d'une alliance** der Rückzug aus einer Allianz

désengager [dezɑ̃gaʒe] <2a> **I.** *vt* 1 ~ **qn d'une obligation** jdn von einer Verpflichtung befreien
2 MIL zurückziehen *troupes*
II. *vpr* **se** ~ 1 sich zurückziehen; **se ~ d'une obligation** sich von einer Verpflichtung freimachen
2 MIL sich zurückziehen

désengorger [dezɑ̃gɔʀʒe] <2a> *vt* wieder frei machen

désennuyer [dezɑ̃nɥije] <6> *littér* **I.** *vt* ~ **qn** jdm die Langeweile vertreiben
II. *vpr* **se** ~ sich die Langeweile vertreiben

désensabler [dezɑ̃sable] <1> *vt* aus dem Sand befreien *bateau, voiture;* vom Sand befreien *chenal*

désensibilisation [desɑ̃sibilizasjɔ̃] *f* ~ **à qc** Desensibilisierung *f* gegen etw

désensibiliser [desɑ̃sibilize] <1> *vt* desensibilisieren

désensorceler [dezɑ̃sɔʀsəle] <3> *vt a. fig* entzaubern *personne*

désentortiller [dezɑ̃tɔʀtije] <1> *vt* auswickeln *bonbon;* abwickeln *bandage*

désentraver [dezɑ̃tʀave] <1> *vt* von den Fesseln befreien *animal, personne*

désenvaser [dezɑ̃vaze] <1> *vt* aus dem Schlamm ziehen *bateau;* entschlammen *chenal*

désenvenimer [dezɑ̃v(ə)nime] <1> *vt* 1 (*extraire le venin*) entgiften
2 *fig* (*adoucir*) entschärfen *conversation, situation*

désépaissir [dezepesiʀ] <8> *vt* verdünnen *sauce;* ausdünnen *frange*

déséquilibre [dezekilibʀ] *m* 1 (*instabilité, inégalité*) *des forces, valeurs, de la balance commerciale* Ungleichgewicht *nt; d'une construction, personne,* mangelndes Gleichgewicht; ~ **entre l'offre et la demande** Missverhältnis *nt* zwischen Angebot und Nachfrage; **être en** ~ *personne, objet:* wackelig sein; **créer un** ~ das Gleichgewicht stören
2 PSYCH ~ **mental** [*o* **psychique**] psychische Störungen *Pl*

déséquilibré(e) [dezekilibʀe] **I.** *adj personne* unausgeglichen; PSYCH psychisch gestört; *balance* unausgeglichen; *quantités* nicht ausgewogen; **avoir l'esprit** ~ psychisch gestört sein
II. *m(f)* (*personne*) psychisch Gestörte(r) *f(m)*

déséquilibrer [dezekilibʀe] <1> *vt* ❶ aus dem Gleichgewicht bringen *personne, objet;* ~ **le budget/la balance commerciale** ein Ungleichgewicht im Budget/in der Handelsbilanz herbeiführen
❷ PSYCH ~ **qn** jdn aus dem seelischen Gleichgewicht bringen

désert [dezɛʀ] *m* ❶ GEOG Wüste *f;* ~ **de Gobi/du Sahara** Wüste Gobi/Sahara
❷ *(lieu dépeuplé)* Einöde *f,* Einschicht *f* (A); **cette région est un [véritable]** ~ die Gegend ist wie ausgestorben
❸ *(vide)* ~ **culturel** kulturelles Notstandsgebiet
▸ **prêcher dans le** ~ tauben Ohren predigen

désert(e) [dezɛʀ, ɛʀt] *adj* ❶ *(sans habitant) pays, région* unbewohnt; *île, maison* einsam, verlassen
❷ *(peu fréquenté) plage, rue* menschenleer

déserter [dezɛʀte] <1> **I.** *vt* ❶ *(quitter)* verlassen *lieu, son poste*
❷ *(abandonner, renier)* verraten *cause;* austreten aus *syndicat, parti;* nicht teilnehmen an (+ *Dat*) *réunions*
II. *vi* MIL desertieren

déserteur [dezɛʀtœʀ] **I.** *m* ❶ MIL Deserteur *m*
❷ *littér (renégat)* Abtrünniger *m*
II. *adj* desertiert

désertification [dezɛʀtifikasjɔ̃] *f* ❶ GEOG Versteppung *f;* *(surexploitation des ressources)* Plünderung *f*
❷ ECON *d'une région, de la campagne* Verödung *f*
◆ ~ **des campagnes** Landflucht *f*

désertifier [dezɛʀtifje] <1a> *vpr* **se** ~ ❶ GEOG versteppen
❷ ECON *région, pays:* veröden

désertion [dezɛʀsjɔ̃] *f* ❶ MIL Fahnenflucht *f,* Desertion *f;* ~ **devant qn** Flucht *f* vor jdm
❷ *(fait de quitter)* ~ **de qc par qn** jds Flucht *f* aus etw; **la** ~ **des campagnes par les populations** die Landflucht der Bevölkerung
❸ *(défection)* ~ **du parti** Austritt *m* aus der Partei

désertique [dezɛʀtik] *adj climat, plante* Wüsten-; *région* öde

désescalade [dezɛskalad] *f* POL, MIL Deeskalation *f*

désespérant(e) [dezɛspeʀɑ̃, ɑ̃t] *adj* ❶ *littér nouvelle, images* niederschmetternd
❷ *(décourageant)* **être** ~**(e)** *notes, comportement:* zum Verzweifeln sein; **tu es** ~**(e)!** es ist zum Verzweifeln mit dir!; **c'est** ~ **de voir comment qn fait qc** es ist nicht mitanzusehen, wie jd etw tut
❸ *(désagréable) temps* scheußlich; **être d'une lenteur/naïveté** ~**e** entsetzlich lahm/naiv sein

désespéré(e) [dezɛspeʀe] **I.** *adj* verzweifelt; *cas* hoffnungslos; *situation* ausweglos
II. *m(f)* Verzweifelte(r) *f(m)*

désespérément [dezɛspeʀemɑ̃] *adv* ❶ *(sans espoir) aimer* hoffnungslos
❷ *(avec acharnement) attendre, appeler, lutter* verzweifelt
❸ *(absolument) vide, silencieux* zum Verzweifeln

désespérer [dezɛspeʀe] <5> **I.** *vi* verzweifeln; ~ **de qc** die Hoffnung auf etw *(Akk)* aufgeben; ~ **de faire qc** die Hoffnung aufgeben etw zu tun; **ne pas** ~ **que qn fasse qc** die Hoffnung nicht aufgeben, dass jd etw tut; **c'est à** ~ es ist zum Verzweifeln
II. *vt* ❶ *(affliger)* verzweifeln lassen
❷ *(décourager)* zur Verzweiflung bringen
III. *vpr* **se** ~ verzweifeln, in Verzweiflung geraten

désespoir [dezɛspwaʀ] *m* ❶ *(perte ou absence d'espoir)* Hoffnungslosigkeit *f*
❷ *(détresse, désespérance)* Verzweiflung *f;* **être** [*o* **faire**] **le** ~ **de qn** jdn zur Verzweiflung bringen
▸ **en** ~ **de cause** in letzter Verzweiflung

déshabillage [dezabijaʒ] *m* Ausziehen *nt,* Entkleiden *nt (geh)*

déshabillé [dezabije] *m (vêtement)* Negligé *nt*

déshabillé(e) [dezabije] *adj* ausgezogen; *scène, séquence* Nackt-

déshabiller [dezabije] <1> **I.** *vt* ausziehen *personne;* ~ **qn du regard** jdn mit den Blicken ausziehen
II. *vpr* **se** ~ ❶ sich ausziehen
❷ *(se mettre à l'aise)* ablegen

déshabituer [dezabitɥe] <1> **I.** *vt* ~ **qn de qc** jdm etw abgewöhnen; ~ **qn de faire qc** jdm abgewöhnen etw zu tun
II. *vpr* **se** ~ **de qc** sich *(Dat)* etw abgewöhnen; **se** ~ **de faire qc** sich *(Dat)* abgewöhnen etw zu tun

désherbage [dezɛʀbaʒ] *m* Unkrautjäten *nt*

désherbant [dezɛʀbɑ̃] *m* Unkrautvertilgungsmittel *nt*

désherbant(e) [dezɛʀbɑ̃, ɑ̃t] *adj* unkrautvertilgend

désherber [dezɛʀbe] <1> **I.** *vi* Unkraut jäten
II. *vt* jäten

déshérence [dezeʀɑ̃s] *f* Erbenlosigkeit *f*
▸ **en** ~ *littér* in Vergessenheit geraten

déshérité(e) [dezeʀite] **I.** *adj* ❶ *(privé d'héritage)* enterbt
❷ *(désavantagé)* benachteiligt
II. *mpl* **les** ~**s** die Armen, die Bedürftigen

déshériter [dezeʀite] <1> *vt* ❶ enterben
❷ *(priver d'avantages)* benachteiligen; **la nature l'a bien déshérité** die Natur hat ihn stiefmütterlich behandelt

déshonneur [dezɔnœʀ] *m* Schande *f,* Unehre *f (geh);* **il n'y a pas de** ~ **à faire qc** es ist keine Schande etw zu tun; **qn est le** ~ **de la famille** jd ist die Schande der Familie

déshonorant(e) [dezɔnɔʀɑ̃, ɑ̃t] *adj conduite, trafic* unehrenhaft; *échec, accusation* entehrend

déshonorer [dezɔnɔʀe] <1> **I.** *vt* ❶ *(porter atteinte à l'honneur de)* Schande bringen über (+ *Akk*) *famille;* in Misskredit bringen *profession;* entehren *femme;* **se croire déshonoré(e) de faire qc** es für unter seiner Würde halten etw zu tun
❷ *(défigurer)* verunstalten *monument, paysage*
II. *vpr* **se** ~ seine Ehre verlieren

déshumaniser [dezymanize] <1> *vt* entmenschlichen

déshydratation [dezidʀatasjɔ̃] *f* MED Wasserverlust *m;* TECH Wasserentzug *m,* Dehydratation *nt (Fachspr.)*

déshydraté(e) [dezidʀate] *adj* ❶ *(qui manque d'eau)* ausgetrocknet
❷ *fam (assoiffé)* am Verdursten *(fam)*

déshydrater [dezidʀate] <1> **I.** *vt* ❶ MED austrocknen
❷ TECH dehydratisieren *(Fachspr.) légumes, lait*
II. *vpr* **se** ~ Flüssigkeit verlieren

desiderata [dezideʀata] *mpl* Anliegen *nt,* Wünsche *Pl*

design [dezajn] **I.** *m* Design *nt*
II. *adj inv* **meuble/style** ~ Designmöbel *nt*/Designstil *m*

désignation [deziɲasjɔ̃] *f* ❶ *(appellation)* Bezeichnung *f*
❷ *(nomination)* [vorläufige] Ernennung, Designierung *f*
❸ *(indication)* Angabe *f*

designer [dizajnœʀ, dezajnœʀ] *mf* Designer(in) *m(f)*

désigner [deziɲe] <1> *vt* ❶ *(montrer, indiquer)* ~ **qn/qc** auf jdn/etw hinweisen [*o* hindeuten]; ~ **qn/qc du doigt** mit dem Finger auf jdn/etw zeigen; ~ **la porte à qn** jdm die Tür weisen; ~ **qn comme coupable/responsable** auf jdn als den Schuldigen/Verantwortlichen hindeuten [*o* weisen]
❷ *(signaler)* ~ **qn à l'attention de qn** jds Aufmerksamkeit auf jdn lenken; ~ **qn à l'admiration de qn** bei jdm Bewunderung für jdn hervorrufen
❸ *(choisir)* ~ **qn comme qc** jdn zu etw ernennen; ~ **qn pour faire qc** jdn dazu bestimmen etw zu tun; ~ **qn à un poste** jdn für einen Posten bestimmen
❹ *(qualifier)* ~ **qn pour qc** *qualités, diplômes:* jdn für etw bestimmen; **être tout(e)** ~**(e) pour qc/pour faire qc** besonders geeignet sein für etw/etw zu tun
❺ *(dénommer)* ~ **qn par son nom** jdn beim Namen nennen; ~ **qc sous qc** etw mit etw bezeichnen

désillusion [dezi(l)lyzjɔ̃] *f* Enttäuschung *f,* Desillusion *f*

désillusionner [dezi(l)lyzjɔne] <1> *vt* ~ **qn** jdn enttäuschen, jdm die Illusionen nehmen

désincarcération [dezɛ̃kaʀseʀasjɔ̃] *f* Befreiung *f;* **matériel de** ~ Schneidgerät *nt*

désincarné(e) [dezɛ̃kaʀne] *adj fig doctrine, morale* wirklichkeits-

fremd
désincruster [dezɛ̃kʀyste] <1> *vt* ❶ TECH ~ **qc** den Kesselstein aus etw entfernen
❷ (*nettoyer*) porentief reinigen *peau;* reinigen *pores*
désindexer [dezɛ̃dɛkse] <1> *vt* ~ **qc** die Indexierung für etw aufheben
désindustrialisation [dezɛ̃dystʀijalisasjɔ̃] *f* rückläufige Entwicklung der Industrie; JUR Deindustrialisierung *f*
désinence [dezinɑ̃s] *f* Endung *f*
désinfectant [dezɛ̃fɛktɑ̃] *m* Desinfektionsmittel *nt*
désinfectant(e) [dezɛ̃fɛktɑ̃, ɑ̃t] *adj* desinfizierend
désinfecter [dezɛ̃fɛkte] <1> *vt* desinfizieren
désinfection [dezɛ̃fɛksjɔ̃] *f* Desinfektion *f*
désinflation [dezɛ̃flasjɔ̃] *f* Rückgang *m* der Inflation
désinflationniste [dezɛ̃flasjɔnist] *adj* inflationsbekämpfend
désinformation [dezɛ̃fɔʀmasjɔ̃] *f* Desinformation *f*
désinformer [dezɛ̃fɔʀme] <1> *vt* desinformieren
désinsectisation [dezɛ̃sɛktizasjɔ̃] *f* Insektenbekämpfung *f*
désinsectiser [dezɛ̃sɛktize] <1> *vt* von Ungeziefer befreien
désinstaller [dezɛ̃stale] <1> *vt* INFORM deinstallieren *programme*
désintégration [dezɛ̃tegʀasjɔ̃] *f* ❶ *d'une famille* Auflösung *f*, Auseinanderbrechen *nt; d'un parti* Zerfall *m*
❷ GEOL Verwitterung *f*
❸ PHYS *d'une matière* Zerfall *m*
désintégrer [dezɛ̃tegʀe] <5> **I.** *vt* ❶ *fig* auflösen *famille, parti*
❷ GEOL verwittern lassen
❸ PHYS spalten
II. *vpr* **se** ~ ❶ *parti:* zerfallen; *famille, équipe:* sich auflösen
❷ GEOL verwittern
❸ PHYS sich spalten
désintéressé(e) [dezɛ̃teʀese] *adj* ❶ *personne, acte, attitude* selbstlos, uneigennützig
❷ (*objectif*) *esprit, jugement* unvoreingenommen
désintéressement [dezɛ̃teʀɛsmɑ̃] *m* ❶ Selbstlosigkeit *f*, Uneigennützigkeit *f;* **avec** ~ selbstlos, uneigennützig
❷ (*dédommagement*) Abfindung *f*
désintéresser [dezɛ̃teʀese] <1> **I.** *vt* (*dédommager*) ~ **qn** jdm eine Abfindung zahlen
II. *vpr* **se** ~ **de qn/qc** das Interesse an jdm/etw verlieren
désintérêt [dezɛ̃teʀɛ] *m* Desinteresse *nt;* **son** ~ **pour qc** sein/ihr Desinteresse an etw (*Dat*)
désintoxication [dezɛ̃tɔksikasjɔ̃] *f* MED Entgiftung *f; d'un drogué, alcoolique* Entwöhnung *f;* **faire une cure de** ~ eine Entziehungskur machen
désintoxiquer [dezɛ̃tɔksike] <1> **I.** *vt* ❶ MED entwöhnen *drogué, alcoolique;* **se faire** ~ sich einer Entziehungskur unterziehen
❷ (*purifier l'organisme*) entgiften *citadin, fumeur*
II. *vpr* **se** ~ ❶ MED *alcoolique, toxicomane:* eine Entziehungskur machen
❷ (*s'oxygéner*) Sauerstoff tanken (*fam*)
désinvolte [dezɛ̃vɔlt] *adj* ❶ (*décontracté*) *mouvement, attitude* ungezwungen; *style* locker
❷ (*sans-gêne*) *air, attitude, réponse* ungeniert, lässig (*pej*)
désinvolture [dezɛ̃vɔltyʀ] *f* ❶ (*aisance*) Ungezwungenheit *f*
❷ (*sans-gêne*) Ungeniertheit *f*, Lässigkeit *f* (*pej*); **répondre avec** ~ [zu] ungeniert [*o* locker] antworten
désir [deziʀ] *m* ❶ Wunsch *m;* ~ **de qc/de faire qc** Wunsch nach etw/etw zu tun; **vos ~s sont des ordres** *hum* Ihr Wunsch ist [*o* sei] mir Befehl; **prendre ses ~s pour des réalités** sich (*Dat*) etw vormachen
❷ (*appétit sexuel*) Verlangen *nt*
désirable [deziʀabl] *adj* ❶ *qualités, attention* wünschenswert
❷ (*excitant*) *personne* begehrenswert
désirer [deziʀe] <1> *vt* ❶ (*souhaiter*) wünschen, [haben] mögen; **je désire/désirerais un café** ich möchte [gerne] einen Kaffee [haben]; ~ **faire qc** wünschen etw zu tun; **il désire vous parler** er wünscht Sie zu sprechen, er möchte sie [gerne] sprechen; **il désire que qn fasse qc** er wünscht [*o* möchte], dass jd etw tut; **être désiré(e)** gewünscht sein
❷ (*convoiter*) begehren
▸ **se faire** ~ auf sich warten lassen; **laisser à** ~ zu wünschen übrig lassen
désireux, -euse [deziʀø, -øz] *adj* **être** ~(**-euse**) **de qc** nach etw streben; **être** ~(**-euse**) **de faire qc** den Wunsch haben etw zu tun
désistement [dezistəmɑ̃] *m* ❶ POL Rücktritt *m*
❷ JUR Verzicht *m*, Zurücknahme *f*
désister [deziste] <1> *vpr* **se** ~ ❶ POL zurücktreten; **se** ~ **en faveur de qn** zu jds Gunsten zurücktreten
❷ JUR die Klage zurückziehen
désobéir [dezɔbeiʀ] <8> *vi* ~ **à qn** jdm nicht gehorchen; *soldat:* den [*o* jds] Befehl verweigern; ~ **à la loi** das Gesetz nicht beachten; ~ **à un ordre** sich einem Befehl widersetzen
désobéissance [dezɔbeisɑ̃s] *f* ~ **à qn** Ungehorsam *m* gegenüber jdm; ~ **à un ordre/une loi** Nichtbeachtung *f* eines Befehls/eines Gesetzes
désobéissant(e) [dezɔbeisɑ̃, ɑ̃t] *adj* ungehorsam
désobligeance [dezɔbliʒɑ̃s] *f littér* Ungefälligkeit *f*
désobligeant(e) [dezɔbliʒɑ̃, ʒɑ̃t] *adj personne* ungefällig; *attitude, propos* unfreundlich, unangenehm
désobliger [dezɔbliʒe] <2a> *vt* kränken, vor den Kopf stoßen
désodorisant [dezɔdɔʀizɑ̃] *m* De[s]odorant *nt*
désodorisant(e) [dezɔdɔʀizɑ̃, ɑ̃t] *adj* desodorierend
désodoriser [dezɔdɔʀize] <1> *vt* ~ **le couloir** den unangenehmen Geruch im Korridor beseitigen
désœuvré(e) [dezœvʀe] **I.** *adj* untätig; **ne reste pas ainsi** ~(**e**)! sitz nicht so untätig herum!
II. *m(f) péj* Müßiggänger(in) *m(f)*
désœuvrement [dezœvʀəmɑ̃] *m* Untätigkeit *f;* **par** ~ um die Zeit totzuschlagen
désolant(e) [dezɔlɑ̃, ɑ̃t] *adj spectacle, nouvelle* traurig; *temps* trostlos; **il est** ~ **que qn fasse qc** es ist traurig, dass jd etw tut
désolation [dezɔlasjɔ̃] *f* ❶ Verzweiflung *f*, Trostlosigkeit *f;* **plonger qn dans la** ~ jdn in Trostlosigkeit [*o* Verzweiflung] versetzen
❷ *littér* (*dévastation*) Verwüstung *f;* **semer la** ~ **dans tout le pays** das ganze Land verwüsten
désolé(e) [dezɔle] *adj* ❶ (*éploré*) tief betrübt, untröstlich
❷ (*navré*) **je suis vraiment** ~(**e**) es tut mir wirklich Leid; **j'en suis** ~(**e**) **pour vous** das tut mir Leid für Sie; **je suis** ~(**e**) **que qn ait fait qc** es tut mir Leid, dass jd etw getan hat; **je suis** ~(**e**) **de vous avoir fait attendre** es tut mir Leid, dass ich Sie warten ließ; ~(**e**)! [es] tut mir Leid!
❸ (*désert et triste*) *lieu, paysage* trostlos
désoler [dezɔle] <1> **I.** *vt* ❶ (*affliger*) traurig machen, betrüben; **ça me désole de te dire que qn a fait qc** es tut mir Leid dir sagen zu müssen, dass jd etw getan hat
❷ (*contrarier*) verdrießen
II. *vpr* (*être navré*) **se** ~ jammern; **se** ~ **de qc/faire qc** etw bedauern/bedauern etw zu tun
désolidariser [desɔlidaʀize] <1> *vpr* **se** ~ **de qn/qc** sich von jdm/etw distanzieren
désopilant(e) [dezɔpilɑ̃, ɑ̃t] *adj* wahnsinnig lustig
désordonné(e) [dezɔʀdɔne] *adj* ❶ (*qui manque d'ordre*) *personne* unordentlich; *maison, pièce* unaufgeräumt
❷ (*qui manque d'organisation*) *esprit, personne* chaotisch, zerfahren
❸ (*incontrôlé*) *gestes, mouvements* unkontrolliert; *élans* unkoordiniert; *fuite, combat* ungeordnet
❹ *littér* (*déréglé*) *vie, conduite* zügellos
désordre [dezɔʀdʀ] *m* ❶ *sans pl* (*absence d'ordre*) *d'une personne, d'un lieu* Unordnung *f;* **en** ~ in Unordnung; **le tiercé dans le** ~ die Dreierwette in beliebiger Reihenfolge
❷ (*confusion*) *de l'esprit, des idées* Durcheinander *nt;* **jeter le** ~ **dans les esprits** für Verwirrung sorgen

❸ (*absence de discipline*) Unruhe *f;* **semer le** ~ Unruhe verbreiten; **arrêter qn pour** ~ **sur la voie publique** jdn wegen ungebührlichen Benehmens festnehmen
❹ *gén pl* POL Unruhen *Pl*
❺ *littér* (*conduite déréglée*) Ausschweifung *f;* **mener une vie de** ~ ein ausschweifendes Leben führen
❻ MED Störung *f;* ~ **hormonal/hépatique** hormonelle Störung/Leberfunktionsstörung
► **ça fait** ~ *fam* das ist ein Handikap
désorganisation [dezɔʀganizasjɔ̃] *f* Desorganisation *f*
désorganiser [dezɔʀganize] <1> *vt* durcheinander bringen *service, projets;* **être désorganisé(e)** *service, administration:* gestört [*o* desorganisiert] sein
désorienté(e) [dezɔʀjɑ̃te] *adj* verwirrt, verunsichert
désorienter [dezɔʀjɑ̃te] <1> *vt* ❶ (*égarer*) verwirren *personne;* vom Kurs abbringen *avion;* **être désorienté(e)** die Orientierung verlieren
❷ (*déconcerter*) verunsichern, verwirren
désormais [dezɔʀmɛ] *adv* von nun [*o* jetzt] an, nunmehr (*geh*)
désosser [dezɔse] <1> *vt* ❶ GASTR von den Knochen lösen *viande;* **dinde désossée** Truthahn *m* ohne Knochen
❷ (*démonter*) auseinander nehmen *véhicule, machine*
désoxyribonucléique [dezɔksiʀibonykleik] *adj* **acide** ~ Desoxyribonukleinsäure *f*
desperado [dɛspeʀado] *m* Desperado *m*
despote [dɛspɔt] **I.** *m* ❶ POL Despot *m;* ~ **éclairé** Monarch *m* des aufgeklärten Absolutismus
❷ (*personne tyrannique*) Despot *m,* Tyrann *m*
II. *adj* despotisch
despotique [dɛspɔtik] *adj* ❶ POL *gouvernement, pouvoir* despotisch; **souverain** ~ Gewaltherrscher *m*
❷ (*autoritaire*) despotisch, herrisch
despotisme [dɛspɔtism] *m* ❶ POL Despotismus *m,* Gewaltherrschaft *f;* ~ **éclairé** aufgeklärter Absolutismus
❷ (*volonté tyrannique*) Tyrannei *f*
desquamation [dɛskwamasjɔ̃] *f* ❶ MED *de l'épiderme* Abschuppung *f*
❷ GEOL *d'écailles rocheuses* Desquamation *f* (*Fachspr.*)
desquamer [dɛskwame] <1> **I.** *vt* von abgestorbenen Schuppen befreien
II. *vi peau:* sich schälen
III. *vpr* **se** ~ [sich] [ab]schuppen, abschilfern
desquels, desquelles [dekɛl] *pron v.* **lequel**
DESS [deøɛsɛs] *m abr de* **diplôme d'études supérieures spécialisées** *Abschlussexamen eines Aufbaustudienganges*
dessaisir [desezir] <8> **I.** *vt* JUR ~ **le tribunal/juge de qc** das Gericht/den Richter für nicht zuständig in etw (*Dat*) erklären
II. *vpr* **se** ~ **de qc** etw abgeben, etw herausgeben
dessalage [desalaʒ] *m* NAUT *fam* Kentern *nt*
dessalement [desalmɑ̃] *m* Entsalzen *nt,* Entsalzung *f*
dessaler [desale] <1> **I.** *vt* entsalzen; wässern *poisson*
II. *vpr* **se** ~ seinen Salzgehalt verlieren
III. *vi* NAUT kentern
dessaouler [desule] <1> *vi v.* **dessoûler**
desséchant(e) [deseʃɑ̃, ɑ̃t] *adj* austrocknend; *études* trocken; **être** ~**(e) pour la peau** die Haut austrocknen
dessèchement [desɛʃmɑ̃] *m de la peau, du sol* Austrocknung *f;* ~ **du cœur** Abstumpfung *f* der Gefühle
dessécher [deseʃe] <1> **I.** *vt* ❶ (*rendre sec*) austrocknen *terre, peau, bouche;* **bouche desséchée** augetrockneter Mund; verdorren lassen *végétation;* trocknen *plantes;* **plante desséchée** verdorrte Pflanze; trocknen, dorren *fruits;* **mes lèvres sont desséchées** ich habe trockene Lippen
❷ (*rendre maigre*) auszehren *personne, corps*
❸ (*rendre insensible*) abstumpfen, abhärten *personne;* ~ **le cœur de qn** jdn gefühlskalt machen
II. *vpr* **se** ~ ❶ *bouche, lèvres:* trocken werden; *terre, peau:* austrocknen; *végétation:* verdorren
❷ (*maigrir*) dürr werden
❸ (*devenir insensible*) abstumpfen; **son cœur s'est desséché** er/sie ist hart [*o* gefühllos] geworden
dessein [desɛ̃] *m littér* Plan *m,* Absicht *f;* **nourrir de grands** ~**s/de noirs** ~**s** *littér* große Pläne schmieden/finstere Absichten hegen; **avoir** [*o* **nourrir** *littér*] **le** ~ **de faire qc** die Absicht haben [*o* hegen *geh*] etw zu tun; **à** ~ absichtlich, mit Absicht; **dans le** ~ **de faire qc** in der Absicht etw zu tun
desseller [desele] <1> *vt* absatteln
desserrage [deseʀaʒ] *m* Lockern *nt; d'un écrou* Losschrauben *nt; d'un frein* Lösen *nt*
desserré(e) [deseʀe] *adj vis, nœud, lacet* locker; *ceinture, cravate* gelockert; *frein* gelöst; *col* offen; **avec des lacets** ~**s** mit offenem Schuh
desserrer [deseʀe] <1> **I.** *vt* ❶ (*dévisser*) lockern, losschrauben
❷ (*relâcher*) lockern *étau, cravate;* lockern, weiter machen *ceinture;* lösen *frein à main*
❸ (*écarter*) öffnen *poing;* ~ **les lignes/les mots** Abstand zwischen den Zeilen/Wörtern lassen; **desserrez les rangs!** rücken Sie etwas auseinander!
II. *vpr* **se** ~ *vis, étau, nœud:* sich lockern; *frein à main:* sich lösen; *personnes:* auseinander rücken; *rangs:* sich auflösen
dessert [desɛʀ] *m* GASTR (*mets, moment*) Nachtisch *m,* Dessert *nt;* **prendre qc comme** ~ etw als Nachtisch [*o* Dessert] nehmen; **au** ~ beim Nachtisch [*o* Dessert]
desserte [desɛʀt] *f* ❶ (*meuble*) Serviertisch *m*
❷ TRANSP ~ **de qc** [Verkehrs]verbindung *f* zu etw; ~ **aérienne/postale** Luftverbindung *f*/Lieferung *f* der Postsendungen; **la** ~ **du village se fait par autocar** das Dorf wird mit dem Bus angefahren; **la** ~ **du port s'effectue par voie ferrée** der Hafen hat einen Gleisanschluss
dessertir [desɛʀtiʀ] <8> *vt* aus der Fassung nehmen *brillant*
desservant [desɛʀvɑ̃] *m d'une paroisse* Pfarrverweser *m*
desservir [desɛʀviʀ] <*irr*> *vt* ❶ (*débarrasser*) abräumen *table*
❷ (*nuire à*) ~ **qn/qc** jdm/einer S. schaden; ~ **qn par qc auprès de qn** jdn mit etw bei jdm in Misskredit bringen
❸ TRANSP *bus, train:* anfahren; *compagnie aérienne:* anfliegen; *bateau:* anlaufen; *ligne, autoroute, voie ferrée:* nach etw führen; **le train dessert cette gare/ce village** der Zug hält an diesem Bahnhof/in diesem Dorf; **être desservi(e) par qc** Anschluss *m* [*o* Anbindung *f*] an etw (*Akk*) haben; **être bien/mal desservi(e)** einen guten/schlechten Verkehrsanschluss haben
❹ REL seelsorgerisch betreuen *paroisse*
dessiller [desije] <1> **I.** *vt* ~ **les yeux à qn sur qn/qc** jdm in Bezug auf jdn/etw die Augen öffnen
II. *vpr* **ses yeux se dessillent** es fällt ihm/ihr wie Schuppen von den Augen
dessin [desɛ̃] *m* ❶ Zeichnung *f;* ~ **satirique** [*o* **humoristique**] Karikatur *f;* ~**[s] animé[s]** Zeichentrickfilm *m*
❷ (*activité*) Zeichnen *nt;* **être doué(e) pour le** ~ zeichnerisch begabt sein; **être professeur de** ~ Zeichenlehrer sein
❸ TECH ~ **industriel** technisches Zeichnen; ~ **assisté par ordinateur** computerunterstütztes Zeichnen, CAD *nt*
❹ (*motif*) Muster *nt*
❺ (*ligne*) *du visage* Züge *Pl; des veines* Verlauf *m*
► **il faut te/vous faire un** ~**?** *fam* brauchst du/braucht ihr eine Extraerklärung?
◆ ~ **d'art** künstlerische Zeichnung; ~ **à main levée** Freihandzeichnung *f;* ~ **de mode** Modedesign *nt;* ~ **d'après nature** Zeichnung *f* nach der Natur
dessinateur, -trice [desinatœʀ, -tʀis] *m, f* ❶ ART Zeichner(in) *m(f)*
❷ IND Designer(in) *m(f);* ~ **industriel/dessinatrice industrielle** technischer Zeichner/technische Zeichnerin
◆ ~**(-trice) de B.D.** Comiczeichner(in) *m(f),* Cartoonist(in) *m(f);* ~**(-trice) de meubles** Möbeldesigner(in) *m(f);* ~**(-trice) de mode** Modedesigner(in) *m(f)*

dessiner [desine] <1> **I.** *vi* ~ **au crayon** mit dem Bleistift zeichnen
II. *vt* ❶ ART zeichnen
❷ TECH zeichnen *plan d'une maison;* entwerfen *meuble, vehicule;* gestalten *jardin*
❸ (*souligner*) unterstreichen, betonen *contours, formes;* **bouche bien dessiné(e)** schön geformter [*o* gezeichneter] Mund
❹ (*former*) machen, beschreiben *courbe, virages;* **le champ dessine un damier** das Feld sieht aus wie ein Schachbrett
III. *vpr* ❶ (*se détacher*) **se ~ à l'horizon/au loin** *ombre, montagne:* sich am Horizont/in der Ferne abzeichnen
❷ (*s'esquisser, se préciser*) **se ~** *projets:* Gestalt annehmen; *tendance, réaction:* deutlich werden; **un sourire se dessina sur son visage** ein Lächeln zeigte sich auf ihrem/seinem Gesicht
dessouder [desude] <1> **I.** *vt* ~ **qc** die Schweißnaht von etw lösen
II. *vpr* **se ~** sich lösen
dessoûler [desule] <1> **I.** *vi* nüchtern werden; **ne pas ~** ständig betrunken sein
II. *vt fam* nüchtern machen
dessous [d(ə)su] **I.** *adv* ❶ (*sous*) *passer, regarder, être [placé]* d[a]runter; **mettre qc en ~** etw darunter stellen/darunter legen; **passer [par] [en] ~** darunter durchschlüpfen; **prendre qc par en ~** etw unten anfassen
❷ *fig* **agir [par] en ~** heimlich vorgehen; **regarder qn [par] en ~** jdn verstohlen ansehen; **rire [par] en ~** insgeheim [*o* in sich hinein] lächeln
II. *prép* ❶ (*sous*) **en ~ de qc** unterhalb einer S. (*Gen*), unter etw (*Dat*); **d'en ~** *fam voisin, appartement* von unten; **habiter en ~ de chez qn** unter jdm wohnen; **sortir qn/qc de ~ qc** jdn/etw unter etw (*Dat*) hervorholen
❷ (*plus bas que*) **en ~ de qc** unter einer S. (*Dat*); **être en ~ de tout** *person:* miserabel sein; *travail, comportement:* unter aller Kritik sein
III. *m* ❶ (*face inférieure, de ce qui est plus bas*) *d'une assiette, langue* Unterseite *f; d'une étoffe* linke Seite; *des pieds, chaussures* Sohle *f;* **le voisin/l'étage du ~** die untere Wohnung/Etage, der Nachbar von unten/die untere Etage; **les fruits du ~ sont moisis** die unteren Früchte sind verschimmelt
❷ *pl* TEXTIL Dessous *Pl,* [Damen]unterwäsche *f*
❸ *pl* (*aspects secrets*) *d'une affaire, de la politique* Hintergründe *Pl*
▶ **connaître le ~ des cartes** [*o* **du jeu**] das Spiel durchschauen; **avoir le ~** unterlegen sein
dessous-de-bouteille [d(ə)sud(ə)butɛj] *m inv* [Flaschen]untersetzer *m* **dessous-de-plat** [d(ə)sud(ə)pla] *m inv* [Schüssel]untersetzer *m* **dessous-de-table** [d(ə)sud(ə)tabl] *m inv* Schmiergeld *nt*
dessus [d(ə)sy] **I.** *adv* (*sur qn/qc*) darauf; **mettre ~** darauf stellen/darauf legen; **voilà la chaise, mets-toi ~** hier ist der Stuhl, setz dich darauf; **qn/une voiture m'a foncé ~** jd/ein Auto ist voll auf mich zugefahren; **elle lui a tapé/tiré ~** sie hat auf ihn eingeschlagen/geschossen; **il compte ~** er rechnet damit
II. *prép* **enlever de ~ qc** von etw herunternehmen
III. *m* (*partie supérieure, ce qui est au-dessus*) *de la tête, du pied* Oberseite *f;* ~ **de la main/table** Handrücken *m*/Tischplatte *f;* **le voisin/l'étage du ~** der Nachbar von oben/die obere Etage; **la veste du ~ était bleue** die oberste Jacke war blau; **le ~ de l'armoire était tout poussiéreux** auf dem Schrank lag viel Staub
▶ **le ~ du panier** die oberen Zehntausend; **avoir le ~** überlegen sein; **prendre/reprendre le ~** sich [wieder] fangen; (*après une maladie*) [wieder] auf die Beine kommen
dessus-de-lit [d(ə)syd(ə)li] *m inv* Tagesdecke *f* **dessus-de-plat** [d(ə)syd(ə)pla] *m inv* Deckel *m* **dessus-de-table** [d(ə)syd(ə)tabl] *m inv* Tischläufer *m*
déstabilisant(e) [destabilizɑ̃, ɑ̃t] *adj v.* **déstabilisateur**
déstabilisateur, -trice [destabilizatœʀ, -tʀis] *adj* destabilisierend
déstabilisation [destabilizasjɔ̃] *f* Destabilisierung *f*
déstabiliser [destabilize] <1> *vt* destabilisieren *État, économie;* verunsichern *personne*
déstalinisation [destalinizasjɔ̃] *f* Entstalinisierung *f*
destin [dɛstɛ̃] *m* Schicksal *nt;* **les arrêts du ~** die Schicksalsfügungen; **changer [*o* modifier] le ~ de qn** jds Schicksal beeinflussen; **c'est le ~!** das ist Schicksal!
▶ **on n'échappe pas à son ~** *prov* man kann seinem Schicksal nicht entgehen
destinataire [dɛstinatɛʀ] *mf* Empfänger(in) *m(f);* ~ **d'une livraison** Warenempfänger(in); ~ **d'un mandat** Zahlungsempfänger(in)
destination [dɛstinasjɔ̃] *f* ❶ (*lieu*) Ziel *nt; d'une lettre* Bestimmungsort *m;* **arriver à ~** am Ziel ankommen; **partir pour une ~ inconnue** mit unbekanntem Ziel verreisen; **le train/les voyageurs à ~ de Hambourg** der Zug/die Reisenden nach Hamburg; **gare/lieu de ~** Zielbahnhof *m*/Bestimmungsort *m*
❷ (*utilisation prévue, vocation*) *d'un édifice, d'une personne* Bestimmung *f,* Funktion *f; d'une somme, d'un appareil* Verwendungszweck *m;* **retrouver [*o* être rendu(e) à] sa ~ première** der ursprünglichen Bestimmung übergeben werden
destinée [dɛstine] *f* ❶ (*fatalité*) Schicksal *nt*
❷ (*destin particulier*) *d'une personne, d'un peuple* Schicksal *nt; d'une œuvre* Bestimmung *f*
▶ **être promis(e) à de hautes ~s** zu Höherem bestimmt sein; **unir sa ~ à celle de qn** *littér* mit jdm den Bund fürs Leben schließen (*geh*)
destiner [dɛstine] <1> **I.** *vt* ❶ (*réserver à, attribuer*) ~ **un poste à qn** eine Stelle für jdn vorsehen; **être destiné(e) à qn** *fortune, emploi, ballon:* für jdn bestimmt sein; *livre:* für jdn bestimmt [*o* gedacht] sein; *remarque, allusion:* sich an jdn richten
❷ (*prévoir un usage*) ~ **un local à qc** ein Lokal für etw bestimmen; **être destiné(e) à qc** für etw bestimmt sein; **être destiné(e) à faire qc** dafür bestimmt sein etw zu tun, etw tun sollen; **ce terrain est destiné à être construit** das Gelände soll bebaut werden
❸ (*vouer*) ~ **qn à une fonction/à un poste** jdn für ein Amt/einen Posten vorsehen; ~ **qn à être avocat/son successeur** jdn dazu ausersehen Anwalt/sein Nachfolger zu werden; **être destiné(e) à devenir médecin** dazu vorgesehen sein Arzt zu werden
II. *vpr* **se ~ à la politique** sich der Politik verschreiben; **se ~ à l'enseignement** den Lehrberuf wählen; **se ~ à faire qc** [fest] vorhaben etw zu tun
destituer [dɛstitɥe] <1> *vt* absetzen *ministre, souverain;* entlassen *fonctionnaire;* verabschieden *officier;* ~ **qn de ses fonctions** jdn seines Amtes entheben
destitution [dɛstitysjɔ̃] *f* Absetzung *f; d'un fonctionnaire* [Dienst]entlassung *f; d'un ministre* Amtsenthebung *f*
déstockage [destɔkaʒ] *m* Lagerräumung *f*
destrier [dɛstʀije] *m* HIST Schlachtross *nt*
destroy [dɛstʀɔj] *adj inv pop* fertig (*sl*); **l'aura ~ des Sex Pistols** die abgefuckte Ausstrahlung der Sex Pistols (*sl*); **avoir un look ~** heruntergekommen [*o* abgerissen] aussehen (*fam*)
destroyer [dɛstʀwaje] *m* Zerstörer *m*
destructeur, -trice [dɛstʀyktœʀ, -tʀis] **I.** *adj* *critique, idée* destruktiv; *action, feu, guerre* zerstörerisch; *fléau* verheerend; **folie dessinatrice** Zerstörungswut *f*
II. *m, f* (*personne*) Zerstörer(in) *m(f)*
destructif, -ive [dɛstʀyktif, -iv] *adj* destruktiv
destruction [dɛstʀyksjɔ̃] *f* ❶ (*action, dégât*) *d'un immeuble, objet* Zerstörung *f; d'archives, de preuves, d'indices* Vernichtung *f*
❷ (*extermination*) *d'un peuple* Vernichtung *f; de rats, d'insectes* Vertilgung *f*
❸ (*altération*) *des tissus organiques* Zerstörung *f*
déstructuration [destʀyktyʀasjɔ̃] *f* Zersiedelung *f;* PSYCH *de la*

personnalité Zerstörung *f*

déstructurer [destʀyktyʀe] <1> *vt* ~ **qc** die Struktur einer S. (*Gen*) auflösen

désuet, désuète [dezɥɛ, dezɥɛt] *adj coutume, vêtement* altmodisch; *expression* nicht mehr gebräuchlich; *mode, aspect* überholt

désuétude [dezɥetyd] *f* **tomber en** ~ *coutume:* veralten; *expression:* außer Gebrauch kommen; *loi:* außer Anwendung kommen

désuni(e) [dezyni] *adj* zerstritten

désunion [dezynjɔ̃] *f d'un parti, d'une famille, équipe* Zerstrittenheit *f,* Uneinigkeit *f;* **entraîner la ~ de l'équipe** zu Uneinigkeit innerhalb der Mannschaft führen

▸ **semer la ~ entre des personnes** Zwietracht *f* zwischen Menschen säen

désunir [dezyniʀ] <8> *vt* auseinander bringen *couple;* entzweien *famille, équipe*

détachable [detaʃabl] *adj* (*amovible*) *partie, capuche* abtrennbar; *feuilles* abreißbar

détachage [detaʃaʒ] *m* Reinigung *f*

détachant [detaʃɑ̃] *m* Fleckentferner *m*

détaché(e) [detaʃe] *adj* ❶ (*indifférent*) *air, œil, ton* gleichgültig; **avoir l'air ~** einen gleichgültigen Eindruck machen

❷ ADMIN *fonctionnaire* einstweilig versetzt

détachement [detaʃmɑ̃] *m* ❶ (*indifférence*) Gleichgültigkeit *f,* Desinteresse *nt;* **avec ~/un certain ~** gleichgültig/mit einer gewissen Gleichgültigkeit

❷ MIL Sonderkommando *nt*

❸ ADMIN einstweilige Versetzung; **être en ~** einstweilig versetzt sein

détacher[1] [detaʃe] <1> **I.** *vt* ❶ (*délier, libérer*) losmachen *prisonnier, chien;* (*en enlevant un lien*) losbinden *prisonnier, chien;* **~ une remorque de qc** ein Anhänger von etw abhängen; **~ un wagon de qc** einen Wagen von etw abkuppeln; **~ les pieds de qn** jdm die Füße losbinden

❷ (*défaire*) lösen *cheveux, nœud;* aufmachen *lacet, ceinture, soutien-gorge*

❸ (*arracher, retirer*) ablösen *timbre;* abreißen *feuille, pétale;* **détache les bras du corps!** halte die Arme vom Körper weg!

❹ ADMIN **~ qn à Paris/en province** jdn einstweilig nach Paris/in die Provinz versetzen; **~ qn auprès d'un service** jdn vorübergehend einer Abteilung zur Verfügung stellen

❺ (*ne pas lier*) voneinander absetzen *lettres, notes de musique*

❻ (*faire ressortir*) **~ un mot/une silhouette de/sur qc** ein Wort/einen Umriss von/gegen etw abheben

❼ (*détourner*) **~ qn de qn/qc** jdn jdm/einer S. entfremden; **être détaché(e) de qn/qc** jdm/einer S. entfremdet sein, sich von jdm/etw gelöst haben; **ne pouvoir ~ ses yeux/son regard de qc** seine Augen/seinen Blick nicht von etw abwenden können

II. *vpr* ❶ **se ~** sich befreien

❷ (*se séparer*) **se ~ de qc** *bateau, satellite:* sich von etw trennen; (*par accident*) sich von etw lösen; *bloc de pierre:* sich von etw lösen; *papier, timbre:* sich ablösen; **se ~ du peloton** sich vom Feld absetzen

❸ (*se défaire*) **se ~** *chaîne, lacet:* aufgehen

❹ (*ressortir*) **le titre/la silhouette se détache sur qc** der Titel/Umriss hebt [*o* zeichnet] sich gegen etw ab

❺ (*prendre ses distances*) **se ~ de qn** sich [gefühlsmäßig] von jdm lösen; **se ~ de qc** das Interesse an etw (*Dat*) verlieren, sich nicht mehr für etw interessieren

détacher[2] [detaʃe] <1> *vt* ~ **qc** die Flecken aus etw entfernen, etw reinigen; **~ à l'essence** mit Benzin reinigen

détail [detaj] <s> *m* ❶ (*particularité, élément d'un ensemble*) *d'une description, d'un récit* Einzelheit *f,* Detail *nt; d'un tableau* Ausschnitt *m;* **dans les moindres ~s** bis ins kleinste Detail, in allen Einzelheiten; **se perdre dans les ~s** sich in Einzelheiten verlieren; **entrer dans les ~s** ins Detail gehen

❷ *sans pl* (*énumération*) *des dépenses, d'un compte* detaillierte [*o* ausführliche] Aufstellung; **faire le ~ de qc** etw genau aufführen; **faire le ~ d'une facture** eine detaillierte Rechnung erstellen; **faire le ~ de ses aventures** seine Abenteuer ausführlich erzählen; **dans le ~** im Detail, genau; **raconter/expliquer par le ~** [*o* **en ~**] ausführlich erzählen/erklären

❸ *sans pl* COM **vendre qc au ~** (*par petites quantités*) etw in kleineren Mengen [*o* en détail] verkaufen; (*par éléments détachés*) etw einzeln [*o* stückweise] verkaufen

❹ (*accessoire*) Nebensache *f,* Kleinigkeit *f;* **à un ~ près** bis auf eine Kleinigkeit; **aucun ~ ne lui échappe** ihr/ihm entgeht nicht die geringste Kleinigkeit; **c'est un ~!** das ist doch Nebensache [*o* unwichtig]!

▸ **ne pas faire de ~** *fam* nicht lange [he]rummachen (*fam*)

détaillant(e) [detajɑ̃, jɑ̃t] *m(f)* Einzelhändler(in) *m(f)*

détaillé(e) [detaje] *adj explications, récit* ausführlich; *plan* detailliert; *rapport* eingehend

détailler [detaje] <1> *vt* ❶ (*couper en morceaux*) in [Einzel]stücke schneiden *tissu*

❷ (*faire le détail de*) ausführlich erörtern *plan, histoire, raisons;* **~ qn de la tête au pied** jdn von Kopf bis Fuß mustern

❸ (*énumérer*) einzeln aufführen *défauts, points*

détaler [detale] <1> *vi fam* sich aus dem Staub machen (*fam*)

détartrage [detaʀtʀaʒ] *m* Entkalkung *f;* **~ des dents** Entfernung *f* des Zahnsteins; **faire un ~ des dents** den Zahnstein entfernen

détartrant [detaʀtʀɑ̃] *m* Entkalker *m*

détartrer [detaʀtʀe] <1> *vt* entkalken *chaudière, conduit;* **~ les dents** den Zahnstein entfernen

détaxe [detaks] *f* (*réduction*) Steuerermäßigung *f;* (*exonération*) Steuererlass *m;* **en ~** zollfrei; **bénéficier d'une ~** *essence, marchandise:* steuerfrei sein; **qc bénéficie de la ~ à l'exportation** die Ausfuhr einer S. (*Gen*) ist steuerfrei

détaxer [detakse] <1> *vt* FISC **~ qc** (*exonérer*) die Steuern für etw aufheben; (*réduire*) die Steuern für etw senken; **être détaxé(e)** steuerfrei [*o* steuermäßigt] sein

détecter [detɛkte] <1> *vt* aufspüren *objets cachés, personne;* ausfindig machen *fuite de gaz, mines;* aufdecken *erreur, mensonge;* AVIAT, NAUT orten *avion, bateau*

détecteur [detɛktœʀ] *m* ◆ **~ de fumée** Rauchmelder *m;* **~ de mensonge** Lügendetektor *m;* **~ de mines** Minensuchgerät *nt*

détection [detɛksjɔ̃] *f* Auffindung *f;* (*radar*) Ortung *f*

détective [detɛktiv] *mf* **~ privé** Privatdetektiv(in) *m(f)*

déteindre [detɛ̃dʀ] *<irr>* **I.** *vi* ❶ die Farbe verlieren; **~ au lavage** die Farbe beim Waschen verlieren; **~ au soleil** in der Sonne verschießen [*o* verblassen]; **~ sur qc** auf etw (*Akk*) abfärben

❷ (*influencer*) **~ sur qn/qc** auf jdn/etw abfärben

II. *vt soleil:* bleichen; **~ qc à qc** etw mit etw bleichen [*o* entfärben]

dételer [det(ə)le] <3> *vt* ausspannen *bœuf, cheval;* abspannen *charrette;* abkuppeln *wagon*

détendeur [detɑ̃dœʀ] *m d'une bouteille de gaz* Druck[minderungs]ventil *nt*

détendre [detɑ̃dʀ] <14> **I.** *vt* ❶ (*relâcher*) lockern *arc, ressort, corde;* entspannen *jambe, muscle*

❷ (*décrisper*) entspannen *personne, nerfs, situation;* auflockern *atmosphère*

❸ PHYS auslassen *gaz*

II. *vpr* **se ~** ❶ (*se relâcher*) *ressort:* sich lockern; *arc, corde:* an Spannung verlieren; *visage, muscle, personne:* sich entspannen

❷ (*se délasser, décrisper*) *personne, situation:* sich entspannen; *atmosphère:* sich auflockern; **se détendre l'esprit** abschalten

❸ PHYS *gaz:* sich ausdehnen

détendu(e) [detɑ̃dy] *adj* entspannt; (*relâché*) *corde, ressort* locker

détenir [det(ə)niʀ] <9> *vt* ❶ besitzen *objet, pouvoir;* innehaben *poste, position;* verfügen über (+ *Akk*) *preuve, majorité, secret;* hal-

détermination/hésitation

• exprimer sa détermination	• Entschlossenheit ausdrücken
Nous sommes (fermement) décidé(e)s à émigrer en Australie.	**Wir sind (fest) entschlossen,** nach Australien auszuwandern.
Je me suis résolu(e) à tout lui dire.	**Ich habe mich dazu durchgerungen,** ihr/ihm alles zu sagen.
Il est hors de question que je démissionne.	**Ich werde auf keinen Fall** kündigen.
Rien/Personne ne me dissuadera de le faire.	**Ich lasse mich von nichts/niemandem davon abbringen,** es zu tun.

• exprimer son hésitation	• Unentschlossenheit ausdrücken
J'hésite encore si je prends l'appartement ou non.	**Ich bin mir noch unschlüssig, ob** ich die Wohnung mieten soll oder nicht.
Je n'ai pas encore pris de décision.	**Ich bin noch zu keinem Entschluss darüber gekommen.**
Je ne me suis pas encore décidé(e).	**Ich habe mich noch nicht entschieden.**
Je ne sais toujours pas quoi faire.	**Ich weiß immer noch nicht, was ich tun soll.**
Je ne sais pas trop.	**Ich weiß nicht so recht.**
Je ne peux pas encore vous dire si j'accepterai votre offre.	**Ich kann Ihnen noch nicht sagen, ob** ich Ihr Angebot annehmen werde.
Je dois y réfléchir encore.	**Ich muss darüber noch nachdenken.**
Je ne peux pas encore vous donner de réponse positive.	**Ich kann Ihnen noch nicht zusagen.**

• s'assurer d'une décision	• nach Entschlossenheit fragen
Êtes-vous sûr(e) de vouloir cela?	**Sind Sie sicher, dass** Sie das wollen?
Y avez-vous bien réfléchi?	**Haben Sie sich das gut überlegt?**
Ne préféreriez-vous pas plutôt ce modèle?	**Wollen Sie nicht lieber** dieses Modell?

ten *record, titre;* ~ **des objets volés/des documents** im Besitz gestohlener Gegenstände/von Dokumenten sein

❷ (*retenir prisonnier*) gefangen halten; **être détenu(e) dans un camp** in einem Lager gefangen gehalten sein

détente [detɑ̃t] *f* ❶ (*délassement*) Entspannung *f*

❷ (*décrispation*) *des relations, d'une atmosphère* Entspannung *f;* **politique de** ~ Entspannungspolitik *f*

❸ (*élan*) *d'un sauteur* Sprungvermögen *nt; d'un lanceur* Wurfvermögen *nt;* **d'une** ~ **rapide** mit einem schnellen Sprung

❹ (*relâchement*) *d'un ressort, d'une corde* Entspannung *f,* Lockerung *f*

❺ (*pièce*) *d'une arme* Abzug *m*

❻ TECH *d'un gaz* Ausdehnung *f; d'un moteur* Arbeitstakt *m*

▸ **être dur(e) à la** ~ *fam* (*être lent à réagir*) eine lange Leitung haben (*fam*); (*être avare*) knickrig sein (*fam*)

détenteur, -trice [detɑ̃tœʀ, -tʀis] *m, f* ❶ ~(**-trice**) **du titre/du record** Titelträger(in) *m(f)*/Rekordhalter(in) *m;* ~(**-trice**) **du pouvoir** Machthaber(in) *m(f);* **il est le seul** ~ **du secret/de la vérité** er allein kennt das Geheimnis/die Wahrheit

❷ JUR *d'un objet, document* Besitzer(in) *m(f); d'un compte, brevet* Inhaber(in) *m(f);* ~(**-trice**) **d'un permis** Erlaubnisscheininhaber(in) (*Fachspr.*)

détention [detɑ̃sjɔ̃] *f* ❶ *d'un document, objet, d'une somme* Besitz *m; d'un secret* Wahrung *f;* ~ **d'armes** Waffenbesitz

❷ (*incarcération*) Haft *f;* **être en** ~ inhaftiert [*o* in Haft] sein; **maintenir/placer qn en** ~ jdn in Haft halten/nehmen; ~ **provisoire** Untersuchungshaft; **être/rester en** ~ **provisoire** in Untersuchungshaft sein/bleiben

détenu(e) [det(ə)ny] *m(f)* Häftling *m,* Inhaftierte(r) *f(m);* ~ **politique** politischer Gefangener; ~ **de droit commun** Strafgefangener *m*

détergent [detɛʀʒɑ̃] *m* Reinigungsmittel *nt*

détergent(e) [detɛʀʒɑ̃, ʒɑ̃t] *adj* reinigend

détérioration [deteʀjɔʀasjɔ̃] *f* (*action*) *d'un objet, appareil, de marchandises* Beschädigung *f; des conditions de vie, des relations* Verschlechterung *f; de l'état de santé* Verschlimmerung *f,* Verschlechterung

détériorer [deteʀjɔʀe] <1> **I.** *vt* ❶ beschädigen *appareil, marchandise;* **être détérioré(e)** schadhaft sein

❷ (*nuire à*) verschlechtern *climat social, relations, atmosphère;* ~ **la santé** der Gesundheit (*Dat*) schaden

II. *vpr* **se** ~ ❶ *appareil, marchandise:* Schaden nehmen

❷ (*se dégrader*) *temps, conditions, santé:* sich verschlechtern; *pouvoir d'achat:* abnehmen

déterminant [detɛʀminɑ̃] *m* LING Begleiter *m* des Substantivs

déterminant(e) [detɛʀminɑ̃, ɑ̃t] *adj action, rôle, événement* entscheidend; *argument, raison* ausschlaggebend

déterminatif, -ive [detɛʀminatif, -iv] *adj* GRAM *adjectif* attributiv; **complément** ~ Attribut *nt*

détermination [detɛʀminasjɔ̃] *f* ❶ *d'une grandeur, date* Bestimmung *f; de l'heure, du lieu* Festlegung *f; de la cause, de l'origine* Ermittlung *f;* ~ **du prix d'une marchandise** Warenkalkulation *f*

❷ LING ~ **d'un nom** nähere Bestimmung eines Substantivs

❸ (*décision*) Entscheidung *f,* Entschluss *m*

❹ (*fermeté*) Entschlossenheit *f;* **avec** ~ entschlossen, mit Entschlossenheit

❺ PHILOS Determinierung *f*

◆ ~ **de la valeur** JUR Wertfestsetzung *f*

déterminé [detɛʀmine] *m* LING näher bestimmtes Substantiv

déterminé(e) [detɛʀmine] *adj* ❶ (*précis*) *idée, lieu, but* bestimmt; (*défini*) *moment, heure, quantité* festgelegt

❷ (*décidé*) *personne, air* entschlossen; **d'un pas** ~ mit energischem Schritt; **être** ~(**e**) **à faire qc** fest entschlossen sein etw

zu tun
③ PHILOS determiniert

déterminer [detɛʀmine] <1> **I.** *vt* ① (*définir, préciser*) bestimmen *sens d'un mot, inconnue, distance;* ermitteln *adresse, coupable, cause;* LING näher bestimmen *nom*
② (*convenir de*) festlegen, festsetzen *détails, modalités, date, lieu*
③ (*décider*) ~ **qn à qc/à faire qc** jdn zu etw bewegen/dazu bewegen [*o* veranlassen] etw zu tun
④ (*motiver, entraîner*) verursachen *retards, crise;* hervorrufen *phénomène, révolte;* **le prix a déterminé mon choix** der Preis hat mich zu dieser Wahl bewegt
II. *vpr* (*se décider*) **se ~ à faire qc** sich dazu entschließen etw zu tun

déterminisme [detɛʀminism] *m* Determinismus *m*

déterministe [detɛʀminist] *adj* deterministisch

déterré(e) [deteʀe] *m(f)* ▶ **avoir une mine** [*o* **tête**] **de ~(e)** *fam* leichenblass aussehen

déterrer [deteʀe] <1> *vt* ① ausgraben *arbre, trésor, personne;* freilegen *mine, obus*
② (*dénicher*) ausgraben *vieux manuscrit;* aufstöbern *loi*

détersif, -ive [detɛʀsif, -iv] *adj* reinigend

détestable [detɛstabl] *adj* *personne, comportement, procédé* abscheulich, verabscheuenswürdig; *humeur, temps, habitude* schrecklich, scheußlich

détester [detɛste] <1> **I.** *vt* ① (*haïr*) hassen, verabscheuen
② (*ne pas aimer*) nicht leiden [*o* ausstehen] können *personne, animal;* [ganz und] gar nicht mögen *aliment;* ~ **faire qc** es hassen etw zu tun; ~ **que qn fasse qc** es hassen, wenn jd etw tut; **ne pas ~ les compliments/le chocolat** Komplimente/Schokolade ganz gern mögen; **ne pas ~ que qn fasse qc** es ganz gern mögen, wenn jd etw tut
II. *vpr* **qn se déteste** jd kann sich [selbst] nicht leiden; **les deux se détestent** die beiden können sich nicht ausstehen [*o* leiden]

détonant(e) [detɔnɑ̃, ɑ̃t] *adj* **gaz ~** Knallgas *nt;* **mélange ~** explosives Gemisch

détonateur [detɔnatœʀ] *m* ① (*dispositif*) Zündkapsel *f*
② *fig* auslösendes Element

détonation [detɔnasjɔ̃] *f* *d'une arme à feu* Knall *m; d'une bombe, d'un obus* Detonation *f; d'un canon* Schlag *m*

détoner [detɔne] <1> *vi* detonieren; **faire ~** zur Explosion bringen

détonner [detɔne] <1> *vi* ① (*contraster*) *couleurs:* nicht zusammenpassen; ~ **dans qc** *meuble:* nicht [in etw (*Akk*)] passen; *personne:* [in etw (*Akk*)] fehl am Platz sein
② MUS (*en chantant*) falsch singen; (*en jouant*) falsch spielen

détordre [detɔʀdʀ] <14> *vt* entwirren *corde;* auseinander wickeln *linge;* gerade biegen *cuillère, fourchette*

détortiller [detɔʀtije] <1> *vt* auseinander wickeln

détour [detuʀ] *m* ① (*sinuosité*) Biegung *f;* **au ~ du chemin** hinter der Wegbiegung; **faire un large ~** *fleuve, route:* einen großen Bogen machen
② (*trajet plus long*) Umweg *m;* **faire un ~** einen Umweg machen; **le château vaut le ~** das Schloss ist einen Umweg wert
③ (*biais*) Ausflucht *f;* **parler sans ~** ohne Umschweife reden; **prendre beaucoup de ~s pour...** lange herumreden, bevor ...
▶ **au ~ d'une phrase** beiläufig; **au ~ d'une conversation** im Laufe der Unterhaltung

détourné(e) [detuʀne] *adj* ① (*faisant un détour*) **sentier** [*o* **chemin**] ~ Umweg *m*
② (*indirect*) *reproche, allusion* versteckt, indirekt; **par des moyens ~s** auf Umwegen

détournement [detuʀnəmɑ̃] *m* ① Umleitung *f*
② (*vol*) Unterschlagung *f,* Veruntreuung *f*
◆ ~ **d'avion** Flugzeugentführung *f;* ~ **de fonds** Unterschlagung *f* von Geldern; ~ **de mineur** Verführung *f* Minderjähriger

détourner [detuʀne] <1> **I.** *vt* ① (*changer la direction de*) umleiten *rivière, circulation, train;* (*par la contrainte*) entführen *avion;* abwenden *coup;* ablenken *tir;* **le ballon a été détourné en corner** der Ball wurde zur Ecke abgelenkt
② (*tourner d'un autre côté*) abwenden *tête, visage, regard*
③ (*dévier*) abwenden *colère, fléau;* verfremden *texte;* ~ **l'attention de qn de qc** jds Aufmerksamkeit von etw ablenken; ~ **la conversation** vom Thema ablenken; ~ **les soupçons sur qn/qc** den Verdacht auf jdn/etw lenken; ~ **qn de sa route/de son devoir** jdn von seinem Weg/seiner Pflicht abbringen
④ (*distraire*) ~ **qn de qc** jdn von etw ablenken
⑤ (*dissuader*) ~ **qn de qc/de faire qc** jdn von etw abbringen/davon abbringen etw zu tun
⑥ (*soustraire*) unterschlagen *somme*
II. *vpr* ① **se ~** sich abwenden
② (*se détacher*) **se ~ de qn/qc** sich von jdm/etw abwenden
③ (*s'égarer*) **se ~ de sa route** vom Weg abkommen; (*prendre une autre route*) von der Route abweichen

détracteur, -trice [detʀaktœʀ, -tʀis] *m, f* Gegner(in) *m(f)*

détraqué(e) [detʀake] **I.** *adj* ① *appareil, mécanisme* gestört
② (*dérangé*) *santé, estomac* angegriffen
③ *fam* (*dérangé*) übergeschnappt (*fam*); **avoir le cerveau ~** übergeschnappt sein (*fam*)
II. *m(f)* *fam* Verrückte(r) *f(m)*

détraquement [detʀakmɑ̃] *m* ① (*dérèglement*) Störung *f*
② *fig fam d'une société* Zerrüttung *f*

détraquer [detʀake] <1> **I.** *vt* ① kaputtmachen *appareil*
② *fam* (*déranger*) angreifen *santé;* verderben *estomac;* durcheinander bringen *personne;* kaputtmachen *nerfs;* ~ **l'esprit** [*o* **le cerveau**] **à/de qn** jdn um den Verstand bringen
II. *vpr* **se ~** ① (*être abîmé*) *montre:* kaputtgehen (*fam*)
② (*être dérangé*) *estomac:* leiden
③ METEO (*se gâter*) *temps:* schlecht werden; (*se dérégler*) verrückt spielen (*fam*)
④ *fam* (*rendre malade*) **se ~ la santé/les nerfs** sich (*Dat*) die Gesundheit/die Nerven kaputtmachen (*fam*); **se ~ l'estomac** sich (*Dat*) den Magen verderben

détrempe¹ [detʀɑ̃p] *f* ① (*couleur*) Temperafarbe *f*
② (*ouvrage*) Temperamalerei *f*

détrempe² [detʀɑ̃p] *f* TECH Enthärten *nt*

détrempé(e) [detʀɑ̃pe] *adj* *sol, chemin* aufgeweicht

détremper [detʀɑ̃pe] <1> *vt* anrühren *couleur, mortier;* nass machen *papier peint*

détresse [detʀɛs] *f* ① (*sentiment*) Verzweiflung *f;* **cri de ~** verzweifelter Hilferuf; **âme en ~** Seele in Not
② (*situation difficile*) Not *f;* (*misère*) Elend *nt;* **être dans la ~** in Not [*o* einer verzweifelten Lage] sein; **situation de ~** Notlage *f;* **en ~** *navire, navigateur* in Seenot; *avion* in Not; *entreprise* in Schwierigkeiten

détriment [detʀimɑ̃] *m* **au ~ de qc** auf Kosten einer S. (*Gen*); **à mon ~** zu meinem Nachteil [*o* Schaden]

détritus [detʀity(s)] *mpl* Abfall *m;* **tas de ~** Abfallhaufen *m;* ~ **ménagers** Hausmüll

détroit [detʀwa] *m* Meerenge *f;* ~ **de Gibraltar** Straße *f* von Gibraltar; ~ **de Magellan** Magellan-Straße *f;* **le ~ du Bosphore** der Bosporus

détromper [detʀɔ̃pe] <1> **I.** *vt* ~ **qn** jdn über seinen Irrtum aufklären
II. *vpr* **détrompe-toi/détrompez-vous!** da irrst du dich/irren Sie sich gewaltig!

détrôner [detʀone] <1> *vt* ① entthronen *souverain*
② (*supplanter*) verdrängen *rival;* ablösen *chanteur, mode*

détrousser [detʀuse] <1> *vt hum* ausplündern

détruire [detʀɥiʀ] <*irr*> **I.** *vt* ① (*démolir*) zerstören; niederreißen *clôture, mur*
② (*anéantir*) vernichten *documents, armes, récoltes;* entsorgen *déchets;* zerstören *machine*
③ (*tuer, éliminer*) vernichten *population, parasites;* vertilgen,

D

vernichten *mauvaises herbes;* zerstören *cellules;* abtöten *microbes* ❹ (*ruiner, anéantir*) zerstören, kaputtmachen (*fam*) *personne, illusions;* ruinieren *santé, réputation;* abschaffen *capitalisme, dictature;* zunichte machen *plans, espoirs, thèse;* **être détruit(e)** zerstört sein; **une vie détruite** ein zerrüttetes [*o* ruiniertes] Leben
II. *vi* zerstören
III. *vpr* **se** ~ *effets contraires, mesures:* sich gegenseitig aufheben; *personne:* sich [selbst] zugrunde richten; (*se suicider*) sich (*Dat*) das Leben nehmen

détruit(e) [detʀɥi, it] *part passé de* **détruire**

dette [dɛt] *f* ❶ (*somme d'argent*) Schuld *f;* ~**s de jeu** Spielschulden; **faire** [*o* **contracter**] **des** ~**s** Schulden machen; **avoir des** ~**s envers qn** bei jdm Schulden haben
❷ FIN Schuld *f,* Zahlungsverpflichtung *f;* ~ **publique** [*o* **de l'État**] Staatsschulden, Schulden der öffentlichen Hand
❸ (*devoir*) Schuld *f;* ~ **d'honneur** Ehrenschuld; **avoir une** ~ **envers qn** jdm etwas schuldig sein, in jds Schuld (*Dat*) stehen (*geh*); **acquitter une** ~ **de reconnaissance** eine Dankesschuld abtragen (*geh*)
❹ JUR Schuld *f*

D.E.U.G. [døg, dœg] *m abr de* **diplôme d'études universitaires générales** *Abschlussprüfung des allgemeinen Universitätsstudiums (nach 2 Studienjahren)*

deuil [dœj] *m* ❶ (*affliction*) Trauer *f;* **être en** ~ in Trauer sein; **être en** ~ [*o* **porter le** ~] **de qn** um jdn trauern; **plonger qn dans le** ~ jdn in Trauer versetzen
❷ (*décès*) Trauerfall *m*
❸ (*signes du deuil*) **porter/quitter le** ~ Trauer[kleidung] tragen/die Trauerkleidung ablegen; **vêtements de** ~ Trauerkleidung *f*
❹ (*durée*) Trauer[zeit] *f;* ~ **national** Staatstrauer *f;* **le** ~ **du président dura trois jours** die Staatstrauer für den Präsidenten dauerte drei Tage
▸ **faire son** ~ **de qc** *fam* (*renoncer à*) etw endgültig vergessen [*o* abschreiben *fam*]

deus ex machina [deusɛksmakina] *m inv a. fig* Deus ex Machina *m*

D.E.U.S.T. [dœst] *m abr de* **diplôme d'études universitaires scientifiques et techniques** *fach- oder berufsorientierter Abschluss des Grundstudiums an der Universität*

deutérium [døteʀjɔm] *m* CHIM, PHYS Deuterium *nt*

deux [dø] **I.** *num* ❶ zwei; **tous les** ~ alle beide
❷ (*dans l'indication de l'âge, la durée*) **avoir/avoir bientôt** ~ **ans** zwei [Jahre alt] sein/werden; **enfant de** ~ **ans** Zweijährige(r) *f(m);* **période de** ~ **ans** Zeitraum *m* von zwei Jahren
❸ (*dans l'indication de l'heure*) **il est** ~ **heures** es ist zwei [Uhr]
❹ (*dans l'indication de la date*) **le** ~ **mars** *geschrieben:* **le 2 mars** der zweite März *écrit:* der 2. März
❺ (*dans l'indication de l'ordre*) **arriver** ~ **ou troisième** als Zweite(r) oder Dritte(r) kommen
❻ (*dans les noms de personnages*) **Henri II** *gesprochen:* **Henri** ~ Heinrich II. *oral:*, Heinrich der Zweite
❼ (*quelques*) **habiter à** ~ **pas d'ici** um die Ecke wohnen; **il ne faut que** ~ **minutes pour aller à la gare** [bis] zum Bahnhof sind es nur ein paar Minuten; **j'ai** ~ **mots à vous dire!** ich hätte [da] ein Wörtchen mit Ihnen zu reden!
II. *m inv* ❶ Zwei *f;* **se casser en** ~ entzweibrechen, in der Mitte durchbrechen
❷ (*numéro*) Nummer *f* zwei, Zwei *f*
❸ TRANSP **le** ~ die Linie [*o* Nummer] zwei, die Zwei (*fam*)
❹ JEUX Zwei *f;* **ne faire que des** ~ lauter Zweien würfeln
❺ SCOL **avoir** ~ [**sur dix/sur vingt**] ≈ eine Sechs haben
❻ (*aviron à deux rameurs*) **un** ~ **avec/sans barreur** ein Zweier mit/ohne Steuermann
▸ **jamais** ~ **sans trois** *prov* aller guten Dinge sind drei; (*un malheur n'arrive jamais seul*) ein Unglück kommt selten allein; ~ **ou trois** zwei, drei; ein paar; **c'est clair comme** ~ **et** ~ **font quatre** das ist doch sonnenklar (*fam*); [**il n'**] **y en a pas** ~ **comme lui/elle** *fam* es gibt keinen Besseren/keine Bessere als ihn/sie; **les** ~ **se disent** beides sagt man, man kann beides sagen; **ça** [*o* **cela**] **fait** ~**!** *fam* das ist zweierlei; **à nous** ~**!** [und] nun zu uns beiden!; **à nous** ~, **nous formons une belle équipe** wir beide [*o* zwei] sind ein starkes Team; **comme pas** ~ wie kein Zweiter/keine Zweite, wie sonst keiner/keine; **et de** ~**!** und noch einer!, und der Zweite folgt sogleich!; **en moins de** ~ *fam* in Null Komma nichts (*fam*); **entre les** ~ halb und halb; **entre les** ~ **mon cœur balance** ich bin hin- und hergerissen
III. *f* ❶ (*table, chambre ... numéro deux*) Zwei *f*
❷ TV **la** ~ [*o* **France** ~] *zweites Programm des französischen Fernsehens*
IV. *adv* (*dans une énumération*) zweitens; (*dans un ordre du jour*) Punkt zwei; *v. a.* **cinq**

deux-chevaux [døʃvo] *f inv* AUT 2 CV *m,* Ente *f* (*fam*) **deux-en-un** [døzɑ̃nœ̃] *m* Two-in-one *nt* **deux-huit** [døɥit] *m inv* MUS Zweiachteltakt *m*

deuxième [døzjɛm] **I.** *adj antéposé* zweite(r, s); **vingt-**~ zweiundzwanzigste(r, s)
II. *mf* **le/la** ~ der/die/das Zweite
III. *m* ❶ (*étage*) zweiter Stock, zweite Etage
❷ (*arrondissement*) zweites Arrondissement
❸ (*dans une charade*) zweite Silbe
IV. *f* (*vitesse*) zweiter Gang; *v. a.* **cinquième**

deuxièmement [døzjɛmmɑ̃] *adv* zweitens

deux-mâts [døma] *m inv* Zweimaster *m* **deux-pièces** [døpjɛs] *m inv* ❶ (*appartement*) Zweizimmerwohnung *f* ❷ (*maillot de bain*) Bikini *m* ❸ (*vêtement féminin*) zweiteiliges Kleid **deux-points** [døpwɛ̃] *mpl inv* GRAM Doppelpunkt *m* **deux-roues** [døʀu] *m inv* Zweirad *nt* **deux-temps** [døtɑ̃] *m inv* Zweitakter *m*

deuzio [døzjo] *adv* zweitens

dévaler [devale] <1> **I.** *vi* (*vu d'en haut/vu d'en bas*) ~ **de qc** *personne:* etw hinunterrennen/herunterrennen; *skieur:* etw hinuntersausen/heruntersausen; *voiture, camion:* etw hinunterrasen/herunterrasen; *rocher:* etw hinunterstürzen/herunterstürzen; *lave:* etw hinunterströmen/herunterströmen
II. *vt* (*vu d'en haut/vu d'en bas*) *personne:* hinunterrennen/herunterrennen; (*en glissant*) hinunterrutschen/herunterrutschen; *voiture:* hinunterrasen/herunterrasen; *lave:* hinunterströmen/herunterströmen; *avalanche:* hinunterstürzen/herunterstürzen

dévaliser [devalize] <1> *vt* ❶ (*voler*) ausplündern *personne;* ausrauben *banque*
❷ *fam* (*vider*) plündern *réfrigérateur, magasin*

dévaloir [devalwaʀ] *m* CH ❶ (*glissoir à bois*) Holzrutsche *f*
❷ (*vide-ordures*) Müllschlucker *m*

dévalorisant(e) [devalɔʀizɑ̃, -ɑ̃t] *adj* abwertend

dévalorisation [devalɔʀizasjɔ̃] *f* ❶ *du franc* Entwertung *f; d'une voiture* Wertminderung *f; du pouvoir d'achat* Schwächung *f*
❷ (*perte de valeur*) *d'une personne* Herabsetzung *f; d'un diplôme, métier* Abwertung *f;* ~ **de soi-même** Selbstverachtung *f*

dévaloriser [devalɔʀize] <1> **I.** *vt* ❶ entwerten; **être dévalorisé(e)** eine Wertminderung erfahren; *pouvoir d'achat:* geschwächt sein
❷ (*ôter de la valeur*) abwerten *mérite, talent;* herabsetzen *personne;* **être dévalorisé(e)** *métier:* an Ansehen verloren haben
II. *vpr* **se** ~ ❶ (*se déprécier*) *monnaie, marchandise:* an Wert verlieren
❷ (*se dénigrer*) *personne:* sich selbst herabsetzen

dévaluer [devalɥe] <1> **I.** *vt* FIN abwerten
II. *vpr* **se** ~ ❶ FIN [im Wert] fallen, abgewertet werden
❷ (*se dévaloriser*) an Wert verlieren

devancement [dəvɑ̃smɑ̃] *m* Zuvorkommen *nt*

devancer [d(ə)vɑ̃se] <2> *vt* ❶ (*distancer*) ~ **qn de qc** einen

Vorsprung von etw vor jdm haben, jdm [um etw] voraus sein
❷ (*être le premier*) übertreffen, überflügeln *rival, concurrent*
❸ (*précéder*) ~ **qn** jdm zuvorkommen; ~ **qn au feu/au carrefour** vor jdm an der Ampel/Kreuzung sein
❹ (*aller au devant de*) ~ **qn/une question** jdm/einer Frage zuvorkommen
❺ (*anticiper*) im Voraus leisten *paiement;* ~ **la date de paiement** vor der Fälligkeit bezahlen

devancier, -ière [d(ə)vɑ̃sje, -jɛʀ] *m, f* Vorgänger(in) *m(f)*

devant [d(ə)vɑ̃] **I.** *prép* ❶ (*en face de*) *être, se trouver, rester* vor (+ *Dat*); (*avec mouvement*) *aller, passer* vor (+ *Akk*); **ma voiture est ~ la porte** mein Wagen steht vor dem Haus; **mets la voiture ~ la porte** stell den Wagen vor das Haus; **passer ~ qn/qc** an jdm/etw vorbeigehen
❷ (*en avant de*) vor (+ *Dat*); (*avec mouvement*) vor (+ *Akk*); **se mettre ~ qn** sich vor jdn hinstellen; **passer ~ qn** vor jdn gehen; **regarder ~ soi** vor sich [hin]schauen; **aller droit ~ soi** geradeaus gehen; **fuir ~ l'ennemi** vor dem Feind fliehen
❸ (*face à, en présence de*) ~ **qn** *s'exprimer, pleurer* vor jdm; ~ **le tribunal/la loi** vor [dem] Gericht/dem Gesetz; ~ **le danger** *rester calme* angesichts der Gefahr (*geh*); *reculer* vor der Gefahr; ~ **la gravité de la situation** in Anbetracht der schwierigen Lage; **mener/emporter ~ Nantes 2 à 0** gegen Nantes mit 2 zu 0 führen/gewinnen
▶ **avoir de l'argent ~ soi** Geld übrig haben; **avoir du temps ~ soi** [genug] Zeit haben
II. *adv* ❶ (*en face*) davor; **mets-toi ~** stell dich davor; **la boulangerie? Vous êtes juste ~** die Bäckerei? Sie stehen direkt davor; **en passant ~, regarde si le magasin est ouvert!** wenn du vorbeikommst, schau, ob der Laden auf hat!
❷ (*en avant*) vorn[e]; (*avec mouvement*) nach vorn[e]; **aller/passer qc ~** nach vorn[e] gehen/etw nach vorn[e] weitergeben; **être loin ~** weit vorn[e] sein; **s'asseoir ~** sich vorne hinsetzen; **se boutonner ~** *vêtements:* vorn[e] zugeknöpft werden; **mettre le pull ~ derrière** den Pulli verkehrt herum anziehen; **il y a une place ~** vorn ist ein Platz frei; **réserver deux places ~** zwei vordere Plätze reservieren; **roue/patte/porte de ~** Vorderrad *nt*/Vorderpfote *f*/Vordertür *f*
III. *m* (*partie avant*) *d'un vêtement* Vorderteil *nt; d'un bateau* Bug *m; d'une maison* Vorderfront *f; d'un objet* Vorderseite *f;* **la voiture est trop chargée sur le ~** der Wagen ist vorne zu sehr beladen
▶ **être sur** [*o* **occuper**] **le ~ de la scène** im Mittelpunkt des Interesses stehen; **prendre les ~s** dem zuvorkommen

devanture [d(ə)vɑ̃tyʀ] *f* ❶ (*façade*) Vorderfront *f*
❷ (*étalage*) Auslage *f;* **en ~** im Schaufenster

dévastateur, -trice [devastatœʀ, -tʀis] *adj orage, inondation, effet* verheerend; *torrent* verwüstend; *virus* todbringend; *passion* zerstörerisch

dévastation [devastasjɔ̃] *f* Verwüstung *f;* **un spectacle de ~** ein Anblick *m* der Verwüstung

dévaster [devaste] <1> *vt* verwüsten *pays, les terres;* vernichten *récoltes; fig* zugrunde [*o* zu Grunde] richten *âme*

déveine [devɛn] *f fam* Pech *nt* (*fam*)

développé(e) [dev(ə)lɔpe] *adj* entwickelt; *odorat, vue* gut ausgebildet; *pays* hoch entwickelt

développement [devlɔpmɑ̃] *m* ❶ BIO (*croissance*) Entwicklung *f,* Wachstum *nt;* (*multiplication*) *de bactéries, d'une espèce* Vermehrung *f*
❷ ECON *de l'industrie, d'une affaire, du commerce* Entwicklung *f; de la production* Steigerung *f;* **être en plein ~** *économie, entreprise:* einen bedeutenden Aufschwung erleben; **pays en voie de ~** Entwicklungsland *nt*
❸ (*extension*) *des relations* Ausbau *m; des connaissances* Erweiterung *f; d'une maladie* Fortschreiten *nt; d'une épidemie, crise* Ausweitung *f*
❹ (*évolution*) *de l'intelligence, d'une personne* Entwicklung *f; d'une civilisation, des sciences* [Weiter]entwicklung *f;* ~ **de l'esprit** geistige Entfaltung; ~ **intellectuel** geistige Entwicklung
❺ *pl* (*conséquences*) *d'une action, affaire, d'un incident* Folgen *Pl;* **connaître des ~s inattendus** unerwartete Folgen haben
❻ (*exposition détaillée*) *d'un thème, sujet, problème* Ausführung *f,* Erläuterung *f; du raisonnement* Ausführung *f;* SCOL *d'une dissertation* Hauptteil *m;* MUS Weiterführung *f*
❼ PHOT Entwickeln *nt*
❽ GEOM *d'un cube, cylindre* Entwicklung *f*
❾ TECH *d'une bicyclette* Übersetzung *f*
❿ INFORM Entwicklung *f*

développer [dev(ə)lɔpe] <1> **I.** *vt* ❶ entwickeln; entwickeln, ausbilden *germe, mémoire, adresse;* aufbauen *organisme, muscle;* entwickeln, fördern *créativité;* wecken *attention;* erweitern *connaissances*
❷ (*faire croître*) ausbauen *usine, secteur;* ~ **un pays** die Entwicklung eines Landes fördern
❸ (*mettre au point*) entwickeln *technique, machine*
❹ (*exposer en détail*) ausführen *thème;* darlegen *aspect;* entwickeln, darlegen *pensée, plan;* ausarbeiten *chapitre;* MUS weiterführen *thème*
❺ MATH entwickeln *fonction;* ausführen, durchführen *calcul*
❻ PHOT **faire ~** entwickeln lassen
❼ MED **qn développe une maladie** eine Krankheit kommt bei jdm zum Ausbruch
II. *vpr* **se ~** ❶ *a.* ECON, TECH sich entwickeln; *personnalité a.:* sich ausbilden; *plante, tumeur a.:* wachsen
❷ (*s'intensifier*) *échanges:* zunehmen; *haine:* stärker werden; *relations:* sich entwickeln [*o* ausbilden]
❸ (*se propager*) sich ausbreiten; *usage a.:* üblich werden

devenir [dəv(ə)niʀ] <9> **I.** *vi* + *être* ❶ ~ **riche/ingénieur** reich/Ingenieur(in) *m(f)* werden; ~ **une habitude** zu einer Gewohnheit werden; **qu'allons-nous ~?** was soll bloß aus uns werden?; **que deviennent tes projets?** was wird aus deinen Plänen?; **qu'est-ce que tu deviens?** *fam* was treibst du denn so? (*fam*)
❷ (*se transformer*) **il devient une star** aus ihm wird ein Star; **la ville est devenue une métropole** aus der Stadt ist eine Metropole geworden
II. *m soutenu* ❶ (*évolution*) Werden *nt,* Entstehen *nt,* Entwicklung *f*
❷ (*avenir*) zukünftige Entwicklung

dévergondage [devɛʀgɔ̃daʒ] *m* (*comportement*) lockeres [*o* ausschweifendes] Leben

dévergondé(e) [devɛʀgɔ̃de] **I.** *adj personne* schamlos; *vie, allure* ausschweifend
II. *m(f)* verkommenes Subjekt, schamlose Person

dévergonder [devɛʀgɔ̃de] <1> *vpr* **se ~** sich (*Dat*) Ausschweifungen *Pl* hingeben

déverrouillage [deveʀujaʒ] *m* ❶ *d'une arme à feu* Entsicherung *f,* Entsichern *nt; d'une porte* Entriegelung *f,* Entriegeln *nt; du train d'atterrissage* Ausfahren *nt*
❷ INFORM Aufheben *nt* des Schreibschutzes

déverrouiller [deveʀuje] <1> *vt* ❶ entsichern *arme à feu;* entriegeln *porte;* ausfahren *train d'atterrissage*
❷ INFORM den Schreibschutz aufheben

déversement [devɛʀsəmɑ̃] *m* ❶ *d'un liquide* Abfließen *nt,* Ablaufen *nt; d'hydrocarbures* Ausfließen *nt,* Auslaufen *nt*
❷ (*action*) Ableiten *nt;* ~ **de pétrole dans un lac** Einleiten *nt* von Erdöl in einen See

déverser [devɛʀse] <1> **I.** *vt* ❶ (*verser*) gießen *liquide*
❷ (*décharger*) [aus]schütten *sable, ordures;* werfen *bombes*
❸ (*répandre*) ~ **sa haine** seinem Hass freien Lauf lassen; ~ **sa colère sur qn** seine Wut an jdm auslassen; ~ **des injures sur qn** jdn mit Beschimpfungen überschütten; ~ **qc sur le marché** COM etw auf den Markt werfen
II. *vpr* ❶ (*s'écouler*) **se ~ dans une rivière** sich in einen Fluss ergießen

D

❷ (*se renverser*) **se ~ sur la chaussée** sich auf die Straße ergießen
déversoir [devɛʀswaʀ] *m* Überlauf *m,* Abfluss *m*
dévêtir [devetiʀ] <*irr*> **I.** *vt* ausziehen, entkleiden (*geh*)
II. *vpr* **se ~** ❶ (*se déshabiller*) sich ausziehen, sich entkleiden; **être dévêtu(e)** entkleidet [*o* ausgezogen] sein (*geh*)
❷ (*se découvrir*) ablegen
dévêtu(e) [devety] *part passé de* **dévêtir**
déviance [devjɑ̃s] *f* auffällige [*o* von der Norm abweichende] Verhaltensweise
déviant(e) [devjɑ̃, jɑ̃t] *adj* von der Norm abweichend, ungewöhnlich
déviation [devjasjɔ̃] *f* ❶ (*action/résultat*) *de la circulation* Umleitung *f; d'un projectile* Ablenken *nt; d'une aiguille aimantée* Abweichen *nt; d'un rayon lumineux* Brechen *nt,* Brechung *f*
❷ (*chemin*) Umleitung *f*
❸ (*déformation*) *de la colonne vertébrale* Verkrümmung *f*
❹ (*attitude différente*) Abweichung *f*
déviationnisme [devjasjɔnism] *m* Abweichlertum *nt*
déviationniste [devjasjɔnist] **I.** *adj* nicht linientreu
II. *mf* Abweichler(in) *m(f)*
dévider [devide] <1> *vt* (*dérouler*) abwickeln *câble, pelote;* abspulen *fil, bobine*
dévidoir [devidwaʀ] *m* Trommel *f,* Rolle *f*
dévier [devje] <1a> **I.** *vi véhicule:* abdriften; *bateau:* abtreiben, abdriften; *aiguille magnétique:* abweichen; **~ de ses principes** *personne:* von seinen Grundsätzen abweichen; **~ sur qc** *conversation:* auf etw (*Akk*) kommen
II. *vt* umleiten *circulation;* ablenken *coup, balle;* brechen *rayon lumineux;* in eine andere Richtung lenken *conversation;* **faire ~ un véhicule** ein Fahrzeug vom Kurs abbringen; **faire ~ une balle** einen Ball ablenken; **faire ~ qn de ses projets** jdn von seinem Vorhaben abbringen
devin, devineresse [dəvɛ̃, dəvin(ə)ʀɛs] *m, f* Wahrsager(in) *m(f),* Hellseher(in) *m(f)*
deviner [d(ə)vine] <1> **I.** *vt* ❶ erraten *réponse, secret;* lösen *énigme*
❷ (*pressentir*) [er]ahnen *sens;* erraten *idée;* erraten, [er]ahnen *pensée;* durchschauen *intention;* vorhersehen *réaction;* erraten, vermuten *raison;* spüren *menace;* spüren, ahnen *danger;* **tu devines pourquoi/comment** du kannst dir denken, warum/wie
❸ (*entrevoir*) erahnen
II. *vpr* ❶ **se ~ facilement** *réponse, solution:* leicht zu erraten sein
❷ (*transparaître*) **se ~** *tendance, goût:* sich erahnen lassen, sich abzeichnen
devinette [d(ə)vinɛt] *f* (*énigme*) Rätsel *nt;* (*question*) Scherzfrage *f; pl* (*jeux*) Rätsel *Pl;* **jouer aux ~s** ein Ratespiel *nt* machen
devis [d(ə)vi] *m* Kostenvoranschlag *m;* **établir/remettre un ~** einen Voranschlag aufstellen/einreichen
dévisager [devizaʒe] <2a> *vt* anstarren
devise [d(ə)viz] *f* ❶ (*règle de conduite*) Devise *f,* Motto *nt*
❷ (*formule*) Wahlspruch *m,* Losung *f*
❸ (*monnaie*) Währung *f; pl* Devisen *Pl,* Sorten *Pl;* **~ faible** weiche Währung, weiche Valuta
deviser [d(ə)vize] <1> *vi soutenu* **~ de qc** über etw (*Akk*) [miteinander] plaudern
dévissage [devisaʒ] *m* ❶ (*action*) Abschrauben *nt*
❷ ALPIN Absturz *m*
dévisser [devise] <1> **I.** *vi* ALPIN abstürzen
II. *vt* abschrauben *écrou, couvercle;* aufschrauben *tube;* abmontieren *roue;* **être dévissé(e)** (*être mal vissé*) *couvercle, tube:* nicht richtig zugeschraubt sein; *roue:* locker sein
III. *vpr* **se ~** ❶ (*pouvoir être enlevé/ouvert*) sich abschrauben/aufschrauben lassen
❷ (*se desserrer*) sich lockern
de visu [devizy] *adv* **s'assurer ~ que...** sich mit eigenen Augen davon überzeugen, dass ...
dévitaliser [devitalize] <1> *vt* den Nerv abtöten, devitalisieren (*Fachspr.*) *dent*
dévoilement [devwalmɑ̃] *m d'une statue* Enthüllung *f; d'un secret* Enthüllung, Offenbarung *f*
dévoiler [devwale] <1> **I.** *vt* ❶ enthüllen *statue, plaque;* entblößen *charmes, rondeurs*
❷ (*révéler*) enthüllen; verraten *intention;* aufdecken *scandale, perfidie*
❸ (*détordre*) gerade biegen
II. *vpr* **se ~** ❶ (*apparaître*) *mystère, fourberie:* offenkundig werden
❷ (*révéler sa vraie nature*) sein wahres Gesicht zeigen
devoir¹ [d(ə)vwaʀ] <*irr*> **I.** *vt* ❶ (*avoir à payer*) schulden *argent*
❷ (*être redevable de*) **~ un succès à qn/qc** jdm/einer S. einen Erfolg verdanken; **être dû(due) à qc** einer S. (*Dat*) zu verdanken sein; **ne rien ~ au hasard** nicht von ungefähr kommen
❸ (*être tenu à*) **~ une partie à qn** jdm ein Spiel schuldig sein, jdm ein Spiel schulden; **être dû(due) à qn/qc** jdm/einer S. gebühren [*o* zustehen]
II. *aux* ❶ **~ faire qc** etw tun müssen; **tu ne dois pas mentir** du darfst nicht lügen
❷ (*obligation exprimée par autrui*) sollen; **tu aurais dû lui rendre visite** du hättest ihn/sie besuchen sollen
❸ (*fatalité*) müssen; **cela devait arriver un jour!** das musste ja einmal passieren!
❹ (*prévision*) **normalement, il doit arriver ce soir, s'il n'y a pas de brouillard** er müsste eigentlich heute Abend ankommen, wenn es nicht neblig ist; **je dois partir demain** ich muss morgen abreisen; **je croyais que tu devais travailler** ich dachte, du musst arbeiten; **il devrait faire beau demain** morgen müsste [*o* sollte] es schön werden
❺ (*hypothèse*) müssen; **il doit être heureux** er muss froh sein; **il doit se faire tard, non?** es wird wohl spät werden, oder?
III. *vpr* **se ~ de faire qc** es sich (*Dat*) schuldig sein etw zu tun; **comme il se doit** (*comme c'est l'usage*) wie es sich gehört; (*comme prévu*) wie erwartet
devoir² [d(ə)vwaʀ] *m* ❶ [**sens du**] **~** Pflichtbewusstsein *nt,* Pflichtgefühl *nt;* **de ~** *homme, femme* pflichtbewusst; **par ~** aus Pflichtgefühl
❷ (*ce que l'on doit faire*) Pflicht *f,* Aufgabe *f;* **~ conjugal** eheliche Pflicht; **mon ~ de médecin** meine Pflicht [*o* Aufgabe] als Arzt/Ärztin; **faire son ~** seine Pflicht tun, seiner Pflicht (*Dat*) nachkommen (*geh*); **se dérober à son ~** sich seinen Pflichten entziehen; **manquer à son ~** seiner Pflicht nicht nachkommen
❸ (*interrogation*) [Klassen]arbeit *f;* **faire un ~ de math** eine Mathearbeit schreiben
❹ *pl* (*exercices non surveillés, à la maison*) Hausaufgabe *f;* **avoir des ~s en math** etw in Mathe aufhaben (*fam*); **faire ses ~s** seine Hausaufgaben machen
▶ **rendre à qn les derniers ~s** jdm die letzte Ehre erweisen (*geh*)
◆ **~ de réserve** Loyalitätspflicht *f;* **~ sur table** SCOL Klassenarbeit *f;* UNIV Klausur *f;* **~s de vacances** *Übungen zur Überbrückung langer Schulferien*
dévolter [devɔlte] <1> *vt* die Spannung herabsetzen
dévolu [devɔly] *m* ▶ **jeter son ~ sur qn/qc** ein Auge auf jdn/etw werfen (*fam*)
dévolu(e) [devɔly] *adj* **~(e) à qn/qc** *budget* jdm/einer S. gewährt [*o* zugeteilt]; *droit, pouvoirs* jdm/einer S. übertragen; *part, succession* jdm/einer S. zufallend [*o* zukommend]
dévorant(e) [devɔʀɑ̃, ɑ̃t] *adj littér* verzehrend; *jalousie* nagend; *curiosité* brennend
dévorer [devɔʀe] <1> **I.** *vi personne:* das Essen hinunterschlingen

II. *vt* ❶ *personne:* verschlingen; *animal:* fressen, verschlingen; **être dévoré(e) par les moustiques** von den Mücken ganz zerstochen sein/werden
❷ (*lire*) verschlingen
❸ (*regarder*) ~ **des yeux** mit den Augen verschlingen
❹ (*faire disparaître*) vernichten, zugrunde [*o* zu Grunde] richten; *flammes:* verschlingen; **le temps dévore tout** die Zeit lässt alles vergehen
❺ (*tourmenter*) *tâche:* auffressen; *remords, peur, soif:* quälen
dévot(e) [devo, ɔt] **I.** *adj* ❶ (*pieux*) fromm
❷ *péj* (*bigot*) frömmlerisch (*pej*)
II. *m(f) péj* Betbruder *m*/Betschwester *f* (*pej*), Frömmler(in) *m(f)* (*pej*)
dévotion [devosjɔ̃] *f* ❶ (*piété*) Frömmigkeit *f*
❷ (*culte*) ~ **à Saint François** Verehrung *f* des heiligen Franziskus; ~ **à Marie** Marienverehrung; **faire ses ~s** seinen religiösen Pflichten *f* nachkommen
❸ (*vénération*) Verehrung *f*; **être à la ~ de qn** jdm völlig ergeben sein
dévoué(e) [devwe] *adj* ergeben
dévouement [devumɑ̃] *m* ❶ (*attachement*) Ergebenheit *f*, Selbstlosigkeit *f*; **soigner qn avec beaucoup de ~** jdn sehr hingebungsvoll pflegen
❷ (*action de se sacrifier*) ~ **à qn/qc** Aufopferung *f* für jdn/etw
dévouer [devwe] <1> *vpr* **se ~** sich [auf]opfern; **être tout(e) dévoué(e) à qn/qc** jdm/einer S. treu ergeben sein
dévoyé(e) [devwaje] **I.** *adj* auf die schiefe Bahn geraten
II. *m(f)* ein auf die schiefe Bahn geratener Mensch
dévoyer [devwaje] <6> **I.** *vt littér* ~ **qn** jdn auf Abwege [*o* die schiefe Bahn] bringen
II. *vpr* **se ~** auf Abwege [*o* die schiefe Bahn] geraten
dextérité [dɛksteʀite] *f* ❶ Geschicklichkeit *f*; (*des doigts*) Fingerfertigkeit *f*; **avec ~** mit Geschick *nt*
❷ (*intellectuellement*) Gewandtheit *f*
dextrine [dɛkstʀin] *f* CHIM Dextrin *nt*
dextrose [dɛkstʀoz] *f* CHIM Traubenzucker *m*, Dextrose *f* (*Fachspr.*)
dg *abr de* **décigramme** dg
DG [deʒe] *abr de* **direction générale** Abt.
D.G.S.E. [deʒeɛsø] *f abr de* **Direction Générale de la Sécurité Extérieure** *französische Spionageabwehr*
dia [dja] *interj* hü
diabète [djabɛt] *m* Zuckerkrankheit *f*, Zucker *m* (*fam*), Diabetes *m*; **avoir du ~** Zucker haben (*fam*), an Diabetes leiden
diabétique [djabetik] **I.** *adj* zuckerkrank, diabetisch (*Fachspr.*); **être ~** zuckerkrank sein, Diabetiker(in) *m(f)* sein
II. *mf* Diabetiker(in) *m(f)*, Zuckerkranke(r) *f(m)*
diable [djɑbl] *m* ❶ Teufel *m*
❷ (*personne*) **petit/vrai ~** kleiner/regelrechter Teufel; **un bon/pauvre ~** ein guter Kerl/armer Teufel
❸ (*chariot*) Sackkarre *f*
❹ (*marmite*) Römertopf *m*
► **avoir le ~ au corps** den Teufel im Leib haben; **tirer le ~ par la queue** am Hungertuch nagen; **s'agiter comme un [beau] ~** sich wie ein Verrückter/eine Verrückte gebärden; **allez au ~!** scheren Sie sich [*o* gehen Sie] doch zum Teufel!; **que le ~ l'emporte!** soll ihn/sie doch der Teufel holen!; **envoyer au ~** zum Teufel schicken [*o* jagen]; **au ~ qc!** zum Teufel mit etw!; **vacarme du ~** Höllenlärm *m*, Heidenlärm *m*; **peur de tous les ~s** Höllenangst *f*; **ne craindre ni Dieu ni ~** weder Tod *m* noch Teufel fürchten; **signer un pacte avec le ~** einen Pakt mit dem Teufel schließen; **se faire l'avocat du ~** den Advocatus Diaboli spielen
diablement [djɑbləmɑ̃] *adv fam* höllisch (*fam*), verdammt (*fam*)
diablerie [djɑbləʀi] *f* Teufelei *f*
diablesse [djɑblɛs] *f* Teufelin *f*
diablotin [djablɔtɛ̃] *m* kleiner Teufel, Teufelchen *nt*
diabolique [djabɔlik] *adj* ❶ (*venant du diable*) diabolisch; *tentation* des Teufels
❷ (*très méchant*) teuflisch; *personnage, sourire a.* diabolisch
diaboliquement [djabɔlikmɑ̃] *adv* ❶ (*d'une manière perverse*) teuflisch, diabolisch
❷ (*méchamment*) boshaft
diaboliser [djabɔlize] <1> *vt littér* verteufeln *idéologies*
diabolo [djabɔlo] *m* ❶ (*jouet*) Diabolo *nt*
❷ (*boisson*) ~ **menthe** *Getränk aus Pfefferminzsirup und Limonade*
diachronique [djakʀɔnik] *adj* LING diachronisch
diaconat [djakɔna] *m* ECCL Diakonat *nt*
diacre [djakʀ] *m* Diakon *m*
diacritique [djakʀitik] *adj* LING *signe* diakritisch
diadème [djadɛm] *m* ❶ (*bijou*) Diadem *nt*
❷ HIST [Herrscher]krone *f*
diagnostic [djagnɔstik] *m a.* MED Diagnose *f*; (*jugement*) Urteil *nt*, Beurteilung *f*; ~ **de qc** Diagnose auf etw (*Akk*); **établir un ~** MED eine Diagnose stellen (*a. fig*)
diagnostiquer [djagnɔstike] <1> *vt* ❶ MED feststellen, diagnostizieren
❷ *fig* diagnostizieren (*geh*)
diagonal(e) [djagɔnal, o] <-aux> *adj* diagonal
diagonale [djagɔnal] *f* Diagonale *f*; **en ~** schräg, diagonal
► **lire qc en ~** etw diagonal lesen
diagramme [djagʀam] *m* ❶ Diagramm *nt*
❷ (*plan*) Organigramm *nt*
◆ ~ **en secteurs** Tortendiagramm *nt*
dialectal(e) [djalɛktal, o] <-aux> *adj* dialektal, mundartlich; *expression* Dialekt-, mundartlich
dialecte [djalɛkt] *m* Dialekt *m*, Mundart *f*; **s'exprimer en ~** Dialekt sprechen
dialecticien(ne) [djalɛktisjɛ̃, jɛn] *m(f)* Dialektiker(in) *m(f)*
dialectique [djalɛktik] **I.** *adj* dialektisch
II. *f* Dialektik *f*, dialektische Methode
dialectologie [djalɛktɔlɔʒi] *f* LING Dialektologie *f*
dialectophone [djalɛktɔfɔn] **I.** *adj* Dialekt sprechend; **être ~** Dialekt sprechen
II. *mf* jd, der Dialekt spricht
dialogue [djalɔg] *m* ❶ Gespräch *nt*; (*en tête-à-tête*) Zwiegespräch *nt* (*geh*); (*de caractère officiel*) Unterredung *f*; **le ~ social** der soziale Dialog
❷ LITTER, AUDIOV, INFORM Dialog *m*
dialoguer [djalɔge] <1> **I.** *vi* ❶ ~ **avec qn** (*parler*) ein Gespräch mit jdm führen; (*négocier*) einen Dialog mit jdm führen
❷ INFORM ~ **avec qc** im Dialog mit etw stehen
II. *vt* in Dialogform verfassen
dialoguiste [djalɔgist] *mf* Dialogautor(in) *m(f)*
dialyse [djaliz] *f* Dialyse *f*
dialysé(e) [djalize] *m(f)* Dialysepatient(in) *m(f)*
diam [djam] *m abr de* **diamant** Diamant *m*
diamant [djamɑ̃] *m* Diamant *m*; **monter un ~ sur qc** einen Diamanten in etw (*Akk*) [ein]fassen
◆ ~ **de vitrier** Glasschneider *m*
diamantaire [djamɑ̃tɛʀ] *mf* ❶ (*tailleur*) Diamantschleifer(in) *m(f)*
❷ (*commerçant*) Diamantenhändler(in) *m(f)*
diamantifère [djamɑ̃tifɛʀ] *adj* diamant[en]haltig
diamétralement [djametʀalmɑ̃] *adv* diametral
diamètre [djamɛtʀ] *m* Durchmesser *m*
diantre [djɑ̃tʀ] *interj vieilli* (*étonnement*) Teufel; (*dans une question*) zum Teufel, zum Kuckuck
► **comment/où/pourquoi/qui ~?** wie/wo/warum/wer zum Teufel [*o* zum Kuckuck]?; **dépêchez-vous, que ~!** beeilen Sie sich, Mensch!
diapason [djapazɔ̃] *m* ❶ (*instrument*) Stimmgabel *f*; (*sifflet*)

D

Stimmpfeife *f,* Diapason *m* (*Fachspr.*)
❷ (*note*) Kammerton *m,* Diapason *m* (*Fachspr.*)
❸ (*registre*) [Stimm-/Ton]register *nt*
▸ **être au ~ de qn/qc** sich an jdn/etw angepasst haben; **se mettre au ~ de qn/qc** sich auf jdn/etw einstimmen

diaphane [djafan] *adj* durchscheinend; *tissu, verre a.* durchsichtig

diaphragme [djafʀagm] *m* ❶ ANAT Zwerchfell *nt,* Diaphragma *nt* (*Fachspr.*)
❷ PHOT Blende *f*
❸ (*contraceptif*) Diaphragma *nt,* Pessar *nt* (*Fachspr.*)

diapo [djapo] *f abr de* **diapositive** Dia *nt*

diaporama [djapɔʀama] *m* Tonbildschau *f*

diapositive [djapozitiv] *f* Diapositiv *nt* (*Fachspr.*); **séance de ~s** Diavortrag *m,* Lichtbild[er]vortrag *m;* **passer** [*o* **projeter**] **des ~s** Dias zeigen

diapré(e) [djapʀe] *adj littér* bunt schillernd

diarrhée [djaʀe] *f* Durchfall *m,* Diarrhö[e] *f* (*Fachspr.*); **avoir/donner la ~** Durchfall haben/hervorrufen

diarrhéique [djaʀeik] *adj* MED durchfallartig

diaspora [djaspɔʀa] *f* Diaspora *f*

diastole [djastɔl] *f* PHYSIOL Diastole *f*

diathermie [djatɛʀmi] *f* MED Diathermie *f*

diatomique [djatɔmik] *adj* CHIM zweiatomig

diatonique [djatɔnik] *adj* diatonisch; *échelle, gamme a.* siebenstufig

diatribe [djatʀib] *f* **~ contre qn/qc** Beschimpfung *f* einer Person/S.; (*discours*) Schmährede *f* [*o* Schimpfrede *f*] auf jdn/etw; (*écrit*) Pamphlet *nt* gegen jdn/etw

dicastère [dikastɛʀ] *m* ADMIN *Unterabteilung der Römischen Kurie*

dichotomie [dikɔtɔmi] *f soutenu* Begriffspaar *nt,* Dichotomie *f* (*Fachspr.*)

dico [diko] *m abr de* **dictionnaire** *fam* Wörterbuch *nt*

dictaphone® [diktafɔn] *m* Diktaphon *nt,* Diktiergerät *nt*

dictateur, -trice [diktatœʀ, -tʀis] *m, f* Diktator(in) *m(f),* Gewaltherrscher(in) *m(f); fig* Diktator(in) *m(f)*

dictatorial(e) [diktatɔʀjal, jo] <-aux> *adj pouvoir, régime* diktatorisch; *ton* herrisch, Befehls-

dictature [diktatyʀ] *f* ❶ POL Diktatur *f,* Gewaltherrschaft *f*
❷ (*autoritarisme*) Despotie *f,* Tyrannei *f*
◆ **~ du prolétariat** Diktatur *f* des Proletariats

dictée [dikte] *f* ❶ (*action*) Diktieren *nt,* Diktat *nt;* **écrire sous la ~ de qn** nach jds Diktat schreiben
❷ SCOL Diktat *nt;* **faire une ~** ein Diktat schreiben

dicter [dikte] <1> *vt* ❶ diktieren
❷ (*imposer*) *personne:* vorschreiben; aufzwingen *volonté, vues; circonstance, événement:* zwingen; **son geste était dicté par la colère** er/sie hat aus Wut so gehandelt

diction [diksjɔ̃] *f* Sprechweise *f,* Diktion *f* (*form*); **prendre des cours de ~** Unterricht in Sprecherziehung (*Dat*) nehmen

dictionnaire [diksjɔnɛʀ] *m* Wörterbuch *nt;* **~ encyclopédique** Lexikon *nt;* **~ spécialisé** Fachwörterbuch; **~ technique** Wörterbuch der Technik; **regarder dans le ~** im Wörterbuch nachsehen [*o* nachschlagen]
◆ **~ de langue** [Sprach]wörterbuch *nt;* **~ des synonymes** Synonym[en]wörterbuch *nt*

dicton [diktɔ̃] *m* Spruch *m,* sprichwörtliche Redensart

didacticiel [didaktisjɛl] *m* INFORM Lernsoftware *f*

didactique [didaktik] *adj* didaktisch; *ouvrage a.* Lehr-; *ton, poésie* belehrend, lehrhaft

dièdre [djɛdʀ] **I.** *adj angle* abgewinkelt
II. *m* Dieder *nt*

diencéphale [djɑ̃sefal] *m* ANAT Zwischenhirn *nt,* Dienzephalon *nt* (*Fachspr.*)

dièse [djɛz] *m* MUS Kreuz *nt,* Diesis *f* (*Fachspr.*); **do/ré/fa ~ majeur** Cis-/Dis-/Fis-Dur *nt;* **do/ré/fa ~ mineur** cis-/dis-/fis-Moll *nt;* **le do/ré/fa est ~** das C/D/F [*o* c/d/f] ist erhöht

diesel [djezɛl] *m* ❶ (*moteur*) Dieselmotor *m,* Diesel *m* (*fam*)
❷ (*véhicule*) Dieselfahrzeug *nt,* Diesel *m* (*fam*)

diète[1] [djɛt] *f* Diät *f,* Schonkost *f;* **être/mettre à la ~** Diät essen [*o* leben]/auf Diät setzen

diète[2] [djɛt] *f* HIST Reichstag *m*

diététicien(ne) [djetetisjɛ̃, jɛn] *m(f)* Ernährungsberater(in) *m(f),* Diätassistent(in) *m(f)*

diététique [djetetik] **I.** *adj* Diät-; *aliment* diätetisch
II. *f* Ernährungswissenschaft *f,* Diätetik *f* (*Fachspr.*)

diététiste [djetetist] *mf* CAN *v.* **diététicien**

dieu [djø] <x> *m* ❶ Gott *m*
❷ *sans pl* **Dieu le père** Gott Vater *m;* **le bon Dieu** *fam* der liebe Gott (*fam*)
❸ (*objet d'un culte*) Idol *nt,* Abgott *m*
▸ **ni Dieu, ni maître** weder Herr noch Meister; **Dieu merci!** Gott sei Dank!; **bon Dieu de bon Dieu!** *fam* Donnerwetter noch einmal!, meine Güte! (*fam*); **Dieu soit loué!** Gott sei Dank!; **mon Dieu!** mein Gott!, um Gottes willen!; **Dieu sait** weiß Gott; **Dieu m'en garde!** Gott bewahre!

diffamant(e) [difamɑ̃, ɑ̃t] *adj littér* diffamatorisch (*geh*), diffamierend, verleumderisch

diffamateur, -trice [difamatœʀ, -tʀis] **I.** *adj* diffamierend, verleumderisch
II. *m, f* Verleumder(in) *m(f)*

diffamation [difamasjɔ̃] *f* Diffamierung *f,* Verleumdung *f;* JUR Verleumdung, üble Nachrede

diffamatoire [difamatwaʀ] *adj* diffamierend, verleumderisch

diffamer [difame] <1> *vt* in Verruf (*Akk*) bringen

différé [difeʀe] *m* TV Aufzeichnung *f;* **match retransmis en ~** Aufzeichnung des Spiels

différemment [difeʀamɑ̃] *adv* anders

différence [difeʀɑ̃s] *f* ❶ Unterschied *m;* **~ avec qn/qc** Unterschied zu jdm/etw; **faire une ~/ne pas faire de ~ entre...** einen/keinen Unterschied machen zwischen + *Dat*...; **faire la ~** *personne:* sich abheben; *chose:* den Ausschlag geben; **à la ~ de qn/qc** im Unterschied zu jdm/etw; **à la ~ que** mit dem Unterschied, dass
❷ (*écart*) Unterschied *m,* Differenz *f;* **une ~ de dix euros/kilos** ein Unterschied von zehn Euro/Kilo; **payer la ~** den Rest [*o* die Differenz] bezahlen; **dix minutes de ~ entre deux trains** zehn Minuten Abstand zwischen zwei Zügen
◆ **~ d'âge** Altersunterschied *m;* **~ de potentiel** Potenzialdifferenz *f,* Potenzialgefälle *nt;* **~ de prix** Preisunterschied *m*

différenciation [difeʀɑ̃sjasjɔ̃] *f* ❶ (*distinction*) **~ entre rouge et vert** Unterscheidung *f* zwischen Rot und Grün, Auseinanderhalten *nt* von Rot und Grün
❷ BIO Differenzierung *f,* Funktionsteilung *f*

différencier [difeʀɑ̃sje] <1a> **I.** *vt* auseinander halten; **~ le père du fils/un roman d'un conte** den Vater vom Sohn/einen Roman vom Märchen unterscheiden
II. *vpr* ❶ **se ~ du copain/roman par qc** sich vom Kumpel/Roman durch etw/in etw (*Dat*) unterscheiden
❷ BIO **se ~** sich differenzieren

différend [difeʀɑ̃] *m* ❶ (*divergence d'opinions*) Meinungsverschiedenheit *f*
❷ (*conflit d'intérêts*) Streitigkeit *f,* Streit *m*

différent(e) [difeʀɑ̃, ɑ̃t] *adj* ❶ (*autre*) andere(r, s), anders *präd,* unterschiedlich; **~(e) de** anders als
❷ *pl, antéposé* (*divers*) verschieden, unterschiedlich

différentiation [difeʀɑ̃sjasjɔ̃] *f a.* MATH Differenzieren *nt*

différentiel [difeʀɑ̃sjɛl] *m* TECH Differenzial[getriebe *nt*] *nt*

différentiel(le) [difeʀɑ̃sjɛl] *adj* MATH, TECH Differenzial-; **tarif ~** Staffeltarif *m*

différer [difeʀe] <5> **I.** *vi* ❶ unterschiedlich sein; **~ du fils/conte en/par qc** sich vom Sohn/Märchen in etw (*Dat*)/durch etw (*Akk*) unterscheiden
❷ (*avoir une opinion différente*) **deux personnes diffèrent sur qc** die Meinungen zweier Personen gehen in etw (*Dat*)

auseinander
II. *vt* verschieben; verlängern *échéance;* vertagen *jugement;* aufschieben *livraison, paiement*

difficile [difisil] *adj* ❶ schwierig, beschwerlich; ~ **à dire** schwer zu sagen; **être ~ à placer** *chômeur:* schwer vermittelbar sein; **morceau ~ d'exécution** schwer zu spielendes Stück; **c'est plus ~ à faire qu'à dire** das ist leichter gesagt als getan; **il est ~ à qn de faire qc** es fällt jdm schwer etw zu tun
❷ *(incommode) sentier, escalade* schwierig, gefährlich; ~ **d'accès** schwer zugänglich
❸ *(qui donne du souci) moment* schwer[wiegend], schwierig
❹ *(contrariant, exigeant) personne, caractère* schwierig; *cheval* schwer zu führen; ~ **à vivre** schwer zu ertragen
▶ **faire le/la ~** Schwierigkeiten machen; **être ~ sur la nourriture** beim Essen *nt* heikel sein

difficilement [difisilmɑ̃] *adv (malaisément)* mit Schwierigkeiten; *(à peine)* kaum; *(péniblement)* schwer, mit großer Mühe

difficulté [difikylte] *f* ❶ *sans pl* Schwierigkeit *f;* **de ~ croissante** mit steigendem Schwierigkeitsgrad
❷ *(peine)* **avec ~** mit Mühe *f;* **avoir de la ~ à faire qc** Schwierigkeiten *Pl* haben etw zu tun
❸ *(problème, obstacle)* Schwierigkeit *f;* **en ~** *adolescent, famille, élève* in Schwierigkeiten; *alpiniste, avion* in Not; *entreprise* in [finanziellen] Schwierigkeiten; **~s financières** finanzieller Engpass; **se retrouver/être en ~** in Schwierigkeiten geraten/sein; **mettre qn en ~** jdn in Schwierigkeiten bringen; **faire des ~s pour faire qc** Schwierigkeiten machen, wenn es darum geht etw zu tun; **se heurter à des ~s** auf Schwierigkeiten stoßen
❹ JUR, COM Störung *f*

difforme [difɔʀm] *adj* missgestaltet, missgebildet; *membre, bête, arbre a.* unförmig

difformité [difɔʀmite] *f* MED Missbildung *f; d'un corps* Missgestalt *f*

diffraction [difʀaksjɔ̃] *f* Beugung *f,* Diffraktion *f (Fachspr.)*

diffus(e) [dify, yz] *adj* ❶ *(disséminé) douleur* unbestimmt; *lumière* diffus; *chaleur* angenehm überschlagen
❷ *(sans netteté)* diffus; *sentiments, souvenirs a.* vage
❸ *(verbeux) style* unklar, verschwommen; *écrivain* mit unklaren Ansichten

diffuser [difyze] <1> I. *vt* ❶ verbreiten *lumière, bruit, idée*
❷ AUDIOV *(retransmettre)* senden; übertragen *concert, discours*
❸ *(commercialiser)* vertreiben
❹ *(distribuer)* verteilen *tract, photo;* in Umlauf *(Akk)* bringen *pétition, document*
II. *vpr* **se ~** *bruit, chaleur, odeur:* sich verbreiten

diffuseur [difyzœʀ] *m du carburateur* Lufttrichter *m; de parfum* Duftspender *m*

diffuseur, -euse [difyzœʀ, -øz] *m, f* COM *de livres, d'un éditeur* Vertreiber(in) *m(f); d'une marque* Vertriebshändler(in) *m(f)*

diffusion [difyzjɔ̃] *f* ❶ *de la chaleur, lumière* Verbreitung *f;* ~ **de l'information** Informationsverbreitung
❷ AUDIOV Ausstrahlung *f,* Sendung *f; d'un concert, discours* Übertragung *f*
❸ *(commercialisation)* Vertrieb *m*
❹ *(distribution) de tracts, photos* Verteilen *nt*
❺ *(action de se diffuser) d'un poison, gaz* Ausbreitung *f*

digérer [diʒeʀe] <5> I. *vi* verdauen; **bien/mal ~** eine gute/schlechte Verdauung haben
II. *vt* ❶ PHYSIOL verdauen
❷ *(assimiler)* [geistig] verarbeiten, verdauen *(fam)*
❸ *fam (accepter)* schlucken *(fam) affront*
III. *vpr* **bien/mal se ~** leicht/schwer verdaulich sein

digest [diʒɛst, dajʒɛst] *m* Digest *m o nt; (volume) Zeitschrift, die Auszüge aus Büchern, Zeitschriften usw. bringt; (extrait) Auszug aus einem Buch oder Bericht, Zusammenfassung*

digeste [diʒɛst] *adj* bekömmlich

digestible [diʒɛstibl] *adj v.* **digeste**

digestif [diʒɛstif] *m* Verdauungsschnaps *m,* Digestif *m (geh)*

digestif, -ive [diʒɛstif, -iv] *adj* Verdauungs-

digestion [diʒɛstjɔ̃] *f* Verdauung *f*

digicode [diʒikɔd] *m* elektrisches Türschloss *nt*

digital(e) [diʒital, o] <-aux> *adj* ❶ *(du doigt)* Finger-
❷ *(numérique)* Digital-, digital

digitale [diʒital] *f* BOT Fingerhut *m*

digitalisation [diʒitalizasjɔ̃] *f* Digitalisierung *f*

digitaliser [diʒitalize] <1> *vt* digitalisieren

digitigrades [diʒitigʀad] *mpl* ZOOL Zehengänger *Pl*

digne [diɲ] *adj* ❶ *(qui mérite)* ~ **de ce nom** dieses Namens würdig; ~ **d'éloges/d'admiration/d'attention** lobenswert/bewundernswert/beachtenswert; ~ **de foi/de confiance** glaubwürdig/vertrauenswürdig; **être ~ de faire qc** es verdienen etw zu tun
❷ *(à la hauteur de)* ~ **de qn/qc** jds/einer S. würdig
❸ *(qui a de la dignité)* würdevoll

dignement [diɲ(ə)mɑ̃] *adv* ❶ *(noblement)* würdig, würdevoll
❷ *(comme il faut)* gebührend, angemessen

dignitaire [diɲitɛʀ] *mf* Würdenträger(in) *m(f)*
◆ ~ **du parti** Parteiobere(r) *f(m)*

dignité [diɲite] *f* ❶ *(noblesse)* Würde *f;* ~ **humaine** Menschenwürde *f*
❷ *(amour-propre)* Selbstachtung *f*
❸ *(titre)* Amt *nt,* Würde *f;* ~ **d'ambassadeur** Amt des Botschafters
▶ **être au-dessous de la ~ de qn** unter jds Würde sein

digression [digʀesjɔ̃] *f* Abschweifung *f;* **se perdre dans des ~s** vom Thema abschweifen

digue [dig] *f* ❶ Deich *m,* Damm *m*
❷ *(rempart)* Damm *m*

diktat [diktat] *m* Diktat *nt (geh)*

dilapidateur, -trice [dilapidatœʀ, -tʀis] *m, f* Verschwender(in) *m(f),* Vergeuder(in) *m(f)*

dilapidation [dilapidasjɔ̃] *f* Verschwendung *f,* Vergeudung *f*

dilapider [dilapide] <1> *vt* verschwenden, vergeuden; verschleudern *fortune, patrimoine*

dilatabilité [dilatabilite] *f* CHIM, PHYS Ausdehnbarkeit *f*

dilatable [dilatabl] *adj* dehnbar, dilatabel *(Fachspr.)*

dilatation [dilatasjɔ̃] *f* Dilatation *f (Fachspr.);* PHYS Dilatation, Ausdehnung *f*

dilater [dilate] <1> I. *vt* ❶ *(augmenter le volume de)* ausdehnen
❷ *(agrandir un conduit, orifice)* weiten; blähen *narines*
II. *vpr* **se ~** *métal, corps:* sich [aus]dehnen; *pupille, cœur, poumons:* sich weiten; *narines:* sich blähen

dilatoire [dilatwaʀ] *adj* ausweichend, hinhaltend; *manœuvre* Verzögerungs-, Hinhalte-

dilemme [dilɛm] *m* Dilemma *nt,* Zwickmühle *f;* **être devant un ~** vor einem Dilemma stehen

dilettante [dilətɑ̃t] I. *adj* nachlässig, oberflächlich
II. *mf* interessierter Laie; *péj (personne peu impliquée)* Dilettant(in) *m(f)*

dilettantisme [diletɑ̃tism] *m a. péj* Dilettantismus *m,* Laienhaftigkeit *f*

diligence [diliʒɑ̃s] *f* ❶ *littér (rapidité)* Eifer *m;* **faire ~** *littér* nicht säumen *(geh);* **avec ~** mit Beflissenheit *f; répondre* prompt
❷ *(voiture)* [Reise-/Post]kutsche *f*

diligent(e) [diliʒɑ̃, ʒɑ̃t] *adj littér* eifrig, engagiert

diluant [dilɥɑ̃] *m* Verdünnungsmittel *nt*

diluer [dilɥe] <1> I. *vt* ❶ *(étendre, délayer)* ~ **avec de l'eau/dans de l'eau** mit Wasser verdünnen/in Wasser *(Dat)* auflösen
❷ *(affaiblir)* ~ **qc** etw verwässern, die Wirkung einer S. *(Gen)* abschwächen
II. *vpr* **se ~** ❶ *(se délayer)* sich auflösen
❷ *fig identité, personnalité:* verloren gehen; *manifestation:* sich

auflösen

dilution [dilysjɔ̃] *f* (*action/substance*) *de la peinture* Verdünnen *nt,* Verdünnung *f; du sucre* Auflösen *nt,* Auflösung *f*

diluvien(ne) [dilyvjɛ̃, jɛn] *adj* sintflutartig

dimanche [dimɑ̃ʃ] *m* ❶ Sonntag *m;* ~, **on part en vacances** am [*o* diesen] Sonntag fahren wir in Urlaub; **le** ~ sonntags; **tous les** ~**s** jeden Sonntag; **ce** ~ diesen Sonntag; **ce** ~**-là, ...** an diesem [*o* jenem] Sonntag ...; ~ **prochain/dernier** nächsten [*o* kommenden]/letzten Sonntag; **demain, c'est** ~ morgen ist Sonntag; **après** ~**, c'est lundi** nach [dem] Sonntag kommt [der] Montag; **nous passons le** ~ **à la campagne** wir verbringen den Sonntag auf dem Land; **se rencontrer un** ~**/par un beau** ~ sich an einem Sonntag/an einem schönen Sonntag kennen lernen; ~ **matin** [am] Sonntag Morgen; **le** ~ **matin** am Sonntagmorgen, sonntagmorgens, sonntags morgens; ~ **dans la nuit** Sonntag Nacht; [**le**] ~ **14 août** Sonntag, den 14. August; **nous sommes** ~ **23 septembre** heute ist Sonntag, der 23. September; **la fête aura lieu le** ~ **11 juin** das Fest findet am Sonntag, den 11. Juni statt
❷ (*en tant que jour de fête*) **promenade du** ~ Sonntagsspaziergang *m,* sonntäglicher Spaziergang; **mettre les habits du** ~ seinen Sonntagsstaat anziehen
◆ ~ **de l'Avent** Adventssonntag *m;* ~ **de Pâques** Ostersonntag *m;* ~ **des Rameaux** Palmsonntag *m*

dîme [dim] *f* HIST Zehnt[e] *m*

dimension [dimɑ̃sjɔ̃] *f* ❶ Größe *f,* Ausdehnung *f;* **de grande/petite** ~ groß/klein [dimensioniert]; **avoir la même** ~ die gleiche Größe haben
❷ *pl* (*mesures*) Dimension[en *Pl*] *f,* Maße *Pl;* **prendre les** ~**s de la table** den Tisch ausmessen [*o* abmessen], die Maße des Tisches (*Gen*) nehmen; **faire une chaise aux** ~**s du modèle** einen Stuhl nach [*o* entsprechend] den Maßen des Modells (*Gen*) anfertigen
❸ (*importance*) Ausmaß *nt,* Dimension *f;* **prendre la** ~ [*o* **les** ~**s**] **de qc** *personne:* die Bedeutung einer S. erfassen [*o* erkennen]; *chose:* das Ausmaß von etw annehmen; **à la** ~ **de qc** einer S. (*Dat*) angemessen [*o* entsprechend]
❹ (*aspect*) Bedeutung *f,* Tragweite *f*
❺ GEOM Dimension *f;* **à deux/trois** ~**s** zwei-/dreidimensional

dimensionner [dimɑ̃sjɔne] <1> *vt* dimensionieren; **bien dimensionné(e)** groß dimensioniert (*geh*), reichlich bemessen

diminué(e) [diminɥe] *adj* **être très** ~**(e) mentalement/physiquement** psychisch/körperlich [*o* physisch] sehr geschwächt sein

diminuer [diminɥe] <1> **I.** *vi* nachlassen, abnehmen; *bruit, vent, lumière:* schwächer werden; *forces a.:* schwinden; *nombre, brouillard, niveau de l'eau:* zurückgehen; *jours:* kürzer werden; *fièvre:* abklingen; **faire** ~ reduzieren, verringern; ~ **de cinq euros/de dix pour cent** um fünf Euro/um zehn Prozent billiger werden; ~ **d'intensité** *attaque:* an Intensität (*Dat*) abnehmen; ~ **de volume** *enflure:* abnehmen, zurückgehen; ~ **de longueur/de largeur/d'épaisseur** kürzer/schmaler/dünner werden; ~ **en volume** ECON volumenmäßig zurückgehen
II. *vt* ❶ verringern; verringern, verkleinern *quantité;* senken *impôts, prix;* verkürzen *durée;* kürzen *salaire, moyens;* zurückdrehen *gaz, chauffage, lumière;* ~ **les impôts de cinq pour cent** die Steuern um fünf Prozent senken; ~ **un employé** das Gehalt eines Angestellten kürzen, einem Angestellten das Gehalt kürzen; **faire** ~ **un nombre de qc** eine Anzahl von etw zurückgehen lassen
❷ (*raccourcir*) kürzen *rideau*
❸ (*affaiblir*) mindern *autorité;* schmälern *mérite;* dämpfen *ardeur, joie;* eindämmen *violence;* schwächen *forces;* lindern *souffrance*
❹ (*discréditer*) abwerten, herabsetzen
III. *vpr* **se** ~ (*se rabaisser*) sich selbst erniedrigen, sich selbst herabsetzen

diminutif [diminytif] *m* Verkleinerungsform *f,* Diminutiv *nt* (*Fachspr.*)

diminutif, -ive [diminytif, -iv] *adj* Verkleinerungs-, Diminutiv-

diminution [diminysjɔ̃] *f* ❶ (*baisse, affaiblissement*) *de l'appétit, de la chaleur, des souffrances* Nachlassen *nt; des forces, chances* Schwinden *nt; de la circulation, pollution, de l'autorité* Abnahme *f; du nombre, de la fièvre, température* Rückgang *m; des impôts, prix, taux d'intérêt* Sinken *nt; des réserves* Absinken; ~ **de dix pour cent** Rückgang [*o* Sinken] um zehn Prozent; **en** ~ *nombre, température* abnehmend, zurückgehend
❷ (*réduction*) *de la consommation, des dépenses* Einschränkung *f; d'une durée* Verkürzung *f; des impôts* Senkung *f*
❸ COUT **faire des** ~**s** [Maschen] abnehmen; **commencer des** ~**s** mit dem Abnehmen [der Maschen] beginnen
◆ ~ **de la consommation** Beschränkung *f* des Verbrauchs; ~ **des dépenses** Ausgabenbeschränkung *f;* ~ **de la durée du travail** Arbeitszeitverkürzung *f;* ~ **des pertes** Verlustminderung *f;* ~ **des taux d'intérêt** (*baisse*) Zinsrückgang *m;* (*réduction*) Zinssenkung *f;* ~ **de la température** Temperaturrückgang *m*

dinanderie [dinɑ̃dʀi] *f* COM Messinggeschirr *nt,* Dinanderie *f*

dinar [dinaʀ] *m* Dinar *m*

dinde [dɛ̃d] *f* ❶ ZOOL Truthenne *f;* GASTR Pute *f*
❷ *péj* (*sotte*) blöde [*o* dumme] Gans

dindon [dɛ̃dɔ̃] *m* Truthahn *m;* GASTR Puter *m*
▸ **être le** ~ **de la farce** [am Ende] der/die Dumme sein

dindonneau [dɛ̃dɔno] <x> *m* junger Truthahn [*o* Puter]

dîner [dine] <1> **I.** *vi* ❶ (*souper*) zu Abend essen [*o* speisen *geh*]
❷ BELG, CAN (*déjeuner*) zu Mittag essen
II. *m* ❶ (*souper*) Abendessen *nt,* Diner *nt* (*geh*); **au** ~ zum Abendessen; **donner un** ~ ein Abendessen [*o* Diner *geh*] geben
❷ BELG, CAN (*repas de midi*) Mittagessen *nt*
◆ ~ **d'affaires** Geschäftsessen *nt;* ~ **aux chandelles** Diner bei Kerzenschein (*geh*)

dînette [dinɛt] *f* ❶ (*jouet*) Puppengeschirr *nt,* Puppenservice *nt*
❷ (*petit repas*) Kleinigkeit *f* zum Essen; **faire la** ~ eine Kleinigkeit essen

dîneur, -euse [dinœʀ, -øz] *m, f* Gast *m*

ding [diŋ] *interj* (*d'une cloche*) bimbam; (*d'une sonnette*) klingeling

dingo [dɛ̃go] *adj fam* **être** ~ bekloppt sein (*fam*)

dingue [dɛ̃g] **I.** *adj fam* ❶ *en attribut personne:* **être** ~ bekloppt sein (*fam*); ~ **de qn/qc** verrückt nach jdm/auf etw (*Akk*) (*fam*)
❷ *en épithète* (*extraordinaire*) irre (*fam*), wahnsinnig (*fam*)
II. *mf fam* ❶ (*fou*) Bekloppte(r) *f(m)* (*fam*)
❷ (*fan*) ~ **de la guitare/du foot** Gitarrenfan *m*/Fußballfanatiker(in) *m(f)* (*fam*)

dinguer [dɛ̃ge] <1> *vi fam* ❶ **aller** ~ **dans le ruisseau** in den Bach segeln (*fam*); **envoyer** ~ **contre le mur** gegen die Wand feuern (*fam*)
❷ (*éconduire*) **envoyer** ~ zum Teufel *m* jagen (*fam*)

dinosaure [dinozɔʀ] *m a. fig* Dinosaurier *m*

diocésain(e) [djɔsezɛ̃, ɛn] **I.** *adj* der Diözese, Diözesan-
II. *m(f)* Diözesan *m*

diocèse [djɔsɛz] *m* Diözese *f,* Bistum *nt*

diode [djɔd] *f* Diode *f*

Diogène [djɔʒɛn] *m* Diogenes *m*

dionysiaque [djɔnizjak] *adj* ❶ HIST *culte, fête* Dionysos-
❷ LITTER *poésie* dionysisch

dioptrie [djɔptʀi] *f* OPT Dioptrie *f*

dioxine [diɔksin, djɔksin] *f* Dioxin *nt*

dioxyde [diɔksid, djɔksid] *m* Dioxid *nt,* Dioxyd *nt*
◆ ~ **de carbone** Kohlendioxid *nt;* **sans** ~ **de carbone** kohlendioxidfrei; ~ **de soufre** Schwefeldioxid *nt*

diphasé(e) [difaze] *adj* zweiphasig

diphtérie [difteʀi] *f* Diphtherie *f*

diphtérique [difteʀik] *adj* an Diphtherie erkrankt [*o* leidend]

diphtongaison [diftɔ̃gɛzɔ̃] *f* LING Diphthongierung *f*
diphtongue [diftɔ̃g] *f* Diphthong *m,* Doppellaut *m,* Doppelvokal *m*
diplomate [diplɔmat] **I.** *adj* diplomatisch
II. *mf* Diplomat(in) *m(f)*
III. *m* GASTR *Süßspeise aus Eiercreme, Löffelbiskuits und kandierten Früchten*
diplomatie [diplɔmasi] *f* ❶ (*relations extérieures*) Diplomatie *f*
❷ (*carrière*) Diplomatenlaufbahn *f*
❸ (*personnel*) Diplomatie *f*
❹ (*habileté*) Diplomatie *f,* diplomatisches Geschick; **user de** ~ diplomatisch vorgehen
diplomatique [diplɔmatik] *adj* diplomatisch; (*habile a.*) geschickt
diplomatiquement [diplɔmatikmɑ̃] *adv* diplomatisch
diplôme [diplom] *m* ❶ SCOL, UNIV Diplom *nt,* [Abschluss]zeugnis *nt;* ~ **de fin d'études** Abschlusszeugnis *nt;* ~ **d'ingénieur/d'infirmière** Ingenieursdiplom/Abschluss *m* als Krankenschwester; **avoir obtenu son** ~ sein Diplom [*o* seine [Abschluss]prüfung] gemacht haben; **préparer un** ~ **d'agronomie/d'agronome** eine Ausbildung in Agronomie (*Dat*)/als Agronom machen
❷ (*prix, titre*) Auszeichnung *f*
diplômé(e) [diplome] **I.** *adj* diplomiert, [staatlich] geprüft; *infirmier, infirmière, interprète* staatlich geprüft; **très ~(e)** hoch qualifiziert
II. *m(f)* **~(e) d'une université** Absolvent (in) einer Universität *m* (*Gen*); **~(e) de droit** Jurist(in) *m(f)*
diplômer [diplome] <1> *vt* diplomieren (*geh*), ein Diplom verleihen
dipsomane [dipsɔman] *mf* MED Trinksüchtige *f*/-süchtiger *m,* Dipsomane *mf* (*Fachspr.*)
diptères [diptɛʀ] *mpl* ZOOL Zweiflügler *Pl*
diptyque [diptik] *m* LITTER zweiteiliges Werk, Diptychon *nt* (*Fachspr.*); ART zweiflüg[e]liges Altarbild, Diptychon (*Fachspr.*)
dire¹ [diʀ] <*irr*> **I.** *vt* ❶ *personne:* sagen; ausdrücken *peur;* verraten *projets; loi:* sagen, besagen; *journal:* sagen, schreiben; *visage:* ausdrücken; *test, sondage:* aussagen; **dis voir, ..., dis donc, ...** sag mal, ...; ~ **qc à qn** jdm etw sagen; **le journal dit que qn a fait qc** in der Zeitung steht [*o* heißt es], dass jd etw getan hat; ~ **que non/oui** nein/ja sagen; ~ **du bien/mal de qn/qc** über jdn/etw nur Gutes/Schlechtes sagen; ~ **quelque chose/ne rien** ~ **de qn/qc** sich zu jdm/etw äußern/nicht äußern; **j'aurais beaucoup à** ~ ich hätte viel dagegen einzuwenden, ich hätte einiges dazu zu sagen; **que veux-tu que je te dise?** was soll ich dazu sagen?; **laisser** ~ die Leute reden lassen; **vous dites?** was sagten Sie?; **c'est vous qui le dites!** *fam* das sagen [*o* behaupten] Sie!; **puisque je te/vous le dis!** wenn ich es dir/Ihnen doch sage!; **que ~?** was soll man da denn sagen?; **..., comment** ~ [*o* **dirais-je**], **... ...,** wie soll ich sagen, ...; **entre nous soit dit, ...** unter uns gesagt, ...
❷ (*prétendre*) sagen, behaupten; **il dit être/ne pas être malade** er sagt [*o* behauptet], er sei krank/nicht krank; **on le dit malade** man sagt, er sei krank; er ist angeblich krank; **à** [*o* **d'après**] **ce qu'on dit** dem Vernehmen *nt* nach (*geh*), anscheinend; **on dit que qn a fait qc** es heißt, jd hat etw getan; **on dit qu'il est marié** er soll verheiratet sein; es heißt, er sei verheiratet; **quoi qu'on [en] dise** was immer man auch sagt
❸ (*faire savoir*) ausrichten [*o* sagen] lassen; **je me suis laissé ~ que qn avait fait qc** ich habe mir sagen lassen [*o* ich habe gehört], dass jd etw getan hätte
❹ (*ordonner*) ~ **à qn de venir** [*o* **qu'il/elle vienne**] jdm sagen, er/sie soll [*o* solle] kommen
❺ (*plaire*) **cela me dit/ne me dit rien** das sagt mir zu/nicht zu; **ça vous dit** [*o* **dirait**] **d'aller voir ce film?** habt [*o* hättet] ihr Lust den Film anzusehen?
❻ (*croire, penser*) **je veux ~ que qn a fait qc** ich meine, jd hat etw getan; **que veux-tu ~ par là?** was willst du damit sagen?; **on dirait qn/qc** man könnte meinen, es sei jd/etw; **qui aurait dit cela!/que qn ferait qc** wer hätte das gedacht!/hätte gedacht, dass jd etw täte; **que dirais-tu de qc/de faire qc?** was hältst du von etw/davon etw zu tun?
❼ (*reconnaître*) **il faut ~ que qn a fait qc** man muss zugeben, dass jd etw getan hat
❽ (*réciter*) beten *chapelet;* lesen, halten *messe;* sprechen *prière;* aufsagen, vortragen *poème*
❾ (*signifier*) **vouloir** ~ bedeuten; *mot a.:* heißen; *allusion, attitude a.:* zu bedeuten haben; **ne rien vouloir** ~ nichts zu bedeuten [*o* sagen] haben; **qu'est-ce que ça veut ~?!** was soll denn das [bedeuten]?!
❿ (*traduire*) **comment dit-on... en allemand?** was heißt ... auf Deutsch?
⓫ (*évoquer*) bekannt vorkommen; **son nom ne lui dit rien** sein Name sagt ihm/ihr nichts; **quelque chose me dit que qn va faire qc** ich habe [irgendwie] das Gefühl, dass jd etw tun wird; **qn/qc ne me dit rien qui vaille** bei jdm/etw ahne ich Schlimmes
⓬ *enfantin* (*rapporter*) sagen; **ce sera dit à la maîtresse!** ich sag's der Lehrerin!
⓭ CARTES ansagen
▸ **il n'y a pas à** ~ da gibt's gar nichts, da[ran] gibt es gar nichts zu deuteln (*fam*); **disons** sagen wir [mal]; **ce n'est pas pour ~, mais...** *fam* ich will ja nichts sagen, aber ...; **c'est ~ si qn a fait qc** das sagt [*o* zeigt] [ja wohl] deutlich genug, wie/wie sehr jd etw getan hat; **c'est moi qui vous le dis!** *fam* das können Sie mir ruhig glauben!, verlassen Sie sich darauf; **c'est tout ~!** das sagt alles!; **je ne te/vous le fais pas ~!** allerdings!, du sagst/Sie sagen es!; **soit dit en passant** nebenbei gesagt; **cela va sans** ~ das versteht sich von selbst; **ce qui est dit est dit** ein Mann, ein Wort; **ce n'est pas dit** das ist nicht gesagt; **cela dit, ...** *fam* trotz allem, ...; **comme dit** [*o* **dirait**] **l'autre** *fam* wie es so schön heißt; **comme qui dirait** *fam* sozusagen; **dis/dites donc** *fam* na hör/hört mal (*fam*); **eh ben dis/dites donc!** *fam* sag/sagt bloß! (*fam*); **cela ne se dit pas!** das sagt man nicht!
II. *vpr* ❶ (*penser*) **se ~ que qn a fait qc** sich (*Dat*) sagen, dass jd etw getan hat; **il faut bien se ~ que qn a fait qc** man muss ganz klar sehen, dass jd etw getan hat
❷ (*se prétendre*) **se ~ médecin/malade** behaupten [*o* vorgeben] Arzt/krank zu sein
❸ (*l'un(e) à l'autre*) **se ~ qc** sich (*Dat*) [*o* einander] etw sagen
❹ (*s'employer*) **qc se dit/ne se dit pas en français** etw sagt man/sagt man nicht im Französischen
❺ (*être traduit*) heißen; **comment se dit... en allemand?** was heißt ... auf Deutsch?, wie sagt man zu ... auf Deutsch?
❻ (*se croire*) **on se dirait au paradis** man glaubt im Paradies *nt* zu sein
dire² [diʀ] *m gén pl* Gerede *nt,* Aussagen *Pl,* Worte *Pl; d'un témoin* Aussage *f;* **au ~/selon les ~s de qn** nach jds Worten, jds Aussage[n] zufolge
direct [diʀɛkt] *m* ❶ AUDIOV Direktübertragung *f,* Live-Sendung *f;* **en** ~ *émission* Direkt-; *chanter* live; *retransmettre* direkt; **être en** ~ direkt [*o* live] übertragen werden
❷ CHEMDFER Direktverbindung *f*
❸ BOXE Gerade *f;* ~ **du droit/gauche** rechte/linke Gerade
direct(e) [diʀɛkt] *adj* ❶ (*en ligne droite*) direkt
❷ TRANSP (*sans changement*) direkt; *train* direkt, durchgehend; *destination* Direkt-; **c'est un train ~ jusqu'à Rome** der Zug fährt durch bis Rom
❸ (*sans intermédiaire*) direkt, unmittelbar; *conflit* direkt; *vente, accès, rapport, suffrage* Direkt-; *héritier* in direkter Linie; **ligne téléphonique ~e** direkte Telefonverbindung *f*
❹ (*franc*) direkt; *langage* deutlich; *propos* unmissverständlich
directement [diʀɛktəmɑ̃] *adv* ❶ (*tout droit*) direkt, auf direktem Wege

❷ (*sans transition*) direkt, ohne Umschweife
❸ (*sans intermédiaire*) direkt
❹ (*personnellement*) direkt; *responsable* persönlich; *mis en cause* offen
❺ (*franchement*) direkt, gezielt; *parler* freiheraus

directeur, -trice [diʀɛktœʀ, -tʀis] **I.** *adj idée, ligne, principe* Leit-; *rôle* führend; *roue* Lenk-
II. *m, f* Direktor(in) *m(f)*, Leiter(in) *m(f)*; *d'un théâtre* Intendant(in) *m(f)*; *d'une école primaire* Rektor(in) *m(f)*, Schulleiter(in) *m(f)*; ~ **administratif/directrice administrative** Verwaltungsdirektor(in) *m(f)*; ~**(-trice) artistique** künstlerischer Leiter/künstlerische Leiterin; ~ **commercial/directrice commerciale** kaufmännischer Leiter/kaufmännische Leiterin; ~**(-trice) technique** technischer Leiter/technische Leiterin
◆ ~**(-trice) de cabinet** Referatsleiter(in) *m(f)*; ~ **de conscience** Beichtvater *m*; ~**(-trice) de la publication** Herausgeber(in) *m(f)*; ~**(-trice) de thèse** Doktorvater *m*/-mutter *f*

directif, -ive [diʀɛktif, -iv] *adj* autoritär; *personne* bestimmend, autoritär

direction [diʀɛksjɔ̃] *f* ❶ (*orientation*) Richtung *f*; **toutes/autres ~s** (*sur un panneau*) alle/andere Richtungen, Fernverkehr *m*; **dans toutes les ~s** in alle Richtungen; **en ~ de Paris** *train* in Richtung Paris, nach Paris; **changer de ~** die Richtung ändern; *avion:* den [*o* seinen] Kurs ändern; **être dans la bonne/mauvaise ~** in die richtige/falsche Richtung gehen/fahren; **prendre** [*o* **suivre**] **la ~ de Nancy/de la gare** in Richtung Nancy/Bahnhof gehen/fahren
❷ (*action de diriger*) *d'un projet, débat, d'une école* Leitung *f*; *d'un orchestre* Leitung, Dirigieren *nt*; *d'un groupe, parti, pays* Führung *f*; ~ **des affaires publiques** öffentliche Verwaltung; ~ **d'un/du journal** Redaktionsleitung; **sous la ~ de** unter der Leitung von; (*surveillance, encadrement*) unter [der] Anleitung von; **prendre la ~ de qc** die Leitung einer S. (*Gen*) übernehmen; **avoir la ~ de qc** etw leiten
❸ (*fonction de diriger*) Direktion *f*, Leitung *f*; **changer de ~** eine neue Leitung [*o* Geschäftsführung] bekommen; ~ **de l'entreprise** Firmenvorstand *m*
❹ (*bureau, bâtiment, service*) Direktion *f*
❺ AUT Lenkung *f*, Steuerung *f*

directionnel(le) [diʀɛksjɔnɛl] *adj* **antenne ~le** Richtantenne *f*, Richtstrahler *m*; **commande ~le des phares** Scheinwerferhöhenregulierung *f*; **îlot ~** Verkehrsinsel *f*

directive [diʀɛktiv] *f* ❶ *gén pl* (*instruction*) Weisung *f*, Richtlinie *f*, Direktive *f* (*form*); (*en parlant de l'Union européenne*) Richtlinie
❷ *gén pl a.* JUR Richtlinie *f*

directoire [diʀɛktwaʀ] *m* ❶ (*organe de gestion*) Vorstand *m*, Direktorium *nt*
❷ HIST **le Directoire** das Direktorium

directorial(e) [diʀɛktɔʀjal, jo] <-aux> *adj* des Direktors

directrice [diʀɛktʀis] *adj, v.* **directeur**

dirigeable [diʀiʒabl] *m* Luftschiff *nt*, Zeppelin *m*

dirigeant(e) [diʀiʒɑ̃, ʒɑ̃t] **I.** *adj* führend; *fonction* leitend, Führungs-; *pouvoir, rôle* Führungs-
II. *m(f)* führende Persönlichkeit, führender Mann/führende Frau; **les ~s** (*dans une entreprise/un parti/un club/un pays*) die Führung; ~**(e) du parti/syndicat** Partei-/Gewerkschaftsführer(in) *m(f)*; ~ **politique/sportif** führender Politiker/Sportfunktionär *m*

diriger [diʀiʒe] <2a> **I.** *vi* die Leitung [*o* Führung] haben
II. *vt* ❶ leiten *administration, société, journal;* führen, leiten *entreprise, groupe industriel;* führen *syndicat, personnes, procès;* dirigieren *musicien, orchestre;* [an]führen *mouvement;* steuern, dirigieren *manœuvre;* steuern *instincts;* ~ **une petite entreprise** ein Kleingewerbe betreiben
❷ (*être le moteur de*) *chose:* bestimmen
❸ (*piloter*) steuern, lenken *voiture;* steuern *avion, bateau;* ~ **un avion/bateau sur Marseille** ein Flugzeug/Schiff nach Marseille steuern
❹ (*faire aller*) ~ **qn vers la gare** jdn in Richtung (*Akk*) Bahnhof schicken; ~ **un colis sur Paris** ein Päckchen nach Paris schicken; **être dirigé(e) sur** [*o* **vers**] **qc** *véhicule, convoi:* über etw (*Akk*) geleitet werden
❺ (*orienter*) ~ **une arme contre qn/qc** eine Waffe auf [*o* gegen] jdn/etw richten; ~ **son regard vers** [*o* **sur**] **qn/qc** seinen Blick auf jdn/etw richten; **être dirigé(e) vers la gauche** *flèche, pancarte:* nach links zeigen; **être dirigé(e) contre qn/qc** *attaque, article:* gegen jdn/etw gerichtet sein, sich gegen jdn/etw richten
III. *vpr* ❶ **se ~ vers qn/qc** *personne:* auf jdn/etw zusteuern [*o* zugehen]; *véhicule:* auf jdn/etw zufahren [*o* zusteuern]; *fig* etw/jdm näher kommen, sich auf eine S./jdn zubewegen; **se ~ vers Marseille** *avion, bateau:* Kurs *m* auf Marseille nehmen
❷ (*s'orienter*) **se ~ vers le nord** *aiguille:* nach Norden *m* zeigen; **se ~ vers la médecine** *étudiant:* die medizinische Laufbahn einschlagen

dirigisme [diʀiʒism] *m* Dirigismus *m*

dirlo [diʀlo] *mf fam* Direx *m* (*fam*)

dis [di] *indic prés et passé simple de* **dire**

discal(e) [diskal, o] <-aux> *adj* **hernie ~e** Bandscheibenvorfall *m*

discernable [disɛʀnabl] *adj* erkennbar, wahrnehmbar

discernement [disɛʀnəmɑ̃] *m* Gespür *nt*; **agir avec beaucoup de ~/sans aucun ~** mit viel Gespür/ohne jedes Gespür vorgehen

discerner [disɛʀne] <1> *vt* ❶ (*percevoir*) wahrnehmen
❷ (*saisir*) erkennen; aufdecken *mobiles d'un crime;* durchschauen *mobiles d'un acte*
❸ (*différencier*) ~ **qc avec** [*o* **de**] **qc** etw von etw unterscheiden

disciple [disipl] *m* ❶ (*élève*) Schüler(in) *m(f)*
❷ (*adepte*) Anhänger(in) *m(f)*
► **les ~s de Jésus-Christ** die Jünger Christi

disciplinable [disiplinabl] *adj* disziplinierbar

disciplinaire [disiplinɛʀ] *adj* disziplinarisch; **mesure** [*o* **sanction**] ~ Disziplinarmaßnahme *f*

discipline [disiplin] *f* ❶ SCOL, UNIV Fach *nt*
❷ (*règle, obéissance*) Disziplin *f*
❸ SPORT Disziplin *f*

discipliné(e) [disipline] *adj* diszipliniert; **peu ~(e)** undiszipliniert

discipliner [disipline] <1> **I.** *vt* ❶ (*faire obéir*) ~ **la classe** in der Klasse für Disziplin sorgen
❷ (*maîtriser*) beherrschen *instincts;* zügeln *fougue;* bändigen *cours d'eau;* ~ **son travail** diszipliniert arbeiten
II. *vpr* **se ~** sich diszipliniert verhalten

disc-jockey [diskʒɔkɛ] <disc-jockeys> *m* Diskjockey *m*

disco [disko] **I.** *m* Diskosound *m*
II. *adj inv* **musique ~** Diskomusik *f*; **boîte ~** *fam* Disko *f* (*fam*)

discobole [diskɔbɔl] *m* Diskuswerfer *m*

discographie [diskɔgʀafi] *f* Diskographie *f*

discontinu(e) [diskɔ̃tiny] *adj ligne* gestrichelt; *effort* nicht kontinuierlich

discontinuer [diskɔ̃tinɥe] <1> *vi* **travailler sans ~** ununterbrochen arbeiten

discontinuité [diskɔ̃tinɥite] *f* zeitweilige Unterbrechung *f*

disconvenir [diskɔ̃v(ə)niʀ] <9> *vi* **ne pas ~ de qc/que qn a fait qc** etw nicht bestreiten/nicht bestreiten dass jd etw getan hat; **je n'en disconviens pas** das bestreite ich ja gar nicht

discophile [diskɔfil] *mf* [Schall]plattenliebhaber(in) *m(f)*, [Schall]plattensammler(in) *m(f)*

discordance [diskɔʀdɑ̃s] *f* Widersprüchlichkeit *f*; *d'opinions* Auseinandergehen *nt*; *des caractères* Gegensätzlichkeit *f*; *des couleurs, sons* Disharmonie *f*

discordant(e) [diskɔʀdɑ̃, ɑ̃t] *adj (incompatible)* widersprüchlich; *opinions* unterschiedlich; *caractères* gegensätzlich; *couleurs* sich beißend; *sons* disharmonisch; *cri* schrill
discorde [diskɔʀd] *f littér* Zwietracht *f (liter)*; **semer la ~** Zwietracht säen *(liter)*
discothèque [diskɔtɛk] *f* ❶ *(boîte de nuit)* Diskothek *f*
❷ *(collection)* Schallplattensammlung *f*
❸ *(meuble)* [Schall]plattenschrank *m*
❹ *(organisme de prêt)* Mediothek *f*
discount [diskɔnt, diskaunt] **I.** *m* **faire du ~** Discountgeschäfte machen; **faire un ~ à qn** *fam* jdm einen [Preis]nachlass gewähren
II. *app* **magasin ~** Discountladen *m*
discoureur, -euse [diskuʀœʀ, -øz] *m, f péj* Schwätzer(in) *m(f)*
discourir [diskuʀiʀ] <*irr*> *vi* **~ sur** [*o* **de**] **qc** lange Reden über etw *(Akk)* halten
discours [diskuʀ] *m* ❶ Rede *f*; *(écrit)* Abhandlung *f*; **faire** [*o* **prononcer**] **un ~** eine Rede halten; **~ télévisé** Fernsehansprache *f*
❷ *(propos)* Reden *nt*
❸ *(bavardage)* Gerede *nt kein Pl (fam)*; **beaux ~** *péj* schöne Worte *Pl*
❹ *sans pl* LING Rede *f*, Parole *f*
❺ GRAM Rede *f*; **~ direct/indirect** direkte/indirekte Rede
◆ **~ de clôture** Schlussrede *f*; **~ d'ouverture** Eröffnungsrede *f*
discours-fleuve [diskuʀflœv] <discours-fleuves> *m* Marathonrede *f*
discourtois(e) [diskuʀtwa, waz] *adj soutenu* unhöflich
discrédit [diskʀedi] *m* Misskredit *m kein Pl*; **être en ~ auprès de qn** bei jdm in Misskredit stehen; **jeter le ~ sur qn** jdn in Misskredit bringen; **tomber en ~ auprès de qn** bei jdm in Misskredit geraten
discréditer [diskʀedite] <1> **I.** *vt* **~ qn/qc auprès de qn** jdn/etw bei jdm in Misskredit bringen
II. *vpr* **se ~ auprès de qn** sich bei jdm in Misskredit bringen
discret, -ète [diskʀɛ, -ɛt] *adj* ❶ *(réservé)* diskret; *personne, attitude* zurückhaltend; *(qui garde les secrets)* diskret
❷ *(sobre)* dezent; *cadre* schlicht
❸ *(retiré)* ruhig
discrètement [diskʀɛtmɑ̃] *adv faire la cour, avertir* diskret; *observer* unauffällig; *s'habiller, se maquiller* dezent; *parler, frapper* leise
discrétion [diskʀesjɔ̃] *f* ❶ *(réserve, silence)* Diskretion *f*; **demander une ~ absolue** um äußerste Diskretion bitten; **~ assurée** Diskretion zugesichert
❷ *(sobriété)* Dezenz *f*; *d'une toilette* unauffällige Eleganz; *d'un maquillage* Unauffälligkeit *f*; *des décors* Schlichtheit *f*; **s'habiller/se maquiller avec ~** sich dezent kleiden/schminken
▶ **être à la ~ de qn** jdm auf Gnade und Ungnade ausgeliefert sein; **s'en remettre à la ~ de qn** sich ganz auf jdn verlassen; **à ~** nach Belieben
discrétionnaire [diskʀesjɔnɛʀ] *adj* ❶ *(qui est laissé à la discrétion)* Ermessens-; **pouvoir ~** Ermessensfreiheit *f*
❷ *(arbitraire)* **les pouvoirs ~s du poète** die künstlerische Freiheit
discrimination [diskʀiminasjɔ̃] *f* ❶ *(ségrégation)* Diskriminierung *f*; **~ raciale** Rassendiskriminierung; **~ sur le lieu de travail** Diskriminierung am Arbeitsplatz
❷ *littér (séparation)* Unterscheidung *f*; **sans ~** ohne Unterschied
discriminatoire [diskʀiminatwaʀ] *adj* diskriminierend
discriminer [diskʀimine] <1> *vt péj littér* diskriminieren
disculper [diskylpe] <1> **I.** *vt* **~ qn de qc** jdn von etw entlasten
II. *vpr* **se ~** sich entlasten
discursif, -ive [diskyʀsif, -iv] *adj méthode* diskursiv; *signe* logisch
discussion [diskysjɔ̃] *f* ❶ *(conversation)* Gespräch *nt*
❷ *(débat) d'un problème* Besprechung *f*; **~ sur qc** Diskussion *f* über etw *(Akk)*; **la ~ est impossible avec lui** mit ihm kann man nicht diskutieren; **être en ~** diskutiert werden; *question:* besprochen werden
❸ *(querelle)* Streit *m*; **une ~ s'est élevée** ein Streit ist ausgebrochen
❹ *(protestation)* Widerrede *f*; **sans ~** ohne Widerrede; **pas de ~!** keine Widerrede!
discutable [diskytabl] *adj théories* anfechtbar; *goût* zweifelhaft; **être d'un intérêt ~** nicht von großer Bedeutung sein
discutailler [diskytaje] <1> *vi péj* endlose Diskussionen führen, palavern *(fam)*
discuté(e) [diskyte] *adj* umstritten
discuter [diskyte] <1> **I.** *vt* ❶ *(débattre)* diskutieren; **~ les conditions d'un contrat** über die Vertragsbedingungen verhandeln; **~ un projet de loi** über einen Gesetzesentwurf beraten
❷ *(contester)* in Frage stellen *ordre, autorité*; **~ le prix** über den Preis verhandeln
II. *vi* ❶ *(bavarder)* sich unterhalten; **~ de qc avec qn** sich mit jdm über etw *(Akk)* unterhalten
❷ *(négocier)* **~ avec qn** mit jdm verhandeln
❸ *(contester)* **on ne discute pas!** keine Widerrede!
III. *vpr* **se ~** Gegenstand einer Diskussion sein; **ce sont des choses qui se discutent** darüber können wir noch reden; **ça se discute** darüber lässt sich streiten; **ça ne se discute pas** das steht außer Frage
disent [diz] *indic et subj prés de* **dire**
disert(e) [dizɛʀ, ɛʀt] *adj littér* redegewandt
disette [dizɛt] *f* Hungersnot *f*
diseur, -euse [dizœʀ, -øz] *m, f vieilli* Redner(in) *m(f)*, Erzähler(in) *m(f)*
◆ **~(-euse) de bonne aventure** Wahrsager(in) *m(f)*; **~(-euse) de bons mots** *péj* Märchenonkel *m*/Märchentante *f (pej fam)*
diseuse [dizøz] *f* **~ de bonne aventure** Wahrsagerin *f*
disfonctionnement [disfɔ̃ksjɔnmɑ̃] *m v.* **dysfonctionnement**
disgrâce [disgʀɑs] *f* Ungnade *f*; **être tombé(e) en ~ auprès de qn** bei jdm in Ungnade gefallen sein
disgracier [disgʀasje] <1a> *vt vieilli* **~ qn** jdm seine Gunst entziehen *(geh)*
disgracieux, -euse [disgʀasjø, -jøz] *adj démarche* plump; *proportions* unausgewogen; *gestes* ungraziös
disjoindre [disʒwɛ̃dʀ] <*irr*> **I.** *vt* ❶ *(disloquer)* lockern
❷ *(isoler)* **~ qc de qc** etw von etw trennen
II. *vpr* **se ~** sich lockern
disjoint(e) [disʒwɛ̃, wɛ̃t] *adj planche* lose; *questions, aspects* getrennt behandelt
disjoncter [disʒɔ̃kte] <1> **I.** *vi fam* ❶ ELEC **ça a disjoncté!** die Sicherung ist durchgebrannt!
❷ *(débloquer)* ausrasten *(fam)*
II. *vt* ELEC unterbrechen
disjoncteur [disʒɔ̃ktœʀ] *m* Unterbrecher *m*
disjonctif, -ive [disʒɔ̃ktif, -iv] *adj* GRAM disjunktiv; *conjonction* ausschließend
disjonction [disʒɔ̃ksjɔ̃] *f* ❶ *a.* GRAM *(séparation)* Trennung *f*
❷ JUR *de deux instances* Prozesstrennung *f*; *d'un article* Ausklammerung *f*
dislocation [dislɔkasjɔ̃] *f* Auseinanderfallen *nt*; *d'un empire* Zerfall *m*; *d'une manifestation, de la famille* Auflösung *f*; *de l'épaule, du genou* Auskugeln *nt*
disloquer [dislɔke] <1> **I.** *vt* ❶ *(démolir)* auseinander nehmen; zerrütten *parti*; auseinander reißen *famille*; zum Zerfall bringen *empire*; aufteilen *domaine*
❷ *(disperser)* auflösen *manifestation, cortège*
❸ MED **~ l'épaule à qn** jdm die Schulter auskugeln
II. *vpr* ❶ **se ~** *(se défaire) meuble, voiture, jouet:* in die Brüche gehen; *château de cartes:* zusammenfallen; *empire:* zerfallen; *famille:* auseinander brechen; *manifestation, assemblage, parti, société:* sich auflösen

D

② MED **se ~ qc** sich (*Dat*) etw auskugeln

disons [dizɔ̃] *indic prés et impératif de* **dire**

disparaître [dispaʀɛtʀ] *<irr> vi + avoir* ① (*ne plus être là*) verschwinden
② (*passer, s'effacer*) *trace:* sich verlieren; *tache:* herausgehen; *douleur:* vergehen; *espoir:* schwinden; *crainte, soucis:* verschwinden; *colère:* verrauchen; **faire ~ les traces** die Spuren verwischen; **faire ~ les taches** die Flecken entfernen
③ (*ne plus exister*) *obstacle:* aus dem Weg geräumt werden; (*s'éteindre*) *culture:* untergehen; *espèce:* aussterben; *mode, dialecte, coutume:* verschwinden; (*mourir*) *personne:* versterben; (*dans un naufrage*) untergehen; **faire ~ un obstacle** ein Hindernis aus dem Weg räumen; **faire ~ qn** jdn beseitigen

disparate [dispaʀat] *adj couleurs, garde-robe, mobilier* bunt zusammengewürfelt; *œuvre, société* vielschichtig

disparité [dispaʀite] *f d'une œuvre* Vielschichtigkeit *f; des couleurs* Mischmasch *m; des opinions* Unterschiedlichkeit *f;* **~s régionales** regionale Unterschiede; **~ d'âge** Altersunterschied *m*

disparition [dispaʀisjɔ̃] *f* ① Verschwinden *nt; d'une coutume* Aussterben *nt; du soleil, d'une culture* Untergang *m;* **~ des espèces** Artensterben *nt*
② (*mort*) Versterben *nt*

disparu(e) [dispaʀy] **I.** *part passé de* **disparaître**
II. *adj* **être porté(e) ~(e)** als vermisst gelten
III. *m(f)* ① (*défunt*) Verstorbene(r) *f(m)*
② (*porté manquant*) Vermisste(r) *f(m)*

dispatcher [dispatʃe] <1> *vt* verteilen

dispatching [dispatʃiŋ] *m* ① (*régulation des transports*) Verteilen *nt;* **erreur de ~** Fehlleitung *f*
② (*service*) Verteilerstelle *f*

dispendieux, -euse [dispɑ̃djø, -jøz] *adj* kostspielig, aufwändig

dispensaire [dispɑ̃sɛʀ] *m öffentliches Gesundheitsamt für Schutzimpfungen und Vorsorgeuntersuchungen*

dispensateur, -trice [dispɑ̃satœʀ, -tʀis] **I.** *adj banque, geste* ausgebend
II. *m, f* Spender(in) *m(f)*

dispense [dispɑ̃s] *f* Sondererlaubnis *f;* **~ de qc** Befreiung *f* von etw
◆ **~ d'âge** Aufhebung *f* der Altersgrenze; **~ de travail** Arbeitsbefreiung *f*

dispenser [dispɑ̃se] <1> **I.** *vt* ① (*exempter*) **~ qn de qc/de faire qc** jdn von etw befreien/jdn davon befreien etw zu tun; **se faire ~ de qc** sich von etw befreien lassen
② (*distribuer*) **~ qc à qn** jdm etw zuteil werden lassen; **~ des soins à un malade** einen Kranken versorgen; **~ des encouragements à qn** jdm Mut zusprechen
II. *vpr* **se ~ de qc/de faire qc** etw unterlassen/es unterlassen etw zu tun; **qn se dispenserait bien de qc/de faire qc** jd könnte gut auf etw (*Akk*) verzichten/darauf verzichten etw zu tun

disperser [dispɛʀse] <1> **I.** *vt* ① (*éparpiller*) zerstreuen; verstreuen *papiers, cendres;* zersprengen *troupes;* **être dispersé(e)** verstreut sein
② (*répartir*) verteilen
③ (*opp: concentrer*) **~ ses efforts** sich in seinen Bemühungen verzetteln (*fam*); **~ l'attention de qn** jdn ablenken
II. *vpr* **se ~** ① (*partir dans tous les sens*) sich zerstreuen
② (*se déconcentrer*) sich verzetteln (*fam*)

dispersion [dispɛʀsjɔ̃] *f* Zerstreuen *nt; des graines, cendres* Verstreuen *nt; d'un attroupement* Auseinandersprengen *nt; de l'esprit* Zerstreuung *f*

disponibilité [dispɔnibilite] *f* ① *sans pl* (*caractère*) Verfügbarkeit *f*
② *pl* FIN verfügbare Mittel *Pl*
③ (*congé*) **mise en ~** Beurlaubung *f;* **se faire mettre en ~** sich beurlauben lassen; **être en ~** beurlaubt sein
◆ **~ d'esprit** Aufgeschlossenheit *f*

disponible [dispɔnibl] *adj* verfügbar; *article* vorrätig; *appartement, place* frei; **être/ne pas être ~** Zeit/keine Zeit haben; **avoir l'esprit ~** einen freien Kopf haben

dispos(e) [dispo, dispoz] *adj v.* **frais**

disposé(e) [dispoze] *adj* **être bien/mal ~(e)** gut/schlecht gelaunt sein; **être bien/mal ~(e) à l'égard de qn** jdm wohlgesonnen/schlecht gesonnen sein; **être ~(e) à faire qc** bereit sein etw zu tun; **je ne suis pas ~(e) à me laisser faire** ich bin nicht bereit mir alles/das gefallen zu lassen

disposer [dispoze] <1> **I.** *vt* ① (*arranger, placer*) anordnen; aufstellen *joueurs, soldats*
② (*engager*) **~ qn à faire qc** jdn dazu bringen etw zu tun
II. *vi* ① (*avoir à sa disposition*) **~ de qc** über etw (*Akk*) verfügen
② *soutenu* (*aliéner*) **~ de qn/qc** über jdn/etw verfügen; **le droit des peuples à ~ d'eux-mêmes** das Selbstbestimmungsrecht der Völker
▶ **vous pouvez ~** ihr könnt/Sie können gehen
III. *vpr* **se ~ à faire qc** gerade etw tun wollen

dispositif [dispozitif] *m* ① (*mécanisme*) Vorrichtung *f;* **~ antivol** Diebstahlsicherung *f;* **~ d'alarme** Alarmanlage *f*
② (*ensemble de mesures*) Reihe *f* von Maßnahmen; **~ policier** Polizeiaufgebot *nt*

disposition [dispozisjɔ̃] *f* ① *sans pl* (*agencement*) Anordnung *f; d'un article, texte* Gliederung *f*
② (*faculté de disposer*) **avoir qc à sa ~** etw zu seiner Verfügung haben; **avoir la libre ~ de qc** über etw (*Akk*) frei verfügen können; **être à la ~ de qn** jdm zur Verfügung stehen; **mettre qn/qc à la ~ de qn** jdm jdn/etw zur Verfügung stellen; **se mettre à la ~ de qn** sich jdm zur Verfügung stellen; **tenir qc à la ~ de qn** etw für jdn zur Verfügung halten; **se tenir à la ~ de qn** sich zu jds Verfügung halten
③ (*clause*) *d'une loi* Bestimmung *f; d'un testament* Verfügung *f*
④ *pl* (*préparatifs*) Vorkehrungen *Pl;* **prendre ses ~s** Vorkehrungen treffen; **prendre des ~s pour qc** Vorkehrungen für etw treffen; **prendre des ~s pour faire qc/pour que qn fasse qc** Vorkehrungen treffen um etw zu tun/, damit jd etw tut
⑤ *pl* (*état d'esprit*) **être dans de bonnes/mauvaises ~s** gut/schlecht aufgelegt sein, gute/schlechte Laune haben
⑥ (*intention*) Bereitschaft *f*
▶ **avoir des ~s pour qc** für etw begabt sein
◆ **~ d'esprit** Aufgeschlossenheit *f;* (*état*) geistige Verfassung; **~s de loi** Gesetzesbestimmungen *Pl*

disproportion [dispʀɔpɔʀsjɔ̃] *f* Missverhältnis *nt*

disproportionné(e) [dispʀɔpɔʀsjɔne] *adj corps* schlecht proportioniert; *réactions* unangemessen

dispute [dispyt] *f* Streit *m*

disputer [dispyte] <1> **I.** *vt* ① *pop* (*gronder*) **~ qn** jdn ausschimpfen; **se faire ~ par qn** von jdm ausgeschimpft werden
② (*contester*) **~ qc à qn** jdm etw streitig machen
③ *littér* (*rivaliser*) **le ~ à qc** mit etw wetteifern (*geh*)
④ SPORT austragen *match;* **être très disputé(e)** hart umkämpft sein
II. *vpr* ① (*se quereller*) **se ~ avec qn** sich mit jdm streiten
② (*lutter pour*) **se ~ qc** sich um etw streiten
③ SPORT **se ~** ausgetragen werden

disquaire [diskɛʀ] *m* Schallplattenhändler(in) *m(f)*

disqualification [diskalifikasjɔ̃] *f* Disqualifikation *f*

disqualifier [diskalifje] <1a> **I.** *vt* disqualifizieren
II. *vpr* **se ~** sich disqualifizieren

disque [disk] *m* ① (*objet rond*) Scheibe *f*
② MUS [Schall]platte *f;* **~ compact** CD *f;* **mettre un ~** eine Platte auflegen
③ SPORT (*engin*) Diskus *m;* (*discipline*) Diskuswurf *m*
④ INFORM **~ dur** Festplatte *f;* **~ optique compact** CD-ROM *f*
⑤ ANAT **~ intervertébral** Bandscheibe *f*
▶ **change de ~!** *fam* leg eine andere Platte auf! (*fam*)

◆ ~ **d'embrayage** Kupplungsscheibe *f;* ~ **de stationnement** Parkscheibe *f*
disque-jockey [diskʒɔkɛ] *mf v.* **disc-jockey**
disquette [diskɛt] *f* Diskette *f;* ~ **double face, haute densité** zweiseitige Diskette mit hoher Dichte; **une** ~ **double densité** eine Diskette mit doppelter Dichte; **une** ~ **formatée pour lecteurs de 1,44 Mo.** eine für Laufwerke von 1,44 MB formatierte Diskette; ~ **protégée contre l'écriture** schreibgeschützte Diskette; **introduire une** ~ **dans le lecteur** eine Diskette in das Laufwerk schieben
◆ ~ **de démarrage** Bootdiskette *f;* ~ **d'installation** Installationsdiskette *f*
dissection [disɛksjɔ̃] *f* Sezieren *nt*
dissemblable [disɑ̃blabl] *adj* unähnlich, ungleich
dissémination [diseminasjɔ̃] *f* (*action*) Verstreuung *f;* (*état*) Verstreutsein *nt*
disséminer [disemine] <1> **I.** *vt* verstreuen; **être disséminé(e)s aux quatre coins du monde** über die ganze Welt verstreut sein; **des maisons disséminées** weit verstreute Häuser
II. *vpr* **se** ~ ❶ (*se disperser*) sich verteilen
❷ (*se répandre*) sich ausbreiten
dissension [disɑ̃sjɔ̃] *f* Meinungsverschiedenheit *f*
dissentiment [disɑ̃timɑ̃] *m* Meinungsverschiedenheit *f,* Dissens *m*
disséquer [diseke] <5> *vt* sezieren *cadavre;* zerlegen *structure;* auseinander nehmen (*fam*) *discours*
dissert [disɛʀt] *f* SCOL *abr de* **dissertation** Diss. *f*
dissertation [disɛʀtasjɔ̃] *f* Aufsatz *m*
disserter [disɛʀte] <1> *vi* ~ **sur qc** sich über etw (*Akk*) auslassen
dissidence [disidɑ̃s] *f* (*sécession*) Spaltung *f;* **être en** ~ abtrünnig geworden sein
dissident(e) [disidɑ̃, ɑ̃t] **I.** *adj* abtrünnig; **un groupe** ~ eine Splittergruppe
II. *m(f)* Dissident(in) *m(f)*
dissimilitude [disimilityd] *f* Unähnlichkeit *f,* Unterschiedlichkeit *f*
dissimulateur, -trice [disimylatœʀ, -tʀis] **I.** *adj* heuchlerisch
II. *m, f* Heuchler(in) *m(f)*
dissimulation [disimylasjɔ̃] *f* ❶ *sans pl* (*duplicité*) Heuchelei *f*
❷ (*action de cacher*) Verbergen *nt; de bénéfices, revenus* Unterschlagung *f*
dissimulé(e) [disimyle] *adj sentiments* heuchlerisch, falsch; *personne* unaufrichtig
dissimuler [disimyle] <1> **I.** *vt* ❶ (*cacher*) verstecken; verbergen *visage, défaut de la peau, difficultés*
❷ (*masquer*) ~ **ses sentiments à qn** seine Gefühle vor jdm verbergen; ~ **ses intentions/opinions/pensées** seine Absichten/Ansichten/Gedanken geheim halten; ~ **à qn que qn a fait qc** jdm verheimlichen, dass jd etw getan hat
❸ (*taire*) ~ **qc à qn/à qn que qn a fait qc** jdm etw verschweigen/jdm verschweigen, dass jd etw getan hat
❹ FISC unterschlagen
II. *vi* **savoir** ~ sich gut verstellen können
III. *vpr* **se** ~ sich verbergen; **se** ~ **que qn a fait qc** sich (*Dat*) nicht darüber im Klaren sein, dass jd etw getan hat; **se** ~ **qc** sich (*Dat*) über etw nicht im Klaren sein; **ne pas se** ~ **qc** sich (*Dat*) über etw im Klaren sein
dissipation [disipasjɔ̃] *f* Disziplinlosigkeit *f; du patrimoine* Verschwendung *f; de la brume* Auflösung *f*
dissipé(e) [disipe] *adj* undiszipliniert; **sois un peu moins** ~**(e)!** sei nicht so unaufmerksam!
dissiper [disipe] <1> **I.** *vt* ❶ (*faire disparaître*) vertreiben
❷ (*lever*) zerstreuen; ausräumen *soupçons, doutes;* zerstören *illusions;* aufklären *malentendu*
❸ (*dilapider*) verschwenden
❹ SCOL ablenken
II. *vpr* **se** ~ *brume:* sich auflösen; *doutes, craintes, soupçons:* sich zerstreuen; *inquiétude:* verfliegen; SCOL sich leicht ablenken lassen
dissociable [disɔsjabl] *adj* voneinander trennbar
dissocier [disɔsje] <1a> *vt* (*envisager séparément*) ~ **qc de qc** etw getrennt von etw betrachten
dissolu(e) [disɔly] *adj littér mœurs* locker; *vie* ausschweifend; *personne* zügellos
dissolubilité [disɔlybilite] *f* ❶ CHIM, PHYS Löslichkeit *f*
❷ POL *d'une assemblée* Auflösbarkeit *f*
dissoluble [disɔlybl] *adj* ❶ CHIM, PHYS löslich
❷ POL *assemblée* auflösbar
dissolution [disɔlysjɔ̃] *f* ❶ (*action*) Auflösung *f;* **prononcer la** ~ **du mariage** die Scheidung aussprechen; **prononcer la** ~ **de l'Assemblée nationale/du parti** die Nationalversammlung/Partei auflösen
❷ (*liquide*) Lösung *f*
dissolvant [disɔlvɑ̃] *m* (*produit*) Lösungsmittel *nt;* (*pour les ongles*) Nagellackentferner *m*
dissolvant(e) [disɔlvɑ̃, ɑ̃t] *adj* auflösend
dissonance [disɔnɑ̃s] *f* ❶ (*discordance*) Dissonanz *f; des couleurs* Disharmonie *f*
❷ (*désaccord*) ~ **entre qc et qc** Unvereinbarkeit *f* von etw und etw
dissonant(e) [disɔnɑ̃, ɑ̃t] *adj* MUS dissonant
dissou(te) [disu, sut] *part passé de* **dissoudre**
dissoudre [disudʀ] <*irr*> **I.** *vt* auflösen; **être dissou(te)** *assemblée, parti:* aufgelöst sein; *sel, sucre:* gelöst sein
II. *vpr* **se** ~ sich auflösen; *mariage:* auseinander gehen
dissuader [disɥade] <1> *vt* ~ **qn de qc/de faire qc** (*par la persuasion*) jdn von etw abbringen/jdn davon abbringen etw zu tun; (*par la peur*) jdn von etw abschrecken/jdn davon abschrecken etw zu tun
dissuasif, -ive [disɥazif, -iv] *adj* abschreckend
dissuasion [disɥazjɔ̃] *f* Abschreckung *f*
dissymétrie [disimetʀi] *f* Asymmetrie *f*
dissymétrique [disimetʀik] *adj* asymmetrisch
distance [distɑ̃s] *f* ❶ (*éloignement*) Entfernung *f;* **la** ~ **entre Nancy et Paris/de Nancy à Paris/de la terre à la lune** die Entfernung zwischen Nancy und Paris/von Nancy nach Paris/von der Erde zum Mond; **couvrir une** ~ **de dix kilomètres en une heure** eine Entfernung von zehn Kilometern in einer Stunde zurücklegen; **à quelle** ~ **est Cologne?** wie weit ist Köln entfernt?; **à quelle** ~ **est la gare?** wie weit ist es zum Bahnhof?; **à une** ~ **de 500 m, à 500 m de** ~ 500 m weit [entfernt]
❷ GEOM Abstand *m*
❸ SPORT Distanz *f*
❹ (*écart*) Kluft *f*
▸ **garder ses** ~**s** die Distanz wahren; **prendre ses** ~**s à l'égard de qn** sich von jdm distanzieren; **tenir la** ~ SPORT *fam* durchhalten (*fam*); **tenir qn à** ~ jdn auf Distanz halten; **se tenir à** ~ sich auf Distanz halten; **à** ~ (*dans l'espace*) *communiquer, juger, voir* aus der Entfernung; (*dans le temps*) *juger* mit Abstand; **commande à** ~ Fernsteuerung *f;* **commandé(e) à** ~ ferngesteuert; **interrogeable à** ~ mit Fernabfrage; **à cinq ans de** ~ fünf Jahre später; **de** ~ **en** ~ hier und da
◆ ~ **de freinage** Bremsweg *m*
distancer [distɑ̃se] <2> *vt* ❶ SPORT abhängen; disqualifizieren *trotteur;* **se faire** ~ **par qn** sich von jdm abhängen lassen
❷ (*surpasser*) in den Schatten stellen; **se laisser** ~ **par qn** sich von jdm in den Schatten stellen lassen
distanciation [distɑ̃sjasjɔ̃] *f* ❶ THEAT Verfremdung *f*
❷ (*recul*) Abstand *m*
❸ LING *du locuteur* Distanz *f*
distancier [distɑ̃sje] <1a> **I.** *vt* distanzieren *adversaire*
II. *vpr* **se** ~ sich distanzieren
distant(e) [distɑ̃, ɑ̃t] *adj* ❶ (*réservé*) *personne, attitude* distan-

D

ziert
❷ (*éloigné*) entfernt; **ces deux villes sont ~es de 100 km l'une de l'autre** diese beiden Städte sind 100 km voneinander entfernt; **ces deux événements sont ~s de plusieurs années** diese beiden Ereignisse liegen mehrere Jahre auseinander

distendre [distɑ̃dʀ] <14> **I.** *vt* ausleiern; stark dehnen *peau;* lockern *liens;* **être distendu(e)** *ressort, élastique:* ausgeleiert sein; *courroie:* locker sein; *ligament:* überdehnt sein
II. *vpr* **se ~** *élastique:* ausleiern; *peau:* sich stark dehnen; *ligament:* sich überdehnen; *liens:* sich lockern; **être distendu(e)** *fil:* ausgeleiert sein; *ressort:* schlaff sein

distendu(e) [distɑ̃dy] *part passé de* **distendre**

distension [distɑ̃sjɔ̃] *f d'un ligament* Überdehnung *f; de la peau* starke Ausdehnung *f; d'une courroie, des liens* Lockerung *f*

distillateur, -trice [distilatœʀ, -tʀis] *m, f* Destillateur(in) *m(f); de cognac* Branntweinbrenner(in) *m(f)*

distillation [distilasjɔ̃] *f* Destillation *f; d'un alcool* Brennen *nt*

distillé(e) [distile] *adj* destilliert; **eau ~** destilliertes Wasser

distiller [distile] <1> *vt* destillieren

distillerie [distilʀi] *f* Brennerei *f*

distinct(e) [distɛ̃, ɛ̃kt] *adj* ❶ (*différent*) verschieden; **bien ~(e)** durchaus verschieden; **c'est une question tout à fait ~e de la première** diese Frage unterscheidet sich sehr von der ersten
❷ (*net*) deutlich

distinctement [distɛ̃ktəmɑ̃] *adv* deutlich

distinctif, -ive [distɛ̃ktif, -iv] *adj* charakteristisch; **signe ~** Kennzeichen *nt*

distinction [distɛ̃ksjɔ̃] *f* ❶ (*différenciation*) Unterscheidung *f;* **faire une ~ entre deux choses/personnes** einen Unterschied zwischen zwei Dingen/Menschen machen; **sans ~ de rang/de personne** ohne Unterschied im Rang/der Person
❷ (*décoration, honneur*) Auszeichnung *f;* **~ honorifique** Ehrentitel *m*
❸ (*élégance*) Vornehmheit *f;* **la ~ de ses manières** sein/ihr vornehmes Benehmen; **être d'une grande ~** sehr vornehm sein

distingué(e) [distɛ̃ge] *adj* ❶ (*élégant*) vornehm; **ça fait très ~** das wirkt sehr vornehm
❷ (*éminent*) berühmt

distinguer [distɛ̃ge] <1> **I.** *vt* ❶ (*percevoir*) erkennen
❷ (*différencier*) **~ qn de qn/qc de qc** jdn von jdm/etw von etw unterscheiden; **ne pas pouvoir ~ si qn a fait qc** nicht unterscheiden können, ob jd etw getan hat; **~ qn/qc à qc** jdn/etw an etw (*Dat*) erkennen
❸ (*caractériser*) **sa grande taille le distingue** er unterscheidet sich durch seine Größe; **la raison distingue l'homme de l'animal** der Mensch unterscheidet sich durch seinen Verstand vom Tier
❹ (*isoler*) unterscheiden; **~ trois sens dans un mot** bei einem Wort zwischen drei Bedeutungen unterscheiden
❺ (*honorer*) auszeichnen
II. *vi* (*faire la différence*) **~ entre qn et qn/entre qc et qc** zwischen jdm (*Dat*) und jdm (*Dat*)/zwischen etw (*Dat*) und etw (*Dat*) unterscheiden; **~ entre deux choses** zwischen zwei Dingen unterscheiden
III. *vpr* ❶ (*différer*) **se ~ de qn/qc par qc** sich durch etw von jdm/etw unterscheiden
❷ (*s'illustrer*) **se ~ par qc** sich durch etw auszeichnen

distinguo [distɛ̃go] *m* Unterscheidung *f*

distique [distik] *m* POES Zweizeiler *m,* Distichon *nt* (*Fachspr.*)

distorsion [distɔʀsjɔ̃] *f* ❶ PHYS, TELEC Verzerrung *f*
❷ (*décalage*) Diskrepanz *f*
❸ *pl* (*disparité*) *de prix* Verzerrung *f*

distraction [distʀaksjɔ̃] *f* ❶ *sans pl* (*inattention*) Unaufmerksamkeit *f;* **une seconde de ~ et c'est l'accident** einen Moment nicht aufgepasst und schon ist der Unfall passiert; **par ~** aus lauter Zerstreutheit
❷ (*étourderie*) Unachtsamkeit *f*
❸ *sans pl* (*dérivatif*) Abwechslung *f*
❹ *gén pl* (*passe-temps*) Zeitvertreib *m;* **~ favorite** Lieblingsbeschäftigung

distraire [distʀɛʀ] <*irr*> **I.** *vt* ❶ (*délasser*) unterhalten
❷ (*déranger*) **~ qn de qc** jdn von etw ablenken; **~ l'attention de qn** jds Aufmerksamkeit ablenken; **se laisser ~ de qc** sich von etw ablenken lassen
II. *vpr* **se ~** sich amüsieren

distrait(e) [distʀɛ, ɛt] **I.** *part passé de* **distraire**
II. *adj* zerstreut; **avoir l'air ~** einen zerstreuten Eindruck machen; **répondre d'un air ~** geistesabwesend antworten; **écouter d'une oreille ~e** nur mit halbem Ohr zuhören; **jeter à qn un regard ~** geistesabwesend zu jdm hinsehen

distraitement [distʀɛtmɑ̃] *adv* geistesabwesend; **écouter qn ~** jdm nur mit halbem Ohr zuhören

distrayant(e) [distʀɛjɑ̃, jɑ̃t] *adj* unterhaltsam

distribuer [distʀibɥe] <1> *vt* ❶ (*donner*) verteilen *tracts;* austragen *courrier;* austeilen *coups, gifles;* **~ qc à qn** etw an jdn verteilen; **~ les tâches au personnel** dem Personal die Aufgaben zuteilen; **~ des boissons** *appareil:* Getränke ausgeben; **~ des sourires à la ronde** nach allen Seiten lächeln; **~ des poignées de mains** viele Hände schütteln
❷ FIN ausgeben *actions;* ausschütten *dividendes, bénéfices;* **~ des dividendes aux actionnaires** Dividenden an die Aktionäre ausschütten
❸ COM vertreiben; **~ de l'eau/de l'électricité/du gaz à qn/qc** jdn/etw mit Wasser/Strom/Gas versorgen
❹ AUDIOV verleihen
❺ (*arranger, répartir*) anordnen *éléments, mots;* aufteilen *pièces;* **être bien/mal distribué(e)** *appartement:* gut/schlecht aufgeteilt [*o* geschnitten] sein; aufstellen *joueurs de foot;* **un appartement bien/mal distribué** eine gut/schlecht aufgeteilte Wohnung

distributeur [distʀibytœʀ] *m* ❶ **~ de prospectus** Verteiler *m* von Prospekten
❷ COM Vertreiber *m;* (*entreprise*) Vertriebsgesellschaft *f;* (*diffuseur*) Verkaufsstelle *f;* **nous sommes ~ d'articles de sport** wir sind ein Handelsunternehmen für Sportartikel; **~ agréé/exclusif** Vertragshändler *m*/Alleinvertreter *m*
❸ CINE Filmverleiher *m*
❹ (*distributeur automatique*) [Verkaufs]automat *m;* **~ de billets** (*de billets de banque*) Geldautomat; (*de billets de train*) Fahrkartenautomat; **~ de boissons** Getränkeautomat; **~ de cigarettes** Zigarettenautomat; **~ de tickets** Fahrscheinautomat

distributif, -ive [distʀibytif, -iv] *adj* ❶ (*qui distribue*) verteilend; MATH *opération* distributiv
❷ GRAM **adjectif numéral ~** Distributivum *nt*

distribution [distʀibysjɔ̃] *f* ❶ (*répartition*) Verteilung *f; des cartes* Ausgeben *nt; des tâches* Zuteilung *f;* **~ du courrier** Zustellung *f* der Post, Postzustellung
❷ FIN *d'un dividende* Ausschüttung *f*
❸ COM Vertrieb *m;* **grande ~** Großvertrieb; **~ d'eau/d'électricité/de gaz** Wasser-/Strom-/Gasversorgung *f*
❹ AUDIOV Verleih *m;* CINE, THEAT [Rollen]besetzung *f*
❺ (*arrangement*) *des éléments, mots* Anordnung *f; des pièces, de l'appartement* Aufteilung *f; des joueurs* Aufstellung *f*
◆ **~ des prix** Preisverteilung *f*

distributrice [distʀibytʀis] *f* ❶ (*personne*) **~ de prospectus** Verteilerin *f* von Prospekten
❷ COM Vertreiberin *f*
❸ CINE Filmverleiherin *f*

district [distʀikt] *m* Bezirk *m*

dit [di] *indic prés de* **dire**

dit(e) [di, dit] **I.** *part passé de* **dire**
II. *adj le Sage, le Bègue* mit dem Beinamen; *touristique, socialiste*

so genannt; **à l'heure ~e** zur vereinbarten Zeit

dites [dit] *indic prés de* **dire**

dithyrambique [ditiʀɑ̃bik] *adj* überschwänglich

diurétique [djyʀetik] *m* Diuretikum *nt* (*Fachspr.*)

diurne [djyʀn] *adj fleur* tagsüber blühend; *animal* tagaktiv

diva [diva] *f* Diva *f*

divagation [divagasjɔ̃] *f gén pl* wirres Gerede *nt kein Pl*

divaguer [divage] <1> *vi* ❶ (*délirer*) *malade:* phantasieren
❷ *fam* (*déraisonner*) spinnen (*fam*)

divan [divɑ̃] *m* Diwan *m*

divergence [divɛʀʒɑ̃s] *f* Divergenz *f;* ~ **d'opinions/d'intérêts** Meinungsverschiedenheit *f*/unterschiedliche Interessen *Pl*

divergent(e) [divɛʀʒɑ̃, ʒɑ̃t] *adj* voneinander abweichend

diverger [divɛʀʒe] <2a> *vi* ❶ (*s'écarter*) auseinander gehen; **ici, nos chemins divergent** hier trennen sich unsere Wege
❷ (*s'opposer*) ~ **de qc** von etw abweichen; **leurs opinions divergent sur ce point** in diesem Punkt weichen ihre Meinungen voneinander ab

divers(e) [divɛʀ, ɛʀs] **I.** *adj* ❶ (*différent, varié*) *paysages, coutumes* verschiedenartig; *hypothèses, personnes* verschieden; **pour ~es raisons** aus verschiedenen Gründen
❷ (*inégal, contradictoire*) *mouvements, intérêts* unterschiedlich
❸ *pl* (*plusieurs*) mehrere; **à ~es reprises** mehrmals
II. *mpl* (*autres*) Sonstige(s) *nt;* (*frais*) sonstige Kosten *Pl*

diversement [divɛʀsəmɑ̃] *adv* unterschiedlich

diversification [divɛʀsifikasjɔ̃] *f* Diversifikation *f*

diversifié(e) [divɛʀsifje] *adj* vielfältig; *goût, offre* vielseitig

diversifier [divɛʀsifje] <1a> *vt* diversifizieren; **une production largement diversifiée** eine breit gefächerte Produktion

diversion [divɛʀsjɔ̃] *f* ❶ MIL Ablenkung *f*
❷ *littér* (*distraction*) Ablenkung *f;* **faire ~** vom Thema ablenken; **une occupation qui fait ~ à son ennui** eine Beschäftigung, die seine/ihre Langeweile vertreibt

diversité [divɛʀsite] *f* (*variété*) Verschiedenartigkeit *f;* (*multiplicité*) Vielfalt *f*

divertir [divɛʀtiʀ] <8> **I.** *vt* (*délasser*) unterhalten; (*changer les idées de qn*) ablenken
II. *vpr* **se ~** sich amüsieren

divertissant(e) [divɛʀtisɑ̃, ɑ̃t] *adj* unterhaltsam; **qn trouve ~ de faire qc** es bereitet jdm Vergnügen etw zu tun

divertissement [divɛʀtismɑ̃] *m* ❶ *sans pl* (*action*) Unterhaltung *f;* (*passe-temps*) Beschäftigung *f;* ~ **favori** Lieblingsbeschäftigung *f*
❷ MUS Divertimento *nt*

dividende [dividɑ̃d] *m* MATH Dividend *m*

divin(e) [divɛ̃, in] *adj* ❶ REL göttlich
❷ (*exceptionnel*) *beauté* bezaubernd; *plat* köstlich; *musique* himmlisch; *femme* wunderschön

divinateur, -trice [divinatœʀ, -tʀis] **I.** *adj* ❶ (*divinatoire*) *pouvoir, science* Wahrsage-
❷ (*clairvoyant*) *esprit, instinct* hellseherisch
II. *m, f* Wahrsager(in) *m(f)*

divination [divinasjɔ̃] *f* Wahrsagen *nt*

divinatoire [divinatwaʀ] *adj* ❶ *art* wahrsagend; *science* vorhersagend
❷ *instinct* intuitiv

divinement [divinmɑ̃] *adv chanter* wundervoll; **il fait ~ beau** es ist herrliches Wetter; **elle est ~ belle** sie ist wunderschön

divinisation [divinizasjɔ̃] *f* Vergottung *f*

diviniser [divinize] <1> *vt* ~ **qn/qc** jdn/etw als Gottheit verehren

divinité [divinite] *f* ❶ *sans pl* (*caractère divin*) Göttlichkeit *f*
❷ (*dieu*) Gottheit *f*

diviser [divize] <1> **I.** *vt* ❶ (*fractionner*) ~ **qc en qc** etw in etw (*Akk*) teilen; ~ **un livre en chapitres** ein Buch in Kapitel untergliedern; ~ **qc entre plusieurs personnes** etw unter mehreren Personen aufteilen
❷ MATH dividieren; ~ **huit par deux** acht durch zwei dividieren
❸ (*désunir*) entzweien; spalten *groupe, population, parti;* **l'opinion publique est divisée** die öffentliche Meinung ist gespalten; **être divisé(e)s au sujet de qc** über etw (*Akk*) geteilter Meinung sein
▶ ~ **pour régner** *prov* teile und herrsche!
II. *vpr* ❶ (*se séparer*) **se ~ en qc** *cellule, route:* sich in etw (*Akk*) teilen; *parti:* sich in etw (*Akk*) spalten
❷ (*être divisible*) **se ~** *nombre:* teilbar sein; *ouvrage:* sich gliedern

diviseur [divizœʀ] *m* Teiler *m*

divisibilité [divizibilite] *f* Teilbarkeit *f*

divisible [divizibl] *adj* ~ **par qc** teilbar durch etw

division [divizjɔ̃] *f* ❶ (*fractionnement*) ~ **en qc** *d'un pays* Gliederung *f* in etw (*Akk*); *des tâches* Verteilung *f;* (*classement*) Einteilung *f* in etw (*Akk*)
❷ (*désaccord*) Unstimmigkeiten *Pl;* **semer la ~** Zwietracht säen (*geh*)
❸ MATH (*action*) Dividieren *nt;* (*résultat*) Division *f;* **faire une ~** dividieren
❹ (*subdivision*) Teil *m;* ~ **administrative** Verwaltungsbezirk *m*
❺ MIL Division *f*
❻ FBALL Liga *f*
❼ *d'une entreprise* Abteilung *f*
❽ BIO ~ **cellulaire** Zellteilung *f*
◆ ~ **du travail** Arbeitsteilung *f*

divisionnaire [divizjɔnɛʀ] *adj* **monnaie ~** Scheidemünze *f;* **commissaire ~** Oberkommissar(in) *m(f)*

divorce [divɔʀs] *m* ❶ JUR [Ehe]scheidung *f;* ~ **avec qn** Scheidung von jdm; ~ **par consentement mutuel** Scheidung in gegenseitigem Einvernehmen; **demander le ~** die Scheidung einreichen; **prononcer le ~** die Scheidung aussprechen
❷ (*divergence*) ~ **entre théorie et pratique** Diskrepanz *f* zwischen Theorie und Praxis
❸ (*rupture*) ~ **entre les socialistes et les communistes** Bruch *m* zwischen Sozialisten und Kommunisten

divorcé(e) [divɔʀse] **I.** *adj* ~**(e) de qn** von jdm geschieden
II. *m(f)* Geschiedene(r) *f(m)*

divorcer [divɔʀse] <2> *vi* ~ **de qn** sich von jdm scheiden lassen

divulgateur, -trice [divylgatœʀ, -tʀis] *m, f* (*personne*) Verbreiter(in) *m(f)*

divulgation [divylgasjɔ̃] *f d'un secret* Preisgabe *f; d'une nouvelle* Verbreitung *f; d'un complot* Aufdeckung *f*

divulguer [divylge] <1> *vt* ~ **un secret à qn** jdm ein Geheimnis verraten; ~ **une nouvelle à qn** jdm eine Neuigkeit bekannt geben; ~ **que qn a fait qc** verbreiten, dass jd etw getan hat

dix [dis, *devant une voyelle* diz, *devant une consonne* di] **I.** *num* ❶ zehn
❷ (*dans l'indication de l'âge, la durée*) **avoir/avoir bientôt ~ ans** zehn [Jahre alt] sein/werden; **enfant de ~ ans** Zehnjährige(r) *f(m);* **période de ~ ans** Zeitraum *m* von zehn Jahren
❸ (*dans l'indication de l'heure*) **il est ~ heures** es ist zehn [Uhr]
❹ (*dans l'indication de la date*) **le ~ mars** *geschrieben:* **le 10 mars** der zehnte März *écrit:* der 10. März
❺ (*dans l'indication de l'ordre*) **arriver ~ ou onzième** als Zehnte(r) oder Elfte(r) kommen
❻ (*dans les noms de personnages*) **Louis X** *gesprochen:* **Louis ~** Ludwig X. *oral:* Ludwig der Zehnte
▶ **répéter/recommencer ~ fois la même chose** immer wieder dasselbe wiederholen/machen
II. *m inv* ❶ Zehn *f*
❷ (*numéro*) Nummer *f* zehn, Zehn *f*
❸ TRANSP **le ~** die Linie [*o* Nummer] zehn, die Zehn (*fam*)

❹ JEUX Zehn *f;* **avoir deux** ~ zwei Zehnen haben
❺ SCOL **avoir** ~ [**sur dix/sur vingt**] ≈ eine Eins/eine Vier haben
III. *f* (*table, chambre ... numéro dix*) Zehn *f*
IV. *adv* (*dans une énumération*) zehntens; (*dans un ordre du jour*) Punkt zehn; *v. a.* **cinq**

dix-huit [dizɥit, *devant une consonne* dizɥi] **I.** *num* ❶ achtzehn ❷ (*dans l'indication de l'âge, la durée*) **avoir/avoir bientôt** ~ **ans** achtzehn [Jahre alt] sein/werden; **personne de** ~ **ans** Achtzehnjährige(r) *f(m);* **période de** ~ **ans** Zeitraum *m* von achtzehn Jahren ❸ (*dans l'indication de l'heure*) **il est** ~ **heures** es ist achtzehn [Uhr] ❹ (*dans l'indication de la date*) **le** ~ **mars** *geschrieben:* **le 18 mars** der achtzehnte März *écrit:* der 18. März ❺ (*dans l'indication de l'ordre*) **arriver** ~ **ou dix-neuvième** als Achtzehnte(r) oder Neunzehnte(r) kommen ❻ (*dans les noms de personnages*) **Louis XVIII** *gesprochen:* **Louis** ~ Ludwig XVIII. *oral:* Ludwig der Achtzehnte **II.** *m inv* ❶ Achtzehn *f* ❷ (*numéro*) Nummer *f* achtzehn, Achtzehn *f* ❸ TRANSP **le** ~ die Linie [*o* Nummer] achtzehn, die Achtzehn (*fam*) ❹ JEUX Achtzehn *f;* **les** ~ **m'ont toujours porté chance** [die] Achtzehn hat mir [schon] immer Glück gebracht ❺ SCOL **avoir** ~ [**sur vingt**] ≈ eine Eins haben **III.** *f* (*table, chambre ... numéro dix-huit*) Achtzehn *f* **IV.** *adv* (*dans une énumération*) achtzehntens; (*dans un ordre du jour*) Punkt achtzehn; *v. a.* **cinq** **dix-huitième** [dizɥitjɛm] <dix-huitièmes> **I.** *adj antéposé* achtzehnte(r, s) **II.** *mf* **le/la** ~ der/die/das Achtzehnte **III.** *m* ❶ (*fraction*) Achtzehntel *nt* ❷ (*étage*) achtzehnter Stock ❸ (*arrondissement*) achtzehntes Arrondissement ❹ (*siècle*) achtzehntes Jahrhundert; *v. a.* **cinquième**

dixième [dizjɛm] **I.** *adj antéposé* zehnte(r, s)
II. *mf* **le/la** ~ der/die/das Zehnte
III. *m* ❶ (*fraction*) Zehntel *nt;* **les neuf** ~**s des gens** neunzig Prozent der Menschen
❷ (*étage*) zehnter Stock
❸ (*arrondissement*) zehntes Arrondissement
❹ (*billet de loterie*) Zehntellos *nt;* *v. a.* **cinquième**

dixièmement [dizjɛmmɑ̃] *adv* zehntens

dix-neuf [diznœf] **I.** *num* ❶ neunzehn ❷ (*dans l'indication de l'âge, la durée*) **avoir/avoir bientôt** ~ **ans** neunzehn [Jahre alt] sein/werden; **personne de** ~ **ans** Neunzehnjährige(r) *f(m);* **période de** ~ **ans** Zeitraum *m* von neunzehn Jahren ❸ (*dans l'indication de l'heure*) **il est** ~ **heures** es ist neunzehn [Uhr] ❹ (*dans l'indication de la date*) **le** ~ **mars** *geschrieben:* **le 19 mars** der neunzehnte März *écrit:* der 19. März ❺ (*dans l'indication de l'ordre*) **arriver** ~ **ou vingtième** als Neunzehnte(r) oder Zwanzigste(r) kommen **II.** *m inv* ❶ Neunzehn *f* ❷ (*numéro*) Nummer *f* neunzehn, Neunzehn *f* ❸ TRANSP **le** ~ die Linie [*o* Nummer] neunzehn, die Neunzehn (*fam*) ❹ JEUX Neunzehn *f;* **les** ~ **m'ont toujours porté chance** [die] Neunzehn hat mir [schon] immer Glück gebracht ❺ SCOL **avoir** ~ [**sur vingt**] ≈ eine Eins haben **III.** *f* (*table, chambre ... numéro dix-neuf*) Neunzehn *f* **IV.** *adv* (*dans une énumération*) neunzehntens; (*dans un ordre du jour*) Punkt neunzehn; *v. a.* **cinq** **dix-neuvième** [diznœvjɛm] <dix-neuvièmes> **I.** *adj antéposé* neunzehnte(r, s) **II.** *mf* **le/la** ~ der/die/das Neunzehnte **III.** *m* ❶ (*fraction*) Neunzehntel *nt* ❷ (*étage*) neunzehnter Stock ❸ (*arrondissement*) neunzehntes Arrondissement ❹ (*siècle*) neunzehntes Jahrhundert; *v. a.* **cinquième** **dix-sept** [dissɛt] **I.** *num* ❶ siebzehn ❷ (*dans l'indication de l'âge, la durée*) **avoir/avoir bientôt** ~ **ans** siebzehn [Jahre alt] sein/werden; **personne de** ~ **ans** Siebzehnjährige(r) *f(m);* **période de** ~ **ans** Zeitraum *m* von siebzehn Jahren ❸ (*dans l'indication de l'heure*) **il est** ~ **heures** es ist siebzehn [Uhr] ❹ (*dans l'indication de la date*) **le** ~ **mars** *geschrieben:* **le 17 mars** der siebzehnte März *écrit:* der 17. März ❺ (*dans l'indication de l'ordre*) **arriver** ~ **ou dix-huitième** als Siebzehnte(r) oder Achzehnte(r) kommen ❻ (*dans les noms de personnages*) **Louis XVII** *gesprochen:* **Louis** ~ Ludwig XVII. *oral:* Ludwig der Siebzehnte **II.** *m inv* ❶ Siebzehn *f* ❷ (*numéro*) Nummer *f* siebzehn, Siebzehn *f* ❸ TRANSP **le** ~ die Linie [*o* Nummer] siebzehn, die Siebzehn (*fam*) ❹ JEUX Siebzehn *f;* **les** ~ **m'ont toujours porté chance** [die] Siebzehn hat mir [schon] immer Glück gebracht ❺ SCOL **avoir** ~ [**sur vingt**] ≈ eine Eins haben **III.** *f* (*table, chambre ... numéro dix-sept*) Siebzehn *f* **IV.** *adv* (*dans une énumération*) siebzehntens; (*dans un ordre du jour*) Punkt siebzehn; *v. a.* **cinq** **dix-septième** [dissɛtjɛm] <dix-septièmes> **I.** *adj antéposé* siebzehnte(r, s) **II.** *mf* **le/la** ~ der/die/das Siebzehnte **III.** *m* ❶ (*fraction*) Siebzehntel *nt* ❷ (*étage*) siebzehnter Stock, siebzehnte Etage ❸ (*arrondissement*) siebzehntes Arrondissement ❹ (*siècle*) siebzehntes Jahrhundert; *v. a.* **cinquième**

dizain [dizɛ̃] *m* POES Zehnzeiler *m*

dizaine [dizɛn] *f* ❶ **une** ~ **de personnes/pages** etwa [*o* ungefähr] zehn Personen/Seiten; **quelques/plusieurs** ~**s de personnes** ein paar/mehrere Dutzend Personen
❷ (*âge approximatif*) **avoir la** ~ [*o* **une** ~ **d'années**] ungefähr [*o* etwa] zehn [Jahre alt] sein; **approcher de la** ~ auf die Zehn zugehen; **avoir largement dépassé la** ~ weit über zehn [Jahre alt] sein

D.J. [didʒi] *mf abr de* **disc-jockey**

djellaba [dʒɛ(l)laba] *f* Dschellaba *f*

djihad [dʒiad] *m* Dschihad *m*

dl *abr de* **décilitre** dl

dm *abr de* **décimètre** dm

DM [dœtʃmaʀk] HIST *abr de* **Deutsche Mark** DM

do [do] *m inv* (*majeur*) C *nt;* (*mineur*) c *nt;* ~ **dièse** (*majeur*) Cis *nt;* (*mineur*) cis *nt;* ~ **bémol** (*majeur*) Ces *nt;* (*mineur*) ces *nt;* **en** ~ **majeur/mineur** in C-Dur/c-Moll; **en** ~ **bémol majeur/mineur** in Ces-Dur/ces-Moll

doberman [dɔbɛʀman] *m* Dobermann *m*

doc [dɔk] *f fam abr de* **documentation** Doku *f* (*fam*)

DOC [dɔk] *m abr de* **disque optique compact** CD-ROM *f*

docile [dɔsil] *adj* folgsam; *cheval* lammfromm (*fam*); *air* sanft; **avoir un caractère** ~ folgsam sein

docilement [dɔsilmɑ̃] *adv obéir* willig; *se comporter* folgsam

docilité [dɔsilite] *f* Folgsamkeit *f;* **ce poney est d'une grande** ~ dieses Pony ist lammfromm (*fam*); **avec** ~ willig

dock [dɔk] *m* ❶ (*bassin*) Hafenbecken *nt; de carénage* Dock *nt*
❷ (*entrepôts*) *souvent pl* Lagerhäuser *Pl*

docker [dɔkɛʀ] *m* Hafenarbeiter *m*

docte [dɔkt] *adj hum connaisseur* gelehrt; *ton* schulmeisterlich

doctement [dɔktəmɑ̃] *adv hum parler* schulmeisterlich

docteur [dɔktœʀ] *m* ❶ UNIV Doktor *m* (*fam*)
❷ (*médecin*) Doktor *m;* **appeler le** ~ den Arzt rufen; **bonjour,** ~ guten Tag, Herr/Frau Doktor; **le** ~ **Jacques/Isabelle Dupond** Doktor Jacques/Isabelle Dupond
◆ ~ **en droit** Doktor *m* der Rechte; ~ **ès lettres** Doktor *m* der Philosophie; ~ **en médecine** Doktor *m* der Medizin; ~ **en pharmacie** Doktor *m* der Pharmazie; ~ **ès sciences** Doktor *m* der Naturwissenschaften

doctoral(e) [dɔktɔʀal, o] <-aux> *adj péj* schulmeisterlich (*pej*)

doctorat [dɔktɔʀa] *m* ~ **en** [*o* **ès**] Doktorwürde *f* in (+ *Dat*); ~ **d'État** Habilitation *f;* **passer son** ~ promovieren

doctoresse [dɔktɔʀɛs] *f vieilli* Ärztin *f*

doctrinaire [dɔktʀinɛʀ] *adj* doktrinär

doctrinal(e) [dɔktʀinal, o] <-aux> *adj* eine Doktrin betreffend; *débat, querelle* über eine Doktrin

doctrine [dɔktʀin] *f* Doktrin *f*

document [dɔkymɑ̃] *m* ❶ Dokument *nt; d'un historien* Quelle *f; d'un comptable* Beleg *m;* ~ **d'expédition** Versanddokument, Versandbrief *m*
❷ *pl* (*pièces écrites*) Unterlagen *Pl,* Papiere *Pl*
❸ (*preuve*) Dokument *nt;* (*pour la police*) Beweisstück *nt*

documentaire [dɔkymɑ̃tɛʀ] **I.** *adj* dokumentarisch

II. *m* Dokumentarfilm *m*
documentaliste [dɔkymɑ̃talist] *mf* Dokumentalist(in) *m(f)*
documentariste [dɔkymɑ̃taʀist] *mf* Dokumentarist *m; d'un film* Dokumentarfilmer(in) *m(f)*
documentation [dɔkymɑ̃tasjɔ̃] *f* Dokumentation *f*
documenter [dɔkymɑ̃te] <1> **I.** *vt* ~ **qn sur qn/qc** jdn über jdn/etw informieren; **être bien/mal documenté(e)** gut/schlecht dokumentiert sein
II. *vpr* **se** ~ **sur qn/qc** sich (*Dat*) Informationsmaterial über jdn/etw beschaffen
dodécaèdre [dɔdekaɛdʀ] *m* GEOM Zwölfflächner *m,* Dodekaeder *nt* (*Fachspr.*)
dodécagonal(e) [dɔdekagɔnal, o] <-aux> *adj* GEOM zwölfeckig
dodécaphonique [dɔdekafɔnik] *adj* MUS Zwölfton- *f*
dodeliner [dɔdline] <1> *vi* ~ **de la tête** den Kopf hin und her bewegen
dodo [dodo] *m enfantin fam* **faire** ~ heia machen (*fam*)
dodu(e) [dɔdy] *adj fam* gut genährt; *bras, poule* fleischig
dogmatique [dɔgmatik] *adj* dogmatisch; *ton* belehrend
dogmatiser [dɔgmatize] <1> *vi* ❶ REL dogmatisieren
❷ *fig* ~ **sur qc** sich in einem dogmatischen Ton über etw äußern
dogmatisme [dɔgmatism] *m* Dogmatismus *m*
dogme [dɔgm] *m* Dogma *nt*
dogue [dɔg] *m* Dogge *f*
doigt [dwa] *m* ❶ *de la main, d'un gant* Finger *m;* **petit** ~ kleiner Finger; **compter sur ses** ~**s** mit den Fingern zählen; **lever le** ~ sich melden; **manger avec ses** ~**s** mit den Fingern essen; **montrer qn/qc du** ~ mit dem Finger auf jdn/etw zeigen
❷ (*mesure*) Fingerbreit *m;* **boire un** ~ **de vin** einen Schluck Wein trinken
▶ **il ne faut pas mettre le** ~ **entre le** **bois** **et l'écorce** *prov* man soll sich nicht in fremde Angelegenheiten einmischen; **si on lui donne un** ~**, il/elle prend tout le** **bras** wenn man ihm/ihr den kleinen Finger gibt, nimmt er/sie gleich die ganze Hand; **une fois le** ~ **mis dans l'engrenage** wenn man einmal damit anfängt; **avoir des** ~**s de** **fée** mit den Händen sehr geschickt sein; **ils/elles sont comme les [deux]** ~**s de la** **main** sie sind ein Herz und eine Seele; **être à deux** ~**s de la** **mort** mit einem Fuß im Grab[e] stehen; **faire qc les** ~**s dans le** **nez** *fam* etw mit links machen (*fam*); **se mettre le** ~ **dans l'œil** *fam* auf dem Holzweg sein (*fam*); **obéir au** ~ **et à l'œil** aufs Wort gehorchen; **mettre le** ~ **sur la** **plaie** einen wunden Punkt berühren; **ne rien faire de ses** **dix** ~**s** keinen Handschlag tun; **ne pas savoir quoi faire de ses** **dix** ~**s** (*être désœuvré*) nichts mit sich anzufangen wissen; **ne rien savoir faire de ses** **dix** ~**s** (*ne pas être un manuel*) zwei linke Hände haben; **ne pas lever le** **petit** ~ keinen Finger rühren; **se cacher derrière son** **petit** ~ sich vor der Wahrheit verstecken; **être à** **un** ~ **de faire qc** kurz davorstehen etw zu tun; **qc lui a** **claqué** **dans les** ~**s** etw ist ihm/ihr fehlgeschlagen; **filer** **entre les** ~**s de qn** *argent:* jdm zwischen den Fingern zerrinnen; *personne:* jdm durch die Maschen schlüpfen; **mettre** **le** ~ **sur qc** den Kern einer S. (*Gen*) treffen; **s'en** **mordre** **les** ~**s** es bitter bereuen; **se faire** **taper** **sur les** ~**s par qn** von jdm Schwierigkeiten bekommen; **faire** **toucher** **qc du** ~ auf etw (*Akk*) hinweisen
◆ ~ **de pied** Zeh *m* ▶ **avoir les** ~**s de pied en** **éventail** *fam* sich wohlig rekeln (*fam*); *fig* sich dem süßen Nichtstun überlassen
doigté [dwate] *m* ❶ MUS Fingersatz *m*
❷ (*savoir-faire*) Fingerspitzengefühl *nt*
doigtier [dwatje] *m* Fingerling *m*
dois [dwa] *indic prés de* **devoir**
doit [dwa] **I.** *indic prés de* **devoir**
II. *m* Soll *nt;* ~ **et avoir** Soll und Haben *nt*
doivent [dwav] *indic et subj prés de* **devoir**
doléances [dɔleɑ̃s] *fpl* Beschwerden *Pl;* **faire ses** ~ **à qn au sujet de qc** sich bei jdm wegen einer S. (*Gen*) beschweren
dolent(e) [dɔlɑ̃, ɑ̃t] *adj littér* wehleidig
dollar [dɔlaʀ] *m* Dollar *m;* ~ **canadien** kanadischer Dollar
dolmen [dɔlmɛn] *m* Dolmen *m*
Dolomites [dɔlɔmit] *fpl* **les** ~ die Dolomiten *Pl*
D.O.M. [dɔm] *m abr de* **département d'outre-mer** *überseeisches Departement*

i Land & Leute

Die **D.O.M.** sind frühere französische Kolonialgebiete in Übersee, die heute den Status von Departements haben. Sie werden – unter Berücksichtigung landesspezifischer Besonderheiten – wie alle anderen Departements verwaltet. Es gibt fünf **D.O.M.**: Französisch-Guyana, die Antilleninseln Guadeloupe und Martinique, die im Indischen Ozean gelegene Insel La Réunion sowie die Inselgruppe Saint-Pierre-et-Miquelon vor der Ostküste Kanadas.

domaine [dɔmɛn] *m* ❶ (*terre*) Ländereien *Pl;* ~ **familial** Familienbesitz *m*
❷ ADMIN **le Domaine** das Staatsvermögen
❸ (*sphère*) Gebiet *nt;* ~ **juridique** JUR Rechtsgebiet; ~ **d'application d'une loi** Geltungsbereich eines Gesetzes; ~ **de compétence[s]** Zuständigkeitsbereich; ~ **multimédia** Multimediabereich; **dans tous les** ~**s** auf allen Gebieten; **cela n'est pas de mon** ~ das ist nicht mein Gebiet
❹ INFORM Domäne *f*
▶ **tomber dans le** ~ **public** zum Gemeingut werden
◆ ~ **de l'État** Staatsvermögen *nt*
domanial(e) [dɔmanjal, jo] <-aux> *adj* **biens domaniaux** Staatsvermögen *nt*
dôme [dom] *m* [Außen]kuppel *f*
domestication [dɔmɛstikasjɔ̃] *f d'un animal sauvage* Zähmung *f*
domesticité [dɔmɛstisite] *f* ❶ (*personnel de service*) Hausangestellte *Pl*
❷ *rare d'un animal* Zahmheit *f*
domestique [dɔmɛstik] **I.** *adj* ❶ (*opp: sauvage*) zahm; **animal** ~ Haustier *nt*
❷ (*ménager*) *vie, affaires, ennuis* häuslich; **économie** ~ Hauswirtschaft *f kein Pl;* **travaux** ~**s** Hausarbeiten *Pl*
❸ ECON **marché** ~ Binnenmarkt *m*
II. *mf* Hausangestellte(r) *f(m)*
domestiquer [dɔmɛstike] <1> *vt* domestizieren; nutzbar machen *énergie solaire, vent, marées*
domicile [dɔmisil] *m* ❶ Wohnung *f;* **violation de** ~ Hausfriedensbruch *m*
❷ ADMIN Wohnsitz *m;* **changement de** ~ Wohnsitzwechsel *m;* **sans** ~ **fixe** ohne festen Wohnsitz; **élire** ~ **9, rue Montparnasse** sich in der Rue Montparnasse 9 niederlassen
❸ COM **franco** ~ frei Haus
▶ **à** ~ *livrer* ins Haus; *recevoir* zu Hause; *envoi* nach Hause; **travail à** ~ Heimarbeit *f;* **visite à** ~ Hausbesuch *m;* **vente à** ~ Haustürgeschäft *nt;* **travailler à** ~ zu Hause arbeiten; (*de façon artisanale*) Heimarbeit machen; **gagner/jouer à** ~ einen Heimsieg erringen/ein Heimspiel machen
domiciliaire [dɔmisiljɛʀ] *adj* Haus-; **perquisition** ~ Haus[durch]suchung *f*
domiciliation [dɔmisiljasjɔ̃] *f d'un chèque* Zahlungsort *m;* ~ **bancaire** kontoführende Bank
domicilier [dɔmisilje] <1a> *vt form* **être domicilié(e) à Paris** seinen Wohnsitz in Paris haben; **se faire** ~ seinen Wohnsitz anmelden
dominant(e) [dɔminɑ̃, ɑ̃t] *adj* dominierend; *opinion, vent* vorherrschend; *position, nation* führend; **sa préoccupation** ~**e** seine/ihre größte Sorge; **parti** ~ stärkste Partei
dominante [dɔminɑ̃t] *f* (*couleur*) dominierende Farbe; (*caractéristique*) dominierendes Merkmal

dominateur, **-trice** [dɔminatœʀ, -tʀis] *adj* herrisch

domination [dɔminasjɔ̃] *f* (*suprématie*) Vormacht *f;* **besoin de** ~ Herrschsucht *f;* **être sous la** ~ **de qn** von jdm beherrscht werden; **exercer sa** ~ **sur qn** über jdn seine Macht ausüben; **tomber sous la** ~ **de qn** in jds (*Akk*) Abhängigkeit geraten; **subir la** ~ **de qn** von jdm beherrscht werden

dominer [dɔmine] <1> **I.** *vt* ❶ (*être le maître de*) ~ **qn/qc** über jdn/etw herrschen
❷ (*contrôler*) zügeln; zurückhalten *larmes;* unterdrücken *chagrin;* beherrschen *sujet;* ~ **la situation** Herr der Lage sein
❸ (*surpasser*) übertreffen
❹ (*surplomber*) überragen
❺ (*être plus fort que*) *orateur, voix:* übertönen; *passion du jeu:* überwiegen
II. *vi* ❶ (*prédominer*) vorherrschen; **dans le corps enseignant, les femmes dominent nettement** im Lehrkörper überwiegt eindeutig der Frauenanteil
❷ (*commander, être le meilleur*) den Ton angeben; (*sur les mers*) überlegen sein; SPORT dominieren
III. *vpr* **se** ~ sich beherrschen

dominicain(e) [dɔminikɛ̃, ɛn] **I.** *adj* ❶ REL Dominikaner-
❷ GEOG dominikanisch
II. *m(f)* REL Dominikaner(in) *m(f)*

Dominicain(e) [dɔminikɛ̃, ɛn] *m(f)* GEOG Dominikaner(in) *m(f)*

dominical(e) [dɔminikal, o] <-aux> *adj* **repos** ~ Sonntagsruhe *f kein Pl;* **promenade** ~**e** Sonntagsspaziergang *m*

domino [dɔmino] *m* (*pièce*) Dominostein *m; pl* (*jeu*) Domino[spiel *nt*] *nt;* **jouer aux** ~**s** Domino spielen

dommage [dɔmaʒ] *m* ❶ (*préjudice*) Schaden *m;* ~**s corporels** Personenschaden; ~**s matériels** Sachschaden; **réparer un** ~ einen Schaden ersetzen
❷ *pl* (*dégâts*) Schäden *Pl;* **causer des** ~**s à qc** Schäden an etw (*Dat*) anrichten
▸ **c'est bien** ~**!** das ist sehr schade!; **c'est** ~ **que qn fasse qc** es ist schade, dass jd etw tut; ~ **que qn ait fait qc** schade, dass jd etw getan hat; **quel** ~**!** wie schade!; **quel** ~ **que qn ait fait qc** wie schade, dass jd etw getan hat
◆ ~ **et intérêts** Schaden[s]ersatz *m kein Pl*

dommageable [dɔmaʒabl] *adj* ~ **à qn/qc** schädlich für jdn/etw

dommages-intérêts [dɔmaʒɛ̃tɛʀɛ] *mpl* Schaden[s]ersatz *m kein Pl*

domotique [dɔmɔtik] *f* Haustechnik *f*

dompter [dɔ̃(p)te] <1> *vt* bändigen; dressieren *cheval, fauve;* unterwerfen *rebelles;* niederschlagen *rébellion;* zügeln *imagination, passions;* überwinden *peur*

dompteur, **-euse** [dɔ̃(p)tœʀ, -øz] *m, f* Dompteur *m*/Dompteuse *f*

D.O.M.-T.O.M. [dɔmtɔm] *mpl abr de* **départements et territoires d'outre-mer** Überseeprovinzen *Pl*

don [dɔ̃] *m* ❶ (*action*) Schenkung *f;* (*action charitable*) Spenden *nt*
❷ (*cadeau*) Geschenk *nt;* (*cadeau charitable*) Spende *f;* **faire un** ~ **à qn** jdm eine Spende zukommen lassen; **faire** ~ **de qc à qn** jdm etw schenken; **faire** ~ **de son corps à la science** seinen Körper der Wissenschaft zur Verfügung stellen
❸ (*aptitude*) Begabung *f;* **avoir le** ~ **de faire qc** die Gabe [*o* das Talent] haben etw zu tun; **avoir un** ~ **pour qc** für etw begabt sein; **avoir le** ~ **de la parole** rhetorisch begabt sein
◆ ~ **d'imitation** Imitationsgabe *f;* ~ **d'organe** Organspende *f;* ~ **du sang** Blutspende *f;* ~ **d'ubiquité** Allgegenwart *f;* **avoir le** ~ **d'ubiquité** *hum* überall zugleich sein können

donateur, **-trice** [dɔnatœʀ, -tʀis] *m, f* Spender(in) *m(f);* JUR Vermächtnisgeber(in) *m(f)* (*Fachspr.*)

donation [dɔnasjɔ̃] *f* Schenkung *f*

donc [dɔ̃k] *conj* also; (*en interrogative*) denn; (*en impérative*) doch; **si** ~ **je ne suis pas là à 20 heures** sollte ich also um 20 Uhr noch nicht da sein; **ah, c'est** ~ **vous, Monsieur Feydeau** Sie sind also Herr Feydeau; **tu ne vois** ~ **pas que tu gênes?** merkst du denn gar nicht, dass du störst?; **entrez** ~**!** treten Sie doch ein!; **fais** ~ **un peu attention!** pass doch ein bisschen auf!

dondon [dɔ̃dɔ̃] *f hum fam* **une** [**grosse**] ~ (*femme*) eine Dampfwalze (*pej fam*)

donjon [dɔ̃ʒɔ̃] *m* Bergfried *m*

Don Juan [dɔ̃ʒɥɑ̃] <Don[s] Juans> *m* Don Juan *m*

donjuanisme [dɔ̃ʒɥanism] *m* Donjuanismus *m*

donnant [dɔnɑ̃] **avec qn, c'est** ~ ~ jd tut nichts ohne Gegenleistung

donne [dɔn] *f* CARTES Geben *nt;* **faire la** ~ [aus]geben
▸ **il y a nouvelle** ~ die Karten werden neu gemischt

donné(e) [dɔne] *adj* (*déterminé*) bestimmt
▸ **étant** ~ **qc** in Anbetracht einer S. (*Gen*); **étant** ~ **les circonstances** in Anbetracht der Umstände; **étant** ~ **que qn a fait qc** in Anbetracht der Tatsache, dass jd etw getan hat; **c'est** ~ *fam* das ist geschenkt (*fam*); **ce n'est pas** ~ *fam* das ist wirklich nicht geschenkt (*fam*)

donnée [dɔne] *f gén pl* ❶ (*élément d'appréciation*) Angabe *f;* **reposer sur certaines** ~**s** auf bestimmten Gegebenheiten beruhen
❷ SCOL ~**s du problème** Problemstellung *f*
❸ *pl* INFORM, STATIST Daten *Pl*

donner [dɔne] <1> **I.** *vt* ❶ ~ **qc à qn** jdm etw geben; (*offrir*) jdm etw schenken; (*céder*) jdm etw überlassen; ~ **la main à qn** jdm die Hand geben; ~ **son bras à qn** jdn unterhaken; ~ **un salaire à qn** jdm ein Gehalt/einen Lohn zahlen; ~ **sa fille en mariage à qn** jdm seine Tochter zur Frau geben; **jeunes chats à** ~ Kätzchen zu verschenken; **je vais te** ~ **ma grippe** du wirst dich bei mir mit Grippe anstecken; **ne pas** ~ **le temps à qn de faire qc** jdm keine Zeit lassen etw zu tun; **donne-toi un coup de peigne** kämm dich ein bisschen
❷ (*communiquer, indiquer*) ~ **son nom à qn** jdm seinen Namen nennen; ~ **de ses nouvelles** von sich hören lassen; **pourriez-vous me** ~ **l'heure?** können Sie mir sagen, wie viel Uhr es ist?; ~ **l'heure exacte** *montre:* die genaue Zeit anzeigen; **on a donné son nom à cette rue** die Straße wurde nach ihm/ihr benannt
❸ MUS angeben *note, ton*
❹ (*causer*) ~ **faim/soif** hungrig/durstig machen; **qc lui donne faim/soif** er/sie bekommt von etw Hunger/Durst; ~ **à qn la force de faire qc** jdm die Kraft verleihen etw zu tun; ~ **beaucoup de satisfaction à qn** jdn in höchstem Maß zufrieden stellen; ~ **la bise à qn** jdn mit Wangenkuss begrüßen; **qn/qc lui donne envie de faire qc** er/sie bekommt durch jdn/etw Lust etw zu tun; **qn/qc lui donne des maux de tête** er/sie bekommt wegen jdm/von etw Kopfschmerzen; **qc lui donne le vertige** ihm/ihr wird von etw schwind[e]lig; **ça lui donne chaud** davon wird ihm/ihr heiß
❺ (*conférer*) ~ **un air sévère à qn** *couleur:* jdn streng aussehen lassen
❻ (*attribuer*) ~ **qc à qn** jdm etw zuschreiben; ~ **de l'importance à qc** einer S. (*Dat*) Wichtigkeit beimessen; **quel âge me donnez-vous?** wie alt schätzen Sie mich?; **on ne lui donnerait jamais cet âge!** für so alt würde man ihn/sie nie halten!
❼ (*produire*) *arbre:* tragen; *vigne:* geben; *recherches:* ergeben; **ça ne donnera rien!** das führt doch zu nichts!; **je me demande ce que ça va** ~ ich frage mich, was dabei herauskommt (*fam*)
❽ (*faire faire*) aufgeben *devoirs;* ~ **aux élèves des devoirs à faire** den Schülern Hausaufgaben aufgeben
❾ (*faire passer pour*) ~ **qc pour certain(e)** etw als sicher darstellen; ~ **qn perdant(e)** in jdm den Verlierer sehen
❿ (*échanger*) ~ **qc pour qc** etw für etw [her]geben
▸ ~ **à entendre à qn que qn a fait qc** jdm zu verstehen geben, dass jd etw getan hat; ~ **à penser** zu denken geben; **tout donne à penser que qn a fait qc** alles deutet darauf hin, dass

jd etw getan hat; ~ **à réfléchir à qn** jdm zu denken geben; **qc n'est pas donné à qn** etw ist jdm nicht gegeben; **il n'est pas donné à qn de faire qc** es ist jdm nicht gegeben etw zu tun
II. *vi* ① (*s'ouvrir sur*) ~ **sur qc** *pièce, fenêtre:* auf etw (*Akk*) hingehen; *porte:* zu etw hinführen
② HORT tragen
③ (*chauffer*) *soleil:* herunterscheinen
④ (*frapper*) ~ **sur qc** gegen etw (*Akk*) stoßen; **la tête de l'enfant a donné contre la table** das Kind ist mit dem Kopf gegen den Tisch gestoßen
⑤ (*être victime de*) ~ **dans un piège** in die Falle gehen
III. *vpr* ① (*se dévouer*) **se** ~ **à qn/qc** sich jdm/einer S. widmen
② *vieilli* (*faire l'amour*) **se** ~ **à qn** sich jdm hingeben
▶ **se la** ~ *fam* angeben, sich aufspielen (*fam*)

donneur, **-euse** [dɔnœʀ, -øz] *m, f* ① *a.* MED Spender(in) *m(f);* ~ **universel/donneuse universelle** Universalspender(in)
② CARTES [Karten]geber(in) *m(f)*
◆ ~(**-euse**) **d'organe** Organspender(in) *m(f);* ~(**-euse**) **de sang** Blutspender(in) *m(f)*

dont [dɔ̃] *pron rel* ① *compl d'un substantif* dessen, deren; **cet acteur,** ~ **le dernier film...** dieser Schauspieler, dessen letzter Film ...; **les enfants** ~ **la mère travaille** die Kinder, deren Mutter berufstätig ist
② *compl d'un verbe* dessen, deren, von/aus/mit dem, von/aus/mit der, von/aus/mit denen, an/auf den, an/auf das, an/auf die; **les moyens** ~ **tu te sers** die Mittel, deren du dich bedienst; **la femme** ~ **vous me parlez** die Frau, von der Sie sprechen; **la famille** ~ **elle sort** die Familie, aus der sie stammt; **cet enfant** ~ **vous étiez si fier** dieses Kind, auf das Sie so stolz waren
③ (*partie d'un tout*) von denen; **cet accident a fait six victimes,** ~ **deux enfants** dieser Unfall forderte sechs Opfer, darunter zwei Kinder

donzelle [dɔ̃zɛl] *f iron, péj* launisches Weib *nt* (*pej fam*)

dopage [dɔpaʒ] *m* Doping *nt*

dopant [dɔpɑ̃] *m* Aufputschmittel *nt;* SPORT Dopingmittel

dopant(e) [dɔpɑ̃, ɑ̃t] *adj* **produit** ~ Aufputschmittel *nt;* SPORT Dopingmittel

dope [dɔp] *f fam* Dope *nt* (*fam*)

doper [dɔpe] <1> **I.** *vt* ① SPORT (*stimuler*) aufputschen, dopen; **être dopé(e)** *athlète:* gedopt sein
② *fig* **être dopé(e)** *budget:* gesteigert sein; *produit:* verbessert sein
II. *vpr* **se** ~ Aufputschmittel nehmen; SPORT sich dopen

doping [dɔpiŋ] *m v.* **dopage**

dorade [dɔʀad] *f v.* **daurade**

doré(e) [dɔʀe] *adj* ① vergoldet; **cadre** ~ Goldrahmen *m*
② *blés, lumière* golden; *pain, gâteau* goldbraun; *peau* gebräunt
③ (*agréable*) golden; **une prison** ~**e** ein goldener Käfig

dorénavant [dɔʀenavɑ̃] *adv* von jetzt [*o* nun] an

dorer [dɔʀe] <1> **I.** *vt* ① vergolden
② (*colorer*) golden färben *moissons;* bräunen *peau*
③ GASTR mit Eigelb bestreichen *gâteau*
II. *vi* GASTR knusprig braun werden; **faire** ~ **qc** etw knusprig braun braten
III. *vpr* **se faire** ~ **au soleil** sich in der Sonne bräunen lassen

doreur, **-euse** [dɔʀœʀ, -øz] *m, f* Vergolder(in) *m(f)*

dorique [dɔʀik] *adj* dorisch

dorloter [dɔʀlɔte] <1> *vt* verwöhnen (*a. pej*), verhätscheln (*pej*)

dormant [dɔʀmɑ̃] *m d'une fenêtre, porte* Rahmen *m*

dormant(e) [dɔʀmɑ̃, ɑ̃t] *adj* **eau** ~**e** stehendes Gewässer

dormeur, **-euse** [dɔʀmœʀ, -øz] *m, f* ① Schläfer(in) *m(f)*
② (*qui dort beaucoup*) Langschläfer(in) *m(f)*

dormir [dɔʀmiʀ] <*irr*> *vi* ① schlafen; ~ **bien/mal/paisiblement** gut/schlecht/ruhig schlafen
② (*être négligé*) *capitaux, richesses minières:* brachliegen; *dossier, réclamations, affaire:* [unbearbeitet] liegen bleiben
③ (*être calme, sans bruit*) *maison, nature:* ruhig sein; **tout dort** alles ist ruhig
▶ **qui dort dîne** *prov* ≈ Schlaf ersetzt eine Mahlzeit; **ça ne l'empêche pas de** ~ *fam* das juckt ihn/sie überhaupt nicht (*fam*); ~ **sur son travail** bei der Arbeit fast einschlafen (*fam*); **je n'en dors plus** das bringt mich um den Schlaf

dorsal(e) [dɔʀsal, o] <-aux> *adj* Rücken-; **les muscles dorsaux** die Rückenmuskulatur

dorsalgie [dɔʀsalʒi] *f* ANAT, MED Rückenschmerz *m,* Dorsalgie *f* (*Fachspr.*)

dortoir [dɔʀtwaʀ] *m* Schlafsaal *m*

dorure [dɔʀyʀ] *f* ① Vergoldung *f;* (*couche*) Goldschicht *f; d'un livre* Goldschnitt *m*
② (*art*) Vergolden *nt*

doryphore [dɔʀifɔʀ] *m* Kartoffelkäfer *m*

dos [do] *m* ① Rücken *m;* **avoir le** ~ **tourné à qn/qc** jdm/etw den Rücken gekehrt haben; **faire le gros** ~ *animal:* einen Buckel machen; *personne:* den Kopf einziehen; **à** ~ **d'âne** auf einem Esel
② *d'une chaise* Lehne *f; d'un couteau, livre, vêtement* Rücken *m; de la main* Handrücken *m; d'un papier écrit* Rückseite *f;* **vu(e) de** ~ von hinten gesehen
▶ **ne pas y aller avec le** ~ **de la cuillère** *fam* jdn/etw nicht mit Glacéhandschuhen anfassen (*fam*); **avoir bon** ~ *fam* herhalten müssen; **j'ai bon** ~**!** mit mir könnt ihr's ja machen! (*fam*); **ça fait froid dans le** ~ da läuft es einem kalt den Rücken hinunter; **en avoir plein le** ~ *fam* die Nase voll haben (*fam*); **n'avoir rien à se mettre sur le** ~ nichts anzuziehen haben; **être sur le** ~ **de qn** *fam* ständig auf jdm herumhacken (*fam*); **faire qc dans le** ~ **de qn** etw hinter jds Rücken (*Dat*) tun; **faire qc sur le** ~ **de qn** etw auf jds Kosten (*Akk*) tun; **se mettre qn à** ~ es sich (*Dat*) mit jdm verderben; **se mettre qc sur le** ~ sich (*Dat*) etw aufladen; **tirer dans le** ~ **de qn** jdn hinterrücks erschießen; *fig* jdm in den Rücken fallen

DOS [dɔs] *abr de* **Disc Operating System** DOS

dosage [dozaʒ] *m a. fig* Dosierung *f*

dos d'âne [dodɑn] *m inv* Bodenwelle *f*

dose [doz] *f* ① PHARM Dosis *f;* **à faible/haute** ~ in niedriger/hoher Dosierung
② GASTR Menge *f;* **trois** ~**s de farine pour une** ~ **de sucre** drei Teile Mehl auf einen Teil Zucker
▶ **une bonne** ~ **de courage** eine gehörige Portion Mut; **par petites** ~**s** in kleinen Dosen; **j'en ai ma** ~ *fam* mein Bedarf ist gedeckt (*fam*); **forcer la** ~ es zu weit treiben

doser [doze] <1> *vt* ① PHARM dosieren *médicament;* abmessen *ingrédients;* mischen *cocktail*
② (*mesurer*) gut dosieren; ~ **ses efforts** mit seinen Kräften haushalten

doseur [dozœʀ] *m* Dosierhilfe *f;* GASTR Messbecher *m*

dossard [dosaʀ] *m* Startnummer *f*

dossier [dosje] *m* ① (*appui pour le dos*) [Rücken]lehne *f*
② (*classeur*) [Akten]ordner *m*
③ ADMIN Akte[n *Pl*] *f;* JUR Dossier *nt,* Akte[n *Pl*] *f;* ~ **de candidature** Bewerbungsunterlagen *Pl;* ~ **d'enquête** Ermittlungsakte *f;* ~ **médical** Krankenblatt *nt;* **constituer un** ~ eine Akte anlegen
▶ **un** ~ **brûlant** eine hoch brisante Affäre
◆ ~ **de presse** Pressespiegel *m*

dot [dɔt] *f* Aussteuer *f,* Mitgift *f;* **apporter qc en** ~ **à qn** etw in die Ehe mit jdm einbringen

dotation [dɔtasjɔ̃] *f* ① (*action*) ~ **en qc** Zuteilung *f* von etw, Ausstattung *f* mit etw
② ADMIN *d'un établissement d'utilité publique* finanzielle Ausstattung *f*
③ HIST (*revenu*) Dotation *f*
④ JUR (*traitement*) Bezüge *Pl*

doté(e) [dɔte] *adj* **être** ~(**e**) **de qc** *machine:* mit etw ausgestattet

D

sein; *personne:* etw haben; **être ~(e) d'une grande intelligence** sehr intelligent sein

doter [dɔte] <1> **I.** *vt* ❶ ~ **qn** jdm eine Aussteuer mitgeben
❷ (*attribuer*) ausstatten; dotieren *concours;* ~ **qc d'un million d'euros** etw mit einer Million Euro ausstatten [*o* dotieren]
II. *vpr* **se** ~ **de qc** *pays, groupe:* sich (*Dat*) etw zulegen

douairière [dwɛʀjɛʀ] *f péj* stinkreiche Alte *f* (*pej sl*)

douane [dwan] *f* ❶ (*administration*) Zoll[behörde *f*] *m;* **être employé(e) à la** ~ [*o* **aux** ~**s**] beim Zoll arbeiten
❷ (*poste*) Zoll *m,* Zollstation *f,* Zollstelle *f;* **passer à la** ~ den Zoll passieren; **être saisi(e) en** ~ vom Zoll beschlagnahmt werden
❸ (*droit*) Zoll[gebühren *Pl*] *m;* **être exempté(e) de** ~ zollfrei sein

douanier, -ière [dwanje, -jɛʀ] **I.** *adj* Zoll-
II. *m, f* Zollbeamte(r) *m*/-beamtin *f,* Zöllner(in) *m(f)* (*fam*)

doublage [dublaʒ] *m* ❶ *d'un acteur* Doubeln *nt; d'un film* Synchronisation *f*
❷ *d'une étoffe* Unterlegen *nt; d'un vêtement* Füttern *nt*

doublant(e) [dublɑ̃, ɑ̃t] *m(f) v.* **redoublant**

double [dubl] **I.** *adj* doppelt, zweifach; ~ **porte/vie/agent/meurtre** Doppeltür *f*/-leben *nt*/-agent *m*/-mord *m;* ~ **personnalité** gespaltene Persönlichkeit
II. *adv compter, voir* doppelt; **payer** ~ **qc** den doppelten Preis für etw bezahlen
III. *m* ❶ (*quantité*) Doppelte(s) *nt;* **il a mis le** ~ **de temps** er hat doppelt so viel Zeit gebraucht
❷ (*copie*) Kopie *f,* Duplikat *nt;* (*écrit à la main*) Abschrift *f;* (*écrit au carbone*) Durchschlag *m;* **un** ~ **de clé** ein Zweitschlüssel *m*
❸ (*exemplaire identique*) Dublette *f;* (*personne*) Doppelgänger(in) *m(f);* **en** ~ doppelt
❹ SPORT Doppel *nt;* ~ **mixte** gemischtes Doppel; ~ **dames/messieurs** Damendoppel/Herrendoppel *nt*

doublé [duble] *m* ❶ CHASSE Dublette *f;* SPORT Doppelerfolg *m;* **le** ~ **coupe-championnat** das Double
❷ ART **un bracelet en** ~ **or** ein Armband aus Golddublee

doublé(e) [duble] *adj* ❶ *vêtement* gefüttert; **un manteau** ~ **de fourrure** ein pelzgefütterter Mantel
❷ *acteur* gedoubelt; *film* synchronisiert

double-clic [dubləklik] <doubles-clics> *m* INFORM Doppelklick *m* **double-cliquer** [dubləklike] *vi* doppelt klicken; ~ **sur le bouton gauche de la souris** mit der linken Maustaste doppelt klicken **double-commande** [dubləkɔmɑ̃d] <doubles-commandes> *f* (*dans un avion*) Doppelsteuerung *f;* (*dans une voiture*) doppelte Pedalerie **double-corde** [dubləkɔʀd] <doubles-cordes> *f* MUS Doppelgriff *m* **double-crème** [dubləkʀɛm] <doubles-crèmes> *f* Doppelrahmfrischkäse *m* **double-croche** [dubləkʀɔʃ] <doubles-croches> *f* MUS Sechzehntelnote *f* **double-fenêtre** [dubləf(ə)nɛtʀ] <doubles-fenêtres> *f* Doppelfenster *nt* **double-fond** [dubləfɔ̃] <doubles-fond> *m* doppelter Boden

doublement [dubləmɑ̃] **I.** *adv* doppelt
II. *m* ❶ Verdoppelung *f;* (*élargissement*) *d'une voie* Verbreiterung *f*
❷ SCOL Sitzenbleiben *nt* (*fam*); *d'une classe* Wiederholen *nt*

doubler [duble] <1> **I.** *vt* ❶ (*multiplier par deux*) verdoppeln; ~ **sa cadence** schneller machen; ~ **le pas** schneller gehen
❷ (*mettre en double*) doppelt nehmen *fil, papier*
❸ (*garnir intérieurement*) ~ **de** [*o* **avec**] **qc** mit etw füttern *vêtement;* mit etw ausschlagen *boîte;* mit etw verstärken *paroi*
❹ BELG (*redoubler*) wiederholen *classe*
❺ AUDIOV doubeln *acteur;* synchronisieren *film*
❻ (*remplacer*) *acteur:* einspringen für
❼ (*dépasser*) überholen *véhicule;* **se faire** ~ überholt werden
❽ *fam* (*tromper*) übers Ohr hauen (*fam*)
II. *vi* (*être multiplié par deux*) *nombre, prix:* sich verdoppeln; ~ **de valeur** seinen Wert verdoppeln; ~ **de vitesse** sein Tempo verdoppeln
III. *vpr* **se** ~ **de qc** mit etw einhergehen

doublet [dublɛ] *m* LING Dublette *f*

double-toit [dublətwa] <doubles-toits> *m* doppeltes Dach *nt; d'une tente* Überzelt *nt* **double-vitrage** [dubləvitʀaʒ] *m* Doppelfenster *nt*

doublure [dublyʀ] *f* ❶ *d'un vêtement* Futter *nt*
❷ CINE Double *nt;* THEAT zweite Besetzung

douce [dus] *v.* **doux**

douce-amère [dusamɛʀ] <douces-amères> **I.** *adj v.* **doux-amer**
II. *f* BOT Bittersüß *m*

douceâtre [dusɑtʀ] *adj* süßlich

doucement [dusmɑ̃] **I.** *adv* ❶ (*avec précaution*) sacht[e]; (*sans bruit*) leise; (*avec délicatesse*) behutsam; (*faiblement*) schwach; **y aller** ~ behutsam vorgehen
❷ (*graduellement*) *descendre, monter* allmählich; *appuyer* mit Gefühl
❸ (*médiocrement*) mittelmäßig; **ça va tout** ~ na, es geht so einigermaßen
▸ **ça me fait** ~ **rigoler** *fam* dass ich nicht lache! (*fam*)
II. *interj* ~! immer mit der Ruhe!, sachte! (*fam*); (*avec précaution*) Vorsicht!

doucereux, -euse [dusʀø, -øz] *adj vieilli manières, personne* übertrieben freundlich, scheinheilig

doucette [dusɛt] *f* Feldsalat *m*

doucettement [dusɛtmɑ̃] *adv partir* gemächlich, in aller Ruhe

douceur [dusœʀ] *f* ❶ *d'une étoffe* Geschmeidigkeit *f; d'un fruit* Süße *f; de la lumière, température* Milde *f; d'une musique* Wohlklang *m;* **en** ~ sachte, behutsam; **se passer en** ~ reibungslos ablaufen; **un atterrissage en** ~ eine weiche Landung
❷ (*sentiment*) *d'un caractère* Sanftmut *f; de la vie* Annehmlichkeiten *Pl;* **se laisser aller à la** ~ **de vivre** die angenehmen Seiten des Lebens genießen
❸ *gén pl* (*friandises*) Süßigkeiten *Pl;* (*plat sucré*) Süßspeise *f*
❹ *pl* (*amabilités*) Schmeicheleien *Pl*
▸ **prendre qn par la** ~ es mit jdm auf die sanfte Art versuchen

douche [duʃ] *f* Dusche *f;* **passer sous la** [*o* **prendre une**] ~ [sich] duschen, duschen [*o* unter die Dusche] gehen
▸ **prendre une bonne** ~ *fam* eine ordentliche Dusche abbekommen (*fam*); **recevoir une bonne** ~ *fam* ganz schön was zu hören bekommen (*fam*); ~ **écossaise** Wechselbad *nt;* **avoir besoin d'une** ~ *fam* eine Kopfwäsche nötig haben (*fam*); **quelle** ~! das war wie eine kalte Dusche!

doucher [duʃe] <1> **I.** *vt* ❶ [ab]duschen
❷ (*décevoir*) dämpfen *enthousiasme;* ~ **qn/qc** wie eine kalte Dusche auf jdn/etw wirken
II. *vpr* **se** ~ [sich] duschen

doudou[1] [dudu] *m fam* Kuscheltuch *nt;* (*peluche*) Kuscheltier *nt,* Schmusetier *nt*

doudou[2] [dudu] *f* (*en créole antillais*) weibliche Schönheit *f* (*von den Antillen*)

doudoune [dudun] *f* Daunenjacke *f*

doué(e) [dwe] *adj* begabt; **être** ~**(e) de/pour qc** mit/für etw begabt sein; **être** ~**(e) de raison** vernunftbegabt sein
▸ **tu es** ~**(e), toi!** *iron fam* das hast du ja fein hingekriegt! (*fam*)

douer [due] <1> *vt* ~ **qn de qc** jdn mit etw ausstatten

douille [duj] *f* ❶ TECH Tülle *f; d'une cartouche* Hülse *f*
❷ ELEC Fassung *f*
◆ ~ **à baïonnette** Bajonettverschluss *m;* ~ **à vis** Schraubverschluss *m*

douillet(te) [dujɛ, jɛt] *adj* ❶ (*sensible*) zimperlich; (*pleurnicheur*) wehleidig
❷ (*confortable*) *logis, nid, lit* gemütlich, behaglich

douillettement [dujɛtmɑ̃] *adv* behaglich, gemütlich; **élever un enfant trop** ~ ein Kind zu sehr verweichlichen

douleur [dulœʀ] *f* ❶ (*physique*) Schmerz *m;* **de** ~ vor

D

doute

• **exprimer un doute**	• **Zweifel ausdrücken**
Je n'en suis pas très sûr(e).	**Ich bin mir da nicht so sicher.**
J'ai du mal à le croire.	**Es fällt mir schwer, das zu glauben.**
Je ne le crois pas vraiment.	**Das kaufe ich ihm nicht ganz ab.** *(fam)*
Je ne peux pas vraiment y croire.	**So ganz kann ich da nicht dran glauben.**
Je ne sais pas trop.	**Ich weiß nicht so recht.**
Il est (plus que) douteux que la campagne atteigne les objectifs souhaités.	Ob die Kampagne die gewünschten Ziele erreichen wird, **ist (mehr als) zweifelhaft.**
Je doute qu'il ait été vraiment sérieux.	**Ich hab da so meine Zweifel, ob** er es wirklich ernst gemeint hat.
Je ne pense pas que nous l'aurons fini(e) cette semaine.	**Ich glaube kaum, dass** wir noch diese Woche damit fertig werden.

Schmerz[en] (*Dat*); **pouvoir supporter la** ~ Schmerzen aushalten können
❷ (*moral*) Schmerz *m*, Leid *nt*; **de** ~ vor Schmerz (*Dat*); **c'est avec une profonde** ~ **que nous avons appris la mort de Monsieur Muller** mit tiefer Trauer haben wir die Nachricht von Herrn Müllers Tod erfahren; **partager la** ~ **de qn** jds Schmerz teilen; **être sensible à la** ~ **de qn** mit jdm [mit]fühlen; **avoir la** ~ **de faire qc** etw mit Schmerz/Trauer tun
▶ **être dans les** ~**s** in den Wehen liegen

douloureuse [duluʀøz] *f fam* Rechnung *f*

douloureusement [duluʀøzmɑ̃] *adv* ❶ (*physique*) vor Schmerzen
❷ (*moral*) schmerzlich

douloureux, -euse [duluʀø, -øz] *adj* ❶ *blessure, opération, maladie* schmerzhaft; *partie du corps* schmerzend
❷ *souvenir, événement* schmerzlich; *regard* schmerzerfüllt
▶ **un réveil** ~ ein böses Erwachen

doute [dut] *m* Zweifel *m*; **il n'y a aucun** ~ **que qn a fait qc** es besteht gar kein Zweifel daran, dass jd etw getan hat; **laisser qn dans le** ~ jdn im Zweifel lassen; **ne laisser aucun** ~ **sur qc** keinen Zweifel an etw (*Dat*) lassen; **avoir des** ~**s** [*o* **un** ~] **au sujet de qc** Zweifel an etw (*Dat*) hegen
▶ **dans le** ~, **abstiens-toi!** *prov* halte dich im Zweifelsfalle heraus!; **le** ~ **l'envahit** ihm/ihr kommen Zweifel; **mettre qc en** ~ etw in Zweifel ziehen; **être hors de** ~ außer Zweifel stehen; **sans** ~ **que qn a fait qc** wahrscheinlich hat jd etw getan; **sans aucun** [*o* **nul**] ~ zweifellos [*o* ganz bestimmt]; **sans aucun** ~**!** sicher!

douter [dute] <1> **I.** *vi* ❶ (*être incertain*) ~ **de qc** an etw (*Dat*) zweifeln; ~ **que qn ait fait qc** bezweifeln, dass jd etw getan hat; **ne pas** ~ **que qn va venir** [*o* **vienne**] nicht daran zweifeln, dass jd kommt; **ceux qui doutent** die Zweifler
❷ (*se méfier*) ~ **de qn/qc** jdm/etw misstrauen
▶ **à n'en pas** ~ ohne jeden Zweifel; **ne** ~ **de rien** *iron* vor nichts zurückschrecken (*iron*)
II. *vpr* (*pressentir*) **se** ~ **de qc** etw ahnen, etw vermuten; **se** ~ **que qn a fait qc** sich (*Dat*) denken können, dass jd etw getan hat; **je m'en doute** das kann ich mir denken; **être loin de se** ~ **de qc** etw nicht im Entferntesten ahnen

douteux, -euse [dutø, -øz] *adj* ❶ *issue, résultat, origine* ungewiss; *sens* nicht eindeutig; **il est** ~ **que qn ait fait qc** es ist fraglich, ob jd etw getan hat; **il n'est pas** ~ **que qn ait** [*o* **a**] **fait qc** es steht außer Frage, dass jd etw getan hat
❷ *péj goût, mœurs* zweifelhaft (*pej*), fragwürdig (*pej*); *vêtement* unsauber

douve [duv] *f* ❶ (*fossé*) *d'un château* Wassergraben *m*
❷ (*planche*) *de fonds* Daube *f*

doux [du] *m* (*temps*) milde Witterung

doux, douce [du, dus] **I.** *adj* ❶ (*au toucher*) weich
❷ (*au goût*) *fruit, saveur* süß; *piment* edelsüß; *vin* lieblich; *moutarde* Delikatess-; *tabac* mild; *drogue* weich
❸ (*à l'oreille*) *voix* sanft; *consonne* weich; *accents, musique* melodisch
❹ (*à la vue*) *couleur, lumière* weich
❺ (*à l'odorat*) *odeur, parfum* lieblich
❻ (*clément*) *climat, temps* mild
❼ (*gentil, patient*) *personne* freundlich, geduldig
❽ (*modéré*) *peine* mild; *croissance* allmählich; *fiscalité* maßvoll; *gestes* ruhig; *pente* sanft; **à feu** ~ auf kleiner Flamme
❾ (*agréable*) *vie, souvenir, visage* angenehm, schön; *espoir* zart; *caresse* zärtlich
▶ **se la couler douce** *fam* eine ruhige Kugel schieben (*fam*)
II. *adv* ▶ **filer** ~ *fam* spuren (*fam*); **ça va tout** ~ *fam* es geht so lala (*fam*); **en douce** *fam* klammheimlich (*fam*)

doux-amer, douce-amère [duzamɛʀ, dusamɛʀ] <doux-amers> *adj* bittersüß

douzaine [duzɛn] *f* ❶ Dutzend *nt*; **une** ~ **d'œufs** ein Dutzend Eier; **à la** ~ im Dutzend; (*en grande quantité*) dutzendweise
❷ (*environ douze*) **une** ~ **de personnes/choses** etwa [*o* ungefähr] zwölf Personen/Dinge

douze [duz] **I.** *num* ❶ zwölf
❷ (*dans l'indication de l'âge, la durée*) **avoir/avoir bientôt** ~ **ans** zwölf [Jahre alt] sein/werden; **enfant de** ~ **ans** Zwölfjährige(r) *f(m)*; **période de** ~ **ans** Zeitraum *m* von zwölf Jahren
❸ (*dans l'indication de l'heure*) **à/vers** ~ **heures** um/gegen zwölf [Uhr]
❹ (*dans l'indication de la date*) **le** ~ **mars** *geschrieben:* **le 12 mars** der zwölfte März *écrit:* der 12. März
❺ (*dans l'indication de l'ordre*) **arriver** ~ **ou treizième** als Zwölfte(r) oder Dreizehnte(r) kommen
❻ (*dans les noms de personnages*) **Pie XII** *gesprochen:* **Pie** ~ Pius XII. *oral:* Pius der Zwölfte
II. *m inv* ❶ Zwölf *f*
❷ (*numéro*) Nummer *f* zwölf, Zwölf *f*
❸ TRANSP **le** ~ die Linie [*o* Nummer] zwölf, die Zwölf (*fam*)
❹ JEUX Zwölf *f*
❺ SCOL **avoir** ~ [**sur vingt**] ≈ eine Drei haben
III. *f* (*table, chambre … numéro douze*) Zwölf *f*; *v. a.* **cinq**

douzième [duzjɛm] **I.** *adj antéposé* zwölfte(r, s)
II. *mf* **le/la** ~ der/die/das Zwölfte
III. *m* ❶ (*fraction*) Zwölftel *nt*
❷ (*étage*) zwölfter Stock
❸ (*arrondissement*) zwölftes Arrondissement; *v. a.* **cinquième**

downloader [dɔnlode] *vt* INFORM herunterladen, downloaden

(*Fachspr.*)

doyen(ne) [dwajɛ̃, jɛn] *m(f)* ❶ Älteste(r) *f(m)*; **la ~ne des Français** die älteste Französin; **le ~ [d'âge] de l'Assemblée nationale** der Alterspräsident der Nationalversammlung
❷ UNIV Dekan(in) *m(f)*

D.P.L.G. [depeɛlʒe] *adj abr de* **diplômé par le gouvernement** staatlich geprüft

Dr *abr de* **docteur** Dr.

drache [dʀaʃ] *f* BELG (*averse*) heftiger Regen *m*, Wolkenbruch *m*

drachme [dʀakm] *f* HIST *(monnaie)* Drachme *f*

draconien(ne) [dʀakɔnjɛ̃, jɛn] *adj* drakonisch

drag [dʀag] *f abr de* **drag-queen** Drag-Queen *f*

dragage [dʀagaʒ] *m d'une rivière* Ausbaggern *nt; des mines* Räumung *f*

dragée [dʀaʒe] *f* ❶ (*friandise*) Dragee *nt*, dragierte Mandel *f*
❷ PHARM Dragee *nt*
▶ **tenir la ~ haute à qn** jdn hinhalten [*o* zappeln lassen *fam*]

dragéifier [dʀaʒeifje] <1a> *vt* dragieren; **être dragéifié(e)** *comprimé:* dragiert sein

dragon [dʀagɔ̃] *m* ❶ MYTH Drache *m*
❷ MIL Dragoner *m*

dragonne [dʀagɔn] *f d'une épée* Quaste *f; d'un parapluie, bâton de ski* Schlaufe *f*

drag-queen [dʀagkwin] <drag-queens> *f* Drag-Queen *f*

drague [dʀag] *f* ❶ (*filet*) Schleppnetz *nt*
❷ (*appareil*) Schwimmbagger *m*
❸ *fam* (*racolage*) Anmache *f* (*fam*)

draguer [dʀage] <1> **I.** *vt* ❶ (*pêcher*) mit dem Schleppnetz fangen
❷ (*dégager*) ausbaggern *chenal, sable;* räumen *mines*
❸ *fam* (*racoler*) anmachen (*fam*), anbaggern (*fam*), anbandeln mit (A *fam*); **se faire ~** angemacht werden (*fam*); (*chercher l'aventure*) sich abschleppen lassen (*fam*)
II. *vi fam* (*racoler*) sich anmachen [*o* abschleppen] lassen (*fam*)

dragueur [dʀagœʀ] *m* ❶ *fam* (*personne*) Junge/Mann, der auf Liebesabenteuer aus ist; Aufreißer *m* (*sl*)
❷ (*navire*) Baggerschiff *nt*

dragueuse [dʀagøz] *f fam* Mädchen *nt*/Frau *f* auf Männerfang; Mädchen, das/Frau, die auf Liebesabenteuer aus ist; Aufreißerin *f* (*sl*)

drain [dʀɛ̃] *m* MED Drain *m*

drainage [dʀɛnaʒ] *m* ❶ MED Drainage *f*, Dränage *f*
❷ AGR Dränage *f*, Entwässerung *f*
❸ *de capitaux* Zusammenziehung *f*

drainer [dʀene] <1> *vt* ❶ MED drainieren, dränieren
❷ AGR dränieren, entwässern
❸ (*rassembler*) zusammenziehen *capitaux;* anziehen *clientèle, main-d'œuvre*

drakkar [dʀakaʀ] *m* Drachenschiff *nt;* **~ des vikings** Wikingerschiff *nt*

dramatique [dʀamatik] **I.** *adj* ❶ THEAT **l'art ~** die Schauspielkunst; **un spectacle ~** ein Theater-/Bühnenstück; **le genre ~** das Drama
❷ (*émouvant*) *histoire, récit* dramatisch
II. *f* TV Fernsehspiel *nt*

dramatiquement [dʀamatikmɑ̃] *adv* dramatisch

dramatisation [dʀamatizasjɔ̃] *f* Dramatisierung *f*

dramatiser [dʀamatize] <1> *vt, vi* dramatisieren; **il ne faut pas ~ cet incident** es besteht kein Grund diesen Vorfall zu dramatisieren

dramaturge [dʀamatyʀʒ] *m* Bühnenautor(in) *m(f)*

drame [dʀam] *m* ❶ (*pièce*) Drama *nt*, Schauspiel *nt*
❷ (*événement*) Drama *nt;* **faire un ~ de qc** ein Drama aus etw machen; **tourner au ~** tragisch ausgehen

drap [dʀa] *m* ❶ *de lit* Bettlaken *nt;* **changer les ~s** die Betten frisch beziehen
❷ TEXTIL angerauter Wollstoff
❸ BELG (*serviette*) Handtuch *nt*
▶ **être dans de beaux ~s** *fam* in der Tinte sitzen (*fam*); **nous voilà dans de beaux ~s!** *fam* jetzt haben wir die Bescherung! (*fam*)
◆ **~ de bain** Badetuch *nt;* BELG (*grande serviette éponge*) großes Frotteetuch; **~ de maison** BELG (*torchon*) Tuch *nt*

drapé [dʀape] *m* Faltenwurf *m*

drapeau [dʀapo] <x> *m* Fahne *f*, Flagge *f;* **~ tricolore** Trikolore *f*
▶ **être appelé(e) sous les ~x** zum Militärdienst einberufen werden; **être sous les ~x** bei der Armee sein

draper [dʀape] <1> **I.** *vt* ❶ **~ qc/qn de qc** etw/jdn mit etw umhüllen
❷ drapieren *étoffe;* **une robe au bustier drapé** ein Kleid mit gerafftem Oberteil
II. *vpr* ❶ **se ~ dans une cape** sich in einen Umhang hüllen
❷ *fig* **se ~ dans sa dignité** sich auf seinen Stolz zurückziehen; **se ~ dans le silence** sich in Schweigen (*Akk*) hüllen

draperie [dʀapʀi] *f* ❶ (*tenture*) Stoffbehang *m;* COM Dekorationsstoff *m*
❷ (*fabrique*) Tuchfabrik *f*

drap-housse [dʀa] <draps-housses> *m* Spann[bett]laken *nt*

drapier, -ière [dʀapje, -jɛʀ] **I.** *adj* **ouvrier ~** Arbeiter *m* in der Tuchfabrik
II. *m, f* (*fabricant*) Tuchfabrikant(in) *m(f);* (*artisan*) Tuchmacher(in) *m(f)* (*veraltet*); (*marchand*) Tuchhändler(in) *m(f)* (*veraltet*)

drastique [dʀastik] *adj purgatif, mesure* drastisch

drave [dʀav] *f* CAN (*flottage du bois*) Flößerei *f*

draver [dʀave] <1> *vi* CAN (*flotter*) flößen

draveur [dʀavœʀ] *m* CAN (*flotteur*) Flößer *m*

dreadlocks [dʀɛdlɔks] *fpl* Dreadlocks *Pl*

Dresde [dʀɛsd] Dresden *nt*

dressage [dʀesaʒ] *m* ❶ *d'un animal* Dressur *f; péj d'un enfant* Drill *m* (*pej*)
❷ *d'un échafaudage* Aufbau *m; d'une tente* Aufschlagen *nt*

dresser [dʀese] <1> **I.** *vt* ❶ (*établir*) aufstellen *bilan;* zeichnen *carte, plan;* auflisten *inventaire;* aufstellen *liste;* erteilen *procuration;* ausstellen *procès-verbal, contravention;* **~ un acte d'accusation contre qn** gegen jdn Anklage erheben
❷ (*ériger*) errichten *barrière, monument;* aufbauen *échafaudage;* aufschlagen *tente*
❸ (*lever*) aufrichten *buste;* heben *menton, tête;* spitzen *oreilles*
❹ (*disposer*) anrichten *plat;* aufstellen *piège;* schmücken *autel;* **~ la table** den Tisch decken
❺ (*dompter*) dressieren *animal;* abrichten *chien; péj* drillen (*pej*) *enfant, soldat;* **j'arriverai bien à te ~** *fam* ich werde dich schon kleinkriegen (*fam*); **le chien est dressé à attaquer** der Hund ist auf den Mann dressiert
❻ (*mettre en opposition*) **~ qn contre qn/qc** jdn gegen jdn/etw aufwiegeln
II. *vpr* ❶ (*se mettre droit*) sich aufrichten; **se ~ sur la pointe des pieds** sich auf die Zehenspitzen stellen; **se ~ sur ses pattes de derrière** sich auf die Hinterbeine/-pfoten stellen
❷ (*s'élever*) *bâtiment, statue:* sich erheben; **ses cheveux se dressèrent sur sa tête** die Haare standen ihm/ihr zu Berge
❸ (*s'insurger*) **se ~ contre qn/qc** sich gegen jdn/etw auflehnen

dresseur, -euse [dʀesœʀ, -øz] *m, f* Dresseur(in) *m(f)*

dressoir [dʀeswaʀ] *m* Anrichte *f*

drève [dʀɛv] *f* NORD, BELG (*allée carrossable bordée d'arbres*) Allee *f*

dreyfusard(e) [dʀefyzaʀ, aʀd] HIST **I.** *adj* Dreyfus-
II. *m(f)* Dreyfus-Anhänger(in) *m(f)*

DRH [deɛʀaʃ] *f abr de* **direction des ressources humaines** HRM *nt*

dribble [dʀibl] *m* Dribbling *nt*

dribbler [dʀible] <1> *vt, vi* **~ qn** an jdm vorbeidribbeln

drill [dʀil] *m* SCOL Drill *m*
drille [dʀij] *m* ► **un joyeux** ~ ein lustiger Kerl (*fam*)
dringuelle [dʀɛ̃gɛl] *f* BELG ❶ (*pourboire*) Trinkgeld *nt*
❷ (*étrenne*) *Geldgeschenk zum Jahresende*
drive [dʀajv] *m* SPORT Drive *m*
driver, driveur [dʀajvœʀ] *m* ❶ (*jockey*) Trabrennfahrer *m*
❷ INFORM Treiber *m*
drogue [dʀɔg] *f a. fig* Droge *f*; ~ **douce/dure** weiche/harte Droge
drogué(e) [dʀɔge] *m(f)* Drogensüchtige(r) *f(m)*, Rauschgiftsüchtige(r) *f(m)*
droguer [dʀɔge] <1> **I.** *vt* ~ **qn** jdm Drogen/zu viele Medikamente verabreichen
II. *vpr* **se** ~ Drogen/zu viele Medikamente nehmen; **se** ~ **à la cocaïne** Kokain nehmen
droguerie [dʀɔgʀi] *f* Drogerie *f*
droguiste [dʀɔgist] *mf* Drogist(in) *m(f)*
droit [dʀwa] **I.** *adv* ❶ (*opp: courbé*) *marcher, se tenir* aufrecht
❷ (*en ligne droite*) *rouler, marcher* geradeaus; **aller** ~ **à/dans qc** genau auf etw (*Akk*) zugehen
❸ (*opp: penché*) *mettre, poser* gerade; *écrire* steil; *tenir* gerade
► **aller** ~ **à la catastrophe** geradewegs auf die Katastrophe zusteuern; **marcher** ~ parieren; **tout** ~ geradeaus
II. *m* ❶ (*prérogative*) Rechtsanspruch *m*, Recht *nt*; **de quel** ~ mit welchem Recht; **de plein** ~ mit vollem Recht; **avoir** ~ **à qc** Recht auf etw (*Akk*) haben; **avoir le** ~ **de faire qc** das Recht haben etw zu tun; **avoir des** ~**s sur qn/qc** Ansprüche gegenüber jdm/Anspruch auf etw (*Akk*) haben; **être dans son** ~ im Recht sein; **être en** ~ **de faire qc** das Recht haben etw zu tun; **exercer/perdre un** ~ ein Recht ausüben/verwirken; ~**s acquis** verbriefte Rechte; ~**s civiques** Bürgerrechte; ~ **collectif d'agir en justice** Kollektivklagerecht; ~**s télévisuels** Fernsehrechte; ~ **aux prestations** Leistungsanspruch; ~ **au refus de la prestation** Leistungsverweigerungsrecht
❷ (*autorisation*) Berechtigung *f*, Erlaubnis *f*
❸ JUR (*législation, règles*) Recht *nt*; ~ **civil/constitutionnel** Zivil-/Verfassungsrecht; ~ **communautaire** Gemeinschaftsrecht; ~ **européen** Europarecht; ~ **fiscal** Abgabenrecht; ~ **pénal** Strafrecht; ~ **primaire/secondaire communautaire** primäres/sekundäres Gemeinschaftsrecht; ~ **public/commun** öffentliches/gemeines Recht; **prisonnier(-ière) de** ~ **commun** Strafgefangene(r) *f(m)*; ~ **relatif aux contrats de louage d'ouvrage** Dienstvertragsrecht; ~ **international des sociétés** internationales Gesellschaftsrecht
❹ (*études juridiques*) Rechtswissenschaft *f*, Jurisprudenz *f* (*Fachspr.*); **faire son** ~ Jura studieren
❺ *pl* (*taxe*) Gebühr *f*, Abgabe *f*, Zoll *m*; **exempt(e) de** ~**s** gebührenfrei
❻ BOXE Rechte *f*
► **de** ~ **divin** von Gottes Gnaden; **à bon** ~ zu Recht; **être dans son bon** ~ vollkommen im Recht sein; **de** ~ rechtmäßig; **s'adresser à qui de** ~ sich an die zuständige Person wenden
◆ ~ **à l'autodétermination** Recht *nt* auf Selbstbestimmung; ~ **à la défense** Recht *nt* auf Hinzuziehung eines Verteidigers; ~ **à l'erreur** Recht *nt* auf Irrtum; ~ **à paiement** Zahlungsanspruch *m*, Erfüllungsanspruch; ~ **à la retraite** Recht *nt* auf Altersversorgung
◆ ~ **d'aînesse** Erstgeburtsrecht *nt*; ~ **d'asile** Asylrecht *nt*; ~**s d'auteur** Tantiemen *Pl*; ~ **de distribution** Vertriebsrecht *nt*; ~**s de l'enfant** Rechte *Pl* des Kindes; ~ **d'entrée** JUR Eintrittsrecht *nt*; ~**s d'entrée** (*frais*) Eintrittsgebühr *f*, Eintritt *m*; ~ **d'établissement** JUR Niederlassungsrecht *nt*; ~ **de garde** Sorgerecht *nt*; ~ **de grâce** Begnadigungsrecht *nt*; ~ **de grève** Streikrecht *nt*; ~**s de l'homme et du citoyen** Menschen- und Bürgerrechte *Pl*; ~**s d'inscription** Einschreibegebühr *f*; JUR Eintragungsgebühr *f*; ~ **de passage** Durchgangserlaubnis *f*; (*en véhicule*) Durchfahrtserlaubnis; ~ **de pêche** Fischereirecht *nt*; ~ **des peuples à disposer d'eux-mêmes** Selbstbestimmungsrecht *nt* der Völker; ~ **de propriété** Recht *nt* auf Eigentum, Eigentumsrecht; ~ **de regard** (*droit de surveillance*) Aufsichtsrecht *nt*; (*droit de consultation, d'examen*) Einsichtsrecht; ~ **de réponse** Anspruch *m* auf Gegendarstellung, Gegendarstellungsrecht *nt*, Erwiderungsrecht; ~ **du sang** aus der Abstammung hergeleitetes Recht, Jus sanguis *nt* (*Fachspr.*); ~**s de succession** Erbschaft[s]steuer *f*; ~ **de timbre** Stempelgebühr *f*; ~ **de transport** Transportrecht *nt*; ~ **du travail** Arbeitsrecht *nt*; ~ **de vente** Verkaufsrecht *nt*; ~ **de veto** Vetorecht *nt*; ~ **de vie et de mort** Recht *nt* über Leben und Tod; ~ **de visite** Besuchserlaubnis *f*; ~ **de vote** Stimmrecht *nt*; (*pour des élections*) Wahlrecht
droit(e) [dʀwa, dʀwat] *adj* ❶ (*opp: gauche*) rechte(r, s); **le centre** ~ die rechte Mitte
❷ (*non courbe*) *chemin, ligne, nez* gerade
❸ (*non penché*) gerade; **angle** ~ rechter Winkel; **être** ~**(e)** *pieu, récipient, tour:* gerade stehen; *chapeau:* gerade sitzen; *tableau:* gerade hängen
❹ (*honnête, loyal*) *personne* aufrichtig
droite [dʀwat] *f* ❶ GEOM Gerade *f*
❷ POL Rechte *f*; **extrême** ~ äußerste Rechte; **d'extrême** ~ rechtsextrem[istisch]; **un parti de** ~ eine rechte Partei
❸ (*côté droit*) rechte Seite; **à** ~ [nach] rechts; **à/de** ~ **et à/de gauche** überallhin/überallher; **tourner à** ~ rechts abbiegen; **à** [*o* **sur**] **la** ~ **de qn/qc** rechts neben [*o* von] jdm/etw; **de** ~ rechts, auf der rechten Seite; **par la** ~ von rechts; **tenir sa** ~ rechts fahren; **serrez à** ~**!** rechts fahren!; **et votre** ~**!** fahren Sie doch rechts!
droitier, -ière [dʀwatje, -jɛʀ] **I.** *m, f* (*personne*) Rechtshänder(in) *m(f)*
II. *adj* POL *fam* rechtslastig (*fam*)
droiture [dʀwatyʀ] *f* (*franchise*) Aufrichtigkeit *f*; (*honnêteté*) Rechtschaffenheit *f*
drolatique [dʀɔlatik] *adj* LITTER tolldreist (*liter*)
drôle [dʀol] *adj* ❶ lustig, witzig
❷ *fam* (*bizarre*) komisch, merkwürdig; **un** ~ **de type** ein komischer Kerl (*fam*); **avoir un** ~ **d'air** komisch aussehen; **faire une** ~ **de tête** ein komisches Gesicht ziehen (*fam*); **avoir une** ~ **de patience** ganz schön viel Geduld haben (*fam*)
► **ça n'a vraiment rien de** ~**!** das ist wirklich nicht komisch!; **si vous croyez que c'est** ~**!** da gibt es nichts zu lachen!; **ça me fait tout** ~ dabei habe ich ein ganz komisches Gefühl; **se sentir tout(e)** ~ sich eigenartig fühlen; **en voir de** ~**s** so manches mitmachen (*fam*)
drôlement [dʀolmɑ̃] *adv* ❶ (*bizarrement*) komisch, merkwürdig
❷ *fam* (*rudement*) ganz schön (*fam*); ~ **froid(e)** ganz schön kalt (*fam*)
drôlerie [dʀolʀi] *f* ❶ Spaß *m*, Scherz *m*
❷ (*caractère*) Komik *f*; **être d'une grande** ~ sehr komisch sein
dromadaire [dʀɔmadɛʀ] *m* Dromedar *nt*
drosser [dʀɔse] <1> *vt* abtreiben *navire*
dru(e) [dʀy] **I.** *adj barbe, cheveux, haie, herbe* dicht; *pluie* heftig
II. *adv* **la pluie/la neige tombe** ~ es regnet/schneit heftig
drugstore [dʀœgstɔʀ] *m* Drugstore *m*
druide [dʀɥid] *m* Druide *m*
druidique [dʀɥidik] *adj* druidisch
dry [dʀaj] *adj inv martini* trocken
D.S.T. [deɛste] *f abr de* **Direction de la Surveillance du Territoire** Spionageabwehr *f*
du [dy] = **de le** *v.* **de**
dû [dy] <dus> *m* (*ce à quoi on a droit*) Anrecht *nt*; (*ce que l'on doit*) Schuld *f*; **réclamer son** ~ das einfordern, was einem zusteht
dû, due [dy] <dus> **I.** *part passé de* **devoir**
II. *adj* ❶ (*que l'on doit*) schuldig, geschuldet; **la somme due**

die ausstehende Summe
② (*imputable*) **être ~(due) à qc** von etw herrühren
③ (*mérité*) **être ~(due) à qn** jdm zustehen; **les honneurs qui lui sont dus** die ihm/ihr gebührenden Ehren
dualisme [dɥalism] *m* Dualismus *m*
dualité [dɥalite] *f* Dualität *f*
dubitatif, -ive [dybitatif, -iv] *adj* zweifelnd
duc [dyk] *m* Herzog *m*
ducal(e) [dykal, o] <-aux> *adj* herzoglich
ducasse [dykas] *f* BELG, NORD (*fête patronale ou publique, kermesse*) Kirmes *f*, Kirchweih *f*
ducat [dyka] *m* HIST Dukaten *m*
duché [dyʃe] *m* Herzogtum *nt*
duchesse [dyʃɛs] *f* Herzogin *f*
ductile [dyktil] *adj* TECH verformbar, duktil
duel [dɥɛl] *m a. fig* Duell *nt;* **se battre en ~** sich duellieren; **provoquer qn en ~** jdn zum Duell fordern; **~ oratoire** Wortgefecht *nt*
◆ **~ d'artillerie** Artilleriegefecht *nt*
duelliste [dɥelist] *mf* Duellant *m*
duettiste [dɥetist] *mf* MUS Sänger(in) *m(f)* eines Duetts; THEAT Partner(in) *m(f)* in einem Duo
duffel-coat [dœfœlkot] <duffel-coats> *m* Dufflecoat *m*
dulcinée [dylsine] *f hum* Dulzinea *f* (*hum*)
dûment [dymɑ̃] *adv* (*selon les formes*) vorschriftsmäßig; (*selon le mérite*) gebührend
dumping [dœmpiŋ] *m* **pratiquer le ~** Dumping betreiben
dune [dyn] *f* Düne *f*
dunette [dynɛt] *f* NAUT Poop *f*, Hütte *f*
Dunkerque [dœ̃kɛʀk] Dünkirchen *nt*
duo [dɥo, dyo] *m* MUS (*pour instruments*) Duo *nt;* (*pour voix*) Duett *nt;* **chanter/jouer en ~ avec qn** mit jdm [im] Duett singen/im Duo spielen
duodécimal(e) [dɥɔdesimal, o] <-aux> *adj* MATH Duodezimal-
duodénal(e) [dɥɔdenal, o] <-aux> *adj* ANAT Zwölffingerdarm-, duodenal (*Fachspr.*); **ulcère ~** Zwölffingerdarmgeschwür *nt*
duodénum [dɥɔdenɔm] *m* ANAT Zwölffingerdarm *m*, Duodenum *nt* (*Fachspr.*)
dupe [dyp] **I.** *f* Betrogene(r) *f(m);* **être la ~ de qn** auf jdn hereinfallen
II. *adj* **être ~ de qc** sich (*Akk*) von etw täuschen lassen
duper [dype] <1> *vt* hinters Licht führen
duperie [dypʀi] *f* Schwindel *m*
duplex [dyplɛks] *m* ① **appartement en ~** Maisonettewohnung *f*
② AUDIOV Konferenzschaltung *f*
duplicata [dyplikata] *m* Duplikat *nt*
duplicateur [dyplikatœʀ] *m* Vervielfältigungsgerät *nt*
duplication [dyplikasjɔ̃] *f* AUDIOV Vervielfältigung *f;* BIO Duplikation *f*
duplicité [dyplisite] *f* Falschheit *f;* (*en paroles*) Doppelzüngigkeit *f*
dupliquer [dyplike] <1> *vt* kopieren; überspielen *cassette*
duquel, de laquelle [dykɛl] <desquel(le)s> = **de lequel** *v.* **lequel**
dur [dyʀ] **I.** *m* ① (*personne inflexible*) unnachgiebiger [*o* sturer *pej*] Mensch; **les ~s du parti** die Betonköpfe in der Partei (*pej*)
② *fam* (*personne sans peur*) harter Bursche (*fam*)
③ CONSTR **bâtiment en ~** Massivbau *m;* **piste en ~** befestigte Straße
▶ **un ~ à cuire** *fam* eine harte Nuss (*fam*); **c'est un ~ de ~** *fam* das ist ein knallharter Bursche (*fam*); **jouer les ~s** *fam* den starken Mann markieren (*fam*)
II. *adv travailler* hart; **souffler ~** *vent:* heftig blasen; **taper ~** *soleil:* heiß brennen
dur(e) [dyʀ] *adj* ① (*ferme*) hart; *porte, serrure* schwergängig; *viande* zäh; *sommeil* fest; **cette serrure est ~e** das Schloss klemmt
② (*difficile*) *travail, obligation* schwer, schwierig; *personne* schwierig; *côte* steil; *temps, vie* hart, schwer
③ (*pénible*) *climat* extrem; *combat, punition* hart; *lumière* hart, grell; **le plus ~ est passé** das Schlimmste ist überstanden
④ (*fort*) *drogue* hart
⑤ (*sévère*) *regard* ernst, streng; *critique* hart; **être ~(e) avec** [*o* **envers**] **qn** (*insensible*) hart zu jdm sein; (*sévère*) streng mit [*o* zu] jdm sein; **avoir le cœur ~** hartherzig sein
⑥ (*endurant*) **être ~(e) au mal** unerschütterlich sein; **être ~(e) à la douleur** schmerzunempfindlich sein; **être ~(e) à la tâche** unermüdlich sein
durable [dyʀabl] *adj chose* dauerhaft; *souvenir* bleibend; *construction* solide; *effet, influence* nachhaltig
durablement [dyʀabləmɑ̃] *adv* auf Dauer
duralumin® [dyʀalymɛ̃] *m* Duralumin® *nt*
durant [dyʀɑ̃] *prép* ① (*au cours de*) während (+ *Gen*); **~ deux jours** während zweier Tage; **~ l'hiver** den Winter über
② (*tout au long de*) **travailler sa vie ~** sein Leben lang arbeiten; **toucher une rente sa vie ~** lebenslang eine Rente beziehen; **des minutes/heures/jours ~** minuten-/stunden-/tagelang
durcir [dyʀsiʀ] <8> **I.** *vt* ① hart machen *terre;* härten *acier; fig* hart machen *traits, visage*
② (*rendre intransigeant*) verhärten *attitude, position;* verschärfen *loi;* **~ le ton** einen härteren Ton anschlagen
II. *vi aliment, pâte:* hart werden; *colle, peinture:* aushärten
III. *vpr* **se ~** ① (*devenir dur*) hart werden; *colle:* aushärten
② (*devenir intransigeant*) sich verhärten
durcissement [dyʀsismɑ̃] *m* ① Hartwerden *nt; du ciment* Abbinden *nt; de la colle* Aushärten *nt*
② (*raffermissement*) Verhärtung *f; d'un conflit* Verschärfung *f*
dure [dyʀ] *f* (*personne inflexible*) unnachgiebige Person, sture Person (*pej*)
▶ **coucher sur la ~** auf dem blanken Boden schlafen; **une ~ à cuire** *fam* eine harte Nuss (*fam*); **en entendre de ~s** harte Worte zu hören bekommen; **être élevé(e) à la ~** streng erzogen werden; **en voir de ~s** Schweres durchmachen
durée [dyʀe] *f* ① Dauer *f;* **pendant la ~ des travaux** während der Bauarbeiten; **à ~ déterminée** *contrat* befristet; **à ~ indéterminée** *contrat* unbefristet, mit unbestimmter Dauer; **chômeur de longue ~** Langzeitarbeitslose(r) *m;* **~ d'un/du contrat** Vertragszeit; **~ d'un/du procès** Prozessdauer; **~ de la procédure** Verfahrensdauer
② (*permanence*) Dauerhaftigkeit *f;* **~ de vie d'un produit** Lebensdauer *f* eines Produkts
durement [dyʀmɑ̃] *adv* ① (*rudement*) heftig
② (*sans bonté*) hart, streng; **parler/répondre ~** in barschem Ton sprechen/antworten
③ (*cruellement*) hart, schwer
dure-mère [dyʀ-mɛʀ] <dures-mères> *f* ANAT harte Gehirnhaut *f*
durer [dyʀe] <1> *vi* ① (*avoir une certaine durée*) + *compl de temps* dauern; **ça va ~ longtemps?** dauert das noch lange?
② (*se prolonger*) + *compl de temps* [an]dauern; *conversation, maladie:* dauern; *tempête, soleil:* anhalten; *mode:* sich halten
③ (*se conserver, résister*) *personne:* sich halten; *matériel, vêtement:* haltbar sein; **fait(e) pour ~** haltbar; **faire ~ qc** etw [gebrauchsfähig] erhalten
▶ **faire ~ les choses** die Dinge in die Länge ziehen; **ça ne peut plus ~** so kann das nicht weitergehen; **ça durera ce que ça durera** es hält eben solange es hält; **pourvu que ça dure!** wenn es nur so bliebe!
dureté [dyʀte] *f* ① (*fermeté*) Härte *f*
② (*difficulté*) Schwierigkeit *f*
③ (*rigueur*) *de l'hiver* Strenge *f*
④ (*sévérité*) *des traits, du cœur* Härte *f; d'un châtiment, d'une critique* Härte *f*

durillon [dyʀijɔ̃] *m* Schwiele *f*
durit® [dyʀit] *f* [Zufuhr]schlauch *m;* AUT Kühlwasser-/Benzinschlauch *m*
dus [dy] *passé simple de* **devoir**
D.U.T [dyt] *m abr de* **diplôme universitaire technique** *Abschlussdiplom einer Fachhochschule*
duvet [dyvɛ] *m* ❶ (*plume*) Daune *f;* **un oreiller garni de ~** ein Daunenkissen *nt*
❷ (*poils*) *d'une personne, feuille* Flaum *m*
❸ (*sac de couchage*) [Daunen]schlafsack *m*
duveté(e) [dyv(ə)te] *adj* flaumig; *pêche* pelzig; *cheveux* weich
duveter [dyv(ə)te] *vpr* **se ~** *visage:* Flaumhaare bekommen
DVD [devede] *m abr de* **digital versatile/video disc** DVD *f*
DVD-ROM [devedeʀɔm] *m abr de* **digital video disc-read only memory** DVD-ROM *f*
dynamique [dinamik] **I.** *adj* dynamisch
II. *f* Dynamik *f*
◆ **~ de[s] groupe[s]** Gruppendynamik *f*
dynamisant(e) [dinamizɑ̃, ɑ̃t] *adj* stimulierend
dynamiser [dinamize] <1> *vt* mobilisieren
dynamisme [dinamism] *m d'une entreprise* Dynamik *f; d'une personne* Dynamik *f,* Schaffenskraft *f*
dynamitage [dinamitaʒ] *m* ❶ Sprengung *f* [mit Dynamit]
❷ *fig* Sprengung
dynamite [dinamit] *f* ❶ Dynamit *nt*
❷ *fig fam* **c'est de la ~!** (*d'une personne*) der/die ist ein Energiebündel! (*fam*); (*d'une situation, d'un dossier*) das ist eine tickende Zeitbombe! (*fam*)
dynamiter [dinamite] <1> *vt* ❶ [mit Dynamit] sprengen
❷ *fig* sprengen
dynamo [dinamo] *f* Dynamo *m;* AUT Lichtmaschine *f*
dynamomètre [dinamɔmɛtʀ] *m* Dynamometer *m*
dynastie [dinasti] *f a. fig* Dynastie *f*
dysenterie [disɑ̃tʀi] *f* MED Ruhr *f*
dysfonctionnement [disfɔ̃ksjɔnmɑ̃] *m* Funktionsstörung *f*
dyslexie [dislɛksi] *f* Legasthenie *f*
dyslexique [dislɛksik] **I.** *adj* legasthenisch
II. *m, f* Legastheniker(in) *m(f)*
dyspepsie [dispɛpsi] *f* MED Verdauungsschwäche *f,* Dyspepsie *f* (*Fachspr.*)

Ee

E, e [ø] *m inv* E *nt*/e *nt;* **e accent aigu/circonflexe/grave** E Akut/Zirkumflex/Gravis; **e tréma** E [mit] Trema
▸ **e comme Eugène** E wie Emil; **é comme Émile** E [mit] Accent aigu
E.A.O. [øao] *m abr de* **enseignement assisté par ordinateur** *PC unterstützter Unterricht*
eau [o] <x> *f* ❶ Wasser *nt;* **un verre d'~** ein Glas Wasser; **cuire qc à l'~** etw im Wasser kochen; **prendre l'~** *vêtement:* wasserdurchlässig sein; **~ courante** fließendes Wasser; **~ douce** Süßwasser; **~ bénite** Weihwasser; **grandes ~x** Wasserspiele *Pl;* **~ lourde** schweres Wasser; **~ minérale** Mineralwasser; **~ thermale** Wasser einer Heilquelle; **~x industrielles/ménagères** Industrie-/Haushaltsabwässer *Pl*
❷ (*robinet*) **ouvrir/fermer l'~** das Wasser auf-/abdrehen, den Wasserhahn auf-/zudrehen
❸ (*étendue de l'eau*) Gewässer *nt;* **au bord de l'~** am Wasser; **mettre qc à l'~** etw zu Wasser lassen; **basses ~x** Niedrigwasser *nt;* **hautes ~x** Hochwasser *nt;* (*marée*) Flut *f;* **~ courante** fließendes Gewässer; **~x territoriales** Hoheitsgewässer *Pl*
❹ *pl* (*liquide amniotique*) Fruchtwasser *nt;* **perdre les ~x** Fruchtwasser verlieren
▸ **il en a l'~ à la bouche** ihm läuft dabei das Wasser im Mund zusammen; **tourner en ~ de boudin** *fam* in die Binsen gehen (*fam*); **apporter de l'~ au moulin de qn** Wasser auf jds Mühle (*Akk*) sein; **il passera encore beaucoup d'~ sous les ponts** bis dahin fließt noch viel Wasser den Berg [*o* den Rhein] hinunter; **être clair(e) comme de l'~ de roche** sonnenklar sein; **mettre de l'~ dans son vin** seine Ansprüche zurückschrauben; **de la plus belle ~** reinsten Wassers; **il n'est pire ~ que l'~ qui dort** *prov* stille Wasser sind tief (*prov*); **pêcher en ~ trouble** im Trüben fischen (*fam*); **être tout en ~** völlig in Schweiß gebadet sein; **se jeter à l'~** ins Wasser gehen; *fig* den Sprung ins kalte Wasser wagen
◆ **~ de Cologne** Kölnisch Wasser *nt;* **~ de fleurs d'oranger** Orangenblütenwasser *nt;* **Eaux et Forêts** ≈ staatliche Forstverwaltung; **~ de Javel** (*pour blanchir*) [Chlor]bleiche *f;* (*pour nettoyer*) Chlorreiniger *m;* **~ de mer** Meerwasser *nt;* **~ de pluie** Regenwasser *nt;* **~ du robinet** Leitungswasser *nt;* **~ de rose** Rosenwasser *nt;* **~ de ruissellement** Sickerwasser *nt;* **~ de Seltz** Selterswasser *nt;* **~ de source** Quellwasser *nt;* **~ de table** Tafelwasser *nt;* **~ de toilette** Eau de toilette *nt;* **~ de vaisselle** Spülwasser *nt,* Abwaschwasser *nt*
eau-de-vie [od(ə)vi] <eaux-de-vie> *f* Schnaps *m,* Branntwein *m* **eau-forte** [ofɔʀt] <eaux-fortes> *f* ❶ (*acide*) Scheidewasser *nt* ❷ ART (*gravure*) Ätzradierung *f*
ébahi(e) [ebai] *adj* verblüfft
ébahir [ebaiʀ] <8> **I.** *vt* verblüffen; **être ébahi(e) de qc** verblüfft sein über etw (*Akk*)
II. *vpr* **s'~ de qc** über etw (*Akk*) höchst erstaunt sein
ébahissement [ebaismɑ̃] *m* Verblüffung *f*
ébarber [ebaʀbe] <1> *vt* TECH entgrannen *orge;* beschneiden *papier*
ébats [eba] *mpl des animaux, enfants* Herumtollen *nt;* **prendre ses ~s** herumtollen
▸ **~s amoureux** Liebesspiele *Pl*
ébattre [ebatʀ] <*irr*> *vpr* **s'~** herumtollen
ébaubi(e) [ebobi] *adj fam* baff; **être tout(e) ~(e)** total hin und weg sein (*fam*)
ébauche [eboʃ] *f d'une œuvre* Entwurf *m; d'un tableau* Skizze *f; d'une amitié* Keim *m; d'un sourire* Andeutung *f*
ébaucher [eboʃe] <1> **I.** *vt* entwerfen *œuvre;* skizzieren *peinture;* entwerfen *projet;* in groben Umrissen anlegen *statue;* andeuten *geste, sourire*
II. *vpr* **s'~** *idée, projet:* Gestalt annehmen; *réconciliation:* sich abzeichnen
ébauchoir [eboʃwaʀ] *m* Meißel *m*
ébaudir [ebodiʀ] <8> **I.** *vt vieilli* ergötzen *personne*
II. *vpr littér* **s'~** sich ergötzen
ébène [ebɛn] *f* Ebenholz *nt;* **noir(e) comme l'~, d'un noir d'~** schwarz wie Ebenholz
ébénier [ebenje] *m* BOT Ebenholzbaum *m*
ébéniste [ebenist] *mf* Kunsttischler(in) *m(f),* Möbeltischler(in) *m(f)*
ébénisterie [ebenist(ə)ʀi] *f* Kunsttischlerei *f,* Möbeltischlerei *f;* **du bois d'~** Edelholz *nt*
éberlué(e) [ebɛʀlɥe] *adj fam* perplex (*fam*)
éblouir [ebluiʀ] <8> *vt* ❶ blenden
❷ *fig littér* (*émerveiller*) faszinieren, blenden (*pej*)
éblouissant(e) [ebluisɑ̃, ɑ̃t] *adj* ❶ *lumière, phares* grell; *blancheur* strahlend
❷ (*merveilleux*) *exploit, forme* glänzend; *œuvre d'art, spectacle, style* faszinierend
éblouissement [ebluismɑ̃] *m* ❶ (*trouble de la vue*) Blendung *f*
❷ (*émerveillement*) hinreißendes Schauspiel
❸ MED (*étourdissement*) Flimmern *nt* vor den Augen
ébonite [ebɔnit] *f* Ebonit *nt*

éborgner [ebɔʀɲe] <1> *vt* ~ **qn** jdm ein Auge ausstechen

éboueur [ebuœʀ] *m* Müllwerker *m,* Müllmann *m* (*fam*)

ébouillanter [ebujɑ̃te] <1> **I.** *vt* überbrühen *légumes;* heiß ausspülen *théière*

II. *vpr* **s'**~ **qc** sich (*Dat*) etw verbrühen

éboulement [ebulmɑ̃] *m* ❶ (*action*) Einsturz *m; de terrain* Erdrutsch *m*

❷ (*amas*) Schutt *m,* Trümmer *Pl*

ébouler [ebule] <1> *vpr* **s'**~ einstürzen; *falaise:* abrutschen

éboulis [ebuli] *m* Geröll *nt kein Pl*

ébouriffant(e) [ebuʀifɑ̃, ɑ̃t] *adj fam nouvelle, succès* unglaublich (*fam*)

ébouriffé(e) [ebuʀife] *adj* zerzaust; **tête** ~**e** zerzaustes Haar, Strubbelkopf *m* (*fam*)

ébouriffer [ebuʀife] <1> *vt* (*dépeigner*) zerzausen *cheveux*

ébrancher [ebʀɑ̃ʃe] <1> *vt* ausästen

ébranlement [ebʀɑ̃lmɑ̃] *m* ❶ *a. fig* (*secousse*) Erschütterung *f*

❷ (*départ*) *du train* ruckartiges Anfahren

ébranler [ebʀɑ̃le] <1> **I.** *vt* ❶ (*secouer*) erschüttern *murs, sol, vitres;* (*mettre en péril*) erschüttern *institutions, régime;* zerrütten *nerfs, santé*

❷ (*faire fléchir*) erschüttern *confiance;* ~ **qn** *échec:* jdn erschüttern; *supplications:* jdn erweichen

II. *vpr* **s'**~ *convoi, cortège:* sich in Bewegung setzen; *train:* ruckartig anfahren

ébréché(e) [ebʀeʃe] *adj assiette* angeschlagen; *couteau* schartig; *dent* abgebrochen

ébrécher [ebʀeʃe] <5> *vt* ❶ (*fêler*) anschlagen *assiette*

❷ *fig fam* (*diminuer*) angreifen *économies*

ébréchure [ebʀeʃyʀ] *f d'une assiette* Macke *f*

ébriété [ebʀijete] *f form* Trunkenheit *f* (*form*); **en état d'**~ *form* in betrunkenem Zustand (*form*)

ébrouement [ebʀumɑ̃] *m* ❶ (*expiration*) *d'un cheval* Schnauben *nt*

❷ *littér* (*battement*) ~ **d'ailes** Flügelschlag *m*

ébrouer [ebʀue] <1> *vpr* **s'**~ *cheval:* schnauben; *chien:* sich schütteln

ébruitement [ebʀɥitmɑ̃] *m d'une affaire* Verbreitung *f*

ébruiter [ebʀɥite] <1> **I.** *vt* ausplaudern

II. *vpr* **s'**~ sich herumsprechen

ébullition [ebylisjɔ̃] *f* ❶ *d'un liquide* [Auf]kochen *nt,* Sieden *nt;* **entrer en** ~ zu kochen beginnen; **porter à** ~ zum Kochen bringen

❷ *fig* **en** ~ *quartier, esprit* in Aufruhr

écaille [ekaj] *f* ❶ ZOOL Schuppe *f*

❷ (*petite particule*) **se détacher par** ~**s** *peinture:* abblättern

❸ (*matière*) Schildpatt *nt;* **une paire de lunettes à monture d'**~ eine Hornbrille

écailler [ekaje] <1> **I.** *vt* [ab]schuppen *poisson;* öffnen *huîtres*

II. *vpr* **s'**~ abblättern

écailleux, -euse [ekajø, -øz] *adj* ❶ (*qui a des écailles*) *peau* schuppig

❷ (*qui s'écaille*) abblätternd; *ardoises* brüchig

écale [ekal] *f de châtaigne* Schale *f*

écaler [ekale] <1> *vt* knacken *noix;* schälen *œuf dur*

écarlate [ekaʀlat] *adj* scharlachrot; *visage* hochrot

écarquiller [ekaʀkije] <1> *vt* ~ **les yeux devant qc** angesichts einer S. (*Gen*) die Augen aufreißen

écart [ekaʀ] *m* ❶ (*distance*) Abstand *m*

❷ (*différence*) *de prix, températures* Unterschied *m; de cours* Abweichung *f;* (*contradiction*) Diskrepanz *f;* **grands** ~**s régionaux** große regionale Unterschiede; **réduire l'**~ **à la marque** *sportif, équipe:* Punkte aufholen

❸ (*mouvement brusque*) *d'un cheval* Satz *m; d'un véhicule* Ausscheren *nt;* **faire un** ~ zur Seite ausweichen

❹ (*manquement*) ~ **de qc** Abweichung *f* von etw, Verstoß *m* gegen etw

❺ SPORT **grand** ~ Spagat *m;* **faire le grand** ~ einen Spagat machen

▸ **être à l'**~ **de qc** abseits von etw liegen; **mettre qn à l'**~ jdn ausschließen; **vivre à l'**~ zurückgezogen leben

◆ ~ **de conduite** Entgleisung *f;* (*adultère*) Seitensprung *m;* ~ **de jeunesse** Jugendsünde *f;* ~ **de langage** sprachliche Entgleisung

écarté(e) [ekaʀte] *adj* ❶ *chemin, lieu* abgelegen, entlegen

❷ *bras* weit geöffnet; *dents* auseinander stehend; *jambes* gespreizt; SPORT gegrätscht

écartèlement [ekaʀtɛlmɑ̃] *m* ❶ (*torture*) Vierteilen *nt*

❷ *fig* (*tiraillement*) Unentschlossenheit *f;* **l'**~ **de qn entre deux choses** jds Hin-und-her-Gerissen-Sein zwischen zwei Dingen

écarteler [ekaʀtəle] <4> *vt* ❶ HIST vierteilen

❷ (*tirailler*) **être écartelé(e) entre deux choses** zwischen zwei Dingen hin- und hergerissen sein

écartement [ekaʀtəmɑ̃] *m* Abstand *m; des doigts* Spannweite *f; des rails* Spurweite *f;* **l'**~ **des essieux** der Achsabstand

écarter [ekaʀte] <1> **I.** *vt* ❶ (*séparer*) zur Seite schieben *objets;* zur Seite ziehen *rideaux;* ausbreiten *bras;* spreizen *doigts, jambes;* auseinander biegen *branches*

❷ (*exclure*) ablehnen *candidature, plan;* zurückweisen *objection;* verwerfen *idée, solution;* abwenden *danger, risque;* ~ **qn de qc** jdn von etw ausschließen

❸ (*éloigner*) ~ **qn de qc** jdn von etw wegführen; *fig* jdn von etw abhalten; ~ **qn de qn** *fig* jdn mit jdm entzweien; **cela ne m'écarte pas beaucoup** das ist für mich kein großer Umweg

❹ CAN (*perdre momentanément*) verlegen

II. *vpr* ❶ (*se séparer*) **s'**~ *foule:* sich teilen; *nuages:* aufreißen

❷ (*s'éloigner*) **s'**~ **de qc** sich von etw entfernen, [von etw] abrücken; **s'**~ **du sujet** vom Thema abschweifen; **écarte-toi/écartez-vous [de là]!** mach'/machen Sie Platz!

❸ CAN (*s'égarer*) **s'**~ sich verlaufen

ECBU [øsebey] *m abr de* **examen cytobactériologique des urines** *Untersuchung des Urins auf Bakterien*

ecchymose [ekimoz] *f* Bluterguss *m*

ecclésiastique [eklezjastik] **I.** *adj* kirchlich; *charge, état, vie* geistlich; **biens** ~**s** Kirchengüter *Pl;* **le costume** ~ die kirchliche Amtstracht

II. *m* Geistliche(r) *m,* Kleriker *m*

écervelé(e) [esɛʀvəle] **I.** *adj* gedankenlos

II. *m(f)* gedankenloser Mensch

ECG [øseʒe] *m abr de* **électrocardiogramme** EKG *nt*

échafaud [eʃafo] *m* Schafott *nt;* **finir sur l'**~ auf dem Schafott enden

échafaudage [eʃafodaʒ] *m* ❶ (*construction*) Gerüst *nt*

❷ (*empilement*) Stapel *m*

❸ (*système idéologique*) [Gedanken]gebäude *nt*

échafauder [eʃafode] <1> **I.** *vt* entwerfen *projets;* errichten *système;* aufstellen *théorie, hypothèse*

II. *vi* CONSTR ein Gerüst aufbauen

échalas [eʃalɑ] *m* ❶ (*pieu*) Pfahl *m; de vigne* Rebpfahl *m*

❷ *fam* (*personne*) langes Elend (*fam*); **un grand** ~ eine [richtige] Bohnenstange (*fam*)

échalote [eʃalɔt] *f* Schalotte *f*

échancré(e) [eʃɑ̃kʀe] *adj robe* ausgeschnitten; *côte* zerklüftet; *feuille* gezähnt

échancrure [eʃɑ̃kʀyʀ] *f d'une robe* Ausschnitt *m; d'une côte* Einbuchtung *f*

échange [eʃɑ̃ʒ] *m* ❶ Austausch *m;* (*troc*) Tausch; ~ **de qc contre qc** Austausch/Tausch einer S. (*Gen*) gegen etw; ~ **d'appartements** Wohnungstausch; ~ **de prisonniers** Gefangenenaustausch; ~ **standard** Einbau *m* von Ersatzteilen; ~ **de vues** Gedankenaustausch; **faire un** ~ **avec qn** mit jdm tauschen; **en** ~ **de qc** [als Gegenleistung] für etw; (*à la place de*) als Ersatz für etw, statt einer S. (*Gen*)

❷ *gén pl* ECON Handel *m,* Warenaustausch *m*

③ (*communication, rapport*) ~**s culturels** Kulturaustausch; ~**s scolaires** Schüleraustausch
▸ vifs ~s heftiger Wortwechsel
◆ ~ **de coups** Handgreiflichkeiten *Pl;* ~ **de coups de feu** Schusswechsel *m;* ~ **de lettres** Briefwechsel *m;* ~ **de politesses** Austausch *m* von Höflichkeiten

échangeable [eʃɑ̃ʒabl] *adj* austauschbar; *vêtement* umtauschbar

échanger [eʃɑ̃ʒe] <2a> *vt* austauschen *adresses, idées;* wechseln *anneaux, regards;* tauschen *timbres, maillots;* ~ **qc avec qn contre qc** etw mit jdm gegen etw tauschen; ~ **des cadeaux** einander beschenken; ~ **une marchandise** eine Ware umtauschen; ~ **des sourires** einander zulächeln

échangeur [eʃɑ̃ʒœʀ] *m* Kreuzung *f* (*auf mehreren Ebenen*), Autobahnkreuz *nt*
◆ ~ **de chaleur** Wärmetauscher *m*

échangisme [eʃɑ̃ʒism] *m* Partnertausch *m*

échanson [eʃɑ̃sɔ̃] *m* HIST *a. fig* Mundschenk *m*

échantillon [eʃɑ̃tijɔ̃] *m* ① COM [Waren]probe *f,* [Waren]muster *nt;* ~ **gratuit** kostenlose Probe; **commander/acheter/vendre sur** ~ nach Muster bestellen/kaufen/verkaufen
② STATIST Stichprobe *f;* ~ **représentatif** repräsentative Auswahl
▸ **donner un** ~ **de son talent** eine Kostprobe seines Könnens geben

échantillonner [eʃɑ̃tijɔne] <1> *vt* ① COM (*prélever des échantillons*) als Muster entnehmen *article*
② STATIST repräsentativ auswählen *population*
③ INFORM ~ **qc** von etw Momentwerte bilden

échappatoire [eʃapatwaʀ] *f* (*subterfuge*) Ausflucht *f;* (*issue*) Ausweg *m*

échappé(e) [eʃape] *m(f)* ① SPORT Ausreißer(in) *m(f)*
② (*évadé*) ~ **de prison** entflohener Häftling

échappée [eʃape] *f* ① SPORT Ausreißversuch *m;* **faire une** ~ **de deux/cinq/dix kilomètres** sich zwei/fünf/zehn Kilometer vom Hauptfeld absetzen
② (*vue*) Durchblick *m*
③ ART Lichtstreifen *m*

échappement [eʃapmɑ̃] *m* ① (*gaz*) Abgas *nt;* ~ **de gaz** Ausströmen *nt* von Gas; ~ **libre** freie Abgasemission
② (*mécanisme régulateur d'horlogerie*) Unruh *f*

échapper [eʃape] <1> **I.** *vt* CAN fallen lassen *colis, verre;* nicht [mehr] halten können *poisson, cheval*
II. *vi* ① (*s'enfuir*) ~ **à qn** jdm entkommen; ~ **à un danger** einer Gefahr (*Dat*) entgehen [*o* entrinnen]; **laisser** ~ **qn** jdn entkommen lassen; **faire** ~ **qn** jdm zur Flucht verhelfen
② (*se soustraire à*) ~ **à une punition** sich einer Bestrafung (*Dat*) entziehen; ~ **au contrôle** der Kontrolle (*Dat*) entgehen; ~ **à la mort** dem Tod entrinnen; ~ **aux impôts** (*par privilège*) nicht besteuert werden; (*illégalement*) sich der Steuerpflicht entziehen; ~ **aux recherches de la police** bei der polizeilichen Fahndung nicht gefasst werden; **tu n'y échapperas pas!** darum wirst du nicht herumkommen!
③ (*être oublié*) ~ **à qn** *mot, date, détail:* jdm entfallen sein
④ (*ne pas être remarqué*) ~ **à** [*o* **à l'attention de**] **qn** *détail:* jdm entgehen; **rien ne lui échappe** ihm entgeht nichts; **laisser** ~ **une faute** einen Fehler übersehen; **il n'a échappé à personne que ce nom n'a pas été cité** dass dieser Name nicht genannt wurde, ist niemandem aufgefallen
⑤ (*ne pas être compris*) **le problème échappe à qn** jd versteht das Problem nicht
⑥ (*ne pas être connu*) **l'adresse échappe à qn** die Adresse entzieht sich jds Kenntnis
⑦ (*glisser des mains*) ~ **à qn** jdm entgleiten (*geh*); **aujourd'hui tout m'échappe des mains!** heute lasse ich aber auch alles fallen!; **laisser** ~ **qc** etw fallen lassen
⑧ (*dire par inadvertance*) ~ **à qn** *gros mot, paroles:* jdm entfahren; **un cri/soupir lui a échappé** er/sie schrie/seufzte auf; **laisser** ~ **qc** etw nicht zurückhalten können
III. *vpr* ① (*s'évader*) **s'**~ **de qc** aus etw ausbrechen; *prisonnier:* aus etw entkommen [*o* ausbrechen]; *pensionnaire:* aus etw ausreißen; *souris, lapin:* aus etw entwischen; **l'oiseau s'est échappé de sa cage** der Vogel ist aus seinem Käfig entflogen
② (*s'esquiver*) **s'**~ **de qc** sich von etw wegschleichen
③ SPORT **s'**~ ausreißen; **s'**~ **du peloton** das Hauptfeld hinter sich (*Dat*) lassen
④ (*sortir*) **s'**~ **de qc** *fumée:* aus etw herausdringen; *gaz:* aus etw entweichen; *flammes:* aus etw herausschlagen; **un cri s'échappa de ses lèvres** es entfuhr ihm/ihr [plötzlich] ein Schrei

écharde [eʃaʀd] *f* [Holz]splitter *m;* **se planter une** ~ **dans le doigt** sich (*Dat*) einen Splitter in den Finger reißen

écharpe [eʃaʀp] *f* ① (*vêtement*) Schal *m;* ~ **de soie** Seidenschal
② *du député, maire* Schärpe *f;* ~ **tricolore** Schärpe in den Farben der Trikolore
③ (*bandage*) Schlinge *f*
▸ **en** ~ **prendre une voiture en** ~ ein Fahrzeug [seitlich] anfahren; **avoir** [*o* **porter**] **le bras en** ~ den Arm in der Schlinge tragen

écharper [eʃaʀpe] <1> *vt* zerstückeln; **se faire** ~ **par la foule** von der Masse zu Tode getrampelt werden; **se faire** ~ **par les critiques** von den Kritikern verrissen werden

échasse [eʃɑs] *f* ① ORN Strandreiter *m*
② (*bâton*) Stelze *f;* **monter** [*o* **marcher**] **sur des** ~**s** auf Stelzen gehen

échassier [eʃɑsje] *m* ORN Stelzvogel *m*

échauder [eʃode] <1> *vt* ① (*ébouillanter*) heiß ausspülen *théière;* überbrühen *tomates;* abbrühen *volaille*
② *fig* **se faire** ~ sich hereinlegen lassen (*fam*)
▸ **chat échaudé craint l'eau froide** *prov* gebranntes Kind scheut das Feuer (*prov*)

échauffant(e) [eʃofɑ̃, ɑ̃t] *adj* (*constipant*) stopfend

échauffement [eʃofmɑ̃] *m* ① *de l'atmosphère, du sol* Erwärmung *f; du moteur* Heißlaufen *nt*
② SPORT Aufwärmen *nt*

échauffer [eʃofe] <1> **I.** *vt* ① (*réchauffer*) erwärmen; aufwärmen *coureur;* **ce long trajet avait échauffé le moteur** bei dieser langen Fahrt war der Motor heißgelaufen
② (*exciter*) erhitzen; beflügeln *imagination;* ~ **les esprits** die Gemüter erhitzen
II. *vpr* **s'**~ ① SPORT sich aufwärmen
② (*s'énerver*) sich erhitzen, sich erregen

échauffourée [eʃofuʀe] *f* ① (*bagarre*) Schlägerei *f;* **être pris(e) dans une** ~ in eine Schlägerei geraten [*o* verwickelt werden]
② MIL Scharmützel *nt*

échauguette [eʃogɛt] *f* Warte *f*

échéance [eʃeɑ̃s] *f* ① (*date limite*) Fälligkeit *f; d'un bon* Verfall[s]tag *m;* (*fin du délai*) Terminablauf *m;* **proroger** [*o* **reporter**] **l'**~ die Fälligkeit aufschieben; **à** [**l'**]~ bei Fälligkeit
② (*délai*) Fälligkeitsfrist *f*
③ JUR, ECON (*règlement*) fällige Zahlung; ~ **de fin de mois** am Monatsende fällige Zahlungsverpflichtung, Ultimofälligkeit *f* (*Fachspr.*)
▸ **à brève** [*o* **courte**] ~ kurzfristig; ~ **politique** politischer Entscheidungstag

échéancier [eʃeɑ̃sje] *m* Fälligkeitsverzeichnis *nt*

échéant(e) [eʃeɑ̃, ɑ̃t] *adj annuité, traite* fällig [werdend]

échec[1] [eʃɛk] *m de négociations* Scheitern *nt; de recherches* Erfolglosigkeit *f; d'un spectacle* Misserfolg *m;* ~ **scolaire** Schulversagen *nt;* **il n'admet pas son** ~ **à l'examen** er gibt nicht zu durch die Prüfung gefallen zu sein
▸ **courir à l'**~, **aller au devant de l'échec** keine Aussicht auf Erfolg haben, zum Scheitern verurteilt sein; **faire** ~ **à qc** etw vereiteln

E

échec² [eʃɛk] *m pl (jeu)* Schach *nt;* **jeu d'~s** Schachspiel *nt;* **jouer aux ~s** Schach spielen
▸ **être ~ et mat** schachmatt sein; **être en ~** im Schach stehen; **faire ~ et mat** sich selbst schachmatt setzen

échelle [eʃɛl] *f* ❶ Leiter *f;* **la grande ~ des pompiers** die Feuerwehrleiter; **~ coulissante** Schiebeleiter; **~ double** Stehleiter; **~ pliante** Klappleiter
❷ *(proportion, rapport)* Maßstab *m;* **à l'~ de 1:100 000** im Maßstab 1:100 000 *oral:* eins zu hunderttausend; **à l'~ de l'enfant** kindgemäß; **à l'~ humaine** [*o* **de l'homme**] nach menschlichen Maßstäben [*o* dem Menschen angemessen]; **à l'~ nationale/communale, à l'~ de la nation/commune** auf nationaler/kommunaler Ebene
❸ *(maille filée)* Laufmasche *f*
❹ *(hiérarchie) de la hiérarchie* Stufenleiter *f;* **~ des salaires/traitements/valeurs** Lohn-/Besoldungs-/Wertskala *f*
❺ MUS **~ des sons** Tonleiter *f*
❻ *(graduation)* **~ thermométrique** Thermometerskala *f*
▸ **être en haut** [*o* **au sommet**]/**en bas de l'~** ganz oben/unten stehen; **être parvenu(e) au sommet de l'~** [**sociale**] zu den oberen Zehntausend gehören; **la courte ~** die Räuberleiter *(fam);* **sur une grande ~** in großem Umfang; **prendre des mesures sur une grande ~** flächendeckende [*o* umfassende] Maßnahmen ergreifen
◆ **~ de corde** Strickleiter *f;* **~ de coupée** NAUT Fallreep *nt;* **~ d'incendie** Feuerleiter *f;* **~ de Richter** Richter-Skala *f;* **~ de sauvetage** Rettungsleiter *f;* **~ des températures** Temperaturskala *f*

échelon [eʃlɔ̃] *m* ❶ *(barreau)* Sprosse *f*
❷ ADMIN *de la hiérarchie* Stufe *f,* Ebene *f;* **passer par tous les ~s administratifs** alle Dienstränge durchlaufen; **être au premier/dernier ~** auf der niedrigsten/höchsten Lohnstufe stehen; **avancer** [*o* **monter**] **d'un ~ dans la hiérarchie** in einen höheren Dienstrang aufsteigen; **descendre d'un ~ dans la hiérarchie** zurückgestuft werden; **gravir** [*o* **grimper**] **un ~** beruflich aufsteigen; **à l'~ communal/national/régional** auf kommunaler/nationaler/regionaler Ebene; **à l'~ départemental** auf Regierungsbezirksebene; **à l'~ de l'administration/du gouvernement** auf Verwaltungs-/Regierungsebene

échelonnement [eʃ(ə)lɔnmɑ̃] *m* ❶ MIL Staff[e]lung *f*
❷ *(étalement)* Verteilung *f;* **~ du travail** Arbeitsverteilung

échelonner [eʃ(ə)lɔne] <1> **I.** *vt* ❶ *(étaler)* [gleichmäßig] verteilen *paiements;* **~ des livraisons** sukzessive liefern; **~ ses versements** in Raten zahlen
❷ *(graduer)* staffeln *salaires;* allmählich steigern *difficultés*
❸ *(disposer à intervalles réguliers)* in gleichem Abstand aufstellen
II. *vpr* **s'~** in gleichem Abstand aufgestellt sein

écheniller [eʃ(ə)nije] <1> *vt* ❶ *(débarrasser des chenilles)* von Raupen [*o* Schädlingen] befreien *arbre*
❷ *fig* vom Unwesentlichen befreien *récit*

écheveau [eʃ(ə)vo] <x> *m de soie* Docke *f; de laine* Strang *m,* Docke *f*
▸ **démêler l'~ de qc** etw entwirren; **démêler l'~ d'une situation** Klarheit in eine verzwickte Situation bringen

échevelé(e) [eʃəv(ə)le] *adj* ❶ *(décoiffé) personne* zerzaust
❷ *(effréné) rythme* wild; *danse* ausgelassen

échevin [eʃ(ə)vɛ̃] *m* ❶ BELG *(adjoint au maire)* Beigeordneter *m*
❷ CAN *(conseiller municipal)* Gemeinderat *m*

échevinal(e) [eʃ(ə)vinal, o] <-aux> *adj* BELG *(communal)* Gemeinde-

échine [eʃin] *f* ❶ *(colonne vertébrale)* Wirbelsäule *f;* **~ dorsale** Rückgrat *nt*
❷ GASTR Schweinekamm *m*
▸ **avoir l'~ souple** kein Rückgrat haben; **courber** [*o* **plier**] **l'~ devant qn/qc** vor jdm/etw [katz]buckeln *(fam)*

échiner [eʃine] <1> *vpr* **s'~ à qc** sich bei etw abschinden; **s'~ à faire qc** sich abmühen etw zu tun

échinodermes [ekinɔdɛʀm] *mpl* ZOOL Echinoderme *m meist Pl*

échiquier [eʃikje] *m* ❶ ECHECS Schachbrett *nt*
❷ FIN, ADMIN **l'Échiquier britannique** das britische Schatzamt
❸ *fig* **sur l'~ européen** im europäischen Kräftespiel; **l'~ politique** die politische Szene

écho [eko] *m* ❶ *(réflexion sonore) d'une montagne* Echo *nt;* **ça fait** [**de l'**] **~** es hallt wider
❷ PRESSE *(rubrique)* Klatschspalte *f;* **les ~s** die Lokalseite
❸ *(effet)* Echo *nt;* **rester sans ~** keine Resonanz finden
▸ **avoir eu des ~s de qc** von etw [schon] gehört haben; **j'en ai eu quelques ~s** das ist mir schon zu Ohren gekommen; **à tous les ~s** überall

échographie [ekɔgʀafi] *f* Ultraschalluntersuchung *f;* **passer une ~** sich einer Ultraschalluntersuchung unterziehen

échographique [ekogʀafik] *adj* MED *examen* Ultraschall-

échoir [eʃwaʀ] <irr> *vi + être* ❶ *(être dû) dettes:* fällig werden/sein; *délai:* ablaufen; **à terme échu** nach Ablauf der Frist; **~ tous les 1ers du mois** an jedem Monatsersten fällig sein
❷ *(revenir)* **~ à qn** jdm zufallen; **~ en partage à qn** jdm anteilsmäßig zufallen; **il échoit à cet élève de faire qc** es fällt diesem Schüler zu etw zu tun

échoppe [eʃɔp] *f* [Verkaufs]bude *f*

écho-sondeur [ekosɔ̃dœʀ] <écho-sondeurs> *m* Echolot *nt*

échotier, -ière [ekɔtje, -jɛʀ] *m, f* Klatschkolumnist(in) *m(f)*

échouage [eʃuaʒ] *m d'un navire* Strandung *f*

échouer [eʃwe] <1> **I.** *vi* ❶ *(rater)* scheitern; **~ à l'examen** die Prüfung nicht bestehen; **faire ~ qc** etw vereiteln
❷ NAUT *bateau:* auf Grund laufen, stranden; **~ sur qc** auf etw *(Akk)* auflaufen
❸ *(se retrouver)* **~ chez qn/dans qc** bei jdm/in etw *(Dat)* landen *(fam)*
II. *vt* NAUT auf Grund laufen [*o* auflaufen] lassen
III. *vpr* **s'~** auf Grund laufen; **s'~ dans la vase** im Schlick [*o* Schlamm] stecken bleiben

échu(e) [eʃy] *part passé de* **échoir**

écimage [esimaʒ] *m d'un arbre* Kappen *nt*

écimer [esime] <1> *vt* kappen *arbre, plante*

éclaboussement [eklabusmɑ̃] *m* [Be]spritzen *nt*

éclabousser [eklabuse] <1> *vt* ❶ *(asperger)* bespritzen
❷ *(écraser)* **~ qn de sa richesse** jdn mit seinem Reichtum übertrumpfen
❸ *(rejaillir sur)* **~ qn** jds guten Namen in den Schmutz ziehen

éclaboussure [eklabusyʀ] *f* ❶ *(giclement)* Spritzer *m;* **recevoir des ~s** angespritzt werden; **~ de sang/vin** Blut-/Weinspritzer
❷ *(contrecoup) d'un scandale* negative Auswirkung; **sa réputation a reçu quelques ~s** sein/ihr Ruf hat gelitten

éclair [eklɛʀ] **I.** *m* ❶ METEO Blitz *m;* **~ de chaleur** Wetterleuchten *nt*
❷ PHOT [Licht]blitz *m*
❸ GASTR Eclair *m;* **un ~ au café** ein Mokkaeclair
❹ *(bref moment)* **~ de bon sens** [*o* **de génie**] [*o* **d'intelligence**] Geistesblitz *m;* **~ de lucidité** lichter Moment [*o* Augenblick]; **dans un ~ de colère** in einem Wutanfall
▸ **jeter des ~s** *cristal:* glitzern; **en un ~ faire qc en un ~** etw in Sekundenschnelle tun; **moi, je te fais ça en un ~** bei mir geht das blitzschnell
II. *app inv* **attaque/guerre ~** Blitzangriff *m*/-krieg *m;* **visite ~** Kurzbesuch *m;* **voyage ~** kurze Reise

éclairage [eklɛʀaʒ] *m* ❶ Beleuchtung *f;* **~ électrique** elektrisches Licht; **~ au gaz/néon** Gas-/Neonlicht *nt;* **~ direct/indirect/artificiel** direkte/indirekte/künstliche Beleuchtung; **~ d'ambiance**[*o* **tamisé**] gedämpfte Beleuchtung
❷ *fig* **apparaître sous un tout autre ~** in einem ganz anderen Licht erscheinen; **sous cet ~** so betrachtet

éclairagiste [eklɛʀaʒist] *mf* CINE, THEAT Beleuchter(in) *m(f)*

éclairant(e) [eklɛʀɑ̃, ɑ̃t] *adj* **gaz ~** Leuchtgas *nt;* **fusée ~e** Leuchtrakete *f;* **pouvoir ~** Leuchtkraft *f*

éclaircie [eklɛʀsi] *f* ❶ METEO [kurze] Aufheiterung
❷ HORT Durchforsten *nt,* Lichten *nt,* Ausholzen *nt;* **avoir bien besoin d'une ~** dringend durchforstet [*o* gelichtet] [*o* ausgeholzt] werden müssen
❸ *fig* Lichtblick *m;* **enfin une ~ s'annonçait** endlich zeichnete sich ein Silberstreif am Horizont ab

éclaircir [eklɛʀsiʀ] <8> **I.** *vt* ❶ (*rendre clair*) aufhellen; frisch machen *teint*
❷ (*rendre moins dense*) ausdünnen *barbe;* lichten, durchforsten, ausholzen *forêt;* vereinzeln, verziehen *semis;* lichten *rangs;* strecken *sauce*
❸ (*élucider*) klären *situation;* aufdecken *meurtre;* lösen *énigme;* **~ une affaire** Licht in eine Sache bringen; **ça nous éclaircira les idées** [*o* **l'esprit**] das wird uns einen klaren Kopf verschaffen
II. *vpr* ❶ (*se dégager*) **s'~** *ciel, temps:* aufklaren
❷ (*rendre plus distinct*) **s'~ la gorge** [*o* **voix**] sich räuspern
❸ (*se raréfier*) **s'~** *arbres:* sich lichten; *cheveux:* schütter werden, sich lichten
❹ (*devenir compréhensible*) **s'~** *idée:* klarer werden; *mystère:* sich aufklären

éclaircissement [eklɛʀsismɑ̃] *m d'une situation* Klärung *f; d'un mystère* Aufklärung *f; d'un malentendu* Beseitigung *f,* Klärung *f; des soupçons* Beseitigung *f; d'un point de vue* Erläuterung *f*

éclairé(e) [ekleʀe] *adj* (*averti*) aufgeklärt; **agir en esprit ~** sich aufgeschlossen geben

éclairement [eklɛʀmɑ̃] *m* ❶ PHYS Beleuchtungsstärke *f; de la lune* Bestrahlung *f*
❷ *littér* (*illumination*) Erleuchtung *f*

éclairer [ekleʀe] <1> **I.** *vt* ❶ (*fournir de la lumière*) erhellen; **~ qn** jdm leuchten
❷ (*laisser passer la lumière du jour*) erhellen
❸ (*donner de la luminosité*) heller erscheinen lassen
❹ (*expliquer*) erläutern *texte;* klären *situation*
❺ (*instruire*) **~ un collègue sur** [*o* **au sujet de**] **qn/qc** einen Kollegen über jdn/etw aufklären; **me voilà éclairé(e) à ton sujet!** jetzt weiß ich über dich Bescheid!
II. *vi* leuchten; **~ bien/mal/peu/beaucoup** gutes/schlechtes/wenig/viel Licht geben
III. *vpr* ❶ (*se fournir de la lumière*) **s'~ à l'électricité/au gaz** elektrisches Licht/Gaslicht haben; **s'~ avec une lampe de poche** sich (*Dat*) mit einer Taschenlampe Licht machen
❷ (*devenir lumineux*) **s'~** *visage:* sich aufhellen
❸ (*se clarifier*) **s'~** *situation:* sich klären; **maintenant, je comprends, tout s'éclaire!** jetzt wird [mir] alles klar!

éclaireur, -euse [eklɛʀœʀ, -øz] **I.** *m, f* ❶ MIL Aufklärer(in) *m(f)*
❷ (*scout*) Pfadfinder(in) *m(f)*
II. *app* **avion ~** Aufklärer *m*

éclat [ekla] *m* ❶ (*fragment*) Splitter *m*
❷ (*bruit*) **~ de rire** lautes Auflachen; **~ de joie** Freudenausbruch *m;* **partir d'un ~ de rire** in schallendes Gelächter ausbrechen
❸ (*scandale*) Eklat *m;* **faire un ~** einen Eklat verursachen
❹ (*luminosité*) *d'un métal* Glanz *m; d'un astre* heller Schein; *des phares* greller Schein; *d'une couleur* Leuchtkraft *f; d'un diamant* Feuer *nt; de la neige* Glitzern *nt*
❺ (*rayonnement*) *de la jeunesse* Glanz *m; des yeux* Leuchten *nt;* **fasciner par l'~ de sa beauté** durch ihre/seine strahlende Schönheit faszinieren
❻ (*splendeur, magnificence*) Glanz *m; d'une cérémonie* Pracht *f; d'un personnage* Ausstrahlung[skraft] *f; d'un nom* Klang *m; d'un titre* Ansehen *nt*
► **rire aux ~s** schallend lachen; **voler** [*o* **partir**] **en ~s** zersplittern; **faire voler qc en ~s** etw zerschmettern

éclatant(e) [eklatɑ̃, ɑ̃t] *adj* ❶ (*fort*) laut; *son* durchdringend; *musique* schmetternd
❷ (*vif*) strahlend; *feu* lodernd; **la blancheur ~e du linge** das strahlende Weiß der Wäsche
❸ (*radieux*) *beauté* strahlend; *teint* frisch; *santé* blühend; **jouir d'une santé ~e** sich bester Gesundheit erfreuen
❹ (*remarquable*) *exemple* eklatant; *mensonge* krass; *succès* durchschlagend; *victoire* glänzend; *mérite* hervorragend; *revanche* erfolgreich; *vérité* offenkundig

éclatement [eklatmɑ̃] *m* ❶ (*explosion*) Explosion *f*
❷ (*crevaison*) Platzen *nt*
❸ *fig d'un parti* Zersplitterung *f*

éclater [eklate] <1> **I.** *vi* ❶ (*exploser*) *bombe:* explodieren; (*déborder*) *tête:* platzen (*fam*), bersten (*geh*); **~ de santé** vor Gesundheit strotzen; **faire ~ qc** etw zum Explodieren bringen
❷ (*crever*) *pneu:* platzen; *châtaigne:* aufplatzen
❸ (*se fragmenter*) *structure:* auseinander brechen; *pierre, verre:* zerspringen; **faire ~ la coalition** zum Bruch der Koalition führen; **faire ~ les roches** das Gestein sprengen
❹ (*s'ouvrir*) *bourgeon:* aufbrechen
❺ (*commencer*) *épidémie:* ausbrechen; *orage:* losbrechen
❻ (*survenir brusquement*) *nouvelle:* wie eine Bombe einschlagen; **le scandale a éclaté** es kam zu einem Skandal
❼ (*retentir*) *cris, rires:* erschallen; **~ de rire** in lautes Gelächter ausbrechen; *coup de feu, détonation:* krachen; *fanfare:* losschmettern; *applaudissements:* losbrechen; **un coup de tonnerre éclata** es gab einen plötzlichen Donnerschlag
❽ (*se manifester*) **~ dans les yeux** [*o* **sur le visage**] **de qn** *bonne foi, mauvaise foi:* jdm im Gesicht geschrieben stehen; **la joie éclate dans leurs yeux** sie [*o* ihre Augen] strahlen vor Freude; **~ en pleurs** in Tränen ausbrechen; **faire ~ la vérité** die Wahrheit ans Licht bringen; **faire ~ un scandale** einen Skandal auslösen; **laisser ~ sa colère** seiner Wut (*Dat*) freien Lauf lassen
❾ (*s'emporter*) **qn éclate** jdm platzt der Kragen (*fam*); **faire ~ qn** jdn zur Weißglut bringen; **~ de colère/rage** vor Wut (*Dat*) platzen (*fam*); **~ en menaces** Drohungen ausstoßen; **~ en reproches** sich in Vorhaltungen (*Dat*) ergehen
II. *vpr fam* (*se défouler*) **s'~** sich prima amüsieren (*fam*); **qn s'éclate à faire** [*o* **en faisant**] **qc** jdm macht es einen Mordsspaß etw zu tun (*fam*); **il s'éclate dans son boulot** seine Arbeit macht ihm riesigen Spaß (*fam*)

éclectique [eklɛktik] *adj* eklektisch

éclectisme [eklɛktism] *m* Eklektizismus *m;* **faire preuve d'~ dans qc** sich bei etw als Eklektiker erweisen

éclipse [eklips] *f* Finsternis *f;* **~ de lune/soleil** Mond-/Sonnenfinsternis; **~ partielle/totale** partielle/totale Finsternis
► **à ~s phare à ~s** Blinkfeuer *nt;* **avoir une mémoire à ~s** immer wieder Gedächtnislücken haben

éclipser [eklipse] <1> **I.** *vt* ❶ ASTRON verfinstern, verdunkeln
❷ (*surpasser*) in den Hintergrund drängen; *gloire:* überstrahlen; **~ qn par qc** jdn durch etw in den Schatten stellen; **se faire ~ par qn** von jdm in den Schatten gestellt werden; **se laisser ~ par qn** sich von jdm ausstechen lassen
II. *vpr* **s'~** verschwinden (*fam*), sich verdrücken (*fam*)

écliptique [ekliptik] **I.** *adj vieilli* ekliptisch
II. *m* Ekliptik *f*

éclopé(e) [eklɔpe] **I.** *adj* ❶ (*boiteux*) *personne* gehbehindert; *animal* lahm; **depuis l'accident il est ~** seit dem Unfall hinkt er
❷ (*blessé*) leicht verwundet; **être ~(e)** leicht verwundet sein
II. *m(f)* (*boiteux*) Gehbehinderte(r) *f(m);* (*blessé*) [Leicht]verletzte(r) *f(m)*

éclore [eklɔʀ] <*irr*> *vi* + *être* ❶ (*s'ouvrir*) *bourgeon:* aufbrechen; *fleur:* erblühen; *œuf:* aufbrechen, sich öffnen; **les œufs sont éclos** die Eier sind ausgebrütet; **être éclos(e)** *fleur:* aufgebrochen sein
❷ (*naître*) *poussin:* ausschlüpfen; *amour:* aufkeimen; *projet:* entstehen; *jour:* anbrechen; *vocation:* erwachen; *talent:* sich entfalten; **être éclos(e)** *poussin:* geschlüpft sein

éclos(e) [eklo, oz] *part passé de* **éclore**

éclosion [eklozjɔ̃] *f d'une couvée* Ausschlüpfen *nt; d'un bourgeon* Aufbrechen *nt; d'une fleur* Erblühen *nt; du jour* Anbruch *m; d'un*

E

sentiment Erwachen *nt; d'un talent* Entfaltung *f*
écluse [eklyz] *f* Schleuse *f;* ~ **à sas** Kammerschleuse
écluser [eklyze] <1> *vt* ❶ TECH regulieren *canal;* schleusen *bateau*
❷ *pop* schlucken *bières*
éclusier, -ière [eklyzje, -jɛʀ] *m, f* Schleusenwärter(in) *m(f)*
éco [eko] *adj fam abr de* **économique**
écobuer [ekɔbɥe] <1> *vt* AGR ökologisch bearbeiten *terre* (*Unkraut jäten, verbrennen und Asche ausstreuen*)
écœurant(e) [ekœʀɑ̃, ɑ̃t] *adj* ❶ (*trop sucré*) widerlich süß; (*trop gras*) widerlich fett; **cette crème est ~e** diese Creme wird einem leicht zuwider
❷ (*physiquement*) Ekel erregend; *personne* abstoßend
❸ (*moralement*) widerwärtig
❹ (*décourageant*) *combine* empörend; *facilité* unerhört; *injustice* himmelschreiend
► **en** ~ CAN (*très, beaucoup*) sehr; **elle est belle en** ~ sie ist wunderschön
écœurement [ekœʀmɑ̃] *m* ❶ (*nausée*) Übelkeit *f;* **manger jusqu'à l'**~ essen bis zum Erbrechen
❷ (*dégoût*) Ekel *m,* Widerwillen *m*
❸ (*découragement*) **ressentir un immense** ~ völlig entmutigt sein
écœurer [ekœʀe] <1> *vt, vi* ❶ (*dégoûter*) *goût:* widerlich sein; *nourriture:* widerlich schmecken; *odeur:* widerlich riechen; ~ **qn** jdn anekeln, jdn anwidern; **qn est écœuré(e) par qc** jdm ist von etw übel
❷ (*indigner*) anekeln, anwidern
❸ (*décourager*) *injustice:* empören; *déception:* entmutigen; *personne:* entmutigen
écolage [ekɔlaʒ] *m* CH (*frais de scolarité*) Schulgeld *nt*
école [ekɔl] *f* ❶ (*établissement*) Schule *f;* ~ **cantonale** CH Kantonsschule (CH); ~ **commmerciale** Handelsschule; ~ **communale** Gemeindeschule; ~ **confessionnelle** kirchliche Schule; **grandes** ~**s** Elite-Hochschulen *Pl;* ~ **hôtelière** Hotelfachschule; ~ **laïque** weltliche Schule; ~ **libre** Privatschule; ~ **maternelle** Kindergarten *m;* ~ **militaire** Militärakademie *f;* ~ **mixte** gemischte Schule; **École nationale d'administration** *staatliche Verwaltungshochschule;* ~ **normale d'instituteurs** Pädagogische Hochschule; **École normale supérieure** *Elitehochschule zur Ausbildung von Lehrern an höheren Schulen;* **École polytechnique** *Elitehochschule zur Ausbildung von Ingenieuren* [*in Paris*]; ~ **primaire** Grundschule; ~ **privée** Privatschule; ~ **professionnelle** Berufsschule; ~ **publique** öffentliche Schule; ~ **secondaire** höhere Schule; (*en Suisse*) Sekundarschule (CH); ~ **technique** Berufsfachschule, Gewerbeschule; **aller à l'**~ zur [*o* in die] Schule gehen; **renvoyer qn de l'**~ jdn von der Schule [ver]weisen; **retirer qn de l'**~ jdn von der Schule nehmen
❷ (*enseignement*) Unterricht *m;* **manquer l'**~ (*involontairement*) den Unterricht versäumen; (*volontairement*) dem Unterricht fernbleiben; **sécher l'**~ *fam* [die Schule] schwänzen (*fam*)
❸ (*système scolaire*) Schulsystem *m;* **entrer à l'**~ in die Schule kommen; **mettre qn à l'**~ jdn einschulen
❹ ART, LITTER Schule *f*
► **faire l'**~ **buissonnière** *écolier:* schwänzen; *salarié:* blau machen; **avoir été à dure** [*o* **rude**] ~ durch eine harte Schule gegangen sein
◆ ~ **pour adultes** ≈ Volkshochschule *f;* ~ **d'apprentissage** Berufsschule *f;* ~ **des Beaux-Arts** Kunstakademie *f;* ~ **de danse** Ballettschule *f;* ~ **de dessin** Kunsthochschule *f;* ~ **de filles** Mädchenschule *f;* ~ **de garçons** Knabenschule *f;* ~ **de pensée** Lehrmeinung *f;* ~ **du soir** Abendschule *f;* ~ **de la vie** Schule *f* des Lebens
écolier, -ière [ekɔlje, -jɛʀ] *m, f* Schüler(in) *m(f)*
écolo [ekɔlo] **I.** *m, f fam abr de* **écologiste** Umweltschützer(in) *m(f)*
II. *adj fam abr de* **écologique** ökologisch; *pratique* umweltbewusst; **parti** ~ grüne Partei, Ökopartei *f* (*fam*); **mouvement** ~ Umweltbewegung *f;* **groupe** ~ Umweltschutzgruppe *f;* **être** ~ grün sein
écologie [ekɔlɔʒi] *f* Ökologie *f;* **les partisans de l'**~ die Umweltschützer
écologique [ekɔlɔʒik] *adj exigence* ökologisch; *solution* umweltfreundlich; *société* umweltbewusst; **catastrophe** ~ Umweltkatastrophe *f;* **science** ~ Ökologie *f*
écologiste [ekɔlɔʒist] **I.** *m, f* ❶ (*ami de la nature*) Umweltschützer(in) *m(f)*
❷ POL Grüne(r) *f(m)*
❸ (*spécialiste de l'écologie*) Ökologe *m/*Ökologin *f*
II. *adj pratique, politique* umweltbewusst; **politique/mouvement** ~ Umweltpolitik *f/*-bewegung *f;* **parti** ~ grüne Partei, Ökopartei (*fam*); **groupe** ~ Umweltschutzgruppe *f;* **être** ~ grün sein
écologue [ekolɔg] *mf* Ökologe *m/*Ökologin *f*
e-commerce [ikɔmɛʀs] *m* E-Commerce *m*
écomusée [ekomyze] *m* Freilichtmuseum *nt*
éconduire [ekɔ̃dɥiʀ] *<irr> vt soutenu* ❶ (*renvoyer*) hinauskomplimentieren
❷ (*repousser*) abweisen
économat [ekɔnɔma] *m* ❶ (*intendance*) Verwaltung *f*
❷ (*magasin d'entreprise*) betriebseigene Verkaufsstelle
économe [ekɔnɔm] **I.** *adj* **être** ~ **de qc** sparsam mit etw sein [*o* umgehen]; **être** ~ **de son temps** *péj* mit seiner Zeit geizen
II. *mf* Verwalter(in) *m(f)*
économétrie [ekɔnɔmetʀi] *f* Wirtschaftsmathematik *f*
économie [ekɔnɔmi] *f* ❶ (*vie économique*) Wirtschaft *f;* ~ **capitaliste** kapitalistische Wirtschaft; ~ **collectiviste** Kollektivwirtschaft; ~ **concertée** abgestimmte Marktwirtschaft; ~ **dirigée** Planwirtschaft; ~ **domestique/étatique** Haus-/Staatswirtschaft; ~ **fermée** geschlossene Wirtschaft; ~ **internationale** Weltwirtschaft; ~ **libérale** freie Marktwirtschaft; ~ **mixte** gemischtwirtschaftliches System; ~ **planifiée** Planwirtschaft, staatlich gelenkte Wirtschaft; (*système très rigoureux*) Zwangswirtschaft; ~ **politique** [*o* **publique**] Volkswirtschaft; ~ **privée** Privatwirtschaft; ~ **sociale de marché** soziale Marktwirtschaft; **relancer l'**~ die Wirtschaft ankurbeln
❷ (*science*) Wirtschaftswissenschaften *Pl;* ~ **politique** Volkswirtschaftslehre *f*
❸ (*gain*) Gewinn *m*
❹ *pl* (*épargne*) Ersparnisse *Pl*
❺ *littér* (*organisation*) *du corps humain, d'une œuvre* Ökonomie *f,* zweckmäßiger Aufbau
► **il n'y a pas de petites** ~**s** wer den Pfennig nicht ehrt, ist des Talers nicht wert (*prov*); **manger ses** ~**s** seine Ersparnisse aufbrauchen
◆ ~ **d'échange** Tauschwirtschaft *f;* ~ **de libre entreprise** Unternehmerwirtschaft *f;* ~ **de marché** [freie] Marktwirtschaft; ~ **de troc** Tauschwirtschaft *f*
économique [ekɔnɔmik] *adj* ❶ (*bon marché*) *chauffage* sparsam [im Verbrauch]; *vacances* preiswert; *procédé* ökonomisch; *mesure* Kosten sparend; **classe** ~ Economyklasse *f*
❷ (*qui a rapport à l'économie*) wirtschaftlich; *licenciement* betriebsbedingt; **crise** ~ Wirtschaftskrise *f;* **lois** ~**s** ökonomische Gesetze; **sciences** ~**s** Wirtschaftswissenschaften *Pl;* **de nature** ~ *données* wirtschaftsbezogen
économiquement [ekɔnɔmikmɑ̃] *adv* ❶ (*en dépensant peu*) sparsam
❷ (*du point de vue économique*) wirtschaftlich gesehen
économiser [ekɔnɔmize] <1> *vt, vi* ❶ (*épargner*) sparen; ~ **sur qc** an etw (*Dat*) sparen
❷ (*utiliser en moins*) einsparen
❸ (*ménager*) ~ **qc** mit etw haushalten
économiseur [ekɔnɔmizœʀ] *m* TECH Economiser *m*
◆ ~ **d'écran** Bildschirmschoner *m*

économiste [ekɔnɔmist] *mf* Wirtschaftsexperte *m*/-expertin *f*
écope [ekɔp] *f* Schöpfeimer *m*
écoper [ekɔpe] <1> **I.** *vt* ❶ NAUT ~ **l'eau** das Wasser ausschöpfen
❷ *fam* (*subir*) abbekommen *coup;* aufgebrummt bekommen *peine* [*de prison*]
II. *vi* ❶ NAUT das Wasser ausschöpfen
❷ *fam* (*être puni*) die Suppe auslöffeln müssen (*fam*)
écoproduit [ekɔpʀodɥi] *m* Ökoprodukt *nt*
écorce [ekɔʀs] *f* ❶ BIO *d'un arbre* Rinde *f; d'un fruit* Schale *f*
❷ ANAT ~ **cérébrale** Großhirnrinde *f*
❸ GEOL ~ **terrestre** Erdrinde *f*, Erdkruste *f*
écorcer [ekɔʀse] <2> *vt* schälen *fruit;* entrinden *arbre*
écorchage [ekɔʀʃaʒ] *f* [Ab]häuten *nt*, Enthäuten *nt*
écorché(e) [ekɔʀʃe] *m(f)* ▸ **être un ~ vif/une ~e vive** überempfindlich sein
écorcher [ekɔʀʃe] <1> **I.** *vt* ❶ (*dépecer*) ~ **un animal** einem Tier die Haut abziehen; ~ **un lapin** einem Hasen das Fell abziehen, einen Hasen abbalgen (*Fachspr.*)
❷ (*égratigner*) **être écorché(e)** *genou:* aufgeschürft sein; *peau:* aufgeschürft [*o* abgeschürft] sein; *visage:* zerkratzt sein
❸ (*faire mal*) ~ **les oreilles** in den Ohren weh tun
❹ (*érafler*) zerschrammen
❺ (*déformer*) falsch aussprechen *nom;* entstellen *vérité;* ~ **le français** sehr schlecht Französisch sprechen
❻ (*flouer*) ausnehmen (*fam*) *touriste;* **se faire ~ par qn** von jdm ausgenommen werden (*fam*)
II. *vpr* (*s'égratigner*) **s'~** sich (*Dat*) die Haut abschürfen [*o* aufschürfen]; **s'~ qc** sich (*Dat*) etw zerkratzen
écorchure [ekɔʀʃyʀ] *f* Hautabschürfung *f*
écorner [ekɔʀne] <1> *vt* ❶ (*endommager un angle*) ~ **un livre** Eselsohren in ein Buch (*Akk*) machen; ~ **un meuble** an einem Möbelstück die Ecken abstoßen [*o* abschlagen]
❷ (*entamer*) angreifen *patrimoine;* anbrechen *provisions;* **être bien écorné(e)** *provisions:* sehr geschrumpft sein
écossais [ekɔsɛ] *m* **l'~** Schottisch *nt*, das Schottische; *v. a.* **allemand**
écossais(e) [ekɔsɛ, ɛz] *adj* schottisch; **jupe ~e** Schottenrock *m;* **tissu ~** Schotten *m*
Écossais(e) [ekɔsɛ, ɛz] *m(f)* Schotte *m*/Schottin *f*
Écosse [ekɔs] *f* **l'~** Schottland *nt*
écosser [ekɔse] <1> *vt* aushülsen, enthülsen
écosystème [ekosistɛm] *m* Ökosystem *nt*
écot [eko] *m* Anteil *m* [an der Zeche]; **payer son ~** seinen Anteil [an der Zeche] [be]zahlen
écotaxe [ekɔtaks] *f* Ökosteuer *f*
écotourisme [ekɔtuʀism] *m* Ökotourismus *m*
écoulement [ekulmɑ̃] *m* ❶ (*évacuation*) *d'un liquide* Abfluss *m*, Ablaufen *nt*
❷ PHYSIOL *des liquides organiques* Ausscheidung *f;* ~ **de sang** Blutung *f*
❸ (*mouvement*) *de la foule* [Hin]ausströmen *nt; du temps* Verrinnen *nt* (*geh*), Verstreichen *nt* (*geh*); ~ **du trafic** Verkehrsfluss *m*
❹ COM *des stocks, produits* Absatz *m;* (*distribution*) Vertrieb *m*
écouler [ekule] <1> **I.** *vt* ❶ COM absetzen *marchandises*
❷ (*mettre en circulation*) in Umlauf bringen *faux billets*
II. *vpr* **s'~** ❶ (*s'épancher*) *liquide:* ablaufen; *liquide organique:* sich absondern, austreten; **s'~ dans/de qc** in etw (*Akk*)/aus etw fließen
❷ (*passer*) *temps:* vergehen; **il s'est écoulé trois jours** drei Tage sind vergangen
❸ (*disparaître*) *fonds:* schwinden; (*se résorber*) *foule:* sich verlaufen; *trafic:* abfließen
❹ (*se vendre*) *marchandises:* Absatz finden; **s'~ difficilement** sich schwer verkaufen lassen
écourter [ekuʀte] <1> *vt* ❶ (*raccourcir*) kürzen, stutzen
❷ (*abréger*) abkürzen *séjour;* verkürzen *attente;* kurz machen (*fam*) *adieux*
❸ (*tronquer*) **être écourté(e)** *citation:* verstümmelt sein
écoutant(e) [ekutɑ̃, ɑ̃t] *m(f)* [nichtkirchliche(r)] Telefonseelsorger(in) *m(f)*
écoute¹ [ekut] *f* ❶ RADIO, TV **avoir une grande ~** eine hohe Einschaltquote haben; **une émission/heure à** [*o* **de**] **grande ~** eine beliebte Sendung/günstige Sendezeit; **prendre/quitter l'~** *radio-amateur:* auf Empfang gehen/abschalten
❷ (*détection*) ~ **sous-marine** Abhören *nt* unter Wasser
❸ (*surveillance*) **~s téléphoniques** telefonische Überwachung *f;* **se servir d'~s téléphoniques** die Telefonüberwachung nutzen
▸ **être à l'~ de qn** für jdn da sein; **rester à l'~** (*radio*) dranbleiben; (*téléphone*) am Apparat bleiben; **vous êtes à l'~ de Radio Andorre** hier ist [*o* Sie hören] Radio Andorra
écoute² [ekut] *f* NAUT Schot *f*
écouter [ekute] <1> **I.** *vt* ❶ (*prêter l'oreille à qc*) zuhören; ~ **les informations** Nachrichten hören; ~ **qn chanter** jdm beim Singen zuhören; ~ **la pluie tomber** dem Regen lauschen; **faire ~ un disque à qn** jdm eine Platte vorspielen; **être très écouté(e)** *chanteur, chanson:* sehr beliebt sein, sich großer Beliebtheit erfreuen
❷ (*tenir compte de*) ~ **qn/qc** auf jdn/etw hören; **qn/qc est écouté(e)** jd/etw wird beachtet; **se faire ~ de qn** sich (*Dat*) bei jdm Gehör verschaffen
❸ (*exaucer*) erhören
❹ (*obéir*) ~ **qn** auf jdn hören; **faire ~ qn** jdm Gehorsam beibringen; **n'~ que soi-même** nicht auf andere hören
II. *vi* zuhören; **savoir ~** [gut] zuhören können; **savoir se faire ~ de** [*o* **par**] **qn** sich (*Dat*) bei jdm Gehör zu verschaffen wissen
▸ **écoute/écoutez** [**voir**]**!** hör/hört mal!
III. *vpr* (*s'observer avec complaisance*) **trop s'~** sich gehen lassen; **aimer s'~ parler** sich [selbst] gern reden hören
écouteur [ekutœʀ] *m* ❶ *du téléphone* Hörer *m*
❷ *pl* Kopfhörer *m*
écoutille [ekutij] *f* MIL, NAUT Luke *f*
écouvillon [ekuvijɔ̃] *m* ❶ (*balai à four*) Ofenbesen *m*
❷ (*petite brosse*) Flaschenbürste *f*
écrabouillage [ekʀabujaʒ] *m*, **écrabouillement** [ekʀabujmɑ̃] *m fam* Zerquetschen *nt*, Zermalmen *nt*
écrabouiller [ekʀabuje] <1> **I.** *vt fam* zerquetschen, zermalmen; **se faire ~ par qn** von jdm zusammengeschlagen werden
II. *vpr fam* **s'~ par terre** zerschmettert am Boden liegen
écran [ekʀɑ̃] *m* ❶ (*protection*) Schutz *m*, Abschirmung *f;* ~ [**mobile**] [Schutz]schirm *m;* ~ **anti-éblouissant** Blendschutz *m;* ~ **de béton d'un réacteur** Betonhülle *f* eines Reaktors; ~ **radar** Radarschirm *m*
❷ (*mur*) Schutzwand *f;* ~ **contre le bruit/antibruit** Lärmschutzwand *f*, Lärmschutzwall *m*
❸ TV Bildschirm *m;* [**petit**] ~ Fernsehen *nt;* **à l'~** im Fernsehen; **sur les ~s** auf dem Bildschirm; **passer à l'~ ce soir** heute Abend im Fernsehen sein
❹ CINE Leinwand *f;* [**grand**] ~ Kino *nt;* ~ **panoramique** Breitwand *f;* **à l'~** im Kino; **porter un roman à l'~** einen Roman verfilmen; **sur les ~s** im Kino
❺ (*moniteur*) Monitor *m; d'ordinateur* Bildschirm *m;* ~ **15 pouces** 15-Zoll-Monitor; ~ **partagé** Split-Screen *m* (*Fachspr.*); ~ **tactile** Touch-Screen *m* (*Fachspr.*); **tel ~-tel écrit** WYSIWYG
▸ **faire ~ à qn** (*gêner*) jdm die Sicht versperren; (*abriter*) jdn abschirmen; **faire ~ contre qc** Schutz vor etw (*Dat*) bieten
◆ ~ **à cristaux liquides** Flüssigkristallbildschirm *m;* ~ **à fenêtres** INFORM Bildschirm *m* mit Fenstertechnik; ~ **de fumée** MIL, NAUT Nebelwand *f;* ~ **à haute définition** INFORM hochauflösender Bildschirm; ~ **de cheminée** Kaminschirm *m;* ~ **pleine page** INFORM Ganzseitenbildschirm *m;* ~ **de projection** CINE

Bildwand *f;* ~ **de verdure** grüner Wall; ~ **de visualisation** INFORM Datensichtgerät *nt*

écrasant(e) [ekʀazɑ̃, ɑ̃t] *adj (accablant) impôt, poids, chaleur* erdrückend; *nombre, victoire* überwältigend; *défaite* vernichtend; *mépris* abgrundtief

écrasé(e) [ekʀaze] *adj nez* breit

écrasement [ekʀazmɑ̃] *m* ❶ *(action d'écraser)* Zerdrücken *nt*
❷ *(anéantissement)* Vernichtung *f; d'une révolte* Niederschlagung *f; d'un peuple* Unterdrückung *f*

écraser [ekʀaze] <1> **I.** *vt* ❶ *(broyer)* zerdrücken; pürieren *fruit, légumes;* ausdrücken *cigarette;* zerstoßen *graine;* zertrampeln *plate-bande;* **être écrasé(e) par la foule** von der [Menschen]menge erdrückt werden
❷ *(appuyer fortement sur)* ~ **la pédale d'accélérateur** das Gaspedal ganz durchtreten; ~ **une cigarette du pied** eine Zigarette austreten
❸ *(tuer) conducteur:* überfahren; *avalanche:* erdrücken; **se faire ~ par qn/qc** von jdm/etw überfahren/erdrückt werden
❹ *(accabler) douleur:* übermannen; *impôt:* erdrücken; **être écrasé(e) de travail** von Arbeit erdrückt werden
❺ *(dominer)* **il nous écrase de son luxe** er sticht uns mit seinem Luxus aus; **il nous écrase tous de son mépris** er straft uns alle mit Verachtung; ~ **qn en math** jdm in Mathematik *(Dat)* haushoch überlegen sein; ~ **qn par son savoir** jdn an Wissen überragen; **cet immeuble moderne écrase le paysage** dieser moderne Bau erdrückt die Landschaft
❻ *(vaincre)* niederschlagen *rébellion;* vernichten *ennemi;* völlig brechen *résistance;* haushoch schlagen *équipe adverse*
II. *vi fam (ne pas insister)* den Mund halten
III. *vpr* ❶ *(heurter de plein fouet)* **s'~ au** [*o* **sur le**] **sol** am Boden zerschellen; **s'~ contre un arbre** frontal gegen einen Baum prallen
❷ *(se serrer)* **s'~ dans qc** sich in etw *(Akk)* drängen [*o* hineinzwängen]; **s'~ contre le mur/sur le sol** sich flach gegen die Wand/auf den Boden drücken
❸ *fam* **s'~ devant qn** *(se taire)* in jds Gegenwart *(Dat)* den Mund halten; *(ne pas protester)* sich vor jdm klein machen *(fam)*

écraseur, -euse [ekʀazœʀ, -øz] *m fam (chauffard)* Raser(in) *m(f)*

écrémage [ekʀemaʒ] *m* ❶ *(action d'écrémer) du lait* Entrahmen *nt*
❷ *(sélection)* Ausleseprozess *m*

écrémer [ekʀeme] <5> *vt* ❶ *(dégraisser)* entrahmen; **lait écrémé/demi-écrémé** entrahmte/fettarme Milch
❷ *(prendre le meilleur)* absahnen *(fam);* ~ **une bibliothèque** die besten Bücher aus einer Bibliothek mitnehmen

écrémeuse [ekʀemøz] *f* Entrahmer *m*

écrevisse [ekʀəvis] *f* [Fluss]krebs *m*

écrier [ekʀije] <1> *vpr* **s'~** schreien; **surprise/indignée, elle s'est écriée: ah non!** überrascht/entrüstet rief sie: ach nein!

écrin [ekʀɛ̃] *m* Schatulle *f (veraltet); (pour un bijou)* Schmuckkästchen *nt;* ~ **à alliances** Trauringkästchen *nt;* ~ **à couverts** Besteckkasten *m*

écrire [ekʀiʀ] <*irr*> **I.** *vt* ❶ *(tracer)* ~ **qc dans/sur qc** etw in/auf etw *(Akk)* schreiben
❷ *(inscrire)* ~ **qc dans/sur qc** etw in/auf etw *(Akk)* schreiben [*o* eintragen]; **les devoirs sont écrits au tableau** die Hausaufgaben stehen an der Tafel
❸ *(orthographier)* **comment écrit-on ce mot?** wie schreibt man dieses Wort?
❹ *(rédiger)* verfassen
II. *vi* ❶ *(tracer)* schreiben; ~ **à la main/machine/au stylo** mit der Hand/Maschine/dem Füller schreiben; **bien/mal ~** schön/schlecht schreiben
❷ *(rédiger)* schreiben, schriftstellern; ~ **à qn** jdm [*o* an jdn] schreiben
► **il est écrit que cela arrivera** es ist vorbestimmt, dass dies eintreten wird
III. *vpr* ❶ **s'~** *mot, nom:* geschrieben werden, sich schreiben; **s'~ avec y** sich mit y schreiben; **cela se dit mais cela ne s'écrit pas** das kann man sagen, aber das schreibt man nicht
❷ *(réciproquement)* **ils s'écrivent** sie schreiben sich

écrit [ekʀi] *m* ❶ *(document)* Schriftstück *nt;* **un ~ anonyme** ein anonymes Schreiben; **un ~ signé** ein unterzeichnetes [*o* signiertes *geh*] Schriftstück
❷ *(ouvrage)* Schrift *f;* **un ~ diffamatoire** eine Schmähschrift
❸ *(épreuve, examen)* Schriftliche(s) *nt,* [Prüfungs]klausur *f;* **être reçu(e) à l'~** die schriftliche Prüfung bestanden haben
► **par ~** schriftlich

écriteau [ekʀito] <x> *m* [Hinweis]schild *nt*

écritoire [ekʀitwaʀ] *f* Schreibzeug *nt*

écriture [ekʀityʀ] *f* ❶ *(façon d'écrire)* [Hand]schrift *f;* **avoir une belle ~** eine schöne [Hand]schrift haben
❷ *(alphabet)* Schrift *f;* ~ **chiffrée** Geheimschrift; ~ **gothique** gotische Schrift
❸ *(style)* Schreibweise *f*
❹ *(rédaction)* schriftliche Ausfertigung
❺ JUR Urkunde *f; pl* Prozessakten *Pl;* **être jugé(e) pour faux en ~[s]** wegen Urkundenfälschung verurteilt werden
❻ COM, FIN Buchung *f;* **tenir les ~s** die Buchführung machen, die Geschäftsbücher führen; **employé aux ~s** Büroschreiber *m*
❼ REL **l'Écriture sainte, les Saintes Écritures** die Heilige Schrift
► **avoir une ~ de chat** eine krakelige [Hand]schrift haben

écrivailler [ekʀivaje] <1> *vi péj fam* [viel] Mist schreiben *(fam)*

écrivailleur, -euse [ekʀivajœʀ, -øz] *m, f péj* Schreiberling *m (pej)*

écrivain [ekʀivɛ̃] *m* Schriftsteller(in) *m(f)*

écrivaine [ekʀivɛn] *f* CAN Schriftstellerin *f*

écrivasser [ekʀivase] <1> *vi péj* schmieren *(pej)*

écrou [ekʀu] *m* [Schrauben]mutter *f*

écrouer [ekʀue] <1> *vt* inhaftieren

écroulement [ekʀulmɑ̃] *m* Zusammenbruch *m; d'une maison, d'un toit* Einsturz *m*

écrouler [ekʀule] <1> *vpr* **s'~** ❶ *(tomber) maison:* einstürzen; *arbre:* umstürzen; *rocher:* herabfallen
❷ *(baisser brutalement) cours de la bourse:* zusammenbrechen
❸ *(prendre fin brutalement) empire:* zusammenbrechen; *projet:* sich zerschlagen; *fortune:* plötzlich verloren gehen; *gouvernement:* stürzen; *théorie:* in sich *(Dat)* zusammenstürzen [*o* zusammenbrechen]
❹ *(s'affaler)* zusammenbrechen; **s'~ dans un fauteuil** sich in einen Sessel fallen lassen; **s'~ de fatigue** [*o* **sommeil**] zum Umfallen müde sein *(fam)*

écru(e) [ekʀy] *adj* naturfarben; *toile, coton* ungebleicht; **soie ~e** Rohseide *f,* Ekrüseide *f (Fachspr.)*

ecstasy [ɛkstazi] *f* Ecstasy *nt*

ectoplasme [ɛktɔplasm] *m* ❶ BIO Ektoplasma *nt (Fachspr.)*
❷ PSYCH *(apparition du médium)* Materialisation *f*

écu [eky] *m* ❶ *(monnaie ancienne)* ≈ Taler *m*
❷ *(bouclier)* [Wappen]schild *m o nt*

ECU [eky] *m abr de* **European Currency Unit** Ecu *m o f*

écueil [ekœj] *m* Klippe *f*

écuelle [ekɥɛl] *f* Napf *m*

éculé(e) [ekyle] *adj* ❶ *(usé) chaussures* schief getreten, abgetreten
❷ *(connu) terme, plaisanterie* abgedroschen

écumage [ekymaʒ] *m* Abschöpfen *nt*

écumant(e) [ekymɑ̃, ɑ̃t] *adj* schäumend; *mer* gischtend; **avoir la bouche ~e de colère** vor Zorn Schaum vor dem Mund haben; **avoir la bouche ~e d'injures** Gift und Galle spucken

écume [ekym] *f* ❶ *(mousse)* Schaum *m; des vagues* Gischt *f*
❷ *(bave)* Geifer *m;* **le cheval était couvert d'~** das Pferd war schweißbedeckt

❸ METAL Schlacke *f*
❹ *vieilli* (*rebut*) *d'une société* Abschaum *m*
◆ ~ **de mer** MINER Meerschaum *m;* **pipe en ~ de mer** Meerschaumpfeife *f*
écumer [ekyme] <1> **I.** *vt* ❶ (*enlever l'écume*) ~ **qc** den Schaum von etw abschöpfen
❷ (*piller*) plündern *région;* ~ **les côtes/mers** Seeräuberei betreiben
II. *vi* ❶ (*se couvrir d'écume*) *confiture:* schäumen; *mer:* gischten
❷ (*baver*) **le cheval écume** dem Pferd steht Schaum vor dem Maul
❸ (*suer*) das Pferd ist schweißnass
❹ (*être furieux*) ~ **de colère** [*o* **rage**] vor Wut schäumen [*o* kochen]
écumeur [ekymœʀ] *m* ~ **de mer** Seeräuber *m*
écumeux, -euse [ekymø, -øz] *adj* schaumig
écumoire [ekymwaʀ] *f* Schaumlöffel *m*
écureuil [ekyʀœj] *m* Eichhörnchen *nt*
▶ **être agile/vif(vive) comme un ~** flink wie ein Wiesel sein
écurie [ekyʀi] *f* [Pferde]stall *m;* **sentir l'~** *animal:* den Stall wittern
▶ **entrer quelque part comme dans une ~** einfach so irgendwo hereinplatzen
◆ ~ **de courses** Rennstall *m*
écusson [ekysɔ̃] *m* ❶ (*blason*) Wappenschild *nt*
❷ ZOOL Panzer *m*
❸ BOT Okulierschild *nt*
écuyer, -ère [ekɥije, -ɛʀ] *m, f* ❶ HIST (*gentilhomme, titre à la cour*) [Schild]knappe *m,* Junker *m*
❷ (*cavalier*) [guter] Reiter *m*/[gute] Reiterin *f*
❸ (*professeur d'équitation*) Reitlehrer(in) *m(f)*
❹ (*au cirque*) Kunstreiter(in) *m(f)*
eczéma [ɛgzema] *m* Ekzem *nt*
eczémateux, -euse [ɛgzematø, -øz] *adj* ekzematisch, ekzematös; **personne eczémateuse** Ekzematiker(in) *m(f)*
édam [edam] *m* Edamer *m,* Edamer Käse *m*
edelweiss [edɛlvɛs, edɛlvajs] *m* Edelweiß *nt*
éden [edɛn] *m* Eden *nt* (*geh*)
édenté(e) [edɑ̃te] *adj* zahnlos
édenter [edɑ̃te] <1> *vt* ~ **un peigne** die Zähne eines Kamms abbrechen
E.D.F. [ødeɛf] *f abr de* **Électricité de France** *französische Elektrizitätsgesellschaft*
édicter [edikte] <1> *vt* verfügen; erlassen *loi;* festsetzen *peine*
édicule [edikyl] *m* ❶ *rare d'une église* Kapelle *f*
❷ (*kiosque*) Häuschen *nt*
édifiant(e) [edifjɑ̃, jɑ̃t] *adj* ❶ (*exemplaire*) beispielhaft
❷ (*instructif*) *lecture* erbauend; *témoignage* aufschlussreich
édification [edifikasjɔ̃] *f* ❶ (*construction*) Bau *m*
❷ (*création*) *d'une théorie* Erarbeitung *f,* Aufstellen *nt; de la paix* Herbeiführung *f*
❸ (*instruction*) *des fidèles* Erbauung *f; d'un peuple* Missionieren *nt*
édifice [edifis] *m* ❶ (*bâtiment*) Gebäude *nt;* ~ **public** öffentliches Gebäude
❷ (*ensemble organisé*) Struktur *f;* ~ **social d'un État** soziales Gefüge eines Staates
édifier [edifje] <1> *vt* ❶ (*bâtir*) errichten *temple, palais*
❷ (*créer*) begründen *empire;* erarbeiten *théorie;* herbeiführen *paix*
❸ (*instruire*) erbauen *personne*
▶ **me/te/... voilà édifié(e) [maintenant]!** *iron* jetzt weiß ich/weißt du/... Bescheid!
Édimbourg [edɛ̃buʀ] Edinburg
édit [edi] *m* HIST, POL Edikt *nt,* Erlass *m*
éditer [edite] <1> *vt* herausgeben, verlegen
éditeur, -trice [editœʀ, -tʀis] **I.** *adj* **maison éditrice** Verlag *m,* Verlagshaus *nt;* **la maison éditrice Klett** der Klett-Verlag
II. *m, f* Herausgeber(in) *m(f),* Verleger(in) *m(f)*
éditeur [editœʀ] *m* INFORM Editor *m;* ~ **de textes** Texteditor *m*
édition [edisjɔ̃] *f* ❶ (*publication*) *d'un livre* Veröffentlichung *f; d'un disque* Herausgabe *f*
❷ (*livre*) Ausgabe *f,* Auflage *f;* ~ **complète** Gesamtausgabe; ~ **revue et corrigée** neu bearbeitete Auflage
❸ (*métier, commerce*) Verlagswesen *nt;* **travailler dans l'~** im Verlagswesen tätig sein [*o* arbeiten]
❹ (*établissement*) **les ~s** der Verlag
❺ PRESSE (*tirage*) Ausgabe *f;* **première ~** Erstausgabe; ~ **du matin/soir** Morgen-/Abendausgabe; ~ **spéciale** Extrablatt *nt;* ~ **régionale** Regionalausgabe
❻ RADIO, TV Ausgabe *f*
❼ INFORM Edition *f*
éditique [editik] *m* INFORM Desktop Publishing *nt*
édito [edito] *m fam abr de* **éditorial**
éditorial [editɔʀjal, jo] <-aux> *m* Leitartikel *m*
éditorialiste [editɔʀjalist] *mf* Leitartikler(in) *m(f)*
EDJ [ødeʒi] *f abr de* **école des journalistes** (*Hoch*)*schule für Journalistik*
édredon [edʀədɔ̃] *m* Daunenbett *nt,* Daunendecke *f*
éducable [edykabl] *adj* belehrbar
éducateur, -trice [edykatœʀ, -tʀis] **I.** *adj fonction, intention* erzieherisch; **personne éducatrice** Erzieher(in) *m(f)*
II. *m, f* Erzieher(in) *m(f);* ~ **social/éducatrice sociale** Sozialpädagoge *m*/-pädagogin *f;* ~**(-trice) de rue** Streetworker(in) *m(f)*
éducatif, -ive [edykatif, -tiv] *adj* **établissement ~** Bildungsanstalt *f;* **jeu ~** Lernspiel *nt;* **méthode éducative** Lehr-/Erziehungsmethode *f;* **système ~** Bildungssystem *nt*
éducation [edykasjɔ̃] *f* ❶ (*pédagogie*) Erziehung *f;* **l'Éducation nationale** das Schul- und Hochschulwesen
❷ (*bonnes manières*) Kinderstube *f*
❸ (*culture générale*) Bildung *f*
❹ (*training*) Schulung *f;* ~ **de la mémoire** Gedächtnisschulung
❺ (*formation*) ~ **permanente** Weiterbildung *f*
❻ (*enseignement*) ~ **physique** Sport[unterricht *m*] *m*
❼ (*initiation*) ~ **sexuelle** Sexualerziehung *f*
❽ JUR ~ **surveillée** Fürsorgeerziehung *f;* **être mis(e) sous ~ surveillée** in Fürsorgeerziehung kommen
▶ **donner une ~ à qn** jdn erziehen; **être sans ~** schlecht erzogen sein, kein Benehmen haben; **faire preuve d'~** sich benehmen können; **recevoir une bonne/mauvaise ~** eine gute/schlechte Erziehung genießen
édulcorant [edylkɔʀɑ̃] *m* Süßstoff *m*
édulcorant(e) [edylkɔʀɑ̃, ɑ̃t] *adj* süßend; **être ~(e)** süßen
édulcorer [edylkɔʀe] <1> *vt* ❶ PHARM süßen
❷ (*adoucir*) abschwächen *version;* entschärfen *texte osé*
éduquer [edyke] <1> *vt* ❶ (*former*) erziehen; **être bien/mal éduqué(e)** gut/schlecht erzogen sein
❷ (*discipliner*) schulen *mémoire;* (*façonner*) schulen *sens;* [aus]bilden *goût*
EEG [øøʒe] *m abr de* **électroencéphalogramme** EEG
effaçable [efasabl] *adj* [aus]löschbar; **cette encre est-elle ~?** kann man diese Tinte entfernen [*o* löschen]?
efface [efas] *f* CAN (*gomme*) Radiergummi *m*
effacé(e) [efase] *adj* ❶ (*estompé*) *couleur, teinte* verblasst
❷ (*discret*) *manière, personne* zurückhaltend; *rôle* unbedeutend; **mener une vie ~e** ein zurückgezogenes Leben führen
❸ (*aplati*) *menton* fliehend
effacement [efasmɑ̃] *m* ❶ (*l'oubli*) *d'une inscription* [Aus]löschen *nt,* Tilgung *f* (*geh*)
❷ (*suppression d'information*) *d'un support magnétique* Löschen *nt*
❸ (*disparition*) *des craintes* Zerstreuung *f; d'une faute* Wiedergutmachung *f; d'une faute d'orthographe* Korrektur *f*
❹ (*retrait*) ~ **devant** [*o* **au profit de**] **qn** Zurücktreten *nt*

E

[*o* Zurückstehen *nt*] zu jds Gunsten
▸ **vivre dans l'~** zurückgezogen leben

effacer [efase] <2> **I.** *vt* ❶ (*faire disparaître*) [aus]löschen; verwischen *trace;* korrigieren *faute d'orthographe;* entfernen *tache;* ~ **qc avec une** [*o* **la**] **gomme** etw ausradieren
❷ (*supprimer une information*) abwischen *tableau noir;* löschen *disquette*
❸ (*faire oublier*) tilgen (*geh*), auslöschen; zerstreuen *crainte;* wieder gutmachen *faute;* ~ **qc de sa mémoire** etw aus seinem Gedächtnis streichen; **le temps efface tout** alles ist vergänglich
❹ (*éclipser*) in den Schatten stellen; **sa réussite efface celle des autres** sein/ihr Erfolg übertrifft [bei weitem] den der anderen
II. *vpr* **s'~** ❶ (*s'estomper*) verblassen, undeutlich werden; *crainte:* sich verflüchtigen
❷ (*se laisser enlever*) *tache, graffitis:* sich entfernen lassen
❸ (*se faire petit*) zur Seite treten; **s'~ devant qn** hinter jdm zurückstehen

effaceur [efasœʀ] *m* Tintenlöscher *m,* Tintenkiller *m*

effarant(e) [efaʀɑ̃, ɑ̃t] *adj* unerhört

effaré(e) [efaʀe] *adj personne* verstört; **avoir l'air** ~ einen verstörten Eindruck machen; **être ~(e) par une affaire** über eine Sache (*Akk*) entsetzt sein

effarement [efaʀmɑ̃] *m* Fassungslosigkeit *f,* Entsetzen *nt;* **dans l'~ général** in der allgemeinen Verwirrung

effarer [efaʀe] <1> *vt* (*effrayer*) aus der Fassung bringen; ~ **les clients** die Kundschaft verunsichern

effarouchement [efaʀuʃmɑ̃] *m* Verscheuchen *nt*

effaroucher [efaʀuʃe] <1> **I.** *vt* ❶ (*mettre en fuite*) aufschrecken, aufscheuchen, verscheuchen *animal*
❷ (*faire peur*) einschüchtern
❸ (*choquer*) schockieren
II. *vpr* ❶ (*prendre la fuite*) **s'~** die Flucht ergreifen; **le cheval s'effaroucha** das Pferd scheute
❷ (*se troubler*) **s'~ de qc** über etw (*Akk*) erschrecken

effectif [efɛktif] *m d'une armée, d'un parti* Stärke *f; d'une entreprise* Belegschaft *f;* **vérifier l'~ de la classe** überprüfen, ob die Klasse vollständig ist

effectif, -ive [efɛktif, -iv] *adj aide* wirksam; *pouvoir* tatsächlich; *travail* effektiv; **capital** ~ Aktivkapital *nt;* **puissance effective** Nutzleistung *f;* **être ~(-ive) à partir du 1er janvier** am 1. Januar in Kraft treten

effectivement [efɛktivmɑ̃] *adv* ❶ (*concrètement*) *aider* wirksam; *travailler* effektiv; **contribuer ~ à la victoire de qn** entscheidend zu jds Sieg beitragen
❷ (*réellement*) tatsächlich

effectuer [efɛktɥe] <1> **I.** *vt* tätigen, ausführen; vornehmen *investissement;* zurücklegen *parcours;* durchführen *réforme*
II. *vpr* (*se faire, s'exécuter*) **s'~** *mouvement:* ausgeführt [*o* durchgeführt] werden; *paiement, livraison:* erfolgen; *parcours, trajet:* zurückgelegt werden; *transaction:* abgewickelt werden

efféminé(e) [efemine] *adj* MED, A. PSYCH unmännlich, effeminiert

efféminer [efemine] <1> *vpr* **s'~** unmännlich werden, verweiblichen

effervescence [efɛʀvesɑ̃s] *f* ❶ (*bouillonnement*) Sprudeln *nt*
❷ (*agitation*) Aufregung *f;* **la ville est en pleine** ~ die Stadt ist in hellem Aufruhr

effervescent(e) [efɛʀvesɑ̃, ɑ̃t] *adj* ❶ (*pétillant*) *liquide* sprudelnd; **comprimé** ~ Brausetablette *f*
❷ (*tumultueux*) *jeunesse* stürmisch; *caractère* aufbrausend

effet [efɛ] *m* ❶ *a.* JUR (*résultat*) Wirkung *f,* Effekt *m;* ~ **curatif** Heilwirkung; ~ **désastreux/durable** verheerende/nachhaltige Wirkung, unmittelbare Geltung; ~ **pervers** unerwünschte [*o* gegenteilige] Wirkung; **avoir un ~ réparateur** JUR heilende Wirkung haben; ~ **secondaire** Nebenwirkung; **avoir un ~ infaillible** garantiert wirken; **avoir un ~ qui lie** [*o* **oblige**] JUR bindende Wirkung haben; **être l'~ de qc** die Folge von etw sein; **notre rencontre était l'~ du hasard** wir haben uns rein zufällig getroffen; ~ **boule de neige** Schneeballeffekt
❷ (*impression*) Eindruck *m*
❸ (*phénomène*) Effekt *m;* ~ **lumineux/sonore** Beleuchtungs-/Klangeffekt; **~s spéciaux** Spezialeffekte *Pl;* ~ **de contraste** Kontrastwirkung *f;* ~ **de lumière** Lichteffekt; ~ **d'optique** optischer Effekt; ~ **de perspective** perspektivische Wirkung; ~ **de style** stilistischer Effekt
❹ FIN, ECON (*valeur*) Wechsel *m;* ~ **bancaire** Bankwechsel; ~ **négociable** bankfähiger [*o* begebbarer] Wechsel; ~ **public** Staatsanleihe *nt;* ~ **au porteur** auf den Inhaber lautender Wechsel
❺ *pl* (*vêtements*) [Anzieh]sachen *Pl;* **emporter quelques ~s personnels** ein paar persönliche Sachen mitnehmen
▸ ~ **bœuf** [*o* **monstre**] Riesenaufsehen *nt;* **avoir** [*o* **faire**] **l'~ d'une bombe** wie eine Bombe einschlagen; **couper ses ~s à qn** jdn um seine Wirkung bringen; **faire ~ sur qn** auf jdn Eindruck machen, jdn beeindrucken; **faire bon/mauvais** ~ einen guten/schlechten Eindruck machen; **c'est tout l'~ que qc fait à qn** etw scheint jdn nicht sehr [*o* sonderlich] zu beeindrucken; **ménager ses ~s** geschickt verfahren; **mettre qc à ~** etw verwirklichen; **prendre ~ le 10 avril** am 10. April in Kraft treten; **à cet** ~ zu diesem Zweck[e]; **avec ~ au ...** mit Wirkung vom ...; **en** ~ tatsächlich; (*pour justifier ses propos*) nämlich; (*pour confirmer le propos d'un tiers*) in der Tat; **elle me plaît beaucoup, en** ~ sie gefällt mir sehr, wirklich; **sous l'~ de qc** unter der Wirkung von etw; **agir sous l'~ de la colère** im Zorn handeln
◆ ~ **[de] boomerang** Bumerang-Effekt *m;* ~ **de serre** Treibhauseffekt *m;* ~ **de surprise** Überraschungseffekt *m;* **créer un ~ de surprise** für einen Überraschungseffekt sorgen

effeuillage [efœjaʒ] *m* ❶ BOT Entlauben *nt*
❷ (*strip-tease*) Striptease *m o nt*

effeuiller [efœje] <1> **I.** *vt personne:* entlauben; *vent:* entblättern; ~ **une fleur** die Blütenblätter abzupfen
II. *vpr* **s'~** *arbre:* seine Blätter verlieren, das Laub abwerfen; **les roses s'effeuillent** die Rosen verlieren ihre Blätter

effeuilleuse [efœjøz] *f fam* (*strip-teaseuse*) Stripperin *f* (*fam*)

efficace [efikas] *adj* wirksam, effizient; *personne* kompetent; *publicité* schlagkräftig

efficacement [efikasmɑ̃] *adv* effizient; **agir** ~ gut wirken

efficacité [efikasite] *f* Wirk[ungs]kraft *f,* Wirksamkeit *f; d'une méthode, d'un système* Effizienz *f; d'une machine* Leistungsfähigkeit *f; d'une personne* Tüchtigkeit *f; d'une publicité* Schlagkraft *f,* Impact *m* (*Fachspr.*)

efficience [efisjɑ̃s] *f d'un employé* Leistungsfähigkeit *f; d'une entreprise* Effizienz *f;* ~ **économique** wirtschaftliche Effizienz

efficient(e) [efisjɑ̃, jɑ̃t] *adj* ❶ effizient; *collaborateur, ouvrier* tüchtig, fähig
❷ PHILOS **cause ~e** Wirkursache *f* (*Fachspr.*)

effigie [efiʒi] *f* Bild *nt,* Bildnis *nt*
▸ **à l'~ de qn une pièce de monnaie à l'~ de la reine** ein Geldstück mit dem Kopf der Königin

effilé(e) [efile] *adj* ❶ spitz zulaufend; **tes doigts sont ~s** du hast lange, schmale Finger
❷ GASTR *amandes* gehobelt; *volaille* ausgenommen

effilé [efile] *m* (*frange*) *d'un châle* Franse *f*

effiler [efile] <1> **I.** *vt* ❶ (*effilocher*) ausfransen
❷ (*couper en amincissant*) ausdünnen, effilieren (*Fachspr.*) *cheveux*
❸ (*amincir*) spitz zulaufen lassen
❹ GASTR hobeln *amandes;* ausnehmen *volaille*
II. *vpr* **s'~** ❶ (*s'effilocher*) ausfransen
❷ (*s'amincir*) spitz zulaufen

effilochage [efilɔʃaʒ] *m* Zerfasern *nt*

effilocher [efilɔʃe] <1> **I.** *vt* zerfasern
II. *vpr* **s'~** ausfransen

efflanqué(e) [eflɑ̃ke] *adj* bis auf die Knochen abgemagert, dürr
effleurage [eflœʀaʒ] *m* ① TECH *des cuirs* Narbenspalten *nt*
② *(massage)* sanftes Massieren *nt*
effleurement [eflœʀmɑ̃] *m* flüchtige Berührung
effleurer [eflœʀe] <1> *vt* ① *(frôler)* flüchtig berühren; **la voiture n'a fait que l'~** das Auto hat ihn/sie nur gestreift
② *(passer par la tête)* ~ **qn** *pensée:* jdm in den Sinn kommen
③ *(aborder à peine)* streifen, anreißen *sujet, thème*
efflorescence [eflɔʀesɑ̃s] *f* ① CHIM Ausblühung *f,* Effloreszenz *f (Fachspr.)*
② MED Hautblüte *f,* Effloreszenz *f (Fachspr.)*
③ *(épanouissement) d'un art* Blüte *f; d'une idée* Entfaltung *f*
efflorescent(e) [eflɔʀesɑ̃, ɑ̃t] *adj* ① *sels* ausblühend, effloreszierend *(Fachspr.)*
② *prune, raisin, choux* mit einem Belag bedeckt, beschlagen
③ *art* blühend
effluent [eflyɑ̃] *m (cours d'eau)* Wasserlauf *m;* ~ **urbain** *(eaux usées)* Abwasser *nt*
effluent(e) [eflyɑ̃, ɑ̃t] *adj* entspringend
effluve [eflyv] *m souvent pl* ① *(parfum)* Wohlgeruch *m,* Duft *m*
② *(mauvaise odeur)* [schlechter] Geruch; **les ~s des caniveaux** der Kanalgeruch
effondré(e) [efɔ̃dʀe] *adj personne* völlig gebrochen
effondrement [efɔ̃dʀəmɑ̃] *m* ① *(écroulement) d'un mur* Einsturz *m; du sol* [Ab]senkung *f*
② *(fin brutale) d'une civilisation* Untergang *m; des prix* Sturz *m; d'une fortune* Verlust *m; d'un projet* Scheitern *nt,* Fehlschlagen *nt;* ~ **monétaire** Währungszusammenbruch *m*
③ *(écroulement physique, abattement)* Zusammenbruch *m*
effondrer [efɔ̃dʀe] <1> *vpr* **s'~** ① *(s'écrouler) pont:* einstürzen; *plancher:* einbrechen; *sol:* sich absenken
② *(être anéanti) empire:* zusammenbrechen; *civilisation:* untergehen; *preuve:* entkräftet werden; *fortune:* plötzlich verloren gehen; *projet, espoir:* sich zerschlagen; *argumentation:* in sich *(Dat)* zusammenbrechen
③ *(baisser brutalement) cours de la bourse:* stürzen; *marché:* zusammenbrechen
④ *(craquer) personne:* zusammenbrechen
⑤ INFORM *ordinateur:* abstürzen
efforcer [efɔʀse] <2> *vpr* **s'~ de faire qc** sich bemühen etw zu tun; **s'~ à la politesse/patience/au calme** versuchen höflich/geduldig/ruhig zu bleiben
effort [efɔʀ] *m* ① *(effort physique)* Anstrengung *f*
② *(effort intellectuel)* Bemühung *f;* **faire un ~ de volonté** sich zusammennehmen; **faire un ~ d'attention** sich *(Dat)* [große] Mühe geben aufzupassen; **faire un ~ d'intelligence** seinen Geist anstrengen; **demander un ~ de réflexion à qn** jdn zum Nachdenken zwingen
③ TECH Beanspruchung *f;* ~ **de compression** Druckspannung *f;* ~ **de flexion/torsion/traction** Biegungs-/Verdrehungs-/Zugbeanspruchung
▸ **n'épargner aucun ~ pour faire qc** keine Mühe scheuen etw zu tun; **faire un ~ sur soi-même pour faire qc** sich zusammennehmen [*o* zusammenreißen *fam*] um etw zu tun
effraction [efʀaksjɔ̃] *f* Einbruch *m;* **pénétrer par ~ dans un appartement** in eine Wohnung einbrechen
effraie [efʀɛ] *f* Schleiereule *f*
effrangé(e) [efʀɑ̃ʒe] *adj tapis, châle* mit Fransen; *bas de pantalon* ausgefranst
effranger [efʀɑ̃ʒe] <2a> **I.** *vt* ausfransen
II. *vpr* **s'~** [aus]fransen, fransig werden
effrayant(e) [efʀɛjɑ̃, ɑ̃t] *adj* ① *(qui fait peur)* furchtbar; *silence* beängstigend; **avoir un air ~** Furcht erregend aussehen
② *fam (extrême)* unheimlich *(fam),* entsetzlich *(fam),* schrecklich *(fam); prix* horrend; *temps* scheußlich *(fam);* **être d'une pâleur ~e** schrecklich blass sein
effrayer [efʀeje] <7> **I.** *vt (faire très peur à)* ~ **qn/un animal** jdn/ein Tier erschrecken; **être effrayé(e) de constater que c'est si cher** erschrocken feststellen, dass es so teuer ist; **il est effrayé à l'idée de qc** ihm wird bei etw angst [und bange]
II. *vpr (craindre)* **s'~ de qc** über etw *(Akk)* erschrecken; **s'~ de faire qc** fürchten etw zu tun
effréné(e) [efʀene] *adj* wild, zügellos; **la course ~e à la consommation** der Konsumrausch
effritement [efʀitmɑ̃] *m* Abbröckeln *nt*
effriter [efʀite] <1> **I.** *vt érosion:* bröck[e]lig machen; *personne:* zerbröckeln
II. *vpr* **s'~** *roche:* verwittern; *cours de la bourse:* abbröckeln; *majorité:* schwinden
effroi [efʀwa] *m littér* Schrecken *m,* Entsetzen *nt;* **être glacé(e) d'~** starr vor Schreck[en] [*o* Entsetzen] sein
effronté(e) [efʀɔ̃te] **I.** *adj* dreist, unverschämt, schamlos
II. *m(f)* unverschämte Person
effrontément [efʀɔ̃temɑ̃] *adv* dreist, unverschämt, schamlos
effronterie [efʀɔ̃tʀi] *f* Dreistigkeit *f,* Unverschämtheit *f,* Schamlosigkeit *f;* **avoir l'~ de faire qc** sich erdreisten etw zu tun; **avec ~** dreist, unverschämt, schamlos
effroyable [efʀwajabl] *adj* ① *(épouvantable)* grauenhaft, entsetzlich; **être d'une laideur ~** abstoßend hässlich sein
② *fam (incroyable)* furchtbar *(fam),* schrecklich *(fam)*
effroyablement [efʀwajabləmɑ̃] *adv* furchtbar, schrecklich; **être ~ compliqué(e)** entsetzlich kompliziert sein; **chanter ~** schrecklich schlecht singen; **ça fait ~ mal!** das tut fürchterlich [*o* entsetzlich] weh!
effusion [efyzjɔ̃] *f* Gefühlsausbruch *m;* ~ **de joie** Freudenausbruch *m*
◆ ~ **de sang** Blutvergießen *nt*
égailler [egeje] <1> *vpr* **s'~** *animaux, personnes:* auseinander laufen
égal(e)[1] [egal, o] <-aux> *adj* ① *(de même valeur)* gleich; **nous sommes tous égaux devant la loi** vor dem Gesetz sind wir alle gleich; **la partie est très ~e** das Spiel ist sehr ausgeglichen; **les deux équipes sont de valeur ~e** beide Mannschaften sind sich ebenbürtig; **à poids ~** bei gleichem Gewicht; **de prix ~** gleich teuer; **être à ~e distance de Lyon et de Paris** genau zwischen Lyon und Paris liegen
② *(sans variation) bruit* gleichbleibend; *climat* ausgeglichen, gleichbleibend; *pouls* regelmäßig; **être de caractère ~** [*o* **d'humeur ~e**] ausgeglichen sein, ein ausgeglichenes Wesen haben
▸ **n'avoir d'~ que qn/qc** nur zu vergleichen sein mit jdm/etw; **comme menteur, il n'a d'~ que son frère!** so wie er lügt nur noch sein Bruder!; **être/rester ~(e) à soi-même** sich *(Dat)* selbst treu sein/bleiben
égal(e)[2] [egal, o] <-aux> *m(f)* **la femme est l'~e de l'homme** die Frau ist dem Mann ebenbürtig; **considérer qn comme son ~** jdn als seinesgleichen betrachten
▸ **qn n'a pas son ~ pour faire qc** niemand tut etw besser als jd; **il n'a pas son ~ pour faire la cuisine** niemand kocht besser als er; **à l'~ de qn/qc** [eben]so wie jd/etw; **sa politesse est à l'~ de son savoir-vivre** er ist ebenso höflich wie taktvoll; **d'~ à ~ négocier** [*o* **traiter**] **d'~ à ~** gleichberechtigt miteinander verhandeln; **sans ~ son bonheur était sans ~/sa beauté était sans ~e** er/sie war unvergleichlich glücklich/schön; **c'est un acteur sans ~** das ist ein Schauspieler ohnegleichen
égalable [egalabl] *adj* **qn/qc est difficilement ~** es ist schwer jdm gleichzukommen/etw ist schwer[lich] [*o* kaum] nachzumachen
également [egalmɑ̃] *adv* ① *(pareillement)* gleich[ermaßen]
② *(aussi)* ebenfalls
égaler [egale] <1> *vt* ① MATH **deux plus deux égale[nt] quatre** zwei plus [*o* und] zwei ist gleich vier
② *(être pareil)* ~ **qn/qc** jdm/etw in nichts nachstehen; ~ **un record** einen Rekord einstellen; **ne pas ~ qn/qc** mit jdm/etw

nicht mithalten können; ~ **qn/qc en beauté/grosseur** jdm/einer S. an Schönheit/Größe (*Dat*) gleichkommen

égalisateur, -trice [egalizatœʀ, -tʀis] *adj* ausgleichend; **but** ~ Ausgleichstor *nt*

égalisation [egalizasjɔ̃] *f* ❶ (*nivellement*) *des revenus, salaires* Anpassung *f; d'un terrain, d'une surface* [Ein]ebnen *nt;* **l'~ des couches sociales** die Angleichung der unterschiedlichen Gesellschaftsschichten
❷ SPORT Ausgleich *m*

égaliser [egalize] <1> **I.** *vt* ❶ (*rendre égal*) ausgleichen; gerade schneiden *cheveux;* [einander] angleichen *revenus*
❷ (*aplanir*) [ein]ebnen
II. *vi* den Ausgleich erzielen
III. *vpr* **s'~** sich [einander] angleichen, sich ausgleichen; **les prix s'égalisent** die Preise gleichen sich [einander] an; **les aspérités du sol s'égalisent** die Unebenheiten des Bodens gleichen sich aus

égalitaire [egalitɛʀ] *adj* egalitär (*geh*)

égalitarisme [egalitaʀism] *m* Egalitarismus *m* (*geh*)

égalitariste [egalitaʀist] **I.** *adj* **être** ~ ein Verfechter/eine Verfechterin des Egalitarismus sein
II. *mf* (*personne*) Verfechter(in) *m(f)* des Egalitarismus

égalité [egalite] *f* ❶ (*absence de différences*) Gleichheit *f; des adversaires* Ebenbürtigkeit *f;* ~ **des forces** Gleichgewicht *nt* der Kräfte; ~ **de rémunération** Lohngleichheit; ~ **de traitement** Gleichbehandlung *f;* ~ **des chances** Chancengleichheit; ~ **des droits** Gleichberechtigung *f;* ~ **devant l'impôt** Steuergleichheit; ~ **devant la loi** Gleichheit vor dem Gesetz
❷ (*absence de variations*) *d'un climat* Gleichmäßigkeit *f; du pouls* Regelmäßigkeit *f;* ~ **d'humeur** Ausgeglichenheit *f*
❸ MATH [Deckungs]gleichheit *f,* Kongruenz *f*
► **être à** ~ *jeu, match:* unentschieden stehen; *joueurs:* punktgleich sein

égard [egaʀ] *m pl* Achtung *f,* Aufmerksamkeit *f*
► **à cet** ~ in dieser Hinsicht [*o* Beziehung], diesbezüglich; **traiter/recevoir qn avec les ~s dus à son rang** [*o* **qui lui sont dus**] jdn mit dem ihm gebührenden Respekt behandeln/empfangen; **avoir ~ à qc** etw berücksichtigen, in Betracht ziehen; **avoir des ~s pour qn, être plein(e) d'~s pour qn** jdm gegenüber rücksichtsvoll sein; **entourer qn d'~s** jdn mit großer Aufmerksamkeit umgeben; **à l'~ de qn** jdm gegenüber; **avec des ~s** [*o* **beaucoup d'~s**] zuvorkommend; *parler* rücksichtsvoll; **par ~ pour qn/qc** mit Rücksicht auf jdn/etw

égaré(e) [egaʀe] *adj* ❶ (*perdu*) *animal, promeneur* verirrt; *objet* verlegt
❷ (*troublé*) verstört, verwirrt

égarement [egaʀmɑ̃] *m* ❶ (*trouble mental*) geistige Verwirrung
❷ *pl* (*conduite*) unsolider Lebenswandel; **revenir de ses ~s** wieder Vernunft annehmen

égarer [egaʀe] <1> **I.** *vt* ❶ (*induire en erreur*) in die Irre führen
❷ (*perdre*) verlegen
❸ (*faire perdre la raison*) um den Verstand bringen; **la douleur l'égare** der Schmerz raubt ihm/ihr den Verstand
II. *vpr* **s'~** ❶ (*se perdre*) sich verirren; **s'~ du droit chemin** vom rechten Weg abkommen; **la lettre s'est égarée** der Brief ist verloren gegangen
❷ (*se perdre à pied*) sich verlaufen
❸ (*se perdre en voiture, vélo*) sich verfahren
❹ (*divaguer*) abschweifen; **s'~ dans les détails** sich in Einzelheiten verlieren; **son esprit s'égare** er/sie verliert den Verstand

égayer [egeje] <7> **I.** *vt* ❶ (*rendre gai*) aufheitern
❷ (*rendre agréable*) freundlich[er] [*o* hell[er]] machen *pièce;* auflockern *conversation*
II. *vpr* **s'~** sich amüsieren

égérie [eʒeʀi] *f d'un artiste* Muse *f; d'un homme politique* Ratgeberin *f*

égide [eʒid] *f* ❶ MYTH (*bouclier*) Ägide *f*
❷ *littér* (*protection*) Schirmherrschaft *f,* Ägide *f* (*geh*); **sous l'~ de qn** unter jds Schirmherrschaft [*o* Ägide *geh*]

églantier [eglɑ̃tje] *m* Heckenrosenstrauch *m*

églantine [eglɑ̃tin] *f* Heckenrose *f,* wilde Rose

églefin [egləfɛ̃] *m* Schellfisch *m*

église [egliz] *f* ❶ (*édifice*) Kirche *f;* ~ **paroissiale** Pfarrkirche; **aller à l'~** zur [*o* in die] Kirche gehen; **se marier à l'~** sich kirchlich trauen lassen
❷ (*communauté*) **l'Église** die [römisch-katholische] Kirche; **appartenir à l'Église** katholisch sein; **l'Église protestante/catholique** die protestantische [*o* evangelische]/katholische Kirche
► **entrer dans l'Église** Geistlicher werden

ego [ego] *m inv* Ego *nt,* Ich *nt*

égocentrique [egosɑ̃tʀik] **I.** *adj* ichbezogen, egozentrisch
II. *mf* Egozentriker(in) *m(f)*

égocentrisme [egosɑ̃tʀism] *m* Ichbezogenheit *f,* Egozentrik *f*

égoïne [egɔin] *f* Fuchsschwanz *m*

égoïsme [egɔism] *m* Egoismus *m,* Selbstsucht *f*

égoïste [egɔist] **I.** *adj* egoistisch
II. *mf* Egoist(in) *m(f)*

égoïstement [egɔistəmɑ̃] *adv* egoistisch

égorgement [egɔʀʒəmɑ̃] *m d'une personne* Durchschneiden *nt* der Kehle; *d'un animal* Durchschneiden *nt* der Gurgel; REL Schächten *nt*

égorger [egɔʀʒe] <2a> **I.** *vt* ❶ (*couper la gorge*) ~ **qn/un animal avec qc** jdm die Kehle/einem Tier die Gurgel mit etw durchschneiden; REL ein Tier mit etw schächten
❷ *fam* (*ruiner*) schröpfen (*fam*)
II. *vpr* **s'~** sich [gegenseitig] umbringen (*fam*)

égorgeur, -euse [egɔʀʒœʀ, -øz] *m, f* Mörder(in) *m(f)*

égosiller [egozije] <1> *vpr* **s'~** *personne:* sich heiser schreien; *oiseau:* aus voller Kehle singen

égout [egu] *m* [Abwasser]kanal *m;* **les ~s** die Kanalisation, das Kanalisationsnetz; **bouche d'~** Gully *m o nt;* **eaux d'~** Abwässer *Pl*

égoutier [egutje] *m* Kanalarbeiter *m*

égoutter [egute] <1> **I.** *vt* ~ **qc, faire** [*o* **laisser**] ~ **qc** etw abtropfen lassen
II. *vpr* **s'~** abtropfen; **laisser s'~ qc** etw abtropfen lassen

égouttoir [egutwaʀ] *m* Abtropfgestell *nt;* ~ **à vaisselle** Abtropfkorb *m;* ~ **à fromage** Abtropfkorb für Molke

égrainer [egʀene] <1> *vt, vpr v.* **égrener**

égratigner [egʀatiɲe] <1> **I.** *vt* ❶ (*érafler*) zerkratzen
❷ (*blesser par des mots*) ~ **qn** gegen jdn sticheln
II. *vpr* **s'~ qc** sich (*Dat*) etw aufschürfen [*o* zerkratzen]

égratignure [egʀatiɲyʀ] *f* ❶ (*éraflure*) Kratzer *m;* **des mains couvertes d'~s** völlig zerkratzte Hände
❷ (*atteinte*) Kratzer *m,* [leichte] Kränkung; **sa réputation a subi quelques ~s** sein/ihr Ruf hat ein paar Kratzer abbekommen (*fam*)

égrenage [egʀənaʒ] *m* Abbeeren *nt*

égrener [egʀəne] <4> **I.** *vt* ❶ (*dégarnir de ses grains*) enthülsen *cosse;* entkörnen *épi;* abbeeren *grappe, raisin;* egrenieren *coton*
❷ (*dévider*) herunterbeten *chapelet*
❸ (*sonner*) **l'horloge égrenait les heures** die Standuhr schlug Stunde um Stunde
II. *vpr* **s'~** ❶ (*perdre ses grains*) *blé:* ausfallen; **le raisin s'égrène** die Weintrauben fallen vom Stängel ab
❷ (*se présenter un à un*) **les échoppes de Noël s'égrènent le long de la rue** Weihnachtsbuden reihen sich entlang der Straße; **les voitures s'égrenaient sur l'autoroute** auf der Autobahn reihte sich Wagen an Wagen

égrillard(e) [egʀijaʀ, aʀd] *adj* anzüglich

égrotant(e) [egʀɔtɑ̃, ɑ̃t] *adj littér* kränklich

Égypte [eʒipt] *f* **l'**~ Ägypten *nt*
égyptien(ne) [eʒipsjɛ̃, jɛn] *adj* ägyptisch
Égyptien(ne) [eʒipsjɛ̃, jɛn] *m(f)* Ägypter(in) *m(f)*
égyptologie [eʒiptɔlɔʒi] *f* Ägyptologie *f*
égyptologue [eʒiptɔlɔg] *mf* Ägyptologe *m*/Ägyptologin *f*
eh [e, ɛ] *interj* he !; ~, **vous là-bas!** he, Sie da hinten! (*fam*); ~ **oui, c'est comme ça!** tja, das ist nun mal so! (*fam*); ~ **bien ça par exemple!** na so was! (*fam*)
éhonté(e) [eɔ̃te] *adj* unverschämt, schamlos; *action* schändlich
eider [ɛdɛʀ] *m* Eiderente *f*
éjaculation [eʒakylasjɔ̃] *f* Samenerguss *m*, Ejakulation *f*; ~ **précoce** vorzeitiger Samenerguss
éjaculer [eʒakyle] <1> *vi* ejakulieren
éjectable [eʒɛktabl] *adj* **siège** ~ Schleudersitz *m*
éjecter [eʒɛkte] <1> *vt* ❶ (*rejeter*) *machine:* auswerfen
❷ (*projeter*) **être éjecté(e) de qc** aus etw [heraus]geschleudert werden
❸ *fam* (*expulser*) an die Luft setzen (*fam*); **se faire** ~ hinausgeworfen werden; **se faire** ~ **de l'école** von der Schule fliegen (*fam*)
éjection [eʒɛksjɔ̃] *f* ❶ (*action d'éjecter*) *d'une douille* Auswerfen *nt*; *d'un pilote* Herausschleudern *nt*
❷ GEOL Auswurf *m*, Ausstoß *m*, Ejektion *f* (*Fachspr.*)
élaboration [elabɔʀasjɔ̃] *f* ❶ (*composition*) *d'un plan* Ausarbeitung *f*; *d'un diagnostic* Erstellen *nt*
❷ BOT, MED *de la sève, bile, de l'urine* Bildung *f*, Absonderung *f*
élaborer [elabɔʀe] <1> **I.** *vt* ❶ (*préparer mûrement*) ausarbeiten *plan;* erstellen *diagnostic;* **être élaboré(e)** *technique:* elaboriert sein; *cuisine:* raffiniert sein
❷ MED *reins, foie:* bilden, produzieren, absondern
❸ PHYSIOL **être élaboré(e)** *sève:* ausgeschieden sein
II. *vpr* **s'**~ Gestalt [*o* Form] annehmen
élagage [elagaʒ] *m* Ausästen *nt*, Ausschneiden *nt*
élaguer [elage] <1> *vt* ❶ (*couper*) ausschneiden [*o* ausästen] *arbre*
❷ (*retrancher*) ~ **un article** einen Artikel kürzen, in einem Artikel Streichungen vornehmen
élagueur, -euse [elagœʀ, -øz] *m, f* Baumpfleger(in) *m(f)*
élan¹ [elɑ̃] *m* ZOOL Elch *m*
élan² [elɑ̃] *m* ❶ (*mouvement pour s'élancer*) Anlauf *m*; **prendre son** ~ Schwung holen; (*en courant*) Anlauf nehmen; **prendre de l'**~ ausholen
❷ (*force acquise*) Schwung *m*; **franchir qc d'un seul** ~ mit einem Satz über etw (*Akk*) springen
❸ (*accès*) ~ **de tendresse** Anfall *m* [*o* Anwandlung *f*] von Zärtlichkeit; ~ **d'enthousiasme** überschwängliche Begeisterung *f*
❹ (*mouvement affectueux*) zärtliches Gefühl, Zuneigung *f kein Pl*; **il a eu un** ~ **vers elle** er fühlte sich von ihr angezogen
▸ **donner un nouvel** ~ **à qc** einer S. (*Dat*) neuen Aufschwung geben; ~ **vital** Lebensdrang *m*; **donner de l'**~ **à qn/qc** jdn/etw in Schwung bringen, jdm/etw Auftrieb geben
élancé(e) [elɑ̃se] *adj* schlank; *personne* rank, schlank
élancement [elɑ̃smɑ̃] *m* stechender Schmerz, Stich *m*
élancer¹ [elɑ̃se] <2> **I.** *vi* stechen, stechende Schmerzen verursachen
II. *vt* stechen *personne*
élancer² [elɑ̃se] <2> *vpr* ❶ (*se précipiter*) **s'**~ **vers qn/qc** sich auf jdn/etw stürzen; **s'**~ **à la poursuite de qn** jdm hinterherrennen; **les soldats s'élancent à l'assaut de qc** die Soldaten [be]stürmen etw
❷ (*prendre son élan*) **s'**~ Schwung holen; **s'**~ **dans les airs** sich in die Luft schwingen
❸ (*se dresser*) **s'**~ **vers le ciel** in den Himmel ragen
élargir [elaʀʒiʀ] <8> **I.** *vt* ❶ (*rendre plus large*) verbreitern, erweitern; weiten *chaussures*
❷ COUT weiter machen *jupe, veste*
❸ (*développer*) erweitern *horizon;* ausdehnen *débat;* ausbauen *majorité*
❹ (*faire paraître plus large*) größer machen [*o* erscheinen lassen]
❺ JUR [aus der Haft] entlassen *détenu*
II. *vpr* **s'**~ *fleuve, route:* breiter werden; *chaussures, pull:* sich weiten; *cercle de relations, connaissances, horizon:* sich erweitern
III. *vi* *pull:* sich weiten, sich dehnen; *fam* *personne:* zulegen (*fam*)
élargissement [elaʀʒismɑ̃] *m* ❶ (*action*) *d'une route* Verbreiterung *f*; *d'une jupe* Weitermachen *nt*; *de chaussures* Weiten *nt*; *fig d'une majorité* Ausbauen *nt*; *d'un débat* Ausdehnen *nt*; *de l'Union européenne* Erweiterung *f*; *d'un détenu* Entlassung *f*
❷ (*fait de s'élargir*) *d'un canal, d'une route* Verbreiterung *f*; *de l'Union européenne* Erweiterung *f*
élasticité [elastisite] *f* ❶ (*extensibilité*) *d'un caoutchouc, muscle, lycra* Elastizität *f*; *de la peau* Geschmeidigkeit *f*
❷ (*flexibilité*) *d'une lame d'acier* Biegsamkeit *f*
❸ (*souplesse*) *d'un acrobate, tigre* Beweglichkeit *f*, Geschmeidigkeit *f*; *d'une démarche* Leichtigkeit *f*, Geschmeidigkeit *f*
❹ (*aptitude à s'adapter*) *des lois, du règlement* Dehnbarkeit *f*
❺ ECON ~ **de l'offre et de la demande** Flexibilität *f* von Angebot und Nachfrage
élastique [elastik] **I.** *adj* elastisch, dehnbar; *pas* federnd, geschmeidig; *sens, loi* dehnbar; *morale* locker
II. *m* ❶ Gummi[band *nt*] *nt*
❷ COUT Gummiband, Gummizug *m*
▸ **les lâcher avec un** ~ [*o* **des** ~**s**] *fam* (*payer à regret*) auf seinem Geld sitzen (*fam*); (*être avare*) [mit seinem Geld] knausern (*pej fam*)
élastomère [elastɔmɛʀ] *m* CHIM Elastomer *nt*
Elbe [ɛlb] *f* **l'**~ die Elbe
eldorado [ɛldɔʀado] *m* Eldorado *nt*
électeur, -trice [elɛktœʀ, -tʀis] *m, f* Wähler(in) *m(f)*
▸ **grands** ~**s** *Wahlversammlung für die Senatswahlen*
électif, -ive [elɛktif, -iv] *adj* *critère* ausgewählt
élection [elɛksjɔ̃] *f* ❶ Wahl *f*; **jour des** ~**s** Wahltag *m*; **second tour des** ~**s** zweiter Wahlgang; ~**s européennes** Europawahlen *Pl*; ~**s législatives** Parlamentswahlen *Pl*; ~ **présidentielle** Präsidentenwahl *f*
❷ (*choix*) **patrie/pays d'**~ Wahlheimat *f*
électoral(e) [elɛktɔʀal, -o] <-aux> *adj* **circonscription** ~**e** Wahlkreis *m*, Wahlbezirk *m*; **liste** ~**e** Wählerliste *f*
électoralisme [elɛktɔʀalism] *m* POL Wählerfang *m*
électorat [elɛktɔʀa] *m* Wählerschaft *f*
électricien(ne) [elɛktʀisjɛ̃, jɛn] *m(f)* Elektriker(in) *m(f)*; **ingénieur** ~ Elektroingenieur(in) *m(f)*
électricité [elɛktʀisite] *f* ❶ (*courant*) Strom *m*; **se chauffer à l'**~ elektrisch heizen
❷ (*installation*) elektrische Leitungen *Pl*; **allumer/éteindre l'**~ *fam* das Licht an-/ausmachen (*fam*)
❸ PHYS Elektrizität *f*; ~ **statique** statische Aufladung, Reibungselektrizität *f*
▸ **il y a de l'**~ **dans l'air** es liegt Spannung in der Luft
électrification [elɛktʀifikasjɔ̃] *f* Elektrifizierung *f*
électrifier [elɛktʀifje] <1a> *vt* elektrifizieren *ligne de chemin de fer;* an das Stromnetz anschließen *région*
électrique [elɛktʀik] *adj* ❶ ELEC *cuisinière, clôture* elektrisch; *cheveux, pile* [elektrisch] geladen; **appareil** ~ Elektrogerät *nt*, Elektroartikel *m*, elektrisches Gerät; **centrale** ~ Stromkraftwerk *nt*; **moteur** ~ Elektromotor *m*; **production/réseau** ~ Stromerzeugung *f*/-netz *nt*
❷ (*saisissant*) elektrisierend (*fig*), atemberaubend
électrisation [elɛktʀizasjɔ̃] *f* ELEC Elektrisieren *nt*, Elektrisierung *f*
électriser [elɛktʀize] <1> *vt* elektrisieren (*a. fig*)
électroacoustique [elɛtʀoakustik] **I.** *adj* *recherche* elektroakustisch
II. *f* Elektroakustik *f*

électroaimant [elɛktʀoɛmɑ̃] *m* Elektromagnet *m*
électrocardiogramme [elɛktʀokaʀdjɔgʀam] *m* Elektrokardiogramm *nt,* EKG *nt*
électrochimie [elɛktʀoʃimi] *f* Elektrochemie *f*
électrochoc [elɛktʀoʃɔk] *m* Elektroschock *m*
électrocuter [elɛktʀɔkyte] <1> **I.** *vt* **être électrocuté(e)** einen Stromstoß [*o* [elektrischen] Schlag] bekommen
II. *vpr* **s'~ avec qc** von etw einen Stromstoß [*o* [elektrischen] Schlag] bekommen; (*être mort*) von etw einen tödlichen Stromstoß bekommen
électrocution [elɛktʀɔkysjɔ̃] *f* [tödlicher] elektrischer Schlag, [tödlicher] Stromstoß; **condamner qn par ~** jdn zum Tod auf dem elektrischen Stuhl verurteilen
électrode [elɛktʀɔd] *f* Elektrode *f*
électrodynamique [elɛktʀodinamik] **I.** *adj phénomène* elektrodynamisch
II. *f* Elektrodynamik *f*
électro-encéphalogramme [elɛktʀoɑ̃sefalɔgʀam] <électro-encéphalogrammes> *m* Elektroenzephalogramm *nt,* EEG *nt*
électrogène [elɛktʀɔʒɛn] *adj* stromerzeugend
électrolyse [elɛktʀɔliz] *f* Elektrolyse *f*
électrolyte [elɛtʀɔlit] *m* Elektrolyt *m*
électromagnétique [elɛktʀomaɲetik] *adj* elektromagnetisch
électromécanicien(ne) [elɛktʀɔmekanisjɛ̃, jɛn] *m(f)* Elektromechaniker(in) *m(f)*
électroménager [elɛktʀomenaʒe] **I.** *adj* **appareil ~** elektrisches Haushaltsgerät, Elektrogerät *nt* für den Haushalt
II. *m* ❶ (*appareils*) elektrische Haushaltsgeräte *Pl,* Elektrogeräte *Pl* für den Haushalt
❷ (*fabrication*) Industrie *f* für elektrische Haushaltsgeräte
❸ (*commerce*) Elektrohandel *m*
électromètre [elɛktʀɔmɛtʀ] *m* Elektrometer *nt*
électromoteur, -trice [elɛktʀɔmotœʀ, -tʀis] *adj force* elektromotorisch
électron [elɛktʀɔ̃] *m* Elektron *nt*
électronicien(ne) [elɛktʀɔnisjɛ̃, jɛn] *m(f)* Elektroniker(in) *m(f)*
électronique [elɛktʀɔnik] **I.** *adj* elektronisch; **calculateur ~** Elektronenrechner *m;* **émission ~** Elektronenstrahlung *f;* **monnaie ~** Cybercash *nt*
II. *f* Elektronik *f*
▸ **~ embarquée** Bordelektronik *f*
électronucléaire [elɛktʀɔnykleɛʀ] **I.** *adj* nuklear; **programme ~** Kernenergieprogramm *nt,* Atomenergieprogramm *nt*
II. *m* Kernenergie *f*
électrophone [elɛktʀɔfɔn] *m* [Schall]plattenspieler *m*
électrostatique [elɛktʀɔstatik] PHYS **I.** *adj phénomène* elektrostatisch
II. *f* Elektrostatik *f*
électrotechnicien(ne) [elɛktʀɔtɛknisjɛ̃, jɛn] *m(f)* Elektrotechniker(in) *m(f)*
électrotechnique [elɛktʀɔtɛknik] **I.** *adj institut* elektrotechnisch
II. *f* Elektrotechnik *f*
électrothérapie [elɛktʀɔteʀapi] *f* Elektrotherapie *f*
élégamment [elegamɑ̃] *adv s'habiller* elegant, fein; *se conduire* zuvorkommend
élégance [elegɑ̃s] *f sans pl* ❶ (*esthétique*) Eleganz *f; d'un vêtement* eleganter Stil; *d'un intérieur* geschmackvoller Stil; *d'un style* Gewandtheit *f; d'un mouvement* Anmut *f*
❷ (*morale*) *d'une personne* Korrektheit *f;* **la solution manque d'~** die Lösung ist umständlich; **l'~ de ses manières** sein/ihr korrektes [*o* vollendetes] Benehmen; **perdre avec ~** mit Anstand [*o* Haltung] verlieren, ein guter Verlierer sein
élégant(e) [elegɑ̃, ɑ̃t] *adj* elegant; *personne, manières* fein, gediegen, elegant; *vêtement, toilette* fein, geschmackvoll, elegant; *intérieur, jardin* stilvoll; *style* klar; *solution* nachvollziehbar, elegant; *mise en scène* stilvoll
élégiaque [eleʒjak] *adj* ❶ LITTER, POES *poème* elegisch
❷ (*mélancolique*) *ton* wehmütig
élégie [eleʒi] *f* Elegie *f*
élément [elemɑ̃] **I.** *m* ❶ (*composant*) Element *nt,* Bestandteil *m*
❷ (*mobilier*) Element *nt,* [Einzel]teil *nt;* (*pour être ajouté*) Anbauteil, Anbauelement; **~s préfabriqués** Fertig[bau]teile *Pl,* vorgefertigte [Bau]teile *Pl*
❸ LING Element *nt,* Konstituente *f,* Gliederungseinheit *f,* Baustein *m*
❹ MATH Element *nt*
❺ (*facteur*) **~ de réussite** [*o* **succès**] Erfolgsfaktor *m*
❻ (*donnée*) *d'un problème* Element *nt,* Komponente *f;* **voici les ~s du problème, tel qu'il se pose à nous** das Problem stellt sich für uns im Einzelnen so dar
❼ (*groupe dans une collectivité*) Teil *m;* **très bons ~s** ausgezeichnete [*o* hervorragende] Kräfte
❽ CHIM Element *nt;* **~ oxygène** Sauerstoffelement; **~ combustible** Brennelement *nt*
▸ **être/se retrouver/se sentir dans son ~** in seinem Element sein/wieder sein/sich in seinem Element fühlen
II. *mpl* ❶ (*principes de base*) Grundbegriffe *Pl,* Grundelemente *Pl*
❷ (*connaissances sommaires*) Grundkenntnisse *Pl,* Elementarwissen *nt*
❸ (*atouts*) elementare Eigenschaften *Pl*
❹ (*forces naturelles*) [Natur]elemente *Pl,* Naturgewalten *Pl,* Naturkräfte *Pl;* **~s déchaînés** entfesselte Elemente [*o* Naturgewalten]; **les quatre ~s** die vier Elemente
❺ (*unités militaires*) Einheit *f;* **~s aéroportés** Luftlandeeinheiten *Pl*
élémentaire [elemɑ̃tɛʀ] *adj* ❶ (*simple, de base*) elementar; *problème* grundlegend, elementar; *exercice* einfach, primitiv; **grammaire ~** Elementargrammatik *f;* **niveau ~** Grundstufe *f;* **principes ~s** Grundprinzipien *Pl;* **cet exercice est vraiment ~!** diese Übung ist wirklich einfach [*o* kinderleicht *fam*]!
❷ PHYS **particule ~** Elementarteilchen *nt*
▸ **~, mon cher Watson!** *fam* das ist doch ganz klar, mein lieber Watson! (*fam*); **c'est ~!** *fam* (*c'est évident*) das weiß doch jeder [*o* jedes Kind]!; (*c'est bien le moins qu'on puisse faire*) das ist das Mindeste[, was man tun kann/was du tun kannst]!
éléphant [elefɑ̃] *m* ❶ Elefant *m;* **~ mâle/femelle** Elefantenbulle *m*/Elefantenkuh *f*
❷ (*personne très grosse*) Koloss *m* (*pej fam*)
❸ POL [Partei]funktionär(in) *m(f)*
▸ **comme un ~ dans un magasin de porcelaine** *fam* wie ein Elefant im Porzellanladen (*fam*); **voir voler des ~s roses** *fam* weiße Mäuse sehen (*fam*)
◆ **~ d'Afrique** afrikanischer Elefant; **~ d'Asie** indischer Elefant; **~ de mer** Seeelefant *m*
éléphanteau [elefɑ̃to] <x> *m* junger Elefant, Elefantenkalb *nt*
éléphantesque [elefɑ̃tɛsk] *adj fam* massig; **être ~** ein Koloss sein (*fam*)
éléphantiasis [elefɑ̃tjazis] *f* MED Elefantiasis *f*
élevage [el(ə)vaʒ] *m* ❶ (*action*) Zucht *f,* Züchten *nt,* Aufzucht *f*
❷ (*ensemble d'animaux*) Zucht *f;* **~ d'abeilles** Bienenzucht, Imkerei *f;* **~ des huîtres/moules** Austern-/Muschelbank *f*
❸ (*exploitation*) Zuchtbetrieb *m*
❹ (*du bétail*) **l'~** die Viehzucht; **~ en plein air** Weidehaltung *f*
❺ (*de la volaille*) Bodenhaltung *f;* **~ en batterie** [*o* **industriel**] Massentierhaltung *f*
élévateur [elevatœʀ] *m* ❶ CONSTR [Lasten]aufzug *m;* (*lors d'un déménagement*) Hebebühne *f;* (*pour des péniches*) Schiffshebewerk *nt;* (*pour du personnel*) Aufzug
❷ ANAT Hebemuskel *m*
élévateur, -trice [elevatœʀ, -tʀis] *adj* ❶ TECH **appareil ~** Hebemaschine *f,* Hubapparat *m;* **chariot ~** Gabelstapler *m,* Hubstapler *m;* **nacelle élévatrice** bewegliche Plattform; **plate-**

forme élévatrice Hebebühne *f*
② ANAT **muscle** ~ Hebemuskel *m*
élévation [elevasjɔ̃] *f* ① (*accession*) Erhebung *f;* ~ **de qn à une dignité** jds Einsetzung *f* in ein Amt
② (*hausse*) Ansteigen *nt;* ~ **de la température** Temperaturanstieg *m*
③ (*noblesse*) Erhabenheit *f;* ~ **d'esprit** Edelmut *m*
④ MATH ~ **au carré** Erhebung *f* ins Quadrat
⑤ *vieilli* (*éminence*) Erhebung *f,* Anhöhe *f*
⑥ REL Elevation *f* (*Fachspr.*)
⑦ *rare* (*construction*) Errichtung *f; d'un édifice, barrage* Hochziehen *nt*
◆ ~ **de terrain** Geländeerhebung *f*
élève [elɛv] *mf* SCOL, ART, PHILOS Schüler(in) *m(f)*
◆ ~ **infirmier(-ière)** Krankenpflegeschüler *m*/Schwesternschülerin *f;* ~ **officier** [**d'active**] Offiziersanwärter(in) *m(f)*
élevé(**e**)[1] [el(ə)ve] *adj* ① (*haut*) hohe(r, s); *village, refuge* hoch gelegen; **peu** ~(**e**) niedrig, niedere(r, s)
② (*noble*) *conversation, style* gepflegt; *opinion* hoch; **être de condition** ~**e** zu den besseren Kreisen gehören
élevé(**e**)[2] [el(ə)ve] **I.** *adj* (*éduqué*) **bien**/**mal** ~(**e**) gut/schlecht erzogen; **c'est très mal** ~ **de faire qc** *fam* es ist sehr ungezogen etw zu tun
II. *m(f)* **un mal** ~ ein Flegel *m*
élever[1] [el(ə)ve] <4> **I.** *vt* ① (*ériger*) errichten, hochziehen *mur;* ~ **un monument à qn** jdm ein Denkmal errichten [*o* aufstellen]
② (*porter vers le haut*) hochheben; anheben *niveau d'eau;* ~ **un négatif vers la lumière** ein Negativ gegen das Licht halten
③ (*porter plus haut*) heben *niveau, ton;* erheben *voix;* ~ **le débat** das Niveau einer Debatte heben
④ (*relever*) erhöhen *taux d'intérêt, température;* anheben *niveau de vie*
⑤ (*promouvoir*) ~ **qn à un rang** jdn in einen Rang erheben; **être élevé à la dignité d'évêque** die Bischofswürde empfangen
⑥ (*susciter*) äußern, laut werden lassen *critique, doute;* erheben *objection;* bereiten *difficulté*
⑦ MATH ~ **un nombre au carré** eine Zahl ins Quadrat erheben
II. *vpr* ① (*être construit*) **s'**~ *mur, édifice:* stehen, sich erheben
② (*se dresser*) **s'**~ **à dix**/**cent mètres au-dessus de qc** *plateau, lieu géographique:* zehn/hundert Meter hoch liegen/über etw (*Dat*) liegen; **s'**~ **en pente douce**/**à pic** langsam/abrupt ansteigen
③ (*augmenter*) **s'**~ *température, taux:* [an]steigen
④ (*prendre de la hauteur*) **s'**~ *oiseau, avion:* [auf]steigen
⑤ (*se faire entendre*) **s'**~ zu hören sein
⑥ (*surgir*) **s'**~ *discussion:* entstehen; *doutes:* aufkommen, sich regen, laut werden; *difficulté:* auftreten
⑦ (*se chiffrer*) **s'**~ **à mille euros** *facture, somme:* betragen, sich auf tausend Euro belaufen
⑧ (*mépriser*) **s'**~ **au-dessus des injures** sich über Beleidigungen hinwegsetzen
⑨ (*socialement*) **s'**~ **par son seul travail** sich aus eigener Kraft hocharbeiten
⑩ (*s'opposer à*) **s'**~ **contre qc** *personne:* sich gegen etw wenden; *critique, objection:* gegen etw laut werden; *voix:* sich gegen etw erheben, gegen etw laut werden
élever[2] [el(ə)ve] <4> *vt* ① (*prendre soin de*) aufziehen *personne, animal;* **être élevé**(**e**) **chez qn** *personne:* bei jdm aufwachsen
② (*éduquer*) erziehen; **être élevé**(**e**) **par qn** von jdm erzogen werden
③ (*faire l'élevage de*) züchten *animaux*
éleveur [el(ə)vœʀ] *m* [Vieh]züchter *m;* ~ **de chevaux** Pferdezüchter
éleveuse [el(ə)vøz] *f* ① [Vieh]züchterin *f;* ~ **de chevaux** Pferdezüchterin
② (*couveuse*) Schirmglucke *f*
elfe [ɛlf] *m* Elfe *f*
élider [elide] <1> **I.** *vt* elidieren (*geh*), streichen, tilgen *voyelle;* ~ **un mot** in einem Wort eine Elision vornehmen (*geh*)
II. *vpr* **s'**~ *voyelle:* elidiert werden (*geh*), gestrichen [*o* getilgt] werden
éligibilité [eliʒibilite] *f* Wählbarkeit *f,* passives Wahlrecht
éligible [eliʒibl] *adj* wählbar
élimé(**e**) [elime] *adj* ~(**e**) **à qc** an etw (*Dat*) abgewetzt [*o* durchgescheuert]
élimination [eliminasjɔ̃] *f d'une erreur* Beseitigung *f; d'un adversaire* Ausschaltung *f; des déchets* Beseitigung *f,* Entsorgung *f; d'une tache* Entfernung *f; des cafards* Vernichtung *f; d'une pièce défectueuse* Aussonderung *f; des barrières douanières* Aufhebung *f; d'une espèce* Ausrottung *f; de toxines* Ausscheidungen *Pl; d'un joueur* Ausscheiden *nt;* SPORT (*par triche, dopage*) Sperrung *f,* Ausschluss *m;* ~ [**physique**] **d'une personne** Eliminierung *f* eines Menschen
▸ **procéder par** ~ ausschließen, was nicht in Frage kommt
éliminatoire [eliminatwaʀ] **I.** *adj* ① SCOL, UNIV *note, faute* den Ausschluss bedingend, zum Ausschluss führend; **épreuve** ~ Auswahlprüfung *f*
② SPORT **match** ~ Ausscheidungsspiel *nt*
II. *f souvent pl* Ausscheidungs[wett]kämpfe *Pl*
éliminer [elimine] <1> **I.** *vi* Giftstoffe ausscheiden; **mal** ~ Giftstoffe nur unvollständig ausscheiden
II. *vt* ① (*faire disparaître*) beseitigen *erreurs;* aus dem Weg räumen *obstacle;* entfernen *tartre;* vernichten *parasites*
② (*tuer*) eliminieren
③ (*écarter*) ausschließen; aussondern *pièces défectueuses*
④ ECON, POL ausschalten, verdrängen
⑤ SCOL, UNIV wiederholen lassen *élève;* **il a été éliminé à l'oral** er ist im Mündlichen durchgefallen
⑥ SPORT ~ **qn de la course** jdn aus dem Rennen werfen; (*pour dopage*) jdn [für ein Rennen] sperren; ~ **qn d'une compétition**/**équipe** jdn vom Wettkampf/aus einer Mannschaft ausschließen; **être éliminé**(**e**) ausscheiden; (*pour dopage*) gesperrt [*o* ausgeschlossen] werden
⑦ (*rejeter*) ausschließen *possibilité*
⑧ IND entsorgen *déchets*
⑨ PHYSIOL ausscheiden *toxines*
⑩ MATH eliminieren
III. *vpr* **s'**~ **facilement** *tache:* leicht zu entfernen sein
élire [eliʀ] <*irr*> *vt* wählen; **il a été élu président** er wurde zum Präsidenten gewählt
élisabéthain(**e**) [elizabetɛ̃, ɛn] *adj règne* elisabethanisch
élision [elizjɔ̃] *f* Streichung *f,* Tilgung *f,* Elision *f* (*geh*)
élitaire [elitɛʀ] *adj* elitär
élite [elit] *f* ① (*les meilleurs d'un groupe*) Elite *f*
② *pl* (*les premiers par leur formation*) Elite *f; de la nation* die Führungsschicht
élitisme [elitism] *m* Elitesystem *nt*
élitiste [elitist] *adj* **école** ~ Eliteschule *f*
élixir [eliksiʀ] *m* Elixier *nt,* Zaubertrank *m;* ~ **de longue vie** Lebenselixier
elle [ɛl] *pron pers* ① (*se rapportant à une personne fém*) sie; ~ **est grande** sie ist groß; **lui est venu, mais pas** ~ er ist gekommen, aber sie nicht
② *interrog, ne se traduit pas* **Sophie a-t-**~ **ses clés?** hat Sophie ihre Schlüssel?; **la maison a-t-**~ **un jardin?** hat das Haus einen Garten?
③ (*se rapportant à un animal ou objet fém*) **regarde la lune comme** ~ **est ronde** sieh mal, wie rund der Mond ist; **la mer,** ~ **aussi, est polluée** auch das Meer ist verschmutzt; **la vache,** ~ **fait meuh** die Kuh macht muh
④ *fam* (*pour renforcer*) ~**, monter une entreprise?** was, die will ein Unternehmen gründen? (*fam*); ~**, elle n'a pas ouvert la bouche** die hat den Mund nicht aufgemacht (*fam*);

et ~ qui pensait avoir compris! und die dachte, sie hätte alles verstanden! (*fam*); **c'est ~ qui l'a dit** das hat die gesagt (*fam*); **c'est ~ que tu as entendue à la radio** die hast du im Radio gehört (*fam*); **il veut la voir, ~!** die möchte er sehen! (*fam*); **il veut l'aider, ~?** der möchte er helfen? (*fam*); **je les aime bien, ~ et lui** ich mag sie beide, sie und ihn
❺ *avec une préposition* **avec/sans ~** mit ihr/ohne sie; **à ~ seule** sie allein; **la maison est à ~** das Haus gehört ihr; **c'est à ~ de décider** sie muss entscheiden; **c'est à ~!** sie ist dran!
❻ *dans une comparaison* sie; **il est comme ~** er ist wie sie; **plus/aussi fort(e) qu'~** stärker als sie/genauso stark wie sie
❼ (*soi*) sich; **elle ne pense qu'à ~** sie denkt nur an sich; **elle est fière d'~** sie ist stolz auf sich
▶ **~ est bien bonne!** *fam* das glaub' ich [einfach] nicht! (*fam*); **~ est un peu raide, celle-là!** *fam* das ist ja ein starkes Stück! (*fam*)

ellébore [elebɔʀ] *m* BOT **~ noir** Christrose *f*

elle-même [ɛlmɛm] *pron pers* ❶ (*elle en personne*) **~ n'en savait rien** sie selbst wusste nichts davon; **elle se sent ~ heureuse** sie fühlt sich glücklich; **elle l'a dit ~, c'est ~ qui l'a dit** sie selbst hat es gesagt; **elle est venue d'~** sie ist von selbst [*o* von sich (*Dat*) aus] [*o* aus eigenem Antrieb] gekommen; **Mme. Duchêne? – Elle-même!** Frau Duchêne? – Höchstpersönlich!
❷ (*en soi*) selbst, an sich; **la chose n'est pas mauvaise en ~** die Sache [an sich] ist nicht schlecht
❸ (*elle aussi*) ebenfalls, auch; **sa mère était ~ furieuse** seine/ihre Mutter war ebenfalls [*o* auch] sehr wütend

elles [ɛl] *pron pers* ❶ (*se rapportant à des personnes fém*) sie; **~ sont grandes** sie sind groß; **eux sont venus, mais pas ~** sie sind gekommen, aber sie nicht
❷ *interrog, ne se traduit pas* **les filles, sont-~ venues?** sind die Mädchen gekommen?; **les fleurs ont-~ poussé?** sind die Blumen gewachsen?
❸ (*se rapportant à des animaux ou objets fém*) **regarde les fleurs comme ~ sont belles** sieh mal, wie schön die Blumen sind; **les vaches, ~ font meuh** die Kühe machen muh
❹ *fam* (*pour renforcer*) **~, monter une entreprise?** was, die wollen ein Unternehmen gründen? (*fam*); **~, elles n'ont pas ouvert la bouche** die haben den Mund nicht aufgemacht (*fam*); **et ~ qui pensaient avoir compris!** und die dachten, sie hätten alles verstanden! (*fam*); **c'est ~ qui l'ont dit** die haben das gesagt (*fam*); **c'est ~ que tu as entendues à la radio** die hast du im Radio gehört (*fam*); **il veut les voir, ~!** die möchte er sehen! (*fam*); **il veut les aider, ~?** denen möchte er helfen? (*fam*); **~, on les commémore** man gedenkt ihrer
❺ *avec une préposition* **avec/sans ~** mit ihnen/ohne sie; **à ~ seules** sie allein; **la maison est à ~** das Haus gehört ihnen; **c'est à ~ de décider** sie müssen entscheiden; **c'est à ~!** sie sind dran!
❻ *dans une comparaison* sie; **ils sont comme ~** sie sind wie sie; **plus/aussi fort(e) qu'~** stärker als sie/genauso stark wie sie
❼ (*soi*) sich; **elles ne pensent qu'à ~** sie denken nur an sich; **elles sont fières d'~** sie sind stolz auf sich

elles-mêmes [ɛlmɛm] *pron pers* ❶ (*elles en personne*) **~ n'en savaient rien** sie selbst wussten nichts davon; **elles se sentent ~ heureuses** sie fühlen sich glücklich; **elles l'ont dit ~, c'est ~ qui l'ont dit** sie selbst haben es gesagt; **elles sont venues d'~** sie sind von selbst [*o* von ihnen aus] [*o* aus eigenem Antrieb] gekommen
❷ (*aussi*) ebenfalls, auch; **ses sœurs étaient ~ furieuses** seine/ihre Schwestern waren ebenfalls [*o* auch] sehr wütend

ellipse [elips] *f* ❶ LING Ellipse *f*, Auslassung *f*
❷ GEOM Ellipse *f*

elliptique [eliptik] *adj* ❶ elliptisch; *tournure, formule* unvollständig; *façon de parler* unklar; *auteur* sich unklar ausdrückend
❷ *figure, orbite* elliptisch, ellipsenförmig

élocution [elɔkysjɔ̃] *f* Aussprache *f*; **avoir une ~ lente/rapide** langsam/schnell sprechen; **avoir une grande facilité d'~** redegewandt sein; **défaut d'~** Sprachfehler *m*; **professeur d'~** Lehrer(in) *m(f)* für Sprecherziehung

éloge [elɔʒ] *m* ❶ (*louange*) Lob *nt*; **parler de qn/qc avec ~** sich lobend über jdn/etw äußern; **ne pas tarir d'~s sur qn/qc** jdn/etw nicht genug loben können, des Lobes voll über jdn/etw sein (*geh*)
❷ (*dithyrambe*) Lobrede *f*; **faire l'~ de qn** eine Lobrede auf jdn halten
▶ **prononcer l'~ funèbre de qn** die Grabrede für jdn halten; **être tout à l'~ de qn** *bonne action:* für jdn sprechen

élogieux, -euse [elɔʒjø, -jøz] *adj paroles* lobend

Éloi [elwa] *m* **Saint ~** Eligius

éloigné(e) [elwaɲe] *adj* ❶ (*dans l'espace*) **~(e) de qc** fern [*o* weit entfernt] von etw; **ces deux villages sont ~s de dix kilomètres** die beiden Dörfer liegen [*o* sind] zehn Kilometer voneinander entfernt; **se tenir ~(e) de qc** sich fern von etw halten
❷ (*isolé*) entlegen
❸ (*dans le temps*) *avenir* fern; *époque, passé* weit zurückliegend; **avenir peu ~** nahe [*o* nähere] Zukunft; **le moment n'est pas très ~ où** es wird nicht [so] lange dauern, bis
❹ (*différent*) **~(e) de qc** weit entfernt von etw
❺ *parent* entfernt

éloignement [elwaɲmɑ̃] *m* ❶ (*distance*) **l'~** die Entfernung
❷ (*séparation d'avec*) **l'~ de qn** jds Abwesenheit *f*; **prendre de l'~** Abstand nehmen
❸ (*recul*) der [zeitliche] Abstand
❹ (*fait de se tenir à l'écart*) **~ de qc** Rückzug *m* von etw

éloigner [elwaɲe] <1> **I.** *vt* ❶ (*mettre à distance*) fernhalten; wegschieben *meuble*
❷ (*détourner*) **~ qn du sujet** jdn vom Thema abbringen; **~ qn de la vie politique** jdn von der Politik abhalten [*o* fernhalten]
❸ (*dans le temps*) **chaque jour qui passe nous éloigne de notre jeunesse** mit jedem Tag entfernen wir uns mehr von unserer Jugend
❹ (*écarter*) zerstreuen *soupçons;* bannen *danger;* **~ une idée** eine Idee weit von sich weisen
❺ (*détacher*) **~ qn de qn** jdn von jdm entfernen
II. *vpr* ❶ (*devenir de plus en plus lointain*) **s'~** *nuages:* verschwinden; *bruit:* leiser werden; *vent, tempête:* nachlassen; *orage:* weiterziehen, abziehen
❷ (*aller ailleurs*) **s'~** sich entfernen; *voiture, train:* sich entfernen, davonfahren, wegfahren, fortfahren; *bateau:* sich entfernen; *avion:* sich entfernen, davonfliegen, wegfliegen, fortfliegen; *personne:* sich entfernen, weggehen, fortgehen; *véliplanchiste:* sich entfernen, davonsurfen; *nageur:* sich enfernen, wegschwimmen, fortschwimmen, davonschwimmen
❸ (*aller plus loin*) **s'~** das Weite suchen; **ne t'éloigne pas trop, s'il te plaît!** geh bitte nicht zu weit weg!
❹ (*en courant*) davonlaufen, weglaufen
❺ (*à pas lents*) langsam weggehen
❻ (*dans le temps*) **s'~ de qc** etw hinter sich (*Dat*) zurücklassen
❼ (*s'estomper*) **s'~** *souvenir:* sich verflüchtigen; *danger:* abnehmen
❽ (*s'écarter de*) **s'~ du sujet** vom Thema abkommen [*o* abschweifen]
❾ (*prendre ses distances par rapport à*) **s'~ de qn/qc** auf Distanz zu jdm/etw gehen

élongation [elɔ̃gasjɔ̃] *f* Zerrung *f*

éloquence [elɔkɑ̃s] *f* ❶ (*verve*) Eloquenz *f* (*geh*); **avoir [*o* parler avec] beaucoup d'~** sehr eloquent sein (*geh*)
❷ (*technique*) Wortgewandtheit *f*; **mettre son ~ au service de qc** seine Redekunst in den Dienst einer S. (*Gen*) stellen

éloquent(e) [elɔkɑ̃, ɑ̃t] *adj* ❶ (*persuasif*) *dicours* eloquent

(*geh*); *orateur* redegewandt, eloquent (*geh*)
❷ (*significatif*) *geste, regard* vielsagend; *silence* beredt; **être ~(e)** *chiffre, faits, comparaison:* für sich [*o* eine deutliche Sprache] sprechen

élu(e) [ely] **I.** *part passé de* **élire**
II. *adj* gewählt
III. *m(f)* ❶ POL Abgeordnete(r) *f(m)*
❷ REL Auserwählte(r) *f(m)*, Auserkorene(r) *f(m)*
▸ **l'~(e) de son cœur** *hum* seine Herzdame/ihr Herzbube; **l'heureux ~/l'heureuse ~e** der/die glückliche Auserwählte

élucidation [elysidasjɔ̃] *f* Aufklärung *f*; *d'un problème* Beleuchtung *f*

élucider [elyside] <1> *vt* aufklären *mystère;* **~ une affaire** Licht in eine Angelegenheit bringen

élucubrations [elykybʀasjɔ̃] *fpl péj* Hirngespinste *Pl*

élus [ely] *passé simple de* **élire**

Élysée [elize] *m* **l'~** der Elyseepalast

élyséen(ne) [elizeɛ̃, ɛn] *adj* ❶ MYTH *Jardin* elysisch
❷ *fam couloirs* Élysée-

élytre [elitʀ] *m* Deckflügel *m*

émacié(e) [emasje] *adj* ausgemergelt

e-mail [imel] <e-mails> *m* E-Mail *nt o f*

émail [emaj, emo] <-aux> *m* ❶ *sans pl* ANAT Schmelz *m*; **~ dentaire** Zahnschmelz
❷ *sans pl* (*vernis*) Glasur *f*
❸ (*sur métal*) Email *nt*, Emaille *f*
❹ *pl* (*décoration*) Emailmalerei *f*
❺ (*objets*) emaillierte Gegenstände; **en ~** emailliert; **baignoire en ~** Emailwanne *f*

émaillage [emajaʒ] *m* Emaillieren *nt*

émaillé(e) [emaje] *adj* ❶ (*revêtu d'émail*) *faïence* glasiert; *fonte* emailliert
❷ *iron* (*parsemé*) **~(e) de citations/fautes** gespickt mit Zitaten/Fehlern

émanation [emanasjɔ̃] *f* ❶ REL, PHILOS, PHYS Emanation *f*
❷ *souvent pl* (*exhalaison*) Ausdünstung *f*; **~s pestilentielles** widerlicher Gestank *m*; **~s volcaniques** GEOL vulkanische Dämpfe [*o* Gase] *Pl*

émancipateur, -trice [emɑ̃sipatœʀ, -tʀis] **I.** *adj mouvement* emanzipatorisch
II. *m, f* Emanzipator(in) *m(f)*

émancipation [emɑ̃sipasjɔ̃] *f* ❶ (*libération*) Emanzipation *f*; *du prolétariat* Befreiung *f*; *d'une colonie* Entlassung *f* in die Unabhängigkeit
❷ JUR Volljährigkeitserklärung *f*, Mündigsprechung *f*

émancipé(e) [emɑ̃sipe] *adj femme* emanizipiert

émanciper [emɑ̃sipe] <1> **I.** *vt* JUR für volljährig [*o* mündig] erklären
II. *vpr* **s'~** sich emanzipieren, sich befreien

émaner [emane] <1> *vi* **~ de qn/qc** *autorité, charme:* von jdm/etw ausgehen; *ordre, demande:* von jdm/etw kommen; *odeur:* von jdm/etw [her]kommen, von jdm/etw ausgehen; *lumière, chaleur:* von etw ausgestrahlt werden, von etw [her]kommen

émargement [emaʀʒəmɑ̃] *m d'un contrat* Abzeichnen *nt*, Unterschreiben *nt*; **feuille d'~** Anwesenheitsliste *f*

émarger [emaʀʒe] <2a> **I.** *vi* **~ au budget de l'État** sein Gehalt vom Staat beziehen
II. *vt* abzeichnen, unterschreiben

émasculation [emaskylasjɔ̃] *f* Entmannung *f*

émasculer [emaskyle] <1> *vt* kastrieren *animal;* entmannen, kastrieren *homme*

emballage [ɑ̃balaʒ] *m* ❶ *sans pl* (*action d'emballer*) Verpacken *nt*
❷ (*paquet*) [Ver]packung *f*, Wiederverwendungsverpackung; **~ jetable** [*o* **perdu**] Einwegverpackung; **~ sous vide** Vakuumverpackung; **~ d'origine** Originalverpackung; **dans son ~ d'origine** in der Originalverpackung

emballagiste [ɑ̃balaʒist] *mf* Packer(in) *m(f)*

emballant(e) [ɑ̃balɑ̃, ɑ̃t] *adj fam* (*enthousiasmant*) toll (*fam*)

emballement [ɑ̃balmɑ̃] *m* überschwängliche Begeisterung *f*

emballer [ɑ̃bale] <1> **I.** *vt* ❶ (*empaqueter*) einpacken, verpacken
❷ *fam* (*enthousiasmer*) **être emballé(e) par qc/à l'idée de faire qc** ganz hin und weg *fam* [*o* begeistert] von etw/von der Idee etw zu tun sein (*fam*)
❸ AUT überdrehen, aufheulen lassen *moteur*
❹ *fam* (*séduire*) einwickeln (*sl*)
▸ **emballez, c'est pesé!** abgemacht! (*fam*)
II. *vpr* ❶ *fam* (*s'enthousiasmer*) **s'~ pour qc** Feuer und Flamme für etw sein (*fam*)
❷ *fam* (*s'emporter*) **s'~** sich aufregen; **elle s'est emballée contre lui** sie hat sich über ihn aufgeregt (*fam*)
❸ (*partir à une allure excessive*) **s'~** *animal:* durchgehen; *moteur:* aufheulen

embarcadère [ɑ̃baʀkadɛʀ] *m* Anlegestelle *f*, Landungsplatz *m*, Landungsbrücke *f*, Pier *m o f*

embarcation [ɑ̃baʀkasjɔ̃] *f* Boot *nt*

embardée [ɑ̃baʀde] *f* AUT schnelles Ausweichen *nt*; NAUT Gieren *nt* (*Fachspr.*)

embargo [ɑ̃baʀgo] *m* ❶ Embargo *nt*; **mettre/lever l'~ sur qc** ein Embargo über etw (*Akk*) verhängen/für etw aufheben; **être soumis(e) à un ~** einem Embargo unterliegen; **~ sur les livraisons** Liefersperre *f*; **~ sur une nouvelle** Nachrichtensperre
❷ (*interdiction de laisser partir des navires*) Hafensperre *f*

embarquement [ɑ̃baʀkəmɑ̃] *m* ❶ (*chargement*) *des marchandises* Verladen *nt*
❷ NAUT Einschiffen *nt*
❸ AVIAT **~ immédiat, porte 5!** begeben Sie sich an Ausgang Nr. 5!

embarquer [ɑ̃baʀke] <1> **I.** *vi* an Bord gehen, sich einschiffen; **~ dans l'avion** ins Flugzeug steigen; **~ dans l'autobus/dans une voiture** CAN in den Bus einsteigen/in einem Wagen steigen
II. *vt* ❶ (*prendre à bord d'un bateau*) einschiffen, an Bord nehmen; verladen *marchandises*
❷ (*à bord d'un véhicule*) einsteigen lassen *passagers;* verladen *animaux*
❸ *fam* (*emporter*) wegschaffen (*fam*)
❹ (*voler*) mitgehen lassen (*fam*)
❺ *fam* (*arrêter*) schnappen (*fam*); **se faire ~** sich schnappen lassen (*fam*)
▸ **elle est mal embarquée** *fam* für sie sieht's schlecht aus (*fam*); **l'affaire est mal embarquée** *vieilli* die Sache fängt ja gut an (*iron*)
III. *vpr* ❶ (*monter à bord d'un bateau*) **s'~** sich einschiffen
❷ (*s'engager*) **s'~ dans qc** sich auf etw (*Akk*) einlassen

embarras [ɑ̃baʀa] *m* ❶ (*gêne*) Verlegenheit *f*, Befangenheit *f*; **tirer qn d'~** jdm aus der Verlegenheit helfen
❷ (*tracas*) Unannehmlichkeit *f*; **être une source d'~ pour qn** jdm nur Unannehmlichkeiten bereiten
❸ (*indigestion*) **~ gastrique** Magenverstimmung *f*
▸ **n'avoir que l'~ du choix** die Qual der Wahl haben; **être dans l'~** (*avoir des difficultés d'argent*) in Geldschwierigkeiten [*o* Geldnot] sein; (*être mal à l'aise*) sich in einer unangenehmen Situation befinden; (*être devant un dilemme*) sich in einer schwierigen Lage befinden; **mettre** [*o* **plonger**] **qn dans l'~** (*le mettre mal à l'aise*) jdn in Bedrängnis [*o* Verlegenheit] bringen; (*l'enfermer dans un dilemme*) jdn in Schwierigkeiten bringen; **avec ~** (*avec gêne*) verlegen; (*avec difficulté*) mit Mühe

embarrassant(e) [ɑ̃baʀasɑ̃, ɑ̃t] *adj* ❶ (*délicat*) unangenehm
❷ (*ennuyeux*) *situation, problème* misslich
❸ (*encombrant*) sperrig, lästig

embarrassé(e) [ɑ̃baʀase] *adj* ❶ (*gêné*) *personne* verlegen, peinlich berührt; *air, sourire* betreten, verlegen

❷ *(confus)* *explication, phrase* wirr
❸ *(encombré)* ~(e) **de qc** vollgestellt mit etw
embarrasser [ɑ̃baʀase] <1> **I.** *vt* ❶ *(déconcerter)* in Verlegenheit bringen
❷ *(tracasser)* Mühe [*o* zu schaffen] machen; **ça m'embarrasse de te le dire** es fällt mir nicht leicht dir das zu sagen
❸ *(gêner dans ses mouvements)* behindern, stören
❹ *(encombrer)* vollstehen *table;* versperren *couloir*
II. *vpr* ❶ *(s'encombrer)* **s'~ de qn/qc** sich mit jdm/etw belasten
❷ *(se soucier)* **s'~ de qc** sich mit etw abgeben, sich um etw kümmern
embastiller [ɑ̃bastije] <1> *vt* ❶ HIST in der Bastille einsperren
❷ *hum* einkasteln *(fam)* *personne*
embauche [ɑ̃boʃ] *f* ❶ *(recrutement)* Einstellung *f*
❷ *(travail)* Beschäftigung *f;* **offre d'~** Stellenangebot *nt*
embaucher [ɑ̃boʃe] <1> **I.** *vt* ❶ ECON einstellen; **se faire ~ comme qc** eine Stelle [*o* Beschäftigung] als etw annehmen
❷ *fam (entraîner à)* ~ **qn pour faire qc** jdn dazu anstellen etw zu tun *(fam)*
II. *vi* einstellen
embaucheur, -euse [ɑ̃boʃœʀ, -øz] *m, f (employeur)* Arbeitgeber(in) *m(f)*
embauchoir [ɑ̃boʃwaʀ] *m* Schuhspanner *m*
embaumement [ɑ̃bommɑ̃] *m d'un corps* Einbalsamierung *f*
embaumer [ɑ̃bome] <1> **I.** *vi fleur, fruit:* duften
II. *vt* ❶ *(parfumer)* mit seinem/ihrem Duft erfüllen *maison, jardin;* **la lavande embaume le linge** Lavendel verleiht der Wäsche *(Dat)* einen angenehmen Duft
❷ *(sentir bon)* ~ **le lilas** nach Veilchen duften
❸ [ein]balsamieren *cadavre;* **être embaumé(e)** *mort:* einbalsamiert sein
embellie [ɑ̃beli] *f* METEO Aufheiterung *f*
embellir [ɑ̃beliʀ] <8> **I.** *vi* schöner [*o* hübscher] werden
II. *vt* schöner [*o* hübscher] aussehen lassen *personne;* verschönern *maison, ville;* beschönigen *vérité, réalité*
embellissement [ɑ̃belismɑ̃] *m* ❶ *sans pl (action d'embellir) d'un lieu, édifice* Verschönerung *f*
❷ *(élément qui embellit un lieu)* Verschönerung *f; d'un récit, de la vérité* Beschönigung *f (pej); d'un projet architectural* Verbesserung *f*
emberlificoter [ɑ̃bɛʀlifikɔte] <1> *vpr fam* **s'~ dans des explications** sich in Erklärungen *(Dat)* verheddern *(fam)*
embêtant [ɑ̃bɛtɑ̃] *m fam* **l'~, c'est qu'il est sourd** das Blöde [*o* Dumme] ist, dass er taub ist *(fam)*
embêtant(e) [ɑ̃bɛtɑ̃, ɑ̃t] *adj fam* ❶ *(agaçant)* *personne* lästig
❷ *(fâcheux)* dumm
❸ *rare (ennuyeux)* stumpfsinnig
embêtement [ɑ̃bɛtmɑ̃] *m fam* Scherereien *Pl (fam)*
embêter [ɑ̃bete] <1> **I.** *vt fam* ❶ *(importuner)* auf die Palme bringen *(fam)*
❷ *(contrarier)* nerven *(fam);* **être embêté(e)** bedrückt sein, dumm dastehen *(fam);* **ça vous embêterait beaucoup de le faire?** könntet ihr euch vielleicht dazu bequemen es zu tun?; **ça embête qn que je le fasse** es ist jdm ganz unangenehm, dass ich es tue *(fam)*
❸ *(casser les pieds)* anöden *(fam)*
II. *vpr fam* ❶ *(s'ennuyer)* **s'~** sich [zu Tode *fam*] langweilen
❷ *(se démener)* **s'~ à faire qc** sich ins Zeug legen um etw zu machen *(fam),* sich bei etw ins Zeug legen *(fam)*
► **ne pas s'~** *(n'être pas à plaindre)* nicht übel leben; *(en profiter)* sich köstlich amüsieren
emblaver [ɑ̃blave] <1> *vt* AGR besäen *terre*
emblée [ɑ̃ble] *adv* **d'~** auf Anhieb
emblématique [ɑ̃blematik] *adj* sinnbildlich; **figure ~ de qc** Symbol *nt* einer S. *(Gen)*
emblème [ɑ̃blɛm] *m* ❶ *(insigne)* Emblem *nt*
❷ *(symbole)* Sinnbild *nt,* Symbol *nt*
embobiner [ɑ̃bɔbine] <1> *vt fam* einwickeln, beschwatzen *(fam)*
emboîtage [ɑ̃bwataʒ] *m d'un livre* Schuber *m; (étui)* Kassette *f*
emboîtement [ɑ̃bwatmɑ̃] *m* Ineinanderpassen *nt,* Ineinandergreifen *nt*
emboîter [ɑ̃bwate] <1> **I.** *vt* zusammensetzen, zusammenfügen, einfügen [*o* einpassen]
II. *vpr* **des choses s'emboîtent [les unes dans les autres]** Dinge passen ineinander
embolie [ɑ̃bɔli] *f* Embolie *f;* ~ **pulmonaire** Lungenembolie *f*
embonpoint [ɑ̃bɔ̃pwɛ̃] *m* [Körper]fülle *f,* Leibesfülle *f*
embouché(e) [ɑ̃buʃe] *adj* **être mal ~(e)** keine [*o* eine schlechte] Kinderstube haben
emboucher [ɑ̃buʃe] <1> *vt* ❶ *(mettre à la bouche)* an die Lippen setzen *trompette*
❷ *(mettre à la bouche d'un animal)* an die Kandare nehmen *cheval*
embouchure [ɑ̃buʃyʀ] *f* ❶ GEOG Mündung *f*
❷ MUS Mundstück *nt*
❸ *(mors)* Trense *f (Fachspr.)*
embourber [ɑ̃buʀbe] <1> **I.** *vt* ~ **qc** mit etw im Schlamm [*o* Morast] stecken bleiben; **la voiture est embourbée** der Wagen steckt im Schlamm fest
II. *vpr* ❶ *(s'enliser)* **s'~** im Schlamm [*o* Morast] stecken bleiben
❷ *(s'empêtrer)* **s'~ dans qc** sich in etw *(Akk)* verwickeln [*o* verstricken]
❸ *(s'enfoncer)* **s'~ dans qc** in etw *(Dat)* stecken bleiben
embourgeoisement [ɑ̃buʀʒwazmɑ̃] *m* Verbürgerlichung *f*
embourgeoiser [ɑ̃buʀʒwaze] <1> *vpr* **s'~** verbürgerlichen
embout [ɑ̃bu] *m* ❶ *d'une chaussure* Kappe *f; d'un parapluie* Spitze *f; d'une canne à pêche* Abschlusskappe; *d'une échelle* [Gummi]stöpsel *m; d'un trépied* Fuß *m; d'un système d'échappement* Endrohr *nt;* ~ **de protection** Schutzkappe
❷ *(pour la bouche)* Mundstück *nt*
❸ *(embout de gonflage)* Stutzen *m*
embouteillage [ɑ̃butɛjaʒ] *m* AUT [Verkehrs]stau *m,* Verkehrsstockung *f;* **être pris(e) dans un ~** in einem [Verkehrs]stau festsitzen
embouteiller [ɑ̃buteje] <1> *vt* ❶ *(mettre en bouteilles)* in Flaschen füllen; **être embouteillé(e)** *vin:* abgefüllt sein
❷ *(saturer)* **être embouteillé(e)** *rue, passage:* verstopft sein; *lignes téléphoniques:* überlastet sein
emboutir [ɑ̃butiʀ] <8> *vt* ❶ AUT eindrücken, einbeulen; **il s'est fait ~ par une voiture** von einem Auto [hinten] gerammt werden
❷ TECH treiben *métal*
emboutissage [ɑ̃butisaʒ] *m* ❶ METAL, TECH *d'une plaque de métal* Tiefziehen *nt*
❷ *(carambolage) d'un véhicule* Verbeulen *nt*
embranchement [ɑ̃bʀɑ̃ʃmɑ̃] *m* ❶ *(point de jonction)* Kreuzung *f,* Schnittpunkt *m*
❷ *(ramification)* Abzweigung *f; d'une voie de chemin de fer* Nebenlinie *f; d'une canalisation* Abzweigung *f*
❸ BOT, ZOOL Stamm *m*
embrancher [ɑ̃bʀɑ̃ʃe] <1> **I.** *vt* ~ **qc à une ligne** etw an eine Leitung anschließen
II. *vpr (être raccordé)* **s'~ sur qc** in etw *(Akk)* [ein]münden
embrasement [ɑ̃bʀɑzmɑ̃] *m littér* Glut *f*
embraser [ɑ̃bʀɑze] <1> **I.** *vt littér* ❶ *(illuminer)* glutrot färben *ciel, paysage;* **être embrasé(e)** glutrot sein
❷ *(enflammer)* entflammen *(geh),* erglühen lassen *(geh)*
II. *vpr littér* ❶ *(s'illuminer)* **s'~** *ciel, paysage:* sich glutrot färben, erglühen *(geh)*
❷ *(être en proie à des troubles)* **s'~** *pays, ville:* in Aufruhr geraten
embrassades [ɑ̃bʀasad] *fpl* Küsse [und Umarmungen] *Pl*
embrasse [ɑ̃bʀas] *f* Raffhalter *m*

embrassé(e) [ɑ̃bʀase] *adj* POES *rimes* umarmend
embrassement [ɑ̃bʀasmɑ̃] *m souvent pl littér* Umarmung *f*
embrasser [ɑ̃bʀase] <1> **I.** *vt* ① (*donner un baiser*) küssen; **va l'~!** geh und gib ihm/ihr ein Küsschen!; ~ **qn avant de partir** jdm einen Abschiedskuss geben
② (*saluer*) **je t'/vous embrasse** viele Grüße
③ (*couvrir*) umfassen *période*
④ *littér* (*choisir*) annehmen *religion;* einschlagen *carrière;* ergreifen *métier;* ~ **une cause** für eine Sache Partei ergreifen
II. *vpr* **s'**~ sich [*o* einander] küssen
embrasure [ɑ̃bʀɑzyʀ] *f* Öffnung *f*
embrayage [ɑ̃bʀɛjaʒ] *m* Kupplung *f;* **voiture à** ~ **automatique** Wagen *m* mit Automatikgetriebe
embrayer [ɑ̃bʀeje] <7> *vi* ① AUT *conducteur:* einkuppeln, die Kupplung kommen lassen
② (*commencer à parler*) ~ **sur qn/qc** auf jdn/etw zu sprechen kommen
embrigadement [ɑ̃bʀigadmɑ̃] *m péj de partisans* Rekrutierung *f* (*pej*)
embrigader [ɑ̃bʀigade] <1> *vt péj* ① (*endoctriner*) in Anspruch nehmen, einspannen (*pej fam*)
② (*enrôler*) ~ **qn dans qc** jdn für etw rekrutieren *pej,* jdn zum Beitritt zu etw nötigen
embringuer [ɑ̃bʀɛ̃ge] <1> *vt fam* **être embringué(e) dans qc** in etw (*Akk*) verwickelt sein; **se laisser** ~ **dans qc** sich in etw (*Akk*) hineinziehen lassen
embrocher [ɑ̃bʀɔʃe] <1> *vt* auf den [Brat]spieß stecken *viande*
embrouillamini [ɑ̃bʀujamini] *m fam* Kuddelmuddel *m o nt* (*fam*)
embrouille [ɑ̃bʀuj] *f fam* Kuddelmuddel *m o nt* (*fam*); (*destinée à tromper*) Verwirrspiel *nt*
embrouillé(e) [ɑ̃bʀuje] *adj* verworren
embrouiller [ɑ̃bʀuje] <1> **I.** *vt* ① (*rendre confus*) kompliziert machen *chose*
② (*faire perdre le fil*) verwirren *personne*
II. *vpr* ① (*s'empêtrer*) **s'**~ **dans un récit** in einem Bericht den Faden verlieren; **s'**~ **dans des explications** sich in Erklärungen (*Dat*) verstricken; **s'**~ **dans les chiffres** Zahlen durcheinander bringen
② (*devenir confus*) **s'**~ durcheinander geraten
embroussaillé(e) [ɑ̃bʀusaje] *adj terrain, chemin* von Gestrüpp überwuchert, mit Gestrüpp zugewachsen; *sourcils* buschig
embrumé(e) [ɑ̃bʀyme] *adj* in Nebel gehüllt, im Nebel liegend, nebelverhangen (*geh*); **il avait l'esprit** ~ **par l'alcool** er war vom Alkohol ganz benebelt
embrumer [ɑ̃bʀyme] <1> *vt* ① (*couvrir de brume*) mit Nebel verhängen *horizon*
② *fig* vernebeln *cerveau, idées*
embruns [ɑ̃bʀœ̃] *mpl* Gischt *m o f*
embryologie [ɑ̃bʀijɔlɔʒi] *f* Embryologie *f*
embryon [ɑ̃bʀijɔ̃] *m* ① BIO Embryo *m*
② (*germe*) *d'une idée* Keimzelle *f;* **à l'état d'**~ im Anfangsstadium
embryonnaire [ɑ̃bʀijɔnɛʀ] *adj* ① BIO *vie* embryonal; **cellule** ~ Embryozelle *f;* **développement** ~ Embryonalentwicklung *f*
② (*en germe*) **à l'état** [*o* **au stade**] ~ im Anfangsstadium
embûche [ɑ̃byʃ] *f* ① *vieilli* (*piège*) Hinterhalt *m*
② *pl* (*difficultés*) Tücken *Pl,* Fallstricke *Pl;* **un sujet plein d'~s** ein Thema voller Tücken; **semer** [*o* **tendre**] **des ~s à qn** jdn schikanieren
embuer [ɑ̃bɥe] <1> *vt* beschlagen; **être embué(e)** *fenêtre:* beschlagen sein; *fig yeux:* tränenfeucht sein
embuscade [ɑ̃byskad] *f* **dresser** [*o* **tendre**] **une** ~ **à qn** jdn in einen Hinterhalt [*o* eine Falle] locken; **être** [*o* **se tenir**] **en** ~ im Hinterhalt liegen [*o* lauern]; **mettre** [*o* **placer**] **des personnes en** ~ Menschen verstecken
embusquer [ɑ̃byske] <1> **I.** *vt* **être embusqué(e)** im Hinterhalt liegen [*o* lauern]
II. *vpr* **s'**~ sich in den [*o* einen] Hinterhalt legen
éméché(e) [emeʃe] *adj fam* beschwipst (*fam*), angesäuselt (*fam*)
émeraude [emʀod] **I.** *adj inv* smaragdfarben, smaragden; **vert** ~ smaragdgrün
II. *f* Smaragd *m*
émergence [emɛʀʒɑ̃s] *f* [plötzliches] Auftauchen
émergent(e) [emɛʀʒɑ̃, ɑ̃t] *adj* ① *année, montagne* herausragend
② PHYS *rayon* austretend
émerger [emɛʀʒe] <2a> *vi* ① (*sortir*) ~ **de qc** *plongeur, sous-marin:* aus etw auftauchen; *soleil:* hinter etw (*Dat*) hervorkommen
② (*être apparent*) herausragen; **terres émergées** festes Land
③ (*apparaître remarquable*) ~ **de qc** *œuvre, fait:* aus etw herausragen
④ *fam* (*se réveiller*) munter werden
⑤ (*sortir du stress*) relaxen (*fam*)
émeri [emʀi] *m* **papier** [**d'**]~ Schleifpapier *nt*
▸ **être bouché(e) à l'**~ *fam* ein Brett vor dem Kopf haben (*fam*)
émérite [emeʀit] *adj professeur* emeritiert; *chirurgien* herausragend
émerveillement [emɛʀvɛjmɑ̃] *m* Entzückung *f*
émerveiller [emɛʀveje] <1> **I.** *vt* entzücken; **être émerveillé(e)** entzückt [*o* höchst begeistert] sein
II. *vpr* **s'**~ **de** [*o* **devant**] **qc** in Entzückung über etw (*Akk*) geraten
émétique [emetik] MED **I.** *adj médicament* emetisch
II. *m* Brechmittel *nt,* Emetikum *nt* (*Fachspr.*)
émetteur [emetœʀ] *m* AUDIOV, LING Sender *m*
émetteur, -trice [emetœʀ, -tʀis] *adj* ① AUDIOV **poste** ~ Sendegerät *nt;* **station émettrice** Sendestation *f*
② FIN ausgebend, emittierend; **banque émettrice** emittierende Bank
émetteur-récepteur [emetœʀʀesɛptœʀ] <émetteurs-récepteurs> *m* kombiniertes Sende- und Empfangsgerät
émettre [emɛtʀ] <*irr*> **I.** *vi* AUDIOV ausstrahlen; ~ **sur ondes courtes** auf Kurzwelle senden
II. *vt* ① (*produire*) von sich geben *son;* verbreiten *odeur;* abgeben *lumière;* aussenden *radiations*
② (*formuler*) äußern, vorbringen *opinion;* aufstellen *hypothèse*
③ FIN ausgeben; ausstellen *chèque*
émettrice [emetʀis] *f* FIN *d'un chèque* Ausstellerin *f; d'un titre* Emittentin *f*
émeu [emø] *m* Emu *m*
émeute [emøt] *f* Aufruhr *m,* Tumult *m;* **tourner à l'**~ in einen Tumult umschlagen
émeutier, -ière [emøtje, -jɛʀ] *m, f* Aufrührer(in) *m(f)*
émiettement [emjɛtmɑ̃] *m* Zersplitterung *f,* Zersplittern *nt; de l'empire* Zerfall *m,* Zersplitterung *f*
émietter [emjete] <1> **I.** *vt* zerbröckeln, zerbröseln
II. *vpr* **s'**~ zerbröckeln
émigrant(e) [emigʀɑ̃, ɑ̃t] *m(f)* Auswanderer *m*/Auswanderin *f,* Emigrant(in) *m(f)*
émigration [emigʀasjɔ̃] *f* ① (*expatriation*) Auswanderung *f*
② POL Emigration *f*
émigré(e) [emigʀe] *m(f)* Emigrant(in) *m(f)*
émigrer [emigʀe] <1> *vi* auswandern, abwandern, emigrieren; *animal:* migrieren
émincé [emɛ̃se] *m* GASTR *de poireaux sehr fein geschnittenes Gemüsegericht*
émincé(e) [emɛ̃se] *adj oignon* fein geschnitten
émincer [emɛ̃se] <2> *vt* in dünne Scheiben [*o* Stücke] schneiden; dünn aufschneiden *lard*
éminemment [eminamɑ̃] *adv respectable* höchst; *souhaitable* äußerst, höchst; *convaincu* völlig
éminence [eminɑ̃s] *f* ① GEOG (*hauteur*) Anhöhe *f,* Erhebung *f*
② (*titre*) **Son/Votre Éminence** Seine/Eure Eminenz
▸ ~ **grise** graue Eminenz

E

éminent(e) [eminɑ̃, ɑ̃t] *adj* hervorragend, hoch verehrt
émir [emiʀ] *m* Emir *m*
émirat [emiʀa] *m* Emirat *nt;* **les Émirats arabes unis** die Vereinigten Arabischen Emirate
émirati(e) [emiʀati] *adj* aus den arabischen Emiraten [stammend]
émissaire [emisɛʀ] *m* Abgesandte(r) *f(m)* [mit geheimem Auftrag], Emissär *m*
émission [emisjɔ̃] *f* ① AUDIOV Sendung *f;* ~ **radiophonique/télévisée** Radio-/Fernsehsendung
② PHYS Emission *f;* ~ **de particules** Teilchenstrahlung *f,* Teilchenemission; ~ **de chaleur** Wärmestrahlung, Wärmeabgabe *f;* ~ **électronique** Elektronenemission
③ FIN, BOURSE Ausgabe *f,* Emission *f; d'un chèque* Ausstellung *f*
④ POST *d'un timbre-poste* Ausgabe *f*
◆ ~ **en différé** Aufzeichnung *f;* ~ **en direct** Livesendung *f,* Direktsendung *f;* ~ **en** [*o* **sur**] **modulation de fréquence** UKW-Sendung *f;* ~ [**de télévision**] **par câble** Kabelfernsehsendung *f*
emmagasinage [ɑ̃magazinaʒ] *m* [Ein]lagern *nt;* **droits** [*o* **frais**] **d'**~ Lagerkosten *Pl*
emmagasiner [ɑ̃magazine] <1> *vt* ① (*entreposer*) [ein]lagern
② (*accumuler*) speichern *chaleur;* horten *objets*
emmailloter [ɑ̃majɔte] <1> *vt* (*envelopper dans un bandage*) ~ **qn/qc dans qc** jdn/etw [mit etw] verbinden, etw mit etw umwickeln; ~ **un bébé dans des langes** ein Baby in Windeln wickeln
emmancher [ɑ̃mɑ̃ʃe] <1> **I.** *vt* ① mit einem Stiel [*o* Griff] versehen *outil;* mit einem Griff versehen *couteau*
② *fam* (*commencer*) **être mal emmanché(e)** *négociation:* sich nicht gut anlassen (*fam*)
II. *vpr fam* **mal s'**~ *négociation:* nur langsam in Gang kommen (*fam*)
emmanchure [ɑ̃mɑ̃ʃyʀ] *f* Armausschnitt *m*
emmêlement [ɑ̃mɛlmɑ̃] *m* Gemisch *nt;* (*fouillis*) Durcheinander *nt*
emmêler [ɑ̃mele] <1> **I.** *vt* (*enchevêtrer*) durcheinander bringen; **être emmêlé(e)** durcheinander sein; *fil, pelote:* verknäult sein; *cheveux:* zersaust sein
II. *vpr* ① (*s'enchevêtrer*) **s'**~ sich verwickeln; *cheveux:* sich verwirren
② (*s'embrouiller*) **s'**~ **dans un récit** sich in einem Bericht verzetteln; **s'**~ **dans des explications** sich in Erklärungen (*Akk*) verstricken
emménagement [ɑ̃menaʒmɑ̃] *m* Einzug *m* [in eine Wohnung]
emménager [ɑ̃menaʒe] <2a> *vi* ~ **dans un logement** in eine Wohnung einziehen
emmener [ɑ̃m(ə)ne] <4> *vt* ① (*conduire*) ~ **qn au cinéma** jdn zum Kino bringen; ~ **qn en prison** jdn ins Gefängnis bringen
② (*prendre avec soi*) mitnehmen
③ (*comme prisonnier*) abführen
④ (*comme otage*) entführen; **je vous emmène?** kann ich Sie mitnehmen?
⑤ *fam* (*emporter*) mitnehmen
emmerdant(e) [ɑ̃mɛʀdɑ̃, ɑ̃t] *adj fam* ① (*agaçant*) auf die Nerven gehend, lästig, nervend (*fam*)
② (*fâcheux*) blöd (*fam*)
③ (*ennuyeux*) stinklangweilig (*fam*)
emmerde [ɑ̃mɛʀd] *f fam* Mordsärger *m kein Pl* (*fam*); **un tas d'**~**s** jede Menge Ärger (*fam*)
emmerdement [ɑ̃mɛʀdəmɑ̃] *m fam* Schererei *f* (*fam*); **quel** ~**, cette voiture!** dieses verdammte Auto! (*fam*)
emmerder [ɑ̃mɛʀde] <1> **I.** *vt fam* ① (*énerver*) nerven (*fam*), auf den Nerven herumtrampeln (*fam*); **se laisser** ~ **par qn** sich von jdm verrückt machen lassen (*fam*)
② (*contrarier*) *rumeur, problème:* verrückt machen (*fam*); **être emmerdé(e)** in der Klemme sitzen (*fam*)
③ (*barber*) ankotzen (*sl*)
▶ [**eh bien, moi**] **je vous/t'emmerde!** rutscht/rutsch mir doch den Buckel runter! (*fam*)
II. *vpr fam* ① (*s'ennuyer*) **s'**~ Däumchen drehen (*fam*); **ne pas s'**~ **avec qn** sich mit jdm nicht langweilen
② (*se démener*) **s'**~ **à faire qc** sich abrackern um etw zu tun (*fam*)
▶ **il/elle ne s'emmerde pas!** es juckt ihn/sie nicht groß (*fam*)
emmerdeur, -euse [ɑ̃mɛʀdœʀ, -øz] *m, f fam* ① (*raseur*) Langweiler(in) *m(f)* (*fam*)
② (*personne agaçante*) Nervensäge *f* (*fam*)
▶ ~ **public/emmerdeuse publique** ewiger Stänkerer/ewige Nervensäge (*pej fam*)
emmieller [ɑ̃mjele] <1> *vt* ① *fig* (*adoucir*) versüßen *paroles*
② *euph fam* (*embêter*) nerven *personne*
emmitoufler [ɑ̃mitufle] <1> **I.** *vt* **être emmitouflé(e) dans qc** in etw (*Akk*) eingemummt sein
II. *vpr* **s'**~ **dans qc** sich in etw (*Akk*) einmummen
emmurer [ɑ̃myʀe] <1> *vt* ① (*enfermer*) einmauern
② (*bloquer*) verschütten
émoi [emwa] *m littér* ① (*trouble amoureux*) Erregung *f,* Herzklopfen *nt;* **être en** ~ erregt sein
② (*émotion née de la peur*) innere Unruhe
③ (*agitation*) Aufregung *f*
émollient(e) [emɔljɑ̃, jɑ̃t] *adj* erweichend
émoluments [emɔlymɑ̃] *mpl* ADMIN Bezüge *Pl*
émonder [emɔ̃de] <1> *vt* ① (*élaguer*) ausschneiden *arbre*
② (*décortiquer*) schälen *amande*
émotif, -ive [emɔtif, -iv] *adj personne* feinfühlig; **c'est un tempérament** ~ er/sie ist überempfindlich; **choc** ~ Schock *m;* **troubles** ~**s** Gefühlsverwirrung *f*
émotion [emosjɔ̃] *f* ① (*surprise, chagrin*) Aufregung *f;* **causer une vive** ~ **à qn** jdn stark aufwühlen; **donner des** ~**s à qn** *fam* jdn schocken (*fam*)
② (*joie*) freudige Erregung
③ (*trouble causé par la beauté*) Ergriffenheit *f*
④ (*sentiment*) Emotion *f,* innere Bewegtheit; **à sa mort, je n'ai ressenti aucune** ~ bei seinem/ihrem Tod habe ich nichts empfunden
▶ ~**s fortes** Nervenkitzel *m*
émotionné(e) [emosjɔne] *adj fam* **être** ~**(e)** sehr aufgeregt sein
émotionnel(le) [emosjɔnɛl] *adj choc* emotional, emotionell; **réaction** ~**le** Gefühlsregung *f*
émotionner [emosjɔne] <1> *vt fam* berühren *âmes, spectacteurs*
émotivité [emotivite] *f* [starke] Erregbarkeit; **être d'une grande** ~ sehr erregbar sein
émouchet [emuʃe] *m* ZOOL Turmfalke *f*
émoulu(e) [emuly] *adj* ▶ **être frais(fraîche)** ~**(e) de l'école** direkt [*o* frisch] von der Schule kommen
émousser [emuse] <1> **I.** *vt* **être émoussé(e)** stumpf sein
II. *vpr* **s'**~ *couteau, pointe:* stumpf werden; *sentiment:* abstumpfen; *désir:* nachlassen
émoustillant(e) [emustijɑ̃, jɑ̃t] *adj décolleté, film, sourire* aufregend
émoustiller [emustije] <1> *vt* aufmuntern, aufheitern
émouvant(e) [emuvɑ̃, ɑ̃t] *adj* bewegend, ergreifend
émouvoir [emuvwaʀ] <*irr*> **I.** *vt* ① (*bouleverser*) bewegen; *baisers, caresses:* erregen; ~ **qn** [**jusqu'**] **aux larmes** jdn zu Tränen rühren
② (*changer de sentiment*) **se laisser** ~ **par qn/qc** sich von jdm/durch etw erweichen lassen
II. *vpr* **s'**~ **de qc** sich über etw (*Akk*) aufregen; **sans s'**~ [**le moins du monde**] ohne jegliche Rührung
empaillage [ɑ̃pajaʒ] *m* ① (*action de bourrer avec de la paille*) *d'un fauteuil* Ausstopfung [mit Stroh] *f*
② (*taxidermie*) *d'un animal* Ausstopfen *nt*
empaillé(e) [ɑ̃paje] *adj* ① *animal* ausgestopft; *siège* mit Stroh

bespannt
❷ *fam* (*empoté*) **avoir l'air** ~ dusslig aussehen (*fam*)
empailler [ɑ̃paje] <1> *vt* ❶ (*bourrer de paille*) ausstopfen *fauteuil*
❷ (*naturaliser*) ausstopfen *renard*
❸ (*protéger avec de la paille*) [in Stroh] verpacken *porcelaine;* bedecken *semis*
empailleur, **-euse** [ɑ̃pajœʀ, -jøz] *m, f* ❶ *de chaises* Polsterer *m*/Polsterin *f*
❷ *d'animaux* Tierpräparator(in) *m(f)*
empaler [ɑ̃pale] <1> I. *vt* ❶ (*supplicier*) pfählen *hérétiques*
❷ (*mettre en broche*) aufspießen *mouton*
II. *vpr* **s'~ sur qc** in [*o* auf] etw treten
empanaché(e) [ɑ̃panaʃe] *adj* mit einem Federbusch geschmückt
empaquetage [ɑ̃paktaʒ] *m* Verpackung *f*
empaqueter [ɑ̃pak(ə)te] <3> *vt* einpacken, verpacken; **être empaqueté(e)** eingepackt [*o* verpackt] sein/werden
emparer [ɑ̃paʀe] <1> *vpr* ❶ (*saisir*) **s'~ de qc** etw an sich (*Akk*) reißen; **s'~ d'un objet** sich eines Gegenstands bemächtigen (*geh*); **s'~ d'une information** sich (*Dat*) eine Information verschaffen; **s'~ d'un prétexte** zu einem Vorwand greifen
❷ (*conquérir*) **s'~ d'un territoire** ein Gebiet einnehmen [*o* in seine Gewalt bringen], von einem Gebiet Besitz ergreifen; **s'~ du pouvoir** die Macht (*Akk*) an sich reißen; **s'~ d'un marché** einen Markt erobern
❸ (*envahir*) **s'~ de qn** jdn überrennen
empâter [ɑ̃pɑte] <1> I. *vt* **être empâté(e)** *langue:* schwer sein; *visage:* aufgedunsen sein, fleischig sein; *bouche:* belegt sein; *fam* (*pataud*) *personne:* dicklich sein
II. *vpr* **s'~** *silhouette:* auseinander gehen; *visage, traits:* fleischiger werden
empattement [ɑ̃patmɑ̃] *m* ❶ AUT Radstand *m*, Achsstand *m*
❷ CONSTR [Mauer]absatz *m*
❸ TYP Serife *f* (*Fachspr.*)
empêché(e) [ɑ̃peʃe] *adj* verhindert
empêchement [ɑ̃pɛʃmɑ̃] *m* ❶ **avoir un** ~ verhindert sein
❷ JUR Hinderung *f*
◆ ~ **de mariage** Ehehindernis *nt*
empêcher [ɑ̃peʃe] <1> I. *vt* ❶ (*faire obstacle à*) verhindern; ~ **le contrat de se conclure** die Vertragsunterzeichnung verhindern; ~ **que qn fasse qc** verhindern, dass jd etw tut; **ne pas** ~ **que qn fasse qc** nicht verhindern können, dass jd etw tut
❷ (*opp: permettre à*) ~ **qn de faire qc** jdn [daran] hindern etw zu tun
▶ **n'empêche** *fam* aber trotzdem (*fam*), aber dennoch; **[il] n'empêche que c'est arrivé** trotzdem/dennoch ist es passiert
II. *vpr* **ne [pas] pouvoir s'~ de faire qc** ganz einfach etw tun müssen, nicht umhin können etw zu tun
empêcheur, **-euse** [ɑ̃pɛʃœʀ, -øz] *m, f* ▶ ~ **de tourner** [*o* **danser**] **en rond** Spielverderber(in) *m(f)*
empeigne [ɑ̃pɛɲ] *f de chaussure* Oberleder *nt*
empennage [ɑ̃penaʒ] *m* ❶ (*plumes*) *d'une flèche* Fiederung *f*
❷ AVIAT Leitwerk *nt*
empenner [ɑ̃pene] <1> *vt* ~ **une flèche d'une plume** einen Pfeil mit einer Feder versehen [*o* schmücken]
empereur [ɑ̃pʀœʀ] *m* Kaiser *m*; **l'~ à la barbe fleurie** *Bezeichnung für Karl den Großen*
empesage [ɑ̃pəzaʒ] *m du linge* Stärken *nt*
empesé(e) [ɑ̃pəze] *adj* ❶ (*amidonné*) *col* gestärkt
❷ *fig* (*guindé*) *air, démarche* gestelzt
empeser [ɑ̃pəze] <4> *vt* stärken *linge*
empester [ɑ̃pɛste] <1> I. *vi* stinken
II. *vt* ❶ (*empuantir*) verpesten; ~ **qn avec qc** jdm mit etw die Luft verpesten
❷ (*répandre une mauvaise odeur de*) ~ **qc** nach etw stinken

empêtrer [ɑ̃petʀe] <1> *vpr* **s'~ dans qc** sich in etw (*Dat*) verfangen [*o* verstricken]; **s'~ les pieds dans qc** sich mit den Füßen in etw (*Dat*) verfangen
emphase [ɑ̃fɑz] *f* ❶ (*force expressive*) Emphase *f* (*geh*)
❷ (*grandiloquence*) Pathos *nt*
emphatique [ɑ̃fatik] *adj* ❶ (*enflé*) emphatisch
❷ (*grandiloquent*) pathetisch, schwülstig
❸ LING emphatisch
emphysème [ɑ̃fizɛm] *m* MED *du poumon* Emphysem *nt*
emphytéotique [ɑ̃fiteɔtik] *adj* JUR **bail** ~ Erbpachtvertrag *m*
empiècement [ɑ̃pjɛsmɑ̃] *m* COUT Einsatz *m*, Passe *f*
empierrement [ɑ̃pjɛʀmɑ̃] *m d'un chemin* Beschottern *nt*
empierrer [ɑ̃pjeʀe] <1> *vt* beschottern
empiètement [ɑ̃pjɛtmɑ̃] *m* ~ **d'un terrain sur un autre** Ausdehnung *f* [*o* Hinüberreichen *nt*] eines Gebiets auf ein anderes
empiéter [ɑ̃pjete] <5> *vi* ❶ (*usurper*) ~ **sur qc** in etw (*Akk*) eingreifen
❷ (*déborder dans l'espace*) *terrain:* sich ausdehnen; *verger:* hinüber-/herüberreichen; *route:* verlaufen; *mer:* sich hineinfressen
❸ (*déborder dans le temps*) sich überschneiden; *personne:* überziehen
empiffrer [ɑ̃pifʀe] <1> *vpr fam* **s'~ de qc** sich (*Dat*) mit etw den Bauch vollschlagen (*fam*)
empilable [ɑ̃pilabl] *adj tables, tabourets, tasses* stapelbar
empilage [ɑ̃pilaʒ] *m* [Auf]stapeln *nt*
empilement [ɑ̃pilmɑ̃] *m* ❶ (*action d'empiler*) [Auf]stapeln *nt*
❷ (*tas*) Stapel *m*
empiler [ɑ̃pile] <1> I. *vt* ❶ [auf]stapeln; aufschichten, [auf]stapeln *bois*
❷ *fam* (*duper*) **se faire** ~ sich übertölpeln lassen
II. *vpr* **s'~** sich stapeln; *personnes:* sich drängen
empire [ɑ̃piʀ] *m* ❶ Kaiserreich *nt*; **premier/second Empire** erstes/zweites französisches Kaiserreich; ~ **romain d'Occident** weströmisches Reich; **le Saint Empire romain germanique** das Heilige Römische Reich Deutscher Nation; ~ **colonial** Kolonialreich; **Empire britannique** britisches Empire
❷ (*groupe important et puissant*) Imperium *nt*
▶ **avoir de l'~ sur soi-même** Selbstbeherrschung haben; **pas pour un** ~ nicht um alles in der Welt; **sous l'~ de qc** unter dem Einfluss einer S. (*Gen*); **sous l'~ de la colère** im Zorn, von Wut gepackt
empirer [ɑ̃piʀe] <1> *vi* sich verschlimmern
empirique [ɑ̃piʀik] *adj* empirisch; **procéder par une méthode** ~ empirisch vorgehen
empirisme [ɑ̃piʀism] *m a.* PHILOS Empirismus *m*
emplacement [ɑ̃plasmɑ̃] *m* ❶ (*endroit*) Stelle *f*
❷ (*place*) Standort *m*; *d'un tombeau* Stätte *f*; **marquer l'~ de la frontière** den Grenzverlauf kennzeichnen
❸ (*réservé à la construction*) Bauplatz *m*
❹ (*dans un parking*) Parkplatz *m*
❺ (*sur un camping*) [Stell]platz *m*
emplafonner [ɑ̃plafɔne] I. *vt fam* (*emboutir*) eindrücken
II. *vpr fam* **s'~** zusammenstoßen
emplâtre [ɑ̃plɑtʀ] *m* ❶ MED Salbenverband *m*
❷ *fam* (*aliment bourratif*) schwerverdauliche Speise *f*
▶ **un ~ sur une jambe de bois** [nur] ein Tropfen *m* auf den heißen Stein
emplette [ɑ̃plɛt] *f souvent pl* Einkauf *m*; **faire des ~s** Einkäufe machen
emplir [ɑ̃pliʀ] <8> I. *vt littér* füllen *lieu;* ~ **de joie** mit Freude erfüllen
II. *vpr littér* **s'~ de personnes/choses** sich mit Menschen/Dingen füllen
emploi [ɑ̃plwa] *m* ❶ (*poste*) Anstellung *f*; (*en tant que lien juridique*) Beschäftigungsverhältnis *nt*; ~ **à mi-temps/à temps partiel/à plein temps** Halbtags-/Teilzeit-/Ganztagsstelle *f*; ~ **lucratif/à temps plein** einträgliche/ganztägige

E

Beschäftigung; **être sans** ~ arbeitslos sein
❷ ECON **situation/politique de l'**~ Beschäftigungslage *f*/ -politik *f*
❸ (*utilisation*) Gebrauch *m; d'un appareil* Bedienung *f; d'une somme, d'argent* Verwendung *f;* **en avoir l'**~ Verwendung dafür haben; **être d'un** ~ **facile/délicat** leicht/vorsichtig zu handhaben sein
❹ LING Gebrauch *m;* **ce mot a différents** ~**s** das Wort hat verschiedene Bedeutungen
▸ **faire double** ~ überflüssig sein
◆ ~ **du temps** Terminkalender *m;* SCOL Stundenplan *m;* (*succession de rendez-vous*) Terminablauf *m;* **avoir un** ~ **du temps très chargé** einen vollen Terminkalender haben
employé(e) [ɑ̃plwaje] *m(f)* Angestellte(r) *f(m)*
◆ ~**(e) de banque** Bankangestellte(r) *f(m);* ~**(e) de bureau** Büroangestellte(r) *f(m);* ~**(e) des chemins de fer** Bahnbeamte(r) *m*/-beamtin *f;* ~**(e) de commerce** kaufmännische(r) Angestellte(r) *f(m);* ~**(e) du gaz** Angestellte(r) *f(m)* der Gaswerke; ~**(e) de magasin** [Laden]verkäufer(in) *m(f);* ~**(e) de maison** Hausangestellte(r) *f(m);* ~**(e) des postes** Postbeamte(r) *m*/-beamtin *f;* ~**(e) d'usine** Fabrikangestellte(r) *f(m)*
employer [ɑ̃plwaje] <6> **I.** *vt* ❶ (*faire travailler*) beschäftigen; **être employé(e) par qn** bei jdm beschäftigt sein
❷ (*utiliser*) verwenden *produit;* anwenden *force;* ~ **du temps à qc** Zeit für etw aufwenden, Zeit auf etw (*Akk*) verwenden
❸ LING gebrauchen; **expression bien/mal employée** richtig/falsch gebrauchter Ausdruck
II. *vpr* ❶ LING **s'**~ verwendet [*o* gebraucht] werden
❷ (*se consacrer*) **s'**~ **à faire qc** sich sehr bemühen etw zu tun
employeur, -euse [ɑ̃plwajœʀ, -jøz] *m, f* Arbeitgeber(in) *m(f)*
emplumé(e) [ɑ̃plyme] *adj* gefiedert; *chapeau* mit Federn versehen
empocher [ɑ̃pɔʃe] <1> *vt* einstecken *argent*
empoignade [ɑ̃pwaɲad] *f* (*bagarre*) Auseinandersetzung *f*
empoigner [ɑ̃pwaɲe] <1> **I.** *vt* packen; ~ **qn au collet/aux cheveux** jdn am [*o* beim] Kragen/Schopf packen
II. *vpr* **s'**~ sich verprügeln
empois [ɑ̃pwa] *m* [Wäsche]stärke *f*
empoisonnant(e) [ɑ̃pwazɔnɑ̃, ɑ̃t] *adj fam* ❶ (*insupportable*) blöd (*fam*); **il est** ~**, cet enfant!** dieses Kind ist ein Quälgeist! (*fam*)
❷ (*assommant*) sterbenslangweilig (*fam*)
empoisonnement [ɑ̃pwazɔnmɑ̃] *m* ❶ (*intoxication*) Vergiftung *f;* ~ **dû à des champignons** Pilzvergiftung
❷ *sans pl* (*crime*) Vergiftung *f,* Vergiften *nt*
❸ (*meurtre*) Giftmord *m*
❹ *gén pl fam* (*tracas*) Scherereien *Pl* (*fam*)
empoisonner [ɑ̃pwazɔne] <1> **I.** *vt* ❶ (*intoxiquer*) ~ **qn/un animal avec qc** jdn/ein Tier mit etw vergiften; **être mort(e) empoisonné(e)** an einer Vergiftung gestorben sein
❷ (*contenir du poison*) **être empoisonné(e)** vergiftet sein
❸ (*être venimeux*) *propos, traits:* heimtückisch sein
❹ (*gâter*) schwer machen *la vie*
❺ (*empuantir*) verpesten *l'air;* ~ **les relations avec qn** die Beziehung zu/mit jdm vergiften
❻ *fam* (*embêter*) ~ **qn avec qc** jdm mit etw auf den Wecker gehen [*o* fallen] (*fam*)
II. *vpr* ❶ (*s'intoxiquer*) **s'**~ **avec qc** sich mit etw vergiften
❷ *fam* (*s'ennuyer*) **qu'est-ce qu'on s'empoisonne ici!** hier ist es ja totlangweilig! (*fam*)
❸ *fam* (*se démener*) **s'**~ **à faire qc** sich fast umbringen um etw zu tun (*fam*)
empoisonneur, -euse [ɑ̃pwazɔnœʀ, -øz] *m, f* (*criminel*) Giftmörder(in) *m(f)*
empoissonner [ɑ̃pwasɔne] <1> *vt* ❶ (*avec des poissons*) ~ **un étang** Fische in einen Teich einsetzen
❷ (*avec des alevins*) ~ **un étang** Fischbrut in einen Teich einsetzen
emporté(e) [ɑ̃pɔʀte] *adj* leicht aufbrausend, hitzköpfig
emportement [ɑ̃pɔʀtəmɑ̃] *m* **avec** ~ voller Wut
emporte-pièce [ɑ̃pɔʀt(ə)pjɛs] <emporte-pièces> *m* ▸ **à l'**~ *style* bissig, beißend; *caractère* geradlinig, offen; **s'exprimer à l'**~ eine scharfe Zunge haben
emporter [ɑ̃pɔʀte] <1> **I.** *vt* ❶ (*prendre avec soi*) mitnehmen; **tous les plats à** ~ alle Gerichte auch zum Mitnehmen
❷ (*enlever*) wegnehmen, wegbringen; wegtragen *blessé*
❸ (*transporter*) ~ **qn vers qc** jdn zu [*o* nach] etw bringen
❹ (*entraîner, arracher*) *vent:* fortwehen; *courant, vague, enthousiasme:* mit [sich] reißen; *récit, rêve:* entführen; **être emporté(e) par qc** von etw gepackt werden; **se laisser** ~ **par qc** sich zu etw hinreißen lassen
❺ (*faire mourir*) dahinraffen (*geh*)
❻ MIL einnehmen
▸ **l'**~ **sur qn/qc** den Sieg über jdn/etw davontragen; **les inconvénients l'emportent sur les avantages** die Nachteile überwiegen
II. *vpr* **s'**~ **contre qn/qc** sich über jdn/etw erregen
empoté(e) [ɑ̃pɔte] **I.** *adj fam* ❶ (*maladroit*) tollpatschig (*fam*); **un garçon** ~ **de ses mains** ein Junge mit zwei linken Händen
❷ (*lent*) lahm
II. *m(f) fam* ❶ Tollpatsch *m* (*fam*)
❷ (*traînard*) lahme Ente (*fam*)
empoter [ɑ̃pɔte] <1> *vt* eintopfen
empourprer [ɑ̃puʀpʀe] <1> **I.** *vt soutenu* purpurrot färben *ciel;* röten *joues, visage, ciel;* **la honte lui empourprait le visage** die Schamröte stieg ihm/ihr ins Gesicht
II. *vpr soutenu* **s'**~ *ciel:* sich purpurrot [ver]färben, sich röten; *joues, visage:* rot anlaufen, sich röten
empreindre [ɑ̃pʀɛ̃dʀ] <*irr*> *vpr littér* **s'**~ **de qc** *visage:* einen Ausdruck von etw bekommen
empreint(e) [ɑ̃pʀɛ̃, ɛ̃t] *adj* ~**(e) de qc** von etw geprägt
empreinte [ɑ̃pʀɛ̃t] *f* ❶ (*trace*) Abdruck *m;* **des** ~**s** [Fuß]spuren *Pl;* ~**s digitales** Fingerabdrücke *Pl;* **prendre les** ~**s [digitales] de qn** jdm Fingerabdrücke abnehmen; ~ **génétique** genetischer Fingerabdruck
❷ (*marque durable*) Gepräge *nt* (*geh*); **marquer qn/qc de son** ~ jdn/etw prägen
❸ TECH (*gravure*) Prägung *f;* (*moulage*) Abdruck *m;* **deux médailles frappées à la même** ~ zwei Medaillen mit der gleichen Prägung
❹ (*en ethnologie*) Prägung *f*
empressé(e) [ɑ̃pʀese] *adj* beflissen, geschäftig; **d'une voix** ~**e** mit Übereifer in der Stimme; **être** ~**(e) à faire qc** *littér* eifrig bemüht [*o* beflissen] sein etw zu tun (*geh*)
empressement [ɑ̃pʀɛsmɑ̃] *m* Eilfertigkeit *f,* [Dienst]beflissenheit *f,* Übereifer *m;* **avec** ~ [dienst]beflissen, eilfertig; **sans** ~ **et sans hâte** ohne Hast und Eile; **montrer de l'**~ **à faire qc** eifrig bemüht sein etw zu tun
empresser [ɑ̃pʀese] <1> *vpr* ❶ (*se hâter de*) **s'**~ **de faire qc** sich beeilen etw zu tun
❷ (*faire preuve de zèle*) **s'**~ **auprès** [*o* **autour**] **de qn** sich eifrig um jdn bemühen
emprise [ɑ̃pʀiz] *f* ❶ (*domination*) *d'une personne* [beherrschender] Einfluss; *d'une drogue* Macht *f;* **avoir de l'**~ **sur qn** seinen Einfluss auf jdn geltend machen; **exercer son** ~ **sur qn** auf jdn großen Einfluss ausüben; **sous l'**~ **de qn/qc** unter dem Einfluss eines Menschen/einer S.; **elle a agi sous l'**~ **de la colère/jalousie** sie hat im Zorn/aus Eifersucht gehandelt
❷ TRANSP Grundfläche *f*
emprisonnement [ɑ̃pʀizɔnmɑ̃] *m* ❶ (*action*) Inhaftierung *f*
❷ (*peine*) Haftstrafe *f,* Haft *f*
❸ JUR Arrest *m*
emprisonner [ɑ̃pʀizɔne] <1> *vt* ❶ (*incarcérer*) inhaftieren
❷ (*enfermer*) ~ **qn/un animal dans qc** jdn/ein Tier in etw (*Akk*) einsperren
❸ (*serrer fermement*) einzwängen; *main, bras:* umklammern;

~ **qn/qc dans qc** jdn/etw in etw (*Akk*) zwängen
④ (*enlever toute liberté*) ~ **qn/qc par qc** jdn/etw durch etw einengen; **être emprisonné(e) dans qc** der/die Gefangene einer S. (*Gen*) sein
emprunt [ɑ̃pʀœ̃] *m* ① (*somme*) Darlehen *nt;* (*auprès d'une banque*) Kredit *m;* ~ [**public**] Anleihe *f;* **contracter** [*o* **faire**] **un** ~ *client d'une banque:* ein Darlehen aufnehmen; *collectivité publique:* eine staatliche Anleihe aufnehmen; **émettre un** ~ eine Anleihe ausgeben; **souscrire à un** ~ eine Anleihe zeichnen; ~ **perpétuel** Rentenanleihe; **activité en matière d'**~**s** Passivgeschäft *nt* (*Fachspr.*)
② (*objet emprunté*) Leihgabe *f;* **d'**~ geliehen; **fiche d'**~ Leihschein *m*
③ LITTER, ART ~ **à qn/qc** Anleihe *f* bei jdm/etw
④ LING Entlehnung *f;* **mot d'**~ Lehnwort
◆ ~ **d'État** Staatsanleihe *f*
emprunté(e) [ɑ̃pʀœ̃te] *adj* linkisch, unbeholfen
emprunter [ɑ̃pʀœ̃te] <1> **I.** *vi* FIN ein Darlehen aufnehmen
II. *vt* ① (*se faire prêter*) leihen; ausleihen *livre;* ~ **de l'argent à la banque** bei der Bank Geld aufnehmen; **je peux t'**~ **mille euros/ta voiture?** kannst du mir tausend Euro/deinen Wagen leihen?
② (*imiter*) ~ **une idée/un exemple à qn** eine Idee/ein Beispiel von jdm übernehmen; ~ **un mot/exemple à qc** ein Wort/Beispiel aus etw übernehmen; **être emprunté(e) à qc** *mot, expression, exemple:* aus etw entnommen sein
③ (*prendre*) benutzen *passage souterrain;* ~ **l'autoroute** die Autobahn nehmen [*o* benutzen]
emprunteur, -euse [ɑ̃pʀœ̃tœʀ, -øz] *m, f* Entleiher(in) *m(f);* (*auprès d'une banque*) Kreditnehmer(in) *m(f),* Darlehensnehmer(in)
empuantir [ɑ̃pyɑ̃tiʀ] <8> *vt* verpesten (*pej*)
ému(e) [emy] *adj* bewegt; ~(**e**) **jusqu'aux larmes** zu Tränen gerührt
émulation [emylasjɔ̃] *f* ① Wetteifer *m;* **il y a entre eux de l'**~ sie liegen miteinander im Wettstreit; **esprit d'**~ Wettbewerbsgeist *m*
② INFORM Emulation *f* (*Fachspr.*)
émule [emyl] *mf littér* ① (*concurrent*) Wetteiferer *m*/Wetteiferin *f*
② (*imitateur*) Nacheiferer *m*/Nacheiferin *f;* **faire des** ~**s** Nacheiferer finden
émuler [emyle] <1> *vt* INFORM emulieren
émulsifiant [emylsifjɑ̃] *m* Emulgator *m*
émulsion [emylsjɔ̃] *f* Emulsion *f*
émulsionner [emylsjɔne] <1> *vt* ~ **qc** eine Emulsion aus etw herstellen
en [ɑ̃] **I.** *prép* ① (*lieu*) in (+ *Dat*); ~ **ville** in der Stadt; **habiter** ~ **Meurthe et Moselle/Corse** im Departement Meurthe et Moselle/auf Korsika wohnen; ~ **mer**/~ **bateau** auf See/auf dem Schiff; **elle se disait** ~ **elle-même que qn avait fait qc** sie dachte bei sich, dass jd etw getan hatte; **elle aime** ~ **lui sa gentillesse** sie mag die freundliche Art an ihm
② (*direction*) in (+ *Akk*); **aller** ~ **ville** in die Stadt fahren; **aller** ~ **Meurthe et Moselle/Rhénanie** in das Departement Meurthe et Moselle/ins Rheinland gehen; **aller** ~ **Normandie/Iran** in die Normandie gehen [*o* fahren]/in den Iran gehen [*o* fliegen]; **aller** ~ **France/Corse** nach Frankreich/Korsika gehen [*o* fahren]
③ (*date, moment*) ~ [**l'an**] **2003** im Jahre 2003; ~ **été/automne/hiver** im Sommer/Herbst/Winter; ~ **avril 2003** im April 2003; ~ **dix minutes/deux jours/mois** in [*o* innerhalb von] zehn Minuten/zwei Tagen/Monaten; ~ **peu de temps** innerhalb kurzer Zeit; ~ **semaine** die Woche über, während der Woche; ~ **ce dimanche de la Pentecôte** am heutigen Pfingstsonntag; **d'heure** ~ **heure/de jour** ~ **jour** von Stunde zu Stunde/von Tag zu Tag; **samedi** ~ **huit** Samstag in acht Tagen [*o* in einer Woche]
④ (*manière d'être, de faire*) **être** ~ **bonne/mauvaise santé** bei guter/schlechter Gesundheit sein; **être/se mettre** ~ **colère** wütend sein/werden; **être** ~ **réunion/déplacement** in einer Sitzung/unterwegs sein; **être parti(e)** ~ **voyage** auf Reisen sein; ~ **deuil** in Trauer; **des cerisiers** ~ **fleurs** blühende Kirschbäume; **une voiture** ~ **panne** ein Wagen mit einer Panne; **écouter** ~ **silence** schweigend zuhören; **faire qc** ~ **vitesse** etw schnell machen; **peindre qc** ~ **blanc** etw weiß [an]streichen
⑤ (*transformation*) *changer, transformer, convertir* in (+ *Akk*); *se déguiser* als
⑥ (*en tant que*) als; ~ **bon démocrate, je m'incline** als guter Demokrat gebe ich nach; **il l'a traité** ~ **ami** er hat ihn wie einen Freund behandelt
⑦ *gérondif* (*simultanéité*) beim + *Infin;* ~ **sortant** beim Hinausgehen
⑧ *gérondif* (*condition*) wenn, indem; ~ **travaillant beaucoup, tu réussiras** wenn du viel arbeitest, wirst du Erfolg haben
⑨ (*concession*) *gérondif* obgleich, auch wenn; **il lui souriait tout** ~ **la maudissant intérieurement** auch wenn er sie innerlich verfluchte, lächelte er sie an
⑩ *gérondif* (*manière*) ~ **chantant** singend; ~ **courant** im Laufschritt
⑪ (*état, forme, aspect*) ~ **morceaux** in Stücken; ~ **vrac** lose; **du café** ~ **grains**/~ **poudre** ungemahlener/gemahlener Kaffee; **une théière** ~ **forme d'éléphant** eine Teekanne in der Form eines Elefanten; **deux boîtes** ~ **plus**/~ **trop** zwei Dosen mehr [*o* zusätzlich]/zu viel; **j'ai deux dents** ~ **moins** ich habe zwei Zähne weniger; **n'avez-vous pas ce modèle** ~ **plus petit?** haben Sie dieses Modell nicht in einer kleineren Ausführung?; ~ **trois actes** in drei Akten; ~ **si mineur** in h-Moll; ~ **uniforme** in Uniform
⑫ (*fait de*) **être** ~ **laine/bois** aus Wolle/Holz sein
⑬ (*moyen de transport*) mit + *Art;* ~ **train/voiture** mit dem Zug/Auto; ~ **vélo** *fam* mit dem Rad; **un voyage** ~ **bateau/avion** eine Schiffsreise/Flugreise, eine Reise mit dem Schiff/Flugzeug
⑭ (*partage, division*) in (+ *Akk*); **je coupe le gâteau** ~ **six** ich schneide den Kuchen in sechs Stücke; **faire qc** ~ **une seule/deux/plusieurs fois** etw in einem Zug/in zwei/mehreren Etappen machen
⑮ (*pour indiquer le domaine*) in (+ *Dat*); ~ **math/allemand** in Mathe/Deutsch; ~ **économie** im Bereich der Wirtschaft, im wirtschaftlichen Bereich; **un néophyte** ~ **politique** ein Neuling in der Politik; **être expert** ~ **assurances** ein Experte in Versicherungsfragen sein; **se spécialiser** ~ **obstétrique** sich auf Geburtshilfe spezialisieren; **timide** ~ **amour** schüchtern in Liebesdingen; **fort(e)** ~ **math** stark in Mathe
⑯ *après certains verbes* **croire** ~ **qn** an jdn glauben; **avoir confiance** ~ **qn** Vertrauen zu jdm haben; **espérer** ~ **des temps meilleurs** auf bessere Zeiten hoffen; **parler** ~ **son nom** in seinem/ihrem Namen sprechen
II. *pron* ① (*pour des indéfinis, des quantités*) davon; *savoir* darüber, davon; **as-tu un stylo? – Oui, j'**~ **ai un/Non, je n'**~ **ai pas** hast du einen Kuli? – Ja, ich habe einen/Nein, ich habe keinen
② *tenant lieu de subst* **il** ~ **connaît de bien bonnes** er weiß immer so lustige Sachen; **j'**~ **connais qui feraient mieux de...** ich kenne welche, die besser daran täten, ...
③ (*de là*) **j'**~ **viens** ich komme von dort
④ (*de cela*) **on** ~ **parle** man spricht darüber [*o* davon]; **j'**~ **ai besoin** ich brauche es; **je m'**~ **souviens** ich erinnere mich daran; **j'**~ **suis fier(fière)/sûr(e)/content(e)** ich bin stolz darauf/dessen sicher/damit zufrieden; **j'**~ **suis bien conscient(e)** ich bin mir dessen durchaus bewusst
⑤ (*à cause de cela*) **il n'**~ **dort plus de la nuit** er schläft deshalb nachts schon nicht mehr; **elle** ~ **est malade** sie ist des-

halb ganz krank; **j'~ suis malheureux**(**-euse**) ich bin unglücklich darüber

❻ *annonce ou reprend un subst* **j'~ vends, des livres** ich verkaufe Bücher; **vous ~ avez, de la chance!** Sie haben ja wirklich [ein] Glück!

❼ *avec valeur de possessif* **ne jette pas cette rose, je voudrais ~ garder les pétales** wirf die Rose nicht weg, ich möchte die/ihre Blütenblätter aufheben

E.N. [øɛn] *f abr de* **Éducation nationale** *französisches Wissenschafts- und Kultusministerium*

E.N.A. [ena] *f abr de* **École nationale d'administration** *staatliche Hochschule zur Ausbildung der hohen Verwaltungsbeamten*

enamouré(**e**) [ɑ̃namuʀe], **énamouré**(**e**) [enamuʀe] *adj hum* verliebt

enamourer [ɑ̃namuʀe], **énamourer** [enamuʀe] <1> *vpr* **s'~ de qn** sich in jdn verlieben

énarchie [enaʀʃi] *f hum Regiment der ehemaligen Schüler der E.N.A.*

énarque [enaʀk] *mf fam ehemaliger Schüler/ehemalige Schülerin der E.N.A.*

encablure [ɑ̃kɑblyʀ] *f* Kabellänge *f* (*Fachspr.*); **à deux/quelques ~s de qc** zwei/einige Kabellängen von etw entfernt

encadré [ɑ̃kɑdʀe] *m* Kasten *m*

encadrement [ɑ̃kɑdʀəmɑ̃] *m* ❶ (*action*) *d'un miroir, tableau* [Ein]rahmen *nt,* [Ein]rahmung *f*

❷ (*cadre*) *d'un miroir, tableau* Rahmen *m; d'une fenêtre, porte* Einfassung *f,* Rahmen *m;* **il apparut dans l'~ de la porte** plötzlich stand er in der Tür

❸ (*prise en charge*) Betreuung *f;* **personnel d'~** Betreuungspersonal *nt*

encadrer [ɑ̃kɑdʀe] <1> *vt* ❶ (*mettre dans un cadre*) [ein]rahmen

❷ (*entourer*) umranden; in einen Kasten setzen *annonce, éditorial;* umrahmen *visage;* einkreisen *cible*

❸ (*s'occuper de*) betreuen; (*diriger*) anleiten; MIL [an]führen

❹ *fam* (*dans un carambolage*) **~ qc** in etw (*Akk*) hineinfahren; **je me suis fait ~** mir ist jemand ins Auto gefahren

▸ **ne pas pouvoir ~ qn** *fam* jdn nicht riechen können (*fam*)

encadreur, -euse [ɑ̃kɑdʀœʀ, -øz] *m, f* **faire encadrer une toile chez l'~** ein Gemälde zum Rahmen geben; **une encadreuse y a ouvert une petite boutique** dort hat ein kleines Rahmengeschäft aufgemacht

encager [ɑ̃kaʒe] <2a> *vt* ❶ (*mettre en cage*) in einen Käfig sperren *bête sauvage*

❷ *fig* (*enfermer*) einsperren *personne*

encagoulé(**e**) [ɑ̃kagule] *adj* [mit einer Strumpfmaske] vermummt

encaissable [ɑ̃kɛsable] *adj* kassierbar, eintreibbar (*Fachspr.*)

encaisse [ɑ̃kɛs] *f* Kassenbestand *m,* Bar[geld]bestand; **~ métallique** Gold- und Silberreserven *Pl*

encaissé(**e**) [ɑ̃kese] *adj* GEOG tief eingeschnitten

encaissement [ɑ̃kɛsmɑ̃] *m* ❶ FIN (*action d'encaisser*) Einkassieren *nt;* **remettre un chèque à l'~** einen Scheck einlösen

❷ GEOG tiefer Einschnitt

encaisser [ɑ̃kese] <1> **I.** *vi* ❶ (*toucher de l'argent*) kassieren

❷ *fam* (*savoir prendre des coups*) einiges einstecken können (*fam*); **ne pas ~** nichts einstecken können (*fam*)

❸ *fam* (*savoir recevoir une critique*) **bien ~** ein dickes Fell haben (*fam*); **mal ~** zartbesaitet sein (*fam*)

II. *vt* ❶ (*percevoir*) [ein]kassieren; einlösen *chèque*

❷ *fam* (*recevoir, supporter*) einstecken; **c'est dur** [*o* **difficile**] **à ~** das ist schwer zu verkraften

❸ (*resserrer*) eindämmen *cours d'eau;* **des montagnes encaissent la vallée** Berge schließen das Tal von beiden Seiten ein

▸ **ne pas** [**pouvoir**] **~ qn/qc** *fam* jdn/etw nicht verknusen können (*fam*)

encaisseur [ɑ̃kɛsœʀ] *m* Inkassobevollmächtigter *m*

encanailler [ɑ̃kanɑje] <1> *vpr hum* **s'~** schlechten Umgang haben [*o* pflegen]

encapuchonner [ɑ̃kapyʃɔne] <1> *vt* **être encapuchonné**(**e**) eine Kapuze aufhaben

encart [ɑ̃kaʀ] *m* Beilage *f;* **~ publicitaire** Reklamebeilage, Werbebeilage

encarter [ɑ̃kaʀte] <1> *vt* **~ un prospectus dans une revue** einer Zeitschrift einen Prospekt beilegen

en-cas [ɑ̃kɑ] *m inv* Imbiss *m*

encastrable [ɑ̃kastʀabl] *adj* zum Einbauen; **four ~** Einbauherd *m*

encastrer [ɑ̃kastʀe] <1> **I.** *vt* **~ qc dans/sous qc** etw in etw (*Akk*)/unter etw (*Dat*) einbauen; **~ qc dans un mur** etw in eine Wand einlassen

II. *vpr* **s'~ dans/sous qc** genau in/unter etw (*Akk*) passen; *appareil électroménager:* sich [in etw (*Akk*)/unter etw (*Dat*)] einbauen lassen; *automobile:* sich in etw (*Akk*) verkeilen

encaustique [ɑ̃kostik] *f* ❶ (*pour le parquet*) [Bohner]wachs *nt*

❷ (*pour les meubles*) [Möbel]politur *f*

encaustiquer [ɑ̃kostike] <1> *vt* [ein]wachsen, einlassen (SDEUTSCH, A); bohnern *parquet*

encavage [ɑ̃kavaʒ] *m* CH (*mettre en cave des aliments*) Einkellern *nt*

encaver [ɑ̃kawe] <1> *vt* [im Keller] einlagern *vin*

enceinte[1] [ɑ̃sɛ̃t] *adj* schwanger; **être ~ de qn** von jdm schwanger sein; (*attendre un enfant*) mit jdm schwanger sein; **être ~ de son troisième enfant** zum dritten Mal schwanger sein; **être ~ de trois mois** im dritten Monat schwanger sein

enceinte[2] [ɑ̃sɛ̃t] *f* ❶ (*fortification, rempart*) Ringmauer *f*

❷ (*espace clos*) abgeschlossener Bereich; *d'une ville, église, d'un tribunal* Innere(s) *nt,* Innenraum *m; d'une foire, d'un parc naturel* Gelände *nt*

❸ (*haut-parleur*) Lautsprecherbox *f;* **~ à deux/trois voies** Zwei-/Dreiwegebox *f;* **~s acoustiques** Lautsprecher *Pl;* **~s amplifiées** Aktivboxen *Pl*

◆ **~ de confinement** Schutzmantel *m*

encens [ɑ̃sɑ̃] *m* Weihrauch *m;* **bâtonnet d'~** Räucherstäbchen *nt*

encensement [ɑ̃sɑ̃smɑ̃] *m fig* Beweihräucherung *f* (*fig fam*)

encenser [ɑ̃sɑ̃se] <1> **I.** *vt* ❶ (*répandre de l'encens*) weihräuchern

❷ (*louer*) beweihräuchern (*pej fam*)

II. *vi cheval:* [heftig] mit dem Kopf schlagen

encensoir [ɑ̃sɑ̃swaʀ] *m* Rauchfass *nt*

encéphale [ɑ̃sefal] *m* Gehirn *nt*

encéphalite [ɑ̃sefalit] *f* Gehirnentzündung *f,* Enzephalitis *f* (*Fachspr.*); **~ spongiforme bovine** BSE[-Seuche] *f*

encéphalogramme [ɑ̃sefalɔgʀam] *m* Enzephalogramm *nt*

encéphalopathie [ɑ̃sefalɔpati] *f* MED Enzephalopathie *f*

encerclement [ɑ̃sɛʀkləmɑ̃] *m* Einkreisung *f*

encercler [ɑ̃sɛʀkle] <1> *vt* ❶ (*cerner*) einkreisen; **des curieux encerclaient le blessé** Neugierige standen [in einem Kreis] um den Verletzten herum

❷ (*être disposé autour de*) einschließen

❸ (*entourer*) einrahmen; **~ de rouge toutes les fautes** alle Fehler rot einkreisen

enchaînement [ɑ̃ʃɛnmɑ̃] *m* ❶ (*succession*) **~ de circonstances** Verkettung *f* von Umständen; **l'~ des événements** die Abfolge der Ereignisse; **~ des idées** Gedankenführung *f,* gedanklicher Zusammenhang

❷ (*structure logique*) Herleitung *f*

❸ (*transition*) **~ entre qc et qc** Übergang *m* von etw zu etw; **trouver de bons ~s** geschickte Überleitungen finden

enchaîner [ɑ̃ʃene] <1> **I.** *vt* ❶ (*attacher avec une chaîne*) **~ des personnes l'une à l'autre** Menschen aneinander ketten

❷ *littér* (*asservir*) **~ qn/qc** jdn/etw an die Kette legen; **la passion l'enchaînait à elle** die Leidenschaft kettete ihn an sie

❸ (*mettre bout à bout*) aneinander reihen *idées, mots;* CINE [geschickt] miteinander verbinden *scènes*
II. *vpr* ❶ (*s'attacher avec une chaîne*) **des personnes s'enchaînent à qc/l'une à l'autre** Menschen ketten sich an etw (*Akk*) an/aneinander
❷ (*se succéder*) ineinander übergehen; **les événements s'enchaînèrent très vite** die Ereignisse folgten rasch aufeinander
III. *vi* (*continuer*) ~ **sur qc** mit etw fortfahren
enchanté(e) [ɑ̃ʃɑ̃te] *adj* ❶ (*ravi*) hocherfreut; **être ~(e) de qc** sich über etw (*Akk*) [sehr] freuen; **être ~(e) de faire qc/que qn ait fait qc** sich [sehr] freuen etw zu tun/, dass jd etw getan hat
❷ (*magique*) verzaubert; **forêt ~e** Zauberwald *m;* **la Flûte ~e de Mozart** die Zauberflöte von Mozart
▶ **~(e) de faire votre connaissance** es freut mich Ihre Bekanntschaft zu machen; **~(e)!** sehr erfreut!, angenehm!
enchantement [ɑ̃ʃɑ̃tmɑ̃] *m* ❶ (*ravissement*) Entzücken *nt,* Bezauberung *f;* **être un ~** zauberhaft sein; **être dans l'~** entzückt sein
❷ (*sortilège*) Zauber *m,* Verzauberung *f;* **briser** [*o* **rompre**] **l'~** den Zauber brechen; **par ~** durch Zauberkraft; **comme par ~** auf wunderbare Weise
enchanter [ɑ̃ʃɑ̃te] <1> *vt* ❶ (*ravir*) ~ **qn par qc** jdn mit etw bezaubern
❷ (*ensorceler*) verzaubern
enchanteur, enchanteresse [ɑ̃ʃɑ̃tœʀ, ɑ̃ʃɑ̃t(ə)ʀɛs] **I.** *adj* zauberhaft, bezaubernd
II. *m, f* Zauberer *m*/Zauberin *f*
enchâssement [ɑ̃ʃɑsmɑ̃] *m* ❶ TECH (*manière*) [Ein]fassung *f;* (*action*) [Ein]fassen *nt*
❷ LING Einbettung *f*
enchâsser [ɑ̃ʃɑse] <1> *vt* ❶ TECH [ein]fassen; ~ **une pièce/un médaillon dans qc** einen Stein/ein Medaillon in etw (*Akk*) einfassen
❷ LING einbetten
enchère [ɑ̃ʃɛʀ] *f gén pl* ❶ (*offre d'achat*) Gebot *nt;* **les ~s sont ouvertes** es kann geboten werden; **la dernière** [*o* **plus forte**] ~ das letzte [*o* höchste] Gebot; **mettre** [*o* **vendre**] **qc aux ~s** etw versteigern; **acheter qc aux ~s** etw ersteigern; **faire/couvrir une ~** ein Gebot/höheres Gebot abgeben; **l'~ a été couverte** das Gebot wurde überboten
❷ CARTES Reizen *nt*
▶ **pousser** [*o* **faire monter**] **les ~s** den Preis/die Preise hochtreiben; *fig* sich teuer verkaufen
enchérir [ɑ̃ʃeʀiʀ] <8> *vi* ~ **sur qn/qc** jdn/etw überbieten; ~ **sur un objet** für ein Objekt mehr bieten; ~ **de mille euros sur l'offre précédente** das vorhergehende Gebot um tausend Euro überbieten; ~ **l'un sur l'autre** sich gegenseitig überbieten
enchérisseur, -euse [ɑ̃ʃeʀisœʀ, -øz] *m, f* Bieter(in) *m(f)*
enchevêtré(e) [ɑ̃ʃ(ə)vetʀe] *adj* verschlungen; *fils* [ineinander] verwickelt; *idées, pensées, intrigue* verworren; *phrases* verschachtelt; *liens, problèmes* verwickelt
enchevêtrement [ɑ̃ʃ(ə)vɛtʀəmɑ̃] *m* wirres Durcheinander; *de branches, tôles, lignes, ruelles* Gewirr *nt; d'idées, de pensées* Wirrwarr *m; de phrases* Verschachtelung *f; d'une intrigue* Verwick[e]lung *f; de liens* Verflechtung *f meist Pl*
enchevêtrer [ɑ̃ʃ(ə)vetʀe] <1> *vpr* **s'~** *branches, lianes:* sich [ineinander] verschlingen; *fils:* sich verwickeln; *idées, pensées:* wild durcheinander gehen
enclave [ɑ̃klav] *f* ❶ (*territoire, terrain*) Enklave *f*
❷ ARCHIT Nische *f*
enclavement [ɑ̃klavmɑ̃] *m* eingeschlossene Lage, Eingeschlossensein *nt*
enclaver [ɑ̃klave] <1> *vt* ❶ (*contenir comme enclave*) einschließen, umschließen; **être enclavé(e) dans qc** eine Enklave in etw (*Dat*) bilden [*o* sein]
❷ (*encastrer*) ~ **qc dans qc** etw in etw (*Akk*) einpassen
enclenchement [ɑ̃klɑ̃ʃmɑ̃] *m* Einrasten *nt; d'un mécanisme* Einschalten *nt*
enclencher [ɑ̃klɑ̃ʃe] <1> **I.** *vt* ❶ TECH einrasten lassen; einlegen *vitesse*
❷ (*engager*) in Gang bringen [*o* setzen]
II. *vpr* **s'~** *levier de commande:* einrasten; *mécanisme:* sich einschalten; **la seconde s'enclenche mal** der zweite Gang lässt sich schlecht einlegen
enclin(e) [ɑ̃klɛ̃, in] *adj* **être ~(e) à qc/faire qc** zu etw neigen/dazu neigen etw zu tun
enclore [ɑ̃klɔʀ] <*irr*> *vt soutenu* (*entourer*) *haie, mur, enceinte:* umschließen, umgeben; ~ **son terrain d'une haie** sein Grundstück mit einer Hecke umfrieden [*o* einfrieden] (*geh*)
enclos [ɑ̃klo] *m* ❶ (*espace*) eingefriedetes Grundstück; (*pour le bétail*) eingezäunte Weide; (*pour des chevaux*) Koppel *f;* (*petit domaine*) kleines Stück Land
❷ (*clôture*) Einfriedung *f* (*geh*)
enclume [ɑ̃klym] *f* Amboss *m*
▶ **être entre l'~ et le marteau** zwischen den Fronten stehen
encoche [ɑ̃kɔʃ] *f* Kerbe *f,* Einkerbung *f;* TECH Nut *f;* **~s d'un dictionnaire** Daumenregister *nt* eines Wörterbuchs
encocher [ɑ̃kɔʃe] <1> *vt* ❶ (*entailler*) einkerben; mit einem Daumenregister versehen *livre, répertoire*
❷ TECH nuten; auflegen *flèche*
encodage [ɑ̃kɔdaʒ] *m* [En]kodierung *f,* Verschlüsselung *f*
encoder [ɑ̃kɔde] <1> *vt* [en]kodieren, verschlüsseln
encodeur [ɑ̃kodœʀ] *m* Kodierer *m*
encoignure [ɑ̃kwaɲyʀ] *f* ❶ (*angle*) Ecke *f,* Winkel *m*
❷ (*meuble*) Eckmöbel *nt*
encollage [ɑ̃kɔlaʒ] *m* Einkleistern *nt*
encoller [ɑ̃kɔle] <1> *vt* [ein]kleistern
encolure [ɑ̃kɔlyʀ] *f* ❶ (*cou*) *d'un animal, d'une personne* Hals *m;* **forte ~** kräftiger Nacken; **l'emporter** [*o* **gagner**] **d'une ~** *cheval:* mit einer Halslänge siegen; **d'une ~** SPORT mit einer Länge
❷ (*col*) *d'une robe, chemise* [Hals]ausschnitt *m;* ~ **bateau** U-Boot-Ausschnitt *m;* ~ **carrée/en V** viereckiger/V-Ausschnitt *m*
❸ (*tour de cou*) Kragenweite *f;* **faire 40/41 d'~** Kragenweite 40/41 haben
encombrant(e) [ɑ̃kɔ̃bʀɑ̃, ɑ̃t] *adj* ❶ (*embarrassant*) sperrig, platzraubend
❷ (*importun*) lästig
❸ *iron* (*compromettant*) *personne* unbequem, unliebsam; *passé* belastend
encombre [ɑ̃kɔ̃bʀ] ▶ **sans ~** [ganz] problemlos; **se passer** [*o* **se dérouler**] **sans ~** einwandfrei [*o* problemlos] verlaufen
encombré(e) [ɑ̃kɔ̃bʀe] *adj* ❶ (*embouteillé*) versperrt; *route, carrefour* verstopft
❷ (*trop plein*) *pièce* vollgestopft; *table* vollgestellt
❸ MED *bronches* verschleimt
❹ ECON *carrière, profession* [völlig] überlaufen, dicht (*fam*); *marché* überfüllt
❺ (*surchargé*) überfrachtet; *lignes téléphoniques* überlastet
encombrement [ɑ̃kɔ̃bʀəmɑ̃] *m* ❶ (*sans passage possible*) *d'une rue, d'un couloir* Verstopfung *f; des lignes téléphoniques* Überlastung *f*
❷ (*embouteillage*) Verstopfung *f,* Stau *m*
❸ (*forte concurrence*) *d'une carrière* Überlaufensein *nt; d'un marché* Überangebot *nt*
❹ (*avec trop d'objets*) *d'une pièce, table* Überladung *f*
❺ (*amas*) *d'objets divers* Menge *f; de personnes* [dichtes] Gedränge; **l'~ de sa table de travail** sein/ihr vollgeladener Schreibtisch
❻ (*dimensions*) Abmessung *f meist Pl;* **ces meubles sont d'un ~ excessif** diese Möbel beanspruchen sehr viel Platz; **une machine à coudre d'un ~ réduit** eine platzsparende Nähmaschine

E

❼ MED *des bronches* Verschleimung *f*

encombrer [ɑ̃kɔ̃bʀe] <1> **I.** *vt* ❶ (*bloquer*) verstopfen; ~ **le passage avec qc** mit etw den Durchgang versperren
❷ TELEC ~ **les lignes** die Leitungen überlasten
❸ (*s'amonceler sur*) **des choses encombrent une table/pièce** ein Tisch/Zimmer ist voller Sachen [*o* mit Dingen vollgestopft]
❹ (*surcharger*) überladen; ~ **sa mémoire de détails inutiles** seinen Kopf mit unnützen Einzelheiten vollstopfen
II. *vpr* (*s'embarrasser de*) **ne pas s'~ de qn/qc** sich nicht mit jdm/etw belasten

encontre [ɑ̃kɔ̃tʀ] ▸ **aller à l'~ de qc** im Gegensatz zu etw stehen

encorbellement [ɑ̃kɔʀbɛlmɑ̃] *m* Erker *m;* **en ~** vorspringend; **maison en ~** Haus *nt* mit vorspringendem Erker

encorder [ɑ̃kɔʀde] <1> *vpr* **s'~** sich anseilen; **des personnes s'encordent** Menschen seilen sich [aneinander] an

encore [ɑ̃kɔʀ] **I.** *adv* ❶ (*continuation*) noch; **le chômage augmente ~** die Arbeitslosigkeit steigt noch weiter [an]; **elle peut ~ venir** sie kann noch kommen; **en être ~ à qc** immer noch bei etw sein; **en être ~ à faire qc** immer noch dabei sein etw zu tun; **hier/ce matin ~** gestern/heute morgen noch, noch gestern/heute morgen
❷ (*répétition*) noch ein[mal]; **je peux essayer ~ une fois?** darf ich es noch einmal versuchen?; **voulez-vous ~ une tasse de thé?** wollen Sie noch eine Tasse Tee?; **c'est ~ de ma faute** und ich bin wieder schuld; **[mais] qu'est-ce qu'il y a ~?** was ist denn jetzt schon wieder los?; **c'est ~ moi!** ich bin's noch mal [*o* schon wieder!]!
❸ + *nég* **pas ~/~ pas** noch nicht; **il n'est pas ~** [*o* **~ pas**] **arrivé** er ist noch nicht angekommen; **elle n'est ~ jamais partie** sie ist noch nie weggewesen; **ne... ~ rien** noch immer nichts
❹ + *comp* **~ mieux/moins/plus** noch besser/weniger/mehr; **il aime ~ mieux qc** ihm ist etw immer noch lieber; **il aime ~ mieux faire qc** ihm ist es immer noch lieber etw zu tun; **il aime ~ mieux que qn fasse qc** ihm ist es immer noch lieber, dass jd etw tut; **c'est ~ toi le meilleur/le plus sage** du bist immer noch der Beste/Vernünftigste
❺ (*renforcement*) **non seulement..., mais ~** nicht nur ..., sondern auch [noch]; **~ et toujours** immer wieder; **mais ~?** und weiter?
❻ (*objection*) **~ faut-il le savoir!** das muss man allerdings [*o* erst einmal] wissen!
❼ (*restriction*) **~ heureux que qn ait fait qc** ich kann/wir können immer[hin] noch froh sein, dass jd etw getan hat; **~ une chance que qn ait fait qc** ein Glück, dass wenigstens jd etw getan hat; **..., et ~!** ..., und [selbst] das noch nicht einmal!; **si ~ on avait son adresse!** wenn wir wenigstens seine/ihre Adresse hätten!
▸ **quoi ~?** (*qu'est-ce qu'il y a?*) was denn noch?; (*pour ajouter qc*) sonst noch etwas?; **et puis quoi ~!** sonst fehlt dir nichts? (*iron fam*)
II. *conj* **~ que je puisse être retardé(e)** *littér* obwohl ich verspätet sein könnte; **il acceptera, ~ que, avec lui, on ne sait jamais** *fam* er wird annehmen, obwohl, bei ihm weiß man nie

encorner [ɑ̃kɔʀne] <1> *vt* auf die Hörner nehmen

encornet [ɑ̃kɔʀnɛ] *m* Tintenfisch *m*

encourageant(e) [ɑ̃kuʀaʒɑ̃, ɑ̃t] *adj* ermutigend; **voilà qui est ~!** *iron* das sind ja schöne Aussichten! (*iron*)

encouragement [ɑ̃kuʀaʒmɑ̃] *m* ❶ (*acte, parole*) Ermutigung *f*, Aufmunterung *f;* **~ à qc/à faire qc** Ermunterung zu etw/etw zu tun; **d'~** ermutigend, aufmunternd
❷ SCOL *Belobigung, die dazu ermuntert weiterhin gute und noch bessere Leistungen zu zeigen*

encourager [ɑ̃kuʀaʒe] <2a> *vt* ❶ (*donner du courage à*) ermuntern *élève;* **~ qn d'un regard/geste** jdn mit einem Blick/einer Geste ermutigen; **~ un sportif en criant** einen Sportler durch Zurufe anfeuern
❷ (*inciter à*) **~ qn à qc** jdn zu etw ermuntern [*o* ermutigen]; **~ qn à faire qc** jdn dazu ermuntern [*o* ermutigen] etw zu tun
❸ (*soutenir*) unterstützen
❹ (*pousser à*) begünstigen

encourir [ɑ̃kuʀiʀ] <*irr*> *vt* ❶ **~ un châtiment/une amende** mit Bestrafung/einer Geldstrafe rechnen müssen; **~ une peine** sich strafbar machen
❷ *soutenu* **~ une punition/un reproche** eine Bestrafung/Vorwürfe zu gewärtigen haben (*geh*); **~ une responsabilité** sich (*Dat*) eine Verantwortung aufladen (*fam*)

encouru(e) [ɑ̃kuʀy] **I.** *part passé de* **encourir**
II. *adj peine* verhängt

encrage [ɑ̃kʀaʒ] *m* TYP Einfärben *nt*

encrassement [ɑ̃kʀasmɑ̃] *m* **~ de qc** Verunreinigung *f* einer S. (*Gen*)

encrasser [ɑ̃kʀase] <1> **I.** *vt* verunreinigen, verschmutzen; *suie, fumée, carburant:* verrußen; *scories:* verschlacken; *calcaire:* verkalken; **le tartre encrasse la bouilloire** im Wasserkessel bildet sich Kesselstein; **les bougies sont encrassées** die Zündkerzen sind verrußt
II. *vpr* **s'~** verschmutzen; *chaudière, conduite:* verkalken; *bougies, cheminée:* verrußen; *fourneau:* verschlacken; *organisme:* mit Giftstoffen belastet sein; *mémoire:* einrosten; **mon stylo s'est encrassé** mein Füller ist verstopft

encre [ɑ̃kʀ] *f* ❶ (*pour écrire*) Tinte *f;* **une écriture à l'~ violette** eine Schrift in violetter Tinte; **~ indélébile** dokumentenechte Tinte; **~ sympathique** unsichtbare Tinte; **à l'~** mit Tinte
❷ ZOOL Tinte *f;* **la seiche lance un jet d'~** der Tintenfisch [ver]spritzt Tinte
▸ **noir(e) comme [de] l'~** *nuit:* kohlrabenschwarz; **qc a fait couler de l'~** [*o* **beaucoup d'~**] über etw (*Akk*) ist [schon] viel Tinte verspritzt worden
◆ **~ de Chine** Tusche *f;* **~ d'imprimerie** Druckerschwärze *f;* **~ en poudre** Toner *m*

encrer [ɑ̃kʀe] <1> **I.** *vt* [mit Tinte/Tusche] tränken *tampon;* **~ un rouleau** Druckerschwärze auf eine Walze auftragen
II. *vi rouleau, lettres:* Druckerschwärze/Farbe annehmen; **le tampon n'encre plus** das Stempelkissen ist verbraucht

encreur [ɑ̃kʀœʀ] *adj v.* **rouleau, tampon**

encrier [ɑ̃kʀije] *m* Tintenglas *nt;* TYP Farbbehälter *m*

encroûté(e) [ɑ̃kʀute] **I.** *adj* verknöchert; **être ~(e) dans ses habitudes/préjugés** in seinen Gewohnheiten festgefahren/in seinen Vorurteilen erstarrt sein
II. *m(f)* verknöcherter Mensch

encroûtement [ɑ̃kʀutmɑ̃] *m* ❶ TECH *d'une chaudière* Verkalkung *f;* (*résidu*) Kesselstein *m*
❷ (*sclérose*) Verknöcherung *f*, [geistige] Verkalkung

encroûter [ɑ̃kʀute] <1> **I.** *vt* ❶ (*couvrir d'une croûte*) mit einer Kruste bedecken/überziehen
❷ (*abêtir*) verknöchern lassen; **rien ne nous encroûte plus que la paresse** nichts lässt uns mehr einrosten [*o* geistig und körperlich erstarren] als die Faulheit
II. *vpr* ❶ TECH **s'~** *chaudière:* verkalken
❷ (*s'abêtir*) **s'~** verknöchern; **s'~ dans ses habitudes** in seinen Gewohnheiten erstarren; **ils se sont encroûtés dans leur confort** sie sind in ihrem Komfort bequem und träge geworden

enculage [ɑ̃kylaʒ] *m vulg* Arschfickerei *f* (*vulg*)
▸ **~ de mouches [en plein vol]** *fam* Korinthenkackerei *f* (*fam*)

enculé [ɑ̃kyle] *m vulg* Arschloch *nt* (*vulg*)

enculer [ɑ̃kyle] <1> *vt vulg* in den Arsch ficken (*vulg*); **se faire ~** sich in den Arsch ficken lassen (*vulg*)

enculeur, -euse [ɑ̃kylœʀ, -øz] *m, f* ▸ **~(-euse) de mouches** *fam* Korinthenkacker(in) *m(f)* (*fam*)

encyclique [ɑ̃siklik] *f* Enzyklika *f*

encyclopédie [ɑ̃siklɔpedi] *f* ❶ (*ouvrage général*) Enzyklopädie *f*

❷ (*ouvrage spécialisé*) Lexikon *nt*
▶ ~ vivante wandelndes Lexikon
encyclopédique [ɑ̃siklɔpedik] *adj* enzyklopädisch; *esprit* universal
encyclopédisme [ɑ̃siklɔpedism] *m* Anhäufung *f* toten Wissens, Stoffüberfrachtung *f*
encyclopédiste [ɑ̃siklɔpedist] *m* HIST Enzyklopädist *m*
en deçà [ɑ̃dəsa] *v.* **deçà**
endémie [ɑ̃demi] *f* Endemie *f* (*Fachspr.*)
endémique [ɑ̃demik] *adj* ❶ MED endemisch (*Fachspr.*), örtlich begrenzt
❷ (*permanent*) ständig, dauernd; **être à l'état** ~ ein Dauerzustand sein
endetté(e) [ɑ̃dete] *adj* ~**(e) de deux mille euros** mit zweitausend Euro verschuldet
endettement [ɑ̃dɛtmɑ̃] *m* Verschuldung *f,* [Sich]verschulden *nt;* (*dette*) Verschuldung; ~ **public** Staatsverschuldung
endetter [ɑ̃dete] <1> **I.** *vt* in Schulden stürzen; ~ **qn lourdement** jdn in hohe Schulden stürzen
II. *vpr* **s'**~ **de 2000 euros auprès de qn** sich bei jdm mit 2000 Euro verschulden
endeuiller [ɑ̃dœje] <1> *vt* in Trauer versetzen [*o* stürzen] *personne, famille, pays;* überschatten *épreuve sportive, manifestation*
endiablé(e) [ɑ̃djɑble] *adj danse* wild; *rythme* rasend; *vitalité, verve* leidenschaftlich; **à une allure** ~**e** mit einer rasenden Geschwindigkeit
endiamanté(e) [ɑ̃djamɑ̃te] *adj* diamantengeschmückt, mit Diamanten behängt (*pej*)
endiguement [ɑ̃digmɑ̃] *m* ❶ Eindeichung *f;* **travaux d'**~ Deichbauarbeiten *Pl*
❷ *fig* ~ **de qc** Eindämmung *f* einer S. (*Gen*)
endiguer [ɑ̃dige] <1> *vt* ❶ eindeichen; eindämmen *fleuve, rivière*
❷ *fig* eindämmen *violence, inflation, chômage;* unter Kontrolle bringen *foule, invasion*
endimanché(e) [ɑ̃dimɑ̃ʃe] *adj* sonntäglich gekleidet, im Sonntagsstaat *hum*
endimancher [ɑ̃dimɑ̃ʃe] <1> *vpr* **s'**~ sich sonntäglich kleiden, seinen Sonntagsstaat anziehen *hum*
endive [ɑ̃div] *f* Chicorée *m o f*
endocrine [ɑ̃dɔkʀin] *adj v.* **glande**
endocrinien(ne) [ɑ̃dɔkʀinjɛ̃, jɛn] *adj* endokrin (*Fachspr.*); **système** ~ endokrines Drüsensystem
endoctrinement [ɑ̃dɔktʀinmɑ̃] *m* Indoktrinierung; ~ **des esprits** geistige Indoktrination
endoctriner [ɑ̃dɔktʀine] <1> *vt* indoktrinieren
endogamie [ɑ̃dɔgami] *f* Endogamie *f* (*Fachspr.*)
endogène [ɑ̃dɔʒɛn] *adj* SCI endogen (*Fachspr.*)
endolori(e) [ɑ̃dɔlɔʀi] *adj* schmerzend; *corps, personne* von Schmerzen gepeinigt; **j'ai le bras/dos** ~ ich habe Schmerzen im Arm/Rücken
endommagement [ɑ̃dɔmaʒmɑ̃] *m* [Be]schädigung *f; de la récolte* Beeinträchtigung *f*
endommager [ɑ̃dɔmaʒe] <2a> *vt* [be]schädigen; **les intempéries ont endommagé les récoltes** das schlechte Wetter hat die Ernte beeinträchtigt; **la forêt a été endommagée par les tempêtes** der Wald wurde durch die Stürme stark in Mitleidenschaft gezogen
endormant(e) [ɑ̃dɔʀmɑ̃, ɑ̃t] *adj* einschläfernd; *écrit, personne* zum Einschlafen langweilig
endormi(e) [ɑ̃dɔʀmi] **I.** *adj* ❶ (*opp: éveillé*) schlafend; *passion, sensualité* schlummernd, nicht geweckt; **il est encore tout** ~ er ist noch ganz verschlafen
❷ (*engourdi*) *bras, jambe* eingeschlafen
❸ *fam* (*apathique*) *personne* lahm (*fam*); *esprit* träge; *regard* verschlafen
II. *m(f) fam* Schlafmütze *f* (*fam*), Tranfunzel *f* (*fam*); **bande d'**~**s!** lahmer Haufen (*fam*)
endormir [ɑ̃dɔʀmiʀ] <*irr*> **I.** *vt* ❶ (*faire dormir*) in Schlaf versetzen, zum [Ein]schlafen bringen; *chaleur, bercement:* schläfrig machen, in Schlaf versetzen; (*anesthésier*) betäuben; (*hypnotiser*) in Hypnose versetzen
❷ (*ennuyer*) ~ **qn** einschläfernd auf jdn wirken; **ce roman m'endort** bei diesem Roman schlafe ich fast ein
❸ (*faire disparaître*) betäuben *douleur;* zerstreuen *soupçons;* einschläfern *vigilance;* vergessen lassen *chagrin;* zum Schweigen bringen *scrupules*
❹ (*tromper*) ~ **qn avec** [*o* **par**] **qc** jdn mit etw einlullen (*fam*); **se laisser** ~ **par qn/qc** sich von jdm/durch etw einlullen lassen (*fam*)
II. *vpr* **s'**~ ❶ (*s'assoupir*) einschlafen; **ce n'est pas le moment de s'**~ jetzt ist keine Zeit zum Schlafen
❷ (*devenir très calme*) *ville, maison:* zur Ruhe kommen
❸ (*s'atténuer*) nachlassen, schwächer werden; *faculté, sens:* einschlafen; **les gardiens ont laissé s'**~ **leur vigilance** die Wärter ließen in ihrer Wachsamkeit nach
endormissement [ɑ̃dɔʀmismɑ̃] *m* ❶ (*fait de s'endormir*) Einschlafen *nt;* **difficulté d'**~ Einschlafstörung *f*
❷ (*somnolence*) **en état d'**~ im Dämmerzustand; **six semaines d'**~ sechs Wochen Dämmerschlaf
❸ (*apathie*) Trägheit *f*
endos [ɑ̃do] *m* Übertragungsvermerk *m*
endoscope [ɑ̃dɔskɔp] *m* Endoskop *nt*
endoscopie [ɑ̃dɔskɔpi] *f* Spiegelung *f,* Endoskopie *f* (*Fachspr.*)
endossable [ɑ̃dosablə] *adj* übertragbar
endossement [ɑ̃dosmɑ̃] *m* JUR Indossierung *f* (*Fachspr.*)
endosser [ɑ̃dose] <1> *vt* ❶ (*enfiler*) [schnell] anziehen *vêtement;* (*sans passer les manches*) sich (*Dat*) überwerfen
❷ (*assumer*) auf sich (*Akk*) nehmen, übernehmen *responsabilité;* ~ **les conséquences** für die Folgen geradestehen; **faire** ~ **qc à qn** jdm etw zuschieben
endroit[1] [ɑ̃dʀwa] *m* ❶ (*lieu*) Stelle *f;* **être au bon** ~ an der richtigen Stelle sein; **aller au bon** ~ an die richtige Stelle gehen; **le/un bon** ~ **pour faire qc** der richtige/ein geeigneter Ort um etw zu tun; **en différents** ~**s de qc** an verschiedenen Stellen einer S. (*Gen*); **à** [*o* **en**] **plusieurs** ~**s** an mehreren Stellen; **à quel** ~**?** an welcher Stelle?; **de cet** ~ von dieser Stelle [aus]; **par** ~**s** stellenweise, an manchen Stellen
❷ (*localité*) Ort *m;* **les gens de l'**~ die Ortsansässigen, die örtliche Bevölkerung; ~ **perdu** entlegener Ort; **un** ~ **peu sûr** eine unsichere Gegend
▶ **le petit** ~ *fam* das stille Örtchen (*fam*); ~ **sensible** empfindliche Stelle; (*moralement*) wunder Punkt
endroit[2] [ɑ̃dʀwa] *m* (*opp: envers*) *d'un vêtement* rechte Seite; *d'un tapis, d'une étoffe* Oberseite *f; d'une feuille* Vorderseite *f;* **être à l'**~ *vêtement:* richtig herum sein; *feuille:* mit der Vorderseite nach oben liegen, richtig herum liegen; **ton livre n'est pas à l'**~**!** du hältst dein Buch nicht richtig [herum]; **remettre son pull à l'**~ seinen Pullover auf die rechte Seite drehen; **tricoter qc à l'**~ etw rechts stricken
enduire [ɑ̃dɥiʀ] <*irr*> **I.** *vt* ~ **de qc** mit etw bestreichen/einreiben/einlassen (SDEUTSCH, A); ~ **sa peau de crème solaire** sich mit Sonnencreme einreiben; ~ **le sol d'encaustique** den Boden bohnern; ~ **le poulet d'huile** [**avec un pinceau**] das Hähnchen mit Öl bepinseln; ~ **un mur de badigeon** eine Wand tünchen; ~ **le papier peint de colle** Leim auf die Tapete auftragen
II. *vpr* **s'**~ **de qc** sich mit etw einreiben; **s'**~ **de crème** sich eincremen
enduit [ɑ̃dɥi] *m* Spachtel[kitt *m*] *m*
endurable [ɑ̃dyʀabl] *adj* **ne pas être** ~ nicht auszuhalten sein; **cette situation n'est pas** ~ diese Situation ist nicht [länger] tragbar
endurance [ɑ̃dyʀɑ̃s] *f* [körperliche] Ausdauer, Durchhaltevermögen *nt;* ~ **au froid** Abgehärtetsein *nt* gegen Kälte; **être d'une** ~ **remarquable** eine bemerkenswerte Ausdauer

E

haben; **avoir de l'~** Ausdauer haben

endurant(e) [ãdyʀã, ãt] *adj* ausdauernd

endurci(e) [ãdyʀsi] *adj* ❶ (*insensible*) *cœur* hart; *personne* hartherzig; *criminel* hartgesotten
❷ (*invétéré*) *célibataire* eingefleischt; *buveur, fumeur* unverbesserlich; *joueur* leidenschaftlich, passioniert
❸ (*résistant*) **~(e) à la fatigue** nicht schnell ermüdend; **~(e) au froid** abgehärtet gegen Kälte; **~(e) aux privations** an Entbehrungen gewöhnt

endurcir [ãdyʀsiʀ] <8> **I.** *vt* ❶ (*physiquement*) **~ qn à qc** jdn gegen etw abhärten; **~ qn à la chaleur** jdn gegen etw unempfindlich machen; **~ qn aux privations** jdn an Entbehrungen gewöhnen
❷ (*moralement*) verhärten, abstumpfen; **~ le cœur/l'âme** hartherzig/gefühllos machen
II. *vpr* ❶ (*physiquement*) **s'~ à qc** sich gegen etw abhärten, gegen etw unempfindlich werden; **elle s'est endurcie à la fatigue** sie wird weniger schnell müde; **il s'est endurci aux privations/à l'effort** er ist an Entbehrungen/harte Arbeit gewöhnt
❷ (*moralement*) **s'~** verhärten, abstumpfen; **son cœur s'est endurci/son âme s'est endurcie** er/sie ist hartherzig/gefühllos geworden; **s'~ contre qn/qc** jdm/einer S. gegenüber gefühllos werden, gegenüber etw abstumpfen

endurcissement [ãdyʀsismã] *m* ❶ (*résistance*) *à la douleur, au froid* Abhärtung *f*
❷ (*insensibilité*) Verhärtung *f*

endurer [ãdyʀe] <1> *vt* ertragen, aushalten; sich (*Dat*) gefallen lassen, hinnehmen *insulte, outrage;* auf sich (*Akk*) nehmen *privations*

enduro [ãdyʀo] **I.** *m* (*épreuve*) Prüfung *f* auf Geländetauglichkeit
II. *f* (*moto*) Enduro *f*

énergétique [enɛʀʒetik] *adj* ❶ ECON **les besoins ~s** der Energiebedarf; **la dépendance/l'indépendance ~** die Abhängigkeit/Unabhängigkeit in der Energieversorgung; **la facture ~** die Kosten des Energieverbrauchs
❷ PHYSIOL **valeur ~** Energiegehalt *m;* **aliment ~** Kraftnahrung *f;* **action ~** kraftspendende Wirkung

énergie [enɛʀʒi] *f* ❶ (*force, vigueur*) Energie *f; d'un style* Kraft *f;* **pédaler avec ~** kräftig in die Pedale treten; **faire qc avec ~/avec la dernière ~** etw voller Energie/mit letzter Kraft tun; **plein(e) d'~** voller Energie, energiegeladen; **un style plein d'~** ein lebendiger Stil; **avoir de l'~/beaucoup d'~** Kraft/viel Kraft haben; (*être très actif*) tatkräftig/sehr tatkräftig sein; **avoir de l'~ à revendre** voller Energie stecken; **galvaniser les ~s** alle Kräfte mobilisieren
❷ IND Energie *f,* Energieträger *m;* **forme d'~** Energieform *f;* **~ atomique** [*o* **nucléaire**] Atomenergie, Kernenergie; **~ éolienne** Windenergie; **~ solaire** Sonnenenergie, Solarenergie; **~ thermique** Wärmeenergie
❸ PHYS, PHYSIOL Energie *f;* **principe de la conservation de l'~** Energieerhaltungssatz *m;* **les échanges d'~** der Energieaustausch; **~ cinétique** Bewegungsenergie, kinetische Energie

énergique [enɛʀʒik] *adj* ❶ (*vigoureux, actif*) energisch; *mouvement, effort* kräftig, energisch; **franc-parler ~** drastische Ausdrucksweise
❷ (*efficace*) *médicament* stark wirkend, hochwirksam

énergiquement [enɛʀʒikmã] *adv* energisch; *frotter, secouer* kräftig

énergisant(e) [enɛʀʒizã, ãt] *adj action* belebend; *médicament* energiespendend, vitalisierend

énergumène [enɛʀgymɛn] *m fam* verrückter Kerl (*fam*); **un drôle d'~** ein komischer Typ (*fam*)

énervant(e) [enɛʀvã, ãt] *adj* nervtötend; *travail, attente* nervenaufreibend, zermürbend; **cet enfant est ~** dieses Kind geht einem [ganz schön] auf die Nerven [*o* tötet einem den Nerv]

énervé(e) [enɛʀve] *adj* ❶ (*agacé*) gereizt
❷ (*excité*) aufgeregt
❸ (*nerveux*) nervös

énervement [enɛʀvəmã] *m* ❶ (*agacement*) Gereiztheit *f*
❷ (*surexcitation*) Unruhe *f*
❸ (*nervosité*) Nervosität *f*

énerver [enɛʀve] <1> **I.** *vt* ❶ (*agacer*) **~ qn** jdm auf die Nerven gehen (*fam*); **ça énerve qn de faire qc** es regt jdn auf etw zu tun (*fam*)
❷ (*exciter*) **~ qn** jdn unruhig machen
II. *vpr* **s'~ après qn/qc** sich über jdn/etw aufregen; **ne nous énervons pas!** nur keine Aufregung!

enfance [ãfãs] *f* ❶ (*période*) Kindheit *f,* Kindesalter *nt;* **une ~ malheureuse** eine schwere [*o* unglückliche] Kindheit; **petite ~** frühe Kindheit; **première ~** früheste Kindheit; **dès la petite ~** von klein auf; **dès la plus tendre ~** [schon] seit dem zartesten Kindesalter
❷ *sans pl* (*les enfants*) Kinder *Pl;* **l'~ malheureuse** Kinder in Not
▸ **c'est l'~ de l'art** das ist kinderleicht; **être encore dans l'~** noch in den Kinderschuhen stecken [*o* im Anfangsstadium sein]; **retomber en ~** wieder kindisch werden

enfant [ãfã] *mf* ❶ (*opp: adulte*) Kind *nt;* **petit(e) ~** kleines Kind; **jeune ~** Kleinkind; **~ sauvage** wild aufgewachsenes Kind; **~ trouvé** Findelkind; **attendre un ~** ein Kind erwarten; **faire un ~** ein Kind austragen und gebären; **faire un ~ à une femme** *fam* einer Frau ein Kind machen (*fam*); **vous venez, les ~s?** kommt, Kinder!
❷ (*fils ou fille de qn*) Kind *nt;* **~ légitime/naturel(le)/adoptif(-ive)** eheliches/uneheliches Kind/Adoptivkind; **~ unique** Einzelkind; **être ~ unique** ein Einzelkind sein
❸ *pl* (*descendants*) Nachkommen *Pl*
❹ (*par rapport à l'origine*) **~ de qc** einer S. (*Gen*) Kind *nt;* **c'est un ~ de la ville** er/sie ist ein Stadtkind
▸ **faire un ~ dans le dos à qn** *fam* jdm [hinter seinem Rücken] einen Tiefschlag versetzen; **jeter l'~ avec l'eau du bain** das Kind mit dem Bad[e] ausschütten; **~ du premier/deuxième lit** Kind *nt* aus erster/zweiter Ehe; **être bon ~** gutmütig sein; *public:* wohlwollend sein; **avoir un air bon ~** gutmütig aussehen; **~ gâté(e)/pourri(e)** verwöhntes/verzogenes Kind; **innocent(e) comme l'~ qui vient de naître** unschuldig wie ein neugeborenes Kind; **~ prodige** Wunderkind *nt;* **l'~ prodigue** der verlorene Sohn; **être l'~ terrible de qc** das Enfant terrible einer S. (*Gen*) sein; **il n'y a plus d'~s!** das ist die Jugend von heute!; **les ~s s'amusent!** wie die kleinen Kinder!; **ne fais/faites pas l'~** sei/seid nicht kindisch [*o* albern]
◆ **~ de l'amour** Kind *nt* der Liebe; **~ de la balle** Komödiantenkind *nt;* **~ de chœur** Ministrant *m* ▸ **ne pas être un ~ de chœur** kein Unschuldsengel sein

enfantement [ãfãtmã] *m* ❶ *vieilli* Niederkunft *f* (*geh*)
❷ *littér* (*création*) Geburt *f* (*liter*)

enfanter [ãfãte] <1> **I.** *vi littér* gebären, niederkommen (*geh*)
II. *vt littér* ❶ (*accoucher*) **elle enfantera un fils** sie wird einen Sohn gebären
❷ (*créer*) hervorbringen, entstehen lassen

enfantillage [ãfãtijaʒ] *m* Albernheit *f*

enfantin(e) [ãfãtɛ̃, in] *adj* ❶ (*relatif à l'enfant*) *rires, innocence* kindlich; **chanson ~e** Kinderlied *nt;* **classe ~e** Vorschulklasse *f*
❷ *péj* (*puéril*) kindisch (*pej*)
❸ (*simple*) kinderleicht

enfariné(e) [ãfaʀine] *adj* ❶ bemehlt; *mains* mehlig
❷ (*couvert de poudre blanche*) [weiß]gepudert

enfer [ãfɛʀ] *m* ❶ REL Hölle *f;* **la Descente aux ~s de Rubens** die Höllenfahrt von Rubens
❷ *pl* MYTH (*lieu*) Unterwelt *f;* **Orphée aux ~s** Orpheus in der Unterwelt
❸ (*situation*) Hölle *f;* **c'est l'~** [*o* **un véritable ~**] das ist die Hölle [auf Erden]; **c'est l'~!** *fam* (*c'est affreux*) das ist eine

Qual!; **vivre [dans] un véritable** ~ die Hölle auf Erden haben
④ (*dans une bibliothèque*) Giftschrank *m* (*fam*)
▶ **l'~ est pavé de bonnes intentions** *prov* der Weg zur Hölle ist mit guten Vorsätzen gepflastert; **d'~** (*sensationnel*) [affen]geil (*sl*), heiß (*fam*); **elle a un look d'~!** *fam* sieht die geil aus! (*sl*); **bruit d'~** Höllenlärm *m;* **train/cadence d'~** Affentempo *nt;* **jouer un jeu d'~** hoch [*o* mit hohem Einsatz] spielen

enfermement [ɑ̃fɛʀməmɑ̃] *m* ① (*internement*) Einweisung *f*
② (*renfermement*) Gefangensein *nt*

enfermer [ɑ̃fɛʀme] <1> **I.** *vt* ① (*mettre dans un lieu fermé*) einschließen, einsperren; ~ **de l'argent dans qc** Geld in etw (*Dat*) verschließen [*o* einschließen]; ~ **de l'argent** Geld wegschließen; **être enfermé(e) dans qc** in etw (*Dat*) eingeschlossen sein
② (*mettre à l'asile, en prison*) einsperren
③ (*maintenir*) ~ **qn/qc dans un rôle** jdn/etw auf eine Rolle festlegen; ~ **qn/qc dans une image** an einem bestimmten Bild von jdm/etw festhalten; ~ **qn dans ses contradictions** jdn zum Opfer seiner eigenen Widersprüche werden lassen; **être enfermé(e) dans ses contradictions** sich in seinen eigenen Widersprüchen verfangen haben
④ (*entourer*) umschließen
⑤ SPORT **se laisser** ~ sich einschließen lassen; (*à l'intérieur du peloton*) sich in die Zange nehmen lassen
⑥ *vieilli* (*comporter*) ~ **qc en soi** etw in sich (*Dat*) begreifen (*veraltet*)
▶ **être bon à** ~ eingesperrt gehören; **être enfermé(e) dehors** *fam* ausgesperrt sein; **j'ai peur de me retrouver enfermé(e) dehors** ich habe Angst, mich auszusperren; **être/rester enfermé(e) chez soi** nicht aus dem Haus kommen/gehen
II. *vpr* ① (*s'isoler*) **s'~ dans qc** sich in etw (*Akk o Dat*) einschließen
② (*se cantonner*) sich verschließen; **s'~ dans le silence** sich in Schweigen hüllen; **s'~ dans sa fierté** in seinem Stolz verharren; **s'~ dans un rôle** sich auf eine Rolle festlegen; **s'~ dans une idée** sich auf eine Idee versteifen

enferrer [ɑ̃feʀe] <1> *vpr* **s'~ dans des mensonges** sich in Lügen verstricken

enficher [ɑ̃fiʃe] <1> *vt* ~ **la prise** den Stecker in die Steckdose stecken

enfiévrer [ɑ̃fjevʀe] <5> **I.** *vt* ~ **qn** (*exalter*) jdn in fieberhafte Erregung versetzen
II. *vpr* **s'~ pour qc** für etw entflammem (*geh*)

enfilade [ɑ̃filad] *f de couloirs, portes* [lange] Reihe; ~ **de pièces** Zimmerflucht *f;* **phrases en** ~ Aneinanderreihung *f* von Sätzen
▶ **prendre des personnes/qc en** ~ *tireurs:* Menschen/etw unter Beschuss nehmen; *tir, salve:* auf Menschen/etw (*Akk*) herabhageln; **d'~ tir d'~** Längsbeschuss *m*

enfilage [ɑ̃filaʒ] *m de perles* Auffädeln *nt; d'une aiguille* Einfädeln *nt*

enfiler [ɑ̃file] <1> **I.** *vt* ① (*traverser par un fil*) einfädeln *aiguille;* auffädeln *perles*
② (*mettre*) ~ **des perles sur un fil** Perlen auf einen Faden aufziehen; ~ **un fil dans un chas** einen Faden in ein Nadelöhr einfädeln
③ (*passer*) überziehen *pullover;* überstreifen *bague;* ~ **son pantalon** in die Hose schlüpfen
④ (*débiter*) aneinander reihen *mots, anecdotes, réflexions*
⑤ (*prendre*) [hindurch]gehen durch *porte;* ~ **un chemin** *conducteur, voiture:* in einen Weg hineinfahren, einbiegen; *piéton:* einen Weg einschlagen, in einen Weg einbiegen
⑥ *vulg* (*posséder sexuellement*) ficken (*vulg*)
II. *vpr* ① (*s'engager*) **s'~ dans une ruelle** in eine Gasse einbiegen; **s'~ dans l'escalier** die Treppe nehmen
② *fam* (*s'envoyer*) **s'~ une boisson** ein Getränk hinunterschütten (*fam*); **s'~ de l'alcool** einen zwitschern (*fam*)
③ *fam* (*se taper*) **s'~ tout le travail** die ganze Arbeit machen [müssen]

enfin [ɑ̃fɛ̃] *adv* ① (*fin d'une attente*) endlich; **te voilà ~!** da bist du ja endlich!
② (*fin d'une énumération*) schließlich
③ (*pour corriger ou préciser*) beziehungsweise, genauer gesagt; **elle est jolie, ~, à mon sens** sie ist hübsch, jedenfalls meiner Meinung nach
④ (*marquant la gêne*) na ja; **tu as fait ce travail? – Ben oui... euh... ~ non!** hast du deine Arbeit gemacht? – Natürlich ... äh ... eigentlich [noch] nicht!
⑤ (*bref*) kurzum
⑥ (*pour clore la discussion*) **~, on verra bien** na ja, wir werden es ja sehen; **~, tu fais pour le mieux** du tust jedenfalls, was du kannst; **~, c'est comme ça!** nun ja, das ist eben so!; **~, ça te regarde, après tout** letztendlich geht es vor allem dich etwas an
⑦ (*tout de même*) schließlich, doch [schließlich]; **comment, tu ne sais pas la réponse! Enfin, c'est facile!** was, du weißt die Antwort nicht! Das ist doch ganz einfach!
⑧ (*marque l'irritation*) komm, komm!, also wirklich!; **~, c'est quelque chose, quand même!** das ist doch wirklich allerhand!; **~ parle!** rede doch endlich!; **~, à quoi tu penses?** wo denkst du denn hin!
▶ ~ **bref** kurz und gut; ~ **passons** was soll's (*fam*), sei's drum (*fam*); ~ **voilà** (*en somme*) ~ **voilà, je n'en sais pas plus** ja, mehr weiß ich auch nicht; **qu'est-ce que tu as décidé? – Ben, c'est-à-dire que... ~ voilà:...** wie hast du dich nun entschieden? – Nun ja, das heißt ... also [gut]: ...; **certes, mais ~ ce n'est certes pas beaucoup, mais ~, c'est toujours ça** es ist sicherlich nicht viel, aber schließlich besser als nichts; **il n'a pas dit non, mais ~, il n'était pas enthousiaste** er hat [zwar] nicht nein gesagt, aber er war auch nicht gerade begeistert; **m'~** *fam* jetzt hört's aber auf (*fam*); ~ **quoi** *fam* also wirklich (*fam*); ~ **quoi, ça commence à bien faire, maintenant!** jetzt reicht's aber langsam! (*fam*); **~, c'est vrai, quoi, tu pourrais faire un effort!** stimmt doch auch, du könntest dir wirklich etwas Mühe geben! (*fam*)

enflammé(e) [ɑ̃flame] *adj* ① (*passionné*) leidenschaftlich; *discours* flammend; *paroles* glühend, leidenschaftlich; *nature* feurig, leidenschaftlich; **une déclaration ~e** eine glühende Liebeserklärung
② MED entzündet
③ (*brûlant*) brennend; *littér* (*empourpré*) *visage, joues* glühend rot; *ciel, horizon* glutrot

enflammer [ɑ̃flame] <1> **I.** *vt* ① (*mettre le feu à*) entzünden, in Brand setzen
② (*exalter*) entflammen; hellauf begeistern, entflammen *personne;* entfachen, entflammen *zèle, passion;* anregen *imagination*
③ MED ~ **une plaie** die Entzündung einer Wunde verursachen
④ *littér* (*illuminer*) glutrot färben *ciel, horizon;* **la honte lui enflamme le visage** die Schamröte steigt ihm/ihr ins Gesicht; **la colère enflamme son regard** seine/ihre Augen sprühen vor Zorn
⑤ *littér* (*rendre brûlant*) *fièvre:* zum Glühen bringen; *brusque chaleur, soleil:* glühend heiß werden lassen
II. *vpr* **s'~** ① (*prendre feu*) sich entzünden, in Brand geraten
② (*s'animer*) *personne:* in helle Begeisterung geraten; *esprits, imagination:* sich entzünden; **s'~ de qc** *yeux, regard:* vor etw (*Dat*) sprühen
③ MED sich entzünden

enflé [ɑ̃fle] *m fam* Dummkopf *m* (*fam*), Trottel *m* (*fam*)

enflé(e) [ɑ̃fle] *adj* MED [an]geschwollen

enfler [ɑ̃fle] <1> **I.** *vt* ① (*faire augmenter*) anschwellen lassen *doigts, corps, rivière;* lauter werden lassen *voix;* **la cortisone lui enfle le visage** das Kortison hat sein/ihr Gesicht aufgeschwemmt; **ses chaussures trop étroites lui enflent les pieds** durch seine/ihre zu engen Schuhe hat er/sie [an]ge-

E

schwollene Füße
❷ *vieilli* (*grossir*) aufbauschen *événement, réalité;* höher [*o* hoch] ansetzen *comptes, dépenses, chiffre*
❸ *vieilli* (*gonfler*) blähen, bauschen *voiles*
II. *vi* anschwellen; **à cause de la cortisone, son corps a tendance à** ~ wegen des Kortisons quillt sein/ihr Körper immer mehr auf
III. *vpr* **s'**~ anschwellen

enflure [ɑ̃flyʀ] *f* ❶ MED Schwellung *f*
❷ (*forme emphatique*) *du style* Schwulst *m,* Schwülstigkeit *f*
❸ *fam* (*enflé*) Idiot *m* (*pej fam*)

enfoiré [ɑ̃fwaʀe] *m vulg* dummer Sack (*vulg*); (*salaud*) Arschloch *nt* (*vulg*)

enfoncé(e) [ɑ̃fɔ̃se] *adj yeux* tief liegend

enfoncement [ɑ̃fɔ̃smɑ̃] *m* ❶ (*action*) *d'un clou, piquet* Einschlagen *nt; d'un pieu* Einrammen *nt; d'une porte* Einschlagen *nt,* Eindrücken *nt; d'une barrière* Durchbrechen *nt,* Durchstoßen *nt;* **l'**~ **des piquets peut se faire sans maillet** die Heringe kann man ohne Hammer in den Boden schlagen
❷ (*niche, creux*) *d'une pièce, porte* Nische *f; d'une falaise, d'un vallon* Einbuchtung *f,* Vertiefung *f*

enfoncer [ɑ̃fɔ̃se] <2> **I.** *vt* ❶ (*planter, ficher*) hineinschlagen *clou, piquet;* hineindrücken *punaise, graine, plante;* hineinstoßen, hineinstechen *couteau;* hineinstechen *aiguille;* hineinstoßen *coude, genou, doigt*
❷ (*mettre*) ~ **ses mains dans qc** die/seine Hände tief in etw (*Akk*) hineinstecken; ~ **ses mains dans ses poches** die Hände in den Taschen vergraben; ~ **son chapeau sur ses yeux** den Hut tief ins Gesicht ziehen
❸ (*briser en poussant*) eindrücken *grilles, voiture, cage thoracique;* eindrücken, einschlagen *porte;* einschlagen *crâne;* durchbrechen *mur;* (*avec un bélier*) einrammen
❹ MIL *armée:* durchbrechen, überrennen; ~ **qn** sich gegen jdn überlegen durchsetzen; **se faire** ~ vernichtend geschlagen werden
❺ SPORT *fam* ~ **qn** *footballeur:* jdn in Grund und Boden spielen; **se faire** ~ haushoch verlieren
❻ (*aggraver la situation de*) ~ **qn dans la dépendance** jdn in die Abhängigkeit treiben; ~ **qn dans la misère** jdn ins Elend stürzen
❼ *fam* (*laisser se perdre*) niedermachen (*fam*); reinrasseln lassen (*fam*) *candidat;* **tes explications ne font que t'**~ **davantage** mit deinen Erklärungen schlitterst du nur noch mehr hinein (*fam*)
II. *vi* ~ **dans qc** in etw (*Dat*) versinken [*o* einsinken]
III. *vpr* ❶ (*aller vers le fond*) **s'**~ **dans la neige/les sables mouvants** im Schnee/Treibsand einsinken; **s'**~ **dans un liquide** in einer Flüssigkeit (*Dat*) versinken
❷ (*se creuser*) **s'**~ *mur, maison:* sich senken; *sol, fauteuil, matelas:* [zu sehr] nachgeben; **la maison s'est enfoncée de trois centimètres** das Haus hat sich um drei Zentimeter gesenkt
❸ (*se planter, se ficher*) **s'**~ **une aiguille dans le bras** sich (*Dat*) eine Nadel in den Arm stechen; **s'**~ **une écharde sous l'ongle** sich (*Dat*) einen Splitter unter den Nagel stoßen
❹ (*pénétrer*) **s'**~ **dans qc** *vis, écharde:* in etw (*Akk*) eindringen
❺ (*s'engager*) **s'**~ **dans l'obscurité** in die Dunkelheit eintauchen; **s'**~ **dans l'espace** weit in den Weltraum vordringen
❻ (*s'installer au fond*) **s'**~ **dans un fauteuil** es sich (*Dat*) in einem Sessel bequem machen
❼ (*s'étendre à l'intérieur de*) **s'**~ **dans la vallée** *route:* weit ins Tal hineingehen
❽ (*être entraîné dans*) **s'**~ **dans le vice/la misère** im Laster/Elend versinken
❾ *fam* (*se perdre*) **s'**~ sich reinreißen (*fam*)

enfonceur, -euse [ɑ̃fɔ̃sœʀ, -øz] *m, f* ▸ **c'est un ~/une enfonceuse de porte[s] ouverte[s]** er/sie rennt offene Türen ein

enfoui(e) [ɑ̃fwi] **I.** *part passé de* **enfouir**
II. *adj* ❶ (*recouvert*) ~**(e) dans/sous qc** in/unter etw (*Dat*) vergraben; **le trésor ~ dans l'île** der auf der Insel vergrabene Schatz
❷ (*caché*) *village* völlig versteckt; **une maison ~e sous la verdure** ein völlig zugewachsenes Haus

enfouir [ɑ̃fwiʀ] <8> **I.** *vt* ❶ (*mettre en terre*) vergraben; (*pas trop profond*) verscharren; aussäen *graines, semences;* ~ **du fumier** Dung unterpflügen
❷ (*cacher*) verstecken; ~ **son visage dans son oreiller** sein Gesicht im Kopfkissen vergraben
❸ *littér* (*enfermer en soi*) verschließen
II. *vpr* ❶ (*se blottir*) **s'**~ **sous ses couvertures** sich unter der Decke vergraben
❷ (*se réfugier*) **s'**~ **dans un trou/terrier** *animal:* sich in einem Loch/seinem Bau verkriechen
❸ (*se plonger*) **s'**~ **dans ses livres/son travail** sich in seine Bücher/seine Arbeit vergraben

enfouissement [ɑ̃fwismɑ̃] *m* Vergraben *nt; des semences* Aussäen *nt*

enfourcher [ɑ̃fuʀʃe] <1> *vt* ~ **son cheval/vélo** sein Pferd besteigen/aufs Fahrrad steigen; ~ **une chaise** sich rittlings auf einen Stuhl setzen

enfournement [ɑ̃fuʀnəmɑ̃] *m* Hineinschieben *nt* in den Ofen

enfourner [ɑ̃fuʀne] <1> *vt* ❶ (*mettre au four*) in den [Back]ofen schieben *pain, gâteau;* in die Bratröhre schieben *rôti;* in den Brennofen stellen *poterie*
❷ *fam* (*fourrer*) ~ **qc dans qc** etw [in etw (*Akk*)] hineinstecken [*o* hineinschieben], etw in etw (*Akk*) stecken [*o* schieben]
❸ *fam* (*ingurgiter*) in sich (*Akk*) hineinschieben [*o* hineinschaufeln]; ~ **qc dans la bouche à qn** jdm etw in den Mund schieben

enfreindre [ɑ̃fʀɛ̃dʀ] <*irr*> *vt* ~ **qc** gegen etw verstoßen

enfuir [ɑ̃fɥiʀ] <*irr*> *vpr* ❶ (*fuir*) **s'**~ **quelque part** irgendwohin fliehen [*o* flüchten]; **s'**~ **de qc** aus etw fliehen
❷ *littér* **s'**~ entschwinden; *jeunesse, temps, bonheur:* dahinschwinden

enfumé(e) [ɑ̃fyme] *adj* rauchig, verräuchert

enfumer [ɑ̃fyme] <1> *vt* ❶ (*emplir de fumée*) verräuchern *pièce, atmosphère*
❷ (*incommoder par la fumée*) einräuchern *personnes*
❸ (*pour se débarrasser de*) ausräuchern *animaux, personnes*

engagé(e) [ɑ̃gaʒe] **I.** *adj* ❶ ~**(e) dans qc** engagiert in etw (*Dat*)
❷ ARCHIT ~**(e) dans qc** eingelassen in etw (*Dat*)
II. *m(f)* ❶ MIL Freiwillige(r) *f(m)*
❷ SPORT Teilnehmer(in) *m(f)*

engageant(e) [ɑ̃gaʒɑ̃, ɑ̃t] *adj avenir* verlockend; *aspect, paroles* einladend, verlockend; *air, mine* verführerisch; *sourire* gewinnend, einnehmend

engagement [ɑ̃gaʒmɑ̃] *m* ❶ (*promesse*) Verpflichtung *f;* **devoir faire face à de multiples ~s** vielerlei Verpflichtungen nachkommen müssen; **honorer** [*o* **tenir**] **un ~/ses ~s** eine Verpflichtung/seine Verpflichtungen einhalten [*o* erfüllen]; **être retenu(e) par un** ~ wegen einer anderweitigen Verpflichtung verhindert sein; ~ **obligatoire** bindende Verpflichtung; **sans** ~ **de votre part** unverbindlich für Sie
❷ (*embauche*) Einstellung *f,* Anstellung *f;* MIL Verpflichtung *f* [zum Militärdienst]; THEAT, CINE Engagement *nt;* ~ **volontaire** freiwillige Verpflichtung; **signer un ~ par devancement d'appel** sich vorzeitig zum Militärdienst melden; **signer un ~ de cinq ans** sich für fünf Jahre verpflichten
❸ (*activité politique*) ~ [**politique**] politisches Engagement
❹ SPORT (*coup d'envoi*) Anspiel *nt;* (*inscription*) Anmeldung *f*
❺ MIL (*combat*) Kampfhandlung *f,* Gefecht *nt,* Einsatz *m*
❻ (*dépenses, obligation de payer*) [Zahlungs]verpflichtung *f,* Verbindlichkeit *f,* Obligo *nt* (*Fachspr.*); **respecter/ne pas respecter ses ~s** seinen Verbindlichkeiten nachkommen/nicht nachkommen
❼ FIN (*immobilisation*) ~ **de fonds** Bindung *f* von Geldmitteln

❽ (*mise en gage*) Verpfändung *f;* (*récépissé*) Pfandschein *m,* Leihschein
❾ MED Eintritt *m* [in den Geburtskanal]
engager [ɑ̃gaʒe] <2a> **I.** *vt* ❶ (*mettre en jeu*) ~ **qc** mit etw haften [*o* bürgen]; ~ **sa parole** sein Wort geben; ~ **son honneur/sa vie** seine Ehre/sein Leben einsetzen; ~ **sa responsabilité** die Verantwortung übernehmen; POL die Vertrauensfrage stellen
❷ (*lier*) verpflichten, binden; **cela n'engage à rien** das verpflichtet zu nichts; **cela ne vous engage à rien** das verpflichtet Sie zu nichts
❸ (*embaucher*) anstellen, einstellen *représentant, directeur;* engagieren *comédien;* **se faire ~ comme secrétaire** als Sekretärin eingestellt werden
❹ (*commencer*) eröffnen *bataille, débat, partie;* einleiten *recherche, processus*
❺ (*inciter*) ~ **qn à qc** jdn zu etw veranlassen; *personne:* jdn um etw bitten; ~ **qn à faire qc** jdn dazu veranlassen etw zu tun; *personne:* jdn darum bitten etw zu tun; ~ **qn à la plus grande discrétion** jdn um äußerste Diskretion bitten
❻ (*investir*) ~ **de l'argent dans qc** Geld in etw (*Akk*) [hinein]stecken [*o* investieren]
❼ (*mettre en gage*) verpfänden, versetzen
❽ (*faire prendre une direction à*) ~ **un véhicule/bateau dans qc** ein Fahrzeug/Boot in etw (*Akk*) [hinein]steuern; **le camion est mal engagé** der Lkw hat Schwierigkeiten beim Rangieren
❾ (*entraîner*) ~ **qn/qc dans un conflit** jdn/etw in einen Konflikt hineinziehen
❿ (*enfoncer*) ~ **la clé dans la serrure** den Schlüssel ins Schloss [hinein]stecken
II. *vpr* ❶ (*promettre*) **s'~ à faire qc** sich [dazu] verpflichten etw zu tun; **s'~ vis-à-vis de** [*o* **sur**] **la Constitution** einen Eid auf die Verfassung schwören; **elle n'a pas voulu s'~ sur cette question** sie wollte sich in dieser Frage nicht festlegen
❷ (*louer ses services*) **s'~** *soldat:* sich [freiwillig] verpflichten; **s'~ dans qc** (*s'enrôler*) in den Dienst einer S. (*Gen*) treten; **s'être engagé(e) comme chauffeur chez qn** bei jdm eine Stelle als Chauffeur angenommen haben; **être prêt(e) à s'~ comme n'importe quoi** bereit sein jede beliebige Stelle anzunehmen
❸ (*choisir*) **s'~ dans qc** sich für etw entscheiden
❹ (*pénétrer*) **s'~ dans une rue** in eine Straße einbiegen; **s'~ sous le pont** *véhicule:* unter die Brücke fahren
❺ (*se loger*) **s'~ dans qc** in etw (*Akk*) hineinpassen; **la clé ne s'engage pas dans la serrure** der Schlüssel passt nicht ins Schloss
❻ (*se lancer*) **s'~ dans qc** sich auf etw (*Akk*) einlassen; **s'~ dans un conflit** sich in einen Konflikt hineinbegeben
❼ (*prendre position*) **s'~ dans la lutte contre qc** sich im Kampf gegen etw engagieren; **s'~ sur une question** sich auf eine Frage einlassen
❽ (*commencer*) **s'~** *processus, négociation:* in Gang kommen
engeance [ɑ̃ʒɑ̃s] *f péj* Gesindel *nt* (*pej*)
engelure [ɑ̃ʒlyʀ] *f* Frostbeule *f*
engendrer [ɑ̃ʒɑ̃dʀe] <1> *vt* ❶ (*donner naissance à*) zeugen
❷ (*avoir pour effet*) erzeugen; generieren, erzeugen *structure, phrase;* GEOM ergeben, erzeugen *sphère, cylindre*
engin [ɑ̃ʒɛ̃] *m* ❶ *fam* (*machin*) Ding *nt* (*fam*)
❷ CONSTR [Bau]maschine *f,* Gerät *nt*
❸ MIL Kriegsgerät *nt;* ~ **atomique** Atomrakete *f;* ~ **blindé** [**de reconnaissance**] Spähpanzer *m;* ~ **spatial** Raumflugkörper *m;* ~**s spéciaux** Raketenwaffen *Pl*
❹ *fam* (*objet encombrant*) Apparat *m* (*fam*)
❺ (*véhicule*) Wagen *m*
❻ *fam* (*homme grand et fort*) Kleiderschrank *m* (*fam*); (*femme grande et forte*) Maschine *f* (*fam*)
◆ ~ **de chasse** Jagdgerät *nt;* ~ **de guerre** Kriegsgerät *nt;* ~ **de levage** Hebezeug *nt;* ~ **de manutention** Verladegerät *nt;* ~ **de pêche** Fischereigerät *nt;* ~ **de terrassement** Erdbaumaschine *f*
engineering [ɛn(d)ʒiniʀiŋ] *m v.* **ingénierie**
englober [ɑ̃glɔbe] <1> *vt* [mit] einbeziehen, einschließen
engloutir [ɑ̃glutiʀ] <8> **I.** *vi* schlingen
II. *vt* ❶ (*dévorer*) verschlingen, hinunterschlingen
❷ (*dilapider*) verprassen; ~ **sa fortune dans qc** sein Vermögen in etw (*Akk*) hineinstecken
❸ (*coûter cher, consommer trop*) verschlingen *argent*
❹ (*faire disparaître*) versenken; *inondation:* überfluten; *mer, vagues:* verschlingen, in die Tiefe reißen; *éboulement, éruption:* unter sich (*Dat*) begraben; *brume:* verschlucken
III. *vpr* **s'être englouti(e) dans la mer** im Meer versunken sein
engluer [ɑ̃glye] <1> **I.** *vt* ❶ (*enduire de glu*) mit Leim bestreichen
❷ (*prendre avec de la glu*) mit Leimruten fangen *oiseaux*
❸ (*rendre gluant*) klebrig machen *doigts;* **ses mains engluées de confiture** seine von der Marmelade klebrigen Händen
II. *vpr* ❶ **s'~ les doigts/mains de qc** sich (*Dat*) die Finger/Hände mit etw klebrig machen
❷ *fig* **s'~ dans une explication** sich in einer Erklärung festfahren
engoncer [ɑ̃gɔ̃se] <2> *vt vêtement:* plump aussehen lassen; **avoir l'air engoncé** *personne:* ein steifes Aussehen haben; **être engoncé(e) dans qc** *cou:* in etw (*Dat*) stecken
engorgement [ɑ̃gɔʀʒəmɑ̃] *m d'un conduit, tuyau, d'une route, ville* Verstopfung *f; du marché* Übersättigung *f; des bronches, poumons* Verschleimung *f;* ~ **mammaire** Milchstau *m*
engorger [ɑ̃gɔʀʒe] <2a> **I.** *vt* verstopfen *conduit, tuyau, route;* überschwemmen *marché;* MED verstopfen
II. *vpr* **s'~** *tuyau:* verstopfen; *bronches:* verschleimen
engouement [ɑ̃gumɑ̃] *m* Schwärmerei *f,* [kurze] Begeisterung; ~ **de qn pour qn/qc** jds Schwärmerei für jdn/etw
engouer [ɑ̃gwe] <1> *vpr* **s'~ de qn/qc** für jdn/etw schwärmen
engouffrer [ɑ̃gufʀe] <1> **I.** *vt* ❶ (*entraîner*) *mer, tempête:* mit sich reißen
❷ *fam* (*dévorer*) runterschlingen (*fam*)
❸ (*dilapider*) ~ **de l'argent dans qc** Geld in etw (*Akk*) hineinstecken
❹ (*consommer*) verschlingen *argent, essence, électricité*
II. *vpr* **des personnes s'engouffrent dans qc** Menschen stürzen sich in etw (*Akk*); **s'~ dans qc** *vent:* in etw (*Akk*) hineinfahren; *eau:* in etw (*Akk*) hineinstürzen [*o* hineinströmen]
engourdi(e) [ɑ̃guʀdi] *adj* ❶ (*ankylosé*) *doigts* klamm, gefühllos; **j'ai le bras tout ~** mein Arm ist eingeschlafen
❷ (*de froid*) steif; *esprit* träge
engourdir [ɑ̃guʀdiʀ] <8> **I.** *vt* ❶ (*ankyloser*) klamm [*o* gefühllos] werden lassen *doigts, mains;* **le froid engourdit les pieds** durch die Kälte werden die Füße ganz gefühllos und steif
❷ (*affaiblir*) benommen machen *personne;* schwächen *volonté;* betäuben *esprit, peine*
II. *vpr* **s'~** ❶ (*s'ankyloser*) steif [*o* gefühllos] werden; **mon bras s'est engourdi** mein Arm ist eingeschlafen
❷ (*s'affaiblir*) *personne:* schläfrig werden; *esprit:* träge werden; *facultés, sentiment:* nachlassen
engourdissement [ɑ̃guʀdismɑ̃] *m* ❶ (*ankylose*) Steifwerden *nt,* Gefühlloswerden *nt;* (*par le froid*) Klammwerden *nt*
❷ (*état*) Steifheit *f,* Gefühllosigkeit *f*
❸ (*torpeur*) Trägheit *f,* Benommenheit *f*
engrais [ɑ̃gʀɛ] *m* ❶ (*substance*) Dünger *m;* ~ **azotés** Stickstoffdünger *m;* ~ **chimiques** [*o* **industriels**] Kunstdünger *m;* ~ **minéraux** anorganische Düngemittel *Pl;* ~ **organiques** Naturdünger *m;* ~ **phosphatés** Phosphatdünger *m;* ~ **potassiques** Kalidünger *m;* ~ **végétaux** pflanzliche Düngemittel *Pl*
❷ (*engraissement*) **porcs à l'~** Mastschweine *Pl;* **être mis à**

E

l'~ gemästet werden

engraissage [ɑ̃gʀɛsaʒ] *m*, **engraissement** [ɑ̃gʀɛsmɑ̃] *m* Mast *f*, Mästen *nt*

engraisser [ɑ̃gʀese] <1> **I.** *vt* ① (*rendre plus gras*) mästen
② (*fertiliser*) düngen
II. *vi* Fett ansetzen
III. *vpr* **s'~ de qc** sich an etw (*Dat*) bereichern

engranger [ɑ̃gʀɑ̃ʒe] <2a> *vt* ① (*mettre en grange*) einfahren
② (*accumuler*) horten

engrenage [ɑ̃gʀənaʒ] *m* ① TECH [Zahnrad]getriebe *nt*, [Räder]getriebe; ~ **différentiel** Differenzial[getriebe *nt*] *nt*
② (*enchaînement*) Verkettung *f*; ~ **de la violence** Gewaltspirale *f*
▶ **être pris(e) dans un/l'~** in ein/das Räderwerk geraten
◆ ~ **à chaîne** Kettengetriebe *nt*; ~ **à crémaillère** Zahnstangengetriebe *nt*

engrener [ɑ̃gʀəne] <4> **I.** *vt* ① TECH ~ **qc dans qc** etw mit etw verzahnen
② AGR ~ **une batteuse** einer Dreschmaschine Garben zuführen
II. *vpr* TECH **s'~ dans qc** in etw (*Akk*) greifen; **les roues s'engrènent** die Räder greifen ineinander

engrosser [ɑ̃gʀose] <1> *vt vulg* ~ **qn** jdm ein Kind machen (*fam*); **se faire ~ par qn** (*volontairement*) sich (*Dat*) von jdm ein Kind machen lassen (*fam*); (*involontairement*) von jdm geschwängert werden

engueulade [ɑ̃gœlad] *f fam* Anpfiff *m* (*fam*); **avoir une ~ avec qn** Krach mit jdm haben (*fam*); **passer une ~ à qn** jdn zur Schnecke machen (*fam*); **recevoir une ~ de qn** von jdm einen Anpfiff bekommen (*fam*)

engueuler [ɑ̃gœle] <1> **I.** *vt fam* ~ **qn** jdn anschnauzen (*fam*); **se faire ~ par qn** von jdm angeschnauzt werden (*fam*)
II. *vpr fam* ① (*se crier dessus*) **s'~** sich anbrüllen
② (*se disputer*) **s'~** sich krachen (*fam*); **s'~ avec qn** sich mit jdm krachen (*fam*)

enguirlander [ɑ̃giʀlɑ̃de] <1> *vt* ① (*orner*) mit Girlanden schmücken
② *fam* (*engueuler*) zusammenstauchen (*fam*); **se faire ~ par qn** von jdm zusammengestaucht werden (*fam*)

enhardir [ɑ̃aʀdiʀ] <8> **I.** *vt* ermutigen
II. *vpr* **s'~** mutiger werden; **s'~ à poser une question/sortir seul** sich ein Herz fassen und eine Frage stellen/allein ausgehen

énième [ɛnjɛm] *adj* **le/la ~** der/die/das x-te; **pour la ~ fois** zum x-ten Mal

énigmatique [enigmatik] *adj air, regard* geheimnisvoll; *personnage, mort* rätselhaft; *sourire* unergründlich; **pourquoi prends-tu cet air ~?** warum tust du so geheimnisvoll?

énigme [enigm] *f* ① (*mystère*) Rätsel *nt*; **se trouver devant une ~** vor einem Rätsel stehen
② (*devinette*) Rätsel *nt*; **poser une ~ à qn** jdm ein Rätsel aufgeben

enivrant(e) [ɑ̃nivʀɑ̃, ɑ̃t] *adj* berauschend; *parfum* betäubend; **d'une beauté ~e** von betörender Schönheit

enivrement [ɑ̃nivʀəmɑ̃] *m fig littér* Rausch *m*

enivrer [ɑ̃nivʀe] <1> **I.** *vt* ① (*rendre ivre*) berauschen, betrunken machen
② (*griser*) berauschen; *parfum, air:* betäuben; *beauté:* betören; *joie:* trunken machen (*geh*); *sport:* in Begeisterung versetzen
II. *vpr* ① **s'~** sich betrinken
② *fig* **s'~ de qc** sich an etw (*Dat*) berauschen

enjambée [ɑ̃ʒɑ̃be] *f* großer Schritt; **à grandes** [*o* **longues**] **~s** mit langen Schritten; **faire une ~** einen großen Schritt machen; **d'une ~** mit einem Schritt

enjambement [ɑ̃ʒɑ̃bmɑ̃] *m* Zeilensprung *m*, Enjambement *nt*

enjamber [ɑ̃ʒɑ̃be] <1> *vt* ① (*franchir*) ~ **un fossé** einen großen Schritt über einen Graben hinweg machen; ~ **un mur** über eine Mauer hinwegsteigen; ~ **la fenêtre/une valise** durch das Fenster/über einen Koffer steigen
② *fig viaduc, pont:* überspannen

enjeu [ɑ̃ʒø] <x> *m* ① (*argent*) Einsatz *m*
② *fig* **être l'~ de qc** bei etw auf dem Spiel stehen

enjoindre [ɑ̃ʒwɛ̃dʀ] <irr> *vt littér* ~ **qc à qn** jdm etw gebieten (*geh*); ~ **à qn de faire qc** jdm gebieten etw zu tun (*geh*)

enjôler [ɑ̃ʒole] <1> *vt* ~ **qn par** [*o* **avec**] **qc** jdn mit etw umgarnen (*fam*)

enjôleur, -euse [ɑ̃ʒolœʀ, -øz] **I.** *adj paroles* [ein]schmeichelnd; *sourire, regard* verführerisch
II. *m, f* Schmeichler(in) *m(f)*

enjolivement [ɑ̃ʒɔlivmɑ̃] *m* ① (*ornement*) Verzierung *f*
② LITTER *d'un texte* Ausschmückung *f*

enjoliver [ɑ̃ʒɔlive] <1> *vt* ① (*orner*) [ver]zieren
② (*broder*) ausschmücken *texte*

enjoliveur [ɑ̃ʒɔlivœʀ] *m* Radkappe *f*

enjoué(e) [ɑ̃ʒwe] *adj* heiter; **être d'un caractère ~** ein sonniges Gemüt haben

enjouement [ɑ̃ʒumɑ̃] *m* Heiterkeit *f*

enkystement [ɑ̃kistəmɑ̃] *m* Abkapselung *f*

enkyster [ɑ̃kiste] <1> *vpr* **s'~** sich abkapseln

enlacement [ɑ̃lasmɑ̃] *m* ① (*enchevêtrement*) Geflecht *nt*; *de ruelles* Gewirr *nt*; **l'~ des lianes** das Lianengewirr
② (*étreinte*) Umarmung *f*

enlacer [ɑ̃lase] <2> **I.** *vt* ① (*étreindre*) umschlingen; **tendrement enlacés** zärtlich umschlungen
② (*entourer*) umschlingen, umranken; **ornements enlacés** ineinander verschlungene Ornamente
II. *vpr* ① (*s'étreindre*) **s'~** sich umarmen; *lutteurs:* sich umklammern; *danseurs:* die Arme umeinander legen
② (*entourer*) **s'~ autour de qc** sich um etw schlingen [*o* ranken]; (*s'entrecroiser*) sich verflechten

enlaidir [ɑ̃lediʀ] <8> **I.** *vi* (*devenir laid*) hässlich werden
II. *vt* (*rendre laid*) entstellen *personne;* verunstalten *paysage, quartier*

enlaidissement [ɑ̃ledismɑ̃] *m d'une personne* Hässlichmachen *nt*; *d'un paysage, quartier* Verunstaltung *f*

enlevé(e) [ɑ̃lve] *adj portrait, récit* lebendig; *scène* lebendig gespielt; *morceau de musique* lebhaft [*o* schwungvoll] vorgetragen

enlèvement [ɑ̃lɛvmɑ̃] *m* ① (*rapt*) Entführung *f*
② (*évacuation*) *des détritus* Beseitigung *f*; **l'~ des ordures ménagères** die Müllabfuhr
③ MIL Eroberung *f*
◆ ~ **de mineur** Kindesentführung *f*

enlever [ɑ̃lve] <4> **I.** *vt* ① (*déplacer*) wegnehmen, wegstellen; ~ **les draps d'un lit** ein Bett abziehen; **enlève tes mains de tes poches!** nimm die Hände aus den Taschen!
② (*décoller*) ablösen; ~ **la peau de qc** etw schälen
③ (*faire disparaître*) entfernen *tache;* streichen *mot, phrase;* ~ **le goût amer de qc** einer S. (*Dat*) den bitteren Geschmack nehmen; ~ **les odeurs** Gerüche beseitigen
④ (*ôter*) ~ **l'envie/le goût à qn de faire qc** jdm die Lust nehmen etw zu tun; ~ **la garde des enfants à qn** jdm das Sorgerecht für die Kinder entziehen; **cela leur enlèvera l'envie de recommencer** das wird es ihnen austreiben; **cet échec n'enlève rien à tes mérites** dieser Misserfolg schmälert deine Verdienste nicht
⑤ (*emporter*) abholen; **faire ~ qc** etw abholen lassen
⑥ (*retirer*) abnehmen *chapeau, montre;* abnehmen, absetzen *lunettes;* ausziehen *vêtement, chaussures*
⑦ *littér maladie:* hinwegraffen (*geh*); **la mort nous l'a enlevé** der Tod hat ihn uns entrissen (*geh*)
⑧ (*gagner*) gewinnen *course;* davontragen *victoire;* erobern *place forte;* ~ **une affaire** den Zuschlag für ein Geschäft bekommen; ~ **la majorité des sièges** die Mehrheit der Sitze erringen
⑨ (*kidnapper*) entführen; **puis-je vous ~ votre fille pour**

ennui/dégoût/antipathie

• exprimer l'ennui	• Langeweile ausdrücken
Ça m'endort!	Ich schlaf gleich ein! *(fam)*
Comme c'est ennuyeux!	Wie langweilig!
Mais qu'est-ce que c'est ennuyeux!	Sowas von langweilig!
On **s'ennuie (à mourir)** dans cette boîte.	Diese Disco **ist total öde.**
• exprimer le dégoût	**• Abscheu ausdrücken**
Be(u)rk!/Quelle horreur!	Igitt!
C'est (vraiment) dégoûtant!	Das **ist (ja) ekelhaft!**
C'est absolument répugnant!	Das **ist geradezu widerlich!**
Ça me dégoûte.	Das **ekelt mich an.**
Je trouve ça dégueulasse. *(fam)*	Ich finde das zum Kotzen. *(sl)*
• exprimer l'antipathie	**• Antipathie ausdrücken**
C'est un (sacré) connard.	Das ist ein (richtiges) Arschloch. *(vulg)*
Cette femme **me tape sur le système/les nerfs.**	Diese Frau **geht mir auf den Geist/Wecker/Keks.** *(fam)*
Je ne l'**aime pas (beaucoup).**	**Ich mag** ihn **nicht (besonders).**
Je ne peux pas le **voir/**l'**encadrer/**le **sentir.**	**Ich kann** ihn **nicht leiden/ausstehen/riechen.** *(fam)*
Je trouve que ce type **est impossible.**	**Ich finde** diesen Typ **unmöglich.**

quelques instants? *hum* darf ich Ihnen Ihre Tochter für eine Weile entführen? (*hum*)
⑩ (*exécuter avec brio*) lebhaft [*o* schwungvoll] vortragen *morceau de musique, récit;* lebendig spielen *scène*
▸ **enlevez, c'est pesé!** *fam* [ist] schon erledigt! (*fam*)
II. *vpr* **s'**~ ① (*disparaître*) *tache:* herausgehen
② (*se détacher*) abgehen; *affiche, papier peint, timbre:* abgehen; *clou, vis:* sich lockern
③ *fam* (*se pousser*) **enlève-toi de là!** verzieh dich! (*fam*)

enlisement [ɑ̃lizmɑ̃] *m* ① *d'un bateau* Stranden *nt; d'une voiture* Steckenbleiben *nt*
② (*marasme*) Erlahmen *nt,* Stocken *nt*

enliser [ɑ̃lize] <1> **I.** *vpr* **s'**~ ① (*s'enfoncer*) stecken bleiben
② (*stagner*) ins Stocken geraten, sich festfahren; **s'~ dans la routine** nicht aus dem Alltagstrott herauskommen; **s'~ dans les détails** sich in Details verlieren
II. *vt* ① (*enfoncer*) auf Grund setzen *bateau;* festfahren *voiture*
② (*faire stagner*) lähmen, zum Erlahmen bringen (*geh*)

enluminure [ɑ̃lyminyʀ] *f* Buchmalerei *f*

ENM [øɛnɛm] *f abr de* **École nationale de la magistrature** *nationale Verwaltungshochschule*

enneigé(e) [ɑ̃neʒe] *adj* verschneit, schneebedeckt; *village, voiture* eingeschneit; **la piste est insuffisamment ~e** auf der Piste liegt nicht genügend Schnee

enneigement [ɑ̃nɛʒmɑ̃] *m* Schneedecke *f;* **les conditions d'~** die Schneeverhältnisse

ennemi(e) [en(ə)mi] **I.** *adj* feindlich; *frères* verfeindet; **être ~(e) du progrès** ein Feind des Fortschritts sein
II. *m(f)* Feind(in) *m(f);* **~ public numéro un** Staatsfeind *m* Nummer eins; **~ héréditaire** Erbfeind *m;* **~ juré** [*o* **mortel**] Todfeind *m;* **se faire des ~s** sich (*Dat*) Feinde machen; **être l'~(e) de qn/qc** jds Feind/der Feind einer S. (*Gen*) sein
▸ **passer à l'~** [zum Feind] überlaufen

ennoblir [ɑ̃nɔbliʀ] <8> *vt* erheben (*fig*)

ennuager [ɑ̃nɥaʒe] <2a> *vpr* **s'**~ *ciel:* sich bewölken

ennui [ɑ̃nɥi] *m* ① (*désœuvrement*) Lang[e]weile *f;* **tromper son ~** sich (*Dat*) die Langeweile vertreiben
② (*lassitude, dégoût*) Lustlosigkeit *f*
③ *souvent pl* (*problème*) Problem *nt,* Unannehmlichkeit *f;* **avoir beaucoup d'~s** viel Ärger haben; **avoir des ~s financiers** [*o* **d'argent**] Geldsorgen haben, in Geldschwierigkeiten sein [*o* stecken *fam*]; **il a des ~s de santé** ihm geht es [gesundheitlich] nicht gut
▸ **s'attirer des ~s** Ärger bekommen; **l'~, c'est que l'~, c'est qu'il est sourd** das Dumme ist [nur], dass er taub ist; **quel ~!** wie ärgerlich!; **un ~ ne vient jamais seul** *prov* ein Unglück kommt selten allein

ennuyant(e) [ɑ̃nɥijɑ̃] *adj* CAN *v.* **ennuyeux**

ennuyé(e) [ɑ̃nɥije] *adj* verärgert; **je suis bien ~(e)** ich bin ziemlich besorgt; **être ~(e) de qc** [*o* **par qc**] verärgert über etw (*Akk*) sein; **qn est ~ de devoir faire qc** jdm ist es peinlich [*o* unangenehm] etw tun zu müssen; **être ~(e) qu'il ne soit pas là** verstimmt darüber sein, dass er nicht da ist

ennuyer [ɑ̃nɥije] <6> **I.** *vt* ① (*lasser*) langweilen, fadisieren (A)
② (*être peu attrayant*) **~ qn** jdm lästig sein
③ (*être gênant*) jdm unangenehm [*o* peinlich] sein; **ça ennuie qn de devoir faire qc** es ist jdm unangenehm [*o* peinlich]/lästig etw tun zu müssen
④ (*irriter*) **~ qn avec qc** jdm mit etw lästig sein [*o* auf die Nerven gehen *fam*]
⑤ (*déplaire*) stören; **quelque chose m'ennuie dans cette affaire** bei dieser Sache gefällt mir etwas nicht
II. *vpr* **s'**~ sich langweilen, sich fadisieren (A)

ennuyeux, -euse [ɑ̃nɥijø, -jøz] *adj* ① (*lassant*) langweilig
② (*contrariant*) ärgerlich, unangenehm
▸ **~(-euse) à mourir** todlangweilig

énoncé [enɔ̃se] *m* ① (*texte, termes*) Wortlaut *m*
② (*action d'énoncer*) *d'un jugement* Verkündung *f*
③ LING Äußerung *f*

énoncer [enɔ̃se] <2> **I.** *vt* (*exposer*) klar darlegen; aussprechen *faits, vérité*
II. *vpr* **s'~ clairement** [einfach und] klar ausgedrückt werden [können]

énonciation [enɔ̃sjasjɔ̃] *f* LING Äußerung *f*

enorgueillir [ɑ̃nɔʀgœjiʀ] <8> *vpr* **s'~ de qc** stolz auf etw (*Akk*) sein; **s'~ de faire qc** stolz darauf sein etw zu tun

énorme [enɔʀm] *adj* ① (*démesuré*) riesig; *erreur* krass; *différence* himmelweit, riesig; **un ~ succès** ein Riesenerfolg

E

❷ (*très grand*) **être** ~ riesig sein
❸ (*très gros*) **être** ~ enorm dick sein (*fam*)
❹ (*incroyable*) unglaublich; **un mensonge** ~ eine faustdicke Lüge; **cela m'a fait un bien** ~ das hat mir unheimlich gut getan (*fam*)

énormément [enɔʀmemɑ̃] *adv* sehr, unheimlich (*fam*); **aimer** ~ **un film** einen Film unheimlich [*o* sagenhaft] gut finden (*fam*); ~ **d'argent/de gens** sehr viel Geld/viele Leute

énormité [enɔʀmite] *f* ❶ (*démesure*) *d'un objet, travail* gewaltige Größe; *d'un crime* Ungeheuerlichkeit *f;* **l'**~ **d'une injustice** eine zum Himmel schreiende Ungerechtigkeit
❷ (*propos extravagant*) [ausgemachter] Unsinn *kein Pl*
❸ (*ineptie*) albernes Geschwätz *kein Pl*
❹ (*grosse faute*) haarsträubender Fehler

enquérir [ɑ̃keʀiʀ] <*irr*> *vpr littér* ❶ (*s'informer*) **s'**~ **de qn/qc auprès de qn** sich bei jdm über jdn/etw informieren
❷ (*demander des nouvelles*) **s'**~ **de qn/qc** sich nach jdm/etw erkundigen

enquête [ɑ̃kɛt] *f* ❶ COM, SOCIOL (*étude*) ~ **sur qc** Untersuchung *f* über etw (*Akk*)
❷ (*sondage d'opinions*) [Meinungs]umfrage *f;* **faire une** ~ **sur qc** etw untersuchen, eine [Meinungs]umfrage über etw (*Akk*) machen
❸ ADMIN, JUR Untersuchung *f,* Ermittlungen *Pl;* ~ **administrative** behördliche Ermittlungen; ~ **judiciaire prélimiaire** gerichtliche Voruntersuchung; ~ **préliminaire** Voruntersuchung; ~ **publique** Anhörungsverfahren *nt;* **ouvrir une** ~ Ermittlungen [*o* eine Untersuchung] einleiten

enquêter [ɑ̃kete] <1> *vi* ❶ (*s'informer*) ~ **sur qn/qc** Erkundigungen über jdn/etw einziehen
❷ COM, SOCIOL (*faire une enquête*) ~ **sur qc** eine Untersuchung über etw (*Akk*) durchführen
❸ (*faire un sondage*) ~ **sur qn/qc** eine [Meinungs]umfrage über jdn/etw durchführen
❹ ADMIN, JUR ~ **sur qn** eine Untersuchung gegen jdn einleiten; **la police va** ~ **sur qc** die Polizei wird in einer S. (*Dat*) ermitteln

enquêteur, -euse [ɑ̃kɛtœʀ, -øz] *m, f* (*policier*) Untersuchungsbeamte(r) *m*/-beamtin *f;* ~**(-euse) de police** Ermittlungsbeamte(r)/-beamtin

enquêteur, -trice [ɑ̃kɛtœʀ, -tʀis] *m, f* (*sondeur*) Meinungsforscher(in) *m(f)*

enquiquinant(e) [ɑ̃kikinɑ̃, ɑ̃t] *adj fam* nervig (*fam*)

enquiquinement [ɑ̃kikinmɑ̃] *m* Plage *f*

enquiquiner [ɑ̃kikine] <1> **I.** *vt fam* (*importuner*) ~ **qn avec qc** jdn mit etw nerven (*fam*)
II. *vpr fam* ❶ (*s'ennuyer*) **s'**~ sich langweilen
❷ (*se donner du mal*) **s'**~ **avec qc/à faire qc** sich mit etw herumplagen/sich plagen um etw zu tun

enquiquineur, -euse [ɑ̃kikinœʀ, -øz] *m, f fam* Nervensäge *f* (*fam*)

enracinement [ɑ̃ʀasinmɑ̃] *m d'une plante* Anwurzeln *nt; d'un préjugé* tiefe Verwurzelung; *d'une famille, d'un individu* Verwurzelung *f*

enraciner [ɑ̃ʀasine] <1> **I.** *vt* einpflanzen *plante;* Wurzeln schlagen lassen *famille, personne;* **être enraciné(e)** tief verwurzelt sein; **être enraciné(e) dans ses habitudes** feste Gewohnheiten haben; **avoir une croyance enracinée** fest im Glauben stehen
II. *vpr* **s'**~ *personne:* Wurzeln schlagen; *habitude:* sich einbürgern; *idée:* sich festsetzen; **s'**~ **chez qn** sich bei jdm einnisten

enragé(e) [ɑ̃ʀaʒe] **I.** *adj* ❶ (*atteint de la rage*) tollwütig
❷ (*passionné*) *chasseur, joueur* leidenschaftlich
❸ (*furieux*) wütend, rasend
II. *m(f)* Besessene(r) *f(m);* **c'est un** ~ **du jeu/de la lecture** er ist ein besessener Spieler/leidenschaftlicher Leser; **c'est une** ~**e de la voiture/du football** sie ist ein Auto-/Fußballfreak *m*

enrageant(e) [ɑ̃ʀaʒɑ̃, ɑ̃t] *adj* nervtötend

enrager [ɑ̃ʀaʒe] <2a> *vi* rasend werden [vor Wut]; ~ **de devoir faire qc** kochen vor Wut darüber, dass man etw tun muss (*fam*); **faire** ~ **qn** jdn rasend machen

enraiement [ɑ̃ʀɛmɑ̃] *m d'une épidémie, de l'inflation* Eindämmung *f*

enrayage [ɑ̃ʀɛjaʒ] *m* ❶ *vieilli* (*blocage*) *des roues* Blockieren *nt*
❷ (*arrêt accidentel*) *d'une arme à feu* Ladehemmung *f*

enrayer [ɑ̃ʀeje] <7> **I.** *vt* ❶ (*juguler*) bremsen *chômage, hausse des prix;* eindämmen *épidémie;* unter Kontrolle bringen *maladie*
❷ (*stopper*) aufhalten
II. *vpr* **s'**~ Ladehemmung haben

enrégimenter [ɑ̃ʀeʒimɑ̃te] <1> *vt* zwangsorganisieren; ~ **qn dans qc** jdn nötigen einer S. (*Dat*) beizutreten; **se laisser** ~ **dans qc** sich in etw (*Akk*) eingliedern lassen

enregistrable [ɑ̃ʀəʒistʀabl] *adj image, son* aufnehmbar

enregistrement [ɑ̃ʀ(ə)ʒistʀəmɑ̃] *m* ❶ AUDIOV Aufnahme *f; d'une émission* Aufzeichnung *f;* ~ **magnétique** Magnettonaufzeichnung; ~ **optique** Bildaufzeichnung
❷ INFORM (*action*) Speicherung *f;* (*document*) Datensatz *m;* ~ **de données** Datenaufzeichnung *f*
❸ ADMIN, JUR, COM Eintragung *f;* ~ **de la plainte** Eintragung der Klageschrift; ~ **officiel** amtliche Eintragung; **l'Enregistrement** die Registraturbehörde (*bei der alle privatrechtlichen Vorgänge festgehalten werden*); **frais d'**~ Registraturkosten *Pl*
❹ TRANSP Abfertigung *f*

enregistrer [ɑ̃ʀ(ə)ʒistʀe] <1> **I.** *vt* ❶ AUDIOV aufnehmen, aufzeichnen; ~ **sur cassette** auf Kassette aufnehmen
❷ MED aufzeichnen
❸ INFORM speichern
❹ (*mémoriser*) registrieren
❺ (*noter par écrit*) ~ **qc dans qc** etw in etw (*Dat*) festhalten; ~ **une déclaration** eine Aussage zu Protokoll nehmen; ~ **une commande** eine Bestellung aufnehmen
❻ TRANSP abfertigen; **faire** ~ **ses bagages** sein/das Gepäck aufgeben
❼ (*constater*) verzeichnen *évolution;* registrieren, verzeichnen *phénomène*
❽ ADMIN, JUR ~ **[officiellement] qc** etw amtlich eintragen
II. *vi* ❶ AUDIOV aufnehmen
❷ INFORM speichern

enregistreur [ɑ̃ʀ(ə)ʒistʀœʀ] *m* Schreiber *m*
◆ ~ **de temps** Zeitschreiber *m;* ~ **de vol** Flug[daten]schreiber *m*

enregistreur, -euse [ɑ̃ʀ(ə)ʒistʀœʀ, -øz] *adj* **caisse enregistreuse** Registrierkasse *f;* **baromètre** ~ Barograph *m;* **thermomètre** ~ Thermograph

enrhumé(e) [ɑ̃ʀyme] *adj personne* erkältet; *voix* belegt

enrhumer [ɑ̃ʀyme] <1> **I.** *vt* **être enrhumé(e)** Schnupfen haben
II. *vpr* **s'**~ [einen] Schnupfen bekommen

enrichi(e) [ɑ̃ʀiʃi] *adj* ❶ (*devenu riche*) neureich; **personne** ~**e** Neureiche(r) *f(m)*
❷ (*amélioré*) *édition* erweitert; *uranium* angereichert; **être** ~**(e) en iode** mit Jod angereichert sein

enrichir [ɑ̃ʀiʃiʀ] <8> **I.** *vt* ❶ (*rendre riche*) reich/reicher machen
❷ AGR, MINER, PHYS (*améliorer*) anreichern
❸ (*augmenter*) ~ **une collection de nouveaux tableaux** eine Sammlung um neue Bilder erweitern; **la lecture enrichit l'esprit** Lesen erweitert den Horizont
II. *vpr* **s'**~ **de qc** ❶ (*devenir riche*) sich an etw (*Dat*) bereichern
❷ (*s'améliorer*) durch etw bereichert werden
❸ (*augmenter*) um etw reicher werden; **le musée s'est enrichi de trois nouveaux tableaux** das Museum ist um drei neue Gemälde reicher geworden

enrichissant(e) [ɑ̃ʀiʃisɑ̃, ɑ̃t] *adj* bereichernd

enrichissement [ɑ̃ʀiʃismɑ̃] *m* ❶ (*fait de devenir riche*)

Reich[er]werden *nt*
❷ (*action d'augmenter sa fortune*) Bereicherung *f*
❸ (*amélioration*) *de l'esprit, la langue* Bereicherung *f; d'un minerai, sol* Anreicherung *f*
enrobage [ɑ̃ʀɔbaʒ] *m* Überzug *m*
enrobé(e) [ɑ̃ʀɔbe] *adj fam personne* gut gepolstert (*fam*); *femme* rundlich, mollig
enrober [ɑ̃ʀɔbe] <1> *vt* ❶ ~ **qc de qc** etw mit etw überziehen; **glace enrobée de chocolat** Eis mit Schokoladenüberzug
❷ (*adoucir*) ~ **des critiques de qc** kritische Bemerkungen mit etw verbrämen
enrôlement [ɑ̃ʀolmɑ̃] *m* Anwerbung *f;* ~ **de force** Zwangsrekrutierung *f*
enrôler [ɑ̃ʀole] <1> **I.** *vt* ❶ (*recruter*) ~ **qn dans qc** jdn zu etw einziehen; **se laisser ~ dans un parti** sich in eine Partei eingliedern lassen
❷ MIL anwerben
II. *vpr* **s'~ dans qc** sich zu etw melden; **s'~ dans un groupe** sich einer Gruppe anschließen; **s'~ dans un parti** einer Partei beitreten
enroué(e) [ɑ̃ʀwe] *adj* heiser
enrouement [ɑ̃ʀumɑ̃] *m* Heiserkeit *f*
enrouer [ɑ̃ʀwe] <1> **I.** *vt* heiser machen
II. *vpr* **s'~** heiser werden; **s'~ à force de crier** sich heiser schreien
enroulement [ɑ̃ʀulmɑ̃] *m* ❶ *d'un cordon, ruban, câble* Aufwickeln *nt*
❷ TECH Wicklung *f*
enrouler [ɑ̃ʀule] <1> **I.** *vt* aufwickeln *câble;* ~ **qc autour de/sur qc** etw um/auf etw (*Akk*) wickeln; ~ **qc dans qc** etw in etw (*Akk*) wickeln
II. *vpr* **s'~ autour de/sur qc** sich um/auf etw (*Akk*) wickeln; **s'~ dans qc** sich in etw (*Akk*) [ein]wickeln; **s'~ sur soi-même** sich einrollen
enrouleur [ɑ̃ʀulœʀ] *m de fil* Haspel *f;* ~ **de câble** Kabeltrommel *f*
enrubanner [ɑ̃ʀybane] <1> *vt* mit einer Schleife verzieren *cadeau;* mit Bändern schmücken *coiffure, vêtement*
E.N.S. [øɛnɛs] *f abr de* **École normale supérieure** *Hochschule zur Ausbildung von Lehrern an höheren Schulen*
ensablement [ɑ̃sɑbləmɑ̃] *m* Versanden *nt,* Versandung *f*
ensabler [ɑ̃sɑble] <1> **I.** *vt* ❶ (*échouer*) auf Sand laufen lassen *bateau*
❷ (*recouvrir de sable*) mit Sand bedecken; versanden lassen *port*
II. *vpr* **s'~** ❶ (*s'échouer*) *bateau:* auf Sand laufen; *véhicule:* im Sand stecken bleiben
❷ (*se recouvrir de sable*) versanden
ensacher [ɑ̃saʃe] <1> *vt* eintüten *bonbons*
ensanglanté(e) [ɑ̃sɑ̃glɑ̃te] *adj* blutverschmiert, voller Blut; *vêtement* blutgetränkt
ensanglanter [ɑ̃sɑ̃glɑ̃te] <1> *vt* mit Blut beflecken; mit Blut tränken *vêtement*
enseignant(e) [ɑ̃sɛɲɑ̃, ɑ̃t] **I.** *adj* **le corps ~** die Lehrerschaft; (*d'une institution précise*) der Lehrkörper; **le milieu ~** die Lehrer
II. *m(f)* Lehrer(in) *m(f)*
enseignant-chercheur [ɑ̃sɛɲɑ̃ʃɛʀʃœʀ] <enseignants-chercheurs> *m Lehrende(r) an einer Universität mit Lehr- und Forschungsauftrag*
enseigne [ɑ̃sɛɲ] **I.** *f* [Aushänge]schild *nt;* ~ **lumineuse** [Neon]leuchtschild *nt*
▸ **être logé(e) à la même ~** im gleichen Boot sitzen
II. *m* Fähnrich *m* zur See
◆ ~ **de vaisseau** (*de 1ère classe*) Oberleutnant *m* zur See; (*de 2e classe*) Leutnant zur See
enseignement [ɑ̃sɛɲ(ə)mɑ̃] *m* ❶ Unterricht *m;* **l'~ des langues vivantes** der Fremdsprachenunterricht; ~ **par correspondance** Fernunterricht; ~ **assisté par ordinateur** computergestützter Unterricht; ~ **du premier degré** (*institution*) Primarstufe *f;* (*action*) Unterricht in der Primarstufe; ~ **du second degré** (*institution*) Sekundarstufe *f;* (*action*) Unterricht in der Sekundarstufe; ~ **général** (*institution*) allgemeinbildendes Schulwesen; (*action*) allgemeinbildender Unterricht; ~ **gratuit** Schulgeldfreiheit *f;* ~ **laïque** bekenntnisfreies [staatliches] Unterrichtswesen; ~ **libre** [*o* **privé**] (*institution*) Privatschulwesen *nt;* (*action*) Privatschulunterricht; ~ **mixte** Koedukation *f;* ~ **obligatoire** Schulpflicht *f;* ~ **primaire** (*institution*) Primarstufe *f;* (*action*) Unterricht in der Primarstufe; ~ **professionnel** (*institution*) Berufsschulwesen *nt;* (*action*) Berufsschulunterricht; ~ **public** staatliches Schulwesen; ~ **secondaire** (*institution*) Sekundarbereich *m;* (*action*) Unterricht im Sekundarbereich; ~ **supérieur** (*institution*) Hochschulwesen *nt;* (*action*) Hochschulunterricht; ~ **technique** (*institution*) Fachschulwesen *nt;* (*action*) Fachschulunterricht; ~ **universitaire** (*institution*) Hochschulwesen *nt;* (*action*) Hochschulunterricht
❷ (*profession*) Lehrberuf *m,* Lehramt *nt*
❸ (*institution*) Schulwesen *nt,* Unterrichtswesen *nt;* **être dans l'~** im Lehramt tätig sein
❹ (*leçon*) Lehre *f;* **tirer un ~ de qc** aus etw eine Lehre ziehen
enseigner [ɑ̃seɲe] <1> **I.** *vt* lehren, unterrichten; ~ **le français/les mathématiques à qn** jdn Französisch/Mathematik lehren, jdn in Französisch/in Mathematik unterrichten; ~ **à qn à faire qc** jdn lehren etw zu tun
II. *vpr* **s'~** gelehrt werden; (*à l'école*) unterrichtet [*o* gelehrt] werden
ensemble [ɑ̃sɑ̃bl] **I.** *adv* ❶ (*opp: seul*) zusammen; **travailler ~** zusammenarbeiten; **tous ~** alle zusammen
❷ (*en commun*) gemeinsam; **faisons ça ~** machen wir das gemeinsam
❸ (*l'un avec l'autre*) miteinander; **aller à l'école ~** miteinander in die Schule gehen
❹ (*en même temps*) zugleich, gleichzeitig
▸ **aller bien/mal ~** gut/schlecht zusammenpassen
II. *m* ❶ (*totalité*) Gesamtheit *f;* ~ **du personnel** gesamte Belegschaft; (*en tant que ressources humaines*) Personaldecke *f;* **l'~ des questions** sämtliche Fragen
❷ (*unité*) [harmonische] Einheit; **former un ~ harmonieux** ein harmonisches Ganzes bilden; **manquer d'~** kein harmonisches Ganzes bilden
❸ (*groupement*) ~ **de personnes** Personengruppe *f;* ~ **de bâtiments/d'habitations** Gebäude-/Wohnkomplex *m;* ~ **de mesures** Maßnahmenbündel *nt*
❹ MUS Ensemble *nt;* ~ **vocal/instrumental** Vokal-/Instrumentalensemble *nt*
❺ MATH Menge *f*
❻ (*vêtement*) Ensemble *nt;* ~ **de plage** Strandanzug *m*
❼ (*groupe d'habitations*) **grand ~** Großsiedlung *f,* Großwohnanlage *f*
▸ **avec un ~ parfait se dérouler avec un ~ parfait** in schönster Harmonie verlaufen; **avec un ~ touchant** *iron* in rührendem Einvernehmen; **avec** [**un bel**] ~ **mentir avec un bel ~** einmütig lügen; **impression/vue d'~** Gesamteindruck *m/*-ansicht *f;* **donner une idée d'~ de qc** etw grob umreißen; **dans son/leur ~ l'électorat dans son ~/les spectateurs dans leur ~** das Gros der Wählerschaft/Zuschauer; **dans l'~** im Großen und Ganzen, alles in allem
ensemblier, -ière [ɑ̃sɑ̃blije, -jɛʀ] *m, f* ❶ (*décorateur*) Innenarchitekt(in) *m(f)*
❷ CINE Filmgestalter(in) *m(f)*
❸ TV Szenenbildner(in) *m(f)*
ensemencement [ɑ̃s(ə)mɑ̃smɑ̃] *m* Aussäen *nt,* Aussaat *f*
ensemencer [ɑ̃s(ə)mɑ̃se] <2> *vt* besäen *terre;* mit Fischbrut besetzen *étang, rivière;* [mit Bakterien] beimpfen *bouillon de*

culture
enserrer [ɑ̃seʀe] <1> *vt* ❶ (*enfermer*) umschließen
❷ *littér* (*entourer étroitement*) einschnüren; **sa chemise lui enserrait le cou** sein Hemd war ihm am Hals viel zu eng
E.N.S.E.T. [ɑ̃sɛt] *f abr de* **Ecole normale supérieure de l'enseignement technique** *Hochschule für das höhere technisch-orientierte Lehramt*
ensevelir [ɑ̃səvliʀ] <8> **I.** *vt* ❶ *littér* (*inhumer*) bestatten
❷ (*recouvrir*) ~ **qn/qc sous qc** jdn/etw unter etw (*Dat*) begraben
II. *vpr littér* **s'~** sich [völlig] zurückziehen; **s'~ dans son chagrin** sich in seinen Kummer vergraben
ensevelissement [ɑ̃səv(ə)lismɑ̃] *m* ❶ *littér* (*inhumation*) Bestattung *f*
❷ *d'une ville* Begrabensein *nt*
❸ *fig* (*dissimulation*) *du chagrin* Verbergen *nt*
E.N.S.I. [ɛnsi] *f abr de* **École nationale supérieure d'ingénieurs** *Eliteschule für Ingenieurwesen*
ensilage [ɑ̃silaʒ] *m* ❶ (*procédé*) Silieren *nt*
❷ (*produit*) Silage *f*
ensiler [ɑ̃sile] <1> *vt* silieren
ensoleillé(e) [ɑ̃sɔleje] *adj* sonnig, von der Sonne beschienen
ensoleillement [ɑ̃sɔlɛjmɑ̃] *m* Insolation *f* (*Fachspr.*); **cette station bénéficie d'un ~ exceptionnel** in diesem Urlaubsort scheint die Sonne überdurchschnittlich viel
ensoleiller [ɑ̃sɔleje] <1> *vt* aufhellen *pièce, terrasse; fig* aufheitern *vie*
ensommeillé(e) [ɑ̃sɔmeje] *adj personne* schlaftrunken, schläfrig; *paysage, ville* verschlafen
ensorcelant(e) [ɑ̃sɔʀsəlɑ̃, ɑ̃t] *adj regard, sourire* bezaubernd
ensorceler [ɑ̃sɔʀsəle] <3> *vt* ❶ (*envoûter*) verzaubern
❷ (*fasciner*) bezaubern, betören
ensorceleur, -euse [ɑ̃sɔʀsəlœʀ, -øz] **I.** *adj* bezaubernd, betörend
II. *m, f* (*séducteur*) unwiderstehlicher Mann/unwiderstehliche Frau
ensorcellement [ɑ̃sɔʀsɛlmɑ̃] *m* Zauber *m*
ensuite [ɑ̃sɥit] *adv* ❶ (*par la suite*) danach, anschließend
❷ (*derrière en suivant*) dahinter, anschließend; **d'accord, mais ~?** einverstanden, aber was dann?
ensuivre [ɑ̃sɥivʀ] *<irr, déf> vpr* **s'~** sich ergeben; **la crise qui s'ensuivit** die Krise, die daraus erwuchs; **il s'ensuit qu'il a tort** daraus ergibt sich, dass er unrecht hat; **il ne s'ensuit pas forcément qu'elle doive refuser** daraus ergibt sich nicht unbedingt, dass sie ablehnen muss
ensuqué(e) [ɑ̃syke] *adj fam* abgeschlafft (*fam*)
entacher [ɑ̃taʃe] <1> *vt* ❶ ~ **qc de qc** etw mit etw beschmutzen [*o* beflecken]
❷ *fig* **être entaché(e) de qc** mit etw behaftet sein; **entaché(e) d'erreur/d'illégalité/de nullité** fehlerhaft/rechtswidrig/nichtig
entaille [ɑ̃taj] *f* ❶ (*encoche*) Kerbe *f*
❷ (*coupure*) [tiefe] Schnittwunde
entailler [ɑ̃taje] <1> **I.** *vt* ❶ (*faire une entaille*) einkerben
❷ (*blesser*) ~ **qc à qn** jdm eine [tiefe] Schnittwunde an etw (*Dat*) zufügen
II. *vpr* **s'~ qc avec** [*o* **de**] **qc** sich (*Dat*) mit etw [tief] in etw (*Akk*) schneiden
entame [ɑ̃tam] *f* ❶ *de pain, jambon* Anschnitt *m*
❷ JEUX **faire une ~ à carreau** Karo ausspielen; **faire une mauvaise ~** eine schlechte Karte ausspielen
entamer [ɑ̃tame] <1> **I.** *vt* ❶ (*prendre le début de*) anschneiden *fromage, pain, rôti;* aufmachen, öffnen *bouteille;* anbrechen *billet, boîte;* angreifen *patrimoine*
❷ (*attaquer*) schneiden
❸ CHIM angreifen
❹ (*amorcer*) einleiten; aufnehmen *négociations;* [zu lesen] beginnen *livre;* anstellen *poursuites*
❺ (*ébranler*) erschüttern *conviction, optimisme;* **rien ne saurait ~ ma résolution** nichts wird meinen Entschluss ins Wanken bringen
❻ (*porter atteinte à*) antasten; verletzen *dignité, honneur;* ~ **la réputation de qn** jds Ruf schaden
II. *vi* CARTES ausspielen; **qui est-ce qui entame?** wer spielt aus?, wer kommt raus? (*fam*); ~ **à carreau/à l'atout** Karo/Trumpf ausspielen
entarter [ɑ̃taʀte] <1> *vt fam* ~ **qn** eine Sahnetorte auf jdn werfen; (*sur le visage*) jdm eine Sahnetorte ins Gesicht klatschen (*fam*)
entartrage [ɑ̃taʀtʀaʒ] *m de la chaudière* Kesselsteinbildung *f; des dents* Zahnsteinbildung *f*
entartrer [ɑ̃taʀtʀe] <1> **I.** *vt* verkalken lassen; ~ **une chaudière** zu Bildung von Kesselstein im Heizkessel führen; ~ **les dents** Zahnstein an den Zähnen ansetzen
II. *vpr* **s'~** *chaudière, conduite:* Kesselstein ansetzen; **lave-toi les dents, sinon elles s'entartreront** putz dir die Zähne, sonst bekommst du Zahnstein
entassement [ɑ̃tasmɑ̃] *m* ❶ (*action*) *d'objets* Anhäufung *f*
❷ (*pile*) Durcheinander *nt;* **sur le bureau il y avait un ~ de dossiers** auf dem Schreibtisch türmten sich die Akten
❸ (*fait de serrer*) Zusammenpferchen *nt*
❹ (*encombrement*) Zusammengedrängtsein *nt*
entasser [ɑ̃tase] <1> **I.** *vt* ❶ (*amonceler*) anhäufen; horten *provisions, argent*
❷ (*accumuler*) ~ **sottise sur sottise** eine Dummheit nach der anderen machen
❸ (*serrer*) zusammenpferchen; ~ **dans qc** in etw (*Akk*) hineinpferchen
II. *vpr* ❶ (*s'amonceler*) **s'~** sich türmen, sich häufen
❷ (*se serrer*) **s'~ dans qc** sich in etw (*Dat*) zusammendrängen, sich in etw (*Akk*) zwängen
entendement [ɑ̃tɑ̃dmɑ̃] *m* Begriffsvermögen *nt; a.* PHILOS Verstand *m*
▶ **dépasser l'~** unbegreiflich sein
entendeur [ɑ̃tɑ̃dœʀ] *m* ▶ **à bon ~, salut!** *prov* wer Ohren hat zu hören ...
entendre [ɑ̃tɑ̃dʀ] <14> **I.** *vi* hören; **bien/mal ~** gut/schlecht hören; **n'~ que d'une oreille** nur auf einem Ohr hören; **se faire ~** sich (*Dat*) Gehör verschaffen
II. *vt* ❶ (*percevoir*) hören; ~ **qn parler/la pluie tomber** jdn reden/den Regen fallen hören; ~ **que qn est là** hören, dass jd da ist; **je l'ai entendu dire** ich habe es gehört
❷ (*écouter*) ~ **qn/qc** jdn/etw anhören; **faire ~ un disque à qn** jdn eine Platte anhören lassen
❸ (*comprendre*) verstehen; **ne pas ~ la plaisanterie** keinen Spaß verstehen; **laisser** [*o* **donner à**] **~ que le chef partait** zu verstehen geben, dass ...; ~ **par là que ce sera fait** damit meinen, dass ...; **qu'est-ce que vous entendez par là?** was wollen Sie damit sagen?
❹ (*vouloir*) ~ **faire qc** gedenken etw zu tun; **faites comme vous l'entendez!** tun Sie, was Sie für richtig halten!; **j'entends bien être obéi(e)** ich erwarte Gehorsam; ~ **que qc soit exécuté** erwarten, dass etw durchgeführt wird
▶ **avoir entendu dire que qn est mort** gehört haben, dass ...; **à** [*o* **d'après**] **ce que j'ai entendu dire** wie ich gehört habe; nach dem, was ich gehört habe; **tu entendras/vous entendrez parler de moi** du wirst/Sie werden noch von mir hören; ~ **parler de qn/qc** von jdm/etw hören; **à qui veut l'~** jedem, der es hören will; **je ne veux rien ~!** ich will nichts davon wissen!; **ne rien vouloir ~** nicht hören wollen; **à ~ les gens** wenn man die Leute so reden hört; **je l'entends d'ici** ich höre ihn/sie jetzt schon; **qu'est-ce que j'entends?** was muss ich [da] hören?
III. *vpr* ❶ (*avoir de bons rapports*) **s'~ avec qn** sich mit jdm verstehen
❷ (*se mettre d'accord*) **s'~ sur qc** sich über etw (*Akk*) ver-

ständigen; **s'~ pour faire qc** sich darauf einigen etw zu tun; **s'~ pour que ce soit fait** sich absprechen, dass ...
③ (*s'y connaître*) **s'y** ~ etwas davon verstehen; **s'y ~ en qc** etw von etw verstehen; **s'[y] ~ à** [*o* **pour**] **faire qc** es verstehen etw zu tun, sich [gut] darauf verstehen etw zu tun
④ (*se comprendre*) **s'~** sich verstehen; **nos prix s'entendent "tous frais compris"** unsere Preise verstehen sich einschließlich aller Unkosten
⑤ (*être audible*) **s'~** zu hören sein
▸ **on ne s'entend plus parler** man versteht sein eigenes Wort nicht mehr; **entendons-nous bien!** damit wir uns richtig verstehen!; **cela s'entend** selbstverständlich

entendu(e) [ɑ̃tɑ̃dy] **I.** *part passé de* **entendre**
II. *adj* ① (*convenu*) abgemacht; **la chose est ~e** also abgemacht; **il est [bien] ~ qu'il vient aussi** es versteht sich von selbst, dass er auch kommt
② (*complice*) *air, regard, sourire* wissend
▸ **bien ~** selbstverständlich; **comme de bien ~** wie könnte es anders sein

entente [ɑ̃tɑ̃t] *f* ① (*amitié*) Einvernehmen *nt,* Eintracht *f;* **bonne ~** gutes Einvernehmen
② (*fait de s'accorder*) Verständigung *f*
③ (*accord*) Übereinkunft *f,* Einigung *f;* **arriver** [*o* **parvenir**] **à une ~** eine Übereinkunft [*o* Einigung] erzielen
④ ECON, JUR (*convention*) Absprache *f;* **~ illicite** unerlaubte Absprache
⑤ ECON, JUR (*cartel*) Kartell *nt*
⑥ POL Entente *f,* Bündnis *nt;* **l'Entente cordiale** HIST die Entente cordiale

enter [ɑ̃te] <1> *vt* pfropfen

entériner [ɑ̃teʀine] <1> *vt* ① (*approuver*) billigen, gutheißen
② JUR, POL [gerichtlich] bestätigen [*o* genehmigen]

entérite [ɑ̃teʀit] *f* [Dünn]darmentzündung *f*

enterrement [ɑ̃tɛʀmɑ̃] *m* ① (*inhumation*) Beerdigung *f,* Begräbnis *nt;* **un ~ sans fleurs ni couronnes** ein schlichtes Begräbnis; **~ religieux/civil** kirchliches/nicht kirchliches Begräbnis
② (*cortège*) Trauerzug *m*
③ *fig* Ende *nt;* **c'était pour lui l'~ de ses espérances** damit musste er seine Hoffnungen begraben
▸ **avoir un ~ de première classe** *iron* in allen Ehren begraben werden

enterrer [ɑ̃teʀe] <1> **I.** *vt* ① (*inhumer*) begraben, beerdigen; **être enterré(e) à Rome** in Rom begraben liegen
② (*assister à l'enterrement*) **hier il a enterré sa mère** gestern hat er seine Mutter zu Grabe getragen (*geh*), gestern war er auf der Beerdigung seiner Mutter
③ (*enfouir*) vergraben, eingraben; **être enterré(e) sous qc** unter etw (*Dat*) begraben [*o* verschüttet] werden/sein
④ (*oublier, faire oublier*) begraben *querelle, affaire;* **~ un scandale** Gras über einen Skandal wachsen lassen; **n'enterrez pas trop vite cet homme politique!** schreiben Sie diesen Politiker nicht vorschnell ab!
⑤ (*renoncer à*) begraben, aufgeben
▸ **il nous enterrera tous** *hum* [d]er wird uns noch alle überleben
II. *vpr* **s'~ à la campagne** sich aufs Land zurückziehen

entêtant(e) [ɑ̃tɛtɑ̃, ɑ̃t] *adj parfum:* schwer

en-tête [ɑ̃tɛt] <en-têtes> *f d'un journal* Kopf *m; d'un papier à lettres* [gedruckter] Briefkopf

entêté(e) [ɑ̃tete] **I.** *adj personne* eigensinnig
II. *m(f)* eigensinniger Mensch; **quel(le) ~(e) tu fais!** wie kann man nur so stur sein! (*fam*)

entêtement [ɑ̃tɛtmɑ̃] *m* Eigensinn[igkeit *f*] *m,* Starrsinn *m*

entêter [ɑ̃tete] <1> **I.** *vt, vi* **~ qn** jdm zu Kopf steigen
II. *vpr* **s'~ dans qc** sich auf etw (*Akk*) versteifen; **s'~ à faire qc** sich darauf versteifen etw zu tun; **s'~ dans son refus** sich hartnäckig weigern

enthousiasmant(e) [ɑ̃tuzjasmɑ̃, ɑ̃t] *adj perspective, idée* viel versprechend, verlockend; *spectacle* Begeisterung weckend; **la situation n'est pas ~e** die Lage gibt keinen Anlass zu Begeisterung

enthousiasme [ɑ̃tuzjasm] *m* Begeisterung *f,* Enthusiasmus *m;* **sans ~** nicht gerade begeistert, ohne [große] Begeisterung

enthousiasmer [ɑ̃tuzjasme] <1> **I.** *vt* in Begeisterung versetzen
II. *vpr* **s'~ pour qn/qc** sich für jdn/etw begeistern

enthousiaste [ɑ̃tuzjast] **I.** *adj* begeistert; **des cris ~s** Rufe *Pl* der Begeisterung
II. *mf* Enthusiast(in) *m(f)*

enticher [ɑ̃tiʃe] <1> *vpr* ① (*s'engouer*) **s'~ de qn/qc** für jdn/etw schwärmen; **être entiché(e) de qc** in etw (*Akk*) vernarrt sein
② (*s'amouracher*) **s'~ de qn** sich [hoffnungslos] in jdn verlieben

entier [ɑ̃tje] *m* **l'~** das Ganze
▸ **dans son ~ la nation dans son ~** die ganze Nation; **en ~** ganz

entier, -ière [ɑ̃tje, -jɛʀ] *adj* ① (*dans sa totalité*) ganz; **dans le monde ~** auf der ganzen Welt
② (*absolu*) völlig; **cette voiture m'a donné entière satisfaction** ich bin mit diesem Wagen vollauf zufrieden; **ma confiance en lui est entière** er hat mein vollstes Vertrauen
③ (*intact*) *personne* heil; *objet* ganz, heil; *collection* vollständig
④ (*non réglé*) **la question reste entière** die Frage bleibt unbeantwortet
⑤ (*sans concession*) *personne* bestimmt, unnachgiebig; **être ~(-ière) dans ses opinions** kategorisch in seinen Ansichten sein; **avoir un caractère ~** sehr bestimmt sein
▸ **être tout ~ à qc** ganz in etw (*Akk*) vertieft sein; **tout ~** ganz

entièrement [ɑ̃tjɛʀmɑ̃] *adv* völlig, ganz; **recommencer ~** ganz von vorn beginnen

entièreté [ɑ̃tjɛʀte] *f* BELG (*totalité*) Gesamtheit *f*

entité [ɑ̃tite] *f* ① PHILOS Wesenheit *f,* Entität *f*
② POL Gebilde *nt*
③ MED **~ morbide** Krankheitsbild *nt*

entôler [ɑ̃tole] <1> *vt fam* **~ qn** jdn austricksen, jdn reinlegen (*fam*)

entomologie [ɑ̃tɔmɔlɔʒi] *f* Insektenkunde *f*

entomologiste [ɑ̃tɔmɔlɔʒist] *mf* Insektenforscher(in) *m(f)*

entonner [ɑ̃tɔne] <1> *vt* anstimmen; **~ les louanges** [*o* **l'éloge**] **de qn/qc** ein Loblied auf jdn/etw anstimmen

entonnoir [ɑ̃tɔnwaʀ] *m* Trichter *m;* **en ~** trichterförmig

entorse [ɑ̃tɔʀs] *f* Verstauchung *f;* **se faire une ~ à qc** sich (*Dat*) etw verstauchen; **faire une ~ à la vérité** die Wahrheit verdrehen
▸ **faire une ~ à qc** gegen etw verstoßen

entortillé(e) [ɑ̃tɔʀtije] *adj* ① (*enroulé, ennoué*) *fil* verknotet
② (*compliqué*) *phrase, style* verwickelt

entortiller [ɑ̃tɔʀtije] <1> **I.** *vt* ① (*enrouler*) **~ qc autour de qc** etw um etw [herum]wickeln; **être entortillé(e) dans qc** in etw (*Akk*) eingewickelt sein
② (*embrouiller*) **~ ses phrases** Schachtelsätze bauen
③ (*enjôler*) einwickeln (*fam*)
II. *vpr* ① (*s'enrouler*) **s'~ autour de qc** sich um etw winden [*o* ranken]
② (*s'envelopper*) **s'~ dans qc** sich in etw (*Akk*) einwickeln
③ (*s'embrouiller*) **s'~ dans qc** sich in etw (*Akk*) verstricken

entourage [ɑ̃tuʀaʒ] *m* ① (*personnes*) Umgebung *f;* **dans l'~ de qn** in jds Umgebung
② (*ornement*) [Ein]fassung *f*
③ (*bord*) Umrandung *f*

entouré(e) [ɑ̃tuʀe] *adj* ① (*admiré*) umschwärmt
② (*aidé*) umsorgt
③ (*accompagné*) **être bien/mal ~(e)** die richtigen/nicht die richtigen Mitarbeiter [*o* Berater] haben; **être ~(e) de jeunes**

gens von jungen Leuten umgeben sein

entourer [ɑ̃tuʀe] <1> **I.** *vt* ❶ (*être autour*) umgeben; *police:* umstellen; *ennemi:* einkreisen; **un châle entourait ses épaules** ein Tuch umhüllte ihre Schultern; **la foule entoure le chanteur** die Menge umringt den Sänger; **être entouré(e) d'arbres/de jeunes** von Bäumen/jungen Leuten umgeben sein
❷ (*mettre autour*) ~ **qn de ses bras** die Arme um jdn schlingen; ~ **un mot** ein Wort einkreisen; ~ **un jardin d'une clôture** einen Garten einzäunen [*o* mit einem Zaun umgeben]
❸ *fig* ~ **qc de mystère** etw mit einem Geheimnis umgeben
❹ (*soutenir*) ~ **qn** jdm zur Seite stehen; ~ **qn d'affection** jdn mit liebevoller Fürsorge umgeben; ~ **qn de soins** jdn liebevoll pflegen
II. *vpr* **s'**~ **de bons amis/d'objets d'art** sich mit guten Freunden/Kunstgegenständen umgeben; **s'**~ **de garanties/précautions** sich nach allen Seiten absichern

entourloupe [ɑ̃tuʀlup] *f*, **entourloupette** [ɑ̃tuʀlupɛt] *f fam* [fauler] Trick; **faire une** ~ **à qn** jdn austricksen (*fam*)

entournure [ɑ̃tuʀnyʀ] *f* ▸ **être gêné(e) aux** ~**s** sich beengt fühlen, knapp bei Kasse sein (*fam*)

entracte [ɑ̃tʀakt] *m* ❶ THEAT, CINE Pause *f*
❷ (*interruption*) Pause *f*, Unterbrechung *f*

entraide [ɑ̃tʀɛd] *f* [gegenseitige] Hilfe [*o* Unterstützung]; **service d'**~ Hilfsdienst *m*

entraider [ɑ̃tʀede] <1> *vpr* **s'**~ sich [gegenseitig] helfen

entrailles [ɑ̃tʀaj] *fpl* ❶ (*viscères*) Eingeweide *Pl*
❷ (*profondeurs*) *de la terre* Innere(s) *nt*
❸ *littér* (*ventre maternel*) Schoß *m* (*geh*)

entrain [ɑ̃tʀɛ̃] *m* Schwung *m*, Elan *m*; **cette fête manque d'**~ auf dieser Party ist nichts los; **avoir beaucoup d'**~ Temperament [*o* Schwung] haben; **plein(e) d'**~ voller Energie; **avec/sans** ~ mit Schwung/lustlos

entraînant(e) [ɑ̃tʀɛnɑ̃, ɑ̃t] *adj* mitreißend

entraînement [ɑ̃tʀɛnmɑ̃] *m* ❶ (*pratique*) Übung *f*; **c'est une question d'**~ das ist Übungssache; **nécessiter de l'**~ geübt sein wollen; **manquer encore d'**~ noch nicht die nötige Übung haben
❷ SPORT Training *nt*; **manquer d'**~ nicht genügend trainiert haben
❸ (*impulsion*) Impuls *m*, innere Regung; **par l'**~ **de l'habitude** durch die Macht der Gewohnheit; **dans l'**~ **de la discussion** in der Hitze des Gefechts
❹ TECH Antrieb *m*

entraîner [ɑ̃tʀene] <1> **I.** *vt* ❶ (*emporter*) mit sich [fort]reißen; mit sich reißen *personne;* **en tombant, il a entraîné la nappe** im Fallen hat er das Tischtuch mit sich [herunter]gerissen; ~ **toute la famille dans le malheur** die ganze Familie mit sich ins Unglück reißen
❷ (*emmener*) ziehen, schleppen (*fam*); ~ **qn vers la sortie** jdn zum Ausgang schieben [*o* bugsieren *fam*]
❸ (*inciter*) ~ **qn à** [*o* **dans**] **qc** jdn zu etw verleiten; ~ **qn à faire qc** jdn dazu verleiten etw zu tun; **se laisser** ~ **à** [*o* **dans**] **qc** sich zu etw verleiten lassen; **se laisser** ~ **à faire qc** sich dazu verleiten lassen etw zu tun
❹ (*causer*) zur Folge haben, bedeuten
❺ (*stimuler*) *éloquence, musique:* mitreißen
❻ (*exercer*) ~ **qn à** [*o* **pour**] **qc** jdn in etw (*Dat*) schulen; ~ **qn à faire qc** jdn darin schulen etw zu tun; SPORT jdn in etw (*Dat*) trainieren, jdn darin trainieren etw zu tun; **il entraîne sa classe pour le bac** er bereitet seine Klasse auf das Abitur vor; ~ **un animal à qc/à faire qc** ein Tier auf etw (*Akk*)/darauf abrichten etw zu tun; ~ **un chien à l'attaque** einen Hund auf den Mann abrichten
❼ TECH antreiben; *locomotive:* ziehen
II. *vpr* **s'**~ **à** [*o* **pour**] **qc/à faire qc** sich in etw (*Dat*)/darin üben etw zu tun, trainieren; **s'**~ **à faire des équations** Gleichungen üben; **s'**~ **à la course** sich im Laufen trainieren

entraîneur [ɑ̃tʀɛnœʀ] *m* SPORT Trainer *m*
◆ ~ **d'hommes** Mensch, der andere mitreißen kann

entraîneuse [ɑ̃tʀɛnøz] *f* ❶ SPORT Trainerin *f*
❷ (*aguicheuse*) Animierdame *f*

entrant(e) [ɑ̃tʀɑ̃, ɑ̃t] **I.** *adj élève* [neu] hinzukommend; *signal* eingehend
II. *m(f) souvent pl* **combien y-a-t-il de nouveaux** ~**s?** wie viele Neuankömmlinge sind es?

entrapercevoir [ɑ̃tʀapɛʀsəvwaʀ] <12> *vt* [nur] flüchtig sehen

entrave [ɑ̃tʀav] *f* ❶ *a.* JUR, *a. fig* (*obstacle*) Hemmnis *nt;* ~ **à la circulation** Verkehrsbehinderung *f;* ~ **au progrès** Hemmschuh *m* für den Fortschritt; **être une** ~ **à qc** einer S. (*Dat*) hinderlich sein; **sans** ~**s** ungehindert
❷ *gén pl a. fig* (*lien*) Fesseln *Pl*

entraver [ɑ̃tʀave] <1> *vt* ❶ (*gêner*) behindern *personne, circulation;* erschweren *réalisation d'un projet;* ~ **qn/qc dans qc** jdn/etw bei etw behindern; *fig* jdn/etw in etw (*Dat*) behindern
❷ (*mettre des entraves à*) ~ **un animal** einem Tier [Fuß]fesseln anlegen

entre [ɑ̃tʀ] *prép* ❶ (*position dans l'intervalle*) zwischen (+ *Dat*); **il était assis** ~ **les deux enfants** er saß zwischen den beiden Kindern; **être** ~ **les deux** dazwischen liegen
❷ (*mouvement vers l'intervalle*) zwischen (+ *Akk*); **il s'assit** ~ **les deux enfants** er setzte sich zwischen die beiden Kinder
❸ (*parmi des choses*) zwischen (+ *Dat*); **choisir** ~ **plusieurs solutions** zwischen mehreren Lösungen wählen
❹ (*parmi des personnes*) unter (+ *Dat*), von; **je le reconnaîtrais** ~ **tous** ich würde ihn unter Tausenden wieder erkennen; ~ **tous mes amis, c'est vraiment le meilleur** von all meinen Freunden ist er wirklich der Beste; **la plupart d'**~ **eux/elles** die meisten von ihnen; **qui d'**~ **vous veut venir?** wer von euch/Ihnen will mitkommen?
❺ (*à travers*) durch (+ *Akk*); **passer** ~ **les mailles du filet** durch die Maschen die Netzes schlüpfen
❻ (*dans*) in (+ *Akk*); **remettre son sort** ~ **les mains de son médecin** sein Schicksal in die Hände seines Arztes legen
❼ (*indiquant une relation*) zwischen (+ *Dat*); **il y a** ~ **eux une vieille querelle** zwischen ihnen herrscht ein alter Streit; **ils se sont disputés** ~ **eux** sie haben sich [*o* miteinander] gestritten; **nous sommes** ~ **nous** wir sind unter uns
▸ ~ **autres** unter anderem; ~ **nous** unter uns [*o* im Vertrauen] [gesagt]; ~ **tous/toutes** [ganz] besonders; **c'est un exercice difficile** ~ **tous** das ist eine besonders schwere Übung

entrebâillement [ɑ̃tʀəbajmɑ̃] *m* Spalt *m;* **par l'**~ **de la porte** durch den Türspalt

entrebâiller [ɑ̃tʀəbaje] <1> *vt* einen Spalt[breit] öffnen; **être entrebâillé(e)** einen Spalt[breit] offen stehen

entrechat [ɑ̃tʀəʃa] *m* Entrechat *m;* **faire des** ~**s** herumhüpfen

entrechoquer [ɑ̃tʀəʃɔke] <1> **I.** *vt* gegeneinander schlagen
II. *vpr* **s'**~ aneinander stoßen; *épées:* klirren

entrecôte [ɑ̃tʀəkot] *f* Entrecote *nt*

entrecoupé(e) [ɑ̃tʀəkupe] *adj voix* stockend; ~**(e) de qc** von etw unterbrochen; **faire un voyage** ~ **de haltes** auf der Reise mehrmals Halt machen

entrecouper [ɑ̃tʀəkupe] <1> **I.** *vt* ~ **qc de qc** etw mit etw unterbrechen
II. *vpr* **s'**~ sich [über]schneiden

entrecroisement [ɑ̃tʀəkʀwazmɑ̃] *m* Geflecht *nt; de routes* Gewirr *nt*

entrecroiser [ɑ̃tʀəkʀwaze] <1> **I.** *vt* ineinander flechten, [miteinander] verflechten
II. *vpr* **s'**~ ineinander verschlungen sein; *lignes, routes:* sich kreuzen

entre-déchirer [ɑ̃tʀədeʃiʀe] <1> *vpr* **s'**~ *animaux:* sich [gegenseitig] zerreißen; *fig personnes:* sich [gegenseitig] zerfleischen

entre-deux [ɑ̃tʀədø] *m sans pl fig* Zwischenbereich *m*

entre-deux-guerres [ɑ̃tʀədøgɛʀ] *m sans pl* **l'**~ die Zeit zwischen den beiden Weltkriegen

entre-dévorer [ɑ̃tʀədevɔʀe]

<1> *vpr littér* **s'**~ sich [gegenseitig] auffressen; *fig* sich [gegenseitig] zerfleischen

entrée [ɑ̃tʀe] *f* ❶ (*arrivée*) *d'une personne* Eintreten *nt; d'un acteur* Auftritt *m; d'un bateau* Einlaufen *nt; d'un véhicule* Einfahren *nt; des marchandises* Einfuhr *f;* **à l'**~ **de qn** bei jds Eintreten; **faire une** ~ **triomphale** einen triumphalen Einzug halten; **il a fait une** ~ **remarquée** sein Kommen hat Aufsehen erregt; ~ **interdite** kein Zutritt!; ~ **interdite à tout véhicule** Einfahrt verboten!

❷ (*accès*) Eingang *m;* **à l'**~ **de qc** am Eingang einer S. (*Gen*); ~ **principale** Haupteingang

❸ (*droit d'entrer*) Zutritt *m*

❹ (*vestibule*) *d'un appartement* Diele *f; d'un hôtel, immeuble* Eingangshalle *f*

❺ (*billet*) Eintrittskarte *f;* ~ **non payante** Freikarte *f;* **l'**~ **est libre** [*o* **gratuite**] der Eintritt ist frei; (*sans obligation d'achat*) [es besteht] kein Kaufzwang

❻ (*somme perçue*) Eintrittsgeld *nt*

❼ (*adhésion*) Eintritt *m,* Beitritt *m*

❽ (*admission*) ~ **dans un club** Aufnahme *f* in einen Klub

❾ (*pénétration*) Eindringen *nt;* **il y a des ~s d'air ici** hier zieht es herein; **il y a des ~s d'eau dans la cave** in den Keller dringt Wasser

❿ GASTR erster Gang; **en** [*o* **comme**] ~ als Vorspeise

⓫ (*article*) *d'un dictionnaire* Eintrag *m*

⓬ INFORM Eingabe *f*

► **avoir ses ~s chez qn/quelque part** bei jdm/irgendwo ein- und ausgehen; **d'**~ **de jeu** von Anfang an, gleich zu Beginn; **rater** [*o* **louper** *fam*] **son** ~ seinen Auftritt verpatzen (*fam*)

◆ ~ **en action** Einsatz *m,* Eingreifen *nt;* ~ **d'air** Lufteinlass *m;* ~ **des artistes** Bühneneingang *m;* ~ **de faveur** Freikarte *f;* ~ **en fonction** Amtsantritt *m;* ~ **en gare** Einfahrt *f;* **l'**~ **en gare du train est imminente** der Zug wird in Kürze einfahren; ~ **en jeu** Eingreifen *nt;* SPORT Einsatz *m;* ~ **en ligne** Einsatz *m;* ~ **en matière** Einleitung *f;* ~ **en possession** Besitzübernahme *f;* ~ **en religion** Eintritt *m* ins Kloster; ~ **en scène** Auftritt *m;* ~ **de service** Dienstboteneingang *m;* ~ **en vigueur** Wirksamwerden *nt; d'une loi* Inkrafttreten *nt;* ~ **en vigueur du contrat** Vertragsbeginn *m*

entrefaite [ɑ̃tʀəfɛt] *m* Zeitpunkt *m*

► **sur ces ~s** in diesem Augenblick

entrefilet [ɑ̃tʀəfilɛ] *m* kurze [Zeitungs]notiz

entregent [ɑ̃tʀəʒɑ̃] *m* ► **avoir de l'**~ die Menschen zu nehmen wissen (*fig*)

entrejambe [ɑ̃tʀəʒɑ̃b] *m* Schritt *m;* **slip à** ~ **renforcé** Slip mit verstärktem Schritt

entrelacement [ɑ̃tʀəlasmɑ̃] *m* ❶ (*action*) Ineinanderschlingen *nt*

❷ (*résultat*) Verschlungensein *nt;* **des ~s de lianes** ineinander verschlungene Lianen

entrelacer [ɑ̃tʀəlase] <2> **I.** *vt* ineinander schlingen; miteinander verweben *fils;* **les mains entrelacées** die Hände ineinander verschlungen; **les lettres entrelacées d'un monogramme** die ineinander verschlungenen Buchstaben eines Monogramms

II. *vpr* **s'**~ sich [ineinander] verschlingen; **s'**~ **autour de qc** sich (*Akk*) um etw winden, [sich] um etw ranken

entrelacs [ɑ̃tʀəla] *m gén pl* ART Flechtwerk *nt*

entrelardé(e) [ɑ̃tʀəlaʀde] *adj* [mit Fett] durchwachsen

entrelarder [ɑ̃tʀəlaʀde] <1> *vt* ❶ GASTR spicken

❷ *fig* ~ **de qc** mit etw spicken (*fam*)

entremêler [ɑ̃tʀəmele] <1> **I.** *vt* ❶ (*mélanger*) vermischen; ~ **des haricots et des petits pois** Bohnen und Erbsen [untereinander] mischen

❷ *fig* ~ **qc de qc** etw in etw (*Akk*) einstreuen; **des paroles entremêlées de sanglots** durch Schluchzen unterbrochene Worte

II. *vpr* **s'**~ durcheinander geraten; **s'**~ **à** [*o* **avec**] **qc** mit etw abwechseln

entremets [ɑ̃tʀəmɛ] *m* Süßspeise *f*

entremetteur, -euse [ɑ̃tʀəmetœʀ, -øz] *m, f péj* Kuppler(in) *m(f)*

entremettre [ɑ̃tʀəmɛtʀ] <*irr*> *vpr* ❶ (*s'interposer*) **s'**~ **dans qc** vermittelnd in etw (*Akk*) eingreifen

❷ (*s'ingérer*) **s'**~ **dans qc** sich in etw (*Akk*) einmischen; **s'**~ **auprès de qn** bei jdm intervenieren; **s'**~ **entre deux antagonistes** zwischen zwei Kontrahenten vermitteln

entremise [ɑ̃tʀəmiz] *f* Vermittlung *f;* **grâce à l'**~ **de qn** dank jds Intervention; **par l'**~ **de qn** durch jdn

entrepont [ɑ̃tʀəpɔ̃] *m* Zwischendeck *nt*

entreposer [ɑ̃tʀəpoze] <1> *vt* (ein)lagern; unterstellen *meubles;* auf Lager bringen *marchandises;* ~ **qc en douane** etw unter Zollverschluss lagern; **marchandise entreposée** Lagergut *nt*

entrepôt [ɑ̃tʀəpo] *m* ❶ (*dock, hangar*) Lagerhalle *f;* (*stock*) Warenlager *nt;* ~ **de douane** Zolldepot *nt;* ~ **frigorifique** Kühlhaus *nt*

❷ (*port, ville*) Umschlaghafen *m,* Umschlagplatz *m*

entreprenant(e) [ɑ̃tʀəpʀənɑ̃, ɑ̃t] *adj* ❶ (*dynamique*) unternehmungslustig, voller Tatendrang

❷ (*galant*) galant

entreprenaute [ɑ̃trəprənot] *mf* Unternehmensgründer(in) *m(f)*

entreprendre [ɑ̃tʀəpʀɑ̃dʀ] <13> **I.** *vt* ❶ (*commencer*) unternehmen; in Angriff nehmen *étude, travail;* ~ **de faire qc** es unternehmen etw zu tun (*geh*)

❷ *fam* (*s'efforcer de convaincre*) beschwatzen (*fam*)

❸ (*courtiser*) umwerben

II. *vi* handeln

entrepreneur, -euse [ɑ̃tʀəpʀənœʀ, -øz] *m, f* Unternehmer(in) *m(f);* (*dans la construction*) Bauunternehmer(in); **petit ~/petite entrepreneuse** mittelständischer Unternehmer/mittelständische Unternehmerin

◆ ~ **en bâtiment** Bauunternehmer *m;* ~ **de déménagement** Umzugsunternehmer *m,* [Möbel]spediteur *m;* ~ **de menuiserie** selb[st]ständiger Tischlermeister [*o* Schreinermeister]; ~ **de pompes funèbres** Inhaber *m* eines Bestattungsinstituts; ~ **de transport[s]** COM Transportunternehmer *m,* Spediteur *m;* ~ **de travaux publics** Tiefbauunternehmer *m*

entreprise [ɑ̃tʀəpʀiz] *f* ❶ (*firme*) [Wirtschafts]unternehmen *nt,* Betrieb *m,* Firma *f,* Unternehmung *f* (CH); ~ **nationalisée** verstaatlichtes Unternehmen, verstaatlichter Betrieb; **petites et moyennes ~s** klein- und mittelständische Betriebe *Pl;* ~ **pilote** Versuchsbetrieb

❷ (*activité ou existence d'entrepreneur*) Unternehmertum *nt*

❸ (*opération*) Unternehmen *nt,* Unternehmung *f;* **se lancer dans une vaste** ~ sich in ein gewagtes Unternehmen stürzen

❹ *pl littér* (*menées*) Machenschaften *Pl*

❺ (*avances*) Annäherungsversuche *Pl*

◆ ~ **de confection** Konfektionsbetrieb *m;* ~ **de construction** Baufirma *f;* ~ **de déménagement** Umzugsfirma *f,* Möbelspedition *f;* ~ **de gros** Großhandelsbetrieb *m;* ~ **de pompes funèbres** Bestattungsinstitut *nt;* ~ **de transports** Transportunternehmen *nt,* Speditionsfirma *f;* ~ **de travaux publics** Tiefbauunternehmen *nt*

entrer [ɑ̃tʀe] <1> **I.** *vi + être* ❶ (*pénétrer*) eintreten; (*vu de l'intérieur*) hereinkommen; (*vu de l'extérieur*) hineingehen; *chien:* herein-/hineinlaufen; *eau:* hereinlaufen, eindringen; *lumière, soleil:* hereinfallen; **faire** ~ hereinbitten *personne;* hereinholen *animal;* **laisser** ~ hereinlassen *personne, animal;* ~ **par la fenêtre** durch das Fenster einsteigen; **défense d'**~**!** Eintritt verboten!; **entrez sans frapper!** [bitte] eintreten ohne anzuklopfen!

❷ (*pénétrer dans un lieu*) ~ **dans qc** etw betreten, in etw (*Akk*) [herein-]/[hinein]gehen; *chien:* in etw (*Akk*) [herein-]/[hinein]laufen; *air:* in etw (*Akk*) strömen; *lumière, soleil:* in etw

(*Akk*) fallen; **ne pas oser ~ dans l'eau** sich nicht ins Wasser trauen; ~ **dans le port** *bateau:* [in den Hafen] einlaufen; ~ **en gare** *train:* [in den Bahnhof] einfahren; ~ **dans la cave** *eau:* in den Keller dringen; ~ **frauduleusement dans le pays** *drogue:* eingeschmuggelt werden, ins Land geschmuggelt werden
❸ (*aborder*) ~ **dans les détails** ins Detail gehen; ~ **dans le vif du sujet** sofort zum Kern der Sache kommen
❹ (*commencer*) ~ **dans sa troisième année** *enfant:* in sein drittes Lebensjahr gehen; *guerre:* ins dritte Jahr gehen
❺ *fam* (*heurter*) ~ **dans qc** *personne:* gegen etw laufen/fahren; *animal:* gegen etw laufen; *avion:* gegen etw fliegen; *voiture, moto:* gegen etw fahren
❻ (*s'engager dans*) ~ **dans un club** in einen Klub eintreten; **faire ~ qn dans un club** jdn [als neues Mitglied] in einen Klub einführen; ~ **dans un parti** einer Partei (*Dat*) beitreten; ~ **dans l'armée/la police** zur Armee/zur Polizei gehen; ~ **dans une carrière** eine Laufbahn einschlagen; ~ **dans la vie active** ins Erwerbsleben eintreten
❼ (*être admis*) ~ **à l'hôpital/l'école/en apprentissage** ins Krankenhaus/in die Schule/Lehre kommen; ~ **en sixième** in die erste Klasse des Gymnasiums kommen; ~ **à l'université** sein Studium beginnen; **faire ~ qn dans une entreprise** jdm eine Stelle in einem Unternehmen verschaffen
❽ (*s'enfoncer*) *clou, vis:* eindringen; **la clé n'entre pas dans le trou de la serrure** der Schlüssel passt nicht ins Schlüsselloch; **faire ~ un clou/une vis dans le bois** einen Nagel/eine Schraube ins Holz schlagen/drehen
❾ (*s'associer à*) ~ **dans la discussion** sich an der Diskussion beteiligen
❿ (*faire partie de*) ~ **dans la catégorie des contribuables** zu den Steuerzahlern gehören; ~ **dans la composition d'un produit** Bestandteil eines Produkts sein; **cela n'entre pas dans mes attributions** das gehört nicht zu meinem Aufgabenbereich
⓫ (*comme verbe-support*) ~ **en application** in Kraft treten; ~ **en contact avec qn** mit jdm Kontakt aufnehmen; ~ **en collision avec qn/qc** mit jdm/etw zusammenstoßen; ~ **en rage** in Wut geraten; ~ **en guerre** in den Krieg eintreten; ~ **en scène** auftreten; ~ **en ligne de compte** berücksichtigt werden, in Betracht kommen; ~ **en fonction** *ministre:* sein Amt antreten
▶ ~ **pour beaucoup dans qc** eine große Rolle bei etw spielen; **ne faire qu'~ et sortir** gleich wieder gehen, nur kurz vorbeischauen
II. *vt + avoir* ❶ COM einführen; ~ **qc en contrebande** etw einschmuggeln
❷ (*faire pénétrer*) ~ **qc dans qc** etw in etw (*Akk*) hineinbringen; ~ **l'armoire par la fenêtre** den Schrank durch das Fenster hineinschaffen
❸ INFORM eingeben

entresol [ɑ̃tʀəsɔl] *m* Hochparterre *nt*

entre-temps [ɑ̃tʀətɑ̃] *adv* inzwischen, in der Zwischenzeit

entretenir [ɑ̃tʀət(ə)niʀ] <9> **I.** *vt* ❶ (*maintenir en bon état*) in Stand halten; warten *machine, moteur;* pflegen *beauté, voiture;* in Ordnung halten *vêtement;* wach halten *esprit*
❷ (*faire vivre*) ~ **qn** für jds Unterhalt aufkommen; ~ **une maîtresse** sich eine Mätresse halten (*pej*); **se faire ~ par qn** sich von jdm aushalten lassen
❸ (*faire durer*) unterhalten *correspondance, relations;* hegen *doute, espoir;* schüren *rivalité;* lebendig halten *souvenirs;* aufrechterhalten *illusions, suspense;* immer wieder entfachen *querelle;* konstant halten *humidité, température;* nicht ausgehen lassen *feu;* ~ **sa forme** sich fit halten; ~ **une correspondance suivie avec qn** in ständigem Briefwechsel mit jdm stehen; ~ **qn dans une erreur** jdn in einem Irrtum belassen
❹ (*parler à*) ~ **qn de qn/qc** jdm von jdm/etw erzählen
II. *vpr* ❶ (*converser*) **s'~ avec qn** mit jdm Gespräche führen; **s'~ avec qn de qn/qc** sich mit jdm über jdn/etw unterhalten; **s'~ avec qn par téléphone** sich mit jdm am Telefon unterhalten; **s'~ avec qn par écrit** sich mit jdm schriftlich austauschen
❷ (*se conserver en bon état*) **s'~** *personne:* sich fit halten; *moquette, meuble:* gepflegt werden müssen; **s'~ facilement** pflegeleicht sein, leicht zu pflegen sein

entretenu(e) [ɑ̃tʀət(ə)ny] **I.** *part passé de* **entretenir**
II. *adj* ❶ (*tenu en bon état*) gepflegt; *maison, propriété* gut in Stand gehalten
❷ (*pris en charge*) **c'est une femme ~e/un homme ~** sie/er wird ausgehalten, sie/er lässt sich aushalten

entretien [ɑ̃tʀətjɛ̃] *m* ❶ (*maintien en bon état*) *de la peau, d'un vêtement, des meubles* Pflege *f; d'une maison, route* Instandhaltung *f; d'une machine, d'un moteur* Wartung *f*
❷ (*travaux, dépenses de maintien*) Wartungsaufwand *m;* **exiger beaucoup/peu d'~** mit einem hohen/niedrigen Wartungsaufwand verbunden sein; **sans ~** wartungsfrei
❸ (*soutien financier*) Unterhalt *m*
❹ (*discussion en privé*) Unterredung *f,* Gespräch *nt;* **pouvez-vous m'accorder un ~?** darf ich Sie um eine Unterredung bitten?
❺ (*discussion en public*) Diskussion *f;* ~ **télévisé** Fernsehdiskussion
◆ ~ **d'embauche** *d'un candidat* Vorstellungsgespräch *nt; d'un chef du personnel* Einstellungsgespräch; **avoir un ~ d'embauche** ein Vorstellungsgespräch/Einstellungsgespräch haben

entretuer [ɑ̃tʀətɥe] <1> *vpr* **s'~** sich gegenseitig umbringen

entrevoir [ɑ̃tʀəvwaʀ] <*irr*> *vt* ❶ (*voir*) (*indistinctement*) undeutlich sehen; (*brièvement*) [nur] flüchtig sehen
❷ (*pressentir*) ahnen, vorhersehen; ~ **une amélioration** Anzeichen einer Besserung sehen

entrevue [ɑ̃tʀəvy] *f* Unterredung *f;* **avoir une ~ avec qn** eine [lange] Unterredung mit jdm haben

entropie [ɑ̃tʀɔpi] *f* PHYS Entropie *f*

entrouvert(e) [ɑ̃tʀuvɛʀ, ɛʀt] *adj* halb geöffnet; *porte, fenêtre* einen Spalt[breit] offen; *bouche, lèvres* leicht geöffnet

entrouvrir [ɑ̃tʀuvʀiʀ] <11> **I.** *vt* ein wenig öffnen; einen Spalt[breit] öffnen *porte, fenêtre;* leicht öffnen *yeux*
II. *vpr* **s'~** sich ein wenig öffnen; *porte, fenêtre:* einen Spalt[breit] aufgehen; *bouche, lèvres:* sich leicht öffnen

entuber [ɑ̃tybe] <1> *vt fam* übers Ohr hauen (*fam*), reinlegen (*fam*); **se faire ~** übers Ohr gehauen [*o* reingelegt] werden (*fam*)

enturbanné(e) [ɑ̃tyʀbane] *adj* **être ~(e)** einen Turban tragen

énumération [enymeʀasjɔ̃] *f* Aufzählung *f;* **faire une ~ de qc** etw aufzählen

énumérer [enymeʀe] <5> *vt* aufzählen

énurésie [enyʀezi] *f* MED *des enfants, vieillards* Inkontinenz *f*

énurétique [enyʀetik] *adj* MED **enfant ~** Bettnässer *m*

envahir [ɑ̃vaiʀ] <8> *vt* ❶ MIL einfallen in (+ *Akk*) *pays*
❷ (*se répandre, infester*) *foule:* strömen auf (+ *Akk*) *rues;* strömen in (+ *Akk*), bevölkern *ville;* strömen [*o* drängen] in (+ *Akk*) *théâtre, stade;* stürmen *terrain de football; insectes:* herfallen über (+ *Akk*) *terrain; mauvaises herbes:* überwuchern; *eau:* überschwemmen, überfluten; *nouveau produit:* überschwemmen *marché;* **être envahi(e) par les touristes** *ville:* von [den] Touristen überlaufen sein
❸ (*gagner*) *doute, terreur:* überkommen, überwältigen
❹ (*importuner*) belästigen; *insectes:* heimsuchen; **se laisser ~ par qn** sich von jdm in Beschlag nehmen lassen

envahissant(e) [ɑ̃vaisɑ̃, ɑ̃t] *adj* ❶ (*omniprésent*) **être/devenir ~(e)** *chose, mode, sentiment:* überhand nehmen
❷ (*importun*) *personne* aufdringlich

envahissement [ɑ̃vaismɑ̃] *m* ❶ MIL **l'~ de l'Europe par les Huns** der Einfall der Hunnen in Europa
❷ (*fait d'occuper, de proliférer*) *de la paperasse* Überhandnehmen *nt; des fourmis* Invasion *f;* **l'~ du stade/magasin** der Ansturm auf das Stadion/den Laden; **l'~ du terrain de foot-**

ball par les spectateurs das Stürmen des Spielfeldes durch die Zuschauer; **l'~ du jardin par les orties** das Überwuchern des Gartens mit Brennnesseln; **l'~ du marché par les produits japonais** die Überschwemmung des Marktes mit japanischen Produkten

envahisseur, **-euse** [ɑ̃vaisœʀ, -øz] *m, f* Eindringling *m;* MIL Angreifer(in) *m(f)*

envasement [ɑ̃vazmɑ̃] *m d'un port, d'une rivière* Verschlammen *nt*

envaser [ɑ̃vaze] <1> *vpr* **s'~** *baie, port, rivière:* verschlammen; *personne, bateau, voiture:* im Schlamm stecken bleiben; (*s'enfoncer*) im Schlamm versinken

enveloppant(e) [ɑ̃vlɔpɑ̃, ɑ̃t] *adj* ❶ (*ample*) *vêtement* weit
❷ MIL *mouvement* Umfassungs-, Einkreisungs-
❸ (*séducteur*) *manières, paroles* einschmeichelnd

enveloppe [ɑ̃vlɔp] *f* ❶ POST [Brief]umschlag *m,* Kuvert *nt* (DIAL); **~ autocollante** [*o* **autoadhésive**] selbstklebender [Brief]umschlag; **~ doublée** gefütterter [Brief]umschlag; **~ réponse** Rückumschlag, adressierter Freiumschlag; **mettre sous ~** in einen [Brief]umschlag stecken; **être sous ~** sich in einem [verschlossenen] [Brief]umschlag befinden
❷ (*protection*) [Schutz]hülle *f; d'une chenille* Kokon *m; d'une graine* Hülse *f; d'un pneu* Mantel *m*
❸ *littér* (*apparence*) äußerer Schein, Fassade *f*
❹ FIN (*budget*) [Geld]mittel *Pl,* Gelder *Pl;* **une ~ de six millions** [Geld]mittel in Höhe von sechs Millionen; **~ budgétaire** Haushaltsmittel; **~ globale** Gesamtvolumen *nt*
❺ (*pot-de-vin*) Bestechungsgelder *Pl*

enveloppé(e) [ɑ̃vlɔpe] *adj* rundlich; *femme* mollig, rundlich

enveloppement [ɑ̃vlɔpmɑ̃] *m* ❶ MED Umschlag *m*
❷ MIL Umzingelung *f*

envelopper [ɑ̃vlɔpe] <1> **I.** *vt* ❶ (*recouvrir*) einpacken *cadeau;* umhüllen *corps;* **~ de bandages** verbinden; **~ un bébé/un vase dans une couverture/du papier de soie** ein Baby/eine Vase in eine Decke/in Seidenpapier einwickeln; **être enveloppé(e) dans** [*o* **de**] **qc** *personne:* in etw (*Akk*) [ein]gehüllt sein; *bébé, objet:* in etw (*Akk*) [ein]gewickelt sein
❷ (*entourer*) *silence:* umgeben; *brouillard:* einhüllen; *lumière:* umfluten; **une histoire enveloppée de mystère** eine geheimnisumwitterte Geschichte
❸ *littér* (*voiler*) verschleiern
❹ MIL umzingeln
II. *vpr* **s'~ dans son manteau** sich in den/seinen Mantel hüllen

envenimé(e) [ɑ̃v(ə)nime] *adj blessure* entzündet; *propos* böswillig

envenimer [ɑ̃v(ə)nime] <1> **I.** *vt* ❶ (*infecter*) infizieren *plaie*
❷ (*aggraver*) verschlimmern, verschlechtern
II. *vpr* **s'~** ❶ (*s'infecter*) sich entzünden
❷ (*se détériorer*) *situation, conflit:* sich zuspitzen, sich verschärfen

envergure [ɑ̃vɛʀgyʀ] *f* ❶ (*dimension*) *d'un avion, oiseau* Spannweite *f; d'un bateau* Breite *f; d'une voile* Fläche *f;* **trois mètres d'~** drei Meter breit
❷ (*valeur, ampleur*) Tragweite *f; d'une personne* Format *nt;* **de grande ~** von großer Tragweite; *action* breit angelegt, groß angelegt; **avoir de l'~** *personne:* Format haben; *chose:* Bedeutung [*o* Format] haben; **prendre de l'~** *personne:* an Format gewinnen; *société:* sich vergrößern; *scandale, dispute:* [größere] Formen annehmen; *grève:* sich ausweiten

envers [ɑ̃vɛʀ] **I.** *prép* **~ qn/qc** jdm/einer S. gegenüber; **avoir une dette ~ qn** (*dette financière*) jdm Geld schulden; (*dette morale*) in jds Schuld (*Dat*) stehen; **son mépris ~ qn/qc** seine/ihre Verachtung für jdn/etw; **les traîtres ~ la patrie** die Vaterlandsverräter
▶ **~ et contre tout/tous** allem/allen und jedem zum Trotz
II. *m d'une feuille de papier* Rückseite *f; d'une étoffe, d'un vêtement* linke Seite; *d'une assiette, feuille d'arbre* Unterseite *f*
▶ **l'~ du décor** die Kehrseite der Medaille; **l'~ et l'endroit des choses** die Licht- und Schattenseiten der Dinge; **à l'~** (*dans le mauvais sens*) verkehrt herum, falsch herum; (*à rebours*) falsch, verkehrt; (*de bas en haut*) auf dem Kopf; (*à reculons*) rückwärts; (*en désordre*) durcheinander; **tourner à l'~** *aiguilles d'une montre:* sich gegen den Uhrzeigersinn drehen; **tout marche à l'~** alles geht [*o* läuft] schief (*fam*); **avoir la tête** [*o* **la cervelle**] **à l'~** ganz durcheinander sein

envi [ɑ̃vi] ▶ **à l'~** *littér* um die Wette; **les gâteaux étaient appétissants à l'~** eine Torte sah leckerer aus als die andere

enviable [ɑ̃vjabl] *adj* beneidenswert

envie [ɑ̃vi] *f* ❶ (*désir, goût, besoin*) Lust *f;* **ses ~s de voyage** seine/ihre Reiselust; **avoir ~ de cacahuètes** Lust auf Erdnüsse haben; **avoir ~ de faire qc** Lust haben etw zu tun; **avoir ~ de faire pipi/d'aller au W.-C.** *fam* mal aufs Klo müssen (*fam*); **avoir une petite/grosse ~** *fam* mal klein/groß müssen (*fam*); **brûler** *form* [*o* **mourir**] [*o* **crever** *fam*] **d'~ de qc** große [*o* wahnsinnige *fam*] Lust auf etw (*Akk*) haben, auf etw (*Akk*) ganz versessen sein; **mourir d'~ de faire qc** darauf brennen etw zu tun; **l'~ prend** [*o* **vient**] **à qn d'aller à la piscine** jd bekommt Lust ins Schwimmbad zu gehen; **ça me donne ~ de partir en vacances** da bekomme ich Lust zu verreisen; **avec tes histoires tu me donnes ~ de rire** wenn man deine Geschichten hört, möchte man lachen; **passer** [*o* **contenter**] **son ~ de faire qc** seiner Lust nachgeben [*o* sein Bedürfnis stillen] etw zu tun; **ôter** [*o* **faire passer**] **à qn l'~ de mettre en désordre la chambre** jdm die Lust nehmen im Zimmer Unordnung zu machen; (*empêcher de recommencer*) es jdm austreiben im Zimmer Unordnung zu machen; **l'~ lui en est passée** [*o* **lui a passé**] ihm/ihr ist die Lust dazu vergangen; (*de manger*) ihm/ihr ist der Appetit darauf vergangen
❷ (*convoitise*) Begierde *f;* (*péché capital*) Wollust *f;* **avoir ~ de qn** jdn begehren
❸ (*jalousie*) Neid *m*
❹ *pl fam* (*peaux*) Nagelhaut *f*
▶ **faire ~ à qn** *personne, réussite:* jdn neidisch machen; *nourriture:* jdm Appetit machen; **ça fait ~** da kann man neidisch werden; (*met en appétit*) da läuft einem das Wasser im Mund zusammen

envier [ɑ̃vje] <1> *vt* beneiden; **~ qn pour sa richesse/d'être riche** jdn um seinen Reichtum beneiden/jdn darum beneiden, dass er reich ist; **je ne t'envie pas pour ton succès** ich gönne dir deinen Erfolg; **~ sa femme/sa voiture à qn** jdn um seine Frau/sein Auto beneiden; **je n'envie pas ton sort** ich beneide dich nicht [um dein Schicksal]
▶ **n'avoir rien à ~ à qn/à qc** jdm/einer S. in nichts nachstehen

envieux, **-euse** [ɑ̃vjø, -jøz] **I.** *adj* neidisch; **~(-euse) de qn/qc** neidisch auf jdn/etw
II. *m, f* Neider(in) *m(f);* **tu n'es qu'une envieuse** du bist ja nur neidisch; **faire des ~** *personne:* sich (*Dat*) Neider schaffen, beneidet werden

environ [ɑ̃viʀɔ̃] **I.** *adv* ungefähr, [in] etwa; **il y a cinq ans ~** [*o* **~ cinq ans**] vor ungefähr [*o* etwa] fünf Jahren
II. *mpl d'une ville* Umgebung *f;* **Reims et ses ~s** Reims und Umgebung; **dans les ~s du château** in der Nähe des Schlosses; **aux ~s d'une ville** in der Nähe einer Stadt; **aux ~s de Pâques** um Ostern [herum]; **aux ~s de cent euros** etwa [*o* an die] hundert Euro

environnant(e) [ɑ̃viʀɔnɑ̃, ɑ̃t] *adj* der Umgebung; **la région ~e** die [nähere] Umgebung; **le milieu ~** das Umfeld

environnement [ɑ̃viʀɔnmɑ̃] *m* (*milieu écologique*) Umwelt *f;* (*environs*) Umgebung *f;* (*milieu social*) Umfeld *nt*

environnemental(e) [ɑ̃viʀɔnmɑ̃tal, o] <-aux> *adj* Umwelt-, umweltbezogen

environner [ɑ̃viʀɔne] <1> **I.** *vt* umgeben
II. *vpr* **s'~ de qn/qc** sich mit jdm/etw umgeben

envisageable [ɑ̃vizaʒabl] *adj* denkbar

envisager [ɑ̃vizaʒe] <2a> *vt* ❶ (*considérer*) in Betracht ziehen *question, situation;* ~ **l'avenir/la mort** der Zukunft/dem Tod entgegensehen
❷ (*projeter*) ~ **un voyage pour qn** eine Reise für jdn planen [*o* ins Auge fassen]; ~ **de faire qc** planen [*o* erwägen] etw zu tun
❸ (*prévoir*) rechnen mit *orage, visite;* ~ **que qn vienne** davon ausgehen, dass jd kommt
envoi [ɑ̃vwa] *m* ❶ (*expédition*) *d'un paquet, d'une lettre* [Ab]schicken *nt; d'une marchandise, commande* Versand *m; de vivres* Sendung *f; de renforts, d'une mission diplomatique* Entsendung *f;* **faire un ~ à qn** jdm etwas schicken [*o* senden]
❷ (*colis, courrier*) Sendung *f;* ~ **contre remboursement** Nachnahmesendung; ~ **non clos** unverschlossene Sendung; ~ **recommandé** Einschreiben *nt*
envol [ɑ̃vɔl] *m* ❶ *d'un avion* Abflug *m; d'un oiseau* Auffliegen *nt,* Emporfliegen *nt* (*liter*)
❷ (*hausse*) *des prix* Hochschnellen *nt*
▸ **prendre son** ~ *oiseau:* auffliegen, losfliegen; *avion:* abfliegen; *inspiration, imagination:* sich entfalten
envolée [ɑ̃vɔle] *f* ❶ (*envol*) *des oiseaux* Auffliegen *nt,* Emporfliegen *nt* (*liter*)
❷ (*hausse*) *de la monnaie, valeur* Hochschnellen *nt;* **l'~ de la bourse** das rasante Ansteigen der Börsenkurse
❸ *fig* Höhenflug *m*
envoler [ɑ̃vɔle] <1> *vpr* **s'~** ❶ (*quitter le sol*) wegfliegen, davonfliegen; *avion:* abfliegen; **s'~ dans le ciel** *ballon:* in die Höhe steigen, zum Himmel aufsteigen
❷ (*augmenter*) *monnaie, prix:* hochschnellen
❸ (*disparaître*) sich in Luft auflösen (*fam*); *paroles, peur, temps:* verfliegen
envoûtant(e) [ɑ̃vutɑ̃, ɑ̃t] *adj beauté, musique, regard* betörend; *atmosphère* bezaubernd
envoûtement [ɑ̃vutmɑ̃] *m* Bann *m,* magische Kraft, Zauber *m*
envoûter [ɑ̃vute] <1> *vt* in seinen Bann ziehen; *sorcière:* verzaubern, verhexen; *femme:* betören, einen Zauber ausüben auf (+ *Akk*)
envoyé(e) [ɑ̃vwaje] **I.** *adj* **bien ~(e)** *réponse, remarque* treffend; **bien ~!** *fam* gut gesagt/gemacht!/das saß! (*fam*)
II. *m(f)* ❶ PRESSE Korrespondent(in) *m(f);* ~ **spécial/~e spéciale** Sonderberichterstatter(in) *m(f)*
❷ POL, REL Abgesandte(r) *f(m);* (*diplomate, missionnaire*) Gesandte(r) *m*/Gesandtin *f*
▸ **vous êtes l'~ du Ciel!** Sie schickt der Himmel!
envoyer [ɑ̃vwaje] <*irr*> **I.** *vt* ❶ (*expédier*) verschicken, versenden *marchandises;* einreichen *démission;* entsenden *député;* ~ **un colis/une lettre à qn** jdm ein Paket/einen Brief schicken, ein Paket/einen Brief an jdn aufgeben [*o* versenden] [*o* verschicken]; ~ **ses amitiés/félicitations à qn** jdm eine Gruß-/Glückwunschkarte schicken [*o* senden]; ~ **qn à la poste/chez qn** jdn zur Post/zu jdm schicken; ~ **qn à l'échafaud/aux assises** jdn an den Galgen/vors Schwurgericht bringen; ~ **qn faire des courses** jdn einkaufen schicken
❷ (*lancer*) werfen *ballon;* (*avec le pied*) schießen *ballon;* schlagen *balle de tennis;* werfen *grenade;* versetzen *coup de pied;* geben *gifle, signal;* ~ **un baiser à qn** jdm eine Kusshand zuwerfen; ~ **un ballon à qn** (*avec la main/le pied*) jdm den Ball zuwerfen/zuschießen [*o* zuspielen]; ~ **qn contre le mur** jdn gegen die Wand stoßen [*o* schleudern]; ~ **qn à terre** [*o* **au tapis**]/**en bas de l'escalier** jdn zu Boden gehen lassen/die Treppe hinunterstoßen; **la lune envoie une clarté blafarde** der Mond scheint fahl
❸ (*déclencher*) abfahren *image, son;* **envoyez le film/le son/l'image!** Film/Ton/Bild ab!
▸ ~ **balader** [*o* **bouler**] [*o* **paître**] [*o* **promener**] **qn** *fam* (*éconduire*) jdn abwimmeln (*fam*), jdn zum Teufel schicken (*fam*); ~ **balader** [*o* **dinguer**] [*o* **valdinguer**] [*o* **valser**] **qn/qc contre le mur** *fam* (*projeter*) jdn/etw wegschleudern/gegen die Wand schleudern; **je ne te/vous l'envoie pas dire** *fam* ich sage es dir/Ihnen ganz offen ins Gesicht, da nehme ich kein Blatt vor den Mund; ~ **tout promener** *fam* (*abandonner*) alles hinschmeißen (*fam*)
II. *vpr* ❶ (*se transmettre*) **s'~ des vœux/des baisers** sich (*Dat*) Glückwunschkarten schicken/Kusshändchen zuwerfen
❷ *pop* (*se taper*) **s'~ qc** (*consommer*) sich (*Dat*) etw reinziehen (*sl*); (*se charger*) sich (*Dat*) etw aufhalsen (*fam*); **s'~ qn** jdn vernaschen (*fam*)
envoyeur, -euse [ɑ̃vwajœʀ, -jøz] *m, f v.* **retour**
enzyme [ɑ̃zim] *m o f* Enzym *nt*
Éole [eɔl] *m* Äolus *m*
éolien(ne) [eɔljɛ̃, jɛn] *adj* Wind-
éolienne [eɔljɛn] *f* (*machine*) Windrad *nt*
éosine [eɔzin] *f* CHIM Eosin *nt*
épagneul(e) [epaɲœl] *m(f)* Spaniel *m*
épais(se) [epɛ, ɛs] **I.** *adj* ❶ dick; **cette planche est ~se de quatre centimètres** dieses Brett ist vier Zentimeter dick [*o* stark]
❷ (*dru*) *chevelure, forêt, feuillage, gazon, foule* dicht; (*dense*) *brouillard, fumée* dick, dicht; (*profond*) *nuit, silence, sommeil* tief; *ombre* dunkel; **au plus ~ de qc** mitten in etw (*Dat*)
❸ (*consistant*) *liquide* dickflüssig; *soupe* dick
❹ (*grossier*) *mensonge* dreist, plump; *plaisanterie* derb; *esprit, intelligence* schwerfällig
II. *adv semer* dicht; *neiger* stark; **il n'y en a pas ~** *fam* viel ist nicht da
épaisseur [epɛsœʀ] *f* ❶ (*dimension*) Stärke *f; d'une couche, couverture* Dicke *f; d'une armoire* Tiefe *f; de la neige* Höhe *f;* **avoir une ~ de sept centimètres** [*o* **sept centimètres d'~**] eine Stärke [*o* Dicke] von sieben Zentimetern haben, sieben Zentimeter stark [*o* dick] sein
❷ (*grosseur*) Dicke *f; de la taille* Umfang *m*
❸ (*couche*) Schicht *f; d'un papier* Lage *f;* **mettre sa couverture sur deux ~s** seine Decke doppelt nehmen
❹ (*consistance*) *d'un liquide* Dickflüssigkeit *f*
❺ (*densité*) Dichte *f; du sommeil, de la nuit* Tiefe *f*
❻ (*substance*) *d'un personnage, d'une personne* Tiefe *f; d'une œuvre* [gedankliche] Tiefe; **ses personnages n'ont pas d'~** seine/ihre Figuren sind flach
❼ (*grossièreté*) *d'un esprit, de l'intelligence* Schwerfälligkeit *f; d'un mensonge* Dreistigkeit *f,* Plumpheit *f; d'une plaisanterie* Derbheit *f*
épaissir [epesiʀ] <8> **I.** *vt* ❶ eindicken, dicker machen *liquide;* noch undurchdringlicher machen *brouillard, mystère*
❷ (*grossir*) dicker machen [*o* erscheinen lassen] *personne, traits*
II. *vi* ❶ *liquide:* eindicken, dickflüssig werden
❷ (*grossir*) *personne:* dicker werden, zunehmen
III. *vpr* **s'~** ❶ (*devenir plus consistant*) *liquide, air:* dicker werden; *sauce:* sämig [*o* dick] werden; *crème:* steif werden; *chevelure, forêt, foule:* dichter werden; *brouillard:* sich verdichten, dichter werden
❷ (*grossir*) *taille:* dicker werden
❸ (*s'accentuer*) *mystère, obscurité:* noch undurchdringlicher werden; *nuit:* dunkler [*o* finsterer] werden; *drame:* sich zuspitzen
épaississant [epesisɑ̃] *m* Verdickungsmittel *nt;* (*pour une sauce*) Soßenbinder *m*
épaississement [epesismɑ̃] *m d'un liquide* Eindicken *nt; de la taille* Breiterwerden *nt; de l'épiderme* Verdickung *f; du brouillard* Dichterwerden *nt*
épanchement [epɑ̃ʃmɑ̃] *m* ❶ MED *de sang, bile* Erguss *m*
❷ *pl* (*effusion*) Ergüsse *Pl*
épancher [epɑ̃ʃe] <1> **I.** *vt form* ausschütten *cœur;* loswerden, sich (*Dat*) von der Seele reden *sentiment, secret*
II. *vpr* ❶ MED **s'~ de qc** *bile, sang:* aus etw herausfließen
❷ *form* (*se confier*) **s'~** sein Herz ausschütten; **s'~ auprès de qn** sich jdm anvertrauen [*o* mitteilen]

épandage [epɑ̃daʒ] *m du fumier, d'un engrais* Verteilen *nt;* **en période d'~** während der Düngezeit
épandre [epɑ̃dʀ] <14> **I.** *vt* verteilen *engrais, fumier*
II. *vpr* **s'~** sich ausbreiten
épanoui(e) [epanwi] *adj* ❶ *fleur* offen, aufgeblüht; *sourire, visage* strahlend; *corps, femme* wohlgeformt
❷ (*heureux*) *caractère, personne* ausgeglichen
épanouir [epanwiʀ] <8> **I.** *vt* (*rendre heureux*) aufblühen lassen
II. *vpr* **s'~** ❶ (*s'ouvrir*) *fleur:* aufblühen
❷ (*devenir joyeux*) *visage:* sich erhellen
❸ (*trouver le bonheur*) aufblühen
❹ (*prendre des formes*) *femme:* erblühen; *beauté:* sich entfalten; *corps d'une femme:* Rundungen bekommen
❺ (*se développer*) *personne, compétence:* sich entfalten; **s'~ dans un travail** in einer Arbeit [ganz] aufgehen
épanouissant(e) [epanwisɑ̃, ɑ̃t] *adj* bereichernd
épanouissement [epanwismɑ̃] *m* ❶ (*action*) *d'une fleur* Aufblühen *nt; d'une femme, d'un corps* Heranreifen *nt; d'un esprit, talent, d'une beauté* Entfaltung *f; d'une personne* Selbstverwirklichung *f; d'un style, genre, art* Blüte[zeit *f*] *f*
❷ (*résultat*) *d'une femme, d'un corps* Reife *f*
épargnant(e) [epaʀɲɑ̃, ɑ̃t] *m(f)* Sparer(in) *m(f);* **les petits ~s** die Kleinsparer *Pl*
épargne [epaʀɲ] *f* ❶ (*action*) Sparen *nt,* Spartätigkeit *f*
❷ *a.* ECON (*sommes*) Ersparnisse *Pl,* Ersparte(s) *nt;* **la petite ~** die kleinen Sparguthaben; (*épargnants*) die Kleinsparer; **~ populaire** privates Sparaufkommen
◆ **~-logement** Bausparen *nt;* **~-retraite** Rentensparen *nt*
épargne-logement [epaʀɲlɔʒmɑ̃] *f sans pl* Bausparen *nt kein Pl*
épargner [epaʀɲe] <1> **I.** *vt* ❶ (*mettre de côté*) sparen *argent, électricité*
❷ (*consommer avec mesure*) **~ l'eau/la nourriture** mit dem Wasser/den Nahrungsmitteln sparsam umgehen [*o* haushalten]; **ne pas ~ le beurre** nicht mit Butter sparen
❸ (*compter, ménager*) schonen *forces;* **n'~ ni son temps ni sa peine** weder Zeit noch Mühe scheuen; **ne rien ~ pour faire qc** nichts unversucht lassen um etw zu tun, alles daransetzen etw zu tun
❹ (*gagner*) einsparen, gewinnen *temps, argent*
❺ (*éviter*) **~ un discours à qn** jdm eine Rede ersparen, jdn mit einer Rede verschonen; **être épargné(e) à qn** jdm erspart bleiben
❻ (*traiter avec ménagement*) schonen *amour-propre, personne*
❼ (*laisser vivre*) verschonen; **être épargné(e) par qc** von etw verschont bleiben
II. *vi* (*économiser*) sparen; **~ sur l'eau/la nourriture** mit Wasser/am Essen sparen
III. *vpr* **s'~ qc** sich (*Dat*) etw ersparen; **épargnez-vous le <u>dérangement</u>** machen Sie sich keine Umstände
éparpillement [epaʀpijmɑ̃] *m* ❶ (*dissémination*) (*état*) *des objets, personnes* Verstreutsein *nt;* (*action*) *des objets* Verstreuen *nt*
❷ (*dispersion*) *des efforts, idées* Verzetteln *nt*
éparpiller [epaʀpije] <1> **I.** *vt* ❶ (*disséminer*) [überall] verteilen *personnes, troupes;* [überall] verstreuen *feuilles, miettes*
❷ (*disperser inefficacement*) vergeuden *forces, talent;* **~ ses efforts/son attention** sich verzetteln/leicht ablenken lassen
II. *vpr* **s'~** ❶ (*se disséminer*) *foule:* sich zerstreuen; *maisons:* verstreut sein
❷ (*se disperser*) *personne:* sich verzetteln
épars(e) [epaʀ, aʀs] *adj maisons, ruines* vereinzelt; *éléments* einzeln(e,er,es); (*en désordre*) *vêtements, jouets* verstreut, durcheinander; *cheveux* zerzaust
épatant(e) [epatɑ̃, ɑ̃t] *adj fam* toll (*fam*), prima (*fam*), klasse (*fam*)
épate [epat] *f fam* ▸ **le faire <u>à</u> l'~** bluffen (*fam*); **faire <u>de</u> l'~** Eindruck schinden (*fam*)
épaté(e) [epate] *adj* ❶ *nez* platt
❷ *fam* (*soufflé*) platt (*fam*), baff (*fam*)
épatement [epatmɑ̃] *m* ❶ (*écrasement*) *du nez* Eindrücken *nt,* Plattdrücken *nt*
❷ (*surprise*) Verblüffung *f,* Plattsein *nt* (*fam*)
épater [epate] <1> *vt fam* (*stupéfier*) verblüffen; (*faire de l'épate*) Eindruck schinden bei (*fam*); **ça t'épate, hein?** da bist du platt [*o* baff], was? (*fam*)
épaulard [epolaʀ] *m* Schwertwal *m*
épaule [epol] *f* ANAT Schulter *f;* GASTR Schulterstück *nt;* **être large/frêle d'~s** breite/schmale Schultern haben; **hausser les ~s** mit den Schultern [*o* Achseln] zucken; **toute la responsabilité pèse/repose sur mes ~s** die ganze Verantwortung lastet/liegt auf meinen Schultern
▸ **avoir les ~s <u>solides</u>/assez <u>solides</u> pour faire qc** (*avoir de l'argent*) finanzkräftig/finanzkräftig genug sein um etw zu tun; (*avoir l'envergure*) das Format/Format genug haben etw zu tun
épaulement [epolmɑ̃] *m* ❶ CONSTR (*mur de soutènement*) Stützmauer *f;* (*rempart*) Schutzwall *m*
❷ (*contreforts*) Böschung *f*
épauler [epole] <1> **I.** *vt* ❶ (*aider*) **~ qn** jdm unter die Arme greifen, jdn unterstützen; **être épaulé(e)** *personne:* unterstützt sein
❷ (*appuyer*) anlegen *arme*
❸ COUT **être épaulé(e)** *veste:* an den Schultern gepolstert sein
II. *vi* anlegen
III. *vpr* ❶ (*s'entraider*) **s'~** sich (*Dat*) [gegenseitig] helfen
❷ (*s'appuyer*) **s'~ contre qn/qc** sich gegen jdn/etw lehnen
épaulette [epolɛt] *f* COUT Schulterpolster *nt;* MIL Schulterklappe *f*
▸ **avoir bien <u>gagné</u> ses ~s** es sich (*Dat*) wohl verdient haben
épave [epav] *f* ❶ (*débris*) Strandgut *nt*
❷ *d'un véhicule* Wrack *nt*
❸ JUR (*objet perdu*) Fundsache *f*
❹ (*personne*) [menschliches] Wrack (*fam*); *de la société* Abschaum *m*
épeautre [epotʀ] *m* Dinkel *m*
épée [epe] *f* ❶ (*arme*) Schwert *nt;* SPORT Degen *m;* **la noblesse d'~** der Schwertadel
❷ (*discipline*) Degenfechten *nt;* **pratiquer l'~** mit dem Degen fechten
▸ **~ de <u>Damoclès</u>** Damoklesschwert *nt*
épeiche [epɛʃ] *f* ZOOL Rotschwanz *m,* Rotschwänzchen *nt*
épeire [epɛʀ] *f* ZOOL Kreuzspinne *f*
épéiste [epeist] *mf* Fechter(in) *m(f)*
épeler [ep(ə)le] <3> *vt, vi* buchstabieren
épellation [epelasjɔ̃, epɛllasjɔ̃] *f rare d'un nom* Buchstabieren *nt*
épépiner [epepine] <1> *vt* entkernen
éperdu(e) [epɛʀdy] *adj* ❶ (*affolé, fou*) *personne* außer sich, bestürzt; *gestes, regard* verzweifelt; **être ~(e) de douleur/reconnaissance** außer sich (*Dat*) vor Schmerz/von Dankbarkeit überwältigt sein
❷ (*fort*) *besoin, désir* heftig; *amour* leidenschaftlich
❸ (*très rapide*) *fuite* überstürzt; *rythme* rasend
éperdument [epɛʀdymɑ̃] *adv* ❶ *form* (*follement*) über alle Maßen (*geh*); *chercher* verzweifelt
❷ (*totalement*) völlig
éperlan [epɛʀlɑ̃] *m* Stint *m*
éperon [ep(ə)ʀɔ̃] *m* ❶ Sporn *m;* **donner des ~s à un cheval** einem Pferd die Sporen geben
❷ GEOG [Fels]vorsprung *m*
❸ NAUT [Ramm]sporn *m*
éperonner [ep(ə)ʀɔne] <1> *vt* ❶ **~ un cheval** einem Pferd die Sporen geben
❷ (*stimuler*) anspornen
❸ NAUT rammen

épervier [epɛʀvje] *m* ❶ ZOOL Sperber *m*
❷ PECHE Wurfnetz *nt*
éphèbe [efɛb] *m iron* schöner Jüngling
éphémère [efemɛʀ] **I.** *adj bonheur, succès, règne* von kurzer Dauer; *vie, beauté* vergänglich; *publication* kurzlebig; *instant* flüchtig
II. *mf* ZOOL Eintagsfliege *f*
éphéméride [efemeʀid] *f* (*calendrier*) Abreißkalender *m*
épi [epi] *m* ❶ (*de maïs*) Kolben *m;* (*de blé*) Ähre *f*
❷ (*mèche*) Wirbel *m*
▶ **en** ~ schräg; **le stationnement en** ~ das Schrägparken
épice [epis] *f* Gewürz *nt*
épicé(e) [epise] *adj* ❶ GASTR gewürzt; **trop** ~**(e)** *plat* zu scharf, zu stark gewürzt
❷ (*grivois*) *histoire* pikant
épicéa [episea] *m* Fichte *f*
épicentre [episɑ̃tʀ] *m* Epizentrum *nt*
épicer [epise] <2> *vt* ❶ (*assaisonner*) würzen
❷ (*corser*) ~ **une histoire de qc** eine Geschichte mit etw würzen
épicerie [episʀi] *f* (*magasin*) Lebensmittelgeschäft *nt;* (*commerce*) Lebensmittelhandel *m;* (*denrées*) Lebensmittel *Pl;* **la petite** ~ **du coin** der Tante-Emma-Laden [gleich] um die Ecke (*fam*); ~ **fine** Feinkostgeschäft *nt*
épicier, -ière [episje, -jɛʀ] *m, f* ❶ Lebensmittelhändler(in) *m(f)*
❷ *péj* Krämerseele *f* (*pej*)
épicurien(ne) [epikyʀjɛ̃, jɛn] **I.** *adj* epikureisch
II. *m(f)* ❶ (*personne*) Genussmensch *m,* Epikureer(in) *m(f)* (*geh*)
❷ PHILOS Epikureer(in) *m(f)*
épicurisme [epikyʀism] *m* PHILOS Epikureismus *m*
épidémie [epidemi] *f* Epidemie *f,* Seuche *f; fig* Seuche; ~ **de suicides** Selbstmordwelle *f*
épidémique [epidemik] *adj maladie* hochgradig ansteckend, seuchenartig
épiderme [epidɛʀm] *m* [Ober]haut *f,* Epidermis *f* (*Fachspr.*)
▶ **avoir l'**~ **sensible** [*o* **chatouilleux**] *fam* [sehr] empfindlich sein
épidermique [epidɛʀmik] *adj* Oberhaut-; *égratignure* oberflächlich
épier [epje] <1a> **I.** *vt* [heimlich] beobachten; abpassen *occasion;* ~ **qn** jdm nachspionieren; ~ **un bruit** einem Geräusch lauschen; **le chat épie la souris** die Katze lauert auf die Maus
II. *vpr* **s'**~ sich [heimlich] beobachten, sich (*Dat*) [gegenseitig] nachspionieren
épieu [epjø] <x> *m* CHASSE Speer *m;* MIL Spieß *m*
épigastre [epigastʀ] *m* ANAT Oberbauch[gegend *f*] *m,* Epigastrium *nt* (*Fachspr.*)
épiglotte [epiglɔt] *f* Kehldeckel *m,* Epiglottis *f* (*Fachspr.*)
épigone [epigɔn, epigon] *f* LITTER *péj* Epigone *m*
épigramme [epigʀam] *f* Epigramm *nt,* Spottgedicht *nt*
épigraphe [epigʀaf] *f* (*inscription*) Inschrift *f;* (*citation*) Motto *nt*
épilateur [epilatœʀ] *m* Epiliergerät *nt*
épilation [epilasjɔ̃] *f des aisselles, jambes* Epilieren *nt,* Enthaaren *nt; des sourcils* Auszupfen *nt;* **l'**~ **de la lèvre** das Auszupfen des Damenbartes
épilatoire [epilatwaʀ] *adj crème* Enthaarungs-, Haarentfernungs-
épilepsie [epilɛpsi] *f* Epilepsie *f*
épileptique [epilɛptik] **I.** *adj* epileptisch; **personne** ~ Epileptiker(in) *m(f);* **être** ~ an Epilepsie leiden, Epileptiker(in) sein
II. *mf* Epileptiker(in) *m(f)*
épiler [epile] <1> **I.** *vt* enthaaren, epilieren *jambes;* auszupfen *sourcils;* ~ **le menton/visage à qn** jdm die Härchen am Kinn/im Gesicht auszupfen
II. *vpr* **s'**~ **les jambes** sich (*Dat*) die Beine enthaaren
épilobe [epilɔb] *f* BOT Weidenröschen *nt*
épilogue [epilɔg] *m* ❶ (*conclusion*) Ende *nt,* Abschluss *m;* **connaître un** ~ **heureux/triste** ein glückliches/trauriges Ende nehmen
❷ LITTER Epilog *m; d'un roman* Nachwort *nt,* Epilog; *d'une pièce* Nachspiel *nt,* Epilog
épiloguer [epilɔge] <1> *vi* ~ **sur qc** sich lang und breit über etw (*Akk*) auslassen
épinard [epinaʀ] **I.** *m* ❶ BOT Spinat *m*
❷ *pl* GASTR Spinat *m kein Pl;* **des** ~**s en branches/hachés** Blattspinat/gehackter Spinat
II. *app* **vert** ~ spinatgrün
épine [epin] *f* ❶ (*piquant*) *d'un hérisson, porc-épic, cactus* Stachel *m; d'un buisson, d'une rose* Dorn *m*
❷ (*arbrisseau*) Dornenstrauch *m,* Dornbusch *m;* **haie d'**~**s** Dornenhecke *f;* ~ **blanche/noire** Weißdorn *m* [*o* Hagedorn *m*] [*o* Schlehdorn *m*]/Schwarzdorn *m*
▶ **enlever** [*o* **ôter**] [*o* **retirer**] **à qn une belle** ~ **du pied** jdm aus einer ziemlichen Notlage helfen; **ça me tire une** ~ **du pied** das ist eine große Erleichterung für mich; ~ **dorsale** Rückgrat *nt;* (*montagne*) Grat *m; fig de la circulation* Hauptachse *f*
épinette[1] [epinɛt] *f* MUS Spinett *nt*
épinette[2] [epinɛt] *f* CAN *v.* **épicéa**
épineux [epinø] *m* Dornenstrauch *m*
épineux, -euse [epinø, -øz] *adj* ❶ (*piquant*) *arbuste, buisson* dornig, Dornen-; *animal, cactus* stach(e)lig
❷ (*délicat*) *question, situation* heikel
épingle [epɛ̃gl] *f* [Steck]nadel *f*
▶ **tirer son** ~ **du jeu** (*s'en sortir*) sich geschickt aus der Affäre ziehen; (*réussir*) eine gute Figur machen; **être tiré(e) à quatre** ~**s** äußerst akkurat gekleidet sein; **monter qc en** ~ etw aufbauschen
◆ ~ **à cheveux** Haarnadel *f;* ~ **de cravate** Krawattennadel *f;* ~ **de sûreté** [*o* **à nourrice**] Sicherheitsnadel *f;* ~ **à tête** Stecknadel *f* [mit Kopf]
épingler [epɛ̃gle] <1> *vt* ❶ abstecken *ourlet;* hochstecken *cheveux;* anstecken *décoration;* ~ **des photos au mur** Fotos an die Wand pinnen (*fam*)
❷ *fam* (*attraper*) schnappen (*fam*), erwischen (*fam*)
❸ (*stigmatiser*) unter Beschuss nehmen (*fam*)
épinglette [epɛ̃glɛt] *f* (*pin's*) Anstecker *m*
épinière [epinjɛʀ] *adj* ANAT **moelle** ~ Rückenmark *nt*
épinoche [epinɔʃ] *f* Stichling *m*
Épiphanie [epifani] *f sans pl* **l'**~ das Fest der Heiligen Drei Könige; **à l'**~ am Dreikönigstag
épiphénomène [epifenɔmɛn] *m* Begleiterscheinung *f,* Nebeneffekt *m*
épiphyse [epifiz] *f* ANAT Epiphyse *f*
épique [epik] *adj* ❶ *poésie, style* episch; **poème** ~ Epos *nt,* Heldengedicht *nt*
❷ *iron fam* (*mouvementé*) *voyage* abenteuerlich; *scène, engueulade* stürmisch; (*mémorable*) denkwürdig
épiscopal(e) [episkɔpal, o] <-aux> *adj* bischöflich
épiscopat [episkɔpa] *m* ❶ (*évêques*) **l'**~ die Bischöfe *Pl,* der [*o* das] Episkopat
❷ (*fonction*) Bischofsamt *nt,* Episkopat *m o nt*
❸ (*mandat*) Amtszeit *f* als Bischof
épisiotomie [epizjɔtɔmi] *f* MED Dammschnitt *m*
épisode [epizɔd] *m* ❶ (*événement, action*) (*mineur*) Episode *f;* (*marquant*) Ereignis *nt,* Erlebnis *nt;* LITTER Episode
❷ (*partie*) *d'un film, feuilleton* Folge *f;* **roman/film à** ~**s** Fortsetzungsroman *m*/mehrteiliger Film
▶ **par** ~**s** zeitweise
épisodique [epizɔdik] *adj* ❶ (*intermittent*) *apparitions, séjours, visites* gelegentlich, sporadisch
❷ (*secondaire*) *événement* nebensächlich; *rôle* Neben-
épisodiquement [epizɔdikmɑ̃] *adv* gelegentlich, ab und zu, sporadisch
épissure [episyʀ] *f* NAUT, TECH Spleiß *m,* Spliss *m*

épistémologie [epistemɔlɔʒi] *f* PHILOS Epistemologie *f*
épistolaire [epistɔlɛʀ] *adj roman, littérature* Brief-
épitaphe [epitaf] *f* ❶ Grabinschrift *f*, Epitaph *nt* (*geh*)
❷ Gedenktafel *f* mit Grabinschrift, Epitaph *nt* (*geh*)
épithélium [epiteljɔm] *m* ANAT Epithel *nt*
épithète [epitɛt] *f* ❶ GRAM Attribut *nt;* **adjectif** ~ attributives Adjektiv
❷ (*qualificatif*) Beiname *m;* (*sobriquet*) Schimpfname *m*
épître [epitʀ] *f* REL Apostelbrief *m*, Epistel *f;* (*étape de la messe*) Epistel; LITTER Versepistel; *fam* Epistel (*iron*)
épizootie [epizɔɔti, epizooti] *f* Tierepidemie *f*
éploré(e) [eplɔʀe] *adj form* (*en pleurs*) *personne* in Tränen aufgelöst; (*triste*) *visage, voix* traurig, bekümmert; *veuve, famille* untröstlich; **prendre une mine ~e** [*o* **un air** ~] eine Trauermiene aufsetzen
épluchage [eplyʃaʒ] *m* ❶ *des fruits, légumes* Schälen *nt; des crevettes* Pulen *nt* (NDEUTSCH); *de la salade, des radis, haricots verts* Putzen *nt*
❷ *fig des comptes, dossiers, textes* peinlich genaue Durchsicht [*o* Prüfung]
épluche-légume(s) [eplyʃlegym] *m inv* Schälmesser *nt*, [Gemüse]schäler *m*
éplucher [eplyʃe] <1> *vt* ❶ schälen *fruits, légumes;* pulen (NDEUTSCH) *crevettes;* putzen *salade, radis, haricots verts*
❷ *fig* [peinlich] genau durchsehen, [genau] unter die Lupe nehmen *comptes, dossiers, textes*
épluchette [eplyʃɛt] *f* CAN *geselliges Treffen zum Maiskolbenschälen mit anschließendem Mahl*
éplucheur [eplyʃœʀ] *m* [Gemüse]schäler *m*, Schälmesser *nt*
éplucheuse [eplyʃøz] *f* Schälmaschine *f*
épluchure [eplyʃyʀ] *f souvent pl* Schalen *Pl;* **une** ~ ein Stück Schale *f*
EPO [øpeo] *f abr de* **érythropoïétine** EPO *nt*
épointer [epwɛ̃te] <1> *vt* stumpf machen *clou;* ~ **un crayon** (*user*) einen Bleistift stumpf schreiben; (*casser*) die Bleistiftspitze abbrechen
éponge [epɔ̃ʒ] *f* Schwamm *m;* ~ **naturelle** Naturschwamm *m;* ~ **végétale** Luffaschwamm *m;* ~ **métallique** Topfkratzer *m*
▸ **jeter l'**~ das Handtuch werfen; **passer l'**~ **sur qc** großzügig über etw (*Akk*) hinweggehen; **passons l'**~**!** Schwamm drüber! (*fam*)
éponger [epɔ̃ʒe] <2a> **I.** *vt* ❶ (*essuyer*) abwischen *table;* wischen *sol, carrelage;* aufwischen *liquide;* ~ **le front/visage de qn** jdm die Stirn abtupfen/das Gesicht abreiben
❷ (*résorber*) beseitigen; decken *déficit, pertes;* begleichen *dettes;* abschöpfen *excédent;* abstoßen *stocks*
II. *vpr* **s'**~ **le front/visage** sich (*Dat*) die Stirn abtupfen/das Gesicht abreiben
épopée [epɔpe] *f* ❶ LITTER Epos *nt*
❷ (*aventures*) Heldentaten *Pl*
époque [epɔk] *f* Zeit *f*, Epoche *f;* **l'**~ **glaciaire/moderne/révolutionnaire** die Eiszeit/die Moderne/die Zeit der Revolution; **la Belle Époque** die Belle Epoque; **faire** ~ Epoche machen; **à l'**~ [*o* **à cette** ~] damals, zu der Zeit; **à l'**~ **de qn/qc** zu jds Zeit/zur Zeit einer S. (*Gen*); **à cette** ~ **de l'année** um diese Jahreszeit
▸ **la grande** ~ **de qn/qc** jds Glanzzeit/die Glanzzeit einer S. (*Gen*); **être de son** ~ ein Kind seiner Zeit sein; **vivre avec son** ~ mit der Zeit gehen; **d'**~ [stil]echt; **véhicule d'**~ Oldtimer *m;* **meubles d'**~ Stilmöbel *Pl;* **quelle** ~**!** was für Zeiten!
épouillage [epujaʒ] *m* Entlausung *f*
épouiller [epuje] <1> **I.** *vt* [ent]lausen
II. *vpr* **s'**~ sich lausen
époumoner [epumɔne] <1> *vpr* **s'**~ **à faire qc** (*hurler*) sich (*Dat*) die Lunge aus dem Hals schreien um etw zu tun (*fam*); (*se fatiguer en parlant*) sich (*Dat*) die Seele aus dem Leib reden um etw zu tun
épousailles [epuzaj] *fpl hum* Hochzeit *f*, Verehelichung *f* (*Fachspr.*)
épouse [epuz] *f v.* **époux**
épouser [epuze] <1> *vt* ❶ (*se marier avec*) heiraten
❷ (*partager*) teilen *idées, point de vue;* vertreten *intérêts;* ~ **une cause** für eine Sache eintreten; ~ **son temps** sich seiner Zeit anpassen
❸ (*s'adapter à*) ~ **les formes du corps** *robe:* sich eng an den Körper anschmiegen, wie angegossen sitzen; ~ **la colline** *village:* sich an den Hügel schmiegen
époussetage [epustaʒ] *m* Abstauben *nt*, Staubwischen *nt*
épousseter [epuste] <3> *vt* abstauben, Staub wischen
époustouflant(e) [epustuflɑ̃, ɑ̃t] *adj fam* unglaublich (*fam*), verblüffend
époustoufler [epustufle] <1> *vt fam* umhauen (*fam*), verblüffen
épouvantable [epuvɑ̃tabl] *adj* schrecklich; *accident, crime, mort* entsetzlich, schrecklich; *bruit, odeur, type* grässlich (*fam*), schrecklich; *temps* scheußlich; *enfant* unausstehlich, schrecklich; *laideur* extrem
épouvantablement [epuvɑ̃tabləmɑ̃] *adv mentir* entsetzlich
épouvantail [epuvɑ̃taj] <s> *m* ❶ (*pour oiseaux*) Vogelscheuche *f*
❷ (*qui fait peur*) Schreckgespenst *nt;* (*laideron*) Vogelscheuche *f*
épouvante [epuvɑ̃t] *f* Entsetzen *nt*, Grauen *nt;* **avec** ~ voller [*o* mit] Entsetzen; **film d'**~ Horrorfilm *m*
épouvanter [epuvɑ̃te] <1> **I.** *vt* ❶ (*horrifier*) in Angst und Schrecken versetzen; **être épouvanté(e)** *enfant:* verängstigt sein; **être épouvanté(e) de qc** entsetzt über etw (*Akk*) sein
❷ (*inquiéter*) ~ **qn** jdn ängstigen, jdm Angst machen; **il est épouvanté de faire qc** ihm graut davor etw zu tun
II. *vpr* ❶ (*prendre peur*) **s'**~ erschrecken
❷ (*redouter*) **il s'épouvante de qc/de faire qc** ihm graut vor etw (*Dat*)/davor etw zu tun
époux, épouse [epu, epuz] *m, f form* Gatte *m*/Gattin *f* (*geh*); **les** ~ die Eheleute; **les jeunes** ~ das junge Paar; **Mme Dumas, épouse Meier** Frau Meier, geborene Dumas
éprendre [epʀɑ̃dʀ] <13> *vpr littér* sein Herz an jdn/etw verlieren (*geh*)
épreuve [epʀœv] *f* ❶ (*test*) Prüfung *f*, Probe *f;* ~ **d'endurance/de résistance** Belastungsprobe *f*/Härtetest *m;* **mettre qn/qc à l'**~**/à rude** ~ jdn/etw auf die Probe/auf eine harte Probe stellen
❷ SCOL (*examen*) Prüfung *f;* ~ **écrite/orale** schriftliche/mündliche Prüfung; ~ **d'admission** Aufnahmeprüfung; (*copie*) [Prüfungs]arbeit *f*
❸ SPORT Wettkampf *m;* (*en course auto, moto, cyclisme*) Rennen *nt;* ~ **d'athlétisme/de natation** Leichtathletik-/Schwimmwettkampf; ~ **de course automobile/cyclisme** Auto-/Fahrradrennen; **l'**~ **de descente/de fond/de slalom** der Abfahrtslauf/Langlauf/Slalom; **l'**~ **qualificative** die Qualifikation, der Qualifikationswettkampf
❹ (*moment difficile*) Prüfung *f;* **dure** [*o* **rude**] ~ harte [*o* schwere] Prüfung; **surmonter une** ~ eine [harte] Prüfung durchstehen
❺ (*adversité, malheur*) Unglück *nt*, schwere Zeit; **soutenir qn dans l'**~ jdm im Unglück [*o* in schweren Zeiten] beistehen
❻ PHOT Abzug *m*, Bild *nt;* CINE erste Kopie; ART [Probe]druck *m*, [Probe]abzug *m;* TYP [Druck]fahne *f*
▸ ~ **de force** Kraftprobe *f*, Machtprobe *f;* ~ **de vérité** *fig* Prüfstein *m* [der Wahrheit]; **résister à l'**~ **du temps/vent** dem Wetter/Wind standhalten; **être à l'**~ **du feu/de l'eau** feuer-/wasserfest sein; **à l'**~ **des balles/des bombes** kugel-/bombensicher; **à toute** ~ [absolut] sicher, bewährt, erprobt; *nerfs, santé* eisern; *courage, optimisme* unerschütterlich; *patience, énergie* unermüdlich; **d'une solidité à toute** ~ unverwüstlich, äußerst stabil
épris(e) [epʀi, iz] *adj* ~**(e) de qn** in jdn verliebt, von jdm ange-

tan; ~(e) **de justice/liberté** gerechtigkeits-/freiheitsliebend; ~(e) **d'une idée** von einer Idee gepackt [*o* angetan]; **être ~(e) de son métier/sa voiture** seinen Beruf lieben/in sein Auto vernarrt sein

EPROM [epʀɔm] *f abr de* **Erasable Programmable Read Only Memory** EPROM

éprouvant(e) [epʀuvɑ̃, ɑ̃t] *adj* anstrengend, beschwerlich; *climat* hart; *chaleur* drückend

éprouvé(e) [epʀuve] *adj* ❶ (*ébranlé*) *personne* mitgenommen; *pays, région* hart getroffen; **elle a été très ~e** sie hat viel durchgemacht
❷ (*confirmé*) *qualité, matériel* bewährt; *moyen, remède, technique* erprobt, bewährt; *spécialiste, artisan* erfahren, bewährt; *ami* verlässlich, bewährt; *dévouement* treu

éprouver [epʀuve] <1> *vt* ❶ (*ressentir*) verspüren *besoin, excitation, envie;* haben *sensation, sentiment;* empfinden *tendresse, pitié, douleur;* ~ **de l'amour/de la haine/de l'attrait pour qn** Liebe/Hass/Zuneigung für jdn empfinden
❷ (*subir*) erleben *malheur, vicissitudes;* mitmachen, durchmachen *désagréments*
❸ (*tester*) prüfen, testen; auf die Probe stellen *bonne foi;* ~ **si qn a fait qc** prüfen, ob jd etw getan hat
❹ (*ébranler*) (*physiquement, moralement*) mitnehmen; (*matériellement*) schwer treffen
❺ *littér* (*constater*) erfahren; ~ **à ses dépens que** am eigenen Leib zu spüren bekommen, dass

éprouvette [epʀuvɛt] *f* Reagenzglas *nt*

E.P.S. [øpeɛs] *f abr de* **éducation physique et sportive** Sportunterricht *m*

épucer [epyse] <2> **I.** *vt* flöhen *chien*
II. *vpr* **s'~** *singe:* sich flöhen

épuisant(e) [epɥizɑ̃, ɑ̃t] *adj* anstrengend

épuisé(e) [epɥize] *adj* ❶ (*éreinté*) [völlig] erschöpft; **être ~(e) de fatigue** zum Umfallen müde [*o* todmüde] sein
❷ (*tari*) *filon, gisement* [völlig] abgebaut; *terre* ausgelaugt; *réserves* aufgebraucht; *stock, ressources* erschöpft; *imagination* versiegt
❸ (*totalement vendu*) *édition, livre* vergriffen; *article* ausverkauft

épuisement [epɥizmɑ̃] *m* ❶ (*fatigue*) Erschöpfung *f;* **lutter jusqu'à l'~ de ses forces** bis ans Ende seiner Kräfte kämpfen
❷ (*tarissement*) *d'un gisement, filon* völliger Abbau, restlose Ausbeutung; *du sol, de la terre* Auslaugung *f; des réserves, ressources, d'une mine* Erschöpfung *f*
❸ (*vente totale*) Ausverkauf *m;* **jusqu'à ~ du stock** [*o* **des stocks**] solange der Vorrat reicht

épuiser [epɥize] <1> **I.** *vt* ❶ (*fatiguer*) (*physiquement*) erschöpfen, auslaugen, strapazieren; ~ **qn avec des questions** jds Nerven mit Fragen strapazieren
❷ (*tarir, venir à bout de*) aufbrauchen *économies;* erschöpfen, aufbrauchen *réserves;* auslaugen *sol, terre;* erschöpfend behandeln *sujet, question;* ausschöpfen *possibilités, ressources;* **ce travail épuise peu à peu mes forces** diese Arbeit zehrt langsam an meinen Kräften
❸ (*vendre totalement*) ausverkaufen *stock, articles*
II. *vpr* ❶ (*se tarir*) **s'~** *gisement, munitions, réserves:* zu Ende [*o* zur Neige] gehen; *sol:* verarmen; *source:* versiegen; *forces:* nachlassen
❷ (*se fatiguer*) **s'~ sur qc** sich bei etw verausgaben; **s'~ à faire qc** sich abmühen etw zu tun

épuisette [epɥizɛt] *f* Kescher *m*

épurateur [epyʀatœʀ] TECH **I.** *adj appareil* reinigend
II. *m* Reiniger *m; d'eau* Aufbereiter *m*

épuration [epyʀasjɔ̃] *f* ❶ CHIM Reinigung *f; de l'eau, huile* Aufbereitung *f,* Reinigung; *d'un minerai* Läuterung *f,* Aufbereitung; *des eaux usées* Klären *nt*
❷ POL Säuberungsaktion *f*
◆ ~ **des eaux usées** Abwasserentsorgung *f*

épure [epyʀ] *f* (*ébauche*) Aufriss *m,* Skizze *f; d'un roman* Entwurf *m*

épuré(e) [epyʀe] *adj forme* schlicht; *langue, style* rein

épurement [epyʀmɑ̃] *m* ❶ *vieilli* (*épuration*) *des eaux* Klären *nt*
❷ *fig du style* Verfeinerung *f*

épurer [epyʀe] <1> *vt* ❶ (*purifier*) reinigen; aufbereiten, reinigen *huile, eau;* läutern, aufbereiten *minerai*
❷ (*rendre meilleur*) verfeinern *style;* läutern *personne;* wieder rein machen *langue*
❸ POL säubern

équarrir [ekaʀiʀ] <8> *vt* ❶ (*dépecer*) zerlegen
❷ (*tailler*) vierkantig behauen *bloc, pierre, tronc;* abvieren, vierkantig zuschneiden *bois, poutre*
▶ **mal équarri(e)** *bloc* schlecht behauen; *planche, poutre, tronc* schlecht abgeviert; *œuvre* plump; *silhouette* ungeschlacht, grobschlächtig

équarrissage [ekaʀisaʒ] *m* ❶ *d'un animal* Abdecken *nt* (*veraltet*), Tierkörperbeseitigung *f* (*form*); **être bon pour l'~** schlachthofreif sein
❷ (*taille*) *d'une pierre* Behauen *nt; d'un bois* Abvieren *nt;* **du bois d'~** Kantholz *nt*

équarrisseur [ekwaʀisœʀ] *m* Abdecker *m*

Équateur [ekwatœʀ] *m* **l'~** Äquator *m*

équation [ekwasjɔ̃] *f* ❶ MATH Gleichung *f;* ~ **du premier/second degré** Gleichung ersten/zweiten Grades, einfache/quadratische Gleichung; ~ **chimique** chemische Gleichung; **mettre qc en ~** etw mathematisch [*o* als Gleichung] darstellen
❷ (*problème*) Problem *nt*

équatorial(e) [ekwatɔʀjal, jo] <-aux> *adj pays, climat, faune, plante* äquatorial; *forêt, région* Äquatorial-

équerre [ekɛʀ] *f* ❶ (*angle droit*) Winkel *m,* Winkelmaß *nt;* **à l'~** im rechten Winkel; **d'~** rechtwinklig
❷ (*instrument*) Geodreieck *nt;* **double ~** Reißschiene *f*
❸ TECH Winkeleisen *nt*

équestre [ekɛstʀ] *adj* Reit-; **statue ~** Reiterstandbild *nt*

équeuter [ekøte] <1> *vt* entstielen

équidés [ekide] *mpl* Einhufer *Pl*

équidistance [ekɥidistɑ̃s] *f* MATH Äquidistanz *f*

équidistant(e) [ekɥidistɑ̃, ɑ̃t] *adj* MATH gleich weit voneinander entfernt, äquidistant (*Fachspr.*); **deux objets sont ~s entre eux/d'un troisième** zwei Gegenstände sind gleich weit voneinander/von einem dritten entfernt

équilatéral(e) [ekɥilateʀal, o] <-aux> *adj* ❶ *triangle* gleichseitig
❷ *fam* (*égal*) wurst (*fam*)

équilibrage [ekilibʀaʒ] *m des roues* Auswuchten *nt*

équilibre [ekilibʀ] *m* ❶ *a.* POL, ECON, CHIM, ECOL Gleichgewicht *nt;* **en ~** im Gleichgewicht; **en ~ instable** wackelig; **garder/perdre son ~** [*o* **l'~**] sich im Gleichgewicht halten/aus dem Gleichgewicht kommen; **être en ~ sur le bord de la table** *verre:* halb auf der Tischkante stehen; **mettre qc en ~** etw ausbalancieren; **marcher en ~ sur un mur** über eine Mauer balancieren; **rétablir l'~ entre les deux plateaux de la balance** die Waage neu austarieren; **rompre l'~ entre deux choses** zwei Dinge aus dem Gleichgewicht bringen; **l'~ des forces/des pouvoirs** das Gleichgewicht der Kräfte; **être en ~** *budget:* ausgeglichen sein
❷ PSYCH inneres [*o* seelisches] Gleichgewicht; ~ **mental/nerveux** [*o* **psychique**] geistiges/seelisches Gleichgewicht; **faire preuve d'~** ausgeglichen sein
❸ *a.* ART (*harmonie*) Ausgewogenheit *f,* Harmonie *f;* **l'~ du couple** die Harmonie in der Partnerschaft
❹ (*action de rendre équilibré*) Ausgleich *m*

équilibré(e) [ekilibʀe] *adj* ❶ (*en équilibre*) *balance* austariert; *chargement* gleichmäßig verteilt; *roue* ausgewuchtet; *mélange, repas* ausgewogen; *budget, balance commerciale* ausgeglichen
❷ (*stable*) *personne, esprit* ausgeglichen

équilibrer [ekilibʀe] <1> **I.** *vt* ❶ (*mettre en équilibre*) austarieren *balance;* gleichmäßig verteilen *charge, pouvoirs;* gleichmäßig

beladen *véhicule;* auswuchten *roue;* gut einteilen *emploi du temps;* **bien ~ ses repas** sich sehr ausgewogen ernähren
❷ (*stabiliser*) ~ **qn/qc** jdm/einer S. Halt geben; ~ **l'existence de qn** *rencontre:* jds Leben ins Gleichgewicht bringen
❸ (*contrebalancer*) ausgleichen
II. *vpr* **s'~** *choses:* sich die Waage halten; *avantages et inconvénients:* sich ausgleichen, sich die Waage halten; **les forces s'équilibrant...** wenn ein Kräftegleichgewicht herrscht ..., wenn die Kräfte im Gleichgewicht sind ...
équilibriste [ekilibʀist] *mf* Akrobat(in) *m(f);* (*funambule*) Seiltänzer(in) *m(f);* **à force de faire l'~** [*o* **jouer les ~s**], **...** mit deinen ewigen Kunststückchen ...; ~ **de la haute finance** Finanzjongleur *m*
équinoxe [ekinɔks] *m* Tagundnachtgleiche *f,* Äquinoktium *nt* (*Fachspr.*)
équinoxial [ekinɔksjal, o] <-aux> *adj* äquinoktial
équipage [ekipaʒ] *m* ❶ *d'un avion, bateau* Besatzung *f,* Mannschaft *f;* MIL *d'un véhicule* Besatzung *f;* SPORT Team *nt*
❷ TECH (*objets nécessaires*) Ausrüstung *f*
❸ *hum* (*véhicule*) Gefährt *nt*
▸ **arriver en grand** ~ in großem Aufzug erscheinen
équipe [ekip] *f* ❶ SPORT Mannschaft *f;* ~ **amateur/professionnelle/nationale** Amateur-/Profi-/Nationalmannschaft; **faire ~ avec qn** mit jdm in einer Mannschaft sein
❷ (*groupe*) Team *nt; d'un professeur* Stab *m,* Team; (*assurant le relais*) Schicht *f;* ~ **rédactionnelle** Redaktionsteam; **la nouvelle ~ gouvernementale** die neue Regierungsmannschaft; ~ **municipale** Gemeinderat *m;* ~ **de jour/de nuit/du matin/du soir** Tages-/Nacht-/Früh-/Spätschicht; **en ~** im Team; SCOL in Gruppen; **faire ~** *personnes:* ein Team bilden; (*au travail, à l'école*) zusammenarbeiten; **faire qc en ~** etw in Teamarbeit machen
❸ *fam* (*bande*) Haufen *m;* **fine ~** (*enfants*) prima Bande *f* (*fam*); (*adultes*) tolle Mannschaft (*fam*); *péj* Bagage *f* (*pej*)
équipée [ekipe] *f* ❶ (*aventure*) [abenteuerliches] Unterfangen *nt*
❷ *hum* (*virée*) Ausflug *m,* [Spritz]tour *f* (*fam*)
équipement [ekipmɑ̃] *m* ❶ (*action*) Ausrüstung *f; d'une école, d'un hôtel, hôpital* Ausstattung *f,* Einrichtung *f;* **l'~ industriel de la région** die Industrialisierung der Gegend; **plan d'~ de la région** Landesentwicklungsprogramm *nt;* **travaux d'~** Installationsarbeiten *Pl*
❷ SPORT, MIL, CHASSE (*matériel*) Ausrüstung *f; d'une voiture* Ausstattung *f;* **~s lourds** [*o* **spéciaux**] Sonderausrüstung *f*
❸ *souvent pl* (*installations*) Anlage *f;* **des ~s sportifs/collectifs** Sportanlagen/öffentliche Einrichtungen; ~ **routier** Straßennetz *nt*
❹ ADMIN **l'Equipement [du territoire]** ≈ die Landesplanungsbehörde
équiper [ekipe] <1> I. *vt* ~ **qn/qc de livres** jdn/etw mit Büchern ausstatten, jdn mit Büchern ausrüsten; ~ **qn de vêtements** jdn einkleiden; **être équipé(e)** *bateau:* bestückt sein; *cuisine:* ausgestattet sein; *alpiniste:* ausgerüstet sein; **être bien/mal équipé(e)** gut/schlecht ausgerüstet sein
II. *vpr* **s'~ en qc** sich mit etw ausrüsten; **je m'équipe toujours chez ...** ich decke mich immer bei ... ein (*fam*)
équipier, -ière [ekipje, -jɛʀ] *m, f* [Mannschafts]kamerad(in) *m(f);* NAUT Besatzungsmitglied *nt*
équitable [ekitabl] *adj* gerecht
équitablement [ekitabləmɑ̃] *adv* gerecht
équitation [ekitasjɔ̃] *f* Reiten *nt;* **des leçons d'~** Reitstunden *Pl;* **faire de l'~** reiten
équivalence [ekivalɑ̃s] *f* ❶ (*valeur égale*) Gleichwertigkeit *f*
❷ UNIV Äquivalenz *f;* **diplôme admis en ~ de la maîtrise** als Äquivalent für den Magister [*o* als dem Magister gleichwertig] anerkanntes Diplom; **elle obtient une ~ pour qc** ihr wird etw anerkannt [*o* angerechnet]
❸ (*égalité*) **à ~ de prix/température** bei gleichem Preis/gleicher Temperatur
équivalent [ekivalɑ̃] *m* Entsprechende(s) *nt; d'un mot* Äquivalent *nt,* Entsprechung *f;* **être l'~ de six francs** *dollar:* sechs Franc entsprechen, so viel wie sechs Franc sein; **accepter serait l'~ de céder** anzunehmen würde bedeuten nachzugeben [*o* käme einem Nachgeben gleich]; **sans ~** ohnegleichen
équivalent(e) [ekivalɑ̃, ɑ̃t] *adj part, forme, valeur* gleich; *diplôme, poste, solution* gleichwertig; *expression* gleichbedeutend, bedeutungsgleich; **elle gagne un salaire ~ au mien** ihr Lohn entspricht meinem
équivaloir [ekivalwaʀ] <*irr*> *vi* ~ **à qc/à faire qc** einer S. (*Dat*) entsprechen/gleichkommen etw zu tun; ~ **à un refus** *réponse:* einer Absage gleichkommen, so viel wie eine Absage sein
équivoque [ekivɔk] I. *adj* ❶ (*ambigu*) zweideutig; *expression, terme* zweideutig, mehrdeutig, missverständlich; *attitude* zwiespältig, uneindeutig
❷ (*louche*) *personne, relation, passé* zwielichtig, suspekt; *allure, milieu, réputation* zweifelhaft; *geste, conduite, mœurs* fragwürdig; *regard* zweideutig
II. *f* (*ambiguïté*) Doppeldeutigkeit *f;* (*malentendu*) Missverständnis *nt;* (*incertitude*) Zweifel *m;* **sans ~** eindeutig, unmissverständlich; **pour éviter l'~** um Missverständnissen vorzubeugen; **rester dans l'~** im Ungewissen bleiben
érable [eʀabl] *m* Ahorn *m*
érablière [eʀablijɛʀ] *f* CAN (*plantation d'érables*) Ahornplantage *f*
éradication [eʀadikasjɔ̃] *f* Ausrotten *nt*
éradiquer [eʀadike] <1> *vt* ausrotten
érafler [eʀɑfle] <1> I. *vt* zerkratzen; *balle:* streifen; *couteau:* einritzen; **être éraflé(e)** *peau, genou:* aufgeschürft sein; ~ **la figure à qn** jdm das Gesicht zerkratzen
II. *vpr* **s'~ qc** sich (*Dat*) etw zerkratzen; **s'~ le genou** sich (*Dat*) das Knie aufschürfen
éraflure [eʀɑflyʀ] *f* Kratzer *m,* Schramme *f*
éraillé(e) [eʀɑje] *adj* ❶ *voix* rau, heiser
❷ (*usé*) *tissu* abgetragen, abgewetzt; *vêtement* verschlissen, zerschlissen
érailler [eʀɑje] <1> I. *vt* verschleißen *tissu;* angreifen *voix*
II. *vpr* **s'~** *voix:* heiser [*o* rau] werden; *tissu:* sich abwetzen; **s'~ la voix à force de crier/chanter/parler** sich heiser schreien/singen/reden
Érasme [eʀasm(ə)] *m* Erasmus *m*
ère [ɛʀ] *f* ❶ Zeitalter *nt,* Ära *f;* **l'~ industrielle** das Industriezeitalter; **une ~ nouvelle** eine neue Ära
❷ Zeitrechnung *f;* **avant notre ~** vor unserer Zeitrechnung
❸ GEOL ~ **tertiaire/quaternaire** Tertiär *nt*/Quartär *nt*
érectile [eʀɛktil] *adj poils* erektil; *organe, tissu* schwellfähig, erektil
érection [eʀɛksjɔ̃] *f* ❶ *d'un pénis* Erektion *f*
❷ *littér* (*construction*) *d'un monument* Errichtung *f; d'une statue* Aufstellen *nt*
éreintant(e) [eʀɛ̃tɑ̃, ɑ̃t] *adj* aufreibend, äußerst anstrengend
éreinté(e) [eʀɛ̃te] *adj* [völlig] erschöpft
éreintement [eʀɛ̃tmɑ̃] *m* ❶ (*épuisement*) [völlige] Erschöpfung
❷ (*critique*) Verriss *m*
éreinter [eʀɛ̃te] <1> I. *vt* ❶ (*épuiser*) [völlig] erschöpfen
❷ (*critiquer*) verreißen
II. *vpr* **s'~ à faire qc** sich völlig damit verausgaben etw zu tun
érémiste [eʀemist] *mf* Sozialhilfeempfänger(in) *m(f)* (*Empfänger des vom Staat bezahlten Mindesteinkommens für Mittellose, die über 25 Jahre alt sind*)
erg [ɛʀg] *m* GEOG Erg *m*
ergonome [ɛʀgɔnɔm] *mf* Ergonom(in) *m(f)*
ergonomie [ɛʀgɔnɔmi] *f* Ergonomie *f*
ergonomique [ɛʀgɔnɔmik] *adj* ergonomisch
ergot [ɛʀgo] *m* ❶ *d'un coq* Sporn *m; d'un chien* Afterklaue *f*

❷ *du seigle* Mutterkorn *nt*
❸ TECH *d'un engrenage* Nocken *m;* **les petits ~s de fixation** die kleinen Halterungsstifte
► **monter sur ses ~s** aggressiv werden, die Krallen zeigen (*fam*)

ergotage [ɛʀgɔtaʒ] *m* Nörgelei *f*

ergoter [ɛʀgɔte] <1> *vi* ~ **sur qc** an etw (*Dat*) herumnörgeln; (*discutailler*) sich [in Spitzfindigkeiten] über etw (*Akk*) ergehen

ergoteur, -euse [ɛʀgɔtœʀ, -øz] *m, f* Nörgler(in) *m(f),* Krittler(in) *m(f)* (*fam*)

ergothérapeute [ɛʀgoteʀapøt] *mf* Ergotherapeut(in) *m(f)*

ergothérapie [ɛʀgoteʀapi] *f* Ergotherapie *f*

ériger [eʀiʒe] <2a> **I.** *vt form* ❶ (*dresser, élever*) errichten *monument, temple;* aufrichten *obélisque*
❷ ADMIN ins Leben rufen, gründen *commission*
❸ (*élever au rang de*) ~ **qn en martyr/qc en règle générale** jdn zu einem Märtyrer machen/etw zu einer Regel erheben
II. *vpr form* **s'~ en moraliste/juge** sich als Moralapostel aufspielen/sich zum Richter machen

ermitage [ɛʀmitaʒ] *m* Einsiedelei *f*

ermite [ɛʀmit] *m* Eremit *m,* Einsiedler *m;* **vivre en ~** sehr zurückgezogen [*o* wie ein Einsiedler] leben, ein Einsiedlerdasein führen

éroder [eʀɔde] <1> **I.** *vt* ❶ *vent:* erodieren, abtragen; *pluie, eau:* auswaschen, erodieren, abtragen; *mer:* unterhöhlen, unterspülen *falaise*
❷ (*entamer*) schwächen *pouvoir d'achat, valeur morale*
II. *vpr* **s'~** ❶ durch Erosion abgetragen werden; *rocher:* verwittern, durch Erosion abgetragen werden
❷ (*faiblir*) *pouvoir d'achat, courage:* nachlassen

érogène [eʀɔʒɛn] *adj zone* erogen

éros [eʀɔs] *m* PSYCH Eros *m*

érosif, -ive [eʀozif, -iv] *adj* erosiv, Erosions-

érosion [eʀɔzjɔ̃] *f* ❶ GEOG Erosion *f*
❷ (*affaiblissement*) Schwächung *f;* ~ **du pouvoir d'achat** Kaufkraftschwund *m;* ~ **monétaire** schleichende Geldentwertung; **l'~ du parti est spectaculaire** die Partei zerfällt zusehends

érotique [eʀɔtik] *adj* erotisch

érotisme [eʀɔtism] *m* Erotik *f*

érotomane [eʀɔtɔman] PSYCH **I.** *adj* erotomanisch
II. *mf* Erotomane *m*/Erotomanin *f*

errance [eʀɑ̃s] *f littér* Umherirren *nt; d'un naufragé* Irrfahrt *f; de l'âme* Verirrungen *Pl*

errant(e) [eʀɑ̃, ɑ̃t] *adj personne, animal* umherirrend; *regard* unstet, ziellos; **vie ~e** Nomadenleben *nt*

errata [eʀata] *mpl inv a.* TYP Errata *Pl*

erratique [eʀatik] *adj* ❶ MED (*instable*) unregelmäßig; *douleur* wandernd
❷ GEOL *roche* erratisch

erratum [eʀatɔm, eʀata] <errata> *m* Druckfehler *m,* Erratum *nt* (*Fachspr.*)

errements [ɛʀmɑ̃] *mpl form* Fehler *Pl,* Irrtümer *Pl*

errer [eʀe] <1> *vi* umherirren; *animal:* streunen (*pej*), umherirren; *pensée:* abschweifen; *regard:* umherirren [*o* umherschweifen]; ~ **sur les lèvres de qn** *sourire:* jds Lippen umspielen

erreur [eʀœʀ] *f* ❶ (*faute*) Fehler *m;* ~ **humaine** menschliches/ärztliches Versagen; ~ **informatique** [*o* **d'ordinateur**] Computerfehler; ~ **médicale** [ärztlicher] Kunstfehler; ~ **de calcul** Rechenfehler; ~ **d'interprétation/de traduction** Übersetzungsfehler; ~ **de frappe** Tippfehler; ~ **de système** INFORM Systemfehler; **tomber dans l'~ de faire qc** den Fehler begehen etw zu tun; **j'ai commis une ~** mir ist ein Fehler unterlaufen; **écoutez, c'est une ~ [de numéro]!** hören Sie, Sie haben sich verwählt!; **excusez-moi; c'est une ~ de ma part** entschuldigen Sie, der Fehler [*o* Irrtum] liegt bei mir
❷ (*idée, opinion erronée*) Irrtum *m;* ~ **judiciaire** Justizirrtum, rechtlicher Irrtum; ~ **d'appréciation/de jugement** Fehleinschätzung *f*/Fehlurteil *nt;* ~ **de raisonnement** falsche Gedankenführung; **il y a ~/n'y a pas d'~** hier liegt ein/kein Irrtum vor; **être dans l'~** im Irrtum sein; **faire ~** sich irren, sich täuschen; **induire qn en ~** jdn irreführen; **persévérer dans l'~** im Irrtum verharren; **tirer qn de l'~** (*lui dire la vérité*) jdm die Wahrheit sagen; (*l'empêcher de se tromper*) jdn vor einem Irrtum bewahren; **par ~** irrtümlicherweise, versehentlich, aus Versehen; **sauf ~** COM Irrtum vorbehalten; **sauf ~ de ma part** wenn ich mich nicht täusche; **il n'y a pas d'~, ce gars est très fort** dieser Bursche ist ohne jeden Zweifel sehr stark
► ~ **de jeunesse** Jugendsünde *f;* **il y a ~ sur la personne** hier liegt eine Verwechslung vor; **l'~ est humaine** *prov* Irren ist menschlich

erroné(e) [eʀɔne] *adj* irrig, falsch; **vos calculs sont ~s** Sie haben sich verrechnet

ersatz [ɛʀsats] *m inv* Surrogat *nt* (*Fachspr.*); ~ **de café/savon** Kaffee-/Seifenersatz *m*

éructation [eʀyktasjɔ̃] *f littér* (*renvoi*) Aufstoßen *nt*

éructer [eʀykte] <1> **I.** *vi littér* aufstoßen
II. *vt form* ausstoßen *injures, menaces*

érudit(e) [eʀydi, it] **I.** *adj ouvrage* gelehrt; *personne* gebildet, gelehrt; *étude* fundiert; ~**(e) en archéologie** in Archeologie (*Dat*) bewandert
II. *m(f)* Gelehrte(r) *f(m);* **des querelles d'~s** ein Gelehrtenstreit *m*

érudition [eʀydisjɔ̃] *f* Gelehrsamkeit *f;* **des ouvrages d'~** gelehrte Werke *Pl;* ~ **en histoire** Wissen *nt* [*o* gute Kenntnisse *Pl*] in Geschichte (*Dat*)

éruptif, -ive [eʀyptif, -iv] *adj* ❶ MED *fièvre, maladie* mit einem [Haut]ausschlag verbunden
❷ GEOG *phénomène* Eruptions-; **roche éruptive** Eruptivgestein *nt*

éruption [eʀypsjɔ̃] *f* ❶ MED Ausschlag *m;* ~ **dentaire** Zahndurchbruch *m*
❷ GEOG Ausbruch *m,* Eruption *f* (*Fachspr.*); **en ~** *volcan* tätig

érythème [eʀitɛm] *m* Hautreizung *f;* ~ **fessier d'un bébé** Windelausschlag *m* eines Babys

es [ɛ] *indic prés de* **être**

ès [ɛs] *prép devant un pl form* **docteur ~ sciences/lettres** Doktor *m* der Naturwissenschaften/der Philologie; ~ **qualités** in Ausübung seines/ihres Amtes; *visite* amtlich

ESB *f abr de* **encéphalopathie spongiforme bovine** BSE *f*

esbroufe [ɛsbʀuf] *f fam* Angeberei *f,* wichtigtuerisches Gehabe, Wichtigtuerei *f* (*fam*); **un joli coup d'~** ein toller Bluff; **faire de l'~** aufschneiden (*pej fam*), angeben; **y aller à l'~** [nur] bluffen; **arracher un marché à l'~** durch einen Bluff an ein Geschäft kommen; **tu ne nous la feras pas à l'~** deine Nummer zieht bei uns nicht (*fam*), wir fallen auf deine Nummer nicht herein (*fam*)

esbroufer [ɛsbʀufe] <1> *vt fam* bluffen (*fam*)

escabeau [ɛskabo] <x> *m* (*échelle*) [Tritt]leiter *f,* [Haushalts]leiter; (*tabouret*) [Fuß]schemel *m*

escadre [ɛskadʀ] *f* Geschwader *nt*

escadrille [ɛskadʀij] *f de bombardement, chasse* Staffel *f*

escadron [ɛskadʀɔ̃] *m de cavalerie* Schwadron *f; de chasseurs, gendarmerie, police* Staffel *f,* Einheit *f*
◆ ~ **de la mort** Todesschwadron *f*

ESCAE [øɛsseaø] *abr de* **École supérieur de commerce et d'administration des entreprises** *Hochschule für Handel und Unternehmensmanagement*

escalade [ɛskalad] *f* ❶ (*ascension*) *d'un arbre, mur, rocher* Erklettern *nt; d'une montagne* Erklimmen *nt,* Erklettern *nt;* **faire l'~ d'une montagne** auf einen Berg steigen, einen Berg erklimmen (*geh*)
❷ (*sport*) Klettern *nt;* **faire de l'~** klettern
❸ (*surenchère*) [schneller] Anstieg; ~ **nucléaire** atomare

Eskalation; **l'~ dans la dépense/le perfectionnement technique** die ständig zunehmenden Ausgaben/die immer perfekter werdende Technik; **au Pérou, c'est l'~ de la violence** in Peru nimmt die Gewalt überhand [*o* eskaliert die Gewalt]; ~ **vers qc** Hinsteuern *nt* auf etw (*Akk*)

escalader [ɛskalade] <1> *vt* ❶ (*monter*) steigen [*o* klettern] auf (+ *Akk*), erklimmen (*geh*) *col, montagne;* emporklettern (*geh*), hochklettern, steigen [*o* klettern] auf (+ *Akk*), erklimmen (*geh*) *façade;* erklettern *forteresse;* klettern auf (+ *Akk*) *tas de bois, arbre;* hochsteigen *talus, escalier, étages;* ~ **la paroi/le rocher** an der Wand/am Felsen hochklettern [*o* emporklettern *geh*]
❷ (*franchir*) steigen [*o* klettern] über (+ *Akk*) *grille, mur*
❸ (*être sur une pente*) ~ **la butte** *cimetière:* sich den Hügel hinaufziehen

escalator [ɛskalatɔʀ] *m* Rolltreppe *f*

escale [ɛskal] *f* ❶ NAUT (*arrêt*) Aufenthalt *m,* Zwischenstopp *m;* AVIAT Zwischenlandung *f;* ~ **technique** Zwischenstopp zum Auftanken; **s'effectuer sans** ~ *vol:* direkt sein
❷ NAUT (*lieu*) Zwischenstopp *m,* Anlaufhafen *m;* AVIAT Zwischenlandeplatz *m*

escalier [ɛskalje] *m sing o pl* Treppe *f;* ~ **mécanique** [*o* **roulant**] Rolltreppe; ~ **de secours/d'honneur/en colimaçon** Not-/Ehren-/Wendeltreppe; ~ **de service** Hintertreppe, Dienstbotenaufgang *m,* Lieferantenaufgang *m;* **être dans l'~** im Treppenhaus sein; **tomber dans les ~s** [*o* **l'~**] die Treppe hinunter-/herunterfallen

escalope [ɛskalɔp] *f* Schnitzel *nt;* ~ **panée/à la crème** paniertes Schnitzel/Rahmschnitzel; ~ **cordon bleu** Cordon bleu *nt*

escamotable [ɛskamɔtabl] *adj train d'atterrissage* einfahrbar; *clavier, machine à coudre* versenkbar; *meuble* ausklappbar; **antenne** ~ (*manuellement/électriquement*) einschiebbare/einziehbare Antenne; **lit** ~ Klappbett *nt*

escamotage [ɛskamɔtaʒ] *m* ❶ *d'un train d'atterrissage* Einfahren *nt*
❷ (*tour de magie*) Verschwindenlassen *nt,* Wegzaubern *nt*
❸ (*vol*) Verschwindenlassen *nt*
❹ (*détournement*) *d'une question, d'un problème* Umgehen *nt;* ~ **judiciaire** juristische Winkelzüge *Pl*

escamoter [ɛskamɔte] <1> **I.** *vt* ❶ (*rentrer*) einfahren *train d'atterrissage;* einziehen *antenne*
❷ (*faire disparaître*) wegzaubern, verschwinden lassen
❸ (*dérober*) stehlen, verschwinden lassen
❹ (*éluder*) vertuschen *incident;* nicht spielen *note de musique;* verschlucken *mot;* umgehen *difficulté;* (*ne pas dire*) verschweigen *difficulté*
II. *vpr* **s'~** *train d'atterrissage:* sich einfahren lassen; *lit:* sich zusammenklappen lassen

escampette [ɛskɑ̃pɛt] *f v.* **poudre**

escapade [ɛskapad] *f* Eskapade *f;* (*fugue*) Ausreißen *nt;* (*infidélité*) Seitensprung *m;* **faire une** ~ sich (*Dat*) Eskapaden leisten; (*faire une fugue*) ausreißen, durchbrennen (*fam*); (*faire une infidélité*) einen Seitensprung begehen; (*sécher*) *employé:* blaumachen (*fam*); *élève:* schwänzen (*fam*), blaumachen (*fam*)

escarbille [ɛskaʀbij] *f* Flugasche *f*

escarboucle [ɛskaʀbukl] *f* (*pièce héraldique*) Karfunkelstein *m*

escarcelle [ɛskaʀsɛl] *f hum* Geldbeutel *m*

escargot [ɛskaʀgo] *m* ❶ ZOOL, GASTR Schnecke *f;* ~ **de Bourgogne** Weinbergschnecke
❷ (*personne, véhicule*) lahme Ente (*fam*); **rouler comme un** ~ im Schneckentempo fahren (*fam*)

escarmouche [ɛskaʀmuʃ] *f* MIL Gefecht *nt;* (*dispute*) Wortgefecht, [verbaler] Schlagabtausch

escarpé(e) [ɛskaʀpe] *adj montagne* steil [aufragend]; *côte, rive* schroff, steil; *chemin* schwer zugänglich

escarpement [ɛskaʀpəmɑ̃] *m* (*déclivité*) *d'une côte, montagne* Schroffheit *f;* (*versant raide*) steile Böschung, Steilhang *m*

escarpin [ɛskaʀpɛ̃] *m* Pumps *m*

escarpolette [ɛskaʀpɔlɛt] *f* Schaukel *f*

escarre [ɛskaʀ] *f* MED wundgelegene Stelle, Dekubitus *m* (*Fachspr.*)

eschatologie [ɛskatɔlɔʒi] *f* Eschatologie *f*

escient [esjɑ̃] *m* **à bon/mauvais** ~ zu Recht/Unrecht; (*au bon/mauvais moment*) zum richtigen/falschen Zeitpunkt

esclaffer [ɛsklafe] <1> *vpr* **s'~** laut [*o* schallend] [los]lachen, in schallendes Gelächter ausbrechen

esclandre [ɛsklɑ̃dʀ] *m* Skandal *m*

esclavage [ɛsklavaʒ] *m* Sklaverei *f; fig* Knechtschaft *f,* Sklaverei; *de la femme* Versklavung *f;* **l'~ de l'alcool/la drogue** die [vollständige] Abhängigkeit vom Alkohol/Rauschgift; **la mode est un véritable** ~ die Mode kann einen zum Sklaven machen; **tomber en** ~ in Abhängigkeit geraten; **réduire qn en** ~ jdn versklaven

esclavagisme [ɛsklavaʒism] *m* Sklaverei *f,* Sklavenhaltergesellschaft *f*

esclavagiste [ɛsklavaʒist] **I.** *adj théorie, personne* die Sklaverei befürwortend; **société** ~ Sklavenhaltergesellschaft *f;* **être** ~ die Sklaverei befürworten
II. *mf* Anhänger(in) *m(f)* der Sklaverei

esclave [ɛsklav] **I.** *adj* versklavt; ~ **de qn/qc** [vollständig] abhängig von jdm/etw, jdm/einer S. verfallen; **être** ~ **de ses habitudes** ein Sklave seiner Gewohnheiten sein
II. *mf* Sklave *m*/Sklavin *f;* **âme d'~** Sklavennatur *f*

escogriffe [ɛskɔgʀif] *m fam* ungehobelter Bursche; **grand** ~ langer Lulatsch (*fam*), Bohnenstange *f* (*fam*)

escompte [ɛskɔ̃t] *m* ❶ COM (*remise*) Skonto *nt o m*
❷ FIN Diskont *m*

escompter [ɛskɔ̃te] <1> *vt* (*espérer*) ~ **qc** [sich (*Dat*)] etw erhoffen, mit etw rechnen; ~ **que qn va faire qc** hoffen, dass jd etw tun wird; damit rechnen, dass jd etw tun wird; ~ **faire qc** planen [*o* gedenken] etw zu tun; **ne pas** ~ **qc** nicht mit etw rechnen; **ne pas** ~ **que qn fasse qc** nicht damit rechnen, dass jd etw tut

escorte [ɛskɔʀt] *f* ❶ Eskorte *f; d'un prisonnier* Wache *f;* **des bâtiments d'~** Geleitboote *Pl;* **sans/sous bonne** ~ ohne/unter strengem Geleitschutz; **faire** ~ **à qn** jdn geleiten
❷ (*série*) Begleiterscheinungen *Pl*

escorter [ɛskɔʀte] <1> *vt* ❶ (*accompagner*) geleiten *personne*
❷ (*protéger*) ~ **qn/qc** jdn/etw eskortieren, jdm/einer S. Geleitschutz geben

escorteur [ɛskɔʀtœʀ] *m* Begleitschiff *nt*

escouade [ɛskwad] *f* (*groupe*) Schar *f;* MIL Trupp *m,* Korporalschaft *f;* **par** ~**s** in Gruppen, grüppchenweise

ESCP [øɛssepe] *f abr de* **École supérieure de commerce de Paris** *höhere Handelsschule in Paris*

escrime [ɛskʀim] *f* Fechten *nt;* **faire de l'~** fechten

escrimer [ɛskʀime] <1> *vpr* **s'~ sur qc** sich mit etw abquälen [*o* abplagen]; **s'~ à faire qc** sich abmühen etw zu tun, sich abplagen um etw zu tun

escrimeur, -euse [ɛskʀimœʀ, -øz] *m, f* Fechter(in) *m(f)*

escroc [ɛskʀo] *m* Betrüger(in) *m(f);* **l'~ aux chèques volés/aux cartes bancaires** der Scheck-/Kreditkartenbetrüger; **l'~ aux personnes âgées** der Alte-Leute-Preller, der Trickbetrüger

escroquer [ɛskʀɔke] <1> *vt* ~ **une signature à qn** eine Unterschrift von jdm ergaunern, eine Unterschrift erschwindeln; ~ **qn de mille euros** jdn um tausend Euro betrügen; **se faire** ~ **par qn de mille euros** von jdm um tausend Euro betrogen werden

escroquerie [ɛskʀɔkʀi] *f* Betrug *m,* Schwindel *m;* ~ **au crédit** Kreditbetrug; ~ **intellectuelle** [bewusste] Irreführung [*o* Täuschung]

esgourde [ɛsguʀd] *f arg* Ohr *nt,* Lauscher *nt meist Pl* (*fam*); **ouvre tes** ~**s!** mach [*o* sperr] deine Löffel auf! (*fam*)

eskimo [ɛskimo] *mf v.* **esquimau**

ésotérique [ezɔteʀik] *adj* esoterisch
ésotérisme [ezɔteʀism] *m* Esoterik *f*
espace [ɛspas] **I.** *m* ❶ (*place*) Platz *m;* **avoir assez d'~ pour danser** genügend Platz zum Tanzen haben; ~ **vide** Zwischenraum *m;* ~ **publicitaire** Werbefläche *f*
❷ (*zone*) Gebiet *nt; fig* Raum *m;* **l'~ rural français** die ländlichen Gebiete Frankreichs; ~ **vert** Grünfläche *f;* ~ **vital/de liberté** Lebens-/Freiraum; **l'~ de responsabilité personnelle** der Freiraum für persönliche Verantwortlichkeit
❸ (*cosmos*) Weltraum *m;* GEOM Raum *m;* ~ **aérien** Luftraum *m*
❹ (*distance*) Abstand *m,* Zwischenraum *m;* (*longue distance*) Entfernung *f;* **laisser un ~ d'un mètre entre chaque arbre** [je] einen Meter Abstand zwischen den Bäumen lassen
❺ (*durée*) Zeitraum *m,* Zeitspanne *f;* ~ **de temps** Zeitraum, Zeitspanne; **en un si court ~ de temps** in so kurzer Zeit; **l'~ d'un été/moment** einen Sommer/Augenblick lang
❻ TYP, INFORM Leerstelle *f,* Blank *nt* (*Fachspr.*)
II. *f* TYP Leerzeichen *nt*
espacé(e) [ɛspase] *adj dents, arbres* auseinander stehend; *lettres* vereinzelt, sporadisch
espacement [ɛspasmɑ̃] *m* ❶ (*distance*) Abstand *m,* Zwischenraum *m;* TYP *des lignes, mots* Abstand; ~ **entre ta maison et la mienne** Abstand [*o* Entfernung *f*] zwischen deinem und meinem Haus
❷ (*action d'espacer*) **l'~ de mes visites** das Seltenerwerden meiner Besuche, die immer größer werdenden Abstände zwischen meinen Besuchen
espacer [ɛspase] <2> **I.** *vt* (*séparer*) auseinander setzen *élèves;* auseinander rücken *meubles;* ~ **les lignes un peu plus/d'un intervalle de 1,5** etwas mehr Abstand/einen Abstand von 1,5 zwischen den Zeilen lassen; ~ **les arbustes de 50 cm** die Büsche in einem Abstand von 50 cm setzen; **il espace ses visites** seine Besuche werden immer seltener, die Abstände zwischen seinen Besuchen werden immer größer
II. *vpr* (*devenir plus rare*) **s'~** seltener werden
espadon [ɛspadɔ̃] *m* ZOOL Schwertfisch *m*
espadrille [ɛspadʀij] *f* ❶ Espandrillo *m,* Espadrille *f*
❷ CAN (*basket*) Turnschuh *m;* ~**s de tennis** Tennisschuhe *Pl*
Espagne [ɛspaɲ] *f* **l'~** Spanien *nt*
espagnol [ɛspaɲɔl] *m* **l'~** Spanisch *nt,* das Spanische; *v. a.* **allemand**
espagnol(e) [ɛspaɲɔl] *adj* spanisch
Espagnol(e) [ɛspaɲɔl] *m(f)* Spanier(in) *m(f)*
espagnolette [ɛspaɲɔlɛt] *f* Espagnoletteverschluss *m* (*Drehstangenverschluss für Fenster*); **fermer la fenêtre à l'~** das Fenster einen Spalt [breit] offen lassen
espalier [ɛspalje] *m* ❶ BOT Spalier *nt;* **être en ~** am Spalier gezogen sein
❷ SPORT Sprossenwand *f*
espèce [ɛspɛs] *f* ❶ (*catégorie*) Art *f;* ~ **animale/de rosiers** Tier-/Rosenart; ~ **canine** Hunderasse *f;* **l'~ [humaine]** das Menschengeschlecht, die Menschen *Pl;* **avoir plusieurs ~s de verres** verschiedene Arten von Gläsern [*o* verschiedenartige Gläser] haben
❷ *souvent péj* (*sorte*) Art *f;* **prends donc cet(te) ~ de râteau** nimm doch diesen komischen Rechen da; **c'est un(e) ~ de pot de chambre** das ist so eine Art Nachttopf (*fam*); ~ **d'imbécile!** *fam* [du/Sie/so ein] Blödmann!/[du/Sie/so eine] blöde Kuh! (*fam*); **de ton/son/cette/de la pire ~** *fam* von deiner/seiner/ihrer/dieser/der schlimmsten Sorte; **ça n'a aucune ~ d'importance** das spielt keine Rolle
❸ *pl* (*argent liquide*) Bargeld *nt;* **régler [*o* payer] en ~s** bar bezahlen
❹ REL Gestalt *f;* **sous les ~s du pain et du vin** in Gestalt von Brot und Wein; **communier sous les deux ~s** das Abendmahl in beiderlei Gestalt empfangen
▸ **en ~s sonnantes et trébuchantes** *hum* in klingender Münze (*fam*); **en l'~** (*en l'occurrence*) in diesem Fall[e], im vorliegenden Fall[e]
espérance [ɛspeʀɑ̃s] *f* ❶ (*confiance*) Zuversicht *f;* (*espoir*) Hoffnung *f;* REL Hoffnung; **donner de grandes ~s** viel versprechend sein, Anlass zu großen Hoffnungen geben; **fonder [*o* bâtir] de grandes ~s sur qn/qc** große Hoffnungen auf jdn/etw setzen; **mettre toute son ~ dans qn/qc** seine ganze Hoffnung auf [*o* in] jdn/etw setzen; **répondre à toutes les ~s** allen Erwartungen entsprechen; **contre toute ~** entgegen jeglicher Hoffnung [*o* allen Hoffnungen]; **dans l'~ de faire qc/que qn/qc fera qc** in der Hoffnung etw zu tun/, dass jd/etw etw tun wird; **dans l'~ de recevoir bientôt votre visite, veuillez agréer** in der Hoffnung, dass Sie/ihr mich bald besuchen/besucht, verbleibe ich; **dans l'~ que vos projets connaîtront une pleine réussite, je vous prie d'agréer** in der Hoffnung, dass Ihr/euer Vorhaben von Erfolg gekrönt sein wird, verbleibe ich
❷ *pl* (*héritage futur*) Aussichten *Pl* [auf eine Erbschaft]
◆ ~ **de vie** Lebenserwartung *f*
espérantiste [ɛspeʀɑ̃tist] **I.** *adj congrès* Esperanto betreffend
II. *mf* Esperantist(in) *m(f)*
espéranto [ɛspeʀɑ̃to] *m* Esperanto *nt*
espérer [ɛspeʀe] <5> **I.** *vt* hoffen auf (+ *Akk*), sich (*Dat*) erhoffen; (*compter sur*) rechnen mit, erwarten; **je l'espère bien** das hoffe ich [doch] sehr; **ne plus ~ qn** mit jdm nicht mehr rechnen; **nous espérons vous revoir bientôt** wir hoffen Sie bald wieder zu sehen; **j'espère n'avoir rien oublié** ich hoffe, dass ich nichts vergessen habe [*o* ich habe nichts vergessen]; **j'espère qu'il viendra** ich hoffe, [dass] er kommt; **espères-tu qu'il te vienne en aide?** erwartest du [wirklich], dass er dir helfen kommt?; **les négociations font ~ une solution à la crise** die Verhandlungen lassen eine Lösung der Krise erhoffen [*o* auf eine Lösung der Krise hoffen]; **laisser ~ une visite à qn** *personne, lettre:* jdm Hoffnungen auf einen Besuch machen, in jdm Hoffnung auf einen Besuch wecken
II. *vi* hoffen; **espérons!** hoffen wir's! (*fam*), hoffentlich!; **mais j'espère bien!** *fam* das will ich aber doch hoffen! (*fam*); ~ **en qn/qc** auf jdn/etw hoffen [*o* vertrauen]; ~ **en l'avenir** Hoffnung in die Zukunft setzen
esperluette [ɛspɛʀlɥɛt] *f* TYP *kaufmännisches „und", das mit dem Symbol & dargestellt wird*
espiègle [ɛspjɛgl] *adj air, enfant, sourire* schelmisch, schalkhaft; **cette gamine ~** dieser Schlingel; **d'humeur ~** zu Streichen [*o* Neckereien] aufgelegt
espièglerie [ɛspjɛgləʀi] *f* ❶ (*caractère*) Schalk *m,* Schalkhaftigkeit *f*
❷ (*tour*) Schelmenstück *nt* (*geh*), [Schelmen]streich *m*
espion [ɛspjɔ̃] **I.** *m* ❶ Spion *m;* **arrête de jouer les ~s!** hör auf herumzuspionieren! (*fam*)
❷ (*petit miroir*) Spion *m*
II. *app bateau-, navire-, satellite-, avion-* Spionage-; **un micro-~** eine Wanze
espionnage [ɛspjɔnaʒ] *m* Spionage *f;* **services d'~** Spionagedienst *m;* ~ **industriel** Industriespionage; **film d'~** Spionagefilm *m*
espionne [ɛspjɔn] *f* Spionin *f*
espionner [ɛspjɔne] <1> *vt* bespitzeln, ausspionieren; [heimlich] belauschen *conversation;* ~ **qn** jdm nachspionieren, jdn [heimlich] überwachen
espionnite [ɛspjɔnit] *f* [krankhafte] Angst vor Spionen
esplanade [ɛsplanad] *f* [großer, freier] [Vor]platz; Esplanade *f*
espoir [ɛspwaʀ] *m* ❶ Hoffnung *f;* **sans ~** ohne [jede] Hoffnung, hoffnungslos; *amour* aussichtslos; **autoriser les plus grands ~s** Anlass zu großen Hoffnungen geben, viel versprechend sein; **caresser un ~** eine Hoffnung hegen; **conserver l'~/ne pas perdre ~** die Hoffnung nicht aufgeben; **enlever tout ~ à qn** jdm jede Hoffnung nehmen; **avoir le ferme [*o* bon] ~ d'y parvenir** zuversichtlich sein, dass man es schaffen wird; **fon-**

der [*o* **placer**] **de grands ~s sur** [*o* **en**] **qn/qc** große Hoffnungen auf [*o* in] jdn/etw setzen; **reprendre ~** wieder Hoffnung schöpfen; **tu as encore l'~ qu'il réussisse?** glaubst du wirklich noch, dass er es schafft?; **je garde l'~ qu'il viendra** ich hoffe weiterhin [*o* ich gebe die Hoffnung nicht auf], dass er kommt; **dans l'~ de faire qc** in der Hoffnung etw zu tun
❷ (*personne, chose*) Hoffnung *f;* **cette greffe/cette femme est mon dernier ~** diese Transplantation/diese Frau ist meine letzte Hoffnung; **les ~s de la boxe française** der Nachwuchs des französischen Boxsports
► **l'~ fait vivre** *prov* der Mensch lebt von der Hoffnung

esprit [ɛspʀi] *m* ❶ (*pensée*) Geist *m,* Verstand *m;* **~ civique** staatsbürgerliches [Verantwortungs]bewusstsein; **~ critique** kritischer Verstand; **un ~ sain dans un corps sain** ein gesunder Geist in einem gesunden Körper; **avoir l'~ clair/vif** einen klaren [*o* scharfen]/regen Verstand haben; **avoir l'~ étroit/large** engstirnig/großzügig sein; **avoir l'~ libre/pratique** ein unabhängig denkender/praktischer Mensch sein; **avoir le bon ~ de faire qc** auf die glänzende Idee kommen etw zu tun
❷ (*tête*) **avoir qn/qc à** [*o* **dans**] **l'~** jdn/etw im Sinn haben; **où ai-je l'~?** wo habe ich [nur] meinen Kopf?, wo bin ich [nur] mit meinen Gedanken?; **perdre l'~** den Verstand [*o* den Kopf] verlieren; **une idée me traverse l'~** eine Idee geht mir durch den Kopf; **une idée/un mot me vient à l'~** mir kommt [gerade] eine Idee/ein Wort in den Sinn, mir fällt [gerade] etw/ein Wort ein; **ça me trotte/reste dans l'~** das geht mir im Kopf herum/geht mir nicht aus dem Sinn; **dans mon/son ~** meiner/seiner/ihrer Meinung nach; **faire qc en ~** etw im Geiste tun; **avoir l'~ ailleurs** mit seinen Gedanken woanders [*o* geistesabwesend] sein; **avoir l'~ dérangé** *fam* nicht ganz richtig im Kopf sein (*fam*); **faible** [*o* **simple**] **d'~** geistig beschränkt [*o* minderbemittelt]
❸ (*humour*) Geist *m,* Witz *m;* **plein(e) d'~** äußerst geistreich, voller Esprit; **avoir beaucoup d'~** sehr geistreich [*o* witzig] sein; **faire de l'~** *péj* witzig sein wollen; **manquer d'~** humorlos sein
❹ (*fantôme*) Geist *m;* **un mauvais ~/un ~ malin** ein böser Geist; **~ frappeur** Klopfgeist
❺ (*personne*) **~ cultivé/indépendant** gebildeter/unabhängiger Mensch; **un bel ~** *péj* ein Schöngeist; **les bons ~s** die Besserwisser; **~ chagrin** Griesgram *m;* **c'est un ~ déréglé** er/sie ist gestört; **~ fort** [*o* **libre**] Freidenker(in) *m(f);* **faire** [*o* **jouer**] **l'~ fort** den starken Mann/die starke Frau markieren; **un grand ~** ein großer Geist; **petit ~** Kleingeist; **un pur ~** ein reiner Verstandesmensch; **l'homme n'est pas un pur ~** der Mensch ist nicht Verstand allein; **~ retors** durchtriebener Kerl/durchtriebenes Luder (*fam*); **un ~ universel** ein Universalgenie *nt*
❻ (*humeur*) **les ~s** die Gemüter *Pl;* **échauffer/apaiser les ~s** die Gemüter erhitzen/beruhigen
❼ (*caractère*) *d'une époque* Geist *m;* (*sens profond*) *d'une loi, d'un texte* Sinn *m; d'une revue* [Geistes]haltung *f;* **l'~ et la lettre** Inhalt und Form; **avoir bon/mauvais ~** *personne:* umgänglich/querköpfig [*o* aufsässig] sein
❽ (*intention, prédisposition*) Sinn *m;* **il a l'~ à qc** ihm ist nach etw zumute, ihm steht der Sinn nach etw (*geh*); **dans cet ~** in diesem Sinne; **essayez de comprendre l'~ dans lequel je vous dis cela** versuchen Sie zu verstehen, wie [*o* in welchem Sinne] ich das meine; **l'~ français** die französische Wesensart; **l'~ de corps** der Korpsgeist; **avoir l'~ de compétition/de contradiction/d'équipe** Kampf-/Widerspruchs-/Mannschaftsgeist haben; **avoir l'~ de famille** Familiensinn haben; **l'~ de fronde/suite** die Eigenwilligkeit/Beharrlichkeit; **avoir l'~ de fronde/suite** eigenwillig/beharrlich sein; (*dans ses actions*) konsequent sein; **avoir l'~ d'observation** eine gute Beobachtungsgabe haben; **avoir l'~ d'organisation** ein Organisationstalent sein; **l'~ de sacrifice** die Opferbereitschaft; **avoir l'~ des affaires/de décision/d'entreprise/de lucre** geschäftstüchtig/entschlussfreudig/unternehmungslustig/gewinnsüchtig sein; **avoir l'~ d'à-propos** [*o* **de repartie**]/**de clocher/de détail/de système** schlagfertig/lokalpatriotisch [*o* engstirnig *pej*]/peinlich genau/systematisch sein; **avoir l'~ d'analyse/de synthèse** analytisch/[klar und] strukturiert denken; **avoir l'~ d'initiative** Initiative besitzen [*o* entfalten]; **dans un ~ de conciliation** mit Versöhnungsabsichten; **agir dans un ~ désintéressé** uneigennützig handeln; **sans ~ partisan/de revanche** unparteiisch/ohne Racheabsichten
► **l'~ est fort** [*o* **prompt**], **mais la chair est faible** *prov* der Geist ist willig, aber das Fleisch ist schwach (*prov*); **les grands ~s se rencontrent** *fam* zwei Seelen [und] ein Gedanke; **faire du mauvais ~** (*par des remarques*) abfällige Bemerkungen machen; (*par son comportement*) sich destruktiv verhalten; **avoir l'~ mal tourné** eine schmutzige Phantasie haben; **perdre ses ~s** die Besinnung verlieren; **reprendre** [*o* **retrouver**] **ses ~s** (*reprendre conscience*) wieder zu sich [*o* zu Bewusstsein] kommen; (*retrouver sa contenance*) sich wieder fassen; **d'~** (*de caractère*) geistig; (*spirituel*) geistreich; **d'~, je le trouve un peu futile** ich finde ihn etwas oberflächlich; **rester jeune d'~** geistig jung bleiben
◆ **~-de-sel** Salzsäure *f;* **~-de-vin** Weingeist *m,* Spiritus *m*

Esprit Saint [ɛspʀisɛ̃] *m v.* **Saint-Esprit**

esquif [ɛskif] *m littér* Nachen *m* (*liter*), Schiffchen *nt*

esquille [ɛskij] *f* Knochensplitter *m*

esquimau [ɛskimo] <x> *m* ❶ **l'~** Eskimoisch *nt,* das Eskimoische; *v. a.* **allemand**
❷ GASTR *Eis am Stiel mit Schokoladenüberzug*

esquimau, esquimaude [ɛskimo, ɛskimod] <x> *adj* Eskimo-, eskimoisch; **le peuple ~** die Eskimos *Pl;* **les mœurs des ~x** die Sitten der Eskimos

Esquimau, Esquimaude [ɛskimo, ɛskimod] *m, f* Eskimo *m*/Eskimofrau *f*

esquintant(e) [ɛskɛ̃tɑ̃, ɑ̃t] *adj fam* [sehr] anstrengend, aufreibend

esquinté(e) [ɛskɛ̃te] *adj fam personne* kaputt (*fam*); *chose* ramponiert (*fam*), kaputt (*fam*)

esquinter [ɛskɛ̃te] <1> **I.** *vt fam* ❶ (*abîmer*) kaputtmachen (*fam*) *chose;* übel zurichten, vermöbeln (*fam*) *personne;* ramponieren (*fam*) *voiture*
❷ (*critiquer*) heruntermachen (*fam*), verreißen
❸ (*épuiser*) kaputtmachen (*fam*) *personne;* ruinieren *santé*
II. *vpr fam* **s'~** *chose:* kaputtgehen (*fam*); *personne:* sich kaputtmachen (*fam*), sich abrackern (*fam*); **s'~ les yeux** sich (*Dat*) die Augen verderben; **s'~ à faire qc** sich damit abplagen etw zu tun; **se faire ~** (*se faire critiquer*) heruntergemacht *fam* [*o* verrissen] werden

esquisse [ɛskis] *f* ❶ ART, IND Skizze *f,* Entwurf *m;* LITTER, MUS Entwurf *m;* **dessiner une ~ de qc** eine Skizze [*o* einen Entwurf] von etw anfertigen, etw skizzieren
❷ (*amorce*) *d'un geste, sourire, d'une réponse* Andeutung *f;* **il n'éprouvait même pas l'~ d'un regret** er verspürte auch nicht die leiseste Spur von Reue
❸ (*présentation rapide*) Abriss *m,* Überblick *m;* **faire une ~ de la situation actuelle** die jetzige Situation kurz skizzieren

esquisser [ɛskise] <1> **I.** *vt* ❶ ART skizzieren
❷ (*amorcer*) andeuten *sourire;* **ne pas ~ un geste pour aider qn** keine Anstalten machen jdm zu helfen
❸ (*présenter rapidement*) skizzieren
II. *vpr* **s'~** *silhouette, solution:* sich abzeichnen; **s'~ sur le visage de qn** *sourire:* über jds Gesicht (*Akk*) huschen

esquive [ɛskiv] *f* Ausweichen *nt;* **avoir une bonne ~** *boxeur:* geschickt ausweichen; **tu as vraiment l'art de l'~** *fig* du verstehst dich wirklich auf Ausweichmanöver

esquiver [ɛskive] <1> **I.** *vt* (*éviter*) **~ qn/qc** jdm/einer S. [geschickt] ausweichen [*o* aus dem Weg gehen]
II. *vpr* **s'~** sich wegstehlen, sich entziehen

essai [esɛ] *m* ❶ *gén pl* (*test*) Versuch *m; d'un appareil, médica-*

ment Test *m;* ~ **en vol** Flugtest; ~**s nucléaires** Atom[waffen]tests; **stade des** ~**s** Versuchsstadium *nt;* **faire l'**~ **de qc** etw ausprobieren; **faire l'**~ **d'une voiture** eine Probefahrt [mit einem Auto] machen; **à l'**~ auf Probe; **mettre qn à l'**~ jdn auf die Probe stellen
❷ (*tentative*) Versuch *m;* **faire un** ~ einen Versuch machen; **faire des** ~**s de peinture** sich im Malen versuchen; **ne pas en être à son premier** ~ das nicht das erste Mal [*o* zum ersten Mal] machen
❸ RUGBY Versuch *m;* **marquer/transformer un** ~ einen Versuch erzielen [*o* legen]/verwandeln
❹ (*tour de piste*) Trainingsrunde *f*
❺ LITTER Essay *m o nt*
▸ **transformer l'**~ **qu'on vient de marquer** aus dem Erfolg, den man errungen hat, Kapital schlagen; aus seinem Erfolg etwas machen

essaim [esɛ̃] *m* Schwarm *m;* **un** ~ **d'abeilles/de moustiques** ein Bienen-/Mückenschwarm; **un** ~ **d'enfants** ein Schwarm [*o* eine Schar] Kinder

essaimage [esɛmaʒ] *m d'abeilles* [Aus]schwärmen *nt;* (*prolifération*) Ausbreitung *f*

essaimer [esɛme] <1> *vi abeilles:* schwärmen; *fig famille:* sich verteilen, ausschwärmen; *entreprise:* Niederlassungen gründen

essayage [esɛjaʒ] *m* Anprobe *f,* Anprobieren *nt;* **cabine/salon d'**~ Umkleidekabine *f*/-raum *m*

essayer [eseje] <7> **I.** *vt* ❶ (*tester*) [an]probieren *chaussures, vêtement;* [aus]probieren, versuchen *nourriture, médicament, méthode;* ausprobieren *boucher, coiffeur;* ~ **une voiture** mit einem Auto eine Probefahrt machen; ~ **un médicament sur qn/une souris** an jdm/einer Maus ein Medikament testen [*o* ausprobieren]
❷ (*tenter*) ~ **qc** es mit etw versuchen, etw versuchen; **j'ai absolument tout essayé** ich habe einfach alles probiert, ich habe nichts unversucht gelassen
II. *vi* versuchen; **ça ne coûte rien d'**~ ein Versuch [*o* probieren] kostet nichts; ~ **de se concentrer** versuchen sich zu konzentrieren
III. *vpr* **s'**~ **à une chose/activité** sich an einer Sache/in einer Tätigkeit versuchen; **s'**~ **à faire qc** sich darin versuchen etw zu tun

essayeur, -euse [esejœʀ, -jøz] *m, f de monnaie* Prüfer(in) *m(f);* ~**(-euse) de vêtements** *Verkäufer, der/Verkäuferin, die den Kunden bei der Anprobe in ein Kleidungsstück hilft*

essayiste [esejist] *mf* Essayist(in) *m(f)*

esse [ɛs] *f* ❶ MUS *d'un violon Schallloch bei Violinen in der Form eines S*
❷ TECH *d'un essieu* Splint *m*

ESSEC [esɛk] *f abr de* **École supérieure des sciences économiques et commerciales** *Hochschule für das Studium von Wirtschaft und Handel*

essence [esɑ̃s] *f* ❶ (*carburant*) Benzin *nt;* ~ **verte** Biokraftstoff *m;* **prendre de l'**~ tanken; **à [l']**~ mit Benzinmotor; **tondeuse/tronçonneuse à** ~ Motorrasenmäher *m*/Motorsäge *f*
❷ (*nature profonde*) Wesentliche(s) *nt,* Essenz *f* (*geh*); **l'**~ **du livre** der Kern des Buches; **se croire d'une** ~ **supérieure** *form* sich für etwas Besseres halten; **par** ~ wesensgemäß, per definitionem (*geh*)
❸ (*espèce*) *d'un arbre* Art *f;* ~**s résineuses/à feuilles** Nadelbäume *Pl* [*o* -hölzer *Pl*]/Laubbäume *Pl*
❹ (*extrait*) Essenz *f;* ~ **de lavande/térébenthine** Lavendel-/Terpentinöl *nt;* ~ **de café** Kaffeearoma *nt*

essentiel [esɑ̃sjɛl] *m* ❶ (*le plus important*) **l'**~ das Wesentliche; **pour l'**~ im Wesentlichen; **tu es en bonne santé? C'est l'**~ du bist gesund? Das ist die Hauptsache; **l'**~ **est que vous me répondiez** das Wichtigste [*o* entscheidend] ist, dass Sie mir antworten; **aller à l'**~ zum Kern der Sache [*o* zur Sache] kommen; **elle manque de l'**~ ihr fehlt das Nötigste [*o* es am Nötigsten]
❷ (*la plus grande partie*) **l'**~ **de qc** der Großteil [*o* das Gros] einer S. (*Gen*); **il passe l'**~ **du temps à se plaindre** er verbringt die meiste Zeit damit sich zu beklagen

essentiel(le) [esɑ̃sjɛl] *adj* ❶ (*capital*) wesentlich, [äußerst] wichtig; *changement* grundlegend; **dégager les idées** ~**les** die Grundgedanken herausarbeiten
❷ (*indispensable*) **être** ~**(le) à** [*o* **pour**] **qc/pour faire qc** unentbehrlich für etw sein/unentbehrlich sein um etw zu tun; *précaution, démarche:* unverzichtbar für etw sein/unverzichtbar sein um etw zu tun; ~**(le) à la vie** lebensnotwendig, lebenswichtig; **une qualité** ~**le à tout acteur** eine unabdingbare Fähigkeit eines jeden Schauspielers; eine Fähigkeit, auf die kein Schauspieler verzichten kann
❸ PHILOS essenziell

essentiellement [esɑ̃sjɛlmɑ̃] *adv* ❶ im Wesentlichen, in erster Linie
❷ PHILOS (*par essence*) wesensmäßig

esseulé(e) [esœle] *adj littér personne* einsam und verlassen, verloren

essieu [esjø] <x> *m* AUT, TECH [Rad]achse *f;* **rupture d'**~ Achsbruch *m;* ~ **arrière/avant** Hinter-/Vorderachse

essor [esɔʀ] *m* ❶ (*développement*) Aufschwung *m; d'un art, d'une civilisation* Aufblühen *nt;* **être en plein** ~ einen Aufschwung erleben; *ville:* expandieren, aufstreben; **connaître un nouvel** ~ *cinéma:* sich neuer Beliebtheit erfreuen
❷ *littér* (*envol*) *d'un oiseau* Emporfliegen *nt* (*liter*)
▸ **prendre son** ~ aufblühen; *industrie, secteur, entreprise:* expandieren; *oiseau:* sich in die Lüfte [auf]schwingen (*liter*)

essorage [esɔʀaʒ] *m* Schleudern *nt;* **plusieurs** ~**s successifs** mehrere Schleudergänge

essorer [esɔʀe] <1> **I.** *vt* schleudern *linge, salade;* (*à la main*) auswringen *linge;* trocknen *salade*
II. *vi* schleudern; (*à la main*) auswringen
III. *vpr littér* **s'**~ *oiseau:* sich aufschwingen (*liter*)

essoreuse [esɔʀøz] *f* (*à linge*) [Wäsche]schleuder *f;* (*à salade*) [Salat]schleuder *f*

essoufflement [esufləmɑ̃] *m* Atemlosigkeit *f;* (*dégradation*) *de la bourse, des affaires* Abflauen *nt;* **être dans un tel état d'**~ **que** derart außer Atem sein, dass

essouffler [esufle] <1> **I.** *vt* außer Atem bringen; ~ **qn/un animal** *effort, course:* jdm/einem Tier den Atem rauben [*o* nehmen]; **être complètement essoufflé(e)** völlig außer Atem sein
II. *vpr* **s'**~ **à faire qc** außer Atem kommen, wenn man etw tut; *fig* bei etw nicht mehr mithalten können

essuie-glace [esɥiglas] *m inv* Scheibenwischer *m* **essuie-mains** [esɥimɛ̃] *m inv* Handtuch *nt* **essuie-pieds** [esɥipje] *m inv* Fußabtreter *m* **essuie-tout** [esɥitu] *m inv* Küchentuch *nt* **essuie-verres** [esɥivɛʀ] *m inv* Gläsertuch *nt,* dünnes Geschirrtuch

essuyage [esɥijaʒ] *m de la vaisselle* Abtrocknen *nt; des meubles* Abwischen *nt,* Abstauben *nt*

essuyer [esɥije] <6> **I.** *vt* ❶ (*sécher*) abtrocknen; abwischen, trocknen (*geh*) *larmes*
❷ (*éponger*) wegwischen; aufwischen *de l'eau par terre*
❸ (*nettoyer*) abstauben, abwischen *meubles;* abputzen *chaussures*
❹ (*subir*) erleiden *échec, perte, honte;* hinnehmen [*o* einstecken] müssen *insultes, reproches, coups;* bekommen *refus;* abbekommen *tempête, coup de feu*
II. *vpr* **s'**~ ❶ (*se sécher*) sich abtrocknen; **s'**~ **les mains** sich (*Dat*) die Hände abtrocknen
❷ (*se nettoyer*) **s'**~ **les pieds** sich (*Dat*) die Füße abputzen

est¹ [ɛ] *indic prés de* **être**

est² [ɛst] **I.** *m sans pl* Osten *m;* **l'**~**/l'Est** der Osten; **l'autoroute de l'Est** die Autobahn nach Osten; **les régions de l'**~ die östlichen Gebiete, die Gebiete im Osten, der Osten; **les gens de l'Est** die Leute aus dem Osten; **l'Europe de l'Est** Osteuropa

estime

• exprimer son estime	**• Wertschätzung ausdrücken**
J'apprécie (beaucoup) votre engagement.	**Ich schätze** Ihren Einsatz **(sehr).** **Ich weiß** Ihren Einsatz **(sehr) zu schätzen.**
Je trouve ça super/très bien comme il s'occupe des enfants.	**Ich finde es super/sehr gut**, wie er sich um die Kinder kümmert.
Je ne sais pas ce que nous ferions sans votre aide.	**Ich wüsste nicht, was wir ohne** Ihre Hilfe **tun sollten.**
• louer, juger positivement	**• loben, positiv bewerten**
Excellent!/Remarquable!	**Ausgezeichnet!/Hervorragend!**
Il y a de quoi être fier!	**Das lässt sich (aber) sehen!** *(fam)*
Je n'aurais pas pu faire mieux.	**Das hätte ich nicht besser machen können.**
Tu as fait du bon travail.	**Das hast du gut gemacht.**
Tu t'es très bien débrouillé(e).	**Das hast du prima hingekriegt.** *(fam)*

nt; **les pays de l'Est** die Staaten Osteuropas, die osteuropäischen Staaten; **le bloc de l'Est** der Ostblock; **le conflit entre l'Est et l'Ouest** der Ost-West-Konflikt; **à l'~** (*vers le point cardinal*) nach Osten, in östliche Richtung; (*dans/vers la région*) im/in den Osten; **à l'~ de qc** östlich von etw [*o* einer S.] (*Gen*); **dans l'~ de** im Osten von; **vers l'~** nach Osten, in östliche Richtung; **d'~ en ouest** von Ost[en] nach West[en]; **vent d'~** Ostwind *m*

II. *adj inv* Ost-; *banlieue, longitude, partie* östlich

establishment [ɛstabliʃmɛnt] *m* Establishment *nt*

estafette [ɛstafɛt] *f* Melder *m*, Kurier *m*, Meldereiter *m* (*veraltet*)

estafilade [ɛstafilad] *f* Schnittwunde *f;* **se faire une ~ en se rasant** sich beim Rasieren schneiden

est-allemand(e) [ɛstalmɑ̃, ɑ̃d] *adj* ostdeutsch

estaminet [ɛstaminɛ] *m* NORD, BELG (*bistrot*) Kneipe *f*

estampage [ɛstɑ̃paʒ] *m* TECH Prägen *nt;* **être réalisé(e) par ~** *dessin:* [ein]geprägt sein

estampe [ɛstɑ̃p] *f* ❶ ART (*image*) Grafik *f;* (*sur métal*) Stich *m;* (*sur bois*) Holzschnitt *m;* (*sur pierre*) Lithographie *f*
❷ TECH Prägestempel *m;* ART Druckplatte *f*

estamper [ɛstɑ̃pe] <1> *vt* TECH prägen *cuir, métal, papier;* **~ le fond des futailles de vin avec des marques** Zeichen auf den Boden der Weinfässer einbrennen

estampeur, -euse [ɛstɑ̃pœʀ, -øz] *m, f* ❶ TECH Stanzer(in) *m(f)*, Präger(in) *m(f)*
❷ *fam* (*escroc*) Gauner(in) *m(f)*

estampille [ɛstɑ̃pij] *f* ❶ Stempel *m;* (*de douane*) Zollstempel
❷ (*empreinte*) Stempel; **marquer qc de son ~** einer S. (*Dat*) seinen Stempel aufdrücken

estampiller [ɛstɑ̃pije] <1> *vt* mit einem Stempel versehen, abstempeln

ester¹ [ɛste] *vi seulement infin* JUR **capacité pour ~ en justice** Prozessfähigkeit *f;* **capable d'~ en justice** prozessfähig

ester² [ɛstɛʀ] *m* CHIM Ester *m*

esthète [ɛstɛt] *mf* Ästhet(in) *m(f); péj* Ästhetizist(in) *m(f)*

esthéticien(ne) [ɛstetisjɛ̃, jɛn] *m(f)* Kosmetiker(in) *m(f)*

esthétique [ɛstetik] **I.** *adj* ❶ (*beau*) ästhetisch, schön
❷ (*relatif à la beauté*) ästhetisch, Ästhetik-; **n'avoir aucun sens ~** keinerlei Schönheitssinn [*o* ästhetisches Empfinden] haben
II. *f* ❶ (*beauté*) Schönheit *f*, Ästhetik *f*
❷ (*théorie*) Ästhetik *f*
▶ ~ **industrielle** Industriedesign *nt*

esthétiquement [ɛstetikmɑ̃] *adv* ästhetisch; **~ parlant** ästhetisch gesehen

esthétisme [ɛstetism] *m* ❶ (*école*) Ästhetik *f*
❷ *péj* Ästhetizismus *m;* **un chef-d'œuvre d'~** ein ästhetizistisches Meisterwerk

estimable [ɛstimabl] *adj* ❶ (*digne d'estime*) *personne* respektabel, achtenswert; *travail, scrupules* lobenswert
❷ (*assez bon, honnête*) *progrès, résultats* anständig
❸ (*évaluable*) schätzbar; **ne pas être ~** *préjudice:* unschätzbar sein

estimatif, -ive [ɛstimatif, -iv] *adj bilan, coûts* geschätzt, Schätz-; **devis ~** Kostenvoranschlag *m;* **état ~** Verzeichnis *nt* mit Wertangabe

estimation [ɛstimasjɔ̃] *f des dégâts, d'une mesure, valeur* Schätzung *f; d'une somme, durée* Veranschlagung *f;* (*de façon approximative*) grobe Schätzung; **une première ~ des résultats électoraux** eine erste Hochrechnung der Wahlergebnisse; **faire une ~ de qc** etw schätzen; **faire une ~ rapide de qc** etw kurz überschlagen
◆ ~ **des pertes** Verlusterstellung *f*

estime [ɛstim] *f* [Hoch]achtung *f;* **digne d'~** achtenswert, schätzenswert; **l'~ de soi-même** die Selbstachtung; **avoir l'~ de qn** die Achtung von jdm genießen, von jdm geschätzt [*o* geachtet] werden; **avoir de l'~ pour qn** Achtung vor jdm haben, jdn achten [*o* schätzen]; **baisser** [*o* **descendre**]/**remonter** [*o* **grandir**] [*o* **croître**] **dans l'~ de qn** in jds Achtung (*Dat*) sinken/steigen; **inspirer l'~** Respekt einflößen; **tenir qn en grande** [*o* **haute**]/**piètre ~** jdn hoch/gering schätzen

estimer [ɛstime] <1> **I.** *vt* ❶ (*évaluer*) schätzen *dégâts, mesure, travaux, valeur;* veranschlagen, schätzen *coûts, somme;* veranschlagen *durée;* beurteilen *résultat;* **être estimé(e) à cent euros/vingt morts** auf hundert Euro/zwanzig Tote geschätzt werden
❷ (*considérer*) **~ qc inutile** etw für unnötig halten [*o* erachten]; **~ normal de faire qc/que qn fasse qc** [es] für normal halten etw zu tun/, dass jd etw tut; **~ avoir le droit de donner son avis** glauben [*o* meinen] das Recht zu haben seine Meinung zu sagen; **ne pas ~ que qn fasse qc** nicht glauben [*o* meinen], dass jd etw tut
❸ (*respecter, priser*) **~ qn pour ses qualités humaines** jdn wegen seiner menschlichen Qualitäten achten [*o* schätzen]; **être estimé(e) de tous** von allen hoch geschätzt [*o* allseits beliebt] sein; **savoir ~ un service à sa juste valeur** einen Gefallen gebührend zu schätzen wissen
II. *vpr* **s'~ trahi(e)** sich für verraten halten, sich verraten glauben; **s'~ heureux(-euse) d'avoir été sélectionné(e)** sich glücklich schätzen ausgewählt worden zu sein

estivage [ɛstivaʒ] *m* AGR *d'un troupeau* Sömmern *nt* (DIAL)

estival(e) [ɛstival, o] <-aux> *adj chaleur, temps* sommerlich;

mode, période Sommer-; **le repos** ~ die Sommerpause
estivant(e) [ɛstivɑ̃, ɑ̃t] *m(f)* Sommerurlauber(in) *m(f)*, Sommergast *m*
estoc [ɛstɔk] *m* ▶ **frapper d'~ et de taille** sich mit allen Mitteln schlagen, mit vollem Einsatz kämpfen
estocade [ɛstɔkad] *f* Todesstoß *m;* **donner l'~ à qn** *fig/* **un animal** jdm *fig/* einem Tier den Todesstoß versetzen
estomac [ɛstɔma] *m* Magen *m;* **avoir mal à l'~** Magenschmerzen haben; **donner un coup à l'~ à qn** jdm einen Schlag in die Magengegend versetzen
▶ **il a l'~ dans les talons** ihm hängt der Magen in den Kniekehlen (*fam*); **avoir de l'~/ne pas avoir d'~** sich was/nichts trauen; **caler l'~ à qn** jdn sättigen [*o* satt machen]; **avoir l'~ calé** satt sein; **creuser l'~ à qn** jdn hungrig machen; **il manque/ne manque pas d'~** *fam* ihm fehlt es an Courage [*o* er hat keinen Mumm *fam*]/er ist ganz schön dreist; **avoir l'~ noué** ein flaues Gefühl im Magen haben; **ouvrir l'~ à qn** jdm Appetit machen; **peser** [*o* **rester** *fam*] **sur l'~ à qn** jdm schwer im Magen liegen; **cela me tourne l'~** da dreht sich mir der Magen um
estomaqué(e) [ɛstɔmake] *adj fam* platt, baff (*fam*)
estomaquer [ɛstɔmake] <1> *vt fam* verblüffen; **j'en suis tout(e) estomaqué(e)** da bin ich ganz baff [*o* platt] (*fam*)
estompe [ɛstɔ̃p] *f* Wischer *m*
estompé(e) [ɛstɔ̃pe] *adj contours, image* verschwommen, unscharf; *couleur, teinte* zart
estomper [ɛstɔ̃pe] <1> **I.** *vt* verschwommen [*o* unscharf] erscheinen lassen, verwischen *contours, dessin;* überdecken, kaschieren *rides;* (*affaiblir*) mildern; lindern *chagrin;* verblassen lassen *souvenirs;* ~ **les défauts sur une photo** die Fehler auf einem Foto leicht retuschieren
II. *vpr* **s'~** *rivages, montagnes:* verschwimmen; *mémoire, souvenirs, image:* verblassen; *tristesse, colère:* vergehen, sich legen
Estonie [ɛstɔni] *f* **l'~** Estland *nt*
estonien [ɛstɔnjɛ̃] *m* **l'~** Estnisch *nt*, das Estnische
estonien(ne) [ɛstɔnjɛ̃, jɛn] *adj* estländisch, estnisch
Estonien(ne) [ɛstɔnjɛ̃, jɛn] *m(f)* Estländer(in) *m(f)*, Este *m*/ Estin *f*
estouffade [ɛstufad] *f* Schmorbraten *m;* ~ **de bœuf** Rinderschmorbraten *m*
estourbi(e) [ɛstuʀbi] *part passé de* **estourbir**
estourbir [ɛstuʀbiʀ] <8> *vt fam* (*assommer*) betäuben; (*tuer*) abmurksen (*fam*); **être estourbi(e)** niedergeschlagen sein; **être tout(e) ~(e)** ganz benommen sein
estrade [ɛstʀad] *f* Podium *nt;* (*à l'université*) Katheder *nt; d'un orchestre* Bühne *f*
estragon [ɛstʀagɔ̃] *m* Estragon *m*
estropié(e) [ɛstʀɔpje] **I.** *adj* verkrüppelt
II. *m(f)* Krüppel *m*
estropier [ɛstʀɔpje] <1a> **I.** *vt* zum Krüppel machen; verstümmeln *langue, nom*
II. *vpr* **s'~** zum Krüppel werden
estuaire [ɛstɥɛʀ] *m* Mündung *f*
estudiantin(e) [ɛstydjɑ̃tɛ̃, in] *adj* studentisch; *vie* Studenten-
esturgeon [ɛstyʀʒɔ̃] *m* Stör *m*
et [e] *conj* ❶ (*relie des termes, des propositions*) und
❷ (*plus*) und, plus
❸ (*dans des indications d'heures*) nach; **à quatre heures ~ demie** um halb fünf
❹ (*aussi bien ... que*) ~ **son mari ~ son amant...** sowohl ihr Mann als auch ihr Freund ...
❺ (*et qui plus est*) und zwar
❻ *soutenu* (*en début de phrase*) und; ~ **le public d'applaudir** daraufhin applaudierte das Publikum
étable [etabl] *f* Stall *m*
établi [etabli] *m d'un menuisier* Hobelbank *f; d'un serrurier, forgeron* Werkbank *f*
établi(e) [etabli] *adj* ❶ *ordre* allgemein gültig; *réputation* allgemein anerkannt; *vérité, fait* allgemein bekannt; **c'est un usage bien** ~ dies ist allgemein üblich
❷ CH (*installé*) niedergelassen (CH)
établir [etabliʀ] <8> **I.** *vt* ❶ aufbauen *usine;* einrichten *centre de vacances;* aufschlagen *quartier général;* legen *ligne téléphonique;* ~ **son domicile à Paris** seinen Wohnsitz in Paris aufschlagen
❷ (*instituer*) einführen *coutume, impôt;* einrichten *liaison aérienne, téléphonique;* aufnehmen *relations*
❸ (*mettre en place*) errichten *barrage, domination;* begründen *pouvoir*
❹ (*dans un emploi, un état*) ~ **qn à un poste** jdm eine Stelle verschaffen; **tous mes enfants sont établis** meine Kinder sind alle versorgt
❺ (*fonder*) ~ **une fortune/réputation sur qc** ein Vermögen/einen Ruf auf etw (*Akk*) gründen; ~ **une démonstration sur qc** einen Beweis auf etw (*Akk*) stützen
❻ (*fixer*) aufstellen; zusammenstellen *liste;* ausarbeiten *emploi du temps, plan;* festsetzen, festlegen *prix*
❼ (*rédiger*) ausstellen *facture, chèque, certificat, passeport, accréditif;* aufnehmen *constat*
❽ (*faire*) anstellen *comparaison;* herstellen *rapport, relation*
❾ (*déterminer*) ermitteln *circonstances;* feststellen *identité*
❿ (*prouver*) nachweisen *participation à qc, culpabilité;* beweisen *innocence;* **le rapport établit que** aus dem Bericht geht hervor, dass; **l'autopsie a établi que** die Autopsie hat ergeben, dass; **il est établi que qn fait qc** es steht fest, dass jd etw tut; es ist sicher [*o* bewiesen], dass jd etw tut
⓫ SPORT aufstellen *record*
II. *vpr* **s'~** ❶ (*s'installer*) sich niederlassen; *colonisateur:* sich ansiedeln
❷ (*professionnellement*) sich niederlassen; **s'~ à son compte** sich selb[st]ständig machen; **s'~ boulanger** eine eigene Bäckerei aufmachen
❸ (*s'instaurer*) *usage:* sich einbürgern; *relations:* sich entwickeln; *régime:* sich etablieren; **le silence s'établit/s'établit de nouveau** es wird still/es kehrt wieder Ruhe ein
❹ (*se rendre indépendant*) sich etablieren; **tous ses enfants se sont établis** alle seine/ihre Kinder sind etwas geworden
établissement¹ [etablismɑ̃] *m* ❶ (*fait d'installer*) *d'un camp* Errichtung *f; d'une usine* Gründung *f; d'une centrale nucléaire, ligne de chemin de fer* Bau *m*
❷ (*fait de s'installer*) Niederlassung *f; d'un colonisateur* Ansied[e]lung *f*
❸ (*instauration*) *d'un impôt* Einführung *f; de relations* Aufnahme *f; d'une liaison aérienne* Einrichtung *f*
❹ (*mise en place*) *d'un régime politique, de barrages de police* Errichtung *f; d'un pouvoir* Begründung *f*
❺ (*dans une fonction*) Bestellung *f*
❻ (*élaboration, réalisation*) Aufstellung *f; d'une liste* Zusammenstellung *f*, Aufstellung; *d'un emploi du temps, plan* Ausarbeitung *f; d'un prix* Festsetzung *f; d'un record* Aufstellung; ~ **du prix de revient** Kostenpreisbildung *f*
❼ (*rédaction*) *d'un devis, certificat, passeport* Ausstellung *f; d'un constat* Aufnahme *f*
❽ (*constatation*) *d'un fait* Feststellung *f*, Ermittlung *f*
◆ ~ **de crédit** Kreditbank *f*
établissement² [etablismɑ̃] *m* (*institution*) Einrichtung *f*, Anstalt *f;* (*hôtel*) Haus *nt; d'une banque, société* Niederlassung *f;* **aux ~s Dupond** bei [der Firma] Dupond; ~ **scolaire** Lehranstalt; ~ **thermal** Kurhaus *nt*
◆ ~ **d'enseignement** Lehranstalt *f*, Ausbildungsstätte *f;* ~ **d'enseignement secondaire** ≈ weiterführende Schule; ~ **d'enseignement supérieur** Hochschule *f*
étage [etaʒ] *m* ❶ *d'une maison* Stock[werk *nt*] *m*, Etage *f; d'une tour* Plattform *f;* **immeuble à** [*o* **de**] **trois/quatre ~s** drei-/vierstöckiges [*o* -geschossiges] Haus; **à l'~** oben, in der ersten Etage; **à l'~ du dessus/dessous** einen Stock [*o* eine Treppe] höher/tiefer

❷ *d'une fusée* Stufe *f*
▶ **de bas** ~ *gens, plaisanterie* mit niedrigem Niveau, primitiv
étagement [etaʒmɑ̃] *m* Abstufung *f; des vignes* Terrassierung *f*
étager [etaʒe] <2a> **I.** *vt* auftürmen, aufbauen *objets*
II. *vpr* **s'**~ *objets:* aufgetürmt [*o* aufgebaut] sein; *vignes, jardins:* in Terrassen [*o* terrassenförmig] angelegt sein; *maisons:* in Stufen [*o* stufenförmig] gebaut sein
étagère [etaʒɛʀ] *f* ❶ (*tablette*) [Regal]brett *nt;* ~ **à épices** Gewürzregal *nt*
❷ (*meuble*) Regal *nt*
étai [etɛ] *m* Stützbalken *m*
étaiement [etɛmɑ̃] *m v.* **étayage**
étain [etɛ̃] *m* Zinn *nt*
étais [etɛ] *imparf de* **être**
étal [etal] <s> *m* Marktstand *m; d'une boucherie* Hackbank *f*
étalage [etalaʒ] *m* ❶ COM (*action*) Ausstellen *nt,* Auslegen *nt*
❷ (*devanture*) Auslage *f,* Schaufenster *nt;* (*en tant que surface*) Auslagefläche *f;* (*tréteaux*) Stand *m*
❸ (*déploiement*) Zurschaustellung *f;* **faire** ~ **de qc** etw zur Schau stellen
étalagiste [etalaʒist] *mf* [Schaufenster]dekorateur(in) *m(f)*
étalement [etalmɑ̃] *m* ❶ (*action d'étaler*) *de papiers* Ausbreiten *nt*
❷ (*échelonnement*) *d'une opération, d'un paiement* Aufteilen *nt; des horaires* Verteilen *nt,* Entzerrung *f*
◆ ~ **des vacances** zeitliche Staffelung der Ferientermine
étaler [etale] <1> **I.** *vt* ❶ (*éparpiller*) ausbreiten; (*déployer*) auseinander falten *carte, journal;* ausrollen *tapis*
❷ (*exposer pour la vente*) auslegen
❸ (*étendre*) auftragen *peinture, pommade;* verteilen *gravier;* ~ **du beurre sur du pain** Brot mit Butter bestreichen
❹ (*dans le temps*) verteilen, entzerren; **être étalé(e) dans le temps** *paiement, réforme:* sich über einen bestimmten Zeitraum erstrecken; **une augmentation de loyer étalée dans le temps** eine gestaffelte Mieterhöhung
❺ (*exhiber*) prahlen mit *connaissances;* zur Schau stellen *luxe*
❻ *fam* (*échouer*) **se faire** ~ **à un examen** bei einer Prüfung durchfallen
II. *vpr* ❶ (*s'étendre*) **bien/mal s'**~ *beurre:* sich gut/schlecht streichen lassen; *peinture, pommade:* sich gut/schlecht verarbeiten lassen
❷ (*dans l'espace*) **s'**~ *plaine, ville:* sich ausbreiten/-dehnen; **la publicité s'étale dans les journaux** die Werbung macht sich in den Zeitungen breit
❸ (*s'afficher*) **s'**~ *inscription, nom:* prangen; (*s'exhiber*) *luxe:* zur Schau gestellt werden
❹ (*se vautrer*) **s'**~ es sich (*Dat*) bequem machen
❺ *fam* (*tomber*) **s'**~ auf die Nase fallen (*fam*)
❻ (*dans le temps*) **s'**~ **dans le temps** sich über einen bestimmten Zeitraum erstrecken
étalon¹ [etalɔ̃] *m* (*cheval*) Zuchthengst *m*
étalon² [etalɔ̃] *m* (*mesure*) Eichmaß *nt,* Richtmaß *nt,* Standard *m;* **le mètre** ~ das Urmeter; ~ **monétaire** Währungsstandard *m*
étalonnage [etalɔnaʒ] *m,* **étalonnement** [etalɔnmɑ̃] *m* Eichen *nt,* Eichung *f*
étalonner [etalɔne] <1> *vt* eichen
étalon-or [etalɔ̃ɔʀ] *m sans pl* Goldwährung *m*
étamage [etamaʒ] *m d'un métal* Verzinnen *nt,* Verzinnung *f; d'une glace* Belegung *f*
étambot [etɑ̃bo] *m du gouvernail* Achtersteven *m*
étamer [etame] <1> *vt* verzinnen *métal;* belegen *glace*
étamine [etamin] *f* ❶ BOT Staubblatt *nt,* Staubbeutel *m,* Staubgefäß *nt*
❷ (*tissu*) E[s]tamin *m o nt,* Etamine *f*
étanche [etɑ̃ʃ] *adj emballage* wasserdicht
étanchéité [etɑ̃ʃeite] *f* **vérifier l'**~ **de qc** überprüfen, ob etw wasserdicht ist; **améliorer l'**~ **de qc** etw besser gegen Wasser abdichten
étancher [etɑ̃ʃe] <1> *vt* stillen *sang;* ~ **sa soif** seinen Durst löschen
étançon [etɑ̃sɔ̃] *m* TECH Stützpfeiler *m*
étang [etɑ̃] *m* Teich *m*
étant [etɑ̃] *part prés de* **être**
étape [etap] *f* ❶ (*trajet*) Etappe *f;* (*lieu d'arrêt*) Etappenziel *nt;* (*lieu de repos*) Rastplatz *m;* **faire** ~ Pause machen; *voyageurs:* Station [*o* Halt] [*o* Pause] machen; **faire un trajet en une seule** ~/**en plusieurs** ~**s** auf einer Strecke keine/mehrere Pausen einlegen; (*en voiture*) durchfahren/unterwegs [mehrmals] anhalten
❷ (*période*) (*dans la vie*) Abschnitt *m;* (*dans une évolution*) Phase *f;* (*dans la résolution d'un problème*) Schritt *m;* ~ **de la vie** Lebensabschnitt; **d'**~ **en** ~ Schritt für Schritt; **faire qc par** ~**s** etw schrittweise [*o* in Etappen] machen; **il ne faut pas brûler les** ~**!** man soll nichts überstürzen!
état [eta] *m* ❶ (*manière d'être*) *d'une personne, chose* Zustand *m; des recherches* Stand *m;* ~ **de choses** Sachlage *f,* Lage der Dinge; ~ **de marche** Betriebsfähigkeit *f;* ~ **des routes** Straßenzustand; **dans l'**~ **actuel des choses** beim gegenwärtigen Stand der Dinge; **l'**~ **de nos finances** unsere finanzielle Lage; ~ **mental/physique** geistige/körperliche Verfassung; ~ **d'épuisement/de veille** Erschöpfungs-/Wachzustand; **je vends la maison en l'**~ ich verkaufe das Haus so, wie es ist; **être en** ~ *stylo:* in Ordnung sein; *machine, appareil:* betriebsbereit [*o* in Ordnung] sein; *machine à écrire:* funktionstüchtig sein; *appartement, maison:* bezugsfertig sein; **en bon** ~ *marchandise* in unbeschädigtem Zustand; **être en bon/mauvais** ~ in gutem/schlechten Zustand sein, gut/nicht gut erhalten sein; **être en** ~ **de marche** *voiture, bicyclette:* fahren; *appareil, machine:* funktionieren; **être en** ~ **de faire qc** in der Lage sein etw zu tun; **être hors d'**~ **de faire qc** nicht in der Lage sein etw zu tun; **être dans un** ~ **de saleté inimaginable** unglaublich dreckig sein
❷ PHYS, CHIM [Aggregat]zustand *m;* **à l'**~ **brut** im Rohzustand; **substance à l'**~ **pur** reine Substanz
❸ HIST Stand *m;* ~**s généraux** Generalstände *Pl;* **tiers** ~ dritter Stand
❹ (*liste*) *des recettes, dépenses* Verzeichnis *nt,* Aufstellung *f*
▶ **en tout** ~ **de cause** (*dans tous les cas*) unter allen Umständen; (*quoi qu'il en soit*) auf jeden Fall, auf alle Fälle; ~ **civil** Personenstand *m;* (*service*) Standesamt *nt;* **vérifier l'**~ **civil de qn** jds Personalien überprüfen; **ne pas être dans son** ~ **normal** nicht man selbst sein; **être dans un** ~ **second** nicht ganz bei sich [*o* da] sein (*fam*); **être dans tous ses** ~**s** in heller Aufregung sein; **faire** ~ **d'un document** auf ein Dokument Bezug nehmen; **les statistiques font** ~ **de...** die Statistiken verweisen auf ...; **ne te mets donc pas dans cet** [*o* **dans un tel**] ~ [*o* **dans un** ~ **pareil**]**!** reg dich doch nicht so auf!
◆ ~ **d'alerte** Alarmzustand *m,* Alarmbereitschaft *f;* ~ **d'âme** ❶ *pl* (*vie affective*) Seelenleben *nt* ❷ *pl* (*fait de se poser des questions*) Gewissen *nt* ❸ (*sentiment éprouvé*) Gemütszustand *m* ▶ **avoir des** ~**s d'âme** (*se poser des questions*) Gefühle haben; (*être amoureux*) Liebeskummer haben; ~ **d'arrestation mettre qn en** ~ **d'arrestation** jdn verhaften [*o* festnehmen]; **être en** ~ **d'arrestation** verhaftet [*o* festgenommen] sein; ~ **de choc** Schockzustand *m,* Schock *m* ▶ **être en** ~ **de choc** MED unter Schock stehen; (*être sous le coup de l'émotion*) schockiert sein; ~ **d'esprit** Einstellung *f;* ~ **de fait** JUR Tatbestand *m;* ~ **de grâce** ❶ REL Stand *m* der Gnade ❷ POL Vorschusslorbeeren *Pl;* ~ **des lieux** (*action*) Wohnungsabnahme *f;* (*document*) Abnahmeprotokoll *nt;* ~ **de santé** Gesundheitszustand *m;* ~ **de siège** Belagerungszustand *m;* ~ **d'urgence** Notstand *m*
État [eta] *m* POL Staat *m;* **les** ~**s du Golfe** die Golfstaaten; ~**s membres de l'UE** EU-Mitgliedstaaten; **l'**~ **patron** der Staat als Arbeitgeber; **être un** ~ **dans l'**~ einen Staat im Staat bilden

◆ ~ **de droit** Rechtsstaat *m*
étatique [etatik] *adj dirigisme* Staats-
étatisation [etatizasjɔ̃] *f* Verstaatlichung *f*
étatiser [etatize] <1> *vt* verstaatlichen
étatisme [etatism] *m* Etatismus *m*
état-major [etamaʒɔʀ] <états-majors> *m* ❶ MIL (*personnes*) Generalstab *m;* (*bureaux*) Stabsquartier *nt,* Kommandozentrale *f* ❷ POL *d'un ministre* [Mitarbeiter]stab *m; d'un parti* Führungsspitze *f* ❸ ECON *d'une entreprise* [Führungs]stab *m* **État-providence** [etapʀɔvidɑ̃s] *m sans pl* Wohlfahrtsstaat *m*
États-Unis [etazyni] *mpl* **les** ~ **d'Amérique** die Vereinigten Staaten von Amerika
étau [eto] <x> *m* Schraubstock *m*
▸ **être pris(e) [comme] dans un** ~ in der Klemme stecken
étayage [etɛjaʒ] *m d'une façade, d'un plafond* Abstützung *f*
étayer [eteje] <7> *vt* ❶ (*soutenir*) [ab]stützen
❷ (*fonder*) ~ **un argument/raisonnement sur qc** ein Argument/eine Überlegung auf etw (*Akk*) stützen; **une suite d'affirmations que rien n'étaie** eine Reihe von Behauptungen, die durch nichts gestützt werden
etc [ɛtseteʀa] *abr de* **et cætera, et cetera** etc., usw.
et cætera, et cetera [ɛtseteʀa] *m inv* et cetera, und so weiter
été[1] [ete] *m* Sommer *m;* **l'~, ...** im Sommer ...; **c'était l'~, nous étions en** ~ es war Sommer; **il fait un temps d'~** es ist [ein richtiges] Sommerwetter; ~ **comme hiver** im Sommer wie im Winter, sommers wie winters
▸ ~ **indien** [*o* **de la Saint-Martin**] Altweibersommer *m,* Spätsommer
été[2] [ete] *part passé de* **être**
éteignoir [etɛɲwaʀ] *m* Kerzenlöscher *m;* (*dans une église*) Löschhütchen *nt*
éteindre [etɛ̃dʀ] <*irr*> **I.** *vt* ❶ ausmachen; ausschalten, ausmachen *lumière, lampe, télé;* abstellen *radio;* abdrehen *chauffage;* abschalten *four;* ausblasen *bougie;* löschen *feu, incendie;* ausdrücken *cigarette;* (*avec le pied*) austreten *cigarette*
❷ (*éteindre la lumière de*) ~ **la pièce/l'escalier** im Zimmer/auf der Treppe das Licht ausmachen
❸ JUR tilgen *dette*
II. *vi* das Licht ausmachen
III. *vpr* **s'~** ❶ (*cesser de brûler*) ausgehen
❷ *littér* (*mourir*) *personne:* entschlafen (*geh*); *espèce, famille:* aussterben
éteint(e) [etɛ̃, ɛ̃t] **I.** *part passé de* **éteindre**
II. *adj* ❶ *bougie, cigarette, volcan* erloschen; **être éteint(e)** aus[gemacht] sein; *lampe, feux de voiture:* aus[geschaltet] sein; *chauffage:* abgedreht sein; *incendie:* gelöscht sein; **c'est éteint chez les voisins** bei den Nachbarn ist es dunkel
❷ (*terne*) *couleur* verblasst; *regard* matt, trübe; *voix* belegt; *personne* gebrochen
❸ *espèce, famille* ausgestorben
étendage [etɑ̃daʒ] *m v.* **étendoir**
étendard [etɑ̃daʀ] *m* Standarte *f,* Fahne *f*
▸ **brandir** [*o* **lever**] **l'~ de la révolte** *soutenu* das Signal zum Aufstand geben
étendoir [etɑ̃dwaʀ] *m* (*séchoir*) Trockenplatz *m;* (*sur pied*) Wäscheständer *m*
étendre [etɑ̃dʀ] <14> **I.** *vt* ❶ (*coucher*) hinlegen
❷ (*poser à plat*) ausrollen *tapis;* ~ **une couverture sur qn** eine Decke über jdm ausbreiten; ~ **une carte/une nappe sur une table** eine Karte/eine Tischdecke auf einem Tisch ausbreiten
❸ (*étaler*) ausrollen *pâte;* streichen *beurre;* auftragen *peinture;* ~ **une pommade sur une plaie** Salbe auf eine Wunde auftragen
❹ (*répandre*) ~ **de la paille/du gravier sur le sol** Stroh/Kies auf den Boden streuen
❺ (*faire sécher*) aufhängen
❻ (*déployer*) ausstrecken *bras, jambes;* ausbreiten *ailes*
❼ *fam* (*faire tomber*) zu Boden strecken, niederstrecken
❽ *fam* (*coller à un examen*) durchrasseln lassen (*fam*); **se faire** ~ durchrasseln (*fam*)
❾ *fam* (*se faire battre*) **se faire** ~ eine Schlappe einstecken (*fam*)
❿ (*diluer*) verdünnen *vin, peinture;* ~ **une sauce de vin/d'eau** eine Soße mit Wein strecken/mit Wasser verdünnen
⓫ (*agrandir*) erweitern; vergrößern *cercle de relations, influence;* vertiefen *connaissances;* vermehren *fortune*
⓬ (*appliquer*) ~ **une protection à qn** einen Schutz auf jdn ausdehnen; ~ **des recherches à qc** Untersuchungen auf etw ausdehnen
II. *vpr* ❶ (*se reposer*) **s'~** sich hinlegen; (*s'allonger*) sich ausstrecken
❷ (*s'appesantir*) **s'~ sur qc** sich über etw (*Akk*) auslassen
❸ (*occuper*) **s'~** sich erstrecken
❹ (*augmenter*) **s'~ sur qc** *épidémie, incendie:* um sich greifen, sich über etw (*Akk*) ausbreiten; *tache:* sich vergrößern; *ville, pouvoir:* wachsen; *connaissances, cercle:* sich erweitern; *ombre:* länger werden; *obscurité:* hereinbrechen
❺ (*s'appliquer*) **s'~ à qn/qc** für jdn/etw gelten, jdn/etw betreffen
étendu(e) [etɑ̃dy] **I.** *part passé de* **étendre**
II. *adj* ❶ *personne, jambes* ausgestreckt; *ailes* ausgebreitet
❷ (*dilué avec*) ~**(e) d'eau** mit Wasser verdünnt; **sauce ~e de bouillon** mit Brühe gestreckte Soße
❸ (*vaste*) ausgedehnt; *forêts* weit, ausgedehnt; *plaine, vue* weit; *ville* groß
❹ (*considérable*) *connaissances* umfangreich; *pouvoir* weit reichend; *signification* umfassend; *vocabulaire* reich; **pour une vue plus ~e** für einen allgemeineren Überblick
étendue [etɑ̃dy] *f* ❶ (*dimension*) *d'un pays, d'une forêt* Ausdehnung *f*
❷ (*espace*) Weite *f;* **de vastes ~s de prés** weite Weideflächen; **de vastes ~s de forêts** große Waldgebiete; **une immense ~ d'eau** eine riesige Wasserfläche; **sur toute l'~ du territoire** (*en parlant de la France*) in ganz Frankreich
❸ (*ampleur*) *d'une catastrophe* Ausmaß *nt; des dégâts* Umfang *m,* Ausmaß; **l'~ de ses connaissances** seine/ihre umfangreichen Kenntnisse [*o* umfassenden]; **accroître l'~ de ses pouvoirs** seinen Machtbereich weiter ausdehnen
éternel(le) [etɛʀnɛl] *adj* ❶ ewig; *regrets* tief; *recommencement* ständig; **tu auras droit à ma reconnaissance ~le** *hum* ich werde dir ewig dankbar sein
❷ *antéposé* (*inévitable*) unvermeidlich
❸ *antéposé péj* (*sempiternel*) ewig
Éternel [etɛʀnɛl] *m sans pl* **l'~** der Ewige, der ewige Gott
éternellement [etɛʀnɛlmɑ̃] *adv* ewig; (*depuis toujours*) schon immer; (*sans arrêt*) immer; *péj* ewig
éterniser [etɛʀnize] <1> **I.** *vt* ❶ (*faire traîner*) hinziehen, in die Länge ziehen
❷ *littér* (*immortaliser*) verewigen
II. *vpr* **s'~** ❶ (*traîner*) sich hinziehen, sich in die Länge ziehen
❷ *fam* (*s'attarder*) ewig bleiben (*fam*); **s'~ sur un sujet** sich endlos über ein Thema auslassen
éternité [etɛʀnite] *f* Ewigkeit *f;* **il y a** [*o* **cela fait**] **une ~ que qn a fait qc** *fam* es ist [schon] eine Ewigkeit [*o* Ewigkeiten] [*o* ewig] her, dass jd etw getan hat (*fam*); **de toute ~** seit ewigen Zeiten
éternuement [etɛʀnymɑ̃] *m gén pl* Niesen *nt kein Pl*
éternuer [etɛʀnɥe] <1> *vi* niesen; **faire ~ qn** jdn zum Niesen bringen
êtes [ɛt] *indic prés de* **être**
étêter [etete] <1> *vt* kappen, stutzen *arbre;* ~ **un clou** einem Nagel den Kopf abzwicken; ~ **un poisson** einem Fisch den Kopf abschneiden
éthane [etan] *m* CHIM Äthan *nt,* Ethan *nt* (*Fachspr.*)
éthanol [etanɔl] *m* CHIM Äthanol *nt,* Ethanol *nt* (*Fachspr.*)

éther [etɛʀ] *m* Äther *m*
éthéré(e) [eteʀe] *adj littér* ätherisch
Éthiopie [etjɔpi] *f* **l'**~ Äthiopien *nt*
éthiopien [etjɔpjɛ̃] *m* **l'**~ Äthiopisch *nt,* das Äthiopische; *v. a.* **allemand**
éthiopien(ne) [etjɔpjɛ̃, jɛn] *adj* äthiopisch
Éthiopien(ne) [etjɔpjɛ̃, jɛn] *m(f)* Äthiopier(in) *m(f)*
éthique [etik] **I.** *adj* ethisch
II. *f* Ethik *f*
ethniciser [ɛtnisize] <1> *vt* eine Volkszugehörigkeit [künstlich] herstellen
ethnie [ɛtni] *f* Volksstamm *m*
ethnique [ɛtnik] *adj* ethnisch
ethnographe [ɛtnɔgʀaf] *mf* Ethnograph(in) *m(f)*
ethnographie [ɛtnɔgʀafi] *f* Ethnographie *f*
ethnologie [ɛtnɔlɔʒi] *f* Völkerkunde *f,* Ethnologie *f*
ethnologue [ɛtnɔlɔg] *mf* Ethnologe *m*/Ethnologin *f*
éthologie [etɔlɔʒi] *f* Verhaltensforschung *f*
éthyle [etil] *m* CHIM Äthyl *nt,* Ethyl *nt*
éthylène [etilɛn] *m* CHIM Äthylen *nt,* Ethylen *nt*
éthylique [etilik] **I.** *adj* ❶ MED Alkohol-
❷ CHIM **alcool** ~ Äthylalkohol *m*
II. *mf* Alkoholiker(in) *m(f)*
éthylisme [etilism] *m* Alkoholismus *m*
éthylomètre [etilɔmɛtʀ] *m,* **éthylotest** [etilɔtɛst] *m v.* **alcootest**
étiage [etjaʒ] *m* Niedrigwasser *nt*
étincelant(e) [etɛ̃s(ə)lɑ̃, ɑ̃t] *adj* ❶ (*scintillant*) *robe* glitzernd; *pierres* funkelnd, glitzernd
❷ (*éclatant*) *couleurs* leuchtend
❸ (*brillant*) *regard* strahlend; *yeux* (*de joie*) leuchtend; (*de haine*) funkelnd, blitzend
❹ (*vif et spirituel*) *discours* mitreißend, spritzig; *style* brillant; **avoir une conversation ~e** sich brillant unterhalten
étinceler [etɛ̃s(ə)le] <3> *vi* ❶ (*à la lumière*) *sable, mer:* glitzern; *or, diamant:* funkeln, glitzern; *couteau, lame:* blitzen; *étoile:* blinken; (*de propreté*) *vaisselle, vitre:* blitzen
❷ (*lancer comme des étincelles*) ~ **de joie/de haine** *yeux:* vor Freude strahlen/vor Hass blitzen
❸ *soutenu* (*briller par*) ~ **d'esprit/de poésie** vor Geist/Poesie sprühen
étincelle [etɛ̃sɛl] *f* ❶ Funke[n] *m;* **faire des ~s** *chose:* Funken sprühen [*o* geben]; **faire [jaillir] des ~s avec qc** *personne:* Funken mit [*o* aus] etw schlagen
❷ (*lueur*) **des ~s s'allument dans les yeux de qn** jds Augen beginnen zu strahlen [*o* leuchten]; **ses yeux lançaient** [*o* **jetaient**] **des ~s** seine/ihre Augen blitzten vor Wut
❸ (*un petit peu de*) **une ~ de génie** ein Funken Genie; **une ~ d'intelligence** eine Spur Intelligenz
▸ **c'est l'~ qui a mis le feu aux poudres** das war der Funke im Pulverfass; **cela fait des ~s** *fam* es funkt [*o* knallt] (*fam*); **faire/ne pas faire des ~s** *fam* (*obtenir de brillants résultats*) glänzen/nicht gerade glänzen (*fam*)
étincellement [etɛ̃sɛlmɑ̃] *m* Funkeln *nt*
étiolé(e) [etjɔle] *adj* kümmerlich; *plantes* [durch Lichtmangel] verkümmert; *personne* schmächtig
étiolement [etjɔlmɑ̃] *m d'une plante* Verkümmern *nt* [durch Lichtmangel]; *d'une personne* Saft- und Kraftlosigkeit *f; d'un esprit* Verkümmern *nt*
étioler [etjɔle] <1> **I.** *vt* verkümmern lassen *plantes;* schwächen *personne*
II. *vpr* **s'**~ *plante:* [durch Lichtmangel] verkümmern; *personne:* immer kraftloser [*o* schwächer] werden; *esprit:* verkümmern
étions [etjɔ̃] *imparf de* **être**
étique [etik] *adj* abgemagert
étiquetage [etiktaʒ] *m* ❶ (*action*) Etikettierung *f,* Beschriftung *f*
❷ (*information écrite*) Aufschrift *f*
étiqueter [etikte] <3> *vt* ❶ etikettieren; adressieren *colis*
❷ (*classer*) ~ **qn comme qc** jdn als etw abstempeln
étiquette [etikɛt] *f* ❶ Etikett *nt;* (*sur un paquet*) Aufschrift *f;* (*adhésif*) Aufkleber *m;* (*de prix*) Preisschild *nt*
❷ POL **se présenter sans ~** sich als Parteiloser zur Wahl stellen; **être candidat sous la même ~ que...** für die gleiche Partei wie ... kandidieren
❸ (*protocole*) **l'**~ die Etikette
❹ INFORM (*label*) Label *nt*
◆ ~ **de réseau** Netiquette *f*
étirage [etiʀaʒ] *m d'un fils de fer* Ziehen *nt; de tôles* Strecken *nt,* Ausschmieden *nt*
étirer [etiʀe] <1> **I.** *vt* ❶ (*distendre*) strecken *peaux;* ausschmieden, strecken *tôles;* ziehen *verre, fils de fer*
❷ (*allonger*) [aus]strecken *membres*
II. *vpr* **s'**~ ❶ *animal:* sich strecken; *personne:* sich recken, sich strecken
❷ sich dehnen; *textile:* sich ziehen, sich dehnen; *peloton:* sich auseinander ziehen
étoffe [etɔf] *f* Stoff *m;* ~ **de coton/de lin** Baumwoll-/Leinenstoff *m*
▸ **avoir l'~ de qn/qc** das Zeug zu jdm/etw haben; **avoir de l'/manquer d'~** Format/kein Format haben
étoffé(e) [etɔfe] *adj* ❶ LITTER *style* reich, üppig; *personnage* herausgearbeitet, farbig; *devoir* gehaltvoll
❷ MUS *son, voix* klangvoll
étoffer [etɔfe] <1> **I.** *vt* LITTER ausbauen, ausschmücken *récit;* weiter ausbauen, inhaltlich reicher gestalten *devoir;* herausarbeiten *personnage*
II. *vpr* **s'**~ (*devenir plus fort*) *sportif:* kräftiger werden; *adolescent:* Fleisch auf die Rippen bekommen (*fam*); (*devenir plus gros*) zunehmen
étoile [etwal] *f* ❶ Stern *m;* ~ **filante** Sternschnuppe *f*
❷ (*objet, figure*) Stern *m;* ~ **à cinq/six branches** Stern mit fünf/sechs Zacken, fünf-/sechszackiger Stern; **en** ~ sternförmig
❸ (*distinction*) *d'un hôtel, général* Stern *m;* **restaurant cinq ~s** Fünf-Sterne-Restaurant
❹ (*vedette*) Star *m*
▸ **coucher** [*o* **dormir**] **à la belle ~** im Freien [*o* unter freiem Himmel] schlafen; **être né(e) sous une bonne/mauvaise ~** unter einem guten/keinem guten [*o* glücklichen/keinem glücklichen] Stern geboren sein; **avoir foi** [*o* **être confiant(e)**] **en son ~** an seinen Stern glauben; **l'~ de qn pâlit** jds Stern sinkt, jds Stern ist im Sinken
◆ ~ **du berger** Abendstern *m;* ~ **de mer** Seestern *m*
étoilé(e) [etwale] *adj* ❶ *vitre* [sternförmig] gesprungen
❷ *littér ciel* stern[en]übersät, Sternen-; *nuit* stern[en]klar
étoiler [etwale] <1> **I.** *vt* ❶ (*parsemer d'étoiles*) mit Sternen übersähen *ciel*
❷ (*fêler en forme d'étoiles*) sternförmig springen *vitre*
II. *vpr* **s'**~ *ciel:* sich mit Sternen bedecken
étole [etɔl] *f* Stola *f;* ~ **de vison** Nerzstola *f*
étonnamment [etɔnamɑ̃] *adv* ❶ (*de manière inattendue*) erstaunlicherweise
❷ *antéposé* (*singulièrement*) *bien, petit* erstaunlich
étonnant [etɔnɑ̃] *m* **l'~ est que qn fasse qc** das Erstaunliche [*o* Verwunderliche] daran ist, dass jd etw tut
étonnant(e) [etɔnɑ̃, ɑ̃t] *adj* ❶ (*surprenant*) erstaunlich, verwunderlich; **c'est ~, ...** das ist aber merkwürdig [*o* komisch *fam*], ...; **ce n'est pas ~** das ist kein Wunder; **il n'y a rien d'~ à cela/à ce que qn fasse qc** das ist nicht weiter verwunderlich/es ist nicht verwunderlich, dass jd etw tut
❷ (*remarquable*) *ouvrage, mémoire, spectacle* erstaunlich gut; *personne, maturité* erstaunlich
étonné(e) [etɔne] *adj* erstaunt; *personne* verwundert, erstaunt; **être ~(e)** sich wundern, erstaunt sein; **faire l'~(e)** erstaunt [*o* verwundert] tun

étonnement [etɔnmɑ̃] *m* Verwunderung *f,* Erstaunen *nt*

étonner [etɔne] <1> **I.** *vt* erstaunen; *chose:* [ver]wundern, erstaunen
II. *vpr* **s'~ de qc** sich über etw *(Akk)* wundern, über etw *(Akk)* erstaunt sein; **s'~ que** [*o* **de ce que**] **qn fasse qc** sich darüber wundern [*o* darüber erstaunt sein], dass jd etw tut

étouffant(e) [etufɑ̃,ɑ̃t] *adj* ❶ *(suffocant) chaleur* drückend, brütend; *air* stickig, schwül; **la chaleur est devenue ~e ici** es ist zum Ersticken heiß hier
❷ *(pesant) atmosphère* bedrückend

étouffé(e) [etufe] *adj personne* erstickt; *bruit, son* gedämpft; *rires* unterdrückt, erstickt

étouffe-chrétien [etufkʀetjɛ̃] <étouffe-chrétiens> *m fam* Kleister *m (pej fam)*

étouffée [etufe] *f* ▸ **cuire à l'~** dünsten; schmoren, dünsten *viande*

étouffement [etufmɑ̃] *m* ❶ *sans pl (mort)* Ersticken *nt*
❷ *(gêne)* **crise d'~** Erstickungsanfall *m;* **cette sensation d'~** das Gefühl keine Luft mehr zu bekommen; **mourir d'~/être mort(e) par ~** ersticken/erstickt sein; **provoquer des ~s** Atemnot hervorrufen
❸ *sans pl (répression) d'une révolte* Ersticken *nt,* Unterdrückung *f; d'un scandale* Vertuschung *f*

étouffer [etufe] <1> **I.** *vt* ❶ *(priver d'air)* ersticken; **un bonbon a failli ~ la gamine** das Mädchen wäre beinahe an einem Bonbon erstickt; **cette chaleur m'étouffe** diese Hitze bringt mich um *(fam)*; **la fureur étouffe qn** die Wut schnürt jdm die Kehle zu; **l'ambiance étouffe qn** die Stimmung gibt jdm das Gefühl ersticken zu müssen
❷ *(empêcher de croître) liseron:* erdrücken
❸ *(arrêter)* ersticken, löschen *feu*
❹ *(atténuer)* dämpfen *bruit*
❺ *(dissimuler)* unterdrücken *bâillement, soupir, sentiment;* ersticken *sanglot;* vertuschen, totschweigen *scandale, affaire*
❻ *(faire taire)* aus der Welt schaffen *rumeur;* zum Schweigen bringen *opinion, opposition*
❼ *(réprimer)* niederschlagen *révolte;* **~ un complot dans l'œuf** einen Komplott im Keim ersticken
▸ **ça t'étoufferait de dire merci/pardon** *fam* es könnte dir wohl ein Zacken aus der Krone brechen, wenn du dich bedanken/entschuldigen würdest *(fam)*; **ce n'est pas la politesse qui l'étouffe** *fam* er/sie zeichnet sich nicht gerade durch Höflichkeit aus; **c'est pas les scrupules qui l'étouffent!** der/die wird nicht gerade von Gewissensbissen geplagt!; **c'est pas le sens de la famille qui l'étouffe!** man kann ihn/sie nicht gerade als Familienmenschen bezeichnen!
II. *vi* ❶ *(mourir)* ersticken
❷ *(suffoquer)* keine Luft mehr bekommen; **on étouffe ici!** hier erstickt man ja!
III. *vpr* ❶ **s'~** ersticken; *(manquer d'air) moteur:* abwürgen
❷ *(se presser)* **s'~** dicht gedrängt beieinander stehen
❸ *(s'étrangler)* **s'~ de rire** sich vor Lachen nicht mehr halten können; **s'~ de rage** beinahe [*o* fast] vor Wut platzen

étouffoir [etufwaʀ] *m* ❶ *(récipient métallique)* Funkenlöscher *m,* Glutdämpfer *m*
❷ *fam (local mal aéré)* stickiges Lokal *nt*
❸ MUS *du piano* Dämpfer *m*

étoupe [etup] *f* Werg *nt,* Hede *f* (NDEUTSCH)

étourderie [etuʀdəʀi] *f* ❶ *sans pl (caractère)* Unbesonnenheit *f*
❷ *(acte)* Leichtsinn *m*

étourdi(e) [etuʀdi] **I.** *adj* leichtsinnig
II. *m(f)* leichtsinniger Mensch

étourdiment [etuʀdimɑ̃] *adv* gedankenlos

étourdir [etuʀdiʀ] <8> **I.** *vt* ❶ *(assommer)* betäuben; **ce choc à la tête l'a étourdi** er war von dem Schlag auf den Kopf ganz benommen
❷ *(abrutir) bruit:* halb [*o* fast] taub machen; *mouvement:* ganz schwind[e]lig machen; *paroles:* ganz benommen machen
❸ *(enivrer) parfum:* regelrecht betäuben, benebeln; **le vin l'étourdit** der Wein steigt ihr/ihm zu Kopf
II. *vpr* **s'~** sich betäuben

étourdissant(e) [etuʀdisɑ̃, ɑ̃t] *adj bruit* [ohren]betäubend; *succès* überwältigend; *personne* umwerfend; *rythme* atemberaubend

étourdissement [etuʀdismɑ̃] *m* Schwindelgefühl *nt,* Schwindelanfall *m;* **elle a** [*o* **elle est prise d'**] **un ~** ihr wird [es] schwind[e]lig; **une odeur lui cause des ~s** ihr/ihm wird von einem Geruch schwind[e]lig

étourneau [etuʀno] <x> *m* Star *m*

étrange [etʀɑ̃ʒ] *adj* seltsam, merkwürdig, komisch

étrangement [etʀɑ̃ʒmɑ̃] *adv* ❶ seltsam, merkwürdig, komisch
❷ *(beaucoup, très)* sehr

étranger [etʀɑ̃ʒe] *m* ❶ *(d'un autre pays)* Ausländer *m*
❷ *(d'une autre région, d'un autre groupe)* Fremde(r) *m*
❸ *(pays)* **l'~** das Ausland; **nouvelles de l'~** Auslandsnachrichten *Pl;* **voyage à l'~** Auslandsreise *f;* **séjour à l'~** Auslandsaufenthalt *m*

étranger, -ère [etʀɑ̃ʒe, -ɛʀ] *adj* ❶ *(d'un autre pays)* ausländisch; *politique* Außen-; *affaires* auswärtig; *travailleur* Gast-; *langue, corps* Fremd-
❷ *(d'un autre groupe)* fremd; **être ~(-ère) à la famille** nicht zur Familie gehören; **être ~(-ère) à l'Académie française** nicht Mitglied der Académie française sein
❸ *(non familier)* fremd; *usage, notion, gens* unbekannt; **nulle part cet enfant ne se sent ~** dieses Kind fühlt sich überall zu Hause
❹ *(extérieur)* **être ~(-ère) au sujet** nicht zum Thema gehören, mit dem Thema nichts zu tun haben; **être ~(-ère) à une affaire/un complot** in eine Affäre/ein Komplott nicht verwickelt sein, mit einer Affäre/einem Komplott nichts zu tun haben; **être ~(-ère) à une idée/l'art** einer Idee/der Kunst fremd gegenüberstehen

étrangère [etʀɑ̃ʒɛʀ] *f* ❶ *(d'un autre pays)* Ausländerin *f*
❷ *(d'une autre région, d'un autre groupe)* Fremde *f*

étrangeté [etʀɑ̃ʒte] *f sans pl (originalité)* Seltsamkeit *f,* Merkwürdigkeit *f,* Eigenartigkeit *f*

étranglé(e) [etʀɑ̃gle] *adj voix* erstickt; *son* gedämpft

étranglement [etʀɑ̃gləmɑ̃] *m* ❶ *(strangulation)* Erwürgen *nt,* Erdrosseln *nt;* **la victime est morte par ~** das Opfer wurde erwürgt [*o* erdrosselt]
❷ *(resserrement)* Einschnürung *f; d'un tuyau, d'une vallée* Verengung *f;* **~ d'une rue** Engpass *m* auf einer Straße
❸ *de la voix* Versagen *nt*

étrangler [etʀɑ̃gle] <1> **I.** *vt* ❶ *(tuer)* erwürgen, erdrosseln; **~ un animal** einem Tier den Hals umdrehen
❷ *(serrer le cou)* **~ qn** *cravate, col:* jdm den Hals zuschnüren
❸ *(empêcher qn de parler)* **~ qn** *émotion, fureur:* jdm die Kehle zuschnüren
❹ *(ruiner)* **~ qn** jdm die Luft abdrehen *(fam)*
II. *vpr* ❶ **s'~ avec qc** sich mit etw strangulieren [*o* erdrosseln]
❷ *(en mangeant, en pleurant)* **s'~ avec qc** sich an etw *(Dat)* verschlucken
❸ *(s'étouffer)* **s'~ de rire** vor Lachen fast keine Luft mehr bekommen; **s'~ d'indignation** vor Entrüstung kein Wort mehr herausbringen
❹ *(manquer)* **sa voix s'étrangle** ihm/ihr versagt die Stimme

étrangleur, -euse [etʀɑ̃glœʀ, -øz] *m, f* Würger(in) *m(f)*

étrave [etʀav] *f* Steven *m; d'un paquebot* Atlantiksteven *m*

être [ɛtʀ] <*irr*> **I.** *vi* ❶ *(pour qualifier)* sein
❷ *(pour indiquer la date, la période)* **le combien sommes-nous?** den Wievielten haben wir heute?, der Wievielte ist heute?; **quel jour sommes-nous?** was für ein Tag ist heute?; **nous sommes** [*o* **on est**] **le 2 mai** es ist der [*o* wir haben den] 2. Mai; **nous sommes** [*o* **on est**] **mercredi** es ist [*o* wir haben] Mittwoch

❸ (*pour indiquer le lieu*) sein; **le stylo est là, sur le bureau** der Kuli liegt da, auf dem Schreibtisch; **le vase est là, sur la table** die Vase steht da, auf dem Tisch; **les clés sont là, dans la serrure** die Schlüssel stecken da, im Schloss; **les clés sont là, au crochet** die Schlüssel hängen da, am Haken
❹ (*appartenir*) ~ **à qn** jdm gehören
❺ (*travailler*) ~ **dans l'enseignement/le textile** im Bildungswesen/in der Textilindustrie beschäftigt sein
❻ (*pour indiquer l'activité en cours*) ~ **à la préparation d'un sermon** dabei sein eine Predigt vorzubereiten; ~ **toujours à faire qc** fortwährend [*o* andauernd] [*o* ständig] dabei sein etw zu tun; ~ **toujours à rouspéter** ständig am Meckern sein
❼ (*pour exprimer une étape d'une évolution*) **où en es-tu de tes maths? – J'en suis au troisième problème** wie weit bist du mit deinen Matheaufgaben? – Ich bin bei der dritten Aufgabe; **en** ~ **à faire qc** gerade dabei sein etw zu tun; (*en arriver à*) so weit gekommen sein, dass man etw tut; **j'en suis à me demander si...** ich frage mich inzwischen, ob ...; **dis-moi ce qu'il en est de cette affaire?** sag mir wie es mit dieser Sache steht? [*o* aussieht]
❽ (*être absorbé par, attentif à*) ~ **tout à son travail** sich ganz seiner Arbeit widmen; ~ **tout à ses pensées** ganz in Gedanken versunken sein; **ne pas** ~ **à ce qu'on fait** nicht [ganz] bei der Sache sein
❾ (*pour exprimer l'obligation*) ~ **à faire** erledigt werden müssen; **ce livre est à lire absolument** dieses Buch muss man unbedingt lesen
❿ (*provenir*) ~ **de qn** *enfant, œuvre:* von jdm sein; ~ **d'une région/famille** aus einer Region/einer Familie stammen [*o* kommen] [*o* sein]
⓫ (*participer à, faire partie de*) **en** ~ mitmachen; *hum* (*être homosexuel*) homosexuell sein
⓬ (*être vêtu/chaussé de*) ~ **en costume/pantoufles** einen Anzug/Pantoffeln tragen; ~ **tout en rouge** ganz in Rot [gekleidet] sein
⓭ (*perdre*) **en** ~ **pour une certaine somme** um eine gewisse Summe kommen; **en avoir été pour ses frais** [*o* **sa peine**] sich umsonst bemüht haben
⓮ *au passé* (*aller*) **avoir été faire/acheter qc** etw gemacht/gekauft haben
⓯ (*exister*) sein; **la voiture la plus économique qui soit** das sparsamste Auto, das es gibt
▶ **je suis à toi/vous tout de suite** ich stehe dir/Ihnen sofort zur Verfügung; **je n'y suis pour personne** ich bin für niemanden zu sprechen; ~ **pour quelque chose/beaucoup/rien dans qc** etwas/viel/nichts mit etw zu tun haben; **n'y** ~ **pour rien** nichts damit zu tun [*o* schaffen] haben; **y** ~ im Bilde sein (*fam*), es [erraten] haben (*fam*); **ça y est** (*c'est fini*) so; (*je comprends*) ach so; (*je te l'avais dit*) siehst du; (*pour calmer qn*) ja, ja; [ist] schon gut; **ça y est, voilà qu'il pleut!** jetzt haben wir die Bescherung, es regnet!; **ça y est?** (*alors*) was ist?, also?; **n'est-ce pas?** nicht wahr?, nicht?; **n'est-ce pas que qn fait qc?** *fam* jd tut etw, nicht wahr?
II. *vi impers* ❶ **il est impossible/étonnant...** es ist unmöglich/erstaunlich, ...
❷ (*pour indiquer l'heure*) **il est dix heures/midi/minuit** es ist zehn [Uhr]/zwölf Uhr mittags/Mitternacht
❸ *soutenu* (*il y a*) **il est des gens qui...** es gibt Leute, die ...; **est-il parmi vous quelqu'un qui...** ist unter Ihnen jemand, der ...; **c'est un bon ouvrier, s'il en est!** das ist ein Arbeiter wie er im Buche steht! (*fam*); **connaisseur s'il en est** ein wahrer Kenner; *v. a.* **ce**
III. *aux* ❶ (*comme auxiliaire du passé actif*) ~ **venu(e)** gekommen sein; **s'**~ **rencontré(e)s** sich getroffen haben
❷ (*comme auxiliaire du passif*) **le sol est lavé chaque jour** der Boden wird jeden Tag geputzt; **la porte a été fracturée par les cambrioleurs** die Tür ist von den Dieben beschädigt worden

IV. *m* ❶ (*opp: chose*) ~ **animé** [*o* **vivant**] Lebewesen *nt*
❷ (*opp: animal*) ~ **humain** Mensch *m;* ~ **cher** geliebter Mensch
❸ *précédé d'un adj poss* (*essence*) **son** ~ **tout entier...** sein/ihr ganzes Wesen ...; **aimer qn de tout son** ~ jdn von ganzem Herzen lieben; **haïr qn de tout son** ~ jdn aus tiefster Seele hassen

Être [ɛtʀ] *m* (*Dieu*) **l'**~ **suprême** das höchste Wesen

étreindre [etʀɛ̃dʀ] <*irr*> **I.** *vt* ❶ umarmen *ami;* umklammern, packen *adversaire*
❷ (*s'emparer de*) *angoisse:* packen; *douleur:* überwältigen
❸ (*serrer*) ~ **le cœur à qn** jdm das Herz brechen
II. *vpr* **s'**~ *amis:* sich [gegenseitig] umarmen; *lutteurs:* sich [gegenseitig] umklammern

étreinte [etʀɛ̃t] *f d'un ami* Umarmung *f; d'un adversaire, serpent* Umklammerung *f; d'un bras, d'une main* Griff *m;* **desserrer son** ~ **autour de qn/qc** *ennemi, armée:* jds Umzingelung/die Umzingelung einer S. (*Gen*) lockern; **resserrer son** ~ **autour de qn/qc** jdn/etw noch enger umzingeln

étrenner [etʀene] <1> *vt* einweihen; zum ersten Mal tragen [*o* anziehen] *vêtement;* zum ersten Mal benutzen *appareil*

étrennes [etʀɛn] *fpl* ❶ ≈ Gratifikation *f* zu Weihnachten
❷ (*à un enfant*) Neujahrsgeschenk *nt;* **recevoir qc pour ses** ~ etw zu Neujahr [geschenkt] bekommen

étrier [etʀije] *m* Steigbügel *m;* **vider les** ~**s** (*tomber de cheval*) vom Pferd fallen

étrille [etʀij] *f* Striegel *m*

étriller [etʀije] <1> *vt* striegeln *cheval*

étriper [etʀipe] <1> **I.** *vt* ❶ ausnehmen
❷ *fam* (*battre*) verdreschen (*fam*) *personne*
II. *vpr fam* **s'**~ (*s'entretuer*) sich [gegenseitig] abschlachten; (*s'engueuler*) sich [gegenseitig] zur Schnecke [*o* Minna] machen (*fam*)

étriqué(e) [etʀike] *adj* ❶ *vêtement* zu eng
❷ *mentalité* kleinkariert; *esprit* engstirnig

étroit(e) [etʀwa, wat] *adj* ❶ (*opp: large*) schmal; *rue* eng, schmal; *chaussures, limite* eng; **être à l'**~ **dans un vêtement** jdm ist ein Kleidungsstück zu eng; **être logé(e) à l'**~ beengt wohnen, auf engem Raum leben [*o* wohnen]; **vivre à l'**~ (*modestement*) ein karges [*o* kümmerliches] Leben führen
❷ (*opp: lâche*) *lien, collaboration* eng
❸ *péj* (*borné*) beschränkt; ~**(e) d'esprit** engstirnig
❹ LING *sens* eng
❺ (*opp: relâché*) *surveillance* streng; (*du gardien*) scharf

étroitement [etʀwatmɑ̃] *adv* ❶ *serré* eng, fest; *être logé* beengt, auf engem Raum
❷ *lié, uni* eng; *surveiller un enfant* streng; *surveiller un suspect* scharf

étroitesse [etʀwatɛs] *f* ❶ **l'**~ **de sa jupe la gênait** ihr enger Rock behinderte sie; **l'**~ **du chemin est telle que qn fait qc** der Weg ist so schmal, dass jd etw tut; **être surpris(e) par l'**~ **du logement** überrascht sein, wie klein und eng die Wohnung ist
❷ *péj des vues, pensées* Beschränktheit *f*
◆ ~ **d'esprit** Engstirnigkeit *f*

étron [etʀɔ̃] *m de chien* Kot *m*

étrusque [etʀysk] *adj peuple, vase* etruskisch

ETS [əteɛs] *mpl abr de* **établissements** Fa.

étude [etyd] **I.** *f* ❶ (*apprentissage*) Lernen *nt,* Studieren *nt; d'une langue* Erlernen *nt;* ~ **des mathématiques/sciences** Studium *nt* der Mathematik/der Naturwissenschaften; **ne pas aimer les** ~**s** nicht gern lernen; **commencer l'**~ **de la flûte à huit ans** mit acht Jahren das Flötespielen erlernen
❷ (*recherches*) *de la nature* Studium *nt,* Erforschung *f,* Beobachtung *f; d'un dossier* Studium; *d'un projet* Prüfung *f,* Untersuchung *f;* ~ **d'une question/d'un projet** Beschäftigung *f* mit einer Frage/einem Projekt; **être à l'**~ gerade geprüft [*o* untersucht] werden; **mettre un dossier à l'**~ eine Akte studieren

E

[*o* durcharbeiten]; **mettre un projet/une proposition à l'~** ein Projekt/einen Vorschlag eingehend prüfen
❸ (*ouvrage*) ~ **sur qc** Studie *f* über etw (*Akk*)
❹ MUS Etüde *f*
❺ ART Studie *f;* ~ **de nus** Aktstudie *f*
❻ *d'un notaire* Kanzlei *f,* Büro *nt,* Praxis *f*
❼ SCOL (*salle*) Arbeitssaal *m,* Arbeitszimmer *nt;* (*moment*) ≈ Hausaufgabenbetreuung *f* an der Schule
II. *fpl* SCOL Schulbildung *f;* UNIV Studium *nt;* **~s primaires/secondaires** Grundschulbildung/Mittelstufen- und Oberstufenbildung; **~s supérieures** Studium; **~s de médecine/d'anglais** Medizin-/Englischstudium *nt;* **faire des ~s** SCOL eine Schule besuchen; UNIV studieren
► **[r]envoyer qn à ses [chères] ~s** jdn in seine Schranken verweisen
◆ ~ **de marché** Marktstudie *f,* Marktanalyse *f;* ~ **de motivation** Analyse *f* der Bedürfnisse

i Land & Leute

In Frankeich sind **les études** nicht in Semester, sondern in Studienjahre eingeteilt. Ist man in einem Jahr gescheitert, kann man Nachholkurse belegen. Die Vorgabe der Studienzeit ist strenger und das System generell „verschulter". Dafür haben Studenten ihr Studium im Durchschnitt mit 24 bis 25 Jahren abgeschlossen.

étudiant(e) [etydjɑ̃, jɑ̃t] **I.** *adj* studentisch; *vie, mouvement, révolte* Studenten-
II. *m(f)* Student(in) *m(f);* ~(e) **en médecine** Medizinstudent(in) *m(f);* ~(e) **en sciences** Student(in) der Naturwissenschaften
étudié(e) [etydje] *adj* ❶ (*soigné*) **jeu d'un acteur très** ~ gut einstudierte Rolle
❷ (*avantageux*) **conditions très ~es** sehr günstige Bedingungen; **prix très** ~ gut kalkulierter [*o* günstiger] Preis
❸ (*recherché*) **vêtement très** ~ raffiniert geschnittenes Kleidungsstück
❹ (*affecté*) **gestes trop ~s/langage trop** ~ gekünstelte Gestik/Sprache; **indifférence trop ~e** gespielte Gleichgültigkeit; **politesse trop ~e** geheuchelte Freundlichkeit
étudier [etydje] <1a> **I.** *vt* ❶ lernen *leçon;* [er]lernen *langue;* nacharbeiten *cours;* [ein]studieren *rôle, morceau;* (*à l'université*) studieren; ~ **le piano/le violon** Klavier-/Geigespielen lernen
❷ (*faire des recherches*) studieren, untersuchen; beobachten *nature;* erforschen, erkunden *région*
❸ (*en vue d'une décision, d'une action*) studieren; bearbeiten *dossier;* prüfen *plan, proposition;* sich beschäftigen [*o* befassen] mit *question*
❹ SCOL sich beschäftigen mit *sujet;* lesen, sich beschäftigen mit *texte, auteur*
❺ (*concevoir*) sich (*Dat*) ausdenken
❻ (*observer*) studieren *personne*
II. *vi* studieren
III. *vpr* **s'~** (*s'analyser*) sich selbst beobachten; (*s'observer mutuellement*) sich [gegenseitig] beobachten
étui [etɥi] *m* Etui *nt;* ~ **à cigarettes/lunettes** Zigaretten-/Brillenetui *nt;* ~ **à violon** Geigenkasten *m;* ~ **de parapluie** Regenschirmhülle *f*
étuve [etyv] *f* ❶ (*à désinfection*) Sterilisator *m*
❷ (*fournaise*) Backofen *m* (*fam*); **quelle ~ ici!** hier ist es [*o* hier ist eine Hitze] wie in einem Backofen!
étuvée [etyve] *f v.* **étouffée**
étuver [etyve] <1> *vt* ❶ (*stériliser*) keimfrei [*o* steril] machen *conserves*
❷ (*cuire à la vapeur*) im Dampfkochtopf garen *viande*
étymologie [etimɔlɔʒi] *f* Etymologie *f*
étymologique [etimɔlɔʒik] *adj* etymologisch
étymon [etimɔ̃] *m* LING *d'un dérivé* Etymon *nt*
eu(e) [y] *part passé de* **avoir**
EUA [øya] *mpl abr de* **États-Unis d'Amérique** USA
eucalyptus [økaliptys] *m* Eukalyptus *m*
eucharistie [økaʀisti] *f* **l'~** die Eucharistie
euclidien(ne) [øklidjɛ̃, jɛn] *adj* MATH *espace, géométrie* euklidisch
eugénique [øʒenik] SCI, MED **I.** *adj stérilisation* eugenisch
II. *f* Eugenik *f*
euh [ø] *interj en tête d'un énoncé* hm; *interrompant une énonciation* (*trou de mémoire*) äh; (*émotion, auto-correction*) ach
eûmes [ym] *passé simple de* **avoir**
eunuque [ønyk] *m* Eunuch *m*
euphémique [øfemik] *adj expression* euphemistisch
euphémisme [øfemism] *m* Euphemismus *m*
euphonie [øfɔni] *f* LING, MUS Euphonie *f,* Wohlklang *m*
euphonique [øfɔnik] *adj faute* euphonisch
euphorbe [øfɔʀb] *f* BOT Wolfsmilch *f*
euphorie [øfɔʀi] *f* Euphorie *f*
euphorique [øfɔʀik] *adj* euphorisch
euphorisant(e) [øfɔʀisɑ̃] *adj* aufputschend
EUR *m abr de* **euro** EUR
eurafricain(e) [øʀafʀikɛ̃, kɛn] *adj* eurafrikanisch
eurasiatique [øʀazjatik] *adj* eurasisch
Eurasie [øʀazi] *f* **l'~** Eurasien *nt*
eurasien(ne) [øʀazjɛ̃, jɛn] *adj* eurasisch
Eurasien(ne) [øʀazjɛ̃, jɛn] *m(f)* Eurasier(in) *m(f)*
eurêka [øʀeka] *interj* heureka
eurent [yʀ] *passé simple de* **avoir**
euristique [øʀistik] *f v.* **heuristique**
euro [øʀo] *m* Euro *m;* **être libellé(e) en ~s** auf Euro lauten; **relier une monnaie à l'~** eine Währung an den Euro binden; **ça coûte dix ~s** das kostet zehn Euro; **introduction de l'~** Einführung *f* des Euro; **passage à l'~** Übergang *m* zum Euro; **participer au passage à l'~** am Euro teilnehmen
eurochèque [øʀoʃɛk] *m* Eurocheque *m*
eurocrate [øʀɔkʀat] *mf souvent péj* Eurokrat(in) *m(f)*
eurodéputé(e) [øʀodepyte] *m(f)* Europaabgeordnete(r) *f(m)*
eurodollar [øʀodɔlaʀ] *m* FIN Eurodollars *Pl*
euromarché [øʀomaʀʃe] *m* FIN Eurokapitalmarkt *nt*
euromissile [øʀomisil] *m* Mittelstreckenrakete *f*
Europe [øʀɔp] *f* **l'~** Europa *nt;* **l'~ centrale/de l'Est/l'Ouest** Mittel-/Ost-/Westeuropa; **l'~ des Quinze** die 15 Mitgliedsländer der EU; **faire l'~** ein vereintes Europa schaffen
européanisation [øʀɔpeanizasjɔ̃] *f* Europäisierung *f*
européaniser [øʀɔpeanize] <1> **I.** *vt* europäisieren
II. *vpr* **s'~** europäisiert werden
européen(ne) [øʀɔpeɛ̃, ɛn] **I.** *adj* ❶ GEOG *continent* europäisch; **les fleuves ~s** die Flüsse Europas
❷ POL, ECON europäisch; *parlement, élections* Europa-, europäisch
II. *fpl* (*les élections européennes*) die Wahl zum Europaparlament *nt*
Européen(ne) [øʀɔpeɛ̃, ɛn] *m(f)* Europäer(in) *m(f)*
euroscepticisme [øʀɔsɛptisism] *m* POL *Vorbehalt gegenüber der europäischen Union*
eurosceptique [øʀosɛptik] **I.** *adj* euroskeptisch
II. *mf* Euroskeptiker(in) *m(f)*
eurosignal [øʀosiɲal] *m* Notruf *m*
eus [y] *passé simple de* **avoir**
euskarien(ne) [øskaʀjɛ̃, jɛn] *adj peuple, langue* baskisch
eut [y] *passé simple de* **avoir**
eût [y] *subj imparf de* **avoir**
euthanasie [øtanazi] *f* Euthanasie *f;* **pratiquer l'~** Sterbehilfe leisten
eux [ø] *pron pers* ❶ *fam* (*pour renforcer*) **~, monter une entreprise?** was, die wollen ein Unternehmen gründen? (*fam*); **~, ils n'ont pas ouvert la bouche** die haben den Mund nicht aufgemacht (*fam*); **et ~ qui pensaient avoir**

compris! und die dachten, sie hätten alles verstanden! (*fam*); **c'est ~ qui l'ont dit** das haben die gesagt (*fam*); **c'est ~ que tu as entendus à la radio** die hast du im Radio gehört (*fam*); **il veut les voir, ~!** die möchte er sehen! (*fam*); **il veut les aider, ~?** denen möchte er helfen? (*fam*); **~, on les commémore** man gedenkt ihrer
❷ *avec une préposition* **avec/sans ~** mit ihnen/ohne sie; **à ~ seuls** sie allein; **la maison est à ~** das Haus gehört ihnen; **c'est à ~ de décider** sie müssen entscheiden; **c'est à ~!** sie sind dran!
❸ *dans une comparaison* sie; **elles sont comme ~** sie sind wie sie; **plus/aussi fort(e) qu'~** stärker als sie/genauso stark wie sie
❹ (*soi*) sich; **ils ne pensent qu'à ~** sie denken nur an sich; **ils sont fiers d'~** sie sind stolz auf sich

eux-mêmes [ømɛm] *pron pers* ❶ (*eux en personne*) **~ n'en savaient rien** sie selbst wussten nichts davon; **ils se sentent ~ heureux** sie fühlen sich glücklich; **ils l'ont dit ~, c'est ~ qui l'ont dit** sie selbst haben es gesagt; **ils sont venus d'~** sie sind von selbst [*o* von ihnen aus] [*o* aus eigenem Antrieb] gekommen
❷ (*aussi*) ebenfalls, auch; **ses parents étaient ~ furieux** seine/ihre Eltern waren ebenfalls [*o* auch] sehr wütend

EV [ɑ̃vil] *abr de* **en ville** *in der Stadt*

évacuation [evakɥasjɔ̃] *f* ❶ (*opération organisée*) *des habitants* Evakuierung *f; des blessés* Abtransport *m; d'une salle de tribunal* Räumung *f*
❷ (*action de quitter*) Räumung *f; d'un bateau* Verlassen *nt*
❸ (*écoulement*) Abfließen *nt;* **système d'~** Ablauf *m;* **l'~ des eaux usées se fait...** das Abwasser wird ... geleitet; **l'~ de l'évier ne se fait plus** das Spülbecken läuft nicht mehr ab
❹ (*action de vider*) *des résidus* Entsorgung *f;* **~ des ordures** CH Kehrichtabfuhr *f* (CH)

évacué(e) [evakɥe] *m(f) gén pl* Evakuierte(r) *f(m)*

évacuer [evakɥe] <1> *vt* ❶ MIL räumen *pays, ville*
❷ (*faire partir*) evakuieren *habitants;* abtransportieren *blessés*
❸ (*quitter*) räumen; verlassen *bateau*
❹ (*vider*) ablassen *eaux usées*

évadé(e) [evade] *m(f)* entflohener Häftling

évader [evade] <1> *vpr* ❶ **s'~ de qc** aus etw ausbrechen [*o* fliehen]
❷ (*fuir*) **s'~ du réel** vor der Realität flüchten; **s'~ de la vie quotidienne** dem Alltag entfliehen

évaluable [evalɥabl] *adj* abschätzbar, berechenbar

évaluateur, -trice [evalɥatœʀ, tʀis] *m* CAN (*personne qui évalue les biens*) Schätzer(in) *m(f),* Taxator *m*

évaluation [evalɥasjɔ̃] *f* ❶ (*estimation approximative*) *d'une distance, des risques* Abschätzung *f; des chances* Einschätzung; *d'une fortune* Schätzung; *des coûts* Schätzung, überschlägige Berechnung
❷ *a.* ECON (*par expertise*) Wertbestimmung *f; des dégâts* Schätzung *f;* **~ des besoins** Bedarfsbewertung *f;* **~ de biens** Vermögensbewertung, Vermögensschätzung
❸ (*examen*) **~ des connaissances** Klassenarbeit *f*

évaluer [evalɥe] <1> *vt* schätzen *foule, gain, poids;* abschätzen *distance, risques;* einschätzen *chances;* **à combien évaluez-vous le temps...** was glauben Sie, wie viel Zeit ...; **~ la somme/les dégâts à tant** die Summe/die Schäden auf so viel schätzen

évanescent(e) [evanesɑ̃, ɑ̃t] *adj littér* schwindend; *impression* sich verflüchtigend

évangélique [evɑ̃ʒelik] *adj* evangelisch

évangélisateur, -trice [evɑ̃ʒelizatœʀ, -tʀis] **I.** *adj mission* das Evangelium verkündend
II. *m, f* Verkünder(in) *m(f)* des Evangeliums

évangélisation [evɑ̃ʒelizasjɔ̃] *f* Evangelisierung *f*

évangéliser [evɑ̃ʒelize] <1> *vt* zum Christentum bekehren, evangelisieren *peuple, pays;* **~ le monde** das Evangelium verkünden [*o* predigen]

évangéliste [evɑ̃ʒelist] *m* Evangelist *m*

évangile [evɑ̃ʒil] *m* (*texte, livre*) Evangelium *nt*

Évangile [evɑ̃ʒil] *m* (*message, enseignement*) **l'~** das Evangelium; **l'~ selon saint Matthieu** das Matthäusevangelium

évanoui(e) [evanwi] *adj* ❶ (*sans conscience*) *personne* ohnmächtig, bewusstlos; **tomber ~(e)** ohnmächtig werden, in Ohnmacht fallen
❷ (*disparu*) *bonheur* vergangen, verloren; *rêve* geplatzt

évanouir [evanwiʀ] <8> *vpr* ❶ (*perdre connaissance*) **s'~ de qc** von etw ohnmächtig werden
❷ (*disparaître*) **s'~** *image, fantôme:* [ver]schwinden; *illusions:* schwinden; *espoirs:* zerrinnen, schwinden; *craintes:* [ver]schwinden; *gloire:* verblassen, schwinden, vergehen; *autorité:* schwinden; **son bonheur s'est évanoui lorsque** ihr Glück war dahin, als

évanouissement [evanwismɑ̃] *m* ❶ (*syncope*) Ohnmacht[sanfall *m*] *f;* **avoir un ~** in Ohnmacht fallen, ohnmächtig werden
❷ (*disparition*) [Ver]schwinden *nt; d'une illusion, d'un rêve* Ende *nt*

évaporation [evapɔʀasjɔ̃] *f* Verdunstung *f,* Verdampfung *f*

évaporé(e) [evapɔʀe] *adj* zerstreut

évaporer [evapɔʀe] <1> *vpr* **s'~** ❶ *eau, parfum:* verdunsten
❷ (*disparaître*) *sentiments:* schwinden; *intentions:* sich in Luft auflösen (*fam*)

évasé(e) [evɑze] *adj jupe* ausgestellt; **être ~(e) à la base** *colonne:* nach unten breiter werden; *manche:* nach unten weiter werden

évasement [evɑzmɑ̃] *m d'un trou* Vergrößerung *f,* Erweiterung *f;* **l'~ de cet entonnoir est trop faible** der Trichter ist oben nicht breit genug

évaser [evɑze] <1> **I.** *vt* vergrößern, erweitern *trou;* verbreitern *sommet ou base d'un objet*
II. *vpr* **s'~** *vallée:* sich öffnen, sich weiten; *objet:* breiter werden; *vêtement:* ausgestellt sein; **les manches de ce chemisier s'évasent trop** die Ärmel dieser Bluse sind unten zu weit

évasif, -ive [evazif, -iv] *adj réponse, formule* ausweichend; *geste* vage, unbestimmt; **devenir ~(-ive)** ausweichen; **rester ~(-ive)** sich bedeckt halten, sich nicht festlegen

évasion [evazjɔ̃] *f* ❶ **~ de qn de prison** jds Flucht *f* [*o* Ausbruch *m*] aus dem Gefängnis
❷ (*fuite hors de*) **~ de la réalité** Flucht *f* vor der Realität [*o* Wirklichkeit]
❸ ECON **~ de capitaux** Kapitalflucht *f,* Kapitalabwanderung *f*

évasivement [evazivmɑ̃] *adv* ausweichend

Ève [ɛv] *f* Eva *f*
▸ **ne connaître qn ni d'~ ni d'Adam** jdn überhaupt nicht kennen

évêché [eveʃe] *m* ❶ (*territoire*) Bistum *nt*
❷ (*palais*) Bischofssitz *m*

éveil [evɛj] *m* ❶ (*état éveillé*) **tenir qn en ~** jdn wach halten
❷ (*réveil*) **~ des sens/d'un sentiment chez qn** Erwachen *nt* der Sinne bei jdm/eines Gefühls in jdm; **les stades de l'~ de l'intelligence** die Phasen der Intelligenzentwicklung
❸ (*alerte*) **donner l'~** *soutenu* [jds] Verdacht [*o* Aufmerksamkeit] erregen; **être en ~** sich vorsehen, auf der Hut sein; **tous ses sens étaient maintenant en ~** jetzt war er/sie hellwach; **rester en ~** sich weiterhin vorsehen, weiterhin auf der Hut sein
❹ (*intérêt pour*) **son ~ à l'art** sein/ihr Kunstinteresse
▸ **mettre qn en ~** (*rendre attentif*) jds Aufmerksamkeit [*o* Verdacht] erregen; (*rendre curieux*) jds Neugierde wecken

éveillé(e) [eveje] *adj* ❶ (*en état de veille*) wach
❷ (*alerte*) aufgeweckt; **esprit ~** heller Kopf

éveiller [eveje] <1> **I.** *vt* ❶ (*faire naître*) erregen *attention;* wachrufen *désir;* wecken *soupçons, curiosité, sympathie*
❷ (*développer*) fördern *intelligence, sensibilité*
II. *vpr* ❶ (*naître*) **s'~ chez** [*o* **en**] **qn** *amour:* in jdm erwachen;

soupçon: sich in jdm regen
❷ (*éprouver pour la première fois*) **s'~ à l'amour** *personne:* seine ersten Erfahrungen in der Liebe machen; *cœur:* zur Liebe erwachen
❸ (*se mettre à fonctionner*) **s'~** *esprit:* sich zu entwickeln beginnen
❹ (*commencer à s'intéresser*) **s'~ à la musique** beginnen sich für Musik zu interessieren
événement, évènement [evɛnmɑ̃] *m* Ereignis *nt;* **les ~s de mai 1968** die politischen Unruhen im Mai 1968; **avant les ~s en Allemagne de l'Est** vor der Wende
▶ **créer l'~** Aufsehen erregen; **elle est dépassée par les ~s** ihr wächst alles über den Kopf
événementiel(le) [evɛnmɑ̃sjɛl] *adj* **histoire ~le** Ereignisgeschichte *f*
éventail [evɑ̃taj] <s> *m* ❶ Fächer *m;* **en ~** fächerförmig
❷ (*choix*) **~ d'articles** große Auswahl an Artikeln; **~ d'activités** großes Angebot an Aktivitäten; **large ~** breite Palette
◆ **~ des prix** Preisspanne *f;* **~ des salaires** Lohnskala *f,* Lohnspanne *f*
éventaire [evɑ̃tɛʀ] *m* ❶ (*plateau*) Bauchladen *m*
❷ (*étalage*) Stand *m*
éventé(e) [evɑ̃te] *adj* (*exposé au vent*) *terrasse* windig; (*altéré par l'air*) *parfum* verduftet; *vin* schal, abgestanden; (*découvert*) *secret* offen, aufgeflogen (*fam*)
éventer [evɑ̃te] <1> **I.** *vt* ❶ **~ qn** jdm [Luft zu]fächeln (*geh*)
❷ (*découvrir*) aufdecken *complot;* lüften, aufdecken *secret*
II. *vpr* **s'~** ❶ *personne:* sich (*Dat*) [Luft zu]fächeln (*geh*)
❷ *vin:* schal werden; *parfum:* seinen Duft verlieren, verduften
éventration [evɑ̃tʀasjɔ̃] *f* ❶ MED Darmdurchbruch *m*
❷ *d'un coussin, matelas* Aufschlitzen *nt*
éventrer [evɑ̃tʀe] <1> *vt* ❶ (*tuer*) **~ qn/un animal** jdm/einem Tier den Bauch aufschlitzen
❷ (*ouvrir*) aufreißen *sac;* aufbrechen *porte, valise;* aufschlitzen *matelas*
éventreur [evɑ̃tʀœʀ] *m Mörder, der seinem Opfer den Bauch aufschlitzt;* **Jack l'Éventreur** Jack the Ripper
éventualité [evɑ̃tɥalite] *f* ❶ (*caractère*) **dans l'~ d'une guerre** im Falle eines Krieges
❷ (*possibilité*) Eventualität *f,* Möglichkeit *f;* **être prêt(e)** [*o* **parer**] **à toute ~** auf jede Eventualität [*o* alle Eventualitäten] vorbereitet sein, jeder Eventualität vorbeugen; **toutes les ~s ont été examinées** alle Möglichkeiten sind geprüft worden
éventuel(le) [evɑ̃tɥɛl] *adj* möglich; *successeur* potenziell, möglich
éventuellement [evɑ̃tɥɛlmɑ̃] *adv* eventuell, unter Umständen
évêque [evɛk] *m* Bischof *m*
évertuer [evɛʀtɥe] <1> *vpr* **s'~ à faire qc** sich abquälen [*o* abmühen] etw zu tun
éviction [eviksjɔ̃] *f* Ausschaltung *f;* JUR Eviktion *f* (*Fachspr.*); **~ de qn d'un groupe** jds Ausschluss *m* aus einer Gruppe
évidé(e) [evide] *adj* hohl, ausgehöhlt
évidemment [evidamɑ̃] *adv* ❶ (*en tête de phrase*) natürlich, klar (*fam*); (*en réponse*) na klar (*fam*)
❷ (*comme on peut le voir*) offensichtlich, offenbar
évidence [evidɑ̃s] *f* ❶ *sans pl* (*caractère*) Offensichtlichkeit *f,* Offenkundigkeit *f;* **être d'une ~ aveuglante** mehr als offensichtlich [*o* offenkundig] sein; **de toute** [*o* **à l'**] **~** ganz offensichtlich; **apparaître à l'~** deutlich [*o* offensichtlich] [*o* klar] werden
❷ (*fait*) klare Tatsache; **c'est une ~, c'est l'~ même** das ist eine klare Tatsache [*o* doch [ganz] klar *fam*], das liegt doch auf der Hand; **se rendre à l'~** sich den Tatsachen beugen; **refuser de se rendre à l'~** etwas nicht wahrhaben wollen
❸ (*vue*) **être bien en ~** *objet:* gut sichtbar sein; **mettre un défaut** [**bien**] **en ~** einen Mangel klar [*o* deutlich] herausstellen; **se mettre en ~** sich in Szene setzen, sich in den Vordergrund drängen
évident(e) [evidɑ̃, ɑ̃t] *adj* ❶ (*incontestable*) *progrès* klar [erkennbar]; *signe* eindeutig, deutlich; *bonne volonté* unbestreitbar
❷ (*clair*) **c'est ~ pour qn** das ist jdm klar; **il est ~ que a fait qc** es versteht sich von selbst [*o* es ist klar *fam*], dass jd etw getan hat
❸ (*compréhensible*) offensichtlich; **il est ~ que qn fait qc** es ist offensichtlich [*o* liegt auf der Hand], dass jd etw tut
▶ **c'est pas ~!** *fam* (*difficile*) das ist gar nicht so einfach [*o* leicht]!; **c'est pas ~ du tout!** *fam* (*c'est loin d'être sûr*) das ist überhaupt nicht klar! (*fam*)
évider [evide] <1> *vt* aushöhlen
évier [evje] *m* Ausguss *m,* Spüle *f,* Spülbecken *nt;* **~ à un bac/à deux bacs** Spüle mit einem/zwei Becken
évincement [evɛ̃smɑ̃] *m* JUR Vertreibung *f; d'un rival* Verdrängung *f*
évincer [evɛ̃se] <2> *vt* JUR vertreiben; verdrängen *personne*
évitable [evitabl] *adj* vermeidbar
évitement [evitmɑ̃] *m v.* **manœuvre**
éviter [evite] <1> **I.** *vt* ❶ (*se soustraire à*) vermeiden *aliment, erreur, manière de faire;* meiden *endroit;* **~ de faire qc** es vermeiden etw zu tun; **évite de passer par Lyon** fahr möglichst nicht über Lyon
❷ (*se dérober à*) sich (*Dat*) ersparen *prison, sort;* **~ une corvée/les poursuites** sich einer Aufgabe + *Dat*/der Strafverfolgung entziehen; **~ de faire qc** sich davor hüten etw zu tun; **pour ~ d'aller en prison** um dem Gefängnis zu entgehen; **vouloir ~ de partager le sort de qn** jds Schicksal nicht teilen wollen; **pour ~ d'avoir à éplucher les légumes** um kein Gemüse schälen zu müssen
❸ (*fuir*) **~ qn** jdn meiden; (*essayer de ne pas rencontrer*) jdm aus dem Weg gehen; **il évita mon regard** er wich meinem Blick aus
❹ (*empêcher*) *personne:* vermeiden; *manière de faire:* verhindern; **~ que qn** [**ne**] **fasse qc** *personne:* verhindern, dass jd etw tut; **cette manière de faire évite que qn fasse qc** durch diese Vorgehensweise wird verhindert, dass jd etw tut
❺ (*esquiver*) **~ qn/un animal/coup** jdm/einem Tier/Schlag ausweichen
❻ (*épargner*) **~ qc à qn** jdm etw (*Akk*) ersparen
II. *vpr* ❶ **s'~** sich meiden; (*essayer de ne pas se rencontrer*) sich aus dem Weg gehen
❷ (*ne pas avoir*) **s'~ des soucis/tracas** sich (*Dat*) Sorgen/Mühen ersparen
évocateur, -trice [evɔkatœʀ, -tʀis] *adj style* anschaulich; *titre d'un roman* viel versprechend; **pouvoir ~** Aussagekraft *f;* **être ~(-trice) de qc** etw wach [*o* lebendig] werden lassen
évocation [evɔkasjɔ̃] *f de souvenirs* Wachrufen *nt; de faits* Heraufbeschwören *nt; d'un passé* Wachrufen, Heraufbeschwören
évolué(e) [evɔlɥe] *adj peuple, pays, société* [hoch] entwickelt; *idées, personne* liberal, tolerant; **ces indigènes ne sont pas très ~s** diese Eingeborenen sind noch recht primitiv
évoluer [evɔlɥe] <1> *vi* ❶ (*changer*) *chose, monde:* sich entwickeln; *sciences:* sich [weiter [*o* fort]] entwickeln; *goûts, opinions, situation:* sich ändern, sich wandeln; **faire ~ une situation** eine Situation in Bewegung bringen; **la crise évolue lentement vers une solution** für die Krise zeichnet sich allmählich eine Lösung ab
❷ (*se transformer*) sich verändern; **~ vers qc** sich zu etw hin entwickeln; **ce séjour l'a fait ~** dieser Aufenthalt hat ihn/sie in seiner/ihrer Entwicklung weitergebracht, durch diesen Aufenthalt ist er/sie gereift; **elle a fait ~ son mari dans ses idées** durch sie hat sich die Einstellung ihres Mannes geändert
❸ MED *maladie:* fortschreiten
❹ (*se mouvoir*) *personne:* sich bewegen; *troupes:* die Stellung [ver]ändern, sich bewegen; *navire:* manövrieren; *avion:* Kreise ziehen

évolutif, -ive [evɔlytif, -iv] *adj maladie* fortschreitend

évolution [evɔlysjɔ̃] *f* ❶ *d'une personne, situation, d'un phénomène* Entwicklung *f; des idées, goûts, comportements* Veränderung *f,* Wandel *m; des sciences* [Weiter]entwicklung, Fortentwicklung; ~ **des prix** Preisentwicklung; ~ **des techniques** technische Entwicklung, technischer Fortschritt
❷ MED *d'une maladie* Fortschreiten *nt; d'une tumeur* Wachsen *nt*
❸ BIO Evolution *f;* **théorie de l'~** Evolutionslehre *f,* Evolutionstheorie *f*
❹ *pl (mouvements) d'un danseur, acrobate* Bewegungen *Pl; d'un navire, escadre, d'une troupe* Manöver *Pl*

évolutionnisme [evɔlysjɔnism] *m* Evolutionismus *m*

évoquer [evɔke] <1> *vt* ❶ *(rappeler à la mémoire)* erinnern an (+ *Akk*) *personne;* in Erinnerung rufen *fait, enfance;* wachrufen, ins Gedächtnis rufen *souvenirs*
❷ *(décrire)* schildern, eine Vorstellung geben von
❸ *(faire allusion à)* erwähnen *problème;* anschneiden *question, sujet*
❹ *(faire penser à)* **ce mot n'évoque rien pour moi** mit diesem Wort verbinde ich nichts
❺ *(rappeler)* ~ **qc à qn** jdn an etw *(Akk)* erinnern

ex [ɛks] *mf fam* Verflossene(r) *f(m) (fam),* Ex *mf (fam)*

ex, ex. [ɛks] *abr de* **exemple** Bsp.

exacerbation [ɛgzasɛʀbasjɔ̃] *f d'une douleur* Verschlimmerung *f; d'un désir* Steigerung *f*

exacerbé(e) [ɛgzasɛʀbe] *adj* übersteigert

exacerber [ɛgzasɛʀbe] <1> *vt* anstacheln *jalousie;* schüren *haine;* steigern *dépit;* **la politique exacerbe les passions** die Politik erhitzt die Gemüter

exact(e) [ɛgzakt] *adj* ❶ *(précis)* genau; *description* präzis[e], genau; *définition, valeur* exakt, genau; *mot* treffend; *calculs, réponse* korrekt; **c'est** [*o* **il est**] ~ **que qn fait qc** das [*o* es] stimmt, dass jd etw tut; das [*o* es] ist richtig, dass jd etw tut
❷ *(ponctuel) personne* pünktlich; **être ~(e) à un rendez-vous** pünktlich zu einer Verabredung kommen

exactement [ɛgzaktəmɑ̃] *adv* genau, exakt; **c'est ~ ce que** das ist haargenau das, was *(fam)*

exaction [ɛgzaksjɔ̃] *f pl (violences)* Ausschreitungen *Pl*

exactitude [ɛgzaktityd] *f* ❶ *(précision)* Korrektheit *f; des mesures* Genauigkeit *f,* Exaktheit *f*
❷ *(ponctualité)* Pünktlichkeit *f;* **il est d'une parfaite ~** er ist sehr pünktlich [*o* die Pünktlichkeit in Person]
▶ **l'~ est la politesse des rois** *prov* Pünktlichkeit ist die Höflichkeit der Könige; **avec ~** *arriver* pünktlich; *calculer* genau

ex æquo [ɛgzeko] **I.** *adj inv* **être ~ en qc** in etw gleich stehen; *équipes:* die gleiche Punktzahl haben
II. *adv classer qn* gleich; *arriver* gleichzeitig; **être classé(e)s ~** die gleiche Punktzahl bekommen haben; **premiers/premier prix ~** zwei erste Preise
III. *mpl* Kandidaten *Pl* mit gleicher Punktzahl; *(dans le sport)* Sportler *Pl* mit gleicher Punktzahl

exagération [ɛgzaʒeʀasjɔ̃] *f* Übertreibung *f;* **faire qc avec ~** etw übertrieben tun; **sans ~** ohne Übertreibung

exagéré(e) [ɛgzaʒeʀe] *adj* übertrieben; *prix* überhöht; **être un peu ~(e)** *plaisanterie:* ein bisschen zu weit gehen

exagérément [ɛgzaʒeʀemɑ̃] *adv* übertrieben, allzu

exagérer [ɛgzaʒeʀe] <5> **I.** *vt* ❶ *(par rapport à la réalité)* überbewerten *mérites;* hochspielen *défauts*
❷ *(par rapport à la normale)* übertreiben *attitude;* ~ **son maquillage** es mit seiner Schminke übertreiben; **il ne faut rien ~, n'exagérons rien** man soll nichts übertreiben
II. *vi* ❶ *(amplifier en parlant)* übertreiben
❷ *(abuser)* es übertreiben
▶ **sans ~** ohne Übertreibung, ohne zu übertreiben
III. *vpr* **s'~ un danger** eine Gefahr hochspielen; **s'~ une difficulté** eine Schwierigkeit überbewerten; **s'~ l'importance d'une remarque** einer Bemerkung allzu große Bedeutung beimessen

exaltant(e) [ɛgzaltɑ̃, ɑ̃t] *adj* erhebend, begeisternd; **ce n'est pas ~** es versetzt jdn nicht gerade in Begeisterung; **pour qu'un travail soit ~** damit man sich für eine Arbeit begeistern kann

exaltation [ɛgzaltasjɔ̃] *f* ❶ *(excitation)* Begeisterung *f;* **~s intellectuelles et mystiques** geistige Überspanntheiten und mystische Schwärmereien
❷ *(éloge)* Verherrlichung *f*

exalté(e) [ɛgzalte] **I.** *adj* schwärmerisch, überschwänglich; *personne* exaltiert, schwärmerisch, überschwänglich; *imagination* übersteigert; **il parlait sur un ton un peu ~** in seiner Stimme lag etwas Überschwängliches
II. *m(f) péj* Schwärmer(in) *m(f),* Fantast(in) *m(f); (fanatique)* Fanatiker(in) *m(f)*

exalter [ɛgzalte] <1> **I.** *vt* ❶ *soutenu (célébrer) discours, écrits:* verherrlichen; *personne:* preisen, rühmen
❷ *(faire vibrer)* anregen *esprit;* beflügeln, anregen *imagination;* begeistern *foule, jeunesse*
II. *vpr* **s'~** *personne:* in Erregung geraten; *imagination:* angeregt [*o* beflügelt] werden; **les passions politiques s'exaltent** die politischen Gemüter erhitzen [*o* erregen] sich

exam [ɛgzam] *m abr de* **examen** Examen *nt*

examen [ɛgzamɛ̃] *m* ❶ *(analyse) des faits* [Über]prüfung *f; d'une proposition, question* Prüfung; *des empreintes digitales* Untersuchung *f;* ~ **d'un problème** Auseinandersetzung *f* mit einem Problem
❷ MED, BIO Untersuchung *f;* ~ **du sang** Blutbild *nt;* ~ **d'urine** Harnuntersuchung
❸ SCOL Prüfung *f;* UNIV [Abschluss]examen *nt;* ~ **d'entrée/de passage** Aufnahme-/Versetzungsprüfung; ~ **du permis de conduire** Fahrprüfung
❹ JUR [Über]prüfung *f;* **mise en ~** *Festnahme mit gleichzeitiger Eröffnung eines Ermittlungsverfahrens;* **mettre qn en ~** das/ein Verfahren gegen jdn einleiten
◆ ~ **de conscience** Gewissenserforschung *f;* **faire son ~ de conscience** sein Gewissen erforschen

examinateur, -trice [ɛgzaminatœʀ, -tʀis] *m, f* Prüfer(in) *m(f)*

examiner [ɛgzamine] <1> **I.** *vt* ❶ *(étudier)* prüfen; [über]prüfen *faits, causes;* einsehen *dossier;* genau durchlesen *texte, ouvrage;* kontrollieren *carte d'identité;* genau untersuchen *lieux d'un crime;* untersuchen, sich *(Dat)* genau ansehen *objet*
❷ *(regarder attentivement)* mustern
❸ MED untersuchen *patient*
❹ SCOL, UNIV prüfen
II. *vpr* **s'~ dans un miroir** sich im Spiegel betrachten; **s'~ mutuellement** sich gegenseitig fixieren

exaspérant(e) [ɛgzaspeʀɑ̃, ɑ̃t] *adj* nervenaufreibend; **être d'une lenteur ~e** zum Verzweifeln langsam sein; **c'est ~!** das ist zum Verzweifeln!; **être ~(e) avec sa manie de...** einen zur Verzweiflung bringen mit seiner Manie ...

exaspération [ɛgzaspeʀasjɔ̃] *f* Verzweiflung *f;* **d'~, elle se mit à sangloter** völlig verzweifelt fing sie an zu schluchzen

exaspérer [ɛgzaspeʀe] <5> *vt* ~ **qn avec qc** jdn mit etw zur Verzweiflung bringen; **ton père est exaspéré** dein Vater ist am Verzweifeln [*o* verzweifelt]

exaucement [ɛgzosmɑ̃] *m d'une prière* Erhörung *f*

exaucer [ɛgzose] <2> *vt* ❶ *Dieu:* erhören
❷ erfüllen *désir, souhait*

ex cathedra [ɛkskatedʀa] *adv parler* ex cathedra

excavateur [ɛkskavatœʀ] *m v.* **excavatrice**

excavation [ɛkskavasjɔ̃] *f (cavité)* Vertiefung *f; (causée par une bombe)* [Bomben]trichter *m;* ~ **naturelle** natürliche Vertiefung, Mulde *f;* **creuser des ~s** *archéologues:* Löcher *Pl* graben

excavatrice [ɛkskavatʀis] *f* Bagger *m*

excaver [ɛkskave] <1> *vt* aufgraben *sol*

excédant(e) [ɛksedɑ̃, ɑ̃t] *adj* lästig; *enfant* unerträglich

excédent [ɛksedɑ̃] *m* ❶ ECON, FIN Überschuss *m;* ~ **des importations sur les exportations** Einfuhrüberschuss, Importüber-

E

schuss; ~ **des recettes sur les dépenses** Mehreinnahmen *Pl*
❷ (*poids, nombre excédentaire*) ~ **de bagages** Gepäckübergewicht *nt;* ~ **des naissances sur les décès** Geburtenüberschuss *m*

excédentaire [ɛksedɑ̃tɛʀ] *adj* überschüssig; **production** ~ Überproduktion *f;* **récolte** ~ Ernteüberschuss *m*

excéder [ɛksede] <5> *vt* ❶ (*dépasser*) überschreiten *poids, durée;* übersteigen *moyens, forces;* **ne pas ~ 3 000 euros** 3000 Euro nicht übersteigen; **le stationnement ne doit pas ~ quinze minutes** man darf nicht länger als fünfzehn Minuten parken
❷ (*exaspérer*) ~ **qn avec** [*o* **par**] **qc** jdn zur Verzweiflung [*o* auf die Palme *fam*] mit etw bringen; **être excédé(e)** (*être à bout*) entnervt sein; (*être énervé*) verärgert sein

excellemment [ɛkselamɑ̃] *adv littér* [ganz] ausgezeichnet, hervorragend, exzellent (*geh*)

excellence [ɛkselɑ̃s] *f* hervorragende Qualität, Vorzüglichkeit *f;* **l'~ de son goût** sein ausgezeichneter [*o* vortrefflicher] Geschmack
▸ **par** ~ par excellence (*geh*); **l'âne est, par ~, la bête de somme** der Esel ist das klassische Lasttier

Excellence [ɛkselɑ̃s] *f* **Son/Votre** ~ Seine/Eure Exzellenz

excellent(e) [ɛkselɑ̃, ɑ̃t] *adj* [ganz] ausgezeichnet; *vin* köstlich; *professeur* hervorragend, exzellent (*geh*), [ganz] ausgezeichnet; *air* ausnehmend gut; ~**(e) pour le dos/contre les douleurs** hervorragend für den Rücken/gegen Schmerzen

exceller [ɛksele] <1> *vi* ~ **en musique/dans son domaine/aux échecs** sich in der Musik/in seinem Bereich/beim Schach auszeichnen; ~ **en mathématiques** in Mathematik [ganz] ausgezeichnet [*o* hervorragend] sein; ~ **à cuisiner/écrire** [ganz] ausgezeichnet kochen/schreiben

excentré(e) [ɛksɑ̃tʀe] *adj région, quartier* entlegen, abgelegen

excentricité [ɛksɑ̃tʀisite] *f sans pl* Exzentrizität *f; d'un vêtement* Extravaganz *f;* **l'~ de son comportement/caractère** sein/ihr exzentrisches Verhalten/Wesen; **faire des ~s** sich Extravaganzen leisten

excentrique [ɛksɑ̃tʀik] **I.** *adj* ❶ (*bizarre*) *personne, manières* exzentrisch; *tenue* extravagant, ausgefallen
❷ (*périphérique*) **quartier** ~ Außenbezirk *m*
II. *mf* Exzentriker(in) *m(f)*

excepté [ɛksɛpte] *prép* bis auf (+ *Akk*), außer; ~ **que/si qn fait qc** außer [*o* nur], dass jd etw tut; **avoir tout prévu, ~ ce cas** mit allem gerechnet haben, nur damit nicht

excepter [ɛksɛpte] <1> *vt* ~ **qn de qc** jdn von etw ausnehmen; ~ **les frais de qc** die Kosten von etw abziehen; **si l'on excepte deux ou trois jours de soleil, ...** von zwei bis drei Sonnentagen einmal abgesehen, ...; **tous les devoirs, sans en ~ un seul, sont mauvais** die Arbeiten sind alle schlecht, ohne Ausnahme; **valable pour tous, les enfants exceptés** gültig für alle, Kinder ausgenommen

exception [ɛksɛpsjɔ̃] *f* (*action*) Ausnahme *f;* (*cas*) Ausnahmefall *m,* Ausnahme; **un être d'~** ein außergewöhnlicher Mensch; **loi d'~** Ausnahmegesetz *nt;* **régime d'~** Sonderregelung *f;* (*gouvernement exceptionnel*) Sonderregierung *f;* **faire ~ à la règle** eine Ausnahme von der Regel bilden; **faire une ~ pour qn** für jdn [*o* bei jdm] eine Ausnahme machen; ~ **faite de qn/qc, à l'~ de qn/qc** abgesehen von jdm/etw, außer jdm/etw, bis auf jdn/etw; **sauf** ~ von Ausnahmen abgesehen; **sans** ~ ohne Ausnahme, ausnahmslos
▸ **c'est l'~ qui confirme la règle** *prov* Ausnahmen bestätigen die Regel

exceptionnel(le) [ɛksɛpsjɔnɛl] *adj* ❶ (*extraordinaire*) *personne, réussite* außergewöhnlich, außerordentlich; *occasion* einmalig; **profits ~s** außerordentliche Erträge; **cela n'a rien d'~!** das ist doch nichts Außergewöhnliches!
❷ (*occasionnel*) *prime, congé* Sonder-; **mesures ~les** Sondermaßnahmen *Pl,* außergewöhnliche Maßnahmen; **à titre** ~ ausnahmsweise

exceptionnellement [ɛksɛpsjɔnɛlmɑ̃] *adv* ❶ (*à titre exceptionnel*) ausnahmsweise
❷ (*très*) außergewöhnlich

excès [ɛksɛ] *m* ❶ (*surplus*) ~ **de soleil** Übermaß *nt* an Sonne (*Dat*); ~ **de vitesse** Geschwindigkeitsüberschreitung *f;* ~ **de zèle** Übereifer *m;* ~ **de prudence** übertriebene Vorsicht *f;* ~ **de sucre dans le sang** zu hoher Blutzuckerspiegel; ~ **de l'offre sur la demande** Angebotsüberhang *m;* ~ **des dépenses sur les recettes** Ausgabenüberhang *m*
❷ *pl* (*abus*) Exzesse *Pl,* Ausschweifungen *Pl;* (*violences*) Ausschreitungen *Pl;* ~ **de langage** sprachliche Entgleisungen *Pl;* **commettre des ~ de langage** sich im Ton vergreifen; **faire des ~ [de table]** unmäßig essen und trinken
❸ JUR ~ **de pouvoir** Kompetenzüberschreitung *f*
▸ **tomber dans l'~ inverse** ins andere Extrem [ver]fallen; **pousser** qc **à l'~** etw auf die Spitze treiben; **avec/sans ~** *manger, dépenser* übermäßig [*o* zu viel]/in [*o* mit] Maßen

excessif, -ive [ɛksesif, -iv] *adj* ❶ übertrieben, extrem; *prix* überhöht; *froid* schneidend; **cent euros, ce n'est pas ~** hundert Euro sind nicht zu viel; **il fait une chaleur excessive** es ist unerträglich heiß
❷ (*immodéré*) *tempérament* überschäumend; **être ~(-ive) en tout** alles ins Extrem treiben; **être ~(-ive) dans son jugement** zu hart urteilen

excessivement [ɛksesivmɑ̃] *adv* äußerst, ungemein; *manger* unmäßig; **être ~ cher(chère)** überteuert sein

ex-chancelier [ɛksʃɑ̃səlje] <ex-chanceliers> *m* Altbundeskanzler *m*

excipient [ɛksipjɑ̃] *m* PHARM Grundstoff *m; d'une pommade* Grundlage *f; du mercurochrome* Lösungsmittel *nt*

exciser [ɛksize] <1> *vt* herausschneiden *tumeur;* beschneiden *fille*

excision [ɛksizjɔ̃] *f* ❶ MED *d'un cor, tissu* Herausschneiden *nt,* Exzision *f* (*Fachspr.*); *d'un polype* Entfernen *nt*
❷ (*ablation rituelle*) ~ **d'une fille** Beschneidung *f* eines Mädchens, Klitorisbeschneidung

excitabilité [ɛksitabilite] *f* Erregbarkeit *f*

excitable [ɛksitabl] *adj* reizbar, [leicht] erregbar

excitant [ɛksitɑ̃] *m* anregendes Mittel *nt,* Aufputschmittel *nt*

excitant(e) [ɛksitɑ̃, ɑ̃t] *adj* ❶ aufregend; *livre, projet* spannend, faszinierend; ~**(e) pour l'esprit** [geistig] anregend; **ce n'est pas très ~** das ist [ja] nicht gerade aufregend
❷ (*stimulant*) *café* anregend; *médicament* stimulierend

excitation [ɛksitasjɔ̃] *f* ❶ (*état agité*) Aufregung *f,* Erregung *f;* ~ **intellectuelle** geistige Anspannung; ~ **sexuelle** sexuelle Erregtheit
❷ (*action*) *d'un nerf* Reizung *f; d'un électron* Anregung *f; d'un sentiment* Erwecken *nt*
❸ (*incitation*) ~ **à la haine** Aufhetzen *nt;* ~ **à la révolte** Aufwiegelung *f;* ~ **des mineurs à la débauche** Verführung *f* Minderjähriger

excité(e) [ɛksite] **I.** *adj* aufgeregt, erregt; **tu es drôlement ~(e)!** *fam* du bist ja total überdreht! (*fam*)
II. *m(f)* Hitzkopf *m*

exciter [ɛksite] <1> **I.** *vt* ❶ (*provoquer*) erregen, wecken *désir, curiosité;* anregen *appétit*
❷ (*aviver*) anspornen; steigern, anstacheln *ardeur, courage;* anregen *imagination;* verschlimmern *douleur*
❸ (*passionner*) *idée:* reizen; *sensation:* in Hochstimmung versetzen; *travail:* begeistern
❹ (*mettre en colère*) *personne:* ärgern; *alcool:* aggressiv machen; *chaleur:* nervös machen; ~ **un voisin contre un autre** einen Nachbarn gegen einen anderen aufbringen [*o* aufhetzen]
❺ (*en parlant d'un animal*) *personne:* ärgern; *chose:* unruhig machen; (*aiguillonner*) antreiben
❻ (*troubler sexuellement*) erregen
❼ PHYSIOL erregen

s'excuser

• s'excuser	**• sich entschuldigen**
(Oh,) je ne l'ai pas fait exprès!	(Oh,) das hab ich nicht gewollt!
Je suis désolé(e)!	Das tut mir Leid!
Excuse-moi!/Excusez-moi!/Pardon!/Je te/vous demande pardon!	Entschuldigung!/Verzeihung!/Pardon!
Excusez-moi!/Je suis désolé(e)!	Entschuldigen Sie bitte!
Ce n'était pas dans mes intentions.	Das war nicht meine Absicht.
Excusez-moi, je suis vraiment désolé(e).	Ich muss mich dafür wirklich entschuldigen.
• accepter des excuses	**• auf Entschuldigungen reagieren**
Ça va!/Ça ne fait rien!	Schon okay! *(fam)*/Das macht doch nichts!
Ce n'est pas grave!/Ça ne fait rien!/Ne t'en fais pas!	Keine Ursache!/Macht nichts!
Ne vous faites pas de soucis!	Machen Sie sich darüber keine Gedanken.
Ne vous faites pas de cheveux blancs pour ça!	Lassen Sie sich darüber keine grauen Haare wachsen. *(fam)*
• admettre, avouer	**• zugeben, eingestehen**
C'est de ma faute.	Ich bin Schuld daran.
Oui, c'était de ma faute.	Ja, es war mein Fehler.
Là, j'ai fait une connerie. *(fam)*	Da habe ich Mist gebaut. *(sl)*
Je l'admets: j'ai agi trop vite.	Ich gebe es ja zu: Ich habe zu vorschnell gehandelt.
Vous avez raison, j'aurais dû mieux réfléchir à la question.	Sie haben Recht, ich hätte mir die Sache gründlicher überlegen sollen.

❸ (*inciter*) ~ **à la désobéissance** zum Ungehorsam aufwiegeln; ~ **à la débauche** zur Unzucht verführen
II. *vpr* ❶ **s'~ sur qc** sich über etw (*Akk*) aufregen
❷ *fam* (*s'acharner*) **s'~ sur qc** sich an etw (*Dat*) festbeißen

exclamatif, -ive [ɛksklamatif, -iv] *adj* **phrase exclamative** Ausrufesatz *m*

exclamation [ɛksklamasjɔ̃] *f* Ausruf *m;* ~ **de douleur/de joie** Schmerzens-/Freudenschrei *m;* **point d'~** Ausrufezeichen *nt*

exclamer [ɛksklame] <1> *vpr* **s'~ de joie** freudig ausrufen; **s'~ de douleur** vor Schmerz (*Dat*) aufschreien; **s'~ sur qc** (*admirer*) etw lautstark bewundern; (*se moquer*) sich lautstark über etw (*Akk*) auslassen

exclu(e) [ɛkskly] **I.** *part passé de* **exclure**
II. *adj* ❶ (*impossible*) ausgeschlossen; **il n'est pas ~ que qn fasse qc** es ist nicht ausgeschlossen, dass jd etw tut
❷ (*non compris*) **mardi ~** außer Dienstag
III. *m(f)* **les ~s** die [von der Gesellschaft] Ausgeschlossenen

exclure [ɛksklyʀ] <*irr*> **I.** *vt* ❶ ~ **qn d'un parti/d'une équipe** jdn aus einer Partei/einer Mannschaft ausschließen; ~ **qn d'une salle/de l'école** jdn aus einem Saal [*o* des Saales]/von der Schule verweisen; **être exclu(e) du lycée pour huit jours** für acht Tage vom Unterricht ausgeschlossen werden
❷ (*écarter*) ausschließen *possibilité;* ausschalten *élément;* verwerfen *hypothèse*
❸ (*supprimer*) weglassen; ~ **le sucre de son régime** bei seiner Ernährung auf Zucker verzichten
II. *vpr* **s'~** sich [gegenseitig] ausschließen

exclusif, -ive [ɛksklyzif, -iv] *adj* ausschließlich; *droit, privilège* alleinig; *préoccupation, but* einzig; **reportage ~** Exklusivbericht *m*

exclusion [ɛksklyzjɔ̃] *f* ❶ Ausschluss *m;* ~ **du lycée** Schulverweis *m;* ~ **d'un parti** Ausschluss aus einer Partei; ~ **sociale** gesellschaftlicher Ausschluss, soziale Ausgrenzung
❷ JUR Ausschließung *f,* Ausschluss *m*
▶ **à l'~ du ministre** (*sauf/en voulant exclure*) mit Ausnahme/unter Ausschluss des Ministers

exclusivement [ɛksklyzivmɑ̃] *adv* ausschließlich; (*uniquement*) nur; (*exclu*) exklusive

exclusivité [ɛksklyzivite] *f* ❶ *d'une marque* Alleinvertretung *f,* Alleinvertrieb *m; d'un livre* Exklusivrecht *nt;* **une ~ ...** (*produit*) ein geschütztes Produkt von ...; (*scoop*) eine Exklusivmeldung von ...; **en ~** ausschließlich
❷ JUR Ausschließlichkeit *f*

excommunication [ɛkskɔmynikasjɔ̃] *f* REL Exkommunikation *f;* **être frappé(e) d'~** exkommuniziert werden

excommunier [kɔmynje] <1a> *vt* exkommunizieren

excréments [ɛkskʀemɑ̃] *m pl* Exkremente *nt Pl*

excréter [ɛkskʀete] <1> *vt* PHYSIOL ausscheiden

excrétion [ɛkskʀesjɔ̃] *f* ❶ (*évacuation des matières fécales*) Ausscheidung *f; de l'urine* Urinieren *nt*
❷ *pl* (*matières fécales*) Exkremente *Pl*

excroissance [ɛkskʀwasɑ̃s] *f* Wucherung *f*

excursion [ɛkskyʀsjɔ̃] *f* Ausflug *m;* ~ **à pied/en car** Wanderung *f*/Busreise *f*

excusable [ɛkskyzabl] *adj* verzeihlich

excuse [ɛkskyz] *f* ❶ (*raison*) Entschuldigung *f;* **prendre pour** [*o* **trouver comme**] ~ **que qn a fait qc** als Entschuldigung angeben, dass jd etw getan hat
❷ (*prétexte*) Ausrede *f;* **la belle ~!** schöne Ausrede!; **avoir toujours une bonne ~** nie um eine Ausrede verlegen sein
❸ *pl* (*regret*) **mille ~s!** ich bitte Tausend Mal um Entschuldigung!; **exiger des ~s de qn** von jdm eine Entschuldigung verlangen; **faire toutes ses ~s à qn** jdn vielmals um Entschuldigung bitten

excuser [ɛkskyze] <1> **I.** *vt* ❶ entschuldigen *faute, retard;* **excuse-moi/excusez-moi!** entschuldige/entschuldigen Sie [bitte]!, Entschuldigung!, Verzeihung!
❷ (*justifier*) in Schutz nehmen *personne;* entschuldigen *con-*

E

duite

► **vous êtes tout excusé(e)** machen Sie sich darüber keine Gedanken; **se faire ~** sich entschuldigen lassen; **veuillez m'~ si j'ai fait qc** *soutenu* entschuldigen Sie bitte, wenn ich etw getan habe

II. *vpr* **s'~ de qc** sich für etw entschuldigen

► **je m'excuse de vous déranger** entschuldigen Sie bitte die Störung

exécrable [ɛgzekʀabl] *adj* scheußlich; *nourriture* ekelhaft; *film, poème* miserabel, erbärmlich

exécrer [ɛgzekʀe] <1> *vt* verabscheuen

exécutant(e) [ɛgzekytɑ̃, ɑ̃t] *m(f)* ❶ (*agent*) Befehlsempfänger(in) *m(f)*; **être un(e) simple ~(e)** nur Befehle ausführen

❷ MUS Ausführende(r) *f(m)*, Mitwirkende(r) *f(m)*

exécuter [ɛgzekyte] <1> **I.** *vt* ❶ *a.* INFORM (*effectuer*) ausführen; durchführen *projet;* erledigen *travail;* vollziehen, vollstrecken *peine;* **~ les dernières volontés de qn** jds letzten Willen erfüllen

❷ (*réaliser*) anfertigen; nähen *vêtement;* zubereiten *plat;* malen *tableau*

❸ MUS (*interpréter*) spielen

❹ (*tuer*) hinrichten; (*assassiner*) umbringen

II. *vpr* **s'~** (*obéir à un ordre*) einem Befehl Folge leisten; (*répondre à une demande*) einer Bitte (*Dat*) nachkommen

exécuteur, -trice [ɛgzekytœʀ, -tʀis] *m, f d'un arrêt* Ausführende(r) *f(m)*; **~(-trice) testamentaire** Testamentsvollstrecker(in) *m(f)*

◆ **~ des basses œuvres** Mann *m* fürs Grobe (*fam*); **~ des hautes œuvres** *vieilli* Scharfrichter *m*

exécutif [ɛgzekytif] *m* Exekutive *f*, Exekutivgewalt *f*

exécutif, -ive [ɛgzekytif, -iv] *adj* **comité ~** Exekutivausschuss *m;* **pouvoir ~** ausübende [*o* vollziehende] Gewalt *f*, Exekutive *f*

exécution [ɛgzekysjɔ̃] *f* ❶ Ausführung *f; d'un travail, programme* Durchführung *f; d'une commande* Erledigung *f; d'une robe* Anfertigung *f; d'un tableau* Malen *nt;* **mettre une loi à ~** ein Gesetz durchführen [*o* ausführen]; **mettre une menace à ~** eine Drohung wahr machen

❷ MUS Vortrag *m;* (*manière de jouer*) Interpretation *f*

❸ JUR *d'une peine* Vollzug *m*

❹ (*mise à mort*) Hinrichtung *f*, Exekution *f;* **~ sommaire** standrechtliche Hinrichtung

exécutoire [ɛgzekytwaʀ] *adj* JUR exekutiv

exégèse [ɛgzeʒɛz] *f* Interpretation *f*, Auslegung *f;* REL Exegese *f;* (*commentaire*) Kommentar *m;* **faire l'~ d'un discours politique** eine politische Rede analysieren [*o* kommentieren]

exégète [ɛgzeʒɛt] *m* Interpret(in) *m(f)*; REL Exeget *m;* **se faire l'~ d'un texte** einen Text auslegen

exemplaire [ɛgzɑ̃plɛʀ] **I.** *adj* ❶ (*édifiant*) *conduite, personne* beispielhaft, vorbildlich

❷ (*dissuasif*) *châtiment* exemplarisch

II. *m* ❶ (*copie*) *d'un livre* Exemplar *nt; d'un avion, d'une voiture* Maschine *f;* **en deux ~s** in zweifacher Ausfertigung *f*

❷ (*spécimen*) Exemplar *nt*

exemplarité [ɛgzɑ̃plaʀite] *f d'un comportement* Vorbildlichkeit *f*

exemple [ɛgzɑ̃pl] *m* ❶ (*modèle*) Beispiel *nt*, Vorbild *nt;* **citer qn/qc en ~** jdn/etw als Beispiel hinstellen; **donner l'~** mit gutem Beispiel vorangehen; **prendre ~ sur qn** sich (*Dat*) an jdm ein Beispiel nehmen; **à l'~ de mon père** nach dem Vorbild meines Vaters

❷ (*illustration*) Beispiel *nt;* **par ~** zum Beispiel, beispielsweise; **être sans ~** ohne Beispiel [*o* beispiellos] sein

❸ (*châtiment*) **faire un ~** ein Exempel statuieren

► [**ça/tiens**] **par ~!** *fam* (*indignation*) das ist doch nicht zu fassen! (*fam*); (*surprise*) na, so [et]was! (*fam*)

exempt(e) [ɛgzɑ̃(pt), ɑ̃(p)t] *adj* ❶ (*dispensé*) *personne:* befreit; **être ~ du service militaire** vom Wehrdienst freigestellt sein; **~(e) de taxes/d'affranchissement** steuer-/portofrei

❷ (*dépourvu*) frei; *danger, défaut* ohne; **~(e) d'erreur** fehlerfrei/-los

exempter [ɛgzɑ̃(p)te] <1> *vt* ❶ *personne:* befreien; (*réformer*) freistellen; (*décharger*) entbinden; **~ qn du service militaire** jdn vom Wehrdienst [*o* Militärdienst] freistellen; **être exempté(e) d'impôts/de T.V.A.** *revenu, marchandise:* steuerfrei sein/ nicht der Mehrwertsteuer (*Dat*) unterliegen

❷ (*préserver*) **~ qn de la paresse** jdn vor der Faulheit bewahren

exercé(e) [ɛgzɛʀse] *adj œil, voix* geübt, geschult

exercer [ɛgzɛʀse] <2> **I.** *vt* ❶ (*pratiquer*) ausüben *métier;* bekleiden *fonction*

❷ (*mettre en usage*) ausüben *influence, pouvoir;* entfalten *talent;* **~ son droit** sein Recht geltend machen; **~ des pressions sur qn/qc** Druck auf jdn/etw ausüben

❸ (*entraîner*) schulen, üben; trainieren *oreille, mémoire;* bilden *jugement;* ausbilden, entwickeln *goût;* **~ les étudiants à l'informatique** Studenten in der Informatik (*Dat*) ausbilden; **~ les élèves à lire à voix basse** die Schüler an leises Lesen gewöhnen; **~ son corps à résister au froid** seinen Körper gegen Kälte abhärten

II. *vi* tätig sein; *médecin:* praktizieren

III. *vpr* ❶ (*s'entraîner*) **s'~** üben; SPORT trainieren; **s'~ à la trompette** Trompete üben

❷ (*se manifester*) sich bemerkbar machen; **s'~ contre qn** *méfiance:* sich gegen jdn richten; **s'~ dans un domaine** *habileté, influence:* sich auf einem Gebiet zeigen

❸ (*être exercé*) *pouvoir, influence:* **pression qui s'exerce sur qn/qc** Druck, der auf jdn/etw ausgeübt wird

exercice [ɛgzɛʀsis] *m* ❶ SCOL, MUS, SPORT Übung *f;* **~ de calcul/ grammaire** Rechen-/Grammatikübung; **~s aux agrès** Geräteturnen *nt;* **faire des** [*o* **ses**] **~s au piano** Klavier üben

❷ *sans pl* (*activité physique*) Bewegung *f;* **faire** [*o* **prendre**] **de l'~** sich (*Dat*) Bewegung verschaffen

❸ MIL Drill *m*, Exerzieren *nt;* **faire l'~** exerzieren

❹ (*pratique*) *d'un métier, du pouvoir* Ausübung *f; d'une fonction* Bekleidung *f; d'un droit* Ausübung; **libre ~ du culte** freie Religionsausübung; **~ illégal de la médecine** Arzttätigkeit *f* ohne Zulassung; **dans l'~ de ses fonctions** in Ausübung seines Amtes; **~ de la souveraineté** Herrschaftsausübung

❺ ECON, FISC **~ [comptable]** Rechnungsjahr *nt;* **~ budgétaire** Haushaltsjahr; **comparaison avec l'~ précédent** Vorjahresvergleich *m*

► **en ~** im Dienst; POL amtierend; **entrer en ~** seinen Dienst/ sein Amt antreten

◆ **~ d'assouplissement** Aufwärmübung *f;* **~ d'un métier** Gewerbeausübung *f;* **~ de style** Stilübung *f;* **~ de tir** Schießübung *f;* **~ à trous** Lückentest *m*

exergue [ɛgzɛʀg] *m* **en ~** als Inschrift

ex-femme [ɛksfam] <ex-femmes> *f* **mon ~** meine frühere [*o* ehemalige] Frau, meine Exfrau (*fam*)

exfiltrer [ɛksfiltʀe] <1> *vt* zurückschleusen; **~ un agent vers un pays** einen Agenten in ein Land zurückschleusen

exfoliation [ɛksfɔljasjɔ̃] *f* ❶ (*écaillement*) Schälen *nt; de l'écorce* Entrinden *nt*

❷ MED *de l'os* Exfoliation *f* (*allmähliches Abstoßen von abgestorbenen Gewebeteilen*)

exfolier [ɛksfɔlje] <1a> **I.** *vt rare* abschiefern *ardoise*

II. *vpr* MED **s'~** sich ablösen; *peau:* sich schälen

exhalaison [ɛgzalɛzɔ̃] *f* Ausdünstung *f;* (*odeur agréable*) Duft *m*

exhaler [ɛgzale] <1> **I.** *vt* ❶ (*répandre*) ausströmen

❷ (*laisser échapper*) ausstoßen *soupir;* **~ le dernier soupir** seinen letzten Atemzug [*o* Seufzer] tun (*geh*)

❸ *littér* (*manifester*) *personne:* zum Ausdruck bringen, bekunden (*geh*); *visage:* ausdrücken

II. *vpr* **s'~ de qc** *gémissement:* aus etw dringen; *parfum:* aus etw ausströmen

exiger

• exiger	**• verlangen**
J'exige des explications de votre part.	**Ich verlange** eine Erklärung von Ihnen.
Je veux que/J'insiste pour que tu partes.	**Ich will/bestehe darauf, dass** du gehst.
C'est le minimum qu'on puisse demander.	**Das ist das Mindeste, was man verlangen kann.**

• demander à quelqu'un de faire quelque chose	**• jemanden auffordern**
Je dois vous prier de quitter la pièce. *(form)*	**Ich muss Sie bitten**, den Raum zu verlassen. *(form)*
N'oublie pas de me téléphoner ce soir.	**Denk dran**, mich heute Abend anzurufen.
Passe donc me voir.	Besuch mich **doch mal.**
Pourrais-tu venir **une minute**?	**Kannst du grade mal** kommen?

• inviter quelqu'un à une action commune	**• zu gemeinsamem Handeln auffordern**
(Allez,) au travail!/Mettons-nous au travail!	**An die Arbeit!/Fangen wir** mit der Arbeit **an!**
Allons-y!	**Auf geht's!** *(fam)*
Et si nous commencions?	**Wollen wir jetzt nicht** damit anfangen?

exhaussement [ɛgzosmɑ̃] *m* CONSTR *d'un mur* Erhöhen *nt*
exhausser [ɛgzose] <1> *vt* ~ **qc de deux mètres** etw um zwei Meter erhöhen; ~ **une maison d'un étage** ein Haus aufstocken
exhausteur [ɛgzostœʀ] *m* CHIM *de goût, saveur* Geschmacksverstärker *m*
exhaustif, -ive [ɛgzostif, -iv] *adj* erschöpfend; *liste* vollständig
exhaustivité [ɛgzostivite] *f d'un exposé* Vollständigkeit *f*
exhiber [ɛgzibe] <1> **I.** *vt* ❶ *(montrer)* vorzeigen; vorweisen, vorlegen *document;* beibringen *preuve;* vorführen *animal*
❷ *(étaler)* zur Schau stellen
II. *vpr* **s'**~ sich [in der Öffentlichkeit] zeigen, sich produzieren *(pej)*
exhibition [ɛgzibisjɔ̃] *f d'un animal* Vorführung *f; d'un athlète* Darbietung *f;* *(étalage)* Zurschaustellung *f*
▸ **faire** ~ **de ses sentiments** seine Gefühle offenbaren
exhibitionnisme [ɛgzibisjɔnism] *m a. fig* Exhibitionismus *m*
exhibitionniste [ɛgzibisjɔnist] **I.** *mf* Exhibitionist(in) *m(f)*
II. *adj* exhibitionistisch
exhortation [ɛgzɔʀtasjɔ̃] *f* [Er]mahnung *f*
exhorter [ɛgzɔʀte] <1> *vt littér* ~ **qn à l'obéissance** jdn zum Gehorsam [er]mahnen
exhumation [ɛgzymasjɔ̃] *f d'un corps* Exhumierung *f; de ruines* Ausgrabung *f*
exhumer [ɛgzyme] <1> *vt* exhumieren *corps;* ausgraben *ruines, document*
exigeant(e) [ɛgziʒɑ̃, ʒɑ̃t] *adj* anspruchsvoll; *enfant* anstrengend; *critique* streng; **un travail** ~ eine Arbeit, die hohe Anforderungen stellt; **être** ~**(e) à l'égard de qn** viel von jdm verlangen, hohe Ansprüche an jdn stellen; **être** ~**(e) sur [le chapitre de] qc** viel Wert auf etw *(Akk)* legen
exigence [ɛgziʒɑ̃s] *f* ❶ *(caractère)* anspruchsvolles Wesen, Strenge *f;* **être d'une** ~ **insupportable** unglaublich anspruchsvoll sein
❷ *pl (prétentions)* [An]forderungen *Pl,* Ansprüche; *(salaire demandé)* Gehaltsvorstellungen *Pl,* Gehaltsforderungen
❸ *pl (impératifs)* ~**s de la mode** Modezwänge *Pl;* ~**s de sécurité** Sicherheitsvorschriften *Pl*
exiger [ɛgziʒe] <2a> *vt* ❶ *(réclamer)* verlangen, fordern *explication, rançon;* ~ **réparation** Wiedergutmachung verlangen [*o* fordern]; ~ **beaucoup de qn** hohe Ansprüche an jdn stellen; ~ **trop de qn** jdn überfordern; ~ **que qn fasse qc** verlangen [*o* fordern], dass jd etw tut
❷ *(nécessiter) personne, animal, plante:* brauchen; *travail:* erfordern; ~ **que qn fasse qc** *circonstances:* erfordern, dass jd etw tut; *politesse:* gebieten, dass jd etw tut
exigu, exiguë [ɛgzigy] *adj logement* winzig [klein]
exiguïté [ɛgzigɥite] *f* ❶ *vieilli (médiocrité) d'un repas* Dürftigkeit *f*
❷ *(étroitesse) d'un espace* Enge *f,* Winzigkeit *f*
exil [ɛgzil] *m* Exil *nt,* Verbannung *f;* **condamner qn à l'**~ jdn verbannen
exilé(e) [ɛgzile] **I.** *adj* ❶ *(expatrié)* emigriert; *(chassé)* ausgebürgert; *(banni)* verbannt
❷ *(retiré)* zurückgezogen, isoliert
II. *m(f)* Emigrant(in) *m(f);* *(banni)* Verbannte(r) *f(m);* ~ **politique** politischer Flüchtling
exiler [ɛgzile] <1> **I.** *vt* verbannen, in die Verbannung [*o* ins Exil] schicken
II. *vpr* **s'**~ **de/en France** aus/nach Frankreich auswandern [*o* emigrieren]; **s'**~ **à la campagne** sich aufs Land zurückziehen
existant(e) [ɛgzistɑ̃, ɑ̃t] *adj* bestehend
existence [ɛgzistɑ̃s] *f* ❶ *(vie)* Leben *nt,* Dasein *nt,* Existenz *f;* *(mode de vie)* Lebensweise *f*
❷ *(durée) d'une institution* Bestehen *nt*
❸ *a.* PHILOS *(réalité, présence)* Existenz *f*
existentialisme [ɛgzistɑ̃sjalism] *m* Existenzialismus *m*
existentiel(le) [ɛgzistɑ̃sjɛl] *adj* existenziell
exister [ɛgziste] <1> **I.** *vi* ❶ *(vivre)* leben, existieren
❷ *(être)* bestehen, existieren; **ce mot existe** dieses Wort gibt es; **continuer d'**~ fortbestehen, weiter bestehen
❸ *(compter)* **cette personne/ce livre existe pour qn** diese Person/dieses Buch existiert für jdn
II. *vi impers* **il existe qc** es gibt etw
ex-libris [ɛkslibʀis] *m inv d'un bibliophile* Exlibris *nt*
ex-mari [ɛksmaʀi] <ex-maris> *m* **mon** ~ mein früherer [*o* ehemaliger] Mann, mein Exmann *(fam)* **ex-ministre** [ɛksministʀ] <ex-ministres> *m* früherer [*o* ehemaliger] Minister
exode [ɛgzɔd] *m* ❶ [Massen]auswanderung *f;* ~ **rural** Landflucht *f;* **l'**~ **de 1940** *die Massenflucht der französischen Zivilbevölkerung im Jahre 1940*
❷ BIBL **l'Exode** der Exodus/Auszug aus Ägypten
▸ **prendre les proportions d'un** ~ die Ausmaße einer Völkerwanderung annehmen
◆ ~ **des capitaux** Kapitalflucht *f*
exonération [ɛgzɔneʀasjɔ̃] *f* JUR, FISC ❶ *(action d'exonérer)* Befreiung *f,* Freistellung *f; des dettes, taxes* Erlassung *f;* ~ **des impôts** [*o* **d'impôts**] [*o* **fiscale**] Steuerbefreiung, Freistellung

von [der] Haftung; **attestation d'~** Freistellungsschein *m*
❷ (*résultat*) ~ **de taxes professionnelles** Gewerbesteuerfreiheit *f*
exonérer [ɛgzɔneʀe] <5> *vt* FIN erlassen *Steuern, Abgaben;* ~ **les propriétaires de maisons neuves d'impôts fonciers** den Besitzern neuer Häuser die Grundsteuer erlassen; **être exonéré(e)** *marchandise:* abgabenfrei sein; **exonéré(e) de la T.V.A.** mehrwertsteuerfrei; **exonéré(e) d'impôt sur les sociétés** körperschaftssteuerfrei
exophtalmie [ɛgzɔftalmi] *f* MED Exophtalmie *f*
exorbitant(e) [ɛgzɔʀbitɑ̃, ɑ̃t] *adj prétentions* übertrieben; *prix* unverschämt, horrend; **avoir un coût** ~ ECON untragbar teuer sein
exorbité(e) [ɛgzɔʀbite] *adj* **yeux ~s** hervortretende Augen, Glupschaugen *Pl;* (*de stupéfaction*) weit aufgerissene Augen
exorciser [ɛgzɔʀsize] <1> *vt* [durch Beschwörung] austreiben, exorzieren
exorciseur, -euse [ɛgzɔʀsizœʀ, -øz] *m, f* Exorzist(in) *m(f)*
exorcisme [ɛgzɔʀsism] *m* Exorzismus *m,* [Teufels]austreibung *f*
exorde [ɛgzɔʀd] *f* ❶ (*préambule*) *d'un discours* Einleitung *f,* Exordium *nt*
❷ (*ouverture*) *d'une œuvre* Eröffnung *f*
exotique [ɛgzɔtik] *adj* exotisch
exotisme [ɛgzɔtism] *m* Exotik *f;* **l'~ déplace les foules** die Vorliebe für das Exotische lockt die Leute an
expansé(e) [ɛkspɑ̃se] *adj v.* **polystyrène**
expansible [ɛkspɑ̃sibl] *adj* PHYS ausdehnbar
expansif, -ive [ɛkspɑ̃sif, -iv] *adj* gesprächig; **être d'un naturel** ~ mitteilsam sein
expansion [ɛkspɑ̃sjɔ̃] *f* ❶ Ausdehnung *f;* ECON Expansion *f;* ~ **démographique** Bevölkerungsanstieg *m;* ~ **économique** Wirtschaftswachstum *nt;* **être en pleine** ~ expandieren; **secteur en pleine** ~ Wachstumsbranche *f*
❷ (*épanchement*) **avoir besoin d'~** ein großes Mitteilungsbedürfnis haben
expansionnisme [ɛkspɑ̃sjɔnism] *m* ❶ POL *d'un pays* Expansionsbestrebung *f*
❷ ECON *d'un état* Expansionspolitik *f*
expansionniste [ɛkspɑ̃sjɔnist] **I.** *adj* expansiv; **politique** ~ Expansionspolitik *f*
II. *mf* Expansionist *m*
expatriation [ɛkspatʀijasjɔ̃] *f* (*action de s'expatrier*) Emigration *f,* Auswanderung *f;* (*action d'expatrier*) Ausbürgerung *f,* Verbannung *f*
expatrié(e) [ɛkspatʀije] *m(f)* Emigrant(in) *m(f),* Auswanderer *m/*Auswanderin *f;* (*expulsé*) Verbannte(r) *f(m),* Ausgebürgerte(r) *f(m)*
expatrier [ɛkspatʀije] <1a> **I.** *vt* ausbürgern *personne;* im Ausland anlegen *capitaux*
II. *vpr* **s'~** emigrieren, auswandern
expectative [ɛkspɛktativ] *f littér* **être dans l'~ de qc** etw abwarten
expectorant [ɛkspɛktɔʀɑ̃] *m* MED, PHARM Expektorans *nt,* Expektorantium *nt*
expectorant(e) [ɛkspɛktɔʀɑ̃, ɑ̃t] *adj* MED, PHARM *sirop* schleimlösend
expectoration [ɛkspɛktɔʀasjɔ̃] *f* MED Expektoration *f*
expectorer [ɛkspɛktɔʀe] <1> *vt* aushusten, auswerfen
expédient [ɛkspedjɑ̃] *m* Ausweg *m;* (*échappatoire*) Ausflucht *f;* **ne plus savoir à quels ~s recourir** keinen Ausweg mehr wissen
► **vivre d'~s** sich so durchschlagen (*fam*)
expédier [ɛkspedje] <1a> *vt* ❶ (*envoyer*) [ab]schicken, [ver]senden *lettre, marchandise;* aufgeben *colis;* ~ **qc par la poste/par avion** etw mit der [*o* per] Post/per Luftpost schicken [*o* befördern]; ~ **qc par bateau** etw verschiffen
❷ *fam* (*se débarrasser*) abfertigen *visiteur;* ~ **qn à Londres** jdn nach London schicken; ~ **qn en pension** jdn in ein Internat stecken (*fam*)
❸ (*faire rapidement*) rasch erledigen *affaire[s courantes];* hinschludern (*fam*) *devoirs;* hinunterschlingen *repas*
expéditeur, -trice [ɛkspeditœʀ, -tʀis] **I.** *m, f* Absender(in) *m(f)*
II. *adj* **bureau** ~ Versandstelle *f;* **gare expéditrice** Versandbahnhof *m*
expéditif, -ive [ɛkspeditif, -iv] *adj* ❶ (*rapide*) *solution, méthode* schnell, rasch; **justice expéditive** Schnellverfahren *nt;* **le moyen le plus** ~ der kürzeste Weg
❷ (*trop rapide*) übereilt
expédition [ɛkspedisjɔ̃] *f* ❶ (*envoi*) Aufgabe *f; d'une lettre* [Ab]schicken *nt,* [Ab]senden *nt; d'une marchandise, d'un colis* Versand *m,* Verschickung *f;* ~ **par avion** Versand per [*o* mit dem] Flugzeug
❷ (*déplacement, voyage*) Expedition *f; d'un scientifique* Forschungsreise *f;* MIL Feldzug *m;* ~ **punitive** Strafexpedition; **quelle ~!** *fam* das ist/war vielleicht ein Unternehmen!
❸ (*exécution*) *des affaires courantes* Erledigung *f*
expéditionnaire [ɛkspedisjɔnɛʀ] **I.** *adj* MIL **corps** ~ Expeditionskorps *nt*
II. *mf* COM Expedient(in) *m(f),* Angestellte(r) *f(m)* in der Versandabteilung
expérience [ɛkspeʀjɑ̃s] *f* ❶ *sans pl* (*pratique*) Erfahrung *f;* **par** ~ aus Erfahrung; ~ **des affaires** Geschäftserfahrung; **de longues années d'~ professionnelle** langjährige Berufserfahrung [*o* Berufspraxis] *f;* **jeune sans** ~ jung und unerfahren; **avoir l'~ des hommes** Menschenkenntnis haben
❷ (*événement*) Erlebnis *nt;* ~ **amoureuse** Liebesgeschichte *f*
❸ (*essai*) Experiment *nt,* Versuch *m;* **~s sur les animaux** Tierversuche *Pl;* **faire des ~s de chimie** chemische Versuche [*o* Experimente] machen
expérimental(e) [ɛkspeʀimɑ̃tal, o] <-aux> *adj données, science* empirisch; *musique* experimentell; **au stade** ~ im Versuchsstadium; **à titre** ~ versuchsweise
expérimentalement [ɛkspeʀimɑ̃talmɑ̃] *adv* experimentell
expérimentateur, -trice [ɛkspeʀimɑ̃tatœʀ, -tʀis] *m, f* Experimentator(in) *m(f)*
expérimentation [ɛkspeʀimɑ̃tasjɔ̃] *f* Experimentieren *nt; d'un médicament* Erprobung *f;* ~ **animale** Tierversuch *m*
expérimenté(e) [ɛkspeʀimɑ̃te] *adj* erfahren
expérimenter [ɛkspeʀimɑ̃te] <1> *vt* ~ **un médicament sur qn/un animal** ein Medikament an jdm/einem Tier erproben [*o* ausprobieren]
expert(e) [ɛkspɛʀ, ɛʀt] **I.** *adj cuisinière, médecin* erfahren; *technicien* fachkundig; **être ~(e) en** [*o* **dans**] **qc** sich in etw (*Dat*) auskennen; **être ~(e) à faire qc** etw können; **être ~(e) en la matière** Experte [*o* Fachmann] auf dem Gebiet sein
II. *m(f)* Experte *m/*Expertin *f;* JUR (*pour évaluer un objet*) Sachverständige(r) *f(m);* (*pour évaluer des dommages*) Gutachter(in) *m(f)*
expert-comptable, experte-comptable [ɛkspɛʀkɔ̃tabl, ɛkspɛʀtkɔ̃tabl] <experts-comptables> *m, f* Wirtschaftsprüfer(in) *m(f),* Rechnungsprüfer(in), Buchprüfer(in)
expertise [ɛkspɛʀtiz] *f* ❶ (*estimation de la valeur*) Schätzung *f*
❷ (*examen*) Begutachtung *f* [durch einen Sachverständigen]; ~ **comptable** Buchprüfung *f;* ~ **judiciaire** gerichtliches Gutachten; ~ **juridique** Rechtsgutachten; **demander une ~ juridique** ein Rechtsgutachten einholen; ~ **médicale** medizinische Untersuchung; **certificat d'~ médicale** ärztliches Gutachten; **faire une ~ de qc** ein Gutachten von etw anfertigen
expertiser [ɛkspɛʀtize] <1> *vt* ❶ (*étudier l'authenticité*) begutachten *bijou, tableau*
❷ (*estimer*) schätzen *bijou, dégâts*
expiation [ɛkspjasjɔ̃] *f littér* Sühne *f,* Buße *f;* **en ~ de qc** als Sühne [*o* Buße] für etw
expiatoire [ɛkspjatwaʀ] *adj victime* Sühne-, Buß-
expier [ɛkspje] <1a> *vt* büßen für *crime;* bezahlen für *erreur, imprudence;* ~ **une faute par qc** für einen Fehler mit etw

bezahlen

expirant(e) [ɛkspiʀɑ̃, ɑ̃t] *adj* ① (*agonisant*) *malade* sterbend
② (*finissant*) *flamme* sterbend; *voix* erlöschend

expiration [ɛkspiʀasjɔ̃] *f* ① PHYSIOL Ausatmen *nt*
② (*fin*) *d'un délai, mandat* Ablauf *m,* Ende *nt;* **avant/après ~ du délai imparti par la loi** vor/nach Ablauf der gesetzlich festgelegten Frist; **venir à ~** ablaufen, enden

expirer [ɛkspiʀe] <1> **I.** *vt, vi* ausatmen; *animal:* ausstoßen; **~ par le nez** durch die Nase ausatmen
II. *vi* ① *littér* (*mourir*) verscheiden (*geh*)
② (*s'achever*) *mandat, trêve, délai:* ablaufen, enden

explétif [ɛkspletif] *m* GRAM Expletiv *nt*

explétif, -ive [ɛkspletif, -iv] *adj* GRAM *élément* expletiv

explicable [ɛksplikabl] *adj* erklärlich, erklärbar; **rendre qc ~** etw erklärlich machen

explicatif, -ive [ɛksplikatif, -iv] *adj* *commentaire* erklärend, erläuternd; **note explicative** Erläuterung *f;* **notice explicative** Gebrauchsanweisung *f;* **proposition relative explicative** erläuternder Relativsatz

explication [ɛksplikasjɔ̃] *f* ① Erklärung *f;* (*commentaire, annotation*) Erläuterung *f;* (*discussion*) Aussprache *f;* **exiger des ~s** eine Erklärung verlangen
② *pl* (*mode d'emploi*) Gebrauchsanweisung *f,* Gebrauchsanleitung *f*
◆ **~ de texte** Textinterpretation *f*

explicite [ɛksplisit] *adj* eindeutig, klar, unmissverständlich

explicitement [ɛksplisitmɑ̃] *adv* deutlich, unmissverständlich

expliciter [ɛksplisite] <1> *vt* explizit nennen *clause;* klar ausdrücken *pensée*

expliquer [ɛksplike] <1> **I.** *vt* ① (*faire connaître*) erklären, erläutern; **~ que qn a fait qc** erklären, dass jd etw getan hat; **tu lui as bien expliqué que ...?** du hast ihm doch gesagt, dass ...?
② (*faire comprendre*) erklären *fonctionnement;* interpretieren *texte*
③ (*donner la cause*) erklären; **~ à qn pourquoi/comment qn a fait qc** jdm erklären, warum/wie jd etw getan hat
► **je t'explique pas!** *fam* es ist kaum zu beschreiben!
II. *vpr* ① (*se faire comprendre*) **s'~** sich ausdrücken
② (*justifier*) **s'~ sur son retard** sich für sein Zuspätkommen entschuldigen; **s'~ sur son choix** seine Wahl rechtfertigen
③ (*rendre des comptes à*) **s'~ devant le tribunal** sich vor Gericht verantworten; **s'~ devant les gendarmes** sich der Polizei stellen; **s'~ devant son père** seinem Vater Rede und Antwort stehen
④ (*avoir une discussion*) **s'~ avec son fils sur qc** sich mit ihrem/seinem Sohn über etw (*Akk*) aussprechen
⑤ *fam* (*se battre*) **s'~** sich schlagen
⑥ (*comprendre*) **s'~ qc** sich (*Dat*) etw erklären können; **s'~ que qn fasse qc** sich (*Dat*) erklären können, dass jd etw tut
⑦ (*être compréhensible*) **s'~ par qc** mit etw zu erklären sein

exploit [ɛksplwa] *m* ① [Helden]tat *f;* SPORT Leistung *f*
② *iron* Leistung *f,* Kunststück *nt*

exploitable [ɛksplwatabl] *adj* *terre, domaine* [landwirtschaftlich] nutzbar; *document, données* verwertbar

exploitant(e) [ɛksplwatɑ̃, ɑ̃t] *m(f)* **~(e) agricole** Landwirt(in) *m(f),* Bauer *m*/Bäuerin *f;* **gros/petit ~** Groß-/Kleinbauer
◆ **~(e) de salle [de cinéma]** (*gérant*) Kinobetreiber(in) *m(f);* (*propriétaire*) Kinobesitzer(in) *m(f)*

exploitation [ɛksplwatasjɔ̃] *f* ① (*action*) *d'une ferme* Bewirtschaftung *f;* *de ressources naturelles* Nutzung *f;* *d'une mine, carrière* Abbau *m,* Ausbeutung *f;* **~ d'une ligne aérienne** Betrieb *m* einer Fluglinie; **~ forestière** Forstbewirtschaftung
② (*bien*) Betrieb *m;* **~ agricole/forestière** land-/forstwirtschaftlicher Betrieb; **~ familiale** [bäuerlicher] Familienbetrieb
③ (*utilisation*) *d'une situation, d'un succès* Ausnutzung *f;* *d'une idée* Verwertung *f;* *de données* Auswertung *f*
④ (*abus*) Ausbeutung *f;* *de la crédulité* Ausnutzen *nt*

exploité(e) [ɛksplwate] *m(f)* Ausgebeutete(r) *f(m)*

exploiter [ɛksplwate] <1> *vt* ① (*faire valoir*) bewirtschaften *terre;* nutzen *ressources;* abbauen, ausbeuten *mine*
② (*utiliser*) nutzen, sich (*Dat*) zunutze [*o* zu Nutze] machen *situation, avantage;* verwerten *idée;* auswerten *résultats;* **être exploité(e) contre qn** *propos:* gegen jdn verwendet werden
③ (*abuser*) **~ qn** jdn ausbeuten; **~ qc** etw ausnutzen

exploiteur, -euse [ɛksplwatœʀ, -øz] *m, f* Ausbeuter(in) *m(f);* **être un ~ de la misère humaine** aus dem Elend der anderen Kapital schlagen

explorateur [ɛksplɔʀatœʀ] *m* INFORM Browser *m*
◆ **~ de réseau** Internet Browser *m*

explorateur, -trice [ɛksplɔʀatœʀ, -tʀis] *m, f* Forscher(in) *m(f),* Forschungsreisende(r) *f(m);* **équipe d'~s** Forscherteam *nt*

exploration [ɛksplɔʀasjɔ̃] *f* ① Erforschung *f*
② INFORM Browsen *nt* (*Fachspr.*)

exploratoire [ɛksplɔʀatwaʀ] *adj* ① MED *technique* Forschungs-
② POL *entretiens* prüfend

explorer [ɛksplɔʀe] <1> *vt* ① erforschen *pays, gouffre*
② *fig* eingehend prüfen [*o* studieren] *idée;* sich gründlich befassen mit *question*
③ INFORM browsen (*Fachspr.*)

exploser [ɛksploze] <1> **I.** *vi* ① (*éclater*) explodieren; *chaudière:* platzen; *grenade:* krepieren; **faire ~ qc** etw zur Explosion [*o* zum Explodieren] bringen
② *fig* *personne:* explodieren, in die Luft gehen (*fam*); *colère, joie:* ausbrechen; **laisser sa colère ~** seinem Zorn freien Lauf lassen
II. *vt fam* (*casser, démolir accidentellement*) kaputtmachen (*fam*) *voiture*

explosible [ɛksplozibl] *adj* *mélange* explosiv

explosif [ɛksplozif] *m* Sprengstoff *m*

explosif, -ive [ɛksplozif, -iv] *adj* ① *mélange* explosiv; **obus ~** Sprenggranate *f*
② *fig* *situation* gespannt; *dossier* heikel; **consonne explosive** Explosivlaut *m;* **devenir ~(-ive)** *situation* sich zuspitzen [*o* verschärfen]

explosion [ɛksplozjɔ̃] *f* ① *d'une bombe, chaudière* Explosion *f;* **~ atomique** [*o* **nucléaire**] Atomexplosion; **~ de gaz** Gasexplosion
② (*manifestation soudaine*) **~ de joie/colère** Freuden-/Wutausbruch *m;* **~ sociale** Volksaufstand *m*
③ *a.* ECON (*poussée*) **~ démographique** Bevölkerungsexplosion *f*

expo [ɛkspo] *f abr de* **exposition** Ausstellung *f*

exponentiel(le) [ɛkspɔnɑ̃sjɛl] *adj* *fonction* exponentiell

export [ɛkspɔʀ] *m abr de* **exportation** Export *m,* Ausfuhr *f*

exportable [ɛkspɔʀtabl] *adj* exportierbar, ausführbar, ausfuhrfähig

exportateur, -trice [ɛkspɔʀtatœʀ, -tʀis] **I.** *adj* exportierend; *secteur* exportintensiv; **pays ~ de vin** weinexportierendes Land, Weinexportland, Weinausfuhrland
II. *m, f* (*personne*) Exporteur(in) *m(f);* (*pays*) Exportland *nt,* Ausfuhrland, Exporteur *m;* **~ de blé/vin** Getreide-/Weinexporteur, Getreide-/Weinexportland, Getreide-/Weinausfuhrland

exportation [ɛkspɔʀtasjɔ̃] *f* ① (*action*) Export *m,* Ausfuhr *f;* **~ de marchandises** Ausfuhr von Waren, Warenausfuhr; **articles d'~** Exportartikel *Pl*
② *pl* (*biens*) Export *m,* [Waren]ausfuhr *f;* **volume des ~s** Exportvolumen *nt,* Ausfuhrvolumen
③ INFORM Übertragung *f,* Transfer *m*

exporter [ɛkspɔʀte] <1> *vt* ① exportieren, ausführen
② INFORM **~ des fichiers sur qc** Dateien auf etw (*Akk*) übertragen [*o* transferieren]

exposant [ɛkspozɑ̃] *m* MATH Exponent *m*

exposé [ɛkspoze] *m* ① (*discours*) Referat *nt;* **faire un ~ sur qc** ein Referat über etw (*Akk*) halten

exprimer son ignorance

• exprimer son ignorance	• Nichtwissen ausdrücken
Je ne sais pas (non plus)./Je sais pas.	Das weiß ich (auch) nicht./Weiß nicht. *(fam)*
Aucune idée.	Keine Ahnung. *(fam)*/Habe keinen blassen Schimmer. *(fam)*
Je regrette, mais je n'y connais rien.	Ich kenne mich da leider nicht aus.
Là, tu m'en demandes/vous m'en demandez trop.	Da bin ich überfragt.
Je ne suis pas au courant.	Darüber weiß ich nicht Bescheid.
Je n'ai pas connaissance du nombre exact.	Die genaue Anzahl entzieht sich meiner Kenntnis. *(geh)*
Comment pourrais-je le savoir?	Woher soll ich das wissen?

❷ (*description*) Darstellung *f*, Darlegung *f*; ~ **de la situation** Lagebericht *m*; **donner un ~ des faits** einen Überblick über den Tatbestand [*o* Sachverhalt] geben

exposer [ɛkspoze] <1> **I.** *vt* ❶ (*montrer*) ausstellen *tableau;* auslegen *marchandise;* aufbahren *corps*
❷ (*décrire*) darlegen, vortragen
❸ (*mettre en péril*) aufs Spiel setzen, riskieren *vie, honneur;* **~ qn au ridicule** jdn lächerlich machen, jdn der Lächerlichkeit (*Dat*) preisgeben (*geh*)
❹ (*disposer*) **~ qc au soleil** etw der Sonne (*Dat*) aussetzen; **~ un film à la lumière** einen Film belichten; **une pièce bien exposée** ein helles Zimmer; **une maison exposée au sud** ein nach Süden ausgerichtetes Haus
II. *vpr* **s'~ à qc** sich einer Sache (*Dat*) aussetzen; **s'~ au soleil** sich sonnen; **s'~ à faire qc** riskieren etw zu tun

exposition [ɛkspozisjɔ̃] *f* ❶ (*étalage*) *de marchandise* Ausstellen *nt*
❷ *a.* ART (*présentation, foire*) Ausstellung *f*; **~ de peintures** Gemäldeausstellung *f*; **~ canine/universelle** Hunde-/Weltausstellung *f*
❸ (*explication*) Darlegung *f*, Erläuterung *f*
❹ (*orientation*) *d'une maison* **~ au sud** Ausrichtung *f* nach Süden
❺ (*action de soumettre à qc*) Aussetzen *nt;* PHOT Belichtung *f*; **durée d'~** Belichtungszeit *f*
▸ **l'~ au soleil est néfaste pour la peau** Sonnenbestrahlung ist schädlich für die Haut

exposition-vente [ɛkspozisjɔ̃vɑ̃t] <expositions-ventes> *f* Verkaufsausstellung *f*

exprès [ɛkspʀɛ] **I.** *adv* ❶ (*intentionnellement*) mit Absicht, absichtlich, extra (*fam*); **faire ~ de faire qc** etw absichtlich [*o* mit Absicht] tun
❷ (*spécialement*) *venir* [**tout**] ~ extra, eigens
▸ **comme** [**par**] **un fait ~** als ob es hätte sein sollen
II. *m* Eilsendung *f*; **lettre ~** Eilbrief *m*; **envoyer en** [*o* **par**] **~** als Eilsendung schicken

exprès, expresse [ɛkspʀɛs] *adj interdiction, ordre* ausdrücklich

express [ɛkspʀɛs] **I.** *adj* **café ~** Espresso *m*; **train ~** Schnellzug *m*, D-Zug *m*
II. *m* ❶ (*café*) Espresso *m*
❷ (*train*) Schnellzug *m*, D-Zug *m*

expressément [ɛkspʀesemɑ̃] *adv* ausdrücklich

expressif, -ive [ɛkspʀesif, -iv] *adj* ausdrucksvoll

expression [ɛkspʀesjɔ̃] *f* ❶ Ausdruck *m*; **mode d'~** Ausdrucksweise *f*; **~ familière/figée** umgangssprachlicher/feststehender Ausdruck; **~ toute faite** *péj* Klischee *nt*; **passez-moi l'~** entschuldigen Sie den Ausdruck
❷ ART, MUS Ausdruck *m*; **absence d'~** Ausdruckslosigkeit *f*; **sans ~** ausdruckslos; **plein(e) d'~** ausdrucksvoll; **~ corporelle** Ausdruckstanz *m*
▸ **veuillez agréer l'~ de mes sentiments distingués** mit freundlichen Grüßen; **réduire qc à sa plus simple ~** etw auf die einfachste Formel bringen; *fig* etw auf das Notwendigste [*o* Nötigste] beschränken

expressionnisme [ɛkspʀesjɔnism] *m* Expressionismus *m*

expressionniste [ɛkspʀesjɔnist] **I.** *adj* expressionistisch
II. *mf* Expressionist(in) *m(f)*

expressivité [ɛkspʀesivite] *f* ❶ *d'un regard* Ausdruck *m*
❷ LING *du langage* Ausdruckskraft *f*

exprimable [ɛkspʀimabl] *adj* **qc n'est pas ~** etw kann man nicht in Worten ausdrücken; **être difficilement ~** sich schwer in Worte fassen lassen

exprimer [ɛkspʀime] <1> **I.** *vt* ❶ (*faire connaître*) ausdrücken, zum Ausdruck bringen *pensée, sentiment;* äußern *opinion, désir;* **~ sa reconnaissance à qn** jdm gegenüber seine Dankbarkeit ausdrücken [*o* zum Ausdruck bringen]; **~ sa satisfaction au sujet de qc** sich befriedigt in Bezug auf etw (*Akk*) äußern
❷ (*indiquer*) **~ qc** *signe:* für etw stehen; *exposant:* etw angeben; **~ qc en mètres/euros** etw in Metern/Euro angeben
❸ (*extraire*) ausdrücken; auspressen *jus*
II. *vpr* ❶ (*parler*) **s'~ en français** sich auf Französisch ausdrücken; **ne pas s'~** nichts sagen [*o* sich nicht äußern]; **s'~ librement** seine Meinung frei äußern; **s'~ par gestes** sich durch [*o* mit] Gesten verständlich machen; *sourd-muet:* Gebärdensprache sprechen
❷ (*se manifester*) **s'~ dans qc** *volonté:* in etw (*Dat*) zum Ausdruck kommen; *talent:* sich in etw (*Dat*) entfalten; **s'~ sur un visage** sich auf einem Gesicht zeigen

expropriation [ɛkspʀɔpʀijasjɔ̃] *f* JUR Enteignung *f*

exproprier [ɛkspʀɔpʀije] <1a> *vt* enteignen

expulser [ɛkspylse] <1> *vt* ausweisen, abschieben *étranger;* zur Räumung zwingen *locataire;* hinauswerfen (*fam*), verweisen *élève, joueur*

expulsion [ɛkspylsjɔ̃] *f d'un élève* Verweisung *f* von der Schule; *d'un étranger* Ausweisung *f*, Abschiebung *f*; *d'un locataire* Zwangsräumung *f*; *d'un joueur* Platzverweis *m*

expurger [ɛkspyʀʒe] <2a> *vt* zensieren, purgieren (*Fachspr.*); **édition expurgée** zensierte Ausgabe, gereinigte Fassung

exquis(e) [ɛkski, iz] *adj* ausgezeichnet; *goût, manières, parfum* erlesen; *plat* exquisit, köstlich; *personne* überaus reizend; *journée* herrlich; **être d'une politesse ~e** ausgesucht höflich sein

exsangue [ɛgsɑ̃g] *adj* ❶ *littér* (*pâle*) blutleer
❷ *fig pays* ausgeblutet

exsudation [ɛksydasjɔ̃] *f* ❶ MED Ausschwitzung *f*, Exsudation *f* (*Fachspr.*)
❷ BOT *de sève* Herausfließen *nt*

extase [ɛkstɑz] *f* Verzückung *f*, Ekstase *f*; **être en ~ devant qn/qc** ganz hingerissen von jdm/etw sein

extasier [ɛkstɑzje] *vpr* **s'~ devant** [*o* **sur**] **qn/qc** über jdn/etw in Ekstase [*o* Verzückung] geraten

extatique [ɛkstatik] *adj air* verzückt; *joie* überschwänglich

extenseur [ɛkstɑ̃sœʀ] **I.** *adj* **muscle ~** Streckmuskel *m*, Strecker *m*
II. *m* Expander *m*

extensible [ɛkstɑ̃sibl] *adj* dehnbar
extensif, -ive [ɛkstɑ̃sif, -iv] *adj culture* extensiv; *sens* erweitert
extension [ɛkstɑ̃sjɔ̃] *f* ❶ (*allongement*) *d'un ressort* Dehnen *nt; d'un bras* Strecken *nt;* **mouvement d'**~ Streckbewegung *f*
❷ *a.* ECON (*accroissement*) *d'une ville* Ausdehnung *f; d'un incendie, d'une épidémie* Ausbreitung *f; d'une grève* Ausweitung *f; de pouvoir* Erweiterung *f;* **prendre de l'**~ *incendie, épidémie:* sich ausbreiten, um sich greifen; *grève:* sich ausweiten; *affaires:* wachsen, sich vergrößern
▸ **par** ~ im weiteren Sinne
◆ ~ **de mémoire** INFORM Speichererweiterung *f;* ~ **de sens** LING Bedeutungserweiterung *f*
exténuant(e) [ɛkstenɥɑ̃, ɑ̃t] *adj* anstrengend, strapaziös
exténuer [ɛkstenɥe] <1> I. *vt* erschöpfen
II. *vpr* **s'**~ **à faire qc** sich abmühen etw zu tun; **s'**~ **en efforts inutiles** sich vergeblich abmühen
extérieur [ɛksteʀjœʀ] *m* ❶ (*monde extérieur*) Außenwelt *f;* **être imposé à qn par l'**~ jdm von außen auferlegt werden
❷ (*dehors*) Außenseite *f;* **peindre l'**~ **de la maison** das Haus von außen streichen; **à l'**~ **de la ville** außerhalb der Stadt (*Gen*); **aller à l'**~ nach draußen gehen; **de l'**~ von außen
❸ CINE Außenaufnahme *f*
❹ (*l'étranger*) **l'**~ das Ausland
extérieur(e) [ɛksteʀjœʀ] *adj* ❶ äußere(r, s); *bruit* von außen kommend; *activité* außerhäuslich; **mur/quartier** ~ Außenwand *f*/-bezirk *m*
❷ POL, COM **politique** ~**e** Außenpolitik *f;* **investissements** ~**s** Auslandsinvestitionen *Pl;* **ministère des affaires** ~**es** CAN Außenministerium *nt*
❸ (*objectif*) *réalité* äußere(r, s); **univers** ~ Außenwelt *f*
❹ (*visible*) äußerlich; (*affecté*) vorgetäuscht; *amabilité* gespielt, geheuchelt; **aspect** ~ Äußere(s) *nt,* äußere Erscheinung; **éviter toute manifestation** ~**e de ses sentiments** sich (*Dat*) keinerlei Gefühlsregung anmerken lassen
▸ **être** ~**(e) au sujet** nicht zum Thema gehören
extérieurement [ɛksteʀjœʀmɑ̃] *adv* ❶ (*à l'extérieur*) äußerlich, von außen
❷ (*en apparence*) nach außen hin, äußerlich
extériorisation [ɛksteʀjɔʀizasjɔ̃] *f* Äußerung *f;* ~ **d'un sentiment** Gefühlsäußerung *f*
extérioriser [ɛksteʀjɔʀize] <1> I. *vt* zeigen, ausdrücken, äußern
II. *vpr* **s'**~ sich äußern; *personne:* aus sich herausgehen; *colère, joie:* zum Ausdruck kommen
exterminateur, -trice [ɛkstɛʀminatœʀ, -tʀis] *adj littér rage* tödlich; *glaive* todbringend, verderbenbringend
extermination [ɛkstɛʀminasjɔ̃] *f* Vernichtung *f,* Ausrottung *f*
exterminer [ɛkstɛʀmine] <1> *vt* ausrotten, vernichten
externat [ɛkstɛʀna] *m* ❶ SCOL Externat *nt*
❷ MED Famulatur *f*
externe [ɛkstɛʀn] I. *adj surface* äußere(r,s)
II. *mf* ❶ SCOL Externe(r) *f(m)*
❷ MED ~ **des hôpitaux** Famulant(in) *m(f)*
extincteur [ɛkstɛ̃ktœʀ] *m* Feuerlöscher *m,* Löschgerät *nt*
extinction [ɛkstɛ̃ksjɔ̃] *f* ❶ (*action*) *d'un incendie* Löschen *nt; des lumières, d'un feu de cheminée* Ausmachen *nt,* Löschen (*geh*); **brûler jusqu'à** ~ *bougie, maison:* völlig herunterbrennen
❷ (*disparition*) Aussterben *nt*
◆ ~ **des feux** [*o* **lumières**] Zapfenstreich *m;* ~ **de voix** völlige Heiserkeit, Stimmlosigkeit *f;* **avoir une** ~ **de voix** völlig heiser sein, keine Stimme mehr haben
extirpation [ɛkstiʀpasjɔ̃] *f* ❶ [völlige] Beseitigung *f; de mauvaises herbes* Ausreißen *nt; d'une tumeur* [vollständige] Entfernung, Exstirpation *f* (*Fachspr.*)
❷ *fig du racisme* Ausrottung *f*
extirper [ɛkstiʀpe] <1> *vt* ❶ [völlig] entfernen; ausreißen, herausziehen *mauvaises herbes;* exstirpieren (*Fachspr.*) *tumeur*
❷ *fig* ausrotten *préjugé;* ~ **qn de son lit** *fam* jdn aus dem Bett holen
extorquer [ɛkstɔʀke] <1> *vt* ~ **de l'argent à qn** von jdm Geld erpressen; ~ **une promesse à qn** jdm ein Versprechen abnötigen (*geh*)
extorsion [ɛkstɔʀsjɔ̃] *f* Erpressung *f*
extra [ɛkstʀa] I. *adj inv* ❶ (*qualité*) erstklassig
❷ *fam* (*formidable*) toll (*fam*), spitzenmäßig (*fam*); *bonbon* sehr lecker; **c'est** ~**!** *fam* das ist einfach klasse! (*fam*)
II. *m* ❶ (*serviteur supplémentaire*) Aushilfskellner(in) *m(f)*
❷ (*gâterie*) **un** ~ etwas Besonderes
extrabudgétaire [ɛkstʀabydʒetɛʀ] *adj* FIN *dépenses* nicht im Budget enthalten
extraconjugal(e) [ɛkstʀakɔ̃ʒygal, o] <-aux> *adj* außerehelich
extraction [ɛkstʀaksjɔ̃] *f* ❶ (*action d'extraire*) *du charbon, cuivre* Förderung *f,* Gewinnung *f; du marbre* Abbau *m*
❷ (*enlèvement*) *d'une dent* Ziehen *nt,* Extraktion *f* (*Fachspr.*); *d'une balle* [operative] Entfernung *f*
▸ **être de haute/basse** ~ von hoher/niederer Herkunft sein
extrader [ɛkstʀade] <1> *vt* ausliefern
extradition [ɛkstʀadisjɔ̃] *f* Auslieferung *f*
extra-dry [ɛkstʀadʀaj] *adj inv* extra-dry
extrafin(e) [ɛkstʀafɛ̃, fin] *adj* extrafein
extrafort(e) [ɛkstʀafɔʀ, fɔʀt] *adj* extrastark
extraire [ɛkstʀɛʀ] <*irr*> I. *vt* ❶ (*sortir*) herausholen; fördern, gewinnen *charbon, pétrole;* brechen, abbauen *marbre;* ziehen, extrahieren (*Fachspr.*) *dent;* herausziehen *clou;* [operativ] entfernen *balle; d'un texte* entnehmen; **passage extrait d'un livre** Auszug *m* aus einem Buch
❷ (*séparer*) gewinnen; ~ **le jus de qc** den Saft aus etw [her]auspressen
❸ MATH ~ **la racine carrée** die [Quadrat]wurzel ziehen
II. *vpr fam* **s'**~ **de qc** sich aus etw [heraus]quälen (*fam*)
extrait [ɛkstʀɛ] *m* ❶ (*fragment*) Auszug *m*
❷ (*concentré*) Extrakt *m o nt;* ~ **de viande** Fleischextrakt *m*
◆ ~ **de compte** Kontoauszug *m;* ~ **de lavande** Lavendelöl *nt;* ~ **de naissance** Geburtsurkunde *f*
extralucide [ɛkstʀalysid] I. *adj* **voyante** ~ Hellseherin *f*
II. *mf* Hellseher(in) *m(f)*
extra-muros [ɛkstʀamyʀos] *inv adj, adv* extra muros
extraordinaire [ɛkstʀaɔʀdinɛʀ] *adj* ❶ (*opp: ordinaire*) *réunion, budget* außerordentlich; **dépenses** ~**s** Sonderausgaben *Pl*
❷ (*insolite*) ungewöhnlich; *nouvelle, histoire* merkwürdig, sonderbar; **je ne trouve rien d'**~ **à cela** ich finde daran nichts Ungewöhnliches
❸ (*exceptionnel*) außergewöhnlich, ungewöhnlich; *fortune, orgueil* außergewöhnlich groß; **être d'une beauté** ~ außergewöhnlich schön sein
❹ *fam* (*extra*) **être** ~ klasse sein (*fam*); **ne pas être** ~ nichts Besonderes sein
▸ **par** ~ ausnahmsweise; (*imprévu*) wider Erwarten
extraordinairement [ɛkstʀaɔʀdinɛʀmɑ̃] *adv* ❶ (*inhabituellement*) ungewöhnlicherweise
❷ (*peu probablement*) zufälligerweise; **si,** ~**, je devais mourir** falls ich jetzt gerade sterben sollte
❸ (*bizarrement*) merkwürdig; **il est peigné** ~ er hat eine sehr merkwürdige Frisur
❹ (*extrêmement*) außerordentlich; **il est** ~ **gros** er ist ungewöhnlich dick
extraparlementaire [ɛkstʀapaʀləmɑ̃tɛʀ] *adj* außerparlamentarisch
extraplat(e) [ɛkstʀapla, at] *adj* besonders schmal
extrapolation [ɛkstʀapɔlasjɔ̃] *f* (*généralisation*) [Schluss]folgerung *f;* (*en statistique*) Extrapolation *f*
extrapoler [ɛkstʀapɔle] <1> *vi* ❶ (*généraliser*) verallgemeinern, [allgemeine] Schlüsse ziehen
❷ MATH extrapolieren
extrascolaire [ɛkstʀaskɔlɛʀ] *adj* außerschulisch
extraterrestre [ɛkstʀatɛʀɛstʀ] *mf* Außerirdische(r) *f(m)*

E

extra-utérin(e) [ɛkstʀayteʀɛ̃, in] <extra-utérins> *adj* MED extrauterin (*Fachspr.*)

extravagance [ɛkstʀavagɑ̃s] *f* ❶ (*caractère*) *d'une personne* exzentrisches Wesen; *d'une conduite, d'un costume* Extravaganz *f; d'un projet* Ausgefallenheit *f,* Verrücktheit *f*
❷ (*action*) Verrücktheit *f,* Extravaganz *f;* (*idée*) verrückte Idee; **faire des ~s** sich (*Dat*) Extravaganzen leisten

extravagant(e) [ɛkstʀavagɑ̃, ɑ̃t] **I.** *adj personne* exzentrisch, überspannt; *robe, idée* extravagant, ausgefallen; *prix* übertrieben [hoch], überhöht; **gesticuler de manière ~e** verrückte [*o* übertriebene] Bewegungen machen
II. *m(f)* extravaganter [*o* exzentrischer] Mensch

extraversion [ɛkstʀavɛʀsjɔ̃] *f* PSYCH Extravertiertheit *f*

extraverti(e) [ɛkstʀavɛʀti] **I.** *adj* extravertiert
II. *m(f)* Extravertierte(r) *f(m)*

extrême [ɛkstʀɛm] **I.** *adj* ❶ (*au bout d'un espace, d'une durée*) äußerste(r, s); **date ~** letzter Termin; **l'~ fin de l'année 1909** die letzten Tage des Jahres 1909; **l'~ vieillesse** das höchste Greisenalter
❷ *littér* (*très intense*) *excitation, trouble* äußerste(r, s); *limpidité* extrem; **sa douleur est ~** (*physique*) er/sie hat äußerst starke Schmerzen; (*mental*) sein/ihr Schmerz ist unermesslich groß
❸ (*excessif*) *opinion, climat* extrem; *moyen* äußerste(r, s); **être d'une prudence ~** extrem [*o* äußerst] vorsichtig sein; **d'~ droite/gauche** rechts-/linksradikal; **l'~ gauche/droite** die Links-/Rechtsextremisten *Pl*
II. *m* ❶ (*dernière limite*) Extrem *nt;* **à l'~** *scrupuleux* äußerst, zutiefst
❷ *pl* (*opposé*) Extreme *Pl,* [äußerste] Gegensätze *Pl*
❸ *pl* MATH Außenglieder *Pl,* äußerste Glieder; *d'un syllogisme* Prämissen *Pl*
▸ **passer d'un ~ à l'autre** von einem Extrem ins andere fallen; **pousser qc à l'~** etw auf die Spitze treiben; **les ~s se touchent** Gegensätze ziehen sich an

extrêmement [ɛkstʀɛmmɑ̃] *adv* äußerst; *jaloux* maßlos; **~ beau(belle)** bildschön

extrême-onction [ɛkstʀɛmɔ̃ksjɔ̃] <extrêmes-onctions> *f* Letzte Ölung **Extrême-Orient** [ɛkstʀɛmɔʀjɑ̃] *m* **l'~** der Ferne Osten **extrême-oriental(e)** [ɛkstʀɛmɔʀjɑ̃tal, o] <extrême-orientaux> *adj* fernöstlich

extrémisme [ɛkstʀemism] *m* Extremismus *m*

extrémiste [ɛkstʀemist] **I.** *adj a.* POL *remède, mesure* radikal; **leader ~** Extremistenführer *m*
II. *mf* Radikale(r) *f(m),* Extremist(in) *m(f)*

extrémité [ɛkstʀemite] *f* ❶ (*bout*) äußerstes Ende; *d'un segment* Endpunkt *m;* **~ de la forêt, d'une ville** Wald-/Stadtrand *m;* **à l'~ de la rue** ganz am Ende der Straße
❷ *pl* (*mains, pieds*) Extremitäten *Pl*
❸ (*agonie*) **qn est à la dernière ~** jd liegt im Sterben, mit jdm geht es zu Ende

extrinsèque [ɛkstʀɛ̃sɛk] *adj a.* MED äußerlich, extrinsisch (*Fachspr.*)

extroverti(e) [ɛkstʀovɛʀti] *adj, v.* **extraverti**

exubérance [ɛgzybeʀɑ̃s] *f* ❶ (*vitalité*) Überschwänglichkeit *f,* überschäumendes Temperament; *d'un enfant* Übermut *m*
❷ (*surabondance*) Fülle *f; de la végétation* Üppigkeit *f; du style* Formenreichtum *m*

exubérant(e) [ɛgzybeʀɑ̃, ɑ̃t] *adj personne* überschwänglich; *végétation* üppig; *imagination* rege, überschäumend, blühend; *style* überladen

exultation [ɛgzyltasjɔ̃] *f* LITTER, REL Frohlocken *nt,* Jubel *m*

exulter [ɛgzylte] <1> *vi* frohlocken (*geh*)

exutoire [ɛgzytwaʀ] *m* **~ à qc** Ventil *nt* für etw

ex-voto [ɛksvɔto] *m inv* Votivbild *nt,* Votivtafel *f*

eye-liner [ajlajnœʀ] <eye-liners> *m* Eyeliner *m*

É-zine [ezin] *m abr de* **magazine électronique** *elektronisch vertriebene Zeitschrift*

Ff

F, f [ɛf] *m inv* F *nt*/f *nt*
▸ **f comme François** F wie Friedrich

F ❶ HIST *abr de* **franc** F
❷ CHIM *abr de* **fluor** F
❸ (*appartement*) **F2/F3** Zwei-/Dreizimmerwohnung

fa [fa] *m inv* MUS F *nt,* f *nt; v. a.* **do**

F.A.B. [ɛfabe] *adj* COM *abr de* **franco à bord** fob

fable [fɑbl] *f* ❶ LITTER Fabel *f*
❷ *littér* (*mensonge*) Lügengeschichte *f*
▸ **être la ~ du village/quartier** der Spott des ganzen Dorfes/Viertels sein

fabliau [fablijo] <x> *m* LITTER Fabliau *nt*

fabricant(e) [fabʀikɑ̃, ɑ̃t] *m(f)* (*artisan, industriel*) Hersteller(in) *m(f);* (*propriétaire*) Fabrikant(in) *m(f)*

fabricateur, -trice [fabʀikatœʀ, -tʀis] *m, f péj* Erfinder(in) *m(f)*
◆ **~(-trice) de fausse monnaie** Geldfälscher(in) *m(f);* **~(-trice) de fausses nouvelles** Gerüchtemacher(in) *m(f)*

fabrication [fabʀikasjɔ̃] *f* Herstellung *f;* **~ artisanale** handwerkliche Anfertigung; **~ industrielle** industrielle Fertigung; **~ maison** eigene Herstellung; **secret de ~** Betriebsgeheimnis *nt*
▸ **de ma/sa/... ~** selbst gemacht; *gâteau:* selbst gebacken; *pullover:* selbst gestrickt; *robe:* selbst geschneidert

fabrique [fabʀik] *f* Fabrik *f;* **~ de meubles** Möbelfabrik

fabriquer [fabʀike] <1> **I.** *vt* ❶ herstellen, machen, [an]fertigen; *péj* fabrizieren
❷ *fam* (*faire*) **mais qu'est-ce que tu fabriques?** was machst [*o* treibst] du denn da?; *fam* (*avec impatience*) was machst [*o* treibst] du denn so lange? (*fam*)
❸ (*inventer*) erfinden
II. *vpr* ❶ **se ~** *objet:* hergestellt werden
❷ (*se construire*) **se ~ une table avec qc** sich (*Dat*) aus etw einen Tisch bauen
❸ (*s'inventer*) **se ~** sich (*Dat*) ausdenken; **se ~ un alibi** sich (*Dat*) ein Alibi zurechtlegen

fabulateur, -trice [fabylatœʀ, -tʀis] *m, f* Geschichtenerzähler(in) *m(f),* Fabulant(in) *m(f)* (*geh*); **être un ~** gern fabulieren [*o* Geschichten erfinden]

fabulation [fabylasjɔ̃] *f* Fabulieren *nt,* Erfinden *nt* von Geschichten; (*pathologique*) krankhafte Einbildung; **c'est de la pure ~** das ist reine Phantasterei

fabuler [fabyle] <1> *vi* fabulieren, Geschichten erfinden

fabuleusement [fabyløzmɑ̃] *adv* sagenhaft, unwahrscheinlich

fabuleux, -euse [fabylø, -øz] *adj* ❶ (*fantastique*) sagenhaft, fantastisch; *fam* (*incroyable*) unglaublich; *personne* fabelhaft, toll; **c'est ~ que qn fasse qc** es ist schon sagenhaft, dass jd etw tut (*fam*)
❷ LITTER sagenhaft, sagenumwoben (*geh*); **animal ~** Fabelwesen *nt;* **récit ~** Sage *f*

fabuliste [fabylist] *mf* Fabeldichter(in) *m(f)*

fac [fak] *f fam abr de* **faculté** Uni *f* (*fam*); **être en ~ d'histoire** Geschichte studieren, für [*o* in] Geschichte eingeschrieben sein

façade [fasad] *f* ❶ *d'un édifice* Fassade *f,* Front *f,* Vorderseite *f; d'un magasin* Schaufensterfront *f*
❷ (*région côtière*) Küste *f*
❸ (*apparence trompeuse*) Fassade *f,* Schein *m;* **de ~** gespielt, geheuchelt, vorgetäuscht; *sourire* aufgesetzt
▸ **se ravaler la ~** *fam* sein Make-up auffrischen

face [fas] *f* ❶ (*visage*) Gesicht *nt;* **détourner la ~** sich abwenden
❷ (*côté*) Seite *f;* GEOM, MINER Fläche *f; d'une montagne, de l'estomac* Wand *f;* **~ externe/interne de la cuisse** Außen-/Innenseite des Schenkels; **~ est/nord/ouest/sud** Ost-/Nord-/

West-/Südwand; ~ **visible/cachée de la lune** sichtbare/unsichtbare Mondhälfte; **manteau double** ~ Wendemantel *m*
❸ (*côté d'une monnaie*) Vorderseite *f*; **pile ou ~?** Kopf oder Zahl?
❹ (*aspect*) Seite *f*, Aspekt *m*; **changer la ~ du monde** die Welt verändern; **examiner qc sous toutes ses ~s** etw von allen Seiten untersuchen
❺ (*indiquant une orientation*) **de ~** *photographier* von vorne; *attaquer* frontal; *aborder* direkt; **être en ~ de qn** [direkt] vor jdm stehen; (*assis*) jdm gegenübersitzen; **être en ~ de qc** einer S. (*Dat*) gegenüberliegen; **le voisin/la maison d'en ~** der Nachbar von/das Haus gegenüber; **regarder bien en ~** geradeaus schauen; **regarder qn bien en ~** jdm direkt ins Gesicht schauen; **parler ~ à la foule** zur Menge [hin] sprechen; **ils sont assis ~ à ~** sie sitzen sich (*Dat*) gegenüber
❻ (*indiquant une circonstance*) **~ à ce patron/cette crise...** angesichts dieses Chefs/dieser Krise ...
▶ **faire qc à la ~ du monde** *soutenu* etw vor aller Welt tun; **être** [*o* **se trouver**] **~ à ~ avec qn/qc** jdm/einer S. gegenüberstehen; *fig* mit jdm/etw konfrontiert werden; **faire ~** handeln, etwas unternehmen; **faire ~ à qn** jdm trotzen [*o* die Stirn bieten] (*geh*); **faire ~ à qc** *chose:* einer S. (*Dat*) gegenüberliegen; *personne:* mit dem Gesicht zu etw stehen; (*affronter*) sich einer S. (*Dat*) stellen; (*se débrouiller*) mit etw fertig werden; (*payer*) etw bestreiten; (*remplir*) einer S. (*Dat*) nachkommen; (*satisfaire*) etw befriedigen; **jeter qc à la ~ de qn** jdm etw an den Kopf werfen; **perdre/sauver la ~** das [*o* sein] Gesicht verlieren/wahren; **regarder qc en ~** etw von vorn betrachten; **regarder un danger/la mort en ~** einer Gefahr/dem Tod ins Auge sehen; **regarder la vie en ~** das Leben sehen, wie es ist; **il me l'a dit en ~** er hat es mir ins Gesicht gesagt; **il faut voir les choses en ~** man muss den Tatsachen ins Auge sehen
◆ **~ de carême** Leidensmiene *f*, Leichenbittermiene *f*; (*personne*) Trauerkloß *m* (*fam*); **~ de rat** *fam* Rattengesicht *nt* (*sl*)

face-à-face [fasafas] *m inv* Streitgespräch *nt*; **~ télévisé** Fernsehduell *nt* **face-à-main** [fasamɛ̃] <faces-à-main> *m* Lorgnette *f*

facétie [fasesi] *f* Scherz *m*, Spaß *m*

facétieux, -euse [fasesjø, -jøz] **I.** *adj* spaßig; **être d'une humeur facétieuse** zu Scherzen aufgelegt sein
II. *m, f* Spaßvogel *m*

facette [fasɛt] *f a. fig* Facette *f*; **œil à ~s** ZOOL Facettenauge *nt*
▶ **à ~s** *caractère, personnage* schillernd, vielseitig

fâché(e) [fɑʃe] *adj* ❶ (*en colère*) ärgerlich, verärgert, sauer (*fam*); **être ~(e) contre qn** über jdn verärgert sein, auf jdn sauer sein (*fam*)
❷ (*navré*) **qn est ~ de qc** etw tut jdm leid; **je suis ~(e) de faire qc/que qn fasse qc** es tut mir leid etw zu tun/, dass jd etw tut; **ne pas être ~(e) de faire qc/que qn fasse qc** *iron* nicht böse sein etw zu tun/, dass jd etw tut
❸ (*en mauvais termes*) **être ~(e) avec qn** mit jdm zerstritten sein, sich mit jdm überworfen haben (*geh*); **être ~(e) avec qc** *fam* mit etw auf Kriegsfuß stehen (*fam*)

fâcher [fɑʃe] <1> **I.** *vt* (*irriter*) verärgern, verstimmen
II. *vpr* ❶ (*se mettre en colère*) **se ~** sich ärgern, wütend werden; **je vais me ~** gleich werde ich wütend [*o* sauer *fam*]; **se ~ contre qn** mit jdm schimpfen; **se ~ pour un rien** sich über jede Kleinigkeit [*o* für nichts und wieder nichts] ärgern
❷ (*se brouiller*) **se ~ avec qn** sich mit jdm überwerfen (*geh*)

fâcherie [fɑʃʀi] *f* Unstimmigkeit *f*, Zerwürfnis *nt*

fâcheusement [fɑʃøzmɑ̃] *adv* unangenehm, peinlich; **être ~ semblable à qc** einer S. (*Dat*) fatal ähneln

fâcheux, -euse [fɑʃø, -øz] **I.** *adj* ❶ (*regrettable*) *idée* unglückselig; *contretemps* widrig; *initiative* bedauernswert; **il est ~ que qn fasse qc** es ist bedauerlich [*o* schade], dass jd etw tut
❷ (*déplaisant*) *nouvelle* unerfreulich
II. *m, f littér* Störenfried *m*

facho [faʃo] *fam abr de* **fasciste I.** *adj* faschistisch; **être un peu ~** faschistisch angehaucht sein
II. *mf* Fascho *m* (*sl*)

facial(e) [fasjal, jo] <-aux> *adj* **muscle ~** Gesichtsmuskel *m*

faciès [fasjɛs] *m* (*mine*) Gesicht[sausdruck *m*] *nt*; **avoir le ~ de quelqu'un qui** aussehen wie jemand, der

facile [fasil] **I.** *adj* ❶ (*simple*) leicht; **avoir le contact ~** kontaktfreudig sein; **avoir la larme ~** leicht in Tränen ausbrechen; **qn a le travail ~** die Arbeit geht jdm leicht von der Hand; **ne pas avoir la vie ~** kein leichtes Leben haben; **c'est ~ comme bonjour** [*o* **tout**] das ist [doch] kinderleicht; **être ~ à comprendre** leicht zu verstehen sein; **plus ~ à dire qu'à faire!** leichter gesagt als getan!
❷ *péj* (*sans recherche*) *plaisanterie* billig; *rime* flach, platt; *argumentation* oberflächlich; **c'est un peu ~!** da machst du es dir/er es sich/... ein bisschen leicht!
❸ (*conciliant*) verträglich, umgänglich; *enfant* fügsam; **avoir un caractère ~** ein verträglicher [*o* umgänglicher] Mensch sein
❹ *vieilli* (*légère*) *femme* leicht zu verführen; *fille* leicht
II. *adv fam* ❶ (*sans difficulté*) locker (*fam*); **faire qc ~** etw mit links tun (*fam*)
❷ (*au moins*) gut und gerne (*fam*)

facilement [fasilmɑ̃] *adv* ❶ (*sans difficulté*) leicht
❷ (*au moins*) mindestens

facilité [fasilite] *f* ❶ (*opp: difficulté*) Leichtigkeit *f*; **être d'une grande ~** sehr leicht sein; **faire/réussir qc avec ~** etw mit Leichtigkeit [*o* mit links *fam*] machen/schaffen; **pour plus de ~, ...** der Einfachheit halber ...
❷ (*aptitude*) Begabung *f*, Talent *nt*; **avoir des ~s** leicht lernen, begabt sein; **avoir de la ~ pour les langues/les mathématiques** sprachbegabt/mathematisch begabt sein; **avoir une grande ~ à s'exprimer** sehr sprachgewandt sein
❸ *sans pl péj* Bequemlichkeit *f*; **céder à la ~** den bequemen Weg gehen
❹ *pl* (*occasion*) Gelegenheit *f*; (*possibilité*) Möglichkeit *f*; **fournir à un enfant toutes ~s pour qc/faire qc** (*aide*) einem Kind alles Nötige zur Verfügung stellen für etw/um etw zu tun
◆ **~ de caractère** Umgänglichkeit *f*; **~[s] d'élocution** Redegewandtheit *f*, Eloquenz *f* (*geh*); **~ d'emploi** Benutzerfreundlichkeit *f*; **~[s] de parole** Redegewandtheit *f*

faciliter [fasilite] <1> *vt* erleichtern, einfacher machen; **se ~ la vie** sich (*Dat*) das Leben leichter machen

façon [fasɔ̃] *f* ❶ (*manière*) **~ de faire qc** Art [und Weise] *f* etw zu tun; **~ de se tenir** Haltung *f*; **~ de travailler/d'agir** Arbeits-/Handlungsweise *f*; **je n'aime pas sa ~ de me regarder** [*o* **la ~ dont il me regarde**] ich mag [die Art] nicht, wie er mich ansieht; **de** [*o* **d'une**] **~ très impolie** sehr unfreundlich, auf [eine] besonders unfreundliche Art [und Weise]; **de** [*o* **d'une**] **~ plus rapide que d'habitude** schneller als sonst; **d'une ~ que je n'apprécie pas** auf eine [*o* in einer] Art [und Weise], die mir nicht gefällt
❷ *pl* (*comportement*) Benehmen *nt*, Manieren *Pl*; **avoir des ~s de...** sich wie ein(e) ... benehmen; **tu en as des ~s!** du hast vielleicht ein Benehmen! (*fam*); **faire des ~s** sich zieren, sich anstellen (*fam*)
❸ (*travail*) Verarbeitung *f*, Arbeit *f*; (*phase*) Verarbeitungsphase *f*; **couturière à ~** Schneiderin *f* für Auftragsarbeiten; **faire faire qc à ~** etw maßschneidern lassen; **travailler à ~** Lohnarbeit leisten
❹ (*forme*) Machart *f*; *d'une robe, coiffure* Schnitt *m*
❺ CH **avoir bonne/mauvaise ~** (*faire bonne ou mauvaise impression*) einen guten/schlechten Eindruck machen
❻ + *subst* (*imitation*) **un sac ~ croco** eine Tasche aus Krokodillederimitat
▶ **en aucune ~** auf keinen Fall; **de la belle ~** *iron* gehörig; **de toute ~, ...** auf jeden Fall, ...; **de toutes les ~s** in jeder Beziehung [*o* Hinsicht]; **dire à qn sa ~ de penser** jdm seine Mei-

nung sagen; [**c'est une**] ~ **de parler** das sagt man halt so; **faire un jeu à la ~ de qn/qc** wie jd/etw spielen; **à ma ~** auf meine Art/Weise; *cuisine* nach meinem Rezept; **de cette ~, ...** so ..., auf diese [Art und] Weise ...; **faire qc de ~ à faire qc** etw tun um etw zu tun; **faire qc de ~ à ce que qn fasse qc** etw tun, damit jd etw tut; **de ma/ta/sa ~** selbst gemacht; *gâteau* selbst gebacken; **jouer à qn un tour de sa ~** jdn auf seine/ihre Art reinlegen; **sans ~** *repas* zwanglos; *personne* natürlich; **non merci, sans ~** nein danke, wirklich nicht

faconde [fakɔ̃d] *f littér* (*facilité de parole*) Beredsamkeit *f*, Redegewandtheit *f*; (*bavardage*) Redseligkeit *f*, Geschwätzigkeit *f*

façonnage [fasɔnaʒ] *m* Bearbeitung *f*; *d'un bloc de pierre* Behauen *nt*

façonnement [fasɔnmɑ̃] *m du caractère* Formung *f*, Formen *nt*; *de l'esprit* Bildung *f*

façonner [fasɔne] <1> **I.** *vt* ❶ (*travailler*) bearbeiten; behauen *pierre*

❷ (*faire*) *artisan:* machen, [an]fertigen; schnitzen *statuette de bois;* zimmern *table;* (*usiner*) herstellen; ~ **qc dans un bloc de marbre** etw in einen Marmorblock hauen

❸ *littér* (*former*) formen

II. *vpr* ❶ (*se travailler*) **se ~** *bois, métal:* bearbeitet werden; **se ~ sans difficulté** sich leicht bearbeiten lassen

❷ (*se fabriquer*) **se ~** gemacht [*o* angefertigt] werden

❸ *littér* (*se former*) **se ~** geformt werden; *caractère:* sich bilden

fac-similé [faksimile] <fac-similés> *m* ❶ (*reproduction*) Faksimile *nt*

❷ TELEC Empfangskopie *f*

factage [faktaʒ] *m* ❶ (*tarif*) Rollgeld *nt*, Bestellgebühr *f*

❷ (*travail du facteur*) Zustellung *f*

facteur [faktœʀ] *m* ❶ POST Postbote *m*, Briefträger *m*

❷ (*fabricant*) ~ **d'orgues** Orgelbauer *m*

❸ (*agent, élément*) Faktor *m*, Moment *nt*; ~ **économique** Wirtschaftsfaktor; **être un ~ de dépression** Mitursache *f* für Depressionen sein; ~ **prix/temps** Preis-/Zeitfaktor; ~ **de réussite** Erfolgsmoment, Erfolgsfaktor

❹ MATH Faktor *m*; ~ **premier** Primfaktor; **mettre en ~s** in Faktoren zerlegen, faktorisieren

◆ **~s de production** Produktionsfaktoren *Pl*; ~ **rhésus** Rhesusfaktor *m*; ~ **de risque** Risikofaktor *m*

factice [faktis] *adj* ❶ (*faux*) unecht, falsch; *fleur* künstlich

❷ (*affecté*) *voix* gekünstelt; *sourire* aufgesetzt; *gaieté* gespielt

factieux, -euse [faksjø, -jøz] **I.** *adj vieilli personne* aufrührerisch, aufwieglerisch

II. *m, f* Aufrührer(in) *m(f)*, Aufwiegler(in) *m(f)*

faction [faksjɔ̃] *f* ❶ (*groupe*) aufrührerische [*o* umstürzlerische] Gruppe [*o* Partei]

❷ (*garde*) **être de/en ~** [auf] Wache [*o* Posten] stehen, Wache schieben (*fam*)

❸ (*surveillance*) **être/rester en ~** auf der Lauer liegen/Ausschau halten

factitif, -ive [faktitif, -iv] *adj* LING faktitiv

factoriel(le) [faktɔʀjɛl] *adj* MATH Faktoren-; **analyse ~le** Faktorenanalyse *f*

factorielle [faktɔʀjɛl] *f* MATH Fakultät *f*; ~ **sept** sieben Fakultät

factotum [faktɔtɔm] *m* Faktotum *nt*

factrice [faktʀis] *f* Postbotin *f*, Briefträgerin *f*

factuel(le) [faktɥɛl] *adj* sachbezogen; **données ~les** Fakten *Pl*

facturation [faktyʀasjɔ̃] *f* ❶ (*action*) Berechnung *f*; (*déduction*) Inrechnungstellung, Anrechnung

❷ (*service*) Rechnungsabteilung *f*

facture¹ [faktyʀ] *f* ❶ Rechnung *f*; **fausse ~** fingierte Rechnung; ~ **détaillée** spezifizierte Abrechnung

❷ *fig fam* **la ~ du chômage** die Kosten der Arbeitslosigkeit; **qui va payer la ~?** wer soll das bezahlen?

facture² [faktyʀ] *f* ❶ ART *d'un tableau, poème* Aufbau *m*; *d'une pièce de théâtre* Anlage *f*; **être de ~ très personnelle** von ganz persönlicher Machart sein; **des vers d'élégante ~** kunstvoll geschmiedete Verse

❷ (*fabrication*) ~ **d'orgue** Orgelbau *m*

facturer [faktyʀe] <1> *vt* ~ **une réparation à qn** (*établir une facture*) jdm eine Rechnung über eine Reparatur ausstellen; (*faire payer*) jdm eine Reparatur berechnen [*o* in Rechnung stellen]

facturette [faktyʀɛt] *f* Zahlungsbeleg *m*

facturier [faktyʀje] *m* Fakturenbuch *nt*

facturier, -ière [faktyʀje, -jɛʀ] *m, f* Fakturist(in) *m(f)*

facturière [faktyʀjɛʀ] *f* Fakturiermaschine *f*

facultatif, -ive [fakyltatif, -iv] *adj* freiwillig, fakultativ; **matière facultative** Wahlfach *nt*; **arrêt ~** Bedarfshaltestelle *f*

facultativement [fakyltativmɑ̃] *adv* fakultativ

faculté¹ [fakylte] *f* ❶ UNIV Fachbereich *m*; ~ **de droit/des lettres** [**et sciences humaines**] juristische/philosophische Fakultät; **aller à la ~** auf die [*o* zur] Universität gehen, studieren; ~ **des arts** CAN (*faculté des lettres*) philosophische Fakultät

❷ *sans pl vieilli* (*faculté de médecine*) **la Faculté** die medizinische Fakultät

faculté² [fakylte] *f* ❶ (*disposition*) Fähigkeit *f*, Vermögen *nt*; ~ **d'adaptation/de concentration** Anpassungs-/Konzentrationsfähigkeit *f*; **avoir la ~ de faire qc** die Fähigkeit besitzen etw zu tun

❷ *pl* (*dispositions intellectuelles*) geistige Fähigkeiten [*o* Kräfte]; (*compréhension*) Auffassungsgabe *f*; **avoir** [*o* **jouir de**] **toutes ses ~s** im Vollbesitz seiner geistigen Kräfte sein

❸ (*possibilité*) **la ~ de faire qc** die Möglichkeit [*o* Freiheit] etw zu tun; (*droit*) das Recht etw zu tun

fada [fada] **I.** *adj fam* verrückt, übergeschnappt (*fam*); **être un peu ~** ein bisschen spinnen

II. *m, f fam* Verrückte(r) *f(m)*, Irre(r) *f(m)*

fadaise [fadɛz] *f gén pl* dummes [*o* albernes] Zeug *kein Pl*, Albernheit *f*; *propos* Plattheiten *Pl*

fadasse [fadas] *adj a. fig fam* fade; *couleur* langweilig

fade [fad] *adj* ❶ (*sans saveur*) *plat, goût* fad[e]; **c'est ~** das schmeckt nach nichts

❷ (*sans éclat*) *ton* matt; *lumière* trüb; *couleur* blass; **d'un blond ~** aschblond

❸ (*sans intérêt*) fad[e]; *personne* langweilig; *propos* abgeschmackt; *traits* nichtssagend

❹ BELG (*lourd*) **il fait ~** es ist schwül

fadeur [fadœʀ] *f* ❶ (*manque de saveur*) Geschmacklosigkeit *f*; (*manque d'éclat*) Farblosigkeit *f*; *d'une couleur* Blässe *f*; *d'un visage* Ausdruckslosigkeit *f*

❷ *fig d'un roman* Geistlosigkeit *f*

fading [fadiŋ, fediŋ] *m* Tonausfall *m*

faf [faf] *mf fam* Fascho *m* (*sl*)

fagot [fago] *m* Reisigbündel *nt*

▶ **de derrière les ~s** erlesen, edel

fagoter [fagɔte] <1> *vt péj* unmöglich anziehen; **être bien/mal fagoté(e)** gut [*o* geschmackvoll]/schlecht [*o* geschmacklos] gekleidet sein

faiblard(e) [fɛblaʀ, aʀd] *adj péj fam argument, raisonnement* schwach, nicht sehr überzeugend; *élève* [leistungs]schwach; **se sentir un peu ~(e)** sich etwas schlapp fühlen (*fam*)

faible [fɛbl] **I.** *adj* ❶ schwach; (*après une maladie*) geschwächt; ~ **de constitution** schwächlich; **sa vue est ~** er/sie hat schlechte Augen; **être ~ du cœur** ein schwaches Herz haben

❷ (*influençable, sans volonté*) ~ **de caractère** charakterschwach; ~ **avec qn** (*trop indulgent*) nachsichtig mit jdm

❸ *antéposé* (*restreint*) gering; *protestation, résistance, espoir, indices* schwach; **à une ~ majorité** mit knapper Mehrheit; **à une ~ hauteur/à ~ altitude** in geringer Höhe/in tieferer Lage; **avoir de ~s chances de s'en tirer** nur wenig Chancen haben davonzukommen; **être de ~ rendement** *terre:* wenig

Ertrag geben
❹ (*peu perceptible*) schwach
❺ (*médiocre*) *devoir, élève* schwach; ~ **en qc** schwach in etw (*Dat*); **le terme est** ~ das ist noch gelinde ausgedrückt
❻ (*sans défense, désarmé*) schwach; **se sentir** ~ **devant qc** sich gegenüber etw schwach fühlen
❼ ECON **économiquement** ~ finanzschwach
II. *m, f* ❶ Schwache(r) *f(m)*; **les** ~**s et les opprimés** die Schwachen und Unterdrückten
❷ (*personne sans volonté*) Schwächling *m*
❸ ECON **les économiquement** ~**s** die wirtschaftlich Schwachen
III. *m sans pl* Schwäche *f,* Vorliebe *f;* **avoir un** ~ **pour qn/qc** eine Schwäche [*o* ein Faible] für jdn/etw haben
◆ ~ **d'esprit** geistig Zurückgebliebene(r) *f(m)*

faiblement [fɛbləmɑ̃] *adv* ❶ schwach; **résister** ~ schwachen Widerstand leisten
❷ (*légèrement*) schwach, leicht; **bière** ~ **alcoolisée** Bier *nt* mit geringem Alkoholgehalt, schwach alkoholhaltiges Bier

faiblesse [fɛblɛs] *f* ❶ Schwäche *f;* (*après une maladie*) geschwächter Zustand; (*due à la constitution*) Schwächlichkeit *f; d'une voûte* geringe Tragfähigkeit
❷ (*manque de volonté*) Charakterschwäche *f,* Willensschwäche; (*grande indulgence*) Nachsicht *f;* ~ **pour** [*o* **à l'égard de**] **qn/qc** Nachsicht mit jdm/gegenüber etw; **par** ~ aus Schwäche
❸ (*insuffisance*) *d'un raisonnement, d'une argumentation* Schwäche *f;* **la** ~ **du revenu des agriculteurs** das geringe Einkommen der Landwirte
❹ (*manque d'intensité*) **la** ~ **du bruit/de la lumière** das schwache Geräusch/Licht; **la** ~ **de sa vue** seine/ihre Sehschwäche
❺ (*médiocrité*) Schwäche *f; d'un élève* [Leistungs]schwäche
❻ *souvent pl* (*défaillance*) Schwäche *f;* **avoir ses petites** ~**s** seine kleinen Schwächen haben
❼ (*syncope*) Schwächeanfall *m;* **avoir une** ~ einen Schwächeanfall bekommen
◆ ~ **de caractère** Charakterschwäche *f;* ~ **de constitution** körperliche Schwäche, Konstitutionsschwäche *f;* ~ **d'esprit** geistige Beschränktheit

faiblir [febliʀ] <8> *vi personne:* schwach werden; *cœur, pouls, bruit, lumière:* schwächer werden; *autorité, espoir, force:* schwinden; *résistance, volonté, ardeur, vent:* nachlassen; *courage, revenu, rendement:* sinken; *chances, écart:* sich verringern; **sentir ses jambes** ~ fühlen, wie die Beine schwach werden

faïence [fajɑ̃s] *f* Steingut *nt,* Fayence *f*

faïencerie [fajɑ̃sʀi] *f* ❶ Steingutindustrie *f;* (*fabrique*) Steingutfabrik *f*
❷ (*vaisselle*) Steingut[geschirr *nt*] *nt*

faille¹ [faj] *subj prés de* **falloir**

faille² [faj] *f* ❶ GEOG Verwerfung *f;* (*crevasse*) Spalte *f*
❷ (*défaut*) Schwachstelle *f;* **il y a une** ~ **dans leur amitié** ihre Freundschaft hat einen Riss bekommen; **volonté sans** ~ unerschütterlicher [*o* unbeugsamer] Wille; **détermination sans** ~ unerbittliche Entschlossenheit

faillible [fajibl] *adj* fehlbar

faillir [fajiʀ] <*irr*> *vi* ❶ (*manquer*) **il a failli acheter ce livre** er hätte das Buch beinahe [*o* fast] gekauft; **j'ai failli tomber** ich wäre beinahe [*o* fast] gefallen; **ça a failli marcher** es hätte beinahe [*o* fast] geklappt
❷ (*manquer à*) ~ **à son devoir/à la tradition** seine Pflicht verletzen/gegen die Tradition verstoßen; ~ **à sa promesse/parole** sein Versprechen/Wort brechen
❸ *seulement infin vieilli* (*pécher*) schwach werden
❹ (*faire défaut*) **ma mémoire n'a pas failli** mein Gedächtnis hat mich nicht im Stich gelassen

faillite [fajit] *f* ❶ ECON Konkurs *m,* Bankrott *m;* **être au bord de la** ~ vor dem Konkurs [*o* am Rande des Bankrotts] stehen; **faire** ~, **être en** ~ Konkurs [*o* Bankrott] machen
❷ (*échec*) Scheitern *nt;* **c'est la** ~ **de mes espérances** alle meine Hoffnungen sind zunichte
❸ JUR ~ **personnelle** *Verlust von Fähigkeiten und Rechten wegen schuldhafter Herbeiführung eines Konkurses;* **prononcer la** ~ **personnelle de qn** *jdm Fähigkeiten und Rechte wegen schuldhafter Herbeiführung eines Konkurses entziehen*

faim [fɛ̃] *f* ❶ Hunger *m;* **avoir très** ~ großen Hunger haben, sehr hungrig sein; **mourir** [*o* **crever** *fam*] **de** ~ vor Hunger sterben, einen Mordshunger haben (*fam*); **donner** ~ **à qn** jdn hungrig machen; **ne pas manger à sa** ~ sich nicht satt essen
❷ (*famine*) Hungersnot *f*
❸ (*désir ardent*) **avoir** ~ **de qc** Verlangen *nt* nach etw haben
► **la** ~ **est mauvaise conseillère** *prov* der Hunger ist ein schlechter Ratgeber; **la** ~ **fait sortir** [*o* **chasse**] **le loup du bois** *prov* in der Not frisst der Teufel Fliegen; **laisser qn sur sa** ~ jds Erwartungen nicht erfüllen; **rester sur sa** ~ (*après un repas*) nicht satt sein; (*ne pas être satisfait*) in seinen Erwartungen enttäuscht sein; **tromper sa** ~ seinen Hunger fürs Erste stillen
◆ ~ **de loup** Bärenhunger *m;* **avoir une** ~ **de loup** einen Bärenhunger haben

faîne, faine [fɛn] *f* Buchecker *f*

fainéant(e) [fɛneɑ̃, ɑ̃t] **I.** *adj* faul
II. *m(f)* Faulenzer(in) *m(f)*

fainéanter [fɛneɑ̃te] <1> *vi* faulenzen

fainéantise [fɛneɑ̃tiz] *f* Faulheit *f;* (*mode de vie*) Faulenzerei *f;* **par** ~ aus Faulheit [*o* Bequemlichkeit]

faire [fɛʀ] <*irr*> **I.** *vt* ❶ (*fabriquer*) machen, anfertigen *meuble, objet, statue, vêtement;* bauen *maison, mur, nid;* herstellen *produit;* backen *pain, gâteau;* **Dieu a fait le monde en six jours** in sechs Tagen hat Gott die Welt erschaffen; **le bébé fait ses dents** das Baby zahnt; ~ **un enfant à qn** *fam* jdm ein Kind machen (*fam*)
❷ (*mettre au monde*) ~ **un enfant/un petit/des petits** ein Kind/ein Junges/Junge bekommen; ~ **un veau** kalben
❸ (*évacuer*) ~ **ses besoins** seine Notdurft verrichten; ~ **pipi/caca** *enfantin* Pipi/Aa machen (*Kinderspr.*)
❹ (*être l'auteur de*) machen *faute, offre, cadeau, film;* schreiben *poème, livre;* abhalten *conférence;* halten *discours;* erlassen *loi;* treffen *prévisions;* ~ **un chèque à qn** jdm einen Scheck ausstellen; ~ **une visite à qn** jdm einen Besuch abstatten; ~ **une promesse à qn** jdm ein Versprechen geben; ~ **la guerre contre qn** gegen jdn Krieg führen; **il a fait la guerre d'Indochine** er hat den Indochinakrieg mitgemacht; ~ **l'amour à qn** mit jdm schlafen; ~ **une farce à qn** jdm einen Streich spielen; **on vous a fait une faveur** wir haben für Sie eine Ausnahme gemacht
❺ (*avoir une activité*) machen; erledigen *tâche, travail;* ableisten *service militaire;* **j'ai beaucoup/je n'ai rien à** ~ ich habe viel/nichts zu tun; **il n'y a plus rien à** ~ da ist nichts mehr zu machen, da hilft nichts mehr; **il n'y a plus rien à** ~ **pour le sauver** man kann nichts mehr tun um ihn zu retten; ~ **tout pour que qn soit sauvé** alles tun, damit jd gerettet wird; **qu'est-ce qu'ils peuvent bien** ~ was in aller Welt treiben [*o* machen] die bloß?; ~ **une bonne action** ein gutes Werk tun; ~ **du théâtre/jazz** Theater/Jazz spielen; ~ **du violon/du piano** Geige/Klavier spielen; ~ **de la politique** Politik betreiben; ~ **du sport** Sport treiben; ~ **de l'escalade** klettern; ~ **de la voile** segeln; ~ **du tennis/foot** Tennis/Fußball spielen; ~ **du vélo/canoë** Fahrrad/Kanu fahren; ~ **du cheval** reiten; ~ **du patin à roulettes** Rollschuh fahren; ~ **du roller** Rollerblades fahren, inlineskaten; ~ **faire du skate/ski** Skateboard/Ski fahren; ~ **un petit jogging** etwas joggen; ~ **du camping** zelten, campen; ~ **de la couture/du tricot** nähen/stricken; ~ **faire des photos** Fotos machen, fotographieren; ~ **du cinéma** in der Filmbranche arbeiten; ~ **du bricolage/de la photo[graphie]** sich als Heimwerker(in)/Fotograf(in)

betätigen; **ne ~ que bavarder/pleurer** nur schwatzen/weinen; **que faites-vous dans la vie?** was tun [*o* machen] Sie beruflich?
6 (*étudier*) besuchen *école;* ~ **l'école hôtelière** die Hotelfachschule absolvieren; ~ **des études** studieren; ~ **son droit/sa médecine** Jura/Medizin studieren; ~ **de la recherche** Forschung betreiben; **il veut ~ médecin** er will Arzt werden
7 (*préparer*) ~ **un café/un repas/une salade à qn** jdm einen Kaffee/ein Essen/einen Salat machen; ~ **la valise à qn** jdm den Koffer packen; ~ **ses bagages** seine Koffer packen
8 (*nettoyer, ranger*) putzen *argenterie, carreaux, chaussures;* aufräumen *chambre, salle à manger;* machen *lit;* ~ **le ménage** (*nettoyer*) putzen; (*mettre de l'ordre*) aufräumen; ~ **la vaisselle** [das Geschirr] spülen, abspülen
9 (*accomplir*) machen *mouvement, promenade, voyage;* teilnehmen an (+ *Dat*) *tournoi;* ~ **un shampoing à qn** jdm die Haare waschen; ~ **la vidange [de sa voiture]** einen Ölwechsel machen; ~ **le plein [d'essence]** voll tanken; ~ **un bon score** ein gutes Ergebnis erzielen, gut abschneiden
10 MED ~ **de la fièvre** *fam* Fieber haben; ~ **une grave dépression nerveuse** einen schweren Nervenzusammenbruch haben; ~ **du diabète/de la tension** Diabetes/einen hohen Blutdruck haben
11 (*parcourir*) zurücklegen *distance, trajet;* bereisen *pays;* machen *circuit;* abklappern (*fam*) *magasins;* (*à pied*) abgehen *rue;* (*avec un véhicule*) abfahren *rue;* ~ **dix kilomètres à pied** zehn Kilometer zu Fuß zurücklegen; ~ **[le trajet] Nancy-Paris en trois heures** die Strecke Nancy-Paris in drei Stunden schaffen; ~ **toute la ville pour trouver qc** in der ganzen Stadt herumlaufen um etw zu finden
12 COM (*offrir à la vente*) führen *marque, produit*
13 AGR (*cultiver*) anbauen
14 (*fixer un prix*) **[à] combien faites-vous ce fauteuil? – Je vous le fais [pour] 200 euros** für wie viel verkaufen Sie diesen Sessel? – Ich verkaufe ihn Ihnen für 200 Euro
15 (*feindre, agir comme*) ~ **le/la malade** den Kranken/die Kranke spielen; ~ **le pitre** [*o* **le clown**] den Clown spielen; ~ **l'idiot(e)** [*o* **l'imbécile**] (*vouloir amuser*) Blödsinn machen; (*faire mine de ne pas comprendre*) sich dumm stellen; (*se conduire stupidement*) sich wie ein Idiot benehmen; ~ **l'enfant** sich kindisch [*o* wie ein Kind] benehmen; **il a fait comme s'il ne me voyait pas** er hat so getan, als ob er mich nicht sähe [*o* sehen würde]
16 (*tenir un rôle*) ~ **le Père Noël** den Weihnachtsmann spielen
17 (*donner une qualité, transformer*) ~ **qn président/maire** jdn zum Präsidenten/Bürgermeister machen; ~ **qn son héritier** jdn als Erben einsetzen; ~ **d'une grange une demeure agréable** aus einer Scheune eine gemütliche Wohnung machen; **il a fait de lui une star** er hat aus ihm einen Star gemacht; **je vous fais juge** urteilen Sie selbst
18 (*causer*) ~ **du chagrin à qn** jdm Kummer machen; ~ **plaisir à qn** *personne:* jdm Freude machen [*o* bereiten]; ~ **le bonheur/malheur de qn** jds Glück/Unglück sein; **qn/qc fait la joie de qn** jd hat seine Freude an jdm/etw; ~ **du bien/mal à qn** jdm gut tun/schaden; **ça ne fait rien** das macht nichts; **cela** [*o* **ça**] **ne vous ferait rien si je vous mentais/que je vous mente?** würde es Ihnen etwas ausmachen, wenn ich Sie anlüge/dass ich Sie anlüge?; ~ **de nombreuses victimes** zahlreiche Menschenleben fordern; **qu'est-ce que ça peut bien te ~?** was geht dich das an?
19 (*servir de*) **la cuisine fait salle à manger** die Küche dient als Esszimmer; **cet hôtel fait aussi restaurant** dieses Hotel verfügt auch über ein Restaurant
20 (*laisser quelque part*) **qu'avez-vous fait de l'enfant?** wo habt ihr euer Kind gelassen?; **qu'ai-je bien pu ~ de mes lunettes?** wo habe ich nur meine Brille gelassen?
21 (*donner comme résultat*) machen; **deux et deux font quatre** zwei und zwei macht [*o* ist] vier; **cela fait combien en tout?** wie viel macht das insgesamt?
22 (*habituer*) ~ **qn à qc** jdn mit etw vertraut machen, jdn an etw (*Akk*) gewöhnen
23 (*devenir*) **il fera un excellent avocat** aus ihm wird mal ein ausgezeichneter Anwalt; **cette branche fera une belle canne** aus diesem Ast kann man einen schönen Stock machen
24 (*dire*) machen; **"sans doute", fit-il** „zweifellos", sagte er; **"chut, chut", fit Emma** „pst, pst", machte Emma; **il a fait "non" en hochant la tête** er sagte „nein" und schüttelte den Kopf; **le chien fait ouah! ouah!** der Hund macht wau! wau!
25 (*avoir pour conséquence*) ~ **que qn a été sauvé** zur Folge haben [*o* dazu führen], dass jd gerettet wurde
26 (*être la cause de*) ~ **démarrer qc** etw in Gang bringen; ~ **chavirer un bateau** ein Boot zum Kentern bringen; **la pluie fait pousser l'herbe** der Regen lässt das Gras wachsen
27 (*aider à*) ~ **faire qc à qn** jdm bei etw behilflich sein, jdm helfen etw zu tun; ~ **traverser la rue à qn** jdm über die Straße helfen; ~ **faire ses devoirs à qn** jdm helfen die Hausaufgaben zu machen
28 (*inviter à*) ~ **entrer qn** jdn eintreten lassen; ~ **venir un médecin** einen Arzt kommen lassen; **dois-je le ~ monter?** soll ich ihn heraufbitten?; ~ **entrer/sortir le chien** den Hund rein-/rauslassen
29 (*charger de*) ~ **réparer/changer qc par qn** etw von jdm reparieren/ändern lassen; ~ **construire une maison** ein Haus bauen [lassen]; **se ~ faire une robe par une couturière** sich (*Dat*) von einer Schneiderin ein Kleid machen lassen; ~ **faire qc à qn** jdn etw tun lassen; **tu devrais lui ~ faire la vaisselle** du solltest ihn/sie spülen lassen
30 (*forcer, inciter à*) **il lui a fait ouvrir le coffre-fort** er hat ihn/sie den Safe öffnen lassen, er hat ihn/sie gezwungen den Safe zu öffnen; **pour le ~ partir ils lui font croire que la fête est finie** um ihn loszuwerden gaukeln sie ihm vor, dass das Fest zu Ende ist; ~ **payer qn** jdn zahlen lassen
31 (*pour remplacer un verbe déjà énoncé*) **qn le fait/l'a fait** jd tut es/hat es getan; **as-tu payé la note? – Non, c'est lui qui l'a fait** hast du bezahlt? – Nein, er hat es getan
II. *vi* 1 (*agir*) ~ **vite** schnell machen, sich beeilen; ~ **de son mieux** sein Bestes tun; **tu peux mieux ~** du kannst das noch besser; **il a bien fait de ne rien dire** er hat gut daran getan nichts zu sagen; **tu fais bien de me le rappeler** gut, dass du mich daran erinnerst; **tu ferais mieux/bien de te taire** du bist besser/am besten still; ~ **comme si de rien n'était** so tun, als ob nichts gewesen wäre
2 *fam* (*durer*) **ce manteau me fera encore un hiver/deux ans** der Mantel hält noch einen Winter/zwei Jahre; **ce disque fait une heure d'écoute** die Schallplatte dauert eine Stunde
3 (*paraître*) ~ **vieux(vieille)/paysan** alt/wie ein Bauer aussehen; **elle fait très femme pour ses 17 ans** für ihre 17 Jahre sieht sie sehr fraulich aus; ~ **mode** modisch wirken; **ce tableau ferait mieux dans l'entrée** dieses Bild würde sich im Eingang besser machen; **votre cravate fait sérieux/très chic** mit Ihrer Krawatte sehen Sie seriös/sehr schick aus; **ça fait bien** das sieht gut aus
4 (*rendre*) ~ **bon/mauvais effet** einen guten/schlechten Eindruck machen; ~ **désordre** *pièce:* unordentlich sein; ~ **les choses plus sombres qu'elles ne sont** die Dinge schlimmer machen, als sie sind; **on le fait plus riche qu'il n'est** man macht ihn reicher, als er ist
5 (*mesurer, peser, coûter*) ~ **un mètre de long/de large/de haut** einen Meter lang/breit/hoch sein; ~ **six mètres de long sur trois de large** sechs Meter lang und drei Meter breit sein; ~ **trois kilos** drei Kilo wiegen; ~ **cent litres** *réservoir:* hundert Liter fassen; ~ **60 W** *ampoule:* 60 W haben; ~ **dix euros** zehn Euro machen (*fam*); **ça fait peu** das ist wenig
6 (*être incontinent*) ~ **dans la culotte** in die Hose machen
▸ ~ **du bruit** Lärm machen; *fig* Aufsehen erregen; **l'homme à**

tout ~ der Mann für alles; **n'avoir que** ~ **de qc** mit etw nichts anfangen können, etw nicht brauchen; **ne** ~ **que passer** nur kurz [*o* nur auf einen Sprung] vorbeikommen; **ne fais pas à autrui ce que tu ne voudrais pas qu'on te fît** *prov* was du nicht willst, dass man dir tu', das füg auch keinem andern zu (*prov*); **faites comme chez vous!** *iron* fühlen Sie sich [ganz] wie zu Hause!, tun Sie sich (*Dat*) nur keinen Zwang an!; **vous permettez que je fume? – Mais faites donc!** erlauben Sie, dass ich rauche? – Aber ja doch, bitte!; **pour ce** ~ *littér* dazu, um das zu tun; **qn [n']en a rien à** ~ *fam* (*ne s'y intéresse pas*) das interessiert jdn nicht; (*s'en fout*) jdm ist das völlig egal (*fam*), jd hat damit nichts am Hut (*fam*); **rien n'y fait** da hilft nichts; **tant qu'à** ~ wenn es schon sein muss

III. *vi impers* ❶ METEO **il fait chaud/froid/jour/nuit** es ist warm/kalt/Tag/Nacht; **il fait beau/mauvais** es ist schön [*o* schönes Wetter]/schlechtes Wetter; **il fait lourd** es ist schwül; **il fait [du] soleil** die Sonne scheint; **il fait du brouillard/du vent** es ist neblig/windig

❷ (*temps écoulé*) **cela** [*o* **ça**] **fait trois heures que je suis là** es ist drei Stunden her, dass ich hier bin; **cela fait bien huit ans** das ist gut acht Jahre her, das war vor gut acht Jahren; **cela fait deux ans/très longtemps que nous ne nous sommes pas vus** wir haben uns zwei Jahre lang/sehr lange nicht gesehen; **ça fait trois ans qu'il est parti** seit drei Jahren ist er weg

❸ (*pour indiquer l'âge*) **ça me fait 40 ans** *fam* ich bin 40 [Jahre alt]; **ça vous fait quel âge maintenant?** wie alt sind Sie jetzt?

IV. *vpr* ❶ (*fabriquer*) **se** ~ **une robe** sich (*Dat*) ein Kleid machen [*o* anfertigen]; **se** ~ **1800 euros par mois** *fam* 1800 Euro im Monat verdienen; **se** ~ **les ongles** sich (*Dat*) die Fingernägel machen; **se** ~ **une idée exacte de qc** sich (*Dat*) eine genaue Vorstellung von etw machen; **se** ~ **des illusions** [*o* **des idées**] sich (*Dat*) Illusionen [*o* falsche Vorstellungen] machen; **se** ~ **une opinion personnelle** sich (*Dat*) eine eigene Meinung bilden; **se** ~ **une raison de qc** sich mit etw abfinden; **se** ~ **soi-même sa cuisine** sich selbst kochen; **se** ~ **des relations** Bekanntschaften machen [*o* schließen]; **se** ~ **des amis/ennemis** Freunde gewinnen/sich (*Dat*) Feinde machen

❷ (*action réciproque*) **se** ~ **des caresses** sich streicheln; **se** ~ **des politesses** Höflichkeiten austauschen

❸ *fam* (*se taper*) **il faut se le** ~ **celui-là!** der geht einem ganz schön auf den Geist! (*fam*); **je me le/la suis fait(e)** (*avoir couché avec*) mit dem/der bin ich schon ins Bett gegangen (*fam*); **je vais me le** ~ **celui-là!** (*le brutaliser*) den werde ich mir vornehmen! (*fam*)

❹ (*se former*) **se** ~ *fromage, vin:* reifen, seinen vollen Geschmack entwickeln; **se** ~ **tout seul** *homme politique:* sich aus eigener Kraft hocharbeiten

❺ (*devenir*) **se** ~ **vieux(vieille)** alt werden; **se** ~ **beau(belle)/petit(e)** sich schön/klein machen; **se** ~ **curé/avocat** Priester/Rechtsanwalt werden; **se** ~ **le défenseur de la démocratie** sich zum Verfechter der Demokratie machen; **les bonnes occasions se font rares** gute Gelegenheiten gibt es immer weniger; **tu te fais rare** du machst dich rar

❻ (*s'habituer à*) **se** ~ **à la discipline/méthode** sich an die Disziplin/Methode gewöhnen; **il faut s'y** ~ daran muss man sich gewöhnen

❼ (*être à la mode*) **se** ~ *activité:* üblich [*o* gang und gäbe] sein; *look, vêtement:* Mode [*o* modern] sein; **ça se fait beaucoup de** ~ **qc** es ist weit verbreitet etw zu tun

❽ (*arriver, se produire*) **se** ~ stattfinden; *film, livre:* zustande [*o* zu Stande] kommen; **mais finalement ça ne s'est pas fait** aber letztlich kam es nicht dazu

❾ *impers* **il se fit soudain un grand silence** plötzlich wurde es [ganz] still; **comment se fait-il qu'il ne soit pas encore là?** wie kommt es [*o* wie ist es möglich], dass er noch nicht da ist?; **comment ça se fait?** wie kommt das?, wie ist das möglich?; **il se fait tard** es ist/wird spät

❿ (*agir en vue de*) **se** ~ **maigrir** eine Abmagerungskur machen; **se** ~ **vomir** sich [selbst] zum Erbrechen bringen; **je te conseille de te** ~ **oublier** ich rate dir dich zurückzuhalten

⓫ (*sens passif*) **se** ~ **opérer** operiert werden; **se** ~ **renverser par une voiture** von einem Auto überfahren werden; **se** ~ **condamner/arrêter** verurteilt/festgenommen werden; **se** ~ **critiquer** kritisiert werden; **qn se fait retirer son permis** jdm wird der Führerschein entzogen [*o* abgenommen]; **qn se fait voler qc** jdm wird etw gestohlen

⓬ (*se fabriquer*) **se** ~ gemacht werden

► **Paris ne s'est pas fait en un jour** *prov* Rom ist auch nicht an einem Tag gebaut worden; **cela** [*o* **ça**] **se fait/ne se fait pas** das tut man/tut man nicht, das gehört sich/gehört sich nicht; **ne pas s'en** ~ *fam* (*ne pas s'inquiéter*) sich (*Dat*) keine Sorgen machen; (*ne pas se gêner*) keine Hemmungen haben; **t'en fais pas!** *fam* mach dir nichts draus! (*fam*)

faire-part [fɛʀpaʀ] *m inv* Anzeige *f;* ~ **de mariage/naissance** Heirats-/Geburtsanzeige **faire-valoir** [fɛʀvalwaʀ] *m inv* **servir de** ~ **à qn** jdm dazu verhelfen, sich ins rechte Licht zu setzen; jdm Geltung verschaffen; **il est accompagné d'un Allemand et d'un Grec, ses** ~ **européens** er wird von einem Deutschen und einem Griechen begleitet, die ihm einen europäischen Anstrich geben sollen

fair-play [fɛʀplɛ] **I.** *m inv* Fairness *f,* Fairplay *nt*

II. *adj* fair; **ne pas être très** ~ nicht sehr fair sein

faisabilité [fəzabilite] *f* Durchführbarkeit *f,* Machbarkeit *f;* **étude de** ~ Machbarkeitsstudie *f*

faisable [fəzabl] *adj* machbar, durchführbar; **ce trajet est-il** ~ **en voiture?** kann man diese Strecke mit dem Auto fahren?

faisan(e) [fəzɑ̃, an] *m(f)* Fasan *m*

faisandé(e) [fəzɑ̃de] *adj* mit Hautgout

faisandeau [fəzɑ̃do] <x> *m* ZOOL junger Fasan *m*

faisander [fəzɑ̃de] <1> GASTR **I.** *vt* abhängen lassen *gibier*

II. *vpr* **se** ~ *viande:* einen Stich bekommen

faisanderie [fəzɑ̃dʀi] *f* Fasanerie *f*

faisceau [fɛso] <x> *m* ❶ ~ **[lumineux]** Lichtkegel *m;* NAUT Leuchtfeuer *nt*

❷ (*fagot*) Bündel *nt;* ~ **de brindilles** Reisigbündel

❸ MIL ~ **d'armes/de fusils** Gewehrpyramide *f*

❹ *pl* HIST Faszes *Pl,* Liktorenbündel *Pl*

❺ (*ensemble*) ~ **de faits** Reihe *f* von Tatsachen; ~ **de preuves** Kette *f* von Beweisen

❻ RADIO ~ **hertzien** Richtfunkstrecke *f,* Richtstrahl *m*

◆ ~ **d'électrons** Elektronenstrahlen *Pl;* ~ **laser** Laserstrahl *m*

faiseur, -euse [fəzœʀ, -øz] *m, f péj* ❶ (*auteur*) ~**(-euse) de belles phrases** Schwätzer(in) *m(f);* ~ **de bons mots** Witzbold *m;* ~**(-euse) de miracles** Blender(in) *m(f);* ~**(-euse) d'histoires** [*o* **d'intrigues**] Intrigant(in) *m(f)*

❷ (*vantard*) Aufschneider(in) *m(f)*

◆ **faiseuse d'anges** *vieilli* Engelmacherin *f*

faisselle [fɛsɛl] *f* ❶ (*passoire*) Abtropfsieb *nt* (*für die Molke des Quarks*)

❷ (*fromage blanc*) Quark *m*

fait [fɛ] *m* ❶ Tatsache *f;* **un** ~ **nouveau** ein neues Element; **les** ~**s** die Tatsachen, die Fakten; **le** ~ **que qn fasse qc, le** ~ **de faire qc** [die Tatsache,] dass jd etw tut; **c'est un** ~ das steht fest, das ist eine Tatsache; **c'est un** ~ **que la vie est chère** es ist [eine] Tatsache [*o* es stimmt], dass das Leben teuer ist; **le** ~ **est que j'ai raison** Tatsache ist, dass ich Recht habe; **le** ~ **que qn fait** [*o* **fasse**] **qc...** [die Tatsache,] dass jd etw tut, ...

❷ (*événement*) Ereignis *nt;* (*phénomène*) Erscheinung *f,* Phänomen *nt;* **les** ~**s remontent à l'année dernière** die Ereignisse liegen ein Jahr zurück; **les** ~**s se sont passés à minuit** der Vorfall ereignete sich um Mitternacht

❸ *pl* JUR (*action criminelle, délit*) Tat *f;* (*éléments constitutifs*) Tatbestand *m;* (*état des choses*) Sachverhalt *m;* **au moment des** ~**s** zur Tatzeit

F

❹ (*conséquence*) **être le ~ de qc** die Folge von etw sein, durch etw bedingt sein; **c'est le ~ du hasard si** es ist [ein] Zufall, dass
❺ RADIO, PRESSE **~ divers** (*nouvelle*) [Lokal]nachricht *f;* (*à la radio, télé*) Meldung *f;* (*événement*) Ereignis *nt;* (*insignifiant*) nebensächliches Ereignis; **~s divers** (*rubrique*) Lokalnachrichten *Pl,* Verschiedenes *nt*
▶ **prendre ~ et cause pour qn** Partei für jdn ergreifen; **les ~s et gestes de qn** jds Tun und Treiben; **mettre qn/être placé(e) devant le ~ accompli** jdn vor vollendete Tatsachen stellen/vor vollendeten Tatsachen stehen; **comme par un ~ exprès** als ob es Absicht wäre; **être sûr(e) de son ~** sich (*Dat*) seiner Sache sicher sein; **aller [droit] au ~** ohne Umschweife zur Sache kommen; **dire son ~ à qn** jdm [gründlich] die Meinung sagen; **être le ~ de qn** jdm zuzuschreiben sein; **mettre qn au ~ de qc** jdn über etw (*Akk*) unterrichten [*o* informieren]; **prendre qn sur le ~** jdn auf frischer Tat ertappen; **en venir au ~** zum Kern der Sache kommen; **au ~** (*à propos*) übrigens; **tout à ~** ganz, völlig; **de ~** (*en réalité*) tatsächlich; **gouvernement de ~** De-facto-Regierung *f;* **de ce ~** deshalb, aufgrund dieser Tatsache; **du ~ de qc** wegen [*o* aufgrund] einer S. (*Gen*); **du ~ que qn fait toujours qc** da jd etw immer tut; **en ~** in Wirklichkeit; **en ~ de qc** (*en matière de*) was etw betrifft [*o* angeht]; (*en guise de*) an Stelle von etw
◆ **~s de guerre** Kriegshandlungen *Pl*

fait(e) [fɛ, fɛt] **I.** *part passé de* **faire**
II. *adj* ❶ (*propre à*) **être ~(e) pour qc** für [*o* zu] etw geeignet sein; **être ~s l'un pour l'autre** wie füreinander geschaffen sein; **être ~(e) pour faire qc** (*être approprié à*) wie für etw geschaffen sein; (*être destiné à*) etw tun sollen; **être ~(e) pour être médecin** zum Arzt geboren sein; **être ~(e) pour la marche** *chaussures:* sich zum Wandern eignen; **être ~(e) pour** *fam* das Zeug dazu haben (*fam*); **ce vêtement est ~ pour durer** dieses Kleidungsstück soll [besonders] lange halten
❷ (*constitué*) **avoir la jambe/la main bien ~e** schöne Beine/Hände haben; **c'est une femme bien ~e** diese Frau hat eine gute Figur
❸ (*arrangé*) *ongles* lackiert; *yeux* geschminkt
❹ (*mûr*) *fromage* reif
❺ *fam* (*pris*) **être ~(e)** dran [*o* geliefert] sein (*fam*); **être ~(e) comme un rat** in der Falle sitzen
❻ (*tout prêt*) **des plats tout ~s** Fertiggerichte *Pl;* **des vêtements tout ~s** Konfektionskleidung *f,* Kleidung *f* von der Stange; **expression toute ~e** feststehender Ausdruck; **des idées toutes ~es** Klischeevorstellungen *Pl*
▶ **c'est bien ~ pour toi/lui** das geschieht dir/ihm recht; **c'est toujours ça de ~** das ist immerhin etwas; **vite ~ bien ~** ganz schnell; **c'en est ~ de qn/qc** *littér* es ist um jdn/etw geschehen [*o* aus mit jdm/etw]; **c'en est ~ de notre vie calme** unser ruhiges Leben ist dahin; **ce qui est ~ est ~** *prov* (*on se résigne*) was passiert ist, ist passiert; (*on ne regrette rien*) was soll's; **c'est comme si c'était ~** wird sofort erledigt

faîtage [fɛtaʒ] *m* ❶ CONSTR (*poutre*) First[balken] *m;* (*couverture*) Firsteindeckung *f*
❷ *littér* (*toiture*) **les ~s** die Dächer *Pl*

faîte [fɛt] *m* ❶ *de l'arbre* Wipfel *m; d'une montagne* Gipfel *m;* **~ du toit** [*o* **de la maison**] [Dach]first *m*
❷ *fig littér de la gloire* Höhepunkt *m,* Gipfel *m*

faitout, fait-tout [fɛtu] *m inv* [Koch]topf *m*

faix [fɛ] *m* ❶ *littér* [schwere] Last *f,* Bürde *f* (*geh*); **plier sous le ~** sich unter der Last beugen
❷ CONSTR (*tassement d'une maison*) Senkung *f*

fakir [fakiʀ] *m* Fakir *m*

falaise [falɛz] *f* Felswand *f;* (*côte*) Steilküste *f;* (*rocher*) Felsen *m*

falbalas [falbala] *mpl* ❶ *péj* Firlefanz *m*
❷ *vieilli* (*ornements de toilette*) Falbeln *Pl,* Rüschen *Pl;* **~ de perles** Perlenbesatz *m*
❸ (*grandes toilettes*) Abendkleider *Pl*

fallacieux, -euse [falasjø, -jøz] *adj littér* trügerisch; *promesse, prétexte* falsch; *raisonnement, argument* fadenscheinig

falloir [falwaʀ] <*irr*> **I.** *vi impers* ❶ (*besoin*) **il faut qn/qc pour faire qc** man braucht jdn/etw um etw zu tun; **il faut de l'argent/du courage/des amis** man braucht Geld/Mut/Freunde; **il me faut qn/qc pour faire qc** ich brauche jdn/etw um etw zu tun; **il est toujours là quand il [le] faut** er ist immer da, wenn man ihn braucht; **il me faudra du temps** ich werde Zeit brauchen; **c'est exactement ce qu'il me faut** genau das brauche ich
❷ (*devoir*) **il faut faire qc** man muss etw tun; **il faut absolument trouver un médecin** wir müssen unbedingt einen Arzt finden; **que faut-il faire/leur dire?** was sollen wir tun/ihnen sagen?; **il va ~ y aller** wir müssen wohl gehen; **il faut venir nous voir** du musst/Sie müssen/ihr müsst uns mal besuchen; **il a bien fallu!** es musste sein!; **il me/te faut faire qc** ich muss/du musst etw tun; **il faut le voir pour le croire** das muss man mit eigenen Augen gesehen haben; **il faut que qn fasse qc** jd muss etw tun; **il va ~ que je parte bientôt** ich werde gleich gehen müssen; **il faut qu'il m'obéisse** er muss mir gehorchen; **il faut absolument que je vous parle** ich muss unbedingt mit Ihnen sprechen
❸ (*être probablement*) **il faut être fou pour parler ainsi** man muss schon verrückt sein um so zu reden; **il faut qu'il soit malade pour ne pas avoir appelé** er muss schon krank sein, wenn er nicht angerufen hat
❹ (*se produire fatalement*) **j'ai fait ce qu'il fallait** ich habe [das] getan, was sein musste; **il a fallu qu'il apprenne cette triste nouvelle par d'autres que par moi** er musste ausgerechnet von anderen die traurige Nachricht erfahren; **il faut toujours qu'elle se trouve des excuses** sie braucht immer Ausreden; **il faut toujours que tu fasses des erreurs** du musst auch immer Fehler machen; **il fallait que ça arrive** das musste ja so kommen; **il a fallu que tu fasses l'imbécile!** musstest du dich ausgerechnet so blöd benehmen!
❺ (*faire absolument*) **il fallait me le dire** du hättest es mir sagen sollen; **il faut l'avoir vu** das muss man gesehen haben; **il ne faut surtout pas lui en parler** du darfst ihm/ihr auf keinen Fall etwas davon sagen
▶ **il faut te/vous dire que c'est l'usage** allerdings muss ich dir/Ihnen sagen, dass es so üblich ist; **[il] faut se le/la faire** [*o* **farcir**] *fam* der/die geht einem ganz schön auf den Geist (*fam*); **il le faut** es muss sein, es ist notwendig; **comme il faut** wie es sein muss, wie es sich gehört; **ce n'est pas comme il faut** es ist nicht so, wie es sein sollte; **une personne comme il faut** ein ordentlicher [*o* anständiger] Mensch; **il ne fallait pas!** das war doch nicht nötig!
II. *vpr impers* (*manquer*) **il s'en faut de qc** etw fehlt, es fehlt etw; **nous avons failli nous rencontrer, il s'en est fallu de peu** beinahe hätten wir uns getroffen, es fehlte nicht viel und wir hätten uns getroffen; **il s'en faut de beaucoup** bei weitem noch nicht, noch lange nicht; **il a failli être reçu, il s'en est fallu d'un point** es fehlte ihm ein Punkt zur Zulassung; **il s'en faut de qc que qn/qc fasse qc** etw fehlt, damit jd/etw etw tut; **il s'en est fallu d'un rien** [*o* **d'un cheveu**] **que je me fasse écraser** um ein Haar wäre ich überfahren worden

falot(e) [falo, ɔt] *adj personne* unscheinbar, farblos; *lueur* fahl, blass

falsificateur, -trice [falsifikatœʀ, -tʀis] *m, f* Fälscher(in) *m(f)*

falsification [falsifikasjɔ̃] *f* ❶ *de la vérité, d'une marchandise* Verfälschen *nt,* Verfälschung *f;* **~ de l'histoire** Geschichtsfälschung
❷ JUR (*action*) Nachahmen *nt; d'un document, d'une monnaie, signature, de comptes* Fälschen *nt*
❸ JUR (*résultat*) Fälschung *f*

falsifier [falsifje] <1a> *vt* verfälschen *histoire, marchandise;* verdrehen *vérité*

falzar [falzaʀ] *m fam* Hose *f*, Buxe *f* (NDEUTSCH *fam*)
famé(e) [fame] *adj* **mal ~(e)** verrufen
famélique [famelik] *adj* abgemagert
fameusement [famøzmɑ̃] *adv fam* (*très*) sagenhaft; **je me suis ~ régalé(e)** es hat köstlich geschmeckt
fameux, -euse [famø, -øz] *adj* ❶ besagt
❷ (*excellent*) *mets, vin* vorzüglich, köstlich; *idée* großartig, glänzend; *travail* erstklassig
❸ *antéposé souvent iron* (*énorme*) *problème* ungeheuer; **une fameuse raclée** eine [ganz] gehörige Tracht Prügel; **une fameuse erreur/gaffe** ein gewaltiger Fehler/eine große Dummheit; **c'est un ~ travail** das ist eine ganz schöne Arbeit; **c'est une fameuse canaille** das ist ein richtiger [*o* ganz schöner] Gauner
❹ (*célèbre*) berühmt
▸ **ne pas être ~(-euse)** nicht gerade besonders sein
familial(e) [familjal, jo] <-aux> *adj atmosphère, problème, milieu* familiär; **vie ~e** Familienleben *nt;* **maison ~e** Einfamilienhaus *nt;* **lien ~** Familienbande *Pl*
familiariser [familjaʀize] <1> **I.** *vt* **~ qn avec qc** jdn mit etw vertraut machen; **être familiarisé(e) avec qc** mit etw vertraut sein
II. *vpr* **se ~ avec une méthode/technique** sich mit einer Methode/Technik vertraut machen; **se ~ avec une ville/un danger** sich in einer Stadt einleben/sich an eine Gefahr gewöhnen; **se ~ avec une langue** sich (*Dat*) eine Sprache aneignen; **se ~ avec qn** mit jdm vertraut werden
familiarité [familjaʀite] *f* ❶ Vertraulichkeit *f;* **traiter qn avec trop de ~** jdn allzu vertraulich behandeln
❷ (*habitude de*) **~ avec qn/qc** Vertrautheit *f* mit jdm/etw
❸ (*amitié*) Vertrautheit *f*
❹ *pl péj* (*paroles*) Vertraulichkeiten *Pl;* (*comportement*) Zudringlichkeit *f;* **se laisser aller à des ~s de langage** einen familiären Ton annehmen; **pas de ~s!** keine Vertraulichkeiten!
familier [familje] *m* häufiger [*o* regelmäßiger] Besucher; *d'un club* Stammgast *m;* **~ de la maison** Freund *m* des Hauses
familier, -ière [familje, -jɛʀ] *adj* ❶ **~ à qn** jdm vertraut; *problème, spectacle* jdm bekannt; *terme, expression* jdm geläufig; **cette technique m'est familière** mit dieser Technik kenne ich mich aus; **la langue allemande lui était devenue familière** die deutsche Sprache war ihm/ihr inzwischen vertraut
❷ (*routinier*) *comportement, geste, tâche* üblich; **le mensonge lui est devenu ~** er/sie hat sich daran gewöhnt zu lügen
❸ (*simple, bonhomme*) *conduite, entretien, manières* ungezwungen, zwanglos; *personne* umgänglich
❹ (*non recherché*) *expression, mot, registre, style* umgangssprachlich
❺ *péj* (*cavalier*) **~(-ière) avec qn** allzu vertraulich gegenüber jdm
❻ (*domestique*) **des animaux ~s** Haustiere *Pl;* **des esprits ~s** Hausgeister *Pl*
familièrement [familjɛʀmɑ̃] *adv* ❶ umgangssprachlich
❷ (*simplement*) *s'exprimer* einfach; *parler* ungezwungen
❸ (*amicalement*) ungezwungen, zwanglos
❹ *péj* (*cavalièrement*) allzu vertraulich
famille [famij] *f* ❶ (*sens restreint*) Familie *f;* (*sens large*) Verwandtschaft *f;* **~ royale** Königsfamilie; **~ éloignée/proche** entfernte/engere [*o* nächste] Verwandtschaft; **~ monoparentale** Familie mit nur einem Elternteil, Ein-Eltern-Familie; **~ nombreuse, grande ~** CH kinderreiche Familie; **avoir de la ~** (*parenté*) Verwandte haben; (*famille proche*) Angehörige haben; (*femme/mari et enfants*) Familie haben; **être de la ~** zur Familie gehören; **en ~** im [engsten] Familienkreis; **partir en vacances en ~** mit der Familie in Urlaub fahren; **nous sommes en ~** wir sind unter uns
❷ *a.* BOT, ZOOL (*communauté*) Familie *f;* **appartenir à la même ~ spirituelle** die gleiche Geisteshaltung haben
▸ **être chargé(e) de ~** eine Familie zu ernähren haben; **c'est** [*o* **ça tient**] **de ~** das liegt in der Familie; **attendre de la ~** BELG, CH (*être enceinte*) schwanger sein
◆ **~ de mots** Wortfamilie *f*
famine [famin] *f* Hungersnot *f*
▸ **crier ~** über Hunger klagen; *estomac:* knurren
fan [fan] *mf* Fan *m*
fana [fana] *abr de* **fanatique I.** *adj fam* **être ~ de qn/qc** nach jdm/auf etw (*Akk*) verrückt sein (*fam*); **être ~ de rugby** ein absoluter Rugbyfan sein (*fam*); **en être ~** ganz wild darauf sein (*fam*)
II. *mf fam* Fan *m*, Freak *m;* **~ de football/de jazz/d'ordinateur** Fußballfan/Jazzfan/Computerfreak
fanage [fanaʒ] *m* ❶ (*étalement*) Heuwenden *nt*
❷ (*faire les foins*) Heuernte *f*
fanal [fanal, o] <-aux> *m* ❶ Laterne *f*, Windlicht *nt*
❷ (*signal*) *d'une locomotive, d'un navire* Positionslicht *nt*
fanatique [fanatik] **I.** *adj* fanatisch
II. *mf* ❶ (*passionné*) begeisterter Anhänger/begeisterte Anhängerin; **~ de football** Fußballfanatiker *m*, Fußballnarr *m*
❷ (*militant*) Fanatiker(in) *m(f);* **~ de qc** fanatischer Anhänger einer S. (*Gen*)
fanatiser [fanatize] <1> *vt* fanatisieren, fanatisch machen
fanatisme [fanatism] *m* Fanatismus *m;* **avec ~** fanatisch
fandango [fɑ̃dɑ̃go] *m* MUS Fandango *m*
fane [fan] *f souvent pl* AGR (*tiges et feuilles*) Kraut *nt kein Pl* (*der abgeernteten Pflanzen*); (*feuilles*) Blätter *Pl*
fané(e) [fane] *adj fleur, bouquet, visage* verwelkt; *couleur* verblasst; *étoffe, beauté* verblichen
faner [fane] <1> **I.** *vpr* **se ~** *plante, fleur, bouquet:* verwelken; *couleur:* verblassen; *étoffe:* verbleichen; *beauté, jeunesse:* verblühen; *visage, peau:* welk werden
II. *vt* ❶ ausbleichen *couleur, étoffe;* verblühen [*o* welken] lassen *beauté;* welken lassen *visage, plantes;* **l'âge a fané la femme** das Alter ließ das Gesicht der Frau welken
❷ (*retourner*) wenden *foin, herbe*
III. *vi* Heu machen, heuen
fanes [fan] *fpl* Kraut *nt; de radis* Blätter *Pl*
faneur, -euse [fanœʀ, -øz] *m, f* Heuer(in) *m(f)*, Heumacher(in) *m(f)*
faneuse [fanøz] *f* Heuwender *m*
fanfare [fɑ̃faʀ] *f* ❶ Blaskapelle *f;* **~ militaire** Militärkapelle
❷ (*air*) Fanfare *f*
▸ **annoncer qc en ~** etw groß ankündigen; **arriver en ~** mit großem Tamtam auftreten; **réveiller qn en ~** jdn aus dem Schlaf trommeln
fanfaron(ne) [fɑ̃faʀɔ̃, ɔn] **I.** *adj* großtuerisch; **des propos ~s** großspurige Reden
II. *m(f)* Angeber(in) *m(f);* **faire le ~/la ~ne** sich aufspielen
fanfaronnade [fɑ̃faʀɔnad] *f* Großtuerei *f*, Wichtigtuerei *f*
fanfaronner [fɑ̃faʀɔne] <1> *vi* sich aufspielen
fanfreluche [fɑ̃fʀəlyʃ] *f gén pl souvent péj* Flitter *m kein Pl*, Firlefanz *m kein Pl* (*pej fam*)
fange [fɑ̃ʒ] *f* ❶ *littér* Schlamm *m*, Morast *m*
❷ *littér* (*ignominie*) Schmutz *m;* **traîner qn dans la ~** jdn durch [*o* in] den Schmutz ziehen
fangeux, -euse [fɑ̃ʒø, -øz] *adj littér* ❶ schlammig; *mare* schlickerig; *eau* trüb
❷ *fig* (*abject*) verdorben
fanion [fanjɔ̃] *m d'un club* Wimpel *m*, Fähnchen *nt; d'une voiture officielle* Flagge *f*, Stander *m;* (*petit drapeau de marquage*) Fähnchen
fanon [fanɔ̃] *m d'un bœuf, taureau* Wamme *f; d'un dindon, iguane* [Kehl]lappen *m; d'une baleine* Barte *f*
fantaisie [fɑ̃tezi] *f* ❶ Laune *f;* **au gré de sa ~** ganz nach Lust und Laune; **à** [*o* **selon**] **sa ~** (*comme il lui plaît*) wie es ihm/ihr gefällt; (*selon son humeur*) nach Lust und Laune
❷ (*extravagance*) Marotte *f;* (*délire, idée*) Spinnerei *f* (*fam*);

une nouvelle ~ vestimentaire eine modische Marotte
❸ (*imagination*) Fantasie *f*
❹ (*originalité*) Einfallsreichtum *m;* **être plein(e) de ~** *personne:* originelle Ideen haben; *peinture, décoration, histoire:* sehr originell sein; **être dépourvu(e) de ~** einfallslos [*o* fantasielos] sein; **sa vie manque de ~** sein/ihr Leben ist eintönig
❺ MUS Fantasie *f*
❻ (*qui sort de la norme, original*) **bijoux/collants ~** origineller Schmuck/originelle Strümpfe; **bouton ~** Zierknopf *m*
▸ **s'offrir** [*o* **se payer**] **une petite ~** sich (*Dat*) eine kleine Extravaganz leisten; **passer à qn toutes ses ~s** jdm alle Launen durchgehen lassen

fantaisiste [fɑ̃tezist] I. *adj* ❶ (*peu sérieux*) *nouvelle, information, version* frei erfunden; *explication, hypothèse, interprétation* aus der Luft gegriffen; *remède* willkürlich ausgewählt
❷ (*peu fiable*) unzuverlässig; (*anticonformiste*) unkonventionell; (*bizarre*) komisch
II. *mf* ❶ Luftikus *m,* unzuverlässiger Mensch; (*anticonformiste*) unkonventioneller Mensch
❷ *vieilli* (*artiste*) Unterhaltungskünstler(in) *m(f),* Kabarettist(in) *m(f)*

fantasmagorie [fɑ̃tasmagɔʀi] *f* (*illusion*) Trugbild *nt,* Phantasma *nt;* (*rêve*) Traumbild *nt;* (*effets surnaturels*) fantastische Erscheinungen *Pl*

fantasmagorique [fɑ̃tasmagɔʀik] *adj* phantasmagorisch (*geh*)

fantasmatique [fɑ̃tasmatik] *adj* PSYCH phantasmatisch

fantasme [fɑ̃tasm] *m* Wunschvorstellung *f;* PSYCH Wahnvorstellung *f;* **vivre dans ses ~s** in einer Traumwelt leben; **relever du ~** der Fantasie entsprungen sein

fantasmer [fɑ̃tasme] <1> *vi* fantasieren; (*rêver*) träumen; **~ sur qc** sich in Fantasien über etw (*Akk*) ergehen, von etw träumen; **~ sur l'avenir** sich Zukunftsträumen hingeben; **faire ~ qn** jdn zum Träumen bringen

fantasque [fɑ̃task] *adj* launisch, launenhaft; (*bizarre*) seltsam; (*excentrique*) exzentrisch; **être d'humeur ~** launisch [*o* launenhaft] sein

fantassin [fɑ̃tasɛ̃] *m* Infanterist *m*

fantastique [fɑ̃tastik] I. *adj* ❶ fantastisch; *atmosphère* unwirklich; *événement, rêve* irreal; **animal/personnage ~** Fabeltier *nt*/Fabelwesen *nt;* **cinéma ~** fantastischer Film, Fantasy-Film *m*
❷ *fam* (*formidable*) fantastisch (*fam*); *personne, réalisation* großartig; *richesse, progrès, chance* ungeheuer[lich], enorm; *beauté* außerordentlich; (*incroyable*) unglaublich
II. *m* Fantastische(s) *nt,* Übernatürliche(s) *nt*

fantastiquement [fɑ̃tastikmɑ̃] *adv* ungeheuer, außerordentlich

fantoche [fɑ̃tɔʃ] *m* (*tiré d'en bas*) Hampelmann *m;* (*tiré d'en haut*) Marionette *f*

fantomatique [fɑ̃tomatik] *adj* gespenstisch

fantôme [fɑ̃tom] I. *m* ❶ Gespenst *nt,* Geist *m;* **ce château est hanté par des ~s** es spukt in diesem Schloss
❷ (*illusion, souvenir*) Phantom *nt;* **les ~s du passé** die Schatten der Vergangenheit
II. *app* ❶ **bateau ~** Geisterschiff *nt;* **train ~** Geisterbahn *f;* **"Le Vaisseau ~"** „Der fliegende Holländer"
❷ (*sans réalité*) *administration* vorgetäuscht; **cabinet ~** Schattenkabinett *nt;* **société ~** Scheinfirma *f*

fanzine [fɑ̃zin] *m* Fanzine *nt,* Fan-Magazin *nt*

FAO [ɛfao] *f* ❶ INFORM *abr de* **fabrication assistée par ordinateur** CAM *f*
❷ AGR *abr de* **Food and Agriculture Organization** FAO *f*

faon [fɑ̃] *m* [Reh]kitz *nt,* Rehkalb *nt; du cerf* Hirschkalb *nt*

far [faʀ] *m* ~ **[breton]** *Auflauf mit Backpflaumen*

faramineux, -euse [faʀaminø, -øz] *adj fam* wahnsinnig (*fam*)

farandole [faʀɑ̃dɔl] *f* Farandole *f* (*provenzalischer Volkstanz*); (*cortège dansant*) Polonaise *f*

faraud(e) [faʀo, od] I. *adj* eingebildet; **être tout(e) ~(e) de qc** mächtig stolz auf etw sein
II. *m(f)* Angeber(in) *m(f)*

farce¹ [faʀs] *f* ❶ Streich *m;* (*plaisanterie*) Scherz *m;* **faire une ~ à qn** jdm einen Streich spielen
❷ THEAT Farce *f;* **tourner à la ~** zur Farce werden
❸ (*chose peu sérieuse*) Farce *f*
❹ (*objet*) **~s et attrapes** Scherzartikel *Pl*

farce² [faʀs] *f* GASTR Füllung *f,* Farce *f*

farceur, -euse [faʀsœʀ, -øz] I. *m, f* Spaßvogel *m;* **sacré ~!** durchtriebener Schelm!
II. *adj* **être ~(-euse)** ein ganz schöner Schelm sein

farci(e) [faʀsi] *adj* ❶ GASTR gefüllt
❷ *péj* **~ d'erreurs** voll von Fehlern, voller Fehler, gespickt mit Fehlern (*fam*)

farcir [faʀsiʀ] <8> I. *vt* ❶ GASTR **~ qc de qc** etw mit etw füllen
❷ *péj* (*bourrer*) **~ qc de qc** etw mit etw voll stopfen (*fam*)
II. *vpr péj fam* ❶ **se ~ qc** etw zu ertragen haben; **se ~ qn** jdn auf dem Hals haben (*fam*); **il faut se le ~!** der geht einem ganz schön auf den Geist! (*fam*)
❷ (*se payer*) **se ~ la vaisselle** sich um das Geschirr kümmern müssen

fard [faʀ] *m* Schminke *f;* **~ à joues** Rouge *nt;* **~ à paupières** [*o* **pour les yeux**] Lidschatten *m*
▸ **piquer un ~** *fam* einen roten Kopf bekommen, rot anlaufen; **sans ~** schlicht; **dire qc sans ~** etw unverblümt [*o* ganz offen] sagen

farde [faʀd] *f* BELG (*dossier*) Ordner *m*

fardé(e) [faʀde] *adj* geschminkt

fardeau [faʀdo] <x> *m* ❶ Last *f*
❷ (*chose pénible*) Last *f;* **~ des impôts** Steuerlast, steuerliche Belastung; **qn plie sous le ~ de qc** etw lastet [schwer] auf jdm

farder [faʀde] <1> I. *vt* ❶ schminken; **être fardé(e)** geschminkt sein
❷ *littér* (*dissimuler*) verschleiern *vérité;* kaschieren *pensée*
II. *vpr* **se ~** sich schminken; **se ~ le visage** sich (*Dat*) das Gesicht schminken

fardoches [faʀdɔʃ] *fpl* CAN (*broussailles*) Gestrüpp *nt kein Pl*

farfadet [faʀfadɛ] *m* Kobold *m*

farfelu(e) [faʀfəly] I. *adj fam* verrückt (*fam*)
II. *m(f) fam* Spinner(in) *m(f)* (*fam*)

farfouiller [faʀfuje] <1> *vi fam* **~ dans qc** in etw (*Dat*) herumstöbern

faribole [faʀibɔl] *f* ❶ (*stupide idée*) Unsinn *m kein Pl*
❷ *pl* (*balivernes*) Nichtigkeiten *Pl;* **dire** [*o* **raconter**] **des ~s** Belanglosigkeiten von sich geben, dummes Zeug reden [*o* erzählen] (*fam*)

farine [faʀin] *f* Mehl *nt;* **~ complète** Vollkornmehl
▸ **rouler qn dans la ~** *fam* jdn übers Ohr hauen (*fam*); **se faire rouler dans la ~** übers Ohr gehauen werden (*fam*)
◆ **~ de blé** [*o* **de froment**] Weizenmehl *nt;* **~ de maïs** Maismehl *nt;* **~ de seigle** Roggenmehl *nt;* **~ de soja** Sojamehl *nt*

fariner [faʀine] <1> *vt* in Mehl wälzen *poisson, viande;* mit Mehl bestäuben *plaque de four*

farineux [faʀinø] *m* stärkehaltiges Nahrungsmittel

farineux, -euse [faʀinø, -øz] *adj* ❶ bemehlt
❷ (*abîmé, sec*) *pomme, poire, pomme de terre* mehlig; *fromage* trocken, bröckelig

farniente [faʀnjɛnte, faʀnjɑ̃t] *m* Dolcefarniente *nt,* Faulenzen *nt;* **faire du ~** faulenzen

farouche [faʀuʃ] *adj* ❶ scheu; (*peu sociable*) unzugänglich; *air* unnahbar; **ne pas être ~** sich nicht zieren
❷ (*violent, hostile*) *air, regard* grimmig; *ennemi, adversaire, lutte* erbittert; *haine* wild
❸ (*opiniâtre*) *volonté, énergie* eisern; *résistance* heftig

farouchement [faʀuʃmɑ̃] *adv* heftig; *nier* hartnäckig; **être ~ hostile à qc** entschieden gegen etw sein

fart [faʀt] *m* [Ski]wachs *nt*

fartage [faʀtaʒ] *m* Wachsen *nt*

farter [faʀte] <1> *vt* wachsen

Far West [faʀwɛst] *m* **le** ~ der Wilde Westen

fascicule [fasikyl] *m* Heft *nt,* Faszikel *m* (*Fachspr.*); (*fascicule d'information*) Broschüre *f;* **être publié(e) par** ~**s** in mehreren Einzelheften erscheinen

fascinant(e) [fasinɑ̃, ɑ̃t] *adj* faszinierend

fascination [fasinasjɔ̃] *f* ❶ Verzauberung *f,* Hypnotisieren *nt*
❷ (*séduction*) Faszination *f,* Reiz *m,* Zauber *m;* **exercer une** ~ **sur qn** eine Faszination auf jdn ausüben; **succomber à la** ~ **du pouvoir** dem Zauber der Macht erliegen

fasciner [fasine] <1> *vt* ❶ hypnotisieren, in seinen Bann schlagen [*o* ziehen]
❷ (*séduire*) faszinieren; **se laisser** ~ **par de belles promesses** sich von schönen Versprechungen beeindrucken lassen; **être fasciné(e) par qn/qc** von jdm/etw fasziniert sein

fascisant(e) [faʃizɑ̃, ɑ̃t] *adj* faschistoid

fascisme [faʃism, fasism] *m* Faschismus *m*

fasciste [faʃist, fasist] **I.** *adj* faschistisch
II. *mf* Faschist(in) *m(f)*

fasse [fas] *subj prés de* **faire**

faste¹ [fast] *m* Prunk *m,* Pracht *f*

faste² [fast] *adj* günstig; (*couronné de succès*) erfolgreich; **jour** ~ Glückstag *m;* **ce fut une année** ~ **pour moi** es war ein gutes Jahr für mich

fast-food [fastfud] <fast-foods> *m* Fastfood-Restaurant *nt*

fastidieux, -euse [fastidjø, -jøz] *adj* stumpfsinnig, eintönig; *détails* uninteressant; *énumération* ellenlang (*fam*)

fastoche [fastɔʃ] *adj fam* total einfach (*fam*)

fastueusement [fastɥøzmɑ̃] *adv* prachtvoll

fastueux, -euse [fastɥø, -øz] *adj cadre, décor* prächtig; *réception, fête* glanzvoll; *vie* luxuriös

fat(e) [fa(t), fat] *adj personne* eingebildet; *air* blasiert

fatal(e) [fatal] *adj* ❶ fatal, verhängnisvoll; **être** ~ **à qn** jdm zum Verhängnis werden
❷ (*mortel*) tödlich; **être** ~ **à qn** tödlich für jdn sein; **porter un coup** ~ **à qn/qc** jdm/einer S. den Todesstoß versetzen
❸ (*inévitable*) unabwendbar, unausweichlich; **conséquence** ~**e** zwangsläufige Folge; **il est** ~ **que qn fasse qc** es ist unvermeidlich, dass jd etw tut; zwangsläufig tut jd etw
❹ (*marqué par le destin*) *instant, moment, jour* schicksalhaft; *air, regard* unglückselig
❺ (*irrésistible*) *beauté* verhängnisvoll; **femme** ~**e** Femme fatale

fatalement [fatalmɑ̃] *adv* unweigerlich, zwangsläufig

fatalisme [fatalism] *m* Fatalismus *m*

fataliste [fatalist] **I.** *adj* fatalistisch
II. *mf* Fatalist(in) *m(f)*

fatalité [fatalite] *f* ❶ Schicksal *nt*
❷ (*inévitabilité*) Unabwendbarkeit *f,* Zwangsläufigkeit *f;* **ne pas être une** ~ kein unabwendbares Schicksal sein

fatidique [fatidik] *adj* schicksalhaft, schicksalsschwer (*geh*)

fatigabilité [fatigabilite] *f* Ermüdbarkeit *f*

fatigant(e) [fatigɑ̃, ɑ̃t] *adj* ❶ *journée, vie* anstrengend; *études, travail* ermüdend, anstrengend; ~**(e) pour la vue** anstrengend [*o* ermüdend] für die Augen; ~**(e) pour les nerfs** nervenaufreibend
❷ (*assommant*) *enfant* anstrengend; *personne* ermüdend, anstrengend

fatigue [fatig] *f* ❶ *d'une personne* Müdigkeit *f; des yeux* Ermüdung *f;* (*état d'épuisement*) Erschöpfung *f;* ~ **nerveuse** nervliche Erschöpfung; **être mort(e)/tomber de** ~ todmüde sein/vor Müdigkeit umfallen; **se remettre** [*o* **se reposer**] **des** ~**s de qc** sich von den Anstrengungen [*o* Strapazen] einer S. (*Gen*) erholen
❷ (*usure*) *d'un mécanisme, moteur* Abnutzung *f;* **montrer des signes de** ~ Abnutzungserscheinungen zeigen

fatigué(e) [fatige] *adj* ❶ müde; *foie, estomac, cœur* strapaziert; *mémoire* erschöpft
❷ (*usé*) *chaussures* ausgetreten; *vêtement* abgetragen
❸ (*excédé*) **être** ~**(e) de qn** jds überdrüssig sein; **être** ~**(e) de qc** etw (*Akk*) Leid sein; **être** ~**(e) de faire qc** es leid sein etw zu tun

fatiguer [fatige] <1> **I.** *vt* ❶ *travail, marche, effort:* anstrengen; *personne:* überanstrengen; ~ **les yeux** für die Augen anstrengend sein, die Augen ermüden
❷ AGR (*épuiser*) auslaugen, übermäßig beanspruchen
❸ (*déranger*) belasten, strapazieren *foie, organisme*
❹ (*excéder*) ~ **qn** jdm lästig sein; (*ennuyer*) jdn langweilen
II. *vi* ❶ *machine, moteur:* Ermüdungserscheinungen zeigen; *cœur:* ermüden; **le moteur fatigue dans la montée** der Motor hat Mühe am Berg
❷ (*s'user*) *pièce, joint:* sich abnutzen; *poutre:* nachgeben
❸ *fam* (*en avoir assez*) müde werden, die Schnauze voll haben (*fam*)
III. *vpr* ❶ **se** ~ *personne:* sich überanstrengen; *cœur:* ermüden
❷ (*se lasser*) **se** ~ **de qc** etw (*Akk*) Leid werden, einer S. (*Gen*) überdrüssig werden; **se** ~ **à faire qc** es Leid haben [*o* sein] etw zu tun
❸ (*s'évertuer*) **se** ~ **à faire qc** sich abmühen etw zu tun, sich (*Dat*) [große] Mühe geben etw zu tun

fatma [fatma] *f maghrebinische Hausangestellte*

fatras [fatʀɑ] *m* wirres [*o* wüstes] Durcheinander; (*choses sans valeurs, inutiles*) Kram *m* (*fam*), Plunder *m* (*fam*); **un** ~ **d'idées** eine Unmenge [*o* Fülle] von Ideen; **ce** ~ **de vieux papiers** dieser alte Papierkram, dieser Wust von alten Papieren

fatuité [fatɥite] *f* Überheblichkeit *f,* Selbstgefälligkeit *f*

faubourg [fobuʀ] *m* Vorort *m,* Vorstadt *f*

faubourien(ne) [foburjɛ̃, jɛn] **I.** *adj* vorstädtisch
II. *m(f)* Vorstadtbewohner(in) *m(f); de Paris* Bewohner(in) *m(f)* einer Pariser Vorstadt

fauchage [foʃaʒ] *m* Mähen *nt*

fauche [foʃ] *f sans pl fam* Diebstahl *m;* **il y a beaucoup de** ~ es wird viel geklaut (*fam*)

fauché(e) [foʃe] *adj fam* **être** ~**(e)** blank [*o* pleite] sein (*fam*); **être trop** ~**(e) pour faire qc** zu knapp bei Kasse sein um etw zu tun (*fam*); **des gens** ~**s** Leute, die knapp bei Kasse sind (*fam*)

faucher [foʃe] <1> *vt* ❶ mähen
❷ (*abattre*) *véhicule:* erfassen; (*mortellement*) überfahren; *mort:* hinwegraffen; *tirs:* niedermähen
❸ *fam* (*voler*) ~ **qc à qn** jdm etw klauen (*fam*); ~ **qn** *fig* sich (*Dat*) jdn schnappen; ~ **qn à qn** jdn jdm wegschnappen [*o* ausspannen]

faucheur, -euse [foʃœʀ, -øz] *m, f* Mäher(in) *m(f)*

faucheuse [foʃøz] *f* Mähmaschine *f*

faucille [fosij] *f* Sichel *f*

faucon [fokɔ̃] *m* ORN, POL Falke *m*

fauconnerie [fokɔnʀi] *f* ❶ (*dressage, lieu d'élevage*) Falknerei *f*
❷ (*chasse*) Beizjagd *f,* [Falken]beize *f*

faudra [fodʀa] *fut de* **falloir**

faufil [fofil] *m* COUT Heftfaden *m*

faufiler [fofile] <1> **I.** *vpr* **se** ~ **dans un passage étroit** durch einen engen Durchgang schlüpfen; **se** ~ **parmi la foule** sich durch die Menge schlängeln; **se** ~ **entre les voitures** sich zwischen den Autos [hin]durchschlängeln; **se** ~ **dans une réunion** sich in eine Versammlung [ein]schleichen
II. *vt* COUT [an]reihen

faune¹ [fon] *f* ❶ ZOOL Fauna *f,* Tierwelt *f*
❷ *péj* (*personnes*) Bande *f,* Völkchen *nt*

faune² [fon] *m* MYTH Faun *m*

faunesque [fonɛsk] *adj* Fauns-, wie ein Faun

faussaire [fosɛʀ] *mf* Fälscher(in) *m(f)*

fausse [fos] *adj v.* **faux**

faussé(e) [fose] *adj* verbogen; *porte* verzogen

faussement [fosmɑ̃] *adv* ① fälschlicherweise, zu Unrecht; **raisonner ~** falsche Überlegungen anstellen
② (*avec affectation*) **prendre un air ~ modeste/indifférent** bescheiden/gleichgültig tun; **d'un air ~ indifférent/détaché** nach außen hin gleichgültig/ungerührt

fausser [fose] <1> *vt* ① (*altérer*) verfälschen; (*intentionnellement*) fälschen; entstellen *réalité, fait*
② (*déformer*) verbiegen

fausset [fosɛ] *m v.* **voix**

fausseté [foste] *f* ① Unrichtigkeit *f*
② (*hypocrisie*) *d'une personne* Falschheit *f,* Unaufrichtigkeit *f; d'un sentiment* Unechtheit *f*

faut [fo] *indic prés de* **falloir**

faute [fot] *f* ① (*erreur*) Fehler *m*
② (*mauvaise action*) Fehler *m;* (*manquement à des lois, règles*) Vergehen *nt;* **~ grave** grober Fehler; **~ lourde** schwerwiegender Fehler; (*dans la vie professionnelle*) Pflichtversäumnis *nt;* **~ morale** moralische Verfehlung; **~ professionnelle** in Ausübung des Berufes begangener Fehler; **commettre une ~ envers qn** jdm gegenüber einen Fehler begehen; **commettre une ~ envers qc** sich (*Dat*) einer S. gegenüber etwas zuschulden kommen lassen; **un sans ~** ein Volltreffer *m* (*fam*); **faire un sans ~** einen Volltreffer landen (*fam*), eine Glanzleistung [*o* Meisterleistung] vollbringen; **sans ~** ganz sicher; **à demain, sans ~!** bis morgen, ich verlass mich darauf!
③ (*responsabilité*) Schuld *f,* Verschulden *nt;* **c'est [de] la ~ de qn/qc** daran ist jd/etw schuld; **c'est [de] ma ~** das ist meine Schuld, daran bin ich schuld; **c'est pas sa ~** er kann nichts dafür; **par ma ~** durch meine Schuld; **se renvoyer la ~** sich gegenseitig die Schuld zuschieben; **faire retomber [*o* rejeter] la ~ sur qn** die Schuld auf jdn abwälzen, jdm die Schuld zuschieben; **alors à qui la ~?** wer ist denn dann schuld?
④ SPORT Fehler *m;* (*agression*) Foul *nt*
⑤ JUR **~ pénale** Verletzung *f* des Strafgesetzes
⑥ (*par manque de*) **~ de temps/d'argent** aus Zeit-/Geldmangel; **~ de preuves** mangels Beweisen, aus Mangel an Beweisen; **~ de mieux** mangels Alternative, in Ermangelung eines Besseren (*geh*); **~ de faire qc** da jd etw nicht tut; **~ de pouvoir faire qc** da jd etw nicht tun kann, da jd nicht in der Lage ist etw zu tun; **~ d'avoir vécu cela, vous ne pouvez pas...** da Sie das nicht selbst erlebt haben, können Sie nicht ...
▶ **~ de grives on mange des merles** *prov* in der Not frisst der Teufel Fliegen; **~ avouée est à moitié [*o* à demi] pardonnée** *prov* zugegeben ist schon halb vergeben; **être en ~** schuldig sein; **prendre qn en ~** jdn erwischen (*fam*); **~ de quoi** andernfalls, sonst, wenn nicht
◆ **~ d'accord** Kongruenzfehler *m;* **~ de calcul** Rechenfehler *m;* **~ de conduite** Fahrfehler *m,* falsches Fahrverhalten; **~ d'étourderie [*o* d'inattention]** Flüchtigkeitsfehler *m;* **~ de français** Fehler *m* im Französischen; **~ de frappe** Tippfehler *m;* **~ de goût** Geschmacksverirrung *f;* **~ de grammaire** Grammatikfehler *m;* **~ d'impression** Druckfehler *m;* **~ d'orthographe** Rechtschreibfehler *m;* **~ de ponctuation** Zeichensetzungsfehler *m;* **~ de prononciation** Aussprachefehler *m;* **~ de syntaxe** Syntaxfehler *m,* syntaktischer Fehler

fauter [fote] <1> *vi vieilli fam* einen Fehltritt begehen [*o* tun]

fauteuil [fotœj] *m* ① Sessel *m;* **~ pliant** Klappsessel; **~ roulant** Rollstuhl *m*
② (*place dans une assemblée*) Sitz *m;* **~ de maire** Amt *nt* des Bürgermeisters; **occuper le ~ de président** den Vorsitz führen, Präsident sein
◆ **~ d'académicien** Sitz *m* in der Académie française; **~ de balcon** Balkonplatz *m;* **~ à bascule** Schaukelstuhl *m;* **~ de bureau** Bürostuhl *m,* Bürosessel *m;* **~ de jardin** Gartenstuhl *m;* **~ d'orchestre** Parkettsitz *m,* Sitzplatz *m* im Parkett

fauteur [fotœʀ] *m* ◆ **~ de désordre [*o* de troubles]** Unruhestifter(in) *m(f)*

fautif, -ive [fotif, -iv] **I.** *adj* ① schuldig; **être ~(-ive)** schuld sein, Schuld haben
② (*avec des fautes*) *liste, texte* fehlerhaft; *citation, calcul* falsch; *mémoire* lückenhaft
II. *m, f* Schuldige(r) *f(m)*

fauve [fov] **I.** *adj* ① falb, fahlgelb
② (*sauvage*) **bête ~** Raubtier *nt,* wildes Tier; **odeur ~** bestialischer Geruch
③ ART fauvistisch
II. *m* ① Fahlgelb *nt*
② (*animal*) Raubtier *nt*
③ ART **les Fauves** die Fauvisten

fauverie [fovʀi] *f* (*dans un zoo*) Raubtiergehege *nt;* (*dans un cirque*) Raubtierkäfig *m*

fauvette [fovɛt] *f* Grasmücke *f*

fauvisme [fovism] *m* Fauvismus *m*

faux¹ [fo] **I.** *m* ① Falsche(s) *nt,* Unwahrheit *f;* **discerner le vrai du ~** das Wahre vom Unwahren unterscheiden
② (*falsification, imitation*) Fälschung *f;* **être condamné(e) pour ~ et usage de ~** wegen Fälschung und Gebrauch gefälschter Urkunden verurteilt werden; **commettre [*o* faire] un ~** eine Fälschung begehen
▶ **s'inscrire en ~ contre qc** etw entschieden zurückweisen [*o* bestreiten]
II. *adv* falsch
◆ **~ en écriture** Urkundenfälschung *f*

faux² [fo] *f* (*outil*) Sense *f*

faux, fausse [fo, fos] *adj* ① *antéposé* falsch; *marbre, perle* unecht; *papiers, passeport* gefälscht, falsch; *signature, facture* gefälscht; *meuble, tableau* nachgemacht; **un ~ Rembrandt** ein falscher Rembrandt; **fausse monnaie** Falschgeld *nt*
② *antéposé* (*postiche*) *barbe, dents, nez, nom, seins* falsch
③ *antéposé* (*simulé*) gespielt, geheuchelt; *dévotion, humilité, naïvité, bonhomie* vorgetäuscht; *modestie, pudeur* falsch; **fausse sortie** Scheinabgang *m,* vorgetäuschter Abgang
④ *antéposé* (*mensonger*) *déclaration, prétexte, promesse, réponse* falsch; **~ serment** (*intentionnel*) Meineid *m;* (*involontaire*) Falscheid *m,* eidliche Falschaussage; **~ témoignage** falsche Zeugenaussage
⑤ *antéposé* (*pseudo*) *col* falsch; *fenêtre, porte* blind; **~ plafond/fausse cloison** Zwischendecke *f*/Zwischenwand *f*
⑥ *postposé* (*fourbe*) *air* falsch; *caractère, personne* unaufrichtig, falsch; *regard* trügerisch; *attitude* unaufrichtig; **il a l'air ~** er scheint mir falsch zu sein
⑦ *antéposé* (*imposteur*) *ami, prophète* falsch; **un ~ médecin/prêtre** sich als Arzt/Priester ausgebender Betrüger
⑧ (*erroné*) *raisonnement, calcul, résultat* falsch; *numéro* verkehrt, falsch; *affirmation* irrtümlich; *thermomètre* fehlerhaft; **se faire des idées fausses [*o* de fausses idées] sur qc** sich (*Dat*) falsche Vorstellungen von etw machen; **un instrument est ~** ein Instrument ist verstimmt; **il est ~ que qn ait fait qc** es ist falsch [*o* nicht wahr], dass jd etw getan hat; **il est ~ de dire/croire** es ist falsch [*o* nicht richtig] zu sagen/glauben
⑨ *antéposé* (*non fondé*) *espoir, principe, soupçon, bruit* falsch; *crainte, peur* unbegründet
⑩ *postposé* (*ambigu*) *atmosphère, situation* unangenehm
⑪ *antéposé* (*maladroit*) **une fausse manœuvre** ein falscher Handgriff; (*au volant*) ein falsches Lenkmanöver; **faire fausse route** sich verfahren; **faire un ~ pas** (*en marchant*) falsch [*o* ungeschickt] auftreten
⑫ (*qui détonne*) **fausse note** falscher Ton; *fig* Misston *m*

faux-filet [fofilɛ] <faux-filets> *m* Lendenstück *nt,* Lende *f*

faux-fuyant [fofɥijɑ̃] <faux-fuyants> *m* Ausflucht *f,* Ausrede *f;* (*prétexte*) Vorwand *m;* **chercher un ~** ausweichen

faux-monnayeur [fomɔnɛjœʀ] <faux-monnayeurs> *m* Falschmünzer(in) *m(f)*

faux-semblant [fosɑ̃blɑ̃] <faux-semblants> *m* **user de faux-semblants** sich verstellen, Theater spielen

faux-sens [fosɑ̃s] <faux-sens> *m* Fehlinterpretation *f*

favela [favela] *f souvent pl* Favela *f*

faveur [favœʀ] *f* ❶ Gunst *f,* Wohlwollen *nt*
❷ (*considération*) **être en ~ auprès de qn** bei jdm gut angesehen sein; *artiste, auteur:* bei jdm beliebt sein; **jouir d'une grande ~ auprès de qn** sich großer Beliebtheit bei jdm erfreuen; **gagner la ~ du public/du pays** die Gunst des Publikums/der Bürger des Landes gewinnen; **accorder/refuser ses ~s à qn** *littér* jdm seine Gunst gewähren/verweigern (*geh*); **voter en ~ de qn** für jdn stimmen; **se déclarer** [*o* **se prononcer**] **en ~ de qn/qc** sich für jdn/etw aussprechen; **manifester en ~ de qn/qc** für jdn/etw demonstrieren; **en ma/sa ~** zu meinen/seinen/ihren Gunsten
❸ (*bienfait*) Gefallen *m;* **demander une ~ à qn** jdn um einen Gefallen bitten
▸ **de ~** bevorzugt, Sonder-; **en ~ de qc** aufgrund einer S. (*Gen*); **par ~ spéciale** aufgrund besonderer Beziehungen

favorable [favɔʀabl] *adj* günstig; *terrain* geeignet; **jouir d'un préjugé ~** Vorteile haben, ein Plus haben; **donner un avis ~** sich positiv [*o* zustimmend] äußern; **être ~ à qn** *personne:* jdm wohlgesinnt sein; *circonstances:* günstig für jdn sein; *suffrages:* zu jds Gunsten sein; *opinion:* jdn unterstützen; **être ~ à qc** *personne:* etw befürworten; *circonstances:* günstig für etw sein; *suffrages:* zu Gunsten einer S. (*Gen*) sein; *opinion:* etw befürworten; **être ~ à ce que qn fasse qc** dafür sein, dass jd etw tut; **être ~ pour faire qc** günstig sein um etw zu tun

favorablement [favɔʀabləmɑ̃] *adv* positiv

favori [favɔʀi] *m* Liebling *m;* SPORT (*athlète*) Favorit *m;* (*cheval*) Favorit *m*

favori(te) [favɔʀi, it] *adj* **lecture ~te** Lieblingslektüre *f*

favoris [favɔʀi] *mpl* Koteletten *Pl*

favorisé(e) [favɔʀize] *adj* begünstigt; *classe sociale* privilegiert

favoriser [favɔʀize] <1> *vt* ❶ begünstigen; fördern, unterstützen *ambition, commerce;* bevorzugen *personne;* **les familles les plus favorisées** die sozial besser gestellten Familien
❷ (*aider*) begünstigen, unterstützen

favorite [favɔʀit] *f* ❶ Liebling *m;* SPORT (*athlète*) Favoritin *f;* (*cheval*) Favorit *m*
❷ HIST Favoritin *f*

favoritisme [favɔʀitism] *m* POL, ECON Günstlingswirtschaft *f*

fax [faks] *m abr de* **téléfax** Fax *nt*

faxer [fakse] <1> *vt* **~ qc à qn** jdm etw faxen

fayot [fajo] *m* ❶ *péj arg* Arschkriecher(in) *m(f)* (*sl*); (*élève*) Streber(in) *m(f);* **être ~** ein Arschkriecher/Streber sein
❷ *fam* (*haricot*) grüne Bohne

fayoter [fajɔte] <1> *vi arg* sich einschmeicheln, sich lieb Kind machen (*fam*)

fayot[t]age [fajotaʒ] *m fam* Einschmeichelei *f* (*fam*), Arschkriecherei *f* (*vulg*)

fazenda [fazɛnda] *f* AGR Fazenda *f*

F.B. *m* HIST *abr de* **franc belge** *v.* **franc**

F.C. [ɛfse] *m abr de* **football club** FC *m*

FCP [ɛfsepe] *m* ECON *abr de* **fonds commun de placement** Beteiligungsfond *m*

fébrifuge [febʀifyʒ] PHARM **I.** *adj remède* Fieber senkend
II. *m* Fiebermittel *nt*

fébrile [febʀil] *adj chaleur, état* fiebrig; *personne* fieberkrank; (*agité*) *hâte, impatience* fieberhaft; *agitation, mouvement, personne* hektisch

fébrilement [febʀilmɑ̃] *adv* hektisch; **attendre ~ qc** einer S. (*Dat*) entgegenfiebern

fébrilité [febʀilite] *f* Betriebsamkeit *f;* (*excitation*) Hektik *f;* **faire qc avec ~** etw in hektischer Aufregung tun

fécal(e) [fekal, o] <-aux> *adj* fäkal; **les matières ~es** Fäkalien *Pl*

fèces [fɛs] *fpl* ❶ PHARM (*lie*) Bodensatz *m*
❷ PHYSIOL Exkremente *Pl,* Faeces *Pl* (*Fachspr.*)

fécond(e) [fekɔ̃, ɔ̃d] *adj* fruchtbar; *esprit* schöpferisch, kreativ; *idée* zündend; *écrivain, siècle* produktiv; *conversation, sujet* ergiebig; (*prolifique*) fruchtbar, sich rasch vermehrend; **~(e) en surprises** voller Überraschungen; **~(e) en événements/rebondissements** ereignisreich/folgenreich

fécondation [fekɔ̃dasjɔ̃] *f* Befruchtung *f; des fleurs* Bestäubung *f;* **~ artificielle** künstliche Befruchtung; **~ in vitro** In-vitro-Fertilisation *f*

féconder [fekɔ̃de] <1> *vt* ❶ befruchten; bestäuben *fleur*
❷ *littér* (*fertiliser*) *pluie:* fruchtbar machen

fécondité [fekɔ̃dite] *f* Fruchtbarkeit *f; d'un artiste, écrivain* Produktivität *f,* Schöpferkraft *f; d'un sujet* Reichhaltigkeit *f,* Ergiebigkeit *f;* **taux de ~** Geburtenziffer *f,* Geburtenrate *f*

fécule [fekyl] *f* Stärke *f;* GASTR Stärke[mehl *nt*] *f;* **être riche en ~** stärkehaltig sein

féculent [fekylɑ̃] *m* stärkehaltiges Nahrungsmittel

fédéral(e) [fedeʀal, o] <-aux> *adj* ❶ *régime* bundesstaatlich; (*en Suisse*) eidgenössisch; **gouvernement ~** Bundesregierung *f;* **district ~** (*aux États-Unis*) Bundesstaat *m*
❷ (*central*) **union ~e** Zentralverband *m,* Dachverband *m*

> **i Land & Leute**
>
> Belgien ist eine konstitutionelle Monarchie mit einer föderativen Staatsform, d. h. es ist ein **État fédéral**, der sich aus den Gemeinschaften (eine flämische, eine französischsprachige und eine deutschsprachige) und den Regionen (Flandern, Wallonien, Brüssel) zusammensetzt.

fédéraliser [fedeʀalize] <1> *vt* föderalisieren *États*

fédéralisme [fedeʀalism] *m* Föderalismus *m*

fédéraliste [fedeʀalist] **I.** *adj* föderalistisch
II. *mf* Föderalist(in) *m(f)*

fédérateur, -trice [fedeʀatœʀ, -tʀis] **I.** *adj* **thème ~** gemeinsames [*o* zentrales] Thema; **jouer un rôle ~** eine vermittelnde Rolle spielen
II. *m, f* Einiger(in) *m(f)*

fédératif, -ive [fedeʀati, -iv] *adj État* Bundes-; *système* föderativ

fédération [fedeʀasjɔ̃] *f* ❶ Föderation *f,* Bündnis *nt;* **~ européenne** europäische Gemeinschaft
❷ (*association*) Verband *m,* Bund *m;* **~ ouvrière** Arbeiterverband; **~ syndicale** Gewerkschaftsbund; **~ de parents d'élèves** Elternverband

fédéré(e) [fedeʀe] *adj* föderiert; (*au sein d'une association*) vereinigt

fédérer [fedeʀe] <5> *vt* vereinigen; in einer Föderation [*o* in einem Bund] zusammenschließen *États*

fée [fe] *f* Fee *f*
◆ **~ du logis** guter Geist des Hauses; **c'est une véritable ~ du logis** sie ist eine perfekte Hausfrau

feed-back [fidbak] *m inv* TECH Feedback *nt*

feeling [filiŋ] *m* Gespür *nt*

féerie [fe(e)ʀi] *f* ❶ **véritable ~** zauberhaftes [*o* märchenhaftes] Schauspiel; **la ~ de lumières/d'une soirée d'été** der Zauber der Lichter/eines Sommerabends
❷ THEAT, CINE Märchenspiel *nt*

féerique [fe(e)ʀik] *adj* märchenhaft; **l'Orient ~** der zauberhafte Orient; **le monde** [*o* **l'univers**] **~ de l'enfance** die Märchenwelt der Kindheit

feignant(e) [fɛɲɑ̃, ɑ̃t] *adj, v.* **fainéant**

feindre [fɛ̃dʀ] <*irr*> **I.** *vt* vortäuschen *colère, innocence;* heucheln, vortäuschen *enthousiasme, étonnement, joie, tristesse;* (*prétexter*) vorschützen *maladie;* **~ l'indifférence** gleichgültig tun; **~ de ne rien** [*o* **pas**] **comprendre** sich dumm stellen; **~ d'être malade** (*simuler*) so tun, als ob man krank wäre; (*prétexter*) vorgeben krank zu sein
II. *vi littér* sich verstellen; **~ avec qn** jdm etwas vormachen

feint(e) [fɛ̃, fɛ̃t] **I.** *part passé de* **feindre**
II. *adj* vorgetäuscht, gespielt; *maladie* vorgeschoben

feinte [fɛ̃t] *f* Finte *f,* Täuschungsmanöver *nt*

feinter [fɛ̃te] <1> *vt* ① SPORT täuschen
② *fam* (*rouler*) hereinlegen (*fam*); **se faire ~ par qn** von jdm hereingelegt werden (*fam*)

feldspath [fɛldspat] *m* MINER Feldspat *m*

fêlé(e) [fele] *adj* ① *assiette, vase, verre, vitre* gesprungen; *bras, côte* angebrochen; *voix* brüchig
② *fam* (*dérangé*) **avoir le cerveau ~** [*o* **la tête ~e**] einen Sprung in der Schüssel haben (*fam*); **tu es complètement ~(e)!** du bist ja völlig bekloppt! (*fam*)

fêler [fele] <1> **I.** *vt* **tu as fêlé ce verre** das Glas hat durch dich einen Sprung bekommen; **son opération à la gorge a fêlé sa voix** seine/ihre Stimme ist durch die Operation rauh [*o* brüchig] geworden
II. *vpr* **se ~** einen Sprung/Sprünge bekommen; **se ~ qc** sich (*Dat*) etw anbrechen

félibrige [felibʀiʒ] *m okzitanische Dichterschule*

félicitations [felisitasjɔ̃] *fpl* Glückwünsche *Pl;* **avec les ~ du jury** summa cum laude; **adresser ses ~ à qn à l'occasion de qc** jdm seine Glückwünsche zu etw übermitteln; **recevoir les ~ de qn à l'occasion de qc** von jdm zu etw beglückwünscht werden; **[toutes] mes/nos ~!** herzlichen Glückwunsch!, ich gratuliere/wir gratulieren!

félicité [felisite] *f littér* Glückseligkeit *f*

féliciter [felisite] <1> **I.** *vt* **~ qn de qc** jdm zu etw gratulieren, jdn zu etw beglückwünschen; **~ qn de faire qc/d'avoir fait qc** jdm gratulieren, dass er etw getan hat
II. *vpr* **se ~ de qc** über etw (*Akk*) froh sein, sich über etw (*Akk*) freuen; **se ~ d'avoir fait/réussi qc** froh sein etw getan/erreicht zu haben

félidés [felide] *mpl* ZOOL Feliden *Pl* (*Fachspr.*)

félin [felɛ̃] *m* Raubkatze *f*

félin(e) [felɛ̃, in] *adj race* der Katzen; *allure, démarche, grâce* katzenhaft, katzenartig

fellah [fela, fɛla] *m* Fellache *m,* Fellah *m;* **les ~s d'Égypte** die ägyptischen Fellachen

fellation [felasjɔ̃, fɛllasjɔ̃] *f* Fellatio *f*

félon(ne) [felɔ̃, ɔn] HIST **I.** *adj vassal* treubrüchig; *acte* treulos
II. *m(f)* Treubrüchige(r) *f(m)*

félonie [felɔni] *f littér* Treulosigkeit *f*

fêlure [felyʀ] *f* ① Sprung *m,* Riss *m*
② *fig* Bruch *m;* (*psychologique*) Knacks *m* (*fam*)

femelle [fəmɛl] **I.** *adj animal, fleur, organe* weiblich; **léopard/merle ~** Leoparden-/Amselweibchen *nt*
II. *f* ① ZOOL Weibchen *nt*
② *péj pop* Weibsbild *nt* (*pej fam*)

féminin [feminɛ̃] *m* GRAM Femininum *nt*

féminin(e) [feminɛ̃, in] *adj* ① *population, sexe* weiblich
② (*avec un aspect féminin*) *grâce* weiblich; *femme, mode* weiblich, feminin
③ (*de femmes*) *voix* Frauen-; *vêtements, lingerie, mode* Damen-; *condition, revendication* der Frauen; **football ~** Damenfußball *m;* **le 200 m ~** der 200-Meter-Lauf der Frauen
④ GRAM *article, genre, nom* weiblich

féminisation [feminizasjɔ̃] *f* **~ de l'enseignement/d'un métier** (*action*) Steigerung *f* des Frauenanteils im Lehramt/in einem Beruf; (*résultat*) Zunahme *f* des Frauenanteils im Lehramt/in einem Beruf

féminiser [feminize] <1> **I.** *vt* ① verweiblichen *homme;* sehr weiblich wirken lassen *femme;* **~ une profession** Frauen Zugang zu einem Beruf verschaffen; **cette robe te féminise** in diesem Kleid wirkst du sehr weiblich
② LING **le mot... qui était masculin, a été féminisé** das Wort ..., das männlich [*o* ein Maskulinum] war, ist weiblich [*o* ein Femininum] geworden
II. *vpr* **se ~** ① (*se faire femme*) fraulicher [*o* zur Frau] werden
② (*comporter de plus en plus de femmes*) **une profession se féminise** ein Beruf wird von immer mehr Frauen ausgeübt; **un parti politique se féminise** der Frauenanteil in einer politischen Partei nimmt zu [*o* steigt]

féminisme [feminism] *m* Feminismus *m*

féministe [feminist] **I.** *adj idée, revendication* feministisch; **mouvement ~** Frauenbewegung *f*
II. *mf* Feminist(in) *m(f)*

féminité [feminite] *f* Weiblichkeit *f,* Fraulichkeit *f*

femme [fam] *f* ① (*opp: homme*) Frau *f;* **voix de ~** Frauenstimme *f;* **vêtements de** [*o* **pour**] **~s** Damenbekleidung *f;* **se retrouver entre ~s chaque jeudi soir** jeden Donnerstagabend ein Damenkränzchen haben; **t'as vu la bonne ~ là-bas!** *fam* hast du die Tante dahinten gesehen! (*fam*); **les/ces bonnes ~s!** *péj fam* die/diese Weiber!
② (*épouse*) Frau *f,* Ehefrau *f,* Gattin *f* (*form*); **une ~ accomplie** eine perfekte Hausfrau [und Mutter]; **ma/ta/sa bonne ~** *péj fam* meine/deine/seine Alte (*fam*)
③ (*adulte*) Frau *f;* **faire de qn une ~** *homme:* jdn zur Frau machen; *événement:* aus jdm eine Frau machen
④ (*profession*) **une ~ auteur/ingénieur/médecin/flic** eine Autorin/Ingenieurin/Ärztin/Polizistin; **~ politique** Politikerin *f;* **~ publique** Frau des öffentlichen Lebens
◆ **~ au foyer** Hausfrau *f;* **~ d'action** tatkräftige [*o* aktive] Frau; **~ d'affaires** Geschäftsfrau *f;* **~ de chambre** Zimmermädchen *nt;* **~ d'État** Staatsfrau; **~ d'intérieur** tüchtige Hausfrau; **~ de lettres** [*o* **plume**] Schriftstellerin *f;* **~ de ménage** Putzfrau *f,* Bedienerin *f* (A); **~ du monde** Dame *f* von Welt; **~ de science** Wissenschaftlerin *f;* **~ de service** (*pour le nettoyage*) Putzfrau *f;* (*à la cantine*) Kantinenangestellte *f* (*an der Essensausgabe*); **~ de tête** Frau, die weiß, was sie will

femme-enfant [famɑ̃fɑ̃] <femmes-enfants> *f* Kindfrau *f*

femmelette [famlɛt] *f péj* Schwächling *m* (*pej*)

femme-objet [famɔbʒɛ] *f* (*objet sexuel*) Frau *f* als Lustobjekt

fémoral(e) [femɔʀal, o] <-aux> *adj* [Ober]schenkel-

fémur [femyʀ] *m* Oberschenkelknochen *m*

FEN [fɛn] *f abr de* **Fédération de l'Éducation nationale** *französische Lehrergewerkschaft*

fenaison [fənɛzɔ̃] *f* Heuernte *f*

fendant(e) [fɑ̃dɑ̃, ɑ̃t] *adj pop histoire, personne* urkomisch, zum Schießen [*o* Totlachen] (*fam*)

fendillé(e) [fɑ̃dije] *adj peinture, plâtre* rissig; *lèvre, peau* rissig, aufgesprungen

fendillement [fɑ̃dijmɑ̃] *m de la peau* Aufspringen *nt,* Rissigwerden *nt; du bois* Reißen *nt,* Platzen *nt*

fendiller [fɑ̃dije] <1> *vpr* **se ~** *glace, plâtre, vernis:* rissig werden; *lèvre, peau:* aufspringen, rissig werden

fendre [fɑ̃dʀ] <14> **I.** *vt* ① (*couper en deux*) spalten *bois*
② (*fissurer*) zum Springen bringen *glace;* spalten *pierre, rochers;* **~ la lèvre à qn** jdm die Lippe blutig schlagen
③ *littér* (*pénétrer*) durchfurchen *terre;* (*s'ouvrir un chemin*) schießen durch *air, mer, flots;* sich (*Dat*) einen Weg bahnen durch *foule*
II. *vpr* ① (*se fissurer*) **se ~** *mur, terre:* Risse bekommen; *verre, poterie, glace:* Sprünge [*o* einen Sprung] bekommen, springen
② (*se blesser*) **se ~ la lèvre** sich (*Dat*) die Lippe aufschlagen; **il s'est fendu le crâne** er hat einen Schädelbruch
③ *fam* (*payer*) **se ~ d'un cadeau/d'une bouteille** ein Geschenk/eine Flasche herausrücken *fam* [*o* spendieren *fam*]; **il ne s'est pas beaucoup fendu!** er hat sich nicht gerade ruiniert!

fendu(e) [fɑ̃dy] *adj* ① (*ouvert*) *crâne* gespalten; *lèvre* aufgeplatzt
② (*fissuré*) *côte* angebrochen; *assiette, verre* gesprungen, mit einem Sprung
③ (*avec une fente d'aisance*) *jupe, veste* geschlitzt

fenêtre [f(ə)nɛtʀ] *f* ① ARCHIT Fenster *nt*
② INFORM, TECH Fenster *nt;* **~ de dialogue** Dialogfenster; **être une ~** [**ouverte**]**/ouvrir une ~ sur le monde** *télévision:* ein Fenster zur Welt sein/öffnen
◆ **~ à un battant** [*o* **vantail**] einflügeliges Fenster; **~ à deux**

battants [*o* **vantaux**] zweiflügeliges Fenster; ~ **à guillotine** Schiebefenster *nt*

fenil [fəni(l)] *m, m* Heuboden *m,* Heubühne *f* (CH)

fennec [fenɛk] *m* ZOOL Fennek *m*

fenouil [fənuj] *m* Fenchel *m*

fente [fɑ̃t] *f* ❶ (*fissure*) *d'un mur, rocher, du bois, de la terre* Spalte *f,* Spalt *m;* (*moins profonde*) Riss *m*
❷ (*interstice*) Schlitz *m;* ~ **de côté/dos** Seiten-/Rückenschlitz; ~ **de visée** Sehschlitz

féodal [feɔdal, o] <-aux> *m* Feudalherr *m*

féodal(e) [feɔdal, o] <-aux> *adj* feudal[istisch]; **système/régime** ~ Feudalsystem *nt*/-herrschaft *f*

féodalisme [feodalism] *m* Feudalcharakter *m*

féodalité [feɔdalite] *f* HIST Feudalismus *m*

fer [fɛʀ] *m* ❶ (*métal, sels de fer*) Eisen *nt;* **en** [*o* **de**] ~ aus Eisen; **barre/plaque de** ~ Eisenstange *f*/-platte *f;* ~ **forgé** Schmiedeeisen *nt;* **en** ~ **forgé** schmiedeeisern
❷ (*pièce métallique*) *d'une lance, flèche* Eisenspitze *f*
▶ **tomber les quatre** ~**s en l'air** *fam* auf den Rücken fallen; **le** ~ **de lance d'une organisation** das Zugpferd einer Organisation; **il faut battre le** ~ **pendant qu'il est chaud** *prov* man muss das Eisen schmieden, solange es heiß ist; **il a battu le** ~ **tant qu'il était chaud** er hat die Gelegenheit beim Schopf ergriffen; **être marqué(e) au** ~ **rouge** gebrandmarkt sein; **discipline/main/santé/volonté de** ~ eiserne Disziplin/Hand/Gesundheit/eiserner Wille
◆ ~ **à cheval** Hufeisen *nt;* **en** ~ **à cheval** hufeisenförmig; ~ **à friser** Lockenstab *m;* ~ **à repasser** Bügeleisen *nt;* ~ **à souder** Lötkolben *m;* ~ **à vapeur** Dampfbügeleisen *nt*

ferai [f(ə)ʀɛ] *fut de* **faire**

fer-blanc [fɛʀblɑ̃] <fers-blancs> *m* [Weiß]blech *nt*

ferblanterie [fɛʀblɑ̃tʀi] *f* ❶ (*ustensiles*) Weißblechwaren *Pl,* Blecherzeugnisse *Pl*
❷ (*commerce*) Eisenwarenhandel *m*
❸ *fig* (*toc*) Schrott *m*

ferblantier [fɛʀblɑ̃tje] *m* Klempner(in) *m(f)*

férié(e) [feʀje] *adj* **jour** ~ Feiertag *m*

férir [feʀiʀ] <*irr, déf*> *vt* ▶ **sans coup** ~ *littér* ohne auf Widerstand zu stoßen, widerstandslos

fermage [fɛʀmaʒ] *m* (*système, mode*) Pachtwirtschaft *f*

ferme[1] [fɛʀm] **I.** *adj* ❶ (*consistant*) *chair, sol* fest; *seins, peau* straff
❷ (*assuré*) *écriture* sicher; *voix, pas* fest; *main* ruhig; **n'être pas** ~ **sur ses jambes/pieds** nicht sicher auf den Beinen sein
❸ (*résolu*) *ton* bestimmt
❹ (*inébranlable*) *personne* standhaft; *intention, résolution* fest; *volonté* unerschütterlich; **être** ~ **avec qn** jdm gegenüber bestimmt auftreten; **rester** ~ **dans qc** fest bei etw bleiben
❺ COM (*définitif*) *achat, commande, vente, prix* verbindlich
❻ BOURSE *cours, marché, valeur* fest, unverändert
II. *adv* ❶ (*beaucoup*) *boire* ordentlich; *travailler* hart; *s'ennuyer* fürchterlich
❷ (*avec ardeur*) *discuter* heftig
❸ COM (*définitivement*) *acheter, commander, vendre* verbindlich
❹ (*avec opiniâtreté*) **tenir** ~ (*contre l'ennemi*) standhalten; (*dans des négociations*) hart bleiben

ferme[2] [fɛʀm] *f* ❶ (*bâtiment*) Bauernhaus *nt*
❷ (*exploitation*) Hof *m,* Bauernhof *m*

fermé(e) [fɛʀme] *adj* ❶ (*opp: ouvert*) *magasin, porte* geschlossen; (*à clé*) verschlossen; *col, route* gesperrt; *bouche, yeux, vêtement* geschlossen; *robinet* zugedreht; **mer** ~**e** Binnenmeer *nt;* ~**(e) à la circulation** für den Verkehr gesperrt
❷ (*privé*) *milieu, monde* geschlossen, schwer zugänglich; *club, cercle* exklusiv
❸ (*peu communicatif*) *personne* verschlossen; *air, visage* undurchdringlich
❹ (*insensible à*) **être** ~**(e) à qc** keinen Sinn für etw haben; ~**(e) à un sentiment** nicht empfänglich für ein Gefühl
❺ ELEC *circuit* geschlossen
❻ LING *voyelle* geschlossen

fermement [fɛʀməmɑ̃] *adv* ❶ (*solidement*) *tenir, tirer* fest
❷ (*avec fermeté*) *croire, être décidé* fest; *expliquer* bestimmt

ferment [fɛʀmɑ̃] *m* ❶ BIO Gärstoff *m;* ~**s lactiques** Milchsäurebakterien *Pl*
❷ *fig littér* **être un** ~ **de haine et de discorde** für Hass und Zwietracht sorgen

fermentation [fɛʀmɑ̃tasjɔ̃] *f* BIO Gärung *f;* ~ **lactique** Milchsäuregärung

fermenter [fɛʀmɑ̃te] <1> *vi jus:* gären; *pâte:* arbeiten; **être fermenté(e)** *fromage:* fermentiert sein; *jus:* gegoren sein

fermer [fɛʀme] <1> **I.** *vi* ❶ (*être, rester fermé*) *école, magasin, usine:* schließen; **ça ferme à sept heures** um sieben Uhr wird geschlossen; (*magasin*) um sieben Uhr ist Geschäftsschluss
❷ (*pouvoir être fermé*) **bien/mal** ~ *vêtement:* gut/schlecht zugehen; *boîte, porte:* gut/schlecht schließen
II. *vt* ❶ (*opp: ouvrir*) schließen, zumachen (*fam*) *porte, tente, yeux;* zuziehen *rideau;* zuschieben *tiroir;* zuklappen *parapluie, livre;* ~ **la main/le poing** eine Faust machen; ~ **une maison/voiture à clé** ein Haus/ein Auto abschließen
❷ (*boutonner*) zuknöpfen
❸ (*cacheter*) zukleben *enveloppe*
❹ (*arrêter*) zudrehen *robinet;* abschalten *électricité;* ausschalten *télévision;* ausknipsen, ausmachen *lumière*
❺ (*interrompre l'activité de*) schließen *école, usine*
❻ (*barrer, bloquer*) versperren *passage, accès;* sperren *aéroport, frontière;* **être fermé(e) aux voitures/à la circulation** für Autos/den Verkehr gesperrt sein
❼ (*rendre inaccessible*) ~ **une carrière à qn** jdm eine Karriere verbauen; ~ **son cœur à la détresse des autres** sein Herz vor der Not der anderen verschließen
❽ (*clore*) auflösen *compte;* **fermez la parenthèse!** Klammer zu!
▶ **la ferme!** *fam* halt/haltet den Mund [*o* die Klappe *fam*]!
III. *vpr* ❶ (*se refermer*) **se** ~ *porte, yeux:* zufallen; *plaie:* verheilen
❷ (*passif*) **se** ~ *boîte:* sich schließen lassen; *appareil:* ausgeschaltet werden; **se** ~ **par devant** *robe:* vorne zugemacht werden (*fam*); **une porte, ça se ferme!** *fam* Tür zu [bitte]!
❸ (*refuser l'accès à*) **se** ~ **à qn/qc** *personne, pays:* sich jdm/einer S. verschließen

fermeté [fɛʀməte] *f* ❶ (*consistance*) *d'une chair, peau* Festigkeit *f*
❷ (*concision*) *d'un style* Kraft *f,* Prägnanz *f*
❸ (*courage*) Standhaftigkeit *f*
❹ (*autorité*) Bestimmtheit *f;* (*dans l'éducation de qn*) Strenge *f;* **manquer de** ~ **dans l'éducation de qn** nicht streng genug in jds Erziehung (*Dat*) sein; **parler/affirmer avec** ~ mit Nachdruck sprechen/nachdrücklich betonen; **diriger une entreprise avec beaucoup de** ~ ein Unternehmen mit fester Hand leiten
❺ BOURSE *d'un cours, marché, d'une monnaie* Stabilität *f*
◆ ~ **de caractère** Charakterstärke *f;* ~ **du jugement** Urteilskraft *f*

fermette [fɛʀmɛt] *f* kleines Bauernhaus [*o* Landhaus]

fermeture [fɛʀmətyʀ] *f* ❶ (*dispositif*) *d'un sac, vêtement, d'une valise* Verschluss *m;* **avec** ~ **à clé** abschließbar; ~ **automatique** automatischer Türschließer
❷ (*action*) *d'une porte, d'un bureau, magasin, guichet* Schließen *nt; d'une école, frontière* Schließung *f; d'une entreprise, d'un aéroport* Stilllegung *f;* ~ **annuelle** Betriebsferien *Pl;* **après la** ~ **des bureaux/du magasin/des guichets** nach Büro-/Laden-/Schalterschluss *m*
◆ ~ **éclair**® [*o* **à glissière**] Reißverschluss *m*

fermier, -ière [fɛʀmje, -jɛʀ] **I.** *adj* (*de ferme*) *beurre* Land-; *poulet, canard* vom Bauernhof
II. *m, f* ❶ (*agriculteur*) Bauer *m*/Bäuerin *f*

❷ (*locataire*) Pächter(in) *m(f)*
fermoir [fɛʀmwaʀ] *m* Verschluss *m*
féroce [feʀɔs] *adj* ❶ *animal* wild
❷ (*impitoyable*) *personne* unbarmherzig; *critique* scharf; *satire* bissig; *air, regard* grimmig, böse
❸ (*irrésistible*) *appétit, envie* riesig
férocement [feʀɔsmɑ̃] *adv* grausam
férocité [feʀɔsite] *f* ❶ *d'un animal* Wildheit *f*, Grausamkeit *f*
❷ (*barbarie*) *d'un dictateur* Brutalität *f*, Grausamkeit *f*
❸ (*violence*) *d'un combat, d'une attaque* Heftigkeit *f*; *d'un regard* Wildheit *f*
❹ (*ironie méchante*) *d'une critique, attaque* Schärfe *f*; **se moquer avec ~ de qn** sich in schonungsloser Weise über jdn lustig machen
ferraillage [feʀajaʒ] *m* CONSTR Armierung *f*, Bewehrung *f*
ferraille [fɛʀɑj] *f* ❶ (*vieux métaux*) Schrott *m*, Alteisen *nt*; **être bon(ne) à mettre à la ~** schrottreif sein; **mettre une voiture à la ~** ein Auto verschrotten lassen; **mettre une vieille machine à laver à la ~** eine alte Waschmaschine zum Sperrmüll geben
❷ *fam* (*monnaie*) Kleingeld *nt*
ferrailler [feʀaje] <1> *vi péj* ❶ HIST (*se battre*) sich mit dem Schwert schlagen
❷ (*batailler*) **~ contre les préjugés** *fig* gegen Vorurteile kämpfen
❸ (*faire du bruit*) scheppern; *chaînes:* rasseln
ferrailleur, -euse [fɛʀɑjœʀ, -jøz] *m, f* Schrotthändler(in) *m(f)*, Alteisenhändler(in) *m(f)*
ferré(e) [feʀe] *adj* ❶ *cheval* beschlagen; *bâton, soulier* [mit Eisen] beschlagen
❷ *fam* (*instruit*) **être ~(e) sur un sujet** über ein Thema (*Akk*) Bescheid wissen; **être ~(e) en mathématiques** in Mathematik (*Dat*) beschlagen [*o* gut bewandert] sein
ferrer [feʀe] <1> *vt* beschlagen *cheval;* mit Eisen beschlagen *souliers, canne*
ferreux, -euse [fɛʀø, -øz] *adj* eisenhaltig; **métaux non ~** Nichteisenmetalle *Pl*
ferrite [feʀit] *f* PHYS Ferrit *m*; **tore de ~** Ferritkern *m*
ferroalliage [feʀoaljaʒ] *m* Eisenlegierung *f*, Ferrolegierung *f*
ferronnerie [fɛʀɔnʀi] *f* (*objets*) Kunstschmiedearbeiten *Pl*; **en ~** aus Schmiedeeisen
◆ **~ d'art** Kunstschmiedehandwerk *nt*
ferronnier, -ière [feʀonje, -jɛʀ] *m, f* Eisenwarenhändler(in) *m(f)*
◆ **~(-ière) d'art** Kunstschmied(in) *m(f)*
ferroutage [fɛʀutaʒ] *m* Huckepackverfahren *nt*
ferroviaire [fɛʀɔvjɛʀ] *adj* Eisenbahn-
ferrugineux, -euse [feʀyʒinø, -øz] *adj* eisenhaltig
ferrure [feʀyʀ] *f d'un meuble, d'une porte* [Eisen]beschlag *m*; *d'un cheval* Hufbeschlag *m*
ferry [feʀi] <ferries> *m abr de* **ferry-boat, car-ferry, train-ferry**
ferry-boat [feʀibot] <ferry-boats> *m* Fähre *f*
fertile [fɛʀtil] *adj* ❶ *région, sol* fruchtbar
❷ (*prodigue*) *imagination* fruchtbar; **~ en aventures/émotions** *roman, vie, période:* reich an Abenteuern/Gefühlen
fertilisant [fɛʀtilizɑ̃] *m* Dünger *m*, Düngemittel *nt*
fertilisant(e) [fɛʀtilizɑ̃, ɑ̃t] *adj* Dünge-; **produit ~** Düngemittel *nt*
fertilisation [fɛʀtilizasjɔ̃] *f* Fruchtbarmachung *f*
fertiliser [fɛʀtilize] <1> *vt* fruchtbar machen
fertilité [fɛʀtilite] *f* ❶ *d'une région, terre, d'un sol* Fruchtbarkeit *f*
❷ (*créativité*) **~ d'esprit/d'imagination** Einfallsreichtum *m*
féru(e) [feʀy] *adj vieilli* **être ~(e) de cinéma/de musique classique** ein Kinofan/Liebhaber klassischer Musik sein
férule [feʀyl] *f vieilli* **être sous la ~ de qn** unter jds Fuchtel (*Dat*) stehen (*fam*)
fervent(e) [fɛʀvɑ̃, ɑ̃t] **I.** *adj* ❶ REL (*fidèle*) *croyant* eifrig, fromm; *disciple* leidenschaftlich; *prière* inbrünstig
❷ (*ardent*) *supporter* begeistert; *admirateur, passion, amour* glühend
II. *m(f)* **~(e) de football** Fußballanhänger(in) *m(f)*; **~(e) de musique** Musikliebhaber(in) *m(f)*
ferveur [fɛʀvœʀ] *f* ❶ REL *d'une prière, foi* Inbrunst *f*; *d'une personne* Eifer *m*
❷ (*ardeur*) Eifer *m*; **remercier qn avec ~** jdm überschwänglich danken
fesse [fɛs] *f* Hinterbacke *f*; **les ~s** das Gesäß
► **avoir qn aux ~s** *fam* jdn auf dem Hals haben; **serrer les ~s** *fam* Bammel haben (*fam*)
fessée [fese] *f* **donner** [*o* **flanquer** *fam*] **une bonne ~ à qn** jdm eine ordentliche Tracht Prügel geben, jdm ordentlich den Hintern versohlen (*fam*)
fesser [fese] <1> *vt* **~ un enfant** ein Kind übers Knie legen, einem Kind den Hintern versohlen (*fam*)
fessier [fesje] **I.** *adj muscle* Gesäß-
II. *m hum fam* Hinterteil *nt* (*fam*), Allerwerteste(r) *m* (*hum fam*)
fessu(e) [fesy] *adj fam* mit einem breiten Hintern (*fam*)
festin [fɛstɛ̃] *m* Festessen *nt*
festival [fɛstival] <s> *m* Festspiele *Pl*; **le ~ de Cannes** das Filmfestival von Cannes; **le ~ de Salzbourg/Bayreuth** die Salzburger/Bayreuther Festspiele

i Land & Leute

Jedes Jahr im Mai findet **le festival de Cannes** statt, an dem die „goldene Palme" für die besten Filme, Darsteller, die beste Regie und Kameraführung verliehen wird. Die Jury setzt sich aus bekannten Schauspielern und berühmten Persönlichkeiten zusammen.

festivalier, -ière [fɛstivalje, -jɛʀ] *m, f* Festspielbesucher(in) *m(f)*
festivités [fɛstivite] *fpl* Festveranstaltungen *Pl*, Feierlichkeiten *Pl*
fest-noz [fɛstnoz] *m inv traditionelles bretonisches Fest*
feston [fɛstɔ̃] *m* ❶ *de fleurs* Blumengirlande *f*
❷ ARCHIT, COUT Feston *nt*; **point de ~** Langettenstich *m*
festonner [fɛstɔne] <1> *vt* ❶ mit Blumengirlanden schmücken *salle des fêtes*
❷ COUT festonieren *drap*
festoyer [fɛstwaje] <6> *vi* schlemmen
feta [feta] *f* Feta[käse] *m*
fêtard(e) [fɛtaʀ, aʀd] *m(f) fam* Nachtschwärmer(in) *m(f)*; **c'est un ~/une ~e** er/sie feiert gern [*o* macht gerne einen drauf *fam*]
fête [fɛt] *f* ❶ (*religieuse, civile*) Fest *nt*; (*jour férié*) Feiertag *m*
❷ (*jour du prénom*) Namenstag *m*; **bonne ~!** herzlichen Glückwunsch zum Namenstag!
❸ *pl* (*congé*) Feiertage *Pl*; **les ~s de Pâques/de Noël** die Oster-/Weihnachtsfeiertage
❹ (*kermesse*) **~ foraine** Jahrmarkt *m*; **~ du village** Dorffest *nt*; **~ de la bière à Munich** Münchner Oktoberfest; **~ de la moisson** Erntedankfest
❺ (*réception*) Fest *nt*; (*entre amis*) Party *f*
► **il n'a jamais été à pareille ~** noch nie ist es ihm so gut gegangen; **elle n'est pas à la ~** *fam* ihr ist nicht wohl in ihrer Haut; **faire ~ à qn** jdn freudig begrüßen; **faire la ~** *fam* (*participer à une fête*) einen draufmachen (*fam*); (*mener joyeuse vie*) es sich (*Dat*) gut gehen lassen (*fam*); **ambiance/air/atmosphère de ~** (*solennel*) festliche Stimmung/Atmosphäre; (*gai*) fröhliche Stimmung/Atmosphäre; **village en ~** feierndes Dorf; **être en ~** in festlicher Stimmung sein
◆ **~ de charité** *vieilli* Wohltätigkeitsveranstaltung *f*; **~ de**

famille Familienfest *nt;* ~ **des Mères** Muttertag *m;* ~ **des Pères** Vatertag *m;* ~ **du travail** Tag *m* der Arbeit

i Land & Leute

Als **fêtes** bezeichnet man im weiteren Sinn die Zeit zwischen Weihnachten und Neujahr, im engeren Sinn aber den 25. Dezember, den Weihnachtsfeiertag, und den 1. Januar, den Neujahrstag.
Der 14. Juli ist die **fête nationale** zum Gedenken an die Französische Revolution im Jahr 1789. An diesem Feiertag sind die Städte mit Fahnen geschmückt, und in Paris findet auf den Champs-Elysées eine große Militärparade statt. Abends gibt es überall in Frankreich Feuerwerke. Belgiens Nationalfeiertag ist der 21. Juli und die Schweiz feiert am 1. August.

Fête-Dieu [fɛtdjø] <Fêtes-Dieu> *f* **la** ~ Fronleichnam *m*

fêter [fete] <1> *vt* ① (*célébrer*) feiern
② (*faire fête à*) feierlich empfangen

fétiche [fetiʃ] **I.** *m* Fetisch *m;* (*mascotte*) Maskottchen *nt*
II. *app film* Kult-; **objet** ~ Talisman *m*

fétichisme [fetiʃism] *m* Fetischismus *m*

fétichiste [fetiʃist] **I.** *adj* fetischistisch
II. *mf* Fetischist(in) *m(f)*

fétide [fetid] *adj* (*malodorant*) übelriechend; (*infect*) stinkend; *odeur* widerlich

fétu [fety] *m* ~ **de paille** Strohhalm *m*

feu [fø] <x> *m* ① (*source de chaleur*) Feuer *nt;* **vous avez du** ~**?** haben Sie Feuer, bitte?
② (*incendie*) Feuer *nt,* Brand *m;* ~ **de forêt** Waldbrand; **mettre le** ~ **à qc** etw anzünden; **prendre** ~ Feuer fangen, in Brand geraten; **au** ~**!** Feuer!, es brennt!
③ (*lumière*) *souvent pl* **les** ~**x de la côte/de la ville** die Lichter der Küste/der Stadt; **les** ~**x des projecteurs/de la rampe** das Scheinwerfer-/Rampenlicht; **être sous le** ~ **des projecteurs** im Rampenlicht stehen
④ *souvent pl* AUT Licht *nt,* Beleuchtung *f;* AVIAT, NAUT Lichter *Pl;* **tous** ~**x éteints** ohne Licht
⑤ TRANSP ~ **tricolore** Verkehrsampel *f;* **passer au** ~ **rouge** bei Rot durchfahren; **le** ~ **est** [**au**] **rouge** die Ampel ist [*o* zeigt] rot
⑥ (*brûleur d'un réchaud à gaz*) Flamme *f;* **à** ~ **doux/vif** (*réchaud à gaz*) auf kleiner/starker Flamme; (*réchaud électrique*) bei schwacher/starker Hitze; **être sur le** ~ auf dem Herd stehen
⑦ MIL Feuer *nt;* ~**x croisés** Kreuzfeuer *nt;* **faire** ~ **sur qn** auf jdn feuern; **ouvrir le** ~ **sur qn** das Feuer auf jdn eröffnen; **être pris**(**e**) **sous le** ~ **de l'ennemi** unter feindlichen Beschuss geraten
⑧ *soutenu* (*ardeur*) Intensität *f;* **parler avec** ~ mit Inbrunst sprechen; **dans le** ~ **de l'action** im Eifer des Gefechts
⑨ (*sensation de chaleur*) *de la fièvre* Hitze *f*
⑩ *littér d'un diamant, d'une pierre* feuriger Glanz; *d'un regard* Feuer *nt*
▶ **faire** ~ **de tout bois** alle Mittel einsetzen; **avoir le** ~ **au derrière** *fam* (*être très pressé*) es brandeilig haben; (*avoir des besoins sexuels intenses*) scharf sein (*fam*); **être tout** ~ **tout flamme** Feuer und Flamme sein; **mettre le** ~ **aux poudres** das Pulverfass zum Explodieren bringen; ~ **follet** Irrlicht *nt;* **faire long** ~ sich in die Länge ziehen; **ne pas faire long** ~ *personne:* nicht lange bleiben werden; *chose:* nicht lange dauern; **jeter mille** ~**x** funkeln; **faire mijoter qn à petit** ~ jdn auf die Folter spannen; **tuer** [*o* **faire mourir**] **qn à petit** ~ jdn langsam zugrunde [*o* zu Grunde] gehen lassen; ~ **vert** (*permission*) grünes Licht; **y'a pas le** ~ *fam* immer mit der Ruhe; **il n'y a pas le** ~ **au lac** CH (*rien ne presse*) es eilt nicht; **être** [**pris**(**e**)] **entre deux** ~**x** in der Klemme sitzen; **il se jetterait au** ~ **pour elle** er würde für sie durchs Feuer gehen; **jouer avec le** ~ mit dem Feuer spielen; **péter le** ~ vor Energie sprühen; **n'y voir que du** ~ nichts merken [*o* verstehen]; **caractère/tempérament de** ~ hitziger Charakter/hitziges Naturell; **forêt/maison en** ~ Wald/Haus in Flammen, brennender Wald/brennendes Haus; **joues/visage en** ~ glühende Wangen/glühendes Gesicht, glühend heiße Wangen/glühend heißes Gesicht; **gorge en** ~ brennende Kehle; **être en** ~ *forêt, maison:* brennen, in Flammen stehen; *joues, visage:* glühen; *bouche, gorge:* [wie Feuer] brennen
◆ ~ **d'artifice** Feuerwerk *nt;* ~ **de Bengale** bengalisches Feuer; ~ **de camp** Lagerfeuer *nt;* ~ **de cheminée** Kaminfeuer *nt;* ~ **de croisement** AUT Abblendlicht *nt;* ~**x de détresse** AUT Warnblinklicht *nt;* ~ **de joie** Freudenfeuer *nt;* ~**x de la Saint-Jean** Johannisfeuer *nt;* ~ **de position** [*o* **de stationnement**] AUT Standlicht *nt;* ~ **de recul** AUT Rückfahrscheinwerfer *m;* ~ **de route** AUT Fernlicht *nt;* ~ **de signalisation** [Verkehrs]ampel *f;* ~ [**de**] **stop** Bremslicht *nt*

feu(**e**) [fø] *adj antéposé* JUR *littér* verstorben, selig; ~ **mon mari** mein verstorbener Mann, mein seliger Gatte (*geh*)

feuillage [fœjaʒ] *m* ① (*ensemble de feuilles*) Laub *nt*
② (*rameaux coupés*) grüne Zweige *Pl*

feuillaison [fœjɛzɔ̃] *f* (*au printemps*) Grünen *nt,* Belauben *nt*

feuillard [fœjaʀ] *m* TECH ① (*cerceau en bois*) Holzreif[en] *m*
② (*bande de fer*) Eisenband *nt; d'un emballage* Bandeisen *nt*

feuille [fœj] *f* ① *d'un arbre, d'une fleur, salade* Blatt *nt*
② (*plaque mince*) *d'aluminium, or* Folie *f; de carton* Bogen *m; de contreplaqué* Platte *f*
③ (*feuille de papier*) Blatt *nt;* ~ **de papier à lettres** Briefbogen *m*
④ (*formulaire*) ~ **d'appel** Namensliste *f;* ~ **d'absence** Liste der Abwesenden; ~ **de présence** [*o* **d'émargement**] Anwesenheitsliste
⑤ INFORM *d'un tableur* [Arbeits]blatt *nt*
▶ **être dur**(**e**) **de la** ~ *fam* schwerhörig sein; **trembler comme une** ~ wie Espenlaub zittern
◆ ~ **de chou** *péj* Käseblatt *nt* (*fam*); ~ **d'impôt** (*déclaration d'impôt*) Steuererklärung *f;* (*avis d'imposition*) Steuerbescheid *m;* ~ **de maladie** [*o* **soins**] ≈ Krankenschein *m;* ~ **de paie** Lohnabrechnung *f,* Gehaltsabrechnung *f;* ~ **à scandales** Skandalblatt *nt,* Klatschblatt (*fam*); ~ **de styles** Stilvorlage *f,* Stylesheet *nt* (*Fachspr.*); ~ **de température** Fiebertabelle *f;* ~ **de vigne** Weinblatt *nt;* ART Feigenblatt *nt*

feuillée [fœje] *f* ① *littér* (*tonnelle naturelle*) Laubdach *nt*
② *pl* (*latrines*) Latrinengräben *Pl*

feuille-morte [fœjmɔʀt] *adj inv* rotbraun

feuillet [fœjɛ] *m* Blatt *nt*

feuilleté [fœjte] *m* GASTR Blätterteiggebäck *nt*

feuilleté(**e**) [fœjte] *adj* ① **verre** ~ Verbundglas *nt*
② GASTR **pâte** ~**e** Blätterteig *m*

feuilleter [fœjte] <3> *vt* (*tourner les pages*) durchblättern, blättern in (+ *Dat*); (*parcourir*) überfliegen

feuilleton [fœjtɔ̃] *m* ① PRESSE Fortsetzungsroman *m*
② TV ~ **télévisé** Fernsehserie *f*
③ (*événement à rebondissements*) lange Geschichte

feuilletoniste [fœjtɔnist] *mf* Feuilletonist(in) *m(f)*

feuillu [fœjy] *m* Laubbaum *m*

feuillu(**e**) [fœjy] *adj* ① (*chargé de feuilles*) [dicht]belaubt
② (*opp: résineux*) laubtragend; **arbre** ~ Laubbaum *m*

feuillure [fœjyʀ] *f* Falz *m*

feuler [føle] <1> *vi tigre:* brüllen; *chat:* fauchen

feutrage [føtʀaʒ] *m* ① TECH *de la laine, du poil* Filzen *nt*
② (*s'abîmer*) *d'un lainage* Verfilzen *nt*

feutre [føtʀ] *m* ① (*étoffe*) Filz *m*
② (*stylo*) Filzstift *m*
③ (*chapeau*) Filzhut *m*

feutré(**e**) [føtʀe] *adj* ① verfilzt
② (*discret*) *bruit* gedämpft; *pas* leise; **marcher à pas** ~**s** auf lei-

sen Sohlen gehen

feutrer [føtʀe] <1> *vi, vpr* [**se**] ~ *étoffe, vêtement:* verfilzen

feutrine [føtʀin] *f* TEXTIL Wollfilz *m*

fève [fɛv] *f* ❶ Saubohne *f*

❷ *d'une galette des rois Bohne, die im Kuchen zum Dreikönigsfest versteckt ist*

❸ CAN (*haricot*) Bohne *f*

février [fevʀije] *m* Februar *m; v. a.* **août**

FF *m* HIST *abr de* **franc français** *v.* **franc**

F.F. [ɛfɛf] *f* SPORT *abr de* **Fédération française**

F.F.I. [ɛfɛfi] *fpl* HIST *abr de* **Forces françaises de l'intérieur** *Widerstandstruppen der Gaullisten im Zweiten Weltkrieg*

fi [fi] **I.** *interj vieilli* pfui

II. ▸ **faire** ~ **de qc** *vieilli* etw verschmähen

fiabilité [fjabilite] *f d'un appareil, dispositif, d'une machine* Betriebssicherheit *f; d'un projet, système, d'une méthode* Zuverlässigkeit *f; d'une personne* Zuverlässigkeit *f,* Vertrauenswürdigkeit *f*

fiable [fjabl] *adj machine, matériel* betriebssicher; *diplôme, méthode, statistique, information* zuverlässig; *personne* zuverlässig, vertrauenswürdig

FIAC [fjak] *f abr de* **Foire internationale d'art contemporain** *französische Kunstmesse für moderne und zeitgenössische Kunst*

fiacre [fjakʀ] *m* [Pferde]droschke *f*

fiançailles [fjɑ̃sɑj] *fpl* Verlobung *f*

fiancé(e) [fjɑ̃se] **I.** *adj* **être** ~(**e**) **avec qn** mit jdm verlobt sein

II. *m(f)* Verlobte(r) *f(m)*

fiancer [fjɑ̃se] <2> **I.** *vt* ~ **qn avec** [*o* **à**] **qn** jdn mit jdm verloben

II. *vpr* **se** ~ **avec** [*o* **à**] **qn** sich mit jdm verloben

fiasco [fjasko] *m* Fiasko *nt;* **être un** ~ ein Reinfall sein; *pièce:* ein Flop sein; **faire** ~ [völlig] scheitern

fiasque [fjask] *f de vin* Korbflasche *f*

fibranne [fibʀan] *f* TEXTIL Zellwolle *f*

fibre [fibʀ] *f* ❶ TEXTIL, IND *d'un bois, muscle, d'une plante, tige, viande* Faser *f*

❷ (*sensibilité*) **avoir la** ~ **sensible** sensibel sein; **avoir la** ~ **maternelle/paternelle** eine gute Mutter/einen guten Vater abgeben; **faire jouer la** ~ **patriotique** an die patriotischen Gefühle appellieren

◆ ~ **de carbone** Kohlefaser *f;* ~ **de verre** Glasfaser *f*

fibreux, -euse [fibʀø, -øz] *adj* faserig; *viande* sehnig, faserig

fibrillation [fibʀijasjɔ̃,fibʀi(l)lasjɔ̃] *f* MED Fibrillation *f* (*Fachspr.*); *du muscle cardiaque* Herzflimmern *nt*

fibrille [fibʀil, fibʀij] *f* ❶ ANAT, BOT (*petite fibre*) Fibrille *f; d'une racine* Fäserchen *nt*

❷ *pl* (*veinule*) *du visage* Äderchen *nt Pl*

fibrine [fibʀin] *f* PHYSIOL Fibrin *nt*

fibrociment® [fibʀosimɑ̃] *m* Asbestzement *m,* Eternit® *m o nt*

fibrome [fibʀom] *m* MED Fibrom *nt*

ficelage [fislaʒ] *m* ❶ (*action de ficeler*) *d'un paquet* Verschnüren *nt; d'un rôti* Umwickeln *nt*

❷ (*résultat*) Verschnürung *f*

ficelé(e) [fis(ə)le] *adj fam* ▸ **être mal** ~(**e**) *fam personne:* geschmacklos angezogen sein (*fam*); **être bien/mal** ~(**e**) *intrigue, travail:* gut/schlecht gemacht [*o* aufgezogen] sein (*fam*)

ficeler [fis(ə)le] <3> *vt* [ver]schnüren *paquet;* [mit einem Bindfaden] umwickeln *rôti;* fesseln *prisonnier*

ficelle [fisɛl] *f* ❶ (*corde mince*) Schnur *f;* (*en cuisine*) Bindfaden *m*

❷ (*pain*) [kleines] Stangenweißbrot, dünnes Baguette

❸ DIAL (*crêpe roulée, fourrée de jambon et de champignons*) *gerollte Crêpe, gefüllt mit Schinken und Pilzen*

▸ **la** ~ **est un peu grosse** das springt [doch] ins Auge; **connaître toutes les** ~**s du métier** alle Kniffe des Berufes kennen; **tirer les** ~**s** die Fäden in der Hand halten; **tirer sur la** ~ zu weit gehen

fichage [fiʃaʒ] *m d'une personne* Erfassung *f*

fiche¹ [fiʃ] *f* ❶ TECH, ELEC ~ **femelle** Buchse *f;* ~ **mâle** Stecker *m*

❷ (*piquet*) Pflock *m*

❸ (*carte*) [Kartei]karte *f;* (*feuille, formulaire*) Blatt *nt;* ~ **technique** technische Daten *Pl;* **mettre qn/qc en** [*o* **sur**] ~ jdn/etw in einer Kartei erfassen

❹ CH (*dossier*) Akte *f,* Fiche *f* (CH)

◆ ~ **d'état civil** ADMIN Auszug *m* aus dem Personenstandsregister; ~ **familiale d'état civil** Auszug *m* aus dem Familienstammbuch; ~ **de paie** *d'un ouvrier* Lohnabrechnung *f; d'un employé* Gehaltsabrechnung

fiche² [fiʃ] *fam prés de* **ficher¹**

fiche-horaire [fiʃɔʀɛʀ] <fiches-horaires> *f* Fahrplanauszug *m*

ficher¹ [fiʃe] <1> **I.** *vt part passé: fichu fam* ❶ (*faire*) **qu'est-ce qu'il fiche?** was treibt er denn bloß? (*fam*); **ne rien** ~ keinen Finger krumm machen (*fam*)

❷ (*donner*) verpassen (*fam*) *claque, coup;* **en** ~ **une à qn** jdm eine runterhauen (*fam*)

❸ (*mettre*) ~ **qc par terre/dans un coin** etw auf den Boden/in die Ecke schmeißen (*fam*); ~ **qn dehors/à la porte** jdn rauswerfen *fam*/vor die Tür setzen; ~ **qn en colère** [*o* **en rogne**] jdn auf die Palme bringen (*fam*)

❹ (*se désintéresser*) **j'en ai rien à fiche!** das ist mir piepegal! (*fam*); **qu'est-ce que ça** [**peut**] [**me**] **fiche?** was geht mich das an? (*fam*)

❺ (*faire se tromper*) ~ **qn dedans** jdn in die Irre [*o* auf den Holzweg] führen

▸ ~ **un coup à qn** *malheur:* jdm einen schweren Schlag versetzen; **je t'en fiche!** von wegen! (*fam*)

II. *vpr part passé: fichu fam* ❶ (*se mettre*) **se** ~ **dans un coin** sich in eine Ecke verziehen (*fam*); **fiche-toi ça dans le crâne!** lass dir das gesagt sein!

❷ (*se flanquer*) **se** ~ **un coup de marteau** sich (*Dat*) mit einem Hammer hauen

❸ (*se moquer*) **se** ~ **de qn** jdn auf den Arm nehmen; **tu te fiches de moi ou quoi?** du hältst mich wohl für blöd, oder? (*fam*)

❹ (*se désintéresser*) **qn se fiche de qn/qc** jd/etw ist jdm piepegal; **ton beau-frère, je m'en fiche** [**pas mal**] dein Schwager, der kann mich mal (*sl*)

❺ (*se tromper*) **se** ~ **dedans** sich [gewaltig] vertun (*fam*)

ficher² [fiʃe] <1> **I.** *vt* ❶ (*inscrire*) registrieren

❷ *vieilli* (*enfoncer*) ~ **un clou dans qc** einen Nagel in etw (*Akk*) [hin]einschlagen; ~ **un pieu dans qc** einen Pfahl in etw (*Akk*) einrammen

II. *vpr* **se** ~ **dans qc** *arête:* in etw (*Dat*) stecken bleiben; *flèche, pieu, piquet:* sich in etw (*Akk*) bohren

fichier [fiʃje] *m* ❶ (*ensemble de fiches*) Kartei *f;* ~ **de prêt** Benutzerkartei

❷ INFORM Datei *f,* Computerdatei; ~ **sauvegardé** gesicherte Datei, Backup *nt*

fichier-texte [fiʃjetɛkst] <fichiers-textes> *m* INFORM Textdatei *f*

fichtre [fiʃtʀ] *interj vieilli fam* (*admiratif*) Donnerwetter, alle Achtung; (*contrarié*) verdammt (*fam*), verflixt (*fam*)

▸ **je n'en sais** ~ **rien** ich hab' keinen blassen Schimmer (*fam*); ~ **non!** nie und nimmer!, nie im Leben!, verflixt noch mal, nein! (*fam*)

fichtrement [fiʃtʀəmɑ̃] *adv vieilli fam* verdammt (*fam*)

fichu [fiʃy] *m* Schal *m,* Tuch *nt*

fichu(e) [fiʃy] **I.** *part passé de* **ficher**

II. *adj fam* ❶ *antéposé* (*sale*) *caractère, métier* mies (*fam*); **quel** ~ **temps!** so ein Sauwetter! (*fam*)

❷ *antéposé* (*sacré*) *problème, question* verflixt (*fam*); *habitude, idée, manie* [sau]blöd (*fam*); *différence* gewaltig (*fam*)

❸ (*en mauvais état*) **être** ~(**e**) *vêtement, appareil, santé:* hin sein (*fam*); **être** ~(**e**) (*gâché*) *vacances, soirée:* im Eimer sein (*fam*)

❹ (*perdu, condamné*) **être ~(e)** verloren sein; (*discrédité*) erledigt sein (*fam*)
❺ (*habillé*) **fallait voir comme elle était ~e!** ihr hättet sehen sollen, wie sie zurechtgemacht war! (*fam*)
❻ (*capable*) **être/n'être pas ~(e) de faire qc** imstande [*o* im Stande]/nicht imstande [*o* im Stande] sein, etw zu tun
▶ **être bien/mal ~(e)** gut/schlecht gemacht sein; **elle est bien ~e** sie ist gut gebaut; **il est mal ~** er fühlt sich elend [*o* mies *fam*]
fictif, -ive [fiktif, -iv] *adj* ❶ (*imaginaire*) *personnage, récit, exemple* [frei] erfunden, fiktiv
❷ (*faux*) *adresse, nom, promesse* falsch; *contrat* fingiert; **concurrence fictive** Scheinkonkurrenz *f;* **vente fictive** Pro-forma-Kauf *m*
❸ FIN **valeur fictive** angenommener Wert
fiction [fiksjɔ̃] **I.** *adj* ❶ (*futuriste*) futuristisch
❷ (*imaginaire*) rein fiktiv
II. *f* ❶ (*imagination*) Fantasie *f*
❷ (*fait imaginé*) Fiktion *f,* [freie] Erfindung; (*œuvre d'imagination*) frei erfundene Geschichte; **film/livre de ~** frei erfundener Film/Roman
❸ JUR Fiktion *f*
ficus [fikys] *m* BOT Ficus *m*
fidèle [fidɛl] **I.** *adj* ❶ treu
❷ *vieilli* (*loyal*) *domestique, serviteur* treu [ergeben]
❸ (*habituel*) *client, lecteur* treu
❹ (*qui ne trahit pas qc*) **être ~ à une habitude/un principe** einer Gewohnheit/einem Prinzip treu sein [*o* bleiben]; **être ~ à une promesse/sa parole** ein Versprechen/sein Wort halten
❺ (*exact*) *historien, narrateur* wahrheitsgetreu; *portrait, récit* wirklichkeitsgetreu; *copie, reproduction* originalgetreu; *traduction* wortgetreu; *souvenir* klar
❻ (*fiable*) *mémoire* zuverlässig; *appareil, montre* genau
II. *mf* ❶ REL *pl* Gläubige[n] *Pl*
❷ (*personne*) *d'un homme politique, chanteur* Anhänger(in) *m(f); d'un restaurant, magasin* Stammkunde *m/*-kundin *f*
fidèlement [fidɛlmɑ̃] *adv* ❶ *servir, obéir* treu
❷ (*régulièrement*) *écouter, suivre une émission* regelmäßig
❸ (*d'après l'original*) *reproduire, décrire* genau; *traduire* wortgetreu
fidéliser [fidelize] <1> *vt* COM als Stammkunden gewinnen
fidélité [fidelite] *f* ❶ (*dévouement*) **~ à** [*o* **envers**] **qn** Treue *f* zu jdm
❷ (*attachement*) **~ à un/au contrat** Vertragstreue *f;* **~ à une habitude** Festhalten *nt* an einer Gewohnheit; **~ à une marque/un produit** Treue *f* gegenüber einer Marke/einem Produkt; **~ à une promesse** Halten *nt* eines Versprechens
❸ (*exactitude*) *d'une copie, traduction, d'un portrait, récit* Genauigkeit *f,* Originaltreue *f*
❹ (*fiabilité*) *d'un appareil, d'une mémoire* Genauigkeit *f,* Zuverlässigkeit *f; d'un son, d'une enceinte acoustique* Klangtreue *f*
fiduciaire [fidysjɛʀ] JUR, ECON **I.** *adj société, administration* Treuhand-; **monnaie ~** Zeichengeld
II. *m* Treuhänder(in) *m(f)*
fief [fjɛf] *m* ❶ POL *d'un parti, candidat* Hochburg *f*
❷ HIST Lehen *nt*
fieffé(e) [fjefe] *adj antéposé fam* **être un ~ menteur** ein abgefeimter Lügner sein
fiel [fjɛl] *m* Boshaftigkeit *f,* Gehässigkeit *f;* **déverser son ~** sein Gift verspritzen
fielleux [-euse] [fjelø, -øz] *adj* boshaft, bitterböse
fiente [fjɑ̃t] *f* Kot *m*
fienter [fjɑ̃te] <1> *vi pigeon:* koten
fier [fje] <1a> *vpr* **se ~ à qn** jdm vertrauen, sich auf jdn verlassen; **se ~ à son instinct/au hasard** sich auf seinen Instinkt/auf den Zufall verlassen; **se ~ à des promesses** Versprechungen (*Dat*) trauen; **se ~ à la discrétion de qn** sich auf jds Diskretion (*Akk*) verlassen; **on ne sait vraiment plus à qui se ~** man kann sich wirklich auf niemand[en] mehr verlassen
fier, fière [fjɛʀ] **I.** *adj* ❶ (*content*) **~(fière) de qn/qc** stolz auf jdn/etw; **être ~(fière) de faire qc/que qn ait fait qc** stolz sein, etw zu tun/dass jd etw getan hat
❷ (*arrogant*) stolz, hochmütig
❸ *littér* (*noble*) *âme, cœur* edel; *allure, démarche* stolz, vornehm; **il avait fière allure dans son smoking** in seinem Smoking machte er eine gute Figur
II. *m, f* ▶ **faire le ~/la fière avec qn** (*crâner*) sich jdm gegenüber aufspielen; (*être méprisant*) überheblich jdm gegenüber tun
fier-à-bras [fjɛʀabʀɑ] <fiers-à-bras> *m* Prahlhans *m,* Angeber *m,* Maulheld *m* (*fam*)
fièrement [fjɛʀmɑ̃] *adv* stolz
fiérot(e) [fjeʀo,ɔt] *adj* ❶ (*prétentieux*) prahlerisch
❷ (*fier*) **être tout(e) ~(e) de qc** ganz stolz auf etw sein
fierté [fjɛʀte] *f* ❶ (*satisfaction*) Stolz *m;* **tirer une ~ de qc** stolz auf etw (*Akk*) sein; **être la ~ de qn** jds Stolz sein
❷ (*orgueil*) Stolz *m;* (*suffisance*) Überheblichkeit *f;* **avoir sa ~** [schließlich] seinen Stolz haben
fiesta [fjɛsta] *f fam* Fete *f* (*fam*); **faire la ~** einen draufmachen (*fam*)
fièvre [fjɛvʀ] *f* ❶ MED Fieber *nt;* **avoir de la ~/38 degrés de ~** Fieber/38 Grad Fieber haben; **~ jaune** Gelbfieber; **~ aphteuse** Maul- und Klauenseuche *f*
❷ (*vive agitation*) Hektik *f,* Aufregung *f;* **discuter avec ~** heftig diskutieren
❸ (*désir ardent*) Feuereifer *m*
▶ **avoir une ~ de cheval** hohes Fieber haben
fiévreusement [fjevʀøzmɑ̃] *adv préparer, travailler* fieberhaft; *attendre* in fieberhafter Aufregung
fiévreux, -euse [fjevʀø, -øz] *adj* ❶ MED *personne, joues* fiebrig; *yeux* fiebrig glänzend
❷ (*intense*) *activité, excitation* fieberhaft; (*inquiet*) *attente* aufgeregt
FIFA [fifa] *f* SPORT *abr de* **Fédération internationale de football association** FIFA *f*
fifille [fifij] *f* Töchterchen *nt;* **c'est la ~ à son papa** sie ist Papas [kleiner] Liebling
fifre [fifʀ] *m* MUS ❶ (*instrument*) Querpfeife *f*
❷ (*musicien*) Querpfeifer(in) *m(f)*
figé(e) [fiʒe] *adj* ❶ *attitude, morale, regard, société* starr; *sourire* starr, ausdruckslos
❷ LING *expression, locution, phrase* fest[stehend]; *forme* unveränderlich; **verbes aux formes ~es** Verben *Pl* mit unvollständigen Flexionsformen
figer [fiʒe] <2a> **I.** *vt* ❶ (*durcir*) fest werden lassen *graisse, huile*
❷ (*horrifier*) **~ qn** *surprise, terreur:* erstarren lassen; **l'épouvante le figea sur place** er war starr vor Schreck; **~ le sang à qn** jds Blut erstarren [*o* gefrieren] lassen
II. *vpr* ❶ (*durcir*) **se ~** *graisse, huile:* fest werden; *sauce:* dick werden; *sang:* gerinnen; *regard, visage:* erstarren; *sourire:* erstarren, gefrieren
❷ (*s'immobiliser*) **se ~ au garde-à-vous** [in seiner Bewegung] erstarren; **se ~ dans une attitude de refus** sich beharrlich weigern
fignolage [fiɲɔlaʒ] *m fam* Ausfeilen *nt*
fignoler [fiɲɔle] <1> **I.** *vi fam* herumbasteln (*fam*)
II. *vt fam* ausfeilen *dessin, devoir, travail;* **c'est du travail fignolé!** das ist tadellose Arbeit!
figue [fig] *f* Feige *f*
figuier [figje] *m* Feigenbaum *m*
figurant(e) [figyʀɑ̃, ɑ̃t] *m(f)* ❶ CINE, THEAT Statist(in) *m(f)*
❷ (*potiche*) Randfigur *f;* **jouer les ~s** nur den Statisten spielen; **jouer un rôle de ~** SPORT eine Nebenrolle [*o* Statistenrolle] spielen
figuratif, -ive [figyʀatif, -iv] *adj* ❶ *art, peintre, peinture* gegen-

F

ständlich
2 (*représentant un objet*) *plan* bildlich; *écriture* Bilder-
figuration [figyʀasjɔ̃] *f* 1 CINE, THEAT (*métier*) Arbeit *f* als Statist
2 (*représentation*) bildliche Darstellung
▸ **faire de la** ~ als Statist(in) arbeiten; (*en politique*) eine Nebenrolle spielen
figure [figyʀ] *f* 1 (*visage, mine*) Gesicht *nt*
2 (*personnage*) [große] Persönlichkeit; **les grandes ~s de l'histoire** die Großen der Geschichte
3 (*image*) Figur *f;* GEOM grafische Darstellung; **livre orné de ~s** Buch *nt* mit Abbildungen [*o* Illustrationen]
4 SPORT Figur *f;* **~s imposées/libres** Pflicht *f*/Kür *f*
▸ **faire bonne/mauvaise** ~ (*se montrer sous un bon/mauvais jour*) eine gute/schlechte Figur machen; (*s'en sortir bien/mal*) gut/schlecht abschneiden; **ne plus avoir ~ humaine** vollkommen entstellt sein; **faire piètre** [*o* **triste**] ~ eine traurige Gestalt abgeben; *sportif, équipe:* schlecht abschneiden; **casser la ~ à qn** *fam* jdn verhauen (*fam*); **se casser la ~** *fam* hinfliegen (*fam*); (*d'en haut*) runterfliegen (*fam*); **faire ~ de favori** als Favorit gelten; **prendre ~** Gestalt annehmen
◆ **~ de proue** Galionsfigur *f;* **~ de rhétorique** Redefigur *f;* **~ de style** Stilfigur *f*
figuré(e) [figyʀe] *adj* 1 *sens* übertragen
2 (*riche en figures*) *langage, style* bilderreich
figurer [figyʀe] <1> **I.** *vi* 1 THEAT, CINE als Statist(in) auftreten; **ne faire que ~** SPORT, POL nur eine Statistenrolle [*o* Nebenrolle] spielen; (*dans un classement*) nur unter ferner liefen rangieren
2 (*être mentionné*) aufgeführt sein, stehen; **son nom ne figure pas parmi les gagnants** sein/ihr Name steht nicht auf der Siegerliste
II. *vt* (*représenter, symboliser*) darstellen
III. *vpr* **se ~ qn/qc** sich (*Dat*) jdn/etw vorstellen; **se ~ que qn fait qc** glauben, dass jd etw tut; **je l'aime, figure-toi!** ich liebe ihn/sie, ob du's glaubst oder nicht!; **se ~ faire qc** sich (*Dat*) einbilden, etw zu tun
figurine [figyʀin] *f* Figürchen *nt*
fil [fil] *m* 1 (*brin*) Faden *m; de haricot* Faser *f;* **~ de coton/laine** Baumwoll-/Wollfaden; **~ de fer/de cuivre** Eisen-/Kupferdraht *m;* **~ dentaire** Zahnseide *f*
2 TEXTIL (*matière*) Leinen *nt;* **de** [*o* **en**] **~** [**d'Écosse**] leinen
3 (*câble*) *d'un téléphone, d'une lampe* Schnur *f;* (*conducteur électrique*) Leitung *f;* (*corde à linge*) [Wäsche]leine *f*
4 *pl* (*ficelles*) *d'une affaire* Fäden *Pl;* **les ~s de cette affaire sont particulièrement embrouillés** das ist eine besonders verzwickte Angelegenheit
5 (*sens*) *du bois, de la viande* Faserrichtung *f*
6 (*tranchant*) *d'un couteau, rasoir* Klinge *f*
7 (*enchaînement*) **perdre le ~** den Faden verlieren; **suivre le ~ de la conversation/du discours** der Unterhaltung/Rede (*Dat*) folgen; **suivre le ~ de ses pensées** seine Gedanken weiterspinnen
▸ **de ~ en aiguille** nach und nach; **ne pas avoir inventé le ~ à couper le beurre** *fam* nicht [gerade] das Pulver erfunden haben; **avoir un ~ sur la langue** lispeln; **avoir un ~ à la patte** *fam* gebunden sein; **se trouver** [*o* **être**] **sur le ~ du rasoir** auf der Kippe stehen; **~ conducteur** [*o* **rouge**] roter Faden; **être cousu(e) de ~ blanc** fadenscheinig sein; **donner du ~ à retordre à qn** jdm sehr zu schaffen machen; **ne tenir qu'à un ~** nur an einem seidenen Faden hängen; **au ~ de l'eau** [*o* **du courant**] flussabwärts; **au ~ des ans/jours** im Laufe der Jahre/der Tage [*o* Zeit]
◆ **~ d'Ariane** Ariadnefaden *m;* **~ à coudre** Nähgarn *nt;* **~ à linge** Wäscheleine *f;* **~ à plomb** [Senk]lot *nt;* **~ de fer** Eisendraht *m;* (*personne maigre*) Bohnenstange *f;* **avoir les jambes comme des ~s de fer** spindeldürre Beine haben; **~ de fer barbelé** Stacheldraht *m;* **~ de terre** Erdleiter *m,* Erdleitung *f*
filage [filaʒ] *m* Spinnen *nt*
filaire [filɛʀ] **I.** *adj* TELEC Kabel-; **réseau ~** Kabelnetz *nt*
II. *f* ZOOL Fadenwurm *m*
filament [filamɑ̃] *m* 1 ELEC Glühfaden *m*
2 (*fil*) *d'une bave, glu* Faden *m*
filamenteux, -euse [filamɑ̃tø, -øz] *adj* faserig; **matière filamenteuse** Faserstoff *m*
filandreux, -euse [filɑ̃dʀø, -øz] *adj* 1 *viande* sehnig, flachsig (A)
2 (*long*) *discours, explication* langatmig
filant(e) [filɑ̃, ɑ̃t] *adj v.* **étoile**
filasse [filas] *adj inv péj cheveux* strohig; **cheveux d'un blond ~** strohblonde Haare
filateur [filatœʀ] *m* (*directeur*) Leiter *m* einer Spinnerei; (*propriétaire*) Spinnereibesitzer *m*
filature [filatyʀ] *f* 1 TEXTIL (*usine*) Spinnerei *f;* (*action*) Spinnen *nt*
2 (*surveillance*) Beschattung *f;* **prendre qn en ~** jdn beschatten
fildeferiste, fil-de-fériste [fildəfeʀist] <fil[s]-de-féristes> *mf* Seiltänzer(in) *m(f),* Drahtseilkünstler(in) *m(f)*
file [fil] *f* 1 (*colonne*) Reihe *f;* (*d'attente*) Schlange *f;* **se mettre à** [*o* **prendre**] **la ~** sich [hinten] anstellen; **se mettre en ~** sich in einer Reihe aufstellen
2 (*voie de circulation*) [Fahr]spur *f;* **prendre** [*o* **se mettre dans**] **la ~ de droite/gauche** sich rechts/links einordnen
▸ **en ~ indienne** im Gänsemarsch; **à la ~** hintereinander; **chanter plusieurs chansons à la ~** ein Lied nach dem anderen singen
◆ **~ d'attente** Warteschlange *f*
filer [file] <1> **I.** *vi* 1 (*s'abîmer*) *maille:* laufen; *bas, collant:* eine Laufmasche haben
2 (*s'écouler lentement*) *essence, sirop:* rinnen; *sable:* rieseln
3 (*aller vite*) *personne:* rennen; (*en voiture*) rasen; *véhicule:* rasen; *étoile:* vorbeiziehen; *temps:* verfliegen; **le temps file à toute allure** die Zeit vergeht wie im Fluge
4 *fam* (*partir vite*) sich davonmachen (*fam*), verschwinden; (*se retirer*) sich verziehen; **~ faire qc** [schnell] etw tun gehen; **laisser ~ qn** jdn entwischen lassen; **laisser ~ une chance/occasion** sich (*Dat*) eine Chance/Gelegenheit entgehen lassen; **il faut que je file** ich muss los
II. *vt* 1 (*tisser*) *personne, araignée:* spinnen
2 (*surveiller*) **~ une voiture/qn** ein Auto/jdn beschatten
3 *fam* (*donner*) **~ un vêtement/de l'argent à qn** jdm ein Kleidungsstück/Geld geben; **~ une claque/un coup de pied à qn** jdm eine Ohrfeige/einen Fußtritt verpassen; **~ une maladie à qn** jdn mit einer Krankheit anstecken; **file-toi un coup de peigne!** kämm dir mal durch die Haare!
filet [filɛ] *m* 1 (*réseau de maille*) Netz *nt;* **~ à provisions/bagages/cheveux** Einkaufs-/Gepäck-/Haarnetz; **~ de protection** Sicherheitsnetz; **~ dérivant** Treibnetz
2 GASTR Filet *nt;* **~ de bœuf/poisson** Rinder-/Fischfilet; **~ mignon de bœuf/porc/veau** Rinder-/Schweine-/Kalbslendchen *nt*
3 (*petite quantité*) **~ d'huile/de crème** Schuss *m* Öl/Sahne; **un ~ de citron** ein paar Tropfen *Pl* Zitronensaft; **~ de sang** dünner Blutfaden; **~ d'eau/de lumière** Wasserstrahl/Lichtstrahl *m;* **~ d'air** schwacher Luftzug; **~ de fumée** dünne Rauchfahne
4 TYP Leiste *f*
▸ **attirer qn dans ses ~s** jdn umgarnen; **monter au ~** TENNIS ans Netz gehen; **tendre ses ~s** *chasseur:* seine Netze spannen; *police:* eine Falle stellen; **travailler sans ~** ohne Netz arbeiten
◆ **~ à papillons** Schmetterlingsnetz *nt;* **~ de pêche** Fischernetz *nt*
filetage [filtaʒ] *m* Gewinde *nt*
fileur, -euse [filœʀ, -øz] *m, f* Spinner(in) *m(f)*
filial(e) [filjal, jo] <-aux> *adj amour, piété* kindlich
filiale [filjal] *f* Tochterunternehmen *nt,* Beteiligungsgesellschaft

f (*Fachspr.*); ~ **à l'étranger** Auslandsniederlassung
filiation [filjasjɔ̃] *f* ❶ JUR (*descendance*) Abstammung *f*
❷ (*relation*) *des idées, pensées* Zusammenhang *m; des mots* Herkunft *f*
filière [filjɛʀ] *f* ❶ (*suite de formalités*) Dienstweg *m*
❷ UNIV Studiengang *m*
❸ PHYS Reaktortyp *m*
❹ IND Branche *f;* ~ **électronique** Elektronikbranche; ~ **bois/papier** Holz-/Papierindustrie *f*
❺ (*réseau*) *de la drogue, l'héroïne, du trafic* Ring *m*
▸ **suivre la** ~ sich hocharbeiten; UNIV einen Studiengang einschlagen
filiforme [filifɔʀm] *adj corps, jambes, personne* spindeldürr; *pattes, antennes* fadenförmig; *pouls* sehr schwach
filigrane [filigʀan] *m d'un billet de banque, timbre* Wasserzeichen *nt*
▸ **lire en** ~ zwischen den Zeilen lesen; **apparaître en** ~ deutlich werden
filigrané [filigʀane] *adj* ❶ (*en métal*) Filigran-
❷ (*travaillé en transparence*) mit Wasserzeichen; **papier** ~ Filigranpapier *nt*
filin [filɛ̃] *m* NAUT (*cordage*) Tau *nt;* (*très épais*) Trosse *f*
fille [fij] *f* ❶ (*opp: garçon*) Mädchen *nt,* Gitsch[e] *f* (A); **jeune** ~ junges Mädchen
❷ (*opp: fils*) Tochter *f;* **la** ~ **Dubois** die Tochter der Dubois
❸ *vieilli* (*servante*) ~ **de ferme** Bauernmagd *f;* ~ **de cuisine** Küchenmädchen *nt*
❹ (*prostituée*) Dirne *f*
▸ **jouer la** ~ **de l'air** sich aus dem Staub machen (*fam*); **être bien la** ~ **de sa mère/de son père** ganz die Mutter/der Vater sein; **courir les** ~**s** *fam* hinter den Mädchen her sein (*fam*)
◆ ~ **de joie** *vieilli* Freudenmädchen *nt;* ~ **à papa** *péj* verwöhnte Tochter reicher Eltern
fillette [fijɛt] *f* kleines Mädchen
filleul(e) [fijœl] *m(f)* Patenkind *nt,* Patensohn *m/*-tochter *f*
film [film] *m* ❶ (*pellicule*) Film *m*
❷ (*œuvre*) [Spiel]film; (*à la télé*) [Fernseh]film; ~ **vidéo** Videofilm; ~ **d'amour/de guerre** Liebes-/Kriegsfilm; ~ **d'action** Actionfilm; ~ **de science-fiction** [*o* **d'anticipation**] Science-fiction-Film
❸ (*mince couche*) Film *m;* ~ **plastique** Plastikfolie *f;* ~ **alimentaire** [*o* **étirable**] Frischhaltefolie; ~ **protecteur** *d'une crème solaire* Schutzfilm
❹ (*déroulement*) *des événements, de la vie* Ablauf *m;* (*à la télévision*) Chronik *f*

i Land & Leute

Spezielle Filmtheater zeigen **films d'art et d'essai**. Es handelt sich hierbei um künstlerisch anspruchsvolle Avantgardefilme und experimentelle Produktionen.

filmage [filmaʒ] *m* Filmen *nt; des scènes* Drehen *nt*
filmer [filme] <1> *vt, vi* filmen
filmique [filmik] *adj* filmisch, Film-; **l'univers** ~ die Filmwelt, die Welt des Films
filmographie [filmɔgʀafi] *f* Filmverzeichnis *nt*
filon [filɔ̃] *m* ❶ MINER Ader *f*
❷ *fam* (*travail*) lukrativer Job
❸ *fam* (*aubaine*) **chercher/trouver le/un** ~ den/einen Goldesel suchen/finden (*fam*); **exploiter le/un** ~ *fam* die/eine [Geld]quelle ausschöpfen
filou [filu] *m fam* ❶ (*personne malhonnête*) Gauner *m*
❷ (*enfant, chien espiègle*) Schlingel *m*
filouter [filute] <1> *vt fam* übers Ohr hauen (*fam*); **se faire** ~ übers Ohr gehauen werden (*fam*)
filouterie [filutʀi] *f* ❶ (*action de filou*) Betrügerei *f*
❷ JUR Prellerei *f*
◆ ~ **de restaurant** Zechprellerei *f*
fils [fis] *m* (*opp: fille*) Sohn *m;* **le** ~ **Dupont** der Sohn der Duponts; **Dupont** ~ Dupont junior; **Alexandre Dumas** ~ Alexandre Dumas der Jüngere
▸ **être bien le** ~ **de sa mère/de son père** ganz die Mutter/der Vater sein; **le** ~ **prodigue** der verlorene Sohn
◆ ~ **à papa** *péj* verwöhnter Sohn reicher Eltern
filtrage [filtʀaʒ] *m d'un liquide* Filtern *nt; d'informations, de nouvelles* Sieben *nt*
filtrant(e) [filtʀɑ̃, ɑ̃t] *adj élément, substance* Filter-; *pouvoir* filtrierend
filtrat [filtʀa] *m* CHIM Filtrat *nt*
filtration [filtʀasjɔ̃] *f* Filtration *f*
filtre [filtʀ] *m* TECH Filter *m o nt;* PHOT [Licht]filter *m; d'une cafetière, cigarette* Filter *m*
◆ ~ **à air** Luftfilter *m;* ~ **à huile** Ölfilter *m;* ~ [**en**] **papier** Papierfilter *m;* ~ **à poussière** Staubfilter *m*
filtrer [filtʀe] <1> **I.** *vi* (*pénétrer*) *liquide, information, nouvelle:* durchsickern; *lumière:* durchscheinen
II. *vt* ❶ filtern *liquide, lumière, son*
❷ (*contrôler*) genau überprüfen *informations;* sieben, genau überprüfen *nouvelles*
fîmes [fim] *passé simple de* **faire**
fin [fɛ̃] *f* ❶ (*issue*) Ende *nt;* ~ **janvier/mars** Ende Januar/März; **la** ~ **du monde** der Weltuntergang; **on n'en voit jamais la** ~ das nimmt kein Ende; **être sur** [*o* **toucher à**] **sa** ~ [bald] zu Ende gehen; **mettre** ~ **à qc** einer S. (*Dat*) ein Ende setzen; **mettre** ~ **à ses jours** sich (*Dat*) das Leben nehmen; **prendre** ~ zu Ende gehen; **à la** ~ (*en fin de compte*) schließlich; **en** ~ **de journée** am [*o* gegen] Ende des Tages; **en** ~ **d'année** am Jahresende; **sans** ~ endlos; **sur** [*o* **vers**] **la** ~ **de la soirée** gegen Ende des Abends
❷ (*mort*) Ende *nt*
❸ (*but*) ~ **en soi** eigentlicher Zweck; **arriver** [*o* **parvenir**] **à ses** ~**s** sein Ziel erreichen
▸ **en** ~ **de compte** letztlich; **arriver en** ~ **de course** *personne:* am Ende sein; *pile:* abgenutzt sein; **c'est la** ~ **des haricots** *fam* (*tout est perdu*) jetzt ist alles aus; (*c'est le bouquet*) das ist doch das Allerletzte; **arrondir ses** ~**s de mois** sein Gehalt aufbessern; **la** ~ **justifie les moyens** *prov* der Zweck heiligt die Mittel (*prov*); **mener qc à bonne** ~ etw [glücklich] zu Ende führen; **à toutes** ~**s utiles** für alle Fälle
◆ ~ **de non-recevoir** JUR Abweisungsbescheid *m,* abschlägiger Bescheid; **opposer** [*o* **répondre par**] **une** ~ **de non-recevoir à une requête** einen abschlägigen Bescheid geben; ~ **de semaine** Wochenende *nt;* ~ **de série** Restposten *m;* ~ **de siècle** *adj inv* der Jahrhundertwende
fin(e) [fɛ̃, fin] **I.** *adj* ❶ (*opp: épais*) *cheveux, sable, pluie* fein; *couche, étoffe, lame, pellicule, pinceau, pointe, tranche* dünn
❷ (*gracieux*) *traits, visage* fein; *mains, taille* schlank, schmal; *jambes* schlank
❸ (*recherché*) *mets, vin* fein; (*de qualité supérieure*) *mets* erlesen; *vin* erstklassig; *lingerie* Fein-
❹ (*subtil*) *personne* klug; (*dans ses remarques*) feinsinnig; (*dans ses actes*) geschickt; *humour, nuance, odorat* fein; *esprit, observation* scharfsinnig; *allusion* subtil; *plaisanterie, remarque* geistreich; *sourire* wissend
❺ *antéposé* (*très habile*) *cuisinier, limier, tireur* ausgezeichnet; ~ **connaisseur** Spezialist *m;* ~ **gourmet** Feinschmecker *m*
❻ CAN (*aimable, gentil*) freundlich, liebenswürdig
▸ **jouer au plus** ~ **avec qn** versuchen, jdn zu überlisten; **le** ~ **du** ~ das Beste vom Besten
II. *adv* ❶ (*complètement*) *soûl* völlig; *prêt* ganz
❷ (*finement*) *écrire, moudre* fein
final(e) [final, o] <*s o* -aux> *adj* ❶ (*qui vient à la fin*) letzte(r, s); *point, discours, accord* Schluss-; *lutte, consonne, voyelle, résultat* End-
❷ GRAM *phrase, proposition* Final-

finale [final] **I.** *m* MUS Finale *nt; d'une symphonie* Schlusssatz *m*
II. *f* ❶ SPORT Finale *nt,* Endspiel *nt;* **en ~** im Finale [*o* Endspiel]
❷ LING (*syllabe*) Endsilbe *f;* (*voyelle*) Endvokal *m*

finalement [finalmɑ̃] *adv* (*pour finir*) schließlich; (*en définitive*) letztlich

finalisme [finalism] *m* PHILOS Finalismus *m*

finaliste [finalist] **I.** *adj équipe, joueur* am Endspiel teilnehmend
II. *mf* SPORT Finalist(in) *m(f)*

finalité [finalite] *f* Zweckbestimmtheit *f;* (*but*) Zweck *m*

finance [finɑ̃s] *f* ❶ *pl* (*ressources pécuniaires*) *d'une personne, d'un pays* Finanzen *Pl;* **l'état de mes ~s** meine finanzielle Lage; **~s publiques** öffentliche Gelder *Pl,* Staatsfinanzen
❷ (*ministère*) **les Finances** das Finanzministerium; **Monsieur Leblanc est aux Finances** Herr Leblanc ist Finanzminister
❸ (*affaires d'argent*) Finanzgeschäft *nt,* Geldwesen *nt;* **travailler** [*o* **être**] **dans la ~** Geldgeschäfte machen
▸ **moyennant ~** gegen Entgelt

financement [finɑ̃smɑ̃] *m* Finanzierung *f;* **plan de ~** Finanzierungsvereinbarung *f*

financer [finɑ̃se] <2> **I.** *vi hum* blechen (*fam*)
II. *vt* finanzieren

financier [finɑ̃sje] *m* Finanzier *m*

financier, -ière [finɑ̃sje, -jɛʀ] *adj problèmes* finanziell; *crise, politique, groupe* Finanz-; **établissement ~** Geldinstitut *nt;* **difficultés financières/soucis ~s** Geldschwierigkeiten/-sorgen *Pl*

financièrement [finɑ̃sjɛʀmɑ̃] *adv* finanziell [gesehen]; **aider qn ~** jdn finanziell unterstützen

finasser [finase] <1> *vi* mit Tricks arbeiten; **~ avec qn** jdn hereinlegen

finasserie [finasʀi] *f* Trick *m*

finaud(e) [fino, od] **I.** *adj* pfiffig, gewitzt
II. *m(f)* Pfiffikus *m*

fine [fin] *f* feiner Weinbrand

finement [finmɑ̃] *adv* ❶ *brodé, ciselé, ouvragé* [sehr] fein
❷ (*astucieusement*) *agir* clever; *manœuvrer* geschickt; *faire remarquer, observer* geschickt, mit Feingefühl

finesse [finɛs] *f* ❶ (*minceur*) *des cheveux, d'une pointe de stylo* Feinheit *f; d'une aiguille, pellicule, tranche* Dünne *f*
❷ (*délicatesse*) *des traits, d'un visage* Feinheit *f; des mains, de la taille* Zierlichkeit *f*
❸ (*raffinement*) *d'une broderie, porcelaine, d'un parfum* Feinheit *f; d'un aliment* [Aus]erlesenheit *f*
❹ (*sensibilité*) *d'un goût, de l'odorat* Feinheit *f; d'une oreille, ouïe* Schärfe *f*
❺ (*subtilité*) *d'une personne* Scharfsinn *m; d'une allusion, remarque* Spitzfindigkeit *f;* **~ d'esprit** Scharfsinnigkeit *f;* **être doué(e) d'une grande ~ de jugement/d'observation** ein sehr feines Urteilsvermögen/eine scharfe Beobachtungsgabe haben
❻ *pl* (*difficultés*) *d'une langue, d'un art, jeu* Feinheiten *Pl*

finette [finɛt] *f* TEXTIL Finette *f*

fini [fini] *m* ❶ *d'un produit, vêtement* sorgfältige Verarbeitung; **qc manque de ~** einer S. (*Dat*) fehlt der letzte Schliff
❷ MATH, PHILOS **le ~** das Endliche, die Endlichkeit

fini(e) [fini] *adj* ❶ (*terminé*) **être ~(e)** zu Ende sein; *travail, études:* beendet sein; **~e la plaisanterie/~s les bavardages** Schluss mit den Scherzen/dem Geschwätz; **~ de bavarder/jouer/rire** genug geschwatzt/gespielt/gelacht; **tout est ~ entre nous** es ist aus zwischen uns; **c'est pas bientôt ~, ce cirque/bordel?** *fam* ist jetzt endlich Schluss mit dem Zirkus/Radau? (*fam*)
❷ (*diminué*) *personne* erledigt; **il est ~** [*o* **un homme ~**] er ist erledigt
❸ (*opp: infini*) *monde, univers* begrenzt; MATH *ensemble, nombre* endlich
❹ *péj* (*complet*) *menteur, voleur* ausgemacht
❺ (*cousu*) **bien/mal ~(e)** *costume, vêtement* gut/schlecht gearbeitet

finir [finiʀ] <8> **I.** *vi* ❶ *rue, propriété, cours:* enden; *vacances, spectacle:* enden, zu Ende sein [*o* gehen]; *contrat:* enden, auslaufen; **bien/mal ~** gut/schlimm enden, ein gutes/schlimmes [*o* böses] Ende nehmen; **n'en pas ~** *discours, histoire:* kein Ende nehmen; **applaudissements/discussions à n'en plus ~** nicht enden wollender Beifall/nicht enden wollende Diskussionen; **il finira mal** es wird ein schlimmes Ende mit ihm nehmen
❷ (*terminer*) aufhören; **avoir fini** fertig sein; **laissez-moi ~ [de parler]!** lassen Sie mich ausreden!; **je finirai par le plus important de cette journée...** zum Abschluss nun das Wichtigste dieses Tages ...; **il faut en ~ avec qc** man muss eine Lösung für etw finden; **finissons-en!** lasst uns zum Ende kommen!; **en avoir fini avec qn** (*régler le cas de*) mit jdm fertig sein; (*avoir rompu avec*) mit jdm Schluss gemacht haben; **en avoir fini avec une affaire** eine Angelegenheit erledigt haben
❸ SPORT **~ bien/mal** sich gut/schlecht schlagen; **~ à la quatrième place** auf Platz vier kommen
❹ (*en venir à*) **~ par faire qc** schießlich [doch] etw tun; **je finirai bien par trouver** ich werde es schon noch herausbekommen; **tu finis par m'ennuyer avec...** allmählich gehst du mir auf die Nerven mit ...
❺ (*se retrouver*) **~ en prison** im Gefängnis enden [*o* landen]; **~ dans la misère** in Armut sterben; **~ dans un accident de voiture** bei einem Autounfall ums Leben kommen
II. *vt* ❶ (*arriver au bout de*) beenden; **~ son repas/ses devoirs** zu Ende essen/seine Aufgaben fertigmachen; **~ de manger/de s'habiller** fertig essen/sich fertig anziehen; **avoir fini qc** mit etw fertig sein; **avoir fini de se préparer/s'habiller** mit der Vorbereitung/dem Ankleiden fertig sein
❷ (*consommer, utiliser jusqu'au bout*) aufessen *plat, viande;* leer essen, aufessen *assiette;* leer trinken (*fam*) *bouteille, verre;* auftragen *chaussures, vêtement*
❸ SPORT meistern *match, course;* **~ un marathon** bei einem Marathon[lauf] bis zum Ende durchhalten; **~ une course à la quatrième place** bei einem Rennen auf Platz vier kommen
❹ (*passer la fin de*) **~ ses jours/sa vie à la campagne** den Rest seiner Tage/seines Lebens auf dem Land verbringen
❺ (*cesser*) aufhören mit, beenden *dispute;* **~ de se plaindre** aufhören, sich zu beklagen; **on n'a pas fini de m'entendre/de parler de qc** man wird noch von mir hören/von etw sprechen
❻ (*être le dernier élément de*) beenden, abschließen
❼ (*fignoler*) **~ un ouvrage** einem Werk [*o* einer Arbeit] den letzten Schliff geben

finish [finiʃ] *m inv* SPORT Finish *nt,* Endspurt *m;* **match au ~** BOXE *Kampf, der durch K.o. oder Aufgabe beendet wird*

finissage [finisaʒ] *m* ❶ TECH *d'une pièce d'usinage* Endbearbeitung *f;* **~ d'aspect** Verschönerung *f*
❷ TEXTIL *d'une étoffe* Appretur *f*

finisseur, -euse [finisœʀ, -øz] *m, f* ❶ COUT Fertigbearbeiter(in) *m(f)*
❷ SPORT Sportler(in) *m(f)* mit starkem Finish [*o* Endspurt]; **c'est un bon ~/une bonne finisseuse** er/sie hat einen starken Endspurt

finition [finisjɔ̃] *f* ❶ (*action*) *d'un meuble* Fertigstellung *f; d'une œuvre d'art* Fertigstellung, Endbearbeitung *f;* **faire les ~s de qc** (*suite à une réclamation*) etw nachbearbeiten
❷ (*résultat*) Verarbeitung *f*
❸ *gén pl* CONSTR Feinarbeiten *Pl*

finlandais(e) [fɛ̃lɑ̃dɛ, ɛz] *adj* finnisch

Finlandais(e) [fɛ̃lɑ̃dɛ, ɛz] *m(f)* Finne *m*/Finnin *f*

Finlande [fɛ̃lɑ̃d] *f* **la ~** Finnland *nt*

finnois [finwa] *m* (*langue*) **le ~** Finnisch *nt,* das Finnische *nt; v. a.* **allemand**

finnois(e) [finwa, waz] *adj* finnisch

Finnois(e) [finwa, waz] *m(f)* Finne *m*/Finnin *f*
fiole [fjɔl] *f* 1 Phiole *f*
2 *fam* Kopf *m,* Gesicht *nt*
fiord [fjɔʀd] *m* Fjord *m*
fioriture [fjɔʀityʀ] *f* 1 Schnörkel *m,* Verzierung *f;* **sans ~s** ohne Umschweife
2 MUS Koloratur *f*
fioul [fjul] *m v.* **fuel**
firent [fiʀ] *passé simple de* **faire**
firmament [fiʀmamɑ̃] *m* Firmament *nt*
firme [fiʀm] *f* Firma *f*
fis [fi] *passé simple de* **faire**
FIS [fis] *m* POL *abr de* **Front islamique du salut** FIS *f* (*Islamische Heilsfront*)
fisc [fisk] *m* Fiskus *m*
fiscal(e) [fiskal, o] <-aux> *adj* Steuer-
fiscalisation [fiskalizasjɔ̃] *f* Besteuerung *f*
fiscaliser [fiskalize] <1> *vt* FIN besteuern *revenus*
fiscalité [fiskalite] *f* Steuerwesen *nt;* **réforme de la ~** Steuerreform *f*
fish-eye [fiʃaj] <fish-eyes> *m* PHOT Fisheye *nt,* Fischauge *nt*
fissa [fisa] *adv arg* **fais ~!** mach schnell!, dalli, dalli! (*fam*)
fissile [fisil] *adj* PHYS, GEOL spaltbar
fission [fisjɔ̃] *f* Spaltung *f;* **~ nucléaire** Kernspaltung
fissuration [fisyʀasjɔ̃] *f d'un mur* Rissbildung *f*
fissure [fisyʀ] *f* 1 *d'un mur, sol* Riss *m; d'un vase* Sprung *m*
2 *fig* Bruch *m*
fissurer [fisyʀe] <1> **I.** *vt éclair:* Risse verursachen in (+ *Dat*)
II. *vpr* **se ~** rissig werden
fiston [fistɔ̃] *m fam* Sohnemann *m* (*fam*)
fistule [fistyl] *f* Fistel *f*
fit [fi] *passé simple de* **faire**
fîtes [fit] *passé simple de* **faire**
fitness [fitnɛs] *m* Fitness *f*
F.I.V. [ɛfive] *f abr de* **Fécondation In Vitro** IVF *f*
FIVETE [fivɛt] *f abr de* **fécondation in vitro et transfert d'embryon** *In-vitro-Fertilisation und Embryotransfer*
fixage [fiksaʒ] *m* 1 TECH *d'une couleur* Fixieren *nt*
2 PHOT *d'un cliché* Fixage *f*
fixateur [fiksatœʀ] *m* PHOT Fixiermittel *nt*
fixatif [fiksatif] *m* Fixiermittel *nt,* Fixativ *nt* (*Fachspr.*)
fixatif, -ive [fiksatif, -iv] *adj* fixierend
fixation [fiksasjɔ̃] *f* 1 (*action d'attacher*) Festmachen *nt,* Befestigung *f*
2 (*action de s'installer, de s'établir*) *des nomades* Sesshaftwerden *nt*
3 *a.* ECON, JUR (*détermination*) Festsetzung *f;* **~ des prix** Preisfestsetzung
4 (*obsession*) Fixierung *f;* **faire une ~ sur qn/qc** auf jdn/etw fixiert sein; **tourner à la ~** zur fixen Idee werden
5 BIO, CHIM Fixierung *f*
6 (*dispositif*) Befestigungsvorrichtung *f*
◆ **~ de sécurité** Sicherheitsbindung *f*
fixe [fiks] **I.** *adj* 1 fest; *point* Fix-; *date, rendez-vous* feststehend, fest
2 (*figé*) *regard, yeux* starr
3 *idée* fix
4 (*déterminé*) *revenu* fest
II. *m* Fixum *nt,* festes Gehalt
III. *interj* **~!** stillgestanden!
fixé(e) [fikse] *adj* 1 PSYCH *personne* fixiert
2 (*renseigné*) **être ~(e) sur le compte de qn** wissen, was man von jdm zu halten hat
3 (*décidé*) **ne pas encore être ~(e)** noch nicht so recht wissen
fixement [fiksəmɑ̃] *adv* **regarder qn/qc ~** jdn/etw anstarren
fixer [fikse] <1> **I.** *vt* 1 *personne:* festmachen, befestigen
2 (*retenir*) ansiedeln *population*
3 MED, SCI *organe, plante:* speichern
4 (*regarder*) *personne:* fixieren, starren auf (+ *Akk*); *regard:* starr gerichtet sein auf (+ *Akk*)
5 (*arrêter*) **~ son attention sur qc** seine Aufmerksamkeit auf etw (*Akk*) richten [*o* lenken]
6 (*définir*) festlegen *règle;* setzen, stecken *limites;* **~ le tarif de qc** JUR etw tarifieren (*Fachspr.*)
7 (*renseigner*) **~ le collègue sur une date** den Kollegen von einem Termin in Kenntnis setzen
8 (*noter, conserver*) festhalten *image, souvenir, expression*
9 CHIM, PHOT fixieren
10 (*arranger*) ausmachen *rendez-vous, délai*
II. *vpr* 1 **se ~ au mur/sur un arbre** an der Wand/an einem Baum befestigt werden
2 (*se déposer*) **se ~** sich ablagern
3 (*s'établir*) **se ~ à Paris** sich in Paris niederlassen
4 (*se poser*) **se ~ sur qn/qc** *attention:* sich auf jdn/etw richten; *choix:* auf jdn/etw fallen
5 (*se définir*) **se ~ un but** sich (*Dat*) ein Ziel setzen
fixité [fiksite] *f* Unbeweglichkeit *f; du regard, des yeux* Starre *f*
fjord [fjɔʀd] *m v.* **fiord**
flac [flak] *interj* platsch
flaccidité [flaksidite] *f* Schlaffheit *f*
flacon [flakɔ̃] *m* Fläschchen *nt; de parfum* Flakon *m*
▸ **qu'importe le ~, pourvu qu'on ait l'ivresse** *prov* ≈ was kümmert einen die Verpackung, wenn der Inhalt stimmt
flafla, fla-fla [flafla] <fla[s]-fla[s]> *m souvent pl* Effekthascherei *f* (*pej*)
▸ **faire des ~s** sich in Szene setzen
flagada [flagada] *adj inv fam* **être ~** erledigt [*o* fix und fertig] sein (*fam*)
flagellation [flaʒelasjɔ̃, flaʒɛllasjɔ̃] *f* Geißelung *f*
flageller [flaʒele] <1> **I.** *vt* geißeln
II. *vpr* **se ~** sich geißeln
flageoler [flaʒɔle] <1> *vi* wanken; *jambes:* zittern; **~ sur ses jambes** wack[e]lig auf den Beinen sein
flageolet [flaʒɔlɛ] *m* 1 *Varietät der Zwergbohne*
2 MUS Flageolett *nt*
flagorner [flagɔʀne] <1> *vt littér* **~ qn** jdm unterwürfig schmeicheln
flagornerie [flagɔʀnəʀi] *f vieilli* Liebedienerei *f* (*geh*)
flagrant(e) [flagʀɑ̃, ɑ̃t] *adj* offenkundig, offensichtlich; *injustice* himmelschreiend
flair [flɛʀ] *m du chien* Geruchssinn *m,* Witterung *f*
▸ **avoir du ~** *animal, personne:* eine gute [*o* feine] Nase haben; **manquer de ~** keinen guten Riecher haben (*fam*)
flairer [fleʀe] <1> *vt* 1 (*renifler*) beschnuppern, beschnüffeln
2 (*sentir*) *animal:* wittern; (*pressentir*) *animal, personne:* wittern
flamand [flamɑ̃] *m* **le ~** Flämisch *nt,* das Flämische; *v. a.* **allemand**
flamand(e) [flamɑ̃, ɑ̃d] *adj* flämisch
Flamand(e) [flamɑ̃, ɑ̃d] *m(f)* Flame *m*/Flämin *f*
flamant [flamɑ̃] *m* Flamingo *m*
flambage [flɑ̃baʒ] *m* 1 Absengen *nt*
2 MED Ausglühen *nt*
3 GASTR Flambieren *nt*
flambant(e) [flɑ̃bɑ̃, ɑ̃t] *v.* **neuf**
flambé(e) [flɑ̃be] *adj* 1 flambiert
2 *fam* (*fichu*) **être ~(e)** *personne:* erledigt sein (*fam*); *affaire, situation:* gegessen sein (*fam*)
flambeau [flɑ̃bo] <x> *m* 1 Fackel *f*
2 *vieilli* (*chandelier*) Leuchter *m*
flambée [flɑ̃be] *f* 1 [hell] loderndes Feuer
2 (*brusque accès, montée*) *de violence* Aufflammen *nt; du dollar* plötzlicher Anstieg; **~ de colère** Wutausbruch *m;* **~ de terrorisme** Terrorwelle *f;* **~ des prix** Preisexplosion *f,* rascher Anstieg der Preise; (*action d'augmenter les prix*) Preistreibe-

rei *f*
flamber [flɑ̃be] <1> **I.** *vi* brennen; *feu:* brennen, lodern; *maison:* lichterloh brennen; *prix:* explodieren
II. *vt* ❶ absengen
❷ MED ausglühen
❸ GASTR flambieren
flambeur [flɑ̃bœʀ] *m arg* Vabanquespieler *m* (*geh*)
flamboiement [flɑ̃bwamɑ̃] *m soutenu d'un incendie* Aufflammen *nt; du soleil* Glut *f; d'une prunelle* Aufleuchten *nt*
flamboyant [flɑ̃bwajɑ̃] *m* BOT Flammenbaum *m*
flamboyant(e) [flɑ̃bwajɑ̃, jɑ̃t] *adj* ❶ *incendie* lodernd; *couleur* leuchtend; *soleil* glühend; *chrome* funkelnd; *source de lumière* hell leuchtend
❷ ART spätgotisch; *style* Flamboyant-
flamboyer [flɑ̃bwaje] <6> *vi* [auf]lodern; *soleil:* glühen; *couleur:* leuchten; *source de lumière:* hell leuchten; *chrome:* funkeln
flamenco [flamɛnko] **I.** *m* Flamenco *m*
II. *adj* Flamenco-
flamingant(e) [flamɛ̃gɑ̃, ɑ̃t] **I.** *adj* flämisch sprechend
II. *m(f)* POL *péj* Anhänger(in) *m(f)* der flämischen Bewegung
flamme [flam] *f* ❶ Flamme *f*
❷ *pl* (*brasier*) Feuer *nt;* **être en ~s** in Flammen stehen, lichterloh brennen
❸ (*éclat*) *du regard, des yeux* Feuer *nt,* Glut *f*
❹ (*pavillon*) Wimpel *m*
❺ POST Werbestempelaufdruck *m*
❻ (*ampoule*) Kerzenbirne *f*
▸ **déclarer sa ~ à qn** *littér* sich jdm erklären (*geh*), jdm eine Liebeserklärung machen; **descendre qn/qc en ~s** jdn/etw niedermachen; **ça va péter des ~s** *fam* da wird die Hölle los sein (*fam*)
flammé(e) [flame] *adj* geflammt
flammèche [flamɛʃ] *f* großer Funke *nt*
flan [flɑ̃] *m* ❶ (*préparé au four*) Flan *m*
❷ (*crème*) Pudding *m*
❸ TECH *d'une médaille, monnaie* Münzplatte *f; d'un disque* Pressmatritze *f*
flanc [flɑ̃] *m* ❶ (*partie latérale*) *du corps, navire* Seite *f; d'une montagne* Hang *m*
❷ MIL Flanke *f*
▸ **se battre les ~s** *fam* sich abrackern (*fam*); **être sur le ~** *fam* flachliegen (*fam*); **mettre qn sur le ~** *fam* jdn fertig machen (*fam*); **tirer au ~** *fam* sich drücken (*fam*)
flancher [flɑ̃ʃe] <1> *vi fam personne:* schwach werden, kneifen (*fam*); *cœur, mémoire:* nicht mehr mitmachen (*fam*), streiken (*fam*)
flanchet [flɑ̃ʃe] *m* GASTR *de veau* Seitenstück *nt*
Flandre [flɑ̃dʀ] *f* **la ~/les ~s** Flandern *nt*
flandrin [flɑ̃dʀɛ̃] *m fam* schlaksiger Kerl *m* (*fam*)
flanelle [flanɛl] *f* Flanell *m*
flâner [flɑne] <1> *vi* ❶ (*se promener*) bummeln, schlendern
❷ (*musarder*) herumtrödeln
flânerie [flɑnʀi] *f* ❶ Umherschlendern *nt*
❷ (*musardise*) Herumtrödeln *nt;* (*au lit*) Herumliegen *nt*
flâneur, -euse [flɑnœʀ, -øz] **I.** *adj* bumm[e]lig, müßig (*geh*)
II. *m, f* Müßiggänger(in) *m(f)*
flanqué(e) [flɑ̃ke] *adj* ❶ **être ~(e) d'une maison** an ein Haus angrenzen
❷ *péj personne:* **être ~(e) de qn** jdn dabei haben
flanquer¹ [flɑ̃ke] <1> *vt* ❶ flankieren
❷ MIL **~ qn/qc** jdm/einer S. Flankenschutz geben
flanquer² [flɑ̃ke] <1> **I.** *vt fam* ❶ schmeißen (*fam*) *chose;* schubsen (*fam*) *personne;* **~ qn à la porte/dehors** jdn rausschmeißen (*fam*)
❷ (*mettre*) **~ qn au pensionnat** jdn ins Heim stecken (*fam*)
❸ (*donner*) **~ une gifle à qn** jdm eine Ohrfeige verpassen (*fam*), jdm eine runterhauen (*fam*); **~ la frousse à qn** jdm eine Heidenangst einjagen (*fam*)
II. *vpr fam* ❶ **se ~ des gifles** sich (*Dat*) Ohrfeigen verpassen
❷ (*se mettre*) **se ~ dans une situation délicate** sich in eine heikle Lage bringen
❸ (*tomber*) **se ~ par terre** hinfliegen (*fam*)
flapi(e) [flapi] *adj fam* geschafft (*fam*), hundemüde (*fam*)
flaque [flak] *f* Pfütze *f; de sang* Lache *f*
flash [flaʃ] <es> *m* ❶ PHOT (*appareil*) Blitz *m;* (*éclair*) Blitz[licht *nt*] *m*
❷ RADIO, TV Kurznachricht *f*
❸ CINE Flash *m;* **~ publicitaire** Werbespot *m*
❹ (*après absorption de drogue*) Flash *m*
◆ **~ d'information, ~ info** Kurznachrichten *Pl*
flash-back [flaʃbak] *m inv* Rückblende *f*
flasher [flaʃe] <1> *vi fam* **~ sur qn/qc** sich auf den ersten Blick für jdn/etw begeistern
flasque [flask] **I.** *adj* schlaff
II. *f* kleine flache Flasche *f,* Flachmann *m* (*fam*)
III. *m* [Metall]scheibe *f; de mécanique* Backe *f*
flatter [flate] <1> **I.** *vt* ❶ **~ qn/la vanité de qn** jdm/jds Eitelkeit (*Dat*) schmeicheln; **être flatté(e) de qc** sich durch etw geschmeichelt fühlen; **être flatté(e) que qn fasse qc** sich geschmeichelt fühlen, dass jd etw tut
❷ (*caresser*) streicheln *animal*
❸ (*être agréable à*) verwöhnen *palais*
II. *vpr* ❶ **se ~ de qc/de faire qc** sich einer S. (*Gen*) rühmen/sich rühmen, etw zu tun
❷ (*aimer à croire*) **se ~ de faire qc** sich (*Dat*) einbilden, etw zu tun
❸ *littér* (*avoir une haute idée de soi*) **sans me ~** ohne mir schmeicheln zu wollen
flatterie [flatʀi] *f* Schmeichelei *f*
flatteur, -euse [flatœʀ, -øz] **I.** *adj* schmeichelhaft
II. *m, f* Schmeichler(in) *m(f)*
flatulence [flatylɑ̃s] *f* Blähung *nt,* Flatulenz *nt* (*Fachspr.*)
flatuosité [flatɥɔzite] *f* Darmwind *m,* Darmgase *Pl*
FLE [flœ] *m* UNIV, SCOL *abr de* **français langue étrangère** *das Fach "Französisch als Fremdsprache"*
fléau [fleo] <x> *m* ❶ Plage *f,* Geißel *f*
❷ (*partie d'une balance*) Waagebalken *m*
❸ AGR Dreschflegel *m*
fléchage [fleʃaʒ] *m* (*action*) Markieren *nt* mit Pfeilen; (*résultat*) Pfeilmarkierung *f*
flèche¹ [flɛʃ] *f* ❶ (*arc*) Pfeil *m*
❷ (*signe d'orientation*) Pfeil *m*
❸ (*critique acerbe*) Spitze *f,* spitze Bemerkung
❹ (*toit pointu*) [Turm]spitze *f*
❺ (*bras mobile*) *d'une charrue* Balken *m; d'une grue* [Dreh]arm *m; d'un cargo* Ladebaum *m*
❻ GEOM Pfeil *m*
❼ PHYS *d'une trajectoire* Scheitelpunkt *m*
▸ **les ~s de l'Amour** [*o* **de Cupidon**] *littér* Amors [*o* Cupidos] Pfeile; **faire ~ de tout bois** alle Mittel einsetzen; **la ~ du Parthe** eine spitze Schlussbemerkung; **c'est une sacrée ~!** er/sie ist von der schnellen Sorte (*fam*); **tirer** [*o* **décocher**] **une ~** einen Pfeil abschießen; *fig* eine spitze Bemerkung machen; **en ~** blitzschnell
flèche² [flɛʃ] *f* **~s de lard** Speckseite *f*
fléché(e) [fleʃe] *adj* mit Pfeilen markiert
flécher [fleʃe] <5> *vt* mit Pfeilen markieren [*o* kennzeichnen]
fléchette [fleʃɛt] *f* ❶ kleiner Pfeil
❷ *pl* (*jeu*) Darts *nt*
fléchir [fleʃiʀ] <8> **I.** *vt* ❶ beugen *bras, genoux*
❷ (*faire céder*) erweichen *personne*
❸ *littér* (*rendre moins vif*) schwächen; mildern *sévérité;* besänftigen *colère;* beugen *volonté*
II. *vi* ❶ sich beugen, sich krümmen
❷ (*diminuer*) nachlassen; *exigences:* geringer werden; *sévérité:* milder werden; *volonté, détermination:* schwächer werden; *prix,*

cours: fallen
③ (*céder*) schwach werden, sich erweichen lassen
fléchissement [fleʃismɑ̃] *m* ① *du bras, de la jambe* Beugen *nt; de la poutre, planche* [Durch]biegen *nt*
② (*diminution*) *de la production, natalité* Rückgang *m; des prix* Sinken *nt*, rückläufige Bewegung (*Fachspr.*)
③ (*renoncement*) *de la volonté* Nachlassen *nt*
fléchisseur [fleʃisœʀ] ANAT **I.** *adj muscle* Beuge-
II. *m* Beugemuskel *m*, Flexor *m* (*Fachspr.*)
flegmatique [flɛgmatik] **I.** *adj comportement* gelassen; *personne* phlegmatisch
II. *mf* gelassener Mensch *m*
flegme [flɛgm] *m* ① Gelassenheit *f*
② (*lourdeur*) Phlegma *nt*
③ MED Schleim *m*
flegmon [flɛgmɔ̃] *m* MED Phlegmone *f*
flemmard(e) [flemaʀ, aʀd] *fam* **I.** *adj* faul
II. *m(f)* Faulpelz *m* (*fam*)
flemmarder [flemaʀde] <1> *vi* faulenzen (*fam*), Däumchen drehen (*fam*)
flemme [flɛm] *f fam* Faulheit *f;* **avoir la ~ de faire la vaisselle** zu faul zum Abwaschen sein
▶ **tirer sa ~** faulenzen, auf der faulen Haut liegen (*fam*)
flétan [fletɑ̃] *m* ZOOL Heilbutt *m*
flétri(e) [fletʀi] *adj peau, visage* welk; *feuille, plante* verwelkt, welk; *fleur* verwelkt, verblüht
flétrir [fletʀiʀ] <8> **I.** *vt* ① [ver]welken lassen *feuille, fleur*
② (*rider*) welk werden lassen *peau, visage*
③ *littér* (*déshonorer*) beflecken, schänden
④ HIST brandmarken
II. *vpr* **se ~** ① *plante:* verwelken, vertrocknen; *fleur:* verwelken, verblühen
② (*se rider*) *visage:* welk werden
flétrissement [fletʀismɑ̃] *m* BOT Welken *nt*
flétrissure [fletʀisyʀ] *f* ① *d'une feuille, plante* Verwelktsein *nt; d'une fleur* Verblühtsein *nt*
② *fig* **les ~s de l'âge** das Verblühtsein
③ HIST (*action*) Brandmarken *nt;* (*marque*) Brandmarkung *f*
fleur [flœʀ] *f* ① Blume *f;* **~ des champs/de jardin** Wiesen-/Gartenblume
② (*partie d'une plante*) Blüte *f;* **en ~[s]** blühend
③ (*objet, motif, dessin décoratif*) Blume *f;* **à ~s** *chapeau* blumengeschmückt; *tissu, papier* mit Blumen[muster], geblümt
④ (*partie du cuir*) Haarseite *f*
⑤ *gén pl* BIO *de vin* Schimmelüberzug *m*
⑥ *fam* (*compliment*) **jeter des ~s à qn** jdm Komplimente machen
⑦ *sans pl soutenu* (*ce qu'il y a de meilleur*) **la [fine] ~ de la ville** die Creme [*o* Oberschicht] der Stadt
▶ **à [*o* dans] la ~ de l'âge** in der Blüte seiner/ihrer Jahre [*o* des Lebens]; **à ~ d'eau** auf Höhe der Wasseroberfläche; **la ~ au fusil** mit wehenden Fahnen; **sensibilité à ~ de peau** Überempfindlichkeit *f;* **être belle/fraîche comme une ~** schön/frisch wie der junge Morgen sein; **~ bleue** sentimental, romantisch; **arriver [*o* s'amener] comme une ~** *fam* einfach so mittendrin aufkreuzen (*fam*); **dites-le avec des ~s!** lasst Blumen sprechen!; **faire qc comme une ~** *fam* etw spielend tun
◆ **~ de farine** feinstes Auszugsmehl *nt;* **~ de lys** bourbonische Lilie; **~ d'oranger** Orangenblüte *f;* **~ de sel** *oberste Kristallschicht bei der Salzgewinnung*
fleurdélisé(e) [flœʀdelize] *adj* mit Lilien [verziert]
fleurer [flœʀe] <1> **I.** *vi littér* **~ bon** duften
II. *vt littér* ① duften nach
② (*faire penser à*) **~ l'intrigue** nach einer Intrige riechen
fleuret [flœʀɛ] *m* ① Florett *nt*
② MIN [Schlag]bohrer *m*
fleurette [flœʀɛt] ▶ **conter ~ à une femme** *hum* [in Gegenwart einer Frau] Süßholz raspeln (*fam*)
fleuri(e) [flœʀi] *adj* ① blühend
② (*couvert, garni de fleurs*) blütenbedeckt; *maison, balcon* blumengeschmückt
③ (*avec des motifs floraux*) geblümt, mit Blumen[muster]
④ (*coloré*) *teint* rosig
⑤ (*qui sent les fleurs*) blumig
⑥ (*orné*) *style* blumenverziert
fleurir [flœʀiʀ] <8> **I.** *vi* ① blühen, in Blüte stehen
② (*s'épanouir*) *espoir, sourire:* erblühen (*liter*); *amitié:* aufblühen
③ *hum* (*se couvrir d'acné*) pickelig werden; (*se couvrir de poils*) leichten Flaum bekommen
④ <florissant, fleurissait *o* florissait> *littér* (*prospérer*) seine Blütezeit haben; *corruption:* blühen
II. *vt* (*orner, décorer*) zieren (*liter*); [mit Blumen] schmücken *table, tombe;* **~ sa boutonnière d'un œillet** sich (*Dat*) eine Nelke ins Knopfloch stecken
fleuriste [flœʀist] *mf* Blumenhändler(in) *m(f);* (*qui prépare les bouquets*) Florist(in) *m(f)*
fleuron [flœʀɔ̃] *m* ① ART *d'une couronne* stilisierte Blume *f; de ferronnerie* Eisenzacke *f*
② TYP Fleuron *m*
③ BOT [Einzel]blüte *f*
▶ **être le [plus beau] ~ d'une collection** das Schmuckstück einer Sammlung sein
fleuve [flœv] *m* ① Fluss *m;* (*très grand*) Strom *m;* **~ côtier** *Fluss, der ins Meer mündet*
② (*flot*) **~ de lave/de boue** Lavastrom *m*/Schlammlawine *f;* **~ de paroles** Redeschwall *m;* **~ de larmes** Bäche *Pl* von Tränen
flexibilité [flɛksibilite] *f* ① Biegsamkeit *f*
② (*adaptabilité*) Flexibilität *f; d'une personne* Flexibilität *f*, Anpassungsfähigkeit *f*
flexible [flɛksibl] **I.** *adj* ① (*souple*) biegsam
② (*adaptable*) flexibel; *personne* flexibel, anpassungsfähig
II. *m d'un aspirateur, d'une douche* Schlauch *m; d'une machine, d'un moteur* Welle *f*
flexion [flɛksjɔ̃] *f* ① Beugung *f*, Beugen *nt;* **~ du genou** Kniebeuge *f*
② LING Flexion *f*
③ PHYS Biegung *f; d'un ressort* Federung *f*
flexionnel(le) [flɛksjɔnɛl] *adj* LING flexivisch, beugbar
flibustier [flibystje] *m* Freibeuter(in) *m(f)*
flic, fliquette [flik, flikɛt] *m, f fam* Bulle *m* (*pej fam*), Polyp *m* (*fam*)
flicaille [flikɑj] *f péj fam* Polente *f* (*fam*), Bullen *Pl* (*pej fam*)
flic flac [floc] [flikflak(flɔk)] ▶ **faire ~** pitsch, patsch machen (*fam*)
flingue [flɛ̃g] *m fam* Ballermann *m* (*fam*), Knarre *f* (*fam*)
flinguer [flɛ̃ge] <1> **I.** *vt fam* ① abknallen (*fam*)
② (*critiquer*) runtermachen (*fam*)
II. *vpr fam* **se ~** sich (*Dat*) eine Kugel in den Kopf jagen (*fam*)
flipper[1] [flipœʀ] *m* Flipper *m*
flipper[2] [flipe] <1> *vi* ① *arg drogué:* voll durchhängen (*fam*)
② *fam* (*être angoissé*) eine Mordsangst [*o* Heidenangst] haben (*fam*)
③ *fam* (*être excité*) ausflippen (*fam*)
flique [flik] *adj* **ça fait ~** *fam* das geht einem/mir/ihm/auf den Zeiger
fliquer [flike] <1> *vt fam* überwachen *jeunes*
flirt [flœʀt] *m* ① Flirt *m;* (*petite histoire d'amour*) kurze Romanze
② (*personne*) Schwarm *m* (*fam*)
flirter [flœʀte] <1> *vi* flirten
F.L.N. [ɛfɛlɛn] *m* POL *abr de* **Front de libération nationale** FLN *f*
F.L.N.C. [ɛfɛlɛnse] *m* POL *abr de* **Front de libération nationale corse** FLNC *f*
floc [flɔk] ▶ **faire ~** [~] *caillou qui tombe dans l'eau:* plumps

machen; *bottes qui ont pris l'eau:* platsch machen

flocon [flɔkɔ̃] *m* ① *de neige* Flocke *f*
② *de coton, laine, bourre* Flocke *f; soutenu de brume, fumée* Schwaden *Pl*
③ GASTR Flocke *f;* **~s d'avoine** Haferflocken *Pl;* **~s de maïs** Cornflakes *Pl*
◆ **~ de neige** Schneeflocke *f*

floconneux, -euse [flɔkɔnø, øz] *adj* flockig

flonflons [flɔ̃flɔ̃] *mpl fam* Klänge *Pl*

flop [flɔp] I. *m arg* Flop *m (fam);* **faire un ~** *personne:* nicht ankommen; *affaire:* floppen
II. **faire ~** platsch machen *(fam)*

flopée [flɔpe] *f fam de gamins* Schar *f,* Haufen *m (fam); de badauds* Menge *f; de touristes* Masse *f*

floraison [flɔʀɛzɔ̃] *f* ① Blüte *f;* **avoir plusieurs ~s** mehrmals blühen
② *(fleurs)* Blütenpracht *f*
③ *(époque)* Blüte[zeit *f*] *f*
④ *(épanouissement)* Blütezeit *f; de talents* Aufblühen *nt*

floral(e) [flɔʀal, o] <-aux> *adj* ① Blumen-
② *(de la fleur)* Blüten-

floralies [flɔʀali] *f pl* Blumenschau *f*

flore [flɔʀ] *f* ① Flora *f*
② MED **~ intestinale** Darmflora *f*

florès [flɔʀɛs] *vieilli soutenu* ▸ **faire ~** Erfolg haben

Floride [flɔʀid] *f* **la ~** Florida *nt*

florifère [flɔʀifɛʀ] *adj* blütenreich

florilège [flɔʀilɛʒ] *m* Blütenlese *f,* Auswahl *f*

florin [flɔʀɛ̃] *m* HIST *(monnaie)* Gulden *m*

florissait [flɔʀisɛ] *imparf de* **fleurir**

florissant(e) [flɔʀisɑ̃, ɑ̃t] *adj* ① blühend
② *fig santé* blühend; *teint* rosig

flot [flo] *m* ① Flut *f,* Welle *f*
② *soutenu (quantité importante) d'images, d'idées, de souvenirs* Flut *f,* Fülle *f; de personnes* Scharen *Pl; de larmes, sang* Bäche *Pl; de joie* Woge *f;* **~ de paroles** Wortschwall *m;* **couler à ~s** in Strömen fließen; **entrer à ~s** *soleil, lumière:* hereinfluten
③ *sans pl (marée montante)* Flut *f*
④ *pl poét* Fluten *Pl*
▸ **~s d'une chevelure** wallende Mähne; **un ~ de sang monte au visage de qn** die Röte steigt jdm ins Gesicht; **être à ~** *bateau:* flott sein; *(avoir suffisamment d'argent)* flüssig sein *(fam); (être à jour dans son travail)* fertig sein; **se maintenir/se remettre à ~** sich über Wasser halten; **mettre/remettre qc à ~** etw wieder auf die Beine bringen

flottage [flɔtaʒ] *m* Flößen *nt*

flottaison [flɔtɛzɔ̃] *f* ① **ligne de ~** Wasserlinie *f*
② ECON Floaten *nt,* Floating *nt*

flottant(e) [flɔtɑ̃, ɑ̃t] *adj* ① [auf dem Wasser] schwimmend; *glace, bois* Treib-
② *(dans l'air) foulard, drapeaux* flatternd; *crinière* wehend; *chevelure* fliegend, wallend; **brume ~e** Nebelschwaden *Pl*
③ *(instable)* schwankend
④ MED **rein ~** Wanderniere *f*
⑤ FIN *monnaie* floatend, fluktuierend; *dette* schwebend

flotte[1] [flɔt] *f* ① MIL, ECON Flotte *f;* **~ marchande** Handelsflotte *f*
② *(ensemble des avions civils)* **~ aérienne** Luftflotte *f*
◆ **~ de commerce** Handelsflotte *f;* **~ de guerre** Kriegsflotte *f*

flotte[2] [flɔt] *f fam* ① Wasser *nt*
② *(pluie)* Regen *m*

flottement [flɔtmɑ̃] *m* ① *d'un drapeau* Flattern *nt*
② *(hésitation)* Schwanken *nt*
③ TECH *de direction, roue* Flattern *nt*
④ FIN, ECON Floaten *nt*

flotter [flɔte] <1> I. *vi* ① *(être porté sur un liquide)* schwimmen, treiben
② *(être en suspension dans l'air) brume, brouillard:* hängen; *odeur, parfum:* schweben
③ *(onduler)* flattern
④ *(être ample)* **sa jupe flotte autour d'elle** der Rock ist [ihr] [viel] zu weit
⑤ *(errer)* **laisser ~ ses pensées** seine Gedanken schweifen lassen; **un sourire flottait sur ses lèvres** ein Lächeln umspielte ihre Lippen
⑥ ECON, FIN floaten
II. *vi impers fam (pleuvoir)* schütten *(fam)*
III. *vt* flößen *bois*

flotteur [flɔtœʀ] *m* TECH Schwimmer *m*

flottille [flɔtij] *f* ① Flottille *f*
② MIL *(avions)* Staffel *f*

flou [flu] I. *m* ① Verschwommenheit *f*
② CINE, PHOT **~ artistique** weiche Manier; *iron* gewollte Unklarheit
③ *(non ajustement) d'une coiffure, mode* weiche fließende Linie
④ *(imprécision) d'une pensée* Unbestimmtheit *f; d'une argumentation* Unklarheit *f*
II. *adv* verschwommen

flou(e) [flu] *adj* ① verschwommen; *photo* unscharf
② *(non ajusté) vêtement, coiffure* locker
③ *(imprécis) idée, pensée* vage; *relation* in der Schwebe; *rôle* nicht genau definiert, unklar

flouer [flue] <1> *vt fam* reinlegen *(fam)*

flouse [fluz] *m arg* Knete *f (fam),* Kohle *f (sl)*

fluctuant(e) [flyktyɑ̃, ɑ̃t] *adj* ① *personne* wankelmütig; *opinion* wechselnd
② *prix* schwankend, fluktuierend

fluctuation [flyktyasjɔ̃] *f* ① *gén pl* Fluktuation *f; de l'opinion* Schwanken *nt kein Pl*
② FIN, ECON Schwankung *f*
③ STATIST Streuung *f*

fluctuer [flyktye] <1> *vi* schwanken, fluktuieren *(geh)*

fluet(te) [flyɛ, ɛt] *adj* ① dünn; *enfant* zart
② *(peu sonore) voix* zart

fluide [flyid, flyid] I. *adj* ① flüssig
② *(ample) style, vêtement* fließend
③ *(difficile à saisir) pensée* flüchtig
II. *m* ① CHIM flüssiger Körper, Flüssigkeit *f;* **mécanique des ~s** Strömungslehre *f*
② *(force occulte)* Fluidum *nt;* **avoir un ~ magnétique** magnetische Kräfte besitzen

fluidifier [flyidifje] <1> *vt* verflüssigen

fluidité [flyidite] *f* ① *du sang* Dünnflüssigkeit *f*
② *fig d'un style* Flüssigkeit *f; d'une pensée* Flüchtigkeit *f; d'un marché* Lebhaftigkeit *f;* **~ du trafic** Verkehrsfluss *m*

fluo [flyɔ] *adj sans pl abr de* **fluorescent**

fluor [flyɔʀ] *m* Fluor *nt*

fluoré(e) [flyɔʀe] *adj* mit Fluor angereichert

fluorescence [flyɔʀesɑ̃s] *f* Fluoreszenz *f*

fluorescent(e) [flyɔʀesɑ̃, ɑ̃t] *adj* fluoreszierend; *couleur* leuchtend; **tube ~** Neonröhre *f*

flûte [flyt] I. *f* ① Flöte *f;* **~ traversière** Querflöte *f;* **la ~ enchantée** die Zauberflöte
② *(pain)* Stangenbrot *nt*
③ *(verre)* Flöte *f*
▸ **ce qui vient de la ~ s'en va par le tambour** *prov* wie gewonnen, so zerronnen; **jouer** [*o* **se tirer**] **des ~s** *fam* abhauen *(fam)*
II. *interj fam* verflixt *(fam)*
◆ **~ à bec** Blockflöte *f;* **~ à champagne** Sektflöte *f;* **~ de Pan** Panflöte *f*

flûté(e) [flyte] *adj* hell, schrill; *voix* flötend, hell

flûtiste [flytist] *mf* Flötist(in) *m(f)*

fluvial(e) [flyvjal, jo] <-aux> *adj* Fluss-; *port* Binnen-; *transport* auf Binnenwasserstraßen

fluviomètre [flyvjɔmɛtʀ] *m* SCI Fluviograph *m (Fachspr.)*

flux [fly] *m* ❶ Flut *f;* **le ~ et le reflux** (*marée*) Ebbe *f* und Flut *f;* (*alternance*) Auf *nt* und Ab *nt*
❷ *littér* (*grande abondance*) Flut *f; de personnes* Scharen *Pl; des nouveaux arrivants* Zustrom *m*
❸ MED (*écoulement*) **~ de sang** Blutung *f*
❹ PHYS, ECON (*action de couler*) Fluss *m*
fluxion [flyksjɔ̃] *f des gencives, de poitrine* Entzündung *f*
F.M. [ɛfɛm] *f* MEDIA *abr de* **Frequency Modulation** FM *f*
FME [ɛfɛme] *m* COM *abr de* **Fonds Monétaire Européen** EWF *m*
F.M.I. [ɛfɛmi] *m abr de* **Fonds monétaire international** IWF *m*
F.N. [ɛfɛn] *m* POL *abr de* **Front national** FN *m*
F.N.A.C. [fnak] *f abr de* **Fédération nationale d'achats des cadres** FNAC *f*
F.N.S.E.A. [ɛfɛnɛsøa] *f abr de* **Fédération nationale des syndicats d'exploitants agricoles** Nationaler Bauernverband *m*
F.O. [ɛfo] *abr de* **Force ouvrière** *eine Arbeitergewerkschaft*
foc [fɔk] *m* Fock *f;* **grand/petit ~** Klüver *m*/Vorstagsegel *nt*
◆ **~ d'artimon** Besanstagsegel *nt*
focal(e) [fɔkal, o] <-aux> *adj distance, plan* Brenn-
focale [fɔkal] *f* Brennweite *f*
focaliser [fɔkalize] <1> **I.** *vt* ❶ PHYS fokussieren
❷ (*concentrer*) **~ son attention/intérêt sur qn/qc** sein Augenmerk, sein Interesse auf jdn/etw richten
II. *vpr* ❶ PHYS **se ~** sich bündeln
❷ (*se concentrer*) **se ~ sur qn/qc** sich auf jdn/etw konzentrieren
foehn [føn] *m* ❶ (*vent*) Föhn *m*
❷ CH (*sèche-cheveux*) Föhn *m*
fœtal(e) [fetal, o] <-aux> *adj* fetal, fötal, des Fötus; *position* Embryonal-
fœtus [fetys] *m* Fetus *m*, Fötus *m*
fofolle [fɔfɔl] *adj v.* **foufou**
foi [fwa] *f* ❶ **~ en qn** Glaube[n] *m* an jdn; **avoir la ~** gläubig sein
❷ (*confiance*) **avoir ~ dans** [*o* **en**] **qn/qc** *soutenu* Vertrauen *nt* zu jdm/in etw (*Akk*) haben; **avoir ~ en l'avenir** an die Zukunft glauben; **accorder** [*o* **ajouter**] [*o* **prêter**] **~ à qn/qc** jdm/einer S. Glauben schenken
❸ JUR (*intention*) **bonne ~** Gutglauben *m*, guter Glaube; **mauvaise ~** Bösgläubigkeit *f*, böser Glaube; **agir de** [*o* **en toute**] **bonne ~** gutgläubig [*o* in gutem Glauben] handeln, bona fide handeln (*Fachspr.*); **agir de mauvaise ~** bösgläubig handeln; **être de bonne/mauvaise ~** aufrichtig/unaufrichtig sein; JUR gutgläubig/bösgläubig sein (*Fachspr.*)
▶ **la ~ du charbonnier** die Leichtgläubigkeit; **c'est la ~ qui transporte les montagnes** der Glaube versetzt Berge; **sous la ~ du serment** unter Eid; **il n'y a que la ~ qui sauve** *iron* wer's glaubt, wird selig (*fam*); **avoir la ~** (*croire en ce qu'on fait*) mit Überzeugung bei der Sache sein; **faire ~** maßgebend [*o* verbindlich] sein; **en ~ de quoi** urkundlich dessen; **ma ~** na ja; **ma ~ oui/non** aber ja/nein; **c'est ma ~ vrai** da haben Sie Recht; ach ja, das ist wahr
foie [fwa] *m* ❶ Leber *f;* **avoir mal au ~** eine Magenverstimmung haben
❷ GASTR **~ gras** Leberpastete *f*
▶ **avoir les ~s blancs/verts** *pop* Wahnsinnsschiss haben (*sl*)
foin [fwɛ̃] *m* ❶ *sans pl* Heu *nt*
❷ (*herbe sur pied*) Wiesengras *nt*
▶ **être bête à manger du ~** *fam* dumm wie Bohnenstroh sein (*fam*); **faire du ~** [*o* **un de ces ~s**] [*o* **un ~ de tous les diables**] *fam* einen Heidenkrach [*o* Höllenlärm] machen (*fam*)
foirade [fwaʀad] *f fam* Reinfall *m* (*fam*), Flop *m*
foire [fwaʀ] *f* ❶ [Waren]markt *m;* **~ à la brocante** Trödelmarkt
❷ (*exposition commerciale*) [Waren]messe *f*
❸ (*fête foraine*) Jahrmarkt *m;* **~ du Trône** *traditioneller Pariser Jahrmarkt*
❹ *fam* (*endroit bruyant*) Rummel *m* (*fam*), Trubel *m*
▶ **faire la ~** *fam* sich lautstark amüsieren, durchfeiern
◆ **~ d'empoigne** Hexenkessel *m* (*fam*)
foire-exposition [fwaʀɛkspozisjɔ̃] <foires-expositions> *f* Messe *f*
foirer [fwaʀe] <1> *vi* ❶ *fam* schief gehen, daneben gehen (*fam*)
❷ *fam* (*être défectueux*) *écrou, vis:* nicht greifen, überdreht sein; *obus, fusée:* nicht losgehen
foireux, -euse [fwaʀø, -øz] **I.** *adj fam* feige
II. *m, f fam* Hosenscheißer(in) *m(f)* (*fam*)
fois [fwa] *f* ❶ **une ~ par an** [*o* **l'an**] einmal im [*o* pro] Jahr; **une ~ tous les deux ans** alle zwei Jahre einmal; **avoir déjà fait qc vingt/trente-six/cent/mille ~** etw schon hundertmal [*o* tausendmal] getan haben; **plier qc cinq ~** etw fünffach [*o* fünfmal] falten; **de cinq ~** um das Fünffache; **une autre ~** ein anderes Mal, ein andermal; **d'autres/les autres ~** sonst; **bien des ~** schon manches Mal; **certaines ~** manchmal; **cette ~** [**-ci/-là**] diesmal, dieses Mal; [**à**] **chaque ~** jedesmal; **c'est la dernière ~** das ist das letzte Mal; **la dernière ~, tu as pleuré** letztes Mal [*o* das letzte Mal] [*o* beim letzten Mal] hast du geweint; **encore une** [*o* **une nouvelle**] **~** noch einmal; **plusieurs ~** mehrmals, mehrere Male; **la prochaine ~** das nächste Mal; **en une ~** auf einmal; **en plusieurs ~** in mehreren Etappen; **par deux/trois ~** *littér* zweimal/dreimal, wiederholt; **tant de ~** so oft; **il était une ~...** es war einmal ...; **la/les ~ où** [*o* **que** *fam*] **tu es venu(e)** das eine Mal, das [*o* wo *fam*] du gekommen bist
❷ *dans un comparatif* **deux ~ plus/moins vieux(vieille) que qn/qc** doppelt/halb so alt wie jd/etw; **cinq ~ plus élevé(e) que** um das Fünffache höher als; **exiger cinq ~ le prix** den fünffachen Preis verlangen; **un prix cinq ~ plus élevé** ein fünffacher Preis; **un salaire cinq ~ plus élevé** das Fünffache an Gehalt; **un agrandissement cinq ~ plus grand** eine fünffache Vergrößerung; **gagner/payer cinq ~ plus** das Fünffache verdienen/bezahlen; **cinq ~ plus d'argent/de personnes** fünfmal so viel Geld/soviel Personen
❸ (*comme multiplicateur*) **9 ~ 3 font 27** 9 mal 3 ist 27; **une ~ et demie la distance** die anderthalbfache Entfernung; **une ~ et demie plus grand** anderthalbmal so groß
▶ **faire qc une ~, pas deux** etw nur einmal machen; **ne pas se le faire dire deux ~** es sich (*Dat*) nicht zweimal sagen lassen; **s'y prendre** [*o* **reprendre**] **à deux ~** es nicht in einem Zug schaffen; **y regarder à deux ~** es sich (*Dat*) gut [*o* zweimal] überlegen; **plutôt deux ~ qu'une** herzlich gern[e]; **neuf ~ sur dix** fast immer; **c'est la première et la dernière ~ que qn fait qc** das war das erste und letzte Mal, dass jd etw tut; das kommt nicht wieder vor, dass jd etw tut; **c'est trois ~ rien** das ist nicht der Rede wert; **un** [**seul**] **enfant/bateau à la ~** ein Kind/Schiff nach dem anderen; [**tout**] **à la ~** gleichzeitig, zur gleichen Zeit; **une ~ de plus** ein weiteres Mal, einmal mehr; **des ~** *fam* ab und zu, manchmal; **des ~ qu'il viendrait!** *fam* für den Fall, dass er doch noch kommt!; **non mais des ~ !** *fam* jetzt reicht es aber! (*fam*); **pour une ~ qu'on devait partir!** wenn man schon einmal verreisen will!; **pour une ~, dis oui!** sag [doch] einmal [*o* ein einziges Mal] ja!; **une** [**bonne**] **~ pour toutes** ein für alle Mal; **une ~, deux ~, trois ~** (*dans une vente aux enchères*) zum ersten, zum zweiten, zum dritten; (*pour menacer*) [ich zähle bis drei:] eins, zwei, drei; **une ~** [**qu'il fut**] **parti, ...** als er schließlich weg war, ...; **une ~ que tu auras lavé la vaisselle** sobald du den Abwasch gemacht hast; **une ~ propre, la table peut être repeinte** wenn der Tisch [erst einmal] sauber ist, kann er neu gestrichen werden
foison [fwazɔ̃] ▶ **à ~** in Hülle und Fülle
foisonnant(e) [fwazɔnɑ̃, ɑ̃t] *adj* ❶ (*abondant*) *projet* umfangreich
❷ (*qui augmente de volume*) anschwellend
foisonnement [fwazɔnmɑ̃] *m* Fülle *f;* **~ de vie** reges Leben;

F

~ **de plantes** üppiger Pflanzenwuchs

foisonner [fwazɔne] <1> *vi* reichlich [*o* im Überfluss] vorhanden sein

fol [fɔl] *adj v.* **fou**

folâtre [fɔlɑtʀ] *adj* ausgelassen, übermütig

folâtrer [fɔlɑtʀe] <1> *vi* sich tummeln

foldingue [fɔldɛ̃g] *fam* **I.** *adj* verrückt (*fam*), durchgeknallt (*sl*)
II. *mf* Spinner(in) *m(f)*

folichon(**ne**) [fɔliʃɔ̃, ɔn] *adj fam* **ne pas être** ~(**ne**) nicht gerade umwerfend sein (*fam*)

folie [fɔli] *f* ❶ Wahnsinn *m*, geistige Umnachtung; **c'est de la ~ douce** [*o* **furieuse**] [*o* **pure**] das ist [doch] heller Wahnsinn
❷ (*déraison*) Verrücktheit *f*; **c'est ~ de faire qc** *littér* es ist ohne Sinn und Verstand, etw zu tun
❸ (*passion*) ~ **de qc** Manie *f* für etw; **avoir la ~ de qc/de faire qc** verrückt nach etw (*Dat*) sein/verrückt danach sein, etw zu tun; **aimer qn/qc à la ~** jdn/etw wahnsinnig lieben
❹ (*conduite, paroles*) Torheit *f*, Unbesonnenheit *f*, [dummer] Streich; **faire une ~/des ~s** (*faire une dépense excessive*) unsinnig viel Geld ausgeben; (*se conduire mal*) aus der Rolle fallen
❺ HIST Lustschloss *nt*
◆ ~ **des grandeurs** Größenwahn *m*

folié(**e**) [fɔlje] *adj* blätt[e]rig, aus mehreren Schichten bestehend

folio [fɔljo] *m* TYP ❶ (*feuillet*) Folio[blatt *nt*] *nt*
❷ (*numéro*) Seitenzahl *f*

foliole [fɔljɔl] *f* [Einzel]blatt *nt*

folk [fɔlk] **I.** *adj* Folk-; **chanteur** ~ Folksänger *m*
II. *m* Folk *m*

folklo [fɔlklo] *adj inv fam abr de* **folklorique: être** ~ ein bisschen komisch sein (*fam*)

folklore [fɔlklɔʀ] *m* ❶ Folklore *f*; (*cérémonial*) Sitten und Gebräuche *Pl*
❷ *péj* (*cirque*) [Affen]theater *nt*

folklorique [fɔlklɔʀik] *adj* ❶ *chant* folkloristisch, volkstümlich; *danse, groupe* Folklore-
❷ *péj fam* (*farfelu*) ein bisschen komisch (*fam*)

folkloriste [fɔlklɔʀist] *mf* Volkskundler(in) *m(f)*, Folklorist(in) *m(f)* (*Fachspr.*)

folksong [fɔlksɔŋ] *m* Folk[song *m*] *m*

folle [fɔl] *f* ❶ (*démente*) Verrückte *f*; MED Geistesgestörte *f*; ~ **furieuse** Tobsüchtige *f*
❷ (*écervelée*) **jeune** ~ junge Irre (*fam*); **vieille** ~ närrische Alte; **crier/travailler comme une** ~ wie eine Irre [*o* Verrückte] schreien/arbeiten
❸ (*personne exubérante*) **faire la** ~ (*faire, dire des bêtises*) Unsinn [*o* Blödsinn] machen; (*se défouler*) sich austoben; **arrête de faire la ~!** lass den Quatsch! (*fam*)
❹ *péj fam* (*homosexuel*) Tunte *f* (*fam*)
▸ **s'amuser comme une <u>petite</u>** ~ *fam* sich königlich amüsieren (*fam*)
◆ ~ **du logis** *littér* Fantasie *f*

follement [fɔlmɑ̃] *adv* wahnsinnig (*fam*); *amoureux* unsterblich; *comique* irrsinnig

follet(**te**) [fɔlɛ, ɛt] *adj* ❶ (*déraisonnable*) wirr
❷ *fig* (*capricieux*) launisch
▸ <u>**esprit**</u> ~ Kobold *m*; <u>**feu**</u> ~ Irrlicht *nt*; <u>**poil**</u> ~ Flaum *m*

follicule [fɔlikyl] *m* ❶ BOT Fruchtkapsel *f*
❷ ANAT Follikel *m*

fomentateur, -trice [fɔmɑ̃tatœʀ, -tʀis] *m, f* Aufrührer(in) *m(f)*, Aufwiegler(in) *m(f)*

fomenter [fɔmɑ̃te] <1> *vt littér* schmieden, anzetteln (*fam*) *complot;* anstiften *troubles, assassinat*

foncé(**e**) [fɔ̃se] *adj* dunkel; *bleu, rouge* dunkel-

foncer [fɔ̃se] <2> **I.** *vt* ❶ dunkler machen
❷ (*creuser*) graben; ausschachten *puits*
❸ GASTR ~ **un moule** den Boden [einer Form] auslegen
II. *vi* ❶ ~ **sur qn/qc** auf jdn/etw losgehen [*o* zurasen]
❷ *fam* (*aller très vite*) (*en courant*) [los]wetzen (*fam*); (*en agissant très vite*) fix machen (*fam*)
❸ (*devenir plus foncé*) dunkler werden

fonceur, -euse [fɔ̃sœʀ, -øz] *m, f fam* dynamische Person *f*; (*audacieux*) Draufgänger(in) *m(f)* (*fam*)

foncier, -ière [fɔ̃sje, -jɛʀ] *adj* ❶ Grund-; *revenus* aus Liegenschaften *Pl*
❷ (*fondamental*) *défaut* grundlegend; *erreur* gründlich; *problème* grundsätzlich; *qualité, gentillesse* angeboren

foncièrement [fɔ̃sjɛʀmɑ̃] *adv* von Grund auf [*o* aus], grundsätzlich

fonction [fɔ̃ksjɔ̃] *f* ❶ Funktion *f*; **avoir pour ~ de faire qc** *personne:* die Funktion [*o* Aufgabe] haben, etw zu tun; *objet, dispositif:* die Funktion haben, etw zu tun; **faire ~ de cuisinier** die Rolle des Kochs übernehmen, als Koch fungieren; **faire ~ de bureau** als Schreibtisch dienen
❷ (*activité professionnelle*) Tätigkeit *f*
❸ (*charge*) Amt *nt*, Aufgabe *f*; **exercer une** ~ ein Amt ausüben; **occuper de hautes ~s** ein hohes Amt bekleiden; **prendre ses ~s** ein Amt übernehmen; **être/rester en** ~ im Amt sein/bleiben; **cesser ses ~s** sein Amt niederlegen; **logement/voiture de** ~ Dienstwohnung *f*/Dienstwagen *m*
❹ BIO, LING, MATH, TECH, INFORM Funktion *f*
❺ CHIM Wirkung *f*, Wirksamkeit *f*
▸ **la ~ <u>publique</u>** der öffentliche Dienst; <u>**être**</u> ~ **de qc** von etw abhängen; <u>**en**</u> ~ **de qc** einer S. (*Dat*) entsprechend; **en ~ du temps** je nach Wetter[lage]

fonctionnaire [fɔ̃ksjɔnɛʀ] *mf* Beamte(r) *m*/Beamtin *f*; **haut** ~ ≈ Beamte(r)/Beamtin des gehobenen Dienstes; **corruption de** ~ Beamtenbestechung *f*

fonctionnalisme [fɔ̃ksjɔnalism] *m* LING, PSYCH Funktionalismus *m*

fonctionnalité [fɔ̃ksjɔnalite] *f* ❶ *sans pl* Funktionalität *f*
❷ *gén pl* INFORM Funktionen *Pl*

fonctionnariat [fɔ̃ksjɔnaʀja] *m* Berufsbeamtentum *nt*

fonctionnariser [fɔ̃ksjɔnaʀize] <1> *vt* ❶ verbeamten *personne;* in den Staatsdienst übernehmen *entreprise, personne*
❷ bürokratisieren *service, État*

fonctionnel(**le**) [fɔ̃ksjɔnɛl] *adj* ❶ funktionsgerecht, funktionell
❷ MED, MATH Funktions-

fonctionnement [fɔ̃ksjɔnmɑ̃] *m* Funktionieren *nt; d'un organe, d'une institution* Funktionieren *nt*, Funktionsweise *f*

fonctionner [fɔ̃ksjɔne] <1> *vi* funktionieren; *organe, administration:* arbeiten; ~ **en équipe** als Team arbeiten; ~ **à la bière/au café** *fam* ohne Bier/Kaffee nicht funktionstüchtig sein [*o* nicht über die Runden kommen] (*fam*)

fond [fɔ̃] *m* ❶ *d'un récipient, tiroir* Boden *m*; *de la mer* Boden *m*, Grund *m*; *d'un violon, d'une guitare* Resonanzboden *m*; *d'une vallée* Sohle *f*, Mulde *f*; *d'une rivière* Bett *nt*; TECH, ARCHIT [Unter]grund *m*; **les ~s sous-marins** die Tiefsee; **à ~ de cale** NAUT im Kielraum *m*; **travailler au** ~ unter Tage arbeiten; **au ~ du sac** [ganz] unten in der Tasche; **au ~ du lac** auf dem Grund des Sees
❷ (*partie la plus éloignée*) *d'une pièce, d'un couloir* hinterer Teil; *d'une armoire* Rückwand *f*; **au** [**fin**] ~ **du monde/de qc** am Ende der Welt/im hintersten Winkel einer S. (*Gen*); **au ~ de la cour** hinten im Hof
❸ ANAT Innere(s) *nt*; **examiner le ~ de la gorge** in den Hals schauen
❹ THEAT *d'une estrade, scène* Hintergrund *m*
❺ (*partie intime*) *du cœur, de l'âme* Innere(s) *nt*, Tiefe *f*; **avoir un bon** ~ einen guten Kern haben; **regarder qn au ~ des yeux** jdm tief in die Augen schauen; **au ~ de lui-même** tief im Innern seines Herzens; **du ~ du cœur** von ganzem Herzen
❻ (*degré le plus bas*) ~ **de la misère** tiefstes Elend; **être au ~ de l'abîme** am Boden zerstört sein; **toucher le** ~ völlig am Boden liegen

7 (*ce qui est essentiel*) *des choses* Wesentliche(s) *nt,* Hauptsache *f,* Essenz *f; d'un problème* Kern *m;* **expliquez le ~ de votre pensée** sagen Sie, was Sie wirklich denken; **aller au ~ des choses** den Dingen auf den Grund gehen
8 (*opp: forme*) Inhalt *m*
9 (*reste*) *de vin, d'apéritif* [kleiner] Schluck; *d'huile, de bouteille, verre* Rest *m,* Bodensatz *m*
10 (*hauteur d'eau*) [Wasser]tiefe *f*
11 TEXTIL (*pièce rapportée*) Boden *m*
12 (*arrière-plan*) (*sonore*) Hintergrund *m,* Untermalung *f;* (*visuel*) Untergrund *m;* ~ **sonore** musikalische Untermalung, Hintergrundmusik *f;* **sur ~ de qc** vor dem Hintergrund einer S. (*Gen*)
13 GASTR Fond *m*
14 SPORT (*résistance*) Ausdauer *f;* (*course*) Langstreckenlauf *m;* **ski de ~** [Ski]langlauf *m*
▶ **le ~ de l'air est frais** es weht ein kühles Lüftchen; **user ses ~s de culotte sur les bancs de l'école** die Schulbank drücken; **faire** [*o* **gratter**] [*o* **vider**] **les ~s de tiroir** *fam* sein letztes Geld zusammenkratzen (*fam*); **avoir un ~ de qc** eine Spur von etw besitzen; **il y a un grand ~ de vérité dans tout ça** dahinter steckt viel Wahres; **à ~** voll und ganz; *nettoyer, remanier* gründlich; *respirer* tief; *connaître* in- und auswendig; *appuyer* voll; **à ~ la caisse** *pop* mit einem Affenzahn (*fam*); **être à ~ de cale** *fam* pleite sein (*fam*); **à ~ de train** im Eiltempo, mit Karacho (*fam*); **au** [*o* **dans le**] **~, ...** *fam* im Grunde genommen ..., eigentlich ...; **de ~** Haupt-, grundlegend; *article* Leit-; **de ~ en comble** von Grund aus, ganz und gar; **sur le ~** grundsätzlich
◆ **~ d'artichaut** Artischockenboden *m;* **~ de culotte** Hosenboden *m* (*fam*); **~ de robe** Unterkleid *nt;* **~ de sauce** Soßenfond *m;* **~ de tarte** Tortenboden *m;* **~ de teint** Grundierung *f;* **~ d'œil** Augenhintergrund *m*

fondamental [fɔ̃damɑ̃tal, o] <-aux> *m* Grundton *m*

fondamental(e) [fɔ̃damɑ̃tal, o] <-aux> *adj* 1 grundlegend, fundamental; *élément, propriété, loi* Grund-; *opération* Haupt-
2 (*essentiel*) wesentlich, von großer Bedeutung
3 SCI *recherche* Grundlagen-
4 MUS *son, note, accord* Grund-; *fréquence* Haupt-
5 LING **l'allemand ~** der deutsche Grundwortschatz

fondamentalement [fɔ̃damɑ̃talmɑ̃] *adv* von Grund auf [*o* aus]; *modifier* grundlegend; *opposé, faux* grund-

fondamentalisme [fɔ̃damɑ̃talism] *m* Fundamentalismus *m*

fondamentaliste [fɔ̃damɑ̃talist] **I.** *adj* fundamentalistisch
II. *mf* REL Fundamentalist(in) *m(f)*

fondant [fɔ̃dɑ̃] *m* 1 weiches Bonbon
2 (*glaçage*) Fondant *m o nt*
3 TECH Schmelzsubstanz *f*
4 METAL Zuschlag *m*

fondant(e) [fɔ̃dɑ̃, ɑ̃t] *adj* 1 *glace* schmelzend; **neige ~e** Pappschnee *m*
2 (*qui devient mou*) *bonbon, chocolat* auf der Zunge zergehend
3 *poire* saftig
4 (*tendre*) zart

fondateur, -trice [fɔ̃datœʀ, -tʀis] *m, f d'une usine, ville, société* Gründer(in) *m(f); d'une théorie, science* Begründer(in) *m(f); d'une bourse, d'un prix* Stifter(in) *m(f); d'une œuvre* Initiator(in) *m(f);* **~(-trice) de l'entreprise** Firmengründer(in) *m(f)*

fondation [fɔ̃dasjɔ̃] *f* 1 Gründung *f;* **~ d'une entreprise** Unternehmensgründung
2 (*création par don ou legs*) Stiftung *f*
3 (*établissement*) Stiftung *f*
4 CONSTR *d'un bâtiment pl* Fundament *nt,* Grundmauern *Pl*

fondé(e) [fɔ̃de] *adj* **être bien ~(e)** *crainte, critique:* berechtigt sein; *opinion:* fundiert sein; *confiance:* gerechtfertigt sein; *pressentiment:* nicht unbegründet sein; **être ~(e) à faire qc** allen Grund haben, etw zu tun

fondement [fɔ̃dmɑ̃] *m* 1 *pl* Grundlagen *Pl,* Fundament *nt;* **jeter** [*o* **poser**] **les ~s de qc** die Grundlage zu etw legen
2 (*motif, raison*) Grundlage *f;* **ne reposer sur aucun ~** völlig unbegründet sein; **sans** [*o* **dénué(e) de tout**] **~** ohne jede Grundlage
3 PHILOS Grundlage *f,* Begründung *f*

fonder [fɔ̃de] <1> **I.** *vt* 1 gründen
2 (*financer*) stiften *prix;* ins Leben rufen *dispensaire, institution*
3 *littér* (*faire reposer*) **~ ses espoirs sur qc** seine Hoffnung auf etw (*Akk*) gründen; **~ une théorie sur qc** eine Theorie auf etw (*Akk*) stützen; **~ une décision sur qc** eine Entscheidung mit etw (*Dat*) begründen; **~ de grands espoirs sur qn** große Hoffnungen in jdn setzen; **être fondé(e) sur une histoire vraie** auf einer wahren Geschichte beruhen
II. *vpr* **se ~ sur qc** *personne:* sich auf etw (*Akk*) berufen; *attitude, raisonnement:* durch etw (*Akk*) begründet sein

fonderie [fɔ̃dʀi] *f* 1 (*usine*) [Metall]gießerei *f*
2 (*fabrication*) [Metall]gießerei *f,* [Metall]gießen *nt*

fondeur [fɔ̃dœʀ] *m* 1 (*métier*) [Metall]gießer(in) *m(f);* (*maître*) Meister(in) *m(f)* in einer [Metall]gießerei
2 SKI Langläufer *m*

fondeuse [fɔ̃døz] *f* 1 SKI Langläuferin *f*
2 (*machine*) Gießmaschine *f*

fondre [fɔ̃dʀ] <14> **I.** *vi* 1 schmelzen; *beurre, chocolat:* schmelzen, zerlaufen, zerfließen; **faire ~ qc** etw zum Schmelzen bringen
2 (*se dissoudre*) **~ dans un liquide** zerfließen; **~ dans la bouche/sous la langue** im Mund/auf der Zunge zergehen
3 (*s'attendrir*) **~ de pitié/en larmes** vor Mitleid (*Dat*) vergehen/in Tränen ausbrechen
4 *fam* (*maigrir*) **~ de 10 kilos** 10 Kilo abspecken (*fam*)
5 (*diminuer rapidement*) *argent, économies, muscles:* dahinschwinden; (*diminuer partiellement*) [zusammen]schrumpfen; **~ de moitié** um die Hälfte schrumpfen; **~ devant qc** *colère, sentiment:* angesichts einer S. schwinden
6 (*dissiper*) **faire ~ sa colère** seine Wut abflauen lassen
7 (*se précipiter*) **~ sur qn/un animal/qc** *oiseau, ennemi:* sich auf jdn/ein Tier/etw stürzen, über jdn/ein Tier/etw herfallen; **~ sur qn** *fig ennuis:* auf jdn zukommen; *soucis:* jdn befallen; *malheurs:* über jdn hereinbrechen
II. *vt* 1 schmelzen, zum Schmelzen bringen; einschmelzen *bijoux, argenterie;* zerlassen *beurre*
2 (*fabriquer*) gießen
3 (*fusionner*) **~ qc dans qc** etw mit etw vereinigen; **~ plusieurs choses en une seule** etw zu einer Sache zusammenfassen
4 (*incorporer*) **~ qc dans qc** etw in etw (*Akk*) einfügen
III. *vpr* 1 **se ~ en qc** *personnes, choses:* sich zu etw vereinigen
2 (*former un tout avec*) **se ~ dans qc** in etw (*Dat*) aufgehen
3 (*disparaître*) **se ~ dans qc** in etw (*Dat*) verschwinden; *appel:* in etw (*Dat*) untergehen

fondrière [fɔ̃dʀijɛʀ] *f* (*trou plein d'eau*) [Wasser]loch *nt;* (*trou plein de boue*) [Schlamm]loch; (*trou dans la rue*) Schlagloch

fonds [fɔ̃] *m* 1 (*commerce*) Geschäft *nt,* Laden *m*
2 (*terrain*) Grundstück *nt*
3 (*organisme*) Fonds *m*
4 (*capital*) Vermögen *nt,* festliegende Gelder; **gérer les ~** die Kasse [*o* die Gelder] verwalten; **prêter qc à ~ perdu** etw ohne Aussicht auf Rückzahlung verleihen; **rentrer dans ses ~** *fam* kein Minusgeschäft machen (*fam*); **être en ~** *fam* bei Kasse sein (*fam*)
5 (*ressources*) Stoff *m,* Material *nt; d'une langue* Wortschatz *m*
6 (*œuvres*) *d'une bibliothèque* Bestand *m*
7 (*qualités physiques ou intellectuelles*) Potenzial *nt*
◆ **~ de grève** Streikfonds *m,* Streikkasse *f;* **~ d'investissement** Anlagefonds *m;* **~ de pension** Pensionsfonds *m;* **~ de placement** Wertpapierfonds *m;* **~ de solidarité** Solidaritätsfonds *m;* **~ de subventions** Fördermittel *Pl;* **~ de tiers** fremde Gelder

fondu [fɔ̃dy] *m* CINE **~ enchaîné** Überblendung *f*

fondu(e) [fɔ̃dy] **I.** *part passé de* **fondre**

F

II. *adj couleurs, tons* ineinander übergehend, verschwimmend; **neige ~e** Schneeregen *m;* (*au sol*) Pappschnee *m; fromage* Schmelz-

fondue [fɔ̃dy] *f* Fondue *nt;* ~ **bourguignonne/savoyarde** Fleisch-/Käsefondue *nt*

fongicide [fɔ̃ʒisid] **I.** *adj* fungizid
II. *m* Fungizid *nt*

fonne [fɔn] *m* CAN *v.* **fun**

font [fɔ̃] *indic prés de* **faire**

fontaine [fɔ̃tɛn] *f* ❶ [Spring]brunnen *m;* ~ **murale** Wandbrunnen *m*
❷ (*source*) Brunnen *m*
❸ GASTR (*creux dans la farine*) Mulde *f*
▶ **il ne faut pas** [*o* **jamais**] **dire: "~, je ne boirai pas de ton eau"** *prov* sag niemals nie; **pleurer comme une ~** *hum* wie ein Schlosshund heulen (*fam*)
◆ ~ **de Jouvence** Jungbrunnen *m*

fontanelle [fɔ̃tanɛl] *f* ANAT Fontanelle *f*

fonte [fɔ̃t] *f* ❶ *d'un métal* Schmelzen *nt;* ~ **des neiges** Schneeschmelze *f*
❷ (*fabrication*) Gießen *nt*
❸ (*métal*) Gusseisen *nt;* ~ **blanche/grise** Hartguss *m*/Grauguss *m;* **en ~** aus Gusseisen, gusseisern

fonts [fɔ̃] *mpl* ~ **baptismaux** Taufbecken *nt,* Taufstein *m*

foot [fut] *m sans pl abr de* **football** Fußball *m*

football [futbol] *m sans pl* Fußball *m*

footballeur, -euse [futbolœʀ, -øz] *m, f* Fußballspieler(in) *m(f),* Fußballer(in) *m(f)* (*fam*)

footing [futiŋ] *m* Jogging *nt,* Joggen *nt;* **faire du/son ~** joggen

for [fɔʀ] ▶ **en/dans mon/son ~ intérieur** in meinem/seinem/ihrem tiefsten Inneren

forage [fɔʀaʒ] *m* Bohrung *f,* Bohren *nt*

forain(e) [fɔʀɛ̃, ɛn] **I.** *adj attraction, baraque* Jahrmarkts-; *marchand* fliegend; **fête ~e** Jahrmarkt *m*
II. *m(f)* Schausteller(in) *m(f)*

forban [fɔʀbɑ̃] *m* ❶ Seeräuber *m*
❷ *fam* (*escroc*) Halunke *m,* Lump *m* (*fam*)

forçage [fɔʀsaʒ] *m* ❶ CHASSE *d'un cerf* Treiben *nt*
❷ HORT *des primeurs* Frühkultur *f*

forçat [fɔʀsa] *m* ❶ zur Zwangsarbeit verurteilter Sträfling
❷ (*condamné aux galères*) Galeerensträfling *m*
▶ ~ **du travail** Arbeitstier *nt;* **travailler comme un ~** wie ein Wilder/eine Wilde schuften (*fam*)

force¹ [fɔʀs] *f* ❶ Kraft *f;* **de toutes ses ~s** mit aller Kraft; *crier* aus Leibeskräften; **être au-dessus de mes/ses ~s** über meine/seine/ihre Kräfte gehen; **ménager ses ~s** mit seinen Kräften haushalten; **ne pas avoir de ~** nicht bei Kräften sein; **reprendre des ~s** wieder zu Kräften kommen; **mes ~s me trahissent** mir schwinden die Kräfte; **à ~s égales** im Gleichgewicht der Kräfte
❷ (*courage*) Kraft *f*
❸ (*niveau intellectuel*) Geistesgabe *f*
❹ (*pouvoir*) Stärke *f;* ~ **publique** öffentliche Gewalt; **céder à la ~** der Gewalt (*Dat*) nachgeben; **employer la ~** Gewalt anwenden; **qc fait la ~ de qn** jds Stärke liegt in etw (*Dat*); **l'union fait la ~** Einigkeit macht stark; ~ **majeure** JUR Force majeure *f* (*Fachspr.*)
❺ *gén pl* (*ensemble de personnes*) Kräfte *Pl;* **jeu des ~s** Kräftespiel *nt;* ~ **électorale/financière** Wähler-/Finanzpotenzial *nt*
❻ MIL ~**s d'intervention** Einsatztruppen *Pl;* ~**s de l'ordre** Polizei *f;* ~[**s**] **armée**[**s**]/**militaire**[**s**] Streitkräfte *Pl;* **concentrer ses ~s** seine Streitkräfte zusammenziehen
❼ PHYS Kraft *f*
❽ (*autorité*) *de l'habitude, de la loi, vérité* Macht *f; d'un argument, préjugé* Stärke *f;* **prendre ~ de loi** Gesetzeskraft bekommen; **par la ~ des choses** durch die Umstände bedingt, zwangsläufig
❾ (*principe d'action*) Kraft *f; de la nature, du mal, des ténèbres* Kräfte *Pl;* ~ **supérieure** übersinnliche Kraft
❿ (*degré d'intensité*) *d'un choc, coup* Wucht *f; du vent, tremblement de terre* Stärke *f; d'une carte* Wert *m; d'un désir, d'une passion* Heftigkeit *f,* Intensität *f; d'un sentiment* Tiefe *f; de l'égoïsme, de la haine* Ausmaß *nt;* ~ **du son/bruit** Lautstärke *f;* **avec ~** *frapper* heftig; **avec un vent de ~ sept** bei Windstärke sieben
⓫ TECH *d'un câble, mur, d'une barre* Stabilität *f*
⓬ (*puissance, efficacité*) *d'un moteur* Leistungskraft *f; d'un médicament, poison* Wirkungskraft *f*
⓭ (*vigueur*) *d'une œuvre, d'un style, terme* Ausdruckskraft *f;* **dans toute la ~ du terme** im wahrsten Sinne des Wortes
⓮ CHIM Stärke *f*
⓯ *sans pl* (*électricité*) [elektrischer] Strom
▶ **être dans la ~ de l'âge** in den besten Jahren sein; **à la ~ des bras** [*o* **du poignet**] mit Muskelkraft; (*seul*) aus eigener Kraft; **avoir une ~ de cheval** *fam* Bärenkräfte haben (*fam*); **c'est une ~ de la nature** er/sie steckt voller Vitalität; **être de première ~** eine(r) von den Besten sein; **vouloir qc à toute ~** etw um jeden Preis wollen; **~ m'est/lui est de faire qc** ich/er/sie muss wohl oder übel etw tun; **être de ~ à faire qc** in der Lage sein, etw zu tun; **à ~** mit der Zeit; **à ~ de faire qc/de qc** indem man etw tut/durch etw; **à ~ de pleurer** durch das viele Weinen; **faire qc avec ~** etw mit Nachdruck tun; **faire qc de ~** etw unter Zwang tun; **faire qc en ~** (*opp: en souplesse*) etw mit viel Kraft tun; (*en nombre*) etw in großer Zahl tun; **faire qc par ~** etw gezwungenermaßen tun
◆ ~ **d'âme** Seelengröße *f;* ~ **de caractère** Charakterstärke *f;* ~ **de corps** TYP Schriftgrad *m;* ~ **de dissuasion** Abschreckungspotenzial *nt;* ~ **de frappe** *schlagwortartige Bezeichnung für die französische Atomstreitmacht;* ~ **d'impression** Anschlagsstärke *f;* ~ **d'inertie** Trägheit *f;* ~**s d'occupation** Besatzungsmacht *f;* ~**s de police** Einsatzkräfte *Pl* der Polizei; ~ **de volonté** Willenskraft *f,* Willensstärke *f*

force² [fɔʀs] *littér* **dévorer ~ moutons** eine ganze Anzahl Schafe verschlingen

forcé(e) [fɔʀse] **I.** *part passé de* **forcer**
II. *adj* ❶ *bain, mariage* unfreiwillig; *travail* Zwangs-; *atterrissage* Not-; **envoi ~** nicht bestellte Ware
❷ (*artificiel*) *attitude* unnatürlich, steif; *rire, sourire* gezwungen; *amabilité, gaieté* forciert, aufgesetzt
❸ *fam* (*inévitable*) *conséquence, suite* zwangsläufig
❹ LITTER, ART *style, expression, trait* unnatürlich; *comparaison, effet* erzwungen
▶ **c'était ~!** *fam* das war abzusehen [*o* ja klar]! (*fam*)

forcément [fɔʀsemɑ̃] *adv* notgedrungen, zwangsläufig; **pas ~** nicht unbedingt; **~!** na klar! (*fam*)

forcené(e) [fɔʀsəne] **I.** *adj* ❶ gewaltig
❷ (*démesuré*) wahnsinnig; *travail, activité* wahnsinnig, ungeheuer; *partisan* leidenschaftlich, fanatisch
II. *m(f)* Wahnsinnige(r) *f(m),* Verrückte(r) *f(m);* **être un ~ du vélo/foot** *fam* ein passionierter Radfahrer/Fußballspieler sein; **être un ~ du boulot** *fam* arbeitswütig sein (*fam*)

forceps [fɔʀsɛps] *m sans pl* Geburtszange *f*

forcer [fɔʀse] <2> **I.** *vt* ❶ ~ **un pilote à atterrir/faire demi-tour** einen Piloten zwingen, zu landen/umzukehren
❷ (*tordre*) verbiegen
❸ (*enfoncer*) aufbrechen *coffre, porte, serrure;* durchbrechen *barrage;* ~ **l'entrée de qc** sich (*Dat*) Zugang zu etw verschaffen
❹ (*susciter*) hervorrufen *admiration, estime;* erregen *attention;* einflößen *respect;* wecken *sympathie, confiance*
❺ (*vouloir obtenir plus de qc*) zu Höchstleistungen antreiben *cheval;* auf Hochtouren bringen *moteur*
❻ (*vouloir infléchir*) manipulieren *conscience;* erzwingen *consentement, succès;* herausfordern *destin*
❼ (*intensifier*) heben *voix;* beschleunigen *pas*
❽ (*exagérer*) übermäßig aufrunden *dépense, note*

⑨ HORT früher zum Treiben bringen *fleur, plante*
⑩ CHASSE treiben *animal*
II. *vi* ① sich überanstrengen, sich verausgaben
② (*agir avec force*) ~ **sur qc** etw mit Gewalt tun
③ *fam* (*abuser*) ~ **sur la patience de qn** jds Geduld überstrapazieren; ~ **sur les pâtisseries** es mit dem Gebäck übertreiben (*fam*)
④ (*supporter un effort excessif*) *moteur:* zu stark beansprucht werden
III. *vpr* **se** ~ **à qc** sich zu etw (*Dat*) zwingen; **se** ~ **à** [*o* **pour**] [*o* **de** *littér*] **faire qc** sich (*Akk*) zwingen, etw zu tun; **ne pas se** ~ **pour faire qc** sich nicht darum reißen, etw zu tun (*fam*)
forcing [fɔʀsiŋ] *m sans pl* ① SPORT schneller Vorstoß
② *fam* (*déploiement d'énergie*) Kraftakt *m;* **faire le** ~ **pour obtenir qc** *fam* nicht locker lassen [*o* sich ins Zeug legen], bis man etw erreicht (*fam*); **faire qc au** ~ etw unter Aufbietung aller Kräfte tun
forcir [fɔʀsiʀ] <8> *vi* ① kräftiger [*o* stärker] werden
② (*grossir*) zunehmen
forer [fɔʀe] <1> *vt* ① bohren *trou, puits*
② ausheben *excavation*
foresterie [fɔʀɛstəʀi] *f* Forstwirtschaft *f*
forestier, -ière [fɔʀɛstje, -jɛʀ] **I.** *adj* Wald-, Forst-
II. *m, f* Förster(in) *m(f)*
foret [fɔʀɛ] *m* Bohrer *m*
forêt [fɔʀɛ] *f* ① Wald *m;* ~ **de conifères/feuillus** Nadel-/Laubwald *m;* ~ **domaniale** Staatsforst *m;* ~ **vierge** Urwald *m*
② (*grande quantité*) ~ **de qc** Unmenge *f* von etw
forêt-noire [fɔʀɛnwaʀ] <forêts-noires> *f* ① GEOG **la Forêt-Noire** der Schwarzwald
② (*gâteau*) Schwarzwälder Kirschtorte *f*
foreuse [fɔʀøz] *f* TECH Bohrmaschine *f*
forfait[1] [fɔʀfɛ] *m* ① Pauschale *f;* **travailler au** ~ für einen Pauschalbetrag arbeiten
② FISC Vorsteuersatz *m*
forfait[2] [fɔʀfɛ] *m* SPORT (*pénalité*) Stornogebühr *f;* (*abandon*) Aufgabe *f;* **déclarer** ~ aussteigen
forfait[3] [fɔʀfɛ] *m littér* (*crime*) Schandtat *f,* Untat *f* (*liter*)
forfaitaire [fɔʀfɛtɛʀ] *adj indemnité* pauschal festgesetzt; *montant, prix* Pauschal-
forfaiture [fɔʀfetyʀ] *f* ① JUR Amtsmissbrauch *m*
② HIST Treubruch *m*
forfanterie [fɔʀfɑ̃tʀi] *f littér* Großsprecherei *f,* Prahlerei *f*
forge [fɔʀʒ] *f* ① (*fourneau*) Schmiedeofen *m*
② (*atelier*) Schmiede *f*
③ *pl* (*usine*) Hütte[nwerk *nt*] *f*
▶ **ronfler comme une** ~ [*o* **comme un soufflet de** ~] im Schlaf ganze Wälder zersägen; **souffler comme une** ~ wie ein Walross schnaufen
forger [fɔʀʒe] <2a> **I.** *vt* ① schmieden *métal*
② (*inventer*) erfinden, sich (*Dat*) einfallen lassen *excuse, prétexte;* **être forgé(e)** *récit:* [frei] erfunden sein; **une histoire forgée de toutes pièces** eine von A bis Z erfundene Geschichte
③ *littér* (*créer, former*) schaffen; schmieden *plan;* prägen *mot*
II. *vpr* ① **se** ~ **une réputation/un idéal** sich (*Dat*) einen Namen machen/ein Ideal schaffen
② (*s'inventer*) **se** ~ **un prétexte/nom** sich (*Dat*) einen Vorwand/Namen ausdenken [*o* ersinnen]
forgeron [fɔʀʒəʀɔ̃] *m* Schmied *m*
▶ **c'est en forgeant qu'on devient** ~ *prov* Übung macht den Meister
forint [fɔʀint] *m* Forint *m*
formage [fɔʀmaʒ] *m* TECH Formgebung *f,* Formung *f;* ~ **par extrusion** Extrusionsformen *nt;* ~ **et pliage** Formbiegen *nt*
formaldéhyde [fɔʀmaldeid] *m* CHIM Formaldehyd *m*
formaliser [fɔʀmalize] <1> **I.** *vpr* **se** ~ **de qc** sich an etw (*Dat*) stoßen, Anstoß an etw (*Dat*) nehmen
II. *vt* formalisieren
formalisme [fɔʀmalism] *m* ① *péj* Formalismus *m,* Überbetonung *f* der Form
② ART, LITTER Formalismus *m*
formaliste [fɔʀmalist] **I.** *adj* formalistisch; *personne* [sehr] formell
II. *m* Formalist(in) *m(f)*
formalité [fɔʀmalite] *f* ① Formalität *f;* **accomplir** [*o* **remplir**] **des** ~**s** Formalitäten erledigen
② (*démarche de peu d'importance*) [reine] Formsache
▶ **sans autre** ~ ohne weitere Umstände, kurzerhand
format [fɔʀma] *m* ① Format *nt;* ~ **grand aigle/jésus/raisin** *französische Papierformate: 74 x 105/56 x 72/50 x 64 cm;* ~ **in-quarto/in-folio** Format mit doppelt gefalztem Papierbogen/in Folioformat
② INFORM Dateiformat *nt*
◆ ~ **de poche** Taschenbuchformat *nt*
formatage [fɔʀmataʒ] *m* INFORM Formatierung *f*
formater [fɔʀmate] <1> *vt* INFORM formatieren
formateur, -trice [fɔʀmatœʀ, -tʀis] **I.** *adj* formend; *expérience, influence* für die Erziehung förderlich
II. *m, f* Ausbilder(in) *m(f)*
formation [fɔʀmasjɔ̃] *f* ① (*action de former*) *d'une équipe* Aufstellung *f; d'un mot, du pluriel* Bildung *f; d'un cercle, cylindre* Konstruktion *f*
② (*action de se former*) *du monde, des dunes* Entstehung *f; d'une couche* Bildung *f; d'un système nerveux, os* Herausbildung *f; d'un embryon, du vocabulaire, capitalisme* Entwicklung *f*
③ (*apprentissage professionnel*) Ausbildung *f;* ~ **continue** [*o* **permanente**] Weiterbildung, Fortbildung, berufliche Fortbildung
④ (*éducation morale et intellectuelle*) Bildung *f; du caractère, goût, de l'esprit* Formung *f*
⑤ (*groupe de personnes*) Gruppe *f;* (*formation politique*) Gruppierung *f;* (*formation militaire*) Truppe *f;* (*équipe de sportifs*) Mannschaft *f*
⑥ JUR Gebilde *nt;* ~ **sans personnalité juridique** nicht rechtsfähiges Gebilde (*Fachspr.*)
⑦ MIL (*disposition*) Formation *f;* (*sur le champ de bataille*) Aufstellung *f*
⑧ GEOL, BOT Formation *f*
⑨ (*puberté*) Reifezeit *f*
forme [fɔʀm] *f* ① Form *f;* **de** ~ **classique/régulière** in klassischer/regelmäßiger Form; **en** ~ **de croix/de cœur** kreuz-/herzförmig; **un entretien en** ~ **d'interrogatoire** eine Unterhaltung in Form eines Verhörs; **sans** ~ formlos, ohne Form; **sous** ~ **de qc** in Form von etw; **sous toutes ses** ~**s** in all seinen/ihren Erscheinungsformen; **donner à qc une** ~ **agréable** einer S. (*Dat*) eine nette Form verleihen; **prendre la** ~ **de qc** die Form von etw annehmen
② (*apparence*) Gestalt *f;* **sous la** ~ **de qc** in [der] Gestalt einer S. (*Gen*)
③ (*silhouette*) Gestalt *f*
④ *pl* (*galbe du corps*) Rundungen *Pl,* Formen *Pl*
⑤ (*variante*) Form *f;* ~ **de gouvernement** Regierungsform
⑥ (*condition physique/intellectuelle*) Form *f,* körperliche/geistige Verfassung; **avoir la** [*o* **être en**] ~ in Form [*o* fit] sein (*fam*); **garder la** ~ in Form bleiben (*fam*); **tenir la grande** ~ in Hochform sein
⑦ *pl* (*bienséance*) [Umgangs]formen *Pl*
⑧ ART, LITTER, MUS [Ausdrucks]form *f*
⑨ LING Form *f;* ~ **impérative/progressive** Befehls-/Verlaufsform
⑩ JUR Form *f;* **en bonne** [**et due**] ~ (*conforme aux normes formelles*) formgerecht; (*conforme à la réglementation*) ordnungsgemäß, vorschriftsmäßig; (*en bon état*) in ordnungsgemäßem Zustand
⑪ TECH *d'un cordonnier, bottier* Leisten *m; d'une modiste* Stumpen *m; d'un fromager* Form *f; d'un typographe* Druckform

F

▸ **sans autre ~ de procès** kurzerhand, ohne viel Federlesen[s]; **être de pure ~** reine Formsache sein; **[y] mettre les ~s** sich höflich [*o* taktvoll] ausdrücken; **prendre ~** *projet:* Gestalt annehmen; **faire qc dans les ~s** etw ordnungsgemäß tun; **faire qc pour la ~** etw der Form halber machen

formé(e) [fɔʀme] *adj* ❶ *fruit* voll ausgebildet; *jeune femme* voll entwickelt
❷ *mot, phrase* **bien/mal ~(e)** richtig/falsch gebildet

formel(le) [fɔʀmɛl] *adj* ❶ *déclaration, démenti, engagement* ausdrücklich; *refus* entschieden; *ordre* strikt; *preuve* eindeutig; **être ~(le) sur qc** sich in Bezug auf etw (*Akk*) klar [*o* deutlich] ausdrücken
❷ ART, LITTER, LING Form-
❸ (*de pure forme*) formell
❹ PHILOS formal

formellement [fɔʀmɛlmɑ̃] *adv* ❶ ausdrücklich
❷ (*concernant la forme*) formal

former [fɔʀme] <1> **I.** *vt* ❶ formen
❷ (*créer, organiser*) gründen *association, parti;* bilden *coalition;* schmieden *complot*
❸ LING bilden
❹ (*assembler des éléments*) bilden, aufstellen *équipes;* zusammenstellen *train, cortège;* zusammentragen *collection*
❺ (*concevoir*) entwickeln *idée, pensée;* entwerfen *projet;* äußern *vœu;* hegen *dessein*
❻ (*constituer*) bilden
❼ (*produire, donner*) herausbilden; hervorbringen *fleur*
❽ (*éduquer, instruire*) ausbilden *personne; voyage, épreuve:* schulen; formen *caractère*
❾ (*prendre l'aspect, la forme de*) bilden *cercle;* machen *boucle*
II. *vpr* ❶ **se ~** sich bilden; *fruits:* wachsen; *images:* entstehen
❷ (*se disposer*) **se ~ en carré/colonne** *armée:* sich im Karree/in Kolonnen aufstellen
❸ (*s'instruire*) **se ~** sich bilden

formica® [fɔʀmika] *m* ≈ Resopal® *nt*

formidable [fɔʀmidabl] *adj* ❶ *fam livre, film, type* toll (*fam*), stark (*fam*)
❷ (*hors du commun*) *volonté* ungeheuer; *dépense, détonation* ungeheuer, gewaltig; **c'est ~!** das ist ja irre! (*fam*)

formidablement [fɔʀmidabləmɑ̃] *adv* unheimlich, wahnsinnig (*fam*)

formique [fɔʀmik] *adj* CHIM **acide ~** Ameisensäure *f*

formol [fɔʀmɔl] *m* Formalin® *nt*

formulaire [fɔʀmylɛʀ] *m* ❶ Formular *nt,* Vordruck *m,* Drucksorte *f* (A); **~s d'inscription** JUR Anmeldungsunterlagen *Pl*
❷ (*recueil de formules*) Formelsammlung *f*

formulation [fɔʀmylasjɔ̃] *f* Formulierung *f*

formule [fɔʀmyl] *f* ❶ Formulierung *f*
❷ (*paroles rituelles*) Formel *f;* **~ magique** Zauberformel
❸ (*choix, possibilité*) Angebot *nt;* **~ à quinze euros** Menü *nt* zu [*o* für] fünfzehn Euro
❹ (*façon de faire*) Methode *f,* Vorgehensweise *f*
❺ SCI, CHIM Formel *f*
❻ MED Werte *Pl*
❼ AUT, SPORT **~ I** Formel I *f*
◆ **~ de politesse** [Höflichkeits]floskel *f*

formuler [fɔʀmyle] <1> *vt* ❶ formulieren *demande;* abfassen *requête;* formulieren, in Worte fassen *pensée*
❷ (*mettre en formule*) in einer Formel zusammenfassen

fornication [fɔʀnikasjɔ̃] *f* ❶ REL Unzucht *f*
❷ *hum* Herumbumsen *nt* (*fam*)

forniquer [fɔʀnike] <1> *vi* **~ avec qn** mit jdm Unzucht treiben

forsythia [fɔʀsisja] *m* Forsythie *f*

fort [fɔʀ] **I.** *adv* ❶ (*intensément*) *frapper* kräftig, fest; *parler, crier* laut; **la viande sent ~** das Fleisch riecht streng; **son cœur battait très ~** er/sie hatte starkes Herzklopfen; **le vent souffle ~** es weht ein starker Wind; **respirez ~!** tief einatmen!
❷ (*beaucoup*) **avoir ~ à faire** alle Hände voll zu tun haben; **qn a ~ à faire avec qn/qc** jd/etw macht jdm zu schaffen; **ça me déplaît ~** das missfällt mir sehr; **j'en doute ~** das möchte ich stark bezweifeln
❸ *antéposé* (*très*) *intéressant, mécontent* sehr
❹ *fam* (*bien*) gut; **toi, ça ne va pas ~** dir geht's nicht besonders (*fam*); **ses affaires ne marchent pas ~** seine/ihre Geschäfte laufen nicht besonders (*fam*)
▸ **~ bien!** na gut!, na schön!; **se faire ~ de faire qc** sich (*Dat*) zutrauen etw zu tun; **y aller [un peu/trop] ~** *fam* zu weit gehen (*fam*)
II. *m* ❶ (*forteresse*) Fort *nt*
❷ (*spécialité*) **la cuisine, ce n'est pas mon ~** Kochen ist nicht gerade meine Stärke [*o* starke Seite]
❸ (*milieu, cœur*) **au plus ~ de l'été** im Hochsommer; **au plus ~ de la bataille** auf dem Höhepunkt der Schlacht
❹ (*personne*) Starke(r) *m*
▸ **~ en thème** *fam* Musterschüler *m*

fort(e) [fɔʀ, fɔʀt] *adj* ❶ (*robuste*) *constitution, nature* kräftig; *personne, animal* stark
❷ *postposé* (*puissant*) *homme, régime* stark; *monnaie* hart; **être ~ de sa supériorité** sich (*Dat*) seiner Überlegenheit sicher sein; **être ~(e) de l'appui de qn** auf jds Hilfe (*Akk*) bauen können; **une armée ~e de 1500 hommes** eine 1500 Mann starke Armee
❸ *postposé* (*résistant*) *carton, cuir, fil, papier* dick
❹ (*de grande intensité*) stark; *mer* aufgewühlt; *lumière* hell; *averse, battement* heftig; *rythme* schnell; **~e chaleur** [Affen]hitze *f* (*fam*)
❺ (*pour le goût*) stark; *moutarde, sauce* scharf
❻ (*pour l'odorat*) stark
❼ (*pour les sensations/sentiments*) groß; *colère* heftig; *dégoût, désir, ferveur, douleur, émotion, impression, rhume, souffrance* stark; *fièvre* hoch
❽ MUS *temps* betont
❾ LING hart, stimmlos
❿ (*important qualitativement*) *œuvre* groß; *phrase, geste politique* bedeutend; *présomption* stark; **exprimer son opinion en termes très ~s** seine Meinung sehr deutlich zum Ausdruck bringen
⓫ (*important quantitativement*) *somme, mortalité, consommation de gaz* hoch; *consommation de stylos, différence* groß; *baisse, hausse* stark; **il y a de ~es chances pour que qn fasse qc** es bestehen gute Chancen, dass jd etw tut; **faire payer le prix ~** den vollen Preis zahlen lassen
⓬ (*doué*) gut; **être ~(e)** gut sein; (*dans sa profession*) sein Handwerk [*o* sein Metier] verstehen; (*dans un sport/jeu*) gut sein/spielen; **être ~(e) en math** gut in Mathe (*Dat*) sein; **être très ~(e) sur un sujet** über ein Thema gut Bescheid wissen; **être ~(e) aux échecs** gut Schach spielen, ein guter Schachspieler sein; **ne pas être très ~(e) en cuisine** nicht besonders gut kochen können; **être très ~(e) pour critiquer** *iron* sehr gut im Kritisieren sein (*iron*)
⓭ (*excessif*) *plaisanterie* gewagt; *terme* hart; **employer la manière ~e** es auf die harte Tour machen (*fam*); **cette histoire est un peu ~e** diese Geschichte kann man kaum glauben
⓮ *euph* (*gros*) *chevilles, jambes* kräftig; *personne* stark, korpulent; *poitrine* groß; **être un peu ~(e) des hanches** ziemlich breit um die Hüften sein
⓯ *postposé* (*courageux*) stark; **une âme ~e** eine in sich gefestigte [*o* willensstarke] Person
▸ **c'est plus ~ que moi** ich kann nicht anders; **le [*o* ce qu'il y a de] plus ~, c'est que** *iron* das Beste [*o* Härteste *fam*] ist, dass; **c'est trop [*o* un peu] ~!** das gibt's doch nicht!, das ist ein starkes Stück! (*fam*); **elle est ~e, celle-là!** *fam* das schlägt dem Fass den Boden aus! (*fam*)

forte [fɔʀt] **I.** *f* (*personne*) Starke *f*
II. *adv* MUS forte

fortement [fɔʀtəmɑ̃] *adv* ❶ (*vigoureusement*) fest; *secouer* kräftig, heftig; **s'exprimer ~** seinen Worten großen Nachdruck verleihen
❷ (*vivement*) **insister ~ sur qc** nachdrücklich auf etw (*Dat*) bestehen; **je suis ~ attiré(e) par cela** das reizt mich sehr
❸ (*beaucoup*) sehr, stark; **il est ~ question de qc** etw wird ernsthaft in Erwägung gezogen

forteresse [fɔʀtəʀɛs] *f* ❶ (*lieu fortifié*) Festung *f*
❷ *fig* Hochburg *f*, Bastion *f*
❸ MIL **~ volante** Jagdbomber *m*

fortiche [fɔʀtiʃ] *adj fam* ❶ (*calé*) **être ~ en math** in Mathe echt was loshaben (*fam*)
❷ (*malin*) **c'est pas ~ d'avoir fait cela** es war nicht gerade clever [*o* schlau], das zu tun (*fam*)

fortifiant [fɔʀtifjɑ̃] *m* (*remède*) Stärkungsmittel *nt*

fortifiant(e) [fɔʀtifjɑ̃, jɑ̃t] *adj médicament, remède* stärkend, kräftigend; **nourriture ~e** Kraftnahrung *f*; **boisson ~e** Aufbautrunk *m*

fortification [fɔʀtifikasjɔ̃] *f* Befestigungsanlage *f*

fortifier [fɔʀtifje] <1a> **I.** *vt* ❶ (*rendre vigoureux*) kräftigen, stärken
❷ (*affermir*) stärken *volonté;* festigen *amitié;* **~ qn dans sa conviction** jdn in seiner/ihrer Überzeugung bestärken
❸ MIL befestigen
II. *vi* (*tonifier*) kräftigen, stärken
III. *vpr* **se ~** ❶ (*devenir fort*) *personne:* [seinen Körper] trainieren; *santé:* sich stabilisieren
❷ (*après une maladie*) *personne:* wieder zu Kräften kommen
❸ (*s'affermir*) *amitié, croyance, autorité:* sich festigen; **l'esprit se fortifie par la méditation** der Geist wird durch Meditation innerlich gestärkt
❹ MIL sich verschanzen

fortin [fɔʀtɛ̃] *m* kleines Fort

fortissimo [fɔʀtisimo] MUS **I.** *adv jouer* fortissimo
II. *m* Fortissimo *nt*

fortuit(e) [fɔʀtɥi, it] *adj* zufällig; *remarque* willkürlich; **cas ~** Zufall *m*

fortuitement [fɔʀtɥitmɑ̃] *adv* zufällig[erweise], durch Zufall

fortune [fɔʀtyn] *f* ❶ (*richesse*) Vermögen *nt;* **avoir de la ~** vermögend sein; **faire ~** reich werden; **coûter une ~** *fam* ein Vermögen kosten
❷ (*personne riche*) **les grandes ~s** die oberen Zehntausend; **le notaire est une des plus grosses ~s de la région** der Notar ist einer der vermögendsten Männer der Gegend
❸ (*chance*) Glück *nt;* **la bonne ~** der glückliche Zufall; **chercher** [*o* **tenter**] **~** sein Glück [ver]suchen; **courir après la ~** dem Glück hinterherrennen
❹ *littér* (*hasard, sort*) Schicksal *nt;* **la Fortune** Fortuna *f*
▶ **la ~ sourit aux audacieux** *prov* dem Mutigen gehört die Welt (*prov*); **faire contre mauvaise ~ bon cœur** gute Miene zum bösen Spiel machen; **de ~** behelfsmäßig; **installation de ~** (*hébergement*) Notunterkunft *f*

fortuné(e) [fɔʀtyne] *adj* ❶ (*riche*) vermögend, wohlhabend
❷ *littér* (*heureux*) vom Glück begünstigt

forum [fɔʀɔm] *m* ❶ (*débat*) Forum *nt*
❷ (*place*) Platz *m*
❸ HIST Forum *nt*
❹ INFORM Newsgroup *f*
◆ **~ de discussion sur Internet** INFORM Internetforum *nt*

fosse [fos] *f* ❶ (*cavité*) Grube *f;* **~ septique** Klärgrube *f;* **~ à fumier/purin** Dung-/Jauchegrube *f*
❷ GEOL Graben *m*
❸ (*tombe*) Grab *nt;* **~ commune** Sammelgrab *nt*
❹ (*charnier*) Massengrab *nt*
❺ ANAT **~s nasales** Nasen[neben]höhlen *Pl*
◆ **~ aux lions** Löwenzwinger *m; a. fig* (*dans la Bible*) Löwengrube *f;* **~ d'orchestre** Orchestergraben *m*

fossé [fose] *m* ❶ (*tranchée*) Graben *m;* **~ d'irrigation** Bewässerungsgraben *m;* **~ antichar** Panzergraben *m*
❷ (*écart*) Kluft *f;* **~ des générations** Generationskonflikt *m;* **un ~ culturel sépare ces deux peuples** zwischen den Kulturen dieser beiden Völker liegen Welten; **le ~ se creuse** die Kluft wird tiefer

fossette [fosɛt] *f* Grübchen *nt*

fossile [fosil] **I.** *adj* ❶ GEOL fossil
❷ *péj fam* (*démodé*) *idée* angestaubt (*fam*); *objet* vorsintflutlich (*fam*); *personne* verknöchert
II. *m* ❶ GEOL Fossil *nt*
❷ *fig fam* Grufti *m* (*fam*), Fossil *nt* (*fam*)

fossilifère [fosilifɛʀ] *adj* fossilienhaltig

fossilisation [fosilizasjɔ̃] *f* Versteinerung *f*

fossiliser [fosilize] <1> **I.** *vt* GEOL (*rendre fossile*) versteinern
II. *vpr* **se ~** ❶ GEOL (*devenir fossile*) versteinern
❷ *fig fam* einrosten (*fig fam*)

fossoyeur [foswajœʀ] *m* Totengräber *m*

fou [fu] *m* ❶ (*dément*) Verrückte(r) *m;* MED Geistesgestörte(r) *m;* **~ furieux** Tobsüchtige(r) *m*
❷ (*écervelé*) **jeune ~** junger Irrer (*fam*); **vieux ~** närrische(r) Alte(r) *m;* **crier/travailler comme un ~** wie ein Irrer [*o* Verrückter] schreien/arbeiten
❸ (*personne exubérante*) **faire le ~** (*faire, dire des bêtises*) Unsinn [*o* Blödsinn] machen; (*se défouler*) sich austoben; **arrête de faire le ~!** lass den Quatsch! (*fam*)
❹ ECHECS Läufer *m*
❺ (*bouffon*) Narr *m*
❻ ORN Tölpel *m*
▶ **s'amuser comme un petit ~** *fam* sich königlich amüsieren (*fam*); **qn s'amuse comme un petit ~ à faire qc** es macht jdm einen Heidenspaß etw zu tun (*fam*); **plus on est de ~s, plus on rit** *prov* je mehr Leute, um so besser die Stimmung
◆ **~ du roi** Hofnarr *m*

fou, fol, folle [fu, fɔl] *adj* ❶ (*dément*) verrückt; **devenir subitement ~/folle** plötzlich den Verstand verlieren; **devenir ~ furieux/folle furieuse** einen Tobsuchtsanfall bekommen
❷ (*dérangé*) **être ~(folle) à lier** völlig verrückt [*o* übergeschnappt *fam*] sein; **ne pas être ~(folle)** *fam* doch nicht verrückt sein (*fam*); **devenir ~(folle)** durchdrehen (*fam*); **c'est à devenir ~, il y a de quoi devenir ~** das ist [ja] zum Verrücktwerden; **il me rendra ~(folle)** er bringt mich noch ins Irrenhaus (*fam*); **ils sont ~s, ces Romains!** *hum* die spinnen, die Römer!
❸ (*idiot*) **qn est/serait ~ de faire qc** jd ist/wäre verrückt, etw zu tun; **il faut être ~ pour faire cela** man muss ganz schön dumm sein, um das zu tun; **il n'est pas si ~** er ist gar nicht so dumm
❹ (*insensé*) *désir, rires* unbändig; *tentative* vergeblich; *idée, projet* unsinnig, verrückt; *amour* wahnsinnig; *course, imagination, jeunesse* wild; *dépense* unvernünftig; *joie* überschäumend; *regard* irr; **folle audace** Tollkühnheit *f;* **passer une folle nuit** eine heiße Nacht verbringen; **avoir le ~ rire** einen Lachanfall [*o* Lachkrampf] bekommen; **les rumeurs les plus folles** die wildesten Gerüchte; **les hommes ont toujours eu le fol espoir de voler** die Menschen haben immer das verrückte Verlangen gehabt, fliegen zu können
❺ (*éperdu*) **être ~(folle) de chagrin** vor Kummer (*Dat*) fast den Verstand verlieren; **être ~(folle) de désir** ein wahnsinniges Verlangen verspüren (*fam*); **être ~(folle) de joie/colère** außer sich vor Freude/Wut (*Dat*) sein; **rendre qn ~ de joie** bei jdm einen wahren Freudentaumel auslösen
❻ (*amoureux*) **être ~(folle) de qn** ganz verrückt nach jdm sein (*fam*); **être ~(folle) de jazz** ganz versessen auf Jazz (*Akk*) sein (*fam*)
❼ (*énorme, incroyable*) *courage, énergie, mal, souffrance, prix* wahnsinnig (*fam*); **un argent ~** ein Heidengeld *nt* (*fam*); **il y avait un monde ~** es waren irrsinnig [*o* wahnsinnig] viele Leute da (*fam*)

❸ (*exubérant*) **être tout ~/toute folle** außer Rand und Band sein (*fam*); **le chien devient tout ~** der Hund gerät ganz aus dem Häuschen (*fam*)
❾ (*en désordre, incontrôlé*) *cheveux, mèche* widerspenstig; **un camion ~** ein außer Kontrolle geratener Lastwagen; **un cheval ~** ein wild gewordenes Pferd; **la boussole est folle** der Kompass spielt verrückt
fouace [fwas] *f* GASTR *Spezialität aus dem Anjou, flacher runder Kuchen der im Ofen oder unter Asche gebacken wird*
foucade [fukad] *f littér* Laune *f;* **ne travailler que par ~s** [ganz] nach Lust und Laune arbeiten; **c'est une fille à ~s** sie hat ihre Launen, sie ist launenhaft
foudre[1] [fudʀ] *f* ❶ METEO Blitz[schlag *m*] *m;* **la ~ s'abat** [*o* **tombe**] **sur qn/qc** jd wird vom Blitz erschlagen/etw wird vom Blitz getroffen
❷ *pl soutenu* (*condamnation, reproche*) *d'une personne* Zorn *m; de l'Église* Bannstrahl *m* (*geh*)
▸ **avoir le coup de ~ pour qn** sich auf den ersten Blick in jdn verlieben; **avoir le coup de ~ pour qc** von etw auf den ersten Blick begeistert sein; **prompt comme la ~** wie ein geölter Blitz (*fam*), blitzschnell (*fam*)
foudre[2] [fudʀ] *m* ~ **de guerre** großer Kriegsheld; ~ **d'éloquence** großer Redner
foudre[3] [fudʀ] *m* (*tonneau*) großes [Lager]fass
foudroyant(e) [fudʀwajɑ̃, jɑ̃t] *adj* ❶ (*soudain*) *mort* plötzlich, jäh; *succès* durchschlagend; *vitesse, progrès* rasant; *nouvelle* umwerfend, verblüffend; **attaque ~e** Blitzangriff *m*
❷ (*mortel*) *maladie, poison* tödlich
❸ (*réprobateur*) *regard* vernichtend
foudroyer [fudʀwaje] <6> *vt* ❶ (*frapper par la foudre*) **être foudroyé(e)** *personne:* vom Blitz erschlagen werden; *chose, animal:* vom Blitz getroffen werden
❷ (*électrocuter*) **être foudroyé(e)** einen elektrischen Schlag bekommen
❸ (*tuer*) tödlich treffen; **la maladie l'a foudroyé(e)** die Krankheit hat ihn/sie dahingerafft
❹ (*abattre, rendre stupéfait*) ~ **qn** *malheur, nouvelle:* jdn niederschmettern; *surprise:* jdn sprachlos machen; ~ **qn du regard** jdn mit seinen Blicken töten
fouet [fwɛ] *m* ❶ (*verge*) Peitsche *f;* **donner un coup/des coups de ~ à qn/un animal** jdn/ein Tier mit der Peitsche schlagen
❷ GASTR Schneebesen *m*
❸ (*châtiment*) **donner le ~ à qn** jdn mit der Peitsche schlagen
▸ **de plein ~** mit voller Wucht
fouettard [fwetaʀ] *adj v.* **père**
fouetter [fwete] <1> **I.** *vt* ❶ (*frapper*) mit der Peitsche schlagen *personne, animal;* **la pluie fouette les vitres** der Regen schlägt gegen [*o* an] die Scheiben; **le vent me fouette au visage** der Wind peitscht mir ins Gesicht
❷ GASTR schlagen
❸ (*stimuler*) anstacheln *amour-propre, orgueil;* erregen, [er]wecken *désir;* beflügeln *imagination;* ~ **le sang** den Kreislauf anregen
II. *vi* (*frapper*) **la pluie fouette contre les vitres** der Regen schlägt gegen [*o* an] die Fensterscheiben
foufou, fofolle [fufu, fɔfɔl] *adj fam* **être un peu ~(fofolle)** *personne:* leicht verrückt sein (*fam*); *chien:* ein bisschen verspielt sein
fougasse [fugas] *f* GASTR *provenzalische Kuchenspezialität mit Honig und Mandeln oder Oliven*
fougère [fuʒɛʀ] *f* BOT Farn *m,* Farnkraut *nt*
fougue [fug] *f* Schwung *m;* **avec ~** mit Elan; **avec la ~ de la jeunesse** mit jugendlichem Ungestüm (*geh*)
fougueusement [fugøzmɑ̃] *adv s'empoigner, se battre* heftig; *s'embrasser* leidenschaftlich; *défendre* vehement
fougueux, -euse [fugø, -øz] *adj réponse, attaque* heftig; *tempérament, personne* aufbrausend; *orateur, intervention* leidenschaftlich; *cheval* feurig; *discours* flammend
fouille [fuj] *f* ❶ (*inspection*) Durchsuchung *f,* Filzen *nt* (*fam*); ~ **corporelle** Leibesvisitation *f*
❷ *pl* ARCHEOL [Aus]grabungen *Pl*
❸ (*excavation*) Baugrube *f*
❹ *pop* (*poche*) Tasche *f*
fouillé(e) [fuje] *adj commentaire* ausführlich; *étude* eingehend, genau; *travail* gewissenhaft
fouille-merde [fujmɛʀd] <fouille-merdes> *mf fam* Schmierfink *m* (*fam*)
fouiller [fuje] <1> **I.** *vt* ❶ (*inspecter*) durchsuchen *lieu, poches;* absuchen *horizon;* durchforsten *dossier;* eingehend erörtern *problème;* ~ **la vie de qn** sich eingehend mit jds Lebensgeschichte befassen; ~ **l'obscurité des yeux** versuchen, in der Dunkelheit etwas zu erkennen; ~ **la pièce des yeux** [*o* **du regard**] das Zimmer genau in Augenschein nehmen; **la police a fouillé les lieux** die Polizei hat den Tatort gefilzt (*fam*)
❷ (*creuser*) ~ **qc** *animal:* in etw (*Dat*) wühlen; *archéologue:* in etw (*Dat*) graben [*o* [Aus]grabungen machen]
II. *vi* ❶ (*inspecter*) ~ **dans qc** in etw (*Dat*) herumwühlen, etw durchsuchen; ~ **dans ses souvenirs** in seinen Erinnerungen kramen (*fam*)
❷ (*creuser*) *animal:* wühlen; *archéologue:* [Aus]grabungen machen
III. *vpr* **se ~** seine Taschen durchwühlen
fouillis [fuji] *m* Unordnung *f,* Durcheinander *nt;* ~ **de lianes** Geflecht *nt* von Lianen; ~ **d'idées/de souvenirs** Wust *m* von Einfällen/Erinnerungen; **en ~** in Unordnung, durcheinander; **le texte fait vraiment ~** der Text ist völlig ungeordnet
fouine [fwin] *f* ZOOL Steinmarder *m*
▸ **c'est une vraie ~** das ist ein elender Schnüffler/eine elende Schnüfflerin (*fam*)
fouiner [fwine] <1> *vi fam* herumschnüffeln (*fam*); **être sans cesse à ~ partout** seine Nase ständig in alles [hinein]stecken müssen (*fam*)
fouineur, -euse [fwinœʀ, -øz] *m, f* Schnüffler(in) *m(f)*
fouir [fwiʀ] <8> *vt animal:* wühlen
fouisseur, -euse [fwisœʀ, -øz] *adj* Wühl-; **animal ~** Wühler *m*
foulage [fulaʒ] *m* ❶ *du raisin* Keltern *nt*
❷ TECH *des tissus, des peaux* Walken *nt*
❸ (*relief*) Reliefbildung *f* [im Papier]
foulant(e) [fulɑ̃, ɑ̃t] *adj fig fam travail* anstrengend
foulard [fulaʀ] *m* ❶ (*fichu*) Kopftuch *nt*
❷ (*écharpe*) Halstuch *nt,* Schal *m*
❸ (*tissu*) [leichter] Seidenstoff
foule [ful] *f* ❶ (*multitude de personnes*) [Menschen]menge *f;* ~ **en délire** rasende [*o* tobende] Menge; **fendre la ~** sich (*Dat*) einen Weg durch die Menge bahnen; **il y a/n'y a pas ~** es sind viele/wenige Leute da; **ce n'était pas la grande ~ aux guichets** der große Ansturm auf die Schalter blieb aus
❷ (*grand nombre*) **une ~ de gens/questions** eine Menge Leute/Fragen; **avoir une ~ de projets** jede Menge Pläne haben (*fam*); **les idées me viennent en ~** mir kommen eine Menge [*o* viele] Ideen
❸ (*peuple*) **la ~** die breite Masse
foulée [fule] *f* ❶ SPORT Schritt *m; d'un cheval* Auftreten *nt* (*beim Trab oder Galopp*); *d'un coureur* Tritt *m,* Laufschritt; **à grandes/petites ~s** mit großen [*o* langen]/kleinen [*o* kurzen] Schritten; **allonger la ~** größere Schritte machen; **rester dans la ~ de qn** jdm dicht auf den Fersen bleiben
❷ (*style*) Laufstil *m*
▸ **dans la ~ de qc** gleich im Anschluss an etw (*Akk*), unmittelbar nach etw
fouler [fule] <1> **I.** *vt* ❶ *littér* (*marcher sur*) ~ **le sol natal** den Fuß auf heimatlichen Boden setzen
❷ (*écraser*) keltern *raisin;* TECH walken *cuir, drap, feutre, peau*
II. *vpr* ❶ (*se tordre*) **se ~ la cheville** sich (*Dat*) den Knöchel

verstauchen
❷ *iron fam* (*se fatiguer*) **se** ~ sich ins Zeug legen (*fam*); **ne pas se** ~ sich kein Bein ausreißen (*fam*)

foulque [fulk] *m* ZOOL Blässhuhn *nt,* Blässralle *f*

foultitude [fultityd] *f fam* Menge *f;* **une** ~ **de livres** jede Menge Bücher (*fam*)

foulure [fulyʀ] *f* MED Verstauchung *f*

four [fuʀ] *m* ❶ GASTR Backofen *m;* ~ [**à**] **micro-ondes** Mikrowellenherd *m;* **mettre** [*o* **passer**] **qc au** ~ etw in den Ofen schieben; **ce plat ne va pas au** ~ diese Schüssel ist nicht feuerfest
❷ TECH Ofen *m;* ~ **à chaux** Kalkofen *m;* ~ **crématoire** Verbrennungsofen *m;* ~ **électrique** Elektroherd *m*
❸ *fam* (*échec*) Fiasko *nt,* Flop *m* (*fam*); **être un** ~ ein [großer] Flop sein (*fam*); **faire un** ~ [glatt] durchfallen
▶ **on ne peut être à la fois au** ~ **et au moulin** *prov* man kann nicht auf zwei Hochzeiten gleichzeitig tanzen (*fam*); **il fait noir comme dans un** ~ es ist stockdunkel [*o* stockfinster] (*fam*)

fourbe [fuʀb] *adj* falsch, hinterlistig; *gentillesse* geheuchelt

fourberie [fuʀbəʀi] *f* Falschheit *f,* Hinterlist *f*

fourbi [fuʀbi] *m fam* ❶ (*attirail*) Krempel *m* (*fam*), Kram *m* (*fam*)
❷ (*truc*) Dingsbums *nt* (*fam*)

fourbir [fuʀbiʀ] <8> *vt* ❶ (*astiquer*) blank putzen, polieren
❷ (*préparer soigneusement*) ~ **ses arguments** an seiner Argumentation feilen

fourbu(e) [fuʀby] *adj* erschöpft

fourche [fuʀʃ] *f* ❶ (*outil*) Gabel *f*
❷ CYCLISME ~ **de bicyclette** Radgabel *f*
❸ (*division en deux branches*) *d'un chemin* Gabelung *f;* ~ **d'un arbre** Baumgabelung
❹ COUT *d'un pantalon* Schritt *m*
❺ BELG (*temps libre dans un horaire de cours*) Freistunde *f*

fourcher [fuʀʃe] <1> *vi cheveux:* sich [an den Spitzen] spalten; [**c'est**] **ma langue** [**qui**] **a fourché** ich habe mich versprochen

fourchette [fuʀʃɛt] *f* ❶ GASTR Gabel *f;* ~ **à escargots/poisson/gâteaux** Schnecken-/Fisch-/Kuchengabel
❷ (*marge*) Bandbreite *f,* Spanne *f;* **se situer dans une** ~ **de 41 à 47 pour cent** sich zwischen 41 und 47 Prozent bewegen
❸ ECHECS Gabel *f*
▶ **être une solide** ~ ein guter Esser sein

fourchu(e) [fuʀʃy] *adj branche* gegabelt; **cheveux** ~**s** gespaltene Haarspitzen *Pl;* **animal au pied** ~ Paarhufer *m*

fourgon [fuʀgɔ̃] *m* ❶ CHEMDFER Güterwagen *m;* ~ **à bagages/bestiaux** Gepäck-/Viehwagen *m*
❷ (*voiture*) Kastenwagen *m;* MIL Proviantwagen *m;* ~ **de police** Einsatzfahrzeug *nt;* ~ **blindé** Panzerwagen *m;* ~ **funéraire** [*o* **mortuaire**] Leichenwagen *m*

fourgonner [fuʀgɔne] <1> *vi* ❶ (*remuer la braise*) schüren
❷ *fig* (*fouiller*) ~ **dans qc** etw durchwühlen, in etw herumwühlen

fourgonnette [fuʀgɔnɛt] *f* Lieferwagen *m*

fourgon-pompe [fuʀgɔ̃pɔ̃p] <fourgons-pompes> *m* Löschfahrzeug *nt*

fourguer [fuʀge] <1> *vt fam* ❶ (*vendre*) ~ **qc à qn** etw an jdn verkloppen (*fam*)
❷ (*refiler*) ~ **qc à qn** jdm etw andrehen (*fam*)

fourme [fuʀm] *f französische Käsesorte*

fourmi [fuʀmi] *f* ❶ ZOOL Ameise *f;* ~ **ailée/noire/rouge** geflügelte Ameise/Schwarzbraune Wegameise/Rote Waldameise
❷ (*symbole d'activité*) fleißige Biene, Arbeitstier *nt;* **s'affairer comme une** ~ fleißig wie eine Ameise sein
❸ *arg* (*petit passeur de drogue*) Dealer *m*
▶ **qn a des** ~**s dans les jambes** jdm sind die Beine eingeschlafen

fourmilier [fuʀmilje] *m* ZOOL Ameisenbär *m*

fourmilière [fuʀmiljɛʀ] *f* ❶ ZOOL Ameisenhaufen *m*
❷ (*foule grouillante*) geschäftiges Treiben

fourmillement [fuʀmijmɑ̃] *m* ❶ (*agitation*) Gewimmel *nt*
❷ (*foisonnement*) Fülle *f*
❸ (*picotement*) Kribbeln *nt;* **j'ai des** ~**s dans les bras** es kribbelt mir in den Armen

fourmiller [fuʀmije] <1> *vi* ❶ (*abonder*) **les touristes/moustiques/fautes fourmillent** es wimmelt von Touristen/Stechmücken/Fehlern; **la forêt fourmille de champignons** der Wald ist voller Pilze (*Gen*); **notre époque fourmille d'événements importants** unsere Epoche ist voller bedeutender Ereignisse; **elle fourmille de projets** sie hat viele Pläne [im Kopf]
❷ (*picoter*) **j'ai les pieds qui** [**me**] **fourmillent** mir sind die Füße eingeschlafen

fournaise [fuʀnɛz] *f* ❶ (*foyer ardent*) starkes [*o* loderndes] Feuer
❷ (*lieu surchauffé*) Backofen *m* (*fam*), Brutkasten *m* (*fam*)
❸ (*lieu de combat*) Getümmel *nt;* **se jeter dans la** ~ sich mitten ins Getümmel stürzen
❹ CAN (*appareil de chauffage central*) Heizkessel *m*

fourneau [fuʀno] <x> *m* ❶ (*cuisinière*) [Küchen]herd *m;* ~ **à gaz** Gasherd; ~ **à charbon/fuel** Kohle[n]-/Ölofen *m*
❷ (*chaufferie*) Schmelzofen *m;* **haut** ~ Hochofen *m*
▶ **être aux/à ses** ~**x** am Herd stehen
◆ ~ **de pipe** Pfeifenkopf *m*

fournée [fuʀne] *f* ❶ (*série cuite*) ~ **de pains** Schub *m* [*o* Ladung *f*] Brote
❷ *fam* (*groupe compact*) Ladung *f* (*fam*); ~ **de touristes** Trupp *m fam* [*o* Horde *f iron*] Touristen; **par** ~**s** schubweise

fourni(e) [fuʀni] *adj* ❶ (*épais*) *barbe* dicht; *chevelure* üppig; *cheveux* voll; *sourcils* buschig
❷ (*approvisionné*) gut ausgestattet; **être bien** ~(**e**) *magasin:* eine große Auswahl haben; *table:* reich gedeckt sein; **être bien** ~(**e**) **en fruits et légumes** eine große Auswahl an Obst und Gemüse (*Dat*) haben; **sa garde-robe est bien** ~**e** er/sie hat viel anzuziehen

fournil [fuʀni] *m* Backstube *f*

fourniment [fuʀnimɑ̃] *m* ❶ (*équipement du soldat*) Ausrüstung *f*
❷ *fam* (*fourbi*) Zeug *nt* (*fam*)

fournir [fuʀniʀ] <8> **I.** *vt* ❶ (*approvisionner*) ~ **un client/un commerce en qc** einen Kunden/ein Geschäft mit etw beliefern
❷ (*procurer*) ~ **qc à des réfugiés** Flüchtlinge mit etw versorgen; ~ **un logement/travail à qn** jdm eine Unterkunft/Arbeit beschaffen [*o* besorgen]; ~ **un prétexte à qn** jdm einen Vorwand liefern; ~ **un renseignement à qn** jdm eine Auskunft erteilen; ~ **l'occasion à qn** jdm die Gelegenheit bieten; ~ **le vivre et le couvert à qn** jdm Kost und Logis gewähren; ~ **des précisions** nähere Angaben machen
❸ (*présenter*) liefern *alibi, preuve;* vorlegen *autorisation;* vorzeigen *pièce d'identité*
❹ (*produire*) hervorbringen; ~ **un gros effort** sich sehr anstrengen; **la centrale fournit de l'énergie** das Kraftwerk liefert Energie; **les abeilles fournissent du miel** die Bienen produzieren Honig; **ce vignoble fournit un vin renommé** von diesem Weinberg kommt ein berühmter Wein
II. *vi* (*subvenir à*) **le magasin n'arrivait plus à** ~ das Geschäft konnte den Bedarf nicht mehr decken
III. *vpr* **se** ~ **en charbon chez qn** [seine] Kohle von jdm beziehen

fournisseur, **-euse** [fuʀnisœʀ, -øz] **I.** *m, f* ❶ (*détaillant*) Kaufmann *m*/-frau *f,* Händler(in) *m(f);* **chez votre** ~ **habituel** bei Ihrem Händler
❷ (*producteur*) Anbieter(in) *m(f)*
❸ (*livreur*) Lieferant(in) *m(f)*
II. *app* **des pays** ~**s** Exportländer *Pl;* **des pays** ~**s de la France** Länder, die Frankreich beliefern

◆ ~ **d'accès Internet** Internet-Provider *m;* ~ **de services en ligne** Online-Service-Provider *m*

fourniture [furnityʀ] *f* ❶ (*livraison*) Lieferung *f,* Beschaffung *f;* ~ **de documents** Beschaffung von Dokumenten
❷ *pl* (*accessoires*) Ausstattung *f;* COUT Utensilien *Pl;* ~**s scolaires** Schulbedarf *m;* ~ **de bureau** Bürobedarf *m,* Büromaterial *nt*

fourrage [fuʀaʒ] *m* [Vieh]futter *nt;* ~ **sec/vert** Trocken-/Grünfutter *nt*

fourrager [fuʀaʒe] <2a> *vi fam* ~ **dans qc** in etw (*Dat*) herumwühlen

fourrager, -ère [fuʀaʒe, -ɛʀ] *adj* Futter-

fourragère [fuʀaʒɛʀ] *f* MIL Fangschnur *f*

fourre [fuʀ] *f* CH ❶ (*taie d'oreiller*) Kopfkissenbezug *m*
❷ (*housse d'édredon*) Bettbezug *m*

fourré [fuʀe] *m* Gestrüpp *nt,* Dickicht *nt*

fourré(e) [fuʀe] *adj* ❶ *gants, manteau* gefüttert; ~**(e) d'hermine** mit Hermelin[pelz] gefüttert
❷ GASTR *bonbons, gâteau* gefüllt; ~**(e) à la confiture** mit Marmelade gefüllt

fourreau [fuʀo] <x> *m* ❶ (*gaine*) *d'une épée* Scheide *f; d'un parapluie* Hülle *f*
❷ (*robe moulante*) hautenges Kleid

fourrer [fuʀe] <1> **I.** *vt* ❶ *fam* (*mettre*) ~ **qc dans qc** etw in etw (*Akk*) hineinstecken; **qui a bien pu lui ~ cette idée dans la tête?** wer hat ihm/ihr diesen Floh ins Ohr gesetzt? (*fam*)
❷ (*garnir*) ~ **qc avec du lapin** etw mit Kaninchenfell füttern
❸ GASTR ~ **qc au chocolat** etw mit Schokolade füllen
II. *vpr fam* (*se mettre*) **se ~ sous les couvertures** sich unter der Bettdecke verkriechen; **se ~ les doigts dans le nez** sich (*Dat*) die Finger in die Nase stecken; **être tout le temps fourré(e) au café** wieder mal im Café rumhängen (*fam*); **quelle idée s'est-il fourré dans la tête?** was hat er sich (*Dat*) da in den Kopf gesetzt? (*fam*)
▶ **ne plus savoir où se ~** [vor Scham] am liebsten im Boden versinken wollen; **s'en ~ jusque-là** sich bis oben hin vollstopfen (*fam*), sich (*Dat*) den Bauch vollschlagen (*fam*)

fourre-tout [fuʀtu] *m inv* ❶ *péj* (*local*) Rumpelkammer *f* (*fam*)
❷ (*sac*) Reisetasche *f*

fourreur, -euse [fuʀœʀ, -øz] *m, f* Kürschner(in) *m(f)*

fourrier [fuʀje] *m* MIL Furier *m*

fourrière [fuʀjɛʀ] *f* ❶ (*pour voitures*) Abstellplatz *m* für amtlich abgeschleppte Fahrzeuge; **tu vas retrouver ta voiture à la ~!** dein Auto wird bestimmt abgeschleppt!
❷ (*pour animaux*) Tierheim *nt*

fourrure [fuʀyʀ] *f* Pelz *m;* **commerce de la ~** Pelzhandel *m;* **manteau doublé de ~** pelzgefütterter Mantel *m;* **manteau de** [*o* **en**] ~ Pelzmantel; **être en ~** aus Pelz sein

fourvoiement [fuʀvwamɑ̃] *m littér* Verirrung *f*

fourvoyer [fuʀvwaje] <6> **I.** *vt littér* in die Irre führen
II. *vpr* ❶ (*s'égarer*) **se ~ dans qc** sich in etw (*Dat*) verirren; **se ~ dans une drôle d'aventure** sich auf ein tolles Abenteuer einlassen
❷ (*se tromper*) **se ~** [sich] irren

foutaise [futɛz] *f fam* ❶ (*chose sans valeur*) Mist *m* (*fam*)
❷ (*futilité*) Lappalie *f;* **quelle ~!** was für 'n Quatsch! (*fam*)

foutoir [futwaʀ] *m péj vulg* Saustall *m* (*pej vulg*)

foutre [futʀ] <14> **I.** *vt fam* ❶ (*faire*) **ne rien ~** stinkfaul sein (*fam*); **qu'est-ce que tu fous?** was treibst du [bloß]? (*fam*)
❷ (*donner*) ~ **une claque/une baffe à qn** jdm eine Ohrfeige verpassen (*fam*), jdm eine runterhauen (*fam*); **fous-moi la paix!** lass mich in Ruhe!; **l'alcool lui fout mal à la tête/la migraine** er/sie kriegt vom Trinken Kopfschmerzen/Migräne; **ce temps de cochon me fout le cafard** dieses Sauwetter macht mich fertig (*fam*)
❸ (*mettre*) ~ **qc dans sa poche** etw in seine Hosentasche stecken (*fam*); ~ **qc par terre** etw auf den Boden schmeißen (*fam*); ~ **qn en taule** *arg* jdn in den Knast stecken (*fam*); **le chômage l'a foutu(e) sur le trottoir** die Arbeitslosigkeit trieb ihn/sie in die Gosse; **son arrivée a tout foutu par terre** seine/ihre Ankunft hat alles vermasselt [*o* versaut *sl*]
▶ **je n'en ai rien à ~!** das ist mir piepegal [*o* völlig schnuppe]! (*fam*); **je n'en ai rien à ~ de ce que les autres pensent de moi** ich kümmere mich einen Dreck darum, was andere über mich denken (*fam*); ~ **qn dedans** jdn drankriegen (*fam*); **ce qui m'a foutu(e) dedans, c'est que qn a fait qc** was mich irregeführt hat, war, dass jd etw getan hat; **ça la fout mal** das ist dumm; **qu'est-ce que ça peut me/te/lui ~?** was geht mich/dich/ihn/sie das an?, was juckt mich/dich/ihn/sie das? (*fam*); **je t'en fous!** von wegen! (*fam*), denkste! (*fam*); **je t'en foutrais [de cela]!** schlag dir das mal schön aus dem Kopf! (*fam*)
II. *vpr fam* ❶ (*se mettre*) **se ~ un coup de marteau sur les doigts** sich (*Dat*) mit dem Hammer auf die Finger hauen; **je vais me ~ là, dans le coin** ich werde mich da in die Ecke verziehen (*fam*); **foutez-vous par terre!** legt euch auf den Boden!; **fous-toi ça dans le crâne!** schreib dir das hinter die Ohren! (*fam*)
❷ (*se moquer*) **se ~ de qn** jdn auf die Schippe nehmen (*fam*), jdn verarschen (*sl*); **il se fout de notre gueule!** er hält uns wohl für blöd! (*fam*), er verarscht uns! (*sl*); **tu te fous de moi ou quoi?** willst du mich veräppeln? (*fam*); **alors là, il se fout de nous/de notre gueule/du monde!** also jetzt reicht's aber wirklich! (*fam*)
❸ (*se désintéresser*) **se ~ de qn/qc** auf jdn/etw pfeifen (*fam*); **ton beau-frère, je m'en fous** dein Schwager, der kann mich mal (*sl*); **qn se fout que qn ait fait qc** es ist jdm piepegal [*o* völlig schnuppe], ob jd etw getan hat (*fam*)
▶ **va te faire ~!** (*va te faire voir*) mach dass du wegkommst! (*fam*); (*rien à faire*) [da ist] nichts zu wollen! (*fam*); **se ~ dedans** sich total verhauen (*fam*); **qn s'en fout [pas mal] de qn/qc** jdm ist jd/etw egal [*o* schnuppe] [*o* scheißegal *sl*] (*fam*); **s'en ~ jusque-là** sich (*Dat*) den Bauch vollschlagen [*o* vollstopfen] (*fam*)
III. *adv fam* (*fichtre*) ▶ **je n'en sais ~ rien** ich hab' keinen blassen Schimmer davon (*fam*)

foutrement [futʀəmɑ̃] *adv fam* verdammt (*fam*)

foutu(e) [futy] **I.** *part passé de* **foutre**
II. *adj fam* ❶ (*perdu*) *chose* kaputt; **être ~(e)** *chose:* im Eimer sein (*fam*), im Arsch sein (*sl*); *personne:* fertig [*o* erledigt] sein (*fam*); *malade:* es nicht mehr lange machen (*fam*); **cette fois, nous sommes ~s** dieses Mal ist es aus mit uns
❷ *antéposé* (*maudit*) mies (*fam*); **il fait vraiment un ~ temps aujourd'hui** heute ist wirklich ein Sauwetter (*fam*)
❸ (*vêtu*) **comment es-tu encore ~(e) ce matin?** wie siehst du denn heute Morgen wieder aus? (*fam*)
❹ (*capable*) **être/ne pas être ~(e) de faire qc** es hinkriegen/es nicht hinkriegen, etw zu tun (*fam*)
▶ **être bien/mal ~(e)** *personne:* gut/schlecht gebaut sein; *travail, appareil:* gut/schlecht gemacht sein; **être mal ~(e)** nicht auf dem Damm sein (*fam*); **~(e) pour ~(e)** das war wohl nichts (*fam*)

fox [fɔks] *m inv abr de* **fox-terrier** Fox *m*

fox-terrier [fɔkstɛʀje] <fox-terriers> *m* Foxterrier *m*

fox-trot [fɔkstʀɔt] *m inv* Foxtrott *m*

foyer [fwaje] *m* ❶ (*famille*) [häuslicher] Herd, Heim *nt;* ~ **paternel** Elternhaus *nt;* ~ **conjugal** ehelicher Haushalt; **les jeunes ~s** die jungen Paare; **fonder un ~** eine Familie gründen; **retrouver un ~** ein neues Zuhause finden
❷ (*résidence*) Heim *nt;* ~ **de personnes âgées** Altersheim *nt,* Seniorenheim *nt;* ~ **[socio-]éducatif** [Erziehungs]heim *nt;* ~ **d'urgence** Notunterkunft *f*
❸ (*salle de réunion*) Aufenthaltsraum *m,* Gemeinschaftsraum *m*

❹ THEAT Foyer *nt*
❺ (*âtre*) Feuerstelle *f*
❻ (*cheminée*) Kamin *m*
❼ (*centre*) *d'une civilisation* Zentrum *nt*, Mittelpunkt *m*; ~ **lumineux** Lichtquelle *f*; ~ **de crise/d'épidémies** Krisen-/Seuchenherd *m*; ~ **d'insurrection/infectieux** Unruhe-/Infektionsherd *m*; **ce quartier est un ~ de voyous** dieses Viertel ist ein Ganovennest *nt*
❽ (*incendie*) Brand *m*; ~ **d'incendie** Brandherd *m*
❾ (*chambre de combustion*) *d'une chaudière* Feuerung *f*; *d'un four, fourneau* Feuerstelle *f*
❿ MATH, PHYS, OPT Brennpunkt *m*
⓫ OPT **des lunettes à double ~** Bifokalbrille *f*
► **renvoyer un soldat dans ses ~s** einen Soldaten aus dem Wehrdienst entlassen
F.R.3 [ɛfɛʀtʀwa] MEDIA *abr de* **France-Régions trois** *ein Sender des französischen Regionalfernsehens*
frac [fʀak] *m* Frack *m*
fracas [fʀaka] *m* Krach *m*, Getöse *nt*; ~ **du tonnerre** Krachen *nt* des Donners; ~ **de la ville** Lärm *m* der Stadt; **avec ~** mit lautem Krach; **à grand ~** lautstark
fracassant(e) [fʀakasɑ̃, ɑ̃t] *adj* ❶ (*très bruyant*) ohrenbetäubend
❷ (*sensationnel*) sensationell, aufsehenerregend
fracasser [fʀakase] <1> **I.** *vt* ~ **qc à qn** jdm etw zertrümmern
II. *vpr* **se ~** zerspringen; [**aller**] **se ~ contre un arbre** an einem Baum zerschellen
fraction [fʀaksjɔ̃] *f* ❶ MATH Bruch *m*; **réduire des ~s au même dénominateur** Brüche auf den gleichen Nenner bringen; **simplifier une ~** einen Bruch kürzen
❷ (*partie d'un tout*) *d'un groupe, terrain, d'une somme* Teil *m*; **une ~ importante du Parlement** ein großer Teil des Parlaments; ~ **de seconde** Bruchteil einer Sekunde
❸ REL **la ~ du pain** das Brechen des Brotes, das Brotbrechen
fractionnaire [fʀaksjɔnɛʀ] *adj* **expression ~** unechte Bruchzahl; **nombre ~** Bruchzahl *f*
fractionnel(le) [fʀaksjɔnɛl] *adj* Spaltungs-; **activité ~le au sein d'un parti** Spaltungsvorgänge *Pl* innerhalb einer Partei
fractionnement [fʀaksjɔnmɑ̃] *m* Zersplitterung *f*, [Auf]spaltung *f*; *d'un patrimoine, paiement* Aufteilung *f*
fractionner [fʀaksjɔne] <1> **I.** *vt* ❶ (*diviser*) aufgliedern
❷ (*partager*) zerlegen; ~ **le/un paiement** in Raten zahlen
II. *vpr* **se ~ en plusieurs groupes/factions rivales** sich in mehrere Gruppen/feindliche Lager aufspalten
fractionnisme [fʀaksjɔnism] *m* POL Splittergruppenbildung *f*
fractionniste [fʀaksjɔnist] **I.** *adj* Spaltungs-
II. *mf* Spalter(in) *m(f)*
fracture [fʀaktyʀ] *f* ❶ MED [Knochen]bruch *m*, Fraktur *f* (*Fachspr.*); ~ **du crâne** Schädelbruch *m*; ~ **compliquée/ouverte/simple** komplizierter/offener/glatter Bruch; **se faire une ~ du poignet** sich das Handgelenk brechen; **réduire une ~** einen Bruch einrichten
❷ GEOL Bruch *m*, Verwerfung *f*
❸ (*rupture*) Bruch *m*; ~ **sociale** das Auseinanderbrechen der Gesellschaft, die soziale Kluft
fracturer [fʀaktyʀe] <1> **I.** *vt* ❶ (*briser*) aufbrechen *porte, voiture*
❷ MED brechen; **le choc lui a fracturé le bras** bei dem Aufprall hat er/sie sich den Arm gebrochen
II. *vpr* MED **se ~ le bras** sich (*Dat*) den Arm brechen
fragile [fʀaʒil] *adj* ❶ (*cassant*) zerbrechlich
❷ (*délicat, faible*) *corps, personne, santé* zart; *organisme* anfällig; *estomac* empfindlich; *cœur* schwach; **être ~ du cœur** ein schwaches Herz haben; **être ~ des poumons** schwach auf der Brust sein; **être ~ de l'estomac** einen empfindlichen Magen haben
❸ (*précaire*) *gloire, puissance, bonheur* vergänglich; *argument, preuve* nicht stichhaltig; *équilibre* labil; *hypothèse* auf schwachen Füßen stehend; *paix* unsicher; *économie* instabil, labil
fragilisé(e) [fʀaʒilize] *adj santé* angegriffen
fragiliser [fʀaʒilize] <1> *vt* schwächen; angreifen *cheveux*
fragilité [fʀaʒilite] *f* ❶ (*facilité à se casser*) Zerbrechlichkeit *f*
❷ (*faiblesse*) Anfälligkeit *f*; *d'un corps* Schwäche *f*; *d'une personne* Zartheit *f*; **être d'une grande ~ morale** psychisch kaum belastbar sein; **les ~s d'un système** die Schwachstellen eines Systems; **des signes de ~** [An]zeichen *Pl* von Schwäche
❸ (*précarité*) Vergänglichkeit *f*; *des arguments* Dürftigkeit *f*; *d'un équilibre, d'une économie* Labilität *f*; *d'une hypothèse* Fraglichkeit *f*; *de la paix* Unsicherheit *f*; *d'une preuve* mangelnde Stichhaltigkeit
fragment [fʀagmɑ̃] *m* ❶ (*débris*) Teil *nt*, Bruchstück *nt*; **des ~s d'os** Knochensplitter *Pl*
❷ (*morceau de verre*) Splitter *m*
❸ (*extrait d'une œuvre*) Passage *f*, Auszug *m*; (*œuvre incomplète*) Fragment *nt*
❹ (*partie*) *d'une vie* Abschnitt *m*
fragmentaire [fʀagmɑ̃tɛʀ] *adj connaissance, exposé, vue* lückenhaft; *effort* vereinzelt; *travail* bruchstückhaft
fragmentation [fʀagmɑ̃tasjɔ̃] *f d'une roche* Zersplitterung *f*; *d'un pays* Teilung *f*; BIO Teilung *f*; *d'un problème* Gliederung *f*
fragmenter [fʀagmɑ̃te] <1> **I.** *vt* ~ **qc en qc** etw in etw (*Akk*) aufteilen; ~ **son travail** sich (*Dat*) seine Arbeit einteilen; **une vision fragmentée** eine lückenhafte Sicht
II. *vpr* **se ~** [zer]brechen, in Stücke brechen
frai [fʀɛ] *m* ZOOL ❶ (*ponte*) Laichen *nt*
❷ (*œufs*) Laich *m*
❸ (*alevins*) Fischbrut *f*
fraîche [fʀɛʃ] **I.** *adj v.* **frais**
II. *f* **à la ~** (*le matin*) in der Morgenfrische [*o* Morgenkühle]; (*le soir*) in der Abendkühle
fraîchement [fʀɛʃmɑ̃] *adv* ❶ (*récemment*) *cueilli, labouré* frisch; *arrivé* gerade
❷ (*avec froideur*) kühl, frostig; **la proposition fut ~ accueillie** die Aussage wurde mit großer Zurückhaltung aufgenommen
fraîcheur [fʀɛʃœʀ] *f* ❶ (*sensation agréable*) Frische *f*, Kühle *f*; **chercher la/un peu de ~** Kühlung/etwas Kühlung suchen; **donner de la/un peu de ~** Kühle [*o* Kühlung]/etwas Kühle [*o* Kühlung] spenden *geh*
❷ (*froideur*) *d'un accueil* Kühle *f*, Frostigkeit *f*
❸ (*éclat*) *d'une fleur, d'un teint* Frische *f*; *d'une couleur, fresque* Leuchtkraft *f*; *d'une robe* frische Farben *Pl*; *d'un livre* lebhafter Stil
❹ (*bonne forme*) Fitness *f*; *d'une équipe* ausgezeichnete [*o* hervorragende] Form
❺ (*qualité d'une production récente*) *d'un produit alimentaire* Frische *f*
❻ (*pureté, vivacité*) *d'un sentiment* Echtheit *f*; *d'une impression* Lebendigkeit *f*; *d'une idée* Originalität *f*
fraîchir [fʀeʃiʀ] <8> *vi air, temps:* sich abkühlen; *eau:* abkühlen; *vent:* auffrischen
frais[1] [fʀɛ] *mpl* ❶ (*taxe*) Gebühr *f*; ~ **d'expédition** Abfertigungsgebühr
❷ ECON, FISC (*coûts, investissements*) Kosten *Pl*; ~ **bancaires** Bankspesen *Pl*; ~ **généraux** Gemeinkosten, allgemeine Unkosten; ~ **de déplacement/d'essence** Reise-/Benzinkosten; ~ **d'entretien** *d'une voiture, maison* Unterhaltungskosten; ~ **de logement** Unterbringungskosten; ~ **de port et d'emballage** Kosten für Porto und Verpackung; **faux ~** Nebenkosten, zusätzliche Ausgaben; **tous ~ compris** einschließlich aller Unkosten; **tous ~ payés** nach Begleichung aller Unkosten; **couvrir les ~** die Kosten decken; **faire qc à ses ~** etw auf eigene Kosten tun
❸ JUR Gebühr *f*, Kosten *Pl*; ~ **de garde** (*dépôt*) Aufbewahrungsgebühren; (*pour la garde d'enfants*) [Kinder]betreuungskosten; ~ **de justice** Gerichtskosten; ~ **de mise en marche** Ingangsetzungskosten (*Fachspr.*); **être condamné(e) aux ~**

F

et dépens zur Zahlung der Prozesskosten verurteilt werden
▶ **faire les ~ de la conversation** Gesprächsthema Nummer eins sein; **aux ~ de la princesse** *hum* ohne einen Pfennig zu bezahlen; (*aux dépens de l'entreprise/de l'État*) auf Geschäfts-/Staatskosten; **à grands ~** mit hohem Kostenaufwand; (*avec beaucoup de peine*) mit großer Mühe [*o* Anstrengung]; **à moindre ~** mit geringem Kostenaufwand; (*avec peu de mal*) mit geringem Aufwand; **arrêter les ~** *fam* es sein lassen; (*cesser de se donner du mal*) sich (*Dat*) die Mühe sparen; **en être pour ses ~** sich vergeblich bemühen; **faire des ~, se mettre en ~** sich in Unkosten stürzen; **faire les ~ de qc** für etw bezahlen; **à mes/ses ~** auf meine/seine/ihre Kosten; **à peu de ~** ohne große Unkosten; (*avec peu de mal*) mit wenig Aufwand; **s'en tirer à peu de ~** glimpflich davonkommen (*fam*)
◆ **~ d'expédition** Versandkosten *Pl;* **~ de main d'œuvre** Lohnkosten *Pl;* **~ de scolarité** Schulgeld *nt*

frais² [fʀɛ] *m* (*fraîcheur*) frische Luft; **prendre le ~** frische Luft schnappen (*fam*); **j'ai besoin d'un peu de ~** ich muss mal an die frische Luft; **mettre une bouteille de vin au ~** eine Flasche Wein kalt stellen; **à conserver** [*o* **garder**] **au ~** kühl lagern; **être au ~** *personne:* im Kühlen sitzen; *chose:* gut gekühlt sein
▶ **mettre qn au ~** *fam* jdn einbuchten (*fam*); **le voleur a été mis au ~** der Dieb ist ins Kittchen gewandert (*fam*)

frais, fraîche [fʀɛ, fʀɛʃ] *adj* ① (*légèrement froid*) *endroit, eau, vent* kühl; **il fait ~** es ist frisch [*o* kühl]; **servir qc très ~** etw gut gekühlt servieren; **aujourd'hui le temps sera ~** heute wird es frisch
② (*opp: avarié, sec, en conserve*) frisch; **lait ~** Frischmilch *f*
③ (*peu cordial*) kühl, frostig
④ (*agréable*) *fleur, teint, parfum* frisch; *couleur* leuchtend; *son, voix* klar
⑤ (*en forme*) *personne* fit; (*reposé, sain*) frisch aussehend; **être ~ et dispos** frisch und munter sein
⑥ (*récent*) frisch; **l'encre est encore fraîche** die Tinte ist noch feucht; **attention! peinture fraîche!** Vorsicht! frisch gestrichen!; **une nouvelle toute fraîche** eine ganz aktuelle [*o* brandheiße *fam*] Nachricht; **des nouvelles fraîches** neueste Nachrichten
⑦ *iron fam* (*dans une sale situation*) **eh bien, nous voilà ~!** jetzt sitzen wir ganz schön in der Tinte! (*fam*); **vous êtes ~ maintenant!** da habt ihr den Salat! (*fam*)
⑧ (*pur*) *âme, personne, joie* rein; *sentiment* echt

fraisage [fʀɛzaʒ] *m* TECH Fräsen *nt*

fraise [fʀɛz] **I.** *f* ① (*fruit*) Erdbeere *f;* **~ des bois** Walderdbeere *f;* **confiture de ~[s]** Erdbeermarmelade; **à la ~** mit Erdbeergeschmack; **glace à la ~** Erdbeereis *nt;* **gâteau aux ~s** Erdbeerkuchen *m*
② MED (*perceuse*) Bohrer *m*
③ TECH Fräser *m*
④ (*collerette*) Halskrause *f*
⑤ *fam* (*figure*) Fresse *f* (*sl*); **ramener sa ~** seinen Senf dazugeben (*fam*)
▶ **aller aux ~s** *hum* ein Schäferstündchen verbringen; (*avoir un pantalon trop court*) Hochwasser haben (*fam*)
II. *adv inv* (*rouge*) erdbeerfarben
◆ **~ de veau** [Kalbs]gekröse *nt*

fraiser [fʀeze] <1> *vt* TECH [aus]fräsen; **machine à ~** Fräsmaschine *f*

fraiseur [fʀɛzœʀ] *m* TECH Fräser *m*

fraiseuse [fʀɛzøz] *f* TECH ① Fräserin *f*
② (*machine*) Fräsmaschine *f*

fraisier [fʀezje] *m* Erdbeerpflanze *f;* **des plants de ~** Erdbeersetzlinge *Pl*

framboise [fʀɑ̃bwaz] *f* ① (*fruit*) Himbeere *f;* **gelée de ~[s]** Himbeergelee *m o nt*
② (*eau-de-vie*) Himbeergeist *m*

framboisier [fʀɑ̃bwazje] *m* Himbeerstrauch *m*

franc [fʀɑ̃] *m* ① HIST (*monnaie*) Franc *m;* **changer en ~s** in Francs umtauschen; **ancien/nouveau ~** alter/neuer Franc (*der 1960 eingeführte neue Franc entsprach hundert alten Franc*); **~ belge/français/luxembourgeois** belgischer/französischer/luxemburgischer Franc; **~ lourd** *fam* neuer Franc (*1960 eingeführt*); (*monnaie*)
② (*monnaie*) **~ suisse** Schweizer Franken *m*

franc, franche [fʀɑ̃, fʀɑ̃ʃ] *adj* ① (*loyal, sincère*) *personne, regard* aufrichtig, offen; *rire, gaieté* ungezwungen; *contact* locker; **pour être ~(franche)** ehrlich gesagt; **être ~(franche) avec qn** [ganz] offen mit jdm reden
② (*net*) *couleur* rein; *hostilité* offen; *situation* eindeutig; **un oui ~ et massif** ein klares und deutliches Ja; **aimer les situations franches** für klare Verhältnisse sein
③ *antéposé* (*véritable*) rein; *succès* klar; **c'est de la franche rigolade** das ist der reinste Witz
④ (*libre*) frei; **port ~** Freihafen *m;* **marchandises ~ de port** frachtfreie Waren; **marchandises/colis ~ de port** portofreies Paket; **~ d'impôts** steuerfrei

franc, franque [fʀɑ̃, fʀɑ̃k] *adj* fränkisch; **la langue franque** das Fränkische; **les rois ~s** die Frankenkönige

Franc, Franque [fʀɑ̃, fʀɑ̃k] *m, f* Franke *m*/Fränkin *f*

français [fʀɑ̃sɛ] *m* ① **le ~** Französisch *nt,* das Französische; *v. a.* **allemand**
② THEAT **le Français** *verkürzter Name für das Théâtre Français* (*Comédie Française*) *in Paris*
▶ **en bon ~** *iron* auf gut Deutsch (*fam*); **tu ne comprends pas/vous ne comprenez pas le ~?** *fam* du kapierst/Sie kapieren wohl nicht? (*fam*); **je parle [le] ~ pourtant** ich drücke mich doch deutlich genug aus

français(e) [fʀɑ̃sɛ, ɛz] *adj* französisch; **à la ~e** französisch, auf französische Art

Français(e) [fʀɑ̃sɛ, ɛz] *m(f)* Franzose *m*/Französin *f;* **le ~ moyen/la ~e moyenne** der Durchschnittsfranzose/die Durchschnittsfranzösin

franc-comtois, franche-comtoise [fʀɑ̃kɔ̃twa, fʀɑ̃ʃkɔ̃twaz] <francs-comtois> *adj* aus der Franche-Comté [*o* Freigrafschaft Burgund]

France [fʀɑ̃s] *f* ① **la ~** Frankreich *nt*
② TV **~ 2/3** *zweites/drittes französisches Fernsehen*
▶ **de ~ et de Navarre** *hum* weit und breit; **être assez/très vieille ~** (*dans ses attitudes*) von der alten Schule sein, höflich und korrekt sein; (*dans ses vêtements*) sich klassisch anziehen

Francfort [fʀɑ̃kfɔʀ] Frankfurt *nt*

Franche-Comté [fʀɑ̃ʃkɔ̃te] *f* ① **la ~** die Franche-Comté
② HIST Freigrafschaft *f* Burgund (*historische Provinz und Region im Osten Frankreichs*)

franchement [fʀɑ̃ʃmɑ̃] *adv* ① (*sincèrement*) offen, ehrlich
② (*sans hésiter*) **entrer ~ dans le sujet** gleich [*o* sofort] zur Sache kommen
③ (*clairement*) klar, deutlich
④ (*vraiment*) wirklich
▶ **~!** mal [ganz] ehrlich!; (*refus indigné*) also wirklich!

franchir [fʀɑ̃ʃiʀ] <8> *vt* ① (*passer par-dessus*) **~ un fossé** über einen Graben springen; **~ un obstacle** *personne:* ein Hindernis überwinden [*o* nehmen]; *animal:* über ein Hindernis springen; **~ un ruisseau** *personne, animal:* einen Bach überqueren; (*d'un bond*) einen Satz über einen Bach machen; *pont:* einen Bach überspannen; **~ la voie** CHEMDFER das Gleis überschreiten; **~ des pas décisifs** entscheidende Schritte einleiten
② (*aller au-delà*) passieren; durchbrechen *barrage;* überschreiten *seuil;* **~ la ligne d'arrivée** durchs Ziel laufen; **ta renommée a franchi les frontières** du bist bis weit über die Grenzen hinaus berühmt
③ (*surmonter*) bestehen *examen, épreuve;* überwinden, meistern *difficulté;* **la réforme a franchi le premier obstacle** die Reform hat die erste Hürde genommen

❹ *(traverser)* überqueren *col;* **la gloire de qn a franchi les siècles** jds Ruhm hat die Jahrhunderte überdauert; **une étape importante vient d'être franchie** eine wichtige Etappe ist gemeistert
franchisage [fʀɑ̃ʃizaʒ] *m* COM Franchising *nt*
franchise [fʀɑ̃ʃiz] *f* ❶ *(sincérité) d'un regard, d'une personne* Offenheit *f;* **avec une ~ brutale** mit schonungsloser Offenheit; **en toute ~** frei heraus
❷ *(en parlant des assurances)* Selbstbeteiligung *f*
❸ FIN *(exonération)* [Gebühren]freiheit *f,* Abgabenfreiheit; **~ postale** Portofreiheit; **~ douanière** Zollfreiheit; **en ~** zollfrei
❹ *(montant)* Freibetrag *m*
❺ COM *(franchisage)* Franchising *nt,* Franchise *nt;* **exploiter un magasin en ~** einen Laden als Franchise betreiben
❻ JUR Freizeichnung *f (Fachspr.)*
◆ **~ de bagages** Freigepäck *nt*
franchisé(e) [fʀɑ̃ʃize] **I.** *m(f)* COM Franchise-Nehmer(in) *m(f)*
II. *adj* COM Franchise-; **magasin ~** Geschäft *nt* mit Franchise-Vertrieb
franchiser [fʀɑ̃ʃize] <1> *vt* COM **~ qc** für etw einen Franchise-Vertrag abschließen
franchissable [fʀɑ̃ʃisabl] *adj obstacle* überwindbar; **la limite est ~** die Grenze kann überschritten werden; **la rivière est ~** der Fluss kann überquert werden
franchissement [fʀɑ̃ʃismɑ̃] *m* ❶ *(saut) de la barre* Überspringen *nt*
❷ *(traversée) d'une frontière* Überschreiten *nt; d'une rivière* Überqueren *nt,* Überquerung *f;* **~ illégal de frontière** illegaler Grenzübertritt
franchouillard(e) [fʀɑ̃ʃujaʀ, jaʀd] *adj péj* typisch französisch
francilien(ne) [fʀɑ̃siljɛ̃, jɛn] *adj* [aus] der Île-de-France
Francilien(ne) [fʀɑ̃siljɛ̃, jɛn] *m(f)* Bewohner(in) *m(f)* der Île-de-France
francique [fʀɑ̃sik] **I.** *adj* fränkisch
II. *m* **le ~** Fränkisch *nt,* das Fränkische; **le ~ rhénan** Rheinfränkisch, das Rheinfränkische; *v. a.* **allemand**
francisation [fʀɑ̃sizasjɔ̃] *f* ❶ LING Französisieren *nt,* Französieren *nt*
❷ NAUT *Gewährung des Rechts, unter französischer Flagge zu fahren*
franciscain(e) [fʀɑ̃siskɛ̃, ɛn] **I.** *adj* franziskanisch
II. *m(f)* Franziskaner(in) *m(f);* **couvent de ~s** Franziskanerkloster *nt*
franciser [fʀɑ̃size] <1> *vt* franzö[si]sieren
francité [fʀɑ̃site] *f Eigenarten der französischen Kultur und Sprache*
francium [fʀɑ̃sjɔm] *m* Francium *nt*
franc-jeu [fʀɑ̃ʒø] <francs-jeux> *m rare* Fairness *f,* Fairplay *nt*
franc-maçon(ne) [fʀɑ̃masɔ̃, ɔn] <francs-maçons> *m(f)* Freimaurer *m* **franc-maçonnerie** [fʀɑ̃masɔnʀi] <franc-maçonneries> *f* ❶ *(société secrète)* Freimaurerei *f* ❷ *(camaraderie)* Bund *m*
franco [fʀɑ̃ko] *adv fam (carrément)* geradewegs, ohne Umschweife
franco-allemand(e) [fʀɑ̃koalmɑ̃, ɑ̃d] <franco-allemands> *adj* deutsch-französisch **franco-français(e)** [fʀɑ̃cofʀɑ̃sɛ, ɛz] *adj* ❶ *(entre deux groupes de français)* unter [*o* zwischen] den Franzosen ❷ *fam (franchouillard)* typisch französisch
François [fʀɑ̃swa] *m* ❶ Franz *m*
❷ HIST **~ Ier** Franz I., Franz der Erste
❸ REL Franziskus
Franconie [fʀɑ̃kɔni] *f* **la ~** Franken *nt*
franconien(ne) [fʀɑ̃kɔnjɛ̃, jɛn] *adj* fränkisch
Franconien(ne) [fʀɑ̃kɔnjɛ̃, jɛn] *m(f)* Franke *m*/Frankin *f*
francophile [fʀɑ̃kɔfil] **I.** *adj* frankophil, frankreichfreundlich
II. *mf* Frankophile(r) *f(m)*
francophilie [fʀɑ̃kɔfili] *f* Frankophilie *f*
francophobe [fʀɑ̃kɔfɔb] **I.** *adj* frankophob, frankreichfeindlich
II. *mf* frankophober Mensch, Franzosenhasser(in) *m(f)*
francophobie [fʀɑ̃kɔfɔbi] *f* Frankophobie *f*
francophone [fʀɑ̃kɔfɔn] **I.** *adj* französischsprachig, frankophon
II. *mf* Frankophone(r) *f(m)*
francophonie [fʀɑ̃kɔfɔni] *f* Frankophonie *f (französische Sprachgemeinschaft)*

i Land & Leute

Als **francophonie** bezeichnet man die Gesamtheit aller französischsprachigen Länder. Diese Staaten befinden sich in Afrika, Amerika, Asien und Europa. Sie veranstalten regelmäßig Gipfeltreffen, um Fragen zu erörtern, die mit der Pflege und der Verbreitung der französischen Sprache zu tun haben.

franc-parler [fʀɑ̃paʀle] <francs-parlers> *m* Freimut *m,* Offenheit *f* im Reden; **avoir son ~** kein Blatt vor den Mund nehmen
franc-tireur [fʀɑ̃tiʀœʀ] <francs-tireurs> *m* ❶ MIL Freischärler(in) *m(f)* ❷ *fig* Einzelgänger(in) *m(f);* **en ~** im Alleingang
frange [fʀɑ̃ʒ] *f* ❶ *(bordure)* Rand *m;* COUT Franse *f;* **~ côtière** Küstenstrich *m*
❷ *(mèche)* Pony *m*
❸ *(partie marginale)* Randgruppe *f;* **~ de la société/des étudiants** gesellschaftliche/studentische Randgruppe
franger [fʀɑ̃ʒe] <2a> *vt* COUT mit Fransen versehen
frangin(e) [fʀɑ̃ʒɛ̃, ʒin] *m(f) fam* Bruder-/Schwesterherz *nt (fam)*
frangipane [fʀɑ̃ʒipan] *f* ❶ *(crème)* Mandelcreme *f*
❷ *(gâteau)* Mandelkuchen *m*
franglais [fʀɑ̃glɛ] *m* Franglais *m (mit Anglizismen durchsetztes Französisch)*
franque [fʀɑ̃k] *adj v.* **franc**
franquette [fʀɑ̃kɛt] ▶ **à la bonne ~** *fam* ohne Umstände, ganz einfach
franquisme [fʀɑ̃kism] *m* Franco-Regime *nt*
franquiste [fʀɑ̃kist] **I.** *adj* francofreundlich; **l'Espagne ~** Spanien unter Franco
II. *m, f* Anhänger(in) *m(f)* Francos
frappant(e) [fʀapɑ̃, ɑ̃t] *adj contraste* auffallend, eklatant; *exemple* treffend; *preuve, argument* schlagend; *ressemblance* verblüffend; **un détail ~** ein Detail, das ins Auge springt
frappe [fʀap] *f* ❶ *d'une monnaie* Prägung *f*
❷ *(façon de frapper) d'une dactylo, pianiste* Anschlag *m; d'un boxeur* Schlag *m; d'un footballeur* Schuss *m*
❸ *(exemplaire dactylographié)* [mit Maschine geschriebenes] Manuskript, Typoskript *nt;* **être à la ~** gerade geschrieben [*o* getippt *fam*] werden
❹ *péj fam (voyou)* Halunke *m (fam)*
frappé(e) [fʀape] *adj* ❶ *(saisi)* **~(e) de stupeur** wie vor den Kopf geschlagen, bestürzt; **~(e) de panique/d'horreur** von Panik/von Entsetzen ergriffen [*o* erfasst]
❷ *(refroidi)* [eis]gekühlt; **café ~** Kaffee Frappee *m (mit kleingeschlagenem Eis servierter Kaffee)*
❸ *fam (fou)* bekloppt *(fam),* behämmert *(fam)*
frappement [fʀapmɑ̃] *m* ❶ *(action de frapper)* Schlagen *nt*
❷ *(bruit) de sabots* Klappern *nt*
frapper [fʀape] <1> **I.** *vt* ❶ *(heurter, cogner)* **~ qn au visage** jdn ins Gesicht schlagen; **~ la balle** *(au tennis/au football)* den Ball schlagen/treten; **la pierre l'a frappé(e) à la tête** der Stein hat ihn/sie am Kopf getroffen; **la pluie frappe les vitres** der Regen klopft gegen [*o* an] die Scheiben
❷ *(avec un couteau)* **~ qn** auf jdn einstechen
❸ *(saisir)* **~ qn d'horreur/de panique** jdn in Schrecken/Panik *(Akk)* versetzen; **~ qn de stupeur** jdn bestürzen
❹ *(affliger)* **~ qn** *maladie:* jdn befallen; *mesure, impôt:* jdn betreffen; *sanction, malheur:* jdn treffen; **cette nouvelle tragique l'a**

beaucoup frappée diese tragische Nachricht war ein furchtbarer Schlag für sie; **la pollution frappe aussi les rivières** die Umweltverschmutzung macht auch vor den Flüssen nicht Halt; **être frappé(e) d'amnésie** an Gedächtnisschwund leiden
5 (*étonner*) beeindrucken; anregen *imagination;* **être frappé(e) de la ressemblance** über die Ähnlichkeit verblüfft sein; **être frappé(e) d'entendre cette nouvelle** verblüfft sein, diese Neuigkeit zu hören; **la ressemblance ne m'a pas frappé(e)** die Ähnlichkeit ist mir nicht aufgefallen
6 TECH prägen *médaille, monnaie*
7 (*glacer*) kühlen *champagne, vin, café*
II. *vi* 1 (*donner des coups*) zuschlagen; ~ **dans ses mains** in die Hände klatschen; ~ **du poing sur la table** mit der Faust auf den Tisch hauen *fam*; ~ **contre les vitres** *pluie:* gegen die Scheiben klopfen
2 (*avant d'entrer*) ~ **[à la porte]** anklopfen, an die Tür klopfen
III. *vpr* 1 (*se donner des coups*) **se ~ le front/la poitrine** sich (*Dat*) an die Stirn tippen/auf die Brust schlagen
2 *fam* (*s'inquiéter*) **se ~** sich Gedanken machen

frappeur [fʀapœʀ] *adj v.* **esprit**

frasil [fʀazi(l)] *m* CAN 1 (*fragments de glace*) [auf dem Wasser treibende] Eisstücke *Pl*
2 (*pellicule formée par la glace*) sehr dünne Eisschicht *f*

frasque [fʀask] *f* 1 Dummheit *f;* ~**s de jeunesse** jugendlicher Leichtsinn *m,* Jugendsünden *Pl*
2 (*dans un couple*) Seitensprung *m*

fraternel(le) [fʀatɛʀnɛl] *adj* 1 (*de frère*) *amour, baiser* brüderlich, Bruder-
2 (*de sœur*) *amour, baiser* schwesterlich, Schwester-
3 (*affectueux*) *geste, salut, relation* freundschaftlich; *amitié* innig

fraternellement [fʀatɛʀnɛlmɑ̃] *adv hum* brüderlich; **se haïr ~** einen brüderlichen Hass füreinander empfinden; **s'aimer ~** wie Bruder und Schwester sein

fraternisation [fʀatɛʀnizasjɔ̃] *f* Verbrüderung *f;* MIL Fraternisation *f*

fraterniser [fʀatɛʀnize] <1> *vi* 1 sich verbrüdern; MIL fraternisieren
2 (*sympathiser*) Freundschaft schließen

fraternité [fʀatɛʀnite] *f* Brüderlichkeit *f;* **la ~ humaine** die Zusammengehörigkeit der Menschen; ~ **d'armes** Waffenbrüderschaft *f;* ~ **d'esprit** Geistesverwandtschaft *f*

fratricide [fʀatʀisid] I. *adj* brudermörderisch/schwestermörderisch; **guerre ~** Bruderkrieg *m;* **haine ~** brüderlicher/schwesterlicher Hass
II. *m* 1 (*meurtre d'un frère*) Brudermord *m*
2 (*meurtre d'une sœur*) Schwestermord *m*
III. *mf* (*personne*) Brudermörder(in) *m(f),* Schwestermörder(in) *m(f)*

fraude [fʀod] *f* Betrug *m;* ~ **électorale** Wahlfälschung *f,* Wahlbetrug; ~ **douanière** Zollvergehen *nt;* ~ **sur les vins** Weinpanscherei *f;* **service de répression des ~s** Betrugsdezernat *nt*
► **en ~** auf betrügerische Weise; **fumer en ~** heimlich rauchen; **passer des marchandises à la frontière en ~** Waren über die Grenze schmuggeln

frauder [fʀode] <1> I. *vt* (*tromper*) betrügen; ~ **le fisc** [*o* **les impôts**] Steuern hinterziehen; ~ **la douane** Zollbetrug begehen
II. *vi* (*tricher*) ~ **à un examen** bei einer Prüfung täuschen; ~ **sur le poids des denrées** beim Wiegen der Lebensmittel betrügen

fraudeur, -euse [fʀodœʀ, -øz] *m, f* 1 Betrüger(in) *m(f)*
2 (*à la frontière*) Schmuggler(in) *m(f)*

frauduleux, -euse [fʀodylø, -øz] *adj* 1 betrügerisch; *concurrence, moyen* unlauter; *dossier* gefälscht; *banquier* unredlich; **trafic ~** Schmuggel *m*
2 JUR fraudulös (*Fachspr.*)

frayer [fʀeje] <7> I. *vt* (*ouvrir*) ~ **à qn un passage dans la foule** jdm einen Weg durch die Menge bahnen; ~ **la voie au progrès** dem Fortschritt den Weg bereiten
II. *vi* 1 ZOOL (*se reproduire*) laichen
2 (*fréquenter*) ~ **avec qn** mit jdm verkehren, zu jdm Kontakt haben
III. *vpr* **se ~ un passage/une voie/un chemin** sich (*Dat*) einen Weg bahnen; *fig* sich hocharbeiten

frayeur [fʀɛjœʀ] *f* Schreck[en] *m;* **de ~** vor Schreck; **être saisi(e) de ~** einen Schreck bekommen; **faire une ~ à qn** jdm einen Schreck[en] einjagen

freak [fʀik] *m* Freak *m*

fredaine [fʀədɛn] *f* Dummheit *f;* **ce sont des ~s de jeunesse** das sind Dummejungenstreiche (*fam*)

fredonnement [fʀədɔnmɑ̃] *m d'une chanson* Summen *nt*

fredonner [fʀədɔne] <1> *vt* summen

free-lance [fʀilɑ̃s] <free-lances> I. *mf* Freiberufler(in) *m(f)*
II. *m* **travailler en ~** freiberuflich arbeiten III. *adj inv journaliste, styliste* freiberuflich **free-party** [fʀipaʀti] <free-parties> *f* Open-Air-Rave *m*

freesia [fʀezja] *m* Freesie *f*

freeware [fʀiwɛʀ] *m* INFORM Freeware *f*

freezer [fʀizœʀ] *m* Gefrierfach *nt*

frégate [fʀegat] *f* 1 (*bateau*) Fregatte *f*
2 ORN Fregattvogel *m*

frein [fʀɛ̃] *m* 1 (*dispositif*) Bremse *f;* ~ **aérodynamique/hydraulique** Luftbremse/hydraulische Bremse; ~ **moteur/de secours** Motor-/Notbremse; ~ **à disque/mâchoires** Scheiben-/Backenbremse; ~ **à tambour/main** Trommel-/Handbremse
2 (*entrave, limite*) **être/mettre un ~ à qc** etw bremsen; **sans ~** ungezügelt
► **ronger son ~** vor Ungeduld fast vergehen

freinage [fʀɛnaʒ] *m* 1 (*action*) Bremsen *nt,* Bremsung *f*
2 (*ralentissement*) *de la hausse des prix* Drosselung *f*

freiner [fʀene] <1> I. *vi* bremsen; **bien/mal ~** gute/schlechte Bremsen haben
II. *vt* 1 (*ralentir, entraver*) behindern; einschränken *offre;* drosseln *hausse des prix, production*
2 (*modérer*) bremsen *personne, ambitions;* ~ **le succès de qn** jds Erfolg (*Dat*) einen Riegel vorschieben
III. *vpr fam* (*se modérer*) **se ~** sich mäßigen

frelater [fʀəlate] <1> *vt* 1 (*altérer volontairement*) verfälschen; panschen *vin;* **être frelaté(e)** *vin:* gepanscht sein
2 *fig* **un milieu frelaté/une société frelatée** ein unnatürliches Umfeld/eine unnatürliche Gesellschaft

frêle [fʀɛl] *adj personne, corps, espoirs, charpente, tige* schwach; *bateau* nicht stabil; **silhouette ~** zierliche Gestalt; **reposer sur les ~s épaules de qn** auf jds schwachen Schultern ruhen

frelon [fʀəlɔ̃] *m* ZOOL Hornisse *f;* **nid de ~s** Hornissennest *nt*

freluquet [fʀəlykɛ] *m* Schnösel *m* (*pej fam*)

frémir [fʀemiʀ] <8> *vi* 1 *soutenu* (*frissonner*) ~ **d'impatience/de colère** vor Ungeduld/Wut (*Dat*) beben *geh* [*o* zittern]; ~ **d'horreur** [vor Entsetzen (*Dat*)] erschauern (*geh*); ~ **tout entier(-ière)** am ganzen Körper zittern; **faire ~ qn** *récit:* jdn schaudern lassen (*geh*); *criminel:* jdn in Angst und Schrecken versetzen (*geh*)
2 (*s'agiter légèrement*) *feuillage:* zittern; *ailes:* vibrieren
3 (*être sur le point de bouillir*) *eau:* sieden

frémissant(e) [fʀemisɑ̃, ɑ̃t] *adj voix, feuillage* zitternd; *eau* siedend; **les lèvres ~es** mit bebenden Lippen; **être ~(e) de colère/désir** vor Wut/Verlangen (*Dat*) beben *geh* [*o* zittern]

frémissement [fʀemismɑ̃] *m* 1 *soutenu* (*frisson d'émotion*) *des lèvres, du corps, d'une personne* Zittern *nt,* Beben *nt* (*geh*); ~ **de peur** Zittern vor Angst (*Dat*); ~ **de colère/plaisir** Beben vor Wut/Lust (*Dat*); ~ **d'horreur** Entsetzensschauer *m;* ~ **de fièvre** Schüttelfrost *m*
2 (*mouvement léger*) *d'une corde, des ailes* Vibrieren *nt; de l'eau*

leichte Bewegung; *du feuillage* Zittern *nt*
❸ (*murmure*) *des feuilles* Rascheln *nt*
❹ ECON, POL leichter Anstieg
frênaie [fʀɛnɛ] *f* Eschenwald *m*
french cancan [fʀɛnʃkɑ̃kɑ̃] <french cancans> *m* Cancan *m* (*lebhafter Tanz, auch erotischer Schautanz in Nachtlokalen*)
frêne [fʀɛn] *m* BOT Esche *f;* **bois de ~** Eschenholz *nt*
frénésie [fʀenezi] *f* Leidenschaft *f,* Besessenheit *f;* **~ de consommation** Kaufrausch *m;* **avec ~** leidenschaftlich; **applaudir avec ~** frenetischen [*o* stürmischen] Beifall spenden
frénétique [fʀenetik] *adj* ❶ (*passionné*) *sentiment* übersteigert; *personne* besessen; *passion* wild; **enthousiasme ~** wahrer Begeisterungssturm
❷ (*au rythme déchaîné*) *agitation, danse* wild; *applaudissements* stürmisch, frenetisch; *personne* leidenschaftlich, besessen
frénétiquement [fʀenetikmɑ̃] *adv* wild, stürmisch; **applaudir ~ les acteurs** den Schauspielern frenetischen [*o* stürmischen] Beifall spenden
fréon® [fʀeɔ̃] *m* Freon® *nt* (*Handelsname für einen Fluorkohlenwasserstoff*)
fréquemment [fʀekamɑ̃] *adv* oft, häufig
fréquence [fʀekɑ̃s] *f* ❶ Häufigkeit *f*
❷ PHYS Frequenz *f;* **~ du pouls** Pulsfrequenz *f;* **basse/haute/moyenne ~** Nieder-/Hoch-/Mittelfrequenz *f;* **~ cardiaque/respiratoire** Herz-/Atemfrequenz
◆ **~ de rafraîchissement d'image** Bildwiederholfrequenz *f*
fréquent(e) [fʀekɑ̃, ɑ̃t] *adj* häufig
fréquentable [fʀekɑ̃tabl] *adj lieu, personne* akzeptabel; **une rue peu ~** eine Straße, in der man sich [besser] nicht aufhalten sollte; **un type peu ~** ein Typ, dem man [lieber] aus dem Wege gehen sollte [*o* mit dem man besser keinen Umgang haben sollte]
fréquentatif, -ive [fʀekɑ̃tatif, -iv] *adj* LING frequentativ
fréquentation [fʀekɑ̃tasjɔ̃] *f* ❶ (*action*) häufiger Besuch; **~ d'une personne** Umgang *m* mit einem Menschen; **la ~ de l'exposition est satisfaisante** die Ausstellung ist gut besucht
❷ *gén pl* (*relation*) Umgang *m;* **avoir de bonnes/mauvaises ~s** guten/schlechten Umgang haben; **il choisit ses ~s** er sucht sich die Leute, mit denen er verkehrt, gut aus
fréquenté(e) [fʀekɑ̃te] *adj établissement, lieu* vielbesucht; *promenade, rue* belebt; **ce lieu est bien ~** (*qualitatif*) an diesem Ort verkehren anständige Leute; (*quantitatif*) dieser Ort ist gut besucht; **ce lieu est mal ~** an diesem Ort verkehren zweifelhafte Leute
fréquenter [fʀekɑ̃te] <1> **I.** *vt* ❶ (*aller fréquemment dans*) besuchen *école;* häufig [*o* oft] besuchen *bars, théâtres;* **~ la maison de qn** in jds Haus (*Dat*) verkehren
❷ (*avoir des relations avec*) **~ qn** mit jdm verkehren [*o* Umgang haben]
II. *vpr* ❶ (*par amitié*) **se ~** sich häufig sehen
❷ (*par amour*) **se ~** zusammensein, miteinander gehen (*fam*)
frère [fʀɛʀ] *m* ❶ Bruder *m;* **~ aîné/cadet** (*plus âgé/jeune*) älterer/jüngerer Bruder; (*le plus âgé/jeune*) ältester/jüngster Bruder; **~s utérins/consanguins** Halbbrüder mütterlicherseits/väterlicherseits; **~ jumeau** Zwillingsbruder; **~ siamois** siamesischer Zwilling; **être un ~ pour qn** wie ein Bruder für jdn sein; **partager en ~s** brüderlich teilen; **ressembler à qn comme un ~** jdm sehr ähnlich sehen; **s'aimer comme des ~s** sich wie Brüder lieben; **se ressembler comme des ~s jumeaux** sich aufs Haar gleichen; **vivre comme ~ et sœur** wie Bruder und Schwester zusammenleben
❷ (*compagnon*) Bruder *m;* **~ d'armes/de lait/de sang** Waffen-/Milch-/Blutsbruder; **~ d'infortune** Leidensgenosse *m;* **~ maçon** [*o* **Trois points** *fam*] Freimaurer *m;* **vieux ~** *fam* altes Haus (*fam*)
❸ (*semblable*) Bruder *m;* **~s ennemis** feindliche Brüder; **les hommes sont tous ~s** alle Menschen sind Brüder
❹ REL Bruder *m;* **mes bien chers ~s** liebe [*o* meine lieben] Brüder [und Schwestern]; **être élevé chez les ~s** in einer Klosterschule erzogen werden
❺ *fam* (*objet*) Pendant *nt,* Gegenstück *nt*
▶ **faux ~** falscher Freund, falscher Fuffziger (*fam*)
frérot [fʀeʀo] *m fam* Brüderchen *nt* (*fam*), Bruderherz *nt* (*fam*)
frésia [fʀezja] *m v.* **freesia**
fresque [fʀɛsk] *f* ❶ (*peinture*) Fresko *nt*
❷ LITTER Abbild *nt*
fret [fʀɛ(t)] *m* NAUT, AVIAT ❶ (*prix*) Frachtkosten *Pl,* Frachtgebühr *f*
❷ (*chargement*) Fracht *f,* Frachtgut *nt*
fréter [fʀete] <5> *vt* ❶ (*prendre en location*) chartern *navire;* mieten *véhicule*
❷ (*donner en location*) verchartern *avion, navire*
fréteur [fʀetœʀ] *m* (*armateur*) Reeder *m*
frétillant(e) [fʀetijɑ̃, jɑ̃t] *adj* ❶ *poisson* zappelnd; *queue* wedelnd
❷ *fig* **être ~(e) d'impatience** vor Ungeduld (*Dat*) ganz zappelig sein (*fam*); **être ~(e) de joie** vor Freude in die Luft springen
frétiller [fʀetije] <1> *vi* ❶ *poisson:* zappeln; **le chien frétille de la queue** der Hund wedelt mit dem Schwanz
❷ *fig* **~ d'impatience** vor Ungeduld (*Dat*) zappeln; **~ de joie** vor Freude (*Dat*) in die Luft springen
fretin [fʀətɛ̃] *m* junge [*o* kleine] Fische
▶ **menu ~** *péj* kleine Fische (*fam*)
freudien(ne) [fʀødjɛ̃, jɛn] **I.** *adj* freudianisch; **la doctrine ~ne** die Lehre Freuds
II. *m(f)* Freudianer(in) *m(f)*
freudisme [fʀødism] *m* PSYCH *die Lehre Freuds und seiner Schüler*
freux [fʀø] *m* ZOOL Saatkrähe *f*
friable [fʀijabl] *adj pâte* krümelig, mürbe; *roche, sol* bröckelig, brüchig
friand [fʀijɑ̃] *m* ❶ (*pâté*) *kleine Blätterteigpastete*
❷ (*dessert*) *kleiner Kuchen mit Mandelpaste*
friand(e) [fʀijɑ̃, jɑ̃d] *adj* **~(e) de chocolat/compliments/nouveautés** versessen auf Schokolade/Komplimente/Neuigkeiten
friandise [fʀijɑ̃diz] *f* Süßigkeit *f;* **donne-moi une ~!** gib mir etwas zum Naschen!
Fribourg [fʀibuʀ] Freiburg *nt*
fric [fʀik] *m fam* (*argent*) Kohle *f* (*fam*), Kies *m* (*fam*)
fricandeau [fʀikɑ̃do] <x> *m* GASTR Frikandeau *nt*
fricassée [fʀikase] *f* Frikassee *nt;* **~ de poulet** Hühnerfrikassee *nt*
fricasser [fʀikase] <1> *vt* ❶ GASTR frikassieren *lapin*
❷ *fig vieilli* vergeuden *argent*
fricative [fʀikativ] *f* LING Frikativ[laut] *m,* Reibelaut *m*
fric-frac [fʀikfʀak] *m inv fam* Einbruch *m,* Bruch *m* (*sl*)
friche [fʀiʃ] *f* AGR Brachland *nt,* Brache *f;* **~ industrielle** Industriebrache; **être en ~** brachliegen
frichti [fʀiʃti] *m fam* Selbstgebrutzelte(s) *nt* (*fam*) (*selbst zubereitete, einfache Mahlzeit*)
fricot [fʀiko] *m fam* Eintopf *m; péj* Fraß *m* (*fam*)
fricotage [fʀikɔtaʒ] *m fam* Gaunerei *f*
fricoter [fʀikɔte] <1> **I.** *vt péj* im Schilde führen, aushecken (*fam*)
II. *vi hum fam* **~ avec qn** etwas mit jdm haben (*fam*)
friction [fʀiksjɔ̃] *f* ❶ (*frottement*) Abreiben *nt,* Frottieren *nt;* **~ de cheveux** Kopfhautmassage *f;* **se faire faire une ~** sich (*Dat*) die Kopfhaut massieren lassen
❷ PHYS Reibung *f*
❸ *gén pl* (*désaccord*) Reibereien *Pl* (*fam*)
frictionner [fʀiksjɔne] <1> **I.** *vt* ❶ abreiben, frottieren
❷ *fig* **je vais lui ~ les oreilles/la tête!** *fam* ich werd' ihm eine Abreibung verpassen! (*fam*)

F

II. *vpr* **se** ~ sich abreiben

Fridolin [fʀidɔlɛ̃] *mf péj fam* Boche *mf* (*fam*) (*abwertende Bezeichnung für Deutsche aus dem 2. Weltkrieg*)

frigidaire® [fʀiʒidɛʀ] *m* Kühlschrank *m;* **mettre qc au** ~ etw in den Kühlschrank stellen

frigide [fʀiʒid] *adj* frigid[e]

frigidité [fʀiʒidite] *f* Frigidität *f*

frigo [fʀigo] *m fam abr de* **frigidaire** Kühlschrank *m*

frigorifier [fʀigɔʀifje] <1a> *vt* ❶ *fam* **être frigorifié(e)** völlig durchgefroren sein
❷ (*congeler*) einfrieren

frigorifique [fʀigɔʀifik] *adj* Kühl-; *machine* Kälte-

frileusement [fʀiløzmɑ̃] *adv* ❶ (*en raison du froid*) fröstelnd, leicht frierend
❷ (*craintivement*) ängstlich

frileux, -euse [fʀilø, -øz] *adj* ❶ (*sensible au froid*) kälteempfindlich; *personne* verfroren
❷ (*craintif*) ängstlich

frilosité [fʀilozite] *f* ❶ (*sensibilité au froid*) Kälteempfindlichkeit *f*
❷ (*manque d'audace*) **la** ~ **du marché bancaire** die Zurückhaltung auf dem Geldmarkt

frimas [fʀimɑ] *mpl poét* [Rau]reif *m*

frime [fʀim] *f fam* ❶ (*bluff*) Theater *nt* (*fam*)
❷ (*vantardise*) Angeberei *f;* **pour la** ~ zum Schein, pro forma

frimer [fʀime] <1> *vi fam* ❶ eine Schau [*o* Show] abziehen (*fam*)
❷ (*se vanter*) angeben

frimeur, -euse [fʀimœʀ, -øz] *m, f fam* Schaumschläger(in) *m(f)* (*fam*), Prahlhans *m* (*fam*)

frimousse [fʀimus] *f fam* [Kinder]gesicht *nt,* Puppengesicht *nt*

fringale [fʀɛ̃gal] *f* ❶ *fam* (*faim*) Heißhunger *m,* Kohldampf *m* (*fam*); **avoir la** ~ einen Bärenhunger haben (*fam*); **j'ai été pris(e) d'une vraie** ~ mich überkam ein regelrechter Heißhunger
❷ (*envie*) ~ **de lectures** Lesehunger *m;* **avoir une** ~ **de bandes dessinées** versessen auf Comics sein

fringant(e) [fʀɛ̃gɑ̃, ɑ̃t] *adj personne* munter, flott; *personne âgée* rüstig; *cheval* feurig

fringué(e) [fʀɛ̃ge] *adj fam* ausstaffiert (*fam*); **être bien** ~**(e)** sich in Schale geworfen haben (*fam*); **être mal** ~**(e)** schlampig rumlaufen (*fam*); **c'est un mec** ~ **comme un ministre** der Typ hat echt piekfeine Klamotten an (*fam*)

fringuer [fʀɛ̃ge] <1> I. *vt fam* ausstaffieren (*fam*)
II. *vpr fam* **se** ~ sich anziehen

fringues [fʀɛ̃g] *fpl fam* Klamotten *Pl* (*fam*); **magasin de** ~ Klamottengeschäft *nt* (*fam*)

fripe [fʀip] *f gén pl* ❶ (*vieux vêtements*) alte Kleider *Pl*
❷ (*vêtements d'occasion*) Kleider *Pl* aus zweiter Hand

fripé(e) [fʀipe] *adj* zerknittert, zerknautscht (*fam*); **avoir le visage** ~ zerknittert aussehen (*fam*)

friper [fʀipe] <1> I. *vt* zerknittern, zerknautschen (*fam*)
II. *vpr* **se** ~ knittern, knautschen (*fam*)

friperie [fʀipʀi] *f* ❶ *péj* (*vieux habits*) alte Klamotten
❷ (*commerce*) Secondhandshop *m*

fripier, -ière [fʀipje, -jɛʀ] *m, f* Inhaber(in) *m(f)* eines Secondhandshops

fripon(ne) [fʀipɔ̃, ɔn] I. *adj fam air, visage* spitzbübisch, schelmisch; **il a le regard** ~ [*o* **les yeux** ~**s**] ihm schaut der Schalk aus den Augen
II. *m(f) fam* (*malin*) Schelm(in) *m(f);* **petit** ~**!** du kleiner Schlingel [*o* Racker]! (*fam*)

fripouille [fʀipuj] *f fam* Spitzbube *m,* Halunke *m;* **petite** ~**!** *hum* du kleiner Gauner! (*fam*); **vieille** ~ alter Halunke

friqué(e) [fʀike] *adj fam gens* gut betucht

frire [fʀiʀ] *<irr>* I. *vt* ❶ (*dans une poêle*) ~**/faire** ~ **qc** etw braten
❷ (*dans une friteuse*) ~**/faire** ~ **qc** etw frittieren
II. *vi* [in schwimmendem Fett] braten

frisbee® [fʀizbi] *m* Frisbee® *nt*

frise [fʀiz] *f* ARCHIT Fries *m*

Frisé [fʀize] *mf péj fam* Boche *mf* (*fam*) (*abwertende Bezeichnung für Deutsche aus dem 2. Weltkrieg*)

frisé(e) [fʀize] *adj cheveux* kraus; *animal* mit krausem Fell; **personne** ~**e** Mensch *m* mit lockigem Haar; **être** ~**(e) comme un mouton** einen Krauskopf haben, kraushaarig [*o* krausköpfig] sein; **jeune homme blond** ~ blondgelockter junger Mann

frisée [fʀize] *f* (*salade*) Friseesalat *m*

friser [fʀize] <1> I. *vt* ❶ (*mettre en boucles*) in Locken legen, locken *cheveux;* zwirbeln *moustache;* ~ [**les cheveux à**] **qn** jdm Locken machen
❷ (*frôler*) ~ **la mort/l'accident** dem Tod/dem Unglück mit knapper Not [*o* um Haaresbreite] entgehen; ~ **le ridicule** *situation, remarque:* ans Lächerliche grenzen; *personne:* sich lächerlich machen; ~ **la soixantaine** knapp sechzig sein; ~ **les dix pour cent** fast die 10-Prozent-Grenze erreichen
II. *vi cheveux:* sich kräuseln, kraus werden; **qn frise** (*naturellement*) jd hat Naturlocken; (*à l'humidité*) jds Haare kräuseln sich
III. *vpr* (*se faire des boucles*) **se faire** ~ sich (*Dat*) Locken machen [*o* legen] lassen

frisette [fʀizɛt] *f* ❶ (*bouclette*) Löckchen *nt*
❷ (*planche*) dünne Holzlatte

frison [fʀizɔ̃] *m* ❶ (*frisottis*) Löckchen *nt*
❷ (*copeau*) gerollter Span *m*
❸ TECH ~ **de papier** Papierwolle *f*

frisottant(e) [fʀizɔtɑ̃, ɑ̃t] *adj cheveux* sich lockend, sich kräuselnd

frisotter [fʀizɔte] <1> *vi cheveux:* sich kräuseln, kraus werden; *personne:* einen Lockenkopf bekommen

frisquet(te) [fʀiskɛ, ɛt] *adj fam* frisch, kühl; **il y a un petit vent** ~ es weht ein frisches [*o* kühles] Lüftchen; **il fait** ~ es ist frisch [*o* kühl]

frisson [fʀisɔ̃] *m* Zittern *nt,* Beben *nt;* ~ **de froid/peur/terreur** Zittern vor Kälte/Angst/Schreck (*Dat*); ~ **de plaisir/volupté** Beben vor Wonne (*Dat*) (*geh*); ~ **de dégoût** Schauder *m;* **avoir des** ~**s** Schüttelfrost *m* haben; **un** ~ **parcourt qn** ein Schau[d]er überläuft jdn [*o* läuft jdm über den Rücken]; **un** ~ **saisit/secoue qn** ein Schau[d]er ergreift/durchrieselt jdn
▶ **le grand** ~ (*émotion intense*) [Nerven]kitzel *m;* (*orgasme*) Orgasmus *m,* [sexueller] Höhepunkt; **donner le grand** ~ **à qn** jdn in große Erregung versetzen, ein großer Nervenkitzel für jdn sein; **qn en a le** ~ jdm läuft es dabei kalt über den Rücken

frissonnant(e) [fʀisɔnɑ̃, ɑ̃t] *adj* zitternd, erschauernd

frissonnement [fʀisɔnmɑ̃] *m littér* ❶ (*léger frisson*) leichtes Zittern [*o* Beben], leichter Schauder
❷ (*bruissement*) *des ailes* Vibrieren *nt; du feuillage* Rascheln *nt*

frissonner [fʀisɔne] <1> *vi* ❶ (*avoir des frissons*) ~ **de désir/plaisir** vor Verlangen/Lust (*Dat*) beben (*geh*); ~ **de froid/peur** vor Kälte/Angst (*Dat*) zittern; **il frissonne d'horreur** es schaudert ihn; **être frissonnant(e) de fièvre** Schüttelfrost *m* haben; **faire** ~ **qn de peur** jdn vor Angst (*Dat*) erschauern lassen (*geh*)
❷ *littér* (*trembler légèrement*) *herbe:* zittern; *lumière:* flackern

frisure [fʀizyʀ] *f* Löckchen *Pl;* ~ **légère** leichte Welle

frit(e) [fʀi, fʀit] I. *part passé de* **frire**
II. *adj fam* (*fichu*) **tu es** ~**(e)!** du bist erledigt! (*fam*), es ist aus mit dir! (*fam*)

frite [fʀit] *f* **des** ~**s** Pommes frites *Pl;* **bifteck** ~**s** [Beef]steak *nt* mit Pommes frites
▶ **avoir la** ~ gut drauf sein (*fam*)

friterie [fʀitʀi] *f* ❶ (*boutique*) Pommesbude (*fam*)
❷ (*atelier de friture*) Bratküche *f*

friteuse [fʀitøz] *f* GASTR Fritteuse *f*

friture [fʀityʀ] *f* ❶ (*aliments*) frittierte Speise

❷ *(graisse)* Frittüre *f* *(heißes Fett zum Frittieren)*
❸ *(action)* Frittieren *nt*
❹ BELG *(baraque à frites)* Pommesbude *f*
❺ RADIO, TELEC Rauschen *nt;* **il y a de la ~ sur la ligne** es rauscht in der Leitung
Fritz [fʀits] *mf inv péj fam* Boche *mf* *(fam)* *(abwertende Bezeichnung für Deutsche aus dem 2. Weltkrieg)*
frivole [fʀivɔl] *adj personne* leichtfertig, frivol; *discours* nichtssagend; *spectacle* flach; *occupation* nutzlos; *lecture* seicht
frivolité [fʀivɔlite] *f d'une personne* Leichtfertigkeit *f,* Frivolität *f; d'une conversation, d'un discours* Oberflächlichkeit *f; d'une occupation* Nutzlosigkeit *f*
froc [fʀɔk] *m* ❶ *fam* *(pantalon)* Hose *f*
❷ *vieilli* *(habit monacal)* [Mönchs]kutte *f*
▸ **jeter le ~ aux orties** aus dem Orden austreten; **baisser son ~ devant qn** *fam* vor jdm den Schwanz einziehen *(fam)*; **faire dans son ~** *fam* sich *(Dat)* ins Hemd machen *(sl)*
froid [fʀwa] *m* ❶ *(température)* Kälte *f;* **~ glacial** eisige Kälte; **il fait ~** es ist kalt; **qn a ~** jd friert, jdm ist kalt; **avoir ~ aux pieds** kalte Füße haben; **attraper** [*o* **prendre**] [**un coup de**] **~** sich erkälten, sich *(Dat)* eine Erkältung holen; **crever** *fam* [*o* **mourir**] **de ~** erfrieren; *(avoir très froid)* sich fast zu Tode frieren *(fam)*
❷ *(brouille)* Verstimmung *f;* **être en ~ avec qn** ein unterkühltes Verhältnis zu jdm haben; **jeter un ~** *personne:* eine frostige Stimmung verbreiten; *intervention, remarque:* wie eine kalte Dusche wirken *(fam)*
▸ **~ de canard** [*o* **loup**] *fam* Saukälte *f* *(fam)*; **qn en a ~ dans le dos** jdm läuft es kalt den Rücken herunter; **qc donne** [*o* **fait**] **~ dans le dos à qn** bei etw läuft es jdm kalt den Rücken [he]runter; **ne pas avoir ~ aux yeux** entschlossen [*o* wagemutig] sein; **à ~** TECH kalt; *(sans préparation)* unvorbereitet, völlig überraschend; *(sans émotion)* emotionslos; *(avec insensibilité)* kaltblütig; **démarrage à ~** Kaltstart *m*
froid(e) [fʀwa, fʀwad] *adj* ❶ *(opp: chaud)* kalt
❷ *(distant, calme, indifférent)* *accueil, regard, ton, personne* kühl; **il entra dans une colère ~e** ihn packte die kalte Wut; **laisser ~ qn** jdn kalt lassen; **prendre un air ~** eine eisige Miene aufsetzen; **rester ~(e) comme le marbre** ungerührt [*o* hart wie Stein] bleiben
froidement [fʀwadmɑ̃] *adv* ❶ *(sans chaleur)* kühl; *accueillir, recevoir* frostig
❷ *(avec sang-froid)* *raisonner* nüchtern; *réagir* gelassen
❸ *(avec insensibilité)* kaltblütig
froideur [fʀwadœʀ] *f d'un comportement, d'une réaction* Kälte *f; d'un accueil* Frostigkeit *f;* **accueillir qc avec ~** etw mit großer Zurückhaltung aufnehmen
froidure [fʀwadyʀ] *f littér* Kälte *f*
froissable [fʀwasabl] *adj* **être ~** leicht knittern
froissement [fʀwasmɑ̃] *m* ❶ *(bruit)* Rascheln *nt,* Knistern *nt*
❷ *(claquage)* **~ d'un muscle** Muskelzerrung *f*
❸ *(blessure)* Kränkung *f*
froisser [fʀwase] <1> **I.** *vt* ❶ *(chiffonner)* zerknittern, zerknautschen *(fam)* *habit, tissu, papier;* verbiegen *tôles;* **être froissé(e)** zerknittert sein
❷ *(blesser)* kränken, verletzen *personne, orgueil, amour-propre*
II. *vpr* ❶ *(se chiffonner)* **se ~** knittern, knautschen *(fam)*
❷ *(se claquer)* **se ~ un muscle** sich *(Dat)* eine Muskelzerrung zuziehen
❸ *(se vexer)* **se ~** gekränkt [*o* beleidigt] sein; **être froissé(e)** gekränkt [*o* beleidigt] sein, angerührt sein (A)
frôlement [fʀolmɑ̃] *m* ❶ *(contact léger)* leichte Berührung
❷ *(frémissement)* Knistern *nt,* Rascheln *nt*
frôler [fʀole] <1> **I.** *vt* ❶ *(effleurer)* streifen, leicht berühren
❷ *(passer très près)* fast berühren, fast streifen; **~ le ridicule** *personne:* sich lächerlich machen; *remarque, situation:* ans Lächerliche grenzen; **le thermomètre frôle les 20°** das Thermometer erreicht fast 20°; **ce soir, on devrait ~ les 40 000 visiteurs** heute Abend müssten wir an die 40 000 Besucher haben
❸ *(éviter de justesse)* **~ la mort/l'accident** dem Tod/dem Unglück mit knapper Not [*o* um Haaresbreite] entgehen
II. *vpr* **se ~** *(avec contact)* sich leicht berühren; *(sans contact)* haarscharf aneinander vorbeigehen [*o* vorbeifahren]
fromage [fʀɔmaʒ] *m* ❶ Käse *m;* **~ blanc** Quark *m;* **~ fait** reifer Käse; **~ fermenté/frais** Sauermilch-/Frischkäse; **~ fondu/gras/maigre** Schmelz-/Vollfett-/Magerkäse; **~ à pâte dure/molle/à tartiner** Hart-/Weich-/Streichkäse; **~ de brebis/chèvre** Schaf[s]-/Ziegenkäse; **couteau à ~** Käsemesser *nt;* **biscuit/gâteau au ~** Käsegebäck *nt*/-kuchen *m*
❷ *(sinécure)* **trouver un bon ~** einen ruhigen Posten finden
▸ **faire un ~ de qc** *fam* aus etw eine Staatsaktion [*o* einen Staatsakt] machen *(fam)*
◆ **~ de tête** Schweinskopfsülze *f*
fromager, -ère [fʀɔmaʒe, -ɛʀ] **I.** *adj industrie, production* Käse-; **association fromagère** Verband *m* der Käsehersteller
II. *m, f* Käsehersteller(in) *m(f)*
fromagerie [fʀɔmaʒʀi] *f* ❶ *(industrie)* Käseindustrie *f*
❷ *(lieu de fabrication)* Käserei *f*
froment [fʀɔmɑ̃] *m* Weizen *m*
frometon [fʀɔmtɔ̃] *m fam* Käse *m*
fronce [fʀɔ̃s] *f* COUT Kräuselfalte *f*
froncement [fʀɔ̃smɑ̃] *m des sourcils* Hochziehen *nt; du nez* Rümpfen *nt*
froncer [fʀɔ̃se] <2> *vt* ❶ COUT raffen
❷ *(plisser)* hochziehen *sourcils;* rümpfen *nez*
fronces [fʀɔ̃s] *fpl* Falte *f;* **à ~** gerafft; **jupe à ~** Faltenrock *m*
frondaison [fʀɔ̃dɛzɔ̃] *f* BOT ❶ *(apparition des feuilles)* Blattbildung *f*
❷ *(feuillage)* Laub *nt*
fronde¹ [fʀɔ̃d] *f* Schleuder *f*
fronde² [fʀɔ̃d] *f* ❶ Revolte *f,* Aufstand *m;* **il y a actuellement un vent de ~ dans les universités** momentan gärt [*o* brodelt] es an den Universitäten
❷ HIST **la Fronde** die Fronde *(Aufstand des französischen Hochadels gegen das absolutistische Königtum 1648-1653)*
fronde³ [fʀɔ̃d] *f* BOT Farnwedel *m*
frondeur, -euse [fʀɔ̃dœʀ, -øz] *adj* aufsässig, widerspenstig; **avoir une mentalité frondeuse** oft und gerne widersprechen
front [fʀɔ̃] *m* ❶ ANAT Stirn *f;* **avoir un très grand ~** eine hohe Stirn haben
❷ *(façade)* Front *f,* Stirnseite *f; d'une montagne* Vorderseite *f;* **~ de mer** Strandpromenade *f*
❸ MIL Front *f;* **monter au ~** an die Front gehen
❹ POL Front *f;* **~ de libération nationale** Nationale Befreiungsfront; **Front populaire** Volksfront *f* *(linke französische Regierungskoalition 1936-37)*
❺ METEO Front *f;* **~ chaud/froid** Warm-/Kaltfront *f*
▸ **faire ~ commun/offrir un ~ commun contre qn/qc** gemeinsame Front gegen jdn/etw machen; **marcher le ~ haut** den Kopf hochtragen; **avoir le ~ de faire qc** die Stirn haben, etw zu tun; **baisser** [*o* **courber**] **le ~** sich schämen; **faire ~ à qn/qc** jdm/einer S. die Stirn bieten; **relever le ~** sich wieder aufrichten; **de ~** *(côte à côte)* nebeneinander, auf gleicher Höhe; **attaquer un problème de ~** *(de face)* ein Problem direkt angehen; **se heurter de ~** frontal aufprallen; *(simultanément)* zugleich, gleichzeitig
frontal [fʀɔ̃tal, o] <-aux> *m* MED Stirnbein *nt*
frontal(e) [fʀɔ̃tal, o] <-aux> *adj* ❶ MED *muscle, veine* Stirn-; **os ~** Stirnbein *nt*
❷ *(de face)* *attaque, collision* Frontal-
frontalier, -ière [fʀɔ̃talje, -jɛʀ] **I.** *adj* Grenz-
II. *m, f* Grenzbewohner(in) *m(f)*
frontière [fʀɔ̃tjɛʀ] **I.** *f* ❶ [Landes]grenze *f;* **~ naturelle** natürliche Grenze; **passer la ~** die Grenze passieren [*o* überqueren]; *(à pied/en voiture/avion)* über die Grenze gehen/fahren/flie-

gen; **faire passer la ~ à qn** jdn über die Grenze bringen; **reconduire qn à la ~** jdn [über die Grenze] abschieben
❷ (*limite*) Grenze *f;* **~ linguistique** Sprachgrenze; **à la ~ du rêve et de la réalité** am Übergang *m* zwischen Traum und Wirklichkeit
II. *app inv* **ville ~** Grenzstadt *f;* **gare ~** Grenzbahnhof *m*
frontispice [fʀɔ̃tispis] *m* ❶ ARCHIT [Haupt]fassade *f*
❷ TYP Frontispiz *nt*
fronton [fʀɔ̃tɔ̃] *m* [Front]giebel *m*
frottage [fʀɔtaʒ] *m d'un parquet* Wienern *nt,* Bohnern *nt*
frotte-manche [fʀɔtmɑ̃ʃ] <frotte-manches> *m* BELG *fam* (*flatteur*) Süßholzraspler *m,* Schmeichler *m*
frottement [fʀɔtmɑ̃] *m* ❶ (*bruit*) Reiben *nt,* Scheuern *nt,* reibendes [*o* scheuerndes] Geräusch
❷ (*contact*) Reiben *nt,* Scheuern *nt;* **des traces de ~ sur le plancher** Schleifspuren auf dem Boden; **étoffe usée par les ~s** durchgescheuerter Stoff
❸ PHYS Reibung *f*
❹ *pl* (*frictions*) Reibereien *Pl;* **il y a souvent des ~s entre eux** es kommt häufig zu Reibereien zwischen ihnen
frotter [fʀɔte] <1> **I.** *vi* **~ contre qc** an etw (*Dat*) reiben [*o* scheuern]; *porte:* über etw (*Akk*) scheuern
II. *vt* ❶ (*astiquer*) polieren *chaussures, meubles, objets*
❷ (*nettoyer*) sauber reiben; (*avec une brosse*) [aus]bürsten; schrubben (*fam*) *partie du corps, plancher;* blank reiben *carreaux;* rubbeln *linge;* **~ ses semelles sur le paillasson** sich (*Dat*) die Schuhe [am Fußabstreifer] abtreten
❸ (*cirer*) blank bohnern *parquet*
❹ (*frictionner*) (*pour laver*) gründlich säubern; (*pour sécher*) trocken reiben; (*pour réchauffer*) warm reiben
❺ (*gratter*) anzünden *allumette;* **~ qc contre/sur qc** etw an etw (*Dat*) reiben; **~ qc à la toile émeri** etw abschmirgeln
❻ (*enduire*) **~ qc d'ail** etw mit Knoblauch einreiben
III. *vpr* ❶ **se ~** (*se laver*) sich gründlich waschen
❷ (*se sécher*) **se ~** sich abfrottieren
❸ (*se nettoyer*) **se ~ les ongles** sich (*Dat*) die Nägel bürsten
❹ (*se gratter*) **se ~ les yeux/le nez** sich (*Dat*) die Augen/die Nase reiben; **se ~ contre les jambes de qn** jdm um die Beine streichen; **se ~ contre un arbre** sich an einem Baum reiben; **se ~ le dos contre un arbre** sich (*Dat*) den Rücken an einem Baum reiben
❺ (*entrer en conflit*) **se ~ à qn** sich mit jdm anlegen
▶ **qui s'y frotte s'y pique** *prov* wer nicht hören will, muss fühlen (*prov*)
frottis [fʀɔti] *m* Abstrich *m;* **~ vaginal** [Scheiden]abstrich
frottoir [fʀɔtwaʀ] *m* (*à allumettes*) Reibfläche *f;* (*à parquet*) Bürste *f*
froufrou [fʀufʀu] *m* ❶ (*bruit*) Rascheln *nt* (*von Seidenkleidern*)
❷ *pl* (*dentelles*) Rüschen *Pl*
❸ (*dessous*) Reizwäsche *f*
froufroutant(e) [fʀufʀutɑ̃, ɑ̃t] *adj* raschelnd
froufroutement [fʀufʀutmɑ̃] *m v.* **froufrou 1**
froufrouter [fʀufʀute] <1> *vi* rascheln
froussard(e) [fʀusaʀ, aʀd] **I.** *adj fam* ängstlich; **être ~(e)** leicht ins Bockshorn zu jagen sein (*fam*)
II. *m(f) fam* Angsthase *m* (*fam*)
frousse [fʀus] *f fam* Bammel *m* (*fam*), Schiss *m* (*sl*); **avoir la ~** Fracksausen haben (*fam*)
fructifier [fʀyktifje] <1a> *vi* ❶ *terre, arbre, idée:* Früchte tragen; **~ tardivement** *arbre:* spät tragen
❷ (*rapporter*) *capital:* Gewinn bringen; **faire ~ qc** etw gewinnbringend [*o* Gewinn bringend] anlegen
fructose [fʀyktoz] *m* BIO, CHIM Fruchtzucker *m,* Fruktose *f*
fructueux, -euse [fʀyktɥø, -øz] *adj collaboration* fruchtbar; *lecture* lohnend; *recherches, efforts, essai* erfolgreich, fruchtbar; *travaux* erfolgreich; *opération financière, commerce* gewinnbringend, rentabel
frugal(e) [fʀygal, o] <-aux> *adj repas, nourriture* karg; *vie* bescheiden; *personne* genügsam, anspruchslos
frugalité [fʀygalite] *f d'un repas* Kargheit *f; d'une personne* Genügsamkeit *f*
fruit [fʀɥi] *m* ❶ *pl* Obst *nt;* **~s à pépins/noyau** Kern-/Steinobst; **tarte aux ~s** Obstkuchen *m;* **jus de ~[s]** Fruchtsaft *m;* **~s rouges/confits** rote/kandierte Früchte; **~s secs** Backobst
❷ BIO Frucht *f*
❸ *littér* (*résultat*) *de l'expérience, de la réflexion* Ergebnis *nt; d'un effort, du travail* Früchte *Pl; de l'imagination* Produkt *nt; d'une union, de l'amour* Frucht *f;* **être le ~ du hasard** reiner Zufall sein; **le ~ d'une imagination délirante** der Auswuchs einer krankhaften Fantasie; **porter ses ~s** Früchte tragen, von Erfolg gekrönt sein; *effort:* fruchten
▶ **~ défendu** verbotene Frucht
◆ **~s de mer** Meeresfrüchte *Pl;* **~ de la passion** Passionsfrucht *f;* **~s au sirop** eingemachtes Obst; (*en boîte*) Dosenobst
fruité(e) [fʀɥite] *adj* fruchtig [schmeckend]
fruiterie [fʀɥitʀi] *f* ❶ (*entrepôt*) *Kühlhaus für Früchte*
❷ (*magasin*) Obstgeschäft *nt*
fruitier, -ière[1] [fʀɥitje, -jɛʀ] **I.** *adj* **arbre ~** Obstbaum *m*
II. *m, f* Obst- und Gemüsehändler(in) *m(f)*
fruitier, -ière[2] [fʀɥitje, -jɛʀ] *m, f* CH (*fromager*) Käsehersteller(in) *m(f)*
fruitière [fʀɥitjɛʀ] *f* CH ❶ (*coopérative*) Käsereigenossenschaft *f*
❷ (*fromagerie*) Käserei *f*
frusques [fʀysk] *fpl fam* Klamotten *Pl* (*fam*)
fruste [fʀyst] *adj personne* ungebildet; *manières* ungehobelt
frustrant(e) [fʀystʀɑ̃, ɑ̃t] *adj* frustrierend
frustration [fʀystʀasjɔ̃] *f* Frustration *f;* **toutes ces ~s** der ganze Frust (*fam*)
frustré(e) [fʀystʀe] **I.** *adj* frustriert
II. *m(f) fam* Frustrierte(r) *f(m)*
frustrer [fʀystʀe] <1> *vt* ❶ *a.* PSYCH frustrieren
❷ (*priver*) **~ qn de qc** jdn um etw bringen; **un enfant frustré d'amour maternel** ein Kind, dem die Mutterliebe fehlt
FS [ɛfɛs] *m abr de* **franc suisse** sFr
FTP [ɛftepe] *abr de* **Francs-tireurs et partisans** *kommunistische Widerstandsgruppe im 2. Weltkrieg*
FTP-MOI [ɛftepemwa] *abr de* **Francs-tireurs et partisans main d'œuvre immigrée** *internationale Abteilung der FTP*
fuchsia [fyʃja, fyksja] **I.** *m* ❶ Fuchsie *f*
❷ (*couleur*) Fuchsienrot *nt*
II. *adv inv* **une chemise ~** ein pinkfarbenes Hemd; **rose ~** fuchsienrot, pinkfarben
fucus [fykys] *m* BOT Blasentang *m*
fuel [fjul] *m* ❶ **~ domestique** Heizöl *nt;* **se chauffer au ~** mit Öl heizen
❷ (*carburant*) Diesel[kraftstoff *m*] *m*
fugace [fygas] *adj* flüchtig; *beauté* vergänglich; **j'ai eu la sensation ~ que** ich hatte flüchtig den Eindruck, dass
fugitif, -ive [fyʒitif, -iv] **I.** *adj* ❶ flüchtig, entflohen
❷ (*éphémère*) flüchtig; **avoir la vision fugitive de qc** etw [nur] flüchtig sehen können; *fig* eine flüchtige Vision von etw haben; **être ~(-ive)** *bonheur:* nicht lange währen
II. *m, f* Flüchtige(r) *f(m)*
fugitivement [fyʒitivmɑ̃] *adv* flüchtig
fugue [fyg] *f* ❶ *d'un mineur* Ausreißen *nt; d'un adulte* Verschwinden *nt;* **un mineur en ~** ein minderjähriger Ausreißer; **faire une ~/des ~s** [von zu Hause]/immer wieder [von zu Hause] weglaufen; *adulte:* eine Zeitlang/immer wieder eine Zeitlang verschwinden
❷ MUS Fuge *f*
fuguer [fyge] <1> *vi fam* ausreißen (*fam*)
fugueur, -euse [fygœʀ, -øz] **I.** *m, f* Ausreißer(in) *m(f)*
II. *adj* **enfant ~** [gewohnheitsmäßiger] Ausreißer/[gewohnheitsmäßige] Ausreißerin

fuir [fɥiʀ] <*irr*> **I.** *vi* ❶ ~ **d'un pays** aus einem Land fliehen [*o* flüchten]
❷ (*détaler*) davonlaufen, weglaufen; ~ **de chez ses parents** [*o* **de chez soi**] von zu Hause weglaufen [*o* ausreißen]; ~ **devant qn/qc** vor jdm/etw fliehen; **elle le fait** ~ sie schlägt ihn in die Flucht
❸ (*se dérober*) ~ **devant qc** sich einer S. (*Dat*) entziehen
❹ (*ne pas être étanche*) *récipient:* undicht sein, eine undichte Stelle haben; *robinet d'eau:* tropfen; *vase:* laufen
❺ (*s'échapper*) *liquide:* auslaufen; *gaz:* ausströmen
❻ *littér* (*passer rapidement*) verfliegen, fliehen (*geh*)
II. *vt* ❶ (*éviter*) fliehen vor (+ *Dat*) *danger;* ~ **ses responsabilités** sich der Verantwortung (*Dat*) entziehen; ~ **qn** jdn meiden; ~ **la présence de qn** jdm aus dem Weg gehen
❷ *littér* (*échapper à*) **le sommeil/la tranquillité le fuit** der Schlaf flieht ihn *geh*/er findet keine Ruhe mehr

fuite [fɥit] *f* ❶ ~ **devant qn/qc** Flucht *f* vor jdm/etw; **tentative de** ~ Fluchtversuch *m;* **mettre qn/un animal en** ~ jdn/ein Tier in die Flucht schlagen; **dans ma/ta/sa** ~ auf der Flucht; **prendre la** ~ die Flucht ergreifen; *chauffeur accidenté:* Fahrerflucht [*o* Unfallflucht] begehen; **prisonnier en** ~ flüchtiger [*o* entflohener] Strafgefangener; **être en** ~ *accusé:* flüchtig sein
❷ (*dérobade*) ~ **devant qc** Flucht *f* [*o* Zurückscheuen *nt*] vor etw (*Dat*); **chercher la** ~ **dans qc** Zuflucht in etw (*Dat*) suchen
❸ (*trou*) *d'un récipient, tuyau* undichte Stelle; **avoir une** ~ undicht sein, lecken
❹ (*perte*) Austreten *nt; d'eau* Auslaufen *nt,* Austreten; *de gaz* Ausströmen *nt,* Austreten; **il y a une** ~ da läuft etwas aus, da ist ein Leck; **les ~s ont cessé** es gibt keine undichten Stellen mehr
❺ (*indiscrétion*) *d'une information* Durchsickern *nt;* **l'auteur de la** ~ die undichte Stelle; **en raison de ~s répétées** da wiederholt Informationen durchgesickert sind/waren
❻ *littér du temps, des heures* Verrinnen *nt*
▶ ~ **en** <u>**avant**</u> Flucht *f* nach vorn
◆ ~ **des capitaux** Kapitalflucht *f;* ~ **des cerveaux** Brain-Drain *m;* ~ **d'eau** (*sur une canalisation*) Wasserrohrbruch *m;* (*dans une maison*) Auslaufen *nt* von Wasser; **il y a une** ~ **d'eau quelque part** irgendwo tritt Wasser aus; ~ **des galaxies** Fluchtbewegung *f* der Galaxien; ~ **de gaz** Austreten *nt* von Gas, defekte Gasleitung; **il y a une** ~ **de gaz quelque part** irgendwo strömt Gas aus

fulgurant(e) [fylgyʀɑ̃, ɑ̃t] *adj* ❶ *vitesse* rasend; *progrès* rasend schnell; *réplique* blitzschnell; **ma réponse est ~e** meine Antwort kommt blitzschnell
❷ *douleur* stechend
❸ *lueur* gleißend; *regard* wütend, zornsprühend; **il lui jeta un regard** ~ er blitzte sie/ihn wütend an

fuligineux, -euse [fyliʒinø, -øz] *adj* ❶ (*qui rapelle la suie*) rußig; (*qui donne de la suie*) rußend
❷ *couleur* rußfarben
❸ MED fuliginös

fulminant(e) [fylminɑ̃, ɑ̃t] *adj* ❶ (*furieux*) wütend, zornig; ~**(e) de colère** [*o* **de rage**] wutentbrannt, zornentbrannt
❷ (*menaçant*) *regard* drohend; **une lettre ~e** ein Drohbrief *m*

fulminer [fylmine] <1> *vi* fuchsteufelswild sein (*fam*); ~ **contre qn/qc** gegen jdn/etw wettern

fumage[1] [fymaʒ] *m* GASTR Räuchern *nt*

fumage[2] [fymaʒ] *m* AGR Düngen *nt* [mit Mist]

fumant(e) [fymɑ̃, ɑ̃t] *adj* ❶ (*qui dégage de la fumée*) rauchend; (*qui dégage de la vapeur*) dampfend; **être encore ~(e)** noch rauchen/dampfen; *soupe:* dampfend heiß sein
❷ *fam* (*sensationnel*) toll

fumasse [fymas] *adj fam* (*furieux*) wutschnaubend, zornentbrannt

fumé(e) [fyme] *adj* ❶ GASTR geräuchert; **saumon** ~ Räucherlachs *m*
❷ *verre, plastique* rauchfarben; *verres de lunettes* getönt; **en verre** ~ aus Rauchglas

fume-cigarette [fymsigaʀɛt] <fume-cigarettes> *m* Zigarettenspitze *f*

fumée [fyme] *f* ❶ Rauch *m;* (*nuage épais*) Qualm *m,* Rauchschwaden *Pl;* ~ **de cigarette/tabac** Zigaretten-/Tabakrauch *m;* ~**s industrielles/d'échappement** [Industrie-/Auto]abgase *Pl;* **la** ~ **ne vous gêne pas?** stört es Sie, wenn ich rauche?; **avaler la** ~ Lungenzüge machen
❷ (*vapeur*) (*légère*) Dunst *m;* (*épaisse*) Dunstschwaden *Pl,* Dampf *m*
▶ **il n'y a pas de** ~ **sans** <u>**feu**</u> *prov* wo Rauch ist, da ist auch Feuer; **partir** [*o* **s'en aller**] <u>**en**</u> ~ sich in Rauch auflösen

fumer[1] [fyme] <1> **I.** *vi* ❶ rauchen; **il est interdit de** ~ Rauchen verboten; **non merci, je ne fume pas** nein danke, ich bin Nichtraucher
❷ (*dégager de la fumée*) rauchen; *bougie:* rußen
❸ (*dégager de la vapeur*) dampfen; *acide:* Dämpfe entwickeln
II. *vt* ❶ rauchen; ~ **la pipe/le cigare** Pfeife/Zigarre rauchen
❷ GASTR räuchern

fumer[2] [fyme] <1> *vt* AGR [mit Mist] düngen

fumerie [fymʀi] *f* ❶ *rare* (*habitude de fumer*) übermäßiges Rauchen *nt*
❷ (*local*) Opiumhöhle *f* (*pej*)

fumerolles [fymʀɔl] *fpl* GEOL *d'un volcan* Fumarolen *Pl* (*Fachspr.*)

fûmes [fym] *passé simple de* **être**

fumet [fymɛ] *m* ❶ (*odeur*) Duft *m,* [Wohl]geruch *m*
❷ (*bouquet*) *d'un vin* Blume *f,* Bukett *nt*

fumeur, -euse [fymœʀ, -øz] **I.** *m, f* Raucher(in) *m(f);* ~ **passif** Passivraucher
II. *app* TRANSP **compartiment ~s** Raucherabteil *nt;* **siège ~s** Raucherplatz *m*

fumeux, -euse [fymø, -øz] *adj théorie* verworren; *explication* verworren, wirr; *idées* verworren, verschwommen

fumier [fymje] *m* ❶ [Stall]mist *m,* Dung *m;* ~ **de vache/cheval** Kuh-/Pferdemist
❷ *pop* Mistkerl *m* (*fam*)

fumigateur [fymigatœʀ] *m* MED, AGR ❶ (*appareil*) Räucherapparat *m*
❷ (*preparation combustible*) Räuchermittel *nt*

fumigation [fymigasjɔ̃] *f* ❶ MED Inhalation *f;* **faire des ~s** inhalieren
❷ (*pour désinfecter*) Ausräuchern *nt*

fumigène [fymiʒɛn] *adj* **grenade** ~ Nebelgranate *f;* **bombe** ~ Rauchbombe *f;* **engin/appareil** ~ Raucherzeuger *m*/Räucherapparat *m*

fumiste [fymist] **I.** *adj péj fam* unseriös
II. *mf* ❶ *péj fam* Nichtsnutz *m;* (*qui se moque du monde*) Schaumschläger(in) *m(f)*
❷ (*ouvrier*) Ofensetzer(in) *m(f)*

fumisterie [fymistəʀi] *f fam* ❶ (*mystification*) Schwindel *m,* Bluff *m* (*fam*)
❷ (*farce*) Schau *f* (*fam*); **une vaste** ~ alles nur Schau

fumivore [fymivɔʀ] **I.** *adj bougie* rauchverzehrend
II. *m* Rauchverzehrer *m*

fumoir [fymwaʀ] *m* Rauchsalon *m*

fun [fɔn] *m* CAN (*amusement*) Vergnügen *nt,* Fun *m*

funambule [fynɑ̃byl] *mf* Seiltänzer(in) *m(f)*

funambulesque [fynɑ̃bylɛsk] *adj* ❶ (*qui a rapport au funambule*) Seiltänzer-
❷ *fig* (*extravagant*) ausgefallen

funboard [fœnbɔʀd] *m* ❶ (*planche à voile*) Funboard *nt*
❷ (*sport*) Funboard-Surfen *nt*

funèbre [fynɛbʀ] *adj* ❶ (*funéraire*) **marche** ~ Trauermarsch *m;* **décoration** ~ Sargschmuck *m;* **oraison** ~ Grabrede *f;* **veillée** ~ Totenwache *f*

❷ (*lugubre*) finster; *idées* trüb[sinnig]; **mine ~** Trauermiene *f;* **silence ~** Grabesstille *f*

funérailles [fyneʀaj] *fpl* Bestattung *f* (*geh*); **~s nationales** Staatsbegräbnis *nt*

funéraire [fyneʀɛʀ] *adj* **dalle ~** Grabplatte *f;* **monument ~** Grabmal *nt;* **salon ~** CAN (*pompes funèbres*) Bestattungsinstitut *nt*

funérarium [fyneʀaʀjɔm] *m* Aufbahrungsraum *m,* Funerarium *nt* (*Fachspr.*)

funeste [fynɛst] *adj* ❶ (*fatal*) verhängnisvoll; *influence* verderblich, verhängnisvoll; *conseil, décision* unselig, verhängnisvoll; *jour* unselig; *suites, coup* fatal; **être ~ à qn/qc** jdm zum Verhängnis werden/einer S. (*Dat*) schaden
❷ (*de mort*) *pressentiment, vision* dunkel; **de ~s pressentiments** Todesahnungen *Pl*
❸ (*triste*) *récit* traurig

funiculaire [fynikylɛʀ] *m* [Draht]seilbahn *f*

funky [fœnki] *adj inv* Funk-; **musique ~** Funk *m*

fur [fyʀ] ▸ **au ~ et à mesure** nach und nach; **au ~ et à mesure des besoins** [je] nach Bedarf; **passer des photos au ~ et à mesure** ein Foto nach dem anderen weitergeben; **au ~ et à mesure qu'on approche/progresse dans notre travail** je näher man kommt/je weiter die Arbeit fortschreitet; **être payé(e) au ~ et à mesure** immer sofort bezahlt werden

furax [fyʀaks] *adj fam v.* **fumasse**

furent [fyʀ] *passé simple de* **être**

furet [fyʀɛ] *m* Frettchen *nt*

fureter [fyʀ(ə)te] <4> *vi* [herum]schnüffeln (*fam*)

fureteur [fyʀ(ə)tœʀ] *m* ❶ Schnüffler *m* (*pej fam*)
❷ INFORM CAN Browser *m*

fureteur, -euse [fyʀ(ə)tœʀ, -øz] *adj regard* suchend

fureteuse [fyʀ(ə)tøz] *f* Schnüfflerin *f* (*pej fam*)

fureur [fyʀœʀ] *f* ❶ Wut *f;* **avoir des accès de ~** Wutanfälle haben; **mettre qn en ~** jdn zur Raserei bringen; **être en ~ contre qn** wütend auf jdn sein; **pris(e) d'une ~ soudaine** von plötzlicher Wut gepackt; **des accès de ~ incontrôlables** Tobsuchtsanfälle; **avec ~** wütend
❷ (*violence*) *des éléments naturels, vagues* Urgewalt *f; d'une attaque* Heftigkeit *f*
▸ **faire ~** *chanson, mode:* Furore machen; *danse, sport:* groß in Mode sein, Furore machen; **la ~ de vivre** die Gier nach Leben

furibard(e) [fyʀibaʀ, -aʀd] *adj fam v.* **fumasse**

furibond(e) [fyʀibɔ̃, ɔ̃d] *adj regard, ton* wütend, zornig; *personne* wutentbrannt

furie [fyʀi] *f* ❶ (*violence*) Heftigkeit *f; d'un combat* Verbissenheit *f;* **en ~** *mer* tosend, entfesselt; *personne, animal* wutschäumend; **être en ~** vor Wut schäumen; **mettre qn en ~** jdn in helle Wut versetzen
❷ *péj* (*femme déchaînée*) Furie *f*
❸ MYTH Furie *f*

furieusement [fyʀjøzmɑ̃] *adv* ❶ wütend
❷ *hum, iron* (*extrêmement*) unheimlich (*fam*)

furieux, -euse [fyʀjø, -jøz] *adj* ❶ wütend, zornig; *animal* wütend; **~(-euse) contre qn/qc** wütend auf jdn/etw; **~(-euse) de qc** wütend über etw (*Akk*) [*o* wegen etw]
❷ (*violent*) wütend, heftig; *combat* erbittert, heftig; *résistance* verbissen, erbittert
❸ *hum* (*extrême*) *envie, appétit* unheimlich (*fam*)

furoncle [fyʀɔ̃kl] *m* Furunkel *m o nt*

furtif, -ive [fyʀtif, -iv] *adj* ❶ (*rapide*) flüchtig
❷ (*à la dérobée*) *regard* verstohlen; *mouvement* unmerklich

furtivement [fyʀtivmɑ̃] *adv* heimlich; **aller ~ à la cave à vins** sich heimlich in den Weinkeller stehlen

fus [fy] *passé simple de* **être**

fusain [fyzɛ̃] *m* ❶ (*dessin*) Kohlezeichnung *f*
❷ (*crayon*) [Zeichen]kohle *f;* **dessiner au ~** mit Kohle zeichnen, eine Kohlezeichnung machen
❸ BOT Pfaffenhütchen *nt*

fuseau [fyzo] <x> *m* ❶ (*instrument*) *d'une fileuse* Spindel *f; d'une dentellière* Klöppel *m*
❷ (*pantalon*) Steghose *f*
❸ GEOG **~ horaire** Zeitzone *f*

fusée [fyze] *f* Rakete *f*
◆ **~ air-air** Luft-Luft-Rakete *f;* **~ de détresse** NAUT Leuchtrakete *f;* **~ sol-air** Boden-Luft-Rakete *f*

fuselage [fyz(ə)laʒ] *m* [Flugzeug]rumpf *m*

fuselé(e) [fyz(ə)le] *adj* [lang und] schlank

fuser [fyze] <1> *vi* [hervor]sprudeln; *liquide, vapeur:* herausschießen; *étincelles:* sprühen; *lumière:* aufflammen; *rires, cris:* laut werden; *coups de feu:* zu hören sein; **des questions fusent** es hagelt Fragen; **le pétrole fuse** die Ölfontäne schießt empor

fusible [fyzibl] *m* ❶ Sicherung *f*
❷ *fig* **le Premier ministre sert de ~** der Premierminister hat eine Sündenbockfunktion

fusil [fyzi] *m* ❶ Gewehr *nt*
❷ CHASSE (*à chevrotines*) Flinte *f;* (*à balles*) Büchse *f*
❸ (*aiguisoir*) Wetzstahl *m*
▸ **changer son ~ d'épaule** (*changer de méthode/d'opinion*) seine Taktik/Meinung ändern; (*retourner sa veste*) ins andere Lager wechseln; **être un bon/excellent ~** ein guter/ausgezeichneter Schütze sein
◆ **~ à deux coups** Doppelflinte *f,* Doppelbüchse *f;* **~ à répétition** Mehrlader *m;* **~ sous-marin** Harpune *f*

fusilier [fyzilje] *m* **~ marin** Marineinfanterist *m*

fusillade [fyzijad] *f* ❶ (*coups de feu*) Schusswechsel *m,* Schießerei *f;* **une ~ a éclaté** es kam zu einem Schusswechsel [*o* einer Schießerei]
❷ (*exécution*) Erschießung *f*

fusiller [fyzije] <1> *vt* erschießen

fusil-mitrailleur [fyzimitʀajœʀ] <fusils-mitrailleurs> *m* Schnellfeuergewehr *nt*

fusion [fyzjɔ̃] *f* ❶ *des atomes* Fusion *f; d'un métal, de la glace* Schmelzen *nt;* **~ nucléaire** Kernfusion; **en ~** [schmelz]flüssig; **point de ~** Schmelzpunkt *m*
❷ ECON, JUR *de sociétés* Fusion *f; d'organisations, de partis* Zusammenschluss *m*
❸ (*union*) *de cœurs, corps, d'esprits* Vereinigung *f*
❹ INFORM *de fichiers* Vereinigen *nt;* **obtenir la ~ de deux fichiers** zwei Dateien vereinigen

fusionnement [fyzjɔnmɑ̃] *m v.* **fusion 2**

fusionner [fyzjɔne] <1> **I.** *vi sociétés:* fusionieren; *partis, organisations:* sich vereinigen
II. *vt* INFORM vereinigen

fusse [fys] *subj imparf de* **être**

fustiger [fystiʒe] <2a> *vt littér* geißeln (*liter*)

fut [fy] *passé simple de* **être**

fût¹ [fy] *subj imparf de* **être**

fût² [fy] *m* ❶ Fass *nt;* **vieilli(e) en ~ de chêne** im Eichenfass gereift
❷ (*tronc*) Schaft *m;* **un bois de haut ~** ein Hochwald *m*
❸ *d'un fusil, d'une colonne* Schaft *m*

futaie [fytɛ] *f* (*groupe d'arbres*) Gruppe *f* hochstämmiger Bäume; (*forêt*) **haute ~** [alter] Hochwald

futaille [fytaj] *f* ❶ (*tonneau*) Fass *nt;* **~ de vin** Weinfass *nt*
❷ (*ensemble de fûts*) Fässer *Pl*

futal [fytal] *m fam* (*pantalon*) Hose *f*

futé(e) [fyte] **I.** *adj* clever, gewitzt
II. *m(f)* **petit ~/petite ~e** Schlaumeier *m*

fute-fute [fytfyt] <futes-futes> *adj fam* gerissen (*fam*), pfiffig

fûtes [fyt] *passé simple de* **être**

futile [fytil] *adj* ❶ (*inutile, creux*) *choses* belanglos; *occupation* unnütz, nichtig (*geh*); *propos* nichtssagend; *conversation* seicht, belanglos; *prétexte* unsinnig; **pour une raison ~** wegen einer Lappalie; **il était ~ de faire qc** es war sinnlos, etw zu tun
❷ (*frivole*) *personne, esprit* oberflächlich

futilité [fytilite] *f* ❶ *sans pl* (*inutilité, insignifiance*) *d'une occu-*

pation Sinnlosigkeit *f; d'une conversation, d'un propos* Banalität *f,* Belanglosigkeit *f; d'une vie* Leere *f,* Inhaltslosigkeit *f*
❷ *sans pl* (*frivolité*) *d'une personne, d'un esprit* Oberflächlichkeit *f; d'un raisonnement* Unsinnigkeit *f*
❸ *pl* (*bagatelles*) Nichtigkeiten *Pl*
futur [fytyʀ] *m* ❶ (*avenir*) Zukunft *f*
❷ LING Futur *nt;* ~ **antérieur** Futur II; ~ **proche/simple** nahes/einfaches Futur; **les différents ~s** die verschiedenen Futurformen; **être au** ~ *verbe:* im Futur stehen; **mettre un verbe au** ~ ein Verb ins Futur setzen
❸ *fam* (*fiancé*) Zukünftige(r) *m*
futur(e) [fytyʀ] *adj* ❶ (*ultérieur*) [zu]künftige(r, s); **les temps ~s** kommende Zeiten; **ta vie ~e** dein künftiges Leben; **dans une vie ~e** in einem späteren Leben; **l'évolution ~e** die Weiterentwicklung, die künftige Entwicklung
❷ *antéposé* (*qui deviendra tel*) *collaborateur, champion, époux* [zu]künftige(r, s); **une ~e maman** eine werdende Mutter
❸ (*devenu tel par la suite*) *antéposé* spätere(r, s); **Henri de Navarre, ~ Henri IV** Heinrich von Navarra, der spätere Heinrich IV.
future [fytyʀ] *f fam* (*fiancée*) Zukünftige *f*
futurisme [fytyʀism] *m* ART, LITTER Futurismus *m*
futuriste [fytyʀist] *adj* futuristisch
futurologie [fytyʀɔlɔʒi] *f* Zukunftsforschung *f*
futurologue [fytyʀɔlɔg] *mf* Zukunftsforscher(in) *m(f)*
fuyais [fɥijɛ] *imparf de* **fuir**
fuyant [fɥijɑ̃] *part prés de* **fuir**
fuyant(e) [fɥijɑ̃, ɑ̃t] *adj* ❶ *attitude* ausweichend; *regard* unstet; **être ~(e)** *personne:* sich nie festlegen; **prendre un air ~** nicht reagieren
❷ *menton, front* fliehend
fuyard(e) [fɥijaʀ, aʀd] *m(f)* Flüchtige(r) *f(m);* (*déserteur*) Fahnenflüchtige(r) *m*
fuyez [fɥije] *indic prés et impératif de* **fuir**
fuyons [fɥijɔ̃] *indic prés et impératif de* **fuir**

Gg

G, g [ʒe] *m inv* G *nt*/g *nt*
▶ **g comme Gaston** G wie Gustav; **le G-7** die G7-Länder
g *abr de* **gramme** g
gabardine [gabaʀdin] *f* ❶ (*imperméable*) Gabardinemantel *m*
❷ (*tissu*) Gabardine *m o f*
gabarit [gabaʀi] *m* ❶ (*dimension*) Größe *f; d'un véhicule* Maße *Pl*
❷ *fam* (*stature*) Statur *f*
❸ *fam* (*espèce*) *d'une personne* Kaliber *nt* (*pej fam*)
❹ TECH (*appareil de mesure*) Lehre *f*
gabegie [gabʒi] *f* ❶ Misswirtschaft *f*
❷ *fig* Drunter und Drüber *nt;* **c'est la vraie ~ ici** hier geht wirklich alles drunter und drüber
gabelle [gabɛl] *f* HIST [Salz]steuer *f*
gabelou [gablu] *m* ❶ HIST Steuereinnehmer *m* (*veraltet*)
❷ *péj* Zöllner *m*
gabier [gabje] *m* NAUT Toppsgast *m*
gabion [gabjɔ̃] *m* ❶ MIL, TECH Steinpackung *f* (*zur Befestigung von Böschungen*)
❷ CHASSE Schanzkorb *m*
❸ DIAL (*panier*) Henkelkorb *m*
gable, gâble [gabl] *m* ARCHIT Ziergiebel *m;* (*charpente triangulaire*) Dreiecksgiebel *m*
Gabon [gabɔ̃] *m* **le ~** Gabun *nt*
gabonais(e) [gabɔnɛ, ɛz] *adj* gabunisch
Gabonais(e) [gabɔnɛ, ɛz] *m(f)* Gabuner(in) *m(f)*
gâchage [gɑʃaʒ] *m* ❶ Anrühren von Gips [*o* Mörtel] *nt*
❷ *fig* Vergeudung *f*
gâche[1] [gɑʃ] *f* TECH Schließblech *nt*
gâche[2] [gɑʃ] *f* TECH, GASTR (*spatule*) Rührspatel *m o f*
gâcher [gɑʃe] <1> *vt* ❶ (*saboter*) verderben *plaisir, vacances;* verpfuschen *travail;* sich (*Dat*) verpfuschen, verpfuschen *vie;* **~ la besogne** nur pfuschen
❷ (*gaspiller*) vergeuden *temps, argent, talent;* nicht nutzen *occasion;* **quel temps/argent gâché!** was für eine Zeit-/Geldverschwendung!
❸ anrühren *plâtre, mortier*
gâchette [gɑʃɛt] *f* ❶ (*détente*) *d'une arme* Abzug *m;* **appuyer sur la ~** abdrücken; **avoir le doigt sur la ~** den Finger am Abzug haben
❷ *d'une serrure* Zuhaltung *f*
▶ **avoir la ~ facile** einen nervösen Finger haben (*fam*)
gâcheur, -euse [gɑʃœʀ, -øz] *m, f v.* **gaspilleur**
gâchis [gɑʃi] *m* ❶ (*gaspillage*) Vergeudung *f*
❷ (*mauvais résultat*) Schlamassel *m o nt* (*fam*); **un beau ~** ein heilloses Durcheinander
❸ (*mortier*) [Gips]mörtel *m*
gadget [gadʒɛt] *m* ❶ (*objet, dispositif*) Spielerei *f;* **des ~s** Schnickschnack *m* (*fam*)
❷ (*innovation*) neumodische Ideen *Pl*
❸ (*machin, bidule*) Ding[s] *nt* (*fam*)
gadin [gadɛ̃] *m fam* (*chute*) *v.* **gamelle**
gadjo [gadʒo] *m arg* (*mec*) Typ *m*
gadoue [gadu] *f* (*boue*) Matsch *m;* (*neige boueuse*) [Schnee]matsch
gaélique [gaelik] **I.** *adj* gälisch
II. *m* **le ~** Gälisch *nt,* das Gälische; *v. a.* **allemand**
gaffe[1] [gaf] *f* NAUT Bootshaken *m*
gaffe[2] [gaf] *f fam* (*bévue*) Schnitzer *m;* (*en société*) Fauxpas *m;* **commettre/faire une ~** einen Bock schießen (*fam*); (*en parole*) einen Bock schießen (*fam*), ins Fettnäpfchen treten (*fam*); **faire une ~ monumentale** einen Riesenbock schießen (*fam*), mitten ins Fettnäpfchen treten (*fam*)
gaffe[3] [gaf] *f fam* ▶ **faire ~** aufpassen; **fais ~!** pass bloß auf!; **faire ~ à ne pas faire qc** aufpassen, dass man etw nicht tut
gaffer[1] [gafe] <1> *vt* NAUT mit dem Bootshaken an Land/Bord ziehen *poisson*
gaffer[2] [gafe] <1> *vi fam* (*commettre une bévue*) sich (*Dat*) einen Schnitzer leisten; (*en parole*) ins Fettnäpfchen treten (*fam*); (*en acte*) sich (*Dat*) einen Schnitzer leisten
gaffeur, -euse [gafœʀ, -øz] **I.** *adj fam* ungeschickt; **être vraiment ~(-euse)** aber auch ständig ins Fettnäpfchen treten (*fam*)
II. *m, f fam* Tollpatsch *m*
gag [gag] *m* Gag *m*
gaga [gaga] **I.** *adj fam* ❶ (*gâteux*) gaga (*fam*)
❷ (*fou de*) **être ~ de qn** [ganz] verrückt nach jdm sein
II. *m* **vieux ~** *fam* alter Trottel (*fam*)
gage [gaʒ] *m* ❶ (*garantie*) **~ de qc** Garantie *f* für etw
❷ (*témoignage*) **~ de qc** Beweis *m* [*o* Zeichen *nt*] für etw; **un ~ d'amour/de fidélité** ein Liebes-/Treuepfand *nt;* **en ~ d'amitié** als Beweis [*o* Zeichen] der Freundschaft (*Gen*)
❸ (*dépôt, sûreté*) Pfand *nt;* **laisser** [*o* **donner**] **qc en ~** etw als Pfand hinterlegen; **mettre qc en ~ chez un prêteur** etw verpfänden; **emprunter/prêter sur ~** gegen Pfand borgen/auf [*o* gegen] Pfand leihen
❹ JEUX Strafe *f;* **avoir un ~** eine Strafe auferlegt bekommen
❺ *pl* (*salaire*) Lohn *m; d'un acteur, artiste* Gage *f*
gager [gaʒe] <2a> *vt littér* **gageons qu'il ne tiendra pas parole** wetten wir, dass er nicht sein Wort hält; **je gage que c'est lui** ich wette, dass er es ist
gageure [gaʒyʀ] *f* Ding *nt* der Unmöglichkeit; **réussir cette ~**

G

das Unmögliche möglich machen

gagnant(e) [gaɲɑ̃, ɑ̃t] **I.** *adj carte, coup* spielentscheidend; **billet** ~ Gewinnlos *nt;* **cheval** ~ Siegerpferd *nt;* **être** ~**(e)** *numéro:* gewinnen
▸ **donner qn/un animal** ~ auf jds Sieg/den Sieg eines Tieres setzen; **partir** ~**(e)** Favorit sein, als sicherer Sieger gelten
II. *m(f)* Sieger(in) *m(f); d'un jeu* Gewinner(in) *m(f)*

gagne-pain [gaɲpɛ̃] *m inv* ❶ *(travail)* Broterwerb *m;* **être le ~ de qn** jds Lebensunterhalt sein; **perdre son** ~ brotlos werden
❷ *(personne)* Ernährer(in) *m(f)* **gagne-petit** [gaɲpəti] *mf inv péj* armer Schlucker

gagner [gaɲe] <1> **I.** *vi* ❶ ~ **à qc** bei etw gewinnen; **on a gagné!** [wir haben] gewonnen!
❷ *(avoir intérêt)* **est-ce que j'y gagne?** bringt mir das [et]was?; **vous gagneriez à vous taire** Sie täten gut daran, zu schweigen
❸ *(tirer avantage de)* ~ **à être connu(e)** *personne:* beim näheren Kennenlernen gewinnen; ~ **à être relu(e)** *manuscript:* beim nochmaligen Durchlesen gewinnen; ~ **en vieillissant/en bouteille** *vin:* mit der Zeit immer besser/bei Lagerung besser werden
❹ *(s'améliorer du point de vue de)* **y** ~ **en clarté** *style:* dadurch an Klarheit *(Dat)* gewinnen; *personne:* dadurch mehr Klarheit erreichen
II. *vt* ❶ *(recevoir)* verdienen *argent;* sich *(Dat)* holen *prix;* verdienen *récompense*
❷ *(acquérir par le hasard)* gewinnen *lot, argent*
❸ *(remporter)* gewinnen *partie, match, procès, pari;* **être gagné(e) d'avance** schon im Vorfeld gewonnen sein
❹ *(économiser)* gewinnen *place, espace;* ~ **du temps** Zeit gutmachen; *(en rationalisant)* Zeit einsparen; ~ **quinze secondes** fünfzehn Sekunden schneller sein [*o* gutmachen]
❺ *(obtenir comme résultat)* gewinnen *du temps;* sich *(Dat)* holen *maladie;* sich *(Dat)* einhandeln *ennuis, problèmes, réprimande;* [sich *(Dat)*] erwerben *réputation;* ~ **une réputation de tyran** als Tyrann verrufen sein; ~ **du poids/trois kilos** zunehmen/drei Kilo zunehmen; **qu'est-ce que j'y gagne?** was bringt mir das?; **vous n'y gagnerez rien [de bon]!** Sie gewinnen doch nichts dabei!; **vous n'y gagnerez rien à faire cela** Sie haben nichts davon, wenn Sie das tun
❻ *(conquérir)* gewinnen *ami, partisan, estime, confiance;* ~ **les bonnes grâces de qn** jdn für sich gewinnen; ~ **qn à sa cause** jdn von seiner Sache überzeugen; **être gagné(e) par la gentillesse de qn** von jds Freundlichkeit eingenommen sein/werden; **se laisser ~ par les prières/promesses de qn** sich durch jds Bitten/Versprechungen umstimmen lassen; ~ **qn à sa façon de voir les choses** jdn von seiner Sichtweise überzeugen; **savoir ~ des sympathisants à sa cause** es verstehen, Anhänger für seine Sache zu gewinnen
❼ *(atteindre)* erreichen *refuge, port, frontière;* ~ **son domicile** zu Hause ankommen; ~ **la sortie en toute hâte** zum Ausgang eilen; ~ **la Côte d'Azur en deux jours** nach zwei Tagen an der Côte d'Azur ankommen; ~ **la Tour Eiffel par le métro** mit der Metro zum Eiffelturm fahren; ~ **la gare par le souterrain** durch die Unterführung zum Bahnhof gehen/gelangen
❽ *(toucher) incendie, épidémie, maladie:* übergreifen auf (+ *Akk*)
❾ *(envahir) maladie:* befallen; **la fatigue/peur le gagne** Müdigkeit/Angst überkommt ihn; **le froid la gagnait** Kälte kroch in ihr hoch; **l'envie me gagne de tout laisser tomber** allmählich würde ich am liebsten alles hinwerfen; **être gagné(e) par l'envie** Lust verspüren; **être gagné(e) par le sommeil/un sentiment** vom Schlaf/einem Gefühl übermannt werden; **se laisser ~ par le découragement/la mélancolie** in Mutlosigkeit/Melancholie verfallen; **elle se laisse ~ par la bonne humeur** ihre Laune bessert sich allmählich
▸ **être bien gagné(e)** wohlverdient sein; **avoir bien gagné qc** etw ehrlich verdient haben; **il l'a bien gagné!** *iron* das geschieht ihm recht!; **c'est toujours ça/autant de gagné** das ist immerhin etwas, das ist besser als nichts; **c'est gagné!** *iron* da hätten wir's!, Volltreffer!
III. *vpr (rallier)* **se ~ un ami** einen Freund gewinnen

gagneur, -euse [gaɲœʀ, -øz] *m, f* Gewinner(in) *m(f);* **avoir un tempérament de ~(-euse)** ein Erfolgsmensch sein

gai(e) [ge, gɛ] *adj* ❶ *(joyeux)* fröhlich; *personne* fröhlich, vergnügt; *événement* lustig; *ambiance* ausgelassen; **être très ~(e) de caractère** immer fröhlich sein, ein sonniges Gemüt haben; **ne pas avoir l'air bien ~** nicht sehr fröhlich dreinschauen; **ne pas avoir une vie très ~e** kein leichtes Leben haben
❷ *(clair et vif) vêtement, pièce* freundlich; *couleur* fröhlich; **pour faire plus ~** damit es freundlicher wirkt
❸ *(éméché)* angeheitert
❹ *(homosexuel) v.* **gay**
▸ **c'est ~!** *iron* na toll!; **ça va être ~!** das kann ja heiter werden!; **c'est ~ les vacances avec toi** wirklich toll, der Urlaub mit dir

gaiement [gemɑ̃, gɛmɑ̃,] *adv* fröhlich, vergnügt
▸ **allons-y ~!** *iron* na, dann wollen wir mal! *(fam)*

gaieté [gete] *f* Fröhlichkeit *f,* Heiterkeit *f; d'une personne* gute Laune; *(caractère)* Frohsinn *m;* **être plein(e) de ~** [immer] fröhlich [*o* heiter] [*o* guter Dinge] sein; **le festival se déroule dans la ~** bei dem Festival herrscht eine fröhliche [*o* heitere] Stimmung
▸ **ne pas faire qc de ~ de cœur** etw nicht gerade frohen [*o* leichten] Herzens tun, etw nur ungern [*o* schweren Herzens] tun

gaillard [gajaʀ] *m* ❶ *(costaud)* Kerl *m (fam),* Mannsbild *nt (fam)*
❷ *fam (lascar)* Bürschchen *nt (fam);* **mon ~!** [mein] Freundchen!

gaillard(e) [gajaʀ, aʀd] *adj personne* rüstig; **marcher d'un pas ~** kräftig ausschreiten

gaîment [gɛmɑ̃] *adv v.* **gaiement**

gain [gɛ̃] *m* ❶ *(profit)* Gewinn *m;* **tous mes ~s** mein ganzer Gewinn; **~s illicites** unerlaubte Gewinne, unerlaubter Profit; **pousser qn au ~** jdn profitgierig machen
❷ *fig* Nutzen *m,* Gewinn *m;* **[re]tirer un ~ d'une lecture** aus einer Lektüre Nutzen ziehen
❸ *(économie)* Einsparung *f;* ~ **d'argent** [Geld]ersparnis *f;* ~ **d'énergie** Energieeinsparung; ~ **de place** Raumgewinn *m,* Platzgewinn; ~ **de temps** Zeitgewinn; **permettre un ~ de qc** es erlauben, etw zu sparen; **cela permet un ~ journalier de trente minutes** dadurch kann man jeden Tag dreißig Minuten gutmachen
❹ POL Gewinn *m;* **les ~s électoraux** [*o* **de voix**] [*o* **d'électeurs**] die Stimmengewinne
▸ **donner ~ de cause à qn** jdm Recht geben; JUR zu jds Gunsten entscheiden; **obtenir** [*o* **avoir**] **~ de cause** Recht bekommen, sich durchsetzen; JUR seinen Fall gewinnen; **être âpre au ~** gewinnsüchtig [*o* profitgierig] sein

gaine [gɛn] *f* ❶ *(sous-vêtement)* Hüfthalter *m*
❷ *(étui)* Hülle *f; d'un couteau, d'une épée* Scheide *f; d'un ressort* Gehäuse *nt; d'un pistolet* Halfter *nt o f;* ~ **de parapluie/câble/pistolet** Schirmhülle/Kabelmantel *m*/Pistolentasche *f*
◆ ~ **d'aération** [*o* **de ventilation**] Lüftungsschacht *m*

gaine-culotte [gɛn-kylɔt] *f* Miederhöschen *nt*

gainer [gene] <1> *vt* ❶ TECH ummanteln *fil électrique*
❷ *(mouler)* umhüllen

gaîté [gete] *f v.* **gaieté**

gala [gala] *m* [Gala]empfang *m;* *(pour collecter des fonds)* Galaveranstaltung *f;* **une soirée de ~** ein Galaabend *m*
◆ ~ **de bienfaisance** Wohltätigkeitsveranstaltung *f*

galactique [galaktik] *adj* galaktisch

galactogène [galaktɔʒɛn] *adj* milchtreibend, laktotrop *(Fachspr.)*

galamment [galamɑ̃] *adv* galant

galant(e) [galɑ̃, ɑ̃t] *adj* ❶ *(courtois)* zuvorkommend; **se con-**

duire en ~ **homme** sich wie ein Gentleman benehmen
❷ (*amoureux*) *art, poésie, aventure* galant; **un rendez-vous** ~ ein Rendezvous *nt;* **tenir des propos ~s à qn** jdn umwerben
galanterie [galɑ̃tʀi] *f* Höflichkeit *f,* Ritterlichkeit *f*
galantine [galɑ̃tin] *f* Galantine *f* (*ein Sülzgericht*)
galaxie [galaksi] *f* (*système stellaire*) Galaxie *f*
Galaxie [galaksi] *f* (*la Voie lactée*) **la** ~ die Galaxis
galbe [galb] *m* perfekte Rundung, weiche Linienführung; *d'une poterie, d'un meuble, objet d'ornement* Formschönheit *f* (*aufgrund harmonischer Rundungen*); **le beau ~ de ses jambes** ihre wohlgeformten [*o* formvollendeten] Beine
galbé(e) [galbe] *adj objet d'ornement* harmonisch gerundet, geschwungen; **des jambes bien ~es** wohlgeformte Beine *Pl*
gale [gal] *f d'une personne* Krätze *f; d'un animal* Räude *f; d'une plante* Schorf *m*
▶ **être mauvais(e) comme la** ~ richtig bösartig sein; **ne pas avoir la** ~ nicht beißen; **bois dans mon verre, je n'ai pas la** ~ trinke ruhig aus meinem Glas, ich bin nicht giftig
galéjade [galeʒad] *f* MIDI Übertreibungen *Pl*
galéjer [galeʒe] <5> *vi* MIDI Märchen erzählen, übertreiben
galène [galɛn] *f* MINER Bleiglanz *m,* Galenit *m* (*Fachspr.*)
galère [galɛʀ] *f* ❶ *fam* (*situation pénible*) **c'est la ~/c'est ~** [das ist] echt ätzend (*fam*); **quelle ~!** so eine Plackerei! (*fam*); **s'embarquer dans une** [*o* **sur une mauvaise**] ~ sich auf etwas einlassen
❷ HIST Galeere *f;* **être condamné(e)** [*o* **envoyé(e)**] **aux ~s** auf die Galeere geschickt [*o* zu einer Galeerenstrafe verurteilt] werden
▶ **qu'allait-il faire dans cette ~?** *prov* was hatte er da [nur] zu suchen?; **et vogue la ~!** und dann komme was da wolle!
galérer [galeʀe] <5> *vi fam* ❶ (*chercher*) herumsuchen (*fam*), herumprobieren (*fam*)
❷ (*travailler dur*) sich abstrampeln (*fam*)
galerie [galʀi] *f* ❶ (*passage souterrain*) *d'une fourmilière, taupinière, d'un égout* Gang *m; d'une mine* Stollen *m;* ~ **d'aération** Wetterschacht *m*
❷ (*corridor*) Gang *m;* **la ~ des Glaces à Versailles** der Spiegelsaal von Versailles
❸ (*péristyle, colonnade*) Säulengang *m*
❹ (*promenade*) Galerie *f,* Passage *f;* ~ **marchande** Geschäftspassage *f*
❺ (*tribune, balcon*) *d'un édifice public* Tribüne *f; d'un édifice religieux* Empore *f,* Galerie *f; d'un théâtre* Galerie
❻ ART *d'un musée* Galerie *f;* (*magasin*) [Kunst]galerie
❼ *d'un véhicule* Dachgepäckträger *m*
▶ **amuser la** ~ für Unterhaltung sorgen; **épater la** ~ sich in Szene setzen
◆ ~ **d'art** Kunstgalerie *f;* ~ **de peinture** [*o* **de tableaux**] Gemäldegalerie *f*
galérien [galeʀjɛ̃] *m* Galeerensklave *m;* **travailler comme un** ~ wie ein Sklave schuften (*fam*); **mener une vie de** ~ ein erbärmliches Dasein fristen; **c'est un travail de** ~ das ist die reinste Tretmühle
galeriste [galʀist] *m, f* Galerist(in) *m(f)*
galet [galɛ] *m* [großer] [Kiesel]stein; **une plage de ~s** ein Kieselstrand *m*
galette [galɛt] *f* (*crêpe*) Galette *f* (*Buchweizen- oder Maispfannkuchen*); (*biscuit*) ~ **sablée** [runder] [Butter]keks; (*gâteau plat*) [pikante] Torte; ~ **au fromage** Käsetorte *f*
▶ **la grosse** ~ *fam* die große Knete (*sl*)
◆ ~ **de maïs** Maisfladen *m;* ~ **de pommes de terre** Kartoffelpuffer *m;* ~ **des Rois** *flacher, runder, mit Marzipan gefüllter Blätterteigkuchen, in den eine kleine Figur eingebacken ist*

i Land & Leute

Die **galette des Rois** ist ein Blätterteigkuchen mit Marzipanfüllung, der traditionell am Dreikönigsfest gegessen wird. In ihn ist eine Bohne oder eine kleine Figur – *la fève* – eingebacken. Wer das Kuchenstück hat, in dem sie sich befindet, ist an diesem Tag „König" oder „Königin".

galeux, -euse [galø, -øz] **I.** *adj* ❶ (*malade*) *mouton, chien* räudig; *plante, arbre* schorfig
❷ (*sordide*) schäbig
II. *m, f* ▶ **traiter qn comme un [chien]** ~ jdn wie einen Aussätzigen behandeln
galhauban [galobɑ̃] *m* NAUT Pardun *nt,* Pardune *f*
Galilée¹ [galile] *f* BIBL **la** ~ Galiläa *nt*
Galilée² [galile] *m* HIST Galilei *m*
galimatias [galimatja] *m* (*écrit*) Geschreibsel *nt* (*fam*); (*propos*) [verworrenes [*o* konfuses]] Geschwätz
galion [galjɔ̃] *m* Galeone *f*
galipette [galipɛt] *f fam* Purzelbaum *m;* **faire une** ~ einen Purzelbaum machen [*o* schlagen]
galle [gal] *f* BOT Galle *f*
Galles [gal] *f v.* **pays, prince**
gallican(e) [galikɑ̃, an] *adj* ECCL gallikanisch
gallicanisme [galikanism] *m* ECCL Gallikanismus *m*
gallicisme [ga(l)lisism] *m* ❶ (*idiotisme*) Spracheigentümlichkeit *f* des Französischen
❷ (*traduction calquée*) Gallizismus *m*
gallinacé [galinase] *m* Hühnervogel *m*
gallium [galjɔm] *m* Gallium *nt*
gallois [galwa] *m* **le** ~ Walisisch *nt,* das Walisische; *v. a.* **allemand**
gallois(e) [galwa, waz] *adj* walisisch
Gallois(e) [galwa, waz] *m(f)* Waliser(in) *m(f)*
gallon [galɔ̃] *m* Gallone *f*
gallo-romain(e) [ga(l)lɔʀɔmɛ̃, ɛn] <gallo-romains> *adj* galloromanisch **Gallo-Romain(e)** [ga(l)lɔʀɔmɛ̃, ɛn] <Gallo-Romains> *m(f)* Galloromane *m*/-romanin *f*
galoche [galɔʃ] *f* [Holz]pantine *f*
galon [galɔ̃] *m* ❶ COUT Borte *f,* Litze *f*
❷ *pl* MIL Tresse *f*
❸ CAN (*ruban gradué en pieds, en pouces et en lignes*) Messband *nt*
▶ **prendre du** ~ befördert werden
galonné [galɔne] *m fam* [Unter]offizier *m*
galonner [galɔne] <1> *vt* mit Borte [*o* Tresse] versehen
galop [galo] *m* Galopp *m;* **au** ~ im Galopp; **se mettre au** [*o* **prendre le**] ~ *cheval:* in Galopp fallen; **mettre un cheval au** ~ ein Pferd in Galopp setzen; **partir au** ~ davongaloppieren
▶ **arriver au [triple** [*o* **grand**]] ~ angaloppiert kommen; *fam* (*très vite*) angerast [*o* angedüst] kommen (*fam*); **piquer un** ~ *fam* losspurten (*fam*), einen Sprint hinlegen (*fam*); **et au ~!** und zwar [ein bisschen] dalli! (*fam*)
◆ ~ **d'essai** ❶ SPORT Aufgalopp *m* ❷ (*période d'essai*) Probezeit *f;* (*test, examen blanc*) Probeprüfung *f*
galopade [galɔpad] *f* ❶ (*course précipitée*) wildes Gerenne
❷ (*chevauchée*) Ausritt *m*
❸ SPORT Handgalopp *m*
galopant(e) [galɔpɑ̃, ɑ̃t] *adj inflation* galoppierend; **une délinquance ~e** ein rasanter Anstieg der Kriminalität; **une démographie ~e** eine Bevölkerungsexplosion
galoper [galɔpe] <1> *vi* ❶ galoppieren
❷ (*courir*) rennen; ~ **après qn** jdm hinterherlaufen [*o* hinterherrennen]
❸ (*s'emballer*) *imagination:* [mit jdm] durchgehen
galopin [galɔpɛ̃] *m fam* ❶ (*gamin des rues*) Gassenjunge *m*
❷ (*garnement*) Lausbub *m* (*fam*)
galure [galyʀ] *m,* **galurin** [galyʀɛ̃] *m fam* (*chapeau*) Deckel *m* (*fam*)
galvanique [galvanik] *adj* MED galvanisch
galvanisation [galvanizasjɔ̃] *f* MED Galvanisation *f,* Galvanisie-

G

ren *nt*

galvaniser [galvanize] <1> *vt* ❶ (*stimuler*) begeistern, mitreißen; *idée:* elektrisieren
❷ TECH **être galvanisé(e)** galvanisiert sein/werden
❸ (*électriser*) galvanisieren *muscle, nerf;* ~ **un animal** einem Tier Stromstöße verabreichen

galvanomètre [galvanɔmɛtʀ] *m* Galvanometer *nt*

galvaudé(e) [galvode] *adj* abgedroschen

galvauder [galvode] <1> *vt* kompromittieren *réputation;* in Misskredit bringen *nom;* vergeuden *talent*

gambade [gɑ̃bad] *f souvent pl* Luftsprung *m;* **faire des ~s** Luftsprünge machen

gambader [gɑ̃bade] <1> *vi* herumtollen; *animal:* herumspringen

gambas [gɑ̃bas] *fpl* Gambas *Pl* (*große Garnelen*)

gambe [gɑ̃b] *f* ❶ NAUT Leine *f*
❷ MUS Gambe *f*

gamberge [gɑ̃bɛʀʒ] *f arg* Grübelei *f*

gamberger [gɑ̃bɛʀʒe] <2a> **I.** *vi fam* grübeln
II. *vt fam* aushecken (*fam*)

gambette [gɑ̃bɛt] *f fam* (*jambe*) Beinchen *nt* (*fam*)

gambiller [gɑ̃bije] <1> *vi fam* (*danser*) schwofen (*fam*)

Gameboy® [gɛmbɔj] *m* Gameboy® *m*

gamelle [gamɛl] *f d'un soldat* Essnapf *m,* Blechnapf; *d'un ouvrier* Henkelmann *m* (*fam*); *d'un campeur* [Camping]topf *m; d'un chien* [Fress]napf *m;* **préparer la ~ du chien** *fam* dem Hund sein Fressen machen
▶ **prendre** [*o* [**se**] **ramasser**] **une ~** *fam* (*faire une chute*) hinfliegen (*fam*); (*subir un échec*) auf die Nase fallen (*fam*)

gamète [gamɛt] *f* Geschlechtszelle *f*

gamin(e) [gamɛ̃, in] **I.** *adj* kindisch; *air* jungenhaft; *manières* unreif; **avoir l'esprit ~** kindisch sein; **faire encore très ~e** noch recht mädchenhaft wirken
II. *m(f) fam* Kind *nt;* **une ~e de dix ans** ein zehnjähriges Mädchen; **une sale ~e** ein richtiges Gör (*fam*); **faire le ~** sich kindisch benehmen; **quand j'étais ~(e)** als ich klein war

gaminerie [gaminʀi] *f* Kinderei *f;* **arrête tes ~s!** sei nicht so albern!

gamma [ga(m)ma] *m inv* Gamma *nt*

gamme [gam] *f* ❶ MUS Tonleiter *f;* ~ **majeure/mineure** Dur-/Molltonleiter; **faire ses** [*o* **des**] **~s** Tonleitern üben
❷ (*série, choix*) Palette *f;* ~ **de couleurs** Farbskala *f;* ~ **de prix** Preispalette; ~ **de services** Dienstleistungsprogramm *nt;* **vaste ~** breite Palette; **toute une ~ de choses** eine ganze Serie von Dingen; **une ~ de nuances dans les verts** Grüntöne in allen Schattierungen [*o* Abstufungen]

gammée [game] *adj v.* **croix**

ganache [ganaʃ] *f* GASTR *Süßspeise aus Crème fraiche und zerlassener Schokolade*

Gand [gɑ̃] Gent *nt*

gandoura [gɑ̃duʀa] *f ärmelloses Gewand, das in arabischen Ländern getragen wird*

gang [gɑ̃g] *m* Gang *f*

ganglion [gɑ̃glijɔ̃] *m* ~ **lymphatique** Lymphknoten *m;* ~ **nerveux** Nervenknoten *m*

gangrène [gɑ̃gʀɛn] *f* ❶ [Wund]brand *m*
❷ *fig* [Krebs]geschwür *nt*

gangrené(e) [gɑ̃gʀəne] *adj* brandig

gangrener [gɑ̃gʀəne] <4>, **gangréner** [gɑ̃gʀene] *fig vt fig* vergiften *esprits*

gangreneux, -euse [gɑ̃gʀənø, -øz], **gangréneux, -euse** [gɑ̃gʀenø, -øz] *adj* brandig

gangster [gɑ̃gstɛʀ] *m* ❶ Gangster *m*
❷ (*crapule*) Halsabschneider *m*

gangstérisme [gɑ̃gsteʀism] *m* ❶ Gangstertum *nt*
❷ (*comportement crapuleux*) Halsabschneiderei *f;* **c'est du ~!** das sind ja Gangstermethoden!

gangue [gɑ̃g] *f d'un minerai* Gangart *f;* **une ~ de terre/boue** eine dicke Erd-/Dreckkruste

ganse [gɑ̃s] *f* Paspel *f;* **bordé(e) d'une ~** paspeliert

gant [gɑ̃] *m* [Finger]handschuh *m;* **des ~s de peau** Lederhandschuhe
▶ **aller à qn comme un ~** *vêtement:* jdm wie angegossen passen; *rôle:* jdm auf den Leib geschrieben sein; **jeter le ~ à qn** jdm den Fehdehandschuh hinwerfen; **prendre/ne pas prendre des ~s avec qn** jdn mit/nicht mit Glacéhandschuhen anfassen; **relever le ~** den Fehdehandschuh aufheben; **retourner qn comme un ~** jdn völlig umstimmen [*o* umdrehen *fam*]
◆ ~ **de crin** Massagehandschuh *m;* ~ **de cuisine** Topfhandschuh *m;* ~ **de données** Datenhandschuh *m;* ~ **de toilette** Waschhandschuh *m*

ganté(e) [gɑ̃te] *adj main* behandschuht; *personne* mit Handschuhen; **être ~(e)** Handschuhe tragen

gantelet [gɑ̃t(ə)lɛ] *m* ❶ CHASSE Handschuh *m*
❷ *d'un cordonnier, d'un relieur* Handleder *nt*

ganterie [gɑ̃tʀi] *f* ❶ (*magasin*) Handschuh[fach]geschäft *nt*
❷ (*usine*) Handschuhfabrik *f*
❸ (*commerce*) Handschuhhandel *m*
❹ (*industrie*) Handschuhindustrie *f*

gantier, -ière [gɑ̃tje, -jɛʀ] *m, f* ❶ (*commerçant*) Handschuhhändler(in) *m(f)*
❷ (*fabricant*) Handschuhmacher(in) *m(f)*

garage [gaʀaʒ] *m* ❶ (*lieu*) Garage *f;* **mettre** [*o* **rentrer**] **sa voiture au ~** sein Auto in die Garage fahren
❷ (*entreprise*) [Auto]werkstatt *f*
◆ ~ **d'autobus** [Bus]depot *nt;* ~ **d'avions** Hangar *m;* ~ **à bicyclettes** [*o* **à vélos**] Fahrradabstellraum *m;* ~ **de canots** Bootshaus *nt*

garagiste [gaʀaʒist] *mf* ❶ (*propriétaire*) Werkstattbesitzer(in) *m(f);* **chez le ~** in der Werkstatt
❷ (*mécanicien*) Automechaniker(in) *m(f)*

garance [gaʀɑ̃s] **I.** *adj inv* (*couleur*) türkischrot
II. *f* ❶ (*plante*) Färberröte *m*
❷ (*teinture*) Türkischrot *nt*

garant [gaʀɑ̃] *m* ❶ Bürge *m;* (*signataire*) Unterzeichner *m;* **les États ~s d'un traité** die Vertragsstaaten; **se porter ~** als Bürge haften; **être** [*o* **se porter**] **~ de qn** für jdn bürgen, sich für jdn verbürgen; **être** [*o* **se porter**] **~ de qc** JUR für etw bürgen [*o* Bürgschaft leisten], sich für etw verbürgen; **se porter ~ du paiement** die Zahlungsgarantie übernehmen; **ça, je m'en porte ~!** das kann ich garantieren!
❷ (*garantie*) Garantie *f;* **être le ~ de qc** die Garantie für etw sein

garante [gaʀɑ̃t] *f* Bürgin *f;* (*signataire*) Unterzeichnerin *f;* **être ~ de qn/qc** JUR für jdn bürgen/für etw haften

garantie [gaʀɑ̃ti] *f* ❶ *a.* ECON, JUR Garantie *f;* (*certificat*) Garantieschein *m;* (*délai*) Garantiefrist *f,* vertraglich vereinbarte Garantiefrist; ~ **légale** gesetzliche Garantiefrist; **être couvert(e) par la ~** noch unter die Garantie fallen; **sous ~** mit Garantie; **qc est encore sous ~** auf etw (*Dat*) ist noch Garantie; **la radio n'est plus sous ~** die Garantiezeit für das Radio ist abgelaufen; ~ **pièces et main-d'œuvre** Gewährleistung, [Reparatur]garantie
❷ (*gage, sécurité*) Sicherheit *f;* **conserver qc en ~** etw als Sicherheit behalten; **donner des ~s** *personne:* Sicherheiten geben; **offrir** [*o* **présenter**] **des ~s** *chose:* Sicherheiten bieten; **présenter toutes les ~s de sérieux** vollkommene Zuverlässigkeit gewährleisten; **prêter qc sous bonnes ~s** etw gegen Sicherheiten leihen
❸ (*protection, promesse, certitude*) *des droits* Garantie *f;* ~ **contre une flambée des prix** Gewähr *f* für relative Preisstabilität; **avoir/donner la ~ que ce sera payé** die Zusicherung haben/geben, dass das bezahlt wird; **pouvez-vous me donner votre ~ que ce sera fait?** können Sie mir zusichern [*o* garantieren], dass das erledigt wird?; **la ~ de sa bonne foi** der Beweis seiner/ihrer Aufrichtigkeit; **ne pas être une ~**

contre le chômage keine Garantie gegen Arbeitslosigkeit bieten; **sans** ~ ohne Gewähr
❹ (*en parlant d'une police d'assurance*) Versicherungsleistung *f;* ~ **contre les risques** Risikoversicherung *f*
❺ (*caution*) Bürgschaft *f;* **donner sa** ~ **à qn** für jdn eine Bürgschaft leisten
❻ (*précaution*) **prendre des** ~**s** sich absichern
◆ ~ **de paiement** Bürgschaftserklärung *f;* (*par une banque*) Bankbürgschaft *f*

garantir [gaʀɑ̃tiʀ] <8> *vt* ❶ (*donner pour certain*) garantieren; ~ **qc à qn** jdm etw garantieren [*o* zusichern]; **je ne te garantis rien** ich kann dir [für] nichts garantieren; **être garanti(e)** (*être certain*) feststehen; **c'est garanti!** *fam* darauf kannst du Gift nehmen! (*fam*); **le succès de qc est garanti** etw hat mit Sicherheit Erfolg; **c'est le bide garanti!** das wird garantiert ein Reinfall!
❷ (*être sous contrat de garantie*) ~ **qc à qn** jdm eine Garantie auf etw (*Akk*) geben; **ce fauteuil est garanti d'époque** dieser Sessel ist garantiert stilecht; **ma montre est garantie un an** meine Uhr hat ein Jahr Garantie
❸ JUR, FIN bürgen [*o* haften] für *paiement, créance*
❹ (*assurer*) gewährleisten; ~ **un petit revenu d'appoint à qn** jdm einen kleinen Nebenverdienst sichern
❺ *iron* (*promettre*) **je te garantis que...** du kannst sicher sein, dass ...

garbure [gaʀbyʀ] *f* **un potage** ~ *eine Art Kohlsuppe mit Speck*

garce [gaʀs] *f péj fam* [durchtriebenes] Luder (*fam*); **vieille** [*o* **sale**] ~ [altes] Miststück (*fam*)

garçon [gaʀsɔ̃] *m* ❶ (*enfant de sexe masculin*) Junge *m;* **jeune** ~ Junge, Jugendliche(r) *m* (*form*)
❷ (*jeune homme*) junger Mann; **être beau** [*o* **joli**] ~ ein hübscher Kerl sein
❸ (*fils*) Junge *m* (*fam*); *pl* Jungs *Pl* (*fam*), Jungen (*fam*)
❹ (*serveur*) Kellner *m;* ~**!** Herr Ober!
❺ (*employé*) ~ **coiffeur/boucher** Friseur-/Metzgergehilfe *m*
▶ **c'est un véritable** ~ **manqué!, quel** ~ **manqué** [, **celle-là**]! an ihr ist ein Junge verloren gegangen !; **mauvais** ~ Ganove *m;* **au fond, ce n'est pas un mauvais** ~ eigentlich ist er kein schlechter Kerl; **vieux** ~ alter Junggeselle; **il est resté vieux** ~ er hat nie geheiratet
◆ ~ **d'ascenseur** Fahrstuhlführer *m;* (*jeune*) Liftboy *m;* ~ **de cabine** Kabinensteward *m;* ~ **de café** Kellner *m;* ~ **de courses** Bote *m;* (*jeune*) Laufbursche *m;* ~ **d'écurie** *vieilli* Stallbursche *m;* ~ **d'honneur** Brautführer *m*

garçonne [gaʀsɔn] *f vieilli unabhängiges junges Mädchen*
▶ **à la** ~ jungenhaft

garçonnet [gaʀsɔnɛ] *m* kleiner Junge *m*

garçonnière [gaʀsɔnjɛʀ] *f vieilli* Junggesellenwohnung *f*

garde¹ [gaʀd] *f* ❶ *sans pl* (*surveillance*) Bewachung *f;* **sous la** ~ **de la police** unter Polizeibewachung; **sous bonne** ~ unter strenger Bewachung; **être sous la** ~ **de qn** von jdm bewacht werden; **avoir la** ~ **d'un prisonnier/d'une frontière** einen Gefangenen/eine Grenze bewachen; **avoir la** ~ **d'un magasin** die Verantwortung für ein Geschäft haben; **avoir la** ~ **d'enfants/d'une maison** Kinder/ein Haus hüten; **ce week-end, c'est moi qui ai la** ~ **des enfants** dieses Wochenende habe ich die Kinder; **à la** ~ **de qn/qc** in jds Obhut (*Dat*)/in der Obhut einer S. (*Gen*); **l'enfant est laissé à la** ~ **de la mère** die Mutter bekam das Sorgerecht für das Kind; **confier qn à la** ~ **de qn** jdn jdm anvertrauen; **confier la** ~ **de ses bagages à qn** jdm sein Gepäck anvertrauen; **faire bonne** ~ gut aufpassen; *animal:* wachen
❷ JUR *d'enfants* Sorgerecht *f;* ~ **judiciaire** gerichtliche Verwahrung
❸ (*veille*) Wache *f;* **organiser une** ~ **de nuit** Nachtwachen organisieren
❹ (*permanence*) *d'une infirmière* (*la nuit*) [Nacht]dienst *m;* (*le week-end*) [Sonntags]dienst, Wochenenddienst; **infirmière de** ~ (*de nuit*) Nachtschwester *f;* (*le week-end*) Schwester, die Bereitschaftsdienst hat; **pharmacie de** ~ Apotheke, die Bereitschaftsdienst hat; **être de** ~ *médecin:* Notdienst haben; *pharmacie:* Bereitschaftsdienst haben
❺ (*escorte, patrouille*) Wache *f;* **relever la** ~ die Wache ablösen; **la relève de la** ~ die Wachablösung; ~ **mobile** Bereitschaftspolizei *f;* **une** ~ **personnelle** eine Leibgarde; ~ **pontificale** päpstliche Leibgarde; ~ **républicaine** *Gendarmeriekorps in Paris zur Bewachung der Regierungsgebäude und zum Ehrendienst*
❻ *d'une épée* Glocke *f; d'un poignard* Heft *nt*
▶ **la vieille** ~ POL die alte Garde; **être** [*o* **se tenir**] **sur ses** ~**s** auf der Hut sein; **mettre qn en** ~ **contre qn/qc** jdn vor jdm/etw warnen; **monter la** ~ aufpassen; *soldat:* [auf] Wache stehen; **monter la** ~ **devant qc** *animal:* nicht von etw weichen; **prends/prenez** ~**!** (*exhortation*) pass auf/passen Sie auf!; (*menace*) hüte dich/hüten Sie sich!; **prendre** ~ **à qn/qc** (*prêter attention*) auf jdn/etw achten; (*se méfier*) sich vor jdm/etw in Acht nehmen; **sans y prendre** ~ ohne es zu merken; **prendre** ~ **de ne pas faire qc** darauf achten, etw nicht zu tun; **en** ~**!** en garde!; **se mettre en** ~ in Positur gehen
◆ ~ **à vue** Polizeigewahrsam *m;* **mettre** [*o* **placer**] **qn en** ~ **à vue** jdn in Gewahrsam nehmen; ~ **d'enfants** (*personne*) Tagesmutter *f;* **faire des** ~**s d'enfants** Kinder hüten; ~ **d'honneur** Ehrengarde *f;* ~ **de jour** Tagdienst *m;* ~ **de nuit** Nachtdienst *m;* ~ **des Sceaux** (*personne*) Justizministerin *f*

garde² [gaʀd] *m* ❶ *d'un prisonnier* Bewacher *m; d'un domaine, d'une propriété* Wächter *m;* ~ **champêtre** [von der Gemeinde angestellter] Hilfspolizist; ~ **forestier** Forsthüter *m;* ~ **maritime** Angehörige(r) *m* der Küstenwacht; *pl* Küstenwacht *f*
❷ MIL (*sentinelle*) Wache *f;* (*soldat*) Gardist *m;* **les** ~**s** die Garde; ~ **mobile** Bereitschaftspolizist *m;* ~ **républicain** Angehörige(r) *m* der „garde républicaine"; ~ **rouge** Rotgardist *m*
◆ ~ **du corps** Leibwächter *m; pl* Leibwache *f;* ~ **des Sceaux** Justizminister *m*

gardé(e) [gaʀde] *adj* bewacht; **chasse** ~**e** privates Jagdrevier

garde-à-vous [gaʀdavu] *m inv* Hab[t]achtstellung *f,* stramme Haltung; ~**!** stillgestanden!; **être au** ~ strammstehen; **se mettre au** ~ Hab[t]achtstellung einnehmen **garde-barrière** [gaʀd(ə)baʀjɛʀ] <gardes-barrières> *mf* Bahnwärter(in) *m(f)* **garde-boue** [gaʀdəbu] *m inv* Schutzblech *nt* **garde-chasse** [gaʀdəʃas] <gardes-chasse[s]> *mf* Jagdaufseher(in) *m(f)* **garde-chiourme** [gaʀdəʃjuʀm] <gardes-chiourme> *mf* Gefängniswärter(in) *m(f)* **garde-corps** [gaʀdəkɔʀ] *m inv* ❶ (*parapet*) [Schutz]geländer *nt* ❷ (*muret*) Brüstung *f* ❸ NAUT Reling *f* **garde-côte** [gaʀdəkot] <garde-côtes> *m* ❶ MIL Küstenwachtschiff *nt* ❷ (*bateau de police*) Wasser[schutz]polizeiboot *nt* **garde-feu** [gaʀdəfø] *m inv* Ofenschirm *m* **garde-fou** [gaʀdəfu] <garde-fous> *m* ❶ (*balustrade*) Geländer *nt* ❷ (*muret*) Brüstung *f* **garde-malade** [gaʀd(ə)malad] <gardes-malades> *mf* Krankenpfleger(in) *m(f)* **garde-manger** [gaʀd(ə)mɑ̃ʒe] *m inv* Vorratsschrank *m* **garde-meuble** [gaʀdəmœbl] <garde-meubles> *m* Möbellager *nt;* **mettre au** ~ [in einem Möbellager] einlagern, in einem Möbellager unterstellen

gardénal® [gaʀdenal] *m* Phenobarbital *nt;* **prescrire du** ~ Barbiturate verschreiben

gardénia [gaʀdenja] *m* Gardenie *f*

garde-pêche [gaʀdəpɛʃ] <gardes-pêche> **I.** *mf* (*personne*) Fischereiaufseher(in) *m(f)* **II.** *m inv* (*bateau*) Fischereischutzboot *nt;* **une vedette** ~ ein Fischereikreuzer *m* **garde-port** [gaʀdəpɔʀ] <gardes-ports> *mf* Hafenmeister(in) *m(f)*

garder [gaʀde] <1> **I.** *vt* ❶ (*surveiller*) bewachen *prisonnier, frontière, trésor;* aufpassen auf (+ *Akk*) *banque, bagages;* hüten *maison, enfant, animal;* betreuen *personne âgée;* **donner** [*o* **laisser**] **à** ~ anvertrauen; **être gardé(e)** *frontière, trésor:* bewacht werden, unter Bewachung stehen; **passage à niveau gardé/**

non gardé beschrankter/unbeschrankter Bahnübergang
❷ (*stocker, ne pas jeter*) aufbewahren; lagern *marchandises;* bewahren *objet précieux;* ~ **sous clé** unter Verschluss halten
❸ (*ne pas perdre*) behalten *personne, animal;* behalten, nicht verlieren *emploi, droits, qualité, facultés;* beibehalten *défaut, manie, mauvaise habitude;* sich (*Dat*) bewahren *attitude, jeunesse;* nicht aufgeben *espoir;* **il a gardé des séquelles/une cicatrice** er hat Spätschäden/eine Narbe zurückbehalten; **il ne peut rien** ~ er kann auf nichts aufpassen
❹ (*conserver*) behalten *couleur, goût, valeur*
❺ (*mettre de côté, réserver*) aufheben; **j'ai gardé le meilleur pour la fin!** ich habe mir das Beste bis zuletzt aufgespart!; ~ **une place pour** [*o* **à**] **qn** jdm einen Platz freihalten; ~ **des documents à qn** für jdn Dokumente verwahren
❻ (*maintenir*) beibehalten *rythme;* wahren *distance;* ~ **les yeux baissés/fermés** den Blick gesenkt/die Augen geschlossen halten; ~ **le moteur en marche** den Motor [weiter]laufen lassen
❼ (*retenir*) festhalten; ~ **une main dans la sienne** eine Hand festhalten; ~ **qn à dîner** jdn zum Abendessen dabehalten
❽ (*ne pas enlever*) anbehalten *manteau, chaussures, montre;* aufbehalten *chapeau, lunettes, masque;* umbehalten *écharpe;* ~ **son chapeau à la main** seinen Hut in der Hand behalten
❾ (*ne pas révéler*) für sich behalten, [be]wahren *secret;* für sich behalten *réflexions;* ~ **qc pour soi** etw für sich behalten
❿ (*ne pas quitter*) hüten *lit, chambre*
⓫ MED **ne rien pouvoir** ~ (*vomir*) nichts bei sich behalten
II. *vpr* ❶ (*se conserver*) **se** ~ *aliment:* sich halten; **ça se garde au frais** das muss kühl gelagert werden
❷ (*s'abstenir*) **se** ~ **de faire qc** sich hüten, etw zu tun; **je m'en garderai bien!** ich werde mich hüten!

garderie [gaʀdəʀi] *f* ❶ (*jardin d'enfant*) [Kinder]tagesstätte *f;* **mettre un enfant à la** ~ ein Kind in die [Kinder]tagesstätte bringen
❷ (*service de surveillance*) Schülerhort *m*

garde-robe [gaʀdəʀɔb] <garde-robes> *f* ❶ (*ensemble de vêtements*) Garderobe *f*
❷ *vieilli* (*meuble*) Kleiderschrank *m*

gardeur, -euse [gaʀdœʀ, -øz] *m, f d'animaux* Hirte *m*/Hirtin *f*

garde-voie [gaʀdəvwa] <gardes-voies> *m* ❶ CHEMDFER Streckenwärter(in) *m(f)*
❷ MIL Streckenposten *m*

gardian [gaʀdjɑ̃] *m* Rinder-/Pferdehirt *m* (*in der Camargue*)

gardien(ne) [gaʀdjɛ̃, jɛn] *m(f)* ❶ *d'un château, parking, d'une usine* Wächter(in) *m(f); d'un zoo, cimetière* Wärter(in) *m(f); d'un entrepôt* Aufseher(in) *m(f); d'un immeuble* Hausmeister(in) *m(f);* ~ **de musée/phare** Museums-/Leuchtturmwärter; ~ **de prison** Gefängniswärter; **ne fais pas une tête de** ~ **de prison!** mach kein so finsteres Gesicht!
❷ (*défenseur*) Hüter(in) *m(f);* **les** ~**s de l'ordre public** die Ordnungshüter
◆ ~**(ne) de but** Torhüter(in) *m(f);* ~**ne d'enfants** Kindergärtnerin *f;* ~**(ne) de la paix** [Verkehrs]polizist(in) *m(f);* ~**(ne) de nuit** Nachtwächter(in) *m(f)*

gardiennage [gaʀdjenaʒ] *m* ❶ (*surveillance d'immeuble*) Hausmeistertätigkeit *f;* **faire du** ~ Hausmeister sein
❷ (*surveillance de locaux*) Wachdienst *m;* **faire du** ~ den Wachdienst versehen; **une société de** ~ eine Wach- und Schließgesellschaft
❸ NAUT Hafenamt *nt*
❹ (*surveillance d'enfants*) [Kinder]betreuung *f*

gardienné(e) [gaʀdjene] *adj* bewacht; **parc** ~ bewachter Park

gardon [gaʀdɔ̃] *m* Rotauge *nt,* Plötze *f*
▶ **être frais(fraîche) comme un** ~ voll in Form sein

gare¹ [gaʀ] *f* Bahnhof *m; du R.E.R.* Station *f;* **la** ~ **centrale** der Hauptbahnhof; ~ **routière** (*pour les camions*) Autohof *m;* (*pour les cars, bus*) [Omni]busbahnhof *m;* ~ **fluviale** Liegeplatz *m;* **entrer/être en** ~ einfahren/eingefahren sein
◆ ~ **d'arrivée** Zielbahnhof *m;* ~ **de départ** Abfahrtsbahnhof *m;* ~ **de marchandises** Güterbahnhof *m;* ~ **de triage** Rangierbahnhof *m;* ~ **de voyageurs** Personenbahnhof *m*

gare² [gaʀ] *interj* ❶ (*avertissement*) ~**!** Vorsicht!, Achtung!; ~ **à ta tête!** pass auf deinen Kopf auf!; ~ **aux conséquences!** du wirst/ihr werdet schon sehen!
❷ (*menace*) ~ **à toi!** pass bloß auf!; ~ **à tes fesses!** *fam* Vorsicht, sonst setzt's was! (*fam*); **et** ~ **au premier qui bouge!** und wehe dem, der sich als Erster bewegt!; **sinon,** ~**!** sonst kannst du/könnt ihr was erleben!
▶ **sans crier** ~ ohne Vorwarnung

garenne [gaʀɛn] *f* (*bois*) Hasenwäldchen *nt; v. a.* **lapin**

garer [gaʀe] <1> **I.** *vt* ❶ parken, abstellen; **laisser sa voiture garée devant la maison** sein Auto vor dem Haus parken; **être garé(e) à cent mètres** *conducteur:* hundert Meter entfernt geparkt haben [*o* parken]; *véhicule:* hundert Meter entfernt stehen [*o* parken]
❷ *fam* (*mettre à l'abri*) in Sicherheit bringen
II. *vpr* ❶ **se** ~ parken; **s'être garé(e) à cent mètres** etwa hundert Meter entfernt stehen [*o* parken]
❷ (*se ranger sur le côté*) **se** ~ *conducteur, véhicule:* auf die Seite fahren, ausweichen; *piéton:* ausweichen
❸ (*se protéger*) **se** ~ **de qn/qc** sich vor jdm hüten/einer S. (*Dat*) ausweichen

gargantuesque [gaʀgɑ̃tɥɛsk] *adj* unersättlich

gargariser [gaʀgaʀize] <1> *vpr* ❶ MED **se** ~ **à** [*o* **avec**] **qc** mit etw gurgeln
❷ *péj fam* **se** ~ **de qc** sich an etw (*Dat*) berauschen [*o* hochziehen *fam*]

gargarisme [gaʀgaʀizm] *m* ❶ Gurgeln *nt;* **faire un** ~**/des**~**s** gurgeln (*mit einer Rachendesinfektionslösung*)
❷ (*médicament*) Lösung *f* zum Gurgeln

gargote [gaʀgɔt] *f péj* mieses Restaurant

gargouille [gaʀguj] *f* ❶ ARCHIT Wasserspeier *m*
❷ (*tuyau*) Regenrinne *f*

gargouillement [gaʀgujmɑ̃] *m des intestins, du ventre* Gluckern *nt; de l'eau* Gurgeln *nt,* Gluckern; **ses intestins font des** ~**s** in seinem/ihrem Bauch gluckert es

gargouiller [gaʀguje] <1> *vi intestins, ventre:* gluckern; *eau:* gurgeln, gluckern; *estomac:* knurren

gargouillis [gaʀguji] *m v.* **gargouillement**

garnement [gaʀnəmɑ̃] *m* Bengel *m; pl* Gören *Pl*

garni(e) [gaʀni] *adj* ❶ GASTR mit Beilage
❷ (*rempli*) **portefeuille bien** ~ prall gefüllte Brieftasche; **réfrigérateur bien** ~ voller Kühlschrank; **bibliothèque bien** ~**e** gut bestückter Bücherschrank

garnir [gaʀniʀ] <8> **I.** *vt* ❶ (*orner*) schmücken *table;* beziehen, auskleiden *boîte, coffret;* ~ **une table de fleurs** einen Tisch mit Blumen schmücken; **être garni(e) de qc** *table:* mit etw geschmückt sein; *vêtement:* mit etw besetzt [*o* verziert] sein; **garni(e) de fourrure** pelzverbrämt
❷ (*pourvoir*) ~ **qc de qc** etw mit etw versehen; **on a garni les sièges de cuir** die Sitze wurden mit Leder überzogen; **être garni(e) de qc** mit etw versehen sein; **une poignée garnie de cuir** ein lederüberzogener Griff; **qc garnit une chose** eine S. ist mit etw versehen [*o* ausgestattet]; **une brosse à dents et une boîte à savon garnissent cette trousse de toilette** in dieser Kulturtasche sind eine Zahnbürste und eine Seifendose
❸ (*renforcer*) ~ **une barrière de fil de fer** einen Zaun mit Draht verstärken
❹ (*être rempli*) **être garni(e) de qc** mit etw gefüllt sein
❺ MIL ~ **qc de qc** etw mit etw bestücken
II. *vpr* **se** ~ **de personnes/choses** sich mit Menschen/Dingen füllen

garnison [gaʀnizɔ̃] *f* Garnison *f;* **être en** ~ **à Strasbourg** in Straßburg stationiert sein

garniture [gaʀnityʀ] *f* ❶ (*ornement*) *d'un vêtement, chapeau*

Besatz *m*, Verzierung *f*
❷ (*renfort*) Verstärkung *f*
❸ (*revêtement*) *d'un coffret* Auskleidung *f*; **la ~ du coffret est en soie** die Kassette ist mit Seidenstoff ausgekleidet
❹ AUT Innenausstattung *f*
❺ GASTR Beilage *f*; **et comme ~?** und als Beilage?
◆ **~ de bureau** Schreibtischgarnitur *f*; **~ de foyer** Kamingerät *nt*; **~ de frein** Bremsbelag *m*; **~ de lit** Bettgarnitur *f*; **~ de table** Garnitur Tischwäsche *f*

Garonne [gaʀɔn] *f* **la ~** die Garonne

garou [gaʀu] *m v.* **loup**

garrigue [gaʀig] *f* Garide *f*; (*dans le Midi*) Gar[r]igue *f* (*Landschaft mit bestimmter Strauchformation in den Mittelmeerländern bzw. deren Vegetation*)

garrot[1] [gaʀo] *m* MED Druckverband *m*; **poser/faire un ~** eine Arterie abbinden; **il avait un ~ au bras droit** man hatte ihm den rechten Arm abgebunden

garrot[2] [gaʀo] *m d'un cheval* Widerrist *m*; **hauteur au ~** Widerristhöhe *f*

garrotter [gaʀɔte] <1> *vt* ❶ [fest]knebeln
❷ (*museler*) mundtot machen

gars [gɑ] *m fam* Kerl *m* (*fam*); **salut les ~!** hallo, Jungs! (*fam*); **mon [petit] ~** *fam* mein Kleiner [*o* Junge]; **c'est un ~ bien** das ist ein guter Kerl
◆ **les ~ de la marine** die blauen Jungs; **~ du milieu** Ganove *m*

Gascogne [gaskɔɲ] *f* **la ~** die Gascogne

gascon [gaskɔ̃] *m* (*langue*) Gascognisch *nt*; **le ~** das Gascognische

gascon(ne) [gaskɔ̃, ɔn] *adj* gascognisch

Gascon(ne) [gaskɔ̃, ɔn] *m(f)* Gascogner(in) *m(f)*

gasoil, gas-oil [gazwal] *m sans pl* Diesel[öl *nt*] *m*

gaspi [gaspi] *m fam abr de* **gaspillage**

gaspillage [gaspijaʒ] *m* Verschwendung *f*; **~ d'énergie** Energieverschwendung

gaspiller [gaspije] <1> *vt* verschwenden; verschleudern *fortune, patrimoine, héritage*; vergeuden *eau, temps, talent*

gaspilleur, -euse [gaspijœʀ, -øz] *m, f* Verschwender(in) *m(f)*

gastéropodes [gasteʀɔpɔd] *mpl* Gastropoden *Pl* (*Fachspr.*)

gastralgie [gastʀalʒi] *f* Magenkrampf *m*; **souffrir de ~** an Magenkrämpfen leiden

gastrique [gastʀik] *adj* **troubles ~s** Magenbeschwerden *Pl*

gastrite [gastʀit] *f* Magenschleimhautentzündung *f*, Gastritis *f*

gastroentérite [gastʀoɑ̃teʀit] *f* Magen-Darm-Entzündung *f*

gastro-intestinal(e) [gastʀoɛ̃tɛstinal, o] <gastro-intestinaux> *adj* MED Magen-Darm-, gastrointestinal (*Fachspr.*)

gastronome [gastʀɔnɔm] *mf* Feinschmecker(in) *m(f)*

gastronomie [gastʀɔnɔmi] *f* [feine] Kochkunst

gastronomique [gastʀɔnɔmik] *adj* **restaurant ~** Feinschmeckerrestaurant *nt*; **guide ~** Gastronomieführer *m*; **c'est ~** *hum* das ist 3-Sterne-verdächtig

gastropodes [gastʀɔpɔd] *mpl* ZOOL *v.* **gastéropodes**

gastroscopie [gastʀɔskɔpi] *f* Magenspieglung *f*

gâté(e) [gɑte] *adj* ❶ *dent, fruit* faul
❷ *enfant* verwöhnt
▶ **être l'enfant ~ de qn** jds Hätschelkind sein

gâteau [gɑto] <x> **I.** *m* ❶ Kuchen *m*; (*pâtisserie individuelle*) Gebäck *nt*; **petit ~** Plätzchen *nt*; **~ sec** Keks *m*; **un ~ au chocolat/à la crème** ein Schokoladenkuchen/eine Cremetorte; **~ d'anniversaire** Geburtstagskuchen [*o* -torte]; **faire un ~** einen Kuchen backen
❷ (*entremets*) **~ de riz/semoule** Reis-/Grießpudding *m*
▶ **c'est du ~!** *fam* das ist das reinste Kinderspiel! (*fam*); **c'est pas du ~!** *fam* das ist kein Zuckerschlecken (*fam*)
II. *app inv fam maman, papa* total in sein/ihr Kind vernarrt; **tonton/grand-mère ~** Bilderbuchonkel *m*/-oma *f* (*fam*)
◆ **~ de cire** [Bienen]wabe *f*; **~ de miel** [Honig]wabe *f*

gâter [gɑte] <1> **I.** *vt* ❶ (*pourrir*) verderben; **être gâté(e)** *aliments:* verdorben sein; *fruits, dent:* faul sein
❷ (*enlaidir*) verunstalten, verunzieren
❸ (*compromettre*) verderben, gefährden
❹ (*empoisonner*) verderben *plaisir, vacances*
❺ (*traiter avec indulgence*) verwöhnen; **être un enfant gâté** ein verwöhntes Kind sein, ein verzogenes Gör sein *pej*
❻ (*avoir de la chance*) **être gâté(e)** Glück haben
▶ **cela ne gâte rien** *euph* das kann nichts schaden
II. *vpr* **se ~** ❶ *viande:* schlecht werden; *fruits:* faulen
❷ (*se détériorer*) *ambiance, temps:* umschlagen; *relations, situation:* sich verschlechtern; **les choses se gâtent** die Dinge verschlechtern sich, es wird kritisch; **ça va se ~ pour toi!** das kann unangenehm für dich werden!

gâterie [gɑtʀi] *f* (*friandise*) Süßigkeiten *Pl*; **apporter des ~s à qn** jdm was zum Naschen mitbringen (*fam*); **faire une ~ à qn** jdn [mit etwas Süßem] verwöhnen

gâte-sauce [gɑtsos] <gâte-sauces> *m* ❶ (*marmiton*) Küchenjunge *m*
❷ *vieilli* schlechter Koch *m*

gâteux, -euse [gɑtø, -øz] **I.** *adj* ❶ *péj* (*sénile*) verkalkt (*fam*)
❷ (*fou de*) **il adore sa petite fille; il en est ~** er betet seine Enkelin an; das macht ihn ganz närrisch
II. *m, f péj* kindische(r) Alte(r)

gâtisme [gɑtism] *m* Verkalkung *f*

G.A.T.T. [gat] *m abr de* **General Agreement on Tariffs and Trade** GATT *nt*; **accords du ~** GATT-Vereinbarungen *Pl*; **libéralisation du ~** GATT-Liberalisierung *f*

gauche [goʃ] **I.** *adj* ❶ (*opp: droit*) linke(r, s); **ailier ~** Linksaußen *m*
❷ (*maladroit*) linkisch; *geste* ungeschickt; *style* unbeholfen
❸ (*tordu*) *planche, règle* verzogen
II. *m* BOXE Linke *f*; **un crochet du ~** ein linker Haken
III. *f* ❶ (*côté gauche*) Linke *f*, linke Seite; **à ~** links; **la première rue à ~** die erste Straße links; **à la ~ de qn** zu jds Linken; **elle est à ma ~ sur la photo** sie ist links neben mir auf dem Foto; **sur la ~ de qc** auf der linken Seite einer S. (*Gen*); **la première maison de ~** das erste Haus links; **dans le tiroir de ~** in der linken Schublade; **de ~ à droite** von links nach rechts
❷ POL **la ~** die Linke; **extrême ~** äußerste Linke; **être très à ~** politisch sehr weit links stehen; **des idées de ~** linke Ansichten; **les partis de ~** die Linksparteien
▶ **jusqu'à la ~** *fam* (*complètement*) völlig; **être endetté(e) jusqu'à la ~** bis zum Hals in Schulden stecken (*fam*)

gauchement [goʃmɑ̃] *adv* auf ungeschickte Weise

gaucher, -ère [goʃe, -ɛʀ] **I.** *adj* linkshändig; **être ~(-ère)** Linkshänder(in) sein
II. *m, f* Linkshänder(in) *m(f)*

gaucherie [goʃʀi] *f* ❶ (*comportement*) Unbeholfenheit *f*, linkisches Benehmen
❷ (*trait de caractère*) linkische Art

gauchir [goʃiʀ] <8> **I.** *vi planche, règle:* sich verziehen
II. *vt* ❶ (*déformer*) **l'humidité a gauchi cette planche** das Brett hat sich durch die Feuchtigkeit verzogen
❷ *fig* verfälschen *idées*; verdrehen *faits*

gauchisant(e) [goʃizɑ̃, ɑ̃t] *adj* linksgerichtet

gauchisme [goʃism] *m* Linksextremismus *m*

gauchissement [goʃismɑ̃] *m* ❶ (*déformation*) Verwerfung *f*
❷ *fig* Verfälschung *f*

gauchiste [goʃist] **I.** *adj* linksextrem
II. *mf* Linksextreme(r) *f(m)*

gaudriole [godʀijɔl] *f fam* ❶ *pl* (*plaisanterie*) zweideutige Witze *Pl*
❷ (*aventure sexuelle*) Liebesabenteuer *Pl*

gaufre [gofʀ] *f* GASTR Waffel *f*

gaufré(e) [gofʀe] *adj* mit Waffelmuster

gaufrer [gofʀe] <1> *vt* gaufrieren *étoffe, tissu*

gaufrette [gofʀɛt] *f* [Eis]waffel *f*

gaufrier [gofʀije] *m* Waffeleisen *nt*

G

gaule [gol] *f* ① *(perche)* [lange] Stange
② *(canne à pêche)* [Angel]rute *f*
Gaule [gol] *f* **la** ~ Gallien *nt*
gauler [gole] <1> *vt* ① *(abattre avec une gaule)* herunterschlagen
② *arg (se faire prendre)* **se faire ~ par qn** von jdm geschnappt werden *(fam)*
gaullien(ne) [goljɛ̃, jɛn] *adj* **le mythe** ~ der Mythos de Gaulle; **une innovation ~ne** eine Neuerung, die de Gaulle eingeführt hat
gaullisme [golism] *m* Gaullismus *m*
gaulliste [golist] **I.** *adj* gaullistisch
II. *mf* Gaullist(in) *m(f)*
gaulois(e) [golwa, waz] *adj* ① *(de la Gaule)* gallisch
② *(grivois)* derb; **esprit** ~ deftiger Humor
Gaulois [golwa] *m* Gallier *m*
Gauloise [golwaz] *f* ① Gallierin *f*
② *(cigarette)* Gauloise *f*
gauloiserie [golwazʀi] *f* ① *(propos)* derber Witz
② *(caractère)* derbe Art
gausser [gose] <1> *vpr littér (se moquer)* **se ~ de qn/qc** sich über jdn/etw lustig machen
gavage [gavaʒ] *m d'une oie, d'un canard* Stopfen *nt*
gave [gav] *m* Gebirgsbach *m (in den Pyrenäen)*
gaver [gave] <1> **I.** *vt* ① *(bourrer)* stopfen *oie*
② *fig* ~ **qn de qc** jdn mit etw voll stopfen *(fam)*
II. *vpr* **se ~ de qc** sich mit etw voll stopfen *(fam)*; **se ~ de romans policiers** Krimis verschlingen
gavotte [gavɔt] *f* MUS Gavotte *f*
gavroche [gavʀɔʃ] *m* [Pariser] Straßenjunge *m*
gay [gɛ] **I.** *adj inv* homosexuell; **établissements** ~ Schwulentreffs *Pl (fam)*; **les milieux** ~ die Schwulenszene *(fam)*
II. *mpl* Schwule *Pl (fam)*
gaz [gɑz] *m* ① CHIM Gas *nt;* ~ **carbonique** Kohlendioxid *nt;* ~ **rare** Edelgas *nt;* ~ **toxique** Giftgas *nt*
② *(combustible)* Gas *nt;* ~ **liquéfié** Flüssiggas *nt;* ~ **naturel** Erdgas *nt;* **allumer/baisser/couper le** ~ das Gas anmachen/kleiner drehen/abstellen; **avoir le** ~ Gasanschluss haben; **relever le** ~ das Gas ablesen; **se chauffer au** ~ [eine] Gasheizung haben
③ *souvent pl* MIL Gas *nt;* ~ **lacrymogènes** Tränengas *nt;* ~ **moutarde** Senfgas *nt*
④ *pl (flatulence)* Winde *Pl;* **avoir des** ~ Blähungen haben
⑤ MED ~ **hilarant** Lachgas *nt*
◆ ~ **de combat** Kampfgas *nt,* chemische Kampfstoffe *Pl;* ~ **d'échappement** *pl* Auspuffgase *Pl;* ~ **d'éclairage** Leuchtgas *nt;* **Gaz de France** *französische Gasgesellschaft;* ~ **de pétrole liquéfié** Autogas *nt;* ~ **de ville** Stadtgas *nt*
gaze [gɑz] *f* ① *(pansement)* [Verband]mull *m*
② *(étoffe)* Gaze *f*
gazé(e) [gɑze] **I.** *adj* durch Giftgas geschädigt
II. *m(f)* Giftgasopfer *nt*
gazéifié(e) [gɑzeifje] *adj* mit Kohlensäure angereichert
gazelle [gazɛl] *f* Gazelle *f*
gazer [gɑze] <1> **I.** *vt* ① MIL durch Giftgas töten/kampfunfähig machen
② *(exterminer)* vergasen
II. *vi fam* drauflosdüsen *(fam)*
▸ **ça gaze/ne gaze pas avec qn** *fam* das läuft/läuft nicht mit jdm *(fam)*; **alors, ça gaze ce matin?** na, gut drauf heute Morgen? *(fam)*
gazette [gazɛt] *f vieilli* ① *hum (journal)* [Klatsch]blatt *nt (pej fam)*; **il ne faut pas croire tout ce qu'on lit dans les ~s** man darf nicht alles glauben, was in den Gazetten steht
② *(commère)* Klatschbase *f (pej)*
gazeux, -euse [gɑzø, -øz] *adj* ① *(de la nature du gaz)* gasförmig
② *(qui contient du gaz)* mit Kohlensäure versetzt, kohlensäurehaltig; **eau gazeuse** Mineralwasser *nt* mit Kohlensäure
gazier [gɑzje] *m* ① *(ouvrier)* Arbeiter *m* eines Gaswerks
② *(employé)* Angestellte(r) *f(m)* eines Gaswerks
gazinière [gɑzinjɛʀ] *f* Gasherd *m*
gazoduc [gɑzodyk] *m* [Fern]gasleitung *f*
gazogène [gɑzɔʒɛn] *m* Holzvergaser *m;* **camion à** ~ Lastwagen mit Holzvergaser
gazole [gɑzɔl] *m sans pl* Diesel[öl *nt*] *m*
gazomètre [gɑzɔmɛtʀ] *m* Gasometer *m*
gazon [gɑzɔ̃] *m* ① *(herbe)* Rasen *m*
② *(pelouse)* Rasenfläche *f;* ~ **anglais** englischer Rasen
gazonné(e) [gɑzɔne] *adj* mit Rasen begrünt
gazonner [gɑzɔne] <1> **I.** *vt (revêtir de gazon)* mit Rasen bepflanzen
II. *vi (pousser en gazon)* einen Rasen bilden
gazouillement [gazujmɑ̃] *m d'un oiseau* Zwitschern *nt; d'un ruisseau, d'une source* Murmeln *nt; d'un bébé* Lallen *nt*
gazouiller [gazuje] <1> *vi bébé:* lallen; *oiseau:* zwitschern; *ruisseau, source:* murmeln
gazouillis [gazuji] *m v.* **gazouillement**
geai [ʒɛ] *m* Häher *m*
géant [ʒeɑ̃] *m* ① *(par la taille)* Riese *m*/Riesin *f*
② *(par le génie)* führende Größe
③ COM Gigant *m;* ~ **de l'édition** Verlagsriese *m*
géant(e) [ʒeɑ̃, ʒeɑ̃t] *adj* riesig, riesengroß; **une tortue ~e** eine Riesenschildkröte
gecko [ʒeko] *m* Gecko *m*
gégène [ʒeʒɛn] *f* Elektroschockfolter *f*
geignard(e) [ʒɛɲaʀ, aʀd] **I.** *adj péj fam* weinerlich; **enfant** ~ Heulpeter *m (fam)*; **enfant ~e** Heulsuse *f (fam)*
II. *m(f) péj fam* Jammerlappen *m (fam)*
geindre [ʒɛ̃dʀ] <*irr*> *vi* ① *(gémir)* stöhnen; ~ **de douleur** vor Schmerzen stöhnen
② *(gémir doucement)* wimmern
③ *péj fam (pleurnicher)* dauernd [rum *fam*]jammern
geisha [gɛʃa, gɛjʃa] *f* Geisha *f*
gel [ʒɛl] *m* ① *(temps, congélation)* Frost *m;* **craindre le** ~ frostempfindlich sein
② *(blocage)* Einfrieren *nt; des négociations* Unterbrechung *f;* ~ **des salaires** Lohnstopp *m*
③ *(produit cosmétique)* Gel *nt;* ~ **coiffant pour les cheveux** Haargel; ~ **douche** Duschgel
gélatine [ʒelatin] *f* Gelatine *f*
gélatineux, -euse [ʒelatinø, -øz] *adj* gallertartig; **sauce gélatineuse** Soße, die geliert hat; **de la viande gélatineuse** Fleisch *nt* mit Gallerte
gélatinobromure [ʒelatinobʀɔmyʀ] *m* CHIM, TECH ~ **d'argent** Bromsilbergelatine *f*
gelé(e) [ʒ(ə)le] *adj* ① *(pris par la glace) rivière* zugefroren; *terre* [hart]gefroren
② *(endommagé par le froid)* erfroren; **avoir les pieds et les mains ~s** Erfrierungen an Händen und Füßen haben
③ *(frigorifié)* eiskalt; **être ~(e) jusqu'aux os** ganz durchgefroren sein *(fam)*
gelée [ʒ(ə)le] *f* ① *souvent pl (gel)* Frost *m*
② METEO ~ **blanche** Reif *m*
③ *(jus de substances animales)* Gelee *nt,* Aspik *m;* **en** ~ in Aspik
④ *(jus de fruits)* Gelee; ~ **de coings/groseilles** Quitten-/Johannisbeergelee
geler [ʒ(ə)le] <4> **I.** *vt* ① *(transformer en glace)* gefrieren lassen
② *(endommager par le gel)* erfrieren lassen *bourgeons;* **ce vent me gèle** mir ist eiskalt in diesem Wind; **le froid lui a gelé les mains** durch die Kälte hat er/sie sich die Hände erfroren [*o* Erfrierungen an den Händen zugezogen]
③ *(mettre mal à l'aise)* ~ **qn** abstoßend auf jdn wirken
④ *(bloquer)* einfrieren *capitaux, crédits, salaires;* unterbrechen

négociations
II. *vi* ❶ (*se transformer en glace*) gefrieren; *rivière:* zufrieren; *fleurs:* erfrieren; **la récolte a gelé** die Ernte hat Frost bekommen
❷ (*avoir froid*) frieren; **on gèle ici!** hier ist es eiskalt!, hier erfriert man ja!
❸ JEUX **tu gèles!** eiskalt!
❹ *impers* **il gèle** es friert
III. *vpr* (*prendre froid*) **se ~** erfrieren; **vous allez vous ~** Sie werden noch zu Eis; **qu'est-ce qu'on s'est gelé!** wir haben uns vielleicht einen abgefroren! (*fam*)
gélifiant [ʒelifjɑ̃] *m* Geliermittel *nt*
gélifier [ʒelifje] <1a> *vt gélatine:* gelatinieren; *gélifiant:* gelieren
gélinotte [ʒelinɔt] *f* ZOOL Haselhuhn *nt*
gélule [ʒelyl] *f* Gelatinekapsel *f*
gelure [ʒ(ə)lyʀ] *f* Erfrierung *f*
Gémeaux [ʒemo] *mpl* ASTROL Zwillinge *Pl;* **être** [**du signe des**] **~** [ein] Zwilling sein, im Zeichen der Zwillinge geboren sein
gémellaire [ʒemel(l)ɛʀ] *adj* Zwillings-; **grossesse ~** Zwillingsschwangerschaft *f*
gémination [ʒeminasjɔ̃] *f* ❶ MED Paarigkeit *f*
❷ LING Silbenverdopplung *f*
géminé(e) [ʒemine] *adj* ❶ ARCHIT gekuppelt
❷ BIO paarig
❸ PHON geminiert
gémir [ʒemiʀ] <8> *vi* ❶ (*geindre*) stöhnen; **~ sur son sort** über sein Schicksal jammern; **~ de douleur** vor Schmerzen stöhnen
❷ (*grincer*) *lit, porte, plancher:* knarren; *ressort:* quietschen; *vent:* heulen
gémissant(e) [ʒemisɑ̃, ɑ̃t] *adj* klagend
gémissement [ʒemismɑ̃] *m d'un blessé, malade* Stöhnen *nt; d'un lit, plancher, d'une porte* Knarren *nt; d'un ressort* Quietschen *nt; du vent* Heulen *nt*
gemmage [ʒɛmaʒ] *m* Anzapfen *nt* (*von Nadelbäumen zur Harzgewinnung*)
gemme [ʒɛm] *adj v.* **sel**
gemmé(e) [ʒɛme] *adj littér* edelsteinbesetzt
gemmer [ʒɛme] <1> *vt* BOT anzapfen *pins*
gémonies [ʒemɔni] *fpl* ▸ **vouer aux ~** *littér* öffentlich anprangern
gênant(e) [ʒɛnɑ̃, ɑ̃t] *adj* ❶ (*qui incommode*) störend, hinderlich
❷ (*embarrassant*) *question, situation* unangenehm, peinlich; *personne* lästig; **c'est bien ~** das ist wirklich unangenehm
gencive [ʒɑ̃siv] *f* Zahnfleisch *nt*
▸ **en prendre plein les ~s** *fam* voll eins auf die Fresse kriegen (*fam*); **envoyer** [*o* **flanquer**] **qc à qn dans les ~s** *fam* jdm etw an den Kopf werfen (*fam*)
gendarme [ʒɑ̃daʀm] *mf* ❶ (*policier*) Polizist(in) *m(f)* (*in ländlichen Gebieten und kleinen Ortschaften*); **~ mobile** Bereitschaftspolizist
❷ *fam* (*personne autoritaire*) Feldwebel *m*
❸ *pas de forme féminine* (*saucisse*) Landjäger *m*
▸ **jouer au**[**x**] **~**[**s**] **et au**[**x**] **voleur**[**s**] Räuber und Gendarm spielen
gendarmer [ʒɑ̃daʀme] <1> *vpr* **se ~ contre qn/qc** sich gegen jdn/etw zur Wehr setzen
gendarmerie [ʒɑ̃daʀməʀi] *f* ❶ (*corps militaire*) Gendarmerie *f* (*Einheit der Armee mit Polizeifunktion in Landbezirken*); **~ maritime** Hafenpolizei *f;* **~ mobile** Bereitschaftspolizei *f*
❷ (*bâtiment*) Gendarmerie[kaserne *f*] *f*

i Land & Leute

Die **gendarmerie** gehört zu den französischen Streitkräften, erfüllt aber zum größten Teil polizeiliche Funktionen. Wenn man die Polizei braucht, wendet man sich in den größeren Städten an ein *commissariat de police*, in kleineren Orten oder auf dem Land dagegen an die **gendarmerie**. Sie ist in fast jedem Dorf vertreten.

gendre [ʒɑ̃dʀ] *m* Schwiegersohn *m*
gène [ʒɛn] *m* Gen *nt*
gêne [ʒɛn] *f* ❶ (*malaise physique*) Beschwerden *Pl;* **avoir de la ~ à respirer/avaler** Atem-/Schluckbeschwerden haben
❷ (*désagrément*) **devenir/être une ~ pour qn** jdm lästig werden/sein; *bruit, circulation:* für jdn eine Belästigung darstellen
❸ (*trouble*) Befangenheit *f,* Verlegenheit *f;* **être sans ~** keine Hemmungen kennen
❹ (*difficultés financières*) **être dans la ~** in Geldverlegenheit sein
▸ **là où** [**il**] **y a de la ~,** [**il n'**]**y a pas de plaisir** *prov fam* je ungezwungener, desto lustiger
gêné(e) [ʒene] *adj* ❶ (*embarrassé*) *personne, sourire, air* verlegen; *silence* betreten; **je suis vraiment très ~(e)** das macht mich wirklich sehr verlegen, es ist mir wirklich sehr peinlich
❷ (*entravé*) **être ~(e) dans son travail par qc** bei seiner/ihrer Arbeit durch etw behindert werden; **être ~(e) dans ses mouvements** in seiner Bewegungsfreiheit eingeschränkt sein
❸ (*à court d'argent*) in Geldverlegenheit; **en ce moment je suis un peu ~(e)** ich bin zur Zeit ein bisschen knapp bei Kasse (*fam*)
généalogie [ʒenealɔʒi] *f* ❶ *d'une personne* Abstammung *f; d'une famille, d'un animal de race* Stammbaum *m; d'une espèce* Stammesgeschichte *f;* **dresser** [*o* **faire**] **la ~ de qn** jds Stammbaum aufstellen
❷ (*science*) Genealogie *f*
généalogique [ʒenealɔʒik] *adj* genealogisch
généalogiste [ʒenealɔʒist] *mf* Genealoge *m*/Genealogin *f*
gêner [ʒene] <1> **I.** *vt* ❶ (*causer une gêne*) *personne, bruit:* stören, belästigen; *chaussures:* drücken; **~ les piétons** die Fußgänger behindern
❷ (*déranger*) stören; **ça gêne/ne gêne pas qn de faire qc** es stört jdn/stört jdn nicht, etw zu tun
❸ (*mettre mal à l'aise*) verlegen machen, in Verlegenheit bringen; **ça gêne qn de faire qc/que qn fasse qc** es ist jdm peinlich, etw zu tun/dass jd etw tut; **ça me gêne de vous dire ça** ich sage Ihnen das nur äußerst ungern
❹ (*financièrement*) in finanzielle Schwierigkeiten bringen
II. *vpr* (*se contraindre*) **se ~** sich genieren; **se ~ pour faire qc** sich genieren, etw zu tun; **ne vous gênez pas pour moi!** nur keine Umstände meinetwegen!; **avec moi, il ne faut pas vous ~** tun Sie sich meinetwegen keinen Zwang an; **il ne s'est pas gêné pour lui dire ce qu'il en pensait** er sagte ihm/ihr [ganz] offen, was er davon hielt
▸ **je vais me ~!** *iron fam* ich werd' mir keinen Zwang antun! (*fam*); **ne te gênes/vous gênez pas pour moi** tu dir/tut euch wegen mir keinen Zwang an; **vas-y! ne te gêne pas!** *iron fam* nur zu! Tu dir nur keinen Zwang an! (*fam*)
général [ʒeneʀal] <-aux> *m* MIL General *m;* **~ deux/trois/quatre étoiles** Zwei-/Drei-/Viersternegeneral; **mon ~!** Herr General!
◆ **~ d'armée** General *m;* **~ de brigade** Brigadegeneral *m;* **~ en chef** Oberbefehlshaber *m;* **~ de corps d'armée** Generalleutnant *m;* **~ de division** Generalmajor *m*
général(e) [ʒeneʀal, o] <-aux> *adj* ❶ (*commun à un ensemble de personnes*) allgemein; **bien ~** Allgemeinwohl *nt;* **dans l'intérêt ~** im allgemeinen Interesse; **à la demande ~e** auf allgemeinen Wunsch [hin]
❷ (*concernant un ensemble de personnes*) allgemein; **amnistie ~e** Generalamnestie *f;* **grève ~e** Generalstreik *m;* **assemblée ~e** Hauptversammlung *f;* **en règle ~e** im Allgemeinen, in der Regel

❸ (*vague*) vage; **ce que vous dites est trop** ~ was Sie da sagen, ist zu allgemein [gehalten]
❹ (*principal*) **directeur** ~ Generaldirektor *m;* **procureur** ~ Generalstaatsanwalt *m;* **secrétaire** ~ Generalsekretär *m;* **quartier** ~ Hauptquartier *nt;* **officier** ~ General *m,* Offizier *m* im Generalsrang
❺ (*qui concerne tout l'organisme*) **l'état** ~ **du patient** der Allgemeinzustand des Patienten; **atteint(e) de paralysie** ~**e** vollständig gelähmt
► **en** ~ (*le plus souvent*) in der Regel, gewöhnlich; (*dans l'ensemble*) insgesamt

générale [ʒeneʀal] *f* ❶ (*épouse du général*) Frau *f* des Generals
❷ THEAT Generalprobe *f*

généralement [ʒeneʀalmɑ̃] *adv* ❶ (*le plus souvent*) im Allgemeinen
❷ (*opp: en détail*) allgemein; ~ **parlant** allgemein gesprochen

généralisation [ʒeneʀalizasjɔ̃] *f d'une conclusion* Verallgemeinerung *f; d'un conflit* Ausweitung *f; d'une maladie* Sichausbreiten *nt; d'une mesure* allgemeine Anwendung; *d'un cancer* Metastasierung *f*

généralisé(e) [ʒeneʀalize] *adj mesure* allgemein angewandt; *infection* systemisch; *méfiance* allgemein; **un cancer** ~ ein Krebs, der Metastasen gebildet hat; **une maladie** ~**e** eine Krankheit, die sich auf den ganzen Körper ausgebreitet hat

généraliser [ʒeneʀalize] <1> **I.** *vt* ❶ *absolu* (*extrapoler*) verallgemeinern; **il ne faut pas** ~ man sollte nicht verallgemeinern
❷ (*étendre à un ensemble*) allgemein einführen [*o* anwenden] *méthode;* verbreiten *idée;* allgemein verbreiten *coutume;* ~ **qc à qc** etw allgemein auf etw (*Akk*) anwenden
II. *vpr* **se** ~ *mesure:* allgemein angewandt werden; *procédé:* allgemein eingeführt werden; *maladie:* sich auf den ganzen Körper ausbreiten; **le cancer s'est généralisé** der Tumor hat Metastasen gebildet; **l'automobile se généralise de plus en plus** das Auto hat eine immer größere Verbreitung gefunden

généraliste [ʒeneʀalist] **I.** *adj* **médecin** ~ Arzt *m*/Ärztin *f* für Allgemeinmedizin
II. *mf* Allgemeinmediziner(in) *m(f)*

généralité [ʒeneʀalite] *f* ❶ (*presque totalité*) **la** ~ **de qc** die Mehrzahl [*o* die Mehrheit] einer S. (*Gen*)
❷ (*globalité*) **un phénomène dans sa** ~ ein Phänomen *nt* in seiner Gesamtheit
❸ *gén pl* (*idées générales*) Allgemeine(s) *nt*
❹ *gén pl péj* (*banalités*) Gemeinplätze *Pl*

générateur, -trice [ʒeneʀatœʀ, -tʀis] **I.** *adj* ❶ (*reproducteur*) **acte** ~ Zeugungsakt *m;* **organe** ~ Fortpflanzungsorgan *nt*
❷ (*cause de*) ~**(-trice) de qc** zu etw führend, etw erzeugend; **être** ~**(-trice) d'énergie** Energie erzeugen; **être** ~**(-trice) de richesse** Reichtum bringen
II. *m, f* ELEC Generator *m*
◆ ~ **de vapeur** Dampferzeuger *m;* **génératrice de chauffage** Heizgenerator *m;* **génératrice d'éclairage** Lichtmaschine *f;* **génératrice d'électricité** Stromerzeuger *m,* [Strom]generator *m*

génération [ʒeneʀasjɔ̃] *f* ❶ (*individus*) Generation *f;* **la** ~ **de mai 68** die 68er-Generation; **jeune/nouvelle** ~ junge/neue Generation; ~ **montante** kommende Generation
❷ (*période*) Generation *f,* Menschenalter *nt*
❸ (*fonction reproductrice*) Fortpflanzung *f;* **organes de la** ~ Fortpflanzungsorgane *Pl*
❹ (*action de créer*) Erzeugung *f*
❺ TECH Generation *f;* **un ordinateur de [la] première/deuxième** ~ ein Computer der ersten/zweiten Generation
❻ BIO ~ **spontanée** Urzeugung *f*

générer [ʒeneʀe] <5> *vt* ❶ (*engendrer*) erzeugen; ~ **des exceptions** Ausnahmen schaffen
❷ INFORM generieren; **données générées** generierte Daten

généreusement [ʒeneʀøzmɑ̃] *adv* ❶ (*avec libéralité*) großzügig
❷ (*avec abondance*) reichlich; **se servir** ~ ordentlich zugreifen
❸ (*avec humanité*) großmütig, nobel

généreux, -euse [ʒeneʀø, -øz] *adj* ❶ (*charitable*) großzügig
❷ (*magnanime*) *caractère* nobel (*geh*); *vainqueur* großmütig; *adversaire* großherzig; **avoir un caractère** ~ großmütig sein; **sentiments** ~ edle Gesinnung (*geh*)
❸ (*riche, vivifiant*) *climat* günstig; *terre* fruchtbar; *vin* edel
❹ *hum* (*plantureux*) *formes, poitrine* üppig; *décolleté* großzügig (*hum*)

générique [ʒeneʀik] **I.** *adj spéc* **terme** ~ (*hyperonyme*) Oberbegriff *m;* BIO Gattungsbegriff *m*
II. *m* Vorspann *m;* (*à la fin*) Nachspann *m*

générosité [ʒeneʀozite] *f* ❶ (*libéralité*) Großzügigkeit *f,* Freigiebigkeit *f;* **dans un élan de** ~ in einem Anflug von Großzügigkeit
❷ (*magnanimité*) Hochherzigkeit *f*
❸ *pl* (*libéralités*) großzügige Gaben [*o* Geschenke]

genèse [ʒənɛz] *f* ❶ Entstehung *f; d'un phénomène* Auftreten *nt; d'une idée* Aufkommen *nt*
❷ REL **la Genèse** die Schöpfungsgeschichte

genêt [ʒənɛ] *m* Ginster *m*

généticien(ne) [ʒenetisjɛ̃, jɛn] *m(f)* Genetiker(in) *m(f)*

génétique [ʒenetik] **I.** *adj* genetisch; **manipulation** ~ Genmanipulation *f;* **mutation** ~ Genmutation *f;* **recherche** ~ Genforschung *f;* **patrimoine** ~ Erbgut *nt;* **théorie** ~ Vererbungstheorie *f*
II. *f* Genetik *f*

génétiquement [ʒenetikmɑ̃] *adv* genetisch

gêneur, -euse [ʒɛnœʀ, -øz] *m, f* Störenfried *m,* lästiger Mensch

Genève [ʒ(ə)nɛv] Genf *nt;* **de** ~ Genfer; **le lac de** ~ der Genfer See

genevois(e) [ʒənvwa, waz] *adj* genferisch, Genfer

Genevois(e) [ʒənvwa, waz] *m(f)* Genfer(in) *m(f)*

genévrier [ʒənevʀije] *m* BOT Wacholder *m*

génial(e) [ʒenjal, jo] <-aux> *adj* ❶ (*qui a du génie*) *personne* genial
❷ (*inspiré par le génie*) *idée* genial
❸ *fam* (*formidable*) super (*fam*), toll (*fam*); **c'est vraiment pas** ~**!** das ist wirklich nicht besonders toll! (*fam*)
► **c'est** ~! *fam* das ist ja super [*o* toll]! (*fam*)

génialement [ʒenjalmɑ̃] *adv* meisterlich, auf geniale Weise

génie [ʒeni] *m* ❶ (*aptitude, personne*) Genie *nt;* **un artiste d'un incontestable** ~ ein Künstler von unbestreitbarer Genialität; **avoir le** ~ **des affaires** Geschäftssinn haben; **avoir le** ~ **des maths** ein Mathegenie sein
❷ (*caractère inné*) Geist *m,* Wesensart *f;* **le** ~ **d'une nation** der Geist einer Nation; **avoir le** ~ **de dire toujours ce qu'il ne faut pas** die Gabe haben, immer das Falsche zu sagen
❸ MYTH (*être surnaturel*) Geist *m;* **un** ~ **ailé** ein beflügelter Geist; **bon/mauvais** ~ guter/schlechter Geist
❹ (*allégorie*) Genius *m*
❺ MIL Pioniertruppe *f;* **soldats du** ~ Pioniere *Pl*
❻ (*ensemble de connaissances et de techniques*) ~ **atomique** Kerntechnik *f;* ~ **chimique** chemische Verfahrenstechnik; ~ **civil** Bauingenieurwesen *nt,* Hoch- und Tiefbau *m;* ~ **génétique** Gentechnologie *f;* ~ **maritime** Schiffsbau *m;* ~ **mécanique** Maschinen- und Gerätebau *m;* ~ **militaire** Kriegstechnik
► **avoir du** ~ Genie besitzen; **être/ne pas être un** ~ ein Genie/nicht gerade ein Genie [*o* nicht gerade eine große Leuchte *fam*] sein; **de** ~ genial; **alors là, tu as eu une idée de** ~ *iron* das war wirklich eine geniale Idee von dir

genièvre [ʒənjɛvʀ] *m* ❶ (*genévrier*) Wacholder *m;* **baies de** ~ Wacholderbeeren *Pl*
❷ (*eau-de-vie*) Wacholder[schnaps *m*] *m*

génique [ʒenik] *adj* BIO Gen-; **thérapie** ~ Gentherapie *f*

génisse [ʒenis] *f* Färse *f*
génital(e) [ʒenital, o] <-aux> *adj* **organes génitaux** Geschlechtsorgane *Pl;* **parties ~es** Genitalien *Pl*
géniteur [ʒenitœʀ] *m* ① *hum* (*père*) Erzeuger *m*
② (*animal mâle*) männliches Zuchttier
génitif [ʒenitif] *m* Genitiv *m*
génitrice [ʒenitʀis] *f hum* (*mère*) Erzeugerin *f*
génocide [ʒenɔsid] *m* Völkermord *m*
Génois(e) [ʒenwa, waz] *m(f)* Genuese *m*/Genuesin *f*
génoise [ʒenwaz] *f* ① (*pâte*) Biskuitmasse *f*
② (*gâteau*) Biskuit[kuchen *m*] *nt o m*
génome [ʒenom] *m* Genom *nt*
génothèque [ʒenɔtɛk] *f* (*banque*) Genbank *f*
génotype [ʒenotip] *m* Genotyp[us] *m*
genou [ʒ(ə)nu] <x> *m* Knie *nt;* **~x cagneux/rentrants** X-Beine; **prendre/tenir qn sur ses ~x** jdn auf den Schoß nehmen/jdn auf dem Schoß haben; **à ~x** kniend, auf Knien
▸ **ne pas arriver aux ~x de qn** jdm nicht das Wasser reichen können (*fam*); **couper comme un ~ ce couteau coupe comme un ~** auf diesem Messer kann man ja [nach Rom] reiten (*fam*); **être sur les ~x** *fam* auf dem Zahnfleisch gehen (*fam*); **faire du ~ à qn** jdn [heimlich] mit dem Knie anstoßen (*als Annäherungsversuch*); **mettre qn à ~x** jdn in die Knie zwingen; **c'est à se mettre à ~x** das ist einfach herrlich [*o* himmlisch *fam*]
genouillère [ʒənujɛʀ] *f* ① (*protection du genou*) *d'un gardien de but* Knieschutz *m; d'un lugeur, joueur de hockey* Knieschützer *m;* MED Knieschoner *m*
② TECH *d'un tuyau* Knie[stück *nt*] *nt; d'une porte* bewegliches Scharnier
genre [ʒɑ̃ʀ] *m* ① (*espèce, sorte*) Art *f,* Sorte *f;* **un ~ de roman** eine Art [von] Roman; **je n'aime pas ce ~ de femme/d'homme** diese Sorte Frau/Mann mag ich gar nicht; **~ de vie** Lebensweise *f;* **c'est le ~ grognon** das ist einer von der mürrischen Sorte (*fam*)
② (*allure*) Art *f;* **je n'aime pas du tout son ~** ich mag seine/ihre Art überhaupt nicht
③ ART Gattung *f;* **~ dramatique** Drama *nt;* **~ comique** Komödie *f;* **~ épique** Epik *f;* **~ littéraire** Literaturgattung
④ BOT, ZOOL Gattung *f*
⑤ (*humanité*) **~ humain** Menschengeschlecht *nt*
⑥ LING Genus *nt;* **~ féminin** Femininum *nt;* **~ masculin** Maskulinum *nt;* **~ neutre** Neutrum *nt;* **s'accorder en ~ et en nombre avec le nom** sich in Genus und Numerus nach dem Substantiv richten
▸ **c'est le ~/pas le ~ de la maison** *hum fam* das ist hier so üblich/nicht so üblich; **ça fait bon/mauvais ~** das macht sich gut/schlecht; **ce qui se fait de mieux dans le ~** das Beste, was es in dieser Art gibt; **être unique en son ~** einzig in seiner Art sein; **se donner un ~** unbedingt auffallen wollen; **c'est un ~ qu'il se donne** er tut nur so als ob; **c'est/ce n'est pas mon/son ~** das liegt mir/ihm/ihr nicht; **lui/elle, ce n'est pas mon ~** er/sie ist nicht mein Typ (*fam*); **il est en retard? Ce n'est pas son ~** er ist immer noch nicht da? Das ist doch gar nicht seine Art!; **dans le ~...** *fam* **ce type-là, dans le ~ râleur, on ne fait pas mieux!** so was Brummiges wie den da gibt's nicht noch einmal! (*fam*); **de ~ tableau/peinture/peintre de ~** Genrebild *nt*/-malerei *f*/-maler *m;* **de ce/du même ~** in dieser Art/von derselben Art; **des protestations de ce ~** solche [*o* derartige] Proteste; **du ~ il est spécialiste du ~** er ist Fachmann auf dem Gebiet; **en tout ~** [*o* **tous ~s**] jeder Art; **des chaussures en tout ~** jedwede Art von Schuh
gens [ʒɑ̃] *mpl o fpl* Leute *Pl;* **des ~ bien** anständige Leute; **une foule de ~** eine große Menge [*o* viele] Leute; **tous les ~ du village** alle Dorfbewohner; **peu de ~** wenig[e] Leute; **les bêtes comme les ~** Mensch und Tier; **de bonnes/mauvaises ~** nette/böse Leute; **certaines ~** einige [Leute]; **bonnes ~, écoutez** hört, ihr Leute; **honnêtes ~** brave Bürger; **petites ~** einfache Leute; **jeunes ~** (*garçons*) junge Männer; (*garçons et filles*) junge Leute
◆ **~ d'armes** Soldaten *Pl;* **~ de bien** anständige Leute; **~ de la campagne** Menschen *Pl* vom Lande, Landmenschen; **~ de cœur** Menschen *Pl* mit Herz; **~ d'Église** Geistliche(n) *Pl;* **~ de lettres** Literaten *Pl;* **~ de maison** [*o* **de service**] Hauspersonal *nt,* Hausangestellte[n] *Pl;* **~ du métier** Leute *Pl* vom Fach; **~ du monde** Leute *Pl* von Welt; **~ du peuple** Leute *Pl* aus dem Volk; **~ de théâtre** Theaterleute *Pl;* **~ de la ville** Stadtmenschen *Pl,* Städter *Pl;* **~ du voyage** fahrendes Volk
gent [ʒɑ̃(t)] *f hum* Sippschaft *f;* **la ~ féminine** das schöne Geschlecht
gentiane [ʒɑ̃sjan] *f* (*plante, liqueur*) Enzian *m*
gentil(le) [ʒɑ̃ti, ij] *adj* ① (*aimable*) nett; **dire des choses ~les** Nettigkeiten sagen (*fam*); **un mot ~** ein freundliches [*o* nettes] Wort; **ce serait ~** das wäre nett; **c'est ~ à toi/vous** das ist nett von dir/Ihnen; **être ~(le) avec qn** nett zu jdm sein
② *antéposé* (*joli*) niedlich; **~le petite robe** hübsches Kleidchen
③ (*sage*) brav, artig
④ (*rondelet*) **~le somme** hübsches [*o* nettes] Sümmchen
▸ **être ~(le) tout plein** *fam personne:* reizend sein; *appartement:* richtig niedlich sein (*fam*); **tout ça, c'est bien ~, mais...** *fam* das ist ja alles schön und gut, aber ... (*fam*)
gentilhomme [ʒɑ̃tijɔm, ʒɑ̃tizɔm] <gentilshommes> *m* Edelmann *m;* **~ campagnard** Landedelmann
gentillesse [ʒɑ̃tijɛs] *f* ① (*amabilité*) Freundlichkeit *f,* Nettigkeit *f;* **être d'une grande ~ avec** [*o* **envers**] **qn** sehr nett zu jdm sein; **avoir la ~ de faire qc** so nett [*o* liebenswürdig] sein, etw zu tun
② *a. iron* (*action aimable*) Liebenswürdigkeit *f;* **c'est une ~ que je n'oublierai pas** dass Sie so freundlich [*o* liebenswürdig] waren, werde ich nie vergessen
▸ **dire des ~s à qn** jdm Liebenswürdigkeiten sagen; *iron* jdm Liebenswürdigkeiten an den Kopf werfen (*fam*)
gentillet(te) [ʒɑ̃tijɛ, ɛt] *adj* ganz hübsch; (*ordinaire*) recht nett
gentiment [ʒɑ̃timɑ̃] *adv* ① (*aimablement*) freundlich, nett; **je vous préviens ~** ich rate Ihnen im Guten
② (*sagement*) brav, artig
gentleman [dʒɛntləman, ʒɑ̃tləman, -mɛn] <s *o* -men> *m* Gentleman *m;* **en ~** wie ein Gentleman
génuflexion [ʒenyflɛksjɔ̃] *f* Kniebeuge *f*
géo [ʒeo] *f fam abr de* **géographie** Geographie *f*
géode [ʒeɔd] *f* Geode *f*
géodésie [ʒeɔdezi] *f* Vermessungskunde *f*
géographe [ʒeɔgʀaf] *mf* Geograph(in) *m(f)*
géographie [ʒeɔgʀafi] *f* ① (*science*) Geographie *f;* **la ~ d'un pays/d'une région** die Geographie [*o* geographische Beschaffenheit] eines Landes/einer Region; **~ économique** Wirtschaftsgeographie; **~ physique** physikalische Geographie
② (*manuel*) Erdkundebuch *nt*
géographique [ʒeɔgʀafik] *adj* geographisch; **connaissances ~s** Kenntnisse *Pl* in Geographie [*o* Erdkunde]; **carte ~** Landkarte *f;* **science ~** Geographie *f;* **coordonnées ~s** Gradnetz *nt* der Erde; **Institut Géographique National** *staatliches französisches Vermessungsamt*
géographiquement [ʒeɔgʀafikmɑ̃] *adv* geographisch gesehen
geôle [ʒol] *f gén pl littér* Kerker *m*
geôlier, -ière [ʒolje, -jɛʀ] *m, f littér* Kerkermeister(in) *m(f)*
géologie [ʒeɔlɔʒi] *f* Geologie *f;* **la ~ d'un pays/d'une région** die Geologie [*o* geologische Beschaffenheit] eines Landes/einer Region
géologique [ʒeɔlɔʒik] *adj* geologisch; *temps, époque* erdgeschichtlich; **connaissances ~s** Kenntnisse in Geologie
géologue [ʒeɔlɔg] *mf* Geologe *m*/Geologin *f*
géomètre [ʒeɔmɛtʀ] *mf* Geometer *m*
géométrie [ʒeɔmetʀi] *f* Geometrie *f;* **~ euclidienne** euklidische Geometrie; **~ plane** Geometrie der Ebene

▸ **un avion à ~ variable** ein Flugzeug mit verstellbaren Tragflächen; **une politique à ~ variable** eine Politik, die sich den jeweiligen Umständen anpasst
◆ **~ dans l'espace** Geometrie *f* des Raumes
géométrique [ʒeɔmetʀik] *adj* geometrisch
géomorphologie [ʒeomɔʀfɔlɔʒi] *f* Geomorphologie *f*
géophysicien(ne) [ʒeofizisjɛ̃, jɛn] *m(f)* Geophysiker(in) *m(f)*
géophysique [ʒeofizik] *f* Geophysik *f*
géopoliticien(ne) [ʒeopɔlitisjɛ̃, jɛn] *m(f)* Geopolitiker(in) *m(f)*
géopolitique [ʒeopɔlitik] **I.** *adj* geopolitisch
II. *f* Geopolitik *f*
Géorgie [ʒeɔʀʒi] *f* **la ~** ❶ (*au Caucase*) Georgien *nt*
❷ (*aux Etats-Unis*) Georgia *nt*
géorgien(ne) [ʒeɔʀʒjɛ̃, ɛn] *adj* ❶ (*du Caucase*) georgisch
❷ (*des Etats-Unis*) aus Georgia
Géorgien(ne) [ʒeɔʀʒjɛ̃, ɛn] *m(f)* ❶ (*du Caucase*) Georgier(in) *m(f)*
❷ (*des Etats-Unis*) Einwohner(in) *m(f)* von Georgia
géostationnaire [ʒeostasjɔnɛʀ] *adj* geostationär
géothermique [ʒeotɛʀmik] *adj* geothermisch
gérance [ʒeʀɑ̃s] *f* ❶ (*fonction*) *d'une entreprise, société* Geschäftsführung *f; d'une succursale* Leitung *f; d'un fonds de commerce* Pacht *f; d'un immeuble* Verwaltung *f;* **la ~ arrive à échéance** die Pacht läuft aus; **avoir/mettre/prendre en ~** gepachtet haben/verpachten/pachten
❷ (*durée*) Pachtdauer *f*
géranium [ʒeʀanjɔm] *m* Geranie *f*
gérant(e) [ʒeʀɑ̃, ɑ̃t] *m(f)* ❶ (*mandataire*) *d'une entreprise, affaire* Geschäftsführer(in) *m(f),* Geschäftsleiter(in) *m(f); d'un portefeuille, immeuble* Verwalter(in) *m(f); d'un fonds de commerce* Pächter(in) *m(f);* **~(e) de S.A.R.L.** GmbH-Geschäftsführer(in); **~(e) d'une succursale** Filialleiter(in) *m(f)*
❷ (*administrateur*) *d'un journal* Herausgeber(in) *m(f)*
gerbe [ʒɛʀb] *f* ❶ (*botte*) *de blé* Garbe *f*
❷ (*botte de fleurs à longues tiges*) Strauß *m;* **déposer une ~** einen Kranz niederlegen
❸ (*jet*) **~ d'eau** Wasserstrahl *m,* Fontäne *f;* **~ d'écume** Gischt *m o f;* **~ de balles** Kugelhagel *m;* **~ d'étincelles** Funkenregen *m*
gerber [ʒɛʀbe] <1> **I.** *vt* ❶ *vieilli* zu Garben binden
❷ TECH stapeln
II. *vi fam* kotzen (*vulg*)
gerboise [ʒɛʀbwaz] *f* Wüstenspringmaus *f*
gercer [ʒɛʀse] <2> **I.** *vt* rissig machen
II. *vi* aufspringen, rissig werden; **avoir les lèvres gercées** aufgesprungene Lippen haben
III. *vpr* **se ~** aufspringen, rissig werden
gerçure [ʒɛʀsyʀ] *f gén pl* **avoir des ~s aux mains/lèvres** rissige [*o* aufgesprungene] Hände/Lippen haben
gérer [ʒeʀe] <5> *vt* ❶ (*administrer*) leiten *entreprise, succursale;* führen *magasin;* **~ un immeuble/portefeuille** eine Immobilie/einen Fonds verwalten; **~ une société** mit der Gesellschaftsführung beauftragt sein; **bien/mal ~ son budget** gut/schlecht wirtschaften
❷ INFORM verwalten
❸ (*maîtriser*) beherrschen *impulsions;* in den Griff bekommen (*fam*) *crise;* **~ son passé** sich mit seiner Vergangenheit auseinander setzen
❹ (*planifier*) **~ son temps libre** seine Freizeit sinnvoll gestalten
gerfaut [ʒɛʀfo] *m* ZOOL Gerfalke *m*
gériatrie [ʒeʀjatʀi] *f* Altersheilkunde *f*
gériatrique [ʒeʀjatʀik] *adj* geriatrisch (*Fachspr.*); **service ~** geriatrische Abteilung
germain(e) [ʒɛʀmɛ̃, ɛn] *adj* ❶ *v.* **cousin**
❷ (*relatif à la Germanie*) germanisch
Germain(e) [ʒɛʀmɛ̃, ɛn] *m(f)* Germane *m*/Germanin *f*
Germanie [ʒɛʀmani] *f* **la ~** Germanien *nt*
germanique [ʒɛʀmanik] **I.** *adj* ❶ (*relatif à la Germanie*) germanisch
❷ (*allemand*) deutsch; **les pays ~s** die Länder deutscher Sprache und Kultur, die deutschsprachigen Länder
II. *m* **le ~** das Germanische
germaniser [ʒɛʀmanize] <1> *vt* germanisieren
germanisme [ʒɛʀmanism] *m* Germanismus *m*
germaniste [ʒɛʀmanist] *mf* Germanist(in) *m(f)*
germanium [ʒɛʀmanjɔm] *m* Germanium *nt*
germanophile [ʒɛʀmanɔfil] **I.** *adj* deutschfreundlich, germanophil
II. *mf* Person *f,* die eine Vorliebe für alles Deutsche hat
germanophobe [ʒɛʀmanɔfɔb] **I.** *adj* deutschfeindlich, germanophob
II. *mf* Person *f,* die eine Abneigung gegen alles Deutsche hat
germanophone [ʒɛʀmanɔfɔn] **I.** *adj* deutschsprachig; **être ~** Deutsch als Muttersprache haben
II. *mf* Deutschsprachige(r) *f(m)*
germe [ʒɛʀm] *m* ❶ BIO Krankheitskeim *m,* Krankheitserreger *m;* **être porteur(-euse) de ~s** ein(e) Bazillenträger(in) sein
❷ (*pousse*) Keim *m;* **~ de blé** Weizenkeim; **~s de soja** Sojakeime *Pl;* **~s de pommes de terre** Keimlinge *Pl*
❸ (*source*) Keim[zelle *f*] *m;* **tout ~ de vie semble absent** jede Spur von Leben scheint zu fehlen
▸ **en ~** im Keim
germé(e) [ʒɛʀme] *adj* **du blé ~** Weizenkeime *Pl;* **des pommes de terre ~es** Kartoffeln, die schon gekeimt haben
germer [ʒɛʀme] <1> *vi* ❶ BOT keimen
❷ (*naître*) *sentiment:* aufkeimen (*geh*)
germicide [ʒɛʀmisid] *adj* BIO keimtötend
germinal [ʒɛʀminal] <s> *m* HIST Germinal *m* (*7. Monat des Kalenders der Französischen Revolution*)
germinal(e) [ʒɛʀminal, o] <-aux> *adj* BIO Keim-; **cellule ~e** Keimzelle *f*
germination [ʒɛʀminasjɔ̃] *f* ❶ BOT Keimen *nt*
❷ (*naissance*) Aufkeimen *nt* (*geh*)
gérondif [ʒeʀɔ̃dif] *m* Gerundium *nt*
gérontocratie [ʒeʀɔ̃tɔkʀasi] *f* Gerontokratie *f*
gérontologie [ʒeʀɔ̃tɔlɔʒi] *f* Altersforschung *f*
gérontologue [ʒeʀɔ̃tɔlɔg] *mf* Gerontologe *m*/Gerontologin *f*
gésier [ʒezje] *m* [Muskel]magen *m;* **salade de ~s** Geflügelmägensalat *m* (*Salat mit Gänse- oder Entenmägen*)
gésir [ʒeziʀ] *<irr, déf> vi littér* [da]liegen
▸ **ci-gît** hier ruht [*o* liegt begraben]
gesse [ʒɛs] *f* BOT Platterbse *f*
gestaltisme [gɛʃtaltism] *m* PSYCH Gestalttheorie *f*
gestation [ʒɛstasjɔ̃] *f* ❶ (*grossesse d'une femelle*) Trächtigkeit *f;* **durée de la ~** Tragezeit *f*
❷ (*grossesse de la femme*) Schwangerschaft *f;* **durée de la ~** Dauer *f* der Schwangerschaft
❸ (*genèse*) [Heran]reifen *nt,* Entstehen *nt*
▸ **être en ~** heranreifen
geste[1] [ʒɛst] *m* ❶ (*mouvement*) Geste *f,* [Hand]bewegung *f;* **un ~ de la main** eine Handbewegung, ein Handzeichen *nt;* **~ malheureux** unglückliche [Hand]bewegung; **un ~ du bras** eine Bewegung mit dem Arm; **~ d'approbation/de peur/nervosité** zustimmende/ängstliche/nervöse Geste; **communiquer par ~s** sich durch Gebärden [*o* Gesten] verständlich machen
❷ (*action*) Geste *f;* **~ héroïque** Heldentat *f;* **beau ~** schöne Geste; **~ généreux** großzügige [*o* noble] Geste; **~ d'encouragement** aufmunternde Geste; **un ~ d'amour** ein Zeichen *nt* der Liebe; **~ d'humeur** Ausdruck *m* der Gereiztheit; **~s d'urgence** erste Hilfe; **~ historique** historischer Akt; **~ symbolique** symbolische Geste [*o* Handlung]
▸ **joindre le ~ à la parole** seinen Worten Taten folgen lassen; **faire un ~** seinem Herzen einen Stoß geben; **il n'a pas fait un ~ pour m'aider** er hat keinen Finger gerührt, um mir zu hel-

fen

geste² [ʒɛst] *f* (*poèmes épiques*) Geste *f* (*Fachspr.*) (*Zyklus von Heldenliedern um einen bestimmten Helden*)

gesticulation [ʒɛstikylasjɔ̃] *f péj* ❶ (*gestes désordonnés*) Gestikulieren *nt*
❷ (*agitation stérile*) geschäftiges Getue

gesticuler [ʒɛstikyle] <1> *vi* gestikulieren

gestion [ʒɛstjɔ̃] *f* ❶ (*action de gérer*) *d'une entreprise* Geschäftsführung *f; d'un capital, immeuble* Verwaltung *f; d'une tutelle* Führung
❷ INFORM Verwaltung *f*
◆ ~ **des entreprises** Unternehmensführung *f*, Betriebswirtschaft *f;* (*science*) Betriebswirtschaftslehre *f;* ~ **optimale des stocks** optimale Bestandshaltung

gestionnaire [ʒɛstjɔnɛʀ] **I.** *adj* geschäftsführend
II. *mf* ADMIN Geschäftsführer(in) *m(f)*
III. *m* INFORM ~ **Web** Webmaster *m*
◆ ~ **de fichiers** INFORM Dateimanager *m*

gestuel(le) [ʒɛstyɛl] *adj* gestisch; **langage** ~ Gebärdensprache *f*

gestuelle [ʒɛstyɛl] *f* (*expression par gestes*) Gestik *f*

geyser [ʒɛzɛʀ] *m* ❶ (*source*) Geysir *m*
❷ *fig* Fontäne *f*

ghetto [geto] *m* Getto *nt*

ghettoïsation [getoizasjɔ̃] *f* Gettoisierung *f* (*geh*)

G.I. [dʒiaj] *m abr de* **Government Issue** G.I. *m*

G.I.A. [ʒeia] *m abr de* **groupe islamique armé** bewaffnete islamische Gruppe

gibbon [ʒibɔ̃] *m* Gibbon *m*

gibecière [ʒib(ə)sjɛʀ] *f vieilli* Umhängetasche *f; d'un chasseur* Jagdtasche

gibelotte [ʒiblɔt] *f Kaninchenfrikassee in Weißwein*

giberne [ʒibɛʀn] *f* CHASSE Patronentasche *f*

gibet [ʒibɛ] *m* Galgen *m;* **condamné(e) au** ~ zum Tod durch den Strang [*o* durch Hängen] verurteilt

gibier [ʒibje] *m* ❶ (*animaux*) Wild *nt;* **gros** ~ Hochwild *nt;* **menu** [*o* **petit**] ~ Niederwild *nt*
❷ (*viande*) Wild *nt*
❸ (*personnes*) Beute *f*, Opfer *nt*
◆ ~ **à plumes** Federwild *nt*, Flugwild; ~ **à poil** Haarwild *nt;* ~ **de potence** Galgenvogel *m* (*fam*)

giboulée [ʒibule] *f* Schauer *m;* ~**s de grêle/neige/pluie** Hagel-/Schnee-/Regenschauer *Pl;* ~**s de mars** Aprilschauer, Aprilwetter *nt*

giboyeux, -euse [ʒibwajø, -øz] *adj* wildreich

gibus [ʒibys] *m* Klappzylinder *m*

giclée [ʒikle] *f* Spritzer *m; d'encre* Klecks *m; de vapeur* Strahl *m*

gicler [ʒikle] <1> **I.** *vt* CH (*éclabousser*) bespritzen
II. *vi* ❶ (*jaillir*) *eau:* [heraus]spritzen; *vapeur:* [her]ausströmen; *boue:* [auf]spritzen
❷ *fam* (*être renvoyé*) abzischen können (*fam*), fliegen (*fam*)

gicleur [ʒiklœʀ] *m* Vergaserdüse *f*

gifle [ʒifl] *f* ❶ (*claque*) Ohrfeige *f;* **une bonne** ~ eine kräftige [*o* anständige] Ohrfeige; **donner une** ~ **à qn** jdm eine Ohrfeige geben; **flanquer une** ~ **à qn** *fam* jdm eine knallen [*o* runterhauen] (*fam*)
❷ (*affront*) Ohrfeige *f* (*fig*), Schlag *m* ins Gesicht (*fig*)

gifler [ʒifle] <1> *vt* ❶ (*donner une gifle*) ohrfeigen
❷ (*frapper violemment*) **la pluie gifle les vitres** der Regen peitscht an [*o* gegen] die Scheiben; **la pluie lui giflait la figure** der Regen peitschte ihm/ihr ins Gesicht
❸ (*humilier*) ~ **qn** für jdn ein Schlag ins Gesicht sein (*fig*)

gigahertz [ʒigaɛʀts] *m inv* Gigahertz *nt*

gigantesque [ʒigɑ̃tɛsk] *adj* riesig, gigantisch

gigantisme [ʒigɑ̃tism] *m* ❶ [krankhafter] Riesenwuchs
❷ (*caractère démesuré*) Riesenhaftigkeit *f*, gigantisches Ausmaß; *d'une ville* riesenhafte Ausdehnung; *d'une bêtise* riesiges Ausmaß

giga-octet [ʒigaɔktɛ] *m* Gigabyte *nt*

G.I.G.N. [ʒeiʒeɛn] *m abr de* **Groupe d'intervention de la gendarmerie nationale** *Spezialeinheit zur Bekämpfung des Terrorismus*

gigogne [ʒigɔɲ] *adj v.* **lit, poupée, table**

gigolo [ʒigɔlo] *m péj* Gigolo *m* (*pej*)

gigot [ʒigo] *m* Keule *f*, Schlögel *m* (A); ~ **d'agneau/de chevreuil/mouton** Lamm-/Reh-/Hammelkeule

gigoter [ʒigɔte] <1> *vi fam* herumzappeln (*fam*); *bébé:* strampeln

gigue¹ [ʒig] *f fam* (*fille*) **une** [**grande**] ~ eine Bohnenstange (*hum fam*)

gigue² [ʒig] *f* MUS Gigue *f*
▶ **danser la** ~ herumspringen

gilde [gild] *f v.* **guilde**

gilet [ʒilɛ] *m* ❶ (*vêtement*) Weste *f*
❷ (*lainage*) Strickjacke *f;* ~ **de laine** Wolljacke *f*
▶ **venir pleurer dans le** ~ **de qn** sich bei jdm ausheulen (*fam*)
◆ ~ **de sauvetage** Schwimmweste *f;* ~ **pare-balles** kugelsichere Weste

gin [dʒin] *m* Gin *m*

gingembre [ʒɛ̃ʒɑ̃bʀ] *m* Ingwer *m*

gingival(e) [ʒɛ̃ʒival, o] <-aux> *adj* Zahnfleisch-; **pâte** ~**e** Zahnpasta *f*

gingivite [ʒɛ̃ʒivit] *f* Zahnfleischentzündung *f*

girafe [ʒiʀaf] *f* Giraffe *f*

girafeau [ʒirafo] <x>, **girafon** [ʒirafɔ̃] *m* ZOOL Giraffenjunge(s) *nt*

girandole [ʒiʀɑ̃dɔl] *f* ❶ (*gerbe*) Garbe *f*
❷ (*chandelier de forme pyramidale*) mehrarmiger Leuchter
❸ (*guirlande*) Lichterkette *f*

giratoire [ʒiʀatwaʀ] *adj* **sens** ~ Kreisverkehr *m;* **danse** ~ Rundtanz *m*

girl [gœʀl] *f* Girl *nt*

girlie [gœʀli] *adj inv* Girlie-

girofle [ʒiʀɔfl] *m v.* **clou**

giroflée [ʒiʀɔfle] *f* Goldlack *m*

girolle [ʒiʀɔl] *f* Pfifferling *m*, Eierschwamm *m* (A), Eierschwammerl *nt* (A)

giron [ʒiʀɔ̃] *m* Schoß *m*
▶ **pleurer dans le** ~ **de qn** *fam* sich bei jdm ausheulen (*fam*)

girond(e) [ʒiʀɔ̃, ɔ̃d] *adj* ❶ mollig (*fam*), rundlich
❷ *fam* hübsch; *vieilli homme* gut gebaut

girondin(e) [ʒiʀɔ̃dɛ̃, in] *adj* ❶ GEOG [aus] der Gironde
❷ HIST **le parti** ~ die Girondistenpartei

girouette [ʒiʀwɛt] *f* ❶ (*objet*) Wetterfahne *f*, Wetterhahn *m*
❷ *fam* (*personne versatile*) unbeständiger Mensch; **être une vraie** ~ unbeständig sein

gis [ʒi] *indic prés de* **gésir**

gisais [ʒizɛ] *imparf de* **gésir**

gisant [ʒizɑ̃] **I.** *part prés de* **gésir**
II. *m* ART liegende Figur (*einen Toten darstellende Plastik auf einem Hochgrab*)

gisement [ʒizmɑ̃] *m* ❶ MIN Vorkommen *nt*
❷ *fig* **le** ~ **électoral** das Wählerpotenzial

gisent [ʒiz] *indic prés de* **gésir**

gisez [ʒize] *indic prés de* **gésir**

gisons [ʒizɔ̃] *indic prés de* **gésir**

gît [ʒi] *indic prés de* **gésir**

gitan(e) [ʒitɑ̃, an] **I.** *adj* Zigeuner-; **danse** ~**e** Zigeunertanz *m*
II. *m(f)* Zigeuner(in) *m(f)*

gîte¹ [ʒit] *m* ❶ (*abri*) Unterkunft *f*
❷ (*terrier*) Lager *nt*
❸ MIN Lager[stätte *f*] *nt*
❹ TOURISME ~ **rural** Ferienunterkunft *f* auf dem Lande
◆ ~ **d'étape** [Wander]hütte *f;* ~ **à la noix** Schwanzstück *nt*

gîte² [ʒit] *f* NAUT Schlagseite *f*
▶ **donner de la** ~ Schlagseite haben

gîter [ʒite] <1> *vi* (*être incliné*) Schlagseite haben; ~ **dange-**

reusement schwere Schlagseite haben
givrage [ʒivʀaʒ] *m* Vereisen *nt*
givrant(e) [ʒivʀɑ̃, ɑ̃t] *adj* **brouillard** ~ raureifbildender Nebel
givre [ʒivʀ] *m* [Rau]reif *m*
givré(e) [ʒivʀe] *adj* ❶ (*couvert de givre*) bereift; *fenêtre* mit Eisblumen überzogen, vereist; *arbre* mit [Rau]reif überzogen
❷ *fam* (*fou*) **être** ~**(e)** einen Knall haben (*fam*)
❸ GASTR **citron** ~/**orange** ~**e** Zitronen-/Orangensorbet *nt* (*das in der vereisten Schale der Frucht serviert wird*); **verre** ~ Glas *nt* mit Zuckerrand
givrer [ʒivʀe] <1> **I.** *vt* bereifen; mit Raureif überziehen *arbre*
II. *vi, vpr* [**se**] ~ vereisen
glabre [glɑbʀ] *adj* bartlos
glaçage [glasaʒ] *m* ❶ (*action*) *d'une photographie* Glanztrocknen *nt; d'un tissu* Appretieren *nt; d'un papier* Satinieren *nt*
❷ (*résultat*) *d'une photographie* Hochglanz *m; d'un tissu* Glanzappretur *f; d'un papier* Satinierung *f*
❸ GASTR Glasieren *nt; des fruits, marrons* Kandieren *nt*
glaçant(e) [glasɑ̃, ɑ̃t] *adj* ❶ *vieilli vent* eisig
❷ *fig manières* unterkühlt, frostig
glace¹ [glas] *f* ❶ (*eau congelée*) Eis *nt*
❷ *pl* (*banquise*) ewiges Eis; ~**s polaires** Polareis *nt;* **être bloqué(e) par** [*o* **pris(e) dans**] **les** ~**s** im Eis festsitzen
❸ GASTR [Speise]eis *nt;* ~ **à la fraise/au chocolat** Erdbeer-/Schokolade[n]eis
❹ (*préparation pour glaçage*) Zuckerguss *m*
▸ **rompre la** ~ das Eis zum Schmelzen bringen [*o* brechen]; **la** ~ **est rompue** das Eis ist gebrochen
glace² [glas] *f* ❶ (*miroir*) Spiegel *m*
❷ (*plaque de verre*) [Glas]scheibe *f*
◆ ~ **à main** Handspiegel *m*
glacé(e) [glase] *adj* ❶ (*recouvert de glace*) vereist
❷ (*très froid*) eiskalt, eisig; *boisson* eiskalt, eisgekühlt; *personne* durch[ge]froren; **eau** ~**e** Eiswasser *nt;* **servir** ~ eisgekühlt servieren
❸ GASTR (*recouvert d'un glaçage*) *fruit, marrons* kandiert; *gâteau* mit Zuckerguss; **café/chocolat** ~/**crème** ~**e** Eiskaffee *m/* Eisschokolade *f*/Eis[krem *f*] *nt*
❹ (*recouvert d'un apprêt brillant*) glanzappretiert; **papier** ~ Glanzpapier *nt*
❺ (*inamical*) *accueil* frostig; *regard* eiskalt
glacer [glase] <2> **I.** *vt* ❶ (*rafraîchir*) [**faire**] ~ **qc** etw kaltstellen
❷ (*pénétrer de froid*) zu Eis erstarren lassen; **ce vent glace les oreilles** bei diesem Wind bekommt man eiskalte Ohren
❸ (*recouvrir d'un glaçage*) mit Zuckerguss überziehen *gâteau;* kandieren *fruits, marrons;* glasieren *viande*
❹ (*impressionner*) ~ **qn d'effroi** jdn vor Schreck (*Dat*) erstarren lassen
II. *vpr* **se** ~ erstarren, gefrieren; **le sang se glace dans ses veines** das Blut erstarrt ihm/ihr in den Adern
glaciaire [glasjɛʀ] *adj* **période** ~ Eiszeit *f;* **érosion** ~ Gletschererosion *f;* **lac** ~ Glazialsee *m*
glacial(e) [glasjal, jo] <s *o* -aux> *adj* ❶ (*très froid*) eiskalt, eisig; **froid** ~ eisige Kälte
❷ (*relatif aux régions polaires*) **la zone** ~**e** die kalte Zone; **l'océan** ~ **arctique/antarctique** das Nordpolar-/Südpolarmeer
❸ (*inamical*) *air, silence, ton* eisig; *sourire, accueil* frostig; **être d'un abord** ~ eiskalt sein
glaciation [glasjasjɔ̃] *f* Glazial[zeit *f*] *nt*
glacier [glasje] *m* ❶ GEOL Gletscher *m*
❷ (*fabricant de glaces*) Eiskonditor *m*
❸ (*gérant*) Inhaber *m* einer Eisdiele
❹ (*marchand de glaces*) Eisverkäufer(in) *m(f)*
glacière [glasjɛʀ] *f* ❶ (*chambre froide*) Eisschrank *m*
❷ (*réfrigérateur portable*) Kühlbox *f*
❸ (*lieu très froid*) Eiskeller *m* (*fam*)
glacis [glasi] *m* ❶ POL Pufferzone *f*
❷ MIL Glacis *nt*
❸ ART Lasur *f*
glaçon [glasɔ̃] *m* ❶ (*cube de glace*) Eiswürfel *m*
❷ (*morceau de glace*) Eisklumpen *m,* Eisscholle *f*
❸ *fam* (*personne*) Eisberg *m*
❹ (*membre froid*) **mes pieds sont de vrais** ~**s** meine Füße sind richtige Eisklötze (*fam*)
❺ CAN (*stalactite de glace*) Eiszapfen *m*
gladiateur [gladjatœʀ] *m* Gladiator *m*
glaïeul [glajœl] *m* Gladiole *f*
glaire [glɛʀ] *f* ❶ *vieilli* rohes Eiweiß
❷ MED *cervicale* Schleim *m*
glaires [glɛʀ] *fpl* Schleim *m*
glaise [glɛz] *f* ❶ (*argile*) Lehm *m*
❷ ART Töpfererde *f;* ~ **à modeler** [Modellier]ton
glaiseux, -euse [glɛzø, -øz] *adj* lehmig
glaive [glɛv] *m* Schwert *nt;* **le** ~ **de la justice** das Schwert der Gerechtigkeit
glam [glam] *adj inv fam* glamourös
glamoureux, -euse [glamuʀø, -øz] *adj* glamourös
glamouriser [glamuʀize] <1> *vt* ~ **qc** einer S. (*Dat*) Glamour verleihen
gland [glɑ̃] *m* ❶ BOT Eichel *f*
❷ ANAT Eichel *f*
❸ (*ornement*) Troddel *f*
glande [glɑ̃d] *f* Drüse *f;* ~**s endocrines** innersekretorische Drüsen *Pl;* ~**s exocrines** Drüsen *Pl* mit äußerer Sekretion; ~ **lacrymale/mammaire/salivaire/sébacée** Tränen-/Brust-/Speichel-/Talgdrüse *f;* ~**s surrénales** Nebennieren *Pl;* **avoir des** ~**s** *fam* geschwollene Drüsen haben
glander [glɑ̃de] <1> *vi fam* herumgammeln (*fam*)
glandeur, -euse [glɑ̃dœʀ, -øz] *m, f fam* Nichtstuer(in) *m(f)*
glandouiller [glɑ̃duje] <1> *vi fam v.* **glander**
glandulaire [glɑ̃dylɛʀ] *adj* ❶ (*de la forme d'une glande*) drüsig
❷ (*concernant les glandes*) Drüsen-; **troubles** ~**s** Drüsenfunktionsstörungen *Pl*
glaner [glane] <1> *vt* ❶ AGR (*ramasser*) [nach]lesen
❷ (*recueillir*) zusammentragen; **réussir à** ~ **quelques renseignements** einiges in Erfahrung bringen können
glaneur, -euse [glanœʀ, -øz] *m, f* Ährenleser(in) *m(f)*
glapir [glapiʀ] <8> *vi* ❶ *renard:* bellen; *chiot:* kläffen; *lapin:* durchdringend pfeifen
❷ *péj* kreischen
glapissement [glapismɑ̃] *m du renard* Bellen *nt; du chiot* Kläffen *nt; du lapin* durchdringendes Pfeifen; *d'une personne* Kreischen *nt*
Glaris [glaʀis] Glarus *nt*
glas [glɑ] *m* Totengeläut *nt;* **sonner le** ~ die Totenglocke läuten; **"Pour qui sonne le** ~**"** „Wem die Stunde schlägt"
▸ **sonner le** ~ **de qc** das Ende einer S. (*Gen*) ankündigen
glasnost [glasnɔst] *f* Glasnost *f*
glaucome [glokom] *m* grüner Star
glauque [glok] *adj* ❶ (*verdâtre*) graugrün; **la lumière** ~ **du petit jour** das fahle Licht des anbrechenden Tages
❷ (*lugubre*) düster; **une atmosphère** ~ eine triste Atmosphäre
❸ *fam* ungemütlich, heruntergekommen; **un endroit** ~ ein zwielichtiger Ort
glèbe [glɛb] *f* LITTER Scholle *f*
glinglin [glɛ̃glɛ̃] *m v.* **saint-glinglin**
glissade [glisad] *f* ❶ (*action de glisser par jeu*) Schlittern *nt*
❷ (*dérapage accidentel*) Ausrutschen *nt;* **attention aux** ~**s!** Vorsicht Rutschgefahr!
glissant(e) [glisɑ̃, ɑ̃t] *adj* ❶ (*qui glisse*) glatt; *poisson, savon* glitschig (*fam*); *chaussée, sol* rutschig, glatt; **attention, chaussée** ~**e** Vorsicht Straßenglätte

❷ (*dangereux*) **s'aventurer sur un terrain** ~ sich auf schwankenden Boden begeben (*fig*)

glisse [glis] *f* ❶ (*façon de glisser*) Gleiten *nt*
❷ (*qualité du ski*) Gleitfähigkeit *f*
❸ CH (*luge*) Schlitten *m*

glissement [glismɑ̃] *m* ❶ (*action de glisser*) Rutschen *nt*; *d'une barque* Gleiten *nt*; *des skis* Gleitfähigkeit *f*
❷ (*bruit*) leises Geräusch
❸ (*évolution*) Ruck *m*; ~ **à gauche/droite** Links-/Rechtsruck
◆ ~ **de sens** Bedeutungsverschiebung *f*; ~ **de terrain** Erdrutsch *m*

glisser [glise] <1> **I.** *vi* ❶ (*être glissant*) rutschig [*o* glatt] sein; **ça glisse!** es ist glatt!
❷ (*avancer*) ~ **sur l'eau/sur la neige** über das Wasser/den Schnee gleiten; ~ **dans l'eau** *poisson, nageur:* im Wasser gleiten; **faire** ~ **qc sur la glace** etw über das Eis schieben; **de gros nuages glissent dans le ciel** große Wolken ziehen am Himmel [dahin]
❸ (*tomber*) ~ [**le long**] **de qc** von etw abrutschen; **se laisser** ~ sich hinabgleiten [*o* hinunterrutschen] lassen; **laissez-vous simplement** ~ **sur le dos/ventre** rutschen Sie einfach auf dem Rücken/Bauch hinunter; **une larme glissa le long de sa joue** eine Träne kullerte ihm/ihr über die Wange; **il fit** ~ **l'argent dans sa poche** er ließ das Geld in die Tasche gleiten
❹ (*déraper*) ~ **sur qc** *personne:* auf etw (*Dat*) ausrutschen; *véhicule:* auf etw (*Dat*) [weg]rutschen [*o* ins Rutschen kommen]; **mon pied a glissé** ich bin [mit dem Fuß] ausgerutscht; **le couteau a glissé sur le bois** das Messer ist am Holz abgerutscht
❺ (*coulisser*) ~ **sur qc** auf etw (*Dat*) gleiten, sich auf etw (*Dat*) schieben lassen
❻ (*échapper de*) ~ **de qc** aus etw [heraus]rutschen, von etw [herunter]rutschen; **le verre m'a glissé des mains** das Glas ist mir aus den Händen gerutscht; **les boucles d'oreille m'ont glissé entre les doigts** die Ohrringe sind mir durch die Finger geglitten; **le ballon lui a glissé entre les jambes** der Ball ist ihm durch die Beine [hindurch]gerutscht
❼ (*effleurer*) ~ **sur qc** über etw (*Akk*) gleiten; **un sourire glissa sur son visage** ein Lächeln huschte über sein/ihr Gesicht
❽ (*ne pas faire impression*) ~ **sur qn** *critique, remarque:* von jdm abgleiten
❾ (*ne pas insister*) **glissons!** darüber wollen wir schnell hinweggehen!
❿ (*pénétrer furtivement*) **une lueur glissa par la porte** es drang schwaches Licht durch die Tür
⓫ (*évoluer lentement*) ~ **de qc à/dans/vers qc** von etw in etw (*Akk*) abgleiten [*o* abrutschen]; **l'ensemble des électeurs a glissé vers la gauche** bei den Wählern hat es einen Linksruck gegeben
II. *vt* ❶ (*introduire*) ~ **qc à qn** jdm etw zuschieben; ~ **qc dans/derrière/entre/sous qc** etw in/hinter/zwischen/unter etw (*Akk*) schieben; ~ **des proverbes dans la conversation** Sprichwörter in die Unterhaltung einfließen lassen; ~ **à qn un regard en coulisse** jdm einen verstohlenen Blick zuwerfen
❷ (*dire discrètement*) ~ **qc à qn** jdm etw zuflüstern
III. *vpr* ❶ (*s'introduire*) **se** ~ schlüpfen; **se** ~ **dans la maison** sich ins Haus schleichen
❷ (*s'insinuer*) **se** ~ **dans qc** sich in etw (*Akk*) [ein]schleichen; **le doute commence à se** ~ **dans mon esprit** langsam beschleichen mich Zweifel

glissière [glisjɛʀ] *f* Laufschiene *f*
◆ ~ **de sécurité** Leitplanke *f*

global(e) [glɔbal, o] <-aux> *adj* **perspective** ~**e** globale Sicht; **vue** ~**e** Überblick *m*, Übersicht *f*; **traiter un problème en termes globaux** ein Problem global abhandeln; **revenir à une somme** ~**e de mille euros** insgesamt tausend Euro kosten

globalement [glɔbalmɑ̃] *adv* alles in Allem, insgesamt; **condamner qc** ~ etw pauschal verurteilen

globalisation [glɔbalizasjɔ̃] *f* Pauschalisierung *f*

globaliser [glɔbalize] <1> *vt* pauschalisieren

globalité [glɔbalite] *f* Gesamtheit *f*, Totalität *f*

globe [glɔb] *m* ❶ (*sphère*) Kugel *f*; ~ **électrique** Kugelleuchte *f*
❷ (*Terre*) ~ [**terrestre**] Globus *m*, Erdkugel *f*
❸ ANAT ~ **oculaire** Augapfel *m*

globe-trotter [glɔbtʀɔtœʀ, -tʀɔtɛʀ] <globe-trotters> *mf* Globetrotter *m*

globulaire [glɔbylɛʀ] **I.** *adj* ❶ (*de la forme d'un globe*) kugelförmig
❷ (*concernant les globules*) Blutkörperchen-
II. *f* BOT Kugelblume *f*

globule [glɔbyl] *m* ~ [**sanguin**] Blutkörperchen *nt*; ~ **blanc/rouge** weißes/rotes Blutkörperchen

globuleux, -euse [glɔbylø, -øz] *adj* **yeux** ~ hervorstehende Augen

globuline [glɔbylin] *f* BIO Globulin *nt*

gloire [glwaʀ] *f* ❶ (*renommée, prestige*) Ruhm *m*
❷ (*mérite*) Verdienst *nt*; **s'attribuer la** ~ **de cette découverte** das Verdienst für diese Entdeckung in Anspruch nehmen
❸ (*personne*) Berühmtheit *f*; **vieille** ~ Star *m* der Vergangenheit; **les vieilles** ~**s** die ehemaligen Größen
▶ **en pleine** ~ auf dem Gipfel seines/ihres Ruhms; **c'est pas la** ~**!** *fam* das ist nichts Berühmtes! (*fam*); **tirer** ~ **de qc** sich einer S. (*Gen*) rühmen; **à la** ~ **de qn/qc** zu jds Ehre/um etw zu ehren; **à la** ~ **de Dieu** zur Ehre Gottes; ~ **à Dieu** Ehre sei Gott; **pour la** ~ aus reinem Idealismus

gloria [glɔʀja] *m inv* REL Gloria *nt*

gloriette [glɔʀjɛt] *f* (*pavillon*) Gloriette *f*

glorieusement [glɔʀjøzmɑ̃] *adv* ruhmreich; **annoncer qc** ~ etw stolz verkünden

glorieux, -euse [glɔʀjø, -jøz] *adj* ❶ (*qui donne la gloire*) ruhmreich; *action* ruhmvoll
❷ *péj* (*fier*) eingebildet; ~(**-euse**) **de qc/de faire qc** stolz auf etw/darauf, etw zu tun
▶ **ne pas être** ~(**-euse**) nicht besonders rühmlich sein

glorification [glɔʀifikasjɔ̃] *f* Glorifizierung *f*

glorifier [glɔʀifje] <1a> **I.** *vt* rühmen; ehren *mémoire;* verherrlichen *héros, victoire;* ~ **Dieu** Gott [lob]preisen
II. *vpr* **se** ~ **de qc** sich einer S. (*Gen*) rühmen; **se** ~ **d'avoir fait qc** sich rühmen, etw getan zu haben

gloriole [glɔʀjɔl] *f* Selbstgefälligkeit *f*; **par pure** ~ aus reiner Selbstgefälligkeit

glose [gloz] *f* ❶ (*annotation*) Glosse *f*
❷ *d'une commère, d'un bavard* Glosse *f*, spöttische [*o* hämische] Bemerkung *f*

gloser [gloze] <1> *vi* ~ **sur qn/qc** über jdn/etw seine Bemerkungen machen

glossaire [glɔsɛʀ] *m* Glossar *nt*

glotte [glɔt] *f* Stimmritze *f*

glouglou [gluglu] *m fam* Gluckern *nt* (*fam*); **faire** ~ gluckern (*fam*)

glouglouter [gluglute] <1> *vi dinde:* kollern

gloussement [glusmɑ̃] *m* ❶ (*cri de la poule*) Glucken *nt*
❷ *fam* (*petit rire*) Glucksen *nt*

glousser [gluse] <1> *vi* ❶ *poule:* glucken
❷ *fam personne:* glucksen

glouton(ne) [glutɔ̃, ɔn] **I.** *adj* gefräßig, verfressen (*fam*); **appétit** ~ unbändiger Appetit
II. *m(f)* Vielfraß *m* (*fam*)

gloutonnement [glutɔnmɑ̃] *adv* gierig

gloutonnerie [glutɔnʀi] *f* Gefräßigkeit *f*

glu [gly] *f* ❶ (*colle*) Leim *m*
❷ *fam* (*personne*) Klette *f* (*fam*)

gluant(e) [glyɑ̃, ɑ̃t] *adj* (*collant*) klebrig; **riz** ~ klebriger Reis
glucide [glysid] *m* Kohle[n]hydrat *nt*
glucomètre [glykɔmɛtʀ] *m* TECH Mostwaage *f*
glucose [glykoz] *m* Traubenzucker *m*
glutamate [glytamat] *m* CHIM, GASTR Glutamat *nt*
glutamine [glytamin] *f* BIO, CHIM Glutamin *nt*
gluten [glytɛn] *m* Gluten *nt*
glycémie [glisemi] *f* Blutzucker *m*
glycérine [gliseʀin] *f* Glyzerin *nt*
glycine [glisin] *f* Glyzinie *f*
glycogène [glikoʒɛn] *m* BIO Glykogen *nt*
glycosurie [glikozyʀi] *f* MED Glykosurie *f* (*Fachspr.*)
glyptothèque [gliptɔtɛk] *f* Glyptothek *f*
G.M.T. [ʒeɛmte] *abr de* **Greenwich mean time** WEZ; **à 15 h** ~ um 15 Uhr WEZ
gnangnan [ɲɑ̃ɲɑ̃] *adj inv fam* **être** ~ *personne:* eine Tranfunzel sein (*fam*); *musique, histoire:* lahm sein (*fam*)
gnaule [ɲol] *f v.* **gnôle**
gneiss [gnɛs] *m* Gneis *m*
gniôle [ɲjol] *f v.* **gnôle**
gnocchi [ɲɔki] *mpl* Gnocchi *Pl* (*italienische Gries- oder Kartoffelklößchen*)
gnognot[t]e [ɲɔɲɔt] *f fam* ▸ **c'est/c'est pas de la** ~ das ist wertloses Zeug/das ist nicht von Pappe *fam*
gnôle [ɲol] *f fam* Schnaps *m* (*fam*)
gnome [gnom] *m* Gnom *m*
gnon [ɲɔ̃] *m fam* Schlag *m*, Hieb *m*; **s'envoyer des ~s** sich [gegenseitig] Hiebe versetzen; **flanquer un ~ à qn** jdm eine verpassen (*fam*); **prendre un** ~ eine [*o* eins] verpasst kriegen (*fam*)
gnou [gnu] *m* ZOOL Gnu *nt*
go [go] ▸ **tout de** ~ *fam* mir nichts, dir nichts (*fam*)
Go *abr de* **giga-octet** GB *nt*
G.O. [ʒeo] *fpl abr de* **grandes ondes** LW *f*
goal [gol] *m* Torwart *m*, Torhüter *m*
gobelet [gɔblɛ] *m* ❶ (*pour boire*) Becher *m*; ~ **en carton/en plastique** Papp-/Plastikbecher
❷ (*pour lancer les dés*) [Würfel]becher
gobe-mouche [gɔbmuʃ] <gobe-mouches> *m* ❶ ZOOL Fliegenschnäpper *m*
❷ *fig vieilli fam* Einfaltspinsel *m* (*pej fam*)
gober [gɔbe] <1> *vt* ❶ (*avaler*) schlürfen *huître;* ausschlürfen *œuf*
❷ *fig fam* (*croire naïvement*) fressen (*fig fam*)
goberger [gɔbɛʀʒe] <2a> *vpr fam* **se** ~ ❶ (*faire bonne chère*) schlemmen, sich (*Dat*) den Bauch vollschlagen (*fam*)
❷ (*se prélasser*) es sich (*Dat*) wohl sein lassen
gobie [gɔbi] *m* ZOOL Grundel *f*
godailler [gɔdɑje] <1> *vi v.* **goder**
godasse [gɔdas] *f fam* Schuh *m*, Treter *m* (*fam*)
godemiché [gɔdmiʃe] *m* Godemiché *m*
goder [gɔde] <1> *vi* [unerwünschte] Falten werfen
godet [gɔdɛ] *m* ❶ (*gobelet*) Becher *m*
❷ (*pour la peinture*) Farbnapf *m*
❸ *fam* (*verre*) Glas *nt*; **tu viens boire un ~?** gehst du einen mit mir trinken? (*fam*)
❹ TECH *d'une pelle mécanique* Löffel *m*; *d'une pelleteuse mécanique* Schaufel *f*; **transporteur à ~s** [Förder]becher *m*; **excavateur à ~s** Eimer *m*
❺ COUT eingesetzte Falte; **une jupe à ~s** ein Glockenrock *m*
godiche [gɔdiʃ] **I.** *adj fam* ❶ (*niais*) dämlich (*fam*)
❷ (*maladroit*) unbeholfen
II. *f fam* Tölpel *m*, Depp *m* (*fam*)
godille [gɔdij] *f* ❶ (*aviron*) Wrickriemen *m*, Wriggriemen *m*
❷ SKI Wedeln *nt*; **faire la** ~ wedeln
▸ **à la** ~ schlampig, liederlich
godiller [gɔdije] <1> *vi* ❶ NAUT wricken, wrigge[l]n
❷ SKI wedeln
godillot [gɔdijo] *m* ❶ *vieilli fam* (*grosse chaussure*) Treter *m* (*fam*)
❷ (*partisan inconditionnel*) Vasall *m*
godiveau [gɔdivo] <x> *m* GASTR Fleischklößchen *nt*
godron [gɔdʀɔ̃] *m* ART, ARCHIT Eierleiste *f*
goéland [gɔelɑ̃] *m* große Möwe
goélette [gɔelɛt] *f* Schoner *m*
goémon [gɔemɔ̃] *m* Tang *m*
gogo[1] [gogo] *m* Einfaltspinsel *m*
gogo[2] [gogo] ▸ **à** ~ *fam* in rauen Mengen (*fam*)
go-go danser [gogodɛnsœʀ] *mf* Go-go-Tänzer(in) *m(f)*
gogol(e) [gogɔl] *adj fam* bescheuert
goguenard(e) [gɔg(ə)naʀ, aʀd] *adj* spöttisch
goguenardise [gɔg(ə)naʀdiz] *f* Spott *m*, spöttische Art
goguette [gɔgɛt] *f* ▸ **en** ~ *fam* (*gai*) gut aufgelegt; (*éméché*) angeheitert, angesäuselt (*fam*)
goinfre [gwɛ̃fʀ] **I.** *adj* verfressen (*fam*)
II. *mf péj* Fresssack *m* (*pej fam*)
goinfrer [gwɛ̃fʀe] <1> *vpr péj fam* **se** ~ **de qc** sich (*Dat*) den Bauch mit etw voll schlagen (*fam*)
goinfrerie [gwɛ̃fʀəʀi] *f péj* Gefräßigkeit *f*, Verfressenheit *f* (*fam*)
goitre [gwatʀ] *m* Kropf *m*
goitreux, -euse [gwatʀø, -øz] **I.** *adj* kropfig
II. *m, f* an einem Kropf Leidende(r) *f(m)*
golden [gɔldɛn] *f* Golden Delicious *m*
golf [gɔlf] *m* Golf *nt*, Golfspiel *nt*; ~ **miniature** Minigolf *nt*
golfe [gɔlf] *m* Golf *m*; **le** ~ **de Botnie** der Bottnische Meerbusen; **le** ~ **de Gascogne** die Biscaya; **le** ~ **Persique** der Persische Golf
golfeur, -euse [gɔlfœʀ, -øz] *m, f* Golf[spiel]er(in) *m(f)*
gomina [gɔmina] *f vieilli* Pomade *f*
gominer [gɔmine] <1> *vpr* **se** ~ sich (*Dat*) Pomade ins Haar tun
gommage [gɔmaʒ] *m* ❶ (*effacement*) Ausradieren *nt*
❷ (*nettoyage de la peau*) Peelen *nt*
gomme [gɔm] *f* ❶ (*substance*) Gummi *m o nt*, Gummiharz *nt*; ~ **arabique** Gummiarabikum *nt*
❷ (*objet*) [Radier]gummi *m o nt*; ~ **à encre** Tintenradierer *m*
▸ **mettre toute la** ~ *fam* voll Stoff geben (*fam*)
◆ ~ **à mâcher** CAN (*chewing-gum*) Kaugummi *m o nt*
gommé(e) [gɔme] *adj* gummiert
gommer [gɔme] <1> *vt* ❶ (*effacer*) ausradieren, wegradieren
❷ (*faire disparaître*) ~ **qc de sa mémoire** etw aus seinem Gedächtnis streichen
❸ (*enduire*) gummieren
gomme-résine [gɔmʀezin] <gommes-résines> *f* Gummiharz *nt*
gommette [gɔmɛt] *f* farbige Etikette
gommier [gɔmje] *m Baum, aus dem Gummiharz gewonnen werden kann*
gonade [gɔnad] *f* BIO Keimdrüse *f*, Gonade *f* (*Fachspr.*)
gond [gɔ̃] *m* [Tür]angel *f*
▸ **faire sortir qn de ses ~s** jdn zum Explodieren bringen; **sortir de ses ~s** [vor Wut] außer sich geraten
gondolage [gɔ̃dɔlaʒ] *m du papier* Sichwellen *nt*; *du bois* Sichwerfen *nt*
gondolant(e) [gɔ̃dɔlɑ̃, ɑ̃t] *adj fam* zum Kugeln (*fam*)
gondole [gɔ̃dɔl] *f* ❶ (*barque*) Gondel *f*
❷ COM Gondel *f*
gondolement [gɔ̃dɔlmɑ̃] *m v.* **gondolage**
gondoler [gɔ̃dɔle] <1> **I.** *vi carton, papier:* sich wellen; *planche:* sich werfen, sich verziehen; *tôle:* sich verbiegen
II. *vpr* ❶ (*se déformer*) **se** ~ *carton, papier:* sich wellen; *planche:* sich werfen, sich verziehen; *tôle:* sich verbiegen
❷ *fam* (*rire*) **se** ~ sich vor Lachen biegen (*fam*)
gondolier, -ière [gɔ̃dɔlje, -jɛʀ] *m, f* Gondoliere *m*
gonflable [gɔ̃flabl] *adj* aufblasbar

gonflage [gɔ̃flaʒ] *m des pneus* Aufpumpen *nt; d'un ballon* Aufblasen *nt*

gonflant [gɔ̃flɑ̃] *m* Volumen *nt;* **donner du ~ aux cheveux** dem Haar Volumen geben

gonflant(e) [gɔ̃flɑ̃, ɑ̃t] *adj* ❶ *(bouffant) chevelure, cheveux* locker und füllig; **pour obtenir une chevelure plus ~e** um mehr Volumen in das Haar zu bekommen
❷ *fam (exaspérant)* nervtötend

gonflé(e) [gɔ̃fle] *adj* ❶ *(enflé)* [an]geschwollen; **des yeux ~s** verquollene Augen; **il a le visage tout ~ par la cortisone** durch das Kortison hat er ein ganz aufgedunsenes Gesicht
❷ *(exagéré)* übertrieben; *incident* aufgebauscht
❸ *fam (culotté)* dreist, frech

gonflement [gɔ̃fləmɑ̃] *m* ❶ *d'un pneu* Aufpumpen *nt; d'un ballon* Aufblasen *nt; d'une plaie, d'un organe* Schwellung *f; du visage* [An]schwellung; **provoquer un ~ du visage** zu einem aufgedunsenen Gesicht führen
❷ *(augmentation) des effectifs* Erhöhung *f; de l'épargne* Anwachsen *nt;* **~ du crédit** Aufblähung *f* des Kreditvolumens
❸ *(surestimation) d'une facture, note de frais* Frisieren *nt (fam); d'un incident* Aufbauschen *nt*

gonfler [gɔ̃fle] <1> **I.** *vt* ❶ *(remplir)* aufpumpen *pneus;* aufblasen *ballon;* **le vent gonfle les voiles** der Wind bläht die Segel; **~ la poitrine/les poumons** tief einatmen [*o* Luft holen]; **l'orage a gonflé la rivière** durch das Gewitter ist der Fluss angeschwollen; **~ qn d'espoir** jdn mit Hoffnung erfüllen
❷ *(enfler)* **le manque de sommeil avait gonflé ses yeux** weil er/sie so wenig geschlafen hatte, waren seine/ihre Augen ganz verquollen; **le chagrin lui gonflait le cœur** vor Kummer war es ihm/ihr ganz schwer ums Herz
❸ *(accroître)* erhöhen *effectifs;* vergrößern *somme;* erhöhen *budget;* **venir ~ les rangs des fans** zu dem Kreis der Fans hinzukommen
❹ *(surestimer)* hochtreiben *prix, valeur, facture;* übertreiben *chiffres, importance;* aufbauschen *incident*
❺ *fam (exaspérer)* gründlich nerven *(fam)*
❻ TECH **~ un moteur** *personne:* einen Motor frisieren; *produit:* sich leistungssteigernd auf einen Motor auswirken
▸ **les ~ à qn** *fam* jdm auf den Wecker gehen *(fam)*
II. *vi bois:* [auf]quellen; *membre:* anschwellen, dick werden; *pâte:* aufgehen; *riz:* quellen; *dépenses, effectifs, volume:* zunehmen, ansteigen; **faire ~ le prix de l'essence** die Benzinpreise in die Höhe treiben; **faire** [*o* **laisser**] **~ le riz/la pâte** den Reis quellen/den Teig gehen lassen; **la levure fait ~ la pâte** Hefe lässt den Teig aufgehen
III. *vpr (grossir)* **se ~** *poitrine:* schwellen; *voiles:* sich [auf]blähen; *rivière:* anschwellen; *ballon:* sich füllen

gonflette [gɔ̃flɛt] *f péj fam* ❶ *(culturisme)* Bodybuilding *nt*
❷ *(musculation)* Muskelpakete *Pl*

gonfleur [gɔ̃flœʀ] *m* Luftpumpe *f*

gong [gɔ̃(g)] *m* Gong *m;* **coup de ~** Gongschlag *m*

goniomètre [gɔnjɔmɛtʀ] *m* Winkelmesser *m,* Goniometer *nt (Fachspr.)*

gonocoque [gɔnɔkɔk] *m* Gonokokkus *m*

gonzesse [gɔ̃zɛs] *f péj fam* ❶ *(femme)* Tussi *f (pej fam)*
❷ *(homme)* Schlappschwanz *m (pej sl)*

gordien [gɔʀdjɛ̃] *adj* gordisch; **le nœud ~** der gordische Knoten
▸ **couper/trancher le nœud ~** den gordischen Knoten durchhauen

gore [gɔʀ] *adj inv* Horror-

goret [gɔʀɛ] *m* ❶ *(porcelet)* Ferkel *nt,* Läufer *m*
❷ *(enfant sale)* Ferkel *nt (fam)*

goretex® [gɔʀtɛks] *m* Goretex® *nt*

gorge [gɔʀʒ] *f* ❶ ANAT Hals *m;* **avoir mal à la ~** Halsschmerzen haben; **s'éclaircir/se racler la ~** sich räuspern; **saisir qn à la ~** jdn an der Kehle packen
❷ *littér (seins)* Busen *m,* Brust *f*
❸ GEOG Schlucht *f;* **les ~s du Verdon** die Verdon-Schlucht
❹ TECH *d'une poulie* Rille *f; d'une serrure* Zuhaltung *f*
▸ **faire des ~s chaudes de qc** *fam* sich in Klatschereien über etw *(Akk)* ergehen *(fam)*; **des commères en font des ~s chaudes** Klatschtanten zerreißen sich die Mäuler darüber *(fam)*; **à ~ déployée** [*o* **pleine ~**] aus vollem Hals, aus Leibeskräften; **qn a la ~ nouée** [*o* **serrée**] jdm ist die Kehle wie zugeschnürt, jd hat einen Kloß im Hals *(fam)*; **monter à la ~ de qn** sich jds Kehle entringen *(poet)*; **un sanglot m'est monté à la ~** ich schluchzte laut auf; **prendre qn à la ~** *(empêcher de respirer) fumée:* jdn im Hals [*o* in der Kehle] kratzen; *odeur:* jdn in der Nase beißen; *(émouvoir)* jdn zutiefst erschüttern; *(gêner financièrement)* jdm das Messer an die Kehle setzen *(fam)*; **rester à qn en travers de la ~** jdm im Hals[e] steckenbleiben; **sauter à la ~ de qn** jdm an die Kehle [*o* Gurgel] springen

gorge-de-pigeon [gɔʀʒdəpiʒɔ̃] *adj inv* taubenblau

gorgée [gɔʀʒe] *f* Schluck *m;* **boire une grande/petite ~ de qc** einen kräftigen/kleinen Schluck aus etw nehmen; **boire qc à grandes/petites ~s** etw mit hastigen Schlucken/in kleinen Schlucken [*o* schlückchenweise] trinken

gorger [gɔʀʒe] <2a> **I.** *vt* ❶ *(gaver)* stopfen *oie;* **~ un enfant de sucreries** ein Kind mit Süßigkeiten vollstopfen *(fam)*
❷ *(remplir)* **fruits gorgés de soleil** von der Sonne verwöhnte Früchte *Pl;* **terre gorgée d'eau** wasserdurchtränkte Erde; **être gorgé(e) de souvenirs** von Erinnerungen innerlich ganz erfüllt sein
II. *vpr* **se ~ d'air pur** seine Lungen mit guter Luft vollpumpen *(fam)*

gorgonzola [gɔʀgɔ̃zɔla] *m* Gorgonzola *m*

gorille [gɔʀij] *m* ❶ *(singe)* Gorilla *m*
❷ *fam (garde du corps)* Gorilla *m (fam)*

gosette [gozɛt] *f* GASTR BELG *(chausson aux fruits) mit Obst gefülltes Hefegebäck;* **~ aux pommes** Apfeltasche *f*

gosier [gozje] *m* Kehle *f; d'un oiseau* Schlund *m*
▸ **se rafraîchir** [*o* **s'humecter**] **le ~** etwas gegen seine trockene [*o* ausgedörrte] Kehle tun

gospel [gɔspɛl] *m* Gospel *m o nt,* Gospelsong *m*

gosse [gɔs] *mf fam* Kind *nt,* Kleine(r) *f(m) (fam)*
▸ **être beau/belle ~** ein hübsches Kind sein; **pauvre ~** armes Kind; **sale ~** Rotzbengel *m (fam)*; **faire un ~ à qn** jdm ein Kind machen *(fam)*; **faire des ~s** Kinder machen *(fam)*
◆ **~ de riches** *péj* Kinder reicher Eltern; **va donc, eh ~ de riches!** hau doch ab, du verwöhntes Kapitalistenblag! *(fam)*

gothique [gɔtik] **I.** *adj* gotisch; **écriture ~** Fraktur[schrift] *f*
II. *m* Gotik *f;* **~ primitif/rayonnant/flamboyant** Früh-/Hoch-/Spätgotik *f*

gouache [gwaʃ] *f* ❶ *(peinture à l'eau)* Temperafarbe *f*
❷ *(tableau)* Gouache *f (Fachspr.)*

gouaille [gwaj] *f fam* Spottlust *f,* derber Spott; **la ~ parisienne** der Hang der Pariser zu beißendem Spott

gouailleur, -euse [gwajœʀ, -øz] *adj fam* spöttisch; **personne gouailleuse** Spötter(in) *m(f)*

gouape [gwap] *f arg (voyou)* Schlägertype *f (fam)*; **une petite ~** ein kleiner Ganove

gouda [guda] *m* Gouda *m*

goudron [gudʀɔ̃] *m* Teer *m; (pour des routes)* Asphalt *m;* **~ de houille** Steinkohlenteer *m*

goudronnage [gudʀɔnaʒ] *m* Teeren *nt*

goudronné(e) [gudʀɔne] *adj* geteert; **carton ~** Teerpappe *f;* **toile ~e** Teerleinwand *f*

goudronner [gudʀɔne] <1> *vt* teeren *route*

goudronneuse [gudʀɔnøz] *f* Teermaschine *f*

goudronneux, -euse [gudʀɔnø, -øz] *adj* teerartig

gouffre [gufʀ] *m* ❶ GEOG, GEOL Abgrund *m,* Schlund *m*
❷ *(abîme insondable)* Abgrund *m;* **être dans un ~ de désespoir** in tiefster Verzweiflung sein; **~ de malheurs/misères** abgrundtiefes Unglück/abgrundtiefe Not; **~ béant** gähnender Abgrund; **un ~ se creuse** ein Abgrund tut sich auf; **toucher**

le fond du ~ am Boden zerstört sein
▶ **être un** ~ [**financier**] ein Fass ohne Boden sein (*fig*)
gouge [guʒ] *f* Hohlbeitel *m*
gougnafier [guɲafje] *m fam* Trottel *m* (*pej fam*)
gouine [gwin] *f péj pop* Lesbe *f*
goujat [guʒa] *m* Rüpel *m*, Flegel *m*
goujaterie [guʒatʀi] *f* Rüpelhaftigkeit *f*, Flegelhaftigkeit *f*
goujon [guʒɔ̃] *m* Gründling *m*
▶ **taquiner le** ~ *fam* angeln
goulache [gulaʃ] *m o f* Gulasch *m o nt*
goulafre [gulafʀ] *m* NORD, BELG (*glouton*) Vielfraß *m*
goulag [gulag] *m* HIST Gulag *m*
goulasch [gulaʃ] *m o f v.* **goulache**
goulée [gule] *f fam d'eau* großer Schluck *m*; *de purée* Mund *m* voll
goulet [gulɛ] *m* ❶ NAUT enge Hafeneinfahrt
❷ GEOG, *a. fig* Engpass *m*
◆ ~ **d'étranglement** *fig* Engpass *m*
gouleyant(e) [gulɛjɑ̃, ɑ̃t] *adj* ❶ *vin* süffig
❷ *fig* angenehm
goulot [gulo] *m d'une bouteille* Hals *m*; **boire au** ~ aus der Flasche trinken
◆ ~ **d'étranglement** *fig* Engpass *m*
goulu(e) [guly] *adj personne* gefräßig; *regard* gierig; *baiser* heiß, feurig
goulûment [gulymɑ̃] *adv* gierig
goupille [gupij] *f* Stift *m*, Splint *m*
goupiller [gupije] <1> **I.** *vt* ❶ *fam* ausbrüten, aushecken (*fam*); **bien/mal** ~ **son coup** die Sache geschickt/nicht sehr geschickt einfädeln (*fam*); **bien/mal goupillé(e)** geschickt/nicht sehr geschickt eingefädelt *fam* [*o* in die Wege geleitet]; (*construit*) *machine* gut/schlecht konstruiert
❷ TECH ~ **qc sur qc** etw mit einem Splint an etw (*Dat*) befestigen
II. *vpr fam* **bien/mal se** ~ gut/schlecht ablaufen (*fam*), klappen/nicht klappen (*fam*)
goupillon [gupijɔ̃] *m* ❶ REL Weih[wasser]wedel *m*
❷ (*brosse*) Flaschenbürste *f*
gourance [guʀɑ̃s], **gourante** [guʀɑ̃t] *f fam* Patzer *m* (*fam*)
gourbi [guʀbi] *m* ❶ (*habitation africaine simple*) *einfache Lehmhütte in Nordafrika*
❷ *péj fam* Bruchbude *f* (*fam*)
gourd(e) [guʀ, guʀd] *adj doigt* starr [*o* steif] vor Kälte, steifgefroren
gourde [guʀd] *f* ❶ Trinkflasche *f*; MIL Feldflasche *f*
❷ *fam* (*personne*) Dussel *m* (*fam*)
gourdin [guʀdɛ̃] *m* Knüppel *m*, Prügel *m*
gourer [guʀe] *vpr fam* **se** ~ **de train/de jour/de personne** sich im Zug/im Tag/in der Person vertun (*fam*)
gourmand(e) [guʀmɑ̃, ɑ̃d] **I.** *adj* ❶ **personne** ~**e** Gourmand *m*, Schlemmer *m*; (*de sucreries*) Naschkatze *f* (*fam*); **être** ~(**e**) ein Gourmand [*o* Schlemmer] sein; **être** ~(**e**) **de gâteaux** für sein Leben gern Kuchen essen
❷ (*avide*) *bouche, regard* gierig; **être** ~(**e**) **de flatteries** auf Schmeicheleien erpicht sein
❸ (*qui exige trop d'argent*) geldgierig
II. *m(f)* Gourmand *m*, Schlemmer(in) *m(f)*; (*qui aime les sucreries*) Naschkatze *f* (*fam*)
gourmandise [guʀmɑ̃diz] *f* ❶ *sans pl* Schwelgerei *f*; (*défaut*) Gier[igkeit *f*] *f*; **manger par/avec** ~ aus purer Lust/gierig essen
❷ *sans pl* (*avidité*) **avec** ~ gierig
❸ *pl* (*friandises*) Leckereien *Pl*
gourme [guʀm] ▶ **jeter sa** ~ sich (*Dat*) die Hörner *Pl* abstoßen
gourmet [guʀmɛ] *m* Gourmet *m*, Feinschmecker(in) *m(f)*; **fin** ~ großer Feinschmecker/große Feinschmeckerin
gourmette [guʀmɛt] *f* Gliederarmband *nt* [mit Namensplakette]
gourou [guʀu] *m* Guru *m*
gousse [gus] *f* ~ **de vanille** Vanilleschote *f*; ~ **d'ail** Knoblauchzehe *f*; ~ **d'échalote** Schalotte *f*
gousset [gusɛ] *m* Uhrtasche *f*
goût [gu] *m* ❶ *sans pl* Geschmack[ssinn *m*] *m*; **les organes du** ~ die Geschmacksorgane; **être amer(-ère) au** ~ bitter schmecken, bitter im Geschmack sein
❷ *sans pl* (*saveur*) Geschmack *m*; **sans** ~ geschmacklos, ohne Geschmack; **être sans** ~ nach nichts schmecken; **avoir du** ~ einen guten [Eigen]geschmack haben; **avoir un** ~ komisch/schlecht schmecken; **avoir un** ~ **de brûlé/de vinaigre** verbrannt/nach Essig schmecken; **laisser un mauvais** ~ einen üblen Nachgeschmack hinterlassen; **relever le** ~ **de qc** einer S. (*Dat*) die richtige Würze geben
❸ *sans pl* (*envie*) Lust *f*; **par** ~ zum Vergnügen; ~ **de vivre** Lebenslust, Lebensfreude *f*; ~ **d'entreprendre** Unternehmungslust; ~ **d'écrire** Spaß *m* [*o* Freude *f*] am Schreiben; **prendre** ~ **à qc** Geschmack [*o* Gefallen] an etw (*Dat*) finden; **reprendre** ~ **à qc** wieder Spaß [*o* Freude] an etw (*Dat*) haben; **ne trouver** ~ **à rien** zu nichts Lust haben; **ne plus avoir** ~ **à la vie** keine Freude mehr am Leben haben; **ne plus avoir** ~ **à rien** zu nichts mehr Lust haben
❹ *sans pl* (*penchant*) ~ **pour les mathématiques** Interesse *nt* an der Mathematik; ~ **pour la boisson** Vorliebe *f* für den Alkohol; ~ **des responsabilités** Verantwortungsbewusstsein *nt*; **avoir le** ~ **de l'ordre/un** ~ **très vif pour l'ordre** Sinn *m*/sehr viel Sinn für Ordnung haben; **être affaire de** ~ Geschmackssache sein *f*
❺ *pl* (*préférences*) Geschmack *m*; **les** ~**s sexuels de qn** jds sexuelle Vorlieben; **avoir des** ~**s de luxe** einen Hang zum Luxus haben
❻ *sans pl* (*jugement*) Geschmack *m*; **avec** ~ geschmackvoll, mit Geschmack; **avoir du** ~ Geschmack haben; **avoir bon/mauvais** ~ einen guten/schlechten Geschmack haben; **être de bon/mauvais** ~ geschmackvoll/geschmacklos sein; **être du** ~ **de qn** nach jds Geschmack sein; **trouver qn/qc à son** ~ jdn/etw nach seinem Geschmack finden; **c'est une femme de** ~ sie ist eine Frau mit Geschmack
❼ (*avis*) **à mon** ~ meiner Meinung nach, meines Erachtens
▶ **des** ~**s et des couleurs, on ne discute pas** [*o* **point**] *prov* über [den] Geschmack lässt sich nicht streiten (*prov*); **être au** ~ **du jour** modisch sein; **se mettre au** ~ **du jour** mit der Mode gehen; **tous les** ~**s sont dans la nature** *prov* die Geschmäcker sind verschieden (*prov*); **chacun ses** ~**s** *prov* jeder nach seinem Geschmack
goûter [gute] <1> **I.** *vi* ❶ *enfant:* [nachmittags] eine Kleinigkeit essen
❷ (*prendre de*) ~ **à qc** etw probieren
❸ *fig* ~ **aux plaisirs de la vie** die Freuden des Lebens kennen lernen
❹ *fig vieilli* (*faire l'expérience de*) ~ **d'un métier** in einem Beruf seine Erfahrungen machen; ~ **de la prison** das Gefängnis von innen kennen lernen (*fam*)
❺ BELG, CAN (*plaire par le goût*) gut schmecken
II. *vt* ❶ probieren *fromage, vin*
❷ (*savourer*) genießen
❸ *littér* (*apprécier*) schätzen, lieben
❹ ~ **qc** BELG, CAN (*avoir le goût de qc*) nach etw schmecken
III. *m* kleine Zwischenmahlzeit [am Nachmittag]
goutte [gut] *f* ❶ Tropfen *m*; ~ **à** ~ tropfenweise, tröpfchenweise; **pleuvoir/suer à grosses** ~**s** stark regnen/vor Schweiß triefen; **qn a la** ~ **au nez** *fam* jdm läuft die Nase (*fam*)
❷ *sans pl* (*petite quantité*) ~ **d'huile/de kirsch** Tropfen *m* Öl/Schluck *m* Kirschwasser
❸ *pl* PHARM Tropfen *Pl*; ~**s pour le nez** Nasentropfen
❹ *fam* (*eau-de-vie*) Schnaps *m*; **boire la** [*o* **une**] ~ **avec qn** ein Schnäpschen mit jdm trinken

❺ MED Gicht *f;* **avoir la ~** Gicht haben
▶ **c'est la ~ d'eau qui fait déborder le vase** *prov* das ist der Tropfen, der das Fass zum Überlaufen bringt; **c'est une ~ d'eau dans la mer** das ist nur ein Tropfen auf den heißen Stein; **se ressembler comme deux ~s d'eau** sich gleichen wie ein Ei dem anderen; **passer entre les ~s** nicht/kaum nass werden
goutte-à-goutte [gutagut] *m inv* MED Tropf *m;* **faire un ~ à qn** jdm einen Tropf anlegen; **alimenter qn au ~** jdn künstlich ernähren
gouttelette [gutlɛt] *f* Tröpfchen *nt*
goutter [gute] <1> *vi liquide, robinet:* tropfen; *canalisation:* undicht sein; **le toit/le plafond goutte** es tropft durch das Dach/von der Decke
goutteux, -euse [gutø, -øz] **I.** *adj* gichtig
II. *m, f* Gichtkranke(r) *f(m)*
gouttière [gutjɛʀ] *f* ❶ *(chéneau)* Dachrinne *f*
❷ MED Schiene *f*
gouvernable [guvɛʀnabl] *adj* regierbar
gouvernail [guvɛʀnaj] *m* ❶ NAUT, AVIAT Ruder *nt;* **être au ~** am Ruder sein [*o* sitzen]
❷ *(direction)* Steuer *nt (fig);* **tenir le ~** das Steuer fest in der Hand haben; **abandonner le ~** das Steuer aus der Hand geben
gouvernant(e) [guvɛʀnɑ̃, ɑ̃t] *adj classe* herrschend; **parti ~** regierende Partei, Regierungspartei
gouvernante [guvɛʀnɑ̃t] *f* ❶ Haushälterin *f*
❷ *(préceptrice)* Gouvernante *f,* Erzieherin *f*
gouvernants [guvɛʀnɑ̃] *mpl* POL Entscheidungsträger *Pl*
gouverne [guvɛʀn] *f* **pour ta [propre] ~** zu deiner Orientierung
gouvernement [guvɛʀnəmɑ̃] *m* ❶ Regierung *f;* **sous un ~ socialiste** unter einer sozialistischen Regierung; **constituer [*o* former] le ~** die Regierung bilden; **entrer/être au ~** an die Regierung kommen/an der Regierung sein; **renverser [*o* faire tomber] un ~** eine Regierung stürzen
❷ *(régime)* Regierungsform *f*
❸ *sans pl (action)* Regieren *nt*
gouvernemental(e) [guvɛʀnəmɑ̃tal, o] <-aux> *adj journal* regierungsfreundlich; **politique ~** Regierungspolitik *f;* **député ~** Abgeordneter der Regierungspartei
gouverner [guvɛʀne] <1> **I.** *vi* ❶ regieren
❷ NAUT steuern
II. *vt* ❶ POL regieren
❷ *(maîtriser)* beherrschen *sentiments, raison;* bestimmen *motif*
❸ NAUT steuern
❹ GRAM regieren
III. *vpr* **se ~ soi-même** sich selbst regieren
gouverneur [guvɛʀnœʀ] *m* Gouverneur *m;* **~ militaire** Militärgouverneur
goyave [gɔjav] *f* Gua[ja]ve *f*
G.P.L. [ʒepeɛl] *m abr de* **gaz de pétrole liquéfié** Flüssiggas *nt*
G.R. [ʒeɛʀ] *m abr de* **sentier de grande randonnée** *markierter französischer Wanderweg*
grabat [gʀaba] *m* einfache Liege *f*
grabataire [gʀabatɛʀ] **I.** *adj* bettlägerig
II. *m, f* Bettlägerige(r) *f(m)*
grabuge [gʀabyʒ] *m* **faire du ~** *fam* Krach schlagen *(fam);* **il y a du ~** *fam* es kracht *(fam)*
grâce [gʀɑs] *f* ❶ *sans pl d'une personne, d'un mouvement* Anmut *f,* Grazie *f; d'un paysage* Reiz *m; d'une fleur* Schönheit *f;* **avoir de la ~** anmutig sein; **avec ~** anmutig, graziös; *parler* charmant
❷ *sans pl (faveur)* Gunst *f;* **accorder une ~ à qn** jdm eine Gunst erweisen; **chercher les bonnes ~s de qn** jds Gunst [*o* Wohlwollen] zu gewinnen suchen; **demander une ~ à qn** jdn um einen Gefallen bitten; **être dans les bonnes ~s [*o* en ~ auprès] de qn** in jds Gunst stehen; **faire ~ à qn** jdm Gnade gewähren; **obtenir une ~** einen Gunstbeweis erfahren; **trouver ~ aux yeux de [*o* auprès de] [*o* devant] qn** Gnade vor jdm [*o* vor jds Augen] finden
❸ *sans pl (clémence)* Gnade *f;* **crier/demander ~** um Gnade bitten/flehen
❹ *sans pl* REL Gnade *f;* **action de ~** Danksagung *f;* **la ~ de Dieu** die Gnade Gottes
❺ JUR Begnadigung *f;* **la ~ accordée à un prisonnier** die Begnadigung eines Häftlings; **se pourvoir en ~** ein Gnadengesuch einreichen
❻ *(inspiration)* Begnadetsein *nt;* **avoir la ~** begnadet sein
▶ **~ à Dieu** *littér* Gott sei [Lob und] Dank; **à la ~ de Dieu** aufs Geratewohl, auf gut Glück; *(exclamation)* komme, was wolle!; **faire qc avec [*o* de] bonne/mauvaise ~** etw bereitwillig/widerwillig [*o* gern/ungern] tun; **faire ~ à qn de qc** jdm etw erlassen; *(épargner)* jdm etw ersparen; **rendre ~ à qn** jdm Dank sagen; **~ à lui/elle** dank seiner/ihrer, dank ihm/ihr; **~ à qc** dank einer S. *(Dat o Gen)*

i Land & Leute

Wenn in Frankreich ein neuer Staatspräsident gewählt worden ist, lässt dieser – kurz nach seinem Amtsantritt – oft in irgendeiner Form **grâce** walten: Er verkürzt zum Beispiel die Haftstrafen junger Gefangener oder er zeigt Nachsicht mit den Verkehrssündern, indem er durch eine *amnistie* alle Strafzettel gegenstandslos werden lässt, die an einem bestimmten Tag ausgestellt worden sind.

gracier [gʀasje] <1a> *vt* begnadigen
gracieusement [gʀasjøzmɑ̃] *adv* ❶ *(avec grâce) sourire* charmant
❷ *(aimablement)* freundlich
❸ *(gratuitement)* unentgeltlich
gracieux, -euse [gʀasjø, -jøz] *adj* ❶ anmutig, graziös
❷ *(aimable)* freundlich
❸ *(gratuit)* kostenlos
gracile [gʀasil] *adj littér* grazil *(geh),* zierlich
gradation [gʀadasjɔ̃] *f* ❶ allmähliche [*o* schrittweise] Steigerung
❷ ART Abstufung *f,* Abtönung *f*
❸ LITTER Gradation *f*
❹ MUS **~ des notes** *(montante/descendante)* steigende/fallende Tonfolge
grade [gʀad] *m* ❶ ADMIN, MIL Dienstgrad *m;* UNIV Grad *m;* **~ universitaire** akademischer Grad; **~ de capitaine** Rang *m* eines Hauptmanns; **le plus ancien dans le ~** der Dienstälteste, der Rangälteste; **avancer [*o* monter] en ~** befördert werden; **être admis(e) au ~ de docteur** den Doktorgrad [*o* die Doktorwürde] erlangen
❷ GEOM Gon *nt*
❸ TECH Viskosität *f*
▶ **en prendre pour son ~** *fam* eins aufs Dach bekommen [*o* kriegen] *(fam)*
gradé(e) [gʀade] *m(f)* unterer Dienstgrad
gradient [gʀadjɑ̃] *m* Gradient *m;* **~ de pression** Druckgradient
gradin [gʀadɛ̃] *m souvent pl* ❶ *d'un stade, théâtre* [Zuschauer]ränge *Pl*
❷ *(plan d'un terrain)* **cultures en ~s** Terrassenanbau *m*
graduation [gʀadɥasjɔ̃] *f (échelle)* Gradeinteilung *f*
gradué(e) [gʀadɥe] *adj* ❶ mit einer Skala [*o* Gradeinteilung]; **verre ~** Messbecher *m*
❷ *(progressif)* abgestuft
graduel(le) [gʀadɥɛl] *adj introduction* schrittweise, stufenweise; *amélioration, aggravation* allmählich; **difficultés ~les** steigender Schwierigkeitsgrad; **par des efforts ~s** durch allmähliche Leistungssteigerung
graduellement [gʀadɥɛlmɑ̃] *adv* Schritt für Schritt, schritt-

weise; (*peu à peu*) allmählich

graduer [gʀadɥe] <1> *vt* ❶ allmählich steigern; **les difficultés sont graduées** der Schwierigkeitsgrad steigt
❷ (*diviser en degrés*) graduieren, in Einheiten unterteilen

graffiter [gʀafite] <1> *vt* ❶ (*couvrir de graffitis*) mit Graffiti versehen *palissade, mur*
❷ (*représenter sous forme de graffitis*) als Graffiti darstellen

graffiti [gʀafiti] <[s]> *m* ❶ Graffiti *nt;* **couvrir de** ~[s] mit Graffiti besprühen
❷ ARCHEOL Graffito *nt*

graille [gʀɑj] *f fam* Essen *nt,* Futter *nt* (*fam*)

grailler [gʀɑje] <1> *vi* ❶ *corneille:* krächzen
❷ *fam* (*manger*) futtern (*fam*)

graillon [gʀɑjɔ̃] *m* ❶ Geruch *m* von Bratfett; **sentir le** ~ nach angebranntem Fett riechen
❷ *fam* (*crachat*) Spucke *f* (*fam*)

graillonner [gʀɑjɔne] <1> *vi fam* [aus]spucken

grain [gʀɛ̃] *m* ❶ *sing o pl* Korn *nt;* ~ **de blé** Weizenkorn
❷ (*semence comestible*) Korn *nt,* Getreide *nt*
❸ (*graine*) Körnchen *nt; d'une grenade* Kern *m;* ~ **de café** Kaffeebohne *f;* ~ **de poivre/de moutarde** Pfeffer-/Senfkorn *nt;* ~ **de groseille/de cassis** Preisel-/Johannisbeere *f;* ~ **de raisin** [Wein]traube *f;* **en** ~**s** *café, poivre* ungemahlen; **donner du** ~ **aux poules** die Hühner mit Körnern füttern
❹ (*particule*) Korn *nt,* Körnchen *nt;* ~ **de poussière** Staubkorn
❺ (*texture*) *d'une pierre, d'un papier* Korn *nt; de la peau* Beschaffenheit *f; d'un cuir* Narbe *f,* Narben *m; d'une étoffe* Textur *f;* **soie gros** ~ grobe Seide
❻ *sans pl* (*petite quantité*) Spur *f,* Quäntchen *nt;* **un** ~ **de vérité** ein Körnchen Wahrheit; **pas un** ~ **de bon sens** kein Funken Verstand
❼ METEO (*coup de vent*) Bö[e] *f;* (*averse soudaine*) [Regen]schauer *m,* [Regen]guss *m*
▸ **séparer le bon** ~ **de l'ivraie** *prov* die Spreu vom Weizen trennen; ~ **de sable** Sandkorn *nt; fig* Störfaktor *m;* **être un** ~ **de sable dans l'engrenage** Sand im Getriebe sein; **mettre** [*o* **mêler**] **son** ~ **de sel** *fam* seinen Senf dazugeben (*fam*); **avoir un** [**petit**] ~ *fam* eine Meise haben (*fam*); **veiller au** ~ auf der Hut sein, sich vorsehen
◆ ~ **de beauté** Schönheitsfleck *m,* Leberfleck *m*

graine [gʀɛn] *f* Samen *m;* BOT Samen *m,* Samenkorn *nt;* AGR Saatgut *nt*
▸ ~ **de voyou** Teufelsbrut *f;* **être de la mauvaise** ~ ein sauberes Früchtchen sein (*iron fam*); **casser la** ~ *fam* futtern (*fam*); **monter en** ~ *plante:* ins Kraut schießen; *fam enfant:* in die Höhe schießen (*fam*); **en prendre de la** ~ *fam* sich (*Dat*) daran ein Beispiel nehmen

graineterie [gʀɛn(ə)tʀi] *f* Samenhandlung *f*

grainetier, -ière [gʀɛntje, -jɛʀ] *m, f* Getreide- und Futtermittelhändler(in) *m(f)*

graissage [gʀesaʒ] *m* Schmieren *nt;* **huile de** ~ Schmieröl *nt*

graisse [gʀɛs] *f* ❶ *sans pl* PHYSIOL, GASTR Fett *nt;* ~ **d'oie/de porc** Gänse-/Schweinefett
❷ *pl* (*matières grasses*) Fette *Pl;* ~**s végétales/animales** pflanzliche/tierische Fette
❸ (*lubrifiant*) Schmierfett *nt*
◆ ~ **à frire** Bratfett *nt*

graisser [gʀese] <1> *vt* ❶ einfetten *bottes, poêle;* schmieren *engrenage, voiture*
❷ (*salir*) fettig machen

graisseux, -euse [gʀesø, -øz] *adj* ❶ fettig; *cahier, nappe* speckig
❷ PHYSIOL **tissu** ~ Fettgewebe *nt*

graminée [gʀamine] *f* ❶ (*herbe*) Gras *nt*
❷ *pl* Süßgräser *Pl* (*Fachspr.*)

grammaire [gʀa(m)mɛʀ] *f* Grammatik *f*

grammairien(ne) [gʀa(m)mɛʀjɛ̃, jɛn] *m(f)* Grammatiker(in) *m(f)*

grammatical(e) [gʀamatikal, o] <-aux> *adj analyse* grammati[kali]sch; *phrase* grammati[kali]sch richtig [*o* korrekt]; **exercice** ~ Grammatikübung *f*

grammaticalement [gʀamatikalmɑ̃] *adv* grammati[kali]sch

gramme [gʀam] *m* Gramm *nt;* **il/elle n'a pas un** ~ **de graisse** an ihm/ihr ist kein Gramm Fett
▸ **ne pas avoir un** ~ **de bon sens** [*o* **de jugeote**] *fam* keinen Funken [*o* nicht für fünf Pfennig] Verstand haben (*fam*)

grand(e) [gʀɑ̃, gʀɑ̃d] **I.** *adj antéposé* ❶ groß; *arbre* hoch; *jambe, avenue* lang; ~ **format** Großformat *nt*
❷ (*plus âgé*) groß
❸ (*nombreux*) *famille, foule, choix* groß
❹ (*extrême*) *menteur, rêveur* groß; *buveur, fumeur, mangeur* stark; *travailleur* tüchtig; *collectionneur* eifrig; ~ **blessé/malade/invalide** Schwerverletzter/-kranker/-behinderter; ~ **brûlé** Mensch *m* mit schweren Verbrennungen; **faire un** ~ **froid** sehr kalt sein; **pendant les** ~**es chaleurs/**~**s froids** während der großen Hitze/Kälte; **être d'une** ~**e jeunesse/vieillesse** sehr jung/alt sein
❺ (*bien rempli*) **un** ~ **verre d'eau** ein volles [*o* ganzes] Glas Wasser
❻ (*intense*) *joie* groß; *bruit, cri, rire* laut; *vent* heftig, stark; *coup de poing* gewaltig; *soupir* tief; ~**e marée** Springflut *f;* **avoir** ~ **besoin** dringend brauchen
❼ (*important, fameux*) groß; *vin* besondere(r, s); ~ **entreprise** Großunternehmen *nt;* **le** ~ **jour/moment** der große Tag/Augenblick
❽ (*respectable*) nobel; ~**e dame/**~ **monsieur** große Dame/hoher Herr; **la** ~**e dame de la chanson** die Grande Dame des Chansons
❾ (*généreux*) *âme, cœur* groß; ~**s sentiments** edle Gesinnung
❿ (*exagéré*) **employer de** ~**s mots** große Worte machen; **faire de** ~**es phrases** große Reden schwingen; **faire de** ~**s gestes** wild gestikulieren; **prendre de** ~**s airs** vornehm tun
▸ **au** ~ **jamais** nie und nimmer
II. *adv* **ouvrir tout** ~ **qc** [*o* **qc tout(e)** ~] etw ganz weit aufmachen; **voir** ~ großzügig planen; **le mariage se fera en** ~ die Hochzeit wird im großen Stil [*o* groß *fam*] gefeiert
III. *m(f)* ❶ Große(r) *f(m);* **jeu pour petits et** ~**s** Spiel für Groß und Klein
❷ (*célébrité*) **un** ~ **du football/de la linguistique** ein bedeutender Fußballspieler/Sprachwissenschaftler
❸ *pl* POL **les sept Grands** die sieben großen Industrienationen
❹ *pl* ECON **les** ~**s de l'informatique** die Spitzenunternehmen der Computerbranche

i Land & Leute

Die **grandes écoles** sind Hochschulen unterschiedlicher Fachrichtungen. Um an ihnen studieren zu können, muss man bereits ein zweijähriges Universitätsstudium oder einen ebenso langen Vorbereitungskurs *(les classes préparatoires)* vorweisen können. Außerdem muss man sich einem strengen Auswahlverfahren stellen. Die Absolventinnen und Absolventen dieser Hochschulen sind bei der Besetzung von Führungspositionen in Politik und Wirtschaft sehr gefragt.

grand-angle [gʀɑ̃tɑ̃gl] <grands-angles> *m* Weitwinkel[objektiv *nt*] *m* **grand-angulaire** [gʀɑ̃tɑ̃gylɛʀ] <grands-angulaires> *m* Weitwinkel[objektiv *nt*] *m* **grand-chose** [gʀɑ̃ʃoz] **pas** ~ nicht viel; **plus** ~ nicht mehr viel; **pas** ~ **de bon/de vrai** nicht viel Gutes/Wahres **grand-croix** [gʀɑ̃kʀwa] **I.** <grand-croix> *f* (*décoration*) Großkreuz *nt* **II.** <grands-croix> *m* (*personne*) Träger *m* des Großkreuzes **grand-duc** [gʀɑ̃dyk] <grands-ducs> *m* Großherzog *m* **grand-ducal** [gʀɑ̃dykal] *adj* BELG (*luxembourgeois*) aus [dem Großherzogtum] Luxemburg, luxemburgisch **grand-duché** [gʀɑ̃dyʃe]

<grands-duchés> *m* Großherzogtum *nt*
Grande-Bretagne [gʀɑ̃dbʀətaɲ] *f* **la ~** Großbritannien *nt* **grande-duchesse** [gʀɑ̃ddyʃɛs] <grandes-duchesses> *f* Großherzogin *f*
grandement [gʀɑ̃dmɑ̃] *adv* ❶ sehr; *avoir raison* völlig; **avoir ~ tort** schwer im Unrecht sein; **contribuer ~ à** einen großen Beitrag leisten zu; **il est ~ l'heure** es ist höchste Zeit
❷ (*généreusement*) *loger* großzügig; *agir* großmütig
grandeur [gʀɑ̃dœʀ] *f* ❶ *sans pl* Größe *f*; **être de la ~ de qc** so groß wie etw sein; **de quelle ~ est ...?** wie groß ist ...?; **de même ~** gleich groß; **de toutes les ~s** in allen Größen; **~ moyenne** Durchschnittsgröße
❷ *sans pl* (*importance, puissance*) Größe *f*
❸ (*générosité*) [menschliche] Größe; **~ d'âme** Seelengröße *f*
▶ **de première ~** gewaltig (*fam*)
◆ **~ nature** *adj inv* lebensgroß, in Lebensgröße
grand-faim [gʀɑ̃fɛ̃] *f* ▶ **avoir ~** großen Hunger haben **grand-guignolesque** [gʀɑ̃giɲɔlɛsk] <grand-guignolesques> *adj* schauerlich
grandiloquence [gʀɑ̃dilɔkɑ̃s] *f sans pl* hochtrabende [*o* schwülstige] Ausdrucksweise
grandiloquent(e) [gʀɑ̃dilɔkɑ̃, ɑ̃t] *adj* schwülstig; *personne* hochtrabend [*o* schwülstig] redend
grandiose [gʀɑ̃djoz] *adj* großartig
grandir [gʀɑ̃diʀ] <8> **I.** *vi* ❶ wachsen; **~ de dix centimètres** zehn Zentimeter wachsen [*o* größer werden]
❷ (*devenir plus mûr*) reifer werden
❸ (*augmenter*) wachsen; *foule:* anwachsen; **l'obscurité grandit** es wird [immer] dunkler
❹ (*s'élever*) **sortir grandi(e) de qc** gestärkt aus etw hervorgehen; **~ en beauté/sagesse/vertu** schöner/weiser/tugendhafter werden
II. *vt* ❶ größer machen [*o* erscheinen lassen] *personne;* vergrößern *chose*
❷ (*exagérer*) aufbauschen
❸ (*ennoblir*) **qc grandit qn** jd gewinnt durch etw
III. *vpr* ❶ **se ~** sich größer machen
❷ (*s'élever*) **se ~ par qc** durch etw gewinnen
grandissant(e) [gʀɑ̃disɑ̃, ɑ̃t] *adj* wachsend; *foule* anwachsend
grandissime [gʀɑ̃disim] *adj fam* riesig (*fam*)
grand-maman [gʀɑ̃mamɑ̃] <grands-mamans> *f fam* Großmama *f* (*fam*), Oma *f* (*fam*) **grand-mère** [gʀɑ̃mɛʀ] <grand[s]-mères> *f* Großmutter *f*, Oma *f* (*fam*) ▶ **il ne faut pas pousser ~ dans les orties** nun mach[t] mal halblang **grand-messe** [gʀɑ̃mɛs] <grand[s]-messes> *f* Hochamt *nt* **grand-oncle** [gʀɑ̃tɔ̃kl] <grands-oncles> *m* Großonkel *m* **grand-papa** [gʀɑ̃papa] <grands-papas> *m fam* Großpapa *m* (*fam*), Opa *m* (*fam*) **grand-peine** [gʀɑ̃pɛn] ▶ **avoir ~ à faire qc** Mühe haben, etw zu tun; **à ~** mit Mühe und Not, mit großer Mühe **grand-père** [gʀɑ̃pɛʀ] <grands-pères> *m* Großvater *m*, Opa *m* (*fam*) **grand-route** [gʀɑ̃ʀut] <grands-routes> *f* Landstraße *f* **grand-rue** [gʀɑ̃ʀy] <grand-rues> *f* Hauptstraße *f* **grand-soif** [gʀɑ̃swaf] *f* ▶ **avoir ~** großen Durst haben
grands-parents [gʀɑ̃paʀɑ̃] *mpl* Großeltern *Pl*
grand-tante [gʀɑ̃tɑ̃t] <grands-tantes> *f* Großtante *f* **grand-voile** [gʀɑ̃vwal] <grand[s]-voiles> *f* Großsegel *nt*
grange [gʀɑ̃ʒ] *f* Scheune *f*
granit[e] [gʀanit] *m* Granit *m*
granité [gʀanite] *m* ❶ (*tissu*) Krepp *nt*
❷ (*sorbet*) Eis *nt* mit kleinen Stückchen
granité(e) [gʀanite] *adj* körnig
granitique [gʀanitik] *adj* **sol ~** Granitboden *m*, granithaltiger Boden
granivore [gʀanivɔʀ] **I.** *adj* Körner fressend
II. *m* Körnerfresser *m*
granny [gʀani] *f* Granny Smith *m*
granulat [gʀanyla] *m* CONSTR Zuschlag *m*, Zuschlagstoffe *Pl*
granulation [gʀanylasjɔ̃] *f* ❶ MED, BIO Körnung *f*
❷ *sans pl* TECH (*action*) Granulieren *nt;* PHOT Körnen *nt*
❸ TECH (*surface*) Granulierung *f;* PHOT Körnung *f*
granule [gʀanyl] *m* ❶ Körnchen *nt*
❷ PHARM Granulum *nt* (*Fachspr.*)
granulé [gʀanyle] *m* Granulat *nt*
granulé(e) [gʀanyle] *adj* körnig; *surface* körnig, gekörnt
granuler [gʀanyle] <1> *vt* granulieren
granuleux, -euse [gʀanylø, -øz] *adj* körnig, gekörnt; *cuir* genarbt; *peau, roche* rau
graphe [gʀaf] *m* Graph *m*
graphème [gʀafɛm] *m* Graphem *nt*
grapheur [gʀafœʀ] *m* Grafikprogramm *nt*
graphie [gʀafi] *f* Schreibweise *f*, Schreibung *f*
graphique [gʀafik] **I.** *adj* ❶ grafisch; **arts ~s** Grafik *f*
❷ INFORM **carte ~** Grafikkarte *f*
II. *m* Schaubild *nt*
◆ **~ à barre** Balkendiagramm *nt*
graphiquement [gʀafikmɑ̃] *adv* grafisch
graphisme [gʀafism] *m* ❶ *sans pl* (*écriture individuelle*) Handschrift *f*, Schriftzüge *Pl;* (*aspect d'une lettre*) Schriftbild *nt*
❷ ART *sans pl* grafische [*o* zeichnerische] Gestaltung; *d'un artiste* Zeichenstil *m*, Grafikstil *m*
graphiste [gʀafist] *mf* Grafiker(in) *m(f)*
graphite [gʀafit] *m* Graphit *m*
graphologie [gʀafɔlɔʒi] *f sans pl* Graphologie *f*
graphologue [gʀafɔlɔg] *mf* Graphologe *m*/Graphologin *f*
grappa [gʀapa] *f* GASTR Grappa *m o f*
grappe [gʀap] *f* ❶ Traube *f;* **une ~ de raisin** eine Weintraube
❷ (*assemblage serré*) **une ~ de personnes** eine Menschentraube, eine Traube Menschen; **une ~ d'oignons** ein dicker Bund Zwiebeln
grappillage [gʀapijaʒ] *m* ❶ *des fruits* [Ab]pflücken *nt*, [Nach]lese *f*
❷ *fig des idées, nouvelles* Aufschnappen *nt* (*fam*)
grappiller [gʀapije] <1> *vt* ❶ einzeln [ab]pflücken *fruits, fleurs*
❷ (*recueillir*) mitbekommen (*fam*) *connaissances;* aufschnappen (*fam*) *nouvelles, idées;* herausschlagen (*fam*) *argent*
grappin [gʀapɛ̃] *m* ❶ Haken *m*
❷ NAUT *d'une embarcation* [Dregg]anker *m*
▶ **mettre le ~ sur qn** *fam* jdn nicht aus den Klauen lassen (*fam*); **mettre le ~ sur qc** *fam* sich (*Dat*) etw unter den Nagel reißen (*fam*)
gras [gʀɑ] **I.** *m* ❶ *sans pl* GASTR Fett *nt*, Fette(s) *nt*
❷ *sans pl* (*graisse*) Fett *nt;* **tache de ~** Fettfleck *m;* **couvert de ~** fettig
❸ *sans pl* (*partie charnue*) **~ de la jambe** Wade *f*
II. *adv* ❶ *manger* fett
❷ (*d'une voix pâteuse*) *rire* ordinär, dreckig (*fam*)
gras(se) [gʀɑ, gʀɑs] *adj* ❶ fett; **acides ~** Fettsäuren; **40 % de matières ~ses** 40 % Fett *nt;* **l'huile et le beurre sont des matières ~ses** Öl und Butter sind Fette; **corps ~** Fett[stoff *m*] *nt*
❷ (*gros*) dick, fett (*pej*); *visage, main* fleischig; *vache, poulet* fett
❸ (*graisseux*) fettig; *chaussée, rocher* glitschig; *terre, boue* lehmig
❹ TYP **en [caractère] ~** (*écrit*) in dicken Lettern; (*imprimé*) in Fettdruck, fett gedruckt
❺ BOT **plante ~se** Fettpflanze *f*, Sukkulente *f*
❻ (*pâteux*) *voix* rau, belegt; *rire* ordinär, dreckig (*fam*); *toux* schleimig
gras-double [gʀɑdubl] <gras-doubles> *m* Kaldaunen *Pl*, Kutteln *Pl*
grassement [gʀɑsmɑ̃] *adv* ❶ *rire* ordinär, dreckig (*fam*)
❷ (*largement*) *payer* reichlich
▶ **vivre ~** *péj* wie die Made im Speck leben (*fam*)
grasseyer [gʀaseje] <1> *vi* das R [als Zäpfchen-R] in der Kehle sprechen
grassouillet(te) [gʀasujɛ, jɛt] *adj fam* pummelig (*fam*)

gratifiant(e) [gʀatifjɑ̃, jɑ̃t] *adj travail* befriedigend; **effet ~** Anreiz *m*
gratification [gʀatifikasjɔ̃] *f* Gratifikation *f;* **~ de fin d'année** ≈ Weihnachtsgeld *nt*
gratifier [gʀatifje] <1a> *vt* **~ qn d'un pourboire/d'une récompense** jdm ein Trinkgeld/eine Belohnung zuteil werden lassen; **~ qn d'un sourire** jdm ein Lächeln schenken; **~ qn d'une amende/paire de gifles** *iron* jdm einen Strafzettel/eine Ohrfeige verpassen *(fam)*
gratin [gʀatɛ̃] *m* ❶ GASTR Gratin *nt;* *(croûte)* Kruste *f;* **au ~** überbacken, gratiniert
❷ *sans pl fam (haute société)* **le ~** die Crème de la crème *(iron);* **tout le ~ de la ville** alles, was in der Stadt Rang und Namen hat *(fam)*
gratiné(e) [gʀatine] *adj* ❶ überbacken, gratiniert
❷ *fam (extraordinaire) raclée* anständig *(fam); aventure* verrückt *(fam)*
gratinée [gʀatine] *f mit Käse überbackene Zwiebelsuppe*
gratiner [gʀatine] <1> **I.** *vi* überbacken werden
II. *vt [faire]* **~ qc** etw überbacken, etw gratinieren
gratis [gʀatis] **I.** *adj fam* kostenlos, unentgeltlich, gratis *nur präd;* **billet ~** Freikarte *f*
II. *adv fam* umsonst, gratis
gratitude [gʀatityd] *f sans pl* Dankbarkeit *f;* **témoigner sa ~ à qn** jdm seine Dankbarkeit beweisen
gratos [gʀatos] *adj inv fam* gratis, umsonst
gratouiller [gʀatuje] <1> <1> *vt fam* jucken; **ça gratouille?** *fam* juckt es?
grattage [gʀataʒ] *m* ❶ Abkratzen *nt; d'un mot* Ausradieren *nt*
❷ *(au jeu)* Rubbeln *nt*
gratte [gʀat] *f* ❶ AGR Hacke *f*
❷ *fam (profit)* **faire de la ~** ein paar Piepen abstauben *(fam)*
❸ *fam (guitare)* Klampfe *f (fam)*
gratte-ciel [gʀatsjɛl] *m inv* Wolkenkratzer *m* **gratte-cul** [gʀatky] <gratte-culs> *m* Hagebutte *f*
grattement [gʀatmɑ̃] *m sans pl* Kratzen *nt*
gratte-papier [gʀatpapje] <gratte-papier[s]> *mf péj* schlecht bezahlter Kopist
gratter [gʀate] <1> **I.** *vi* ❶ *(démanger)* kratzen
❷ *(récurer)* scheuern
❸ *(grincer) plume, disque:* kratzen
❹ *(griffer)* **~ à la porte/fenêtre** an der Türe/am Fenster kratzen
❺ *fam (aller au-delà de l'apparence)* dahinterschauen, daran kratzen *(fam)*
❻ *fam (jouer un peu)* **~ de la guitare** mehr schlecht als recht Gitarre spielen *(fam)*
II. *vt* ❶ *(frotter)* [herum]kratzen an (+ *Dat*) *boutons; (en entamant)* abkratzen *plancher, mur, table;* schaben *carottes;* anzünden *allumette;* **~ le dos à qn** jdm den Rücken kratzen, jdn am Rücken kratzen
❷ *(faire ses griffes)* kratzen an (+ *Dat*) *arbre; (fouiller, remuer)* scharren auf (+ *Dat*) *sol*
❸ *(enlever)* abkratzen, wegkratzen; ausradieren *mot*
❹ *(démanger)* **~ qn** *pull, étoffe:* jdn kratzen; *cicatrice:* jdn jucken; **ça me gratte à la jambe** mich juckt es am Bein
❺ *fam (prélever)* **~ cent euros sur qc** bei etw hundert Euro herausschlagen *(fam)*
III. *vpr* **se ~ jusqu'au sang** sich blutig kratzen; **se ~ qc** sich *(Dat)* etw kratzen, sich an etw *(Dat)* kratzen
▶ **tu peux toujours te ~!** *fam* du kannst mich mal! *(fam)*
gratteux [gʀatø] *m* CAN *(billet de loterie)* Rubbellos *nt*
grattoir [gʀatwaʀ] *m* ❶ *(outil)* Schaber *m,* Kratzer *m*
❷ *(surface)* Reibfläche *f*
grat(t)ouiller [gʀatuje] *vt fam* kratzen
gratuit(e) [gʀatɥi, ɥit] *adj* ❶ *entrée* frei; *consultation* kostenlos, unentgeltlich; **supplément ~** Gratisbeilage *f;* **enseignement ~** kostenloser Schulbesuch; **à titre ~** kostenlos, gratis
❷ *(non motivé) affirmation* willkürlich; *supposition* ungerechtfertigt; *accusation* grundlos; *acte* unmotiviert; *cruauté* unnötig
gratuité [gʀatɥite] *f* ❶ *sans pl* **~ de l'enseignement** Schulgeldfreiheit *f;* **~ des soins médicaux** kostenlose medizinische Behandlung
❷ *sans pl fig d'une affirmation* Willkürlichkeit *f; d'une hypothèse* Unbegründetheit *f; d'un acte* Unmotiviertheit *f*
gratuitement [gʀatɥitmɑ̃] *adv* ❶ kostenlos; *entrer, voyager* ohne etwas zu bezahlen
❷ *(sans motif) affirmer* willkürlich; *supposer* ungerechtfertigterweise; *agir* unmotiviert; **risquer ~ sa vie** grundlos sein Leben aufs Spiel setzen; **commettre ~ un crime** ohne Motiv ein Verbrechen begehen
gratuitiel [gʀatɥisjɛl] *m* CAN Freeware *f*
gravats [gʀavɑ] *mpl* [Bau]schutt *m*
grave [gʀav] **I.** *adj* ❶ ernst; *assemblée* feierlich; *magistrat* würdevoll; **faire qc le visage ~** etw mit ernstem Gesicht tun
❷ *(lourd de conséquences) état, situation, question* ernst; *accident, maladie, responsabilité* schwer; *avertissement, menace, ennuis* ernsthaft; *faute, raison* schwerwiegend, gravierend; *nouvelles* schlimm; *sanction* hart; **blessé ~** Schwerverletzter *m;* **des choses ~s** etwas Ernstes; **ce n'est pas ~** das ist nicht schlimm
❸ GRAM **accent ~** *(im Französischen)* Accent *m* grave; LING Gravis *m*
❹ *(bas) son, note* tief; *voix* tief, dunkel
II. *m souvent pl* ❶ *d'une voix* tiefe Lage *f*
❷ AUDIOV, TV **les ~s et les aigus** die Tiefen und Höhen
graveleux, -euse [gʀavlø, -øz] *adj* ❶ *(qui contient du gravier)* kiesig
❷ *propos, sujet* sehr anstößig, zotig
gravement [gʀavmɑ̃] *adv* ❶ ernst; *marcher* würdevoll
❷ *(de manière importante)* schwer; **être ~ menacé(e)/malade** schwer [*o* ernstlich] bedroht/krank sein
graver [gʀave] <1> **I.** *vt* ❶ **~ qc sur/dans qc** etw in etw *(Akk)* [ein]ritzen
❷ ART **~ qc sur cuivre/sur bois** etw in Kupfer *(Akk)* stechen/in Holz *(Akk)* schneiden; **être gravé(e) à l'eau-forte** radiert sein/werden
❸ *(rendre durable)* **~ qc dans sa mémoire** [*o* **son esprit**] sich *(Dat)* etw fest einprägen
II. *vpr* **se ~ dans la mémoire de qn** sich jdm fest einprägen, sich jdm tief ins Gedächtnis [ein]graben
graveur [gʀavœʀ] *m* ❶ **~ de CD-ROM** CD-ROM-Brenner *m*
❷ ART Graveur *m;* **~ à l'eau-forte** Radierer *m*
graveuse [gʀavøz] *f* ART Graveurin *f;* **~ à l'eau-forte** Radiererin *f*
gravide [gʀavid] *adj* MED trächtig
gravier [gʀavje] *m* ❶ *sans pl* Kies *m;* **allée de ~** Kiesweg *m*
❷ *(petit caillou)* [kleiner] Kiesel[stein]
❸ GEOL Kies *m*
gravillon [gʀavijɔ̃] *m* ❶ *sans pl (sur route)* Splitt *m; (dans un jardin)* Kies *m;* **attention, risque de projection de ~s!** Vorsicht Rollsplitt!
❷ *souvent pl (petit caillou)* Kieselstein *m*
gravir [gʀaviʀ] <8> *vt* ❶ [hinauf]klettern auf (+ *Akk*) *côte, colline*
❷ *(franchir)* **~ les échelons de la hiérarchie professionnelle/sociale** beruflich/gesellschaftlich aufsteigen
gravissime [gʀavisim] *adj maladie* sehr ernst; *erreur* gravierend
gravitation [gʀavitasjɔ̃] *f sans pl* Gravitation *f;* **loi de la ~ universelle** Gravitationsgesetz *nt*
gravité [gʀavite] *f* ❶ *sans pl* Ernst *m;* **avec ~** *regarder* mit ernster Miene; *parler* ernst
❷ *sans pl (importance, caractère dangereux) d'une situation* Ernst *m; d'une faute* Schwere *f; d'une catastrophe, sanction* Ausmaß *nt;* **un accident sans ~** ein leichter Unfall; **voir la ~ du problème** sehen, wie ernst dieses Problem ist

❸ *sans pl* PHYS Schwerkraft *f;* **les lois de la ~** die Gesetze der Schwerkraft

graviter [gʀavite] <1> *vi* ❶ PHYS, ASTRON **~ autour de qc** sich um etw drehen, um etw kreisen

❷ *fig* **~ autour du ministre** sich ständig im [Um]kreis des Ministers aufhalten; **~ dans l'orbite d'une grande puissance** *pays:* im Einflussbereich einer Großmacht sein

gravure [gʀavyʀ] *f* ❶ *sans pl* (*technique*) Gravieren *nt;* (*à l'eau-forte*) Radieren *nt*

❷ (*œuvre*) Gravur *f;* (*sur cuivre*) Kupferstich *m;* (*sur bois*) Holzschnitt *m;* (*à l'eau-forte*) Radierung *f*

❸ (*reproduction*) Stich *m*

◆ **~ de mode** Modezeichnung *f*

gré [gʀe] ► **de ~ ou de force** wohl oder übel; **de bon ~** bereitwillig; **bon ~ mal ~** wohl oder übel; **de mauvais ~** widerwillig; **de mon/son plein ~** freiwillig, aus freien Stücken; **savoir ~ à qn de qc** *soutenu* jdm für etw verbunden sein (*geh*); **trouver qn/qc à son ~** jdn/etw nach seinem Geschmack finden; **au ~ de qn** (*de l'avis de*) jds Meinung [*o* Ansicht] (*Dat*) nach; (*selon les désirs de*) nach jds Wünschen; **au ~ de sa fantaisie** nach Lust und Laune; **au ~ des événements/circonstances** je nach den Ereignissen/Umständen; **contre le ~ de qn** gegen jds Willen

grèbe [gʀɛb] *m* ZOOL Taucher *m*

grec [gʀɛk] *m* **le ~ ancien/moderne** Alt-/Neugriechisch *nt,* das Alt-/Neugriechische; *v. a.* **allemand**

grec, grecque [gʀɛk] *adj* griechisch; **légumes à la ~que** Gemüse mit Olivenöl und Kräutern

Grec, Grecque [gʀɛk] *m, f* Grieche *m*/Griechin *f*

Grèce [gʀɛs] *f* **la ~** Griechenland *nt*

gréco-latin(e) [gʀekolatɛ̃, in] <gréco-latins> *adj* griechisch-lateinisch **gréco-romain(e)** [gʀekoʀɔmɛ̃, ɛn] <gréco-romains> *adj* griechisch-römisch

grecque [gʀɛk] *f* (*ornement*) Mäander *m*

gredin(e) [gʀədɛ̃, in] *m(f) fam* Schurke *m*/Schurkin *f*

gréement [gʀemɑ̃] *m sans pl* ❶ NAUT Takelung *f,* Auftakeln *nt*

❷ (*matériel*) Takelage *f*

gréer [gʀee] <1> *vt* NAUT auftakeln

greffage [gʀefaʒ] *m sans pl* Veredelung *f,* Pfropfen *nt,* Pfropfung *f*

greffe¹ [gʀɛf] *f* ❶ BOT Veredelung *f,* Pfropfen *nt,* Pfropfung *f;* (*greffon*) Pfropfreis *nt,* Edelreis

❷ MED Transplantation *f,* Verpflanzung *f;* **~ d'organe** Organtransplantation, Organverpflanzung; **la ~ a pris** die Transplantation ist gelungen

greffe² [gʀɛf] *m d'un tribunal* Geschäftsstelle *f*

greffer [gʀefe] <1> **I.** *vt* ❶ BOT veredeln; **~ qc sur qc** etw auf etw (*Akk*) propfen

❷ MED **~ qc à qn** jdm etw transplantieren

II. *vpr* **se ~ sur qc** zu etw hinzukommen

greffier, -ière [gʀefje, -jɛʀ] *m, f* Justizbeamter *m*/-beamtin *f*

greffon [gʀefɔ̃] *m* ❶ BOT Pfropfreis *nt,* Edelreis

❷ MED Transplantat *nt*

grégaire [gʀegɛʀ] *adj* **instinct** [*o* **tendance**] **~** Herdentrieb *m*

grège [gʀɛʒ] *adj* ekrü; **soie ~** Grège[seide *f*] *f*

grégorien [gʀegɔʀjɛ̃] *m* gregorianischer Gesang

grégorien(ne) [gʀegɔʀjɛ̃, jɛn] *adj* gregorianisch

grêle¹ [gʀɛl] *adj membre, silhouette* dürr; *apparence* schmächtig; *son, voix* dünn

grêle² [gʀɛl] *f a. fig* Hagel *m;* **~ de pierres/balles** Stein-/Kugelhagel; **une ~ de coups/d'injures s'abat sur qn** Schläge prasseln/eine Flut von Beleidigungen geht auf jdn nieder

grêlé(e) [gʀele] *adj* pockennarbig

grêler [gʀele] <1> *vi impers* **il grêle** es hagelt

grêlon [gʀɛlɔ̃] *m* Hagelkorn *nt*

grelot [gʀəlo] *m* kleine Glocke, Glöckchen *nt*

grelottement [gʀəlɔtmɑ̃] *m* [leichtes] Zittern; (*plus fort*) Schlottern *nt;* **~ de fièvre** Schüttelfrost *m*

grelotter [gʀəlɔte] <1> *vi* ❶ **~ de qc** (*légèrement/fortement*) vor etw (*Dat*) zittern/schlottern; **~ de fièvre** Schüttelfrost haben

❷ *littér* (*résonner*) klingeln, läuten

greluche [gʀəlyʃ] *f péj fam* Tussi *f*

grenade [gʀənad] *f* ❶ BOT Granatapfel *m*

❷ MIL Granate *f*

grenadier [gʀənadje] *m* ❶ BOT Granatapfelbaum *m*

❷ MIL Grenadier *m*

grenadin [gʀənadɛ̃] *m* ❶ BOT *eine rote Nelkenart*

❷ GASTR *gespickte, gebratene Kalbsnuss*

grenadine [gʀənadin] *f* Grenadine *f;* **diabolo ~** *Limonade mit Granatapfelsirup*

grenaille [gʀənɑj] *f sans pl* Schrot *nt o m*

grenat [gʀəna] **I.** *m* Granat *m*

II. *adv inv* granatfarben

grenier [gʀənje] *m* ❶ *d'une ferme* Speicher *m;* **~ à blé** Kornspeicher, Getreidespeicher; **~ à foin** [*o* **fourrage**] Heuboden *m*

❷ (*combles*) *d'une maison* Speicher *m,* [Dach]boden *m*

❸ *littér* (*région fertile*) Kornkammer *f* (*liter*)

grenouillage [gʀənujaʒ] *m fam* Schiebung *f* (*fam*)

grenouille [gʀənuj] *f* ❶ Frosch *m*

❷ *fam* (*symbole météorologique*) Wetterfrosch *m*

◆ **~ de bénitier** *fam* Betbruder *m*/-schwester *f* (*fam*)

grenouillère [gʀənujɛʀ] *f* Strampelhose *f*

grenu(e) [gʀəny] *adj peau, roche* rau; *marbre, papier* körnig, gekörnt; *cuir* genarbt

grès [gʀɛ] *m* ❶ Sandstein *m;* **~ siliceux/ferrugineux** Kiesel-/Eisensandstein

❷ (*poterie*) Steingut *nt;* **cruche de** [*o* **en**] **~** Steinkrug *m*

grésil [gʀezil] *m sans pl* Graupeln *Pl;* **pluie mêlée de ~** Graupelschauer *m*

grésillement [gʀezijmɑ̃] *m d'une radio, d'un téléphone* Rauschen *nt; de la friture* Brutzeln *nt*

grésiller¹ [gʀezije] <1> *vi huile, friture:* brutzeln; **la radio/le disque/téléphone grésille** es rauscht im Sender/bei der Wiedergabe/in der Leitung

grésiller² [gʀezije] <1> *vi impers* graupeln; **il grésille** es graupelt

grève [gʀɛv] *f* ❶ Streik *m;* **appel à la ~** Streikaufruf *m;* **déclenchement d'une ~** Streikausbruch *m;* **~ générale** Generalstreik; **~ surprise/sur le tas** Blitz-/Sitzstreik; **~ tournante** *Streik, bei dem sich die Belegschaftsgruppen abwechseln;* **être en ~, faire ~** streiken; **se mettre en ~** in den Streik [*o* Ausstand] treten; **en ~** *entreprise* bestreikt; *ouvrier* streikend

❷ *soutenu* (*rivage*) Gestade *nt* (*poet*)

◆ **~ d'avertissement** Warnstreik *m;* **~ de la faim** Hungerstreik *m;* **faire la ~ de la faim** einen Hungerstreik durchführen; **~ du zèle** Bummelstreik *m*

grever [gʀəve] <4> *vt* **~ qn/qc de qc** jdn/etw mit etw belasten

gréviste [gʀevist] *mf* Streikende(r) *f(m);* **~s de la faim** Menschen *Pl* im Hungerstreik

gribiche [gʀibiʃ] *adj* GASTR **sauce ~** *Vinaigrette mit sauren Gurken, Kapern, Kräutern und gehacktem Ei*

gribouillage [gʀibujaʒ] *m* Gekritzel *nt;* **faire des ~s sur qc** etw bekritzeln

gribouiller [gʀibuje] <1> **I.** *vi* **~ sur qc** auf etw (*Akk o Dat*) kritzeln

II. *vt* **~ qc sur qc** etw auf etw (*Akk*) kritzeln; **~ qc à qn** jdm etw [hin]kritzeln

gribouilleur, -euse [gʀibujœʀ, -jøz] *m, f péj* (*écrivain*) Schreiberling *m* (*pej*); (*peintre*) Farbenkleckser(in) *m(f)* (*pej*)

gribouillis [gʀibuji] *m v.* **gribouillage**

grief [gʀijɛf] *m* Klage[punkt *m*] *f,* Beschwerde *f;* **avoir** [*o* **nourrir** *soutenu*] **des ~s contre qn** einen Groll auf jdn haben [*o* gegen jdn hegen *geh*]; **faire ~ à qn de qc/d'avoir fait qc**

soutenu jdm etw vorwerfen/jdm vorwerfen, etw getan zu haben; **formuler** [*o* **exposer**] **ses ~s contre qn** seine Beschwerden [*o* Klagen] gegen jdn vorbringen

grièvement [gʀijɛvmɑ̃] *adv* schwer

griffe [gʀif] *f* ❶ *d'un animal* Kralle *f;* **faire ses ~s** die Krallen wetzen
❷ (*marque*) Markenzeichen *nt,* Zeichen *nt* des Herstellers; (*signature*) Unterschrift *f*
❸ BELG (*égratignure*) Kratzer *m*
▶ **toutes ~s dehors** aggressiv; **arracher qn des ~s de qn** jdn aus jds Klauen befreien; **être entre les ~s** [*o* **sous la ~**] **de qn** in jds Klauen (*Dat*) sein; **montrer les ~s** die Krallen zeigen; **porter la ~ de qn** jds Stempel tragen; **reconnaître la ~ de qn** jds Handschrift erkennen; **rentrer ses ~s** einlenken; **forcer qn à rentrer ses ~s** jdn zum Einlenken zwingen; **faire rentrer ses ~s à qn** jdn versöhnlich stimmen; **tomber entre les ~s** [*o* **sous la ~**] **de qn** in jds Klauen (*Akk*) geraten

griffé(e) [gʀife] *adj* **vêtements ~s** Markenkleidung *f*

griffer [gʀife] <1> **I.** *vt* kratzen *personne;* zerkratzen *jambes, visage, voiture*
II. *vi* kratzen; **attention, ça griffe!** Achtung, Dornen!

griffon [gʀifɔ̃] *m* ❶ (*chien*) Griffon *m*
❷ (*vautour*) [Gänse]geier *m*
❸ MYTH Greif *m*

griffonnage [gʀifɔnaʒ] *m* Gekritzel *nt*

griffonner [gʀifɔne] <1> **I.** *vi* **~ sur qc** auf etw (*Akk o Dat*) kritzeln
II. *vt* **~ qc sur qc** etw auf etw (*Akk*) kritzeln; **~ qc à qn** jdm etw hinkritzeln

griffu(e) [gʀify] *adj* ❶ (*qui a des griffes*) mit Krallen
❷ (*qui griffe*) kratzig

griffure [gʀifyʀ] *f* (*égratignure*) Kratzer *m*

grifton [gʀiftɔ̃] *m v.* **griveton**

grignotage [gʀiɲɔtaʒ] *m* ❶ (*action de manger*) Knabbern *nt*
❷ (*réduction*) *des libertés* Beschneiden *nt; du capital, des salaires* Aufzehren *nt* (*fig*); *des espaces* allmähliches Verschwinden; *de la majorité* Untergraben *nt* (*fig*)

grignotement [gʀiɲɔtmɑ̃] *m* Knabbern *nt*

grignoter [gʀiɲɔte] <1> **I.** *vi personne:* eine Kleinigkeit essen, eine Zwischenmahlzeit einnehmen; *animal:* knabbern
II. *vt* ❶ *personne:* knabbern
❷ (*ronger*) *animal:* [herum]knabbern an (+ *Dat*); (*manger entièrement*) fressen
❸ (*restreindre*) beschneiden *libertés;* aufzehren *capital;* einschränken *espaces*
❹ (*rattraper*) einholen *concurrent;* aufholen *retard*
❺ (*recueillir ça et là*) ergattern (*fam*) *argent;* herausschlagen (*fam*) *avantages, droits*

grigou [gʀigu] *m fam* Geizkragen *m* (*fam*)

grigri, gri-gri [gʀigʀi] <gris-gris> *m* Talisman *m*

gril [gʀil] *m* Grill *m;* **faire cuire qc sur le** [*o* **au**] **~** etw grillen; **cuit sur le ~** gegrillt
▶ **être sur le ~** *fam* auf heißen [*o* glühenden] Kohlen sitzen (*fam*)

grillade [gʀijad] *f* Gegrillte(s) *nt,* Grillade *f;* **faire des ~s** grillen

grillage [gʀijaʒ] *m* (*treillis*) [Draht]gitter *nt;* (*clôture*) Drahtzaun *m;* **~ en bois** Holzgitter

grillager [gʀijaʒe] <2a> *vt* vergittern *fenêtre;* einzäunen *jardin*

grille [gʀij] *f* ❶ (*clôture*) Drahtzaun *m;* (*porte*) Gittertür *f*
❷ (*treillis*) Gitter *nt; d'un château fort* Fallgitter; *d'un four, poêle à charbon* [Feuer]rost *m; d'un radiateur de voiture, d'aération* Luftschlitz *m*
❸ (*planning*) **~ d'**[*o* **des**] **horaires** Stundenplan *m;* **~ des horaires des trains** [Zug]fahrplan *m;* **~ des tarifs** Tariftabelle; **~ des programmes de radio/télévision** Radio-/Fernsehprogramm *nt*
❹ JEUX **~ de loto** Lottoschein *m;* **~ de mots croisés** Kreuzworträtsel *nt*
❺ (*système d'analyse*) Entschlüsselungsschema *nt*
❻ ELEC Gitter *nt*

grille-pain [gʀijpɛ̃] *m inv* Toaster *m*

griller [gʀije] <1> **I.** *vi* ❶ *viande, poisson:* gegrillt werden; *pain:* geröstet [*o* getoastet] werden; **faire ~** grillen; rösten *café, châtaignes;* rösten, toasten *pain;* **mettre de la viande à ~** Fleisch auf den Grill legen
❷ (*être impatient*) **~ d'envie** [*o* **d'impatience**] **de faire qc** darauf brennen, etw zu tun
❸ *fam* (*avoir chaud*) vor Hitze fast umkommen (*fam*)
II. *vt* ❶ grillen; rösten *café, châtaignes;* rösten, toasten *pain*
❷ (*détruire*) *soleil, feu:* verbrennen; **le gel a grillé les bourgeons** die Knospen sind erfroren
❸ ELEC **être grillé(e)** *fam* durchgebrannt sein
❹ *fam* (*devancer*) überrunden *coureur;* überfahren *feu rouge*
❺ *fam* (*fumer*) paffen (*fam*)
▶ **être grillé(e) auprès de qn** *pop* bei jdm unten durch sein (*fam*)

grillon [gʀijɔ̃] *m* Grille *f;* **le ~ chante** die Grille zirpt

grimaçant(e) [gʀimasɑ̃, ɑ̃t] *adj* [fratzenhaft] verzerrt

grimace [gʀimas] *f* ❶ Grimasse *f,* Fratze *f;* **faire la ~** das Gesicht verziehen; **faire des ~s** Grimassen schneiden; **~ de douleur/colère** schmerzverzerrtes/wutverzerrtes Gesicht; **~ de dégoût** angewiderte Miene
❷ (*pli*) **faire une ~** Falten/eine Falte werfen

grimacer [gʀimase] <2> *vi* ❶ Grimassen schneiden; **~ de douleur** das Gesicht vor Schmerz (*Dat*) verziehen; **le soleil le fait ~** wegen der Sonne blinzelt er
❷ (*faire un pli*) Falten/eine Falte werfen

grimage [gʀimaʒ] *m* THEAT (*maquillage*) Schminken *nt;* (*résultat*) Maske *f*

grimer [gʀime] <1> *vt, vpr* **~ qn/se ~** jdn/sich schminken

grimoire [gʀimwaʀ] *m* ❶ Zauberbuch *nt*
❷ (*écrit inintelligible/illisible*) unverständliches Schriftstück/Hieroglyphen *Pl*

grimpant(e) [gʀɛ̃pɑ̃, ɑ̃t] *adj* **rosier ~** Kletterrose *f*

grimpée [gʀɛ̃pe] *f* Aufstieg *m;* (*à vélo*) Bergfahrt *f;* **la ~ du col** der Aufstieg/die Fahrt zum Pass

grimper [gʀɛ̃pe] <1> **I.** *vi* ❶ **~ sur une paroi** eine Felswand hinaufklettern; **~ sur le toit/à** [*o* **dans**] **l'arbre/à l'échelle** auf das Dach/den Baum/die Leiter klettern; **~ à l'assaut de l'Everest** den Gipfel des Everest erklimmen; **~ le long de qc** *plante:* sich an etw (*Dat*) emporranken
❷ (*s'élever*) **~ dans la montagne** *route:* bergauf führen, ansteigen; **ça grimpe dur!** es geht steil bergauf!
❸ *fam* (*augmenter rapidement*) klettern (*fig*)
II. *vt* (*vu d'en haut/d'en bas*) hochkommen/hinaufsteigen *escalier;* **~ la côte** den Abhang hochkommen/hinaufklettern; (*à vélo, en voiture*) den Abhang hochkommen/hinauffahren
III. *m* SPORT Klettern *nt* [mit dem Seil]

grimpereau [gʀɛ̃pʀo] <x> *m* ZOOL Baumläufer *m*

grimpette [gʀɛ̃pɛt] *f fam* kurzer Aufstieg

grimpeur, -euse [gʀɛ̃pœʀ, -øz] **I.** *adj* **oiseau ~** Klettervogel *m*
II. *m, f* ❶ Kletterer *m*/Kletterin *f*
❷ (*cycliste*) Bergfahrer(in) *m(f)*

grinçant(e) [gʀɛ̃sɑ̃, ɑ̃t] *adj* ❶ *charnière* quietschend; *voix, musique, ton* schrill
❷ (*aigre*) *ironie, humour* beißend

grincement [gʀɛ̃smɑ̃] *m d'une roue, porte* Quietschen *nt; d'une plume* Kratzen *nt*
◆ **~ de dents** Zähneknirschen *nt*

grincer [gʀɛ̃se] <2> *vi* quietschen; *parquet:* knarren; *craie:* kratzen
▶ **~ des dents** mit den Zähnen knirschen

grincheux, -euse [gʀɛ̃ʃø, -øz] **I.** *adj enfants* quengelig (*fam*); *personne* mürrisch, griesgrämig; **être d'humeur grincheuse** mürrisch/griesgrämig sein

II. *m, f* Griesgram *m*
gringalet [gʀɛ̃galɛ] *m péj* mickriges Kerlchen (*pej fam*)
gringe [gʀɛ̃ʒ] *adj* CH (*grincheux*) griesgrämig
griot(te) [gʀijo, ɔt] *m(f)* Griot *m* (*Afrikaner, der die Geschichte seines Volkes in Versen und Gesängen überliefert*)
griotte [gʀijɔt] *f* Weichselkirsche *f*
grippage [gʀipaʒ] *m* Klemmen *nt,* Festsitzen *nt; d'un moteur* Festfressen *nt; d'un système* Stockung *f*
grippal(e) [gʀipal, o] <-aux> *adj état* grippal; **virus** ~ Grippevirus *m*
grippe [gʀip] *f* Grippe *f;* ~ **intestinale** Darmgrippe; **épidémie de** ~ Grippeepidemie *f,* Grippewelle *f;* **attraper la** ~ die Grippe bekommen, sich (*Dat*) die Grippe holen (*fam*); **avoir la** ~ [die] Grippe haben
▶ **prendre qn en** ~ jdn nicht mehr riechen können (*fig fam*)
grippé(e) [gʀipe] *adj* grippekrank; **être** ~**(e)** [die] Grippe haben
gripper [gʀipe] <1> *vi, vpr* **[se]** ~ klemmen, festsitzen; *moteur:* sich festfressen; *système:* stocken
grippe-sou [gʀipsu] <grippe-sous> **I.** *m fam* Pfennigfuchser(in) *m(f)* (*fam*)
II. *adj inv fam* **être assez** ~ ein ganz schöner Pfennigfuchser sein (*fam*)
gris [gʀi] *m* Grau *nt*
gris(e) [gʀi, gʀiz] *adj* ❶ grau; **ton** ~ Grauton *m,* grauer Ton; ~ **anthracite** anthrazitfarben; ~ **ardoise/souris** schiefer-/mausgrau; **cheval** ~ **pommelé** Apfelschimmel *m;* ~**(e) de poussière** staubig, staubbedeckt
❷ METEO (*couvert*) grau; *temps* trüb
❸ (*morne*) *vie* öde; *pensées* düster
grisaille [gʀizɑj] *f* ❶ *sans pl* Öde *f,* Eintönigkeit *f;* ~ **de la vie quotidienne** grauer Alltag
❷ (*couleur*) *de l'aube, du paysage* Grau *nt;* **les** ~ **de l'hiver** das winterliche Grau
grisant(e) [gʀizɑ̃, ɑ̃t] *adj vin, succès* berauschend; *odeur, parfum, femme* betörend
grisâtre [gʀizɑtʀ] *adj* ❶ gräulich
❷ (*morne*) *vie* öde
grisbi [gʀizbi] *m arg* Zaster *m* (*sl*)
gris-bleu [gʀiblø] *adj inv* blaugrau
grisé [gʀize] *m* Schraffur *f,* Schraffierung *f,* schraffierte Fläche
griser [gʀize] <1> **I.** *vt, vi* ❶ ~ **qn** *vin:* jdn betrunken machen, jdm in den Kopf steigen
❷ (*exciter*) berauschen; **se laisser** ~ **par la vitesse** dem Geschwindigkeitsrausch verfallen
❸ (*étourdir*) ~ **qn** *flatteries, succès:* jdm zu Kopf steigen; *bonheur:* jdn berauschen; **elle se laisse** ~ **par le succès** der Erfolg steigt ihr zu Kopf[e]; ~ **qn de qc** jdn durch etw mitreißen
II. *vpr* ❶ **se** ~ **avec qc** sich mit etw betrinken
❷ (*s'étourdir*) **se** ~ **de qc** sich an etw (*Dat*) berauschen
❸ (*s'exalter*) **se** ~ **de qc** sich von etw mitreißen lassen
griserie [gʀizʀi] *f sans pl* (*état*) Rausch *m;* (*action*) Berauschen *nt;* ~ **du pouvoir/succès** Macht-/Erfolgsrausch
gris-gris [gʀigʀi] *m v.* **grigri**
grison [gʀizɔ̃] *m* ZOOL Grautier *nt*
Grison(ne) [gʀizɔ̃, ɔn] *m(f)* Graubündner(in) *m(f)*
grisonnant(e) [gʀizɔnɑ̃, ɑ̃t] *adj personne* leicht ergraut; *cheveux, tempes* grau meliert
grisonnement [gʀizɔnmɑ̃] *m sans pl* leichter Grauton; (*action*) Grauwerden *nt;* **avoir un léger** ~ **sur les tempes** leicht ergraute Schläfen haben
grisonner [gʀizɔne] <1> *vi* ergrauen, grau werden
Grisons [gʀizɔ̃] *mpl* **les** ~ Graubünden *nt*
grisou [gʀizu] *m* Grubengas *nt,* Schlagwetter *nt;* **coup de** ~ Schlagwetterexplosion *f*
gris-vert [gʀivɛʀ] *adj inv* graugrün
grive [gʀiv] *f* Drossel *f;* ~ **musicienne** Singdrossel
▶ **faute de** ~**s, on mange des merles** *prov* in der Not frisst der Teufel Fliegen (*fam*); **soûl(e) comme une** ~ sternhagelvoll (*fam*)
grivèlerie [gʀivɛlʀi] *f sans pl* Zechprellerei *f*
griveton [gʀivtɔ̃] *m pop* Landser *m* (*fam*)
grivois(e) [gʀivwa, waz] *adj* schlüpfrig, anzüglich
grivoiserie [gʀivwazʀi] *f* (*parole, histoire*) schlüpfrige [*o* anzügliche] Geschichte; (*attitude, geste*) Anzüglichkeit *f*
grizzli, grizzly [gʀizli] *m* Grislibär *m,* Grizzly[bär] *m*
grog [gʀɔg] *m* Grog *m*
groggy [gʀɔgi] *adj inv* ❶ *fam* (*épuisé*) groggy (*fam*); (*ivre*) benebelt (*fam*)
❷ BOXE groggy (*fam*), schwer angeschlagen
grognard [gʀɔɲaʀ] *m* HIST *Soldat der Napoleonischen Garde*
grogne [gʀɔɲ] *f sans pl fam* Murren *nt*
grognement [gʀɔɲmɑ̃] *m* ❶ *du cochon, sanglier* Grunzen *nt; de l'ours* Brummen *nt; du chien* Knurren *nt*
❷ (*bougonnement*) *d'une personne* Murren *nt,* Gemurre *nt;* **parler par** ~**s** vor sich (*Akk*) hin schimpfen
grogner [gʀɔɲe] <1> **I.** *vi* ❶ *chien:* knurren; *cochon, sanglier:* grunzen; *ours:* brummen
❷ (*ronchonner*) murren; *enfant:* quengeln (*fam*); ~ **contre** [*o* **après**] **qn** über jdn maulen (*fam*); **être toujours à** ~ **après qn** ständig an jdm herummeckern (*fam*)
II. *vt* vor sich (*Akk*) hin schimpfen *insultes*
grognon(ne) [gʀɔɲɔ̃, ɔn] *adj* mürrisch; *enfant* quengelig; **vieil homme** ~ *fam* alter Brummbär
groin [gʀwɛ̃] *m* ❶ *du porc* Schnauze *f; du sanglier* Rüssel *m*
❷ *fam* (*visage laid*) Fratze *f*
gro(l)le [gʀɔl] *f fam* Latschen *m* (*fam*)
grommeler [gʀɔmle] <3> **I.** *vi* ❶ *sanglier:* grunzen
❷ (*bougonner*) murren; ~ **dans sa barbe** vor sich (*Akk*) hin murmeln
II. *vt* ~ **des injures contre qn** gegen jdn leise Flüche ausstoßen
grommellement [gʀɔmɛlmɑ̃] *m* ❶ *du sanglier* Grunzen *nt*
❷ (*bougonnement*) Gemurmel *nt;* (*mécontentement*) Murren *nt,* Gemurre *nt*
grondement [gʀɔ̃dmɑ̃] *m* ❶ *d'un chien* Knurren *nt*
❷ (*bruit sourd et prolongé*) *d'un canon* Donner *m; du tonnerre* Grollen *nt; d'un torrent* Brausen *nt,* Tosen *nt; d'un moteur* Dröhnen *nt;* **les** ~**s de colère de la foule** das Toben der wütenden Menge
gronder [gʀɔ̃de] <1> **I.** *vi* ❶ *chien:* knurren
❷ (*produire un bruit*) grollen; *canon:* donnern
❸ (*être menaçant*) *conflit:* sich zusammenbrauen; *irritation:* sich breit machen; *émeute:* sich anbahnen
II. *vt* ausschimpfen, schimpfen mit *personne;* **tu vas te faire** ~ man wird dich ausschimpfen
gronderie [gʀɔ̃dʀi] *f fam* Schelte *f*
grondeur, -euse [gʀɔ̃dœʀ, -øz] *adj* ❶ **d'un ton** ~ in wütendem Ton; **être** ~**(-euse)** *voix:* verärgert klingen
❷ (*bruyant*) *torrent, vent* tosend, brausend
grondin [gʀɔ̃dɛ̃] *m* ZOOL Knurrhahn *m;* **rouget** ~ Kuckucks-Knurrhahn *m*
groom [gʀum] *m* Page *m,* Hoteljunge *m*
gros [gʀo] **I.** *m* ❶ Dicke(r) *m;* ~ **plein de soupe** *péj* Fettkloß *m* (*pej fam*), Fettwanst *m* (*pej fam*)
❷ *souvent pl fam* (*riche*) Reiche(r) *m*
❸ *hum fam* (*expression affective*) **mon** ~ mein Dickerchen *nt* (*fam*)
❹ *sans pl* COM Großhandel *m;* **commerçant en** ~ Großhändler *m;* **entreprise de** ~ Großhandelsunternehmen *nt;* **indice des prix de** ~ **et de détail** Groß- und Einzelhandelsindex *m;* **pratiquer des prix de** ~ zu Großhandelspreisen verkaufen
❺ *sans pl* (*la plus grande partie*) **le** ~ **du travail** die Hauptarbeit, der Großteil der Arbeit; **le** ~ **de l'assistance** die große Mehrheit des Publikums; **le** ~ **de la troupe** das Gros der Truppe; **le** ~ **de l'orage est passé** der schlimmste Sturm ist vorbei; **faire le plus** ~ das Gröbste machen

▸ **acheter/vendre qc en** ~ etw en gros [*o* im Großen] kaufen/verkaufen; **coûter en ~ cent euros** ungefähr hundert Euro kosten; **avoir raison en** ~ im Großen und Ganzen Recht haben; **expliquer en** ~ in groben Zügen erklären
II. *adv* ❶ viel; *jouer, parier* mit hohem Einsatz; **je donnerais ~ pour savoir...** ich würde viel darum geben, wenn ich wüsste ...
❷ (*en grand format*) *écrire* groß; *voir* vergrößert
▸ **il y a ~ à parier qu'il/qu'elle va perdre** ich gehe jede Wette ein, dass er/sie verlieren wird
gros(se) [gʀo, gʀos] *adj* ❶ *a. antéposé* dick; *manteau, couverture* dick, schwer; *poitrine, lèvres* voll; *rate, foie* vergrößert; **~(se) comme un caillou/une pomme** so groß wie ein Kieselstein/Apfel, von der Größe eines Kieselstein[e]s/Apfels; **~(se) comme le poing** faustgroß
❷ *antéposé* (*de taille supérieure*) groß; **gibier** ~ Großwild *nt;* **en ~ caractères** in großen Buchstaben [*o* Lettern]
❸ *a. antéposé* (*corpulent*) *personne* dick; **une ~se dondon** *fam* eine dicke Nudel (*fam*); **~(se) comme une boule** kugelrund
❹ *antéposé* (*intense*) *averse, chute de neige* stark; *récolte* reich; *sécheresse* lang; *appétit, morceau* groß; *fièvre, rhume* stark; *soupir* tief, schwer; *voix* laut
❺ *antéposé* (*considérable*) *faute, dépenses, affaire* groß; (*généreusement mesuré*) *quart d'heure, kilo* gut; **acheter par** [*o* **en**] **~ses quantités** große Mengen [*o* en gros] kaufen
❻ *antéposé* (*important*) *dégâts, opération* schwer; **~ client** Großkunde *m;* **~ consommateur** Großverbraucher *m*
❼ *antéposé* (*extrême*) *buveur, mangeur* stark; *joueur* eifrig; *fainéant* groß; **~ malin, va!** du Schlaumeier [*o* Schlauberger]! (*fam*); **~ bêta** [*o* **nigaud**]**!** *fam* du Dummkopf! (*fam*)
❽ *antéposé* (*peu raffiné*) grob; *plaisanterie* grob, derb; *rire* laut; *bon sens* einfach; **~ rouge** billiger Rotwein
❾ (*incroyable*) *histoire* übertrieben; **c'est un peu ~!** das ist ganz schön dick aufgetragen! (*fam*); (*scandaleux*) das ist ein starkes Stück! (*fam*)
❿ *antéposé* (*de base*) *travaux* schwer, grob; **~se industrie** Schwerindustrie *f;* **~ œuvre** Rohbau *m*
⓫ (*plein de*) **~ de chagrin** voller Kummer; **~ de conséquences** folgenschwer; **les yeux ~ de larmes** mit Tränen in den Augen; **le cœur ~ de désirs** das Herz voller Wünsche
⓬ NAUT *mer* bewegt; *rivière* angestiegen, angeschwollen
gros-bec [gʀobɛk] <gros-becs> *m* ZOOL Kernbeißer *m* **gros-cul** [gʀoky] <gros-culs> *m fam* Brummi *m* (*fam*)
groseille [gʀozɛj] **I.** *f* Johannisbeere *f*
II. *app inv* hellrot
◆ **~ à maquereau** Stachelbeere *f*
groseillier [gʀozeje] *m* Johannisbeerstrauch *m*
◆ **~ à maquereau** Stachelbeerstrauch *m*
gros-grain [gʀogʀɛ̃] <gros-grains> *m* TEXTIL (*ruban*) Seidenripsband *nt;* (*tissu*) Seidenrips *m* **Gros-Jean** [gʀoʒɑ̃] ▸ **être ~ comme devant** *fam* [genau]so klug wie vorher sein **gros-porteur** [gʀopɔʀtœʀ] <gros-porteurs> **I.** *adj* **avion** ~ Großraumflugzeug *nt* **II.** *m* Großraumflugzeug *nt*
grosse [gʀos] *f* ❶ Dicke *f*
❷ *souvent pl fam* (*riche*) Reiche *f*
❸ *hum fam* (*expression affective*) **ma** ~ mein Dickerchen *nt* (*fam*)
grossesse [gʀosɛs] *f* Schwangerschaft *f;* **~ extra-utérine** Bauchhöhlenschwangerschaft *f;* **test de** ~ Schwangerschaftstest *m;* **interruption volontaire de** ~ Schwangerschaftsabbruch *m*
grosseur [gʀosœʀ] *f* ❶ Dicke *f;* **de la ~ d'un caillou/d'une pomme** von der Größe eines Kieselstein[e]s/Apfels; **de la ~ du poing** faustgroß, faustdick
❷ *sans pl* (*épaisseur*) *d'un mur, bâton* Dicke *f; d'un fil* Stärke *f*
❸ (*embonpoint*) [Leibes]fülle *f;* **être d'une ~ maladive** an Fettleibigkeit leiden
❹ (*tumeur*) Schwellung *f*
grossier, -ière [gʀosje, -jɛʀ] *adj* ❶ grob; *instrument* primitiv; *réparation* notdürftig; *imitation* schlecht; *aliment* nicht raffiniert; **lavage** ~ Grobwäsche *f*
❷ (*approximatif*) grob
❸ *postposé* (*pas très fin*) *traits* grob; *manières* ungehobelt (*fig*); *personne* unkultiviert; **être un homme ~ dans ses manières** ein Mann mit ungeschliffenen Manieren sein; **c'est un esprit** ~ er/sie ist ungehobelt (*fig*)
❹ (*stupide*) *ruse, plaisanterie* plump; *mensonge* grob, plump; *faute* krass; *erreur* schwer
❺ (*malpoli*) *personne* flegelhaft, rüpelhaft; *postposé* (*vulgaire*) derb; *langage, geste, plaisanterie* derb, obszön; **se montrer ~(-ière) envers qn** sich jdm gegenüber unmöglich benehmen; **quel ~ personnage!** was für ein Flegel [*o* Rüpel]!
❻ *postposé littér* (*bas*) niedrig
grossièrement [gʀosjɛʀmɑ̃] *adv* ❶ *esquisser, tisser* grob; *emballer, réparer* notdürftig; *exécuter* oberflächlich; *imiter* schlecht
❷ (*lourdement*) *se tromper* schwer, gewaltig (*fam*)
❸ (*approximativement*) **calculer** ~ grob überschlagen
❹ (*de façon impolie*) flegelhaft, rüpelhaft; *répondre* grob; *insulter* wüst
grossièreté [gʀosjɛʀte] *f* ❶ *sans pl* Grobheit *f;* (*plus fort*) Flegelhaftigkeit *f,* Rüpelhaftigkeit *f;* **agir avec** ~ sich wie ein Flegel verhalten; **répondre avec** ~ grob antworten
❷ (*remarque*) Grobheit *f;* **débiter des ~s** unflätig daherreden
❸ *sans pl* (*rusticité*) *d'une étoffe* derbe Beschaffenheit, Grobheit *f; de l'exécution* Oberflächlichkeit *f; de la fabrication* Primitivität *f,* Einfachheit *f; du travail* grobe Ausführung
❹ *sans pl* (*manque de finesse*) *des traits* Grobheit *f;* (*manque de subtilité*) *d'un mensonge, des manières* Plumpheit *f*
grossir [gʀosiʀ] <8> **I.** *vi* ❶ *personne, animal:* zunehmen, dicker werden; *point:* größer werden; *fruit:* wachsen; **~ du visage** im Gesicht zunehmen, im Gesicht voller werden
❷ (*enfler*) *nuage:* größer werden; *rivière:* anschwellen; *bosse:* größer werden, anschwellen; *ganglions, tumeur:* wachsen, größer werden
❸ (*augmenter*) anwachsen; *foule:* größer werden; *nombre:* zunehmen
❹ (*s'amplifier*) *bruit faible:* lauter werden; *bruit fort:* anschwellen; *information, nouvelle:* immer mehr Gewicht bekommen
II. *vt* ❶ dick machen; *loupe, miroir:* vergrößern; **~ dix fois** zehnfach [*o* auf das Zehnfache] vergrößern
❷ (*faire augmenter de volume*) vermehren *capital, économies;* in die Höhe treiben *note de frais, facture;* **~ sa voix** seine Stimme verstärken; **le sucre fait** ~ Zucker macht dick
❸ (*faire augmenter en nombre*) anwachsen lassen *foule, nombre de chômeurs;* verstärken *équipe*
❹ (*exagérer*) übertreiben, aufbauschen *événement, fait;* **~ un danger** eine Gefahr größer erscheinen lassen
grossissant(e) [gʀosisɑ̃, ɑ̃t] *adj* ❶ *flot* ansteigend; *foule, nombre* größer werdend
❷ (*qui fait paraître plus gros*) *miroir, verre* Vergrößerungs-
grossissement [gʀosismɑ̃] *m* ❶ *d'une personne* Gewichtszunahme *f; d'un muscle* Größerwerden *nt*
❷ OPT Vergrößerung *f*
❸ (*enflure*) Anschwellen *nt; d'une tumeur* Größerwerden *nt*
❹ (*augmentation de volume*) *d'un fleuve* Anschwellen *nt; d'une fortune* Vergrößerung *f,* Vermehrung *f;* **~ du capital** Kapitalzuwachs *m*
❺ (*augmentation en nombre*) Anwachsen *nt*
❻ (*exagération*) Aufbauschen *nt*
grossiste [gʀosist] **I.** *adj* **épicier** ~ Lebensmittelgroßhändler *m*
II. *mf* Grossist(in) *m(f),* Großhändler(in) *m(f)*
grosso modo [gʀosomɔdo] *adv* *expliquer, décrire* in groben Zügen; *calculer, estimer* ungefähr; **~ il s'agit de...** im Großen und Ganzen [*o* im Wesentlichen] handelt es sich um ...; **il y avait cent personnes** ~ grob gerechnet waren es hundert

Leute
grotesque [gʀɔtɛsk] **I.** *adj* grotesk
II. *m* Groteske(s) *nt*
grotesquement [gʀɔtɛskəmɑ̃] *adv* grotesk
grotte [gʀɔt] *f* Höhle *f;* (*artificielle, peu profonde*) Grotte *f*
grouillant(e) [gʀujɑ̃, jɑ̃t] *adj* ❶ *foule, masse* wimmelnd; **le marché est ~ de monde/d'activité** auf dem Markt wimmelt es von Menschen/herrscht reges Treiben
❷ (*populeux*) voll; **le bistrot est ~ de monde** im Bistro wimmelt es von Leuten
grouillement [gʀujmɑ̃] *m* Gewimmel *nt*
grouiller [gʀuje] <1> **I.** *vi* ❶ (*s'agiter*) ~ **dans toutes les directions** *foule:* lebhaft durcheinander laufen; **la fourmilière grouille** im Ameisenhaufen wimmelt es
❷ (*être plein de*) ~ **de vers/pucerons** von Würmern/Läusen wimmeln; **la place grouille de touristes** auf dem Platz wimmelt es von Touristen
II. *vpr fam* **se** ~ schnell machen (*fam*); **allez, grouille-toi!** los, Beeilung! (*fam*)
groupal(e) [gʀupal] *adj* Gruppen-
groupe [gʀup] *m* ❶ *de personnes, choses, d'animaux* Gruppe *f;* ~ **de maisons** Häusergruppe; ~ **d'arbres** Gruppe von Bäumen, Baumgruppe; ~ **de badauds/manifestants** Gruppe von Schaulustigen/Demonstranten; **réduction de** ~ Gruppenermäßigung *f;* **thérapie/discipline de** ~ Gruppentherapie *f*/-disziplin *f;* **travail en** ~ Gruppenarbeit *f,* Teamarbeit; **voyage en** ~ Gruppen-/Gesellschaftsreise *f;* **par** ~**s** in Gruppen; **par** ~**s de trois/quatre** in Dreier-/Vierergruppen
❷ (*association*) Gruppe *f;* ~ **d'études/de travail** Forschungs-/Arbeitsgruppe; ~ **littéraire** Literatengruppe; ~ **musical** Musikensemble *nt;* **cabinet de** ~ Gemeinschaftspraxis *f*
❸ POL ~ **politique** [*o* **parlementaire**] ≈ Fraktion *f;* **les** ~**s de la majorité/d'opposition** die Fraktionen der Regierungs-/Oppositionsparteien
❹ (*division, classification*) *des verbes* [Konjugations]gruppe *f;* ~ **des félins** Familie *f* der Katzen
❺ TECH ~ **électrogène/frigorifique** Strom-/Kühlaggregat *nt*
❻ ECON ~ **financier** Bankenkonzern *m;* [**grand**] ~ **industriel** Unternehmensgruppe *f,* Industriekonzern *m*
❼ MED ~ **sanguin** Blutgruppe *f*
◆ ~ **de pression** Lobby *f;* ~ **à risque[s]** Risikogruppe *f*
groupement [gʀupmɑ̃] *m* ❶ (*réunion*) ~ **de capitaux** Kapitalzusammenlegung *f;* ~ **d'usines** Zusammenschluss mehrerer Fabriken; ~ **d'intérêts** Interessengemeinschaft *f;* ~ **de partis politiques** Parteienzusammenschluss; ~ **syndical/professionnel** Gewerkschafts-/Berufsverband
❷ (*action*) Einteilung *f* in Gruppen (*Akk*)
◆ ~ **d'intérêt économique** wirtschaftlicher Interessenverband
grouper [gʀupe] <1> **I.** *vt* ❶ in Gruppen einteilen [*o* aufteilen] *personnes;* gruppieren, zusammenstellen *objets, idées;* zusammenlegen *ressources, moyens*
❷ (*classer*) ~ **ses idées** seine Ideen ordnen; ~ **par couleurs/formes** nach Farben/Formen ordnen; ~ **dans une catégorie** in eine Kategorie einordnen
II. *vpr* **se** ~ eine Gruppe bilden; *personnes, partis:* sich zusammenschließen; **se** ~ **autour de qn** sich um jdn gruppieren
groupie [gʀupi] *mf* Groupie *nt*
groupuscule [gʀupyskyl] *m péj* Splittergruppe *f*
gruau [gʀyo] *m* Grütze *f;* **farine de** ~ Auszugsmehl *nt,* feinstes Weizenmehl
grue [gʀy] *f* ❶ ORN Kranich *m;* ~ **couronnée** Kronenkranich
❷ *péj vieilli fam* (*prostituée*) Nutte *f* (*sl*)
❸ CONSTR, NAUT Kran *m*
❹ CINE ~ **américaine/de prise de vue** Kamerakran *m*
gruger [gʀyʒe] <2a> *vt* ❶ betrügen; (*voler*) ausnehmen; **se faire** ~ **par qn** von jdm betrogen/ausgenommen werden
❷ CAN (*grignoter*) knabbern
grume [gʀym] *m* ❶ (*grain de raisin*) Weinbeere *f*
❷ (*écorce*) Baumrinde *f*
grumeau [gʀymo] <x> *m* Klumpen *m; de farine, sel* Klümpchen *nt;* **faire** [*o* **former**] **des** ~**x** klumpen, klumpig werden
grumeleux, -euse [gʀym(ə)lø, -øz] *adj* ❶ GASTR klumpig
❷ *fig peau* uneben; *fruit, chair* körnig
grutier, -ière [gʀytje, -jɛʀ] *m, f* Kranführer(in) *m(f)*
gruyère [gʀyjɛʀ] *m* Greyerzer *m,* Gruyère *m*
Guadeloupe [gwadlup] *f* **la** ~ [die Insel] Guadeloupe *nt*
guadeloupéen(ne) [gwadlupeɛ̃, ɛn] *adj* aus Guadeloupe
Guadeloupéen(ne) [gwadlupeɛ̃, ɛn] *m(f)* Einwohner(in) *m(f)* von Guadeloupe
guano [gwano] *m* Guano *m aus Exkrementen von Seevögeln bestehender organischer Dünger;* (*provenant de poissons*) Fisch-Guano
guarani [gwarani] *adj inv den paraguayischen Indianerstamm der Guarani betreffend*
gué [ge] *m* Furt *f;* **passer** [*o* **traverser**] **une rivière à** ~ eine Furt durchqueren
guéguerre [gegɛʀ] *f fam* Kleinkrieg *m*
guenilles [gənij] *fpl* Lumpen *Pl,* zerlumpte Kleidung; **en** [*o* **vêtu(e) de**] ~ in Lumpen [gekleidet]
guenon [gənɔ̃] *f* ❶ ZOOL Affenweibchen *nt,* Äffin *f*
❷ *fam* (*femme laide*) Vogelscheuche *f* (*fam*)
guépard [gepaʀ] *m* ZOOL Gepard *m*
guêpe [gɛp] *f* Wespe *f*
guêpier [gepje] *m* ❶ Wespennest *nt*
❷ ORN Bienenfresser *m*
▸ **se fourrer** [*o* **tomber**] **dans un** ~ in Schwierigkeiten geraten [*o* kommen]
guêpière [gepjɛʀ] *f* Torselett *nt*
guère [gɛʀ] *adv* ❶ (*pas beaucoup, pas très*) **ne manger/voir/parler** ~ fast gar nichts [*o* kaum etwas] essen/sehen/sagen; **ne** ~ **parler de qn** kaum von jdm sprechen; **ne plus** ~ **lire** kaum noch lesen; **n'être** ~ **poli(e)/raisonnable** nicht gerade [*o* nicht besonders] höflich/vernünftig sein; **n'aimer** ~ **l'art moderne** moderne Kunst nicht so gerne mögen; **ne** ~ **se soucier de l'avenir** sich kaum [*o* nicht sehr] um die Zukunft sorgen; **il n'y a** ~ **de monde ici** es ist kaum jemand da; **ça ne va** ~ **mieux** es geht mir/ihm/... nicht viel besser; **ce n'est** ~ **pire** das ist nicht viel schlimmer; **on ne lui donne** ~ **plus de 40 ans** man schätzt ihn/sie auf knapp über 40, er/sie sieht kaum älter als 40 aus; ~ **plus** kaum mehr; **elle doit avoir 40 ans,** ~ **plus** sie ist sicher 40, aber kaum [*o* nicht viel] älter; ~ **plus raisonnable/aimable qu'avant** nicht viel vernünftiger/liebenswürdiger als vorher
❷ (*pas souvent*) **ne faire plus** ~ **qc** etw nicht mehr oft tun, etw nur noch selten tun; **cela ne se dit** ~ das wird kaum gebraucht
❸ (*pas longtemps*) **ça ne dure** ~ das dauert nicht lange
❹ (*seulement*) **je ne peux** ~ **demander qu'à mes parents** ich kann höchstens meine Eltern fragen; **il n'y a** ~ **que toi qui pourrait aider** nur du könntest helfen
guéri(e) [geʀi] *adj* wieder gesund, auskuriert; **il est** ~ **des voyages organisés** *fig* von organisierten Reisen ist er kuriert
guéridon [geʀidɔ̃] *m* rundes[, einbeiniges] Tischchen
guérilla [geʀija] *f* Guerillakrieg *m*
guérillero, guérilléro [geʀijeʀo] *m* Guerillero *m*
guérir [geʀiʀ] <8> **I.** *vt* ❶ heilen *personne, animal;* heilen, kurieren *maladie;* ~ **qn de son mal de dos/sa grippe** jdn von seinen Rückenschmerzen/seiner Grippe heilen [*o* kurieren]
❷ (*délivrer, ôter*) ~ **qn de sa peur/sa timidité** jdn von seiner Angst/Schüchternheit heilen [*o* befreien]; ~ **qn de ses soucis/de sa peine** jdn von seinen Sorgen/seinem Kummer befreien; **être guéri(e) d'une habitude** eine Gewohnheit abgelegt haben; **elle est guérie de son habitude de fumer** sie hat sich (*Dat*) das Rauchen abgewöhnt; **le temps guérit tous les chagrins** *prov* [die] Zeit heilt alle Wunden

II. *vi* ❶ MED *personne:* wieder gesund werden; *plaie:* [zu]heilen; *blessure:* [ver]heilen; *rhume:* ausheilen, weggehen; **il est guéri de son rhume** sein Schnupfen ist auskuriert
❷ *(disparaître) chagrin, douleur morale:* vergehen
III. *vpr* ❶ **se ~** *maladie:* sich heilen [*o* erfolgreich behandeln] lassen; *plaie:* [zu]heilen; *blessure:* [ver]heilen; **se ~ soi-même** sich selbst heilen [*o* kurieren]; **se ~ par qc** *personne:* sich [selbst] mit etw heilen [*o* kurieren]; *maladie, blessure:* sich mit etw heilen [*o* erfolgreich behandeln] lassen
❷ *fig* **se ~ de qc** sich *(Dat)* etw abgewöhnen, sich von etw frei machen; **se ~ de l'alcoolisme** seine Alkoholabhängigkeit überwinden; **se ~ d'une habitude/de ses illusions** eine Gewohnheit/seine Illusionen aufgeben
guérison [geʀizɔ̃] *f* ❶ *(processus)* Genesung *f; d'une blessure* Heilung *f;* **être en bonne voie de ~** *personne:* sich auf dem Weg der Besserung befinden; *blessure:* gut verheilen
❷ *(action)* Heilung *f*
❸ *fig* **~ de son chagrin/de sa timidité** Überwindung *f* seines Kummers/seiner Schüchternheit; **~ d'une obsession/ d'une passion** Befreiung *f* von einen Zwang/einer Leidenschaft
guérissable [geʀisabl] *adj maladie* heilbar; **être ~** *personne:* geheilt werden können; *plaie:* [ver]heilen können/werden
guérisseur, -euse [geʀisœʀ, -øz] *m, f* Heilpraktiker(in) *m(f); (rebouteux)* Heiler(in) *m(f)*
guérite [geʀit] *f* ❶ MIL Schilderhäuschen *nt*
❷ CONSTR Baubude *f*
guerre [gɛʀ] *f* ❶ Krieg *m;* **~ froide** Kalter Krieg; **~ civile/ mondiale** Bürger-/Weltkrieg; **~ atomique/bactériologique** atomarer/bakteriologischer Krieg; **~ éclair** *fam* Blitzkrieg; **la Grande ~, la ~ de 14** der Erste Weltkrieg; **~ sainte** Heiliger Krieg; **en ~ avec** [*o* **contre**] **qn/qc** im Krieg[szustand] mit jdm/etw; **entrer en ~ contre un pays** in den Krieg gegen ein [anderes] Land eintreten; **faire la ~ à qn/à un pays** gegen jdn/ein Land Krieg führen; **aller à la ~, partir pour la ~** in den Krieg ziehen; **se préparer à la ~** zum Krieg rüsten, Kriegsvorbereitungen treffen; **mourir à la ~** [im Krieg] fallen, im Krieg umkommen
❷ *fig* Krieg *m;* **~ douanière/économique** Zoll-/Wirtschaftskrieg; **déclarer la ~ à qc** einer S. *(Dat)* den Kampf ansagen; **faire la ~ à qc** etw bekämpfen, einen Kampf gegen etw führen; **partir en ~ contre qc** gegen etw zu Felde ziehen
▶ **procédé/mesure de <u>bonne</u> ~** legitimes Verfahren/legitime Maßnahme; *(fair-play)* faires Verfahren/faire Maßnahme; **de ~ <u>lasse</u> j'ai cédé/abandonné** ich war es [einfach] leid und habe eben nachgegeben/und habe es aufgegeben; **<u>à</u> la ~ comme à la ~** es gibt Schlimmeres; gelobt sei, was hart macht *(iron)*
◆ **~ des étoiles** Krieg *m* der Sterne
guerrier, -ière [gɛʀje, -jɛʀ] **I.** *adj* ❶ *soutenu* **chant ~** Kriegslied *nt;* **ses exploits ~s** seine Heldentaten, die er im Krieg vollbracht hat
❷ *(belliqueux) air, humeur, nation* kriegerisch
II. *m, f* Krieger(in) *m(f)*
guerroyer [gɛʀwaje] <6> *vi* **~ contre qn** gegen jdn Krieg führen
guet [gɛ] ▶ **<u>faire</u> le ~** aufpassen; *cambrioleur:* Schmiere stehen *(sl)*
guet-apens [gɛtapɑ̃] *m inv* Hinterhalt *m;* **attirer qn dans un ~** jdn in einen Hinterhalt locken; **tomber dans un ~** in einen Hinterhalt geraten
guêtre [gɛtʀ] *f* Gamasche *f; d'un alpiniste* Schneegamasche
guetter [gete] <1> *vt* ❶ *(épier)* **~ une victime/proie** einem Opfer/einer Beute auflauern; **~ les allées et venues du suspect** beobachten, wann der Verdächtige kommt und geht
❷ *(attendre)* abwarten *occasion, signal;* **~ qn/qc** nach jdm/etw Ausschau halten, [gespannt] auf jdn/etw warten; **~ l'arrivée/ le passage/la sortie de qn** [ab]warten, dass jd [an]kommt/ vorbeikommt/herauskommt
❸ *(menacer)* **~ qn** *maladie:* jdn bedrohen; *danger, mort:* auf jdn lauern
guetteur [getœʀ] *m* ❶ HIST [Turm]wächter *m,* Späher *m*
❷ MIL Wach[t]posten *m; (éclaireur)* Späher *m*
gueulante [gœlɑ̃t] *f arg (cris de protestation)* Protestgeschrei *nt*
▶ **<u>pousser</u> sa ~** *fam* Krach schlagen *(fam);* **<u>pousser</u> une ~ contre qn** auf jdn eine Schimpfkanonade loslassen *(fam)*
gueulard(e) [gœlaʀ] **I.** *adj fam personne* laut; *musique* dröhnend; **être ~(e)** immer [wie verrückt *fam*] brüllen
II. *m(f) fam* Schreier(in) *m(f); (enfant)* Schreihals *m (fam)*
gueule [gœl] *f* ❶ *d'un animal* Maul *nt*
❷ *fam (figure)* Visage *f (sl),* Fresse *f (vulg);* **avoir une bonne ~** sympathisch aussehen; **avoir une sale ~** *(être laid)* potthässlich sein *(fam); (ne pas être sympa)* fies aussehen *(fam);* **avoir une drôle de ~** *fam* [ganz schön] komisch aussehen *(fam)*
❸ *fam (bouche)* Klappe *f (fam),* Schnauze *f (sl);* **avoir une grande ~** eine große Klappe haben; **être une grande ~** ein Großmaul sein *(fam);* **fermer sa ~** die Klappe halten; **ferme ta ~!** halt die Schnauze! *(sl),* halt die Klappe! *(fam)*
❹ *(ouverture) d'un canon* Mündung *f; d'un four* Öffnung *f; d'une fleur* [rachenförmige] Öffnung
▶ **avoir la ~ de <u>bois</u>** *fam* einen Kater haben *(fam);* **avoir** [*o* **faire**] **une ~ d'<u>enterrement</u>** *fam* mit [einer] Trauermiene herumlaufen *(fam);* **se jeter** [*o* **se précipiter**] **dans la ~ du <u>loup</u>** *(risquer des ennuis)* sich in Teufels Küche bringen *(fam); (aller voir qn qu'on craint)* sich in die Höhle des Löwen wagen; **être une <u>fine</u> ~** *fam* ein Leckermaul sein *(fam);* **s'en mettre <u>plein</u> la ~** *fam* ganz schön reinhauen *(fam);* **<u>avoir</u> de la ~** *fam* [absolute] Spitze sein *(fam);* **<u>casser</u> la ~ à qn** *fam* jdm eins in die Fresse hauen *(sl);* **se <u>casser</u> la ~** *fam (tomber) personne:* hinfliegen *(fam); objet:* runterfliegen *(fam); (échouer) personne:* auf die Nase fallen *(fam); affaire, projet:* ein Reinfall [*o* Flop] sein *(fam);* **<u>faire</u> la ~ à qn** *fam* auf jdn sauer sein *(fam);* **<u>faire</u> une sale ~** *fam* stinksauer sein *(fam);* **se <u>fendre</u> la ~** *fam* sich kaputtlachen *(fam);* **se <u>foutre</u> de la ~ de qn** *fam (se moquer de qn)* sich über jdn kaputtlachen *(fam); (traiter qn avec culot)* jdn veräppeln *(fam),* jdn verarschen *(vulg);* **se <u>soûler</u> la ~** *fam* sich besaufen *(sl)*
gueule-de-loup [gœldəlu] <gueules-de-loup> *f* BOT Löwenmäulchen *nt,* Löwenmaul *nt,* Froschgoscherl *nt* (A)
gueulement [gœlmɑ̃] *m fam* Gebrüll *nt; (cri de colère)* Gezeter *nt (pej),* Geschrei *nt;* **pousser des ~s** [vor Schmerzen] brüllen
gueuler [gœle] <1> **I.** *vi fam* ❶ [herum]schreien *(fam)*
❷ *(chanter fort)* grölen *(fam)*
❸ *(hurler de douleur)* **~ de qc** vor etw *(Dat)* brüllen; **la douleur le fait ~** er brüllt vor Schmerz
❹ *(protester)* [herum]meckern *(fam);* **~ contre qn/qc** über jdn/etw meckern *(fam); (plus fort)* gegen jdn/etw wettern *(fam)*
❺ *(faire marcher fort)* **faire ~ la radio** das Radio auf volle Lautstärke stellen
▶ **ça <u>va</u> ~!** *fam* dann gibt's Zoff! *(fam)*
II. *vt fam* brüllen *ordre;* grölen *chanson*
gueuleton [gœltɔ̃] *m fam* [tolles] Fressgelage *(fam)*
gueuletonner [gœltɔne] <1> *vi fam (bien manger)* schlemmen; *(faire un gueuleton)* ein Fressgelage machen *(sl)*
gueuse[1] [gøz] *f vieilli (prostituée)* Dirne *f*
▶ **<u>courir</u> la ~** *vieilli* sich mit zweifelhaften Frauen herumtreiben
gueuse[2] [gøz] *f belgische Starkbiersorte*
gueux [gø] *m vieilli (vagabond)* Landstreicher *m; (miséreux)* Bettler *m*
gueuze [gøz] *f v.* **gueuse[2]**
gugusse [gygys] *m (clown)* Komiker *m; péj fam (charlot)* Komiker *m,* Clown *m*

▶ **faire le ~, jouer les ~s** herumalbern
gui [gi] *m* BOT Mistel *f*
guibol[l]e [gibɔl] *f fam* Hachse *f* (*fam*); **une belle paire de ~s!** tolle Beine! (*fam*)
guichet [giʃɛ] *m* ❶ Schalter *m; d'un théâtre, cinéma* Kasse *f*
❷ (*petite fenêtre*) Fensterchen *nt,* [kleine] Öffnung *f*
❸ FIN **~ automatique [d'une banque]** Geldautomat *m*
▶ **jouer à ~s fermés** vor ausverkauftem Haus spielen
guichetier, -ière [giʃ(ə)tje, -jɛʀ] *m, f* Schalterbeamte(r) *m*/-beamtin *f; d'un théâtre, cinéma* Kassierer(in) *m(f)*
guidage [gidaʒ] *m* ❶ TECH Führung *f*
❷ AVIAT Steuerung *f*
guide [gid] **I.** *mf* ❶ Führer(in) *m(f);* **~ touristique** Reiseführer(in); **~ de montagne/de musée** Berg-/Museumsführer(in); **servir de ~ à qn** für jdn den Führer spielen, jdn herumführen
❷ (*conseiller*) Ratgeber(in) *m(f)*
II. *m* (*livre*) Führer *m;* (*conseils pratiques*) Handbuch *nt,* Ratgeber *m;* **~ touristique/gastronomique** Reise-/Restaurantführer; **~ de l'étudiant** Studienführer
III. *m* TECH Führungsvorrichtung *f,* Führungsschiene *f*
IV. *f souvent pl* (*rênes*) Zügel *Pl*
guide-interprète [gidɛ̃tɛʀpʀɛt] <guides-interprètes> *mf* Fremdenführer(in) *m(f)* und Dolmetscher(in) *m(f)*
guider [gide] <1> **I.** *vt* ❶ führen
❷ (*indiquer le chemin*) **~ qn** jdm den Weg weisen [*o* zeigen]
❸ (*conseiller*) **~ qn** jdn beraten, jdm zur Seite stehen; **~ qn dans ses recherches** jdn bei seinen Forschungen beraten; **~ les pas de qn** jds Schritte lenken
❹ *a. fig* (*diriger*) steuern, lenken; **se laisser ~ par qc** sich von etw leiten lassen
II. *vpr* **se ~ sur qc** sich nach etw richten
guides [gid] *fpl d'un cheval* Zügel *Pl*
▶ **conduire à grandes ~** sehr schnell fahren; **mener sa vie à grandes ~** auf großem Fuß leben
guidon [gidɔ̃] *m* Lenker *m,* Lenkstange *f*
guigne¹ [giɲ] ▶ **se soucier de qn/qc comme d'une ~** *fam* sich nicht die Bohne um jdn/etw kümmern (*fam*)
guigne² [giɲ] *f fam* Pech *nt;* **avoir la ~** Pech haben; **porter la ~ à qn** jdm Unglück bringen
guigner [giɲe] <1> *vt* ❶ **~ qn/qc** einen verstohlenen Blick auf jdn/etw werfen, nach jdm/etw schielen (*fam*)
❷ (*convoiter*) **~ qn** ein Auge auf jdn werfen [*o* haben] (*fam*); **~ qc** es auf etw (*Akk*) abgesehen haben, nach etw schielen (*fam*)
guignol [giɲɔl] *m* ❶ Kasper *m,* Kasperle *nt o m* (SDEUTSCH)
❷ (*théâtre*) Kaspertheater *nt,* Kasperletheater *nt* (SDEUTSCH)
❸ (*personne*) Kasper *m,* Clown *m;* **faire le ~** herumalbern

i Land & Leute

Guignol ist eine Figur des französischen Marionettentheaters. Aus Italien kommend hielt er Ende des 18. Jahrhunderts zuerst Einzug in Lyon. **Guignol** und sein Freund *Gnafron* symbolisieren mit ihrem Sprachwitz „Volkes Stimme".

guignolet [giɲɔlɛ] *m* **~ kirsch** Kirschlikör *m*
guilde [gild] *f* ❶ HIST Gilde *f*
❷ (*association commerciale*) Innung *f,* Verband *m*
guili [gili] *m* **faire des ~s à qn** *fam* [bei] jdm killekille machen (*fam*)
guili-guili [giligili] *inv* **faire ~ à qn** *fam* [bei] jdm killekille machen (*fam*); **~!** killekille! (*fam*)
Guillaume [gijo:m(ə)] *m* ❶ Wilhelm *m*
❷ HIST **~ le Conquérant** Wilhelm der Eroberer
guillemets [gijmɛ] *mpl* Anführungszeichen *Pl;* (*dans la typographie allemande*) Gänsefüßchen *Pl* (*fam*), Anführungszeichen *Pl;* **mettre qc entre ~** etw in Anführungszeichen setzen; **ouvrez/fermez les ~!** Anführungszeichen unten/oben!
▶ **entre ~** in Anführungszeichen
guillemot [gijmo] *m* ZOOL Lumme *f*
guilleret(te) [gijʀɛ, ɛt] *adj* ❶ (*gai*) munter (*fam*); **être tout(e) ~(te) à l'idée de faire qc** ganz aufgekratzt bei dem Gedanken sein, etw zu tun (*fam*)
❷ (*leste*) *propos* keck
guillotine [gijɔtin] *f* Guillotine *f,* Fallbeil *nt*
guillotiner [gijɔtine] <1> *vt* guillotinieren, mit der Guillotine hinrichten
guimauve [gimov] *f* ❶ **pâte de ~** *den Marshmallows ähnelnde Süßigkeit aus Schaumzucker*
❷ BOT Eibisch *m*
❸ (*mièvrerie*) Schmalz *m,* Kitsch *m;* **histoire/film à la ~** schmalzige Geschichte/schmalziger Film (*pej*); **chanson à la ~** schnulziges Lied (*fam*)
▶ **être mou(molle) comme de la ~** träge [*o* tranig *fam*] sein; **sa main est molle comme de la ~** er/sie hat einen schlaffen Händedruck
guimbarde [gɛ̃baʀd] *f* ❶ MUS Maultrommel *f*
❷ *fam* (*voiture*) [alte] Klapperkiste (*fam*)
guimpe [gɛ̃p] *f* [Nonnen]schleier *m*
guincher [gɛ̃ʃe] <1> *vi fam* schwofen (*sl*)
guindé(e) [gɛ̃de] *adj personne, attitude* steif, verkrampft; *style* geschraubt; **prendre un air ~** sich verkrampfen
guinder [gɛ̃de] <1> **I.** *vt* ❶ NAUT hochhieven *mât, charge*
❷ (*donner un aspect guindé*) *allure, vêtements:* steif [*o* verkrampft] wirken lassen
II. *vpr* **se ~** ❶ sich verkrampfen
❷ (*devenir emphatique*) *style:* steif [*o* gekünstelt] werden
Guinée [gine] *f* **la ~** Guinea *nt*
guingois [gɛ̃gwa] ▶ **tout va de ~** *fam* alles läuft [*o* geht] schief (*fam*); **de ~** schief
guinguette [gɛ̃gɛt] *f* Heurige *m* (A) *Gartenwirtschaft und Tanzlokal außerhalb der Stadt*
guiper [gipe] <1> *vt* ❶ TEXTIL umspinnen *franges*
❷ ELEC ummanteln *fil électrique*
guipure [gipyʀ] *f* TEXTIL Gipürespitze *f*
guirlande [giʀlɑ̃d] *f* Girlande *f;* **~ de papier/de fleurs** Papier-/Blumengirlande; **~ lumineuse** Lichterkette *f*
guise [giz] ▶ **à ma/sa ~** wie es mir/ihm/ihr gefällt [*o* passt]; **à votre ~!** [ganz] wie Sie wollen!; **en ~ d'encouragement/de récompense** als [*o* zur] Ermutigung/Belohnung
guitare [gitaʀ] *f* Gitarre *f;* **~ électrique/sèche** elektrische/akustische Gitarre
guitariste [gitaʀist] *mf* Gitarrenspieler(in) *m(f);* (*de profession*) Gitarrist(in) *m(f)*
gunite [gynit] *f* CONSTR Spritzbeton *m*
guppy [gypi] <s *o* guppies> *m* Guppy *m*
gus [gys] *m fam* Kerl *m* (*fam*), Typ *m* (*fam*); **ce drôle de ~** dieser komische Heini (*fam*)
gustatif, -ive [gystatif, -iv] *adj nerf, papille* Geschmacks-
guttural(e) [gytyʀal, o] <-aux> *adj* ❶ *langue* guttural; *son, voix* kehlig, guttural; *toux* tief
❷ PHON **consonne ~e** Gutturallaut *m*
gutturale [gytyʀal] *f* PHON Gutturallaut *m*
Guyane [gɥijan] *f* **la ~** Guyana *nt*
gym [ʒim] *f fam abr de* **gymnastique**
gymkhana [ʒimkana] *m* Geschicklichkeitswettbewerb *m;* AUT Geschicklichkeitsfahren *nt*
gymnase [ʒimnɑz] *m* ❶ SPORT Turnhalle *f*
❷ CH (*lycée*) Gymnasium *nt*
gymnaste [ʒimnast] *mf* Turner(in) *m(f);* **équipe de ~s** Turn[er]mannschaft *f*
gymnastique [ʒimnastik] *f* ❶ (*éducation physique*) Turnen *nt,* Sport *m,* Turn-/Sportunterricht *m;* **professeur de ~** Turn-/Sportlehrer(in) *m(f);* **appareil de ~** Turngerät *nt;* **faire de la ~** turnen/Gymnastik machen

G

❷ (*exercices physiques*) Gymnastik *f;* ~ **corrective** Heilgymnastik; **faire de la** ~ Gymnastik machen
❸ (*discipline*) Kunstturnen *nt;* **faire de la** ~ turnen
❹ *fig* ~ **intellectuelle** [*o* **de l'esprit**] geistiges Training; ~ **de la pensée** Denkarbeit *f,* Kopfarbeit
❺ (*contorsion*) Verrenkungen *Pl*

gymnote [ʒimnɔt] *m* ZOOL Zitteraal *m*

gynécée [ʒinese] *f* ❶ HIST (*appartement*) Frauengemach *nt*
❷ BOT Stempel *m*

gynéco [ʒineko] *mf fam abr de* **gynécologue**

gynécologie [ʒinekɔlɔʒi] *f* MED Frauenheilkunde *f,* Gynäkologie *f*

gynécologique [ʒinekɔlɔʒik] *adj* MED gynäkologisch, frauenärztlich; *troubles* Unterleibs-

gynécologue [ʒinekɔlɔg] *mf* MED Frauenarzt *m*/-ärztin *f,* Gynäkologe *m*/Gynäkologin *f*

gypaète [ʒipaɛt] *m* ZOOL Bartgeier *m,* Lämmergeier *m*

gypse [ʒips] *m* Gips *m*

gyromètre [ʒiʀɔmɛtʀ] *m* Kurskreisel *m*

gyrophare [ʒiʀofaʀ] *m* AUT Blaulicht *nt,* Rundumlicht *nt* (*Fachspr.*)

gyropilote [ʒiʀopilɔt] *m* AVIAT Autopilot *m*

gyroscope [ʒiʀɔskɔp] *m* TECH Gyroskop *m*

gyroscopique [ʒiʀɔskɔpik] *adj* Kreisel-; **compas** ~ Kreiselkompass *m*

Hh

H, h [aʃ, ˊaʃ] *m inv* H *nt*/h *nt;* **le** ~ **aspiré** das aspirierte [*o* behauchte] H; **le** ~ **muet** das stumme H
▸ **h comme Henri** H wie Heinrich

h *abr de* **heure**: **il est 3 h de l'après-midi** es ist 3 Uhr nachmittags

ha *abr de* **hectare** ha

habile [abil] *adj* ❶ *personne, mains* geschickt; *coup de crayon* gekonnt; **être** ~ **de ses mains/de ses [dix] doigts** geschickte Hände/Finger haben, geschickt sein; **être** ~ **au tricot/à tapisser** gut stricken/tapezieren können
❷ (*diplomatique*) geschickt; *démarche, tactique* klug; **il serait plus** ~ **de faire/de ne pas faire cela** es wäre klüger, das zu tun/nicht zu tun
❸ (*malin*) schlau, clever
❹ (*bien fait*) *film, pièce de théâtre* gut [gemacht]
❺ JUR **être** ~ **à faire qc** befähigt [*o* berechtigt] sein, etw zu tun; **être** ~ **à succéder à qn** erbfähig sein

habilement [abilmɑ̃] *adv* geschickt; *agir, se conduire, jouer* klug, geschickt; *tromper, fausser* gekonnt, geschickt

habileté [abilte] *f* ❶ *d'un artisan, artiste* Geschicklichkeit *f,* Geschick *nt; d'une dactylo, d'un voleur, prestidigitateur* Fingerfertigkeit *f; d'un musicien, orfèvre* Kunstfertigkeit *f;* ~ **manuelle** handwerkliche Geschicklichkeit; **son** ~ **à faire qc** die Geschicklichkeit, mit der er/sie etw tut
❷ (*diplomatie*) Geschick *nt*
❸ (*ruse*) Raffiniertheit *f,* Raffinesse *f*

habilitation [abilitasjɔ̃] *f* ❶ JUR Ermächtigung *f*
❷ (*autorisation officielle*) Befugnis *f,* Ermächtigung *f*

habiliter [abilite] <1> *vt* ~ **qn à faire qc** jdn ermächtigen, etw zu tun; **être habilité(e) à faire qc** ermächtigt sein, etw zu tun

habillage [abijaʒ] *m* ❶ Anziehen *nt,* Ankleiden *nt*
❷ TECH (*action de recouvrir*) Verkleidung *f; d'un produit* Verpackung *f; d'une bouteille* Etikettierung *f* und Versiegelung *f; d'un appareil, d'une montre* Einmontieren *nt* [in das/ein Gehäuse *nt*]
❸ AUT ~ **intérieur** Innenausstattung *f*

habillé(e) [abije] *adj* ❶ **être bien/mal** ~**(e)** gut/schlecht gekleidet [*o* angezogen] sein; **être** ~**(e) d'un short/d'une chemise** Shorts/ein Hemd tragen; **se coucher tout** ~**(e)** sich mit den Kleidern ins Bett legen
❷ (*chic*) *robe, chaussures* schick, festlich; **être très/trop** ~**(e)** sehr/zu schick [*o* festlich] sein

habillement [abijmɑ̃] *m* ❶ Einkleiden *nt,* [Neu]einkleidung *f*
❷ (*ensemble des vêtements*) Kleidung *f;* **industrie de l'**~ Bekleidungsindustrie *f*

habiller [abije] <1> **I.** *vt* ❶ anziehen; ~ **qn en bleu/laine** jdm blaue Kleidung [*o* Sachen *fam*]/Wollsachen anziehen
❷ (*déguiser*) ~ **qn en qc** jdn als etw verkleiden
❸ (*fournir en vêtements*) einkleiden *recrues, enfants;* einkleiden, mit Kleidung versorgen *nécessiteux;* **se faire** ~ **par** [*o* **chez**] **qn** bei jdm arbeiten lassen
❹ (*recouvrir, décorer*) beziehen *fauteuil;* verkleiden *mur*
II. *vpr* ❶ **s'**~ sich anziehen; (*mettre des vêtements de cérémonie*) sich fein machen; **s'**~ **à la mode** sich modisch anziehen; **s'**~ **court/long** kurz/lang tragen; **s'**~ **de** [*o* **en**] **noir/blanc** schwarze/weiße Kleidung [*o* Sachen *fam*] tragen; **ne pas savoir s'**~ keinen Schick haben
❷ (*se déguiser*) **s'**~ **en qc** sich als etw verkleiden
❸ (*acheter ses vêtements*) **s'**~ **chez qn** sich bei jdm einkleiden, seine Kleidung bei jdm kaufen; **s'**~ **de neuf** sich neu einkleiden

habilleur, -euse [abijœʀ, -jøz] *m, f* THEAT Garderobier *m*/Garderobiere *f*

habit [abi] *m* ❶ *pl* Kleidung *f,* Kleider *Pl;* ~**s du dimanche/de deuil/de travail** Sonntags-/Trauer-/Arbeitskleidung
❷ (*costume de fête*) Frack *m;* **l'**~ **est obligatoire** [*o* **de rigueur**] es besteht Frackzwang
❸ (*uniforme*) ~ **militaire** Uniform *f;* ~ **de prêtre** Priestergewand *nt;* ~ **religieux** Ordenstracht *f;* ~ **de magistrat** Richterrobe *f*
▸ **l'**~ **ne fait pas le moine** *prov* der Schein trügt

habitable [abitabl] *adj* bewohnbar; **ce quartier n'est plus** ~ in diesem Viertel kann man nicht mehr wohnen

habitacle [abitakl] *m* ❶ AUT Fahrgastraum *m*
❷ AVIAT (*poste de pilotage*) [Piloten]kanzel *f,* Cockpit *nt;* (*poste d'équipage*) Besatzungsraum *m*
❸ NAUT Kompasshaus *nt*

habitant(e) [abitɑ̃, ɑ̃t] *m(f)* ❶ Einwohner(in) *m(f); d'une maison, île* Bewohner(in) *m(f);* **les** ~**s de la maison** die Hausbewohner
❷ *poét* (*occupants*) ~ **de l'Olympe/des bois** Bewohner(in) *m(f)* des Olymp/des Waldes (*Gen*)
▸ **loger chez l'**~ privat wohnen, privat untergebracht sein

habitat [abita] *m* ❶ BOT Standort *m*
❷ ZOOL [natürlicher] Lebensraum
❸ GEOG Siedlungsweise *f,* Siedlungsform *f;* ~ **rural/urbain** ländliche/städtische Siedlung; ~ **sédentaire/nomade** sesshafte/nomadische Lebensweise
❹ (*conditions de logement*) Wohnverhältnisse *Pl;* (*lieu d'habitation*) Wohnort *m;* (*type d'habitat*) Wohnweise *f;* (*architecture*) Bauweise *f;* **l'**~ **social** der soziale Wohnungsbau

habitation [abitasjɔ̃] *f* ❶ (*fait de loger*) Wohnen *nt;* **les conditions d'**~ die Wohnverhältnisse; **des locaux à usage d'**~ Wohnraum *m,* Wohnungen *Pl*
❷ (*demeure*) Wohnung *f;* (*logis*) Behausung *f*
◆ ~ **à loyer modéré** Sozialwohnung *f*

habiter [abite] <1> **I.** *vi* wohnen; ~ **à la campagne/en ville/à Rennes** auf dem Land/in der Stadt/in Rennes wohnen [*o* leben]; ~ **au numéro 17** in [der] Nummer 17 wohnen; ~ **seul(e)/avec qn/chez qn** allein/mit jdm zusammen/bei jdm wohnen; ~ **dans un appartement/une maison** in einer Wohnung/einem Haus wohnen
II. *vt* ❶ ~ **une maison/la banlieue/la campagne** in einem

Haus/in der Vorstadt/auf dem Land wohnen; ~ **le 17, rue Leblanc** in der Rue Leblanc Nummer 17 wohnen; **être habité(e)** bewohnt sein; **la maison n'a pas l'air habitée** das Haus sieht nicht bewohnt aus
② *fig soutenu* ~ **qn/qc** in jdm/etw leben

habitude [abityd] *f* ① (*accoutumance, pratique*) Gewohnheit *f;* (*manie*) Angewohnheit *f;* **mauvaise** ~ schlechte [An]gewohnheit, Unart *f;* **avoir l'~ de qc** an etw (*Akk*) gewöhnt sein/etw gewohnt sein; (*s'y connaître*) sich mit/in etw (*Dat*) auskennen; **avoir l'~ de faire qc** etw gewöhnlich tun/[es] gewohnt sein, etw zu tun; **perdre l'~ de faire qc** es nicht mehr gewohnt sein, etw zu tun; **faire perdre une ~ à qn** jdm etw abgewöhnen; **prendre l'~ de faire qc** sich (*Dat*) angewöhnen, etw zu tun; es sich (*Dat*) zur Gewohnheit machen, etw zu tun; **ce n'est pas son** ~ [*o* **dans ses ~s**] **d'être en retard** normalerweise ist er/sie nicht unpünktlich; **à son** ~ wie es so seine/ihre Gewohnheit ist, wie gewöhnlich; **d'~** gewöhnlich, normalerweise; **faire qc comme d'~** etw wie gewöhnlich [*o* immer] tun; **meilleur(e)/plus tôt que d'~** besser/früher als sonst [*o* gewöhnlich]; **par** ~ aus [reiner] Gewohnheit
② (*coutume*) Brauch *m,* Gepflogenheit *f* (*geh*); **l'~ veut que qn fasse qc** es ist Brauch [*o* üblich], dass jd etw tut
▶ **l'~ est une seconde <u>nature</u>** *prov* der Mensch ist ein Gewohnheitstier (*hum*)

habitué(e) [abitɥe] *m(f) d'un magasin* Stammkunde *m/*-kundin *f; d'un café, restaurant* Stammgast *m;* **c'est un ~ de la maison** (*un ami*) er ist ein Freund des Hauses; (*un client*) er ist [bei uns] Stammkunde

habituel(le) [abitɥɛl] *adj* üblich; **à l'heure ~le** zur gewohnten Zeit; **il est ~ de faire qc** es ist allgemein üblich, etw zu tun; **c'est le coup ~!** das ist mal wieder typisch!; **ne pas être dans son état** ~ nicht so wie sonst sein

habituellement [abitɥɛlmɑ̃] *adv* gewöhnlich; (*d'habitude*) normalerweise, in der Regel; (*selon la coutume*) gewohnheitsgemäß

habituer [abitɥe] <1> **I.** *vt* ① ~ **qn à qc** jdn an etw (*Akk*) gewöhnen; ~ **qn/un animal à faire qc** jdn/ein Tier daran gewöhnen, etw zu tun
② (*avoir l'habitude*) **être habitué(e) à qc** an etw (*Akk*) gewöhnt sein; **être habitué(e) à faire qc** es gewohnt [*o* daran gewöhnt] sein, etw zu tun; **j'y suis habitué(e)** ich bin es gewohnt, ich bin daran gewöhnt
II. *vpr* ① **s'~ à qn/qc** sich an jdn/etw gewöhnen
② (*prendre l'habitude*) **s'~ à qc** sich an etw (*Akk*) gewöhnen; **s'~ à faire qc** [es] sich (*Dat*) angewöhnen, etw zu tun

hâblerie [ˊablǝʀi] *f* Protzerei *f*

hâbleur, -euse [ˊɑblœʀ, -øz] **I.** *adj* prahlerisch, aufschneiderisch
II. *m, f* Prahler(in) *m(f),* Aufschneider(in) *m(f)*

hachage [ˊaʃaʒ] *m de légumes, fines herbes* Hacken *nt; de la viande* Durchdrehen *nt*

hache [ˊaʃ] *f* (*à manche long*) Axt *f;* (*à manche court*) Beil *nt*
▶ **déterrer/enterrer la ~ de <u>guerre</u>** das Kriegsbeil ausgraben/begraben; **<u>mettre</u> la ~ dans qc** CAN (*détruire qc*) etw zerstören; **<u>taillé</u>(e) à la ~** [*o* **à coups de ~**] grob [geschnitten]

haché [ˊaʃe] *m sans pl* Gehackte(s) *nt,* Hackfleisch *nt*

haché(e) [ˊaʃe] *adj* ① *fines herbes, légumes* klein gehackt; **viande ~e** Hackfleisch *nt,* Gehackte(s) *nt;* **bifteck** ~ Hacksteak *nt*
② *fig style, phrases* abgehackt

hache-légumes [ˊaʃlegym] *m inv* Gemüseschneidemaschine *f,* Gemüseschneider *m;* (*grille*) Schneid[e]werk *nt*

hacher [ˊaʃe] <1> *vt* ① zerkleinern, [klein] hacken *fines herbes, légumes;* durch [den Wolf] drehen *viande;* ~ **menu les fines herbes** die Kräuter fein hacken [*o* wiegen]
② (*entrecouper*) unterbrechen *phrase, discours*
▶ **qn se <u>ferait</u>** [*o* **<u>laisserait</u>**] ~ **en morceaux pour qn/qc** jd würde sich für jdn/etw in Stücke reißen lassen

hachette [ˊaʃɛt] *f* (*à manche long*) kleine Axt; (*à manche court*) kleines Beil

hache-viande [ˊaʃvjɑ̃d] *m inv* Fleischwolf *m,* Faschiermaschine *f* (A)

hachis [ˊaʃi] *m* ① (*chair à saucisse*) Mett *nt*
② (*plat*) ~ **de légumes/de viande** klein gehacktes Gemüse/Fleisch; ~ **de poisson** klein gehackter Fisch; ~ **de fines herbes et d'oignons** gemischte fein gehackte Kräuter und Zwiebeln
◆ ~ **Parmentier** *Gratin aus Hackfleisch und Kartoffelbrei, die übereinander geschichtet werden*

hachisch [ˊaʃiʃ] *m v.* **haschich**

hachoir [ˊaʃwaʀ] *m* ① Hackbeil *nt;* (*avec lame courbe*) Wiegemesser *nt*
② (*machine*) ~ **à légumes** Gemüseschneidemaschine *f,* Gemüseschneider *m;* ~ **à viande** Fleischwolf *m*
③ (*planche*) Hackbrett *nt*

hachurer [ˊaʃyʀe] <1> *vt* schraffieren

hachures [ˊaʃyʀ] *fpl* Schraffur *f,* Schraffierung *f*

hacker [ˊakœʀ] *m* INFORM Hacker *m*

HAD [ˊaʃade] *f abr de* **hospitalisation à domicile** ≈ *medizinische Versorgung beim Patienten zu Hause*

haddock [ˊadɔk] *m* geräucherter Schellfisch

hagard(e) [ˊagaʀ, aʀd] *adj* verstört; **avoir l'air** ~ [ganz] verstört aussehen; **regarder autour de soi, l'œil** ~ verstört um sich blicken

hagiographie [aʒjɔgʀafi] *f* Hagiographie *f*

haie [ˊɛ] *f* ① Hecke *f;* ~ **vive** [grüne] Hecke
② SPORT Hürde *f;* **course de ~s** Hürdenlauf *m;* (*équitation*) Hindernisrennen *nt;* **gagner aux 110 mètres ~s** den Hürdenlauf über 110 Meter gewinnen
③ (*rangée*) *de personnes* Reihe *f;* **former** [*o* **faire**] **une** ~ sich [in einer Reihe] aufstellen; **faire** [*o* **former**] **la** ~ ein Spalier bilden/Spalier stehen; ~ **de policiers** Absperrkette *f* der Polizei
◆ ~ **d'honneur** Ehrenspalier *nt*

haillon [ˊɑjɔ̃] *m gén pl* Lumpen *Pl*

haine [ˊɛn] *f* ① Hass *m;* **la ~ de qc** der Hass auf etw (*Akk*) [*o* gegen etw]; **par ~ de qn/qc** aus Hass auf [*o* gegen] jdn/etw; **avoir de la ~ pour qn** jdn hassen; **prendre qn/qc en** ~ anfangen, jdn/etw zu hassen
② *pl* (*rivalités*) Hass *m*

haineusement [ˊɛnøzmɑ̃] *adv regarder* hasserfüllt; *parler* voller Hass, gehässig; **répondre** ~ eine gehässige Antwort geben

haineux, -euse [ˊɛnø, -øz] *adj* (*plein de haine*) hasserfüllt; (*plein de méchanceté*) gehässig; *joie* hämisch, boshaft

haïr [ˊaiʀ] <*irr*> **I.** *vt* hassen; ~ **de faire qc** es hassen, etw zu tun; **se faire ~ de qn** sich bei jdm verhasst machen
II. *vpr* **se ~ soi-même** sich selbst hassen; **ils se haïssent** sie hassen sich; **je me hais d'avoir cédé** ich hasse mich, weil ich nachgegeben habe

haïssable [ˊaisabl] *adj personne* hassenswert; *comportement* verabscheuungswürdig; *temps* abscheulich

halage [ˊalaʒ] *m* ① (*par un bateau*) Schleppen *nt;* (*par des hommes, des chevaux*) Treideln *nt*
② CAN (*sortir le bois*) Abtransport *m* von Holzstämmen

hâle [ˊɑl] *m* [Sonnen]bräune *f*

hâlé(e) [ˊɑle] *adj* [sonnen]gebräunt; **teint** ~ gebräuntes Gesicht

haleine [alɛn] *f* Atem *m;* **mauvaise** ~ Mundgeruch *m;* **avoir [une] mauvaise** ~ Mundgeruch haben, aus dem Mund riechen; **perdre** ~ außer Atem kommen; **reprendre** ~ Luft holen; (*s'arrêter*) verschnaufen; **être hors d'~** außer Atem sein
▶ **de <u>longue</u>** ~ langwierig; **parler/discuter à <u>perdre</u>** ~ ohne Unterbrechung reden/diskutieren; **rire/courir à <u>perdre</u>** ~ lachen/laufen, dass jdm die Luft wegbleibt; **<u>tenir</u> qn en** ~ jdn in Atem halten

haler [ˊale] <1> *vt* ① NAUT einholen

❷ (*remorquer*) treideln *péniche*
❸ CAN (*tirer*) ziehen
hâler [ˈɑle] <1> *vt* bräunen; **son teint est hâlé par le soleil** sein/ihr Gesicht ist sonnengebräunt
haletant(e) [ˈal(ə)tɑ̃, ɑ̃t] *adj personne, respiration* keuchend; *chien* hechelnd; *cheval* schnaubend; **je voyais sa poitrine ~e** ich sah, wie seine/ihre Brust sich schnell hob und senkte; **être ~(e)** *personne:* keuchen; *chien:* hecheln; *cheval:* schnauben; **être ~(e) de soif/de curiosité** [fast] vor Durst/Neugier vergehen
halètement [ˈalɛtmɑ̃] *m d'une personne* Keuchen *nt; d'un asthmatique* Kurzatmigkeit *f; d'un chien* Hecheln *nt; d'un cheval* Schnauben *nt*
haleter [ˈal(ə)te] <4> *vi coureur:* keuchen, nach Luft schnappen; *chien:* hecheln; **~ de soif/de curiosité** [fast] vor Durst/Neugier vergehen
hall [ˈol] *m* Halle *f;* (*entrée*) Eingangshalle; **~ de la gare/de l'aéroport** Bahnhofs-/Flughafenhalle
hallali [alali] *m* Halali *nt*
▸ **sonner** **l'~** das Halali blasen
halle [ˈal] *f* ❶ (*marché couvert*) Markthalle *f;* **~ aux bestiaux/au vin** (*marché*) Vieh-/Weinmarkt *m;* (*bâtiment couvert*) **~ de gymnastique** CH (*gymnase*) Turnhalle *f*
❷ *pl* (*marché d'une ville*) Markthallen *Pl*
❸ (*hangar*) Halle *f;* **~ de montage/des machines** Montage-/Maschinenhalle
❹ HIST **les Halles** die Pariser Markthallen
hallebarde [ˈalbaʀd] *f* Hellebarde *f*
▸ **il pleut** [*o* **tombe**] **des ~s** *fam* es gießt in Strömen (*fam*)
hallucinant(e) [a(l)lysinɑ̃, ɑ̃t] *adj ressemblance* verblüffend; *spectacle* umwerfend, atemberaubend; **ta ressemblance avec lui est ~e** du siehst ihm verblüffend ähnlich
hallucination [a(l)lysinasjɔ̃] *f* ❶ MED Halluzination *f*
❷ (*vision*) Halluzination *f,* Sinnestäuschung *f;* **tu as des ~s!** du leidest wohl an Halluzinationen!
hallucinatoire [a(l)lysinatwaʀ] *adj* halluzinatorisch
halluciné(e) [a(l)lysine] **I.** *adj* ❶ *drogué, fou* an Halluzinationen leidend, halluzinierend; **être ~(e)** an Halluzinationen leiden, Halluzinationen haben
❷ (*bizarre*) *air, regard* irr
II. *m(f)* ❶ MED halluzinierende(r) Geisteskranke(r) *f(m);* **un ~/une ~e** ein Mann, der/eine Frau, die an Halluzinationen leidet
❷ (*visionnaire*) Spinner(in) *m(f)* (*fam*)
halluciner [a(l)lysine] <1> *vi* halluzinieren; **j'hallucine!** *fam* ich glaube, ich spinne! (*fam*)
hallucinogène [a(l)lysinɔʒɛn] **I.** *adj* halluzinogen (*Fachspr.*)
II. *m* Hallozinogen *nt* (*Fachspr.*)
halo [ˈalo] *m* Lichthof *m; d'un astre, de la lune* Hof *m,* Halo *m* (*Fachspr.*); PHOT Lichthof
halogène [alɔʒɛn] **I.** *m* Halogen *nt*
II. *app* Halogen-; **lampe/phare ~** Halogenlampe *f*/-scheinwerfer *m*
halte [ˈalt] **I.** *f* ❶ Halt *m;* (*repos*) Pause *f;* MIL Marschpause; **faire une ~** (*s'arrêter*) haltmachen; (*se reposer*) eine Pause machen, eine Pause einlegen (*fam*)
❷ CHEMDFER Haltepunkt *m*
II. *interj* **~!** halt!, stopp! (*fam*); (*attention!*) Moment mal!; **~-là! Qui va là?** MIL halt! Wer da?
▸ **dire ~ à qc** das Ende einer S. (*Gen*) fordern; **~ au chômage!** Schluss mit der Arbeitslosigkeit!
haltère [altɛʀ] *m* Hantel *f;* **faire des ~s** mit Hanteln trainieren
haltérophile [alteʀɔfil] *mf* Gewichtheber(in) *m(f)*
haltérophilie [alteʀɔfili] *f* Gewichtheben *nt*
hamac [ˈamak] *m* Hängematte *f*
hamamélis [amamelis] *m* BOT Mispel *f*
Hambourg [ˈɑ̃buʀ] Hamburg *nt*
hambourgeois [ˈɑ̃buʀʒwa] *m* **le ~** Hamburgerisch *nt,* das Hamburgerische; *v. a.* **allemand**
hambourgeois(e) [ˈɑ̃buʀʒwa, waz] *adj* hamburgerisch, Hamburger
Hambourgeois(e) [ˈɑ̃buʀʒwa, waz] *m(f)* Hamburger(in) *m(f)*
hamburger [ˈɑ̃buʀgœʀ, ˈɑ̃bœʀgœʀ] *m* GASTR Hamburger *m*
hameau [ˈamo] <x> *m* Weiler *m*
hameçon [amsɔ̃] *m* Angelhaken *m;* **le poisson mord à l'~** der Fisch beißt an
▸ **mordre à** [*o* **gober**] **l'~** anbeißen (*fam*)
hammam [ˈamam] *m* Hammam *m,* [türkisches] Dampfbad *nt*
hampe¹ [ˈɑ̃p] *f* ❶ *d'une lance* Schaft *m; d'un drapeau* Stange *f*
❷ BOT Schaft *m*
❸ (*trait vertical*) senkrechter [Haupt]strich
hampe² [ˈɑ̃p] *f* ❶ (*poitrine*) *d'un cerf* Brust *f*
❷ (*ventre*) *d'un bœuf* Querrippe *f*
hamster [ˈamstɛʀ] *m* ZOOL Hamster *m*
han [ˈɑ̃] **I.** *m* ächzender Laut, Stöhnen *nt;* **soulever qn/qc avec un ~** jdn/etw laut ächzend [*o* stöhnend] hochheben; **pousser** [*o* **faire**] **un ~** ächzen, stöhnen
II. *interj* ah
hanche [ˈɑ̃ʃ] *f* Hüfte *f;* **balancer les ~s** sich in den Hüften wiegen (*geh*); **rouler** [*o* **tortiller**] **les ~s** mit den Hüften wackeln; **être fort(e) des ~s** breite Hüften haben
handball, hand-ball [ˈɑ̃dbal] *m* Handball *m*
handballeur, -euse [ˈɑ̃dbalœʀ, -øz] *m, f* Handballspieler(in) *m(f),* Handballer(in) *m(f)* (*fam*)
handicap [(ˈ)ɑ̃dikap] *m* ❶ SPORT Handikap *nt,* Vorgabe *f;* **course à ~** Handikaprennen *nt*
❷ MED, PSYCH Behinderung *f*
❸ (*désavantage*) Handikap *nt;* (*retard*) Rückstand *m*
handicapé(e) [ˈɑ̃dikape] **I.** *adj* behindert
II. *m(f)* Behinderte(r) *f(m);* **~(e) mental(e)/moteur** geistig/motorisch Behinderte(r) *f(m);* **~(e) physique** Körperbehinderte(r) *f(m)*
handicaper [ˈɑ̃dikape] <1> *vt* **~ qn/qc dans qc** für jdn/etw bei etw ein Handikap sein, jdn/etw in etw (*Dat*)/bei etw benachteiligen [*o* behindern]
handisport [ˈɑ̃dispɔʀ] *adj* Behinderten-
hangar [ˈɑ̃gaʀ] *m* ❶ AGR, CHEMDFER [offener] Schuppen
❷ (*entrepôt*) Lagerschuppen *m,* Lagerhalle *f*
❸ AVIAT, NAUT **~ à avions** Hangar *m;* **~ à bateaux** Bootshaus *nt,* Bootsschuppen *m*
❹ CAN (*abri pour le bois de chauffage*) Schuppen *m* für Brennholz
hanneton [ˈan(ə)tɔ̃] *m* ZOOL Maikäfer *m*
▸ **ne pas être piqué(e) des ~s** *péj* nicht von Pappe sein (*fam*)
Hanovre [ˈanɔvʀ] Hannover *nt*
Hanse [ˈɑ̃s] *f* HIST Hanse *f*
hanséatique [ˈɑ̃seatik] *adj* hanseatisch, Hanse-; *ligue, ville* Hanse-
hanter [ɑ̃te] <1> *vt* ❶ **~ qc** *fantôme, esprit:* in etw (*Dat*) spuken [*o* umgehen]; **qc est hanté(e) par qc** in etw (*Dat*) geht etw um; **ce château est hanté** in diesem Schloss spukt es
❷ (*fréquenter*) **~ un café/les tripots** in einem Café/Spielhöllen verkehren
❸ (*obséder*) **~ qn** jdn verfolgen, jdm keine Ruhe lassen; **~ le sommeil de qn** jdn noch im Schlaf verfolgen; **être hanté(e) par l'idée/le désir de faire qc** von dem Gedanken/dem Wunsch beherrscht sein, etw zu tun; **il était hanté par le souvenir de sa femme** die Erinnerung an seine Frau ließ ihn nicht los
hantise [ˈɑ̃tiz] *f* **~ de qc** [panische] Angst vor etw (*Dat*); **il a la ~ des examens** er hat panische Angst [*o* ihm graut] vor Prüfungen (*Dat*)
happening [ˈap(ə)niŋ] *m* Happening *nt*
happer [ˈape] <1> *vt* ❶ *train, voiture:* erfassen; **se faire ~ par un train/une voiture** von einem Zug/Auto erfasst werden
❷ (*attraper*) *animal:* schnappen
happy end [ˈapiɛnd] <happy ends> *m o f* Happyend *nt*

hara-kiri [ˊaʀakiʀi] *m sans pl* Harakiri *nt;* **[se] faire ~** Harakiri begehen [*o* machen]
harangue [ˊaʀɑ̃g] *f* ❶ [feierliche] Rede
❷ (*sermon*) [endlose] Strafpredigt [*o* Moralpredigt]
haranguer [ˊaʀɑ̃ge] <1> *vt* **~ qn** eine [feierliche] Ansprache an jdn halten
haras [ˊaʀɑ] *m* Gestüt *nt*
harassant(e) [aʀasɑ̃, ɑ̃t] *adj* ermüdend, aufreibend; *journée* [sehr] anstrengend
harassé(e) [ˊaʀase] *adj* erschöpft, ausgelaugt
harasser [ˊaʀase] <1> *vt* **être harassé(e) de travail** mit Arbeit überhäuft [*o* eingedeckt *fam*] sein/werden
harcelant(e) [ˊaʀsəlɑ̃, ɑ̃t] *adj personne* lästig, aufdringlich; *question* lästig; *soucis* quälend
harcèlement [ˊaʀsɛlmɑ̃] *m* ❶ MIL Störmanöver *nt;* **guerre de ~** Kleinkrieg *m;* **tir de ~** Störfeuer *nt*
❷ (*tracasserie*) Belästigung *f*
❸ JUR **~ sexuel** sexuelle Belästigung
harceler [ˊaʀsəle] <4> *vt* ❶ **~ qn** jdn bedrängen, jdm zusetzen; **~ un animal** Jagd auf ein Tier machen, einem Tier [hartnäckig] nachstellen
❷ MIL dauernd angreifen *ennemi, ville*
❸ (*importuner*) belästigen; **~ qn pour obtenir qc** jdn bedrängen, um etw zu bekommen; **~ qn de questions/d'exigences** jdn mit Fragen/Forderungen bedrängen; **être harcelé(e) de soucis** von Sorgen gequält sein/werden
hardes [ˊaʀd] *fpl péj* Klamotten *Pl* (*fam*); CAN (*vêtements*) Kleidung *kein Pl*
hardi(e) [ˊaʀdi] *adj* ❶ *personne* kühn, mutig; *réponse* mutig, beherzt; *entreprise, projet* kühn, gewagt
❷ *vieilli* (*osé*) *décolleté, scène* gewagt; *fille* verwegen
❸ (*original*) *imagination, pensée* kühn; *style, talent* eigenwillig
hardiesse [ˊaʀdjɛs] *f* ❶ Kühnheit *f,* Unerschrockenheit *f;* **avoir [o montrer] de la ~** Unerschrockenheit beweisen [*o* zeigen]
❷ (*originalité*) Kühnheit *f,* Eigenwilligkeit *f*
❸ *pl* (*libertés*) **~s du langage** freche Ausdrücke *Pl;* **les ~s de son style** sein/ihr gewagter Stil
hardiment [ˊaʀdimɑ̃] *adv* ❶ (*courageusement*) kühn, beherzt
❷ (*carrément*) *parler* geradeheraus (*fam*); *regarder* unerschrocken
❸ (*à la légère*) *partir, s'engager* unüberlegt
❹ (*effrontément*) dreist
hardware [ˊaʀdwɛʀ] *m* INFORM Hardware *f*
harem [ˊaʀɛm] *m* Harem *m*
hareng [ˊaʀɑ̃] *m* Hering *m;* **~ saur** Bückling *m*
▸ **être maigre [o sec] comme un ~ [saur]** *fam* spindeldürr sein; **être serré(e)s comme des ~s** *fam* wie die Heringe sitzen/stehen (*fam*)
harengère [ˊaʀɑ̃ʒɛʀ] *f péj* lautes, ordinäres Weib; **crier comme une ~** keifen wie ein Marktweib
hargne [ˊaʀɲ] *f* (*comportement agressif*) Gereiztheit *f,* Bissigkeit *f;* (*colère*) Zorn *m;* (*méchanceté*) Gehässigkeit *f;* **avoir de la ~ contre qn/qc** jdn/etw nicht ausstehen können; **avec ~** (*agressif*) gereizt, bissig; (*méchant*) gehässig
hargneusement [ˊaʀɲøzmɑ̃] *adv répondre* gereizt, bissig; *critiquer* scharf; *aboyer* bösartig
hargneux, -euse [ˊaʀɲø, -øz] *adj* (*agressif*) *personne, ton* gereizt, unwirsch; (*méchant*) gehässig, bissig; *critique* bissig; *humeur* gereizt; *caractère* zänkisch; *chien* bissig, bösartig
haricot [ˊaʀiko] *m* Bohne *f;* **~ blanc** weiße Bohne; **~ sec** dicke Bohne; **~ vert** grüne Bohne, Fisole *f* (A); (*très fin*) Prinzessbohne; **~ à écosser** Stangenbohne *f;* **~ mange-tout** [mittelfeine] grüne Bohne
▸ **c'est la fin des ~s!** *fam* jetzt hört alles auf!
◆ **~ de mouton** GASTR Hammelragout *nt*
haridelle [ˊaʀidɛl] *f* Schindmähre *f* (*pej*)
harissa [(ˊ)aʀisa] *f* GASTR Harissa *nt* (*pikante, maghrebinische Soße aus Peperoni und Öl, als Beilage zu Couscous*)

harki [ˊaʀki] *m algerischer Soldat in einer Hilfstruppe der französischen Armee*
harmonica [aʀmɔnika] *m* ❶ [Mund]harmonika *f*
❷ CH, BELG Ziehharmonika *f*
harmonie [aʀmɔni] *f* ❶ MUS Harmonielehre *f*
❷ (*fanfare*) Blasorchester *nt*
❸ POES, LITTER Harmonie *f,* Wohlklang *m*
❹ ART Harmonie *f*
❺ (*accord*) *d'un couple* Harmonie *f; des vues, sentiments* Übereinstimmung *f;* **vivre en bonne/parfaite ~** in guter/völliger Harmonie [miteinander] leben; **être en ~ avec qc** gut zu etw passen, gut mit etw harmonieren; *idées, opinion:* mit etw in Einklang stehen; **mettre qc en ~ avec qc** etw auf etw (*Akk*) abstimmen
harmonieusement [aʀmɔnjøzmɑ̃] *adv* harmonisch
harmonieux, -euse [aʀmɔnjø, -jøz] *adj* harmonisch; *instrument, voix* wohlklingend; *style* angenehm
harmonique [aʀmɔnik] *adj* harmonisch
harmonisation [aʀmɔnizasjɔ̃] *f* ❶ *d'une chanson* Harmonisierung *f; des instruments* Stimmen *nt;* **~ des couleurs** Farbabstimmung *f*
❷ ECON, JUR Harmonisierung *f,* Angleichung *f*
harmoniser [aʀmɔnize] <1> **I.** *vt* ❶ miteinander in Einklang bringen *intérêts, idées;* aufeinander abstimmen *actions, couleurs;* **~ qc avec qc** etw in Einklang mit etw bringen; **~ la couleur des rideaux avec celle de la moquette** Vorhänge und Teppichboden farblich aufeinander abstimmen
❷ MUS harmonisieren
II. *vpr* **s'~** [miteinander] harmonieren; **s'~ avec qc** mit etw harmonieren, gut zu etw passen
harmonium [aʀmɔnjɔm] *m* MUS Harmonium *nt*
harnachement [ˊaʀnaʃmɑ̃] *m* ❶ Anschirren *nt*
❷ (*harnais*) Geschirr *nt*
❸ *fam* (*accoutrement*) [schwere] Montur (*fam*)
harnacher [ˊaʀnaʃe] <1> **I.** *vt* ❶ anschirren *animal*
❷ *péj* **être harnaché(e) de qc** mit etw ausstaffiert sein
II. *vpr* **se ~** *alpiniste, chasseur:* in die [*o* seine] Montur steigen (*fam*)
harnais [ˊaʀnɛ] *m* ❶ *d'un cheval, bœuf* Geschirr *nt*
❷ (*sangles*) *d'un parapentiste, plongeur* Gurtwerk *nt,* Gurtzeug *nt*
▸ **être blanchi(e) sous le ~** im Dienst ergraut sein
harnois [ˊaʀnwa] *m* CAN *v.* **harnais**
haro [ˊaʀo] *m* ▸ **crier ~ sur le baudet** sich [lauthals] entrüsten
harpagon [aʀpagɔ̃] *m* Geizhals *m* (*pej*)
harpe [ˊaʀp] *f* MUS Harfe *f*
harpie [ˊaʀpi] *f* ORN Harpyie *f*
▸ **vieille ~** *péj* alter Drachen (*fam*)
harpiste [ˊaʀpist] *mf* Harfenspieler(in) *m(f);* (*de profession*) Harfenist(in) *m(f)*
harpon [ˊaʀpɔ̃] *m* ❶ PECHE Harpune *f*
❷ CONSTR Klammer *f,* Haken *m*
harponnage [ˊaʀpɔnaʒ] *m,* **harponnement** [ˊaʀpɔnmɑ̃] *m* Harpunieren *nt*
harponner [ˊaʀpɔne] <1> *vt* ❶ PECHE harpunieren
❷ *fam* (*attraper*) erwischen [*o* schnappen] (*fam*) *malfaiteur;* **se faire ~ par un représentant** von einem Vertreter aufgehalten werden
hasard [ˊazaʀ] *m* ❶ Zufall *m;* **par un malheureux/curieux ~** durch einen unglücklichen/merkwürdigen Zufall
❷ (*fatalité*) Zufall *m,* Schicksal *nt;* **le ~ a voulu que qn fasse qc** der Zufall wollte es [*o* es traf sich], dass jd etw tut; **les caprices du ~** die Launen des Schicksals; **ne rien laisser au ~** nichts dem Zufall überlassen; **s'en remettre [o s'abandonner] au ~** es dem Zufall überlassen; **il faut faire la part du ~** man muss [immer] mit Überraschungen rechnen
❸ *pl* (*aléas, risque*) **les ~s de la guerre** die Wirren *Pl* des Krieges; **les ~s de la vie** die Wechselfälle *Pl* des Lebens

▶ **le ~ fait bien les choses** *prov* Glück muss der Mensch haben; **à tout ~** für alle Fälle; **demander/essayer qc à tout ~** etw auf gut Glück fragen/versuchen; **marcher/prendre une route au ~** aufs Geratewohl losmarschieren/eine Straße nehmen; **prendre un livre/exemple au ~** ein beliebiges Buch/Beispiel herausgreifen; **au ~ d'une rencontre** anlässlich einer zufälligen Begegnung; **comme par ~** *iron* [ganz] zufällig; **par ~** zufällig; **tout à fait par ~** rein zufällig

hasarder [´azaʀde] <1> **I.** *vt* ❶ (*tenter, avancer*) wagen *démarche, remarque, question;* **~ une hypothèse** es wagen, eine Hypothese aufzustellen
❷ *littér* (*risquer*) aufs Spiel setzen *fortune, vie*
II. *vpr* ❶ **se ~ dans un quartier/la rue** sich in ein Viertel/auf die Straße wagen
❷ (*se risquer à*) **se ~ à faire qc** es wagen, etw zu tun

hasardeux, -euse [´azaʀdø, -øz] *adj* gewagt, riskant; *affirmation* kühn

hasch [´aʃ] *m abr de* **haschich** *fam* Hasch *nt* (*fam*)

haschich, haschisch [´aʃiʃ] *m* Haschisch *nt o m*

hase [´ɑz] *f* ZOOL Häsin *f*

hâte [´ɑt] *f* Eile *f*, Hast *f;* **à la ~** hastig, auf die Schnelle (*fam*); **en toute ~** schnell, in aller Eile; **sans ~** gemächlich; **avoir ~ de faire qc, n'avoir qu'une ~, c'est de faire qc** es kaum erwarten können, etw zu tun; **mettre de la ~ à faire qc** sich beeilen, etw zu tun

hâter [´ɑte] <1> **I.** *vt* beschleunigen
II. *vpr* **se ~** sich beeilen; **se ~ vers qc** zu etw eilen; **se ~ de faire qc** etw schnell tun

hâtif, -ive [´ɑtif, -iv] *adj* ❶ *décision, réponse* übereilt, überstürzt; *conclusion* voreilig; *travail* zu hastig gemacht; **c'est un travail ~** diese Arbeit ist zu hastig gemacht worden
❷ (*précoce*) *croissance, développement* zu schnell; *fruit, légume* sehr früh [reifend]

hâtivement [´ɑtivmɑ̃] *adv conclure, décider* übereilt; *répondre* hastig; *partir* überstürzt; *travailler* zu hastig

hauban [´obɑ̃] *m d'un voilier* Want *f* (*Fachspr.*); *d'un chapiteau de cirque* Stützstange *f; d'un pont* Schrägseil *nt*, Abspannseil *nt*

hausse [´os] *f* ❶ (*action d'augmenter*) *des salaires* Anheben *nt*, Anhebung *f;* **~ illicite des prix** Preistreiberei *f*
❷ (*processus*) *du coût de la vie, des salaires, de la température* Anstieg *m; des prix, cours* Anstieg, Anziehen *nt;* **être en nette ~** spürbar [*o* deutlich] steigen; **~ de la Bourse** Anstieg der Börsenkurse, Hausse *f* (*Fachspr.*); **jouer à la ~** auf Hausse spekulieren

haussement [´osmɑ̃] *m* **~ d'épaules** Achselzucken *nt*, Schulterzucken *nt*

hausser [´ose] <1> **I.** *vt* ❶ (*surélever*) erhöhen *mur;* aufstocken *maison*
❷ (*amplifier*) **~ le ton/la voix** den Ton/die Stimme heben
❸ (*augmenter*) erhöhen *impôts;* heraufsetzen, erhöhen *prix*
❹ (*soulever*) heben, hochziehen *sourcils;* **~ les épaules** mit den Schultern [*o* Achseln] zucken
❺ *fig* **cela ne le hausse pas dans mon estime** das lässt ihn nicht in meinem Ansehen steigen
II. *vpr* ❶ **se ~ de toute sa taille** sich zu seiner vollen Größe aufrichten; **se ~ sur la pointe des pieds** sich auf die Zehenspitzen stellen
❷ (*s'élever*) **se ~ au niveau de qn** jds Niveau erreichen

haussier [´osje] *m* BOURSE Haussier *m* (*Fachspr.*)

haussière [osjɛʀ] *f* NAUT Trosse *f*

haut [´o] **I.** *adv* ❶ *monter, sauter, voler* hoch
❷ (*ci-dessus*) **voir plus ~** siehe [weiter] oben
❸ (*loin dans le temps*) **remonter très ~ dans l'histoire** weit in der Geschichte zurückgehen
❹ (*fort*) *lire, parler, penser* laut
❺ (*franchement*) laut [und deutlich]; **dire tout ~ ce que les autres pensent tout bas** aussprechen [*o* sagen], was die anderen denken
❻ (*à un haut degré*) **un fonctionnaire ~ placé** ein hoher Beamter; **viser trop ~** zu hoch hinaus wollen; **placer qn très ~ dans son estime** Hochachtung vor jdm haben
❼ MUS **chanter trop ~** zu hoch singen; **ta voix monte ~** deine Stimme steigt hoch
▶ **parler ~ et clair** [laut und] deutlich reden; (*sans ambiguïté*) eine deutliche Sprache sprechen; **pendre qn ~ et court** jdn kurzerhand aufhängen; **regarder/traiter qn de ~** jdn von oben herab betrachten/behandeln; **tomber de ~** sehr überrascht sein, aus allen Wolken fallen (*fam*); **voir les choses de ~** die Dinge gelassen sehen; **ne pas voler ~** ziemlich blöd sein (*fam*); **d'en ~** von oben; **en ~** (*sans mouvement*) oben; (*avec mouvement*) nach oben; **jusqu'en ~** bis nach oben; **regarde en ~** sieh [*o* schau] mal nach oben; **de bas en ~** von unten nach oben; **en ~ de** oben in/auf (+ *Dat*); **vivre en ~ de l'immeuble** im oberen Teil [*o* auf der letzen Etage] des Gebäudes wohnen
II. *m* ❶ Höhe *f;* **avoir un mètre de ~** einen Meter hoch sein
❷ (*altitude*) Höhe *f;* **être à un mètre de ~** sich in einem Meter Höhe befinden; **appeler du ~ de la tribune/du balcon** von der Tribüne/vom Balkon herunterrufen; **tomber du ~ de l'arbre** vom Baum herunterfallen
❸ (*opp: bas*) *d'une caisse, d'un mur* oberer Teil; *d'un pyjama* Oberteil *nt;* **l'étagère du ~** das oberste Regalbrett; **les pièces du ~** die Zimmer im oberen Stockwerk; **les voisins du ~ [de l'immeuble]** die Nachbarn von oben
❹ (*sommet*) *d'un arbre* Wipfel *m; d'une montagne* Gipfel *m*
▶ **des ~s et des bas** Höhen und Tiefen; **il a des ~s et des bas [de santé]** mal geht es ihm besser, mal wieder schlechter; **du/de ~ en bas** von oben bis unten; **atteindre le ~ de l'échelle [sociale]** es bis nach ganz oben schaffen (*fam*); **tenir le ~ du pavé** zur Spitzenklasse gehören
◆ **~ de gamme** obere Preisklasse, Produkte *Pl* der oberen Preisklasse; **voiture ~ de gamme** Wagen *m* der Luxusklasse

haut(e) [´o, ´ot] *adj* ❶ hoch; **être ~(e) de trois/dix mètres** drei/zehn Meter hoch sein; **être ~(e) de plafond** eine hohe Decke haben; **~(e) sur pattes** langbeinig; **de ~e taille** groß; **le plus ~ étage** das oberste Stockwerk
❷ (*en position élevée*) *nuages* hoch
❸ NAUT **naviguer le pavillon ~** mit gehisster Flagge fahren; **marée ~e** Flut *f;* **la mer est ~e** es ist Flut; **quand la mer est ~e** bei Flut; **en ~e mer** auf hoher See; **les ~es eaux** das Hochwasser
❹ GEOG *montagne, plateau* Hoch-; *Rhin* Ober-; **la ville ~e** die Oberstadt
❺ (*ancien*) **le ~ Moyen-Âge** das Frühmittelalter, das frühe Mittelalter; **la ~e Antiquité** die Frühantike
❻ (*intense, fort*) *ton, température* hoch; *densité* groß; *fréquence, tension* Hoch-; *pression, température* Hoch-; **à voix ~e, à ~e voix** laut, mit lauter Stimme; **courant à ~e tension** Starkstrom *m*
❼ (*élevé*) *cours, prix, salaire* hoch; **le prix de l'or est au plus ~** Gold erzielt Höchstpreise
❽ (*supérieur*) **~e bourgeoisie** Großbürgertum *nt;* **~ commissaire** Hochkommissar *m;* **~ commandement** Oberkommando *nt;* **un ~ fonctionnaire** ein hoher Beamter; **la ~e finance** die Hochfinanz; **la ~e société** die Oberschicht, die Highsociety; **au plus ~ niveau** auf höchster Ebene; **en ~ lieu** höheren Orts, an höherer Stelle; **de ~e naissance** von hoher Abkunft; **la ~e noblesse** der Hochadel; **de ~ rang** von hohem Rang, hochrangig; **les ~es mathématiques** [die] höhere Mathematik; **la ~e coiffure/~e couture** die Haute Coiffure/Haute Couture
❾ (*très grand*) hoch; **~e trahison** Hochverrat *m;* **~e estime [*o* considération]** Hochachtung *f;* **jouir d'une ~e considération** sehr [*o* hoch] geschätzt werden; **avoir une ~e idée [*o* opinion] de qn/qc** von jdm/etw eine hohe Meinung haben; **faire preuve d'une ~e intelligence** äußerst [*o* höchst]

intelligent sein; **être de la plus ~e importance** äußerst wichtig sein, von größter Wichtigkeit [*o* Bedeutung] sein; **instrument de ~e précision** Präzisionsgerät *nt,* Feinmessgerät *nt*
❿ (*héroïque*) **les ~s faits** die Heldentaten
⓫ LING **le ~ allemand** [das] Hochdeutsch; HIST [das] Althochdeutsch
hautain(e) [ˊotɛ̃, ɛn] *adj personne* hochmütig, eingebildet; *air, manière, ton* hochmütig, herablassend
hautbois [ˊobwɑ] *m* MUS Oboe *f*
hautboïste [ˊobɔist] *mf* Oboist(in) *m(f)*
haut-de-forme [ˊod(ə)fɔʀm] *m inv* Zylinder *m*
haute [ˊot] *f fam* Hautevolee *f,* Highsociety *f;* **faire partie [des gens] de la ~** zur Hautevolee gehören
haute-fidélité [ˊotfidelite] **I.** *f sans pl* Highfidelity *f*
II. *adj inv chaîne* Hi-Fi-
hautement [ˊotmɑ̃] *adv* äußerst, höchst; **pays ~ industrialisé** hochindustrialisiertes Land; **travailleur ~ qualifié** hochqualifizierter Arbeiter
hauteur [ˊotœʀ] *f* ❶ *d'une montagne, tour, d'un mur* Höhe *f;* GEOM Höhe; **faire trois/dix mètres de ~** eine Höhe von drei/zehn Metern haben, drei/zehn Meter hoch sein; **le mur a une ~ de sept mètres** [*o* **a sept mètres de ~**] die Mauer ist sieben Meter hoch; **quelle est la ~ de ce mur?** wie hoch ist diese Mauer?; **la ~ est de trois/dix mètres** die Höhe beträgt drei/zehn Meter
❷ (*altitude*) Höhe *f;* **prendre/perdre de la ~** an Höhe gewinnen/verlieren
❸ SPORT **saut en ~** Hochsprung *m*
❹ (*même niveau*) **être à ~ d'appui/des yeux/d'homme** in Brust-/Augen-/Kopfhöhe sein; **quand ils arrivèrent à ma ~** als sie mit mir auf gleicher Höhe waren; **à la ~ du carrefour/du port** in Höhe der Kreuzung/des Hafens
❺ GEOG (*colline*) Anhöhe *f,* Hügel *m*
❻ (*noblesse*) Größe *f*
❼ (*arrogance*) Hochmut *m;* **parler avec ~** in herablassender [*o* hochmütiger] Weise sprechen
▶ **être/ne pas être à la ~** fähig/unfähig sein, den Anforderungen entsprechen/nicht entsprechen; **être à la ~ de qn/qc** jdm/einer S. gewachsen sein
haut-fond [ˊofɔ̃] <hauts-fonds> *m* Untiefe *f* **haut-le-cœur** [ˊol(ə)kœʀ] *m inv* Übelkeit *f;* **il a un ~** ihm ist schlecht [*o* übel] **haut-le-corps** [ˊol(ə)kɔʀ] *m inv* Aufschrecken *nt;* **avoir un ~** hochfahren **haut-lieu** [ˊoljø] <hauts-lieux> *m* Hochburg *f* **haut-parleur** [ˊopaʀlœʀ] <haut-parleurs> *m* Lautsprecher *m* **haut-relief** [ˊoʀəljɛf] <hauts-reliefs> *m* Hochrelief *nt*
havanais(e) [ˊavanɛ, ɛz] *adj* Havanner
Havanais(e) [ˊavanɛ, ɛz] *m(f)* Havanner(in) *m(f)*
havane [ˊavan] **I.** *adj inv* hellbraun
II. *m* (*cigare*) Havanna[zigarre *f*] *f;* (*tabac*) Havanna[tabak *m*] *m*
Havane [ˊavan] *f* **la ~** Havanna *nt*
hâve [ˊav] *adj personne* abgezehrt; *visage, teint* eingefallen
havre [ˊavʀ] *m* [natürlicher] Hafen
◆ **~ de paix** Oase *f* des Friedens
havresac [ˊɑvʀəsak] *m* MIL Tornister *m;* (*sac à dos*) Rucksack *m*
hayon [ˊɛjɔ̃] *m* AUT Heckklappe *f*
hé [he, ˊe] *interj* (*pour appeler*) he (*fam*), he, du da/Sie da (*fam*); **~! ~!** (*appréciation, intérêt*) alle Achtung!, Donnerwetter!; (*moquerie, ironie*) ha! ha!; **~ oui!** so ist es!; **~ bien! En voilà des manières** na [*o* also], so was! Das sind ja schöne Manieren
heaume [ˊom] *m* Helm *m*
hebdo [ɛbdo] *m fam abr de* **hebdomadaire** Wochenzeitschrift *f*
hebdomadaire [ɛbdɔmadɛʀ] **I.** *adj réunion* wöchentlich; *revue* Wochen-; **"fermeture ~ le lundi"** „montags geschlossen"; **mon jour de repos ~ est le mardi** dienstags habe ich meinen freien Tag; **rendre une visite ~ à qn** jdn einmal pro Woche besuchen
II. *m* Wochenzeitschrift *f*
hebdomadairement [ɛbdɔmadɛʀmɑ̃] *adv* einmal in der Woche
hébergement [ebɛʀʒəmɑ̃] *m* Unterbringung *f*
héberger [ebɛʀʒe] <2a> *vt* ❶ beherbergen, unterbringen *ami, sinistré, touriste;* **nous pouvons t'~** du kannst bei uns übernachten; **être hébergé(e) par/chez qn** bei jdm eine Unterkunft finden
❷ (*accueillir*) aufnehmen *refugiés, immigrés*
hébété(e) [ebete] *adj personne* benommen, stumpfsinnig; *air, regard* dumpf; **yeux ~s** stumpf blickende Augen; **être ~(e) de douleur/fatigue** jd ist [wie] benommen [*o* betäubt] vor Schmerz/Müdigkeit; **être ~(e) par l'alcool/de la drogue** vom Alkohol/von Drogen benommen sein
hébétement [ebetmɑ̃] *m* Benommenheit *f;* **état d'~** Zustand *m* der Benommenheit
hébétude [ebetyd] *f* LITTER Abgestumpftheit *f*
hébraïque [ebʀaik] *adj* hebräisch
hébreu [ebʀø] <x> **I.** *adj féminin: israélite, juive* hebräisch
II. *m sans pl* **l'~** Hebräisch *nt,* das Hebräische; *v. a.* **allemand**
▶ **c'est de l'~ pour qn** das sind böhmische Dörfer für jdn
Hébreux [ebʀø] *mpl* **les ~** die Hebräer
H.E.C. [ˊaʃøse] *abr de* **[École des] hautes études commerciales** *Elitehochschule für Betriebswirtschaft*
hécatombe [ekatɔ̃b] *f* ❶ Blutbad *nt,* Massaker *nt*
❷ (*échec lors d'un examen*) gnadenlose Auswahl; (*lors des élections*) verheerende Niederlage
hectare [ɛktaʀ] *m* Hektar *m o nt*
hecto [ɛkto] *m fam abr de* **hectolitre**
hectogramme [ɛktɔgʀam] *m* Hektogramm *nt*
hectolitre [ɛktɔlitʀ] *m* Hektoliter *m*
hectomètre [ɛktɔmɛtʀ] *m* Hektometer *m o nt*
hectowatt [ɛktɔwat] *m* ELEC Hektowatt *nt*
hédonisme [edɔnism] *m* Hedonismus *m*
hédoniste [edɔnist] **I.** *adj* hedonistisch
II. *mf* Hedonist(in) *m(f)*
hégélianisme [eʒeljanism] *m* PHILOS Hegelianismus *m*
hégémonie [eʒemɔni] *f* Hegemonie *f;* **guerre d'~** Hegemonialkrieg *m*
hégire [eʒiʀ] *f* REL Hedschra *f*
hein [ˊɛ̃] *interj fam* ❶ (*comment?*) was?, hä? (*fam*)
❷ (*renforcement de l'interrogation*) **que vas-tu faire, ~?** und, was machst du nun?
❸ (*marque l'étonnement*) **~? Qu'est-ce qui se passe?** nanu? [*o* eh! *fam*] Was ist denn da los?
❹ (*n'est-ce pas?*) **tu en veux bien, ~?** du willst doch, oder? (*fam*)
hélas [elɑs] *interj soutenu* ach, leider; **~ oui/non!** ja/nein, leider!
▶ **~, trois fois ~!** leider Gottes!
Hélène [elɛn(ə)] *f* ❶ Helene *f*
❷ MYTH, HIST Helena *f;* **Sainte ~** Heilige Helena
héler [ˊele] <5> *vt* ❶ **~ un porteur/taxi** einen Gepäckträger/ein Taxi [herbei]rufen; (*en faisant un signe*) einen Gepäckträger/ein Taxi herbeiwinken
❷ NAUT **~ un bateau** ein Schiff anrufen [*o* anpreien *Fachspr.*]
hélianthe [eljɑ̃t] *m* BOT Sonnenblume *f,* Helianthus *m* (*Fachspr.*)
hélice [elis] *f* ❶ TECH *d'un ventilateur* Flügelrad *nt; d'un avion* Propeller *m; d'un bateau* [Schiffs]schraube *f;* **propulseur à ~** Propellerantrieb *m*
❷ ARCHIT Schnecke *f*
❸ GEOM Spirale *f;* **escalier en ~** Wendeltreppe *f*
hélico [eliko] *m fam abr de* **hélicoptère** Heli *m* (*sl*)
hélicoïdal(e) [elikɔidal, o] <-aux> *adj a.* TECH *escalier* spiralförmig
hélicoptère [elikɔptɛʀ] *m* Hubschrauber *m*

H

héligare [eligaʀ] *f* Heliport *m*
héliograveur, -euse [eljogʀavœʀ, -øz] *m, f* Druckformhersteller(in) *m(f)* im Tiefdruck
héliogravure [eljogʀavyʀ] *f* Heliogravüre *f* (*Fachspr.*)
héliomarin(e) [eljomaʀɛ̃, in] *adj cure* auf der Heilkraft von Sonne und Seeluft basierend, die Heilkraft von Sonne und Seeluft nutzend; **établissement/sanatorium** ~ *Sanatorium am Meer, das auf Heliotherapie spezialisiert ist*
héliothérapie [eljoteʀapi] *f* Heliotherapie *f*
héliotrope [eljɔtʀɔp] *m* BOT Heliotrop *nt*, Sonnenwende *f*
héliport [elipɔʀ] *m* Hubschrauberlandeplatz *m*, Heliport *m*
héliportage [elipɔʀtaʒ] *m* Hubschraubertransport *m*
héliporté(e) [elipɔʀte] *adj blessé, troupe* per Hubschrauber befördert; *commando, opération, sauvetage* Hubschrauber-
hélitreuillage [elitʀœjaʒ] *m* Rettung *f* mit dem Hubschrauber
hélium [eljɔm] *m* CHIM Helium *nt*
hélix [eliks] *m* ❶ ANAT Helix *f*
❷ ZOOL Schnecke *f*
hellène [ɛllɛn, elɛn] *adj* hellenisch
Hellène [ɛllɛn, elɛn] *mf* **les** ~**s** die Hellenen
hellénique [elenik, ɛllenik] *adj* hellenisch, altgriechisch
hellénisme [elenism, ɛllenism] *m* ❶ LING Gräzismus *m*
❷ HIST Hellenismus *m*, Griechentum *nt*
helléniste [elenist, ɛllenist] *mf* Hellenist(in) *m(f)*, Gräzist(in) *m(f)*
helvète [ɛlvɛt] *adj* helvetisch
Helvète [ɛlvɛt] *mf* Helvetier(in) *m(f)*
helvétique [ɛlvetik] *adj* schweizerisch, Schweizer; **la Confédération** ~ die Schweizer Eidgenossenschaft
helvétisme [ɛlvetism] *m* Helvetismus *m*
hem [hɛm, ˊɛm] *interj* ❶ (*hé, holà*) he [da] (*fam*)
❷ (*hein*) wie, he (*fam*)
❸ (*hum*) hm hm
hématie [emasi] *f* MED rotes Blutkörperchen, Erythrozyt *m* (*Fachspr.*)
hématite [ematit] *f* GEOL Hämatit *m*
hématologie [ematɔlɔʒi] *f* MED Hämatologie *f*
hématome [ematom] *m* MED Bluterguss *m*, Hämatom *nt* (*Fachspr.*)
hématurie [ematyʀi] *f* MED Hämaturie *f* (*Fachspr.*)
hémicycle [emisikl] *m* ❶ *d'un théâtre, parlement* Halbrund *nt*; **en** ~ halbkreisförmig
❷ (*salle*) halbrunder Saal mit ansteigenden Sitzreihen; *de l'Assemblée nationale* Plenarsaal *m*
hémiplégie [emipleʒi] *f* MED halbseitige Lähmung, Hemiplegie *f* (*Fachspr.*)
hémiplégique [emipleʒik] **I.** *adj* MED halbseitig gelähmt
II. *mf* MED halbseitig Gelähmte(r) *f(m)*
hémisphère [emisfɛʀ] *m* ❶ Halbkugel *f*
❷ GEOG [Erd]halbkugel *f*, Hemisphäre *f* (*Fachspr.*); ~ **nord/boréal** nördliche Halbkugel [*o* Hemisphäre]; ~ **sud/austral** südliche Halbkugel [*o* Hemisphäre]
❸ ASTRON [Himmels]halbkugel *f*, Hemisphäre *f* (*Fachspr.*)
❹ ANAT Gehirnhälfte *f*, Hemisphäre *f* (*Fachspr.*)
hémisphérique [emisfeʀik] *adj* halbkugelförmig
hémistiche [emistiʃ] *m* Halbvers *m*, Hemistichium *nt* (*Fachspr.*)
hémoglobine [emɔglɔbin] *f* MED Hämoglobin *nt*, Blutfarbstoff *m*
hémopathie [emopati] *f* MED Blutkrankheit *f*
hémophile [emɔfil] **I.** *adj* MED an Bluterkrankheit leidend, hämophil (*Fachspr.*); **être** ~ Bluter sein
II. *m* MED Bluter *m*
hémophilie [emɔfili] *f* MED Bluterkrankheit *f*, Hämophilie *f* (*Fachspr.*)
hémorragie [emɔʀaʒi] *f* ❶ MED [starke] Blutung, Hämorrhagie *f* (*Fachspr.*); ~ **cérébrale** Hirnblutung *f*
❷ (*perte*) (*en hommes*) Aderlass *m*; (*émigration*) [massenhafte] Abwanderung, Exodus *m*; *de capitaux, devises* Abfließen *nt* [ins Ausland]; ~ **démographique** Bevölkerungsschwund *m*
hémorroïdal(e) [emɔʀɔidal, o] <-aux> *adj sang, varice* hämorrhoidal; *veine* Mastdarm-
hémorroïde [emɔʀɔid] *f gén pl* MED Hämorrhoide *f*
hémostase [emɔstaz] *f* MED Hämostase *f* (*Fachspr.*); ~ **spontanée** Blutstillstand *m*; ~ **provoquée** Blutstillung *f*
henné [ˊene] *m* Henna *f o nt*
hennin [ˊenɛ̃] *m* HIST Hennin *m*, Hörnerhaube *f*
hennir [ˊeniʀ] <8> *vi* wiehern
hennissement [ˊenismɑ̃] *m* Wiehern *nt*, Gewieher *nt*
Henri [ɑ̃ʀi] *m* ❶ Heinrich *m*, Heinz *m*
❷ HIST ~ **IV** Heinrich IV., Heinrich der Vierte
hep [ˊɛp, hɛp] *interj* he (*fam*), hallo
hépatique [epatik] **I.** *adj* Leber-; **colique** ~ Gallenkolik *f*
II. *mf* MED Leberkranke(r) *f(m)*
hépatite [epatit] *f* MED Leberentzündung *f*, Hepatitis *f* (*Fachspr.*); ~ **virale** infektiöse Leberentzündung, Virushepatitis *f* (*Fachspr.*)
heptagone [ɛptagɔn, ɛptagon] *m* Siebeneck *nt*, Heptagon *nt* (*Fachspr.*)
heptathlon [ɛptatlɔ̃] *m* SPORT Siebenkampf *m*
héraldique [eʀaldik] **I.** *adj* Wappen-, heraldisch; **science** ~ Wappenkunde *f*
II. *f* Wappenkunde *f*, Heraldik *f* (*Fachspr.*)
héraut [ˊeʀo] *m* Herold *m*
herbacé(e) [ɛʀbase] *adj* krautig; **plante** ~**e** krautige Pflanze, Kraut *nt*
herbage [ɛʀbaʒ] *m* ❶ Gras *nt*, Grünfutter *nt*
❷ (*pâturage*) Weide *f*
herbager [ɛʀbaʒe] <2a> *vt* weiden [lassen] *animaux*
herbager, -ère [ɛʀbaʒe, -ʒɛʀ] AGR **I.** *adj paysage* Weide-
II. *m, f* Viehhalter(in) *m(f)*
herbe [ɛʀb] *f* ❶ BOT Gras *nt*; **mauvaise** ~ Unkraut *nt*
❷ MED, GASTR Kraut *nt*; ~ **aromatique** [*o* **odorante**] Gewürzkraut; **fines** ~**s** Küchenkräuter *Pl*; ~**s de cuisine** [Küchen]kräuter *Pl*; ~**s médicinales** [*o* **officinales**] Heilkräuter *Pl*
❸ *arg* (*drogue*) Hasch *nt* (*fam*)
▶ **couper l'**~ **sous le[s] pied[s] de qn** jdn aus dem Feld schlagen; **être de la mauvaise** ~ ein Nichtsnutz sein; **pousser comme de la mauvaise** ~ in die Höhe schießen; **pianiste/poète en** ~ angehender Pianist/Dichter; **champ/céréales en** ~ noch grünes Feld/Getreide
◆ ~**s de Provence** Kräuter *Pl* der Provence
herbeux, -euse [ɛʀbø, -øz] *adj* grasbewachsen
herbicide [ɛʀbisid] **I.** *adj* **produit** ~ Unkrautbekämpfungsmittel *nt*
II. *m* Unkrautbekämpfungsmittel *nt*
herbier [ɛʀbje] *m* Herbarium *nt*; (*ouvrage*) *illustriertes Botanikbuch zur Pflanzenbestimmung*
herbivore [ɛʀbivɔʀ] **I.** *adj* Pflanzen fressend; **être** ~ ein Pflanzenfresser sein
II. *m* Pflanzenfresser *m*
herboriser [ɛʀbɔʀize] <1> *vi* Pflanzen sammeln, botanisieren
herboriste [ɛʀbɔʀist] *mf* [Heil]kräuterhändler(in) *m(f)*
herboristerie [ɛʀbɔʀistəʀi] *f* [Heil]kräuterladen *m*
hercule [ɛʀkyl] *m* ❶ Herkules *m*; **avoir une force d'**~ ein [wahrer] Herkules sein
❷ (*lutteur de foire*) Kraftmensch *m*
Hercule [ɛʀkyl(ə)] *m* Herkules *m*, Herakles *m*
▶ **être fort(e) comme** ~ stark wie ein Bär sein
herculéen(ne) [ɛʀkyleɛ̃, ɛn] *adj* Herkules-; **force** ~**ne** Bärenkräfte *Pl*
hère [ˊɛʀ] *m* ▶ **pauvre** ~ armer Teufel [*o* Schlucker]
héréditaire [eʀeditɛʀ] *adj* ❶ BIO (*transmissible*) erblich; (*transmis*) ererbt; **caractères** ~**s** Erbanlagen *Pl*; **maladie** ~ Erb-

krankheit *f*, erbliche Krankheit; **patrimoine** ~ Erbgut *nt;* **c'est** ~ das ist erblich
❷ JUR *biens, droit, monarchie* Erb-; *titre* erblich
❸ *fig aversion, haine* tiefsitzend; *ennemi, inimitié* Erb-
hérédité [eʀedite] *f* ❶ JUR **l'~ de qc** die Erblichkeit einer S. (*Gen*); **droit d'~** Erbanspruch *m;* **par voie d'~** durch Erbfolge
❷ BIO (*transmission*) Vererbung *f;* (*patrimoine héréditaire*) Erbanlagen *Pl;* **avoir une ~ chargée** [*o* **une lourde ~**] erblich [vor]belastet sein
hérésie [eʀezi] *f* ❶ REL Ketzerei *f*, Häresie *f* (*Fachspr.*)
❷ (*opinion scandaleuse*) Ketzerei *f*
❸ (*comportement scandaleux*) Freveltat *f* (*geh*)
hérétique [eʀetik] **I.** *adj* ❶ REL ketzerisch, häretisch (*Fachspr.*)
❷ (*opp: conformiste*) ketzerisch; **penseur ~** Ketzer *m*, Abweichler *m*
II. *mf* ❶ REL Ketzer(in) *m(f)*, Häretiker(in) *m(f)* (*Fachspr.*)
❷ (*dissident*) Ketzer(in) *m(f)*
hérissé(e) [ˊeʀise] *adj* ❶ *plumes, poil, cheveux* gesträubt; *barbe* struppig; **~(e) de poils** behaart
❷ (*piquant*) *cactus, tige* stachelig; **~(e) de clous** mit Nägeln gespickt
❸ (*parsemé*) **~(e) de difficultés/d'obstacles** voller Schwierigkeiten/Hindernisse
hérissement [ˊeʀismɑ̃] *m* ❶ *des poils, des plumes* Sträuben *nt*
❷ (*disposition*) Aufstellung *f*
hérisser [ˊeʀise] <1> **I.** *vt* ❶ sträuben *poils, plumes;* aufrichten *piquants*
❷ (*faire dresser*) **le froid/la peur lui hérisse les poils** vor Kälte/Angst sträuben sich ihm/ihr die Haare
❸ (*se dresser sur*) **~ un mur** *clous, tessons:* [spitz] aus einer Mauer hervorragen
❹ (*garnir de choses pointues*) **~ de créneaux/clous** mit Zinnen/Nägeln versehen
❺ (*remplir*) **~ qc de qc** etw mit etw spicken; **de nombreuses citations/fautes hérissent le texte** der Text ist mit Zitaten/Fehlern gespickt
❻ (*irriter*) aufbringen, wütend machen
II. *vpr* **se ~** ❶ (*se dresser*) **ses poils se hérissent** ihm/ihr sträuben sich die Haare; **ses cheveux se hérissent de peur** vor Angst stehen ihm/ihr die Haare zu Berge
❷ (*dresser ses poils, plumes*) *chat, chien:* sein Fell sträuben; *oiseau:* sein Gefieder sträuben, sich aufplustern; *porc-épic:* seine Stacheln aufrichten
❸ (*se fâcher*) wütend werden, hochfahren; **se ~ facilement** schnell aufgebracht sein
hérisson [ˊeʀisɔ̃] *m* ❶ ZOOL Igel *m*
❷ *péj* (*personne*) unzugänglicher Mensch
❸ (*égouttoir à bouteilles*) Abtropfgestell *nt* für Flaschen
❹ AGR Stachelwalze *f*
héritage [eʀitaʒ] *m* ❶ Erbschaft *f;* **laisser** [*o* **transmettre**] **qc en ~ à qn** jdm etw vererben
❷ *fig d'une civilisation, de coutumes, croyances* Erbe *nt*
hériter [eʀite] <1> **I.** *vi* ❶ **~ de qn** von jdm erben; **il a hérité de son oncle** er hat von seinem Onkel geerbt; **~ de la maison de qn** jds Haus erben
❷ (*par hérédité*) **~ du talent/des défauts de qn** Talent/Fehler von jdm erben
❸ (*recevoir*) **~ de qc** etw erben
II. *vt* ❶ erben
❷ (*par hérédité*) **~ qc de qn** etw von jdm erben; **j'ai hérité cette maladie de mon père** ich habe diese Krankheit von meinem Vater geerbt
héritier, -ière [eʀitje, -jɛʀ] *m, f* ❶ Erbe *m*/Erbin *f;* **~ de la couronne** Thronerbe
❷ *fig d'une civilisation, tradition* Erbe *m*
❸ *fam* (*enfant*) Stammhalter *m*
hermaphrodite [ɛʀmafʀɔdit] **I.** *adj* zwittrig, zweigeschlechtig; *plante* Zwitter-; *dieu* hermaphroditisch
II. *m* ❶ Hermaphrodit *m*
❷ BIO Zwitter *m*, Hermaphrodit *m* (*geh*)
hermétique [ɛʀmetik] *adj* ❶ *fermeture, joint* hermetisch; (*à l'air*) luftdicht; (*à l'eau*) wasserdicht; *récipient* hermetisch [verschlossen]
❷ (*impénétrable*) *œuvre, poésie* vieldeutig, hermetisch (*geh*); *écrivain* schwerverständlich; *visage* verschlossen
hermétiquement [ɛʀmetikmɑ̃] *adv* hermetisch
hermétisme [ɛʀmetism] *m d'une poésie* Hermetismus *m* (*geh*)
hermine [ɛʀmin] *f* ❶ ZOOL Hermelin *nt*
❷ (*fourrure*) Hermelin *m*
herniaire [ˊɛʀnjɛʀ] *adj* Bruch-
hernie [ˊɛʀni] *f* ❶ [Eingeweide]bruch *m;* **attraper une ~** sich (*Dat*) einen Bruch heben; **~ discale** Bandscheibenvorfall *m;* **~ étranglée** eingeklemmter Bruch; **~ ombilicale** Nabelbruch
❷ (*excroissance*) *d'un pneu* Wulst *m*
Hérode [eʀɔd(ə)] *m* Herodes *m*
► **être vieux(vieille) comme ~** *fam* von Anno dazumal sein (*fam*)
héroïne¹ [eʀɔin] *f* (*drogue*) Heroin *nt*
héroïne² [eʀɔin] *f v.* **héros**
héroïnomane [eʀɔinɔman] *mf* Heroinsüchtige(r) *f(m)*
héroïque [eʀɔik] *adj* ❶ heldenhaft, heroisch
❷ (*légendaire*) **les temps ~s** [*o* **l'époque ~**] **du cinéma/de l'aviation** die Pionierzeit des Films/der Luftfahrt
héroïquement [eʀɔikmɑ̃] *adv* heldenhaft, heroisch
héroïsme [eʀɔism] *m* Heldenmut *m*, Heroismus *m;* **acte d'~** Heldentat *f*, heroische Tat
héron [ˊeʀɔ̃] *m* ORN Reiher *m*
héros, héroïne [ˊeʀo, ˊeʀɔin] *m, f* ❶ *d'un événement* Hauptperson *f; d'un livre, film* Held(in) *m(f);* **~(héroïne) du jour** Held(in) des Tages
❷ (*personne courageuse*) Held(in) *m(f);* **~ national/héroïne nationale** Nationalheld(in) *m(f)*
❸ MYTH Heros *m*, Heroe *m*/Heroin *f* (*geh*)
herpès [ɛʀpɛs] *m* MED Herpes *m;* **~ génital** Herpes im Genitalbereich
herse [ˊɛʀs] *f* ❶ AGR Egge *f*
❷ (*grille d'entrée*) *d'une forteresse* Fallgitter *nt*
herser [ˊɛʀse] <1> *vt* AGR eggen *terre, champ*
hertz [ɛʀts] *m* Hertz *nt*
hertzien(ne) [ɛʀtsjɛ̃, jɛn] *adj* hertzsche(r, s); **ondes ~nes** hertzsche Wellen
hésitant(e) [ezitɑ̃, ɑ̃t] *adj* ❶ *personne* zögernd, unentschlossen; *électeur* unentschlossen; *caractère* unschlüssig
❷ (*peu assuré*) *pas, geste* zögernd; *voix* zögernd, stockend
hésitation [ezitasjɔ̃] *f* ❶ Zögern *nt kein Pl*, Unschlüssigkeit *f;* **ne plus avoir d'~s** keine Bedenken mehr haben; **après bien des ~s** nach langem Zögern; **avec/sans ~** zögernd/ohne Zögern; **sans la moindre ~** ohne [auch nur] im Geringsten zu zögern
❷ (*arrêt*) **réciter/parler avec/sans ~** zögernd [*o* stockend]/ohne zu stocken vortragen/sprechen; **marquer un temps d'~** einen Augenblick innehalten; **avoir un moment d'~** einen Moment zögern [*o* stocken]
hésiter [ezite] <1> *vi* ❶ zögern, zaudern (*geh*); **sans ~** ohne zu zögern; **~ entre plusieurs possibilités** zwischen mehreren Möglichkeiten schwanken; **~ sur qc** sich (*Dat*) [noch] unschlüssig über etw (*Akk*) sein; **~ à faire qc** sich nicht entschließen können, etw zu tun; es nicht wagen, etw zu tun; **je n'hésiterai pas à appeler la police!** ich werde ohne Bedenken die Polizei anrufen!; **n'hésitez pas à dire toute la vérité** sagen Sie ruhig die ganze Wahrheit; **je ne sais pas... j'hésite** ich weiß nicht ... ich bin mir noch nicht sicher
❷ (*marquer un arrêt*) (*en parlant*) stocken; *animal:* plötzlich langsam machen
Hesse [ˊɛs] *f* **la ~** Hessen *nt*
hétéro [eteʀo] *abr de* **hétérosexuel(le) I.** *adj fam* hetero (*fam*)

II. *mf fam* Hetero *mf* (*fam*)

hétéroclite [eteʀɔklit] *adj ensemble, objets* [bunt] zusammengewürfelt; *œuvre, bâtiment* uneinheitlich

hétérogène [eteʀɔʒɛn] *adj* heterogen

hétérogénéité [eteʀɔʒeneite] *f* Heterogenität *f*

hétérosexualité [eteʀɔsɛksɥalite] *f* Heterosexualität *f*

hétérosexuel(le) [eteʀosɛksɥɛl] I. *adj* heterosexuell
II. *m(f)* Heterosexuelle(r) *f(m)*

hêtraie [ˈɛtʀɛ] *f* Buchenhain *m*

hêtre [ˈɛtʀ] *m* ❶ BOT Buche *f*
❷ (*bois*) Buche[nholz *nt*] *f*

heu [ˈø] *interj* ❶ äh; **vous êtes Madame, ~... – Madame Giroux!** Sie sind Frau, äh ... – Frau Giroux!
❷ (*embarras*) hm; **~... comment dirais-je?** hm ... wie soll ich sagen?
❸ (*doute*) ho, ho!; **~!... Tu es bien certain(e) que ...?** ho, ho! ... Bist du sicher, dass ...?

heur [œʀ] ▸ **avoir l'~ de plaire à qn** *vieilli* das Glück haben, jdm zu gefallen

heure [œʀ] *f* ❶ Stunde *f;* **une ~ et demie** anderthalb Stunden; **avoir une ~/deux ~s de libre** eine Stunde/zwei Stunden freihaben; **durer des/trois ~s** Stunden [*o* stundenlang]/drei Stunden dauern; **journée de huit ~s** Achtstundentag *m;* **dans les 24 ~s** innerhalb von [*o* binnen] 24 Stunden; **24 ~s sur 24** rund um die Uhr; **pendant deux ~s** zwei Stunden [lang]; **des ~s [entières]** stundenlang; **deux ~s de maths** zwei Stunden Mathematik[unterricht]; **il y en a pour trois ~s de travail** das sind drei Stunden Arbeit; **travailler/être payé(e) à l'~** stundenweise arbeiten/bezahlt werden; **coûter/gagner cent euros l'~** hundert Euro pro Stunde kosten/verdienen; **faire des ~s supplémentaires** Überstunden leisten
❷ (*indication chiffrée*) **dix ~s du matin/soir** zehn Uhr morgens/abends; **à trois ~s** um drei [Uhr]; **il est trois ~s/trois ~s et demie** es ist drei [Uhr]/halb vier; **il est 18 ~s, ~ de Paris** es ist 18 Uhr Pariser Ortszeit; **vers trois ~s et quart/moins le quart** gegen Viertel nach/vor drei; **il est deux ~s passées** es ist nach zwei [Uhr]
❸ (*point précis du jour*) **quelle ~ est-il?** wie viel Uhr [*o* wie spät] ist es?; **vous avez l'~, s'il vous plaît?** können Sie mir bitte sagen, wie spät es ist?; **à quelle ~?** um wie viel Uhr?; **demander l'~ à qn** jdn fragen, wie viel Uhr [*o* wie spät] es ist; **se fixer une ~** eine Uhrzeit festlegen; **se tromper d'~** sich in der Uhrzeit irren; **à la même ~** zur selben Zeit; **toutes les ~s** alle Stunde, stündlich; **à cette ~** BELG (*maintenant, présentement*) jetzt
❹ (*distance*) **être à deux/trois ~s de qc** zwei/drei Stunden von etw entfernt sein; **être à une ~ de route/de train/de marche de qc** eine Auto-/Zug-/Wegstunde von etw entfernt sein
❺ (*moment dans la journée*) **à la première ~** in aller Frühe; **aux premières ~s du jour** in den frühen Morgenstunden; **à ~ fixe** zu einer bestimmten Zeit; **vers cette ~-là** um diese Zeit; **à toute ~** jederzeit; **être ouvert(e) à toute ~** durchgehend geöffnet sein; **repas chauds servis à toute ~** durchgehend warme Küche; **d'~ en ~** von Stunde zu Stunde; **c'est l'~ de partir** es ist Zeit zu gehen; **~s d'ouverture du magasin** Ladenöffnungszeiten *Pl;* **l'~ de [la] fermeture** (*d'un magasin*) Ladenschluss *m;* (*d'un café, restaurant*) Polizeistunde *f;* **à l'~ du déjeuner** in der Mittagszeit; **aux ~s de [*o* des] repas/de bureau** während der Essenszeit/der Bürostunden; **il est/c'est l'~ de faire qc** es ist Zeit, etw zu tun; **jusqu'à une ~ avancée** bis spät in die Nacht; **arriver/commencer avant l'~** vor der [vereinbarten] Zeit [*o* vorzeitig] ankommen/anfangen
❻ (*moment dans le cours des événements*) **des ~s mémorables** denkwürdige Stunden; **traverser des ~s critiques/difficiles** schwierige Zeiten durchmachen; **problèmes de l'~** aktuelle [*o* akute] Probleme; **l'~ est grave** die Lage ist ernst; **l'~ est au dialogue** es ist an der Zeit, miteinander zu reden; **l'~ est venue de faire qc** der Augenblick ist gekommen, etw zu tun; es ist an der Zeit, etw zu tun; **à l'~ actuelle/qu'il est** (*en ce moment précis*) jetzt, im Augenblick; (*à l'époque actuelle*) zur Zeit, gegenwärtig; **à l'~ électronique/atomique** im Elektronik-/Atomzeitalter; **Sydney à l'~ olympique** Sydney im Zeichen der Olympischen Spiele; **à l'~ des réformes/économies** in einer Zeit der Reformen/Sparmaßnahmen; **pour l'~** *soutenu* gegenwärtig, zur Stunde (*geh*)
▸ **avoir eu son ~ de gloire** seine Glanzzeit gehabt haben; **l'~ H** die Stunde X; **à l'~ du laitier** am frühen Morgen; **de bonne ~** (*tôt*) früh [am Morgen]; (*précocement*) frühzeitig; **tu peux te lever de bonne ~ pour...** *fam* da musst du früher aufstehen, wenn du ...; **à la bonne ~!** recht so!, bravo!; **[les nouvelles de] dernière ~** letzte [*o* allerneueste] Meldungen; **en dernière ~, on nous apprend que qn a fait qc** letzten Meldungen zufolge soll jd etw getan haben; **de la première ~** der ersten Stunde; **il attend son ~** er wartet, dass seine Stunde kommt; **ne pas avoir d'~** (*dans la profession*) keine festen Zeiten haben; (*dans la vie privée*) sich an keine festen Zeiten halten; **je ne vous demande pas l'~ qu'il est!** *fam* ich habe Sie nicht nach Ihrer Meinung gefragt!; **l'~ c'est l'~** (*l'horaire est respecté*) die [Arbeits]zeit wird eingehalten; (*il faut être exact*) Pünktlichkeit ist alles; **c'est l'~ de qn** es ist jds [gewohnte] Zeit; (*c'est son heure de chance, de gloire*) jds Stunde ist gekommen; **être bricoleur(-euse) à ses ~s** von Zeit zu Zeit [ganz gern] basteln; **votre ~ sera la mienne** ich richte mich ganz nach Ihnen; **sa dernière ~ a sonné** seine/ihre letzte Stunde hat geschlagen; **son ~/l'~ de qn est venue [*o* arrivée]** seine/ihre/jds Stunde ist gekommen; **venir à son ~** zur rechten Zeit [*o* im richtigen Moment] kommen; **être/ne pas être à l'~** *personne:* pünktlich/unpünktlich sein; *montre:* richtig [*o* genau]/falsch gehen; **à l'~ indienne/anglaise** auf indische/englische Art; **tout à l'~** (*il y a peu de temps*) [so]eben, vorhin; (*dans peu de temps*) gleich; **à tout à l'~!** bis gleich!; **être mort(e) avant l'~** frühzeitig [*o* allzufrüh] verstorben sein; **sur l'~** auf der Stelle
◆ **~s d'affaires** CAN Öffnungszeiten *Pl;* **~s d'affluence** TRANSP Hauptverkehrszeit *f,* Stoßzeit; COM Hauptgeschäftszeit; **~s de bureau** Bürozeiten *Pl;* **en dehors des ~s de bureau** außerhalb der Bürozeiten; **~ de diffusion** Sendezeit *f;* **~ d'été** Sommerzeit *f;* **~ de Greenwich** Greenwicher Zeit *f;* **~ d'hiver** Winterzeit *f;* **~s de levée** Leerungszeit *f;* **~s d'ouverture** Öffnungszeiten *Pl;* **~ de pointe** TRANSP Spitzen[verkehrs]zeit *f;* COM Hauptgeschäftszeit; TELEC Spitzen[verbrauchs]zeit; **~s de réception [au public]** Öffnungszeiten *Pl* [für den Publikumsverkehr]; **~ de travail** Arbeitsstunde *f;* **~ de vérité** Stunde *f* der Wahrheit

i Land & Leute

Es gibt in Frankreich kein förmliches Ladenschlussgesetz und damit keine offiziellen **heures de fermeture**. Die Öffnungszeiten der Geschäfte sind nicht einheitlich geregelt, sondern viel mehr dem Ermessen der Geschäftsinhaber oder -betreiber überlassen. Gesetzlich beziehungsweise tariflich geregelt ist die Wochenarbeitszeit der Menschen, die im Einzelhandel beschäftigt sind.

heureusement [øʀøzmɑ̃] *adv* ❶ zum Glück, glücklicherweise
❷ (*c'est heureux*) **~ pour qn** zu jds Glück *nt,* ein Glück für jdn; **~ que qn a fait qc** *fam* ein Glück, dass jd etw getan hat
❸ (*favorablement*) **se terminer ~** gut ausgehen, glücklich enden

heureux, -euse [øʀø, -øz] I. *adj* ❶ *personne, vie, souvenir* glück-

lich; **être ~(-euse) de qc/de faire qc** sich über etw (*Akk*) freuen/sich freuen, etw zu tun; glücklich über etw (*Akk*) sein/froh sein, etw zu tun; **~(-euse) de vous revoir!** [es] freut mich, Sie wiederzusehen!; **être ~(-euse) que qn fasse qc** sich freuen [*o* froh sein], dass jd etw tut
❷ (*chanceux*) glücklich; **s'estimer ~(-euse) de faire qc/que qn fasse qc** froh sein [*o* von Glück sagen], etw tun zu können/dass jd etw tut; **être ~(-euse) au jeu/en amour** Glück im Spiel/in der Liebe haben
❸ (*favorable*) *issue, coïncidence* glücklich; *circonstances* günstig; *résultat* erfreulich; **par un ~ hasard** durch einen glücklichen Zufall; **~ présage** gutes Omen; **c'est** [*o* **il est**] **~ pour qn que qn fasse qc** das [*o* es] ist ein Glück für jdn, dass jd etw tut
❹ (*bon*) *atmosphère, dispositions* fröhlich, gut; **~ caractère** heiteres Gemüt; **c'est une heureuse nature** er/sie ist eine Frohnatur
❺ (*réussi*) *formule, réponse* treffend; *trouvaille, choix* glücklich; *effet* günstig; *mélange* gelungen
▸ **encore ~!** zum Glück!; **encore ~ que qn ait fait qc** ein Glück [*o* gut], dass jd etw getan hat
II. *m, f* ▸ **faire un ~/une heureuse/des ~** *fam* jemandem/irgendwelchen Leuten [eine] Freude machen
heuristique [øʀistik] **I.** *adj* heuristisch
II. *f* Heuristik *f*
heurt [ˊœʀ] *m* ❶ Zusammenstoß *m,* Reiberei *f;* **se dérouler sans ~s** reibungslos verlaufen; **ne pas aller sans ~s** *amitié, mariage:* nicht ohne Reibereien verlaufen (*fam*); *négociations, réunions:* nicht reibungslos verlaufen
❷ *soutenu* (*impact, coup*) *d'un portail, d'une fenêtre* Schlagen *nt*
heurté(e) [ˊœʀte] *adj tons* nicht harmonierend; *discours* abgehackt; *style* holprig
heurter [ˊœʀte] <1> **I.** *vi* **~ à la porte/fenêtre** an die Tür/ans Fenster klopfen
II. *vt* ❶ **~ qn** *personne:* jdn anstoßen, mit jdm zusammenstoßen; (*en voiture*) jdn anfahren; *voiture:* jdn streifen, jdn anfahren; **~ qc** *personne:* gegen etw stoßen; (*en tombant*) auf etw (*Akk*) aufschlagen; *objet:* auf etw (*Akk*) [auf]prallen; *voiture:* gegen [*o* an] etw (*Akk*) fahren; **~ sa tête/son front contre qc** mit dem Kopf/der Stirn gegen etw stoßen
❷ (*choquer*) brüskieren, vor den Kopf stoßen *personne;* verletzen *sentiments, amour-propre*
❸ (*être en opposition avec*) verstoßen gegen *intérêts, convenances;* erschüttern *préjugés, opinions;* **~ qn de front** jdn offen [*o* direkt] angreifen
III. *vpr* ❶ **se ~ à qc** auf etw (*Akk*) stoßen, mit etw konfrontiert sein/werden; **se ~ à un problème insoluble** vor einem unlöslichen Problem stehen
❷ (*se cogner contre*) **se ~ à** [*o* **contre**] **qn/qc** mit jdm zusammen/gegen etw stoßen; **se ~** *véhicules:* zusammenstoßen, [aufeinander] prallen; **les idées se heurtent dans ma tête** die Gedanken überschlagen sich in meinem Kopf
❸ (*entrer en conflit*) **se ~ avec qn** mit jdm einen Zusammenstoß haben [*o* aneinander geraten]; **se ~** *choses:* nicht zusammenpassen; *couleurs:* sich beißen
heurtoir [ˊœʀtwaʀ] *m* ❶ *d'une porte* Türklopfer *m*
❷ TECH (*butoir*) Anschlag *m;* (*pour la porte*) Türstopper *m;* CHEMDFER Prellbock *m*
hévéa [evea] *m* BOT Kautschukbaum *m*
hexadécimal(e) [ɛgsadesimal, o] <-aux> *adj* hexadezimal
hexaèdre [ɛgzaɛdʀ] GEOM **I.** *adj* sechseckig
II. *m* Sechseck *nt*
hexagonal(e) [ɛgzagɔnal, o] <-aux> *adj* ❶ sechseckig, hexagonal
❷ (*concernant l'Hexagone français*) *problème, frontières* [gesamt]französisch, national
hexagone [ɛgzagon, ɛgzagɔn] *m* Sechseck *nt,* Hexagon *nt*
Hexagone [ɛgzagon, ɛgzagɔn] *m* **l'~** [das Mutterland] Frankreich *nt*

i Land & Leute

Die Umrisse Frankreichs ähneln einem Sechseck, weshalb der Begriff **l'Hexagone** häufig an Stelle von *la France* verwendet wird.

hexamètre [ɛgzamɛtʀ] *m* Hexameter *m*
Hezbollah [ˊɛsbɔl(l)a] *m* REL, POL ❶ (*groupement*) Hisbollah *f*
❷ (*partisan*) Hisbollah *m*
hg *abr de* **hectogramme** hg
hiatus [ˊjatys] *m* ❶ *a.* LING Hiatus *m*
❷ (*décalage*) **~ entre la théorie et les faits** Kluft *f* zwischen der Theorie und den Tatsachen
hibernal(e) [ibɛʀnal, o] <-aux> *adj* Winter-; **sommeil ~** Winterschlaf *m*
hibernation [ibɛʀnasjɔ̃] *f* ❶ Winterschlaf *m;* **entrer en ~** seinen Winterschlaf beginnen; **~ artificielle** Hibernation *f,* [künstlich herbeigeführter] Heilschlaf
❷ (*inactivité*) Ruhephase *f*
hiberner [ibɛʀne] <1> *vi* Winterschlaf halten
hibiscus [ibiskys] *m* BOT Hibiskus *m*
hibou [ˊibu] <x> *m* ORN Eule *f*
hic [ˊik] *m fam* Haken *m* (*fam*); **il y a un ~** es gibt einen Haken [dabei]; **voilà le ~!** da liegt der Haken [*o* der Hase im Pfeffer]!; **le ~, c'est que qn fait qc** der Haken bei der Sache ist, dass jd etw tut
hideur [ˊidœʀ] *f d'un crime, d'une action* Abscheulichkeit *f; d'une personne* Hässlichkeit *f*
hideusement [ˊidøzmɑ̃] *adv* scheußlich
hideux, -euse [ˊidø, -øz] *adj vêtement, objets* grässlich, scheußlich; *visage, corps* hässlich; *monstre, être* abscheulich; *spectacle* grauenhaft
hier [jɛʀ] *adv* ❶ gestern; **~ [au] soir/~ matin** gestern Abend/gestern Morgen [*o* Vormittag]; **la journée/la matinée d'~** der gestrige Tag/Vormittag; **la réunion d'~** die Versammlung von gestern
❷ (*passé récent*) **ne se connaître que d'~** sich erst seit kurzem [*o* noch nicht lange] kennen; **ne pas dater d'~** nicht neu sein
hiérarchie [jeʀaʀʃi] *f* Hierarchie *f,* Rangordnung *f;* **~ sociale** soziale Rangordnung; **~ militaire/administrative** Militär-/Verwaltungshierarchie; **~ des valeurs morales** moralische Werteordnung
hiérarchique [ˊjeʀaʀʃik] *adj* hierarchisch; **chef/supérieur ~** [Dienst]vorgesetzte(r) *f(m);* **ordre ~** hierarchische Ordnung, Rangordnung *f;* **par la voie ~** auf dem Dienstweg
hiérarchisation [ˊjeʀaʀʃizasjɔ̃] *f* hierarchische Anordnung *f*
hiérarchiser [ˊjeʀaʀʃize] <1> *vt* gewichten, in eine Rangordnung bringen *problèmes, besoins;* **être hiérarchisé(e)** *société, milieu:* hierarchisch aufgebaut [*o* gegliedert] sein
hiératique [jeʀatik] *adj* ❶ REL, ART sakral
❷ (*solennel*) feierlich
hiéroglyphe [ˊjeʀɔglif] *m a. fig* Hieroglyphe *f*
hi-fi [ˊifi] **I.** *adj inv* Hi-Fi-; **chaîne ~** Hi-Fi-Anlage *f*
II. *f sans pl* Hi-Fi *f,* Highfidelity *f;* **le marché de la ~** der Hi-Fi-Markt
high tech [ˊajtɛk] **I.** *adj inv* hochtechnologisch, der [*o* des] Hightech
II. *f sans pl* Hightech *f o nt,* Hochtechnologie *f*
hi-han [ˊiɑ̃] *interj inv* iah; **pousser des ~** iah schreien
hilarant(e) [ilaʀɑ̃, ɑ̃t] *adj* sehr komisch [*o* lustig], urkomisch; **c'était ~!** das war urkomisch [*o* zum Lachen]!
hilare [ilaʀ] *adj* ausgelassen fröhlich, quietschfidel (*fam*); *visage* strahlend
hilarité [ilaʀite] *f* Heiterkeit *f,* Gelächter *nt;* **déclencher** [*o* **déchaîner**] **l'~ générale** allgemeine Heiterkeit auslösen
Himalaya [imalaja] *m* **l'~** der Himalaja

himalayen(ne) [imalajɛ̃, jɛn] *adj* ❶ (*de l'Himalaya*) Himalaja-
❷ *fig* (*immense*) riesig

hindi [ˊindi, indi] *m* Hindi *nt; v. a.* **allemand**

hindou(e) [ɛ̃du] *adj* hinduistisch, Hindu-

Hindou(e) [ɛ̃du] *m(f)* REL Hindu *m*

hindouisme [ɛ̃duism] *m* Hinduismus *m*

hip [ˊip] *interj* ~ ~ ~! **hourra!** hipp, hipp, hurra!

hip-hop [ˊipɔp] *inv* **I.** *adj* Hip-Hop-
II. *m* Hip-Hop *m*

hippie [ˊipi] <s> **I.** *adj* Hippie-
II. *mf* Hippie *m,* Blumenkind *nt*

hippique [ipik] *adj* Pferde-; **concours** ~ Reit- [und Fahr]turnier *nt*

hippisme [ipism] *m* Pferdesport *m*

hippocampe [ipɔkɑ̃p] *m* ZOOL Seepferdchen *nt*

hippodrome [ipodʀom] *m* [Pferde]rennbahn *f*

hippopotame [ipɔpɔtam] *m* Nilpferd *nt,* Flusspferd *nt*

hippy [ˊipi] *adj, v.* **hippie**

hirondelle [iʀɔ̃dɛl] *f* ORN Schwalbe *f*
▶ **une ~ ne fait pas le printemps** *prov* eine Schwalbe macht noch keinen Sommer (*prov*)
◆ **~ de mer** Seeschwalbe *f*

hirsute [iʀsyt] *adj tête* zerzaust; *barbe* struppig; *personne* mit zotteligen [*o* zerzausten] Haaren

hispanique [ispanik] *adj* hispanisch, spanisch; **institut d'études ~s** Institut *nt* für Hispanistik

hispanisant(e) [ispanizɑ̃, ɑ̃t] *m(f)* LING *v.* **hispaniste**

hispanisme [ispanism] *m* LING Hispanistik *f*

hispaniste [ispanist] *mf* LING Hispanist(in) *m(f)*

hispano-américain [ispanoameʀikɛ̃] *m* **l'~** Hispanoamerikanisch *nt,* das Hispanoamerikanische; *v. a.* **allemand** **hispano-américain(e)** [ispanoameʀikɛ̃, ɛn] <hispano-américains> *adj* hispanoamerikanisch **Hispano-américain(e)** [ispanoameʀikɛ̃, ɛn] <Hispano-américains> *m(f)* Hispanoamerikaner(in) *m(f)*

hispanophone [ispanɔfɔn] **I.** *adj* spanischsprechend
II. *m, f* Spanischsprechende(r) *f(m)*

hisser [ˊise] <1> **I.** *vt* hissen *drapeau;* hissen, setzen *voiles;* aufrichten *mât;* ~ **qn** jdn hochziehen [*o* hochhieven]; **hissez les voiles!** setzt die Segel!
II. *vpr* ❶ (*grimper*) **se ~ sur le mur/toit** sich auf die Mauer/das Dach hochziehen [*o* hochhieven]; **se ~ sur la pointe des pieds** sich auf die Zehenspitzen stellen
❷ (*s'élever*) **se ~ au pouvoir/à la première place** sich in eine Machtposition hocharbeiten/auf den ersten Platz vorarbeiten

histocompatabilité [istokɔ̃patibilite] *f* BIO, MED Histokompatibilität *f* (*Fachspr.*); **antigènes d'~** Gewebeverträglichkeitsantigene *Pl*

histoire [istwaʀ] *f* ❶ (*science, événements*) *sans pl* Geschichte *f;* ~ **ancienne/moderne/contemporaine** Alte/Neue/Neueste Geschichte; ~ **sainte** Biblische Geschichte; **livre/professeur/cours d'~** Geschichtsbuch/-lehrer/-unterricht; **j'ai ~ à huit heures** um acht [Uhr] habe ich Geschichte [*o* Geschichtsunterricht]; **l'~ jugera** die Geschichte wird ihr Urteil fällen; **rester dans l'~** in die Geschichte eingehen
❷ (*étude du passé*) *d'un château, pays, d'une ville* Geschichte *f; d'une expression* [Entstehungs]geschichte; ~ **de France/de la Révolution Française** Geschichte Frankreichs/der Französischen Revolution; ~ **de l'art/~ littéraire** Kunst-/Literaturgeschichte; **raconter l'~ de qn/de sa vie** jds/seine Lebensgeschichte erzählen
❸ (*récit*) Geschichte *f;* (*conte*) Märchen *nt;* (*blague*) Witz *m;* ~ **drôle** lustige Geschichte; ~ **sans paroles** [Geschichte] ohne Worte; **livre d'~s** Märchenbuch *nt;* ~ **vraie** wahre Geschichte; **l'~ veut que qn ait fait qc** wie man erzählt, soll jd etw getan haben
❹ (*propos mensonger*) [erfundene] Geschichte, [Lügen]märchen *nt;* ~ **à dormir debout** unwahrscheinliche Geschichte; **des ~s à dormir debout** [reinste] Lügenmärchen; **des ~s de bonnes femmes** *péj* Tratschgeschichten *Pl* (*fam*); **raconter des ~s** Märchen erzählen, schwindeln; **ce sont des ~s!** das stimmt doch alles gar nicht!
❺ *fam* (*affaire*) Geschichte *f* (*fam*), Sache *f;* ~ **d'argent/de femmes** Geld-/Frauengeschichte; **l'~ des portefeuilles volés** die Sache [*o* Geschichte] mit den gestohlenen Brieftaschen; **il lui est arrivé une drôle d'~/une sale ~** ihm ist [da] eine [ganz] seltsame/unangenehme Geschichte [*o* Sache] passiert; **qu'est-ce que c'est que cette ~?** was heißt [*o* soll] das denn schon wieder?; **qu'est-ce que cette ~ de départ/restaurant?** was heißt hier Abfahrt/Restaurant?; **le meilleur de l'~** der Witz bei [*o* an] der Sache; **c'est une tout autre ~** das ist eine ganz andere Sache, das steht auf einem anderen Blatt; **c'est toute une ~...** das ist eine lange Geschichte ...; **c'est toute une ~ quand il part** das ist vielleicht ein Theater, wenn er wegfährt; **c'est toujours la même ~, avec toi!** es ist immer das alte Lied mit dir!; **quelle ~!** na so etwas!
❻ *fam* (*complications*) Schwierigkeiten *Pl,* Scherereien *Pl;* (*problèmes*) Ärger *m,* Streit *m;* **faire des ~s à qn** jdm Scherereien [*o* Schwierigkeiten] machen; **chercher des ~s à qn** *fam* mit jdm Streit suchen, sich mit jdm anlegen; **faire toute une ~ [*o* des ~s] pour qc** ein [furchtbares] Theater wegen etw machen; **une femme/un homme à ~s** eine zänkische Frau/ein streitsüchtiger Mann; **carrière/vie sans ~s** problemlose Karriere/problemloses Leben; **personne sans ~s** unauffällige Person; **[allons [*o* allez],] pas d'~s!** keine Ausrede!
▶ **c'est de l'~ ancienne** das ist schon längst vorbei [*o* lange her]; **la petite ~** Ereignisse *Pl* am Rande der Weltgeschichte; **pour la petite ~** am Rande bemerkt, nebenbei gesagt; ~ **de faire qc** *fam* einfach nur, um etw zu tun; ~ **de!** einfach nur so!
◆ ~ **de fous** verrückte [*o* unglaubliche] Geschichte; **c'est une ~ de fous!** das ist der reinste Witz!

histologie [istɔlɔʒi] *f* BIO Histologie *f* (*Fachspr.*)

historicité [istɔʀisite] *f* Historizität *f*

historien(ne) [istɔʀjɛ̃, jɛn] *m(f)* ❶ Historiker(in) *m(f),* Geschichtswissenschaftler(in) *m(f)*
❷ (*étudiant en histoire*) Geschichtsstudent(in) *m(f)*

historiette [istɔʀjɛt] *f* Histörchen *nt*

historiographe [istɔʀjɔgʀaf] *mf* Historiograph(in) *m(f)* (*geh*)

historiographie [istɔʀjɔgʀafi] *f* ❶ (*discipline*) Historiographie *f* (*geh*)
❷ (*ensemble d'ouvrages*) Geschichtsschreibung *f*

historique [istɔʀik] **I.** *adj* historisch; *ouvrage, étude* historisch, Geschichts-; **c'est ~** das ist historisch belegt
II. *m d'un mot, d'une institution* [Entstehungs]geschichte *f; d'une affaire* chronologischer Überblick; **faire l'~ d'un dossier** einen chronologischen Überblick über einen Vorgang geben

historiquement [istɔʀikmɑ̃] *adv* historisch

histrion [istʀijɔ̃] *m péj littér* Schmierenkomödiant(in) *m(f)* (*pej*)

hitlérien(ne) [itleʀjɛ̃, jɛn] **I.** *adj Allemagne, parti* Hitler-; **les jeunesses ~nes** die Hitlerjugend
II. *m(f)* Hitleranhänger(in) *m(f)*

hitlérisme [itleʀism] *m* Hitlerismus *m*

hit-parade [ˊitpaʀad] <hit-parades> *m* ❶ Hitparade *f;* **premier(-ière) au ~** Nummer eins in der Hitparade
❷ *fig* Hitliste *f;* **au ~ de la politique/des livres d'enfants** in der Hitliste der beliebtesten Politiker/Kinderbücher; **au ~ financier** in der [Rang]liste der Spitzenverdiener

HIV [ˊaʃive] *m abr de* **human immunodeficiency virus** HIV *nt*

hiver [ivɛʀ] *m* Winter *m;* **nous étions en ~, c'était l'~** es war Winter; **au plus fort de l'~** mitten im [strengsten] Winter; **il fait un temps d'~** es ist Winterwetter, es ist winterliches Wetter

hivernage [ivɛʀnaʒ] *m* ❶ NAUT (*période*) Überwinterung *f*

② AGR *du bétail* Überwintern *nt*
hivernal(e) [ivɛʀnal, o] <-aux> *adj* winterlich; *brouillard, pluies* winterlich, Winter-; **il fait un froid** ~ es ist winterlich kalt
hivernale [ivɛʀnal] *f* Winterbesteigung *f*
hiverner [ivɛʀne] <1> *vi navires, troupes, animaux:* überwintern
hl *abr de* **hectolitre** hl
H.L.M. [ˊaʃɛlɛm] **I.** *m o f inv abr de* **habitation à loyer modéré** Sozialwohnung *f;* (*immeuble*) Wohnblock *m* mit Sozialwohnungen; **habiter [dans] un** ~ in einer Sozialwohnung wohnen **II.** *app inv* **cité** ~ Siedlung *f* mit Sozialwohnungen

i Land & Leute

Als **H.L.M.** bezeichnet man Wohnblöcke mit Sozialwohnungen, die in den Vorstädten, den *banlieues* der Großstädte, Anfang der Sechzigerjahre errichtet wurden, um Wohnraum für sozial Schwächere zu schaffen.

hm *abr de* **hectomètre** hm
ho [ˊo] *interj* he [Sie/du]!; ~ ~! (*pour appeler de très loin*) hallo, hallo!
hobby [ˊɔbi] <hobbies> *m* Hobby *nt*
hobereau [ˊɔbʀo] <x> *m* ① ZOOL Baumfalke *m*
② *péj* (*personne*) Krautjunker *m* (*pej*)
hochement [ˊɔʃmɑ̃] *m* ◆ ~ **de tête** (*pour approuver*) Kopfnicken *nt;* (*pour désapprouver*) Kopfschütteln *nt;* **approuver d'un** ~ **de tête** zustimmend nicken
hocher [ˊɔʃe] <1> *vt* ~ **la tête** (*pour approuver*) [mit dem Kopf] nicken; (*pour désapprouver*) den Kopf schütteln
hochet [ˊɔʃɛ] *m* Rassel *f*
hockey [ˊɔkɛ] *m* Hockey *nt*
◆ ~ **sur gazon** [Feld]Hockey *nt;* ~ **sur glace** Eishockey *nt*
hockeyeur, -euse [ˊɔkɛjœʀ, -øz] *m, f* SPORT Hockeyspieler(in) *m(f)*
holà [ˊɔla] **I.** *interj* ~**! [Pas si vite!]** halt!, stopp!, langsam!
II. *m* ▶ **mettre le** ~ **à qc** einer S. (*Dat*) ein Ende setzen
holding [ˊɔldiŋ] *m o f* Holdinggesellschaft *f,* Holding *f*
hold-up [ˊɔldœp] *m inv* [bewaffneter] Raubüberfall
hollandais [ˊɔllɑ̃dɛ] *m* **le** ~ Niederländisch *nt,* das Niederländische; *v. a.* **allemand**
hollandais(e) [ˊɔllɑ̃dɛ, ɛz] *adj* holländisch
Hollandais(e) [ˊɔllɑ̃dɛ, ɛz] *m(f)* Holländer(in) *m(f)*
hollande [ˊɔllɑ̃d] *m* Holländer [Käse] *m*
Hollande [ˊɔllɑ̃d] *f* **la** ~ Holland *nt*
hollywoodien(ne) [ˊɔliwudjɛ̃, jɛn] *adj* ① (*de Hollywood*) Holywood-; **star** ~**ne** Hollywoodstar *m*
② (*luxueux*) nobel
holocauste [olokost] *m* ① REL Brandopfer *nt;* **offrir un animal en** ~ ein Tier als [Brand]opfer darbringen
② (*génocide*) Holocaust *m*
hologramme [ɔlɔgʀam] *m* Hologramm *nt*
holographie [ɔlɔgʀafi] *f* Holographie *f*
homard [ˊɔmaʀ] *m* Hummer *m*
home [ˊom] *m* BELG (*centre d'hébergement*) Heim *nt*
homélie [ɔmeli] *f* REL *littér* Homilie *f* (*geh*)
homéopathe [ɔmeɔpat, omeopat] **I.** *mf* Homöopath(in) *m(f)*
II. *app* **médecin** ~ homöopathischer Arzt
homéopathie [ɔmeɔpati] *f* Homöopathie *f*
homéopathique [ɔmeɔpatik] *adj* homöopathisch
homéotherme [ɔmeɔtɛʀm] BIO **I.** *adj* warmblütig
II. *m* Warmblüter *m*
Homère [ɔmɛːʀ(ə)] *m* HIST Homer *m*
homérique [ɔmeʀik] *adj* ① *poèmes* homerisch
② *fig rire* homerisch, schallend
home-trainer [ˊomtʀɛnœʀ] <home-trainers> *m* Heimtrainer *m*
homicide [ɔmisid] *m* Tötung *f,* Totschlag *m;* ~ **par imprudence** [*o* **involontaire**] fahrlässige Tötung; ~ **volontaire** vorsätzliche Tötung, Totschlag *m*
hominidés [ɔminide] *mpl* BIO Hominiden *Pl;* **le groupe des** ~**s** die Gruppe der Hominiden
hominiens [ɔminjɛ̃] *mpl* BIO Hominiden *Pl*
hommage [ɔmaʒ] *m* ① Würdigung *f,* Huldigung *f* (*geh*); (*œuvre ou manifestation en l'honneur de qn*) Hommage *f;* ~ **à la science** Würdigung der Wissenschaft, Huldigung an die Wissenschaft; **concert en** ~ **au compositeur** Konzert *nt* als Hommage für den Komponisten; **rendre** ~ **à qn** jds Verdienste würdigen; **rendre un dernier** ~ **à qn** jdm die letzte Ehre erweisen; **rendre** ~ **au talent/à l'initiative de qn** jds Talent/Initiative würdigen
② *pl soutenu* (*compliments*) **mes** ~**s, Madame!** habe die Ehre, gnädige Frau!; (*au revoir*) ich empfehle mich, gnädige Frau!; **présentez mes** ~**s à votre épouse** meine Empfehlung an Ihre Frau [Gemahlin] (*geh*)
③ (*offrande*) **en** ~ **de gratitude** *soutenu* als Ausdruck *m* der Dankbarkeit; **faire** ~ **d'un livre à qn** jdm ein Buch widmen
◆ ~ **de l'auteur** (*livre*) Dedikationsexemplar *nt* [des Autors]; (*dédicace*) Widmung *f;* **avec un** ~ **de l'auteur** mit einer Widmung des Autors; ~ **de l'éditeur** (*livre*) Dedikationsexemplar *nt* [des Verlegers]; (*dédicace*) Widmung *f*
homme [ɔm] *m* ① Mann *m;* **jeune** ~ junger Mann; **voix d'**~ Männerstimme *f;* **coiffeur pour** ~**s** Herrenfriseur *m;* **vêtements d'**~ [*o* **pour** ~**s**] Herren[be]kleidung *f;* **s'habiller en** ~ Männerkleidung tragen; **se retrouver entre** ~**s chaque jeudi soir** jeden Donnerstag einen Herrenabend machen; **bel** ~ gutaussehender Mann; ~ **de goût/cœur** Mann mit Geschmack/Herz; ~ **de génie/d'esprit** genialer/geistvoller Mann, Mann von Genie/von Geist; ~ **d'honneur** Ehrenmann *m;* ~ **politique** Politiker *m;* ~ **public** Mann der Öffentlichkeit; ~ **d'aujourd'hui** moderner Mann; **l'**~ **de la rue** der Mann auf der Straße; **l'**~ **de ma/ta vie** der Mann meines/deines Lebens; **l'**~ **du moment/de la situation** [genau] der richtige Mann/der geeignete Mann; **l'**~ **fort du régime/de l'entreprise** der starke Mann [*o* die Nummer eins *fam*] des Regimes/der Firma
② (*être humain*) Mensch *m;* **l'**~ **de Neandertal** der Neandertaler; **les droits de l'**~ die Menschenrechte; **petits** ~**s verts** kleine grüne Männchen [*o* Männlein]; **être un autre** ~ ein ganz anderer Mensch [geworden] sein; **un** ~ **à la mer!** Mann über Bord!
③ (*adulte*) Mann *m;* ~ **mûr** reifer Mann; ~ **dans la force de l'âge** Mann im besten Alter; ~ **d'un certain âge** älterer Herr; **vieil** ~ alter Mann; **parvenu à l'âge d'**~**, il...** als er erwachsen geworden war, ... er; **faire de qn un** ~ aus jdm einen Mann machen
④ (*viril moralement, sexuellement*) [richtiger] Mann; (*sexuellement*) Mann *m;* **sois un** ~**!** sei ein Mann!; **si t'es un** ~**!** wenn du ein Mann bist!; *iron* wenn du dich traust!
⑤ *pl* (*soldats, personnel*) Männer *Pl,* Leute *Pl* (*fam*); **être un meneur d'**~**s** eine Führernatur sein; **un bataillon/une armée de huit cents** ~**s** eine 800 Mann starke Truppe/Armee von 800 Mann
▶ **autant d'**~**s, autant d'avis** *prov* tausend Köpfe, tausend Meinungen; **l'**~ **propose, [et] Dieu dispose** *prov* der Mensch denkt, Gott lenkt; **l'**~ **est un loup pour l'**~ *prov* der Mensch ist sich selbst der ärgste Feind; **un** ~ **averti en vaut deux** *prov* ein gewarnter Mann verhält sich klüger; **l'abominable** ~ **des neiges** der Yeti, der Schneemensch; **être** ~ **à faire qc** [ganz] der Typ/Mann sein, etw zu tun; ~ **à tout faire** Mädchen *nt* für alles; **ne pas nourrir son** ~ seinen Mann nicht ernähren; **je suis votre** ~ ich bin genau der richtige Mann; **parler d'**~ **à** ~ von Mann zu Mann reden; **s'expliquer/régler qc d'**~ **à** ~ etw unter Männern besprechen/regeln; *hum* (*entre femmes*) etw unter uns besprechen/regeln
◆ ~ **à femmes** Frauenheld *m;* ~ **au foyer** Hausmann *m;* ~ **d'action** Mann *m* der Tat; ~ **d'affaires** Geschäftsmann *m;*

H

~ **des cavernes** Höhlenmensch *m;* ~ **de confiance** Vertrauensmann *m;* ~ **de dialogue** Mann *m* des Dialoges; ~ **d'église** Kirchenmann *m;* ~ **d'équipage** Mitglied *nt* der Schiffsmannschaft; **les ~s d'équipage** die Besatzung, die Schiffsmannschaft; ~ **d'État** Staatsmann *m;* ~ **d'intérieur** häuslicher Mann; ~ **de lettres** Literat *m,* Schriftsteller *m;* ~ **de loi** Jurist *m;* ~ **de main** Handlanger *m;* (*dans des besognes criminelles*) Handlanger, Helfershelfer *m;* ~ **du monde** Mann *m* von Welt; **des ~s du monde** Männer *Pl* der feinen Gesellschaft; ~ **de paille** Strohmann *m;* ~ **de peine** Hilfsarbeiter *m;* ~ **de plume** Schriftsteller *m,* Mann *m* der Feder (*geh*); ~ **de science** Wissenschaftler *m,* Mann *m* der Wissenschaft; ~ **de service** (*pour le nettoyage*) Putzmann *m;* (*à la cantine*) Kantinenangestellter *m* (*an der Essensausgabe*)*;* ~ **de terrain** Mann *m* mit praktischer Erfahrung, praxiserfahrener Mann; ~ **de la terre** naturverbundener Mensch; ~ **de troupe** gemeiner Soldat

homme-grenouille [ɔmgʀənuj] <hommes-grenouilles> *m* Froschmann *m;* **elle est ~ dans la marine militaire** sie ist Taucherin bei der Marine **homme-orchestre** [ɔmɔʀkɛstʀ] <hommes-orchestres> *m* ❶ Einmannorchester *nt* ❷ (*personne qui fait tout*) Allrounder *m;* **jouer les hommes-orchestres** den Allrounder spielen **homme-sandwich** [ɔmsɑ̃dwitʃ] <hommes-sandwichs> *m* Sandwichmann *m*

homo [omo] *fam abr de* **homosexuel(le)** I. *adj* homo (*fam*); **être ~** homo sein
II. *mf* Homo *m*/Lesbe *f* (*fam*)

homogène [ɔmɔʒɛn] *adj mélange, substance* homogen; *ensemble, classe, dictionnaire* homogen, einheitlich

homogénéisation [ɔmɔʒeneizasjɔ̃] *f a.* TECH Homogenisierung *f*

homogénéiser [ɔmɔʒeneize] <1> *vt* ❶ homogenisieren; vereinheitlichen *programme, production;* einander angleichen *niveaux, produits*
❷ GASTR, CHIM homogenisieren

homogénéité [ɔmɔʒeneite] *f* ❶ *d'une substance* Homogenität *f*
❷ *fig d'une œuvre* Homogenität, Einheit[lichkeit] *f;* **n'avoir aucune ~** völlig uneinheitlich [*o* ungleichartig] sein

homographe [ɔmɔgʀaf] I. *adj* LING gleich geschrieben
II. *m* LING Homograph *nt*

homologation [ɔmɔlɔgasjɔ̃] *f* JUR Beglaubigung *f*

homologie [ɔmɔlɔʒi] *f* ❶ Entsprechung *f;* ~ **entre des personnes/choses** Homologie *f* zwischen Menschen/Dingen
❷ MATH Homologie *f,* Übereinstimmung *f;* ANAT Homologie

homologue [ɔmɔlɔg] I. *adj* ❶ MATH, GEOG, CHIM homolog
❷ (*équivalent*) entsprechend; **être ~ de qc** einer S. (*Dat*) entsprechen, das Gegenstück von etw sein
II. *mf* Pendant *nt,* Gegenstück *nt;* (*collègue*) Kollege *m*/Kollegin *f*

homologuer [ɔmɔlɔge] <1> *vt* ❶ [amtlich/staatlich] genehmigen *prix;* [offiziell] anerkennen [*o* bestätigen] *record, performance*
❷ (*déclarer conforme aux normes*) als den Normen entsprechend erklären, [amtlich/staatlich] zulassen *harnais de sécurité, siège-auto, voiture;* **être homologué(e)** den [gesetzlichen] Normen entsprechen; (*conforme aux normes de sécurité*) den Sicherheitsnormen entsprechen
❸ JUR beglaubigen *acte;* [gerichtlich/offiziell] bestätigen *sentence;* [offiziell] billigen *transaction*

homonyme [ɔmɔnim] I. *adj* LING homonym, gleich lautend; **être ~ de qc** die gleiche Lautung [*o* Aussprache] wie etw haben
II. *m* ❶ LING Homonym *nt*
❷ (*personne*) Namensvetter *m*/-schwester *f*

homonymie [ɔmɔnimi] *f* LING Homonymie *f*

homophone [ɔmɔfɔn] I. *adj* ❶ LING homophon, gleichlautend
❷ MUS homophon
II. *m* LING Homophon *nt*

homophonie [ɔmɔfɔni] *f* ❶ LING Homophonie *f;* ~ **entre deux substantifs** lautliche Übereinstimmung zwischen zwei Substantiven
❷ MUS Homophonie *f*

homosexualité [ɔmɔsɛksɥalite] *f* Homosexualität *f*

homosexuel(le) [ɔmɔsɛksɥɛl] I. *adj* homosexuell
II. *m(f)* Homosexuelle(r) *f(m)*

hongre [ˊɔ̃gʀ] I. *adj cheval* kastriert; **poulain ~** Fohlenwallach *m*
II. *m* Wallach *m*

Hongrie [ˊɔ̃gʀi] *f* **la ~** Ungarn *nt*

hongrois [ˊɔ̃gʀwa] *m* **le ~** Ungarisch *nt,* das Ungarische; *v. a.* **allemand**

hongrois(e) [ˊɔ̃gʀwa, waz] *adj* ungarisch

Hongrois(e) [ˊɔ̃gʀwa, waz] *m(f)* Ungar(in) *m(f)*

honnête [ɔnɛt] *adj* ❶ *personne* ehrlich, anständig; *commerçant, entreprise* redlich, korrekt; **il y a encore des gens ~s!** es gibt doch noch anständige [*o* ehrliche] Leute!
❷ (*franc*) *personne* ehrlich, aufrichtig; **être ~ avec qn/soi-même** zu jdm ehrlich/ehrlich gegen sich selbst sein; **soyez ~ avec vous-même!** machen Sie sich (*Dat*) doch nichts vor!; **pour être ~** um ehrlich zu sein, ehrlich gesagt
❸ (*honorable*) *conduite* anständig; *intention, propos* ehrlich; *méthodes* korrekt; **il serait plus ~ de lui dire la vérité** es wäre korrekter, ihm/ihr die Wahrheit zu sagen
❹ (*vertueux*) *femme, fille* anständig
❺ (*acceptable*) *travail, résultat* anständig, recht ordentlich; *prix* angemessen; *repas* akzeptabel, ordentlich (*fam*); *marché* korrekt; **moyenne ~** recht ordentlicher Durchschnitt

honnêtement [ɔnɛtmɑ̃] *adv* ❶ (*sincèrement*) ehrlich; **~!** [ganz] ehrlich, ehrlich gesagt; **~?** (*sois/soyez honnête*) sei/seien Sie [*o* sag/sagen Sie] [mal] ehrlich!
❷ (*convenablement*) *payer, gagner sa vie* anständig, [recht] gut [*o* ordentlich] (*fam*); ~ **payé(e)** anständig [*o* korrekt] bezahlt
❸ (*loyalement, avec probité*) *prévenir* anständigerweise; *gérer une affaire* auf ehrliche [*o* anständige] Weise

honnêteté [ɔnɛtte] *f* ❶ Ehrlichkeit *f;* (*en affaire, en pensée*) Redlichkeit *f;* **être d'une ~ scrupuleuse** absolut ehrlich sein; **être d'une parfaite ~** hochanständig sein; ~ **intellectuelle** intellektuelle Redlichkeit; **être d'une grande ~ intellectuelle** unbestechlich in seinen Ansichten sein
❷ (*franchise*) Ehrlichkeit *f,* Aufrichtigkeit *f;* **ayez l'~ de faire qc** seien Sie so ehrlich, etw zu tun; **répondre en toute ~** ehrlich und offen antworten; **en toute ~, je n'en sais rien!** ganz ehrlich gesagt, ich weiß nichts [davon]!
❸ (*honorabilité*) *d'une conduite, d'un procédé* Anständigkeit *f,* Korrektheit *f; d'une intention* Ehrenhaftigkeit *f*

honneur [ɔnœʀ] *m* ❶ *sans pl* Ehre *f;* **homme sans ~** Mann *m* ohne Ehrgefühl; **avoir le sens de l'~** Ehrgefühl besitzen [*o* haben]; **question d'~** Ehrensache *f;* **pour l'~** um der Ehre willen; **sur l'~** auf Ehre und Gewissen; **promettre sur l'~ que qn a fait qc** sein Ehrenwort [dafür] geben, dass jd etw getan hat
❷ *sans pl* (*réputation*) Ehre *f,* Ansehen *nt; vieilli* (*chasteté*) *d'une femme* Ehre (*veraltet*); ~ **de la famille** Familienehre; **être/faire l'~ de qn/qc** jdm/einer S. [alle] Ehre machen; **faire ~ à son nom/sa ville** seinem Namen/seiner Stadt [alle] Ehre machen; **être l'~ de la famille** die Zierde der Familie sein; **être tout à l'~ de qn** jdm ganz zur Ehre gereichen; **faire ~ à qn** jdm Ehre machen, jdn ehren; **l'~ est sauf** die Ehre ist gerettet; **il en va de mon/votre ~!** es geht um meine/Ihre Ehre!
❸ (*privilège*) Ehre *f;* **avoir l'~ de [faire] qc** die Ehre haben, etw zu tun; **j'ai eu l'~ de recevoir sa visite** er/sie hat mich mit seinem/ihrem Besuch beehrt; **nous avons l'~ de vous faire part de la naissance/le mariage...** *form* wir beehren uns [*o* haben die Ehre], die Geburt/Vermählung ... bekanntzugeben (*form*); **j'ai l'~ de solliciter un poste de...** *form* [hiermit] bewerbe ich mich um die Stelle als ...; **j'ai l'~ de vous informer que qn a fait qc** *form* ich freue mich, Ihnen mittei-

len zu können, dass jd etw getan hat; **faire l'~ à qn de faire qc** *form* jdm die Ehre erweisen, etw zu tun (*form*); **voulez--vous nous faire l'~ de...** *form* es wäre uns eine Ehre, wenn Sie ... (*form*), wir würden uns freuen, wenn Sie ...; **à qui ai-je l'~?** *soutenu* mit wem habe ich die Ehre?; **que me vaut l'~ de qc?** *form* was verschafft mir die Ehre einer S. (*Gen*)?; ~ **aux dames** die Damen zuerst; **à toi/vous l'~!** du darfst/Sie dürfen anfangen!

❹ *pl* (*marques de distinctions*) Ehren *Pl,* Ehrungen *Pl;* **comblé(e)/couvert(e) d'~s** mit Ehren überhäuft; **parvenir aux plus grands ~s** zu höchsten Würden gelangen; **avec tous les ~s dus au rang de qn** mit allen jdm gebührenden Ehren; **rendre les ~s** MIL [jdm] die militärischen Ehren erweisen; **rendre les derniers ~s à qn** *form* jdm die letzte Ehre erweisen

❺ CARTES Honneurs *Pl*

❻ (*considération*) **faire un grand ~ à qn en faisant qc** jdm eine große Ehre erweisen, indem man etw tut; **c'est beaucoup [*o* trop] d'~ [que vous me faites]!** *iron* das ist der Ehre [*o* des Guten] zu viel! (*iron*); **c'est lui faire trop d'~** damit erweist man ihm zu viel Ehre, so viel Aufmerksamkeit hat er nicht verdient

▸ **avec les ~s de la guerre** in [allen] Ehren, ehrenvoll; **s'en sortir/tirer même avec les ~s de la guerre** sogar noch ganz gut dabei wegkommen; **faire les ~s de la maison à qn** jdn gebührend [bei sich] empfangen; (*faire visiter les lieux*) jdn durch sein Haus/seine Wohnung führen; **qn/qc a les ~s de la première page** jdm/einer S. ist/wird die erste Seite gewidmet, jd/etw steht [*o* erscheint] auf der ersten Seite; **être à l'~** (*être célébré*) hoch im Kurs [*o* in der Gunst] stehen; **faire ~ à un repas** sich (*Dat*) ein Essen gut schmecken lassen; **faire ~ à ses engagements [*o* obligations]** seine Verpflichtungen einhalten; **faire ~ à sa signature** zu seiner Unterschrift stehen; **[re]mettre qc en ~** einer S. (*Dat*) zu neuen Ehren verhelfen, etw wieder zu Ehren bringen; **être/rester en ~** *coutume, procédé:* noch in Ehren gehalten werden; *œuvre:* noch in Ehren gehalten werden, weiterhin [große] Anerkennung genießen; *style, mode:* noch sehr beliebt sein; **en l'~ de qn** zu jds Ehren; **en l'~ de qc** zu Ehren [*o* anlässlich] einer S. (*Gen*); **en quel ~?** *hum* wozu?, aus welchem [besonderen] Anlass?

honnir [ˈɔniʀ] <8> *vt v.* **mal**

honorabilité [ɔnɔʀabilite] *f* Ehrenhaftigkeit *f; d'une personne* Ehrbarkeit *f*

honorable [ɔnɔʀabl] *adj* ❶ *sentiments, conduite, intentions* ehrenhaft; *personne, famille* ehrenwert, achtbar; *profession* ehrbar; ~ **compagnie** ehrenwerte Gesellschaft; **mon ~ confrère** mein verehrter [*o* werter *hum*] Herr Kollege

❷ (*suffisant*) *moyenne, résultat, note* ganz gut [*o* ordentlich]; *fortune* ansehnlich

honorablement [ɔnɔʀabləmɑ̃] *adv* ❶ auf ehrenhafte [*o* anständige] Weise; **être ~ connu(e)** als ehrenhafter Mensch bekannt sein

❷ (*convenablement*) recht ordentlich [*o* gut]

honoraire [ɔnɔʀɛʀ] **I.** *adj membre, président* Ehren-; *professeur* emeritiert; *conseiller, notaire* ehrenamtlich

II. *mpl* Honorar *nt;* **verser des ~s** Honorar [be]zahlen; **~s d'un/de l'avocat** JUR Anwaltshonorar

honorer [ɔnɔʀe] <1> **I.** *vt* ❶ ehren; **vous m'honorez!** ich fühle mich geehrt!; **mon honoré collègue** *form* mein verehrter [Herr] Kollege (*form*)

❷ (*faire honneur*) ~ **qn** *sentiments, conduite:* jdn ehren, jdm Ehre machen; **votre visite m'honore** Ihr Besuch ehrt mich [*o* ist für mich eine Ehre]

❸ (*gratifier*) ~ **qn de son amitié/sa confiance** jdn durch seine Freundschaft/sein Vertrauen ehren; ~ **qn de sa présence** jdn mit seiner Anwesenheit beehren; ~ **qn d'une distinction** jdn mit einer Auszeichnung ehren; **je suis très honoré(e) de faire votre connaissance** *form* es ist mir eine Ehre, Sie kennen zu lernen (*geh*)

❹ (*célébrer*) ~ **la mémoire de qn** jds Andenken in Ehren halten

❺ (*respecter*) stehen zu *signature, parole*

❻ COM einlösen *chèque, traite*

II. *vpr* **s'~ d'être qc** sich rühmen [*o* stolz [darauf] sein], etw zu sein

honorifique [ɔnɔʀifik] *adj* Ehren-, ehrenamtlich

honoris causa [ɔnɔʀiskoza] *adj* honoris causa, Ehren-

honte [ˈɔ̃t] *f* ❶ Schande *f;* **la ~ d'un échec/d'un refus** die Schande [*o* die Schmach] einer Niederlage/einer Ablehnung; **être/faire la ~ de qc** eine Schande für etw sein/einer S. (*Dat*) Schande machen [*o* bringen]; **être la ~ de la famille** der Schandfleck der Familie sein; **c'est une ~ de faire qc** es ist eine Unverschämtheit, etw zu tun; **quelle ~!** was für eine Schande!; **[c'est] la ~!** *fam* so eine Blamage!

❷ *sans pl* (*sentiment d'humiliation*) Scham *f;* **avoir ~, éprouver de la ~** sich schämen; *adolescent:* sich genieren; **avoir ~ de qn/qc** sich für jdn/einer S. (*Gen*) schämen; **rougir de ~** vor Scham erröten; **qn/qc fait ~ à qn** jd schämt sich für jdn/etw; **tu devrais avoir ~ de toi!** du solltest dich schämen!

▸ **avoir toute ~ bue** jegliches Schamgefühl verloren haben; **fausse ~** falsche Scham; **allons, il n'y a pas de fausse ~ à avoir!** nun los, nur keine falsche Scham!; **faire ~ à qn** jdm ein schlechtes Gewissen machen; **mourir de ~** sich zu Tode schämen

honteusement [ˈɔ̃tøzmɑ̃] *adv* ❶ *se conduire* schändlich; *s'excuser, regarder* beschämt

❷ (*scandaleusement*) *mal payer, exagérer* unverschämt, unerhört

honteux, -euse [ˈɔ̃tø, -øz] *adj* ❶ **être ~(-euse) de qc** sich einer S. (*Gen*) schämen, beschämt über etw (*Akk*) sein

❷ (*cause de déshonneur*) beschämend; *défaite, accusation* schmachvoll; *acte, attitude* schändlich; *fuite* schmählich; **c'[*o* il] est ~ de faire qc** es ist eine Schande, etw zu tun; **c'est ~!** das ist empörend [*o* unerhört]!

❸ (*qui cache d'être qc*) *partisan, communiste* heimlich

hooligan [ˈuligan] *m* Hooligan *m*

hooliganisme [ˈuliganism] *m* Rowdytum *nt*

hop [ˈɔp] *interj* ❶ hopp; **allez, ~!** los, hopp, hopp!; ~ **là!** hoppla!, hopsa!

❷ (*pour marquer une action brusque*) hopp, husch

hôpital [ɔpital, o] <-aux> *m* Krankenhaus *nt,* Klinik *f;* ~ **pour enfants** Kinderkrankenhaus, Kinderklinik; ~ **psychiatrique** psychiatrische Klinik; ~ **militaire** [Militär]lazarett *nt*

hoquet [ˈɔkɛ] *m* Schluckauf *m kein Pl;* (*un ou plusieurs*) Schluchzer *m;* **avoir le ~** den Schluckauf haben; **avoir un ~ de surprise/de peur** vor Überraschung/Angst [tief] schlucken

hoqueter [ˈɔkte] <3> *vi* den Schluckauf haben; (*sangloter*) schluchzen

Horace [ɔʀas(ə)] *m* (*poète romain*) Horaz *m*

horaire [ɔʀɛʀ] **I.** *adj* Stunden-, pro Stunde; **tarif ~ de location** Mietgebühr *f* pro Stunde

II. *m* ❶ Zeitplan *m;* ~ **de travail** Arbeitsplan *m;* **avoir un ~ très chargé** einen vollen Terminkalender haben; **avoir un ~ souple** nicht an eine feste Arbeitszeit gebunden sein; ~ **mobile [*o* flexible]** gleitende Arbeitszeit

❷ (*tableau*) *des trains, bus* Fahrplan *m; des vols* Flugplan *m; des cours* Stundenplan *m;* **en avance sur l'~** früher als fahrplanmäßig

horde [ˈɔʀd] *f* Horde *f*

horions [ˈɔʀjɔ̃] *m* Schläge *Pl;* **recevoir des ~** Prügel beziehen

horizon [ɔʀizɔ̃] *m* ❶ *sans pl a.* ASTRON Horizont *m*

❷ (*étendue*) Aussicht *f,* [Aus]blick *m;* ~ **de collines** Hügellandschaft *f;* **embrasser un vaste ~** einen weiten [Aus]blick haben; **qn a qc pour tout ~** jds [ganze] Aussicht beschränkt sich auf etw (*Akk*); **changer d'~** die [gewohnte] Umgebung

wechseln; **avoir besoin de changer d'~** [einen] Tapetenwechsel brauchen (*fam*)
❸ (*perspectives*) Horizont *m;* **élargir son ~ de qn** seinen Horizont erweitern; **l'~ politique/international** der politische/internationale Horizont; **ouvrir des ~s insoupçonnés/nouveaux à qn** jdm ungeahnte/neue Möglichkeiten [*o* Perspektiven] eröffnen; **se profiler/se dessiner à l'~** sich am Horizont abzeichnen; **à l'~ 2010** gegen [*o* um] das Jahr 2010
horizontal(e) [ɔʀizɔ̃tal, o] <-aux> *adj* waag(e)recht, horizontal
horizontale [ɔʀizɔ̃tal] *f* ❶ MATH Waag[e]rechte *f*
❷ (*position*) **à l'~** in der Horizontalen; **être à l'~** waagerecht [*o* horizontal] sein/liegen; **être posé(e) à l'~** waagerecht [*o* flach] liegen; **se lire à l'~** sich waagerecht lesen
horizontalement [ɔʀizɔ̃talmɑ̃] *adv* waag[e]recht, horizontal
horloge [ɔʀlɔʒ] *f* ❶ Uhr *f;* (*dans les lieux publics*) [Normal]uhr; **~ murale** Wanduhr; **~ de l'église/de la gare** Kirchturm-/Bahnhofsuhr
❷ INFORM Uhr *f*
❸ BIO, MED **~ intime/biologique** innere/biologische Uhr; **~ physiologique** Biorhythmus *m*
► **~ parlante** Zeitansage *f;* **qn est réglé(e) comme une ~** bei jdm geht alles genau auf die Minute
◆ **~ de parquet** Standuhr *f*
horloger, -ère [ɔʀlɔʒe, -ɛʀ] **I.** *adj* Uhren-
II. *m, f* Uhrmacher(in) *m(f);* **~ bijoutier/horlogère bijoutière** Juwelier(in) *m(f)*
horlogerie [ɔʀlɔʒʀi] *f* ❶ Uhrenindustrie *f;* (*commerce*) Uhrenhandel *m*
❷ (*technique*) Uhrmacherei *f*
❸ (*fabrique*) Uhrenfabrik *f*
❹ (*mécanisme*) **pièces d'~** Uhrenteile *Pl*
❺ (*magasin*) **~ bijouterie** Uhren- und Schmuckgeschäft *nt*
hormis [ˈɔʀmi] *prép littér* **~ qn/qc** mit Ausnahme einer Person/einer S. (*Gen*), bis auf jdn/etw
hormonal(e) [ɔʀmɔnal, o] <-aux> *adj* hormonal, hormonell; *traitement, troubles* Hormon-; **insuffisance ~e** Hormonmangel *m*
hormone [ɔʀmɔn] *f* Hormon *nt;* **~s sexuelles/de croissance** Geschlechts-/Wachstumshormone
horodateur [ɔʀɔdatœʀ] *m* Parkscheinautomat *m*
horoscope [ɔʀɔskɔp] *m* Horoskop *nt;* **tirer l'~ de** [*o* **à**] **qn** jdm das Horoskop stellen
horreur [ɔʀœʀ] *f* ❶ **~ de la violence/médiocrité/des disputes** Abscheu *m* vor der Gewalt/Mittelmäßigkeit/vor Streitigkeiten; **vision d'~** abscheulicher Anblick; **inspirer de l'~ à qn** jdm Abscheu [*o* Widerwillen] einflößen
❷ (*sensation d'épouvante, de dégoût*) Entsetzen *nt,* Schrecken *m;* **cri/hurlement d'~** Entsetzensschrei *m,* Schrei *m* des Entsetzens; **film d'~** Horrorfilm *m;* **faire ~ à qn** Widerwillen bei jdm erregen, jdn anwidern; *paroles, idées:* bei jdm Entsetzen hervorrufen; **un crime qui fait ~** ein abscheuliches [*o* Abscheu erregendes] Verbrechen; **la viande lui fait ~** er hat einen Widerwillen gegen Fleisch; **cet homme lui fait ~** dieser Mann ist ihm/ihr zuwider; **être frappé(e)/saisi(e) d'~** von Grauen [*o* Entsetzen] gepackt sein
❸ (*atrocité*) *d'un crime, supplice* Abscheulichkeit *f,* Grauenhaftigkeit *f;* **les ~s** *pl* **de la guerre** die Schrecken [*o* Gräuel[taten]] des Krieges; **et pour comble de l'~, il...** und das Allerschlimmste [*o* Entsetzlichste] [bei der Sache] war, dass er ...
❹ (*aversion*) **avoir ~ de qn/qc** jdn/etw verabscheuen; (*détester*) jdn/etw nicht ausstehen können; **avoir une sainte ~ de qc** eine ausgesprochene Abneigung gegen etw haben; **avoir ~ de faire qc** es hassen, etw zu tun; **avoir ~ que qn fasse qc** (*ne pas supporter*) es nicht ertragen können [*o* es hassen], wenn jd etw tut; **avoir qn/qc en ~** jdn/etw nicht mögen; **prendre qn/qc en ~** jdn/etw nicht mehr ausstehen können
❺ *fam* (*chose laide*) Scheußlichkeit *f;* (*femme laide*) Schreckschraube *f* (*fam*); (*personne à éviter*) Ekel *nt* (*fam*); **quelle ~!** *fam* wie schrecklich!, wie entsetzlich!; (*que c'est moche*) wie grässlich!; (*c'est dégoûtant*) wie ekelhaft!
❻ *pl* (*grossièretés, actions infâmes*) Abscheulichkeiten *Pl,* scheußliche [*o* grässliche] Dinge *Pl;* **débiter des ~s sur qn** schreckliche [*o* grässliche] Dinge über jdn erzählen
horrible [ɔʀibl] *adj* ❶ *acte, crime* abscheulich, grauenhaft; *spectacle, scène* grauenhaft, Grauen erregend; *accident, blessure, cris* schrecklich, entsetzlich; **c'est ~ de penser que qn a fait qc** es ist entsetzlich [*o* schrecklich], wenn man daran denkt, dass jd etw getan hat
❷ (*extrême*) *peur, douleur, chaleur* schrecklich, fürchterlich
❸ (*très laid*) abscheulich, grässlich; (*très mauvais*) *repas, temps* scheußlich; **~ à voir/entendre** entsetzlich [*o* schrecklich] anzusehen/zu hören
horriblement [ɔʀibləmɑ̃] *adv triste, cher, chaud, mal* furchtbar, schrecklich
horrifiant(e) [ɔʀifjɑ̃, ɑ̃t] *adj* entsetzlich
horrifier [ɔʀifje] <1a> *vt* **~ qn** jdn entsetzen; **être horrifié(e) de** [*o* **par**] **qc** entsetzt über etw (*Akk*) sein; **être horrifié(e) à l'idée que qn fasse qc/que qn ait fait qc** mit Entsetzen daran denken, dass jd etw tut/dass jd etw getan hat
horripilant(e) [ɔʀipilɑ̃, ɑ̃t] *adj* in den Wahnsinn treibend
horripiler [ɔʀipile] <1> *vt fam* wahnsinnig machen, auf die Palme bringen (*fam*)
hors [ˈɔʀ] *prép* ❶ (*à l'extérieur de*) **habiter/vivre ~ de qc** außerhalb einer S. (*Gen*) wohnen/leben
❷ (*vers l'extérieur*) **tomber ~ de qc** (*en se rapprochant*) aus etw herausfallen; **être projeté(e) ~ de qc** (*en se rapprochant*) aus etw herausgeschleudert werden; **se précipiter ~ de qc** (*en s'éloignant*) aus etw hinausstürzen; **~ d'ici!** hinaus!, raus hier! (*fam*); **une fois ~ de l'eau, elle...** als sie aus dem Wasser heraus war, ...
❸ (*à l'écart de*) **~ de comparaison** nicht zu vergleichen; **~ de danger** außer Gefahr; **être ~ de proportion** [*o* **mesure**] **avec qc** in keinem Verhältnis zu etw stehen; **vivre ~ de la réalité** wirklichkeitsfremd sein; **vivre ~ de son temps** in einem anderen Zeitalter leben; **une exposition ~ des sentiers battus** eine [ganz] aus dem Rahmen fallende Ausstellung
❹ (*au-delà de*) **~ d'atteinte/de portée** außer Reichweite; **à garder ~ de la portée des enfants** für Kinder unzugänglich aufbewahren; **~ de combat** kampfunfähig, außer Gefecht; **~ d'usage, ~ [de] service** außer Betrieb
► **~ de prix** unerschwinglich; **mettre qn ~ de lui** jdn aus der Fassung bringen; **être ~ de soi** außer sich sein
hors-bord [ˈɔʀbɔʀ] *m inv* ❶ (*moteur*) Außenbordmotor *m*
❷ (*bateau*) Außenborder *m* **hors-concours** [ɔʀkɔ̃kuʀ] *v.* **concours** **hors-d'œuvre** [ˈɔʀdœvʀ] *m inv* Vorspeise *f,* Horsd'œuvre *nt* **hors-jeu** [ˈɔʀʒø] *m inv* FBALL Abseits *nt* **hors-la-loi** [ˈɔʀlalwa] *m inv* Bandit(in) *m(f),* Gesetzlose(r) *f(m)* **hors-piste** [ˈɔʀpist] *m inv* **faire du ~** Freeriding *nt* (*außerhalb der erlaubten Skipiste fahren*) **hors-texte** [ˈɔʀtɛkst] *m inv* TYP Einschaltbild *nt* (*Fachspr.*)
hortensia [ɔʀtɑ̃sja] *m* BOT Hortensie *f*
horticole [ɔʀtikɔl] *adj* Garten[bau]-; **exposition ~** Gartenbauausstellung *f;* **instruments ~s** Gartengeräte *Pl*
horticulteur, -trice [ɔʀtikyltœʀ, -tʀis] *m, f* Gärtner(in) *m(f)*
horticulture [ɔʀtikyltyʀ] *f* (*production*) Gartenbau *m;* (*jardinage*) Gärtnerei *f*
hosanna [ozan(n)a] *m* REL Hosianna *nt*
hospice [ɔspis] *m* [Alters]pflegeheim *nt*
► **finir à l'~** *péj* im Armenhaus enden
◆ **~ de vieillards** Altersheim *nt* für arme Leute
hospitalier, -ière [ɔspitalje, -jɛʀ] *adj* ❶ Krankenhaus-; **personnel ~** Pflegepersonal *nt;* **établissement ~** Krankenhaus *nt*
❷ (*accueillant*) gastfreundlich, gastlich
hospitalisation [ɔspitalizasjɔ̃] *f* (*action*) Einweisung *f* ins Krankenhaus; (*séjour*) Krankenhausaufenthalt *m*

► ~ à <u>domicile</u> ärztliche Betreuung zu Hause

hospitaliser [ɔspitalize] <1> *vt* ~ **qn** jdn in ein Krankenhaus einweisen; **faire** ~ **qn** jdn in ein Krankenhaus bringen [*o* einweisen] lassen; **être hospitalisé(e)** ins Krankenhaus eingewiesen werden; (*séjourner*) im Krankenhaus sein [*o* liegen]

hospitalité [ɔspitalite] *f* Gastfreundlichkeit *f,* Gastlichkeit *f;* **accueil plein d'~** sehr gastfreundlicher Empfang; **donner** [*o* **offrir**] **l'~ à qn** jdm Gastfreundschaft gewähren, jdn bei sich aufnehmen

hostie [ɔsti] *f* REL Hostie *f*

hostile [ɔstil] *adj forces, nature* feindlich; *foule, milieu* feindlich [gesinnt]; *attitude, accueil, regard* feindselig; **être ~ à qn** jdm nicht wohlgesinnt sein; **être ~ à qc** einer S. (*Dat*) ablehnend [*o* feindlich] gegenüberstehen, gegen etw sein

hostilité [ɔstilite] *f* ❶ Feindseligkeit *f,* Feindschaft *f;* **manifester de l'~ à l'égard de qn** sich [jdm gegenüber] feindselig [*o* ablehnend] zeigen; **s'attirer l'~ de qn** sich (*Dat*) jds Feindschaft zuziehen

❷ *pl* MIL **les ~s** die Kampfhandlungen *Pl;* **ouvrir les ~s** den Kampf eröffnen; **cesser les ~s** die Kampfhandlungen einstellen

hosto [ɔsto] *m fam* (*hôpital*) Krankenhaus *nt*

hot-dog [ˈɔtdɔg] <hot-dogs> *m* GASTR Hotdog, Hot Dog *m o nt*

hôte¹ [ot] *m* ❶ *d'une personne, ville* Gast *m; d'un logement* Bewohner *m;* (*à l'hôtel*) [Hotel]gast; ~ **payant** zahlender Gast

❷ *soutenu* (*maître de maison*) Gastgeber *m,* Herr *m* des Hauses

❸ INFORM Host *m*

hôte² [ot] *f d'une personne, ville* Gast *m; d'un logement* Bewohnerin *f;* (*à l'hôtel*) [Hotel]gast; ~ **payante** zahlender Gast

hôtel [ɔtɛl, otɛl] *nt* Hotel *nt;* **descendre/coucher à l'~** im Hotel absteigen/übernachten

► ~ <u>**particulier**</u> herrschaftliches Stadthaus, Patrizierhaus *nt*

◆ ~ **Matignon** *Amtssitz des französischen Premierministers;* ~ **de la Monnaie** Münzstätte *f;* ~ **de passe** Stundenhotel *nt;* ~ **des ventes** Auktionsgebäude *nt;* ~ **de ville** Rathaus *nt*

hôtel-Dieu [otɛldjø, ɔtɛldjø] <hôtels-Dieu> *m* Hospiz *nt* für Kranke

hôtelier, -ière [otəlje, ɔtəlje, -jɛʀ] **I.** *adj* Hotel-; **école hôtelière** Hotelfachschule *f;* **industrie hôtelière** Hotel [- und Gaststätten]gewerbe *nt;* **profession hôtelière** Hotelfach *nt*

II. *m, f* Hotelbesitzer(in) *m(f),* Hotelier *m*

hôtellerie [otɛlʀi, ɔtɛlʀi] *f* (*profession*) Hotelgewerbe *nt*

hôtel-restaurant [ɔtɛlʀɛstɔʀɑ̃, otɛlʀɛstɔʀɑ̃] <hôtels-restaurant> *m* Hotel *nt* mit Restaurant

hôtesse [otɛs] *f soutenu* (*maîtresse de maison*) Gastgeberin *f,* Dame *f* des Hauses

◆ ~ **d'accueil** (*d'une entreprise*) Empfangssekretärin *f,* Dame *f* am Empfang; (*d'un un hôtel*) Empfangsdame *f;* (*dans une exposition*) Hostess *f;* ~ **de l'air** Stewardess *f*

hot-line [ˈɔtlajn] *f* Hotline *f*

hotte [ˈɔt] *f* ❶ *d'une cheminée* Rauchfang *m;* ~ **aspirante** [Dunst]abzugshaube *f*

❷ (*panier*) Kiepe *f;* ~ [**de viticulteur**] Butte *f,* Bütte *f* (SDEUTSCH); ~ **du Père Noël** Sack *m* des Weihnachtsmanns

hottentot(e) [ˈɔtɑ̃to, ɔt] *adj* hottentottisch

Hottentot(e) [ˈɔtɑ̃to, ɔt] *m(f)* Hottentotte *m*/Hottentottin *f*

hou [ˈu] *interj* ❶ (*pour faire honte*) pfui; (*pour conspuer*) buh; ~, **le vilain!** pfui, [schäm dich,] du böser Junge!

❷ (*pour faire peur*) hu

► ~, ~! hallo!, huhu! (*fam*)

houblon [ˈublɔ̃] *m* Hopfen *m*

houblonnier, -ière [ˈublɔnje, -jɛʀ] AGR **I.** *adj* Hopfen-; **région houblonnière** Hopfenregion *f*

II. *m, f* Hopfenbauer *m*/Hopfenbäuerin *f*

houblonnière [ˈublɔnjɛʀ] *f* Hopfenfeld *nt*

houe [ˈu] *f* Hacke *f*

houille [ˈuj] *f* Steinkohle *f*

► ~ <u>blanche</u> weiße Kohle, Wasserkraft *f*

houiller, -ère [ˈuje, -ɛʀ] *adj* Steinkohlen-, steinkohlenhaltig; **bassin** ~ [Stein]kohlenbecken *nt,* [Stein]kohlenrevier *nt*

houillère [ˈujɛʀ] *f* [Stein]kohlenbergwerk *nt*

houle [ˈul] *f* Seegang *m;* **forte** ~ hoher [*o* starker] Seegang

houlette [ˈulɛt] *f* Hirtenstab *m*

► **être <u>sous</u> la ~ de qn** unter jds Führung [*o* Leitung] (*Dat*) stehen/sein

houleux, -euse [ˈulø, -øz] *adj* ❶ *mer* bewegt, stürmisch

❷ (*troublé*) *séance* sehr lebhaft [*o* turbulent] [verlaufend]; *salle* unruhig

houligan [ˈuligan] *m v.* **hooligan**

houp [ˈup] *interj* hopp

houppe [ˈup] *f* ~ **de cheveux** [Haar]büschel *nt*

houppelande [ˈuplɑ̃d] *f* Houppelande *f* (*langes, glockenförmiges Obergewand des Mannes*)

houppette [ˈupɛt] *f* Puderquaste *f*

hourdis [ˈuʀdi] *m* CONSTR (*dans un colombage*) Mauerwerk *nt;* (*dans un sol*) Estrich *m*

hourra [ˈuʀa] **I.** *interj* hurra

II. *m* Hurra *nt;* **des ~s** Hurrarufe *Pl;* **pousser des ~s** in Hurrageschrei ausbrechen; **un immense ~ salue qn** jd wird mit gewaltigem Hurra[geschrei] begrüßt

house-boat [ˈausbot] <house-boats> *m* Hausboot *nt*

houspiller [ˈuspije] <1> *vt* ausschimpfen

housse [ˈus] *f* [Schutz]hülle *f;* ~ **de siège** [Schon]bezug *m;* (*pour décorer*) Überwurfdecke *f;* ~ **de penderie** Kleider[schutz]hülle; ~ **de couette** Bettbezug

houx [ˈu] *m* BOT Stechpalme *f,* Ilex *f*

hovercraft [ˈɔvœʀkʀaft] *m* Luftkissenfahrzeug *nt,* Hovercraft *nt*

H.S. [aʃɛs] *abr de* **hors service** ► **<u>être</u>** ~ *fam* groggy sein (*fam*)

H.T. [aʃte] *abr de* **hors taxes** ohne MwSt.

HTML [aʃteɛmɛl] *m* INFORM *abr de* **hypertext markup language** HTML *f*

hublot [ˈyblo] *m d'un bateau* Bullauge *nt; d'un avion* [Seiten]fenster *nt; d'un appareil ménager* [Sicht]fenster *nt*

huche [ˈyʃ] *f* Kasten *m*

◆ ~ **à pain** Brotkasten *m;* ~ **à pétrir** Backtrog *m,* Backmulde *f*

hue [ˈy] *interj* (*avancer*) hü!; (*tourner à droite*) hott!

huées [ˈɥe] *fpl* (*cris de réprobation*) Protestgeschrei *nt,* Buhrufe *Pl;* (*cris de dérision*) Hohngelächter *nt*

huer [ˈɥe] <1> *vt* auspfeifen, ausbuhen (*fam*) *orateur, acteur, pièce;* **se faire** ~ ausgepfiffen [*o* ausgebuht *fam*] werden

huguenot(e) [ˈygno, ɔt] *m(f)* Hugenotte *m*/Hugenottin *f*

huilage [ɥilaʒ] *m* (*trempage dans l'huile*) Tränken *nt* in Öl; (*graissage*) Schmieren *nt*

huile [ɥil] *f* ❶ Öl *nt;* ~ **alimentaire** Speiseöl; ~ **pour friture** Frittieröl; ~ **d'olive/de tournesol** Oliven-/Sonnenblumenöl; ~ **vierge** kaltgeschlagenes Öl; ~ **végétale** Pflanzenöl; **cuisiner à l'~** in/mit Öl braten

❷ (*hydrocarbure*) [Motor]öl *nt*

❸ (*lait*) ~ **solaire** Sonnenöl *nt*

❹ ART (*peinture à l'huile*) **une** ~ ein Ölgemälde; **peint(e) à l'~** in Öl gemalt

❺ *fam* (*notabilité*) hohes Tier (*fam*); **les ~s** die Honoratioren

► **jeter de l'~ sur le <u>feu</u>** Öl ins Feuer gießen; **les <u>saintes</u> ~s** geweihtes Öl

◆ ~ **de coude** *fam* Mumm *m* (*fam*); ~ **de foie de morue** Lebertran *m;* ~ **de graissage** Schmieröl *nt;* ~ **de lin** Leinöl *nt;* ~ **de paraffine** Paraffinöl *nt;* ~ **de table** Tafelöl *nt*

huilé(e) [ɥile] *adj* **bien ~(e)** gut laufend [*o* funktionierend]

huiler [ɥile] <1> *vt* ölen, [mit Öl] schmieren *mécanisme, serrure;* einölen, [ein]fetten *cocotte, moule*

huilerie [ɥilʀi] *f* (*usine*) Ölmühle *f*

huileux, -euse [ɥilø, -øz] *adj péj* ❶ *plat, surface* ölig

❷ (*gras*) *cheveux, peau* fettig

❸ (*pollué*) **des eaux huileuses** ölverschmutzte Gewässer

huilier [ɥilje] *m* Menage *f*
huilier, **-ière** [ɥilje, -jɛʀ] *adj* Öl-; **industrie huilière** Ölindustrie *f*
huis [ɥi] ▶ **à** ~ **clos** hinter verschlossenen Türen, in geheimer Sitzung; JUR unter Ausschluss der Öffentlichkeit; **demander le** ~ **clos** den Antrag auf Ausschluss der Öffentlichkeit stellen
huisserie [ɥisʀi] *f d'une porte, fenêtre* Rahmen *m*
huissier [ɥisje] *m* ❶ (*officier ministériel*) Gerichtsvollzieher(in) *m(f)*, Exekutor(in) *m(f)* (A)
❷ (*appariteur*) *du sénat, parlement* Amtsdiener(in) *m(f); de la faculté* Pförtner(in) *m(f)*
◆ ~ **de justice** Gerichtsvollzieher(in) *m(f)*
huit [ˈɥit, *devant une consonne* ˈɥi] **I.** *num* ❶ acht; **dans** ~ **jours** heute in acht Tagen, in einer Woche; **demain/lundi en** ~ morgen/Montag in acht Tagen [*o* in einer Woche]; ~ **jours de vacances** acht Tage Urlaub, eine Woche Urlaub
❷ (*dans l'indication de l'âge, la durée*) **avoir/avoir bientôt** ~ **ans** acht [Jahre alt] sein/werden; **enfant de** ~ **ans** Achtjährige(r) *f(m)*; **période de** ~ **ans** Zeitraum *m* von acht Jahren
❸ (*dans l'indication de l'heure*) **il est** ~ **heures** es ist acht [Uhr]
❹ (*dans l'indication de la date*) **le** ~ **mars** *geschrieben:* **le 8 mars** der achte März *écrit:* der 8. März
❺ (*dans l'indication de l'ordre*) **arriver** ~ **ou neuvième** als Achte(r) oder Neunte(r) kommen
❻ (*dans les noms de personnages*) **Henri VIII** *gesprochen:* **Henri** ~ Heinrich VIII. *oral:* Heinrich der Achte
II. *m inv* ❶ Acht *f*
❷ (*numéro*) Nummer *f* acht, Acht *f*
❸ TRANSP die Linie [*o* Nummer] acht, die Acht (*fam*)
❹ JEUX Acht *f*
❺ SCOL **avoir** ~ [**sur dix/sur vingt**] ≈ eine Zwei/eine Fünf haben
❻ (*aviron à huit rameurs*) **un** ~ **avec/sans barreur** ein Achter mit/ohne Steuermann
▶ **le grand** ~ die Achterbahn
III. *f* (*table, chambre ... numéro huit*) Acht *f; v. a.* **cinq**
huitaine [ˈɥitɛn] *f* ❶ **une** ~ **de personnes/pages** etwa [*o* ungefähr] acht Personen/Seiten
❷ (*une semaine*) **remettre qc à** ~ etw um acht Tage [*o* eine Woche] verschieben; **être remis(e) à** ~ um acht Tage [*o* eine Woche] verschoben sein/werden; *jugement, cause:* um acht Tage [*o* eine Woche] vertagt sein/werden; **dans une** ~ in ungefähr [*o* etwa] acht Tagen [*o* einer Woche]; **sous** ~ binnen acht Tagen [*o* einer Woche]; **recevoir qc sous** ~ etw innerhalb der nächsten Woche bekommen
huitante [ˈɥitɑ̃t] *num* CH achtzig; *v. a.* **cinq, cinquante**
huitième [ˈɥitjɛm] **I.** *adj antéposé* achte(r, s)
II. *mf* **le/la** ~ der/die/das Achte
III. *m* ❶ (*fraction*) Achtel *nt*
❷ (*étage*) achter Stock, achte Etage
❸ (*arrondissement*) achtes Arrondissement
◆ ~ **de finale** Achtelfinale *nt; v. a.* **cinquième**
huitièmement [ˈɥitjɛmmɑ̃] *adv* achtens
huître [ɥitʀ] *f* Auster *f*
huîtrier, **-ière** [ɥitʀije, -jɛʀ] **I.** *adj* Austern-
II. *m, f* Austernzüchter(in) *m(f)*
huîtrière [ɥitʀijɛʀ] *f* PECHE Austernbank *f*, Austernpark *m*
hulotte [ˈylɔt] *f* ORN Waldkauz *m*
hululement [ˈylylmɑ̃] *m* Schrei *m*
hululer [ˈylyle] <1> *vi oiseau de nuit:* schreien
hum [ˈœm] *interj* (*pour exprimer le doute, la gêne, une réticence*) hm
▶ ~, ~**!** (*pour s'éclaircir la voix, attirer l'attention*) hm, hm; (*pour exprimer le doute*) so, so
humain [ymɛ̃] *m littér* ❶ (*être humain*) Mensch *m;* **les** ~**s** die Menschen *Pl*, die Menschheit
❷ (*ce qui appartient à l'homme*) **l'**~ das Humane, das Menschliche
humain(e) [ymɛ̃, ɛn] *adj* ❶ menschlich; *chair, vie, dignité* Menschen-; **les êtres** ~**s** die Menschen; **l'espèce** ~**e** der Mensch; **justice** ~**e** irdische Gerechtigkeit; **c'est** ~**!** das ist doch menschlich!; **c'est la nature** ~**e qui veut que qn fasse qc** es liegt in der Natur des Menschen, dass jd etw tut; **ne plus rien avoir d'**~ nichts Menschliches mehr an sich (*Dat*) haben
❷ (*compatissant, sensible*) menschlich, human; **son film est** ~**, drôle...** sein Film ist aus dem Leben gegriffen, lustig ...
humainement [ymɛnmɑ̃] *adv* ❶ *traiter* menschlich, menschenwürdig
❷ (*avec les capacités humaines*) ~ **parlant** nach menschlichem Ermessen; **faire tout ce qui est** ~ **possible** alles Menschenmögliche tun
humanisation [ymanizasjɔ̃] *f* Humanisierung *f*
humaniser [ymanize] <1> **I.** *vt* humanisieren, menschenwürdiger gestalten *conditions de vie, travail*
II. *vpr* **s'**~ menschlich[er] [*o* human[er]] werden; (*devenir plus sociable*) umgänglich[er] werden
humanisme [ymanism] *m* Humanismus *m*
humaniste [ymanist] **I.** *adj* humanistisch
II. *mf* Humanist(in) *m(f)*
humanitaire [ymanitɛʀ] *adj philosophie, sentiments* human, menschenfreundlich; *organisation, aide* humanitär; **colis** ~**s** Hilfsgüterpakete *Pl*, Carepakete *Pl*
humanitarisme [ymanitaʀism] *m péj* Humanitätsduselei *f* (*pej*)
humanité [ymanite] *f* ❶ Menschheit *f*
❷ *sans pl* (*bonté*) Menschlichkeit *f;* **faire preuve d'une grande** ~ sich äußerst menschlich zeigen; **traiter qn avec** ~ jdn menschlich [*o* human] behandeln; **geste d'**~ menschliche [*o* humane] Geste
humanités [ymanite] *fpl* BELG (*études secondaires*) Sekundarunterricht *m*
humanoïde [ymanɔid] **I.** *adj* menschenähnlich
II. *m* menschenähnliches Wesen
humble [œbl] *adj* ❶ *postposé personne* unscheinbar
❷ (*déférent*) *personne, voix, manières* ehrfurchtsvoll, ehrfürchtig; **se faire** ~ sich untertänig [*o* unterwürfig] geben
❸ *antéposé* (*modeste, pauvre*) *gens, origine* einfach; *fonctionnaire, employé* einfach, klein
❹ *antéposé* (*sans prétention*) einfach; *demeure, cadeau, vie* einfach, bescheiden; *travaux* niedrig
humblement [œbləmɑ̃] *adv* ❶ demütig; **faire** ~ **remarquer que qn a fait qc** in aller Bescheidenheit darauf aufmerksam machen, dass jd etw getan hat
❷ (*sans prétention*) *vivre* bescheiden, in aller Bescheidenheit
humecter [ymɛkte] <1> **I.** *vt* anfeuchten *doigts, timbre;* anfeuchten, einsprengen *linge*
II. *vpr* **s'**~ **le front/les lèvres/mains** sich (*Dat*) die Stirn/die Lippen/die Hände befeuchten; **ses yeux s'humectent** seine/ihre Augen werden feucht
humer [ˈyme] <1> *vt* [tief] einatmen *air frais, odeur;* riechen an (+ *Dat*) *plat;* ~ **l'air** *animal:* schnuppern
humérus [ymeʀys] *m* ANAT Oberarmknochen *m*
humeur[1] [ymœʀ] *f* ❶ (*état d'âme, envie*) Stimmung *f*, Laune *f;* **bonne/mauvaise** ~ gute/schlechte Laune [*o* Stimmung]; **être de bonne/mauvaise** ~ gut/schlecht gelaunt [*o* aufgelegt] sein; **mettre qn de bonne** ~ jdn in gute Laune versetzen; **la maison est toujours pleine de bonne** ~ im Haus herrscht immer gute Stimmung; **être/se sentir d'**~ **à faire qc** dazu aufgelegt sein, etw zu tun; Lust haben, etw zu tun; **l'**~ **prend qn de faire qc** jdn überkommt die Lust, etw zu tun; **je ne suis pas d'**~ **à rire** mir ist nicht nach Lachen [*o* zum Lachen] zumute
❷ (*tempérament*) Wesen *nt*, Naturell *nt;* **un enfant plein de bonne** ~ ein Kind von heiterem Naturell; **incompatibilité d'**~ Unvereinbarkeit *f* der Charaktere; **il y a incompatibilité**

d'~ entre eux vom Wesen her sind sie [grund]verschieden
❸ (*irritation*) schlechte Laune; **répondre avec ~** verstimmt [*o* unwirsch] antworten; **dans un mouvement d'~** in einer Anwandlung von schlechter Laune
► **être d'une ~ de dogue** mit dem linken Fuß [zuerst] aufgestanden sein; **d'~ batailleuse** streitsüchtig, zum Streiten aufgelegt; **d'~ capricieuse** launenhaft; **d'~ égale/inégale** ausgeglichen/launisch; **d'~ maussade** schlecht gelaunt; **être d'~ noire** in düsterer Stimmung sein; **qn est d'~ chagrine/joyeuse** jdm ist traurig/fröhlich zumute; **passer son ~ sur qn** seine schlechte Laune an jdm auslassen
humeur² [ymœʀ] *f* ~ **aqueuse** [Augen]kammerwasser *nt;* ~ **vitrée** Glaskörperflüssigkeit *f*
humide [ymid] *adj* ❶ feucht; **être ~ de rosée** taufeucht sein
❷ (*qui a été mouillé*) nass; *yeux* feucht; **regard ~** tränenfeuchter Blick
❸ (*moite*) *mains* feucht; (*de sueur*) verschwitzt; **front ~ de sueur** schweißnasse Stirn; **avoir le corps ~ de sueur** schweißgebadet sein
❹ (*suintant d'humidité*) *cave, mur* feucht
❺ METEO *climat* feucht; *temps* nass; *région* mit feuchtem Klima; *saison* regenreich; **il fait une chaleur/un froid ~** es ist feuchtwarm/nasskalt
humidificateur [ymidifikatœʀ] *m* Luftbefeuchter *m*
humidifier [ymidifje] <1a> *vt* anfeuchten, befeuchten; ~ **l'air** der Luft (*Dat*) Feuchtigkeit zuführen
humidité [ymidite] *f* Feuchtigkeit *f;* ~ **de l'air** [*o* **atmosphérique**] Luftfeuchtigkeit; **tâche d'~** Stockfleck *m;* **craint l'~** trocken aufbewahren; **à protéger de l'~** vor Feuchtigkeit schützen
humiliant(e) [ymiljɑ̃, jɑ̃t] *adj* demütigend, erniedrigend; *échec* schimpflich; *aveu* beschämend; **c'est ~!** das ist demütigend!
humiliation [ymiljasjɔ̃] *f* ❶ *sans pl* Demütigung *f*, Erniedrigung *f;* **ressentir une profonde ~** sich tief gedemütigt fühlen
❷ (*affront*) Kränkung *f;* **infliger les pires ~s à qn** jdn schwer kränken; **essuyer une ~** eine Demütigung [*o* Kränkung] erfahren
humilier [ymilje] <1a> **I.** *vt* demütigen, erniedrigen; **se sentir humilié(e) par qc** sich durch etw gedemütigt [*o* erniedrigt] fühlen
II. *vpr* **s'~ devant qn** sich vor jdm demütigen [*o* erniedrigen]
humilité [ymilite] *f* Demut *f;* **avec ~** demütig; **demander pardon en toute ~** demütig um Verzeihung bitten; **avouer qc en toute ~** etw demütig gestehen; **dire qc en toute ~** etw in aller Bescheidenheit sagen
humoriste [ymɔʀist] *mf* Humorist(in) *m(f)*
humoristique [ymɔʀistik] *adj* humoristisch
humour [ymuʀ] *m* Humor *m;* ~ **noir** schwarzer Humor; **avoir le sens de l'~** Sinn für Humor haben, humorvoll sein; **faire de l'~** Späße [*o* Witze] machen; **manquer d'~** keinen [Sinn für] Humor haben
humus [ymys] *m* Humus *m;* **couche d'~** Humusschicht *f*
hune [ˈyn] *f* NAUT Mars *m*
hunier [ˈynje] *m* NAUT Marssegel *nt*
Huns [œ̃] *mpl* HIST Hunnen *Pl*
huppe [ˈyp] *f* Haube *f*, Schopf *m*
huppé(e) [ˈype] *adj* ❶ ZOOL Hauben-; **alouette ~e** Haubenlerche *f*
❷ *fam* (*de haut rang*) *personne, restaurant* vornehm, piekfein (*fam*)
hure [ˈyʀ] *f* ❶ Kopf *m;* ~ **du sanglier** Wildschweinkopf
❷ GASTR Presskopf *m*
hurlant(e) [ˈyʀlɑ̃, ɑ̃t] *adj* brüllend, schreiend
hurlement [ˈyʀləmɑ̃] *m d'une personne* Schrei *m; de la foule* Geschrei *nt; des loups, du vent, d'une sirène* Heulen *nt; d'un chien* Heulen, Jaulen *nt;* **les ~s** das Gebrüll [*o* Geschrei]; **~s de douleur/de joie** Schmerzens-/Freudenschreie *Pl;* **pousser un ~** einen Schrei ausstoßen
hurler [ˈyʀle] <1> **I.** *vi* ❶ *personne:* brüllen, schreien; *animal:* heulen; *chien:* heulen, jaulen; ~ **de rage** *personne:* vor Wut schreien [*o* brüllen]
❷ (*dire en criant*) schreien, brüllen
❸ (*produire un son semblable à un hurlement*) *vent, tempête, sirène:* heulen; *radio:* plärren; *freins:* kreischen
II. *vt* hinausschreien, hinausbrüllen *paroles, injures;* ausstoßen *menaces;* grölen *chanson*
hurleur [ˈyʀlœʀ] *m* ZOOL Brüllaffe *m*
hurleur, -euse [ˈuʀlœʀ, -øz] *adj* brüllend, schreiend
hurluberlu(e) [yʀlybɛʀly] *m(f) fam* Luftikus *m* (*fam*)
hurrah [ˈuʀa] *interj v.* **hourra**
hussard [ˈysaʀ] *m* Husar *m*
hussarde [ˈysaʀd] ► **prendre des décisions à la ~** ohne Rücksicht Entscheidungen treffen; **aventure/amours à la ~** Abenteuer/Liebschaften auf die Schnelle
hutte [ˈyt] *f* Hütte *f*
hW *abr de* **hectowatt** hW
hybridation [ibʀidasjɔ̃] *f* BIO Bastardierung *f*, Hybridisierung *f* (*Fachspr.*)
hybride [ibʀid] **I.** *adj* ❶ BIO hybrid, Bastard-; **plante ~** Bastardpflanze *f*
❷ (*composite*) gemischt, hybrid; **solution ~** unbefriedigende Kompromisslösung; **c'est une œuvre ~** dieses Werk ist eine Mischform
❸ LING hybrid
II. *m* BIO Hybride *m o f*, Bastard *m*
hydracide [idʀasid] *m* CHIM Hydrazin *nt*
hydrant [idʀɑ̃] *m* CH (*borne d'incendie*) Überflurhydrant *m*
hydratant(e) [idʀatɑ̃, ɑ̃t] *adj* Feuchtigkeits-, feuchtigkeitsspendend
hydratation [idʀatasjɔ̃] *f* ❶ Hydratation *f*, Feuchtigkeitsversorgung *f*
❷ CHIM Hydra[ta]tion *f*
hydrate [idʀat] *m* CHIM Hydrat *nt;* ~ **de calcium** Löschkalk *m*, gelöschter Kalk; ~ **de carbone** Kohle[n]hydrat
hydrater [idʀate] <1> **I.** *vt* ❶ mit Feuchtigkeit versorgen; **peau bien hydratée** feuchtigkeitshaltige Haut
❷ CHIM hydratisieren, mit Wasser verbinden; **de la chaux hydratée** gelöschter Kalk
II. *vpr* ❶ **s'~ qc** etw mit Feuchtigkeit versorgen
❷ CHIM **s'~** hydratisieren, ein Hydrat bilden
hydraulique [idʀolik] **I.** *adj* ❶ *frein, machine* hydraulisch
❷ (*relatif à l'eau*) *installation, travaux* Kanalisations-; **énergie ~** Wasserkraft *f*
II. *f sans pl* Hydraulik *f*
hydravion [idʀavjɔ̃] *m* Wasserflugzeug *nt*
hydre [idʀ] *f* ❶ MYTH Hydra *f*
❷ ZOOL Hydra *f;* ~ **d'eau douce** Süßwasserpolyp *m*
❸ *fig littér* **l'~ du racisme** das nicht auszurottende Übel des Rassismus
hydrocarbure [idʀokaʀbyʀ] *m* CHIM Kohlenwasserstoff *m*
hydrocéphale [idʀosefal] **I.** *adj* MED mit einem Wasserkopf
II. *mf* MED Wasserkopf *m*
hydrocéphalie [idʀosefali] *f* MED Wasserkopf *m*, Hydrozephalus *m* (*Fachspr.*)
hydrocution [idʀɔkysjɔ̃] *f* Kaltwasserschock *m*
hydrodynamique [idʀodinamik] PHYS **I.** *adj* hydrodynamisch
II. *f* Hydrodynamik *f*
hydroélectrique, hydro-électrique [idʀoelɛktʀik] *adj* hydroelektrisch; **centrale ~** Wasserkraftwerk *nt*
hydrogénation [idʀɔʒenasjɔ̃] *f* CHIM, TECH Hydrierung *f*
hydrogène [idʀɔʒɛn] *m* CHIM Wasserstoff *m;* ~ **lourd** schwerer Wasserstoff
hydrogéné(e) [idʀɔʒene] *adj* hydriert
hydroglisseur [idʀoglisœʀ] *m* Gleitboot *nt*
hydrographie [idʀɔgʀafi] *f* Gewässerkunde *f*, Hydrographie *f* (*Fachspr.*)

hydrologie [idʀɔlɔʒi] *f* Hydrologie *f*
hydrolyse [idʀɔliz] *f* CHIM Hydrolyse *f*
hydromel [idʀɔmɛl] *m* Met *m*
hydrophile [idʀɔfil] *adj* **coton** ~ Watte *f*
hydrophobe [idʀɔfɔb] *adj* ❶ MED krankhaft wasserscheu
❷ (*qui n'est pas mouillé par l'eau*) wasserabweisend
hydroptère [idʀɔptɛʀ] *m* Tragflächenboot *nt*
hydropulseur [idʀɔpylsœʀ] *m* Munddusche *f*
hydrosphère [idʀɔsfɛʀ] *f* GEOG Hydrosphäre *f*
hydrostatique [idʀɔstatik] PHYS **I.** *adj* hydrostatisch
II. *f* Hydrostatik *f*
hydrothérapie [idʀɔteʀapi] *f* MED Hydrotherapie *f* (*Fachspr.*)
hydroxyde [idʀɔksid] *m* CHIM Hydroxyd *nt*, Hydroxid *nt*
hyène [jɛn, 'jɛn] *f* ZOOL Hyäne *f*
hygiaphone® [iʒjafɔn] *m* Sprechmembran *f* (*bei Schaltern*); **veuillez parler devant l'**~ sprechen Sie bitte durch die Schalteröffnung!
hygiène [iʒjɛn] *f sans pl* ❶ Hygiene *f*, Gesundheitslehre *f*
❷ (*pratique*) Hygiene *f*, Sauberkeit *f*; **avoir de l'**~ auf Sauberkeit [*o* Hygiene] bedacht sein; **manquer d'**~ nicht sehr auf Hygiene bedacht sein; ~ **publique** öffentliche Gesundheitspflege
❸ (*bonnes conditions sanitaires*) Hygiene *f*, Sauberkeit *f*; **locaux sans** ~ Räume ohne jegliche Hygiene; **les services d'**~ das Gesundheitsamt
❹ (*soin*) *des cheveux, du bébé* Pflege *f*; **articles d'**~ [Körper]pflegemittel *Pl*; ~ **buccale** [*o* **bucco-dentaire**] Mund- und Zahnpflege; ~ **corporelle** Körperpflege
► ~ **alimentaire** [gesunde] Ernährung[sweise]; ~ **mentale** geistiger Gesundheitszustand
◆ ~ **de vie** gesunde Lebensweise
hygiénique [iʒjenik] *adj* ❶ hygienisch; **papier** ~ Toilettenpapier *nt*
❷ (*sain*) Gesundheits-; **promenade** ~ Gesundheitsspaziergang *m*
hygiéniste [iʒjenist] *mf* Hygieniker(in) *m(f)*
hygromètre [igʀɔmɛtʀ] *m* METEO Luftfeuchtigkeitsmesser *m*, Hygrometer *nt* (*Fachspr.*)
hygrométrie [igʀɔmetʀi] *f* Luftfeuchtigkeitsmessung *f*, Hygrometrie *f*
hymen [imɛn] *m* ANAT Jungfernhäutchen *nt*, Hymen *nt*
hyménoptères [imenɔptɛʀ] *mpl* BIO Hautflügler *Pl*, Hymenopteren *Pl* (*Fachspr.*)
hymne [imn] *m* Hymne *f*, Lobgesang *m*; ~ **religieux** geistlicher Lobgesang; ~ **à la nature/la liberté** Hymne an die Natur/die Freiheit; ~ **national** Nationalhymne
hyper [ipɛʀ] *m abr de* **hypermarché**
hyperacidité [ipɛʀasidite] *f* ~ **gastrique** Übersäuerung *f* des Magens
hyperactivité [ipɛʀaktivite] *f* Überaktivität *f*
hyperbole [ipɛʀbɔl] *f* MATH, LITTER Hyperbel *f*; **s'exprimer par** ~ sich in Hyperbeln ausdrücken
hyperbolique [ipɛʀbɔlik] *adj* ❶ *courbe* hyperbolisch; **fonction** ~ Hyperbelfunktion *f*
❷ LITTER hyperbolisch
hypercorrect(e) [ipɛʀkɔʀɛkt] *adj* LING hyperkorrekt
hyperémotivité [ipɛʀemɔtivite] *f* übermäßige Emotivität
hyperglycémie [ipɛʀglisemi] *f* MED erhöhter Blutzuckergehalt, Hyperglykämie *f* (*Fachspr.*)
hyperlien [ipɛʀljɛ̃] *m* INFORM Hyperlink *m*
hypermarché [ipɛʀmaʀʃe] *m* großer Supermarkt
hypermétrope [ipɛʀmetʀɔp] **I.** *adj* weitsichtig
II. *mf* Weitsichtige(r) *f(m)*
hypermétropie [ipɛʀmetʀɔpi] *f* Weitsichtigkeit *f*
hypernerveux, -euse [ipɛʀnɛʀvø, -øz] *adj* übernervös
hyperonyme [ipeʀɔnim] *m* Oberbegriff *m*
hyperréalisme [ipɛʀʀealism] *m* Hyperrealismus *m* (*Kunstrichtung der 60er und 70er Jahre*)
hypersensible [ipɛʀsɑ̃sibl] *adj* hypersensibel, überempfindlich
hypersustentateur, -trice [ipɛʀsystɑ̃tatœʀ, -tʀis] *adj* AVIAT Hyperauftriebs-; **volets** ~**s** Klappen für den Hyperauftrieb
hypertendu(e) [ipɛʀtɑ̃dy] *adj fam* ❶ (*très stressé*) **être** ~(**e**) *personne:* überreizt sein
❷ (*difficile*) **être** ~(**e**) *ambiance:* sehr angespannt sein
hypertension [ipɛʀtɑ̃sjɔ̃] *f* MED erhöhter Blutdruck, Hypertonie *f* (*Fachspr.*); **faire de l'**~ hohen Blutdruck haben
hypertexte [ipɛʀtɛkst] *m* INFORM Hypertext *m*
hypertrophie [ipɛʀtʀɔfi] *f* MED, BIO [übermäßige] Vergrößerung, Hypertrophie *f*
hypertrophié(e) [ipɛʀtʀɔfje] *adj* ❶ MED *organe* hypertroph (*Fachspr.*)
❷ *fig* übersteigert
hypnose [ipnoz] *f* Hypnose *f*
hypnotique [ipnɔtik] *adj* hypnotisch; *sujet* hypnotisierbar
hypnotiser [ipnɔtize] <1> *vt* ❶ hypnotisieren, in Hypnose versetzen
❷ (*fasciner*) hypnotisieren; **être hypnotisé(e) par qc** durch/von etw [wie] hypnotisiert [*o* gebannt] sein; **se laisser** ~ **par qn/qc** sich von jdm/etw blenden lassen
hypnotiseur, -euse [ipnɔtizœʀ, -øz] *m, f* Hypnotiseur(in) *m(f)*
hypoallergénique [ipoalɛʀʒenik], **hypoallergique** [ipoalɛʀʒik] *adj* PHARM antiallergisch
hypocagne [ipɔkaɲ] *f fam erstes Jahr der zweijährigen Vorbereitungsklasse für die École Normale Supérieure*
hypocalorique [ipokalɔʀik] *adj* kalorienarm
hypocondriaque [ipɔkɔ̃dʀijak] **I.** *adj a.* MED, PSYCH *péj personne* hypochondrisch (*geh*)
II. *mf péj* eingebildete(r) Kranke(r) *f(m)*, Hypochonder *m* (*geh*)
hypocrisie [ipɔkʀizi] *f* Heuchelei *f*, Scheinheiligkeit *f*
hypocrite [ipɔkʀit] **I.** *adj* heuchlerisch, scheinheilig; **d'un air** ~ mit heuchlerischer Miene
II. *mf* Heuchler(in) *m(f)*, Scheinheilige(r) *f(m)*; **faire l'**~ heucheln, scheinheilig tun
hypocritement [ipɔkʀitmɑ̃] *adv* heuchlerisch, scheinheilig
hypodermique [ipodɛʀmik] *adj* ANAT, MED subkutan; **faire une injection** ~ subkutan spritzen
hypogastre [ipɔgastʀ] *m* ANAT Hypogastrium *nt* (*Fachspr.*)
hypoglycémie [ipoglisemi] *f* MED verminderter Blutzuckergehalt, Hypoglykämie *f* (*Fachspr.*)
hypokhâgne [ipɔkaɲ] *f fam v.* **hypocagne**
hyponyme [iponim] *m* Unterbegriff *m*; LING Hyponym *nt* (*Fachspr.*)
hypophyse [ipɔfiz] *f* ANAT Hirnanhangdrüse *f*, Hypophyse *f*
hypotaupe [ipotop] *f Vorstufe zur mathematischen Vorbereitungsklasse für eine "Grande Ecole"*
hypotendu(e) [ipotɑ̃dy] **I.** *adj* mit zu niedrigem Blutdruck
II. *m(f)* an zu niedrigem Blutdruck Leidende(r) *f(m)*, Hypotoniker *m* (*Fachspr.*)
hypotension [ipotɑ̃sjɔ̃] *f* MED [zu] niedriger Blutdruck, Hypotonie *f* (*Fachspr.*)
hypoténuse [ipɔtenyz] *f* MATH Hypotenuse *f*
hypothécable [ipɔtekabl] *adj* hypothekarisch
hypothécaire [ipɔtekɛʀ] *adj* hypothekarisch [gesichert], Hypotheken-, hypothekarische Sicherheit; **dette** ~ Hypothekenschuld *f*; **prêt** ~ hypothekarisch gesichertes Darlehen; **crédit** ~ Hypothekarkredit *m*
hypothèque [ipɔtɛk] *f* Hypothek *f*; JUR Grundpfandrecht *nt* (*Fachspr.*); **prendre une** ~ **sur qc** eine Hypothek auf etw (*Akk*) aufnehmen; **rembourser** [*o* **payer**] **une** ~ eine Hypothek abtragen [*o* tilgen]; **être grevé(e) d'**~**s** mit Hypotheken belastet sein
hypothéquer [ipɔteke] <5> *vt* ❶ hypothekarisch [*o* durch eine Hypothek] sichern *créance*
❷ (*engager*) ~ **l'avenir** die Zukunft [im Voraus] belasten
hypothermie [ipotɛʀmi] *f* Unterkühlung *f*; MED Hypothermie *f* (*Fachspr.*)

hypothèse [ipɔtɛz] *f* ❶ Hypothese *f*, Annahme *f*; **faire** [*o* **formuler**] **une** ~ eine Hypothese aufstellen; **faire des** ~**s sur qc** über etw (*Akk*) Vermutungen anstellen; **on peut émettre l'~ que qn a fait qc** man kann/könnte annehmen [*o* davon ausgehen], dass jd etw getan hat
❷ (*éventualité, cas*) ~ **d'une coïncidence/d'un accident** Möglichkeit *f* eines Zufalls/eines Unfalls; **avancer l'~ d'un suicide** einen Selbstmord vermuten; **on ne peut écarter cette** ~ diese Hypothese [*o* Möglichkeit] ist nicht auszuschließen; **dans l'~ où** angenommen, dass; **dans cette** ~ in diesem Fall; **dans la meilleure des** ~**s** im günstigsten Fall
❸ LOGIQUE, SCI Hypothese *f*; **formulons** [*o* **posons**] **l'~ que qn fait qc** nehmen wir einmal an, dass jd etw tut
◆ ~ **de travail** Arbeitshypothese *f*
hypothétique [ipɔtetik] *adj* ❶ LOGIQUE, SCI hypothetisch
❷ (*incertain*) *succès, réponse* fraglich; *héritage* hypothetisch
hypothétiquement [ipɔtetikmɑ̃] *adv* hypothetisch, als Hypothese
hysope [izɔp] *m* BOT Ysop *m*
hystérectomie [isteʀɛktɔmi] *f* MED Hysterektomie *f* (*Fachspr.*)
hystérie [isteʀi] *f* Hysterie *f*; ~ **collective** Massenhysterie; **piquer une crise d'~** einen hysterischen Anfall kriegen (*fam*); **c'est de l'~!** das ist reine Hysterie!
hystérique [isteʀik] **I.** *adj* hysterisch
II. *mf* Hysteriker(in) *m(f)*, Wahnsinnige(r) *f(m)*
hystérographie [isteʀɔgʀafi] *f* MED Hysterogramm *nt* (*Fachspr.*)
Hz *abr de* **hertz** Hz

I i

I, i [i] *m inv* I *nt*/i *nt*; ~ **accent circonflexe** I Accent circonflexe, i Zirkumflex; ~ **tréma** i [mit] Trema
▶ **i comme Irma** I wie Ida; **droit(e) comme un** ~ kerzengerade, [gerade] wie eine Eins (*fam*)
IAC [iase] *f* MED *abr de* **insémination artificielle entre conjoints** homologe Insemination *f*
IAD [iade] *f* MED *abr de* **insémination artificielle avec donneur** heterologe Insemination *f*
iambe [jɑ̃b] *m* POES Jambus *m*; *pl* Jambendichtung *f*
ibérique [ibeʀik] *adj* iberisch
ibid. [ibid] *adv abr de* **ibidem** ibid., ib.
ibidem [ibidɛm] *adv* ibidem
ibis [ibis] *m* ORN Ibis *m*
Icare [ika:ʀ(ə)] *m* MYTH Ikarus *m*
iceberg [ajsbɛʀg, isbɛʀg] *m* Eisberg *m*
ichtyologie [iktjɔlɔʒi] *f* Fischkunde *f*, Ichthyologie *f* (*Fachspr.*)
ici [isi] *adv* ❶ (*en ce lieu*) hier; **c'est** ~ **que qn a fait qc** hier hat jd etw getan; ~ **et là** hier und da; **ils sont** ~ **depuis des générations** sie sind hier seit Generationen ansässig; **Madame la directrice,** ~ **présente, va ...** die [hier] anwesende Direktorin wird ...; **signez** ~ **en bas de page** unterschreiben Sie hier unten auf der Seite
❷ (*de ce lieu*) **d'~** von hier, hiesig; **être d'~** von hier sein [*o* stammen]; **les gens d'~** die Leute aus dieser Gegend, die Einheimischen; **par** ~ hier [in der Gegend]; **d'~ à Paris/au musée** von hier bis Paris/zum Museum; **près d'~** in der Nähe; **loin d'~** weit von hier [entfernt]; **à partir d'~** von hier an [*o* ab]; **sortez d'~!** raus hier!; **par** ~ **la sortie!** hier entlang geht's zum Ausgang!
❸ (*vers ce lieu*) hierher; **viens** ~ **immédiatement!** komm sofort [hier]her!; **jusqu'~** bis hierher; **par** ~ hier entlang; (*monter*) hier hinauf; (*descendre*) hier hinunter; **passer par** ~ hier vorbeikommen
❹ (*temporel*) **jusqu'~** bis jetzt; **d'~** von jetzt an; **d'~ peu** bald, in Kürze; **d'~ là** bis dahin; **d'~** [**à**] **2010/**[**à**] **demain/**[**à**] **lundi** bis 2010/morgen/Montag; **d'~** [**à**] **la semaine prochaine** bis zur nächsten Woche; **d'~ une semaine/quelques semaines** in einer Woche/einigen Wochen; **d'~** [**à ce**] **qu'il accepte, cela peut durer** bis [dass] er akzeptiert, das kann dauern; **mais d'~ à ce qu'il abandonne, je n'aurais jamais imaginé!** aber dass er [so einfach] aufgibt, das hätte ich nie gedacht!
❺ TELEC, AUDIOV ~**, Jeanne Dalbret** (*à l'appareil*) hier [ist] Jeanne Dalbret, Jeanne Dalbret [am Apparat]; (*au studio*) Jeanne Dalbret [am Mikrofon]
ici-bas [isiba] *adv hum* hier unten [*o* auf dieser Erde]; **les choses d'~** die irdischen Dinge
icône [ikon] *f* ❶ ART, REL Ikone *f*
❷ INFORM Icon *nt*
iconique [ikɔnik] *adj* ❶ HIST naturgetreu
❷ LING *mot* bildhaft
iconoclaste [ikɔnɔklast] *mf* Bilderstürmer(in) *m(f)*, Ikonoklast *m*
iconographie [ikɔnɔgʀafi] *f* ❶ *d'une œuvre* Illustration *f*, Bebilderung *f*; **index et** ~ **d'un livre** Index *m* und Abbildungsverzeichnis *nt* eines Buches
❷ (*ensemble*) *du Moyen-Âge, d'une église* Bilddokumentation *f*, Sammlung *f* von Bildwerken
ictère [iktɛʀ] *m* MED Gelbsucht *f*
id. [id] *abr de* **idem** id.
idéal [ideal, o] <-aux *o* s> *m* ❶ Ideal *nt*; ~ **de justice/liberté** ideale Vorstellung von Gerechtigkeit/Freiheit; ~ **de beauté** Schönheitsideal; **personne sans** ~ Mensch *m* ohne Ideale
❷ *sans pl* (*le mieux*) **l'~ serait que qn fasse qc** das Ideale [*o* Beste] wäre, wenn jd etw tun würde; **dans l'~** im Idealfall
idéal(e) [ideal, o] <-aux *o* s> *adj* ❶ *fam femme, solution* ideal; **beauté** ~**e** ideale [*o* vollkommene] Schönheit; **vacances** ~**es** Traumurlaub *m*
❷ (*imaginaire*) *monde, société* ideal
idéalement [idealmɑ̃] *adv* ideal; ~ **beau(belle)** von vollkommener Schönheit
idéalisation [idealizasjɔ̃] *f* Idealisierung *f*
idéaliser [idealize] <1> *vt* idealisieren
idéalisme [idealism] *m* Idealismus *m*
idéaliste [idealist] *mf* Idealist(in) *m(f)*
idée [ide] *f* ❶ (*projet, inspiration*) Idee *f*; (*suggestion*) Idee, Einfall *m*; ~ **lumineuse** glänzende Idee; **être plein(e) d'~s** voller Ideen [*o* Einfälle] stecken; **avoir une** ~ eine Idee haben; **donner l'~ à qn de faire qc** jdn auf die Idee bringen, etw zu tun; **quelle drôle d'~!** [was für eine] komische Idee!, wie kommst du/kommt er/sie/... denn da drauf! (*fam*); **tu as de ces** ~**s!** du hast [vielleicht] Ideen! (*fam*)
❷ (*opinion*) Meinung *f*, Ansicht *f*; ~**s politiques/révolutionnaires** politische/revolutionäre Ansichten [*o* Ideen] *Pl*; **avoir les/des** ~**s larges** liberale Ansichten haben; **avoir des** ~**s personnelles sur qc** eigene Ansichten über etw (*Akk*) haben; **avoir une haute** ~ **de qn/soi-même** eine hohe Meinung von jdm/von sich selbst haben
❸ (*pensée*) ~ **fixe** fixe Idee, Zwangsvorstellung *f*; ~**s noires** trübsinnige [*o* düstere] Gedanken *Pl*; **l'~ de qc/que qn est mort/qn ait pu faire ça** der Gedanke an etw (*Akk*)/[daran], dass jd tot ist/jd dies hätte tun können; **à l'~ de qc** bei dem Gedanken an etw (*Akk*); **à l'~ de faire qc/que qn est mort/qn ait pu faire ça** bei dem Gedanken [daran], etw zu tun/dass jd tot ist/jd dies hätte tun können; **suivre/perdre le fil de ses** ~**s** seinem Gedankengang folgen/den Faden verlieren; **sauter d'une** ~ **à l'autre** Gedankensprünge machen; **se faire à l'~ que qn est mort** sich an den Gedanken gewöhnen [*o* sich damit abfinden], dass jd tot ist; **avoir une** ~ [**de**] **der-**

rière la tête *fam* einen Hintergedanken haben; **se changer les ~s** auf andere Gedanken kommen
❹ (*concept, notion*) Idee *f;* ~ **reçue** überkommene Vorstellung; ~ **de qc** Vorstellung *f* von etw; ~ **de l'infini/du nombre** Unendlichkeits-/Zahlenbegriff *m;* ~ **du beau/du bien chez Platon** Idee [*o* Begriff *m*] des Schönen/des Guten bei Platon; **avoir une certaine ~ de qc** eine ganz bestimmte Vorstellung von etw haben; **se faire une ~ de qc** sich (*Dat*) eine Vorstellung [*o* einen Begriff] von etw machen; **ne pas avoir la moindre ~ de qc** nicht die geringste [*o* leiseste] Ahnung von etw haben; **donner une ~ de qc à qn** jdm eine Vorstellung von etw geben; **donner des ~s à qn** *fam* jdn auf dumme Gedanken bringen [können]; **avoir ~ de ce que qn a fait qc** sich (*Dat*) vorstellen können, dass jd etw getan hat; **on n'a pas ~!, a-t-on ~!** das ist unvorstellbar [*o* unglaublich]!; **tu n'as pas ~ de ce que qn a fait** du kannst dir nicht vorstellen, was jd getan hat
❺ (*esprit*) **ne pas avoir plus d'~ que ...** nicht mehr Verstand als ... haben; **sors-toi de l'~ que qn a fait qc** schlag es dir aus dem Kopf [*o* Sinn], dass jd etw getan hat; **ça m'est sorti de l'~** das ist mir völlig entfallen; **on ne m'ôtera pas de l'~ que qn a fait qc** man wird mich nicht davon abbringen, dass jd etw getan hat; **avoir [dans l'] ~ que qn a fait qc** den Eindruck haben, dass jd etw getan hat; **se mettre dans l'~ que qn a fait qc** sich (*Dat*) in Kopf setzen, dass jd etw getan hat; **qc vient à l'~ de qn** etw kommt jdm in den Sinn
❻ (*thème*) Idee *f;* ~ **générale d'un film/roman** Grundidee eines Films/Buches; **prendre une ~ dans qc** eine Idee in etw (*Dat*) aufgreifen
▶ **se faire des ~s** (*s'imaginer des choses*) sich (*Dat*) unnütz Sorgen machen; (*se faire des illusions*) sich (*Dat*) falsche Hoffnungen machen; **pour fixer les ~s** zur Veranschaulichung; **vivre à son ~** leben wie jd es für richtig hält; **peindre à son ~** nach seinen [eigenen] Vorstellungen malen; **en ~** in der Einbildung
◆ ~ **de génie** geniale Idee; *iron* glorreiche [*o* gloriose] Idee

idée-cadeau [idekado] <idées-cadeau> *f* Geschenkidee *f,* Geschenktipp *m* **idée-force** [idefɔʀs] <idées-force> *f* tragende [*o* grundlegende] Idee **idée-vacances** [idevakɑ̃s] <idées-vacances> *f* Ferientipp *m*

idem [idɛm] *adv* (*de même*) idem, dasselbe; *fam* (*itou*) ebenso, auch

identifiable [idɑ̃tifjabl] *adj* identifizierbar

identifiant [idɑ̃tifjɑ̃] *m* ~ **de connexion** Internet-Adresse *f*

identification [idɑ̃tifikasjɔ̃] *f* ❶ Identifizierung *f*
❷ PSYCH ~ **à qn** Identifikation *f* mit jdm

identifier [idɑ̃tifje] <1a> **I.** *vt* ❶ ~ **qn** jdn identifizieren, jds Identität feststellen
❷ (*déterminer la nature de*) bestimmen, einordnen *plantes, bruit;* identifizieren *véhicule, voix, empreintes*
❸ (*assimiler à*) ~ **qn/qc à** [*o* **avec**] **qn/qc** jdn/etw mit jdm/etw identifizieren [*o* gleichsetzen]
II. *vpr* **s'~ à** [*o* **avec**] **qn/qc** sich mit jdm/etw identifizieren

identique [idɑ̃tik] *adj* identisch; **un véhicule ~** ein Fahrzeug des gleichen Typs; **être ~ à qc** identisch mit etw sein; **il reste toujours ~ à lui-même** er bleibt sich (*Dat*) immer [selbst] treu

identiquement [idɑ̃tikmɑ̃] *adv* (*opp: différemment*) identisch, [vollkommen] gleich

identité [idɑ̃tite] *f* ❶ *d'une personne* Identität *f;* **décliner son ~ à qn** sich jdm gegenüber ausweisen; **établir/vérifier l'~ de qn** jds Personalien [*o* Identität] feststellen/überprüfen; **sous une fausse ~** unter falschem Namen
❷ (*similitude*) Übereinstimmung *f;* **il y a ~ entre qc et une chose** etw gleicht einer S. (*Dat*)
❸ MATH Identität *f*
▶ ~ **judiciaire** Erkennungsdienst *m* [der Polizei]

idéogramme [ideɔgʀam] *m* Ideogramm *nt*

idéologie [ideɔlɔʒi] *f* Ideologie *f*

idéologique [ideɔlɔʒik] *adj* ideologisch

idéologue [ideɔlɔg] *mf* Ideologe *m*/Ideologin *f*

I.D.H.E.C. [idɛk] *m abr de* **Institut des hautes études cinématographiques** [*staatliche*] *Filmhochschule*

idiolecte [idjɔlɛkt] *f* LING Idiolekt *m* (*Fachspr.*)

idiomatique [idjɔmatik] *adj* idiomatisch

idiome [idjom] *m* Idiom *nt*

idiot(e) [idjo, idjɔt] **I.** *adj* dumm, blöd[e] (*fam*); *action* idiotisch; **ce type est complètement ~** der Typ ist ein Vollidiot (*fam*)
▶ **ne pas vouloir mourir ~(e)** nicht dumm sterben wollen (*fam*)
II. *m(f)* Idiot(in) *m(f);* **tu me prends pour un ~/une ~e?** hältst du mich für blöd? (*fam*); **faire l'~(e)** (*faire mine de ne pas comprendre*) sich dumm stellen; (*vouloir amuser*) Blödsinn machen; (*se conduire stupidement*) sich wie ein Idiot benehmen
◆ ~ **du village** *fam* Dorftrottel *m* (*fam*)

idiotie [idjɔsi] *f* Dummheit *f; d'une personne* Dummheit, Blödheit *f* (*fam*); *d'une réflexion* Blödsinnigkeit *f;* **dire des ~s** nur dummes Zeug reden (*fam*); **faire des ~s** Dummheiten machen; **avoir l'~ de faire qc** so dumm sein etw zu tun

idiotisme [idjɔtism] *m* Idiotismus *m*

idoine [idwan] *adj iron* passend, geeignet; ~ **à qc** genau richtig [*o* passend] für etw

idolâtre [idɔlatʀ] **I.** *adj* ❶ (*qui rend un culte aux idoles*) götzendienerisch
❷ *littér* (*qui voue une sorte de culte à qn, qc*) abgöttisch; **vouer à qn un amour ~** jdn abgöttisch lieben
II. *mf* Götzendiener(in) *m(f)*

idolâtrer [idɔlatʀe] <1> *vt littér* abgöttisch lieben, vergöttern

idolâtrie [idɔlatʀi] *f* ❶ Götzendienst *m*
❷ (*amour passionné*) abgöttische Liebe

idole [idɔl] *f* ❶ Götze *m,* Götzenbild *nt*
❷ (*personne*) Idol *nt,* Abgott *m;* **faire de qn son ~** jdn zu seinem Idol machen

IDS [idees] *f abr de* **initiative de défense stratégique** SDI *f*

idylle [idil] *f* ❶ Idylle *f*
❷ (*amour tendre*) romantische Liebe; **l'~ d'un été** eine Sommerliebe

idyllique [idilik] *adj* idyllisch

i.e. *abr de* **id est** i.e.

if [if] *m* Eibe *f*

IFOP [ifɔp] *m abr de* **institut français d'opinion publique** *französisches Meinungsforschungsinstitut*

Ifremer [ifʀəmɛʀ] *m abr de* **institut français de recherche pour l'exploitation de la mer** *französische Forschungseinrichtung für die Nutzung der Meere*

IGF [iʒeɛf] *m abr de* **impôt sur les grandes fortunes** ≈ *Vermögenssteuer*

igloo, iglou [iglu] *m* Iglu *nt o m*

IGN [iʒeɛn] *m abr de* **institut géographique national** *nationales geographisches Institut*

igname [iɲam, ignam] *f* BOT Jamswurzel *f*

ignare [iɲaʀ] *adj* völlig unwissend [*o* ungebildet]; **être ~ en qc** von etw keine Ahnung haben

igné(e) [iɲe, igne] *adj* ❶ *littér* brennend; *substance* brennbar
❷ GEOL *roches* eruptiv

ignifuge [iɲifyʒ, ignifyʒ] **I.** *adj produit* feuerabweisend
II. *m* Flammenhemmstoff *m*

ignifugeant [iɲifyʒɑ̃, igni-] *m* Flammenhemmstoff *m*

ignifugeant(e) [iɲifyʒɑ̃, ʒɑ̃t, igni-] *adj* flammenhemmend

ignifuger [iɲifyʒe, ignifyʒe] <2a> *vt* feuerfest machen

ignition [iɲisjɔ̃, ignisjɔ̃] *f* CHIM Verbrennung *f;* **substance en ~** verbrennende Substanz

ignoble [iɲɔbl] *adj* ❶ gemein, niederträchtig; *procédé* scheußlich; **propos ~s** Gemeinheiten *Pl*
❷ (*répugnant*) *nourriture* widerlich, ekelhaft; **vivre dans un ~ taudis** in einem menschenunwürdigen Loch hausen

ignoblement [iɲɔbləmɑ̃] *adv* ❶ gemein, niederträchtig
❷ (*très mal*) entsetzlich schlecht
ignominie [iɲɔmini] *f soutenu* ❶ (*acte*) Schandtat *f*
❷ (*opprobre*) Schande *f;* **se couvrir d'~** sich mit Schande bedecken
ignominieusement [iɲɔminjøzmɑ̃] *adv soutenu* schändlich; **tromper qn ~** jdn auf schändliche Weise betrügen
ignominieux, -euse [iɲɔminjø, -jøz] *adj soutenu* schändlich
ignorance [iɲɔʀɑ̃s] *f* ❶ (*manque d'instruction*) Unwissenheit *f*
❷ (*méconnaissance*) Unkenntnis *f;* **dans l'~ de qc** in Unkenntnis einer S. (*Gen*); **par ~** aus Unkenntnis
❸ (*inobservation*) **~ de la loi/d'une règle** Missachten *nt* des Gesetzes/einer Regel
ignorant(e) [iɲɔʀɑ̃, ɑ̃t] **I.** *adj* ❶ unwissend; **être ~(e) en qc** sich in etw (*Dat*) nicht auskennen
❷ (*qui n'est pas au courant*) **être ~(e) des événements** über die Ereignisse (*Akk*) nicht informiert sein
II. *m(f)* Ignorant(in) *m(f);* **faire l'~(e)** sich dumm stellen, den Ahnungslosen spielen; **parler en ~(e) de qc** von etw wie der Blinde von der Farbe reden
ignoré(e) [iɲɔʀe] *adj* ❶ unbekannt; *terre* unerforscht, unbekannt
❷ (*tenu pour négligeable*) ignoriert
ignorer [iɲɔʀe] <1> **I.** *vt* ❶ nicht kennen; **ne pas ~ qc** etw sehr wohl kennen; **n'~ rien de qc** etw sehr wohl wissen
❷ (*négliger*) ignorieren, nicht beachten
► **nul n'est censé ~ la loi** Unkenntnis schützt vor Strafe nicht; **afin que nul n'en ignore** zur allgemeinen Beachtung, damit jedermann es wisse
II. *vpr* ❶ (*ne pas connaître sa nature*) **il est un poète qui s'ignore** er ist ein Dichter, ohne es zu wissen; **il est un malade qui s'ignore** er weiß nichts von seiner Krankheit
❷ (*feindre de ne pas se connaître*) sich [*o* einander *geh*] ignorieren
❸ (*devoir être connu*) **cela ne s'ignore pas** das sollte man kennen
IGS [iʒeɛs] *f abr de* **inspection générale des services** *allgemeine Überprüfung der Dienststellen*
iguane [igwan] *m* Leguan *m*
il [il] *pron pers* ❶ (*se rapportant à une personne*) er; **~ est grand** er ist groß
❷ *interrog, ne se traduit pas* **Louis a-t-~ ses clés?** hat Louis seine Schlüssel?; **l'hôtel a-t-~ un jardin?** hat das Hotel einen Garten?; **le courrier est-~ arrivé?** ist die Post schon da [*o* gekommen]?
❸ (*se rapportant à un animal ou objet masc*) er/sie/es; **~ est beau, ce costume** der Anzug ist schön; **regarde le soleil, ~ se couche** sieh mal, die Sonne geht unter; **~ est assez petit, ce cheval** dieses Pferd ist ziemlich klein
❹ *impers* es; **~ est possible qu'elle fasse une promenade** es ist möglich, dass sie spazieren geht; **~ pleut** es regnet; **~ faudrait que je descende en ville** ich müsste in die Stadt fahren; **~ y a deux ans** vor zwei Jahren; **~ paraît qu'elle a fait une bêtise** es scheint, dass sie eine Dummheit gemacht hat; *v. a.* **avoir**
île [il] *f* ❶ Insel *f*
❷ GASTR **~ flottante** *Vanillesoße mit darauf schwimmendem pochiertem Eischnee*
◆ **~ de Beauté** Korsika *nt*
Île-de-France [ildəfʀɑ̃s] *f* **l'~** die Ile-de-France
iléon [ileɔ̃] *m* ANAT Ileum *nt* (*Fachspr.*)
Îles [il] *fpl* **les ~** (*Antilles*) die Antillen
iliaque [iljak] *adj* ANAT **os ~** Hüftknochen *m*
îlien(ne) [iljɛ̃, jɛn] NORD **I.** *adj* insular
II. *m(f)* Insulaner(in) *m(f)*
illégal(e) [i(l)legal, o] <-aux> *adj* illegal
illégalement [i(l)legalmɑ̃] *adv* illegal
illégalité [i(l)legalite] *f* ❶ Illegalität *f*
❷ JUR Rechtswidrigkeit *f;* **~ d'une ingérence** Rechtswidrigkeit eines Eingriffs
illégitime [i(l)leʒitim] *adj* ❶ (*non conforme au droit*) unrechtmäßig, illegitim (*geh*); (*hors mariage*) *enfant* unehelich
❷ (*non justifié*) ungerechtfertigt
illégitimement [i(l)leʒitimmɑ̃] *adv* ❶ JUR auf unrechtmäßige Weise; **les enfants qu'il avait eus ~** seine unehelichen Kinder
❷ (*injustement*) ungerechtfertigterweise
illégitimité [i(l)leʒitimite] *f* Unrechtmäßigkeit *f,* Illegitimität *f* (*geh*)
illettré(e) [i(l)letʀe] **I.** *adj* analphabetisch
II. *m(f)* Analphabet(in) *m(f)*
illettrisme [i(l)letʀism] *m* Analphabetentum *nt*
illicite [i(l)lisit] *adj* unerlaubt, unzulässig; **concurrence ~** unlauterer Wettbewerb
illicitement [i(l)lisitmɑ̃] *adv* verbotenerweise
illico [i(l)liko] *adv fam* auf der Stelle
► **~ presto** dalli, dalli (*fam*)
illimité(e) [i(l)limite] *adj* ❶ (*sans bornes*) unbegrenzt; *confiance* grenzenlos; *pouvoirs* uneingeschränkt; *reconnaissance* unendlich
❷ (*indéterminé*) *durée* unbegrenzt; *congé* unbefristet
illisibilité [i(l)lizibilite] *f* ❶ (*opp: lisibilité*) *d'une écriture* Unleserlichkeit *f*
❷ (*opp: lisibilité*) *d'un ouvrage* Unlesbarkeit *f*
illisible [i(l)lizibl] *adj* ❶ *écriture* unleserlich
❷ (*incompréhensible*) *article, roman* nicht lesbar
illisiblement [i(l)lizibləmɑ̃] *adv* unleserlich
illogique [i(l)lɔʒik] *adj* unlogisch
illogiquement [i(l)lɔʒikmɑ̃] *adv* unlogisch
illogisme [i(l)lɔʒism] *m* Mangel *m* an Logik; **comporter de nombreux ~s** voller logischer Fehler sein
illumination [i(l)lyminasjɔ̃] *f* ❶ (*action d'éclairer*) *d'une rue, d'un quartier* Beleuchtung *f;* (*au moyen de projecteurs*) Anstrahlung *f*
❷ *pl* (*lumières festives*) Festbeleuchtung *f*
❸ (*inspiration subite*) Erleuchtung *f*
illuminé(e) [i(l)lymine] **I.** *adj* ❶ (*très éclairé*) festlich beleuchtet; (*au moyen de projecteurs*) angestrahlt
❷ (*radieux*) *visage* strahlend
❸ *péj* (*chimérique*) *personne* träumerisch, schwärmerisch
II. *m(f) péj* (*visionnaire*) Fantast(in) *m(f)*
illuminer [i(l)lymine] <1> **I.** *vt* ❶ *personne:* beleuchten; *lustre:* erleuchten; *éclair:* erhellen
❷ (*faire resplendir*) **la colère illumine ses yeux** Zorn blitzt aus seinen/ihren Augen; **la fierté/la joie illumine ses traits** er/sie strahlt vor Stolz/Freude
II. *vpr* **s'~** ❶ (*s'éclairer vivement*) *vitrine:* beleuchtet werden; *monument:* angestrahlt werden
❷ (*resplendir*) *personne:* strahlen; **à cette nouvelle, son visage s'est illuminé** bei der Nachricht strahlte er/sie übers ganze Gesicht; **ses yeux s'illuminaient de joie/colère** seine/ihre Augen strahlten vor Freude/blitzten vor Zorn
illusion [i(l)lyzjɔ̃] *f* ❶ (*erreur des sens*) Täuschung *f;* **~ de qc** Illusion *f* von etw; **donner l'~ de qc** die Illusion von etw vermitteln
❷ (*croyance fausse*) Illusion *f;* **donner à qn l'~ de faire qc** jdm die Illusion vermitteln, etw zu tun; **faire ~ sur qn** jdn täuschen; **se faire des ~s sur qn/qc** sich (*Dat*) über jdn/etw Illusionen machen
► **~ scénique** Raumillusion *f*
◆ **~ d'optique** optische Täuschung
illusionner [i(l)lyzjɔne] <1> **I.** *vpr* **s'~ sur qn/qc** sich (*Dat*) über jdn/etw Illusionen machen
II. *vt* **~ qn sur qc** jdn über etw (*Akk*) täuschen
illusionnisme [il(l)yzjɔnism] *m* Kunst *f* der Illusion, Zauberkunst *f*

I

illusionniste [i(l)lyzjɔnist] *mf* Zauberkünstler(in) *m(f)*
illusoire [i(l)lyzwaʀ] *adj* illusorisch, trügerisch; *promesse* leer; **rêve** ~ Wunschtraum *m*
illustrateur, **-trice** [i(l)lystʀatœʀ, -tʀis] *m, f* Illustrator(in) *m(f)*
illustratif, **-ive** [i(l)lystʀatif, -iv] *adj* illustrativ; **être** ~(**-ive**) **de qc** etw illustrieren, etw veranschaulichen
illustration [i(l)lystʀasjɔ̃] *f* ❶ (*dessin, exemple*) Illustration *f*
❷ (*action d'illustrer*) Illustrierung *f*
illustre [i(l)lystʀ] *adj* berühmt
illustré [i(l)lystʀe] *m* Illustrierte *f*
illustré(**e**) [i(l)lystʀe] *adj* illustriert; **journal** ~ Illustrierte *f*
illustrer [i(l)lystʀe] <1> **I.** *vt* ❶ (*orner*) ~ **qc de qc** etw mit etw illustrieren
❷ (*enrichir*) ~ **qc de** [*o* **par**] **qc** etw durch etw illustrieren [*o* veranschaulichen]
II. *vpr* **s'**~ ❶ (*se rendre célèbre*) sich (*Dat*) einen Namen machen
❷ *péj* (*se faire remarquer*) auffallen
îlot [ilo] *m* ❶ kleine Insel
❷ (*pâté de maisons*) Häuserblock *m*
❸ (*groupe isolé*) Insel *f*
► ~ **directionnel** Verkehrsinsel *f*
◆ ~**s de Langerhans** ANAT Langerhans-Inseln *Pl;* ~ **de verdure** kleine Grünanlage
îlotage [ilɔtaʒ] *m Einteilung einer Stadt oder eines Stadtviertels in Bezirke, die ein îlotier überwacht*
îlotier, **-ière** [ilɔtje, -jɛʀ] *m, f* ≈ Kontaktbereichsbeamte(r) *m*/-beamtin *f* (*für einen bestimmten Bezirk zuständiger Polizist*)
ils [il] *pron pers* ❶ (*se rapportant à des personnes masc*) sie; ~ **sont grands** sie sind groß
❷ *interrog, ne se traduit pas* **les garçons sont-**~ **là?** sind die Jungen da?; **les arbres ont-**~ **des feuilles?** haben die Bäume Blätter?
❸ (*se rapportant à des animaux ou objets masc*) sie; **regarde les papillons comme** ~ **sont beaux** sieh mal, wie schön die Schmetterlinge sind
IMA [ima] *m abr de* **institut du monde arabe** *arabisches Institut*
image [imaʒ] *f* ❶ Bild *nt;* ~ **pieuse** Heiligenbild *nt;* **se faire une** ~ **de qn/qc** sich ein Bild von jdm/etw machen; **s'exprimer par** ~**s** in Bildern (*Dat*) sprechen
❷ (*reflet*) Spiegelbild *nt*
► **sage comme une** ~ sehr artig; **être l'**~ **de qn** ganz jds Ebenbild sein; **à l'**~ **de qn/qc** so wie jd/etw; **Dieu nous a fait à son** ~ Gott [er]schuf uns nach seinem Bilde
◆ ~ **d'Épinal** Bilderbogen *m* von Epinal; *fig* [naives] Klischee; ~ **de marque** Image *nt; d'un produit* Markenimage; ~ **de synthèse** Computergrafik *f*
imagé(**e**) [imaʒe] *adj langage, style* anschaulich, bilderreich
imagerie [imaʒʀi] *f* TECH, MED Bildherstellung *f*
► ~ **populaire** landläufige Meinung
imaginable [imaʒinabl] *adj* vorstellbar, denkbar
imaginaire [imaʒinɛʀ] **I.** *adj* ❶ imaginär; *crainte, maladie* eingebildet; **animal** ~ Fabeltier *nt*
❷ MATH imaginär
II. *m* **l'**~ das Imaginäre
imaginatif, **-ive** [imaʒinatif, -iv] *adj* fantasievoll, einfallsreich
imagination [imaʒinasjɔ̃] *f* ❶ (*représentation de l'esprit*) Vorstellungskraft *f;* **dépasser l'**~ die Vorstellungskraft übersteigen; **en** ~ in Gedanken
❷ (*invention*) Fantasie *f;* **vous ne manquez pas d'**~**!** Sie haben wohl zu viel Fantasie!
❸ *souvent pl* (*idée chimérique*) Fantasie[n *Pl*] *f*
imaginer [imaʒine] <1> **I.** *vt* ❶ (*se représenter*) sich (*Dat*) vorstellen; **ne pas** ~ **que qn puisse faire qc** sich (*Dat*) nicht vorstellen können, dass jd etw tun kann
❷ (*croire, supposer*) glauben, annehmen; ~ **que qn a** [*o* **ait**] **fait qc** vermuten, dass jd etw getan hat
❸ (*inventer*) sich (*Dat*) ausdenken
❹ (*concevoir l'idée de*) ~ **de faire qc** in Erwägung ziehen, etw zu tun
II. *vpr* ❶ (*se représenter*) **s'**~ **qn/qc autrement** sich (*Dat*) jdn/etw anders vorstellen
❷ (*se voir*) **s'**~ **à la plage/dans vingt ans** sich [in Gedanken] am Strand/in zwanzig Jahren sehen
❸ (*croire faussement*) **s'**~ **qc** sich (*Dat*) etw einbilden; **s'**~ **faire qc/que qn fait qc** sich (*Dat*) einbilden, etw zu tun/dass jd etw tut
imam [imam] *m* Imam *m*
imbattable [ɛ̃batabl] *adj champion, équipe* unschlagbar; *prix* nicht zu unterbieten; *record* nicht zu überbieten
imbécile [ɛ̃besil] **I.** *adj* sehr dumm, blöd[e] (*fam*)
II. *mf* Idiot(in) *m(f),* Dummkopf *m* (*fam*); **faire l'**~ (*vouloir paraître stupide*) sich dumm stellen; (*se conduire stupidement*) sich blöd benehmen (*fam*)
► **il n'y a que les** ~**s qui ne changent pas d'avis** nur die Dummen lernen nichts dazu
imbécillité [ɛ̃besilite] *f* ❶ (*manque d'intelligence, action stupide*) Dummheit *f*
❷ (*chose stupide*) Blödsinn *m* (*fam*); **il ne dit que des** ~**s** er redet nur Blödsinn (*fam*)
imberbe [ɛ̃bɛʀb] *adj* bartlos
imbiber [ɛ̃bibe] <1> **I.** *vt* ❶ [durch]tränken; **des chaussures imbibées d'eau** völlig durchnässte Schuhe; **imbibé**(**e**) **de sang** mit Blut getränkt
❷ *péj fam* **être imbibé**(**e**) **d'alcool** sturzbetrunken sein (*fam*)
II. *vpr* ❶ **s'**~ **de qc** sich mit etw vollsaugen
❷ *péj fam* **s'**~ **d'alcool** sich voll laufen lassen (*fam*)
imbrication [ɛ̃bʀikasjɔ̃] *f* ❶ CONSTR (*chevauchement*) sich überlappende Anordnung
❷ (*enchevêtrement*) Ineinandergreifen *nt; des problèmes* Verkettung *f*
imbriquer [ɛ̃bʀike] <1> **I.** *vt* ineinander schieben *pièces;* stufenförmig anordnen *tuiles;* **être imbriqué**(**e**) **dans qc** in etw (*Akk*) eingelassen sein
II. *vpr* **s'**~ ❶ (*se chevaucher*) *plaques, tuiles:* ineinander greifen
❷ (*s'enchevêtrer*) eng miteinander verknüpft sein; **s'**~ **dans qc** erschwerend zu etw hinzukommen
imbroglio [ɛ̃bʀɔglijo, ɛ̃bʀɔljo] *m* Durcheinander *nt,* verfahrene Situation
imbu(**e**) [ɛ̃by] *adj souvent péj* ~ **de soi-même** von sich selbst überzeugt [*o* eingenommen]; **être** ~(**e**) **de préjugés** voller Vorurteile sein; **être** ~(**e**) **de principes** lauter Prinzipien haben
imbuvable [ɛ̃byvabl] *adj* ❶ (*boisson*) ungenießbar, nicht trinkbar
❷ *fig fam* (*détestable*) unerträglich
IMC [iɛmse] *m* MED *abr de* **infirme moteur cérébral** *Behinderung der Motorik*
IME [iɛmø] *m abr de* **Institut monétaire européen** EWI *nt*
imitable [imitabl] *adj* nachahmbar; **sa signature est facilement** ~ seine Unterschrift ist leicht nachzumachen
imitateur, **-trice** [imitatœʀ, -tʀis] *m, f* ❶ Nachahmer(in) *m(f)*
❷ (*comédien*) Imitator(in) *m(f)*
imitatif, **-ive** [imitatif, -iv] *adj* nachahmend
imitation [imitasjɔ̃] *f* ❶ Imitation *f,* Nachahmung *f;* **à l'**~ **de qn/qc** nach jds Vorbild/nach dem Vorbild einer S.
❷ (*plagiat*) schlechte Kopie, Imitation *f*
❸ (*contrefaçon*) *d'une signature* Fälschung *f;* [**en**] ~ Imitat *nt,* Falsifikat *nt* (*geh*)
► **pâle** ~ farbloser Abklatsch
imiter [imite] <1> *vt* ❶ nachahmen
❷ (*prendre pour modèle*) ~ **sa mère/son père** seiner Mutter/seinem Vater nacheifern; **un exemple à** ~ ein nachahmenswertes Beispiel
❸ (*singer, reproduire*) nachmachen; fälschen *signature*

4 (*avoir l'aspect de*) ~ **qc** einer S. (*Dat*) nachempfunden sein
immaculé(e) [imakyle] *adj* 1 makellos; **être d'une blancheur ~e** [*o* **d'un blanc ~**] blütenweiß sein
2 *âme* rein; *honneur* unbefleckt; *réputation* makellos
immanence [imanɑ̃s] *f* PHILOS Immanenz *f*
immanent(e) [imanɑ̃, ɑ̃t] *adj* immanent, innewohnend
immangeable [ɛ̃mɑ̃ʒabl] *adj* ungenießbar
immanquable [ɛ̃mɑ̃kabl] *adj* 1 (*inévitable*) unvermeidbar
2 (*infaillible*) *cible* nicht zu verfehlen; *vieilli méthode, moyen, procédé* unfehlbar
immanquablement [ɛ̃mɑ̃kabləmɑ̃] *adv* unvermeidbar, zwangsläufig
immatérialité [i(m)materjalite] *f* (*opp: matérialité*) Immaterialität *f*
immatériel(le) [i(m)materjɛl] *adj* 1 immateriell
2 (*léger, aérien*) ätherisch
immatriculation [imatrikylasjɔ̃] *f* *d'un étudiant* Einschreibung *f*, Immatrikulation *f*; ~ **à la Sécurité sociale** Anmeldung *f* bei der Sozialversicherung; ~ **d'un commerçant au registre du commerce** Eintragung *f* eines Händlers in das Handelsregister
immatriculer [imatrikyle] <1> *vt* registrieren, eintragen; **se faire ~ à l'université** sich an der Universität einschreiben [*o* immatrikulieren]; **faire ~ une voiture** ein Auto anmelden; **être immatriculé(e)...** *voiture:* auf das amtliche Kennzeichen ... zugelassen sein; **être immatriculé(e) dans la Manche** im Departement Manche zugelassen sein
immature [imatyʀ] *adj* unreif
immaturité [imatyʀite] *f* Unreife *f*
immédiat [imedja] *m* unmittelbare Zukunft
▸ **dans** [*o* **pour**] **l'~** im Augenblick
immédiat(e) [imedja, jat] *adj* 1 (*très proche*) unmittelbar; *contact, voisin* direkt; *soulagement, effet* sofortig; *avenir* unmittelbar [bevorstehend]
2 (*sans intermédiaire*) unmittelbar, direkt; **faire partie de la parenté ~e** zur nächsten Verwandtschaft gehören
3 (*qui s'impose*) *question* dringlich; **mesures ~es** Sofortmaßnahmen *Pl*
immédiatement [imedjatmɑ̃] *adv* 1 sofort, unverzüglich
2 (*sans intermédiaire*) unmittelbar, direkt
immémorial(e) [i(m)memɔʀjal, jo] <-aux> *adj soutenu* uralt; **depuis des temps immémoriaux** seit Menschengedenken
immense [i(m)mɑ̃s] *adj* 1 *mer* unermesslich weit; *espace, monde* unermesslich groß
2 (*énorme*) enorm; *avantage, influence, mérite* unglaublich; *fortune, foule, chantier* riesig; *chagrin, gloire* ungeheuer
immensément [i(m)mɑ̃semɑ̃] *adv riche* ungeheuer
immensité [i(m)mɑ̃site] *f* 1 *d'une plaine, de la mer* unermessliche Weite; *de l'univers* Unendlichkeit *f*
2 (*énormité*) unglaubliches Ausmaß; **devant l'~ de la tâche** vor dieser gewaltigen Aufgabe
immergé(e) [imɛʀʒe] *adj rocher, terres* unter Wasser liegend; *câble* unter Wasser verlegt; **reposer ~(e) à plus de mille mètres de fond** mehr als tausend Meter tief unter Wasser liegen
immerger [imɛʀʒe] <2a> **I.** *vt* ~ **un câble sous l'eau** ein Kabel unter Wasser verlegen; ~ **un trésor/corps dans qc** einen Schatz/einen Körper in etw (*Dat*) versenken; ~ **des déchets radioactifs dans qc** radioaktive Abfälle in etw (*Dat*) verklappen (*Fachspr.*)
II. *vpr* **s'~** *sous-marin:* tauchen
immérité(e) [imeʀite] *adj* unverdient
immersion [imɛʀsjɔ̃] *f* Eintauchen *nt; d'un câble* Verlegen *nt* unter Wasser; *d'un sous-marin* [Unter]tauchen *nt; de déchets radioactifs* Verklappung *f* (*Fachspr.*); *des terres* Überflutung *f*
immettable [ɛ̃metabl] *adj vêtement* nicht tragbar
immeuble [imœbl] **I.** *adj* unbeweglich; **biens ~s** Immobilien *Pl*, Liegenschaften *Pl*
II. *m* 1 [Wohn]haus *nt*, Gebäude *nt*
2 *gén pl* JUR Immobilien *Pl*, Liegenschaften *Pl*
◆ ~ **de bureaux** Bürogebäude *nt;* ~ **en copropriété** Haus *nt* mit Eigentumswohnungen; ~ **à usage locatif** [*o* **de rapport**] Mietshaus *nt*
immigrant(e) [imigʀɑ̃, ɑ̃t] **I.** *adj* **les populations ~es** die Einwanderer, die Immigranten
II. *m(f)* Einwanderer *m*/Einwanderin *f*, Immigrant(in) *m(f)*
immigration [imigʀasjɔ̃] *f* Einwanderung *f*, Immigration *f*
immigré(e) [imigʀe] **I.** *adj* eingewandert, immigriert; **travailleur ~** Gastarbeiter *m*
II. *m(f)* Einwanderer *m*/Einwanderin *f*, Immigrant(in) *m(f)*; **~(e) de la deuxième/troisième génération** Einwanderer(in) der zweiten/dritten Generation
immigrer [imigʀe] <1> *vi* immigrieren, einwandern
imminence [iminɑ̃s] *f* *d'un départ, événement* unmittelbares Bevorstehen; **l'~ du danger/conflit** die drohende Gefahr/der drohende Konflikt
imminent(e) [iminɑ̃, ɑ̃t] *adj* unmittelbar bevorstehend; *conflit, danger* drohend; **être ~(e)** unmittelbar bevorstehen; *conflit, danger:* drohen
immiscer [imise] <2> *vpr* **s'~ dans qc** sich in etw (*Akk*) einmischen
immixtion [imiksjɔ̃] *f* ~ **dans qc** Einmischung *f* in etw (*Akk*)
immobile [i(m)mɔbil] *adj* 1 unbeweglich; *personne* unbeweglich, reg[ungs]los; *partie, pièce* fest
2 (*qui n'évolue pas*) starr, unbeweglich
immobilier [imɔbilje] *m* **l'~** das Immobiliengeschäft; **travailler dans l'~** im Immobiliengeschäft sein
immobilier, -ière [imɔbilje, -jɛʀ] *adj agent, annonce, société, vente, ensemble* Immobilien-; *placement* in Immobilien; *crédit, saisie* Immobiliar-; *crise* im Immobiliengeschäft; *revenus* aus Immobilien; **biens ~s** Immobilien *Pl;* **promoteur ~** Bauträger *m*, Bauherr *m*
immobilisation [imɔbilizasjɔ̃] *f* 1 (*action de s'arrêter*) Stehenbleiben *nt;* (*résultat*) Stillstehen *nt;* **attendez l'~ totale du convoi!** warten Sie [so lange], bis der Zug stillsteht!; **entraîner l'~ de la circulation** den Verkehr zum Erliegen bringen
2 MED *d'un membre, d'une fracture* Ruhigstellung *f*, Immobilisation *f* (*Fachspr.*)
3 SPORT Haltegriff *m*
4 JUR Immobilisierung *f* (*Fachspr.*)
5 FIN, ECON ~ **de capitaux** feste Kapitalanlage
immobiliser [imɔbilize] <1> **I.** *vt* 1 anhalten, stoppen *camions;* zum Erliegen bringen, lahmlegen *circulation*
2 (*paralyser*) lähmen *personne;* ~ **qn de peur** jdn vor Angst erstarren lassen
3 MED ruhig stellen, immobilisieren (*Fachspr.*) *membre; fracture, grippe:* lahmlegen
4 SPORT im Haltegriff halten
5 JUR immobilisieren (*Fachspr.*)
6 FIN fest anlegen *argent;* ~ **des capitaux** Mittel binden
II. *vpr* **s'~** *personne, machine, train:* stehen bleiben; *voiture:* liegen bleiben; *circulation, échanges commerciaux:* zum Erliegen kommen; **s'~ de peur** vor Angst erstarrt sein; **s'~ de surprise** vor Freude wie gelähmt sein
immobilisme [imɔbilism] *m* Fortschrittsfeindlichkeit *f*
immobiliste [imɔbilist] **I.** *adj* fortschrittsfeindlich
II. *mf* Feind(in) *m(f)* des Fortschritts
immobilité [imɔbilite] *f* 1 Reg[ungs]losigkeit *f*; *des traits* Unbewegtheit *f*, Starrheit *f*
2 (*absence de changement*) Starre *f*, Unbeweglichkeit *f*; *d'une situation* Festgefahrenheit *f*
immodéré(e) [imɔdeʀe] *adj désir, usage* unmäßig; *consommation* maßlos; *dépenses, prix* übermäßig hoch; *prétentions* überzogen
immodérément [imɔdeʀemɑ̃] *adv* unmäßig, maßlos
immolation [imɔlasjɔ̃] *f* Opferung *f*
immoler [imɔle] <1> **I.** *vt* 1 ~ **qn/un animal à qn/qc** jdm/einer S. jdn/ein Tier opfern

❷ *littér* (*massacrer*) hinmorden (*liter*)
❸ *littér* (*sacrifier*) ~ **qn/qc à** [*o* **pour**] **qc** jdn/etw einer S. (*Dat*) opfern
II. *vpr littér* **s'**~ sich opfern; **s'**~ **par le feu** sich selbst verbrennen
immonde [i(m)mɔ̃d] *adj* ❶ (*d'une saleté extrême*) widerwärtig, ekelhaft
❷ (*répugnant*) *crime, personne* gemein, niederträchtig; *action* schändlich; *propos* schmutzig, unanständig
immondices [i(m)mɔ̃dis] *fpl* Müll *m,* Unrat *m*
immoral(e) [i(m)mɔʀal, o] <-aux> *adj* ❶ unmoralisch; *conduite* unsittlich; *personne* sittenlos, unmoralisch
❷ JUR sittenwidrig; **de manière** ~**e** *se comporter* sittenwidrig
immoralisme [i(m)mɔʀalism] *m* Unmoral *f;* PHILOS Immoralismus *m*
immoralité [i(m)mɔʀalite] *f* ❶ (*caractère*) Unsittlichkeit *f; d'une politique, société* Unmoral *f*
❷ (*comportement*) unsittliches [*o* unmoralisches] Verhalten
❸ JUR Sittenwidrigkeit *f*
immortaliser [imɔʀtalize] <1> **I.** *vt* unsterblich machen
II. *vpr* **s'**~ **par qc** durch etw unsterblich werden
immortalité [imɔʀtalite] *f* Unsterblichkeit *f*
immortel [imɔʀtɛl] *m* (*académicien*) *Mitglied der Académie Française*
immortel(le) [imɔʀtɛl] *adj* ❶ unsterblich
❷ *soutenu amour, gloire, monument* unvergänglich, ewig; *souvenir, principe* unauslöschlich; *personne* unvergessen
immortelle [imɔʀtɛl] *f* ❶ (*académicienne*) *Mitglied der Académie Française*
❷ (*fleur*) Strohblume *f*
immotivé(e) [i(m)mɔtive] *adj* grundlos, unbegründet
immuable [imɥabl] *adj* unveränderlich; *sourire* ständig; **rester** ~ **dans ses convictions** in seinen Überzeugungen unerschütterlich sein
immuablement [imɥabləmɑ̃] *adv couler* unaufhörlich; *fidèle* unverändert; **être** ~ **fidèle à ses convictions** seinen Überzeugungen immer treu bleiben
immunisant(e) [imynizɑ̃, ɑ̃t] *adj produit* immunisierend
immunisation [imynizasjɔ̃] *f* Immunisierung *f*
immuniser [imynize] <1> *vt a. fig* ~ **qn contre qc** jdn gegen etw immun machen; **être immunisé(e) contre qc** gegen etw immun sein
immunitaire [imynitɛʀ] *adj* **système** ~ Immunsystem *nt;* **processus** ~ Immunisierung *f*
immunité [imynite] *f* ❶ Immunität *f;* ~ **acquise/naturelle** erworbene/angeborene Immunität
❷ POL, JUR Immunität *f,* Exemtion *f;* ~ **diplomatique** diplomatische Immunität; ~ **fiscale** Steuerfreiheit *f*
immunodéficience [imynodefisjɑ̃s] *f* Immunschwäche *f*
immunodépresseur [imynodepʀesœʀ] *m* Immundepressivum *nt*
immunodépressif, -ive [imynodepʀesif, -iv] *adj* immundepressiv; **médicament** ~ Immundepressivum *nt*
immunologie [imynɔlɔʒi] *f* Immunologie *f*
immunothérapie [imynoteʀapi] *f* Immuntherapie *f*
immutabilité [imytabilite, immytabilite] *f* Unwandelbarkeit *f*
impact [ɛ̃pakt] *m* ❶ *d'une balle* Einschuss *m; d'un obus* Einschlag *m;* (*sur la terre, sur un mur*) Aufschlag *m;* **point d'**~ (*d'une balle*) Einschussstelle *f;* (*d'un obus*) Einschlagstelle *f*
❷ (*influence*) Einfluss *m;* ~ **publicitaire/médiatique** Werbe-/Medienwirksamkeit *f;* **avoir de l'**~ **sur qn/qc** Einfluss auf jdn/etw haben; *intervention, nouvelle:* sich auf jdn/etw auswirken; **avoir moins d'**~ *dramatique:* weniger wirkungsvoll sein
impair [ɛ̃pɛʀ] *m* ❶ ungerade Zahl; **miser sur l'**~ (*à la roulette*) auf Impair setzen
❷ (*gaffe*) Fauxpas *m;* **commettre** [*o* **faire**] **un** ~ einen Fauxpas begehen
impair(e) [ɛ̃pɛʀ] *adj* ungerade; *organe* unpaarig; **vers** ~ Vers mit ungerader Silbenzahl
impala [impala] *m* ZOOL Impala *f*
impalpable [ɛ̃palpabl] *adj poussière* ganz fein; *danger, sentiment* nicht greifbar
imparable [ɛ̃paʀabl] *adj argument* unwiderlegbar; *riposte* schlagfertig; *coup* unabwendbar; *tir* unhaltbar
impardonnable [ɛ̃paʀdɔnabl] *adj erreur, faute* unverzeihlich; **elle est** ~ **de se tromper encore** es ist unverzeihlich [von ihr], dass sie sich erneut irrt
imparfait [ɛ̃paʀfɛ] *m* Imperfekt *nt;* **à l'**~ im Imperfekt
◆ ~ **de l'indicatif** Indikativ *m* Imperfekt; ~ **du subjonctif** Subjonctiv *m* Imperfekt
imparfait(e) [ɛ̃paʀfɛ, ɛt] *adj* ❶ (*défectueux*) unvollkommen; *être, personne* nicht perfekt, unvollkommen; *œuvre, roman* unausgereift; *prononciation* mangelhaft
❷ (*incomplet, inachevé*) unvollendet; *connaissances* unzulänglich, lückenhaft
imparfaitement [ɛ̃paʀfɛtmɑ̃] *adv* ❶ (*partiellement*) nur teilweise, unvollkommen
❷ (*médiocrement*) unzulänglich
impartial(e) [ɛ̃paʀsjal, jo] <-aux> *adj arbitre, juge, verdict* unparteiisch; *historien* unvoreingenommen; *critique* objektiv
impartialement [ɛ̃paʀsjalmɑ̃] *adv* unvoreingenommen; *juger* unparteiisch
impartialité [ɛ̃paʀsjalite] *f d'un historien* Unvoreingenommenheit *f; d'une/d'un critique* Objektivität *f;* **rendre un jugement avec** ~ ein unparteiisches Urteil sprechen; **en toute** ~ ganz unvoreingenommen [*o* objektiv]
impartir [ɛ̃paʀtiʀ] <8> *vt* ❶ *littér* (*attribuer*) **le temps qui nous est imparti** die Zeit, die uns zur Verfügung steht; **les dons que la nature lui a impartis** die Fähigkeiten, mit denen die Natur ihn/sie ausgestattet hat
❷ ADMIN, JUR bewilligen; gewähren *délai;* ~ **des pouvoirs à qn** jdm Befugnisse einräumen [*o* erteilen]
impasse [ɛ̃pɑs] *f a. fig* Sackgasse *f;* **s'engager dans une** ~ in eine Sackgasse geraten; **être dans l'**~ in einer Sackgasse stecken; ~ **budgétaire** *vieilli* Haushaltsdefizit *nt*
▸ **faire l'**~ **sur qc** etw auslassen [*o* überspringen]
impassibilité [ɛ̃pasibilite] *f d'une personne* Gefasstheit *f,* Unerschütterlichkeit *f; d'un visage* Unbewegtheit *f; d'un regard* Undurchdringlichkeit *f;* **garder son** ~ die [*o* seine] Fassung bewahren
impassible [ɛ̃pasibl] *adj personne* gefasst, unerschütterlich; *visage* unbewegt; **rester** ~ die Fassung bewahren
impassiblement [ɛ̃pasibləmɑ̃] *adv* unbewegt; *réagir* gefasst
impatiemment [ɛ̃pasjamɑ̃] *adv* ungeduldig
impatience [ɛ̃pasjɑ̃s] *f* Ungeduld *f;* **bouillir** [*o* **brûler**] **d'**~ **de faire qc** darauf brennen, etw zu tun (*fam*); **avec** ~ ungeduldig
impatiens [ɛ̃pasjɑ̃s] *f* BOT Springkraut *nt,* Impatiens *f* (*Fachspr.*)
impatient(e) [ɛ̃pasjɑ̃, jɑ̃t] **I.** *adj* ungeduldig; **être** ~**(e) de faire qc** darauf brennen [*o* es kaum erwarten können], etw zu tun
II. *m(f)* Ungeduldige(r) *f(m)*
impatienter [ɛ̃pasjɑ̃te] <1> **I.** *vt* ~ **qn avec** [*o* **par**] **qc** jdn mit etw ungeduldig machen; **vous commencez à m'**~ ich bin mit meiner Geduld bald am Ende
II. *vpr* **s'**~ **de qc** wegen etw ungeduldig werden [*o* die Geduld verlieren]; **s'**~ **contre qn/qc** sich über jdn/etw aufregen
impavide [ɛ̃pavid] *adj littér* furchtlos, unerschrocken
impayable [ɛ̃pɛjabl] *adj* ❶ *vieilli* unbezahlbar
❷ *fam* (*drôle*) köstlich, zum Schießen (*fam*)
impayé [ɛ̃peje] *m* ausstehende Zahlung
impayé(e) [ɛ̃peje] *adj facture* unbezahlt; *chèque, traite* nicht eingelöst
impec [ɛ̃pɛk] *adj inv fam abr de* **impeccable** optimal (*fam*)
impeccable [ɛ̃pekabl] *adj* ❶ (*très propre*) tadellos
❷ (*irréprochable*) vorbildlich; *attitude, conduite* tadellos

❸ *fam* (*parfait*) ~! astrein! (*fam*), Spitze! (*fam*)
impeccablement [ɛ̃pekabləmɑ̃] *adv* tadellos; *se tenir* vorbildlich, tadellos
impédance [ɛ̃pedɑ̃s] *f* ELEC Impedanz *f* (*Fachspr.*)
impénétrable [ɛ̃penetʀabl] *adj* ❶ undurchdringlich; **être ~ aux balles** kugelsicher sein
❷ (*mystérieux*) unergründlich
❸ (*fermé*) *visage, air* undurchdringlich; *personne* undurchschaubar; **avoir un caractère ~** schlecht zu durchschauen sein; **il est ~ à ce qui l'entoure** er ist für seine Umgebung unempfänglich
impénitence [ɛ̃penitɑ̃s] *f* REL Unbußfertigkeit *f*
impénitent(e) [ɛ̃penitɑ̃, ɑ̃t] *adj* unverbesserlich; **être un fumeur ~** das Rauchen einfach nicht lassen können
impensable [ɛ̃pɑ̃sabl] *adj* undenkbar
imper [ɛ̃pɛʀ] *m fam abr de* **imperméable** Regenmantel *m*
impératif [ɛ̃peʀatif] *m* ❶ *souvent pl* (*nécessité*) dringendes [*o* zwingendes] Erfordernis; **des ~s d'horaire nous obligent ...** aus zeitlichen Gründen sind wir gezwungen ...; **les ~s de la mode veulent que** + *subj* die Mode schreibt vor, dass
❷ LING Imperativ *m*
impératif, -ive [ɛ̃peʀatif, -iv] *adj* ❶ *mandat* imperativ; *consigne, ordre* strikt *f*
❷ (*qui s'impose*) *besoins* vordringlich; *nécessité* dringend; **rendre qc ~** etw dringend erforderlich machen
❸ (*autoritaire*) gebieterisch
❹ LING **forme impérative** Imperativ *m*
impérativement [ɛ̃peʀativmɑ̃] *adv* ❶ (*obligatoirement*) unbedingt, imperativ (*geh*); **il faut ~ que qn fasse qc** es ist unerlässlich, dass jd etw tut
❷ (*nécessairement*) notwendigerweise
❸ (*avec autorité*) gebieterisch; *demander* imperativ
impératrice [ɛ̃peʀatʀis] *f* Kaiserin *f*
imperceptible [ɛ̃pɛʀsɛptibl] *adj* ❶ nicht wahrnehmbar; **être ~ à qn** für jdn nicht wahrnehmbar sein; **être ~ à l'oreille** nicht hörbar sein; **être ~ à l'œil** für das menschliche Auge nicht erkennbar sein
❷ (*infime, minime*) kaum wahrnehmbar, unmerklich
imperceptiblement [ɛ̃pɛʀsɛptibləmɑ̃] *adv* unmerklich
imperdable [ɛ̃pɛʀdabl] *adj* *match, procès* [bereits] gewonnen
imperfection [ɛ̃pɛʀfɛksjɔ̃] *f* ❶ *sans pl* Unvollkommenheit *f*
❷ *souvent pl* (*défaut*) *d'une matière* Fehler *m*, Mängel *Pl*; *d'un roman, plan* Schwachstelle *f*; *d'un visage, de la peau* Unebenheit *f*
impérial(e) [ɛ̃peʀjal, jo] <-aux> *adj* ❶ *sceptre, pouvoir* kaiserlich; **dignité ~e** Kaiserwürde *f*
❷ (*dominateur, altier*) herrisch
impériale [ɛ̃peʀjal] *f* **un bus à ~** ein Doppeldeckerbus *m*
impérialisme [ɛ̃peʀjalism] *m* Imperialismus *m*
impérialiste [ɛ̃peʀjalist] **I.** *adj* imperialistisch
II. *mf* Imperialist(in) *m(f)*
impérieusement [ɛ̃peʀjøzmɑ̃] *adv* ❶ (*impérativement*) dringend
❷ (*instamment*) inständig
impérieux, -euse [ɛ̃peʀjø, -jøz] *adj* ❶ (*autoritaire*) herrisch, gebieterisch
❷ (*pressant*) dringend; *nécessité* zwingend; *réalité* unausweichlich; **rendre qc ~** etw dringend notwendig machen
impérissable [ɛ̃peʀisabl] *adj* unvergänglich
imperméabilisation [ɛ̃pɛʀmeabilizasjɔ̃] *f* Imprägnieren *nt*
imperméabiliser [ɛ̃pɛʀmeabilize] <1> *vt* imprägnieren
imperméabilité [ɛ̃pɛʀmeabilite] *f* ❶ Wasserundurchlässigkeit *f*
❷ (*insensibilité*) Unempfänglichkeit *f*, Unzugänglichkeit *f*
imperméable [ɛ̃pɛʀmeabl] **I.** *adj* ❶ *sol* wasserundurchlässig; *tissu, toile* wasserdicht
❷ (*insensible*) **~ à des arguments** für Argumente unzugänglich; **~ à l'art/à un sentiment** für die Kunst/ein Gefühl unempfänglich
II. *m* Regenmantel *m*
impersonnalité [ɛ̃pɛʀsɔnalite] *f* ❶ GRAM *d'un verbe* Unpersönlichkeit *f*
❷ (*objectivité*) *d'un jugement* Unparteilichkeit *f*
impersonnel(le) [ɛ̃pɛʀsɔnɛl] *adj* ❶ unpersönlich
❷ (*qui ne concerne pas une personne*) allgemeingültig
impertinemment [ɛ̃pɛʀtinamɑ̃] *adv* (*effrontément*) unverschämt
impertinence [ɛ̃pɛʀtinɑ̃s] *f* Unverschämtheit *f*; **avec ~** unverschämt; **arrête tes ~s!** sei nicht so unverschämt!
impertinent(e) [ɛ̃pɛʀtinɑ̃, ɑ̃t] **I.** *adj* unverschämt, frech
II. *m(f)* unverschämter Mensch
imperturbabilité [ɛ̃pɛʀtyʀbabilite] *f* Unerschütterlichkeit *f*
imperturbable [ɛ̃pɛʀtyʀbabl] *adj* unerschütterlich; **il est d'un caractère ~** ihn kann nichts erschüttern, er ist unerschütterlich
imperturbablement [ɛ̃pɛʀtyʀbabləmɑ̃] *adv* unerschütterlich
impétigo [ɛ̃petigo] *m* Eiterflechte *f*, Impetigo *f* (*Fachspr.*)
impétueusement [ɛ̃petɥøzmɑ̃] *adv littér* ungestüm, stürmisch
impétueux, -euse [ɛ̃petɥø, -øz] *adj* ❶ (*fougueux*) ungestüm; *caractère, personne, jeunesse* stürmisch, hitzig, ungestüm; *orateur* feurig
❷ *littér* (*tumultueux*) heftig; *vent, ouragan* heftig, sehr stark; *torrent* reißend; *rythme* mitreißend
impétuosité [ɛ̃petɥozite] *f soutenu* ❶ (*fougue*) Ungestüm *nt* (*veraltet*); *d'une passion* Heftigkeit *f*
❷ (*violence*) Heftigkeit *f*; *d'un ouragan, d'une tempête* Gewalt *f*, Heftigkeit
impie [ɛ̃pi] **I.** *adj soutenu* gottlos
II. *mf soutenu* ❶ Gottlose(r) *f(m)*
❷ (*blasphémateur*) Gotteslästerer *m*/-lästerin *f*
impiété [ɛ̃pjete] *f soutenu* ❶ Gottlosigkeit *f*
❷ (*blasphème*) Gotteslästerung *f*
impitoyable [ɛ̃pitwajabl] *adj* unerbittlich; *personne* hartherzig, unerbittlich; *jugement* unbarmherzig; *critique* schonungslos; *haine* erbittert; *regard* mitleid[s]los
impitoyablement [ɛ̃pitwajabləmɑ̃] *adv* mitleid[s]los, schonungslos
implacable [ɛ̃plakabl] *adj* *ennemi, juge, destin* unerbittlich; *soleil, mal* erbarmungslos; *film, critique* schonungslos
implacablement [ɛ̃plakabləmɑ̃] *adv* unerbittlich; *critiquer* schonungslos; **être ~ brûlant** *soleil:* erbarmungslos brennen; **analyser ~ les comptes** die Abrechnungen mit peinlicher Genauigkeit prüfen
implant [ɛ̃plɑ̃] *m* Implantat *nt*; **~ capillaire** Haarimplantat *nt*
implantation [ɛ̃plɑ̃tasjɔ̃] *f* ❶ *a.* JUR (*action d'implanter*) Ansied[e]lung *f*; **~ d'une société** Betriebsansiedlung
❷ (*processus*) Ansied[e]lung *f*; *d'une population* Sesshaftwerden *nt*
❸ MED Implantation *f*
implanter [ɛ̃plɑ̃te] <1> **I.** *vt* ❶ ansiedeln; **être implanté(e)** *industrie:* angesiedelt sein; *personne:* sesshaft sein; *arbre:* eingepflanzt sein; *système:* eingeführt sein
❷ (*enraciner*) **être implanté(e) dans qc** *habitudes, préjugés:* tief in etw (*Dat*) verwurzelt sein
❸ MED **~ qc à qn** jdm etw einpflanzen [*o* implantieren]
II. *vpr* **s'~** ❶ sich ansiedeln; *parti politique:* Fuß fassen
❷ (*s'installer*) *idées, préjugés:* sich festsetzen; *usages:* sich einbürgern
implémenter [ɛ̃plemɑ̃te] *vt* INFORM implementieren
implication [ɛ̃plikasjɔ̃] *f* ❶ *gén pl* (*conséquence*) Auswirkung *f*, Folge *f*
❷ LOGIQUE, MATH Implikation *f*
❸ (*mise en cause*) **~ de qn dans qc** jds Verwicklung *f* in etw (*Akk*)
implicite [ɛ̃plisit] *adj* implizit; **mais c'était le sens ~ de ses propos** aber das war es, was er eigentlich damit gemeint hatte
implicitement [ɛ̃plisitmɑ̃] *adv* implizit; *convenir* stillschwei-

gend
impliquer [ɛ̃plike] <1> **I.** *vt* ❶ bedeuten, heißen
❷ (*demander*) voraussetzen; erfordern *de la concentration*
❸ (*mêler*) ~ **qn dans qc** jdn in etw (*Akk*) verwickeln
❹ (*avoir pour conséquence*) implizieren
❺ LOGIQUE, MATH implizieren
II. *vpr* **s'~ dans qc** sich für etw einsetzen
implorant(e) [ɛ̃plɔʀɑ̃, ɑ̃t] *adj littér* flehend, flehentlich (*geh*)
implorer [ɛ̃plɔʀe] <1> *vt* ❶ ~ **qn de faire qc** jdn anflehen, etw zu tun
❷ (*solliciter*) ~ **qc** um etw flehen; ~ **pardon** um Verzeihung flehen, inständig um Verzeihung bitten
imploser [ɛ̃ploze] <1> *vi* implodieren
implosion [ɛ̃plozjɔ̃] *f* Implosion *f*
impoli(e) [ɛ̃pɔli] **I.** *adj* unhöflich; ~**(e) envers qn** unhöflich jdm gegenüber
II. *m(f)* unhöflicher Mensch
impoliment [ɛ̃pɔlimɑ̃] *adv* unhöflich
impolitesse [ɛ̃pɔlitɛs] *f* Unhöflichkeit *f;* **avec** ~ unhöflich
impondérable [ɛ̃pɔ̃deʀabl] **I.** *adj événement* unvorhersehbar; **facteurs ~s** Unwägbarkeiten *Pl*
II. *m gén pl* Unwägbarkeiten *Pl*
impopulaire [ɛ̃pɔpylɛʀ] *adj* unpopulär, unbeliebt; **se rendre** ~ sich unbeliebt machen
impopularité [ɛ̃pɔpylaʀite] *f* Unbeliebtheit *f*
import [ɛ̃pɔʀ] *m abr de* **importation** Import *m*
importable¹ [ɛ̃pɔʀtabl] *adj* (*qu'on peut importer*) importierbar
importable² [ɛ̃pɔʀtabl] *adj* (*immettable*) nicht tragbar; **ce complet est devenu** ~ den Anzug kann man nicht mehr tragen
importance [ɛ̃pɔʀtɑ̃s] *f* ❶ (*rôle*) Bedeutung *f,* Wichtigkeit *f; d'une personne* Einfluss *m,* Ansehen *nt;* **de la dernière** ~ höchst [*o* äußerst] wichtig; **accorder** [*o* **attacher**] **de l'~ à qc** einer S. (*Dat*) Bedeutung beimessen; **se donner de l'~** *péj* sich wichtig machen (*pej*), sich aufspielen (*pej*); **être d'~** von Bedeutung sein; **minimiser l'~ de qc** die Bedeutung einer S. (*Gen*) herunterspielen; **prendre de l'~** an Bedeutung gewinnen; **sans** ~ unwichtig, bedeutungslos
❷ (*ampleur*) Ausmaß *nt; des dégâts, d'un sinistre* Umfang *m,* Ausmaß; *d'une production* Menge *f; d'une population* Größe *f; d'une somme* Höhe *f; des effectifs* Stärke *f*
important [ɛ̃pɔʀtɑ̃] *m* ❶ Wichtige(s) *nt,* Hauptsache *f*
❷ **faire l'~** *péj* sich wichtig machen (*pej fam*), angeben (*pej fam*)
important(e) [ɛ̃pɔʀtɑ̃, ɑ̃t] *adj* ❶ wichtig, bedeutend; *personnage* einflussreich, wichtig
❷ (*gros*) beträchtlich, beachtlich; *dégâts, retard* erheblich; *somme* beachtlich, ansehnlich
❸ *péj* wichtigtuerisch (*pej fam*), angeberisch (*pej fam*); **prendre des airs ~s** sich wichtig machen (*pej fam*)
importante [ɛ̃pɔʀtɑ̃t] *f* **faire l'~** *péj* sich wichtig machen (*pej fam*), angeben (*pej fam*)
importateur, -trice [ɛ̃pɔʀtatœʀ, -tʀis] **I.** *adj* **un pays ~ de blé** ein Getreide importierendes [*o* einführendes] Land
II. *m, f* Importeur *m*
importation [ɛ̃pɔʀtasjɔ̃] *f* ❶ Import *m;* **marchandise d'~** Importware *f;* **c'est de la viande d'~** das ist importiertes Fleisch
❷ *pl* (*ce qui est importé*) Importe *Pl,* Importwaren *Pl*
❸ (*introduction*) Einführung *f; d'une maladie* Einschleppung *f*
importer¹ [ɛ̃pɔʀte] <1> *vt* ❶ COM importieren
❷ (*introduire*) einführen; einschleppen *maladie;* **être importé(e) de France/d'Afrique** aus Frankreich/Afrika eingeführt werden; *mode:* aus Frankreich/Afrika herüberkommen
importer² [ɛ̃pɔʀte] <1> *vi* ❶ (*être important*) zählen, wichtig sein; ~ **peu/beaucoup** geringer/großer Bedeutung sein; **la seule chose qui importe, c'est que ...** das einzige, was zählt [*o* wichtig ist], ist; **peu importe[nt] les difficultés!** ganz gleich, welche Schwierigkeiten sich mir in den Weg stellen werden!; **qu'importe...** was bedeutet [*o* macht] schon ...; **il importe de faire qc** es ist wichtig, etw zu tun; **peu importe que qn fasse qc** es spielt keine Rolle, ob jd etw tut; **qu'importe que ...** was spielt es schon für eine Rolle, ob ...; **qu'importe si qn fait qc** was macht es schon, wenn jd etw tut
❷ (*intéresser*) ~ **à qn** jdm [*o* für jdn] wichtig sein; ~ **fort peu à qn** jdn überhaupt nicht interessieren; **ce qui m'importe, c'est ...** was für mich zählt, ist ...; **que m'importe!** was geht mich das schon an!
► **n'importe comment** (*par tous les moyens*) irgendwie; **n'importe lequel/laquelle** irgendeiner/irgendeine; **n'importe** (*cela m'est égal*) [ist mir] egal; (*néanmoins*) nichtsdestotrotz; **n'importe où** (*indiquant le lieu*) irgendwo; (*indiquant la direction*) irgendwohin; **suivre qn n'importe où** jdm überallhin folgen; **n'importe quand** irgendwann; **vous pouvez venir n'importe quand** Sie können kommen, wann Sie wollen; **n'importe quel.../quelle...** irgendein/irgendeine ...; **acheter à n'importe quel prix** zu jedem Preis kaufen; **n'importe quel élève** jeder x-beliebige Schüler; **n'importe qui** irgendwer; **n'importe qui pourrait...** jeder x-beliebige könnte ...; **n'importe quoi** irgendwas; **dire n'importe quoi** (*des bêtises*) Unsinn reden
import-export [ɛ̃pɔʀɛkspɔʀ] <imports-exports> *m* Import-Export *m*
importun(e) [ɛ̃pɔʀtœ̃, yn] **I.** *adj soutenu arrivée, visite, visiteur* ungelegen; *curiosité, demande* aufdringlich; *plainte, lamentation* unangebracht
II. *m(f) soutenu* aufdringlicher Mensch
importuner [ɛ̃pɔʀtyne] <1> *vt soutenu* ~ **qn** jdn belästigen; *bruit:* jdm lästig sein
imposant(e) [ɛ̃pozɑ̃, ɑ̃t] *adj* ❶ imposant; *stature* stattlich; *bâtiment, monument* gewaltig
❷ (*très important*) beachtlich; *somme* ansehnlich; *mise en scène, spectacle* grandios
imposé(e) [ɛ̃poze] *adj prix, date* vorgeschrieben; **le minimum ~ par la loi** der gesetzlich vorgeschriebene Mindestsatz
imposer [ɛ̃poze] <1> **I.** *vt* ❶ (*exiger*) erfordern *décision;* verlangen *repos;* ~ **qc à qn** jdn zu etw zwingen, etw von jdm erfordern [*o* verlangen]
❷ (*prescrire*) fordern, verlangen; festsetzen *date;* **on impose le couvre-feu** eine Ausgangssperre wird verhängt; ~ **qc à qn** jdm etw auferlegen; ~ **à qn de faire qc** von jdm verlangen, etw zu tun
❸ (*faire accepter de force*) ~ **le silence à qn** jdm Ruhe gebieten; ~ **sa volonté à qn** jdm gegenüber seinen Willen durchsetzen, jdm seinen Willen aufzwingen; **il sait ~ son autorité** er weiß sich durchzusetzen
❹ (*faire reconnaître*) durchsetzen, bekannt machen *produit*
❺ FIN steuerlich veranlagen *personne;* besteuern *revenu, marchandise;* **être imposé(e) sur qc** *personne:* nach etw steuerlich veranlagt werden; *revenu, marchandise:* nach etw besteuert werden
II. *vi* (*inspirer le respect*) **en ~ à qn par qc** jdm durch [*o* mit] etw imponieren; **s'en laisser ~ par qn/qc** sich von jdm/etw beeindrucken lassen
III. *vpr* ❶ (*devenir indispensable*) **s'~ à qn** *prudence, repos:* zwingend geboten sein; *solution:* sich jdm aufdrängen; **ça s'impose** das ist ein Muss; **ça ne s'imposait vraiment pas** das wäre doch wirklich nicht nötig gewesen
❷ (*être importun*) **s'~** sich aufdrängen
❸ (*se faire reconnaître*) **s'~** sich durchsetzen; **s'~ contre qn** SPORT sich gegen jdn behaupten
❹ (*se donner comme devoir*) **s'~ qc** sich (*Dat*) etw zur Pflicht machen; **il s'est imposé de ne plus fumer** er hat sich (*Dat*) vorgenommen, nicht mehr zu rauchen
imposition [ɛ̃pozisjɔ̃] *f* Besteuerung *f; d'une personne* steuerli-

che Veranlagung

◆ ~ **des entreprises** Unternehmensbesteuerung *f;* ~ **des mains** REL Handauflegung *f;* ~ **à la source** Quellenbesteuerung *f*

impossibilité [ɛ̃pɔsibilite] *f a.* JUR Unmöglichkeit *f;* ~ **matérielle** faktische Unmöglichkeit; **il y a** ~ **à ce que qn fasse qc** es ist unmöglich, dass jd etw tut; **il n'y a aucune** ~ **à ce que qn fasse qc** es steht dem nichts im Wege, dass jd etw tut; **il est** [*o* **se trouve**] **dans l'**~ **de faire qc** er ist außerstande [*o* außer Stande], etw zu tun; **mettre qn dans l'**~ **de faire qc** es jdm unmöglich machen, etw zu tun

impossible [ɛ̃pɔsibl] **I.** *adj* ❶ unmöglich; **être** ~ **à qn** jdm unmöglich [*o* nicht möglich] sein

❷ (*insupportable*) unmöglich; **rendre la vie** ~ **à qn** jdm das Leben unerträglich machen

❸ *fam* (*invraisemblable*) unmöglich (*fam*); **à des heures** ~**s** zu den unmöglichsten Tages- und Nachtzeiten

▶ ~ **n'est pas français** *prov* nichts ist unmöglich (*prov*)

II. *m* Unmögliche(s) *nt;* **tenter l'**~ alles nur Mögliche versuchen; **faire l'**~ **pour qn/qc** das Menschenmögliche für jdn/etw tun

▶ **à l'**~ **nul n'est tenu** *prov* man kann von niemandem Unmögliches verlangen; **par** ~ **si par** ~ **je ne pouvais ...** wenn ich aus irgendwelchen unerfindlichen Gründen ... nicht kann; **si par** ~ **elle ...** sollte sie wie durch ein Wunder doch ...

imposte [ɛ̃pɔst] *f d'une porte, fenêtre* Oberlicht *nt*

imposteur [ɛ̃pɔstœʀ] *m* Betrüger(in) *m(f),* Hochstapler(in) *m(f)*

imposture [ɛ̃pɔstyʀ] *f littér* Betrug *m,* Hochstapelei *f*

impôt [ɛ̃po] *m* Steuer *f;* **assujetti(e)** [*o* **soumis(e)**] **à l'**~ steuerpflichtig; **exonéré(e) d'**~ *revenus* steuerfrei; *personne* von der Steuer befreit; ~ **foncier** Grundsteuer; ~**s locaux** Kommunalsteuern; ~ **prélevé** [*o* **perçu**] [*o* **retenu**] **à la source** Abzugssteuer, Quellensteuer; ~ **sur le revenu mobilier** Kapitalertrag[s]steuer; ~ **sur le revenu des personnes physiques** veranlagte Einkommen[s]steuer

◆ ~ **de solidarité sur la fortune** Vermögensteuer-Solidarzuschlag *m;* ~ **sur les bénéfices** Ertrag[s]steuer *f;* ~ **sur les bénéfices des sociétés** Körperschaftsteuer *f;* ~ **sur le chiffre d'affaires** Umsatzsteuer *f;* ~ **sur la fortune** Vermögenssteuer *f;* ~ **sur l'héritage** Erbschaft[s]steuer *f;* ~ **sur le revenu** Einkommen[s]steuer *f;* ~ **sur les salaires** Lohnsteuer *f;* ~ **sur les sociétés** Unternehmenssteuer *f*

i Land & Leute

In Frankreich werden die **impôts** der Beschäftigten nicht bei den monatlichen Lohn- und Gehaltszahlungen einbehalten. Die Steuerpflichtigen können zunächst über dieses Geld noch verfügen, müssen es am Jahresende aber rückwirkend für das gesamte Jahr bezahlen.

impotence [ɛ̃pɔtɑ̃s] *f* [Geh]behinderung *f*

impotent(e) [ɛ̃pɔtɑ̃, ɑ̃t] **I.** *adj* bewegungsunfähig; **il a le bras droit** ~ sein rechter Arm ist steif

II. *m(f)* [Körper]behinderte(r) *f(m)*

impraticable [ɛ̃pʀatikabl] *adj* ❶ *route, piste* unbefahrbar; *sentier, terrain* nicht begehbar; *terrain de sport* unbespielbar

❷ (*irréalisable*) undurchführbar, nicht durchführbar; *méthode* [in der Praxis] nicht anwendbar

imprécation [ɛ̃pʀekasjɔ̃] *f soutenu* Fluch *m,* Verwünschung *f*

imprécis(e) [ɛ̃pʀesi, iz] *adj* ungenau; *souvenir, contour* undeutlich; *limites* unklar; *évaluation* ungefähr; **n'avoir que des souvenirs fort** ~ **de qc** sich an etw nur noch dunkel erinnern

imprécision [ɛ̃pʀesizjɔ̃] *f* ❶ Ungenauigkeit *f*

❷ (*vague*) *des souvenirs* Undeutlichkeit *f; des contours* Verschwommenheit *f,* Undeutlichkeit; *d'un renseignement, signalement* Ungenauigkeit *f*

imprégnation [ɛ̃pʀeɲasjɔ̃] *f* ❶ *d'une étoffe, d'un bois* Imprägnierung *f*

❷ (*pénétration*) Beeinflussung *f,* Durchdringung *f*

❸ (*alcoolémie*) ~ **alcoolique** Alkoholspiegel *m* im Blut, Blutalkohol *m*

imprégner [ɛ̃pʀeɲe] <5> **I.** *vt* ❶ imprägnieren, tränken *bois, étoffe;* ~ **un tampon de qc** einen Wattebausch mit etw tränken; ~ **une pièce** *odeur:* ein Zimmer erfüllen; **une maison tout(e) imprégnée de lumière** ein lichtdurchflutetes Haus

❷ (*marquer d'une empreinte*) *atmosphère:* ergreifen; *sentiment:* erfüllen; **imprégné(e) de préjugés** von Vorurteilen geprägt; **imprégné(e) d'un souvenir** von einer Erinnerung erfüllt; **une lettre imprégnée d'ironie** ein Brief voller Ironie; **l'amertume imprégnait ses paroles** aus seinen Worten sprach Bitterkeit

II. *vpr* ❶ **s'**~ **d'eau** sich mit Wasser voll saugen; **s'**~ **d'une odeur** einen Duft annehmen; **s'**~ **d'huile solaire** sich mit Sonnenöl einreiben

❷ (*assimiler*) **s'**~ **de qc** von etw beeinflusst werden; **se laisser** ~ **de qc** sich von etw beeinflussen lassen; **pour s'**~ **d'une langue étrangère...** wenn man völlig in eine Fremdsprache eintauchen will ...

imprenable [ɛ̃pʀənabl] *adj forteresse, château* uneinnehmbar; *vue* unverbaubar

imprésario [ɛ̃pʀezaʀjo, ɛ̃pʀesaʀjo, -ʀii] <s *o* imprésarii> *m* [Theater-, Konzert]agent *m,* Impresario *m*

imprescriptible [ɛ̃pʀɛskʀiptibl] *adj* ❶ *biens* unverjährbar

❷ (*immuable*) *droits* unantastbar

impression [ɛ̃pʀesjɔ̃] *f* ❶ (*sentiment*) Eindruck *m;* **faire une forte** ~ **sur qn** auf jdn großen Eindruck machen, jdn stark beeindrucken; **laisser à qn une** ~ bei jdm einen Eindruck hinterlassen; **une bonne/mauvaise** ~ **de qn/qc** ein guter/schlechter Eindruck von jdm/etw; **l'**~ **que qn fait qc ...** das Gefühl [*o* der Eindruck], dass jd etw tut, ...; **donner à qn l'**~ **de faire qc** auf jdn den Eindruck machen, etw zu tun

❷ TYP Druck *m;* **à l'**~ im Druck [befindlich]; **nouvelle** ~ (*réimpression*) Nachdruck

❸ *d'un tissu* Bedrucken *nt*

❹ (*première couche*) Grundierung *f*

▶ ~ **de déjà-vu** Déjà-vu-Erlebnis *nt,* Déjà-vu-Gefühl *nt*

impressionnable [ɛ̃pʀesjɔnabl] *adj* empfindsam, sensibel

impressionnant(e) [ɛ̃pʀesjɔnɑ̃, ɑ̃t] *adj* ❶ beeindruckend, eindrucksvoll

❷ (*considérable*) beachtlich, beträchtlich

impressionner [ɛ̃pʀesjɔne] <1> *vt* ❶ ~ **qn** jdn beeindrucken, jdm Eindruck machen; *films d'horreur:* jdm Angst machen; **être impressionné(e) par qn/qc** von jdm/etw beeindruckt sein; **se laisser** ~ **par qn/qc** sich von jdm/etw beeindrucken lassen

❷ PHOT belichten

impressionnisme [ɛ̃pʀesjɔnism] *m* Impressionismus *m*

impressionniste [ɛ̃pʀesjɔnist] **I.** *adj* impressionistisch

II. *mf* Impressionist(in) *m(f)*

imprévisible [ɛ̃pʀevizibl] **I.** *adj* unvorhersehbar, nicht voraussehbar; *personne* unberechenbar

II. *m* **l'**~ das Unvorhersehbare

imprévoyance [ɛ̃pʀevwajɑ̃s] *f* Sorglosigkeit *f;* **quelle** ~**!** wie kurzsichtig!

imprévoyant(e) [ɛ̃pʀevwajɑ̃, jɑ̃t] *adj* sorglos, kurzsichtig

imprévu [ɛ̃pʀevy] *m* ❶ (*ce à quoi on ne s'attend pas*) **l'**~ das Unvorhergesehene, das Unerwartete; **j'aime l'**~ ich liebe Überraschungen *Pl;* **des vacances pleines d'**~**s** Ferien *Pl* voller Überraschungen

❷ (*incident fâcheux*) Zwischenfall *m;* **il y a eu un** ~ es ist etwas Unvorhergesehenes dazwischengekommen; **en cas d'**~ falls etwas dazwischenkommt

imprévu(e) [ɛ̃pʀevy] *adj* unvorhergesehen, unerwartet

imprimante [ɛ̃pʀimɑ̃t] *f* Drucker *m;* ~ **graphique/matricielle/thermique** Grafik-/Matrix-/Thermodrucker
◆ ~ **à jet d'encre** Tintenstrahldrucker *m;* ~ [**à**] **laser** Laserdrucker *m*
imprimé [ɛ̃pʀime] *m* ❶ POST Drucksache *f*
❷ (*formulaire*) [vorgedrucktes] Formular
❸ (*tissu*) bedruckter Stoff
❹ (*ouvrage imprimé*) Gedruckte(s) *nt,* Druckwerk *nt*
imprimé(**e**) [ɛ̃pʀime] *adj* ❶ *livre, ouvrage* gedruckt
❷ *étoffe, tissu* bedruckt
imprimer [ɛ̃pʀime] <1> I. *vt* ❶ drucken; bedrucken *tissu*
❷ (*publier*) veröffentlichen
❸ (*marquer*) ~ **ses empreintes sur la vitre** [seine] Abdrücke auf der Scheibe hinterlassen; ~ **ses pas sur la neige** Spuren im Schnee hinterlassen
❹ (*donner*) ~ **une impulsion à qc** einer S. (*Dat*) einen Impuls geben; ~ **de l'énergie/des oscillations à qc** Energie/Schwingungen auf etw (*Akk*) übertragen
II. *vpr* (*s'inscrire*) **s'**~ **dans la mémoire de qn** sich jdm einprägen, sich jdm ins Gedächtnis eingraben
imprimerie [ɛ̃pʀimʀi] *f* ❶ Buchdruck *m,* Buchdruckerkunst *f*
❷ (*établissement*) [Buch]druckerei *f*
imprimeur, **-euse** [ɛ̃pʀimœʀ, -øz] *m, f* ❶ (*ouvrier*) [Buch]drucker(in) *m(f)*
❷ (*propriétaire*) **le manuscrit est chez l'**~ das Manuskript ist in der Druckerei
improbabilité [ɛ̃pʀɔbabilite] *f* Unwahrscheinlichkeit *f*
improbable [ɛ̃pʀɔbabl] *adj* unwahrscheinlich
improductif, **-ive** [ɛ̃pʀɔdyktif, -iv] I. *adj* ❶ *population* nicht erwerbstätig; *personnel* unproduktiv; *entreprise, placement* unwirtschaftlich, unrentabel; **capital** ~ totes Kapital
❷ (*stérile*) *terre* unfruchtbar, ertraglos; *efforts* fruchtlos
II. *m, f* Nichterwerbstätige(r) *f(m)*
impromptu [ɛ̃pʀɔ̃pty] *m* LITTER Improvisation *f;* MUS Impromptu *nt*
impromptu(**e**) [ɛ̃pʀɔ̃pty] *adj* *repas* improvisiert; **discours** ~ Rede *f* aus dem Stegreif; **visite** ~**e** Überraschungsbesuch *m*
imprononçable [ɛ̃pʀɔnɔ̃sabl] *adj* unaussprechlich
impropre [ɛ̃pʀɔpʀ] *adj* ❶ nicht treffend; **employer un terme** ~ einen falschen Begriff verwenden
❷ (*inapte*) ungeeignet; ~ **à la consommation** nicht zum Verzehr geeignet; ~ **au service militaire** [wehrdienst]untauglich
improprement [ɛ̃pʀɔpʀəmɑ̃] *adv* nicht korrekt; **s'exprimer** ~ sich falsch ausdrücken
impropriété [ɛ̃pʀɔpʀijete] *f* ❶ falsche Anwendung, falscher Gebrauch
❷ (*terme inadéquat*) falsch gebrauchter Begriff
improvisateur, **-trice** [ɛ̃pʀɔvizatœʀ, -tʀis] *m, f* Improvisator(in) *m(f);* **avoir un talent d'**~ ein Improvisationstalent sein
improvisation [ɛ̃pʀɔvizasjɔ̃] *f* Improvisation *f;* **avoir une faculté d'**~ gut improvisieren können
improvisé(**e**) [ɛ̃pʀɔvize] *adj* improvisiert; *excursion* spontan
improviser [ɛ̃pʀɔvize] <1> I. *vt* ❶ improvisieren; erfinden *excuse*
❷ (*pourvoir d'une fonction*) ~ **qn infirmier/maître d'hôtel** jdn vorübergehend als Sanitäter/Oberkellner einsetzen [*o* einspringen lassen *fam*]
II. *vi* improvisieren
III. *vpr* ❶ **s'**~ improvisiert werden; **un tel discours ne s'improvise pas** eine solche Rede hält man nicht aus dem Stegreif
❷ (*devenir sans préparation*) **s'**~ **infirmière** als Krankenschwester einspringen (*fam*); **on ne s'improvise pas artiste** man wird nicht von einem auf den anderen Tag Künstler
improviste [ɛ̃pʀɔvist] ▶ **à l'**~ (*inopinément*) unerwartet, überraschend; (*sans préparation*) auf die Schnelle (*fam*); **prendre qn à l'**~ jdn überraschen; **arriver à l'**~ unangemeldet vorbeikommen
imprudemment [ɛ̃pʀydamɑ̃] *adv* unvorsichtig
imprudence [ɛ̃pʀydɑ̃s] *f* ❶ Unvorsichtigkeit *f,* Leichtsinn *m;* **avoir l'**~ **de faire qc** so unvorsichtig sein, etw zu tun; **regretter l'**~ **de ses propos** seine vorschnellen Äußerungen bedauern
❷ JUR Fahrlässigkeit *f;* **par** ~ fahrlässig; **agir par** ~ fahrlässig handeln
imprudent(**e**) [ɛ̃pʀydɑ̃, ɑ̃t] I. *adj* ❶ *personne* unvorsichtig, leichtsinnig
❷ (*dangereux*) unvorsichtig; *action, parole* unbesonnen
II. *m(f)* unvorsichtiger [*o* leichtsinniger] Mensch
impubère [ɛ̃pybɛʀ] *adj* vorpubertär
impubliable [ɛ̃pyblijabl] *adj* nicht [*o* unmöglich] zu veröffentlichen
impudemment [ɛ̃pydamɑ̃] *adv* unverschämt, schamlos
impudence [ɛ̃pydɑ̃s] *f* Unverschämtheit *f,* Schamlosigkeit *f;* **avoir l'**~ **de faire qc** die Unverschämtheit besitzen, etw zu tun
impudent(**e**) [ɛ̃pydɑ̃, ɑ̃t] I. *adj* unverschämt; *personne, geste* schamlos; *mensonge* dreist
II. *m(f)* (*homme*) unverschämter Kerl; (*femme*) unverschämte [*o* schamlose] Person
impudeur [ɛ̃pydœʀ] *f* Mangel *m* an Schamgefühl; (*indécence morale*) Schamlosigkeit *f*
impudicité [ɛ̃pydisite] *f littér* Schamlosigkeit *f*
impudique [ɛ̃pydik] *adj* *geste, acte, attitude* schamlos; *regard* lüstern
impuissance [ɛ̃pɥisɑ̃s] *f* ❶ Machtlosigkeit *f,* Ohnmacht *f;* **être dans l'**~ **de faire qc** nicht in der Lage sein, etw zu tun; **être réduit**(**e**) **à l'**~ machtlos sein; **les malfaiteurs furent rapidement réduits à l'**~ die Täter konnten schnell unschädlich gemacht werden
❷ (*sur le plan sexuel*) Impotenz *f*
impuissant [ɛ̃pɥisɑ̃] *m* Impotente(r) *m*
impuissant(**e**) [ɛ̃pɥisɑ̃, ɑ̃t] *adj* ❶ machtlos, ohnmächtig; *effort* ineffektiv, fruchtlos; **être** ~(**e**) **face à qc** angesichts einer S. machtlos sein; ~(**e**) **à faire qc** nicht in der Lage, etw zu tun
❷ (*sexuellement*) impotent
impulser [ɛ̃pylse] <1> *vt* anregen, in Schwung bringen; ~ **un secteur industriel** einen Industriezweig ankurbeln
impulsif, **-ive** [ɛ̃pylsif, -iv] I. *adj* impulsiv, unüberlegt
II. *m, f* impulsiver Mensch
impulsion [ɛ̃pylsjɔ̃] *f* ❶ *a.* TECH, ELEC Impuls *m;* ~ **irrésistible à qc** unbezähmbarer Drang zu etw; ~ **irrésistible à faire qc** unbezähmbarer Drang, etw zu tun
❷ (*incitation*) Anstoß *m;* ~**s à l'offre** Angebotsimpulse
▶ **sous l'**~ **de qn** auf jds Betreiben [*o* Veranlassung]; **sous l'**~ **d'un sentiment** von einem Gefühl getrieben; **agir sous l'**~ **de la vengeance** von Rache getrieben handeln
impulsivement [ɛ̃pylsivmɑ̃] *adv* impulsiv, unüberlegt
impulsivité [ɛ̃pylsivite] *f* Impulsivität *f,* Unüberlegtheit *f*
impunément [ɛ̃pynemɑ̃] *adv* ungestraft
impuni(**e**) [ɛ̃pyni] *adj* ungestraft
impunité [ɛ̃pynite] *f* Straffreiheit *f;* **elle est assurée de l'**~ ihr wird/ist Straffreiheit zugesichert; **se croire assuré**(**e**) **de l'**~ glauben, ohne Strafe davonzukommen (*fam*); **faire qc en toute** ~ etw ganz ungestraft tun
impur(**e**) [ɛ̃pyʀ] *adj* ❶ unrein; *eau* schmutzig, verschmutzt; *air* schlecht, verunreinigt; *race* nicht rein
❷ REL *animal* unrein
❸ *soutenu* (*immoral*) unkeusch (*veraltet*), unzüchtig (*veraltet*); *pensée* unmoralisch
impureté [ɛ̃pyʀte] *f* ❶ Verschmutzung *f;* **à cause de l'**~ **de l'air** wegen der schlechten [*o* verunreinigten] Luft
❷ *gén pl* (*saletés, scories*) Unreinheit *f*
❸ *soutenu* (*immoralité*) Unkeuschheit *f* (*veraltet*), Unzüchtigkeit *f* (*veraltet*)
imputable [ɛ̃pytabl] *adj* (*attribuable*) ~ **à qn/qc** jdm/einer S. zuzuschreiben; **être** ~ **à la municipalité** Sache *f* der

Stadt[verwaltung] sein

imputation [ɛ̃pytasjɔ̃] *f* ❶ (*accusation*) Beschuldigung *f*, Anschuldigung *f*

❷ FIN (*affectation*) ~ **d'une somme à qc** Anrechnung *f* eines Betrags auf etw (*Akk*); ~ **d'un chèque à qc** Verrechnung *f* eines Schecks mit etw

imputer [ɛ̃pyte] <1> *vt* ❶ ~ **la faute à qn/qc** den Fehler jdm/ einer S. zuschreiben; ~ **une défaite à qn/qc** eine Niederlage auf jdn/etw zurückführen

❷ FIN (*porter en compte*) ~ **qc à un budget** etw auf einen Etat anrechnen; ~ **qc sur les frais généraux** etw bei den Gemeinkosten verbuchen

imputrescible [ɛ̃pytʀesibl] *adj* unverweslich, nicht verfaulend

in [in] *adj inv fam* in (*fam*)

INA [ina] *m abr de* **institut national de l'audiovisuel** *nationales Institut der audiovisuellen Medien*

inabordable [inabɔʀdabl] *adj* ❶ *personne* unzugänglich, unnahbar; *lieu* nicht erreichbar; **la côte/l'île est** ~ die Küste/ Insel kann nicht angelaufen werden

❷ (*trop cher*) unerschwinglich

inaccentué(e) [inaksɑ̃tɥe] *adj* unbetont

inacceptable [inaksɛptabl] *adj* nicht akzeptabel, inakzeptabel (*geh*); *projet, proposition* unannehmbar

inaccessible [inaksesibl] *adj* ❶ *sommet* nicht ersteigbar; ~ **à qn/qc** für jdn/etw unerreichbar; **être** ~ **aux bateaux** *île, côte:* per Schiff nicht erreichbar sein

❷ (*inabordable*) *personne* unzugänglich, unnahbar

❸ (*insensible*) **être** ~ **à qc** für etw unempfänglich sein

❹ (*trop cher*) unerschwinglich; **les loyers sont** ~**s** die Mieten sind horrend

❺ (*incompréhensible*) unbegreiflich; *poème* unverständlich, hermetisch

inaccoutumé(e) [inakutyme] *adj* ❶ (*inhabituel*) ungewohnt; ~**(e) à qc** *soutenu* [an] etw (*Akk*) nicht gewöhnt

❷ (*exceptionnel*) ungewöhnlich

inachevé [inaʃ(ə)ve] *m* **laisser un goût d'**~ den Eindruck des Unfertigen hinterlassen; **avoir une impression** [*o* **un sentiment**] **d'**~ das Gefühl haben, dass noch etwas fehlt

inachevé(e) [inaʃ(ə)ve] *adj* unfertig; **la symphonie** ~**e de Schubert** die Unvollendete von Schubert

inachèvement [inaʃɛvmɑ̃] *m* Unfertigkeit *f*

inactif, -ive [inaktif, -iv] **I.** *adj* ❶ (*oisif*) untätig; **ne pas rester** ~**(-ive)** nicht untätig [*o* tatenlos] bleiben; (*au repos*) *personne* nicht arbeitend; **être** ~**(-ive)** *personne:* nicht arbeiten können; *machine:* stillstehen; *commerce:* stagnieren, nicht florieren

❷ (*inefficace*) unwirksam

II. *m, f* Nichterwerbstätige(r) *f(m)*

inaction [inaksjɔ̃] *f* Untätigkeit *f*, Nichtstun *nt*

inactivité [inaktivite] *f* ❶ *d'une personne* Untätigkeit *f*; *d'un commerce, des affaires* Stagnation *f*, Stillstand *m*

❷ ADMIN **en** ~ **partielle** im einstweiligen Ruhestand

inactuel(le) [inaktɥɛl] *adj* inaktuell, nicht zeitgemäß

inadaptable [inadaptabl] *adj* nicht anpassungsfähig [*o* -bereit], nicht integrierbar

inadaptation [inadaptasjɔ̃] *f* ~ **à qc** mangelnde Anpassung[sfähigkeit] an etw (*Akk*)

inadapté(e) [inadapte] **I.** *adj* ❶ *médicament* unwirksam; ~**(e) à qc** ungeeignet für etw; **mener une vie** ~**e à ses ressources** über seine Verhältnisse leben

❷ PSYCH verhaltensgestört

II. *m(f)* Verhaltensgestörte(r) *f(m)*

inadéquat(e) [inadekwa, kwat] *adj soutenu* inadäquat, unangemessen; ~**(e) à qc** einer S. (*Dat*) nicht angemessen [*o* unangemessen]

inadéquation [inadekwasjɔ̃] *f d'un mot, d'une mesure* Unangemessenheit *f*

inadmissible [inadmisibl] *adj* ❶ untragbar; **il est** ~ **que tout n'ait pas été tenté** es ist skandalös, dass nicht alles versucht wurde

❷ (*irrecevable*) *preuve, témoignage* unzulässig

inadvertance [inadvɛʀtɑ̃s] *f soutenu* (*erreur d'inattention*) Versehen *nt*; **ces fautes d'orthographe ne sont que des** ~**s** diese Rechtschreibfehler sind nur Flüchtigkeitsfehler; **par** ~ aus Versehen, versehentlich

INALCO [inalko] *m abr de* **institut national des langues et civilisations orientales** *nationales Orientinstitut*

inaliénable [inaljenabl] *adj* unveräußerlich

inaltérable [inalteʀabl] *adj* ❶ unveränderlich; ~ **au lavage/à la lumière** *couleur* wasch-/lichtecht; ~ **à l'air/la chaleur** *substance* luft-/hitzebeständig

❷ (*immuable*) unveränderlich, bleibend; *santé* unverwüstlich (*fam*); **rester** ~ *sentiment:* bestehen bleiben; **être d'un** ~ **optimisme** sich (*Dat*) seinen Optimismus durch nichts nehmen lassen

inamical(e) [inamikal, o] <-aux> *adj* unfreundlich, feindselig

inamovibilité [inamɔvibilite] *f* Unkündbarkeit *f*

inamovible [inamɔvibl] *adj* ❶ unkündbar; *fonctionnaire* auf Lebenszeit

❷ *hum* (*éternel*) *chapeau, sourire* ewig; **être vraiment** ~ *personne:* schon mit zum Inventar gehören (*fam*)

inanimé(e) [inanime] *adj* ❶ (*sans vie*) unbelebt

❷ (*évanoui*) leblos

inanité [inanite] *f* Belanglosigkeit *f*; *d'une querelle* Sinnlosigkeit *f*, Nichtigkeit *f*; *des efforts* Vergeblichkeit *f*

inanition [inanisjɔ̃] *f* **mourir** [*o* **tomber**] **d'**~ an Entkräftung *f* sterben

▸ **se laisser mourir d'**~ vor Hunger umkommen (*fam*)

inaperçu(e) [inapɛʀsy] *adj* **passer** ~**(e)** unbemerkt bleiben; **tu ne vas pas passer** ~**(e), comme ça!** so fällst du bestimmt auf!; **cet entretien passé presque** ~ **à l'étranger** dieses Gespräch, von dem das Ausland kaum Notiz genommen hat

inappétence [inapetɑ̃s] *f* ❶ MED Appetitlosigkeit *f*

❷ PSYCH [sexuelles] Desinteresse *nt*, Lustlosigkeit *f*

inapplicable [inaplikabl] *adj* nicht anwendbar; *théorie* nicht umsetzbar; *mesure* nicht durchführbar; ~ **à qc** nicht anwendbar auf etw (*Akk*); **être** ~ **à la réalité** *mesure:* in der Praxis nicht durchführbar sein

inappliqué(e) [inaplike] *adj* ❶ faul, nachlässig

❷ (*pas mis en pratique*) nicht angewandt

inappréciable [inapʀesjabl] *adj* ❶ unschätzbar

❷ (*difficile à évaluer*) verschwindend klein

inapproprié(e) [inapʀopʀije] *adj* (*opp: approprié*) ungeeignet

inapte [inapt] *adj* ❶ unfähig; ~ **à qc** unfähig zu etw; ~ **à faire qc** unfähig dazu, etw zu tun; ~ **au travail** arbeitsunfähig

❷ MIL [wehrdienst]untauglich

inaptitude [inaptityd] *f* ❶ mangelnde Eignung, Unfähigkeit *f*; ~ **à qc** Unfähigkeit zu etw; ~ **à faire qc** Unfähigkeit, etw zu tun

❷ MIL [Wehrdienst]untauglichkeit *f*

inarticulé(e) [inaʀtikyle] *adj* unartikuliert, undeutlich

inassimilable [inasimilabl] *adj* ❶ (*indigestible*) unverdaulich

❷ (*incompréhensible*) *notion, connaissance* nicht verständlich

❸ (*inadaptable*) *ethnie, immigrant* nicht assimilierbar (*geh*)

inassouvi(e) [inasuvi] *adj littér personne* ungesättigt; *appétit, colère, désir* unbefriedigt; *faim, passion, ambition, haine* ungestillt; **être toujours** ~**(e)** *animal:* unersättlich sein, permanent hungrig sein

inassouvissable [inasuvisabl] *adj littér* (*insatiable*) unersättlich, unstillbar

inassouvissement [inasuvismɑ̃] *m littér* (*insatisfaction*) Unstillbarkeit *f*

inattaquabilité [inatakabilite] *f* Unanfechtbarkeit *f*

inattaquable [inatakabl] *adj* ❶ *forteresse* uneinnehmbar; *personne, point de vue* unangreifbar; *argument* unwiderlegbar; *jugement, thèse* unanfechtbar

❷ (*irréprochable*) untadelig; *conduite* einwandfrei, tadellos;

I

être d'une vertu ~ einen untadeligen Lebenswandel haben

inatteignable [inatɛɲabl] *adj* (*inaccessible*) unerreichbar

inattendu [inatɑ̃dy] *m* **l'**~ das Unerwartete

inattendu(e) [inatɑ̃dy] *adj* unerwartet, unvorhergesehen; **c'est vraiment** ~ **de sa part** das hatte man von ihm/ihr wirklich nicht erwartet

inattentif, -ive [inatɑ̃tif, -iv] *adj* unaufmerksam; ~**(-ive) à qc** (*insouciant de*) unachtsam einer S. (*Dat*) gegenüber

inattention [inatɑ̃sjɔ̃] *f* (*distraction*) Unaufmerksamkeit *f;* **faute d'**~ Flüchtigkeitsfehler *m;* **un instant/une minute d'**~ ein Moment/eine Minute der Unaufmerksamkeit; **par** ~ aus Versehen

inaudible [inodibl] *adj* nicht hörbar, unhörbar; *péj* nicht anzuhören (*pej*); **ici, les émissions de cette station sont** ~**s** hier kann man diesen Sender nicht empfangen; **cette musique est vraiment** ~ diese Musik kann man sich (*Dat*) wirklich nicht anhören

inaugural(e) [inogyʀal, o] <-aux> *adj* **cérémonie** ~**e** Eröffnungszeremonie *f;* **discours** ~ *d'un congrès* Eröffnungsrede *f,* Eröffnungsvortrag *m; d'un professeur d'université* Antrittsvorlesung *f;* **vol** ~ Jungfernflug *m*

inauguration [inogyʀasjɔ̃] *f* ❶ *d'une exposition, ligne aérienne* feierliche Eröffnung; *d'une statue, plaque commémorative, d'un monument* Enthüllung *f; d'une usine, route, de locaux* Einweihung *f*
❷ *littér* (*commencement*) *d'une politique, période* Einleitung *f;* ~ **d'une ère nouvelle** Beginn *m* einer neuen Ära, Auftakt *m* zu einer neuen Ära

inaugurer [inogyʀe, inɔgyʀe] <1> *vt* ❶ [feierlich] eröffnen *exposition, ligne aérienne;* enthüllen *monument, plaque commémorative;* einweihen *bâtiment, usine, locaux, école;* [für den Verkehr] freigeben *route*
❷ (*introduire*) einleiten *période, politique, ère;* einführen *méthode*
❸ (*utiliser pour la première fois*) einweihen *maison, machine, voiture*

inauthenticité [inotɑ̃tisite, inɔtɑ̃tisite] *f d'un document* Unechtheit *f*

inauthentique [inotɑ̃tik] *adj ouvrage* unecht; *fait, rapport* unverbürgt

inavouable [inavwabl] *adj* nicht hinnehmbar; *mœurs* unerhört; *motifs* unmoralisch; *bénéfices* unlauter

inavoué(e) [inavwe] *adj sentiment, amour* uneingestanden; *acte, crime* nicht gestanden

INC [iɛnse] *m abr de* **institut national de la consommation** *nationales Institut für Konsumverhalten*

inca [ɛ̃ka] *adj* **l'Empire** ~ das Reich der Inkas

incalculable [ɛ̃kalkylabl] *adj* ❶ (*considérable*) beträchtlich, beachtlich; *nombre* unermesslich groß
❷ (*imprévisible*) unabsehbar, unberechenbar; **les difficultés risquent d'être** ~**s** die Probleme drohen uns über den Kopf zu wachsen

incandescence [ɛ̃kɑ̃desɑ̃s] *f* [Weiß]glühen *nt;* **chauffer qc jusqu'à l'**~ etw erhitzen, bis es glüht; **lampe à** ~ Glühlampe *f;* **manchon à** ~ Glühstrumpf *m;* **en** ~ [weiß] glühend

incandescent(e) [ɛ̃kɑ̃desɑ̃, ɑ̃t] *adj* ❶ [weiß] glühend; **filament** ~ Glühfaden *m*
❷ *littér* (*ardent*) glühend; *imagination* lebhaft

incantation [ɛ̃kɑ̃tasjɔ̃] *f* Beschwörungsformel *f,* Zauberformel *f*

incantatoire [ɛ̃kɑ̃tatwaʀ] *adj* beschwörend; **danse/chant** ~ Beschwörungstanz *m*/-gesang *m*

incapable [ɛ̃kapabl] **I.** *adj* unfähig; **c'est un homme tout à fait** ~ er ist völlig unfähig; **être** ~ **de qc** zu etw nicht fähig [*o* imstande] sein; **être** ~ **de faire qc** nicht fähig [*o* imstande] sein, etw zu tun; *voiture, machine:* etw nicht tun können
II. *mf* unfähiger Mensch

incapacité [ɛ̃kapasite] *f* ❶ Unfähigkeit *f;* ~ **de** [*o* **à**] **faire qc** Unfähigkeit, etw zu tun; **être dans l'**~ **de faire qc** nicht imstande [*o* in der Lage] sein, etw zu tun
❷ (*convalescence*) Arbeitsunfähigkeit *f;* **j'ai eu trois mois d'**~ ich war drei Monate lang arbeitsunfähig [*o* krank geschrieben]; ~ **partielle** verminderte Arbeitsfähigkeit; ~ **permanente/totale** dauernde/völlige Erwerbsunfähigkeit
◆ ~ **d'exercice** Geschäftsunfähigkeit *f;* ~ **de jouissance** eingeschränkte Geschäftsfähigkeit; ~ **de travail** Arbeitsunfähigkeit *f,* Erwerbsunfähigkeit

incarcération [ɛ̃kaʀseʀasjɔ̃] *f* Inhaftierung *f*

incarcérer [ɛ̃kaʀseʀe] <5> *vt* inhaftieren

incarnat [ɛ̃kaʀna] *m* Blutrot *nt*

incarnat(e) [ɛ̃kaʀna, at] *adj* blutrot

incarnation [ɛ̃kaʀnasjɔ̃] *f* ❶ Inkarnation *f,* Fleischwerdung *f*
❷ (*personnification*) Inkarnation *f* (*geh*), Personifizierung *f;* **être l'**~ **de la générosité** die Großzügigkeit in Person sein

incarné(e) [ɛ̃kaʀne] *adj* ❶ fleischgeworden, menschgeworden
❷ (*personnifié*) in Person, leibhaftig
❸ MED **un ongle** ~ ein eingewachsener Nagel

incarner [ɛ̃kaʀne] <1> **I.** *vt* verkörpern
II. *vpr* ❶ REL **s'**~ **dans** [*o* **en**] **qn/qc** in jdm/etw leibhaftig werden
❷ (*se matérialiser*) **s'**~ **en qn/dans qc** auf jdn/etw gerichtet sein; **leur idéal s'est incarné dans cette nouvelle secte** diese neue Sekte verkörpert ihr Ideal
❸ (*entrer dans la chair*) **s'**~ *ongle:* [ins Fleisch] einwachsen

incartade [ɛ̃kaʀtad] *f* Streich *m,* Eskapade *f; d'un cheval* Sprung *m* zur Seite; **à la moindre/première** ~ schon beim geringsten Verstoß

Incas [ɛ̃ka] *mpl* **les** ~ die Inkas

incassable [ɛ̃kɑsabl] *adj* unzerbrechlich

incendiaire [ɛ̃sɑ̃djɛʀ] **I.** *adj* ❶ **bombe** ~ Brandbombe *f;* **projectiles** ~**s** Brandgeschosse *Pl;* **mélange** ~ Brandsatz *m*
❷ (*virulent*) *article, discours* aufwieglerisch, Hetz-; *lettre* bissig, wütend; **propos** ~**s** Hetzreden *Pl*
❸ (*aguicheur*) *femme, œillade* aufreizend; *lettre* leidenschaftlich
II. *mf* ❶ Brandstifter(in) *m(f)*
❷ (*agitateur*) Hetzer(in) *m(f)*

incendie [ɛ̃sɑ̃di] *m* ❶ [Groß]feuer *nt,* [Groß]brand *m*
❷ *poét* (*rougeoiement*) glühendes Rot
❸ *littér* (*bouleversement*) **l'**~ **de la révolte se propage** der Unruheherd dehnt sich aus
► ~ **criminel** Brandstiftung *f*
◆ ~ **de forêt** Waldbrand *m*

incendié(e) [ɛ̃sɑ̃dje] **I.** *adj* ❶ (*détruit*) abgebrannt
❷ (*ruiné*) brandgeschädigt
II. *m(f)* Brandopfer *nt*

incendier [ɛ̃sɑ̃dje] <1a> *vt* ❶ in Brand setzen, anzünden
❷ *poét* (*faire rougeoyer*) in ein glühendes Rot tauchen
❸ *littér* (*brûler*) **la fièvre lui incendiait les joues** seine/ihre Wangen glühten vor Fieber
❹ *littér* (*enflammer*) ein Feuer entfachen in *personne;* beflügeln *imagination*
❺ *fam* (*engueuler*) anschreien, anschnauzen (*fam*); **se faire** ~ **par qn** von jdm angeschrien [*o* angeschnauzt *fam*] werden

incertain [ɛ̃sɛʀtɛ̃] *m* **l'**~ das Ungewisse

incertain(e) [ɛ̃sɛʀtɛ̃, ɛn] *adj* ❶ unsicher; (*indécis*) unschlüssig; **être** ~**(e) sur la conduite à suivre** unsicher sein, wie man sich verhalten soll; **être** ~**(e) de pouvoir faire qc** nicht sicher sein, ob man etw tun kann
❷ (*vague*) unbestimmt; *contours* verschwommen; *lumière* schwach; *limite* unscharf
❸ (*douteux*) ungewiss; *affaire, profit* unsicher; *temps* veränderlich, unbeständig; *origine* unbestimmt; **la date est encore** ~**e** das Datum steht noch nicht fest

incertitude [ɛ̃sɛʀtityd] *f* ❶ Ungewissheit *f; d'une réponse* Unbestimmtheit *f; d'une personne* Unsicherheit *f;* **laisser qn dans l'**~ jdn im Ungewissen lassen
❷ *gén pl* (*aléa*) Unsicherheitsfaktoren *Pl*

incessamment [ɛ̃sesamɑ̃] *adv* unverzüglich
incessant(e) [ɛ̃sesɑ̃, ɑ̃t] *adj a. antéposé* unaufhörlich; *réclamations, critiques, coups de fil* ständig; *bruit, pluie* anhaltend, andauernd; *efforts* stetig
incessible [ɛ̃sesibl] *adj* JUR nicht abtretbar; *droit, privilège, titre* unveräußerlich
inceste [ɛ̃sɛst] *m* Inzest *m,* Blutschande *f*
incestueux, -euse [ɛ̃sɛstɥø, -øz] *adj* inzestuös, blutschänderisch; **un couple ~** ein Paar, das Inzest begeht
inchangé(e) [ɛ̃ʃɑ̃ʒe] *adj* unverändert
inchauffable [ɛ̃ʃofabl] *adj* schwer heizbar
inchavirable [ɛ̃ʃaviʀabl] *adj* NAUT unsinkbar
incidemment [ɛ̃sidamɑ̃] *adv* nebenbei, beiläufig
incidence [ɛ̃sidɑ̃s] *f* ❶ **~ de qc sur qc** Auswirkung *f* einer S. (*Gen*) auf etw (*Akk*); **n'avoir aucune ~ sur qc** keinen Einfluss auf etw (*Akk*) haben
❷ PHYS Einfall *m,* Inzidenz *f* (*Fachspr.*)
incident [ɛ̃sidɑ̃] *m* ❶ Zwischenfall *m;* **sans ~** reibungslos
❷ (*événement sans importance*) Vorfall *m*
❸ TECH **~ technique** Betriebsstörung *f*
► **l'~ est clos** der Fall ist erledigt
◆ **~ de parcours** kleine Panne
incident(e) [ɛ̃sidɑ̃, ɑ̃t] *adj* ❶ beiläufig; *question, remarque* Zwischen-
❷ JUR *faits* Neben-; *jugement, procédure* Zwischen-; **demande ~e** Zwischenklage *f*
❸ PHYS *rayon* Einfalls-, Inzidenz- (*Fachspr.*)
incinérateur [ɛ̃sineʀatœʀ] *m* Verbrennungsofen *m;* (*pour collectivités*) Verbrennungsanlage *f*
incinération [ɛ̃sineʀasjɔ̃] *f* Verbrennung *f; d'un cadavre* Feuerbestattung *f,* Einäscherung *f;* **~ des ordures ménagères** Müllverbrennung
incinérer [ɛ̃sineʀe] <5> *vt* einäschern *cadavre;* verbrennen *ordures ménagères*
incise [ɛ̃siz] *f* eingeschobener Satz *m*
inciser [ɛ̃size] <1> *vt* aufschneiden *abcès;* einschneiden *écorce;* einritzen *peau*
incisif, -ive [ɛ̃sizif, -iv] *adj* bissig; *critique, ironie* beißend
incision [ɛ̃sizjɔ̃] *f* Einschnitt *m,* Einkerbung *f;* MED [Ein]schnitt *m*
incisive [ɛ̃siziv] *f* Schneidezahn *m*
incitatif, -ive [ɛ̃sitatif, -iv] *adj* **aide/mesure incitative** Förderungsmittel *Pl*/-maßnahme *f*
incitation [ɛ̃sitasjɔ̃] *f* ❶ Ansporn *m*
❷ JUR Anstiftung *f,* Verleitung *f;* **~ au crime** Anstiftung zum Verbrechen
❸ FISC Anreiz *m;* **~s de l'État** staatliche Anreize
inciter [ɛ̃site] <1> *vt* **~ qn à l'action/au travail** jdn zum Handeln/zur Arbeit ermuntern; **~ qn à l'achat** jdn zum Kaufen verführen; **~ qn à la méfiance** jdm Misstrauen einflößen
incivil(e) [ɛ̃sivil] *adj littér comportement, personne* ungehobelt (*pej*)
incivique [ɛ̃sivik] *mf* BELG (*collaborateur*) Kollaborateur(in) *m(f)*
inclassable [ɛ̃klɑsabl] *adj* (*hors catégorie*) schwer einzuordnen; (*admirable*) herausragend
inclément(e) [ɛ̃klemɑ̃, ɑ̃t] *adj* ❶ *vieilli juge* unbarmherzig
❷ *fig littér temps* unfreundlich
inclinable [ɛ̃klinabl] *adj* verstellbar
inclinaison [ɛ̃klinɛzɔ̃] *f* ❶ (*déclivité*) *d'une pente, route* Gefälle *nt; d'un toit, mur* Schräge *f*
❷ (*position penchée*) Schrägstellung *f,* Schräglage *f; d'un navire* Schlagseite *f; de la tête* geneigte Haltung; *d'une tour* Neigung *f*
❸ ASTRON, GEOM Inklination *f*
inclination [ɛ̃klinasjɔ̃] *f* ❶ Neigung *f;* **~ à** [*o* **pour**] **qc** Neigung zu etw; **~ à faire qc** Neigung, etw zu tun
❷ (*affection*) [Zu]neigung *f;* **~ pour qn** Zuneigung zu jdm
❸ (*geste*) Verneigung *f,* Verbeugung *f*
incliné(e) [ɛ̃kline] *adj* ❶ *pente, terrain* abschüssig; *toit* schräg; **plan ~** schiefe Ebene
❷ (*penché*) schief; *arbre, tête* geneigt; **~(e) vers qc** gegen etw geneigt
incliner [ɛ̃kline] <1> **I.** *vt* ❶ beugen *buste, corps;* schräg halten *bouteille;* verstellen *dossier d'une chaise;* auf die Seite legen *navire;* **~ la tête** den Kopf neigen; (*pour acquiescer*) nicken; **inclinez le corps en avant!** beugt euch/beugen Sie sich nach vorne!
❷ *littér* (*inciter*) **~ qn à qc** jdn zu etw veranlassen; **~ qn à faire qc** jdn veranlassen, etw zu tun; **tout m'incline à penser qu'il viendra** alles bringt mich zu der Annahme, dass er kommen wird
II. *vi* ❶ (*pencher pour*) **~ à qc** zu etw neigen [*o* tendieren]; **j'incline à penser que c'est vrai** ich neige zu der Ansicht, dass das wahr ist
❷ (*inciter*) **~ à qc** zu etw einladen; **~ à faire qc** dazu einladen, etw zu tun
III. *vpr* ❶ **s'~ devant qn/qc** sich vor jdm/etw verneigen
❷ (*céder*) **s'~ devant qn/qc** nachgeben, sich jdm/einer S. beugen
❸ SPORT **s'~ devant qn** jdm unterliegen
❹ (*pencher*) **s'~** *arbre, soleil:* sich neigen; *chemin, colline:* abfallen; *mur:* schräg sein; *navire:* Schlagseite haben
inclure [ɛ̃klyʀ] <*irr*> *vt* ❶ (*joindre, ajouter*) **~ qc dans qc** etw einer S. (*Dat*) beifügen; **~ qc dans une enveloppe/liste** etw einem Brief beilegen/einer Liste hinzufügen; **~ qc dans un contrat** etw in einen Vertrag aufnehmen
❷ (*contenir, comprendre*) einschließen
inclus(e) [ɛ̃kly, ɛ̃klyz] *adj* ❶ einschließlich (+ *Gen*); **jusqu'au dix mars ~** bis einschließlich zehnten März; **le service est ~** die Bedienung ist inbegriffen
❷ (*ajouté*) **~(e) dans qc** einer S. (*Dat*) beigefügt; **le billet de cent euros ~ dans l'enveloppe** der beiliegende Hundert-Euro-Schein
❸ MATH **~(e) dans qc** in etw (*Dat*) enthalten
inclusion [ɛ̃klyzjɔ̃] *f* ❶ **~ dans qc** Einbeziehung *f* in etw (*Akk*)
❷ ANAT **c'est une ~ de dent de sagesse** der Weisheitszahn ist impaktiert (*Fachspr.*)
inclusivement [ɛ̃klyzivmɑ̃] *adv* einschließlich
incoercible [ɛ̃kɔɛʀsibl] *adj littér* nicht zu bändigen; *désir* unstillbar; *besoin, toux* nicht zu unterdrücken; *rire* hemmungslos
incognito [ɛ̃kɔɲito] **I.** *adv* inkognito
II. *m* Inkognito *nt;* **garder l'~** sein Inkognito wahren; **dans l'~** inkognito
incohérence [ɛ̃kɔeʀɑ̃s] *f* ❶ *de propos, d'une œuvre* Zusammenhang[s]losigkeit *f; d'une conduite, personne* Inkonsequenz *f; d'un raisonnement* Inkohärenz *f* (*geh*)
❷ (*illogisme*) Ungereimtheit *f;* (*contradiction*) Widerspruch *m*
incohérent(e) [ɛ̃kɔeʀɑ̃, ɑ̃t] *adj* ungereimt; *texte, histoire* unzusammenhängend; *comportement* inkonsequent; *gestes* unmotiviert
incollable [ɛ̃kɔlabl] *adj* ❶ **du riz ~** Reis, der nicht klebt
❷ *fam* (*imbattable*) unschlagbar; **~ en qc** [*o* **sur qc**] unschlagbar in etw (*Dat*)
incolore [ɛ̃kɔlɔʀ] *adj* farblos; *sourire* matt
incomber [ɛ̃kɔ̃be] <1> *vi* **~ à qn** jdm zufallen; *devoirs, responsabilité, travail:* jdm obliegen; *frais, réparations:* zu jds Lasten gehen
incombustible [ɛ̃kɔ̃bystibl] *adj* nicht brennbar
incommensurable [ɛ̃kɔmɑ̃syʀabl] *adj* unermesslich; *bêtise* maßlos
incommodant(e) [ɛ̃kɔmɔdɑ̃, ɑ̃t] *adj* unangenehm; *bruit* störend
incommode [ɛ̃kɔmɔd] *adj* ❶ unbequem
❷ (*peu pratique*) unpraktisch; *heure* ungünstig; *outil* unzweckmäßig
incommodément [ɛ̃kɔmɔdemɑ̃] *adv* ❶ *installé, logé* unbequem
❷ (*de façon peu pratique*) unzweckmäßig; *situé* ungünstig

incommoder [ɛ̃kɔmɔde] <1> *vt* ~ **qn** *bruit, fumée:* jdn stören; *chaleur:* jdm unangenehm sein/werden; **j'étais incommodé(e) par le bruit** der Lärm störte mich
incommodité [ɛ̃kɔmɔdite] *f littér* ❶ *d'un logement, d'un meuble* Unzweckmäßigkeit *f*
❷ (*désagrément*) Unannehmlichkeit *f*
incommunicabilité [ɛ̃kɔmynikabilite] *f* Verständigungsschwierigkeiten *Pl*
incommunicable [ɛ̃kɔmynikabl] *adj* ❶ *caractères, droits, privilèges* unübertragbar
❷ *pensée, sentiment* unbeschreibbar
incomparable [ɛ̃kɔ̃paʀabl] *adj* unvergleichlich
incomparablement [ɛ̃kɔ̃paʀabləmɑ̃] *adv jouer, chanter* unübertrefflich; ~ **bien** unvergleichlich gut; ~ **mieux** ungleich besser
incompatibilité [ɛ̃kɔ̃patibilite] *f* Unvereinbarkeit *f; de caractère* Unverträglichkeit *f;* ~ **entre des personnes** Unverträglichkeit von Menschen; ~ **entre des choses** Unvereinbarkeit von Dingen; ~ **des groupes sanguins** Unverträglichkeit der Blutgruppen; **il y a** ~ **entre deux fonctions** die beiden Ämter sind nicht miteinander zu vereinbaren
incompatible [ɛ̃kɔ̃patibl] *adj* unvereinbar; *caractères* unverträglich; *groupes sanguins, médicaments* unverträglich; ~**s entre eux** nicht miteinander vereinbar; ~ **avec qc** unvereinbar mit etw
incompétence [ɛ̃kɔ̃petɑ̃s] *f* ❶ Inkompetenz *f;* ~ **en** [*o* **dans**] **qc** mangelnder Sachverstand in etw (*Dat*)
❷ JUR Unzuständigkeit *f*
incompétent(e) [ɛ̃kɔ̃petɑ̃, ɑ̃t] *adj* ❶ inkompetent; **être** ~**(e) en** [*o* **dans**] [*o* **sur**] **qc** sich in etw (*Dat*) nicht auskennen
❷ JUR nicht zuständig
incomplet, -ète [ɛ̃kɔ̃plɛ, -ɛt] *adj* unvollständig; *œuvre, travail* unvollendet; *culture, vues* lückenhaft; *mesures* unzulänglich
incomplètement [ɛ̃kɔ̃plɛtmɑ̃] *adv* nicht vollständig; *renseigné* ungenügend
incompréhensible [ɛ̃kɔ̃pʀeɑ̃sibl] *adj* ❶ (*déconcertant*) unverständlich; *personne* undurchschaubar
❷ (*inintelligible*) unverständlich
❸ (*impénétrable*) unbegreiflich; *mystère* rätselhaft
incompréhensif, -ive [ɛ̃kɔ̃pʀeɑ̃sif, -iv] *adj* verständnislos; **se montrer** ~**(-ive) à l'égard de qn** kein Verständnis für jdn zeigen
incompréhension [ɛ̃kɔ̃pʀeɑ̃sjɔ̃] *f* Unverständnis *nt;* ~ **entre deux personnes** fehlendes Verständnis zwischen zwei Menschen
incompressible [ɛ̃kɔ̃pʀesibl] *adj* FIN, JUR nicht einschränkbar; **une peine** ~ **de dix ans de détention criminelle** eine Gefängnisstrafe von zehn Jahren ohne Haftminderung
incompris(e) [ɛ̃kɔ̃pʀi, iz] **I.** *adj* nicht verstanden; *œuvre d'art* unverstanden; *artiste, génie* verkannt
II. *m(f)* Unverstandene(r) *f(m)*, verkannter Künstler/verkannte Künstlerin
inconcevable [ɛ̃kɔ̃svabl] *adj* (*inimaginable*) unvorstellbar; (*incompréhensible*) unbegreiflich; (*incroyable*) unglaublich; **il est** ~ **d'imaginer que ce sera ainsi** es ist unvorstellbar, dass es so sein wird
inconciliable [ɛ̃kɔ̃siljabl] *adj intérêts, tendances* unvereinbar; *personnes* unversöhnlich
inconditionnel(le) [ɛ̃kɔ̃disjɔnɛl] **I.** *adj* bedingungslos; **être** ~**(le) de qn/qc** hundertprozentig für jdn/etw sein
II. *m(f)* begeisterter Anhänger/begeisterte Anhängerin; **un** ~ **des sports d'hiver** ein begeisterter Wintersportler
inconditionnellement [ɛ̃kɔ̃disjɔnɛlmɑ̃] *adv* bedingungslos
inconduite [ɛ̃kɔ̃dɥit] *f* unmoralischer Lebenswandel
inconfort [ɛ̃kɔ̃fɔʀ] *m* ❶ *d'un logement* Mangel *m* an Komfort; *d'un siège* Unbequemlichkeit *f*
❷ (*délicat*) *d'une position, situation* Misslichkeit *f*
inconfortable [ɛ̃kɔ̃fɔʀtabl] *adj* ❶ *maison* ohne Komfort; *lit, siège, position* unbequem
❷ *situation* misslich
inconfortablement [ɛ̃kɔ̃fɔʀtabləmɑ̃] *adv* unbequem
incongru(e) [ɛ̃kɔ̃gʀy] *adj* unpassend; *ton* ungehörig; *situation* merkwürdig; *conversation* absurd
incongruité [ɛ̃kɔ̃gʀɥite] *f d'une remarque* Unangebrachtheit *f; d'un geste, d'une parole* Unschicklichkeit *f; d'un ton* Ungehörigkeit *f; d'une situation* Merkwürdigkeit *f; d'un enfant* Unartigkeit *f;* **commettre** [*o* **faire**] **des** ~**s** sich unschicklich benehmen
inconnaissable [ɛ̃kɔnɛsabl] **I.** *adj* unergründlich; **l'avenir nous est** ~ wir kennen die Zukunft nicht
II. *m* **l'**~ PHILOS das Unergründliche
inconnu [ɛ̃kɔny] *m* ❶ (*personne*) Unbekannte(r) *m;* **devant des** ~**s** vor Fremden; **être un** ~ **pour qn** für jdn ein Fremder sein
❷ (*ce qui est inconnu*) **l'**~ das Unbekannte
▸ **illustre** ~ *iron* völlig Unbekannter
inconnu(e) [ɛ̃kɔny] *adj* ❶ unbekannt; **il est** ~ **ici** er ist hier nicht bekannt
❷ (*nouveau*) unbekannt; *joie* nie gekannt; *odeur, parfum* ungewöhnlich
inconnue [ɛ̃kɔny] *f* ❶ Unbekannte *f;* **être une** ~ **pour qn** für jdn eine Fremde sein
❷ (*élément inconnu*) unbekannte Größe
❸ MATH Unbekannte *f*
inconsciemment [ɛ̃kɔ̃sjamɑ̃] *adv* ❶ (*sans s'en rendre compte*) unbewusst
❷ (*à la légère*) unüberlegt, leichtsinnig
inconscience [ɛ̃kɔ̃sjɑ̃s] *f* ❶ (*évanouissement*) Bewusstlosigkeit *f*
❷ (*légèreté*) Leichtsinn *m*
❸ (*irresponsabilité*) Leichtfertigkeit *f*
❹ (*ignorance*) **l'**~ **du danger** das Unwissen um die Gefahr
inconscient [ɛ̃kɔ̃sjɑ̃] *m* ❶ (*fou*) Geistesgestörte(r) *m*
❷ (*irresponsable*) Leichtsinnige(r) *m*
❸ PSYCH Unbewusste(s) *nt*
inconscient(e) [ɛ̃kɔ̃sjɑ̃, jɑ̃t] *adj* ❶ (*évanoui*) bewusstlos
❷ (*qui ne se rend pas compte*) leichtsinnig; **être** ~**(e) de qc** sich (*Dat*) einer S. (*Gen*) nicht bewusst sein
❸ (*machinal, irréfléchi*) unbewusst; *effort, élan* spontan; PSYCH unbewusst
inconsciente [ɛ̃kɔ̃sjɑ̃t] *f* ❶ (*folle*) Geistesgestörte *f*
❷ (*irresponsable*) Leichtsinnige *f*
inconséquence [ɛ̃kɔ̃sekɑ̃s] *f* ❶ Inkonsequenz *f; d'une théorie, d'un raisonnement* Unlogik *f*
❷ (*légèreté*) Leichtsinnigkeit *f*
❸ (*acte irréfléchi*) Gedankenlosigkeit *f*
inconséquent(e) [ɛ̃kɔ̃sekɑ̃, ɑ̃t] *adj* ❶ inkonsequent; *raisonnement* unlogisch
❷ (*irréfléchi*) unüberlegt; *personne* der/die unüberlegt handelt
inconsidéré(e) [ɛ̃kɔ̃sideʀe] *adj* unbesonnen
inconsidérément [ɛ̃kɔ̃sideʀemɑ̃] *adv* ohne zu überlegen
inconsistance [ɛ̃kɔ̃sistɑ̃s] *f d'une argumentation* Unhaltbarkeit *f*, mangelnde Stichhaltigkeit; *d'un caractère* Haltlosigkeit *f; d'un roman, scénario* Inhaltslosigkeit *f*
inconsistant(e) [ɛ̃kɔ̃sistɑ̃, ɑ̃t] *adj* ❶ (*fragile, léger*) *argumentation* unhaltbar, nicht stichhaltig; *espoir* falsch; *programme, scénario* inhaltslos
❷ (*mou*) *caractère, personne* haltlos
❸ (*trop liquide*) wäss(e)rig; *crème* zu dünn
inconsolable [ɛ̃kɔ̃sɔlabl] *adj* ❶ untröstlich; ~ **de qc** untröstlich über etw (*Akk*)
❷ *chagrin, malheur, peine* unermesslich
inconstance [ɛ̃kɔ̃stɑ̃s] *f* ❶ (*versatilité*) Unbeständigkeit *f*
❷ (*infidélité*) *d'un amant, d'une maîtresse* Flatterhaftigkeit *f;* **l'**~ **de son humeur** seine/ihre Launenhaftigkeit
❸ (*incertitude*) *d'une fortune, puissance* Unbeständigkeit *f*
inconstant(e) [ɛ̃kɔ̃stɑ̃, ɑ̃t] *adj* ❶ (*versatile*) wankelmütig;

amant, maîtresse flatterhaft
❷ (*incertain*) unbeständig
inconstitutionnel(le) [ɛ̃kɔ̃stitysjɔnɛl] *adj* JUR verfassungswidrig
inconstructible [ɛ̃kɔ̃stʀyktibl] *adj terrain* nicht bebaubar
incontestable [ɛ̃kɔ̃tɛstabl] *adj* unbestreitbar; *principe, réussite, droit* unbestritten; *fait, preuve* nicht zu leugnen; *qualité* einwandfrei; **il est ~ que c'est cher** es ist nicht zu leugnen, dass es teuer ist
incontestablement [ɛ̃kɔ̃tɛstabləmɑ̃] *adv* zweifellos
incontesté(e) [ɛ̃kɔ̃tɛste] *adj* unbestritten; *champion, leader* unangefochten; *personne* allgemein anerkannt
incontinence [ɛ̃kɔ̃tinɑ̃s] *f* MED ~ [**d'urine**], ~ [**urinaire**] unkontrollierter Harnfluss, Inkontinenz *f* (*Fachspr.*); ~ **nocturne** Bettnässen *nt*
incontinent(e) [ɛ̃kɔ̃tinɑ̃, ɑ̃t] *adj* an Inkontinenz leidend (*Fachspr.*); **être ~(e)** *enfant:* [ein] Bettnässer *m* sein
incontournable [ɛ̃kɔ̃tuʀnabl] *adj* unvermeidlich; *fait, exigence* unumgänglich; **ce problème est ~** an diesem Problem kommt niemand vorbei; **cet homme est ~** an diesem Mann führt kein Weg vorbei
incontrôlable [ɛ̃kɔ̃tʀolabl] *adj* ❶ nicht nachprüfbar
❷ (*irrépressible*) unkontrollierbar; *besoin, envie, passion* unbezwingbar; *attirance* unwiderstehlich; *mouvement* unwillkürlich
❸ (*ingouvernable*) unkontrollierbar; **devenir ~** außer Kontrolle geraten
incontrôlé(e) [ɛ̃kɔ̃tʀole] *adj* unkontrolliert
inconvenance [ɛ̃kɔ̃v(ə)nɑ̃s] *f* ❶ *d'une proposition, question, situation* Unschicklichkeit *f*
❷ (*action, parole*) Unanständigkeit *f*
inconvenant(e) [ɛ̃kɔ̃v(ə)nɑ̃, ɑ̃t] *adj* ❶ (*déplacé*) *conduite, proposition* unpassend
❷ (*indécent*) unanständig
inconvénient [ɛ̃kɔ̃venjɑ̃] *m* ❶ (*opp: avantage*) Nachteil *m; d'une situation* negative Begleiterscheinung
❷ *gén pl* (*conséquence fâcheuse*) unangenehme Folge
❸ (*obstacle*) **l'~, c'est que c'est cher** das Problem ist, dass es teuer ist
▶ **il n'y a pas d'~ à faire qc/à ce que qc soit fait** es spricht nichts dagegen, etw zu tun/dass etw getan wird; **ne pas voir d'~ à qc/à faire qc/à ce que qn fasse qc** nichts gegen etw haben/dagegen haben, etw zu tun/dagegen haben, dass jd etw tut; **sans ~** ohne weiteres; (*sans danger*) ohne Risiko
inconvertible [ɛ̃kɔ̃vɛʀtibl] *adj monnaie* nicht eintauschbar
incoordination [ɛ̃kɔɔʀdinasjɔ̃] *f spéc* ❶ *d'opérations militaires, de services administratifs* mangelnde Koordination *f*
❷ MED Koordinationsstörung *f*
incorporable [ɛ̃kɔʀpɔʀabl] *adj* MIL wehrpflichtig
incorporation [ɛ̃kɔʀpɔʀasjɔ̃] *f* ❶ Vermengung *f;* ~ **du sucre dans la pâte** Vermengung des Zuckers mit dem Teig
❷ (*annexion*) Eingliederung *f;* **l'~ d'une minorité dans une communauté** die Integration einer Minderheit in eine Gemeinschaft
❸ MIL Einziehung *f,* Einberufung *f*
incorporé(e) [ɛ̃kɔʀpɔʀe] *adj* TECH eingebaut
incorporel(le) [ɛ̃kɔʀpɔʀɛl] *adj* körperlos
incorporer [ɛ̃kɔʀpɔʀe] <1> **I.** *vt* ❶ GASTR, TECH (*mélanger*) ~ **qc à qc** einer S. (*Dat*) etw beimengen [*o* beimischen]; unterheben *blancs battus en neige;* ~ **du sucre à la pâte** dem Teig Zucker beimengen
❷ (*intégrer*) ~ **qn/qc dans** [*o* **à**] **qc** jdn/etw in etw (*Akk*) einschließen; ~ **un groupe** eine Gruppe eingliedern; ~ **un paragraphe** einen Paragraphen einfügen; ~ **un territoire dans qc** ein Gebiet an etw (*Akk*) anschließen; ~ **qn dans sa famille** jdn in seine Familie aufnehmen; ~ **qc dans un récit** etw in eine Erzählung einbauen
❸ MIL ~ **qn dans qc** jdn zu etw einziehen [*o* einberufen]
II. *vpr* **s'~ à qc** *personne:* sich in etw (*Akk*) einfügen [*o* eingliedern]; *liquide, substance:* sich mit etw vermengen
incorrect(e) [ɛ̃kɔʀɛkt] *adj* ❶ *expression, style* nicht richtig; *montage* fehlerhaft; **une lecture ~e** ein ungenaues Durchlesen
❷ (*inconvenant*) unpassend; *langage, ton* unangemessen
❸ (*impoli*) ungehörig; **se montrer ~(e)** sich unkorrekt verhalten
❹ (*déloyal*) **~(e) en qc/avec qn** nicht seriös in etw (*Dat*)/mit jdm
incorrectement [ɛ̃kɔʀɛktəmɑ̃] *adv* ❶ (*de façon défectueuse*) fehlerhaft
❷ (*de façon inconvenante*) unkorrekt
incorrection [ɛ̃kɔʀɛksjɔ̃] *f* ❶ (*faute*) Fehler *m*
❷ (*manque de correction*) *de style* Unkorrektheit *f; de langage* Fehlerhaftigkeit *f*
❸ (*impolitesse*) Ungehörigkeit *f*
incorrigible [ɛ̃kɔʀiʒibl] *adj a. antéposé* unverbesserlich
incorruptibilité [ɛ̃kɔʀyptibilite] *f* ❶ Unbestechlichkeit *f*
❷ (*caractère inaltérable*) *d'un matériau, d'une substance* Haltbarkeit *f*
incorruptible [ɛ̃kɔʀyptibl] **I.** *adj* ❶ unbestechlich
❷ *matériau, substance* haltbar; **un bois rendu ~ à l'humidité** imprägniertes Holz
II. *mf* Unbestechliche(r) *f(m)*
incrédibilité [ɛ̃kʀedibilite] *f* Unglaubwürdigkeit *f*
incrédule [ɛ̃kʀedyl] *adj* ungläubig; **rester ~** es einfach nicht glauben
incrédulité [ɛ̃kʀedylite] *f* Ungläubigkeit *f;* **avec ~** ungläubig
incrément [ɛ̃kʀemɑ̃] *m* INFORM Inkrement *nt* (*Fachspr.*)
increvable [ɛ̃kʀəvabl] *adj* ❶ *fam personne* nicht kleinzukriegen (*fam*); *appareil, voiture* unverwüstlich; **être vraiment ~** wirklich nicht totzukriegen sein (*fam*)
❷ *pneu* pannensicher; **un ballon ~** ein Ball, der nicht kaputtgeht
incriminer [ɛ̃kʀimine] <1> *vt* ❶ beschuldigen
❷ (*mettre en cause*) verantwortlich machen; in Zweifel ziehen *honnêteté;* **être incriminé(e)** beanstandet werden; **la chose incriminée** die besagte Sache
incrochetable [ɛ̃kʀɔʃ(ə)tabl] *adj* einbruchsicher; **serrure ~** Sicherheitsschloss *nt*
incroyable [ɛ̃kʀwajabl] *adj a. antéposé* ❶ (*extraordinaire*) unglaublich, ungeheuerlich; **c'est ~ de voir à quel point tout a changé** es ist unglaublich, wie sehr sich alles verändert hat
❷ (*bizarre*) unglaublich; **si ~ que cela puisse paraître** so unwahrscheinlich das auch scheinen mag
▶ ~ **mais vrai** kaum zu glauben, aber wahr
incroyablement [ɛ̃kʀwajabləmɑ̃] *adv* unglaublich
incroyance [ɛ̃kʀwajɑ̃s] *f* Unglaube[n] *m*
incroyant(e) [ɛ̃kʀwajɑ̃, jɑ̃t] **I.** *adj* ungläubig, nicht gläubig
II. *m(f)* Ungläubige(r) *f(m)*
incrustation [ɛ̃kʀystasjɔ̃] *f* ❶ ART, COUT Einlegearbeit *f,* Intarsien *Pl; d'un édifice* Ornament *nt*
❷ MINER Ablagerung *f; d'une chaudière* Kesselstein *m*
❸ INFORM Pop-up Fenster *nt*
▶ **en ~** AUDIOV eingeblendet
incruster [ɛ̃kʀyste] <1> **I.** *vt* ❶ ART mit Einlegearbeit verzieren; ~ **qc de diamants/mosaïques** etw mit [eingesetzten] Diamanten/[eingelegten] Mosaiken verzieren; **être incrusté(e) de qc** mit etw eingelegt sein
❷ (*entartrer*) **incrusté(e) de calcaire** verkalkt
II. *vpr* ❶ *fam* (*s'installer*) **s'~ chez qn** sich bei jdm einnisten
❷ (*adhérer fortement*) **s'~** *coquillage, odeur:* sich festsetzen
❸ (*se couvrir d'un dépôt*) **s'~ de qc** sich auf etw (*Dat*) festsetzen
❹ (*se graver*) **ce souvenir s'est incrusté dans ma mémoire** diese Erinnerung hat sich mir eingeprägt
incubateur [ɛ̃kybatœʀ] *m* MED Brutkasten *m*
incubation [ɛ̃kybasjɔ̃] *f* ❶ (*couvaison*) Bebrütung *f*

❷ MED Inkubationszeit *f*

incuber [ɛ̃kybe] <1> *vt* bebrüten *œufs*

inculpation [ɛ̃kylpasjɔ̃] *f* JUR Anklagepunkt *m;* **qn se trouve sous l'~ de qc** jdm wird etw zur Last gelegt; **sous l'~ de vol** unter Anklage wegen Diebstahls

inculpé(e) [ɛ̃kylpe] *m(f)* JUR Angeklagte(r) *f(m)*

inculper [ɛ̃kylpe] <1> *vt* ~ **qn de qc** gegen jdn Anklage wegen einer S. (*Gen*) erheben

inculquer [ɛ̃kylke] <1> *vt* ~ **qc à qn** jdm etw einprägen [*o* einbleuen *fam*]

inculte [ɛ̃kylt] *adj* ❶ brachliegend; **terres ~s** Brachland *nt*
❷ (*ignare*) ungebildet

incultivable [ɛ̃kyltivabl] *adj* nicht nutzbar

inculture [ɛ̃kyltyʀ] *f* Bildungsmangel *m*

incurable [ɛ̃kyʀabl] **I.** *adj* ❶ MED unheilbar
❷ (*incorrigible*) unverbesserlich; *ignorance* unendlich; *paresse* chronisch
❸ *antéposé littér* unstillbar; *blessure* unheilbar; *amour* niemals versiegend (*geh*)
II. *mf* MED unheilbar Kranke(r) *f(m)*

incurie [ɛ̃kyʀi] *f* Unbekümmertheit *f*

incursion [ɛ̃kyʀsjɔ̃] *f* ❶ (*raid*) **l'~ des troupes ennemies dans le pays** der Einfall der feindlichen Truppen ins Land; **l'~ de pillards dans la région** der Überfall von Plünderern in der Gegend
❷ (*intrusion*) Eindringen *nt*
❸ (*passage rapide*) Ausflug *m;* **faire une ~ dans un domaine inconnu** sich auf ein unbekanntes Gebiet begeben

incurvé(e) [ɛ̃kyʀve] *adj* gebogen; *tracé* gekrümmt; *dossier* geschwungen; *côte* eingebuchtet; **être ~(e)** *rue:* eine Kurve machen; **un fauteuil à pieds ~s** ein Sessel mit geschwungenen Füßen

incurver [ɛ̃kyʀve] <1> **I.** *vt* biegen
II. *vpr* **s'~** *côte:* eingebuchtet sein; *route:* eine Kurve machen; *profil, surface:* sich wölben; *ligne:* sich krümmen

indatable [ɛ̃databl] *adj ouvrage* nicht datierbar

Inde [ɛ̃d] *f* ❶ GEOG **l'~** Indien *nt;* **en ~** in Indien
❷ HIST **les ~s** Indien *nt;* **aux ~s** nach Indien; **route des ~s** Weg nach Indien

indéboulonnable [ɛ̃debulɔnablə] *adj fam* **être ~** sattelfest sein

indécemment [ɛ̃desamɑ̃] *adv* schamlos

indécence [ɛ̃desɑ̃s] *f* ❶ Anstößigkeit *f; d'une personne* Schamlosigkeit *f;* **avoir l'~ de faire qc** die Schamlosigkeit besitzen, etw zu tun
❷ (*inconvenance*) Ungehörigkeit *f*
❸ *pl* (*actes, propos*) Unanständigkeiten *Pl*

indécent(e) [ɛ̃desɑ̃, ɑ̃t] *adj* ❶ anstößig; *chanson, danse, geste, propos* anstößig; *personne* schamlos
❷ (*déplacé*) deplatziert; *joie* schamlos; *chance* unverschämt (*fam*); **il est ~ que tu ries** es ist ungehörig, dass du lachst

indéchiffrable [ɛ̃deʃifʀabl] *adj* ❶ nicht zu entziffern
❷ (*incompréhensible*) schwer durchschaubar; *monde* unbegreiflich; *énigme* unlösbar; *visage* unergründlich

indéchirable [ɛ̃deʃiʀabl] *adj tissu* unzerreißbar

indécis(e) [ɛ̃desi, iz] **I.** *adj* ❶ unentschlossen; **être ~(e) sur** [*o* **quant à**] **qc** sich (*Dat*) über etw (*Akk*) unschlüssig sein; **être ~(e) entre qc et qc** zwischen etw und etw (*Dat*) schwanken
❷ (*douteux*) unentschieden; *question* ungelöst; *résultat, victoire* ungewiss; *temps* wechselhaft
❸ (*indistinct*) *contours, forme* verschwommen
II. *m(f)* Unentschlossene(r) *f(m)*

indécision [ɛ̃desizjɔ̃] *f* Unentschlossenheit *f;* ~ **sur** [*o* **quant à**] **qc** Unentschlossenheit in Bezug auf etw (*Akk*); **dans l'~ il préfère attendre** wenn er unentschlossen ist, wartet er lieber ab; **être dans l'~ sur qc** sich (*Dat*) über etw (*Akk*) nicht schlüssig sein

indéclinable [ɛ̃deklinabl] *adj* undeklinierbar

indécomposable [ɛ̃dekɔ̃pozabl] *adj* ❶ (*qu'on ne peut décomposer*) nicht zerlegbar
❷ *fig* (*qu'on ne peut analyser*) untrennbar

indécrottable [ɛ̃dekʀɔtabl] *adj fam* (*incorrigible*) unverbesserlich

indéfectible [ɛ̃defɛktibl] *adj littér amour, attachement* unvergänglich; *confiance, volonté* unerschütterlich; *soutien, lien* beständig

indéfendable [ɛ̃defɑ̃dabl] *adj* ❶ nicht zu verteidigen
❷ (*insoutenable*) unvertretbar; *point de vue* unhaltbar

indéfini(e) [ɛ̃defini] *adj* ❶ (*indéterminé*) unbestimmt
❷ (*illimité*) *espace, nombre, progrès, temps* unbegrenzt
❸ GRAM unbestimmt; **adjectif ~** attributives Indefinitpronomen

indéfiniment [ɛ̃definimɑ̃] *adv* auf unbegrenzte Zeit

indéfinissable [ɛ̃definisabl] *adj* undefinierbar; *charme* eigener; *émotion, malaise, trouble* unerklärlich

indéformable [ɛ̃defɔʀmabl] *adj* formbeständig; **être ~** *vêtement:* seine Form behalten

indéfrisable [ɛ̃defʀizabl] *f vieilli* Dauerwelle *f*

indélébile [ɛ̃delebil] *adj* ❶ nicht zu entfernen; *couleur* waschecht; *rouge à lèvres* kussecht; **encre ~** dokumentenechte Tinte
❷ *impression, marque, souvenir* unauslöschlich

indélicat(e) [ɛ̃delika, at] *adj* ❶ (*malhonnête*) gewissenlos
❷ (*grossier*) taktlos

indélicatesse [ɛ̃delikatɛs] *f* ❶ Skrupellosigkeit *f,* Gewissenlosigkeit *f*
❷ (*grossièreté*) Taktlosigkeit *f*

indémaillable [ɛ̃demɑjabl] *adj vieilli bas, jersey* maschenfest; **en ~** aus maschenfestem Gewebe

indemne [ɛ̃dɛmn] *adj* unversehrt; **sortir ~ de qc** etw ohne Schaden überstehen; **sortir ~ de l'accident** bei dem Unfall nicht verletzt werden

indemnisable [ɛ̃dɛmnizabl] *adj* zu entschädigen; **les dommages sont ~s** für die Schäden ist aufzukommen

indemnisation [ɛ̃dɛmnizasjɔ̃] *f* Schaden[s]ersatz *m; d'un associé* Abfindung *f;* (*dédommagement versé par l'État*) Entschädigung *f;* ~ **des dommages de guerre** Reparationszahlungen *Pl* für die Kriegsschäden

indemniser [ɛ̃dɛmnize] <1> *vt* ❶ ~ **qn de qc** jdm etw erstatten; **j'ai été indemnisé(e)** man hat mir die Kosten erstattet
❷ (*régler un sinistre*) ~ **qn pour qc** jdm Schaden[s]ersatz für etw leisten; *État:* jdn für etw entschädigen; *assurances, assureur:* [jdm] den Schaden für etw zahlen

indemnité [ɛ̃dɛmnite] *f* ❶ *a.* JUR (*réparation*) Schaden[s]ersatz *m;* (*payé par l'État*) Entschädigung *f;* (*forfait*) Abfindung *f;* FIN Abstandsgeld *nt;* ~ **compensatrice** Ausgleichsleistung *f;* ~ **globale** Globalentschädigung
❷ (*prime*) Zulage *f; d'un maire, conseiller régional* Bezüge *Pl;* (*journalière*) Krankengeld *nt;* (*en cas de maternité*) Mutterschaftshilfe *f*
❸ POL ~ **parlementaire** Diäten *Pl*
◆ ~ **en argent** Geldentschädigung *f;* ~ **de chômage** Arbeitslosengeld *nt;* ~ **de déplacement** Reisekostenvergütung *f;* ~ **de guerre** Kriegsentschädigung *f;* ~ **de licenciement** Entlassungsabfindung *f,* Entlassungsentschädigung *f,* Kündigungsentschädigung; ~ **de logement** Wohnungsgeld *nt*

indémodable [ɛ̃demɔdabl] *adj vêtement* zeitlos

indémontable [ɛ̃demɔ̃tabl] *adj* **qc est ~** etw kann nicht auseinander genommen werden; (*ne peut pas être enlevé*) etw kann nicht abmontiert werden

indémontrable [ɛ̃demɔ̃tʀabl] *adj* nicht beweisbar

indéniable [ɛ̃denjabl] *adj* unleugbar; **il est ~ que c'est vrai** es lässt sich nicht leugnen [*o* bestreiten], dass es wahr ist

indéniablement [ɛ̃denjabləmɑ̃] *adv* zweifellos

indépendamment [ɛ̃depɑ̃damɑ̃] *adv* (*en dehors de cela*) unabhängig davon
► ~ **de qc** (*outre*) zusätzlich zu etw; (*abstraction faite de*)

ungeachtet einer S. (*Gen*); (*sans dépendre de*) unabhängig von etw
indépendance [ɛ̃depɑ̃dɑ̃s] *f* ❶ (*liberté*) Unabhängigkeit *f;* ~ **d'idées** Eigenständigkeit *f* der Gedanken; ~ **de caractère** Charakterstärke *f;* **en toute** ~ **d'esprit** ganz unvoreingenommen
❷ (*autonomie, souveraineté*) Unabhängigkeit *f;* **la guerre de l'**~ **grecque** der Griechische Freiheitskrieg; **accéder à l'**~ die Unabhängigkeit erlangen; **proclamer son** ~ seine Unabhängigkeit erklären
❸ (*absence de dépendance*) **l'**~ **de ces deux événements** die Unabhängigkeit dieser beiden Ereignisse [voneinander]
indépendant [ɛ̃depɑ̃dɑ̃] *m* ART, POL **les Indépendants** die Unabhängigen
indépendant(e) [ɛ̃depɑ̃dɑ̃, ɑ̃t] *adj* ❶ unabhängig; (*qui se débrouille tout seul*) selb(st)ständig; (*qui est son propre maître*) eigenständig
❷ (*souverain*) unabhängig
❸ (*à son compte*) selb(st)ständig; *artiste, architecte, photographe* freischaffend; *collaborateur, journaliste* frei
❹ (*indocile*) eigenwillig
❺ (*séparé*) *chambre* separat; *questions, systèmes* voneinander unabhängig; *roues* mit Einzelaufhängung
❻ (*sans liaison avec*) ~**(e) de qn/qc** von jdm/etw unabhängig; **pour des raisons** ~**es de notre volonté** aus Gründen, die außerhalb unserer Kontrolle liegen
indépendante [ɛ̃depɑ̃dɑ̃t] *f* GRAM Hauptsatz *m*
indépendantiste [ɛ̃depɑ̃dɑ̃tist] **I.** *adj* POL separatistisch; *mouvement, parti* Unabhängigkeits-
II. *mf* Separatist(in) *m(f);* **chef des** ~**s** Anführer(in) *m(f)* der Separatisten
indéracinable [ɛ̃deʀasinabl] *adj* tiefsitzend; *préjugé* unausrottbar; *personne* nicht wegzudenken
indéréglable [ɛ̃deʀeglabl] *adj* TECH *mécanisme* absolut zuverlässig; **l'horloge est** ~ die Uhr geht immer genau
indescriptible [ɛ̃dɛskʀiptibl] *adj a. antéposé* unbeschreiblich
indésirable [ɛ̃deziʀabl] **I.** *adj* unerwünscht
II. *mf* unerwünschte Person
indestructible [ɛ̃dɛstʀyktibl] *adj* unzerstörbar; *tissu* unverwüstlich; *foi, solidarité* unerschütterlich; *liaison, amour* dauerhaft; *personne* nicht unterzukriegen (*fam*); **impression** ~ bleibender Eindruck
indétectable [ɛ̃detɛktabl] *adj* [über Radar] nicht erfassbar; *erreur* unauffindbar
indéterminable [ɛ̃detɛʀminabl] *adj* ❶ SCI *grandeur* unbestimmt
❷ (*indéfinissable*) unbestimmbar
indétermination [ɛ̃detɛʀminasjɔ̃] *f* ❶ (*indécision*) Unentschlossenheit *f;* (*permanente*) Entschlusslosigkeit *f*
❷ (*imprécision*) Unbestimmtheit *f*
indéterminé(e) [ɛ̃detɛʀmine] *adj* ❶ (*non précisé*) unbestimmt; *date* nicht festgesetzt; MATH unbestimmt
❷ (*incertain*) unbestimmt; *sens, termes* vage
❸ (*indistinct*) verschwommen
❹ (*indécis*) **être** ~**(e) sur qc** sich (*Dat*) in Bezug auf etw (*Akk*) noch nicht sicher sein, in Bezug auf etw (*Akk*) unentschlossen sein
indétrônable [ɛ̃detʀonablə] *adj* unschlagbar; **être** ~ fest im Sattel sitzen
index [ɛ̃dɛks] *m* ❶ (*doigt*) Zeigefinger *m*
❷ (*table alphabétique*) Verzeichnis *nt,* Index *m*
❸ (*repère mobile*) Zeiger *m*
❹ REL **l'Index** der Index
▸ **être à l'Index** auf dem Index stehen; **mettre qn/qc à l'**~ (*condamner*) etw auf den Index setzen; (*boycotter*) jdn/etw auf die schwarze Liste setzen
indexation [ɛ̃dɛksasjɔ̃] *f* ECON, FIN Indexierung *f,* Indexbindung *f*
indexé(e) [ɛ̃dɛkse] *adj* ECON, FIN indexgebunden, an den/einen Index gekoppelt
indexer [ɛ̃dɛkse] <1> *vt* ❶ ECON, FIN ~ **qc sur qc** etw an etw (*Akk*) koppeln
❷ JUR indexieren
indic [ɛ̃dik] *m arg abr de* **indicateur [de police]** Spitzel *m*
indicateur [ɛ̃dikatœʀ] *m* ❶ ~ **de police** Polizeispitzel *m*
❷ CHEMDFER Kursbuch *nt*
❸ (*index*) ~ **des rues** Straßenverzeichnis *nt*
❹ TECH Anzeiger *m,* Messgerät *nt*
❺ ECON, BOURSE Indikator *m*
◆ ~ **de niveau d'eau** Wasserstandsanzeiger *m;* ~ **de pression** Druckmesser *m;* ~ **de tendance** Börsenindex *m*
indicateur, -trice [ɛ̃dikatœʀ, -tʀis] *adj panneau, plaque* Hinweis-; **poteau** ~ Wegweiser *m;* **tableau** ~ Anzeigetafel *f;* **borne indicatrice** Markierungsstein *m*
indicatif [ɛ̃dikatif] *m* ❶ TELEC Vorwahl[nummer] *f;* ~ **départemental** ≈ Ortsnetzkennzahl *f*
❷ AUDIOV Erkennungsmelodie *f*
❸ GRAM Indikativ *m,* Wirklichkeitsform *f;* **à l'**~ im Indikativ
indicatif, -ive [ɛ̃dikatif, -iv] *adj* ❶ (*qui renseigne*) annähernd; *vote* aufschlussreich; **prix** ~ Richtpreis *m;* **à titre** ~ zur Kenntnisnahme; **ce chiffre n'est qu'**~ das ist nur ein Näherungswert
❷ LING **mode** ~ Indikativ *m,* Wirklichkeitsform *f*
indication [ɛ̃dikasjɔ̃] *f* ❶ Hinweis *m,* Auskunft *f;* ~ **sur qc** Hinweis auf etw (*Akk*); **sur les** ~**s de qn** auf jds Angaben hin
❷ *d'une adresse, d'un numéro, d'un prix,* Angabe *f; d'un virage dangereux* Signalisierung *f*
❸ (*prescription*) Anweisung *f;* ~ **scénique** Regieanweisung
❹ (*indice*) Hinweis *m;* ~ **de qc** Hinweis auf etw (*Akk*), Anzeichen *nt* für etw
❺ MED Indikation *f*
▸ **sauf** ~ **contraire** wenn nichts Gegenteiliges verlautet
◆ ~ **d'erreur** Fehlermeldung *f;* ~ **de provenance** JUR, COM Herkunftsbezeichnung *f*
indicatrice [ɛ̃dikatʀis] *f* ~ **de police** Polizeispitzel *m*
indice [ɛ̃dis] *m* ❶ Anzeichen *nt;* (*constatation*) Zeichen *nt*
❷ (*trace*) Spur *f*
❸ (*preuve*) Beweis *m;* JUR Indiz *nt*
❹ ECON, FIN Indexzahl *f;* ADMIN Besoldungsgruppe *f*
❺ MATH Index *m*
◆ ~ **d'écoute** RADIO, TV Einschaltquote *f;* ~ **d'octane** AUT Oktanzahl *f;* ~ **de rendement** Leistungskriterium *nt*
indiciaire [ɛ̃disjɛʀ] *adj* **grille** ~ Besoldungsstaffelung *f;* **classement** ~ Einstufung *f* in eine Besoldungsgruppe
indicible [ɛ̃disibl] **I.** *adj littér* unaussprechlich; *charme* unbeschreiblich
II. *m littér* **l'**~ das Unaussprechliche
indien(ne) [ɛ̃djɛ̃, jɛn] *adj* ❶ (*d'Inde*) indisch
❷ (*d'Amérique*) indianisch
Indien(ne) [ɛ̃djɛ̃, jɛn] *m(f)* ❶ (*habitant de l'Inde*) Inder(in) *m(f)*
❷ (*indigène d'Amérique*) Indianer(in) *m(f); d'Amérique du Sud* Indio *m*/Indiofrau *f*
indifféremment [ɛ̃difeʀamɑ̃] *adv* in gleicher Weise, unterschiedslos
indifférence [ɛ̃difeʀɑ̃s] *f* ❶ Gleichgültigkeit *f;* ~ **pour [***o* **à l'égard de] qn/qc** Gleichgültigkeit jdm/einer S. gegenüber
❷ (*manque d'intérêt*) Desinteresse *nt;* ~ **en qc** Desinteresse an etw (*Dat*)
❸ (*détachement*) Teilnahmslosigkeit *f*
indifférencié(e) [ɛ̃difeʀɑ̃sje] *adj* unterschiedslos
indifférent(e) [ɛ̃difeʀɑ̃, ɑ̃t] **I.** *adj* ❶ (*insensible*) *attitude, personne* gleichgültig; *regard, visage* unbeteiligt; **une mère** ~**e** eine gefühllose Mutter; **être** ~**(e) à qc** einer S. (*Dat*) gleichgültig gegenüberstehen; **être** ~**(e) à une personne** kein Interesse an einem Menschen zeigen; **laisser qn** ~ jdn unberührt lassen
❷ (*égal*) **être** ~**(e) à qn** *personne:* jdm gleichgültig sein; *choix,*

sort, avis: jdm gleich[gültig] *fam* sein; **il est ~ à qn de faire qc** es ist jdm gleichgültig, ob er etw tut; **il est ~ à qn que qc se fasse ou pas** es ist jdm gleichgültig, ob etw getan wird oder nicht
❸ (*sans importance*) belanglos; *renseignement* unwichtig
II. *m(f)* Gleichgültige(r) *f(m)*

indifférer [ɛ̃difeʀe] <5> *vt* nicht tangieren (*geh*)

indigence [ɛ̃diʒɑ̃s] *f* ❶ Bedürftigkeit *f;* **dans l'~** in Not
❷ *d'esprit, imagination, de style* Dürftigkeit *f*

indigène [ɛ̃diʒɛn] I. *adj* ❶ einheimisch; **les populations ~s** die Einheimischen
❷ (*opp: blanc*) eingeboren; **ville ~** Stadtteil *m* der Eingeborenen
❸ BOT, ZOOL heimisch
II. *mf* ❶ Einheimische(r) *f(m)*
❷ (*opp: blanc*) Eingeborene(r) *f(m)*

indigent(e) [ɛ̃diʒɑ̃, ʒɑ̃t] I. *adj* ❶ *personne* bedürftig
❷ (*faible*) spärlich; *imagination* gering
II. *m(f)* Bedürftige(r) *f(m)*

indigeste [ɛ̃diʒɛst] *adj* ❶ *cuisine, nourriture* ungenießbar, schwer verdaulich, unverdaulich
❷ *fig érudition, lecture, ouvrage, roman* schwer verdaulich

indigestion [ɛ̃diʒɛstjɔ̃] *f* Magenverstimmung *f;* **avoir une ~ de qc** sich (*Dat*) mit etw den Magen verdorben haben (*fam*)

indignation [ɛ̃diɲasjɔ̃] *f* Empörung *f,* Entrüstung *f*

indigne [ɛ̃diɲ] *adj* ❶ **être ~ de qn/qc** jds/einer S. nicht würdig sein; **être ~ de faire qc** es nicht wert sein, etw zu tun
❷ (*inconvenant*) **être ~ de qn** *action, attitude, sentiment:* unter jds Würde (*Dat*) sein, jds nicht würdig sein
❸ (*odieux*) unwürdig, schändlich; **mère ~** Rabenmutter *f;* **époux/fils ~** Ehegatte/Sohn, der diesen Namen nicht verdient

indigné(e) [ɛ̃diɲe] *adj* empört, entrüstet; **~(e) de qc** entrüstet über etw (*Akk*)

indignement [ɛ̃diɲ(ə)mɑ̃] *adv* schändlich

indigner [ɛ̃diɲe] <1> I. *vt* empören
II. *vpr* **s'~ contre qn/contre [*o* de] qc** sich über jdn/etw empören [*o* entrüsten]; **s'~ de faire qc/[de ce] que qc se produise** sich darüber empören [*o* entrüsten], etw zu tun/dass etw geschieht

indignité [ɛ̃diɲite] *f* ❶ (*bassesse*) Unwürdigkeit *f*
❷ (*traitement, acte*) Schändlichkeit *f,* Gemeinheit *f*

indigo [ɛ̃digo] I. *m* Indigo *m o nt*
II. *app inv* indigo[blau]

indiqué(e) [ɛ̃dike] *adj* ❶ angebracht, ratsam
❷ (*adéquat*) geeignet; **être tout(e) ~(e)** genau das Richtige sein; **le Louvre est le lieu tout ~** der Louvre ist genau der richtige Ort
❸ (*fixé*) angegeben; *date* festgelegt

indiquer [ɛ̃dike] <1> *vt* ❶ *personne:* zeigen; *écriteau, flèche, horloge:* anzeigen; **~ qn/qc de la main** mit dem Finger auf jdn/etw deuten; **~ que c'est là** anzeigen, dass es da ist; **qu'indique le panneau?** was steht auf dem Schild?
❷ (*recommander*) nennen
❸ (*dire*) angeben; (*expliquer*) erklären; **~ à qn comment y aller/ce que cela représente** jdm sagen, wie er dorthin kommt/was das darstellt
❹ (*révéler*) hinweisen auf (+ *Akk*), anzeigen; **~ que qn est passé** anzeigen [*o* darauf hinweisen], dass jd vorübergegangen ist; **rien n'indique qu'il est [*o* soit] parti** nichts deutet darauf hin, dass er gegangen ist; **tout indique qu'il n'est plus là** alles deutet darauf hin, dass er nicht mehr da ist
❺ (*marquer*) kennzeichnen, kenntlich machen

indirect(e) [ɛ̃diʀɛkt] *adj* indirekt; **par des moyens ~s** auf Umwegen

indirectement [ɛ̃diʀɛktəmɑ̃] *adv* indirekt, auf indirekte Weise

indiscernable [ɛ̃disɛʀnabl] *adj* nicht zu unterscheiden; *différences, nuances* nicht erkennbar

indiscipline [ɛ̃disiplin] *f* Disziplinlosigkeit *f;* **acte d'~** disziplinloses Verhalten; **pour ~** wegen disziplinlosen Verhaltens

indiscipliné(e) [ɛ̃disipline] *adj* undiszipliniert; *cheveux* ungebändigt

indiscret, -ète [ɛ̃diskʀɛ, ɛt] I. *adj* ❶ *yeux, personne* neugierig
❷ (*bavard*) indiskret, schwatzhaft; **commérages ~s** Klatsch *m*
❸ (*inconvenant*) indiskret; *familiarité, démarche* zudringlich, plump; *présence* lästig
II. *m, f* (*personne bavarde*) schwatzhafter Mensch; (*personne curieuse*) Neugierige(r) *f(m)*

indiscrètement [ɛ̃diskʀɛtmɑ̃] *adv* ❶ (*de façon importune*) indiskreterweise
❷ (*par des bavardages*) durch Schwatzhaftigkeit

indiscrétion [ɛ̃diskʀesjɔ̃] *f* ❶ Indiskretion *f;* **sans ~, peut-on savoir si ...?** kann man – ohne indiskret sein zu wollen – erfahren, ob ...?
❷ (*tendance à divulguer*) Indiskretion *f,* Schwatzhaftigkeit *f*
❸ (*acte, bavardage*) Indiskretion *f,* indiskrete Äußerung; **commettre beaucoup d'~s** sehr indiskret sein

indiscutable [ɛ̃diskytabl] *adj fait* unumstößlich; *succès, supériorité, réalité* unbestreitbar; *personne, crédibilité* über jeden Zweifel erhaben; *témoignage* hieb- und stichfest; **il est ~ que** es besteht kein Zweifel darüber, dass

indiscutablement [ɛ̃diskytabləmɑ̃] *adv* zweifellos, fraglos

indiscuté(e) [ɛ̃diskyte] *adj* unbestritten

indispensable [ɛ̃dispɑ̃sabl] I. *adj* unbedingt notwendig; *précautions* unerlässlich; *devoir* unvermeidlich; *objet, personne* unentbehrlich; **savoir se rendre ~** sich unentbehrlich machen; **il est ~ de faire qc/que qc soit fait** man muss unbedingt etw tun/es muss unbedingt etw getan werden; **il est ~ que nous prenions une assurance** wir müssen unbedingt eine Versicherung abschließen; **être ~ à qn/qc [*o* pour qc]** für jdn unentbehrlich/für etw unerlässlich sein
II. *m* **l'~** das Nötigste; **faire l'~** das Notwendigste tun

indisponibilité [ɛ̃dispɔnibilite] *f d'une personne* mangelnde Verfügbarkeit; SPORT Ausfall *m*

indisponible [ɛ̃dispɔnibl] *adj* nicht verfügbar; SPORT nicht einsetzbar

indisposé(e) [ɛ̃dispoze] *adj* ❶ unpässlich
❷ *euph femme* unwohl (*veraltet*)

indisposer [ɛ̃dispoze] <1> *vt* ❶ verstimmen; **~ les gens contre soi** die Leute gegen sich aufbringen
❷ (*incommoder*) **la chaleur indispose qn** jd verträgt die Hitze schlecht; **l'odeur l'indispose** von dem Geruch wird [es] ihm/ihr schlecht

indisposition [ɛ̃dispozisjɔ̃] *f* ❶ Unpässlichkeit *f*
❷ *euph* (*règles*) Unwohlsein *nt* (*veraltet*)

indissociable [ɛ̃disɔsjabl] *adj* nicht voneinander zu trennen; *amants, amis* unzertrennlich; **être ~ de qc** untrennbar mit etw verbunden sein

indissolubilité [ɛ̃disɔlybilite] *f* Unauflöslichkeit *f,* Unauflösbarkeit *f*

indissoluble [ɛ̃disɔlybl] *adj* unauflöslich, unauflösbar

indissolublement [ɛ̃disɔlybləmɑ̃] *adv* unauflösbar; **des problèmes ~ liés** aufs Engste miteinander verknüpfte Probleme

indistinct(e) [ɛ̃distɛ̃, ɛ̃kt] *adj* ❶ *murmure, vision* undeutlich; *couleur* undefinierbar; *objet* nicht deutlich erkennbar; *voix* nicht deutlich wahrnehmbar
❷ *impression* oberflächlich; *projet* unausgereift; *sentiment* unbestimmt; *souvenir* blass

indistinctement [ɛ̃distɛ̃ktəmɑ̃] *adv* ❶ ohne Unterschied, gleichermaßen
❷ *prononcer, apercevoir* undeutlich

indium [ɛ̃djɔm] *m* CHIM Indium *nt*

individu [ɛ̃dividy] *m* ❶ Person *f,* menschliches Wesen; *péj* Individuum *nt;* **drôle d'~** komischer Kauz
❷ SOCIOL, BIO Individuum *nt*

individualisation [ɛ̃dividɥalizasjɔ̃] *f* Individualisierung *f;* ~ **de la peine** dem Einzelfall angepasstes Strafmaß

individualisé(e) [ɛ̃dividɥalize] *adj* individuell; *style* persönlich geprägt; *groupe musical* mit eigenem Stil; *voiture, appartement* auf individuelle Bedürfnisse abgestimmt; *salaire* leistungsbezogen

individualiser [ɛ̃dividɥalize] <1> **I.** *vt* ❶ dem Einzelfall anpassen *attitude;* auf individuelle Bedürfnisse abstimmen *appartement, voiture;* JUR dem Einzelfall anpassen *peine;* ~ **son style** einer S. (*Dat*) eine eigene Prägung geben
❷ (*particulariser*) voneinander unterscheiden
II. *vpr* **s'**~ (*se différencier*) *cellule:* eine neue Einheit bilden; *forme, manière, style:* individuell werden; (*s'accentuer*) eigener werden

individualisme [ɛ̃dividɥalism] *m* Individualismus *m*

individualiste [ɛ̃dividɥalist] **I.** *adj* ❶ PHILOS individualistisch
❷ *péj* egozentrisch
II. *mf* ❶ Individualist(in) *m(f)*
❷ *péj* Egozentriker(in) *m(f)*

individualité [ɛ̃dividɥalite] *f* ❶ Persönlichkeit *f*
❷ PHILOS (*unité*) Wesenseinheit *f;* (*caractère*) Individualität *f;* (*être*) Einzelwesen *nt*
❸ (*particularité*) Eigenart *f;* **un style d'une forte** ~ ein ganz eigener Stil

individuel(le) [ɛ̃dividɥɛl] **I.** *adj* persönlich; *propriété* privat, Privat-, persönlich; *responsabilité, initiative* eigen, Eigen-; *épreuve, réclamation* einzeln; *destin, cas* Einzel-; **maison** ~**le** Einfamilienhaus *nt;* **sport** ~ Einzelwettkampf *m*
II. *m(f)* (*sportif*) Einzelkämpfer(in) *m(f)*

individuellement [ɛ̃dividɥɛlmɑ̃] *adv* einzeln

indivis(e) [ɛ̃divi, iz] *adj* JUR gemeinschaftlich; **copropriétaires** ~ Gesamthänder *Pl;* **succession** ~**e** ungeteilte Erbengemeinschaft *f,* ungeteilter Nachlass *m*
► **par** ~ gemeinschaftlich

indivisibilité [ɛ̃divizibilite] *f* Unteilbarkeit *f*

indivisible [ɛ̃divizibl] *adj* unteilbar

indivision [ɛ̃divizjɔ̃] *f* JUR Gesamthandsgemeinschaft *f*
► **en** ~ gesamthänderisch verwaltet

Indochine [ɛ̃dɔʃin] *f* HIST **l'**~ Indochina *nt*

indochinois(e) [ɛ̃dɔʃinwa, waz] *adj* HIST indochinesisch

Indochinois(e) [ɛ̃dɔʃinwa, waz] *m(f)* HIST Indochinese *m/* Indochinesin *f*

indocile [ɛ̃dɔsil] *adj* aufsässig; *cheval* störrisch; *pensée* widerspenstig

indocilité [ɛ̃dɔsilite] *f* Unbelehrbarkeit *f; d'un animal* störrisches Wesen

indo-européen [ɛ̃doœʀɔpeɛ̃] *m* **l'**~ Indoeuropäisch *nt,* das Indoeuropäische, Indogermanisch *nt,* das Indogermanische
indo-européen(ne) [ɛ̃doœʀɔpeɛ̃, ɛn] <indo-européens> *adj* indoeuropäisch, indogermanisch **Indo-européen(ne)** [ɛ̃doœʀɔpeɛ̃, ɛn] <Indo-européens> *m(f)* Indogermane *m/* -germanin *f,* Indoeuropäer(in) *m(f)*

indolence [ɛ̃dɔlɑ̃s] *f* Trägheit *f*

indolent(e) [ɛ̃dɔlɑ̃, ɑ̃t] **I.** *adj* träge; *caractère* phlegmatisch; *geste* lässig
II. *m(f)* Phlegmatiker(in) *m(f)*

indolore [ɛ̃dɔlɔʀ] *adj* schmerzlos; *plaie, tumeur* nicht schmerzend; **être** ~ nicht wehtun

indomptable [ɛ̃dɔ̃tabl] *adj* ❶ *animal* unzähmbar; *peuple* nicht zu bändigen; *hum femme* widerspenstig
❷ *tempérament* unbändig; *volonté, caractère* unbeugsam; *orgueil* nicht zu brechen

indompté(e) [ɛ̃dɔ̃te] *adj* ❶ wild; *cheval* ungezähmt; *peuple* ungebändigt
❷ *joie* unbändig; *courage* ungebrochen

Indonésie [ɛ̃donezi] *f* **l'**~ Indonesien *nt*

indu(e) [ɛ̃dy] *adj* ❶ unpassend; **à des heures** ~**es** zu unpassender Zeit
❷ *optimisme, reproches* unbegründet; *réclamation* unberechtigt

indubitable [ɛ̃dybitabl] *adj* unzweifelhaft; **il est** ~ **que c'est le meilleur** es steht außer Zweifel, dass das [*o* es] das Beste ist

indubitablement [ɛ̃dybitabləmɑ̃] *adv* ganz ohne Zweifel

inducteur [ɛ̃dyktœʀ] *m* Induktionsapparat *m,* Induktor *m*

inducteur, -trice [ɛ̃dyktœʀ, -tʀis] *adj circuit, courant, champ, flux* Induktions-

inductif, -ive [ɛ̃dyktif, -iv] *adj* induktiv

induction [ɛ̃dyksjɔ̃] *f* Induktion *f;* **par** ~ durch Induktionsschluss

induire [ɛ̃dɥiʀ] <irr> *vt* ❶ ~ **qn à faire qc** jdn dazu treiben, etw zu tun; (*à quelque chose de négatif*) jdn dazu verleiten, etw zu tun; ~ **qn en erreur** jdn in die Irre führen
❷ (*tirer comme conclusion*) ~ **qc de qc** etw aus etw schließen; ~ **de qc que l'hypothèse est bonne** aus etw schließen, dass die Annahme richtig ist
❸ (*provoquer*) herbeiführen

induit [ɛ̃dɥi] *m* ELEC Anker *m*

induit(e) [ɛ̃dɥi, ɥit] *adj* ELEC *circuit, fil* induziert; **courant** ~ Induktionsstrom *m*

indulgence [ɛ̃dylʒɑ̃s] *f* ❶ Nachsicht *f;* ~ **pour** [*o* **envers**] **qn/pour qc** Nachsicht gegenüber jdm/etw
❷ (*bienveillance*) Wohlwollen *nt;* **avec** ~ wohlwollend; **sans** ~ unerbittlich
❸ REL Ablass *m*

indulgent(e) [ɛ̃dylʒɑ̃, ʒɑ̃t] *adj* ❶ nachsichtig; **être** ~**(e) envers l'accusé** gegenüber dem Angeklagten Milde walten lassen
❷ (*bienveillant*) wohlwollend

indûment [ɛ̃dymɑ̃] *adv* unberechtigt[erweise]

industrialisation [ɛ̃dystʀijalizasjɔ̃] *f* Industrialisierung *f;* ~ **de qc** Produktionsbeginn *m* [*o* Produktionsaufnahme *f*] für etw

industrialiser [ɛ̃dystʀijalize] <1> **I.** *vt* industrialisieren *région, pays, agriculture;* vermarkten *découverte;* ~ **un nouveau produit** die Produktion eines neuen Produkts aufnehmen; **être industrialisé(e)** industrialisiert sein; **les pays industrialisés** die Industriestaaten *Pl*
II. *vpr* **s'**~ ❶ *pays, région, secteur:* industrialisiert werden
❷ (*se fabriquer en série*) industriell hergestellt werden

industrie [ɛ̃dystʀi] *f* ❶ Industrie *f;* **l'**~ die Industrie, das produzierende Gewerbe; **grande** ~ Großindustrie; **moyenne** ~ mittelständische Industrie; ~ **légère/lourde** Leicht-/Schwerindustrie
❷ (*secteur spécialisé*) Industriezweig *m;* ~ **automobile/alimentaire** Automobil-/Nahrungsmittelindustrie; ~ **cinématographique** Filmgewerbe *nt;* ~ **électrotechnique** elektrotechnische Industrie
◆ ~ **du cuir** Lederwarenindustrie *f;* ~ **du livre** Buch- und Pressewesen *nt;* ~ **des loisirs** Freizeitindustrie *f*

industriel(le) [ɛ̃dystʀijɛl] **I.** *adj* industriell; *activité, équipement, secteur, entreprise* Industrie-; **véhicule** ~ Nutzfahrzeug *nt; région, société, ville, zone* Industrie-; *pain* industriell hergestellt
II. *m(f)* Industrielle(r) *f(m)*

industriellement [ɛ̃dystʀijɛlmɑ̃] *adv* ❶ *fabriqué* industriell
❷ (*dans le domaine industriel*) was die Industrie betrifft

industrieux, -euse [ɛ̃dystʀijø, -jøz] *adj littér* geschickt

inébranlable [inebʀɑ̃labl] *adj* ❶ *position* sicher; *bataillon, garde* standfest; *construction, masse, objet* stabil
❷ (*inflexible*) unerschütterlich; *résolution* fest; **qn est** ~ **dans sa résolution** jds Entschluss ist unwiderruflich; **être** ~ **dans ses convictions** von seiner Meinung felsenfest überzeugt sein

inécouté(e) [inekute] *adj* ► **rester** ~**(e)** *paroles, appels:* ungehört bleiben; *avis, conseil:* unbeachtet bleiben

INED [inɛd] *m abr de* **institut national d'études démographiques** *nationales Institut für Demographie*

inédit [inedi] *m* ❶ unveröffentlichtes Werk
❷ (*chose nouvelle*) Neuheit *f,* etwas ganz Neues

inédit(e) [inedi, it] *adj* ❶ unveröffentlicht
❷ (*nouveau*) ganz neu

inéducable [inedykabl] *adj enfant* schwer erziehbar; *peuple*

unbelehrbar
ineffable [inefabl] *adj a. antéposé littér* unsäglich (*geh*), unsagbar
ineffaçable [inefasabl] *adj* ❶ *empreinte, trace, couleur* nicht zu entfernen
❷ (*inoubliable*) unauslöschlich; *souvenir* unvergesslich
inefficace [inefikas] *adj* unwirksam, wirkungslos; *démarche* erfolglos; *employé* unfähig; *machine* nicht leistungsfähig
inefficacement [inefikasmɑ̃] *adv* ohne Wirkung; *travailler* ineffizient
inefficacité [inefikasite] *f* Wirkungslosigkeit *f; d'une démarche, d'un secours* Erfolglosigkeit *f; d'un pouvoir, service administratif* Ineffizienz *f; d'un cadre* Unfähigkeit *f; d'un ouvrier* Unproduktivität *f*
inégal(e) [inegal, o] <-aux> *adj* ❶ ungleich; **de grandeur ~e** von ungleicher Größe
❷ (*irrégulier*) ungleichmäßig; *sol, surface* uneben
❸ (*changeant*) unausgeglichen; **être d'une humeur ~e** unausgeglichen sein
❹ *œuvre* von unterschiedlicher Qualität; *style* wechselhaft; **être ~(e)** *artiste, écrivain:* nicht immer gleich gut sein
inégalable [inegalabl] *adj qualité* unerreichbar
inégalé(e) [inegale] *adj* unerreicht, unübertroffen
inégalement [inegalmɑ̃] *adv* ungleich
inégalitaire [inegalitɛʀ] *adj* **une société ~** *eine Gesellschaft, die große soziale Unterschiede aufweist;* **politique fiscale ~** unsoziale Steuerpolitik
inégalité [inegalite] *f* ❶ Ungleichheit *f*
❷ POL soziale Ungleichheit
❸ (*disproportion*) Ungleichheit *f; des forces* Missverhältnis *nt;* **~ des chances** Chancenungleichheit; **~ entre l'offre et la demande** Diskrepanz *f* [*o* Missverhältnis] zwischen Angebot und Nachfrage
❹ (*irrégularité*) Unregelmäßigkeit *f; du sol, d'une surface* Unebenheit *f*
❺ (*inconstance*) Unausgeglichenheit *f; d'humeur* Wechselhaftigkeit *f*
❻ *d'un style* Wechselhaftigkeit *f; d'une œuvre* unterschiedliche Qualität
❼ MATH Ungleichung *f*
inélégance [inelegɑ̃s] *f* ❶ Mangel *m* an Eleganz
❷ (*manque de courtoisie*) Unhöflichkeit *f*, Taktlosigkeit *f*
inélégant(e) [inelegɑ̃, ɑ̃t] *adj* ❶ unelegant
❷ (*discourtois*) unhöflich, taktlos
inéligibilité [ineliʒibilite] *f* Nichtwählbarkeit *f;* **être frappé(e) d'~** für nicht wählbar erklärt werden
inéligible [ineliʒibl] *adj* nicht wählbar
inéluctable [inelyktabl] *adj* unausweichlich; *destin, sort, mort* unabwendbar
inéluctablement [inelyktabləmɑ̃] *adv* unausweichlich
inemployé(e) [inɑ̃plwaje] *adj* unbenutzt; *moyens, talents* ungenutzt
inénarrable [inenaʀabl] *adj* unbeschreiblich
inentamable [inɑ̃tamabl] *adj* untrübbar, durch nichts zu trüben; *conviction* felsenfest
inéprouvé(e) [inepʀuve] *adj* unerprobt; *vertu* noch nie auf die Probe gestellt; *émotion, sentiment* bisher unbekannt
inepte [inɛpt] *adj* dumm
ineptie [inɛpsi] *f* Dummheit *f*
inépuisable [inepɥizabl] *adj* ❶ unerschöpflich; *source* nie versiegend, unerschöpflich; *terre* dauerhaft fruchtbar
❷ *indulgence, patience* unendlich; *curiosité* unstillbar
inéquation [inekwasjɔ̃] *f* MATH Ungleichung *f*
inéquitable [inekitabl] *adj* ungerecht
inerte [inɛʀt] *adj* ❶ *corps* leblos; *membre* gefühllos; *proie* reg[ungs]los
❷ (*apathique*) unbeteiligt; **un visage ~** eine unbewegte Miene
❸ PHYS *liquide* inert; *matière* träge, inert; *gaz* Inert-
inertie [inɛʀsi] *f* ❶ Passivität *f*, Unbeteiligtheit *f; d'un service administratif* Trägheit *f*
❷ PHYS Trägheit *f*
inespéré(e) [inɛspeʀe] *adj* ❶ *chance, secours, succès* unverhofft
❷ *profit* unerwartet hoch; *résultat* unerwartet gut
inesthétique [inɛstetik] *adj* unästhetisch
inestimable [inɛstimabl] *adj* unschätzbar; *objet* von unschätzbarem Wert
inévitable [inevitabl] **I.** *adj* ❶ (*certain, fatal*) unvermeidlich; *accident* unabwendbar
❷ (*nécessaire*) nicht zu vermeiden, unvermeidbar; *opération* unumgänglich; **il est ~ que cela se produise** es ist nicht zu vermeiden, dass das vorkommt
❸ *antéposé hum* (*habituel*) unvermeidlich
II. *m* **l'~** das Unvermeidliche
inévitablement [inevitabləmɑ̃] *adv* zwangsläufig
inexact(e) [inɛgzakt] *adj* ❶ *calcul, renseignement, résultat* ungenau; *théorie* unrichtig
❷ *traduction, citation, récit* ungenau; **très ~(e)/le plus ~** völlig falsch; **non, c'est ~** nein, das stimmt nicht; **il est ~ de faire qc** es ist nicht [ganz] richtig, etw zu tun
❸ *personne* unpünktlich
inexactement [inɛgzaktəmɑ̃] *adv* ungenau
inexactitude [inɛgzaktityd] *f* ❶ (*caractère erroné*) Unrichtigkeit *f*
❷ (*manque de précision*) Ungenauigkeit *f*
❸ *gén pl* (*erreur*) (*dans un discours*) Unrichtigkeiten *Pl;* (*dans un devoir*) Fehler *Pl;* (*dans un témoignage*) falsche Angaben *Pl*
❹ (*manque de ponctualité*) Unpünktlichkeit *f*
inexcusable [inɛkskyzabl] *adj* unverzeihlich; *personne* nicht zu entschuldigen; **qn est ~ de faire qc** es ist unverzeihlich von jdm, etw zu tun
inexécutable [inɛgzekytabl] *adj* nicht ausführbar
inexistant(e) [inɛgzistɑ̃, ɑ̃t] *adj* ❶ nicht vorhanden, inexistent (*geh*); **la télévision était encore ~e** das Fernsehen existierte noch nicht, es gab noch kein Fernsehen
❷ (*imaginaire*) nicht vorhanden
❸ *péj* (*nul*) bedeutungslos; *résultat* gleich Null, bedeutungslos; *aide* unnütz
inexistence [inɛgzistɑ̃s] *f* ❶ Nichtvorhandensein *nt*
❷ (*nullité*) Nichtigkeit *f*
inexorable [inɛgzɔʀabl] *adj* ❶ (*impitoyable*) unerbittlich; *volonté* eisern
❷ (*inéluctable*) verhängnisvoll; *vieillesse, fuite du temps* unabwendbar
inexorablement [inɛgzɔʀabləmɑ̃] *adv* unweigerlich
inexpérience [inɛkspeʀjɑ̃s] *f* Unerfahrenheit *f;* **~ de qn/qc** Unerfahrenheit mit jdm/in etw (*Dat*)
inexpérimenté(e) [inɛkspeʀimɑ̃te] *adj* ❶ unerfahren; *alpiniste* ungeübt, unerfahren; *mains* ungeübt
❷ (*non encore mis à l'épreuve*) unerprobt
inexpiable [inɛkspjabl] *adj* ❶ (*impardonnable*) *crime, faute* nicht wieder gut zu machen
❷ (*implacable*) *haine* wild; *guerre, lutte* gnadenlos
inexplicable [inɛksplikabl] **I.** *adj* unerklärlich
II. *m* **l'~** das Unerklärliche
inexplicablement [inɛksplikabləmɑ̃] *adv* auf unerklärliche Weise
inexpliqué(e) [inɛksplike] *adj* nicht geklärt; *catastrophe, disparition* nicht aufgeklärt, nicht geklärt
inexploitable [inɛksplwatabl] *adj documents* nicht verwertbar; *gisement* nicht abbaufähig; *richesses* nicht nutzbar
inexploité(e) [inɛksplwate] *adj gisement, richesses* nicht ausgebeutet; *talent* ungenutzt
inexploré(e) [inɛksplɔʀe] *adj* unerforscht
inexpressif, -ive [inɛkspʀesif, -iv] *adj regard, visage* ausdruckslos; *mots* nichtssagend; *acteur, musique, style* ohne Ausdrucks-

kraft

inexprimable [inɛkspʀimabl] **I.** *adj* unaussprechlich; *surprise, soulagement, émotion* unbeschreiblich
II. *m* **l'~** das Unaussprechliche

inexprimé(e) [inɛkspʀime] *adj* unausgesprochen

inexpugnable [inɛkspyɲabl] *adj soutenu* uneinnehmbar

inextensible [inɛkstɑ̃sibl] *adj tissu* undehnbar

in extenso [inɛkstɛ̃so] **I.** *adv* in extenso (*geh*), in voller Länge
II. *adj inv* ausführlich, vollständig

inextinguible [inɛkstɛ̃gibl] *adj littér* unstillbar; *rire* unaufhörlich; *fureur, haine* grenzenlos

in extremis [inɛkstʀemis] **I.** *adv* im letzten Augenblick
II. *adj inv sauvetage, succès* in letzter Minute

inextricable [inɛkstʀikabl] *adj* ❶ *a. antéposé* (*enchevêtré*) unentwirrbar; *labyrinthe, dédale* unüberschaubar
❷ (*embrouillé*) *affaire* verwickelt, verzwickt; *situation* verzwickt, verworren; *problème* unlösbar; *complications* undurchschaubar

inextricablement [inɛkstʀikabləmɑ̃] *adv* ausweglos

infaillibilité [ɛ̃fajibilite] *f* Unfehlbarkeit *f;* **prétendre à l'~** behaupten, unfehlbar zu sein

infaillible [ɛ̃fajibl] *adj* ❶ unfehlbar; *instrument* zuverlässig; *signe* untrüglich
❷ (*prévu*) sicher; *accident* vorprogrammiert
❸ (*qui ne peut se tromper*) unfehlbar; *instinct* untrüglich

infailliblement [ɛ̃fajibləmɑ̃] *adv* unweigerlich, mit Sicherheit

infaisable [ɛ̃fəzabl] *adj* nicht machbar

infalsifiable [ɛ̃falsifjabl] *adj* fälschungssicher

infamant(e) [ɛ̃famɑ̃, ɑ̃t] *adj* übel; *supplice* entehrend; **peine ~e** Ehrenstrafe *f;* **il n'est pas ~ de faire qc** es ist keine Schande, etw zu tun

infâme [ɛ̃fam] *adj a. antéposé* ❶ (*honteux, indigène*) *acte, conduite, trahison* schändlich; *métier* ehrlos; *entremetteur, spéculateur* gewissenlos
❷ (*odieux*) niederträchtig
❸ (*répugnant*) abscheulich, Ekel erregend; *logis, hôtel* übel

infamie [ɛ̃fami] *f* ❶ (*déshonneur*) Schande *f*
❷ (*bassesse*) Niederträchtigkeit *f*
❸ (*calomnie, action*) Gemeinheit *f*

infant(e) [ɛ̃fɑ̃, ɑ̃t] *m(f)* Infant(in) *m(f)*

infanterie [ɛ̃fɑ̃tʀi] *f* MIL Infanterie *f,* Bodenkampftruppen *Pl;* **d'~** Infanterie-

infanticide [ɛ̃fɑ̃tisid] **I.** *adj* **père/mère ~** Kindesmörder *m/* Kindesmörderin *f*
II. *mf* Kindesmörder(in) *m(f)*
III. *m* (*meurtre*) Kindesmord *m*

infantile [ɛ̃fɑ̃til] *adj* ❶ MED, PSYCH Kinder-
❷ (*puéril*) kindisch, infantil (*geh*)

infantilisant(e) [ɛ̃fɑ̃tilizɑ̃, ɑ̃t] *adj* verdummend

infantiliser [ɛ̃fɑ̃tilize] <1> *vt* verdummen

infantilisme [ɛ̃fɑ̃tilism] *m* ❶ kindisches Benehmen; **ça serait de l'~** das wäre kindisch
❷ MED, PSYCH Infantilismus *m*

infarctus [ɛ̃faʀktys] *m* MED Infarkt *m*
◆ **~ du myocarde** Herzinfarkt *m*

infatigable [ɛ̃fatigabl] *adj* unermüdlich; *amour, patience* unendlich

infatigablement [ɛ̃fatigabləmɑ̃] *adv* unermüdlich

infatuation [ɛ̃fatɥasjɔ̃] *f* Selbstgefälligkeit *f*

infatué(e) [ɛ̃fatɥe] *adj* eingebildet; **être ~(e) de soi-même** von sich (*Dat*) eingenommen sein

infécond(e) [ɛ̃fekɔ̃, ɔ̃d] *adj soutenu* ❶ *animal, plante, terre* unfruchtbar; *femme* steril
❷ *théorie, travail* unergiebig; *esprit* unproduktiv

infécondité [ɛ̃fekɔ̃dite] *f* Unfruchtbarkeit *f*

infect(e) [ɛ̃fɛkt] *adj* ❶ widerlich, Ekel erregend; *nourriture* ekelhaft; *lieu, logement* übel
❷ *auteur, film, spectacle* unter aller Kanone (*fam*), mies (*fam*); *temps* scheußlich
❸ *fam* (*ignoble*) gemein, fies (*fam*)

infecter [ɛ̃fɛkte] <1> **I.** *vt* ❶ MED anstecken, infizieren *personne;* infizieren *blessure, plaie;* **être infecté(e)** infiziert sein
❷ *soutenu* **~ qn/qc de qc** jdn/etw mit etw verpesten
II. *vpr* MED **s'~** sich entzünden

infectieux, -euse [ɛ̃fɛksjø, -jøz] *adj* ansteckend; *complications* infektiös; **germe ~** Krankheitskeim *m;* **maladie infectieuse** Infektionskrankheit *f*

infection [ɛ̃fɛksjɔ̃] *f* ❶ Infektion *f,* Entzündung *f*
❷ (*contamination*) Infektion *f,* Infizierung *f,* Ansteckung *f*
❸ (*puanteur*) Gestank *m*

inféoder [ɛ̃feɔde] <1> **I.** *vt* HIST belehnen; **~ qn/qc à qn/qc** jdn/etw jdm/einer S. unterordnen; **se laisser ~ à qc** sich von etw abhängig machen lassen
II. *vpr* **s'~ à qn/qc** sich in jds Abhängigkeit (*Akk*)/in die Abhängigkeit einer S. (*Gen*) begeben

inférence [ɛ̃feʀɑ̃s] *f* ❶ (*déduction*) logische Schlussfolgerung *f*
❷ INFORM **moteur d'~** Prozessor *m;* **~ par seconde** Rechenleistung pro Sekunde

inférer [ɛ̃feʀe] <5> *vt littér* **~ qc de qc** etw aus etw (*Dat*) folgern [*o* schließen]; **~ de qc que ...** aus etw folgern [*o* schließen], dass ...

inférieur(e) [ɛ̃feʀjœʀ] **I.** *adj* ❶ *étage, membres, planètes* untere(r, s); *niveau* tiefer[liegend], untere(r, s); *lèvre, mâchoire* Unter-; (*dans la hiérarchie*) *classes sociales, échelon* untere(r, s); *animaux, végétaux* niedere(r, s); **le cours ~ de la Seine** der Unterlauf der Seine
❷ (*en qualité*) niedriger; *intelligence* geringer; **être ~(e) à qn** jdm unterlegen sein; **être ~(e) à qc** hinter etw (*Dat*) zurückbleiben; **se sentir ~(e)** sich minderwertig fühlen; **~(e) en qc** an etw (*Dat*) unterlegen; **~(e) en intelligence** geistig unterlegen
❸ (*en quantité*) geringer; **~(e) à qn/qc** geringer als jd/etw; **huit est ~ à dix** acht ist kleiner als zehn; **~(e) en qc** geringer an etw (*Dat*); **~(e) en nombre** zahlenmäßig unterlegen
II. *m(f)* Untergebene(r) *f(m);* **être l'~(e) de qn en qc** jdm in etw (*Dat*) unterlegen sein

inférioriser [ɛ̃feʀjɔʀize] *vt* ❶ (*complexer*) erniedrigen
❷ (*rabaisser*) heruntermachen (*fam*)

infériorité [ɛ̃feʀjɔʀite] *f* ❶ Unterlegenheit *f;* (*moindre valeur*) Minderwertigkeit *f;* **~ en poids** geringeres Gewicht
❷ (*subordination*) Untergebenheit *f*

infernal(e) [ɛ̃fɛʀnal, o] <-aux> *adj* ❶ MYTH höllisch; *divinité* der Hölle; **puissance ~e** Höllenmacht *f*
❷ (*diabolique*) *complot, entreprise* teuflisch; **machine ~e** Höllenmaschine *f*
❸ (*insupportable*) *sort, temps* schrecklich, fürchterlich; **cet enfant est ~** dieses Kind ist ein kleiner Teufel [*o* einfach schrecklich]
❹ (*endiablé*) höllisch; *logique, progrès* teuflisch; **cycle ~** Teufelskreis *m;* **un rythme ~** ein Höllentempo

infertile [ɛ̃fɛʀtil] *adj* unfruchtbar

infestation [ɛ̃fɛstasjɔ̃] *f* Befall *m*

infester [ɛ̃fɛste] <1> *vt* ❶ **~ qc** *brigands, troupes:* etw unsicher machen, etw heimsuchen
❷ (*envahir*) **~ une région/maison** *animaux:* in eine Gegend/ ein Haus einfallen [*o* eindringen]
❸ MED **~ qc** *parasites:* etw überschwemmen

infeutrable [ɛ̃føtʀabl] *adj* nicht [ver]filzend

infidèle [ɛ̃fidɛl] **I.** *adj* ❶ untreu, treulos; **être ~ à qn** jdm untreu sein; **~ à sa parole/ses devoirs** wortbrüchig/pflichtvergessen
❷ (*inexact*) unzuverlässig; *mémoire* schlecht; *narrateur, traduction* ungenau; *récit* nicht wahrheitsgetreu; **être ~** ungenau sein; **ma mémoire est ~** mein Gedächtnis lässt mich im Stich
❸ REL ungläubig
II. *mf* ❶ *littér* Treulose(r) *f(m)*

❷ REL Ungläubige(r) *f(m)*

infidélité [ɛ̃fidelite] *f* ❶ *sans pl* Untreue *f; d'un ami* Treulosigkeit *f;* REL Unglaube *m,* Ungläubigkeit *f*
❷ *(action) d'un conjoint* Seitensprung *m; d'un ami* Treulosigkeit *f;* ~ **à qn** Untreue *f* jdm gegenüber; **faire des ~s à qn** jdm untreu sein/werden
❸ *(inexactitude)* Unzuverlässigkeit *f; d'une description* Ungenauigkeit *f;* ~ **à la description des faits** Abweichung *f* von den Tatsachen

infiltration [ɛ̃filtʀasjɔ̃] *f* ❶ *d'un liquide* Einsickern *nt; d'un gaz* Eindringen *nt*
❷ MED Infiltration *f*
❸ *(noyautage) des partisans* Infiltration *f; d'idées subversives, de groupes* Unterwanderung *f kein Pl,* Infiltration; **pénétrer par ~** sich einschleusen

infiltrer [ɛ̃filtʀe] <1> **I.** *vt* unterwandern
II. *vpr* ❶ **s'~** eindringen; *liquide:* einsickern; *lumière:* einfallen; *vent:* hereinblasen
❷ MED **s'~** infiltrieren
❸ *(noyauter)* **s'~ dans qc** in etw *(Akk)* eindringen, sich in etw *(Akk)* einschleusen; *intrigant:* sich in etw *(Akk)* einmischen; *idées:* etw *(Akk)* durchdringen; *corruption, népotisme:* sich in etw *(Dat)* ausbreiten

infime [ɛ̃fim] *adj* ❶ winzig [klein]; *minorité* verschwindend [klein]; *quantité* gering; *détail* kleinste(r, s)
❷ *(situé au plus bas d'une hiérarchie) condition, rang* niedrig; *personne* unbedeutend

infini [ɛ̃fini] *m* ❶ Unendlichkeit *f*
❷ MATH **l'~** das Unendliche
❸ *(le divin)* **l'~** das Unendliche
► **à l'~** endlos; MATH bis ins Unendliche; *être varié* unendlich; **ciel d'azur à l'~** strahlend blauer Himmel

infini(e) [ɛ̃fini] *adj* ❶ *(qui n'a pas de limite)* unendlich
❷ MATH unendlich
❸ *(immense) distance, nombre* unendlich [groß]; *étendue, durée, longueur* endlos; *foule* unüberschaubar
❹ *(extrême)* unendlich; *reconnaissance* grenzenlos; *richesses* unermesslich
❺ *(interminable) lutte, propos, temps* endlos, ewig

infiniment [ɛ̃finimɑ̃] *adv* ❶ unendlich; *vaste* grenzenlos; *plus grand, plus petit* [unendlich] viel
❷ *(extrêmement)* außerordentlich; *regretter* unendlich
❸ *(beaucoup de)* ~ **de tendresse/d'attention** unendlich viel Zärtlichkeit/Aufmerksamkeit

infinité [ɛ̃finite] *f* ❶ Unendlichkeit *f*
❷ *(très grand nombre)* **une ~ de choses** eine Unmenge von Dingen
❸ MATH **une ~ de points** eine unendliche Menge von Punkten

infinitésimal(e) [ɛ̃finitezimal, o] <-aux> *adj* ❶ MATH **calcul ~** Infinitesimalrechnung *f*
❷ *(infime) dose, quantité* winzig, unendlich klein

infinitif [ɛ̃finitif] *m* Infinitiv *m,* Grundform *f*
◆ **~ de narration** historischer [*o* erzählender] Infinitiv

infinitif, -ive [ɛ̃finitif, -iv] *adj* **proposition infinitive** Infinitivsatz *m;* **le mode ~** der Infinitiv

infinitive [ɛ̃finitiv] *f* Infinitivsatz *m*

infirmatif, -ive [ɛ̃fiʀmatif, -iv] *adj* JUR für nichtig erklärend; **arrêt ~ d'une décision** Nichtigkeitsurteil zu einer Entscheidung

infirme [ɛ̃fiʀm] **I.** *adj (à la suite d'un accident)* behindert, invalide; *(pour cause de vieillesse)* gebrechlich, [alters]schwach; **~ de qc** gelähmt an etw *(Dat)*
II. *mf* Behinderte(r) *f(m)*
◆ **~ de guerre** Kriegsversehrte(r) *f(m),* Kriegsbeschädigte(r) *f(m); (invalide)* Kriegsinvalide *m;* **~ du travail** Berufsunfähige(r) *f(m); (invalide)* Arbeitsunfähige(r) *f(m)*

infirmer [ɛ̃fiʀme] <1> *vt* ❶ widerlegen
❷ JUR für ungültig erklären, annulieren *décision;* aufheben *jugement*

infirmerie [ɛ̃fiʀməʀi] *f* Krankenstation *f; d'une école* Krankenzimmer *nt; d'une caserne* Krankenrevier *nt,* Sanitätsstation *f*

infirmier, -ière [ɛ̃fiʀmje, -jɛʀ] *m, f* Krankenpfleger *m*/-schwester *f;* **école d'infirmières** Krankenpflegeschule *f;* **~(-ière) militaire** Sanitäter(in) *m(f)*

infirmité [ɛ̃fiʀmite] *f* ❶ Behinderung *f*
❷ *(imperfection)* Schwäche *f,* Mangel *m;* **les ~s du langage** die sprachlichen Schwächen [*o* Mängel]

inflammable [ɛ̃flamabl] *adj* feuergefährlich, leicht entflammbar

inflammation [ɛ̃flamasjɔ̃] *f* Entzündung *f;* **~ de la gorge/des bronches** Halsentzündung/Entzündung der Bronchien, Bronchitis *f*

inflammatoire [ɛ̃flamatwaʀ] *adj* entzündlich; **foyer ~** Entzündungsherd *m;* **état ~** Entzündung *f*

inflation [ɛ̃flasjɔ̃] *f* ❶ Inflation *f*
❷ *(augmentation excessive)* rapide Zunahme; **~ criminelle** rapider Anstieg der Kriminalität; **~ verbale** Wortschwall *m,* Redeflut *f*

inflationniste [ɛ̃flasjɔnist] *adj* inflationistisch; **danger ~** Inflationsgefahr *f*

infléchi(e) [ɛ̃fleʃi] *adj* PHON **voyelle ~e** umgelauteter Vokal, Umlaut *m*

infléchir [ɛ̃fleʃiʀ] <8> **I.** *vt* ❶ PHYS brechen, ablenken *rayon lumineux*
❷ *(modifier la direction de)* modifizieren; revidieren *sa politique*
II. *vpr* **s'~** ❶ *étagère:* sich [durch]biegen
❷ *(changer de direction)* eine Biegung [*o* einen Bogen] machen; *politique:* sich wandeln; *courbe:* zu fallen beginnen; *tendance:* umschlagen

infléchissement [ɛ̃fleʃismɑ̃] *m* [Ab]änderung *f,* Modifizierung *f; d'une politique* Richtungswechsel *m*

inflexible [ɛ̃flɛksibl] *adj* unbeugsam, unnachgiebig; *loi, règle* unumstößlich; *résolution* unabänderlich, endgültig; *sévérité* unerbittlich; *volonté* unbeugsam; *résistance* unüberwindlich; *sentiment moral* rigoros; **demeurer ~ dans qc** unnachgiebig auf etw *(Dat)* beharren

inflexiblement [ɛ̃flɛksibləmɑ̃] *adv* ❶ unerbittlich, unnachgiebig
❷ *(inébranlablement)* unerschütterlich

inflexion [ɛ̃flɛksjɔ̃] *f* ❶ *du tronc, corps* Beugen *nt; de la tête* Neigen *nt*
❷ *(modification) de la voix* veränderter Klang
❸ PHON Umlaut *m*
❹ *(changement de direction)* Biegung *f,* Krümmung *f; d'un rayon* Ablenkung *f; d'une politique* Richtungswechsel *m;* **faire subir des ~s à qc** Änderungen [*o* Modifizierungen] bei etw bewirken

infliger [ɛ̃fliʒe] <2a> *vt* ❶ **~ une amende à qn pour qc** gegen jdn wegen etw eine Geldbuße verhängen; **~ un châtiment à qn** jdn züchtigen; **~ une peine à qn** eine Strafe über jdn verhängen
❷ *(faire subir)* zufügen; versetzen *coups;* auferlegen *(hum) politique;* **~ un récit à qn** jdn mit einem Bericht behelligen; **~ sa présence à qn** sich jdm aufdrängen; **~ un affront à qn** jdn bloßstellen, jdn kränken

inflorescence [ɛ̃flɔʀesɑ̃s] *f* Blütenstand *m*

influençable [ɛ̃flyɑ̃sabl] *adj* beeinflussbar; **c'est un homme très ~** er ist sehr leicht zu beeinflussen

influence [ɛ̃flyɑ̃s] *f* ❶ Einfluss *m; des mesures* [Aus]wirkung *f; d'un médicament* Wirkung; **des luttes d'~** Machtkämpfe *Pl;* **sous l'~ de la colère** im Zorn; **sous l'~ de la boisson** unter Alkoholeinfluss
❷ *(autorité)* Einfluss *m;* **avoir de l'~** einflussreich sein; **avoir/exercer de l'~ sur qn/qc** auf jdn/etw Einfluss haben/ausüben; *chose:* auf jdn/etw Einfluss/Auswirkungen haben; **subir**

information

• **demander des informations**	• **Informationen erfragen**
Quel est le chemin le plus direct pour aller à la gare?	**Wie komme ich am besten** zum Hauptbahnhof?
Pourriez-vous me donner l'heure?	**Können Sie mir sagen, wie** spät es ist?
Est-ce qu'il y a un café **près d'ici**?	**Gibt es hier in der Nähe** ein Café?
Est-ce que l'appartement **est encore à louer**?	Ist die Wohnung **noch zu haben**?
Connais-tu un bon dentiste?	**Kennst/Weißt du** einen guten Zahnarzt?
Est-ce que tu t'y connais, en voitures?	**Kennst du dich mit** Autos **aus**?
Est-ce que tu en sais plus sur cette histoire?	**Weißt du Näheres über** diese Geschichte?

l'~ de qn unter jds Einfluss (*Dat*) stehen; **sous** ~ unter fremdem Einfluss

influencer [ɛ̃flyɑ̃se] <2> *vt* beeinflussen; *mesures:* sich auswirken auf (+ *Akk*)

influent(e) [ɛ̃flyɑ̃, ɑ̃t] *adj* einflussreich

influer [ɛ̃flye] <1> *vi* ~ **sur qc** *personne:* etw beeinflussen, Einfluss auf etw (*Akk*) nehmen; *chose:* etw beeinflussen, sich auf etw (*Akk*) auswirken

influx [ɛ̃fly] *m* ~ **nerveux** Nervenleitung *f*

info [ɛ̃fo] *f fam abr de* **information** Meldung *f;* **une ~ non-stop** Non-Stop-Nachrichten; **les ~s** die Nachrichten

infographie® [ɛ̃fɔgʀafi] *f* INFORM elektronische Bilderzeugung *f*

infographiste [ɛ̃fogʀafist] *mf* Computergrafiker(in) *m(f)*

infogroupe [ɛ̃fogʀup] *m* INFORM Newsgroup *f*

in-folio [infɔljo] **I.** *adj inv livre* in Folio; **format/volume** ~ Folioformat *nt/*-band *m*
II. *m inv* Foliant *m*

infonaute [ɛ̃fonot] *adj* Internet-

infondé(e) [ɛ̃fɔ̃de] *adj* unbegründet

informateur, -trice [ɛ̃fɔʀmatœʀ, -tʀis] *m, f* Informant(in) *m(f);* (*indicateur*) Spitzel *m*

informaticien(ne) [ɛ̃fɔʀmatisjɛ̃, jɛn] *m(f)* Informatiker(in) *m(f)*

informatif, -ive [ɛ̃fɔʀmatif, -iv] *adj* (*riche en informations*) informativ; (*destiné à informer*) *publicité* informativ; **brochure/réunion informative** Informationsbroschüre *f/*-treffen *nt*

information [ɛ̃fɔʀmasjɔ̃] *f* ❶ (*renseignement*) Information *f,* Auskunft *f;* **prendre des ~s sur qn/qc** Auskünfte über jdn/etw einholen; **aller aux ~s** Erkundigungen einziehen; **pour ton/votre** ~ zu deiner/Ihrer Information
❷ *souvent pl* (*nouvelles*) Meldung *f,* Nachricht *f;* **les ~s de vingt heures** die Achtuhrnachrichten; **~s sportives** Meldungen vom Sport; **magazine d'~** [*o* **de l'~**] Nachrichtenmagazin *nt*
❸ *sans pl a.* JUR (*fait d'informer*) Information *f;* **assurer l'~ de qn en matière de qc** sicherstellen, dass jd zu etw/über etw (*Akk*) Informationen erhält; **faire de l'~** Informationsarbeit *f* leisten
❹ (*ensemble des médias*) Nachrichtenwesen *nt*
❺ JUR (*enquête, instruction*) Untersuchung *f,* Ermittlung *f;* ~ **judiciaire** [gerichtliche] Untersuchung; **ouvrir une ~ contre qn** Ermittlungen [*o* eine Untersuchung] gegen jdn einleiten
❻ *pl* INFORM, TECH Daten *Pl*
❼ BIO Information *f*

informatique [ɛ̃fɔʀmatik] **I.** *adj* **application** ~ Computeranwendung *f;* **industrie** ~ Computerindustrie *f;* **machine/problème** ~ Datenverarbeitungsmaschine *f/*-problem *nt;* **connaissances ~s/recherche** ~ Informatikkenntnisse *Pl/*-forschung *f;* **saisie** ~ Datenerfassung *f;* **l'ingénierie** ~ die Systemplanung; **ensembles ~s** vernetzte Datenverarbeitungsanlagen
II. *f* Informatik *f,* [elektronische] Datenverarbeitung, EDV *f;* **les réseaux d'~** die Vernetzung in der EDV

informatisation [ɛ̃fɔʀmatizasjɔ̃] *f de l'information* Computerisierung *f; d'une entreprise* Umstellung *f* auf EDV

informatisé(e) [ɛ̃fɔʀmatize] *adj gestion, poste de travail* computerisiert; **fichier** ~ Computerdatei *f;* **système** ~ Computersystem *nt,* EDV-System; **communication ~e** Computerkommunikation *f,* Kommunikation per Computer

informatiser [ɛ̃fɔʀmatize] <1> **I.** *vt* computerisieren *information, secteur;* auf EDV [*o* Computer] umstellen *gestion, entreprise*
II. *vpr* **s'~** auf EDV umgestellt werden

informe [ɛ̃fɔʀm] *adj* ❶ formlos; *silhouette* undeutlich
❷ (*ébauché*) unfertig; *brouillon* unausgereift; *plan* unausgegoren
❸ (*laid*) *être, vêtement* unförmig

informé [ɛ̃fɔʀme] *m* ▶ **jusqu'à plus ample** ~ bis auf weiteres; JUR bis zur weiteren Ermittlung der Umstände

informel(le) [ɛ̃fɔʀmɛl] *adj* (*inorganisé*) informell; *bande* unorganisiert; (*sans caractère officiel*) inoffiziell

informer [ɛ̃fɔʀme] <1> **I.** *vt* ~ **qn de** [*o* **sur**] **la région** *journal, personne:* jdn über die Gegend informieren [*o* unterrichten]; ~ **qn que qn a fait qc** jdm mitteilen [*o* jdn darüber informieren] [*o* jdn davon in Kenntnis setzen], dass jd etw getan hat; **être informé(e) de qc** über etw (*Akk*) informiert sein; **des personnes/milieux bien informé(e)s** gut informierte [*o* gut unterrichtete] Leute/Kreise; **tenir qn informé(e)** jdn auf dem Laufenden halten
II. *vi* ❶ informieren, Informationen liefern
❷ JUR (*ouvrir une information*) ~ **sur l'affaire contre qn** in der Angelegenheit gegen jdn ermitteln; ~ **contre qn** gegen jdn ermitteln
III. *vpr* **s'~ de qc** sich über etw (*Akk*) informieren, sich nach etw erkundigen; **s'~ sur qn** Erkundigungen über jdn einziehen; **s'~ si qn a fait qc** fragen [*o* sich erkundigen], ob jd etw getan hat

informulé(e) [ɛ̃fɔʀmyle] *adj* unausgesprochen

infortune [ɛ̃fɔʀtyn] *f littér* (*malheur*) Unglück *nt;* (*adversité*) Missgeschick *nt*

infortuné(e) [ɛ̃fɔʀtyne] **I.** *adj littér* unglücklich, unglückselig
II. *m(f) littér* Unglückselige(r) *f(m)*

infra [ɛ̃fʀa] *adv* **voir** ~ siehe [weiter] unten

infraction [ɛ̃fʀaksjɔ̃] *f* Vergehen *nt,* Delikt *nt;* **être** [*o* **se mettre**] **en ~ avec qc** sich wegen etw strafbar machen
◆ ~ **au code de la route** Verkehrsdelikt *nt;* ~ **à la loi** Gesetzesverstoß *m,* Gesetzesübertretung *f*

infranchissable [ɛ̃fʀɑ̃ʃisabl] *adj* unüberwindlich, unüberwindbar

infrarouge [ɛ̃fʀaʀuʒ] **I.** *adj* infrarot; **rayon** ~ Infrarotstrahl *m*
II. *m* Infrarotstrahlung *f;* **système à ~s** Infrarotanlage *f*

infrason [ɛ̃fʀasɔ̃] *m* Infraschall *m*

infrastructure [ɛ̃fʀastʀyktyʀ] *f* ❶ Infrastruktur *f;* ~ **routière**

Straßennetz *nt;* ~**s commerciales** Einkaufsmöglichkeiten *Pl;* ~ **sportive** Sportanlagen *Pl;* ~ **médicale** medizinische Versorgung
❷ (*fondations*) Unterbau *m*
❸ (*installations au sol*) Bodeninstallationen *Pl*
infréquentable [ɛ̃fʀekɑ̃tabl] *adj péj personne* geächtet; *pays* nicht zu bereisen; **qn/qc est devenu(e)** ~ man meidet jdn/etw [besser]; **se rendre** ~ sich ins Abseits manövrieren
infroissable [ɛ̃fʀwasabl] *adj* knitterfrei
infructueux, -euse [ɛ̃fʀyktɥø, -øz] *adj* fruchtlos, erfolglos
infus(e) [ɛ̃fy, yz] *adj littér* angeboren
▸ **avoir la science** ~**e** *iron* die Weisheit mit Löffeln gefressen haben
infuser [ɛ̃fyze] <1> **I.** *vt* ❶ ziehen lassen
❷ (*communiquer*) einflößen *courage*
II. *vi tisane, thé:* ziehen
infusion [ɛ̃fyzjɔ̃] *f* ❶ Kräutertee *m;* ~ **de camomille** Kamillentee *m*
❷ (*action d'infuser*) Aufgießen *nt*
ingénier [ɛ̃ʒenje] <1a> *vpr* **s'**~ **à faire qc** mit allen Mitteln versuchen, etw zu tun
ingénierie [ɛ̃ʒeniʀi] *f* Engineering *nt* (*Fachspr.*), Projektplanung *f;* ~ **financière** Finanzengineering; **une entreprise d'**~ ein Ingenieurbüro; ~ **génétique** Gentechnologie *f*
ingénieur [ɛ̃ʒenjœʀ] *mf* Ingenieur(in) *m(f);* ~ **général** leitender Ingenieur; ~ **agronome** Diplomlandwirt(in) *m(f);* ~ **chimiste** Chemieingenieur(in) *m(f);* ~ **civil** Ingenieur(in) *m(f)* in der Privatwirtschaft; ~ **système** INFORM Systemanalytiker(in) *m(f)*
◆ ~ **de l'État** bei einer Behörde angestellter Ingenieur/angestellte Ingenieurin; ~ **des Eaux et Forêts** Forstwirtschaftsingenieur(in) *m(f);* ~ **des Mines** Berg[bau]ingenieur(in) *m(f);* ~ **des Ponts et Chaussées** Straßenbauingenieur(in) *m(f);* ~ **des Travaux Publics** Hoch- und Tiefbauingenieur(in) *m(f);* ~ **du son** Toningenieur(in) *m(f)*
ingénieur-conseil [ɛ̃ʒenjœʀkɔ̃sɛj] <ingénieurs-conseils> *m* beratender Ingenieur *m*/beratende Ingenieurin *f*
ingénieusement [ɛ̃ʒenjøzmɑ̃] *adv* geschickt, mit viel Geschick *nt*
ingénieux, -euse [ɛ̃ʒenjø, -jøz] *adj invention, machine* genial; *idée, explication* genial, glänzend; *esprit, personne* erfinderisch, einfallsreich; *bricoleur* geschickt, findig; **le besoin rend** ~ Not macht erfinderisch (*prov*)
ingéniosité [ɛ̃ʒenjozite] *f d'une machine, d'un projet* Genialität *f; d'une personne* Einfallsreichtum *m;* **déployer des trésors d'**~ ungeahnten Einfallsreichtum entwickeln
ingénu [ɛ̃ʒeny] *m* Naivling *m*
ingénu(e) [ɛ̃ʒeny] *adj* (*sans malice*) offen, aufrichtig; (*naïf*) naiv, arglos
ingénue [ɛ̃ʒeny] *f* ❶ Naivling *m*
❷ THEAT Naive *f;* **jouer les** ~**s** die Naive [*o* Dumme] spielen
ingénuité [ɛ̃ʒenɥite] *f* ❶ (*innocence*) Unschuld *f*
❷ (*naïveté*) Arglosigkeit *f*
ingénument [ɛ̃ʒenymɑ̃] *adv* ❶ (*innocemment*) offen
❷ (*naïvement*) arglos
ingérable [ɛ̃ʒeʀabl] *adj situation* unkontrollierbar; *établissement* schwer zu führen
ingérence [ɛ̃ʒeʀɑ̃s] *f* Einmischung *f; d'un magistrat* Interessensverflechtung *f;* ~ **dans qc** Einmischung in etw (*Akk*)
ingérer [ɛ̃ʒeʀe] <5> **I.** *vt* einnehmen *médicament;* zu sich nehmen *aliment*
II. *vpr* **s'**~ **dans qc** sich in etw (*Akk*) einmischen
ingestion [ɛ̃ʒɛstjɔ̃] *f d'un médicament* Einnahme *f;* ~ **d'un aliment** Nahrungsaufnahme *f;* **avoir des difficultés d'**~ Schluckbeschwerden haben
ingouvernable [ɛ̃guvɛʀnabl] *adj pays, peuple* unregierbar; *parlement* mehrheitsunfähig
ingrat(e) [ɛ̃gʀa, at] **I.** *adj* ❶ ~**(e) envers qn** undankbar jdm gegenüber
❷ (*infructueux*) *métier, sujet* undankbar; *sol* karg, unfruchtbar; *vie* mühevoll, mühselig
❸ (*dépourvu de charme*) *visage* wenig anziehend, unattraktiv
II. *m(f)* Undankbare(r) *f(m),* undankbarer Mensch
ingratitude [ɛ̃gʀatityd] *f* Undank *m,* Undankbarkeit *f;* **faire preuve d'**~ sich als undankbar erweisen
ingrédient [ɛ̃gʀedjɑ̃] *m d'un mélange* Bestandteil *m; d'une recette* Zutat *f; d'un médicament* Ingredienz *f* (*Fachspr.*)
inguérissable [ɛ̃geʀisabl] *adj maladie* unheilbar; *plaie* nicht heilend; *douleur* unstillbar; *chagrin* unendlich; *habitude, vice* unverbesserlich; **être** ~ *chagrin, douleur:* durch nichts zu besänftigen sein
inguinal(e) [ɛ̃ginal, o] <-aux> *adj* ANAT Leisten-
ingurgiter [ɛ̃gyʀʒite] <1> *vt* ❶ verschlingen, hinunterschlingen *nourriture;* in sich (*Akk*) hineinschütten *boisson;* **faire** ~ **qc à qn** jdm etw verabreichen
❷ (*apprendre*) pauken *connaissances, science;* **faire** ~ **un poème à qn** jdm ein Gedicht eintrichtern (*fam*)
inhabile [inabil] *adj littér* ❶ (*qui manque de diplomatie*) ungeschickt; *personne* ungeschickt, ungewandt; *démarche* unangebracht
❷ (*maladroit manuellement*) unbeholfen, linkisch
inhabileté [inabilte] *f littér d'une démarche* Ungeschicktheit *f; d'une personne* Ungeschicklichkeit *f,* Unbeholfenheit *f*
inhabitable [inabitabl] *adj* unbewohnbar
inhabité(e) [inabite] *adj* unbewohnt; *appartement* unbewohnt, leer stehend
inhabituel(le) [inabitɥɛl] *adj* ungewohnt, ungewöhnlich
inhalateur [inalatœʀ] *m* Inhalationsapparat *m,* Inhalator *m*
inhalateur, -trice [inalatœʀ, -tʀis] *adj* **appareil** ~ Inhalationsapparat *m,* Inhalator *m*
inhalation [inalasjɔ̃] *f* Einatmen *nt;* MED Inhalation *f;* **faire une** ~**/des** ~**s** inhalieren
inhaler [inale] <1> *vt* MED einatmen, inhalieren
inhérent(e) [ineʀɑ̃, ɑ̃t] *adj* **être** ~**(e) à qc** einer S. (*Dat*) innewohnen; PHILOS einer S. (*Dat*) inhärent sein
inhibé(e) [inibe] *adj* (*complexé*) gehemmt
inhiber [inibe] <1> *vt* lähmen *défense naturelle, volonté;* dämpfen *agressivité, élan*
inhibiteur, -trice [inibitœʀ, -tʀis] *adj* hemmend; **devenir/être** ~**(-trice)** hemmend wirken
inhibition [inibisjɔ̃] *f* Hemmung *f; d'un processus psychique* Hemmung, Gehemmtheit *f*
inhospitalier, -ière [inɔspitalje, -jɛʀ] *adj* ungastlich; *lieu* unwirtlich; *peuple* wenig gastfreundlich; *chambre* unwohnlich
inhumain(e) [inymɛ̃, ɛn] *adj* unmenschlich, inhuman (*geh*)
inhumanité [inymanite] *f* Unmenschlichkeit *f,* Inhumanität *f* (*geh*)
inhumation [inymasjɔ̃] *f* Bestattung *f* (*geh*), Beisetzung *f* (*form*)
inhumer [inyme] <1> *vt* bestatten (*geh*), beisetzen (*form*)
inimaginable [inimaʒinabl] *adj* unvorstellbar
inimitable [inimitabl] *adj* unnachahmlich
inimitié [inimitje] *f* Feindschaft *f,* Feindseligkeit *f*
ininflammable [inɛ̃flamabl] *adj gaz, liquide* nicht brennbar; *matière, tissu* feuerfest, feuerbeständig
inintelligemment [inɛ̃teliʒamɑ̃] *adv* unklug, ohne Sinn und Verstand
inintelligence [inɛ̃teliʒɑ̃s] *f* Mangel *m* an Intelligenz, Begriffsstutzigkeit *f*
inintelligent(e) [inɛ̃teliʒɑ̃, ʒɑ̃t] *adj* nicht besonders intelligent; *personne* begriffsstutzig
inintelligibilité [inɛ̃teliʒibilite] *f d'un texte* Unverständlichkeit *f*
inintelligible [inɛ̃teliʒibl] *adj* unverständlich
inintéressant(e) [inɛ̃teʀesɑ̃, ɑ̃t] *adj* uninteressant
ininterrompu(e) [inɛ̃teʀɔ̃py] *adj* ununterbrochen; *vacarme* ständig; *sommeil* ungestört; *spectacle* ohne Unterbrechung

inique [inik] *adj* [höchst] ungerecht
iniquité [inikite] *f* Ungerechtigkeit *f;* **commettre des ~s** *juge:* ungerechte Urteile fällen
initial(e) [inisjal, jo] <-aux> *adj* anfänglich; *cause, état* ursprünglich; *choc, feuillets* erste(r, s); **position ~e** Ausgangsposition *f;* **lettre ~e** Anfangsbuchstabe *m*
initiale [inisjal] *f* Anfangsbuchstabe *m;* **les ~s** Initialen *Pl*
initialement [inisjalmɑ̃] *adv* anfänglich, am Anfang
initialisation [inisjalizasjɔ̃] *f* INFORM Initialisierung *f*
initialiser [inisjalize] <1> *vt* initialisieren
initiateur, -trice [inisjatœʀ, -tʀis] *m, f* Initiator(in) *m(f)* (*geh*), Urheber(in) *m(f); d'une mode* Trendsetter(in) *m(f); d'une organisation* Initiator(in), [Be]gründer(in) *m(f)*
initiation [inisjasjɔ̃] *f* ❶ Einführung *f;* **~ à qc** Einführung [*o* Einweihung *f*] in etw (*Akk*); **cours d'~** Anfängerkurs *m*
❷ REL Initiation *f,* Initiierung *f*
initiatique [inisjatik] *adj* ❶ **être ~** der Einführung dienen
❷ REL **rites ~s** Initiationsriten *Pl*
initiative [inisjativ] *f* ❶ Einfall *m,* Idee *f;* **avoir l'~ de qc** die Idee zu etw haben; **~ privée** Privatinitiative *f;* **de sa/leur propre ~** aus eigenem Antrieb; **prendre des ~s** die Initiative ergreifen; **à** [*o* **sur**] **l'~ de qn** auf jds Initiative [*o* Anregung] (*Akk*) [hin]
❷ (*trait de caractère*) Initiative *f,* Unternehmungsgeist *m;* **avoir de l'~** Initiative [*o* Unternehmungsgeist] besitzen
◆ **~ de paix** Friedensinitiative *f;* **~ de quartier** Nachbarschaftsinitiative *f*
initié(e) [inisje] **I.** *adj* eingeweiht
II. *m(f)* Eingeweihte(r) *f(m)*
initier [inisje] <1a> **I.** *vt* ❶ **~ qn à un art** jdn in eine Kunst einführen; **~ qn à un secret** jdn in ein Geheimnis einweihen
❷ (*impulser*) in die Wege leiten, initiieren (*geh*)
❸ REL **~ qn à qc** jdn in etw (*Akk*) einweihen
II. *vpr* **s'~ à qc** Anfangskenntnisse in etw (*Dat*) erwerben; **s'~ à un métier** sich einarbeiten
injectable [ɛ̃ʒɛktabl] *adj* einspritzbar; *médicament* injizierbar (*Fachspr.*); **sous forme ~** als Injektionslösung *f*
injecté(e) [ɛ̃ʒɛkte] *adj* ▶ **~(e) de sang** *yeux* blutunterlaufen; *face, visage* hochrot
injecter [ɛ̃ʒɛkte] <1> *vt* ❶ einspritzen
❷ MED **~ un sérum à qn dans le bras** jdm ein Serum in den Arm injizieren *Fachspr.* [*o* spritzen]
❸ (*fournir un apport financier*) investieren *somme*
injecteur [ɛ̃ʒɛktœʀ] *m* Einspritzdüse *f*
injection [ɛ̃ʒɛksjɔ̃] *f* ❶ TECH *d'un liquide* Einspritzen *nt,* Injektion *f; de l'air* Einpumpen *nt;* **moteur à ~** Einspritzmotor *m;* **voiture à ~** Auto *nt* mit Einspritzmotor, Einspritzer *m*
❷ MED (*piqûre*) Injektion *f* (*Fachspr.*), Spritze *f*
❸ FIN **~ de fonds publics** Finanzspritze aus öffentlichen Mitteln
injoignable [ɛ̃ʒwaɲabl] *adj* nicht erreichbar
injonction [ɛ̃ʒɔ̃ksjɔ̃] *f* ❶ *littér* Weisung *f* (*geh*), Anweisung *f*
❷ JUR Anordnung; **~ de faire qc** Aufforderung, etw zu tun; ADMIN Weisung, etw zu tun
◆ **~ de paiement** Einzahlungsaufforderung *f*
injouable [ɛ̃ʒwabl] *adj* **être ~** *morceau de musique, pièce:* nicht spielbar sein; *terrain:* unbespielbar [*o* nicht bespielbar] sein
injure [ɛ̃ʒyʀ] *f* ❶ Beleidigung *f,* Beschimpfung *f;* **abreuver qn d'~s** jdn mit Beleidigungen überschütten; **échanger des ~s** sich [gegenseitig] Beleidigungen an den Kopf werfen; **en venir aux ~s** beleidigend [*o* ausfällig] werden
❷ (*affront*) Affront *m* (*geh*); **faire ~ à qn** *vieilli* jdn beleidigen; **faire à qn l'~ de faire qc** jdn kränken, indem man etw tut
injurier [ɛ̃ʒyʀje] <1a> **I.** *vt* beleidigen, beschimpfen; beschmutzen *mémoire*
II. *vpr* **s'~** sich [gegenseitig] beleidigen [*o* beschimpfen]
injurieux, -euse [ɛ̃ʒyʀjø, -jøz] *adj* beleidigend
injuste [ɛ̃ʒyst] *adj* ungerecht; *colère, soupçon* ungerecht, ungerechtfertigt
injustement [ɛ̃ʒystəmɑ̃] *adv* (*à tort*) zu Unrecht; (*iniquement*) ungerechterweise
injustice [ɛ̃ʒystis] *f* Ungerechtigkeit *f;* **avec ~** ungerecht
injustifiable [ɛ̃ʒystifjabl] *adj* durch nichts zu rechtfertigen, unentschuldbar
injustifié(e) [ɛ̃ʒystifje] *adj* ungerechtfertigt
inlassable [ɛ̃lɑsabl] *adj* unermüdlich; *patience* unendlich
inlassablement [ɛ̃lɑsabləmɑ̃] *adv* unermüdlich
inlay [inlɛ] *m* Inlay *nt*
inné(e) [i(n)ne] *adj* angeboren; **être ~(e) en qn** jdm angeboren sein
innervation [inɛʀvasjɔ̃] *f* ANAT Innervation *f* (*Fachspr.*)
innerver [inɛʀve] <1> *vt* mit Nerven versorgen, innervieren (*Fachspr.*)
innocemment [inɔsamɑ̃] *adv* in aller Unschuld; (*sans penser à mal*) unschuldig
innocence [inɔsɑ̃s] *f* ❶ Unschuld *f;* **clamer son ~** seine Unschuld beteuern
❷ (*candeur*) Unschuld *f;* (*naïveté*) Arglosigkeit *f;* **abuser de l'~ de qn** jds Arglosigkeit ausnutzen; **en toute ~** in aller Unschuld
❸ (*caractère inoffensif*) Harmlosigkeit *f*
innocent(e) [inɔsɑ̃, ɑ̃t] **I.** *adj* ❶ unschuldig; **être ~(e) de qc** einer S. (*Gen*) nicht schuldig sein
❷ (*anodin*) harmlos; *jeux, plaisanterie* harmlos, unschuldig
❸ (*candide*) *air* unschuldig; *personne* unschuldig, unverdorben
❹ (*naïf*) *personne* naiv, arglos
❺ (*inoffensif*) *remède, manie* harmlos; **l'article n'est pas ~** hinter dem Artikel steckt mehr; **ce n'est pas ~ si qn fait qc** jd tut etw nicht ohne Hintergedanken
II. *m(f)* ❶ Unschuldige(r) *f(m);* **faire l'~/l'~e** den Unschuldigen/die Unschuldige spielen
❷ (*personne niaise*) Naivling *m*/Unschuldslamm *nt*
▶ **aux ~s les mains pleines** *prov* den Seinen gibt's der Herr im Schlaf (*prov*); **les saints Innocents** REL die Unschuldigen Kinder [von Bethlehem]
◆ **~ du village** Dorftrottel *m*
innocenter [inɔsɑ̃te] <1> *vt* ❶ **~ qn de vol** jdn vom Diebstahl entlasten
❷ (*excuser*) entschuldigen
innocuité [inɔkɥite] *f d'une substance* Unschädlichkeit *f,* Harmlosigkeit *f; d'un remède* Unbedenklichkeit *f*
innombrable [i(n)nɔ̃bʀabl] *adj* unzählig, zahllos *attr*
innommable [i(n)nɔmabl] *adj* unbeschreiblich
innovateur, -trice [inɔvatœʀ, -tʀis] **I.** *adj méthode* neu, innovativ; *politique* innovativ, der Erneuerung; **une action innovatrice** eine Neuerung, eine Innovation; **être ~(-trice)** neu [*o* innovativ] sein
II. *m, f* Neuerer *m*/Neuerin *f,* Innovator(in) *m(f)*
innovation [inɔvasjɔ̃] *f* Neuerung *f;* ECON, TECH, SOCIOL Neuerung, Innovation *f*
innover [inɔve] **I.** *vt* kreieren, neu einführen
II. *vi* **~ en** [**matière de**] **qc** Neuerungen in etw (*Dat*) einführen
inobservable [inɔpsɛʀvabl] *adj* nicht zu erkennen, nicht sichtbar
inobservance [inɔpsɛʀvɑ̃s] *f littér* Nicht[be]achtung *f; des règles* Missachtung *f*
inobservation [inɔpsɛʀvasjɔ̃] *f littér* Missachtung *f*
inoccupation [inɔkypasjɔ̃] *f littér d'une personne* Untätigkeit *f,* Müßiggang *m* (*geh*)
inoccupé(e) [inɔkype] *adj* ❶ *place* frei; *terrain* unbebaut; *maison* leer[stehend], unbewohnt
❷ (*oisif*) untätig
in-octavo [inɔktavo] TYP **I.** *adj inv format* Oktav-
II. *m* Oktav *nt*
inoculation [inɔkylasjɔ̃] *f* MED Inokulation *f* (*Fachspr.*); **~ d'un**

vaccin Impfung *f,* Inokulation eines Impfstoffs (*Fachspr.*); ~ **d'un virus** Infizierung *f* mit einem Virus, Inokulation eines Virus (*Fachspr.*)

inoculer [inɔkyle] <1> *vt* ❶ MED ~ **qc à qn** jdn mit etw infizieren; ~ **un vaccin à qn** jdn impfen
❷ (*transmettre*) ~ **qc à qn** (*involontairement*) jdn mit etw anstecken; (*volontairement*) etw auf jdn übertragen; ~ **une doctrine/un vice à qn** jdn mit einer Doktrin/einem Laster infizieren

inodore [inɔdɔʀ] *adj* geruchlos; **être** ~ nicht duften

inoffensif, -ive [inɔfɑ̃sif, -iv] *adj* harmlos; *animal, piqûre* harmlos, ungefährlich; *remède* unbedenklich

inondable [inɔ̃dabl] *adj* überschwemmungsgefährdet

inondation [inɔ̃dasjɔ̃] *f* ❶ Überschwemmung *f; d'un fleuve* Hochwasser *nt*
❷ (*afflux massif*) *de machandises, de produits* Flut *f,* Schwemme *f*

inonder [inɔ̃de] <1> I. *vt* ❶ überschwemmen, unter Wasser setzen; **être inondé(e)** *personne:* Opfer *nt* einer Überschwemmung sein, hochwassergeschädigt sein; *lieu:* überschwemmt sein, unter Wasser stehen
❷ (*tremper*) ~ **qn/qc** *personne:* jdn/etw überschütten; *liquide:* über jdn/etw strömen; **inondé(e) de larmes** tränenüberströmt; **inondé(e) de sueur** schweißgebadet
❸ (*submerger*) strömen durch (+ *Akk*) *rue;* ~ **un ami de qc** einen Freund mit etw überhäufen [*o* überschütten]; ~ **un pays de qc** ein Land mit etw überschwemmen
❹ (*pénétrer*) *odeur:* erfüllen; *lumière, sentiment:* durchfluten; **être inondé(e) de lumière/soleil** *pièce:* licht-/sonnendurchflutet sein; *paysage:* licht-/sonnenüberflutet sein
II. *vpr* **s'**~ **de qc** sich mit etw überschütten

inopérable [inɔpeʀabl] *adj* inoperabel; **être** ~ inoperabel sein, nicht operiert werden können

inopérant(e) [inɔpeʀɑ̃, ɑ̃t] *adj* unwirksam, wirkungslos; **être** ~**(e)** *remède:* nicht wirken; *mesure:* nicht greifen

inopiné(e) [inɔpine] *adj* unerwartet, unvermutet; **être** ~**(e)** unerwartet [*o* unvermutet] kommen

inopinément [inɔpinemɑ̃] *adv* unerwartet, unvermutet

inopportun(e) [inɔpɔʀtœ̃, yn] *adj demande* ungelegen; *remarque* unpassend; **qc est** ~ etw kommt ungelegen

inopportunément [inɔpɔʀtynemɑ̃] *adv* zu einem unpassenden [*o* ungeeigneten] Zeitpunkt, ungelegen

inopportunité [inɔpɔʀtynite] *f* Ungelegenheit *f;* **sentir l'**~ **de qc** merken, dass etw ungelegen kommt

inorganique [inɔʀganik] *adj* anorganisch

inorganisation [inɔʀganizasjɔ̃] *f d'une personne* Unorganisiertheit *f,* mangelndes Organisationsvermögen; *d'une réunion, d'un organisme* Mangel *m* an Organisation, Desorganisation *f* (*geh*)

inorganisé(e) [inɔʀganize] *adj a.* SCI ❶ nicht organisiert, unorganisiert
❷ (*brouillon*) unmethodisch
❸ (*qui n'appartient à aucun parti ou syndicat*) [parteilich/gewerkschaftlich] nicht organisiert

inoubliable [inublijabl] *adj* unvergesslich

inouï(e) [inwi] *adj* ❶ unerhört, unglaublich
❷ *fam* (*formidable*) **être** ~**(e)** *personne:* unglaublich sein

inox [inɔks] *abr de* **inoxydable** I. *m inv* [rostfreier] Edelstahl
II. *app inv acier* rostfrei; *cuve, tambour* aus [rostfreiem] Edelstahl

inoxydable [inɔksidabl] *adj* rostfrei

in petto [inpeto] *adv* insgeheim, im Stillen

input [input] *m* Input *m o nt*

inqualifiable [ɛ̃kalifjabl] *adj* unbeschreiblich; *agression* abscheulich

in-quarto [inkwaʀto] TYP I. *adj inv format* Quart-
II. *m* Quart *nt*

inquiet, -ète [ɛ̃kjɛ, -ɛt] I. *adj* ❶ beunruhigt; *caractère, personne* ängstlich; **c'est un caractère** ~ er/sie hat ein ängstliches Gemüt; **ne sois pas** ~**(-ète)** mach dir keine Sorgen; **être** ~**(-ète) de qc** wegen etw beunruhigt sein; **être** ~**(-ète) au sujet de** [*o* **pour**] **la fille/la maison** des Mädchens/des Hauses wegen besorgt sein; **qn est** ~ **que qn fasse qc** jd fürchtet, dass jd etw tut
❷ (*qui trahit l'appréhension*) ängstlich; *regard, attente* bang; *geste* unsicher
II. *m, f* [ewig] besorgter Mensch

inquiétant(e) [ɛ̃kjetɑ̃, ɑ̃t] *adj* ❶ beunruhigend, Besorgnis erregend; **devenir** ~**(e)** [allmählich] beunruhigende [*o* Besorgnis erregende] Formen annehmen
❷ (*patibulaire*) Furcht erregend, Furcht einflößend

inquiéter [ɛ̃kjete] <5> I. *vt* ❶ ~ **qn** jdn beunruhigen, jdm Sorgen machen
❷ (*harceler*) **être inquiété(e)** *personne:* behelligt werden; *chose:* heimgesucht werden
❸ SPORT (*menacer*) in Bedrängnis [*o* Schwierigkeiten] bringen
II. *vpr* ❶ **s'**~ sich beunruhigen, sich (*Dat*) Sorgen [*o* Gedanken] machen
❷ (*s'enquérir*) **s'**~ **de qn/qc** sich nach jdm/etw erkundigen
❸ (*se soucier de*) **s'**~ **au sujet de** [*o* **pour**] **la fille/la maison** sich (*Dat*) des Mädchens/des Hauses wegen Sorgen machen; **s'**~ **de savoir si/qui...** sich (*Dat*) Gedanken darüber machen, ob/wer ...; **il s'inquiète de voir une ambulance** er ist beunruhigt [*o* besorgt] darüber, einen Krankenwagen zu sehen

inquiétude [ɛ̃kjetyd] *f* ❶ Beunruhigung *f kein Pl,* Sorge *f;* **plonger qn dans l'**~ jdn in Beunruhigung versetzen; **avoir** [*o* **éprouver**] **des** ~**s sur** [*o* **au sujet de**] **la fille/la maison** sich (*Dat*) des Mädchens/des Hauses wegen Sorgen machen; **causer de l'**~**/des** ~**s à qn** jdm Sorge/Sorgen machen, für jdn Grund zur Besorgnis [*o* Beunruhigung] sein; **nourrir des** ~**s pour le directeur/le jeu** sich (*Dat*) um den Direktor/das Spiel Sorgen machen; **soyez sans** ~ machen Sie sich (*Dat*) keine Sorgen; **être sans** ~ **sur qc** keine Sorgen mit etw haben
❷ PHILOS ~ **métaphysique** die letzten Fragen

inquisiteur, -trice [ɛ̃kizitœʀ, -tʀis] I. *adj* forschend, inquisitorisch (*geh*); *ton, regard* streng; *questions* bohrend
II. *m, f a.* HIST, REL *péj* Inquisitor(in) *m(f)*

inquisition [ɛ̃kizisjɔ̃] *f a.* HIST, REL *péj* **l'Inquisition** die Inquisition

INRA [inʀa] *m abr de* **institut national de la recherche agronomique** *nationales Institut für Agrarforschung*

inracontable [ɛ̃ʀakɔ̃tabl] *adj histoire* nicht wiederholbar; *événement* nicht mit Worten zu beschreiben

INRI [inʀi] *abr de* **Iesus Nazarenus Rex Iudaeorum** INRI

insaisissable [ɛ̃sezisabl] *adj* ❶ nicht zu fassen
❷ *fam* (*qu'on ne parvient pas à rencontrer*) nicht zu erwischen (*fam*)
❸ (*qui échappe à toute influence*) **être** ~ nicht zu fassen sein
❹ (*imperceptible*) nicht wahrnehmbar; *ton* unhörbar; **les différences les plus** ~**s** die geringsten Unterschiede
❺ (*fuyant*) *rêve* sich verflüchtigend; *horizon* unendlich
❻ JUR *rente, salaire* pfändungsfrei; *bien* unpfändbar

insalubre [ɛ̃salybʀ] *adj climat* ungesund, gesundheitsschädlich; *quartier* verslumt, heruntergekommen

insalubrité [ɛ̃salybʀite] *f d'un climat* Unzuträglichkeit *f,* Gesundheitsschädlichkeit *f; d'un logement* gesundheitsgefährdender Zustand; *d'un quartier* Verslumung *f*

insanité [ɛ̃sanite] *f d'une personne* Unvernunft *f; d'un propos, acte* Unsinn *m,* Unsinnigkeit *f;* **se répandre en** ~**s sur le compte de qn** abwegiges [*o* absurdes] Zeug über jdn verbreiten; **dire des** ~**s** Unsinn von sich geben

insatiable [ɛ̃sasjabl] *adj* unersättlich; *soif* unstillbar; *curiosité* nicht zu befriedigen

insatisfaction [ɛ̃satisfaksjɔ̃] *f* ~ **devant qc** Unzufriedenheit *f* mit etw

insatisfait(e) [ɛ̃satisfɛ, ɛt] I. *adj* ❶ ~**(e) de qn/qc** unzufrieden mit jdm/etw
❷ (*inassouvi*) unbefriedigt
II. *m(f)* **éternel** ~**/éternelle** ~**e** ewig Unzufriedene(r) *f(m)*

insatisfaction/irritation

• exprimer l'insatisfaction	• Unzufriedenheit ausdrücken
Cela ne répond pas à mes attentes.	**Das entspricht nicht meinen Erwartungen.**
J'aurais espéré que vous vous donniez plus de mal.	**Ich hätte erwartet, dass** Sie sich nun mehr Mühe geben.
Nous n'en avions pas convenu ainsi.	**So hatten wir es nicht vereinbart.**
• exprimer l'irritation	**• Verärgerung ausdrücken**
C'est incroyable/inouï!	**Das ist (ja) unerhört!**
Mais c'est une honte!/Quel culot! *(fam)*/**Quelle impertinence!**	**Eine Unverschämtheit ist das!/So eine Frechheit!**
Alors là, c'est le bouquet/le comble!	**Das ist doch wohl die Höhe!**
Mais ce n'est pas vrai/possible!	**Das darf doch wohl nicht wahr sein!**
C'est énervant!/Ça commence à m'énerver!	**Das nervt!** *(fam)*
C'est/Ça devient insupportable!	**Das ist ja nicht mehr zum Aushalten!** *(fam)*

inscription [ɛ̃skʀipsjɔ̃] *f* ❶ Inschrift *f;* ~ **funéraire** Grabinschrift; ~ **d'un poteau indicateur** Aufschrift *f* auf einem Wegweiser
❷ *a.* JUR (*action d'inscrire sur une liste*) Anmeldung *f,* Einschreibung *f,* Eintragung *f;* **les ~s sont closes le 31 mars** Anmeldeschluss *m* ist der 31. März; ~ **de qn à une école/un concours** jds Anmeldung in einer Schule/zu einem Wettbewerb; **son ~ au club** sein/ihr Eintritt *m* in den Club; **procéder à l'~ de qc à l'ordre du jour** etw in die Tagesordnung aufnehmen; ~ **hypothécaire** Hypothekeneintragung; ~ **maritime** ≈ Seemannsamt *nt;* ~ **provisoire** schwebende Anmeldung
◆ ~ **en attente** JUR Anhängigkeit *f* der Anmeldung; ~ **de** [*o* **en**] **faux** Anfechtung *f* der Echtheit einer Urkunde

inscrire [ɛ̃skʀiʀ] <*irr*> **I.** *vt* ❶ ~ **qc dans** [*o* **sur**] **un carnet** [sich (*Dat*)] etw in einem Heft aufschreiben [*o* notieren]; ~ **qc sur une enveloppe** etw auf einen Briefumschlag schreiben; ~ **qc à l'ordre du jour** etw auf die Tagesordnung setzen; ~ **qc au budget** etw als Posten im Budget verbuchen; **être inscrit(e) dans** [*o* **sur**] **qc** auf etw (*Dat*) stehen; **être inscrit(e) dans ma mémoire** sich fest eingeprägt haben; **être inscrit(e) sur son visage** auf seinem/ihrem Gesicht geschrieben stehen
❷ (*porter sur une liste*) ~ **qn à une école/dans un club** jdn an einer Schule/einem Verein anmelden; ~ **qn sur une liste** jdn in eine Liste eintragen; (*pour prendre rendez-vous*) jdn auf einer Liste vormerken; **être inscrit(e) à la faculté** an der Universität eingeschrieben [*o* immatrikuliert] sein; **être inscrit(e) sur une liste** auf einer Liste stehen [*o* eingetragen sein]; **être inscrit(e) dans un club** Mitglied in einem Club sein; **être inscrit(e) à une auto-école** Fahrstunden nehmen
❸ GEOM beschreiben *cercle*
❹ SPORT erzielen *but, point*
II. *vpr* ❶ **s'~ à une école** sich an einer Schule anmelden; **s'~ à une faculté** sich an einer Universität einschreiben; **s'~ à un parti/club** einer Partei/einem Club beitreten; **s'~ sur une liste** sich in eine [*o* auf einer] Liste eintragen; **se faire ~ au tennis** sich zum Tennis anmelden
❷ (*s'insérer dans*) **s'~ dans le cadre de qc** *décision, mesure, projet:* im Rahmen von etw geschehen [*o* erfolgen]
❸ GEOM **s'~ dans qc** einer S. (*Dat*) [*o* in etw (*Akk*)] einbeschrieben werden
❹ (*apparaître sous forme d'inscription*) **s'~ sur l'écran** auf dem Bildschirm erscheinen; **s'~ sur une enseigne lumineuse** auf einer Leuchtreklame zu lesen sein

inscrit(e) [ɛ̃skʀi, it] **I.** *part passé de* **inscrire**
II. *adj* ❶ *candidat* gemeldet; *député* zu einer Fraktion gehörig, fraktionsgebunden; *électeur* in die Wählerliste eingetragen; *orateur* in die Rednerliste eingetragen
❷ GEOM einbeschrieben
III. *m(f)* Angemeldete(r) *f(m);* (*sur une liste électorale*) Wahlberechtigte(r) *f(m);* (*membre d'un parti*) eingetragenes Parteimitglied; (*étudiant*) immatrikulierter Student/immatrikulierte Studentin; (*candidat à un examen*) gemeldeter Kandidat/gemeldete Kandidatin; ~ **maritime** beim Seemannsamt gemeldeter Seemann

insecte [ɛ̃sɛkt] *m* Insekt *nt*

insecticide [ɛ̃sɛktisid] **I.** *adj* **poudre** ~ Insektenpulver *nt*
II. *m* Insekten[vertilgungs]mittel *nt,* Insektizid *nt* (*Fachspr.*)

insectivore [ɛ̃sɛktivɔʀ] **I.** *adj* Insekten fressend; *plante* Fleisch fressend
II. *m* Insektenfresser *m*

insécurité [ɛ̃sekyʀite] *f* Unsicherheit *f*

INSEE [inse] *m abr de* **institut national de la statistique et des études économiques** *nationales Institut für Statistik und Wirtschaftsplanung*

inséminateur, -trice [ɛ̃seminatœʀ, -tʀis] *m, f* Besamungstierarzt *m*/-ärztin *f,* Inseminator(in) *m(f)* (*Fachspr.*)

insémination [ɛ̃seminasjɔ̃] *f d'une femme* Befruchtung *f,* Insemination *f* (*Fachspr.*); *d'un animal* Besamung *f,* Insemination

inséminer [ɛ̃semine] <1> *vt* inseminieren (*Fachspr.*), künstlich befruchten *femme;* inseminieren (*Fachspr.*), besamen *animal*

insensé(e) [ɛ̃sɑ̃se] **I.** *adj* ❶ absurd; *personne* verrückt; *acte* unsinnig [*o* wahnwitzig]
❷ (*extravagant*) *architecture, mobilier* fantastisch, exzentrisch
▸ **c'est ~!** das ist Unsinn [*o* verrückt]!
II. *m(f) littér* Verrückte(r) *f(m),* Irre(r) *f(m)*

insensibilisation [ɛ̃sɑ̃sibilizasjɔ̃] *f* örtliche Betäubung, Lokalanästhesie *f* (*Fachspr.*)

insensibiliser [ɛ̃sɑ̃sibilize] <1> *vt* ❶ narkotisieren *personne;* betäuben *doigt, dent*
❷ *fig* **être insensibilisé(e) à qc** einer S. (*Dat*) gegenüber abgestumpft sein

insensibilité [ɛ̃sɑ̃sibilite] *f* ❶ (*physique*) Unempfindlichkeit *f;* ~ **à la douleur/au froid** Schmerz-/Kälteunempfindlichkeit
❷ (*morale*) Gefühllosigkeit *f,* mangelnde Sensibilität; ~ **à la misère** Gleichgültigkeit *f* der Armut gegenüber

insensible [ɛ̃sɑ̃sibl] *adj* ❶ **être ~** *personne:* nichts spüren; *lèvres, membre:* gefühllos [*o* taub] sein; ~ **à la douleur/chaleur** schmerz-/wärmeunempfindlich
❷ (*moralement*) gefühllos, empfindungslos; ~ **aux compliments** gleichgültig gegenüber Komplimenten; **laisser qn ~** jdn gleichgültig lassen
❸ (*imperceptible*) kaum wahrnehmbar; *variations* unmerklich;

pouls kaum spürbar

insensiblement [ɛ̃sɑ̃sibləmɑ̃] *adv* (*imperceptiblement*) unmerklich; (*progressivement*) ganz allmählich

inséparable [ɛ̃sepaʀabl] **I.** *adj* ① *amis* unzertrennlich; *idées* eng miteinander verknüpft; **être ~ de qc** mit etw untrennbar verbunden sein
② *antéposé hum* (*éternel*) unvermeidlich, obligat (*geh*)
II. *mpl* **les ~s** die Unzertrennlichen

inséparablement [ɛ̃sepaʀabləmɑ̃] *adv* untrennbar; **faire qc ~** etw immer gemeinsam tun

insérer [ɛ̃seʀe] <5> **I.** *vt* ① einfügen; aufnehmen *argument;* einfügen *clause;* aufgeben *annonce*
② (*glisser*) **~ qc dans un dossier/album** etw in eine Akte legen/ein Album stecken; **~ une photo sous un cadre** eine Fotografie rahmen [*o* in einen Rahmen stecken]
II. *vpr* **s'~ dans qc** *personne:* sich in etw (*Akk*) integrieren [*o* einfügen]; *objet:* sich in etw (*Akk*) einsetzen lassen; *événement:* im Rahmen einer S. (*Gen*) stattfinden

INSERM [insɛʀm] *m abr de* **institut national de la santé et de la recherche médicale** *nationales Institut für Gesundheit und medizinische Forschung*

insert [ɛ̃sɛʀ] *m* ① MEDIA Insert *nt*
② TECH Heizeinsatz *m*

insertion [ɛ̃sɛʀsjɔ̃] *f* ① **~ dans qc** *d'une clause, formule* Einfügen *nt* [*o* Aufnahme *f*] in etw (*Akk*); *d'une annonce* Aufgeben *nt* in etw (*Dat*); *d'un article* Veröffentlichung *f* in etw (*Dat*); *d'un vaccin* Einspritzen *nt* unter etw (*Akk*)
② (*intégration*) Eingliederung *f,* Integration *f;* **~ sociale** [Wieder]eingliederung in die Gesellschaft; **centre [d'hébergement et] d'~** Übergangslager *nt*

insidieusement [ɛ̃sidjøzmɑ̃] *adv* ① hinterhältig, auf hinterlistige Weise
② MED schleichend

insidieux, -euse [ɛ̃sidjø, -jøz] *adj* ① *question, promesse* hinterhältig; *personne, manières* hinterhältig, hinterlistig
② (*imperceptible*) schleichend
③ (*pénétrant*) *odeur* durchdringend
④ MED *maladie* heimtückisch

insigne¹ [ɛ̃siɲ] *adj littér* [ganz] besondere(r, s)

insigne² [ɛ̃siɲ] *m* Abzeichen *nt; d'un ordre* Ehrenzeichen *nt; pl d'une fonction* Insignien *Pl*

insignifiance [ɛ̃siɲifjɑ̃s] *f* Bedeutungslosigkeit *f*

insignifiant(e) [ɛ̃siɲifjɑ̃, jɑ̃t] *adj* unbedeutend, unwichtig; *paroles* belanglos; *visage* nichtssagend; *allure* unscheinbar

insinuant(e) [ɛ̃sinɥɑ̃, ɑ̃t] *adj* schmeichlerisch

insinuation [ɛ̃sinɥasjɔ̃] *f* ① Andeutung *f,* Anspielung *f;* **procéder par ~(s)** Andeutungen fallen lassen [*o* machen]
② (*accusation sournoise*) Unterstellung *f*

insinuer [ɛ̃sinɥe] <1> **I.** *vt* (*laisser entendre*) andeuten, zu verstehen geben; (*accuser*) unterstellen
II. *vpr* ① **s'~ dans qc** in etw (*Akk*) [ein]dringen
② (*se glisser*) **s'~ dans qc** *personne:* sich durch etw schlängeln; *idée, sentiment:* sich in etw (*Akk*) einschleichen; **s'~ dans l'esprit de qn** jdn beschleichen; **s'~ dans les bonnes grâces de qn** sich bei jdm einschmeicheln

insipide [ɛ̃sipid] *adj* ① geschmacklos; *boisson, mets* fad[e]; **être ~** fad[e] [*o* nach nichts] schmecken
② (*ennuyeux*) fad[e], langweilig

insistance [ɛ̃sistɑ̃s] *f* Beharrlichkeit *f,* Hartnäckigkeit *f;* **~ à faire qc** Beharrlichkeit [*o* Hartnäckigkeit], wenn es darum geht, etw zu tun; **~ à ne pas faire qc** hartnäckige Weigerung, etw zu tun; **avec ~** beharrlich, hartnäckig

insistant(e) [ɛ̃sistɑ̃, ɑ̃t] *adj* dringend; *ton* drängend; *rumeur* hartnäckig; *regard* eindringlich; *curiosité* aufdringlich

insister [ɛ̃siste] <1> *vi* ① nicht nachgeben; **inutile d'~** gib's auf/geben Sie es auf; **je n'ai pas insisté** ich habe nicht weiter darauf bestanden; **~ à [*o* pour] faire qc** darauf bestehen, etw zu tun
② (*persévérer*) nicht aufgeben, durchhalten
③ (*mettre l'accent sur*) **~ sur qc** etw betonen
▶ **sans ~** ohne besonderen Nachdruck

insociable [ɛ̃sɔsjabl] *adj* ungesellig, insoziabel

insolation [ɛ̃sɔlasjɔ̃] *f* ① Sonnenscheindauer *f,* Insolation *f* (*Fachspr.*)
② (*coup de chaleur*) Sonnenstich *m*
③ (*exposition à la lumière solaire*) Sonnen[baden *nt*] *nt*
④ PHOT Belichtung *f*

insolemment [ɛ̃sɔlamɑ̃] *adv* ① respektlos, frech
② (*d'une façon provocante*) unverschämt

insolence [ɛ̃sɔlɑ̃s] *f* ① Respektlosigkeit *f,* Frechheit *f;* **avec ~** respektlos, frech
② (*propos irrespectueux*) respektlose [*o* freche] Bemerkung, Frechheit
③ (*arrogance*) Unverschämtheit *f,* Anmaßung *f*

insolent(e) [ɛ̃sɔlɑ̃, ɑ̃t] **I.** *adj* ① respektlos, frech
② (*arrogant*) anmaßend; *exigence* unverschämt
③ (*provocant*) unverschämt; *corps, beauté* aufreizend
II. *m(f)* respektlose [*o* freche] Person; **petit ~/petite ~e** kleiner Frechdachs

insolite [ɛ̃sɔlit] *adj* (*inhabituel*) ungewöhnlich, außergewöhnlich

insolubilité [ɛ̃sɔlybilite] *f* ① Unlöslichkeit *f;* **~ d'une poudre dans l'eau** Wasserunlöslichkeit eines Pulvers
② (*état de ce qui ne peut être résolu*) Unlösbarkeit *f*

insoluble [ɛ̃sɔlybl] *adj* ① unlöslich
② (*qui ne peut être résolu*) unlösbar

insolvabilité [ɛ̃sɔlvabilite] *f* Zahlungsunfähigkeit *f,* Insolvenz *f* (*form*)

insolvable [ɛ̃sɔlvabl] *adj* zahlungsunfähig, insolvent (*form*)

insomniaque [ɛ̃sɔmnjak] **I.** *adj* an Schlaflosigkeit leidend; **être ~** Schlafstörungen haben
II. *mf* an Schlaflosigkeit leidender Mensch

insomnie [ɛ̃sɔmni] *f* Schlaflosigkeit *f;* **avoir des ~s** Schlafstörungen haben, unter Schlafstörungen leiden

insondable [ɛ̃sɔ̃dabl] *adj abîme* bodenlos, unermesslich tief; *mystère, pensée* unergründlich; *douleur* unermesslich, grenzenlos; *bêtise* bodenlos

insonore [ɛ̃sɔnɔʀ] *adj* schalldämmend; *cloison* schalldämmend, schalldicht

insonorisation [ɛ̃sɔnɔʀizasjɔ̃] *f* Schalldämmung *f,* Schallisolierung *f*

insonorisé(e) [ɛ̃sɔnɔʀize] *adj* schalldicht, schallisoliert

insonoriser [ɛ̃sɔnɔʀize] <1> *vt* schalldicht machen, gegen Schall isolieren

insouciance [ɛ̃susjɑ̃s] *f* Unbekümmertheit *f,* Sorglosigkeit *f;* **vivre dans l'~** ein sorgloses [*o* unbekümmertes] Leben führen

insouciant(e) [ɛ̃susjɑ̃, jɑ̃t] **I.** *adj* unbekümmert; *vie* unbekümmert, sorgenfrei; **être ~(e) du lendemain** in den Tag hinein leben; **être ~(e) du danger** sich keine Gedanken über die Gefahr machen
II. *m(f)* sorgloser Mensch; *péj* leichtsinniger Mensch

insoucieux, -euse [ɛ̃susjø, -jøz] *adj littér* sorgenfrei, unbekümmert

insoumis(e) [ɛ̃sumi, iz] **I.** *adj* ① widerspenstig, aufsässig
② (*en rébellion*) nicht unterworfen; MIL (*déserteur*) fahnenflüchtig, verweigernd; **le Maroc ~** das freie Marokko
II. *m(f)* Aufständische(r) *f(m),* Rebell(in) *m(f);* MIL Deserteur *m,* Verweigerer *m*

insoumission [ɛ̃sumisjɔ̃] *f* Widerstand *m; d'une personne* Widerstand, Aufsässigkeit *f;* MIL Fahnenflucht *f,* Verweigerung *f;* **acte d'~** widersetzliche Handlung

insoupçonnable [ɛ̃supsɔnabl] *adj* über jeden Verdacht [*o* Zweifel] erhaben

insoupçonné(e) [ɛ̃supsɔne] *adj* ungeahnt, unerwartet; **~(e) de tous** ohne dass es jemand ahnt [*o* vermutet]

insoutenable [ɛ̃sutnabl] *adj* ① unhaltbar, nicht haltbar *präd*

❷ *(insupportable)* unerträglich

inspecter [ɛ̃spɛkte] <1> *vt* ❶ kontrollieren *bagages;* beurteilen *fonctionnaire;* ~ **un professeur** den Unterricht eines Lehrers begutachten
❷ *(examiner attentivement)* inspizieren, absuchen *lieu;* inspizieren, untersuchen *objet;* inspizieren, [eingehend] mustern *personne*

inspecteur, -trice [ɛ̃spɛktœʀ, -tʀis] *m, f* Inspektor(in) *m(f);* ~(**-trice**) **des écoles maternelles** Schulrat *m/*-rätin *f (für den Vorschulbereich);* ~ **général/inspectrice générale** SCOL ≈ Regierungsschulrat *m/*-rätin *f (für alle Lehrer eines Faches zuständiger Beamter bei der Schulbehörde);* ~ **pédagogique régional/inspectrice pédagogique régionale** SCOL ≈ Oberschulrat *m/*-rätin *f (für die Lehrer eines Faches in einer Region zuständiger Beamter);* ~(**-trice**) **primaire** Schulrat *m/*-rätin *f (für den Grundschulbereich)*
▶ ~ **des travaux finis** *hum* Drückeberger(in) *m(f) (pej fam)*
◆ ~(**-trice**) **d'Académie** SCOL ≈ Schulamtsdirektor(in) *m(f);* ~ **des finances** ≈ Generalinspektor *m;* ~(**-trice**) **de police** Polizeiinspektor(in) *m(f);* ~ **des Ponts et Chaussées** ≈ Oberregierungsbaurat *m (Leiter der obersten Straßenaufsichtsbehörde);* ~(**-trice**) **du travail** Gewerbeaufsichtsbeamte(r) *m/*-beamtin *f*

inspection [ɛ̃spɛksjɔ̃] *f* ❶ Kontrolle *f; des lieux* Inspizierung *f;* ~ **des bagages** Gepäckkontrolle; ~ **en règle** gründliche Kontrolle [*o* Überprüfung]; **faire l'**~ **de qc** etw kontrollieren [*o* durchsuchen] [*o* inspizieren]
❷ *(visite d'un inspecteur)* Inspektion *f; d'un professeur* [Unterrichts]besuch *m*
❸ *(corps de fonctionnaires)* Behörde *f;* ~ **des Finances** Finanzaufsichtsbehörde; ~ **du Travail** Gewerbeaufsichtsamt *nt;* ~ **des monuments historiques** Denkmalamt *nt;* ~ **académique** ≈ Oberschulamt *nt;* ~ **générale** SCOL *oberste Schulaufsichtsbehörde;* ~ **primaire** SCOL *Schulaufsichtsbehörde für den Grundschulbereich;* ~ **régionale** SCOL ≈ Schulamt *nt*
❹ JUR Beschau *f*

inspirant(e) [ɛ̃spiʀɑ̃, ɑ̃t] *adj* **être** ~(**e**) inspirierend sein

inspirateur, -trice [ɛ̃spiʀatœʀ, -tʀis] **I.** *adj* ❶ inspirierend; **un vent** ~ **a soufflé sur lui** ihn hat die Muse geküsst *(hum)*
❷ ANAT **muscles** ~**s** Atemmuskeln *Pl*
II. *m, f* ❶ *d'un acte* Inspirator(in) *m(f) (geh); d'une personne* Vorbild *nt; d'une décision* Initiator(in) *m(f) (geh); d'une doctrine* Vordenker(in) *m(f);* **être l'**~(**-trice**) **de qn/qc** für jdn/etw Vorbild sein; **être l'**~(**-trice**) **d'une décision** *personne:* eine Entscheidung initiieren *(geh); chose:* eine Entscheidung beeinflussen
❷ *gén f (égérie)* Muse *f*
❸ *(instigateur)* Anstifter(in) *m(f),* Urheber(in) *m(f)*

inspiration [ɛ̃spiʀasjɔ̃] *f* ❶ Eingebung *f,* Einfall *m;* **avoir la bonne/mauvaise** ~ **de faire qc** gut/schlecht beraten sein, etw zu tun
❷ *(instigation)* ~ **de qc** Anregung *f* [*o* Anstoß *m*] für etw
❸ *(souffle créateur)* Inspiration *f;* ~ **poétique** dichterische Inspiration [*o* Eingebung]; ~ **céleste** himmlische Erleuchtung; **chercher l'**~ auf eine Eingebung warten; **suivre son** ~ seiner Eingebung folgen
❹ ANAT Atemzug *m; (opp: expiration)* Einatmen *nt;* **faire** [*o* **prendre**] **une grande** ~ tief einatmen
▶ **selon l'**~ **du moment** nach Lust und Laune; **d'**~ **médiévale/orientale** vom Mittelalter/orientalisch inspiriert [*o* beeinflusst]; **sous l'**~ **de qn/qc** unter jds Einfluss *(Dat)*/unter dem Einfluss einer S. *(Gen)*

inspiré(e) [ɛ̃spiʀe] *adj* ❶ genial; REL erleuchtet; **être** ~(**e**) inspiriert sein
❷ *(suggéré par)* ~(**e**) **de qc** von etw beeinflusst; *mode, œuvre* von etw beeinflusst, von etw inspiriert
❸ *(avisé)* **être bien/mal** ~(**e**) **de faire qc** gut/schlecht [*o* nicht gut] beraten sein, etw zu tun

inspirer [ɛ̃spiʀe] <1> **I.** *vt* ❶ ANAT einatmen
❷ *(susciter)* ~ **du dégoût/de l'inquiétude** Ekel/Besorgnis erregend [*o* beunruhigend] sein; ~ **de la confiance** *personne:* Vertrauen einflößen, Vertrauen erweckend sein; ~ **du respect/de l'horreur** Respekt/Furcht einflößend sein; ~ **le dégoût à qn** jdm Ekel einflößen; ~ **l'inquiétude à qn** jdm Grund [*o* Anlass] zur Beunruhigung geben; ~ **la prudence à qn** jdn zur Vorsicht mahnen; ~ **de l'amour/de la vengeance à qn** in jdm Liebe[sgefühle]/Rachegefühle wecken
❸ *(suggérer)* ~ **l'achat à qn** jdn zum Kauf veranlassen; ~ **un acte à qn** jdn zu einer Handlung überreden; ~ **une idée à qn** jdn auf eine Idee bringen; ~ **un roman à qn** jdn zu einem Roman inspirieren; ~ **à qn de faire qc** jdn [dazu] veranlassen [*o* überreden], etw zu tun
❹ *(être à l'origine de)* veranlassen; anregen *décision;* anzetteln, anstiften *conjuration;* inspirieren *œuvre;* als Vorbild [*o* Modell] dienen für *personnage de roman;* **être inspiré(e) par qc** *chose:* von etw beeinflusst [*o* inspiriert] [*o* diktiert] sein; **être inspiré(e) par qn** *opération, attentat, conjuration:* von jdm angestiftet [*o* angezettelt] sein
❺ *(rendre créatif)* inspirieren
❻ *fam (plaire à)* begeistern
❼ REL, MYTH ~ **qn** durch jdn sprechen
❽ *(influencer)* ~ **qn** jdn beeinflussen; jdm sagen, was er zu tun hat
❾ *(insuffler)* ~ **de l'air à qn/qc** jdm/einer S. Luft zuführen; ~ **de l'air dans qc** Luft in etw *(Akk)* [hinein]blasen
II. *vpr* **s'**~ **de qn/qc** sich von jdm/etw inspirieren [*o* anregen] lassen, sich an jdm/etw orientieren; *film, livre:* einer S. *(Dat)* als Vorlage dienen; **un film qui s'inspire d'un roman** ein Film nach der Vorlage eines Romans [*o* nach einem Roman]
III. *vi* einatmen; **inspirez! Soufflez!** *(chez le docteur)* einatmen! Ausatmen!

instabilité [ɛ̃stabilite] *f* ❶ *d'une opinion, d'un sentiment, caractère, du temps* Unbeständigkeit *f; d'une personne (dans son comportement)* Wechselhaftigkeit *f; (psychique)* Labilität *f;* ~ **des prix** Preisschwankungen *Pl;* ~ **d'humeur** Launenhaftigkeit *f*
❷ *(précarité)* mangelnde Stabilität, Instabilität *f; d'une situation* Unsicherheit *f;* ~ **ministérielle** ständiger Wechsel der Minister
❸ *(mobilité)* nichtsesshafte Lebensweise

instable [ɛ̃stabl] **I.** *adj* ❶ wechselhaft; *temps* unbeständig; *personne (dans son comportement)* unbeständig; *(dans son psychisme)* labil; *(qui ne tient pas en place)* rastlos
❷ *(précaire) régime politique* instabil; *paix, situation* unsicher; *objet* wackelig
❸ *(mobile) tribu nomade* nichtsesshaft
❹ CHIM instabil
II. *mf* labiler Mensch; *(enfant)* psychisch unausgeglichenes Kind

installateur, -trice [ɛ̃stalatœʀ, -tʀis] *m, f* Installateur(in) *m(f)*

installation [ɛ̃stalasjɔ̃] *f* ❶ Installation *f,* Anschluss *m; d'une machine* Montage *f; d'un campement, meuble* Aufstellen *nt; des troupes* Einquartierung *f; d'un port* Bau *m;* ~ **de l'eau/du gaz** Wasser-/Gasinstallation
❷ *gén pl (objets mis en place)* Anlagen *Pl,* Einrichtungen *Pl;* ~**s** [**et appareils**] *(en parlant d'une entreprise)* Betriebseinrichtungen, Betriebsanlagen; ~**s électriques/industrielles** Elektro-/Industrieanlagen; ~**s portuaires/sanitaires** Hafen-/Sanitäranlagen; ~ **de fortune** behelfsmäßige [*o* notdürftige] Einrichtung
❸ *(entrée en fonctions)* [Amts]einsetzung *f; d'un évêque* Investitur *f,* [Amts]einsetzung
❹ *(emménagement)* Einzug *m*

installé(e) [ɛ̃stale] *adj* ❶ *(aménagé) appartement, atelier* eingerichtet; **être bien** ~(**e**) sich gemütlich eingerichtet haben
❷ *(qui jouit d'une situation confortable)* etabliert; **c'est un homme** ~ er ist ein gemachter Mann; **être** ~(**e**) sich etabliert haben

installer [ɛ̃stale] <1> **I.** *vt* ❶ installieren, verlegen *câbles, tuyaux;* anschließen *téléphone;* aufstellen *meuble;* aufschlagen [*o* aufbauen] *tente;* aufhängen, anbringen *rideaux;* aufstellen *barrage;* installieren *fourneau;* ~ **l'eau courante/l'électricité à qn** jdm einen Wasser-/Stromanschluss legen
❷ (*aménager*) ~ **la pièce en séjour** den Raum als Wohnraum einrichten
❸ (*caser, loger*) unterbringen *personne;* hinstellen *objet;* ~ **qn dans un fauteuil** jdn in einen Sessel setzen; ~ **qn dans un lit** jdn in ein Bett legen; **être installé(e) en Bretagne** sich in der Bretagne niedergelassen haben
❹ (*établir officiellement*) einsetzen
II. *vpr* ❶ **s'**~ sich setzen; (*commodément*) es sich (*Dat*) bequem machen
❷ (*se loger*) **s'**~ sich einrichten; **s'**~ **chez qn** sich bei jdm einquartieren
❸ (*s'établir*) **s'**~ sich niederlassen; *médecin:* sich niederlassen, eine Praxis eröffnen; *commerçant:* ein Geschäft eröffnen; *patron d'un restaurant:* ein Restaurant eröffnen; *cirque:* seine Zelte aufschlagen; **s'**~ **à la campagne** aufs Land ziehen
❹ (*se fixer*) **s'**~ *froid:* sich halten; **s'**~ **dans le mensonge** sich in einem Lügengespinst verstricken (*geh*)

instamment [ɛ̃stamɑ̃] *adv* dringend, inständig

instance [ɛ̃stɑ̃s] *f* ❶ *gén pl* Instanz *f; d'un parti* Instanz, Gremium *nt;* ~**s dirigeantes** Führungsinstanzen, Führungsgremien; **émaner des plus hautes** ~**s** von oberster Stelle kommen
❷ JUR (*poursuite en justice*) Verfahren *nt;* **introduire une** ~ ein Verfahren anstrengen; **être en** ~ anhängig sein (*Fachspr.*); **être en** ~ **de divorce** in Scheidung leben
❸ (*insistance*) Drängen *nt kein Pl,* dringende Bitte; **avec** ~ dringend; **faire des** ~**s à qn de faire qc** jdn dringend [*o* inständig] [darum] bitten, etw zu tun; **sur** [*o* **devant**] **les** ~**s de qn** auf jds Drängen (*Akk*) [hin]
▸ **être en** ~ **de qc** kurz vor etw (*Dat*) stehen; **être en** ~ (*non résolu*) in der Schwebe sein; **être en** ~ **à la poste** *courrier, lettre:* auf der Post [abholbereit] liegen

instant [ɛ̃stɑ̃] *m* Augenblick *m;* ~ **de faiblesse/plaisir** Augenblick [*o* Moment *m*] der Schwäche/Freude; **avoir un** ~ **de répit** einen Augenblick [*o* einen Moment] Ruhe haben; **à chaque** [*o* **tout**] ~ ständig, alle Augenblicke; **mes/tes derniers** ~**s** die letzten Augenblicke meines/deines Lebens; ~ **fatal** Moment, in dem der Tod eintritt; **au même** ~ im selben Augenblick [*o* Moment]; **vivre dans l'**~ nur den Augenblick leben; **à l'**~ [**même**] (*juste avant*) [gerade] eben, gerade; (*juste après*) sofort, augenblicklich; **à l'**~ **où qn a fait qc** in dem Augenblick [*o* Moment] als jd etw getan hat; **dans l'**~ [**même**] sofort, augenblicklich; **dans un** ~ gleich, sofort; **dès l'**~ **que qn a fait qc** sobald [*o* wenn] jd etw getan hat; **dès l'**~ **où qn a fait qc** (*puisque*) da [ja] jd etw getan hat; (*dès que*) sobald [*o* [schon] gleich als] jd etw getan hat; **de tous les** ~**s** ständig; **d'un** ~ **à l'autre** jeden Augenblick [*o* Moment], gleich; **en un** ~ im Nu; **par** ~**s** ab und zu; **pour l'**~ im Augenblick [*o* Moment]; **pendant un** ~ einen Augenblick [*o* Moment] lang; **un** ~**!** einen Augenblick [*o* Moment]!

instant(e) [ɛ̃stɑ̃, ɑ̃t] *adj soutenu* dringend; *prière* dringend, inständig; *envie* heftig; **se faire** ~**(e)** immer dringender werden; *envie:* immer heftiger werden; *prière:* immer inständiger werden

instantané [ɛ̃stɑ̃tane] *m* PHOT Momentaufnahme *f*

instantané(e) [ɛ̃stɑ̃tane] *adj* ❶ unmittelbar; *mort* augenblicklich; *réponse* prompt; **être** ~**(e)** *réponse:* prompt [*o* sofort] kommen; *mort:* sofort eintreten; **l'effet d'un médicament est** ~ eine Arznei wirkt sofort
❷ GASTR **potage** ~**/soupe** ~**e** lösliche Suppe, Instantsuppe *f;* **café** ~ löslicher Kaffee, Pulverkaffee *m*

instantanément [ɛ̃stɑ̃tanemɑ̃] *adv* sofort, augenblicklich

instar [ɛ̃staʀ] ▸ **à l'**~ **de qn** [genau] wie jd, jds Beispiel (*Dat*) folgend

instauration [ɛ̃stɔʀasjɔ̃] *f* Einführung *f; d'un gouvernement* Bildung *f; d'une mentalité* Prägung *f; d'un processus* Einleitung *f*

instaurer [ɛ̃stɔʀe] <1> **I.** *vt* bilden *gouvernement;* kreieren *mode;* knüpfen *liens;* einleiten *processus*
II. *vpr* **s'**~ sich einbürgern, sich etablieren; *état d'esprit:* sich breit machen; *doute:* sich einnisten; **s'**~ **entre des personnes** *collaboration:* zwischen Menschen zustande kommen; *débat:* zwischen Menschen in Gang [*o* zustande] kommen

instigateur, -trice [ɛ̃stigatœʀ, -tʀis] *m, f* ~**(-trice) d'un complot** Anstifter(in) *m(f)* zu einem Komplott, Verantwortliche(r) *f(m)* für ein Komplott

instigation [ɛ̃stigasjɔ̃] *f* Anstiftung *f,* Aufhetzung *f;* **obéir aux** ~**s de qn** sich von jdm aufhetzen lassen; ~ **à la haine** Aufhetzung [zu Hassbekundungen]; ~ **à la violence** Aufhetzung [*o* Anstiftung] zu Gewalttaten; **à** [*o* **sur**] **l'**~ **de qn** auf jds Betreiben *nt* [*o* Veranlassung *f*] (*Akk*)

instiguer [ɛ̃stige] *vt* ~ **qn à faire qc** BELG (*pousser qn à faire qc*) jdn verleiten [*o* dazu bringen] etw zu tun

instiller [ɛ̃stile] <1> *vt* ~ **un médicament dans un verre** eine Arznei in ein Glas träufeln

instinct [ɛ̃stɛ̃] *m* ❶ Instinkt *m;* ~ **grégaire/sexuel** Herden-/Geschlechtstrieb *m;* ~ **maternel** Mutterinstinkt; ~ **de propriété** Revierverhalten, Territorialverhalten *nt;* **d'**[*o* **par**] ~ instinktiv
❷ (*sentiment spontané*) Instinkt *m;* **les** ~**s** die Triebe; **mauvais/plus bas** ~**s** niedere/niedrigste Triebe [*o* Instinkte]; ~**s voyageurs** Reiselust *f;* ~ **des affaires** Geschäftssinn *m,* [sicheres] Gespür für gute Geschäfte; **avoir l'**~ **de la musique** musikalisch [begabt] sein

instinctif, -ive [ɛ̃stɛ̃ktif, -iv] *adj* spontan; *geste, sentiment* spontan, instinktiv

instinctivement [ɛ̃stɛ̃ktivmɑ̃] *adv* instinktiv

instit [ɛ̃stit] *mf fam abr de* **instituteur(-trice)** [Grundschul]lehrer(in) *m(f)*

instituer [ɛ̃stitɥe] <1> **I.** *vt* ❶ einführen, einrichten *organisation, ordre*
❷ ADMIN, JUR (*établir en fonction*) einsetzen; REL einsetzen, investieren *évêque*
❸ (*nommer par testament*) ~ **qn héritier** jdn zum Erben einsetzen
II. *vpr* ❶ **s'**~ sich bilden; *régime:* sich etablieren; *habitude:* sich einbürgern
❷ (*s'ériger en*) **s'**~ **qn** sich zu jdm machen

institut [ɛ̃stity] *m* Institut *nt;* **Institut monétaire européen** Europäisches Währungsinstitut; ~ **universitaire de formation des maîtres** pädagogische Hochschule; **Institut universitaire de technologie** Fachhochschule; **Institut** [**de France**] *die fünf französischen Akademien für Wissenschaft und Kunst*
◆ ~ **de beauté** Schönheitssalon *m,* Kosmetikinstitut *nt;* ~ **de recherche** Forschungsinstitut *nt*

instituteur, -trice [ɛ̃stitytœʀ, -tʀis] *m, f* [Grundschul]lehrer(in) *m(f);* ~ **spécialisé/institutrice spécialisée** Sonderschullehrer(in) *m(f)*

institution [ɛ̃stitysjɔ̃] *f* ❶ (*établissement d'enseignement*) Institut *nt*
❷ (*création, fondation*) Einrichtung *f,* Gründung *f; d'un régime* Errichtung *f; d'une relation* Knüpfen *nt; d'une mesure, d'un usage* Einführung *f;* **être d'**~ **apostolique/humaine** apostolischen/menschlichen Ursprungs sein; **être une** ~ *iron* eine Institution sein (*fig*)
❸ (*chose instituée*) Einrichtung *f; a.* POL Institution *f*
❹ REL *d'un ecclésiastique* Einsetzung *f,* Investitur *f*
◆ ~ **d'héritier** JUR Erbeinsetzung *f*

institutionnalisation [ɛ̃stitysjɔnalizasjɔ̃] *f* Institutionalisierung *f*

institutionnaliser [ɛ̃stitysjɔnalize] <1> **I.** *vt* institutionalisieren

II. *vpr* **s'~** zur Institution werden

institutionnel(le) [ɛ̃stitysjɔnɛl] *adj* institutionell

instructeur, -trice [ɛ̃stʀyktœʀ, -tʀis] **I.** *adj* ❶ MIL **officier ~** Ausbildungsoffizier *m*
❷ JUR **juge ~** Untersuchungsrichter(in) *m(f)*
II. *m, f* MIL Ausbilder(in) *m(f)*

instructif, -ive [ɛ̃stʀyktif, -iv] *adj* lehrreich, instruktiv (*geh*), informativ (*geh*)

instruction [ɛ̃stʀyksjɔ̃] *f* ❶ *vieilli* Bildungswesen *nt,* Schulwesen; MIL Ausbildung *f;* **~ primaire/secondaire** Primar-/Sekundarstufe *f,* Grundschule *f*/weiterführende Schulen; **~ civique** Gemeinschaftskundeunterricht *m,* Gemeinschaftskunde *f;* **~ religieuse** Religionsunterricht *m;* **l'~ en France est gratuite** der Schulbesuch ist in Frankreich unentgeltlich
❷ (*connaissances*) Wissen *nt;* (*culture*) Bildung *f;* **avoir de l'~** Bildung haben
❸ *souvent pl a.* MIL (*prescription*) Anweisung *f,* Instruktion *f;* ADMIN Verordnung *f;* (*interne*) Dienstanweisung, Direktive *f;* **sur ~ de qn** JUR auf jds [An]weisung (*Akk*)
❹ *gén pl* (*mode d'emploi*) Gebrauchsanweisung *f,* Gebrauchsanleitung *f;* **~s de lavage** Waschanleitung
❺ JUR (*enquête*) Ermittlungsverfahren *nt,* Voruntersuchung *f;* **ouvrir une ~** Voruntersuchungen [*o* ein Ermittlungsverfahren] einleiten
◆ **~ de saut** INFORM Sprungbefehl *m;* **~ de service** Dienstanweisung *f*

instruire [ɛ̃stʀɥiʀ] <*irr*> **I.** *vt* ❶ **~ les enfants sur qc** die Kinder über etw (*Akk*) belehren, die Kinder etw lehren (*geh*); **~ qn dans une science** jdn in eine Wissenschaft einweisen, jdn in einem wissenschaftlichen Fach unterrichten
❷ (*informer*) **~ qn d'une nouvelle** jdn von einer Neuigkeit [*o* über eine Neuigkeit] unterrichten, jdn über eine Neuigkeit informieren
❸ JUR ermitteln in (+ *Dat*) *affaire;* **~ contre qn** gegen jdn ermitteln
II. *vi chose:* bilden
III. *vpr* ❶ **s'~ dans une langue** sich in einer Sprache bilden, sich (*Dat*) Wissen über eine Sprache aneignen
❷ JUR **qc s'instruit** in etw (*Dat*) wird ermittelt

instruit(e) [ɛ̃stʀɥi, it] *adj* gebildet

instrument [ɛ̃stʀymɑ̃] *m* ❶ Werkzeug *nt;* **~ de travail** Arbeitsgerät *nt;* **~ de chirurgie** chirurgisches Instrument
❷ MUS **~ de musique** Musikinstrument *nt;* **~ à cordes/percussion/vent** Streich-/Schlag-/Blasinstrument; **jouer d'un ~** ein [Musik]instrument spielen
❸ (*moyen*) Instrument *nt,* Werkzeug *nt;* **~ de propagande/sélection** Propaganda-/Selektionsinstrument; **être l'~ de qn** jds Werkzeug sein
◆ **~ de bord** [Bord]instrument *nt*

instrumental(e) [ɛ̃stʀymɑ̃tal, o] <-aux> *adj* ❶ instrumentell (*geh*)
❷ MUS **ensemble ~/musique ~e** Instrumentalensemble *nt*/-musik *f;* **épreuve de facture ~e** Prüfung *f* im Instrumentenbau *m*

instrumentation [ɛ̃stʀymɑ̃tasjɔ̃] *f* MUS Instrumentierung *f,* Instrumentation *f*

instrumenter [ɛ̃stʀymɑ̃te] <1> **I.** *vt* TECH mit [technischen] Instrumenten ausrüsten *installation*
II. *vi* JUR juristische Mittel anwenden

instrumentiste [ɛ̃stʀymɑ̃tist] *mf* MUS Instrumentalist(in) *m(f)*

insu [ɛ̃sy] ► **à l'~ de qn** (*en cachette*) ohne jds Wissen; (*inconsciemment*) ohne dass jd es [be]merkt; **à l'~ de tout le monde** [von allen] unbemerkt

insubmersible [ɛ̃sybmɛʀsibl] *adj* unsinkbar; **être ~** nicht sinken [können], unsinkbar sein

insubordination [ɛ̃sybɔʀdinasjɔ̃] *f* Ungehorsam *m;* MIL Gehorsamsverweigerung *f,* Insubordination *f;* **~ ouvrière** Arbeitsverweigerung *f,* Verweigerungshaltung *f* der Arbeiter

insubordonné(e) [ɛ̃sybɔʀdɔne] *adj* ungehorsam; *militaire, troupes* den Gehorsam verweigernd

insuccès [ɛ̃syksɛ] *m* Misserfolg *m*

insuffisamment [ɛ̃syfizamɑ̃] *adv* unzureichend, ungenügend; **travailler/dormir ~** nicht genügend [*o* nicht genug] arbeiten/schlafen

insuffisance [ɛ̃syfizɑ̃s] *f* ❶ **~ de qc** Knappheit *f* an etw (*Dat*), Mangel *m* an etw (*Dat*); **~ de la récolte** schlechte Ernte
❷ (*faiblesse*) Schwäche *f;* (*médiocrité*) Unzulänglichkeit *f*
❸ MED Insuffizienz *f*

insuffisant(e) [ɛ̃syfizɑ̃, ɑ̃t] *adj* ❶ *moyens, personnel* nicht genügend, zu wenig; *nombre, dimension* nicht groß genug, nicht ausreichend; **être en nombre ~** nicht genügend Leute [*o* zu wenig[e] [Leute]] sein; **être ~(e)** nicht ausreichen; *nombre, dimension:* nicht groß genug sein
❷ (*en qualité*) unzureichend; *employé* unzulänglich; *candidat, élève* zu schwach; *travail* ungenügend, unzulänglich

insuffler [ɛ̃syfle] <1> *vt* ❶ **~ de l'air dans les pneus** Luft in die Reifen pumpen; **~ de l'air/de l'oxygène dans les poumons de qn** jdn [künstlich]/mit Sauerstoff beatmen
❷ (*inspirer*) **~ de la peur/du courage à qn** jdm Angst/Mut (*Akk*) einflößen; **~ de l'amour à qn** jdn mit Liebe erfüllen; **~ de la vengeance à qn** jdn auf Rachegedanken bringen

insulaire [ɛ̃sylɛʀ] **I.** *adj* **administration ~** Inselverwaltung *f*
II. *mf* Inselbewohner(in) *m(f); pl* Inselbewohner *Pl,* Inselbevölkerung *f*

insularité [ɛ̃sylaʀite] *f* Insellage *f*

insuline [ɛ̃sylin] *f* Insulin *nt*

insultant(e) [ɛ̃syltɑ̃, ɑ̃t] *adj air, personne* unverschämt; *paroles, soupçon* beleidigend; *ton* unverschämt, beleidigend; **être ~(e) pour qn/qc** beleidigend für jdn/etw sein

insulte [ɛ̃sylt] *f* (*injure*) Beleidigung *f;* (*affront*) Beleidigung, Kränkung *f;* **~ à la mémoire/religion** Verunglimpfung *f* des Andenkens/Glaubens; **faire ~ à qn/qc** jdn/etw beleidigen

insulter [ɛ̃sylte] <1> **I.** *vt* verunglimpfen, beleidigen
II. *vpr* **s'~** *personnes:* sich [gegenseitig] beleidigen [*o* beschimpfen]

insupportable [ɛ̃sypɔʀtabl] *adj* ❶ unerträglich
❷ (*désagréable*) *caractère* unausstehlich

insupporter [ɛ̃sypɔʀte] <1> *vt fam* **~ qn** jdm auf die Nerven gehen (*fam*)

insurgé(e) [ɛ̃syʀʒe] **I.** *adj* aufständisch, rebellierend
II. *m(f)* Aufständische(r) *f(m),* Rebell(in) *m(f)*

insurger [ɛ̃syʀʒe] <2a> *vpr* ❶ **s'~ contre qn/qc** sich gegen jdn/etw auflehnen [*o* erheben]
❷ (*protester*) **s'~ contre qc** gegen etw aufbegehren [*o* protestieren], sich gegen etw wehren

insurmontable [ɛ̃syʀmɔ̃tabl] *adj* unüberwindbar, unüberwindlich

insurpassable [ɛ̃syʀpɑsabl] *adj* unübertrefflich; *performance, bêtise* unschlagbar; **être ~** nicht zu übertreffen sein; *performance, bêtise:* unschlagbar [*o* nicht zu schlagen] sein

insurrection [ɛ̃syʀɛksjɔ̃] *f* Aufstand *m,* Erhebung *f*

insurrectionnel(le) [ɛ̃syʀɛksjɔnɛl] *adj force* aufständisch, des Aufstands; *gouvernement* der Aufständischen; **mouvement ~** Aufstand *m*

intact(e) [ɛ̃takt] *adj* ❶ *objet* unversehrt, intakt; *argent* vollständig; *produit* einwandfrei; *richesse* unberührt
❷ (*qui n'a pas souffert*) *honneur, réputation* unversehrt, makellos; *principes* unverletzt; **maintenir** [*o* **garder**] **un principe ~** ein Prinzip hochhalten

intangibilité [ɛ̃tɑ̃ʒibilite] *f* Unantastbarkeit *f,* Unverletzlichkeit *f*

intangible [ɛ̃tɑ̃ʒibl] *adj constitution, principe* unantastbar, unverletzlich; *objectif* unverrückbar

intarissable [ɛ̃taʀisabl] *adj* unerschöpflich; *eau, puits* unerschöpflich, nie versiegend; *pleurs* unstillbar; *personne, verve* unermüdlich; *bavard* nicht zu bremsen (*fam*); **être ~ sur qc**

bei etw kein Ende finden, bei etw nicht zu bremsen sein (*fam*)

intégral(e) [ɛ̃tegʀal, o] <-aux> *adj* vollständig; *audition, texte* ungekürzt; *horreur* total; **bronzage** ~ nahtlose Bräune; **nu** ~ völlige Nacktheit

intégrale [ɛ̃tegʀal] *f* ❶ MATH Integral *nt*
❷ LITTER Gesamtausgabe *f;* MUS Gesamtaufnahme *f*

intégralement [ɛ̃tegʀalmɑ̃] *adv* vollständig, ganz

intégralité [ɛ̃tegʀalite] *f* Gesamtheit *f,* Vollständigkeit *f;* **dans son** ~ vollständig; *bâtiment, projet* in seiner/ihrer Gesamtheit, in seinem/ihrem ganzen Umfang; **en** ~ ganz, vollständig

intégrant(e) [ɛ̃tegʀɑ̃, ɑ̃t] *adj* ▶ **être une** [*o* **faire**] **partie** ~**e de qc** fest zu etw gehören, integraler [*o* fester] Bestandteil einer S. (*Gen*) sein

intégration [ɛ̃tegʀasjɔ̃] *f* ❶ *économique, politique* Integration *f*
❷ (*assimilation*) ~ **dans qc** Integration *f* [*o* Eingliederung *f*] in etw (*Akk*)
❸ ECON (*concentration*) vertikale Konzentration, vertikaler Zusammenschluss
❹ UNIV *fam* (*admission*) ~ **à qc** Aufnahme *f* in etw (*Akk*)

intégrationniste [ɛ̃tegʀasjɔnist] POL **I.** *adj* integrationistisch
II. *mf* Integrationist(in) *m(f)*

intègre [ɛ̃tɛgʀ] *adj vie* ehrenhaft, unbescholten; *personne* integer, ehrenhaft, unbescholten; *juge* unbestechlich

intégré(e) [ɛ̃tegʀe] *adj* integriert; ~**(e) à** [*o* **dans**] **qc** in etw (*Akk*) integriert; **une cuisine** ~**e** eine Einbauküche *f*

intégrer [ɛ̃tegʀe] <5> **I.** *vt* ❶ aufnehmen; übernehmen *idée, technique;* einspeisen, übertragen *données;* ~ **un livre à** [*o* **dans**] **une liste** ein Buch in eine Liste integrieren [*o* aufnehmen]
❷ (*entrer dans*) eintreten in (+ *Akk*) *organisme;* ~ **le secteur agricole** *ingénieurs:* in die Landwirtschaft gehen
❸ MATH integrieren *fonction*
II. *vi* UNIV *fam* ~ **à une grande école** in eine Hochschule aufgenommen werden
III. *vpr* **s'**~ **à** [*o* **dans**] **qc** *personne:* sich in etw (*Akk*) integrieren [*o* eingliedern]; *chose:* sich in etw (*Akk*) integrieren, sich an etw (*Akk*) anpassen

intégrisme [ɛ̃tegʀism] *m* Fundamentalismus *m*

intégriste [ɛ̃tegʀist] **I.** *adj* fundamentalistisch
II. *mf* Fundamentalist(in) *m(f)*

intégrité [ɛ̃tegʀite] *f* ❶ *d'une vie* Ehrbarkeit *f,* Unbescholtenheit *f; d'une personne* Integrität *f,* Ehrbarkeit, Unbescholtenheit; *d'un juge, de la justice* Unbestechlichkeit *f*
❷ (*intégralité*) *d'une personne* Unversehrtheit *f; d'un honneur* Makellosigkeit *f; d'un édifice, d'une œuvre* Gesamtheit *f; d'un territoire* Integrität *f;* **conserver l'**~ **de qc** etw als Ganzes [aufrecht]erhalten; **conserver l'**~ **de ses facultés** im Vollbesitz seiner geistigen Kräfte sein

intellect [ɛ̃telɛkt] *m* Intellekt *m*

intellectualiser [ɛ̃telɛktɥalise] <1> *vt* intellektualisieren

intellectualisme [ɛ̃telɛktɥalism] *m* Intellektualismus *m*

intellectuel(le) [ɛ̃telɛktɥɛl] **I.** *adj* ❶ intellektuell, geistig; *fatigue* geistig; **travail** ~ geistige Arbeit, Kopfarbeit *f;* **vie** ~**le** Geistesleben *nt,* geistiges Leben
❷ (*opp: manuel*) **travailleur** ~ Kopfarbeiter *m*
II. *m(f)* Intellektuelle(r) *f(m)*

intellectuellement [ɛ̃telɛktɥɛlmɑ̃] *adv* geistig, intellektuell

intelligemment [ɛ̃teliʒamɑ̃] *adv* intelligent, klug

intelligence [ɛ̃teliʒɑ̃s] *f* ❶ Intelligenz *f; pl* intellektuelle [*o* geistige] Fähigkeiten *Pl;* ~ **artificielle** künstliche Intelligenz
❷ (*clairvoyance*) Klugheit *f,* Intelligenz *f;* **avec** ~ klug, intelligent; **faire preuve de beaucoup d'**~ sich als äußerst klug erweisen
❸ (*compréhension*) ~ **d'une personne** Verständnis *nt* eines Menschen
❹ (*personne*) intelligenter Mensch
❺ (*complicité secrète*) **entretenir des** ~**s avec l'ennemi** heimlich mit dem Feind in Verbindung stehen; **avoir des** ~**s dans la place** Informanten [*o* Verbindungsleute] eingeschleust haben; **vivre en bonne/mauvaise** ~ **avec qn** in gutem Einvernehmen mit jdm leben/ein gespanntes Verhältnis zu jdm haben; **agir/être d'**~ **avec qn** im Einvernehmen mit jdm handeln/sich (*Dat*) mit jdm einig sein; **d'**~ *regard, signe* verschwörerisch

intelligent(e) [ɛ̃teliʒɑ̃, ʒɑ̃t] *adj personne, choses* intelligent, klug; **c'est** ~**!** *iron* das ist [ja] intelligent! (*iron*)

intelligentsia [ɛ̃teliʒɛnsja, inteligɛnsja] *f* Intelligenz *f,* Intelligentsia *f*

intelligibilité [ɛ̃teliʒibilite] *f* Verständlichkeit *f;* **manquer d'**~ unverständlich sein

intelligible [ɛ̃teliʒibl] *adj* verständlich, vernehmbar, hörbar; **qc est** ~ **à qn** etw ist jdm verständlich, jd versteht etw

intelligiblement [ɛ̃teliʒibləmɑ̃] *adv s'exprimer* verständlich; *parler* verständlich, deutlich

intello [ɛ̃telo] *mf péj fam abr de* **intellectuel** Intelligenzler(in) *m(f)* (*pej*)

intempérance [ɛ̃tɑ̃peʀɑ̃s] *f* Maßlosigkeit *f,* Unmäßigkeit *f;* (*gloutonnerie*) Unmäßigkeit, Völlerei *f,* Fresssucht *f;* (*ivrognerie*) Trunksucht *f;* ~ **sexuelle** zügelloses Sexualleben
◆ ~ **de langage** *littér* (*volubilité*) Redefreudigkeit *f;* (*écarts*) zügelloses Reden

intempérant(e) [ɛ̃tɑ̃peʀɑ̃, ɑ̃t] *adj* ❶ fresssüchtig, verfressen; (*ivrogne*) trunksüchtig; (*sexuellement*) sexbesessen
❷ (*excessif*) unmäßig, maßlos

intempéries [ɛ̃tɑ̃peʀi] *fpl* schlechtes Wetter

intempestif, -ive [ɛ̃tɑ̃pɛstif, -iv] *adj* ❶ *allusion, gaieté* unpassend; *zèle* blind; *curiosité, demande* unbequem
❷ *littér* (*à contretemps*) unzeitgemäß
❸ (*accidentel*) *alarme* zur Unzeit ausgelöst

intemporel(le) [ɛ̃tɑ̃pɔʀɛl] *adj* zeitlos; **mener une existence** ~**le** außerhalb seiner Zeit leben

intenable [ɛ̃t(ə)nabl] *adj* ❶ unerträglich
❷ (*indéfendable*) unhaltbar
❸ (*insupportable*) *adulte* renitent; *classe* renitent, aufsässig; *enfant* aufsässig, widerspenstig; **être** ~ nicht zu bändigen sein

intendance [ɛ̃tɑ̃dɑ̃s] *f* ❶ Verwaltung *f;* MIL Logistik *f;* ~ **universitaire** Universitätsverwaltung
❷ (*bureaux de l'intendant*) Verwaltung *f*
❸ *fam* (*questions matérielles et économiques*) Management *nt* (*fam*); **faire** [*o* **s'occuper**] **de l'**~ sich ums Management kümmern
▶ **l'**~ **suit** die konkrete Umsetzung ist gesichert

intendant [ɛ̃tɑ̃dɑ̃] *m* ❶ Verwaltungsdirektor *m*
❷ (*régisseur*) Verwalter *m; d'une entreprise* Verwaltungsdirektor *m*
❸ HIST Intendant *m*
❹ MIL Quartiermeister *m* (*veraltet*), für die Versorgung der Truppen zuständiger Generalstabsoffizier

intendante [ɛ̃tɑ̃dɑ̃t] *f* ❶ Verwaltungsdirektorin *f*
❷ (*régisseur*) Verwalterin *f; d'une entreprise* Verwaltungsdirektorin *f*

intense [ɛ̃tɑ̃s] *adj* ❶ intensiv; *couleur* intensiv, kräftig; *lumière* intensiv, hell; *joie* groß; *chaleur* groß, stark; *froid* streng, eisig; *douleur, vibrations* heftig, stark
❷ (*dense*) *activité* rege; *circulation* dicht, stark

intensément [ɛ̃tɑ̃semɑ̃] *adv regarder, vivre* intensiv; *travailler* intensiv, konzentriert; *battre* heftig

intensif [ɛ̃tɑ̃sif] *m* Verstärkungswort *nt;* LING Intensivum *nt*

intensif, -ive [ɛ̃tɑ̃sif, -iv] *adj* ❶ *entraînement, travail* intensiv; *propagande* massiv; *soins* intensiv, gründlich
❷ AGR *agriculture* intensiv; **culture intensive** Intensivanbau *m*
❸ LING **mot** ~ verstärkendes Wort, Verstärkungswort *nt;* **verbe** ~ intensives Verb, Intensivum *nt*

intensification [ɛ̃tɑ̃sifikasjɔ̃] *f* Intensivierung *f; d'une lutte* Intensivierung, Verstärkung *f; des efforts, de la production* Intensivierung, Steigerung *f*

intention

• exprimer l'intention	• Absicht ausdrücken
J'ai l'intention de déposer une plainte contre l'entreprise.	**Ich beabsichtige,** eine Klage gegen die Firma zu erheben.
J'envisage/Je projette de faire un voyage en Italie l'année prochaine.	**Ich habe** für nächstes Jahr eine Reise nach Italien **vor/ geplant.**
Je me suis mis en tête de passer la licence de pilote.	**Ich habe mir in den Kopf gesetzt,** den Pilotenschein zu machen.
Je **vais** tapisser le salon, ce mois-ci.	Ich **werde** diesen Monat noch das Wohnzimmer tapezieren.
• exprimer le manque d'intention	**• Absichtslosigkeit ausdrücken**
Ça ne me viendrait pas à l'idée.	**Das liegt mir fern.**
Je n'ai pas l'intention de te donner des ordres.	**Ich habe nicht die Absicht,** dir irgendwelche Vorschriften zu machen.
Je ne l'ai pas fait exprès.	**Das war nicht von mir beabsichtigt.**
• demander l'intention	**• nach einer Absicht fragen**
Que voulez-vous faire avec cela?	**Was bezwecken Sie damit?**
À quoi ça sert, tout ça?	**Was hat das alles für einen Zweck?**
Que voulez vous dire?	**Was wollen Sie damit behaupten/sagen?**

intensifier [ɛ̃tɑ̃sifje] <1a> **I.** *vt* intensivieren; intensivieren, steigern *efforts, production;* beschleunigen *chute des cours*
II. *vpr* **s'~** an Intensität zunehmen, sich verstärken; *sentiment:* an Intensität zunehmen, heftiger [*o* stärker] [*o* intensiver] werden; *production:* sich steigern, gesteigert werden; **le froid s'intensifie** es wird immer kälter

intensité [ɛ̃tɑ̃site] *f* ❶ *d'un regard, de la chaleur* Intensität *f; d'une sensation* Stärke *f; d'un sentiment* Intensität, Stärke; *de la lumière* Intensität, Helligkeit *f; d'une tempête, du vent* Stärke, Heftigkeit *f; du froid* Strenge *f;* ~ **lumineuse** Lichtstärke *f;* **de faible/d'une grande** ~ schwach/stark; *sentiment, vent* schwach/heftig; *lumière* schwach/hell; *moment* schwach/stark; **augmenter/diminuer d'**~ stärker/schwächer werden; *sentiment:* stärker [*o* heftiger]/schwächer werden; *tempête, tremblement de terre, vent:* stärker/schwächer werden, heftiger werden/nachlassen; *lumière:* heller/schwächer werden; *fièvre:* steigen/fallen
❷ ELEC Stromstärke *f;* **courant de faible/d'une grande** ~ Schwach-/Starkstrom *m*

intensivement [ɛ̃tɑ̃sivmɑ̃] *adv* intensiv

intention [ɛ̃tɑ̃sjɔ̃] *f* ❶ Absicht *f,* Intention *f* (*geh*); **une histoire part d'une bonne** ~ einer Geschichte (*Dat*) liegt eine gute Absicht zugrunde; **agir dans une bonne** ~ in guter Absicht handeln; **avoir de bonnes/mauvaises** ~**s à l'égard de qn** es gut [mit jdm] meinen/etwas gegen jdn im Schilde führen; **avec les meilleures** ~**s du monde** in der allerbesten Absicht; **avoir l'**~ **de faire qc** vorhaben [*o* die Absicht haben], etw zu tun; **ne pas avoir** [*o* **n'avoir nullement**] **l'**~ **de faire qc** nicht die Absicht haben [*o* [gar] nicht daran denken], etw zu tun; **il n'entre** [*o* **n'est**] **pas dans les** ~**s de qn de faire qc** es liegt nicht in jds Absicht (*Dat*) [*o* jd denkt nicht daran], etw zu tun; **c'est l'**~ **qui compte** der gute Wille zählt; **sans** ~ unabsichtlich; **c'était sans** ~ es war keine Absicht
❷ (*but*) **à cette** ~ zu diesem Zweck
▸ **à l'**~ **de qn** für jdn [gedacht]; REL *messe, prière* für jdn; **organiser une promenade à l'**~ **de qn** einen Spaziergang für jdn organisieren

intentionné(e) [ɛ̃tɑ̃sjɔne] *adj* **être bien/mal** ~**(e) à l'égard de qn** jdm wohlgesinnt/übelgesinnt sein; **il a l'air mal** ~ er sieht aus, als führe er etwas im Schilde

intentionnel(le) [ɛ̃tɑ̃sjɔnɛl] *adj* absichtlich; **être** ~**(le)** Absicht *f* sein; JUR Vorsatz *m* sein

intentionnellement [ɛ̃tɑ̃sjɔnɛlmɑ̃] *adv* absichtlich, mit Absicht *f;* JUR vorsätzlich, mit Vorsatz *m*

inter [ɛ̃tɛʀ] *m* ❶ TELEC *abr de* **interurbain** Fernamt *nt*
❷ FBALL *abr de* **intérieur** Halbstürmer(in) *m(f);* **l'**~ **droit/gauche** der Halbrechte/Halblinke

interactif, -ive [ɛ̃tɛʀaktif, -iv] *adj* interaktiv; **programme** ~ Dialogprogramm *nt*

interaction [ɛ̃tɛʀaksjɔ̃] *f* Wechselwirkung *f;* SOCIOL Wechselwirkung, Interaktion *f;* INFORM Dialog *m;* **en** ~ in [gegenseitiger] Wechselwirkung, interaktiv (*Fachspr.*)

interactivité [ɛ̃tɛʀaktivite] *f* INFORM Interaktivität *f*

interallié(e) [ɛ̃tɛʀalje] *adj* interalliiert

interbancaire [ɛ̃tɛʀbɑ̃kɛʀ] *adj* Interbanken-; **carte** ~ ≈ ec-Karte *f* (*Karte mit Abhebungsmöglichkeiten bei allen Banken*)

intercalaire [ɛ̃tɛʀkalɛʀ] **I.** *adj* **jour** ~ Schalttag *m;* **feuillet** ~ Trennblatt *nt;* **fiche** ~ Einlage *f*
II. *m* Trennblatt *nt*

intercaler [ɛ̃tɛʀkale] <1> **I.** *vt* einbauen *citation, exemple;* ~ **une feuille dans un livre/entre la page 38 et 39** ein Blatt in ein Buch/zwischen die Seiten 38 und 39 einschieben [*o* einlegen]; ~ **un rendez-vous dans une semaine/entre deux dates** in einer Woche/zwischen zwei Terminen eine Verabredung einschieben [*o* unterbringen]
II. *vpr* **s'**~ **dans une liste** sich in eine Liste einreihen; **s'**~ **entre des personnes** *coureur:* sich zwischen Personen platzieren

intercéder [ɛ̃tɛʀsede] <5> *vi* ~ **pour** [*o* **en faveur de**] **qn auprès de qn** sich bei jdm für jdn einsetzen [*o* verwenden]

intercellulaire [ɛ̃tɛʀselylɛʀ] *adj* BIO interzellular, interzellulär

intercepter [ɛ̃tɛʀsɛpte] <1> *vt* abfangen *objet, personne;* abhören *message radio, téléphone;* abhalten, abschirmen *lumière;* stellen *suspect;* anhalten, stoppen *véhicule;* aufbringen *bateau*

interception [ɛ̃tɛʀsɛpsjɔ̃] *f d'un ballon, ennemi, message* Abfangen *nt; d'un message radio, téléphone* Abhören *nt; de la chaleur, d'un rayon* Abhalten *nt; d'un véhicule* Anhalten *nt,* Stoppen *nt; d'un bateau* Aufbringen *nt;* **l'**~ **de qn/qc** das Abfangen durch jdn/etw

intercesseur [ɛ̃tɛʀsesœʀ] *m a.* LITTER, REL Fürsprecher(in) *m(f);* **être** ~ **auprès de l'administration** Vermittler bei der Verwaltung sein

intercession [ɛ̃tɛʀsesjɔ̃] *f littér* Vermittlung *f,* Fürsprache *f;* REL

interdire

• interdire	• verbieten
Tu n'as pas le droit de regarder la télévision, aujourd'hui.	**Du darfst** heute **nicht** fernsehen.
Il n'en est pas question.	**Das kommt gar nicht in Frage.**
Ne touche pas à mon ordinateur!	**Finger weg von** meinem Computer! *(fam)*
Ne touche pas à mon journal intime!	**Lass die Finger von** meinem Tagebuch! *(fam)*
Je ne peux pas tolérer/accepter ça.	**Das kann ich nicht zulassen.**
Je vous interdis de me parler sur ce ton!	**Ich verbiete Ihnen diesen Ton!**
Arrêtez, je vous prie.	**Bitte unterlassen Sie das.** *(form)*

Fürbitte *f*

interchangeable [ɛ̃tɛʀʃɑ̃ʒabl] *adj* austauschbar

interclasse [ɛ̃tɛʀklɑs] **I.** *m* SCOL Fünfminutenpause *f*, kleine Pause
II. *app match* zwischen den Klassen; **tournoi** ~ Schulturnier *nt*

interclubs [ɛ̃tɛʀklœb] *adj inv* zwischen mehreren Vereinen

intercommunal(e) [ɛ̃tɛʀkɔmynal, o] <-aux> *adj* gemeindeübergreifend, interkommunal (*geh*)

intercommunautaire [ɛ̃tɛʀkɔmynotɛʀ] *adj* **décisions ~s** EU-Entscheidungen *Pl*, innergemeinschaftliche Entscheidungen

interconnecter [ɛ̃tɛʀkɔnɛkte] <1> *vt* zusammenschalten, verbinden

interconnexion [ɛ̃tɛʀkɔnɛksjɔ̃] *f* Zusammenschaltung *f*

intercontinental(e) [ɛ̃tɛʀkɔ̃tinɑ̃tal, o] <-aux> *adj relations* zwischen den Kontinenten, interkontinental; **ligne aérienne ~e** Interkontinentalfluglinie *f*; **missile** ~ Interkontinentalrakete *f*

intercostal(e) [ɛ̃tɛʀkɔstal, o] <-aux> *adj* MED interkostal (*Fachspr.*); **douleurs ~es** Schmerzen *Pl* im Brustraum, Interkostalneuralgie *f* (*Fachspr.*)

interdépartemental(e) [ɛ̃tɛʀdepaʀtəmɑ̃tal, o] <-aux> *adj* departementübergreifend; *compétition* departementübergreifend, zwischen den Departements; **être ~(e)** mehrere Departements einbeziehen

interdépendance [ɛ̃tɛʀdepɑ̃dɑ̃s] *f des peuples, régions* gegenseitige Abhängigkeit; *des problèmes* Verflechtung *f*, Interdependenz *f* (*geh*)

interdépendant(e) [ɛ̃tɛʀdepɑ̃dɑ̃, ɑ̃t] *adj peuples, régions* voneinander abhängig; *problèmes* miteinander verflochten, interdependent (*geh*); **être ~(e)** von den anderen abhängig sein, von den anderen abhängen

interdiction [ɛ̃tɛʀdiksjɔ̃] *f* ❶ *a.* JUR Verbot *nt*; ~ **de stationnement aux camions** Parkverbot für LKW; ~ **d'un film aux enfants** Verbot eines Films für Kinder; ~ **des jeux de hasard** Glücksspielverbot; **décider l'~ d'un jeu à qn** beschließen, jdm ein Spiel zu verbieten; ~ **de pénétrer sur le chantier** Betreten *nt* der Baustelle verboten; ~ **de stationner/de fumer** Parken *nt*/Rauchen *nt* verboten; **lever une ~** ein Verbot aufheben; ~ **judiciaire** Entmündigung *f*; ~ **légale** Aberkennung *f* der bürgerlichen Rechte
❷ (*suspension*) *d'un officier ministériel* Suspendierung *f*, Suspension *f*; *d'un prêtre* Inderdikt *nt*; **frappé(e) d'~** *officier ministériel, fonctionnaire* [vom Dienst] suspendiert; *prêtre* mit einem Interdikt belegt
◆ ~ **d'agrément** Zulassungssperre *f*; ~ **de comptabilisation à l'actif** ECON Aktivierungsverbot *nt*; ~ **de séjour** Aufenthaltsbeschränkung *f*

interdire [ɛ̃tɛʀdiʀ] <*irr*> **I.** *vt* ❶ ~ **un jeu à qn** jdm ein Spiel verbieten [*o* untersagen *form*]; ~ **à qn de faire qc** es jdm verbieten [*o* untersagen *form*], etw zu tun
❷ (*empêcher*) im Keim ersticken *espoir*; ~ **qc à qn** jdm etw verbieten; *obstacle:* jdm etw unmöglich machen, jdm etw verwehren; ~ **à qn de faire qc** jdm verbieten, etw zu tun; *obstacle:* jdn daran hindern, etw zu tun; verhindern, dass jd etw tut; **rien n'interdit de faire qc** nichts hindert einen daran, etw zu tun
❸ (*empêcher l'accès de*) ~ **sa porte à qn** jdm das Haus verbieten
❹ JUR, REL [vom Dienst] suspendieren *huissier, officier ministériel;* mit einem Interdikt belegen, ein Interdikt verhängen über *prêtre*
II. *vpr* **s'~ qc/de faire qc** etw unterlassen/es unterlassen, etw zu tun; sich (*Dat*) etw verbieten [*o* versagen]/es sich (*Dat*) verbieten, etw zu tun

interdisciplinaire [ɛ̃tɛʀdisiplinɛʀ] *adj* interdisziplinär

interdisciplinarité [ɛ̃tɛʀdisiplinaʀite] *f* Interdisziplinarität *f*

interdit [ɛ̃tɛʀdi] *m* Verbot *nt*; **jeter** [*o* **prononcer**] **l'~ contre** [*o* **sur**] **qn** JUR jdn entmündigen; REL ein Interdikt über jdn verhängen, jdn mit einem Interdikt belegen

interdit(e)[1] [ɛ̃tɛʀdi, dit] *adj* verboten; *film* indiziert; *sujet* unerwünscht; **chantier** ~ Betreten der Baustelle verboten; **~(e) à qn** für jdn verboten; **passage ~ sauf aux riverains** Anlieger frei; ~ **aux moins de 16 ans** frei ab 16; ~ **aux chiens** Hunde nicht zugelassen; *magasin* Hunde müssen draußen bleiben; ~ **au public** kein Zutritt; **il est ~ à qn de faire qc** es ist jdm verboten, etw zu tun; **être ~(e) d'antenne** Sendeverbot haben/bekommen, nicht gesendet werden dürfen; **qn est ~ de séjour** für jdn gilt eine Aufenthaltsbeschränkung/jdm wird eine Aufenthaltsbeschränkung auferlegt

interdit(e)[2] [ɛ̃tɛʀdi, dit] *adj* sprachlos

intéressant(e) [ɛ̃teʀesɑ̃, ɑ̃t] **I.** *adj* ❶ interessant; *performance* interessant, bemerkenswert; **chercher à se rendre ~(e)** sich interessant machen wollen; **ne pas être/être peu ~(e)** *péj* nichts wert/nichts Besonderes sein
❷ (*avantageux*) *prix, affaire* interessant; **~(e) pour qn** für jdn interessant; **il est ~ pour qn de faire qc** es ist interessant [*o* es lohnt sich] für jdn, etw zu tun; **être ~(e) à faire** es wert sein, getan zu werden; **c'est ~ à signaler** das ist erwähnenswert
❸ (*qui suscite la bienveillance*) interessant
II. *m(f)* **faire l'~(e)** *péj* sich interessant machen, sich aufspielen

intéressé(e) [ɛ̃teʀese] **I.** *adj* ❶ interessiert
❷ (*concerné*) betroffen
❸ (*qui recherche son intérêt personnel*) eigennützig, selbstsüchtig; **alliance ~e** Zweckbündnis *nt*
II. *m(f)* ❶ (*personne concernée*) Betroffene(r) *f(m)*
❷ (*personne qui s'intéresse à qc*) Interessierte(r) *f(m)*

intéressement [ɛ̃teʀɛsmɑ̃] *m* Gewinnbeteiligung *f*

intéresser [ɛ̃teʀese] <1> **I.** *vt* ❶ interessieren; ~ **un enfant à un jeu** das Interesse eines Kindes für ein Spiel wecken; **être intéressé(e) à faire qc** daran interessiert sein, etw zu tun; **rien ne l'intéresse** er/sie interessiert sich für nichts; **cause toujours, tu m'intéresses!** *iron fam* von mir aus kannst du lange reden! (*fam*); **est-ce que ça t'intéresse** [*o* **t'intéresserait**] **de voir ce film?** hättest du Lust, in diesen Film zu gehen?

❷ *(faire bénéficier)* ~ **les salariés à qc** die Arbeitnehmer an etw *(Dat)* beteiligen; **être intéressé(e) à/dans qc** an etw *(Dat)* beteiligt sein
❸ *(concerner)* *loi, mesure:* betreffen
II. *vpr* **s'~ à qn/qc** sich für jdn/etw interessieren
intérêt [ɛ̃teʀɛ] *m* ❶ *(attention)* Interesse *nt;* ~ **pour qn/qc** Interesse für jdn/etw; **avec/sans** ~ interessiert/ohne besonderes Interesse; **porter** [*o* **témoigner**] **de l'~ à qn** jdm Interesse entgegenbringen; **prêter ~ à qc** einer S. *(Dat)* Interesse entgegenbringen
❷ *(importance)* Bedeutung *f;* **du plus haut** ~ äußerst bedeutsam; **être d'un ~ vital/capital** lebenswichtig/äußerst wichtig sein
❸ *(attrait)* *d'un film, livre* Reiz *m;* **sans aucun** ~ *film, histoire* völlig uninteressant; *considérations, détail* völlig belanglos; *solution* völlig irrelevant; **gagner de l'~** interessant werden; **perdre son** ~ uninteressant werden; **ne présenter aucun** ~ *proposition:* uninteressant sein; **offrir peu d'~** *travail:* nicht sehr interessant sein; **ne pas trouver le moindre ~ à qc** einer S. *(Dat)* überhaupt nichts abgewinnen können
❹ *souvent pl (cause)* Interesse *nt;* **défendre les ~s de qn** jds Interessen vertreten; **dans l'~ général** im Sinne des Allgemeinwohls
❺ *a.* JUR *(avantage)* Nutzen *m;* **ne pas voir l'~ de faire qc** nicht einsehen, welchen Nutzen es haben soll, etw zu tun *(fam)*; **quel ~ y a-t-il à faire ça?** was nützt es uns, wenn wir das tun?; **trouver son ~ dans qc** bei etw auf seine Kosten kommen; **dans l'~ de son frère/entreprise** im Interesse seines Bruders/seiner Firma; **tu devrais te taire dans ton propre** ~ es wäre besser für dich, du würdest schweigen; **elle a tout ~ à refuser** sie sollte wirklich ablehnen; **par** ~ eigennützig
❻ *souvent pl (rendement)* Zins *m;* **six pour cent d'~** sechs Prozent Zinsen; **à ~s** *prêt* verzinslich; **avec ~[s]** verzinslich; **avec ~ annuel de dix pour cent** mit zehn Prozent Jahreszins; **sans ~[s]** zinsfrei, zinslos
❼ *pl (part)* **avoir des ~s dans une affaire** an einem Geschäft beteiligt sein
❽ *(utilité)* **être d'~ public** von öffentlichem Interesse sein
▶ **[il] y a ~!** *fam (et comment)* und ob!; *(ça vaut mieux)* das will ich hoffen!
interface [ɛ̃tɛʀfas] *f* INFORM Schnittstelle *f;* ~ **graphique** graphische Benutzerschnittstelle [*o* Benutzeroberfläche]; ~ **parallèle/série** parallele/serielle Schnittstelle; ~ **utilisateur** Benutzeroberfläche *f*
interférence [ɛ̃tɛʀfeʀɑ̃s] *f* ❶ PHYS Interferenz *f;* TV, RADIO Überlagerung *f*
❷ *(conjonction)* Zusammenspiel *nt;* *(ingérence)* Einmischung *f;* **il y a eu ~ entre police et gendarmerie** Polizei und Gendarmerie haben sich gegenseitig behindert
interférer [ɛ̃tɛʀfeʀe] <5> *vi* ❶ *initiatives:* sich gegenseitig schaden; *domaines:* sich überschneiden; ~ **avec qc** mit etw in Konflikt geraten; ~ **dans qc** in etw *(Akk)* eingreifen
❷ *(intervenir)* ~ **dans qc** *personne:* sich in etw *(Akk)* einmischen
interféron [ɛ̃tɛʀfeʀɔ̃] *m* MED Interferon *nt*
intergalactique [ɛ̃tɛʀgalaktik] *adj* ASTRON intergalaktisch
intergouvernemental(e) [ɛ̃tɛʀguvɛʀnəmɑ̃tal, o] <-aux> *adj* zwischenstaatlich
intérieur [ɛ̃teʀjœʀ] *m* ❶ Innere(s) *nt;* **à l'~** *(dedans)* innen; *(dans la maison)* drinnen; **à l'~ d'une noix** im Inneren einer Walnuss; **à l'~ du magasin/de la ville** im Geschäft/in der Stadt; **à l'~ du monde arabe** in der arabischen Welt; **être fermé(e) de l'~** von innen verschlossen sein
❷ *(aménagement)* *d'une maison, d'un magasin* Inneneinrichtung *f*
❸ *(logement)* Zuhause *nt;* **femme d'~** tüchtige Hausfrau *f*
❹ *(espace, pays)* Landesinnere *nt;* **à l'~ des terres** im Landesinneren
❺ *(ministère)* **à l'Intérieur** im Innenministerium *nt*
intérieur(e) [ɛ̃teʀjœʀ] *adj* ❶ *(opp: extérieur)* Innen-
❷ *(concernant un pays)* *affaires* innere(r,s); *politique* Innen-; *communication, vol, demande* Inlands-; *commerce, marché* Binnen-; **dette ~e** Inlandsverschuldung *f*
❸ PSYCH *sentiment, voix* innere(r, s); *monde, vie* Innen-; THEAT, CINE *jeu* verinnerlicht
intérieurement [ɛ̃teʀjœʀmɑ̃] *adv* ❶ *(au-dedans)* innen
❷ *(dans l'esprit)* *rire, se révolter* innerlich
intérim [ɛ̃teʀim] *m* ❶ *(fonction)* Vertretung *f;* **par** ~ *(provisoirement)* in Vertretung; *directeur, ministre* stellvertretend; **assurer** [*o* **faire**] **l'~** die Vertretung übernehmen; **faire de l'~** [*o* **des ~s**] als Aushilfe arbeiten
❷ *(durée)* Übergangszeit *f*
❸ *(organisation)* befristete Arbeit; **travail par ~** Zeitarbeit *f;* **agence de travail par ~** Zeitarbeitsagentur *f*
intérimaire [ɛ̃teʀimɛʀ] **I.** *adj* ❶ *(par intérim)* *directeur, ministre* stellvertretend; *gouvernement* Übergangs-; *charge, fonction* interimistisch *(geh)*
❷ *(temporaire)* **employé(e)/salarié(e)** ~ Zeitarbeitnehmer(in) *m(f);* **secrétaire** ~ Aushilfssekretärin *f*
II. *mf* ❶ *(remplaçant)* Vertretung *f*
❷ *(employé intérimaire)* Aushilfskraft *f*
intérioriser [ɛ̃teʀjɔʀize] <1> *vt* ❶ *(opp: extérioriser)* nach außen hin nicht zeigen *réactions, sentiment;* für sich behalten *problèmes*
❷ *(s'approprier)* verinnerlichen
interjection [ɛ̃tɛʀʒɛksjɔ̃] *f* Interjektion *f*
interligne [ɛ̃tɛʀliɲ] *m* Zeilenzwischenraum *m;* MUS Zwischenraum *m* [zwischen Notenlinien]; **double** ~ doppelter Zeilenabstand
interlocuteur, -trice [ɛ̃tɛʀlɔkytœʀ, -tʀis] *m, f* Gesprächspartner(in) *m(f);* POL, COM Verhandlungspartner(in)
interlope [ɛ̃tɛʀlɔp] *adj* ❶ *(à l'air suspect)* *personnage* zwielichtig, suspekt
❷ *(illégal)* *commerce* illegal
interloqué(e) [ɛ̃tɛʀlɔke] *adj* fassungslos
interloquer [ɛ̃tɛʀlɔke] <1> *vt* aus der Fassung bringen; **être interloqué(e) par qc** fassungslos über etw *(Akk)* sein
interlude [ɛ̃tɛʀlyd] *m* TV Programmfüller *m;* THEAT Zwischenspiel *nt*
intermède [ɛ̃tɛʀmɛd] *m* ❶ MUS, THEAT Einlage *f*
❷ *(interruption)* Zwischenspiel *nt*
intermédiaire [ɛ̃tɛʀmedjɛʀ] **I.** *adj* *espace, niveau, couleur, ton* Zwischen-; *époque, solution* Übergangs-; **position** ~ *d'un fauteuil* mittlere Stellung; **position ~ entre un parti et l'autre** POL Position, die zwischen der einen und der anderen Partei liegt
II. *mf* ❶ *(médiateur)* Vermittler(in) *m(f);* FIN Vermittlungsagent(in) *m(f)*
❷ COM Zwischenhändler(in) *m(f)*
III. *m* **par l'~ de qn/qc** über [*o* durch] jdn/etw; **sans** ~ direkt
◆ ~ **de vente** Absatzvermittler(in) *m(f)*
interminable [ɛ̃tɛʀminabl] *adj* endlos
interminablement [ɛ̃tɛʀminabləmɑ̃] *adv* endlos
interministériel(le) [ɛ̃tɛʀministeʀjɛl] *adj* interministeriell *(geh)*
intermittence [ɛ̃tɛʀmitɑ̃s] *f* Unregelmäßigkeit *f;* **par** ~ ab und zu
intermittent(e) [ɛ̃tɛʀmitɑ̃, ɑ̃t] *adj* *travail* unregelmäßig; *douleur* zeitweilig aussetzend
internat [ɛ̃tɛʀna] *m* ❶ SCOL Internat *nt*
❷ MED *(formation)* ≈ Facharztausbildung *f;* *(concours)* *Zulassungsprüfung zur Facharztpraktikumsstelle*
international [ɛ̃tɛʀnasjɔnal, o] <-aux> *m* SPORT Nationalspieler *m*
international(e) [ɛ̃tɛʀnasjɔnal, o] <-aux> *adj* international; *langue, politique* Welt-; *commerce, problème* grenzüberschreitend;

communication ~e Auslandsgespräch *nt;* **match** ~ Länderspiel *nt*
internationale [ɛ̃tɛʀnasjɔnal] *f* ❶ SPORT Nationalspielerin *f*
❷ POL **l'Internationale** die Internationale
internationalement [ɛ̃tɛʀnasjɔnalmɑ̃] *adv* auf internationaler Ebene; *connu* international
internationalisation [ɛ̃tɛʀnasjɔnalizasjɔ̃] *f* Internationalisierung *f*
internationaliser [ɛ̃tɛʀnasjɔnalize] <1> **I.** *vt* internationalisieren; auf internationaler Ebene führen *débat*
II. *vpr* **s'~** sich international ausweiten
internationalisme [ɛ̃tɛʀnasjɔnalism] *m* Internationalismus *m*
internationaliste [ɛ̃tɛʀnasjɔnalist] **I.** *adj* internationalistisch
II. *mf* Vertreter(in) *m(f)* des Internationalismus
internaute [ɛ̃tɛʀnot] **I.** *adj* Internet-
II. *mf* Internetsurfer(in) *m(f);* ~ **novice** Newbie *mf* (*fam*)
interne [ɛ̃tɛʀn] **I.** *adj partie* Innen-; *structure, hémorragie* innere(r, s); *problème, concours, promotion* intern; **débats ~s [au sein] d'un parti** parteiinterne Debatten
II. *mf* ❶ SCOL Internatsschüler(in) *m(f)*
❷ MED Facharzt *m*/-ärztin *f* in der Ausbildung
interné(e) [ɛ̃tɛʀne] *adj* interniert; *malade mental* [in eine geschlossen Anstalt] eingewiesen
internement [ɛ̃tɛʀnəmɑ̃] *m* POL Internierung *f;* MED Einweisung *f* [in eine geschlossene Anstalt]
interner [ɛ̃tɛʀne] <1> *vt* ❶ POL ~ **qn dans un camp** jdn in einem Lager internieren
❷ MED [in eine geschlossene Anstalt] einweisen
internet [ɛ̃tɛʀnɛt] *m* Internet *nt;* **accéder à l'~** ins Internet kommen; **transférer des fichiers sur l'~** Dateien via Internet übertragen; **commercer sur l'~** im Internet Handel treiben; **naviguer dans l'~** im Internet surfen
Internet [ɛ̃tɛʀnɛt] *m* Internet *nt;* **accéder à** ~ ins Internet kommen; **transférer des fichiers sur** ~ Dateien via Internet übertragen; **commercer sur** ~ im Internet Handel treiben; **naviguer dans** ~ im Internet surfen; **vente par** ~ E-Commerce *m*
internetais [ɛ̃tɛʀnetɛ] *adj* Internet-
interpellation [ɛ̃tɛʀpelasjɔ̃] *f* ❶ (*arrestation*) vorläufige Festnahme (*zur Überprüfung der Personalien*); **il y a eu une dizaine d'~s** ungefähr zehn Personen wurden festgenommen
❷ (*interrogation*) Befragung *f;* POL Interpellation *f*
❸ (*apostrophe*) Anpöbeln *nt*
interpeller [ɛ̃tɛʀpəle] <1> **I.** *vt* ❶ (*arrêter*) *police:* zur Überprüfung der Personalien vorübergehend festnehmen
❷ (*sommer de s'expliquer*) ~ **un témoin sur un accident** einem Zeugen zu einem Unfall Fragen stellen
❸ (*apostropher*) ~ **qn** jdm etwas zurufen; (*avec brusquerie*) jdn anfahren
❹ (*susciter un écho*) *livre, problème:* betroffen machen
II. *vpr* **s'~** (*s'apostropher*) sich [gegenseitig] anherrschen
interpénétration [ɛ̃tɛʀpenetʀasjɔ̃] *f* Verflechtung *f,* gegenseitige Durchdringung *f*
interphone® [ɛ̃tɛʀfɔn] *m* Sprechanlage *f;* **parler à qn par l'~** mit jdm über die Sprechanlage sprechen
interplanétaire [ɛ̃tɛʀplanetɛʀ] *adj* interplanetar
Interpol [ɛ̃tɛʀpɔl] *m* Interpol *f*
interpolation [ɛ̃tɛʀpɔlasjɔ̃] *f* SCI Interpolation *f* (*Fachspr.*)
interpoler [ɛ̃tɛʀpɔle] *vt* SCI interpolieren *un texte*
interposé(e) [ɛ̃tɛʀpoze] *adj* **par personne ~e/personnes ~es** über einen Mittelsmann/über Mittelsleute
interposer [ɛ̃tɛʀpoze] <1> **I.** *vt* dazwischen stellen/setzen/legen; ~ **qc entre le lit et le lavabo** etw zwischen Bett und Waschbecken stellen
II. *vpr* ❶ **s'~ dans qc** in etw (*Akk*) eingreifen
❷ (*se placer*) **s'~** dazwischen treten; **s'~ entre deux personnes** sich zwischen zwei Menschen stellen
interposition [ɛ̃tɛʀpozisjɔ̃] *f* ❶ (*intervention*) Eingreifen *nt*
❷ (*fait de se placer*) Dazwischentreten *nt*
interprétable [ɛ̃tɛʀpʀetabl] *adj* (*compréhensible*) nachvollziehbar; **être difficilement** ~ *morceau de musique:* schwer zu spielen sein
interprétariat [ɛ̃tɛʀpʀetaʀja] *m* (*activité*) Dolmetschen *nt;* (*profession*) Dolmetscherberuf *m;* **école d'~** Dolmetscherschule *f*
interprétation [ɛ̃tɛʀpʀetasjɔ̃] *f* ❶ Interpretation *f;* **donner une nouvelle ~ d'un conte** ein Märchen neu deuten
❷ (*action de traduire*) Dolmetschen *nt*
◆ ~ **des rêves** Traumdeutung *f*
interprète [ɛ̃tɛʀpʀɛt] *mf* ❶ MUS Interpret(in) *m(f);* CINE, THEAT Darsteller(in) *m(f)*
❷ (*traducteur*) Dolmetscher(in) *m(f);* **faire l'~, servir d'~** dolmetschen
❸ (*porte-parole*) Fürsprecher(in) *m(f)*
interpréter [ɛ̃tɛʀpʀete] <5> **I.** *vt* ❶ MUS interpretieren; CINE, THEAT darstellen *personnage;* spielen *rôle*
❷ (*expliquer*) interpretieren *texte;* deuten *rêve*
❸ (*comprendre*) ~ **qc en bien/mal** etw positiv/negativ auslegen
❹ (*traduire*) ~ **qc en russe** etw ins Russische übersetzen
II. *vpr* **s'~ de plusieurs façons** sich auf verschiedene Weise interpretieren lassen; *rêve:* sich auf verschiedene Weise deuten lassen
interprofessionnel(le) [ɛ̃tɛʀpʀɔfesjɔnɛl] *adj* berufsübergreifend
interrégional(e) [ɛ̃tɛʀʀeʒjɔnal, o] <-aux> *adj* überregional
interro [ɛ̃tɛʀo] *f abr de* **interrogation** [Klassen]arbeit *f*
interrogateur, -trice [ɛ̃teʀɔgatœʀ, -tʀis] **I.** *adj* fragend
II. *m, f* Prüfer(in) *m(f)*
interrogatif [ɛ̃teʀɔgatif] *m* Fragewort *nt*
interrogatif, -ive [ɛ̃teʀɔgatif, -iv] *adj* ❶ *air, regard* fragend
❷ LING Frage-
interrogation [ɛ̃teʀɔgasjɔ̃] *f* ❶ (*question*) Frage *f;* ~ **directe/indirecte** direkte/indirekte Frage
❷ SCOL Test *m;* ~ **écrite** Arbeit *f;* ~ **orale** mündliche Prüfung
❸ (*action de questionner*) Befragung *f*
interrogative [ɛ̃teʀɔgativ] *f* Fragesatz *m*
interrogatoire [ɛ̃teʀɔgatwaʀ] *m* Vernehmung *f;* ~ **[du prévenu/du témoin]** Beteiligtenvernehmung; **subir un** ~ verhört werden
interrogeable [ɛ̃teʀɔʒabl] *adj* ~ **à distance** *répondeur* mit Fernabfrage
interroger [ɛ̃teʀɔʒe] <2a> **I.** *vt* ❶ ~ **qn sur un sujet** jdm Fragen über ein Thema stellen; (*pour un sondage*) jdn über ein Thema befragen; *police:* jdn wegen eines Vorwurfs vernehmen; SCOL jdn über einen Stoff abfragen; (*par écrit*) jdn eine Arbeit über einen Stoff schreiben lassen; ~ **qn du regard** jdn fragend ansehen; ~ **qn sur son alibi** jdm Fragen zu seinem Alibi stellen; **dix pour cent des personnes interrogées** zehn Prozent der Befragten
❷ (*consulter*) abfragen *banque de données, répondeur*
❸ (*examiner*) analysieren; prüfend betrachten *ciel;* [mit den Augen] absuchen *horizon;* befragen *conscience*
II. *vpr* **s'~ sur qn/qc** sich (*Dat*) Fragen über jdn/etw stellen
interrompre [ɛ̃teʀɔ̃pʀ] <*irr*> **I.** *vt* ❶ (*couper la parole, déranger*) ~ **qn dans un discours** jdn bei einer Rede unterbrechen
❷ (*arrêter*) unterbrechen *activité;* abbrechen *grossesse;* brechen *silence;* **être interrompu(e)** *trafic:* lahmliegen
II. *vpr* **s'~** *personne:* innehalten; *discussion, film:* unterbrochen werden; *conversation:* stocken; **ne vous interrompez pas pour moi!** lassen Sie sich von mir nicht stören!
interrupteur [ɛ̃teʀyptœʀ] *m* Schalter *m*
interruption [ɛ̃teʀypsjɔ̃] *f* ❶ (*arrêt définitif*) Abbruch *m;* (*arrêt provisoire*) Unterbrechung *f;* **décider l'~ du match** entscheiden, das Spiel abzubrechen; ~ **de courant** Stromausfall *m;* ~ **de travail** (*grève*) Arbeitsniederlegung *f;* **sans** ~ ununterbrochen; **magasin ouvert sans** ~ Geschäft durchgehend

interrompre

• **interrompre quelqu'un**	• **jemanden unterbrechen**
Je suis désolé(e) de vous interrompre, ...	Entschuldigen Sie bitte, dass ich Sie unterbreche, ...
Si je peux me permettre de vous interrompre un instant: ...	Wenn ich Sie einmal kurz unterbrechen dürfte: ...

• **indiquer que l'on veut continuer de parler**	• **anzeigen, dass man weitersprechen will**
Un moment, je n'ai pas fini.	Moment, ich bin noch nicht fertig.
Laisse-moi finir, s'il te plaît!/Pourrais-tu me laisser finir, s'il te plaît?	Lässt du mich bitte ausreden?/Könntest du mich bitte ausreden lassen?
Laissez-moi finir, s'il vous plaît!	Lassen Sie mich bitte ausreden!
Laissez-moi terminer ce point, s'il vous plaît.	Lassen Sie mich bitte diesen Punkt noch zu Ende führen.

• **demander la parole**	• **ums Wort bitten**
Puis-je dire quelque chose à ce propos?	Darf ich dazu etwas sagen?
Si je peux me permettre de dire quelque chose à ce propos: ...	Wenn ich dazu noch etwas sagen dürfte: ...

geöffnet; ~ **de deux heures/trois mois** zweistündige/dreimonatige Unterbrechung
❷ (*interruption d'un discours*) Unterbrechung *f*
❸ *souvent pl* (*paroles*) Zwischenruf *m*
✦ ~ [**volontaire**] **de grossesse** Schwangerschaftsabbruch *m*

intersaison [ɛ̃tɛʀsɛzɔ̃] *f* SPORT Spielpause *f*

intersection [ɛ̃tɛʀsɛksjɔ̃] *f* ❶ *de routes* Kreuzung *f*; *de voies ferrées* Kreuzungspunkt *m*
❷ GEOM Schnittpunkt *m*

intersidéral(e) [ɛ̃tɛʀsideʀal, o] <-aux> *adj* ASTRON interstellar

interstellaire [ɛ̃tɛʀstelɛʀ] *adj* interstellar

interstice [ɛ̃tɛʀstis] *m* Spalt *m*

intersyndical(e) [ɛ̃tɛʀsɛ̃dikal, o] <-aux> *adj* gewerkschaftsübergreifend

intersyndicale [ɛ̃tɛʀsɛ̃dikal] *f* übergewerkschaftliche Versammlung

intertropical(e) [ɛ̃tɛʀtʀɔpikal, o] <-aux> *adj* subtropisch

interurbain [ɛ̃tɛʀyʀbɛ̃] *m* Fernmeldeamt *nt*

interurbain(e) [ɛ̃tɛʀyʀbɛ̃, ɛn] *adj communication* Fern-; *poste téléphonique* für Ferngespräche; *trafic* Überland-

intervalle [ɛ̃tɛʀval] *m* ❶ (*écart*) Abstand *m*; (*espace de temps*) Zeit[spanne] *f*; ~ **de temps** Zeit[spanne] *f*; **à ~s réguliers** in regelmäßigen Abständen; **à huit jours d'~** innerhalb von acht Tagen; **dans l'~** in der Zwischenzeit; **par ~s** von Zeit zu Zeit
❷ MUS Intervall *nt*

intervenant(e) [ɛ̃tɛʀvənɑ̃, ɑ̃t] *m(f)* (*participant*) Beteiligte(r) *f(m)*; (*orateur*) Redner(in) *m(f)*

intervenir [ɛ̃tɛʀvəniʀ] <9> *vi* ❶ *police, pompiers:* eingreifen; ~ **dans un débat** in eine Debatte eingreifen; ~ **dans une affaire** sich in eine Angelegenheit einmischen; ~ **en faveur d'un collègue/contre un collègue auprès de qn** sich für einen Kollegen/sich nicht für einen Kollegen bei jdm einsetzen
❷ (*prendre la parole*) sich einschalten
❸ (*survenir*) *accord:* zustande [*o* zu Stande] kommen; *contretemps:* dazwischenkommen; *fait:* eintreten

intervention [ɛ̃tɛʀvɑ̃sjɔ̃] *f* ❶ *d'un ministre, service* Eingreifen *nt*; ~ **armée** bewaffnete Intervention *f*
❷ (*prise de parole*) Beitrag *m*
❸ MED Eingriff *m*; (*grave*) Operation *f*

interventionnisme [ɛ̃tɛʀvɑ̃sjɔnism] *m* ECON Interventionismus *m*; POL Sicheinmischen *nt*

interventionniste [ɛ̃tɛʀvɑ̃sjɔnist] *adj* interventionistisch

interversion [ɛ̃tɛʀvɛʀsjɔ̃] *f des lettres, mots* Umstellung *f*; ~ **des rôles** Rollentausch *m*

intervertir [ɛ̃tɛʀvɛʀtiʀ] <8> *vt* umstellen *mots;* tauschen *rôles*

interview [ɛ̃tɛʀvju] *f* Interview *nt*

interviewé(e) [ɛ̃tɛʀvjuve] *m(f)* Interviewte(r) *f(m)*

interviewer¹ [ɛ̃tɛʀvjuve] <1> *vt* interviewen

interviewer² [ɛ̃tɛʀvjuvɛʀ] *m*, **intervieweur, -euse** [ɛ̃tɛʀvjuvœʀ, -øz] *m, f* Interviewer(in) *m(f)*

intestat [ɛ̃tɛsta] JUR ▶ **mourir** ~ sterben ohne ein Testament zu hinterlassen

intestin [ɛ̃tɛstɛ̃] *m souvent pl* Darm *m meist Sing;* ~ **grêle** Dünndarm; **gros** ~ Dickdarm

intestin(e) [ɛ̃tɛstɛ̃, -tin] *adj littér guerre, querelle* intern

intestinal(e) [ɛ̃tɛstinal, o] <-aux> *adj* Darm-; **le transit** ~ die Verdauung

intifada [intifada] *f* POL Intifada *f*

intimation [ɛ̃timasjɔ̃] *f* JUR Vorladung *f*; (*mise en demeure*) Inverzugsetzung *f* (*Fachspr.*)

intime [ɛ̃tim] **I.** *adj* ❶ intim; *chagrin* geheim; *hygiène, toilette* Intim-; *vie* Privat-; **caresse** ~ Intimität *f*; **journal** ~ Tagebuch *nt;* **la personnalité ~ de ...** ... als Privatperson
❷ (*privé*) *cérémonie* im engen Kreis; *dîner* zu zweit
❸ (*confortable*) *atmosphère, lieu* gemütlich; **faire** ~ gemütlich wirken
❹ (*étroit, proche*) *ami* eng; *rapports, relations* intim; *relation, union* innig; **être ~ avec qn** mit jdm eng befreundet sein
❺ *littér* (*profond*) *nature, structure* innerste(r, s); **mon impression/sentiment ~, c'est que qn a fait qc** mein Gefühl sagt mir, dass jd etw getan hat
II. *mf* enger Freund/enge Freundin

intimement [ɛ̃timmɑ̃] *adv* ❶ (*profondément*) **je suis ~ convaincu(e)** [*o* **persuadé(e)**] **que qn a fait qc** ich bin fest davon überzeugt, dass jd etw getan hat
❷ (*étroitement*) **des idées/personnes ~ liées** sehr eng miteinander verknüpfte Gedanken/miteinander befreundete Menschen

intimer [ɛ̃time] <1> *vt* ~ **à un subordonné** [**l'ordre**] **de faire qc** einem Untergebenen befehlen, etw zu tun

intimidant(e) [ɛ̃timidɑ̃, ɑ̃t] *adj* einschüchternd

intimidation [ɛ̃timidasjɔ̃] *f* Einschüchterung *f*; **des tentatives d'~** Einschüchterungsversuche *Pl*

intimider [ɛ̃timide] <1> *vt* einschüchtern

intimiste [ɛ̃timist] *adj œuvre, sujet* persönlich; **peintre** ~ Künstler *m*, der Interieurs malt

intimité [ɛ̃timite] *f* ❶ (*vie privée*) Privatleben *nt;* **dans l'**~ privat; **dans la plus stricte** ~ im engsten Familienkreis
❷ (*relation étroite*) Vertrautheit *f*
❸ (*confort*) *d'un salon* gemütliche Atmosphäre
intitulé [ɛ̃tityle] *m d'un livre* Titel *m; d'un chapitre, texte* Überschrift *f; d'une loi* Betitelung *f; d'un jugement* Rubrum *nt*
intituler [ɛ̃tityle] <1> **I.** *vt* ~ **un livre "Mémoires"** einem Buch den Titel „Memoiren" geben; **être intitulé(e) "Mémoires"** den Titel „Memoiren" tragen
II. *vpr* **s'**~ **"Mémoires"** den Titel „Memoiren" tragen
intolérable [ɛ̃tɔleʀabl] *adj* unerträglich; *pratique* inakzeptabel
intolérance [ɛ̃tɔleʀɑ̃s] *f* ❶ (*sectarisme*) Intoleranz *f*
❷ MED ~ **à qc** überempfindliche [*o* allergische] Reaktion auf etw (*Akk*); **faire une** ~ **à la cortisone** Cortison nicht vertragen
intolérant(e) [ɛ̃tɔleʀɑ̃, ɑ̃t] *adj* intolerant
intonation [ɛ̃tɔnasjɔ̃] *f* ❶ *souvent pl* Ton[fall *m*] *m;* **les** ~**s de sa voix** der Klang seiner Stimme; **prendre des** ~**s douces en parlant à qn** sanft mit jdm sprechen; **trouver les** ~**s justes** den richtigen Ton treffen
❷ LING (*accent*) Betonung *f;* (*distribution des accents*) Intonation *f*
❸ MUS Intonation *f*
intouchable [ɛ̃tuʃabl] **I.** *adj fig* unantastbar; **il se croyait** ~ er glaubte, man könne ihm nichts anhaben
II. *mf* Unberührbare(r) *f(m)*
intox(e) [ɛ̃tɔks] *f fam abr de* **intoxication** Augenwischerei *f;* **faire de l'**~ manipulieren
intoxication [ɛ̃tɔksikasjɔ̃] *f* ❶ (*empoisonnement*) Vergiftung *f;* ~ **alimentaire** Lebensmittelvergiftung *f;* ~ **au mercure** Quecksilbervergiftung *f*
❷ (*influence*) Manipulation *f*
intoxiqué(e) [ɛ̃tɔksike] *adj* **être** ~**(e) par une substance/un aliment** sich durch einen Stoff/ein Nahrungsmittel vergiftet haben; **être** ~**(e) par une drogue** drogenabhängig sein; **être** ~**(e) par la télé** fernsehsüchtig sein; **être** ~**(e) par la publicité** durch die Werbung manipuliert sein
intoxiquer [ɛ̃tɔksike] <1> **I.** *vt* ❶ (*empoisonner*) vergiften; **être légèrement intoxiqué(e)** *pompier:* eine leichte Rauchvergiftung erleiden
❷ (*pervertir*) *émission, télévision:* verderben; *publicité, publicitaire:* manipulieren
II. *vpr* **s'**~ sich vergiften
intracellulaire [ɛ̃tʀaselylɛʀ] *adj* BIO intrazellular, interzellulär
intrados [ɛ̃tʀado] *m* ARCHIT Laibung *f*
intraduisible [ɛ̃tʀadɥizibl] *adj auteur, expression* unübersetzbar; *réaction, sentiment* unbeschreibbar
intraitable [ɛ̃tʀɛtabl] *adj caractère, personne* unnachgiebig; *adversaire* unerbittlich; ~ **sur le règlement** unerbittlich in Bezug auf die Vorschriften
intra-muros [ɛ̃tʀamyʀos] **I.** *adj sans pl* **Paris** ~ das innere Stadtgebiet von Paris; **visite** ~ Besichtigung *f* der Innenstadt
II. *adv habiter, se dérouler* im Stadtzentrum
intramusculaire [ɛ̃tʀamyskylɛʀ] *adj* intramuskulär
intranet [ɛ̃tʀanɛt] *m* INFORM Intranet *nt*
intransigeance [ɛ̃tʀɑ̃ziʒɑ̃s] *f* Unnachgiebigkeit *f*
intransigeant(e) [ɛ̃tʀɑ̃ziʒɑ̃, ʒɑ̃t] *adj attitude, personne* unnachgiebig; *adversaire* unerbittlich; *morale* starr
intransitif, -ive [ɛ̃tʀɑ̃zitif, -iv] *adj* intransitiv
intransitivement [ɛ̃tʀɑ̃zitivmɑ̃] *adv* intransitiv
intransmissible [ɛ̃tʀɑ̃smisibl] *adj caractère acquis* nicht vererbbar; *droit* nicht übertragbar
intransportable [ɛ̃tʀɑ̃spɔʀtabl] *adj chose* nicht transportabel; *personne* nicht transportfähig
intra-utérin(e) [ɛ̃tʀayteʀɛ̃, in] *adj* intrauterin (*Fachspr.*); **développement** ~ *d'un fœtus* Entwicklung *f* in der Gebärmutter
intraveineuse [ɛ̃tʀavɛnøz] *f* intravenöse Injektion
intraveineux, -euse [ɛ̃tʀavɛnø, -øz] *adj* intravenös
intrépide [ɛ̃tʀepid] *adj* ❶ (*courageux*) unerschrocken
❷ (*audacieux*) waghalsig
intrépidité [ɛ̃tʀepidite] *f* Unerschrockenheit *f;* (*audace*) Tollkühnheit *f*
intrigant(e) [ɛ̃tʀigɑ̃, ɑ̃t] **I.** *adj* intrigant
II. *m(f)* Intrigant(in) *m(f)*
intrigue [ɛ̃tʀig] *f* ❶ CINE, LITTER, THEAT Handlung *f*
❷ (*manœuvre*) Intrige *f;* **des** ~**s politiques** politische Intrigen
❸ (*liaison*) ~ **amoureuse** Liebesabenteuer *nt*
intriguer [ɛ̃tʀige] <1> **I.** *vt* (*travailler qn*) beschäftigen; (*piquer la curiosité*) neugierig machen; **être intrigué(e)** rätseln; **intrigués, les policiers tentaient ...** da die Polizisten stutzig geworden waren, versuchten sie ...
II. *vi* intrigieren
intrinsèque [ɛ̃tʀɛ̃sɛk] *adj* eigentlich
intrinsèquement [ɛ̃tʀɛ̃sɛkmɑ̃] *adv* an sich
introducteur, -trice [ɛ̃tʀɔdyktœʀ, -tʀis] *m, f* **l'**~ **de qc** der[jenige], der etw einführt; **être l'**~**(-trice) de qc** etw einführen
introductif, -ive [ɛ̃tʀɔdyktif, -iv] *adj* einleitend
introduction [ɛ̃tʀɔdyksjɔ̃] *f* ❶ (*entrée en matière*) Einleitung *f;* **chapitre d'**~ einleitendes Kapitel; **quelques mots** [*o* **paroles**] **d'**~ ein paar einleitende Worte; **en** ~ einleitend
❷ (*action d'introduire*) *d'un objet, de nourriture* Einführen *nt;* **l'**~ **de la peste en Europe** das Einschleppen der Pest nach Europa
❸ (*adoption*) *d'une réforme, d'un produit* Einführung *f*
❹ (*initiation*) ~ **à une discipline** Einführung *f* in ein Fach
introduire [ɛ̃tʀɔdɥiʀ] <*irr*> **I.** *vt* ❶ (*faire entrer*) ~ **qn dans une pièce** jdn in ein Zimmer führen; ~ **qn chez une famille** jdn bei einer Familie einführen; ~ **une clé dans qc** einen Schlüssel in etw (*Akk*) stecken; ~ **une pièce de monnaie dans qc** ein Geldstück in etw (*Akk*) werfen; ~ **du pastis en contrebande** Pastis einschmuggeln
❷ (*faire adopter*) aufbringen *mode*
❸ (*débuter*) einleiten *discours, dissertation*
II. *vpr* ❶ (*se faire admettre*) **s'**~ **dans une famille/un milieu** sich in einer Familie/einem Umfeld einführen
❷ (*s'infiltrer*) **s'**~ **dans une maison** in ein Haus eindringen; **s'**~ **au milieu des invités** sich unter die Gäste schmuggeln; **s'**~ **dans qc** *eau, fumée:* in etw (*Akk*) dringen; *impureté:* in etw (*Akk*) kommen
❸ (*se mettre*) **s'**~ **qc dans le nez/les oreilles** sich (*Dat*) etw in die Nase/die Ohren stecken; **s'**~ **qc dans le vagin** etw in die Scheide einführen
❹ (*être adopté*) **s'**~ **dans un pays** *usage, mode:* sich in einem Land durchsetzen
intronisation [ɛ̃tʀɔnizasjɔ̃] *f d'un évêque, pape* Inthronisation *f; d'un roi* Thronerhebung *f; d'un gouvernement* Einsetzung *f; d'une personne* Amtseinführung *f*
introniser [ɛ̃tʀɔnize] <1> *vt* inthronisieren; ~ **qn président** jdn feierlich als Präsident einsetzen
introspection [ɛ̃tʀɔspɛksjɔ̃] *f* Selbstbeobachtung *f*
introuvable [ɛ̃tʀuvabl] *adj* ❶ (*perdu*) *chose, personne* unauffindbar
❷ (*rare*) nicht [mehr] aufzutreiben (*fam*)
introversion [ɛ̃tʀɔvɛʀsjɔ̃] *f* Introvertiertheit *f*
introverti(e) [ɛ̃tʀɔvɛʀti] **I.** *adj* introvertiert
II. *m(f)* introvertierter Mensch
intrus(e) [ɛ̃tʀy, yz] **I.** *adj* nicht dazugehörig; **visiteur** ~ ungebetener Gast
II. *m(f)* Eindringling *m*
► **cherchez l'**~ wer/was gehört nicht dazu [*o* fällt hier aus der Reihe]?
intrusion [ɛ̃tʀyzjɔ̃] *f* ~ **dans une maison** Eindringen *nt* in ein Haus; ~ **dans une discussion** Einmischung *f* in eine Diskussion; **faire** ~ **chez qn/dans une maison** bei jdm/in ein Haus eindringen

intuitif, -ive [ɛ̃tɥitif, -iv] **I.** *adj* intuitiv
II. *m, f* intuitiver Mensch
intuition [ɛ̃tɥisjɔ̃] *f* Intuition *f;* ~ **féminine** weibliche Intuition; **procéder par** ~ intuitiv vorgehen
intuitivement [ɛ̃tɥitivmɑ̃] *adv* intuitiv
inuit [inɥit] *adj inv* Eskimo-; **la culture** ~ die Kultur der Inuit
inusable [inyzabl] *adj a. fig fam* unverwüstlich
inusité(e) [inyzite] *adj* ungebräuchlich
inutile [inytil] **I.** *adj* unnötig; *parole, effort, mesure* zwecklos; *précaution, alarme* überflüssig; *personne* unnütz; **être** ~ **à qn** jdm nicht von Nutzen sein; **se sentir** ~ sich (*Dat*) überflüssig vorkommen; **si ma présence est** ~**, ...** wenn ich nicht benötigt werde, ...; **il est/n'est pas** ~ **de faire qc/que qn fasse qc** es ist unnötig/es wäre angebracht, etw zu tun/dass jd etw tut; ~ **d'espérer de l'aide** zwecklos, auf Hilfe zu hoffen; ~ **de te/vous dire que qn a fait qc** ich brauche dir/Ihnen wohl nicht zu sagen, dass jd etw getan hat; ~ **d'insister!** spar dir/sparen Sie sich die Mühe!
II. *m* l'~ das Unnütze
III. *mf* Schmarotzer(in) *m(f)*
inutilement [inytilmɑ̃] *adv* ❶ (*sans utilité*) unnötig
❷ (*en vain*) vergeblich
inutilisable [inytilizabl] *adj* (*qui n'offre aucune utilité*) unbrauchbar; (*dont on ne peut se servir*) nicht benutzbar; **mon ordinateur est actuellement** ~ ich kann meinen Computer zur Zeit nicht benutzen
inutilisé(e) [inytilize] *adj* (*dont on ne se sert pas*) unbenutzt; (*dont on ne profite pas*) *ressources, talent* ungenutzt
inutilité [inytilite] *f* Nutzlosigkeit *f;* **j'ai compris l'**~ **de ma présence ici** ich habe verstanden, dass ich hier überflüssig bin
invaincu(e) [ɛ̃vɛ̃ky] *adj sportif* ungeschlagen; *sommet* unbezwungen
invalidation [ɛ̃validasjɔ̃] *f* Annullierung *f;* ~ **d'un député** Annullierung der Wahl eines Abgeordneten
invalide [ɛ̃valid] **I.** *adj* invalid[e]; **personne** ~ Invalide *mf*
II. *mf* Invalide *mf;* ~ **de guerre** Kriegsinvalide *m;* ~ **du travail** Arbeitsinvalide *m*
invalider [ɛ̃valide] <1> *vt* MED zum Invaliden machen
invalidité [ɛ̃validite] *f* ❶ *d'une personne* Erwerbsunfähigkeit *f;* ~ **à cent pour cent** Vollinvalidität *f;* **pension d'**~ Invalidenrente *f;* **les personnes atteintes d'une** ~ **de 40 %** Personen, die zu 40 % erwerbsunfähig sind
❷ JUR Ungültigkeit *f;* **frapper qc d'**~ etw für ungültig erklären
invariabilité [ɛ̃varjabilite] *f* Unveränderlichkeit *f*
invariable [ɛ̃varjabl] *adj* ❶ LING unveränderlich
❷ (*qui ne change pas*) unverändert
❸ (*qu'on ne peut changer*) unveränderlich
invariablement [ɛ̃varjabləmɑ̃] *adv* unweigerlich; **être** ~ **en retard** immer zu spät kommen
invasion [ɛ̃vazjɔ̃] *f* MIL *a. fig* Invasion *f;* ~ **de touristes** Touristeninvasion; ~ **d'insectes** Insektenplage *f*
invective [ɛ̃vɛktiv] *f* Beleidigung *f*
invectiver [ɛ̃vɛktive] <1> **I.** *vt* beleidigen
II. *vpr* **s'**~ sich gegenseitig beleidigen
invendable [ɛ̃vɑ̃dabl] *adj* unverkäuflich; **être** ~ sich nicht verkaufen lassen
invendu(e) [ɛ̃vɑ̃dy] **I.** *adj* nicht verkauft
II. *mpl* Restposten *Pl;* PRESSE nicht verkaufte Exemplare *Pl*
inventaire [ɛ̃vɑ̃tɛr] *m* ❶ Bestandsverzeichnis *nt*
❷ COM Inventur *f;* **faire l'**~ Inventur machen
❸ (*revue*) Bestandsaufnahme *f*
inventer [ɛ̃vɑ̃te] <1> *vt* erfinden; **ça ne s'invente pas** das ist [wirklich] nicht erfunden
inventeur, -trice [ɛ̃vɑ̃tœr, -tris] *m, f a.* JUR Erfinder(in) *m(f);* **ce sont les** ~**s de ce procédé** sie haben dieses Verfahren entwickelt
inventif, -ive [ɛ̃vɑ̃tif, -iv] *adj* erfinderisch
invention [ɛ̃vɑ̃sjɔ̃] *f* ❶ *a.* JUR (*création, découverte*) Erfindung *f; d'une technique opératoire, méthode* Entwicklung *f;* **l'**~ **de ce procédé date de 1850** dieses Verfahren wurde 1850 erfunden; **de mon/son** ~ von mir/ihm [*o* ihr] erfunden
❷ (*imagination*) Einfallsreichtum *m*
❸ (*mensonge*) Erfindung *f;* **c'est une** ~ **de sa part!** das hat er/sie erfunden!; **ce sont des** ~**s pures et simples!** das ist alles erlogen!
inventivité [ɛ̃vɑ̃tivite] *f* Einfallsreichtum *m*
inventorier [ɛ̃vɑ̃tɔrje] <1a> *vt* auflisten *problèmes;* ~ **les documents** ein Verzeichnis der Dokumente erstellen
invérifiable [ɛ̃verifjabl] *adj* nicht überprüfbar
inverse [ɛ̃vɛrs] **I.** *adj* entgegengesetzt; *évolution, phénomène* gegenläufig; **en proportion** ~ **de qc** indirekt proportional zu etw
II. *m* Gegenteil *nt;* **c'est l'**~ **qui est vrai** in Wahrheit ist es genau umgekehrt; **à l'**~ hingegen; **à l'**~ **de qn/qc** im Gegensatz zu jdm/etw
inversement [ɛ̃vɛrsəmɑ̃] *adv* hingegen; **et/ou** ~ und/oder umgekehrt
inverser [ɛ̃vɛrse] <1> **I.** *vt* umstellen *mots, phrases;* tauschen *rôles;* umkehren *évolution, mouvement;* umpolen *courant électrique;* ~ **l'ordre des mots** die Wortstellung ändern; **être inversé(e)** *tendance:* gegenläufig sein; *règle:* ins Gegenteil verkehrt sein; *image:* spiegelverkehrt sein
II. *vpr* **s'**~ *mouvement, tendance:* sich umkehren
inversion [ɛ̃vɛrsjɔ̃] *f* Umkehrung *f;* LING Inversion *f*
invertébré [ɛ̃vɛrtebre] *m* wirbelloses Tier; **les** ~**s** die Wirbellosen
inverti(e) [ɛ̃vɛrti] **I.** *adj* CHIM **sucre** ~ Invertzucker *m*
II. *m(f)* Homosexuelle(r) *f(m)*
investigateur, -trice [ɛ̃vɛstigatœr, -tris] **I.** *adj* forschend; *esprit, tempérament* Forscher-
II. *m, f* Ermittler(in) *m(f)*
investigation [ɛ̃vɛstigasjɔ̃] *f* Ermittlung *f;* ~ **scientifique** Forschung *f*
investir [ɛ̃vɛstir] <8> **I.** *vt* ❶ FIN ~ **son argent dans qc** sein Geld in etw (*Akk*) investieren
❷ *fig* ~ **du temps/du travail dans qc** Zeit/Arbeit in etw (*Akk*) investieren
❸ (*prendre d'assaut*) *armée, troupes:* belagern; *police:* besetzen; (*encercler*) umzingeln; *chars:* einkreisen; *touristes, loubards:* sich ausbreiten in (+ *Dat*)
❹ (*pourvoir*) ~ **qn d'une fonction** jdn mit einer Funktion betrauen; ~ **qn de pouvoirs supplémentaires** jdm zusätzliche Befugnisse erteilen; ~ **qn de sa confiance** jdm sein volles Vertrauen schenken; **être investi(e) de qc** über etw (*Akk*) verfügen
II. *vi* ❶ FIN investieren; ~ **dans de nouvelles machines** sein Geld in neuen Maschinen anlegen
❷ PSYCH Kraft investieren; **beaucoup** ~ **dans un enfant/son métier** viel Kraft in ein Kind/seinen Beruf investieren
III. *vpr* **s'**~ **dans qc** sich bei etw engagieren
investissement [ɛ̃vɛstismɑ̃] *m* ❶ ECON, FIN Investition *f;* ~ **à l'étranger** Auslandsanlage *f;* **les dépenses d'**~ die Investitionskosten; **les** ~**s** die Investitionen
❷ (*engagement*) ~ **de qn dans une activité** jds Engagement *nt* bei einer Aktivität
❸ (*prise*) Besetzung *f;* MIL (*siège*) Belagerung *f*
◆ ~ **de capitaux** Kapitalanlage *f*
investisseur [ɛ̃vɛstisœr] *m* Investor(in) *m(f)*
investiture [ɛ̃vɛstityr] *f* **obtenir l'**~ **de son parti** von seiner Partei aufgestellt werden
invétéré(e) [ɛ̃vetere] *adj* unverbesserlich; **être un alcoolique/fumeur** ~ Gewohnheitstrinker/-raucher sein
invincibilité [ɛ̃vɛ̃sibilite] *f* Unbesiegbarkeit *f*
invincible [ɛ̃vɛ̃sibl] *adj personne, armée* unbesiegbar; *courage, détermination* unerschütterlich; *argument* unwiderlegbar; *dégoût, peur, difficulté* unüberwindbar; *charme, envie* unwiderstehlich;

I

inviter

• inviter	• einladen
Viens me voir, ça me ferait très plaisir.	**Besuch mich doch**, ich würde mich sehr freuen.
Je fais une fête samedi prochain. **Tu viens aussi?**	Nächsten Samstag mache ich eine Party. **Kommst du auch?** *(fam)*
Puis-je vous inviter à un repas/dîner d'affaires?	**Darf ich Sie zu** einem Arbeitsessen **einladen**?
J'aimerais vous inviter à dîner.	**Ich würde Sie gern** zum Abendessen **einladen.**

sommeil unbezwingbar

invinciblement [ɛ̃vɛ̃sibləmɑ̃] *adv soutenu* unwiderstehlich

inviolabilité [ɛ̃vjɔlabilite] *f du domicile* Unverletzlichkeit *f*; ~ **parlementaire** Immunität *f*

inviolable [ɛ̃vjɔlabl] *adj* unantastbar; *parlementaire, diplomate* immun; *coffre-fort, serrure* einbruchsicher; *forteresse* uneinnehmbar

inviolé(e) [ɛ̃vjɔle] *adj* ungeschändet

invisibilité [ɛ̃vizibilite] *f* Unsichtbarkeit *f*

invisible [ɛ̃vizibl] **I.** *adj* ❶ unsichtbar; *danger* nicht erkennbar; *phénomène* nicht wahrnehmbar; ~ **à l'œil nu** mit dem bloßen Auge nicht erkennbar
❷ *(opp: approchable) personne* nicht anzutreffen; **un député** ~ ein Abgeordneter, der nie anzutreffen ist; **être devenu(e)** ~ sich nicht mehr blicken lassen
II. *m* **l'**~ das Unsichtbare

invitation [ɛ̃vitasjɔ̃] *f* ❶ Einladung *f*; ~ **à une manifestation/au restaurant/à déjeuner** Einladung zu einer Demonstration/ins Restaurant/zum Mittagessen; **sans** ~ ohne Einladung
❷ *(incitation)* ~ **à qc/faire qc** Aufforderung *f* zu etw/, etw zu tun; **à** [*o* **sur**] **l'**~ **de qn** *(à la prière de)* auf jds Bitte *(Akk)* hin; *(aux ordres de)* auf jds Aufforderung *(Akk)* hin

invite [ɛ̃vit] **I.** *f* Ermutigung *f*
II. *m* INFORM Eingabeaufforderung *f*, Prompt *m (Fachspr.)*

invité(e) [ɛ̃vite] *m(f)* Gast *m*; ~**(e) d'honneur** Ehrengast *m*

inviter [ɛ̃vite] <1> **I.** *vt* ❶ *(convier)* einladen; **vous venez? C'est moi qui invite!** kommt ihr mit? Ich lade euch ein!; ~ **qn à un anniversaire** jdn zu einem Geburtstag einladen; ~ **qn chez soi** jdn zu sich [nach Hause] einladen; ~ **qn à danser** jdn zum Tanz auffordern; ~ **qn à dîner** jdn zum Abendessen einladen
❷ *(prier)* ~ **qn à faire qc** jdn bitten, etw zu tun; *(avec insistance/autorité)* jdn auffordern, etw zu tun; ~ **qn à entrer** jdn hineinbitten; **être invité(e) à faire qc** ersucht werden, etw zu tun
❸ *(inciter à)* ~ **qn à une discussion** jdn zu einer Diskussion einladen; ~ **qn à faire qc** jdn einladen, etw zu tun; ~ **à la réflexion** *événements:* nachdenklich stimmen
II. *vpr* **s'**~ **à un anniversaire** sich selbst zu einem Geburtstag einladen

in vitro [invitʀo] *adj, adv inv* im Reagenzglas [durchgeführt], in vitro *(Fachspr.)*

invivable [ɛ̃vivabl] *adj* unerträglich

in vivo [invivo] *adj, adv inv* am [lebenden] Objekt, in vivo *(Fachspr.)*

involontaire [ɛ̃vɔlɔ̃tɛʀ] *adj spectateur, témoin* unfreiwillig; *erreur, réflexion* unbeabsichtigt; *mouvement* unwillkürlich

involontairement [ɛ̃vɔlɔ̃tɛʀmɑ̃] *adv* unabsichtlich

invoquer [ɛ̃vɔke] <1> *vt* ❶ *(se servir de)* vorbringen *raison, excuse;* geltend machen *circonstance atténuante;* benutzen *prétexte;* ~ **le prétexte de qc** etw als Vorwand nehmen
❷ *soutenu (implorer)* anrufen *Dieu;* bitten um *aide*

invraisemblable [ɛ̃vʀɛsɑ̃blabl] *adj* ❶ *(qui ne semble pas vrai) histoire, argument* unglaubwürdig
❷ *(incroyable)* unglaublich; *vêtement, couleur* unmöglich

invraisemblance [ɛ̃vʀɛsɑ̃blɑ̃s] *f* Unglaubwürdigkeit *f*; *(contradiction)* Ungereimtheit *f*

invulnérabilité [ɛ̃vylneʀabilite] *f* Unverwundbarkeit *f*

invulnérable [ɛ̃vylneʀabl] *adj* unverwundbar; ~ **aux attaques** gegen Angriffe gefeit

iode [jɔd] *m* Jod *nt*

iodé(e) [jɔde] *adj eau, air* jodhaltig

iodler [jɔdle] <1> *vi v.* **jodler**

iodure [jɔdyʀ] *m* CHIM Jodid *nt*

ion [jɔ̃] *m* Ion *nt*

ionien(ne) [jɔnjɛ̃, jɛn] *adj* HIST, GEOG ionisch

ionique[1] [jɔnik] *adj* ARCHIT *ordre* ionisch

ionique[2] [jɔnik] *adj* PHYS *charge* ionisierend

ionisant(e) [jɔnizɑ̃, ɑ̃t] *adj* ionisierend

ionisation [jɔnizasjɔ̃] *f* Ionisation *f*

ioniseur [jɔnizœʀ] *m* Ionisator *m*

ionosphère [jɔnɔsfɛʀ] *f* GEOL Ionosphäre *f kein Pl (Fachspr.)*

iota [jɔta] *m* Jota *nt (geh)*

ipéca [ipeka] *m* PHARM *abr de* **ipécacuana** Ipekakuanha *f*, Brechwurz *f*

ipso facto [ipsofakto] *adv* ipso facto *(Fachspr.)*, automatisch

irai [iʀɛ] *fut de* **aller**

Irak [iʀak] *m* **l'**~ der Irak; **aller en** ~ in den Irak fahren/fliegen; **vivre en** ~ im Irak leben

irakien(ne) [iʀakjɛ̃, jɛn] *adj* irakisch

Irakien(ne) [iʀakjɛ̃, jɛn] *m(f)* Iraker(in) *m(f)*

Iran [iʀɑ̃] *m* **l'**~ der Iran; **aller en** ~ in den Iran fahren/fliegen; **vivre en** ~ im Iran leben

iranien(ne) [iʀanjɛ̃, jɛn] *adj* iranisch

Iranien(ne) [iʀanjɛ̃, jɛn] *m(f)* Iraner(in) *m(f)*

Iraq [iʀak] *m v.* **Irak**

irascibilité [iʀasibilite] *f littér* Jähzorn *m*

irascible [iʀasibl] *adj* jähzornig

iridié(e) [iridje] *adj* TECH *métal* mit Iridium legiert

iridium [iʀidjɔm] *m* CHIM Iridium *nt*

iris [iʀis] *m* ANAT, BOT Iris *f*

irisation [iʀizasjɔ̃] *f gén pl* Schillern *nt kein Pl*

irisé(e) [iʀize] *adj* schillernd

irlandais(e) [iʀlɑ̃dɛ, ɛz] *adj* irisch

Irlandais(e) [iʀlɑ̃dɛ, ɛz] *m(f)* Ire *m*/Irin *f*

Irlande [iʀlɑ̃d] *f* **l'**~ Irland *nt*; **l'**~ **du Nord** Nordirland; **vivre en** ~ **du Nord** in Nordirland leben; **aller en** ~ **du Nord** nach Nordirland fahren/fliegen

IRM [iɛʀɛm] *f* MED *abr de* **imagerie par résonance magnétique** Tomographie *f*

ironie [iʀɔni] *f* Ironie *f*; **dire qc par** ~ etw ironisch meinen; ~ **du sort** Ironie des Schicksals

ironique [iʀɔnik] *adj* ironisch

ironiquement [iʀɔnikmɑ̃] *adv* ironisch

ironiser [iʀɔnize] <1> *vi* ~ **sur qn/qc** über jdn/etw spötteln

iroquois [iʀɔkwa] *m (coiffure)* Irokesenschnitt *m*

iroquois(e) [iʀɔkwa, waz] *adj* irokesisch

Iroquois(e) [iʀɔkwa, waz] *m(f)* Irokese *m*/Irokesin *f*

irradiant(e) [iʀadjɑ̃, -ɑ̃t] *adj douleur* ausstrahlend; **être** ~**(e)** ausstrahlen

irradiation [iʀadjasjɔ̃] *f* ❶ PHYS Bestrahlung *f*
❷ MED *d'une douleur* Ausstrahlen *nt*

irradier [iʀadje] <1a> **I.** *vi* *douleur:* ausstrahlen; *lumière:* strahlen
II. *vt* MED **le radium irradie qn/qc** jd/etw wird mit Radium bestrahlt; **être irradié(e)** bestrahlt sein/werden; (*radioactivement*) verstrahlt sein/werden
irraisonné(e) [iʀɛzɔne] *adj* irrational; *geste* unüberlegt
irrationalisme [iʀasjɔnalism] *m* Irrationalismus *m*
irrationnel [iʀasjɔnɛl] *m* **l'**~ das Irrationale
irrationnel(le) [iʀasjɔnɛl] *adj* irrational
irrattrapable [iʀatʀapabl] *adj* nicht wiedergutzumachen
irréalisable [iʀealizabl] *adj* nicht realisierbar
irréalisme [iʀealism] *m* mangelnde Wirklichkeitsnähe
irréaliste [iʀealist] *adj* unrealistisch
irréalité [iʀealite] *f* Irrealität *f*
irrecevable [iʀəs(ə)vabl] *adj* unzulässig
irréconciliable [iʀekɔ̃siljabl] *adj* unversöhnlich
irrécupérable [iʀekypeʀabl] *adj* ❶ *voiture, ferraille* nicht mehr brauchbar; **être** ~ *voiture, réfrigérateur:* nicht mehr zu reparieren sein
❷ (*incorrigible*) *jeunesse* verloren; **un drogué/alcoolique** ~ ein Drogenabhängiger/Alkoholiker, dem man nicht helfen kann
irrécusable [iʀekyzabl] *adj* *juge, témoin* nicht ablehnbar; *témoignage* nicht anfechtbar; *preuve* unwiderlegbar
irréductible [iʀedyktibl] **I.** *adj* ❶ *ennemi, personne* unbezwingbar; *obstacle* unüberwindbar; *opposition* unnachgiebig; *volonté* eisern
❷ MATH *équation* irreduzibel; **une fraction** ~ ein Bruch, der sich nicht weiter kürzen lässt
❸ MED *fracture, hernie* der/die sich nicht einrichten lässt
II. *mf* Unbelehrbare(r) *f(m)*
irréductiblement [iʀedyktibləmɑ̃] *adv* ganz und gar
irréel [iʀeɛl] *m* GRAM Irrealis *m*
irréel(le) [iʀeɛl] *adj* ❶ irreal
❷ GRAM **le mode** ~ der Irrealis
irréfléchi(e) [iʀefleʃi] *adj* unüberlegt; *personne* unbesonnen; (*spontané*) spontan
irréflexion [iʀeflɛksjɔ̃] *f* Unüberlegtheit *f;* **faire une erreur d'**~ SCOL einen Leichtsinnsfehler [*o* Flüchtigkeitsfehler] machen
irréfutable [iʀefytabl] *adj* unwiderlegbar
irrégularité [iʀegylaʀite] *f* ❶ (*inégalité*) Ungleichmäßigkeit *f;* *des traits* Unregelmäßigkeit *f;* *pl d'une surface, d'un terrain* Unebenheit *f*
❷ (*manque de régularité*) *d'un élève, d'une équipe* schwankende Leistungen *Pl;* **l'**~ **de ses résultats** seine/ihre schwankenden Leistungen
❸ *gén pl* (*illégalité*) Unregelmäßigkeit *f;* *d'une situation* Regelwidrigkeit *f*
❹ GRAM Unregelmäßigkeit *f*
irrégulier, -ière [iʀegylje, -jɛʀ] *adj* ❶ (*inégal*) unregelmäßig; *écriture* ungleichmäßig; *terrain* uneben; **avoir des horaires** ~**s** keine festen Zeiten haben
❷ (*discontinu*) *rythme, vitesse* ungleichmäßig; *sommeil* unruhig; *effort, travail* nicht regelmäßig; (*instable*) *élève, sportif* nicht konstant; *résultats* schwankend
❸ (*illégal*) *absence, opération, situation* regelwidrig; *procédure* fehlerhaft; **des opérations irrégulières** Unregelmäßigkeiten *Pl*
❹ GRAM *pluriel, verbe* unregelmäßig
irrégulièrement [iʀegyljɛʀmɑ̃] *adv* ❶ (*inégalement*) unregelmäßig
❷ (*illégalement*) *être en France* illegal; *expulser* nicht ordnungsgemäß; *s'absenter* unerlaubt
irréligieux, -euse [iʀeliʒjø, -øz] *adj* irreligiös, ungläubig
irrémédiable [iʀemedjabl] **I.** *adj* *aggravation* unaufhaltsam; *défaite* endgültig; *erreur, défaut* nicht wiedergutzumachen; *mal* unheilbar; *malheur* unabänderlich; *situation* hoffnungslos
II. *m* **l'**~ das Schlimmste
irrémédiablement [iʀemedjabləmɑ̃] *adv* hoffnungslos
irrémissible [iʀemisibl] *adj* (*impardonnable*) unverzeihlich; (*irrémédiable*) nicht wiedergutzumachen
irremplaçable [iʀɑ̃plasabl] *adj* unersetzbar; *instant* einzigartig
▸ **nul n'est** ~ *prov* jeder Mensch ist ersetzbar
irréparable [iʀepaʀabl] **I.** *adj* *objet, machine* nicht mehr zu reparieren; *dommage, erreur* nicht wiedergutzumachen; *perte* unersetzbar
II. *m* **l'**~ das Schlimmste
irrépréhensible [iʀepʀeɑ̃sibl] *adj* untadelig
irrépressible [iʀepʀesibl] *adj* unbändig
irréprochable [iʀepʀɔʃabl] *adj* einwandfrei; *vie, mère* mustergültig
irrésistible [iʀezistibl] *adj* ❶ unwiderstehlich; *désir* unbändig; *passion* unbezähmbar; *logique* [be]zwingend
❷ (*qui fait rire*) sehr lustig; **être** ~ *personne:* urkomisch sein
irrésistiblement [iʀezistibləmɑ̃] *adv* *attirer, évoquer* unwiderstehlich; *avancer* unaufhaltsam
irrésolu(e) [iʀezɔly] *adj* *personne, caractère* unentschlossen; *problème, question* ungelöst
irrésolution [iʀezɔlysjɔ̃] *f* *soutenu* Unentschlossenheit *f*
irrespect [iʀɛspɛ] *m* ~ **envers qn** Respektlosigkeit *f* jdm gegenüber
irrespectueux, -euse [iʀɛspɛktɥø, -øz] *adj* ~(**-euse**) **envers qn** respektlos jdm gegenüber; **être** ~(**-euse**) **de qc** etw nicht respektieren
irrespirable [iʀɛspiʀabl] *adj* unerträglich; *gaz* irrespirabel (*Fachspr.*)
irresponsabilité [iʀɛspɔ̃sabilite] *f* Verantwortungslosigkeit *f;* JUR Unzurechnungsfähigkeit *f*
irresponsable [iʀɛspɔ̃sabl] **I.** *adj* *comportement* unverantwortlich; *personne* verantwortungslos; JUR unzurechnungsfähig
II. *mf* Verantwortungslose(r) *f(m)*
irrétrécissable [iʀetʀesisabl] *adj* **un tissu** ~ **au lavage** ein Stoff, der beim Waschen nicht eingeht; **ce jean est garanti** ~ diese Jeans läuft garantiert nicht ein
irrévérence [iʀeveʀɑ̃s] *f* Respektlosigkeit *f*
irrévérencieux, -euse [iʀeveʀɑ̃sjø, -jøz] *adj* *littér* respektlos; *remarque, geste* despektierlich (*geh*)
irréversibilité [iʀevɛʀsibilite] *f* Unumkehrbarkeit *f,* Irreversibilität *f* (*Fachspr.*)
irréversible [iʀevɛʀsibl] **I.** *adj* nicht rückgängig zu machen; *maladie, processus biologique/chimique* irreversibel (*Fachspr.*)
II. *m* **l'**~ das Unabänderliche
irrévocable [iʀevɔkabl] *adj* *jugement* unwiderruflich; *décision* endgültig; *volonté* unumstößlich
irrévocablement [iʀevɔkabləmɑ̃] *adv* unwiderruflich
irrigable [iʀigabl] *adj* AGR bewässerbar
irrigation [iʀigasjɔ̃] *f* Bewässerung *f;* **canal d'**~ Bewässerungskanal *m*
irriguer [iʀige] <1> *vt* ❶ AGR bewässern
❷ MED mit Blut versorgen; **être irrigué(e)** durchblutet sein/werden
irritabilité [iʀitabilite] *f* (*coutumière*) Reizbarkeit *f;* (*momentanée*) Gereiztheit *f*
irritable [iʀitabl] *adj* reizbar; **elle est très** ~ **aujourd'hui** sie ist heute sehr gereizt
irritant(e) [iʀitɑ̃, ɑ̃t] *adj* ❶ (*agaçant*) nervtötend
❷ MED reizauslösend; **substance** ~**e** Reizstoff *m*
irritation [iʀitasjɔ̃] *f* ❶ (*énervement*) Gereiztheit *f*
❷ MED Reizung *f;* ~ **de la gorge** Halsentzündung *f*
irrité(e) [iʀite] *adj* ❶ gereizt; **être** ~(**e**) **contre qn** verärgert über jdn sein
❷ MED entzündet
irriter [iʀite] <1> **I.** *vt* ❶ (*énerver*) ~ **qn** jdm auf die Nerven gehen; **je ne voulais pas vous** ~ ich wollte Sie nicht verärgern

❷ MED reizen; **ce produit n'irrite pas la peau** dieses Mittel ist sehr hautfreundlich
II. *vpr* ❶ **s'~ de qc/contre qn** sich über etw/jdn aufregen
❷ MED **s'~** sich entzünden
irruption [iʀypsjɔ̃] *f d'une personne* plötzliches Auftauchen; *d'une guerre* Ausbruch *m;* **faire ~** *personne:* hereinstürmen; *chose:* hereinbrechen
isabelle [izabɛl] *adj inv* isabellfarbig; **un cheval ~** Isabelle *f*
isard [izaʀ] *m* ZOOL Gämse *f (nur in den Pyrenäen vorkommende Art)*
ISBN [iɛsbeɛn] *m abr de* **International Standard Book Number** ISBN *f*
Isengrin [izɑ̃gʀɛ̃] *m v.* **Ysengrin**
Iseult, Iseut [izø] *f* Isolde *f*
ISF [iɛsɛf] *m abr de* **impôt de solidarité sur la fortune** *Solidaritätssteuer, die auf das Vermögen ausgerichtet ist*
islam [islam] *m* Islam *m;* **l'Islam** die islamische Welt
islamique [islamik] *adj* islamisch
islamisation [islamizasjɔ̃] *f* REL Islamisierung *f*
islamiser [islamize] *vt* REL islamisieren
islamiste [islamist] REL I. *adj* islamisch; **militant ~** militanter Islamist *m*
II. *mf* Islamist(in) *m(f)*
islandais [islɑ̃dɛ] *m* **l'~** Isländisch *nt,* das Isländische; *v. a.* **allemand**
islandais(e) [islɑ̃dɛ, ɛz] *adj* isländisch
Islandais(e) [islɑ̃dɛ, ɛz] *m(f)* Isländer(in) *m(f)*
Islande [islɑ̃d] *f* **l'~** Island *nt;* **aller en ~** nach Island fliegen; **vivre en ~** in Island leben
isobare [izobaʀ] *f* Isobare *f*
isocèle [izɔsɛl] *adj* gleichschenklig
isohypse [izɔips] *adj* GEOG [**ligne**] ~ Isohypse *f (Fachspr.)*
isolable [izɔlabl] *adj* isolierbar
isolant [izɔlɑ̃] *m* Isoliermaterial *nt;* **~ électrique** Isolator *m;* **~ thermique et phonique** wärme- und schalldämmendes Material; **~ d'étanchéité** Abdichtungsmaterial *nt*
isolant(e) [izɔlɑ̃, ɑ̃t] *adj* CONSTR wärme- und schalldämmend; ELEC Isolier-
isolateur [izɔlatœʀ] *m* ELEC Isolator *m*
isolation [izɔlasjɔ̃] *f* Isolierung *f;* **~ électrique** Isolierung *f;* **~ phonique/thermique** Schall-/Wärmedämmung *f*
isolationnisme [izɔlasjɔnism] *m* Isolationismus *m*
isolationniste [izɔlasjɔnist] *adj* isolationistisch
isolé(e) [izɔle] *adj* ❶ *(éloigné) endroit* abgelegen; *maison* einsam gelegen
❷ *(seul) personne* isoliert; *maison* alleinstehend; *bâtiment, arbre* frei stehend; **vivre très ~(e)** sehr zurückgezogen leben
❸ *(unique)* einzeln; *(rare)* vereinzelt; **ce cas n'est pas ~** dies ist kein Einzelfall
❹ CONSTR, ELEC isoliert
isolement [izɔlmɑ̃] *m* ❶ *(solitude) d'une personne* Einsamkeit *f; d'un lieu, d'une maison* Abgeschiedenheit *f; d'un détenu, malade* Isolation *f;* **vivre dans un ~ complet** vollkommen zurückgezogen leben
❷ ELEC, CONSTR Isolierung *f*
❸ POL *d'un pays* Isolation *f*
isolément [izɔlemɑ̃] *adv* einzeln; **chaque problème pris ~** jedes Problem für sich genommen
isoler [izɔle] <1> I. *vt* ❶ *(séparer des autres)* isolieren *malade, prisonnier;* **~ un quartier** *police:* ein Viertel [ab]sperren; **être isolé(e) du reste du monde** *village:* von der restlichen Welt abgeschieden sein
❷ CONSTR, ELEC **~ qc de l'humidité** etw gegen Feuchtigkeit isolieren; **~ qn de radioactivité** TECH jdn vor Radioaktivität *(Dat)* schützen
❸ BIO, CHIM isolieren *virus, bactérie, gène*
❹ *(considérer à part)* isoliert betrachten
II. *vi* **~ de qc** *matériau:* gegen etw isolieren
III. *vpr* **s'~ de qn/qc** sich von jdm/etw absondern; **s'~ du monde** sich von der Welt abkehren
isoloir [izɔlwaʀ] *m* Wahlkabine *f*
isomère [izɔmɛʀ] SCI I. *adj* isomer
II. *m* Isomer *nt;* **le diamant est l'~ du charbon** der Diamant ist ein Isomer der Kohle
isomérie [izɔmeʀi] *f* CHIM Isomerie *f;* **~ nucléaire** Nuklearisomerie *f*
isomorphe [izɔmɔʀf] *adj* CHIM, MATH, LING isomorph
isotherme [izɔtɛʀm] I. *adj* ❶ **bouteille ~** Thermosflasche® *f;* **camion/sac ~** Kühlwagen *m*/-tasche *f*
❷ METEO isotherm
II. *f* METEO Isotherme *f*
isotope [izɔtɔp] *m* SCI Isotop *nt*
Israël [isʀaɛl] *m* Israel *nt;* **l'État d'~** der Staat Israel, der israelische Staat
israélien(ne) [isʀaeljɛ̃, jɛn] *adj* israelisch
Israélien(ne) [isʀaeljɛ̃, jɛn] *m(f)* Israeli *mf*
israélite [isʀaelit] I. *adj* israelitisch
II. *mf* Israelit(in) *m(f)*
issu(e) [isy] *adj* ❶ *(né de)* **~(e) de qc** aus etw stammend; **être ~(e) d'une famille modeste** aus einer einfachen Familie stammen; **être ~(e) de sang royal** königlicher Abstammung sein
❷ *(résultant de)* **être ~(e) de qc** aus etw entstanden [*o* hervorgegangen] sein
issue [isy] *f* ❶ *(sortie)* Ausgang *m;* **~ de secours** Notausgang; **chemin/route/voie sans ~** Sackgasse *f*
❷ *(solution)* Ausweg *m;* **sans ~** *problème* unlösbar; *situation* ausweglos; *avenir* aussichtslos
❸ *(fin)* Ausgang *m;* **avoir une ~ fatale/heureuse** ein fatales/glückliches Ende nehmen; **à l'~ de qc** nach etw
isthme [ism] *m* Landenge *f*
italianiser [italjanize] *vt a.* LING italianisieren
Italie [itali] *f* **l'~** Italien *nt*
italien [italjɛ̃] *m* **l'~** Italienisch *nt,* das Italienische; *v. a.* **allemand**
italien(ne) [italjɛ̃, jɛn] *adj* italienisch
Italien(ne) [italjɛ̃, jɛn] *m(f)* Italiener(in) *m(f)*
italique [italik] I. *adj caractère, lettre* kursiv
II. *m* Kursivschrift *f;* **en ~[s]** kursiv
item¹ [itɛm] *adv* COM ebenso
item² [itɛm] *m (élement minimal)* Item *nt*
itératif, -ive [iteʀatif, -iv] *adj* JUR, MATH, GRAM iterativ
itinéraire [itineʀɛʀ] *m* ❶ Route *f*
❷ *fig* Werdegang *m;* **~ biographique** Lebensweg *m*
◆ **~ de délestage** Umleitung *f*
itinérant(e) [itineʀɑ̃, ɑ̃t] I. *adj* Wander-; **théâtre ~** Wanderbühne *f*
II. *m(f)* CAN *(S.D.F)* Obdachlose(r) *f(m)*
I.U.F.M. [iyɛfɛm] *m abr de* **institut universitaire de formation des maîtres** ≈ PH *f*
I.U.T. [iyte] *m abr de* **institut universitaire de technologie** ≈ TH *f*
I.V.G. [iveʒe] *f abr de* **interruption volontaire de grossesse** Schwangerschaftsabbruch *m*
ivoire [ivwaʀ] *m* ❶ Elfenbein *nt;* **en ~, d'~** aus Elfenbein
❷ ANAT Zahnbein *nt*
ivoirien(ne) [ivwaʀjɛ̃, jɛn] *adj* der Elfenbeinküste; **l'économie ~ne** die Wirtschaft der Elfenbeinküste
Ivoirien(ne) [ivwaʀjɛ̃, jɛn] *m(f)* Staatsangehörige(r) *f(m)* der Elfenbeinküste
ivraie [ivʀɛ] *f* BOT Kornrade *f*
▶ **séparer le bon grain de l'~** die Spreu vom Weizen trennen
ivre [ivʀ] *adj* ❶ betrunken; **légèrement ~** angetrunken; **~ mort(e)** völlig betrunken
❷ *fig* **~ de fatigue** schlaftrunken; **~ de sang** blutrünstig; **~ de colère/vengeance** blind vor Wut/Rache

ivresse [ivʀɛs] *f* ❶ ~ **au volant** Trunkenheit *f* am Steuer; **en état d'**~ in betrunkenem Zustand
❷ (*exaltation*) Taumel *m*, Rausch *m;* ~ **de la victoire** Siegestaumel; **dans l'**~ **du succès** im Erfolgsrausch
ivrogne [ivʀɔɲ] *mf* Säufer(in) *m(f)* (*pej*)
ivrognerie [ivʀɔɲʀi] *f* Trunksucht *f*
ivrognesse [ivʀɔɲɛs] *f pop* Säuferin *f* (*vulg*)
ixième [ˈiksjɛm] *adj* zigfach, zigmal; **faire qc pour la** ~ **fois** etw zum x-ten Mal tun

Jj

J, j [ʒi] *m inv* J *nt*/j *nt*
▸ **j comme Joseph** J wie Johannes
j' [ʒ] *pron v.* **je**
jabot [ʒabo] *m* ❶ ORN Kropf *m*
❷ COUT Jabot *nt*
jacassement [ʒakasmɑ̃] *m* ❶ *d'une pie* Geschrei *nt*
❷ (*bavardage*) *des élèves* Geschrei *nt*, Gequatsche *nt* (*fam*)
jacasser [ʒakase] <1> *vi* ❶ *pie:* schreien
❷ (*parler*) schnattern (*fam*)
jachère [ʒaʃɛʀ] *f* AGR (*procédé*) Brachlegen *nt;* (*terre*) Brachland *nt;* **laisser une terre en** ~ ein Feld brachliegen lassen
jacinthe [ʒasɛ̃t] *f* Hyazinthe *f*
jack [(d)ʒak] *m* Buchse *f*
jacobin(e) [ʒakɔbɛ̃, in] *adj* POL zentralistisch
Jacobin(e) [ʒakɔbɛ̃, in] *m(f)* HIST Jakobiner(in) *m(f)*
jacquard [ʒakaʀ] **I.** *m* Jacquard *m*
II. *app inv pull, tissu* Jacquard-
jacquerie [ʒakʀi] *f* Bauernaufstand *m*
Jacques [ʒak] *m* ❶ Jakob *m*
❷ REL Jakobus *m*
jacter [ʒakte] <1> *vi fam* quasseln (*fam*)
jacuzzi® [ʒakyzi] *m* Whirlpool® *m*
jade [ʒad] *m* Jade *m o f;* **en/de** ~ aus Jade
jadis [ʒadis] *adv* früher
jaguar [ʒagwaʀ] *m* Jaguar *m*
jaillir [ʒajiʀ] <8> *vi* ❶ emporschießen; *sang, larmes:* hervorquellen; *vapeur:* herausströmen; *flammes:* emporschlagen; *éclair:* aufleuchten; ~ **d'une fontaine** *eau:* aus einem Springbrunnen emporschießen; ~ **dans le ciel** *éclairs:* über den Himmel zucken
❷ (*fuser*) ~ **de toutes parts** *rires:* von allen Seiten erschallen
❸ (*surgir*) ~ **de qc** *personne, ombre:* plötzlich aus etw auftauchen
❹ (*se manifester*) ~ **de qc** *vérité:* aus etw hervorbrechen; ~ **dans qc** *solution, idée:* in etw (*Dat*) aufblitzen
jaillissement [ʒajismɑ̃] *m de liquide, pétrole* Hochschießen *nt; de sang, larmes* Hervorquellen *nt; de flammes* Emporschlagen *nt*
jais [ʒɛ] *m* MINER Gagat *m*, Jett [*o* Jet] *m o nt* (*Fachspr.*); **des bijoux en** ~ Schmuck *m* aus Gagat
▸ **noir(e) comme du** ~ kohlrabenschwarz; **de** ~ tiefschwarz
jalon [ʒalɔ̃] *m* ❶ (*piquet*) Pflock *m*
❷ *souvent pl* (*repère*) Schritt *m;* **poser les** ~**s de qc** den Grundstein für etw legen
jalonnement [ʒalɔnmɑ̃] *m* Abstecken *nt*
jalonner [ʒalɔne] <1> *vt* ❶ (*tracer*) abstecken *itinéraire, terrain*
❷ (*border*) *balises, piquets:* markieren; ~ **la route** *arbustes:* die Straße säumen
❸ (*se présenter tout au long*) *échecs, succès:* prägen
jalousement [ʒaluzmɑ̃] *adv* ❶ (*avec envie*) neidisch
❷ (*soigneusement*) sorgsam
jalouser [ʒaluze] <1> **I.** *vt* neidisch sein auf (+ *Akk*)
II. *vpr* **se** ~ neidisch aufeinander sein
jalousie[1] [ʒaluzi] *f* ❶ (*en amour, amitié*) Eifersucht *f;* **être d'une** ~ **maladive** krankhaft eifersüchtig sein
❷ (*envie*) Neid *m;* **crever de** ~ *fam* vor Neid platzen (*fam*)
❸ *pl* (*mesquineries*) Eifersüchteleien *Pl*
jalousie[2] [ʒaluzi] *f* (*volet*) Jalousie *f*
jaloux, jalouse [ʒalu, uz] **I.** *adj* ❶ (*possessif en amour, amitié*) eifersüchtig; ~(**jalouse**) **de qn** eifersüchtig auf jdn; **elle n'est plus jalouse de son mari** ihr Mann weckt in ihr keine Eifersuchtsgefühle mehr
❷ (*envieux*) neidisch; ~(**jalouse**) **de qn/qc** neidisch auf jdn/etw
❸ (*très attaché*) **être** ~(**jalouse**) **de sa réputation/son indépendance** sorgsam auf seinen Ruf/seine Unabhängigkeit bedacht sein
II. *m, f* ❶ (*en amour, amitié*) Eifersüchtige(r) *f(m)*
❷ (*envieux*) Neider(in) *m(f);* **faire des** ~ (*être envié*) Neid erregen; **comme ça, il n'y a/aura pas de** ~**!** so gibt es wenigstens keine Streitigkeiten!
jamaïcain(e), **jamaïquain(e)** [ʒamaikɛ̃, ɛn] *adj* jamaikanisch
Jamaïquain(e) [ʒamaikɛ̃, ɛn] *m(f)* Jamaikaner(in) *m(f)*
Jamaïque [ʒamaik] *f* **la** ~ Jamaika *nt;* **aller en** ~ nach Jamaika fahren/fliegen; **vivre en** ~ auf Jamaika leben
jamais [ʒamɛ] *adv* ❶ *avec construction négative* (*de mémoire d'homme*) nie[mals]; *avec construction positive ou interrogative* je[mals]; **je n'ai** ~ **vu quelqu'un d'aussi égoïste** ich bin noch nie jemandem begegnet, der so egoistisch ist; **on ne sait** ~**!** man kann nie wissen!
❷ (*en aucun cas*) nie[mals]; **ne** ~ **plus** [*o* ~ **plus** *fam*], **ne plus** ~ [*o* **plus** ~ *fam*] nie wieder
❸ (*seulement*) nur; **je n'ai** ~ **reçu que cent euros pour ce travail** für diese Arbeit habe ich nur hundert Euro bekommen; **ça ne fait** ~ **que deux heures qu'il est parti** er ist schließlich erst vor zwei Stunden aufgebrochen
❹ *avec construction positive* (*un jour*) je[mals]; **sans** ~ **faire qc** ohne je[mals] etw zu tun; **si** ~ **elle donne de l'argent** wenn sie je[mals] Geld geben würde
❺ (*dans une comparaison*) **pire/meilleur(e) que** ~ schlimmer/besser als je zuvor
▸ **à** [**tout**] ~ *soutenu* für immer
jambage [ʒɑ̃baʒ] *m* ❶ *d'une porte, d'une cheminée* Pfosten *m*, Träger *m*
❷ *d'une lettre alphabétique* Fuß *m*
jambe [ʒɑ̃b] *f* Bein *nt;* (*de pantalon*) [Hosen]bein; ~ **articulée** [*o* **artificielle**] [Bein]prothese *f;* **les** ~**s croisées** mit übereinander geschlagenen Beinen; **les** ~**s en l'air** mit den Beinen in der Luft; **se dégourdir** [*o* **se dérouiller**] **les** ~**s** sich (*Dat*) die Beine vertreten; **ne plus tenir sur ses** ~**s** sich nicht mehr auf den Beinen halten können; **tirer** [*o* **traîner**] **la** ~ das Bein nachziehen
▸ **avoir des** ~**s de vingt ans** noch gut zu Fuß sein; **prendre ses** ~**s à son cou** die Beine unter die Arme nehmen; **ça me fait une belle** ~**!** *iron fam* was nützt mir das schon?; **avoir dix kilomètres dans les** ~**s** zehn Kilometer gelaufen sein; **ne plus avoir de** ~**s** *fam* kaum noch laufen können; **il est encore/toujours dans mes** ~**s** ich habe ihn wieder/dauernd zwischen den Füßen (*fam*); **tenir la** ~ **à qn** *fam* jdn aufhalten; **à toutes** ~**s** Hals über Kopf (*fam*); **faire/traiter qc par-dessus la** ~ etw auf die Schnelle erledigen/abhandeln (*fam*); **traiter qn par-dessus la** ~ jdn kaum Beachtung schenken
◆ ~ **de bois** Holzbein *nt*
jambière [ʒɑ̃bjɛʀ] *f* Beinschutz *m*
jambon [ʒɑ̃bɔ̃] *m* Schinken *m;* **sandwich au** ~ Schinkensandwich *nt;* ~ **à l'os** Knochenschinken; ~ **de Parme** Parmaschinken; ~ **de Paris** gekochter Schinken
jambonneau [ʒɑ̃bɔno] <x> *m* Eisbein *nt*
jante [ʒɑ̃t] *f* Felge *f*

J

janvier [ʒɑ̃vje] *m* Januar *m; v. a.* **août**
Japon [ʒapɔ̃] *m* **le** ~ Japan *nt*
japonais [ʒapɔnɛ] *m* **le** ~ Japanisch *nt,* das Japanische; *v. a.* **allemand**
japonais(e) [ʒapɔnɛ, ɛz] *adj* japanisch
Japonais(e) [ʒapɔnɛ, ɛz] *m(f)* Japaner(in) *m(f)*
jappement [ʒapmɑ̃] *m* Kläffen *nt kein Pl*
japper [ʒape] <1> *vi chien:* kläffen; *chacal:* heulen
jaquette [ʒakɛt] *f* ❶ *d'un livre* [Schutz]umschlag *m*
❷ COUT *(pour homme)* Cut *m; vieilli (pour femme)* Jacke *f*
❸ MED Jacketkrone *f*
jardin [ʒaʀdɛ̃] *m* Garten *m;* ~ **à l'anglaise/à la française** englischer/französischer Garten; ~ **d'hiver** Wintergarten; ~ **ouvrier** Schrebergarten; ~ **potager** Gemüsegarten; ~ **public** Park *m;* ~ **zoologique** zoologischer Garten; **table de** ~ Gartentisch *m;* **faire le/son** ~ sich um den/seinen Garten kümmern
▶ ~ **secret** tiefste(s) Innere(s) *nt*
◆ ~ **d'enfants** Kindergarten *m*
jardinage [ʒaʀdinaʒ] *m* Gartenarbeit *f;* **amateur de** ~ Gartenfreund(in) *m(f);* **faire du** ~ im Garten arbeiten
jardiner [ʒaʀdine] *vi* im Garten arbeiten
jardinerie [ʒaʀdinʀi] *f (rayon)* Gartenzubehör *nt; (magasin)* Gartencenter *nt*
jardinet [ʒaʀdinɛ] *m* Gärtchen *nt*
jardinier [ʒaʀdinje] *m* Gärtner *m*
jardinier, -ière [ʒaʀdinje, -jɛʀ] *adj plante* Garten-
jardinière [ʒaʀdinjɛʀ] *f* ❶ Gärtnerin *f*
❷ GASTR ~ **[de légumes]** Gemüseallerlei *nt*
❸ *(bac à plantes)* Blumenkasten *m*
◆ ~ **d'enfants** Kindergärtnerin *f*
jargon [ʒaʀgɔ̃] *m péj* ❶ *(charabia)* Kauderwelsch *nt*
❷ *(langue technique)* Jargon *m*
jarre [ʒaʀ] *f* Tonkrug *m*
jarret [ʒaʀɛ] *m (chez l'homme)* Kniekehle *f; (chez l'animal)* Sprunggelenk *nt;* ~ **de veau** Kalbshachse *f,* Kalbsstelze *f* (A)
jarretelle [ʒaʀtɛl] *f* Straps *m*
jarretière [ʒaʀtjɛʀ] *f* Strumpfband *nt*
jars [ʒaʀ] *m* Gänserich *m*
jaser [ʒaze] <1> *vi* ~ **sur qn/qc** über jdn/etw klatschen; **faire** ~ **qn** *chose:* bei jdm zu Gerede führen; **ça jase** *fam* es wird geklatscht
jasmin [ʒasmɛ̃] *m* Jasmin *m*
jaspe [ʒasp] *m* ❶ *(minéral)* Jaspis *m*
❷ *(objet d'art) Schmuckstück aus Jaspis*
jaspé(e) [ʒaspe] *adj* jaspisähnlich
jatte [ʒat] *f* DIAL Schale *f*
jauge [ʒoʒ] *f* ~ **d'essence** Benzinuhr *f;* ~ **[de niveau] d'huile** Ölstandanzeiger *m*
jauger [ʒoʒe] <2a> *vt* ❶ TECH messen
❷ *(apprécier)* einschätzen
❸ NAUT *(contenir)* ~ **mille tonneaux** einen Tonnengehalt von tausend Registertonnen haben
jaunâtre [ʒonɑtʀ] *adj* gelblich
jaune¹ [ʒon] **I.** *adj* gelb; ~ **d'or** goldgelb; **une jupe** ~ **citron** ein zitronengelber Rock; **être** ~ **paille** strohgelb sein
II. *adv* ▶ **rire** ~ gezwungen lachen
jaune² [ʒon] *m* ❶ Gelb *nt;* **le** ~ **est ma couleur préférée** Gelb ist meine Lieblingsfarbe; **en** ~ *habillé, peint* gelb; ~ **pâle/foncé** Blass-/Dunkelgelb; ~ **citron/paille** Zitronen-/Strohgelb
❷ *(partie d'un œuf)* ~ **[d'œuf]** Eigelb *nt*
❸ *(Asiatique)* Asiat *m*
❹ *péj (briseur de grève)* Streikbrecher *m*
jaune³ [ʒon] *f* ❶ *(Asiatique)* Asiatin *f*
❷ *péj (briseur de grève)* Streikbrecherin *f*
jaunir [ʒoniʀ] <8> **I.** *vi* gelb werden; *papier, rideaux:* vergilben
II. *vt lumière, soleil:* vergilben; *nicotine:* gelb färben
jaunisse [ʒonis] *f* Gelbsucht *f*
▶ **en faire une** ~ *fam* sich grün und blau ärgern *(fam)*
jaunissement [ʒonismɑ̃] *m* Gelbwerden *nt; de rideaux, d'un papier* Vergilben *nt*
java [ʒava] *f für den „bal musette" typischer Tanz*
▶ **faire la** ~ *fam* einen draufmachen *(fam)*
Java [ʒava] *m* INFORM Java *nt;* **un programme écrit en** ~ ein in Java geschriebenes Programm; **convertir des instructions en** ~ Befehle in Java konvertieren
javanais(e) [ʒavanɛ, ɛz] *adj* javanisch
Javanais(e) [ʒavanɛ, ɛz] *m(f)* Javaner(in) *m(f)*
javel [ʒavɛl] *f sans pl* Chlorbleiche *f*
javelliser [ʒavelize] <1> *vt* mit Eau de Javel desinfizieren; **être javellisé(e)** *sol:* mit Chlorwasser gereinigt
javelot [ʒavlo] *m* Speer *m*
jazz [dʒaz] *m* Jazz *m;* **musicien de** ~ Jazzmusiker *m*
jazzman [dʒazman, -mɛn] <s *o* -men> *m* Jazzmusiker *m,* Jazzer *m*
je [ʒə, ʒ] <j'> **I.** *pron pers* ich; **moi,** ~ **m'appelle Jean** ich heiße Jean; **que vois-~?** was sehe ich [da]?, was muss ich [da] sehen?
II. *m sans pl* ❶ LING Ichform *f*
❷ *(ego)* Ich *nt*
jean [dʒin] *m* ❶ *(tissu)* Jeansstoff *m;* **ensemble en** ~ Jeansanzug *m*
❷ *sing o pl (pantalon)* Jeans *Pl*
Jean [ʒɑ̃] *m* ❶ Hans *m,* Johannes *m*
❷ HIST ~ **sans peur** Johann ohne Furcht
❸ REL ~ **l'Évangéliste** Johannes der Evangelist
Jean-Baptiste [ʒɑ̃batist(ə)] *m* ❶ Johann Baptist *m*
❷ REL Johannes der Täufer
jean-foutre [ʒɑ̃futʀ] *m inv fam* Taugenichts *m*
Jeanne [ʒa:n(ə)] *f* ❶ Johanna *f,* Hanna *f,* Hanne *f*
❷ HIST ~ **d'Arc** die heilige Johanna
jeannette [ʒanɛt] *f* Ärmel[bügel]brett *nt*
jeep® [dʒip] *f* Jeep® *m*
je-m'en-foutisme [ʒ(ə)mɑ̃futism] *m sans pl fam* Wurstigkeit *f (fam),* Nach-mir-die-Sintflut-Haltung *f (fam)* **je-m'en-foutiste** [ʒ(ə)mɑ̃futist] <je-m'en-foutistes> *fam* **I.** *adj* **elle est plutôt** ~ ihr ist alles wurscht [*o* piepegal] *(fam)* **II.** *mf* **c'est une génération de** ~**s** das ist eine Generation, der alles egal ist *(fam)*
je-ne-sais-quoi [ʒən(ə)sɛkwa] *m inv* **un** ~ ein Ich-weiß-nicht-was *nt;* **elle a un** ~ sie hat das gewisse Etwas
jérémiade [ʒeʀemjad] *f souvent pl fam* Gejammer *nt kein Pl (fam)*
jerk [dʒɛʀk] *m sans pl* Jerk *m*
jerrican[e], jerrycan [(d)ʒeʀikan] *m* Benzinkanister *m*
jersey [ʒɛʀzɛ] *m* ❶ *(tissu)* Jersey *m;* ~ **de laine/soie** Woll-/Seidenjersey
❷ *(tricot)* Jersey *nt;* **être tricoté(e) en** ~ **endroit** glatt rechts gestrickt sein
Jersey [ʒɛʀzɛ] **l'île de** ~ die Insel Jersey
jésuite [ʒezɥit] **I.** *adj* jesuitisch
II. *m* REL Jesuit *m*
jésus [ʒezy] *m* ❶ *(statue)* Jesus *m*
❷ *(comme enfant)* Jesuskind *nt*
❸ *(enfant sage)* Engel *m;* **mon petit** ~ mein Engelchen
Jésus [ʒezy] *m* REL Jesus *m*
▶ **doux** ~! [mein] Gott!, du liebe Zeit! *(fam)*
Jésus-Christ [ʒezykʀi] *m* Jesus Christus *m;* **la naissance de** ~ die Geburt Jesu Christi; **après/avant** ~ nach/vor Christus [*o* Christi Geburt]
jet¹ [ʒɛ] *m* ❶ *d'un tuyau* Düse *f;* ~ **dentaire** Munddusche *f*
❷ *(action)* Werfen *nt; d'un filet* Auswerfen
❸ *(résultat)* Wurf *m; d'une bombe* Abwerfen, Abwurf; **le passant a reçu un** ~ **de gravillons** der Passant bekam eine Ladung Splitt ab
❹ *(distance parcourue)* Wurf *m;* **un** ~ **de cent mètres** ein

Hundertmeterwurf; **à un ~ de pierre** [nur] einen Steinwurf [*o* Katzensprung *fam*] entfernt
⑤ (*jaillissement*) Strahl *m;* **~ de vapeur** Dampfstrahl
⑥ METAL [Ab]guss *m;* **d'un seul ~** aus einem Guss
⑦ BOT (*nouvelle pousse*) Trieb *m,* Spross *m*
⑧ (*tige*) Zweig *m*
▶ **à ~ continu** ununterbrochen, unaufhörlich; **un/le premier ~** ein/der Rohentwurf; **du premier ~** auf Anhieb, beim ersten Versuch; **écrire/traduire d'un [seul] ~** in einem Zug[e] schreiben/übersetzen
◆ **~ d'eau** Fontäne *f*

jet² [dʒɛt] *m* AVIAT Jet *m,* Düsen[verkehrs]flugzeug *nt*

jetable [ʒ(ə)tabl] *adj* Wegwerf-

jeté [ʒ(ə)te] *m* ① (*action*) Werfen *nt*
② (*résultat*) Wurf *m*
③ (*au tricot*) [Maschen]umschlag *m;* **faire des ~s** Maschen aufnehmen
④ (*pas de danse*) Jeté *nt*
◆ **~ de lit** Bettüberwurf *m;* **~ de table** Tischläufer *m*

jetée [ʒ(ə)te] *f* [Hafen]mole *f*

jeter [ʒ(ə)te] <3> **I.** *vt* ① (*lancer*) werfen
② (*lancer avec force*) schleudern; **~ les dés** würfeln
③ (*envoyer pour donner*) **~ un ballon à qn** jdm einen Ball zuwerfen; **~ qc à un animal** einem Tier etw [zum Fraß] vorwerfen
④ (*projeter*) **~ le vase contre le mur** die Vase gegen [*o* an] die Wand schleudern; **~ qc à son copain** mit etw nach seinem Kumpel werfen; **~ qn/qc sur la côte** *tempête, mer:* jdn/etw an Land spülen
⑤ (*laisser tomber*) fallen lassen *pistolet;* auswerfen *sonde, grappin;* auslegen *bouée;* **~ l'ancre** den Anker [aus]werfen, vor Anker gehen, ankern; **~ ses cartes** die Karten hinwerfen, aufhören zu spielen
⑥ (*se débarrasser de qc*) wegwerfen; weggießen, wegschütten, ausschütten *liquide;* abwerfen *lest;* **être bon(ne) à ~** *voiture:* schrottreif sein; *objet:* reif für die Mülltonne sein; **~ qc par terre** etw zu [*o* auf den] Boden werfen; **~ un liquide par terre** eine Flüssigkeit verschütten [*o* vergießen]
⑦ *fam* (*vider*) hinauswerfen, hinausschmeißen (*fam*) *importun;* feuern (*fam*), hinausschmeißen (*fam*) *employé;* **~ qn sur le pavé** [*o* **dans la rue**] jdn vor die Tür [*o* auf die Straße] setzen
⑧ (*pousser*) **~ qn à terre/dans la rivière** jdn zu Boden/in den Fluss werfen; **~ qn en prison** jdn ins Gefängnis werfen
⑨ (*mettre rapidement*) werfen; **~ qc sur ses épaules** sich (*Dat*) etw überwerfen
⑩ (*mettre en place*) schlagen *pont de fortune;* NAUT ausfahren *passerelle;* **~ les bases/fondements de qc** den Grundstein zu etw legen
⑪ (*émettre*) sprühen *étincelles;* **~ des feux** blitzen; **~ un vif éclat** glänzen; **~ des reflets dorés** golden schimmern
⑫ (*répandre*) stiften *trouble, discorde;* verbreiten, stiften *désordre, terreur;* **~ le trouble dans les esprits** die Geister verwirren; **~ la panique au sein d'un groupe** eine Gruppe von Menschen in Panik versetzen; **~ la faute sur qn** jdm [die] Schuld geben, die Schuld auf jdn abwälzen; **~ le discrédit sur qn** jdn in Verruf [*o* Misskredit] bringen; **~ la honte sur qn** jdm Schande machen
⑬ (*plonger*) **~ qn dans l'embarras/la confusion** jdn in große Verlegenheit/Verwirrung bringen; **~ qn dans l'angoisse** jdn in Panik versetzen; **~ qn dans la stupeur/perplexité** jdn tief betroffen/völlig ratlos machen; **~ qn dans les dettes/le désespoir** jdn in Schulden/tiefe Verzweiflung stürzen
⑭ (*dire*) ausstoßen *cris;* fallen lassen *remarque;* **~ des insultes à qn** jdm Beleidigungen an den Kopf werfen; **~ des menaces à qn** jdm drohen
⑮ (*bouger*) werfen *tête, poings*
▶ **~ un regard/[coup d']œil à qn** jdm einen Blick zuwerfen, ein Auge auf jdn werfen; (*pour surveiller*) einen Blick auf jdn werfen, ein Auge auf jdn haben; **en ~** *fam* was hermachen (*fam*); **n'en jetez plus [la cour est pleine]** *fam* hören Sie auf damit, lassen Sie das [sein] [*o* es gut sein]
II. *vpr* ① **se ~** sich stürzen; **se ~ de côté/en arrière** beiseite [*o* auf die [*o* zur] Seite]/zurückspringen; **se ~ à genoux/à plat ventre** sich auf die Knie/flach hinwerfen; **se ~ au cou de qn** jdm um den Hals fallen; **se ~ aux pieds de qn** sich jdm zu Füßen werfen, sich vor jdm niederwerfen; **se ~ dans les bras de qn** sich jdm in die Arme werfen; **se ~ sur qn/la nourriture** sich auf jdn/das Essen stürzen, über jdn/das Essen herfallen; **se ~ sur un lit** sich auf ein Bett werfen [*o* fallen lassen]; **se ~ sous les roues d'une voiture/d'un train** sich vor ein Auto/einen Zug werfen; **se ~ d'un pont/par la fenêtre/dans le précipice** sich von einer Brücke/aus dem Fenster/in den Abgrund stürzen; **se ~ à l'eau** ins Wasser gehen, sich ertränken; **la voiture s'est jetée contre un arbre** der Wagen prallte gegen einen Baum
② (*s'engager*) **se ~ à l'assaut de qc** etw stürmen; **se ~ dans une entreprise/aventure** sich in ein Unternehmen/Abenteuer stürzen; **se ~ dans la politique/les affaires** in die Politik/das Geschäft einsteigen; **se ~ dans de grands discours** sich in großen Reden ergehen
③ (*déboucher dans*) **se ~ dans qc** in etw (*Akk*) münden
④ (*être jetable*) **se ~** weggeworfen werden
⑤ (*s'envoyer*) **se ~ des injures à la figure** sich (*Dat*) Beleidigungen an den Kopf werfen

jeteur, -euse [ʒ(ə)tœʀ, -øz] *m, f* ◆ **~(-euse) de sort** *jd, der den bösen Blick hat*

jeton [ʒ(ə)tɔ̃] *m* ① JEUX Jeton *m,* Spielmarke *f,* Spielmünze *f*
② (*plaque à la roulette*) Chip *m*
③ TELEC Jeton *m,* Telefonmarke *f*
▶ **faux ~** *fam* falscher Fuffziger (*fam*); **vieux ~** *fam* alter Trottel (*fam*); **avoir les ~s** *fam* Manschetten [*o* Muffe] haben (*fam*); **donner [*o* ficher] les ~s à qn** *fam* jdm Angst machen, jdn ins Bockshorn jagen (*fam*)
◆ **~ de présence** Sitzungsgeld *nt,* Tagegeld *nt,* Anwesenheitsvergütung *f*

jeu [ʒø] <x> *m* ① (*fait de s'amuser*) Spielen *nt,* Spiel *nt;* **par ~** zum [*o* aus] Spaß
② (*jeu avec règles*) Spiel *nt;* **~ de dames/dés** Dame-/Würfelspiel; **jouer le ~** sich an die Spielregeln halten; **~ radiophonique/télévisé** Quizsendung *f* [*o* Ratespiel *nt*] im Rundfunk/Fernsehen; **c'est pas du ~!** *fam* das ist unfair!
③ (*boîte, cartes*) Spiel *nt;* **~ de cartes** Kartenspiel; **~ de construction** Baukasten *m;* **~ vidéo** Videospiel *nt*
④ (*partie*) Spiel *nt,* Partie *f;* **on fait encore un ~?** spielen wir noch eine Runde [*o* Partie]?; **qui mène le ~?** wer führt?; **faire le ~** das Spiel machen; **avoir du ~/un beau ~** gute Karten haben
⑤ (*manière de jouer*) Spiel *nt;* **avoir un ~ défensif** defensiv spielen
⑥ (*lieu du jeu*) **~ de boules** Bouleplatz *m;* **~ de quilles** Kegelbahn *f;* **terrain de ~x** Spielplatz *m;* SPORT Spielfeld *nt;* **le ballon est hors ~** der Ball ist im Aus; **remettre le ballon en ~** den Ball einwerfen; **mettre qn hors ~** jdn vom Platz stellen
⑦ (*jeu d'argent*) **avoir la passion du ~** ein Spieler/eine Spielerin sein; **faites vos ~x!** machen Sie Ihr Spiel!; **se ruiner au ~** sein ganzes Vermögen verspielen
⑧ TECH Spiel *nt;* **avoir du ~** [zu viel] Spiel haben; **le libre ~ des articulations/forces** das freie Spiel der Gelenke/Kräfte
⑨ (*série*) **~ d'aiguilles** Satz *m* Stricknadeln; **~ d'avirons** Ruderwerk *nt;* **~ de clés** Satz *m* Schlüssel; **~ de voiles** Stell *nt* Segel; **un ~ d'épreuves d'imprimerie** ein Satz Druckfahnen
⑩ (*interaction*) **~ des alliances/institutions** Zusammenspiel *nt* von Bündnissen/Institutionen; **~ de l'offre et de la demande** Gesetz *nt* von Angebot und Nachfrage

⑪ (*manège*) *du destin, de la vie* Spiel *nt;* ~ **de l'amour** Liebesspiel
⑫ (*habileté*) **jouer double** ~ ein doppeltes Spiel treiben; **ce petit** ~ das Spielchen; **continue ce petit** ~ **et tu verras** mach nur so weiter, und du wirst schon sehen
⑬ (*action facile*) **c'est un** ~ **d'enfant** das ist [doch] ein Kinderspiel [*o* kinderleicht]; **c'est un** ~ **pour elle** [*o* **elle se fait un** ~] **de faire qc** für sie ist es ein Kinderspiel [*o* ein Leichtes] etw zu tun; **avoir beau** ~ leichtes Spiel haben; **tu as beau** ~ **de critiquer** du kannst leicht kritisieren
▶ **heureux au** ~, **malheureux en amour** *prov* Glück im Spiel, Pech in der Liebe; **le** ~ **ne** [*o* **n'en**] **vaut pas la chandelle** *prov* das ist nicht der Mühe wert, es lohnt sich nicht; **les forces** [**mises**] **en** ~ die betroffenen Kräfte; ~[**x**] **de main**[**s**], ~[**x**] **de vilain**[**s**] *prov* das Spiel wird noch böse enden; **jouer franc** ~ mit offenen Karten spielen; **jouer le grand** ~ alle Register ziehen; **jouer gros** ~ (*miser beaucoup d'argent*) hoch [*o* mit hohem Einsatz] spielen; (*risquer gros*) viel riskieren; **se prendre à son propre** ~ in die eigene Falle gehen; **être** [*o* **faire**] **vieux** ~ altmodisch [*o* von gestern *fam*] sein; [**bien**] **cacher son** ~ sich (*Dat*) nicht in die Karten sehen lassen; **dévoiler** [*o* **abattre**] **son** ~ die [*o* seine] Karten aufdecken [*o* [offen] auf den Tisch legen]; **entrer dans le** ~ **de qn** jds Spiel mitspielen; **je ne veux pas entrer dans ton** ~ lass mich aus dem Spiel; **entrer en** ~ **les facteurs qui entrent en** ~ die Faktoren, die eine Rolle spielen; die relevanten Faktoren (*geh*); **entrer en** ~ **dans une affaire** in einer Angelegenheit ins Spiel kommen; **qn entre en** ~ jd tritt in Erscheinung [*o* kommt ins Spiel]; **être** [**mis**(**e**)] **en** ~ auf dem Spiel stehen; **faire le** ~ **de qn** jdm in die Hände arbeiten, [ungewollt] jds Interessen (*Dat*) dienen; **les** ~**x sont faits** (*les dés sont jetés*) die Würfel sind gefallen; (*au casino*) nichts geht mehr; **lire dans** [*o* **voir clair dans**] **le** ~ **de qn** jds Spiel durchschauen; **mettre son honneur/argent/sa vie en** ~ seine Ehre/sein Geld/Leben aufs Spiel setzen; **mettre ses possibilités/ressources en** ~ seine Möglichkeiten/Mittel aufbieten; **mettre ses moyens en** ~ seine Mittel einsetzen; **se piquer** [*o* **se** [**laisser**] **prendre**] **au** ~ auf den Geschmack kommen, [plötzlich] Gefallen an der Sache finden
◆ ~ **d'adresse** Geschicklichkeitsspiel *nt;* ~ **de Bourse** Börsengeschäfte *Pl;* ~ **de caractères** Zeichensatz *m;* ~ **d'eau** Wasserspiel *nt;* ~ **d'écritures** [Um]buchung *f;* ~ **d'équipe** Mannschaftsspiel *nt;* ~ **d'esprit** Scherz *m;* ~ **de hasard** Glücksspiel *nt;* ~ **de jambes** Beinarbeit *f;* ~ **de lumière** Lichtspiel *nt;* ~ **de massacre** Wurfbude *f,* Wurfspiel *nt;* ~ **de mots** Wortspiel *nt;* ~ **d'orgues** Orgelregister *nt;* (*tableau électrique*) Schaltpult *nt;* ~ **de patience** Geduldsspiel *nt;* ~ **de physionomie** Mienenspiel *nt;* ~ **de piste** Schnitzeljagd *f;* ~ **de puces** INFORM Chipsatz *m;* ~ **de rôle**[**s**] Rollenspiel *nt;* ~ **de société** Gesellschaftsspiel *nt*

jeu-concours [ʒøkɔ̃kuʀ] <jeux-concours> *m* Preisausschreiben *nt*

jeudi [ʒødi] *m* Donnerstag *m;* ~ **saint** Gründonnerstag; *v. a.* **dimanche**

jeun [ʒœ̃] **à** ~ nüchtern; **venez à** ~ kommen Sie nüchtern; **médicament à prendre à** ~ Medikament auf nüchternen Magen einnehmen

jeune [ʒœn] **I.** *adj* ① jung; *plante, animal* klein, jung; *enfant* klein; **elle n'est plus très** ~ sie ist nicht mehr die Jüngste
② *antéposé* (*cadet*) **sa** ~ **sœur** seine/ihre kleine Schwester; **le** ~ **Durandol** der junge Durandol
③ *antéposé* (*moins âgé que la moyenne*) jung; ~ **dirigeant d'entreprise** Jungunternehmer *m*
④ (*inexpérimenté*) unerfahren; **être** ~ **dans le métier** ein Neuling sein
⑤ *postposé* (*qui fait jeune*) jugendlich; **avoir le caractère** ~ jung [geblieben] sein; **il a le corps** ~ er hat die Figur eines jungen Mannes
⑥ *antéposé* (*d'enfance, d'adolescence*) **dès son plus** ~ **âge** schon als Kind; **dans ses** ~**s années** [*o* **son** ~ **temps**] in seiner/ihrer Jugend
⑦ *postposé* (*nouveau*) *industrie, pays, vin* jung
⑧ (*comme un jeune*) **faire** ~ jung aussehen; **s'habiller** ~ sich jugendlich kleiden
▶ **c'est un peu** ~**!** *fam* das ist ganz schön knapp! (*fam*)
II. *mf* ① junger Mann *m*/junge Frau *f*
② *pl* (*jeunes gens*) Jugendliche *mf*

jeûne [ʒøn] *m* ① REL Fasten *nt;* **observer** [*o* **pratiquer**] **le** ~ **du carême** die Fastenzeit beachten
② MED Fasten, Fastenkur *f*

jeûner [ʒøne] <1> *vi* ① REL fasten
② MED hungern, fasten; *animal:* nicht fressen; **faire** ~ **qn** *médecin:* jdm eine Fastenkur verordnen

jeunesse [ʒœnɛs] *f* ① (*état*) Jugend *f;* **n'être plus de la première** [*o* **de prime**] ~ nicht mehr der/die Jüngste sein
② (*période*) Jugend[zeit *f*]; **dans ma** ~ in meiner Jugend; **seconde** ~ zweiter Frühling
③ (*personnes jeunes*) Jugend *f;* **une** ~ *fam* ein junges Ding (*fam*)
④ (*nouveauté*) *d'un vin, d'une eau-de-vie* junges Alter
⑤ (*fraîcheur*) Jugendlichkeit *f,* Frische *f;* **avoir un air de** ~ jugendlich aussehen; **être plein**(**e**) **de** ~ voll jugendlichem Elan stecken; **être d'une grande** ~ **de cœur** im Herzen sehr jung geblieben sein
▶ **si** ~ **savait, si vieillesse pouvait** *prov* ≈ wenn die Jugend wüsste und das Alter könnte; **il faut que** ~ **se passe** *prov* die Jugend muss sich austoben

jeunet(**te**) [ʒœnɛ, ɛt] *adj fam* reichlich jung

jeûneur, -euse [ʒønœʀ, -øz] *m, f* Fastende(r) *f(m)*

jeunot(**te**) [ʒœno, ɔt] **I.** *adj* reichlich jung; **un enfant tout** ~ ein ganz kleines Kind
II. *m(f) fam* junges Bürschchen *m*/junges Ding *f* (*fam*)

jingle [dʒingœl] *m* Jingle *m*

J.O.[1] [ʒio] *mpl abr de* **Jeux olympiques** Olympische Spiele *Pl*

J.O.[2] [ʒio] *m sans pl abr de* **Journal officiel** ≈ Amtsblatt *nt,* ≈ [Bundes]gesetzblatt *nt*

joaillerie [ʒɔajʀi] *f* ① (*bijouterie*) Juweliergeschäft *nt*
② (*art, métier*) Juwelierhandwerk *nt,* Juwelierkunst *f;* **apprendre la** ~ das Juwelierhandwerk erlernen
③ (*marchandises*) Juwelierwaren *Pl,* Schmuckwaren *Pl*

joaillerie-orfèvrerie [ʒɔajʀiɔʀfɛvʀəʀi] <joailleries-orfèvreries> *f* Juwelier- und Goldwarengeschäft *nt*

joaillier, -ière [ʒɔaje, -jɛʀ] **I.** *m, f* Juwelier(in) *m(f)*
II. *app* **ouvrier-**~ Goldschmied(in) *m(f)*

joaillier-orfèvre, joaillière-orfèvre [ʒɔajeɔʀfɛvʀ, ʒɔajɛʀɔʀfɛvʀ] <joailliers-orfèvres> *m, f* Juwelier(in) und Goldschmied(in) *m(f)*

job [dʒɔb] *m fam* Job *m* (*fam*)

Job [ʒɔb] ▶ **être pauvre comme** ~ bettelarm sein, arm wie eine Kirchenmaus sein (*fam*)

jobard(**e**) [ʒɔbaʀ, aʀd] **I.** *adj personne* leichtgläubig, einfältig; *air* dämlich
II. *m(f)* Trottel *m,* Dummkopf *m*

jobardise [ʒɔbaʀdiz] *f* Leichtgläubigkeit *f,* Einfältigkeit *f*

jockey [ʒɔkɛ] *m* Jockei *m,* Jockey *m*

Joconde [ʒɔkɔ̃:d(ə)] *f* **la** ~ die Mona Lisa

jodler [jɔdle] <1> *vi* jodeln

joggeur [(d)ʒɔgœʀ] *m* Sportschuh *m* [mit dicker Sohle]

jogging [(d)ʒɔgiŋ] *m* ① Jogging *nt;* **faire du** ~ joggen
② (*survêtement*) Jogginganzug *m*

joie [ʒwa] *f* ① Freude *f;* **avec** ~ freudig, erfreut, mit Freuden; ~ **de vivre/créer** Lebens-/Schaffensfreude *f;* ~ **de posséder** Besitzerstolz *m;* **cri/éruption de** ~ Freudenschrei *m*/-ausbruch *m;* **à ma grande** ~ zu meiner großen Freude; **pour la plus grande** ~ **de tous** zur größten Freude aller; **être au comble de la** [*o* **fou de**] ~ außer sich vor Freude sein, sich wahnsinnig freuen; **nager dans la** ~ in eitel Wonne [*o* Freude]

joie/enthousiasme

• exprimer sa joie	• Freude ausdrücken
Je suis content(e) que tu sois venu(e)!	**Wie schön, dass** du gekommen bist!
Je suis très heureux de vous revoir.	**Ich bin sehr froh, dass** wir uns wieder sehen.
Vous m'avez fait très plaisir.	**Sie haben mir** damit **eine große Freude bereitet.**

• exprimer son enthousiasme	• Begeisterung ausdrücken
Fantastique!	Fantastisch!
Génial!/Dingue! *(fam)*/**Super!** *(fam)*/**Cool!** *(fam)*/**Trop cool!** *(fam)*	**Toll!** *(fam)*/**Wahnsinn!** *(fam)*/**Super!** *(fam)*/**Cool!** *(sl)*/ **Krass!** *(sl)*
Je suis dingue de ce chanteur *(fam)*.	**Auf** diesen Sänger **fahre ich voll ab.** *(sl)*
Je craque complètement.	**Ich bin ganz hin und weg.** *(fam)*
J'ai vraiment été emballé(e) par sa représentation.	Ihre Darbietung **hat mich richtig mitgerissen.**

schwimmen; **être** [*o* **faire**] **la ~ de qn** jdm Freude bereiten [*o* machen]; **faire la ~ à qn de faire qc** jdm die Freude machen [*o* bereiten] etw zu tun; **je me fais une telle ~ de faire qc** es ist mir eine derart große Freude etw zu tun; **pleurer de ~** vor Freude weinen, Freudentränen vergießen; **sauter de ~** Freudensprünge machen; **être en ~** vergnügt [*o* fröhlich] sein; **mettre qn en ~** jdn erheitern, jdn fröhlich machen [*o* stimmen]
② *pl* (*plaisirs*) Freuden *Pl* (*geh*); **sans ~s** freudlos; **~s de la paternité** Vaterfreuden; **~s du monde/paradis** irdische/paradiesische Freuden
▸ **c'est pas la ~!** *fam* da gibt's nichts zu lachen!

joignable [ʒwanjabl] *adj* erreichbar

joindre [ʒwɛ̃dʀ] <*irr*> **I.** *vt* ① (*faire se toucher*) zusammenfügen, aneinander fügen; falten *mains;* zusammenschlagen *talons;* **~ un morceau à qc** ein Stück an etw (*Akk*) fügen
② (*relier*) miteinander verbinden; **~ l'autoroute à qc** die Autobahn mit etw verbinden
③ (*rassembler*) **~ des efforts** gemeinsame Anstrengungen machen; **~ des moyens** alle Hilfsmittel zusammennehmen
④ (*ajouter*) **~ qc à un dossier** einer Akte etw beifügen; **~ qc à une lettre** etw in einem Brief mitschicken, einem Brief etw beifügen; **~ le geste à la parole** seinen Worten Taten folgen lassen
⑤ (*allier*) **~ une qualité à une autre** eine Eigenschaft mit einer anderen verbinden [*o* vereinen]
⑥ (*atteindre*) erreichen *personne*
II. *vi fenêtre, porte:* dicht sein, gut schließen; *lattes:* fugendicht sein
III. *vpr* ① (*se mêler*) **se ~ à qn/qc** sich jdm/einer S. anschließen; **ne mangez pas tout seul, joignez-vous à nous** essen Sie doch nicht allein, setzen Sie sich zu uns [*o* leisten Sie uns Gesellschaft]
② (*s'associer*) **se ~ à un parti** einer Partei (*Dat*) beitreten, in eine Partei eintreten; **se ~ à un collègue pour faire qc** sich mit einem Kollegen zusammentun um etw zu tun
③ (*participer à*) **se ~ à une conversation** sich an einer Unterhaltung (*Dat*) beteiligen
④ (*se toucher*) **se ~** sich berühren

joint¹ [ʒwɛ̃] *m* ① TECH (*espace*) Fuge *f*
② (*garniture*) *d'un couvercle, robinet* Dichtung *f;* **~ en caoutchouc** Gummidichtung
▸ **chercher/trouver le ~** einen Weg [*o* eine Lösung] suchen/finden; **elle a trouvé le ~** sie hat den Dreh [*o* Bogen] raus (*fam*)
◆ **~ de cardan** Kardangelenk *nt,* Kreuzgelenk *nt;* **~ de culasse** Zylinderkopfdichtung *f;* **~ d'étanchéité** Flachdichtung *f*

joint² [ʒwɛ̃] *m fam* Joint *m* (*sl*)

joint(e) [ʒwɛ̃, ɛ̃t] **I.** *part passé de* **joindre**
II. *adj* ① *mains* gefaltet; *pieds* geschlossen
② (*commun*) *efforts* gemeinsam; *compte* Gemeinschafts-, gemeinsam
③ (*ajouté*) **pièce ~e** Anlage *f;* **lettre ~e au paquet** dem Paket beigefügter Brief
④ (*qui n'a pas de jeu*) **bien/mal ~(e)** dicht/undicht
⑤ (*bien assemblés*) *lattes, planches* verfugt, fest miteinander verbunden

jointif, -ive [ʒwɛ̃tif, -iv] *adj lattes, planches* fugendicht

jointure [ʒwɛ̃tyʀ] *f* ① ANAT Gelenk *nt;* **~ du genou/poignet** Knie-/Handgelenk; **faire craquer les ~s de ses doigts** mit den Fingern knacken
② TECH Verbindungsstelle *f,* Fuge *f*

jojo [ʒoʒo] **I.** *m* ▸ **être un affreux ~** ein ganz übler Bursche sein
II. *adj inv fam* (*joli*) **ne pas être ~** nicht gerade umwerfend sein (*fam*)

joker [(d)ʒɔkɛʀ] *m* Joker *m*

joli(e) [ʒɔli] *adj* ① hübsch, fesch (A *fam*); *intérieur, vêtement* nett, hübsch; *chanson* nett; *voix* angenehm, hübsch; *objet* schön
② (*considérable*) [ganz] beachtlich, prima (*fam*); *position* gut, prima (*fam*); **une ~e somme** ein nettes [*o* hübsches] Sümmchen (*fam*)
③ *iron* **un ~ monsieur** ein [ziemlich] übler Patron [*o* Kunde] (*fam*); **un ~ coco** ein sauberes Früchtchen (*fam*); **un ~ gâchis** ein schöner Schlamassel (*fam*); **c'est du ~ travail!** da hast du [*o* habt ihr] ja was Schönes angerichtet! (*fam*); **c'est du ~!** das ist ja reizend [*o* eine schöne Bescherung]! (*fam*); **c'est bien ~, mais ...** das ist [ja] alles schön und gut, aber ...; **c'est pas ~ ~!** das ist aber gar nicht schön!; **c'est [pas] ~ de faire qc!** man tut etw doch nicht!; **faire du ~** etwas Schönes anrichten; **le plus ~ de l'histoire, c'est qu'elle est vraie** das Schönste an [*o* bei] der Geschichte ist, dass sie wahr ist

joliesse [ʒɔljɛs] *f littér* Anmut *f*

joliment [ʒɔlimɑ̃] *adv* ① (*agréablement*) hübsch, nett; **elle a ~ dit son poème** sie hat ihr Gedicht schön aufgesagt
② (*considérablement*) ganz schön (*fam*)
③ *iron* schön; **tu as ~ travaillé!** du hast ja wirklich saubere Arbeit geleistet!

jonc [ʒɔ̃] *m* Binse *f;* **canne de ~** Rohrstock *m*

jonchée [ʒɔ̃ʃe] *f* **~ de fleurs/feuilles** Teppich *m* aus Blumen/Blättern

joncher [ʒɔ̃ʃe] <1> **I.** *vt* bedecken; verstreut liegen auf (+ *Dat*) *lit;* **~ le sol de débris** den Boden mit Trümmern übersäen; **~ le chemin de fleurs** Blumen auf den Weg streuen
II. *vpr* **se ~ de qc** sich mit etw bedecken

jonction [ʒɔ̃ksjɔ̃] *f* ① *de routes* Einmündung *f; de canaux, fleuves* Zusammenfluss *m; de voies ferrées* Weiche *f;* **gare de ~** Eisenbahnknotenpunkt *m;* **à la ~ de la route et de la voie ferrée**

an der Stelle, an der die Landstraße auf die Bahnlinie trifft
② ELEC Verbindung *f*
③ MIL Vereinigung *f;* **opérer une ~** sich vereinigen

jongler [ʒɔ̃gle] <1> *vi* jonglieren; **~ avec les idées/chiffres** mit Ideen/Zahlen jonglieren; **~ avec les difficultés** mit Schwierigkeiten spielend fertig werden

jonglerie [ʒɔ̃gləʀi] *f péj* (*manœuvre*) Hokuspokus *m,* fauler Zauber; **ses ~s m'agacent** seine/ihre faulen Tricks nerven mich (*fam*)

jongleur, -euse [ʒɔ̃glœʀ, -øz] *m, f* Jongleur *m*/Jongleuse *f;* **c'est un habile ~ de mots** er jongliert geschickt mit Worten

jonque [ʒɔ̃k] *f* Dschunke *f*

jonquille [ʒɔ̃kij] **I.** *f* Osterglocke *f*
II. *adj inv* hellgelb

Jordanie [ʒɔʀdani] *f* **la ~** Jordanien *nt*

jordanien(ne) [ʒɔʀdanjɛ̃, jɛn] *adj* jordanisch

Jordanien(ne) [ʒɔʀdanjɛ̃, jɛn] *m(f)* Jordanier(in) *m(f)*

jouable [ʒwabl] *adj* ① spielbar; *pièce* aufführbar, spielbar
② (*faisable*) **c'est ~** das ist machbar

joual [ʒwal] *m* Frankokanadisch *nt*

joual(e) [ʒwal] <s> *adj* frankokanadisch

joue [ʒu] *f* ① ANAT Backe *f,* Wange *f* (*geh*); **~s rebondies** Pausbacken *Pl;* **avoir les ~s creuses** hohlwangig sein; **~ contre** [*o* **à**] **~** Wange an Wange
② *pl* (*parois latérales*) *d'un fauteuil, canapé* Wangen *Pl; d'une poulie* Backen *Pl*
▶ **se caler les ~s** *fam* tüchtig drauflosessen [*o* futtern] (*fam*), reinhauen (*fam*); **en ~!** legt an!; **mettre son fusil en ~** sein Gewehr anlegen [*o* in Anschlag bringen]; **tenir qn/qc en ~** auf jdn/etw angelegt haben

jouer [ʒwe] <1> **I.** *vi* ① spielen; **faire ~ qn** Spiele für jdn veranstalten; **~ avec une balle** mit einem Ball spielen; **~ avec l'idée de faire qc** mit dem Gedanken spielen etw zu tun; **à toi/vous de ~!** du bist/ihr seid dran [*o* an der Reihe]!
② *fig* **~ avec des sentiments** mit den Gefühlen spielen; **ne joue pas avec ces choses-là!** diese Dinge solltest du nicht auf die leichte Schulter nehmen!; **c'est pour ~** das war ein Witz [*o* sollte ein Scherz sein]
③ SPORT **~ au foot/tennis** Fußball/Tennis spielen; **~ contre qn** gegen jdn spielen
④ MUS **~ du piano/violon** Klavier/Geige spielen
⑤ THEAT, CINE **~ dans qc** in etw (*Dat*) spielen
⑥ (*affecter d'être*) **~ à qn** jdn spielen
⑦ BOURSE **~ à la Bourse/sur les valeurs** an der Börse/mit Wertpapieren spekulieren
⑧ (*miser*) **~ sur qc** auf etw (*Akk*) setzen
⑨ (*risquer*) **~ avec sa vie/santé** mit seinem Leben/seiner Gesundheit spielen
⑩ (*utiliser*) **~ de son influence** seinen Einfluss geltend machen; **~ du couteau** zum Messer greifen
⑪ (*faire des effets*) **le soleil joue dans le feuillage** die Sonnenstrahlen spielen im Laub
⑫ (*avoir du jeu*) Spiel haben
⑬ (*intervenir*) *mesure:* gelten; *relations:* greifen, wirken; **faire ~ ses relations** seine Beziehungen spielen lassen; **faire ~ une clause** eine Klausel anwenden
▶ **ça a joué en ma faveur** das hat sich positiv für mich ausgewirkt; **bien joué!** gut so!, gut gemacht!; **~ serré** höllisch aufpassen
II. *vt* ① [aus]spielen *carte;* ziehen [mit] *pion;* **je joue atout cœur** Herz ist Trumpf
② *fig* geben *revanche*
③ (*miser*) setzen auf (+ *Akk*)
④ (*risquer*) riskieren *somme d'argent, sa tête;* aufs Spiel setzen *réputation*
⑤ MUS [vor]spielen *chanson*
⑥ THEAT, CINE spielen *pièce, rôle;* **quelle pièce joue-t-on au théâtre?** welches Stück wird im Theater gespielt [*o* gegeben]?
⑦ (*feindre*) **~ la surprise** die Überraschung vortäuschen [*o* vorspielen]; **~ la victime/le héros** das Opfer/den Helden spielen; **~ la comédie** Theater spielen
▶ **rien n'est encore joué** noch ist nichts entschieden
III. *vpr* ① (*se moquer*) **se ~ de qn** jdn zum Besten halten [*o* haben]; **se ~ des lois** sich über das Gesetz hinwegsetzen; **se ~ des difficultés** Schwierigkeiten spielend meistern, mit Schwierigkeiten spielend fertig werden
② (*être joué*) **se ~** gespielt werden; *film:* laufen, gespielt werden; *spectacle:* gegeben werden
③ (*se dérouler*) **se ~** *crime, drame:* sich abspielen
④ (*se décider*) **se ~ dans les prochaines heures** sich in den nächsten Stunden entscheiden
▶ **en se jouant** spielend, mühelos

jouet [ʒwɛ] *m* ① Spielzeug *nt;* **des ~s** Spielzeug, Spielsachen *Pl;* **marchand de ~s** Spielwarenhändler *m*
② (*proie*) **être le ~ du vent/des vagues** der Spielball des Windes/der Wellen sein; **être le ~ d'une illusion/hallucination** das Opfer einer Illusion/Halluzination sein
③ (*marionnette*) **être le ~ d'une femme** das Spielzeug einer Frau sein

jouette [ʒwɛt] *adj* BELG (*qui ne pense qu'à jouer*) verspielt

joueur, -euse [ʒwœʀ, -øz] **I.** *adj animal, enfant* verspielt; **avoir un tempérament ~** immer zu Späßen aufgelegt sein; *enfant:* gern spielen, eine Spielratte sein (*hum fam*)
II. *m, f* JEUX, SPORT Spieler(in) *m(f);* **être une joueuse de cartes/golf** eine Karten-/Golfspielerin sein; **se montrer beau ~** ein fairer Spieler sein; **être mauvais ~** ein schlechter Verlierer sein; **c'est un ~ heureux/malchanceux** er hat Glück/Pech im Spiel

joufflu(e) [ʒufly] *adj* pausbäckig, pausbackig

joug [ʒu] *m* ① AGR Joch *nt*
② (*contrainte*) *d'une loi* Zwang *m; du mariage, travail* Joch *nt* (*geh*); **briser** [*o* **secouer**] **le ~** das Joch abschütteln; **mettre qn sous le ~** jdn unterjochen; **tomber sous le ~ de qn** von jdm unterjocht werden

jouir [ʒwiʀ] <8> *vi* ① (*apprécier*) **~ de la vie/du soleil** das Leben/die Sonne genießen; **~ de sa victoire** seinen Sieg auskosten [*o* genießen]; **faire ~ qn** *fam* jdm großes Vergnügen machen [*o* bereiten], jdm einen Heidenspaß [*o* Riesenspaß] machen (*fam*)
② (*avoir l'avantage de*) **~ de privilèges/d'avantages** Privilegien/Vorteile genießen; **~ d'une bonne santé** sich guter Gesundheit erfreuen; **~ de l'estime générale** die allgemeine Hochachtung genießen; **~ de droits** Rechte genießen, im Besitz [*o* Genuss] von Rechten sein; **~ d'une réputation intacte** einen guten Ruf haben; **~ d'un bien** Inhaber(in) eines Gutes sein *m;* **~ d'une fortune** vermögend sein; **~ de toutes ses facultés** im Vollbesitz seiner geistigen Kräfte sein; **~ d'une grande faveur auprès de qn** bei jdm sehr beliebt sein, sich großer Beliebtheit erfreuen; **~ d'un bon climat** ein gutes Klima haben; **l'appartement jouit d'une belle vue** von der Wohnung aus hat man einen schönen Blick
③ (*sexuellement*) einen Orgasmus haben; **faire ~ qn** jdn zum Orgasmus bringen

jouissance [ʒwisɑ̃s] *f* ① (*plaisir*) Vergnügen *nt,* Freude *f;* **être avide de ~s** vergnügungssüchtig [*o* genusssüchtig] sein
② (*usage*) **la ~ d'un immeuble/jardin** die Nutzung eines Gebäudes/eines Gartens; **maison à vendre avec ~ immédiate** Haus zur sofortigen Nutzung zu verkaufen; **être en pleine ~ de ses facultés mentales** voll zurechnungsfähig sein
③ JUR **~ usufruitière** Nutznießung *f,* Nießbrauch *m;* **~ de son droit/privilège** Genuss *m* seines Rechts/Privilegs; **entrer en ~ de qc** in den Genuss einer S. (*Gen*) kommen
④ FIN Dividendenanspruch *m,* Gewinnberechtigung *f,* Zinsgenuss *m;* **action de ~** Genussaktie *f*
⑤ (*orgasme*) Orgasmus *m*

jouisseur, -euse [ʒwisœʀ, -øz] **I.** *adj femme* sinnlich; **homme ~** Genießer *m*
II. *m, f* Genussmensch *m*, Genießer(in) *m(f)*

jouissif, -ive [ʒwisif, -iv] *adj* 1 (*plaisant*) sehr erfreulich
2 *iron* (*pénible*) sehr amüsant (*iron*)

joujou [ʒuʒu] <x> *m enfantin* Spielzeug *nt;* **faire ~ avec qc** mit etw spielen

joule [ʒul] *m* Joule *nt*

jour [ʒuʀ] *m* 1 (*24 heures*) Tag *m;* **par ~** täglich, pro Tag; **tous les ~s** täglich, jeden Tag; **star d'un ~** Eintagsfliege *f;* **ça ne se fait pas en un ~** so schnell geht das auch wieder nicht (*fam*)
2 (*opp: nuit*) Tag *m;* **dormir le ~** während des Tages [*o* tagsüber] [*o* am Tag[e]] schlafen; **être** [*o* **travailler**] **de ~** Tagschicht [*o* Tagdienst] haben
3 (*opp: obscurité*) Tageslicht *nt;* **au ~** bei Tageslicht; **faux ~** Zwielicht *nt;* **il fait grand ~** es ist taghell; **le ~ baisse/se lève** es wird dunkel/hell, der Tag neigt sich/bricht an (*geh*); **~ naissant** Morgengrauen *nt;* **au petit ~** bei Tagesanbruch, im Morgengrauen; **sous un ~ (dé)favorable** in einem (un)günstigen Licht
4 (*jour précis*) Tag *m;* **le ~ J** der Tag X; **le ~ de Noël** am Weihnachtstag; **les ~s de marché** an Markttagen; **les ~s de pluie/tempête** bei Regen/Sturm; **un ~ qu'il pleuvra** wenn es einmal regnet; **saint/curiosité du ~** Heiliger/Neuigkeit des Tages; **mode/plat du ~** Tagesmode/-essen; **goût du ~** heutiger Geschmack, Zeitgeist; **œuf du ~** frisch gelegtes Ei; **produits du ~** frische Produkte; **nouvelles du ~** neueste Nachrichten; **être dans un bon/mauvais ~** [*o* **dans un de ses bons/mauvais ~s**] einen [*o* seinen] guten/schlechten Tag haben; **notre entretien de ce ~** unser heutiges Gespräch; **à ~ fixe** zu einem festgesetzten Termin, an einem bestimmten Tag; **~ pour ~** auf den Tag [genau]; **tenue/vêtements des grands ~s** Festtagskleidung *f*
5 (*période vague*) **à ce ~** bis heute; **à un de ces ~s!** *fam* bis bald!; **un de ces ~s** demnächst, in den nächsten Tagen; **au ~ d'aujourd'hui** *fam*, **de nos ~s** heute, heutzutage; **l'autre ~** *fam* neulich, vor kurzem; **un ~ ou l'autre** früher oder später, über kurz oder lang; **robe/habit de tous les ~s** Alltagskleidung *f;* **histoire de tous les ~s** Alltäglichkeit *f;* **c'est du tous les ~s** *fam* das gibt's [doch] alle Tage (*fam*); **tous les ~s que [le bon] Dieu fait** tagaus, tagein
6 *pl soutenu* (*vie*) **ses ~s sont comptés** seine/ihre Tage sind gezählt; **finir ses ~s à l'hospice** sein Leben im Altersheim beenden; **vieux ~s** Alter *nt*
7 (*interstice*) Spalte *f;* **clôture à ~** Lattenzaun *m*
8 COUT Hohlsaum *m;* **broderie à ~s** Ajourarbeit *f*
▸ **c'est pas tous les ~s fête** *fam* (*on n'a pas toujours lieu de se réjouir*) es gibt nicht immer was zu feiern (*fam*); (*il faut profiter du bon temps*) man muss die Feste feiern, wie sie fallen; **tout vient à son ~ et à son heure** alles zu seiner Zeit; **c'est le ~ et la nuit** das ist [ein Unterschied] wie Tag und Nacht; **être comme le ~ et la nuit** grundverschieden sein; **à chaque ~ suffit sa peine** *prov* morgen ist auch noch ein Tag; **d'un ~ à l'autre** (*soudain*) von einem Tag auf den anderen; (*sous peu*) jeden Tag; **dans les bons comme dans les mauvais ~s** in guten wie in schlechten Zeiten; **au grand ~** vor aller Augen, in aller Öffentlichkeit; **émerger** [*o* **apparaître**] **au grand ~** ans [Tages]licht [*o* an den Tag] kommen; **étaler qc au grand ~** etw offen zur Schau stellen; **exposer qc au grand ~** etw offen darlegen; **donner ses huit ~s** (*démissionner*) kündigen; **donner ses huit ~s à qn** (*renvoyer*) jdn entlassen, jdm kündigen; **se montrer sous son vrai ~** sein wahres Gesicht zeigen; **donner le ~ à qn** jdm das Leben schenken; **donner le ~ à qc** etw nach sich ziehen können; **être à ~ dans qc** mit etw auf dem neuesten Stand sein; **se faire ~** *soutenu* sich (*Dat*) Bahn brechen, zum Durchbruch kommen; *vérité:* ans [Tages]licht [*o* an den Tag] kommen; *défaut:* ans Licht kommen; **demain, il fera ~** morgen ist auch noch ein Tag; **mettre qc à ~** etw aktualisieren, etw auf den neuesten Stand bringen; **se mettre à ~ dans qc** seinen Rückstand in etw (*Dat*) aufholen; **mettre au ~** zutage fördern; **mettre des antiquités au ~** Antiquitäten ausgraben; **percer qn/qc à ~** jdn/etw durchschauen; **les ~s se suivent et ne se ressemblent pas** *prov* kein Tag gleicht dem anderen; **voir le ~** das Licht der Welt erblicken (*geh*), geboren werden; **ne plus voir le ~ dans qc** *fam* bei etw den Überblick verlieren; nicht mehr wissen, wo bei etw hinten und vorne ist (*fam*); **au ~ le ~** (*sans souci du lendemain*) in den Tag hinein; (*précairement*) von der Hand in den Mund; (*cas par cas*) von Fall zu Fall
◆ **~ du Jugement dernier** Tag *m* des Jüngsten Gerichts; **~ des Morts** Allerseelen *nt*, Allerseelentag *m;* **~ des Rois** Dreikönigsfest *nt*, Dreikönigstag *m;* **~ du Seigneur** Tag *m* des Herrn

journal [ʒuʀnal, o] <-aux> *m* 1 PRESSE (*quotidien*) Zeitung *f;* (*local*) Anzeiger *m;* (*hebdomadaire*) Zeitschrift *f;* **~ mural** Wandzeitung; **~ officiel** ≈[Bundes]gesetzblatt *nt;* **~ spécialisé** Fachblatt; **~ de mode** Modemagazin *nt*, Modezeitschrift; **~ du matin/soir** Morgen-/Abendzeitung, Abendblatt; **c'est dans le ~** das steht in der Zeitung
2 (*bureaux*) Zeitung *f*
3 ECON, COM Journal *nt*
4 (*mémoire*) **~ [intime]** Tagebuch *nt*
5 (*média non imprimé*) **~ filmé** Wochenschau *f;* **~ lumineux** Nachrichten *Pl* in Leuchtschrift [*o* Wanderschrift]; **~ parlé/télévisé** [Rundfunk-/Fernseh]nachrichten *Pl;* **plusieurs journaux télévisés** mehrere Nachrichtensendungen
◆ **~ de bord** NAUT Logbuch *nt*

journalier, -ière [ʒuʀnalje, -jɛʀ] **I.** *adj* täglich; *salaire, gain* Tages-
II. *m, f* AGR Tagelöhner(in) *m(f)*

journalisme [ʒuʀnalism] *m* Journalismus *m*

journaliste [ʒuʀnalist] *mf* Journalist(in) *m(f);* **~ parlementaire** parlamentarischer Berichterstatter; **~ à la radio/télévision** Rundfunk-/Fernsehjournalist

journalistique [ʒuʀnalistik] *adj* journalistisch; *style* Zeitungs-, journalistisch

journée [ʒuʀne] *f* 1 Tag *m;* **pendant** [*o* **durant**] **la ~** tagsüber; **~ de grève** Streiktag; **ce fut une chaude ~** das war ein Tag, an dem es heiß herging
2 (*temps de travail*) Arbeitstag *m;* **~ de huit heures** Achtstundentag *m;* **~ continue** durchgehende Arbeitszeit
3 (*salaire*) Tagelohn *m*
4 (*recette*) Tageseinnahmen *Pl;* **faire une ~/des ~s** im Tag[e]lohn [*o* als Tagelöhner(in)] arbeiten; **travailler à la ~** tageweise arbeiten; **payer à la ~** nach Tagen [*o* tageweise] bezahlen; **se faire une bonne ~** gutes Geld verdienen
5 (*distance*) **~ de marche/voyage** Tage[s]marsch *m*/-reise *f;* **c'est à trois ~s de train** man braucht [*o* fährt] mit dem Zug drei Tage dorthin
▸ **~ porte[s] ouverte[s]** Tag *m* der offenen Tür; **toute la sainte ~** den lieben, langen Tag; **avoir gagné sa ~** *iron* sich (*Dat*) sein Geld [heute] verdient haben
◆ **~ d'action** Aktionstag *m;* **~s d'études** Studientage *Pl*

journellement [ʒuʀnɛlmɑ̃] *adv* täglich; **cela se voit ~** das sieht man alle Tage

joute [ʒut] *f* 1 HIST Tjost *m o f*, Turnier *nt*
2 SPORT **~ nautique** Fischerstechen *nt*, Schifferstechen *nt*
3 (*rivalité*) Wettstreit *m;* **~ oratoire** Wortgefecht *nt*, Rededuell *nt*

jouvence [ʒuvɑ̃s] *f* **cure/eau de ~** Verjüngungskur *f*/-elixier *nt*

jouvenceau, -celle [ʒuvɑ̃so, -sɛl] <x> *m, f hum* Jüngling *m*/Maid *f*

jouxter [ʒukste] <1> *vt littér* säumen (*geh*) *chemin, rivière*

jovial(e) [ʒɔvjal, jo] <s *o* -aux> *adj* fröhlich, heiter

jovialement [ʒɔvjalmɑ̃] *adv* heiter, fröhlich; *saluer* freundlich, herzlich

jovialité [ʒɔvjalite] *f* Fröhlichkeit *f,* Heiterkeit *f;* **être plein(e) de** ~ ein sehr fröhlicher [*o* heiterer] Mensch sein; **saluer avec** ~ freundlich [*o* herzlich] grüßen

joyau [ʒwajo] <x> *m* ❶ (*bijou*) Juwel *nt;* ~**x de la couronne** Kronjuwelen *Pl*
❷ *fig* Kleinod *nt,* Juwel

joyeusement [ʒwajøzmɑ̃] *adv* fröhlich, vergnügt

joyeux, -euse [ʒwajø, -jøz] *adj chant* fröhlich; *personne* vergnügt, fröhlich, lustig; *bande, compagnie* lustig; **être de joyeuse humeur** froh [*o* gut] gelaunt sein; **il est tout** ~ **à l'idée de faire qc** er ist überglücklich bei dem Gedanken etw zu tun; **joyeuse fête!** frohes Fest!; ~ **anniversaire!** herzlichen Glückwunsch zum Geburtstag!

joystick [ʒɔjstik] *m* Joystick *m*

jubé [ʒybe] *m* ARCHIT Lettner *m*

jubilation [ʒybilasjɔ̃] *f* Jubel *m*

jubilé [ʒybile] *m* fünfzigjähriges [Dienst]jubiläum

jubiler [ʒybile] <1> *vi* ❶ *fam* sich unheimlich freuen (*fam*)
❷ (*se réjouir vivement*) jubeln, jubilieren (*geh*)

jucher [ʒyʃe] <1> **I.** *vt* ~ **un enfant sur qc** ein Kind [hoch] oben auf etw (*Akk*) stellen/setzen/legen; **être juché(e) sur qc** hoch oben auf etw (*Dat*) sitzen
II. *vi oiseau:* [hoch] oben sitzen; *personne:* [hoch] oben wohnen
III. *vpr* **se** ~ **sur qc** sich [hoch] oben auf etw (*Akk*) setzen

judaïque [ʒydaik] *adj* jüdisch; *loi* mosaisch

judaïsme [ʒydaism] *m* Judaismus *m,* jüdische Religion

judas [ʒyda] *m* ARCHIT Guckloch *nt,* Spion *m*

Judas [ʒyda] *m* Judas *m*

judéo-chrétien(ne) [ʒydeokʀetjɛ̃, jɛn] <judéo-chrétiens> *adj* jüdisch-christlich

judiciaire [ʒydisjɛʀ] *adj* ❶ (*relatif à la justice*) *institution* richterlich; *tribunal* ordentlich; *autorité* Justiz-; *police* Kriminal-; **pouvoir** ~ Judikative *f*
❷ (*qui se fait en justice*) *enquête, expertise* gerichtlich; *acte* Gerichts-, gerichtlich; *décision* Gerichts-; *erreur* Justiz-; *casier* Straf-; **vente** ~ Zwangsversteigerung *f;* **aide** ~ Prozesskostenbeihilfe *f*

judiciairement [ʒydisjɛʀmɑ̃] *adv* gerichtlich; **être vendu(e)/liquidé(e)** ~ zwangsversteigert/zwangsliquidiert werden; **conseiller qn** ~ jdn in Rechtsangelegenheiten beraten; **assister qn** ~ jdn von den Prozesskosten befreien; **informer** ~ gerichtliche Ermittlungen [*o* Erhebungen] anstellen

judicieusement [ʒydisjøzmɑ̃] *adv* sinnig; *employer son temps* sinnvoll; *conseiller* klug, gut

judicieux, -euse [ʒydisjø, -jøz] *adj* klug, gescheit, vernünftig; *raisonnement* treffend, stichhaltig

judo [ʒydo] *m* Judo *nt;* **faire du** ~ Judo machen; **prise de** ~ Judogriff *m*

judoka [ʒydoka] *mf* Judoka *m*

juge [ʒyʒ] *mf* ❶ (*magistrat*) Richter(in) *m(f);* **Madame la** ~ Frau Richterin; ~ **de commune** CH (*dans le canton de Valois*) Friedensrichter(in) (CH); ~ **des enfants** Jugendrichter(in); ~ **de paix** CH (*dans les cantons de Fribourg, Genève et Vaud*) Friedensrichter(in) (CH); ~ **de l'application des peines** *Richter, der/Richterin, die den Strafvollzug oder die Strafvollstreckung überwacht;* **devant le** ~ vor Gericht; **aller devant le[s]** ~**[s]** vor Gericht gehen
❷ (*arbitre*) Richter(in) *m(f);* **je vous laisse** [*o* **en fais**] ~ ich überlasse es Ihnen; **ils sont seuls** ~**s de ce qu'ils doivent faire** sie müssen selbst wissen, was zu tun ist; **être bon/mauvais** ~ die Sache gut/schlecht beurteilen können
❸ SPORT ~ **d'arrivée/de ligne de fond/de touche** Ziel-/Grundlinien-/Linienrichter(in) *m(f)*
❹ JEUX ~ **d'un concours** Preisrichter(in) *m(f)*
► **être [à la fois]** ~ **et partie** befangen sein; **se faire** [*o* **s'ériger en**] ~ **de qn** sich zum Richter über jdn aufwerfen
◆ ~ **d'instance** Friedensrichter(in) *m(f);* ~ **d'instruction** Untersuchungsrichter(in) *m(f)*

jugé [ʒyʒe] ► **au** ~ nach Augenmaß; (*environ*) ungefähr; **répondre au** ~ raten

jugeable [ʒyʒabl] *adj* aburteilbar

juge-arbitre [ʒyʒaʀbitʀ] <juges-arbitres> *m* Schiedsrichter(in) *m(f)* **juge-commissaire** [ʒyʒkɔmisɛʀ] <juges-commissaires> *mf* beauftragter Richter/beauftragte Richterin

jugement [ʒyʒmɑ̃] *m* ❶ (*action de juger*) Verurteilung *f; d'un accusé* Aburteilung; **poursuivre qn en** ~ jdn vor Gericht bringen, jdn verklagen; **faire passer qn en** ~ jdn vor Gericht stellen; **une affaire passe en** ~ ein Fall wird verhandelt
❷ (*décision judiciaire, sentence*) [Gerichts]urteil *nt,* Gerichtsentscheidung *f;* ~ **étranger** ausländische Gerichtsentscheidung; ~ **rendu en appel** Berufungsurteil
❸ (*opinion*) Urteil *nt;* ~ **de valeur** Werturteil; **porter des** ~**s trop rapides** [*o* **sommaires**] **sur qn/qc** vorschnell über jdn/etw urteilen
❹ (*discernement*) Urteilsfähigkeit *f,* Urteilsvermögen *nt,* Urteil *nt;* **avoir du** ~ Urteilsvermögen haben; **il manque de** ~ es fehlt ihm an Urteilsvermögen [*o* Urteilsfähigkeit]; **erreur de** ~ Fehleinschätzung *f,* falsche Beurteilung

Jugement [ʒyʒmɑ̃] *m* ~ **dernier** Jüngstes Gericht
► ~ **de Salomon** salomonisches Urteil

jugeote [ʒyʒɔt] *f fam* Grips *m* (*fam*), Köpfchen *nt* (*fam*)
► **ne pas avoir pour deux sous de** ~ nicht für fünf Pfennig Verstand haben (*fam*)

juger¹ [ʒyʒe] <2a> **I.** *vt* ❶ JUR ~ **un procès/litige** in einem Prozess/einer Streitsache entscheiden; ~ **qn pour vol** jdn wegen Diebstahls verurteilen; ~ **qn coupable** jdn für schuldig befinden
❷ (*arbitrer*) entscheiden; schlichten *différend;* **à toi de** ~ **si c'est nécessaire** du musst entscheiden [*o* beurteilen], ob das nötig ist
❸ (*porter une appréciation*) beurteilen *livre, situation;* ~ **qn d'après qc** jdn nach etw beurteilen
❹ (*estimer*) ~ **qn stupide/qc ridicule** jdn für dumm/etw für lächerlich halten; ~ **nécessaire/malhonnête de faire qc** es für nötig/unehrlich halten etw zu tun; ~ **que c'est bien** der Meinung [*o* Ansicht] sein, dass es gut ist; ~ **qu'il est nécessaire de faire qc** es für notwendig erachten etw zu tun
II. *vi* ❶ JUR entscheiden; **le tribunal jugera** das Gericht wird darüber befinden [*o* wird das Urteil sprechen]
❷ (*arbitrer*) ~ **de qc** etw schlichten
❸ (*estimer*) ~ **de qc** etw beurteilen; **autant qu'on puisse en** ~ soweit man das beurteilen kann; **jugez-en par vous-même** urteilen Sie selbst; **à en** ~ **par qc** nach etw zu urteilen
❹ (*s'imaginer*) ~ **de qc** sich (*Dat*) etw vorstellen [*o* denken] können
III. *vpr* ❶ JUR **se** ~ verhandelt werden
❷ (*s'estimer*) **se** ~ **incapable/trop jeune** sich für unfähig/zu jung halten; **se** ~ **perdu(e)** sich verloren glauben [*o* wähnen *geh*]

juger² [ʒyʒe] ► **au** ~ *v.* **jugé**

jugulaire [ʒygylɛʀ] **I.** *adj* Jugular-
II. *f* ANAT Drosselvene *f,* Jugularvene *f*

juguler [ʒygyle] <1> *vt* senken *fièvre;* niederschlagen, niederwerfen *révolte;* unterdrücken *désir, personne*

juif, -ive [ʒɥif, -iv] *adj* jüdisch; *quartier* Juden-

Juif, -ive [ʒɥif, -iv] *m, f* Jude *m*/Jüdin *f*
► **le** ~ **errant** der Ewige Jude

juillet [ʒɥijɛ] *m* Juli *m; v. a.* **août**

juillettiste [ʒɥijetist] *mf* Juliurlauber(in) *m(f)*

juin [ʒɥɛ̃] *m* Juni *m; v. a.* **août**

juke-box [dʒukbɔks] *m inv* Jukebox *f*

jules [ʒyl] *m fam* ❶ (*amoureux*) Kerl *m* (*fam*), Typ *m* (*fam*)
❷ (*mari*) bessere Hälfte (*fam*)

julienne [ʒyljɛn] *f* Julienne[suppe *f*] *f;* **en** ~ in feinen Streifen

Juliette [ʒyljɛt(ə)] *f* Julia *f*

jumbo-jet [dʒœmbodʒɛt] <jumbo-jets> *m* Jumbo[jet] *m*

jumeau, -elle [ʒymo, ɛl] <x> **I.** *adj* Zwillings-; **des lits ~x** zwei [gleiche] Einzelbetten; **des maisons jumelles** ein Doppelhaus *nt*
II. *m, f* ① Zwilling *m;* **de vrais ~x/vraies jumelles** eineiige Zwillinge; **de faux ~x/fausses jumelles** zweieiige Zwillinge
② *(frère)* Zwillingsbruder *m*
③ *(sœur)* Zwillingsschwester *f*
④ *(sosie)* Doppelgänger(in) *m(f);* **se ressembler comme deux ~x/jumelles** sich zum Verwechseln ähnlich sehen
jumeau [ʒymo] *m* GASTR Schulterstück *nt*
jumelage [ʒymlaʒ] *m* Partnerschaft *f;* **~ de deux villes** Städtepartnerschaft
jumelé(e) [ʒym(ə)le] *adj* Zwillings-
jumeler [ʒymle] <3> *vt* ① POL zu Partnerstädten erklären *deux villes;* **être jumelées** Partnerstädte sein
② TECH verstärken *mât, vergue;* verkuppeln *poutre;* **roues jumelées** Doppelrad *nt;* **pneus jumelés** Zwillingsreifen *Pl;* **bielles jumelées** Gabelpleuel *m*
jumelles [ʒymɛl] *fpl* OPT Fernglas *nt,* Feldstecher *m*
◆ **~ de théâtre** [*o* **spectacle**] Opernglas *nt*
jument [ʒymɑ̃] *f* Stute *f*
jumping [dʒœmpiŋ] *m* Springreiten *nt*
jungle [ʒœ̃gl, ʒɔ̃gl] *f* Dschungel *m*
junior [ʒynjɔʀ] **I.** *adj catégorie, équipe* Junioren-; **joueurs ~s** Junioren *Pl;* **mode ~** Mode *f* für die Jugend
II. *mf* Junior(in) *m(f);* **championnat/équipe des ~s** Juniorenmeisterschaft *f*/-mannschaft *f*
junkie [dʒœnki] **I.** *mf fam* Junkie *m* (*fam*)
II. *adj fam* drogenabhängig
junte [ʒœ̃t] *f* Junta *f*
jupe [ʒyp] *f* Rock *m;* **~ droite** enger Rock; **~ plissée** Faltenrock
▶ **être [fourré(e)] dans les ~s de sa mère** *fam* [immer noch] an Mutters Rockzipfel hängen
jupe-culotte [ʒypkylɔt] <jupes-culottes> *f* Hosenrock *m*
jupe-portefeuille [ʒyppɔʀtəfœj] <jupes-portefeuille> *f* Wickelrock *m*
jupette¹ [ʒypɛt] *f* Röckchen *nt*
jupette² [ʒypɛt] *f fam unter Premierminister Alain Juppé eingebrachtes und verabschiedetes Gesetz*
Jupiter [ʒypitɛʀ] *m* ASTRON, MYTH Jupiter *m*
jupon [ʒypɔ̃] *m* Unterrock *m*
▶ **courir le ~** ein Schürzenjäger sein
Jura [ʒyʀa] *m* **le ~** der Jura
jurassien(ne) [ʒyʀasjɛ̃, jɛn] *adj* Jura-; **montagne ~ne** Juragebirge *nt,* Jura *m*
Jurassien(ne) [ʒyʀasjɛ̃, jɛn] *m(f)* Bewohner(in) *m(f)* des Jura, Jurassier(in) *m(f)*
jurassique [ʒyʀasik] **I.** *adj* GEOL **période ~** Jura *m;* **terrain/système ~** Juraformation *f*
II. *m* GEOL Jura *m,* Juraformation *f*
juré(e) [ʒyʀe] **I.** *adj ennemi* erklärt; *haine* unversöhnlich
II. *m(f)* JUR Geschworene(r) *f(m)*
jurer [ʒyʀe] <1> **I.** *vt* ① *(promettre)* **~ qc à ses parents** seinen/ihren Eltern etw schwören [*o* geloben *geh*]; **~ à ses parents de faire qc** seinen/ihren Eltern schwören [*o* geloben *geh*] etw zu tun; **~ à qn que c'est la vérité** jdm schwören [*o* geloben *geh*], dass das die Wahrheit ist; **faire ~ à un collègue de faire qc** einen Kollegen schwören lassen, dass er etw tut
② *(affirmer)* **pouvez-vous me ~ les avoir vus?** können Sie beschwören, dass Sie sie gesehen haben?; **je te/vous jure que oui!** ja, wirklich!; **je te/vous jure que non!** nein, wirklich nicht!
③ *(se promettre)* **~ la ruine/mort de qn** schwören jdn zu ruinieren/töten; **il a juré la mort de son ennemi** er hat den Tod seines Feindes [*o* seinem Feind den Tod] geschworen; **~ de faire qc** schwören etw zu tun; **~ de se venger** Rache schwören
④ *(croire)* **on jurerait/j'aurais juré que c'était toi** man möchte schwören/ich hätte geschworen, dass du das warst; **ne ~ que par qn/qc** auf jdn/etw schwören
▶ **je te/vous jure!** *fam* also ehrlich *fam*!
II. *vi* ① *(pester)* **~ contre** [*o* **après**] **qn/qc** über [*o* auf] jdn/etw fluchen, gegen jdn/etw wettern
② *(détonner)* **~ avec qc** nicht zu etw passen; **ces couleurs jurent entre elles** diese Farben beißen sich
③ *(certifier de)* **~ de qc** etw beteuern
④ *(affirmer)* **elle en jurerait** sie könnte darauf schwören; **je n'en jurerais pas** ich könnte es nicht beschwören
⑤ *(croire)* **il ne faut ~ de rien** man kann nie wissen
III. *vpr* ① *(se promettre mutuellement)* **se ~ qc** sich *(Dat)* [*o* einander] etw schwören
② *(décider)* **se ~ de faire qc** sich *(Dat)* fest vornehmen etw zu tun
juridiction [ʒyʀidiksjɔ̃] *f* ① *(compétence)* Gerichtsbarkeit *f*
② *(tribunal)* Gericht *nt,* Instanz *f;* **avoir recours à la ~ supérieure** die höhere Instanz anrufen
③ *(ressort)* Zuständigkeit[sbereich *m*] *f;* **le tribunal de votre ~** das für Sie zuständige Gericht
◆ **~ de droit commun** ordentliches Gericht; **~ d'exception** Sondergericht *nt,* Ausnahmegericht *nt;* **~ d'instruction** Ermittlungsgericht *nt*
juridictionnel(le) [ʒyʀidiksjɔnɛl] *adj* JUR *pouvoir* richterlich
juridique [ʒyʀidik] *adj* ① *(judiciaire)* gerichtlich, auf dem Rechtsweg
② *(qui a rapport au droit)* juristisch, Rechts-; *statut* rechtlich; **vide ~** Gesetzeslücke *f;* **du point de vue ~** juristisch gesehen; **faire des études ~s** Jura studieren
juridiquement [ʒyʀidikmɑ̃] *adv* ① *(en justice)* gerichtlich; *demander* vor Gericht
② *(du point de vue du droit)* juristisch gesehen; **qui engage ~** rechtsverbindlich
juridisme [ʒyʀidism] *m* übertriebene Gesetzestreue
jurisconsulte [ʒyʀiskɔ̃sylt] *mf* Rechtsberater(in) *m(f),* Jurist(in) *m(f)*
jurisprudence [ʒyʀispʀydɑ̃s] *f* Rechtsprechung *f;* JUR Judikative *f;* **faire ~** als Grundsatzurteil gelten
juriste [ʒyʀist] *mf* Jurist(in) *m(f),* Rechtswissenschaftler(in) *m(f);* **~ d'entreprise** Wirtschaftsjurist(in)
juron [ʒyʀɔ̃] *m* Fluch *m*
jury [ʒyʀi] *m* ① JUR Geschworene(n) *Pl;* **président du ~** Obmann *m* der Geschworenen
② SPORT, LITTER, ART Jury *f,* Preisgericht *nt*
③ SCOL, UNIV Prüfungskommission *f*
jus [ʒy] *m* ① *d'un fruit, d'une viande* Saft *m;* **~ de pomme/raisin** Apfel-/Traubensaft; **être plein(e) de ~** saftig sein; **rendre du ~** saften, Saft abgeben
② *pop (café)* Kaffee *m;* **c'est du vrai ~ de chaussette** *fam* das ist reinstes Spülwasser (*fam*)
③ *fam (courant)* Saft *m* (*fam*)
▶ **avoir du ~ de navet dans les veines** keinen Saft in den Knochen haben; **~ de la treille** [*o* **vigne**] *fam* Wein *m,* Rebensaft *m* (*geh*); **laisser cuire** [*o* **mijoter**] **qn dans son ~** *fam* jdn im eigenen Saft schmoren lassen (*fam*); **ça vaut le ~!** *fam* das bringt's *fam*!; **au ~!** *fam* [ab] ins Wasser! (*fam*)
◆ **~ de fruit** Fruchtsaft *m*
jusqu'au-boutisme [ʒyskobutism] *m sans pl* Durchhalten *nt* bis zum Ende, Durchhaltepolitik *f*
jusqu'au-boutiste [ʒyskobutist] **I.** *adj* **être ~** *personne:* immer bis zum Äußersten [*o* aufs Ganze] gehen (*fam*); **politique ~** Durchhaltepolitik *f*
II. *mf* Vertreter(in) *m(f)* der harten Linie
jusque [ʒysk] <jusqu'> **I.** *prép* ① *(limite de lieu)* bis; **ils ont grimpé jusqu'à 3000 m** sie sind bis auf 3000 m gestiegen; **jusqu'aux genoux** bis zu den Knien [*o* an die Knie]; **viens jusqu'ici!** komm bis hierher!; **va ~-là!** geh bis dorthin!; **jus-**

qu'où bis wohin
❷ (*limite de temps*) bis; **jusqu'à maintenant** bis jetzt, bis zum heutigen Tage; **jusqu'à midi/au soir** bis Mittag/bis zum Abend; **jusqu'à quand?** bis wann?, wie lange?; **jusqu'alors** bis zu jenem Tag; **jusqu'au moment où** solange bis; **jusqu'en mai** bis Mai; **jusqu'ici** bis zum heutigen Tage, bis heute; ~**-là** bis dahin
❸ (*y compris*) sogar, bis; **tous jusqu'au dernier** alle ohne Ausnahme; ~ **dans** sogar im/in der
❹ (*au plus*) **jusqu'à concurrence de mille euros** bis zu tausend Euro; **jusqu'à dix personnes** bis zu zehn Personen
❺ (*limite*) **jusqu'à un certain point** bis zu einem gewissen Punkt; **jusqu'à quel point** wie sehr, in welchem Maße; ~**-là** so weit; **jusqu'où** wie weit
❻ (*assez pour*) **elle a mangé jusqu'à en être malade** sie hat gegessen, bis es ihr schlecht war; **il va jusqu'à prétendre que c'est moi** er geht so weit zu behaupten, dass ich es bin; **amour paternel poussé jusqu'à la passion** bis zur Leidenschaft gesteigerte Vaterliebe
▶ **elle en a** ~**-là!** *fam* ihr steht es bis oben [*o* bis hier]! (*fam*); **s'en mettre** ~**-là** *fam* sich (*Dat*) den Bauch bis oben hin vollschlagen (*fam*)
II. *conj* **jusqu'à ce qu'il vienne** bis er kommt
justaucorps [ʒystokɔʀ] *m* ❶ SPORT Bodysuit *m,* Body *m* (*fam*); ~ **de gymnastique** Gymnastikanzug *m,* Turnanzug
❷ HIST (*pourpoint*) [Leder]wams *nt*
juste [ʒyst] **I.** *adj* ❶ (*équitable*) gerecht; *condition* fair; **ce n'est pas** ~ **de faire qc** es ist ungerecht etw zu tun; **il faut être** ~ **et reconnaître que c'est vrai** gerechterweise muss man anerkennen, dass es stimmt
❷ *antéposé* (*fondé*) berechtigt; **elle a de** ~**s raisons de se réjouir** sie hat guten [*o* allen] Grund zur Freude
❸ (*trop court*) *vêtement* zu kurz
❹ (*trop étroit*) zu eng; *ouverture* schmal, klein
❺ (*à peine suffisant*) knapp
❻ (*exact*) richtig; *heure* genau; **c'est** ~**!** das stimmt [*o* ist richtig]!; **le calcul est** ~ die Rechnung stimmt; **à 8 heures** ~[**s**] Punkt [*o* Schlag] 8 Uhr, genau [*o* pünktlich] um 8 Uhr; **elle se fait une idée** ~ **de ce qui l'attend** sie weiß genau, was sie erwartet; **apprécier qc à sa** ~ **valeur** [*o* **à son** ~ **prix**] etw nach seinem wahren Wert beurteilen
❼ (*pertinent*) treffend, passend
❽ MUS richtig; **il a une voix** ~ er singt richtig; **le piano n'est pas** ~ das Klavier ist verstimmt
II. *m* REL Gerechte(r) *f(m)*
III. *adv* ❶ (*avec exactitude*) richtig; *viser, tirer* genau; *penser* folgerichtig; *raisonner* treffend; **voir** ~ richtig sehen; **parler** ~ die richtigen Worte finden; **dire** ~ Recht haben; **deviner/tomber** ~ ins Schwarze [*o* den Nagel auf den Kopf *fam*] treffen; **le calcul tombe** ~ die Rechnung geht auf
❷ (*exactement*) [ganz] genau; **il habite** ~ **à côté** er wohnt direkt nebenan/daneben; ~ **après que ce sera passé** direkt nachdem das vorbei sein wird; ~ **quand il est arrivé** gerade als er [an]gekommen ist; **il a plu** ~ **ce qu'il fallait** es hat gerade genug geregnet
❸ (*seulement*) bloß, nur
❹ (*à peine*) *mesurer, prévoir* knapp; **au plus** ~ ganz knapp; **c'était** [**du**] ~**!** das war knapp!; **cela entre** ~ das passt [*o* geht] gerade noch hinein; **tout** ~ gerade noch, mit Ach und Krach (*fam*); **il est arrivé bien** ~ er kam in letzter Minute
▶ **être un peu** ~ *fam* (*avoir peu d'argent*) ein bisschen knapp bei Kasse sein (*fam*); **au** ~ eigentlich; **comme de** ~ wie üblich
justement [ʒystəmɑ̃] *adv* ❶ (*à bon droit*) zu Recht
❷ (*pertinemment*) *remarquer* richtig; *penser* [folge]richtig; *raisonner* treffend
❸ (*exactement*) genau
❹ (*précisément*) gerade
❺ (*à plus forte raison*) genau; ~**, c'est pourquoi je t'avertis** gerade [*o* eben] darum warne ich dich [ja]
justesse [ʒystɛs] *f* ❶ (*précision*) Genauigkeit *f; d'une réponse, note* Richtigkeit *f; d'une oreille* Schärfe *f;* ~ **du tir** Treffsicherheit *f;* **des calculs d'une grande** ~ sehr genaue Berechnungen *Pl;* **chanter avec** ~ richtig singen
❷ (*pertinence*) Richtigkeit *f; d'une expression* Korrektheit *f; d'une remarque* Zutreffen *nt; d'un raisonnement* Stichhaltigkeit *f,* Triftigkeit *f;* **manquer de** ~ nicht ganz zutreffend sein; **s'exprimer avec** ~ den richtigen Ton treffen
▶ **de** ~ ganz knapp
justice [ʒystis] *f* ❶ (*principe moral, respect des droits*) Gerechtigkeit *f;* **sens de la** ~ Gerechtigkeitssinn *m;* **agir avec** ~ gerecht handeln; **faire régner la** ~ Gerechtigkeit walten lassen
❷ (*loi*) Gesetz *nt,* Recht *nt;* **rendre la** ~ Recht sprechen; **obtenir** ~ zu seinem Recht kommen
❸ (*juridiction*) Gericht[sbarkeit *f*] *nt,* Justiz *f;* ~ **administrative/commerciale/civile** Verwaltungs-/Handels-/Zivilgerichtsbarkeit; ~ **militaire** Militärjustiz; **en** ~ vor Gericht; **poursuivre qn en** ~ jdn gerichtlich verfolgen; **assigner qn en** ~ jdn vorladen, jdn vor Gericht laden
▶ **en bonne** [*o* **toute**] ~ mit gutem [*o* vollem] Recht; **être raide comme la** ~ *fam* zugeknöpft sein; **ce n'est que** ~ das ist nur recht und billig; **faire** [*o* **rendre**] ~ **à qn/qc** jdm/einer S. Gerechtigkeit [*o* Recht] widerfahren lassen (*geh*); **faire** ~ **à son courage/mérite** seinen Mut/seine Tüchtigkeit anerkennen; **il faut lui rendre cette** ~ das muss man ihm/ihr lassen; **se faire** ~ (*se suicider*) sich selbst richten (*geh*); (*se venger*) sich (*Dat*) selbst Recht verschaffen; **faire** ~ **des promesses de qn** jds Versprechen Lügen strafen; **faire** ~ **des mensonges de qn** jds Lügen an den Tag bringen
◆ ~ **de paix** Friedensgericht *nt*
Justice [ʒystis] *f* (*allégorie*) Justitia *f*
justiciable [ʒystisjabl] *adj* ❶ (*qui peut être jugé par*) **être** ~ **de qn** jds Urteil (*Dat*) unterliegen
❷ (*qui relève de*) **être** ~ **de qc** einer S. (*Gen*) bedürfen
justicier, -ière [ʒystisje, -jɛʀ] *m, f* ❶ (*redresseur de torts*) Verfechter(in) *m(f)* der Gerechtigkeit; **se poser en** ~ sich zum Richter aufwerfen
❷ (*vengeur*) Racheengel *m*
justifiable [ʒystifjabl] *adj* vertretbar; **être** ~ gerechtfertigt werden können
justificatif [ʒystifikatif] *m* ❶ (*preuve*) Beweis[stück *nt*] *m*
❷ PRESSE Belegexemplar *nt*
◆ ~ **de l'identité** [*o* **d'identité**] Ausweis[papier *nt*] *m*
justificatif, -ive [ʒystifikatif, -iv] *adj* PRESSE *exemplaire* Beleg-; **pièce justificative, document** ~ Beleg *m,* Beweisstück *nt*
justification [ʒystifikasjɔ̃] *f* ❶ *d'un acte, d'une conduite* Rechtfertigung *f*
❷ (*preuve*) Beweis *m,* Nachweis *m; d'un paiement* Beleg *m*
❸ TYP, INFORM Justierung *f*
justifier [ʒystifje] <1a> **I.** *vt* ❶ (*donner raison à*) rechtfertigen; bestätigen *espérances, point de vue;* **ma prudence est justifiée par les événements** die Geschehnisse rechtfertigen meine Vorsicht
❷ (*expliquer*) rechtfertigen; **rien ne justifie tes craintes, tes craintes ne sont pas justifiées** deine Befürchtungen sind unbegründet [*o* nicht gerechtfertigt]
❸ (*disculper*) rechtfertigen
❹ (*prouver*) ~ **une créance** den Beweis für eine Forderung liefern, eine Forderung belegen; **pouvez-vous** ~ **vos affirmations?** können Sie Ihre Behauptungen beweisen?
❺ TYP, INFORM justieren, bündig machen; **justifié(e) à droite/gauche** rechts-/linksbündig
II. *vi* ~ **d'un paiement** eine Zahlung belegen; ~ **de son identité** sich ausweisen
III. *vpr* ❶ (*se disculper*) **se** ~ sich rechtfertigen; **se** ~ **de qc auprès de qn** sich wegen etw vor jdm rechtfertigen

❷ (*s'expliquer*) **se ~ par qc** sich durch etw rechtfertigen lassen, durch etw zu rechtfertigen sein
jute [ʒyt] *m* Jute *f;* **sac de ~** Jutesack *m*
juter [ʒyte] <1> *vi* tropfen, saften
juteux, -euse [ʒytø, -øz] *adj* ❶ *fruit* saftig
❷ *fam* (*lucratif*) einträglich, lukrativ
juvénile [ʒyvenil] *adj* jugendlich
juxtaposé(e) [ʒykstapoze] *adj* ❶ nebeneinander liegend, nebeneinander stehend; *idées* gegenübergestellt
❷ GRAM, LING **mots ~s** Juxtaposition *f;* **propositions ~es** unverbundene Satzreihe, asyndetische Parataxe (*Fachspr.*)
juxtaposer [ʒykstapoze] <1> *vt* **~ qc à** [*o* **et**] **qc/plusieurs choses** etw an etw (*Akk*)/mehrere Dinge aneinander reihen
juxtaposition [ʒykstapozisjɔ̃] *f* Aneinanderreihung *f;* **la ~ de plusieurs idées** die Gegenüberstellung von mehreren Ideen

K k

K, k [kɑ] *m inv* K *nt*/k *nt*
▸ **k comme Kléber** K wie Kaufmann
K ❶ CHIM *abr de* **potassium** (**kalium**) K
❷ PHYS *abr de* **kelvin** K
kabbale [kabal] *f* Kabale *f*
kabyle [kabil] *adj* kabylisch
Kabyle [kabil] *mf* Kabyle *m*/Kabylin *f*
kafkaïen(ne) [kafkajɛ̃, jɛn] *adj* kafkaesk
kaki¹ [kaki] *m* BOT Kakipflaume *f*
kaki² [kaki] **I.** *adj inv* k[h]akifarben
II. *m sans pl* K[h]aki *nt*
kalachnikov [kalaʃnikɔf] *f* MIL Kalaschnikow *f*
kaléidoscope [kaleidɔskɔp] *m* Kaleidoskop *nt*
kamikaze [kamikaz] **I.** *adj* Kamikaze-
II. *m* ❶ (*pilote*) Kamikaze[flieger *m*] *m*
❷ (*avion*) Kamikazeflugzeug *nt*
kanak(e) [kanak] *adj, v.* **canaque**
kangourou [kɑ̃guʀu] *m* Känguru *nt*
kantien(ne) [kɑ̃tjɛ̃, jɛn] *adj philosophie, morale* Kants; **la méthode ~ne** die Methode Kants
kantisme [kɑ̃tism] *m* PHILOS die Philosophie Kants
kaolin [kaɔlɛ̃] *m* Kaolin *nt,* Porzellanerde *f*
kapok [kapɔk] *m* Kapok *m*
karaoké [kaʀaɔke] *m* Karaoke *nt*
karaté [kaʀate] *m* Karate *nt*
karatéka [kaʀateka] *mf* Karateka *m*
karma [kaʀma] *m* Karma *nt*
karst [kaʀst] *m* GEOG, GEOL Karst *m*
kart [kaʀt] *m* [Go-]Kart *m*
karting [kaʀtiŋ] *m* Go-Kart-Sport *m;* **piste de ~** Go-Kart-Bahn *f*
kascher [kaʃɛʀ] *adj inv viande, boucherie* koscher
kayak [kajak] *m* Kajak *m o nt*
kayakiste [kajakist] *mf* Kajaksportler(in) *m(f)*
kebab, kébab [kebab] *m* GASTR Kebab *m*
kéfir [kefiʀ] *m v.* **képhir**
kelvin [kɛlvin] *m* Kelvin *nt*
kendo [kɛndo] *m* SPORT Kendo *nt*
Kenya [kenja] *m* **le ~** Kenia *nt*
kényan(e) [kenjɑ̃, an] *adj* kenianisch
Kényan(e) [kenjɑ̃, an] *mf* Kenianer(in) *m(f)*
képhir [kefiʀ] *m* Kefir *m*
képi [kepi] *m* Käppi *nt*
kératine [keʀatin] *f* BIO Keratin *nt*
kératite [keʀatit] *f* MED Keratitis *f* (*Fachspr.*)
kératoplastie [keʀatoplasti] *f* MED Keratoplastik *f* (*Fachspr.*)
kermesse [kɛʀmɛs] *f* ❶ Wohltätigkeitsbasar *m*
❷ BELG, NORD (*ducasse*) Kirmes *f,* Kirchweih[fest *nt*] *f*
kérosène [keʀozɛn] *m* Kerosin *nt*
ketchup [kɛtʃœp] *m* Ketschup *m o nt*
keuf [kœf] *m arg* Bulle *m* (*pej sl*)
keum [kœm] *m arg* Typ *m* (*sl*)
kg *m abr de* **kilogramme** kg
khâgne [kaɲ] *f fam Klasse, in der man sich nach dem „Baccalauréat" für die Aufnahmeprüfung auf die „École normale supérieure (lettres)" vorbereitet*
khâgneux, -euse [kaɲø, -øz] *m, f fam Student, der/Studentin, die die „Khâgne" besucht*
khmer [kmɛʀ] *m* **le ~** Khmer *nt; v. a.* **allemand**
khmer, khmère [kmɛʀ] *adj art, temple* der Khmer; *République* Khmer-
Khmer, Khmère [kmɛʀ] *m, f* Khmer *mf*
khôl [kol] *m* Kajal[stift *m*] *nt*
kHz *m abr de* **kilohertz** kHz *nt*
kibboutz [kibuts, kibutsim] <kibboutz[im]> *m* Kibbuz *m*
kibboutznik [kibutsnik] *m* Kibbuznik *m*
kick [kik] *m* Kickstarter *m;* **démarrer une moto au ~** ein Motorrad mit dem Kickstarter anlassen
kidnapper [kidnape] <1> *vt* kidnappen, entführen; **se faire ~ par qn** von jdm gekidnappt [*o* entführt] werden
kidnappeur, -euse [kidnapœʀ, -øz] *m, f* Kidnapper(in) *m(f),* Entführer(in) *m(f)*
kidnapping [kidnapiŋ] *m* Kidnapping *nt*
kif [kif] *m* Kif *m*
kif-kif [kifkif] *m inv* ▸ **c'est ~ [bourricot]** *fam* das ist Jacke wie Hose, das ist gehüpft wie gesprungen (*fam*)
kiki [kiki] *m fam* (*gorge*) **serrer le ~ à qn** jdm die Gurgel zudrücken
▸ **c'est parti, mon ~** jetzt geht's los [*o* rund] (*fam*)
kil [kil] *m* ◆ **~ de rouge** *pop* Liter *m* Rotwein
killeuse [kiløz] *f fam* [absolute] Powerfrau *f*
kilo [kilo] *m abr de* **kilogramme** Kilo *nt*
kilogramme [kilɔgʀam] *m* Kilogramm *nt*
kilohertz [kiloɛʀts] *m* Kilohertz *nt*
kilométrage [kilɔmetʀaʒ] *m d'un parcours, d'une route* Kilometrieren *nt,* Kilometrierung *f; d'une voiture* Kilometerstand *m,* Kilometerzahl *f*
kilomètre [kilɔmɛtʀ] *m* Kilometer *m;* **140 ~s à l'heure** [*o* **~s-heure**] 140 Stundenkilometer; **~ carré** Quadratkilometer *m*
▸ **bouffer du ~** *fam* Kilometer fressen (*fam*)
kilomètre-heure [kilɔmɛtʀœʀ] <kilomètres-heure> *m* Stundenkilometer *m*
kilométrique [kilɔmetʀik] *adj borne, mesure, prix de revient* Kilometer-; *distance* in Kilometern
kilo-octet [kiloɔktɛ] *m* Kilobyte *nt*
kilotonne [kilotɔn] *f* Kilotonne *f*
kilowatt [kilowat] *m* Kilowatt *nt*
kilowattheure [kilowatœʀ] *m* Kilowattstunde *f*
kilt [kilt] *m* Kilt *m*
kimono [kimɔno] **I.** *m* Kimono *m*
II. *app inv manches* Kimono-; *robe* im Kimonoschnitt
kiné [kine] *mf,* **kinési** [kinezi] *mf fam abr de* **kinésithérapeute** Krankengymnast(in) *m(f)*
kinésithérapeute [kineziteʀapøt] *mf* Krankengymnast(in) *m(f),* Heilgymnast(in) *m(f)*
kinésithérapie [kineziteʀapi] *f* Krankengymnastik *f,* Heilgymnastik *f*
kinesthésie [kinɛstezi] *f* Kinästhesie *f*
kiosque [kjɔsk] *m* ❶ (*petit pavillon*) Gartenhäuschen *nt;* **~ à musique** Musikpavillon *m*
❷ (*lieu de vente*) Kiosk *m;* **~ à friandises** Süßigkeitenstand *m;* **~ à journaux/de fleuriste** Zeitungs-/Blumenkiosk

[*o* -stand]
❸ MEDIA ~ **téléphonique** telefonischer Auskunftsdienst
❹ (*minitel*) ~ **télématique** Forum *nt*
kipper [kipœʀ] *m* GASTR Bückling *m*
kir® [kiʀ] *m* Kir *m* (*Aperitif aus Weißwein und schwarzem Johannisbeerlikör*); ~ **royal** Kir royal (*Aperitif aus Champagner und schwarzem Johannisbeerlikör*)
kirsch [kiʀʃ] *m* Kirschwasser *nt*
kit [kit] *m* [Fertig]bausatz *m*, Fertigteile *Pl;* **en** ~ als [Fertig]bausatz
kitchenette [kitʃənɛt] *f* Kochnische *f*, Kochecke *f*
kit[s]ch [kitʃ] **I.** *adj inv* kitschig
II. *m inv* Kitsch *m*
kiwi [kiwi] *m* ❶ (*fruit*) Kiwi *f*
❷ (*oiseau*) Kiwi *m*
klaxon [klaksɔn] *m* Hupe *f;* **donner un petit coup de** ~ kurz hupen
klaxonner [klaksɔne] <1> **I.** *vi* hupen
II. *vt fam* anhupen; **klaxonne-le!** hup mal!
kleenex® [klinɛks] *m* Tempotaschentuch® *nt*, Tempo® *nt* (*fam*)
kleptomane [klɛptɔman] **I.** *adj* kleptomanisch; **elle est** ~ sie ist Kleptomanin
II. *mf* Kleptomane *m*/Kleptomanin *f*
kleptomanie [klɛptɔmani] *f* Kleptomanie *f*
km *abr de* **kilomètre** km
km/h *abr de* **kilomètre-heure** km/h
km^2 *abr de* **kilomètre carré** km^2
knock-out [(k)nɔkaut] **I.** *adj inv* knock-out, k. o.; **mettre** ~ k. o. schlagen
II. *m inv* K. o.[-Schlag *m*] *m*
knout [knut] *m* Knute *f;* **coup de** ~ Peitschenhieb *m*
Ko [kao] *m abr de* **kilo-octet** KB *nt*
K.-O. [kao] *abr de* **knock-out** **I.** *adj inv fam* ❶ (*assommé*) benommen; SPORT k. o.; **mettre qn** ~ jdn k. o. schlagen [*o* außer Gefecht setzen]; **le choc l'a mis** ~ der Schlag hat ihn umgeworfen
❷ (*épuisé*) k. o. (*fam*), [fix und] fertig (*fam*); **mettre qn** ~ jdn [fix und] fertig machen (*fam*)
II. *m inv fam* K. o. *m*, K.-o.-Schlag *m;* **subir un** ~ eine K.-o.-Niederlage einstecken
koala [kɔala] *m* Koala[bär *m*] *m*
kohol [kɔɔl] *m v.* **khôl**
kola [kɔla] *m o f* BOT ❶ (*graine de cola*) Kolanuss *f*
❷ (*produit extrait de la noix de kola*) Koffein *nt*
❸ (*boisson*) **liqueur de** ~ Cola *nt o f*
kolkhoze [kɔlkoz] *m* Kolchose *f*
kolkhozien(ne) [kɔlkozjɛ̃, jɛn] **I.** *adj* *économie, exploitation* Kolchos-
II. *m(f)* Kolchosbauer *m*/Kolchosbäuerin *f*
kopeck [kɔpɛk] *m* Kopeke *f*
▸ **pas** un ~ *fam* kein Pfennig *m*
korrigan(e) [kɔʀigɑ̃, an] *m(f) böses Wesen in bretonischen Märchen*
kouglof [kuglɔf] *m* Gugelhopf *m*, Gugelhupf *m*
Koweït [kɔwɛt] *m* **le** ~ Kuwait *nt*
koweïtien(ne) [kɔwɛtjɛ̃, jɛn] *adj* kuwaitisch
Koweïtien(ne) [kɔwɛtjɛ̃, jɛn] *m(f)* Kuwaiter(in) *m(f)*
krach [kʀak] *m* ❶ BOURSE Börsenkrach *m*
❷ (*faillite*) Konkurs *m*, Bankrott *m*
kraft [kʀaft] *v.* **papier**
Kremlin [kʀɛmlɛ̃] *m* **le** ~ der Kreml
krill [kʀil] *m inv* Krill *m*
krypton [kʀiptɔ̃] *m* Krypton *nt*
Ku Klux Klan [kyklyksklɑ̃] *m* Ku-Klux-Klan *m*
kummel [kymɛl] *m inv* Kümmel *m*
kumquat [kɔmkwat, kumkwat] *m* ❶ (*fruit*) Kumquat *f*
❷ (*arbre*) Kumquatbaum *m*
kung-fu [kungfu] *m inv* SPORT Kung-Fu *nt*
kurde [kyʀd] **I.** *adj* kurdisch
II. *m* **le** ~ Kurdisch *nt*, das Kurdische; *v. a.* **allemand**
Kurde [kyʀd] *m, f* Kurde *m*/Kurdin *f*
Kurdistan [kyʀdistɑ̃] *m* **le** ~ Kurdistan *nt*
Kuwait [kɔwɛt] *m v.* **Koweït**
kW *abr de* **kilowatt** kW
kWh *abr de* **kilowattheure** kWh
kyrie [kiʀje] *m inv* Kyrie[eleison *nt*] *nt*
kyrielle [kiʀjɛl] *f fam* **une** ~ **d'enfants** eine Reihe Kinder; **une** ~ **d'injures/de bêtises** eine [ganze] Reihe [von] Beleidigungen/Dummheiten; **ils sont une** ~ **à postuler pour ce poste** sie haben sich in Scharen um diese Stelle beworben
kyste [kist] *m* Zyste *f*

L

L, l [ɛl] *m inv* ❶ L *nt*/l *nt*
❷ (*forme*) **en L** L-förmig
▸ **l comme Louis** L wie Ludwig
l *abr de* **litre** l
l' *art, pron v.* **le, la**
la[1] [la] <*devant une voyelle ou un h muet* l'> **I.** *art déf* der/die/das; ~ **mouche**/~ **puce**/~ **poule** die Mücke/der Floh/das Huhn
II. *pron pers* ❶ (*se rapportant à une personne fém*) **il** ~ **voit/l'aime** er sieht/liebt sie; **il** ~ **suit/l'aide** er folgt/hilft ihr
❷ *avec laisser* sie; **il** ~ **laisse conduire la voiture** er lässt sie das Auto fahren
❸ (*se rapportant à un animal ou un objet fém*) **là-bas, il y a une mouche/puce/poule,** ~ **vois-tu?** da drüben ist eine Mücke/ein Floh/ein Huhn, siehst du sie/ihn/es?; **où est ma montre/ceinture? Je ne** ~ **trouve pas!** wo ist meine Uhr/mein Gürtel? Ich finde sie/ihn nicht!; **cette mouche/puce/poule, je l'ai aidée à sortir de l'eau** der Mücke/dem Floh/dem Huhn habe ich aus dem Wasser geholfen
❹ *avec un présentatif* sie; ~ **voici** [*o* **voilà**]**!** hier [*o* da] ist sie!; ~ **voilà toute propre** jetzt ist sie [wieder] sauber
la[2] [la] *m inv* MUS A *nt*, a *nt;* **le** ~ **du diapason** der Kammerton A; **donner le** ~ den Stimmton [*o* den Kammerton] angeben; *v. a.* **do**
là[1] [la] *adv* ❶ (*avec déplacement à distance*) dorthin, dahin
❷ (*avec déplacement à proximité*) hierher; **passer par** ~ da [*o* dort] entlang gehen/fahren; **de** ~ von dort [aus] [*o* da [aus]]
❸ (*sans déplacement à distance*) dort, da
❹ (*sans déplacement à proximité*) hier; (*à la maison*) da, zu Hause; [**quelque part**] **par** ~ hier irgendwo; **il y a** ~ **une contradiction** darin liegt ein Widerspruch; **c'est** ~ **qu'est la difficulté** hier[in] [*o* da[rin]] liegt die Schwierigkeit; ~ **contre** *vieilli* [da] dagegen
❺ (*à ce moment-là*) da; **à partir de** ~ von da an; **jusque-**~ bis dahin
❻ (*en ce moment*) da
❼ (*alors*) also da [*o* dann]
❽ (*dont il est question*) **cette histoire-**~ diese Geschichte [da]
▸ **qn en est** ~ mit jdm ist es so weit gekommen; **les choses en sont** ~ so stehen die Dinge; **tout est** ~ (*c'est l'essentiel*) das ist die Hauptsache
là[2] [la] *interj* na; ~**,** ~ na, na; schon gut
là-bas [labɑ] *adv* ❶ (*avec déplacement dans une direction*) dorthin, dahin
❷ (*avec déplacement dans une direction*) dort, da

❸ (*sans déplacement*) dort

label [labɛl] *m* ❶ (*marque de qualité*) Handelsmarke *f*, Schutzmarke *f*
❷ (*signe distinctif*) Markenzeichen *nt;* ECON Handelszeichen
◆ ~ **d'authenticité** Echtheitszeichen *nt;* ~ **de garantie** Qualitätsgarantie *f;* ~ **d'origine** Ursprungszeugnis *nt;* ~ **de qualité** Gütezeichen *nt*

labelliser [labelize] <1> *vt* mit einem Gütesiegel versehen

labeur [labœʀ] *m littér* [harte [*o* mühsame]] Arbeit

labiacées [labjase] *fpl* BOT Lippenblütler *Pl*

labial(e) [labjal, jo] <-aux> *adj* ❶ ANAT labial; **mouvement** ~ Lippenbewegung *f*
❷ LING Labial-

labiale [labjal] *f* Labial[laut *m*] *m*

labié(e) [labje] *adj* BOT *plantes* lippenförmig

labiées [labje] *fpl* BOT Lippenblütler *Pl*

labiodental(e) [labjodɑ̃tal, o] <-aux> *adj* PHON *consonne* Labiodental-, labiodental

labo [labo] *m fam abr de* **laboratoire** Labor *nt;* ~ **photo** Photolabor

laborantin(e) [labɔʀɑ̃tɛ̃, in] *m(f)* Laborant(in) *m(f)*

laboratoire [labɔʀatwaʀ] *m* ❶ (*salle*) Labor *nt;* ~ **de chimie/physique** Chemie-/Physiklabor; ~ **de langues** Sprachlabor; **en** ~ im Labor; **produit de** ~ Laborprodukt *nt;* **animal de** ~ Versuchstier *nt*
❷ (*ensemble de chercheurs*) Labor *nt*
◆ ~ **d'analyses** diagnostisches Labor; ~ **d'essais** Versuchslabor *nt*

laborieusement [labɔʀjøzmɑ̃] *adv* mühsam; **argent** ~ **gagné** mühsam verdientes Geld

laborieux, -euse [labɔʀjø, -jøz] *adj* ❶ mühsam; *recherche* mühsam, langwierig; *digestion* träge; **eh bien, c'est** ~**!** *fam* das dauert!
❷ (*travailleur*) *classes, masses* arbeitend; *personne* arbeitsam; *vie* arbeitsreich; **la population de cette région est laborieuse** die Bewohner dieser Gegend arbeiten hart

labour [labuʀ] *m* ❶ Bodenbearbeitung *f*, [Feld-]arbeit *f*
❷ (*avec une charrue*) Pflügen *nt;* **cheval de** ~ Ackergaul *m*
❸ *pl* (*terres labourées*) gepflügter Boden

labourable [labuʀabl] *adj* bestellbar, kultivierbar

labourage [labuʀaʒ] *m* Ackerbau *m; d'une terre, d'un sol* Bearbeitung *f*, Bestellung *f*

labourer [labuʀe] <1> **I.** *vt* ❶ AGR [um]pflügen
❷ (*creuser*) aufwühlen; **l'ancre laboure** der Anker wühlt den Boden auf
❸ *fig* **un front labouré de rides** eine von Falten zerfurchte Stirn; **les lanières labourent les épaules à qn** die Riemen schneiden sich [tief] in jds Schultern (*Akk*) ein
II. *vi* pflügen
III. *vpr* **se** ~ sich (*Dat*) zerkratzen

laboureur, -euse [labuʀœʀ, -øz] *m, f f peu usité littér* Landmann *m*/-frau *f* (*veraltet geh*)

labrador [labʀadɔʀ] *m* ❶ (*chien de chasse*) Labrador[hund] *m*
❷ MIN Labrador[it] *m*

labyrinthe [labiʀɛ̃t] *m* ❶ Labyrinth *nt*
❷ (*complication*) Labyrinth *nt*, Gewirr *nt*, Wirrwarr *m*

lac [lak] *m* See *m;* ~ **Majeur** Lago Maggiore *m;* ~ **Supérieur** Oberer See; ~ **de Constance** Bodensee; ~ **Léman** [*o* **de Genève**] Genfer See; ~ **de Neuchâtel** Neuenburger See; ~ **des Quatre-Cantons** Vierwaldstätter See
▶ **être/tomber dans le** ~ *fam* ins Wasser fallen, den Bach runtergehen (*fam*)

laçage [lasaʒ] *m* Binden *nt*, Schnüren *nt; d'un corset* Schnüren

lacer [lase] <2> **I.** *vt* [zu]binden *chaussure, lacet;* schnüren *corset*
II. *vpr* **se** ~ **devant** *chaussures:* vorne gebunden [*o* geschnürt] werden; *bustier, corset:* vorne geschnürt werden

lacération [laseʀasjɔ̃] *f* ❶ (*déchirement*) *d'une affiche* Abreißen *nt; d'un tissu* Zerreißen *nt*
❷ MED Einriss *m*, Lazeration *f* (*Fachspr.*)

lacérer [laseʀe] <5> *vt* ❶ (*déchirer*) zerreißen
❷ (*taillader*) ~ **qc à qn** jdm etw zerschneiden

lacet [lasɛ] *m* ❶ *d'une botte, chaussure* Schnürsenkel *m; d'un corset, d'une robe* Schnürband *nt;* **qn casse son** ~ jdm reißt der Schnürsenkel; **à** ~**s** geschnürt; **des chaussures à** ~**s** Schnürschuhe *Pl*
❷ (*virage*) Serpentine *f; d'une rivière* Schleife *f;* **en** ~ in Serpentinen; **route en** ~[**s**] Serpentinenstraße *f*
❸ (*oscillation*) Schlingern *nt*
❹ (*piège*) Schlinge *f;* **prendre au** ~ mit [*o* in] der Schlinge fangen

lâchage [lɑʃaʒ] *m fam* (*abandon*) Aufgabe *f*, Fallenlassen *nt*

lâche [lɑʃ] **I.** *adj* ❶ (*poltron, méprisable*) feige
❷ (*détendu*) *corde, nœud, vêtement* locker
❸ (*peu rigoureux*) locker, lasch (*fam*)
II. *mf* ❶ (*poltron*) Feigling *m*, Angsthase *m* (*fam*)
❷ (*femme méprisable*) niederträchtige Person
❸ (*homme méprisable*) gemeiner Kerl

lâchement [lɑʃmɑ̃] *adv* ❶ (*peureusement*) feige
❷ (*de façon méprisable*) auf gemeine [*o* niederträchtige] [Art und] Weise

lâcher [lɑʃe] <1> **I.** *vt* ❶ (*laisser aller involontairement*) loslassen, fallen lassen; fliegen lassen *oiseau, pigeon;* fliegen [*o* steigen] lassen *ballon;* herausrutschen *juron;* **qn lâche un cri/juron** jdm entfährt ein Schrei/Fluch; **voilà le grand mot lâché!** jetzt ist es raus [*o* ausgesprochen] !
❷ (*laisser aller délibérément*) loslassen; von sich geben *bêtise, mot;* ausstoßen *juron;* abwerfen *bombe;* abfeuern *bordée;* verbreiten *information*
❸ *fam* (*abandonner*) aufgeben; ~ **qc pour qn/qc** etw für jdn/etw fallen [*o* sausen *fam*] lassen; ~ **qn pour qn/qc** jdn wegen jdm/etw fallen [*o* sitzen *fam*] lassen; ~ **une occasion** sich (*Dat*) eine Gelegenheit entgehen lassen; **la voiture/le moteur lâche qn** das Auto/der Motor lässt jdn im Stich; **ne pas** ~ **qn** *rhume:* jdn nicht loslassen; *idée:* jdn nicht loslassen, jdm nicht aus dem Kopf gehen; **tout** ~ *fam* alles hinwerfen [*o* hinschmeißen] (*fam*), alles sausen lassen (*fam*)
❹ SPORT *arg* ~ **qn/qc** jdn/etw hinter sich (*Dat*) lassen, jdn/etw abhängen (*fam*)
▶ **lâche-moi avec ça!** *fam* lass mich damit in Ruhe [*o* in Frieden]! (*fam*)
II. *vi* versagen; *corde:* nachgeben; *nœud:* sich lösen; *fam personne:* schlapp machen (*fam*)
III. *m de ballons* Steigenlassen *nt;* ~ **de pigeons** Auflassen *nt* der Tauben

lâcheté [lɑʃte] *f* ❶ (*couardise*) Feigheit *f;* **faire preuve d'une grande** ~ äußerste Feigheit an den Tag legen; **par** ~ aus Feigheit
❷ (*bassesse*) Gemeinheit *f*, Niederträchtigkeit *f*

lâcheur, -euse [lɑʃœʀ, -øz] *m, f fam* treulose Tomate (*fam*), Drückeberger *m* (*pej*)

lacis [lasi] *m* Geflecht *nt*, Gewirr *nt; de veines* Netz *nt;* ~ **de branches** Geflecht aus Zweigen; ~ **de ruelles** Straßengewirr

laconique [lakɔnik] *adj* knapp, kurz und bündig; *réponse* lakonisch; *personne* einsilbig

laconiquement [lakɔnikmɑ̃] *adv* lakonisch, kurz und bündig

lacrymal(e) [lakʀimal, o] <-aux> *adj* Tränen-

lacrymogène [lakʀimɔʒɛn] *adj* **gaz** ~ Tränengas *nt;* **grenade** ~ Tränengasbombe *f*

lacs [lak] *m* (*nœud*) Schlinge *f*

lactaire [laktɛʀ] *m* Milchling *m*, Reizker *m*

lactalbumine [laktalbymin] *f* CHIM Milcheiweiß *nt*, Laktalbumin *nt* (*Fachspr.*)

lactation [laktasjɔ̃] *f* Milchabsonderung *f*, Milcherzeugung *f;* **avoir une** ~ **insuffisante** nicht genügend Milch haben

lacté(e) [lakte] *adj* ❶ GASTR *bouillie* Milch-; **régime** ~ Milchkost *f*

L

② MED **fièvre ~e** Milchfieber *nt*
③ *littér* (*d'aspect laiteux*) milchig

lactifère [laktifɛʀ] *adj* Milch-, milchhaltig

lactique [laktik] *adj* Milch-; **acide** ~ Milchsäure *f;* **les ferments ~s** Milchsäurebakterien *Pl*

lacto[densi]mètre [lakto(dɑ̃si)mɛtʀ] *m* TECH Lakto[densi]meter *nt,* Galaktometer *nt*

lactose [laktoz] *m o f* CHIM Milchzucker *m,* Laktose *f* (*Fachspr.*)

lacunaire [lakynɛʀ] *adj littér* lückenhaft

lacune [lakyn] *f* Lücke *f;* ~ **juridique** Gesetzeslücke; **présenter des ~s** Lücken aufweisen; **combler une ~/ses ~s** eine Lücke/seine Lücken füllen

lacustre [lakystʀ] *adj* in Seen vorkommend; **cité** ~ Pfahlbautendorf *nt*

lad [lad] *m* Stallbursche *m*

là-dedans [lad(ə)dɑ̃] *adv* ① (*lieu*) da drin; **je ne reste pas** ~ ich bleibe nicht hier drin; **n'avoir rien à voir** ~ nichts damit zu tun haben ② (*direction*) da hinein, da rein (*fam*); **pourquoi me suis-je embarqué(e)** ~**?** warum hab ich mich nur darauf eingelassen? **là-dessous** [lad(ə)su] *adv* darunter, da drunter (*fam*); *fig* dahinter; **qu'y a-t-il ~?** was steckt [*o* verbirgt sich] dahinter? **là-dessus** [lad(ə)sy] *adv* ① (*direction, ici*) hier hin-/herauf ② (*direction, là-bas*) dort [*o* da] hin-/herauf ③ (*lieu*) darauf ④ (*à ce sujet*) darüber; **compte** ~ verlass dich d[a]rauf ⑤ (*sur ce*) daraufhin, damit

ladite [ladit] *adj v.* **ledit**

ladre [lɑdʀ] **I.** *adj littér* geizig
II. *mf littér* Geizhals *m* (*pej*)

ladrerie [lɑdʀəʀi] *f littér* Geiz *m*

lagon [lagɔ̃] *m* Lagune *f*

lagopède [lagɔpɛd] *m* Schneehuhn *nt*

lagune [lagyn] *f* Lagune *f*

là-haut [lao] *adv* ① (*au-dessus*) (*direction*) dort [*o* da] hinauf; (*lieu*) dort [*o* da] oben
② (*dans le ciel*) dort [*o* da] oben

La Haye [la´ɛ] Den Haag

lai [lɛ] *m* LITTER Lai *nt* (*mittelalterliche Verserzählung*)

laïc, laïque [laik] *adj, v.* **laïque**

laïcisation [laisizasjɔ̃] *f* Entkonfessionalisierung *f,* Laizisierung *f* (*Fachspr.*)

laïciser [laisize] <1> *vt* entkonfessionalisieren, laizisieren (*Fachspr.*)

laïcité [laisite] *f* Trennung *f* von Kirche und Staat, Laizismus *m* (*Fachspr.*); *de l'enseignement* religiöse Neutralität

i Land & Leute

In Frankreich herrscht seit 1905 das Prinzip der **laïcité,** also der gesetzlichen Trennung von Kirche und Staat. Dies bedeutet zum Beispiel, dass es keine Kirchensteuer gibt und dass in den staatlichen Schulen kein Religionsunterricht stattfindet.

laid(e) [lɛ, lɛd] *adj* ① (*opp: beau*) hässlich; **être ~(e) à faire peur** zum Fürchten aussehen (*fam*)
② (*moralement*) *action, défaut* hässlich, unschön; **une action ~e** etwas Hässliches

laid [lɛ] *m* Hässliche(s) *nt*

laideron [lɛdʀɔ̃] *m* hässliches Mädchen, hässliches Entlein (*fam*)

laideur [lɛdœʀ] *f* ① Hässlichkeit *f;* **les ~s de la guerre** die hässlichen Seiten des Krieges
② *soutenu* (*bassesse*) Hässlichkeit *f,* Gemeinheit *f;* **dans toute sa** ~ in seiner/ihrer ganzen Hässlichkeit

laie [lɛ] *f* Wildsau *f,* Bache *f*

lainage [lɛnaʒ] *m* ① (*étoffe*) Wollstoff *m*
② (*vêtement*) Wollene(s) *nt,* Wollsachen *Pl;* **jupe en/de** ~ Strickrock *m;* **mettre un** ~ etwas Warmes anziehen

laine [lɛn] *f* ① (*matériau*) Wolle *f;* **en** ~ aus Wolle, wollen; **gilet de** ~ Wolljacke *f,* Strickjacke *f;* **filer la** ~ Wolle spinnen; ~ **vierge** reine Schurwolle
② (*vêtement*) **une petite** ~ etwas Warmes
▸ **se laisser manger** [*o* **tondre**] **la ~ sur le** <u>**dos**</u> sich (*Dat*) das Hemd über den Kopf ziehen lassen
◆ ~ **à tricoter** Strickwolle *f;* ~ **de verre** Glaswolle *f*

lainer [lene] <1> *vt* aufrauhen *lainage*

laineux, -euse [lɛnø, -øz] *adj* wollig; *feuille, plante* wollig, behaart

lainier, -ière [lɛnje, -jɛʀ] **I.** *adj industrie, production* Woll-
II. *m, f* ① (*marchand, producteur*) Wollhändler(in) *m(f)*
② (*ouvrier*) Woll[spinnerei]arbeiter(in) *m(f)*

laïque [laik] **I.** *adj* ① POL (*opp: confessionnel*) laizistisch, nicht konfessionell
② REL (*opp: ecclésiastique*) weltlich, Laien-; **vie** ~ weltliches Leben; **mouvement** ~ Laienbewegung *f*
II. *mf* Laie *m;* **géré(e) par des ~s** von Laien geführt

laisse [lɛs] *f* ① (*lanière*) Leine *f;* **tenir un animal en** ~ ein Tier an der Leine führen [*o* halten]
② *fig* **tenir qn en** ~ jdn an der Leine halten, jdn gängeln

laissées [lese] *fpl* CHASSE *d'un sanglier* Losung *f*

laissé-pour-compte [lesepuʀkɔ̃t] <laissés-pour-compte> *m* ① (*exclu*) Abgeschobene(r) *m* ② COM (*marchandise retournée*) zurückgesandte Ware, Retourware *f* (*Fachspr.*) ③ (*invendable*) Restposten *m* **laissé-pour-compte, laissée-pour-compte** [lesepuʀkɔ̃t] <laissés-pour-compte> *adj* ① (*rejeté*) *personne* abgeschoben; **enfants laissés-pour-compte du système scolaire** am Schulsystem gescheiterte Kinder ② COM (*refusé*) nicht angenommen

laisser [lese] <1> **I.** *vt* ① lassen; ~ **qn indifférent** jdn gleichgültig lassen; ~ **qn perplexe** jdn perplex machen; ~ **qn tranquille** jdn in Ruhe lassen; ~ **qn dans l'ignorance/le doute** jdn in Unwissenheit/im Zweifel lassen; ~ **qn à ses illusions** jdm seine Illusionen lassen; **laisse [donc]!** lass doch [*o* nur]!
② (*accorder*) lassen *choix;* ~ **la vie à qn** jdn leben [*o* am Leben] lassen
③ (*ne pas prendre*) [stehen] lassen; übrig lassen, stehen lassen *dessert;* ~ **une route à sa droite** eine Straße rechts liegen lassen
④ (*réserver*) übrig lassen *part de tarte;* freihalten *chambre;* ~ **qc à qn** etw für jdn übrig lassen/freihalten
⑤ (*quitter*) verlassen *ami, épouse;* hinterlassen *veuve;* hinter sich (*Dat*) lassen *métier;* **je te/vous laisse!** ich gehe jetzt!; **je l'ai laissé en pleine forme** als ich ihn verließ, war er in bester Form; ~ **un pays dans la misère** ein Land in Elend zurücklassen
⑥ (*déposer*) absetzen *personne*
⑦ (*oublier*) liegen lassen, vergessen
⑧ (*perdre*) ~ **sa vie au combat** sein Leben im Kampf lassen
⑨ (*produire*) hinterlassen *traces, auréoles;* **l'opération n'a laissé aucune séquelle** die Operation blieb ohne Folgen/Nachwehen; **qc ne doit pas ~ de trace** etw darf keine Spuren hinterlassen
⑩ (*remettre*) hinterlassen *message;* lassen *voiture;* [über]lassen *maison;* überlassen *cas, affaire;* ~ **ses clés/un pourboire à qn** jdm seine Schlüssel/ein Trinkgeld lassen; ~ **ses enfants à qn** seine Kinder bei jdm lassen; **laisse-moi le soin de ...** überlass es mir, zu ...
⑪ (*léguer*) hinterlassen
II. *aux* ① **se ~ boire** *vin:* sich trinken lassen, nicht übel sein
② (*permettre*) ~ **qn/qc faire qc** jdn/etw etw tun lassen; ~ **rentrer qn** jdn reinlassen [*o* reinkommen lassen]; ~ **voir sa peur** seine Angst zeigen (*fam*)
▸ ~ <u>**faire**</u> die Dinge laufen lassen (*fam*); **laisse faire le temps!** die Zeit wird das Ihre tun!; **se ~** <u>**faire**</u> (*subir*) sich (*Dat*) alles gefallen lassen (*fam*); **laisse-toi faire!** (*pour décider qn*) sei

doch nicht so!; **se ~ vivre** vor sich hinleben

laisser-aller [lesεale] *m inv* Nachlässigkeit *f* **laisser-faire** [lesefεʀ] *m inv* Laisser-faire[-Stil *m*] *nt,* Gewährenlassen *nt*

laissez-passer [lesepase] *m inv* ❶ JUR Zollfreischein *m*
❷ (*autorisation*) Passierschein *m*

lait [lε] *m* ❶ Milch *f;* **~ de vache** Kuhmilch; **~ condensé** Kondensmilch; **tube de ~ concentré** Tubenmilch; **~ entier** Vollmilch; **~ longue conservation** haltbare Milch; **~ U.H.T.** H-Milch; **petit ~** Molke *f;* **chocolat au ~** Milchschokolade *f*
❷ (*liquide laiteux*) Milch *f;* **~ de beauté** Schönheitsmilch *f;* **~ de chaux** Kalkschlacke *f*
▶ **boire du petit ~** sichtlich zufrieden sein; **se boire comme du petit ~** sich wie Wasser trinken [*o* trinken lassen]
◆ **~ en poudre** Milchpulver *nt,* Trockenmilch *f;* **~ de poule** *Milch mit Eigelb und Zucker;* **~ de toilette** (*pour le corps*) Körpermilch *f;* (*pour le visage*) Gesichtsmilch *f*

laitage [lεtaʒ] *m* Milchprodukt *nt*

laitance [lεtɑ̃s] *f* [Fisch]milch *f*

laité(e) [lete] *adj* **poisson ~** Milch[n]er *m*

laiterie [lεtʀi] *f* ❶ (*industrie*) Molkerei *f*
❷ (*secteur économique*) Molkereiwesen *nt,* Milchwirtschaft *f*

laiteux, -euse [lεtø, -øz] *adj* milchig

laitier, -ière [letje, -jεʀ] **I.** *adj* Milch-; **coopérative laitière** Molkereigenossenschaft *f*
II. *m, f* Milchhändler(in) *m(f),* Milchmann *m/*-frau *f*

laitier [letje] *m* TECH Schlacke *f*

laitière [letjεʀ] *f* (*vache*) Milchkuh *f*

laiton [lεtɔ̃] *m* Messing *nt;* **fil de ~** Messingdraht *m*

laitue [lety] *f* Lattich *m;* **~ cultivée** Kopfsalat *m*

laïus [lajys] *m fam* Rede *f,* Ansprache *f;* **faire un ~** *hum* eine Rede [*o* Ansprache] halten; **faire tout un ~ à qn** jdm eine Predigt halten (*fam*)

lala [lala] *interj v.* **oh**

lama [lama] *m* ❶ (*animal*) Lama *nt;* **laine de ~** Lamawolle *f*
❷ (*moine*) Lama *m*

lamantin [lamɑ̃tɛ̃] *m* Seekuh *f,* Lamantin *m* (*Fachspr.*)

lamaserie [lamɑzʀi] *f* Lamakloster *nt*

lambada [lɑ̃bada] *f* Lambada *m*

lambeau [lɑ̃bo] <x> *m* Fetzen *m;* **les ~x d'un empire** die Überreste eines Reiches; **en ~x** in Fetzen; **mettre en ~x** zerfetzen

lambic [lɑ̃bik] *f* Krickenbier *nt*

lambin(e) [lɑ̃bɛ̃, in] **I.** *adj* lahm (*fam*), vertrödelt (*fam*)
II. *m(f) vieilli* Bummelant(in) *m(f)* (*fam*)

lambiner [lɑ̃bine] <1> *vi* [herum]trödeln

lambrequin [lɑ̃bʀəkɛ̃] *m* ❶ COUT Lambrequin *m*
❷ *d'un casque* Helmdecke *f*

lambris [lɑ̃bʀi] *m* ❶ (*boiserie*) Täfelung *f;* **revêtir de ~** täfeln; **en ~** getäfelt
❷ (*en stuc, marbre*) Verkleidung *f*

lambrisser [lɑ̃bʀise] <1> *vt* ❶ (*de boiserie*) täfeln, paneelieren; **être lambrissé(e) de chêne** mit Eiche getäfelt sein
❷ (*avec du plâtre*) mit Gips verputzen

lambswool [lɑ̃bswul] *m* Lambswool *m*

lame [lam] *f* ❶ Klinge *f;* **~ de couteau** [Messer]klinge; **~ de rasoir** Rasierklinge; **~ de scie** Sägeblatt *nt*
❷ (*pièce plate*) [Metall]plättchen *nt; d'une persienne* Lamelle *f; d'un xylophone* (*en bois*) Holzstab *m;* (*en métal*) Metallplättchen; **~s métalliques du convecteur** metallene Rippen *Pl* des Heizkörpers; **~ de parquet** Parkettstab *m;* **~ de ressort** Federblatt *nt*
❸ (*plaque de verre*) Glasplättchen *nt; d'un microscope* Objektträger *m*
❹ (*vague*) Welle *f,* Woge *f*
▶ **fine ~** geschickter Fechter/geschickte Fechterin
◆ **~ de fond** Grundsee *f;* (*phénomène*) gewaltige Woge

lamé [lame] *m* Lamé *m;* **robe en ~** Lamékleid *nt;* **en ~ argent/or** aus Silber-/Goldlamé

lamé(e) [lame] *adj* mit Lamé durchwirkt; **tissu ~ argent/or** Silber-/Goldlamé *nt*

lamelle [lamεl] *f* ❶ Lamelle *f,* Blättchen *nt; d'une jalousie* Lamelle; *d'un radiateur* Rippe *f; d'un microscope* Deckglas *nt*
❷ (*tranche fine*) dünne Scheibe, Scheibchen *nt;* **~ de verre** Glasplättchen *nt*
❸ BOT *d'un champignon* Lamelle *f;* **champignons à ~s** Blätterpilze *Pl*

lamellé[-collé] [lamεle(kɔle)] <lamellés[-collés]> *m* Sperrholz *nt,* Schichtholz *nt*

lamellibranches [lamelibʀɑ̃ʃ] *mpl* ZOOL Muscheln *Pl,* Lamellibranchiata *Pl* (*Fachspr.*)

lamentable [lamɑ̃tabl] *adj* ❶ *état, mine* jämmerlich; *ton, voix* kläglich; *résultats, travail* dürftig; *salaire* kümmerlich; **en maths, il est absolument ~** in Mathe ist er die absolute Niete (*fam*); **un jeu de mots ~** ein dürftiges Wortspiel
❷ (*honteux*) *histoire, comportement* erbärmlich; *personne* erbärmlich, kläglich

lamentablement [lamɑ̃tabləmɑ̃] *adv* ❶ (*de façon pitoyable*) jämmerlich
❷ (*de façon minable*) kläglich; **échouer ~** jämmerlich [*o* kläglich] scheitern; **jouer ~** erbärmlich schlecht spielen

lamentation [lamɑ̃tasjɔ̃] *f gén pl* Jammern *nt kein Pl,* Gejammer *nt kein Pl,* Klage *f*

lamenter [lamɑ̃te] <1> *vpr* **se ~ sur qc** über etw (*Akk*) klagen [*o* jammern]; **se ~ d'avoir à faire/fait qc** sich darüber beklagen etw tun zu müssen/etw getan zu haben

lamento [lamεnto] *m* MUS Lamento *nt*

lamier [lamje] *m* BOT Taubnessel *f*

lamifié [lamifje] *m* Laminat *nt,* Schichtpressstoff *m*

laminage [laminaʒ] *m* ❶ TECH Walzen *nt;* **~ à chaud/à froid** Warm-/Kaltwalzen; **opération de ~** Walzvorgang *m*
❷ (*écrasement*) Überrollen *nt*

laminaire¹ [laminεʀ] *f* BOT Blatttang *m,* Ledertang *m*

laminaire² [laminεʀ] *adj* ❶ MINER *cassure* plattig
❷ PHYS *écoulement* laminar

laminer [lamine] <1> *vt* ❶ TECH walzen; **~ à chaud/à froid** warm/kalt walzen
❷ (*écraser*) niederwalzen; brechen *résistance;* **se faire ~ par qn** *équipe, parti, troupe:* von jdm überrollt werden; **être laminé(e)** stehend k.o. sein (*fam*)

lamineur, -euse [laminœʀ, -øz] TECH **I.** *adj* **cylindre ~** Walzzylinder *m*
II. *m, f* Walzwerker(in) *m(f)*

laminoir [laminwaʀ] *m* IND Walzwerk *nt*

lampadaire [lɑ̃padεʀ] *m* ❶ (*lampe sur pied*) Stehlampe *f*
❷ (*réverbère*) [Straßen]laterne *f*
❸ (*sur l'autoroute*) Straßenbeleuchtung *f*

lampant(e) [lɑ̃pɑ̃, ɑ̃t] *adj* **pétrole ~** Petroleum *nt*

lamparo [lɑ̃paʀo] *m* PECHE Laterne *f;* **au ~** mit Laternen

lampe [lɑ̃p] *f* ❶ Lampe *f;* **~ à pétrole** Petroleumlampe; **~ électrique** Taschenlampe; **~ témoin** Kontrolllicht *nt,* Kontrolllampe
❷ (*ampoule*) [Glüh]birne *f;* **~ à arc** Bogenlampe *f;* **~ à incandescence** Glühlampe *f;* **~ à flash** Blitzlichtbirne; **~ fluorescente** Neon-/Leuchtstoffröhre *f*
▶ **s'en mettre [*o* foutre] plein la ~** *fam* sich (*Dat*) den Bauch [*o* die Wampe] voll schlagen (*fam*)
◆ **~ d'architecte** Architektenleuchte *f,* Architektenlampe *f;* **~ à bronzer** Höhensonne *f;* **~ de bureau** Schreibtischlampe *f;* **~ de chevet** Nachttischlampe *f;* **~ de poche** Taschenlampe *f;* **~ à souder** Lötlampe *f*

lampée [lɑ̃pe] *f fam* Schluck *m,* Zug *m;* **une bonne ~** ein kräftiger Schluck; **à grandes ~s** in langen Zügen

lamper [lɑ̃pe] <1> *vt fam* [runter]kippen (*fam*)

lampe-tempête [lɑ̃ptɑ̃pεt] <lampes-tempêtes> *f* Sturmlaterne *f*

lampion [lɑ̃pjɔ̃] *m* Lampion *m,* Laterne *f*

lampiste [lɑ̃pist] *mf peu usité fam* kleiner Mann; **encore une fois, on s'en prend au ~** immer auf die Kleinen (*fam*)

lamproie [lɑ̃pʀwa] *f* Neunauge *nt*, Lamprete *f* (*Fachspr.*)

lance [lɑ̃s] *f* ❶ (*arme*) Lanze *f*

❷ (*tuyau*) Schlauch *m*

▶ **rompre une ~ [*o* des ~s] avec [*o* contre] qn** ein Wortgefecht [*o* einen Wortstreit] mit jdm haben

◆ **~ d'arrosage** Spritzdüse *f*; **~ à eau** [Leiter]strahlrohr *nt*; **~ d'incendie** Feuerspritze *f*

lancée [lɑ̃se] *f* Schwung *m*, Elan *m*; **sur ma/sa ~** mit dem gleichen Schwung; **le pétrole, sur sa ~, va bientôt atteindre ...** wenn der Preisaufschwung anhält [*o* wenn der Trend so bleibt], wird das Erdöl bald ... kosten

lance-flammes [lɑ̃sflam] *m inv* Flammenwerfer *m* **lance-fusées** [lɑ̃sfyze] *m inv* Raketenwerfer *m* **lance-grenades** [lɑ̃sgʀənad] *m inv* Granatwerfer *m*

lancement [lɑ̃smɑ̃] *m* ❶ *d'un satellite* Start *m*; *d'une fusée* Abschuss *m*; *d'un bateau* Stapellauf *m*

❷ COM, ECON Einführung *f*, Herausbringen *nt*; **le ~ d'un parfum** die Präsentation eines Parfums; **prix de ~** Einführungspreis *m*

❸ INFORM [Programm]start *m*

lance-missiles [lɑ̃smisil] *m inv* Raketenabschussrampe *f* **lance-pierre** [lɑ̃spjɛʀ] <lance-pierres> *m* Steinschleuder *f*

▶ **manger au [*o* avec un] ~** *fam* herunterschlingen (*fam*)

lancer [lɑ̃se] <2> **I.** *vt* ❶ werfen; hoch werfen, in die Höhe werfen *jambe;* abschießen *fusée;* versetzen *coup; avion:* abwerfen; *canon:* abfeuern; *volcan:* ausstoßen; **~ qc à qn** jdm etw zuwerfen; **~ des gifles** Ohrfeigen austeilen [*o* geben]; **ses yeux lancent des éclairs** seine/ihre Augen blitzen

❷ (*faire connaître*) herausbringen; bekannt machen *acteur, chanteur;* einführen, aufbringen *mode;* aufbringen *idée;* auf die Bühne bringen *pièce;* anlaufen lassen *film;* **c'est Paris qui lance la mode** Paris macht die Mode

❸ (*donner de l'élan*) in Schwung [*o* Fahrt] bringen; antreiben *animal;* anlassen, anwerfen *moteur, voiture;* in Schwingung versetzen *balancier;* auf den Markt bringen *marque, produit;* einfädeln *affaire;* ins Leben rufen *entreprise;* auflegen *emprunt, souscription;* **~ qn/un animal sur qn** jdn/ein Tier auf jdn hetzen; **~ la police sur qn/qc** die Polizei auf jdn/etw ansetzen; **~ une balançoire** einer Schaukel Schwung geben; **quand un cheval est lancé, ...** wenn ein Pferd in vollem Galopp ist, ...; **départ lancé** fliegender Start; **~ qn sur une idée** jdn auf eine Idee (*Akk*) bringen; **quand il est lancé, on ne l'arrête plus** wenn er einmal in Fahrt ist [*o* wenn er [richtig] loslegt] ist er nicht mehr zu bremsen (*fam*)

❹ (*inaugurer*) einführen *programme;* eröffnen *foire;* einleiten *campagne;* vom Stapel lassen *bateau;* aufziehen, anlaufen lassen *projet*

❺ (*envoyer*) in Umlauf setzen [*o* bringen], verbreiten *nouvelle;* stellen *ultimatum;* verschicken *invitation;* ausstellen, erlassen *mandat;* **~ une proposition** einen Vorschlag machen

❻ (*émettre*) ausstoßen, von sich geben *cri;* aussprechen *accusation, menace, avertissement;* ergehen lassen *appel;* **~ un juron à qn** jdm einen Fluch an den Kopf werfen (*fam*); **~ un appel/avertissement à qn** einen Appell/eine Warnung an jdn richten; **~ une accusation contre qn** eine Beschuldigung gegen jdn vorbringen

❼ INFORM starten

II. *vpr* ❶ (*se précipiter*) **se ~ sur le lit** sich auf das Bett werfen; **se ~ à la poursuite de qn** sich an jds Verfolgung (*Akk*) machen; **allez, lance-toi!** los, spring!

❷ (*s'engager*) **se ~ dans qc** sich in etw (*Akk*) stürzen; **se ~ dans la bagarre** sich auf die Schlägerei einlassen; **se ~ dans un projet** ein Projekt angehen; **se ~ dans une aventure** sich in ein Abenteuer (*Akk*) stürzen; **se ~ dans une discussion** sich auf eine Diskussion einlassen; **je me lance!** ich wag's!; **se ~ dans le cinéma** sein Glück im Film[geschäft] versuchen; **se ~ dans la lecture d'un roman** sich an die Lektüre eines Romans wagen

❸ (*prendre son élan*) **se ~** Schwung holen

❹ (*faire carrière*) **se ~** sich (*Dat*) einen Namen machen; *artiste:* sich (*Dat*) einen Namen machen, [groß] herauskommen

III. *m* ❶ SPORT Wurf *m*; *du poids* Stoß *m*; **~ de javelot** Speerwerfen *nt*

❷ PECHE Spinnangeln *nt*

lance-roquettes [lɑ̃sʀɔkɛt] *m inv* ❶ (*contre avions*) Flugabwehrraketenwerfer *m* ❷ (*contre blindés*) Panzerfaust *f* **lance-torpilles** [lɑ̃stɔʀpij] *m inv* Torpedoausstoßrohr *nt*

lancette [lɑ̃sɛt] *f* Lanzette *f*

lanceur [lɑ̃sœʀ] *m* ESPACE Trägerrakete *f*

lanceur, -euse [lɑ̃sœʀ, -øz] *m, f* ❶ Werfer(in) *m(f)*; **~(-euse) de poids** Kugelstoßer(in) *m(f)*

❷ (*initiateur*) Initiator(in) *m(f)*

lancier [lɑ̃sje] *m* HIST (*cavalier*) Lanzenreiter *m*

lancinant(e) [lɑ̃sinɑ̃, ɑ̃t] *adj* ❶ (*cuisant*) *douleur* stechend

❷ (*obsédant*) *pensée, souvenir* quälend; *air, musique* eindringlich; *regret* schmerzlich

lanciner [lɑ̃sine] <1> *vt* **~ qn** *pensée:* quälen

lançon [lɑ̃sɔ̃] *m* ZOOL Sandaal *m*

Land [lɑ̃d, lɛndœʀ] <Länder> *m* [Bundes]land *nt*

landais(e) [lɑ̃dɛ, ɛz] *adj* der Landes; **courses ~es** *eine Art Stierkampf im Südwesten Frankreichs bei dem die Tiere nicht getötet werden*

landau [lɑ̃do] <s> *m* ❶ Kinderwagen *m*

❷ (*voiture à cheval*) Landauer *m*

lande [lɑ̃d] *f* ❶ Heide[land *nt*] *f*; **la ~ de Lunebourg** die Lüneburger Heide

❷ (*végétation*) Gestrüpp *nt*

Landes [lɑ̃d] *fpl* **les ~** die Landes (*Landschaft im Südwesten Frankreichs*)

langage [lɑ̃gaʒ] *m* ❶ Sprache *f*; **~ des sourds-muets** Taubstummensprache; **~ des animaux/fleurs** Tier-/Blumensprache *f*; **elle m'a tenu un ~ étonnant** sie hat mir erstaunliche Dinge gesagt

❷ (*vocabulaire*) Sprache *f*, Ausdrucksweise *f*; **~ parlé** Umgangssprache

❸ (*jargon*) Sprache *f*, Jargon *m* (*pej*); **~ philosophique/scientifique** philosophische/wissenschaftliche Sprache; **en ~ administratif/technique** in der Verwaltungs-/Fachsprache; **~ du cœur** Sprache des Herzens

❹ INFORM **~ de programmation** Programmiersprache *f*; **~ informatique** Computersprache; **~ machine** Maschinensprache; **~ évolué** höhere Programmiersprache

▶ **~ de charretier** ungehobelte Sprache; **tenir un double ~ à qn** mit jdm ein falsches Spiel spielen

langagier, -ière [lɑ̃gaʒje, -jɛʀ] *adj* sprachlich

lange [lɑ̃ʒ] *m* ❶ Wickeltuch *nt*

❷ *pl vieilli* (*couches*) Windeln *Pl*

langer [lɑ̃ʒe] <2a> *vt* wickeln

langoureusement [lɑ̃guʀøzmɑ̃] *adv* verliebt

langoureux, -euse [lɑ̃guʀø, -øz] *adj regard, air, ton* schmachtend; *pose* verführerisch

langouste [lɑ̃gust] *f* Languste *f*

langoustier [lɑ̃gustje] *m* Fischerboot *nt* für den Langustenfang

langoustine [lɑ̃gustin] *f* Kaisergranat[hummer *m*] *m*

langue [lɑ̃g] *f* ❶ ANAT, GASTR Zunge *f*; **tirer la ~ à qn** jdm die Zunge herausstrecken

❷ (*langage*) Sprache *f*; **~ journalistique** Journalistensprache; **~ du barreau** Rechtssprache; **~ écrite/parlée** geschriebene/gesprochene Sprache; **~ étrangère** Fremdsprache; **~ maternelle** Muttersprache; **~ officielle** Amtssprache; **~ vivante** lebende Sprache; **faute de ~** sprachlicher Fehler; **~ verte** Slang *m*; **passer dans la ~** in den Sprachgebrauch Eingang finden

❸ (*qc en forme de langue*) Zunge *f*; **~ glaciaire** Gletscher-

zunge; ~ **de terre** Landzunge; ~ **de feu** (*horizontale*) Feuerzunge; (*verticale*) Feuersäule *f*
▸ **tourner sept fois sa ~ dans sa bouche avant de parler** nachdenken, bevor man spricht; **donner sa ~ au chat** das Raten aufgeben; **ne pas avoir la ~ dans sa poche** nicht auf den Mund gefallen sein; **avoir la ~ chargée** eine belegte Zunge haben; **avoir la ~ fourchue** mit gespaltener Zunge sprechen; **être mauvaise ~** ein Lästermaul sein (*fam*); **les mauvaises ~s prétendent que c'est vrai** böse Zungen behaupten, dass es wahr ist; ~ **pâteuse** trockener Mund; **j'ai la ~ pâteuse** die Zunge klebt mir am Gaumen; **avoir la ~ bien pendue** ein großes [*o* tüchtiges] Mundwerk haben; **qn a avalé** [*o* **perdu**] **sa ~** *fam* jdm hat es die Sprache verschlagen (*fam*); **délier la ~ à qn** jdn zum Sprechen [*o* Reden] bringen, jdm die Zunge lösen; **se mordre la ~ d'avoir fait qc** sich (*Dat*) am liebsten die Zunge abbeißen, weil man etw getan hat; **retrouver sa ~** seine [*o* die] Sprache wiederfinden; **tenir sa ~** seine Zunge im Zaum halten, seinen [*o* den] Mund halten; **tirer la ~** *fam* (*être dans le besoin*) sich einschränken müssen; (*financièrement*) knapsen müssen (*fam*); (*avoir soif*) [vor Durst] die Zunge zum Hals heraushängen (*fam*)
◆ ~ **de bois** Phrasendrescherei *f* (*fam*); **pratiquer la ~ de bois** leere Phrasen dreschen; ~ **de vipère** böse [*o* spitze] Zunge

i Land & Leute

In Belgien gibt es drei **langues officielles**: Flämisch, Französisch und Deutsch. In der Schweiz spricht man als offizielle Sprachen Deutsch, Französisch, Italienisch und Rätoromanisch; in Kanada Englisch und Französisch.

langue-de-chat [lɑ̃gdəʃa] <langues-de-chat> *f* Katzenzunge *f* (*Feingebäck*)
Languedoc [lɑ̃g(ə)dɔk] *m* **le** ~ das Languedoc
languedocien(ne) [lɑ̃g(ə)dosjɛ̃, jɛn] *adj* des Languedoc; **dialecte** ~ Dialekt *m* des Languedoc
languette [lɑ̃gɛt] *f* ❶ (*patte*) *d'une chaussure* Zunge *f*; *d'une boîte* Lasche *f*
❷ MUS (*anche*) Zunge
❸ (*en menuiserie*) Stift *m*, Zapfen *m*
langueur [lɑ̃gœʀ] *f* ❶ (*mélancolie*) Wehmut *f*, Herzschmerz *m* (*iron*)
❷ (*torpeur*) Mattheit *f*, Mattigkeit *f*
languir [lɑ̃giʀ] <8> **I.** *vi* ❶ (*s'enliser*) *conversation:* sich hinziehen, stocken; *intérêt:* verebben
❷ (*patienter*) ausharren; **faire ~ qn** jdn schmachten lassen
❸ *littér* (*s'étioler*) ~ **d'amour** sich in Liebe (*Dat*) verzehren (*geh*); ~ **d'ennui** vor [lauter] Langeweile vergehen
II. *vpr* **se ~ de qn** sich nach jdm sehnen
languissant(e) [lɑ̃gisɑ̃, ɑ̃t] *adj* ❶ *action, récit, ton* schleppend; *conversation* schleppend, stockend; *regard* schmachtend; **ton de voix** ~ schleppende Stimme
❷ (*défaillant*) *affaires* schleppend; *personne* dahinschmachtend [*o* siechend] (*pej*); *santé* dahinschwindend
lanière [lanjɛʀ] *f* Riemen *m*; **découper en ~s** in Streifen schneiden
lanoline [lanɔlin] *f* Lanolin *nt*; **savon à la ~** Lanolinseife *f*
lanterne [lɑ̃tɛʀn] *f* Laterne *f*; ~ **vénitienne** Lampion *m*
▸ ~ **rouge** Schlusslicht *nt*; **éclairer la ~ de qn** jdn aufklären
lanterneau [lɑ̃tɛʀno] <x> *m* ❶ (*dans une coupole*) Laterne *f*
❷ (*cage vitrée*) Oberlicht *nt*
lanterner [lɑ̃tɛʀne] <1> *vi* ❶ (*traîner*) [herum]trödeln (*fam*)
❷ (*attendre*) **faire ~ qn** jdn warten lassen
lanternon [lɑ̃tɛʀnɔ̃] *m* kleine Laterne *f*
lanthane [lɑ̃tan] *m* Lanthan *nt*
laotien(ne) [laosjɛ̃, jɛn] *adj* laotisch
lapalissade [lapalisad] *f* Binsenweisheit *f*
lapement [lapmɑ̃] *m* Schlabbern *nt* (*fam*)
laper [lape] <1> *vt* schlabbern (*fam*); *personne:* schlürfen
lapereau [lapʀo] <x> *m* junges Kaninchen
lapidaire [lapidɛʀ] **I.** *adj* ❶ lapidar, kurz und bündig
❷ (*sur pierre*) *inscription* in Stein gehauen; **musée** ~ Lapidarium *nt* (*Fachspr.*)
II. *mf* Steinschneider(in) *m(f)*
lapidation [lapidasjɔ̃] *f* Steinigung *f*
lapider [lapide] <1> *vt* ❶ (*attaquer*) mit Steinen bewerfen
❷ (*tuer*) steinigen
lapin [lapɛ̃] *m* ❶ ZOOL, GASTR Kaninchen *nt*; ~ **domestique** Hauskaninchen; ~ **nain** Zwergkaninchen
❷ (*fourrure*) Kaninchenfell *nt*, Kanin *nt* (*Fachspr.*)
❸ (*terme affectueux*) **mon petit** ~ mein kleines Häschen
▸ **le coup du ~** der Dolchstoß; **chaud ~** *fam* geiler Bock (*fam*); **poser un ~ à qn** *fam* jdn versetzen; **comme un ~** blitzschnell; **courir comme un ~** [davon]flitzen, [davon]sausen
◆ ~ **de garenne** Wildkaninchen *nt*
lapine [lapin] *f* ❶ ZOOL weibliches Kaninchen
❷ *fig fam* **c'est une vraie ~** die ist vielleicht gebärfreudig (*fam*)
lapinisme [lapinism] *m* BELG *fam d'un peuple, d'un couple* exzessive Fruchtbarkeit *f*; *d'une femme* Gebärfreudigkeit *f*
lapis[-lazuli] [lapis(lazyli)] *m inv* Lapislazuli *m*
lapon(e) [lapɔ̃, ɔn] *adj* lappländisch
Lapons [lapɔ̃] *mpl* Lappen *Pl*
laps [laps] *m* ~ **de temps** Zeit[raum *m*] *f*
lapsus [lapsys] *m* Lapsus *m*; ~ **révélateur** freudscher Versprecher; **faire un** ~ (*en parlant*) sich versprechen; (*en écrivant*) sich verschreiben
laquage [lakaʒ] *m* Lackieren *nt*
laquais [lakɛ] *m* ❶ Lakai *m*, Diener *m*
❷ *vieilli* (*larbin*) Lakai *m*
laque [lak] **I.** *f* ❶ (*pour les cheveux*) [Haar]spray *nt o m*, Haarlack *m*; **bombe de ~** Haarspraydose *f*
❷ (*peinture*) Lack[farbe *f*] *m*
❸ ART (*vernis*) Lack *m*
❹ ZOOL (*latex*) Latex *m*; **arbre à ~** Lackbaum *m*
II. *m* (*objet*) Lackarbeit *f*
laqué(e) [lake] *adj* ❶ lackiert
❷ GASTR *porc* glasiert; **canard** ~ Pekingente *f*
laquelle [lakɛl] *pron v.* **lequel**
laquer [lake] <1> *vt* ~ **qc en blanc/noir** etw weiß/schwarz lackieren
larbin [laʀbɛ̃] *m péj fam* Lakai *m*; **mentalité de ~** Untergebenenmentalität *f*
larcin [laʀsɛ̃] *m littér* kleiner Diebstahl, Dieberei *f*
lard [laʀ] *m* Speck *m*; ~ **gras** Bauchspeck *m*; ~ **maigre** durchwachsener Speck
▸ **ne pas savoir si c'est du ~ ou du cochon** nicht wissen, woran man ist; **n'être ni ~ ni cochon** weder Fisch noch Fleisch sein (*fam*); **gros ~** Fettwanst *m* (*fam*); **[se] faire du ~** *fam* sich auf die faule Haut legen; **rentrer dans le ~ à qn** *fam* es mit jdm zu tun kriegen (*fam*)
larder [laʀde] <1> *vt* ❶ GASTR spicken
❷ (*blesser*) ~ **qn d'une lance** jdn mit einer Lanze durchbohren; **les bras lardés de piqûres de seringue** von Nadeleinstichen zerstochene Arme
lardon [laʀdɔ̃] *m* ❶ GASTR Speckwürfel *m*; ~ **frit** Griebe *f*, Grammel *f* (A)
❷ *fam* (*enfant*) Balg *m o nt* (*fam*), Blag *nt* (*fam*)
largable [laʀgabl] *adj* abwerfbar; **être ~** abgeworfen werden können; **les parachutistes ne sont pas ~s** die Fallschirmspringer können nicht abgesetzt werden
largage [laʀgaʒ] *m* Abwurf *m*; **opérer un ~ de troupes** Truppen absetzen; **opérer un ~ de matériel** Material abwerfen
large [laʀʒ] **I.** *adj* ❶ breit; *cercle* weit; **être ~ de carrure/d'épaules** breitschultrig sein; **être ~ de dos** einen breiten Rücken haben; ~ **de dix mètres** zehn Meter breit

L

❷ (*ample*) *vêtement* weit
❸ (*important*) breit; *champ d'action, diffusion* weit; *mesure, part, succès* groß; *concessions* weitgehend; **un ~ débat** eine ausführliche Debatte; **de ~s extraits** umfassende Auszüge *Pl*
❹ (*ouvert*) *acception, sens* weit; *idées* großzügig; *esprit* offen; *conscience* weit; **une conception ~ de la morale** liberale Moralvorstellungen *Pl;* **avoir les idées ~s** liberale Vorstellungen haben; **~ d'esprit/d'idées** offen
❺ (*généreux*) großzügig
II. *adv calculer, voir* großzügig; **s'habiller ~** etwas zu große Kleider kaufen (*fam*); **se porter ~** weit getragen werden; **ces bottes chaussent ~** diese Stiefel fallen groß aus
▸ **ne pas en mener ~** *fam* es mit der Angst zu tun kriegen (*fam*); **ratisser ~** auf Wählerfang gehen
III. *m* ❶ (*haute mer*) offenes Meer, offene See; **au ~** auf offenem Meer, auf offener See; **le grand ~** das weite Meer, die offene See; **le vent du grand ~** der offene Seewind, die weite Meeresluft; **avoir besoin de l'air du [grand] ~** die Luft des weiten Meeres [*o* frische Luft *fig*] benötigen
❷ (*largeur*) **de ~** breit; **un champ de 30 mètres de ~** ein Feld von 30 Meter[n] Breite, ein 30 Meter breites Feld
▸ **être au ~** (*être à l'aise*) sich wohl fühlen; (*dans un vêtement*) bequem angezogen sein; (*dans un appartement*) Platz haben; (*financièrement*) Luft haben (*fam*); **gagner le ~** aufs offene Meer [hinaus]fahren; **prendre le ~** *fam* (*s'enfuir*) das Weite suchen; (*s'esquiver*) sich aus dem Staub machen (*fam*); **au ~ de la côte** vor der Küste

largement [larʒəmɑ̃] *adv* ❶ weit; **une opinion ~ répandue** eine weit verbreitete Meinung
❷ (*amplement*) bei weitem; **vous avez ~ le temps** Sie haben reichlich Zeit; **Marseille est ~ premier** Marseille führt mit Abstand; **~ assez** weitaus genug; **~ trop** viel zu viel; **déborder ~ du sujet** weit über das Thema hinausgehen
❸ (*généreusement*) reichlich; *indemniser, récompenser* reichlich, großzügig; **poivrer ~** kräftig pfeffern
❹ (*au minimum*) mindestens, gut; **il est ~ onze heures** es ist längst elf Uhr
❺ *fam* (*assez*) **c'est ~ suffisant** das reicht gut; **il y en a déjà ~** es ist schon genug davon da

largesse [larʒɛs] *f* ❶ *pl* (*dons*) Zuwendungen *Pl; d'un individu* großzügige Gaben; **faire des ~s** großzügig sein
❷ *soutenu* (*générosité*) Großzügigkeit *f*

largeur [larʒœr] *f* ❶ Breite *f;* **couper dans la ~** der Breite nach schneiden
❷ (*opp: mesquinerie*) **~ d'esprit** [*o* **d'idées**] liberale Gesinnung; **~ de vues** Aufgeschlossenheit *f*
▸ **dans les grandes ~s** *fam* gewaltig (*fam*), gründlich (*fam*)

largo [largo] MUS **I.** *adv* largo
II. *m* Largo *nt*

larguer [large] <1> *vt* ❶ NAUT losmachen; herunterlassen *échelle;* klarmachen *voile*
❷ AVIAT abwerfen; absetzen *parachutistes, troupes;* sprühen *eau, insecticide*
❸ *fam* (*laisser tomber*) fallen [*o* sausen *fam*] lassen, hinschmeißen (*fam*) *projets, travail;* **~ un ami** mit einem Freund Schluss machen; **~ un employé** einen Angestellten hinauswerfen; **se faire ~ par qn** von jdm den Laufpass kriegen (*fam*); (*être renvoyé*) [von jdm] rausgeschmissen werden (*fam*); **je largue tout!** ich schmeiß alles hin! (*fam*)
❹ SPORT hinter sich (*Dat*) lassen, abhängen
❺ *fig* **être largué(e)** (*ne plus comprendre*) hinterher sein

larme [larm] *f* ❶ Träne *f;* **~s de joie** Freudentränen; **qc vous tire les ~s** etw treibt einem die Tränen in die Augen; **en ~s** in Tränen [aufgelöst]
❷ *fam* (*goutte*) Tropfen *m;* **une ~ de champagne?** ein Schlückchen *nt* Champagner?
▸ **verser [*o* pleurer] toutes les ~s de son corps** sich (*Dat*) die Augen ausweinen [*o* aus dem Kopf weinen]; **avoir la ~ à l'œil** weinen wollen; **avoir des ~s dans la voix** mit tränenerstickter Stimme sprechen; **avoir les ~s aux yeux** Tränen in den Augen haben; **les ~s lui viennent aux yeux** jdm kommen die Tränen; **pleurer à chaudes ~s** heiße Tränen vergießen; **avoir la ~ facile** beim geringsten Anlass in Tränen ausbrechen; **y aller de sa [petite] ~** vor Rührung weinen; **écraser une ~** eine Träne zerdrücken (*fam*); **fondre en ~s** in Tränen ausbrechen; **rire aux ~s** Tränen lachen
◆ **~s de crocodile** *fam* Krokodilstränen *Pl*

larmoiement [larmwamɑ̃] *m* ❶ MED Tränen *nt* [der Augen]
❷ *gén pl* (*pleurnicheries*) Geflenne *nt kein Pl* (*fam*)

larmoyant(e) [larmwajɑ̃, jɑ̃t] *adj* rührselig (*fam*); *ton, voix, personne* weinerlich; *œil* tränend; **comédie ~e** Rührstück *nt*

larmoyer [larmwaje] <6> *vi* ❶ *œil:* tränen; *voix:* weinerlich sein; **l'affaire fait ~ qn** die Angelegenheit treibt jdm die Tränen in die Augen
❷ (*pleurnicher*) **~ sur qc** über etw (*Akk*) jammern

larron [larɔ̃] *m vieilli* Dieb *m*
▸ **s'entendre comme ~s en foire** wie Pech und Schwefel zusammenhalten; **le troisième ~** *littér* der lachende Dritte

larvaire [larvɛr] *adj* ❶ ZOOL Larven-
❷ (*primitif*) unterentwickelt; **être à l'état ~** unterentwickelt [*o* im Anfangsstadium] sein

larve [larv] *f* ❶ ZOOL Larve *f*
❷ *péj fam* (*chiffe molle*) Waschlappen *m* (*fam*)
❸ (*personne déchue*) menschliches Wrack

larvé(e) [larve] *adj* ❶ (*latent*) *état* latent; *conflit* schwelend; *inflation* schleichend; *guerre* verdeckt; *dictature, opposition* verkappt
❷ MED heimtückisch, versteckt; *fièvre* schleichend

laryngé(e) [larɛ̃ʒe] *adj,* **laryngien(ne)** [larɛ̃ʒjɛ̃, jɛn] *adj* Kehlkopf-

laryngite [larɛ̃ʒit] *f* Kehlkopfentzündung *f,* Laryngitis *f* (*Fachspr.*)

laryngologie [larɛ̃gɔlɔʒi] *f* MED Laryngologie *f*

larynx [larɛ̃ks] *m* Kehlkopf *m,* Larynx *m* (*Fachspr.*)

las(se) [lɑ, lɑs] *adj* ❶ *personne* müde, abgespannt; *geste* müde
❷ *littér* **être ~(se) de qc** einer S. (*Gen*) müde [*o* überdrüssig] sein; **être ~(se) de faire qc** es müde [*o* leid] sein etw zu tun; **~(se) de vivre** lebensmüde

lasagne [lazaɲ] <[s]> *f* Lasagne *f*

lascar [laskar] *m fam* Schlauberger *m* (*fam*)

lascif, -ive [lasif, -iv] *adj* lasziv

lascivement [lasivmɑ̃] *adv* lasziv

lasciveté [lasivte] *f,* **lascivité** [lasivite] *f littér* Laszivität *f,* Sinnlichkeit *f*

laser [lazɛr] **I.** *m* Laser *m*
II. *app* Laser-; **platine ~** Laserplatte *f*

lasérothérapie [lazeroterapi] *f* Laserstrahlenbehandlung *f,* Laserstrahlentherapie *f*

lassant(e) [lɑsɑ̃, ɑ̃t] *adj* ermüdend; *reproches* zermürbend; **les enfants, vous êtes ~s!** Kinder, ihr strapaziert meine Nerven!

lasser [lɑse] <1> **I.** *vt* ermüden; überstrapazieren *patience;* **~ qn** jdm auf die Nerven fallen; **être lassé(e) de qc** einer S. (*Gen*) müde sein, einer S. (*Gen*) überdrüssig sein, etw satt haben (*fam*); **être lassé(e) de tout** alles satt haben (*fam*); **être lassé(e) de faire qc** es müde [*o* leid] sein etw zu tun
II. *vpr* **se ~ de qc** einer S. (*Gen*) müde [*o* überdrüssig] werden; **je ne me lasse pas de ce film** ich kann von diesem Film nicht genug bekommen; **se ~ de faire qc** es müde werden etw zu tun; **sans se ~** ohne es satt zu kriegen (*fam*)

lassitude [lɑsityd] *f* ❶ (*fatigue physique*) Müdigkeit *f,* Mattigkeit *f*
❷ (*fatigue morale*) Überdruss *m;* **abandonner par ~** aus Überdruss aufgeben; **accepter par ~** um des [lieben] Friedens willen zustimmen (*fam*)

lasso [laso] *m* Lasso *m o nt;* **prendre au ~** mit dem Lasso [ein]fangen

lasure [lazyʀ] *f* Lasur *f*

latence [latɑ̃s] *f* ❶ MED Latenz *f;* **période de ~** Latenzzeit *f,* Inkubationszeit *f;* PSYCH Latenzperiode *f*
❷ POL **phase/temps de ~** Phase *f* gespannter Ruhe

latent(e) [latɑ̃, ɑ̃t] *adj* latent; *antagonisme, conflit* unterschwellig; *complicité* heimlich; **à l'état ~** unterschwellig; **contenu ~ d'un rêve** verschlüsselte Bedeutung eines Traumes

latéral(e) [lateʀal, o] <-aux> *adj* ❶ (*de côté*) Seiten-, seitlich; **entrée ~e** Seiteneingang *m*
❷ SPORT **jeu ~** Flügelspiel *nt,* Spiel *nt* über Außen; **arrière ~** Außenverteidiger *m*

latérale [lateʀal] *f* PHON Lateral[laut *m*] *m*

latéralement [lateʀalmɑ̃] *adv* seitlich, von der Seite

latéralisation [lateʀalizasjɔ̃] *f* Lateralisierung *f* (*Fachspr.*), Lateralisation *f* (*Fachspr.*)

latéralisé(e) [lateʀalize] *adj* **bien/mal ~(e)** gut/schlecht lateralisiert (*Fachspr.*)

latérite [lateʀit] *f* MINER Laterit *m*

latex [latɛks] *m* Latex *m;* BOT Latex *m,* Milchsaft *m*

latin [latɛ̃] *m* **le ~** Latein *nt,* das Lateinische; *v. a.* **allemand**
▶ **~ de cuisine** Küchenlatein *nt;* **y perdre son ~** mit seinem Latein am Ende sein; **c'est à y perdre son ~** das ist ja zum Verrücktwerden! (*fam*)

latin(e) [latɛ̃, in] *adj* ❶ GEOG, HIST, LING lateinisch; *thème, version* lateinisch, Latein-; *civilisation, histoire* römisch
❷ (*opp: anglo-saxon*) romanisch; *tempérament* südländisch
❸ REL (*opp: orthodoxe*) römisch-katholisch; *croix* lateinisch

Latin [latɛ̃] *m* ❶ (*latiniste*) Latiner(in) *m(f)*
❷ HIST Römer(in) *m(f)*
❸ GEOG (*opp: Anglo-saxons*) Südländer(in) *m(f)*

latiniser [latinize] <1> *vt* latinisieren

latinisme [latinism] *m* Latinismus *m*

latiniste [latinist] *mf* ❶ (*étudiant, élève*) Lateiner(in) *m(f),* Lateinschüler(in) *m(f)*
❷ (*spécialiste*) Latinist(in) *m(f)*

latinité [latinite] *f* ❶ (*caractère*) südländische Art
❷ HIST lateinische Welt [*o* Kultur]

latino-américain(e) [latinoameʀikɛ̃, ɛn] <latino-américains> *adj* lateinamerikanisch **Latino-américain(e)** [latinoameʀikɛ̃, ɛn] <Latino-américains> *m(f)* Lateinamerikaner(in) *m(f)*

latitude [latityd] *f* ❶ GEOG Breite *f*
❷ (*degré*) Breitengrad *m;* **~ nord/sud** nördliche/südliche Breite; **être à 45° de ~ nord** auf 45° nördlicher Breite liegen
❸ *pl* (*régions*) Breiten *Pl;* **sous nos ~s** in unseren Breiten
❹ (*liberté*) [Handlungs]spielraum *m,* [Handlungs]freiheit *f;* **toute ~** freie Hand

latrines [latʀin] *fpl* Latrine *f*

latte [lat] *f* ❶ Latte *f*
❷ *pl* SKI *fam* Bretter *Pl* (*fam*)
▶ **coup de ~** *fam* [Fuß]tritt *m*

latté [late] *m* (*matériau*) Holzlatten *Pl* zur Vertäfelung

latté(e) [late] *adj plafond* vertäfelt; *panneau* aus Holzlatten

latter [late] <1> *vt* mit Latten verschlagen

lattis [lati] *m* Lattengestell *nt*

laudanum [lodanɔm] *m* Laudanum *nt*

laudateur, -trice [lodatœʀ, -tʀis] *m, f littér* Lobredner(in) *m(f);* **n'écoutez pas les ~s** hört nicht auf die Schmeichler (*Akk*)

laudatif, -ive [lodatif, -iv] *adj* lobend

lauréat(e) [lɔʀea, at] **I.** *adj* preistragend; **les élèves/étudiants ~s** die [mit einem Preis] ausgezeichneten Schüler/Studenten
II. *m(f)* Preisträger(in) *m(f);* **~(e) du prix Nobel** Nobelpreisträger(in) *m(f)*

laurier [lɔʀje] *m* ❶ BOT Lorbeer[baum *m*] *m*
❷ GASTR Lorbeer *m*
❸ *pl* (*gloire*) Lorbeeren *Pl;* **~s de la victoire** Siegeslorbeeren; **se couvrir de ~s** Lorbeeren ernten; **s'endormir** [*o* **se reposer**] **sur ses ~s** sich auf seinen Lorbeeren ausruhen

laurier-cerise [lɔʀjes(ə)ʀiz] <lauriers-cerises> *m* Kirschlorbeer *m* **laurier-rose** [lɔʀjeʀoz] <lauriers-roses> *m* Oleander *m* **laurier-sauce** [lɔʀjesos] <lauriers-sauce> *m* echter Lorbeer **laurier-tin** [lɔʀjetɛ̃] <lauriers-tins> *m* Steinlorbeer *m*

lavable [lavabl] *adj* abwaschbar; *tissu, vêtement* waschecht; **~ en machine** waschmaschinenfest; **~ uniquement à la main** nur Handwäsche

lavabo [lavabo] *m* ❶ Waschbecken *nt*
❷ *pl* (*toilettes*) Toilette *f*

lavage [lavaʒ] *m* Wäsche *f; des murs* Reinigung *f,* Abwaschen *nt; du sol* [Auf]wischen *nt; d'une plaie* Auswaschen *nt,* Reinigen *nt;* **~ à qc** *d'un tissu* Reinigen mit etw; *des cheveux, du linge* Waschen *nt* mit etw; *du sol* Putzen *nt* mit etw; **~ à 30°** 30-Grad-Wäsche; **~ du linge** Wäschewaschen *nt;* **au ~** beim Waschen; **au troisième ~** bei der dritten Wäsche
◆ **~ de cerveau** Gehirnwäsche *f;* **~ d'estomac** Magenspülung *f;* **~ de tête** *fam* Kopfwäsche *f* (*fam*)

lavallière [lavaljɛʀ] *f* Künstlerschleife *f*

lavande [lavɑ̃d] **I.** *f* ❶ Lavendel *m*
❷ (*parfum*) Lavendel[wasser *nt*] *m*
II. *app inv* lavendelblau

lavandière [lavɑ̃djɛʀ] *f vieilli* Waschfrau *f*

lavandin [lavɑ̃dɛ̃] *m* Lavandinpflanze *f* (*Hybride aus Lavendel und Großem Speik*)

lavasse [lavas] *f fam* [dünne] Brühe (*fam*); **ce café, c'est de la vraie ~** das ist richtiger Blümchenkaffee (*fam*)

lave [lav] *f* Lava *f*

lavé(e) [lave] *adj* ❶ (*trop délayé*) *couleur* verwaschen
❷ ART *dessin* laviert
❸ *fig bleu* blassblau

lave-glace [lavglas] <lave-glaces> *m* Scheibenwaschanlage *f;* **donner un coup de ~** die Scheibe kurz ansprühen **lave-linge** [lavlɛ̃ʒ] *m inv* Waschmaschine *f* **lave-mains** [lavmɛ̃] *m inv* [kleines] Handwaschbecken

lavement [lavmɑ̃] *m* ❶ MED Einlauf *m*
❷ REL Waschung *f*

laver [lave] <1> **I.** *vt* ❶ waschen; spülen, abwaschen *vaisselle;* abwaschen, reinigen *mur;* wischen *sol;* reinigen *plaie;* **~ l'estomac à qn** jdm den Magen auspumpen; **~ qc à la machine/au lave-linge** etw in [*o* mit] der Maschine/Waschmaschine waschen; **~ qc à la serpillière** etw mit dem Scheuerlappen wischen; **~ qc à l'éponge** etw mit dem Schwamm reinigen; **~ qc à la main** etw von Hand waschen; **~ qc au jet** etw abspritzen; **~ qc au lave-vaisselle** etw in der Spülmaschine spülen
❷ (*disculper*) **~ qn d'un soupçon** jdn von einem Verdacht entlasten [*o* reinwaschen]; **~ un affront** eine Beleidigung rächen
❸ ART lavieren
II. *vpr* ❶ **se ~** sich waschen; **se ~ qc** sich (*Dat*) etw waschen; **se ~ les dents** sich (*Dat*) die Zähne putzen
❷ (*être lavable*) gewaschen werden; **se ~ à 90°** sich bis 90° waschen lassen; **le cuir ne se lave pas** Leder lässt sich nicht waschen
❸ (*s'innocenter*) **se ~ de qc** sich von etw reinwaschen

laverie [lavʀi] *f* Wäscherei *f;* **~ automatique** Waschsalon *m*

lavette [lavɛt] *f* ❶ (*chiffon*) Spültuch *nt*
❷ CH (*gant de toilette*) Waschlappen *m*
❸ *fig fam* (*personne*) Waschlappen *m* (*fig fam*)

laveur, -euse [lavœʀ, -øz] *m, f* ◆ **~(-euse) de carreaux** Fensterputzer(in) *m(f);* **~(-euse) de voitures** Autowäscher(in) *m(f)*

laveuse [lavøz] *f* CAN (*lave-linge*) Waschmaschine *f*
◆ **~ de** [*o* **à**] **vaisselle** CAN *fam* (*lave-vaisselle*) Geschirrspülmaschine *f*

lave-vaisselle [lavvɛsɛl] *m inv* Geschirrspülmaschine *f*

lavis [lavi] *m* ❶ (*technique*) Laviertechnik *f;* **au ~** in Laviertechnik
❷ (*œuvre*) Lavur *f,* lavierte Zeichnung

lavoir [lavwaʀ] *m* Waschhaus *nt*

lawrencium [lɔʀɑ̃sjɔm] *m* Lawrencium *nt*

L

laxatif [laksatif] *m* Abführmittel *nt,* Laxativ[um] *nt* (*Fachspr.*)
laxatif, -ive [laksatif, -iv] *adj* abführend; **remède** ~ Abführmittel *nt;* **être** ~(**-ive**) abführend wirken
laxisme [laksism] *m* Laxheit *f,* laxe Haltung
laxiste [laksist] **I.** *adj* lax, locker
II. *mf* jd, der eine laxe Haltung hat; **les ~s sont au pouvoir** die Vertreter eines laxen Führungsstils sind an der Regierung
layette [lɛjɛt] *f* Babywäsche *f,* Babykleidung *f;* **le rayon** ~ die Abteilung für Babyausstattung
Lazare [laza:ʀ(ə)] *m* Lazarus *m*
lazaret [lazaʀɛ] *m* Quarantänestation *f*
lazzi [lazi] *m* Spott *m;* **sous les ~s de la foule** unter dem Gespött der Menge
le [lə] <*devant une voyelle ou un h muet* l'> **I.** *art déf* der/die/das; ~ **chien**/~ **chat**/~ **cochon** der Hund/die Katze/das Schwein
II. *pron pers* ❶ (*se rapportant à une personne masc*) **elle ~ voit/l'aime** sie sieht/liebt ihn; **elle ~ suit/l'aide** sie folgt/hilft ihm
❷ *avec laisser* ihn; **il ~ laisse conduire la voiture** er lässt ihn das Auto fahren
❸ (*se rapportant à un animal ou un objet masc*) **là-bas, il y a un chien/chat/cochon, ~ vois-tu?** da drüben ist ein Hund/eine Katze/ein Schwein, siehst du ihn/sie/es?; **où est mon porte-monnaie/sac? Je ne ~ trouve pas!** wo ist mein Geldbeutel/meine Tasche? Ich finde ihn/sie nicht!; **c'est ton chien/chat/cochon? Je l'ai aidé à sortir de l'eau** ist das dein Hund/deine Katze/dein Schwein? Ich habe ihm/ihr/ihm aus dem Wasser geholfen
❹ (*valeur neutre*) **tu es déçu(e), je ~ comprends** du bist enttäuscht, das verstehe ich; **je l'espère bien!** ich hoffe es [sehr]!
❺ *avec un présentatif* er; ~ **voici** [*o* **voilà**]! hier [*o* da] ist er!; ~ **voilà tout propre** jetzt ist er [wieder] sauber
lé [le] *m d'une étoffe, d'un papier peint* Bahn *f*
L.E.A. [ɛləa] *abr de* **Langues étrangères appliquées** *Studiengang in Frankreich, in dem neben lebenden Fremdsprachen landes- und berufsbezogenes Wissen vermittelt wird*
leader [lidœʀ] *m* ❶ COM Marktführer *m*
❷ SPORT Spitzenreiter(in) *m(f);* (*équipe*) Beste(r) *f(m),* Stärkste(r) *f(m);* **il est ~ du classement** er ist Tabellenerster [*o* Tabellenführer *m*] *m*
❸ (*chef*) Führer(in) *m(f)*
leadership [lidœʀʃip] *m* Führungsrolle *f,* Führungsposition *f*
leasing [liziŋ] *m* Leasing *nt*
léchage [leʃaʒ] *m* ❶ *rare* (*léchement*) Lecken *nt*
❷ (*fignolage*) Ausfeilen *nt*
lèche [lɛʃ] *f fam* Kriecherei *f* (*fam*); **faire de la ~ à qn** vor jdm kriechen (*fam*)
lèche-botte[**s**] [lɛʃbɔt] *mf inv fam* Kriecher(in) *m(f)* (*fam*), Speichellecker(in) *m(f)* (*pej*); **faire du ~ à qn** vor jdm kriechen (*fam*) **lèche-cul** [lɛʃky] <lèche-culs> *mf vulg* Arschkriecher(in) *m(f)* (*vulg*)
lèchefrite [lɛʃfʀit] *f* Fettpfanne *f*
lécher [leʃe] <5> **I.** *vt* ❶ ablecken *assiette, cuillère, visage;* auslecken *bol, plat;* auflecken *lait;* [sch]lecken *glace;* ~ **la main à qn** jdm die Hand [ab]lecken
❷ (*effleurer*) ~ **qc** *vagues:* etw umspülen; *flammes:* an etw (*Dat*) emporzüngeln
❸ (*fignoler*) ~ **qc** an etw (*Dat*) [herum]basteln; **être léché(e)** *œuvre, tableau:* ausgefeilt sein
II. *vpr* **se ~ qc** sich (*Dat*) etw ablecken; **un animal se lèche qc** ein Tier leckt sich (*Dat*) etw
lécheur, -euse [leʃœʀ, -øz] *m, f péj* Kriecher(in) *m(f)* (*fam*), Schleimer(in) *m(f)* (*sl*)
lèche-vitrines [lɛʃvitʀin] *m sans pl* ❶ (*courses*) Einkaufsbummel *m*
❷ (*après la fermeture des magasins*) Schaufensterbummel *m;* **faire du ~** einen Einkaufsbummel/Schaufensterbummel machen
lécithine [lesitin] *f* BIO Lezithin *nt*
leçon [l(ə)sɔ̃] *f* ❶ SCOL (*à apprendre*) Lektion *f;* ~ **d'histoire** Geschichtslektion
❷ (*cours*) Stunde *f;* ~ **de physique** Physikstunde; **prendre des ~s de piano/danse** Klavier-/Tanzunterricht nehmen; ~ **particulière** Privatstunde *f*
❸ (*rattrapage*) Nachhilfestunde *f*
❹ (*morale*) Lehre *f,* Lektion *f;* **les ~s de l'expérience** die Lehren, die man aus der Erfahrung zieht; **servir de ~ à qn** jdm eine Lehre sein; **tirer une** [*o* **la**] ~ **de qc** aus etw eine [*o* die] Lehre ziehen; **que cela te serve de ~!** das möge [*o* soll] dir eine Lehre sein!
❺ (*réprimande*) Lektion *f;* **donner une ~ à qn** jdm eine Lektion erteilen
▸ **avoir** [**bien**] **appris sa ~** *élève:* seine Lektion erhalten haben; (*répéter servilement*) sein Sprüchlein gut aufsagen; **faire la ~ à qn** (*mettre en garde*) jdn ins Gebet nehmen (*fam*); (*réprimander*) jdm die Leviten lesen (*fam*); *professeur, parents:* jdm eine Strafpredigt [*o* eine Standpauke] halten (*fam*); **ne pas avoir de ~ de qc à recevoir de qn** sich (*Dat*) von jdm in etw (*Dat*) nichts sagen lassen müssen; **réciter sa ~** (*répéter servilement*) etw herbeten
lecteur [lɛktœʀ] *m* ❶ (*personne qui lit*) Leser *m*
❷ (*personne qui fait la lecture*) Vorleser *m*
❸ UNIV, SCOL Lektor *m;* **poste de ~** Lektorenstelle *f*
❹ AUDIOV Lesegerät *nt;* ~ **de son** Tonabnehmer *m;* ~ **de cassettes** Kassettenrekorder *m;* ~ **de CD** CD-Player *m,* CD-Spieler *m;* ~ **de CD portable** tragbarer CD-Player, Diskman® *m;* ~ **laser vidéo** Video-CD-Player
❺ INFORM Laufwerk *nt;* ~ **de bandes** Magnetbandleser *m;* ~ **de cartes** [**perforées**] Lochkartenleser; ~ **de CD-ROM** CD-ROM-Laufwerk; ~ **de disquettes** Diskettenlaufwerk; ~ **de DVD** DVD-Laufwerk; ~ **optique** Scanner *m;* **introduire une disquette dans le ~** eine Diskette in das Laufwerk schieben; **un ~ de disquettes 3,5 pouces** ein 3,5-Zoll-Diskettenlaufwerk
lectrice [lɛktʀis] *f* ❶ (*personne qui lit*) Leserin *f*
❷ (*personne qui fait la lecture*) Vorleserin *f*
❸ UNIV, SCOL Lektorin *f;* **poste de ~** Lektorinnenstelle *f*
lecture [lɛktyʀ] *f* ❶ Lesen *nt;* **aimer la ~** gern lesen; **apprendre la ~** lesen lernen; **être d'une ~ difficile** schwer zu lesen sein
❷ (*action de lire à haute voix*) Vorlesen *nt;* **avoir une ~ hésitante** zögernd vorlesen; **faire la ~ de qc à qn** jdm etw vorlesen; **en première/deuxième ~** POL in erster/zweiter Lesung; **donner ~ de qc** etw verlesen
❸ (*façon d'interpréter*) Auslegung *f,* Lesart *f*
❹ (*qc qui se lit*) Lektüre *f,* Lesestoff *m;* REL Lesung *f;* **j'ai emporté de la ~** ich habe Lesestoff [*o* etwas zum Lesen] mitgebracht; **mauvaises ~s** Schund[lektüre *f*] *m*
❺ AUDIOV, INFORM Lesen *nt;* ~ **optique** optische Zeichenerkennung
ledit, ladite [lədi, ladit, ledi, ledit] <lesdit(e)s> *adj antéposé* der/die/das Genannte, besagte(r, s)
légal(**e**) [legal, o] <-aux> *adj* gesetzlich; *moyens, voies* gesetzlich, legal; *âge* gesetzlich [vorgeschrieben]; *cours* amtlich; **règle ~e** Gesetzesvorschrift *f;* **texte ~** Gesetzestext *m;* **fête ~e** gesetzlicher Feiertag; **l'heure ~e** Normalzeit *f;* **moyens légaux** Rechtsmittel *Pl;* **par les voies ~es** (*légalement*) auf legalem Wege; (*par les autorités*) auf dem Rechtsweg; **une décision ~e** eine rechtmäßige Entscheidung
légalement [legalmɑ̃] *adv* ❶ (*conformément à la loi*) legal, rechtmäßig; **j'ai agi ~** ich habe rechtmäßig gehandelt
❷ (*au vu de la loi*) vom rechtlichen Standpunkt aus gesehen; **il est ~ coupable** nach dem Gesetz ist er schuldig
légalisation [legalizasjɔ̃] *f* ❶ *d'un avortement, d'une drogue* Legalisierung *f*

❷ (*authentification*) amtliche Beglaubigung

légaliser [legalize] <1> *vt* ❶ (*autoriser*) legalisieren
❷ (*authentifier*) [amtlich] beglaubigen; **faire ~ qc** etw [amtlich] beglaubigen lassen

légalisme [legalism] *m* strikte Gesetzestreue, Legalismus *m*

légaliste [legalist] **I.** *adj* an Vorschriften starr festhaltend, legalistisch; **être très ~** starr an Vorschriften festhalten, das Gesetz strikt befolgen
II. *mf* Mensch, der starr an Vorschriften festhält [*o* das Gesetz strikt befolgt], Legalist(in) *m(f)*, Paragraphenreiter(in) *m(f)* (*pej fam*)

légalité [legalite] *f* ❶ (*respect de la loi*) Legalität *f*, Gesetzlichkeit *f*; **sortir de la ~** sich außerhalb der Legalität bewegen; **rentrer dans la ~** wieder auf dem Boden des Gesetzes stehen
❷ (*régularité*) *d'un gouvernement, d'une loi* Rechtmäßigkeit *f*

légat [lega] *m* Gesandte(r) *m*

légataire [legatɛʀ] *mf* Erbe *m*/Erbin *f*, Legatar(in) *m(f)* (*Fachspr.*); **~ universel(le)** Universalerbe *m*/-erbin *f*

légation [legasjɔ̃] *f* Gesandtschaft *f*, Legation *f* (*Fachspr.*), ständige Auslandsvertretung [eines Staates]

légendaire [leʒɑ̃dɛʀ] *adj* ❶ (*mythique*) *animal* Fabel-; *figure* Sagen-; *histoire* sagenhaft, legendär
❷ (*célèbre*) legendär

légende [leʒɑ̃d] *f* ❶ (*mythe*) Sage *f*, Legende *f*; **un personnage de ~** eine legendäre Gestalt
❷ (*explication*) *d'une carte, d'un plan* Legende *f*; *d'une photo* [Bild]unterschrift *f*
❸ (*affabulation*) Märchen *nt*
▸ **entrer dans la ~** in die Geschichte eingehen

légender [leʒɑ̃de] <1> *vt* mit einer Legende versehen *carte, dessin*

léger, -ère [leʒe, -ɛʀ] *adj* ❶ (*opp: lourd*) leicht; *vêtement* leicht, dünn; **industrie légère** Leichtindustrie *f*; **poids ~** Leichtgewicht *nt*
❷ (*de faible intensité*) leicht; *peine* mild; *doute, soupçon* leicht, leise; *bruit* schwach; *couche de neige* dünn; *ironie* fein; **les blessés ~s** die Leichtverletzten
❸ LITTER, MUS leicht; **musique légère** Unterhaltungsmusik *f*; **poésie légère** leichte [*o* heitere] Poesie
❹ (*gracieux, délicat*) anmutig; *nuages* zart
❺ (*insouciant*) unbeschwert; **d'un cœur ~** leichten Herzens
❻ (*frivole*) *comportement, personne* unbesonnen, leichtfertig
❼ (*volage, grivois*) *personne* frivol; *comportement, propos* lose; **femme légère** leichtes Mädchen; **mœurs légères** lose Sitten *Pl*
❽ *péj* (*superficiel*) oberflächlich
▸ **à la légère** leichtfertig; **il prend tout à la légère** er nimmt alles auf die leichte Schulter

légèrement [leʒɛʀmɑ̃] *adv* ❶ (*un peu*) etwas, ein bisschen
❷ *euph* (*vraiment*) leicht
❸ (*avec des choses légères*) leicht; **s'habiller ~** etwas Leichtes anziehen
❹ (*avec grâce, délicatement*) anmutig, leicht; **marcher plus ~** etwas leichtfüßiger gehen
❺ (*sans gravité*) leicht; **~ handicapé(e)** leicht behindert
❻ (*sans réfléchir*) unbesonnen, leichtfertig

légèreté [leʒɛʀte] *f* ❶ (*faible poids*) Leichtheit *f*, Leichtigkeit *f*
❷ (*faible intensité*) *d'une peine* Milde *f*
❸ GASTR *d'un plat, repas, vin* Leichtheit *f*; **être d'une grande ~** sehr leicht sein
❹ (*grâce, délicatesse*) Anmut *f*; *des couleurs* Sanftheit *f*, Zartheit *f*
❺ (*insouciance*) Leichtfertigkeit *f*
❻ (*grivoiserie*) Leichtfertigkeit *f*; *d'une histoire* Anzüglichkeit *f*
❼ (*superficialité*) Oberflächlichkeit *f*

légiférer [leʒifeʀe] <5> *vi* Gesetze erlassen

légion [leʒjɔ̃] *f* ❶ HIST Legion *f*
❷ (*multitude*) Schar *f*, Heer *nt*; **être/ne pas être ~** zahlreich/nicht zahlreich sein, es wie Sand am Meer geben *fam*/ dünn gesät sein

Légion [leʒjɔ̃] *f* ❶ MIL **la ~ étrangère** die Fremdenlegion; **s'engager dans la ~** in die Fremdenlegion eintreten
❷ (*décoration*) **~ d'honneur** Ehrenlegion *f*; **recevoir la ~ d'honneur** zum Mitglied der Ehrenlegion ernannt werden

> **i Land & Leute**
>
> Napoleon Bonaparte stiftete im Jahre 1802 den nationalen Orden **Légion d'honneur**, mit dem Zivilpersonen und Militärs für besondere Verdienste auch heute noch ausgezeichnet werden.

légionnaire [leʒjɔnɛʀ] **I.** *m* ❶ HIST Legionär *m*
❷ MIL Fremdenlegionär *m*
II. *mf* (*membre de la Légion d'Honneur*) Mitglied *nt* der Ehrenlegion

législateur, -trice [leʒislatœʀ, -tʀis] *m, f* Gesetzgeber(in) *m(f)*

législatif, -ive [leʒislatif, -iv] *adj* gesetzgebend; **pouvoir ~** gesetzgebende Gewalt; **élections législatives** Parlamentswahlen *Pl*

législation [leʒislasjɔ̃] *f* (*ensemble des lois*) Recht *nt*, Gesetzgebung *f*; **la ~ française** das französische Recht; **~ criminelle** Strafrecht

législatives [leʒislativ] *fpl* Parlamentswahlen *Pl*

législature [leʒislatyʀ] *f* Legislaturperiode *f*

légiste [leʒist] *mf* Jurist(in) *m(f)*

légitimation [leʒitimasjɔ̃] *f* ❶ POL Legitimation *f* (*geh*)
❷ JUR Ehelich[keits]erklärung *f*

légitime [leʒitim] *adj* ❶ JUR rechtsgültig; *enfant* ehelich; **femme ~** Ehefrau *f*
❷ (*justifié*) berechtigt

légitimement [leʒitimmɑ̃] *adv* legitimerweise; JUR rechtmäßig; **on pourrait ~ en conclure que** es wäre durchaus gerechtfertigt [*o* rechtens], daraus zu schließen, dass

légitimer [leʒitime] <1> *vt* ❶ (*justifier*) rechtfertigen
❷ (*reconnaître*) für rechtmäßig erklären, legitimieren (*geh*) *titre*
❸ JUR legitimieren; als ehelich anerkennen [*o* erklären], legitimieren *enfant*; **être légitimé(e)** *enfant:* als ehelich erklärt werden; *union:* legitimiert [*o* rechtsgültig geschlossen] werden

légitimiste [leʒitimist] **I.** *adj parti* legitimistisch
II. *mf a.* HIST Legitimist(in) *m(f)*

légitimité [leʒitimite] *f* Rechtmäßigkeit *f*; **en toute ~** ganz legitim

legs [lɛ(g)] *m* ❶ JUR [Ersatz]vermächtnis *nt*; **faire un ~ à un musée** einem Museum ein Vermächtnis aussetzen
❷ *littér* (*héritage*) Erbe *nt*

léguer [lege] <5> *vt* ❶ JUR **~ qc à qn** jdm etw vermachen [*o* vererben] [*o* hinterlassen]
❷ (*transmettre*) hinterlassen *œuvre*; vererben *tradition*

légume [legym] **I.** *m* ❶ Gemüse *nt kein Pl*; **~s secs** Hülsenfrüchte *Pl*; **~s verts** grünes Gemüse
❷ *fam* (*malade*) **terminer sa vie à l'état de ~** vor seinem Tod nur noch vor sich (*Akk*) hin vegetieren
II. *f* ▸ **une grosse ~** *fam* ein hohes Tier (*fam*)

légumier [legymje] *m* ❶ (*pièce de vaisselle*) Gemüseschüssel *f*
❷ (*producteur de légumes*) Gemüseanbauer *m*

légumier, -ière [legymje, -jɛʀ] **I.** *adj culture, fruit* Gemüse-
II. *m* BELG Gemüsehändler *m*

légumineuse [legyminøz] *f* ❶ Hülsenfrucht *f*
❷ *pl* (*famille de plantes*) Hülsenfrüchtler *Pl*

leitmotiv [lajtmɔtif, lɛtmɔtiv] <- *o* leitmotive> *m* Leitmotiv *nt*

Léman [lemɑ̃] *v.* **lac**

lémuriens [lemyʀjɛ̃] *mpl* ZOOL Makis *Pl*, Lemuren *Pl*

lendemain [lɑ̃dmɛ̃] *m* ❶ *sans pl* (*jour suivant*) **le ~** am Tag darauf, am [darauf] folgenden Tag, tags darauf; **le ~ soir** am

nächsten [*o* darauf folgenden] Abend
❷ (*temps qui suit*) **au ~ du mariage** kurz nach der Hochzeit
❸ (*avenir*) Zukunft *f;* **aventure sans ~** flüchtige [Liebes]abenteuer
❹ (*conséquence*) Folge *f*
▸ **triste comme un ~ de fête** trostlos; **des ~s qui chantent** eine bessere Zukunft; **il ne faut pas** [*o* **jamais**] **remettre au ~ ce qu'on peut faire le jour même** *prov* was du heute kannst besorgen, das verschiebe nicht auf morgen
lénifiant(e) [lenifjɑ̃, jɑ̃t] *adj* [schmerz]lindernd; *propos* beschwichtigend
léninisme [leninism] *m* Leninismus *m*
léniniste [leninist] **I.** *adj* leninistisch
II. *mf* Leninist(in) *m(f)*
lent(e) [lɑ̃, lɑ̃t] *adj* ❶ langsam; *esprit* schwerfällig; *musique* getragen; **aller à pas ~s** langsam [*o* gemächlich] gehen; **il est ~ à comprendre** es dauert lange, ehe er begreift; **décidément, vous êtes ~s à comprendre!** ihr seid wirklich schwer von Begriff! (*pej*)
❷ (*qui met du temps à opérer*) langsam; *poison* schleichend
lente [lɑ̃t] *f* Nisse *f*
lentement [lɑ̃tmɑ̃] *adv* langsam
▸ **~, mais sûrement** langsam, aber sicher; **hâte-toi/hâtez-vous ~** Eile mit Weile (*prov*)
lenteur [lɑ̃tœʀ] *f* ❶ Langsamkeit *f; des travaux* schleppendes Vorangehen; **se déplacer avec ~** langsam gehen
❷ *pl* (*atermoiements*) Umständlichkeit *f;* **les ~s de l'administration** der schwerfällige Verwaltungsapparat
◆ **~ d'esprit** geistige Trägheit *f*
lentigo [lɑ̃tigo] *m* MED Lentigo *nt* (*Fachspr.*)
lentille [lɑ̃tij] *f* ❶ BOT Linse *f*
❷ *pl* GASTR Linsen *Pl;* **plat de ~s** Linsengericht *nt*
❸ OPT Linse *f;* **~ concave/convexe** Streu-/Sammellinse; **~s** [**cornéennes**] Kontaktlinsen *Pl;* **~s dures/souples** harte/weiche [Kontakt]linsen
◆ **~s de contact** Kontaktlinsen *Pl*
lentisque [lɑ̃tisk] *m* BOT Mastixstrauch *m*
lento [lɛ̃to] MUS **I.** *adv* lento
II. *m* Lento *nt*
Léonard [leɔnaʀ] *m* ❶ Leonhard *m*
❷ HIST **~ de Vinci** Leonardo da Vinci
léonin(e)[1] [leɔnɛ̃, in] *adj* ❶ (*qui évoque le lion*) löwenartig
❷ *fig société, partage* leoninisch
léonin(e)[2] [leɔnɛ̃, in] *adj* POES **vers ~** leoninischer Vers *m,* Leonitas *m*
léopard [leɔpaʀ] *m* ❶ Leopard *m;* **~ femelle** Leopardenweibchen *nt*
❷ (*fourrure*) Leopardenfell *nt*
L.E.P. [ɛløpe, lɛp] *m abr de* **lycée d'enseignement professionnel** Berufsschule *f*
lepénisme [løpenism] *m Ideologie des Front National und seines Gründers Le Pen*
lepéniste [løpenist] *mf* Anhänger(in) *m(f)* des Front National
lépidoptères [lepidɔptɛʀ] *mpl* Schmetterlinge *Pl,* Falter *Pl*
lépiote [lepjɔt] *f* BOT Schirmpilz *m,* Schirmling *m*
lépisme [lepism] *f* ZOOL Silberfischchen *nt*
lèpre [lɛpʀ] *f* ❶ MED Lepra *f,* Aussatz *m;* **atteint(e) de la ~** an Lepra erkrankt
❷ (*ce qui ronge*) **mur rongé de ~** vom Alter zerfressene Mauer
❸ *littér* (*mal*) Plage *f*
lépreux, -euse [lepʀø, -øz] **I.** *adj* ❶ MED leprakrank, leprös (*Fachspr.*)
❷ (*rongé*) heruntergekommen; *édifice* verwahrlost
II. *m, f* Leprakranke(r) *f(m)*
▸ **traiter qn en** [*o* **comme un**] **~** jdn wie einen Aussätzigen behandeln
léproserie [lepʀozʀi] *f* Leprakrankenhaus *nt*
lepton [lɛptɔ̃] *m* PHYS Lepton *nt*
lequel, laquelle [ləkɛl, lakɛl, lekɛl] <lesquels, lesquelles> **I.** *pron interrog* ❶ (*se rapportant à une personne*) welcher/welche/welches; **regarde cette fille! – Laquelle?** sieh nur dieses Mädchen! – Welches?; **~/laquelle d'entre vous ...?** wer von euch ...?; **auxquels de ces messieurs devrai-je m'adresser?** an welche dieser Herren soll ich mich wenden?; **demandez à l'un de vos élèves, n'importe ~!** fragen Sie einen Ihrer Schüler, ganz gleich welchen!
❷ (*se rapportant à un animal, un objet*) welcher/welche/welches; **je ne sais lesquels prendre!** ich weiß nicht, welche ich nehmen soll!; **~ de ces chiens/flacons ...?** welcher dieser Hunde/welches dieser Fläschchen ...?
II. *pron rel* ❶ (*se rapportant à une personne*) der/die/das; **la concierge, laquelle ...** die Hausmeisterin, die ...; **la personne à laquelle je fais allusion** die Person, auf die [*o* welche] ich anspiele; **les grévistes, au nombre desquels il se trouve** die Streikenden, zu denen er zählt
❷ (*se rapportant à un animal, un objet*) der/die/das; **une maison, laquelle ...** ein Haus, das ...; **la situation délicate dans laquelle nous nous trouvons** die heikle Situation, in der [*o* welcher] wir uns befinden; **la liberté, au nom de laquelle ...** die Freiheit, in deren Namen ...
lérot [leʀo] *m* ZOOL Gartenschläfer *m*
les [le] **I.** *art déf* die
II. *pron pers* ❶ (*se rapportant à des personnes*) **elle ~ voit/suit** sie sieht sie/folgt ihnen
❷ *avec laisser* sie; **il ~ laisse conduire la voiture** er lässt sie das Auto fahren
❸ (*se rapportant à des animaux ou objets*) **là-bas, il y a des chiens/des sacs, ~ vois-tu?** da drüben sind Hunde/Taschen, siehst du sie?; **ce sont tes chats? Je ~ ai aidés à sortir de l'eau** sind das deine Katzen? Ich habe ihnen aus dem Wasser geholfen
❹ *avec un présentatif* sie; **~ voici** [*o* **voilà**]**!** hier [*o* da] sind sie!; **~ voilà tout** [*o* **tous**] **propres/toutes propres** jetzt sind sie [wieder] sauber
lesbien(ne) [lɛzbjɛ̃, jɛn] *adj* lesbisch
lesbienne [lɛzbjɛn] *f* Lesbierin *f*
lèse-majesté [lɛzmaʒɛste] *v.* **crime**
léser [leze] <5> *vt* ❶ (*désavantager*) benachteiligen; **être lésé(e)** benachteiligt sein/werden; JUR übervorteilt werden; **partie lésée** Geschädigte(r) *f(m),* übervorteilte Partei
❷ (*nuire*) **~ les intérêts de qn** jds Interessen (*Dat*) schaden
❸ (*blesser*) verletzen
lésiner [lezine] <1> *vi* **~ sur qc** mit etw geizen
lésion [lezjɔ̃] *f* Verletzung *f*
lésionnel(le) [lezjɔnɛl] *adj* MED Verletzungs-
lessivable [lesivabl] *adj* abwaschbar
lessivage [lesivaʒ] *m d'un mur* Abwaschen *nt; du sol* Schrubben *nt*
lessive [lesiv] *f* ❶ (*détergent*) Waschmittel *nt;* **~ en poudre/liquide** Waschpulver *nt*/flüssiges Waschmittel
❷ (*lavage*) Wäsche *f;* **jour de ~** Waschtag *m;* **faire la ~** [Wäsche] waschen
❸ (*linge à laver*) [Schmutz]wäsche *f*
lessiver [lesive] <1> *vt* ❶ schrubben *pièce, sol;* abwaschen *murs*
❷ *fam* (*épuiser*) **être lessivé(e)** total erledigt [*o* kaputt] sein (*fam*)
❸ *fam* (*dépouiller*) **se faire ~ au jeu** im Spiel um sein Geld gebracht werden
lessiveuse [lesivøz] *f* Waschkessel *m*
lest [lɛst] *m* Ballast *m*
▸ **jeter** [*o* **lâcher**] **du ~** Ballast abwerfen; (*faire des concessions*) Zugeständnisse machen
lestage [lɛstaʒ] *m* Trimmen *nt* von Ballast
leste [lɛst] *adj* ❶ (*vif*) behänd[e] (*geh*); **un vieillard encore ~** ein noch rüstiger Alter; **d'un pas ~** mit behänden Schritten

lettre

• Formule de début de lettre	• Anrede in Briefen
Mon cher/Ma chère ...,	Liebe/r ...,
Salut, ...!	Hallo, ...!/Hi, ...! *(fam)*
Cher Monsieur/Chère Madame ...,	Liebe/r Frau/Herr ...,
Monsieur/Madame ... *(form)*	Sehr geehrte/r Frau/Herr ... *(form)*
Madame, Monsieur/Mesdames, Messieurs	Sehr geehrte Damen und Herren ...

• Formule de fin de lettre	• Schlussformeln in Briefen
Salut! *(fam)*	Tschüss! *(fam)*/Ciao! *(fam)*
Bonne chance!	Alles Gute! *(fam)*
Je vous/t'embrasse bien fort	Herzliche/Liebe Grüße *(fam)*
Grosses bises	Viele (liebe) Grüße
Je vous prie/Nous vous prions d'agréer, Madame .../ Monsieur ..., mes/nos très sincères salutations.	Mit (den) besten Grüßen
Je vous prie/Nous vous prions de croire, Madame .../ Monsieur ..., à l'assurance de mes/nos sentiments distingués. *(form)*	Mit freundlichen Grüßen *(form)*

(geh)
② *(grivois)* gewagt, pikant

lestement [lɛstəmɑ̃] *adv* behend *(geh)*; **mener ~ une affaire** ein Geschäft zügig abwickeln

lester [lɛste] <1> **I.** *vt* ① *(garnir de lest)* Ballast laden, beschweren; **être lesté(e) de qc** mit etw beschwert sein
② *fam (remplir)* **~ ses poches** sich *(Dat)* die Taschen vollstopfen *(fam)*
II. *vpr fam* **se ~** sich vollstopfen *(fam)*; **se ~ l'estomac** sich *(Dat)* den Bauch vollschlagen *(fam)*

létal(e) [letal, o] <-aux> *adj* BIO *gène* letal

letchi [letʃi] *m* ① *(arbre)* Litschibaum *m*
② *(fruit)* Litschi *f*, Lychee *f*

léthargie [letaʀʒi] *f* Lethargie *f*; **tomber en ~** in Lethargie verfallen; **sortir** [*o* **tirer**] **qn de sa ~** jdn aus seiner Lethargie herausreißen

léthargique [letaʀʒik] *adj* ① *(engourdi)* lethargisch; **c'est un esprit ~** er/sie ist lethargisch; **mettre qn dans un état ~** *chaleur:* jdn ganz benommen [*o* lethargisch] machen
② MED lethargisch

letton [lɛtɔ̃] *m* **le ~** Lettisch *nt*, das Lettische; *v. a.* **allemand**

letton(e) [lɛtɔ̃, ɔn] *adj* lettisch

Letton(e) [lɛtɔ̃, ɔn] *m(f)* Lette *m*/Lettin *f*

Lettonie [lɛtɔni] *f* **la ~** Lettland *nt*

lettre [lɛtʀ] *f* ① *(missive)* Brief *m*; **~ exprès** Eilbrief; **~ ouverte** offener Brief; **~ piégée** Briefbombe *f*; **~ recommandée avec avis de réception** Einschreibebrief mit Rückschein; **~ d'affaires/d'amour/de menaces** Geschäfts-/Liebes-/Drohbrief; **mettre une ~ à la poste** einen Brief aufgeben; **par ~** brieflich
② *(signe graphique)* Buchstabe *m*; **remplir en ~s capitales!** in Großbuchstaben ausfüllen!; **c'est en grosses ~s dans les journaux** es steht ganz groß in den Zeitungen; **écrivez les mots en toutes ~s!** schreiben Sie die Wörter aus!
③ *pl* UNIV *(opp: sciences)* Geisteswissenschaften *Pl*; **professeur de ~s** Professor(in) *m(f)* für Philologie; **section de ~s classiques/modernes** Fachbereich *m* für Alt-/Neuphilologie
④ *sans pl (sens strict)* **la ~ du règlement** der [genaue] Wortlaut der Bestimmungen; **la ~ du terme** der Wortsinn; **à la ~** aufs Wort [genau]; **prendre qc à la ~** etw [wort]wörtlich nehmen
▶ **obtenir** [*o* **acquérir**] **ses ~s de noblesse** sich *(Dat)* einen Namen machen; **perdre ses ~s de noblesse** seinen [guten] Ruf einbüßen; **c'est à écrire en ~s d'or** das sollte mit goldenen Lettern geschrieben werden; **passer comme une ~ à la poste** *fam* reibungslos [*o* glatt] über die Bühne gehen; *proposition:* ohne weiteres angenommen [*o* akzeptiert] werden; **cinq ~s** *euph* Scheibenkleister *m (fam)*; **rester ~ morte** unbeachtet bleiben; **en toutes ~s** *(opp: en chiffres)* in Worten; *(sans abréviation)* ausgeschrieben; *(écrit noir sur blanc)* schwarz auf weiß; *(sans doute possible)* klar und deutlich; **avant la ~** vorzeitig
◆ **~ de cachet** königlicher Haftbefehl; **~ de candidature** Bewerbungsschreiben *nt*; **~ de confirmation** Bestätigungsschreiben *nt*; **~ de créance** Beglaubigungsschreiben *nt*; **~ de crédit** Kreditbrief *m*; **~ de démission** Kündigungsschreiben *nt*; **~ de gage** Pfandbrief *m*; **~ d'invitation** Einladungsschreiben *nt*; **~ de licenciement** Entlassungsschreiben *nt*; **~ de rappel** Abberufungsschreiben *nt*; **~ de réclamation** Beschwerdebrief *m*; **~ de recommandation** Empfehlungsschreiben *nt*; **~ de transport** Frachtbrief *m*

lettré(e) [letʀe] *adj* gebildet

lettrine [letʀin] *f* TYP Kolumnentitel

leu [lø] *v.* **queue**

leucémie [løsemi] *f* MED Leukämie *f*

leucémique [løsemik] **I.** *adj* MED *personne* an Leukämie leidend; **être ~** an Leukämie leiden
II. *mf* MED Leukämiekranke(r) *f(m)*; **c'est un/une ~** er/sie ist an Leukämie erkrankt

leucocyte [løkɔsit] *m* MED weißes Blutkörperchen, Leukozyt *m*

leucome [løkom] *m* MED Leukom *nt*

leucorrhée [løkɔʀe] *f* MED Weißfluss *m*, Leukorrhö[e] *f* *(Fachspr.)*

leur[1] [lœʀ] *pron pers, inv* ① *(se rapportant à des personnes)* **je ~ ai demandé s'ils/si elles venaient** ich habe sie gefragt, ob sie kommen; **je ~ ai répondu que je venais** ich habe ihnen geantwortet, dass ich komme
② *(se rapportant à des animaux ou objets)* **ces sont tes chiens/poules? tu ~ as donné à manger?** sind das deine Hunde/Hühner? hast du ihnen [schon] zu fressen gegeben?; **tu as vu mes sacs/ceintures comme ils/elles brillent? Je ~ ai donné un coup de brosse!** hast du gesehen, wie meine Taschen/Gürtel glänzen? Ich habe sie mit der Bürste poliert!
③ *avec faire, laisser* sie; **il ~ laisse/fait conduire la voiture** er lässt sie das Auto fahren
④ *avec être, devenir, sembler soutenu* **cela ~ semble bon**

das erscheint ihnen gut; **son amitié ~ est chère** seine/ihre Freundschaft ist ihnen teuer (*geh*); **ça ~ est bon de rentrer au pays** es tut [ihnen] gut heimzukommen; **le café ~ devenait indispensable** sie konnten nicht mehr auf den Kaffee verzichten
⑤ *fam* (*pour renforcer*) **elle va pas ~ faire une grippe maintenant?** sie wird denen doch jetzt keine Grippe ausbrüten wollen? (*hum fam*)
⑥ (*avec un sens possessif*) **le cœur ~ battait fort** ihre Herzen schlugen heftig

leur² [lœʀ] <leurs> **I.** *dét poss* ihr(e); *pl* ihre; **les enfants et ~ père/mère** die Kinder und ihr Vater/ihre Mutter; **les arbres perdent ~s feuilles** die Bäume verlieren ihre Blätter; **à ~ avis** ihrer Meinung nach; **à ~ approche** als sie näherkommen; **à ~ bénéfice/détriment** zu ihren Gunsten/ihrem Nachteil
II. *pron poss* ① **le/la ~** der/die/das ihre [*o* ihrige *veraltet geh*], ihre(r, s); **les ~s** die ihren [*o* ihrigen *veraltet geh*], ihre; **ce n'est pas notre valise, c'est la ~** es ist nicht unser Koffer, es ist der ihre [*o* es ist ihrer]; **cette maison est la ~** dies ist ihr Haus, dieses Haus gehört ihnen [*o* ist das ihre *geh*]
② *pl* (*ceux de leur famille*) **les ~s** ihre Angehörigen [*o* Familie], die Ihrigen (*geh*); (*leurs partisans*) ihre Anhänger, die Ihren (*geh*); **vous êtes des ~s** Sie gehören zu ihnen, Sie sind einer von ihnen
③ *pl* (*partisans, disciples*) **eux et les ~s** sie und ihre Anhänger
III. *adj poss littér* **qc est ~** etw ist der/die/das ihre [*o* ihrige *veraltet geh*]; **cet objectif est ~** das ist ihr Ziel; **ces principes, ils les ont faits ~s** sie haben sich diese Prinzipien zu eigen gemacht

leurre [lœʀ] *m* ① (*artifice*) Trick *m*, Täuschungsmanöver *nt*
② PECHE künstlicher Köder; CHASSE Federspiel *nt*; MIL Attrappe *f*

leurrer [lœʀe] <1> **I.** *vt* täuschen; **se laisser ~ par qc** sich von etw täuschen lassen
II. *vpr* **se ~** sich Illusionen hingeben, sich (*Dat*) etwas vormachen

leurs [lœʀ] *v.* **leur**

levage [ləvaʒ] *m* ① GASTR *d'une pâte* Gehen *nt*
② (*action de soulever*) [An]heben *nt*

levain [ləvɛ̃] *m* ① (*pour pain*) Sauerteig *m*; (*pour gâteau*) Vorteig *m*; **pain au/sans ~** Sauerteigbrot/ungesäuertes Brot
② (*germe*) Keimzelle *f*

levant [ləvɑ̃] **I.** *adj v.* **soleil**
II. *m* (*est*) Osten *m*, Morgenland *nt*

levantin(e) [ləvɑ̃tɛ̃, in] *adj vieilli* levantinisch

levé [l(ə)ve] *m* ◆ **~ de terrain** Landvermessung *f*

levé(e) [l(ə)ve] *adj* ① (*haussé*) *poing, main* erhoben
② (*dressé*) *menhir* aufgestellt
③ (*debout*) *personne* aufgestanden

levée [l(ə)ve] *f* ① POST Leerung *f*; **heures de ~** Leerungszeiten *Pl*
② (*cessation*) Aufhebung *f*
③ MIL *des troupes* Aushebung *f* (*veraltet*); *des recrues* Einberufung *f*
◆ **~ de boucliers** heftiger Widerstand; **~ du corps** Aussegnung *f* des/der Toten; **~ des scellés** Entsiegelung *f*; **~ de terre** Erdaufschüttung *f*

lève-glace [lɛvglas] <lève-glaces> *m* Fensterheber *m*

lever [l(ə)ve] <4> **I.** *vt* ① (*soulever*) [hoch]heben; hochkurbeln *vitre d'une auto*; hochschieben *vitre dans un train*; hochziehen *store*; hochziehen, aufziehen *rideau de théâtre*; heben *jambe, tête, visage*; **~ le bras** (*pour prendre qc/pour saluer*) den Arm in die Höhe strecken/zum Gruß heben; **~ la main** die Hand heben; (*pour prendre la parole*) sich zu Wort melden; **~ le nez** [*o* **les yeux**] aufblicken; **ne pas ~ la tête** [*o* **le nez**] **de son livre** nicht von seinem Buch aufsehen [*o* aufblicken]
② (*sortir du lit*) aus dem Bett holen *enfant*; **~ un malade** einem Kranken beim Aufstehen helfen; **faire ~ qn** jdn zum Aufstehen bringen, jdn aus dem Bett holen
③ (*faire cesser*) aufheben; schliessen *séance*; zerstreuen *doute*; tilgen *hypothèque*; **être levé(e)** *séance:* geschlossen werden [*o* sein]; *résistances:* beseitigt werden [*o* sein]
④ FIN, FISC aufbringen *capitaux*; erheben *impôt*
⑤ MIL aufstellen *armée*; einziehen, einberufen *recrues*
⑥ CHASSE (*avec un bruit*) aufscheuchen; (*avec un leurre*) anlocken
⑦ *fam* (*draguer*) aufreißen (*sl*)
⑧ (*établir*) erstellen *plan*
⑨ CARTES **~ [les cartes]** die Karten an sich nehmen
II. *vpr* **se ~** ① (*se mettre debout*) sich erheben; **se ~ de table** vom Tisch aufstehen
② (*sortir du lit*) aufstehen; **il s'est levé** er ist aufgestanden [*o* auf *fam*]; **sitôt** [*o* **à peine**] **levé, il se mit au bureau** gleich nach dem Aufstehen [*o* kaum auf den Beinen,] setzte er sich an den Schreibtisch
③ (*commencer à paraître*) *lune, soleil:* aufgehen; *jour, aube:* anbrechen
④ (*se soulever*) *rideau:* aufgehen; *main:* sich [er]heben
⑤ (*commencer à s'agiter*) *mer:* unruhig werden; *vent:* aufkommen; *orage:* aufziehen
⑥ (*devenir meilleur*) *temps:* aufklaren; *brouillard:* sich lichten
III. *vi* ① (*gonfler*) *pâte:* gehen; **faire ~ la pâte** *levure:* den Teig aufgehen lassen; **laisser** [*o* **faire**] **~ la pâte** *personne:* den Teig gehen lassen
② (*pousser*) sprießen, aufkeimen; *semence, plante:* aufgehen
IV. *m d'une personne* Aufstehen *nt*; **le ~ du roi** die Morgenaudienz des Königs; **au ~ du soleil** bei Sonnenaufgang
◆ **~ du jour** Tagesanbruch *m*; **~ du** [*o* **de**] **rideau** Beginn *m* der Vorstellung; **avant le ~ du rideau** bevor der Vorhang aufgeht

lève-tard [lɛvtaʀ] *mf inv* Langschläfer(in) *m(f)* **lève-tôt** [lɛvto] *mf inv* Frühaufsteher(in) *m(f)* **lève-vitre** [lɛvvitʀ] <lève-vitres> *m* Fensterheber *m*

levier [ləvje] *m* ① (*pour soulever*) Hebel *m*; **faire ~ sur qc** den Hebel an etw (*Dat*) ansetzen; **faire ~ sur la pelle** den Schaufelstiel als Hebel nutzen
② (*tige de commande*) Hebel *m*; **~ de commande/de [changement de] vitesse** Schalthebel; **~ de frein** Handbremshebel
③ (*stimulant*) Antrieb *m*
▸ **être aux ~s de commande** das Steuer in der Hand haben

lévitation [levitasjɔ̃] *f* Levitation *f*

levraut [ləvʀo] *m* [Hasen]junge(s) *nt*

lèvre [lɛvʀ] *f* ① *de la bouche* Lippe *f*; **~ inférieure/supérieure** Unter-/Oberlippe; **la cigarette aux ~s** die Zigarette im Mund
② *pl* (*parties de la vulve*) Schamlippen *Pl*; **grandes/petites ~s** äußere/innere [*o* große/kleine] Schamlippen
③ *pl* MED *d'une plaie* Ränder *Pl*
▸ **qn a qc sur les** [*o* **au bord des**] **~s** jdm liegt etw auf der Zunge; **ne pas desserrer les ~s** den Mund nicht aufmachen (*fam*); **être sur toutes les ~s** in aller Munde sein

levrette [ləvʀɛt] *f* ① (*femelle du lévrier*) Windhündin *f*
② (*sorte petite du lévrier d'Italie*) [italienisches] Windspiel *nt*

lévrier [levʀije] *m* Windhund *m*

levure [l(ə)vyʀ] *f a.* CHIM Hefe *f*, Germ *f* (A); **~ de boulanger** frische Hefe; **~ de bière** Bierhefe; **~ alsacienne** [*o* **chimique**] Backpulver *nt*

lexical(e) [lɛksikal] <-aux> *adj* lexikalisch

lexicographie [lɛksikɔgʀafi] *f* Lexikographie *f*

lexicologie [lɛksikɔlɔʒi] *f* Lexikologie *f*

lexique [lɛksik] *m* ① (*dictionnaire bilingue*) Wörterbuch *nt*; (*dictionnaire technique, spécialisé*) Lexikon *nt*, Wörterbuch; (*en fin d'ouvrage*) Glossar *nt*
② (*vocabulaire*) Wortschatz *m*, Lexik *f* (*Fachspr.*); *d'un auteur, texte* Wortschatz

lézard [lezaʀ] *m* ① Eidechse *f*; **~ femelle** Eidechsenweibchen *nt*

❷ (*peau*) Eidechs[en]leder *nt*
▸ faire le ~ *fam* sich in der Sonne räkeln (*fam*)
lézarde [lezaʀd] *f* Riss *m*
lézarder¹ [lezaʀde] <1> I. *vt* **être lézardé(e)** *façade, mur:* rissig sein
II. *vi fam* Sonne tanken (*fam*)
lézarder² [lezaʀde] <1> I. *vt* rissig machen *mur;* **être lézardé(e)** rissig sein
II. *vpr* **se ~** *mur:* rissig werden, Risse bekommen
liaison [ljɛzɔ̃] *f* ❶ TELEC, MIL, TRANSP Verbindung *f;* **~ aérienne/routière** Luft-/Straßenverbindung; **~ ferroviaire** Zugverbindung, Eisenbahnverbindung; **~ maritime** Seeverbindung, Schiffsverbindung; **~ radio/téléphonique** Funk-/Telefonverbindung; **être en ~ directe avec qn** direkt mit jdm verbunden sein; **entrer en ~ avec Tokyo** mit Tokio Verbindung aufnehmen; **mettre qn en ~ avec qn** jdn mit jdm in Verbindung setzen; **restons en ~!** bleiben wir [doch] in Verbindung!; **se tenir en ~ avec qn** mit jdm in Verbindung [*o* Kontakt] bleiben; **travailler en ~ étroite avec qn** mit jdm eng zusammenarbeiten
❷ (*enchaînement*) Zusammenhang *m;* **sans ~ avec le reste** in keinem Zusammenhang mit dem Rest; **il n'y a aucune ~ entre les deux événements** die beiden Ereignisse stehen in keinerlei Zusammenhang; **établir la ~ entre les deux crimes** die beiden Straftaten miteinander in Verbindung bringen
❸ PHON Liaison *f;* **faire la ~** die Liaison machen
❹ (*relation amoureuse*) Verhältnis *nt,* Liaison *f* (*geh*); **avoir/rompre une ~ avec qn** ein Verhältnis mit jdm haben/beenden
❺ GASTR Binden *nt;* **faire une ~ à l'œuf** mit einem Ei legieren
❻ MUS [Binde]bogen *m;* (*entre notes de même degré*) [Halte]bogen *m*
◆ **~ de données** Datenübermittlung *f,* Datenverbindung *f*
liane [ljan] *f* Liane *f*
liant [ljɑ̃] *m* ❶ *d'un métal* Geschmeidigkeit *f,* Elastizität *f*
❷ (*substance*) *d'un vernis* Bindemittel *nt*
liant(e) [ljɑ̃, ljɑ̃t] *adj* umgänglich, gesellig; **avoir l'esprit ~** kontaktfreudig sein
lias [ljas] *m* GEOL Lias *m o f*
liasse [ljas] *f de documents* Stoß *m; de billets* Bündel *nt;* **en ~ de cent** in Bündeln zu je hundert; **mettre des factures en ~ de cent** Rechnungen zu Bündeln von je hundert schnüren
Liban [libɑ̃] *m* **le ~** der Libanon
libanais(e) [libanɛ, ɛz] *adj* libanesisch
Libanais(e) [libanɛ, ɛz] *m(f)* Libanese *m*/Libanesin *f*
libations [libasjɔ̃] *fpl* ▸ faire des ~ [*o* **de joyeuses ~**] Trinkgelage *nt* veranstalten
libelle [libɛl] *m* (*diatribe*) Schmähschrift *f,* Pamphlet *nt*
libellé [libele] *m* Wortlaut *m;* **lire le ~ de l'acte d'accusation** die Anklageschrift verlesen
libeller [libele] <1> *vt* ❶ (*remplir, rédiger*) ausstellen *chèque;* aufsetzen *contrat*
❷ (*formuler*) abfassen *demande*
libellule [libelyl] *f* Libelle *f*
liber [libɛʀ] *m* BOT *de la tige, racine* Siebteil *m,* Phloem *nt* (*Fachspr.*)
libérable [libeʀabl] *adj* vom Militärdienst freistellbar; **militaire ~** zu entlassender Soldat
libéral(e) [libeʀal, o] <-aux> I. *adj* ❶ ECON, POL liberal; *démocratie* frei; **économie ~e** freie Marktwirtschaft
❷ (*non salarié*) *activité* freiberuflich; **professions ~es** selb(st)ständige Berufe
❸ (*tolérant*) *parent* tolerant; *éducation* frei
II. *m(f)* POL Liberale(r) *f(m)*
libéralement [libeʀalmɑ̃] *adv* großzügig
libéralisation [libeʀalizasjɔ̃] *f* Liberalisierung *f*
libéraliser [libeʀalize] <1> *vt* liberalisieren
libéralisme [libeʀalism] *m* ❶ ECON, POL Liberalismus *m*
❷ (*tolérance*) *d'une personne* Liberalität *f; d'un règlement* Großzügigkeit *f*
libéralité [libeʀalite] *f littér* ❶ *sans pl* (*générosité*) Großzügigkeit *f*
❷ *pl* (*dons*) Schenkung *f*
libérateur, -trice [libeʀatœʀ, -tʀis] I. *adj* befreiend
II. *m, f* Befreier(in) *m(f)*
libération [libeʀasjɔ̃] *f* ❶ (*mise en liberté*) *d'un détenu* [Haft]entlassung *f; d'un prisonnier politique* Freilassung *f;* **~ conditionnelle** bedingte Haftentlassung, bedingter Straferlass
❷ *a. fig* (*délivrance*) Befreiung *f;* **la ~ de la femme** die Befreiung [*o* Emanzipation] der Frau; **la Libération** die Befreiung (*Frankreichs von deutscher Besatzung*)
❸ CHIM, PHYS Freisetzung *f*

i Land & Leute

Die **Libération** ist die Befreiung Frankreichs von deutscher Besatzung am Ende des Zweiten Weltkrieges. Die Landung der Alliierten erfolgte am 6.6.1944 in der Normandie.

libératoire [libeʀatwaʀ] *adj* JUR, FIN *paiement* schuldentilgend; **prélèvement ~** pauschaler Steuerabzug *m* an der Quelle [*o* pauschale Abschöpfung] *f*
libéré(e) [libeʀe] *adj* (*émancipé*) emanzipiert
libérer [libeʀe] <5> I. *vt* ❶ (*relâcher*) freilassen; [aus der Haft] entlassen *condamné;* **être libéré(e)** freigelassen werden; *condamné:* [aus der Haft] entlassen werden; **libéré(e) sous conditions** bedingt freigelassen
❷ (*renvoyer*) entlassen *soldat, élève*
❸ (*délivrer*) befreien; **~ qn d'entraves** jdn aus einer Zwangslage befreien
❹ (*décharger*) **~ qn d'une charge** jdm eine Last abnehmen; **~ qn d'une corvée** jdn von einer Last befreien; **~ qn de sa dette** jds Schulden tilgen; **~ qn d'une obligation** jdn aus einer Verantwortung entlassen; **~ qn d'une promesse** jdn von einem Versprechen entbinden
❺ (*dégager*) frei machen *voie;* lösen *levier;* **~ le cran de sûreté de l'arme** die Waffe entsichern
❻ (*rendre disponible*) räumen *chambre;* **cela me libérerait un peu de temps** dadurch hätte ich etwas mehr Zeit
❼ (*déclencher*) auslösen *émotion;* wachrufen *instinct*
❽ (*soulager*) ausschütten *cœur;* erleichtern *conscience*
❾ ECON liberalisieren *échanges;* freigeben *prix*
❿ PHYS freisetzen
II. *vpr* ❶ **se ~ de ses liens** sich von seinen Fesseln befreien; **se ~ de ses soucis** seine Sorgen abschütteln; **se ~ de ses angoisses** sich von seinen Ängsten freimachen
❷ (*s'acquitter*) **se ~ d'une obligation** sich einer Verpflichtung (*Gen*) entledigen; **se ~ d'une dette** sich einer Schuld (*Gen*) entledigen
❸ (*se rendre libre*) **se ~** sich frei machen
❹ (*devenir vacant*) **se ~** *poste, place:* frei werden
libérien(ne) [libeʀjɛ̃, jɛn] *adj* liberianisch, liberisch
Libérien(ne) [libeʀjɛ̃, jɛn] *m(f)* Liberianer(in) *m(f),* Liberier(in) *m(f)*
libériste [libeʀist] *mf* Drachenflieger(in) *m(f)*
libéro [libeʀo] *m* FBALL Libero *m*
libertaire [libɛʀtɛʀ] I. *adj* libertär (*geh*)
II. *mf* Anarchist(in) *m(f)*
liberté [libɛʀte] *f* ❶ *sans pl* (*opp: oppression, emprisonnement*) Freiheit *f;* **privation de la ~** Freiheitsentzug *m;* **~ sous caution** Freilassung *f* gegen [eine] Kaution [*o* Sicherheitsleistung]; **mise en ~ d'un prisonnier politique** Freilassung *f* eines politischen Gefangenen; **en ~** (*opp: en captivité*) in Freiheit; (*opp: en prison*) auf freiem Fuß; **être en ~ provisoire/surveillée** vorläufig/auf Bewährung entlassen sein; **rendre la ~ à qn** jdn freilassen; **remettre qn/des animaux en ~** jdn/

Tiere wieder freilassen
❷ *sans pl* (*loisir*) freie Zeit; **quelques heures/jours de ~** einige freie Stunden/Tage
❸ JUR (*droit*) Freiheit *f;* **~s syndicales** gewerkschaftliche Rechte
❹ *sans pl* (*indépendance*) Freiheit *f,* Unabhängigkeit *f*
❺ *sans pl* (*absence de contrainte*) Ungezwungenheit *f;* **~ d'esprit/de jugement** geistige Unabhängigkeit/freie Meinungsbildung; **~ de langage** ungezwungene Ausdrucksweise; **~ de mœurs/d'action** Sitten-/Handlungsfreiheit; **toute ~ de choix** völlig freie Wahl; **chacun a sa ~ de jugement** jeder kann selbst urteilen [*o* sich (*Dat*) selbst ein Urteil bilden]; **avoir toute ~ pour faire qc** (*avoir tout pouvoir*) bevollmächtigt sein, etw zu tun; **s'exprimer avec une grande ~** ganz zwanglos sprechen; **laisser toute ~ à qn** jdm völlige Handlungsfreiheit [*o* völlig freie Hand] lassen; **parler en toute ~** völlig frei [*o* offen] sprechen; **prendre la ~ de faire qc** sich (*Dat*) erlauben [*o* die Freiheit nehmen], etw zu tun; **reprendre sa ~** (*quitter son conjoint*) sich von seinem Partner trennen; (*rompre un engagement*) von einer Verpflichtung zurücktreten
▸ **Liberté, Égalité, Fraternité** Freiheit, Gleichheit, Brüderlichkeit; **prendre des ~s avec qn** (*être trop familier*) sich (*Dat*) jdm gegenüber Freiheiten herausnehmen; (*sexuellement*) jdm gegenüber zudringlich werden; **prendre des ~s avec qc** mit etw freizügig umgehen; **ne pas prendre la moindre ~ avec qc** sich ganz genau an etw (*Akk*) halten
◆ **~ de conscience** Glaubensfreiheit *f;* **~ du culte** Konfessionsfreiheit *f;* **~ d'expression** Meinungsfreiheit *f;* **~ de mouvement** Bewegungsfreiheit *f;* (*marge de manœuvre*) Handlungsfreiheit; **~ d'opinion** Meinungsfreiheit *f;* **~ de la presse** Pressefreiheit *f*

libertin(e) [libɛʀtɛ̃, in] **I.** *adj personne* ausschweifend; *mœurs* locker; *roman* frivol; *propos* anzüglich; **adopter volontiers une attitude ~e** sich gern frivol geben
II. *m(f)* Libertin *m* (*geh*)

libertinage [libɛʀtinaʒ] *m d'une personne* ausschweifender [*o* unsolider] Lebenswandel, Zügellosigkeit *f; d'une œuvre* Frivolität *f*

libidineux, -euse [libidinø, -øz] *adj littér* lüstern

libido [libido] *f* Libido *f*

libraire [libʀɛʀ] *mf* Buchhändler(in) *m(f)*

librairie [libʀeʀi] *f* Buchhandlung *f;* **~ d'art** Kunstbuchhandlung; **en ~** im Buchhandel; **nouveautés parues en ~** Neuerscheinungen *Pl* auf dem Büchermarkt; **on ne trouve plus ce livre en ~** dieses Buch ist vergriffen [*o* nicht mehr im Handel]

librairie-papeterie [libʀɛʀipapɛtʀi] <librairies-papeteries> *f* Buch- und Schreibwarenhandlung *f*

libre [libʀ] *adj* ❶ *a.* POL frei; **être ~** *prisonnier:* frei [*o* auf freiem Fuß] sein
❷ (*opp: contraint*) **elle est ~ de ses choix** sie hat die freie Auswahl; **~ à vous de refuser** Sie können ablehnen
❸ (*disponible*) *personne, place, main* frei; **ne pas être ~** *personne:* keine Zeit haben; **se rendre ~** sich (*Dat*) Zeit nehmen; **se rendre ~ dans la matinée** sich (*Dat*) den Vormittag freihalten; **avoir une seule main [de] ~** nur eine Hand frei haben; **un seul jour de ~ dans la semaine** einen einzigen Tag pro Woche frei [*o* freien Tag pro Woche]; **si vous avez quelques heures de ~s** sollten Sie ein paar Stunden zur Verfügung haben; **il n'y a plus une seule cabine/un seul mécanicien de ~** es ist keine einzige Kabine/kein einziger Mechaniker mehr frei
❹ (*opp: marié*) *personne* frei; **son cœur est ~** er/sie hat sein/ihr Herz noch nicht verschenkt
❺ (*sans contrainte*) frei; *manières* ungezwungen; *propos, mœurs* locker; *discussion* offen; *esprit, tête* klar; **être ~ de tout préjugé/engagement** keinerlei Vorurteile/Verpflichtungen haben
❻ (*opp: fidèle*) *interprétation* frei
❼ (*opp: entravé*) *cheveux* offen; **sa respiration est plus ~** er/sie atmet freier; **laisser la taille/le cou ~** *robe:* nicht eng an der Taille/am Hals anliegen
❽ TECH *mécanisme* ausgerückt; **pignon/engrenage ~** Ritzel/Zahnradgetriebe, das frei durchdreht
❾ (*autorisé*) *entrée* frei; **parking ~ pour notre clientèle** kostenloser Kundenparkplatz; **~ accès à la mer** freier Zugang zum Meer
❿ (*opp: imposé*) frei; SCOL, UNIV wahlfrei; **exercices/figures ~s** SPORT Kür[übungen *Pl*]/Kür *f;* **le sujet de la dissertation est ~** das Thema der Abhandlung kann frei gewählt werden
⓫ COM, FIN *commerce* frei; *prix* unverbindlich

libre arbitre [libʀaʀbitʀ] *m sans pl* freier Wille, Willensfreiheit *f*

libre-échange [libʀeʃɑ̃ʒ] <libres-échanges> *m* Freihandel *m,* freier Handel [*o* Markt]; **zone de ~** Freihandelszone *f* **libre-échangiste** [libʀeʃɑ̃ʒist] <libres-échangistes> ECON **I.** *adj politique* Freihandels- **II.** *mf* Anhänger(in) *m(f)* einer Freihandelspolitik

librement [libʀəmɑ̃] *adv* frei; *traduire* frei; *s'exprimer* ungezwungen; **respirer plus ~** freier atmen; **avec lui, on peut parler ~** mit ihm kann man [ganz] offen reden

libre penseur, -euse [libʀəpɑ̃sœʀ, øz] <libres penseurs> *m, f* Freidenker(in) *m(f),* Freigeist *m*

libre-service [libʀəsɛʀvis] <libres-services> *m* ❶ (*magasin*) Selbstbedienungsgeschäft *nt,* Selbstbedienungsladen *m*
❷ (*restaurant*) Selbstbedienungsrestaurant *nt*
❸ *sans pl* (*système de vente*) Selbstbedienung *f*

librettiste [libʀetist] *mf* Librettist(in) *m(f)*

Libye [libi] *f* **la ~** Libyen *nt*

libyen(ne) [libjɛ̃, jɛn] *adj* libysch

Libyen(ne) [libjɛ̃, jɛn] *m(f)* Libyer(in) *m(f)*

lic. *m abr de* **licencié** CH lic. (CH)

lice [lis] ▸ **entrer en ~** in Aktion treten

licence [lisɑ̃s] *f* ❶ UNIV Licence *f* (*akademischer Grad nach mindestens dreijährigem Studium*), Lizentiat *nt* (CH) (*akademischer Abschlussgrad der geisteswissenschaftlichen und juristisch-volkswirtschaftlichen Fakultäten*); **~ ès sciences/ès lettres** Licence der Naturwissenschaften/der Geisteswissenschaften; **~ en droit** Licence der Rechtswissenschaften; **faire une ~ d'allemand** eine Licence in Deutsch machen
❷ SPORT Lizenz *f;* **joueur titulaire d'une ~** Lizenzspieler *m*
❸ JUR, ECON, ADMIN Lizenz *f;* **~ de pêche** Angelschein *m;* **payer une ~ annuelle** eine jährliche Lizenzgebühr zahlen; **fabriqué(e) sous ~** in Lizenz hergestellt
❹ (*liberté*) **~ poétique** dichterische Freiheit
❺ *sans pl littér* (*caractère licencieux*) **~ des mœurs** Verfall *m* der Sitten

i Land & Leute

Die **licence** ist ein akademischer Grad, den man in Frankreich nach mindestens dreijährigem Studium und in Belgien nach vier Jahren Studium erwerben kann. In der Schweiz ist sie ein akademischer Abschlussgrad der geisteswissenschaftlichen und juristisch-volkswirtschaftlichen Fakultäten.

licencié(e) [lisɑ̃sje] **I.** *adj* UNIV mit Licence; **être ~(e)** die Licence haben; **être ~(e) en droit/en allemand** eine Licence in Jura/in Deutsch haben; **être ~(e) ès [*o* de] lettres/sciences** eine Licence der Geisteswissenschaften/Naturwissenschaften haben
II. *m(f)* ❶ UNIV Lizentiat(in) *m(f)* (CH); **~(e) en droit** jd, der eine Licence in Jura hat; **~(e) ès [*o* de] lettres** jd, der eine Licence der Geisteswissenschaften hat
❷ SPORT Lizenzspieler(in) *m(f);* **être ~(e) de tennis** eine

Lizenz als Tennisspieler(in) haben

licenciement [lisɑ̃simɑ̃] *m* Entlassung *f;* ~**s** Entlassungen; ~ **abusif** unrechtmäßige [*o* widerrechtliche] Entlassung; ~ **collectif** Massenentlassung; ~ **économique** konjunkturbedingte Entlassung; ~ **illégal/sans préavis** widerrechtliche/fristlose Entlassung; ~ **pour motif économique** betriebsbedingte Kündigung; **lettre de** ~ Kündigung[sschreiben *nt*] *f*

licencier [lisɑ̃sje] <1a> *vt* entlassen

licencieux, -euse [lisɑ̃sjø, -jøz] *adj littér œuvre* anstößig; *propos* anzüglich; *mœurs, vie* zügellos

lichen [likɛn] *m* BOT Flechte *f*

lichette [liʃɛt] *f* ① *fam de pain* Scheibchen *nt*
② BELG (*petite attache*) *d'un vêtement* Aufhänger *m*

licite [lisit] *adj* zulässig

licol [likɔl] *m v.* **licou**

licorne [likɔʀn] *f* Einhorn *nt*
◆ ~ **de mer** Narwal *m*

licou [liku] *m* Halfter *m o nt*

lie [li] *f* ① (*dépôt*) [Boden]satz *m;* ~ **de vin** Weinstein *m*
② (*rebut*) Abschaum *m*
◆ ~ **de vin** *v.* **lie-de-vin**

lié(e) [lje] *adj* ① (*proche*) **être** ~**(e) avec qn** jdm nahe stehen; **ils sont très** ~**s** sie stehen sich (*Dat*) sehr nahe
② MUS *notes* gebunden; *notes de même degré* gehalten

Liechtenstein [liʃtɛnʃtajn] *m* **le** ~ Liechtenstein *nt*

liechtensteinois(e) [liʃtɛnʃtajnwa, waz] *adj* liechtensteinisch

Liechtensteinois(e) [liʃtɛnʃtajnwa, waz] *m(f)* Liechtensteiner(in) *m(f)*

lied [lid] <er *o* s> *m* Lied *nt*

lie-de-vin [lidvɛ̃] *adj inv* weinrot

liège [ljɛʒ] *m* Kork *m;* **bouchon de** ~ Korken *m*

Liège [ljɛʒ] Lüttich *nt*

liégeois(e) [ljeʒwa, az] *adj* ① (*de Liège*) aus Lüttich, Lütticher
② **café** ~ Eiskaffee *m;* **chocolat** ~ Eisschokolade *f*

Liégeois(e) [ljeʒwa, az] *m(f)* Lütticher(in) *m(f)*

lien [ljɛ̃] *m* ① (*attache*) Band *nt;* (*chaîne*) Fessel *f*
② (*rapport*) Verbindung *f;* ~ **entre deux/plusieurs choses** Zusammenhang *m* zwischen zwei/mehreren Dingen [*o* Verknüpfung *f*]; **il n'y a aucun** ~ **entre ces événements** diese Ereignisse sind in keiner Weise miteinander verknüpft; **sans aucun** ~ ohne jeglichen [logischen] Zusammenhang; **être sans** ~ **avec qc** in keinem Zusammenhang mit etw stehen
③ (*ce qui unit*) ~ **affectif** gefühlsmäßige Bindung; **développer des** ~**s affectifs avec qn** sich mit jdm anfreunden; **nouer des** ~**s avec qn** sich mit jdm anfreunden; **se découvrir un** ~ **de plus** eine weitere Gemeinsamkeit entdecken; **j'ai gardé des** ~**s en France** ich habe noch Verbindungen nach Frankreich; **un** ~ **très fort l'attache à sa patrie** er/sie ist seiner/ihrer Heimat eng verbunden; **le** ~ **qui les unit, c'est la haine** ihr Hass verbindet sie
④ *pl* (*ce qui contraint*) Fesseln *Pl* (*geh*)
⑤ INFORM Link *m*
◆ ~ **d'amitié** freundschaftliche Bande *Pl* (*geh*); ~ **de cause à effet** Kausalzusammenhang *m;* ~**s du mariage** eheliche Bande *Pl* (*geh*); ~ **de parenté** Verwandtschaftsverhältnis *nt;* **quel est votre** ~ **de parenté?** wie sind Sie/seid ihr miteinander verwandt?; ~**s du sang** Blutsbande *Pl* (*geh*); ~ **de travail** Arbeitsverhältnis *nt*

lier [lje] <1a> **I.** *vt* ① (*attacher*) zusammenbinden *choses;* ~ **qn à qc** jdn an etw (*Akk*) fesseln; **être lié(e)** *personne:* gefesselt sein; *chose:* zusammengebunden sein; (*avec de la ficelle*) zusammengeschnürt sein
② (*assembler*) binden *notes;* gebunden [aus]sprechen *mots;* ~ **deux mots par un trait d'union** zwei Wörter mit einem Bindestrich verbinden
③ GASTR legieren (*Fachspr.*)
④ CONSTR binden
⑤ (*mettre en relation*) **être lié(e) à qc** mit etw zusammenhängen [*o* im [*o* in] Zusammenhang [*o* in Verbindung] stehen]; **tout est lié!** alles hängt zusammen!; **ces événements sont étroitement liés** diese Ereignisse sind eng miteinander verknüpft; **ces souvenirs sont liés à mon enfance** diese Erinnerungen sind an meine Kindheit geknüpft
⑥ (*unir*) ~ **qn/qc à qn/qc** jdn/etw mit jdm/etw verbinden; **être lié(e) à qn/qc** mit jdm/etw verbunden sein; **se sentir profondément lié(e) à sa terre natale** sich seiner Heimat tief verbunden fühlen; *v. a.* **lié**
⑦ (*astreindre*) **être lié(e) par un serment** durch einen Schwur gebunden sein
II. *vpr* ① **se** ~ **à** [*o* **avec**] **qn** sich mit jdm anfreunden; **ne pas se** ~ **facilement** nicht so leicht Freundschaft schließen
② JUR **se** ~ **par contrat** sich vertraglich binden

lierre [ljɛʀ] *m* Efeu *m*

liesse [ljɛs] *f* **en** ~ laut jubelnd; **foule en** ~ laut jubelnde Menge

lieu¹ [ljø] <x> *m* ① *a.* JUR Ort *m;* ~ **public** öffentlicher Ort; ~ **de débauche/de perdition** Ort der Ausschweifung/des Lasters [*o* Lasterhöhle] *f;* **avez-vous noté la date et le** ~ **du rendez-vous?** haben Sie Zeit und Ort der Verabredung notiert?
② *pl* (*locaux*) Räumlichkeiten *Pl;* **en tous** ~**x** *littér* allerorts (*geh*); **sur les** ~**x du crime/de l'accident** am Tatort/Unfallort; **être déjà sur les** ~**x** *police:* sich bereits an Ort und Stelle [*o* vor Ort] befinden; **évacuer les** ~**x** eine Örtlichkeit räumen; *bandit:* den Tatort verlassen; **faire vider les** ~**x à qn** *police:* jdn vertreiben
③ (*endroit particulier*) **haut** ~ **de la Résistance** Hochburg *f* der Résistance; **haut** ~ **d'art** Zentrum *nt* der Kunst; **les Lieux saints** die heiligen Stätten; **en haut** ~ an höherer Stelle; **en** ~ **sûr** (*à l'abri*) in Sicherheit; (*en prison*) hinter Schloss und Riegel
④ (*dans une succession*) **en premier/second/dernier** ~ an erster/zweiter/letzter Stelle, als Erstes/Zweites/Letztes, zuerst/anschließend/schließlich; **ce n'est pas le** ~ **de faire qc** (*il ne convient pas*) es ist nicht angebracht, etw zu tun; (*ce n'est pas l'endroit pour*) es ist hier nicht der Ort, etw zu tun; (*ce n'est pas le moment pour*) es ist nicht der richtige Zeitpunkt, etw zu tun
⑤ (*place*) **avoir** ~ stattfinden; *événement, accident:* sich ereignen; **tenir** ~ **de qc à qn** jdm etw ersetzen; **au** ~ **de qc/de faire qc** [an]statt einer S. (*Gen*)/etw zu tun; **au** ~ **de cela** stattdessen
⑥ (*raison*) **avoir tout** ~ **de faire qc** *personne:* allen Grund [*o* Anlass] haben, etw zu tun; *chose:* dazu angetan sein, etw zu tun (*geh*); **il y a tout** ~ **de faire qc** es ist durchaus angebracht, etw zu tun; **il n'y a pas** ~ **de s'inquiéter** es besteht kein Grund [*o* Anlass] zur Beunruhigung; **s'il y a** ~ wenn nötig; **donner** ~ **à qc** (*provoquer*) zu etw führen; (*fournir l'occasion de*) den Anlass zu etw geben
◆ ~ **de culte** Kultstätte *f;* ~ **de la manifestation** Veranstaltungsort *m;* ~ **de naissance** Geburtsort *m;* ~ **de pèlerinage** Wallfahrtsort *m;* ~ **de rendez-vous** [*o* **de rencontre**] Treffpunkt *m;* ~ **de séjour** Aufenthaltsort *m;* ~ **de travail** Arbeitsstätte *f,* Arbeitsort *m*

lieu² [ljø] <s> *m* ZOOL Seelachs *m;* ~ **jaune** Pollack *m;* ~ **noir** Seelachs *m*

lieu commun [ljøkɔmœ̃] <lieux communs> *m* Gemeinplatz *m*

lieu[-]dit [ljødi] <lieux[-]dits> *m Ort, der/Stelle, die einen Flurnamen trägt;* **le car s'arrête au** ~ **de la "Pierre du Diable"** der Bus hält am „Pierre du Diable"

lieue [ljø] *f* (*mesure*) Meile *f;* NAUT Seemeile
▶ **à cent** ~**s à la ronde** in der ganzen Gegend; **être à cent** [*o* **mille**] ~**s de faire qc** meilenweit davon entfernt sein, etw zu tun; etw nicht im Geringsten tun

lieuse [ljøz] *f v.* **moissonneur**

lieutenant [ljøt(ə)nɑ̃] *m* ① Oberleutnant *m;* (*dans la marine militaire/marchande*) Oberleutnant zur See/[Schiffs]offizier *m;* ~ **de vaisseau** Kapitänleutnant

❷ (*adjoint*) Gefolgsmann
lieutenant-colonel [ljøt(ə)nɑ̃kɔlɔnɛl] <lieutenants-colonels> *m* Oberstleutnant *m*
lièvre [ljɛvʀ] *m* ❶ ZOOL [Feld]hase *m*
❷ SPORT (*athlète*) Schrittmacher *m*
▸ **courir deux/plusieurs ~s à la fois** auf zwei/mehreren Hochzeiten tanzen; **courir comme un ~** wie ein Wiesel laufen; **lever un ~** ein heikles Thema berühren [*o* anschneiden]
lifter [lifte] <1> *vt* ❶ TENNIS **~ une balle** einen Ball mit Topspin spielen; **un service lifté** ein Aufschlag *m* mit Topspin
❷ MED liften *peau*
liftier, -ière [liftje, -jɛʀ] *m, f vieilli* Fahrstuhlführer(in) *m(f)*
lifting [liftiŋ] *m* Facelifting *nt;* **se faire faire un ~** sich liften lassen
ligament [ligamɑ̃] *m* ANAT Band *nt*
ligature [ligatyʀ] *f* ❶ MED (*opération*) Unterbindung *f,* Ligatur *f* (*Fachspr.*); (*nœud*) Ligatur; **~ des trompes** Tubenligatur *f*
❷ BOT Anbinden *nt*
❸ TYP Ligatur *f*
ligaturer [ligatyʀe] <1> *vt* MED unterbinden
lige [liʒ] *adj* ❶ HIST *vassal* lehnspflichtig
❷ *fig* **être ~ d'un parti** bedingungsloser Anhänger einer Partei sein
light [lajt] *adj inv boisson, cigarettes* light
lignage [liɲaʒ] *m* TYP Zeilenzahl *f*
ligne [liɲ] *f* ❶ (*trait*) Strich *m,* Linie *f;* MATH Linie; **~ droite/horizontale/verticale** gerade/waagrechte [*o* horizontale]/senkrechte [*o* vertikale] Linie; **~ de la portée musicale** Notenlinie
❷ (*limite réelle*) Linie *f;* **~ blanche continue/discontinue** durchgehende/unterbrochene weiße Linie [*o* Mittellinie]; **~ d'arrivée/de départ** Ziel-/Startlinie [*o* Start] *m;* **~ de but** Torlinie; (*au rugby*) Mallinie; **~ de côté** Seitenlinie; **~ de fond** (*au tennis, volley-ball*) Grundlinie; (*au basket-ball*) Endlinie; **~ de service** Aufschlaglinie; **~ de touche** (*au football, basket-ball*) Seitenlinie *f;* (*au rugby*) Marklinie *f;* **franchir la ~ la première** als Erste durchs Ziel gehen
❸ (*limite imaginaire*) **~ de faîte** Kammlinie *f;* **~ d'horizon** [*o* **de l'horizon**] Horizont *m;* **~ de flottaison/de partage** Wasser-/Begrenzungslinie; **~ de partage des eaux** Wasserscheide *f;* **~ [de l'équateur]** Äquator *m,* Linie (*Fachspr.*)
❹ (*suite de mots*) Zeile *f;* **de huit ~s** achtzeilig; **à la ~!** neue Zeile!, Absatz!; **aller à la ~** eine neue Zeile anfangen; **payé(e) à la ~** pro Zeile bezahlt
❺ (*trait de la main*) Linie *f;* **~ de cœur/vie** Herz-/Lebenslinie
❻ (*forme*) *d'un nez* Form *f; d'un tailleur* Schnitt *m; d'une voiture, d'un meuble* Linie *f;* **~ mélodique** Melodie *f*
❼ *sans pl* (*silhouette*) [schlanke] Linie, Figur *f;* **avoir/garder la ~** schlank sein/bleiben
❽ COUT Kollektion *f;* (*ensemble de produits cosmétiques*) Pflegelinie *f,* [Pflege]serie *f*
❾ (*point*) **les grandes ~s de l'ouvrage** die Leitgedanken des Werkes; **les ~s essentielles du projet** die Grundzüge des Projekts
❿ (*direction*) **~ droite** Gerade *f,* gerader [Strecken]abschnitt; **en ~ droite** geradewegs; **cinq kilomètres en ~ droite** fünf Kilometer Luftlinie
⓫ (*voie*) Vorgehensweise *f;* **indiquez-moi la ~ à suivre!** sagen Sie mir, wie ich vorgehen [*o* verfahren] soll!; **~ politique** politische Linie; **être/rester dans la ~ de qn/qc** linientreu [*o* auf jds Linie/auf der Linie einer S.] sein/bleiben (*Gen*); **être tout à fait dans la ~ du parti** treu der Parteilinie folgen
⓬ TRANSP Linie *f,* Strecke *f;* **~ de banlieue** Vorortstrecke; **~ de chemin de fer** Eisenbahnstrecke *f;* **~ maritime/aérienne** Schifffahrts-/Fluglinie; **grande ~** Fernstrecke; **les petites ~s** die Nahverkehrsverbindungen
⓭ PECHE Angelschnur *f,* Angelleine *f;* **~ de fond** Grundangel *f;* **lancer la ~** die Angel auswerfen; **pêcher à la ~** angeln
⓮ ELEC, TELEC Leitung *f;* **~ [à] haute/basse tension** Hochspannungs-/Niederspannungsleitung; **~ téléphonique** Telefonleitung; **faire installer une ~ téléphonique** einen Telefonanschluss legen lassen; **être en ~** gerade telefonieren [*o* sprechen]; **gardez la ~!** CAN (*ne quittez pas*) legen Sie nicht auf!, bleiben Sie dran ! (*fam*); **parlez, vous êtes en ~ avec Tokyo** sprechen Sie bitte, Sie sind mit Tokio verbunden; **allô, qui est en ~?** hallo, mit wem spreche ich bitte?; **la ~ est mauvaise** die Verbindung ist schlecht
⓯ (*rangée*) Reihe *f;* **en ~** in einer Reihe; **se mettre en ~** sich [in einer Reihe] aufstellen; **en ~ pour le départ!** zum Start aufstellen!; **la ~ d'avants/de demis** die Stürmer-/Läuferreihe; **la ~ des arrières** die Verteidigung; **première/deuxième/troisième ~** Spieler(in) *m(f)* der ersten/zweiten/dritten Reihe
⓰ MIL Linie *f,* Front *f;* **~s fortifiées** befestigte Stellungen *Pl;* **~ Maginot** Maginotlinie
⓱ (*filiation*) **~ ascendante/descendante** aufsteigende/absteigende Linie; **en ~ directe** [*o* **droite**] in direkter Linie [*o* geradlinig]
⓲ BELG **la ~ des cheveux** (*la raie*) der Scheitel
▸ **la dernière ~ droite avant l'arrivée** die Zielgerade; **dans la dernière ~ droite avant l'arrivée** *fig* kurz vor dem Ziel; **c'est la dernière ~ droite avant l'arrivée** *fig* das ist der Endspurt (*fam*); **entrer en ~ de compte** eine Rolle spielen; **prendre** [*o* **faire entrer**] **qc en ~ de compte** *personne:* an etw (*Akk*) denken; *projet:* etw berücksichtigen; **dans les grandes ~s** im Großen und Ganzen; **décrire un projet dans ses grandes ~s** ein Vorhaben in groben Zügen umreißen; **mettre qn/qc sur la même ~ que qn/qc** jdn/etw mit jdm/etw gleichstellen [*o* vergleichen]; **en première ~** MIL an vorderster Front; **lire entre les ~s** zwischen den Zeilen lesen; **monter en ~** an die Front gehen [*o* rücken]; **en ~** INFORM online; **hors ~** überragend; INFORM offline; **sur toute la ~** auf der ganzen Linie
◆ **~ d'action** Vorgehensweise *f;* **~ commentaire** INFORM Kommentarzeile *f;* **quelle ~ d'action le parti envisage-t-il?** welchen Kurs wird die Partei einschlagen?; **~ de commande** INFORM Befehlszeile *f;* **~ de conduite** Grundsätze *Pl,* Prinzipien *Pl;* **~ de crédit** FIN, **~ de démarcation** Grenzlinie *f;* MIL Demarkationslinie; **~ d'état** INFORM Statuszeile *f;* **~ de feu** [*o* **de tir**] Schusslinie *f;* **~s de force** Leitlinien *Pl;* PHYS [magnetische] Kraftlinien *Pl,* Feldlinien *Pl;* **~ de mire** [*o* **visée**] Visierlinie *f*
lignée [liɲe] *f* ❶ (*descendance*) Nachkommenschaft *f;* **le dernier d'une longue ~ de princes espagnols** der letzte Nachkomme eines alten spanischen Fürstengeschlechts
❷ (*catégorie*) Reihe *f;* **être de la ~ des grands poètes** zu den großen Dichtern gehören
ligner [liɲe] <1> *vt* linieren *page*
ligneux, -euse [liɲø, -øz] *adj* verholzt; *fibres, matière* holzig; **des plantes ligneuses** Holzgewächse *Pl*
lignification [liɲifikasjɔ̃] *f* BOT *des membranes* Verholzung *f*
lignite [liɲit] *m* [junge] Braunkohle *f*
ligoter [ligɔte] <1> *vt* ❶ fesseln; **~ qn à qc** jdn an etw (*Akk*) fesseln [*o* binden]
❷ (*priver de liberté*) **être ligoté(e)** unfrei sein
ligue [lig] *f* Liga *f;* **Ligue contre l'alcoolisme** Liga zur Bekämpfung des Alkoholismus; **Ligue des droits de l'homme** Liga für Menschenrechte
liguer [lige] <1> **I.** *vt* **ils sont ligués contre moi** sie haben sich gegen mich verschworen
II. *vpr* **se ~ contre qn** sich gegen jdn verschwören; POL sich gegen jdn verbünden; **se ~ autour de qn** sich gemeinsam hinter jdn stellen
lilas [lilɑ] **I.** *m* Flieder *m;* **cueillir du** [*o* **des**] **~** Flieder pflücken
II. *adj inv* lila
liliacées [liljase] *fpl* BOT Liliengewächse *Pl*
lilliputien(ne) [li(l)lipysjɛ̃, jɛn] **I.** *adj* winzig [klein]
II. *m(f)* Liliputaner(in) *m(f)*

limace [limas] *f* ❶ ZOOL Nacktschnecke *f*
❷ *fam* (*lambin*) Trödler(in) *m(f)*
limaçon [limasɔ̃] *m* ANAT Schnecke *f*
limage [limaʒ] *m* Feilen *nt; d'un couteau* Schleifen *nt*
limaille [limɑj] *f* ~ **de fer** Eisenfeilspäne *Pl;* **c'est de la** ~ das sind Feilspäne
limande [limɑ̃d] *f* Kliesche *f*
▸ **être plate comme une** ~ *fam* flach wie ein Brett sein (*fam*)
limande-sole [limɑ̃dsɔl] <limandes-soles> *f* Rotzunge *f*
limbes [lɛ̃b] ▸ **être dans les** ~ *littér projet:* noch im Werden [*o* noch nicht ausgereift] sein; *science:* noch in den Kinderschuhen stecken
lime [lim] *f* (*outil*) Feile *f*
▸ **le dernier coup de** ~ der letzte Schliff
◆ ~ **à ongles** Nagelfeile *f*
limer [lime] <1> **I.** *vt* feilen *ongles, clé;* [glatt]feilen *métal, bois;* durchfeilen *barreau de cellule;* wegfeilen *aspérité*
II. *vpr* **se** ~ **les ongles** sich (*Dat*) die Nägel feilen
limette [limɛt] *f* BOT Limette *f,* Limone *f*
limier [limje] *m* ❶ (*chien de chasse*) Spürhund *m*
❷ (*détective*) Schnüffler *m* (*fam*); **être un fin** ~ eine feine Spürnase haben (*fam*)
liminaire [liminɛʀ] *adj* einführend; *note, discours* einleitend
limitatif, -ive [limitatif, -iv] *adj* einschränkend; *liste* abgeschlossen; **liste non-limitative** offene Liste
limitation [limitasjɔ̃] *f a.* JUR Einschränkung *f;* ~ **du pouvoir** Beschränkung der Macht; **sans** ~ **de temps** unbefristet
◆ ~ **des armements** Rüstungsbegrenzung *f;* ~ **des naissances** Geburtenbeschränkung *f;* ~ **des prix** Preisbegrenzung *f;* ~ **des risques** Risikobegrenzung *f;* ~ **de vitesse** Geschwindigkeitsbegrenzung *f*
limite [limit] **I.** *adj* ❶ **âge** ~ Altersgrenze *f,* Höchstalter *nt;* **cas** ~ Grenzfall *m;* **charge** ~ Höchstlast *f;* **hauteur/largeur** ~ maximale Höhe/Breite; **poids** ~ [zulässiges] Höchstgewicht; **prix** ~ Preisgrenze *f,* Preislimit *nt;* **vitesse** ~ Höchstgeschwindigkeit *f*
❷ (*à la limite du possible*) fast unmöglich; **ce cas me paraît** ~ dieser Fall erscheint mir höchst unwahrscheinlich; **conditions** ~**s de survie** extreme Überlebensbedingungen *Pl*
❸ *fam* (*pas terrible*) **être** ~ *personne:* nicht [gerade] umwerfend sein (*fam*); *chose:* einen nicht vom Hocker hauen (*fam*)
II. *f* ❶ *d'une étendue* Grenze *f; d'un terrain* Begrenzung[slinie *f*] *f; d'une forêt, prairie* Rand *m; d'un lac* Ufer *nt*
❷ (*dans le temps*) Frist *f;* ~ **pour les inscriptions** Einschreibefrist; **dans les** ~**s du temps qui m'est imparti** in der mir bewilligten Zeit [*o* vorgegebenen Frist]; **attendre la dernière** ~ **pour s'inscrire** sich in allerletzter Minute einschreiben
❸ (*borne*) Grenzen *Pl;* **sans** ~**s** *ambition, vanité* maßlos; *pouvoir* uneingeschränkt; **connaître ses** ~**s** seine Grenzen kennen; **être à la** ~ **du supportable** kaum noch zu ertragen sein; **atteindre les** ~**s du ridicule** [bereits] ans Lächerliche grenzen; **dépasser les** ~**s** zu weit gehen; **franchement, cela passe les** ~**s du ridicule** das ist [ja nun] wirklich zu lächerlich; **il y a des** ~**s [à tout]** alles hat seine Grenzen; **il n'y a pas de** ~ **à la bêtise!** der Dummheit sind keine Grenzen gesetzt!; **dans les** ~**s de qc** im Rahmen einer S. (*Gen*); **pour rester dans les** ~**s du sujet** um den Rahmen des Themas nicht zu sprengen; **dans les** ~**s de nos moyens** soweit es unsere Mittel erlauben; **aider dans les** ~**s [*o* la** ~**] du possible** helfen so gut es geht; **dans une certaine** ~ bis zu einem gewissen Grad; **jusqu'à la** ~ **de qc** bis zum Äußersten einer S. (*Gen*); **jusqu'à la** ~ **de ses forces** bis zur Erschöpfung
❹ MATH Grenzwert *m,* Limes *m* (*Fachspr.*)
▸ **à la** ~ na ja; **à la** ~**, je peux ...** im äußersten Fall [*o* wenn es wirklich sein muss,] kann ich ...; **à la** ~**, je ferais mieux de ...** wahrscheinlich wäre es das Beste, ich würde ...; **à la** ~**, on croirait que ...** man könnte fast meinen, ...; **à la** ~**, je peux accepter qu'il triche, mais pas qu'il vole!** dass er betrügt, kann ich gerade noch akzeptieren, aber nicht, dass er stiehlt!
◆ ~ **d'âge** Alters[höchst]grenze *f*
limité(e) [limite] *adj* begrenzt; *sens* eng; **un devoir en temps** ~ eine befristete [*o* zeitlich begrenzte] schriftliche Arbeit; **être un peu** ~**(e)** *fam personne:* minderbemittelt sein; **être trop** ~**(e)** *objectif:* zu eng gesteckt sein; **n'avoir qu'une confiance** ~**e en qn** jdm nur bedingt vertrauen können
limiter [limite] <1> **I.** *vt* ❶ (*délimiter*) begrenzen
❷ (*restreindre*) einschränken; ~ **qc à l'essentiel** etw auf das Wesentliche beschränken; **être limité(e) à qc** auf etw (*Akk*) begrenzt sein; **il faut à tout prix** ~ **les dégâts** der Schaden muss unbedingt begrenzt werden; **cela limite nos moyens d'action** das schränkt unsere Handlungsfreiheit ein
II. *vpr* ❶ (*s'imposer des limites*) **se** ~ **dans qc** sich in etw (*Dat*) einschränken; (*en mangeant, buvant*) sich in etw (*Dat*) mäßigen; (*dans son comportement*) sich bei etw zurückhalten
❷ (*se borner*) **se** ~ **à qc/à faire qc** sich auf etw (*Akk*) beschränken/darauf beschränken, etw zu tun; **mes ambitions se limitaient à survivre** das einzige, was ich wollte, war überleben
limitrophe [limitʀɔf] *adj* angrenzend; **les pays** ~**s de la France** die Anrainerstaaten Frankreichs; **les villes** ~**s de l'Allemagne** die an Deutschland grenzenden Städte
limogeage [limɔʒaʒ] *m fam* Abhalfterung *f* (*fam*)
limoger [limɔʒe] <2a> *vt fam* kalt stellen (*fam*)
limon [limɔ̃] *m* (*terre*) Schlamm *m*
limonade [limɔnad] *f* Limonade *f,* Kracherl *nt* (A, SDEUTSCH)
limoneux, -euse [limɔnø, -øz] *adj* schlammig; **eaux limoneuses** schlammhaltiges Wasser
limousin(e) [limuzɛ̃, in] *adj* **la région** ~**e** die Gegend des Limousin; **la montagne** ~**e** das Gebirge im Limousin
Limousin(e) [limuzɛ̃, in] **I.** *m(f)* **le** ~ das Limousin
II. *m, f* Bewohner(in) *m(f)* des Limousin
limousinage [limuzinaʒ] *m* TECH Mauerwerk *nt* aus Bruchsteinen
limousine [limuzin] *f* [Luxus]limousine *f*
limpide [lɛ̃pid] *adj* ❶ (*pur*) klar; *regard* offen; *air* rein; **des yeux d'un bleu** ~ wasserblaue Augen
❷ (*intelligible*) klar; **c'est** ~**, pourtant!** aber das ist doch sonnenklar! (*fam*)
limpidité [lɛ̃pidite] *f* ❶ (*pureté*) Klarheit *f; d'un regard* Offenheit *f; de l'air* Reinheit *f;* **la** ~ **de son regard** sein/ihr offener Blick; **avoir la** ~ **du cristal** *eau:* kristallklar sein
❷ (*clarté*) Klarheit *f; d'une explication* Anschaulichkeit *f*
lin [lɛ̃] *m* ❶ BOT Flachs *m;* **fibres de** ~ Flachsfasern *Pl*
❷ TEXTIL Leinen *nt;* **le** ~ **est à la mode cette année** Leinen ist dieses Jahr Mode
linceul [lɛ̃sœl] *m* Leichentuch *nt*
linéaire [lineɛʀ] *adj* ❶ (*droit*) linear
❷ (*simple*) eindimensional; **vision trop** ~ **de la science** allzu vereinfachte Sicht der Wissenschaften
linéament [lineamɑ̃] *m* ❶ *littér* (*ligne élémentaire*) Grundzug *m*
❷ *fig* (*ébauche*) Entwurf *m*
linge [lɛ̃ʒ] *m* ❶ *sans pl* Wäsche *f;* **du** ~ **de rechange** [Unter]wäsche zum Wechseln; **le gros/petit** ~ die Bett- und Tischwäsche/Leibwäsche; **avoir du** ~ **sale** schmutzige Wäsche haben; **avoir du** ~ **à laver** Wäsche waschen müssen
❷ (*morceau de tissu*) Tuch *nt*
▸ **laver son** ~ **sale en famille** seine schmutzige Wäsche nicht in der Öffentlichkeit waschen; **blanc (blanche) [*o* pâle] comme un** ~ weiß [*o* bleich] wie die Wand, kreidebleich
◆ ~ **de corps** Unterwäsche *f,* Leibwäsche *f;* ~ **de maison** Haushaltswäsche *f;* ~ **de table** Tischwäsche *f;* ~ **de toilette** Handtücher *Pl*
lingerie [lɛ̃ʒʀi] *f* ❶ *sans pl* ~ **féminine** Damenwäsche *f;* ~ **de soie** seidene [Unter]wäsche
❷ (*local*) Wäschekammer *f*

L

lingette [lɛ̃ʒɛt] *f* Erfrischungstuch *nt*
lingot [lɛ̃go] *m* ❶ (*lingot d'or*) [Gold]barren *m*
❷ (*masse de métal*) Block *m;* ~ **d'acier/de fonte** Stahlblock/Eisenblock
lingual(e) [lɛ̃gwal, o] <-aux> *adj* ❶ ANAT, MED *muscle* Zungen-; *abcès* lingual
❷ PHON **consonne ~e** Zungenlaut *m,* Lingual *m*
linguiste [lɛ̃gɥist] *mf* Linguist(in) *m(f)*
linguistique [lɛ̃gɥistik] **I.** *adj* ❶ (*relatif à la science du langage*) linguistisch
❷ (*relatif à la langue*) **communauté/famille ~** Sprachgemeinschaft *f*/-familie *f;* **être d'ordre ~** sprachlicher Natur sein
II. *f* Linguistik *f*
linguistiquement [lɛ̃gɥistikmɑ̃] *adv* sprachlich
liniment [linimɑ̃] *m* PHARM Liniment *nt,* Einreibemittel *nt*
lino [lino] *m abr de* **linoléum**
linoléum [linɔleɔm] *m* Linoleum *nt*
linon [linɔ̃] *m* TEXTIL *de coton* Linon *m*
linotte [linɔt] *f* Hänfling *m*
▶ **tête de ~** Spatzenhirn *nt* (*fam*); (*pour un adulte*) zerstreuter Professor (*hum fam*)
linotype [linɔtip] *m* TYP Linotype® *f*
linteau [lɛ̃to] <x> *m* ARCHIT Sturz *m; d'une cheminée* Sims *m*
lion [ljɔ̃] *m* Löwe *m*
▶ **tourner comme un ~ en cage** wie ein Tiger im Käfig auf und ab gehen; **se battre comme un ~** wie ein Löwe kämpfen; **avoir mangé** [*o* **bouffé**] **du ~** *fam* kaum zu bremsen sein (*fam*)
Lion [ljɔ̃] *m* ASTROL Löwe *m;* **être [du signe du] ~** [ein] Löwe sein, im Zeichen des Löwen geboren sein
lionceau [ljɔ̃so] <x> *m* Löwenjunge(s) *nt*
lionne [ljɔn] *f* Löwin *f*
lipide [lipid] *m* Lipid *nt*
lipoïde [lipɔid] *adj substance* lipoid
liposuccion [liposy(k)sjɔ̃] *f* MED Fettabsaugung *f*
lippu(e) [lipy] *adj* wulstig; **bouche ~e** volle Lippen
liquéfaction [likefaksjɔ̃] *f d'un gaz* Verflüssigung *f*
liquéfier [likefje] <1a> **I.** *vt* verflüssigen
II. *vpr* **se ~** *gaz:* flüssig werden; *solide, personne:* schmelzen
liquette [likɛt] *f fam* Hemd *nt*
liqueur [likœʀ] *f* Likör *m*
liquidation [likidasjɔ̃] *f* ❶ (*solde*) Ausverkauf *m;* ~ **totale du stock** Totalausverkauf, Räumungsverkauf
❷ JUR *d'une succession, d'un compte* Liquidation *f; d'une dette* Tilgung *f; d'un commerce, d'une société* Auflösung *f,* Abwicklung *f,* Auseinandersetzung *f;* ~ **judiciaire** Zwangsliquidation, gerichtliche Abwicklung [*o* Liquidation]; ~ **des dommages causés à un tiers** Drittschadensliquidation; **mettre qn en ~ judiciaire** das Konkursverfahren gegen jdn eröffnen
liquide [likid] **I.** *adj* ❶ flüssig; **être trop ~** *sauce:* zu dünn[flüssig] sein
❷ *fig* **argent ~** Bargeld *nt*
❸ LING liquid; **consonne ~** Liquid *m*
II. *m* ❶ (*fluide*) Flüssigkeit *f;* **les ~s et les solides** flüssige und feste Körper; **consommer des ~s** flüssige Nahrung zu sich nehmen
❷ *sans pl* (*argent*) Bargeld *nt;* **en ~** in bar; **payer en ~** [in] bar bezahlen
III. *f* PHON Liquid *m*
◆ ~ **de frein[s]** Bremsflüssigkeit *f;* ~ **vaisselle** Spülmittel *nt*
liquider [likide] <1> *vt* ❶ COM ausverkaufen *marchandise;* räumen *stock*
❷ *fam* (*se débarrasser*) ausschalten *adversaire;* sich (*Dat*) vom Hals schaffen (*fam*) *dossier;* **voilà une affaire [de] liquidée** so, das wäre erledigt
❸ *fam* (*tuer*) liquidieren; **se faire ~** liquidiert werden
❹ *fam* (*finir*) austrinken *boisson;* aufessen *nourriture;* leer essen *assiette*
❺ JUR auflösen *société, compte;* tilgen *dette*
liquidité [likidite] *f* ❶ Liquidität *f*
❷ *pl* FIN flüssige [*o* liquide] Mittel; **~s internationales** internationale Liquidität
liquoreux, -euse [likɔʀœ, -øz] *adj* likörartig; **vin ~** Likörwein *m*
lire¹ [liʀ] <*irr*> **I.** *vi* ❶ lesen; **bien ~** gut lesen; **savoir ~** lesen können; **tu apprends à ~?** lernst du lesen?
❷ (*deviner*) **~ dans les cartes** aus den Karten lesen; **~ dans les lignes de la main de qn** jdm aus der Hand lesen; **~ dans le cœur** in der Seele (*Dat*) lesen; **~ dans les pensées de qn** jds Gedanken lesen
II. *vt* ❶ lesen *livre, auteur;* **~ tout Proust** den ganzen Proust lesen; **faire ~ un auteur/livre à qn** jdm einen Autor/ein Buch zu lesen geben; **être à ~** *ouvrage:* lesenswert sein; **c'est à ~!** das sollte man gelesen haben!; **être lu(e)** *auteur:* gelesen werden; **un auteur qui mérite d'être lu** ein Autor, den man gelesen haben sollte; **j'étais content(e) de la ~** ich habe mich über ihren Brief gefreut; **en espérant vous/te ~ bientôt** in Erwartung Ihrer/deiner Nachricht [*o* Antwort]; **lu et approuvé** *form* gelesen und genehmigt (*form*); **à te ~** nach dem, was du schreibst
❷ (*déchiffrer*) lesen [können]; **~ le chinois** die chinesische Schrift lesen können; **que constate-t-on en lisant ce graphique?** was lässt sich aus dieser Grafik herauslesen?
❸ (*donner lecture*) verlesen; **~ qc à qn** (*faire la lecture*) jdm etw [vor]lesen
❹ (*deviner*) **~ l'avenir dans les lignes de la main** die Zukunft aus der Hand lesen; **~ la joie dans les yeux** [*o* **le regard**] **de qn** Freude in jds Augen (*Dat*) erkennen; **~ un désir dans les yeux de qn** jdm einen Wunsch von den Augen ablesen
III. *vpr* ❶ **se ~** *ouvrage:* gelesen werden; **qc/ça se laisse ~** etw/das lässt sich lesen [*o* kann man lesen]
❷ (*se déchiffrer*) **l'hébreu se lit de droite à gauche** das Hebräische wird von rechts nach links gelesen; **le braille se lit au toucher** die Blindenschrift wird ertastet
❸ (*se comprendre*) **se ~ comme un hommage** als Würdigung interpretiert werden können; **ce texte peut se ~ de deux manières** dieser Text kann auf zweierlei Weise verstanden werden
❹ (*se deviner*) **la surprise se lisait sur son visage** man konnte ihm/ihr die Überraschung vom Gesicht ablesen; **la douleur se lit sur ses traits** der Schmerz steht ihm/ihr im Gesicht geschrieben
lire² [liʀ] *f* HIST (*monnaie*) Lira *f*
lis¹ [lis] *m* Lilie *f*
lis² [li] *indic prés de* **lire**
lisais [lizɛ] *imparf de* **lire**
lisant [lizɑ̃] *part prés de* **lire**
Lisbonne [lisbɔn] Lissabon *nt*
lisent [liz] *indic prés de* **lire**
liseré [liz(ə)ʀe] *m,* **liséré** [lizeʀe] *m* Borte *f*
liseron [lizʀɔ̃] *m* BOT Winde *f*
liseur, -euse [lizœʀ, -øz] *m, f* Leser(in) *m(f);* **grande liseuse de romans** eifrige Romanleserin; **c'est un ~ acharné** er ist ein Bücherwurm
liseuse [lizøz] *f* ❶ (*vêtement*) Bettjäckchen *nt*
❷ (*couvre-livre*) Buchhülle *f*
❸ (*petite lampe*) Leselampe *f*
lisez [lize] *indic prés et impératif de* **lire**
lisibilité [lizibilite] *f* Lesbarkeit *f*
lisible [lizibl] *adj* ❶ gut lesbar; *écriture* leserlich; **inscription peu ~** schlecht lesbare Aufschrift; **être peu/ne pas être ~** *signature:* unleserlich sein
❷ (*digne d'être lu*) lesenswert; **à peine ~** kaum lesbar
lisiblement [liziblәmɑ̃] *adv* leserlich; **veuillez écrire très ~**

schreiben Sie bitte sehr deutlich

lisier [lizje] *m* AGR Gülle *f*, Jauche *f* (SDEUTSCH, CH)

lisière [lizjɛʀ] *f* ❶ COUT Webkante *f*
❷ (*limite*) Rand *m*; *d'un champ* Rain *m*

lisons [lizɔ̃] *indic prés et impératif de* **lire**

lissage [lisaʒ] *m* ❶ (*action de lisser*) Glätten *nt*
❷ MATH, PHYS *d'une courbe* Glättung *f*

lisse [lis] *adj* glatt

lissé(e) [lise] *adj* ❶ (*rendu lisse*) *cheveux* geglättet
❷ (*revêtu de sucre*) kandiert; **amandes ~es** Mandeldragees *Pl*

lisser [lise] <1> **I.** *vt* glattstreichen; glätten *papier*
II. *vpr* **se ~ les cheveux/la moustache** sich (*Dat*) die Haare/den Bart glatt streichen

listage [listaʒ] *m* ❶ *sans pl* (*action*) Auflisten *nt*; (*par une imprimante*) Ausdrucken *nt*
❷ INFORM Auflistung *f*; (*document imprimé*) Ausdruck *m*

liste [list] *f* ❶ Liste *f*; **~ des absents/abréviations** Abwesenheitsliste/Abkürzungsverzeichnis *nt*; **~ électorale** Wählerliste; **en tête/en fin de ~** [ganz] oben/unten auf der Liste; **faire la ~ de qc** [sich (*Dat*)] eine Liste [*o* Aufstellung] von etw machen; **les ~s des inscriptions sont closes** es werden keine Bewerber mehr aufgenommen
❷ (*nombre*) **~ des choses/personnes** Liste *f* [*o* Reihe *f*] von Dingen/Menschen; **la ~ des mécontents s'allonge de jour en jour** die Unzufriedenen werden täglich mehr; **la ~ de ses mérites est longue** er/sie hat eine ganze Reihe Vorzüge; **s'il fallait faire la ~ de tous ses défauts** wenn man all seine/ihre Fehler aufzählen [*o* auflisten] wollte
▸ **être sur la ~ noire** auf der schwarzen Liste stehen; **être sur la ~ rouge** *numéro de téléphone:* nicht im Telefonbuch stehen; *abonné:* eine Geheimnummer haben, nicht im Telefonbuch stehen
◆ **~ d'adresses** Adressenliste *f*; **~ de mariage** Wunschliste *f*

listel [listɛl] *m* ❶ ARCHIT Stab *m*
❷ (*blason*) Devisenbinde *f*

lister [liste] <1> *vt* ❶ INFORM **~ qc** (*faire un listage*) etw ausdrucken; (*faire une liste*) etw auflisten
❷ (*mettre en liste*) auflisten *personnes, mots*; **~ les absents** die Abwesenheitsliste erstellen

listériose [listəʀjoz] *f* MED Listeriose *f*

listing [listiŋ] *m* Liste *f*; (*document imprimé*) Ausdruck *m*; **sortir un ~ des abonnés** die Abonnentenliste ausdrucken

lit[1] [li] *m* ❶ Bett *nt*; **~ pour deux personnes** Doppelbett; **chambre d'hôtel à deux ~s** Zweibettzimmer *nt*; **un hôtel de cent ~s** ein Hotel mit hundert Betten; **~s jumeaux** zwei [gleiche] Einzelbetten; **~ pliant** Klappbett; **~s superposés** Etagenbett; **aller** [*o* **se mettre**] **au ~** ins [*o* zu] Bett gehen; **être au ~** im Bett sein; **faire le ~** das Bett machen; **mettre qn au ~** jdn ins [*o* zu] Bett bringen; **au ~!** [ab] ins Bett!
❷ (*couche*) **sur un ~ de mousse/de braises** auf einem Moospolster/einer Glutschicht
❸ (*creux*) *d'une rivière* Bett *nt*; **sortir de son ~** über die Ufer treten
▸ **faire ~ à part** getrennte Schlafzimmer haben; **du même/d'un autre ~** aus derselben/aus einer anderen Ehe; **du premier/second ~** aus erster/zweiter Ehe; **comme on fait son ~, on se couche** *prov* wie man sich bettet, so liegt man; **être tombé(e) du ~** *fam* aus dem Bett gefallen sein
◆ **~ à baldaquin** Himmelbett *nt*; **~ de camp** Feldbett *nt*; **~ de fortune** Notliege *f*; **~ de mort** Sterbebett *nt*; **~ d'enfant** Kinderbett *nt*

lit[2] [li] *indic prés de* **lire**

litanie [litani] *f* ❶ *de plaintes* Leier *f* (*fam*); **c'est toujours la même ~** es ist immer die alte Leier [*o* das alte Lied] (*fam*)
❷ *pl* REL Litanei *f*

lit-cage [likaʒ] <lits-cages> *m* Klappbett *nt*

litchi [litʃi] *m* ❶ (*arbre*) Litschibaum *m*
❷ (*fruit*) Litschi[pflaume *f*] *f*

liteau[1] [lito] <x> *m* ❶ TECH Holzleiste *f*
❷ (*raie de couleurs*) Farbstreifen *m*

liteau[2] [lito] <x> *m* CHASSE **~ du loup** Wolfslager *nt*

literie [litʀi] *f* (*sommier et matelas*) Bettrost *m* und Matratze *f*; (*linge*) Bettwäsche *f*; **le rayon ~** die Bettenabteilung

litharge [litaʀʒ] *f* MINER, CHIM Bleiglätte *f*

lithiase [litjaz] *f* MED Lithiasis *f* (*Fachspr.*)

lithium [litjɔm] *m* Lithium *nt*

litho [lito] *f fam abr de* **lithographie** Litho *nt* (*fam*)

lithographie [litɔgʀafi] *f* ❶ (*estampe*) Lithographie *f*
❷ *sans pl* (*technique, art*) Lithographie *f*

lithographier [litɔgʀafje] <1a> *vt* lithographieren

lithographique [litɔgʀafik] *adj* lithographisch

lithuanien(ne) [litɥanjɛ̃, jɛn] *adj* litauisch

litière [litjɛʀ] *f* Streu *f*; *d'un cheval, d'une vache* [Ein]streu
◆ **~ pour chats** Katzenstreu *f*

litige [litiʒ] *m* (*contestation*) Streit *m*; JUR Streitfall *m*, Rechtssache *f*; **point de ~** umstrittener Punkt; **point en ~** strittiger [*o* streitiger] Punkt; **être en ~ avec qn** im Streit mit jdm sein; **régler un ~** einen Streit beilegen [*o* schlichten]

litigieux, -euse [litiʒjø, -jøz] *adj* umstritten; JUR streitig, Streit-

litorne [litɔʀn] *f* ZOOL Wacholderdrossel *f*

litote [litɔt] *f* Litotes *f*; **et quand je dis ..., c'est une ~!** *hum* und wenn ich ... sage, dann ist das noch stark untertrieben!

litre [litʀ] *m* ❶ Liter *m*; **un ~ d'eau/de lait** ein Liter Wasser/Milch
❷ (*bouteille*) Literflasche *f*; (*contenu*) Liter *m*

litron [litʀɔ̃] *m fam* Liter *m* Wein

littéraire [liteʀɛʀ] **I.** *adj* ❶ (*relatif à la littérature*) literarisch; **histoire ~** Literaturgeschichte *f*; **explication ~** Textinterpretation *f*; **langue ~** Schriftsprache *f*; **avoir des talents ~s** schriftstellerisch begabt sein
❷ (*opp: scientifique*) geisteswissenschaftlich; **avoir l'esprit ~** Sinn für Literatur haben
II. *mf* (*opp: scientifique*) schöngeistiger Mensch; (*étudiant, professeur*) Geisteswissenschaftler(in) *m(f)*

littéral(e) [liteʀal, o] <-aux> *adj* ❶ *traduction* wortgetreu; *copie* buchstabengetreu; **le sens ~ d'un mot** der eigentliche Sinn eines Wortes
❷ MATH *symbole* aus Buchstaben

littéralement [liteʀalmɑ̃] *adv* [wort]wörtlich; (*au sens fort*) buchstäblich; **être ~ épuisé(e)** im wahrsten Sinn erschöpft sein

littérature [liteʀatyʀ] *f* ❶ Literatur *f*
❷ (*métier*) Schriftstellerei *f*
❸ (*bibliographie*) Literatur *f*; **il existe une abondante ~ sur le sujet** zu diesem Thema gibt es sehr viel Literatur
▸ **c'est de la ~** *péj* das ist doch nur Blabla (*fam*)

littoral [litɔʀal, o] <-aux> *m* Küstengebiet *nt*

littoral(e) [litɔʀal, o] <-aux> *adj* Küsten-; **flore/faune ~e** Litoralflora *f*/-fauna *f*

Lituanie [litɥani] *f* **la ~** Litauen *nt*

lituanien [litɥanjɛ̃] *m* **le ~** Litauisch *nt*, das Litauische; *v. a.* **allemand**

lituanien(ne) [litɥanjɛ̃, jɛn] *adj* litauisch

Lituanien(ne) [litɥanjɛ̃, jɛn] *m(f)* Litauer(in) *m(f)*

liturgie [lityʀʒi] *f* Liturgie *f*

liturgique [lityʀʒik] *adj* liturgisch; **fête ~** kirchliches Fest

livide [livid] *adj* bleich; *lèvres* farblos; *lumière* fahl

lividité [lividite] *f d'un teint* extreme Blässe; **~ cadavérique** Leichenblässe *f*

living [liviŋ] *m*, **living-room** [liviŋʀum] <living-rooms> *m* Wohnzimmer *nt*

livrable [livʀabl] *adj* lieferbar; **~ à domicile** wird [ins Haus] geliefert; **~ franco domicile** frei Haus lieferbar

livraison [livʀɛzɔ̃] *f* Lieferung *f*; **~ à domicile** Lieferung ins Haus; **~ de marchandises** Warenlieferung; **payable à la ~**

zahlbar bei Lieferung; **prendre ~ de qc** etw abholen; **la dernière ~ d'une revue** die letzte Ausgabe einer Zeitschrift
livre¹ [livʀ] *m* ❶ Buch *nt;* **~ d'enfant** [*o* **pour enfants**] Kinderbuch; **~ d'images** Bilderbuch; **~ de poche** Taschenbuch; **~ de cuisine** Kochbuch; **~ d'histoire/d'anglais** Geschichts-/Englischbuch; **~ de droit** juristisches Handbuch; **~ de classe** [*o* **scolaire**] Schulbuch; **~ de l'élève/du maître** Schüler-/Lehrerausgabe *f;* **~ de lecture** Lesebuch; **~ de prières** Gebetbuch; **~ à succès** Bestseller *m;* **~ de chevet** Lieblingslektüre *f*
❷ *sans pl* (*industrie*) **le ~** das Buchwesen; **salon du ~** Buchmesse *f;* **l'industrie du ~** das Buch- und Druckgewerbe; **syndicat du ~** *Gewerkschaft für die Druck- und Papierindustrie*
❸ (*partie*) Band *m;* **les ~s de Moïse** die Bücher Mose
❹ **~ de bord** NAUT Logbuch; **~ de caisse** Kassenbuch; **~ d'or** Goldenes Buch
► **~ blanc** Weißbuch *nt;* **à ~ ouvert** mühelos; **lire l'anglais/traduire Goethe à ~ ouvert** fließend [*o* mühelos] englisch lesen/fließend Goethe übersetzen; **parler comme un ~** sich gewählt ausdrücken
livre² [livʀ] *f* ❶ (*unité monétaire*) Pfund *nt*
❷ (*demi-kilogramme*) Pfund *nt*
❸ CAN (*0,453 kg*) [kanadisches] Pfund *nt*
◆ **~ sterling** Pfund *nt* Sterling
livre-cassette [livʀ(ə)kasɛt] <livres-cassettes> *m* Hörbuch *nt*
livrée [livʀe] *f* Livree *f*
livrer [livʀe] <1> **I.** *vt* ❶ liefern *commande;* beliefern *client;* **se faire ~ qc** sich (*Dat*) etw liefern lassen
❷ (*remettre*) **~ qn à la police/à l'ennemi** jdn der Polizei/dem Feind übergeben [*o* ausliefern]; **être livré(e) à la justice** der Gerechtigkeit überantwortet werden (*geh*)
❸ (*dénoncer*) verraten
❹ (*abandonner*) **~ qn à la mort** jdn dem Tod überlassen; **~ le pays à l'anarchie** das Land der Anarchie preisgeben; **être livré(e) au pillage** der Plünderung ausgeliefert sein; **être livré(e) à soi-même** *personne, pays:* sich (*Dat*) selbst überlassen sein
❺ (*dévoiler*) preisgeben, verraten
II. *vpr* ❶ (*se rendre*) **se ~ à qn** sich jdm stellen
❷ (*se confier*) **se ~ à qn** sich jdm offenbaren; **ne pas se ~ facilement** sich nicht ohne weiteres öffnen
❸ (*se consacrer*) **se ~ à un sport/l'étude** sich einer Sportart/seinen Studien (*Dat*) widmen; **se ~ à des recherches** *scientifique:* forschen; **se ~ à une enquête** *police:* Nachforschungen anstellen; **se ~ à ses occupations habituelles** seinen gewohnten Beschäftigungen nachgehen; **se ~ au commerce illicite de qc** unerlaubten Handel mit etw betreiben
❹ (*s'abandonner*) **se ~ corps et âme à qn** sich rückhaltlos [*o* mit Leib und Seele] jdm hingeben; **se ~ aux pires excès** sich den schlimmsten Exzessen hingeben; **se ~ au désespoir** sich der Hoffnungslosigkeit (*Dat*) überlassen
livresque [livʀɛsk] *adj* **un savoir purement ~, des connaissances purement ~s** reines Buchwissen
livret [livʀɛ] *m* ❶ (*registre*) Heft *nt;* **~ de caisse d'épargne** Sparkassenbuch *nt;* **~ de famille** Familienbuch; **~ militaire** Wehrpass *m;* **~ scolaire** Zeugnis[heft] *nt*
❷ MUS Libretto *nt,* Textbuch *nt; d'un CD* Booklet *nt*
livreur, -euse [livʀœʀ, -øz] *m, f* Lieferant(in) *m(f)*
lob [lɔb] *m* SPORT Lob *m*
lobby [lɔbi] <lobbies *o* s> *m* Lobby *f,* Interessenvereinigung *f*
lobbying [lɔbiiŋ] *m* Lobbyismus *m*
lobe [lɔb] *m* ❶ ANAT Lappen *m*
❷ BOT Lappen *m*
◆ **~ de l'oreille** Ohrläppchen *nt*
lobé(e) [lobe] *adj* ❶ ARCHIT *arc* aus Kreisbögen gebildet
❷ BOT *feuille* gelappt
lober [lɔbe] <1> SPORT **I.** *vi* lobben, einen Lob schlagen
II. *vt* überlobben
lobule [lobyl] *m* ANAT ❶ (*petit lobe*) Läppchen *nt*
❷ *souvent pl* **~s pulmonaires** Lungenlappen *m*
local [lɔkal, o] <-aux> *m* Raum *m;* **des locaux** (*salles*) Räumlichkeiten *Pl;* (*bureaux*) [Büro]räume *Pl;* **~ [à usage] commercial** Geschäftsraum; **les locaux à usage commercial ...** gewerblich genutzte Räume ...; **emmener qn dans les locaux de la police** jdn mit aufs Revier nehmen
◆ **~ d'habitation** Wohnraum *m*
local(e) [lɔkal, o] <-aux> *adj* örtlich; *anesthésie* lokal; *journal, page* Lokal-; *intérêt, hebdomadaire* lokal; *coutume, dicton* einheimisch; *carte* regional; *industrie, population* ortsansässig; **arrivée à 1h30 heure ~e** Ankunft 1 Uhr 30 Ortszeit; **notabilités ~es** Honoratioren *Pl* des Ortes; **c'est une coutume ~e?** ist das hier [so] üblich?
localement [lɔkalmɑ̃] *adv* (*par endroits*) stellenweise; (*à un endroit précis*) lokal
localisable [lɔkalizabl] *adj* lokalisierbar
localisation [lɔkalizasjɔ̃] *f* ❶ (*action*) Lokalisierung *f; d'un avion, navire* Ortung *f*
❷ (*fait*) Lokalisation *f*
❸ (*action de circonscrire*) *d'un conflit* Lokalisierung *f; d'un incendie* Eindämmung *f*
localiser [lɔkalize] <1> **I.** *vt* ❶ (*situer*) lokalisieren; orten *avion, navire;* **~ qc sur la carte** etwas auf der Karte finden; **~ d'où vient le bruit** herausfinden, woher das Geräusch kommt
❷ (*circonscrire*) eindämmen; eingrenzen *région, secteur;* **être localisé(e)** örtlich begrenzt sein
II. *vpr* **se ~** *conflit, épidémie:* sich örtlich begrenzen
localité [lɔkalite] *f* Ort *m*
locataire [lɔkatɛʀ] *mf* Mieter(in) *m(f);* **être ~** zur Miete wohnen
locatif [lɔkatif] *m* GRAM Lokativ *m*
locatif, -ive [lɔkatif, -iv] *adj* ❶ Miet-; **logement à usage ~** Mietwohnung *f;* **charges locatives** Mietnebenkosten *Pl*
❷ GRAM *préposition* lokal; **proposition locative** Umstandssatz *m* des Ortes, Lokalsatz *m;* **le cas ~** der Lokativ
location [lɔkasjɔ̃] *f* ❶ (*action de donner à loyer*) *d'une habitation, d'un terrain* Vermieten *nt; d'une voiture, d'un bateau* Verleih *m;* **donner en ~** vermieten *appartement, voiture;* vermieten, verpachten *terrain;* **appartement en ~ saisonnière** Ferien[miet]wohnung *f;* **voiture de ~** Leihwagen *m*
❷ (*action de prendre à loyer*) Mieten *nt;* **prendre en ~** mieten *appartement, voiture;* mieten, pachten *terrain*
❸ (*loyer*) Miete *f*
❹ (*maison à louer*) **prendre une ~ pour les vacances** eine Unterkunft für die Ferien mieten
❺ (*réservation*) [Platz]reservierung *f*
location-vente [lɔkasjɔ̃vɑ̃t] <locations-ventes> *f* Leasing *nt;* **en ~** auf Leasing-Basis
loch [lɔk] *m* TECH *à hélices* Log *nt*
loche [lɔʃ] *f* ZOOL Grundel *f,* Gründel *f;* **~ franche** Schmerle *f*
◆ **~ d'étang** Schlammpeizger *m;* **~ de rivière** Steinbeißer *m*
lock-out [lɔkaut] *m inv* Aussperrung *f*
lockouter, lock-outer [lɔkaute] <1> *vt* aussperren *grévistes*
locomoteur, -trice [lɔkɔmɔtœʀ, -tʀis] *adj* lokomotorisch; **organe ~** Fortbewegungsorgan *nt*
locomotion [lɔkɔmosjɔ̃] *f* Fortbewegung *f;* **muscles de la ~** lokomotorische Muskeln *Pl*
locomotive [lɔkɔmɔtiv] *f* ❶ TECH Lokomotive *f;* **~ à vapeur** Dampflok[omotive] *f;* **le conducteur de la ~** der Lokomotivführer
❷ (*personne*) treibende Kraft
locotracteur [lɔkotʀaktœʀ] *m* (*locomotive*) kleine Diesellock *f*
locuteur, -trice [lɔkytœʀ, -tʀis] *m, f* Sprecher(in) *m(f);* **~ natif/locutrice native** Muttersprachler(in) *m(f)*
locution [lɔkysjɔ̃] *f* [Rede]wendung *f;* **~ adverbiale** adverbialer Ausdruck; **~ figée** feststehende Redewendung; **~ verbale** Verbalphrase *f*
loden [lɔdɛn] *m* (*tissu*) Loden *m;* (*manteau*) Lodenmantel *m*

lœss [løs] *m inv* GEOL Löss *m*
loft [lɔft] *m* Loft *m*
logarithme [lɔgaʀitm] *m* Logarithmus *m;* **table de ~s** Logarithmentafel *f*
loge [lɔʒ] *f* ❶ *d'un concierge* Loge *f; d'un acteur* Garderobe *f*
❷ THEAT Loge *f*
❸ (*association*) *des francs-maçons* Loge *f*
▶ **être aux premières ~s** etw aus nächster Nähe miterleben
logeable [lɔʒabl] *adj* ❶ (*habitable*) *chambre* bewohnbar
❷ (*qui a de la place*) *placard, sac* geräumig
logement [lɔʒmɑ̃] *m* ❶ (*habitation*) Wohnung *f;* MIL Quartier *nt,* Unterkunft *f;* **~ de deux pièces** Zweizimmerwohnung; **~ de fonction** Dienstwohnung; **~ provisoire** Behelfsunterkunft
❷ *sans pl* (*action de loger*) Unterbringung *f;* MIL Einquartierung *f*
❸ (*secteur*) **le ~** der Wohnungsmarkt; **crise du ~** Wohnungskrise *f;* **politique en matière de ~** Wohnungspolitik *f*
❹ TECH Gehäuse *nt; des billes* Lager *nt*
◆ **~ de fonction** Betriebswohnung *f*
loger [lɔʒe] <2a> **I.** *vi* ❶ (*séjourner*) *personne:* wohnen; **~ à l'hôtel Crillon** im Hotel Crillon übernachten
❷ (*tenir dans*) *vêtements, affaires:* hineinpassen
II. *vt* ❶ (*héberger*) unterbringen; einquartieren *militaires, troupes;* **être logé(e)** untergebracht sein; *militaires, troupes:* einquartiert sein
❷ (*placer*) unterbringen *personnes;* abstellen *valises, armoire*
❸ (*contenir*) **~ qn/qc** *hôtel, valise:* Platz für jdn/etw bieten
❹ (*envoyer avec une arme*) **~ la flèche en plein centre de la cible** mit dem Pfeil mitten ins Ziel treffen; **~ une balle dans la tête de qn** jdm eine Kugel in den Kopf jagen (*fam*)
III. *vpr* ❶ (*trouver un logement*) **se ~ chez un ami** bei einem Freund unterkommen
❷ (*se placer*) **aller se ~ dans un coin** *animal:* sich in einer Ecke verkriechen; **aller se ~ entre deux vertèbres** *ballon, balle:* zwischen zwei Wirbeln stecken bleiben
❸ (*s'installer*) **se ~ dans la tête/le cœur de qn** *sentiment, doute, remords:* sich in jds (*Gen*) Kopf/Herzen festsetzen
logeur, **-euse** [lɔʒœʀ, -øz] *m, f* Vermieter(in) *m(f)*
loggia [lɔdʒja] *f* Loggia *f*
logiciel [lɔʒisjɛl] *m* Software *f;* **~ anti-virus** Antivirenprogramm *nt;* **~ libre** [*o* **gratuit**] Freeware *f*
◆ **~ de courrier électronique** Mailprogramm *nt;* **~ d'enseignement** Lernprogramm *nt;* **~ de navigation** Browser *m;* **~ de traitement de texte** Textverarbeitungsprogramm *nt*
logicien(ne) [lɔʒisjɛ̃, jɛn] *m(f)* Logiker(in) *m(f)*
logique [lɔʒik] **I.** *adj* logisch; **ne pas être ~** sich (*Dat*) widersprechen
II. *f* PHILOS, MATH Logik *f;* **manquer de ~** der Logik entbehren; **être dans la ~ des choses** in der Natur der Sache liegen; **en toute ~** logischerweise
logiquement [lɔʒikmɑ̃] *adv* ❶ (*normalement*) logischerweise
❷ (*rationnellement*) **penser ~** logisch denken
logis [lɔʒi] *m littér* Heimstatt *f* (*liter*)
logisticien(ne) [lɔʒistisjɛ̃, jɛn] *m(f)* ❶ (*spécialiste de la logique mathématique*) Logiker *m*
❷ (*spécialiste de la logistique*) Logistiker *m*
logistique [lɔʒistik] **I.** *adj* logistisch
II. *f* Logistik *f*
logo [logo] *m* Logo *m o nt*
logorrhée [lɔgɔʀe] *f* ❶ MED krankhafte Geschwätzigkeit *f,* Logorrhöe *f* (*Fachspr.*)
❷ *littér* (*discours abondant*) Wortschwall *m*
logo[type] [lɔgɔ(tip)] *m d'une entreprise* Logo *nt; d'un produit* Warenzeichen *nt*
loi [lwa] *f* ❶ (*prescription légale*) Gesetz *nt;* **~ civile** Zivilgesetz; **~ Grammond** Grammondsches Gesetz; **~ pénale** Strafgesetz; **les ~s de la guerre** das Kriegsrecht; **se mettre hors la ~** sich strafbar machen; **proposer une ~** eine Gesetzesvorlage einbringen; **la ~ est la même pour tous** vor dem Gesetz sind alle [Menschen] gleich; **j'ai la ~ pour moi** das Gesetz ist [*o* steht] auf meiner Seite
❷ (*ordre imposé*) Gesetz *nt;* (*par Dieu*) Gebot *nt;* **dicter** [*o* **imposer**] **sa ~** befehlen; **ériger en ~** zum Gesetz erheben; **faire la ~ chez qn** bei jdm befehlen; **se faire une ~ de faire qc** es sich (*Dat*) zur Pflicht machen, etw zu tun; **les tables de la Loi** die Gesetzestafeln; **la ~ du moindre effort** das Prinzip des geringsten Arbeitsaufwandes; **la ~ du plus fort/de la jungle** das Gesetz des Stärkeren/des Dschungels; **c'est la ~ des séries** ein Unglück kommt selten allein
❸ PHYS, MATH Gesetz *nt;* **~ de Newton** Newtonsches Gesetz; **~ de la pesanteur** Gesetz der Schwerkraft
▶ **la ~ est dure, mais c'est la ~** *prov* das Gesetz ist hart, aber so ist nun einmal das Gesetz; **nul n'est censé ignorer la ~** *prov* Unkenntnis *f* schützt vor Strafe nicht (*prov*)
◆ **la ~ du talion** das Prinzip „Auge um Auge, Zahn um Zahn"; das Prinzip, Gleiches mit Gleichem zu vergelten
loi-cadre [lwakadʀ] <lois-cadres> *f* Rahmengesetz *nt*
loin [lwɛ̃] *adv* ❶ (*distance*) **au ~** in der Ferne; **de ~** von weitem; **aller/être/partir ~ de sa ville natale** weit weg von seiner Heimatstadt gehen/sein/gehen; **c'est encore assez ~** das ist noch ziemlich weit; **les déserteurs sont déjà ~** die Deserteure sind schon über alle Berge; **je vais à la gare, suis-je encore ~?** ich will zum Bahnhof, ist das noch weit?
❷ *fig* weit; **il ira ~** er wird es weit bringen; **j'irais même plus ~** ich würde sogar noch weiter gehen; **voir plus ~ page 28** siehe Seite 28; **tu cherches la solution/le bonheur beaucoup trop ~** die Lösung/das Glück liegt viel näher; **être/ne pas être ~ de faire qc** weit/nicht weit davon entfernt sein, etw zu tun; **être vraiment ~ de s'attendre à une telle visite** nicht im Entferntesten mit einem solchen Besuch rechnen; **ne pas être ~ de se mettre en colère** nahe daran sein, wütend zu werden; **il y a/il n'y a pas ~ de qc à qc** zwischen etw (*Dat*) und etw (*Dat*) ist ein/kein großer Unterschied; **il y a ~ d'un projet à sa réalisation** von einem Plan bis zu seiner Verwirklichung ist es ein weiter Weg; **cette digression nous mènerait trop ~** diese Abschweifung würde uns zu weit vom Thema wegführen; **qc ne mène pas ~** mit etw kommt man nicht weit; **qc risque de me mener ~** etw wird Folgen für mich haben; **elle revient de ~** sie ist noch einmal davongekommen; **aller trop ~** zu weit gehen; **voir ~** weit vorausdenken; **de ~** (*de beaucoup*) bei weitem; **s'intéresser à qc de ~** (*très vaguement*) sich für etw nur am Rande interessieren; **s'occuper de qc de ~** sich mit etw nur am Rande beschäftigen; **suivre qn/qc de ~** jdm/etw aus der Ferne folgen; **n'être informé(e) de qc que de ~** nur grob von etw unterrichtet sein; **~ de là** [ganz] im Gegenteil; **~ de moi qc** etw liegt mir fern; **pas ~ de dix/mille** fast zehn/tausend
❸ (*dans le temps*) (*passé*) lange her; **nous sommes déjà ~ de l'été** der Sommer ist schon lange vorbei; **comme tout cela est ~** wie lange das alles schon her ist; (*futur*) weit weg; **les examens/vacances sont encore ~** bis zu den Prüfungen/Ferien ist noch viel Zeit; **il n'est pas** [**très**] **~ de minuit** es ist fast Mitternacht; **de ~ en ~** von Zeit zu Zeit
❹ (*au lieu de*) **~ de faire qc** weit entfernt davon, etw zu tun; **~ de cela** weit davon entfernt
▶ **~ s'en faut** weit gefehlt
lointain [lwɛ̃tɛ̃] *m* ❶ *soutenu* Ferne *f;* **dans le ~** in der Ferne
❷ *pl* ART Hintergrund *m kein Pl*
lointain(e) [lwɛ̃tɛ̃, ɛn] *adj* ❶ (*dans l'espace*) fern
❷ (*dans le temps*) *avenir* fern; *époque* weit zurückliegend; *souvenir* alt
❸ (*indirect*) entfernt; *cause* mittelbar; **rapport ~** loser Zusammenhang
❹ (*détaché, absent*) *personne* in Gedanken versunken; *regard* abwesend
loi-programme [lwapʀɔgʀam] <lois-programmes> *f* Rah-

mengesetz für ein langfristiges Programm im finanz- oder sozialpolitischen Bereich

loir [lwaʀ] *m* Siebenschläfer *m*
▸ **dormir comme un** ~ wie ein Murmeltier schlafen

Loire [lwaʀ] *f* **la** ~ die Loire

Loire-Atlantique [lwaʀatlɑ̃tik] *f* **la** ~ die Loire-Atlantique (*französisches Departement*)

loisible [lwazibl] *adj soutenu* **il vous est** ~ **de faire qc** es steht Ihnen frei, etw zu tun

loisir [lwaziʀ] *m* ❶ *sing o pl* (*temps libre*) Freizeit *f kein Pl;* **heures** [*o* **moments**] **de** ~ Freizeit *f;* **avoir des** ~**s** Freizeit haben; **avoir/ne pas avoir le** ~ **de faire qc** Zeit/keine Zeit haben, etw zu tun
❷ (*passe-temps*) Freizeitbeschäftigung *f*
▸ **tout à** ~ in aller Ruhe

lolo [lolo] *m* ❶ *enfantin* (*lait*) Milch *f*
❷ *pop* (*sein*) Titten *Pl* (*sl*)

lombago [lœbago] *m v.* **lumbago**

lombaire [lɔ̃bɛʀ] **I.** *adj* **région** ~ Lendengegend *f*
II. *f* Lendenwirbel *m*

lombalgie [lɔ̃balʒi] *f* Lendenschmerzen *Pl*

lombes [lɔ̃b] *mpl* Lenden *Pl*

lombric [lɔ̃bʀik] *m* Regenwurm *m*

londonien(ne) [lɔ̃dɔnjɛ̃, jɛn] *adj* Londoner

Londonien(ne) [lɔ̃dɔnjɛ̃, jɛn] *m(f)* Londoner(in) *m(f)*

Londres [lɔ̃dʀ] London *nt*

long [lɔ̃] **I.** *adv* **qc en dit** ~ etw besagt viel; **qc en dit** ~ **sur qc** etw sagt viel über etw (*Akk*); **en savoir** ~ **sur qc** gut Bescheid wissen über etw (*Akk*); **il voulait en savoir plus** ~ er wollte mehr darüber wissen
II. *m* **en** ~ in der Länge; **de** ~ **en large** auf und ab; **en** ~ **et en large** lang und breit; **en** ~**, en large et en travers** *fam* in allen Einzelheiten; **tout au** ~ **du parcours** die ganze Strecke; **tout au** ~ **de sa vie/du récit** sein ganzes Leben lang/während des ganzen Berichts; [**tout**] **au** ~ **des jours** tagein, tagaus; **avoir deux kilomètres de** ~ zwei Kilometer lang sein; **tomber de tout son** ~ der Länge nach hinfallen; **courir tout du** ~ **de la rue** die ganze Straße entlang laufen; [**tout**] **le** ~ **de la rivière/du mur** am ganzen Flussufer/an der ganzen Wand entlang

long, longue [lɔ̃, lɔ̃g] *adj* ❶ *a. antéposé* (*dans l'espace*) lang; **un** ~ **détour** ein großer Umweg; ~(**longue**) **de cinq kilomètres** fünf Kilometer lang; **trop** ~(**longue**) **de dix centimètres** zehn Zentimeter zu lang
❷ *antéposé* (*dans le temps*) lang; **une longue habitude** eine alte Gewohnheit; **ce sera** ~ das wird lange dauern; **à longue échéance, à** ~ **terme** langfristig; **être** ~(**longue**) **à faire qc** lange brauchen, um etw zu tun

long-courrier [lɔ̃kuʀje] <long-courriers> *m* (*avion*) Langstreckenflugzeug *nt;* (*bateau*) Hochseedampfer *m*

longe [lɔ̃ʒ] *f* ❶ (*pour attacher*) Leine *f;* (*pour mener*) Zügel *m;* (*pour faire travailler*) Longe *f*
❷ GASTR ~ **de veau** Kalbsnierenbraten *m*

longer [lɔ̃ʒe] <2a> *vt* ❶ (*border*) ~ **qc** *mur:* an etw (*Dat*) entlanglaufen; *sentier:* an etw (*Dat*) entlangführen; *rivière:* an etw (*Dat*) entlangfließen
❷ (*se déplacer le long de*) ~ **qc** *bateau, véhicule:* an etw (*Dat*) entlangfahren; *personne:* (*à pied*) an etw (*Dat*) entlanggehen; (*en voiture*) an etw (*Dat*) entlangfahren

longeron [lɔ̃ʒʀɔ̃] *m* TECH Längsträger *m; d'une charpente* Längsbalken *m*

longévité [lɔ̃ʒevite] *f* ❶ (*longue durée de vie*) Langlebigkeit *f*
❷ (*durée de vie*) Lebensdauer *f*

longiligne [lɔ̃ʒiliɲ] *adj personne* schmal und hochgewachsen; *voiture* langgezogen

longitude [lɔ̃ʒityd] *f* Länge *f;* **43° de** ~ **est/ouest** 43° östlicher/westlicher Länge

longitudinal(e) [lɔ̃ʒitydinal, o] <-aux> *adj* **axe** ~ Längsachse *f*

longitudinalement [lɔ̃ʒitydinalmɑ̃] *adv* in Längsrichtung

longtemps [lɔ̃tɑ̃] *adv* (*un temps long*) lange; **voilà** [*o* **ça fait**] ~ **que qn a fait qc** es ist lange her, dass jd etw getan hat; **il y a encore** ~ **à attendre?** muss ich/müssen wir noch lange warten?; **il y a** ~ das ist schon lange her; **il y a très** ~**, ...** vor langer Zeit ...; **il y a** ~ **que j'ai fini, j'ai fini depuis** ~ ich bin schon lange fertig; **il habite ici depuis** ~**, il y a** ~ **qu'il habite ici** er wohnt schon lange hier; **il n'y a pas** ~ **que j'ai déménagé** ich bin erst vor kurzem umgezogen; **ils ne me reverront pas avant** ~ die sehen mich so bald nicht wieder; **tu reviendras dans** ~**?** *fam* kommst du bald wieder?; **en avoir pour** ~ lange brauchen; **être à Paris pour** ~ längere Zeit in Paris sein; **aussi** ~ **que tu veux** so lange wie Du willst; **aussi** ~ **qu'il le faudra** so lange wie nötig; ~ **avant/après** lange [Zeit] vorher/danach; ~ **avant/après qc** lange [Zeit] vor etw (*Dat*)/nach etw

longue [lɔ̃g] *f* LING langer Vokal; MUS lange Note; POES lange Silbe
▸ **à la** ~ auf [die] Dauer

longuement [lɔ̃gmɑ̃] *adv* lange; *expliquer* lang und breit; *s'étendre sur un sujet* ausführlich; *étudier* eingehend; **une réponse** ~ **méditée** eine wohlbedachte Antwort

longuet [lɔ̃gɛ] *m* Baguettebrötchen *nt*

longuet(te) [lɔ̃gɛ, ɛt] *adj fam* **un peu** ~(**te**) ein bisschen [zu] lang

longueur [lɔ̃gœʀ] *f* ❶ (*opp: largeur*) Länge *f;* **avoir une** [*o* **être d'une**] ~ **de dix centimètres, avoir dix centimètres de** ~ eine Länge von zehn Zentimetern haben, zehn Zentimeter lang sein; **plier qc en** ~ etw der Länge nach falten
❷ (*dimension*) Länge *f; d'un livre* Umfang *m*
❸ (*durée*) Länge *f;* **tirer** [*o* **traîner**] **en** ~ sich in die Länge ziehen; **faire traîner en** ~ in die Länge ziehen; **à** ~ **d'année/de journée/de temps** das ganze Jahr/den ganzen Tag/die ganze Zeit
❹ (*longue durée*) *de négociations* Langwierigkeit *f; d'un travail* lange Dauer; **la** ~ **de l'attente** die langen Wartezeiten
❺ *pl* LITTER, CINE Längen *Pl*
❻ SPORT, CYCLISME Länge *f;* **d'une** ~ um eine Länge; **avoir une** ~ **d'avance sur qn** vor jdm in Führung liegen
❼ SPORT (*saut*) Weitsprung *m*
◆ ~ **d'onde** Wellenlänge *f* ▸ **être sur la même** ~ **d'onde** *fam* auf der gleichen Wellenlänge liegen (*fam*)

longue-vue [lɔ̃gvy] <longues-vues> *f* Fernrohr *nt*

look [luk] *m d'une personne* Look *m; d'un appartement* Note *f; d'un bâtiment* Gesicht *nt; d'un magazine* Aufmachung *f*

looping [lupiŋ] *m* AVIAT Looping *m o nt*

lope [lɔp] *f péj fam,* **lopette** [lɔpɛt] *f péj fam* Tunte *f* (*fam*)

lopin [lɔpɛ̃] *m* ~ **de terre** Stück *nt* Land

loquace [lɔkas] *adj* gesprächig

loquacité [lɔkasite] *f* Gesprächigkeit *f*

loque [lɔk] *f* ❶ (*vêtement*) Lumpen *m;* **en** ~**s** zerlumpt
❷ *péj* (*personne*) Wrack *nt*
❸ BELG (*morceau d'étoffe usé*) Lumpen *m;* ~ **à reloqueter** (*serpillière*) Scheuertuch *nt*
❹ BELG (*peau à la surface du lait bouilli*) Haut *f*

loquet [lɔkɛ] *m* Riegel *m;* **mettre le** ~ den Riegel vorschieben

loqueteux, -euse [lɔk(ə)tø, -øz] *adj* zerlumpt

lord [lɔʀ(d)] *m* Lord *m*

lordose [lɔʀdoz] *f* Rückgratverkrümmung *f*

lorgner [lɔʀɲe] <1> *vt* ❶ (*reluquer*) anstarren
❷ (*convoiter*) schielen nach; liebäugeln mit *poste*
❸ (*épier*) genau beobachten *personne, gestes*

lorgnette [lɔʀɲɛt] *f* Opernglas *nt*
▸ **regarder qc par le petit bout de la** ~ etw zu einseitig sehen

lorgnon [lɔʀɲɔ̃] *m* (*face-à-main*) Lorgnon *nt;* (*pince-nez*) Kneifer *m*

loriot [lɔʀjo] *m* Pirol *m*

lorrain(e) [lɔʀɛ̃, ɛn] *adj* lothringisch

Lorrain(e) [lɔʀɛ̃, ɛn] *m(f)* Lothringer(in) *m(f)*
Lorraine [lɔʀɛn] *f* **la** ~ Lothringen *nt*
lors [lɔʀ] *adv* ~ **de notre arrivée** bei unserer Ankunft; ~ **d'un congrès** auf einem Kongress; **depuis** ~ seitdem; **dès** ~ (*à partir de ce moment-là*) seitdem; (*de ce fait*) folglich; **dès** ~ **que qn a fait qc** sobald jd etw getan hat
lorsque [lɔʀsk(ə)] <lorsqu'> *conj* ~ **tu fais/feras qc** wenn du etw machst/machen wirst; ~ **tu faisais/as fait qc** als du etw machtest/gemacht hast; **lorsqu'il fera beau, nous sortirons** wenn das Wetter schön ist, werden wir hinausgehen
losange [lɔzɑ̃ʒ] *m* Raute *f;* **en [forme de]** ~ rautenförmig
losangé(e) [lɔzɑ̃ʒe] *adj dessin* rautenförmig; *tissu* mit Rautenmuster
loser [luzœʀ] *m* Loser *m*
lot [lo] *m* ❶ (*prix*) Preis *m;* **gagner le gros** ~ das große Los ziehen
❷ (*assortiment*) Stapel *m;* (*aux enchères*) Posten *m;* **dans le** ~ **des candidats à ce poste** unter den ganzen Bewerbern für diese Stelle; **un** ~ **de choses différentes** ein Satz *m* verschiedener Dinge; **un** ~ **de choses identiques** ein Set *nt* identischer Dinge
❸ (*parcelle*) Parzelle *f;* **morceler en** ~**s** parzellieren
❹ *soutenu* (*sort*) Los *nt* (*geh*)
❺ INFORM **traitement par** ~**s** Stapelverarbeitung *f*
❻ JUR (*part*) Anteil *m*
◆ ~ **de consolation** Trostpreis *m;* ~ **de prestations de services** Dienstleistungsbündel *nt*
loterie [lɔtʀi] *f* ❶ (*jeu*) Lotterie *f;* **gagner/perdre/jouer à la** ~ in der Lotterie gewinnen/verlieren/spielen
❷ (*hasard*) Lotteriespiel *nt*
Lothaire [lɔtɛːʀ(ə)] *m* Lothar *m*
loti(e) [lɔti] *adj* **être bien/mal** ~**(e)** es gut/schlecht getroffen haben
lotion [losjɔ̃] *f* Lotion *f;* ~ **capillaire** Haarwasser *nt;* ~ **après-rasage** Aftershave *nt*
lotionner [losjɔne] <1> *vt* einreiben *plaie, cheveux*
lotir [lɔtiʀ] <8> *vt* ❶ (*diviser en lots*) parzellieren; JUR aufteilen
❷ (*mettre en possession d'un lot*) ~ **qn de qc** jdm etw vermachen
lotissement [lɔtismɑ̃] *m* ❶ (*ensemble immobilier*) Siedlung *f*
❷ (*division en lots*) Parzellierung *f;* JUR Aufteilung *f*
loto [lɔto] *m* ❶ (*jeu de société*) Lotto(spiel *nt*) *nt*
❷ (*loterie*) **le tirage du Loto** die Ziehung der Lottozahlen; **jouer au Loto** Lotto *nt* spielen; **jouer au Loto sportif** Toto *nt* spielen
lotte [lɔt] *f* [Aal]quappe *f*
◆ ~ **de mer** Seeteufel *m*
lotus [lɔtys] *m* Lotos *m*
louable¹ [lwabl] *adj* (*digne de louange*) lobenswert
louable² [lwabl] *adj pièce, appartement, maison* zu vermieten
louage [lwaʒ] *m d'un navire* Charter *m; d'un immeuble, d'une voiture* Mietvertrag *m;* ~ **d'animaux de ferme** Viehpacht *f;* ~ **de services** Dienstleistungsvertrag *m*
louange [lwɑ̃ʒ] *f* ❶ *soutenu* (*glorification*) Lobpreisung *f* (*geh*); **digne de** ~ lobenswert
❷ *gén pl* (*paroles*) Lobrede *f*
❸ (*gloire*) **chanter les** ~**s de qn/qc** ein Loblied auf jdn/etw singen
loubard(e) [lubaʀ, aʀd] *m(f) fam* Rowdy *m* (*fam*)
louche¹ [luʃ] *adj* ❶ (*douteux, suspect*) zwielichtig; *passé* zweifelhaft; *affaire, histoire* dubios; **il y a du** ~ **dans cette affaire** an der Sache stimmt etwas nicht; **un individu** ~ eine zwielichtige Gestalt
❷ (*trouble*) *lumière* trüb; *regard* verschleiert
louche² [luʃ] *f* (*ustensile*) Schöpflöffel *m*
▶ serrer **la** ~ **à qn** *fam* jdm die Flosse geben (*fam*)
loucher [luʃe] <1> *vi* ❶ MED schielen
❷ *fam* (*lorgner*) ~ **sur qn** nach jdm schielen; ~ **sur l'héritage/un poste** es auf das Erbe/eine Stelle abgesehen haben; **faire** ~ **qn** *vêtement, belle voiture:* jds Neid wecken
louer¹ [lwe] <1> **I.** *vt* ❶ (*vanter*) rühmen
❷ (*féliciter*) ~ **qn de** [*o* **pour**] **qc** jdn für etw loben; ~ **qn de faire qc** jdn dafür loben, dass er etw tut
❸ REL (*glorifier*) preisen *la Providence, le Seigneur*
II. *vpr* **se** ~ **de qc** sich wegen etw glücklich preisen; **se** ~ **de faire qc** sich glücklich preisen, etw zu tun
louer² [lwe] <1> **I.** *vt* ❶ (*donner en location*) ~ **qc à qn** jdm etw vermieten; **à** ~ zu vermieten
❷ (*prendre en location*) mieten
❸ (*retenir, réserver*) reservieren lassen *chambre, place;* ~ **deux places au théâtre** zwei Theaterkarten vorbestellen
II. *vpr* **se** ~ *appartement, voiture, chambre:* vermietet werden; *commis, employé, journalier:* sich verdingen (*veraltet*)
loueur, -euse [lwœʀ, -øz] *m, f* ~ **de chambres/voitures** Vermieter *m* von Zimmern/Autos
loufiat [lufja] *m péj pop* Kellner *m*
loufoque [lufɔk] *adj fam* verrückt
loufoquerie [lufɔkʀi] *f fam* Verrücktheit *f;* **ce type/cette histoire est d'une** ~**!** der Typ/die Geschichte ist irre! (*fam*)
Louis [lwi] *m* ❶ Ludwig *m*
❷ HIST ~ **XIV** Ludwig XIV., Ludwig der Vierzehnte; **Saint** ~ Ludwig der Heilige
louise-bonne [lwizbɔn] <louises-bonnes> *f* (*poire*) Gute Luise *f*
loukoum [lukum] *m* Lokum *nt*
loulou [lulu] *m fam* ❶ (*loubard*) Rowdy *m* (*fam*)
❷ (*terme d'affection*) Liebling *m*
louloute [lulut] *f fam* (*terme d'affection*) Liebling *m*
loup [lu] *m* ❶ (*mammifère*) Wolf *m*
❷ *fig* **jeune** ~ ehrgeiziger junger Mann
❸ (*poisson*) Barsch *m*
❹ (*masque*) *schwarze Halbmaske*
❺ TYP Lücke *f*
❻ *fam* (*terme d'affection*) **mon** ~ mein Liebling
▶ **mettre le** ~ **dans la** bergerie den Bock zum Gärtner machen; **quand on parle du** ~ **on en voit la** queue wenn man vom Teufel spricht, dann kommt er; **être** connu**(e) comme le** ~ **blanc** bekannt sein wie ein bunter Hund; crier [*o* hurler] **au** ~ Alarm schlagen; hurler **avec les** ~**s** mit den Wölfen heulen; **les** ~**s ne se** mangent **pas entre eux** eine Krähe hackt der anderen kein Auge aus
◆ ~ **de mer** ❶ (*marin*) alter Seebär ❷ (*poisson*) Barsch *m*
loupage [lupaʒ] *m fam* Flop *m* (*fam*)
loup-cervier [lusɛʀvje] <loups-cerviers> *m* ZOOL Nordluchs *m*
loupe [lup] *f* ❶ OPT Lupe *f*
❷ MED Grützbeutel *m*
❸ BOT Knorren *m*
▶ **examiner/regarder qc** à **la** ~ etw genau unter die Lupe nehmen
loupé [lupe] *m fam* ❶ TECH (*défaut*) Macke *f* (*fam*)
❷ (*erreur*) Patzer *m* (*fam*)
louper [lupe] <1> **I.** *vt fam* ❶ (*ne pas réussir*) verpatzen (*fam*) *examen;* verpfuschen (*fam*) *travail;* **qn loupe un gâteau** der Kuchen missglückt jdm; **qn loupe son suicide** jds Selbstmordversuch geht daneben (*fam*); **faire** ~ vermasseln (*fam*); **être loupé(e)** *soirée:* in die Hose gegangen sein (*fam*); *mayonnaise, gâteau:* nichts geworden sein (*fam*); **loupé!** daneben! (*fam*); **ben c'est loupé!** tja, das war wohl nichts! (*fam*)
❷ (*manquer*) verpassen; verfehlen *cible;* ~ **qn/le train de dix minutes** jdn/den Zug um zehn Minuten verpassen
II. *vi fam* (*échouer*) *projet, tentative:* danebengehen (*fam*); **ça n'a pas loupé** das musste ja so kommen (*fam*)
III. *vpr fam* (*manquer son suicide*) **qn se loupe** jds Selbstmordversuch geht daneben (*fam*)
loup-garou [lugaʀu] <loups-garous> *m* Werwolf *m*
loupiot(e) [lupjo, jɔt] *m(f) fam* Kind *nt,* Gör *nt* (*pej fam*)

L

loupiote [lupjɔt] *f fam* Lämpchen *nt* (*fam*)
lourd(e) [luʀ, luʀd] **I.** *adj* ❶ *a. antéposé* (*de grand poids*) schwer
❷ (*pesant*) *jambes, paupières, tête* schwer; **avoir l'estomac ~** Magendrücken haben; **elle a le cœur ~** ihr ist es schwer ums Herz
❸ *a. antéposé* (*oppressant*) *chaleur* drückend; *nuages* dicht; *silence* beklemmend; **le temps est ~, il fait ~** es ist schwül
❹ *a. antéposé* (*important*) *impôts, dettes, charges* hoch; *perte* schwer; *équipement* umfangreich
❺ *a. antéposé* (*pénible*) *tâche* schwer; *thérapeutique* hart; **emploi du temps très ~** voller Stundenplan
❻ (*chargé*) **~(e) de menaces/sous-entendus** voller Drohungen/Andeutungen; **~(e) de promesses** viel versprechend; **~(e) de signification** bedeutungsschwer
❼ (*gauche*) schwerfällig; *compliment, plaisanterie* plump
❽ (*opp: fin, délicat*) *silhouette* plump; *monument, statue* klobig; *parfum, vin* schwer; *odeur* stark; *nourriture* schwer verdaulich
❾ *a. antéposé* (*grave*) *faute, handicap, responsabilités* schwer
❿ *a. antéposé* (*sévère*) *défaite, peine* schwer
⓫ (*profond*) *sommeil* tief
⓬ (*avec un équipement important*) **industrie ~e** Schwerindustrie *f*
⓭ (*dense*) *terre, liquide* schwer; **terrain ~** schwerer Boden
II. *adv* **peser ~** schwer wiegen
▸ **pas ~** *fam* (*pas beaucoup*) verdammt wenig[e] (*fam*); **ben ça ne fait pas ~** *fam* also das ist verdammt wenig (*fam*)
III. *mpl* SPORT **les ~s** die Schwergewichtler *Pl*; **catégorie ~s** Schwergewicht *nt*
lourdaud(e) [luʀdo, od] **I.** *adj* trampelig (*fam*)
II. *m(f)* Trampel *m o nt* (*fam*)
lourde [luʀd] *f arg* Tür *f*
lourdement [luʀdəmɑ̃] *adv* schwer; *se tromper* gewaltig (*fam*); *insister* hartnäckig; *imposer* hoch
lourder [luʀde] <1> *vt pop* (*virer*) feuern (*fam*); **se faire ~ par qn** von jdm gefeuert werden (*fam*)
lourdeur [luʀdœʀ] *f* ❶ (*gaucherie*) Schwerfälligkeit *f*; **avec ~** schwerfällig
❷ (*lenteur*) *de l'administration* Langsamkeit *f*
❸ (*caractère massif*) Plumpheit *f*
❹ METEO Schwüle *f*; **la ~ du climat** das drückend schwüle Klima
◆ **~s d'estomac** Magendrücken *nt*
lourdingue [luʀdɛ̃g] *fam* **I.** *adj* tölpelhaft (*pej*)
II. *mf* Tölpel *m* (*pej*)
loustic [lustik] *m fam* (*drôle de zig*) komischer Vogel (*fam*)
loutre [lutʀ] *f* ❶ ZOOL Otter *m*
❷ (*fourrure*) Otter[n]fell *nt*
◆ **~ de mer** Meerotter *m*
Louvain [luvɛ̃] Löwen *nt*
louve [luv] *f* Wölfin *f*
louveteau [luvto] <x> *m* ❶ ZOOL junger Wolf
❷ (*jeune scout*) Wölfling *m*
louvoiement [luvwamɑ̃] *m* Winkelzug *m*
louvoyer [luvwaje] <6> *vi* ❶ (*tergiverser*) geschickt lavieren
❷ NAUT aufkreuzen
lover [lɔve] <1> **I.** *vpr* **se ~** sich einrollen
II. *vt* aufrollen *câble;* aufschießen *cordage*
loyal(e) [lwajal, jo] <-aux> *adj* loyal; *ami, services, sujet* treu; *adversaire, conduite, procédés* fair; **régler un différend à la ~e** einen Streit auf faire Weise beilegen
loyalement [lwajalmɑ̃] *adv reconnaître* offen; *être dévoué* treu; *régler un différend, se battre* fair
loyalisme [lwajalism] *m d'une personne* Loyalität *f*; *des troupes* Regierungstreue *f*
loyaliste [lwajalist] **I.** *adj* loyal; *troupes* regierungstreu
II. *mpl* HIST Loyalisten *Pl*
loyauté [lwajote] *f* Loyalität *f*; *d'un adversaire, procédé, d'une conduite* Fairness *f*; **reconnaître avec ~ sa faute** seinen Fehler offen zugeben
loyer [lwaje] *m d'un appartement* Miete *f*; *d'une ferme* Pacht *f*
L.S.D. [ɛlɛsde] *m abr de* **Lysergsäurediäthylamid** LSD *nt*
lu(e) [ly] *part passé de* **lire**
lubie [lybi] *f* Marotte *f* (*fam*); **avoir des ~s** Marotten haben (*fam*)
lubricité [lybʀisite] *f d'une personne* Lüsternheit *f*
lubrifiant [lybʀifjɑ̃] *m* (*pour une machine*) Schmiermittel *nt;* (*pour l'amour*) Gleitmittel *nt*
lubrifiant(e) [lybʀifjɑ̃, jɑ̃t] *adj* **produit ~** (*pour une machine*) Schmiermittel *nt;* (*pour l'amour*) Gleitmittel *nt*
lubrification [lybʀifikasjɔ̃] *f* Schmieren *nt*
lubrifier [lybʀifje] <1a> *vt* schmieren
lubrique [lybʀik] *adj* lüstern; *propos, scène, spectacle* obszön
Luc [lyk] *m* ❶ Lukas *m*
❷ REL **Saint ~** Lukas
lucane [lykan] *m* ZOOL Hirschkäfer *m*
lucarne [lykaʀn] *f* ❶ (*petite fenêtre*) Dachfenster *nt*; *d'une entrée, d'un mur, cachot* Fensteröffnung *f*
❷ FBALL obere Ecke
lucide [lysid] *adj* ❶ (*clairvoyant*) *intelligence, jugement* scharfsinnig; *regard* scharfsichtig; **un esprit ~** ein heller Kopf
❷ (*conscient*) **l'accidenté est entièrement ~** der Verunglückte ist bei vollem Bewusstsein; **elle n'était déjà plus ~** sie hatte schon das Bewusstsein verloren
lucidement [lysidmɑ̃] *adv* scharfsichtig
lucidité [lysidite] *f* ❶ (*clairvoyance*) *d'un esprit* Klarheit *f*; *d'un jugement* Scharfsinnigkeit *f*; *d'un observateur* Scharfblick *m*
❷ (*conscience*) klares Bewusstsein; **des moments de ~** lichte Augenblicke
Lucifer [lysifɛːʀ] *m* Luzifer *m*
luciole [lysjɔl] *f* Glühwürmchen *nt*
lucratif, -ive [lykʀatif, -iv] *adj* lukrativ
lucre [lykʀ] *m péj* Profit *m*
ludiciel [lydisjɛl] *m* Computerspiel *nt*
ludique [lydik] *adj* **activités ~s** Spielen *nt*
ludoéducatif, -ive [lydɔedykatif, -iv] *adj* Edutainment-
ludothèque [lydɔtɛk] *f* Spielothek *f*
luette [lɥɛt] *f* Zäpfchen *nt*
lueur [lɥœʀ] *f* ❶ (*faible clarté*) Schein *m kein Pl*; *des braises* Glühen *nt kein Pl*; *du couchant* Glut *f kein Pl*; *de la ville* schwaches Licht; **à la ~ d'une bougie** beim Schein einer Kerze (*Gen*); **à la ~ de la raison** mit Hilfe der Vernunft
❷ (*éclat fugitif dans le regard*) **une ~ de colère/joie** eine Andeutung von Wut/Freude
❸ (*signe passager*) Funke[n] *m*; **une ~ d'intelligence** eine Spur von Intelligenz; **une ~ d'espoir** ein Hoffnungsschimmer *m*
luge [lyʒ] *f* Schlitten *m*; **faire de la ~** Schlitten fahren; **en ~** mit dem Schlitten
lugubre [lygybʀ] *adj* düster; *figure* finster; *personne* trübsinnig; *paysage* trist; **des pensées ~s** trübsinnige Gedanken
lugubrement [lygybʀəmɑ̃] *adv* düster
lui [lɥi] *pron pers* ❶ (*se rapportant à une personne masc ou fém*) **je ~ ai demandé si** ich habe ihn/sie gefragt, ob; **je ~ ai répondu que** ich habe ihm/ihr geantwortet, dass
❷ (*se rapportant à un animal ou objet*) **c'est ton chien/chat? tu ~ as donné à manger?** ist das dein Hund/deine Katze? hast du ihm/ihr [schon] zu fressen gegeben?; **tu as vu mon porte-monnaie/sac comme il brille? Je ~ ai donné un coup de brosse!** hast du gesehen wie mein Geldbeutel/meine Tasche glänzt? Ich habe ihn/sie mit der Bürste poliert!
❸ *avec faire, laisser* **il ~ laisse/fait conduire la voiture** er lässt ihn/sie das Auto fahren
❹ *avec être, devenir, sembler soutenu* **cela ~ semble bon** das erscheint ihm/ihr gut; **mon amitié ~ est chère** meine Freundschaft ist ihm/ihr teuer (*geh*); **ça ~ est bon de rentrer**

au pays es tut [ihm/ihr] gut heimzukommen; **le café ~ devenait indispensable** er/sie konnte nicht mehr auf den Kaffee verzichten
❺ *fam (pour renforcer)* ~, **épouser cette fille?** was, der will dieses Mädchen heiraten? *(fam)*; ~, **il n'a pas ouvert la bouche** der hat den Mund nicht aufgemacht *(fam)*; **et ~ qui pensait avoir compris!** und der dachte, er hätte alles verstanden! *(fam)*; **c'est ~ qui l'a dit** das hat der gesagt *(fam)*; **c'est ~ que j'ai entendu à la radio** den habe ich im Radio gehört *(fam)*; **je veux le voir, ~!** den möchte ich sehen!; **tu veux l'aider, ~?** dem möchtest du helfen?; **je les aime bien, elle et ~** ich mag sie beide, sie und ihn
❻ *(avec un sens possessif)* **le cœur ~ battait fort** sein/ihr Herz schlug heftig
❼ *avec une préposition* **avec ~** mit ihm/ihr; **sans ~** ohne ihn/sie/es; **à ~ seul** er allein; **la maison est à ~** das Haus gehört ihm; **c'est à ~ de décider** er muss entscheiden; **c'est à ~!** er ist dran!
❽ *dans une comparaison* er; **tu es comme ~** du bist wie er; **plus/aussi fort(e) que ~** stärker als er/genauso stark wie er
❾ *(soi, personne masc)* sich; **il ne pense qu'à ~** er denkt nur an sich *(Akk)*

lui-même [lɥimɛm] *pron pers* ❶ *(lui en personne)* ~ **n'en savait rien** er selbst wusste nichts davon; **il se sent ~ heureux** er fühlt sich glücklich; **il l'a dit ~, c'est ~ qui l'a dit** er selbst hat es gesagt; **il est venu de ~** er ist von selbst [*o* von sich aus] gekommen; **M. Dubois? – Lui-même!** Herr Dubois? – Höchstpersönlich!
❷ *(en soi)* selbst, an sich; **il n'est pas mauvais en ~** er [selbst] ist nicht schlecht
❸ *(lui aussi)* ebenfalls, auch; **son père était ~ furieux** sein/ihr Vater war ebenfalls [*o* auch] sehr wütend

luire [lɥiʀ] <*irr*> *vi* ❶ *(briller) soleil:* scheinen; *étoile, lune:* leuchten; **le jour luit à travers la jalousie** das Tageslicht dringt durch die Jalousie
❷ *(réfléchir la lumière) feuilles:* leuchten; *lac, rosée:* glitzern; *casque, tuiles, cuivre:* blinken; **le lac luisait au soleil/sous la lune** der See glitzerte in der Sonne/im Mondlicht; ~ **de propreté** vor Sauberkeit strahlen
❸ *(exprimer)* ~ **de désir** *yeux:* vor Verlangen strahlen; ~ **de colère/fièvre** *yeux:* vor Wut funkeln/fieberglänzend sein
❹ *fig littér* **un faible espoir luit encore** es besteht noch ein kleiner Hoffnungsschimmer

luisant [lɥizɑ̃] *m d'une étoffe, d'un satin* Glanz *m*

luisant(e) [lɥizɑ̃, ɑ̃t] *adj* glänzend; *arme* blitzend; *yeux (de joie)* leuchtend; *(de colère)* funkelnd; ~**(e) de fièvre/sueur** fieberglänzend/schweißglänzend

lumbago [lœ̃bago] *m* Hexenschuss *m*

lumen [lymɛn] *m* PHYS Lumen *nt*

lumière [lymjɛʀ] *f* ❶ *(clarté naturelle, éclairage)* Licht *nt;* ~ **blanche/noire** Weißlicht/Schwarzlicht; ~ **des étoiles/du soleil** Sternen-/Sonnenlicht; ~ **du jour/de la lune** Tages-/Mondlicht; **à la ~ d'une bougie** im Schein einer Kerze; **être en pleine ~** *fig* im Rampenlicht stehen; **avoir de la ~** *(du courant)* Licht haben; **donner de la ~** *fenêtre, ouverture:* Licht geben; **que la ~ soit** es werde Licht; **mettre qc en ~** *fig personne:* auf etw *(Akk)* aufmerksam machen; *fait, événement:* etw ans Licht bringen
❷ *pl (connaissances)* Wissen *nt;* **j'aurais besoin de vos ~s** ich bräuchte Ihren/euren Rat; **je n'ai aucune ~ sur la question** von dieser Sache habe ich keine Ahnung
❸ *(personne intelligente)* **être/ne pas être une ~** ein heller Kopf/keine Leuchte sein *(fam)*; **une des ~s de son siècle** eine der Geistesgrößen seines/ihres Jahrhunderts; **les Lumières** LITTER die Aufklärung; **le siècle des Lumières** das Zeitalter der Aufklärung
❹ *(ce qui permet de comprendre) de la foi, raison, de Dieu* Licht *nt;* **faire la ~ sur les agissements de qn** jds Machenschaften ans Licht bringen; **faire la ~ sur une affaire** Licht in eine Angelegenheit bringen; **jeter une ~ nouvelle sur qc** etw in ein anderes Licht rücken; **à la ~ des récents événements** in Anbetracht der jüngsten Ereignisse
❺ *(ouverture) d'un canon* Zündloch *nt; d'une machine à vapeur* Öffnung *f*

lumignon [lymiɲɔ̃] *m* Lämpchen *nt*

luminaire [lyminɛʀ] *m* ❶ *(lampe)* Leuchte *f;* **magasin de ~s** Lampengeschäft *nt*
❷ REL Kirchenleuchter *m*

luminescence [lyminesɑ̃s] *f* Lumineszenz *f*

luminescent(e) [lyminesɑ̃, ɑ̃t] *adj* lumineszierend

lumineusement [lyminøzmɑ̃] *adv expliquer* einleuchtend

lumineux, -euse [lyminø, -øz] *adj* ❶ *(qui répand la lumière)* leuchtend; *fontaine* angestrahlt; **enseigne lumineuse** Neonschild *nt;* **intensité lumineuse** Leuchtkraft *f;* **rayon ~** Lichtstrahl *m*
❷ *(brillant, éclatant) couleur, yeux* leuchtend; *regard* strahlend; *teint* frisch
❸ *(clair) pièce, appartement* hell
❹ *(compréhensible) explication* einleuchtend
❺ *(génial) idée* glänzend; *intelligence* außergewöhnlich

luminosité [lyminozite] *f* ❶ *(éclat lumineux) du ciel, d'une couleur* Leuchten *nt*
❷ *(clarté) d'une pièce, d'un appartement* Helligkeit *f*
❸ PHOT Helligkeit *f;* **il n'y a pas suffisamment de ~** es ist nicht hell genug

lump [lœ̃p] *m* Seehase *m*

lunaire [lynɛʀ] **I.** *adj* ❶ ASTRON **sol ~** Mondoberfläche *f*
❷ *(qui ressemble à la lune)* **visage/paysage ~** Mondgesicht *nt*/Mondlandschaft *f*
❸ *(extravagant) projet* utopisch; *rêve* unrealistisch; **personnage ~** Fantast(in) *m(f)*
II. *f* BOT Mondviole *f*

lunaison [lynɛzɔ̃] *f* Mondumlaufzeit *f*

lunatique [lynatik] *adj personne* launisch; *humeur* wechselhaft

lunch [lœntʃ] <[e]s> *m* Lunch *m*

lundi [lœ̃di] *m* Montag *m; v. a.* **dimanche**
◆ ~ **de Pâques** Ostermontag *m;* ~ **de Pentecôte** Pfingstmontag *m*

lune [lyn] *f* ❶ Mond *m;* **nouvelle/pleine ~** Neumond/Vollmond; ~ **rousse** *Zeit der späten Nachtfröste im April/Mai*
❷ *(unité de temps)* **il y a [bien] des ~s** *vieilli littér* vor vielen Monden *(poet)*
▶ **con(ne) comme la ~** *pop* dumm wie die Nacht *(fam)*; **aboyer [*o* hurler] à la ~** den Mond anheulen; **décrocher la ~ pour qn** für jdn die Sterne vom Himmel holen; **demander la ~** Unmögliches verlangen; **être dans la ~** nicht bei der Sache sein; **promettre la ~ à qn** jdm das Blaue vom Himmel versprechen
◆ ~ **de miel** *(après le mariage)* Flitterwochen *Pl;* *(harmonie parfaite)* große Harmonie

luné(e) [lyne] *adj fam* **être bien/mal ~(e)** gut/schlecht gelaunt sein

lunetier, -ière [lyn(ə)tje, -jɛʀ] **I.** *adj* **industrie lunetière** Brillenindustrie *f*
II. *m, f* Brillenfabrikant(in) *m(f)*

lunette [lynɛt] *f* ❶ *pl (verres)* Brille *f,* Augengläser *Pl* (A); ~**s noires** dunkle Brille; **mettre ses ~s** die Brille aufsetzen; **mets tes ~s!** *fig fam* mach deine Augen auf!
❷ *(instrument)* Fernrohr *nt*
❸ *(petite fenêtre) d'un toit* Dachluke *f;* ~ **arrière** AUT Heckscheibe *f*
❹ *(anneau) des WC* WC-Brille *f*
◆ ~ **d'approche** Fernrohr *nt;* ~**s de plongée** Taucherbrille *f;* ~**s de soleil** Sonnenbrille *f*

lunetterie [lynɛtʀi] *f* ❶ *(commerce)* Brillenhandel *m*
❷ *(fabrication)* Brillenherstellung *f*

L

lunule [lynyl] *f* [Nagel]möndchen *nt*
lupanar [lypanaʀ] *m littér* Freudenhaus *nt* (*geh*)
lupin [lypɛ̃] *m* Lupine *f*
lupus [lypys] *m* MED Lupus *m* (*Fachspr.*)
lurette [lyʀɛt] *f* ▸ **il y a** [*o* **ça fait**] **belle ~ que qn a fait qc** *fam* es ist schon ewig her, dass jd etw getan hat (*fam*); **depuis belle ~** *fam* schon seit ewigen Zeiten (*fam*)
luron [lyʀɔ̃, ɔn] *m* **joyeux ~** *fam* Lebemann *m*
lus [ly] *passé simple de* **lire**
lusophone [lyzɔfɔn] *adj* portugiesischsprachig
lustrage [lystʀaʒ] *m* Lüstrieren *nt*
lustral(e) [lystʀal, o] <-aux> *adj littér* reinigend, Reinigungs-
lustre¹ [lystʀ] *m* ❶ (*lampe*) Kronleuchter *m;* **~ de cristal** Kristallleuchter
❷ *a. fig soutenu* (*éclat*) Glanz *m;* **donner/redonner du ~ à qc** (*du brillant*) etw glänzend/wieder glänzend machen; (*du prestige*) einer S. (*Dat*) Glanz/neuen Glanz verleihen
lustre² [lystʀ] *m* **je ne l'ai pas vu depuis des ~s** ich habe ihn eine Ewigkeit nicht mehr gesehen
lustré(e) [lystʀe] *adj* glänzend
lustrer [lystʀe] <1> *vt* ❶ (*faire briller*) polieren *voiture;* lüstrieren *étoffe, cuir;* **~ sa fourrure/son poil** *animal:* sein Fell putzen
❷ (*user*) blankscheuern
lustrine [lystʀin] *f* Lüster *m*
lut [lyt] *m* **~ de vitrier** Fensterkitt *m*
lutétium [lytesjɔm] *m* CHIM Lutetium *nt*
luth [lyt] *m* Laute *f*
Luther [lytɛːʀ] *m* Luther *m*
luthéranisme [lyteʀanism] *m* Luthertum *nt*
lutherie [lytʀi] *f* Geigenbau *m*
luthérien(ne) [lyteʀjɛ̃, jɛn] *adj* lutherisch; **culte ~** evangelischer Gottesdienst
Luthérien(ne) [lyteʀjɛ̃, jɛn] *m(f)* Lutheraner(in) *m(f)*
luthier [lytje] *m* Geigenbauer(in) *m(f)*
lutin [lytɛ̃] *m* ❶ (*farfadet*) Kobold *m*
❷ (*enfant espiègle*) Schlingel *m*
lutiner [lytine] <1> *vt* **~ qn** mit jdm schäkern
lutrin [lytʀɛ̃] *m* Lesepult *nt*
lutte [lyt] *f* ❶ (*combat*) Kampf *m;* **~ antidrogue** Rauschgiftbekämpfung *f;* **~ contre/pour qn/qc** Kampf gegen/für jdn/etw; **la ~ pour la vie** der Kampf ums Dasein; **être en ~ contre qn** gegen jdn kämpfen; **entrer en ~** den Kampf aufnehmen; **de haute ~** nach hartem Kampf
❷ (*antagonisme*) **~ de choses/entre des choses** Kampf *m* zwischen Dingen; **la ~ entre le devoir et la passion** der Kampf zwischen Pflicht und Leidenschaft
❸ SPORT Ringkampf *m;* **~ libre** Freistilringen *nt;* **faire de la ~** ringen
◆ **~ des classes** Klassenkampf *m*
lutter [lyte] <1> *vi* ❶ (*combattre*) kämpfen; **~ contre la mort** mit dem Tod ringen; **~ contre le sommeil/le vent** gegen die Müdigkeit/den Wind ankämpfen
❷ (*mener une action*) kämpfen; **~ contre qc** etw bekämpfen; **~ pour qc/pour faire qc** für etw kämpfen/dafür kämpfen, etw zu tun
❸ (*rivaliser*) **~ de bonté** versuchen, sich gegenseitig an Güte zu überbieten; **~ de vitesse** *personnes:* versuchen, sich an Schnelligkeit zu überbieten; *voiliers:* um die Wette fahren
lutteur, -euse [lytœʀ, -øz] *m, f* ❶ SPORT Ringkämpfer(in) *m(f)*
❷ (*battant*) Kämpfer(in) *m(f)*
lux [lyks] *m* Lux *nt*
luxation [lyksasjɔ̃] *f de l'épaule, de la hanche* Auskugelung *f*
luxe [lyks] *m* ❶ Luxus *m;* **c'est du ~!** das ist Luxus!; **ce n'est pas du ~** *fam* das muss sein; **s'offrir** [*o* **se payer**] **le ~ de faire qc** es sich (*Dat*) leisten, etw zu tun; **je me suis payé le ~ de lui dire ce que je pensais de lui** *fig* ich habe mir erlaubt, ihm zu sagen, was ich von ihm halte
❷ (*profusion*) **un ~ de détails** eine Fülle von Einzelheiten; **un ~ de précautions** eine Menge Vorsichtsmaßnahmen
❸ (*luxueux*) **hôtel/article de ~** Luxushotel *nt*/Luxusartikel *m;* **magasin de ~** Geschäft mit Luxusartikeln; **train/voiture de ~** Zug/Wagen der Luxusklasse
Luxembourg [lyksɑ̃buʀ] *m* ❶ (*pays*) **le ~** Luxemburg *nt*
❷ (*ville*) Luxemburg *nt*
❸ (*à Paris*) **le** [**palais du**] **~** *Sitz des französischen Senats;* **le** [**jardin du**] **~** *Park in Paris*
luxembourgeois(e) [lyksɑ̃buʀʒwa, waz] *adj* luxemburgisch
Luxembourgeois(e) [lyksɑ̃buʀʒwa, waz] *m(f)* Luxemburger(in) *m(f)*
luxer [lykse] <1> **I.** *vt* **~ qc à qn** jdm etw ausrenken
II. *vpr* **se ~ l'épaule** sich die Schulter verrenken
luxueusement [lyksɥøzmɑ̃] *adv* luxuriös
luxueux, -euse [lyksɥø, -øz] *adj a. antéposé* luxuriös; **hôtel ~** Luxushotel *nt*
luxure [lyksyʀ] *f littér* Wollust *f*
luxuriance [lyksyʀjɑ̃s] *f soutenu de la végétation* Üppigkeit *f*
luxuriant(e) [lyksyʀjɑ̃, jɑ̃t] *adj végétation* üppig; *style* blumig
luxurieux, -euse [lyksyʀjø, -jøz] *adj littér* wollüstig
luzerne [lyzɛʀn] *f* Luzerne *f*
lycée [lise] *m* ❶ Gymnasium *nt;* **~ agricole** landwirtschaftliches Gymnasium; **~ hôtelier** Hotelfachschule *f;* **~ professionnel** [*o* **technique**] technisches Gymnasium; **être prof au ~** Lehrer(in) am Gymnasium sein; **aller au ~** aufs Gymnasium gehen
❷ BELG (*établissement secondaire pour filles*) Mädchengymnasium *nt*
◆ **~ d'enseignement général et technologique** *Gymnasium mit zusätzlichen technischen Fächern;* **~ d'enseignement professionnel** Berufsfachschule *f*

i Land & Leute

Im Anschluss an das *collège* – mit 15 oder 16 Jahren – können die französischen Schülerinnen und Schüler das **lycée** besuchen. Es umfasst die drei Klassen *seconde, première* und *terminale* und endet mit dem *baccalauréat,* dem Abitur.

lycéen(ne) [liseɛ̃, ɛn] *m(f)* Gymnasiast(in) *m(f)*
lycra® [likʀa] *m* Lycra® *nt*
lymphangite [lɛ̃fɑ̃ʒit] *f* MED Lymphgefäßentzündung *f,* Lymphangitis *f* (*Fachspr.*)
lymphatique [lɛ̃fatik] *adj* ❶ MED **système ~** Lymphsystem *nt*
❷ (*flegmatique*) *personne* phlegmatisch; *constitution* schwach; **tempérament ~** Phlegma *nt*
lymphe [lɛ̃f] *f* Lymphe *f*
lymphocyte [lɛ̃fɔsit] *m* Lymphozyt *m*
lynchage [lɛ̃ʃaʒ] *m* Lynchjustiz *f*
lyncher [lɛ̃ʃe] <1> *vt* lynchen
lynx [lɛ̃ks] *m* Luchs *m*
lyonnais(e) [ljɔnɛ, ɛz] *adj* aus Lyon [stammend]
lyophilisation [ljɔfilizasjɔ̃] *f* Gefriertrocknung *f*
lyophiliser [ljɔfilize] <1> *vt* gefriertrocknen; **être lyophilisé(e)** gefriergetrocknet sein; **café lyophilisé** Pulverkaffee *m*
lyre [liʀ] *f* Lyra *f*
lyrique [liʀik] *adj* ❶ LITTER lyrisch; *roman, film* stimmungsvoll; *écrivain* empfindsam; **poète ~** Lyriker(in) *m(f)*
❷ MUS *soprano* lyrisch; **art ~** Gesangskunst *f;* **soirée ~** Liederabend *m;* **théâtre ~** Musiktheater *nt*
❸ (*passionné*) *envolée, personne, ton* überschwänglich
lyrisme [liʀism] *m* ❶ LITTER Lyrik *f; d'un roman, film, d'une scène* gefühlsbetonte Stimmung; **le film est plein de ~** der Film ist sehr stimmungsvoll
❷ (*manière passionnée*) Überschwänglichkeit *f*
lys [lis] *m v.* **lis**

M m

M, m [ɛm] *m inv* M *nt*/m *nt*
▸ **m comme Marcel** M wie Martha
m [ɛm] *abr de* **mètre** m
M. <MM.> *m abr de* **Monsieur**: **M. Trouvé** Herr Trouvé
m' [m] *pron v.* **me**
ma [ma, me] <mes> *dét poss* mein(e); ~ **chaise/fleur/maison** mein Stuhl/meine Blume/mein Haus; ~ **Sœur** Schwester
▸ ~ **pauvre!** Sie/du arme!
maboul(e) [mabul] *fam* **I.** *adj* übergeschnappt (*fam*)
II. *m(f)* Verrückte(r) *f(m)* (*fam*)
mac [mak] *m arg abr de* **maquereau** Zuhälter *m*
macabre [makɑbʀ] *adj* makaber; **humour** ~ schwarzer Humor
macadam [makadam] *m* (*revêtement routier*) Makadam *m o nt*
macadamiser [makadamize] <1> *vt* makadamisieren
macaque [makak] *m* ❶ ZOOL Makak *m;* ~ **rhésus** Rhesusaffe *m*
❷ (*personne*) hässlicher Kerl
macareux [makaʀø] *m* ZOOL Papageitaucher *m*
macaron [makaʀɔ̃] *m* ❶ GASTR Makrone *f*
❷ (*autocollant*) Aufkleber *m;* (*badge*) Abzeichen *nt*
❸ *fam* (*décoration*) Orden *m*
❹ (*coiffure*) Schnecke *f*
macaroni [makaʀɔni] *m* ❶ GASTR Makkaroni *Pl*
❷ *péj fam* (*Italien*) Makkaronifresser *m* (*pej fam*)
macchabée [makabe] *m pop* Leiche *f*
macédoine [masedwan] *f* GASTR ~ **de fruits** Obstsalat *m;* ~ **de légumes** Mischgemüse *nt*
Macédoine [masedwan] *f* **la** ~ Makedonien *nt*
macédonien [masedɔnjɛ̃] *m* **le** ~ Mazedonisch *nt,* Makedonisch *nt,* das Mazedonische, das Makedonische; *v. a.* **allemand**
macédonien(ne) [masedɔnjɛ̃, jɛn] *adj* mazedonisch, makedonisch
Macédonien(ne) [masedɔnjɛ̃, jɛn] *m(f)* Mazedonier(in) *m(f),* Makedonier(in) *m(f)*
macération [maseʀasjɔ̃] *f* GASTR Einlegen *nt;* PHARM Mazeration *f*
macérer [maseʀe] <5> **I.** *vi* ❶ (*tremper longtemps*) ~ **dans qc** GASTR in etw (*Dat*) eingelegt sein; PHARM in etw (*Dat*) mazerieren; **faire** [*o* **laisser**] ~ **dans qc** GASTR in etw (*Akk*) einlegen; PHARM in etw (*Dat*) mazerieren lassen
❷ *péj* (*croupir*) ~ **dans qc** in etw (*Dat*) herumhängen (*fam*); ~ **dans son jus/dans sa crasse** in seinem eigenen Saft schmoren/in seinem eigenen Dreck sitzen
II. *vt* GASTR einlegen; PHARM mazerieren; **être macéré(e) dans qc** GASTR in etw (*Akk*) eingelegt sein; PHARM in etw (*Dat*) mazerieren
Mach [mak] *m* Mach *nt;* **à** ~ **2/3** mit Mach 2/3
mâche [mɑʃ] *f* Feldsalat *m,* Ackersalat *m* (SDEUTSCH), Vogerlsalat *m* (A)
mâchefer [mɑʃfɛʀ] *m* Schlacke *f*
mâcher [mɑʃe] <1> *vt* ❶ (*broyer, mastiquer*) kauen
❷ TECH zerfetzen
machette [maʃɛt] *f* Machete *f*
Machiavel [makiavɛl] *m* ❶ HIST Machiavelli *m*
❷ LITTER Machiavellist *m*
machiavélique [makjavelik] *adj* machiavellistisch
machiavélisme [makjavelism] *m* Machiavellismus *m*
mâchicoulis [mɑʃikuli] *m* Pechnase *f*
machin [maʃɛ̃] *m fam* (*truc*) Dings *nt* (*fam*); **des tas de** ~**s** eine Menge Zeugs (*fam*)
Machin [maʃɛ̃] *m fam* der Dings (*fam*)
machinal(e) [maʃinal, o] <-aux> *adj* mechanisch
machinalement [maʃinalmɑ̃] *adv* mechanisch
machination [maʃinasjɔ̃] *f* Intrige *f;* **de sombres** ~**s** dunkle Machenschaften *Pl*
machine [maʃin] *f* ❶ (*appareil*) Maschine *f;* **le siècle de la** ~ das Maschinenzeitalter; **laver à la** ~ in der Maschine waschen; **écrire/taper à la** ~ Schreibmaschine schreiben; **taper qc à la** ~ etw tippen; **tricoté(e) à la** ~ maschinengestrickt
❷ (*locomotive*) Lokomotive *f;* (*moto*) Maschine *f* (*fam*)
❸ (*organisation*) Apparat *m;* ~ **économique/administrative/judiciaire** Wirtschafts-/Verwaltungs-/Justizapparat
❹ *fig, péj* (*automate*) Maschine *f*
▸ **faire un peu** ~ **arrière** einen kleinen Rückzieher machen
◆ ~ **à affranchir** [*o* **timbrer**] Frankiermaschine *f;* ~ **à bois** Holzmaschine *f;* ~ **à café** Kaffeemaschine *f;* ~ **à coudre** Nähmaschine *f;* ~ **à écrire** Schreibmaschine *f;* ~ **à laver** Waschmaschine *f;* ~ **à laver la vaisselle** [Geschirr]spülmaschine *f;* ~ **à sous** Spielautomat *m;* ~ **à vapeur** Dampfmaschine *f;* ~ **de guerre** Kriegsmaschine *f*
Machine [maʃin] *f fam* die Dings (*fam*)
machine-outil [maʃinuti] <machines-outils> *f* Werkzeugmaschine *f*
machiner [maʃine] <1> *vt péj* (*ourdir*) aushecken (*fam*); anzetteln (*fam*) *trahison*
machinerie [maʃinʀi] *f* ❶ (*équipement*) Maschinen *Pl*
❷ (*salle des machines*) *d'un navire* Maschinenraum *m; d'une usine* Maschinenhalle *f*
machinisme [maʃinism] *m* Einsatz *m* von Maschinen
machiniste [maʃinist] *mf* ❶ THEAT Bühnenarbeiter(in) *m(f);* AUDIOV Bühnentechniker(in) *m(f)*
❷ (*conducteur*) Fahrer(in) *m(f)*
machisme [mat(t)ʃism] *m* [männlicher] Chauvinismus
machiste [mat(t)ʃist] **I.** *adj* [männlich-]chauvinistisch
II. *m* Chauvinist *m*
macho [matʃo] **I.** *adj fam* **comportement** ~ Machoverhalten *nt* (*fam*); **un homme** ~ ein Macho *m* (*fam*)
II. *m fam* Macho *m* (*fam*)
mâchoire [mɑʃwaʀ] *f* ❶ *d'un mammifère* Kiefer *m; d'un insecte* Kauwerkzeuge *Pl;* ~ **inférieure/supérieure** Unterkiefer/Oberkiefer
❷ *pl* TECH Backen *Pl*
▸ **bâiller à se décrocher la** ~ herzhaft gähnen
mâchonnement [mɑʃɔnmɑ̃] *m* Kauen *nt*
mâchonner [mɑʃɔne] <1> *vt* ❶ (*mâcher sans avaler*) kauen
❷ (*mordiller*) kauen an (+ *Dat*) *cigare, crayon, paille, brin d'herbe*
❸ (*marmonner*) murmeln
mâchouiller [mɑʃuje] <1> *vt fam* herumkauen auf (+ *Dat*) (*fam*)
mâchurer [mɑʃyʀe] <1> *vt* kauen an *bouchon de stylo*
maçon(ne) [masɔ̃, ɔn] **I.** *adj* **abeille/fourmi/guêpe** ~**ne** Arbeiterin *f*
II. *m(f)* ❶ (*ouvrier*) Maurer(in) *m(f)*
❷ (*franc-maçon*) Freimaurer(in) *m(f)*
maçonnage [masɔnaʒ] *m* Maurerarbeit *f*
maçonner [masɔne] <1> *vt* ❶ (*construire*) mauern *mur;* (*jointoyer*) ausfugen *mur*
❷ (*crépir*) ausmauern
❸ (*boucher*) zumauern *portes, fenêtres*
maçonnerie [masɔnʀi] *f* ❶ (*ouvrage maçonné*) Mauerwerk *nt*
❷ (*secteur*) Rohbausektor *m*
❸ (*franc-maçonnerie*) Freimaurerei *f*
maçonnique [masɔnik] *adj* **loge** ~ Freimaurerloge *f*
macramé [makʀame] *m* Makramee *nt*
macreuse [makʀøz] *f* ❶ ORN Trauerente *f*
❷ GASTR Schulterstück *nt* vom Rind
macro [makʀo] *f fam abr de* **macro-instruction** INFORM Makro *nt*
macrobiotique [makʀobiɔtik] **I.** *adj* makrobiotisch

M

II. *f* Makrobiotik *f*

macrocéphale [makʀosefal] *adj* MED großköpfig, makrozephal (*Fachspr.*)

macrocosme [makʀɔkɔsm] *m* LITTER, PHILOS Makrokosmos *m*

macroéconomie [makʀoekɔnɔmi] *f* Makroökonomie *f*

macro-instruction [makʀoɛ̃stʀyksjɔ̃] <macro-instructions> *f* INFORM Makrobefehl *m*

macromolécule [makʀomɔlekyl] *f* CHIM Makromolekül *nt*

macroordinateur, macro-ordinateur [makʀoɔʀdinatœʀ] *m* INFORM Großrechner *m*, Mainframe *m* (*Fachspr.*)

maculage [makylaʒ] *m* ❶ (*barbouillage*) Beschmieren *nt* ❷ TYP Schmutzspuren *Pl*

maculer [makyle] <1> *vt* ~ **de qc** mit etw beschmutzen; **être maculé(e) de sang** blutverschmiert sein; **des feuilles maculées** TYP Makulatur *f*

Madagascar [madagaskaʀ] *f* Madagaskar *nt*

madame [madam, medam] <mesdames> *f* ❶ (*femme à qui on s'adresse*) ~ gnädige Frau (*veraltet geh*), meine Dame (*wird meist nicht übersetzt*); *iron* Madame *f*; **bonjour ~, comment allez-vous?** guten Tag, wie geht es Ihnen?; **bonjour Madame Larroque** guten Tag, Frau Larroque; **bonjour mesdames** guten Tag, meine Damen; **Mesdames, mesdemoiselles, messieurs!** Meine Damen und Herren!
❷ (*femme dont on parle*) die gnädige Frau (*veraltet*); **ce matin, Madame Pujol ne fera pas son cours** Frau Pujol wird heute Morgen keinen Unterricht halten
❸ (*profession*) **Madame le professeur/la Présidente** Frau Lehrerin/Präsidentin
❹ (*sur une enveloppe*) **Madame Dupont** An Frau Dupont; **Monsieur et Madame Pujol** An Herrn und Frau Pujol
❺ (*en-tête*) **Madame,** Sehr geehrte Frau ... + *Name;* **Chère ~,** Liebe Frau ... + *Name;* (*dans une lettre officielle*) Sehr geehrte Frau ... + *Name;* **Madame, Mademoiselle, Monsieur, ...** Sehr geehrte Damen und Herren, ...
❻ <madames> *fam* (*dame*) Dame *f;* **jouer à la ~** die feine Dame spielen

madeleine [madlɛn] *f* GASTR Madeleine *f*
▸ **pleurer comme une Madeleine** wie ein kleines Mädchen heulen

mademoiselle [mad(ə)mwazɛl, med(ə)mwazɛl] <mesdemoiselles> *f* ❶ (*jeune femme à qui on s'adresse*) ~ meine Dame (*wird meist nicht übersetzt*), gnädiges Fräulein (*veraltet geh*); **pardon ~** entschuldigen Sie; **bonjour ~, comment allez-vous?** guten Tag, wie geht es Ihnen?; **bonjour Mademoiselle Labiche** guten Tag, Frau Labiche; **bonjour mesdemoiselles** Guten Tag, meine Damen; **Mesdames, mesdemoiselles, messieurs!** Meine Damen und Herren!
❷ (*femme dont on parle*) das gnädige Fräulein (*veraltet geh*); **ce matin, Mademoiselle Pujol ne fera pas son cours** Frau Pujol wird heute Morgen keinen Unterricht halten
❸ (*sur une enveloppe*) **Mademoiselle Ève Aporé** An Frau Ève Aporé; **Mesdemoiselles Anne et Paule Ichinel** An die Damen Anne und Paule Ichinel
❹ (*en-tête*) **~, ...** Sehr geehrte Frau + *Name*, ...; **Chère ~,** Liebe Frau + *Name;* (*dans une lettre officielle*) Sehr geehrte Frau + *Name;* **Madame, Mademoiselle, Monsieur, ...** Sehr geehrte Damen und Herren, ...

i Land & Leute

Wird das Wort **mademoiselle** in der mündlichen Anrede allein verwendet oder zusammen mit einer Grußfloskel wie *bonjour* oder *bonsoir*, bleibt es unübersetzt: „Bonjour mademoiselle!" – „Guten Tag!"; „et avec cela, mademoiselle?" – „was darf es sonst noch sein?" Auch in der schriftlichen Anrede wird es allein verwendet „Mademoiselle, ... – Sehr geehrte Frau Dupont/Frérot,..." (Die Namen Dupont und Frérot stehen hier beispielhaft.) In Frankreich wird sowohl im Alltag als auch behördlich immer noch zwischen der unverheirateten **mademoiselle** und der verheirateten *madame* unterschieden.

madère [madɛʀ] *m* Made[i]ra[wein *m*] *m*

Madère [madɛʀ] *f* Made[i]ra *nt*

madone [madɔn] *f* ❶ REL **la Madone** die Madonna ❷ (*femme*) Madonna *f*

madras [madʀɑs] *m* ❶ (*étoffe*) Madras *m* ❷ (*foulard*) Kopftuch *nt* aus Madras

madré(e) [madʀe] *adj littér paysan* schlau

Madrid [madʀid] Madrid *nt*

madrier [madʀije] *m* Bohle *f*

madrigal [madʀigal, o] <-aux> *m* Madrigal *nt*

madrilène [madʀilɛn] *adj* **le climat ~** das Madrider Klima

Madrilène [madʀilɛn] *mf* Madrider(in) *m(f)*

maelström [malstʀøm] *m* Ma[h]lstrom *m*

maestria [maɛstʀija] *f* Bravour *f;* **avec ~** meisterhaft

maestro [maɛstʀo] *m* Maestro *m*

maf[f]ia [mafja] *f* ❶ **la Maf[f]ia** die Mafia ❷ (*bande*) Bande *f* ❸ *péj fam* (*coterie*) Filzokratie *f* (*fam*)

maf[f]ieux, -euse [mafjø, -jøz] *adj* **méthodes maf[f]ieuses** Mafiamethoden *Pl*

maf[f]ioso [mafjozo, i] <maf[f]iosi> *m* Mafioso *m*

magasin [magazɛ̃] *m* ❶ (*boutique*) Geschäft *nt;* COM Warengeschäft; **~ spécialisé** Fachgeschäft; **grand ~** Kaufhaus *nt;* **~ d'alimentation** Lebensmittelgeschäft; **courir** [*o* **faire**] **les ~s** die Geschäfte abklappern (*fam*); **tenir un ~** einen Laden haben
❷ (*entrepôt*) *d'un port* Lager *nt;* MIL Magazin *nt;* **en ~** auf Lager; **~ à blé** Kornspeicher *m;* **~ d'armes** Waffenlager *nt*
❸ TECH, PHOT Magazin *nt*
◆ **~ des accessoires** THEAT Requisitenkammer *f;* **~ d'usine** Verkaufsstelle *f* in der Fabrik

magasinage [magazinaʒ] *m* ❶ COM Lagerung *f* ❷ CAN (*shopping*) Einkaufen *nt*

magasiner [magazine] <1> *vi* CAN Einkäufe machen, einkaufen

magasinier, -ière [magazinje, -jɛʀ] *m, f* Lagerverwalter(in) *m(f)*

magazine [magazin] *m* ❶ Zeitschrift *f;* **~ d'actualités** politisches Magazin; **~ de télévision** Fernsehzeitschrift; **~ électronique** elektronische Zeitschrift; **~ féminin** Frauenzeitschrift
❷ AUDIOV (*émission*) Magazin *nt*
❸ AUDIOV, PRESSE (*séquence*) allgemeine Informationen; **partie/rubrique ~** allgemeiner Teil/Rubrik *f* Verschiedenes

mage [maʒ] **I.** *m* ASTROL Magier *m*
II. *app* **les Rois ~s** die Heiligen Drei Könige

Maghreb [magʀɛb] *m* **le ~** der Maghreb

i Land & Leute

Mit **le Maghreb** werden die drei nordafrikanischen Länder Algerien, Marokko und Tunesien bezeichnet, die früher französische Kolonien waren und heute noch stark von der französischen Kultur durchdrungen sind. Aufgrund dieser Kolonialvergangenheit leben heute zahlreiche *Maghrébins* in Frankreich.

maghrébin(e) [magʀebɛ̃, in] *adj* nordafrikanisch

Maghrébin(e) [magʀebɛ̃, in] *m(f)* Nordafrikaner(in) *m(f)*

magicien(ne) [maʒisjɛ̃, jɛn] *m(f)* ❶ (*sorcier*) Zauberer *m*/Zauberin *f* ❷ (*illusionniste*) Zauberkünstler(in) *m(f)*

magie [maʒi] *f* ❶ *(pratiques occultes)* Magie *f;* **c'est de la ~!** das grenzt schon an Zauberei!; **faire de la ~** sich der Magie verschreiben; **comme par ~** wie von selbst
❷ *(séduction)* Zauber *m*
magique [maʒik] *adj* ❶ *(surnaturel)* **pouvoir ~** magische Kraft; **baguette ~** Zauberstab *m*
❷ *(merveilleux)* zauberhaft
magiquement [maʒikmɑ̃] *adv* auf rätselhafte Weise
magistère [maʒistɛʀ] *m* ❶ *(dignité)* Großmeisterwürde *f*
❷ *fig (autorité doctrinale)* Autorität *f*
❸ CHIM, MED *(précipité)* Niederschlag *m*
❹ *(diplôme)* Magister *m*
magistral(e) [maʒistʀal, o] <-aux> *adj* ❶ *(fameux, génial)* meisterhaft; *réussite* gewaltig
❷ *hum (grand) claque* schallend; *coup de pied* ordentlich; *raclée* gehörig; **un bide ~** ein grandioser Flop
❸ *(doctoral) ton, air* schulmeisterlich
❹ UNIV, SCOL **cours ~** Vorlesung *f;* **enseignement ~** Frontalunterricht *m*
❺ PHARM **un médicament ~** ein nach ärztlicher Anweisung anzufertigendes Medikament
magistralement [maʒistʀalmɑ̃] *adv* ❶ *(génialement)* meisterhaft
❷ *hum (complètement) se tromper, se planter* gründlich
magistrat(e) [maʒistʀa, at] *m(f)* ADMIN Verwaltungsbeamte(r) *m*/-beamtin *f;* JUR *Bezeichnung für den Richter oder den Staatsanwalt*
magistrature [maʒistʀatyʀ] *f* ❶ *(fonction judiciaire) Amt des Richters oder des Staatsanwalts;* **la ~ suprême** das höchste Amt im Staat
❷ *(corps des magistrats) Richterschaft oder Staatsanwaltschaft*
magma [magma] *m* ❶ GEOL Magma *nt*
❷ *(bouillie)* Matsch *m*
magnanerie [maɲanʀi] *f* Seidenraupenhaus *nt,* Seidenraupenzucht *f*
magnanime [maɲanim] *adj* großmütig; *pensées* edel
magnanimité [maɲanimite] *f* Großmut *m*
magnat [maɲa] *m* **~ du pétrole/de la presse** Ölmagnat *m*/Zeitungsmagnat *m*
magner [maɲe] <1> *vpr fam* **se ~** sich beeilen
magnésie [maɲezi] *f* Magnesia *f*
magnésium [maɲezjɔm] *m* Magnesium *nt*
magnétique [maɲetik] *adj* ❶ PHYS magnetisch; **bande ~** Tonband *nt; d'un ordinateur* Magnetband; **champ ~** Magnetfeld *nt;* **disque ~** Diskette *f*
❷ *(occulte, de fascination)* **pouvoir** [*o* **puissance**] **~** magnetische Anziehungskraft
magnétiser [maɲetize] <1> *vt* ❶ PHYS magnetisieren
❷ *(fasciner)* fesseln
magnétiseur, -euse [maɲetizœʀ, -øz] *m, f* Magnetiseur(in) *m(f)*
magnétisme [maɲetism] *m* ❶ PHYS Magnetismus *m*
❷ *(fascination)* **subir le ~ de qn** von jdm gefesselt sein
magnéto [maɲeto] *m fam abr de* **magnétophone**
magnétocassette [maɲetokasɛt] *m* Kassettenrecorder *m*
magnétophone [maɲetɔfɔn] *m (à cassettes)* Kassettenrecorder *m; (à bandes)* Tonbandgerät *nt*
magnétoscope [maɲetɔskɔp] *m* Videorecorder *m*
magnétoscoper [maɲetɔskɔpe] <1> *vt* auf Video aufnehmen
magnificat [maɲifika] *m* Magnifikat *nt*
magnificence [maɲifisɑ̃s] *f* ❶ *(somptuosité)* Pracht *f;* **la ~ d'une réception** ein glanzvoller Empfang
❷ *soutenu (prodigalité)* Großzügigkeit *f*
magnifier [maɲifje] <1> *vt littér* ❶ *(glorifier)* preisen *(liter)*
❷ *(rendre plus grand, plus beau)* verherrlichen
magnifique [maɲifik] *adj a. antéposé* ❶ *(très beau)* wunderschön; *performance, acteur* hervorragend; *temps* herrlich
❷ *(somptueux) appartement* luxuriös; *réception* prunkvoll; *spectacle* großartig; *cadeau* großzügig; *femme* hinreißend
magnifiquement [maɲifikmɑ̃] *adv* hervorragend; *se tirer de* glänzend
magnitude [maɲityd] *f* ❶ GEOL **~ 1/2/3** Magnitude *f* 1/2/3
❷ ASTRON Größe *f*
magnolia [maɲɔlja] *m* Magnolie *f*
magnum [magnɔm] *m* große Flasche *f; de champagne* Magnum[flasche *f*] *f*
magot [mago] *m fam* Zaster *m kein Pl (fam);* **il a amassé un petit/joli ~** er hat eine kleine/hübsche Summe gespart
magouillage [magujaʒ] *m,* **magouille** [maguj] *m péj fam* Mauschelei *f (fam);* **magouilles** unlautere Machenschaften *Pl;* **magouille électorale** Wahlmanipulation *f*
magouiller [maguje] <1> *vi* mauscheln *(fam)*
magouilleur, -euse [magujœʀ, -jøz] *fam* **I.** *adj* durchtrieben
II. *m, f* durchtriebener Fuchs/gerissenes Luder *(fam)*
magrébin(e) [magʀebɛ̃, in] *adj v.* **maghrébin**
Magrébin(e) [magʀebɛ̃, in] *m(f) v.* **Maghrébin**
magret [magʀɛ] *m* **~ de canard** Entenbrust *f*
maharadjah [ma(a)ʀadʒa] *m* Maharadscha *m*
maharani [ma(a)ʀani] *f* Maharani *f*
mahatma [maatma] *m* Mahatma *m*
mah-jong [maʒɔ̃g] <mah-jongs> *m* Ma(h)-Jongg *nt*
Mahomet [maɔmɛt] *m* Mohammed *m*
mahométan(e) [maɔmetɑ̃, an] *adj vieilli* mohammedanisch
mahous(se) [maus] *adj fam v.* **maous**
mai [mɛ] *m* Mai *m;* **le 1er ~, c'est la fête du travail** der 1. Mai ist der Tag der Arbeit
▶ **en ~, fais ce qu'il te plaît** *prov* im Mai kann man sich schon leicht anziehen; *v. a.* **août**
maïeur [majœʀ] *m* BELG *(maire)* Bürgermeister *m*
maïeutique [majøtik] *f* HIST, PHILOS Mäeutik *f*
maigre [mɛgʀ] **I.** *adj* ❶ *(opp: gros)* mager; *jambe* dünn; *joues, visage* schmal
❷ GASTR mager; *lard* durchwachsen; *bouillon* klar; **lait ~** Magermilch *f*
❸ *postposé* REL *jour, repas* fleischlos; **faire ~** REL fasten
❹ *antéposé (faible)* dürftig; *chance, espoir* gering; *profit* bescheiden
❺ *a. antéposé (peu abondant) chevelure, végétation* spärlich; *récolte* mager; *repas* karg
❻ *(aride) sol, terre* unergiebig
❼ TYP **caractères ~s** magere Schrift; **en ~** TYP in magerer Schrift
❽ *postposé* CHIM **charbon/chaux ~** Magerkohle *f*/Magerkalk *m*
II. *mf (personne)* Dünne(r) *m*/Dünne *f*
III. *m* ❶ *pl (basses eaux)* Untiefen *Pl*
❷ GASTR **le ~** das magere Fleisch
maigrelet(te) [mɛgʀəlɛ, ɛt] *adj* etwas dünn
maigrement [mɛgʀəmɑ̃] *adv* **être ~ payé(e)** schlecht bezahlt sein
maigreur [mɛgʀœʀ] *f* ❶ *(opp: embonpoint)* Magerkeit *f;* **être d'une ~ effrayante** erschreckend mager sein
❷ *(pauvreté) d'un sol, d'une terre* Unergiebigkeit *f*
❸ *(opp: abondance) d'un profit* Bescheidenheit *f; des ressources, revenus* geringe Höhe
❹ *(rareté) de la végétation* Spärlichkeit *f*
maigrichon(ne) [megʀiʃɔ̃, ɔn] *adj fam v.* **maigrelet**
maigriot(te) [megʀijo, jɔt] *adj fam v.* **maigrelet**
maigrir [megʀiʀ] <8> **I.** *vi* abnehmen; **il a maigri de figure** er ist im Gesicht schmaler geworden; **j'ai maigri de cinq kilos** ich habe fünf Kilo abgenommen
II. *vt* schlank machen
mail [mel] *m v.* **email**
mailing [meliŋ] *m* Mailing *nt*
maille[1] [mɑj] *f* ❶ COUT Masche *f; d'un filet* Masche *f;* **filet à**

fines ~s feinmaschiges Netz; ~ **à l'endroit/à l'envers** rechte/linke Masche; ~ **filée** Laufmasche
❷ (*maillon*) *d'une chaîne, armure* Glied *nt*
❸ (*tissu tricoté*) **industrie de la** ~ Strickwarenindustrie *f*
▸ **glisser** [*o* **passer**] **entre les ~s** [**du filet**] durchs Netz schlüpfen; **je suis encore passé(e) entre les ~s du filet** ich bin noch einmal davongekommen

maille² [maj] *f* ▸ **avoir ~ à partir avec qn** mit jdm aneinander geraten

maillechort [majʃɔʀ] *m* Neusilber *nt*

mailler [maje] <1> *vt* CH (*tordre*) biegen *branche;* (*fausser*) verbiegen *poutre*
▸ **se ~ de rire** sich vor Lachen kugeln (*fam*), sich kringelig lachen (*fam*)

maillet [majɛ] *m* Holzhammer *m*

mailloche [majɔʃ] *f* ❶ TECH schwerer Holzhammer
❷ MUS *d'une grosse caisse* Schlegel *m; d'un xylophone* Klöppel *m*

maillon [majɔ̃] *m* (*anneau*) Glied *nt*
▸ **être un ~ de la chaîne** ein Glied in der Kette sein

maillot [majo] *m* ❶ (*pour se baigner*) (*de femme*) Badeanzug *m;* (*d'homme*) Badehose *f*
❷ SPORT Trikot *nt*
❸ (*sous-vêtement*) Unterhemd *nt*
◆ ~ **de bain** (*de femme*) Badeanzug *m;* (*d'homme*) Badehose *f;* ~ **de bain une pièce/deux pièces** Einteiler *m*/Bikini *m;* ~ **de corps** Unterhemd *nt*

main [mɛ̃] *f* ❶ ANAT Hand *f;* **avoir** [*o* **tenir**] **qc bien en** ~ etw fest in der Hand haben; **battre des ~s** in die Hände klatschen; **donner la ~ à qn** jdm die Hand geben; **se donner la** ~ Händchen halten; **être adroit(e)** [*o* **habile**] **de ses ~s** fingerfertig sein; **passer de ~ en ~** von Hand zu Hand gehen; **prendre qn par la** ~ jdn bei der Hand nehmen; **serrer la ~ à qn** jdm die Hand schütteln; **soigner en imposant les ~s** durch Handauflegen heilen; **tendre la ~ à qn** jdm die Hand reichen; **tenir qn par la** ~ jdn an der Hand halten; **se tordre les ~s de désespoir** verzweifelt die Hände ringen; **signé(e) de sa propre** ~ eigenhändig unterzeichnet; **cousu(e)** ~ von Hand genäht; **fabriquer/tricoter qc à la** ~ etw von Hand arbeiten/stricken; **être fait(e)** [**à la**] ~ handgearbeitet sein; **à ~ droite/gauche** rechter/linker Hand; **frein/sac à** ~ Handbremse *f*/Handtasche *f;* **écrire à la** ~ mit der Hand schreiben; [**la**] ~ **dans la** ~ Hand in Hand; **de la** ~ mit der Hand; **de la ~ même de l'auteur** vom Autor persönlich; **à deux ~s** mit beiden Händen; **à pleines ~s** mit vollen Händen; **jouer à quatre ~s** vierhändig spielen; **les ~s en l'air!, haut les ~s!** Hände hoch!
❷ (*pouvoir*) *de Dieu, du destin* Hand *f*
❸ (*symbole du mariage*) Hand *f;* **accorder la ~ de sa fille à qn** jdm seine Tochter zur Frau geben; **demander la ~ d'une jeune fille** um die Hand eines Mädchens anhalten
❹ (*style*) *d'un artiste, maître* meisterliche Kunst; **de ~ de maître** von Meisterhand
❺ CARTES Blatt *nt;* **avoir la** ~ ausspielen; **passer la** ~ passen; **prendre la** ~ am Zug sein
❻ FBALL Hand[spiel *nt*] *f*
▸ **mettre la ~ au collet à qn** jdn beim Schlafittchen packen (*fam*); **donner un coup de ~ à qn** jdm behilflich sein; **passer la ~ dans le dos à qn** jdm Honig ums Maul schmieren (*fam*); **tomber aux ~s de l'ennemi** dem Feind in die Hände fallen; **avoir une ~ de fer dans un gant de velours** sanft, aber bestimmt auftreten; *péj* ein Wolf im Schafspelz sein; **j'en mettrais ma ~ au feu** dafür würde ich meine Hand ins Feuer legen; **flanquer sa ~ sur la figure de qn** *fam* jdm eine runterhauen (*fam*); **mettre la ~ à la pâte** *fam* selbst Hand anlegen; **mettre la ~ au porte-monnaie** in die Tasche greifen; **rien dans les ~s, rien dans les poches** mit leeren Händen; **prendre qn la ~ dans le sac** jdn auf frischer Tat ertappen; **une attaque à ~ armée** ein bewaffneter Überfall; **faire ~ basse sur qc** sich (*Dat*) etw unter den Nagel reißen (*fam*); **en** [**de**] **bonnes ~s** in guten Händen; ~ **courante** Handlauf *m;* **du cousu** ~ Qualitätsarbeit *f;* **mettre la dernière ~ à qc** letzte Hand an etw (*Akk*) legen (*geh*); **j'applaudis des deux ~s** das begrüße ich sehr; **grand(e) comme la** ~ lächerlich klein; **faire qc haut la** ~ etw mit links machen (*fam*); **avoir la haute ~ sur qc** etw fest in der Hand haben; **avoir la ~ heureuse** eine glückliche Hand haben; **voter à ~ levée** durch Handzeichen abstimmen; **avoir les ~s libres** freie Hand haben; **avoir la ~ lourde sur qc** mit etw nicht gerade sparsam umgehen (*fam*); **ne pas y aller de ~ morte** ganz schön zuschlagen (*fam*); **à ~s nues** mit bloßen Händen; **petite** ~ Schneiderlehrling *m;* **de première/seconde** ~ aus erster/zweiter Hand; **remettre qc en ~s propres** etw persönlich überreichen; **avoir la ~ verte** ein Händchen für Pflanzen haben (*fam*); **commencer/partir les ~s vides** ohne etwas [*o* mittellos] anfangen/loslegen (*fam*); **revenir les ~s vides** mit leeren Händen zurückkommen; **avoir sous la** ~ bei der Hand haben; **un objet change de** ~ ein Objekt geht in andere Hände über [*o* wechselt den Besitzer]; **ils peuvent se donner la** ~ *hum* sie können einander die Hand reichen; **être aux ~s de qn** in jds Händen (*Dat*) sein; **se faire la** ~ üben; **forcer la ~ à qn** jdn zwingen; **se frotter les ~s** sich (*Dat*) die Hände reiben; **je m'en lave les ~s!** ich wasche meine Hände in Unschuld!; **lever la ~ sur qn** die Hand gegen jdn erheben (*geh*); **manger dans la ~ de qn** jdm aus der Hand fressen (*fam*); **mettre la ~ sur qn/qc** (*trouver*) jdn/etw finden; (*saisir*) jdn ergreifen/etw beschlagnahmen; **passer la** ~ (*transmettre ses pouvoirs*) die Verantwortung aus der Hand geben; **passe la ~!** gib's auf! (*fam*); **perdre la** ~ aus der Übung kommen; **prendre/reprendre une affaire en** ~ eine Angelegenheit in die Hand nehmen/wieder in den Griff bekommen; **se prendre par la** ~ *hum fam* sich (*Dat*) einen Stoß geben (*fam*); **tendre la ~ à qn** (*proposer son aide*) jdm seine Hilfe anbieten; **qc lui tombe sous la** ~ er/sie bekommt etw in die Finger (*fam*); **en venir aux ~s** handgreiflich werden; **de la ~ à la** ~ direkt

mainate [mɛnat] *m* ZOOL Beo *m*

main-d'œuvre [mɛ̃dœvʀ] <mains-d'œuvre> *f* ❶ (*ensemble des ouvriers, salariés*) Arbeitskräfte *Pl;* ~ **bon marché** [*o* **au rabais**] Billigkräfte; ~ **à temps partiel** Teilzeitkräfte ❷ (*travail*) **coût de la** ~ Arbeitskosten *Pl* **main-forte** [mɛ̃fɔʀt] *f sans pl* **prêter ~ à qn** jdm zu Hilfe kommen

mainlevée [mɛ̃l(ə)ve] *f d'une hypothèque* Löschung *f; d'une saisie* Aufhebung *f*

mainmise [mɛ̃miz] *f* ❶ Inbesitznahme *f;* **la ~ de l'État sur des territoires d'outre-mer** die staatliche Inbesitznahme überseeischer Gebiete
❷ JUR Durchgriff *m* (*Fachspr.*)

maint(e) [mɛ̃, mɛ̃t] *adj gén pl, antéposé littér* manch *inv* (*geh*), manche(r, s) (*geh*); **en ~s endroits** mancherorts (*geh*); **~es** [**et ~es**] **fois, à ~es reprises** mehrfach

maintenant [mɛ̃t(ə)nɑ̃] *adv* ❶ (*en ce moment*) jetzt; **dès** ~ ab sofort; ~ **que c'est prêt** jetzt, nachdem es fertig ist
❷ (*actuellement*) heute
❸ (*désormais*) von jetzt an
❹ *en tête de phrase* (*cela dit*) jetzt aber
❺ (*pour exprimer une incertitude*) aber ob; **je les ai vus plusieurs fois ensemble; ~, ça ne signifie pas grand-chose** ich habe sie mehrmals zusammen gesehen; aber das will natürlich nicht viel heißen

maintenir [mɛ̃t(ə)niʀ] <9> **I.** *vt* ❶ (*conserver*) aufrechterhalten *paix, ordre, offre;* beibehalten *tradition, habitude;* weiterlaufen lassen *contrat;* fortsetzen *politique;* ~ **sa candidature** an seiner Kandidatur festhalten; ~ **un rendez-vous** es beim vereinbarten Termin belassen; ~ **qn dans son emploi de technicien** jdn als Techniker weiterbeschäftigen
❷ (*soutenir*) stützen; ~ **en équilibre** im Gleichgewicht halten; **il maintenait sa tête hors de l'eau** er hielt seinen Kopf

über Wasser
❸ (*contenir*) zurückhalten; **le gouvernement veut ~ les prix** die Regierung will die Preise stabil halten
❹ (*affirmer*) ~ **qc** an etw (*Dat*) festhalten; ~ **que qc est vrai** dabei bleiben, dass etw wahr ist
II. *vpr* **se** ~ sich halten; *paix, institution:* bestehen bleiben; *santé, prix:* stabil bleiben; **se ~ au second tour** *candidat:* sich in der zweiten Runde behaupten; **se ~ en surface** sich über Wasser halten

maintien [mɛ̃tjɛ̃] *m* ❶ (*conservation*) *d'une décision* Beibehaltung *f; des libertés, de la paix* Wahrung *f; d'un contrat, des traditions* Fortbestehen *nt; d'un droit* Aufrechterhaltung
❷ (*attitude*) Haltung *f*
❸ (*soutien*) Halt *m*
◆ ~ **de l'ordre** Aufrechterhaltung *f* der Ordnung

maire [mɛʀ] *m* Bürgermeister *m,* Ammann *m* (CH); *d'une grande ville* Oberbürgermeister *m*

mairesse [mɛʀɛs] *f* ❶ ADMIN *rare* (*femme maire*) Bürgermeisterin *f; d'une grande ville* Oberbürgermeisterin
❷ *vieilli* (*femme du maire*) Frau *f* des Bürgermeisters

mairie [meʀi] *f* ❶ (*hôtel de ville*) Rathaus *nt*
❷ (*administration*) Stadtverwaltung *f*
❸ (*fonction de maire*) Amt *nt* des Bürgermeisters

mais [mɛ] **I.** *conj* ❶ (*pour opposer deux séquences qui ne s'excluent pas*) aber; **intelligent, ~ paresseux** intelligent, aber faul; **oui, ~ il faut d'abord que je ...** ja, aber ich muss zuerst ...
❷ (*pour opposer deux séquences qui s'excluent*) sondern; **on n'est pas jeudi, ~ vendredi** heute ist nicht Donnerstag, sondern Freitag; **ce n'est pas bleu, ~ gris** das ist nicht blau, sondern grau
❸ (*dans une gradation*) **non seulement il arrive en retard, ~ en plus il ne s'excuse pas** nicht nur, dass er zu spät kommt, er entschuldigt sich noch nicht einmal
II. *adv* ❶ (*pourtant*) aber; **il n'est pas encore arrivé? Mais il est déjà 8 heures** ist er noch nicht da? Es ist doch schon 8 Uhr
❷ (*renforcement*) aber doch; ~ **oui, bien sûr!** aber klar!; ~ **si!** aber ja doch!; ~ **non!** aber nein!; ~ **aie confiance!** hab' doch Vertrauen!
❸ (*surprise*) also; ~ **c'est pas possible!** also das ist doch nicht die Möglichkeit!; **~, vous n'avez pas encore mangé?** was, ihr habt noch nicht gegessen?
❹ (*impatience*) also; ~ **enfin, combien de temps faut-il encore vous attendre?** also bitte, wie lange sollen wir denn noch auf euch warten?; ~ **encore** aber davon abgesehen
❺ *fam* (*indignation*) **non ~, tu me prends pour ...** also hör mal, hältst du mich für ...; **ah ~!** also so etwas!
III. *m* Aber *nt;* **il n'y a pas de ~!** da gibt es kein Aber!

maïs [mais] *m* Mais *m*

maison [mɛzɔ̃] **I.** *f* ❶ (*habitation*) Haus *nt;* ~ **de poupée** Puppenhaus; **être à la ~** zu Hause sein; **rentrer à la ~** nach Hause kommen
❷ (*famille*) Haus *nt;* **une fille de bonne ~** ein Mädchen aus gutem Hause; **être de la ~** zur Familie gehören
❸ (*entreprise*) Firma *f;* ~ **mère** Stammhaus *nt,* Stammbetrieb *m;* **avoir quinze ans de ~** seit fünfzehn Jahren zur Firma gehören
❹ (*restaurant*) Haus *nt*
► ~ **close** Freudenhaus *nt;* **c'est gros comme une ~** das ist sonnenklar (*fam*)
II. *app inv* ❶ (*particulier à une maison*) hauseigen; *diplôme, ingénieur* betriebseigen; *esprit, genre* des Hauses
❷ (*opp: industriel*) *gâteau, pâté, tarte* hausgemacht
❸ *fam* (*terrible*) *bagarre, engueulade* ausgewachsen
◆ ~ **d'arrêt** Gefängnis *nt;* ~ **de couture** Modehaus *nt;* ~ **de disques** Schallplattenfirma *f;* ~ **d'édition** Verlag *m;* ~ **des jeunes et de la culture** Jugendzentrum *nt;* ~ **de jeux** Spielkasino *nt;* ~ **de maître** Herrenhaus *nt;* ~ **de passe** Stundenhotel *nt;* ~ **de repos** Sanatorium *nt;* ~ **de retraite** Altersheim *nt*

Maison [mɛzɔ̃] *f* (*famille noble, descendance*) **la ~ de Bourbon** die Bourbonen; **la ~ d'Autriche** das Haus Österreich

Maison-Blanche [mɛzɔ̃blɑ̃ʃ] *f* **la ~** das Weiße Haus

maisonnée [mɛzɔne] *f* Hausgemeinschaft *f*

maisonnette [mɛzɔnɛt] *f* Häuschen *nt*

maison-page [mɛzɔ̃paʒ] *f* INFORM Homepage *f*

maître [mɛtʀ] *m* ❶ (*chef, dirigeant*) Herr *m;* ~ **des lieux** Besitzer *m;* **être ~ chez soi** der Herr im Hause sein; **être son propre ~** sein eigener Herr sein; **parler en ~** in gebieterischem Ton sprechen; **régner en ~** autoritär regieren
❷ (*patron*) Chef *m;* (*chose qui nous dirige*) Lehrmeister *m;* **avoir trouvé son ~** seinen Meister gefunden haben
❸ (*enseignant*) [Grundschul]lehrer *m;* ~ **auxiliaire** (*au collège, lycée*) Hilfslehrer *m*
❹ (*propriétaire*) *d'un chien* Herrchen *nt* (*fam*)
❺ (*artisan*) ~ **maçon** Maurermeister *m;* **coup de ~** Meisterleistung *f*
❻ ART, LITTER Meister *m;* **tableau de ~** Werk *nt* eines großen Meisters; **passer ~ dans l'art de faire qc** *fig* Meister darin sein etw zu tun (*iron*)
❼ JUR **permettez-moi, cher Maître, ...** gestatten Sie, verehrter Herr Rechtsanwalt, ... (*Anrede eines Rechtsanwaltes oder Notars*)
❽ NAUT **premier ~** Hauptbootsmann *m;* **second ~** (*de première classe*) Bootsmann *m;* (*de deuxième classe*) Maat *m*
◆ ~ **chanteur(-euse)** Erpresser(in) *m(f);* ~ **de conférences** Dozent *m;* ~ **d'hôtel** Oberkellner *m;* ~ **de maison** Hausherr *m,* Herr des Hauses; ~ **nageur** Bademeister *m;* ~ **d'œuvre** Bauleiter *m;* ~ **à penser** Vordenker *m;* **être le ~ à penser de qn** jds geistiges Vorbild sein

maître, maîtresse [mɛtʀ, mɛtʀɛs] *adj* ❶ (*principal*) **maîtresse poutre** Hauptträger *m;* **œuvre maîtresse** Hauptwerk *nt;* **la pièce maîtresse de la collection** das wichtigste Stück der Sammlung
❷ (*qui peut disposer de*) **être ~ de son destin** über sein Schicksal bestimmen; **être ~(maîtresse) de soi** sich in der Gewalt haben; **être ~ de son temps** frei über seine Zeit verfügen können; **rester/se rendre ~ de la situation** Herr der Lage bleiben/werden
❸ *antéposé* (*intensif*) **une maîtresse femme** eine Frau, die die Zügel fest in der Hand hat
❹ CARTES höchste(r, s); **être ~ à qc** mit etw stechen

maître-assistant, maîtresse-assistante [mɛtʀasistɑ̃, mɛtʀɛsasistɑ̃t] <maîtres-assistants> *m, f* Dozent(in) *m(f)* **maître-autel** [mɛtʀotɛl] <maîtres-autels> *m* Hauptaltar *m* **maître-chanteur** [mɛtʀəʃɑ̃tœʀ] <maîtres-chanteurs> *m* ❶ (*racketteur*) Erpresser(in) *m(f)* ❷ (*musicien et poète*) Meistersinger *m* **maître-chien** [mɛtʀəʃjɛ̃] <maîtres-chiens> *m* Hundeführer(in) *m(f)*

maîtresse [mɛtʀɛs] *f* ❶ Geliebte *f; d'un roi* Mätresse *f*
❷ (*chef*) Herrin *f;* ~ **des lieux** Besitzerin *f*
❸ (*patronne*) Chefin *f*
❹ (*enseignante*) [Grundschul]lehrerin *f;* ~ **auxiliaire** (*au collège, lycée*) Hilfslehrerin *f*
❺ (*propriétaire*) *d'un chien* Frauchen *nt* (*fam*)
◆ ~ **de maison** Dame *f* des Hauses, Hausherrin *f;* ~ **d'œuvre** Bauleiterin *f*

maîtrisable [metʀizabl] *adj* bezwingbar; **une langue difficilement ~** eine schwer zu beherrschende Sprache

maîtrise [metʀiz] *f* ❶ (*contrôle*) *d'une langue, d'un marché* Beherrschung *f;* ~ **de fabrication** Fertigungskontrolle *f;* **la ~ des mers/de l'air** die See-/Luftherrschaft *f;* ~ **d'un territoire** Herrschaft über ein Gebiet; ~ **d'un véhicule** Kontrolle über ein Fahrzeug; ~ **de soi** Selbstbeherrschung
❷ (*habileté*) Können *nt*
❸ UNIV (*examen*) Magisterprüfung *f*

M

❹ (*grade*) Magister[titel] *m*
❺ (*encadrement*) leitende Angestellte *Pl*
❻ MUS, REL (*manécanterie*) Kantorei *f*

i Land & Leute

Der Studienabschluss der **maîtrise** wird im Anschluss an die *licence* nach vierjährigem Universitätsstudium und der Abgabe eines **mémoire** (**de maîtrise**), einer Art Magisterarbeit, erworben. Er ist Voraussetzung für die Zulassung zu einem *CAPES*, einer *agrégation* und zu einem *doctorat*.

maîtriser [metʀize] <1> **I.** *vt* ❶ (*dominer*) meistern *situation;* bewältigen *difficulté, problème;* unter Kontrolle bringen *incendie, inflation, émeute;* beherrschen *langue, sujet*
❷ (*dompter*) überwältigen *forcené, agresseur;* bändigen *animal*
❸ (*contenir*) zügeln *émotion, passion;* kontrollieren *réactions, gestes;* unterdrücken *larmes, rire*
II. *vpr* **se ~** sich beherrschen
maïzena® [maizena] *f* Maizena® *nt*
majesté [maʒɛste] *f* ❶ (*beauté grandiose*) *de la nature, d'un palais, paysage* Erhabenheit *f*
❷ (*dignité*) *de Dieu* Majestät *f;* **la ~ de son allure** sein/ihr majestätischer Gang
❸ ART **le Christ en ~** der thronende Christus
Majesté [maʒɛste] *f* (*titre*) **Sa ~** Seine/Ihre Majestät; **Votre ~** Eure Majestät
majestueusement [maʒɛstɥøzmɑ̃] *adv* majestätisch
majestueux, -euse [maʒɛstɥø, -øz] *adj* majestätisch
majeur [maʒœʀ] *m* ANAT Mittelfinger *m*
majeur(e) [maʒœʀ] **I.** *adj* ❶ (*très important*) *ennui, difficulté, intérêt* sehr groß; *événement* wichtig
❷ (*le plus important*) wichtigste(r, s); **son défaut ~** sein/ihr Hauptfehler
❸ *antéposé* (*la plupart*) **la ~e partie des habitants** die meisten Einwohner; **la ~e partie du temps** die meiste Zeit
❹ JUR volljährig
❺ (*apte à se diriger*) *peuple* mündig
❻ MUS *intervalle, tierce* groß; **accord ~** Durakkord *m;* **do/ré/mi/fa ~** C-/D-/E-/F-Dur; **sonate en ré ~** Sonate in D-Dur
❼ CARTES hohe(r, s)
❽ LOGIQUE **prémisse ~e** Hauptprämisse *f*
▸ **être ~(e) et vacciné(e)** *fam* kein kleines Kind mehr sein
II. *m(f)* JUR Volljährige(r) *f(m)*
majeure [maʒœʀ] *f* ❶ CARTES (*couleur*) Hauptfarbe *f*
❷ LOGIQUE Hauptsatz *m*
major [maʒɔʀ] *m* ❶ SCOL, UNIV Jahrgangsbeste(r) *f(m)*
❷ MIL Standortkommandant *m;* NAUT Kommandant *m* eines Flottenstützpunktes
majoration [maʒɔʀasjɔ̃] *f* FISC, ECON *d'un prix, des impôts* Erhöhung *f;* **~ de dix pour cent** Zuschlag *m* von zehn Prozent
majordome [maʒɔʀdɔm] *m* Haushofmeister *m*
majorer [maʒɔʀe] <1> *vt* erhöhen; **~ une facture de trois pour cent** eine Rechnung um drei Prozent heraufsetzen
majorette [maʒɔʀɛt] *f* Majorette *f*
majoritaire [maʒɔʀitɛʀ] *adj* ❶ POL **scrutin ~** Mehrheitswahlrecht *nt;* **être ~** in der Mehrheit sein
❷ JUR, COM **associé ~** Mehrheitsgesellschafter *m*
majoritairement [maʒɔʀitɛʀmɑ̃] *adv* mehrheitlich
majorité [maʒɔʀite] *f* ❶ *des suffrages, voix* Mehrzahl *f; des membres présents* Mehrheit *f;* **~ absolue/relative** absolute/relative Mehrheit; **la ~ des deux tiers** die Zweidrittelmehrheit; **avoir la ~** die Mehrheit haben; **être élu(e) à une large ~/à une ~ de cent voix** mit großer Mehrheit/mit einer Mehrheit von hundert Stimmen gewählt worden sein; **il y a une ~ de filles dans cette classe** die Mädchen sind in dieser Klasse in der Überzahl; **les élèves de cette classe sont en ~ des filles** die Schüler dieser Klasse sind überwiegend Mädchen; **les Français pensent dans leur ~ ...** die Mehrheit der Franzosen denkt ...; **dans la ~ des cas** in den meisten Fällen
❷ POL (*groupe*) **~ présidentielle** präsidentielle Mehrheit; **la ~ silencieuse** die schweigende Mehrheit
❸ JUR Volljährigkeit *f;* **avoir atteint sa ~** volljährig geworden sein; **la ~ pénale** Strafmündigkeit *f*
majuscule [maʒyskyl] **I.** *adj* große(r, s); **lettre ~** Großbuchstabe *m*
II. *f* Großbuchstabe *m;* **en ~s** [**d'imprimerie**] in Blockschrift
maki [maki] *m* ZOOL Maki *m*
mal[1] [mal] **I.** *adv* ❶ (*opp: bien*) schlecht; **notre entreprise va ~** unserer Firma geht es schlecht; **~ respirer** schwer atmen
❷ (*pas au bon moment*) ungünstig; **~ choisi(e)** unpassend; **le moment est vraiment ~ choisi** das ist wirklich nicht der richtige Zeitpunkt
❸ (*pas dans le bon ordre, de la bonne façon*) *placer* ungeschickt; *arranger* unpraktisch; **il s'y prend ~** er stellt sich ungeschickt an
❹ (*pas dans de bonnes conditions*) **être ~ logé(e)/nourri(e)/soigné(e)** schlecht untergebracht/ernährt/gepflegt sein; **ça va ~ finir!** das wird böse enden!
❺ (*de manière immorale*) *agir, se conduire* schlecht; **il a ~ tourné** er ist auf die schiefe Bahn geraten
❻ (*de manière inconvenante*) **~ répondre** unverschämt antworten; **se tenir ~** sich schlecht benehmen
❼ (*de manière erronée*) *comprendre, interpréter, informer, juger* falsch; *calculer, présenter* falsch; **je me suis ~ exprimé(e)** ich habe mich unklar ausgedrückt
❽ (*de manière défavorable*) **être ~ vu(e)** nicht gern gesehen werden; **être ~ considéré(e)** schlecht durchdacht sein
❾ (*en se vexant, fâchant*) **elle a ~ pris ma remarque** sie hat meine Bemerkung in den falschen Hals gekriegt (*fam*)
▸ **ça la <u>fout</u> ~** *pop* das macht einen miesen Eindruck (*fam*); **~ lui en a <u>pris</u> de faire qc** er hat den Fehler gemacht etw zu tun; **<u>pas</u> ~** *avec ou sans nég* (*assez bien*) nicht schlecht; (*passablement, assez*) ziemlich; *sans nég fam* (*opp: très peu*) ganz schön (*fam*); **elle est pas ~** *fam* sie sieht nicht schlecht aus; **pas ~; mais vous pouvez mieux faire** gar nicht so übel; aber Sie können Besseres leisten; **je m'en fiche pas ~** das ist mir ganz egal (*fam*); **il y a pas ~ d'accidents sur cette route** *fam* es passieren ziemlich viele Unfälle auf dieser Straße; *v. a.* **tomber, tourner**
II. *adj inv* ❶ (*mauvais, immoral, mal à propos*) schlecht; **faire quelque chose/ne rien faire de ~** etwas Böses/nichts Böses tun; **j'ai dit quelque chose de ~?** habe ich etwas Falsches gesagt?; **aller de ~ en pis** immer schlimmer werden
❷ (*malade*) *se porter, se sentir, se trouver* schlecht; **il est au plus ~** ihm geht es ganz schlecht
❸ (*pas à l'aise*) **être ~** sich nicht wohl fühlen; **on est ~ sur ces chaises** auf diesen Stühlen sitzt man schlecht
❹ (*en mauvais termes*) **être ~ avec qn** mit jdm zerstritten sein; **se mettre ~ avec qn** es mit jdm zu tun bekommen
mal[2] [mal, mo] <maux> *m* ❶ *a.* REL **le ~** das Böse *kein Pl*
❷ *sans pl* (*action, parole, pensée mauvaise*) Schlechte(s) *nt kein Pl;* **faire du ~ à qn** jdm schaden; **je n'en pense pas de ~** ich denke nicht schlecht darüber; **sans penser à ~** ohne sich (*Dat*) etwas Böses dabei zu denken; **dire du ~ de qn** schlecht über jdn sprechen; **dire du ~ de qc** nur Schlechtes über etw erzählen; **il n'y a pas de ~** das ist nicht schlimm; **il n'y a pas de ~ à qc** an etw (*Dat*) ist doch nichts Schlimmes; **il n'y a pas de ~ à faire qc** es ist doch nichts [Schlimmes] dabei etw zu tun; **tourner en ~** negativ auslegen; **je ne vois pas de ~ à ça** daran kann ich nichts Schlimmes finden
❸ *sans pl* (*maladie, malaise*) Übel *nt;* **~ de l'air/de mer/des montagnes** Luft-/See-/Höhenkrankheit *f*
❹ (*souffrance physique*) **~ de gorge/tête/ventre** Hals-/Kopf-/Bauchschmerzen *Pl;* **il a ~ à la main** ihm tut die Hand

weh; **avoir ~ à la tête/au dos/aux reins** Kopf-/Rücken-/Kreuzschmerzen haben; **avoir ~ à la jambe** Schmerzen im Bein haben; **avoir des maux d'estomac/de tête** Magen-/Kopfschmerzen haben; **se faire ~** sich (*Dat*) wehtun; **ces chaussures me font ~ aux pieds** diese Schuhe drücken
⑤ (*souffrance morale*) **faire ~** wehtun; **qn/qc me fait ~ au cœur** jd/etw tut mir Leid; **qc me fait ~ au cœur** etw geht mir zu Herzen
⑥ (*calamité, inconvénient*) Übel *nt*
⑦ *sans pl* (*peine*) Mühe *f;* **il a du ~ à supporter qc** er kann etw nur schwer ertragen; **se donner un ~ de chien pour faire qc** *fam* sich (*Dat*) irrsinnige Mühe geben etw zu tun (*fam*)
⑧ *sans pl* (*dégât, désagrément*) Schaden *m;* **le travail ne fait pas de ~ à qn** Arbeit kann jdm nichts schaden (*fam*); **prendre son ~ en patience** sich mit Geduld wappnen; **mettre qn à ~** übel mit jdm umspringen (*fam*); **mettre qc à ~** etw zunichte machen
⑨ (*manque*) **elle est en ~ de chance** ihr fehlt es an Glück (*Dat*); **un peintre en ~ d'inspiration** ein Maler, dem es an Inspiration fehlt
▶ **elle ne ferait pas de ~ à une mouche** *fam* sie würde keiner Fliege etwas zuleide tun; **aux grands maux, les grands remèdes** *prov* große Übel müssen mit den entsprechenden Mitteln bekämpft werden; **honni soit qui ~ y pense** ein Schelm, der Böses dabei denkt (*geh*); **on n'a rien sans ~** *prov* ohne Fleiß kein Preis; **le ~ est fait** das Unglück ist geschehen
◆ **~ du pays** Heimweh *nt;* **~ du siècle** LITTER Weltschmerz *m;* **~ de vivre** Lebensüberdruss *m*

malabar [malabaʀ] *m fam* Muskelprotz *m* (*fam*)

malachite [malakit] *f* CHIM, MINER Malachit *m*

malade [malad] **I.** *adj* ① (*souffrant*) krank; **avoir l'air ~** krank aussehen; **tomber ~** krank werden; **être ~ du sida/cœur** aids-/herzkrank sein; **être ~ des reins** ein Rückenleiden haben
② (*bouleversé*) **~ de jalousie/d'inquiétude** krank vor Eifersucht/Sorge; **j'en ai été ~** *fam* das hat mich ganz krank gemacht (*fam*)
③ *fam* (*cinglé*) **être ~** spinnen (*fam*)
④ (*en mauvais état*) *économie, entreprise* angeschlagen
II. *mf* ① (*personne souffrante*) Kranke(r) *f(m);* **grand(e) ~** Schwerkranke(r) *f(m);* **~ mental(e)** Geisteskranke(r) *f(m)*
② (*patient*) Patient(in) *m(f)*
▶ **comme un/une ~** *fam* wie ein Verrückter/eine Verrückte (*fam*)

maladie [maladi] **I.** *f* ① Krankheit *f;* **~ de cœur/peau** Herz-/Hautkrankheit; **~ infantile/mentale** Kinder-/Geisteskrankheit; **~ sexuellement transmissible** Geschlechtskrankheit *f;* **être en ~** krankgeschrieben sein
② (*manie*) Manie *f;* **c'est chez elle une vraie ~** das ist eine richtige Manie bei ihr; **il a la ~ de tout ranger** er hat einen krankhaften Ordnungssinn
▶ **faire une ~ de qc** *fam* (*être très contrarié*) ein Drama aus etw machen
II. *app inv* **assurance/caisse ~** Krankenversicherung *f*/Krankenkasse *f;* **dépenses ~** Gesundheitskosten *Pl*
◆ **~ du sommeil** Schlafkrankheit *f;* **~ de la vache folle** Rinderwahnsinn *m*

maladif, -ive [maladif, -iv] *adj* ① (*souffreteux*) *personne* kränkelnd; *air, pâleur* kränklich
② (*maniaque*) *besoin, curiosité, peur* krankhaft

maladivement [maladivmɑ̃] *adv* krankhaft

maladresse [maladʀɛs] *f* ① (*gaucherie*) *d'un comportement, geste* Ungeschicklichkeit *f; de caresses, d'un style* Unbeholfenheit *f*
② (*bévue, gaffe*) Fauxpas *m*

maladroit(e) [maladʀwa, wat] **I.** *adj* ① (*opp: habile, leste*) *geste, personne* ungeschickt; *caresses, style* unbeholfen
② *fig parole, remarque* unpassend
③ (*peu diplomate*) *personne* unbeholfen
II. *m(f)* ① (*personne malhabile*) Tollpatsch *m* (*fam*)
② (*gaffeur*) Tölpel *m*

maladroitement [maladʀwatmɑ̃] *adv* (*gauchement*) ungeschickt; **s'exprimer ~** sich unbeholfen ausdrücken

malaga [malaga] *m* ① (*vin*) Malaga[wein] *m*
② (*raisin*) Malagatraube *f*

mal-aimé(e) [maleme] <mal-aimés> *m(f)* Ungeliebte(r) *f(m)*

malais [malɛ] *m* **le ~** Malaiisch *nt,* das Malaiische; *v. a.* **allemand**

malais(e) [malɛ, ɛz] *adj* malaiisch

Malais(e) [malɛ] *mf* Malaie *m*/Malaiin *f*

malaise [malɛz] *m* ① MED Unwohlsein *nt;* **avoir un ~** ohnmächtig werden
② (*crise*) Unbehagen *nt;* **le ~ politique/social** die politischen/sozialen Missstände *Pl;* **le ~ étudiant/paysan** die Unzufriedenheit der Studenten/Bauern

malaisé(e) [maleze] *adj littér ascension, chemin* beschwerlich; *tâche* schwierig [zu bewältigen]; **être ~(e) de faire qc** *impers* schwierig sein, etw zu tun

malandrin [malɑ̃dʀɛ̃] *m littér* Räuber(in) *m(f)*

malappris [malapʀi] *m vieilli* Flegel *m*

malaria [malaʀja] *f* Malaria *f*

malavisé(e) [malavize] *adj soutenu* **elle a été ~e de refuser cette offre** es war unklug von ihr dieses Angebot abzulehnen

malaxage [malaksaʒ] *m du beurre* Kneten *nt; du ciment, mortier* Mischen *nt*

malaxer [malakse] <1> *vt* kneten *argile, beurre;* mischen *ciment, mortier*

malaxeur [malaksœʀ] *m* **~ à béton** Betonmischmaschine *f;* **~ de pâte** Teigrührmaschine *f*

malbouffe [malbuf] *f fam* ① (*Imbiss, Mahlzeit*) Junkfood *nt*
② (*Ernährungsweise*) Junkfood-Esserei *f* (*fam*)

malchance [malʃɑ̃s] *f* Pech *nt;* **jouer de ~** ein Pechvogel sein (*fam*)

malchanceux, -euse [malʃɑ̃sø, -øz] **I.** *adj personne* vom Pech verfolgt
II. *m, f* Pechvogel *m* (*fam*)

malcommode [malkɔmɔd] *adj vieilli* unpraktisch; *meuble* unzweckmäßig; *outil* unhandlich; *vêtement, horaires* unbequem

maldonne [maldɔn] *f* ① CARTES Fehler *m* beim Kartengeben; **il y a ~!** falsch gegeben!
② *fig fam* so war das nicht gedacht!

mâle [mɑl] **I.** *adj* ① BIO *animal, fleur, organes* männlich; **léopard/merle ~** Leoparden-/Amselmännchen *nt*
② TECH, ELEC **la pièce ~** das männliche Teil; **le filetage ~** das Außengewinde
③ (*viril, énergique*) männlich
II. *m* ① (*homme*) Mann *m*
② (*animal*) Männchen *nt*
③ *fam* (*homme très viril*) **un beau ~** ein ganzer Kerl (*fam*)

malédiction [malediksjɔ̃] *f* ① (*fatalité*) Fluch *m*
② (*malheur*) Unheil *nt;* **c'est une ~** es ist wie verhext (*fam*)
③ (*action de maudire*) Verfluchung *f*

maléfice [malefis] *m soutenu* Fluch *m*

maléfique [malefik] *adj soutenu* Unheil bringend

malencontreusement [malɑ̃kɔ̃tʀøzmɑ̃] *adv* unpassenderweise; **il est intervenu fort ~ dans la discussion** er hat sich im unpassenden Augenblick in die Diskussion eingeschaltet

malencontreux, -euse [malɑ̃kɔ̃tʀø, -øz] *adj* unpassend

malentendant(e) [malɑ̃tɑ̃dɑ̃, ɑ̃t] *m(f)* Schwerhörige(r) *f(m)*

malentendu [malɑ̃tɑ̃dy] *m* Missverständnis *nt;* **dissiper un ~** ein Missverständnis beseitigen

mal-être [malɛtʀ] *m inv* ① *vieilli* Unwohlsein *nt*
② (*malaise social*) Unbehagen *nt*

malfaçon [malfasɔ̃] *f* ① (*à l'usine*) Fabrikationsfehler *m*
② (*mauvais travail*) mangelhafte Ausführung

malfaisant(e) [malfəzɑ̃, ɑ̃t] *adj* ① *(nuisible) animal* schädlich; *être* bösartig
② *(pernicieux) influence* schlecht; *pouvoir, esprit* böse
malfaiteur, -trice [malfɛtœʀ, -tʀis] *m, f* Übeltäter(in) *m(f)*
malfamé(e) [malfame] *adj café, quartier* berüchtigt, verrufen
malformation [malfɔʀmasjɔ̃] *f* Missbildung *f;* ~ **du cœur** Herzfehler *m*
malfrat [malfʀa] *m fam* **un petit** ~ ein kleiner Gauner
malgache [malgaʃ] **I.** *adj* madagassisch
II. *m* **le** ~ Madagassisch *nt,* das Madagassische; *v. a.* **allemand**
Malgache [malgaʃ] *mf* Madagasse *m*/Madagassin *f*
malgré [malgʀe] *prép* ① *(en dépit de)* trotz (+ *Dat o Gen*); ~ **tout** trotz allem
② *(contre le gré de)* ~ **moi/elle/lui** gegen meinen/ihren/seinen Willen; **j'ai décidé** ~ **mes parents ...** ich habe gegen den Willen meiner Eltern beschlossen ...
③ *(sans le vouloir)* **j'ai entendu** ~ **moi ce que vous venez de dire** ohne zu wollen habe ich gehört, was Sie gerade gesagt haben
malhabile [malabil] *adj* ungeschickt
malheur [malœʀ] *m* ① *(événement pénible)* Unglück *nt;* **si jamais il m'arrivait** ~ falls mir jemals etw zustoßen sollte
② *sans pl (adversité, malchance)* Unglück *nt;* **porter** ~ Unglück bringen; **par** ~ unglücklicherweise
③ *(tort)* **avoir le** ~ **de faire qc** dummerweise etw tun
④ *fam (inconvénient, ennui)* **le** ~**, c'est qu'il est** [*o* **soit**] **sourd** das Dumme ist, dass er taub ist *(fam)*
▸ **le** ~ **des uns fait le bonheur des autres** *prov* des einen Not ist des andern Brot; **à quelque chose** ~ **est bon** *prov* alles hat auch seine guten Seiten; **un** ~ **ne vient jamais seul** *prov* ein Unglück kommt selten allein *(prov)*; **faire un** ~ *fam (faire un scandale)* gewalttätig werden; *(avoir un gros succès)* einen Riesenerfolg haben; [**ne**] **parle pas de** ~**!** *fam* mal den Teufel nicht an die Wand! *(fam)*; **cette pluie/cet engin de** ~ *fam (maudit)* dieser verdammte Regen/diese verdammte Maschine *(fam)*
malheureusement [maløʀøzmɑ̃] *adv (hélas)* leider
malheureux, -euse [maløʀø, -øz] **I.** *adj* ① *(qui souffre, désolé) personne, air* unglücklich
② *a. antéposé (regrettable, fâcheux)* unglücklich; *incident, erreur, suites* bedauerlich; *initiative, parole* ungeschickt; **si c'est pas** ~ **de faire ça!** *fam* wenn das keine Schande ist etw zu tun!
③ *(malchanceux) candidat, joueur* glücklos; **être** ~**(-euse) au jeu/en amour** kein Glück im Spiel/in der Liebe haben
④ *antéposé (insignifiant)* lächerlich; **une malheureuse pièce de deux euros** ein lumpiges Zweieurostück *(fam)*; **pas même un** ~ **coup de fil** nicht einmal ein Anruf
⑤ *antéposé (infortuné) victime* unglücklich
II. *m, f* ① *(indigent)* Notleidende(r) *f(m)*
② *(infortuné)* Unglückselige(r) *f(m)*
malhonnête [malɔnɛt] *adj* ① *(indélicat, déloyal)* unehrlich
② *hum* **faire une proposition** ~ **à qn** jdm einen unanständigen Vorschlag machen
malhonnêtement [malɔnɛtmɑ̃] *adv agir* unehrlich; *gagner de l'argent* auf unehrliche Weise
malhonnêteté [malɔnɛtte] *f* ① *(opp: probité) d'une personne* Unehrlichkeit *f*
② *(déloyauté)* ~ **intellectuelle** Unehrenhaftigkeit *f*
mali [mali] *m* COM BELG *(déficit)* Defizit *nt*
Mali [mali] *m* **le** ~ Mali *nt*
malice [malis] *f* ① *(espièglerie)* Schalkhaftigkeit *f;* **avec** ~ schelmisch; **une réponse pleine de** ~ eine schelmische Antwort
② *(méchanceté)* Böswilligkeit *f*
malicieusement [malisjøzmɑ̃] *adv* schelmisch
malicieux, -euse [malisjø, -jøz] *adj réponse* schelmisch; *regard, sourire* verschmitzt; *enfant, personne* spitzbübisch
maligne [maliɲ] *v.* **malin**
malignité [maliɲite] *f* ① *soutenu (méchanceté)* Boshaftigkeit *f*
② MED *d'une tumeur* Bösartigkeit *f*
malin, maligne [malɛ̃, maliɲ] **I.** *adj* ① *(astucieux) personne* schlau; *sourire* verschmitzt; *air* pfiffig; **elle n'est pas très maligne** sie ist nicht sehr helle *(fam)*; **se croire** ~**(maligne)** sich *(Dat)* schlau vorkommen *(fam)*; **c'est** ~**!** *iron fam* wie intelligent!
② *a. antéposé (méchant)* boshaft; *influence* schlecht; **joie maligne** Schadenfreude *f;* **éprouver un** ~ **plaisir à faire qc** ein diebisches Vergnügen dabei empfinden etw zu tun
③ MED *tumeur* bösartig
II. *m, f (personne astucieuse)* Schlaukopf *m (fam)*; **faire le** ~**/la maligne** sich aufspielen; **gros** ~**/grosse maligne!** *iron* Schlauberger! *m (fam)*; **petit** ~**/petite maligne** gerissener Kerl/gerissenes Luder *(fam)*
Malin [malɛ̃] *m (démon)* **le** ~ das Böse
malingre [malɛ̃gʀ] *adj* schmächtig
malintentionné(e) [malɛ̃tɑ̃sjɔne] *adj* böswillig
malle [mal] *f* Überseekoffer *m*
▸ **se faire la** ~ *fam* abhauen *(fam)*
malléabilité [maleabilite] *f* ① *d'une personne* Anpassungsfähigkeit *f*
② TECH *de l'argile* Knetbarkeit *f; d'un métal* Formbarkeit *f*
malléable [maleabl] *adj* ① *(souple) personne* anpassungsfähig
② TECH *argile* knetbar; *métal* weich
malléole [maleɔl] *f* Knöchel *m*
mallette [malɛt] *f* ① *(porte-documents)* Aktenkoffer *m*
② BELG *(cartable d'écolier)* Schultasche *f*
mal-logé(e) [mallɔʒe] <mal-logés> *m(f)* notdürftig untergebrachte Person *f;* **les** ~**s et les sans-abris** die notdürftig Untergebrachten und die Obdachlosen
malmener [malməne] <4> *vt* ① *(rudoyer)* schlecht behandeln; **se faire** ~ roh behandelt werden
② *(critiquer)* vernichtend kritisieren; **l'auteur/la pièce se fait** ~ der Autor/das Stück wird vernichtend kritisiert
③ MIL, SPORT *(bousculer)* **le boxeur/l'équipe s'est fait** ~ der Boxer/die Mannschaft wurde hart bedrängt
malnutrition [malnytʀisjɔ̃] *f* Unterernährung *f*
malodorant(e) [malɔdɔʀɑ̃, ɑ̃t] *adj* übelriechend
malotru(e) [malɔtʀy] *m(f)* Rüpel *m*
malpoli(e) [malpɔli] **I.** *adj fam (mal élevé)* unhöflich; *enfant* ungezogen
II. *m(f) fam* unhöflicher Mensch
malpropre [malpʀɔpʀ] **I.** *adj (sale) mains, objet* schmutzig; *personne* schmuddelig *(fam)*
II. *mf fam* ▸ **traiter qn comme un/une** ~ jdn wie den letzten Dreck behandeln *(sl)*
malpropreté [malpʀɔpʀəte] *f (saleté) des mains, d'un objet, lieu* Schmutzigkeit *f; d'une personne* Schmuddeligkeit *f (fam)*
malsain(e) [malsɛ̃, ɛn] *adj curiosité, imagination* krankhaft; **littérature** ~**e** Literatur, die einen schlechten Einfluss hat
malséant(e) [malseɑ̃, ɑ̃t] *adj littér* unschicklich *(geh)*
malsonnant(e) [malsɔnɑ̃, ɑ̃t] *adj littér propos* anstößig *(geh)*
malstrom [malstʀøm] *m v.* **maelström**
malt [malt] *m* Malz *nt;* **whisky pur** ~ Malt-Whisky *m*
maltais [maltɛ] *m* **le** ~ Maltesisch *nt,* das Maltesische; *v. a.* **allemand**
maltais(e) [maltɛ, ɛz] *adj* maltesisch
Maltais(e) [maltɛ, ɛz] *m(f)* Malteser(in) *m(f)*
maltaise [maltɛz] *f (orange) kleine tunesische Orange*
Malte [malt] *f* **l'île de** ~ die Insel Malta
malter [malte] <1> *vt* malzen, mälzen *céréale*
malthusianisme [maltyzjanism] *m* ① HIST Malthusianismus *m*
② ECON Produktionsdrosselung *f*
maltose [maltoz] *m* BIO, CHIM Maltose *f*
maltraitance [maltʀɛtɑ̃s] *f* Misshandlung *f*
maltraiter [maltʀete] <1> *vt* ① *(brutaliser)* misshandeln

❷ (*malmener*) entstellen *langue;* verstoßen gegen *grammaire*
❸ (*critiquer*) heruntermachen (*fam*) *auteur;* verreißen (*fam*) *pièce*
malus [malys] *m* Malus *m*
malveillance [malvɛjɑ̃s] *f* ❶ (*hostilité*) Feindseligkeit *f;* **avec ~** feindselig
❷ (*intention de nuire*) böse Absicht
malveillant(e) [malvɛjɑ̃, ɑ̃t] *adj geste, personne* boshaft; *propos, remarque* gehässig
malvenu(e) [malvəny] *adj soutenu* ❶ (*déplacé*) *remarque, proposition* deplatziert
❷ (*peu qualifié*) **qn est ~ à** [*o* **de**] **faire qc** jd hat keinen Grund etw zu tun
malversation [malvɛʀsasjɔ̃] *f* LITTER *souvent pl* Veruntreuung *f,* Unterschlagung *f*
malvoisie [malvwazi] *m* (*vin*) Malvasier *m*
malvoyant(e) [malvwajɑ̃, ɑ̃t] *m(f)* Sehbehinderte(r) *f(m)*
maman [mamɑ̃] *f* ❶ (*mère*) Mutter *f,* Mutti *f* (*fam*); **future ~** werdende Mutter; **jouer à la ~** Mama spielen
❷ (*appellation*) Mama *f*
mambo [mɑ̃(m)bo] *m* Mambo *m*
mamelle [mamɛl] *f* ANAT *de la chèvre, vache* Euter *nt o m; de la chienne, chatte, lapine* Zitze *f*
▸ **les deux ~s de qc** *littér* die beiden Lebensgrundlagen einer S. (*Gen*)
mamelon [mam(ə)lɔ̃] *m* ❶ ANAT Brustwarze *f*
❷ GEOG Bergkuppe *f*
mamelonné(e) [mam(ə)lɔne] *adj paysage* hügelig
mamel[o]uk [mamluk] *m* Mameluck *m*
mamie [mami] *f fam* ❶ (*grand-mère*) Oma *f* (*fam*)
❷ (*appellation*) Oma, Omi *f* (*fam*)
mammaire [mamɛʀ] *adj* **glande ~** Brustdrüse *f*
mammifère [mamifɛʀ] *m* Säugetier *nt*
mammographie [mamogʀafi] *f* Mammographie *f*
mammouth [mamut] *m* Mammut *nt*
mammy [mami] *f v.* **mamie**
mamours [mamuʀ] *mpl fam* ❶ (*câlins*) Zärtlichkeiten *Pl;* **faire des ~ à qn** mit jdm schmusen
❷ (*flatteries*) **faire des ~ à qn** jdm Honig ums Maul schmieren (*fam*)
mam'selle [mamzɛl] *f fam abr de* **mademoiselle**
manade [manad] *f* Herde *f* (*Rinder-, Stier- oder Pferdeherde in der Provence, Camargue*)
management [manadʒmɛnt, manaʒmɑ̃] *m* Management *nt*
manager, -euse [manadʒœʀ, -øz] *m, f* Manager(in) *m(f)*
manager [mana(d)ʒe] <2a> *vt* managen
manant [manɑ̃] *m* HIST (*roturier*) Bauer *m*/Bäuerin *f*
manche¹ [mɑ̃ʃ] *f* ❶ *d'un vêtement* Ärmel *m;* **~s ballon/raglan** Puff-/Raglanärmel *Pl;* **en ~s de chemise** in Hemdsärmeln; **sans ~s** ärmellos
❷ TENNIS Satz *m;* CARTES Spiel *nt;* AUT, CYCLISME Runde *f;* SKI Durchlauf *m;* **en deux ~s** TENNIS in zwei Sätzen
❸ *fig* **première/seconde ~** erste/zweite Runde
▸ **faire la ~** *fam* (*mendier*) betteln; **retrousser ses ~s** [sich (*Dat*)] die Ärmel hochkrempeln
◆ **~ à air** Windsack *m*
manche² [mɑ̃ʃ] *m* ❶ (*poignée*) *d'un outil, parapluie, d'une charrue* Griff *m; d'une casserole, fourchette, hache, d'un balai* Stiel *m*
❷ MUS *d'une guitare, d'un violon* Hals *m*
❸ GASTR *d'une côtelette, d'un gigot* Knochenende *nt*
▸ **jeter le ~ après la cognée** die Flinte ins Korn werfen; **être du côté du ~** *fam* auf der Seite des Stärkeren sein; **tomber sur un ~** *fam* eine harte Nuss zu knacken bekommen (*fam*), auf Schwierigkeiten stoßen; **se débrouiller/s'y prendre comme un ~** *fam* sich linkisch anstellen
◆ **~ à balai** AVIAT *fam* Steuerknüppel *m*
Manche [mɑ̃ʃ] *f* **la ~** der Ärmelkanal
manchette [mɑ̃ʃɛt] *f* ❶ *d'une chemise* Manschette *f*
❷ PRESSE Schlagzeile *f*
❸ SPORT (*coup*) Schlag *m* mit dem Unterarm
❹ COUT Ärmelschoner *m*
❺ TECH Manschette *f*
manchon [mɑ̃ʃɔ̃] *m* ❶ Muff *m*
❷ TECH (*bague, cylindre*) Muffe *f*
❸ TECH *d'une lampe* Glühstrumpf *m*
manchot [mɑ̃ʃo] *m* (*pingouin*) Pinguin *m*
manchot(e) [mɑ̃ʃo, ɔt] **I.** *adj* ❶ (*amputé d'un bras*) einarmig
❷ *fig* **ne pas être ~(e)** *fam* nicht ungeschickt sein
II. *m(f)* (*personne*) Einarmige(r) *f(m)*
mandale [mɑ̃dal] *f pop* Backpfeife *f* (*fam*)
mandant(e) [mɑ̃dɑ̃, ɑ̃t] *m(f)* Mandant(in) *m(f)*
mandarin [mɑ̃daʀɛ̃] *m* ❶ HIST Mandarin *m*
❷ *péj* (*ponte*) Kulturbonze *m*
mandarinat [mɑ̃daʀina] *m* HIST Mandarinenwürde *f*
mandarine [mɑ̃daʀin] *f* Mandarine *f*
mandarinier [mɑ̃daʀinje] *m* Mandarinenbaum *m*
mandat [mɑ̃da] *m* ❶ (*mission*) Auftrag *m;* POL Mandat *nt;* **le ~ législatif** [*o* **parlementaire**] das Abgeordnetenmandat
❷ COM, FIN Postanweisung *f,* Geldanweisung; **~ international** Auslandspostanweisung; **~ télégraphique** telegrafische Geldanweisung
❸ HIST Mandat *nt;* **territoire sous ~** Mandatsgebiet *nt*
◆ **~ d'arrêt** Haftbefehl *m;* **~ de dépôt** Haftbefehl *m;* **~ d'expulsion** (*ordre de quitter un domicile*) Räumungsbefehl *m;* (*ordre de quitter un pays*) Ausweisungsbefehl; **~ de perquisition** Durchsuchungsbefehl *m*
mandataire [mɑ̃datɛʀ] *mf a.* JUR Bevollmächtigte(r) *f(m)*
mandat-carte [mɑ̃dakaʀt] <mandats-cartes> *m* Postanweisung *f*
mandater [mɑ̃date] <1> *vt* ❶ JUR, POL **~ un avocat pour faire qc** einen Anwalt dazu bevollmächtigen etw zu tun; **être mandaté(e)** bevollmächtigt sein
❷ FIN (*payer*) überweisen
mandat-lettre [mɑ̃dalɛtʀ] <mandats-lettres> *m Postanweisung, die in einem Brief geschickt wird und auf der Post einzulösen ist*
mandchou [mɑ̃tʃu] *m* **le ~** Mandschurisch *nt,* das Mandschurische; *v. a.* **allemand**
mandchou(e) [mɑ̃tʃu] *adj* mandschurisch
Mandchou(e) [mɑ̃tʃu] *m(f)* Mandschure *m*/Mandschurin *f*
mander [mɑ̃de] <1> *vt vieilli* ❶ (*transmettre un ordre*) befehlen; **nous mandons que ...** + *subj* wir befehlen, dass ...
❷ (*convoquer*) **~ qn** jdn rufen [*o* kommen] lassen; **on m'a mandé d'urgence** ich wurde dringend einbestellt [*o* gerufen]
❸ (*faire savoir*) **~ qc à qn** jdm etw mitteilen
mandibule [mɑ̃dibyl] *f* ZOOL (*pièce buccale*) Mundwerkzeuge *Pl*
▸ **jouer des ~s** *fam* fressen (*vulg*)
mandoline [mɑ̃dɔlin] *f* Mandoline *f*
mandragore [mɑ̃dʀagɔʀ] *f* Mandragora *f*
mandrill [mɑ̃dʀil] *m* Mandrill *m*
mandrin [mɑ̃dʀɛ̃] *m* ❶ *d'une perceuse* Bohrfutter *nt*
❷ (*pièce mécanique*) Dorn *m*
manécanterie [manekɑ̃tʀi] *f* Knabenchor *m*
manège [manɛʒ] *m* ❶ (*attraction foraine*) Karussell *nt;* **~ de chevaux de bois** Karussell mit Holzpferden
❷ (*pour chevaux*) Reitbahn *f*
❸ (*agissements*) Hin und Her *nt*
❹ (*intrigue*) **je comprends son petit ~** ich durchschaue sein Spielchen (*fam*)
mânes [man] *mpl* REL Manen *Pl*
manette [manɛt] *f* ❶ TECH [Schalt]hebel *m;* **la ~ des gaz** der Gashebel
❷ (*de jeu informatique*) Joystick *m*
manganèse [mɑ̃ganɛz] *m* CHIM Mangan *nt*
mangeable [mɑ̃ʒabl] *adj* essbar

mangeaille [mɑ̃ʒɑj] *f fam* Fraß *m* (*fam*)
mangeoire [mɑ̃ʒwaʀ] *f* Futterkrippe *f*
manger [mɑ̃ʒe] <2a> **I.** *vt* ❶ (*se nourrir de*) essen; *cannibale, animal:* fressen; **qu'y a-t-il à ~ ce soir?** was gibt es heute Abend zu essen?
❷ (*ronger*) *mites, rouille, lèpre:* zerfressen
❸ *hum* (*dévorer*) **n'aie pas peur, je ne veux pas te ~!** keine Angst, ich werde dich schon nicht fressen! (*fam*); **~ des yeux** mit den Augen verschlingen
❹ (*dilapider*) vergeuden *capital, héritage;* verschlingen *temps, énergie*
❺ (*consommer beaucoup*) *machine, essence:* verbrauchen
❻ COM (*absorber*) schlucken (*fam*)
❼ (*envahir*) **sa barbe lui mange le visage** der Bart verdeckt sein Gesicht
❽ *fam* (*ne pas articuler*) verschlucken *mots*
▶ **il faut ~ pour vivre et non pas vivre pour ~** *prov* man muss essen, um leben zu können, und nicht leben, um essen zu können
II. *vi personne:* essen; *animal:* fressen; **c'est l'heure de ~** es ist Essenszeit; **inviter à ~** zum Essen einladen; **donner à ~ à un bébé/malade/aux vaches/lapins** ein Baby/einen Kranken/die Kühe/die Hasen füttern
III. *vpr* **qc se mange chaud/avec les doigts** etw wird warm/mit den Fingern gegessen
IV. *m fam* (*repas*) Essen *nt*
mange-tout [mɑ̃ʒtu] *app inv* **pois ~** Zuckererbsen *Pl;* **haricots ~** zarte Stangenbohnen *Pl*
mangeur, -euse [mɑ̃ʒœʀ, -ʒøz] *m, f* **gros ~/grosse mangeuse** starker Esser/starke Esserin; **être un ~/une mangeuse de pain/viande** gerne und viel Brot/Fleisch essen
mangouste [mɑ̃gust] *f* (*animal*) Manguste *f*
mangrove [mɑ̃gʀɔv] *f* BOT Mangrove *f*
mangue [mɑ̃g] *f* Mango *f*
manguier [mɑ̃gje] *m* Mangobaum *m*
maniabilité [manjabilite] *f d'une machine* leichte Bedienung; *d'une voiture* Wendigkeit *f; d'un appareil* leichte Handhabung; *d'un livre, outil* Handlichkeit *f;* **être d'une grande ~** leicht zu bedienen sein
maniable [manjabl] *adj machine* leicht zu bedienen; *appareil* leicht zu handhaben; *livre, outil* handlich; *voiture* wendig
maniacodépressif, -ive [manjakodepʀesif, -iv] **I.** *adj* manisch-depressiv
II. *m, f* Manisch-Depressive(r) *f(m)*
maniaque [manjak] **I.** *adj* ❶ (*pointilleux*) *soin* pingelig (*fam*); *personne* pedantisch
❷ MED, PSYCH *état, euphorie* manisch
II. *mf* ❶ (*personne trop méticuleuse*) Pedant(in) *m(f);* **un ~ de l'ordre** ein Ordnungsfanatiker; **une ~ de la propreté** eine Sauberkeitsfanatikerin; **un ~ du travail** ein Workaholic
❷ MED, PSYCH (*malade*) Irre(r) *f(m);* **~ sexuel** Triebtäter *m*
maniaquerie [manjakʀi] *f* ❶ (*attachement à des habitudes*) Pedanterie *f*
❷ (*obsession du détail*) Spitzfindigkeit *f*
manichéen(ne) [manikeɛ̃, ɛn] **I.** *adj monde, vision* manichäisch
II. *m(f)* Manichäer(in) *m(f)*
manichéisme [manikeism] *m* Manichäismus *m*
manie [mani] *f* ❶ (*tic*) Tick *m;* **avoir la ~ de faire qc** die Manie haben etw zu tun
❷ (*obsession*) **~ de la propreté** Sauberkeitsfimmel *m* (*fam*); **la ~ de la persécution** der Verfolgungswahn
❸ MED, PSYCH Manie *f* (*Fachspr.*)
maniement [manimɑ̃] *m* ❶ (*manipulation*) Handhabung *f; d'un appareil, d'une machine* Bedienung *f; d'une voiture* Lenken *nt;* **d'un ~ facile/difficile** *machine, appareil:* leicht/schwer zu bedienen; *voiture:* leicht/schwer zu lenken; *objet, outil:* leicht/schwer zu handhaben
❷ (*gestion*) *des affaires* Führung *f*
❸ (*maîtrise*) *d'une langue* Beherrschen *nt;* **le ~ des mots** das Umgehen mit Worten
◆ **~ d'armes** Gewehrgriffe *Pl*
manier [manje] <1a> *vt* ❶ (*se servir de, utiliser*) handhaben *objet, outil;* bedienen *appareil, machine;* **un appareil difficile à ~** ein schwer zu bedienendes Gerät
❷ (*manipuler, avoir entre les mains*) **~ qn/qc** mit jdm/etw umgehen; **qn sait ~ un cheval** jd kann mit einem Pferd umgehen
❸ (*maîtriser*) **~ une langue** eine Sprache beherrschen; **~ l'ironie/l'humour** ein Meister der Ironie/des Humors sein
❹ (*gérer*) **~ de grosses sommes d'argent** mit großen Geldbeträgen umgehen
manière [manjɛʀ] *f* ❶ (*façon*) Art *f;* **~ de faire qc** Art und Weise etw zu tun; **~ d'agir/de s'exprimer** Handlungs-/Ausdrucksweise *f;* **avoir la ~** den Dreh raushaben (*fam*); **à la ~ ...** nach ... Art; **à la ~ de qn/qc** wie jd/etw; **à ma/sa ~** auf meine/seine/ihre Weise; **de ~ brutale/rapide** auf brutale/schnelle Art und Weise; **d'une certaine ~** in gewisser Weise; **d'une ~ générale** im Allgemeinen; **d'une ~ ou d'une autre** so oder so; **de toute ~** auf jeden Fall; **de ~ à faire qc** um etw zu tun; **~ de faire qc** *fam* um halt etw zu tun (*fam*); **de ~ [à ce] qu'il soit satisfait** so, dass er zufrieden ist; **de quelle ~?** wie denn?; **en aucune ~** keineswegs
❷ *pl* (*comportement*) Manieren *Pl;* **faire des ~s** sich zieren; **en voilà des ~s!** das sind ja feine Manieren!; **je vais t'apprendre les bonnes ~s, moi!** dir werde ich Manieren beibringen!
❸ (*style*) *d'un artiste, écrivain* Stil *m*
❹ GRAM **complément de ~** Umstandsbestimmung *f* der Art und Weise
▶ **la ~ forte** (*sévérité*) härtere Maßnahmen *Pl;* **employer la ~ forte** hart durchgreifen
maniéré(e) [manjeʀe] *adj* gekünstelt; *ton, personne* affektiert
maniérisme [manjeʀism] *m* Manierismus *m*
manieur, -euse [manjœʀ, -jøz] *m, f* **~(-euse) de qc** jd, der/eine, die mit etw umgehen kann
◆ **~ d'argent** *fig* Geschäftsmann *m;* **~ d'hommes** Führungspersönlichkeit *f*
manif [manif] *f abr de* **manifestation** *fam* Demo *f* (*fam*)
manifestant(e) [manifɛstɑ̃, ɑ̃t] *m(f)* Demonstrant(in) *m(f)*
manifestation [manifɛstasjɔ̃] *f* ❶ POL Demonstration *f*
❷ (*événement*) Veranstaltung *f*
❸ (*expression*) *d'un sentiment* Äußerung *f; d'un désir, d'une humeur* Ausdruck *m; d'une maladie* Anzeichen *nt;* **des ~s de joie/tendresse** Bekunden *nt* von Freude/Zärtlichkeit; **des ~s d'amitié** Freundschaftsbekundung *f*
manifeste [manifɛst] **I.** *adj* offensichtlich; *vérité* offenkundig; **il est ~ qu'il le sait** es ist offensichtlich, dass er es weiß
II. *m* POL, LITTER, COM Manifest *nt*
manifestement [manifɛstəmɑ̃] *adv* ganz offensichtlich
manifester [manifɛste] <1> **I.** *vt* zum Ausdruck bringen
II. *vi* demonstrieren
III. *vpr* **se ~** ❶ (*se révéler*) sich äußern; *crise:* auftreten
❷ (*se faire connaître*) sich melden; *candidat:* sich vorstellen
❸ (*s'exprimer*) sich äußern
❹ (*se montrer*) erscheinen; **on a lancé un appel, mais personne ne s'est manifesté** es erging ein Aufruf, aber niemand ist erschienen
manigance [manigɑ̃s] *f gén pl* Machenschaften *Pl*
manigancer [manigɑ̃se] <2> *vt* aushecken (*fam*)
manille [manij] *f* ❶ (*jeu de cartes*) *Kartenspiel, bei dem zwei gegen zwei spielen*
❷ (*dix d'une couleur*) *Name für die Zehnerkarte, die bei diesem Spiel Trumpf ist*
manillon [manijɔ̃] *m* JEUX *Name für das Ass, die zweitwichtigste Karte im Kartenspiel „Manille“*
manioc [manjɔk] *m* Maniok *m*

manipulable [manipylabl] *adj* manipulierbar

manipulateur, -trice [manipylatœʀ, -tʀis] **I.** *adj* TECH **bras ~** Greifarm *m*
II. *m, f* ① TECH technischer Assistent *m*/technische Assistentin *f;* **manipulatrice en radiologie** Röntgenassistentin *f*
② (*prestidigitateur*) Zauberkünstler(in) *m(f)*
③ *péj* Manipulator(in) *m(f)*

manipulation [manipylasjɔ̃] *f* ① *d'une machine, d'un ordinateur* Bedienung *f; d'un outil* Handhabung *f; d'un produit, d'une substance* Umgehen *nt*
② *pl* (*expériences*) Versuche *Pl;* **les ~s génétiques** die Genmanipulation
③ (*prestidigitation*) Zauberkunststücke *Pl*
④ *a.* ECON *péj* (*manœuvre*) *de la foule, l'opinion* Manipulation *f;* **~s électorales** Wahlmanipulation

manipuler [manipyle] <1> *vt* ① handhaben *outil;* **~ un produit/une substance** mit einem Produkt/einer Substanz hantieren
② *péj* (*fausser*) manipulieren; fälschen *chiffres, écritures, résultats*
③ (*influencer*) manipulieren

manitou [manitu] *m* ① Manitu *m*
② *fig fam* **c'est lui, le grand ~ ici!** er ist hier der Häuptling! (*iron fam*)

manivelle [manivɛl] *f* Kurbel *f*

manne [man] *f* ① REL Manna *nt*
② *fig* Gabe *f* des Himmels
③ (*panier*) Tragekorb *m*

mannequin [mankɛ̃] *m* ① (*présentateur de modèles*) Mannequin *nt*
② (*pour le tailleur*) Schneiderpuppe *f*
③ (*pour la vitrine*) Schaufensterpuppe *f*
④ (*pour le peintre, sculpteur*) Gliederpuppe *f*

manœuvrabilité [manœvʀabilite] *f* ① (*possibilité de manœuvrer*) Manövrierfähigkeit *f*
② (*facilité de manœuvrer*) Wendigkeit *f*

manœuvrable [manœvʀabl] *adj* ① (*maniable*) manövrierfähig
② (*facile à manier*) *véhicule, bateau* wendig

manœuvre [manœvʀ] **I.** *f* ① (*maniement*) *d'une machine* Bedienung *f; d'un véhicule* Lenken *nt;* **fausse ~** Bedienungsfehler *m*
② *a.* FIN (*action, tentative de manœuvrer*) Manöver *nt;* **~ de diversion** Ablenkungsmanöver; **~ d'évitement** Ausweichmanöver; **faire une ~ pour se garer** ein Einparkmanöver durchführen
③ MIL (*exercice*) Manöver *nt*
④ *péj* (*agissement, machination*) Machenschaften *Pl;* **les ~s dilatoires** das Hinhaltemanöver
▸ **ça y va [à] la ~** *fam* es geht ganz schön rund (*fam*)
II. *m* Hilfsarbeiter(in) *m(f)*

manœuvrer [manœvʀe] <1> **I.** *vt* ① (*faire fonctionner*) bedienen *machine;* handhaben *outil*
② (*conduire*) steuern *véhicule*
③ *péj* (*manipuler*) manipulieren
II. *vi* ① (*agir habilement*) geschickt vorgehen
② MIL (*faire l'exercice*) exerzieren
③ AUT manövrieren

manoir [manwaʀ] *m* Landsitz *m*

manomètre [manɔmɛtʀ] *m* Manometer *m*

manouche [manuʃ] *mf* Zigeuner(in) *m(f)*

manquant(e) [mɑ̃kɑ̃, ɑ̃t] *adj* ① (*en moins*) *numéro, pièce, somme* fehlend; *personne* abwesend; **la somme ~e** der Fehlbetrag
② (*épuisé*) *article* nicht vorrätig

manque¹ [mɑ̃k] *m* ① (*carence*) Mangel *m;* **~ de temps/nourriture/sommeil** Zeit-/Nahrungs-/Schlafmangel; **~ d'argent/de personnel/matériel** Geld-/Personal-/Materialmangel; **~ d'intelligence/de sérieux** Mangel an Intelligenz/Ernsthaftigkeit; **le ~ de chance** das Pech; **~ d'imagination/de respect** Fantasie-/Respektlosigkeit *f;* **un enfant en ~ d'affection** ein Kind, dem es an Zuwendung fehlt
② *pl* (*lacunes*) Lücken *Pl*
③ (*défauts*) Mängel *Pl*
④ (*vide*) Lücke *f*
⑤ MED (*privation*) Entzugserscheinungen *Pl;* **être en [état de] ~** Entzugserscheinungen haben
⑥ *sans dét, inv* JEUX manque
◆ **~ à gagner** Einbuße *f,* Einnahmeausfall *m,* Ausfallbetrag *m*

manque² [mɑ̃k] *f* ▸ **à la ~** *fam* mies (*fam*); **ce cycliste à la ~** so ein unfähiger Radfahrer

manqué(e) [mɑ̃ke] *adj* ① *occasion, rendez-vous* verpasst; *photo, roman, travail* misslungen
② *postposé iron fam* verhindert (*fam*)

manquement [mɑ̃kmɑ̃] *m* Vergehen *nt;* **~ au[x] devoir[s]** Pflichtverletzung; **~ à la discipline** Verstoß *m* gegen die Disziplin

manquer [mɑ̃ke] <1> **I.** *vt* ① (*opp: atteindre*) verfehlen *cible, but*
② (*se venger, rendre la pareille*) **ne pas ~ qn** jdm kein Pardon geben; **la prochaine fois, je ne te manquerai pas** beim nächsten Mal bist du dran (*fam*)
③ (*opp: rencontrer*) verfehlen, verpassen
④ (*rater*) verpassen *bus, train, avion;* verfehlen *marche*
⑤ (*laisser passer*) **~ une occasion** eine Gelegenheit verpassen; **une occasion à ne pas ~** eine Gelegenheit, die man sich nicht entgehen lassen sollte
⑥ (*opp: réussir*) **~ un examen** eine Prüfung nicht bestehen, bei einer Prüfung durchfallen (*fam*); **~ un virage** eine Kurve verfehlen; **qn manque un ouvrage/un plat** jdm misslingt [*o* missrät] ein Werk/ein Gericht; **qn manque une expérience** jdm misslingt [*o* missglückt] ein Versuch
⑦ (*opp: assister à*) verpassen, versäumen *film, séance, rendez-vous, réunion;* nicht gehen zu + *Dat* [*o* in + *Akk*], schwänzen (*fam*) *cours, école;* **~ la classe** [im Unterricht] fehlen; **un film qu'il ne faut pas ~ [*o* à ne pas ~]** ein Film, den man gesehen haben muss
▸ **ne pas en ~ une** *fam* [aber auch] in jedes Fettnäpfchen treten (*fam*)
II. *vi* ① (*être absent*) fehlen
② (*faire défaut, être insuffisant*) **commencer à ~** allmählich ausgehen; **il me manque des idées/des arguments, les idées/les arguments me manquent** die Ideen/Argumente fehlen mir; **il me manque des moyens, les moyens me manquent** es fehlt mir an den Mitteln, die Mittel fehlen mir; **il me manque du temps/le courage, le temps/le courage me manque** es fehlt mir an der Zeit/am Mut, die Zeit/der Mut fehlt mir; **il manque un bouton à mon chemisier** an meiner Bluse fehlt ein Knopf; **il manque deux noms sur la liste** auf der Liste fehlen zwei Namen; **les mots me manquent** mir fehlen die Worte; **les occasions ne manquent pas** es gibt genug [*o* genügend] Gelegenheiten; **qc te manque pour faire qc** es fehlt dir etw [*o* dir fehlt etw], um etw zu tun
③ (*ne pas avoir assez de*) **qn/qc manque de qn/qc** jdm/einer S. fehlt jd/etw; **tu ne manques pas de toupet!** du bist ganz schön frech [*o* unverfroren]!; **cet élève m'a manqué de respect** dieser Schüler lässt es mir gegenüber an Respekt (*Dat*) fehlen, diesem Schüler mangelt es mir gegenüber an Respekt (*Dat*); **la soupe manque de sel** [an] der Suppe fehlt [das] Salz; **ça manque de personnel dans une entreprise/de sel dans la soupe** dem Unternehmen fehlt es an Personal/an der Suppe ist zu wenig Salz
④ (*regretter de ne pas avoir*) **mes enfants/les livres me manquent** die Kinder/Bücher fehlen mir, ich vermisse die Kinder/Bücher
⑤ (*rater*) *attentat, expérience, tentative:* scheitern, misslingen
⑥ (*ne pas respecter*) **~ à sa parole/promesse** sein/ihr Wort/Versprechen nicht halten; **~ à ses devoirs/obligations**

seine/ihre Pflichten/Verpflichtungen nicht erfüllen; ~ **aux règles de la politesse** gegen die Umgangsformen verstoßen
❼ (*faillir*) ~ [**de**] **faire qc** etw beinahe [*o* fast] tun; **elle avait manqué** [**de**] **mourir** sie wäre beinahe gestorben
❽ (*ne pas omettre*) **ne pas ~ de faire qc** etw bestimmt [*o* auf jeden Fall] tun; nicht versäumen, etw zu tun; **saluez-le de ma part! – Je n'y manquerai pas** grüßen Sie ihn von mir! – Sie können sich darauf verlassen
► **ça n'a pas manqué!** das musste ja passieren!, es musste ja so kommen!; **il ne manquait plus que ça** das hat [jetzt] gerade noch gefehlt; **il ne manquerait plus que qn/qc fasse qc** das hätte [jetzt] gerade noch gefehlt, dass jd/etw etw tut
III. *vpr* ❶ (*rater son suicide*) **qn se manque** jds Selbstmordversuch misslingt
❷ (*ne pas se rencontrer*) **se ~ de cinq minutes** sich um fünf Minuten verfehlen [*o* verpassen]

mansarde [mɑ̃saʀd] *f* Mansarde *f*
mansardé(e) [mɑ̃saʀde] *adj* Dach-; **chambre ~e** Mansardenzimmer *nt,* Dachzimmer *nt;* **être ~(e)** schräge Wände haben
mansuétude [mɑ̃sɥetyd] *f littér* Nachsicht *f*
mante [mɑ̃t] *f* ❶ ZOOL ~ [**religieuse**] Gottesanbeterin *f*
❷ *fig* ~ **religieuse** männermordender Vamp
manteau [mɑ̃to] <x> *m* ❶ (*vêtement*) Mantel *m;* ~ **de fourrure/pluie** Pelz-/Regenmantel
❷ *fig soutenu* **un ~ de neige recouvre la campagne** die Erde trägt ein weißes Kleid (*liter*)
❸ (*partie de cheminée*) Kamineinfassung *f*
❹ GEOL Mantel *m*
► **sous le ~** unter der Hand
mantille [mɑ̃tij] *f* Mantille *f*
manucure [manykyʀ] *f* (*personne, soins*) Maniküre *f*
manucurer [manykyʀe] <1> *vt* maniküren
manuel [manɥɛl] *m* (*livre didactique*) Lehrbuch *nt;* (*manuel d'utilisation*) Handbuch; ~ **scolaire** Schulbuch; ~ **de mathématiques/physique** Mathematik-/Physik[lehr]buch; ~ **de bricolage** Buch mit Heimwerkertipps
manuel(le) [manɥɛl] **I.** *adj* ❶ (*opp: intellectuel*) *métier, profession* handwerklich; *activité, travail* manuell; **travailleur ~** jd, der mit den Händen arbeitet; **habileté ~le** Handfertigkeit *f*
❷ (*opp: automatique*) manuell
II. *m(f)* (*personne*) (*qui travaille de ses mains*) jd, der mit den Händen arbeitet; (*personne douée de ses mains*) Bastler(in) *m(f)*
manuellement [manɥɛlmɑ̃] *adv* manuell; *actionner, fabriquer* manuell, von Hand
manufacture [manyfaktyʀ] *f* Manufaktur *f;* ~ **de porcelaines/tapisseries** Porzellanmanufaktur/Teppichweberei *f*
manufacturer [manyfaktyʀe] <1> *vt* verarbeiten; **produit manufacturé** industrielles Erzeugnis [*o* Produkt]
manu militari [manymilitaʀi] *adv* kurzerhand, ohne viel Federlesens; (*par la force physique*) gewaltsam
manuscrit [manyskʀi] *m* ❶ TYP Manuskript *nt*
❷ (*texte écrit à la main*) Handgeschriebene(s) *nt;* HIST Manuskript, Handschrift *f*
manuscrit(e) [manyskʀi, it] *adj* (*écrit à la main*) handschriftlich, handgeschrieben
manutention [manytɑ̃sjɔ̃] *f* ❶ (*manipulation*) Warenumschlag *m;* **les frais de ~** die Lager- und Transportkosten
❷ (*local*) Lager *nt*
manutentionnaire [manytɑ̃sjɔnɛʀ] *mf* Lagerist(in) *m(f)*
maoïsme [maɔism] *m* Maoismus *m*
maoïste [maɔist] **I.** *adj* maoistisch
II. *mf* Maoist(in) *m(f)*
maori [maɔʀi] *m* **le ~** Maori *nt,* das Maori; *v. a.* **allemand**
maori(e) [maɔʀi] *m(f)* Maori *m*/Maorin *f*
maous(se) [maus] *adj fam* enorm (*fam*); **brochet ~** Mordshecht *m* (*fam*)
mappemonde [mapmɔ̃d] *f* ❶ (*carte*) Weltkarte *f*
❷ (*globe terrestre*) Globus *m*
maquer [make] <1> *vt pop* (*être le souteneur de*) ~ **une femme** eine Frau anschaffen [*o* auf den Strich] schicken (*sl*); **être maquée** schon einen Macker haben (*sl*); *prostituée:* für einen Zuhälter arbeiten
maquereau¹ [makʀo] <x> *m* ZOOL Makrele *f*
maquereau² [makʀo] <x> *m pop* (*souteneur*) Loddel *m* (*sl*), Zuhälter *m*
maquerelle [makʀɛl] *f pop* Puffmutter *f* (*fam*)
maquette [makɛt] *f* ❶ (*modèle réduit*) Modell *nt;* ~ **d'avion/de bateau** Flugzeug-/Schiffsmodell; (*jouet*) Modellflugzeug *nt*/-schiff *nt*
❷ TYP Umbruch *m; d'une couverture* Druckvorlage *f; d'un disque, d'une cassette* Probeaufnahme *f*
❸ (*projet*) Entwurf *m*
❹ ART Rohfassung *f*
maquettisme [maketism] *m* Modellbau *m*
maquettiste [maketist] *mf* ❶ ARCHIT, THEAT Modellbauer(in) *m(f);* (*menuisier*) Modellschreiner(in) *m(f)*
❷ PRESSE (*graphiste*) Grafiker(in) *m(f)*
maquignon(ne) [makiɲɔ̃, ɔn] *m(f)* (*marchand de chevaux*) Pferdehändler(in) *m(f);* (*de bovins*) Viehhändler(in)
maquignonnage [makiɲɔnaʒ] *m péj* Machenschaften *Pl;* **le ~ électoral** die Wahlmanipulation
maquillage [makijaʒ] *m* ❶ (*soins de beauté*) (*action*) Schminken *nt;* (*résultat*) Make-up *nt;* THEAT, CINE, TV Maske *f*
❷ (*produits de beauté*) Make-up *nt;* **trousse de ~** Schminkbeutel *m,* Kosmetiktasche *f*
❸ (*falsification*) *de documents, d'une pièce d'identité* Fälschung *f; d'une voiture* Frisieren *nt*
maquiller [makije] <1> **I.** *vt* ❶ (*farder*) schminken
❷ (*falsifier*) fälschen; verdrehen *vérité;* entstellen *faits;* frisieren *voiture;* ~ **un meurtre en suicide** einen Mord als Selbstmord kaschieren [*o* tarnen]
II. *vpr* (*se farder*) **se ~** sich schminken; **se ~ les yeux** sich (*Dat*) die Augen schminken
maquilleur, -euse [makijœʀ, -jøz] *m, f* Maskenbildner(in) *m(f)*
maquis [maki] *m* ❶ BOT Macchia *f*
❷ (*groupe de résistance*) Partisanengruppe *f;* HIST französische Widerstandsbewegung (*gegen die deutsche Besatzung*); **prendre le ~** sich den Partisanen anschließen
maquisard(e) [makizaʀ, aʀd] *m(f)* HIST französischer Widerstandskämpfer/französische Widerstandskämpferin (*gegen die deutsche Besatzung*)
marabout [maʀabu] *m* ❶ ORN Marabu *m*
❷ REL Marabut *m*
maracuja [maʀakuʒa, maʀakyʒa] *m* Maracuja *f*
maraîchage [maʀɛʃaʒ] *m* Gemüse[an]bau *m*
maraîcher, -ère [maʀeʃe, -ɛʀ] **I.** *adj* Gemüse-; **région maraîchère** Gemüseanbaugebiet *nt;* **des produits ~s** Erzeugnisse *Pl* aus dem Gemüseanbau
II. *m, f* Gemüseanbauer(in) *m(f)*
marais [maʀɛ] *m* ❶ GEOG Sumpf *m*
❷ *fig, péj* (*bourbier*) Sumpf *m*
❸ (*quartier de Paris*) **le Marais** das Marais-Viertel
❹ AGR ~ **salant** Salzgarten *m*
marasme [maʀasm] *m* ❶ (*stagnation*) [Konjunktur]flaute *f;* ~ **des affaires** flaue Geschäftslage
❷ (*découragement*) [seelisches] Tief
marasquin [maʀaskɛ̃] *m* Maraschino *m*
marathon [maʀatɔ̃] **I.** *m* SPORT, POL Marathon *m*
II. *app* endlos
marathonien(ne) [maʀatɔnjɛ̃, jɛn] *m(f)* Marathonläufer(in) *m(f)*
marâtre [maʀɑtʀ] *f fig* Rabenmutter *f*
maraudage [maʀodaʒ] *m* Mundraub *m;* JUR Felddiebstahl *m*
maraude [maʀod] *f* Mundraub *m;* **aller à la/être en ~** auf [Diebes]tour gehen/sein; **des taxis en ~** (*à la recherche de*

clients) Taxis auf Kundensuche

marauder [maʀode] <1> *vi* (*chaparder*) stehlen

maraudeur, -euse [maʀodœʀ, -øz] *m, f* Dieb(in) *m(f)*

marbre [maʀbʀ] *m* ❶ (*pierre*) Marmor *m*
❷ (*objet, statue*) Marmorplastik *f*
❸ (*plateau*) *d'une cheminée* Marmorsims *m; d'une commode* Marmorplatte *f*
❹ TECH **passer une voiture au** ~ ein Auto richten lassen
❺ TYP **sur le** ~ druckfertig
❻ *fig* **cœur/visage de** ~ Herz aus Stein/steinernes Gesicht; **être/rester de** ~ ungerührt sein/bleiben

marbré(e) [maʀbʀe] *adj* ❶ (*veiné*) *écorce* gemasert
❷ GASTR **gâteau** ~ Marmorkuchen *m*
❸ *papier, reliure* marmoriert

marbrer [maʀbʀe] <1> *vt* ❶ (*décorer de veines*) marmorieren; **gâteau marbré** Marmorkuchen *m*
❷ (*marquer de marques violacées*) **le froid lui marbrait le visage** sein/ihr Gesicht war blau vor Kälte; **être marbré(e)** (*par des coups*) voller blauer Flecken sein; (*par le froid*) blau vor Kälte sein; **peau marbrée** (*vaisseaux visibles*) transparente Haut

marbrerie [maʀbʀəʀi] *f* ❶ (*industrie*) Marmor [- und Naturstein]industrie *f*
❷ (*atelier*) Steinmetzbetrieb *m*

marbrier, -ière [maʀbʀije, -ijɛʀ] **I.** *adj* Marmor-
II. *m, f* Steinmetz(in) *m(f)*

marbrière [maʀbʀijɛʀ] *f* Marmorbruch *m*

marbrure [maʀbʀyʀ] *f* ❶ (*décoration*) *d'une boiserie, de la tranche d'un livre, d'un papier* Marmorierung *f*
❷ (*marque violacée*) blauer Fleck

marc [maʀ] *m* ❶ (*résidu*) Trester *m;* ~ **de pommes/raisins** Apfel-/Traubentrester; ~ **de café/thé** Kaffeesatz *m*/Teeblätter *Pl*
❷ (*eau de vie*) Tresterschnaps *m*

Marc [maʀk] *m* ❶ Markus *m*, Mark *m*
❷ REL **Saint** ~ Markus
❸ HIST ~ **Aurèle** Mark Aurel

marcassin [maʀkasɛ̃] *m* ZOOL Frischling *m*

marcassite [maʀkasit] *f* MINER Markasit *m*

marcel [maʀsɛl] *m* COUT Muscleshirt *nt*

marchand(e) [maʀʃɑ̃, ɑ̃d] **I.** *adj* **marine** ~**e** Handelsmarine *f;* **navire** ~ Handelsschiff *nt;* **rue** ~**e** Geschäftsstraße *f;* **galerie** ~**e** Einkaufspassage *f;* **valeur** ~**e** Handelswert *m*, Verkehrswert *Pl*
II. *m(f)* ❶ (*commerçant*) Händler(in) *m(f);* ~ **de bestiaux/chaussures** Vieh-/Schuhhändler; ~ **de marrons** Maronenverkäufer *m;* ~ **ambulant** Straßenhändler *m*
❷ *fig* ~ **d'illusions** Scharlatan *m;* ~ **de rêve** Illusionist *m*
◆ ~ **de biens** Immobilienmakler(in) *m(f);* ~ **de canons** *péj* Waffenschieber(in) *m(f);* ~ **de sable** Sandmännchen *nt;* ~ **des quatre saisons** Obst- und Gemüsehändler(in) *m(f);* ~ **de tapis** *péj* Geschäftemacher(in) *m(f);* **être un vrai** ~ **de tapis** groß im Feilschen sein; **une discussion de** ~ **de tapis** eine fruchtlose Diskussion

marchandage [maʀʃɑ̃daʒ] *m* ❶ (*discussion*) Handeln *nt*, Feilschen *nt* (*pej*)
❷ (*tractation*) Mauschelei *f*, Kuhhandel *m* (*fam*)
❸ JUR Vermittlung *f* von Arbeit[skräften]

marchander [maʀʃɑ̃de] <1> **I.** *vt* ❶ ~ **le prix/un tapis** um den Preis/einen Teppich handeln [*o* feilschen *pej*]
❷ (*ne pas lésiner sur*) **ne pas** ~ **ses éloges/compliments à qn** nicht mit Lob/Komplimenten für jdn sparen [*o* geizen]; **ne pas** ~ **ses efforts/sa peine** keine Anstrengung[en]/Mühe[n] scheuen
II. *vi* handeln, feilschen (*pej*)

marchandeur, -euse [maʀʃɑ̃dœʀ, -øz] *m, f* ❶ (*personne*) Feilscher(in) *m(f)*
❷ JUR Vermittler(in) *m(f)* von Arbeit[skräften]

marchandisage [maʀʃɑ̃dizaʒ] *m* Merchandising *nt*

marchandise [maʀʃɑ̃diz] *f* ❶ (*chose à vendre*) Ware *f*
❷ (*stock, cargaison*) **la** ~ die Ware
❸ *péj* (*chose que l'on propose*) **faire valoir sa** ~ seine Ware anpreisen; **tromper sur la** ~ falsche Tatsachen vortäuschen

marche[1] [maʀʃ] *f* ❶ (*action*) Gehen *nt;* SPORT Lauf *m;* **se mettre en** ~ *personnes:* sich auf den Weg machen; *cortège, caravane:* sich in Bewegung setzen
❷ (*allure*) Gang *m; d'un navire* Fahrt *f*
❸ (*trajet*) Weg *m;* **une demi-heure de** ~ eine halbe Wegstunde
❹ MIL, POL (*cortège*) Marsch *m;* **une** ~ **pacifique/silencieuse/de protestation** ein Friedens-/Schweige-/Protestmarsch; **faire** ~ **sur qc** auf etw (*Akk*) zumarschieren; **fermer/ouvrir la** ~ am Schluss/an der Spitze des Zuges marschieren
❺ (*mouvement continu*) *d'une étoile* Bahn *f; d'une caravane* Zug *m; d'un véhicule* Fahrt *f;* **le sens de la** ~ die Fahrtrichtung; ~ **arrière** AUT Rückwärtsgang *m;* **en** ~ **arrière** rückwärts; **faire [une]** ~ **arrière** AUT rückwärts fahren
❻ (*fonctionnement*) *d'une entreprise, horloge* Gang *m; d'une machine* Betrieb *m*, Laufen *nt;* **en** ~ im Gang; **moteur en** ~ laufender Motor; **être en** ~ laufen; **mettre une machine/un appareil en** ~ eine Maschine/ein Gerät in Gang bringen [*o* einschalten]; **mettre une voiture/un moteur en** ~ einen Wagen starten/einen Motor anlassen
❼ MUS Marsch *m;* ~ **funèbre/militaire/nuptiale** Trauer-/Militär-/Hochzeitsmarsch
▶ **faire** ~ **arrière** einen Rückzieher machen; **être en** ~ *démocratie:* auf dem Vormarsch sein
◆ ~ **à suivre** Vorgehensweise *f*, Verfahrensweise *f*

marche[2] [maʀʃ] *f d'un escalier* Stufe *f; d'un véhicule* Trittbrett *nt*

marche[3] [maʀʃ] *f* HIST (*province frontière*) Mark *f*

marché [maʀʃe] *m* ❶ (*lieu de vente*) Markt *m;* ~ **couvert** Markthalle[n *Pl*] *f;* ~ **aux bestiaux/fleurs/poissons** Vieh-/Blumen-/Fischmarkt; **aller au** [*o* **faire son**] ~ auf den Markt gehen
❷ (*l'offre et la demande*) Markt *m;* ~ **noir** Schwarzmarkt; **le** ~ **unique** der Europäische Binnenmarkt; **économie de** ~ Marktwirtschaft *f;* **lancer qc sur le** ~ etw auf den Markt bringen [*o* werfen]; **se disputer le** ~ um Marktanteile kämpfen
❸ (*contrat*) Vertrag *m;* ~ **de dupes** schlechter Tausch; **passer** [*o* **conclure**] **un** ~ **avec qn/qc** mit jdm/etw einen Vertrag [*o* ein Geschäft] abschließen; ~ **conclu!** [die Sache ist] abgemacht!; **c'est lui qui a emporté le** ~ er hat den Auftrag [*o* Zuschlag] bekommen
▶ **bon** ~ *inv* billig, preiswert; **à bon** ~ günstig, billig; **par-dessus le** ~ obendrein, zu allem Überfluss
◆ ~ **aux puces** Flohmarkt *m;* ~ **des capitaux** Finanzmarkt *m;* ~ **de l'emploi** Arbeitsmarkt *m;* ~ **du travail** Arbeitsmarkt *m*

marchéage [maʀʃeaʒ] *m* COM Marktpolitik *f*

marchepied [maʀʃəpje] *m* ❶ (*marche*) Trittbrett *nt*
❷ (*escabeau*) Tritt *m*
▶ **servir de** ~ **à qn** jdm als Sprungbrett dienen; *personne:* jdm als Steigbügelhalter dienen

marcher [maʀʃe] <1> *vi* ❶ (*se déplacer*) gehen; ~ **à reculons** rückwärts gehen; ~ **à la rencontre de qn** jdm entgegengehen; (*vu de la personne approchée*) jdm entgegenkommen; **l'enfant commence à** ~ das Kind fängt an zu laufen
❷ MIL ~ **sur la ville/Paris** auf die Stadt/Paris zumarschieren
❸ (*poser le pied*) ~ **sur/dans qc** auf/in etw (*Akk*) treten; (*ne pas respecter*) etw mit Füßen treten; **défense de** ~ **sur les pelouses!** Rasen betreten verboten!
❹ (*être en activité*) *métro, bus:* fahren
❺ (*fonctionner*) laufen; *montre:* laufen, gehen; *télé, radio, machine:* laufen, an sein; ~ **à l'essence/l'électricité** mit Benzin/Strom laufen [*o* betrieben werden]; **faire** ~ **un appareil** einen Apparat einschalten
❻ (*réussir*) *affaire, film:* laufen; *études:* vorangehen; *procédé:*

M

funktionieren; **rien ne marche aujourd'hui** heute geht [*o* läuft] alles schief
❼ *fam* (*croire naïvement*) alles glauben [*o* fressen *fam*], auf alles reinfallen (*fam*)
❽ *fam* (*être d'accord*) **je marche** [**avec vous**] ich ziehe mit (*fam*); **je ne marche pas!** da mache ich nicht mit!; **ça marche!** o.k.! (*fam*), [ist] gebongt! (*fam*)
▶ **faire** ~ **qn** jdn auf den Arm nehmen (*fam*)

marcheur, -euse [maʀʃœʀ, -øz] *m, f* Läufer(in) *m(f)*; SPORT Geher(in) *m(f)*; POL Teilnehmer(in) *m(f)* eines Marsches

marcottage [maʀkɔtaʒ] *m* Absenken *nt*

marcotte [maʀkɔt] *f* BOT Absenker *m*

marcotter [maʀkɔte] <1> *vt* absenken

mardi [maʀdi] *m* Dienstag *m*; *v. a.* **dimanche**
▶ ~ **gras** Fastnachtsdienstag *m*, Faschingsdienstag

mare [maʀ] *f* ❶ (*eau stagnante*) Tümpel *m*; (*après la pluie*) Pfütze *f*, Lache *f*; ~ **aux canards** Ententeich *m*
❷ (*flaque*) ~ **de sang/d'huile** Blut-/Öllache *f*

marécage [maʀekaʒ] *m* Sumpf *m*

marécageux, -euse [maʀekaʒø, -ʒøz] *adj* sumpfig; *plante* Sumpf-

maréchal(e) [maʀeʃal, o] <-aux> *m(f)* Marschall *m*
◆ ~ **de camp** Feldmarschall *m*; ~ **des logis** Unteroffizier *m*; ~ **des logis-chef** Stabsunteroffizier *m*

maréchal-ferrant [maʀeʃalfeʀɑ̃] <maréchaux-ferrants> *m* Hufschmied *m*

maréchaussée [maʀeʃose] *f hum* Gesetzeshüter *m*

marée [maʀe] *f* ❶ (*mouvements de la mer*) Ebbe *f* und Flut *f*, Tide *f*, Gezeiten *Pl*; ~ **basse/haute** Ebbe/Flut, Niedrig-/Hochwasser *nt*; **à** ~ **basse/haute** bei Ebbe [*o* Niedrigwasser]/Flut [*o* Hochwasser]; **grande** ~ Springflut
❷ *fig* ~ **humaine** Menschenflut *f*, Menschenwoge *f*; **la** ~ **montante du chômage** der rasante Anstieg der Arbeitslosigkeit
❸ COM (*poissons et fruits de mer*) Fische *Pl* und Meeresfrüchte *Pl*
▶ ~ **noire** Ölpest *f*
◆ ~ **d'équinoxe** *Springtide zur Zeit der Tag- und Nachtgleichen*

marégraphe [maʀegʀaf] *m* TECH Mareograph *m*

marelle [maʀɛl] *f* Himmel *m* und Hölle *f* (*ein Kinderspiel*)

marémoteur, -trice [maʀemɔtœʀ, -tʀis] *adj* Gezeiten-; **usine marémotrice** Gezeitenkraftwerk *nt*

marengo [maʀɛ̃go] *adj inv* GASTR **veau/poulet** [**à la**] ~ Kalbs-/Hähnchenragout *nt* à la Marengo

marennes [maʀɛn] *f* Marennes-Auster *f*

mareyeur, -euse [maʀɛjœʀ, -jøz] *m, f* [See]fischgroßhändler(in) *m(f)*

margaille [maʀgaj] *f* BELG ❶ *fam* (*bagarre*) Handgemenge *nt*
❷ *fig* (*désordre*) Tohuwabohu *nt*, Unordnung *f*

margarine [maʀgaʀin] *f* Margarine *f*

marge [maʀʒ] *f* ❶ (*espace blanc*) Rand *m*; **être écrit(e)/écrire dans la** ~ am Rand stehen/auf den Rand schreiben
❷ (*espace, délai*) Spielraum *m*; ~ **d'erreur** zulässige Abweichung, Fehlergrenze *f*
❸ *fig* **en** ~ **de l'actualité** weitab vom Tagesgeschehen; **vivre en** ~ **de la société** am Rande der Gesellschaft leben
◆ ~ **de bénéfice** Verdienstspanne *f*

margelle [maʀʒɛl] *f* Rand *m*

margeur [maʀʒœʀ] *m* (*dispositif*) Randsteller *m*

marginal(e) [maʀʒinal, o] <-aux> **I.** *adj* ❶ (*accessoire*) marginal; *occupation, travail, rôle* Neben-; *phénomène* Rand-
❷ (*en marge de la société*) am Rande der Gesellschaft; *groupe* Rand-
❸ (*peu orthodoxe*) außerhalb der gesellschaftlichen Norm; *groupe* Aussteiger-
❹ (*consigné en marge*) **note/remarque** ~**e** Randnotiz *f*/-bemerkung *f*
❺ ECON Grenz-
II. *m(f)* (*asocial*) Asoziale(r) *f(m)*; (*en marge de la société*) Außenseiter(in) *m(f)*

marginalisation [maʀʒinalizasjɔ̃] *f* Ausgrenzung *f*

marginaliser [maʀʒinalize] <1> **I.** *vt* in den Hintergrund drängen; ausgrenzen *groupe social;* ins Abseits drängen *homme politique, parti politique*
II. *vpr* **se** ~ sich ausgrenzen, sich abgrenzen

marginalité [maʀʒinalite] *f* Außenseitertum *nt*

margoulette [maʀgulɛt] *f* ▶ **se casser la** ~ *fam* auf die Schnauze fliegen

margoulin(e) [maʀgulɛ̃, in] *m(f)* ❶ (*maquignon*) Geschäftemacher(in) *m(f)*
❷ BOURSE Börsenjobber *m*

margrave [maʀgʀav] *mf* HIST Markgraf *m*/Markgräfin *f*

marguerite [maʀgəʀit] *f* ❶ BOT Margerite *f*
❷ INFORM, TYP Typenrad *nt*

marguillier [maʀgije] *m* ❶ *vieilli* Kirchenvorstand *m*
❷ (*sacristain*) Messner *m*, Küster *m*

mari [maʀi] *m* [Ehe]mann *m*

mariable [maʀjabl] *adj* heiratsfähig

mariage [maʀjaʒ] *m* ❶ (*institution*) Ehe *f*; (*union*) Heirat *f*; ~ **blanc** Scheinehe; ~ **de raison** Vernunftehe/-heirat; **demander qn en** ~ um jds Hand anhalten; **faire un beau** [*o* **riche**] ~ eine gute Partie machen
❷ (*cérémonie*) Hochzeit *f*; [**cérémonie de**] ~ Trauung *f*; ~ **civil/religieux** standesamtliche/kirchliche Trauung
❸ (*vie conjugale*) Ehe *f*; **fêter les 25/10 ans de** ~ silberne Hochzeit/den zehnten Hochzeitstag feiern
❹ (*de plusieurs choses*) Vereinigung *f*; (*combinaison*) Zusammenstellung *f*, Kombination *f*; **le** ~ **de ces couleurs** diese Farbkombination, diese Farbzusammenstellung

marial(e) [maʀjal] *adj* REL **culte** ~ Marienkult *m*

Marianne [maʀjan] *f* POL Marianne *f* (*die Symbolfigur der frz. Republik*)

marié(e) [maʀje] **I.** *adj* **être** ~(**e**) verheiratet sein
II. *m(f)* ❶ (*le jour du mariage*) Bräutigam *m*/Braut *f*; **les** ~**s** das Brautpaar
❷ (*marié depuis peu*) **jeune** ~(**e**) frisch gebackener Ehemann/frisch gebackene Ehefrau; **les jeunes** ~**s** die jungen Eheleute, das junge Paar

Marie-Madeleine [maʀimad(ə)lɛn(ə)] *f* HIST, REL Maria Magdalena *f*

marier [maʀje] <1a> **I.** *vt* ❶ (*procéder au mariage de*) trauen
❷ (*donner en mariage*) ~ **qn à** [*o* **avec**] **qn** jdn mit jdm verheiraten; **être bon(ne) à** ~ im heiratsfähigen Alter sein
❸ CAN, BELG, NORD (*épouser*) heiraten
❹ (*combiner*) [miteinander] verbinden; kombinieren *couleurs, goûts, parfums*
II. *vpr* ❶ (*contracter mariage*) **se** ~ **avec qn** jdn heiraten
❷ (*s'harmoniser*) **se** ~ [**ensemble**] miteinander harmonieren, zusammenpassen; **se** ~ **à** [*o* **avec**] **qc** mit etw harmonieren, zu etw passen

marihuana, marijuana [maʀiʀwana] *f* Marihuana *nt*

marin [maʀɛ̃] *m* ❶ (*matelot*) Seemann *m*, Matrose *m*/Matrosin *f*
❷ (*navigateur*) Seefahrer *m*; ~ **pêcheur** Meeresfischer(in) *m(f)*
◆ ~ **d'eau douce** Süßwassermatrose *m*/-matrosin *f*

marin(e) [maʀɛ̃, in] *adj* ❶ (*relatif à la mer*) Meeres-; *air, carte, mille* See-; **sel** ~ Meersalz *nt*
❷ (*relatif au marin*) *col, costume* Matrosen-

marina [maʀina] *f* Marina *f*

marinade [maʀinad] *f* Marinade *f*; ~ **de saumon** marinierter Lachs

marine [maʀin] **I.** *f* ❶ Marine *f*; ~ **marchande** [*o* **de commerce**] Handelsmarine, Handelsflotte *f*; ~ **de plaisance** Vergnügungsschifffahrt *f*; ~ **de guerre** Kriegsmarine
❷ ART Meeresbild *nt*

II. *m* MIL (*soldat*) Marineinfanterist(in) *m(f)*; **les Marines** die Marinetruppen
III. *adj inv* dunkelblau, marineblau
mariner [maʀine] <1> **I.** *vt* GASTR ~ **qc dans qc** etw in etw (*Dat*) marinieren [*o* einlegen]
II. *vi* ① GASTR *aliment:* in [der] Marinade ziehen
② *fam* (*attendre*) schmoren (*fam*); ~ **pendant une heure** eine Stunde lang vor sich hinschmoren (*fam*)
marinier, -ière [maʀinje, -jɛʀ] *m, f* Binnenschiffer(in) *m(f)*
marinière [maʀinjɛʀ] **I.** *f* (*vêtement*) Matrosenbluse *f*
II. *app inv* GASTR [**à la**] ~ nach Seemannsart (*mit Weißwein und Zwiebeln zubereitet*)
marin-pêcheur [maʀɛ̃pɛʃœʀ] <marins-pêcheurs> *m* Hochseefischer *m*
mariolle [maʀjɔl] *m fam* Spaßvogel *m*; **faire le** ~ den Clown spielen
marionnette [maʀjɔnɛt] *f* ① THEAT (*figurine*) (*à fils*) Marionette *f*; (*à gaine*) [Hand]puppe *f*
② *péj* (*personne manipulée*) Marionette *f*, Hampelmann *m* (*pej*)
marionnettiste [maʀjɔnetist] *mf* Puppenspieler(in) *m(f)*
marital(e) [maʀital, o] <-aux> *adj* JUR des Ehemanns
maritalement [maʀitalmɑ̃] *adv* **vivre** ~ in einer eheähnlichen Lebensgemeinschaft zusammenleben
maritime [maʀitim] *adj* ① (*du bord de mer*) maritim; *province, région, ville* Küsten-; **climat** ~ maritimes Klima, Seeklima *nt*
② (*relatif au commerce par la voie des mers*) See-; *transport* zur See, zu Wasser; **compagnie** ~ Schifffahrtsgesellschaft *f*
marivaudage [maʀivodaʒ] *m littér* Getändel *nt* (*liter*)
marjolaine [maʀʒɔlɛn] *f* Majoran *m*
mark [maʀk] *m* HIST (*monnaie*) Mark *f*; **le deutsche Mark** die deutsche Mark
marketing [maʀkɛtiŋ] *m* Marketing *nt*
marlou [maʀlu] *m pop* Lude *m* (*sl*), Loddel *m* (*sl*)
marmaille [maʀmɑj] *f fam* Rasselbande *f* (*fam*)
marmelade [maʀməlad] *f de pommes, d'abricots* Kompott *nt*; *d'oranges* Marmelade *f*
marmite [maʀmit] *f* [Koch]topf *m*; ~ **norvégienne** Kochkiste *f*
▸ **faire bouillir la** ~ für den Lebensunterhalt sorgen
marmiton [maʀmitɔ̃] *m* Küchenjunge *m*
marmonnement [maʀmɔnmɑ̃] *m* Gemurmel *nt*
marmonner [maʀmɔne] <1> **I.** *vt* murmeln
II. *vi* vor sich (*Akk*) hin murmeln
marmoréen(ne) [maʀmɔʀeɛ̃, ɛn] *adj* ① GEOL Marmor-
② *littér pâleur, froideur* marmorn; *impassibilité, rigidité* steinern
marmot [maʀmo] *m* ① *fam* (*petit garçon*) Knirps *m* (*fam*)
② *pl* (*petits enfants*) Kinder[schar *f*] *Pl*
marmotte [maʀmɔt] *f* Murmeltier *nt*
▸ **dormir comme une** ~ wie ein Murmeltier schlafen
marmotter [maʀmɔte] <1> **I.** *vt* murmeln
II. *vi* vor sich (*Akk*) hin murmeln
Marne [maʀn] *f* **la** ~ die Marne
marne [maʀn] *f* Mergel *m*
marner [maʀne] <1> **I.** *vt* AGR mit Mergel düngen
II. *vi fam* (*trimer*) schuften (*fam*)
marneux, -euse [maʀnø, -øz] *adj* mergelig
Maroc [maʀɔk] *m* **le** ~ Marokko *nt*
marocain(e) [maʀɔkɛ̃, ɛn] *adj* marokkanisch
Marocain(e) [maʀɔkɛ̃, ɛn] *m(f)* Marokkaner(in) *m(f)*
maronite [maʀɔnit] **I.** *adj* REL maronitisch
II. *mf* REL Maronit(in) *m(f)*
maronner [maʀɔne] <1> *vi fam* maulen (*fam*), meckern (*fam*); **ça me fait** ~ **de faire qc** es fuchst [*o* wurmt] mich, dass ich etw tun muss (*fam*)
maroquin [maʀɔkɛ̃] *m* (*cuir*) Saffian[leder *nt*] *m*; (*cuir grené*) Maroquin *nt o m*
maroquinerie [maʀɔkinʀi] *f* ① (*boutique*) Leder[waren]geschäft *nt*
② (*fabrication*) Lederwarenindustrie *f*; (*commerce*) Lederwarenhandel *m*
③ (*articles en cuir*) Lederwaren *Pl*
maroquinier, -ière [maʀɔkinje, -jɛʀ] *m, f* ① (*commerçant*) Lederwarenhändler(in) *m(f)*
② (*fabricant*) Lederwarenhersteller(in) *m(f)*
marotte [maʀɔt] *f* Marotte *f*; **avoir la** ~ **de** [**faire**] **qc** die Marotte haben, etw zu tun; **le nettoyage est une** ~ **chez elle** sie hat einen Putzfimmel (*fam*)
maroufler [maʀufle] <1> *vt* aufziehen *peinture, toile*
marquage [maʀkaʒ] *m* ① *a.* COM (*identification*) Kennzeichnung *f*; *d'un arbre* Markierung *f*
② (*marques sur la chaussée*) Markierung *f*
③ SPORT (*surveillance*) Decken *nt*
marquant(e) [maʀkɑ̃, ɑ̃t] *adj* (*important*) *fait, événement* bedeutsam, einschneidend; *personnage, œuvre* bemerkenswert; *souvenir* prägend
marque [maʀk] *f* ① (*trace, empreinte*) Abdruck *m*, Spur *f*
② (*trace sur le corps*) *de fatigue, d'un accident* Spur *f*; *de coups de fouet* Striemen *m*; (*tache*) Fleck *m*, Mal *nt*; **j'ai encore la** ~ **là où je me suis cogné(e)** man sieht noch, wo ich mich gestoßen habe
③ (*repère*) Zeichen *nt*; SPORT Start *m*; **prendre ses** ~**s** SPORT (*se préparer*) seine Startvorbereitungen treffen; *coureur:* an den Start gehen; **à vos** ~**s!** auf die Plätze!
④ (*témoignage*) ~ **de confiance/bonne volonté** Vertrauensbeweis *m*/Beweis *m* für die Gutwilligkeit; ~ **de respect** [*o* **d'estime**] Ehrenbezeugung *f*; ~ **de sympathie** Sympathiebeweis *m*, Sympathiebezeugung *f*
⑤ (*signe distinctif*) Kennzeichen *nt*; (*au fer rouge*) Brandzeichen *nt*; **la** ~ **du bon sens/du talent de l'artiste** Beweis *m* für den gesunden Menschenverstand/für das Talent des Künstlers; **porter la** ~ **de l'artiste/son génie** die Handschrift des Künstlers tragen/von seinem/ihrem Genie zeugen
⑥ COM Marke *f*; ~ **déposée** [eingetragenes] Warenzeichen, geschützte Bezeichnung; **produit de** ~ Markenartikel *m*
⑦ (*insigne*) Abzeichen *nt*
⑧ SPORT (*score*) [Punkte]stand *m*; **ouvrir la** ~ den ersten Punkt machen; **la** ~ **était de 2 à 1** es stand 2:1
⑨ GRAM Merkmal *nt*; **la** ~ **du pluriel** das Pluralzeichen
▸ **trouver ses** ~**s** sich zurechtfinden; **personnage/invité de** ~ bedeutende Persönlichkeit/bedeutender Gast
marqué(e) [maʀke] *adj* ① (*net*) *curiosité* ausgeprägt; *prédisposition, préférence* deutlich, ausgesprochen; *traits du visage* ausgeprägt, markant; *différence, distinction, changement, trait* deutlich
② POL (*engagé*) **être** ~**(e) à droite/à gauche** rechts[gerichtet]/links[gerichtet] sein, rechts-/linksorientiert sein
③ (*traumatisé*) **être** ~**(e)** vorbelastet sein
marquer [maʀke] <1> **I.** *vt* ① (*indiquer*) markieren; anzeigen *heure, degré*
② (*distinguer par un signe*) kennzeichnen, markieren; ~ **d'un trait/d'une croix** anstreichen/ankreuzen; ~ **un forçat/prisonnier au fer rouge** einen zur Zwangsarbeit verurteilten Sträfling/einen Häftling brandmarken; ~ **un animal au fer rouge** ein Tier mit einem Brandzeichen versehen
③ (*laisser une trace sur*) Spuren hinterlassen auf (+ *Dat*); ~ **son époque** *personne, événement:* das Gesicht seiner Zeit prägen; **elle a le visage marqué par la fatigue/les soucis** ihr Gesicht ist von der Müdigkeit/den Sorgen gezeichnet
④ (*souligner*) schlagen *cadence, rythme*; unterstreichen *paroles*; feierlich begehen *événement*; ~ **la poitrine/taille** *vêtement:* die Brust/Taille betonen; **pour** ~ **cet événement** zur Feier des Tages; ~ **la cadence en frappant dans les mains** im Takt mitklatschen
⑤ (*représenter*) signalisieren *fin, étape, progrès*
⑥ (*respecter*) beachten *stop, feu rouge*; ~ **un temps d'arrêt** (*dans un discours*) kurz unterbrechen; (*dans un mouvement*) innehalten

❼ (*inscrire, noter*) ~ **qc sur un papier/dans un agenda** etw auf einem Papier/in einem Terminkalender notieren; ~ **qn présent/absent** jdn als anwesend/abwesend vermerken [*o* notieren]; **le prix marqué** der angegebene Preis; **la date est marquée sur le pot** das Datum steht auf dem Topf
❽ (*exprimer*) ~ **sa sympathie/surprise à qn** jdm seine Sympathie/Überraschung zeigen [*o* zu erkennen geben]
❾ SPORT schießen, erzielen *essai, but;* machen, erzielen *point*
❿ SPORT (*surveiller de près*) decken
II. *vi* ❶ (*jouer un rôle important*) ~ **dans qc** einen bleibenden Eindruck in etw (*Dat*) hinterlassen; ~ **dans la vie de qn** jds Leben prägen; **un fait qui marquera dans l'histoire** ein Meilenstein in der Geschichte
❷ (*laisser une trace*) *bouteille:* Flecken machen; *tampon:* stempeln; *crayon:* schreiben
▶ ~ **qn à la culotte** *fam* (*surveiller qn de très près*) jdm [dicht] auf die Pelle rücken (*fam*); **qn/ça marque mal** *fam* (*fait mauvaise impression*) jd/das macht sich nicht gut (*fam*)

marqueté(e) [maʀkəte] *adj* ~(**e**) **de qc** mit Intarsien aus etw
marqueterie [maʀkɛtʀi] *f* ART Einlegearbeit *f*, Intarsie *f*
marqueur [maʀkœʀ] *m* ❶ (*crayon*) Textmarker *m*
❷ (*marqueur fluorescent*) Leuchtstift *m*
❸ INFORM Tag *m*
marqueur, -euse [maʀkœʀ, -øz] *m, f* SPORT Torjäger(in) *m(f);* (*au basket*) Korbjäger(in) *m(f)*
marquis(e) [maʀki, iz] *m(f)* Marquis(e) *m(f)*
marquise [maʀkiz] *f* (*auvent*) Markise *f*
marraine [maʀɛn] *f* ❶ *d'un enfant* Patentante *f*, Patin *f*, God[e]l *f* (A)
❷ (*à une inauguration*) Patin *f*, God[e]l *f* (A); **être** ~ **de qc** die Patenschaft für etw übernehmen
marrant(e) [maʀɑ̃, ɑ̃t] *adj fam* ❶ (*drôle, amusant*) witzig, ulkig
❷ (*bizarre*) **c'est** ~, **...** komisch, ...
marre [maʀ] *adv fam* ▶ **en avoir** ~ **de qn/qc** von jdm/etw die Nase voll haben (*fam*), jdn/etw satt haben (*fam*); **en avoir** ~ **de faire qc** es satt haben, etw zu tun (*fam*); **y en a** ~ jetzt ist es genug, jetzt reicht's
marrer [maʀe] <1> **I.** *vpr* **se** ~ *fam* sich kaputtlachen (*fam*), sich [halb] totlachen (*fam*)
II. *vi* **faire** ~ zum Lachen bringen; **tu me fais** ~ **avec tes histoires** *iron* über dich und deine Geschichten kann ich nur lachen
marri(e) [maʀi] *adj littér* untröstlich; **ne prends pas ce petit air** ~ **!** setz nicht so eine Leidensmiene auf!
marron [maʀɔ̃] **I.** *m* ❶ (*fruit*) Marone *f*, Esskastanie *f;* ~**s glacés** kandierte [*o* glacierte] Maronen
❷ *fam* (*coup de poing*) Schlag *m*, Hieb *m;* **flanquer un** ~ **à qn** jdm eine runterhauen *fam* [*o* scheuern *sl*]
❸ *pop* **être** ~ (*dupé*) ganz schön alt aussehen (*sl*)
▶ **tirer les** ~**s du feu** (*pour le profit d'autrui*) die Kastanien aus dem Feuer holen
II. *adj inv* kastanienbraun, rotbraun; *yeux* braun
marron(ne) [maʀɔ̃, ɔn] *adj* ❶ *courtier, homme d'affaires* zwielichtig; **avocat** ~ Winkeladvokat *m;* **médecin** ~ Kurpfuscher *m*
❷ HIST *esclave, nègre* entlaufen
marronnier [maʀɔnje] *m* ❶ BOT ~ [**d'Inde**] [Ross]kastanie *f*
❷ PRESSE *arg abgedroschenes, immer wiederkehrendes Thema*
mars [maʀs] *m* März *m;* *v. a.* **août**
Mars [maʀs] *m* ❶ MYTH Mars *m*
❷ ASTRON Mars *m*
marseillais(e) [maʀsɛjɛ, jɛz] *adj* (*de Marseille*) Marseiller
Marseillaise [maʀsɛjɛz] *f* (*hymne national*) Marseillaise *f*

i Land & Leute

Die **Marseillaise** ist seit 1795 die französische Nationalhymne. Sie wurde 1792 von C. J. Rouget de Lisle als Kriegslied für die Rheinarmee geschrieben. Während der Revolution wurde sie von einem Freiwilligenbataillon aus Marseille gesungen, als es in Paris einmarschierte, um an einer Volkserhebung teilzunehmen. So erhielt sie ihren Namen.

Marseille [maʀsɛj] Marseille *nt*
▶ **être de** ~ (*exagérer*) gerne übertreiben
marsouin [maʀswɛ̃] *m* ZOOL Tümmler *m*
marsupial [maʀsypjal, jo] <-aux> *m* ZOOL Beuteltier *nt*
marsupial(e) [maʀsypjal, jo] <-aux> *adj* Beutel-; **poche** ~**e** Beutel *m;* **repli** ~ Bruttasche *f*
marteau [maʀto] <x> **I.** *m* ❶ (*outil*) Hammer *m;* ~ **piqueur** Schlagbohrer *m;* ~ **pneumatique** Presslufthammer; **coup de** ~ Hammerschlag *m*
❷ (*heurtoir*) Türklopfer *m*
❸ SPORT Hammer *m;* (*discipline*) Hammerwerfen *nt*, Hammerwurf *m;* **lanceur de** ~ Hammerwerfer *m*
❹ MUS Hammer *m*
❺ (*pièce d'horlogerie*) *d'une horloge* Schlagwerk *nt*
❻ ANAT Hammer *m*
▶ **être entre le** ~ **et l'enclume** zwischen den Stühlen sitzen
II. *adj fam* plemplem (*fam*)
marteau-pilon [maʀtopilɔ̃] <marteaux-pilons> *m* Maschinenhammer *m* **marteau-piolet** [maʀtopjɔlɛ] <marteaux-piolets> *m* Eishammer *m* **marteau-piqueur** [maʀtopikœʀ] <marteaux-piqueurs> *m* Presslufthammer *m;* MIN Abbauhammer *m*
martel [maʀtɛl] *m* ▶ **se mettre** ~ **en tête** sich (*Dat*) Gedanken machen, sich verrückt machen
martelage [maʀtəlaʒ] *m* Hämmern *nt*
martèlement [maʀtɛlmɑ̃] *m* ❶ (*coups de marteau*) Hämmern *nt*
❷ (*bruit cadencé*) *des obus, pas* Dröhnen *nt*
marteler [maʀtəle] <4> *vt* ❶ (*façonner au marteau*) hämmern
❷ (*frapper*) ~ **la figure à qn** jds Gesicht mit Schlägen bearbeiten; ~ **le sol gelé** *pas:* auf dem gefrorenen Boden dröhnen; **ce bruit me martèle les tempes** dieser Lärm pocht mir in den Schläfen
❸ (*scander*) skandieren
martellement [maʀtɛlmɑ̃] *m v.* **martèlement**
martial(e) [maʀsjal, jo] <-aux> *adj* ❶ (*de guerrier*) *air* grimmig, streng; *allure* zackig, stramm
❷ (*de guerre*) **cour** ~**e** Standgericht *nt;* **loi** ~**e** Standrecht *nt;* **arts martiaux** Kampfsportarten *Pl*
martien(ne) [maʀsjɛ̃, jɛn] *adj* Mars-
Martien(ne) [maʀsjɛ̃, jɛn] *m(f)* Marsbewohner(in) *m(f)*
martinet¹ [maʀtinɛ] *m* (*fouet*) Klopfpeitsche *f*
martinet² [maʀtinɛ] *m* ORN Mauersegler *m*
martingale [maʀtɛ̃gal] *f* ❶ COUT Riegel *m;* *d'un imperméable* Gürtel *m*
❷ JEUX System *nt*
Martini® [maʀtini] *m* Martini® *m*
martiniquais(e) [maʀtinikɛ, ɛz] *adj* von Martinique
Martiniquais(e) [maʀtinikɛ, ɛz] *m(f)* Einwohner(in) *m(f)* von Martinique
Martinique [maʀtinik] *f* **la** ~ die Insel Martinique
martin-pêcheur [maʀtɛ̃pɛʃœʀ] <martins-pêcheurs> *m* ORN Eisvogel *m*
martre [maʀtʀ] *f* ZOOL Marder *m*
martyr(e) [maʀtiʀ] **I.** *adj* *enfant* misshandelt; *mère* geplagt; *pays, peuple, ville* geschunden
II. *m(f)* (*personne sacrifiée*) Märtyrer(in) *m(f);* **prendre des airs de** ~ eine Leidensmiene aufsetzen
martyre [maʀtiʀ] *m* ❶ REL Martyrium *nt*
❷ (*grande douleur*) Qual *f;* **souffrir le** ~ Höllenqualen leiden
martyriser [maʀtiʀize] <1> *vt* ❶ (*faire souffrir*) quälen, plagen, peinigen

❷ REL den Märtyrertod sterben lassen

marxisant(e) [maʀksizɑ̃, ɑ̃t] *adj* marxistisch angehaucht

marxisme [maʀksism] *m* Marxismus *m*

marxisme-léninisme [maʀksism(ə)leninism] *m sans pl* Marxismus-Leninismus *m*

marxiste [maʀksist] **I.** *adj* marxistisch
II. *mf* Marxist(in) *m(f)*

marxiste-léniniste [maʀksistleninist] <marxistes-léninistes> **I.** *adj* marxistisch-leninistisch
II. *mf* Marxist-Leninist *m*/Marxistin-Leninistin *f*

mas [mɑ] *m* [Bauern]hof *m* (*in der Provence*)

mascara [maskaʀa] *m* Wimperntusche *f*, Mascara *f*

mascarade [maskaʀad] *f* ❶ (*bal masqué*) Kostümfest *nt*, Maskenball *m;* ART, HIST Maskenspiel *nt*
❷ (*accoutrement*) Maskerade *f*
▶ **être une vraie ~** *procès:* eine einzige Farce sein

mascaret [maskaʀɛ] *m* turbulente Strömungen *Pl* (*ausgelöst durch die Gezeiten im Mündungsgebiet eines Flusses*)

mascotte [maskɔt] *f* Maskottchen *nt*

masculin [maskylɛ̃] *m* GRAM, POES Maskulinum *nt;* **être du/se mettre au ~** männlich [*o* maskulin] sein/werden

masculin(e) [maskylɛ̃, in] *adj* ❶ (*mâle, viril*) männlich; *courage, métier, voix* Männer-; *allure, silhouette* maskulin; **elle a des manières ~es** sie benimmt sich wie ein Mann
❷ (*composé d'hommes*) Männer-; *main d'œuvre, population* männlich
❸ GRAM, POES männlich, maskulin; *rime* männlich, stumpf

masculiniser [maskylinize] <1> *vt* ❶ (*opp: féminiser*) vermännlichen, einen männlichen Anstrich geben
❷ MED **~ qn** *chirurgien:* bei jdm eine Geschlechtsumwandlung zum Mann vornehmen; *opération, hormone:* bei jdm zur Virilisierung führen

masculinité [maskylinite] *f* männliches Geschlecht

maso [mazo] *abr de* **masochiste I.** *adj inv fam* **être ~** [ein] Maso sein (*fam*)
II. *mf inv fam* Maso *m* (*fam*)

masochisme [mazɔʃism] *m* Masochismus *m*

masochiste [mazɔʃist] **I.** *adj* masochistisch; **être ~** masochistisch veranlagt sein
II. *mf* Masochist(in) *m(f)*

masquage [maskaʒ] *m* (*dissimulation*) Verschleierung *f*

masque [mask] *m* ❶ THEAT Maske *f*
❷ (*protection du visage*) [Schutz]maske *f; d'un ouvrier soudeur, plongeur* Brille *f; d'un escrimeur* Maske; *d'un apiculteur* [Imker]hut *m*
❸ (*apparence trompeuse*) Maske *f*, Deckmantel *m;* **arracher son ~ à qn** jdm die Maske vom Gesicht reißen, jdn entlarven
❹ (*air, face*) Miene *f;* **~ de tristesse** Trauermiene; **avoir un ~ impénétrable** keine Miene verziehen
❺ MED (*pour une anesthésie*) Narkosemaske *f;* (*du personnel soignant*) Mundschutz *m*
❻ (*couche de crème*) Gesichtsmaske *f;* **~ de beauté** Schönheitsmaske *f*
❼ (*empreinte*) **~ mortuaire** Totenmaske *f*
❽ MIL Deckung *f*
◆ **~ à gaz** Gasmaske *f;* **~ à oxygène** Sauerstoffmaske *f;* **~ de grossesse** Mutterflecken *Pl;* **~ de plongée** Tauchermaske *f*

masqué(e) [maske] *adj* ❶ (*recouvert d'un masque*) maskiert; *bal, soirée* Masken-
❷ (*dissimulé*) *feux* abgeblendet; *virage, sortie* verdeckt

masquer [maske] <1> **I.** *vt* ❶ (*dissimuler*) verdecken; MIL tarnen; überdecken *goût, odeur;* abdunkeln *lumière;* verschleiern, verheimlichen *réalité, vérité*
❷ (*recouvrir d'un masque*) mit einer Maske bedecken *visage*
II. *vpr* ❶ (*mettre un masque*) **se ~** sich maskieren, sich (*Dat*) eine Maske aufsetzen; **se ~ le visage** sein Gesicht mit einer Maske bedecken
❷ (*se dissimuler*) **se ~ derrière/sous qc** sich hinter/unter etw (*Dat*) verstecken [*o* verbergen]

massacrant(e) [masakʀɑ̃, ɑ̃t] *adj* **être d'humeur ~e** unausstehlich sein

massacre [masakʀ] *m* ❶ (*tuerie*) Massaker *nt*, Gemetzel *nt*, Blutbad *nt;* **le ~ des Arméniens/des baleines** das Massaker [*o* Gemetzel] an den Armeniern/Abschlachten der Wale; **envoyer les soldats/troupes au ~** die Soldaten/Truppen auf die Schlachtbank [*o* in den Tod] schicken
❷ (*travail mal fait*) Flickwerk *nt*, Stümperei *f;* **faire un ~** ein Flickwerk liefern, pfuschen (*fam*)
❸ JEUX **jeu de ~** Wurfspiel *nt*

massacrer [masakʀe] <1> **I.** *vt* ❶ (*tuer sauvagement*) niedermetzeln *population, peuple;* abschlachten *animaux*
❷ *fam* (*démonter, mettre à mal*) **~ qn** jdn fertigmachen (*fam*)
❸ *fam* (*détériorer*) verhunzen (*fam*)
II. *vpr* **se faire ~** sich abschlachten lassen

massacreur, -euse [masakʀœʀ, -øz] *m, f* ❶ (*tueur*) Mörder(in) *m(f)*
❷ (*gâcheur*) Pfuscher(in) *m(f)*

massage [masaʒ] *m* Massage *f;* **~ cardiaque** Herzmassage

masse¹ [mas] *f* ❶ (*volume important*) Masse *f;* **les ~s d'air froid/chaud** kalte/warme Luftmassen *Pl;* **dans la ~** ART aus einem Stück
❷ (*grand nombre*) Menge *f*, Masse *f; des estivants, badauds* Flut *f;* **la grande ~ des Anglais/agriculteurs** die breite Masse der Engländer/Landwirte; **quitter en ~ le pays** das Land in Scharen [*o* massenweise] verlassen; **l'arrivée en ~ des ouvriers** die herbeiströmenden Arbeitermassen; **des types comme lui, y en a pas des ~s** *fam* Typen wie ihn findest du nicht an jeder Ecke; **ce genre de films, ça me plaît pas des ~s** *fam* diese Art von Film gefällt mir nicht besonders
❸ (*contours flous*) Masse *f*
❹ *pl* POL (*peuple*) Massen *Pl;* **les ~s populaires** die [Volks]masse[n]; **culture de ~** Massenkultur *f*
❺ PHYS (*poids*) Masse *f;* **~ atomique** Atomgewicht *nt*
❻ MUS **la ~ instrumentale/orchestrale** die Instrumente/das Orchester
❼ ELEC Masse *f;* **mettre à la ~** erden
▶ **être à la ~** *fam* nicht ganz dicht sein (*fam*); **tomber comme une ~** wie ein nasser Sack ins Bett fallen

masse² [mas] *f* (*outil*) großer Hammer; **des coups de ~** Hammerschläge *Pl*
◆ **~ d'armes** HIST Morgenstern *m*

massepain [maspɛ̃] *m* Marzipan *nt*

masser¹ [mase] <1> **I.** *vt* (*grouper*) versammeln; zusammenziehen *troupes*
II. *vpr* (*se grouper*) **se ~** sich zusammenscharen

masser² [mase] <1> *vt* (*faire un massage à*) massieren

masseur, -euse [masœʀ, -øz] *m, f* Masseur(in) *m(f);* **masseuse [thaïlandaise]** Masseuse *f*

masseur-kinésithérapeute, masseuse-kinésithérapeute [masœʀkineziteʀapøt, masøzkineziteʀapøt] *m, f* Physiotherapeut(in) *m(f)*

massicot [masiko] *m* Papierschneidemaschine *f*

massicoter [masikɔte] <1> *vt* zuschneiden

massif [masif] *m* ❶ BOT Beet *nt;* **~ de fleurs/rosiers** Blumen-/Rosenbeet
❷ GEOG Bergmassiv *nt;* **le ~ du Mont-Blanc** das Mont-Blanc-Massiv

massif, -ive [masif, -iv] *adj* ❶ *carrure* massig; *bâtiment, meuble* wuchtig; *esprit* schwerfällig; *visage* grob[schlächtig]
❷ (*pur*) *argent, bois, métal, or* massiv
❸ (*important*) massiv; *bombardement* heftig; *départ, arrivée, manifestation* Massen-; *dose* hoch

Massif Central [masif sɑ̃tʀal] *m* Zentralmassiv *nt*

massivement [masivmɑ̃] *adv* ❶ (*en nombre*) *démissionner, licencier* in großer Zahl; *partir* in Massen, massenweise; **la population a ~ répondu oui au référendum** die Bevölke-

rung hat sich mit großer Mehrheit für das Referendum ausgesprochen
② (*à haute dose*) in hoher Dosierung, in hohen Dosen
mass media [masmedja] *mpl* Massenmedien *Pl*
massue [masy] **I.** *f* Keule *f*
II. *app inv* überzeugend
mastic [mastik] **I.** *m* ① (*pâte*) Spachtelmasse *f; du menuisier, vitrier* Kitt *m*
② TYP Druckfehler *m*
II. *adj inv* (*beige clair*) kittfarben
masticage [mastikaʒ] *m d'une vitre, fuite* Kitten *nt; d'un trou* Spachteln *nt*
masticateur, -trice [mastikatœʀ, -tʀis] *adj* Kau-
mastication [mastikasjɔ̃] *f* Kauen *nt*
masticatoire [mastikatwaʀ] **I.** *adj* Kau-
II. *m* Kaumasse *f*
mastiquer[1] [mastike] <1> *vt, vi* ANAT kauen
mastiquer[2] [mastike] <1> *vt* TECH kitten *vitre, fuite;* spachteln *trou*
mastite [mastit] *f* MED Brustdrüsenentzündung *f,* Mastitis *f* (*Fachspr.*)
mastoc [mastɔk] *adj inv fam personne* massig; *meuble, voiture, statue* wuchtig
mastodonte [mastɔdɔ̃t] *m* ① (*chose énorme*) Monstrum *nt;* (*personne énorme*) Koloss *m*
② ZOOL Mastodon *nt*
mastoïde [mastɔid] *f* MED Warzenfortsatz *m*
mastroquet [mastʀɔkɛ] *m vieilli fam* ① (*café*) Schänke *f*
② (*tenancier de café*) [Schank]wirt(in) *m(f)*
masturbation [mastyʀbasjɔ̃] *f* Onanie *f,* Selbstbefriedigung *f,* Masturbation *f*
masturber [mastyʀbe] <1> **I.** *vt* befriedigen, masturbieren
II. *vpr* **se ~** onanieren, sich selbst befriedigen, masturbieren
m'as-tu-vu [matyvy] *mf inv fam* Angeber(in) *m(f)*
masure [mɑzyʀ] *f* baufälliges Haus, Bruchbude *f* (*fam*)
mat [mat] **I.** *adj inv* ECHECS **être ~** [schach]matt sein
II. *m* ECHECS Matt *nt*
mât [mɑ] *m* ① (*poteau*) Mast *m*
② NAUT Mast *m;* **grand ~** Großmast
◆ **~ de charge** Lademast *m;* **~ de cocagne** Klettermast *m*
mat' [mat] *m fam abr de* **matin**
mat(e) [mat] *adj* ① (*sans reflet*) matt; **or/argent ~** Mattgold *nt/*-silber *nt*
② (*opp: pâle*) *peau, teint* dunkel
③ (*sourd*) *bruit, son* dumpf
matador [matadɔʀ] *m* Matador *m*
mataf [mataf] *m arg* Matrose *m*
matamore [matamɔʀ] *m vieilli* Maulheld *m* (*fam*), Großmaul *nt* (*fam*)
► **faire le ~** das Maul aufreißen (*fam*), den Mund [ziemlich] voll nehmen (*fam*)
match [matʃ] <[e]s> *m* Spiel *nt;* TENNIS Spiel, Match *nt;* **~ de boxe** Boxkampf *m;* **~ nul** Unentschieden *nt*
maté [mate] *m* Mate[tee *m*] *m*
matelas [matlɑ] *m* ① (*pièce de literie*) Matratze *f;* **~ pneumatique** Luftmatratze *f*
② (*couche épaisse*) **~ de qc** Polster *nt* aus etw; **un ~ de billets de banque** ein finanzielles Polster
◆ **~ à ressorts** Federkernmatratze *f*
matelassé [mat(ə)lase] *m* Matelassé *m*
matelassé(e) [mat(ə)lase] *adj* ① (*capitonné*) *porte* gepolstert
② COUT *doublure, tissu* gesteppt; **manteau ~** Steppmantel *m*
matelasser [matlase] <1> *vt* ① (*rembourrer*) polstern
② (*doubler*) wattieren
matelassier, -ière [matlasje, -jɛʀ] *m, f* Polsterer *m/*Polsterin *f*
matelot [matlo] *m* Matrose *m*
matelote [matlɔt] *f* GASTR *Fischragout in Weinsoße*
mater[1] [mate] <1> *vt* ① (*faire s'assagir*) zur Vernunft [*o* Räson] bringen
② (*réprimer, vaincre*) bezwingen; in den Griff bekommen *révolte, rébellion*
③ ECHECS [schach]matt setzen
mater[2] [mate] <1> *vt arg* (*regarder*) anstarren, anglotzen (*sl*) *jolie fille;* glotzen auf (+ *Akk*) (*sl*) *belle voiture;* begaffen *ébats des couples*
mâter [mɑte] <1> *vt* NAUT bemasten
matérialisation [mateʀjalizasjɔ̃] *f* ① (*concrétisation*) Realisierung *f; d'une idée* Realisierung, Umsetzung *f; d'un projet* Realisierung, Verwirklichung *f*
② PHYS *de l'énergie, d'un rayonnement* Materialisation *f*
matérialiser [mateʀjalize] <1> **I.** *vt* ① (*concrétiser*) realisieren, verwirklichen; **~ une idée** eine Idee in die Tat umsetzen
② (*signaliser*) markieren, kennzeichnen; **~ sur l'écran** auf dem Bildschirm darstellen
③ PHILOS materialisieren
II. *vpr* **se ~** Gestalt annehmen; *projet:* verwirklicht werden
matérialisme [mateʀjalism] *m* Materialismus *m*
matérialiste [mateʀjalist] **I.** *adj a.* PHILOS materialistisch
II. *mf a.* PHILOS Materialist(in) *m(f)*
matérialité [mateʀjalite] *f* ① (*caractère objectif*) Tatsächlichkeit *f;* **~ des faits** Tatbestand *m*
② PHILOS Stofflichkeit *f*
matériau [mateʀjo] <x> *m* ① (*matière*) Material *nt;* CONSTR Werkstoff *m,* Material
② *fig* Stoff *m,* Material *nt;* **réunir les ~x nécessaires à la rédaction d'une thèse** das [Ausgangs]material für eine Doktorarbeit sammeln
◆ **~x de construction** Baumaterial *nt,* Baustoffe *Pl*
matériel [mateʀjɛl] *m* ① (*équipement*) Material *nt;* **~ audiovisuel/scolaire** Video-/Schulmaterial; **~ de base** Ausgangsmaterial; **~ de camping/de pêche/de peinture** Camping-/Angel-/Malerausrüstung *f;* **le ~ demandé/mis à la disposition** das angeforderte/bereitgestellte Material
② (*assortiment proposé dans un magasin*) **~ de bureau/sport** Bürobedarf *m/*Sportartikel *Pl;* **~ audiovisuel/scolaire** Videosortiment *nt/*Schulbedarf; **~ de peinture** Malerbedarf
③ (*matériau de base*) [Ausgangs]material *nt,* Grundlagen *Pl*
④ INFORM Hardware *f*
matériel(le) [mateʀjɛl] *adj* ① (*concret*) materiell; *trace, preuve* konkret; **je n'ai pas eu le temps ~ d'y aller** ich hatte einfach nicht die Zeit, dort hinzugehen; **j'ai été dans l'impossibilité ~le de vous joindre** es war mir faktisch unmöglich, Sie zu erreichen
② (*qui concerne des objets*) *défaillance* Material-; *dégâts* materiell, Sach-; *organisation, problème* technisch
③ (*basée sur les biens en nature*) *aide, avantages, besoins* materiell; **biens ~s** Sachgüter *Pl*
④ (*qui concerne l'argent*) *ennui, difficulté, conditions* finanziell; *civilisation* materialistisch
⑤ PHILOS (*immanent*) materiell, dinglich, stofflich
matériellement [mateʀjɛlmɑ̃] *adv* ① (*sur le plan financier*) materiell
② (*pour des raisons matérielles*) faktisch; **je n'en ai ~ pas le temps** ich habe einfach keine Zeit
maternage [matɛʀnaʒ] *m* [mütterliche] Betreuung; *péj* Bemuttern *nt*
maternel(le) [matɛʀnɛl] *adj* ① (*de la mère*) Mutter-; *geste, tendresse, instinct* mütterlich
② (*du côté de la mère*) *grand-père, grand-mère* mütterlicherseits; *biens* von mütterlicher Seite
③ (*pour la mère*) **protection ~le** Mutterschutz *m*
④ SCOL **école ~le** Kindergarten *m*
maternelle [matɛʀnɛl] *f* Kindergarten *m*
maternellement [matɛʀnɛlmɑ̃] *adv* mütterlich
materner [matɛʀne] <1> *vt péj* bemuttern
maternité [matɛʀnite] **I.** *f* ① (*bâtiment*) Entbindungsheim *nt*

❷ BIO (*faculté d'engendrer*) Gebärfähigkeit *f*
❸ (*condition de mère*) Mutterschaft *f*
❹ ART (*tableau*) Mutter-und-Kind-Bild *nt;* (*de la vierge*) Madonnenbild *nt*
II. *app* Mutterschafts-; **congé** ~ Mutterschaftsurlaub *m*

mathématicien(ne) [matematisjɛ̃, jɛn] *m(f)* Mathematiker(in) *m(f)*

mathématique [matematik] **I.** *adj* ❶ (*relatif aux mathématiques*) mathematisch
❷ (*rigoureux*) mathematisch
II. *fpl* Mathematik *f;* **~s appliquées/pures** angewandte/reine Mathematik

mathématiquement [matematikmɑ̃] *adv* ❶ (*de façon mathématique*) mathematisch
❷ (*rigoureusement*) exakt, mathematisch
❸ (*si on réfléchit rigoureusement*) bei gründlicher Überlegung

matheux, -euse [matø, -øz] *m, f fam* ❶ (*élève/étudiant en maths*) Mathe-Schüler(in) *m(f)*/Mathe-Student(in) *m(f)* (*fam*)
❷ (*personne douée en maths*) Mathe-Experte *m*/-Expertin *f* (*fam*)

math[s] [mat] *fpl fam abr de* **mathématique** Mathe *f;* ~ **sup** *erstes Vorbereitungsjahr mit Schwerpunkt Mathematik für die Aufnahmeprüfung an einer Elitehochschule;* ~ **spé** *zweites Vorbereitungsjahr mit Schwerpunkt Mathematik für die Aufnahmeprüfung an einer Elitehochschule*

matière [matjɛʀ] *f* ❶ *a.* ECON (*substance*) Material *nt;* ~ **organique** organischer Stoff; ~ **synthétique/plastique** Kunststoff/Plastik *nt;* ~ **grasse/première** Fett *nt*/Rohstoff; **~s [fécales]** Fäkalien *Pl*
❷ PHILOS, PHYS Materie *f*
❸ (*sujet, thème*) Material *nt,* Stoff *m; d'une discussion* Gegenstand *m,* Thema *nt;* **en** ~ **financière** in Sachen Finanzen, in finanziellen Angelegenheiten [*o* Dingen]; **en** ~ **de sport/finances/d'impôts** was den Sport/die Finanzen/Steuern betrifft [*o* angeht], in Sachen Sport/Finanzen/Steuern; **des décisions/prestations en** ~ **de qc** Entscheidungen/Leistungen bezüglich einer S. (*Gen*); **en la** ~ auf diesem Gebiet; **il y a** ~ **à qc/à faire qc** es gibt Grund zu etw/Grund, etw zu tun; **je ne trouve pas la** ~ **à rire/se réjouir** ich finde, da gibt es nichts zu lachen/keinen Grund zur Freude; **donner** ~ **à discussion/réflexion** Diskussionsstoff/Stoff zum Nachdenken liefern; **donner** ~ **à [la] critique** Anlass zur Kritik geben
❹ SCOL Fach *nt;* ~ **d'examen** Prüfungsfach; ~ **artistique** musisches Fach
❺ ART Material *nt;* ~ **picturale** Bildmaterial
▶ **faire marcher sa** ~ **grise** seine grauen Zellen anstrengen

MATIF [matif] *m abr de* **marché à terme international de France** *französische Terminbörse*

matin [matɛ̃] **I.** *m* (*début du jour*) Morgen *m;* (*matinée*) Morgen, Vormittag *m;* **le** ~ morgens, am Morgen; **un** ~ eines Morgens; **[c'est par] un** ~ **de juillet** an einem Julimorgen; **du** ~ **au soir** von morgens bis abends; **de bon** ~ frühmorgens; **ce** ~ heute Morgen; **notre réunion de ce** ~ unsere Sitzung heute Morgen; **chaque** ~, **tous les** ~**s** jeden Morgen; **au petit** ~ im Morgengrauen; **la récréation du** ~ die Vormittagspause, die morgendliche Pause; **six/onze heures du** ~ sechs Uhr morgens/elf Uhr vormittags; **l'équipe du** ~ die Tagschicht
▶ **un de ces quatre** ~**s** eines Tages; **être du** ~ (*être en forme le matin*) ein Frühaufsteher sein; (*être de l'équipe du matin*) Frühschicht haben, vormittags Dienst haben
II. *adv* **à prendre** ~, **midi et soir** morgens, mittags und abends einnehmen; **mardi** ~ [am] Dienstagmorgen; **tous les lundis** ~**[s]** jeden Montagmorgen; **hier/demain** ~ gestern/morgen früh; ~ **et soir** morgens und abends

mâtin(e) [mɑtɛ̃] *m(f)* großer Wachhund

matinal(e) [matinal, o] <-aux> *adj* ❶ (*du matin*) morgendlich; *rosée, toilette* Morgen-
❷ (*qui se lève tôt*) **être ~(e)** ein(e) Frühaufsteher(in) sein

matiné(e) [matine] *adj* ❶ (*bâtard*) nicht reinrassig; **un épagneul** ~ **de dogue** eine Mischung aus Spaniel und Dogge
❷ (*mélangé de*) **un français** ~ **d'italien** eine Mischung aus Französisch und Italienisch

mâtiné(e) [mɑtine] *adj* ❶ (*métissé*) **un épagneul** ~ **de dogue** eine Mischung aus Spaniel und Dogge
❷ (*mêlé*) gemischt; **un français** ~ **d'italien** eine Mischung aus Französisch und Italienisch

matinée [matine] *f* ❶ (*matin*) Vormittag *m;* **une belle** ~ **d'octobre** ein schöner Oktobermorgen; **toute la** ~ den ganzen Vormittag [über]; **dans la** ~ im Laufe des Vormittags; **lundi/mardi dans la** ~, **dans la** ~ **de lundi/mardi** im Laufe des Montag-/Dienstagvormittags
❷ MUS Matinee *f;* CINE, THEAT Frühvorstellung *f,* Nachmittagsvorstellung; **en** ~ nachmittags
▶ **faire la grasse** ~ spät aufstehen, ausschlafen

matines [matin] *fpl* REL Mette *f*

matois(e) [matwa, waz] *adj littér paysan* listig; *air* pfiffig

maton(ne) [matɔ̃, ɔn] *m(f) arg* [Gefängnis]wärter(in) *m(f),* Schließer(in) *m(f)*

matou [matu] *m* ZOOL Kater *m*

matraquage [matʀakaʒ] *m* ❶ (*coups de matraque*) **le** ~ **des manifestants par la police** der Schlagstockeinsatz der Polizei gegen die Demonstranten
❷ MEDIA (*intoxication*) Dauerberieselung *f;* (*publicitaire*) aufdringliche Propaganda; ~ **publicitaire** Dauerberieselung durch die Werbung; **résister au** ~ sich nicht beeinflussen lassen

matraque [matʀak] *f* Schlagstock *m*

matraquer [matʀake] <1> *vt* ❶ (*frapper*) ~ **qn** jdn niederknüppeln, mit einem Schlagstock auf jdn einschlagen
❷ (*escroquer*) betrügen; **se faire** ~ betrogen werden
❸ MEDIA (*répéter avec insistance*) bombardieren *auditeur, téléspectateur;* aufdringliche Propaganda betreiben für, powern (*fam*) *produit, chanson*
❹ (*critiquer*) verreißen (*fam*)

matraqueur, -euse [matʀakœʀ, -øz] *m, f péj* Rohling *m,* Schlägertyp *m*

matriarcal(e) [matʀijaʀkal, o] <-aux> *adj* matriarchalisch

matriarcat [matʀijaʀka] *m* Matriarchat *nt*

matrice [matʀis] *f* ❶ TECH, TYP Matrize *f*
❷ ADMIN Matrikel *f;* ~ **cadastrale** Grundsteuerrolle *f*
❸ MATH Matrix *f*

matricide [matʀisid] **I.** *mf* (*personne*) Muttermörder(in) *m(f)*
II. *m* (*crime*) Muttermord *m*

matriciel(le) [matʀisjɛl] *adj algèbre, calcul* Matrizen-

matricule [matʀikyl] **I.** *m* ADMIN, MIL Kennnummer *f; d'un militaire* Personenkennziffer *f*
▶ **ça va barder pour ton/son** ~ *fam* da kannst du/kann er/sie was erleben (*fam*)
II. *f* ADMIN Kartei *f; de la faculté* Matrikel *f*
III. *app* MIL, JUR **numéro** ~ Kennnummer *f;* **registre** ~ Wehrstammrolle *f*

matrimonial(e) [matʀimɔnjal, jo] <-aux> *adj* Ehe-; **agence** ~**e** Heiratsagentur *f;* **régime** ~ Güterstand *m,* Güterregelung *f*

matrone [matʀɔn] *f péj* Matrone *f*

Matthieu [matjø] *m* ❶ Matthias *m*
❷ REL **Saint** ~ Matthäus

maturant(e) [matyʀɑ̃, ɑ̃t] *m(f)* CH Maturand *m* (CH)

maturation [matyʀasjɔ̃] *f* ❶ Reifen *nt; des fruits, du raisin* Reifen, Reifwerden *nt; d'un fromage* Reifen, Reifung *f; d'une cellule* Reifung
❷ *fig d'une théorie, idée, d'un talent* [Heran]reifen

mature [matyʀ] *adj* (*psychiquement*) reif; (*sexuellement*) geschlechtsreif

mâture [mɑtyʀ] *f* NAUT Bemastung *f,* Mastwerk *nt*

M

maturité [matyʀite] *f* ❶ BOT, BIO Reife *f;* ~ **précoce** Frühreife; **venir à** ~ heranreifen
❷ (*plénitude*) *de l'intelligence* Höhepunkt *m; d'une aptitude, d'un talent* Blüte *f;* **arriver à** ~ sich entfalten
❸ CH (*baccalauréat*) Abitur *nt,* Maturität *f* (CH)
maudire [modiʀ] <8> *vt* verfluchen
maudit(e) [modi, it] **I.** *adj* ❶ *antéposé* (*fichu*) verdammt
❷ *postposé* (*réprouvé*) *poète, écrivain* verfemt; (*funeste*) verflucht; *lieu, endroit* verflucht, unheilvoll
II. *m(f)* ❶ (*rejeté*) Ausgestoßene(r) *f(m)*
❷ REL (*damné*) Verdammte(r) *f(m)*
maugréer [mogʀee] <1> *vi* vor sich hin schimpfen [*o* fluchen]
maure [mɔʀ] *adj* HIST maurisch
Maure, Mauresque [mɔʀ, mɔʀɛsk] *m, f* Maure *m*/Maurin *f*
mauresque [mɔʀɛsk] *adj* maurisch
Maurice [mɔʀis] *app* **l'île** ~ die Insel Mauritius
mauricien(e) [mɔʀisjɛ̃, jɛn] *adj* mauritisch
Mauritanie [mɔʀitani] *f* **la** ~ Mauretanien *nt*
mauritanien(ne) [mɔʀitanjɛ̃, jɛn] *adj* mauretanisch
mausolée [mozɔle] *m* Mausoleum *nt*
maussade [mosad] *adj* griesgrämig; *ciel* grau; *humeur* schlecht; *journée, temps, paysage* trist, trostlos
mauvais [movɛ] **I.** *adv* **il fait** ~ es ist schlechtes Wetter; **sentir** ~ (*avoir une odeur désagréable*) nicht gut riechen
II. *m* ❶ (*ce qui est mauvais*) Schlechte(s) *nt*
❷ (*personne*) **les bons et les** ~ die Guten und die Schlechten
mauvais(e) [movɛ, ɛz] *adj* ❶ *antéposé* (*de qualité médiocre*) schlecht; *objet* schlecht, minderwertig
❷ *antéposé* (*déficient*) schlecht; **avoir de ~es jambes** Probleme mit den Beinen haben; **la balle est ~e** TENNIS der Ball ist aus
❸ *antéposé* (*peu doué*) *acteur, élève, parents* schlecht; **être ~(e) en qc** in etw (*Dat*) schlecht sein
❹ *antéposé* (*erroné*) *adresse, date, direction, méthode, moyens, numéro* falsch, verkehrt; **faire le ~ choix** eine schlechte Wahl treffen
❺ *antéposé* (*inadéquat*) *heure, jour, moment, date* verkehrt, falsch; *plaisanterie, excuse* schlecht
❻ *antéposé* (*dangereux*) schwer, schlimm; **faire une ~e chute** schwer stürzen; **être ~(e) pour qn/qc** nicht gut für jdn/etw sein, jdm/etw schaden; **être ~(e) pour la santé** ungesund sein
❼ *antéposé* (*défavorable*) *bulletin, critique, jugement, rapport* schlecht
❽ *antéposé* (*désagréable*) schlecht; *odeur* schlecht, unangenehm; *passe, posture* schwierig, unangenehm; *saison* trist; **faire un ~ rêve** schlecht träumen; **c'est bon? – Pas** ~ schmeckt's? – Nicht schlecht
❾ *antéposé* (*immoral*) *fréquentation, relations, lecture* schlecht; *conduite* ungut; *instinct* nieder, niedrig; **~e action** böse Tat; **ne pas avoir un ~ fond** im Grunde kein schlechter Mensch sein
❿ (*méchant*) *intention, langue, personne, regard* böse; *sujet* übel; *sourire* hämisch
⓫ (*agité*) **la mer est ~e** das Meer ist bewegt [*o* stürmisch]
► **qn l'a** [*o* **la trouve**] **~e** *fam* jdm stinkt's (*fam*)
mauve [mov] **I.** *adj* blasslila
II. *m* (*couleur*) Blasslila *nt*
III. *f* BOT Malve *f*
mauviette [movjɛt] *f* (*personne chétive*) Schwächling *m; fam* (*poule mouillée*) Angsthase *m* (*fam*)
max [maks] *m fam abr de* **maximum**: **un** ~ verdammt viel (*fam*); **s'éclater un** ~ sich wahnsinnig amüsieren (*fam*)
maxi [maksi] **I.** *adj inv* ❶ (*très long*) [knöchel]lang, Maxi-; **jupe/robe** ~ Maxirock *m*/-kleid *nt*
❷ *fam* (*maximal*) maximal
II. *m* (*mode*) Maxi *nt,* Maximode *f*
III. *adv fam* maximal; **trois jours** ~ maximal drei Tage
maxibouteille [maksibutɛj] *f* große Flasche *f*
maxillaire [maksilɛʀ] *m* MED Kiefer *m;* ~ **supérieur/inférieur** Ober-/Unterkiefer
maximal(e) [maksimal, o] <-aux> *adj* maximal; *vitesse, température, peine* Höchst-
maximaliser [maksimalize] *vt* maximieren
maximaliste [maksimalist] *adj* **être** ~ radikal sein
maxime [maksim] *f* Maxime *f*
Maximilien [maksimiljɛ̃] *m* Maximilian *m*
maximisation [maksimizasjɔ̃] *f* Maximierung *f*
maximiser [maksimize] <1> *vt* maximieren
maximum [maksimɔm, maksima] <s *o* maxima> **I.** *adj* maximal; *rendement, tension, nombre, vitesse* Höchst-; *concentration, dose* maximal, Höchst-, Maximal-
II. *m* Maximum *nt,* Höchstmaß *nt;* JUR Höchststrafe *f;* MATH Maximum; ~ **de qc** Maximum an etw (*Dat*); **le froid a atteint son ~ cette nuit** die Temperatur hat heute Nacht ihren Tiefpunkt erreicht; **il fait le** ~ er tut sein Möglichstes; **au** [**grand**] ~ allerhöchstens; **éviter/utiliser qc au** ~ etw möglichst vermeiden/bei etw bis an die Leistungsgrenze gehen; **s'amuser/s'éclater/travailler un** ~ *fam* sich wahnsinnig amüsieren/unheimlich viel arbeiten (*fam*)
maya [maja] *adj civilisation* der Maya
Mayas [maja] *mpl* Mayas *Pl*
mayen [majɑ̃] *m* CH *auf mittlerer Höhe gelegene Alm mit einer Almhütte*
Mayence [majɑ̃s] Mainz *nt*
mayeur [majœʀ] *m* BELG *v.* **maïeur**
mayonnaise [majɔnɛz] *f* Mayonnaise, Majonäse *f;* **œuf dur** ~ *hartes Ei mit Mayonnaise*
mazagran [mazagʀɑ̃] *m Kaffeegefäß aus Steingut*
mazot [mazo] *m* CH *kleines ländliches Gebäude*
mazout [mazut] *m* [Heiz]öl *nt*
mazoutage [mazutaʒ] *m* Ölverseuchung *f*
mazouter [mazute] <1> *vt* mit Öl verseuchen; **des oiseaux mazoutés** ölverseuchte Vögel
me [mə] <*devant une voyelle et un h muet* m'> *pron pers* ❶ **il ~ voit/m'aime** er sieht/liebt mich; **il ~ suit/m'aide** er folgt/hilft mir; **il ~ demande/m'explique le chemin** er fragt mich nach dem Weg/erklärt mir den Weg
❷ *avec faire, laisser* mich; **il ~ laisse/fait conduire la voiture** er lässt mich das Auto fahren
❸ *avec être, devenir, sembler soutenu* **cela ~ semble bon** das erscheint mir gut; **son amitié m'est chère** seine/ihre Freundschaft ist mir teuer (*geh*); **ça m'est bon de rentrer au pays** es tut [mir] gut heimzukommen; **le café ~ devenait indispensable** ich konnte nicht mehr auf Kaffee verzichten
❹ *avec les verbes pronominaux* **je ~ nettoie** ich mache mich sauber; **je ~ nettoie les ongles** ich mache mir die Nägel sauber; **je ~ fais couper les cheveux** ich lasse mir die Haare schneiden
❺ *fam* (*pour renforcer*) **tu vas pas ~ faire une grippe maintenant!** du wirst mir doch jetzt keine Grippe ausbrüten wollen! (*fam*)
❻ (*avec un sens possessif*) **le cœur ~ battait fort** mein Herz schlug heftig
❼ *avec un présentatif* ich; ~ **voici** [*o* **voilà**]**!** hier [*o* da] bin ich!; ~ **voilà tout propre** jetzt bin ich [wieder] sauber
Me *abr de* **Maître**: ~ **Leblanc** Herr Leblanc
mea-culpa [meakylpa] *m sans pl littér* Schuldbekenntnis *nt*
► **dire** [*o* **faire**] **son** ~ sich schuldig bekennen
méandre [meɑ̃dʀ] *m* ❶ *d'un chemin, cours d'eau* Windung *f,* Biegung *f*
❷ *pl fig de la pensée* verschlungene Pfade *Pl; de la phrase* Schnörkel *Pl;* **les ~s de la diplomatie** die diplomatischen Winkelzüge
méat [mea] *m* ANAT ~ **urinaire** Harnröhrenmündung *f*
mec [mɛk] *m fam* ❶ Kerl *m* (*fam*), Typ *m* (*fam*); **les ~s et les nanas** die Jungs und die Mädels (*fam*); **pauvre** ~ Blödmann

m (fam)
❷ *(compagnon)* Macker *m (fam)*, Kerl *m (fam)*
mécanicien(ne) [mekanisjɛ̃, jɛn] *m(f)* ❶ Mechaniker(in) *m(f)*; ~**(ne) automobile/de l'air** Kfz-Mechaniker (in)/Flugzeugmechaniker(in); ~ **navigant** Bordmechaniker, Bordingenieur *m*
❷ CHEMDFER Lok[omotiv]führer(in) *m(f)*
mécanique [mekanik] **I.** *adj* ❶ mechanisch; **jouet** ~ Spielzeug *nt* zum Aufziehen
❷ *fam (technique) difficulté* technisch; **j'ai des ennuis** ~**s** ich habe Ärger mit dem Motor
❸ *(machinal)* mechanisch, automatisch
II. *f* ❶ *(étude des machines)* Mechanik *f*; **avoir le génie de la** ~ technisch begabt sein
❷ *(mécanisme)* Mechanik *f*, Mechanismus *m*; ~ **de précision** Feinmechanik
❸ *fam (machine)* Maschine *f*
❹ *fam (fonctionnement) du corps humain* Mechanismus *m (fam)*; *de la politique, des passions* Kräftespiel *nt*; *d'une entreprise* [Geschäfts]ablauf *m*; ~ **de l'âme** seelischer Haushalt; **je ne me sens pas bien, la** ~ **est fatiguée** ich fühle mich nicht wohl, ich bin völlig erschöpft
▸ **rouler les** [*o* **des**] ~**s** *fam* den starken Mann spielen *(fam)*
mécaniquement [mekanikmɑ̃] *adv* ❶ mechanisch, maschinell
❷ *(machinalement)* mechanisch
mécanisation [mekanizasjɔ̃] *f* Mechanisierung *f*
mécaniser [mekanize] <1> **I.** *vt* mechanisieren
II. *vpr* **se** ~ mechanisiert werden, auf mechanischen Betrieb umstellen
mécanisme [mekanism] *m* ❶ Mechanismus *m*
❷ ANAT *du corps humain* Mechanismus *m*
❸ *(processus)* ~ **psychologique** psychologischer Prozess [*o* Vorgang]; ~ **biologique** biologischer Mechanismus; **le** ~ **de la parole** der physiologische Sprechvorgang
◆ ~ **de change** Wechselkursmechanismus *m*; **mettre en place un** ~ **de change** einen Wechselkursmechanismus festlegen; ~ **de défense** Abwehrmechanismus *m*
mécano [mekano] *m fam abr de* **mécanicien** Mechaniker(in) *m(f)*
mécénat [mesena] *m* Mäzenatentum *nt*
◆ ~ **[d'entreprise]** Sponsoring *nt*
mécène [mesɛn] *m (protecteur des arts)* Mäzen(in) *m(f)*; *(personne qui soutient)* Förderer *m*/Förderin *f*
méchamment [meʃamɑ̃] *adv* ❶ böse, boshaft
❷ *fam (très)* unheimlich *(fam)*; *amoché* böse, übel; **être** ~ **en retard** ganz schön spät dran sein *(fam)*
méchanceté [meʃɑ̃ste] *f* ❶ *sans pl* Bosheit *f*, Boshaftigkeit *f*; **regarder qn avec** ~ jdn böse ansehen; **il ne l'a pas dit par** ~ er hat das nicht böse gemeint
❷ *(acte, parole)* Bosheit *f*; **faire des** ~**s à qn** gemein zu jdm sein
méchant(e) [meʃɑ̃, ɑ̃t] **I.** *adj* ❶ böse, boshaft; *enfant* ungezogen, böse *(fam)*; *animal* bösartig; **être** ~**(e) avec qn** gemein zu jdm sein; *enfant:* nicht lieb zu jdm sein; **attention, chien** ~**!** Vorsicht, bissiger Hund!, Warnung vor dem Hund!
❷ *antéposé (sévère)* böse; *soleil, mer* gefährlich
❸ *antéposé fam (extraordinaire)* wahnsinnig *(fam)*; **avoir un** ~ **look** unheimlich stark aussehen *(fam)*
▸ **qc/ce n'est pas bien** ~ etw/das ist nicht weiter schlimm
II. *m(f)* Böse(r) *f(m)*; **Aline, tu es une** ~**e!** Aline, du bist böse [*o* ein böses Mädchen]!; **faire le** ~**/la** ~**e** *fam* den Bösen/die Böse spielen [*o* markieren] *(fam)*
mèche¹ [mɛʃ] *f* ❶ *d'une bougie* Docht *m*; *d'un fouet* Schnur *f*; *d'un archet* Bezug *m*
❷ *(touffe)* ~ **de cheveux** [Haar]strähne *f*; *(en souvenir de qn)* Haarlocke *f*; **se faire faire des** ~**s** sich *(Dat)* Strähnchen machen lassen
❸ TECH *(foret)* Bohrer *m*
❹ MED Drain *m*
▸ **découvrir** [*o* **éventer**] **la** ~ der Sache auf die Spur kommen; **vendre la** ~ ein Geheimnis verraten
mèche² [mɛʃ] ▸ **être de** ~ **avec qn** *fam* mit jdm unter einer Decke stecken
méchoui [meʃwi] *m* ❶ *(mouton)* Hammel *m* am Spieß
❷ *(repas)* [am Spieß] gebratener Hammel; **faire un** ~ einen Hammel braten
Mecklembourg-Poméranie occidentale [mɛklɑ̃buʀpɔmeʀanjɔksidɑ̃tal] *m* **le** ~ Mecklenburg-Vorpommern *nt*
mécompte [mekɔ̃t] *m gén pl soutenu (déception)* Enttäuschung *f*
méconduire [mekɔ̃dɥiʀ] *vpr* **se** ~ BELG *(se conduire mal)* sich schlecht benehmen; **se** ~ **avec qn** sich jdm gegenüber schlecht benehmen
méconnaissable [mekɔnɛsabl] *adj* **être [devenu(e)]** ~ nicht [mehr] wiederzuerkennen sein; **la maladie l'a rendu** ~ die Krankheit hat ihn bis zur Unkenntlichkeit entstellt; **se rendre** ~ sich unkenntlich machen
méconnaissance [mekɔnɛsɑ̃s] *f littér* Verkennung *f*
méconnaître [mekɔnɛtʀ] <irr> *vt littér* ❶ *(mésestimer)* verkennen
❷ *(ignorer)* nicht kennen *faits, vérité;* **ne pas** ~ **que ce [ne] soit vrai** nicht verkennen, dass es wahr ist
❸ *(ne pas tenir compte de)* nicht beachten *loi, principe;* sich hinwegsetzen über (+ *Akk*) *usage*
méconnu(e) [mekɔny] *adj* verkannt
mécontent(e) [mekɔ̃tɑ̃, ɑ̃t] **I.** *adj* ~**(e) de qn/qc** unzufrieden mit jdm/etw; **il est** ~ **d'avoir raté son train** er ist unzufrieden, weil er den Zug verpasst hat; **elle n'est pas** ~**e de quitter la ville/que ce soit fini** sie ist nicht gerade unglücklich darüber, die Stadt zu verlassen/dass es vorbei ist
II. *m(f)* Nörgler(in) *m(f)*; POL Unzufriedene(r) *f(m)*; **c'est un perpétuel** ~ er ist ewig unzufrieden
mécontentement [mekɔ̃tɑ̃tmɑ̃] *m* Unzufriedenheit *f*; **se sentir plein de** ~ tiefe Unzufriedenheit fühlen
mécontenter [mekɔ̃tɑ̃te] <1> *vt* ~ **qn** *(déplaire)* jdm missfallen; *(contrarier, irriter)* jdn verstimmen
mécréant(e) [mekʀeɑ̃, ɑ̃t] *m(f) vieilli fam* Ungläubige(r) *f(m)*
médaille [medaj] *f* ❶ Medaille *f*; *(décoration)* Orden *m*; ~ **du travail** *vom Arbeitgeber verliehene Auszeichnung für langjährige Mitarbeit*
❷ *(insigne d'identité) d'un chien* Marke *f*
◆ ~ **d'or** Goldmedaille *f*
médaillé(e) [medaje] **I.** *adj* [mit einer Medaille] ausgezeichnet; *militaire* [mit einem Orden] ausgezeichnet; *animal* preisgekrönt
II. *m(f)* Träger(in) *m(f)* einer Medaille/eines Ordens; SPORT Medaillengewinner(in) *m(f)*
médaillon [medajɔ̃] *m* GASTR, ART Medaillon *nt*
médecin [medsɛ̃] *m* Arzt *m*/Ärztin *f*; **les** ~**s** *(la profession médicale)* die Ärzteschaft; ~ **légiste** Gerichtsmediziner(in) *m(f)*
◆ ~ **de campagne** Landarzt *m*/-ärztin *f*; ~ **de famille** Hausarzt *m*/-ärztin *f*; ~ **de permanence** Bereitschaftsarzt *m*/-ärztin *f*
médecin-chef [medsɛ̃ʃɛf] <médecins-chefs> *m* Chefarzt *m*/-ärztin *f*
médecine [medsin] *f* ❶ *(science)* Medizin *f*; **faire des études de** ~ Medizin studieren
❷ *(profession)* Arztberuf *m*; **exercer la** ~ als Arzt tätig sein
❸ *(spécialité)* ~ **douce** Naturheilkunde *f*, Naturheilverfahren *Pl*; ~ **générale** Allgemeinmedizin *f*; ~ **légale** Gerichtsmedizin
◆ ~ **du travail** Arbeitsmedizin *f*
Médée [mede] *f* Medea *f*
média [medja] *m* Medium *nt*; **les** ~**s** die [Massen]medien
médian(e) [medjɑ̃, jan] *adj* **ligne** ~**e** Mittellinie *f*
médiane [medjan] *f* GEOM *d'un triangle* Seitenhalbierende *f*
médiateur, -trice [medjatœʀ, -tʀis] **I.** *adj* ❶ vermittelnd; **commission médiatrice** Vermittlungsausschuss *m*

M

❷ GEOM Median-
II. *m, f* ❶ (*négociateur*) Vermittler(in) *m(f)*; **le ~ d'un conflit** der Schlichter [*o* Vermittler] in einem Konflikt; **Médiateur européen** Europäischer Bürgerbeauftragter
❷ (*intercesseur*) Mittelsmann *m*
médiathèque [medjatɛk] *f* Mediothek *f*
médiation [medjasjɔ̃] *f d'un conflit* Schlichtung *f*; **~ des négociations** Vermittlung *f* bei den Verhandlungen; **proposer** [*o* **offrir**] **sa ~ dans un conflit** anbieten, in einem Konflikt zu vermitteln
médiatique [medjatik] *adj image* durch die Medien bestimmt; *sport, événement* medienwirksam; *personne* telegen; **campagne ~** Medienkampagne *f*; **impact/opération ~** Einfluss *m*/Aktion *f* der Medien; **support ~** [Massen]medium *nt*; **être ~** medienwirksam sein
médiatisation [medjatizasjɔ̃] *f* Vermarktung *f* durch die Medien
médiatiser [medjatize] <1> *vt* in den Medien vermarkten; (*excessivement*) in den Medien hochspielen [*o* aufbauschen]; **être médiatisé(e)** *événement:* in den Medien verbreitet sein
médiatrice [medjatʀis] *f* GEOM Mittelsenkrechte *f*
médical(e) [medikal, o] <-aux> *adj* ärztlich; **ses succès médicaux** seine Erfolge als Arzt
médicalement [medikalmɑ̃] *adv* medizinisch [gesehen]
médicalisation [medikalizasjɔ̃] *f* ❶ (*action*) medizinische Ausstattung
❷ (*fait d'être médicalisé*) medizinische Betreuung; **~ de la mort/de la maternité** medizinische Betreuung der Sterbenden/der werdenden Mütter
médicaliser [medikalize] <1> *vt* ❶ (*équiper*) *bâtiment, ambulance* mit medizinischen Geräten ausstatten
❷ (*établir une assistance médicale*) eine medizinische Betreuung einrichten für
médicament [medikamɑ̃] *m* Medikament *nt*; **~ contre qc** Mittel *nt* gegen etw
médicamenteux, -euse [medikamɑ̃tø, -øz] *adj* heilend; **plante médicamenteuse** Heilpflanze *f*; **les propriétés médicamenteuses de qc** die Heilwirkung einer S. (*Gen*)
médication [medikasjɔ̃] *f* medikamentöse Behandlung
médicinal(e) [medisinal, o] <-aux> *adj* **plantes ~es** Arzneipflanzen *Pl*, Heilpflanzen *Pl*
médico-légal(e) [medikolegal, o] <médico-légaux> *adj* gerichtsmedizinisch **médico-social(e)** [medicosɔsjal, o] <médico-sociaux> *adj* **assistance ~e** ärztliche Betreuung *f*
médiéval(e) [medjeval, o] <-aux> *adj* mittelalterlich
médiéviste [medjevist] I. *adj* **universitaire ~** Mediävist(in) *m(f)* (*Fachspr.*)
II. *mf* Mediävist(in) *m(f)* (*Fachspr.*)
médina [medina] *f* muselmanisches Stadtviertel *nt*
médiocre [medjɔkʀ] I. *adj* ❶ *salaire* dürftig, mager
❷ (*de qualité insuffisante*) mittelmäßig; *œuvre, vers, film* zweitklassig; *sol* karg; *vie* bedeutungslos
❸ (*faible*) *élève, étudiant* schwach; **être ~ en anglais** schwach in Englisch sein
❹ *péj* (*peu intelligent*) mittelmäßig; (*mesquin*) kleinlich; **d'un intérêt ~** von geringem Interesse; **des esprits ~s** Kleingeister *Pl*
II. *mf* Durchschnittsmensch *m*; **s'adresser aux ~s** auf den Durchschnitt [*o* die breite Masse] ausgerichtet sein
III. *m* Mittelmäßigkeit *f*, Durchschnittlichkeit *f*
médiocrement [medjɔkʀəmɑ̃] *adv* ❶ (*assez peu*) nicht übermäßig
❷ (*assez mal*) mäßig, schlecht und recht
médiocrité [medjɔkʀite] *f* ❶ (*insuffisance en quantité*) Dürftigkeit *f*
❷ (*insuffisance en qualité*) Mittelmäßigkeit *f*; *d'une vie* Bedeutungslosigkeit *f*
médire [mediʀ] <*irr*> *vi* **~ de qn** über jdn lästern
médisance [medizɑ̃s] *f* üble Nachrede
médisant(e) [medizɑ̃, ɑ̃t] *adj commentaires* boshaft; **être ~(e)** andere schlecht machen; **tenir des propos ~s sur qn** schlecht über jdn sprechen; **c'est une personne ~e** er/sie ist ein Lästermaul
méditatif, -ive [meditatif, -iv] *adj* nachdenklich
méditation [meditasjɔ̃] *f* ❶ (*réflexion*) Nachsinnen *nt*, Nachdenken *nt*; **~ sur** [*o* **de**] **qc** Nachsinnen [*o* Nachdenken] über etw (*Akk*)
❷ REL Meditation *f*
méditer [medite] <1> I. *vi* ❶ (*réfléchir*) **~ sur qc** über etw (*Akk*) nachsinnen
❷ (*projeter*) **~ de faire qc** erwägen, etw zu tun
❸ REL meditieren
II. *vt* ❶ (*réfléchir sur*) **~ qc** über etw (*Akk*) nachsinnen
❷ (*projeter*) ersinnen; **~ sa vengeance** auf Rache sinnen
Méditerranée [mediteʀane] *f* **la** [**mer**] **~** das Mittelmeer
méditerranéen(ne) [mediteʀaneɛ̃, ɛn] I. *adj climat* mediterran; *caractère* südländisch; **région/côte ~ne** Mittelmeerregion *f*/-küste *f*
II. *m(f)* ❶ Südländer(in) *m(f)*
❷ (*du sud de la France*) Südfranzose *m*/-französin *f*
médium [medjɔm] *m* ❶ (*personne*) Medium *nt*
❷ MUS mittlere Lage, Mittellage *f*
médius [medjys] *m* Mittelfinger *m*
médoc [medɔk] *m* (*vin*) Medoc *m*
Médoc [medɔk] *m* **le ~** das Médoc[gebiet]
méduse [medyz] *f* Qualle *f*
méduser [medyze] <1> *vt* verblüffen, sprachlos machen; **être** [*o* **rester**] **médusé(e)** [**par qc**] [durch etw] wie gelähmt sein
meeting [mitiŋ] *m* ❶ POL Versammlung *f*; (*en plein air*) Kundgebung *f*
❷ SPORT Veranstaltung *f*; **~ sportif** Sportveranstaltung; **~ aérien** Flugschau *f*
◆ **~ d'aviation** Flugschau *f*
méfait [mefɛ] *m* ❶ (*faute*) Missetat *f*
❷ *gén pl* (*conséquence néfaste*) *de l'alcool* verheerende Folgen *Pl*; *du journalisme* schädlicher Einfluss; **~s de la gelée** Frostschäden *Pl*
méfiance [mefjɑ̃s] *f* Misstrauen *nt*; **éveiller la ~ de qn** jds Misstrauen wecken; **dissiper la ~ de qn** jds Misstrauen zerstreuen
méfiant(e) [mefjɑ̃, jɑ̃t] *adj* **être ~(e) à l'égard de qn** jdm gegenüber misstrauisch sein; **être ~(e) à l'égard d'un projet** einem Vorhaben misstrauisch gegenüberstehen
méfier [mefje] <1a> *vpr* ❶ (*être soupçonneux*) **se ~ de qn/qc** jdm/einer S. misstrauen
❷ (*faire attention*) **se ~** sich in Acht nehmen, auf der Hut sein; **méfiez-vous!** Vorsicht!, seien Sie/seid auf der Hut!
méforme [mefɔʀm] *f* schlechte körperliche Verfassung; **être en ~** nicht fit [*o* in Form] sein
méga [mega] *m fam abr de* **mégaoctet** INFORM Megabyte *nt*
mégahertz [megaɛʀts] *m* Megahertz *nt*
mégalithe [megalit] *m* Megalith *m*
mégalo [megalo] *adj fam abr de* **mégalomane** größenwahnsinnig
mégalomane [megalɔman] I. *adj* größenwahnsinnig
II. *mf* Größenwahnsinnige(r) *f(m)*; **être un/une ~** größenwahnsinnig sein, an Größenwahn leiden
mégalomanie [megalɔmani] *f* Größenwahn *m*, Megalomanie *f* (*Fachspr.*)
mégalopole [megalɔpɔl] *v.* **mégapole**
mégaoctet [megaɔktɛ] *m* INFORM Megabyte *nt*
mégaphone [megafɔn] *m* Megaphon *nt*; **le ~ crie: ...** aus dem Megaphon tönt es: ...
mégapole [megapɔl] *f* Riesenstadt *f*, Megalopolis *f* (*geh*)
mégarde [megaʀd] ▸ **par ~** aus Versehen
mégatonne [megatɔn] *f* Megatonne *f*

mégawatt [megawat] *m* Megawatt *nt*

mégère [meʒɛʀ] *f* Furie *f*, Megäre *f* (*geh*)

mégisserie [meʒisʀi] *f* TECH (*traitement*) Weißgerbung *f*; (*industrie*) Weißgerberei *f*

mégot [mego] *m fam* Kippe *f* (*fam*)

mégoter [megɔte] <1> *vi fam* ~ **sur qc** mit etw knauserig sein

méhari [meaʀi] <s o méhara> *m* Mehari *nt* (*schnellfüßiges Reitdromedar in Nordafrika*)

meilleur [mɛjœʀ] **I.** *adv* **sentir** ~ besser riechen; **il fait** ~ es ist wärmer [*o* angenehmer]
II. *m* ❶ **le** ~ das Beste; **garder** [*o* **laisser**] **le** ~ **pour la fin** sich (*Dat*) das Beste für den Schluss aufsparen [*o* aufheben]; **le** ~ **de l'histoire, c'est que** das Beste an der Geschichte ist, dass
❷ (*personne*) **le** ~ **de la classe** der Beste in der Klasse; **que le** ~ **gagne** [*o* **l'emporte**]**!** möge der Beste gewinnen!
▶ **pour le** ~ **et pour le pire** auf Gedeih und Verderb; **donner le** ~ **de soi-même** sein Bestes geben; **prendre le** ~ das Beste daraus machen

meilleur(e) [mɛjœʀ] *adj* ❶ *comp de* **bon** besser; **j'ai une** ~**e idée** ich habe eine bessere Idee; **avoir** ~**e mine** besser aussehen; **être de** ~**e humeur** besser gelaunt sein; **il est en** ~**e santé** ihm geht es besser; **acheter qc** ~ **marché** etw billiger [*o* preiswerter] kaufen; **il est** ~ **cavalier que son frère** er ist ein besserer Reiter [*o* reitet besser] als sein Bruder; **il n'y a rien de** ~ es gibt nichts Besseres
❷ *superl* **le** ~/**la** ~**e élève** der beste Schüler/die beste Schülerin; **la** ~**e proposition** das beste Angebot; **obtenir le** ~ **prix** den günstigsten Preis aushandeln; **je vous adresse mes** ~**s vœux** ich wünsche Ihnen alles Gute

meilleure [mɛjœʀ] *f* **la** ~ **de la classe** die Beste in der Klasse
▶ **j'en passe, et des** ~**s** und so weiter und so fort

méjuger [meʒyʒe] <2a> **I.** *vi littér* ~ **de qn/qc** jdn/etw unterschätzen [*o* verkennen]
II. *vt littér* verkennen
III. *vpr* **se** ~ (*se sous-estimer*) sich unterschätzen; (*à dessein*) sich herabsetzen

mélaminé(e) [melamine] *adj* kunststoffbeschichtet

mélancolie [melɑ̃kɔli] *f* ❶ Melancholie *f*, Schwermut *f*; **sombrer** [*o* **tomber**] **dans la** ~ in Melancholie [*o* Schwermut] verfallen
❷ (*atmosphère*) Melancholie *f*
▶ **ne pas engendrer la** ~ kein Kind von Traurigkeit sein

mélancolique [melɑ̃kɔlik] *adj* *caractère, personne, regard* melancholisch, schwermütig; *musique, paysage, yeux* melancholisch; *souvenir* melancholisch stimmend

mélancoliquement [melɑ̃kɔlikmɑ̃] *adv* traurig

mélanésien(ne) [melanesjɛ̃, jɛn] *adj* melanesisch

mélange [melɑ̃ʒ] *m* ❶ (*action*) Mischen *nt*, Mischung *f*
❷ (*résultat*) Gemisch *nt*, Mischung *f*; ~ **d'eau et de sirop** Gemisch aus Wasser und Sirup; **un** ~ **d'éthnies différentes** ein Völkergemisch
❸ *pl* LITTER (*variétés*) Sammelband *m*; (*en l'honneur de qn*) Festschrift *f*; ~**s littéraires** literarische Schriften *Pl*
▶ **éviter les** ~**s** es vermeiden, [zu viel] durcheinander zu trinken; **faire des** ~**s** [zu viel] durcheinander trinken; **un bonheur sans** ~ ungetrübtes Glück
◆ ~ **des genres** LITTER [Stil]mischung *f*; (*attitude*) [Durcheinander]mischen *nt*

mélangé(e) [melɑ̃ʒe] *adj* gemischt; **couleur** ~**e** Mischfarbe *f*

mélanger [melɑ̃ʒe] <2a> **I.** *vt* ❶ ~ **du café et** [*o* **avec**] **du lait** Kaffee und [*o* mit] Milch [ver]mischen; ~ **plusieurs choses ensemble** mehrere Dinge miteinander [ver]mischen
❷ (*mettre en désordre*) durcheinander bringen
❸ (*confondre*) verwechseln, durcheinander bringen
II. *vpr* **se** ~ sich [ver]mischen

mélangeur [melɑ̃ʒœʀ] *m* [**robinet**] ~ Mischbatterie *f*

mélanine [melanin] *f* BIO Melanin *nt*

mélanome [melanom] *m* MED ~ **malin** bösartiges Melanom

mélasse [melas] *f* ❶ (*résidu*) Melasse *f*
❷ *fam* (*brouillard*) Suppe *f* (*fam*); (*mélange confus*) Mischmasch *m* (*fam*); (*boue*) Matsch *m* (*fam*)
▶ **être dans la** ~ *fam* in der Tinte sitzen (*fam*)

Melba [mɛlba] *adj v.* **pêche**

mêlé(e) [mele] *adj* ❶ (*mélangé*) [miteinander] vermischt; **couleurs/races** ~**es** Mischfarben *Pl*/-rassen *Pl*; **voix** ~**es** Stimmengewirr *nt*; **du sucre** ~ **à du vin** Zucker und Wein vermischt; **une langue** ~**e de français et d'espagnol** eine Mischsprache aus Französisch und Spanisch
❷ (*composite*) *société* gemischt; *style* uneinheitlich, heterogen
❸ (*impliqué*) **être** ~**(e) à une affaire** in einen Skandal verwickelt sein

mêlée [mele] *f* ❶ (*corps à corps*) Handgemenge *nt*; (*dans un débat d'idées*) Gefecht *nt*
❷ (*conflit*) ~**e politique** politische Kampfbahn [*o* Arena]; **entrer/se jeter dans la** ~**e** sich in den Kampf stürzen; **être/rester au-dessus de la** ~**e** sich heraushalten
❸ (*personnes mêlées*) Gewühl *nt*; (*choses mêlées*) Durcheinander *nt*, Wirrwarr *m*; ~**e de plantes** Pflanzengewirr *nt*
❹ RUGBY Gedränge *nt*

mêler [mele] <1> **I.** *vt* ❶ (*mélanger*) [ver]mischen; vereinigen *voix*; vermengen, verrühren *ingrédients*; ~ **des œufs et** [*o* **avec**] **du sucre** die Eier und den [*o* mit dem] Zucker verrühren; ~ **la réalité et la fiction** *récit*: eine Mischung aus Dichtung und Wahrheit sein
❷ (*ajouter*) ~ **des détails pittoresques à un récit** in einen Bericht malerische Einzelheiten einflechten
❸ (*allier*) ~ **l'utile à l'agréable** das Nützliche mit dem Angenehmen verbinden; **sa personnalité mêle la tendresse à la force** in ihrer/seiner Persönlichkeit verbinden sich Zärtlichkeit und Stärke
❹ (*mettre en désordre*) durcheinander bringen, in Unordnung bringen; verwirren *fils*; mischen *cartes*
❺ (*impliquer*) ~ **qn à qc** jdn in etw (*Akk*) verwickeln
II. *vpr* ❶ (*se mélanger*) **se** ~ sich mischen; *voix*: sich vereinigen; **se** ~ **à** [*o* **avec**] **qc** sich mit etw mischen
❷ (*joindre*) **se** ~ **à un groupe** sich zu einer Gruppe gesellen; **se** ~ **à la foule** sich unter die Menge mischen
❸ (*participer*) **se** ~ **à la conversation/au jeu** am Gespräch teilnehmen/beim Spiel mitmachen
❹ *péj* (*s'occuper*) **se** ~ **de qc** sich in etw (*Akk*) einmischen; **il se mêle de ce qui ne le regarde pas** er kümmert sich um Dinge, die ihn nichts angehen; **mêle-toi de ce qui te regarde!** kümmre dich um deine eigenen Angelegenheiten!; **de quoi je me mêle?** *fam* und was geht dich/Sie das [eigentlich] an? (*fam*)
❺ *péj* (*avoir la prétention*) **le voilà qui se mêle de faire des vers!** und jetzt will er auch noch dichten!

mêle-tout [mɛltu] *m inv* BELG ❶ (*touche à tout*) *jd, der alles anfasst*
❷ (*personne qui se mêle de tout*) *neugierige Person, die sich in alles einmischt*

mélèze [melɛz] *m* Lärche *f*

méli-mélo [melimelo] <mélis-mélos> *m fam* Durcheinander *nt*

mélisse [melis] *f* Melisse *f*; **eau de** ~ Melissengeist *m*

mélo [melo] **I.** *adj inv péj fam abr de* **mélodramatique** melodramatisch
II. *m péj fam abr de* **mélodrame** Melodram[a] *nt*

mélodie [melɔdi] *f* ❶ (*air*) Melodie *f*
❷ (*poème mis en musique*) Lied *nt*
❸ *fig* Melodie *f*; ~ **de la phrase/du vers** Satz-/Versmelodie

mélodieusement [melɔdjøzmɑ̃] *adv* melodisch

mélodieux, -euse [melɔdjø, -jøz] *adj* melodisch; *voix* melodiös, melodisch

mélodique [melɔdik] *adj* melodisch

mélodramatique [melɔdʀamatik] *adj* melodramatisch

M

mélodrame [melɔdʀam] *m* Melodram[a] *nt*
mélomane [melɔman] **I.** *adj* Musik liebend, musikbegeistert
II. *mf* Musikliebhaber(in) *m(f)*
melon [m(ə)lɔ̃] *m* Melone *f*
◆ ~ **d'eau** Wassermelone *f*
mélopée [melɔpe] *f* ❶ HIST, MUS Rezitativ *nt*
❷ (*chant monotone*) Singsang *m*
melting-pot [mɛltiŋpɔt] <melting-pots> *m* Schmelztiegel *m*
membrane [mɑ̃bʀan] *f* Membran[e] *f;* ~ **cellulaire** Zellmembran; ~ **conjonctive** Bindehaut *f*
membraneux, -euse [mɑ̃bʀanø, -øz] *adj* membranartig
membre [mɑ̃bʀ] **I.** *m* ❶ ANAT [Körper]glied *nt;* **les ~s** die Glieder, die Gliedmaßen; ~ **inférieur/supérieur** untere/obere Gliedmaße
❷ ZOOL ~ **antérieur/postérieur** vordere/hintere Gliedmaße, Vorderbein *nt*/Hinterbein *nt*
❸ (*sexe masculin*) ~ **viril** männliches Glied
❹ (*adhérent*) *d'une association* Mitglied *nt;* ~ **à part entière** Vollmitglied
❺ MATH *d'une équation* Seite *f*
▸ **trembler de tous ses ~s** an allen Gliedern [*o* am ganzen Körper] zittern
II. *app* **État** ~ Mitgliedsstaat *m;* **pays** ~ Mitgliedsland *nt*
◆ ~ **de phrase** Satzglied *nt*
membrure [mɑ̃bʀyʀ] *f* ❶ *littér d'une personne* Körperbau *m*
❷ CONSTR Gurt *m,* Gurtung *f*
❸ NAUT, ESPACE Spant *nt*
même [mɛm] **I.** *adj* ❶ (*identique*) **habiter le ~ quartier** in demselben [*o* im selben] Viertel wohnen; **il porte la ~ cravate/les ~s chaussures qu'hier** er trägt dieselbe Krawatte/dieselben Schuhe wie gestern; **cette ~ année** im selben Jahr; **deux enfants de [la] ~ taille** zwei gleich große Kinder; **une ~ quantité de fraises et de sucre** dieselbe Menge Erdbeeren und Zucker
❷ (*simultané*) **en** [*o* **dans le**] ~ **temps** zur gleichen Zeit; **du ~ coup** auf einen Schlag
❸ (*semblable*) gleich; **elle porte la ~ robe que sa sœur** sie trägt das gleiche Kleid wie ihre Schwester; **c'est la ~ chose** das ist das Gleiche
❹ (*en personne*) **être la gaieté/la bonne humeur ~** die Fröhlichkeit selbst [*o* in Person]/die personifizierte gute Laune sein
❺ (*pour renforcer*) **c'est cela ~** genau so ist es; **les murs ~[s] ont des oreilles** selbst die Mauern haben Ohren
II. *pron indéf* **le/la ~** (*une chose identique*) der-/die-/dasselbe; (*une chose semblable*) der/die/das Gleiche; **les ~s** (*des choses identiques/semblables*) dieselben/die gleichen
III. *adv* ❶ (*de plus, jusqu'à*) [ja] sogar; **il lui dit des injures et ~ la menaça** er beschimpfte und bedrohte sie sogar; ~ **pas** nicht einmal
❷ (*précisément*) **ici ~** genau an dieser Stelle; **et, par là ~, il s'accuse** und genau dadurch klagt er sich an; **je le ferai aujourd'hui ~** ich werde das heute noch tun
❸ *fam* (*en plus*) ~ **que c'est vrai** und es stimmt sogar; **il a pris ma voiture, ~ qu'il a eu un accident** er hat meinen Wagen genommen und auch noch einen Unfall gebaut
▸ **être à ~ de faire qc** imstande [*o* im Stande] [*o* in der Lage] sein, etw zu tun; **à ~ le sol** direkt auf der Erde, auf der nackten Erde; **vous de ~!** *soutenu* [danke,] ebenso!; **il en est** [*o* **il en va**] **de ~ pour qn/qc** dies gilt auch [*o* ebenso] für jdn/etw; **de ~ que son frère** [eben]so wie sein Bruder; **tout de ~** dennoch, trotzdem; **ce n'est tout de ~ pas des choses à dire!** solche Dinge sagt man doch nicht!; **tu aurais pu tout de ~ prévenir!** du hättest doch wirklich Bescheid sagen können!
mémé [meme] *f fam* ❶ *enfantin* (*grand-mère*) Oma *f*
❷ *péj* (*femme d'un certain âge*) [alte] Oma; **faire ~** *personne:* omahaft aussehen; *robe:* alt machen
mémento [memɛ̃to] *m* ❶ (*agenda*) Notizbuch *nt*
❷ (*livre*) Handbuch *nt,* Abriss *m*
❸ REL ~ **des vivants/des morts** Fürbitte *f* für die Lebenden/Toten
mémère [memɛʀ] *f fam* ❶ *enfantin* (*grand-mère*) Oma *f*
❷ *péj* (*femme d'un certain âge*) [alte] Oma; **faire ~** *personne:* omahaft aussehen; *robe:* alt machen
mémoire¹ [memwaʀ] *f* ❶ (*faculté de se souvenir*) Gedächtnis *nt,* Erinnerungsvermögen *nt;* **avoir [une] bonne ~, avoir de la** [*o* **beaucoup de**] ~ ein gutes Gedächtnis haben; **avoir [une] mauvaise ~, avoir peu de ~** ein schlechtes Gedächtnis haben; **avoir la ~ courte** ein kurzes Gedächtnis haben; **ne plus avoir de ~** vergesslich werden; **avoir la ~ des chiffres/dates** ein gutes Zahlengedächtnis/Gedächtnis für Daten haben; **avoir** [*o* **garder**] **qc en** [*o* **dans sa**] ~ etw im Gedächtnis behalten; **ne plus avoir qc en ~** sich an etw (*Akk*) nicht mehr erinnern können; **avoir/garder qc présent à** [*o* **vivant dans**] **la ~** etw nicht vergessen haben/etw im Gedächtnis [*o* in Erinnerung] behalten; **si j'ai bonne ~** wenn mich mein Gedächtnis nicht täuscht; **faire qc de ~** etw aus dem Gedächtnis tun; **perdre la ~** (*en raison de l'âge*) vergesslich werden; (*en raison d'un accident*) das Gedächtnis verlieren; **rafraîchir la ~ à qn** jds Gedächtnis (*Dat*) nachhelfen; **se remettre qc en ~** sich (*Dat*) etw ins Gedächtnis zurückrufen
❷ (*souvenir*) ~ **de qn/qc** Erinnerung *f* an jdn/etw; **pour ~** informationshalber; **conserver** [*o* **garder**] **la ~ de qn/qc** die Erinnerung an jdn/etw bewahren; **faire qc à la ~ de qn** etw zum Gedenken [*o* Andenken] an jdn tun
❸ INFORM Speicher *m;* **une capacité de ~ de ...** eine Speicherkapazität von ...; ~ **centrale** Hauptspeicher; ~ **externe** externer Speicher; ~ **interne** interner Speicher; ~ **morte** [*o* **en lecture seule**] Festwertspeicher, Nurlesespeicher, ROM *m;* ~ **RAM** RAM *m;* ~ **ROM** ROM *m;* ~ **tampon** Puffer *m;* ~ **virtuelle** virtueller Speicher; ~ **vive** [*o* **à accès direct**] Arbeitsspeicher, Schreib-Lese-Speicher, RAM *m;* **mettre qc en ~** etw [ab]speichern
▸ **avoir une ~ d'éléphant** ein Gedächtnis wie ein Elefant haben; **de ~ d'homme** seit Menschengedenken; **de ~ de chat** seit es Katzen gibt
mémoire² [memwaʀ] *m* ❶ *pl* (*journal*) Memoiren *Pl*
❷ (*dissertation*) [wissenschaftliche] Arbeit
❸ (*exposé*) Bericht *m;* JUR Gesuch *nt*
◆ ~ **de maîtrise** Magisterarbeit *f,* Diplomarbeit *f*
mémorable [memɔʀabl] *adj* (*qui fait date*) denkwürdig; (*inoubliable*) unvergesslich
mémorandum [memɔʀɑ̃dɔm] *m* ❶ (*note diplomatique*) Memorandum *nt*
❷ (*carnet de notes*) Notizbuch *nt*
mémorial [memɔʀjal, jo] <-aux> *m* ❶ (*monument*) Denkmal *nt;* **le ~ de La Fayette** das Denkmal [zu Ehren] La Fayettes
❷ (*écrit*) Chronik *f;* **Mémorial domestique** Familienchronik
mémorialiste [memɔʀjalist] *mf* Memoirenschreiber(in) *m(f)*
mémorisable [memɔʀizabl] *adj* ❶ einprägsam
❷ INFORM speicherbar
mémorisation [memɔʀizasjɔ̃] *f* ❶ [Auswendig]lernen *nt;* **difficultés de ~** Lernschwächen *Pl*
❷ INFORM Speicherung *f*
mémoriser [memɔʀize] <1> *vt* ❶ auswendig lernen, sich (*Dat*) einprägen [*o* merken]
❷ INFORM [ab]speichern
menaçant(e) [mənasɑ̃, ɑ̃t] *adj* ❶ drohend; *décision* bedrohlich; **geste ~** Drohgebärde *f*
❷ (*orageux*) *ciel, nuage* bedrohlich; **des nuages ~s** Gewitterwolken *Pl*
menace [mənas] *f* ❶ (*parole, geste*) Drohung *f;* ~ **de punition** Androhung von Strafe; **des ~s de mort** Morddrohungen *Pl;* **sous la ~ de qn/qc** unter jds Zwang (*Dat*)/unter dem Zwang einer S. (*Gen*)
❷ (*danger*) Bedrohung *f;* ~ **de guerre/d'un tremblement**

de terre [drohende] Kriegsgefahr/[drohende] Gefahr eines Erdbebens; **des ~s d'orage** ein drohendes Gewitter, Gefahr *f* von Gewittern

menacé(e) [mənase] *adj* bedroht, gefährdet; **ses jours sont ~s** sein Leben ist bedroht

menacer [mənase] <2> **I.** *vt* ① (*faire peur avec*) ~ **qn d'une arme/du poing** jdm mit einer Waffe/der Faust drohen
② (*faire des menaces de*) ~ **qn de mort/de faire qc** jdm mit dem Tod drohen/jdm androhen, etw zu tun; **il est menacé de prison** ihm droht Gefängnis
③ (*constituer une menace pour*) bedrohen; gefährden *santé*
II. *vi orage, guerre, famine:* drohen; ~ **de faire qc** drohen, etw zu tun; **la pluie menace de tomber** der Regen kann jeden Moment losbrechen

ménage [menaʒ] *m* ① (*entretien de la maison*) Haushalt *m;* **faire le ~ de qc** (*nettoyer*) etw sauber machen; *fam* (*réorganiser*) Ordnung schaffen in etw (*Dat*); **faire des ~s** putzen gehen
② (*vie commune*) **être** [*o* **vivre**]/**se mettre en ~ avec qn** mit jdm zusammenleben/-ziehen
③ (*couple*) Ehepaar *nt;* ~ **à trois** Dreiecksverhältnis *nt*
④ (*famille*) Haushalt *m;* **un ~ de cinq personnes** ein Haushalt mit fünf Personen
▸ **faire bon/mauvais ~** gut/nicht gut zusammenpassen; **faire bon/mauvais ~ avec qn/qc** sich gut/nicht gut mit jdm/etw vertragen; **faire une scène de ~** einen Ehekrach haben

ménagement [menaʒmɑ̃] *m* ① (*réserve*) Schonung *f;* **sans ~** schonungslos, rücksichtslos
② *gén pl* (*égard*) **avec de grands ~s** mit großer Vorsicht

ménager [menaʒe] <2a> **I.** *vt* ① (*employer avec mesure*) sparsam umgehen mit *revenus, condiments;* schonen *forces, vêtements;* mäßigen *paroles*
② (*traiter avec égards*) (*pour raisons de santé*) schonen; (*par respect ou intérêt*) rücksichtsvoll behandeln; ~ **la susceptibilité de qn** jdn rücksichtsvoll behandeln
③ (*préparer*) ~ **une surprise à qn** eine Überraschung für jdn bereithalten; ~ **une entrevue à qn** eine Unterredung für jdn herbeiführen
④ *soutenu* (*aménager*) aufstellen *meuble;* einrichten *pièce;* installieren *escalier*
II. *vpr* ① (*prendre soin de soi*) **se ~** sich schonen
② (*se réserver*) **se ~ du temps** sich (*Dat*) Zeit freihalten

ménager, -ère [menaʒe, -ɛʀ] *adj* **appareils ~s** Haushaltsgeräte *Pl;* **ordures ménagères** Hausmüll *m;* **travaux/arts ~s** Hausarbeit *f*/Hauswirtschaft *f*

ménagère [menaʒɛʀ] *f* ① (*femme*) Hausfrau *f*
② (*service de couverts*) Besteckgarnitur *f*

ménagerie [menaʒʀi] *f* ① (*animaux*) Menagerie *f*
② (*lieu d'exposition*) Tiergehege *nt*

mendiant(e) [mɑ̃djɑ̃, jɑ̃t] **I.** *m(f)* Bettler(in) *m(f)*
II. *adj* REL **ordre ~** Bettelorden *m*

mendicité [mɑ̃disite] *f* ① (*action*) Betteln *nt*
② (*condition*) **réduire qn à la ~** jdn an den Bettelstab bringen

mendier [mɑ̃dje] <1a> **I.** *vi* betteln
II. *vt* betteln um *argent, pain;* erbetteln *voix, louanges*

mendigot(e) [mɑ̃digo, ɔt] *m(f) fam* Bettler(in) *m(f)*

menée [məne] *f* CH (*congère*) Schneewehe *f*

menées [məne] *fpl* Machenschaften *Pl*

mener [məne] <4> **I.** *vt* ① (*amener*) bringen; ~ **un enfant à l'école/chez le médecin** ein Kind zur Schule/zum Arzt bringen; ~ **sa voiture au garage** sein Auto in die Werkstatt bringen; ~ **ses troupes au combat** seine Truppen in den Kampf führen
② (*conduire*) führen; ~ **une entreprise à la ruine/faillite** ein Unternehmen in den Ruin/Bankrott führen; ~ **un pays à la guerre** *dictateur, famine:* ein Land in den Krieg führen
③ (*être en tête de*) anführen
④ (*diriger*) leiten; führen *négociations*
⑤ (*administrer*) führen; ~ **une existence calme** ein ruhiges Leben führen
⑥ (*faire agir*) leiten; **seul l'intérêt le mène** er handelt nur aus Eigeninteresse; **se laisser ~ par qn** sich von jdm leiten lassen; **les idées mènent le monde** Ideen regieren die Welt
⑦ GEOM ziehen; ~ **une circonférence** einen Kreis beschreiben
II. *vi* ① ~ **à qn/qc** zu jdm/etw führen
② SPORT führen; ~ **par deux à zéro** mit zwei zu null führen

ménestrel [menɛstʀɛl] *m* HIST [fahrender] Sänger, Spielmann *m*

ménétrier [menetʀije] *m* Dorfmusikant *m*

meneur, -euse [mənœʀ, -øz] *m, f* Anführer(in) *m(f); péj* Rädelsführer(in) *m(f)*
◆ ~ **d'hommes** Führernatur *f;* ~ **de jeu** SPORT Spielmacher *m;* RADIO, TV Spielleiter *m*

menhir [meniʀ] *m* Menhir *m,* Hinkelstein *m*

méninge [menɛ̃ʒ] *f* ANAT Hirnhaut *f*
▸ **se creuser les ~s** *fam* sich (*Dat*) das Hirn zermartern (*fam*); **ne pas se fatiguer les ~s** *fam* sein Hirn nicht übermäßig anstrengen (*fam*)

méningite [menɛ̃ʒit] *f* MED Hirnhautentzündung *f,* Meningitis *f* (*Fachspr.*)
▸ **ne pas risquer d'**[*o* **ne pas aller**]**attraper une ~** *fam* sein Hirn nicht überanstrengen (*fam*)

ménisque [menisk] *m* Meniskus *m*

ménopause [menopoz] *f* Wechseljahre *Pl,* Menopause *f* (*Fachspr.*)

menotte [mənɔt] *f* ① *fam* (*main d'enfant*) [Patsch]händchen *nt*
② *pl* (*entraves*) Handschellen *Pl;* **passer les ~s à qn** jdm Handschellen anlegen

mensonge [mɑ̃sɔ̃ʒ] *m* ① (*opp: vérité*) Lüge *f;* **pieux ~** fromme Lüge, Notlüge; **raconter un ~/dire des ~s** lügen; **raconter un ~ à qn** jdn belügen; **c'est [bien] vrai, ce ~?** *hum* und das soll ich dir glauben?
② *sans pl* (*action, habitude*) Lügen *nt;* **il vit dans le ~** sein Leben besteht nur aus Lügen

mensonger, -ère [mɑ̃sɔ̃ʒe, -ɛʀ] *adj propos* erlogen, unwahr; *promesse* falsch; *publicité* irreführend

menstruation [mɑ̃stʀyasjɔ̃] *f* Periode *f,* Regel *f*

menstruel(le) [mɑ̃stʀyɛl] *adj* menstrual (*Fachspr.*); **cycle ~** Menstruationszyklus *m;* **flux ~** Monatsblutung *f*

mensualisation [mɑ̃sɥalizasjɔ̃] *f* monatliche Zahlung

mensualiser [mɑ̃sɥalize] <1> *vt* ① (*remunérer*) monatlich bezahlen [*o* entlohnen]
② (*verser chaque mois*) monatlich [be]zahlen

mensualité [mɑ̃sɥalite] *f* ① monatliche Zahlung; (*remboursement de crédit*) Monatsrate *f;* **payer par ~s** monatlich bezahlen; (*remboursement de crédit*) in Monatsraten abzahlen
② (*salaire*) [Monats]lohn *m,* [Monats]gehalt *nt*

mensuel [mɑ̃sɥɛl] *m* Monats[zeit]schrift *f*

mensuel(le) [mɑ̃sɥɛl] *adj* monatlich; **magazine ~** Monats[zeit]schrift *f*

mensuellement [mɑ̃sɥɛlmɑ̃] *adv* monatlich

mensuration [mɑ̃syʀasjɔ̃] *f* ① (*action de mesurer*) Maßnehmen *nt*
② *pl* (*dimensions du corps*) Maße *Pl*

mental [mɑ̃tal] *m sans pl* geistige Verfassung; **avoir un bon ~** in guter psychischer Verfassung sein

mental(e) [mɑ̃tal, o] <-aux> *adj* ① (*psychique*) geistig
② (*intellectuel, de tête*) *prière* still; **opérations ~es** Denkvorgänge *Pl;* **troubles mentaux** Geistesstörungen *Pl;* **calcul ~** Kopfrechnen *nt*

mentalement [mɑ̃talmɑ̃] *adv* im Kopf

mentalité [mɑ̃talite] *f* Mentalität *f;* ~ **de fonctionnaire** Beamtenmentalität; **avoir une ~ mercantile** nur an Profit denken
▸ **tu as une belle** [*o* **drôle de**] [*o* **sacrée**] **~!** *péj* du hast ja eine [reizende] Einstellung!

menteur, -euse [mɑ̃tœʀ, -øz] **I.** *adj personne* verlogen; **être**

M

~(-euse) verlogen [*o* ein(e) Lügner(in)] sein
II. *m, f* Lügner(in) *m(f)*
menthe [mɑ̃t] *f* ① Minze *f;* ~ **poivrée** Pfefferminze *f;* **tisane à la** ~ Pfefferminztee *m;* **alcool de** ~ Pfefferminz[likör *m*] *m*
② (*essence de menthe*) Pfefferminz *kein Art;* **bonbon à la** ~ Pfefferminzbonbon *nt*
③ (*sirop, boisson*) Pfefferminzgetränk *nt*
menthol [mɑ̃tɔl] *m sans pl* Menthol *nt*
mentholé(e) [mɑ̃tɔle] *adj* **cigarette** ~**e** Mentholzigarette *f*
mention [mɑ̃sjɔ̃] *f* ① (*fait de signaler*) Erwähnung *f;* **digne de** ~ erwähnenswert; **faire** ~ **de qn/qc** jdn/etw erwähnen; **mériter une** ~ **spéciale** besonders erwähnt werden müssen
② (*indication*) Vermerk *m;* **rayer les** ~**s inutiles** Unzutreffendes bitte streichen
③ SCOL, UNIV Auszeichnung *f;* **avec** [**la**] ~ **bien** mit „gut"; **avec** [**la**] ~ **honorable** mit „magna cum laude"
mentionner [mɑ̃sjɔne] <1> *vt* erwähnen
mentir [mɑ̃tiʀ] <10> *vi* ① lügen, schwindeln; ~ **à qn** jdn belügen [*o* anschwindeln *fam*]; **sans** ~ ungelogen
② *rare* (*être trompeur*) trügen
▶ **il ment comme il respire** er lügt wie gedruckt
menton [mɑ̃tɔ̃] *m* Kinn *nt;* **double** ~ Doppelkinn, Goder *m* (A); ~ **en galoche** vorspringendes Kinn
mentonnière [mɑ̃tɔnjɛʀ] *f* ① (*pour retenir une coiffure*) (*en cuir*) Kinnriemen *m;* (*en tissu*) Kinnband *nt*
② MUS Kinnstütze *f*
③ HIST Kinnreff *nt*
mentor [mɛ̃tɔʀ] *m littér* Mentor *m*
menu [məny] *m* ① (*repas*) Menü *nt;* (*au restaurant*) [Tages]menü; ~ **gastronomique/touristique** Feinschmeckermenü/Menü im Angebot; **varier ses** ~**s** abwechslungsreich kochen
② (*carte*) (*au restaurant*) Speisekarte *f;* (*à la cantine*) Speiseplan *m;* **qu'y a-t-il au** ~**?, quel est le** ~ **aujourd'hui?** was gibt es heute zu essen?
③ INFORM Menü *nt;* ~ **contextuel** Kontextmenü; ~ **démarrer** Startmenü; ~ **déroulant** Pulldown-Menü; ~ **système** Systemmenü
④ *fam* (*programme*) *d'une réunion* Programm *nt;* **qu'est-ce qu'il y a au** ~ **de la soirée?** was steht für den Abend auf dem Programm?
◆ ~ **enfant** ≈ Kinderteller *m*
menu(e) [məny] **I.** *adj* ① *postposé* (*frêle*) *personne* zierlich; *jambes, bras* dünn; *taille* schmal
② (*qui a peu d'importance*) *détails, occupations* unwichtig, nebensächlich; *soucis, dépenses, difficultés* gering
③ (*qui a peu de volume*) klein; *souliers* zierlich; *bruits* schwach; **à pas** ~**s** mit kleinen Schritten
II. *adv* **haché/coupé** ~ fein gehackt/klein geschnitten
menuet [mənɥɛ] *m* Menuett *nt*
menuiserie [mənɥizʀi] *f* ① *sans pl* (*métier*) Tischlern *nt,* Schreinern *nt* (SDEUTSCH); **apprendre la** ~ das Tischlerhandwerk erlernen
② (*atelier*) Tischlerei *f,* Schreinerei *f* (SDEUTSCH)
menuisier [mənɥizje] *m* Tischler(in) *m(f),* Schreiner(in) *m(f)* (SDEUTSCH)
méphitique [mefitik] *adj vapeurs* mefitisch
méprendre [mepʀɑ̃dʀ] <13> *vpr littér* **se** ~ **sur qn/qc** sich in jdm/etw täuschen; **elle s'est méprise sur le sens de mes paroles** sie hat mich missverstanden
▶ **à s'y** ~ zum Verwechseln
mépris [mepʀi] *m* ① (*opp: estime*) Verachtung *f;* **avec** ~ verächtlich; **avoir un** ~ **sans bornes pour qn** tiefe Verachtung für jdn empfinden; **porter un jugement de** ~ **sur qn/qc** sich über jdn/etw herabsetzend äußern
② (*opp: prise en compte*) Missachtung *f;* **vivre au** [*o* **dans le**] ~ **de qc** etw missachten; **faire qc au** ~ **du qu'en-dira-t-on/du danger** etw ungeachtet des Geredes der Leute/der Gefahr tun; **faire qc au** ~ **de sa vie** bei etw sein Leben aufs Spiel setzen
méprisable [mepʀizabl] *adj* verachtenswert
méprisant(e) [mepʀizɑ̃, ɑ̃t] *adj* verächtlich; **être** ~**(e) de qn** *littér* jdn verachten
méprise [mepʀiz] *f* Irrtum *m,* Versehen *nt;* **par** ~ irrtümlicherweise
mépriser [mepʀize] <1> *vt* ① (*opp: estimer*) verachten; verachten, gering schätzen *personne, richesse*
② (*opp: prendre en compte*) missachten *conventions, loi, avis;* nicht beachten *insultes*
mer [mɛʀ] *f* ① Meer *nt,* See *f;* ~ **fermée** Binnenmeer *nt;* ~ **d'huile** spiegelglatte See; **en haute** [*o* **pleine**] ~ auf hoher See [*o* dem offenen Meer]; ~ **d'Aral** Aralsee *m;* ~ **Caspienne** Kaspisches Meer; ~ **de Chine** Chinesisches Meer; ~ **Égée** Ägäis *f;* ~ **Morte** Totes Meer; ~ **Noire/Rouge** Schwarzes/Rotes Meer; ~ **des Sargasses** Sargassosee; ~ **Tyrrhénienne** Tyrrhenisches Meer; **mettre un bateau à la** ~ ein Boot zu Wasser lassen; **prendre la** ~ in See stechen, auslaufen; **voyage par** ~ Seereise *f;* **expédier par** ~ auf dem Seeweg verschicken
② (*littoral*) **passer ses vacances à la** ~ seine Ferien am Meer [*o* an der See] verbringen; **aller à la** ~ ans Meer [*o* an die See] fahren
③ (*eau de mer*) Meer[wasser *nt*] *nt*
④ (*marée*) **quand la** ~ **est basse/haute** bei Niedrig-/Hochwasser, bei Ebbe/Flut
⑤ (*grande quantité*) ~ **de documents** Unmenge *f* Unterlagen; ~ **de colzas** Meer *nt* von Rapsfeldern; ~ **d'amertume** tiefe Verbitterung
⑥ (*sur la Lune*) Meer *nt,* Mare *nt* (*Fachspr.*)
▶ **il avalerait** [*o* **boirait**] **la** ~ **et les poissons** er könnte einen ganzen See austrinken; **ce n'est pas la** ~ **à boire!** das ist doch nicht die Welt!
◆ ~ **du Nord** Nordsee *f;* ~**s du Sud** Südsee *f*
mercanti [mɛʀkɑ̃ti] *m péj* Geschäftemacher(in) *m(f)* (*fam*); **les** ~**s de la guerre** die Kriegsgewinnler
mercantile [mɛʀkɑ̃til] *adj péj* profitgierig
mercantilisme [mɛʀkɑ̃tilism] *m* ① *péj littér* Profitgier *f*
② ECON, HIST Merkantilismus *m*
mercaticien(ne) [mɛʀkatisjɛ̃, jɛn] *m(f)* Marktforscher(in) *m(f)*
mercatique [mɛʀkatik] *f* Marketing *nt*
mercenaire [mɛʀsənɛʀ] **I.** *mf* Söldner(in) *m(f)*
▶ **travailler comme un** ~ wie ein Sträfling schuften
II. *adj littér* **esprit** ~ Geschäftssinn *m,* Geschäftstüchtigkeit *f*
mercerie [mɛʀsəʀi] *f* ① (*magasin*) Kurzwarenhandlung *f*
② (*commerce*) Kurzwarenhandel *m*
③ (*ensemble des marchandises*) Kurzwaren *Pl*
mercerisé(e) [mɛʀsəʀize] *adj* merzerisiert
merceriser [mɛʀsəʀize] <1> *vt* TEXTIL merzerisieren *coton*
merchandising [mɛʀʃɑ̃dajziŋ, mɛʀʃɑ̃diziŋ] *m* Merchandising *nt*
merci [mɛʀsi] **I.** *interj* ① danke; ~ **beaucoup/mille fois** vielen/tausend Dank; ~ **bien** schönen Dank, danke schön; (*négatif*) [nein,] vielen Dank; **dire** ~ **à qn** jdm danke sagen; ~ **à vous pour tout** ich danke Ihnen/euch für alles; ~ **pour** [*o* **de**] **vos deux livres** danke für Ihre/eure beiden Bücher; ~ **d'avoir arrosé les plantes/de porter cette lettre** danke fürs Blumen gießen/, dass du diesen Brief für mich aufgibst
② (*pour exprimer l'indignation, la déception*) na danke
II. *m* Dank *m;* **mille** ~**s** tausend Dank; **un grand** ~ **à vous de nous avoir aidés** herzlichen Dank dafür, dass ihr uns geholfen habt; **dis un grand** ~ **à Mamie pour le livre** bedank dich schön bei der Oma für das Buch; **il ne m'a jamais dit un** ~ er hat mir nie ein Wort des Dankes gesagt
III. *f* **avoir** [*o* **tenir**] **qn à sa** ~ jdn in seiner Gewalt haben; **être à la** ~ **de qn/qc** jdm/einer S. ausgeliefert sein; **un ouvrier à la** ~ **d'un licenciement** ein Arbeiter, der stets

Gefahr läuft, entlassen zu werden; **à la ~ du vent** dem Wind preisgegeben; **sans ~** erbarmungslos, unbarmherzig

mercier, -ière [mɛʀsje, -jɛʀ] *m, f* Kurzwarenhändler(in) *m(f)*

mercredi [mɛʀkʀədi] *m* Mittwoch *m; v. a.* **dimanche**
◆ **~ des Cendres** Aschermittwoch *m*

mercure [mɛʀkyʀ] *m* Quecksilber *nt*

Mercure [mɛʀkyʀ] *f* ASTRON, MYTH Merkur *m*

mercuriale¹ [mɛʀkyʀjal] *f* BOT Bingelkraut *nt*

mercuriale² [mɛʀkyʀjal] *f* ❶ (*discours*) *Eröffnungsrede eines Staatsanwalts nach der Sommerpause*
❷ *fig littér* Verweis *m*

mercuriale³ [mɛʀkyʀjal] *f* COM Marktbericht *m*

mercurochrome® [mɛʀkyʀokʀom] *m* Mercurochrom® *nt,* ≈ Jodtinktur *f*

merde [mɛʀd] **I.** *f* ❶ *vulg* Scheiße *f* (*vulg*); **~s de chien** Hundescheiße (*vulg*); **marcher dans la ~** in Scheiße treten (*vulg*)
❷ *fam* (*ennui*) Scheiße *f* (*sl*); **en ce moment, je n'ai que des ~s** bei mir geht zur Zeit alles in die Hose (*sl*); **laisser qn dans la ~** jdn in der Scheiße sitzen lassen (*sl*)
❸ *fam* (*saleté*) Dreck *m*
❹ *fam* (*personne, chose sans valeur*) Dreck *m* (*fam*); **ne pas se prendre pour une ~** *fam* sich für Wunder was halten (*fam*); **pour lui, on n'est que des ~s** für ihn sind wir doch nur [der letzte] Dreck (*fam*); **c'est de la ~, ce stylo** dieser Stift ist doch Mist *fam* [*o* Scheiße *vulg*]
▸ **avoir de la ~ dans les yeux** *fam* Tomaten auf den Augen haben (*fam*); **être dans la ~ jusqu'au cou** *fam* bis zum Hals in der Scheiße stecken (*sl*); **foutre** [*o* **semer**] **la ~** *fam* ein Chaos veranstalten (*fam*); **temps/boulot de ~** *fam* Scheißwetter *nt*/ Scheißarbeit *f* (*sl*)
II. *interj fam* ❶ **~ alors!** [verdammte [*o* verfluchte]] Scheiße! (*sl*); **~ à celui qui lira** *fam* wer das liest, kann mich mal (*fam*)
❷ (*pour exprimer la surprise*) verdammt (*sl*)

merder [mɛʀde] <1> *vi fam personne:* Mist machen (*fam*); *chose:* schief gehen, schief laufen (*fam*); **il y a quelque chose dans le moteur qui merde** *fam* mit dem Motor stimmt was nicht (*fam*)

merdeux, -euse [mɛʀdø, -øz] **I.** *m, f fam* **petit ~/petite merdeuse** (*homme*) [arroganter] Lümmel (*fam*); (*femme*) eingebildete Gans (*fam*); (*enfant*) Rotznase *f* (*fam*)
II. *adj fam* **se sentir tout(e) ~(-euse)** sich ganz beschissen fühlen (*sl*)

merdier [mɛʀdje] *m fam* ❶ (*désordre*) [totales *fam*] Chaos; (*pièce*) Saustall *m* (*sl*)
❷ (*situation complexe*) [totales *fam*] Chaos

merdique [mɛʀdik] *adj fam* beschissen (*sl*), mies (*fam*)

merdoyer [mɛʀdwaje] <6> *vi fam* ❶ (*en parlant*) herumstottern (*fam*)
❷ (*en faisant qc*) murksen (*fam*), Murks machen (*fam*)

mère [mɛʀ] **I.** *f* ❶ Mutter *f;* **~ poule** Glucke *f;* **~ adoptive** Adoptivmutter; **~ célibataire** allein erziehende Mutter; **~ porteuse** Leihmutter; **~ de deux enfants** Mutter von zwei Kindern [*o* zweier Kinder]; **être une vraie ~ pour qn** wie eine richtige Mutter zu jdm sein; **ne pas pouvoir être ~** keine Kinder bekommen können
❷ (*animal*) Muttertier *nt,* Alte *f*
❸ *fam* (*madame*) **la ~ Michel** die alte Michel (*fam*); **la pauvre ~ Dubois** die arme [alte] Dubois (*fam*)
❹ REL **~ Angélique** Mutter *f* Angélique; **~ supérieure** Mutter Oberin; **ma ~** ehrwürdige Mutter
❺ (*aïeule*) Urmutter *f*
▸ **être la ~ de qc** *littér* (*origine*) die Mutter einer S. (*Gen*) sein
II. *app* **langue ~** Grundsprache *f;* **maison ~** ECON Stammhaus *nt;* **fille ~** ledige Mutter; **cellule ~** Urzelle *f*
◆ **~ abbesse** Äbtissin *f;* **~ au foyer** Hausfrau *f* und Mutter *f;* **~ de famille** Mutter *f;* **~ patrie** Vaterland *nt*

merguez [mɛʀgɛz] *f kleine, scharf gewürzte Bratwurst aus Lammfleisch*

méridien [meʀidjɛ̃] *m* Meridian *m,* Längenkreis *m*
◆ **~ de Greenwich** [*o* **d'origine**] Meridian *m* von Greenwich, Nullmeridian *m*

méridional(e) [meʀidjɔnal, o] <-aux> *adj* ❶ (*du Midi de la France*) südfranzösisch
❷ (*du Bassin méditerranéen*) mediterran; **être une caractéristique ~e** typisch südländisch sein
❸ (*au sud, du sud*) südlich; **côte ~e d'un pays** Südküste *f* eines Landes

Méridional(e) [meʀidjɔnal, o] <-aux> *m(f)* ❶ (*du Midi de la France*) Südfranzose *m*/-französin *f*
❷ (*du Bassin méditerranéen*) Südländer(in) *m(f)*

meringue [məʀɛ̃g] *f* Baiser *nt,* Meringe *f;* **des ~s** Schaumgebäck *nt*

meringué(e) [məʀɛ̃ge] *adj* mit Baiserüberzug

mérinos [meʀinos] *m* ❶ (*mouton*) Merino *m,* Merinoschaf *nt*
❷ (*laine*) Merino[wolle *f*] *m*

merise [məʀiz] *f* Wildkirsche *f,* Vogelkirsche *f*

merisier [məʀizje] *m* ❶ (*arbre*) Wildkirsche *f,* Vogelkirsche *f*
❷ (*bois*) Kirschbaum[holz *nt*] *m;* **en** [*o* **de**] **~** aus Kirschbaum[holz]
❸ BOT CAN (*bouleau jaune*) Gelbbirke *f,* Amerikanische Birke *f*

méritant(e) [meʀitɑ̃, ɑ̃t] *adj* verdienstvoll

mérite [meʀit] *m* ❶ (*qualité, vertu de qn*) Verdienst *nt;* **avoir bien du ~** Verdienste haben; **il a le ~ de la sincérité/d'être sincère** seine Aufrichtigkeit ist anerkennenswert/es ist anerkennenswert, dass er aufrichtig ist
❷ *sans pl* (*valeur*) Wert; **de ~** verdient
❸ (*avantage*) *d'un appareil, d'une organisation* Vorzug *m;* **avoir le ~ de la simplicité/d'être simple** den Vorzug haben, einfach zu sein
❹ (*distinction*) **le Mérite** ≈ der Verdienstorden

mériter [meʀite] <1> **I.** *vt* ❶ (*avoir droit à qc*) verdienen; **~ mieux** Besseres verdienen; **~ de réussir/d'être récompensé(e)** den Erfolg/eine Belohnung verdienen
❷ (*valoir*) wert sein; **~ d'être vu(e)** sehenswert sein; **cela mérite réflexion** darüber sollte man nachdenken
II. *vi littér* **il mérite** [**bien**] **de la patrie** er hat sich um sein Land verdient gemacht

méritoire [meʀitwaʀ] *adj* lobenswert, löblich

merlan [mɛʀlɑ̃] *m* Wittling *m*

merle [mɛʀl] *m* Amsel *f*
▸ **~ blanc** weißer Rabe; **siffler comme un ~** gut pfeifen können

merlu [mɛʀly] *m* Seehecht *m*

merluche [mɛʀlyʃ] *f* Stockfisch *m*

mérou [meʀu] *m* [brauner] Zackenbarsch, [großer] Sägebarsch

mérovingien(ne) [meʀɔvɛ̃ʒjɛ̃, jɛn] *adj* merowingisch

Mérovingien(ne) [meʀɔvɛ̃ʒjɛ̃, jɛn] *m(f)* Merowinger(in) *m(f)*

merveille [mɛʀvɛj] *f* Wunder *nt; d'une création* Meisterwerk *nt;* **les Sept Merveilles du monde** die sieben Weltwunder; **à ~** ausgezeichnet, wunderbar; **être une ~** [einfach] wunderbar sein; **être une ~ de précision** ein Wunder an Präzision (*Dat*) sein; **faire ~** Wunder wirken; **faire des ~s** Wunder vollbringen
▸ **être la huitième ~ du monde** das achte Weltwunder sein; **crier** [*o* **chanter**] **~** des Lobes voll sein; **il n'y a pas de quoi chanter ~** es besteht kein Grund zum Jubeln

merveilleusement [mɛʀvɛjøzmɑ̃] *adv* wunderbar, wundervoll

merveilleux [mɛʀvɛjø] *m* **le ~** das Wunderbare; LITTER das Fantastische; **le ~ de qc** das Besondere an etw (*Dat*)

merveilleux, -euse [mɛʀvɛjø, -jøz] *adj* ❶ (*exceptionnel*) wunderbar; (*très beau*) wunderschön; **avec une facilité merveilleuse** unglaublich leicht
❷ *postposé* (*surnaturel, magique*) **monde ~/lampe merveilleuse** Wunderwelt *f*/-lampe *f*

mes [me] *dét poss v.* **ma, mon**

mésallience [mezaljɑ̃s] *f* nicht standesgemäße Ehe *f,* Mesalli-

M

ance *f*
mésange [mezɑ̃ʒ] *f* Meise *f;* ~ **bleue** Blaumeise; ~ **charbonnière** Kohlmeise
mésaventure [mezavɑ̃tyʀ] *f* Missgeschick *nt*
mescaline [mɛskalin] *f* CHIM Meskalin *nt*
mesdames [medam] *fpl v.* **madame**
mesdemoiselles [medmwazɛl] *fpl v.* **mademoiselle**
mésentente [mezɑ̃tɑ̃t] *f* Unstimmigkeit *f*
mésentère [mezɑ̃tɛʀ] *m* ANAT Dünndarmgekröse *nt,* Mesenterium *nt* (*Fachspr.*)
mésestime [mezɛstim] *f littér* Geringschätzung *f;* **tenir en** ~ geringschätzen
mésestimer [mezɛstime] <1> *vt littér* unterschätzen
mésintelligence [mezɛ̃teliʒɑ̃s] *f littér* Unfrieden *m*
mésocarpe [mezɔkaʀp] *m* BOT Mesokarpium *nt*
mésolithique [mezɔlitik] GEOL **I.** *adj* *industrie* mesolithisch **II.** *m* Mesolithikum *nt*
Mésopotamie [mezɔpɔtami] *f* **la** ~ Mesopotamien *nt*
mésopotamien(**ne**) [mezɔpɔtamjɛ̃, jɛn] *adj* mesopotamisch
Mésopotamien(**ne**) [mezɔpɔtamjɛ̃, jɛn] *m(f)* Mesopotamier(in) *m(f)*
mesquin(**e**) [mɛskɛ̃, in] *adj* ❶ (*étriqué*) *pensée, milieu* engstirnig; *vie* armselig
❷ (*avare*) schäbig, kleinlich; **ça fait** ~ das ist schäbig
mesquinement [mɛskinmɑ̃] *adv* ❶ (*bassement*) schäbig; **critiquer** ~ **un ouvrage** ein Werk einer kleinlichen Kritik unterziehen
❷ (*chichement*) kleinlich
mesquinerie [mɛskinʀi] *f* ❶ *sans pl* (*étroitesse*) Engstirnigkeit *f;* **avec** ~ kleinlich
❷ *sans pl* (*avarice*) Knauserei *f*
❸ (*attitude, action*) Schäbigkeit *f*
mess [mɛs] *m* [Offiziers]messe *f*
message [mesaʒ] *m* ❶ (*nouvelle*) Nachricht *f;* **laisser un** ~ eine Nachricht hinterlassen; ~ **publicitaire** Werbespot *m;* ~ **radio** Funkspruch *m*
❷ (*note écrite*) Zettel *m*
❸ (*communication solennelle*) kurze Ansprache; **prononcer un** ~ **de bienvenue** eine Begrüßungsansprache halten
❹ LING Nachricht *f*
❺ (*thèse*) Aussage *f*
❻ INFORM, TELEC Meldung *f;* ~ **électronique** E-Mail *f o nt;* ~ **d'erreur** Fehlermeldung
messager, **-ère** [mesaʒe, -ɛʀ] *m, f* ❶ Bote *m*/Botin *f*
❷ *littér* (*annonciateur*) **être le** ~/**la messagère du printemps** der Vorbote des Frühlings sein
messagerie [mesaʒʀi] *f* Mailsystem *nt;* ~ **électronique** elektronische Post, elektronischer Briefkasten; ~ **rose** *elektronischer Briefkasten für Kontaktanzeigen*
messageries [mesaʒʀi] *fpl* ❶ (*service de transport*) Transportunternehmen *nt;* ~ **aériennes** Luftfrachtagentur *f*
❷ (*transport rapide*) Eilzustelldienst *m,* Gütereilverkehr *m*
❸ PRESSE Zeitungsvertriebsgesellschaft *f*
❹ (*dans le domaine du téléachat*) Zustelldienst *m*
messe [mɛs] *f* ❶ Messe *f;* **aller à la** ~ in die Kirche gehen; **servir la** ~ ministrieren
❷ MUS Messe *f*
▸ ~ **basse** *péj* (*conciliabule*) Getuschel *nt* (*fam*); **dire** [*o* **faire**] **des** ~**s basses** tuscheln (*fam*); ~ **noire** schwarze Messe
◆ ~ **de mariage** kirchliche Trauung; ~ **de minuit** Christmette *f;* ~ **des morts** [*o* **de requiem**] Totenmesse *f,* Seelenmesse *f*
messianique [mesjanik] *adj* messianisch
messie [mesi] *m* ❶ (*chez les juifs, les chrétiens*) **le Messie** der Messias
❷ (*sauveur*) Messias *m,* Erlöser *m*
▸ **être accueilli**(**e**) **comme le** ~ *fam* wie der Retter in der Not empfangen werden; **attendre le** ~ *fam* auf ein Wunder warten; **attendre qn comme le** ~ *fam* sehnlichst auf jdn warten
messieurs [mesjø] *mpl v.* **monsieur**
messire [mesiʀ] *m* ❶ Euer Hochwohlgeboren
❷ (*titre réservé aux prêtres*) Euer Hochwürden
mesurable [məzyʀabl] *adj* messbar; **ne pas être** ~ nicht zu ermessen [*o* abzuschätzen] sein
mesurage [məzyʀaʒ] *m* Messen *nt*
mesure [m(ə)zyʀ] *f* ❶ (*action*) *d'une surface* Messen *nt,* Messung *f;* **erreur de** ~ Messfehler *m*
❷ (*dimension*) Maß *nt; de la température* Messwert *m;* ~**s de qn** (*mensurations*) jds Maße *Pl;* **prendre la** ~ **de qn/qc** jdn/etw ausloten; **prendre les** ~**s d'une pièce** einen Raum ausmessen; **prendre les** ~**s de qn** bei jdm Maß nehmen
❸ (*évaluation*) **donner toute sa** ~ all sein Können zeigen; **donner la** ~ **de son talent/ses capacités** sein wahres Können zeigen
❹ (*unité*) Maß *nt,* Maßeinheit *f;* ~ **de capacité/longueur** Hohl-/Längenmaß
❺ (*récipient, contenu*) Maß *nt;* ~ **à blé** Weizenmaß; **deux** ~**s d'avoine** zwei Maß Hafer
❻ (*élément de comparaison*) Maß *nt;* ~ **de qc** Bezugspunkt *m* [*o* Anhaltspunkt *m*] für etw; **la juste** ~ das rechte Maß; **l'homme est la** ~ **de toutes choses** der Mensch ist das Maß aller Dinge
❼ (*modération*) **avec** ~ maßvoll; **manquer de** ~ **dans ses paroles** zu weit gehen
❽ (*limite*) Maß *nt;* **outre** ~ übermäßig; **sans** ~ über alle Maßen; *ambition, orgueil* maßlos (*pej*), unmäßig (*pej*); *volonté, courage* äußerste(r, s); **passer** [*o* **dépasser**] [*o* **excéder**] **la** ~ über das Maß hinausgehen; **perdre tout sens de la** ~ jeglichen Sinn für das rechte Maß verlieren
❾ (*disposition*) Maßnahme *f;* ~ **disciplinaire** Disziplinarstrafe *f;* **par** ~ **d'économie** aus Sparsamkeitsgründen; **par** ~ **de prudence** vorsichtshalber; **prendre ses** ~**s** sich vorsehen, Vorkehrungen treffen
❿ MUS Takt *m;* ~ **à deux temps** Zweivierteltakt; **en** ~ im Takt; **battre** [*o* **scander**] [*o* **taper**] **la** ~ den Takt angeben; **perdre la** ~ aus dem Takt kommen
⓫ LITTER, POES Versmaß *nt,* Metrum *nt*
▸ **pour faire bonne** ~ um das Maß voll zu machen; **la** ~ **est comble** [*o* **pleine**] das Maß ist voll; **il n'y a pas de commune** ~ **entre qc et qc** man kann etw und etw nicht mit demselben Maßstab messen; **être sans commune** ~ **avec qc** mit etw nicht zu vergleichen sein; **à** ~ nach und nach; **à** ~ **que nous avançions, la forêt devenait plus épaisse** je weiter wir vordrangen, desto dichter wurde der Wald; **être à la** ~ **de qn** sich mit jdm messen können; **un rôle à la** ~ **de son talent** eine seinem/ihrem Talent angemessene Rolle; **dans la** ~ **du possible** im Rahmen des Möglichen; **dans une certaine** ~ in gewissem Maße; **qn est en** ~ **de faire qc** jd ist imstande, etw zu tun; **sur** ~[**s**] *costume* maßgeschneidert, nach Maß; *emploi du temps, voyage* genau abgestimmt
◆ ~**s de protection** Schutzbestimmungen *Pl;* ~ **de sécurité** Sicherheitsmaßnahme *f;* **par** ~ **de sécurité** aus Sicherheitsgründen; ~ **d'urgence** Sofortmaßnahme *f*
mesuré(**e**) [məzyʀe] *adj ton* gemäßigt; *pas* gemessen; *personne* besonnen, bedächtig; **être** ~(**e**) **dans ses paroles/actions** seine Worte abwägen/mit Bedacht handeln
mesurer [məzyʀe] <1> **I.** *vi* (*avoir pour mesure*) messen; ~ **1,75 m** *personne:* 1,75 m messen; 1,75 m groß sein; ~ **un mètre de haut/de large/de long** einen Meter hoch/breit/lang sein; **combien mesures-tu?** wie groß bist du?; **cette pièce mesure quatre mètres sur cinq** dieser Raum misst vier mal fünf Meter [*o* ist vier mal fünf Meter groß]
II. *vt* ❶ (*déterminer les dimensions*) messen; vermessen *terrain;* ausmessen *pièce;* ~ **qn** jdn messen; ~ **deux mètres de tissu** zwei Meter Stoff abmessen
❷ (*évaluer*) ermessen; abschätzen *danger, conséquences, risque;* ~ **qn des yeux** [*o* **du regard**] jdn von oben bis unten mustern;

~ **une action à** [*o* **d'après**] **ses résultats** eine Handlung an ihrem Ergebnis messen
③ (*limiter*) ~ **de la nourriture à qn** jdm nur knapp Lebensmittel zuteilen; **ne pas ~ ses efforts** keine Mühe scheuen; **le temps nous est mesuré** unsere Zeit ist knapp bemessen
④ (*modérer*) mäßigen *paroles, propos*
III. *vpr* ① (*se comparer à*) **se ~ à** [*o* **avec**] **qn** sich mit jdm messen; **se ~ à des difficultés** Schwierigkeiten zu bewältigen haben; **les adversaires se mesurent des yeux** [*o* **du regard**] die Gegner messen sich mit Blicken
② (*être mesurable*) **se ~ en mètres/litres** in Metern/nach Litern gemessen werden
métabolique [metabɔlik] *adj* Stoffwechsel-
métabolisme [metabɔlism] *m* Stoffwechsel *m,* Metabolismus *m* (*Fachspr.*)
métacarpe [metakaʀp] *m* Mittelhand *f*
métacarpien [metakaʀpjɛ̃] *m* Mittelhandknochen *m*
métairie [meteʀi] *f* Pachtgut *nt,* Pachthof *m* (*der Pachtzins wird in Naturalabgaben geleistet*)
métal [metal, o] <-aux> *m* ① Metall *nt;* **le ~ jaune** das Gold; ~ **précieux** Edelmetall; **en** [*o* **de**] ~ Metall-, aus Metall
② *sans pl* FIN Metallgeld *nt,* Hartgeld *nt*
métalangage [metalɑ̃gaʒ] *m,* **métalangue** [metalɑ̃g] *f* LING Metasprache *f*
métalinguistique [metalɛ̃gɥistik] *adj* metasprachlich
métallifère [metalifɛʀ] *adj* erzhaltig
métallique [metalik] *adj* ① (*en métal*) Metall-; **fil ~** Draht *m*
② (*qui rappelle le métal*) metallisch; **un son ~** ein metallisches Geräusch/metallischer Klang
③ FIN **monnaie ~** Hartgeld *nt,* Münzgeld *nt;* **encaisse ~** Münzbestand *m*
métallisé(e) [metalize] *adj* metallisch; **peinture ~e** Metalliclackierung *f;* **papier ~** Metallpapier, metallicgrau/metallicblau *nt;* **gris/bleu ~** metallic-grau/metallic-blau, graumetallic/ blaumetallic
métalliser [metalize] <1> *vt* ① (*couvrir de métal*) metallisieren
② (*donner l'éclat du métal*) ~ **qc** einer S. (*Dat*) metallischen Glanz geben
métallo [metalo] *m fam abr de* **métallurgiste** Metaller *m* (*fam*)
métallographie [metalɔgʀafi] *f* TECH Metallographie *f*
métalloïde [metalɔid] *m* CHIM Metalloid *nt* (*veraltet*), Nichtmetall *nt*
métallurgie [metalyʀʒi] *f sans pl* ① (*industrie*) Metallindustrie *f;* ~ **lourde/de transformation** Schwerindustrie/Metall verarbeitende Industrie
② (*technique*) Hüttenkunde *f,* Metallurgie *f*
métallurgique [metalyʀʒik] *adj* metallurgisch; **industrie ~** Metallindustrie *f*
métallurgiste [metalyʀʒist] *mf* ① (*ouvrier*) Metallarbeiter(in) *m(f)*
② (*industriel*) Schwerindustrielle(r) *f(m)*
métamorphisme [metamɔʀfism] *m* Metamorphose *f*
métamorphose [metamɔʀfoz] *f* ① BIO, ZOOL ~ **d'un animal en qc** Metamorphose *f* eines Tieres zu etw
② *sans pl* (*transformation*) Verwandlung *f,* Metamorphose *f* (*geh*); **il s'est opéré en lui une véritable ~** er hat eine wahre Verwandlung durchgemacht; **la ~ d'une société agricole en une société industrielle** der Übergang von einer Agrargesellschaft zu einer Industriegesellschaft
③ MYTH Metamorphose *f*
métamorphoser [metamɔʀfoze] <1> **I.** *vt* ① (*changer en bien*) verwandeln
② MYTH ~ **en animal/statue** in ein Tier/eine Statue verwandeln
II. *vpr* ① BIO, ZOOL **se ~** *insecte, têtard:* eine Metamorphose durchmachen, metamorphosieren (*Fachspr.*)
② (*changer en bien*) **se ~** eine Verwandlung durchmachen; **se ~ en qn** sich in jdn verwandeln
métaphore [metafɔʀ] *f* Metapher *f*
métaphorique [metafɔʀik] *adj* metaphorisch; **emploi ~** metaphorischer [*o* bildlicher] Gebrauch
métaphoriquement [metafɔʀikmɑ̃] *adv* metaphorisch, bildlich
métaphysique [metafizik] **I.** *adj* ① PHILOS metaphysisch
② (*abstrait*) abstrakt
II. *f* ① PHILOS Metaphysik *f*
② *sans pl* (*spéculations*) abstrakte Theorie
métastase [metastɑz] *f* Metastase *f*
métatarse [metataʀs] *m* Mittelfuß *m*
métatarsien [metataʀsjɛ̃] *m* Mittelfußknochen *m*
métayage [metɛjaʒ] *m* Pacht *f* (*gegen Naturalabgaben*)
métayer, -ère [meteje, -ɛʀ] *m, f* Pachtbauer *m*/-bäuerin *f* (*der den Pachtzins in Naturalabgaben leistet*)
métazoaire [metazɔɛʀ] *m* Vielzeller *m,* Metazoon *nt* (*Fachspr.*)
métempsycose [metɑ̃psikoz] *f sans pl* Seelenwanderung *f,* Metempsychose *f* (*Fachspr.*)
météo [meteo] **I.** *adj inv abr de* **météorologique** Wetter-
II. *f* ① *abr de* **météorologie** Wetterdienst *m,* meteorologischer Dienst
② *sans pl* (*bulletin*) Wetterbericht *m,* Wettervorhersage *f*
météore [meteɔʀ] *m* Meteor *m*
▶ passer **comme un ~** eine steile, aber kurze Karriere machen
météorique [meteɔʀik] *adj* ASTRON Meteoriten-
météorite [meteɔʀit] *m o f* Meteorit *m*
météorologie [meteɔʀɔlɔʒi] *f* ① SCI Meteorologie *f,* Wetterkunde *f*
② (*organisme*) meteorologisches Institut, Wetteramt *nt*
météorologique [meteɔʀɔlɔʒik] *adj* Wetter-; *instrument, observations* meteorologisch; **station ~** Wetterstation *f;* **bulletin ~** Wetterbericht *m;* **carte ~** Wetterkarte *f*
météorologiste [meteɔʀɔlɔʒist] *mf,* **météorologue** [meteɔʀɔlɔg] *mf* Meteorologe *m*/Meteorologin *f*
métèque [metɛk] *m péj vieilli* (*étranger*) Kanake *m* (*pej fam*)
méthacrylique [metakʀilik] *adj* CHIM **acide ~** Methacrylsäure *f;* **résine ~** Methacrylharz *nt*
méthadone [metadɔn] *f* Methadon *nt*
méthane [metan] *m* Methan[gas *nt*] *nt*
méthanier [metanje] *m* Gastanker *m,* NPG-Tanker *m* [für Methan]
méthanol [metanɔl] *m* CHIM Methanol *nt*
méthode [metɔd] *f* ① *a.* ECON (*technique*) Methode *f,* Verfahren *nt;* **~s commerciales** Handelsmethoden; **~ comptable** Rechenmethode, Rechenverfahren; **des ~s d'apprentissage du français** Methoden zum Erlernen der französischen Sprache; **il a trouvé la bonne ~** er hat den richtigen Dreh gefunden (*fam*)
② (*manuel*) ~ **de piano/guitare** Klavier-/Gitarrenschule *f;* ~ **de comptabilité** Einführung *f* in die Buchführung; ~ **de langue** Sprachlehrbuch *nt*
③ *sans pl fam* (*manière de faire*) Methode *f;* **chacun sa ~!** jeder auf seine Art!
④ *sans pl* (*ordre, logique*) Methode *f,* System *nt;* **avoir beaucoup de ~** sehr methodisch sein; **avec/sans ~** methodisch/ unmethodisch
⑤ *sans pl* PHILOS, SCI Methode *f*
méthodique [metɔdik] *adj* methodisch, systematisch
méthodiquement [metɔdikmɑ̃] *adv* methodisch, systematisch
méthodiste [metɔdist] **I.** *adj* methodistisch
II. *mf* Methodist(in) *m(f)*
méthodologie [metɔdɔlɔʒi] *f* Methodologie *f,* Methodik *f*
méthodologique [metɔdɔlɔʒik] *adj* methodologisch
méthyle [metil] *m* CHIM Methyl *nt*

M

méthylène [metilɛn] *m* Methylen *nt*
méthylique [metilik] *adj* **alcool** ~ Methylalkohol *m*
méticuleusement [metikyløzmɑ̃] *adv* sorgfältig; *travailler, nettoyer* sorgfältig, gründlich
méticuleux, -euse [metikylø, -øz] *adj* ❶ (*minutieux*) sorgfältig; *personne* sorgfältig, [peinlich] genau; **être ~(-euse) dans son travail** sorgfältig arbeiten
❷ (*fait avec minutie*) **travail** ~ sorgfältige Arbeit; **propreté méticuleuse** gründliche Sauberkeit; **prendre un soin ~ à qc** peinlich genau auf etw (*Akk*) achten
méticulosité [metikylozite] *f* [große] Sorgfalt, [peinliche] Genauigkeit
métier [metje] *m* ❶ (*profession*) Beruf *m;* (*d'un artisan*) Beruf, Handwerk *nt;* (*d'un commerçant*) Beruf, Gewerbe *nt;* **un ~ d'avenir** ein Zukunftsberuf; **argot de ~** Fachjargon *m;* **être architecte de son ~** von Beruf Architekt sein; **apprendre/exercer un ~** einen Beruf erlernen/ausüben; **être du ~** vom Fach sein; **elle est depuis dix ans dans le ~** sie ist seit zehn Jahren im Beruf; **elle a appris le ~ de soudeuse** sie hat Schweißerin gelernt; **c'est son ~, après tout!** das ist schließlich ihr/sein Beruf [*o* Metier]!; **qu'est-ce que vous faites comme ~?, quel ~ faites-vous?** was machen Sie beruflich?, was sind Sie von Beruf?
❷ *pl* (*ensemble de métiers*) **les ~s du bois/de la restauration** die Holz verarbeitenden Berufe *Pl*/Gastronomieberufe *Pl*
❸ *sans pl* (*secteur d'activité*) *d'une entreprise, firme* Tätigkeitsbereich *m*
❹ *sans pl* (*rôle*) **le ~ de mère/d'épouse de président** die Mutterrolle/Rolle als Präsidentengattin; **le ~ de roi** das Königsein; **faire son ~** seine Pflicht tun
❺ *sans pl* (*technique*) handwerkliches Können; (*habileté*) Geschick *nt;* **avoir du ~** sich auskennen, Berufserfahrung haben; **avoir vingt ans de ~** zwanzig Jahre Berufserfahrung haben; **connaître son ~** sein Handwerk [*o* seine Sache] verstehen
❻ TECH, TEXTIL ~ **[à tisser]** Webstuhl *m;* ~ **à broder** Stickrahmen *m;* ~ **Jacquard** Jacquardmaschine *f*
► **exercer le plus vieux ~ du monde** das älteste Gewerbe der Welt ausüben; **il n'y a pas de sot ~** *prov* jeder Beruf hat seinen Wert; **gâcher le ~** die Preise verderben; **c'est rien, c'est le ~ qui rentre** [das macht nichts,] aus Schaden wird man klug (*prov*); **chacun son ~** Schuster bleib bei deinen Leisten (*prov*)
métis [metis] *m* ❶ (*personne*) Mischling *m*
❷ (*tissu*) Mischgewebe *nt*
métis(se) [metis] *adj* *personne* Mischlings-; *population* Misch-, gemischtrassig; **être ~(se)** ein Mischling sein
métissage [metisaʒ] *m* [Rassen]mischung *f*
métisse [metis] *f* Mischling *m*
métisser [metise] <1> *vt* ❶ (*unir par métissage*) mischen *population;* **être métissé(e)** gemischt sein
❷ (*croiser*) kreuzen *animal, plante;* **chien métissé** Mischling *m;* **plante métissée** Kreuzung *f*
métonymie [metɔnimi] *f* Metonymie *f*
métrage [metʀaʒ] *m* ❶ COUT Stoffmenge *f;* **un petit/grand ~ de soierie** ein kleines/großes Stück Seide; **quel ~ vous faut-il?** wie viele Meter brauchen Sie?
❷ (*mesure*) Vermessung *f;* **procéder au ~ de qc** etw vermessen
❸ CINE **court ~** Kurzfilm *m* (*unter zwanzig Minuten*); **long ~** Spielfilm *m;* **moyen ~** Film von mittlerer Länge (*zwischen 20 und 60 Minuten*)
mètre [mɛtʀ] *m* ❶ (*unité de mesure*) Meter *m o nt;* ~ **cube/carré** Kubik-/Quadratmeter; **par cent ~s de fond** in hundert Metern Tiefe; **à cinquante ~s d'ici** in fünfzig Metern Entfernung
❷ (*instrument*) [Zenti]metermaß *nt;* ~ **pliant** Zollstock *m;* ~ **[à] ruban,** ~ **de couturière** Maßband *nt*
❸ SPORT **le 100/200/1500 ~s** die 100/200/1500 Meter; **courir le 100 ~s en dix secondes** die 100 Meter in zehn Sekunden laufen; **le 110 ~s haies** die 110 Meter Hürden; **le 4 fois 100 ~s** die 4 x 100-m-Staffel; **piquer un cent ~s** *fig fam* einen Spurt einlegen (*fam*)
❹ POES Metrum *nt,* Versmaß *nt*
métrer [metʀe] <5> *vt* vermessen; abmessen *tissu*
métreur, -euse [metʀœʀ, -øz] *m, f* Bauleiter(in) *m(f)*
métrique [metʀik] **I.** *adj* SCI, POES metrisch
II. *f* Metrik *f*
métrite [metʀit] *f* MED Gebärmutterentzündung *f,* Metritis *f* (*Fachspr.*)
métro [metʀo] *m abr de* **métropolitain** ❶ U-Bahn *f;* (*de Paris*) Metro *f;* **station de ~** U-Bahn-Haltestelle *f,* Metrostation *f;* ~ **souterrain/aérien** U-Bahn/Hochbahn; ~ **urbain** Stadtbahn/Metro; ~ **régional/express** Nahverkehrsbahn/Schnellbahn; **en ~** mit der U-Bahn/Metro
❷ (*station*) U-Bahn-Haltestelle *f,* Metrostation *f*

i Land & Leute

Die Pariser **métro** ist eine der ältesten U-Bahnen Europas: Sie besteht seit 1900. Die meisten Linien verkehren von etwa 5.30 Uhr morgens bis 0.30 Uhr nachts. Es gibt inzwischen auch fahrerlose U-Bahn-Linien, so z. B. in Lyon, bei denen alles vollautomatisch gesteuert wird, vom Öffnen und Schließen der Türen bis zur Regelung der Geschwindigkeit.

métronome [metʀɔnɔm] *m* Metronom *nt*
métropole [metʀɔpɔl] *f* ❶ (*grande ville*) Metropole *f;* ~ **du cinéma** Kinometropole; ~ **financière** Finanzmetropole
❷ *sans pl* (*pays*) Mutterland *nt*
métropolitain [metʀɔpɔlitɛ̃] *m* ❶ *form* (*métro*) Untergrundbahn *f;* (*de Paris*) Metro *f*
❷ REL Metropolit *m*
métropolitain(e) [metʀɔpɔlitɛ̃, ɛn] *adj* ❶ GEOG des Mutterlandes; **la France ~e** [das Mutterland] Frankreich
❷ REL **l'église ~e** die Metropolitankirche
mets [mɛ] *m* Speise *f*
mettable [mɛtabl] *adj* **cette veste n'est plus/est encore ~** diese Jacke kann man nicht mehr/noch anziehen
metteur, -euse [metœʀ, -øz] *m, f* ◆ ~**(-euse) en ondes** [Rundfunk]regisseur(in) *m(f);* ~ **en pages** [Schrift]setzer(in) *m(f),* Metteur(in) *m(f);* ~**(-euse) en scène** CINE, TV, THEAT Regisseur(in) *m(f)*
mettre [mɛtʀ] <*irr*> **I.** *vt* ❶ (*placer, poser*) tun; (*à plat, couché, horizontalement*) legen; (*debout, verticalement*) stellen; (*assis*) setzen; (*suspendre*) hängen; ~ **les mains dans les poches** die Hände in die Taschen stecken; ~ **les mains en l'air** die Arme hochheben; ~ **les coudes sur la table** die Ellbogen auf den Tisch [auf]stützen; ~ **des invités dans la chambre d'amis** die Gäste im Fremdenzimmer unterbringen; ~ **un enfant au lit** ein Kind ins Bett bringen; ~ **les mains devant les yeux** die Hände vor die Augen halten; ~ **la tête à la fenêtre** den Kopf aus dem Fenster strecken [*o* stecken]; **où ai-je mis mes lunettes?** wo habe ich meine Brille hingetan [*o* hingelegt]?
❷ (*déposer, entreposer*) ~ **une voiture au garage/parking** ein Auto in die Garage/auf den Parkplatz bringen; ~ **de l'argent à la banque** Geld zur [*o* auf die] Bank bringen; ~ **à la fourrière** abschleppen; ~ **à l'abri** [*o* **en lieu sûr**] in Sicherheit bringen
❸ (*jeter*) ~ **à la poubelle/au panier** in den Mülleimer/den Papierkorb werfen
❹ (*ajouter*) ~ **deux sucres dans son café** zwei Stück Zucker in seinen Kaffee tun; ~ **trop de sel dans la soupe** die Suppe versalzen
❺ (*répandre, étaler*) ~ **du beurre sur une tartine** Butter auf

ein Brot streichen; ~ **du cirage sur ses chaussures** Schuhcreme auf seine Schuhe auftragen; ~ **de la crème sur ses mains** seine Hände eincremen; **se ~ de la crème sur la figure** sich (*Dat*) das Gesicht eincremen; ~ **de la sauce sur sa cravate** seine Krawatte mit Soße bekleckern
6 (*ajuster, adapter*) ~ **un manche à un balai** einen Stiel an einen Besen machen; ~ **un nouveau moteur** einen neuen Motor einbauen
7 (*coudre*) ~ **un bouton à une veste** an einer Jacke einen Knopf annähen; ~ **une pièce à un pantalon** einen Flicken auf eine Hose aufnähen
8 (*introduire*) stecken; ~ **la clef dans la serrure** einen Schlüssel in das Schloss stecken; ~ **une lettre dans une enveloppe** einen Brief in einen Umschlag stecken; ~ **un peu de fantaisie dans sa vie** ein bisschen Fantasie in sein Leben bringen
9 (*conditionner*) ~ **de la farine en sacs/du vin en bouteilles** Mehl in Säcke/Wein in Flaschen füllen
10 (*écrire*) schreiben; ~ **un nom sur une liste** einen Namen auf eine Liste setzen; ~ **une note à qn** jdm eine Note geben
11 (*nommer*) ~ **qn au service clients** jdn beim Kundendienst einsetzen
12 (*inscrire*) ~ **en pension** in Pension geben; ~ **ses enfants à l'école privée** seine Kinder auf eine Privatschule schicken
13 (*classer*) ~ **qn au nombre des meilleurs** jdn zu den Besten zählen; ~ **en première place** auf den ersten Platz setzen; ~ **au-dessus/en-dessous de qn/qc** höher/niedriger als jdn/etw einstufen
14 (*revêtir*) anziehen *vêtement, chaussures;* aufsetzen *chapeau, lunettes;* einsetzen *lentilles de contact;* auftragen, auflegen *maquillage;* anlegen *bijou;* anstecken *bague, broche;* ~ **souvent des pantalons** oft Hosen tragen; **ne ~ que du noir** nur schwarze Kleider tragen
15 (*consacrer*) ~ **deux heures/une journée à [*o* pour] faire un travail** zwei Stunden/einen Tag für eine Arbeit brauchen; ~ **ses forces à qc/faire qc** seine ganze Kraft auf etw (*Akk*) verwenden/darauf verwenden, etw zu tun; ~ **beaucoup de soin à qc/à faire qc** sich (*Dat*) große Mühe mit etw geben/[damit] geben, etw zu tun; ~ **ses espoirs dans un projet/une étude** seine Hoffnung in ein Projekt/eine Studie setzen; **elle a mis six mois à [*o* pour] répondre à ma lettre** es hat sechs Monate gedauert, bis sie auf meinen Brief geantwortet hat; **tu as mis le temps!** du hast dir aber Zeit gelassen!, das hat aber [lange] gedauert!
16 (*investir*) ~ **beaucoup d'argent/dix mille euros dans un projet/une maison** viel Geld/zehntausend Euro in ein Projekt/ein Haus stecken (*fam*)
17 (*placer dans une situation*) ~ **qn dans un drôle d'état** jdn arg mitnehmen; ~ **qn dans l'embarras/une situation délicate** jdn in eine peinliche Situation bringen; ~ **qn à l'aise** dafür sorgen, dass jd sich wohl fühlt; ~ **qn au régime** jdn auf Diät setzen
18 (*transformer*) ~ **au pluriel/au futur** in den Plural/ins Futur setzen; ~ **ses papiers/ses notes en ordre** seine Unterlagen/Notizen in Ordnung bringen; ~ **une longueur en centimètres** eine Länge in Zentimeter umrechnen; ~ **en allemand/anglais** ins Deutsche/Englische übersetzen; ~ **au propre** ins Reine schreiben; ~ **en forme** ausgestalten; ~ **en musique/en pages** vertonen/umbrechen
19 (*faire fonctionner*) anmachen, einschalten; ~ **la deux/les infos** das zweite Programm/die Nachrichten einschalten [*o* anmachen]; ~ **la radio/télé plus fort** das Radio/den Fernseher lauter stellen; ~ **la radio/télé plus bas** das Radio/den Fernseher leiser stellen
20 (*régler*) ~ **une montre à l'heure** eine Uhr stellen; ~ **le réveil à cinq heures** den Wecker auf fünf Uhr stellen
21 (*installer*) einbauen, aufhängen *rideaux;* verlegen *moquette, eau, électricité;* ~ **du papier peint sur les murs** die Wände tapezieren; ~ **de la peinture anti-rouille sur un banc** eine Bank mit Rostschutzfarbe streichen
22 (*faire*) ~ **à cuire/à chauffer/à bouillir** aufsetzen
23 (*envoyer*) ~ **une fléchette dans la cible** mit einem Pfeil ins Ziel treffen; ~ **le ballon dans les buts** den Ball ins Tor schießen; **je lui ai mis mon poing dans la figure** *fam* ich habe ihm/ihr eine reingehauen (*fam*)
24 (*admettre*) **mettons/mettez que qn ait fait qc** angenommen, dass jd etw getan hat; **mettons que je me suis trompé(e), et on n'en parle plus** sagen wir, ich habe mich geirrt, und Schwamm drüber (*fam*)
► ~ **à jour** INFORM aktualisieren, updaten (*Fachspr.*)
II. *vpr* 1 (*se placer*) **se ~ debout/assis(e)** aufstehen/sich [hin]setzen; **se ~ à genoux/au garde-à-vous** sich hinknien/Haltung annehmen; **se ~ sur le côté/à droite de qn** (*debout*) sich auf jds Seite/rechts von jdm stellen; (*assis*) sich auf jds Seite/rechts von jdm setzen; (*couché*) sich auf jds Seite/rechts von jdm legen; **se ~ en travers** sich quer stellen; **se ~ en travers du passage** den Weg versperren; **se ~ du côté du plus fort** sich auf die Seite des Stärkeren stellen; **se ~ à la disposition de qn/qc** sich jdm/etw zur Verfügung stellen; **se ~ dans une situation délicate** in eine peinliche Situation geraten; **il était si honteux qu'il ne savait plus où se ~** er wäre vor Scham am liebsten im Erdboden versunken
2 (*placer sur soi*) **se ~ un œillet à la boutonnière** sich (*Dat*) eine Nelke ins Knopfloch stecken; **se ~ un chapeau/une couronne sur la tête** sich (*Dat*) einen Hut/eine Krone aufsetzen; **se ~ les doigts dans le nez** in der Nase bohren; **se ~ de l'encre sur les doigts** sich (*Dat*) die Finger mit Tinte beschmieren; **s'en ~ partout** sich völlig bekleckern (*fam*); **mets-toi bien ça dans le crâne!** merke dir das [gut]!
3 (*se ranger*) **se ~ dans l'armoire/à droite** in den Schrank/rechts hinkommen [*o* hingehören]
4 (*porter*) **se ~ en pantalon/rouge** eine Hose anziehen/Rot tragen; **se ~ du parfum** sich parfümieren; **se ~ du rouge à lèvres** sich die Lippen schminken; **se ~ torse nu/en bras de chemise** das Hemd/die Jacke ausziehen; **je n'ai rien à me ~** ich habe nichts anzuziehen
5 (*commencer à*) **se ~ à faire qc** beginnen [*o* anfangen], etw zu tun; **se ~ à la peinture/au tricot** zu malen/stricken anfangen; **se ~ au russe** anfangen, Russisch zu lernen; **se ~ au travail** sich an die Arbeit machen; **bon, je m'y mets** los, packen wir's an
6 (*pour exprimer le changement d'état*) **se ~ au courant de qc** sich mit etw vertraut machen; **se ~ dans son tort** sich ins Unrecht setzen; **se ~ en colère** wütend werden; **se ~ en frais** sich in Unkosten stürzen; **se ~ en mouvement** sich in Bewegung setzen; **se ~ en rang/en file indienne** sich in einer Reihe/hintereinander aufstellen; **se ~ en rapport/relation avec qn** sich mit jdm in Verbindung setzen; **se ~ en route** sich auf den Weg machen; **se ~ en place** *réforme, nouvelle politique:* eingesetzt werden; **le temps se met au beau/à la pluie** es wird schön/fängt an zu regnen
7 (*se coincer*) **se ~ dans qc** in etw (*Akk*) geraten; **la ficelle s'est mise dans les rayons** die Schnur ist in die Speichen geraten
8 *fam* **se ~ avec qn** (*constituer une équipe*) sich mit jdm zusammentun; (*prendre parti pour*) sich auf jds Seite stellen; (*vivre avec*) mit jdm zusammenziehen; **ils se sont mis à cinq/à plusieurs** sie haben sich zu fünft/zu mehreren zusammengetan
9 (*boire trop*) **s'en ~ jusque-là** *fam* sich voll laufen lassen (*sl*); (*manger trop*) sich den Bauch voll schlagen (*fam*); **qu'est-ce qu'ils se mettent!** die hauen ganz schön drauf!
meuble [mœbl] **I.** *m* 1 (*mobilier*) Möbel[stück *nt*] *nt;* **~s de cuisine/salle de bain/jardin** Küchen-/Badezimmer-/Gartenmöbel *Pl;* **~s de rangement** Schränke *Pl*
2 JUR bewegliches Gut

M

► **sauver les ~s** retten, was noch zu retten ist
II. *adj* ❶ *terre, sol* locker
❷ JUR beweglich
meublé [mœble] *m* (*chambre*) möbliertes Zimmer; (*appartement*) möblierte Wohnung
meublé(e) [mœble] *adj* möbliert
meubler [mœble] <1> I. *vt* ❶ (*garnir de meubles*) einrichten, möblieren
❷ (*constituer le mobilier*) **un lit et une chaise meublent la chambre** in dem Zimmer stehen ein Bett und ein Stuhl
❸ (*remplir*) überbrücken *silence;* in Gang halten *conversation;* **~ sa solitude** seine Einsamkeit ausfüllen; **~ sa mémoire de souvenirs** sein Gedächtnis mit Erinnerungen füllen
II. *vpr* **se ~** sich einrichten; **se ~ en style Louis XVI** sich im Louis XVI-Stil einrichten
meuf [mœf] *f arg* Tussi *f* (*sl*)
meuglement [møgləmɑ̃] *m d'un bovin* Muhen *nt*
meugler [møgle] <1> *vi* muhen
meuh [mø] *interj* muh
meule¹ [møl] *f* ❶ *d'un moulin* Mühlstein *m*
❷ (*pour aiguiser*) Schleifstein *m;* (*pour polir*) Polierscheibe *f*
❸ GASTR Laib *m;* **~ de gruyère** Laib Greyerzer Käse
meule² [møl] *f* AGR Schober *m;* **~ de foin** Heuschober
meuler [møle] <1> *vt* abschleifen
meulière [møljɛʀ] *f* (*pierre*) Mühlsteinquarz *m*
meunerie [mønʀi] *f* ❶ (*industrie*) Müllerei *f*
❷ (*meuniers*) Mühlenbetreiber *Pl*
meunier [mønje] *m* ZOOL CAN (*chevesne*) Saugdöbel *m;* **~ rouge** Alaska-Saugdöbel *m*
meunier, -ière [mønje, -jɛʀ] I. *adj* ❶ IND Mühlen-
❷ GASTR **truite/sole meunière** Forelle/Seezunge Müllerinart
II. *m, f* (*minotier*) Müller(in) *m(f)*
meunière [mønjɛʀ] *f* (*femme du meunier*) Müllerin *f,* Müllersfrau *f*
meure [mœʀ] *subj prés de* **mourir**
meurent [mœʀ] *indic prés de* **mourir**
meurette [mœʀɛt] *f* GASTR **des œufs en ~** pochierte Eier in Rotweinsoße
meurs [mœʀ], **meurt** [mœʀ] *indic prés de* **mourir**
meurt-de-faim [mœʀdəfɛ̃] *mf inv vieilli* Hungerleider *m* (*fam*)
meurtre [mœʀtʀ] *m* Mord *m;* **~ avec préméditation** vorsätzliche Tötung; **être accusé du ~ de sa femme** des Mordes an seiner Ehefrau angeklagt sein
meurtri(e) [mœʀtʀi] *part passé de* **meurtrir**
meurtrier, -ière [mœʀtʀije, -ijɛʀ] I. *adj* mörderisch; *accident, coup* tödlich; *carrefour, route* lebensgefährlich
II. *m, f* Mörder(in) *m(f)*
meurtrière [mœʀtʀijɛʀ] *f* ARCHIT Schießscharte *f*
meurtrir [mœʀtʀiʀ] <8> I. *vt* ❶ (*contusionner*) zerquetschen; **le coup lui avait meurtri le visage** sein/ihr Gesicht war grün und blau geschlagen; **ses chaussures lui meurtrissaient les pieds** die Schuhe quetschten ihm/ihr die Füße ein; **il avait le dos meurtri par les coups** sein Rücken war von den Schlägen zerschunden
❷ (*endommager*) beschädigen *fruits, légumes;* **des fruits meurtris** Obst *nt* mit Druckstellen, fleckiges Obst
❸ *soutenu* (*blesser moralement*) tief verletzen; **les reproches lui meurtrissaient le cœur** die Vorwürfe schnitten ihm/ihr tief ins Herz; **avoir le cœur meurtri** zutiefst verletzt sein
II. *vpr* **se ~ le genou/le front** sich (*Dat*) das Knie aufschlagen/an der Stirn verletzen
meurtrissure [mœʀtʀisyʀ] *f* ❶ (*marque*) Bluterguss *m*
❷ (*tache sur des fruits, légumes*) Fleck *m,* Druckstelle *f*
meus [mø] *indic prés de* **mouvoir**
Meuse [møz] *f* **la ~** die Maas
meut [mø] *indic prés de* **mouvoir**
meute [møt] *f a. fig* Meute *f*
meuve [mœv] *subj prés de* **mouvoir**
meuvent [mœv] *indic prés de* **mouvoir**
mexicain(e) [mɛksikɛ̃, ɛn] *adj* mexikanisch
Mexicain(e) [mɛksikɛ̃, ɛn] *m(f)* Mexikaner(in) *m(f)*
Mexique [mɛksik] *m* **le ~** Mexiko *nt*
mézigue [mezig] *pron pers arg* mich, mir
mezzanine [mɛdzanin] *f* ❶ (*étage*) Zwischengeschoss *nt,* Mezzanin *nt*
❷ THEAT *d'une salle de spectacle* erster Rang; (*place*) Platz *m* im ersten Rang
❸ (*fenêtre*) Mezzaninfenster *nt*
mezzo [mɛdzo] *m,* **mezzo-soprano** [mɛdzosɔpʀano] <mezzo-sopranos> I. *m* (*voix*) Mezzosopranstimme *f,* Mezzosopran *m*
II. *f* Mezzosopran *m*
MF [ɛmɛf] *mpl* HIST *abr de* **millions de francs** Mio F
mg *abr de* **milligramme** mg
Mgr *abr de* **Monseigneur** Mgr
mi [mi] *m inv* E *nt,* e *nt; v. a.* **do**
miam-miam [mjammjam] *interj fam* lecker, lecker (*fam*)
miaou [mjau] *interj* miau
mi-août [miut] *f sans pl* Mitte *f* August; **à la ~** Mitte August
miasme [mjasm] *m gén pl* [ungesunde] Ausdünstung, Miasma *nt* (*geh*)
miaulement [mjolmɑ̃] *m* Miauen *nt*
miauler [mjole] <1> *vi* miauen
mi-avril [miavʀil] *f sans pl* Mitte *f* April; **à la ~** Mitte April **mi-bas** [miba] <mi-bas> *m* Kniestrumpf *m*
mica [mika] *m* MINER Glimmer *m*
mi-carême [mikaʀɛm] <mi-carêmes> *f* Mittfasten *Pl*
micelle [misɛl] *f* CHIM, PHYS Mizell *nt,* Mizelle *f*
miche [miʃ] *f* ❶ (*pain*) [Brot]laib *m*
❷ *pl fam* (*fesses*) Hintern *m* (*fam*), Po *m* (*fam*)
Michel-Ange [mikɛlɑ̃:ʒ(ə)] *m* Michelangelo *m*
mi-chemin [miʃmɛ̃] **à ~** auf halbem Weg; **n'être qu'à ~** erst die Hälfte des Weges hinter sich haben; **à ~ entre qc et qc** (*à égale distance de*) auf halbem Weg zwischen etw und etw (*Dat*); **s'arrêter à ~** *fig* auf halbem Weg [*o* mittendrin] aufgeben
micheton [miʃtɔ̃] *m fam* Freier *m*
Mickey [mikɛ] *m* Mickymaus *f*
mi-clos(e) [miklo, kloz] *adj* **un bourgeon ~** eine halb geschlossene Knospe; **les bourgeons sont encore ~** die Knospen sind noch halb geschlossen
micmac [mikmak] *m fam* ❶ (*manigance*) Machenschaften *Pl;* **cette affaire de pots-de-vin est un sacré ~** diese Bestechungsgeldaffaire ist eine entsetzliche Mauschelei
❷ *sans pl* (*affaire embrouillée*) Wirrwarr *nt*
micocoulier [mikɔkulje] *m* BOT Zürgelbaum *m*
mi-corps [mikɔʀ] **jusqu'à ~** bis zur Taille; **portrait à ~** Brustbild *nt* **mi-côte** [mikot] **à ~** auf halber Höhe **mi-course** [mikuʀs] **à ~** nach der Hälfte der Strecke
micro [mikʀo] I. *m* ❶ AUDIOV *abr de* **microphone** Mikro[fon *nt*] *nt;* **parler au** [*o* **devant le**] **~** ins Mikro[fon] sprechen
❷ INFORM *fam abr de* **micro-ordinateur** PC *m*
II. *f sans pl* INFORM *fam abr de* **micro-informatique** Mikroinformatik *f*
microbalance [mikʀobalɑ̃s] *f* TECH Mikrowaage *f*
microbe [mikʀɔb] *m* ❶ BIO Mikrobe *f*
❷ *fam* (*avorton*) Wurm *m,* Zwerg *m*
microbien(ne) [mikʀɔbjɛ̃, jɛn] *adj* mikrobiell
microbiologie [mikʀobjɔlɔʒi] *f sans pl* Mikrobiologie *f*
microcéphale [mikʀosefal] SCI I. *adj* kleinköpfig, mikrozephal (*Fachspr.*)
II. *mf* Mikrozephale *mf* (*Fachspr.*)
microchimie [mikʀoʃimi] *f* SCI Mikrochemie *f*
microchirurgie [mikʀoʃiʀyʀʒi] *f* Mikrochirurgie *f*
microcircuit [mikʀosiʀkɥi] *m* Mikrochip *m*
microclimat [mikʀoklima] *m* Mikroklima *nt*

microcosme [mikʀɔkɔsm] *m* ❶ Mikrokosmos *m*
❷ (*petite société*) [in sich (*Dat*) geschlossene] Gruppe
micro-cravate [mikʀokʀavat] <micros-cravates> *m* Ansteckmikrofon *nt*
microéconomie [mikʀoekɔnɔmi] *f* Mikroökonomie *f*
microédition [mikʀoedisjɔ̃] *f* Desktop Publishing *nt*
microéléctronique [mikʀoelɛktʀɔnik] **I.** *adj* **circuit ~** integrierter Schaltkreis
II. *f* Mikroelektronik *f*
microfibre [mikʀofibʀ] *f* TEXTIL Mikrofaser *f*
microfiche [mikʀofiʃ] *f* Mikrofiche *m o nt*
microfilm [mikʀofilm] *m* Mikrofilm *m*
micro-informatique [mikʀoɛ̃fɔʀmatik] *f* Mikroinformatik *f*
micromètre [mikʀomɛtʀ] *m* ❶ (*mesure*) Mikrometer *m o nt*
❷ (*instrument*) Messschraube *f*
micron [mikʀɔ̃] *m* Mikrometer *nt*
micro-onde [mikʀoɔ̃d] <micro-ondes> *f* Mikrowelle *f;* **four à micro-ondes** Mikrowellenherd *m* **micro-ordinateur** [mikʀoɔʀdinatœʀ] <micro-ordinateurs> *m* PC *m* **micro-organisme** [mikʀoɔʀganism] <micro-organismes> *m* Mikroorganismus *m*
microphone [mikʀɔfɔn] *m* Mikrofon *nt*
microphotographie [mikʀofɔtɔgʀafi] *f* Mikrofoto[grafie *f*] *nt*
micropilule [mikʀopilyl] *f* Mikropille *f*
micro-pince [mikʀɔpɛ̃s] *f* Mini-Haarklemme *f*
microplaquette [mikʀoplakɛt] *f* Chip *m*
microprocesseur [mikʀopʀɔsɛsœʀ] *m* Mikroprozessor *m*
microprogramme [mikʀopʀɔgʀam] *m* INFORM Mikroprogramm *nt*
microscope [mikʀɔskɔp] *m* Mikroskop *nt;* **~ électronique** Elektronenmikroskop *nt;* **observer au ~** durch das Mikroskop betrachten; **examiner au ~** unter dem Mikroskop untersuchen; *fig* genau [unter] die Lupe nehmen (*fam*)
microscopique [mikʀɔskɔpik] *adj* ❶ (*minuscule*) winzig
❷ SCI mikroskopisch [klein]
microsillon [mikʀosijɔ̃] *m* Schallplatte *f*
micro-trottoir [mikʀotʀɔtwaʀ] <micros-trottoirs> *m* Umfrage *f* auf der Straße
miction [miksjɔ̃] *f* MED Urinieren *nt,* Wasser lassen *nt*
mi-cuisses [mikɥis] [**jusqu'**] **à ~** bis über das Knie [*o* die Knie]
mi-décembre [midesɑ̃bʀ] *f sans pl* Mitte *f* Dezember; **à la ~** Mitte Dezember
MIDEM [midɛm] *m abr de* **marché international du disque et de l'édition nationale** *internationale Messe der Schallplattenfirmen und Musikverlage*
midi [midi] *m* ❶ *inv, sans art ni autre dét* (*heure*) zwölf [Uhr]; **il est ~ juste/et quart/moins dix** es ist genau zwölf [Uhr]/viertel nach/zehn vor zwölf; **à ~** um zwölf [Uhr]; (*entre midi et deux*) über Mittag; **entre ~ et deux** in der Mittagszeit, über Mittag; **mardi/demain ~** Dienstagmittag/morgen Mittag
❷ (*moment du déjeuner*) Mittag *m;* (*repas*) Mittagessen *nt;* **ce ~** heute Mittag; **le repas de ~** das Mittagessen; **qu'est-ce qu'on mange à ~?** was gibt es zum Mittagessen?
❸ (*sud*) Süden *m;* **être exposé(e) au ~** nach Süden liegen
▸ **chercher ~ à quatorze heures** die Dinge komplizierter machen als sie sind; **chacun voit ~ à sa porte** *prov* jeder sieht die Dinge so, wie er sie sehen möchte
Midi [midi] *m* Südfrankreich *nt;* **les gens du ~** die Leute aus Südfrankreich, die Südfranzosen; **un accent du ~** ein südfranzösischer Akzent
midinette [midinɛt] *f péj* Backfisch *m;* **des lectures de ~** Jungmädchenlektüre *f*
mie [mi] *f sans pl* weiche(s) Innere(s) *nt* (*vom Brot*), Krume *f*
miel [mjɛl] *m* Honig *m;* **bonbon/pain d'épice au ~** Honigbonbon *nt*/-kuchen *m*
▸ **être** [**tout sucre**] **tout ~** zuckersüß sein
miellé(e) [mjele] *adj littér* *boisson* mit Honig verfeinert; *parfum* honigsüß
mielleux, -euse [mjɛlø, -øz] *adj* *attitude, air* übertrieben freundlich; *sourire, paroles, ton* zuckersüß
mien(ne) [mjɛ̃, mjɛn] **I.** *pron poss* ❶ **le ~/la ~ne** der/die/das Meine [*o* meine], meine(r, s); **les ~s** die Meinen [*o* meinen], meine; **ce n'est pas votre valise, c'est la ~ne** es ist nicht Ihr Koffer, es ist der Meine [*o* es ist meiner]; **cette maison est la ~ne** dies ist mein Haus, dieses Haus gehört mir, dieses Haus ist das Meinige [*o* das meine] (*geh*)
❷ *pl* (*ceux de ma famille*) **les ~s** meine Angehörigen [*o* Familie], die Meinen (*geh*); (*mes partisans*) meine Anhänger, die Meinen (*geh*)
▸ **à la** [**bonne**] **~ne!** *hum fam* auf mein Wohl!; **j'y mets du ~** ich tue, was ich kann; **j'y ai mis du ~** ich habe das Mein[ig]e getan, ich habe meinen Teil dazu beigetragen
II. *adj poss littér* **qc est ~** etw ist der/die/das Meine [*o* Meinige *veraltet geh*]; **cet objectif est ~** das ist mein Ziel; **ces principes, je les ai faits ~s** ich habe mir diese Prinzipien zu Eigen gemacht
miette [mjɛt] *f* ❶ *de pain, gâteau* Krümel *m;* **une ~ de gâteau/pain** ein Kuchen-/Brotkrümel; **ne pas en laisser une ~** kein Krümchen übrig lassen
❷ (*petit morceau, petite partie*) **être réduit(e) en ~s** *verre, porcelaine:* in tausend Stücke zersprungen sein; **mettre un verre/de la porcelaine en ~s** ein Glas/Porzellan zerschlagen; **mettre le bonheur/les espoirs de qn en ~s** jds Glück/jds Hoffnungen völlig zunichte machen; **ne pas perdre une ~ d'un spectacle/film** sich von einer Vorstellung/einem Film nichts entgehen lassen; **ne pas perdre une ~ de la conversation** sich keine Silbe des Gesprächs entgehen lassen; **ne pas avoir une ~ de bon sens** nicht das kleinste bisschen gesunden Menschenverstand haben
▸ **ramasser les ~s** sich mit den Resten begnügen müssen
mieux [mjø] **I.** *adv comp de* **bien** ❶ besser; **qn va ~** jdm geht es besser; **l'économie/le bâtiment va ~** die Wirtschaft/der Bausektor hat sich erholt; **pour ~ dire** besser gesagt; **on ferait ~ de réfléchir avant de parler** man sollte lieber erst denken, dann reden; **il aurait ~ fait d'attendre** er hätte lieber warten sollen [*o* besser gewartet]; **c'est ~ que rien** [das ist] besser als nichts; **elle le sait ~ que personne** sie weiß es selbst am besten; **aimer ~ faire qc** etw lieber tun; **plus il s'entraîne, ~ il joue** je mehr er trainiert, desto besser spielt er; **~ que jamais** besser denn je; **qn n'en fait que ~ qc** jd tut etw um so besser; **qn n'en aime qn que ~** jd liebt jdn um so mehr; **ne demander pas ~ que de faire qc** nichts lieber [tun] mögen, als etw tun
❷ *en loc conj* **d'autant ~ que qn fait qc** umso besser, als jd etw tut
❸ *en loc adv* **ce chapeau lui va on ne peut ~** dieser Hut steht ihm bestens; **il a tourné sa lettre on ne peut ~** er hätte seinen Brief nicht besser formulieren können; **à qui ~ ~** um die Wette; **de ~ en ~** immer besser; **changer en ~** sich zum Besseren wandeln; **c'est sa sœur en ~** sie sieht aus wie ihre Schwester, nur besser; **faute de ~** solange sich nichts Besseres findet; **tant ~ pour qn!** um so besser für jdn!
▸ **il vaudrait ~ que qn fasse qc** es wäre besser, wenn jd etw täte; **il vaut ~ que qn fasse qc** es ist besser, wenn jd etw tut; **il vaut ~ faire qc, ~ vaut faire qc** es ist besser, etw zu tun; **qc vaut ~ que qc** etw ist besser als etw; **qn vaut ~ que qn** jd ist mehr wert als jd; **~ vaut tard que jamais** *prov* lieber [*o* besser] spät als nie; **~ vaut tenir que courir** *prov* besser ein Spatz in der Hand als eine Taube auf dem Dach; **il a terminé et, qui ~ est, en un temps record** er ist fertig und noch dazu in Rekordzeit
II. *adv superl de* **bien** ❶ + *vb* **c'est lui qui travaille le ~** er arbeitet am besten; **ce que j'aime le ~, c'est la glace à la fraise** am liebsten mag ich Erdbeereis; **c'est ce qu'on fait de ~** es gibt nichts Besseres; **c'est ce que qn pourrait faire de ~** es ist das Beste, was jd tun kann

❷ + *adj* **il est le ~ disposé** [*o* **prêt**] **à nous écouter** er wird uns am ehesten anhören; **elle est le ~ capable de réussir** sie ist am ehesten fähig, es zu schaffen; **cette classe regroupe les élèves les ~ doués** in dieser Klasse sind die begabtesten Schüler; **la femme la ~ habillée de Paris** die bestgekleidete Frau von Paris; **c'est le poste le ~ payé** es ist der bestbezahlte Arbeitsplatz; **un compliment des ~ tournés** ein besonders gelungenes Kompliment; **un exemple des ~ choisis** ein besonders gut gewähltes Beispiel
❸ *en loc vb* **le ~ serait de ne rien dire** es wäre das Beste [*o* am besten], nichts zu sagen; **c'est le ~ à faire** das ist das Beste, was man tun kann; **faire de son ~** sein Bestes tun; **faire le ~** [*o* **du ~**] **qu'on peut** etw machen, so gut man kann; **faire au** [*o* **pour le**] **~** das Bestmögliche [*o* sein Bestes] tun; **tout va pour le ~** alles steht zum Besten
❹ *en loc adv* **il travaille de son ~** er arbeitet so gut er kann; **je vais essayer de répondre de mon ~** ich werde versuchen, so gut wie möglich zu antworten; **vu le temps qu'il fait, au ~ il arrivera demain** bei dem Wetter wird er bestenfalls morgen kommen
❺ *en loc prép* **au ~ des vos intérêts** in Ihrem Interesse
III. *adj comp de* **bien** ❶ (*en meilleure santé*) **le malade est** [*o* **va**] **~ que la semaine passée** dem Kranken geht es besser als letzte Woche; **il la trouve ~** er findet, sie sieht [wieder] besser aus
❷ (*plus agréable d'apparence*) **elle est ~ les cheveux courts** kurze Haare stehen ihr besser
❸ (*plus à l'aise*) **je suis** [*o* **me sens**] **~ à la campagne qu'à la ville** auf dem Land fühle ich mich wohler als in der Stadt; **vous serez ~ dans le fauteuil** im Sessel sitzen Sie bequemer
❹ (*préférable*) **c'est ~ ainsi** es ist besser so; **ce serait ~ de rentrer par le train** es wäre besser, mit dem Zug heimzufahren
IV. *adj superl de* **bien** ❶ (*le plus réussi*) **c'est avec les cheveux courts qu'elle est le ~** kurze Haare stehen ihr am besten; **c'est assis que je suis le ~** ich fühle mich am wohlsten, wenn ich sitze
❷ *en loc vb* **être au ~ avec qn** sich bestens mit jdm verstehen; **être au ~ de sa forme** in Bestform [*o* Höchstform] sein
V. *m* ❶ (*une chose meilleure*) **trouver ~** etwas Besseres finden; **comme crétin/excuse, on ne fait pas ~** *iron* einen größeren Dummkopf/eine dümmere Ausrede gibt es gar nicht; **il y a ~** es gibt Besseres; **s'attendre à ~** mehr [*o* etwas Besseres] erwarten; **en attendant ~** solange sich nichts Besseres findet; **qn n'a rien trouvé de ~ que de faire qc** jdm ist nichts Besseres eingefallen, als etw zu tun; **on ne fait rien de ~** es gibt nichts Besseres; **qui dit ~?** (*aux enchères*) wer bietet mehr?
❷ (*amélioration*) (*de l'état général*) **un léger** [*o* **petit**] **~** eine leichte Besserung; **il y a un ~** (*du travail scolaire*) es ist eine Besserung eingetreten, es geht schon besser; **il y a du ~** es gibt Fortschritte, man kann Fortschritte erkennen
► **le ~ est l'ennemi du bien** *prov* das Bessere ist des Guten Feind
mieux-être [mjøzɛtʀ] *m sans pl* größerer Wohlstand
mièvre [mjɛvʀ] *adj paroles, sourire* affektiert; *livre, peinture* kitschig; *personne* farblos
mièvrerie [mjɛvʀəʀi] *f* ❶ *sans pl* (*grâce fade*) *d'un propos, sourire* Banalität *f; d'une peinture, d'un roman* Rührseligkeit *f; d'une personne* Farblosigkeit *f*
❷ *souvent pl* (*propos, écrits*) Abgeschmacktheit[en *Pl*] *f;* (*attitude*) Gehabe *nt kein Pl*
mi-février [mifevʀije] *f sans pl* Mitte *f* Februar; **à la ~** Mitte Februar **mi-figue, mi-raisin** [mifig, miʀɛzɛ̃] süßsauer **mi-fin** [mifɛ̃] <mi-fins> *adj* mittelfein
mignard(e) [miɲaʀ, aʀd] *adj personne* niedlich, süß; *péj* affektiert; *manières* affektiert, geziert (*fam*)
mignardise [miɲaʀdiz] *f* ❶ *littér* (*délicatesse*) Finesse (*liter*)
❷ *péj* (*préciosité*) Geziertheit *f*
mignon(ne) [miɲɔ̃, ɔn] **I.** *adj* ❶ (*agréable à regarder*) niedlich, hübsch; **il est trop ~, tu ne trouves pas?** er sieht wirklich süß aus, findest du nicht?
❷ *fam* (*gentil*) lieb; **sois ~ne, prête-lui ta poupée** sei lieb und gib ihr deine Puppe
II. *m(f)* **mon ~/ma ~ne** mein Süßer/meine Süße
mignonnet(te) [miɲɔne, ɛt] *adj* süß, nett
migraine [migʀɛn] *f* MED Migräne *f;* **avoir la ~** [eine] Migräne haben; **avoir une forte ~** einen starken Migräneanfall haben
migraineux, -euse [migʀɛnø, -øz] **I.** *adj* Migräne-; **être ~(-euse)** unter Migräne leiden
II. *m, f* Migränekranke(r) *f(m)*
migrant(e) [migʀɑ̃, ɑ̃t] **I.** *adj* **travailleur ~** Immigrant *m;* **population ~e** wandernde Bevölkerung
II. *m(f)* Immigrant(in) *m(f)*
migrateur [migʀatœʀ] *m* (*oiseau*) Zugvogel *m*
migrateur, -trice [migʀatœʀ, -tʀis] *adj* **oiseau ~** Zugvogel *m*
migration [migʀasjɔ̃] *f* ❶ (*déplacement*) Wanderung *f,* Migration *f* (*Fachspr.*)
❷ ZOOL *des oiseaux* Migration *f* (*Fachspr.*), Zug *m; des anguilles, saumons* Wanderung *f,* Migration *f* (*Fachspr.*)
❸ MED **~ d'une cellule** Wanderung *f*
migratoire [migʀatwaʀ] *adj flux, mouvement* Wander[ungs]-, Migrations- (*Fachspr.*)
migrer [migʀe] <1> *vi oiseaux:* ziehen; *populations:* wandern
mi-hauteur [mi'otœʀ] **à ~** auf halber Höhe; **l'eau était à ~** das Wasser stand halb hoch **mi-jambe(s)** [miʒɑ̃b] **à ~** an der Wade; **jusqu'à ~** bis zur Wade **mi-janvier** [miʒɑ̃vje] *f sans pl* Mitte *f* Januar; **à la ~** Mitte Januar
mijaurée [miʒɔʀe] *f* eingebildete Pute (*fam*); **faire la ~** sich zieren
mijoter [miʒɔte] <1> **I.** *vt* ❶ (*faire cuire lentement*) auf kleiner Flamme kochen [*o* garen]
❷ *fam* (*manigancer*) ausbrüten (*fam*); **~ de faire qc** sich mit dem Gedanken tragen, etw zu tun; **~ qc contre qn** etw gegen jdn im Schilde führen
II. *vi* ❶ (*cuire lentement*) köcheln; **faire ~ un ragoût** ein Ragout köcheln lassen
❷ *fam* (*attendre*) **laisser ~ qn** jdn schmoren lassen (*fam*)
mi-journée [miʒuʀne] <mi-journées> *f* Tagesmitte *f* **mi-juillet** [miʒɥijɛ] *f sans pl* Mitte *f* Juli; **à la ~** Mitte Juli **mi-juin** [miʒɥɛ̃] *f sans pl* Mitte *f* Juni; **à la ~** Mitte Juni
mikado [mikado] *m* Mikado *nt*
mil¹ [mil] *num* tausend; **en** [**l'an**] **~ neuf cent soixante-trois** neunzehnhundertdreiundsechzig
mil² [mil] *m vieilli* Hirse *f*
milan [milɑ̃] *m* Milan *m*
Milan [milɑ̃] Mailand *nt*
milanais(e) [milanɛ, ɛz] *adj* ❶ (*de Milan*) Mailänder
❷ GASTR **escalope** [**à la**] **~e** paniertes Schnitzel
Milanais(e) [milanɛ, ɛz] *m(f)* Mailänder(in) *m(f)*
mildiou [mildju] *m* Mehltau *m*
mile [majl] *m* [englische] Meile *f*
milice [milis] *f* ❶ (*troupe de police*) Miliz *f*
❷ MIL BELG (*armée belge*) belgische Armee *f*
❸ MIL BELG (*service militaire*) Wehrdienst *m*
milicien [milisjɛ̃] *m* ❶ HIST (*soldat*) Milizsoldat *m*
❷ MIL BELG (*appelé*) Wehrpflichtiger *m*
milicien(ne) [milisjɛ̃, ɛn] *m(f)* Milizionär *m*
milieu [miljø] <x> *m* ❶ *sans pl* (*dans l'espace*) Mitte *f;* **couper/scier qc en son ~** etw in der Mitte durchschneiden/durchsägen; **le ~ de la rue/pièce** die Mitte der Straße [*o* Straßenmitte]/des Zimmers; **en plein ~ de la rue** in der Mitte der Straße, mitten auf der Straße; **le bouton du ~** der Knopf in der Mitte, der mittlere Knopf; **au ~ de la page/pièce/côte** (*sans mouvement*) mitten auf der Seite/im Zimmer/in der Mitte des Hanges; (*avec mouvement*) mitten auf die Seite/ins Zimmer/in die Mitte des Hanges

❷ *sans pl* (*dans le temps*) Mitte *f;* **le ~ du siècle/du vingtième siècle** die Mitte des Jahrhunderts [*o* Jahrhundertmitte]/die Mitte des zwanzigsten Jahrhunderts; **au ~ de la nuit/de l'après-midi/du film** mitten in der Nacht/am Nachmittag/im Film; **arriver au beau** [*o* **en plein**] **~ du film/de la nuit** mitten in den Film hineinplatzen/in der Nacht ankommen
❸ *sans pl* (*moyen terme*) Mittelweg *m,* Mittelding *nt* (*fam*); **le juste ~** die goldene Mitte; **voiture ~ de gamme** Mittelklassewagen *m*
❹ (*environnement*) Umwelt *f;* **préserver les ~x naturels** den natürlichen Lebensraum schützen
❺ BIO Milieu *nt;* **~ de culture** Nährlösung *f*
❻ CHIM Medium *nt*
❼ SOCIOL Milieu *nt,* Umgebung *f;* **le ~ ambiant** die Umgebung, das Umfeld; **les ~x populaires** die einfachen Bevölkerungsschichten; **le ~ des informaticiens** die Informatikerkreise; **des ~x proches du gouvernement** regierungsnahe Kreise; **les ~ d'affaires** die Geschäftswelt
❽ *sans pl* (*criminels*) **le ~** die Unterwelt
▶ **être perdu(e)** __**au**__ **~ de la foule** mitten in der Menge umherirren; __**au**__ **~ des gens qui m'entouraient** unter all den Leuten um mich herum; __**au**__ **~ des rires et des tintements de verre** unter Gelächter und Gläserklingen
◆ **~ de terrain** SPORT Mittelfeldspieler(in) *m(f)*

militaire [militɛʀ] **I.** *adj* Militär-; *opération, discipline* militärisch; **service ~** Wehrdienst *m,* Militärdienst *m;* **salut ~** Salutieren *nt,* militärischer Gruß; **camp ~** Truppenübungsplatz *m;* **coup d'état ~** Militärputsch *m*
II. *mf* (*personne*) Soldat(in) *m(f); pl* Militär *nt*
◆ **~ de carrière** Berufssoldat(in) *m(f)*

militairement [militɛʀmɑ̃] *adv* militärisch

militant(e) [militɑ̃, ɑ̃t] **I.** *adj* aktiv
II. *m(f) d'un parti, syndicat* aktives Mitglied; **les ~s de base** die aktive Basis; **une ~e communiste/chrétienne** eine aktive Kommunistin/Christin

militantisme [militɑ̃tism] *m* engagierte Haltung *f*

militarisation [militaʀizasjɔ̃] *f* Militarisierung *f*

militariser [militaʀize] *vpr* **se ~** ein Heer aufbauen

militariste [militaʀist] *péj* **I.** *adj* militaristisch
II. *mf* Militarist *m*

militer [milite] <1> *vi* ❶ (*être militant*) aktiv sein
❷ (*lutter*) **~ pour/contre qc** für/gegen etw kämpfen
❸ (*plaider*) **~ en faveur de/contre qn/qc** *argument, comportement:* für/gegen jdn/etw sprechen

milk-shake [milkʃɛk] <milk-shakes> *m* Milchshake *m*

millage [milaʒ] *m* CAN ❶ (*mesurage en milles*) Messen *nt* in Meilen
❷ AUT *d'un compteur* Meilenstand *m*

mille¹ [mil] **I.** *num* ❶ [ein]tausend; **deux/trois ~** zwei-/dreitausend; **~ un** tausend[und]eins; **~ un/deux euros** tausend[und]ein/-zwei Euro; **~ cent euros** tausendeinhundert Euro; **billet de ~ euros** Tausendeuroschein *m*
❷ (*dans l'indication de l'ordre*) **page ~** Seite tausend
❸ *antéposé* (*nombreux*) tausend; **~ amitiés** viele Grüße; **~ mercis!** danke vielmals!, tausend Dank! (*fam*); **~ regrets** [*o* **pardons**]**!** ich bitte tausendmal um Entschuldigung [*o* Verzeihung]!, es tut mir furchtbar leid!; **~ et un exemples/problèmes** tausend Beispiele/Probleme
II. *m inv* ❶ Tausend *f*
❷ (*numéro*) Nummer *f* tausend, Tausend *f*
❸ COM (*quantité de mille objets*) **au ~** im Tausend; **un ~ d'épingles/de cigarettes** ein Tausend Nadeln/Zigaretten; **dépasser son centième ~** *roman:* eine Auflage von mehr als hunderttausend erreichen
❹ (*cible*) Schwarze(s) *nt,* Zentrum *nt;* **mettre** [*o* **taper**] [**en plein**] **dans le ~** ins Schwarze treffen
▶ **des ~ et des** __**cents**__ *fam* ein Vermögen *nt;* **je vous le** __**donne**__ **en ~** das erraten Sie nie; **cinq** __**pour**__ **~ des recettes** fünf Promille der Einnahmen
III. *f* (*numéro mille*) Tausend *f; v. a.* **cinq, cinquante**

mille² [mil] *m* ❶ NAUT **~** [**marin**] Seemeile *f*
❷ CAN **~ anglais** englische Meile

millefeuille [milfœj] *m Blätterteig-Creme-Schnitte*

millénaire [milenɛʀ] **I.** *adj* (*très vieux*) uralt; (*âgé d'environ mille ans*) um die tausend Jahre alt, tausendjährig; **être plusieurs fois ~** mehrere tausend Jahre alt sein
II. *m* ❶ Jahrtausend *nt,* Millenium *nt* (*geh*)
❷ *sans pl* (*anniversaire*) *d'un événement* tausendster Jahrestag; (*cérémonie*) Tausendjahrfeier *f;* **le deuxième ~ de la fondation d'une ville** der zweitausendste Jahrestag der Stadtgründung

millénarisme [milenaʀism] *m* REL Chiliasmus *m*

mille-pattes [milpat] *m inv* Tausendfüß(l)er *m*

millepertuis [milpɛʀtɥi] *m inv* Johanniskraut *nt*

mille-raies [milʀɛ] *m inv* Rippenstoff *m;* **velours ~** Cordsamt *m*

millésime [milezim] *m d'un vin* Jahrgang *m; d'une monnaie, d'un timbre* [Ausgabe]jahr *nt*

millésimé(e) [milezime] *adj vin* Jahrgangs-; **une bouteille de Bordeaux ~e** eine Flasche Bordeaux Jahrgangswein

millet [mijɛ] *m* Hirse *f*

milliard [miljaʀ] *m* Milliarde *f;* **un ~/deux ~s de personnes/choses** eine Milliarde/zwei Milliarden Menschen/Dinge; **des ~s de personnes/choses** Milliarden *Pl* von Menschen/Dingen

milliardaire [miljaʀdɛʀ] **I.** *adj* **être ~** Milliardär(in) *m(f)* sein
II. *mf* Milliardär(in) *m(f)*

milliardième [miljaʀdjɛm] **I.** *adj antéposé* [ein]milliardste(r, s)
II. *mf* **le/la ~** der/die/das Milliardste
III. *m* (*fraction*) Milliardstel *nt; v. a.* **cinquième**

millibar [milibaʀ] *m* Millibar *nt*

millième [miljɛm] **I.** *adj antéposé* tausendste(r, s)
II. *mf* **le/la ~** der/die/das Tausendste
III. *m* (*fraction*) Tausendstel *nt; v. a.* **cinquième**

millier [milje] *m* **un ~/deux ~s de personnes/choses** ungefähr [*o* um die] tausend/zweitausend Menschen/Dinge; **des ~s de personnes/choses** Tausende *Pl* von Menschen/Dingen; **des ~s et des ~s** Tausende und Abertausende *Pl;* **plusieurs dizaines de ~s de personnes** Zehntausende *Pl* von [*o* mehrere Zehntausend] Menschen; **par ~s** zu Tausenden

milligramme [miligʀam] *m* Milligramm *nt*

millilitre [mililitʀ] *m* Milliliter *m*

millimètre [milimɛtʀ] *m* Millimeter *m o nt;* **un** [**film en**] **8/16 ~s** ein 8-/16-Millimeter-Film *m*

millimétré(e) [milimetʀe] *adj* **papier ~** Millimeterpapier *nt*

millimétrique [milimetʀik] *adj* **ondes ~s** Millimeterwellen *Pl;* **papier ~** Millimeterpapier *nt*

million [miljɔ̃] *m* Million *f;* **un ~/deux ~s de personnes/choses** eine Million/zwei Millionen Menschen/Dinge; **des ~s de personnes/choses** Millionen *Pl* von Menschen/Dingen; **des ~s de bénéfices** Millionengewinne *Pl;* **des ~s et des ~s** Tausende und Abertausende *Pl;* **quelques petits ~s** [**d'euros**] *fam* ein paar Milliönchen *Pl* (*fam*); *v. a.* **cinq, cinquante**

millionième [miljɔnjɛm] **I.** *adj antéposé* millionste(r, s)
II. *mf* **le/la ~** der/die/das Millionste
III. *m* (*fraction*) Millionstel *nt; v. a.* **cinquième**

millionnaire [miljɔnɛʀ] **I.** *adj* **être ~** Millionär(in) *m(f)* sein; **je ne suis pas ~!** *fam* ich bin doch kein Millionär!
II. *mf* Millionär(in) *m(f)*

mi-long, mi-longue [milɔ̃, milɔ̃g] <mi-longs> *adj* halb lang

mi-lourd [miluʀ] <mi-lourds> *m* (*catégorie*) Halbschwergewicht *nt;* (*sportif*) Halbschwergewicht, Halbschwergewichtler *m* **mi-mai** [mimɛ] *f sans pl* Mitte *f* Mai; **à la ~** Mitte Mai **mi-mars** [mimaʀs] *f sans pl* Mitte *f* März; **à la ~** Mitte März

mime [mim] **I.** *mf* (*acteur*) Pantomime *m*/Pantomimin *f;* (*imi-*

M

tateur) Imitator(in) *m(f)*
II. *m sans pl* (*activité*) Pantomimik *f*, Pantomime *f*; **faire du** ~ Pantomimen aufführen; **un spectacle de** ~ eine Pantomime-Vorstellung
mimer [mime] <1> *vt* ❶ THEAT mimen
❷ (*imiter*) nachahmen
mimétisme [mimetism] *m* ❶ *sans pl* (*imitation*) Nachahmung *f*
❷ ZOOL Mimese *f*; (*imitation parfaite*) Mimikry *f*
mimi [mimi] I. *adj inv* süß
II. *m* ❶ *enfantin* (*chat*) Mieze[katze] *f* (*fam*)
❷ *fam* (*câlin*) Bussi *nt* (*fam*)
❸ *fam* (*mignonet*) Spätzchen *nt* (*fam*)
mimique [mimik] *f* ❶ *sans pl* (*jeu de physionomie*) Mimik *f* und Gestik *f*
❷ (*expression particulière*) **avoir une** ~ **expressive pour dire qc à qn** jdm etw durch Mimik deutlich zu verstehen geben
mimolette [mimɔlɛt] *f holländische Käsesorte*
mimosa [mimoza] *m* Mimose *f*
mi-moyen [mimwajɛ̃] <mi-moyens> *m* (*catégorie*) Weltergewicht *nt*; (*sportif*) Weltergewicht, Weltergewichtler *m*
MIN [min] *m abr de* **marché d'intérêt national** *Markt für den Großhandel mit landwirtschaftlichen Produkten*
minable [minabl] I. *adj* ❶ (*misérable*) *lieu* ärmlich; *aspect* schäbig
❷ (*médiocre*) erbärmlich; **il a été** ~ **au micro** er machte eine erbärmliche Figur, als er ins Mikro sprach
II. *mf* Null *f* (*fam*), Niete *f* (*fam*); **c'est une bande de** ~**s** das ist ein jämmerlicher Haufen (*fam*)
minaret [minaʀɛ] *m* Minarett *nt*
minauder [minode] <1> *vi* kokettieren, affektiert sein
minauderies [minodʀi] *fpl* geziertes [*o* affektiertes] Benehmen; **faire des** ~ **à qn** mit jdm kokettieren
mince [mɛ̃s] I. *adj* ❶ (*fin*) dünn
❷ (*élancé*) schlank; **des lèvres** ~**s** schmale Lippen; ~ **comme un fil** dünn wie ein Strich (*fam*)
❸ (*modeste*) gering; *prétexte, preuve, résultat* dürftig; **ce n'est pas une** ~ **affaire** das ist keine Kleinigkeit; **l'intérêt de qc est bien** ~ etw ist von ziemlich geringem Interesse [*o* nur mäßig interessant]
II. *adv* dünn; **peindre** ~ Farbe dünn auftragen
III. *interj* (*pour exprimer le mécontentement*) ~ **alors!** *fam* Scheibenkleister! (*fam*), verflixt noch mal! (*fam*); (*pour exprimer l'admiration*) Mann[omann]! (*fam*)
minceur [mɛ̃sœʀ] I. *f sans pl* ❶ *d'une feuille, couverture* Dünnheit *f*
❷ (*gracilité*) *d'une personne, de la taille* Schlankheit *f*; *des lèvres* Schmalheit *f*
❸ (*médiocrité*) *d'un profit, résultat, de preuves* Dürftigkeit *f*
II. *app* **régime** ~ Schlankheitsdiät *f*; **cuisine** ~ schlanke Küche
mincir [mɛ̃siʀ] <8> *vi* dünner [*o* schlanker] werden
mine¹ [min] *f* ❶ *sans pl* (*aspect*) (*du visage*) Miene *f*, Gesicht[sausdruck *m*] *nt*; **avoir une** ~ **renfrognée/épanouie** eine saure Miene machen/ein strahlendes Gesicht zeigen; **avoir bonne** ~ gut aussehen; *iron fam* (*avoir l'air ridicule*) dumm dastehen; **avoir mauvaise/une petite** ~ schlecht aussehen; **faire grise** ~ ein verdrießliches Gesicht machen; **faire bonne/grise** ~ **à qn** nett/unfreundlich zu jdm sein; (*faire bon/mauvais accueil*) jdn freundlich/unfreundlich empfangen; **ne pas payer de** ~ nach nichts aussehen
❷ *sans pl* (*allure*) Aussehen *nt*
❸ *pl* (*mimiques*) **faire des** ~**s** *péj enfant:* Theater machen (*fam*); *femme:* ein Getue machen (*pej*)
► **avoir une** ~ **de papier mâché** kreideweiß sein; **faire** ~ **de faire qc** Miene machen, etw zu tun; ~ **de rien** *fam* ganz unauffällig, einfach so; ~ **de rien, il ne perdait rien de la conversation** ihm entging nichts von dem Gespräch, auch wenn es nicht so aussah
mine² [min] *f* ❶ (*gisement*) Lager[stätte *f*] *nt*; (*souterraine*) Lager[stätte], Mine *f*; **une** ~ **à ciel ouvert/souterraine** ein ober-/unterirdisches Lager [*o* eine Mine über/unter Tage]
❷ (*lieu aménagé*) Bergwerk *nt*, Mine *f*; *de charbon* Bergwerk, Mine, Zeche *f*; ~ **de cuivre/charbon/sel** Kupfermine/Kohlezeche/Salzbergwerk; **galerie/puits/carreau de** ~ Stollen *m*/Schacht *m*/Bergwerk
❸ (*source*) ~ **d'anecdotes** Fundgrube *f* für Anekdoten; ~ **de renseignements** Informationsquelle *f*
mine³ [min] *f d'un crayon* Mine *f*; **crayon à** ~ **dure/tendre** harter/weicher Bleistift
mine⁴ [min] *f* MIL Mine *f*; ~ **antichar/antipersonnel/flottante** Panzerabwehr-/Tret-/Treibmine
miner [mine] <1> I. *vt* ❶ MIL verminen
❷ (*ronger*) aushöhlen; **l'humidité mine la pierre** die Feuchtigkeit höhlt den Stein aus
❸ (*affaiblir*) zermürben; **la maladie mine ses forces** die Krankheit zehrt seine Kräfte auf; **les excès ont miné sa santé** die Maßlosigkeit hat seine Gesundheit ruiniert; **être miné(e) par le remords/l'ambition** von Gewissensbissen/Ehrgeiz verzehrt werden; ~ **par le stress** stressgeplagt
❹ (*détruire*) **le régime, miné de l'intérieur, s'effondra** das von innen her morsche Staatssystem brach zusammen
II. *vpr* **se** ~ *fam* (*se faire du souci*) sich aufreiben
minerai [minʀɛ] *m* Erz *nt*; ~ **de fer/d'aluminium** Eisen-/Aluminiumerz
minéral [mineʀal, o] <-aux> *m* Mineral *nt*
minéral(e) [mineʀal, o] <-aux> *adj* Mineral-; **de l'eau** ~**e plate** stilles Wasser; **de l'eau** ~**e gazeuse** Mineralwasser *nt* mit Kohlensäure
minéralier [mineʀalje] *m* Erzfrachter *m*
minéraliser [mineʀalize] <1> *vt* ❶ mineralisieren *métal*
❷ mit Mineralien anreichern *eau*; **eau minéralisée** Mineralwasser
minéralogie [mineʀalɔʒi] *f* Mineralogie *f*
minéralogique [mineʀalɔʒik] *adj* ❶ AUT **plaque** ~ Nummernschild *nt*; **numéro** ~ amtliches Kennzeichen
❷ MINER mineralogisch; **collection** ~ Mineraliensammlung *f*
minéralogiste [mineʀalɔʒist] *mf* Mineraloge *m*/Mineralogin *f*
minerval [minɛʀval] *m* BELG (*frais de scolarité*) Schulgeld *nt*
minerve [minɛʀv(ə)] *f* MED Zervikalstütze *f*
Minerve [minɛʀv(ə)] *f* Minerva *f*
Mines [min] *fpl* ❶ UNIV **les** ~ *Elitehochschule für Ingenieurwesen, mit Schwerpunkt Hüttenindustrie, Schwerindustrie, Geologie*
❷ AUT **les** ~ ≈ der TÜV
minestrone [minɛstʀɔn] *m* GASTR Minestrone *f*
minet [minɛ] *m* ❶ *fam* (*chat*) Mieze[katze *f*] *f* (*fam*)
❷ (*mot tendre*) **mon [gros/petit]** ~ mein Schätzchen
❸ *péj* Lackaffe *m* (*pej fam*), Schickimicki *m* (*fam*)
minette [minɛt] *f* ❶ *fam* (*chat*) Mieze[katze *f*] *f* (*fam*)
❷ (*mot tendre*) **ma [petite]** ~ mein Schätzchen
❸ (*jeune fille*) Modepuppe *f*
mineur [minœʀ] *m* ❶ MIN Bergmann *m*; ~ **de fond** Grubenarbeiter *m*
❷ MIL Pionier *m*
mineur(e) [minœʀ] I. *adj* ❶ JUR minderjährig; **des enfants** ~**s** Minderjährige *Pl*; **être** ~**(e)** minderjährig sein
❷ (*peu important*) unwichtig; *œuvre, artiste* unbedeutend; *genre* untergeordnet
❸ MUS **mode** ~ Moll[tonart *f*] *nt*; **do/ré/mi/fa** ~ c-/d-/e-/f-Moll; **en ré** ~ in d-Moll
❹ LOGIQUE **terme** ~ Mittelbegriff *m*; **proposition** ~**e** Untersatz *m*
II. *m(f)* JUR Minderjährige(r) *f(m)*; **interdit aux** ~**s** frei ab 18 Jahren; **c'est une** ~**e** sie ist minderjährig
mini [mini] I. *adj inv fam mode* Mini-

II. *adv* **s'habiller** ~ mini tragen
III. *m inv* INFORM *fam* Minicomputer *m*
miniature [minjatyʀ] **I.** *f* ART (*genre*) Miniaturmalerei *f;* (*tableau*) Miniatur *f;* (*lettre*) Initiale *f*
❷ (*en réduction*) **en** ~ im Kleinformat, in Miniaturausgabe
II. *app* **voiture** ~ Modellauto *nt;* **golfe** ~ Minigolf *m*
miniaturisation [minjatyʀizasjɔ̃] *f* Miniaturisierung *f,* Verkleinerung *f*
miniaturiser [minjatyʀize] <1> **I.** *vt* miniaturisieren, verkleinern
II. *vpr* **se** ~ immer kleiner werden
miniaturiste [minjatyʀist] *mf* Miniaturmaler(in) *m(f)*
minibar [minibaʀ] *m* (*dans un hôtel*) Minibar *f*
minibus [minibys] *m* Kleinbus *m*
minicassette [minikasɛt] *f* Minikassette *f*
minichaîne [miniʃɛn] *f* Kompakt[stereo]anlage *f*
minier, -ière [minje, -jɛʀ] *adj* **société minière** Bergwerksgesellschaft *f;* **catastrophe minière** Grubenunglück *nt;* **bassin** ~ Kohle-/Erzbecken *nt;* **exploitation minière** Bergbau *m;* **région minière** Bergbaugebiet *nt*
minigolf [minigɔlf] *m* Minigolf *nt;* (*terrain*) Minigolfanlage *f*
minijupe [miniʒyp] *f* Minirock *m*
minimal(e) [minimal, o] <-aux> *adj* ❶ (*le plus petit*) minimal; **température** ~**e** Tiefsttemperatur *f*
❷ ART **art** ~ Minimal Art *f*
minimalisme [minimalism] *m* ❶ ART (*école de peinture*) Minimalismus *m*
❷ (*tactique*) *Taktik der Minimalforderungen*
minime [minim] **I.** *adj* unbedeutend; *dégâts, dépenses* gering; **un fait** ~ eine belanglose Tatsache
II. *mf* SPORT (*catégorie*) **les** ~**s** die B-Jugend *f* (*Altersklasse 14 bis 16 Jahre*); **être** ~ in der B-Jugend spielen
mini-message [minimesaʒ] *m* SMS-Nachricht *f*
minimiser [minimize] <1> *vt* herunterspielen; ~ **la valeur de qn** jdn herabsetzen
minimum [minimɔm, minima] <s *o* minima> **I.** *adj* Mindest-; **température** ~ Tiefsttemperatur *f*
II. *m* ❶ *sans pl* (*plus petite quantité*) Minimum *nt,* Mindestmaß *nt;* **un** ~ **de points/risques** eine minimale Punktzahl/ein minimales Risiko; **un** ~ **d'imagination/d'intelligence** ein Mindestmaß [*o* Minimum] an Vorstellungskraft/Intelligenz; **un** ~ **de temps/travail** ein Minimum an Zeit/Arbeit; **avec un** ~ **de frais** mit einem minimalen Kostenaufwand; **le strict** ~ das Allernötigste; ~ **vital** Existenzminimum *nt;* **réduire au** ~ auf ein Minimum reduzieren; **s'il avait un** ~ **de savoir-vivre/d'argent** *fam* wenn er wenigstens ein bisschen Lebensart/Geld hätte
❷ *sans pl* (*somme la plus faible*) Minimum *nt,* Mindestbetrag *m*
❸ *sans pl* (*niveau le plus bas*) Tiefpunkt *m,* Tiefststand *m;* (*valeur la plus basse*) Tiefstwert *m*
❹ *pl* (*limite inférieure*) **des** ~**s** [*o* **minima**] **de production** das Produktionsminimum
❺ *sans pl* JUR Mindeststrafe *f*
◆ ~ **vieillesse** Mindestrente *f*
mini-ordinateur [miniɔʀdinatœʀ] <mini-ordinateurs> *m* Minicomputer *m*
minipilule [minipilyl] *f* Minipille *f*
miniski [miniski] *m* Miniski *m*
ministère [ministɛʀ] *m* ❶ (*bâtiment*) Ministerium *nt*
❷ (*cabinet, gouvernement*) Kabinett *nt;* (*portefeuille*) [Fach]ressort *nt,* Ministerium *nt;* **sous le** ~ [**de**] ... während der Amtszeit von ... [als Minister]
❸ REL [geistliches] Amt; **le** ~ **du prêtre** das Priesteramt
❹ JUR **par** ~ **d'avocat/d'huissier** durch einen Anwalt/Gerichtsvollzieher; **le** ~ **public** die Staatsanwaltschaft
◆ ~ **des Affaires étrangères** Außenministerium *nt;* ~ **de l'Intérieur** Innenministerium *nt;* ~ **de la Santé** Gesundheitsministerium *nt;* ~ **du Travail** Arbeitsministerium *nt*
ministériel(le) [ministeʀjɛl] *adj* ❶ (*d'un ministère, d'un ministre*) Minister-; **arrêté** ~ Ministerialerlass *m;* **portefeuille** ~ Geschäftsbereich *m* [eines Ministers]
❷ (*du gouvernement*) Regierungs-; **remaniement** ~ Kabinettsumbildung *f*
❸ (*du ministre*) des Ministers
ministrable [ministʀabl] **I.** *adj* ministrabel
II. *mf* Anwärter(in) *m(f)* auf einen Ministerposten
ministre [ministʀ] **I.** *mf* ❶ POL Minister(in) *m(f);* **Premier** ~ Premierminister(in) *m(f);* **Madame le** [*o* **la**] ~ Frau Ministerin; **elle est** [**le**] ~ **de la Santé et de la Famille** sie ist Gesundheits- und Familienministerin
❷ (*diplomate, ambassadeur*) Gesandte(r) *f(m)*
❸ REL ~ **du culte** Priester *m*
II. *app inv* **bureau** ~ Diplomatenschreibtisch *m;* **papier** ~ Kanzleipapier *nt*
◆ ~ **des Affaires étrangères** Außenminister(in) *m(f);* ~ **d'État** Staatsminister(in) *m(f);* ~ **de l'Intérieur** Innenminister(in) *m(f)*

i Land & Leute

Der französische **Premier ministre** ist Regierungschef und leitet die Regierungsgeschäfte. Er regiert für eine Legislaturperiode von fünf Jahren und ist zum Beispiel befugt, in Bereichen, die nicht gesetzlich geregelt sind, Verordnungen zu erlassen. An der Bildung der Regierung wirkt er mit, indem er dem Präsidenten Minister zur Ernennung oder Absetzung vorschlagen kann.

minitel® [minitɛl] *m* Btx-Terminal *m,* Bildschirmtext-Terminal; **par** ~ über Btx [*o* Bildschirmtext]

i Land & Leute

Das Informationssystem **minitel** hat sich seit den Achtzigerjahren weit verbreitet. Zu seinem Erfolg trug bei, dass für die Nutzung der vielfältigen Informationsdienste kein Computer erforderlich ist, sondern nur ein handliches Gerät, bestehend aus Bildschirm und Tastatur. Zunächst konnte man Telefonnummern aus ganz Frankreich abfragen; später kamen zahlreiche gebührenpflichtige Serviceleistungen hinzu wie z. B. Fahrplanauskunft, Kartenvorverkauf oder Informationen über Unternehmen und Behörden.

minitéliste [minitelist] *mf* Btx-Benutzer(in) *m(f)*
minium [minjɔm] *m* Mennige *f*
minivague [minivag] *f* leichte Dauerwelle
minoen(ne) [minɔɛ̃, ɛn] *adj* ART minoisch
minois [minwa] *m* Gesichtchen *nt*
minorer [minɔʀe] <1> *vt* ❶ (*diminuer la valeur*) herabsetzen, mindern, niedriger ansetzen *bénéfices*
❷ (*diminuer l'importance*) unterbewerten
minoritaire [minɔʀitɛʀ] **I.** *adj* Minderheits-; **opinion** ~ Meinung *f* einer Minderheit; **groupe** ~ Minderheitengruppe *f;* **ils sont** ~**s** sie sind in der Minderheit
II. *mf* POL **les** ~**s** die Minderheit; **les** ~**s ethniques** die ethnischen Minderheiten
minorité [minɔʀite] *f* ❶ (*groupe*) Minderheit *f,* Minorität *f;* **droits/protection des** ~**s** Minderheitenrechte *Pl*/-schutz *m;* **être en** ~ in der Minderheit sein; **mettre en** ~ überstimmen
❷ *sans pl* (*petit nombre de*) **une** ~ **de téléspectateurs/lecteurs** eine Minderheit von Zuschauern/Lesern; **nous sommes une** ~ **de filles** wir Mädchen sind in der Minderheit; **une** ~ **de copies** eine kleine Anzahl von Arbeiten; **la** ~

des copies die wenigsten Arbeiten; **dans une ~ de cas** in den seltensten Fällen
❸ JUR Minderjährigkeit *f;* ~ **pénale** Strafunmündigkeit *f*
minoterie [minɔtʀi] *f* (*moulin*) [Getreide]mühle *f;* (*meunerie*) Müllerei *f*
minou [minu] *m* ❶ *enfantin* (*chat*) Mieze[katze *f*] *f* (*fam*)
❷ (*terme d'affection*) **mon** ~ mein Schatz
mi-novembre [minɔvɑ̃bʀ] *f sans pl* Mitte *f* November; **à la** ~ Mitte November
minuit [minɥi] *m sans pl, sans dét* Mitternacht *f,* zwölf Uhr nachts; **à ~ et demi** um halb ein Uhr [nachts], nachts um halb eins
minus [minys] *mf fam* Null *f* (*fam*), Niete *f* (*fam*)
minuscule [minyskyl] **I.** *adj* ❶ (*très petit*) winzig [klein]
❷ (*en écriture*) klein[geschrieben]; **lettres ~s** Kleinbuchstaben *Pl*
II. *f* (*lettre*) Kleinbuchstabe *m,* kleiner Buchstabe, Minuskel *f* (*Fachspr.*)
minutage [minytaʒ] *m* [genauer] Zeitplan, Timing *nt*
minute [minyt] **I.** *f* ❶ (*unité de temps*) Minute *f;* ~ **de silence** Schweigeminute
❷ (*instant*) Minute *f;* **la ~ de vérité** die Stunde der Wahrheit; **d'une ~ à l'autre** jeden Moment, jede Minute; **information/modification de dernière ~** allerneuste Information/kurzfristige Änderung; **attendre [jusqu'à] la dernière ~ pour faire qc** bis zur letzten Minute warten, bis man etw tut; **il n'y a pas une ~ à perdre** wir haben keine Minute zu verlieren; **à la ~** (*à l'instant même*) auf der Stelle; **~!** *fam* Augenblick [*o* Moment] [mal]! (*fam*); **tu as une ~?** hast du mal eine Minute [*o* einen Augenblick] Zeit?; **je vous demande une ~ d'attention** ich bitte Sie einen Augenblick [*o* einen Moment] um Ihre Aufmerksamkeit
❸ JUR Original *nt*
❹ GEOM Minute *f*
II. *app inv* **talon/clé ~** Absatzschnellreparatur *f*/Schlüsselschnelldienst *m*
minuter [minyte] <1> *vt* (*organiser*) timen; durchorganisieren *emploi du temps;* ~ **une cérémonie/un travail** den Zeitplan für eine Zeremonie/eine Arbeit festlegen; **dans son emploi du temps, tout est minuté** auf seinem Terminplan ist alles [auf die Minute] genau geplant
minuterie [minytʀi] *f* [Zeit]schaltuhr *f*
minuteur [minytœʀ] *m* Schaltuhr *f*
minutie [minysi] *f sans pl* (*précision*) Genauigkeit *f;* (*soin*) Sorgfalt *f;* **avec beaucoup de ~** (*avec soin*) sehr sorgfältig; (*avec précision*) sehr genau
minutieusement [minysjøzmɑ̃] *adv* (*dans le détail*) [peinlich] genau; (*avec soin*) sorgfältig
minutieux, -euse [minysjø, -jøz] *adj* genau; *personne, examen* genau, gründlich, sorgfältig; *exposé* detailliert; **avec un soin ~** mit äußerster Sorgfalt, äußerst gründlich; **faire une description minutieuse de qc** etw haargenau beschreiben
mioche [mjɔʃ] *mf fam* Kind *nt;* **les ~s** die Gören (*fam*)
mi-octobre [miɔktɔbʀ] *f sans pl* Mitte *f* Oktober; **à la** ~ Mitte Oktober **mi-pente** [mipɑ̃t] **à** ~ mitten am Hang
MIPS [mips] *m* INFORM *abr de* **million d'instructions par seconde** MIPS
mirabelle [miʀabɛl] *f* ❶ (*fruit*) Mirabelle *f*
❷ (*eau-de-vie*) Mirabellenschnaps *m*
mirabellier [miʀabɛlje] *m* Mirabellenbaum *m*
miracle [miʀɑkl] **I.** *m* Wunder *nt;* **le ~ économique** das Wirtschaftswunder; **un ~ de la technique** ein Wunderwerk; **un ~ d'adresse/d'élégance** ein Wunder an Geschicklichkeit/Eleganz; **faire des ~s** Wunder wirken [*o* vollbringen]; **crier au ~** tun, als wäre es ein Wunder; **croire aux ~s** an [Zeichen und] Wunder glauben; **c'est un ~ qu'il s'en soit tiré** es ist ein Wunder, dass er davongekommen ist; **par ~** wie durch ein Wunder
II. *app inv* Wunder-; **solution/recette ~** Patentlösung *f*/-rezept *nt*
miraculé(e) [miʀakyle] **I.** *adj* durch ein Wunder geheilt
II. *m(f)* **c'est un ~** (*d'une maladie*) er ist durch ein Wunder geheilt; (*d'un accident*) er hat wie durch ein Wunder überlebt
miraculeusement [miʀakyløzmɑ̃] *adv* wie durch ein Wunder; **être ~ épargné(e)** wie durch ein Wunder verschont bleiben
miraculeux, -euse [miʀakylø, -øz] *adj* wunderbar, Wunder-; **l'apparition miraculeuse de la Vierge** das Wunder der Marienerscheinung; **produit/remède ~** Wundermittel *nt*
mirador [miʀadɔʀ] *m* (*d'une prison*) Wach[t]turm *m;* (*à la chasse*) Hochsitz *m,* Kanzel *f* (*Fachspr.*)
mirage [miʀaʒ] *m* ❶ (*vision*) Luftspiegelung *f,* Fata Morgana *f*
❷ (*chimère*) Trugbild *nt,* Illusion *f*
miraud(e) [miʀo, od] *adj fam* kurzsichtig
mire [miʀ] *f* ❶ AUDIOV Testbild *nt*
❷ TECH *d'un arpenteur* Messlatte *f*
mirer [miʀe] <1> **I.** *vt* ❶ (*tester*) durchleuchten *œufs*
❷ *littér* (*regarder*) ~ **son visage dans l'eau** sein Spiegelbild im Wasser betrachten
II. *vpr littér* **se ~ dans l'eau** sein Spiegelbild im Wasser betrachten
mirettes [miʀɛt] *fpl fam* Augen *Pl*
mirifique [miʀifik] *adj hum* fantastisch; **promesse ~** fantastisches Versprechen
mirliton [miʀlitɔ̃] *m* Tröte *f*
miro [miʀo] *adj fam v.* **miraud**
mirobolant(e) [miʀɔbɔlɑ̃, ɑ̃t] *adj fam* großartig, grandios
miroir [miʀwaʀ] *m a. fig* Spiegel *m;* ~ **magique** Zauberspiegel; ~ **déformant** Zerrspiegel; **le ~ de la réalité/l'âme** der Spiegel der Wirklichkeit/der Seele
◆ ~ **aux alouettes** (*piège*) Lerchenfalle *f* (*mit Spiegeln, die in der Sonne reflektieren*); ~ **de courtoisie** Make-up-Spiegel *m*
miroitant(e) [miʀwatɑ̃, ɑ̃t] *adj* ❶ *mer* glitzernd; *soie* schimmernd
❷ *fig style* verlockend
miroitement [miʀwatmɑ̃] *m* Glänzen *nt,* Schimmern *nt*
miroiter [miʀwate] <1> *vi* schimmern, glänzen; **faire ~ qc à qn** *fig* jdm etw in den leuchtendsten Farben ausmalen
miroiterie [miʀwatʀi] *f* ❶ (*magasin*) Spiegelglaserei *f*
❷ (*industrie*) Spiegelindustrie *f*
❸ commerce, Spiegelhandel *m*
miroitier, -ière [miʀwatje, -jɛʀ] *m, f* ❶ (*vendeur*) Spiegelhändler(in) *m(f)*
❷ (*producteur*) Spiegelhersteller(in) *m(f),* Spiegelfabrikant(in) *m(f)*
mironton [miʀɔtɔ̃], **miroton** [miʀɔ̃tɔ̃] **un [bœuf] ~** gekochtes Rindfleisch mit Zwiebeln
mis [mi] *passé simple de* **mettre**
mis(e) [mi, miz] *part passé de* **mettre être bien ~(e)** gut gekleidet sein
misaine [mizɛn] *f d'un bateau* Fock *f,* Focksegel *nt*
misanthrope [mizɑ̃tʀɔp] *mf* Menschenfeind(in) *m(f),* Misanthrop *m* (*geh*)
mise [miz] *f* ❶ *a. fig* Einsatz *m;* **sauver la ~** den Einsatz retten
❷ FIN [Kapital]einlage *f*
❸ *sans pl* (*habillement*) Kleidung *f;* **soigner sa ~** sich gut anziehen
❹ (*fait de mettre*) ~ **aux enchères** Versteigerung *f;* ~ **à la retraite** Versetzung *f* in den Ruhestand; ~ **en boîtes** Abfüllen *nt* in Dosen, Eindosen *nt;* ~ **en bouteilles** Abfüllen in Flaschen [*o* Abfüllung *f*]; ~ **en chantier d'un bâtiment** Baubeginn *m* eines Gebäudes; ~ **en chantier d'une réforme** Inangriffnahme *f* einer Reform; ~ **en facteurs** Zerlegung *f* in Faktoren; ~ **en liberté** Freilassung *f;* ~ **en marche** Inbetriebnahme *f;* ~ **en mémoire** INFORM Speichern *nt;* ~ **en œuvre** Verwirklichung *f,* Umsetzung *f;* ~ **en place d'un dispositif** Bereitstellung *f* einer Vorrichtung; ~ **en pratique** Umsetzung

in die Praxis; ~ **en sacs** Verpacken *nt,* Abpacken *nt;* ~ **en service** Inbetriebnahme; ~ **en valeur d'une région** Entwicklung *f* einer Region; ~ **en valeur des yeux/du regard** Betonung *f* der Augen; ~ **en vente** [Ausschreibung *f* zum] Verkauf *m;* ECON, FIN Feilhalten *nt;* ~ **sous tension** Anschluss *m* an das Stromnetz

▶ **ne pas/plus être de** ~ nicht/nicht mehr angebracht sein

◆ ~ **à l'épreuve** JUR Bewährung *f;* ~ **à feu** *d'une fusée* Zündung *f;* ~ **à jour** Aktualisierung *f;* INFORM Update *nt;* ~ **à mort** Tötung *f;* ~ **à pied** (*suspension*) Beurlaubung *f,* Suspendierung *f;* ~ **au point** PHOT Einstellung *f* [der Blende]; (*explication*) Richtigstellung *f,* Erklärung *f;* (*éclaircissements*) Klarstellung *f;* ~ **à prix** Preisfestsetzung *f;* ~ **à la retraite** Versetzung *f* in den Ruhestand; ~ **en bière** Einsargung *f;* ~ **en boîte** *fam* Lächerlichmachen *nt;* ~ **en demeure** JUR Inverzugsetzung *f;* ~ **en disponibilité** Freistellung *f,* Beurlaubung *f;* ~ **en examen** Einleitung *f* eines Verfahrens; ~ **en garde** Warnung *f;* ~ **en ondes** AUDIOV Spielleitung *f,* Inszenierung *f;* ~ **en page[s]** Umbruch *m,* Layout *nt;* ~ **en plis** Wasserwelle *f;* **une** ~ **en plis, s'il vous plaît** Waschen und Legen, bitte; ~ **en scène** CINE Regie *f;* THEAT Regie, Inszenierung *f;* (*dans la vie privée*) Theater *nt,* Show *f*

mi-septembre [misɛptɑ̃bʀ] *f sans pl* Mitte *f* September; **à la** ~ Mitte September

miser [mize] <1> **I.** *vi* ① (*parier sur*) ~ **sur un animal/sur le rouge** auf ein Tier wetten/auf Rot setzen; ~ **8 contre 1** 8 zu 1 wetten

② *fam* (*compter sur*) ~ **sur qn/qc pour faire qc** auf jdn/etw setzen um etw zu tun

③ CH (*acheter aux enchères*) ersteigern; (*vendre aux enchères*) versteigern

II. *vt* (*jouer*) ~ **cent euros sur un cheval** hundert Euro auf ein Pferd setzen [*o* wetten]

misérable [mizeʀabl] **I.** *adj* ① (*pauvre*) *personne, famille* sehr arm; *logement, vêtements, aspect* armselig

② (*pitoyable*) erbärmlich; **je me sens bien** ~ ich fühle mich ziemlich elend

③ *antéposé* (*malheureux*) armselig

II. *mf littér* Arme(r) *f(m),* Notleidende(r) *f(m)*

misérablement [mizeʀabləmɑ̃] *adv* ① (*dans la pauvreté*) erbärmlich, armselig

② (*pitoyablement*) kläglich

misère [mizɛʀ] *f* ① (*détresse matérielle*) Elend *nt kein Pl,* Not *f;* ~ **noire** große Not; **réduire qn à la** ~ jdn ins Elend stürzen; **tirer qn de la** ~ jdn aus einer Notlage befreien; **tomber dans la** ~ in Not geraten

② (*détresse morale*) Elend *nt kein Pl,* Leid *nt kein Pl*

③ *gén pl* (*souffrances*) Leiden *nt kein Pl;* **petites** ~**s** Wehwehchen *Pl* (*fam*); **faire des** ~**s à qn** *fam* jdn ärgern

▶ **salaire/traitement de** ~ kümmerliches Gehalt/miserable Behandlung; ~ [**de** ~]! gütiger Himmel!

miséreux, -euse [mizeʀø, -øz] **I.** *adj mendiant* Not leidend; *quartier* Elends-

II. *m, f* Bedürftige(r) *f(m),* Arme(r) *f(m)*

miséricorde [mizeʀikɔʀd] *f littér* (*pardon*) Erbarmen *nt;* REL Barmherzigkeit *f;* **implorer la** ~ um Gnade flehen

▶ ~**!** *vieilli* ojemine!, du lieber Gott!

miséricordieux, -euse [mizeʀikɔʀdjø, -jøz] *adj littér* gnädig; REL barmherzig

misogyne [mizɔʒin] **I.** *adj* frauenfeindlich

II. *m* Frauenfeind *m*

misogynie [mizɔʒini] *f* Frauenfeindlichkeit *f,* Frauenhass *m*

miss [mis] <es> *f* ① *inv* (*reine de beauté*) Miss *f*

② (*mademoiselle*) Fräulein *nt*

missel [misɛl] *m* Messbuch *nt,* Missal[e] *nt* (*Fachspr.*)

missile [misil] *m* Rakete *f;* ~ **air-sol/air-mer/sol-air** Luft-Boden-/Luft-Wasser-/Boden-Luft-Rakete *f;* ~ **antimissile** Abwehrrakete *f*

mission [misjɔ̃] *f* ① (*tâche*) Aufgabe *f;* (*culturelle, dangereuse*) Mission *f;* (*diplomatique, économique, officielle, scientifique*) Auftrag *m;* (*aérienne*) Einsatz *m;* ~ **accomplie!** Auftrag ausgeführt!; **confier une** ~ **à qn** jdm eine Aufgabe anvertrauen; **j'ai reçu** ~ **d'aller sur place** ich wurde angewiesen, mich dorthin zu begeben; **avec** [**pour**] ~ **de faire qc** mit dem Ziel [*o* mit der Zielsetzung], etw zu tun; **en** ~ POL auf Dienstreise; COM auf Geschäftsreise

② (*délégation*) Delegation *f;* ~ **polaire** Polarexpedition *f*

③ (*vocation*) Mission *f*

◆ ~ **de reconnaissance** MIL Aufklärungseinsatz *m;* AVIAT Aufklärungsflug *m*

missionnaire [misjɔnɛʀ] *mf* Missionar(in) *m(f)*

missive [misiv] *f soutenu* Schreiben *nt*

mistigri [mistigʀi] *m fam* Katze *f,* Mieze *f* (*fam*)

▶ **refiler le** ~ **à qn** alles auf jdn abwälzen, jdm alles zuschieben

mistoufle [mistufl] *f* ① *souvent pl fam* (*méchancetés*) Gemeinheiten *Pl;* **faire des** ~**s à qn** fies zu jdm sein (*fam*)

② *pop* (*misère*) **être dans la** ~ völlig abgebrannt sein (*fig fam*)

mistral [mistʀal] <s> *m* Mistral *m*

mit [mi] *passé simple de* **mettre**

mitage [mitaʒ] *m* Zersiedelung *f*

mitaine [mitɛn] *f* Halbfingerhandschuh *m;* CAN (*moufle*) Fausthandschuh *m*

mitard [mitaʀ] *m arg* Knast *m* (*sl*)

mite [mit] *f* Motte *f;* **être mangé(e) des** [*o* **aux** *fam*] ~**s** mottenzerfressen sein

mité(e) [mite] *adj* mottenzerfressen

mi-temps [mitɑ̃] **I.** *f inv* SPORT Halbzeit *f*

▶ **la troisième** ~ *hum* die gemütliche Runde (*nach dem Spiel*)

II. *m inv* (*travail*) Halbtagsstelle *f,* Halbtagsjob *m* (*fam*); **emploi/travail à** ~ Halbtagsstelle/Halbtagsarbeit *f;* **travailler à** ~ halbtags arbeiten

miter [mite] <1> *vpr* **se** ~ von Motten zerfressen werden

mîtes [mit] *passé simple de* **mettre**

miteux, -euse [mitø, -øz] **I.** *adj immeuble, lieu* heruntergekommen; *personne* armselig; *habit, meuble* schäbig

II. *m, f fam* armer Schlucker (*fam*)

mithridatiser [mitʀidatize] <1> *vt* immun machen

mitigé(e) [mitiʒe] *adj réaction* zwiespältig; *impression* unterschiedlich; *sentiments* gemischt; *accueil* kühl; *zèle* gedämpft; **un plaisir** ~ ein halbes Vergnügen

mitiger [mitiʒe] <2a> *vt vieilli* mildern

mitigeur [mitiʒœʀ] *m* Mischbatterie *f*

mitonner [mitɔne] <1> **I.** *vt fam* ① GASTR zubereiten

② (*planifier*) von langer Hand [*o* sorgfältig] vorbereiten *affaire;* sorgen für, den Weg bahnen für *avenir;* ausklügeln *devoir, problème*

II. *vi fam* auf kleiner Flamme garen; *soupe:* vor sich hin köcheln

mitose [mitoz] *f* BIO Mitose *f*

mitoyen(ne) [mitwajɛ̃, jɛn] *adj mur* Trenn-; *cloison* Trenn-, Zwischen-; *maison* Neben-; **être** ~(**ne**) **avec** [*o* **de**] **qc** an etw (*Akk*) angrenzen

mitoyenneté [mitwajɛnte] *f* Gemeineigentum *nt;* **en** ~ in gemeinsamem Besitz

mitraillade [mitʀɑjad] *f* Maschinengewehrsalve *f*

mitraillage [mitʀɑjaʒ] *m* Beschuss *m*

mitraille [mitʀɑj] *f* ① (*projectiles*) Geschosse *Pl*

② (*pluie de balles*) Kugelregen *m*

mitrailler [mitʀɑje] <1> *vt* ① (*tirer*) beschießen, unter Beschuss nehmen

② *fam* (*photographier*) mit der Kamera unter Beschuss nehmen (*fam*)

mitraillette [mitʀɑjɛt] *f* Maschinenpistole *f*

mitrailleur [mitʀɑjœʀ] **I.** *adj fusil, pistolet* Maschinen-

II. *m* Maschinengewehrschütze *m,* MG-Schütze

mitrailleuse [mitʀɑjøz] *f* Maschinengewehr *nt*

mitral(e) [mitʀal, o] <-aux> *adj* **valvule** ~**e** ANAT Mitralklappe *f*

M

mitre [mitʀ] *f* REL Mitra *f*

mitron(ne) [mitʀɔ̃, ɔn] *m(f)* (*en boulangerie*) Bäckerlehrling *m;* (*en pâtisserie*) Konditorlehrling *m*

mi-voix [mivwa] ▸ **à** ~ leise

mixage [miksaʒ] *m* Tonmischung *f*

mixer [mikse] <1> *vt* ❶ GASTR mixen
❷ AUDIOV mischen

mixer [mikse], **mixeur** [miksœʀ] *m* Mixer *m*

mixité [miksite] *f* Mischung *f* der Geschlechter; **la ~ de l'enseignement** die Koedukation, der Unterricht in gemischten Klassen

mixte [mikst] *adj* ❶ (*pour les deux sexes*) *chorale, classe, équipe* gemischt; *enseignement* in gemischten Klassen; *école* mit gemischten Klassen
❷ (*formé d'éléments différents*) *mariage, végétation* Misch-; *commission, salade* gemischt; *cuisinière* Kombi-; *cargo* mit Personen- und Frachtverkehr; **société d'économie ~** gesellschaftliche Mischform

mixture [mikstyʀ] *f* ❶ CHIM, PHARM Mixtur *f*
❷ *péj* (*boisson*) Gebräu *nt*

M.J.C. [ɛmʒise] *f abr de* **maison des jeunes et de la culture** Jugendzentrum *nt*

ml *abr de* **millilitre** ml

M.L.F. [ɛmɛlɛf] *m abr de* **mouvement de libération de la femme** Frauenbewegung *f*

Mlle [madmwazɛl] <s> *f abr de* **Mademoiselle**: **~ Larroque** Frl. Larroque

MM. [mesjø] *mpl abr de* **Messieurs**: **~ Martin et Durand** die Herren Martin und Durand; *v. a.* **monsieur**

mm *abr de* **millimètre** mm

Mme [madam] <s> *f abr de* **Madame**: **~ Duchemin** Fr. Duchemin

mn *abr de* **minute** min

mnémotechnique [mnemotɛknik] *adj* mnemotechnisch; **moyen ~** Eselsbrücke *f*

Mo [ɛmo] *m abr de* **méga-octet** MB *nt*

mob [mɔb] *f fam abr de* **mobylette**

mobile [mɔbil] **I.** *adj* ❶ (*opp: fixe*) beweglich; **l'échelle ~ des salaires** die gleitende Lohnskala
❷ (*non sédentaire*) *forces de police, troupes* mobil; *population* nicht sesshaft
❸ (*changeant*) *regard* unruhig; *yeux* flackernd
II. *m* ❶ (*motif*) **le ~ de qc** das Motiv für etw; **avoir pour ~ l'argent/l'amour** das Geld/die Liebe als Triebfeder [*o* Anreiz] haben
❷ PHYS Körper *m* in Bewegung
❸ ART Mobile *nt*

mobilier [mɔbilje] *m* ❶ (*ameublement*) Mobiliar *nt,* [Wohnungs]einrichtung *f,* Möbel *Pl;* **~ de cuisine** Küchenmöbel; **faire partie du ~** *hum* zum Inventar gehören
❷ JUR (*biens meubles*) bewegliche Habe [*o* Güter]
❸ (*installations*) **~ urbain** öffentliche Einrichtungen *Pl* (*wie Parkbänke, Papierkörbe, Straßenlaternen, Toiletten*)

mobilier, -ière [mɔbilje, -jɛʀ] *adj* beweglich; *crédit, saisie* Mobiliar-; *vente* Fahrnis-; **cote mobilière** Wohnraumsteuer *f*

mobilisable [mɔbilizabl] *adj* ❶ *capital, énergie, ressources* verfügbar
❷ MIL mobilisierbar

mobilisateur, -trice [mɔbilizatœʀ, -tʀis] *adj mot d'ordre, slogan* motivierend; *sujet, thème* anregend

mobilisation [mɔbilizasjɔ̃] *f* ❶ *des énergie, personnes, ressources* Mobilisierung *f*
❷ MIL Mobilmachung *f*

mobiliser [mɔbilize] <1> **I.** *vt* ❶ (*mettre à contribution*) mobilisieren; **toute la famille était mobilisée** *hum* die ganze Familie wurde mobil gemacht (*fam*)
❷ (*motiver*) mobilisieren; wecken *ardeur*
❸ MIL mobil machen; einziehen *réservistes*
II. *vi* MIL mobil machen
III. *vpr* **se ~** aktiv werden; **se ~ contre le chômage** alle seine Kräfte gegen die Arbeitslosigkeit aufbieten; **se ~ pour la défense des droits de l'homme** sich für die Verteidigung der Menschenrechte stark machen

mobilité [mɔbilite] *f* ❶ (*opp: immobilité*) *d'une personne, d'un membre* Beweglichkeit *f; de l'armée* Mobilität *f; du regard* Unruhe *f;* **la ~ des choses** der Wandel der Dinge; **avec une voiture, on a plus de ~** mit einem Auto ist man beweglicher [*o* mobiler]
❷ (*opp: sédentarité*) *de la population, main d'œuvre* Mobilität *f*

mobylette® [mɔbilɛt] *f* Mofa *nt*

mocassin [mɔkasɛ̃] *m* Mokassin *m*

moche [mɔʃ] *adj fam* ❶ (*laid*) hässlich
❷ (*regrettable*) scheußlich (*fam*)

mocheté [mɔʃte] *f fam* ❶ (*laideur*) Hässlichkeit *f*
❷ (*chose laide*) Scheußlichkeit *f* (*fam*)
❸ (*personne laide*) Vogelscheuche *f* (*fam*)

modal(e) [mɔdal, o] <-aux> *adj* ❶ LING Modal-
❷ MUS modal

modalité [mɔdalite] *f* ❶ *pl* (*procédure*) Modalitäten *Pl;* **~s d'application** Anwendungsarten *Pl;* **~s d'inscription/d'entrée** Einschreibe-/Aufnahmeverfahren *nt;* **~s de paiement** Zahlungsweise *f,* Zahlungsmodalitäten
❷ MUS, JUR Modalität *f*
❸ LING **verbe de ~** Modalverb *nt*

mode[1] [mɔd] **I.** *f* ❶ Mode *f;* **à la ~** [in] Mode; **suivre la ~** der Mode folgen; **être habillé(e) à la dernière ~** nach der neuesten Mode gekleidet sein; **être passé(e) de ~** aus der Mode gekommen sein; **revenir à la ~** wieder Mode werden, wieder in Mode kommen
❷ (*métier*) Modebranche *f*
❸ GASTR **à la ~ de qc** nach der Art von etw
▸ **cousin à la ~ de Bretagne** weit entfernter Verwandter
II. *app* ❶ *tissu* modisch
❷ GASTR *bœuf* mit Karotten und Zwiebeln
◆ **~ de paysage** INFORM Querformat *nt*

mode[2] [mɔd] *m* ❶ (*méthode*) Methode *f*
❷ GRAM Modus *m*
❸ MUS Tonart *f*
◆ **~ de communication** Kommunikationsweg *m;* **développer de nouveaux ~s de communication** neue Kommunikationswege erschließen; **~ d'emploi** Gebrauchsanweisung *f;* **~ d'expression** Ausdrucksweise *f;* **~ de gouvernement** Regierungsform *f;* **~ de paiement** Zahlungsart *f;* **~ de pensée** Denkweise *f;* **~ de production** Produktionsweise *f;* **~ de transport** Verkehrsmittel *nt;* **~ de vie** Lebensart *f,* Lebensweise *f*

modelage [mɔd(ə)laʒ] *m* Modellierung *f*

modèle [mɔdɛl] **I.** *m* ❶ Vorbild *nt;* **être un ~ de courage/vertu** ein Muster an Tapferkeit/Tugend sein ; **prendre ~ sur qn** sich an jdm ein Beispiel nehmen; **tu peux le/la prendre pour ~** du kannst dir an ihm/ihr ein Beispiel nehmen; **servir de ~ à qn** jdm als Vorbild dienen; **sur le ~ de qc** nach der Vorlage einer S. (*Gen*)
❷ GRAM Musterbeispiel *nt*
❸ TYP Vorlage *f*
❹ COUT, ART Modell *nt*
❺ (*maquette*) Modell *nt;* **~ réduit** Miniaturmodell
❻ JUR **~ déposé** [eingetragenes] Gebrauchsmuster
II. *adj* (*exemplaire*) vorbildlich; **usine/ferme ~** Musterbetrieb *m*

modelé [mɔd(ə)le] *m d'un corps, d'une peinture, sculpture* Plastizität *f; du visage* Züge *Pl; du terrain* Relief *nt*

modeler [mɔd(ə)le] <4> **I.** *vt* ❶ (*pétrir*) modellieren *cire, terre, poterie, statue;* formen *pâte*
❷ (*façonner*) formen *caractère, relief, corps;* **être modelé(e) par qc** durch etw seine Form bekommen
II. *vpr* **se ~ sur qn/qc** sich an jdm/etw orientieren

modeleur, -euse [mɔd(ə)lœʀ, -øz] *m, f* ❶ (*artiste*) Bildhauer(in) *m(f)*
❷ TECH Gießer(in) *m(f)*
modélisme [mɔdelism] *m* Modellbau *m*
modéliste [mɔdelist] *mf* ❶ COUT Modellzeichner(in) *m(f)*
❷ (*adepte du modélisme*) Modellbauer(in) *m(f)*
modem [mɔdɛm] *m abr de* **MODulateur DÉModulateur** Modem *nt*
modérateur, -trice [mɔdeʀatœʀ, -tʀis] **I.** *adj action, influence* ausgleichend; *rôle* vermittelnd
II. *m, f* Mittler(in) *m(f)*; **jouer le rôle de ~(-trice)** die Vermittlerrolle übernehmen
modération [mɔdeʀasjɔ̃] *f* ❶ (*retenue*) Mäßigung *f*; **faire/consommer qc avec ~** etw in Maßen tun/genießen; **faire preuve de ~ dans ses réponses** sich bei seinen Antworten beherrscht zeigen
❷ (*ralentissement*) Abschwächung *f*, Mäßigung *f*; **~ des prix** Zurückhaltung *f* bei den Preisen
❸ FIN Ermäßigung *f*; JUR Milderung *f*
modéré(e) [mɔdeʀe] **I.** *adj* ❶ (*raisonnable*) *vent* mäßig; *idées, opinion* gemäßigt; *loyer, prix* moderat, gemäßigt; *chaleur, froid* nicht extrem; *personne* maßvoll
❷ (*médiocre*) *désir, résultat* bescheiden; *enthousiasme, succès* mäßig; *optimisme* gemäßigt
II. *m(f)* POL Gemäßigte(r) *f(m)*
modérément [mɔdeʀemɑ̃] *adv* maßvoll
modérer [mɔdeʀe] <5> **I.** *vt* (*tempérer*) bremsen *personne, dépenses;* dämpfen *ambitions, colère;* zügeln *passion;* verringern *vitesse;* zurückschrauben *désirs;* **~ ses expressions** sich vorsichtig ausdrücken
II. *vpr* **se ~** sich mäßigen
moderne [mɔdɛʀn] **I.** *adj* modern; *pays* fortschrittlich; *idée* neuartig; **les temps ~s** die Neuzeit; **l'histoire ~** die Neuere Geschichte; **langues ~s** moderne Fremdsprachen; **lettres ~s** moderne Literatur
II. *m* ❶ ART Moderne *f*; **être meublé(e) en ~** modern eingerichtet sein
❷ LITTER moderner Autor/moderne Autorin
modernisateur, -trice [mɔdɛʀnizatœʀ, -tʀis] **I.** *adj* modernisierend; **volonté modernisatrice** Wunsch *m* nach Erneuerung
II. *m, f* Erneuerer *m*/Erneuerin *f*
modernisation [mɔdɛʀnizasjɔ̃] *f* Modernisierung *f*
moderniser [mɔdɛʀnize] <1> **I.** *vt* modernisieren
II. *vpr* **se ~** *ville, pays:* modern umgestaltet werden; *personne:* sich modern einrichten
modernisme [mɔdɛʀnism] *m* Modernismus *m*
moderniste [mɔdɛʀnist] **I.** *adj* modernistisch
II. *mf* Modernist(in) *m(f)*
modernité [mɔdɛʀnite] *f* Modernität *f*; *d'une institution* moderner Charakter; *d'une pensée* Neuartigkeit *f*
modern style [mɔdɛʀnstil] *m inv* Jugendstil *m*
modeste [mɔdɛst] **I.** *adj* bescheiden; *intelligence* mittelmäßig; *maison* einfach; **avoir un air ~** ein schlichtes Äußeres haben; **être ~ dans ses exigences** in seinen Forderungen bescheiden sein
II. *mf* unscheinbarer Mensch; **faire le ~** den Bescheidenen/die Bescheidene mimen
modestement [mɔdɛstəmɑ̃] *adv* in aller Bescheidenheit; *rougir* schamhaft; *vivre* bescheiden, einfach
modestie [mɔdɛsti] *f* Bescheidenheit *f*; *d'un air* Schlichtheit *f*; **la ~ de son attitude** seine/ihre Zurückhaltung; **pas de fausse ~** nur keine falsche Bescheidenheit
modicité [mɔdisite] *f d'un loyer, salaire, des prix* geringe Höhe
modifiable [mɔdifjabl] *adj* veränderbar; *conduite, personne* beeinflussbar; **le texte reste ~** der Text kann noch verändert werden
modificateur, -trice [mɔdifikatœʀ, -tʀis] *adj action, agent* Veränderung[en *Pl*] hervorrufend *f*
modificatif, -ive [mɔdifikatif, -iv] *adj* Änderungs-; **note modificative** Änderungsbescheid *m*
modification [mɔdifikasjɔ̃] *f a.* JUR Änderung *f*; **apporter** [*o* **faire**] **des ~s à qc** Veränderungen an etw (*Dat*) vornehmen
◆ **~ du contrat** Vertragsänderung *f*
modifier [mɔdifje] <1> **I.** *vt* GRAM näher definieren
II. *vpr* **se ~** sich ändern, sich wandeln
modique [mɔdik] *adj* niedrig
modiquement [mɔdikmɑ̃] *adv* spärlich
modiste [mɔdist] *mf* Putzmacher(in) *m(f)*
modulable [mɔdylabl] *adj* veränderlich, veränderbar; *salle* umwandelbar; *meuble* verstellbar; *chaîne hi-fi* variabel zusammenstellbar
modulaire [mɔdylɛʀ] *adj mesure* Modul-; *architecture* modular, Baukasten-
modulateur [mɔdylatœʀ] *m* RADIO, TELEC Modulator *m*
modulateur, -trice [mɔdylatœʀ, -tʀis] *adj* modulierend
modulation [mɔdylasjɔ̃] *f* ❶ PHYS Modulation *f*; (*changement de ton*) Tonschwankung *f*
❷ MUS Modulation *f*
❸ ART Farbabstufung *f*
❹ (*adaptation*) **~ des prix** Preisangleichung *f*, Anpassung *f* der Preise
◆ **~ de fréquence** Frequenzmodulation *f*
module [mɔdyl] *m* ❶ (*élément d'un ensemble*) [Bau]element *nt*
❷ ESPACE Raumkapsel *f*
❸ SCOL Kurs *m*
❹ INFORM Modul *nt*
moduler [mɔdyle] <1> **I.** *vt* ❶ RADIO, TELEC modulieren
❷ (*adapter*) verändern, abändern; **les peines doivent être modulées en fonction des délits** das Strafmaß richtet sich nach dem Vergehen
II. *vi* MUS modulieren
modus vivendi [mɔdysvivɛ̃di] *m inv* Modus vivendi *m* (*geh*)
moelle [mwal, mwɛl] *f* ANAT, BOT Mark *nt*; **~ épinière** Rückenmark
▶ **la substantifique ~** die Quintessenz, das Wesentliche; **jusqu'à la ~** bis ins Mark; **être pourri(e)/gelé(e) jusqu'à la ~** völlig [*o* vollkommen] verdorben/ausgefroren sein
moelleusement [mwɛløzmɑ̃] *adv* genüsslich; **~ installé(e) dans un canapé** gemütlich auf einem Sofa sitzend
moelleux [mwɛlø] *m* ❶ *d'un lit, coussin* Weichheit *f*; *d'un tapis* flauschige Beschaffenheit
❷ (*au goût*) *d'un vin* vollmundiger Geschmack
moelleux, -euse [mwɛlø, -øz] *adj* ❶ (*au toucher*) [kuschelig] weich; *tapis* flauschig
❷ (*au goût*) *vin* vollmundig
❸ (*agréable*) *son, voix, timbre* warm
moellon [mwalɔ̃, mwɛlɔ̃] *m* Baustein *m*
mœurs [mœʀ(s)] *fpl* ❶ (*coutumes*) *d'une personne, société* Sitten und Bräuche *Pl*; *d'un animal* Verhaltensweisen *Pl*; **entrer dans les ~** Sitte werden; *mauvaise habitude:* einreißen
❷ (*règles morales*) Moral *f*; (*austères, dissolues*) Sitten *Pl*; **bonnes/mauvaises ~** gute Sitten/Sittenlosigkeit *f*, Anstand *m*/Lasterhaftigkeit *f*; **une personne de bonnes/mauvaises ~** ein anständiger/liederlicher Mensch; **être contraire aux bonnes ~** gegen die guten Sitten verstoßen
❸ (*façon de vivre*) Lebenswandel *m*
▶ **avoir des ~ particulières** *euph* vom anderen Ufer sein (*fam*)
mohair [mɔɛʀ] **I.** *m* Mohair *m*, Mohär *m*
II. *app inv* Mohair-, Mohär-
moi [mwa] **I.** *pron pers* ❶ *fam* (*pour renforcer*) **~, monter une entreprise?** was, ich soll ein Unternehmen gründen?; **~, je n'ai pas ouvert la bouche** ich habe den Mund nicht aufgemacht; **et ~ qui pensais avoir compris!** und ich dachte, ich hätte alles verstanden!; **c'est ~ qui l'ai dit** ich habe das

M

gesagt; **c'est ~ que tu as entendu(e) à la radio** mich hast du im Radio gehört; **il veut me voir, ~!** mich möchte er sehen!; **il veut m'aider, ~?** mir möchte er helfen?
❷ *avec un verbe à l'impératif* **regarde-~** sieh mich an; **donne-~ ça!** gib es mir!
❸ *avec une préposition* **avec/sans ~** mit mir/ohne mich; **à ~ seul(e)** ich allein; **la maison est à ~** das Haus gehört mir; **c'est à ~ de décider** ich muss entscheiden; **c'est à ~!** ich bin dran!
❹ *dans une comparaison* ich; **tu es comme ~** du bist wie ich; **plus/aussi fort(e) que ~** stärker als ich/genauso stark wie ich
❺ (*emphatique*) **c'est ~!** (*me voilà*) hier bin ich!; (*je suis le responsable*) ich [bin es]!; **et ~, alors?** *fam* ja, und ich?, und was ist mit mir?; **que ferais-tu si tu étais ~?** was würdest du an meiner Stelle tun?
▶ **à ~!** Hilfe!
II. *m* PHILOS, PSYCH Ich *nt*
moignon [mwaɲɔ̃] *m* Stummel *m; d'un bras, d'une jambe, dent* Stumpf *m*
moi-même [mwamɛm] *pron pers* ❶ (*moi en personne*) **~ n'en savais rien** ich [selbst] wusste nichts davon; **je me sens ~ heureux(-euse)** ich fühle mich glücklich; **je l'ai dit ~, c'est ~ qui l'ai dit** ich [selbst] habe das gesagt; **je suis venu(e) de ~** ich bin von selbst [*o* von mir aus] [*o* aus eigenem Antrieb] gekommen
❷ (*moi aussi*) ebenfalls, auch; **j'étais ~ furieux(-euse)** ich war ebenfalls [*o* auch] sehr wütend
moindre [mwɛ̃dʀ] *adj antéposé* ❶ (*inférieur*) *degré, étendue* geringere(r, s); *inconvénient* kleinere(r, s); *prix* niedrigere(r, s); *qualité* mindere(r, s), schlechtere(r, s)
❷ (*le plus petit*) **le ~ bruit** das geringste Geräusch; **la ~ chance** die geringste Chance; **les ~s efforts** die geringsten Bemühungen; **le ~ détail** das kleinste Detail; **la ~ averse** der kleinste Regenschauer; **les ~s défauts** die kleinsten Mängel; **le ~ mal** das kleinere Übel; **pas [*o* non] des ~s** nicht der/die/das Geringste; **ne pas savoir faire la ~ division** die einfachste Teilungsaufgabe nicht lösen können; **ne pas avoir le ~ diplôme** nicht ein einziges Zeugnis vorzuweisen haben; **être partisan du ~ effort** sich nicht gerade umbringen; **ce serait la ~ des choses/des politesses** es wäre doch das Mindeste/ein Gebot der Höflichkeit; **le travail, c'est le ~ de ses soucis** die Arbeit ist die geringste seiner/ihrer Sorgen
moine [mwan] *m* ❶ REL Mönch *m;* **se faire ~** ins Kloster gehen
❷ ZOOL Kegelrobbe *f*
moineau [mwano] <x> *m* ORN Sperling *m,* Spatz *m*
▶ **manger comme un ~** wie ein Spatz essen
moinillon [mwanijɔ̃] *m fam* Mönchlein *nt* (*fam*), junger Mönch
moins [mwɛ̃] **I.** *adv* ❶ weniger; **augmenter ~** langsamer steigen; **rouler ~ vite** langsamer fahren; **~ beau(belle)/paresseux(-euse) que** nicht so schön/faul wie, weniger schön/faul als; **~ cher(chère)** günstiger; **~ de qc** weniger von etw; **~ d'une heure** nicht einmal eine Stunde; **les enfants de ~ de douze ans** Kinder unter zwölf Jahren; **se situer à ~ de trois pour cent** unter drei Prozent liegen; **encore ~** noch weniger; **~ ... ~ ...** je weniger ..., desto weniger ...; **~ ..., plus ...** je weniger ..., desto mehr ...; **rien n'est ~ ...** nichts ist weniger ...; **rien n'est ~ sûr!** nichts ist unsicherer als das!
❷ *superl* **le ~** am wenigsten; **faire qc le ~** etw am wenigsten tun; **le ~ doué/la ~ aimée** der am wenigsten begabte/die am wenigsten beliebte; **le ~ bête de tous** der Intelligenteste von allen; **le ~ cher de tous** der Günstigste von allen; **des ~ flatteurs/agréables** von den am wenigsten schmeichelhaften/angenehmen; **le ~ de qc** der/die/das wenigste etw; **c'est elle qui dépense le ~ d'argent** sie gibt am wenigsten [*o* das wenigste] Geld aus; **en juin, nous avons le ~ de clients** im Juni haben wir die wenigsten Kunden
▶ **en ~ de deux** *fam* in null Komma nichts (*fam*), im Nu (*fam*); **on le serait à ~** man wäre es mindestens ebenso [*o* genauso]; **à ~ de qc** ausgenommen; **à ~ d'un retard imprévu/d'un accident** wenn nicht eine unvorhergesehene Verzögerung/ein Unfall eintritt; **à ~ de faire qc** wenn man nicht etw tut; **je n'y irai pas, à ~ de recevoir une invitation** ich werde nicht hingehen, wenn ich keine Einladung bekomme [*o* es sei denn, ich bekomme eine Einladung]; **à ~ que qn ne fasse qc** es sei denn, jd tut etw; **au ~** (*au minimum*) mindestens; *fam* (*je parie*) wetten, dass (*fam*); (*j'espère*) hoffentlich; **[tout] au ~** zumindest, wenigstens; **si au ~** wenn wenigstens; **d'autant ~** um so weniger; **de ~, en ~** weniger; **il a un an de ~ que moi** er ist ein Jahr jünger als ich; **de ~ en ~** immer weniger; **du ~** zumindest, wenigstens; **pour le ~** zumindest; **~ que rien** weniger als nichts
II. *prép* ❶ (*soustraction*) minus; **tous les pays ~ la France** alle Länder außer Frankreich
❷ (*heure*) vor; **il est midi ~ vingt/le quart** es ist zwanzig/Viertel vor zwölf
❸ (*température*) minus; **il fait ~ trois** es hat drei Grad minus
▶ **il était ~ cinq [*o* une]** *fam* es war fünf vor zwölf (*fam*)
III. *m* ❶ (*minimum*) Mindeste(s) *nt;* **le ~ de matière** das wenigste Material; **le ~ de temps possible** so kurz wie möglich; **le ~ que je puisse faire, c'est ...** das Mindeste, was ich tun kann, ist ...
❷ (*signe*) Minuszeichen *nt*
❸ (*plus jeune*) **les ~ de 11/18 ans** Kinder *Pl* unter 11/Jugendliche *Pl* unter 18 Jahren
moins-perçu [mwɛ̃pɛʀsy] <moins-perçus> *m* FIN Mindereinnahme *f*
moins que rien [mwɛ̃kəʀjɛ̃] *mf inv fam* Nichtsnutz *m,* Taugenichts *m*
moins-value [mwɛ̃valy] <moins-values> *f* ECON (*baisse de la valeur*) Wertminderung *f;* **faire une ~ considérable** ein beträchtliches Verlustgeschäft machen
moire [mwaʀ] *f* COUT (*apprêt*) Moirierung *f;* (*tissu*) Moiréstoff *m*
moiré [mwaʀe] *m* Moiré *nt*
moiré(e) [mwaʀe] *adj soie* moiriert; *papier* marmoriert
moirer [mwaʀe] <1> *vt* moirieren *étoffe, soie;* marmorieren *métal, papier*
mois [mwa] *m* ❶ (*période*) Monat *m;* **le ~ de janvier/mars** der [Monat] Januar/März; **les ~ en r** die Monate mit R; **au ~** monatlich; **au ~ de janvier/d'août** im Januar/August; **être dans son deuxième ~** *femme:* im zweiten Monat sein; **le premier/cinq/dernier du/de ce ~** der Erste/Fünfte/Letzte des/dieses Monats
❷ (*salaire*) [Monats]gehalt *nt*
❸ (*mensualité*) Monatsbeitrag *m;* (*loyer*) [Monats]miete *f*
Moïse [mɔi:z(ə)] *m* Moses *m*
moisi [mwazi] *m* Schimmel *m*
moisi(e) [mwazi] *adj* verschimmelt
moisir [mwaziʀ] <8> *vi* ❶ (*se gâter*) schimmeln
❷ (*être inutilisé*) *voiture:* vor sich hin rosten; *argent, capital:* brachliegen; *talent:* verkümmern; *meuble:* vermodern
❸ *fam* (*croupir*) *personne:* herumhängen (*fam*)
moisissure [mwazisyʀ] *f* ❶ BOT Schimmelpilz *m*
❷ (*couche de moisi*) Schimmel *m;* (*action*) Schimmelprozess *m,* Schimmeln *nt*
moisson [mwasɔ̃] *f* ❶ AGR Ernte *f*
❷ (*grande quantité*) **une ~ de souvenirs/d'images** eine Menge [*o* Unzahl] von Erinnerungen/Bildern
moissonnage [mwasɔnaʒ] *m* Mähen *nt*
moissonner [mwasɔne] <1> **I.** *vt* ❶ AGR ernten; abernten *champ*
❷ (*recueillir*) sammeln *documents, images, souvenirs, idées;* ernten *lauriers;* zusammentragen *renseignements*
II. *vi* mähen
moissonneur, -euse [mwasɔnœʀ, -øz] *m, f* Erntearbeiter(in)

m(f)

moissonneuse [mwasɔnøz] *f* Mähmaschine *f*

moissonneuse-batteuse [mwasɔnøzbatøz] <moissonneuses--batteuses> *f* Mähdrescher *m* **moissonneuse-lieuse** [mwasɔnøzljøz] <moissonneuses-lieuses> *f* Mähbinder *m*

moite [mwat] *adj* feucht; ~ **d'humidité/de sueur** durchfeuchtet/schweißnass

moiteur [mwatœʀ] *f* Feuchtigkeit *f*

moitié [mwatje] *f* ❶ (*partie, milieu*) Hälfte *f;* **la** ~ **du temps/de l'année** die halbe Zeit/das halbe Jahr; ~ **moins/plus** halb so viel/um die Hälfte mehr; **à** ~ halb; **à** ~ **chemin/prix** auf halber Streck/zum halben Preis; **ne jamais rien faire à** ~ nie halbe Sachen machen; **de** ~ um die Hälfte; **pour** ~ zur Hälfte; ~ **...** ~ **...** halb ... halb ...
❷ *hum* (*épouse*) bessere Hälfte (*hum fam*)

moitié-moitié [mwatjemwatje] halbe-halbe; **faire** ~ *fam* halbe-halbe machen (*fam*)

moka [mɔka] *m* GASTR ❶ (*café*) Mokka *m*
❷ (*gâteau*) Mokkatorte *f*

mol [mɔl] *adj v.* **mou**

molaire¹ [mɔlɛʀ] *f* ANAT Backenzahn *m*

molaire² [mɔlɛʀ] *adj masse* molar

molasse [mɔlas] *f* GEOL Molasse *f*

mole [mɔl] *f* CHIM Mol *nt*

môle [mol] *m* ❶ (*digue*) [Hafen]mole *f,* Hafendamm *m*
❷ (*embarcadère*) Kai *m*

moléculaire [mɔlekylɛʀ] *adj* molekular; *formule, masse, poids, structure* Molekül-

molécule [mɔlekyl] *f* Molekül *nt*

molécule-gramme [mɔlekylgʀam] <molécules-grammes> *f vieilli* Mol *nt*

moleskine [mɔlɛskin] *f* Kunstleder *nt,* Moleskin *m o nt*

molester [mɔlɛste] <1> *vt* ~ **qn** jdn belästigen; (*physiquement*) auf jdn einschlagen; **se faire** ~ **par qn** von jdm belästigt werden; (*physiquement*) von jdm verprügelt werden

moleté(e) [mɔl(ə)te] *adj* geriffelt

molette [mɔlɛt] *f* ❶ (*outil*) Roulett *nt*
❷ (*pièce d'une mécanisme*) Rändelrad *nt*
❸ (*roue de l'éperon*) Spornrad *nt*

mollah [mɔ(l)la] *m* Mulla(h) *m*

mollard [mɔlaʀ] *m pop* Spucke *f* (*fam*)

mollasse [mɔlas] **I.** *adj* ❶ *fam* (*mou*) tranig (*fam*), ohne Mumm (*fam*)
❷ (*flasque*) *chair* schlaff; *pâte* dünnflüssig
II. *f fam* Transuse *f* (*fam*)

mollasserie [mɔlasʀi] *f fam* Schlaffheit *f* (*fam*)

mollasson(ne) [mɔlasɔ̃, ɔn] **I.** *adj fam* tranfunzelig (*fam*), tranig (*fam*)
II. *m(f) fam* Tranfunzel *f* (*fam*)

molle [mɔl] *adj v.* **mou**

mollement [mɔlmɑ̃] *adv* ❶ (*confortablement*) *allongé, installé* gemütlich; *tomber* sanft; **les jours s'écoulent** ~ die Tage schleppen sich dahin
❷ (*sans ardeur*) *protester, réagir* schwach

mollesse [mɔlɛs] *f* ❶ (*indolence*) Trägheit *f,* Schwerfälligkeit *f*
❷ (*laxisme*) Laxheit *f*
❸ (*douceur*) *d'un matelas, des contours, traits* Weichheit *f; d'une poignée de main* Schlaffheit *f*

mollet [mɔlɛ] *m* ANAT Wade *f*
► ~**s de coq** Storchenbeine *Pl* (*fam*)

mollet(te) [mɔlɛ, ɛt] *adj* ❶ *soutenu* (*mou*) *lit* weich
❷ GASTR *œuf* weich; **pain** ~ weiches Brötchen

molletière [mɔltjɛʀ] *f* [**bande**] ~ Wickelgamasche *f*

molleton [mɔltɔ̃] *m* Molton *m weiches, meist beidseitig gerautes Baumwollgewebe*

molletonné(e) [mɔltɔne] *adj gant, veste* mit Molton gefüttert

molletonner [mɔltɔne] <1> *vt* mit Molton füttern

mollir [mɔliʀ] <8> *vi* ❶ (*fléchir*) *personne:* nachgeben; *créancier, vendeur:* sich kulant zeigen; *ennemi:* zurückweichen; *courage:* schwinden; *jambes:* nachgeben, weich werden; **faire** ~ **qn** jdn zum Einlenken bringen
❷ (*perdre de sa force*) *vent:* nachlassen
❸ (*se ramollir*) *cire, beurre:* weich werden

mollo [mɔlo] *adv fam* ► **y aller** ~ behutsam vorgehen; ~**!** *fam* sachte! (*fam*), langsam!

mollusque [mɔlysk] *m* ZOOL Weichtier *nt*

molosse [mɔlɔs] *m* großer Wachhund

molybdène [mɔlibdɛn] *m* CHIM **le** ~ Molybdän *nt*

môme [mom] *mf* ❶ *fam* (*enfant*) Fratz *m* (*fam*); **quand j'étais tout(e)** ~ als ich ein ganz kleiner Fratz war
❷ *pop* (*fille*) Gör[e *f*] *nt* (*fam*)

moment [mɔmɑ̃] *m* ❶ (*court*) Moment *m,* Augenblick *m;* (*long*) Weile *f;* **un long** ~ eine ganze Weile; **un** ~ **de détente/réflexion/panique** ein Augenblick [*o* Moment] der Entspannung/Überlegung/Panik; ~ **de bonheur** Glücksmoment *nt;* **au dernier/même** ~ im letzten/in demselben Augenblick; **le dernier** ~ die letzte Minute; **à ce** ~**-là** in dem Moment [*o* Augenblick]; **à certains** ~**s ..., à d'autres** ~**s ...** zuweilen [*o* manchmal] ..., dann wieder ...; **à** [*o* **pour**] **un** ~ für einen kurzen Augenblick [*o* Moment]; **à quel** ~**?** wann?; **à tout/aucun** ~ jederzeit/nicht einen Augenblick; **attendre qn/qc à tout** ~ jeden Moment auf jdn/etw warten; **au** ~ **de la chute du mur de Berlin** als die Berliner Mauer fiel; **au** ~ **de partir, je me suis aperçu(e)** ... als ich losfahren wollte, bemerkte ich ...; **au** ~ **où qn a fait qc** in dem Moment [*o* Augenblick], in dem jd etw getan hat; **avoir/ne pas avoir un** ~ [**à soi**] eine/keine ruhige Minute haben; **dans un** ~ gleich; **à mes/ses** ~**s perdus** in meiner/seiner/ihrer freien Zeit; **dès le** ~ [*o* [**à partir**] **du** ~] **où qn a fait qc** sobald jd etw getan hat; **la mode du** ~ die derzeitige Mode; **du** ~ **que qn fait qc** da ja jd etw tut; **d'un** ~ **à l'autre** jeden Moment [*o* Augenblick]; **en ce** ~, **pour le** ~ im Moment [*o* Augenblick]; **par** ~**s** ab und zu; **sur le** ~ im ersten Augenblick; **un** ~**!** [einen] Moment [*o* Augenblick]!; **le** ~ **présent** der Augenblick; **être dans un de ses mauvais** ~**s** seine berühmten fünf Minuten haben (*fam*); **passer un bon** ~ eine gute [*o* schöne] Zeit verbringen; **avoir passé un mauvais** [*o* **sale**] ~ etwas Unangenehmes hinter sich haben; **il vit ses derniers** ~**s** sein letztes Stündlein hat geschlagen; **c'est un mauvais** ~ **à passer** es kommen auch wieder bessere Zeiten; **ce fut un grand** ~ das war ein wichtiges Ereignis; **ce fut un grand** ~ **de** [*o* **dans**] **sa vie** das war ein großer Augenblick in seinem/ihrem Leben
❷ (*occasion*) Gelegenheit *f;* **trouver** [*o* **attendre**] **le** ~ **opportun** den richtigen Augenblick [*o* Moment] abwarten; **le bon/mauvais** ~ der richtige/ein ungünstiger Zeitpunkt [*o* Augenblick] [*o* Moment]; **le** ~ **venu** bei Gelegenheit, zu gegebener Zeit; **à un** ~ **donné** [*o* **précis**] plötzlich; **c'est le** ~ **ou jamais** jetzt oder nie; **c'est le** ~ **de faire qc** es ist an der Zeit etw zu tun; **ce n'est pas le** ~ es ist nicht der richtige Zeitpunkt [*o* Augenblick]

momentané(e) [mɔmɑ̃tane] *adj crise, fermeture, gêne* vorübergehend; *désir, ennui, problème* augenblicklich; *effort* kurzfristig; *arrêt, espoir* kurz, von kurzer Dauer

momentanément [mɔmɑ̃tanemɑ̃] *adv* zur Zeit, momentan

momie [mɔmi] *f* HIST Mumie *f*
► **rester planté(e) comme une** ~ dasitzen [*o* dastehen] wie ein Ölgötze (*fam*)

momification [mɔmifikasjɔ̃] *f* Mumifizierung *f*

momifier [mɔmifje] <1> **I.** *vt* mumifizieren
II. *vpr* (*se scléroser*) **se** ~ unbeweglich werden; *esprit:* verkümmern

mon [mɔ̃, me] <mes> *dét poss* mein(e); ~ **classeur/vase/tableau** mein Ordner/meine Vase/mein Bild; ~ **Dieu!** mein Gott!; ~ **Père!** Vater!; ~ **colonel/général/lieutenant!** Herr Oberst/General/Leutnant!; **à** ~ **avis** meiner Meinung nach

M

▸ ~ amour/chéri Geliebte(r)/Liebling; ~ œil! Holzauge sei wachsam!; **mes chers compatriotes, ...** liebe Mitbürgerinnen und Mitbürger, ...; ~ pauvre! Sie/Du armer!

monacal(e) [mɔnakal, o] <-aux> *adj* (*monastique*) klösterlich, Kloster-; (*ascétique*) mönchisch

Monaco [mɔnako] Monaco *nt*

monarchie [mɔnaʀʃi] *f* Monarchie *f;* ~ **constitutionnelle** konstitutionelle Monarchie

monarchique [mɔnaʀʃik] *adj* monarchisch; *État* mit einer Monarchie; **user de son autorité/pouvoir** ~ *reine:* von ihrer Autorität/Macht als Monarchin Gebrauch machen

monarchisme [mɔnaʀʃism] *m* Monarchismus *m*

monarchiste [mɔnaʀʃist] **I.** *adj* monarchistisch
II. *mf* Monarchist(in) *m(f)*

monarque [mɔnaʀk] *m* Monarch(in) *m(f);* ~ **absolu** Alleinherrscher(in) *m(f)*

monastère [mɔnastɛʀ] *m* Kloster *nt*

monastique [mɔnastik] *adj architecture, simplicité* klösterlich; *vie* Kloster-; *austérité, discipline* mönchisch; *ordres, habit* Mönchs-

monceau [mɔ̃so] <x> *m* ❶ (*tas*) Haufen *m*
❷ (*grande quantité*) Menge *f;* **un ~ de vieux livres** eine Menge alter Bücher; **des ~x de lettres** Unmengen *Pl* von Briefen

mondain [mɔ̃dɛ̃] *m* Mann *m* von Welt

mondain(e) [mɔ̃dɛ̃, ɛn] *adj vie, public* mondän, extravagant; *soirée, dîner* Gesellschafts-; *obligations, relations, réunion* gesellschaftlich; *plaisirs* weltlich; *personne* mit einem Hang zur mondänen Welt; **chronique ~e** Klatschspalte *f*

mondaine [mɔ̃dɛn] *f* ❶ Frau *f* von Welt
❷ *fam* (*police*) die Sitte[npolizei] (*fam*)

mondanité [mɔ̃danite] *f* ❶ (*goût pour la vie mondaine*) Hang *m* zur mondänen Welt
❷ *pl* (*la vie mondaine*) Extravaganz *f,* Mondänität *f*

monde [mɔ̃d] *m* ❶ Welt *f;* **l'Ancien/le Nouveau Monde** die Alte/Neue Welt; **le ~ entier** die ganze Welt, alle Welt; **le ~ invisible** die Welt des Unsichtbaren; **~ des idées/du rêve** Gedankenwelt/Traumwelt; **le ~ des vivants** die Lebenden; **le ~ d'aujourd'hui** die Welt von heute, die heutige Welt; **plaisirs du ~** irdische Freuden *Pl;* **tour du ~** Weltreise *f;* **"La guerre des ~s"** „Der Krieg der Welten"; **être encore/ne plus être de ce ~** noch/nicht mehr am Leben sein; **être seul(e) au ~** [ganz] allein auf der Welt sein; **courir le ~** in der Welt herumreisen
❷ (*groupe social*) **dans le ~ enseignant/intellectuel** in Lehrer-/Intellektuellenkreisen *Pl;* ~ **rural** Landbevölkerung *f;* ~ **du travail/des affaires** Arbeits-/Geschäftswelt
❸ (*foule*) Menschenmenge *f;* (*mouvementé*) Gewühl *nt;* **peu/beaucoup de ~** wenig/viele Leute; **un ~ fou** eine riesige Menge; **pas grand ~** nicht viele Leute; **tout ce ~!** die vielen Menschen!
❹ (*société*) **qn du ~** jd von Welt; **tout le ~ en parle** alle Welt [*o* jeder] spricht davon; **c'est à tout le ~** es ist für alle da; **faire ses adieux au ~** sich von der Welt zurückziehen
▸ **il y a du ~ au balcon** *fam* sie hat ganz schön viel Holz vor der Tür [*o* Hütte] (*fam*); **c'est le ~ à l'envers** es ist eine verkehrte Welt; **l'autre ~** das Jenseits; **expédier qn dans l'autre ~** jdn ins Jenseits befördern; **en ce bas ~** hier, auf dieser Erde; **le beau** [*o* **grand**] **~** die bessere Gesellschaft; **tout le ~ il est beau, tout le ~ il est gentil** *prov* Friede, Freude, Eierkuchen (*fam*); **tout est pour le mieux dans le meilleur des ~s** *prov* es steht alles zum Besten; **je vais le mieux du ~** ich bin der glücklichste Mensch auf Erden; **pas le moins du ~** nicht im Geringsten; **ce n'est pas perdu pour tout le ~** andere werden ihren Nutzen daraus ziehen; **le ~ est petit!** wie klein die Welt doch ist!; **être vieux(vieille) comme le ~** so alt sein wie die Welt; **il y a un ~ entre ... et ...** es liegen Welten zwischen ... und ...; **c'est un ~!** *fam* das ist doch der Hammer! (*fam*); **depuis que le ~ existe** seit Anbeginn der Welt; **se faire** [**tout**] **un ~ de qc/rien** ein Drama aus etw machen/aus einer Mücke einen Elefanten machen; **il faut de tout pour faire un ~** *prov* es gibt eben solche und solche; **qn ferait tout au ~ pour qu'on vive en paix** jd würde alles tun, damit man in Frieden leben kann; **mettre qn au ~** jdn zur Welt bringen; **qn se moque** [*o* **se fiche** *fam*] [*o* **se fout** *pop*] **du ~** jdm ist alles [wurst]egal *fam* [*o* scheißegal *sl*]; **refaire le ~** (*discuter*) große Worte machen; (*palabrer*) endlose Diskussionen führen; **ainsi va le ~** so ist das nun einmal, das ist der Lauf der Dinge; **venir au ~** auf die Welt kommen; **pour rien au ~** um keinen Preis, um nichts auf der Welt

monder [mɔ̃de] <1> *vt* schälen

mondial [mɔ̃djal] *m* ❶ SPORT Weltmeisterschaft *f*
❷ TRANSP *internationale Automobilausstellung* [*in Frankreich*]

mondial(e) [mɔ̃djal, jo] <-aux> *adj* weltweit; *échelle, économie, guerre, population, politique, production* Welt-

mondialement [mɔ̃djalmɑ̃] *adv* weltweit

mondialisation [mɔ̃djalizasjɔ̃] *f de la production, d'un conflit* Globalisierung *f*

mondialiser [mɔ̃djalize] <1> **I.** *vt* weltweit verbreiten
II. *vpr* **se ~** sich weltweit verbreiten; *conflit, problème, échanges:* weltweite Ausmaße annehmen

mondialisme [mɔ̃djalism] *m* weltweite Verbreitung

mond[i]ovision [mɔ̃d(j)ovizjɔ̃] *f* Satellitenfernsehen *nt;* **être retransmis(e) en ~** weltweit ausgestrahlt werden

monégasque [mɔnegask] *adj* monegassisch

Monégasque [mɔnegask] *mf* Monegasse *m*/Monegassin *f*

monétaire [mɔnetɛʀ] *adj circulation, marché, masse, politique* Geld-; *système, stock, union, unité* Währungs-

monétarisme [mɔnetaʀism] *m* ECON Monetarismus *m*

monétique [mɔnetik] **I.** *adj gestion* mit Hilfe des elektronischen Zahlungsverkehrs
II. *f* elektronischer Zahlungsverkehr *m*

mongol [mɔ̃gɔl] *m* **le ~** Mongolisch *nt,* das Mongolische; *v. a.* **allemand**

mongol(e) [mɔ̃gɔl] *adj* mongolisch

Mongol(e) [mɔ̃gɔl] *m(f)* Mongole *m*/Mongolin *f*

Mongolie [mɔ̃gɔli] *f* **la ~** die Mongolei

mongolien(ne) [mɔ̃gɔljɛ̃, jɛn] **I.** *adj* MED mongoloid
II. *m(f)* MED Mongoloide(r) *f(m)*

mongolique [mɔ̃gɔlik] *adj* mongoloid; *région* mongolisch

mongolisme [mɔ̃gɔlism] *m* MED Mongolismus *m*

monisme [mɔnism] *m* PHILOS Monismus *m*

moniteur [mɔnitœʀ] *m* (*écran*) Monitor *m;* ~ **de 15 pouces** 15-Zoll-Monitor

moniteur, -trice [mɔnitœʀ, -tʀis] *m, f* ❶ **~(-trice) de colonies** [Ferien]betreuer(in) *m(f);* **~(-trice) d'éducation physique** Sportlehrer(in) *m(f)*
❷ UNIV wissenschaftliche Hilfskraft *f*
◆ **~(-trice) d'auto-école** Fahrlehrer(in) *m(f);* **~(-trice) d'équitation** Reitlehrer(in) *m(f);* **~(-trice) de ski** Skilehrer(in) *m(f)*

monitorat [mɔnitɔʀa] *m* ❶ (*formation*) Ausbildung *f* zum [Ferien]betreuer/zur [Ferien]betreuerin; **passer son ~** eine Ausbildung als [Ferien]betreuer/[Ferien]betreuerin machen
❷ (*fonction*) [Ferien]betreuung *f*

monnaie [mɔnɛ] *f* ❶ ECON, FIN Geld *nt;* ~ **d'échange** Tauschmittel; **fausse ~** Falschgeld; **battre** [*o* **frapper**] **~** (*billets*) Geld drucken; (*pièces*) Münzen prägen
❷ (*devise*) Währung *f;* ~ **électronique** E-Cash *m;* ~ **nationale** Landeswährung; **remplacement des ~s nationales** Ablösung *f* der Landeswährungen; ~ **unique** einheitliche Währung; **adopter la ~ unique** die einheitliche Währung verwenden; **participer à l'introduction de la ~ unique** an der Einführung der einheitlichen Währung teilnehmen
❸ (*petites pièces*) Kleingeld *nt;* **menue** [*o* **petite**] **~** Kleingeld *nt;* **de la ~ de cent euros** hundert Euro in klein; **faire la ~ sur qc à qn** jdm etw wechseln; **faire de la ~ à qn** jdm Geld wechseln; **vous n'auriez pas de la ~?** haben Sie es nicht kleiner?; **ça va, j'ai la ~** es geht, ich habe es passend
❹ (*argent rendu*) Wechselgeld *nt,* Rückgeld *nt;* ~ **sur cent**

euros Wechselgeld auf hundert Euro; **rendre la ~** [Wechselgeld] herausgeben
❺ (*pièce*) Münze *f*
▸ **rendre à qn la ~ de sa pièce** es jdm mit gleicher Münze heimzahlen; **~ de singe** wertloses Geld; **être payé(e) en ~ de singe** mit leeren Versprechungen abgespeist werden; **c'est ~ courante** das ist [so] üblich; **passez la ~!** *fam* her mit dem Geld!

monnaie-du-pape [mɔnɛdypap] <monnaies-du-pape> *f* BOT Silberblatt *nt*

monnayable [mɔnɛjabl] *adj* ❶ (*vendable*) in Geld umsetzbar; **ne pas être ~** (*ne rien rapporter*) kein Geld einbringen; (*ne pas être à vendre*) nicht zu verkaufen sein
❷ FIN (*convertible*) münzbar

monnayer [mɔneje] <7> **I.** *vt* ❶ (*tirer argent de*) zu Geld machen
❷ (*tirer profit*) **~ qc** für etw Geld verlangen [*o* haben wollen]
II. *vpr* **se ~** für Geld zu haben sein

monnayeur [mɔnɛjœʀ] *m* ❶ (*appareil*) Wechselautomat *m*
❷ *v.* **faux-monnayeur**

mono¹ [mɔno] *mf fam abr de* **moniteur(-trice)** Betreuer(in) *m(f)*

mono² [mɔno] **I.** *f abr de* **monophonie** Mono[phonie *f*] *nt;* **en ~** mit monophoner Übertragung
II. *adj inv abr de* **monophonique** monophon, mono (*fam*)

monobloc [mɔnoblɔk] **I.** *adj* aus einem Stück
II. *m* Zylinderblock *m*

monochrome [mɔnokʀom] *adj* einfarbig, monochrom

monocle [mɔnɔkl] *m* Monokel *nt*

monocoque [mɔnɔkɔk] **I.** *adj* mit nur einem Rumpf *m*
II. *m* NAUT Einrumpfboot *nt*

monocorde [mɔnɔkɔʀd] *adj* monoton; *discours* eintönig

monoculture [mɔnokyltyʀ] *f* Monokultur *f*

monocycle [mɔnosikl] *m* Einrad *nt*

monocyte [mɔnosit] *m* MED Monozyt *m*

monogame [mɔnogam] *adj* monogam

monogamie [mɔnogami] *f* Monogamie *f*

monogamique [mɔnogamik] *adj* monogam[isch]

monogramme [mɔnɔgʀam] *m* Monogramm *nt*

monographie [mɔnɔgʀafi] *f* Monographie *f,* Einzeldarstellung *f*

monoï [mɔnɔj] *m inv* parfümiertes Kokosöl

monokini [mɔnokini] *m* Minibikini *m* (*oben ohne*)

monolingue [mɔnolɛ̃g] *adj* einsprachig

monolinguisme [mɔnolɛ̃gɥism] *m* Einsprachigkeit *f*

monolithe [mɔnolit] **I.** *adj* monolithisch
II. *m* Monolith *m*

monolithique [mɔnolitik] *adj* ❶ *parti, système* eine monolithische Einheit bildend
❷ ARCHIT monolithisch

monolithisme [mɔnolitism] *m* Gleichförmigkeit *f*

monologue [mɔnɔlɔg] *m* Monolog *m;* **~ intérieur** innerer Monolog

monologuer [mɔnɔlɔge] <1> *vi* ❶ (*parler pour soi*) Selbstgespräche führen
❷ (*parler tout seul*) Monologe halten, monologisieren

monôme [mɔnom] *m* MATH Monom *nt*

monomoteur [mɔnomɔtœʀ] *m* einmotoriges Flugzeug

monomoteur, -trice [mɔnomɔtœʀ, -tʀis] *adj* einmotorig

mononucléose [mɔnonykleoz] *f* MED Pfeiffersches Drüsenfieber

monoparental(e) [monopaʀɑ̃tal, o] <-aux> *adj famille* mit nur einem Elternteil; *autorité* auf nur einen Elternteil beschränkt; **adulte ~** Alleinerziehende(r) *f(m)*

monophasé [mɔnofɑze] *m* Einphasen-Wechselstrom *m*

monophasé(e) [mɔnofɑze] *adj appareil, prise* einphasig; *courant* Einphasen-

monophonie [mɔnofɔni] *f* Monophonie *f*

monophonique [mɔnofɔnik] *adj* monophon

monoplace [mɔnoplas] **I.** *adj* einsitzig
II. *m* AUT, AVIAT Einsitzer *m*

monoplan [mɔnoplɑ̃] *m* Eindecker *m*

monopole [mɔnɔpɔl] *m* ❶ ECON, JUR, FISC Monopol *nt;* **~ commercial** Handelsmonopol; **avoir le ~ de qc, exercer un ~ sur qc** das Monopol auf etw (*Akk*) haben
❷ (*exclusivité*) **le ~ de qc** das ausschließliche Recht auf etw (*Akk*); **avoir le ~ de la vérité/du cœur** die ganze Wahrheit kennen/alle Leute auf seiner Seite haben; **tu n'as pas le ~ de l'intelligence** du hast die Intelligenz nicht für dich gepachtet (*fam*)

monopolisation [mɔnɔpɔlizasjɔ̃] *f* ❶ ECON Monopolisierung *f*
❷ (*accaparement*) Beschlagnahmung *f*

monopoliser [mɔnɔpɔlize] <1> *vt* ❶ ECON, JUR monopolisieren
❷ (*accaparer*) in Beschlag nehmen, mit Beschlag belegen; auf sich ziehen, ganz für sich beanspruchen *attention;* an sich (*Akk*) reißen *parole*

monorail [mɔnoʀɑj] **I.** *m* Einschienenbahn *f*
II. *adj inv* einer Einschienenbahn; **train ~** Einschienenbahn *f*

monoski [mɔnoski] *m* Monoschi *m,* Monoski *m*

monospace [mɔnɔspas] *m* Großraumlimousine *f,* Van *m*

monosyllabe [mɔnosi(l)lab] *m* LING Einsilb[l]er *m;* **par ~s** einsilbig

monosyllabique [mɔnosi(l)labik] *adj* einsilbig

monothéisme [mɔnoteism] *m* Monotheismus *m*

monothéiste [mɔnoteist] **I.** *adj* monotheistisch
II. *mf* Monotheist(in) *m(f)*

monotone [mɔnɔtɔn] *adj* monoton; *spectacle, style, paysage, vie, existence* eintönig

monotonie [mɔnɔtɔni] *f d'un discours, son, d'une voix* Monotonie *f; de l'existence, d'un paysage, spectacle* Eintönigkeit *f*

monotype [mɔnɔtip] *m* ❶ ART Monotypie *f*
❷ TECH Monotype® *f*

monovalent(e) [mɔnovalɑ̃, ɑ̃t] *adj* einwertig

monoxyde [mɔnɔksid] *m* CHIM Monoxid *nt*

monseigneur [mɔ̃sɛɲœʀ, mesɛɲœʀ] <messeigneurs> *m pl peu usité* REL **Monseigneur!** [Eure] Eminenz!; (*à un prélat*) Monsignore!

monsieur [məsjø, mesjø] <messieurs> *m* ❶ (*formule d'adresse orale*) **pardon ~, ...** entschuldigen Sie, ..., verzeihen Sie, mein Herr, ... (*geh*); **Monsieur Dupont, ...** Herr Dupont, ...; **bonjour ~, comment allez-vous?** guten Tag, wie geht es Ihnen?; **bonjour Monsieur Pujol** guten Tag, Herr Pujol; **Messieurs dames** meine Damen und Herren; **messieurs** meine Herren; **messieurs et chers collègues ...** sehr verehrte Herren und liebe Kollegen ...; **Monsieur le Professeur Dupont/le Président François** [Herr] Professor Dupont/Präsident François; **Monsieur le Ministre** Herr Minister
❷ (*formule d'adresse écrite*) **Monsieur, ...** Sehr geehrter Herr ... + *Name;* **Cher ~, ...** Lieber Herr ... + *Name;* **Madame, Monsieur, ...** Sehr geehrte Damen und Herren, ...; **Monsieur Vincent Pujol** (*sur une enveloppe*) Herrn Vincent Pujol
❸ (*partie d'un sobriquet*) **Monsieur environnement/qualité de la vie** der Mann für Umweltfragen/Fragen der Lebensqualität; **Monsieur Météo** der Wetterfrosch; **Monsieur Tout-le-monde** Herr *m* Jedermann, Otto-Normalverbraucher *m;* **~ Untel** Herr Sowieso
❹ (*un homme*) **un ~** ein Herr *m;* **le ~** *enfantin* der Mann
❺ *fam* (*terme affectueux*) **mon bon** [*o* **pauvre**] **~** mein Guter

monstre [mɔ̃stʀ] **I.** *m* ❶ (*animal fantastique*) Ungeheuer *nt*
❷ (*personne*) (*laide*) Missgestalt *f;* (*moralement abjecte*) Ekel *nt;* **~ de cruauté/d'égoïsme** Rohling *m*/widerlicher Egoist
❸ (*construction laide*) Ungetüm *nt,* Monstrum *nt*
❹ BIO, ZOOL Missgeburt *f*
▸ **~ sacré** CINE, THEAT Größe *f* aus der Welt des Films/Theaters
II. *adj fam* wahnsinnig (*fam*); *travail* wahnsinnig viel (*fam*)

monstrueusement [mɔ̃stʀyøzmɑ̃] *adv* ❶ *antéposé* (*prodigieusement*) unheimlich
❷ (*ignoblement*) widerwärtig, abscheulich

monstrueux, **-euse** [mɔ̃stʀyø, -øz] *adj* ❶ (*difforme*) missgestaltet
❷ (*colossal*) riesig
❸ (*ignoble*) ungeheuer[lich]; *crime* abscheulich; *égoïsme, orgueil, méchanceté, cruauté* unerhört

monstruosité [mɔ̃stʀyozite] *f* ❶ (*caractère ignoble*) *des intentions* Schändlichkeit *f; d'un crime* Abscheulichkeit *f; d'un acte, comportement, de propos, paroles* Ungeheuerlichkeit *f; d'une guerre* Gräuel *Pl*
❷ MED Missbildung *f*

mont [mɔ̃] *m* ❶ GEOG Berg *m;* **le ~ Sinaï/Carmel** der [Berg] Sinai/Karmel; **le ~ Cervin** das Matterhorn; **le ~ Blanc** der Montblanc; **les ~s d'Auvergne** die Berge der Auvergne
❷ *littér* (*montagne*) Berg *m*
▶ **promettre ~s et merveilles** das Blaue vom Himmel versprechen; **être toujours par ~s et par vaux** ständig auf Achse sein (*fam*)
◆ **~ des Oliviers** Ölberg *m*

montage [mɔ̃taʒ] *m* ❶ (*assemblage*) *d'un appareil* Montage *f; d'un bijou* Fassung *f; d'une pièce de vêtement* Annähen *nt; d'une tente* Aufstellen *nt*
❷ AUDIOV, THEAT, TYP Montage *f; d'une maquette* Bauen *nt; d'une opération, d'un ouvrage* Ausführung *f; d'une page* Gestaltung *f; d'une pièce de théâtre* Einrichtung *f; d'un film* Schnitt *m; d'une exposition* Zusammenstellung *f;* **~ financier** Finanzierung *f*

montagnard(e) [mɔ̃taɲaʀ, aʀd] **I.** *adj peuple* Berg-; *vie* in den Bergen; *costume, coutume, réflexe* der Bergbewohner
II. *m(f)* Bergbewohner(in) *m(f)*

montagne [mɔ̃taɲ] *f* ❶ (*mont*) Berg *m;* (*région*) Gebirge *nt;* **les ~s** das Gebirge; **~s Rocheuses** Rocky Mountains *Pl;* **en ~** im Gebirge; **excursion en ~** Bergtour *f;* **en haute ~** im Hochgebirge; **habiter la ~** im Gebirge [*o* in den Bergen] wohnen; **aller à la ~** in die Berge gehen/fahren
❷ (*grande quantité*) **~ de dettes** Schuldenberg *m;* **~ de lettres** Berg [*o* Berge] von Briefen
▶ **c'est la ~ qui accouche d'une souris** der Berg hat gekreißt und eine Maus geboren; **gros comme une ~** *fam* klar wie Kloßbrühe (*fam*); **~s russes** Achterbahn *f;* **qn ferait battre des ~s** jd stiftet Unfrieden; **[se] faire une ~ de qc/rien** aus etw ein Drama machen/aus einer Mücke einen Elefanten machen; **soulever des ~s** Berge versetzen

montagneux, **-euse** [mɔ̃taɲø, -øz] *adj* Berg-, Gebirgs-

montant [mɔ̃tɑ̃] *m* ❶ *a.* FIN, ECON (*somme*) Betrag *m;* **~ d'un prêt** Darlehensbetrag; **~ en espèces** Barbetrag
❷ (*pièce verticale*) *d'un lit, d'une porte* Pfosten *m; d'une échelle* Holm *m;* FBALL Pfosten
◆ **~ de l'acompte** Anzahlungsbetrag *m;* **~ de la facture** Rechnungsbetrag *m*

montant(e) [mɔ̃tɑ̃, ɑ̃t] *adj* ❶ *chemin* ansteigend; *colonne* aufsteigend; *mouvement* Aufwärts-; MIL dienstantretend; **marée ~e** Flut *f;* **la génération/technocratie ~e** die junge Generation/die jungen Technokraten *Pl*
❷ (*décolleté*) *corsage, robe* hochgeschlossen; *chaussures* hoch; **col ~** Stehkragen *m*

mont-blanc [mɔ̃blɑ̃] <monts-blancs> *m* GASTR *Kastaniencreme mit Sahnehaube*

mont-de-piété [mɔ̃d(ə)pjete] <monts-de-piété> *m vieilli* Pfandleihe *f*, Pfandleihanstalt *f*

monte [mɔ̃t] *f* ❶ (*manière de monter un cheval*) Reitweise *f*
❷ ZOOL Decken *nt;* **mener un animal à la ~** ein Tier decken lassen

monté(e) [mɔ̃te] *adj* (*à cheval*) beritten
▶ **être bien/mal ~(e) en qc** gut/schlecht versorgt mit etw sein; **je suis/nous voilà bien ~(s)!** ich bin/wir sind ganz schön angeschmiert!; **être ~(e) contre qn** nicht gut auf jdn zu sprechen sein

monte-charge [mɔ̃tʃaʀʒ] *m inv* Lastenaufzug *m*

montée [mɔ̃te] *f* ❶ (*fait de croître*) *des eaux* Ansteigen *nt,* Anstieg *m; de la colère* Anwachsen *nt; d'un danger* Größerwerden *nt; du mécontentement, de l'intolérance, de la violence* Zunahme *f; de l'islam* wachsende Einflussnahme; *d'un parti* Aufstieg *m;* **~ en puissance** *d'un moteur* Beschleunigung *f; d'une idéologie* zunehmende Bedeutung; **la ~ des prix/de la température** der Preis-/Temperaturanstieg, das Ansteigen der Preise/Temperatur
❷ (*poussée*) *de la sève* Aufsteigen *nt*
❸ (*côte, pente*) Steigung *f;* **en haut de la ~** auf der Anhöhe
❹ (*action de monter, d'escalader*) Aufstieg *m; d'un escalier* Hinaufsteigen *nt;* (*vu d'en haut*) Heraufsteigen *nt; d'un ascenseur* Hinauffahren *nt; d'un téléférique* Bergfahrt *f;* (*ascension*) *d'un avion, ballon* Aufstieg *m*

monte-plats [mɔ̃tpla] *m inv* Speisenaufzug *m*

monter [mɔ̃te] <1> **I.** *vi* ❶ + *être* (*grimper*) hinaufsteigen; (*vu d'en haut*) heraufsteigen; *alpiniste:* aufsteigen; **~ sur la table/un vélo** auf den Tisch/ein Fahrrad steigen [*o* sich auf ein Fahrrad setzen]; **~ sur** [*o* **à**] **une échelle** eine Leiter besteigen; **~ sur le trône** den Thron besteigen; **~ à une tribune/en chaire** zum Rednerpult hinaufsteigen/auf die Kanzel steigen; **~ dans sa chambre** in sein Zimmer [*o* auf sein Zimmer] gehen; **~ sur le ring** in den Ring steigen; **~ par l'ascenseur** mit dem Aufzug hochfahren; (*vu d'en haut*) mit dem Aufzug hochkommen; **~ jusqu'à qc** *eau, pile, bas, robe:* bis etw reichen; **~ à 200 km/h** es auf 200 km/h bringen; **~ à mille mètres d'altitude** auf tausend Meter aufsteigen
❷ (*chevaucher*) **~ à cheval** reiten; **~ à bicyclette/moto** sich auf ein Fahrrad/Motorrad setzen
❸ + *être* (*prendre place dans*) einsteigen in (+ *Akk*); **~ en bateau** an Bord eines Schiffes gehen
❹ + *être* (*aller vers le nord*) hochfahren
❺ + *être* (*s'élever*) *avion, brouillard, flammes:* aufsteigen; *route, chemin:* ansteigen; *soleil:* aufgehen
❻ + *avoir o être* (*augmenter de niveau*) *baromètre, mer, niveau:* steigen; *lait:* überkochen; *sève:* aufsteigen; *impatience, mécontentement, colère, bruits:* wachsen; **les larmes lui montent aux yeux** Tränen steigen ihm/ihr in die Augen
❼ + *avoir o être* (*augmenter*) *actions, croissance, prix:* steigen; *pression:* steigen, zunehmen
❽ + *être* (*passer à l'aigu*) *ton, voix:* höher werden
❾ + *avoir o être* (*faire une ascension sociale*) aufsteigen; **c'est une étoile qui monte** er/sie ist gerade im Kommen
II. *vt* + *avoir* ❶ (*gravir*) *personne:* hinaufsteigen, hinaufgehen; (*vu d'en haut*) heraufsteigen; steigen auf (+ *Akk*) *échelle, rampe; appareil:* hinaufführen; (*vu d'en haut*) heraufführen
❷ (*porter en haut*) (*vu d'en bas*) hochbringen, hinaufbringen *courrier, petit déjeuner;* hochtragen, hinauftragen *valise, meuble;* (*vu d'en haut*) heraufbringen *courrier, petit déjeuner;* herauftragen *valise, meuble;* **~ qc à qn** *machine:* jdm etw hinaufbefördern, jdm etw heraufbefördern
❸ GASTR schlagen
❹ (*chevaucher*) reiten
❺ (*couvrir*) besteigen, bespringen
❻ (*augmenter*) anheben *prix;* **~ le son** lauter drehen
❼ (*organiser*) in die Wege leiten *affaire;* gründen *association;* ausführen *opération;* ausarbeiten *projet;* aufführen *pièce de théâtre;* drehen *film;* inszenieren *spectacle*
❽ (*fomenter*) schmieden *complot;* landen *coup;* aushecken *histoire*
❾ TECH (*assembler, installer*) aufstellen *échafaudage, machine, tente;* bauen *maison;* hochziehen *mur;* aufziehen, montieren *pneu;* **~ une pierre sur une bague** einen Stein auf einem Ring einfassen
❿ (*équiper*) **~ qn en bois/ménage** jdn mit Holz/Haushaltsartikeln versorgen [*o* eindecken]

11 (*exciter*) ~ **le coup à qn** jdn aufbringen
III. *vpr* 1 (*atteindre*) **se** ~ **à mille euros** sich auf tausend Euro belaufen
2 (*se pourvoir en*) **se** ~ **en bois/ménage** sich mit Holz/Haushaltsartikeln eindecken [*o* versorgen]

monteur, -euse [mɔ̃tœʀ, -øz] *m, f* 1 TECH Monteur(in) *m(f)*; ~ **électricien** Elektromonteur; ~**-ajusteur** Monteur; ~**-mécanicien** Maschinenschlosser *m*
2 CINE Cutter(in) *m(f)*, Schnittmeister(in) *m(f)*; TYP [Schrift]setzer(in) *m(f)*

montgolfière [mɔ̃gɔlfjɛʀ] *f* Heißluftballon *m*

monticule [mɔ̃tikyl] *m* (*colline*) Hügel *m*, Anhöhe *f*; ~ **de pierre/de sable** Stein-/Sandhaufen *m*; ~ **de terre** Erdhügel

montmorency [mɔ̃mɔʀɑ̃si] *f inv* Sauerkirsche *f*

montrable [mɔ̃tʀabl] *adj* vorzeigbar

montre¹ [mɔ̃tʀ] *f* Uhr *f*; ~ **analogique/digitale** [*o* **numérique**] Analog-/Digitaluhr
▸ ~ **en main** auf die Minute genau; **course contre la** ~ Wettlauf *m* mit der Zeit
◆ ~ **à quartz** Quarzuhr *f*

montre² [mɔ̃tʀ] *f* ▸ **faire** ~ **de qc** *littér* etw zeigen [*o* beweisen]; (*faire étalage*) etw zur Schau stellen

Montréal [mɔ̃ʀeal] Montreal *nt*

montréalais(e) [mɔ̃ʀealɛ, ɛz] *adj* aus Montreal

Montréalais(e) [mɔ̃ʀealɛ, ɛz] *m(f)* Einwohner(in) *m(f)* von Montreal

montre-bracelet [mɔ̃tʀəbʀaslɛ] <montres-bracelets> *f* Armbanduhr *f*

montrer [mɔ̃tʀe] <1> **I.** *vt* 1 ~ **le copain/l'album à qn** jdm den Kumpel/das Album zeigen; ~ **la ville/un appartement à qn** jdm die Stadt/eine Wohnung zeigen; ~ **le chemin à qn** jdm den Weg zeigen [*o* weisen]; ~ **qn/qc du doigt** mit dem Finger auf jdn/etw zeigen
2 (*laisser voir*) [vor]zeigen; [vor]zeigen *passeport*; zeigen *déception, joie*
3 (*exhiber*) vorführen
4 (*indiquer*) anzeigen *direction*; ~ **la sortie** auf den Ausgang zeigen
5 (*décrire*) zeigen, darstellen; **le tableau montre un paysage nocturne** das Bild zeigt eine nächtliche Landschaft [*o* stellt eine nächtliche Landschaft dar]
6 (*révéler*) zeigen; ~ **la popularité d'un parti** zeigen, wie beliebt eine Partei ist; ~ **que c'est exact** zeigen, dass es stimmt; **le film montre la cruauté de la guerre** der Film zeigt die Grausamkeit des Krieges
7 (*apprendre*) ~ **à qn comment on répare un moteur** jdm zeigen, wie man einen Motor repariert; **l'expérience montre que/combien c'est difficile** die Erfahrung zeigt, dass es schwierig ist/wie schwierig es ist
II. *vpr* 1 (*se faire voir mutuellement*) **se** ~ **qc** sich (*Dat*) etw zeigen
2 (*apparaître*) **se** ~ sich zeigen, sich sehen lassen; **se** ~ **en public** sich in der Öffentlichkeit zeigen [*o* sehen lassen]
3 (*se présenter*) **se** ~ **à son avantage** sich von seiner guten Seite zeigen; **se** ~ **à la hauteur de sa tâche** sich seiner Aufgabe gewachsen zeigen
4 (*se manifester*) **se** ~ **à l'usage** sich beim Gebrauch zeigen
5 (*se révéler*) **se** ~ **généreux/courageux** sich großzügig zeigen/Mut zeigen

montreur, -euse [mɔ̃tʀœʀ, -øz] *m, f* ◆ ~**(-euse) de marionnettes** Puppenspieler(in) *m(f)*; ~**(-euse) d'ours** Bärenführer(in) *m(f)*

monture [mɔ̃tyʀ] *f* 1 Reittier *nt*
2 OPT Gestell *nt*
3 (*en orfèvrerie*) *d'une bague, pierre* Fassung *f*
▸ **qui veut voyager loin ménage sa** ~ *prov* wer weit reisen will, schont sein Fuhrwerk

monument [mɔnymɑ̃] *m* 1 (*mémorial*) Denkmal *nt*; ~ **funéraire** Grabmal *nt*
2 (*édifice*) Monument *nt*, Kulturdenkmal *nt*; **être classé(e)** ~ **historique** unter Denkmalschutz stehen; ~ **public** öffentliches Bauwerk
3 *fig fam* **être un** ~ **d'orgueil/de bêtise** ungeheuer stolz/dumm sein
◆ ~ **aux morts** Ehrenmal *nt* für die Toten; (*aux soldats morts pendant la guerre*) Kriegerdenkmal *nt*

monumental(e) [mɔnymɑ̃tal, o] <-aux> *adj* 1 monumental, gewaltig
2 *fam* (*énorme*) *erreur* gewaltig (*fam*); *orgueil* unbändig; **être d'une bêtise** ~**e** entsetzlich dumm sein

moquer [mɔke] <1> *vpr* 1 **se** ~ **de qn/qc** sich über jdn/etw lustig machen; **se faire** ~ **de soi** ausgelacht werden
2 (*ne pas faire cas de*) **l'enfant se moque de qn/qc** dem Kind ist jd/etw gleichgültig; **se** ~ **du qu'en dira-t-on** sich nicht um das Gerede der Leute kümmern; **il se moque de faire qc** es macht ihm nichts aus etw zu tun; **elle se moque que ce soit trop tard** sie schert sich nicht darum, dass es zu spät ist; **je m'en moque pas mal** das ist mir völlig egal (*fam*)
3 (*essayer de tromper*) **se** ~ **de qn** jdn zum Narren halten

moquerie [mɔkʀi] *f* Spott *m*; **les** ~**s** Gespött *nt*; **être en butte à la** ~ **de ses camarades** das Gespött seiner Kameraden sein

moquette [mɔkɛt] *f* Teppichboden *m*

moquetter [mɔkete] <1> *vt* mit Teppichboden auslegen

moqueur, -euse [mɔkœʀ, -øz] **I.** *adj air* spöttisch; **être très** ~**(-euse)** sich gerne lustig machen; **être d'humeur moqueuse** zum Spotten aufgelegt sein
II. *m, f* Spötter(in) *m(f)*

moraine [mɔʀɛn] *f* Moräne *f*

moral(e) [mɔʀal, o] <-aux> *adj* 1 (*qui concerne les mœurs*) moralisch
2 (*relatif à l'esprit*) seelisch; *force* innere(r, s)
3 (*éthique*) moralisch; *problème* ethisch

moral [mɔʀal, o] <-aux> *m* 1 Stimmung *f*, Moral *f*; **le** ~ **de l'armée/la population** die Truppenmoral/Stimmung in der Bevölkerung; **comment va le** ~**?** wie ist die Stimmung?; **le** ~ **est bas/bon** die Stimmung ist schlecht/gut
2 (*vie psychique*) Geisteszustand *m*
▸ **avoir un** ~ **d'acier** eine eiserne Moral haben; **avoir le** ~ **à zéro** einen seelischen Tiefpunkt haben; **avoir le** ~ (*être optimiste*) zuversichtlich sein; **ne pas avoir le** ~ niedergeschlagen sein; **garder le** ~ zuversichtlich bleiben; **remonter le** ~ **à qn** jdm wieder Mut machen; **saper le** ~ **à qn** jdm den Mut nehmen

morale [mɔʀal] *f* 1 Moral *f*
2 PHILOS (*éthique*) Morallehre *f*
▸ **faire la** ~ **à qn** jdm eine Moralpredigt halten

moralement [mɔʀalmɑ̃] *adv* 1 (*sur le plan spirituel*) seelisch, innerlich
2 (*relatif, conformément à la morale*) moralisch; *agir, se conduire* moralisch einwandfrei

moralisateur, -trice [mɔʀalizatœʀ, -tʀis] **I.** *adj enseignement, influence* moralisch; *histoire, récit* erbaulich; *personne, ton, discours* moralisierend
II. *m, f* Moralprediger(in) *m(f)*

moralisation [mɔʀalizasjɔ̃] *f* ~ **de la vie publique** Stärkung *f* der öffentlichen Moral

moraliser [mɔʀalize] <1> **I.** *vi* moralisieren
II. *vt* moralisch rechtfertigen

moralisme [mɔʀalism] *m* Moralismus *m*

moraliste [mɔʀalist] **I.** *adj personne* moralisierend; *attitude* moralistisch
II. *mf* Moralist(in) *m(f)*

moralité [mɔʀalite] *f* 1 moralische Gesinnung; **d'une haute** ~ von einwandfreier Moral; **sans** ~ ohne jede Moral; **certificat de** ~ Leumundszeugnis *nt*
2 (*valeur morale*) moralischer Wert

M

❸ (*leçon*) Moral *f*

moratoire [mɔʀatwaʀ] **I.** *adj* **intérêts ~s** Verzugszinsen *Pl*
II. *m* Zahlungsaufschub *m,* Moratorium *nt* (*Fachspr.*)

morbide [mɔʀbid] *adj* ❶ (*malsain*) *idée, goût, littérature* morbid; *curiosité, imagination* krankhaft
❷ MED *état* krankhaft

morbidité [mɔʀbidite] *f* ❶ Krankhaftigkeit *f; d'un film* Perversität *f*
❷ MED Morbidität *f*

morbleu [mɔʀblø] *interj euph vieilli* **~!** Herrgottsakrament!

morceau [mɔʀso] <x> *m* ❶ Stück *nt;* **sucre en ~x** Würfelzucker *m;* **être brisé(e) en mille ~x** in tausend Stücke zersprungen sein; **éclater en ~x** in Stücke gehen; **couper qc en ~x** etw in Stücke schneiden; **mettre un livre en ~x** ein Buch zerreißen; **~ par ~** Stück für Stück
❷ (*viande*) **bas ~x** Stücke minderer Qualität; **bons** [*o* **fins**] **~x** Leckerbissen *Pl*
❸ MUS Stück; LITTER Stück *nt,* Abschnitt *m;* **~x choisis** ausgewählte Texte
▸ **cracher** [*o* **lâcher**] **le ~** *fam* auspacken (*fam*); **qn se ferait couper en ~x pour un ami** jd würde sich für einen Freund in Stücke reißen lassen; **qn se ferait couper en ~x plutôt que de faire qc** jd würde sich lieber vierteilen lassen als etw zu tun; **manger** [*o* **prendre**] **un ~** einen Happen essen; **recoller les ~x** die Scherben wieder zusammenkitten
◆ **~ de bravoure** Bravourstück *nt,* Glanzstück *nt;* **~ de choix** erstklassiges Stück; **~ de roi** Leckerbissen *m*

morceler [mɔʀsəle] <3> **I.** *vt* zerstückeln; aufteilen *terrain, héritage*
II. *vpr* **se ~** *propriété, terrain:* sich aufteilen lassen

morcellement [mɔʀsɛlmɑ̃] *m* ❶ *de terres, d'un terrain* Aufteilung *f,* Zerstückelung *f*
❷ (*dispersion*) Zersplitterung *f*

mordant(e) [mɔʀdɑ̃, ɑ̃t] *adj* ❶ beißend; *personne, trait d'esprit* bissig; *ton, voix* schneidend; *vent* scharf
❷ (*qui entame*) *acide* ätzend; *lime* scharf
❸ CHASSE **bête ~e** Beißer *m*

mordant [mɔʀdɑ̃] *m* ❶ *d'une scie, d'un couteau* Schärfe *f*
❷ (*piquant*) *d'un style, d'une réplique* Lebendigkeit *f*
❸ (*fougue, énergie*) *d'une personne, équipe* Schneid *m*
❹ CHIM Ätzmittel *nt*
▸ **avoir du ~** *personne:* Schwung haben; *œuvre, livre:* spritzig sein

mordicus [mɔʀdikys] *adv fam* hartnäckig

mordillement [mɔʀdijmɑ̃] *m* Herumnagen *nt,* Herumknabbern *nt*

mordiller [mɔʀdije] <1> *vt* **~ qc** an etw (*Dat*) knabbern, auf etw (*Dat*) [herum]beißen; **~ son crayon** an seinem Bleistift kauen

mordoré(e) [mɔʀdɔʀe] *adj* goldbraun

mordre [mɔʀdʀ] <14> **I.** *vi* ❶ beißen
❷ (*se laisser prendre*) anbeißen; **~ à l'appât** *poisson:* anbeißen; *fig* sich ködern lassen
❸ (*prendre goût*) **~ à qc** an etw (*Dat*) Gefallen finden
❹ (*saisir avec les dents*) **~ dans qc** in etw (*Akk*) [hinein]beißen
❺ (*pénétrer*) **~ dans qc** sich in etw (*Akk*) bohren
❻ (*empiéter*) **~ sur qc** auf etw (*Akk*) übergreifen; **la voiture mord sur la ligne continue** das Auto fährt über die weiße Linie
❼ (*engrener*) **le pignon mord** das Ritzel greift
II. *vt* ❶ beißen; **~ qn à l'oreille/la jambe** jdm/jdn ins Ohr/Bein beißen; **~ le doigt de qn** jdm/jdn in den Finger beißen
❷ (*entamer*) **~ la surface** *acide:* die Oberfläche zerfressen
❸ (*s'enfoncer dans*) **la vis mord le mur** die Schraube bohrt sich in die Wand; **la lime mord le métal** die Feile frisst sich in das Metall
❹ (*piquer*) **le froid/vent mord la peau** die Kälte/der Wind schneidet in die Haut
❺ (*empiéter sur*) **le joueur a mordu la démarcation** der Spieler hat die Linie übertreten; **le ballon a mordu la bordure** der Ball hat den Rand berührt
III. *vpr* **se ~** sich beißen; **se ~ la langue/les joues** sich (*Dat*) auf die Zunge/in die Wange beißen

mordu(e) [mɔʀdy] **I.** *part passé de* **mordre**
II. *adj* ❶ **être ~(e)** über beide Ohren verliebt sein
❷ *fam* (*passionné*) **être ~(e) de qc** von etw begeistert sein
III. *m(f) fam* **~(e) de musique/sport** Musik-/Sportfan *m*

moresque [mɔʀɛsk] *adj architecture, palais* maurisch

morfal(e) [mɔʀfal] <s> **I.** *adj fam* gefräßig
II. *m(f) fam* Vielfraß *m* (*fam*)

morfondre [mɔʀfɔ̃dʀ] <14> *vpr* **se ~** ❶ vor Langeweile vergehen
❷ (*languir*) Trübsal blasen; **être morfondu(e)** bedrückt sein

morfondu(e) [mɔʀfɔ̃dy] **I.** *part passé de* **morfondre**
II. *adj air* bedrückt

morgue¹ [mɔʀg] *f littér* (*attitude*) Überheblichkeit *f,* Dünkel *m;* **répondre avec ~** herablassend antworten

morgue² [mɔʀg] *f* ❶ (*institut médico-légal*) Leichenschauhaus *nt*
❷ (*salle d'hôpital*) Leichenkammer *f*

moribond(e) [mɔʀibɔ̃, ɔ̃d] **I.** *adj* **être ~(e)** im Sterben liegen
II. *m(f)* Sterbende(r) *f(m)*

moricaud(e) [mɔʀiko, od] **I.** *adj fam* dunkelhäutig
II. *m(f) péj* Schwarze(r) *f(m),* Dunkelhäutige(r) *f(m)*

morigéner [mɔʀiʒene] <5> *vt* schelten; **se faire ~ par qn** von jdm gescholten [*o* zurechtgewiesen] werden

morille [mɔʀij] *f* Morchel *f*

mormon(e) [mɔʀmɔ̃, ɔn] *adj* Mormonen-

Mormon(e) [mɔʀmɔ̃, ɔn] *m(f)* Mormone *m*/Mormonin *f*

morne [mɔʀn] *adj* trübselig; *vie, paysage* trist; **regarder qn d'un œil ~** jdn mit trübem Blick ansehen

mornifle [mɔʀnifl] *f arg* Maulschelle *f* (*fam*)

morose [mɔʀoz] *adj personne, air* verdrießlich; *temps, situation* schlecht

morosité [mɔʀozite] *f* ❶ Verdrossenheit *f;* **~ économique** schlechte Wirtschaftslage
❷ *littér* (*caractère morose*) Niedergeschlagenheit *f*

Morphée [mɔʀfe] *m* Morpheus *m*

morphème [mɔʀfɛm] *m* LING Morphem *nt*

morphine [mɔʀfin] *f* Morphium *nt,* Morphin *nt* (*Fachspr.*)

morphinomane [mɔʀfinɔman] **I.** *adj* morphiumsüchtig
II. *mf* Morphiumsüchtige(r) *f(m)*

morphologie [mɔʀfɔlɔʒi] *f* Morphologie *f*

morphologique [mɔʀfɔlɔʒik] *adj* morphologisch

morphologiquement [mɔʀfɔlɔʒikmɑ̃] *adv* morphologisch

morpion [mɔʀpjɔ̃] *m* ❶ *fam* (*pou*) Filzlaus *f*
❷ JEUX *Schreibspiel auf Rechenpapier*
❸ *péj fam* (*petit garçon*) Lausebengel *m* (*fam*)

mors [mɔʀ] *m* Kandare *f*
▸ **prendre le ~ aux dents** *cheval:* durchgehen; *personne:* (*s'emporter*) aufbrausen; (*s'y mettre avec énergie*) sich ins Zeug legen (*fam*)

morse¹ [mɔʀs] *m* ZOOL Walross *nt*

morse² [mɔʀs] **I.** *m* Morsezeichen *Pl;* **envoyer un message en ~** eine Nachricht morsen
II. *adj* **l'alphabet ~** das Morsealphabet

morsure [mɔʀsyʀ] *f* ❶ (*action de mordre*) Biss *m*
❷ (*plaie*) Bisswunde *f; d'un insecte* Stich *m*
❸ (*effet nuisible*) **la ~ du gel** der beißende Frost

mort [mɔʀ] *f* ❶ Tod *m;* **la Mort** (*personnification*) der Tod
❷ (*destruction*) **la ~ de qc** das Ende [*o* der Untergang] einer S. (*Gen*)
▸ **faire qc la ~ dans l'âme** etw schweren Herzens tun; **attraper la ~** *fam* sich (*Dat*) den Tod holen; **être blessé(e) à ~** tödlich verletzt sein; **condamner qn à [la peine de] ~** jdn zum

Tode verurteilen; **se donner la ~** sich umbringen; **jusqu'à ce que ~ s'ensuive** bis der Tod eintritt; **frapper qn à ~** jdn totschlagen; **frôler** [*o* **risquer**] **la ~** knapp dem Tod entgehen; **trouver la ~ dans qc** bei etw den Tod finden; **à ~! à ~!** bringt ihn/sie um!; **à ~ l'arbitre/la sorcière!** nieder mit dem Schiedsrichter/Tod der Hexe!; **~ au tyran!** Tod dem Tyrannen!; **à ~** (*fortement*) **être fâché(e) à ~ avec qn** mit jdm völlig zerstritten sein; **en vouloir à ~ à qn** jdn auf den Tod hassen; **freiner à ~** scharf bremsen; **s'ennuyer à ~** sich tödlich langweilen

mort(e) [mɔʀ, mɔʀt] I. *part passé de* **mourir**
II. *adj* ❶ *personne* tot
❷ *fam* (*épuisé*) **être ~(e)** [total] erledigt sein (*fam*); **être ~(e) de fatigue** todmüde sein
❸ (*avec un fort sentiment de*) **être ~(e) de honte/peur** vor Scham/Angst [fast] sterben
❹ BIO *branche, arbre* tot; *feuilles* welk; *tissu, cellule* abgestorben
❺ (*éteint*) *yeux, regard* tot; *feu* erloschen
❻ (*sans animation*) wie ausgestorben; **saison ~e** stille Jahreszeit
❼ (*qui n'existe plus*) *langue* tot; *civilisation* ausgestorben; *amours* vergangen; **le passé est ~/l'amitié est ~e** die Vergangenheit/Freundschaft ist [aus und] vorbei
❽ (*hors d'usage*) *piles* leer; **le moteur est ~** der Motor hat ausgedient
▶ **être ~(e) et enterré(e)** tot und begraben sein; **~ ou vif/~e ou vive** tot oder lebendig; **être laissé(e) pour ~(e)** vermisst werden; **tomber raide ~(e)** auf der Stelle tot umfallen
III. *m(f)* ❶ Tote(r) *f(m)*; **les ~s de la guerre** die Gefallenen
❷ (*dépouille*) Leiche *f*
▶ **être un ~ en sursis** dem sicheren Tod entgegengehen; **être un ~ vivant** eine wandelnde Leiche sein; **être blanc comme un ~/blanche comme une ~e** leichenblass sein; **faire le ~** (*comme si on était mort*) sich tot stellen; (*ne pas réagir, ne pas répondre*) nichts von sich hören lassen

mortadelle [mɔʀtadɛl] *f* Mortadella *f*

mortaise [mɔʀtɛz] *f* ❶ (*en menuiserie*) Zapfenloch *nt*
❷ (*en serrurerie*) Steckschlossöffnung *f*

mortalité [mɔʀtalite] *f* Sterblichkeit *f*; **le taux de ~** die Sterblichkeitsrate

mort-aux-rats [mɔʀɔʀa] *f inv* Rattengift *nt*

morte-eau [mɔʀto] <mortes-eaux> *f* Nippflut *f*

mortel(le) [mɔʀtɛl] I. *adj* ❶ (*sujet à la mort*) sterblich
❷ (*causant la mort*) tödlich
❸ (*extrême*) *frayeur, haine, jalousie* tödlich; *pâleur* Leichen-; *froid, chaleur* mörderisch; *ennemi* Tod-
❹ *fam* (*ennuyeux*) sterbenslangweilig
❺ (*pénible*) *silence* eisig; *attente* qualvoll
❻ REL **péché ~** Todsünde *f*
II. *m(f) souvent pl* Sterbliche(r) *f(m)*; **heureux ~/heureuse ~le** *fam* glückliche(r) Sterbliche(r) *f(m)*

mortellement [mɔʀtɛlmɑ̃] *adv* ❶ tödlich
❷ (*extrêmement*) *vexé* tödlich; **~ ennuyeux(-euse)** sterbenslangweilig

morte-saison [mɔʀt(ə)sɛzɔ̃] <mortes-saisons> *f* Nebensaison *f*

mortier [mɔʀtje] *m* ❶ CONSTR Mörtel *m*
❷ GASTR, PHARM Mörser *m*
❸ MIL Granatwerfer *m*

mortifiant(e) [mɔʀtifjɑ̃, jɑ̃t] *adj* ❶ (*qui châtie le corps*) strafend
❷ (*humiliant*) demütigend

mortification [mɔʀtifikasjɔ̃] *f* ❶ Kränkung *f*
❷ (*pénitence*) Kasteiung *f*

mortifier [mɔʀtifje] <1a> *vt* kränken; **être mortifié(e)** (*humilié*) gedemütigt sein, sich gekränkt fühlen; (*puni*) gestraft sein

mortinatalité [mɔʀtinatalite] *f* Zahl *f* der Totgeburten

mort-né(e) [mɔʀne] <mort-nés> I. *adj enfant* tot geboren; *projet, entreprise* aussichtslos
II. *m(f)* Totgeburt *f*

mortuaire [mɔʀtɥɛʀ] I. *adj rites, cérémonie* Trauer-; *chambre, registre, habits* Sterbe-; *chapelle* Friedhofs-; *messe* Toten-; **couronne ~** [Grab]kranz *m*; **salon ~** CAN Bestattungsinstitut *nt*
II. *f* BELG (*maison du défunt*) Haus *nt* des Verstorbenen

morue [mɔʀy] *f* ❶ **~ [séchée]** Stockfisch *m*; **~ fraîche** Kabeljau *m*; **~ fumée** Haddock *m*; **huile de foie de ~** Lebertran *m*
❷ *vulg* (*prostituée*) Nutte *f* (*pej sl*)

morutier [mɔʀytje] *m* ❶ (*pêcheur*) Kabeljaufischer *m*
❷ (*bateau-usine*) Kabeljaufänger *m*

morutier, -ière [mɔʀytje, -jɛʀ] *adj* **industrie morutière** Kabeljau verarbeitende Industrie; **port ~** Fischereihafen *m* für Kabeljau

morve [mɔʀv] *f* Nasenschleim *m*, Rotz *m* (*vulg*)

morveux, -euse [mɔʀvø, -øz] I. *adj nez* laufend; *enfant* rotznäsig (*pej vulg*)
II. *m, f péj fam* Rotznase *f* (*pej vulg*)

mosaïque [mɔzaik] *f* ❶ (*image*) Mosaik *nt*
❷ *fig* **~ de peuples** Völkergemisch *nt*

mosaïsme [mɔzaism] *m* REL Judentum *nt*

Moscou [mɔsku] Moskau *nt*

moscovite [mɔskɔvit] *adj* Moskauer, moskauisch

Moscovite [mɔskɔvit] *mf* Moskauer(in) *m(f)*

Moselle [mozɛl] *f* **la ~** die Mosel

mosquée [mɔske] *f* Moschee *f*

mot [mo] *m* ❶ LING Wort *nt*; **~ étranger** Fremdwort; **bon ~** Bonmot *nt*; **un gros ~** ein Kraftausdruck; **~ composé** zusammengesetztes Wort, Kompositum *nt* (*Fachspr.*)
❷ (*moyen d'expression*) Wort *nt*; **les ~s me manquent** mir fehlen die Worte; **chercher ses ~s** nach Worten suchen; **c'est le ~ juste** das ist der passende Ausdruck; **à** [*o* **sur**] **ces ~s** auf diese Worte hin, bei diesen Worten; **~ pour ~** Wort für Wort
❸ (*message*) **un ~** ein paar Worte [*o* Zeilen] *Pl*; **un ~ d'excuse** eine Entschuldigung; **un ~ de félicitations** ein Glückwunsch; **laisser un ~ à qn** jdm eine Nachricht hinterlassen
❹ (*parole mémorable*) Wort *nt*, Ausspruch *m*; **les ~s de qn** jds Worte *Pl*
❺ INFORM Wort *nt*
❻ JEUX **faire des ~s croisés/fléchés** Kreuzworträtsel lösen
▶ **le fin ~ de l'affaire/de l'histoire** der wahre Sachverhalt der Affäre/Geschichte; **qn a un ~ sur le bout de la langue** jdm liegt ein Wort auf der Zunge; **au bas ~** mindestens; **à ~s couverts** durch die Blume; **à demi ~** ohne viel Worte; **nous nous comprenons à demi ~** wir verstehen uns ohne viele Worte; **avoir le dernier ~** das letzte Wort haben; **c'est mon dernier ~** das ist mein letztes Wort; **je n'ai pas encore dit mon dernier ~** das letzte Wort ist noch nicht gesprochen; **aller dire deux ~s à qn** mit jdm ein Wörtchen zu reden haben; **expliquer/raconter qc en deux ~s** etw mit wenigen Worten erklären/erzählen; **bref, en deux ~s** kurz gesagt, mit einem Wort; **c'est un bien grand ~** das ist ein übertriebener Ausdruck; **pas un traître ~** kein Sterbenswörtchen; **ne pas comprendre un traître ~ de qc** nicht die Bohne von etw verstehen (*fam*); **n'avoir qu'un ~ à dire** nur ein Wort zu sagen brauchen; **avoir son ~ à dire** [auch noch] ein Wörtchen mitzureden haben; **qui ne dit ~ consent** *prov* schweigen heißt zustimmen; **sans ~ dire** wortlos; **se donner** [*o* **passer**] **le ~** sich absprechen; **avoir des ~s avec qn** *fam* einen Wortwechsel mit jdm haben; **ne pas mâcher ses ~s** kein Blatt vor den Mund nehmen; **ne pas en penser un** [*o* **le premier**] **~** es nicht ernst meinen; **peser ses ~s** seine Worte wägen; **ne pas piper** [**un**] **~** keinen Ton [*o* Pieps *fam*] sagen; **placer un ~** zu Wort kommen; **prendre qn au ~** jdn beim Wort nehmen; **avoir toujours le ~ pour rire** immer zum Scherzen aufgelegt sein; **je lui en toucherai un ~** [*o* **deux ~s**] ich werde ihn darauf ansprechen; **~ à ~** wortwörtlich; **c'est du ~ à ~** das ist eine wörtliche Übersetzung; **traduire qc ~ à ~** etw wörtlich übersetzen; **en un ~** [**comme en**

M

cent] mit einem Wort, kurz gesagt
◆ ~ **d'entrée** Stichwort *nt;* ~ **d'ordre** Parole *f;* ~ **de passe** Passwort *nt;* ~ **de passe de messagerie** Mail-Passwort
motard(e) [mɔtaʀ] *m(f) fam* (*motocycliste*) Motorradfahrer(in) *m(f);* (*policier*) motorisierter Polizist/motorisierte Polizistin
mot-clé [mokle] <mots-clés> *m* (*code*) Schlüsselwort *nt;* (*dans un dictionnaire*) Stichwort *nt*
motel [mɔtɛl] *m* Motel *nt*
motet [mɔte] *m* MUS *de Bach* Motette *f*
moteur [mɔtœʀ] **I.** *m* ❶ TECH Motor *m;* ~ **à explosion** Explosionsmotor; ~ **à réaction** Triebwerk *nt;* ~ **diesel** Dieselmotor
❷ (*cause*) **être le ~ de qc** *consommation, concurrence:* der Antrieb für etw sein; *personne:* die treibende Kraft für etw sein
II. *app* **frein** ~ Motorbremse *f*
◆ ~ **à injection** Einspritzmotor *m*
moteur, -trice [mɔtœʀ, -tʀis] *adj muscle, nerf* motorisch, Bewegungs-; *force, roue* Antriebs-
moteur-fusée [mɔtœʀfyze] <moteurs-fusées> *m* Raketenmotor *m*
motif [mɔtif] *m* ❶ *a.* JUR [Beweg]grund *m*
❷ *pl* (*dans un jugement*) Urteilsbegründung *f*
❸ (*ornement*) Motiv *nt,* Muster *nt;* ~ **de fleurs** Blumenmuster
❹ (*modèle*) Motiv *nt,* Vorlage *f*
◆ ~ **de licenciement** Entlassungsgrund *m*
motion [mosjɔ̃] *f* Antrag *m*
◆ ~ **de censure** Misstrauensantrag *m*
motivant(e) [mɔtivɑ̃, ɑ̃t] *adj* motivierend
motivation [mɔtivasjɔ̃] *f* ❶ Motivation *f;* ~ **de qc** Grund *m* für etw
❷ ECON **lettre de ~** Bewerbungsschreiben *nt;* **recherche de ~** Motivforschung *f*
motivé(e) [mɔtive] *adj* ❶ (*justifié*) begründet; **absence non ~e** unentschuldigtes Fehlen
❷ (*stimulé*) *personne* motiviert
motiver [mɔtive] <1> *vt* ❶ (*servir de motif*) die Ursache sein für
❷ (*stimuler*) motivieren; ~ **qn à faire qc** jdn dazu motivieren etw zu tun; **être motivé(e) par qc** durch etw motiviert sein
moto [moto] *f abr de* **motocyclette** Motorrad *nt*
motocross, moto-cross [motokʀɔs] *m inv* Moto-Cross *nt*
motoculteur [motokyltœʀ] *m* Gartenfräse *f*
motocycle [motosikl] *m* Kraftrad *nt*
motocyclette [motosiklɛt] *f vieilli* Motorrad *nt*
motocyclisme [motosiklism] *m* Motorradsport *m*
motocycliste [motosiklist] **I.** *adj* Motorrad-
II. *mf* Motorradfahrer(in) *m(f)*
motonautisme [motonotism] *m* Motorbootsport *m*
motoneige [motonɛʒ] *f* Schneemobil *nt*
motorisation [motoʀizasjɔ̃] *f* Motorisierung *f*
motorisé(e) [motoʀize] *adj* motorisiert
motoriser [motoʀize] <1> *vt* ❶ motorisieren
❷ *fam* (*avoir une voiture*) **être motorisé(e)** motorisiert sein (*fam*)
motrice [mɔtʀis] *f* Triebwagen *m*
motricité [mɔtʀisite] *f* PHYSIOL Bewegungsmotorik *f;* (*réflexes*) Reflexbewegungen *Pl*
mots-croisiste [mokʀwazist] <mots-croisistes> *mf* Kreuzworträtselfan *m*
motte [mɔt] *f de beurre* Klumpen *m; de gazon* Sode *f;* ~ **de terre** Erdscholle *f*
motus [mɔtys] *interj vieilli* ▸ ~ [**et bouche cousue!**] Mund halten und nichts verraten!
mot-valise [movaliz] <mots-valises> *m* Kofferwort *nt* (*aus mehreren Wortteilen verschmolzenes Wort*)
mou[1] [mu] *m* Lunge *f* (*als Teil der Innereien*), Beuschel *nt* (A)
▸ **rentrer dans le ~ à qn** *fam* über jdn herfallen
mou[2] [mu] *m* ❶ *fam* (*personne*) Weichling *m*
❷ (*qualité*) Weiche(s) *nt*
▸ **avoir du ~** locker sein; **donner du ~** lockern
mou, mol, molle [mu, mɔl] **I.** *adj* ❶ weich; *neige* nass; *ressort* ausgeleiert; **chapeau ~** Schlapphut *m*
❷ (*flasque*) schlaff
❸ (*amorphe, faible*) *personne, geste* schlaff; *résistance, protestations* schwach
❹ (*sourd*) *bruit* dumpf
❺ METEO schwül, drückend
II. *adv jouer* lahm, kraftlos; *dessiner* nicht energisch
mouchard(e) [muʃaʀ, aʀd] *m(f)* ❶ (*rapporteur*) Petzer *m*/Petze *f* (*fam*)
❷ *péj* (*indicateur de police*) Spitzel *m*
mouchard [muʃaʀ] *m* (*appareil*) elektronisches Aufzeichnungsgerät; *d'un avion* Flugschreiber *m*
mouchardage [muʃaʀdaʒ] *m péj fam* Verpetzen *nt* (*fam*)
moucharder [muʃaʀde] <1> **I.** *vi fam* petzen
II. *vt fam* verpetzen; (*à la police*) verpfeifen (*fam*)
mouche [muʃ] *f* ❶ ZOOL Fliege *f*
❷ PECHE [künstliche] Fliege
❸ (*centre*) *d'une cible* Schwarze(s) *nt*
❹ (*en cosmétique*) Schönheitspflästerchen *nt,* Mouche *f* (*geh*)
❺ SPORT Spitze *f*
▸ **on ne prend** [*o* **attrape**] **pas les ~s avec du vinaigre** mit Speck fängt man Mäuse (*prov*); **être une fine ~** pfiffig sein (*fam*); **enculer les ~s** *fam* Haarspalterei betreiben; **faire ~** ins Schwarze treffen; **gober les ~s** *fam* Löcher in die Luft gucken (*fam*); **tomber** [*o* **mourir**] **comme des ~s** wie die Fliegen umfallen [*o* sterben]; **quelle ~ le/la pique?, quelle ~ l'a piqué(e)?** was ist in ihn/sie gefahren?; **prendre la ~** einschnappen (*fam*)
moucher [muʃe] <1> **I.** *vt* ❶ ~ **son nez** sich schneuzen, sich (*Dat*) die Nase putzen; ~ [**le nez à**] **qn** jdm die Nase putzen
❷ *fam* (*rembarrer*) zusammenstauchen (*fam*)
❸ (*raccourcir la mèche*) ~ **une chandelle** den Docht einer Kerze kürzen
II. *vpr* **se ~** [**le nez**] sich schneuzen, sich (*Dat*) die Nase putzen
moucheron [muʃʀɔ̃] *m* ❶ ZOOL [kleine] Mücke
❷ *fam* (*petit enfant*) Knirps *m* (*fam*), Steppke *m* (*fam*)
moucheté(e) [muʃte] *adj animal, pelage* gesprenkelt; *poisson* gefleckt; *tissu* getupft; *laine* meliert
moucheter [muʃ(ə)te] <1> *vt* ❶ (*parsemer de tâches*) sprenkeln, tüpfeln
❷ SPORT mit einem Spitzenknopf versehen *fleuret*
mouchetis [muʃ(ə)ti] *m* CONSTR *mit der Bürste aufgetragener körniger Putz*
moucheture [muʃtyʀ] *f* ZOOL Sprenkelung *f,* Flecken *Pl*
mouchoir [muʃwaʀ] *m* Taschentuch *nt*
▸ **arriver** [*o* **se tenir**] **dans un ~** knapp hintereinander durchs Ziel gehen
◆ ~ **en papier** Papiertaschentuch *nt;* ~ **de poche** Taschentuch *nt;* ~ **en tissu** Stofftaschentuch *nt*
moudjahidin [mudʒaidin] *mpl* Mudschaheddin *Pl*
moudre [mudʀ] <*irr*> *vt* mahlen
moue [mu] *f* schiefes Gesicht; ~ **boudeuse** Schmollmund *m;* **faire la ~ à qc** bei etw ein schiefes Gesicht ziehen; **faire une ~ de dégoût** mit Abscheu die Mundwinkel verziehen
mouette [mwɛt] *f* Möwe *f;* ~ **rieuse** Lachmöwe
moufeter [mufte] <1> *vi fam* **qn n'a pas moufeté** jd hat keinen Mucks von sich gegeben (*fam*); **sans ~** ohne aufzumucken (*fam*)
mouf[f]ette [mufɛt] *f* Stinktier *nt,* Skunk *m*
moufle [mufl] *f* Fausthandschuh *m,* Fäustling *m*
mouflet(te) [muflɛ, ɛt] *m(f) fam* kleines Kind
mouflon [muflɔ̃] *m* Mufflon *m*
moufter [mufte] <1> *vi v.* **moufeter**

mouillage [mujaʒ] *m* ❶ (*action de mouiller*) Anfeuchten *nt*
❷ (*coupage*) Panschen *nt,* Verdünnen *nt*
❸ NAUT (*emplacement*) Ankerplatz *m;* **rester au ~** weiterhin vor Anker liegen
❹ NAUT (*mise à l'eau*) *d'un navire* Verankern *nt; d'une mine* Legen *nt;* **le ~ de l'ancre** das Ankern
mouillé(e) [muje] *adj* ❶ (*trempé*) nass; **~(e) de sueur** schweißnass
❷ (*plein d'émotion*) *voix* bewegt
❸ (*plein de larmes*) *regard, yeux* [tränen]feucht, tränennass
❹ PHON *l, n* mouilliert
mouillé [muje] *m* nasse Stelle; **le chien sent le ~** der nasse Hund riecht
mouiller [muje] <1> **I.** *vt* ❶ nass machen
❷ (*tremper*) durchnässen; **se faire ~** nass werden
❸ GASTR **~ un rôti avec du bouillon** einen Braten mit Brühe begießen
❹ NAUT verankern *navire;* auswerfen *ancre;* legen *mines*
❺ *fam* (*compromettre*) **~ qn dans qc** jdn in etw (*Akk*) hineinziehen
II. *vi* ❶ vor Anker gehen, ankern
❷ *pop* (*avoir peur*) [vor Angst] in die Hosen machen (*sl*)
III. *vpr* ❶ **se ~** nass werden; **se ~ les mains** sich (*Dat*) die Hände nass machen
❷ (*se tremper*) **se ~** sich nass machen; **se ~ les jambes** die Beine ins Wasser tauchen
❸ (*s'humecter*) **les yeux se mouillent** die Augen werden feucht
❹ *fam* (*se compromettre*) **se ~ dans qc** sich in etw (*Akk*) hineinziehen lassen
❺ *fam* (*s'engager*) **se ~ pour qn/pour faire qc** sich ins Zeug legen für jdn/um etw zu tun (*fam*)
mouillette [mujɛt] *f Brotschnittchen zum Eintunken*
mouilleur [mujœʀ] *m* ❶ (*humecteur*) *de timbres* Briefmarkenbefeuchter *m*
❷ (*bateau*) **~ de mines** Minenleger *m*
mouise [mwiz] *f fam* Elend *nt,* Misere *f*
▸ **être dans la ~** in der Patsche [*o* Klemme] sitzen (*fam*)
moukère [mukɛʀ] *f vieilli pop* Weib *nt* (*veraltet*)
moulage [mulaʒ] *m* ❶ (*action de mouler*) Gießen *nt*
❷ (*empreinte, objet*) Abguss *m;* **prendre un ~ de qc** von etw einen Abguss machen; **~ en bronze** Bronzeguss
moulant(e) [mulɑ̃, ɑ̃t] *adj* enganliegend
moule¹ [mul] *m* ❶ Form *f;* GASTR [Kuchen]form; **~ à cake** Kastenform
❷ (*empreinte*) Abdruck *m*
❸ (*modèle*) **être fait(e) sur le même ~** nach demselben Muster gemacht sein
▸ **être coulé(e) [o fait(e)] dans le même ~** aus demselben Holz geschnitzt sein
moule² [mul] *f* ❶ ZOOL Miesmuschel *f;* **~s marinières** *Miesmuscheln in Weinsud mit Kräutern gekocht*
❷ *fam* (*nouille*) Trottel *m* (*fam*)
mouler [mule] <1> *vt* ❶ formen
❷ (*prendre un moulage de*) **~ un buste** einen Abdruck von einer Büste machen
❸ (*coller à*) **~ les jambes** eng an den Beinen anliegen; **des vêtements qui moulent le corps** eng anliegende Kleidungsstücke
❹ (*adapter*) **~ la coiffure sur la mode** die Frisur nach der Mode ausrichten
mouleur [mulœʀ] *m* TECH Former(in) *m(f)*
moulin [mulɛ̃] *m* Mühle *f*
▸ **être un ~ à paroles** *fam* reden wie ein Wasserfall (*fam*); **se battre contre des ~s à vent** gegen Windmühlen kämpfen; **on entre ici comme dans un ~** hier geht es zu wie in einem Taubenschlag
◆ **~ à café** Kaffeemühle *f;* **~ à légumes** Passiersieb *nt;* **~ à vent** Windmühle *f*
mouliner [muline] <1> *vt* ❶ GASTR passieren; **être mouliné(e)** passiert sein
❷ INFORM *fam* verarbeiten; **être mouliné(e)** *données:* verarbeitet sein
❸ TECH **être mouliné(e)** *soie:* muliniert [*o* gezwirnt] sein
moulinet [mulinɛ] *m* PECHE Rolle *f*
▸ **faire des ~s avec qc** etw durch die Luft wirbeln
moulinette® [mulinɛt] *f* Küchenmaschine *f;* **passer à la ~** passieren
moulu(e) [muly] **I.** *part passé de* **moudre**
II. *adj* ❶ gemahlen
❷ *fam* (*fourbu*) **être ~(e) [de fatigue]** wie gerädert sein
moulure [mulyʀ] *f* Zierleiste *f*
moumoute [mumut] *f fam* ❶ falsches Haarteil
❷ (*veste*) Weste *f* aus Schafspelz
mouquère [mukɛʀ] *f v.* **moukère**
mourant(e) [muʀɑ̃, ɑ̃t] **I.** *adj* ❶ *personne* sterbend; **être ~(e)** im Sterben liegen
❷ (*faiblissant*) schwächer werdend; *musique, son* verklingend; *feu, lumière* verlöschend
II. *m(f)* Sterbende(r) *f(m)*
mourir [muʀiʀ] <*irr*> **I.** *vi + être* ❶ *personne, animal:* sterben; *plante:* absterben, eingehen; *fleuve:* umkippen; **~ de qc** *personne:* an etw (*Dat*) sterben; *animal:* an etw (*Dat*) eingehen [*o* sterben]; **~ d'un cancer** an Krebs sterben; **~ de ses blessures** seinen Verletzungen erliegen; **~ de chagrin** vor Kummer sterben; **~ de faim** verhungern; **~ de soif** verdursten; **~ de froid** erfrieren; **~ dans un accident de voiture** bei einem Autounfall ums Leben kommen; **il est mort assassiné/empoisonné** er ist ermordet/vergiftet worden; **elle est morte noyée** sie ist ertrunken; **le chat est mort écrasé par un camion** die Katze ist von einem Lastwagen überfahren worden
❷ (*venir de mourir*) **être mort(e)** tot sein
❸ (*tuer*) **faire ~** töten; **tu vas faire ~ ta mère de chagrin** du bringst deine Mutter vor lauter Kummer noch ins Grab
❹ (*abandonner à la mort*) **laisser ~ qn** jdn sterben lassen; **laisser ~ une plante/un animal** eine Pflanze/ein Tier eingehen lassen; **se laisser ~** zugrunde gehen
❺ (*disparaître peu à peu*) *métier, civilisation, langue:* verschwinden; *agriculture, petit commerce:* eingehen; *feu, flamme:* erlöschen; *voix, bruit:* verklingen; **laisser ~ le feu** das Feuer ausgehen lassen
▸ **c'est à ~ de rire** das ist zum Totlachen; **à ~ se sentir malade à ~** sich sterbenskrank [*o* sterbenselend] fühlen; **c'est d'une tristesse à ~** das ist todtraurig; **s'ennuyer à ~** sich tödlich langweilen
II. *vpr littér* **se ~** im Sterben liegen; **se ~ d'amour** vor Liebe vergehen
mouroir [muʀwaʀ] *m péj* Sterbeheim *nt*
mouron [muʀɔ̃] *m* ▸ **se faire du ~** *fam* sich Sorgen machen
mouscaille [muskɑj] *f* ▸ **être dans la ~** *fam* in der Tinte *fam* [*o* in der Scheiße *sl*] sitzen
mousquet [muskɛ] *m* Muskete *f*
mousquetaire [muskətɛʀ] *m* Musketier *m*
mousqueton [muskətɔ̃] *m* ❶ (*arme à feu*) Karabiner *m;* (*ancienne*) Muskete *f*
❷ (*boucle*) *de parachute, d'alpiniste, d'un foc* Karabinerhaken *m*
moussaillon [musajɔ̃] *m fam* kleiner Schiffsjunge
moussaka [musaka] *f* Moussaka *f* (*griechische Spezialität aus Hackfleisch und Auberginen*)
moussant(e) [musɑ̃, ɑ̃t] *adj* Schaum-
mousse¹ [mus] **I.** *f* ❶ Schaum *m*
❷ BOT Moos *nt*
❸ GASTR Mousse *f*
❹ (*matière*) Schaumstoff *m*
❺ (*en cosmétique*) Schaum *m;* **~ coiffante [o de coiffage]** Haarschaum

M

II. *app inv* **vert** ~ moosgrün; **caoutchouc** ~ Schaumgummi *m*
◆ ~ **à raser** Rasierschaum *m*

mousse² [mus] *m* Schiffsjunge *m*

mousseline [muslin] I. *f* Musselin *m;* **une** ~ ein Musselinstoff
II. *app inv* **pommes** ~ schaumiges Kartoffelpüree; **sauce** ~ Sauce hollandaise *f* mit Sahne

mousser [muse] <1> *vi* ❶ schäumen; **faire** ~ zum Schäumen bringen
❷ *fam* (*vanter*) **faire** ~ **qn/qc** für jdn/etw die Werbetrommel rühren; **se faire** ~ **auprès de qn** sich bei jdm in ein günstiges Licht setzen

mousseron [musʀɔ̃] *m* Ritterling *m*

mousseux, -euse [musø, -øz] *adj* schäumend

mousseux [musø] *m* Schaumwein *m*

mousson [musɔ̃] *f* Monsun *m*

moussu(e) [musy] *adj* moosbewachsen

moustache [mustaʃ] *f* ❶ (*d'un homme*) Schnurrbart *m;* **porter la** ~ [*o* **des** ~**s**] einen Schnurrbart tragen
❷ (*d'une femme*) Damenbart *m*
❸ (*du chat*) Schnurrhaare *Pl*
❹ (*trace autour des lèvres*) Bart *m*

moustachu(e) [mustaʃy] *adj homme* schnurrbärtig; *lèvre supérieure* bärtig

moustachu [mustaʃy] *m* Mann *m* mit Schnurrbart

moustiquaire [mustikɛʀ] *f* ❶ (*rideau*) Moskitonetz *nt*
❷ (*à la fenêtre*) Fliegenfenster *nt*
❸ (*à la porte*) Fliegengitter *nt*

moustique [mustik] *m* ❶ ZOOL Stechmücke *f*
❷ (*sous les tropiques*) Moskito *m*
❸ *péj* (*enfant*) Knirps *m;* (*personne malingre*) Würmchen *nt*

moût [mu] *m du vin* Most *m,* Sauser *m* (CH); *de la bière* Würze *f*

moutard [mutaʀ] *m fam* ❶ Knirps *m* (*fam*)
❷ *pl* (*enfants*) Kinder *Pl*

moutarde [mutaʀd] I. *f* Senf *m*
► **la** ~ **monte au nez de qn** der Ärger steigt in jdm hoch
II. *app inv* senf-
◆ ~ **à l'ancienne** *Senf mit ganzen Pfefferkörnern;* ~ **de Dijon** *extrascharfer Senf*

moutardier [mutaʀdje] *m* ❶ (*fabricant*) Senffabrikant *m*
❷ (*récipient*) Senftopf *m*

mouton [mutɔ̃] *m* ❶ ZOOL Schaf *nt*
❷ (*mâle châtré*) Hammel *m*
❸ GASTR Hammel[fleisch *nt*] *m*
❹ (*peau*) **une veste en** [**peau de**] ~ eine Jacke aus Schaf[s]pelz; **un livre relié en** ~ ein in Schafleder gebundenes Buch
❺ (*écume*) Schaumkrone *f*
❻ (*poussière*) Staubflocke *f*
❼ (*nuages*) Schäfchenwolke *f*
❽ (*personne douce*) Schaf *nt*
► **c'est le** ~ **à cinq pattes** das ist ein weißer Rabe; **être doux(douce) comme un** ~ sanft wie ein Lamm sein; **être frisé(e) comme un** ~ Ringellöckchen haben; **revenons à nos** ~**s** kommen wir wieder zur Sache
◆ ~ **de Panurge** Herdenmensch *m*

moutonné(e) [mutɔne] *adj ciel* voller Schäfchenwolken; *nuages* Schäfchen-

moutonnement [mutɔnmɑ̃] *m* Kräuseln *nt*

moutonner [mutɔne] <1> I. *vi mer, vagues:* sich kräuseln; *collines:* sich wellen; **les nuages moutonnent dans le ciel** der Himmel ist voller Schäfchenwolken
II. *vpr* **se** ~ *mer:* sich mit Schaumkronen bedecken; *ciel:* sich mit Schäfchenwolken bedecken

moutonneux, -euse [mutɔnø, -øz] *adj mer* voller Schaumkronen; *ciel* mit Schäfchenwolken bedeckt

moutonnier, -ière [mutɔnje, -jɛʀ] *adj* ❶ *vieilli* (*du mouton*) vom Schaf
❷ *fig* (*grégaire*) **comportement** ~ Herdentrieb *m*

mouture [mutyʀ] *f* ❶ (*action de moudre*) Mahlen *nt*
❷ (*produit de l'opération*) Mehl *nt*
❸ *péj* (*reprise*) Aufguss *m*
❹ (*version*) Version *f;* **première** ~ erster Entwurf

mouvance [muvɑ̃s] *f* ❶ Einflussbereich *m*
❷ (*mouvement idéologique*) Bewegung *f*

mouvant(e) [muvɑ̃, ɑ̃t] *adj* ❶ (*ondoyant*) *foule, champs de blé* wogend; *ombre* sich hin- und herbewegend; *flamme* flackernd
❷ (*changeant*) *pensée, univers* sich wandelnd; *situation* unbeständig
❸ (*sans stabilité*) *terrain* unsicher, schwankend; **sables** ~**s** Treibsand *m*

mouvement [muvmɑ̃] *m* ❶ (*activité*) Bewegung *f;* **faux** ~ unglückliche Bewegung
❷ (*impulsion*) Regung *f,* Reaktion *f;* **premier** ~ erste Reaktion; ~ **de colère** Wutausbruch *m;* ~ **d'humeur** Anfall *m* von schlechter Laune; ~ **d'impatience** Anwandlung *f* von Ungeduld
❸ (*animation*) Treiben *nt;* **c'est un quartier plein de** ~ das ist ein belebtes Viertel
❹ (*action collective*) Bewegung *f;* ~ **de grève** Streikbewegung; ~ **de solidarité** Solidaritätswelle *f*
❺ (*organisation*) Bewegung *f*
❻ (*déplacement*) Bewegung *f; des étoiles, nuages* Bewegungen *Pl;* **les** ~**s de foule** die Massenbewegungen; ~ **portuaires** Hafenverkehr *m;* ~**s de troupes** Truppenbewegungen; **faire** ~ MIL sich in Bewegung [*o* Marsch] setzen; **se mettre en** ~ sich in Bewegung setzen
❼ ECON *de capitaux, fonds* Bewegungen *Pl,* Verkehr *m; de marchandises* Verkehr; ~ **de baisse** Abwärtsbewegung, rückläufige Bewegung; ~ **de hausse** Aufwärtsbewegung; ~ **des prix** Preisschwankungen *Pl*
❽ ADMIN (*changement d'affectation*) Veränderungen *Pl*
❾ GEOL ~ **de terrain** Erdbewegungen *Pl*
❿ (*évolution*) Wandel *m;* ~ **d'opinion/idées** geistige Strömung; ~ **de réformes** Reformbewegung *f*
⓫ MUS (*tempo*) Tempo *nt;* (*partie de l'œuvre*) Satz *m*
⓬ LITTER Lebendigkeit *f*
⓭ TECH (*mécanisme*) Werk *nt;* ~ **à quartz** Quarzsteuerung *f;* **mettre en** ~ in Gang bringen
► **avoir un bon** ~ einer guten Regung folgen; **allez, un bon** ~ seien Sie großzügig; **être libre de ses** ~**s** sich frei bewegen können; **accélérer** [*o* **presser**] **le** ~ das Tempo beschleunigen; **suivre le** ~ mit der Zeit gehen

mouvementé(e) [muvmɑ̃te] *adj* ❶ stürmisch; *vie* bewegt; *poursuite, récit* dramatisch
❷ (*accidenté*) uneben

mouvoir [muvwaʀ] <*irr*> I. *vt* ❶ **faire** ~ bewegen; **être mû(mue) par qc** von etw angetrieben werden
❷ (*être poussé*) **être mû(mue) par l'intérêt/la pitié** aus Eigeninteresse/Mitleid [heraus] handeln
II. *vpr* **se** ~ sich bewegen

moyen [mwajɛ̃] *m* ❶ (*procédé*) Mittel *nt;* ~ **d'action** Handlungsmöglichkeit *f;* **par tous les** ~**s** mit allen Mitteln; **tous les** ~**s seront mis en œuvre pour faire qc** es werden alle Hebel in Bewegung gesetzt um etw zu tun
❷ (*solution*) Weg *m;* ~ **détourné** Umweg *m;* **par le** ~ **de** auf dem Umweg über; **au** ~ **de qc** mit Hilfe einer S. (*Gen*)
❸ (*manière*) Art *f* [und Weise *f*]
❹ *pl* (*capacités physiques*) körperliche Fähigkeiten, Kräfte *Pl*
❺ (*capacités intellectuelles*) geistige Fähigkeiten, Begabung *f;* **être en pleine possession de ses** ~**s** [*o* **en possession de tous ses** ~**s**] im Vollbesitz seiner Kräfte sein; **à chacun selon ses** ~**s** jeder nach seinen Möglichkeiten; **par ses propres** ~**s** (*sans aide*) aus eigener Kraft; (*sans moyen de transport étranger*) allein
❻ *pl* (*ressources financières*) [finanzielle] Mittel *Pl;* **vivre au-**

-dessus de ses ~s über seine Verhältnisse leben; **c'est au--dessus de mes ~s** das übersteigt meine Mittel; **il/elle a les ~s!** *fam* er/sie kann es sich (*Dat*) leisten!
❼ *souvent pl* (*instruments*) **~s publicitaires** Werbemittel *Pl;* **~s audiovisuels** audiovisuelle Mittel *Pl*
► **se débrouiller avec les ~s du bord** mit dem zurechtkommen, was man hat; **faire qc avec des ~s de fortune** etw mit behelfsmäßigen Mitteln machen; **tous les ~s lui sont bons pour faire qc** ihm sind alle Mittel recht um etw zu tun; **employer les** [*o* **recourir aux**] **grands ~s pour faire qc** zum äußersten Mittel greifen um etw zu tun; **il y a/il n'y a pas ~ de faire qc** es besteht die Möglichkeit/es ist unmöglich etw zu tun; **perdre ses ~s** ganz aus der Fassung kommen; **trouver ~ de faire qc** es schaffen etw zu tun; [**il n'y a**] **pas ~ de faire qc** es ist völlig unmöglich etw zu machen; **pas ~!** nichts zu machen!
◆ **~ de contrôle** Kontrollmittel *nt*
moyen(ne) [mwajɛ̃, jɛn] *adj* ❶ mittlere(r, s); *classe, ondes* Mittel-; **le cours ~ d'un fleuve** der Mittellauf eines Flusses; **l'oreille ~ne** das Mittelohr; **à ~ terme** mittelfristig; *v. a.* **moyenne**
❷ (*ni bon, ni mauvais*) mittelmäßig
❸ (*en proportion*) durchschnittlich
❹ (*du type courant*) Durchschnitts-; **le Français ~** der Durchschnittsfranzose
Moyen Âge, Moyen-Âge [mwajɛnɑʒ] *m* Mittelalter *nt*
moyenâgeux, -euse [mwajɛnɑʒø, -jøz] *adj a. péj* mittelalterlich
moyen-courrier [mwajɛ̃kuʀje] <moyen-courriers> *m* Mittelstreckenflugzeug *nt*
moyennant [mwajɛnɑ̃] *prép* **~ une récompense/un petit service** gegen eine Belohnung/einen Gefallen; **~ mille euros** für tausend Euro
► **~ quoi** womit, wofür
moyenne [mwajɛn] *f* ❶ STATIST, MATH Mittel *nt,* Mittelwert *m;* **la ~ d'âge** das Durchschnittsalter; **la ~ des températures** die mittlere Temperatur; **en ~** im Durchschnitt, durchschnittlich
❷ SCOL Durchschnitt *m;* **avoir la ~ en qc** in etw (*Dat*) eine durchschnittliche Note haben; **être au-dessus de/en dessous de/dans la ~** über dem/unter dem/im Durchschnitt liegen
❸ (*type le plus courant*) Durchschnitt *m*
❹ (*vitesse*) **une ~ de 80 m/s** ein Durchschnitt von 80 m/s; **faire une ~ de 100 km/h** [*o* **du 100 de ~**] mit einer durchschnittlichen Geschwindigkeit von 100 Stundenkilometern fahren
moyennement [mwajɛnmɑ̃] *adv* mittelmäßig, mäßig
Moyen-Orient [mwajɛnɔʀjɑ̃] *m* **le ~** der Mittlere Osten
moyeu [mwajø] <x> *m* Nabe *f*
mozambicain(e) [mɔzɑ̃bikɛ̃, ɛn] *adj* mosambikanisch
Mozambique [mɔzɑ̃bik] *m* Mosambik *nt,* Moçambique *nt*
mozzarella [mɔdzaʀel(l)a] *f* Mozzarella *m*
MRAP [mʀap] *m abr de* **mouvement contre le racisme et pour l'amitié entre les peuples** *Bewegung gegen Rassismus und für Völkerverständigung*
MRG [ɛmɛʀʒe] *m abr de* **mouvement des radicaux de gauche** Bewegung *f* der Linksradikalen
MRP [ɛmɛʀpe] *m abr de* **mouvement républicain populaire** Republikanische Volksbewegung *f*
MSF [ɛmɛsɛf] *abr de* **médecins sans frontières** Ärzte ohne Grenzen *Pl*
M.S.T. [ɛmɛste] *f* MED *abr de* **maladie sexuellement transmissible** Geschlechtskrankheit *f*
mû, mue [my] *part passé de* **mouvoir**
mucosité [mykozite] *f* Schleim *m*
mucoviscidose [mykovisidoz] *f* MED Mukoviszidose *f*
mucus [mykys] *m* Schleim *m*
mue [my] **I.** *v.* **mû**
II. *f* ❶ ZOOL *de l'oiseau* Mauser *f; du serpent* Häutung *f; d'un mammifère* [Sich]haaren *nt*
❷ (*dépouille*) **~ d'un serpent** abgestreifte Schlangenhaut
❸ PHYSIOL Stimmbruch *m*
muer [mɥe] <1> **I.** *vi* ❶ *oiseau:* sich mausern; *serpent:* sich häuten; *mammifère:* [sich] haaren
❷ *garçon:* im Stimmbruch sein; **sa voix mue/a mué** er ist im Stimmbruch/hat den Stimmbruch hinter sich
II. *vpr littér* **se ~ en qc** sich in etw (*Akk*) wandeln; **se ~ en qn** zu jdm werden
muesli [mysli] *m* Müsli *nt*
muet(te) [mɥɛ, mɥɛt] **I.** *adj* ❶ stumm; **~(te) de peur** stumm vor Angst; **~(te) d'admiration/de surprise** sprachlos vor Bewunderung/Überraschung
❷ (*inexprimé*) *désespoir, colère* stumm; *reproche* still
❸ (*sans indications*) **le contrat est ~/la loi est ~te sur qc** zu etw sagt der Vertrag/das Gesetz nichts [aus]
❹ CINE, THEAT *film* Stumm-; *rôle, jeu* stumm; **l'époque du cinéma ~** die Zeit des Stummfilms
❺ LING stumm
❻ (*sans signes écrits*) *clavier* unbeschriftet; *carte géographique* stumm, unbeschriftet
❼ (*sans prix*) *carte de restaurant* ohne Preisangaben
II. *m(f)* Stumme(r) *f(m)*
muezzin [mɥɛdzin] *m* Muezzin *m*
muffin [mœfin] *m* CAN (*petit cake rond*) Muffin *m*
mufle [myfl] *m* ❶ *du chien* Schnauze[nspitze *f*] *f; de la vache, du mouton* Maul *nt*
❷ (*goujat*) Rüpel *m*
muflerie [myfləʀi] *f* Rüpelhaftigkeit *f*
muflier [myflije] *m* BOT Löwenmaul *nt*
mufti [myfti] *m* Mufti *m*
muge [myʒ] *m* ZOOL MIDI Meeräsche *f*
mugir [myʒiʀ] <8> *vi bovin:* muhen, brüllen; *vent, sirène:* heulen; *mer, flots:* tosen
mugissement [myʒismɑ̃] *m* ❶ (*cri de bovin*) Muhen *nt,* Brüllen *nt*
❷ (*bruit du vent, d'une sirène*) Heulen *nt*
❸ (*bruit de la mer*) Tosen *nt*
muguet [mygɛ] *m* ❶ BOT Maiglöckchen *nt*
❷ MED Soor *m*

i Land & Leute

Am 1. Mai werden überall in den Straßen Maiglöckchensträuße verkauft. Man verschenkt die **muguets** als Zeichen der Zuneigung und als Glücksbringer.

mulâtre, mulâtresse [mylɑtʀ, mylɑtʀɛs] **I.** *adj* Mulatten-
II. *m, f* Mulatte *m*/Mulattin *f*
mule[1] [myl] *f* ZOOL Mauleselin *f*
► **être têtu(e) comme une ~** störrisch [*o* stur] wie ein Esel sein (*fam*)
mule[2] [myl] *f* (*pantoufle*) Pantoffel *m*
mulet[1] [mylɛ] *m* ZOOL Maultier *nt,* Maulesel *m*
► **être chargé(e) comme un ~** *fam* beladen sein wie ein Packesel (*fam*)
mulet[2] [mylɛ] *m* (*poisson*) Meeräsche *f*
muletier, -ière [myltje, -jɛʀ] **I.** *adj* **sentier** [*o* **chemin**] **~** Saumpfad *m*
II. *m, f* Maultiertreiber(in) *m(f)*
mulot [mylo] *m* Feldmaus *f*
multicarte [myltikaʀt] *adj représentant* Mehrfirmen-
multicellulaire [myltiselylɛʀ] *adj* vielzellig
multicolore [myltikɔlɔʀ] *adj* vielfarbig, bunt
multicoque [myltikɔk] **I.** *adj* mit mehreren Rümpfen
II. *m* Mehrrumpfboot *nt*
multiculturel(le) [myltikyltyʀɛl] *adj* multikulturell

multidimensionnel(le) [myltidimɑ̃sjɔnɛl] *adj espace* mehrdimensional; *culture* vielschichtig
multifenêtrage [myltif(ə)nɛtʀaʒ] *m* INFORM Fenstertechnik *f*
multifenêtre [myltif(ə)nɛtʀ] *adj* mit mehreren Bildschirmfenstern
multifonctionnel(le) [myltifɔ̃ksjɔnɛl] *adj* multifunktional
multifonction[s] [myltifɔ̃ksjɔ̃] *adj inv* multifunktionell, multifunktional
multiforme [myltifɔʀm] *adj* vielgestaltig
multigrade [myltigʀad] *adj* Mehrbereichs-
multilatéral(e) [myltilateʀal, o] <-aux> *adj* multilateral
multilingue [myltilɛ̃g] *adj* mehrsprachig
multilinguisme [myltilɛ̃gɥism] *m* Mehrsprachigkeit *f*
multimédia [myltimedja] **I.** *adj* ❶ *groupe, campagne de publicité* multimedial; *show, manifestation* Multimedia-
❷ INFORM multimedial
II. *m* ❶ *(techniques)* Medienlandschaft *f*
❷ *(ordinateur)* multimediales Computersystem
❸ *(branche)* **le ~** die Multimedia-Branche, Multimedia *kein Art*
multimilliardaire [myltimiljaʀdɛʀ] **I.** *adj* **être ~** mehrfacher Milliardär/mehrfache Milliardärin sein
II. *mf* Multimilliardär(in) *m(f)*
multimillionnaire [myltimiljɔnɛʀ] **I.** *adj* **être ~** Multimillionär(in) sein
II. *mf* Multimillionär(in) *m(f)*
multinational(e) [myltinasjɔnal, o] <-aux> *adj* multinational
multinationale [myltinasjɔnal] *f* multinationaler Konzern
multipare [myltipaʀ] *adj* **être ~** mehrere Junge werfen; **une femme ~** eine Frau, die mehrmals geboren hat; eine Multipara *(Fachspr.)*
multipartisme [myltipaʀtism] *m* Mehrparteiensystem *nt*
multiplace [myltiplas] **I.** *adj* mehrsitzig
II. *m* Mehrsitzer *m*
multiple [myltipl] **I.** *adj* ❶ *(nombreux)* vielfach
❷ *(varié) aspects, raisons, choix* vielfältig; *cas* verschiedenartig; **à usages ~s** zur vielseitigen Verwendung
❸ *(maints) occasions* vielerlei *inv,* vielfach; **à de ~s reprises** wiederholt
❹ *(complexe)* vielschichtig; **fracture ~** komplizierter Knochenbruch
❺ TECH *prise, tête* Mehrfach-
❻ MATH **être ~ de qc** ein Vielfaches von etw sein
II. *m* **être le ~ de qc** das Vielfache von etw sein
multiplex [myltiplɛks] *m sans pl* Konferenzschaltung *f;* **émission réalisée en ~** Sendung mit Konferenzschaltung
multiplexe [myltiplɛks] *m* Gebäudekomplex *m* [mit mehreren Sälen [*o* Hallen]]
multipliable [myltiplijabl] *adj* multiplizierbar
multiplicande [myltiplikɑ̃d] *m* Multiplikand *m*
multiplicateur [myltiplikatœʀ] *m* MATH Multiplikator *m*
multiplicateur, -trice [myltiplikatœʀ, -tʀis] *adj* **effet ~** Kettenreaktion *f*
multiplicatif, -ive [myltiplikatif, -iv] *adj signe, notation* Multiplikations-, Mal-; *préfixe, adverbe* Multiplikativ-
multiplication [myltiplikasjɔ̃] *f* ❶ MATH Multiplikation *f,* Malnehmen *nt*
❷ HORT, BOT Vermehrung *f*
❸ *(augmentation)* Vermehrung *f*
multiplicité [myltiplisite] *f* Vielfalt *f*
multiplier [myltiplije] <1a> **I.** *vt* ❶ MATH multiplizieren, malnehmen; **~ sept par trois** sieben mit drei multiplizieren [*o* malnehmen]
❷ *(augmenter le nombre de)* vervielfachen; steigern *efforts;* wiederholen *attaques, avertissements*
❸ HORT, BOT vermehren
II. *vpr* **se ~** ❶ sich vermehren, zunehmen
❷ *(se reproduire)* sich vermehren
❸ *(se donner à fond)* überall zugleich sein
multiposte [myltipɔst] **I.** *adj* INFORM Mehrplatz-
II. *m* Mehrplatzsystem *nt*
multiprocesseur [myltipʀɔsesœʀ] *m* Multiprocessing *nt*
multiprogrammation [myltipʀɔgʀamasjɔ̃] *f* Multitasking *nt*
multipropriété [myltipʀɔpʀijete] *f Ferienwohnung, die jeder von mehreren Besitzern für eine gewisse Zeit im Jahr benutzen kann*
multiracial(e) [myltiʀasjal, jo] <-aux> *adj* gemischtrassig
multirisque [myltiʀisk] *adj assurance* kombiniert
multisalles [myltisal] **I.** *adj* mit mehreren Sälen
II. *m inv* Gebäude *nt* mit mehreren Sälen
multistandard [myltistɑ̃daʀ] *adj* TELEC für mehrere Systeme
multitâche [myltitɑʃ] *adj* INFORM mit Multitasking
multitraitement [myltitʀɛtmɑ̃] *m* Multiprocessing *nt*
multitude [myltityd] *f* ❶ **~ de touristes/pierres** Vielzahl *f* von Touristen/Steinen
❷ *(foule)* [große] Menge
Munich [mynik] München
munichois(e) [mynikwa, waz] *adj* Münchner
Munichois(e) [mynikwa, waz] *m(f)* Münchner(in) *m(f)*
municipal(e) [mynisipal, o] <-aux> *adj* ❶ *(communal)* Gemeinde-; **conseil ~** Stadtrat *m,* Gemeinderat *m;* **conseiller ~/conseillère ~e** Stadtrat *m/*-rätin *f,* Gemeinderat *m/*-rätin *f;* **élections ~es** Kommunalwahlen *Pl*
❷ *(de la ville)* Stadt-, städtisch
municipales [mynisipal] *fpl* **les ~** die Kommunalwahlen
municipalité [mynisipalite] *f* ❶ *(administration)* Stadtverwaltung *f*
❷ *(commune)* Gemeinde *f*
munificence [mynifisɑ̃s] *f littér* Freigebigkeit *f*
munir [myniʀ] <8> **I.** *vt* **~ qn/qc de piles** jdn/etw mit Batterien versehen
II. *vpr* **se ~ de qc** etw mitnehmen; *fig* sich mit etw wappnen
munitions [mynisjɔ̃] *fpl* Munition *f*
muphti [myfti] *m* Mufti *m*
muqueuse [mykøz] *f* Schleimhaut *f*
mur [myʀ] *m* ❶ *d'une maison, d'un jardin* Mauer *f; d'une pièce* Wand *f;* **~ d'enceinte** Umfassungsmauer; **~ mitoyen** Grenzmauer
❷ SKI, ALPIN Steilhang *m*
❸ SPORT *(obstacle)* Mauer *f*
❹ *(ce qui sépare)* **~ de silence** Mauer *f* des Schweigens; **~ de feu** Brandmauer
▸ **le ~ des Lamentations** die Klagemauer; **les ~s ont des oreilles** die Wände haben Ohren; **entre quatre ~s** zwischen vier Wänden; **faire le ~** heimlich abhauen *(fam);* **se heurter à un ~** auf Granit stoßen; **raser les ~s** dicht an der Mauer entlanglaufen; *(se faire tout petit)* sich dünn machen
◆ **~ du son** Schallmauer *f;* **franchir le ~ du son** die Schallmauer durchbrechen
mûr(e) [myʀ] *adj* reif; *projet* ausgereift; *révolution* fällig; **être ~(e) pour son âge** für sein Alter schon recht reif sein; **personne ~e** [*o* **d'âge ~**] Person *f* in reiferen Jahren
muraille [myʀɑj] *f* ❶ [dicke] Mauer; **les ~s d'un château fort** die Festungsmauern einer Burg
❷ ALPIN Steilwand *f*
mural(e) [myʀal, o] <-aux> *adj* Wand-
mûre [myʀ] *f* ❶ Brombeere *f*
❷ *(fruit du mûrier)* Maulbeere *f*
mûrement [myʀmɑ̃] *adv* reiflich
murène [myʀɛn] *f* Muräne *f*
murer [myʀe] <1> **I.** *vt* ❶ CONSTR zumauern, vermauern
❷ *(isoler) avalanche, éboulement:* einschließen; **être muré(e) dans le silence** in Schweigen *(Akk)* gehüllt sein
II. *vpr* **se ~ chez soi** sich von der Außenwelt abschließen; **se ~ dans son orgueil/le silence** sich hinter einer Mauer aus Stolz/Schweigen verschanzen; **se ~ dans sa douleur** sich in

seinem Schmerz vergraben
muret [myʀɛ] *m,* **murette** [myʀɛt] *f* Mäuerchen *nt*
mûrier [myʀje] *m* ❶ Maulbeerbaum *m*
❷ (*ronce*) Brombeerstrauch *m*
mûrir [myʀiʀ] <8> **I.** *vi* ❶ *fruit:* reifen, reif werden
❷ (*acquérir de la sagesse*) reifer werden
❸ (*évoluer*) *idée, projet:* heranreifen; *talent, affaire:* reif werden
❹ MED reif werden
II. *vt* ❶ reifen lassen *fruit*
❷ (*rendre sage*) reifer machen; ~ **l'esprit** reif machen
❸ (*méditer*) heranreifen lassen
mûrissant(e) [myʀisɑ̃, ɑ̃t] *adj fruit* reifend; *personne* reiferen Alters
mûrissement [myʀismɑ̃] *m* ❶ *d'un fruit* Reifen *nt*
❷ *d'une idée, d'un projet* Heranreifen *nt*
mûrisserie [myʀisʀi] *f* Reifekammer *f*
murmure [myʀmyʀ] *m* ❶ Murmeln *nt;* ~ **de mécontentement** Gemurmel *nt* der Unzufriedenheit
❷ *pl* (*paroles de mécontentement*) Murren *nt*
❸ *littér* (*bruissement léger*) *d'un ruisseau* Murmeln *nt,* Plätschern *nt; du vent* Säuseln *nt*
murmurer [myʀmyʀe] <1> **I.** *vi* ❶ murmeln
❷ (*protester*) murren
❸ *littér* (*faire un bruit léger*) *ruisseau:* murmeln; *fontaine:* plätschern; *vent:* säuseln
II. *vt* murmeln; ~ **qc à qn** jdm etw zuflüstern [*o* zuraunen *geh*]; ~ **qc à l'oreille de qn** jdm etw ins Ohr flüstern; **on murmure qu'ils sont amants** man munkelt, dass sie ein Verhältnis miteinander haben (*fam*)
mûron [myʀɔ̃] *m* Brombeere *f*
mus [my] *passé simple de* **mouvoir**
musaraigne [myzaʀɛɲ] *f* Spitzmaus *f*
musarder [myzaʀde] <1> *vi* trödeln, bummeln
musc [mysk] *m* Moschus *m*
muscade [myskad] *f* Muskat *m*
muscadet [myskadɛ] *m* (*cépage, vin*) Muscadet *m*
muscat [myska] *m* (*cépage, vin*) Muskateller *m*
muscle [myskl] *m* Muskel *m;* **avoir des ~s** Muskeln haben; **se déchirer un** ~ sich (*Dat*) einen Muskelriss zuziehen; **se claquer un** ~ sich (*Dat*) einen Muskel zerren
▸ **avoir des ~s d'acier** Muskeln wie Stahl [*o* stählerne Muskeln] haben; **avoir du** ~ *économie, entreprise:* stark und dynamisch sein; *fam personne:* Muskeln haben; **être tout en ~s** nur aus Muskeln bestehen; **jouer des ~s** seine Muskeln spielen lassen; **manquer de** ~ schlaff und energielos sein
musclé(e) [myskle] *adj* ❶ (*athlétique*) muskulös, kräftig
❷ *fig fam ministre, gouvernement, discours* stark; *régime, politique* energisch
❸ (*vif*) *style* handfest
❹ *arg* (*compliqué*) **le problème était plutôt** ~ das Problem war ganz schön verzwickt (*fam*)
muscler [myskle] <1> *vt* ~ **qn** jds Muskeln entwickeln [*o* stärken]; ~ **le dos/les jambes** die Rückenmuskulatur/Beinmuskulatur stärken
musculaire [myskylɛʀ] *adj* Muskel-
musculation [myskylasjɔ̃] *f* Muskeltraining *nt,* Bodybuilding *nt*
musculature [myskylatyʀ] *f* Muskulatur *f*
musculeux, -euse [myskylø, -øz] *adj* muskulös
muse [myz] *f* Muse *f*
▸ **taquiner la** ~ *hum littér* von der Muse geküsst werden (*hum*)
museau [myzo] <x> *m* ❶ *du chien* Schnauze *f; de la vache, du poisson* Maul *nt*
❷ GASTR ~ **de bœuf** Ochsenmaul *nt;* ~ **de porc** Schweinskopfsülze *f*
❸ *fam* (*figure*) Gesicht *nt*
musée [myze] *m* Museum *nt*
museler [myzle] <3> *vt* ❶ (*mettre une muselière*) ~ **un animal** einem Tier einen Maulkorb umbinden
❷ (*bâillonner*) ~ **qn/qc** jdm/einer S. einen Maulkorb anlegen, jdn/etw mundtot machen; ~ **les libertés** die Freiheiten unterdrücken
muselière [myzəljɛʀ] *f* Maulkorb *m*
musellement [myzɛlmɑ̃] *m* ❶ ~ **d'un animal** Anlegen *nt* des Maulkorbs bei einem Tier
❷ *fig de l'opposition, la presse* Knebeln *nt;* **on assiste au ~ des libertés** man erlebt, wie die Freiheiten unterdrückt werden
muséologie [myzeɔlɔʒi] *f* Museumskunde *f*
musette [myzɛt] **I.** *f* ❶ Brotbeutel *m*
❷ MUS Musette *f*
II. *app orchestre, valse* Musette-; **bal** ~ *volkstümliche Tanzveranstaltung mit Akkordeonmusik*
muséum [myzeɔm] *m* Naturkundemuseum *nt*
musical(e) [myzikal, o] <-aux> *adj* ❶ *études, critique* Musik-; *qualité, art* Ton-
❷ (*comportant de la musique*) *soirée* musikalisch; *film* Musik-; **comédie ~e** Musical *nt*
❸ (*harmonieux*) *voix, son* klangvoll; *langue* musikalisch
musicalement [myzikalmɑ̃] *adv* musikalisch
musicalité [myzikalite] *f des vers, d'une langue* Klangschönheit *f*
music-hall [myzikol] <music-halls> *m* ❶ Varietee *nt*
❷ (*établissement*) Varieteetheater *nt*
musicien(ne) [myzisjɛ̃, jɛn] **I.** *adj* musikalisch
II. *m(f)* ❶ (*professionnel*) Musiker(in) *m(f)*
❷ (*amateur*) Musikant(in) *m(f)*
musicologie [myzikɔlɔʒi] *f* Musikwissenschaft *f*
musicologue [myzikɔlɔg] *mf* Musikwissenschaftler(in) *m(f)*
musique [myzik] *f* ❶ Musik *f;* **jouer** [*o* **faire**] **de la** ~ Musik machen, musizieren; ~ **de chambre/pour piano** Kammer-/Klaviermusik; **mettre en** ~ vertonen; **faire qc en** ~ etw mit Musik tun; **savoir lire la** ~ Noten lesen können
❷ (*suite de sons*) Melodik *f,* Musikalität *f*
❸ MIL (*troupe*) Musikkorps *nt;* ~ **de régiment** Regimentskapelle *f*
▸ **la ~ adoucit les mœurs** *prov* Musik beruhigt; **connaître la** ~ *fam* im Bilde sein; **en avant la ~!** *fam* auf geht's!

i Land & Leute

Jedes Jahr am 21. Juni treffen sich Musikbegeisterte zur **fête de la Musique**. Hobby- und Profimusiker geben kostenlose Straßenkonzerte in größeren und kleineren Städten Frankreichs, die sehr gut besucht sind. Zu hören gibt es fast jede Musikrichtung, von Rock bis Klassik und von Jazz bis Hip-Hop.

musiquette [myzikɛt] *f* leichte Musik *f*
musqué(e) [myske] *adj odeur, parfum* Moschus-; *cheveux* nach Moschus duftend
must® [mœst] *m fam* Muss *nt;* **le ~ have** das absolute Muss
mustang [mystɑ̃g] *m* Mustang *m*
musulman(e) [myzylmɑ̃, an] *adj monde* moslemisch; **être ~(e)** Moslem/Moslime sein
Musulman(e) [myzylmɑ̃, an] *m(f)* Moslem *m*/Moslime *f,* Mohammedaner(in) *m(f)*
mutant(e) [mytɑ̃, ɑ̃t] **I.** *adj* BIO mutierend
II. *m(f)* ❶ BOT, ZOOL Mutante *f*
❷ LITTER Mutant(in) *m(f)*
mutation [mytasjɔ̃] *f* ❶ BIO Mutation *f*
❷ ADMIN Versetzung *f*
❸ (*changement*) Umbruch *m;* **société en** ~ Gesellschaft *f* im Umbruch [*o* Wandel]
muter [myte] <1> *vt* ADMIN versetzen
mutilation [mytilasjɔ̃] *f* ❶ Verstümmelung *f*

② (*dégradation*) Beschädigung *f*
③ (*altération*) *d'un texte* Verstümmelung *f*
mutilé(e) [mytile] *m(f)* Versehrte(r) *f(m)*
◆ ~ **de guerre** Kriegsbeschädigter *m*
mutiler [mytile] <1> I. *vt* ① verstümmeln; **un obus lui a mutilé le bras/visage** eine Granate hat ihm den Arm verstümmelt/das Gesicht entstellt; **être mutilé(e) d'un œil** ein Auge verloren haben; **il a été mutilé des deux bras à la guerre** er hat im Krieg beide Arme verloren
② (*détériorer*) verschandeln
③ (*tronquer*) verstümmeln *texte, film*
④ *littér* (*altérer*) entstellen, verzerren
II. *vpr* **se** ~ sich selbst verstümmeln
mutin(e) [mytɛ̃, in] I. *adj* verschmitzt, schelmisch
II. *m(f)* Meuterer *m*/Meuterin *f*
mutiner [mytine] <1> *vpr* **se** ~ meutern
mutinerie [mytinʀi] *f* Meuterei *f*
mutisme [mytism] *m* Schweigen *nt*; **se réfugier** [*o* **se retrancher**] **dans le** ~ sich in Schweigen hüllen
mutualisme [mytɥalism] *m* Genossenschaftswesen *nt*
mutualiste [mytɥalist] I. *adj* auf Gegenseitigkeit; **esprit** ~ Genossenschaftsgeist *m*
II. *mf* Mitglied *nt* eines Versicherungsvereins auf Gegenseitigkeit/einer Zusatzkasse/Betriebskrankenkasse
mutualité [mytɥalite] *f* Genossenschaftswesen *nt*
mutuel(le) [mytɥɛl] *adj* ① gegenseitig
② ECON *assurance, secours* auf Gegenseitigkeit
mutuelle [mytɥɛl] *f* ECON Versicherung *f* [*o* Versicherungsverein *m*] auf Gegenseitigkeit; ~ **des étudiants** studentische Krankenversicherung
◆ ~ **d'entreprise** Betriebskrankenkasse *f*
mutuellement [mytɥɛlmɑ̃] *adv* gegenseitig; **s'aider** ~ sich gegenseitig helfen
mycélium [miseljɔm] *m* BOT Myzel *nt*, Myzelium *nt*
mycologie [mikɔlɔʒi] *f* Pilzkunde *f*
mycologique [mikɔlɔʒik] *adj* pilzkundlich; **études** ~**s** Pilzforschung *f*
mycologue [mikɔlɔg] *mf* Pilzspezialist(in) *m(f)*
mycose [mikoz] *f* Pilzkrankheit *f*; ~ **des orteils** Fußpilz *m*
myélite [mjelit] *f* Rückenmarkentzündung *f*
mygale [migal] *f* Vogelspinne *f*
myocarde [mjɔkaʀd] *m* Herzmuskel *m*
myome [mjom] *m* MED Myom *nt*
myopathe [mjɔpat] I. *adj* an einer Muskelerkrankung leidend
II. *mf* an einer Muskelerkrankung Leidende(r) *f(m)*
myopathie [mjopati] *f* Muskelerkrankung *f*
myope [mjɔp] I. *adj* kurzsichtig
II. *mf* Kurzsichtige(r) *f(m)*
myopie [mjɔpi] *f a. fig* Kurzsichtigkeit *f*
myosotis [mjɔzɔtis] *m* Vergissmeinnicht *nt*
myriade [miʀjad] *f* Myriade *f* (*geh*), Unzahl *f*; ~**s d'étoiles** unzählige Sterne *Pl*
myriapode [miʀjapɔd] *m* Tausendfüß[l]er *m*
myrrhe [miʀ] *f* Myrrhe *f*
myrte [miʀt] *m* Myrte *f*
myrtille [miʀtij] *f* Heidelbeere *f*, Blaubeere *f*; **tarte aux** ~**s** Heidelbeerkuchen
mystère¹ [mistɛʀ] *m* ① Geheimnis *nt*; **s'entourer de** ~ geheimnisvoll tun (*fam*); **faire grand** ~ **de qc** ein großes Geheimnis aus etw machen; **pas tant de** ~[s]! tu/tut nicht so geheimnisvoll! (*fam*)
② (*énigme*) Rätsel *nt*; **être un** ~ **pour qn** jdm ein Rätsel sein
③ LITTER Mysterienspiel *nt*; ~ **de la Passion du Christ** Passionsspiel *nt*
④ HIST **les** ~**s** die Mysterien
⑤ REL ~ **de la Trinité** Mysterium *nt* der Dreieinigkeit
▶ ~ **et boule de gomme!** *hum* Staatsgeheimnis! (*hum*), wer weiß!
mystère®² [mistɛʀ] *m* GASTR *Eisspezialität mit Meringe und Mandelsplittern*
mystérieuse [misteʀjøz] *f* **faire la** ~ geheimnisvoll tun
mystérieusement [misteʀjøzmɑ̃] *adv* ① heimlich
② (*inexplicablement*) unerklärlicherweise
③ (*d'une façon mystérieuse*) *se conduire, rire* geheimnisvoll; *apparaître* auf geheimnisvolle Weise
mystérieux [misteʀjø] *m* ① **le** ~ das Geheimnisvolle; **le** ~ **dans cette histoire, c'est que** das Rätselhafte an dieser Geschichte ist, dass
② (*personne*) **faire le** ~ geheimnisvoll tun
mystérieux, -euse [misteʀjø, -jøz] *adj* ① geheimnisvoll; (*tenu secret*) geheim
② (*étrange*) geheimnisvoll; *circonstances, histoire* rätselhaft; *hasard, sentiment* seltsam
③ (*occulte*) geheimnisvoll
mysticisme [mistisism] *m* Mystizismus *m*
mystificateur, -trice [mistifikatœʀ, -tʀis] I. *adj* irreführend; **intention mystificatrice** betrügerische Absicht
II. *m, f* Betrüger(in) *m(f)*
mystification [mistifikasjɔ̃] *f* Betrug *m*; (*imposture*) Irreführung *f*
mystifier [mistifje] <1a> *vt* täuschen; **se faire/se laisser** ~ **par qn** auf jdn hereinfallen
mystique [mistik] I. *adj* ① mystisch
② (*exalté, fervent*) schwärmerisch
II. *mf* Mystiker(in) *m(f)*
III. *f* ① **la** ~ die Mystik
② *fig* **la** ~ **de la force** die Verherrlichung der Gewalt
mystiquement [mistikmɑ̃] *adv* mystisch, religiös; (*de façon transcendante*) geistig, im Geist[e]
mythe [mit] *m* ① Mythos *m*
② (*illusion*) Wunschtraum *m*; **devenir un** ~ nur noch ein Wunschtraum sein
③ (*image symbolique*) Mythos *m*
mythifier [mitifje] <1a> *vt* verherrlichen; **être mythifié(e)** *personne:* schon zu Lebzeiten zum Mythos werden
mythique [mitik] *adj* mythisch; (*imaginaire*) erdichtet; **récit** ~ Mythos *m*, Sage *f*; **la générosité** ~ **de qn** jds legendäre Großzügigkeit
mytho [mitɔ] *fam adj, mf abr de* **mythomane**
mythologie [mitɔlɔʒi] *f* ① Mythologie *f*
② (*science*) Mythologie *f*
③ (*idéalisation*) Kult *m*
mythologique [mitɔlɔʒik] *adj* mythologisch
mythomane [mitɔman] I. *adj* krankhaft verlogen
II. *mf* krankhafter Lügner/krankhafte Lügnerin
mythomanie [mitɔmani] *f* [krankhafte] Lügensucht; **être atteint(e) de** ~ einen krankhaften Drang zum Lügen haben
myxomatose [miksomatoz] *f* Myxomatose *f*

Nn

N, n [ɛn] *m inv* N *nt*/n *nt*
▶ **n comme Nicolas** N wie Nordpol
N¹ [ɛn] I. *m* (*Untel*) **N.** [Herr/Frau] X; **les N.** die Familie X
II. *adj* x, zig (*fam*); **avoir** ~ **raisons de ne pas venir** x [*o* zig] Gründe haben, nicht zu kommen
N² [ɛn] *f* (*route*) Nationalstraße *f*; (*en Allemagne*) ≈ Bundesstraße *f*; **la N 7/10** die N 7/10
n' *v.* **ne**
na [na] *interj enfantin* so[, da hast du's], ätsch

nabab [nabab] *m* ❶ Krösus *m;* ~ **de la finance** Finanzriese *m;* ~ **de la Bourse** Börsenkönig *m;* **c'est un vrai** ~ er ist stinkreich (*fam*)
❷ HIST Nabob *m*
nabot(e) [nabo, ɔt] *m(f)* Zwerg(in) *m(f)*
nacelle [nasɛl] *f* ❶ Gondel *f;* (*coque carénée*) Gondel; *d'un appareil de levage* [Ausleger]korb *m*
❷ (*partie mobile*) *d'un landau, d'une poussette* Aufsatz *m*
❸ NAUT *littér* Nachen *m* (*liter*)
nacre [nakʀ] *f* Perlmutt *nt,* Perlmutter *f o nt*
nacré(e) [nakʀe] *adj* perlmuttfarben, perlmuttschimmernd
nadir [nadiʀ] *m* Nadir *m*
nævus [nevys, nevi] <nævi> *m* Muttermal *nt*
nage [naʒ] *f* ❶ Schwimmen *nt;* (*façon de nager*) Schwimmstil *m;* ~ **sur le dos** Rückenschwimmen; ~ **indienne/libre** Seiten-/Freistilschwimmen; **quatre** ~**s** Lagenschwimmen
❷ NAUT (*action de ramer*) Rudern *nt*
▶ **à la** ~ schwimmend; GASTR in Brühe gekocht; **être en** ~ schweißgebadet sein; **mettre qn en** ~ jdn ins Schwitzen bringen
nageoire [naʒwaʀ] *f* Flosse *f*
nager [naʒe] <2a> **I.** *vi* ❶ schwimmen
❷ (*baigner*) ~ **dans la graisse** *aliment:* im Fett schwimmen; ~ **dans le bonheur/l'opulence** *fig* im Glück/Geld schwimmen
❸ (*flotter*) ~ **sur qc** auf etw (*Dat*) treiben
❹ *fam* (*être au large*) ~ **dans un vêtement** in einem Kleidungsstück ertrinken (*fam*)
❺ *fam* (*ne pas comprendre*) schwimmen (*fam*)
❻ (*ramer*) rudern
II. *vt* ~ **la brasse/la brasse papillon** Brust schwimmen/im Schmetterlingsstil schwimmen; ~ **le crawl** kraulen
nageur, -euse [naʒœʀ, -ʒøz] **I.** *m, f* ❶ Schwimmer(in) *m(f)*
❷ (*rameur*) Ruderer *m/*Ruderin *f*
II. *app* **bébé** ~ Babyschwimmen *nt;* **maître** ~ Bademeister
◆ ~ **de combat** Kampfschwimmer(in) *m(f)*
naguère [nagɛʀ] *adv* ❶ *littér* (*récemment*) unlängst
❷ *abusif* (*autrefois, jadis*) einst (*geh*)
naïade [najad] *f* ❶ MYTH Najade *f*
❷ *hum* (*baigneuse*) [Wasser]nixe *f* (*hum*); (*nageuse*) Schwimmerin *f*
naïf, naïve [naif, naiv] **I.** *adj* ❶ *péj* naiv
❷ (*naturel*) treuherzig; *grâce, gaieté* unverdorben; *question* naiv
❸ ART, LITTER naiv
II. *m, f* ❶ Naivling *m* (*fam*); **passer pour un** ~**/une naïve** als [recht] naiv gelten
❷ ART naiver Maler/naive Malerin
nain(e) [nɛ̃, nɛn] **I.** *adj personne* zwergenhaft; **arbre** ~**/plante** ~**e** Zwergbaum *m/*-pflanze *f;* **haricots** ~**s** Buschbohnen *Pl*
II. *m(f)* ❶ Zwerg(in) *m(f)*
❷ JEUX ~ **jaune** *kombiniertes Karten- und Brettspiel*
◆ ~ **de jardin** Gartenzwerg
naissain [nɛsɛ̃] *m* Zuchtmuschellarven *Pl,* Zuchtausternlarven
naissance [nɛsɑ̃s] *f* ❶ Geburt *f;* ~ **double** Zwillingsgeburt; **à la** ~ bei der Geburt; **donner** ~ **à un enfant** ein Kind zur Welt bringen; **aveugle/muet(te)/sourd(e) de** ~ von Geburt an blind/stumm/taub; **Italien(ne) de** ~ gebürtiger Italiener/gebürtige Italienerin
❷ (*apparition*) Entstehung *f; d'une idée, d'un sentiment* Entstehung, Aufkommen *nt;* **à la** ~ **du jour** bei Tagesanbruch
❸ (*point de départ*) *d'une colonne* Basis *f; d'une rivière* Quelle *f;* **à la** ~ **du cou/des cheveux** am Hals-/Haaransatz *m*
❹ (*origine*) Herkunft *f,* Abstammung *f;* **de bonne** [*o* **haute**] ~ *vieilli* [von] vornehmer Herkunft
▶ **donner** ~ **à qc** (*produire, fabriquer*) etw hervorbringen; (*éveiller*) etw wecken; **prendre** ~ *idée, œuvre:* entstehen
naissant(e) [nɛsɑ̃, ɑ̃t] *adj sentiments* aufkeimend; *gloire* angehend; *bouton de fleur* aufgehend; CHIM entstehend

naître [nɛtʀ] <*irr*> **I.** *vi* + *être* ❶ geboren werden, auf die Welt kommen; ~ **aveugle/riche** blind/reich geboren werden; **être né(e) Durand/Schmidt** als Durand/Schmidt geboren werden; **être né(e) musicien(ne)** zum Musiker/zur Musikerin geboren sein; ~ **d'une famille riche** aus einer reichen Familie stammen [*o* kommen]; **cet enfant est né de père inconnu** der Vater dieses Kindes ist unbekannt
❷ (*apparaître*) *crainte, désir, soupçon:* entstehen; *idée:* geboren werden; *fleur, plante:* sprießen; *fleuve, rivière:* entspringen; *difficulté:* auftreten; *jour:* anbrechen; *amour:* erwachen; **faire** ~ **des difficultés/une guerre** Schwierigkeiten/einen Krieg verursachen; **faire** ~ **des besoins/sentiments/de l'espoir** Bedürfnisse/Gefühle/Hoffnung wecken
❸ (*résulter*) ~ **de qc** aus etw hervorgehen; *haine:* durch etw entfacht werden; *conflit:* sich an etw (*Dat*) entzünden
❹ (*être destiné à*) **être né(e) pour qn/qc** für jdn/etw gemacht [*o* [wie] geschaffen] sein; **être né(e) pour faire qc** dafür gemacht [*o* geschaffen] sein, etw zu tun
▶ **ne pas être né(e) d'hier** ganz schön gewieft sein; **je ne suis pas né(e) d'hier** ich bin doch nicht von gestern
II. *vi impers* + *être littér* **il leur est né un fils** ihnen wurde ein Sohn geboren; **il naît plus de filles que de garçons** es werden mehr Mädchen als Jungen geboren
naïvement [naivmɑ̃] *adv* naiv
naïveté [naivte] *f* ❶ Naivität *f;* **fausse** ~ gespielte Einfalt; **avoir la** ~ **de faire qc** so naiv sein, etw zu tun; **être d'une grande** ~ schön naiv [*o* einfältig] sein
❷ (*ingénuité, candeur*) Natürlichkeit *f*
❸ *gén pl* (*sottises*) Dummheit *f*
naja [naʒa] *m* ZOOL Kobra *f*
nana [nana] *f fam* Tussi *f* (*fam*)
nanan [nanɑ̃] *m vieilli fam* Naschwerk *nt* (*veraltet*)
▶ **être du** ~ etwas Feines sein, eine feine Sache sein
nanisme [nanism] *m* Zwergwuchs *m*
nanomètre [nanomɛtʀ] *m* Nanometer *m o nt*
nanti(e) [nɑ̃ti] **I.** *adj* vermögend; **les gens** ~**s** die Wohlhabenden
II. *m(f)* Reiche(r) *f(m)*
nantir [nɑ̃tiʀ] <8> **I.** *vt* ❶ *souvent péj littér* ~ **qn de provisions** jdn mit Vorrat versorgen; ~ **qn de supériorité** jdn mit Überlegenheit ausstatten
❷ (*mettre en gage*) als Sicherheit geben, belasten
II. *vpr soutenu* (*se munir*) **se** ~ **d'un manteau** sich einen Mantel besorgen
nantissement [nɑ̃tismɑ̃] *m* Verpfändung *f*
NAP [nap] *adj inv abr de* **Neuilly, Auteuil, Passy** elegant, vornehm
napalm [napalm] *m* Napalm *nt*
napalmer [napalme] *vt* [restlos] vernichten
naphtaline [naftalin] *f* Naphthalin *nt;* **boules de** ~ Mottenkugeln *Pl*
naphte [naft] *m* [Roh]erdöl *nt,* Naphtha *nt o f*
Naples [napl] *m* Neapel *nt*
napoléon [napɔleɔ̃] *m* Napoleondor *m*
Napoléon [napɔleɔ̃] *m* ~ **Bonaparte** Napoleon *m* Bonaparte
napoléonien(ne) [napɔleɔnjɛ̃, jɛn] *adj* napoleonisch
napolitain(e) [napolitɛ̃, ɛn] *adj* ❶ (*de Naples*) neapolitanisch
❷ GASTR **tranche** ~**e** Fürst-Pückler-Eis *nt*
Napolitain(e) [napolitɛ̃, ɛn] *m(f)* Neapolitaner(in) *m(f)*
nappage [napaʒ] *m* Glasieren *nt;* (*résultat*) Glasur *f*
nappe [nap] *f* ❶ Tischtuch *nt;* ~ **d'autel** Altartuch *nt*
❷ (*vaste étendue*) ~ **de pétrole** Ölteppich *m;* ~ **d'eau** Wasserfläche *f;* ~ **de brume** Dunstschleier *m;* ~ **de brouillard** Nebelbank *f;* ~ **de gaz** Gaswolke *f;* ~ **de feu** Flammenmeer *nt;* **être recouvert(e) d'une** ~ **de brouillard** in dichtem Nebel liegen
❸ GEOL ~ **phréatique,** ~ **d'eau souterraine** Grundwasser *nt*
napper [nape] <1> *vt* ❶ GASTR ~ **qc de chocolat** etw mit Scho-

kolade glasieren [*o* überziehen]
② *soutenu* (*couvrir*) bedecken
napperon [napʀɔ̃] *m* [Zier]deckchen *nt*
naquis [naki] *passé simple de* **naître**
narcisse [naʀsis] *m* ① BOT Narzisse *f*
② *littér* (*personne*) Narziss *m* (*geh*)
narcissique [naʀsisik] *adj* narzisstisch
narcissisme [naʀsisism] *m* Narzissmus *m*
narcodollars [naʀkodɔlaʀ] *mpl* Drogendollars *Pl*
narcose [naʀkoz] *f* Narkose *f*
narcotique [naʀkɔtik] **I.** *adj* betäubend; **remède** ~ Betäubungsmittel *nt;* **plante** ~ Narkotikum *nt*
II. *m* Betäubungsmittel *nt*
narcotrafic [naʀkotʀafik] *m* Drogenhandel *m*
narcotrafiquant [naʀkotʀafikɑ̃] *m* Drogenhändler *m*
narghilé [naʀgile] *m* Wasserpfeife *f*
narguer [naʀge] <1> *vt* ① verspotten; (*agacer*) ärgern
② (*braver*) herausfordern *police, danger*
narguilé [naʀgile] *m v.* **narghilé**
narine [naʀin] *f* Nasenloch *nt; du cheval* Nüster *f;* (*aile*) Nasenflügel *m*
narquois(e) [naʀkwa, waz] *adj* spöttisch
narquoisement [naʀkwazmɑ̃] *adv* spöttisch; **parler ~ de qn/qc** über jdn/etw spotten
narrateur, -trice [naʀatœʀ, -tʀis] *m, f* Erzähler(in) *m(f)*
narratif, -ive [naʀatif, -iv] *adj* erzählend; **style/art** ~ Erzählstil *m*/-kunst *f,* narrativer Stil/narrative Kunst
narration [naʀasjɔ̃] *f* ① Erzählung *f; des événements* Schilderung *f;* **faire la ~ de qc** etw erzählen [*o* schildern]
② LITTER Erzählung *f*
③ SCOL [Erlebnis]aufsatz *m*
narrer [naʀe] <1> *vt littér* erzählen
narthex [naʀtɛks] *m* Innenvorhalle *f* einer Kirche
narval [naʀval] <s> *m* ZOOL Narwal *m*
NASA [naza] *f abr de* **National Aeronautics and Space Administration** NASA *f*
nasal(e) [nazal, o] <-aux> *adj* ① ANAT **fosses ~es** Nasenhöhlen *Pl*
② PHON nasal; **consonne ~e** Nasal[laut *m*] *m*
③ (*nasillard*) *voix* näselnd
nasale [nazal] *f* PHON Nasal[laut *m*] *m*
nasalisation [nazalizasjɔ̃] *f* Nasalierung *f*
nasaliser [nazalize] <1> *vt* nasalieren
nase [nɑz] *adj pop* ① *chose* kaputt (*fam*)
② (*épuisé*) k. o. (*fam*), fertig (*fam*)
③ (*ivre*) dicht (*fam*)
④ (*cinglé*) durchgeknallt (*sl*)
naseau [nazo] <x> *m* Nüster *f*
nasillard(e) [nazijaʀ, jaʀd] *adj* näselnd
nasillement [nazijmɑ̃] *m* Näseln *nt; d'un appareil, instrument* näselndes Geräusch; *d'un canard* Quaken *nt*
nasiller [nazije] <1> **I.** *vi* näseln; *appareil, instrument:* ein näselndes Geräusch von sich geben; *radio, haut-parleur, canard:* quaken
II. *vt littér* mit näselnder Stimme singen/sprechen
nasique¹ [nazik] *m o f* (*couleuvre*) Nasenotter *f*
nasique² [nazik] *m* (*singe*) Nasenaffe *m*
nasse [nɑs] *f* PECHE Reuse *f*
natal(e) [natal] <s> *adj* **maison/ville ~e** Geburtshaus *nt*/-stadt *f;* **langue ~e** Muttersprache *f;* **terre ~e** Heimat *f;* **retourner dans son Allemagne ~e** in sein heimatliches Deutschland zurückkehren
nataliste [natalist] *adj* Geburten fördernd
natalité [natalite] *f* Geburtenziffer *f*
natation [natasjɔ̃] *f* Schwimmen *nt;* **pratiquer la** ~ Schwimmen als Sport betreiben
natatoire [natatwaʀ] *adj* Schwimmblase *f*
natel [natɛl] *m* CH ① (*téléphone portable*) Handy *nt,* Natel *nt* (CH)
② (*téléphonie portable*) Mobilfunknetz *nt,* Natel *nt* (CH)
natif, -ive [natif, -iv] **I.** *adj* ① **être ~(-ive) de Lyon** in Lyon geboren sein, aus Lyon stammen; **être ~(-ive) de Toulouse** gebürtiger Toulouser/gebürtige Toulouserin sein
② *soutenu* (*inné*) natürlich
③ MINER (*pur*) rein
II. *m, f* Einheimische(r) *f(m);* **un ~ de Toulouse** ein gebürtiger Toulouser; **les ~s du cancer** die Krebsgeborenen
nation [nasjɔ̃] *f* ① (*peuple*) Volk *nt*
② POL (*pays*) Nation *f;* **la Nation** die Nation; **l'Europe des Nations** das Europa der Nationen; **les Nations unies** die Vereinten Nationen
national(e) [nasjɔnal, o] <-aux> *adj* ① national; **fête ~e** Nationalfeiertag *m;* **hymne** ~ Nationalhymne *f;* **territoire** ~ Staatsgebiet *nt;* **volonté ~e** Volkswille *m*
② (*opp: local, régional*) national; *entreprise* staatlich; *grève* landesweit; **une grève à l'échelon** ~ ein Streik *m* auf nationaler Ebene; **assemblée/équipe/route ~e** Nationalversammlung *f*/-mannschaft *f*/-straße *f;* **obsèques ~es** Staatsbegräbnis *nt*
Nationale [nasjɔnal] *f* (*route*) Nationalstraße *f;* (*en Allemagne*) ≈ Bundesstraße; **la ~ 7/10** die Nationalstraße 7/10
nationalisable [nasjɔnalizabl] *adj* **une entreprise** ~ ein Unternehmen,das verstaatlicht werden kann
nationalisation [nasjɔnalizasjɔ̃] *f* Verstaatlichung *f*
nationaliser [nasjɔnalize] <1> *vt* verstaatlichen
nationalisme [nasjɔnalism] *m* Nationalismus *m;* (*conscience*) Nationalbewusstsein *nt; péj* Nationalismus
nationaliste [nasjɔnalist] **I.** *adj* nationalistisch
II. *mf* Nationalist(in) *m(f)*
nationalité [nasjɔnalite] *f* ① Staatsangehörigkeit *f; d'un navire* Nationalität *f;* **double** ~ doppelte Staatsangehörigkeit; **sans** ~ staatenlos; **être de ~ française** die französische Staatsangehörigkeit haben, Franzose/Französin sein
② (*nation*) Nationalität *f*
national-socialisme [nasjɔnalsɔsjalism] *m sans pl* Nationalsozialismus *m* **national-socialiste** [nasjɔnalsɔsjalist] <nationaux-socialistes> **I.** *adj* nationalsozialistisch **II.** *m, f* Nationalsozialist(in) *m(f)*
nationaux [nasjɔno] *mpl* (*citoyens*) **les** ~ die Staatsangehörigen
nativité [nativite] *f* REL Geburt *f;* **la Nativité** die Geburt Christi
natte [nat] *f* ① Zopf *m;* **se faire une** ~ sich (*Dat*) einen Zopf flechten
② (*tapis*) Matte *f;* **~ de raphia** Bastmatte
natter [nate] <1> *vt* flechten *cheveux, paille*
naturalisation [natyʀalizasjɔ̃] *f* ① POL Einbürgerung *f;* **demande de** ~ Einbürgerungsantrag *m*/-gesuch *nt*
② BOT, ZOOL Einbürgerung *f*
③ (*empaillage*) Präparieren *nt*
④ LING Aufnahme *f* in den Sprachgebrauch
naturalisé(e) [natyʀalize] **I.** *adj* eingebürgert
II. *m(f)* eingebürgerter Staatsbürger/eingebürgerte Staatsbürgerin
naturaliser [natyʀalize] <1> *vt* ① **~ qn français(e)** jdn als Franzose/Französin einbürgern; **se faire** ~ sich einbürgern lassen; **se faire ~ Français(e)** die französische Staatsbürgerschaft erwerben
② (*acclimater*) heimisch machen *espèce, plante;* einführen *art, coutume;* in seinen Sprachgebrauch aufnehmen *mot, locution*
③ (*empailler*) präparieren
naturalisme [natyʀalism] *m* Naturalismus *m*
naturaliste [natyʀalist] **I.** *adj* ① ART, LITTER, PHILOS naturalistisch
② SCI **savant** ~ Naturforscher(in) *m(f)*
II. *mf* ① ART, LITTER, PHILOS Naturalist(in) *m(f)*
② SCI (*scientifique*) Naturforscher(in) *m(f)*
③ (*taxidermiste*) Präparator(in) *m(f)*
nature [natyʀ] **I.** *f* ① Natur *f*
② (*caractère*) *d'une personne, chose, d'un pouvoir* Wesen *nt; d'un*

engagement, d'une proposition Art *f; d'une substance, d'un terrain* Beschaffenheit *f;* ~ **humaine** Natur *f* des Menschen; ~ **coléreuse/énergique de qn** jds jähzorniges/energisches Wesen; **avoir une ~ insouciante** ein sorgloses Wesen [*o* Naturell *geh*] haben; **être dans la ~ de qn** jds Art (*Nomin*) sein
③ ART ~ **morte** Stillleben *nt*
▶ **être dans la ~ des choses** in der Natur der Sache liegen; **la ~ fait bien les choses** Mutter Natur richtet alles gut ein; **ne pas être gâté(e) par la ~** *fam* nicht gerade eine Schönheit [*o* hübsch hässlich *fam*] sein; **petite ~** *fam* sensibles Pflänzchen (*fam*); **seconde ~** zweite Natur; **c'est devenu comme une seconde ~ chez lui** das ist ihm zur zweiten Natur geworden; **de toute[s] ~[s]** jeder Art; **contre ~** wider die Natur; **disparaître dans la ~** *fam* von der Bildfläche verschwinden (*fam*); **d'après ~** nach der Natur; **de** [*o* **par**] **~** von Natur [aus]; **en ~** (*en objets réels*) in Naturalien; **payer en ~** *hum* in natura bezahlen; **plus vrai(e) que ~** unwahrscheinlich echt; **un officier anglais plus vrai que ~** ein englischer Offizier wie aus dem Bilderbuch; **plus rouge que ~** röter als rot (*fam*); **plus grand(e) que ~** überlebensgroß
II. *adj inv* ① *café, thé* ohne alles; *eau, vin* pur; *omelette* nature; **yaourt ~** Naturjoghurt *m*
② *fam* (*simple*) [ganz] natürlich, ungezwungen

naturel [natyʀɛl] *m* ① Wesen *nt;* **son bon ~** seine/ihre umgängliche Art
② (*spontanéité*) Natürlichkeit *f*
▶ **au ~** (*dans la réalité*) in Wirklichkeit (*fam*); GASTR (*non préparé*) natur; **thon au ~** Thunfisch im eigenen Saft; **être d'un ~ jaloux/timide** ein eifersüchtiges/schüchternes Wesen haben; **être d'un bon ~** umgänglich sein

naturel(le) [natyʀɛl] *adj* ① natürlich; **phénomène/droit ~** Naturerscheinung *f*/-recht *nt;* **père ~** leiblicher Vater; **gaz ~** Erdgas *nt;* **richesses ~les** Bodenschätze *Pl;* **la couleur ~le de ses cheveux** seine/ihre natürliche Haarfarbe; **des produits rigoureusement ~s** reine Naturprodukte *Pl*
② (*inné*) natürlich; **avoir un talent ~ pour le violon** ein Talent zum Geige spielen haben
③ (*normal*) natürlich; **c'était bien ~!** das war doch selbstverständlich!; **il est ~ de faire qc** es ist [ganz] normal, etw zu tun; **il est ~ qu'il prenne seul la décision** es ist [ganz] normal, dass er die Entscheidung alleine trifft; **trouver qc tout ~** etwas ganz normal finden
④ (*simple*) *manières, personne, style* natürlich
⑤ MUS (*opp: altéré*) ohne Vorzeichen; **c'est un do ~, pas un do dièse** das ist ein C, kein Cis

naturellement [natyʀɛlmɑ̃] *adv* ① selbstverständlich; **~!** natürlich!
② (*opp: artificiellement*) auf natürliche Weise; **être ~ fertile** von Natur aus fruchtbar sein
③ (*de façon innée*) von Natur aus
④ (*aisément*) ganz einfach, von selbst
⑤ (*spontanément*) unbefangen; **tutoyer qn ~** jdn ganz selbstverständlich duzen
⑥ (*automatiquement*) automatisch

naturisme [natyʀism] *m* ① Freikörperkultur *f,* Nudismus *m*
② MED Naturheilkunde *f,* Naturheilverfahren *nt*

naturiste [natyʀist] **I.** *adj* ① **plage ~** FKK-Strand *m,* Nudistenstrand; **revue ~** Zeitschrift *f* für Freikörperkultur; **personne ~** FKK-Anhänger(in) *m(f)*
② PHILOS naturalistisch
II. *mf* Nudist(in) *m(f)* (*geh*), FKKler(in) *m(f)* (*fam*)

naturopathe [natyʀɔpat] *mf* [Natur]heilpraktiker(in) *m(f)*

naturopathie [natyʀɔpati] *f* Naturheilkunde *f*

naufrage [nofʀaʒ] *m* ① NAUT Untergang *m*
② (*ruine*) *d'une entreprise, d'un pays* Ruin *m; d'un projet* Scheitern *nt; d'une ambition* Ende *nt;* **sauver qn du ~** jdn vor dem Untergang bewahren
▶ **faire ~** *bateau, projet:* Schiffbruch erleiden

naufragé(e) [nofʀaʒe] **I.** *adj* schiffbrüchig
II. *m(f)* Schiffbrüchige(r) *f(m); fig* jd, der Schiffbruch erlitten hat

naufrageur, -euse [nofʀaʒœʀ, -ʒøz] *m, f* ① NAUT Strandräuber(in) *m(f)*
② *littér* (*personne qui cause la ruine*) Totengräber(in) *m(f)*

nauséabond(e) [nozeabɔ̃, ɔ̃d] *adj* ① widerlich
② (*ordurier*) *œuvre, spectacle* abstoßend

nausée [noze] *f* ① Übelkeit *f;* **j'ai la ~** [*o* **des ~s**] mir ist übel [*o* schlecht]
② (*dégoût*) Ekel *m*
▶ **cette personne/cet odeur donne la ~ à qn** von dieser Person/diesem Geruch wird jdm [ganz] schlecht; **ce parfum me donne la ~** von diesem Parfum wird mir [ganz] schlecht; **rien que de voir cela, ça me donne la ~** *fig* mir wird schon schlecht, wenn ich das nur sehe (*fam*)

nauséeux, -euse [noseø, -øz] *adj* (*qui provoque des nausées*) Übelkeit erregend; (*qui a des nausées*) unter Übelkeit leidend

nautile [notil] *m* ① (*mollusque*) Nautilus *m*
② (*vase*) Muschelvase *f* mit Fuß

nautique [notik] *adj* **mille ~** Seemeile *f;* **ski/sport ~** Wasserski *nt*/Wassersport *m*

nautisme [notism] *m* Wassersport *m*

naval(e) [naval] <s> *adj* **bataille/combat ~(e)** Seeschlacht *f*/-gefecht *nt;* **base ~e** Marinestützpunkt *m;* **les constructions ~es** der Schiff[s]bau; **forces ~es** Seestreitkräfte *Pl;* **chantier ~** [Schiffs]werft *f*

Navale [naval] *f* (*École navale*) Marineakademie *f*

navarin [navaʀɛ̃] *m Hammelragout* [*mit Teltower Rübchen*]

navet [navɛ] *m* ① BOT weiße Rübe
② *péj fam* (*œuvre sans valeur*) Kitsch *m* (*fam*); (*mauvais film*) Schund[film *m*] *m;* **être un ~** [ein] Mist sein (*fam*)

navette¹ [navɛt] *f* ① Pendelbus *m*/-zug *m*/-flugzeug *nt*/-schiff *nt*
② (*va-et-vient*) Hin und Her *nt;* **faire la ~ entre son lieu de travail et son domicile** zwischen Arbeitsplatz und Wohnort pendeln
③ TEXTIL Schiffchen *nt*
④ ESPACE ~ **spatiale** Raumfähre *f*

navette² [navɛt] *f* BOT Rübsamen *m*

navetteur, -euse [navøtœʀ, -øz] *m, f* BELG Pendler(in) *m(f)*

navigabilité [navigabilite] *f* ① NAUT *d'un cours d'eau* Schiffbarkeit *f*
② NAUT *d'un bateau* Seetüchtigkeit *f;* AVIAT *d'un avion* Flugtauglichkeit *f*

navigable [navigabl] *adj* schiffbar

navigant(e) [navigɑ̃, ɑ̃t] **I.** *adj* AVIAT **personnel ~** Flugpersonal *nt;* NAUT Schiffspersonal *nt*
II. *m(f)* **les ~s** AVIAT das fliegende Personal; NAUT das zur See fahrende Personal

navigateur [navigatœʀ] *m* INFORM ~ **Web** Browser *m*

navigateur, -trice [navigatœʀ, -tʀis] *m, f* ① NAUT Seefahrer(in) *m(f)*
② AUT, AVIAT, NAUT Navigator(in) *m(f)*

navigation [navigasjɔ̃] *f* ① NAUT Schifffahrt *f;* **~ à** [**la**] **voile** Segeln *nt*
② AUT, AVIAT, ESPACE, NAUT Navigation *f;* **~ aérienne** Flugnavigation; **~ spatiale** Raumfahrt *f*
◆ **~ à vue** AVIAT Sichtflug *m;* NAUT Sichtnavigation *f;* **~ de plaisance** NAUT Vergnügungsschifffahrt *f*

naviguer [navige] <1> *vi* ① *avion, passager, pilote:* fliegen; *bateau, marin, passager:* fahren; **en état de ~** *avion* flugtauglich; *bateau* seetüchtig
② (*piloter*) AVIAT fliegen; NAUT steuern; AUT (*guider*) Beifahrer(in) *m(f)* sein; **~ seul(e) à la voile** Einhandsegler(in) *m(f)* sein
③ (*savoir se diriger*) [**savoir**] **~** sich (*Dat*) zu helfen wissen, sich durchschlängeln (*fam*); **~ habilement** geschickt manö-

vrieren; ~ **à contre-courant** gegen den Strom schwimmen
❹ *fam* (*errer*) umherirren
❺ INFORM ~ **sur le Web** im Web surfen

navire [naviʀ] *m* Schiff *nt;* ~ **à vapeur** Dampfschiff *nt;* ~ **à rames** Ruderschiff; ~ **à moteur diesel** Schiff mit Dieselmotor; ~ **de commerce** Handelsschiff; ~ **baleinier** Walfangschiff; ~ **bananier** Bananendampfer *m;* ~ **pétrolier** Tanker *m*

navire-citerne [naviʀsitɛʀn] <navires-citernes> *m* Tankschiff *nt* **navire-école** [naviʀekɔl] <navires-écoles> *m* Schulschiff *nt* **navire-hôpital** [naviʀɔpital, o] <navires-hôpitaux> *m* Lazarettschiff *nt* **navire-usine** [naviʀyzin] <navires-usines> *m* Fabrikschiff *nt*

navrant(e) [navʀɑ̃, ɑ̃t] *adj* ❶ betrüblich; **il est ~ qu'il ait fait qc** es ist bedauerlich, dass er etw getan hat; **il est ~ de faire qc** es ist bedauerlich, etw zu tun
❷ (*décourageant*) **tu es vraiment ~(e)** es ist schier zum Verzweifeln mit dir; **c'est ~!** es ist [ja] zum Verzweifeln!

navré(e) [navʀe] *adj air, personne, ton* betrübt; **qn est ~ de qc** jdm tut etw sehr leid, jd bedauert etw [zutiefst]; **être ~(e) qu'elle ait fait qc** sehr betrübt [*o* traurig] [darüber] sein, dass sie etw getan hat; **vraiment, je suis ~(e)** ich bedauere wirklich zutiefst

navrer [navʀe] <1> *vt* bestürzen; (*contrarier*) zur Verzweiflung bringen; **ce malentendu me navre** ich bedauere dieses Missverständnis zutiefst

naze [nɑz] *adj v.* **nase**

nazi(e) [nazi] *abr de* **national-socialiste I.** *adj* **barbarie ~e** Nazibarbarei *f*
II. *m(f)* Nazi *m*

nazisme [nazism] *m abr de* **national-socialisme** Nazismus *m,* Nationalsozialismus *m*

N.B. [ɛnbe] *abr de* **nota bene** merke, N.B.

N.B.C. [ɛnbese] *adj inv* MIL *abr de* **Nucléaire-Biologique-Chimique** ABC

N.D.L.R. [ɛndeɛlɛʀ] *abr de* **note de la rédaction** Anmerkung *f* der Redaktion, Anm. d. Red.

N.D.T. [ɛndete] *abr de* **note du traducteur** Anmerkung *f* des Übersetzers

ne [nə] <*devant voyelle ou h muet* n'> *adv* ❶ (*avec autre mot négatif*) **il ~ mange pas/point le midi** er isst nicht/gar nicht zu Mittag; **elle n'a guère d'argent** sie hat kaum Geld; **je ~ fume plus** ich rauche nicht mehr; **je ~ me promène jamais** ich gehe nie spazieren; **je ~ vois personne** ich sehe niemand[en]; **personne ~ vient** niemand kommt; **je ~ vois rien** ich sehe nichts; **rien ~ va plus** nichts geht mehr; **il n'a ni frère ni sœur** er hat weder Bruder noch Schwester; **tu n'as aucune chance** du hast keine Chance
❷ *sans autre mot négatif soutenu* nicht; **je n'ose le dire** ich wage nicht, es zu sagen
❸ (*seulement*) **je ~ vois que cette solution** ich sehe nur diese Lösung; **il n'y a pas que vous qui le dites** [*o* **pour le dire**] Sie sind nicht der Einzige, der das sagt
❹ *soutenu* (*explétif*) *wird im Deutschen nicht übersetzt;* **j'ai peur qu'il ~ vienne** ich fürchte, er kommt; **... à moins qu'il ~ neige ...** es sei denn, es schneit

né(e) [ne] **I.** *part passé de* **naître**
II. *adj souvent écrit avec un trait d'union* (*de naissance*) geboren; **une artiste-~e** eine geborene Künstlerin; **Madame X, ~e Y** Frau X, geborene Y
▶ **bien/mal ~(e)** [von] hoher/niederer Geburt; **qn de bien ~** jd aus gutem Hause; **les âmes bien ~es** die guten [*o* edelmütigen] Seelen

néanmoins [neɑ̃mwɛ̃] *adv* trotzdem, dennoch, nichtsdestoweniger

néant [neɑ̃] **I.** *m* Nichts *nt; de la pensée* Nichtigkeit *f;* PHILOS Nichts
▶ **tirer qn du ~** etwas aus jdm machen
II. *pron* (*rien*) **signes particuliers: ~** besondere Kennzeichen: keine; **je lui pose la question; ~, il se tait** ich stelle ihm die Frage; nichts, er schweigt
▶ **réduire qc à ~** etw zunichte machen; **les risques de contamination sont réduits à ~** die Ansteckungsgefahr ist gebannt

nébuleuse [nebyløz] *f* ❶ ASTRON Nebel *m*
❷ (*amas diffus*) vages Umfeld; **être à l'état de ~** noch keine klaren Formen annehmen

nébuleux, -euse [nebylø, -øz] *adj* ❶ METEO bewölkt
❷ (*confus, flou*) unklar; *projet, idées, discours* diffus (*geh*), unklar

nébulisation [nebylizasjɔ̃] *f* Sprayen *nt,* Zerstäuben *nt;* **deux ~s, cinq ou six fois par jour** fünf oder sechsmal täglich zwei Sprühstöße

nébuliseur [nebylizœʀ] *m* Spray *nt o m;* (*vaporisateur*) Zerstäuber *m;* **un ~ pour le nez** ein Nasenspray

nébulosité [nebylozite] *f* ❶ METEO Bewölkung *f;* **ciel à ~ variable** wechselnd bewölkter Himmel
❷ *littér* (*obscurité*) Unklarheit *f*

nécessaire [nesesɛʀ] **I.** *adj* ❶ nötig; **être ~ à qc** für etw gebraucht werden; **tu m'es ~** ich brauche dich; **les vitamines sont ~ à l'organisme** der Organismus braucht Vitamine; **ma présence lui est ~** er braucht meine Anwesenheit; **il est ~ de partir/que tu partes** wir müssen/du musst gehen; **le travail est ~ pour réussir dans la vie** man muss arbeiten für den Erfolg; **si j'avais le temps ~ ...** wenn ich die nötige Zeit hätte ...; **si ~** falls nötig
❷ PHILOS unbedingt
❸ MATH **condition ~** notwendige Voraussetzung
II. *m* ❶ **le ~** das Nötige; **le strict ~** das Allernötigste; **faire le ~** das Nötige veranlassen; **qn manque du ~** jdm fehlt es am Nötigsten
❷ PHILOS Notwendige(s) *nt*
◆ **~ à couture** [*o* **ouvrage**] Reisenähzeug *nt;* **~ à ongles** Nagelnecessaire *nt;* **~ de toilette** [*o* **voyage**] Kulturbeutel *m*

nécessairement [nesesɛʀmɑ̃] *adv* ❶ unbedingt; **pas ~** nicht unbedingt
❷ (*obligatoirement*) zwangsläufig; PHILOS notwendigerweise

nécessité [nesesite] *f* ❶ Notwendigkeit *f;* **ne pas être une ~** nicht unbedingt nötig sein; **la ~ de travailler** die Notwendigkeit zu arbeiten; **l'exercice physique est une ~ de la santé** körperliche Betätigung ist für die Gesundheit ein Muss
❷ *pl* (*besoins impérieux*) Erfordernisse *Pl*
❸ PHILOS Notwendigkeit *f*
▶ **~ absolue** dringende Notwendigkeit; **en cas de ~ absolue** im äußersten Notfall; **de première ~** unentbehrlich; **être dans la ~** in Armut leben; **être** [*o* **se trouver**] **dans la ~ de faire qc** gezwungen sein [*o* sich gezwungen sehen], etw zu tun; **mettre qn dans la ~ de faire qc** jdn zwingen, etw zu tun; **de toute ~** unbedingt; **par ~** notgedrungen, gezwungenermaßen; **sans ~** unnötig[erweise]

nécessiter [nesesite] <1> *vt* erfordern; **~ quelques explications** einiger Erklärungen bedürfen; **ce projet nécessite qu'on y réfléchisse** dieses Projekt muss noch überdacht werden

nécessiteux, -euse [nesesitø, -øz] **I.** *adj* bedürftig
II. *m, f* Bedürftige(r) *f(m)*

nec plus ultra [nɛkplysyltʀa] *m inv* Nonplusultra *nt*

nécro [nekʀo] *f abr de* **nécrologie**

nécrologie [nekʀɔlɔʒi] *f* ❶ Todesanzeigen *Pl*
❷ (*notice*) Nachruf *m*

nécrologique [nekʀɔlɔʒik] *adj* **article/notice ~** Nachruf *m;* **avis ~** Todesanzeige *f;* **rubrique ~** Todesanzeigen *Pl*

nécromancie [nekʀɔmɑ̃si] *f* Geisterbeschwörung *f*

nécromancien(ne) [nekʀɔmɑ̃sjɛ̃, jɛn] *m(f)* Geisterbeschwörer(in) *m(f)*

nécrophage [nekʀɔfaʒ] *adj insecte* Aas fressend

nécropole [nekʀɔpɔl] *f* ❶ *littér* (*cimetière*) Gräberstadt *f* (*liter*)
❷ HIST Totenstadt *f*

nécrose [nekʀoz] *f* Nekrose *f* (*Fachspr.*)
nécroser [nekʀoze] <1> **I.** *vt* ~ **la peau** dazu führen, dass die Haut abstirbt
II. *vpr* **se** ~ absterben
nectar [nɛktaʀ] *m* Nektar *m*
nectarine [nɛktaʀin] *f* Nektarine *f*
néerlandais [neɛʀlɑ̃dɛ] *m* **le** ~ Niederländisch *nt*, das Niederländische; *v. a.* **allemand**
néerlandais(e) [neɛʀlɑ̃dɛ, ɛz] *adj* niederländisch
Néerlandais(e) [neɛʀlɑ̃dɛ, ɛz] *m(f)* Niederländer(in) *m(f)*
néerlandophone [neɛʀlɑ̃dɔfɔn] **I.** *adj* niederländischsprachig
II. *mf* Niederländischsprachige(r) *f(m)*
nef [nɛf] *f* ❶ ARCHIT [Kirchen]schiff *nt*; ~ **centrale** Hauptschiff
❷ *vieilli littér* (*bateau*) [Segel]schiff *nt*
néfaste [nefast] *adj* unheilvoll; *régime, décision* un[glück]selig; *temps* ungünstig; **jour/journée** ~ Unglückstag *m*; **être** ~ **à qn/qc** jdm/einer S. schaden
nèfle [nɛfl] *f* Mispel *f*
néflier [neflije] *m* Mispel[baum *m*] *f*, Mispelstrauch *m*
négateur, -trice [negatœʀ, -tʀis] **I.** *adj* verneinend
II. *m, f littér* Verneiner(in) *m(f)*
négatif [negatif] *m* ❶ PHOT Negativ *nt*
❷ LING verneinte Form; **mettre au** ~ verneinen
négatif, -ive [negatif, -iv] *adj* negativ; **températures négatives** Minusgrade *Pl*; **cliché** ~/**image négative** Negativ *nt*
❷ (*opp: affirmatif*) *réponse, signe* negativ; GRAM, LING *adverbe* der Verneinung; **particule négative** Verneinungspartikel *f*; **préfixe** ~ Verneinungspräfix *nt*; **phrase** [*o* **proposition**] **négative** negierter Satz
négation [negasjɔ̃] *f* ❶ GRAM, LING Negation *f*
❷ (*rejet*) Negierung *f*; **c'est la** ~ **de qc** das bedeutet die Negierung einer S. (*Gen*), das heißt, etw zu negieren
négationnisme [negasjɔnism] *m* Leugnung *f* des Holocaustes
négationniste [negasjɔnist] **I.** *adj* den Holocaust leugnend
II. *mf* Leugner(in) *m(f)* des Holocaust
négative [negativ] *f* ▶ **répondre par la** ~ verneinen; (*refuser*) [etw] ablehnen; **dans la** ~ (*sinon*) wenn nicht; (*si refusé*) im Falle einer Absage
négativement [negativmɑ̃] *adv* negativ; **répondre** ~ verneinen
négativisme [negativism] *m* Negativismus *m*
négativité [negativite] *f* ❶ PHYS Negativität *f*; **en état de** ~ negativ geladen
❷ (*attitude négative*) negative [*o* ablehnende] Haltung
négligé [negliʒe] *m* ❶ *péj* Nachlässigkeit *f*
❷ (*vêtement*) Negligee *nt*
négligé(e) [negliʒe] *adj* ❶ *intérieur, style, travail* nachlässig; *tenue* ungepflegt
❷ (*laissé à l'abandon*) *ami, épouse* vernachlässigt; *rhume* nicht auskuriert; *plaie* nachlässig behandelt; *occasion* versäumt
négligeable [negliʒabl] *adj* unbedeutend; *élément, facteur* unwesentlich; *détail* belanglos; *moyens* gering; **non** ~ nicht unwesentlich
négligemment [negliʒamɑ̃] *adv* ❶ lässig
❷ (*sans soin*) nachlässig
négligence [negliʒɑ̃s] *f* ❶ *sans pl* Nachlässigkeit *f*; ~ **coupable** sträfliche Nachlässigkeit; **par** ~ aus Unachtsamkeit
❷ (*omission*) Nachlässigkeit *f*; (*faute légère*) Flüchtigkeitsfehler *m*
❸ JUR Fahrlässigkeit *f*; **par** ~ aus Fahrlässigkeit
négligent(e) [negliʒɑ̃, ʒɑ̃t] **I.** *adj* ❶ *élève, employé* nachlässig
❷ (*nonchalant*) lässig
II. *m(f)* (*personne peu attentive*) nachlässiger Mensch
négliger [negliʒe] <2a> **I.** *vt* ❶ vernachlässigen *devoirs, santé, tenue*; ungenutzt lassen *occasion*; unbeachtet [*o* außer Acht] lassen *conseil, détail, fait*
❷ (*délaisser*) vernachlässigen *ami, épouse*
❸ (*omettre de faire*) versäumen; **être négligé(e)** ungenutzt [*o* unversucht] bleiben; ~ **de faire qc** es versäumen [*o* unterlassen], etw zu tun
II. *vpr* **se** ~ sich vernachlässigen
négoce [negɔs] *m soutenu* Handel *m*; **faire le** ~ **de qc** mit etw handeln; **faire du** ~ **avec qn** mit jdm handeln; **tenir un** ~ **de fruits et légumes** ein Obst- und Gemüsegeschäft haben
négociabilité [negɔsjabilite] *f* Begebbarkeit *f*
négociable [negɔsjabl] *adj* ❶ COM übertragbar
❷ *a.* POL (*discutable*) aushandelbar; **la paix est** ~ über den Frieden kann verhandelt werden
négociant(e) [negɔsjɑ̃, jɑ̃t] *m(f)* Händler(in) *m(f)*; ~**(e) en vins** Weinhändler(in); ~**(e) en gros** Großhändler(in)
négociateur, -trice [negɔsjatœʀ, -tʀis] *m, f* Unterhändler(in) *m(f)*
négociation [negɔsjasjɔ̃] *f* ❶ *gén pl* Verhandlung *f*; **engager des** ~**s avec qn** mit jdm in Verhandlungen treten; **de nouvelles** ~**s** erneute Verhandlungen
❷ (*discussion*) *d'un contrat* Aushandlung *f*
❸ FIN (*cession*) *d'un effet de commerce* Begebung *f* (*Fachspr.*)
négocier [negɔsje] <1a> **I.** *vi* POL ~ **avec qn** mit jdm verhandeln
II. *vt* ❶ JUR, POL ~ **la capitulation avec qn** (*discuter*) mit jdm über die Kapitulation verhandeln; (*obtenir après discussion*) die Kapitulation mit jdm aushandeln; ~ **un traité de paix avec qn** einen Friedensvertrag mit jdm aushandeln
❷ COM, FIN (*réaliser après négociation*) aushandeln; abschließen *affaire, vente*; (*céder à un tiers*) begeben *effet de commerce, titre*; übermitteln *contrat*
❸ AUT nehmen *tournant, virage*
III. *vpr* **un accord se négocie** über eine Einigung wird verhandelt; **tout se négocie** man kann über alles verhandeln
nègre [nɛgʀ] **I.** *m* ❶ *péj* Neger *m* (*pej*)
❷ LITTER *fam* Ghostwriter *m*
❸ GASTR ~ **en chemise** Mohr *m* im Hemd
▶ **petit** ~ Kauderwelsch *nt* (*fam*), gebrochenes Französisch; **travailler comme un** ~ wie ein Pferd schuften (*fam*)
II. *adj* ❶ (*africain*) afrikanisch; **art/musique** ~ (*des noirs*) Kunst *f*/Musik *f* der Schwarzen, Negerkunst/-musik (*pej*)
❷ (*couleur*) dunkelbraun, schokoladenbraun
▶ ~ **blanc** *inv* (*ambigu*) zweideutig
négresse [negʀɛs] *f péj* Negerin *f* (*pej*)
négrier, -ière [negʀije, -jɛʀ] **I.** *adj* **capitaine/vaisseau** ~ Sklavenhändler *m*/-schiff *nt*
II. *m, f* ❶ HIST Sklavenhändler(in) *m(f)*
❷ (*exploiteur*) Ausbeuter(in) *m(f)*
négrillon(ne) [negʀijɔ̃, jɔn] *m(f) fam* Negerlein *nt*
négritude [negʀityd] *f* Negritude *f*
négro [negʀo] *m péj fam* Nigger *m* (*pej*)
négroïde [negʀɔid] *adj* negroid
negro-spiritual [negʀospiʀitɥɔl, ɔls] <negro-spirituals> *m* [Negro]spiritual *nt o m*
neige [nɛʒ] *f* ❶ METEO Schnee *m*; **aller à la** ~ Ski [*o* Schi] fahren gehen
❷ *arg* (*drogue*) Schnee *m* (*sl*); (*cocaïne*) Koks *m* (*sl*)
❸ GASTR **battre les blancs [d'œufs] en** ~ das Eiweiß zu Schnee schlagen; **les blancs [d'œufs] [battus] en** ~ Eischnee *m*; **les œufs à la** ~ *Eischnee auf Vanillesoße, auch „île flottante" genannt*
❹ TECH ~ **carbonique** Trockeneis *nt*
▶ **être blanc(blanche) comme** ~ eine weiße Weste haben (*fam*); **trains de** ~ [Sonder]züge *Pl* in Wintersportgebiete [*o* für Wintersportler]; **cheveux de** ~ *littér* schneeweiße [*o* schlohweiße] Haare (*liter*)
neiger [neʒe] <2a> *vi impers* **il neige** es schneit
neigeux, -euse [nɛʒø, -ʒøz] *adj* schneebedeckt; **temps** ~ Schneewetter *nt*
néné [nene] *m pop* Titte *f* (*sl*)
nénette [nenɛt] *f fam* Tussi *f* (*fam*)

N

► **se casser la** ~ *pop* (*chercher à comprendre*) sich (*Dat*) den Kopf zerbrechen; (*faire des efforts*) sich (*Dat*) einen abbrechen (*fam*)
nenni [neni] *adv hum* nein
nénuphar [nenyfaR] *m* Seerose *f*
néo-arriviste [neɔaRivist] *mf* [typische(r)] Vertreter(in) *m(f)* der Start-up-Generation
néocapitalisme [neokapitalism] *m* Neokapitalismus *m*
néocapitaliste [neokapitalist] **I.** *adj* neokapitalistisch
II. *mf* Neokapitalist(in) *m(f)*
néoclassicisme [neoklasisism] *m* Neoklassizismus *m*
néoclassique [neoklasik] *adj* neoklassizistisch
néocolonialisme [neokɔlɔnjalism] *m* Neokolonialismus *m*
néocolonialiste [neokɔlɔnjalist] **I.** *adj* neokolonialistisch
II. *mf* Neokolonialist(in) *m(f)*
néofasciste [neofaʃist] **I.** *adj* neofaschistisch
II. *mf* Neofaschist(in) *m(f)*
néogothique [neogɔtik] **I.** *adj* neugotisch
II. *m* Neugotik *f*
néolibéral(e) [neolibeRal, o] <-aux> **I.** *adj* neoliberal
II. *m(f)* Neoliberale(r) *f(m)*
néolibéralisme [neolibeRalism] *m* Neoliberalismus *m*
néolithique [neɔlitik] **I.** *adj* neolithisch
II. *m* Neolithikum *nt*
néologique [neɔlɔʒik] *adj* **emploi** ~ neuer [*o* neugeprägter] [Sprach]gebrauch; **cette locution est** ~ diese Redensart ist neu geprägt
néologisme [neɔlɔʒism] *m* LING Neologismus *m*
néon [neɔ̃] *m* ❶ CHIM Neon *nt*
❷ (*tube fluorescent*) Neonröhre *f*
néonatal(e) [neonatal] <s> *adj* neonatal; **mortalité** ~**e** Neugeborenensterblichkeit *f*
néonazi(e) [neonazi] **I.** *adj* neonazistisch
II. *m(f)* Neonazi *mf*
néophyte [neɔfit] *mf* neuer Anhänger/neue Anhängerin; (*débutant*) Anfänger(in) *m(f)*; REL (*nouveau converti*) Neubekehrte(r) *f(m)*, Neugetaufte(r) *f(m)*
néoprène® [neɔpRɛn] *m* Neopren® *nt*
néoréalisme [neoRealism] *m* Neorealismus *m*
néoréaliste [neoRealist] *adj* neorealistisch
népérien(ne) [nepeRjɛ̃, jɛn] *adj* MATH **logarithmes** ~**s** natürliche Logarithmen *Pl*
néphrétique [nefRetik] *adj* **coliques** ~**s** Nierenkoliken *Pl*
néphrite[1] [nefRit] *f* MED Nierenentzündung *f*
néphrite[2] [nefRit] *f* MINER Nephrit *m*
néphrologue [nefRɔlɔg] *mf* Nierenspezialist(in) *m(f)*
népotisme [nepɔtism] *m* Vetternwirtschaft *f*
Neptune[1] [nɛptyn(ə)] *m* MYTH Neptun *m*
Neptune[2] [nɛptyn] *f* ASTRON Neptun *m*
neptunium [nɛptynjɔm] *m* Neptunium *nt*
néréide [neReid] *f* Seeringelwurm *m*, Borstenwurm *m*
Néréide [neReid] *f* Meeresnymphe *f*
nerf [nɛR] *m* ❶ ANAT, MED Nerv *m*
❷ *pl* PSYCH Nerven *Pl*; **avoir les** ~**s fragiles** schwache Nerven haben; **avoir les** ~**s à fleur de peau** *fam* ein dünnes Nervenkostüm haben (*fam*); **avoir des** ~**s d'acier** [*o* **les** ~**s à toute épreuve**] Nerven wie Drahtseile haben (*fam*); **avoir les** ~**s à vif** nervös sein; **être sur les** ~**s** *fam* nervös [*o* unruhig] sein; **être malade des** ~**s** nervenkrank sein; **ses** ~**s ont craqué** [*o* **lâché**] er hat die Nerven verloren, seine Nerven haben versagt
❸ (*tendon, ligament*) Sehne *f*; **une viande pleine de** ~**s** ein sehniges Fleisch
► **avoir du** ~ *personne:* energiegeladen sein; *voiture:* spritzig sein; *moteur:* spurtstark sein; *style, œuvre:* ausdrucksvoll sein; **manquer de** ~ *personne:* kraftlos sein; *pièce:* flach sein; *moteur:* lahm sein (*fam*); **passer ses** ~**s sur qn/qc** *fam* sich an jdm/etw abreagieren; **taper sur les** ~**s à qn** *fam* jdm auf die Nerven gehen [*o* fallen] (*fam*); **vivre sur les** ~**s** *fam* [nervlich] angespannt sein; **un peu de** ~**!**, **du** ~**!** *fam* reiß dich zusammen! (*fam*)
◆ ~ **de bœuf** Ochsenziemer *m*
Néron [neRɔ̃] *m* Nero *m*
nerveusement [nɛRvøzmɑ̃] *adv* ❶ nervös
❷ (*avec vigueur*) kraftvoll; **démarrer** ~ spritzig anfahren
❸ (*sur le plan nerveux*) nervlich
nerveux, -euse [nɛRvø, -øz] **I.** *adj* ❶ ANAT, MED *spasme, troubles* nervös; **tension nerveuse** Nervenanspannung *f*
❷ (*irritable*) nervös; *animal, personne* unruhig
❸ (*émotif*) empfindlich
❹ (*vigoureux*) *animal, personne* dynamisch; *style* ausdrucksvoll; *moteur, voiture* spritzig
❺ (*filandreux*) *viande* sehnig
II. *m, f* nervöser Mensch; **c'est un [grand]** ~ er ist ein Nervenbündel
nervi [nɛRvi] *m* Handlanger *m*; (*tueur*) Profikiller *m* (*fam*)
nervosité [nɛRvozite] *f* ❶ Nervosität *f*
❷ (*vigueur*) *d'un moteur, d'une voiture* Spurtstärke *f*
nervure [nɛRvyR] *f* BOT Blattaderung *f*; *du bois* Maserung *f*; ZOOL Ader *f*; ARCHIT, TECH, TYP Rippe *f*
nervurer [nɛRvyRe] <1> *vt* ARCHIT, TECH, TYP rippen; **être nervuré(e)** *aile, feuille:* geädert sein; *jupe:* gerippt sein
nes [nɛs] *m fam,* **nescafé®** [nɛskafe] *m* Nescafé® *m*
n'est-ce-pas [nɛspɑ] *adv* ❶ (*invitation à acquiescer*) ~**?** oder [etwa nicht]?; ~ **qu'il est ingénieur?** [es] stimmt doch, dass er Ingenieur ist, oder?; **vous viendrez,** ~**?** Sie kommen doch, oder?
❷ (*renforcement*) nicht [wahr]; **ces gens-là,** ~**, ont la vie facile** diese Leute haben ein leichtes Leben, nicht [wahr]
net [nɛt] **I.** *m* ► **mettre au** ~ (*régler*) klarstellen; (*recopier au propre*) ins Reine schreiben; **écrire directement au** ~ direkt ins reine schreiben
II. *adv* ❶ *se casser* glatt; *s'arrêter* abrupt; **être tué(e)** ~ auf der Stelle tot sein
❷ (*franchement*) *dire, refuser* klar und deutlich
❸ COM netto
net(te) [nɛt] *adj* ❶ *postposé* sauber; *copie, intérieur* ordentlich; (*sans tache*) *conscience* rein; **être** ~**(te) de tout soupçon** über jeden Zweifel erhaben sein
❷ *postposé* COM, FIN (*opp: brut*) **salaire** ~ Nettolohn *m*; **produit** ~ Reinertrag *m*; **être** ~**(te) d'impôt** steuerfrei sein
❸ *postposé* (*précis*) klar; *position, réponse* eindeutig; *conduite* unmissverständlich; (*franc*) *situation* klar; **ne pas être très** ~**(te)** ziemlich undurchsichtig sein
❹ **a.** *antéposé* (*évident*) klar; *amélioration, différence, tendance* spürbar; *odeur* eindeutig; *couleur* rein; **il est** ~ **qu'il ment** es ist klar, dass er lügt
❺ *postposé* (*distinct*) klar; *dessin, écriture* sauber; *contours, image* scharf; *cassure, coupure* glatt; *souvenir* deutlich
❻ *fam* (*opp: cinglé*) klar [im Kopf]
Net [nɛt] *m* **le** ~ das Netz, das Web
netcafé [nɛtkafe] *m* Internetcafé *nt*
netclic [nɛtklik] *m* Internetklick *m*
netclub [nɛtklœb] *m* Internetclub *m*
netéconomie [nɛtecɔnɔmi] *f* Internetwirtschaft *f*
nétiquette [netikɛt] *f* INFORM Netiquette *f*
nettement [nɛtmɑ̃] *adv* ❶ unmissverständlich; **prendre** ~ **position** eindeutig Stellung beziehen
❷ (*distinctement*) deutlich; *se détacher* scharf; *se souvenir* genau
❸ (*largement*) eindeutig; ~ **moins/plus** deutlich weniger/mehr
netteté [nɛtte] *f* ❶ Sauberkeit *f*
❷ (*précision*) Klarheit *f*
❸ (*caractère distinct, franc*) Klarheit *f*; *d'un souvenir* Klarheit *f*; *des contours, d'une image* Schärfe *f*
nettoiement [netwamɑ̃] *m* Reinigung *f*; *de la forêt* Ausholzen

nt; ~ **du sol** [*o* **des terres**] Unkrautvernichtung *f;* **les services de** ~ die Müllabfuhr

nettoyage [netwajaʒ] *m* ❶ Reinigen *nt,* Reinigung *f; d'un meuble, d'une pièce* Putzen *nt; d'une voiture* Wagenwäsche *f;* ~ **à sec** chemische Reinigung; ~ **complet** Vollreinigung; **grand** ~ **de printemps** Frühjahrsputz *m*
❷ MIL, POL Säuberung *f*

nettoyant [netwajɑ̃] *m* Reinigungsmittel *nt;* ~ **ménager** Haushaltsreiniger *m*

nettoyant(e) [netwajɑ̃, ɑ̃t] *adj* reinigend; **un produit** ~ ein Reinigungsmittel *nt*

nettoyer [netwaje] <6> **I.** *vt* ❶ putzen; reinigen *plaie, tapis;* sauber machen *personne;* ~ **qn au** [*o* **avec du**] **savon** jdn mit Seife waschen; ~ **la table à l'eau/avec la brosse** den Tisch mit Wasser/der Bürste reinigen; ~ **la table au chiffon/à l'éponge** den Tisch mit einem Lappen/dem Schwamm putzen; ~ **la pièce au balai** das Zimmer [mit dem Besen] fegen; ~ **à fond la maison** das Haus gründlich putzen; **faire** ~ **un pull à sec** einen Pullover [chemisch] reinigen lassen
❷ MIL, POL ~ **une ville de sa pègre** eine Stadt von der Unterwelt säubern
❸ *fam* (*vider*) *personne:* leeren; *animal:* leer fressen; ~ **un appartement** eine Wohnung ausräumen; ~ **un compte en banque** ein Bankkonto plündern (*fam*)
❹ *pop* (*tuer*) wegputzen (*fam*)
❺ *fam* (*ruiner*) ruinieren; **se faire** ~ **par qn** von jdm ausgenommen [*o* gerupft] werden (*fam*)
❻ *fam* (*épuiser*) [total] schaffen (*fam*)
II. *vpr* **se** ~ *personne:* sich säubern; *animal:* sich putzen; **se** ~ **les oreilles** sich (*Dat*) die Ohren säubern; **ces taches se nettoient avec du savon** diese Flecken lassen sich mit Seife reinigen; **ces taches se nettoient difficilement** diese Flecken lassen sich schwer entfernen

nettoyeur, -euse [netwajœʀ, -jøz] *m, f* Putzkraft *f;* ~(**-euse**) **de vitres** Fensterputzer(in) *m(f)*

nettoyeuse [netwajøz] *f* Reinigungsmaschine *f*

neuf [nœf] **I.** *num* ❶ neun
❷ (*dans l'indication de l'âge, la durée*) **avoir/avoir bientôt** ~ **ans** neun [Jahre alt] sein/werden; **enfant de** ~ **ans** Neunjährige(r) *f(m);* **période de** ~ **ans** Zeitraum *m* von neun Jahren
❸ (*dans l'indication de l'heure*) **il est** ~ **heures** es ist neun [Uhr]
❹ (*dans l'indication de la date*) **le** ~ **mars** *geschrieben:* **le 9 mars** der neunte März *écrit:* der 9. März
❺ (*dans l'indication de l'ordre*) **arriver** ~ **ou dixième** als Neunte(r) oder Zehnte(r) kommen
❻ (*dans les noms de personnages*) **Louis IX** *gesprochen:* **Louis** ~ Ludwig IX. *oral:* Ludwig der Neunte
II. *m inv* ❶ Neun *f*
❷ (*numéro*) Nummer *f* neun, Neun *f*
❸ TRANSP die Linie [*o* Nummer] neun, die Neun (*fam*)
❹ JEUX Neun *f*
❺ SCOL **avoir** ~ [**sur dix/sur vingt**] ≈ eine Zwei/eine Vier haben
III. *f* (*table, chambre ... numéro neuf*) Neun *f; v. a.* **cinq**

neuf [nœf] *m* Neue(s) *nt;* **le** ~ **et l'occasion** Neues und Gebrauchtes *Pl*
▶ **il y a du** ~ es gibt etwas Neues; **à** ~ neu-; **repeint(e) à** ~ frisch gestrichen; **faire remettre à** ~ **tout le vieux mobilier** die alten Möbel [neu] herrichten lassen; **se meubler de** ~ sich neu einrichten

neuf, neuve [nœf, nœv] *adj* ❶ neu; **flambant** ~(**neuve**) [funkel]nagelneu (*fam*); **comme** ~(**neuve**) wie neu
❷ (*opp: vieux*) *édifice* neu; *peuple* jung; **la ville neuve de La Valette** die Neustadt von La Valetta
❸ (*original*) neu; *idée, pensée* neuartig
❹ (*inexpérimenté*) unerfahren; *esprit* unvoreingenommen; **être** ~(**neuve**) **dans le service** in der Abteilung neu sein

▶ **quelque chose/rien de** ~ etwas/nichts Neues; **quoi de** ~**?** was gibt's Neues?

neurasthénie [nøʀasteni] *f* Nervenschwäche *f;* (*pessimisme*) Depressionen *Pl;* **faire de la** ~ depressiv sein, Depressionen haben

neurasthénique [nøʀastenik] **I.** *adj* depressiv; *troubles* neurasthenisch (*Fachspr.*)
II. *mf* Neurastheniker(in) *m(f)* (*Fachspr.*), depressiver Mensch

neurobiologie [nøʀobjɔlɔʒi] *f* SCI Neurobiologie *f*

neurochirurgical(e) [nøʀoʃiʀyʀʒikal, o] <-aux> *adj* neurochirurgisch

neurochirurgie [nøʀoʃiʀyʀʒi] *f* Neurochirurgie *f*

neurochirurgien(ne) [nøʀoʃiʀyʀʒjɛ̃, jɛn] *m(f)* Neurochirurg(in) *m(f)*

neuroleptique [nøʀɔlɛptik] *m* Neuroleptikum *nt*

neurologie [nøʀɔlɔʒi] *f* Nervenheilkunde *f*

neurologique [nøʀɔlɔʒik] *adj* neurologisch; **clinique** ~ Nervenklinik *f*

neurologue [nøʀɔlɔg] *mf* Neurologe *m*/Neurologin *f*

neurone [nøʀon] *m* ❶ BIO, INFORM Neuron *nt*
❷ *pl* (*cerveau*) graue Zellen *Pl;* **ses** ~**s ont disjoncté** er/sie ist ausgerastet (*fam*)

neuropathie [nøʀopati] *f* Nervenleiden *nt*

neuropathologie [nøʀopatɔlɔʒi] *f* Neuropathologie *f*

neurophysiologie [nøʀofizjɔlɔʒi] *f* Neurophysiologie *f*

neurophysiologique [nøʀofizjɔlɔʒik] *adj* neurophysiologisch

neurophysiologiste [nøʀofizjɔlɔʒist] *mf* Neurophysiologe *m*/Neurophysiologin *f*

neuropsychiatre [nøʀopsikjatʀ] *mf* Neuropsychiater(in) *m(f)*

neuropsychiatrie [nøʀopsikjatʀi] *f* Neuropsychiatrie *f*

neuropsychiatrique [nøʀopsikjatʀik] *adj* neuropsychiatrisch

neuropsychologie [nøʀopsikɔlɔʒi] *f* Neuropsychologie *f*

neuropsychologue [nøʀopsikɔlɔg] *mf* Neuropsychologe *m*/-psychologin *f*

neurovégétatif, -ive [nøʀoveʒetatif, -iv] *adj* **système** ~ vegetatives Nervensystem

neutralisation [nøtʀalizasjɔ̃] *f* ❶ POL, MIL Neutralisierung *f*
❷ (*mise hors d'état de nuire*) Ausschaltung *f;* **la** ~ **des malfaiteurs a été rapide** es ging schnell, die Übeltäter unschädlich zu machen
❸ CHIM, MED, PHYS Neutralisierung *f,* Neutralisation *f*

neutraliser [nøtʀalize] <1> **I.** *vt* ❶ ausschalten *concurrent, système;* zu Fall bringen *projet;* zunichte machen, vereiteln *efforts*
❷ (*mettre hors d'état de nuire*) unschädlich machen *ennemi, gang*
❸ CHIM, PHYS neutralisieren
❹ POL (*déclarer neutre*) für neutral erklären
❺ (*affaiblir*) abschwächen; mildern *couleur, goût*
❻ (*interrompre momentanément*) einstellen *circulation*
❼ (*annuler*) für ungültig erklären *épreuve, examen*
II. *vpr* **se** ~ *influences, produits:* sich neutralisieren

neutralisme [nøtʀalism] *m* Neutralismus *m*

neutraliste [nøtʀalist] **I.** *adj* neutralistisch
II. *mf* Verfechter(in) *m(f)* des Neutralismus

neutralité [nøtʀalite] *f* ❶ Neutralität *f; d'un livre, rapport* neutraler [*o* unparteiischer] Charakter; *d'un enseignement* Ungebundenheit *f;* **rester dans la** ~ nicht Partei ergreifen
❷ POL, CHIM, ELEC, ECON Neutralität *f*

neutre [nøtʀ] **I.** *adj* ❶ neutral; **rester** ~ neutral bleiben; **être** ~ *personne:* sich neutral verhalten; *livre, rapport:* einen neutralen Standpunkt vertreten
❷ (*qui ne choque pas*) neutral; *couleur, personne* unauffällig; *style* farblos
❸ POL neutral; *navire* unter neutraler Flagge
❹ CHIM, ELEC neutral; **sel** ~ Neutralsalz *nt;* **fil** ~ Nullleiter *m*
❺ GRAM, LING sächlich; **être du genre** ~ sächlich [*o* ein Neutrum] sein
❻ ZOOL (*asexué*) geschlechtslos

N

II. *m* ❶ *pl* POL neutrale Staaten *Pl*
❷ GRAM, LING Neutrum *nt*
❸ ELEC Nulleiter *m*

neutron [nøtʀɔ̃] *m* Neutron *nt*

neuvaine [nøvɛn] *f* ECCL Novene *f*

neuvième [nœvjɛm] **I.** *adj antéposé* neunte(r, s)
II. *mf* **le/la** ~ der/die/das Neunte
III. *m* ❶ (*fraction*) Neuntel *nt*
❷ (*étage*) neunter Stock, neunte Etage
❸ (*arrondissement*) neuntes Arrondissement
IV. *f* MUS None *f*; *v. a.* **cinquième**

neuvièmement [nœvjɛmmɑ̃] *adv* neuntens

névé [neve] *m* Firn[schnee *m*] *m*

neveu [n(ə)vø] <x> *m* Neffe *m*

névralgie [nevʀalʒi] *f* ❶ Neuralgie *f*; ~ **sciatique** Ischias *m*
❷ *abusif* (*mal de tête*) Kopfschmerzen *Pl*

névralgique [nevʀalʒik] *adj* ❶ MED neuralgisch; **centre** ~ Nervenzentrum *nt*
❷ (*sensible*) *point* neuralgisch

névrite [nevʀit] *f* Nervenentzündung *f*

névropathie [nevʀɔpati] *f vieilli* Neuropathie *f* (*Fachspr.*)

névrose [nevʀoz] *f* Neurose *f*

névrosé(e) [nevʀoze] **I.** *adj* neurotisch
II. *m(f)* Neurotiker(in) *m(f)*

névrotique [nevʀɔtik] *adj* neurotisch

new-look [njuluk] **I.** *adj inv politique, style* neuartig; **la mode** ~ der Newlook
II. *m inv* Newlook *m*

newsgroup [njuzgʀup] *m* INFORM Newsgroup *f*

newton [njutɔn] *m* Newton *nt*

newtonien(ne) [njutɔnjɛ̃, jɛn] *adj* newtonsche(r, s)

new-yorkais(e) [nujɔʀkɛ, ɛz] *adj* New Yorker **New-yorkais(e)** [nujɔʀkɛ, ɛz] *m(f)* New-Yorker(in) *m(f)*

nez [ne] *m* ❶ ANAT Nase *f*; ~ **en trompette** *fam* Himmelfahrtsnase *f* (*fam*); **faux** ~ Pappnase *f*; **saigner du** ~ Nasenbluten haben; **mouche ton** ~**!** putz dir die Nase!; **tu as le** ~ **qui coule** deine Nase läuft, dir läuft die Nase
❷ AVIAT, NAUT *d'un avion* Nase *f*; *d'un bateau* Bug *m*; GEOG Bergnase
▶ **mettre le** [*o* **son**] ~ **à la <u>fenêtre</u>** *fam* den Kopf aus dem Fenster strecken (*fam*); **comme le** ~ **au <u>milieu</u> de la figure** *fam* das sieht [selbst] ein Blinder (*fam*); **avoir le** ~ **<u>fin</u>** eine feine [*o* empfindliche] Nase haben; *fig* eine Spürnase haben; **<u>avoir</u> du** ~ *fam personne:* eine feine Nase haben; *animal:* einen feinen Spürsinn haben; (*pour qc, une affaire*) einen guten [*o* den richtigen] Riecher haben; **<u>avoir</u> le** ~ **dans les livres/mots croisés** *fam* dauernd über den Büchern/den Kreuzworträtseln hocken (*fam*); **<u>avoir</u> qn dans le** ~ *fam* jdn gefressen haben (*fam*); **se <u>bouffer</u>** [*o* **se <u>manger</u>**] **le** ~ *fam* sich in den Haaren liegen (*fam*); **se <u>casser</u> le** ~ *fam* auf die Nase fallen (*fam*); **[en] <u>faire</u> un [de ces]** ~ [*o* **un drôle de** ~] [*o* **un long** ~] *fam* ein Gesicht machen [*o* ziehen] (*fam*); **<u>fourrer</u>** [*o* **<u>mettre</u>**] **son** ~ **dans qc** *fam* seine Nase in etw (*Akk*) stecken (*fam*); **mettre son** ~ **partout** seine Nase in alles stecken (*fam*); **<u>pendre</u> au** ~ **à qn** jdm blühen; **<u>piquer</u> du** ~ *fam* (*s'endormir*) einnicken; (*descendre à pic*) im Sturzflug heruntergehen (*fam*); **[re]tomber sur le** ~ **de qn** *fam* auf jdn zurückfallen; ~ **<u>à</u>** ~ Auge in Auge; **se [re]trouver** [*o* **tomber**] ~ **à** ~ **avec qn** jdm plötzlich gegenüberstehen; **fermer la porte <u>au</u>** ~ **de qn** *fam* jdm die Tür vor der Nase zuschlagen; **raccrocher <u>au</u>** ~ **de qn** einfach auflegen (*fam*); **rire <u>au</u>** ~ **de qn** jdm ins Gesicht lachen; **<u>devant</u>** [*o* **<u>sous</u>**] **le** ~ **de qn** *fam* vor jds Augen [*o* Nase *fam*] (*Dat*); **le bus m'est passé sous le** ~ der Bus ist mir vor der Nase weggefahren (*fam*)
◆ ~ **de gouttière** Wulst *f o m*

NF [ɛnɛf] *f abr de* **norme française** französische Norm

ni [ni] *conj* ❶ *après une autre nég* **il ne sait pas dessiner** ~ **peindre** er kann weder zeichnen noch malen; **il n'a rien vu** ~ **personne** er hat nichts und niemand gesehen; **rien de fin** ~ **de distingué** weder etwas Feines noch etwas Vornehmes; **sans col** ~ **cravate** ohne Kragen und [ohne] Krawatte
❷ *entre deux négations* **je ne l'aime** ~ **ne l'estime** weder liebe [ich ihn], noch schätze ich ihn (*geh*); **je ne le vois** ~ **ne l'entends** ich sehe [ihn nicht] und höre ihn nicht
❸ (*alternative négative*) **il n'est** ~ **plus bête** ~ **plus paresseux qu'un autre** er ist nicht dümmer und nicht fauler als jeder andere; ~ **l'un** ~ **l'autre** keiner von beiden; ~ **plus** ~ **moins que** nicht mehr und nicht weniger als

niable [njabl] *adj* ▶ **ne <u>pas</u> être** ~ sich nicht leugnen lassen

niais(e) [njɛ, njɛz] **I.** *adj* albern; *style* einfältig
II. *m(f)* Einfaltspinsel *m* (*fam*)

niaisement [njɛzmɑ̃] *adv* dümmlich

niaiserie [njɛzʀi] *f* ❶ Einfalt *f*
❷ (*chose sotte*) Unsinn *m kein Pl*

niaiseux, -euse [njɛzø, -øz] *adj* CAN (*niais*) einfältig

nibar[d] [nibaʀ] *m pop* Titte *f* (*sl*)

Nice [nis] Nizza *nt*

niche¹ [niʃ] *f* ❶ [Hunde]hütte *f*; **à la** ~**!** in die Hütte!
❷ (*alcôve*) Nische *f*

niche² [niʃ] *f vieilli* **jouer des** ~**s** Blödsinn machen; **faire des** ~**s à qn** jdm Streiche spielen

nichée [niʃe] *f* ❶ ORN Brut *f*
❷ (*jeunes animaux*) Wurf *m*; *fam* (*enfants*) Nachwuchs *m*

nicher [niʃe] <1> **I.** *vi* ❶ nisten
❷ *fam* (*habiter*) hausen
II. *vpr* ❶ **se** ~ **dans un arbre** sich in einem Baum einnisten
❷ *fam* (*se cacher*) *personne, objet:* sich verstecken; **la maison se nichait dans la crique** das Haus lag versteckt in der Bucht

nichon [niʃɔ̃] *m fam* Titte *f* (*sl*)

nickel [nikɛl] **I.** *m* Nickel *nt*
II. *adj inv fam* (*impeccable*) blitzblank (*fam*)

nickelé(e) [nikle] *adj* ▶ **avoir les <u>pieds</u>** ~**s** träge sein

nickeler [nikle] *vt* vernickeln

niçois(e) [niswa, waz] *adj* ❶ (*de Nice*) aus [*o* von] Nizza
❷ **salade** ~**e** Nizza-Salat *m*

Niçois(e) [niswa, waz] *m(f)* Einwohner(in) *m(f)* von Nizza

nicotine [nikɔtin] *f* Nikotin *nt*

nid [ni] *m* ❶ ZOOL Nest *nt*; ~ **de guêpes/d'oiseaux** Wespen-/Vogelnest
❷ (*logis*) Zuhause *nt*; **au** ~ [bei sich] zu Hause; ~ **d'amoureux** Liebesnest *nt*
❸ (*repaire*) ~ **de bandits** Räuberhöhle *f*; ~ **de mitrailleuse** MIL MG-Nest
❹ *littér* (*source*) Brutstätte *f*
◆ ~ **d'aigle** Adlerhorst *m*; ~ **d'hirondelle** GASTR Schwalbennest *nt*; ~ **à poussière** Staubfänger *m*; ~ **de vipères** *fig* Wespennest *nt*

nidation [nidasjɔ̃] *f* BIO Einnistung *f*, Nidation *f* (*Fachspr.*)

nid-d'abeilles [nidabɛj] <nids-d'abeilles> *m* COUT Waffelmuster *nt*; TECH Lamellen *Pl* **nid-de-poule** [nidpul] <nids-de--poule> *m* Schlagloch *nt*

nidification [nidifikasjɔ̃] *f* Nestbau *m*

nidifier [nidifje] <1a> *vi* nisten

nièce [njɛs] *f* Nichte *f*

nielle [njɛl] *f* ❶ BOT Kornrade *f*
❷ AGR Getreidebrand *m*; *de blé* Gicht *f*

nieller [njele] <1> *vt* brandig machen; **blé niellé** von Gicht befallener Weizen

niellure [njelyʀ] *f* AGR Getreidebrand *m*

nième [ɛnjɛm] *adj v.* **énième**

nier [nje] <1a> **I.** *vt* ❶ leugnen; ~ **[d']avoir menti** leugnen, gelogen zu haben; ~ **qu'il mente** bestreiten, dass er lügt
❷ (*refuser l'idée de*) verleugnen
II. *vi* leugnen

nigaud(e) [nigo, od] **I.** *adj vieilli* einfältig
II. *m(f) vieilli* Dummkopf *m*; **gros** ~ du Dummerchen

Niger [niʒɛʀ] *m* **le** ~ Niger *nt*

Nigeria [niʒeʀja] *m* **le** ~ Nigeria *nt*

nigérian(e) [niʒeʀjɑ̃, jan] *adj* nigerianisch

Nigérian(e) [niʒeʀjɑ̃, jan] *m(f)* Nigerianer(in) *m(f)*

nigérien(ne) [niʒeʀjɛ̃, jɛn] *adj* nigrisch

Nigérien(ne) [niʒeʀjɛ̃, jɛn] *m(f)* Nigrer(in) *m(f)*

night-club [najtklœb] <night-clubs> *m* Nachtklub *m*

nihilisme [niilism] *m* Nihilismus *m*

nihiliste [niilist] **I.** *adj* nihilistisch
II. *mf* Nihilist(in) *m(f)*

Nil [nil] *m* **le** ~ der Nil

nimbe [nɛ̃b] *m* Heiligenschein *m; littér de lune* Hof *m*

nimber [nɛ̃be] <1> *vt* mit einem Heiligenschein umgeben; **nimbé(e) de mystère** geheimnisumwittert; **nimbé(e) de brouillard** in Nebel gehüllt

nimbostratus [nɛ̃bostʀatys] *m* Nimbostratus *m*

nimbus [nɛ̃bys] *m* Nimbus[wolke *f*] *m*

n'importe [nɛ̃pɔʀt] *v.* **importer**

ninas [ninas] *m* Zigarillo *m o nt*

niobium [njɔbjɔm] *m* Niob[ium *nt*] *nt*

niôle [ɲol] *f v.* **gnôle**

nipper [nipe] <1> **I.** *vt fam* ausstaffieren (*fam*); **être bien/mal nippé(e)** sich in Schale geworfen haben/unmöglich angezogen sein
II. *vpr fam* **je me demande où il se nippe** ich frag mich, wo der seine Klamotten kauft (*fam*); **nippe-toi en vitesse** zieh dir schnell was drüber (*fam*)

nippes [nip] *fpl péj fam* Klamotten *Pl* (*pej fam*)

nippon, [n]e [nipɔ̃, ɔn] *adj* japanisch

Nippon, [n]e [nipɔ̃, ɔn] *m, f* Japaner(in) *m(f)*

nique [nik] *f fam* ▶ **faire la** ~ **à qn** (*se moquer*) sich über jdn lustig machen; (*échapper*) jdm entwischen; **faire la** ~ **à la fortune** auf Reichtum pfeifen

niquer [nike] <1> *vt vulg* ficken (*vulg*)

nirvana [niʀvana] *m* Nirwana *nt*

nitouche [nituʃ] *f* ▶ **sainte** ~ Unschuldsengel *m;* **avec son air de sainte** ~ mit seiner/ihrer Unschuldsmiene; **faire la sainte** ~ den Unschuldigen/die Unschuldige spielen

nitrate [nitʀat] *m* Nitrat *nt;* ~ **d'argent** Silbernitrat

nitré(e) [nitʀe] *adj* CHIM salpeterhaltig; **dérivés** ~**s** Nitroderivate *Pl*

nitreux, -euse [nitʀø, -øz] *adj* salpeterhaltig; *acide* salpetrig; **terre nitreuse** Salpetererde *f*

nitrification [nitʀifikasjɔ̃] *f* Nitrifikation *f*

nitrifier [nitʀifje] <1a> **I.** *vt* nitrifizieren
II. *vpr* **se** ~ sich in Nitrat verwandeln

nitrique [nitʀik] *adj* **acide** ~ Salpetersäure *f;* **bactérie** ~ Nitrobakterie *f*

nitrite [nitʀit] *m* Nitrit *nt*

nitrocellulose [nitʀoselyloz] *f* TECH Zellulosenitrat *nt*

nitroglycérine [nitʀogliseʀin] *f* Nitroglyzerin *nt*

niveau [nivo] <x> *m* ① Höhe *f; d'essence, huile* -stand *m; des devises, de la production, d'études* Stand; **le** ~ **de la mer/nappe phréatique** der Meeres-/Grundwasserspiegel; **le** ~ **de la rivière** der Pegelstand des Flusses
② (*degré*) Niveau *nt;* ~ **de concentration** Maß *nt* an Konzentration; ~ **de pollution** Grad *m* der Verschmutzung; ~ **de température** Höhe *f* der Temperatur; ~ **culturel** [*o* **de culture**] Bildungsniveau; ~ **social** gesellschaftliche Stellung
③ (*étage*) Stockwerk *nt*
④ TECH Wasserwaage *f*
▶ **au plus haut** ~ auf höchster Ebene; **de haut** ~ von hohem Rang; **hôtel de haut** ~ Hotel mit hohem Standard; **être au** ~ den Anforderungen entsprechen; **se mettre au** ~ **de qn** sich jds [geistigem] Niveau anpassen; **mettre au même** ~ auf eine Stufe stellen; **à tous les** ~**x** auf allen Ebenen; **au** ~ **de qn/qc** (*espace*) auf jds Höhe/auf der Höhe einer S. (*Gen*); (*valeur*) auf jds Stand/auf dem Stand einer S. (*Gen*); **l'eau lui arrivait au** ~ **de la taille** das Wasser reichte ihm/ihr bis zur Taille; **au** ~ **du sol** ebenerdig; **les deux vases sont au même** ~ die beiden Vasen stehen auf gleicher Höhe; **au** ~ **des prix/de la qualité** in Bezug auf die Preise/die Qualität; **au** ~ **local/national/émotionnel** *abusif* auf lokaler/nationaler/emotionaler Ebene; **au** ~ **gouvernemental** auf Regierungsebene; **au** ~ **de la C.E.** auf EU-Ebene; **de** ~ eben
◆ ~ **à bulle [d'air]** Wasserwaage *f;* ~ **d'eau** TECH Kanalwaage *f;* ~ **de langue** Stilebene *f;* ~ **de prospérité** Wohlstandsniveau *nt;* ~ **de vie** Lebensstandard *m*

nivelage [nivlaʒ] *m* Nivellieren *nt*

niveler [nivle] <3> *vt* ① nivellieren; [ein]ebnen *sol, terrain*
② (*mettre au même niveau*) [einander] angleichen *conditions sociales, intelligences;* ~ **par le bas** nach unten angleichen
③ TECH (*mesurer*) nivellieren

niveleuse [nivløz] *f* Planierraupe *f*

nivellement [nivɛlmɑ̃] *m* ① Einebnen *nt*
② (*égalisation*) Angleichung *f*
③ TECH Nivellement *nt* (*Fachspr.*); **instrument de** ~ Nivelliergerät *nt*

nivoglaciaire [nivoglasjɛʀ] *adj* **régime** ~ *durch die Schmelz- und Gletscherwässer bedingte Wasserführung*

nivologue [nivɔlɔg] *mf* Schneeforscher(in) *m(f)*

nivopluvial(e) [nivoplyvjal, jo] <-aux> *adj* **régime** ~ *durch die Schmelzwässer und Niederschläge bedingte Wasserführung*

NMPP [ɛnɛmpepe] *fpl abr de* **Nouvelles messageries de la presse parisienne** *Neue Vertriebsgesellschaft der Pariser Presse*

n° [nymeʀo] *abr de* **numéro** Nr.

nobélium [nɔbeljɔm] *m* Nobelium *nt*

nobiliaire [nɔbiljɛʀ] **I.** *adj* **particule** ~ Adelsprädikat *nt*
II. *m* Adelsbuch *nt*

noble [nɔbl] **I.** *adj* ① adlig; **famille** ~ Adelsfamilie *f;* **de naissance** ~ [von] adliger Abstammung; **de race/sang** ~ edlen Geschlechts/Blutes
② (*de grande valeur*) edel; *branche, spécialités* angesehen; **métal/bois** ~ Edelmetall *nt*/-holz *nt*
③ *a. antéposé* (*généreux*) edel, edelmütig (*geh*)
④ *a. antéposé* (*altier*) edel; *personne, maintien* würdevoll; *langage, manières, sentiment* erhaben
II. *mf* Adlige(r) *f(m);* **les** ~**s** der Adel

noblement [nɔbləmɑ̃] *adv* ① edelmütig
② (*dignement*) stolz

noblesse [nɔblɛs] *f* ① Adel *m;* **petite/haute** ~ niederer/hoher Adel [*o* Hochadel]; **lettre de** ~ Adelsbrief *m;* ~ **d'épée/de cour** Schwert-/Hofadel
② (*dignité*) Würde *f; d'un style, d'une tenue* Erhabenheit *f*
③ (*générosité*) Großmut *m; d'esprit, de sentiment* Erhabenheit *f;* ~ **de l'âme/du cœur** Seelen-/Herzensadel *m*
▶ ~ **oblige** Adel verpflichtet

nobliau [nɔblijo] <x> *m* Angehörige(r) *m* des niederen Adels

noce [nɔs] *f* ① *sing o pl* Hochzeit *f;* **aller à la** ~ auf eine [*o* zu einer] Hochzeit gehen; **épouser qn en premières/secondes** ~**s** jdn in erster/zweiter Ehe heiraten
② (*participants*) Hochzeitsgesellschaft *f*
③ *fam* (*partie de plaisir*) rauschendes Fest
▶ **convoler en justes** ~**s** *hum* in den Hafen der Ehe einlaufen (*hum*); **être de [la]** ~ mit von der Partie sein; **faire la** ~ *fam* in Saus und Braus leben (*fam*)

noceur, -euse [nɔsœʀ, -øz] *m, f* Genussmensch *m;* **c'est un sacré** ~ er genießt das Leben in vollen Zügen

nocif, -ive [nɔsif, -iv] *adj* schädlich; *influence, habitude, climat* schlecht; *idée, théorie* gefährlich

nocivité [nɔsivite] *f* Schädlichkeit *f; d'une habitude, idée* Gefährlichkeit *f*

noctambule [nɔktɑ̃byl] **I.** *adj* **fêtard/noceur** ~ Nachtschwärmer *m*

II. *mf* Nachtschwärmer(in) *m(f)*
nocturne [nɔktyʀn] **I.** *adj* nächtlich; **papillon/vie** ~ Nachtfalter *m*/-leben *nt;* **vente** ~ CH Abendverkauf *m* (CH)
II. *m* ❶ Nachtvogel *m*
❷ MUS Notturno *nt,* Nokturne *f*
III. *f* ❶ *(manifestation nocturne)* Abendveranstaltung *f;* **en** ~ am [späten] Abend; **match en** ~ Flutlichtspiel *nt*
❷ *(ouverture nocturne)* verlängerte [Laden]öffnungszeiten *Pl* [am Abend], Abendverkauf *m* (CH)
nodosité [nɔdozite] *f* ❶ MED Knoten *m*
❷ BOT knotige Beschaffenheit; *(nœud)* Knoten *m*
nodule [nɔdyl] *m* ❶ MED Knötchen *nt*
❷ GEOL Knolle *f*
Noé [noe] *m* Noah *m*
noël [nɔɛl] **I.** *m* ❶ REL **Noël** Weihnachten *nt;* **bûche de Noël** *Weihnachtscremerolle;* **arbre de Noël** Weihnachtsbaum; **nuit de Noël** Heilige Nacht; **joyeux Noël** fröhliche Weihnachten
❷ *(période de Noël)* **Noël** Weihnachten *Pl;* **pour Noël, nous irons ...** an [*o* zu] Weihnachten fahren wir ...
❸ *fam (cadeau)* **mon/ton** ~ mein/dein Weihnachtsgeschenk *nt;* **je n'ai rien eu pour mon** ~ ich habe kein Weihnachtsgeschenk bekommen
❹ *(chant)* Weihnachtslied *nt;* **chanter** ~ Weihnachtslieder singen
▸ **Noël au balcon, Pâques au tison** *prov* Weihnachten im Klee, Ostern im Schnee
II. *f (fête)* **la Noël** das Weihnachtsfest

i Land & Leute

Für die Franzosen ist **Noël** am 25. Dezember. An diesem Tag findet gleich nach dem Frühstück die Bescherung für die Kinder statt. Die Erwachsenen beschenken sich im Anschluss daran beim Aperitif vor dem Mittagessen. Am Vorabend, dem 24., gehen viele Familien um Mitternacht in die Christmette. Einen zweiten Weihnachtsfeiertag gibt es in Frankreich nicht.

nœud [nø] *m* ❶ Knoten *m;* ~ **de cravate** Krawattenknoten; ~ **coulant** zusammenziehbare Schlinge; **double** ~ doppelter Knoten; ~ **simple** Hausfrauenknoten; **faire un** ~ einen Knoten machen
❷ NAUT *(vitesse)* Knoten *m*
❸ BOT *(protubérance)* Knoten *m; d'un bois* Ast *m;* **bois sans** ~ astfreies Holz
❹ *(point essentiel) d'une pièce, d'un roman* Knoten *m; d'un débat* springender Punkt *m*
❺ *(carrefour)* Knotenpunkt *m*
❻ *(lien)* Bande *Pl*
❼ *(ornement)* Schleife *f*
❽ ANAT, ASTRON Knoten *m;* ELEC Knotenpunkt *m*
❾ *vulg (pénis)* Schwanz *m (sl)*
◆ ~ **d'arrêt** Achtknoten *m;* ~ **de chaise** Pahlstek *m;* ~ **papillon** Fliege *f;* ~ **de vipères** Vipernnest *nt*
noie [nwa] *indic et subj prés de* **noyer**
noierai [nwaʀe] *fut de* **noyer**
noir [nwaʀ] *m* ❶ Schwarz *nt*
❷ *(vêtement)* Schwarz *nt;* *(de deuil)* Schwarz; **le** ~ **te va bien** Schwarz steht dir gut; **habillé(e) en** ~ schwarz gekleidet; **s'habiller en** ~ Schwarz tragen
❸ *(obscurité)* Dunkel *nt,* Dunkelheit *f;* **dans le** ~ im Dunkeln
❹ *fam (café)* schwarzer Kaffee
❺ PHOT ~ **et blanc** schwarzweiß; **faire du** ~ **et blanc** Schwarzweißbilder machen
▸ ~ **sur blanc** schwarz auf weiß; **mettez-moi** [*o* **écrivez-moi**] **ça** ~ **sur blanc!** geben Sie mir das schriftlich!; **broyer du** ~ Trübsal blasen *(fam);* **être dans le** ~ im Dunkeln tappen; **peindre** [*o* **voir**] **tout en** ~ alles schwarz malen [*o* sehen]; **au** ~ schwarz; **travailler/vendre au** ~ schwarzarbeiten/schwarz verkaufen; **travail au** ~ Schwarzarbeit *f*
◆ ~ **de fumée** Ruß *m*
noir(e) [nwaʀ] *adj* ❶ schwarz; *yeux, peau* dunkel; *ciel* finster; *temps* düster; ~**(e) comme l'encre** [*o* **le jais**] [*o* **l'ébène**] [kohl]rabenschwarz, pechschwarz *(fam)*
❷ *(foncé)* **blé** ~ Buchweizen *m;* **lunettes** ~**es** Sonnenbrille *f;* **pain** ~ Schwarzbrot *nt;* **du raisin** ~ blaue [Wein]trauben *Pl;* ~**(e) de suie** rußgeschwärzt; **la rue est** ~**e de monde** die Straße wimmelt von Menschen; **rentrer tout(e)** ~**(e) de vacances** ganz braungebrannt aus dem Urlaub zurückkommen
❸ *(propre à la race)* der Schwarzen; *musique* schwarz; **problème** ~ Rassenproblem *nt;* **personne** ~**e** Schwarze(r) *f(m);* **l'Afrique** ~**e** Schwarzafrika *nt*
❹ *(obscur)* finster; *ombre* schwarz; **il faisait déjà nuit** ~**e** es war schon stockdunkel
❺ *(sinistre)* düster; *humour* schwarz; **désespoir** ~ tiefste Hoffnungslosigkeit; **faire un tableau très** ~ **de qc** etw in den schwärzesten Farben malen
❻ *(mauvais) plan, âme* schwarz; *œil, regard* finster; **ingratitude** ~**e** schnöder Undank; **malchance** ~**e** höllisches Pech
❼ LITTER, CINE schwarz; **série** ~**e** schwarze Serie
❽ *fam (ivre)* [völlig] blau *(fam)*
❾ *(illégal)* **marché** ~ Schwarzmarkt *m;* **caisse** ~**e** Reptilienfonds *m*
❿ *(satanique) magie, messe* schwarz
Noir(e) [nwaʀ] *m(f)* Schwarze(r) *f(m)*
noirâtre [nwaʀɑtʀ] *adj* schwärzlich
noiraud(e) [nwaʀo, od] **I.** *adj* dunkel[häutig]
II. *m(f)* dunkelhäutiger Typ
noirceur [nwaʀsœʀ] *f* ❶ Niedertracht *f; de l'âme* Schwärze *f; d'un crime, forfait* Ruchlosigkeit *f*
❷ *(caractère sinistre)* schwarze Natur
❸ *littér (couleur)* Schwärze *f*
noircir [nwaʀsiʀ] <8> **I.** *vt* ❶ schwarz [*o* schmutzig] machen; schwärzen *visage*
❷ *(colorer)* schwarz färben *étoffe;* schwarz beizen *meuble, poutre*
❸ *(dénigrer)* in den schwärzesten Farben malen *situation;* in einem schlechten Licht darstellen *personne;* einen Schatten werfen auf (+ *Akk*) *image, perspectives;* ~ **la réputation de qn** jdn in Verruf bringen
❹ *(couvrir d'écriture)* vollschreiben *cahier, feuille*
II. *vi façade, fruit:* schwarz werden; *ciel:* sich verdunkeln; *bois, couleur:* nachdunkeln; *peau, personne:* braun werden
III. *vpr* **se** ~ ❶ *façade:* schwarz werden; *ciel:* sich verdunkeln; *bois, couleur:* nachdunkeln
❷ *(s'accuser)* sich schlecht machen
❸ *pop (s'enivrer)* sich voll laufen lassen *(fam)*
noircissement [nwaʀsismɑ̃] *m* Schwärzen *nt*
noircissure [nwaʀsisyʀ] *f* schwarzer Fleck
noire [nwaʀ] *f* MUS Viertelnote *f*
noise [nwaz] *f* ▸ **chercher** ~ [*o* **des** ~**s**] **à qn** Streit mit jdm suchen
noisetier [nwaztje] *m* Hasel[nuss]strauch *m*
noisette [nwazɛt] **I.** *f* ❶ Haselnuss *f;* **glace à la** ~ Nusseis *nt*
❷ GASTR **une** ~ **de beurre** eine Flocke Butter
II. *adj inv* haselnussbraun
noix [nwa] *f* ❶ [Wal]nuss *f;* ~ **de cajou** Cashewnuss; ~ **de muscade** Muskatnuss
❷ *péj (individu stupide)* dumme Nuss
❸ GASTR *(viande)* Nuss *f*
❹ *(quantité)* **une** ~ **de beurre** ein walnussgroßes Stück Butter
▸ **à la** ~ [**de coco**] *fam* wertlos; **un mécanicien à la** ~ ein

[ganz] mieser Mechaniker; **des promesses à la ~** leere Versprechungen

noliser [nɔlize] <1> *vt* chartern; **navire nolisé** Charterschiff *nt;* **avion nolisé** Charterflugzeug *nt*

nom [nɔ̃] *m* ❶ Name *m;* **petit ~** Vorname; **~ commun** Gattungsname; **~ patronymique** Familienname; **~ propre** Eigenname; **avoir pour ~ ... ...** heißen; **il a un ~ prédestiné** nomen est omen; **quel est le ~ de ...?** wie heißt ...?; **je ne le connais que de ~** ich kenne ihn nur dem Namen nach; **qn donne son ~ à qn/qc** jd/etw wird nach jdm benannt; **se faire un ~** sich *(Dat)* einen Namen machen; **comme son ~ l'indique** wie sein/ihr [*o* der] Name schon sagt; **porter le ~ de qn/qc** nach jdm/etw heißen [*o* benannt werden]; **le chien porte le** [*o* **répond au**] **~ de Médor** der Hund heißt Médor [*o* hört auf den Namen Médor]; **du ~ de ...** namens ...; **du même ~** gleichnamig, gleichen Namens; **en mon ~** in meinem Namen; **sous un faux ~** unter falschem Namen
❷ GRAM Substantiv *nt,* Nomen *nt,* Hauptwort *nt;* **~ féminin/masculin/neutre** Femininum *nt*/Maskulinum *nt*/Neutrum *nt;* **~ abstrait/concret** Abstraktum *nt*/Konkretum *nt;* **~ composé** zusammengesetztes Substantiv, Kompositum *nt*
▶ **~ d'un chien!, ~ d'une pipe!** verdammt [noch mal]!; **appeler les choses par leur ~** die Dinge beim Namen nennen; **~ de Dieu** [**de ~ de Dieu**]! *(de surprise)* ach du lieber Gott [*o* Himmel]!; *(de colère)* verdammt noch mal!; **~ à particule** Name mit einem „von und zu"; **~ à coucher dehors** *fam* unaussprechlicher Name; **qc n'ose pas dire son ~** keiner will etw beim Namen nennen; **porter bien/mal son ~** seinen Namen zu Recht/zu Unrecht tragen; **traiter qn de tous les ~s** jdn übel beschimpfen; **se faire traiter de tous les ~s** sich übel beschimpfen lassen *(fam)*; **au ~ de qn** in jds Namen *(Dat)*; JUR auf jds Namen *(Akk)*; **au ~ de qc** im Namen einer S. *(Gen)*; **au ~ de la loi** im Namen des Gesetzes; **au ~ de quoi avez-vous ...?** mit welcher Berechtigung haben Sie ...?; **au ~ du ciel** [*o* **de Dieu**] *soutenu* um Himmels willen; **au ~ du Père, du Fils et du Saint-Esprit** im Namen des Vaters, des Sohnes und des Heiligen Geistes; **sans ~** *(innommable)* unbeschreiblich; **crime sans ~** schändliches Verbrechen
◆ **~ d'artiste** Künstlername *m;* **~ d'emprunt, de plume** Pseudonym *nt;* **~ de guerre** Deckname *m;* **~ de jeune fille** Mädchenname *m,* Geburtsname *m;* **~ de scène** [*o* **de théâtre**] Künstlername *m*

nomade [nɔmad] **I.** *adj* ❶ *(opp: sédentaire)* Nomaden-; ZOOL wandernd
❷ *(errant)* ruhelos; **vie** [*o* **existence**] **~** Vagabundenleben *nt*
II. *mf* Nomade *m*/Nomadin *f*

nomadisme [nɔmadism] *m* Nomadentum *nt*

no man's land [nomanslɑ̃d] *m inv* Niemandsland *nt*

nombre [nɔ̃bʀ] *m* ❶ MATH Zahl *f;* **~ cardinal/fractionnaire/ordinal** Kardinal-/Bruch-/Ordnungszahl; **~ entier** ganze Zahl; **~ premier** Primzahl
❷ *(quantité)* [An]zahl *f;* **depuis un grand ~ d'années** seit vielen Jahren; **un petit ~ de personnes** ein paar Leute; **un certain ~ de personnes/choses** einige Menschen/Dinge; **bon ~ de ...** viele ...; **en grand ~** zahlreich; **au ~ de trois/quatre** zu dritt/viert; **en ~** *(nombreux)* zahlreich; *(selon le nombre)* zahlenmäßig; **inférieur(e)/supérieur(e) en ~** zahlenmäßig unterlegen/überlegen; **en ~ égal/insuffisant** in gleicher/ungenügender Zahl; **en moins grand ~** weniger zahlreich; **le ~ de collaborateurs/chômeurs** die Zahl der Mitarbeiter/Arbeitslosen
❸ GRAM Numerus *m,* Zahl *f*
▶ **être du ~** [**des personnes**] **qui** zu denen [*o* den Menschen] gehören, die; **j'étais du ~** ich war [auch] dabei; **au ~ des personnes qui ...** unter den Menschen, die ...; **compter qn au ~ de ses amis** jdn zu seinen Freunden zählen

nombreux, -euse [nɔ̃bʀø, -øz] *adj* zahlreich; *foule, clientèle, famille* groß; **de ~ exemples** viele Beispiele; **les ~ exemples** die vielen Beispiele; **là-bas, les lynx sont ~/peu ~** dort gibt es viele/wenig[e] Luchse; **les villageois ont été ~/peu ~ à y assister** viele/wenig[e] Dorfbewohner haben daran teilgenommen

nombril [nɔ̃bʀil] *m* [Bauch]nabel *m*
▶ **se prendre pour le ~ du monde** *fam* sich für den Nabel der Welt halten *(fam)*; **se contempler** [*o* **se regarder**] **le ~** *fam* Nabelschau *f* betreiben *(fam)*

nombrilisme [nɔ̃bʀilism] *m fam* **faire du ~** Nabelschau *f* betreiben *(fam)*

nomenclature [nɔmɑ̃klatyʀ] *f* ❶ *d'un dictionnaire* Stichwortliste *f*
❷ *(terminologie)* Nomenklatur *f;* GRAM Terminologie *f*

nomenklatura [nɔmɛnklatuʀa] *f* Nomenklatura *f*

nominal(e) [nɔminal, o] <-aux> *adj* ❶ *liste* Namens-
❷ GRAM *forme, groupe, proposition* Nominal-; *emploi* nominal, substantivisch; **syntagme ~** Nominalphrase *f*
❸ ECON nominal, nominell; *salaire, taux* Nominal-; *valeur* Nenn-

nominalement [nɔminalmɑ̃] *adv* ❶ *(de nom)* nominell
❷ GRAM substantivisch, nominal
❸ *(par son nom)* namentlich

nominatif [nɔminatif] *m* GRAM Nominativ *m*

nominatif, -ive [nɔminatif, -iv] *adj* ❶ *état, liste* Namens-
❷ FIN *action, titre* Namens-

nomination [nɔminasjɔ̃] *f* ❶ *(désignation)* Ernennung *f;* **~ à un poste de directeur/de professeur** Ernennung zum Direktor/Einstellung *f* als Lehrer
❷ ADMIN *(notification)* Bestätigung *f;* *(titre, acte)* Ernennungsurkunde *f*
❸ *(mention)* Nominierung *f*

nominativement [nɔminativmɑ̃] *adv* namentlich

nominé(e) [nɔmine] *adj* nominiert

nommé(e) [nɔme] *adj* ❶ *(qui s'appelle)* namens; *(cité)* genannt
❷ *(désigné)* ernannt
▶ **à point ~** im rechten Augenblick

nommément [nɔmemɑ̃] *adv* namentlich

nommer [nɔme] <1> **I.** *vt* ❶ *(appeler)* benennen *chose;* **~ qn/un animal** jdm/einem Tier einen Namen geben; **une femme nommée Laetitia** eine Frau namens Laetitia; **un nommé/une nommée ...** ein gewisser/eine gewisse ..., ein Mann/eine Frau namens ...; **connaissez-vous le nommé Lemercier?** kennen Sie einen gewissen Lemercier?
❷ *(citer)* nennen; *(énumérer)* aufzählen; **quelqu'un que je ne nommerai pas** jemand, den [*o* dessen Namen] ich nicht nennen möchte
❸ *(désigner)* ernennen; beauftragen *avocat, expert;* **~ qn son héritier** jdn als Erben einsetzen; **~ qn à un poste/à une fonction** jdn auf einen Posten/in ein Amt berufen
▶ **pour ne pas le/la ~** *hum* um keinen Namen zu nennen
II. *vpr* ❶ *(s'appeler)* **se ~ ... ...** heißen
❷ *(dire son nom)* **se ~** seinen Namen nennen

non [nɔ̃] **I.** *adv* ❶ *(réponse)* nein; **~ à qc** nein zu etw; **je pense que ~** ich glaube nicht; **moi ~, mais** ich nicht, aber; **j'ai dit que ~** ich habe nein gesagt; **feras-tu oui ou ~ ce voyage?** wirst du diese Reise machen oder nicht?; **ah ~!** oh nein!; **ça ~!** das kommt nicht in Frage [*o* infrage]!; **mais ~!** *(atténuation)* ach was! *(fam)*; *(insistance)* nein!; **[oh] que ~!** *fam* nein, niemals!; *(réponse à une question positive)* von wegen! *(fam)*
❷ *(opposition)* nicht; **~ pas** [*o* **point**] **servile, mais soumis(e)** *soutenu* nicht etwa servil, sondern unterwürfig; **~ plus ..., mais ...** nicht mehr ..., sondern ...; **moi ~ plus** ich auch nicht; **il n'en est pas question ~ plus** das kommt auch nicht [*o* ebenso wenig] in Frage [*o* infrage]; **~ pas que qn fasse qc** nicht etwa, dass jd etw tut; **~ sans faire qc** nicht ohne etw zu tun; **~ sans que qn fasse qc** so sehr auch jd etw tut; **~ moins intéressant(e) que qn/qc** nicht weniger interessant als jd/etw, genauso interessant wie jd/etw; **~ seulement ..., mais**

encore nicht nur ..., sondern auch
❸ *fam* (*sens interrogatif*) **vous venez, ~?** Sie kommen doch, oder?; **~, pas possible!** ehrlich? (*fam*)
❹ (*sens exclamatif*) **~, par exemple!** das ist doch nicht zu fassen!; **~ mais [alors]!** *fam* also wirklich [*o* ehrlich]! (*fam*); **~, mais dis donc!** *fam* was fällt dir denn ein! (*fam*)
❺ (*qui n'est pas*) **~ négligeable** beträchtlich; **~ polluant(e)** umweltfreundlich; **~ dénué(e) d'humour** nicht ohne Humor; **~ dépourvu(e) de difficultés** nicht ohne Schwierigkeiten
II. *m inv* Nein *nt;* (*vote négative*) Neinstimme *f;* **48% de ~** 48% Neinstimmen; **répondre par un ~ catégorique** kategorisch ablehnen

nonagénaire [nɔnaʒenɛʀ] **I.** *adj* neunzigjährig, neunzig Jahre alt; **être ~** (*avoir 90 ans*) neunzig Jahre alt sein; (*être âgé de 91 à 99 ans*) in den Neunzigern sein
II. *mf* (*personne âgée de 90 ans*) Neunzigjährige(r) *f(m);* (*personne qui a entre 90 et 99 ans*) Neunziger(in) *m(f)*

non-agression [nɔnagʀesjɔ̃] <non-agressions> *f* Nichtangriff *m;* **pacte de ~** Nichtangriffspakt *m* **non-aligné(e)** [nɔnaliɲe] <non-alignés> *adj* blockfrei **non-alignement** [nɔnaliɲmɑ̃] <non-alignements> *m* Blockfreiheit *f*

nonante [nɔnɑ̃t] *num* BELG, CH (*quatre-vingt-dix*) neunzig; *v. a.* **cinq, cinquante**

nonantième [nɔnɑ̃tjɛm] *adj antéposé* BELG, CH neunzigste(r, s); *v. a.* **cinquième**

non-assistance [nɔnasistɑ̃s] <non-assistances> *f* **~ [à personne en danger]** unterlassene Hilfeleistung **non-belligérance** [nɔ̃beliʒeʀɑ̃s, nɔ̃bɛlliʒeʀɑ̃s] <non-belligérances> *f* Status *m* einer nicht Krieg führenden Macht **non-belligérant(e)** [nɔ̃beliʒeʀɑ̃, nɔ̃bɛlliʒeʀɑ̃] <non-belligérants> *adj* **personne ~e** nicht Krieg führende Person; **être ~(e)** nicht am Krieg beteiligt sein

nonce [nɔ̃s] *m* Nuntius *m*

nonchalamment [nɔ̃ʃalamɑ̃] *adv* lässig

nonchalance [nɔ̃ʃalɑ̃s] *f* ❶ (*paresse*) Nachlässigkeit *f;* (*calme*) Gelassenheit *f;* **avec ~** nachlässig
❷ (*lenteur*) *d'une démarche* Gemächlichkeit *f; d'une pose, d'un geste* Lässigkeit *f;* **avec ~** gemächlich/lässig

nonchalant(e) [nɔ̃ʃalɑ̃, ɑ̃t] *adj* ❶ (*paresseux*) nachlässig; (*calme*) gelassen; **humeur ~e** Gelassenheit *f*
❷ (*lent*) gemächlich; (*alangui*) lässig, ungezwungen

nonciature [nɔ̃sjatyʀ] *f* Nuntiatur *f*

non-combattant(e) [nɔ̃kɔ̃batɑ̃, ɑ̃t] <non-combattants> **I.** *adj* nicht kombattant; **unités ~es** Führungs- und Logistiktruppen *Pl* **II.** *m(f)* Nichtkombattant(in) *m(f)* **non-comparution** [nɔ̃kɔ̃paʀysjɔ̃] <non-comparutions> *f* Nichterscheinen *nt* **non-conducteur, -trice** [nɔ̃kɔ̃dyktœʀ, -tʀis] <non-conducteurs> *adj* **fil ~** nicht leitender Draht; **être ~(-trice)** nicht leiten; **être ~(-trice) de chaleur** keine Wärme leiten **non-conformisme** [nɔ̃kɔ̃fɔʀmism] <non-conformismes> *m* Nonkonformismus *m* **non-conformiste** [nɔ̃kɔ̃fɔʀmist] <non-conformistes> **I.** *adj* nonkonformistisch **II.** *mf* Nonkonformist(in) *m(f)* **non-conformité** [nɔ̃kɔ̃fɔʀmite] <non-conformités> *f* Nichtübereinstimmung *f;* **~ avec qn/qc** Abweichung *f* von jdm/etw **non-constructible** [nɔ̃kɔ̃stʀyktibl] <non-constructibles> *adj* nicht bebaubar **non-croyant(e)** [nɔ̃kʀwajɑ̃, jɑ̃t] <non-croyants> **I.** *adj* nichtgläubig **II.** *m(f)* Nichtgläubige(r) *f(m)* **non-cumul** [nɔ̃kymyl] <non-cumuls> *m* **~ des peines** Konkurrenz *f* von Straftaten; **~ des mandats** Verbot *nt* der Ämterhäufung **non-dénonciation** [nɔ̃denɔ̃sjasjɔ̃] <non-dénonciations> *f* Verletzung *f* der Anzeigepflicht; **~ de qn/qc** Deckung *f* eines Menschen/Nichtanzeige *f* einer S. (*Gen*) **non-dit** [nɔ̃di] <non-dits> *m* Unausgesprochene *nt;* (*non-alignement*) Blockfreiheit *f* **non-engagé(e)** [nɔnɑ̃gaʒe] <non-engagés> *adj* blockfrei **non-figuratif, -ive** [nɔ̃figyʀatif, -iv] <non-figuratifs> **I.** *adj* nicht figürlich [*o* gegenständlich] **II.** *m, f* Vertreter(in) *m(f)* der nicht figürlichen [*o* gegenständlichen] Kunst, abstrakter Künstler *m*/abstrakte Künstlerin *f* **non-fumeur, -euse** [nɔ̃fymœʀ, -øz] <non-fumeurs> *m, f* Nichtraucher(in) *m(f)* **non-ingérence** [nɔnɛ̃ʒeʀɑ̃s] <non-ingérences> *f* Nichteinmischung *f* **non-initié(e)** [nɔninisje] <non-initiés> **I.** *adj* ohne Fachkenntnis; **être ~(e)** Laie [*o* Nichtfachmann/-frau] sein **II.** *m(f)* Laie *m,* Nichtfachmann *m*/-frau *f* **non-inscrit(e)** [nɔnɛ̃skʀi, it] <non-inscrits> **I.** *adj* **être ~(e)** fraktionslos sein **II.** *m(f)* Fraktionslose(r) *f(m)* **non-intervention** [nɔnɛ̃tɛʀvɑ̃sjɔ̃] <non-interventions> *f* Nichteinmischung *f* **non-interventionniste** [nɔnɛ̃tɛʀvɑ̃sjɔnist] <non-interventionnistes> **I.** *adj* nicht interventionistisch; *politique* der Nichteinmischung; **être ~** nicht eingreifen, nicht intervenieren **II.** *mf* Gegner(in) *m(f)* einer Interventionspolitik **non-moi** [nɔ̃mwa] *m inv* PHILOS Nicht-Ich *nt*

nonne [nɔn] *f* Nonne *f*

nonnette [nɔnɛt] *f* ❶ ORN Sumpfmeise *f,* Nonnenmeise *f*
❷ (*gâteau*) *runder Lebkuchen*

nonobstant [nɔnɔpstɑ̃] **I.** *prép vieilli* ungeachtet (+ *Gen*)
II. *adv vieilli* dennoch, dessen ungeachtet

non-paiement [nɔ̃pɛmɑ̃] <non-paiements> *m* Nichtbegleichung *f* **non-prolifération** [nɔ̃pʀɔlifeʀasjɔ̃] <non-proliférations> *f* Nichtweiterverbreitung *f;* **traité de ~ des armes nucléaires** Atomwaffensperrvertrag *m* **non-recevoir** [nɔ̃ʀəsəvwaʀ] *m v.* **fin non-résident(e)** [nɔ̃ʀezidɑ̃, ɑ̃t] <non-résidents> *m(f)* JUR Gebietsfremde(r) *f(m),* Nichtansässige(r) *f(m)* **non-résiliable** [nɔ̃ʀeziljabl] <non-résiliables> *adj* JUR *contrat* unkündbar **non-respect** [nɔ̃ʀɛspɛ] <non-respects> *m* Nichtbeachtung *f;* **~ de la justice** Missachtung des Gerichts; **~ de la loi** Übertretung *f* des Gesetzes **non-retour** [nɔ̃ʀətuʀ] *m v.* **point non-salarié(e)** [nɔ̃salaʀje] <non-salariés> *m(f)* Selb[st]ständige(r) *f(m)* **non-satisfaction** [nɔ̃satisfaksjɔ̃] <non-satisfactions> *f des besoins* Nichtbefriedigung *f; des revendications* Nichterfüllung *f;* **en cas de ~** bei Nichtgefallen **non-sens** [nɔ̃sɑ̃s] *m inv* ❶ (*absurdité*) Unsinn *m* ❷ SCOL Sinnfehler *m* **non-spécialiste** [nɔ̃spesjalist] <non-spécialistes> *mf* Nichtfachmann *m*/-frau *f* **non-stop** [nɔnstɔp] **I.** *adj inv* Nonstop- **II.** *m inv* ❶ MEDIA Nonstopprogramm *nt* ❷ (*vol*) Nonstopflug *m;* **en ~** nonstop ❸ COM **être ouvert(e) en ~** durchgehend geöffnet sein [*o* haben] **non-viable** [nɔ̃vjabl] <non-viables> *adj* nicht lebensfähig **non-violence** [nɔ̃vjɔlɑ̃s] <non-violences> *f* Gewaltfreiheit *f* **non-violent(e)** [nɔ̃vjɔlɑ̃, ɑ̃t] <non-violents> **I.** *adj* gewaltfrei, friedlich **II.** *m(f)* Gegner(in) *m(f)* der Gewalt **non-voyant(e)** [nɔ̃vwajɑ̃, jɑ̃t] <non-voyants> *m(f)* Blinde(r) *f(m)*

nord [nɔʀ] **I.** *m* (*point cardinal*) Norden *m;* **le ~** der Norden; **au ~ de qc** nördlich von etw; **être exposé au ~** nach Norden gehen; **dans le ~ de** im Norden von; **du ~** aus dem Norden; **le vent du ~** der Nordwind; **les régions du ~** die nördlichen Regionen; **les villes du ~ du pays** die Städte im Norden des Landes; **vers le ~** nach Norden
▸ **perdre le ~** (*perdre son calme*) außer Fassung geraten; (*perdre la raison*) den Kopf verlieren
II. *adj inv* Nord-; *latitude, partie, banlieue* nördlich

Nord [nɔʀ] **I.** *m* (*région, pays*) Norden *m;* **le ~** der Norden; **l'Europe du ~** Nordeuropa *nt;* **le ~ canadien** Nordkanada *nt;* **les gens du ~** die Leute aus dem Norden; **l'autoroute du ~** die Autobahn nach Norden; **les Allemands du ~** die Norddeutschen; **dans le ~** (*dans la région*) im Norden; (*vers la région*) in den Norden; **le grand ~** der hohe Norden
II. *adj inv* **l'hémisphère ~** die nördliche Hemisphäre; **le pôle ~** der Nordpol; **le cap ~** das Nordkap

nord-africain(e) [nɔʀafʀikɛ̃, ɛn] <nord-africains> *adj* nordafrikanisch **Nord-Africain(e)** [nɔʀafʀikɛ̃, ɛn] <Nord-Africains> *m(f)* Nordafrikaner(in) *m(f)* **nord-américain(e)** [nɔʀameʀikɛ̃, ɛn] <nord-américains> *adj* nordamerikanisch **Nord-Américain(e)** [nɔʀameʀikɛ̃, ɛn] <Nord-Américains> *m(f)* Nordamerikaner(in) *m(f)* **nord-coréen(ne)** [nɔʀkɔʀeɛ̃, ɛn] <nord-coréens> *adj* nordkoreanisch **Nord-Coréen(ne)** [nɔʀkɔʀeɛ̃, ɛn] <Nord-Coréens> *m(f)* Nordkoreaner(in) *m(f)*

nord-est [nɔʀɛst] *m inv* Nordosten *m;* **au ~ de** im Nordosten von, nordöstlich von **Nord-Est** [nɔʀɛst] *m* Nordosten *m*
nordique [nɔʀdik] *adj* nordisch
Nordique [nɔʀdik] *mf* Nordländer(in) *m(f)*
nord-nord-est [nɔʀnɔʀɛst] *m inv* Nordnordost[en] *m* **nord-ouest** [nɔʀwɛst] *m inv* Nordwesten *m;* **au ~ de** im Nordwesten von, nordwestlich von **Nord-Ouest** [nɔʀwɛst] *m* Nordwesten *m* **Nord-Sud** [nɔʀsyd] *adj inv* Nord-Süd- **nord-vietnamien(ne)** [nɔʀvjɛtnamjɛ̃, jɛn] <nord-vietnamiens> *adj* nordvietnamesisch **Nord-Vietnamien(ne)** [nɔʀvjɛtnamjɛ̃, jɛn] <Nord-Vietnamiens> *m(f)* Nordvietnamese *m*/-vietnamesin *f*
noria [nɔʀja] *f* ❶ *(machine)* [Wasser]schöpfrad *nt,* Noria *f* *(Fachspr.)*
❷ *(succession)* Staffel *f,* Stafette *f*
normal(e) [nɔʀmal, o] <-aux> *adj* ❶ *(ordinaire)* normal, gewöhnlich; *situation* alltäglich; *taille d'un vêtement* gängig; **redevenir ~(e)** sich normalisieren; **état ~** Normalzustand *m*
❷ *(compréhensible)* normal; **il est/n'est pas ~ que qn fasse qc/de faire qc** es ist/es ist nicht normal, dass jd etw tut/etw zu tun
❸ *(sain)* normal
normale [nɔʀmal] *f* ❶ *(état habituel)* Normalfall *m*
❷ *(norme)* Norm *f;* **être conforme à la ~** der Norm entsprechen, normal sein; **revenir à la ~** wieder seinen normalen Verlauf nehmen; **des capacités au-dessus de la ~** überdurchschnittliche Fähigkeiten
❸ METEO **~s saisonnières** jahreszeitliche Durchschnittswerte
normalement [nɔʀmalmɑ̃] *adv* ❶ *(conformément aux normes)* normal
❷ *(selon toute prévision)* normalerweise, eigentlich; **~ nous devons arriver à trois heures** wenn nichts dazwischenkommt, [*o* eigentlich] müssten wir um drei Uhr ankommen
normalien(ne) [nɔʀmaljɛ̃, jɛn] *m(f) Schüler einer École normale [supérieure]*
normalisation [nɔʀmalizasjɔ̃] *f* ❶ *(standardisation)* Normierung *f*
❷ POL *(retour à la normale)* Normalisierung *f; péj (soumission à la norme)* Rückkehr *f* zu Ruhe und Ordnung
normaliser [nɔʀmalize] <1> **I.** *vt* ❶ *(standardiser)* normen, normieren, vereinheitlichen
❷ *(rendre normal)* normalisieren; legalisieren *liaison*
II. *vpr* **les relations se normalisent/la situation se normalise** die Beziehungen normalisieren sich/die Situation normalisiert sich
normalité [nɔʀmalite] *f* Normalität *f*
normand [nɔʀmɑ̃] *m* **le ~** ❶ *(en parlant de la Normandie)* Mundart *f* der Normandie
❷ HIST *de la tribu germanique* Normannisch *nt,* das Normannische; *v. a.* **allemand**
normand(e) [nɔʀmɑ̃, ɑ̃d] *adj* ❶ GEOG der Normandie
❷ HIST normannisch
Normand(e) [nɔʀmɑ̃, ɑ̃d] *m(f)* ❶ GEOG Bewohner(in) *m(f)* der Normandie
❷ *pl* HIST **les ~s** die Normannen
Normandie [nɔʀmɑ̃di] *f* **la ~** die Normandie
normatif, -ive [nɔʀmatif, -iv] *adj* normativ
norme [nɔʀm] *f* Norm *f;* **se soumettre à une ~** sich einer Regel unterwerfen; **rester dans la/être hors ~** sich innerhalb/außerhalb der Norm bewegen
normé(e) [nɔʀme] *adj* MATH normiert
noroît [nɔʀwa] *m* METEO Nordwestwind *m*
nor[r]ois [nɔʀwa] *m* LING **le ~** Altnordisch *nt,* das Altnordische; *v. a.* **allemand**
nor[r]ois(e) [nɔʀwa, waz] *adj langue* altnordisch; *texte* in Runenschrift geschrieben
Norvège [nɔʀvɛʒ] *f* **la ~** Norwegen *nt*
norvégien [nɔʀveʒjɛ̃] *m* **le ~** Norwegisch *nt,* das Norwegische; *v. a.* **allemand**
norvégien(ne) [nɔʀveʒjɛ̃, jɛn] *adj* norwegisch
Norvégien(ne) [nɔʀveʒjɛ̃, jɛn] *m(f)* Norweger(in) *m(f)*
nos [no] *dét poss v.* **notre**
nostalgie [nɔstalʒi] *f* Wehmut *f,* Nostalgie *f;* **~ de qc** Sehnsucht *f* nach etw; **avoir** [*o* **garder**] **la ~ de qc** sich nach etw sehnen; **avoir la ~ de sa jeunesse** wehmütig an seine Jugend zurückdenken
nostalgique [nɔstalʒik] **I.** *adj* nostalgisch; *pensée, regard* wehmütig; **être ~** in nostalgischer [*o* wehmütiger] Stimmung sein
II. *mf* Nostalgiker(in) *m(f);* **~ de la musique des années 60** Liebhaber(in) der Musik der sechziger Jahre; **des ~s du nazisme** Altnazis *Pl*
nota [bene] [nɔta(bene)] *m inv* Anmerkung *f*
notabilité [nɔtabilite] *f* angesehene Persönlichkeit; **les ~s** die Honoratioren
notable [nɔtabl] **I.** *adj* erheblich, beträchtlich; *progrès* beachtlich; *fait* bemerkenswert; *personne* wichtig, von Rang; **rien de ~** nichts Besonderes
II. *mf* angesehene Persönlichkeit; *pl* HIST Notabeln *Pl;* **les ~s de la ville** die Honoratioren der Stadt
notablement [nɔtabləmɑ̃] *adv* erheblich, beträchtlich; **~ différent** grundverschieden
notaire [nɔtɛʀ] *mf* Notar(in) *m(f)*
notamment [nɔtamɑ̃] *adv* ❶ vor allem, besonders
❷ BELG *(nommément)* namentlich, mit Namen
notarial(e) [nɔtaʀjal, jo] <-aux> *adj acte* notariell; *fonction* Notariats-
notariat [nɔtaʀja] *m* Notariat *nt*
notarié(e) [nɔtaʀje] *adj acte* notariell beglaubigt
notation [nɔtasjɔ̃] *f* ❶ Notation *f;* **~ musicale** Notenschrift *f;* **~ sténographique** Kurzschrift *f*
❷ ADMIN Beurteilung *f;* SCOL Benotung *f*
note [nɔt] *f* ❶ SCOL Note *f;* ADMIN Beurteilung *f*
❷ MUS *(signe)* Note *f; (son)* Ton *m;* **trouver la ~ juste** den richtigen Ton treffen
❸ *(communication)* Mitteilung *f,* Notiz *f;* **~ diplomatique** Note *f*
❹ *(facture)* Rechnung *f;* **~ de cent euros** Rechnung über hundert Euro
❺ *(touche)* Note *f;* **~ de tristesse/gaieté** Anflug *m* von Traurigkeit/fröhliche Note
❻ *(annotation)* Anmerkung *f,* Notiz *f;* **~ marginale** Randnotiz *f;* **~ de bas de page** Fußnote *f;* **mettre une ~ sur qc** einen Vermerk [*o* eine Notiz] auf etw *(Akk)* schreiben; **~s grammaticales** grammatikalische Erläuterungen
❼ *pl (compte rendu, support écrit)* Notizen *Pl;* **parler sans ~s** frei sprechen; **prendre des ~s** [sich *(Dat)*] Notizen machen
▶ **fausse ~** MUS falscher Ton; *(maladresse)* Zwischenfall *m;* **une mauvaise ~ pour qn** ein Minus[punkt] für jdn; **donner la ~** den Ton angeben; *clé:* die Tonart angeben; **être** [*o* **rester**] **dans la ~** nicht aus dem Rahmen fallen; **ne pas être du tout dans la ~** *personne:* aus dem Rahmen fallen; *chose:* überhaupt nicht passen; **forcer la ~** übertreiben; **prendre bonne ~ de qc** sich *(Dat)* etw gut merken; **prendre qc en ~** *(inscrire)* [sich *(Dat)*] etw notieren; *(prendre conscience)* etw zur Kenntnis nehmen
◆ **~ de service** Hausmitteilung *f*
noter [nɔte] <1> *vt* ❶ *(inscrire)* [sich *(Dat)*] aufschreiben [*o* notieren]
❷ *(remarquer)* feststellen; **notez-le bien, notons-le** wohlgemerkt; **~ que qn a fait qc** feststellen, dass jd etw getan hat; *(prendre en compte)* berücksichtigen, dass jd etw getan hat; **note bien que j'ai fini à temps** [bitte] beachte, dass ich rechtzeitig fertig bin; **veuillez ~ que qn fera qc** bitte nehmen Sie zur Kenntnis, dass jd etw tun wird; **qc est à ~** man darf etw nicht außer Acht lassen

N

❸ ADMIN, SCOL benoten; beurteilen *employé;* ~ **qn/qc 12 sur 20** jdn/etw mit 12 von 20 Punkten benoten; **le premier exercice sera noté sur cinq** für die erste Aufgabe gibt es fünf Punkte
❹ (*souligner*) anstreichen; ~ **qc d'une croix** etw ankreuzen
❺ MUS notieren

notice [nɔtis] *f* ❶ (*mode d'emploi*) Beipackzettel *m;* ~ **[explicative]** Gebrauchsanweisung *f;* ~ **d'entretien** Betriebsanleitung *f*
❷ (*courte présentation*) Angaben *Pl;* (*notice technique*) Erläuterung *f;* (*préface*) Einleitung *f;* ~ **nécrologique** Nachruf *m*

notificatif, -ive [nɔtifikatif, -iv] *adj* Benachrichtigungs-; **lettre notificative** schriftliche Benachrichtigung

notification [nɔtifikasjɔ̃] *f* Mitteilung *f,* Benachrichtigung *f; d'un jugement* Zustellung *f*

notifier [nɔtifje] <1a> *vt* zustellen *jugement;* ~ **qc à qn** jdm etw mitteilen, jdn von etw benachrichtigen; ADMIN jdm von etw Mitteilung machen

notion [nosjɔ̃] *f* ❶ (*idée*) Begriff *m;* **la** ~ **de liberté** der Begriff [der] Freiheit; **la** ~ **de sécurité** das Konzept der Sicherheit
❷ (*conscience*) **la** ~ **de l'heure** [*o* **du temps**] das Zeitgefühl; **la** ~ **du lieu** der Orientierungssinn
❸ *pl* (*connaissances*) Ahnung *f;* **avoir des** ~**s de qc** Ahnung von etw haben; **avoir des** ~**s d'anglais** Grundkenntnisse in Englisch (*Dat*) haben

notionnel(le) [nosjɔnɛl] *adj* **champ** ~ LING Bedeutungsfeld *nt,* Wortfeld *nt*

notoire [nɔtwaʀ] *adj* offenkundig; *criminel, bêtise, inconduite* notorisch; **il est** ~ **que qn a fait qc** es ist offenkundig, dass jd etw getan hat

notoirement [nɔtwaʀmɑ̃] *adv* (*manifestement*) offenkundig; (*incontestablement*) notorisch; *connu, reconnu* allgemein

notoriété [nɔtɔʀjete] *f* ❶ (*renommée*) *d'une personne, œuvre* Bekanntheitsgrad *m;* **gagner en** ~ immer bekannter werden; **qc donne de la** ~ **à qn** jd wird durch etw bekannt
❷ (*caractère connu*) Bekanntheit *f;* **être de** ~ **publique** öffentlich [*o* allgemein] bekannt sein; **il est de** ~ **publique que qn a fait qc** es ist allgemein bekannt, dass jd etw getan hat

notre [nɔtʀ, no] <nos> *dét poss* ❶ unser(e); ~ **chien/vase/maison** unser Hund/uns[e]re Vase/unser Haus; **à** ~ **avis** uns[e]rer Meinung nach; **à** ~ **approche** als wir näherkommen
❷ REL **Notre Père qui êtes aux cieux** Vater unser, der du bist im Himmel
▶ **comment va** ~ **malade aujourd'hui?** *hum fam* wie geht es denn uns[e]rem Patienten/uns[e]rer Patientin heute? (*fam*)

nôtre [notʀ] **I.** *pron poss* ❶ **le/la** ~ der/die/das Uns[e]re [*o* uns[e]re], uns[e]re(r, s); **les** ~**s** die Uns[e]ren [*o* uns[e]ren], uns[e]re; **ce n'est pas votre valise, c'est la** ~ es ist nicht Ihr Koffer, es ist der Uns[e]re [*o* uns[e]re] [*o* es ist uns[e]rer]; **cette maison est la** ~ dies ist unser Haus, dieses Haus gehört uns
❷ *pl* (*ceux de notre famille*) **les** ~**s** unsere Angehörigen [*o* Familie], die Uns[e]ren (*geh*); (*nos partisans*) uns[e]re Anhänger, die Uns[e]ren (*geh*); **il est des** ~**s** er gehört zu uns, er ist einer von uns; **j'espère que vous serez des** ~**s ce soir** ich hoffe, dass Sie heute Abend dabei sein werden
▶ **à la [bonne]** ~**!** *fam* auf unser Wohl!
II. *adj poss littér* **qc est** ~ etw ist der/die/das Uns[e]re [*o* uns[e]re]; **cet objectif est** ~ das ist unser Ziel; **ces principes, nous les avons faits** ~**s** wir haben uns diese Prinzipien zu eigen gemacht

Notre-Dame [nɔtʀədam] *f inv* Unsere Liebe Frau; (*nom d'églises*) Marienkirche *f;* (*en France*) Notre-Dame *f*

nouba [nuba] *f fam* Sause *f* (*fam*); **faire la** ~ **toute la nuit** die ganze Nacht durchfeiern

nouer [nwe] <1> **I.** *vt* ❶ (*faire un nœud avec*) binden; zubinden *garrot, ceinture;* schließen *bras*
❷ (*entourer d'un lien*) zusammenbinden; verschnüren *paquet;* binden *bouquet*
❸ (*établir*) schließen *alliance, amitié;* knüpfen *contact, relation;* schmieden *complot;* ~ **la conversation** eine Unterhaltung [*o* ein Gespräch] anknüpfen
❹ (*paralyser*) **l'émotion/les sanglots lui a/ont noué la gorge** ihre/seine Kehle war vor Rührung/vor lauter Weinen wie zugeschnürt; **l'angoisse lui a noué l'estomac** vor Angst krampfte sich ihm/ihr der Magen zusammen
II. *vpr* ❶ (*se serrer*) **sa gorge se noua en voyant cela** bei diesem Anblick schnürte sich ihm/ihr die Kehle zu; **leurs mains se nouèrent** sie fassten sich bei den Händen
❷ (*s'établir*) **se** ~ *amitié, alliance:* geschlossen werden, entstehen; *contact, lien:* geknüpft werden; *conversation:* in Gang kommen; **une conversation se noue entre des personnes** Menschen kommen miteinander ins Gespräch
❸ (*s'attacher*) **se** ~ **autour du cou** um den Hals gebunden werden; (*accidentellement*) sich um den Hals wickeln
❹ LITTER, THEAT **l'intrigue se noue** der Knoten [der Handlung] schürzt sich

noueux, -euse [nwø, -øz] *adj* knorrig; *doigt, main* knotig

nougat [nuga] *m* türkischer Honig
▶ **c'est du** ~ *fam* das ist Pipifax (*fam*); **c'est pas du** ~**!** das ist kein Honigschlecken! (*fam*)

nougatine [nugatin] *f* Krokant *m*

nouille [nuj] **I.** *f* ❶ GASTR Nudel *f*
❷ *fam* (*ballot*) Depp *m* (*fam*); (*empoté*) Tranfunzel *f* (*fam*)
II. *adj* ❶ *fam* (*empoté*) tapsig (*fam*)
❷ ART **style** ~ [schwülstiger] Jugendstil
❸ *fam* (*tarte*) blöd (*fam*)

nounou [nunu] *f enfantin* (*nourrice*) Tagesmutter *f;* (*garde d'enfant*) Kindermädchen *nt*

nounours [nunuʀs] *m enfantin* Teddy[bär *m*] *m*

nourri(e) [nuʀi] *adj* heftig; *conversation* lebhaft; *tir* schwer; **feu** ~ Kugelhagel *m*

nourrice [nuʀis] *f* ❶ (*qui allaite*) Amme *f*
❷ (*gardienne*) Tagesmutter *f;* **en** ~ in Pflege
❸ (*bidon*) [Reserve]kanister *m*

nourricier, -ière [nuʀisje, -jɛʀ] *adj* ❶ (*adoptif*) Pflege-
❷ *poét* (*qui nourrit*) nährend; *sève, suc* nahrhaft; **la terre nourricière** die Nährmutter Erde (*poet*)

nourrir [nuʀiʀ] <8> **I.** *vt* ❶ (*donner à manger à*) ernähren *personne;* füttern *animal;* ~ **qn au biberon/à la cuillère** jdn mit der Flasche/mit dem Löffel füttern; ~ **qn au sein** jdn stillen; ~ **les poulets au grain** die Hühner mit Getreide füttern; **être bien/mal nourri(e)** gut/schlecht genährt sein
❷ (*faire vivre*) ernähren; [mit Nahrungsmitteln] versorgen *ville*
❸ (*alimenter*) nähren *feu, rumeur;* schüren *polémique, crainte*
❹ (*entretenir*) hegen *désir, espoir, projet;* ~ **une illusion** sich in einer Illusion wiegen; ~ **sa vengeance** Rachegefühle hegen
▶ **être nourri(e) blanchi(e)** sein Essen und seine Wäsche gewaschen bekommen; **nourri(e) et logé(e)** bei freier Kost und Logis; **être nourri(e) et logé(e)** freie Kost und Logis haben
II. *vi* nahrhaft sein
III. *vpr* ❶ (*s'alimenter*) **se** ~ **de qc** sich von etw ernähren; **bien se** ~ auf seine Ernährung achten
❷ (*s'enrichir*) **se** ~ **de qc** von etw leben; **se** ~ **de romans/lectures** Romane verschlingen/eine Leseratte sein
▶ **l'homme ne se nourrit pas que de pain** *prov* der Mensch lebt nicht vom Brot allein (*prov*)

nourrissant(e) [nuʀisɑ̃, ɑ̃t] *adj* nahrhaft

nourrisson [nuʀisɔ̃] *m* Säugling *m*

nourriture [nuʀityʀ] *f* ❶ (*produits*) Nahrung *f;* ~ **pour animaux** Futter *nt* für Tiere
❷ (*action*) Ernährung *f;* **la** ~ **des animaux** die Fütterung der Tiere
❸ *fig littér* ~ **de l'esprit** geistige Nahrung

nous [nu] I. *pron pers* ① *sujet* wir; ~ **sommes grand(e)s** wir sind groß; **vous avez fini, mais pas** ~ ihr seid fertig, aber wir [noch] nicht; ~ **autres** wir; ~ **autres[, les] Français** wir Franzosen
② *complément d'objet direct et indirect* uns; **il** ~ **aime/suit** er liebt/folgt uns; **il** ~ **demande le chemin** er fragt uns nach dem Weg
③ *avec faire, laisser* uns; **il** ~ **laisse/fait conduire la voiture** er lässt uns das Auto fahren
④ *avec être, devenir, sembler soutenu* **cela** ~ **semble bon** das erscheint uns gut; **son amitié** ~ **est chère** seine/ihre Freundschaft ist uns teuer (*geh*); **ça** ~ **est bon de rentrer au pays** es tut [uns] gut heimzukommen; **le café** ~ **devenait indispensable** wir konnten nicht mehr auf den Kaffee verzichten
⑤ *avec les verbes pronominaux* ~ ~ **nettoyons les ongles** wir machen uns die Nägel sauber
⑥ *fam (pour renforcer)* ~**, monter une entreprise?** was, wir sollen ein Unternehmen gründen?; ~**,** ~ **n'avons pas** [*o* **on n'a pas** *fam*] **ouvert la bouche** wir haben den Mund nicht aufgemacht; **et** ~ **qui pensions avoir tout compris!** und wir dachten, wir hätten alles verstanden!; **c'est** ~ **qui l'avons dit** wir haben das gesagt; **c'est** ~ **que tu as entendu(e)s à la radio** uns hast du im Radio gehört; **il veut** ~ **voir,** ~**!** uns möchte er sehen!; **il veut** ~ **aider,** ~**?** uns möchte er helfen?
⑦ *(avec un sens possessif)* **le cœur** ~ **battait fort** unsere Herzen schlugen heftig
⑧ *avec un présentatif* wir; ~ **voici** [*o* **voilà**]**!** hier [*o* da] sind wir!; ~ **voilà tout(es) propres** jetzt sind wir [wieder] sauber
⑨ *avec une préposition* **avec/sans** ~ mit/ohne uns; **à** ~ **deux** wir beide; **à** ~ **deux maintenant** und jetzt zu uns [beiden]; **la maison est à** ~ das Haus gehört uns; **c'est à** ~ **de décider** wir müssen entscheiden; **c'est à** ~**!** wir sind dran!
⑩ *dans une comparaison* wir; **vous êtes comme** ~ ihr seid wie wir; **plus/aussi fort(e) que** ~ stärker als/genauso stark wie wir
⑪ *(pluriel de modestie ou de majesté)* ~ **sommes désolé(e)s** wir bedauern; ~**, Roi de France** Wir, König von Frankreich
⑫ *fam (signe d'intérêt)* **comment allons-~?** wie geht's uns denn? (*fam*)
II. *m* Wir *nt;* **le** ~ **de majesté** der Pluralis majestatis

nous-mêmes [numɛm] *pron pers* ① *(nous en personne)* ~ **n'en savions rien** wir [selbst] wussten nichts davon; **nous nous sentions** ~ **heureux(-euses)** wir fühlten uns glücklich; **nous l'avons dit** ~**, c'est** ~ **qui l'avons dit** wir [selbst] haben es gesagt; **nous sommes venu(e)s de** ~ wir sind von selbst [*o* von uns (*Dat*) aus] [*o* aus eigenem Antrieb] gekommen
② *(nous aussi)* ebenfalls, auch; **nous étions** ~ **furieux(-euses)** wir waren ebenfalls [*o* auch] sehr wütend
③ *soutenu (je, moi)* **nous avons fait le travail** ~ wir haben die Arbeit selbst erledigt

nouveau [nuvo] *m* ① **du** ~ etwas Neues
② *(personne)* Neue(r) *m*
▶ **à** [*o* **de**] ~ erneut

nouveau, nouvel, nouvelle [nuvo, nuvɛl, nuvɛl] <x> *adj* ① neu; **rien de** ~ nichts Neues
② *antéposé (répété)* neu; *effort* erneut; **le nouvel élu** der Neugewählte; **une nouvelle fois** erneut, ein weiteres Mal
③ *antéposé (de fraîche date)* **les** ~**x venus** die Neuankömmlinge; **les** ~**x pauvres/riches** die neuen Armen/Neureichen
▶ **tout beau, tout** ~ *prov* alles Neue hat seinen Reiz; **c'est** ~ [**ça**]**!** *fam* das ist ja ganz was Neues! (*fam*); **c'est** ~**, ça vient de sortir** *fam* das ist das Neueste vom Neuen

nouveau-né(e) [nuvone] <nouveau-nés> I. *adj* neugeboren
II. *m(f)* Neugeborene(s) *nt*

nouveauté [nuvote] *f* ① *(objet)* Neuheit *f; pl* MEDIA Neuerscheinungen *Pl;* **les** ~**s de printemps** COUT die neue Frühjahrsmode
② *(innovation)* Neuerung *f;* **c'est une** ~ das ist etwas Neues
③ *(caractère récent) d'une découverte, doctrine* Neuheit *f*

nouvel(le) [nuvɛl] *adj v.* **nouveau**

> **i Land & Leute**
>
> Ein Kuss unter einem Stechpalmen- oder Mistelzweig zum **Nouvel An** gehört zur Tradition. Das soll Glück und Erfolg im neuen Jahr bringen. Auf den Straßen wünscht man sich „bonne année!" – ein frohes neues Jahr.

nouvelle [nuvɛl] *f* ① *(événement)* Neuigkeit *f;* *(information)* Nachricht *f;* **connaissez-vous la** ~**?** wissen Sie schon das Neueste?; **ce n'est pas une** ~ das ist nichts Neues; **nous avons appris la** ~ **que qn a fait qc** wir haben gehört [*o* erfahren], dass jd etw getan hat
② *pl (renseignements sur qn)* **avoir des** ~**s de qn** Nachrichten von jdm haben; **nous sommes sans** ~**s d'elle** wir haben nichts von ihr gehört; **donner de ses** ~**s** etwas von sich hören lassen; **prendre des** ~**s de qn** sich nach jdm erkundigen
③ *pl* MEDIA *(émission)* Nachrichten *Pl;* *(information)* Nachricht *f,* Meldung *f;* **fausse** ~ Falschmeldung *f;* PRESSE Ente *f*
④ LITTER Novelle *f*
⑤ *(personne)* Neue *f*
▶ **la Bonne Nouvelle** REL die Frohe Botschaft; **pas de** ~**s, bonnes** ~**s** *prov* keine Nachricht, gute Nachricht; **aux dernières** ~ laut den letzten Nachrichten; **première** ~**!** das ist ja etwas ganz Neues!; **tu m'en diras/vous m'en direz des** ~**s** du wirst/Sie werden begeistert sein; **tu auras/il aura de mes** ~**s!** du bekommst/er bekommt es mit mir zu tun! (*fam*)

Nouvelle-Calédonie [nuvɛlkaledoni] *f* **la** ~ Neukaledonien *nt*

nouvellement [nuvɛlmɑ̃] *adv* neulich, vor kurzem

Nouvelle-Zélande [nuvɛlzelɑ̃d] *f* **la** ~ Neuseeland *nt*

nouvelliste [nuvelist] *mf* Novellist(in) *m(f)*

nova [nɔva, nɔve] <novæ> *f* Nova *f*

novateur, -trice [nɔvatœʀ, -tʀis] I. *adj* innovativ; **qc d'un type** ~ etw [von] ganz neuer Art
II. *m, f* Neuerer *m*/Neuerin *f*

novembre [nɔvɑ̃bʀ] *m* November *m;* **en France, le 11** ~ **est** [**un jour**] **férié** der 11. November ist in Frankreich ein Feiertag (*Waffenstillstand mit Deutschland 1918*); *v. a.* **août**

novice [nɔvis] I. *adj* **être** ~ **dans qc** in etw (*Dat*) unerfahren sein
II. *mf* ① *(débutant)* Anfänger(in) *m(f)*
② REL Novize *m*/Novizin *f*

noviciat [nɔvisja] *m* Noviziat *nt*

novocaïne [nɔvɔkain] *f* MED Novocain® *nt*

noyade [nwajad] *f* Ertrinken *nt; pl* Todesfälle *Pl* durch Ertrinken

noyau [nwajo] <x> *m* ① BOT Kern *m; d'une cerise, pêche, prune* Kern, Stein *m*
② PHYS [Atom]kern *m;* BIO Zellkern *m;* GEOL Kern *m;* ELEC [Eisen]kern *m*
③ *(groupe humain)* Kern *m;* ~ **de manifestants** kleine Gruppe von Demonstranten; ~ **d'opposition** [*o* **d'opposants**]/**de résistance** kleiner Kreis von Oppositionellen/Widerstandskämpfern; ~ **dur** harter Kern
▶ **être rembourré(e) avec des** ~**x de pêche** *fam* hart und unbequem sein

noyautage [nwajotaʒ] *m* Unterwanderung *f*

noyauter [nwajote] <1> *vt* unterwandern

noyé(e) [nwaje] I. *adj (accidentellement)* ertrunken; *(volontairement)* ertränkt
II. *m(f)* Ertrunkene(r) *f(m)*

noyer¹ [nwaje] *m* ① *(arbre)* Nussbaum *m*
② *(bois)* Nussbaum[holz *nt*] *m*

noyer² [nwaje] <6> I. *vt* ① *(tuer)* ertränken
② *(inonder)* überschwemmen; ~ **qc sous l'eau** etw unter

Wasser setzen
③ (*rendre humide*) **des yeux noyés de larmes** Augen voller Tränen; **visage noyé de pleurs** tränenüberströmtes Gesicht
④ (*déborder*) **être noyé(e)** *fam* nicht durchblicken (*fam*); **être noyé(e) sous le travail** mit Arbeit überlastet sein
⑤ (*oublier*) ~ **son chagrin dans l'alcool** seinen Kummer in Alkohol (*Dat*) ertränken; ~ **une révolte dans le sang** einen Aufstand in Blut (*Dat*) ersticken
⑥ GASTR verdünnen
⑦ AUT absaufen lassen (*fam*)
⑧ TECH (*enrober*) einlassen in (+ *Akk*); ~ **qc dans le béton** etw einbetonieren
⑨ (*couvrir*) **être noyé(e) dans la verdure** zugewachsen [*o* überwuchert] sein
⑩ (*plonger*) **être noyé(e) dans la foule** in der Menge eingekeilt sein; **être noyé(e) dans la masse** *fig* eine(r) unter vielen sein
II. *vpr* ① (*mourir*) **se** ~ (*accidentellement*) ertrinken; (*volontairement*) sich ertränken
② (*se perdre*) **se** ~ **dans des détails** sich in Einzelheiten (*Dat*) verlieren; **se** ~ **dans un raisonnement** bei einer Argumentation den Faden verlieren

NPI [ɛnpei] *pl abr de* **nouveaux pays industrialisés** neue Industrieländer *Pl*

NRF [ɛnɛʀɛf] *f abr de* **Nouvelle Revue Française** *französische Zeitschrift*

nu [ny] *m* ART Akt *m*

nu(e) [ny] *adj* ① (*sans vêtement*) nackt; **les pieds** ~**s** barfuß; **tête** ~**e** ohne Kopfbedeckung; **torse** ~ mit bloßem [*o* nacktem] Oberkörper; **se mettre torse** ~ den Oberkörper entblößen [*o* frei machen]
② (*sans ornement*) *chambre, mur* nackt, kahl; *style* nüchtern; *vérité* rein, nackt
③ (*dépouillé*) *arbre, crâne* kahl; *pays, plaine* öde
④ (*non protégé*) *fil électrique, lame* blank
▸ **mettre à** ~ (*à découvert*) freilegen; (*découvrir*) aufdecken, enthüllen; **mettre son cœur à** ~ sein Herz ausschütten

nuage [nɥaʒ] *m* ① Wolke *f*
② (*amas*) ~ **de fumée** Rauchschwade *f*, Rauchwolke *f*; ~ **de sauterelles** Heuschreckenschwarm *m*
③ (*tissu léger*) [feiner] Schleier
④ (*très petite quantité*) **un** ~ **de lait** ein paar Tropfen Milch
⑤ (*menace*) dunkle Wolken *Pl*; **aucun** ~ **ne semblait menacer leur bonheur** kein Wölkchen schien ihr Glück zu trüben; **l'avenir apparaissait chargé de** ~**s** dunkle Wolken zogen am Horizont herauf
▸ **être dans les** ~**s** über [*o* in] den Wolken schweben; **être** [*o* **marcher**] **sur un** ~ im siebten Himmel sein; **ciel sans** ~[**s**] wolkenloser Himmel; **bonheur/amitié sans** ~[**s**] ungetrübtes Glück/ungetrübte Freundschaft; **vie sans** ~[**s**] unbeschwertes Leben

nuageux, -euse [nɥaʒø, -ʒøz] *adj* METEO Wolken-; *ciel* bewölkt, wolkig; **le temps est** ~ es ist bewölkt; **des passages** ~ wolkige Abschnitte

nuance [nɥɑ̃s] *f* ① (*couleur*) (*gamme*) [Farb]schattierung *f*, [Farb]nuance *f*; (*gradation*) Farbabstufung *f*; (*détail*) Nuance *f*, Feinheit *f*
② MUS Modifizierung *f*
③ (*légère différence*) kleiner Unterschied; POL [politische] Schattierung; **à quelques** ~**s près** bis auf ein paar kleine Unterschiede; **apporter quelques** ~**s à qc** etw modifizieren, etw relativieren
④ (*touche légère*) Spur *f*, Hauch *m*; ~ **de tristesse/d'ironie/d'inquiétude** Anflug *m* von Traurigkeit/Spur von Ironie/Unruhe
▸ **tout en** ~**s** facettenreich; **pensée tout en** ~**s** differenziertes Denken; **être sans** ~ *personne:* pauschal urteilen; ~**!** ein kleiner, aber entscheidender Unterschied!

nuancé(e) [nɥɑ̃se] *adj* differenziert; *chant, style* nuanciert

nuancer [nɥɑ̃se] <2> *vt* differenzieren; MUS modifizieren; ART nuancieren; abtönen *couleur;* ~ **son style** sich differenziert ausdrücken; ~ **sa pensée** differenziert denken

nuancier [nɥɑ̃sje] *m* Farbmusterpalette *f*

nubile [nybil] *adj* heiratsfähig

nubilité [nybilite] *f* Heiratsfähigkeit *f*

nucléaire [nykleɛʀ] **I.** *adj* atomar, nuklear; *guerre, industrie, puissance* Atom-; *arme, énergie, physique* Kern-, Atom-; *charge, fission* Kern-; *réaction* Kernketten-
II. *m* Kernenergie *f*, Atomenergie *f*

nucléarisation [nykleaʀizasjɔ̃] *f* Umstellung *f* auf Kernenergie; MIL nukleare [*o* atomare] Aufrüstung

nucléique [nykleik] *adj* Nuklein-

nudisme [nydism] *m* Freikörperkultur *f*, FKK *kein Art*, Nudismus *m*; **pratiquer le** ~ Anhänger(in) *m(f)* der Freikörperkultur sein, FKK machen

nudiste [nydist] **I.** *adj* FKK-
II. *mf* Nudist(in) *m(f)*

nudité [nydite] *f* ① (*absence de vêtement*) Nacktheit *f*; **couvrir sa** ~ seine Blöße bedecken
② (*dépouillement*) Kahlheit *f*; *d'une pièce, d'un style* Nüchternheit *f*
③ ART Akt *m*
▸ **s'étaler dans toute sa** ~ unverhohlen zu Tage [*o* zutage] treten; **l'horreur dans toute sa** ~ das nackte Grauen

nue [ny] *f littér* (*nuage*) Wolke *f*
▸ **porter qn/qc aux** ~**s** jdn/etw in den Himmel heben; **tomber des** ~**s** aus allen Wolken fallen

nuée [nɥe] *f* ① (*grand nombre*) Schwarm *m*; ~ **de moustiques/d'oiseaux** Schwarm Mücken/Vögel, Mücken-/Vogelschwarm
② *littér* (*nuage*) Wolke *f*; ~ **d'orage** Gewitterwolke

nue-propriété [nypʀɔpʀijete] <nues-propriétés> *f* JUR bloßes Eigentum *nt*

nuire [nɥiʀ] <*irr*> **I.** *vi* ~ **à qn/qc** jdm/einer S. schaden; ~ **à la réalisation d'un projet** einem Projekt schaden
II. *vpr* **se** ~ sich (*Dat*) schaden

nuisance [nɥizɑ̃s] *f* Umweltbeeinträchtigung *f*; ~**s sonores** Lärmbelästigung *f*

nuisette [nɥizɛt] *f* Kurznachthemd *nt*

nuisible [nɥizibl] **I.** *adj* schädlich; *gaz* giftig; *influence, habitude* schlecht; *climat* ungesund; **animaux/insectes** ~**s** Schädlinge *Pl*; **être** ~ **à qc** für etw schädlich sein, einer S. (*Dat*) schaden
II. *m* (*animal*) Schädling *m*

nuit [nɥi] *f* ① (*espace de temps*) Nacht *f*; ~ **et jour** Tag und Nacht; **l'autre** ~ neulich nacht[s]; **toute la** ~ die ganze Nacht; **bonne** ~**!** gute Nacht!; **souhaiter une bonne** ~ **à qn** jdm [eine] gute Nacht wünschen; [**dans**] **la** ~ nachts, in der Nacht; **mardi, dans la** ~ Dienstagnacht; **chaque** ~ jede Nacht; **une** ~ eines Nachts
② (*obscurité*) Dunkelheit *f*, Nacht *f*; **la** ~ **tombe** [*o* **descend**] die Nacht bricht herein; **à la** ~ **tombante** bei Anbruch der Dunkelheit [*o* Nacht]; **la** ~ **venue** als es dunkel war; **il fait/commence à faire** ~ es ist/wird dunkel; **il fait** ~ **noire** es ist stockfinster
③ (*nuité*) Übernachtung *f*
④ (*temps d'activité*) **équipe de** ~ Nachtschicht *f*; **médecin de** ~ Bereitschaftsarzt *m*; **être de** ~ Nachtdienst haben; **faire la** ~ (*être de garde la nuit*) Nachtwache halten
▸ **la** ~**, tous les chats sont gris** *prov* nachts [*o* in der Nacht] sind alle Katzen grau; **la** ~ **porte conseil** *prov* guter Rat kommt über Nacht; ~ **d'encre** stockfinstere Nacht; **remonter** [*o* **se perdre**] **à la** ~ **des temps** in die graue Vorzeit zurückreichen; ~ **blanche** schlaflose Nacht; ~ **bleue** Bombennacht *f*; **les Mille et Une Nuits** Tausendundeine Nacht; **faire sa** ~ [die ganze Nacht] durchschlafen; **qn en rêve la** ~ (*obsession*) das verfolgt jdn im Traum [*o* Schlaf]; (*désir*) jd träumt davon

◆ ~ **de noces** Hochzeitsnacht *f*

nuitamment [nɥitamɑ̃] *adv littér* des Nachts (*geh*)

nuitée [nɥite] *f* Übernachtung *f*

nul(le) [nyl] **I.** *adj antéposé littér* (*aucun*) kein; **sans ~ doute** zweifellos

II. *adj* ① (*mauvais*) *discours, film, devoir* miserabel; **une personne ~le** eine Niete; **il est ~ en math** (*médiocre*) er ist in Mathematik (*Dat*) nicht besonders; (*incompétent*) er ist in Mathematik (*Dat*) eine Null [*o* eine Niete]

② (*ennuyeux, raté*) **c'était ~, cette fête** die Party war ein Reinfall; **ma vie me semble ~le** mein Leben erscheint mir öde

③ *fam* (*crétin*) **c'est ~/t'es ~(le) d'avoir fait qc** es war idiotisch/es war idiotisch von dir, dies zu tun (*fam*)

④ SPORT torlos; (*égalité*) unentschieden; **match ~** Unentschieden *nt*

⑤ (*minime*) *risque, différence* minimal; **être quasiment** [*o* **pratiquement**] **~(le)** [praktisch] gleich Null sein

⑥ MATH Null-

⑦ JUR, POL *élection, testament* ungültig; **voter ~** einen ungültigen Stimmzettel abgeben

▸ **~(le) et non avenu(e)** null und nichtig; JUR rechtsungültig

III. *pron indéf* **~ ne** *soutenu* (*personne*) niemand; (*aucun*) keiner

IV. *m(f)* Niete *f*, Null *f* (*fam*)

nullard(e) [nylaʀ, aʀd] **I.** *adj fam* (*incompétent*) **être ~(e) en anglais** in Englisch (*Dat*) eine Null [*o* Niete] sein (*fam*)

II. *m(f) fam* Niete *f*, Null *f* (*fam*)

nullement [nylmɑ̃] *adv* (*aucunement*) in keiner Weise, nicht im Geringsten; (*en aucun cas*) keinesfalls; **sans ~ faire qc** ohne in irgendeiner Weise etw zu tun

nullité [nylite] *f* ① (*manque de valeur*) Nichtigkeit *f*, Belanglosigkeit *f*; **être d'une parfaite ~** völlig belanglos [*o* uninteressant] sein

② (*incompétence*) Unfähigkeit *f*

③ (*personne nulle*) Niete *f*

④ JUR Nichtigkeit *f*, Ungültigkeit *f*

numéraire [nymeʀɛʀ] **I.** *adj valeur* Nenn-; **espèces ~s** [gesetzliche] Zahlungsmittel

II. *m* [gesetzliches] Zahlungsmittel

numéral [nymeʀal, o] <-aux> *m* GRAM Zahlwort *nt*, Numerale *nt*

numéral(e) [nymeʀal, o] <-aux> *adj* ① *symbole, système* Zahlen-; *lettres* Zahlen darstellend; *cartes* mit Zahlen

② GRAM *adjectif* Zahl-

numérateur [nymeʀatœʀ] *m* Zähler *m*

numération [nymeʀasjɔ̃] *f* ① MATH (*comptage*) Zählung *f*; (*système*) Zahlensystem *nt*; **~ binaire/décimale** Dual-/Dezimalsystem *nt*, Binär-/Zehnersystem *nt*

② MED [Blut]senkung *f*; **~ globulaire** [*o* **sanguine**] Blutsenkung

numérique [nymeʀik] *adj* ① (*exprimé en nombre*) zahlenmäßig; MATH *valeur* Zahl-; *calcul* numerisch; **en données ~s** in Zahlen ausgedrückt

② INFORM, TELEC digital; **disque ~** CD-Platte *f*; **des données ~s** digitale Daten; **utiliser un codage ~** eine digitale Kodierung benutzen

numériquement [nymeʀikmɑ̃] *adv* zahlenmäßig

numérisation [nymeʀizasjɔ̃] *m* INFORM Digitalisierung *f*; **~ de l'image** Bilddigitalisierung *f*

numérisé [nymeʀize] *adj* INFORM digitalisiert

numériser [nymeʀize] *vt* INFORM digitalisieren

numéro [nymeʀo] *m* ① (*nombre*) Nummer *f*; **à quel ~ habitez-vous?** in welcher Nummer wohnen Sie?; **le ~ de la rue** die Hausnummer; **le ~ gagnant** die Gewinnzahl; **le ~ de la page** die Seitenzahl; **faire** [*o* **composer**] **un ~** eine Nummer wählen; **~ vert** ≈ kostenlose 0130-Nummer

② PRESSE Ausgabe *f*, Nummer *f*

③ (*spectacle*) Nummer *f*

④ *fam* (*personne*) Unikum *nt* (*fam*); **c'est un sacré/drôle de ~!** er/sie ist schon eine Nummer für sich/eine komische Nummer! (*fam*)

▸ **tirer le bon/mauvais ~** das Große Los/eine Niete ziehen; **~ vert** Telefonnummer *f* zum Nulltarif (*zur Beratung oder Information*); **faire son ~ à qn** *fam* vor jdm seine Nummer [*o* eine Schau] abziehen (*fam*); **~ un** Haupt-; **souci/problème/ennemi ~ un** Hauptsorge *f*/-problem *nt*/-feind *m*; **témoin ~ un** wichtigster Zeuge, Hauptzeuge *m*

◆ **~ d'appel** Rufnummer *f*; **~ d'immatriculation** Zulassungsnummer *f*; **~ de téléphone** Telefonnummer *f*

numérotage [nymeʀɔtaʒ] *m* Nummerierung *f*; **procéder au ~ de qc** etw [durch]nummerieren

numérotation [nymeʀɔtasjɔ̃] *f* **~ à dis chiffres** zehnstelliges Nummernsystem

numéroter [nymeʀɔte] <1> *vt* nummerieren

numerus clausus [nymeʀysklozys] *m inv* Numerus clausus *m*

numismate [nymismat] *mf* Münz[en]sammler(in) *m(f)*, Numismatiker(in) *m(f)*

numismatique [nymismatik] **I.** *adj* numismatisch

II. *f* Numismatik *f*

nunuche [nynyʃ] *adj fam* albern

nu-pieds [nypje] **I.** *adj inv* barfuß

II. *mpl* (*chaussures*) Sandalen *Pl*

nuptial(e) [nypsjal, jo] <-aux> *adj* Hochzeits-; *anneau* Ehe-; *chambre, lit, messe* Braut-; **cérémonie ~e** Trauung *f*; **bénédiction ~e** Brautsegen *m*; (*cérémonie*) kirchliche Trauung

nuque [nyk] *f* Nacken *m*

Nuremberg [nyʀɑ̃bɛʀ] Nürnberg *nt*

nurse [nœʀs] *f* Kindermädchen *nt*

nu-tête [nytɛt] *adj inv* ohne Kopfbedeckung

nutritif, -ive [nytʀitif, -iv] *adj* ① nahrhaft; **qualité** [*o* **valeur**] **nutritive** Nährwert *m*; **substance nutritive** Nährstoff *m*; **être riche en principes ~s** einen hohen Nährwert haben

② MED **besoins ~s** Nahrungsbedarf *m*; **fonction nutritive** Ernährungsfunktion *f*

nutrition [nytʀisjɔ̃] *f* Ernährung *f*

nutritionnel(le) [nytʀisjɔnɛl] *adj* Ernährungs-; *troubles, maladie* ernährungsbedingt; **centre ~** Ernährungsberatungsstelle *f*

nutritionniste [nytʀisjɔnist] *mf* Ernährungswissenschaftler(in) *m(f)*

nylon® [nilɔ̃] *m* Nylon® *nt*

nymphe [nɛ̃f] *f* ① MYTH Nymphe *f*; *hum* Puppe *f* (*sl*)

② ZOOL Puppe *f*

nymphéa [nɛ̃fea] *m* weiße Seerose

nymphette [nɛ̃fɛt] *f* flotte Biene (*sl*)

nympho [nɛ̃fo] *fam abr de* **nymphomane**

nymphomane [nɛ̃fɔman] **I.** *adj* nymphoman

II. *f* Nymphomanin *f*

nymphomanie [nɛ̃fɔmani] *f* Nymphomanie *f*

O o

O, o [o] *m inv* O *nt*/o *nt*; **o accent circonflexe** O mit Zirkumflex; **e dans l'o** Ligatur *f* œ; **o tréma** O Umlaut *nt*

▸ **o comme Oscar** O wie Otto

O. *abr de* **ouest**

ô [o] *interj* oh; **~ mon Dieu!** oh, mein Gott!; **~ joie!** oh [*o* ach], wie schön!

OAS, O.A.S. [oaɛs] *f abr de* **Organisation de l'armée secrète** *1961 bis 1963 Geheimorganisation der nationalistischen*

objecter/contredire

• objecter	• einwenden
Oui, mais ...	Ja, aber ...
Tu as oublié que ...	Du hast vergessen, dass ...
Là, tu te trompes complètement.	Das siehst du aber völlig falsch.
Vous avez raison, mais pensez aussi que/à ...	Sie haben schon Recht, aber bedenken Sie doch dass/auch ...
D'accord, mais ...	Das ist ja alles schön und gut, aber ...
J'ai quelques objections à faire à ce sujet.	Ich habe dagegen einiges einzuwenden.
Vous avez/Tu as été chercher ça loin. *(fam)*	Das ist aber weit hergeholt.

• contredire	• widersprechen
Ce n'est pas vrai du tout.	Das stimmt (doch) gar nicht. *(fam)*
Allons donc!/C'est absurde!/C'est des conneries! *(fam)*	Ach was!/Unsinn!/Blödsinn!/Quatsch! *(fam)*
Je ne vois pas ça comme ça.	Das sehe ich anders.
Non, je ne trouve pas.	Nein, das finde ich nicht.
Là, je suis obligé(e) de vous contredire.	Da muss ich Ihnen widersprechen.
Cela ne correspond pas à la réalité.	Das entspricht nicht den Tatsachen.
On ne peut pas voir les choses ainsi.	So kann man das nicht sehen.
Il ne peut pas en être question.	Davon kann gar nicht die Rede sein.

Algerienfranzosen mit dem Ziel, die Unabhängigkeit Algeriens zu verhindern

oasis [ɔazis] *f* ❶ GEOG Oase *f*
❷ (*lieu reposant*) **une ~ de calme/de paix** eine Oase der Ruhe/des Friedens

obédience [ɔbedjɑ̃s] *f* ❶ *littér* (*soumission*) Abhängigkeit *f;* (*tendance*) Richtung *f;* **~ maçonnique** [Freimaurer]loge *f;* **d'~ communiste** kommunistischer Prägung
❷ REL Gehorsam *m*

obéir [ɔbeiʀ] <8> *vi* ❶ (*se soumettre*) **~ à qn** jdm gehorchen, jdm folgen; **~ à une loi/un ordre** ein Gesetz/einen Befehl befolgen; **~ à des principes** sich an Grundsätze halten; **le cheval obéit à l'éperon** das Pferd reagiert auf die Sporen; **se faire ~ de qn** sich bei jdm durchsetzen; **qn est obéi(e)** man gehorcht jdm
❷ (*être soumis*) **~ à qc** einer S. (*Dat*) unterworfen sein; **~ à un schéma/aux fluctuations du marché** einem Schema/den Marktschwankungen folgen
❸ (*céder à*) **~ à qc** sich von etw leiten lassen; **~ à sa conscience/son instinct** seinem Gewissen/Instinkt folgen; **~ à la mode** mit der Mode gehen

obéissance [ɔbeisɑ̃s] *f* **~ à qn/qc** Gehorsam *m* jdm/einer S. gegenüber; **l'~ aux lois** die Befolgung der Gesetze; **~ passive** erzwungener Gehorsam; **refus d'~** MIL Befehlsverweigerung *f*

obéissant(e) [ɔbeisɑ̃, ɑ̃t] *adj* gehorsam

obélisque [ɔbelisk] *m* Obelisk *m*

obérer [ɔbeʀe] <5> *vt* ADMIN, LITTER (*endetter*) mit Schulden belasten; **être obéré(e) jusqu'à la ruine** überschuldet sein, in Schulden versinken

obèse [ɔbɛz] **I.** *adj* fettleibig, blad (A *sl*)
II. *mf* Fettleibige(r) *f(m)*

obésité [ɔbezite] *f* Fettleibigkeit *f*

objecter [ɔbʒɛkte] <1> *vt* einwenden; **~ qc à qn** jdm etw entgegenhalten; (*reprocher*) jdm etw vorwerfen; **il a refusé en objectant le manque de temps** er weigerte sich mit dem Einwand, keine Zeit zu haben; **~ que qn a bien fait qc** einwenden, dass jd etw gemacht hat; (*reprocher*) den Vorwurf erheben, dass jd etw gemacht hat; **avoir quelque chose/ne rien avoir à ~ à qc** etwas/nichts gegen etw einzuwenden haben

objecteur [ɔbʒɛktœʀ] *m* ◆ **~ de conscience** Wehrdienstverweigerer *m*

objectif [ɔbʒɛktif] *m* ❶ (*but*) Ziel *nt;* **l'~ du parti est de remporter les élections** [das] Ziel der Partei ist es, die Wahlen zu gewinnen; **se fixer pour** [*o* **se donner comme**] **~ de faire qc** sich (*Dat*) das Ziel setzen, etw zu tun
❷ OPT, PHYS, PHOT Objektiv *nt*

objectif, -ive [ɔbʒɛktif, -iv] *adj personne* neutral; *article, jugement, récit* objektiv, sachlich; *position* neutral; **être ~(-ive)** objektiv sein

objection [ɔbʒɛksjɔ̃] *f a.* JUR Einwand *m;* **~!** Einspruch!; **faire une ~** einen Einwand vorbringen; **soulever une ~** Einspruch erheben; **si vous n'y voyez pas d'~** wenn Sie keine weiteren Einwände haben; **se heurter à de nombreuses ~s** auf zahlreichen Widerstand stoßen
◆ **~ de conscience** Wehrdienstverweigerung *f*

objectivement [ɔbʒɛktivmɑ̃] *adv* objektiv

objectiver [ɔbʒɛktive] <1> *vt* PHILOS, PSYCH objektivieren

objectivité [ɔbʒɛktivite] *f* Objektivität *f;* **en toute ~** objektiv [gesehen]; **juger en toute ~** ganz objektiv urteilen

objet [ɔbʒɛ] *m* ❶ (*chose*) Gegenstand *m;* **un enfant n'est pas un ~** ein Kind ist kein Objekt *nt;* **~ d'art** Kunstobjekt *nt;* **~ de piété** Kultgegenstand *m*
❷ (*sujet*) Gegenstand *m;* **l'~ de cet ouvrage est ...** das Thema dieses Werkes ist ...
❸ (*cible*) Gegenstand *m;* **~ de curiosité/de convoitise** Objekt *nt* der Neugierde/Begierde; **~ de raillerie** Zielscheibe *f* des Spotts; **tel est l'~ de ses vœux** darauf zielen alle seine/ihre Wünsche; **être** [*o* **faire**] **l'~ de soins/de répressions** gepflegt/unterdrückt werden; **être** [*o* **faire**] **l'~ de mesures de surveillance** überwacht werden; **être un ~ de pitié/mépris pour qn** von jdm bemitleidet/verachtet werden; **elle est l'~ de toute son affection** seine/ihre ganze Zuneigung gilt nur ihr
❹ (*but*) Zweck *m;* **avoir qc pour ~** etw zum Ziel haben; (*intention*) etw beabsichtigen

❺ GRAM, LING Objekt *nt;* ~ **direct/indirect** direktes/indirektes Objekt
▸ ~ **aimé** Angebetete(r) *f(m);* ~**s trouvés** Fundbüro *nt;* **sans** ~ grundlos

objurgation [ɔbʒyʀgasjɔ̃] *f littér* ❶ (*admonestation*) Ermahnung *f*
❷ (*prière instante*) flehentliche Bitte *f*

obligataire [ɔbligatɛʀ] **I.** *adj emprunt* Obligations-; *marché* Renten-
II. *mf* Inhaber(in) *m(f)* einer Schuldverschreibung

obligation [ɔbligasjɔ̃] *f* ❶ (*nécessité*) Verpflichtung *f;* ~ **de faire qc** Pflicht *f*, etw zu tun; **être dans l'**~ **de faire qc** gezwungen sein, etw zu tun; **contracter une** ~ **envers qn** jdm gegenüber eine Verpflichtung eingehen; **se faire une** ~ **de faire qc** es sich (*Dat*) zur Pflicht [*o* Aufgabe] machen, etw zu tun; **sans** ~ **de la part de qn** unverbindlich für jdn; **sans** ~ **d'achat** ohne Kaufverpflichtung
❷ *pl* (*devoirs*) Verpflichtungen *Pl;* (*devoirs civiques, scolaires*) Pflichten *Pl;* ~**s militaires** Wehrpflicht *f;* **faire face à ses** ~**s** seinen Pflichten [*o* Verpflichtungen] nachkommen; ~**s de citoyen** Bürgerpflichten; ~**s de père de famille** Verpflichtungen als Familienvater
❸ FIN, BOURSE Obligation *f*
❹ JUR, ECON Pflicht *f;* ~ **alimentaire** Unterhaltspflicht; ~ **de posséder une carte d'identité** Ausweispflicht
◆ ~ **d'achat** Abnahmeverpflichtung *f;* ~ **d'affichage des prix** Preisauszeichnungspflicht *f;* ~ **de réserve** Schweigepflicht *f;* **rompre l'**~ **de réserve** die Schweigepflicht brechen

obligatoire [ɔbligatwaʀ] *adj* ❶ (*exigé*) obligatorisch; **présence** ~ Anwesenheitspflicht *f;* **être** ~ Pflicht [*o* obligatorisch] sein; **votre présence à cette réunion est** ~ Sie sind verpflichtet, an der Versammlung teilzunehmen; **rendre qc** ~ etw zur Pflicht machen
❷ *fam* (*inévitable*) unvermeidlich; **c'est** ~ **que qn fasse qc** es muss [ja] so kommen, dass jd etw tut (*fam*)

obligatoirement [ɔbligatwaʀmɑ̃] *adv* ❶ (*nécessairement*) unbedingt; **devoir** ~ **faire qc** verpflichtet sein, etw zu tun; **il faut** ~ **qc** es ist Vorschrift, etw zu haben
❷ *fam* (*forcément*) automatisch (*fam*); **ça devait** ~ **arriver!** das musste ja so kommen! (*fam*)

obligé(e) [ɔbliʒe] **I.** *adj* ❶ (*nécessaire*) zwangsläufig; (*inévitable*) unvermeidlich; **c'était** ~**!** *fam* das musste ja so kommen! (*fam*)
❷ (*reconnaissant*) **être** ~(**e**) **à qn de qc** jdm für etw dankbar sein; **nous vous serions** ~**s de bien vouloir nous répondre** für eine Antwort wären wir Ihnen dankbar
II. *m(f)* zu Dank Verpflichtete(r) *f(m);* **je suis votre** ~**, madame!** ich bin Ihnen zu Dank verpflichtet!

obligeamment [ɔbliʒamɑ̃] *adv* liebenswürdigerweise; (*avec obligeance*) liebenswürdig, entgegenkommend

obligeance [ɔbliʒɑ̃s] *f* (*prévenance*) Zuvorkommenheit *f;* (*serviabilité*) Hilfsbereitschaft *f;* **avoir l'**~ **de faire qc** so freundlich [*o* liebenswürdig] sein, etw zu tun; **vous pourriez avoir l'**~ **de faire qc** würden Sie freundlicherweise [*o* liebenswürdigerweise] etw tun

obligeant(e) [ɔbliʒɑ̃, ʒɑ̃t] *adj* ❶ (*complaisant*) *paroles, termes, offre* freundlich; *personne* zuvorkommend
❷ (*serviable*) hilfsbereit

obliger [ɔbliʒe] <2a> **I.** *vt* ❶ (*forcer*) zwingen; ~ **qn à faire qc** jdn zwingen, etw zu tun; **être obligé(e) de faire qc** gezwungen sein, etw zu tun; **on était bien obligés!** es blieb uns [ja] nichts anderes übrig!
❷ (*contraindre moralement*) verpflichten; **être obligé(e) à qc** zu etw verpflichtet sein
❸ JUR **obligé(e) par la loi** gesetzlich verpflichtet; **être obligé(e) de garder une entière discrétion** zur Verschwiegenheit verpflichtet sein
❹ (*rendre service à*) ~ **qn** jdm einen Gefallen tun; **vous m'avez obligé(e) par votre réponse rapide** für Ihre schnelle Antwort bin ich Ihnen dankbar
II. *vpr* (*s'engager*) **s'**~ **à faire qc** sich verpflichten, etw zu tun
III. *vi* verpflichten

oblique [ɔblik] *adj* ❶ (*de biais*) schräg; *chemin* Quer-
❷ MATH *droite, ligne* schräg; *prisme* schief; *projection* schiefwinkelig

obliquement [ɔblikmɑ̃] *adv* schräg; *se diriger, se mouvoir* quer; *regarder* [schräg] von der Seite

obliquer [ɔblike] <1> *vi* abbiegen; *route:* einen Bogen machen

obliquité [ɔblikite] *f* ❶ (*caractère de ce qui est oblique*) Schräge *f*, Schiefe *f*
❷ GEOM Schiefwinkeligkeit *f*
◆ ~ **de l'écliptique** ASTRON Schiefe *f* der Ekliptik

oblitérateur [ɔbliteʀatœʀ] **I.** *adj* Stempel-; **appareil** ~ Stempelmaschine *f*
II. *m* (*appareil*) Stempelmaschine *f;* (*tampon*) Stempel *m*

oblitération [ɔbliteʀasjɔ̃] *f* ❶ POST [Ab]stempeln *nt;* **avec** ~ mit Stempel, gestempelt
❷ MED *d'une artère, d'un vaisseau* Verschluss *m*

oblitérer [ɔbliteʀe] <5> *vt* ❶ POST [ab]stempeln
❷ MED verschließen

oblong, oblongue [ɔblɔ̃, ɔblɔ̃g] *adj* länglich

obnubiler [ɔbnybile] <1> *vt* ❶ (*obscurcir*) verwirren *esprit, pensée;* **obnubilé(e) par les préjugés** von Vorurteilen verblendet; **se laisser** ~ **par qn/qc** sich von jdm/etw blenden lassen
❷ (*obséder*) verfolgen; **être obnubilé(e) par qc** von etw besessen sein

obole [ɔbɔl] *f* Obolus *m;* **apporter** [*o* **verser**] **son** ~ sein Scherflein [*o* seinen Obolus] beitragen

obscène [ɔpsɛn] *adj* obszön

obscénité [ɔpsenite] *f* Obszönität *f*

obscur(e) [ɔpskyʀ] *adj* ❶ (*sombre*) dunkel; *nuit* dunkel, finster
❷ (*incompréhensible*) unverständlich; *raison, affaire* undurchsichtig; *pensée* verworren; *hasard* seltsam; *question* unklar; (*sans réponse*) ungeklärt
❸ *antéposé péj* (*douteux*) obskur
❹ (*vague*) unbestimmt
❺ (*inconnu*) *poète, écrivain* unbekannt

obscurantisme [ɔpskyʀɑ̃tism] *m* Obskurantismus *m*

obscurantiste [ɔpskyʀɑ̃tist] **I.** *adj* obskurantisch
II. *mf* Obskurant(in) *m(f)*

obscurcir [ɔpskyʀsiʀ] <8> **I.** *vt* ❶ (*assombrir*) verdunkeln; **être obscurci(e)** sich verdunkelt haben; *ciel:* sich verdunkelt [*o* verfinstert] haben; **la pièce est obscurcie par les rideaux** das Zimmer wird durch die Vorhänge dunkler; **les yeux obscurcis de larmes** verheulte Augen
❷ (*brouiller*) unverständlich machen; undurchsichtig machen *raison, affaire;* verwirren *pensées, esprit;* undurchdringlich erscheinen lassen *mystère*
II. *vpr* **s'**~ ❶ (*devenir obscur*) *ciel:* sich verdunkeln, sich verfinstern; **le jour s'obscurcit** es wird dunkel; **le temps s'obscurcit** es zieht sich zu
❷ (*se brouiller*) undurchsichtig [*o* mysteriös] werden; *esprit:* sich trüben, sich verwirren; *idées, pensées:* durcheinander geraten; *style:* unklar [*o* verworren] werden; *vue:* sich trüben; **ma vue s'obscurcit** meine Augen trüben sich

obscurcissement [ɔpskyʀsismɑ̃] *m du ciel* Verdunkelung *f*, Verfinsterung *f;* (*action*) Verdunkeln *nt; de l'esprit, des idées, de la pensée* Verwirrung *f; de la vue* Trübung *f*

obscurément [ɔpskyʀemɑ̃] *adv* ❶ (*vaguement*) undeutlich; *deviner, sentir* dunkel
❷ (*de façon peu claire*) unklar

obscurité [ɔpskyʀite] *f* ❶ (*absence de lumière*) Dunkel[heit *f*] *nt*, Finsternis *f*
❷ (*manque de clarté*) Unklarheit *f; d'une affaire* Undurchsichtigkeit *f; d'un texte, d'une phrase* Unverständlichkeit *f; de la pen-*

O

sée Verworrenheit *f;* **l'affaire était d'une ~ telle que qn a fait qc** die Sache war so undurchsichtig, dass jd etw getan hat
❸ (*anonymat*) Bedeutungslosigkeit *f;* **vivre dans/sortir de l'~** ein Schattendasein führen/aus seinem Schattendasein heraustreten

obsédant(e) [ɔpsedɑ̃, ɑ̃t] *adj* einen verfolgend, einen nicht loslassend; *voix* eindringlich; **idée ~e** Zwangsvorstellung *f,* fixe Idee; **musique ~e** Ohrwurm *m*

obsédé(e) [ɔpsede] *m(f)* ❶ (*érotomane*) Sexbesessene(r) *f(m)*
❷ (*fanatique*) Fanatiker(in) *m(f);* **~(e) de foot** Fußballnarr *m/* -närrin *f*

obséder [ɔpsede] <5> *vt* **~ qn** jdn verfolgen; *idée:* jdn beherrschen; *problème, souci, souvenir, remords:* jdm keine Ruhe lassen; **être obsédé(e) par qc** von etw besessen sein; **être obsédé(e) par l'argent** nur [das] Geld im Kopf haben

obsèques [ɔpsɛk] *fpl* Bestattung *f,* Beisetzung *f,* Abdankung *f* (CH); **~ nationales** Staatsbegräbnis *nt*

obséquieusement [ɔpsekjøzmɑ̃] *adv* unterwürfig

obséquieux, -euse [ɔpsekjø, -jøz] *adj* unterwürfig, kriecherisch

obséquiosité [ɔpsekjozite] *f* Unterwürfigkeit *f*

observable [ɔpsɛʀvabl] *adj* **être ~** zu beobachten sein

observance [ɔpsɛʀvɑ̃s] *f* ❶ REL (*règle*) Regel *f;* (*ordre*) Orden *m;* (*obéissance à la règle*) Observanz *f*
❷ *soutenu* (*obéissance*) Einhaltung *f,* Beachtung *f*

observateur, -trice [ɔpsɛʀvatœʀ, -tʀis] **I.** *adj personne* aufmerksam; *regard, esprit* wach
II. *m, f* Beobachter(in) *m(f)*

observation [ɔpsɛʀvasjɔ̃] *f* ❶ (*surveillance*) Beobachtung *f;* MIL Beobachtung *f,* Überwachung *f;* **esprit d'~** Beobachtungsgabe *f*
❷ (*remarque*) Bemerkung *f;* (*reproche*) Tadel *m;* **faire des ~s à qn sur qc** jdn auf etw (*Akk*) ansprechen; **avoir quelques ~s à faire à qn** jdm [noch] ein paar Dinge zu sagen haben; **je n'admettrai aucune ~ de votre part** von Ihnen lasse ich mir nichts sagen
❸ (*constatation*) Beobachtung *f*
❹ (*respect*) Einhaltung *f; de la bienséance* Respektierung *f*
❺ MED **être en ~ quelque part** irgendwo zur Beobachtung sein; **mettre qn en ~** jdn unter Beobachtung stellen

observatoire [ɔpsɛʀvatwaʀ] *m* ❶ Observatorium *nt;* ASTRON Sternwarte *f,* Observatorium; METEO Wetterwarte
❷ MIL Beobachtungsposten *m*
❸ ECON Wirtschaftsforschungsinstitut *nt*

observer [ɔpsɛʀve] <1> **I.** *vt* ❶ (*regarder attentivement*) **~ qn faire qc** beobachten, wie jd etw tut
❷ (*assister à, suivre*) **~ un défilé/spectacle** sich (*Dat*) eine Parade/ein Schauspiel ansehen
❸ (*surveiller*) beobachten; MIL beobachten, überwachen
❹ (*remarquer*) bemerken; **faire ~ qc à qn/à qn que qn a fait qc** jdn auf etw (*Akk*) hinweisen/darauf hinweisen, dass jd etw getan hat; **je vous ferai ~ que** ich möchte Sie darauf hinweisen, dass
❺ (*respecter*) beachten *coutume, tradition;* einnehmen *attitude;* wahren *bienséance, discrétion;* einhalten *jeûne, régime;* **~ une règle** sich an eine Regel halten; **~ une minute de silence à la mémoire de qn/qc** eine Gedenkminute für jdn/etw einlegen
II. *vi* beobachten; **nous sommes juste là pour ~** wir sind nur als Beobachter da
III. *vpr* **s'~** ❶ (*se surveiller*) sich zusammennehmen
❷ (*s'épier*) sich beobachten

obsession [ɔpsesjɔ̃] *f* Besessenheit *f;* PSYCH Zwangsvorstellung *f,* Obsession *f* (*Fachspr.*); **~ du sexe** Sexbesessenheit; **~ de faire qc** Versessenheit *f* darauf, etw zu tun; **~ de la réussite** Erfolgszwang *m;* **~ de la mort** Todeswahn *m*

obsessionnel(le) [ɔpsesjɔnɛl] *adj* zwanghaft; *idée, névrose* Zwangs-; *délire* zwangsneurotisch

obsidienne [ɔpsidjɛn] *f* MINER Obsidian *m*

obsolète [ɔpsɔlɛt] *adj* veraltet; *structure, débat* überholt; *technologie* veraltet; **commmencer à devenir ~** außer Gebrauch kommen

obstacle [ɔpstakl] *m* ❶ (*difficulté*) Hindernis *nt;* **franchir/sauter un ~** ein Hindernis überwinden/nehmen; **rencontrer des ~s** auf Hindernisse stoßen; **faire ~ à qn/qc** sich jdm/einer S. in den Weg stellen
❷ (*barrage*) Hindernis *nt;* **constituer un ~ à qc** etw behindern
❸ SPORT Hindernis *nt*

obstétricien(ne) [ɔpstetʀisjɛ̃, jɛn] *m(f)* Geburtshelfer(in) *m(f)*

obstétrique [ɔpstetʀik] **I.** *adj* Entbindungs-
II. *f* Geburtshilfe *f*

obstination [ɔpstinasjɔ̃] *f* ❶ (*entêtement*) Sturheit *f,* Starrsinn *m,* Eigensinn *m;* **~ à faire qc** sture [*o* verbissene] Entschlossenheit, etw zu tun; **~ au refus/à se taire** hartnäckige Weigerung/hartnäckiges Schweigen
❷ (*persévérance*) Hartnäckigkeit *f;* **~ dans le travail** Ausdauer *f* bei der Arbeit

obstiné(e) [ɔpstine] **I.** *adj* ❶ (*entêté*) stur, eigensinnig
❷ (*persévérant*) hartnäckig
❸ (*incessant*) *brouillard, pluie* anhaltend; *malchance* unaufhörlich; *toux* hartnäckig
II. *m(f)* Dickkopf *m,* Starrkopf *m*

obstinément [ɔpstinemɑ̃] *adv* (*avec entêtement*) stur, eigensinnig; (*avec persévérance*) hartnäckig

obstiner [ɔpstine] <1> *vpr* **s'~** stur bleiben; **s'~ à** [*o* **dans**] [*o* **sur**] **qc** auf etw (*Dat*) beharren; **s'~ sur un détail/un problème** sich an einem Detail/Problem festbeißen; **s'~ au silence** sich hartnäckig in Schweigen hüllen; **s'~ à faire qc** darauf beharren, etw zu tun

obstruction [ɔpstʀyksjɔ̃] *f* ❶ **faire de l'~** sich sperren
❷ MED Verschluss *m*
❸ SPORT Behinderung *f*
❹ POL Verschleppungstaktik *f;* **faire de l'~** eine Verschleppungstaktik verfolgen

obstructionnisme [ɔpstʀyksjɔnism] *m* Obstruktionspolitik *f,* Obstruktionstaktik *f*

obstruer [ɔpstʀye] <1> **I.** *vt* blockieren; versperren *vue;* MED verschließen *artère, vaisseau*
II. *vpr* **s'~** verstopfen

obtempérer [ɔptɑ̃peʀe] <5> *vi* gehorchen; **~ à un ordre** eine Anordnung befolgen; **refus d'~** Nichtbefolgung *f* einer Anordnung

obtenir [ɔptəniʀ] <9> *vt* ❶ (*recevoir*) erhalten, bekommen; erzielen *avantage;* **~ de l'avancement** befördert werden; **~ satisfaction** sich durchgesetzt haben; **ne rien pouvoir ~** nichts erreichen können; **~ la main de qn** jdn zur Frau nehmen; **j'ai obtenu d'elle de jouer dans cette pièce** ich habe bei ihr erreicht [*o* durchsetzen können], dass ich in dem Stück spiele; **~ de qn qu'il fasse qc** bei jdm erreichen [*o* durchsetzen können], dass er etw tut
❷ (*parvenir à*) erzielen; bestehen *examen;* erhalten *total, majorité*

obtention [ɔptɑ̃sjɔ̃] *f* ❶ *d'un résultat* Erreichen *nt,* Erzielen *nt; d'un examen* Bestehen *nt; d'une température, pièce administrative* Erhalten *nt;* **après l'~ du visa** nach Erhalt des Visums; **après ~ de l'examen** nach bestandener Prüfung; **pour l'~ de qc** um etw zu erreichen/bestehen/erhalten
❷ JUR **~ frauduleuse de prestations** Erschleichung von Leistungen

obturateur [ɔptyʀatœʀ] *m* ❶ PHOT Verschluss *m*
❷ TECH Absperrhahn *m*

obturateur, -trice [ɔptyʀatœʀ, -tʀis] *adj* ❶ PHOT Verschluss-
❷ ANAT Schließ-

obturation [ɔptyʀasjɔ̃] *f* Verschluss *m;* **~ dentaire** Zahnfüllung *f*

obturer [ɔptyʀe] <1> *vt* abdichten; füllen *dent*
obtus(e) [ɔpty, yz] *adj* ❶ (*borné*) beschränkt
❷ MATH *angle* stumpf
obus [ɔby] *m* Granate *f*
obusier [ɔbyzje] *m* Haubitze *f*
obvier [ɔbvje] <1a> *vi littér* ❶ (*éviter*) ~ **à qc** eine S. (*Akk*) vermeiden
❷ (*prévenir*) ~ **à qc** einer S. (*Dat*) vorbeugen
❸ (*remédier*) ~ **à qc** eine S. (*Akk*) beheben
oc [ɔk] *m* ❶ HIST, LING (*ensemble de dialectes du midi de la France*) **langue d'**~ Langue d'Oc *f*
❷ LING **langue d'**~ Okzitanisch *nt*
ocarina [ɔkaʀina] *m* Okarina *f*
occase [ɔkɑz] *f fam abr de* **occasion** Schnäppchen *nt;* **voiture d'**~ Gebrauchtwagen *m*
occasion [ɔkazjɔ̃] *f* ❶ (*circonstance [favorable]*) Gelegenheit *f;* **c'est une bonne** ~ das ist eine günstige Gelegenheit; **c'est l'**~ **ou jamais** jetzt oder nie; **à la première** ~ bei der nächsten Gelegenheit; **ne jamais rater une** ~ eine Gelegenheit nie verpassen
❷ COM (*offre avantageuse*) günstige Gelegenheit; **une** ~ **unique/rare** eine einmalige/seltene Gelegenheit; **voiture d'**~ Gebrauchtwagen *m;* **le marché de l'**~ der Gebrauchtwarenhandel
❸ (*cause*) **avoir l'**~ **de faire qc** die Gelegenheit haben etw zu tun; **être l'**~ **de qc** die Gelegenheit zu etw sein; **être l'**~ **pour qn de faire qc** für jdn die Gelegenheit sein etw zu tun
▸ **l'**~ **fait le larron** *prov* Gelegenheit macht Diebe; **les grandes** ~**s** die besonderen Anlässe; **laisser passer une** ~ eine günstige Gelegenheit verpassen; **saisir l'**~ **par les cheveux** die Gelegenheit [beim Schopfe] ergreifen; **sauter sur l'**~ *fam* die Gelegenheit beim Schopf[e] packen; **à l'**~ bei Gelegenheit, gelegentlich; **à l'**~ **de qc** anlässlich einer S. (*Gen*)
occasionnel(le) [ɔkazjɔnɛl] *adj* gelegentlich; **travail** ~ Gelegenheitsarbeit *f;* **dépense** ~**le** unvorhergesehene Ausgabe
occasionnellement [ɔkazjɔnɛlmɑ̃] *adv* gelegentlich
occasionner [ɔkazjɔne] <1> *vt* verursachen
occident [ɔksidɑ̃] *m* ❶ POL **l'Occident** der Westen, die westliche Welt
❷ (*opp: orient*) Abendland *nt*
occidental(e) [ɔksidɑ̃tal, o] <-aux> *adj* ❶ GEOG, POL westlich; **la côte** ~**e** die Westküste; **les puissances** ~**es** die Westmächte; **les experts occidentaux** die Experten aus der westlichen Welt
❷ (*opp: oriental*) abendländisch
Occidental(e) [ɔksidɑ̃tal, o] <-aux> *m(f)* ❶ (*opp: Oriental*) Abendländer(in) *m(f);* **les Occidentaux** die abendländischen Völker
❷ POL Westeuropäer(in) *m(f);* **les Occidentaux** die westlichen Länder
occidentaliser [ɔksidɑ̃talize] <1> **I.** *vt* ~ **qn/qc** jdn in die westliche Kultur eingliedern/etw der westlichen Kultur anpassen [*o* verwestlichen]
II. *vpr* **s'**~ sich der westlichen Kultur anpassen
occipital [ɔksipital, o] <-aux> *m* Hinterhaupt *nt*
occipital(e) [ɔksipital, o] <-aux> *adj* Hinterhaupt[s]-
occiput [ɔksipyt] *m* Hinterkopf *m*
occire [ɔksiʀ] <*irr*> *vt hum* ~ **qn** jdm den Garaus machen
occitan [ɔksitɑ̃] *m* **l'**~ Okzitanisch *nt*, das Okzitanische; *v. a.* **allemand**
occitan(e) [ɔksitɑ̃, an] *adj* okzitanisch
occlure [ɔklyʀ] <*irr*> *vt* MED verschließen *veine*
occlusif, -ive [ɔklyzif, -iv] *adj* PHON **consonne occlusive** Verschlusslaut *m*, Explosivlaut *m*
occlusion [ɔklyzjɔ̃] *f* ❶ MED Verschluss *m*, Okklusion *f* (*Fachspr.*); ~ **intestinale** Darmverschluss
❷ PHON Verschluss *m*
occlusive [ɔklyziv] *f* Verschlusslaut *m*, Explosivlaut *m*
occulte [ɔkylt] *adj* ❶ (*ésotérique*) okkult
❷ (*secret*) verborgen, geheim
occulter [ɔkylte] <1> *vt* ❶ (*dissimuler*) geheim halten, kaschieren *difficulté, problème;* verstellen *vision*
❷ (*cacher à la vue*) abdunkeln *phare, lumière*
occultisme [ɔkyltism] *m* Okkultismus *m*
occupant(e) [ɔkypɑ̃, ɑ̃t] **I.** *adj* MIL Besatzungs-
II. *m(f)* ❶ MIL **l'**~ die Besatzung[smacht]; **les** ~**s et les résistants** die Besatzungssoldaten und die Widerstandskämpfer
❷ (*habitant*) *d'un logement, d'une chambre d'hôtel* Bewohner(in) *m(f); d'une voiture* Insasse *m*/Insassin *f; des lieux* Besitznehmer(in) *m(f)*
❸ JUR **premier** ~**/première** ~**e** erster Besitznehmer/erste Besitznehmerin
occupation [ɔkypasjɔ̃] *f* ❶ (*activité*) Beschäftigung *f*
❷ (*métier*) Beschäftigung *f;* ~ **à temps complet** Ganztagsbeschäftigung
❸ MIL, HIST Besetzung *f;* **l'armée d'**~ die Besatzungsarmee; **l'Occupation** die Besatzung[szeit] (*Frankreichs durch die Deutschen*)
❹ JUR Inbesitznahme *f*
occupé(e) [ɔkype] *adj* ❶ *personne* beschäftigt; *place, siège, toilettes, ligne téléphonique* besetzt; *chambre d'hôtel* belegt; **être** ~**(e) à qc/à faire qc** mit etw beschäftigt sein/damit beschäftigt sein etw zu tun
❷ MIL, POL *pays, usine* besetzt
occuper [ɔkype] <1> **I.** *vt* ❶ (*remplir*) einnehmen *place;* in Anspruch nehmen *journée, loisirs, temps;* ~ **ses loisirs à faire qc** seine Freizeit dafür verwenden etw zu tun
❷ (*habiter*) wohnen in (+ *Dat*), bewohnen *maison, appartement, étage*
❸ (*exercer*) [inne]haben, bekleiden (*geh*) *emploi, poste;* ausüben *fonction*
❹ (*employer*) beschäftigen
❺ (*donner quelque chose à faire*) ~ **qn à qc/à faire qc** jdn mit etw beschäftigen/damit beschäftigen etw zu tun; **ce travail l'occupe énormément** diese Arbeit beschäftigt ihn/sie sehr
❻ MIL, POL besetzen *pays, usine*
II. *vpr* ❶ (*prendre en charge*) **s'**~ **de qn** sich um jdn kümmern; **s'**~ **de faire qc** sich bemühen etw zu tun
❷ (*avoir une activité*) **s'**~ **de littérature/politique** sich mit Literatur/Politik beschäftigen; **occupe-toi de tes affaires!** kümmere dich um deine eigenen Angelegenheiten!
❸ (*ne pas rester oisif*) **s'**~ sich beschäftigen
▸ **occupe-toi de tes oignons** *fam* kümmere dich um deinen Kram (*fam*); **t'occupe [pas]!** *fam* halt dich da [bloß] raus! (*fam*)
occurrence [ɔkyʀɑ̃s] *f littér* Gelegenheit *f;* **une** ~ **singulière** ein seltsamer Umstand; **en toute autre** ~ bei jeder anderen Gelegenheit
▸ **en pareille** ~ in so einem Fall; **en l'**~ im vorliegenden Fall
O.C.D.E. [osedeø] *f abr de* **Organisation de coopération et de développement économique** OECD *f*
océan [ɔseɑ̃] *m* ❶ GEOG Ozean *m*, Weltmeer *nt;* **l'**~ **Atlantique/Pacifique** der Atlantische/Pazifische Ozean; **l'**~ **Arctique** das Nördliche Eismeer; **l'**~ **Indien** der Indische Ozean
❷ (*l'Atlantique*) **l'Océan** der Atlantik
❸ *fig littér* (*vaste étendue*) **un** ~ **de lumières/sable/verdure** ein Lichtermeer/eine riesige Sandfläche/Grünfläche
océanaute [ɔseanot] *mf* Tiefseeforscher(in) *m(f)*
océanique [ɔseanik] *adj* ozeanisch
océanographe [ɔseanɔgʀaf] *mf* Meeresforscher(in) *m(f)*
océanographie [ɔseanɔgʀafi] *f* Meeresforschung *f*
océanographique [ɔseanɔgʀafik] *adj* meereskundlich
océanologie [ɔseanɔlɔʒi] *f* Meeresforschung *f*
océanologue [ɔseanɔlɔg] *mf* Meeresforscher(in) *m(f)*
ocelle [ɔsɛl] *f* ZOOL Punktauge *nt*, Ozelle *f* (*Fachspr.*)

ocelot [ɔslo] *m* Ozelot *m*
ocre [ɔkʀ] **I.** *f (colorant)* Ocker *m o nt*
II. *adj inv* ocker[farben], ockergelb
ocré(e) [ɔkʀe] *adj* ocker[farben], ockergelb
octaèdre [ɔktaɛdʀ] **I.** *adj* achtflächig
II. *m* Oktaeder *m,* Achtflächner *m,* Achtflach *nt*
octane [ɔktan] *m* Oktan *nt*
octante [ɔktɑ̃t] *num* BELG, CH achtzig; *v. a.* **cinq, cinquante**
octave [ɔktav] *f* Oktave *f;* **faire des ~s** Oktaven spielen; **jouer qc à l'~** etw eine Oktave höher/tiefer spielen
octet [ɔktɛ] *m* Byte *nt*
octobre [ɔktɔbʀ] *m* Oktober *m; v. a.* **août**
octogénaire [ɔktɔʒenɛʀ] **I.** *adj* achtzigjährig
II. *mf* Achtzigjährige(r) *f(m)*
octogonal(e) [ɔktɔgɔnal, o] <-aux> *adj* achteckig, oktogonal
octogone [ɔktogon, ɔktɔgɔn] *m* Achteck *nt,* Oktogon *nt*
octopode [ɔktɔpɔd] **I.** *adj* achtarmig
II. *m* Achtfüßer *m,* Oktopode *m (Fachspr.)*
octosyllabe [ɔktosil(l)ab] **I.** *adj* LING achtsilbig
II. *m* POES Achtsilbner *m*
octroi [ɔktʀwa] *m* **l'~ de qc** die Bewilligung einer S. *(Gen)*
octroyer [ɔktʀwaje] <6> **I.** *vt* **~ un délai/un répit/une somme d'argent à qn** jdm einen Aufschub/eine Geldsumme bewilligen; **~ une faveur à qn** jdm eine Gunst gewähren; **~ un privilège à qn** jdm ein Vorrecht einräumen
II. *vpr* **s'~ qc** sich etw *(Akk)* gönnen
octuor [ɔktɥɔʀ] *m* Oktett *nt*
oculaire [ɔkylɛʀ] **I.** *adj* ① ANAT Seh-; **globe ~** Augapfel *m*
② *(visuel)* **témoin ~** Augenzeuge *m*/-zeugin *f*
II. *m* OPT Okular *nt*
oculiste [ɔkylist] *mf* Augenarzt *m*/-ärztin *f*
odalisque [ɔdalisk] *f* HIST *(femme de chambre dans un harem)* Odaliske *f; (femme d'un harem)* Haremsdame *f*
ode [ɔd] *f* Ode *f*
odéon [ɔdeɔ̃] *m* Odeon *nt*
odeur [ɔdœʀ] *f* Geruch *m;* **sans ~** geruchlos; **je sens une ~ de brûlé** hier riecht es verbrannt
▸ **l'argent n'a pas d'~** Geld stinkt nicht; **vivre en ~ de sainteté** REL im Geruch eines/einer Heiligen stehen; **ne pas être en ~ de sainteté [auprès de qn]** *fam* bei jdm nicht gut angeschrieben sein
odieusement [ɔdjøzmɑ̃] *adv* schändlich
odieux, -euse [ɔdjø, -jøz] *adj* ① *(ignoble)* schändlich; *personne* niederträchtig; *caractère* widerlich
② *(insupportable) personne* unausstehlich
odontologie [ɔdɔ̃tɔlɔʒi] *f* Zahnheilkunde *f,* Zahnmedizin *f*
odorant(e) [ɔdɔʀɑ̃, ɑ̃t] *adj* wohlriechend, duftend
odorat [ɔdɔʀa] *m* Geruch[ssinn *m*] *m*
odoriférant(e) [ɔdɔʀifeʀɑ̃, ɑ̃t] *adj soutenu* wohlriechend, duftend
odyssée [ɔdise] *f* Odyssee *f;* **l'Odyssée** die Odyssee
œcuménique [ekymenik] *adj* ① REL ökumenisch
② *fig* konsensfähig
œcuménisme [ekymenism] *m* ökumenische Bewegung, Ökumene *f*
œdème, Œdème [ødɛm, edɛm] *m* Ödem *nt*
œdipe [edip, ødip] *m* **complexe d'~** Ödipuskomplex *m*
Œdipe [ødip(ə)] *m* Ödipus *m*
œil [œj, jø] <yeux> *m* ① ANAT Auge *nt;* **avoir les yeux bleus/noirs** blaue/dunkle Augen haben; **avoir/tenir les yeux grand ouverts** die Augen weit offen haben/offen halten; **lever/baisser les yeux** den Blick heben/senken; **se maquiller les yeux** sich die Lider schminken
② *(vision, vue)* Blick *m;* **regarder qn d'un ~ envieux/méchant** jdn neidisch/böse ansehen; **avoir l'~ vif** einen wachen Blick haben
③ *(regard)* Blick *m;* **il la cherche/suit des yeux** sein Blick sucht sie/folgt ihr
④ *(jugement)* **d'un ~ critique** mit kritischem Blick; **ne plus voir les choses du même ~** die Dinge jetzt anders sehen
⑤ *(regard rapide)* **jeter un coup d'~ au journal/à l'heure** einen kurzen Blick in die Zeitung/auf die Uhr werfen; **remarquer qc au premier coup d'~** etw auf den ersten Blick sehen
⑥ *(regard averti)* Auge *nt;* **l'~ vigilant du chef** der wachsame Blick des Chefs; **l'~ d'un spécialiste** das geübte Auge eines Spezialisten; **avoir l'~ sur qn/qc** ein Auge auf jdn/etw haben; **avoir l'~ à tout** alles im Auge behalten; **tenir qn à l'~** *fam* jdn im Auge behalten
⑦ BOT *(bourgeon)* Auge *nt*
⑧ *(trou) du fromage* Loch *nt; de la soupe* [Fett]auge *nt; d'une aiguille* Öhr *nt*
⑨ *(judas)* Spion *m*
⑩ METEO **l'~ du cyclone** das Auge des Zyklons
▸ **avoir un ~ au beurre noir** ein blaues Auge haben; **lever les yeux au ciel** flehentlich zum Himmel blicken; **loin des yeux, loin du cœur** *prov* aus den Augen, aus dem Sinn *(prov)*; **avoir le coup d'~** ein gutes Augenmaß haben; **~ pour ~, dent pour dent** *prov* Auge um Auge, Zahn um Zahn; **obéir au doigt et à l'~** blind gehorchen; **l'~ du maître** der unbestechliche Blick des Fachmanns; **ne pas fermer l'~ de la nuit** die ganze Nacht kein Auge zutun; **être tout yeux, tout oreilles** ganz Auge und [ganz] Ohr sein; **ne pas avoir les yeux dans sa poche** sich nichts entgehen lassen; **coûter les yeux de la tête** ein Vermögen kosten; **qn a les yeux plus grands que le ventre** *fam* bei jdm sind die Augen größer als der Magen; **pour les beaux yeux de qn** *fam* um jds schöner Augen willen; **faire les yeux doux à qn** jdm schöne Augen machen; **enceinte jusqu'aux yeux** *fam* hochschwanger; **faire qc les yeux fermés** etw tun ohne hinzusehen; **ne pas avoir froid aux yeux** keine Angst haben; **ouvrir de grands yeux** große Augen machen; **faire les gros yeux à qn** jdn scharf ansehen; **le mauvais ~** der böse Blick; **à l'~ nu** mit bloßem Auge; **de mes/ses propres yeux** mit meinen/seinen/ihren eigenen Augen; **ouvrir des yeux ronds** große Augen machen; **avoir qn à l'~** *fam* jdn im Griff haben; **n'avoir d'yeux que pour qn** Augen nur für jdn haben; **couver qn des yeux** jdn zärtlich ansehen; **cela crève les yeux** *fam* etw ist nicht zu übersehen; **ne pas en croire ses yeux** seinen Augen nicht trauen; **dévorer qn des yeux** jdn mit den Augen verschlingen; **ne dormir que d'un ~** einen leichten Schlaf haben; **faire de l'~ à qn** *fam* jdm schöne Augen machen; **fermer les yeux de qn** jdm die Augen zudrücken; **fermer les yeux sur qc** bei etw beide Augen zudrücken; **ouvrir l'~** die Augen aufmachen, aufpassen; **ouvrir les yeux à qn sur qc** jdm die Augen über etw *(Akk)* öffnen; **n'avoir plus que ses yeux pour pleurer** alles verloren haben; **se rincer l'~** *fam* allerhand zu sehen bekommen; **cela saute aux yeux** das sieht man auf den ersten Blick; **il/elle/ça me sort par les yeux** *fam* ich habe ihn/sie/es satt *(fam)*; **taper dans l'~ de qn** *fam* es jdm angetan haben; **tourner de l'~** *fam* umkippen *(fam)*; **à l'~** *fam* umsonst; **aux yeux de qn** in jds Augen *(Dat)*; **les yeux dans les yeux** Auge in Auge; **sous l'~ de qn** unter jds Aufsicht; **sous les yeux de qn** vor jds Augen *(Dat)*; **mon ~!** *pop* wers glaubt wird selig! *(fam)*
◆ **~ de verre** Glasauge *nt*
œil-de-bœuf [œjdəbœf] <œils-de-bœuf> *m* Ochsenauge *nt,* Rundfenster *nt* **œil-de-chat** [œjdəʃa] <œils-de-chat> *m* Katzenauge *nt* **œil-de-perdrix** [œjdəpɛʀdʀi] <œils-de-perdrix> *m* Hühnerauge *nt*
œillade [œjad] *f* ① *(clin d'œil de connivence)* [verstohlener] Blick
② *(clin d'œil amoureux)* Augenzwinkern *nt;* **faire/jeter/lancer des ~s à qn** jdm schöne Augen machen
œillère [œjɛʀ] *f* Scheuklappe *f*
▸ **avoir des ~s** Scheuklappen haben [*o* tragen]
œillet[1] [œjɛ] *m* BOT Nelke *f*
◆ **~ d'Inde** Studentenblume *f,* Tagetes *f (Fachspr.)*

œillet² [œjɛ] *m* ① *(petit trou) d'une chaussure* Schnürloch *nt*
② *(renfort métallique)* Öse *f*
③ *(rondelle)* Lochverstärkungsring *m*

œilleton [œjtɔ̃] *m* ① OPT Augenmuschel *f*
② *(viseur) d'une arme à feu* Lochkimme *f*
③ BOT Schössling *m,* Trieb *m*

œnologie [enɔlɔʒi] *f* Lehre *f* vom Wein[bau], Önologie *f* *(Fachspr.)*

œnologique [enɔlɔʒik] *adj* önologisch *(Fachspr.)*

œnologue [enɔlɔg] *mf* Weinbauspezialist(in) *m(f),* Önologe *m*/Önologin *f*

œsophage [ezɔfaʒ] *m* Speiseröhre *f*

œstrogène [ɛstʀɔʒɛn] **I.** *m* Östrogen *nt*
II. *adj* **les hormones ~s** die Östrogene

œuf [œf, ø] *m* Ei *nt;* **~s de poisson** Rogen *m;* **~s brouillés** Rührei, Eierspeise *f* (A); **~ poché** pochiertes Ei; **~ à la coque** gekochtes Ei; **~ à la neige** Eischnee *m;* **battre des ~s en neige** Eiweiß zu Schnee schlagen; **~ sur le** [*o* **au**] **plat** Spiegelei *nt;* **en forme d'~** eiförmig
▸ **qui vole un ~ vole un bœuf** *prov* wer einmal stiehlt, stiehlt immer; **mettre tous ses ~s dans le même panier** alles auf eine Karte setzen; **tête** [*o* **crâne**] **d'~** *péj* Eierkopf *m* *(pej)*; **être plein comme un ~** *salle:* zum Bersten voll sein; *personne:* bis oben hin voll sein; **on ne fait pas d'omelette sans casser des ~s** *prov* wo gehobelt wird, da fallen Späne *(prov)*; **va te faire cuire un ~!** *pop* rutsch mir doch den Buckel runter! *(fam)*; **marcher sur des ~s** wie auf Eiern gehen; *(agir avec précaution)* vorsichtig zu Werke gehen; **dans l'~** im Ansatz; **quel ~!** *fam* so ein Schwachkopf! *(fam)*
◆ **~ de Pâques** Osterei *nt;* **~ à repriser** Stopfei *nt*

œuvre [œvʀ] **I.** *f* ① ART, LITTER, TECH Werk *nt;* **~ de jeunesse** Jugendwerk; **les ~s complètes d'un auteur** die gesammelten Werke [*o* das Gesamtwerk] eines Autors; **~s choisies** ausgewählte Werke
② *(résultat) de l'érosion, du temps* Werk *nt;* **la mort avait fait son ~** der Tod hatte sein Werk schon getan
③ *pl (actes)* Taten *Pl*
④ *(organisation caritative)* **~ de bienfaisance** Wohltätigkeitsverein *m;* **les bonnes ~s** die wohltätigen Werke
▸ **à l'~ on connaît l'artisan** [*o* **l'ouvrier**] *prov* am Werk erkennt man den Meister; **faire ~ utile** etwas Nützliches tun; **être à l'~** am Werk sein; **faire ~ d'ami** *littér* einen Freundschaftsdienst erweisen; **mettre en ~** in Bewegung setzen; **se mettre à l'~** sich an die Arbeit machen
II. *m* ART *littér* Gesamtwerk *nt*
▸ **être à pied d'~** an Ort und Stelle sein; **le grand ~** die Suche nach dem Stein der Weisen; **le gros ~** Rohbau *m*
◆ **~ d'art** *f* Kunstwerk *nt*

œuvrer [œvʀe] <1> *vi littér* **~ pour qc** sich um etw bemühen

OFAJ [ofaʒ] *m abr de* **Office franco-allemand pour la jeunesse** DFJW *nt* *(Deutsch-Französisches Jugendwerk)*

off [ɔf] *adj inv* ① CINE, TV *personne, voix* im Off
② *(en marge) festival* alternativ

offensant(e) [ɔfɑ̃sɑ̃, ɑ̃t] *adj* beleidigend

offense [ɔfɑ̃s] *f (affront)* Beleidigung *f;* **une ~ envers qn** eine Beleidigung gegenüber jdm; **faire une ~ à qn** jdn beleidigen; **"pardonne-nous nos ~s"** REL „vergib uns unsere Schuld"
▸ **il n'y a pas d'~** da steckt nichts Böses dahinter

offensé(e) [ɔfɑ̃se] **I.** *adj* beleidigt
II. *m(f)* Beleidigte(r) *f(m)*

offenser [ɔfɑ̃se] <1> **I.** *vt* ① *(outrager)* beleidigen
② REL **~ Dieu** sich gegen Gott versündigen
③ *littér (blesser)* beleidigen; verletzen *loi, principe, règle, sentiment;* rütteln an (+ *Dat*) *réputation*
II. *vpr (se vexer)* **s'~ de qc** sich durch etw gekränkt fühlen

offenseur [ɔfɑ̃sœʀ] *m* Beleidiger *m*

offensif, -ive [ɔfɑ̃sif, -iv] *adj* ① *(opp: défensif)* offensiv; *alliance, armes, guerre* Offensiv-; *armée* angreifend
② *fig* **un retour ~ du froid** ein erneuter plötzlicher Kälteeinbruch

offensive [ɔfɑ̃siv] *f* ① *(attaque)* Offensive *f;* **prendre l'~** die Offensive ergreifen; **passer à l'~** zum Angriff übergehen
② *fig* Offensive *f;* **~ commerciale** Werbekampagne *f;* **~ de grande envergure** Großoffensive; **l'~ de l'hiver** *littér* der Wintereinbruch; **lancer** [*o* **mener**] **une ~ contre qn/qc** eine Offensive gegen jdn/etw starten; **une ~ de charme contre qn** *fam* jdn charmant bedrängen

offertoire [ɔfɛʀtwaʀ] *m* Offertorium *nt*

office [ɔfis] *m* ① *(agence, bureau)* Amt *nt,* Dienststelle *f;* **Office franco-allemand pour la jeunesse** Deutsch-Französisches Jugendwerk; **~ national météorologique** nationales Wetteramt
② REL Messe *f,* Gottesdienst *m*
③ *(fonction, charge)* Amt *nt;* **~ ministériel** Ministerialamt; **~ de notaire/d'avoué** Notariat *nt*/Anwaltspraxis *f*
④ *(pièce)* Bedienstetenraum *m*
▸ **les bons ~s de qn** jds Hilfe *f;* **Monsieur Bons Offices** *fam* Vermittler *m;* **faire ~ de qc** *personne:* als etw fungieren; *chose:* als etw dienen; **remplir son ~** seine Aufgabe erfüllen; **d'~** *(par voie d'autorité)* von Amts wegen; *(en vertu d'un règlement)* automatisch; *(sans demander)* einfach so
◆ **~ du commerce extérieur** Außenhandelsstelle *f;* **Office de la prévoyance** CH Sozialamt *nt,* Fürsorgeamt *nt* (CH); **~ du tourisme** Fremdenverkehrsamt *nt*

officialisation [ɔfisjalizasjɔ̃] *f* amtliche [*o* offizielle] Bestätigung

officialiser [ɔfisjalize] <1> *vt* offiziell bestätigen

officiant [ɔfisjɑ̃] **I.** *m* Zelebrant *m*
II. *adj* zelebrierend

officiel(le) [ɔfisjɛl] **I.** *adj* offiziell, amtlich; *langue, sceau* Amts-; *cachet, voiture* Dienst-; **visite ~le** Staatsbesuch *m;* **de source ~le** von amtlicher Seite
II. *m(f)* ① Person *f* des öffentlichen Lebens
② SPORT Funktionär(in) *m(f)*

officiellement [ɔfisjɛlmɑ̃] *adv* offiziell

officier¹ [ɔfisje] *m* ① ADMIN, JUR Beamte(r) *m*/Beamtin *f;* **~ d'état civil** Standesbeamte(r) *m*/-beamtin *f;* **~ de paix** *Polizeibeamte(r) des gehobenen oder höheren Dienstes;* **~ de justice** Justizbeamte(r) *m*/-beamtin *f*
② MIL Offizier(in) *m(f); d'aviation, de gendarmerie, d'infanterie* -offizier
③ *(titulaire d'une distinction)* **~ de la Légion d'honneur** Offizier *m* der Ehrenlegion; **~ de l'ordre du mérite** Verdienstordensträger(in) *m(f)*

officier² [ɔfisje] <1a> *vi* ① Gottesdienst halten
② *fig* Zelebrierungen veranstalten

officieusement [ɔfisjøzmɑ̃] *adv* halbamtlich, offiziös *(geh)*

officieux, -euse [ɔfisjø, -jøz] *adj* halbamtlich, offiziös *(geh)*

officinal(e) [ɔfisinal, o] <-aux> *adj herbe, plante* Heil-

officine [ɔfisin] *f* ① PHARM Labor *nt,* Offizin *f*
② *fig* **une ~ de fausses nouvelles** eine Brutstätte für falsche Nachrichten

offrande [ɔfʀɑ̃d] *f* ① *littér* Almosen *nt;* REL Opfer[gabe *f*] *nt*
② *fig* **donner sa jeunesse en ~** seine Jugend opfern

offre [ɔfʀ] *f* ① *a.* JUR, ECON Angebot *nt;* **l'~ et la demande** Angebot und Nachfrage; **~ concurrentielle** Konkurrenzangebot; **~ publique d'échange** öffentliches [Aktien]tauschangebot
② *(aux enchères)* Gebot *nt*
③ ADMIN **appel d'~s** Ausschreibung *f*
◆ **~ d'emploi** Stellenangebot *nt;* **~ de négociations** Verhandlungsangebot *nt;* **~ de paix** Friedensangebot *nt*

offrir [ɔfʀiʀ] <11> **I.** *vt* ① *(faire un cadeau)* **~ qc à qn** jdm etw schenken
② *(proposer)* **~ ses services à qn** jdm seine Dienste anbieten; **~ le bras à qn** jdm seinen Arm reichen; **~ à boire/man-**

ger à qn jdm etwas zu trinken/essen anbieten; ~ **à qn de faire qc** jdm anbieten etw zu tun; **je vous offre cent euros pour le vase** ich biete Ihnen hundert Euro für die Vase; **il nous a offert le déjeuner** er hat uns zum Mittagessen eingeladen
❸ (*donner, présenter*) ~ **une explication/excuse à qn** jdm eine Erklärung abgeben/sich bei jdm entschuldigen; **qn offre une grande résistance à qn** jd leistet jdm starken Widerstand; **ce matériau offre une grande résistance** dieses Material ist sehr robust; ~ **un bien charmant tableau** einen bezaubernden Anblick bieten
❹ (*comporter*) ~ **beaucoup d'avantages/inconvénients à qn/qc** jdm/einer S. viele Vorteile/Nachteile bieten; ~ **beaucoup de sécurité à qn/qc** jdm/einer S. viel Sicherheit bieten; **ce travail n'offre aucune difficulté** diese Arbeit beinhaltet keinerlei Schwierigkeiten
II. *vpr* ❶ (*se présenter*) **s'**~ **à qn/qc** sich jdm/einer S. bieten; **la première idée qui s'est offerte à mon esprit** der erste Gedanke, der mir in den Sinn kam
❷ (*se proposer*) **s'**~ **pour faire qc** sich anbieten etw zu tun; **s'**~ **comme guide à qn** sich jdm als Führer anbieten
❸ (*s'accorder*) **s'**~ **des vacances** sich (*Dat*) Ferien leisten [*o* gönnen]

offset [ɔfsɛt] I. *app inv* Offset-
II. *m inv* Offsetdruck[verfahren *nt*] *m;* **en** ~ im Offsetdruck

offshore [ɔfʃɔʀ] I. *adj inv* Offshore-
II. *m* Offshorebohrung *f*

offusquer [ɔfyske] <1> I. *vt* ärgern
II. *vpr* **s'**~ **de qc** an etw (*Dat*) Anstoß nehmen

OFPRA [ɔfpʀa] *m abr de* **Office français de protection des réfugiés et apatrides** *französisches Amt zum Schutz von Flüchtlingen und Staatenlosen*

ogival(e) [ɔʒival, o] <-aux> *adj* spitzbogig; **arc** ~ Spitzbogen *m*

ogive [ɔʒiv] *f* ❶ MIL Sprengkopf *m*
❷ ARCHIT Spitzbogen *m*

OGM [oʒeɛm] *m abr de* **organisme génétiquement modifié** GVO *m*

ogre, ogresse [ɔgʀ, ɔgʀɛs] *m, f* ❶ (*géant vorace dans les contes de fées*) Menschen fressendes Ungeheuer
❷ *fam* (*gourmand*) Vielfraß *m* (*fam*)
▸ **avoir un appétit d'**~ *fam* einen Bärenhunger haben (*fam*); **manger comme un** ~ *fam* für drei essen (*fam*)

oh [o] I. *interj* oh; ~ **là là!** oje!
II. *m inv* **pousser des** ~ **et des ah de surprise** Ausrufe des Erstaunens von sich geben

ohé [oe] *interj* he[da] (*fam*)

ohm [om] *m* Ohm *nt*

ohmmètre [ommɛtʀ] *m* Ohmmeter *nt*

oie [wa] *f* ❶ ORN Gans *f;* ~ **sauvage** Wildgans
❷ *fam* (*personne niaise*) blöde Gans (*fam*)
▸ **pas de l'**~ MIL Stechschritt *m;* **bête comme une** ~ strohdumm

oignon [ɔɲɔ̃] *m* ❶ GASTR Zwiebel *f*
❷ BOT [Blumen]zwiebel *f*
❸ MED Ballen *m*
❹ (*montre*) Taschenuhr *f,* Zwiebel *f* (*hum fam*)
▸ **en rang d'**~**s** wie die Zinnsoldaten; **aux petits** ~**s** *fam* mit sehr viel Sorgfalt; **c'est pas mes/tes** ~**s** *fam* das ist nicht mein/dein Bier (*fam*); **occupe-toi de tes** ~**s!** *fam* kümmer dich um deinen eigenen Kram! (*fam*)

oïl [ɔjl] HIST, LING **langue d'**~ Langue d'Oïl *f* (*Gesamtheit nordfranzösischer Dialekte im Mittelalter*)

oindre [wɛ̃dʀ] <*irr*> *vt* REL salben

oiseau [wazo] <x> *m* ❶ ORN Vogel *m*
❷ *péj* (*type*) komischer Kauz
▸ ~ **de mauvais augure** [*o* **de malheur**] Unglücksprophet *m;* **être comme l'**~ **sur la branche** im Ungewissen schweben; **petit à petit, l'**~ **fait son nid** *prov* gut Ding will Weile haben (*prov*); **à vol d'**~, **Marseille est à 200 kilomètres de Lyon** Marseille ist 200 km Luftlinie von Lyon entfernt; ~ **rare** weißer Rabe; **l'**~ **s'est envolé** der Vogel ist ausgeflogen
◆ ~ **des îles** exotischer Vogel; ~ **de nuit** ❶ Nachtvogel *m*
❷ (*personne*) Nachteule *f* (*fam*); ~ **de paradis** Paradiesvogel *m;* ~ **de proie** Raubvogel *m*

oiseau-lyre [wazoliʀ] <oiseaux-lyres> *m* Leierschwanz *m*

oiseau-mouche [wazomuʃ] <oiseaux-mouches> *m* Kolibri *m*

oiseleur, -euse [wazlœʀ, -øz] *m, f* Vogelfänger(in) *m(f)*

oiselier, -ière [wazəlje, -jɛʀ] *m, f* Vogelhändler(in) *m(f)*

oisellerie [wazɛlʀi] *f* ❶ (*commerce*) Vogelhandel *m*
❷ (*lieu*) Vogelzucht *f*

oiseux, -euse [wazø, -øz] *adj* müßig, unnütz

oisif, -ive [wazif, -iv] I. *adj* müßig
II. *m, f* Müßiggänger(in) *m(f)*

oisillon [wazijɔ̃] *m* Jungvogel *m*

oisivement [wazivmɑ̃] *adv* untätig, müßig; **vivre** ~ ein müßiges Leben führen

oisiveté [wazivte] *f* Müßiggang *m*
▸ **l'**~ **est [la] mère de tous les vices** *prov* Müßiggang ist aller Laster Anfang

oison [wazɔ̃] *m* Gänseküken *nt*

OIT [oite] *f abr de* **Organisation internationale du travail** IAO *f*

O.K. [okɛ] I. *interj fam* o.k. (*fam*)
II. *adj fam inv* **c'est** ~ das ist o.k. (*fam*)

okapi [ɔkapi] *m* Okapi *nt*

olé [ɔle] I. *interj* olé
II. *adj inv fam* ~ ~ gewagt, frech

oléacée [ɔlease] *f* Ölbaumgewächs *nt*

oléagineux [ɔleaʒinø] *m* Ölpflanze *f*

oléagineux, -euse [ɔleaʒinø, -øz] *adj* ölhaltig

oléifère [ɔleifɛʀ] *adj* ölhaltig

oléine [ɔlein] *f* Olein *nt*

oléique [ɔleik] *adj* CHIM **acide** ~ Ölsäure *f*

oléoduc [ɔleɔdyk] *m* Pipeline *f,* Erdölleitung *f*

olfactif, -ive [ɔlfaktif, -iv] *adj cellule, nerf* Riech-; *organe, sens* Geruchs-

olibrius [ɔlibʀijys] *m fam* komischer Kauz

olifant [olifɑ̃] *m* HIST Olifant *m*

oligarchie [ɔligaʀʃi] *f* Oligarchie *f*

oligoélément [ɔligoelemɑ̃] *m* Spurenelement *nt*

oligopole [ɔligɔpɔl] *m a.* ECON Oligopol *nt*

olivaie [ɔlivɛ] *f v.* **oliveraie**

olivâtre [ɔlivɑtʀ] *adj* grünlich

olive [ɔliv] I. *f* ❶ (*fruit*) *noire, verte* Olive *f;* **huile d'**~ Olivenöl *nt*
❷ ELEC [olivenförmiger] Schnurzwischenschalter
❸ COUT [olivenförmige] Schnurquaste
❹ ARCHIT Eierstab *m*
II. *adj inv* oliv[grün]; **une robe** ~ ein olivgrünes Kleid

oliveraie [ɔlivʀɛ] *f* Ölbaumpflanzung *f*

olivette [ɔlivɛt] *f* ❶ (*raisin*) Traube *f*
❷ (*tomate*) Flaschentomate *f*

olivier [ɔlivje] *m* ❶ (*arbre*) Ölbaum *m,* Olivenbaum *m*
❷ (*bois*) Olivenholz *nt*

olographe [ɔlɔgʀaf] *adj* handschriftlich; *testament* eigenhändig geschrieben

O.L.P. [oɛlpe] *f abr de* **Organisation de libération de la Palestine** PLO *f*

Olympe [ɔlɛ̃p] *m* **l'**~ der Olymp

olympiade [ɔlɛ̃pjad] *f* Olympiade *f*

olympien(ne) [ɔlɛ̃pjɛ̃, jɛn] *adj air, regard, calme* majestätisch, olympisch (*geh*); *dieu* olympisch, des Olymp

olympique [ɔlɛ̃pik] *adj* olympisch; **stade** ~ Olympiastadion *nt;* **les Jeux** ~**s** die Olympischen Spiele

OM [oɛm] *m abr de* **Olympic [de] Marseille** *französischer Fußballverein*

ombelle [ɔ̃bɛl] *f* Dolde *f*
ombellifère [ɔ̃belifɛʀ] *f* Doldenblütler *m*
ombilic [ɔ̃bilik] *m* Nabel *m*
ombilical(e) [ɔ̃bilikal, o] <-aux> *adj* **cordon** ~ Nabelschnur *f*
omble [ɔ̃bl] *m* ZOOL Seesaibling *m*
ombrage [ɔ̃bʀaʒ] *m* ❶ *(feuillage)* Laubwerk *nt*
❷ *(ombre)* Schatten *m*
▸ **porter** ~ **à qn** jdn in den Schatten stellen; **prendre** ~ **de qc** *soutenu* an etw *(Dat)* Anstoß nehmen
ombragé(e) [ɔ̃bʀaʒe] *adj* schattig
ombrager [ɔ̃bʀaʒe] <2a> *vt* Schatten spenden [*o* geben]
ombrageux, -euse [ɔ̃bʀaʒø, -ʒøz] *adj* ❶ *(craintif) âne, cheval, mulet* leicht scheuend
❷ *(susceptible) caractère* schwierig; *personne* empfindlich
ombre[1] [ɔ̃bʀ] *f* ❶ *(opp: soleil)* Schatten *m;* ~ **portée** [Schlag]schatten; **à l'**~ im Schatten; **dans l'**~ **de la nuit** im Dunkel der Nacht
❷ *(silhouette)* Schatten *m;* ~**s chinoises** Schattenspiel *nt*
❸ MYTH Schatten *m (geh)*; **au royaume des** ~**s** im Reich der Schatten
❹ *(soupçon)* **l'**~ **d'une moustache** die leichte Spur eines Schnurrbart[e]s; **il n'y a pas l'**~ **d'un doute/soupçon** es gibt nicht den leisesten Zweifel/den leisesten Verdacht; **sans l'**~ **d'une hésitation** ohne das geringste Zögern
❺ *(menace)* **l'**~ **de la guerre** das Schreckgespenst des Krieg[e]s
❻ *gén pl* ART Schattierung *f*
▸ **avoir peur de son** ~ Angst vor seinem eigenen Schatten haben; **il y a une** ~ **au tableau** die Sache hat einen Nachteil; **courir après une** ~ einem Schatten nachjagen; **n'être plus que l'**~ **de soi-même** nur noch der Schatten seiner selbst sein; **faire de l'**~ **à qn** jdm Schatten spenden; *fig* jdn in den Schatten stellen; **lâcher la proie pour l'**~ Schimären nachjagen, statt zuzugreifen; **laisser qc dans l'**~ etw im Ungewissen lassen; **mettre qn à l'**~ *fam* jdn hinter Schloss und Riegel bringen; **suivre qn comme son** ~ jdm wie ein Schatten folgen; **vivre dans l'**~ **de qn** in jds Schatten stehen; **à l'**~ **de qn/qc** in jds Schatten/im Schatten einer S. *(Gen)*; *(sous la protection)* in jds Schutz/im Schutze einer S. *(Gen)*; **dans l'**~ im Dunkeln
◆ ~ **à paupières** Lidschatten *m*
ombre[2] [ɔ̃bʀ] *f (terre de Sienne)* Umbra[erde *f*] *f*
ombrelle [ɔ̃bʀɛl] *f* Sonnenschirm *m*
ombrer [ɔ̃bʀe] <1> *vt* schattieren *dessin, tableau*
ombreux, -euse [ɔ̃bʀø, -øz] *adj* schattig
oméga [ɔmega] *m inv* Omega *nt*
omelette [ɔmlɛt] *f* GASTR Omelett *nt;* ~ **aux champignons/au fromage** Omelett mit Pilzen/Käseomelett
▸ **on ne fait pas d'**~ **sans casser des œufs** *prov* wo gehobelt wird, da fallen Späne
omerta [ɔmɛʀta] *f* Omertà *f*
omettre [ɔmɛtʀ] <*irr*> *vt* ❶ *(négliger)* ~ **de faire qc** unterlassen etw zu tun
❷ *(oublier)* ~ **qn/qc** jdn/etw nicht berücksichtigen [*o* außer Acht lassen]
omis [ɔmi] *passé simple de* **omettre**
omis(e) [ɔmi, iz] *part passé de* **omettre**
omission [ɔmisjɔ̃] *f* ❶ *(fait d'omettre qc) d'un mot, détail* Auslassen *nt*
❷ *(fait d'omettre de faire qc)* Unterlassen *nt*
❸ *(chose omise)* Auslassung *f*
❹ *(acte omis)* Unterlassung *f*, Versäumnis *nt;* **sauf erreur ou** ~ Irrtum und Unterlassung vorbehalten; **pécher par** ~ durch Unterlassung sündigen
omnibus [ɔmnibys] **I.** *m* CHEMDFER Nahverkehrszug *m*
II. *app* **train** ~ Nahverkehrszug *m*
omnidirectionnel(le) [ɔmnidiʀɛksjɔnɛl] *adj* TECH **antenne** ~**le** Rundstrahlantenne *f;* **microphone** ~ ungerichtetes Mikrofon *nt;* **radiophare** ~ Rundstrahlfunkfeuer *nt*
omnipotence [ɔmnipɔtɑ̃s] *f* Allmacht *f*
omnipotent(e) [ɔmnipɔtɑ̃, ɑ̃t] *adj* allmächtig
omnipraticien(ne) [ɔmnipʀatisjɛ̃, jɛn] *m(f)* Allgemeinmediziner(in) *m(f)*
omniprésence [ɔmnipʀezɑ̃s] *f* Allgegenwart *f*
omniprésent(e) [ɔmnipʀezɑ̃, ɑ̃t] *adj* allgegenwärtig
omniscience [ɔmnisjɑ̃s] *f* Allwissenheit *f*
omniscient(e) [ɔmnisjɑ̃, jɑ̃t] *adj* allwissend
omnisports [ɔmnispɔʀ] *adj inv* für alle Sportarten; **club** ~ Sportverein *m;* **salle** ~ Sporthalle *f*
omnium [ɔmnjɔm] *m* ❶ SPORT Omnium *nt*
❷ COM Holding[gesellschaft *f*] *f*
omnivore [ɔmnivɔʀ] *adj* allesfressend
omoplate [ɔmɔplat] *f* Schulterblatt *nt*
O.M.S. [oɛmɛs] *f abr de* **Organisation mondiale de la Santé** WHO *f*
on [ɔ̃] *pron pers* ❶ *(tout le monde)* man; ~ **dit qu'elle a fait qc** man sagt [*o* es heißt], dass sie etw getan hat; **en France,** ~ **consomme beaucoup de vin** in Frankreich trinkt man viel Wein [*o* wird viel Wein getrunken]
❷ *(quelqu'un)* man, jemand; **est-ce qu'**~ [*o* **que l'**~] **est venu pour faire la réparation?** ist jemand wegen der Reparatur gekommen?; ~ **vous demande au téléphone** Sie werden am Telefon verlangt; **j'attends qu'**~ [*o* **que l'**~] **apporte le dessert** ich warte auf das Dessert [*o* darauf, dass man mir das Dessert bringt]
❸ *fam (nous)* wir; ~ **s'en va, viens!** komm, wir gehen!; **nous,** ~ **veut bien!** von uns aus, gern!; ~ **fait ce qu'**~ [*o* **que l'**~] **peut** wir tun, was wir können; ~ **est tous égaux devant la loi** vor dem Gesetz sind [wir] alle gleich
❹ *fam (tu, vous)* man, du/ihr/Sie; **et** ~ **ne dit même pas merci!** und dann bedankt man sich nicht einmal!; **j'espère qu'**~ [*o* **que l'**~] **sera bien sage** ich hoffe, dass du schön brav sein wirst/ihr schön brav sein werdet; **alors Marie,** ~ **s'en va déjà?** na, Marie, gehst du/gehen Sie denn schon?
❺ *fam (il(s), elle(s))* man; **qu'**~ [*o* **que l'**~] **est jolie aujourd'hui!** wie hübsch sie heute ist! *(fam)*; ~ **ne sait rien, mais** ~ **parle!** keine Ahnung von nichts, aber die Klappe aufreißen! *(fam)*
❻ *(je, moi)* **oui, oui,** ~ **va le faire!** ja, ja, ich mache das schon noch!; ~ **démontrera ici que** *soutenu* hier wird der Beweis dafür angetreten, dass
onagre[1] [ɔnagʀ] *m* ZOOL, HIST Onager *m*
onagre[2] [ɔnagʀ] *f* BOT Nachtkerze *f*
onanisme [ɔnanism] *m* Onanie *f*
once [ɔ̃s] *f* ❶ *(une très petite quantité)* **une** ~ **de bon sens** ein Funke *m* Verstand
❷ *(mesure de poids)* Unze *f*
oncle [ɔ̃kl] *m* Onkel *m;* ~ **d'Amérique** *hum* [reicher] Onkel aus Amerika *(hum)*; ~ **à héritage** *hum* Erbonkel *m*
oncologie [ɔ̃kɔlɔʒi] *f* Onkologie *f*
oncologiste [ɔ̃kɔlɔʒist] *mf* Onkologe *m*/Onkologin *f*
onction [ɔ̃ksjɔ̃] *f* ❶ REL Salbung *f*
❷ *littér (grande douceur) apostolique, ecclésiastique* Güte *f*
onctueusement [ɔ̃ktɥøzmɑ̃] *adv* salbungsvoll
onctueux, -euse [ɔ̃ktɥø, -øz] *adj* ❶ *(moelleux, lisse) potage, sauce* sämig
❷ *(doux au toucher)* weich; *crème* sahnig
❸ *(mielleux)* einschmeichelnd, schleimig
onctuosité [ɔ̃ktɥozite] *f d'une crème* sahnige Konsistenz; *d'un potage, d'une sauce* sämige Konsistenz
ondatra [ɔ̃datʀa] *m* ZOOL ❶ Bisamratte *f*
❷ *(fourrure)* **manteau d'**~ Bisammantel *m*
onde [ɔ̃d] *f* ❶ PHYS Welle *f;* **les** ~**s sonores** der Rundfunk; ~**s courtes/moyennes** Kurzwelle/Mittelwelle *f;* **petites/grandes** ~**s** Kurzwelle/Langwelle *f;* **passer sur les** ~**s tel jour à telle heure** an dem Tag und zu der Uhrzeit im Radio kommen

❷ *littér* (*vague*) Welle *f*, Woge *f*; **une ~ brusque de rougeur inonda son visage** die Röte schoss ihm/ihr ins Gesicht; **une ~ de plaisir l'envahit** Freude überkommt ihn/sie; **une ~ de colère monta en lui** die Wut stieg in ihm auf
❸ *littér* (*eau*) Nass *nt* (*geh*); **les ~s** die Fluten
❹ *pl* (*ondulation*) *blé, herbe, foule* Wogen *nt*
▸ **être sur la même longueur d'~s** *fam* auf der gleichen Wellenlänge liegen (*fam*)
ondée [ɔ̃de] *f* Schauer *m*
ondine [ɔ̃din] *f* Meerjungfrau *f*, Undine *f*, Nixe *f*
on-dit [ɔ̃di] *m inv* Gerücht *nt*
ondoiement [ɔ̃dwamɑ̃] *m* ❶ *littér* (*ondulation*) [sanftes] Wogen
❷ REL Nottaufe *f*
ondoyant(e) [ɔ̃dwajɑ̃, jɑ̃t] *adj* ❶ (*onduleux*) wogend; *démarche* wiegend; *flamme* züngelnd; *vêtement, cheveux* wallend
❷ (*sinueux*) *forme, courbe* weich
❸ *littér* (*inconstant*) *personne* wechselhaft, wankelmütig; *caractère* unbeständig; *opinion* sich ändernd
ondoyer [ɔ̃dwaje] <6> **I.** *vi littér* (*onduler*) *blé, herbe:* wogen; *cheveux:* wallen
II. *vt* REL nottaufen
ondulant(e) [ɔ̃dylɑ̃, ɑ̃t] *adj* ❶ (*ondoyant*) *démarche* wiegend; *surface* wogend
❷ MED *pouls, fièvre* unregelmäßig
ondulation [ɔ̃dylasjɔ̃] *f* ❶ (*mouvement onduleux*) *du blé, de la houle, des vagues* Wogen *nt*
❷ (*ligne sinueuse*) **les ~s du terrain** die hügelige Beschaffenheit des Geländes
❸ (*vagues*) *des cheveux* Wellen *Pl*
ondulatoire [ɔ̃dylatwaʀ] *adj* wellenartig; **mouvement ~** Wellenbewegung *f*
ondulé(e) [ɔ̃dyle] *adj cheveux, surface* gewellt; *chaussée, route* uneben; **carton ~/tôle ~e** Wellpappe *f*/Wellblech *nt*
onduler [ɔ̃dyle] <1> **I.** *vi* ❶ (*ondoyer*) *blé, houle, vague:* wogen; *serpent, troupe:* sich schlängeln
❷ (*être sinueux*) *route:* sich schlängeln; *cheveux:* sich wellen
II. *vt* **~ ses cheveux** seine Haare ondulieren
onduleux, -euse [ɔ̃dylø, -øz] *adj* ❶ (*ondoyant*) *démarche, mouvement* wiegend; **la surface onduleuse du lac** die wogende Oberfläche des Sees
❷ (*sinueux*) **le tracé ~ de la route** die kurvige Straßenführung; **la ligne onduleuse des collines** die wellige Hügelkette
one man show [wanmanʃo] *m inv* One-man-Show *f*, Einmannshow *f*
onéreux, -euse [ɔneʀø, -øz] *adj* ❶ kostspielig; *loyer, marchandise* teuer
❷ JUR **à titre ~** gegen Entgelt
ONG [oɛnʒe] *f abr de* **organisation non gouvernementale** NGO *f* (*Nichtregierungsorganisation*)
ongle [ɔ̃gl] *m* ❶ ANAT Nagel *m*; **~ incarné** eingewachsener Nagel; **se couper les ~s des pieds et des mains** sich die Fuß- und die Fingernägel schneiden; **se faire les ~s** sich die Nägel lackieren; **ciseaux/lime/vernis à ~s** Nagelschere *f*/Nagelfeile *f*/Nagellack *m*
❷ ZOOL Kralle *f*
▸ **connaître qc jusqu'au bout des ~s** etw in- und auswendig kennen; **avoir les ~s en deuil** *fam* Fingernägel mit Trauerrändern haben (*fam*); **avoir les ~s crochus** ein Geizhals sein
onglée [ɔ̃gle] *f* klamme Finger *Pl*; **avoir l'~** klamme Finger haben
onglet [ɔ̃glɛ] *m* ❶ GASTR *hochwertiges Steakfleisch*
❷ TECH Gehrung *f*
❸ (*bande pour insérer une feuille*) *d'un livre, d'une reliure* Falz *m*
❹ (*encoche*) Daumenindex *m*
❺ (*entaille*) *d'un canif, couteau, d'une règle* Einkerbung *f*, Kerbe *f*
onguent [ɔ̃gɑ̃] *m* PHARM Salbe *f*
ongulé [ɔ̃gyle] *m* Huftier *nt*
ongulé(e) [ɔ̃gyle] *adj* Huf-
onirique [ɔniʀik] *adj littér* Traum-
onirisme [ɔniʀism] *m* MED Traum *m*
ONISEP [ɔnisɛp] *m abr de* **Office national d'information sur les enseignements et les professions** *zentrale Informationsstelle über Berufs- und Ausbildungsmöglichkeiten*
onomastique [ɔnɔmastik] **I.** *adj* LING namenkundlich; **index** [*o* **table**] **~** Namenverzeichnis *nt*
II. *f* LING Namenkunde *f*, Onomastik *f* (*Fachspr.*)
onomatopée [ɔnɔmatɔpe] *f* LING Schallwort *nt*, lautmalendes Wort
ont [ɔ̃] *indic prés de* **avoir**
ontogenèse [ɔ̃toʒənɛz] *f* Ontogenese *f*
ontogénétique [ɔ̃toʒenetik] *adj* ontogenetisch
ontogénie [ɔ̃toʒeni] *f v.* **ontogenèse**
ontologie [ɔ̃tɔlɔʒi] *f* Ontologie *f*
ontologique [ɔ̃tɔlɔʒik] *adj* ontologisch
Onu, O.N.U. [ony] *f abr de* **Organisation des Nations unies** UNO *f*
onusien(ne) [onyzjɛ̃, jɛn] *adj* UNO-
onyx [ɔniks] *m* Onyx *m*
onze [ɔ̃z] **I.** *num* ❶ elf
❷ (*dans l'indication de l'âge, la durée*) **avoir/avoir bientôt ~ ans** elf [Jahre alt] sein/werden; **enfant de ~ ans** Elfjährige(r) *f(m)*; **période de ~ ans** Zeitraum *m* von elf Jahren
❸ (*dans l'indication de l'heure*) **il est ~ heures** es ist elf [Uhr]
❹ (*dans l'indication de la date*) **le ~ mars** *geschrieben:* **le 11 mars** der elfte März *écrit:* der 11. März
❺ (*dans l'indication de l'ordre*) **arriver ~ ou douzième** als Elfte(r) oder Zwölfte(r) kommen
❻ (*dans les noms de personnages*) **Louis XI** *gesprochen:* **Louis ~** Ludwig XI. *oral:* Ludwig der Elfte
II. *m inv* ❶ Elf *f*
❷ (*numéro*) Nummer *f* elf, Elf *f*
❸ TRANSP **le ~** die Linie [*o* Nummer] elf, die Elf (*fam*)
❹ JEUX Elf *f*
❺ SCOL **avoir ~** [**sur vingt**] ≈ eine Drei haben
❻ FBALL Elf *f*
III. *f* (*table, chambre... numéro onze*) Elf *f*; *v. a.* **cinq**
onzième [ɔ̃zjɛm] **I.** *adj antéposé* elfte(r, s)
II. *mf* **le/la ~** der/die/das Elfte
III. *m* ❶ (*fraction*) Elftel *nt*
❷ (*étage*) elfter Stock
❸ (*arrondissement*) elftes Arrondissement; *v. a.* **cinquième**
oocyte [ɔɔsit] *m v.* **ovocyte**
opacifier [ɔpasifje] <1a> **I.** *vt* (*rendre opaque*) trüben
II. *vpr* (*devenir opaque*) **s'~** sich trüben
opacité [ɔpasite] *f* ❶ (*opp: transparence*) *du verre, papier* Undurchsichtigkeit *f*
❷ (*densité*) *du brouillard* Dichte *f*; *de l'obscurité* Undurchdringlichkeit *f*
❸ *littér* (*hermétisme*) *d'un texte, d'une doctrine* Unverständlichkeit *f*
opale [ɔpal] *f* Opal *m*
opalin(e) [ɔpalɛ̃, in] *adj* opalartig
opaline [ɔpalin] *f* ❶ (*matière*) Opalglas *nt*
❷ (*objet*) Gegenstand *m* aus Opalglas
opaque [ɔpak] *adj* ❶ (*opp: transparent*) undurchsichtig; **verre ~** Milchglas *nt*
❷ (*dense*) *brouillard, fumée* dicht; *nuit, obscurité* undurchdringlich
❸ (*hermétique*) *texte, mot* unverständlich; *personnage, être* schwer zugänglich
op'art [ɔpaʀ] *m* Op-Art *f*
OPE [opeə] *f abr de* **offre publique d'échange** öffentliches Umtauschangebot
open [ɔpɛn] **I.** *adj inv* ❶ *tournoi* international
❷ (*ouvert*) *billet* offen

II. *m inv* SPORT Open *nt*
OPEP [opɛp] *m abr de* **Organisation des pays exportateurs de pétrole** OPEC *f*
opéra [ɔpeʀa] *m* ❶ (*œuvre lyrique*) Oper *f*; ~ **bouffe** Opera buffa *f*
❷ (*édifice*) Oper *f*
opéra-ballet [ɔpeʀabalɛ] <opéras-ballets> *m* Ballettoper *f*
opérable [ɔpeʀabl] *adj* operabel
opéra-comique [ɔpeʀakɔmik] <opéras-comiques> *m* komische Oper
opérant(e) [ɔpeʀɑ̃, ɑ̃t] *adj* wirksam
opérateur [ɔpeʀatœʀ] *m* INFORM, MATH ~ [**du système**] Operator *m*
opérateur, -trice [ɔpeʀatœʀ, -tʀis] *m, f* ❶ TECH, TELEC Techniker(in) *m(f)*
❷ AVIAT, NAUT Funker(in) *m(f)*
❸ CINE, TV Kameramann *m*/-frau *f*
❹ FIN [Börsen]makler(in) *m(f)*
❺ (*standardiste*) Telefonist(in) *m(f)*
◆ ~(**-trice**) **de saisie** Datentypist(in) *m(f)*; ~ **de téléphonie numérique mobile** Mobilfunkanbieter *m*
opération [ɔpeʀasjɔ̃] *f* ❶ MED Operation *f*
❷ MATH [Rechen]operation *f*; **les quatre ~s fondamentales** die vier Grundrechenarten
❸ MIL [militärische] Operation, Unternehmen *nt*
❹ (*action organisée*) Aktion *f*; ~ **de publicité/police/sauvetage** Werbeaktion/Polizeiaktion/Rettungsaktion; **l'~ ville propre** die Aktion saubere Stadt
❺ COM, FIN, JUR (*transaction*) Geschäft *nt*; ~ **bancaire** Bankgeschäft; ~**s boursières** Börsengeschäft
❻ TECH, CHIM, PHYSIOL Prozess *m*
❼ REL Wirken *nt*
❽ (*processus*) Arbeitsvorgang *m*
▸ **par l'~ du Saint-Esprit** durch den Heiligen Geist
◆ ~ **à prime** Prämiengeschäft *nt*; ~ **de Bourse** Börsengeschäft *nt*
opérationnel(le) [ɔpeʀasjɔnɛl] *adj* ❶ (*prêt*) *personne* einsatzfähig; *entreprise, machine* betriebsbereit, einsatzbereit
❷ MIL einsatzbereit; **base ~le** Operationsbasis *f*; **avion ~** einsatzfähiges Flugzeug
opératoire [ɔpeʀatwaʀ] *adj* MED *bloc, technique* Operations-; *choc, dépression, maladie* postoperativ
opercule [ɔpɛʀkyl] *m* ❶ TECH [Schutz]deckel *m*
❷ ZOOL *du poisson* Kiemendeckel *m*; *des gastéropodes* Schalendeckel *m*; BOT Deckel *m*
opéré(e) [ɔpeʀe] *m(f)* Operierte(r) *f(m)*; **les grands ~s** Patienten *Pl*, die eine schwere Operation hinter sich haben
opérer [ɔpeʀe] <5> I. *vt* ❶ MED ~ **qn de qc** jdn an etw (*Dat*) operieren; **se faire ~ de qc** sich an etw (*Dat*) operieren lassen
❷ (*provoquer*) bewirken *changement, redressement, transformation*
❸ (*réaliser*) treffen *choix;* durchführen *réforme*
II. *vi* ❶ (*produire*) *charme, nature, médicament:* wirken; *méthode, procédé:* greifen
❷ (*procéder*) vorgehen
III. *vpr* **s'~** ❶ (*se réaliser*) sich vollziehen
❷ MED operiert werden können
opérette [ɔpeʀɛt] *f* MUS Operette *f*
▸ **gouvernement d'~** Marionettenregierung *f*; **héros/souverain d'~** Operettenheld *m*/Operettenkönig *m*
ophidien [ɔfidjɛ̃] *m* **les ~s** die Schlangen
ophtalmie [ɔftalmi] *f* Augenentzündung *f*
ophtalmique [ɔftalmik] *adj* Augen-; *nerf* Seh-
ophtalmo [ɔftalmɔ] *mf abr de* **ophtalmologiste, ophtalmologue**
ophtalmologie [ɔftalmɔlɔʒi] *f* Augenheilkunde *f*
ophtalmologique [ɔftalmɔlɔʒik] *adj* Augen-; *recherches* der Augenheilkunde
ophtalmologiste [ɔftalmɔlɔʒist] *mf*, **ophtalmologue** [ɔftalmɔlɔg] *mf* Augenarzt *m*/-ärztin *f*
ophtalmoscopie [ɔftalmɔskɔpi] *f* Augenspiegelung *f*
opiacé(e) [ɔpjase] *adj* opiumhaltig; **odeur ~e** Opiumgeruch *m*
opinel® [ɔpinɛl] *m* Opinel® *nt* (*Klappmesser*)
opiner [ɔpine] <1> *vi* ~ **de la tête** mit dem Kopf zustimmend nicken; ~ **à qc** einer S. (*Dat*) zustimmen
▸ ~ **du bonnet** Ja und Amen [*o* ja und amen] sagen
opiniâtre [ɔpinjɑtʀ] *adj* ❶ (*obstiné*) *travail, efforts* unermüdlich; *résistance, haine* erbittert; *personne, caractère* eigensinnig
❷ (*tenace*) *fièvre, toux* hartnäckig
opiniâtrement [ɔpinjɑtʀəmɑ̃] *adv travailler* hartnäckig; *lutter* verbissen
opiniâtreté [ɔpinjɑtʀəte] *f* ❶ (*persévérance*) Beharrlichkeit *f*, Hartnäckigkeit *f*
❷ (*entêtement*) Eigensinn *m*
opinion [ɔpinjɔ̃] *f* ❶ (*avis*) Meinung *f*; **avoir une ~ sur un sujet** zu einem Thema eine Meinung haben; **avoir la même ~ que qn** der gleichen Meinung wie jd sein; **changer d'~** seine Meinung ändern; **se faire une ~** sich eine Meinung bilden; **se ranger à une ~** einer Meinung beipflichten
❷ (*jugement collectif*) **l'~ [publique]** die öffentliche Meinung; **l'~ française** die Öffentlichkeit in Frankreich; **sondage d'~** Meinungsumfrage *f*
❸ *gén pl* (*convictions*) Anschauung *f*; *politiques, religieuses* Anschauung, Überzeugung *f*; [**à**] **chacun ses ~s** jedem seine Meinung; **avoir le courage de ses ~s** zu seiner Meinung stehen; **délit d'~** staatsfeindliche Äußerung; **journal d'~** politisch orientierte Zeitung; **liberté d'~** Meinungsfreiheit *f*
❹ (*jugement de valeur*) **avoir une haute/bonne/mauvaise ~ de qn/qc** eine hohe/gute/schlechte Meinung von jdm/etw haben
opiomane [ɔpjɔman] *mf* Opiumsüchtige(r) *f(m)*
opiomanie [ɔpjɔmani] *f* Opiumsucht *f*
opium [ɔpjɔm] *m* Opium *nt*
opossum [ɔpɔsɔm] *m* Opossum *nt*
opportun(e) [ɔpɔʀtœ̃, yn] *adj démarche, intervention* passend, zweckdienlich; **en temps ~** zu gegebener Zeit; **au moment ~** im geeigneten Augenblick
opportunément [ɔpɔʀtynemɑ̃] *adv* im richtigen Augenblick [*o* Moment]
opportunisme [ɔpɔʀtynism] *m* Opportunismus *m*
opportuniste [ɔpɔʀtynist] I. *adj* opportunistisch
II. *mf* Opportunist(in) *m(f)*
opportunité [ɔpɔʀtynite] *f* ❶ (*bien-fondé*) Zweckmäßigkeit *f*
❷ (*occasion*) günstige Gelegenheit
opposable [ɔpozabl] *adj* ❶ (*utilisable contre*) ~ **à qc** gegen etw verwendbar
❷ JUR **cette décision n'est pas ~** gegen diese Entscheidung kann kein Einspruch erhoben werden
❸ (*qui peut être mis en face*) **être ~ à qc** einer S. (*Dat*) gegenübergestellt werden können
opposant(e) [ɔpozɑ̃, ɑ̃t] I. *m(f)* Gegner(in) *m(f)*; POL Oppositionelle(r) *f(m)*; **les ~s à qn/qc** jds Gegner/die Gegner einer S. (*Gen*)
II. *adj* ❶ oppositionell
❷ JUR **partie ~e** gegnerische Partei
opposé [ɔpoze] *m* Gegenteil *nt*
▸ **à l'~** (*dans l'autre direction*) in der anderen/in die andere Richtung; (*au contraire*) im Gegenteil; **à l'~ de qn/qc** im Gegensatz zu jdm/etw
opposé(e) [ɔpoze] *adj* ❶ (*d'en face*) *équipe* gegnerisch; *parti* Gegen-; *côté* gegenüberliegend; *sens, direction* entgegengesetzt; **~(e) à qc** einer S. (*Dat*) gegenüberliegend
❷ PHYS *force, pression* Gegen-; MATH *nombres* mit entgegengesetztem Vorzeichen; GEOM *angles* gegenüberliegend
❸ (*qui fait contraste*) *couleur* kontrastierend
❹ (*contraire*) *avis, opinion, intérêt* entgegengesetzt, konträr;

opinion

• exprimer son opinion/point de vue	**• Meinungen/Ansichten ausdrücken**
À mon avis, l'achat de machines supplémentaires n'est d'aucun intérêt.	Eine Anschaffung weiterer Maschinen ist **meines Erachtens/meiner Meinung nach** nicht sinnvoll.
Je pense/suis d'avis que chaque personne devrait recevoir un salaire minimum.	**Ich meine/denke, dass/Ich bin der Meinung/Ansicht, dass** jeder ein Mindesteinkommen erhalten sollte.
Je trouve qu'elle devrait s'excuser pour son comportement.	**Ich finde,** sie sollte sich für ihr Verhalten entschuldigen.
• demander les opinions et jugements	**• Meinungen erfragen, um Beurteilung bitten**
Qu'en pensez-vous?	**Was meinen Sie dazu?**
Que penses-tu de son nouvel ami?	**Was sagst du zu/Was hälst du von** ihrem neuen Freund?
Que pensez-vous de notre nouveau produit?	**Wie lautet Ihr Urteil über** unser neues Produkt?
Quel est votre point de vue à ce sujet?	**Wie urteilen Sie darüber?**
Quelle est votre opinion?	**Was ist Ihre Meinung?**
Tu crois que je peux sortir comme ça?	**Denkst du,** so kann ich gehen?
Comment devrions-nous procéder, **à votre avis**?	Wie sollten wir **Ihrer Meinung nach** vorgehen?
Est-ce que cette théorie **te dit quelque chose?**	**Kannst du mit** dieser Theorie **etwas anfangen?**
Est-ce que ma nouvelle couleur de cheveux **te plaît**?	**Wie gefällt dir** meine neue Haarfarbe?
Est-ce que tu trouves le jeu ennuyeux?	**Findest du** das Spiel langweilig?

caractère, style, goût grundverschieden
❺ (*hostile*) **être ~(e) à qc** gegen etw sein

opposer [ɔpoze] <1> **I.** *vt* ❶ (*comparer*) ~ **des personnes/des choses** Menschen/Dinge einander gegenüberstellen [*o* miteinander vergleichen]; ~ **qn et qn/qc et qc** jdn mit jdm/etw mit etw vergleichen; ~ **qn/qc à qn/qc** jdn/etw mit jdm/etw vergleichen
❷ (*séparer*) ~ **une personne à une autre** Menschen auseinander bringen
❸ MIL **le conflit oppose les deux nations** in dem Konflikt stehen sich die beiden Nationen feindlich gegenüber
❹ SPORT **ce match oppose l'équipe X à** [*o* **et**] **l'équipe Y** in diesem Spiel trifft die Mannschaft X auf die Mannschaft Y [*o* treffen die Mannschaft X und die Mannschaft Y aufeinander]
❺ (*répondre par*) ~ **qc à qn/qc** jdm/einer S. mit etw begegnen; ~ **un refus à qn** jdm eine Absage erteilen
❻ (*objecter*) ~ **des arguments/raisons à qn/qc** Argumente/Gründe gegen jdn/etw anführen [*o* vorbringen]
II. *vpr* ❶ (*faire obstacle*) **s'~ à qn/qc** gegen etw/jdn sein
❷ (*faire contraste*) **s'~** gänzlich verschieden sein

opposition [ɔpozisjɔ̃] *f* ❶ (*résistance*) ~ **à qc** Widerstand *m* gegen etw; **faire de l'~** Widerspruch anmelden
❷ (*différence*) *des opinions, idées, caractères* Gegensätzlichkeit *f; des styles* Verschiedenartigkeit *f;* **des ~s d'intérêt** Interessenkonflikte *Pl;* **des ~s de couleurs** Farbkontraste *Pl*
❸ (*combat*) ~ **de deux adversaires** Konflikt *m* zwischen zwei Gegnern; **être/entrer en ~ avec qn sur un point particulier** in einem bestimmten Punkt anderer Meinung sein/zu einer anderen Meinung kommen als jd
❹ POL Opposition *f;* **être dans l'~** in der Opposition sein; **les partis/journaux d'~** die Oppositionsparteien/Zeitungen der Opposition
❺ ASTRON Opposition *f*
❻ JUR Einspruchseinlegung *f*
► **faire ~** sein Konto sperren lassen; **faire ~ à un paiement** ein Zahlungsverbot erlassen; **faire ~ à un chèque** einen Scheck sperren lassen; **en ~** im Widerspruch; **par ~** aus Widerspruch; **par ~ à qn/qc** (*contrairement*) ganz anders als jd/etw; (*par défi*) aus Opposition zu jdm/etw

oppositionnel(le) [ɔpozisjɔnɛl] *adj* oppositionell

oppressant(e) [ɔpresɑ̃, ɑ̃t] *adj* ❶ (*angoissant*) beklemmend, bedrückend
❷ (*suffocant*) *chaleur, temps* drückend

oppressé [ɔprese] *adj* bedrückt

oppresser [ɔprese] <1> *vt* ❶ (*angoisser*) *sentiment, souvenir, tristesse:* bedrücken
❷ (*suffoquer*) *chaleur, temps, vêtement:* die Luft zum Atmen nehmen

oppresseur, -euse [ɔpresœr, -øz] *m, f* Unterdrücker(in) *m(f)*

oppressif, -ive [ɔpresif, -iv] *adj loi, régime* repressiv; **fiscalité oppressive** drückende Steuerlast

oppression [ɔpresjɔ̃] *f* ❶ (*action de tyranniser*) Unterdrückung *f,* Unterdrücken *nt*
❷ (*résultat d'une tyrannisation*) Unterdrückung *f,* Knechtschaft *f*
❸ (*angoisse*) Beklemmung *f*
❹ (*suffocation*) Atembeklemmung *f*

opprimé(e) [ɔprime] *m(f)* Unterdrückte(r) *f(m)*

opprimer [ɔprime] <1> *vt* ❶ (*tyranniser*) unterdrücken
❷ (*étouffer*) unterdrücken; ~ **les consciences/l'opinion** die Meinungsfreiheit unterdrücken/die Meinung nicht gelten lassen

opprobre [ɔprɔbr] *m littér* ❶ (*honte*) Schande *f;* **vivre dans l'~** in Schmach und Schande leben; **couvrir qn d'~** jdn mit Schande bedecken; **jeter l'~ sur qn** Schande über jdn bringen
❷ (*cause de honte*) Schandfleck *m;* **être l'~ de sa famille** das schwarze Schaf der Familie sein

optatif [ɔptatif] *m* Optativ *m*

optatif, -ive [ɔptatif, -iv] *adj* **au mode ~** im Optativ

opter [ɔpte] <1> *vi a.* JUR ~ **pour qc** sich für etw entscheiden, etw wählen

opticien(ne) [ɔptisjɛ̃, jɛn] *m(f)* Optiker(in) *m(f)*

optimal(e) [ɔptimal, o] <-aux> *adj* optimal

optim[al]isation [ɔptim(al)izasjɔ̃] *f a.* ECON Optimierung *f*

optim[al]iser [ɔptim(al)ize] <1> *vt* optimieren

optimisme [ɔptimism] *m* Optimismus *m*

optimiste [ɔptimist] **I.** *adj* optimistisch
II. *mf* Optimist(in) *m(f)*

optimum [ɔptimɔm] <s *o* optima> **I.** *adj* optimal
II. *m* Optimum *nt*

option [ɔpsjɔ̃] *f* ❶ (*choix*) Wahl[möglichkeit *f*] *f*
❷ SCOL (*matière à option*) Wahlfach *nt*
❸ SCOL (*filière*) Zweig *m*
❹ AUT (*modèle*) Ausführung *f*
❺ AUT (*accessoire*) Sonderausstattung *f*
❻ MIL ~ **zéro** Nullösung *f*

optionnel(le) [ɔpsjɔnɛl] *adj* ❶ SCOL Wahl-
❷ COM auf Wunsch

optique [ɔptik] **I.** *adj axe, centre, nerf* Seh-; *verre* optisch; **angle ~** Gesichtswinkel *m*, Sehwinkel *m*
II. *f* ❶ (*science*) Optik *f*; **l'~ médicale** die medizinische Optik; **appareils/instruments d'~** optische Geräte/Instrumente
❷ (*lentille*) *d'une caméra, d'un microscope* Optik *f*
❸ (*point de vue*) Sichtweise *f*
▸ **changer d'~** seine Sichtweise ändern; **dans cette ~, vu sous cette ~** so gesehen

opulence [ɔpylɑ̃s] *f* ❶ (*richesse*) Überfluss *m*
❷ (*ampleur*) *des formes* Üppigkeit *f*

opulent(e) [ɔpylɑ̃, ɑ̃t] *adj* ❶ (*très riche*) *personne, pays* sehr reich; *vie* luxuriös
❷ (*plantureux*) *formes, poitrine* üppig

opus [ɔpys] *m* Opus *nt*

opuscule [ɔpyskyl] *m* Heft *nt*

OPV [opeve] *f abr de* **offre publique de vente** öffentliches Verkaufsangebot

or¹ [ɔʀ] **I.** *m* ❶ Gold *nt*; **~ blanc/jaune/rouge** Weißgold/Gelbgold/Rotgold; **d'~/en ~** Gold-/aus Gold [*o* golden]
❷ *littér* (*couleur*) *de l'automne, des blés, du feuillage* Gold *nt*
▸ **un cœur d'~** ein Herz aus Gold; **pour tout l'~ du monde** nicht für alles Geld der Welt; **à prix d'~** sehr teuer; **le silence est d'~** Schweigen ist Gold; **l'~ blanc** der Schnee; **l'~ noir** das flüssige [*o* schwarze] Gold; **l'~ rouge** die Sonnenenergie; **tout ce qui brille n'est pas ~** *prov* es ist nicht alles Gold, was glänzt (*prov*); **être cousu(e) d'~** Geld wie Heu haben; **couvrir qn d'~** jdn mit Geld überhäufen; **parler d'~** das richtige Wort zur rechten Zeit sprechen; **rouler sur l'~** im Geld schwimmen; **en ~** *fam* (*très bon, idéal*) **sujet en ~** äußerst dankbares Thema; **caractère/personne en ~** gutmütiger Charakter/Mensch; **affaire en ~** glänzendes Geschäft
II. *app inv* ❶ (*couleur*) golden
❷ FIN, JUR *clause, étalon, valeur* Gold-
❸ COM **les bijoux ~** der Goldschmuck

or² [ɔʀ] *conj* ❶ (*dans un syllogisme*) und da; **tous les hommes sont mortels, ~ Pierre est un homme, donc il est mortel** alle Menschen sind sterblich, und da Pierre ein Mensch ist, ist er also sterblich
❷ (*transition*) nun

oracle [ɔʀakl] *m* ❶ (*prophétie*) Weissagung *f*; HIST Orakel *nt*
❷ (*sage*) Autorität *f*
❸ *littér* (*forte parole*) maßgebliche Meinung; **c'est votre ~** das ist für euch das Evangelium

orage [ɔʀaʒ] *m* ❶ METEO Gewitter *nt*; **pluie/vent d'~** Gewitterregen/Gewittersturm; **le temps est à l'~** es sieht nach Gewitter aus
❷ (*dispute*) [häusliches] Gewitter
▸ **il y a de l'~ dans l'air** *fam* es herrscht dicke Luft (*fam*)

orageux, -euse [ɔʀaʒø, -ʒøz] *adj* ❶ METEO gewittrig; *pluie, nuage* Gewitter-; *saison* der Gewitter
❷ (*agité, houleux*) *adolescence, époque, vie* stürmisch; *discussion* heftig, hitzig

oraison [ɔʀɛzɔ̃] *f* REL ❶ (*lecture*) Kirchengebet *nt*
❷ (*méditation*) stilles Gebet
▸ **~ funèbre** Grabrede *f*

oral [ɔʀal, o] <-aux> *m* ❶ (*opp: écrit*) Mündliche(s) *nt*
❷ SCOL mündliche Prüfung

oral(e) [ɔʀal, o] <-aux> *adj* ❶ (*opp: écrit*) mündlich; **tradition ~e** mündlich überlieferte Tradition
❷ (*buccal*) *cavité* Mund-; **prendre par voie ~e** oral einnehmen
❸ PSYCH **stade ~** orale Phase
❹ LING oral

oralement [ɔʀalmɑ̃] *adv* mündlich

orange [ɔʀɑ̃ʒ] **I.** *f* Orange *f*, Apfelsine *f*; **~ amère/sanguine** Bitterorange/Blutorange; **tarte/glace à l'~** Orangenkuchen/Orangeneis; **confiture/liqueur d'~** Orangenmarmelade/Orangenlikör
▸ **on presse l'~ et on jette l'écorce** ≈ der Mohr hat seine Schuldigkeit getan, er kann gehen
II. *m* ❶ (*couleur*) Orange *nt*
❷ TRANSP Gelb *nt*; **le feu passe/est à l'~** die Ampel schaltet auf Gelb/ist gelb; **passer à l'~** bei Gelb die Ampel passieren
III. *adj inv* orange[farben]

orangé [ɔʀɑ̃ʒe] *m* Orange *nt*

orangé(e) [ɔʀɑ̃ʒe] *adj* orange *inv*, orangefarben

orangeade [ɔʀɑ̃ʒad] *f* Orangenlimonade *f*

oranger [ɔʀɑ̃ʒe] *m* Orangenbaum *m*

orangeraie [ɔʀɑ̃ʒʀɛ] *f* Orangenplantage *f*

orangerie [ɔʀɑ̃ʒʀi] *f* Orangerie *f*

orang-outan[g] [ɔʀɑ̃utɑ̃] <orangs-outan[g]s> *m* Orang-Utan *m*

orateur, -trice [ɔʀatœʀ, -tʀis] *m, f* Redner(in) *m(f)*

oratoire [ɔʀatwaʀ] **I.** *adj* Rede-; **ton ~** rednerischer Tonfall; **joute ~** Wortgefecht *nt*
II. *m* (*chapelle*) Hauskapelle *f*

oratorien [ɔʀatɔʀjɛ̃] *m* ECCL Oratorianer *m*

oratorio [ɔʀatɔʀjo] *m* Oratorium *nt*

orbital(e) [ɔʀbital, o] <-aux> *adj* orbital; *station, véhicule* Orbital-

orbite [ɔʀbit] *f* ❶ ANAT Augenhöhle *f*
❷ ASTRON Umlaufbahn *f*
❸ (*sphère d'influence*) **être/emporter dans l'~ de qn** in jds Bannkreis (*Dat*) sein/in jds Bannkreis (*Akk*) ziehen
▸ **mettre qn sur ~** jdn lancieren

orbiter [ɔʀbite] <1a> *vi* ASTRON, ESPACE sich auf einer Umlaufbahn bewegen

orchestral(e) [ɔʀkɛstʀal, o] <-aux> *adj* Orchester-

orchestrateur, -trice [ɔʀkɛstʀatœʀ, -tʀis] *m, f* MUS Instrumentator(in) *m(f)*

orchestration [ɔʀkɛstʀasjɔ̃] *f* MUS Instrumentierung *f*, Orchestrierung *f*

orchestre [ɔʀkɛstʀ] *m* ❶ MUS Orchester *nt*; **~ à cordes/de cuivres** Streichorchester/Blasorchester
❷ (*emplacement*) **fosse d'~** Orchestergraben *m*
❸ THEAT, CINE (*place de devant*) Platz *m* im Parkett
❹ THEAT, CINE (*public assis devant*) Zuschauer *Pl* im Parkett

orchestrer [ɔʀkɛstʀe] <1> *vt* ❶ MUS orchestrieren
❷ (*organiser*) inszenieren *campagne de presse, de publicité;* organisieren *manifestation*

orchidée [ɔʀkide] *f* Orchidee *f*

ordinaire [ɔʀdinɛʀ] **I.** *adj* ❶ (*habituel*) *événement, fait* alltäglich; *réaction, cours, geste* üblich
❷ (*courant*) *produit, tissu, vin* einfach
❸ *péj* (*médiocre*) [ganz] gewöhnlich
▸ **ça, alors, c'est pas ~!** *fam* das ist ein starkes Stück! (*fam*)
II. *m* ❶ (*banalité, habitude*) Alltägliche *nt*; **une intelligence au-dessus de l'~** eine überdurchschnittliche Intelligenz; **sortir de l'~** einmal etwas anderes sein; **ça change de l'~** das ist mal etwas anderes; **à l'~** wie gewohnt; **d'~** normalerweise
❷ (*menu habituel*) Alltagskost *f*
◆ **~ de la messe** Ordo missae *m*

ordinairement [ɔʀdinɛʀmɑ̃] *adv* gewöhnlich

ordinal [ɔʀdinal, o] <-aux> *m* GRAM Ordinalzahl *f*, Ordinale *f*

ordinal(e) [ɔʀdinal, o] <-aux> *adj* Ordnungs-

ordinateur [ɔʀdinatœʀ] *m* Computer *m*; **~ personnel** PC *m*;

~ **portable** Laptop *m;* **éteindre l'**~ den Computer ausschalten; **mettre l'**~ **sous tension** [*o* **en marche**] den Computer einschalten; **travailler sur** ~ am Computer arbeiten; **assisté par** ~ computerunterstützt
◆ ~ **de table** INFORM Desktop *m*

ordination [ɔʀdinasjɔ̃] *f* Priesterweihe *f*

ordinogramme [ɔʀdinɔgʀam] *m* Flussdiagramm *nt*

ordonnance [ɔʀdɔnɑ̃s] *f* ① MED Rezept *nt;* **médicament délivré sur** ~ rezeptpflichtiges Medikament
② JUR Anordnung *f*
③ (*disposition*) *d'une phrase* Gliederung *f; d'un poème, tableau* Aufbau *m; d'une cérémonie* Verlauf *m; d'un appartement* Schnitt *m;* **l'**~ **d'un repas** die Speisenfolge
◆ ~ **de non-lieu** Einstellungsbeschluss *m;* ~ **de paiement** Zahlungsanweisung *f*

ordonnancement [ɔʀdɔnɑ̃smɑ̃] *m* ① FIN (*mandatement*) Zahlungsanweisung *f*
② TECH (*suivi des commandes*) Auftragsabwicklung *f*
③ *littér* (*agencement*) Verlauf *m*

ordonnancer [ɔʀdɔnɑ̃se] <2> *vt* (*donner l'ordre de payer*) anweisen

ordonnateur, -trice [ɔʀdɔnatœʀ, -tʀis] *m, f* ① (*organisateur*) Organisator(in) *m(f)*
② FIN Anweisungsberechtigte(r) *f(m)*
◆ ~**(-trice) des pompes funèbres** Leichenbestatter(in) *m(f)*

ordonné(e) [ɔʀdɔne] *adj* ① (*méthodique*) *personne* methodisch vorgehend
② (*qui a de l'ordre*) ordnungsliebend
③ (*opp: confus*) *vie* geregelt; *maison* ordentlich; *discours* strukturiert
④ MATH *ensemble* geordnet

ordonnée [ɔʀdɔne] *f* MATH Ordinate *f*

ordonner [ɔʀdɔne] <1> **I.** *vt* ① *a.* MATH (*arranger*) ordnen
② *a.* JUR (*commander*) ~ **qc à qn** jdm etw befehlen [*o* auftragen]; ~ **à qn de faire qc** jdm befehlen etw zu tun; ~ **que qn fasse qc** anordnen, dass jd etw tut; ~ **le huis clos** eine Sitzung unter Ausschluss der Öffentlichkeit anordnen
③ MED ~ **qc à qn** jdm etw verordnen
④ REL ~ **un prêtre** jdn zum Priester weihen
II. *vpr* (*s'organiser*) **mes idées se sont ordonnées** es kam Klarheit in meine Gedanken

ordre¹ [ɔʀdʀ] *m* ① (*caractère ordonné*) *d'une maison, pièce, personne* Ordnung *f;* **un homme d'**~ ein ordnungsliebender Mensch; **avoir de l'**~ Ordnung haben; **mettre sa chambre en** ~ sein Zimmer aufräumen; **en** ~ in Ordnung; **tenir qc en** ~ etw in Ordnung halten
② (*classement*) Reihenfolge *f; chronologique, logique* Reihenfolge, Abfolge; ~ **hiérarchique** Hierarchie *f,* Rangfolge; ~ **numérique** Zahlenfolge; **par** ~ **alphabétique** alphabetisch, in alphabetischer Reihenfolge; **tiercé dans l'**~ (*aux courses hippiques*) in der richtigen Reihenfolge getippt
③ (*genre*) Art *f;* **d'**~ **politique/économique** politischer/wirtschaftlicher Art
④ (*organisation sociale*) Ordnung *f;* **l'**~ **social/économique** die Gesellschaftsordnung/das Wirtschaftssystem; **l'**~ **établi** die bestehende Ordnung
⑤ (*stabilité sociale*) Ordnung *f;* **faire régner l'**~ für Ordnung sorgen
⑥ (*norme*) bestehende Ordnung; **rappeler qn à l'**~ jdn zur Ordnung rufen; **rentrer dans l'**~ wieder den gewohnten Gang gehen
⑦ (*association*) *des architectes, des experts comptables* Verband *m; des avocats, des médecins* Kammer *f*
⑧ (*association honorifique*) Orden *m*
⑨ BOT, ZOOL Ordnung *f*
⑩ HIST Stand *m*
⑪ (*sacrement*) Weihe *f*
⑫ (*congrégation*) Orden *m*
⑬ ARCHIT [Säulen]ordnung *f*
▶ **c'est dans l'**~ **des choses** etw liegt in der Natur der Dinge; **un** ~ **de grandeur** eine Größenordnung; **dans le même** ~ **d'idées** in diesem Zusammenhang; **dans un autre** ~ **d'idées** übrigens; **mettre bon** ~ **à qc** etw in Ordnung bringen; **entrer dans les** ~**s** einem Orden beitreten; **de l'**~ **de** in der Größenordnung von; **de premier/deuxième/troisième** ~ erstrangig/zweitrangig/drittrangig

ordre² [ɔʀdʀ] *m* ① (*commandement*) Befehl *m;* **avoir l'**~ **de faire qc** den Befehl haben etw zu tun; **donner un** ~**/des** ~**s à qn** jdm einen Befehl/Befehle geben; **donner l'**~ **de faire qc** anordnen etw zu tun; **donner l'**~ **à qn de faire qc** jdm den Befehl geben [*o* erteilen] etw zu tun, jdm befehlen etw zu tun; **être aux** ~**s de qn** jdm zur Verfügung stehen [*o* zu jds Diensten]; **être sous les** ~**s de qn** jdm unterstellt sein; MIL unter jds Befehl (*Dat*) stehen; **à vos** ~**s!** zu Befehl!
② (*directives*) Anordnung *f,* [An]weisung *f;* **sur** ~ **du médecin** auf Anordnung des Arztes
③ COM, FIN (*commande*) Auftrag *m,* Order *f;* **par** ~ im Auftrag; **sur [l']**~**/les** ~**s de qn** in jds Auftrag (*Dat*)
▶ **jusqu'à nouvel** ~ bis auf weiteres; **à l'**~ **de** an die Order von
◆ ~ **d'appel** Einberufungsbescheid *m;* ~ **d'écrou** Haftbefehl *m;* ~ **de grève** Streikaufruf *m;* ~ **du jour** ① (*programme*) Tagesordnung *f,* Agenda *f* (CH); **être à l'**~ **du jour** auf der Tagesordnung stehen; **mettre qc à l'**~ **du jour** etw auf die Tagesordnung setzen ② MIL Tagesbefehl *m;* ~ **de mission** Dienstbefehl *m;* ~ **de route** Marschbefehl *m;* ~ **de succession** Erbfolge *f*

ordure [ɔʀdyʀ] *f* ① *pl* Müll *m,* Abfall *m,* Abfälle *Pl;* (*objets usés*) Gerümpel *nt* (*pej*); **jeter/mettre un papier/vêtement aux** ~**s** Papier/ein Kleidungsstück in den Müll werfen/geben; **mettre un frigo/des meubles aux** ~**s** einen Kühlschrank/Möbel zum Sperrmüll geben
② *fam* (*homme*) Mistkerl *m* (*vulg*); (*femme*) Miststück *nt* (*vulg*)
③ *pl* (*propos obscènes*) Schweinereien *Pl* (*vulg*)
▶ **se conduire comme une** ~ *fam* sich wie der letzte Mensch benehmen (*fam*)

ordurier, -ière [ɔʀdyʀje, -jɛʀ] *adj* vulgär, ordinär; *propos, chanson* derb, vulgär, ordinär

orée [ɔʀe] *f d'un bois, d'une forêt* Rand *m,* Saum *m* (*geh*)
▶ **à l'**~ **de qc** (*au début de*) zu Beginn einer S. (*Gen*); **à l'**~ **de la forêt** am Waldesrand [*o* Rand des Waldes], am Waldessaum [*o* Saum des Waldes] (*geh*)

oreille [ɔʀɛj] *f* ① Ohr *nt;* **des** ~**s décollées** abstehende Ohren
② (*ouïe*) Ohr *nt,* Gehör *nt;* MUS [musikalisches] Gehör; **avoir l'**~ **fine** (*entendre bien*) gute Ohren haben; (*percevoir les nuances*) ein feines Ohr [*o* Gehör] haben; **avoir l'**~ **juste** [*o* **de l'**~] ein musikalisches Gehör haben
③ (*anse*) Henkel *m*
④ (*appuie-tête*) seitliche Kopfstütze; **une bergère** [*o* **un fauteuil**] **à** ~**s** ein Ohrensessel *m*
▶ **avoir l'**~ **aux aguets** lauschen; **avoir les** ~**s en feuille de chou** *fam* Segelohren haben (*fam*); **n'être pas tombé(e) dans l'**~ **d'un sourd** jdm nicht entgangen sein; *conseil, proposition:* nicht auf taube Ohren gestoßen sein; **l'**~ **basse** mit hängenden Ohren; **avoir l'**~ **basse** die Ohren hängen lassen; **être dur(e) d'**~ schwerhörig sein, schlecht hören; **elle en a plein** [*o* **par-dessus**] **les** ~**s de qc** *fam* sie kann es/etw nicht mehr hören, es/etw kommt ihr schon zu den Ohren raus (*fam*); **faire la sourde** ~ sich taub stellen; **arriver** [*o* **[par]venir**] **aux** ~**s de qn** jdm zu Ohren kommen; **casser** [*o* **[é]chauffer**] **les** ~**s à qn** jdm den [letzten] Nerv töten (*fam*), jdn auf die Palme bringen (*fam*), jdn nerven (*fam*); **ne pas en croire ses** ~**s** seinen Ohren nicht trauen; **dormir sur ses deux** ~**s** ganz beruhigt sein; **dresser** [*o* **tendre**] **l'**~ aufhorchen, die Ohren spitzen (*fam*); **n'écouter que d'une** ~ nur mit halbem Ohr zuhören [*o* hinhören]; **écouter de toutes** [*o* **ouvrir**] **ses** ~**s** die Ohren

aufmachen [*o* aufsperren] (*fam*); **ne pas l'entendre de cette ~** damit nicht einverstanden sein; **entrer par une ~ et ressortir par l'autre** zum einen Ohr rein und zum anderen wieder rausgehen; **être tout ~s** ganz Ohr sein; **fermer l'~ à qc** etw nicht hören wollen; **prêter l'~ à qn/qc** jdm gut zuhören/auf etw (*Akk*) hören; **prêter une ~ attentive à qn/qc** jdm aufmerksam zuhören/sich (*Dat*) etw aufmerksam anhören; **prêter une ~ complaisante [*o* favorable] à qn/qc** jdm/einer S. [bereitwillig] Gehör schenken, ein offenes Ohr für jdn/etw haben; **rebattre les ~s à qn avec qc** jdm mit etw [dauernd] in den Ohren liegen; **j'ai les ~s rebattues de cette histoire** ich kann die Geschichte nicht mehr hören; **les ~s lui sifflent [*o* tintent]** ihm/ihr klingen die Ohren; (*bourdonnent*) er/sie hat Ohrensausen; **tirer les ~s à qn** *hum* jdn an den Ohren ziehen; (*gronder*) jdm die Ohren lang ziehen (*fam*); **se faire tirer l'~** sich lange bitten lassen; **dire/chuchoter à l'~ de qn** jdm ins Ohr flüstern; **glisser [*o* parler] à l'~ de qn** jdm [etwas] zuflüstern [*o* ins Ohr flüstern]; **jusqu'aux ~s** bis über beide Ohren

oreiller [ɔʀeje] *m* [Kopf]kissen *nt*
▸ **sur l'~** *hum* im Bett; **ce qu'on se dit sur l'~** das Bettgeflüster

oreillette [ɔʀɛjɛt] *f* ❶ ANAT Vorhof *m,* Vorkammer *f*
❷ COUT Ohrenschützer *m; d'une casquette, toque* Ohrenklappe *f;* **à ~s** mit Ohrenklappen

oreillons [ɔʀɛjɔ̃] *mpl* Mumps *m o f,* Ziegenpeter *m* (*fam*)

ores [ɔʀ] ▸ **d'~ et déjà** schon [*o* bereits] jetzt

orfèvre [ɔʀfɛvʀ] *mf* ❶ (*artisan*) Goldschmied(in) *m(f)*
❷ (*marchand*) Juwelier(in) *m(f)*
▸ **être ~ en la matière** Experte *m*/Expertin *f* auf diesem Gebiet sein

orfèvrerie [ɔʀfɛvʀəʀi] *f* ❶ (*travail*) Goldschmiedehandwerk *nt;* (*art*) Goldschmiedekunst *f*
❷ (*objet*) Goldschmiedearbeit *f*
❸ (*magasin*) Juweliergeschäft *nt,* Juwelierladen *m*

orfraie [ɔʀfʀɛ] *f* Seeadler *m*

organdi [ɔʀgɑ̃di] *m* Organdy *m*

organe [ɔʀgan] *m* ❶ Organ *nt;* **~ de la digestion/respiration** Verdauungs-/Atmungsorgan; **~s sexuels [*o* génitaux]** Geschlechtsorgane, Genitalien *Pl*
❷ (*porte-parole*) Organ *nt*
❸ (*instrument*) Instrument *nt;* **~ de la puissance** Machtinstrument
❹ (*voix*) Stimme *f;* (*voix puissante*) Organ *nt,* Stimme
❺ TECH Element *nt,* Teil *nt; d'assemblage, de transmission, mouvement* -element, -teil
❻ ADMIN Organ *nt,* Apparat *m;* **les ~s directeurs [*o* dirigeants] d'un parti** der Führungsapparat einer Partei

organigramme [ɔʀganigʀam] *m* ❶ ADMIN Organisationsplan *m,* Organigramm *nt*
❷ INFORM Flussdiagramm *nt,* Strukturdiagramm *nt*

organique [ɔʀganik] *adj* organisch

organiquement [ɔʀganikmɑ̃] *adv* ❶ (*quant à l'organisation*) strukturell
❷ (*dans son essence*) durch und durch

organisateur [ɔʀganizatœʀ] *m* ❶ Organisator *m; d'une manifestation, d'un voyage* Veranstalter *m,* Organisator; **tes talents d'~** dein Organisationstalent
❷ INFORM Organizer *m*

organisateur, -trice [ɔʀganizatœʀ, -tʀis] *adj* organisatorisch; **facultés organisatrices** organisatorische Fähigkeiten *Pl*

organisation [ɔʀganizasjɔ̃] *f* ❶ (*fait d'organiser*) Organisation *f; d'une cérémonie* Gestaltung *f,* Organisation; *du temps* Einteilung *f;* **~ de loisirs** Freizeitgestaltung; **~ du travail** Arbeitsorganisation; **avoir une bonne ~ de son emploi du temps** sich (*Dat*) seine Zeit gut einteilen
❷ (*structure*) Organisation *f,* Aufbau *m;* **~ des services** Betriebsorganisation
❸ (*groupement*) Organisation *f;* **~ syndicale** Gewerkschaft *f;* **~ patronale/agricole** Arbeitgeber-/Bauernverband *m;* **~ de tourisme** Tourismusunternehmen *nt*
◆ **Organisation de coopération et de développement économiques** Organisation *f* für wirtschaftliche Zusammenarbeit und Entwicklung; **Organisation de libération de la Palestine** Palästinensische Befreiungsorganisation; **Organisation des Nations unies** Organisation *f* der Vereinten Nationen; **Organisation des Nations unies pour l'éducation, la science et la culture** Organisation *f* der Vereinten Nationen für Erziehung, Wissenschaft und Kultur; **Organisation des pays exportateurs de pétrole** Organisation *f* der Erdöl exportierenden Länder, OPEC *f;* **Organisation du traité de l'Atlantique Nord** [Nord]atlantikpakt *m;* **Organisation mondiale de la santé** Weltgesundheitsorganisation *f;* **Organisation de l'armée secrète** OAS *f* (*militärische Organisation zur Verhinderung der Unabhängigkeit Algeriens vom französischen Mutterland*)*;* **Organisation des Nations unies pour l'alimentation et l'agriculture** (**F.A.O.**) Ernährungs- und Landwirtschaftsorganisation *f* der Vereinten Nationen; **Organisation internationale de police criminelle** Internationale kriminalpolizeiliche Organisation

organisationnel(le) [ɔʀganizasjɔnɛl] *adj* organisatorisch; *structure, système* Organisations-, organisatorisch

organisatrice [ɔʀganizatʀis] *f* Organisatorin *f; d'une manifestation, d'un voyage* Veranstalterin *f,* Organisatorin

organisé(e) [ɔʀganize] *adj* ❶ (*structuré*) organisiert
❷ (*méthodique*) *tête* methodisch; *esprit, personne* systematisch, methodisch; **être ~(e) dans son travail** systematisch [*o* mit Methode] arbeiten; **avoir la tête ~e** methodisch denken können; **être bien/mal ~(e)** gut/schlecht organisiert sein
❸ *fam* (*manifeste*) **c'est du vol ~!** das ist [reinste] Halsabschneiderei!; **c'est le cirque ~ ici!** hier herrscht das reinste Chaos!

organiser [ɔʀganize] <1> **I.** *vt* ❶ (*préparer*) organisieren; veranstalten, organisieren, ausrichten *réunion, voyage, fête;* durchführen, organisieren *campagne, opération;* anzetteln, organisieren *complot*
❷ (*planifier*) organisieren; [sich (*Dat*)] einteilen, organisieren *travail;* [sich (*Dat*)] einteilen *temps;* gestalten, organisieren, planen *loisirs, vie*
❸ (*structurer*) organisieren *armée, mouvement;* ordnen, organisieren *cadre, parti, services*
II. *vpr* **s'~** ❶ (*se donner une structure*) *groupement social:* sich organisieren
❷ (*gérer ses activités privées/professionnelles*) sich (*Dat*) seine Zeit/Arbeit [richtig] einteilen; **savoir s'~** gut organisiert sein; **s'~ pour qc** sich auf etw (*Akk*) vorbereiten

organisme [ɔʀganism] *m* ❶ Organismus *m;* (*corps*) Körper *m,* Organismus
❷ ADMIN, FIN, ECON Einrichtung *f,* Institution *f*
❸ (*ensemble organisé*) Organismus *m,* Gebilde *nt*
◆ **~ de crédit** Kreditinstitut *nt;* **~ de tourisme** Touristikunternehmen *nt*

organiste [ɔʀganist] *mf* Organist(in) *m(f)*

orgasme [ɔʀgasm] *m* Orgasmus *m,* [sexueller] Höhepunkt

orge [ɔʀʒ] *f* Gerste *f*

orgeat [ɔʀʒa] *m* **[sirop d']~** *mit Mandelmilch zubereiteter Sirup*

orgelet [ɔʀʒəlɛ] *m* Gerstenkorn *nt*

orgiaque [ɔʀʒjak] *adj littér* orgiastisch, zügellos

orgie [ɔʀʒi] *f* ❶ Orgie *f,* Ausschweifung *f;* **se vautrer dans l'~** ein Lotterleben [*o* ein ausschweifendes Leben] führen
❷ *hum* (*profusion, excès*) *de bonbons, de glaces* -orgie *f; de formes* Explosion *f;* **~ de couleurs** Farbenpalette *f;* **~ de fleurs** Blumenmeer *nt;* **~ de lumières** Lichtermeer *nt*

orgue [ɔʀg] **I.** *m* ❶ Orgel *f;* **~ portatif** tragbare Orgel, Portativ *nt;* **~ électronique** Keyboard *nt;* **tenir l'~** [die] Orgel spielen, Organist(in) sein

O

❷ GEOL Säulen *Pl;* ~**s basaltiques** Basaltsäulen
II. *fpl* ❶ ~**s** [Kirchen]orgel *f*
❷ (*instrument*) **grandes/petites** ~**s** Haupt-/Chororgel *f*
❸ (*registre*) **grandes/petites** ~**s** Hauptwerk/kleines Werk [einer Orgel]
◆ ~ **de Barbarie** Drehorgel *f,* Leierkasten *m* (*fam*); ~**s de Staline** Stalinorgel *f*

orgueil [ɔʀgœj] *m* ❶ Stolz *m*
❷ (*objet de fierté*) [ganzer] Stolz
❸ (*prétention*) Hochmut *m,* Überheblichkeit *f*
▸ **tirer grand** ~ **de qc** sehr stolz auf etw (*Akk*) sein

orgueilleusement [ɔʀgøjøzmɑ̃] *adv* stolz

orgueilleux, -euse [ɔʀgøjø, -jøz] **I.** *adj* ❶ stolz
❷ (*prétentieux*) hochmütig, stolz, überheblich
II. *m, f* überheblicher [*o* hochmütiger] [*o* eingebildeter] Mensch

orient [ɔʀjɑ̃] *m* ❶ ASTRON *littér* Osten *m*
❷ *d'une perle* Perlmuttschimmer *m*
❸ (*loge maçonnique*) Loge *f*

Orient [ɔʀjɑ̃] *m* HIST, GEOG **l'**~ der Orient, das Morgenland (*veraltet*)
▸ **Grand** ~ Großloge *f*

orientable [ɔʀjɑ̃tabl] *adj* verstellbar; *lampe* schwenkbar, verstellbar; *antenne, bras* beweglich, verstellbar

oriental(e) [ɔʀjɑ̃tal, o] <-aux> *adj* ❶ (*situé à l'est d'un lieu*) östlich; *côte, frontière* Ost-, östlich
❷ (*relatif à l'Orient*) orientalisch

Oriental(e) [ɔʀjɑ̃tal, o] <-aux> *m(f)* Orientale *m*/Orientalin *f*

orientalisme [ɔʀjɑ̃talism] *m* ❶ (*science*) Orientalistik *f*
❷ ART, LITTER Orientalismus *m*

orientaliste [ɔʀjɑ̃talist] **I.** *adj* orientalisierend
II. *mf* Orientalist(in) *m(f)*

orientation [ɔʀjɑ̃tasjɔ̃] *f* ❶ (*tendance, direction*) *d'une enquête, d'un établissement* Ziel[setzung *f*] *nt; des recherches, d'une science* Orientierung *f,* Ziel[setzung]; *d'une campagne, d'un parti politique* Richtung *f kein Pl,* Kurs *m kein Pl,* Orientierung, Ziel[setzung]; **l'**~ **de sa pensée** seine/ihre Denkrichtung; **les nouvelles** ~**s de la médecine** die neuen Zielsetzungen [in] der Medizin
❷ PSYCH, SCOL Beratung *f,* Orientierungshilfe *f*
❸ (*position*) *d'une antenne, lampe* Ausrichtung *f; d'une maison* Orientierung *f,* Ausrichtung; *du soleil* Stand *m; d'un phare, de lamelles* Einstellung *f; d'un avion, navire* Position *f;* **changer l'**~ **d'une antenne** die Ausrichtung einer Antenne verstellen; **changer l'**~ **d'une lampe** eine Lampe anders ausrichten

orienté(e) [ɔʀjɑ̃te] *adj* tendenziös, einseitig

orienter [ɔʀjɑ̃te] <1> **I.** *vt* ❶ (*diriger*) richtig halten [*o* legen] *carte, plan;* ~ **une maison/un miroir vers** [*o* **à**] **qc** ein Haus/einen Spiegel nach etw ausrichten; ~ **une antenne/un phare vers** [*o* **sur**] **qc** eine Antenne/einen Scheinwerfer auf etw (*Akk*) richten; ~ **le bras d'une machine vers qc** den Hebel einer Maschine in Richtung auf etw (*Akk*) lenken [*o* steuern]; **une fenêtre orientée au** [*o* **vers le**] **nord** ein nach Norden [aus]gerichtetes Fenster
❷ (*guider*) ~ **une activité/conversation vers qc** eine Tätigkeit/Unterhaltung auf etw (*Akk*) lenken; ~ **ses réflexions/recherches vers qc** seinen Überlegungen/Nachforschungen (*Dat*) eine Zielrichtung geben; ~ **un touriste/visiteur vers qc** einem Touristen/Besucher den Weg zu etw zeigen [*o* weisen]
❸ PSYCH, SCOL beraten
❹ MATH, GEOG mit einer Richtung versehen *droite, grandeur;* ~ **une carte** auf einer Karte (*Dat*) die Himmelsrichtungen angeben; **une droite orientée** eine gerichtete Gerade
II. *vpr* ❶ (*trouver son chemin*) **s'**~ sich orientieren; *fig* sich zurechtfinden, sich orientieren
❷ (*se tourner vers*) **s'**~ **vers qc** sich einer S. (*Dat*) zuwenden; *entreprise:* auf etw (*Akk*) umstellen, sich einer S. (*Dat*) zuwenden; *parti, société:* sich auf etw (*Akk*) zu bewegen, sich einer S. (*Dat*) zuwenden; **s'**~ **au nord** *vent:* nach Norden drehen

orienteur, -euse [ɔʀjɑ̃tœʀ, -øz] *m, f* Schul- und Berufsberater(in) *m(f)*

orifice [ɔʀifis] *m* Öffnung *f; d'une canalisation* Mündung *f; d'un tuyau* Loch; ~ **d'un mur** Mauerloch; ~ **d'un four** Ofenloch; ~ **d'entrée/de sortie** Eingangs-/Ausgangsöffnung; **l'**~ **d'évacuation des eaux** der Wasserabfluss; **les** ~**s naturels du corps** die natürlichen Körperöffnungen

oriflamme [ɔʀiflam] *f* Banner *nt;* HIST Oriflamme *f*

origami [ɔʀigami] *m* Origami *nt*

origan [ɔʀigɑ̃] *m* ❶ (*plante*) Dost *m,* Oreganum *nt;* (*marjolaine*) wilder Majoran
❷ (*condiment*) Origano *m,* Oregano *m*

originaire [ɔʀiʒinɛʀ] *adj* **être** ~ **de ...** *coutume, plat:* aus ... kommen [*o* stammen]; *personne, famille:* aus ... kommen [*o* stammen] [*o* sein]; ~ **de Nancy** aus Nancy [stammend], in Nancy geboren

originairement [ɔʀiʒinɛʀmɑ̃] *adv* ursprünglich

original [ɔʀiʒinal, o] <-aux> *m* ❶ (*personne*) Original *nt* (*fam*), Unikum *nt,* Sonderling *m;* **arrête de faire l'**~**!** fall doch nicht ständig aus der Rolle!
❷ (*exemplaire primitif*) (*d'une œuvre d'art*) Original *nt;* (*d'un texte*) Urschrift *f,* Original

original(e) [ɔʀiʒinal, o] <-aux> *adj* ❶ (*premier, authentique*) *édition, illustration, produit, titre* Original-; *texte, version* Original-, ursprünglich, Ur-; *acception* ursprünglich, Ur-; *gravure* echt, original; **l'exemplaire** ~ das Original; **le document** ~ die Urschrift
❷ (*inédit*) originell; (*personnel*) eigenständig, originell; *idée* eigen, originell
❸ *péj* (*bizarre*) originell (*fam*), eigenartig, sonderbar

originale [ɔʀiʒinal] *f* Original *nt* (*fam*), Unikum *nt,* Sonderling *m;* **arrête de faire l'**~**!** fall doch nicht ständig aus der Rolle!

originalement [ɔʀiʒinalmɑ̃] *adv* originell

originalité [ɔʀiʒinalite] *f* ❶ (*nouveauté*) Originalität *f;* (*personnalité*) Eigenständigkeit *f,* Originalität
❷ (*élément original*) origineller Zug; *d'une personne, œuvre* Besonderheit *f,* Eigenheit *f,* origineller Zug
❸ *péj* (*bizarrerie*) *d'une personne* Eigenartigkeit *f,* Wunderlichkeit *f;* **l'**~ **de tes manières** dein eigenartiges [*o* sonderbares] Benehmen

origine [ɔʀiʒin] *f* ❶ (*commencement*) Ursprung *m; d'un événement, mouvement* Ausgangspunkt *m,* Ursprung; **à l'**~ ursprünglich; **dès l'**~ [schon] von Anfang an; **dès l'**~ **de la crise** gleich zu Beginn der Krise; **dès l'**~ **d'une maladie** gleich beim Ausbruch einer Krankheit
❷ (*cause*) *d'un échec* Ursache *f; d'une fortune, réussite, d'un succès* Grundlage *f,* Ursache; **quelle est l'**~ **de ...?** woher kommt ...?
❸ (*ascendance*) Herkunft *f,* Abstammung *f kein Pl*
❹ (*provenance*) *d'un appel téléphonique, message* Herkunft *f; d'un produit* Ursprung *m,* Herkunft
❺ MATH Ursprung *m,* Nullpunkt *m*
▸ **des** ~**s à nos jours** von den Anfängen bis zur Gegenwart; **avoir son** ~ **dans qc, tirer son** ~ **de qc** auf etw (*Akk*) zurückzuführen sein, seine Ursache in etw (*Dat*) haben; *coutume:* aus etw entstanden sein; **être à l'**~ **de qc** *personne:* etw in die Wege geleitet haben; **être à l'**~ **d'un mal** *chose:* die Wurzel eines Übels sein, im Originalzustand; **appellation/certificat d'**~ Herkunftsbezeichnung *f*/-angabe *f;* **d'**~ **animale/végétale** tierischen/pflanzlichen Ursprungs; **des protéines d'**~ **animale/végétale** tierisches/pflanzliches Eiweiß; **une maladie d'**~ **nerveuse** eine Krankheit nervösen Ursprungs; **un mot d'**~ **grecque** ein Wort griechischen Ursprungs [*o* aus dem Griechischen]; **un produit d'**~ **belge** ein Produkt aus Belgien; **elle est d'**~ **française** sie ist gebürtige Französin; **d'**~ **paysanne/noble** [von] bäuerlicher/adliger Herkunft [*o* Abstammung]; **être d'**~ **ouvrière** aus einer Arbeiterfamilie stammen

originel(le) [ɔʀiʒinɛl] *adj* ursprünglich; *sens* eigentlich, ursprünglich; *état* Ur-, ursprünglich; **péché ~** Sündenfall *m;* **tare ~le** Geburtsfehler *m*

originellement [ɔʀiʒinɛlmɑ̃] *adv* ursprünglich

orignal [ɔʀiɲal, o] <-aux> *m* Elch *m*

oripeaux [ɔʀipo] *mpl* ❶ [alte] Fetzen *Pl,* zerlumpte Kleidung
❷ (*apparence trompeuse*) Deckmantel *m*

O.R.L. [oɛʀɛl] **I.** *mf abr de* **oto-rhino-laryngologiste** HNO-Arzt *m*/-Ärztin *f*
II. *f abr de* **oto-rhino-laryngologie** HNO *f*

orlon® [ɔʀlɔ̃] *m* TEXTIL Orlon® *nt;* **pull-over en ~** Orlon-Pullover *m*

orme [ɔʀm] *m* Ulme *f*

ormeau [ɔʀmo] <x> *m* ❶ BOT junge Ulme
❷ ZOOL Seeohr *nt*

ornement [ɔʀnəmɑ̃] *m* ❶ (*chose décorative*) Schmuck *m;* **arbre/plante d'~** Zierbaum *m*/-pflanze *f*
❷ (*décoration*) Verzierung *f;* ARCHIT, ART Ornament *nt,* Verzierung; *fig* Zierde *f;* **sans ~s** schmucklos, nüchtern
❸ *pl* (*vêtement liturgique*) Ornat *m*
❹ MUS Verzierung *f,* Ornament *nt; pl* Manier *f*

ornemental(e) [ɔʀnəmɑ̃tal, o] <-aux> *adj* *style* dekorativ; *plante* Zier-, dekorativ; **des motifs ornementaux** Ornamente *Pl,* Ziermotive *Pl;* **ne pas être très ~(e)** nicht sehr dekorativ [*o* keine große Zierde] sein

ornementation [ɔʀnəmɑ̃tasjɔ̃] *f* Verzierung *f,* Ausschmückung *f;* MUS Ornamentik *f;* ART Verzierung, Ausschmückung, Ornamentik

ornementer [ɔʀnəmɑ̃te] <1> *vt* schmücken, verzieren; ausschmücken *style*

orner [ɔʀne] <1> **I.** *vt* ❶ (*parer*) verschönern, schmücken; dekorieren, verschönern, schmücken *appartement, balcon;* verzieren, verschönern, schmücken *façade;* ausschmücken *style, vérité;* **~ son style** in einem gefälligeren Stil schreiben
❷ (*servir d'ornement*) schmücken, zieren (*geh*); **être orné(e) de qc** *objet, vêtements:* mit etw verziert sein; *mur, pièce, salle:* mit etw geschmückt sein; **des lettres ornées** Zierbuchstaben *Pl,* Initialen *Pl*
II. *vpr* **s'~ de qc** *personne:* sich mit etw schmücken; *chose:* mit etw geschmückt sein

ornière [ɔʀnjɛʀ] *f* Spurrille *f*
▶ **sortir de l'~** (*se tirer d'une situation difficile*) aus einer heiklen Situation herausfinden; (*échapper à la routine*) die ausgetretenen Pfade verlassen (*geh*)

ornithologie [ɔʀnitɔlɔʒi] *f* Ornithologie *f,* Vogelkunde *f*

ornithologique [ɔʀnitɔlɔʒik] *adj* ornithologisch, vogelkundlich

ornithologiste [ɔʀnitɔlɔʒist] *mf* Ornithologe *m*/Ornithologin *f,* Vogelkundler(in) *m(f)*

ornithologue [ɔʀnitɔlɔg] *mf v.* **ornithologiste**

ornithorynque [ɔʀnitɔʀɛ̃k] *m* Schnabeltier *nt*

oronge [ɔʀɔ̃ʒ] *f* Blätterpilz *m;* (*amanite des Césars*) Kaiserling *m;* **fausse ~** Fliegenpilz *m*

orpailleur, -euse [ɔʀpajœʀ, -jøz] *m, f* Goldwäscher(in) *m(f)*

Orphée [ɔʀfe] *m* Orpheus *m*

orphelin(e) [ɔʀfəlɛ̃, in] **I.** *adj* Waisen-; *fig équipe* verwaist; **se trouver ~(e)** Waise werden; **~(e) de père/mère** vaterlos/mutterlos; **être ~(e) de père/mère** keinen Vater/keine Mutter mehr haben; **être ~(e) de père et de mère** Vollwaise sein; **~(e) de qc** (*privé de*) ohne etw; **être ~(e) de ...** kein(e, en) ... mehr haben
II. *m(f)* Waise *f,* Waisenkind *nt*

orphelinat [ɔʀfəlina] *m* Waisenhaus *nt*

orphéon [ɔʀfeɔ̃] *m* ❶ (*orchestre*) Blaskapelle *f*
❷ (*fanfare*) Fanfare *f*

orphique [ɔʀfik] *adj* MYTH orphisch

orque [ɔʀk] *m* Schwertwal *m*

ORSEC [ɔʀsɛk] *f abr de* **organisation des secours** Katastropheneinsatz *m*

orteil [ɔʀtɛj] *m* Zehe *f,* Zeh *m*

ORTF [ɔɛʀteɛf] *m abr de* **office de radiodiffusion et télévision française** *französische Rundfunk- und Fernsehanstalt*

orthodontie [ɔʀtɔdɔ̃ti, ɔʀtɔdɔ̃si] *m* MED Orthodontie *f* (*Fachspr.*)

orthodontiste [ɔʀtodɔ̃tist] *mf* Kieferorthopäde *m*/Kieferorthopädin *f*

orthodoxe [ɔʀtɔdɔks] **I.** *adj* ❶ (*conforme à l'opinion générale*) *doctrine, historien* orthodox; *personne, conduite, morale* konventionell; **être assez peu ~** ziemlich unorthodox [*o* unkonventionell] sein; **il n'est pas très ~ de faire qc** es ist nicht [so] üblich etw zu tun
❷ REL orthodox; **~ russe** russisch-orthodox
❸ (*conforme au dogme*) *sentiment, théologie* orthodox; *doctrine* orthodox, recht
▶ **ne pas être/paraître très ~** nicht ganz koscher sein/scheinen (*fam*)
II. *mf* ❶ REL (*chrétien d'une Église orientale*) Orthodoxe(r) *f(m),* orthodoxer Christ *m*/orthodoxe Christin *f*
❷ REL (*opp: hérétique*) Orthodoxe(r) *f(m)*
❸ (*légaliste*) Vertreter (in) *m(f)* der reinen Lehre; **les ~s du parti** die Orthodoxen in der Partei

orthodoxie [ɔʀtɔdɔksi] *f* ❶ (*conformisme*) orthodoxe [*o* etablierte] Lehrmeinung *f*
❷ (*doctrine établie*) reine Lehre
❸ REL Orthodoxie *f,* orthodoxe Kirche; (*opp: hérésie*) Orthodoxie *f,* rechte Lehre

orthogénie [ɔʀtoʒeni] *f v.* **centre**

orthogonal(e) [ɔʀtɔgɔnal, o] <-aux> *adj* orthogonal, rechtwinklig

orthographe [ɔʀtɔgʀaf] *f* ❶ Rechtschreibung *f,* Orthographie *f; d'un mot* Schreibweise *f;* **quelle est l'~ de votre nom?** wie schreibt man Ihren Namen?, wie schreibt sich Ihr Name?; **réforme de l'~** Rechtschreibreform *f*
❷ (*maîtrise de la graphie*) Rechtschreibkenntnisse *Pl,* Orthographiekenntnisse *Pl;* **avoir une bonne ~** gute Rechtschreibkenntnisse haben, gut in Rechtschreibung sein
❸ SCOL (*matière*) Rechtschreibung *f;* (*cours*) Rechtschreibunterricht *m*
◆ **~ d'accord** kontextabhängige Schreibung; **~ d'usage** kontextunabhängige Schreibung, normale Schreibung; **les fautes d'~ d'usage** Rechtschreibfehler

orthographier [ɔʀtɔgʀafje] <1a> *vt* [richtig] schreiben; **comment ce mot est-il orthographié?** wie wird dieses Wort [richtig] geschrieben?

orthographique [ɔʀtɔgʀafik] *adj* *signe* orthographisch; *règle, système* Rechtschreib-, orthographisch

orthopédie [ɔʀtɔpedi] *f* Orthopädie *f*

orthopédique [ɔʀtɔpedik] *adj* orthopädisch

orthopédiste [ɔʀtɔpedist] *mf* Orthopäde *m*/Orthopädin *f*

orthophonie [ɔʀtɔfɔni] *f* Logopädie *f*

orthophoniste [ɔʀtɔfɔnist] *mf* Logopäde *m*/Logopädin *f*

orthoptiste [ɔʀtɔptist] *mf* Orthoptist(in) *m(f);* **aller voir un ~** in eine Sehschule gehen

ortie [ɔʀti] *f* Brennnessel *f*

ortolan [ɔʀtɔlɑ̃] *m* Ortolan *m*

orvet [ɔʀvɛ] *m* Blindschleiche *f*

os [ɔs, o] <os> *m* ❶ Knochen *m; du bassin, bras, crâne* -knochen; *du nez* -bein *nt;* **~ iliaque** Darmbein; **~ long** langer Knochen, Röhrenknochen
❷ *pl* (*ossements, restes*) Knochen *Pl,* Gebeine *Pl* (*geh*)
❸ (*matière*) Knochen *m;* **en ~** beinern, Bein-
▶ **ne pas faire de vieux ~** (*ne pas rester longtemps*) [bestimmt] nicht alt werden; *fam* (*mourir rapidement*) es nicht mehr lange machen (*fam*); **l'avoir dans l'~** *pop* der Gelackmeierte sein (*fam*); **il y a un ~** *fam* die Sache hat einen Haken; **donner** [*o* **jeter**] **un ~ à ronger à qn** jdn mit einem Trostpflaster abspeisen; **elle y laissera ses ~** sie wird sich (*Dat*) dabei das

Genick brechen (*fam*); **elle tombe sur un** ~ *fam* ihr kommt etwas dazwischen; **jusqu'à l'**~ durch und durch; **manger jusqu'à l'**~ ratzekahl aufessen (*fam*); **sucer jusqu'à l'**~ bis aufs Mark aussaugen; **posséder jusqu'à l'**~ mit Haut und Haaren besitzen; **jusqu'aux** ~ bis auf die Knochen [*o* die Haut]; **être glacé(e) jusqu'aux** ~ völlig durchgefroren sein; **ça m'a glacé(e) jusqu'aux** ~ (*horrifié*) das hat mich bis ins Mark erschüttert

◆ ~ **à moelle** Markknochen *m*; ~ **de seiche** Schulp *m*

O.S. [oɛs] *mf abr de* **ouvrier spécialisé**

oscar [ɔskaʀ] *m* ❶ ~ **de qc** Oscar *m* für etw

❷ (*récompense*) ~ **de qc** Preis *m* für etw, Auszeichnung *f* für etw; **les** ~**s de la chanson** die Preise [*o* Auszeichnungen] für die besten Schlager

oscillant(e) [ɔsilɑ̃, ɑ̃t] *adj* schwankend, schwingend; PHYS oszillierend; **fièvre** ~**e** MED stark schwankendes Fieber

oscillateur [ɔsilatœʀ] *m* PHYS Oszillator *m*

oscillation [ɔsilasjɔ̃] *f* ❶ Schwankung *f*; *d'un navire* Schwanken *nt kein Pl*; *de la température, tension artérielle, des cours* -schwankung; ~**s des valeurs de Bourse** [Kurs]schwankungen *Pl*; **les** ~**s de l'opinion publique** die Wechselhaftigkeit [*o* das ständige Auf und Ab] der öffentlichen Meinung

❷ ELEC Schwingung *f*, Oszillation *f* (*Fachspr.*); PHYS Schwingen *nt*, Schwingung, Oszillation

oscillatoire [ɔsilatwaʀ] *adj* PHYS, ELEC *amplitude* Schwingungs-; *phénomène, vibration* oszillatorisch, Schwingungs-; **un mouvement** ~ eine Oszillation, ein Oszillieren *nt*

osciller [ɔsile] <1> *vi* ❶ [hin und her] wanken; *personne:* [hin und her] schwanken [*o* wanken]; *tête:* [hin und her] wackeln [*o* wanken]; *flamme:* flackern; *pendule:* [hin und her] schwingen; ~ **sur ses pieds** von einem Fuß auf den anderen treten; **faire** ~ **un vase/pendule** ein Gefäß ins Wanken/ein Pendel zum Schwingen bringen; **faire** ~ **une flamme** eine Flamme flackern lassen

❷ (*hésiter, varier*) ~ **entre qc et qc** [*o* **de qc à qc**] *personne:* zwischen etw und etw schwanken; *chose:* zwischen etw und etw hin und her pendeln [*o* schwanken]

oscillogramme [ɔsilɔgʀam] *m* TECH Oszillogramm *nt*

oscillographe [ɔsilɔgʀaf] *m* Oszillograph *m*

osé(e) [oze] *adj* ❶ (*téméraire*) kühn; *démarche, entreprise, expédition* waghalsig, gewagt, kühn

❷ (*choquant*) gewagt

oseille [ozɛj] *f* ❶ Sauerampfer *m*

❷ *fam* (*argent*) Knete *f* (*fam*); **avoir de l'**~ Kohle haben (*fam*); **gagner un peu d'**~ ein paar Kröten verdienen (*fam*)

oser [oze] <1> **I.** *vt* ❶ wagen, sich [ge]trauen; **je n'ose penser ce qui serait arrivé si ...** nicht auszudenken, was passiert wäre, wenn ...

❷ (*se permettre de*) **j'ose espérer que ...** ich wage zu hoffen, dass ...; **si j'ose dire** [*o* **m'exprimer ainsi**] wenn ich so sagen darf

II. *vi* es wagen, sich [ge]trauen

oseraie [ozʀɛ] *f* Weidenanlage [*o* -pflanzung] *f*

osier [ozje] *m* ❶ Weidenrute *f* [*o* -gerte *f*]; **en** [*o* **d'**]~ aus [Korb]weide; **panier en** ~ Weidenkorb *m*; **meubles en** ~ Korbmöbel *Pl*

❷ (*arbre*) Weide *f*, Weidenbaum *m*

Oslo [ɔslo] Oslo *nt*

osmium [ɔsmjɔm] *m* Osmium *nt*

osmose [ɔsmoz] *f* ❶ Osmose *f*

❷ (*interpénétration*) Osmose *f*, [gegenseitige] Durchdringung; (*entre des institutions*) Verflechtung *f*, Osmose; (*entre des personnes, civilisations*) Osmose, [gegenseitige] Übereinstimmung

osmotique [ɔsmɔtik] *adj* CHIM osmotisch; **la pression** ~ der osmotische Druck

ossature [ɔsatyʀ] *f* ❶ Knochen *Pl*, Knochengerüst *nt*; **une** ~ **grêle/robuste** ein zarter/robuster Knochenbau; **l'**~ **de la tête** die Schädelform

❷ (*charpente*) *d'un bateau* Gerippe *nt*; *d'un immeuble, monument* Skelett *nt*, tragende Teile *Pl*, Gerippe; *d'un appareil* Konstruktion *f*, tragende Teile; **être doté(e) d'une solide** ~ *machine:* stabil [gebaut] sein

❸ (*éléments constitutifs*) Gerüst *nt*; *d'une société* Grundpfeiler *Pl*; *d'un discours, texte* Gliederung *f*

osselet [ɔslɛ] *m* ❶ *pl* JEUX *Geschicklichkeitsspiel mit [Plastik]knöchelchen*

❷ ANAT Knöchelchen *nt*; **les** ~**s de l'oreille** die Gehörknöchelchen

ossements [ɔsmɑ̃] *mpl* Gebeine *Pl*, Knochen *Pl*

osseux, -euse [ɔsø, -øz] *adj* ❶ Knochen- *m*

❷ (*maigre*) *corps, main* knochig, hager

ossification [ɔsifikasjɔ̃] *f* Ossifikation *f* (*Fachspr.*); ANAT Knochenbildung *f*, Ossifikation; MED Verknöcherung *f*, Ossifikation

ossifier [ɔsifje] <1a> *vpr* **s'**~ verknöchern, ossifizieren (*Fachspr.*)

ossuaire [ɔsɥɛʀ] *m* ❶ (*tas d'ossements*) Knochenhaufen *m*, Ansammlung *f* von Gebeinen

❷ (*catacombes*) Beinhaus *nt*, Oss[u]arium *nt* (*Fachspr.*)

ostéite [ɔsteit] *f* Knochenentzündung *f*, Ostitis *f* (*Fachspr.*)

ostensible [ɔstɑ̃sibl] *adj* *mépris* offensichtlich, offenkundig; *geste* deutlich sichtbar, betont, ostentativ (*geh*); **d'une manière** [*o* **de façon**] ~ offensichtlich; (*pour se faire remarquer*) auffällig

ostensiblement [ɔstɑ̃sibləmɑ̃] *adv* deutlich sichtbar, betont, ostentativ (*geh*); *manifester* offensichtlich, deutlich

ostensoir [ɔstɑ̃swaʀ] *m* Monstranz *f*

ostentation [ɔstɑ̃tasjɔ̃] *f* ❶ (*affectation*) Großspurigkeit *f*; **sans** ~ bescheiden

❷ (*étalage indiscret*) Zurschaustellung *f*; *de générosité, charité* Zurschaustellen *nt*; **avec** ~ ostentativ, deutlich sichtbar; **élégance/courage sans** ~ Eleganz/Mut ohne Effekthascherei; **faire** ~ **de qc** etw zur Schau stellen; **mettre de l'**~ **dans qc** mit etw auf Wirkung bedacht sein

ostentatoire [ɔstɑ̃tatwaʀ] *adj* zur Schau gestellt, ostentativ (*geh*), betont auffällig

ostéoblaste [ɔsteɔblast] *m* BIO Osteoblast *m*

ostéopathe [ɔsteɔpat] *mf* Chiropraktiker(in) *m(f)*

ostéoporose [ɔsteɔpɔʀoz] *f* Knochenschwund *m*, Osteoporose *f*

ostracisme [ɔstʀasism] *m* ❶ Ächtung *f*, Bann *m* (*geh*); **subir un** ~ **de la part de qn, connaître l'**~ **de qn** von jdm geächtet werden

❷ HIST Scherbengericht *nt*, Ostrazismus *m*

ostréiculteur, -trice [ɔstʀeikyltœʀ, -tʀis] *m, f* Austernzüchter(in) *m(f)*

ostréiculture [ɔstʀeikyltyʀ] *f* Austernzucht *f*

ostrogoth(e) [ɔstʀɔgo, gɔt] **I.** *adj* ostgotisch; *royaume* Ostgoten-

II. *m(f)* ❶ *vieilli* (*rustre*) Hinterwäldler(in) *m(f)*

❷ (*zigoto*) komischer Kauz

Ostrogoth(e) [ɔstʀɔgo, gɔt] *m(f)* Ostgote *m*/Ostgotin *f*

otage [ɔtaʒ] *m* Geisel *f*; **être l'**~ **d'une grève** die Geisel [*o* das Faustpfand] eines Streiks sein; **prendre/retenir qn en** ~ jdn als Geisel nehmen/halten

O.T.A.N. [ɔtɑ̃] *f abr de* **Organisation du traité de l'Atlantique Nord** NATO *f*

otarie [ɔtaʀi] *f* Ohrenrobbe *f*

◆ ~ **à crinière** Seelöwe *m*

ôter [ote] <1> **I.** *vt* ❶ (*retirer*) entfernen; ausziehen *vêtement, gants;* abnehmen *chapeau;* ~ **un vase de la table** eine Vase vom Tisch entfernen; **ôte les assiettes de la table** räum den Tisch ab; ~ **le pied de la pédale** den Fuß vom Pedal nehmen; **ôte tes mains de tes poches** nimm die Hände aus den Taschen; **ôte tes doigts!** Finger weg!; ~ **un ornement du sapin** Baumschmuck abnehmen; ~ **un noyau d'une cerise** einen Kern aus einer Kirsche entfernen; **comment** ~ **cette tache de la**

chemise? wie bekomme ich den Fleck aus dem Hemd?
❷ (*faire disparaître*) beseitigen *goût, odeur, scrupules, remords;* ~ **l'amertume des endives** dem Chicorée [*o* Schikoree] die Bitterkeit nehmen
❸ (*débarrasser*) abnehmen *menottes, pansements;* (*prendre*) wegnehmen *objet;* nehmen *envie, illusion;* **on a ôté l'enfant à sa mère** man hat der Mutter das Kind genommen; **Dieu l'a ôté(e) à notre affection** Gott hat ihn/sie von uns genommen; **cela n'ôte rien à tes mérites** das schmälert deine Verdienste nicht
❹ (*retrancher*) ~ **les verres cassés d'un service** die kaputten Gläser aus dem Service entfernen; ~ **un paragraphe d'un article** einen Abschnitt aus einem Artikel streichen [*o* entfernen]; ~ **un nom d'une liste** einen Namen von einer Liste streichen; ~ **une commission d'une somme** eine Bestellung von einer Summe abziehen [*o* subtrahieren]; **4 ôté de 9 égale 5** 4 von 9 abgezogen [*o* subtrahiert] macht [*o* ergibt] 5, 9 weniger 4 macht 5 (*fam*)
II. *vpr* ❶ (*s'écarter*) **s'**~ sich entfernen (*geh*), weggehen; **ôtez-vous!** entfernen Sie sich ! (*geh*), gehen Sie weg!
❷ (*s'enlever*) **s'**~ **de qc** sich aus etw entfernen lassen; *tache:* aus etw herausgehen, sich aus etw entfernen lassen; *rideau:* sich abmachen lassen, sich von etw abnehmen lassen
▸ **ôte-toi de là que je m'y mette!** *hum fam* Platz da, jetzt komm ich!

otite [ɔtit] *f* Ohr[en]entzündung *f,* Otitis *f* (*Fachspr.*)

oto-rhino [ɔtɔʀino] <oto-rhinos> *mf abr de* **oto-rhino-laryngologiste** HNO-Arzt *m*/-Ärztin *f*

oto-rhino-laryngologie [ɔtɔʀinolaʀɛ̃gɔlɔʒi] *f* Hals-Nasen-Ohren-Heilkunde *f* **oto-rhino-laryngologiste** [ɔtɔʀinolaʀɛ̃gɔlɔʒist] <oto-rhino-laryngologistes> *mf* Hals-Nasen-Ohren-Arzt *m*/-Ärztin *f*

ottoman [ɔtɔmɑ̃] *m* (*étoffe*) Ottoman *m*

ottoman(e) [ɔtɔmɑ̃, an] *adj* osmanisch; **l'Empire** ~ das Osmanische Reich; **être** ~**(e)** Osmane/Osmanin sein, Ottomane/Ottomanin sein

Ottoman(e) [ɔtɔmɑ̃, an] *m(f)* Osmane *m*/Osmanin *f,* Ottomane *m*/Ottomanin *f*

ottomane [ɔtɔman] *f* (*siège*) Ottomane *f*

ou [u] *conj* ❶ (*alternative*) ~ [**bien**] oder; **ton père** ~ **ta mère** [entweder] dein Vater oder deine Mutter, dein Vater oder auch deine Mutter; **c'est l'un** ~ **l'autre** entweder, oder; ~ [**bien**] ... ~ [**bien**] ... entweder ... oder ...
❷ (*sinon*) ~ [**alors**] oder, sonst; **tu m'écoutes,** ~ **alors tu prends la porte** [entweder] du hörst mir jetzt zu[,] oder [aber] du verschwindest; du hörst mir jetzt zu, sonst kannst du verschwinden
❸ (*en d'autres termes*) oder [auch]
❹ (*approximation*) oder, bis

où [u] **I.** *pron* ❶ (*spatial sans déplacement*) wo; (*dans lequel*) in dem/der, wo; (*sur lequel*) worauf, auf dem/der, wo; **là** ~ da, wo
❷ (*spatial avec déplacement*) wohin; (*dans lequel*) in den/die/das, wohin; (*sur lequel*) auf den/die/das; **je le suis partout** ~ **il va** ich folge ihm überallhin; **d'**~ woher; (*duquel*) aus dem/der; **d'**~ **il était, il ne voyait rien** von seinem Platz aus konnte er nichts sehen; **jusqu'**~ bis wohin; (*jusqu'auquel*) bis zu dem/der, bis wohin; **par** ~ durch den/die/das; **le chemin par** ~ **nous sommes passés** der Weg, den wir genommen haben
❸ (*temporel*) als, wo (*fam*); *jour, matin, soir* an dem, als, wo (*fam*); *moment* in dem, als, wo (*fam*); *année, siècle* in dem
❹ (*abstrait*) **à l'allure** ~ **il va** bei seinem Tempo; **dans l'état** ~ **tu es** in deinem Zustand; **au prix** ~ **j'ai acheté cet appareil** zu dem Preis, zu dem ich diesen Apparat gekauft habe; **dans l'obligation** ~ **j'étais de partir** da ich [derart] gezwungen war zu gehen
II. *adv interrog* ❶ (*spatial sans déplacement*) wo; ~ **s'arrêter?** wo muss man aufhören?; **je ne sais pas** ~ **passer la nuit** ich weiß nicht, wo ich die Nacht verbringen soll
❷ (*spatial avec déplacement*) wohin; ~ **aller?** wohin soll ich/sie gehen?, wo soll ich/sie hingehen?; **d'**~ **êtes-vous?** woher sind [*o* kommen] Sie?, wo kommen Sie her?; **jusqu'**~ bis wo[hin]; *a. fig* wie weit; **par** ~ auf welchem Weg, wie; *fig* wodurch; **par** ~ **êtes-vous passé pour venir jusqu'ici?** wie haben Sie hier hergefunden?
❸ (*abstrait*) ~ **en étais-je?** wo war ich [stehen geblieben]?; ~ **voulez-vous en venir?** worauf wollen Sie hinaus?
III. *adv indéf* ❶ (*là où*) wo; *aller* wohin; ~ **tu iras, j'irai** wohin du gehst, dahin werde auch ich gehen; ~ **les choses se gâtent, c'est lorsque ...** es wird dann schlimm, wenn ...; ~ **que nous soyons** wo wir auch [immer] sind [*o* sein mögen]; **par** ~ **que vous passiez** auf welchem Weg Sie es auch [immer] versuchen
❷ (*de là*) **d'**~ **ton silence/mon étonnement** daher dein Schweigen/mein Erstaunen, deshalb schweigst du/bin ich so erstaunt; **d'**~ **l'on peut conclure que ...** woraus man schließen kann, dass ...; **d'**~ **que vienne le vent** woher auch immer der Wind weht

O.U.A. [oya] *f abr de* **Organisation de l'unité africaine** O.A.U. *f*

ouah [wa] *interj* ❶ (*cri du chien*) wau
❷ (*exprime l'admiration*) ~**!** o ja!; (*joie*) juhu!, o ja!

ouailles [waj] *fpl* ❶ *hum* (*disciples*) Jünger *Pl,* Herde *f kein Pl*
❷ (*fidèles*) Schafe *Pl,* Herde *f kein Pl*

ouais [ˈwɛ] *adv fam* ❶ (*oui*) mhm (*fam*)
❷ (*sceptique*) soso
❸ (*hourra!*) ~**!** juhu!, hurra!

ouananiche [wananiʃ] *f* ZOOL CAN (*saumon d'eau douce*) Süßwasserlachs *m*

ouate [wat] *f* ❶ ~ [**hydrophile**] Watte *f*
❷ TEXTIL Wattierung *f;* **doublé(e) de** ~ wattiert
▸ **être élevé(e) dans la** ~ verhätschelt werden

ouaté(e) [wate] *adj bruit, pas* gedämpft; *atmosphère* behaglich, wohlig; **les bruits nous arrivent** ~**s** wir hören die Geräusche nur gedämpft [*o* wie durch Watte]

ouater [wate] <1> *vt* ❶ wattieren
❷ *poét* (*duveter*) *brouillard:* einhüllen, in Watte hüllen; *neige:* [wie mit Watte] bedecken

ouatiner [watine] <1> *vt* wattieren

oubli [ubli] *m* ❶ (*perte du souvenir*) Vergessen *nt; d'un détail* Auslassung *f,* Vergessen; **chercher l'**~ **de ses soucis dans l'alcool** versuchen, mit Hilfe von Alkohol seine Sorgen zu vergessen; **mourir dans l'**~ von allen vergessen sterben; **tirer qn/qc de l'**~ jdn/etw wieder in Erinnerung bringen [*o* aus der Versenkung holen *fam*] [*o* der Vergessenheit entreißen *geh*]
❷ (*étourderie*) Nachlässigkeit *f,* Versäumnis *nt; d'une personne* Vergesslichkeit *f;* **réparer un** ~ ein Versäumnis nachholen; **par** ~ aus [reiner] Vergesslichkeit
❸ (*lacune*) Lücke *f*
❹ (*manquement à*) *du devoir filial* Vernachlässigung *f; d'une promesse, règle* Nichteinhaltung *f;* ~ **du devoir** Pflichtvergessenheit *f*
❺ (*détachement volontaire*) ~ **des choses terrestres** Abkehr *f* von irdischen Dingen; **l'**~ **de soi-même** die Selbstverleugnung
❻ (*pardon*) *des injures, offenses* Vergebung *f*

oublié(e) [ublije] *m(f)* ▸ **le/la grand(e)** ~**(e) de qc** das Stiefkind einer S. (*Gen*)

oublier [ublije] <1a> **I.** *vt* ❶ vergessen; **n'oublie pas que** vergiss nicht [*o* denk daran], dass; **faire** ~ **qc à qn** *chose:* jdn etw vergessen lassen; *personne:* jdn etw vergessen lassen, jdn dazu bringen etw zu vergessen, jdn von etw abbringen; **vouloir faire** ~ **que ...** vergessen machen wollen, dass ...; **qc ne doit pas faire** ~ **que ...** über etw (*Dat*) darf man nicht vergessen,

O

dass ...; **être oublié(e) par qn/qc** von jdm/etw vergessen werden; *personne, événement:* bei jdm in Vergessenheit geraten sein; **les entreprises n'ont pas été oubliées par cette réforme** die Unternehmen sind bei dieser Reform nicht übergangen worden
❷ (*négliger*) vergessen; vernachlässigen, vergessen *personne;* **se sentir oublié(e)** sich im Stich gelassen fühlen; **n'oubliez pas le guide** denken Sie auch an [ein Trinkgeld für] den Führer; **il oublie un peu trop souvent d'y aller** er geht zu selten hin; (*volontairement*) er drückt sich zu oft davor hinzugehen (*pej fam*); **il ne faudrait pas ~ que** man sollte berücksichtigen [*o* nicht vergessen], dass; **sans ~ le patron/les accessoires** und auch [*o* sowie] der Chef/das Zubehör
❸ (*omettre*) vergessen; auslassen, vergessen *mot, phrase, virgule;* (*volontairement*) übergehen, vergessen *personne;* **avoir oublié qn dans son testament** jdn in seinem Testament übergangen haben; **n'oublie pas de faire qc** vergiss nicht [*o* denk daran] etw zu tun; **il a oublié d'être à l'heure** er ist [auch] nicht gerade pünktlich
❹ (*évacuer de son esprit*) vergessen; vergeben, vergessen *affront, injure;* aus seinem Gedächtnis streichen, vergessen *passé, personne, querelle*
❺ (*manquer à*) vergessen; nicht halten *promesse;* ~ **un devoir/une obligation** einer Aufgabe/Verpflichtung (*Dat*) nicht nachkommen
❻ (*laisser par inadvertance*) vergessen; liegen/hängen/stehen lassen, vergessen *objets*
► **se faire ~** sich zurückhalten, sich im Hintergrund halten
II. *vi* vergessen
III. *vpr* ❶ (*sortir de l'esprit*) **qn/qc s'oublie** man vergisst jdn/etw
❷ (*ne pas penser à soi*) **s'~** nicht an sich [selbst] denken, sich selbst vergessen; **ne pas s'~** auch an sich denken
❸ (*se laisser aller*) **s'~** sich vergessen, die Beherrschung verlieren; **s'~ à faire qc** sich dazu hinreißen lassen, etw zu tun
❹ (*faire ses besoins*) **s'~** *personne:* sein Geschäft machen (*fam*); *animal:* sein Geschäft verrichten

oubliette [ublijɛt] *f* ❶ *pl* (*placard*) Versenkung *f;* **jeter [*o* mettre] qc aux ~s** etw in der Versenkung verschwinden lassen (*fam*); **ressortir qc des ~s** etw aus der Versenkung holen (*fam*)
❷ *pl* (*cachot*) Verlies *nt*
❸ (*fosse*) Fallgrube *f*

oublieux, -euse [ublijø, -jøz] *adj soutenu* (*par inadvertance*) **être ~(-euse) de ses obligations** nachlässig sein, was die eigenen Verpflichtungen anbelangt; **être ~(-euse) de la bienséance** jeglichen Anstand vermissen lassen; **être ~(-euse) des services rendus/du passé** (*délibérément*) erwiesene Dienste/Vergangenes vergessen haben

ouèbe [wɛb] *m fam* Internet *nt*

oued [wɛd] *m* Wadi *nt*

ouest [wɛst] **I.** *m* Westen *m;* **l'~** der Westen; **à [*o* dans] l'~** in den/im Westen; **à [*o* vers] l'~** nach Westen, in westliche Richtung; **à l'~ de qc** westlich von etw; **vent d'~** Westwind; **les régions de l'~** die Gebiete im Westen, der Westen
II. *adj inv* West-; *banlieue, longitude, partie* westlich

Ouest [wɛst] *m* Westen *m;* **l'~** der Westen; **les pays de l'~** die westlichen Staaten; **les gens de l'~** die Leute aus dem Westen; **l'autoroute de l'~** die Autobahn nach Westen; **le conflit entre l'Est et l'~** der Konflikt zwischen Ost und West, der Ost-West-Konflikt; **passer à l'~** sich in den Westen absetzen, in den Westen fliehen

ouest-allemand(e) [wɛstalmɑ̃, ɑ̃d] <ouest-allemands> *adj* westdeutsch **ouest-nord-ouest** [wɛstnɔʀwɛst] *m* Westnordwesten *m* **ouest-sud-ouest** [wɛstsydwɛst] *m* Westsüdwesten *m*

ouf[1] [ˈuf] **I.** *interj* uff; **faire ~** aufatmen; **ne même plus arriver à faire ~** nicht einmal mehr dazu kommen, Luft zu holen
II. *m inv* (*cri de soulagement*) Seufzer *m* [der Erleichterung]

ouf[2] [ˈuf] *adj inv fam* (*fou*) gaga (*fam*)

oui [ˈwi] **I.** *adv* ❶ (*opp: non*) ja; **~ ou non?** ja oder nein?, oder nicht?; **répondre par ~ ou par non** mit einem klaren Ja oder Nein [*o* mit ja oder nein] antworten; **ceux qui disent ~** die, die ja sagen
❷ (*intensif*) ja [,wirklich]; **ah ~?** *fam* ach [*o* ah] ja?, [ach] tatsächlich?; **ah [*o* ça] ~, alors!** oh ja, das kann man wohl sagen!; **hé ~!** jaja!, leider ja!; **mais ~!** *fam* aber ja!, aber sicher!, na klar!; **~ mais ...** ja, aber ...; **~ ou merde?** *fam* oder was ist? (*fam*), ja oder nein?; **alors, tu arrives, ~?** *fam* kommst du jetzt endlich?; **que ~!** *fam* na klar!, ganz bestimmt!
❸ (*substitut d'une proposition*) **croire/espérer/penser que ~** schon glauben/hoffen/denken; **craindre/dire/prétendre que ~** es befürchten/sagen/behaupten; **faire signe que ~** es bestätigen; (*de la tête*) nicken; **je dirais que ~** ich würde [schon] ja sagen
II. *m inv* ❶ (*approbation*) Ja *nt;* **~ à qn/qc** Ja zu jdm/etw
❷ (*suffrage*) Jastimme *f*
► **pour un ~ [ou] pour un non** wegen jeder Kleinigkeit, wegen nichts und wieder nichts

ouï-dire [ˈwidiʀ] *m inv* Gerücht *nt*
► **apprendre par ~** gerücht[e]weise erfahren; **savoir/connaître par ~** vom Hörensagen wissen/kennen

ouïe[1] [wi] *f* ❶ Gehör *nt;* **avoir l'~ fine** ein feines [*o* gutes] Gehör haben, gut hören; **le sens de l'~** der Gehörsinn, das Gehör
❷ ZOOL Kieme *f*
❸ *du violon* Schallloch *nt*
► **être tout ~** ganz Ohr sein

ouïe[2] [ˈuj] *interj v.* **ouille**

ouille [ˈuj] *interj* au[a], autsch

ouïr [wiʀ] <*irr, déf*> *vt vieilli* hören; JUR anhören; **avoir ouï dire que qn a fait qc** [gerüchtweise] gehört haben [*o* vom Hörensagen wissen], dass jd etw getan hat

ouistiti [ˈwistiti] *m* ❶ Pinseläffchen *nt*
❷ *fam* (*zigoto*) Affe *m,* Heini *m* (*fam*); **être un drôle de ~** *fam* ein komischer Vogel [*o* Heini *fam*] sein

oukase [ukaz] *m* ❶ *soutenu* Befehl *m,* [diktatorische] Weisung, Ukas *m* (*geh*); **se plier aux ~s de qn** sich jds Diktat (*Dat*) unterwerfen, sich jds Befehl (*Dat*) fügen
❷ HIST, POL Ukas *m*

OULIPO [ulipo] *m abr de* **Ouvroir de littérature potentielle** *Gruppe von Schriftstellern und Wissenschaftlern, die sich mit literarischen Techniken beschäftigen*

ouragan [uʀagɑ̃] *m* ❶ Orkan *m*
❷ (*déchaînement*) Wirbel *m,* Aufruhr *f;* **un ~ de protestations** ein Sturm der Entrüstung [*o* des Protestes]; **un ~ de clameurs** [ein] riesiges Geschrei
❸ (*personne déchaînée*) Wirbelwind *m*
► **arriver en [*o* comme un] ~** angestürmt kommen, stürmen

ourdir [uʀdiʀ] <8> *vt littér* einfädeln; schmieden, einfädeln *complot;* spinnen, einfädeln *intrigue*

ourdou [uʀdu] *m* **l'~** Urdu *nt,* das Urdu; *v. a.* **allemand**

ourdou(e) [uʀdu] *adj* **langue ~** Urdusprache *f*

ourler [uʀle] <1> *vt* ❶ [ein]säumen; **un jupon ourlé de dentelle** ein mit Spitze[n] [ein]gesäumter Rock, ein Rock mit Spitzensaum
❷ *littér* **~ qc de qc** *personne:* etw mit etw umrahmen; *chose:* etw mit etw [um]säumen; **être ourlé(e) de qc** von etw gesäumt werden; **avoir les oreilles délicatement ourlées/la bouche bien ourlée** zierliche Ohrmuscheln/schön geschwungene Lippen haben

ourlet [uʀlɛ] *m* ❶ Saum *m*
❷ TECH Rand *m*
❸ ANAT Rand *m* der Ohrmuschel

ours [uʀs] **I.** *m* ❶ Bär *m;* **~ blanc [*o* polaire]/brun** Eis-/Braunbär; **~ marin** Seebär *m,* Pelzrobbe *f*

❷ (*jouet d'enfant*) Bär *m,* Teddy[bär] *m;* **un ~ en peluche** ein Plüschbär [*o* Teddybär]
❸ *fam* (*misanthrope*) Brummbär *m,* Griesgram *m*
❹ PRESSE Impressum *nt*
▶ **tourner comme un ~ en cage** *fam* [wie ein gefangenes Tier] unruhig auf und ab laufen; **~ mal léché** *fam* ungehobelter Klotz, Rüpel *m;* **vivre comme un ~** wie ein Einsiedler leben
II. *adj inv fam* griesgrämig

ourse [uʀs] *f* ❶ Bärin *f*
❷ ASTRON **la Grande/Petite Ourse** der Große/Kleine Bär [*o* Wagen]

oursin [uʀsɛ̃] *m* Seeigel *m*

ourson [uʀsɔ̃] *m* Bärenjunge(s) *nt*

oust[e] [ˊust] *interj fam* husch[, husch]; (*pour chasser qn*) weg mit dir/euch! (*fam*), verschwinde/verschwindet! (*fam*); (*pour presser qn*) hopp[, hopp] (*fam*), husch[, husch]

out [ˊaut] *adj* ❶ TENNIS aus; **être ~** *balle:* aus [*o* im Aus] sein
❷ BOXE k. o.
❸ *fam* (*hors service*) kaputt; (*chose*) hin (*fam*), kaputt; (*personne*) k. o. (*fam*), kaputt
❹ (*passé de mode*) out

outarde [utaʀd] *f* Trappe *f*

outil [uti] *m* ❶ Werkzeug *nt; de navigation* Instrument *nt;* **~ agricole** landwirtschaftliches Gerät
❷ INFORM Tool *nt*
❸ (*personne*) Werkzeug *nt;* (*ressource*) Handwerkszeug *nt,* Hilfsmittel *nt;* (*moyen*) *de production* -anlage *f;* **~ de développement/sélection** Instrument zur Entwicklung/Auswahl; **l'~ de travail** das Werkzeug, das Arbeitsgerät
◆ **~ de recherche** INFORM Suchmaschine *f*

outillage [utijaʒ] *m* Werkzeug *nt,* Arbeitszeug *nt; d'un artisan* Handwerkszeug, Arbeitszeug; *d'un fermier* Geräte *Pl; d'un jardinier* [Garten]geräte; *d'un atelier* Ausstattung *f,* Einrichtung *f; d'une usine* [Maschinen]ausstattung; **une usine d'~** eine Werkzeugmaschinenfabrik

outiller [utije] <1> **I.** *vt* ausstatten, einrichten *atelier;* **~ qn** jdn ausrüsten; *fig* jdm das notwendige Rüstzeug mitgeben; **être outillé(e) en/pour qc** *personne:* mit/für etw ausgerüstet sein; *chose:* mit etw ausgestattet/für etw ausgerüstet sein; **être outillé(e) pour faire qc** dafür ausgerüstet sein etw zu tun; *établissement:* darauf eingerichtet sein etw zu tun
II. *vpr* **s'~ en/pour qc** sich mit/für etw ausrüsten, sich (*Dat*) das nötige Werkzeug für etw besorgen

outilleur [utijœʀ] *m* Werkzeugmacher *m*

outrage [utʀaʒ] *m* ❶ Beleidigung *f,* Kränkung *f*
❷ *soutenu* (*atteinte*) **~ à qc** Beleidigung einer S. (*Gen*)
❸ *littér* (*dommage*) *de l'âge* Spuren *Pl;* **~[s] du temps** Verfallserscheinungen *Pl,* Spuren *Pl,* die der Zahn der Zeit hinterlässt; (*chez une personne*) Alterserscheinungen *Pl;* **une femme/un monument subit les ~s du temps** eine Frau zeigt Alterserscheinungen/an einem Monument nagt der Zahn der Zeit
◆ **~ à agent** JUR Beamtenbeleidigung *f;* **~ aux bonnes mœurs** JUR ≈ Verstoß *m* gegen die öffentliche Moral; **~ à magistrat** JUR Missachtung *f* [der Würde] des Gerichts; **~ à la pudeur** JUR Erregung *f* öffentlichen Ärgernisses

outrageant(e) [utʀaʒɑ̃, ʒɑ̃t] *adj* beleidigend; *critique, propos, parole* kränkend, beleidigend; *geste* unverschämt; *acte de barbarie* empörend; **des paroles ~es** Beleidigungen *Pl,* Unverschämtheiten *Pl*

outrager [utʀaʒe] <2a> *vt* ❶ beleidigen; (*offenser*) kränken; **être outragé(e)** beleidigt/gekränkt sein; **d'un air outragé** mit beleidigter/gekränkter Miene
❷ *vieilli* (*contrevenir à*) verstoßen gegen *bon sens, morale;* verletzen *bonnes mœurs, pudeur;* beleidigen *raison*

outrageusement [utʀaʒøzmɑ̃] *adv* übertrieben

outrance [utʀɑ̃s] *f* ❶ *sans pl* (*caractère excessif*) Übertreibung *f; d'un caractère, langage, d'une œuvre* Überspitztheit *f; d'une personne, conduite* Überspanntheit *f;* **à l'~** bis zum Äußersten, [bis] zum Exzess; **la guerre à ~** der totale Krieg; **il y a de l'~ dans qc** etw wirkt exzessiv; **avec ~** ohne Maß [und Ziel]; **faire tout avec ~** bei allem übertreiben
❷ (*comportement*) Maßlosigkeit *f;* (*action excessive*) Extravaganz *f,* Exzess *m;* (*parole excessive*) Ausfälligkeit *f;* **des ~s de langage** sprachliche Entgleisungen

outrancier, -ière [utʀɑ̃sje, -jɛʀ] *adj propos* übertrieben; *idéologie* extrem; *caractère* überspannt; **des termes ~s** Übertreibungen *Pl*

outrancièrement [utʀɑ̃sjɛʀmɑ̃] *adv* übermäßig

outre¹ [utʀ] *f* (*sac*) Schlauch *m*
▶ **être gonflé(e) comme une ~** aufgebläht wie ein Ballon sein; *fam* (*avoir trop mangé, trop bu*) voll bis oben [hin] sein (*fam*); **être plein(e) comme une ~** voll wie eine Haubitze sein (*fam*)

outre² [utʀ] **I.** *prép* (*en plus de*) außer; **~ [le fait] que cela est connu** abgesehen davon [*o* außer], dass dies bekannt ist; dies ist nicht nur bekannt, sondern [außerdem] auch
II. *adv* **en ~** außerdem, zudem

outre-Atlantique [utʀatlɑ̃tik] *adv* auf der anderen Seite [*o* jenseits] des Atlantiks; *émigrer, partir* auf die andere Seite des Atlantiks; **à la mode ~** wie es jenseits des Atlantiks Mode ist

outrecuidance [utʀəkɥidɑ̃s] *f soutenu* ❶ (*impertinence*) Unverfrorenheit *f,* Impertinenz *f* (*geh*)
❷ (*fatuité*) Überheblichkeit *f,* Dünkel *m;* **avec ~** überheblich, voller Überheblichkeit [*o* Dünkel]

outrecuidant(e) [utʀəkɥidɑ̃, ɑ̃t] *adj soutenu* ❶ (*impertinent*) unverschämt, impertinent (*geh*)
❷ (*fat*) eingebildet, dünkelhaft (*geh*)

outre-Manche [utʀəmɑ̃ʃ] *adv* auf der anderen Seite [*o* jenseits] des [Ärmel]kanals; *partir, se rendre* auf die andere Seite des [Ärmel]kanals

outremer [utʀəmɛʀ] **I.** *m* ❶ MINER Lapis[lazuli] *m,* Lasurstein *m*
❷ (*bleu*) Ultramarin[blau] *nt;* **un ciel d'~** ein leuchtend blauer [*o* tiefblauer] Himmel
II. *adj inv* ultramarin[blau], leuchtend blau, tiefblau

outre-mer [utʀəmɛʀ] *adv* in Übersee; (*dans les départements d'outre-mer*) in den Überseedepartements; **possessions d'~** Besitztümer in Übersee; **personne/marchandise d'~** Person/Ware aus Übersee; (*des départements d'outre-mer*) Person/Ware aus den Überseedepartements

outrepasser [utʀəpɑse] <1> *vt* überschreiten *droits, limites, pouvoir;* sich hinwegsetzen über (+ *Akk*) *ordre*

outrer [utʀe] <1> *vt* ❶ (*exagérer*) übertreiben *attitude;* überziehen, übertreiben *accent, effet;* komplizieren *pensée;* **~ son jeu** *acteur:* [seine Rolle] überziehen; **être outré(e)** *portrait:* überzeichnet sein
❷ (*scandaliser*) **~ qn** jdn entrüsten [*o* empören]; *personne:* jdn empören; **être outré(e) de** [*o* **par**] **qc** über etw (*Akk*) empört [*o* entrüstet] sein

outre-Rhin [utʀəʀɛ̃] *adv* auf der anderen Seite [*o* jenseits] des Rheins, in Deutschland; *aller* auf die andere Seite des Rheins, nach Deutschland **outre-tombe** [utʀətɔ̃b] *adv* im Jenseits; **d'~** aus dem Jenseits

outsider [autsajdœʀ] *m* Außenseiter *m,* Outsider *m* (*geh*)

ouvert(e) [uvɛʀ, ɛʀt] **I.** *part passé de* **ouvrir**
II. *adj* ❶ *bouche, yeux* offen; *col, fenêtre, robinet, valise* geöffnet, offen; *fleur* aufgeblüht, geöffnet; **être ~(e)** offen sein; *porte:* auf [*o* offen] sein; *bouche, col:* offen stehen; *fleur:* aufgeblüht [*o* offen] sein; **être grand(e) ~(e)** *porte, fenêtre:* weit offen [*o* geöffnet] sein; *yeux:* weit aufgerissen sein
❷ (*accessible au public*) *magasin* geöffnet; *téléski* in Betrieb, geöffnet; **le magasin/le marchant de légumes est ~** *fam* der Laden/der Gemüsehändler hat geöffnet [*o* auf *fam*]; **le centre commercial est ~** das Einkaufszentrum ist offen; **être ~(e) à qn/qc** für jdn/etw geöffnet sein, jdm offen stehen; *autoroute:* für jdn/etw freigegeben sein
❸ (*commencé*) **être ~(e)** *foire, enquête, pêche:* eröffnet werden/sein; *chasse:* offen sein; **déclarer qc ~(e)** etw eröffnen,

etw für eröffnet erklären
❹ MED *fracture, plaie* offen
❺ (*incertain*) *championnat, jeu, partie* offen
❻ (*non restreint*) *débat* offen; *compétition* frei, offen
❼ (*déclaré, public*) *conflit, haine, lettre* offen; *guerre* erklärt, offen; **d'une façon ~e** offen; **déclencher une campagne ~e contre qn** eine öffentliche Kampagne gegen jdn auslösen
❽ (*franc, communicatif*) *caractère, personne, visage* offen
❾ (*éveillé*) *esprit* aufgeschlossen; *milieu, personne* offen, aufgeschlossen; **être ~(e) sur** [*o* **à**] **qn/qc** offen für jdn/etw sein; **être ~(e) sur le monde** weltoffen sein
❿ LING *son, syllabe, voyelle* offen
⓫ (*non protégé*) *rade, ville* offen; **un port ~** ein offener Seehafen
⓬ JUR *milieu* offen

ouvertement [uvɛʀtəmɑ̃] *adv* ❶ offen [und ehrlich]
❷ (*publiquement*) öffentlich

ouverture [uvɛʀtyʀ] *f* ❶ *d'une fenêtre, porte* Öffnen *nt; d'une barrière* Öffnung *f; d'un robinet* Aufdrehen *nt,* Öffnen; *d'une valise* Öffnen; **l'~ de cette porte est automatique** [diese] Tür öffnet [sich] automatisch
❷ (*fait de rendre accessible au public*) *d'une frontière, d'un magasin* Öffnung *f;* **à quelle heure a lieu l'~ du magasin?** um wie viel Uhr öffnet das Geschäft [*o* macht das Geschäft auf]?; **les jours/heures d'~** die Öffnungstage/-zeiten; *d'une banque* die Geschäftszeiten
❸ (*commencement*) Eröffnung *f; des travaux* Beginn *m;* **la séance d'~** die Eröffnungssitzung
❹ (*orifice*) Öffnung *f; d'un couloir, d'une grotte* Eingang *m; d'un volcan* [Krater]öffnung *f;* **toutes les ~s de l'immeuble** alle Fenster und Türen des Gebäudes; **cette pièce n'a aucune ~** dieses Zimmer hat kein Fenster
❺ (*inauguration*) **l'~ [au public]** die Eröffnung; *d'une école, usine, d'un théâtre* Einweihung *f,* Eröffnung; *d'une route* Freigabe *f;* **la célébration d'~** die Eröffnungsfeier; (*d'un bâtiment*) die Einweihung[sfeier]
❻ (*attitude ouverte*) Offenheit *f;* **~ d'esprit/de vues** Aufgeschlossenheit *f*/offene Einstellung; **ton ~ de cœur** dein offenes Herz; **ton ~ sur le monde** deine Weltoffenheit; **l'~ sur l'Europe** die Öffnung nach Europa; **n'avoir aucune ~ sur la vie/sur l'extérieur** sich abschließen [*o* abkapseln]
❼ *pl* (*avance, proposition*) Angebot *nt,* Vorschlag *m,* Entgegenkommen *nt kein Pl;* (*envers une femme*) Avancen *Pl; de conciliation, négociations, paix* -angebot *nt,* -vorschläge *Pl;* **l'~ au centre/à droite/à gauche** die Öffnung zur Mitte/nach rechts/nach links; **faire une timide ~** einen schüchternen Annäherungsversuch machen
❽ MUS Ouvertüre *f*
❾ MATH *d'un angle* Größe *f; d'un compas* Öffnung *f*
❿ PHOT Blende *f*
⓫ ECHECS Eröffnung *f*
⓬ CARTES (*possibilité d'annoncer*) Ansage *f;* (*possibilité de commencer*) Ausspielen *nt*
⓭ SPORT Pass *m* (*der das Spiel eröffnet*)
⓮ ECON, JUR *d'un compte, d'une succession* Eröffnung *f; d'un crédit* Freigabe *f,* Eröffnung; *d'une information judiciaire* Einleitung *f,* Eröffnung
▸ **faire l'~** *fam* (*d'un magasin*) aufschließen; (*de la saison*) an der Saisoneröffnung teilnehmen; **il trouve l'~** SPORT ihm gelingt der Durchbruch; **trouver l'~ contre qc** eine Lücke in etw (*Dat*) finden
◆ **~ d'une session** INFORM Login *nt*

ouvrable [uvʀabl] *adj jour* Werk-; *heures* Öffnungs-

ouvrage [uvʀaʒ] **I.** *m* ❶ (*objet fabriqué*) Arbeit *f;* **~ de sculpture** Bildhauerarbeit
❷ (*livre*) **~ d'histoire** Werk *nt* über Geschichte, Buch *nt* über Geschichte
❸ (*fortification*) Befestigung *f,* Festungsanlage *f;* **~ avancé** Außenwerk *nt;* **~ défensif** Verteidigungsanlage *f,* Festung[sanlage] *f*
❹ (*travail*) Arbeit *f;* COUT [Hand]arbeit; **sac à ~** Handarbeitsbeutel; **boîte/table à ~** Nähschachtel/-tisch; **se mettre à l'~** sich an die Arbeit [*o* ans Werk] machen
❺ *littér* (*œuvre*) *du hasard, temps* Werk *nt*
▸ **gros ~** Rohbau *m;* **~ léger** Innenausbau *m*
II. *f fam* **de la belle ~** eine gelungene [*o* schöne] Arbeit
◆ **~ d'art** Brücken-/Tunnel-/Grabenkonstruktion *f;* **~ de dame** *vieilli* Handarbeit *f,* Nadelarbeit *f* (*veraltet*)

ouvragé(e) [uvʀaʒe] *adj bijou, linge, napperon* kunstvoll gearbeitet; *meuble, bois* kunstvoll geschnitzt [*o* gearbeitet]; *métal* kunstvoll geschmiedet [*o* gearbeitet]; *signature* kunstvoll

ouvrant(e) [uvʀɑ̃, ɑ̃t] *adj v.* **toit**

ouvré(e) [uvʀe] *adj* ❶ **jour ~** Arbeitstag *m*
❷ *soutenu* (*ouvragé*) *bijou* kunstvoll gearbeitet; *linge, lingerie, napperon* kunstvoll verziert [*o* gearbeitet]; *meuble, bois* kunstvoll geschnitzt [*o* gearbeitet]; *métal* kunstvoll geschmiedet [*o* gearbeitet]; **~(e) de guirlandes** mit Girlanden [kunstvoll] verziert [*o* dekoriert]

ouvre-boîte [uvʀəbwat] <ouvre-boîtes> *m* Dosenöffner *m,* Büchsenöffner *m* **ouvre-bouteille** [uvʀ(ə)butɛj] <ouvre-bouteilles> *m* Flaschenöffner *m*

ouvreur, -euse [uvʀœʀ, øz] *m, f* ❶ CINE, THEAT Platzanweiser(in) *m(f)*
❷ CARTES Erstansager(in) *m(f)*
❸ SKI Vorläufer(in) *m(f)*

ouvrier, -ière [uvʀije, -ijɛʀ] **I.** *adj classe, mouvement, quartier, syndicat* Arbeiter-; *conflit, législation* Arbeits-; *condition* der Arbeiter; *militant* der Arbeiterbewegung
II. *m, f* ❶ (*travailleur manuel*) Arbeiter(in) *m(f);* **~ professionnel** [*o* **qualifié**] Facharbeiter *m,* gelernter Arbeiter; **~ spécialisé** Hilfsarbeiter *m;* **être ~ imprimeur/maçon à Lyon** in Lyon als Drucker/Maurer arbeiten
❷ *littér* (*acteur, artisan*) Schöpfer(in) *m(f);* **être l'~ de sa fortune/de son destin** seines Glückes Schmied sein/sein Schicksal selbst bestimmen
▸ **~(-ière) de la onzième heure** jemand, der die Arbeit nicht gerade erfunden hat; **les mauvais ~s ont toujours de mauvais outils** *prov* ≈ wenn der Reiter nichts taugt, hat das Pferd Schuld
III. *f* (*abeille, termite, fourmi*) Arbeiterin *f*
◆ **~(-ière) à façon** [Werk]lohnarbeiter(in) *m(f);* **~(-ière) au rabais** Billigarbeiter(in) *m(f);* **~(-ière) d'usine** Fabrikarbeiter(in) *m(f),* Industriearbeiter(in)

ouvrir [uvʀiʀ] <11> **I.** *vt* ❶ öffnen, aufmachen; (*à clé*) aufschließen; aufschlagen, öffnen, aufmachen *livre, paupières, yeux; fig* auftun, öffnen, aufmachen *bec, bouche;* **~ grand ses oreilles/le bec** die Ohren/den Schnabel weit aufsperren [*o* aufmachen] [*o* öffnen] (*fam*); **ouvre l'œil, et le bon!** halt die Augen auf!
❷ *fam* (*faire fonctionner*) anmachen, anstellen *chauffage;* einschalten, anmachen, anstellen *télé;* öffnen, aufdrehen *robinet, gaz;* öffnen, aufmachen *vanne*
❸ (*écarter, déployer*) öffnen; ausbreiten, öffnen *bras;* ausbreiten *ailes;* aufmachen, öffnen *couteau, mains;* aufschlagen, aufmachen, öffnen *éventail, journal, livre;* aufdecken *lit;* aufspannen, aufmachen, öffnen *parapluie;* aufziehen, aufmachen, öffnen *rideaux*
❹ (*commencer*) eröffnen; beginnen mit, eröffnen *campagne, discussion;* in Gang bringen, eröffnen *dialogue*
❺ SPORT eröffnen *piste, slalom;* **~ la marque** [*o* **le score**] den ersten Treffer erzielen
❻ (*fonder, créer*) eröffnen; aufmachen (*fam*), eröffnen *magasin, restaurant;* einrichten, schaffen, eröffnen *école*
❼ (*rendre accessible*) **~ une frontière/un refuge à qn** eine Grenze/eine Schutzhütte für jdn öffnen; **~ des horizons/perspectives à qn** jdm [neue] Horizonte/Perspektiven eröff-

nen; ~ **un groupe à qn** jdm Zugang zu einer Gruppe verschaffen; ~ **à qn les portes de qc** jdm zu etw Zutritt verschaffen; ~ **sa bourse à qn** für jdn den Geldbeutel zücken; ~ **son cœur à qn** jdm sein Herz ausschütten

❽ (*débloquer, frayer*) ~ **une issue/un passage à qn/qc** jdm/einer S. einen Zugang schaffen/eine Passage freimachen; ~ **un canal/col à qn/qc** einen Kanal/Pass für jdn/etw öffnen; **le chasse-neige ouvre la piste aux skieurs** der Schneepflug macht die Piste für die Skifahrer frei; **on ouvre le canal à la navigation** der Kanal wird für die Schifffahrt freigegeben; ~ **la voie à qn/qc** *fig* jdm/einer S. den Weg ebnen

❾ (*être en tête de*) eröffnen, anführen *marche, procession;* ~ **une liste** an erster Stelle auf einer Liste stehen

❿ (*inaugurer*) ~ **qc par qc** etw mit etw eröffnen

⓫ (*percer*) öffnen, aufschneiden (*fam*) *abcès, jambe, ventre;* schlagen *brèche;* bauen *route*

⓬ (*provoquer une blessure*) aufreißen, eine Wunde reißen in (+ *Akk*) *jambe, ventre;* ein Loch schlagen in (+ *Akk*) *crâne;* **le bord du trottoir lui a ouvert le front** er hat sich (*Dat*) die Stirn am Bordstein aufgeschlagen

⓭ (*rendre réceptif*) ~ **son esprit/cœur à qc** sich für etw empfänglich machen

⓮ COM, FIN eröffnen *compte;* aufnehmen *emprunt;* ~ **un compte à qn** ein Konto für jdn eröffnen, jdm ein Konto einrichten; ~ **un crédit à qn** jdm einen Kredit gewähren

⓯ JUR eröffnen, einleiten *enquête, information*

▶ **l'**~ *fam* den Mund [*o* die Klappe *fam*] aufmachen; **pas moyen de l'**~ **avec lui** bei ihm kommt man nicht zu Wort

II. *vi* ❶ (*ouvrir la porte*) öffnen, aufmachen; (*à clé*) aufschließen; **va donc** ~**!** geh schon aufmachen [*o* aufschließen]!, mach [*o* schließ] auf!

❷ (*être accessible au public*) ~ **le lundi** montags offen [*o* geöffnet] [*o* auf *fam*] sein; *magasin:* montags offen [*o* geöffnet] [*o* auf *fam*] sein [*o* haben]; *cinéma, théâtre:* montags Vorstellung haben; ~ **à 15 h** *magasin:* um 15 Uhr aufmachen [*o* öffnen]; *cinéma, théâtre:* um 15 Uhr Einlass haben

❸ (*se laisser débloquer*) *fenêtre, porte:* aufgehen, sich öffnen lassen; **mal** ~ schwer [auf]gehen, klemmen, sich schwer öffnen lassen

❹ (*donner sur*) ~ **sur la cour** *fenêtre:* auf den Hof [hinaus]gehen; ~ **sur la rue** nach der Straße gehen, auf die Straße [hinaus]gehen; *porte:* auf die Straße [*o* zur Straße] führen, auf die Straße [hinaus]gehen

❺ (*commencer*) ~ **par qc** mit etw beginnen [*o* anfangen]

❻ SPORT ~ **sur son partenaire** zu seinem Partner/ihrer Partnerin passen

❼ SKI die Zeit vorgeben

❽ CARTES ~ **d'un pique** mit Pik eröffnen, Pik ausspielen

III. *vpr* ❶ (*opp: se fermer*) **s'**~ sich öffnen; *fenêtre, livre, porte:* aufgehen, sich öffnen; *parapluie, vêtement:* aufgehen; *fleur:* aufblühen, aufgehen, sich öffnen; *bras:* sich ausbreiten, sich öffnen; *foule:* sich teilen; **mal s'**~ schwer aufgehen, klemmen, sich schwer öffnen lassen

❷ (*donner sur*) **s'**~ **sur qc** auf etw (*Akk*) gehen; *porte:* auf etw (*Akk*) führen [*o* gehen]

❸ (*commencer*) **s'**~ [**par qc**] mit etw beginnen; *exposition:* mit etw eröffnet werden; *séance:* mit etw eröffnet werden [*o* beginnen]

❹ (*se présenter*) **s'**~ **devant qn/qc** *chemin, monde, paysage:* sich vor jdm/etw auftun; *horizon, perspective:* sich jdm eröffnen; *vie:* vor jdm liegen; **tous les horizons s'ouvrent devant toi** die Welt steht dir offen

❺ (*béer*) **s'**~ *gouffre:* sich auftun; *brèche, terre:* sich öffnen, sich auftun

❻ (*devenir accessible à*) **s'**~ **au commerce** sich für den Handel [*o* dem Handel] öffnen; **s'**~ **à l'extérieur** sich [nach außen] öffnen; **s'**~ **à** [*o* **sur**] **l'amour/l'art** für Liebe/Kunst empfänglich werden; **s'**~ **à la pitié** voll Mitleid sein; **s'**~ **au monde/à des problèmes/à la souffrance** beginnen die Welt/Probleme/das Leid wahrzunehmen

❼ *vieilli* (*se confier*) **s'**~ **à qn** sich jdm anvertrauen; **s'**~ **à qn de qc** jdm etw anvertrauen, [offen] mit jdm über etw (*Akk*) reden

❽ (*se blesser*) **s'**~ **les veines** sich (*Dat*) die Adern aufschneiden; **s'**~ **la lèvre** sich (*Dat*) die Lippe aufbeißen; **s'**~ **la jambe/le crâne** sich (*Dat*) das Bein/den Kopf aufschlagen

ouvroir [uvʀwaʀ] *m vieilli* Nähstube *f*

ovaire [ɔvɛʀ] *m* ❶ Eierstock *m,* Ovar[ium] *nt* (*Fachspr.*)

❷ BOT Fruchtknoten *m,* Ovarium *nt* (*Fachspr.*)

ovale [ɔval] **I.** *adj* oval

II. *m* Oval *nt*

ovalisé(e) [ɔvalize] *adj* TECH unrund

ovariectomie [ɔvaʀjɛktɔmi] *f* Entfernung *f* eines Eierstocks/der Eierstöcke, Ovar[i]ektomie *f* (*Fachspr.*)

ovarien(ne) [ɔvaʀjɛ̃, jɛn] *adj cycle, hormones* Ovarial-; *tumeur* Eierstock-

ovation [ɔvasjɔ̃] *f* stürmischer Beifall *kein Pl,* Ovation *f* (*geh*); **recevoir une** ~ stürmischen Beifall ernten; **faire une** ~ **à qn** jdm stürmischen Beifall klatschen, jdm Ovationen bereiten (*geh*); **ils se levèrent pour lui faire une chaleureuse** ~ sie brachten ihm stehende Ovationen dar

ovationner [ɔvasjɔne] <1> *vt* ~ **qn** jdm zujubeln; **se faire** ~ **par qn** von jdm stürmischen Beifall ernten, sich von jdm bejubeln lassen

overdose [ɔvœʀdoz, ɔvɛʀdoz] *f* Überdosis *f kein Pl*

ovin [ɔvɛ̃] *m* Schaf *nt;* **l'élevage des** ~**s** die Schafzucht

ovin(e) [ɔvɛ̃, in] *adj race* der Schafe

ovipare [ɔvipaʀ] **I.** *adj* Eier legend, ovipar (*Fachspr.*); *reproduction* durch Eiablage, ovipar (*Fachspr.*); **être** ~ Eier legen, sich durch Eiablage vermehren

II. *m* Eier legendes [*o* ovipares *Fachspr.*] Tier

ovni, OVNI [ɔvni] *m abr de* **objet volant non identifié** Ufo *nt,* UFO

ovocyte [ɔvɔsit] *m* Oozyte *f*

ovoïde [ɔvɔid] *adj* eiförmig

ovulaire [ɔvylɛʀ] *adj fécondation* des Ei[e]s; **ponte** ~ Eisprung *m*

ovulation [ɔvylasjɔ̃] *f* Eisprung *m,* Ovulation *f* (*Fachspr.*)

ovule [ɔvyl] *m* ❶ Eizelle *f,* Ovum *nt* (*Fachspr.*)

❷ BOT Samenanlage *f*

❸ PHARM Vaginalzäpfchen *nt*

ovuler [ɔvyle] <1> *vi* einen Eisprung [*o* eine Ovulation *Fachspr.*] haben

oxalique [ɔksalik] *adj* **acide** ~ Kleesäure *f,* Oxalsäure *f*

oxhydrique [ɔksidʀik] *adj* **chalumeau** ~ Knallgasgebläse *nt*

oxyacétylénique [ɔksiasetilenik] *adj v.* **chalumeau**

oxydable [ɔksidabl] *adj* oxidierbar, oxydierbar

oxydant [ɔksidɑ̃] *m* Oxydationsmittel *nt*

oxydant(e) [ɔksidɑ̃, ɑ̃t] *adj* oxidierend, oxydierend; *action* Oxidations-, Oxydations-, oxydierend

oxydation [ɔksidasjɔ̃] *f* Oxidation *f,* Oxydation *f*

oxyde [ɔksid] *m* Oxid *nt,* Oxyd *nt;* ~ **azotique** Stick[stoff]oxid [*o* -oxyd]; ~ **de carbone** Kohlenmonoxid [*o* -oxyd]

oxyder [ɔkside] <1> **I.** *vt* oxidieren, oxydieren; **être oxydé(e)** oxidiert [*o* oxydiert] sein; *argenterie, orfèvrerie, vaisselle:* angelaufen [*o* oxydiert] sein

II. *vpr* **s'**~ oxidieren, oxydieren; *métal:* rosten, oxydieren; *argenterie, orfèvrerie, vaisselle:* anlaufen, oxydieren

oxygénation [ɔksiʒenasjɔ̃] *f* Sauerstoffzufuhr *f,* Oxigenisation *f* (*Fachspr.*); *du sang, d'un tissu* Anreicherung *f* mit Sauerstoff

oxygène [ɔksiʒɛn] *m* ❶ Sauerstoff *m,* Oxygen[ium *nt*] *nt* (*Fachspr.*)

❷ (*air pur*) Sauerstoff *m,* frische Luft

❸ (*souffle nouveau*) frischer Wind

oxygéné(e) [ɔksiʒene] *adj cheveux* gebleicht, blondiert; **eau** ~**e** Wasserstoffperoxid [*o* -peroxyd] *nt;* **un composé** ~ **de qc** eine Sauerstoffverbindung von etw

oxygéner [ɔksiʒene] <5> **I.** *vt* bleichen, blondieren *cheveux*
II. *vpr* **s'~** frische Luft tanken, sich auslüften (*hum fam*); **s'~ les poumons** *fam* sich (*Dat*) die Lungen mit Sauerstoff vollpumpen (*fam*)
oxygénothérapie [ɔksiʒenoteʀapi] *f* MED Sauerstofftherapie *f*
oxyure [ɔksjyʀ] *m* Madenwurm *m*
oyais [ɔjɛ] *imparf de* **ouïr**
oyant [ɔjɑ̃] *part prés de* **ouïr**
oyez [ɔje] *indic prés et impératif de* **ouïr**
oyons [ɔjɔ̃] *indic prés et impératif de* **ouïr**
ozone [ozon, ɔzɔn] *f* Ozon *nt*
ozonisation [ozonizasjɔ̃, ɔzɔnizasjɔ̃] *f* Ozonisierung *f*
ozoniser [ozonize, ɔzɔnize] <1> *vt* ozonisieren

Pp

P, p [pe] *m inv* P *nt*/p *nt*
► **p comme Pierre** P wie Paula
Pa *abr de* **pascal** Pa
PAC [pak] *f abr de* **Politique agricole commune** GAP *f*
PACA [paka] *f abr de* **Provence-Alpes-Côte d'Azur** *Region im Südosten Frankreichs*
pacage [pakaʒ] *m* Weide *f;* **mener des bestiaux au ~** Tiere auf die [*o* zur] Weide treiben
pacemaker [pɛsmɛkœʀ] *m* [Herz]schrittmacher *m*
pacha [paʃa] *m* ❶ Pascha *m*
❷ *fam* (*qui se laisse servir*) Pascha *m*
❸ *fam* (*commandant*) Alte *m*
pachyderme [paʃidɛʀm, pakidɛʀm,] *m* Dickhäuter *m,* Elefant *m*
pacificateur, -trice [pasifikatœʀ, -tʀis] **I.** *adj* versöhnlich; **des mesures pacificatrices** (*qui rétablissent la paix*) friedensstiftende Maßnahmen *Pl;* (*qui réconcilient*) Maßnahmen *Pl* der Versöhnung
II. *m, f* Friedensstifter(in) *m(f);* **c'est le ~ de la Vendée** er hat den Frieden in der Vendée wiederhergestellt [*o* die Vendée befriedet] (*geh*)
pacification [pasifikasjɔ̃] *f* ❶ (*restauration de la paix*) Befriedung *f* (*geh*), Herstellung *f* des Friedens
❷ (*apaisement*) Beruhigung *f;* **la ~ des esprits s'est faite peu à peu** die Gemüter haben sich langsam wieder beruhigt
pacifier [pasifje] <1a> *vt* ❶ (*restaurer la paix*) befrieden (*geh*) *peuple;* befrieden, den Frieden wiederherstellen in (+ *Dat*) *pays*
❷ *soutenu* (*apaiser*) beruhigen
pacifique [pasifik] *adj* friedlich; *personne, pays, peuple* friedliebend, friedfertig, friedlich
Pacifique [pasifik] *m* **le ~** der Pazifik, der Pazifische Ozean
pacifiquement [pasifikmɑ̃] *adv* friedlich, auf friedlichem Wege
pacifisme [pasifism] *m* Pazifismus *m*
pacifiste [pasifist] **I.** *adj doctrine, idéal* pazifistisch; *manifestation, marche* Friedens-
II. *mf* Pazifist(in) *m(f)*
pack [pak] *m* ❶ Großpackung *f;* **en ~ de six bouteilles** in Flaschen im Sechserpack
❷ RUGBY Stürmer *Pl*
package [pakɛdʒ, paka(d)ʒ] *m* ❶ INFORM Programmpaket *nt*
❷ ECON Pauschalangebot *nt*
packaging [paka(d)ʒiŋ] *m* [Verkaufs]verpackung *f*
pacotille [pakɔtij] *f* (*mauvaise marchandise*) Ramsch *m,* wertloses Zeug; (*bijoux*) Talmi *nt,* Ramsch; **de ~** unecht; *fig* falsch, Schein-, unecht; **des bijoux de ~** unechter [*o* wertloser] Schmuck
Pacs [paks] *m abr de* **Pacte civil de solidarité** [*zivilrechtlich geregelte*] *eheähnliche Lebensgemeinschaft*
pacser [pakse] <1> **I.** *vi* einen Pacs abschließen
II. *vpr* **se ~** in einem eheähnlichen Verhältnis leben
pacson [paksɔ̃] *m arg* ❶ (*paquet*) Paket *nt*
❷ (*grosse quantité*) Packen *m* (*fam*); *d'argent* Batzen *m* (*fam*); *de personnes* Haufen *m* (*fam*); **avoir touché le gros ~ au loto** im Lotto einen Volltreffer gelandet haben (*fam*)
pacte [pakt] *m* Pakt *m,* Abkommen *nt;* **le ~ de Varsovie** der Warschauer Pakt; **~ du sang** mit Blut besiegelter Pakt; **faire** [*o* **conclure**] **un ~ avec le diable** einen Pakt mit dem Teufel schließen
◆ **~ d'alliance** Bündnispakt *m,* Bündnisabkommen *nt;* **~ de non-agression** Nichtangriffspakt *m*
pactiser [paktize] <1> *vi* ❶ **~ avec qn** mit jdm paktieren [*o* gemeinsame Sache machen]
❷ (*transiger*) **~ avec qc** sich mit etw arrangieren
pactole [paktɔl] *m* Sümmchen *nt* (*fam*), Batzen *m* (*fam*); **~ du loto** Hauptgewinn *m* im Lotto; **c'est le ~** das ist eine wahre Goldgrube
Pactole [paktɔl] *m* ❶ *littér* (*source de richesse*) **le ~** das große Los; **avoir trouvé le ~** das große Los gezogen haben
❷ GEOG **le ~** der Paktalos
paddock [padɔk] *m* ❶ Paddock *m*
❷ *fam* (*lit*) Falle *f* (*fam*), Klappe *f* (*fam*), Kiste *f* (*fam*)
paella [pae(l)ja, paela] *f* Paella *f*
paf [paf] **I.** *interj* ❶ (*bruit*) peng!
❷ *fam* (*et toc*) zack!, so!
II. *adj inv pop* blau (*fam*), voll (*fam*)
P.A.F. [paf] *m abr de* **paysage audiovisuel français** französische Medienlandschaft
pagaie [pagɛ] *f* Paddel *nt*
pagaïe, pagaille [pagaj] *f fam* Durcheinander *nt,* Chaos *nt*
► **mettre** [*o* **semer**] **la ~ dans qc** in etw (*Dat*) ein Chaos [*o* Durcheinander] anrichten; **mettre la ~ partout** alles durcheinander bringen, alles in ein Chaos verwandeln; **en ~** (*en quantité*) in Massen, massenhaft (*fam*); (*en désordre*) unaufgeräumt, unordentlich (*fam*)
paganiser [paganize] <1> *vt* entchristlichen, vom christlichen Glauben abbringen
paganisme [paganism] *m* Heidentum *nt*
pagayer [pageje] <7> *vi* paddeln
pagayeur, -euse [pagɛjœʀ, -øz] *m, f* Paddler(in) *m(f)*
page¹ [paʒ] *m* HIST Page *m*
page² [paʒ] *f* ❶ (*feuillet*) Seite *f;* (*deux côtés*) Blatt *nt; d'un cahier, livre* Seite; **la ~ des sports** die Sportseite, der Sportteil; **en ~ dix** auf Seite zehn; **un ouvrage de mille ~s** ein tausend Seiten starkes Werk; **de plusieurs ~s** mehrseitig; **une ~ d'écriture** eine Seite mit Schönschrift; **on faisait des ~s d'écriture** wir mussten seitenweise schönschreiben [*o* Schönschrift üben]
❷ (*événement, épisode*) Kapitel *nt;* **une ~ glorieuse de l'Histoire** ein ruhmreiches Blatt der Geschichte
❸ INFORM **~ personnelle** [*o* **perso**] Homepage *f;* **~ visitée** geladene Seite; **accéder à une ~** auf eine Seite zugreifen; **visiter une ~** eine Seite laden; **bas de ~** Seitenende *nt;* **pied de ~** Fußzeile *f;* **haut de ~** Seitenanfang *m*
► **belle/fausse ~** rechte/linke Seite; **~ blanche** weißes Blatt; *fig* unbeschriebenes Blatt; **première ~** Titelseite *f,* erste Seite; **faire la première ~ des journaux** die Schlagzeilen der Zeitungen bestimmen; **~s jaunes** gelbe Seiten; **mettre qc en ~** den Umbruch für etw machen; **tourner la ~** (*pour finir*) einen Schlussstrich ziehen; (*pour recommencer*) ein neues Kapitel aufschlagen; **tournons la ~!** Schwamm drüber! (*fam*); **à la ~** (*au courant*) auf dem Laufenden [*o* neuesten Stand]; (*dans le vent*) aktuell, in (*fam*); **les gens à la ~** die Szene, die Schickeria; **n'être plus à la ~** rückständig sein, out sein, nicht mehr

aktuell [*o* in] sein
◆ ~ **d'accueil** INFORM Homepage *f;* ~ **de codes** INFORM Codepage *f;* ~ **de garde** Vorsatzblatt *nt;* ~ **de publicité** (*à la radio, télévision*) Werbespot *m;* (*dans la presse écrite*) Reklameseite *f;* ~ **Web** INFORM Webseite *f*
page-écran [paʒekʀɑ̃] *f* Bildschirmseite *f*
pageot [paʒo] *m pop* Falle *f* (*fam*), Klappe *f* (*fam*), Kiste *f* (*fam*)
pagination [paʒinasjɔ̃] *f* Paginierung *f* (*Fachspr.*)
paginer [paʒine] <1> *vt* mit Seitenzahlen versehen, paginieren (*Fachspr.*); **le livre est bien/mal paginé** das Buch ist richtig/falsch paginiert
pagne [paɲ] *m* Lendenschurz *m*
pagode [pagɔd] **I.** *f* Pagode *f;* **toit en** ~ Stufendach *nt*
II. *app inv* **des manches** ~ Trompetenärmel *Pl*
paie[1] [pɛ] *indic et subj prés de* **payer**
paie[2] [pɛ] *f d'un ouvrier* Lohn *m; d'un employé* Gehalt *nt; d'un officier* Sold *m*
paiement [pɛmɑ̃] *m* ❶ *a.* JUR (*action de payer*) Bezahlung *f; d'une amende, des impôts* Zahlung *f; d'une dette* Rückzahlung, Begleichung *f,* Bezahlung; ~ **d'une indemnité** Zahlung einer Abfindung; ~ **en espèces** [*o* **en liquide**] Barzahlung; ~ **par chèque/en nature** Zahlung mit Scheck/in Naturalien; **faire le** ~ **en liquide/par chèque/en nature** bar/mit Scheck/mit Naturalien zahlen; **faire le** ~ **de qc** etw bezahlen, die Zahlung für etw leisten
❷ (*récompense*) ~ **de qc** Lohn *m* für etw
païen(ne) [pajɛ̃, jɛn] **I.** *adj* ❶ heidnisch
❷ *soutenu* (*impie*) unchristlich; *vie* gottlos, unchristlich; *bonheur* weltlich, heidnisch, unchristlich
II. *m(f)* ❶ Heide *m*/Heidin *f*
❷ *soutenu* (*impie*) Heide *m*/Heidin *f,* Ungläubiger *m*/Ungläubige *f*
▸ **jurer comme un** ~ gotteslästerlich fluchen
paierai [pɛʀɛ] *fut de* **payer**
paierie [peʀi] *f* ADMIN Finanzkasse *f*
paillage [pajaʒ] *m des semis, du sol* Abdeckung *f,* Abdecken *nt,* Mulchen *nt; d'un arbre* Umwickeln *nt* [mit Stroh]; **effectuer le** ~ **des arbres** die Bäume mit Stroh umwickeln; **faire un** ~ **pour qc** etw abdecken
paillard(e) [pajaʀ, jaʀd] **I.** *adj propos, sens* anzüglich; *chanson, histoire* schlüpfrig, anzüglich; *personne* lasterhaft, liederlich
II. *m(f)* (*homme*) Wüstling *m;* (*femme*) liederliches Frauenzimmer
paillardise [pajaʀdiz] *f* ❶ *vieilli* Anzüglichkeit *f,* Zweideutigkeit *f;* **des** ~**s** anzügliche Reden *Pl;* (*plaisanteries*) unanständige Witze *Pl*
❷ (*débauche*) Ausschweifung *f;* **se vautrer dans la** ~ ein ausschweifendes [*o* liederliches] Leben führen
paillasse [pajas] *f* ❶ Matratze *f*
❷ (*plan de travail*) Arbeitsplatte *f;* (*dans un labo*) Labortisch *m*
▸ **crever** [*o* **trouer**] **la** ~ **à qn** *fam* jdn abschlachten (*sl*)
paillasson [pajasɔ̃] *m* ❶ Fußmatte *f,* [Fuß]abtreter *m*
❷ *fam* (*personne servile*) Lakai *m*
❸ AGR Strohmatte *f,* geflochtener Zaun (*als Wetterschutz*)
paille [pɑj] **I.** *f* ❶ Stroh *nt*
❷ (*tiges tressées*) Geflecht *nt;* **des tabourets de** ~ Hocker *Pl* mit [aus Stroh] geflochtenen Sitzflächen
❸ (*pour boire*) Strohhalm *m*
❹ (*défaut*) Fehler *m; fig* Schwachstelle *f*
▸ **la** ~ **humide des cachots** *hum* das Kittchen (*fam*); **il finira sur la** ~ **humide des cachots** er landet noch im Kittchen (*fam*); **voir la** ~ **dans l'œil de son voisin et ne pas voir la poutre dans le sien** *prov* den Splitter im Auge des anderen, aber nicht den Balken im eigenen sehen; **tirer à la courte** ~ [mit Streichhölzern] knobeln; **sur la** ~ bettelarm; **être sur la** ~ arm wie eine Kirchenmaus sein, auf dem Trockenen sitzen (*fam*); **mettre qn sur la** ~ jdn an den Bettelstab bringen; **il va finir sur la** ~ er wird noch an den Bettelstab kommen; **une** ~ *iron fam* (*événement*) eine Lappalie; (*somme*) Peanuts *Pl*
II. *app inv* (*couleur*) strohgelb
◆ ~ **de fer** Stahlwolle *f;* ~ **de riz** Reisstroh *nt*
pailler [pɑje] <1> *vt* mit Stroh abdecken *fraisiers, semis;* mit Stroh umwickeln *arbre, bouteille;* einen Strohsitz machen [*o* flechten] für *chaise;* **être paillé(e)** *bouteille:* in einer Strohhülle stecken; *chaise:* eine Strohsitzfläche [*o* geflochtene Sitzfläche] haben
pailleter [pɑj(ə)te] <3> *vt* mit Pailletten besetzen [*o* besticken] *robe;* streuen auf (+*Akk*) *cheveux;* **des cristaux dorés paillettent la roche** goldene Kristalle glitzern auf dem Felsen; **être pailleté(e)** *robe:* mit Pailletten besetzt [*o* bestickt] sein; *cheveux:* mit Pailletten bestreut sein
paillette [pɑjɛt] *f* ❶ COUT Paillette *f;* **des** ~**s argentées/d'or** Silber-/Goldpailletten *Pl*
❷ (*lamelle*) Plättchen *nt; d'or, de mica, soude, soudure* -plättchen
❸ (*petite particule*) **en** ~**s** in Flocken; **de la lessive/du savon en** ~**s** Waschmittel-/Seifenflocken *Pl*
paillis [pɑji] *m* Bodenbedeckung *f,* Mulch *m* (*Fachspr.*); **utiliser des** ~ den Boden mit Mulch bedecken
paillon [pɑjɔ̃] *m* Strohhülle *f*
paillote [pɑjɔt] *f* Strohhütte *f*
pain [pɛ̃] *m* ❶ Brot *nt;* **un** ~ **d'un kilo** ein Kilo[laib *m*] *nt* Brot; ~ **de froment/aux noix** Weizen-/Nussbrot; **petit** ~ Brötchen *nt,* Gebäck *nt* (A)
❷ (*en forme de pain*) *de margarine, savon* Stück *nt; de glace* Block *m; de plastic* Stange *f; de cire* Barren *m,* Stück
❸ GASTR *de poisson* -pastete *f; de légumes* -auflauf *m;* **le** ~ **de viande** der Hackbraten
❹ (*nourriture*) Lebensunterhalt *m;* **gagner son** ~ seinen Lebensunterhalt [*o* seine Brötchen *fam*] verdienen; **avoir du mal à gagner son** ~ sich (*Dat*) sein Brot sauer verdienen müssen
❺ *pop* (*gifle*) Backpfeife *f* (DIAL)
▸ **ôter** [*o* **retirer**] **à qn le** ~ **de la bouche** jdn ruinieren; **s'ôter le** ~ **de la bouche pour qn** sich (*Dat*) für jdn das Brot vom Munde absparen; **avoir du** ~ **sur la planche** *fam* viel um die Ohren haben (*fam*); **il y a du** ~ **sur la planche pour qn** es gibt für jdn eine Menge Arbeit; **gagner son** ~ **à la sueur de son front** *soutenu* sein Brot im Schweiße seines Angesichts verdienen (*geh*); ~ **azyme** ungesäuertes Brot, Oblate *f;* **c'est** ~ **bénit** *fam* das ist ein Segen [*o* ein Geschenk des Himmels]; **avoir mangé son** ~ **blanc** das Beste schon hinter sich (*Dat*) haben; **être bon(ne) comme du** ~ [**blanc**] eine Seele von Mensch sein; **embrasser qn comme du bon** ~ jdn ans Herz drücken; ~ **perdu** arme Ritter *Pl;* **se vendre** [*o* **s'enlever**] **comme des petits** ~**s** weggehen wie [die] warme[n] Semmeln; **être** [**mis(e)**] **au** ~ **sec** auf Wasser und Brot gesetzt werden; **manger le** ~ **de qn** auf jds Kosten (*Akk*) leben; **elle ne mange pas de ce** ~**-là** das ist nicht ihr Fall; **ne pas pouvoir manger de ce** ~**-là** das nicht einfach hinnehmen können; **ça ne mange pas de** ~ *fam* es kann nicht[s] schaden; **ça ne mange pas de** ~ **de faire qc** *fam* es kann nicht schaden etw zu tun
◆ ~ **de campagne** Bauernbrot *nt;* ~ **à cacheter** Stange *f* Siegelwachs; ~ **au chocolat** Schoko-Croissant *m;* ~ **d'épice[s]** Gewürzkuchen *m;* ~ **de Gênes** Mandelbiskuit *nt o m;* ~ **au lait** Butterwecken *m;* ~ **de mie** Toastbrot *nt;* ~ **aux raisins** Rosinenbrötchen *nt;* ~ **de régime** Diätbrot *nt;* ~ **de son** Vollkornbrot *nt;* ~ **de sucre** Zuckerhut *m;* **tête en** ~ **de sucre** Spitzkopf *m*
pair[1] [pɛʀ] *m* ❶ HIST Paladin *m*
❷ (*dignitaire*) Pair *m*
❸ *gén pl* (*personne semblable*) (*dans un métier*) Berufskollegen *Pl;* (*dans une fonction*) Amtskollegen *Pl;* (*de rang*) Standesgenossen *Pl;* **tes** ~**s** deinesgleichen
pair[2] [pɛʀ] *m* BOURSE **acheter/vendre au** ~ (*à égalité de valeur*) zum Nennwert kaufen/verkaufen; **s'échanger au** ~

P

eins zu eins tauschen
▶ **aller de ~ avec qc** mit etw einhergehen [*o* Hand in Hand gehen]; **mener des choses de ~** Dinge gleichzeitig erledigen; **une jeune fille/un jeune homme au ~** ein Aupairmädchen *nt*/-junge *m*; **hors [de] ~** unvergleichlich, einzigartig
pair(e) [pɛʀ] *adj* ❶ (*divisible par deux*) gerade; **le côté ~ de la rue** die Straßenseite mit den geraden Hausnummern
❷ (*au nombre de deux*) paarig
paire [pɛʀ] *f* ❶ Paar *nt*; *de chaussures, gants* ein Paar; *de claques, gifles* ein paar; **une ~ de ciseaux/lunettes/tenailles** eine Schere/Brille/[Beiß]zange
❷ (*couple*) Paar *nt*; *d'amoureux* Paar; *de coquins, voyous, d'amis* -paar; *de chevaux, bœufs* -gespann *nt*; **une ~ de personnes/gifles** *fam* ein paar Menschen/Ohrfeigen
❸ CARTES Paar *nt*, Pärchen *nt*; **avoir une ~ de rois** ein Paar [*o* Pärchen] Könige [*o* mit Königen] haben
▶ **c'est une autre ~ de manches** *fam* das sind zwei Paar Stiefel (*fam*), das ist etwas ganz anderes [*o* überhaupt kein Vergleich]; **se faire la ~** *pop* sich aus dem Staub[e] machen (*fam*), sich verdrücken [*o* verziehen] (*fam*); **les deux font la ~** *fam* die zwei haben sich gesucht und gefunden (*fam*)
pairie [peʀi] *f* ❶ (*dignité*) Pairswürde *f*
❷ (*fief*) Pairie *f*
paisible [pezibl] *adj* *décor, endroit* friedlich; *caractère, personne* friedfertig, verträglich, friedlich; *vie* ruhig, friedlich; *quartier, sommeil, rue* ruhig
paisiblement [pezibləmɑ̃] *adv* in aller Ruhe
paître [pɛtʀ] <*irr*> **I.** *vi* weiden, grasen; **faire [*o* mener] ~ des animaux** Tiere weiden [lassen] [*o* grasen lassen]
II. *vt* abweiden, fressen
paix [pɛ] *f* ❶ Frieden *m*; (*traité*) Friedensvertrag *m*; **des manifestations en faveur de la ~** Friedensdemonstrationen *Pl*
❷ (*entente*) Frieden *m*, Eintracht *f*; **vivre en ~ avec qn** mit jdm in Frieden [und Eintracht] leben; **il n'y a pas souvent la ~ dans le ménage** der häusliche Frieden ist häufig gestört
❸ (*tranquillité*) Ruhe *f*; **la ~ intérieure** die innere Ruhe; **la ~!** *fam* Ruhe [jetzt]!; **avoir la ~** seine Ruhe haben; **laisser qn en ~** jdn in Frieden [*o* in Ruhe] [*o* zufrieden] lassen; **ficher** *fam* [*o* **foutre** *vulg*] **la ~ à qn** jdn in Ruhe lassen; **depuis il me fiche une ~ royale** seitdem habe ich [meine] Ruhe vor ihm
▶ **~ à ses cendres [*o* à sa mémoire]!** Friede seiner/ihrer Asche; **être en ~ avec sa conscience** mit seinem Gewissen im Reinen sein, ein ruhiges Gewissen haben; **si tu veux la ~, prépare la guerre** *prov* wer Frieden will, muss zum Krieg rüsten; **allez en ~!** gehet hin in Frieden!; **faire la ~ avec qn** mit jdm Frieden schließen; (*avec un ami*) sich mit jdm versöhnen; **qu'il repose en ~!** er ruhe in Frieden!; **la ~ soit avec vous!** Friede sei mit Euch!
pajot [paʒo] *m v.* **pageot**
Pakistan [pakistɑ̃] *m* **le ~** Pakistan *nt*
pakistanais(e) [pakistanɛ, ɛz] *adj* pakistanisch
Pakistanais(e) [pakistanɛ, ɛz] *m(f)* Pakistaner(in) *m(f)*, Pakistani *mf*
pal [pal] *m* Stange *f*, Pfahl *m*; HIST Pfahl *m*
PAL [pal] *abr de* **phase alternating line I.** *m inv* PAL-System *nt*; **être en ~** *programmes:* im PAL-System ausgestrahlt werden
II. *app inv* PAL; **le système ~** das PAL-System
palabre [palabʀ] *m o f* Palaver *nt*
palabrer [palabʀe] <1> *vi* [herum]palavern, herumreden
palace [palas] *m* Luxushotel *nt*, Nobelherberge *f* (*iron*)
paladin [paladɛ̃] *m* Paladin *m*
palais[1] [palɛ] *m* Palast *m*; **le ~ épiscopal** das bischöfliche Palais; **le ~ présidentiel** das Präsidentenpalais; **Palais fédéral** CH Bundeshaus *nt* (CH)
◆ **~ des congrès** Kongresshalle *f*; **~ de la découverte** *Museum für Naturwissenschaft und Technik*; **~ des Papes** Papstpalais; **~ des sports** Sporthalle [*o* Sportpalast]
palais[2] [palɛ] *m* ANAT Gaumen *m*; **~ dur/mou** harter/weicher Gaumen
▶ **elle a le ~ desséché** ihr Gaumen ist ganz trocken, ihr klebt die Zunge am Gaumen (*fam*); **avoir le ~ fin** einen feinen Gaumen [*o* eine feine Zunge] haben
Palais [palɛ] *m* **le ~** das Gericht, der Gerichtshof; **le langage du ~** die Rechtssprache, die Juristensprache
▶ **le Grand ~ [*o* le ~ des expositions]/le Petit ~** das Grand/Petit Palais (*in Paris, frühere Ausstellungshallen der Weltausstellung*)
◆ **~ [national] de l'Élysée** Elyseepalast *m*; **~ de justice** Gericht[sgebäude] *nt*; (*à Paris*) der Justizpalast; **~ du Luxembourg** *Sitz des französischen Senats in Paris*
Palais-Bourbon [palɛbuʀbɔ̃] *m sans pl* Palais-Bourbon *nt* (*Sitz der französischen Nationalversammlung in Paris*) **Palais-Royal** [palɛʀwajal] *m sans pl* Palais-Royal *nt* (*Palastkomplex am Seine-Ufer, Sitz des Staatsrats, des Verfassungsrats und des Kultusministeriums*)
palan [palɑ̃] *m* ❶ CONSTR, TECH Winde *f*, Flaschenzug *m*
❷ NAUT Takel *nt*
palanquin [palɑ̃kɛ̃] *m* Sänfte *f*
palatal(e) [palatal, o] <-aux> *adj* palatal
palatale [palatal] *f* Palatal[laut *m*] *m*
palatin(e) [palatɛ̃, in] *adj* ❶ HIST pfalzgräflich; **comte ~** Pfalzgraf *m*; **électeur ~** Kurfürst *m* von der Pfalz
❷ GEOG pfälzisch
❸ ANAT Gaumen-
Palatinat [palatina] *m* **le ~** die Pfalz
pale [pal] *f* *d'un aviron, d'une rame, hélice d'avion* Blatt *nt*; *d'une hélice de navire* Flügel *m*
pâle [pɑl] *adj* ❶ (*blême*) *personne, teint* blass; **être ~ de colère** blass vor Wut (*Dat*) sein
❷ (*sans éclat*) *ciel, couleur, soleil* blass, fahl; *lueur, lumière* schwach, fahl; *style* farblos
❸ (*clair*) *rose, vert* blass, zart
❹ *antéposé* (*piètre*) *sourire* schwach, leicht; *imitation* farblos
▶ **se faire porter ~** *fam* sich krankmelden
palefrenier, -ière [palfʀənje, -jɛʀ] *m, f* Stallbursche *m*/Stallmagd *f*; HIST Reitknecht *m*
palefroi [palfʀwa] *m* Paradepferd *nt*
paléographie [paleɔgʀafi] *f* Paläographie *f*
paléolithique [paleɔlitik] **I.** *adj* altsteinzeitlich, paläolithisch
II. *m* Altsteinzeit *f*, Paläolithikum *nt*
paléontologie [paleɔ̃tɔlɔʒi] *f* Paläontologie *f*
paléontologiste [paleɔ̃tɔlɔʒist] *mf*, **paléontologue** [paleɔ̃tɔlɔg] *mf* Paläontologe *m*/Paläontologin *f*
paleron [palʀɔ̃] *m* *du bœuf, du cheval* Bug *m*; *du porc, du mouton* Schulterstück *nt*
Palestine [palɛstin] *f* **la ~** Palästina *nt*
palestinien(ne) [palɛstinjɛ̃, jɛn] *adj* palästinensisch
Palestinien(ne) [palɛstinjɛ̃, jɛn] *m(f)* Palästinenser(in) *m(f)*
palet [palɛ] *m* ❶ SPORT Puck *m*
❷ (*pour jouer à la marelle*) Spielstein *m*
❸ GASTR Keks *m*
paletot [palto] *m* Paletot *m* (*dreiviertellanger Mantel*); *fam* Strickjacke *f*
palette [palɛt] *f* ❶ (*plateau de chargement*) Palette *f*; **~ de farine/lessive/papier** Palette Mehl/Waschmittel/Papier
❷ (*ensemble de couleurs, ustensile du peintre*) [Farben]palette *f*; **~ de fards** Schminkset *nt*
❸ (*gamme*) **~ de produits** Produktpalette *f*; **toute une ~ de qc** eine breite Palette von etw
❹ GASTR Schulterstück *nt*
◆ **~ de ping-pong** CAN (*raquette de tennis de table*) Tischtennisschläger *m*
palettiser [paletize] <1> *vt* palettieren, auf Paletten stapeln *produits, marchandises*
palétuvier [paletyvje] *m* BOT Mangrovenbaum *m*
pâleur [pɑlœʀ] *f* *d'une personne* Blässe *f*; *de la peau, du teint, visage*

Blässe, blasse Farbe; *du ciel* fahle Farbe

pâlichon(ne) [pɑliʃɔ̃, ɔn] *adj fam personne* blässlich, ein wenig blass; *soleil* fahl; *sourire* leicht, schwach

palier [palje] *m* ❶ (*plateforme d'escalier*) Treppenabsatz *m;* **habiter sur le même ~** auf derselben Etage wohnen
❷ (*étape*) [Zwischen]stadium *nt;* **atteindre un nouveau ~** eine neue Stufe erreichen; **par ~s** stufenweise

palière [paljɛʀ] *adj f* **marche ~** oberste [Treppen]stufe *f;* **porte ~** auf den Treppenabsatz führende Tür *f*

palinodie [palinɔdi] *f* Meinungswandel *m,* Meinungswechsel *m*

pâlir [pɑliʀ] <8> *vi* ❶ (*devenir pâle*) blass [*o* bleich] werden, erblassen; **~ de colère** blass vor Wut (*Dat*) werden; **~ d'envie** vor Neid (*Dat*) erblassen; **faire ~ qn de jalousie** jdn vor Neid erblassen lassen
❷ (*perdre son éclat*) *lumière:* schwächer werden; *ciel:* verblassen; **~ à la lumière/au soleil** *encre, couleur:* im Licht/in der Sonne verblassen

palissade [palisad] *f* ❶ (*de pieux*) Palisade *f,* Palisadenzaun *m*
❷ (*de planches*) Bretterzaun *m*

palissandre [palisɑ̃dʀ] *m* Palisander *m*

pâlissant(e) [pɑlisɑ̃, ɑ̃t] *adj ciel* verblassend, blasser werdend; *lueur, lumière* schwächer werdend, blasser werdend

palladium [paladjɔm] *m* Palladium *nt*

palliatif [paljatif] *m* ❶ (*mesure provisoire*) Notbehelf *m*
❷ MED Linderungsmittel *nt,* Palliativ[um] *nt* (*Fachspr.*)

palliatif, -ive [paljatif, -iv] *adj* palliativ (*Fachspr.*), [schmerz]lindernd

pallier [palje] <1a> *vt* ❶ (*compenser*) **~ qc par qc** etw durch etw ausgleichen, etw mit etw wettmachen
❷ (*atténuer*) **~ les effets de la crise par qc** die Auswirkungen der Krise durch etw mildern [*o* abschwächen]
❸ (*remédier à*) beheben *désagrément, vice*

palmarès [palmaʀɛs] *m* ❶ (*liste des lauréats*) Liste *f* der Preisträger
❷ (*ensemble des succès*) *d'un sportif* Liste *f* der Siege; *d'un romancier, cinéaste, acteur* Liste der Erfolge; **au ~ des ...** auf der Liste der ...

palme [palm] *f* ❶ BOT Palm[en]zweig *m*
❷ SPORT Schwimmflosse *f;* **~ de plongée** Tauchflosse *f*
❸ (*symbole de victoire*) Siegespalme *f* (*geh*), Sieg *m;* **remporter la ~** den Sieg davontragen; **décerner la ~ à qn** jdn zum Sieger erklären
❹ (*décoration*) **~s académiques** *Auszeichnung für besondere Verdienste um das Bildungswesen*
◆ **Palme d'or** goldene Palme (*Siegerpreis bei den Filmfestspielen in Cannes*)

palmé(e) [palme] *adj main* mit Schwimmhäuten [versehen]; *feuille* fächerförmig; **pied ~/patte ~e** Schwimmfuß *m*

palmeraie [palməʀɛ] *f* Palmenhain *m*

palmier [palmje] *m* ❶ BOT Palme *f*
❷ GASTR ≈ Schweinsohr *nt*

palmipède [palmipɛd] **I.** *adj* **oiseau ~** Schwimmvogel *m*
II. *m* Schwimmvogel *m*

palmiste [palmist] *m* BOT Palmkohl *m*

palombe [palɔ̃b] *f* Ringeltaube *f*

palonnier [palɔnje] *m* ❶ AVIAT Seitenruderpedal *nt*
❷ TECH Steuerungshebel *m*
❸ AUT Kompensator *m,* Stoßausgleicher *m*

pâlot(te) [pɑlo, ɔt] *adj* ein wenig blass, blässlich

palourde [paluʀd] *f* Venusmuschel *f*

palpable [palpabl] *adj* ❶ (*qui peut être touché*) fühlbar, tastbar; MED fühlbar, palpabel (*Fachspr.*)
❷ (*concret*) *élément, avantage* greifbar; *preuve* handfest; *différence, changement* spürbar

palper [palpe] <1> *vt* ❶ (*toucher*) befühlen, betasten *tissu, fruit, billet de banque*
❷ MED **~ qc à qn** jdm etw abtasten [*o* palpieren *Fachspr.*]

palpeur [palpœʀ] *m* TECH (*pour mesurer la chaleur, lumière*) [Mess]fühler *m,* Sensor *m;* **plaque électrique à ~** elektrische Schnellkochplatte

palpitant [palpitɑ̃] *m arg* (*cœur*) Pumpe *f* (*fam*)

palpitant(e) [palpitɑ̃, ɑ̃t] *adj vacances* aufregend; *aventure, histoire, livre* spannend

palpitation [palpitasjɔ̃] *f* ❶ *gén pl* (*battement du cœur*) Herzklopfen *nt;* **sentir les ~s de son cœur** seinen Herzschlag spüren; **ça me donne des ~s** ich bekomme Herzklopfen [davon]
❷ MED **avoir des ~s** einen beschleunigten Herzschlag haben
❸ (*contraction, frémissement*) *d'un animal, de la paupière* Zucken *nt;* **les ~s de l'animal blessé** die Zuckungen des verletzten Tieres

palpiter [palpite] <1> *vi* ❶ *cœur:* [schneller] schlagen [*o* klopfen]; (*de joie*) höher schlagen
❷ (*se contracter*) *animal:* [krampfartig] zucken; *paupière:* zucken; *narine:* zittern, beben
❸ (*scintiller*) *flamme, lumière:* flackern

palplanche [palplɑ̃ʃ] *f* TECH ❶ (*planche*) Spundbohle *f*
❷ (*poutre*) Spundwand *f*

paltoquet [paltɔkɛ] *m fam* aufgeblasener Kerl (*fam*); *vieilli* Flegel *m*

palu [paly] *m abr de* **paludisme** Malaria *f*

paluche [palyʃ] *f pop* ❶ Flosse *f* (*fam*), Pfote *f* (*fam*); **ôte donc tes ~s de là!** Flossen [*o* Pfoten] weg! (*fam*)
❷ (*grossière et forte*) Pranke *f* (*fam*)

paludéen(ne) [palydeɛ̃, ɛn] **I.** *adj* ❶ *vieilli* Sumpf-
❷ MED an Malaria erkrankt
II. *m(f)* Malariakranke(r) *f(m)*

paludisme [palydism] *m* Malaria *f*

pâmer [pɑme] <1> *vpr* ❶ **se ~ de joie** außer sich vor Freude (*Dat*) sein; **se ~ d'amour pour qn** vor Liebe zu jdm vergehen; **se ~ d'admiration pour qn/qc** ganz hingerissen von jdm/etw sein
❷ *vieilli* (*s'évanouir*) **se ~** ohnmächtig werden

pâmoison [pɑmwazɔ̃] *f* **tomber en ~ devant qn/qc** *hum* ganz hingerissen von jdm/etw sein

pampa [pɑ̃pa] *f* Pampa *f*

pamphlet [pɑ̃flɛ] *m* Pamphlet *nt*

pamphlétaire [pɑ̃fletɛʀ] *mf* Pamphletist(in) *m(f)*

pamplemousse [pɑ̃pləmus] *m* Pampelmuse *f,* Grapefruit *f*

pampre [pɑ̃pʀ] *m* Weinranke *f,* Rebe *f*

pan¹ [pɑ̃] *m* ❶ *d'une chemise, d'un manteau* Zipfel *m;* **être/se promener en ~s de chemise** im Hemd sein/im Hemd herumlaufen
❷ (*partie*) *d'un immeuble, d'une vie, affiche* Teil *m;* **~ de mur** (*intérieur*) Stück [von der] Wand; (*extérieur*) Stück [von der] Mauer; **~ de ciel** Stück [vom] Himmel
❸ CONSTR **~ coupé** abgestumpfter Winkel

pan² [pɑ̃] *interj* ❶ (*explosion*) peng; **~, ~!** (*coup de feu*) peng, peng!
❷ (*gifle, fessée*) batsch; **je vais te faire ~ ~ sur les fesses!** *enfantin* tu kriegst gleich einen Klaps auf den Popo!
❸ (*chute*) plumps

panacée [panase] *f* Allheilmittel *nt*

panachage [panaʃaʒ] *m* ❶ POL Panaschieren *nt,* Panaschierung *f*
❷ (*mélange*) **~ de couleurs** Mischung *f* von Farben

panache [panaʃ] *m* ❶ (*bravoure*) Schneid *m,* Beherztheit *f*
❷ (*plumet*) Federbusch *m*
❸ (*coiffure, plumes en forme de panache*) Busch *m*
❹ (*nuage*) **~ de fumée** Rauchwolke *f*

panaché [panaʃe] *m* Panaschee *nt,* Radler *m* (SDEUTSCH), Alsterwasser *nt* (NDEUTSCH)

panaché(e) [panaʃe] *adj fruits, glace, style* gemischt; *liste électorale* panaschiert; *œillet, tulipe* mehrfarbig

panacher [panaʃe] <1> *vt, vi* ❶ POL panaschieren; **~ une liste électorale** Kandidaten aus verschiedenen Listen wählen

P

❷ (*mélanger*) mischen *couleurs;* Abwechslung bringen in (+ *Akk*) *exercices, programmes*

panade [panad] *f fam* **être dans la** ~ in der Klemme stecken (*fam*); **tomber dans la** ~ in die Klemme geraten (*fam*)

panafricain(e) [panafʀikɛ̃, ɛn] *adj* panafrikanisch

panafricanisme [panafʀikanism] *m* Panafrikanismus *m*

panama [panama] *m* Panama[hut] *m*

panaméen(ne) [panameɛ̃, ɛn] *adj* panamaisch

Panaméen(ne) [panameɛ̃, ɛn] *m(f)* Panamaer(in) *m(f)*

panaméricain(e) [panameʀikɛ̃, ɛn] *adj* panamerikanisch

panard [panaʀ] *m pop* (*pied*) Flosse *f* (*fam*); **avoir de grands ~s** ganz schöne Quadratlatschen haben (*fam*)

panaris [panaʀi] *m* Nagelgeschwür *nt,* Panaritium *nt* (*Fachspr.*)

pancarte [pɑ̃kaʀt] *f* Schild *nt;* ~ **électorale/publicitaire** Wahl-/Werbeplakat *nt*

panchromatique [pɑ̃kʀɔmatik] *adj* PHOT panchromatisch

pancréas [pɑ̃kʀeɑs] *m* Bauchspeicheldrüse *f,* Pankreas *nt* (*Fachspr.*)

pancréatique [pɑ̃kʀeatik] *adj* **suc** ~ Bauchspeicheldrüsenflüssigkeit *f,* Pankreasflüssigkeit (*Fachspr.*)

panda [pɑ̃da] *m* Panda *m*

pandore [pɑ̃dɔʀ] *f* Pandora *f*

panégyrique [paneʒiʀik] *m* Lobrede *f;* **faire le ~ de qn/qc** eine Lobrede auf jdn/etw halten

panel [panɛl] *m* ❶ SOCIOL Panel *nt* (*repräsentative Personengruppe für die Meinungsforschung*)
❷ (*commission*) Gremium *nt;* **faire un** ~ ein Gremium bilden

paner [pane] <1> *vt* panieren; **être pané(e)** paniert sein; **poisson pané** Fischstäbchen

paneuropéen(ne) [panøʀɔpeɛ̃, ɛn] *adj* gesamteuropäisch

pangermanisme [pɑ̃ʒɛʀmanism] *m* Pangermanismus *m*

panier [panje] *m* ❶ Korb *m;* ~ **à linge/à ouvrage/à provisions** Wäsche-/Näh-/Einkaufskorb; ~ **de la friteuse** Drahteinsatz *m* für die Fritteuse
❷ (*contenu*) ~ **de cerises** Korb *m* [voll] Kirschen
❸ PHOT (*pour diapositives*) [Dia]magazin *nt*
❹ (*au basketball*) Korb *m*
▸ ~ **de la ménagère** Warenkorb *m;* **mettre deux personnes dans le même** ~ zwei Menschen über einen Kamm scheren; **c'est un vrai ~ percé!** er ist ein echter Verschwender/sie ist eine echte Verschwenderin!; **jeter** [*o* **mettre**] **qc au** ~ etw wegwerfen, etw in den Papierkorb werfen
◆ ~ **à salade** Salatschleuder *f; fam* (*véhicule*) grüne Minna (*fam*); ~ **de crabes** *fig fam* Haifischbecken *nt* (*fam*)

panière [panjɛʀ] *f* großer Korb (*mit zwei Henkeln*)

panier-repas [panjeʀəpɑ] <paniers-repas> *m* Lunchpaket *nt*

panifiable [panifjabl] *adj* **céréales ~s** Brotgetreide *nt*

panification [panifikasjɔ̃] *f* Brotbacken *nt,* Brotherstellung *f*

panifier [panifje] <1a> *vt* zu Brot verarbeiten

panini [panini] *m* GASTR Panini *nt*

panique [panik] **I.** *f* Panik *f;* **être pris(e) de** ~ von Panik ergriffen sein/werden, in Panik geraten; **pas de ~!** nur keine Panik!
II. *adj peur, terreur* panisch

paniquer [panike] <1> **I.** *vt fam* in Panik versetzen; **être paniqué(e)** in Panik geraten sein; **être paniqué(e) de devoir faire qc** ganz nervös werden, weil man etw tun muss
II. *vi fam* in Panik geraten, die Nerven verlieren
III. *vpr* **se** ~ in Panik geraten, die Nerven verlieren; **inutile de vous ~!** kein Grund zur Panik!

panislamisme [panislamism] *m* POL Panislamismus *m*

panne [pan] *f* ❶ Panne *f;* ~ **de courant** [*o* **d'électricité**] Stromausfall *m;* ~ **de moteur** Motorschaden *m;* **avoir une** ~ eine Panne haben; **être en** ~ *automobiliste, voiture:* eine Panne haben; *moteur, machine:* defekt [*o* kaputt] sein; **tomber en ~ d'essence** kein Benzin mehr haben; **je suis tombé/ma voiture est tombée en** ~ ich hatte eine Panne [mit dem Auto]; **c'est la ~ sèche!** das Benzin ist alle!
❷ *fig fam* (*arrêt*) **être/rester en** ~ nicht mehr weiterkommen [*o* weiterwissen]; *projet:* nicht vorangehen; *travail:* liegen bleiben
❸ *fam* (*manque*) **je suis en ~ de café** mir ist der Kaffee ausgegangen; **je suis en ~ d'idées** *fam* mir fehlt es an Ideen (*Dat*)
❹ NAUT **mettre un bateau en** ~ ein Schiff beidrehen [*o* stoppen]

panneau [pano] <x> *m* ❶ TRANSP Schild *nt;* ~ **horaire** Anzeigetafel *f;* ~ **indicateur** Hinweisschild; ~ **de signalisation** [Straßen]verkehrsschild
❷ (*pancarte*) Plakat *nt;* ~ **publicitaire** Werbeplakat; (*surface allouée*) Werbefläche *f,* Großfläche; ~ **électoral** Plakatwand *f* für Wahlplakate; ~ **d'affichage** (*pour publicité*) Werbefläche *f;* (*pour petites annonces, résultats*) Anschlagbrett *nt;* ~ **d'exposition** Stellwand *f;* ~ **d'informations** Informationstafel *f*
❸ CONSTR Platte *f;* ~ **de bois/ciment** Holz-/Zementplatte
❹ (*au basket*) Korbbrett *nt*
❺ ART Tafel *f*
❻ TECH ~ **solaire** Sonnenkollektor *m*
▸ **tomber** [*o* **donner**] **dans le** ~ sich hereinlegen lassen (*fam*)

panonceau [panɔ̃so] <x> *m* Schild *nt*

panoplie [panɔpli] *f* ❶ ~ **d'armes** Waffensammlung *f;* ~ **de médicaments** Sortiment *nt* an Medikamenten (*Dat*); ~ **de sanctions** Reihe *f* von Sanktionen
❷ (*jouet*) ~ **d'infirmière/de magicien** Krankenschwester-/Zaubererausstattung *f,* Krankenschwester-/Zaubererausrüstung *f*

panorama [panɔʀama] *m* ❶ (*paysage*) Panorama *nt*
❷ (*vue d'ensemble*) ~ **de l'histoire de l'art** Übersicht *f* [*o* Überblick *m*] über die Kunstgeschichte

panoramique [panɔʀamik] **I.** *adj* **restaurant** ~ Panoramarestaurant *nt;* **terrasse** ~ Aussichtsterrasse *f;* **écran** ~ Breitwand *f;* **vue** ~ Rundblick *m*
II. *m* CINE Panoramaaufnahme *f*

panosse [panɔs] *f* CH (*serpillière*) Scheuertuch *nt*

pansage [pɑ̃saʒ] *m d'un cheval* Striegeln *nt*

panse [pɑ̃s] *f* ❶ *d'une vache, brebis* Pansen *m*
❷ *fam* (*ventre*) Wanst *m* (*fam*); **s'en mettre plein** [*o* **se remplir**] **la** ~ *fam* sich (*Dat*) [ordentlich] den Bauch vollschlagen (*fam*)

pansement [pɑ̃smɑ̃] *m* ❶ (*action*) *d'une blessure* Verbinden *nt; d'une plaie* Versorgen *nt;* **faire un ~ à qn** jdm einen Verband anlegen
❷ (*compresse*) Verband *m;* ~ **adhésif** Heftpflaster *nt*
❸ (*médicament*) ~ **gastrique** Magenberuhigungsmittel *nt*

panser [pɑ̃se] <1> *vt* ❶ (*soigner*) verbinden *blessé, jambe, blessure;* versorgen, verbinden *plaie;* ~ **la main de qn** jdm die Hand verbinden
❷ (*guérir*) heilen *blessure morale, peine*
❸ (*brosser*) striegeln *cheval*

panslavisme [pɑ̃slavism] *m* POL Panslawismus *m*

pansu(e) [pɑ̃sy] *adj personne* dickbäuchig; *vase, bouteille* bauchig

pantacourt [pɑ̃takuʀ] *m* Caprihose *f*

pantagruélique [pɑ̃tagʀyelik] *adj* **appétit** ~ Riesenappetit *m;* **festin/repas** ~ Schlemmermahl *nt*

pantalon [pɑ̃talɔ̃] *m* Hose *f;* ~ **de jogging/pyjama** Jogging-/Schlafanzughose

pantalonnade [pɑ̃talɔnad] *f* ❶ CINE, THEAT Klamaukstück *nt,* Schwank *m*
❷ (*démonstration hypocrite*) Komödie *f*

pantelant(e) [pɑ̃t(ə)lɑ̃, ɑ̃t] *adj littér* ❶ (*haletant*) **être ~(e) de terreur** außer Atem vor Schreck (*Dat*) sein; **laisser qn ~(e)** [**d'émotion**] jdm den Atem verschlagen
❷ (*palpitant*) *animal, cadavre, chair* zuckend, bebend

panthéisme [pɑ̃teism] *m* Pantheismus *m*

panthéiste [pɑ̃teist] **I.** *adj* pantheistisch
II. *mf* Pantheist(in) *m(f)*

panthéon [pɑ̃teɔ̃] *m* ❶ HIST **le Panthéon** das Pantheon
❷ (*monument*) Pantheon *nt*
❸ *fig* Ruhmeshalle *f* mit Ehrengräbern
❹ (*ensemble de personnages célèbres*) **rester au ~ de l'histoire** in die Geschichte eingehen; **il aura une place au ~ des artistes** die Nachwelt wird ihn als bedeutenden Künstler ehren
panthère [pɑ̃tɛʀ] *f* ❶ Panther *m,* Leopard *m*
❷ *fam* (*femme*) Drachen *m* (*fam*)
pantin [pɑ̃tɛ̃] *m* (*marionnette*) Hampelmann *m*
▶ **gesticuler comme un ~** herumhampeln; **faire de qn un ~** aus jdm einen Hampelmann machen (*fam*)
pantographe [pɑ̃tɔgʀaf] *m* ❶ ART Storchschnabel *m,* Pantograph *m* (*Fachspr.*)
❷ TECH Stromabnehmer *m*
pantois(e) [pɑ̃twa, waz] *adj* verdutzt, verblüfft; **laisser qn ~** jdn verblüffen; **rester ~(e)** ganz verblüfft sein
pantomime [pɑ̃tɔmim] *f* ❶ (*jeu du mime*) Pantomimik *f*
❷ (*pièce mimée*) Pantomime *f*
❸ (*comédie*) Zirkus *m,* Theater *nt;* **qu'est-ce que c'est que cette ~?** was soll denn der Zirkus?
pantouflard(e) [pɑ̃tuflaʀ, aʀd] **I.** *adj fam* spießig; **je n'ai jamais vu qn d'aussi ~!** ich habe noch so einen Stubenhocker gesehen! (*fam*)
II. *m(f) fam* Stubenhocker(in) *m(f)* (*fam*)
pantoufle [pɑ̃tufl] *f* Hausschuh *m,* Pantoffel *m*
pantoufler [pɑ̃tufle] <1> *vi fam* in die freie Wirtschaft überwechseln (*und den Staatsdienst verlassen*)
panure [panyʀ] *f* Paniermehl *nt*
P.A.O. [peao] *f abr de* **publication assistée par ordinateur** DTP *nt*
paon [pɑ̃] *m* Pfau *m*
▶ **fier(fière)** [*o* **orgueilleux(-euse)**] [*o* **vaniteux(-euse)**] **comme un ~** eitel wie ein Pfau
PAP [pap] *m abr de* **prêt pour l'accession à la propriété** *Darlehen für den Erwerb von Eigentum*
papa [papa] *m* Papa *m*
▶ **être un ~ gâteau** *fam* seine Kinder verwöhnen; **à la ~** *fam* ganz gemütlich; **cuisine de ~** *fam* Küche aus [*o* wie zu] Großvaters Zeiten
papal(e) [papal, o] <-aux> *adj* päpstlich
papamobile [papamɔbil] *m* Papstauto *nt,* Papamobil *nt*
paparazzi[s] [papaʀadzi] *mpl* Paparazzi *Pl*
papauté [papote] *f* ❶ (*dignité*) Papstwürde *f,* Amt *nt* des Papstes; **accéder à la ~** die Papstwürde erlangen
❷ (*règne*) Papsttum *nt;* **pendant la ~ de Jean XXIII** während der Amtszeit von Papst Johannes XXIII.
papaye [papaj] *f* Papaya *f*
pape [pap] *m* Papst *m;* **~ du jazz** Jazzpapst; **~ de la critique littéraire** Literaturpapst
papelard [paplaʀ] *m fam* ❶ (*feuille*) Wisch *m* (*fam*)
❷ *pl* (*papiers d'identité*) Papiere *Pl*
paperasse [papʀas] *f péj* ❶ (*papiers inutiles*) Papierkram *m*
❷ (*grosse quantité de papiers*) Wust *m* von Papier
paperasserie [papʀasʀi] *f péj* ❶ (*à lire, remplir*) Papierkram *m,* Berge *Pl* von Papier
❷ (*à écrire*) Schreibkram *m;* **~ administrative/procédurière** Papierkrieg *m* (*fam*)
paperassier, -ière [papʀasje, -jɛʀ] **I.** *adj personne, administration* mit großer Vorliebe für Formulare
II. *m, f* Papierkrämer(in) *m(f)*
papesse [papɛs] *f* Päpstin *f*
papeterie [papɛtʀi] *f* ❶ (*magasin*) Schreibwarengeschäft *nt*
❷ (*fabrication*) Papierherstellung *f,* Papierindustrie *f*
❸ (*usine*) Papierfabrik *f*
papetier, -ière [pap(ə)tje, -jɛʀ] **I.** *adj* **industrie papetière** Papier erzeugende Industrie, Papierindustrie
II. *m, f* ❶ (*vendeur*) Schreibwarenhändler(in) *m(f)*
❷ (*fabricant*) Papierfabrikant(in) *m(f)*
papi [papi] *m fam v.* **papy**
papier [papje] *m* ❶ *sans pl* (*matière*) Papier *nt;* **de/en ~** aus Papier; **feuille/bout** [*o* **morceau**] **de ~** Blatt *nt*/Stück *nt* Papier; **~ à en-tête** Briefpapier mit Briefkopf; **~ à musique** Notenpapier; **~ buvard** Löschpapier; **~ calque/carbone** Paus-/Kohlepapier; **~ crépon** Krepppapier; **~ cul** *pop* Klopapier (*fam*); **~ [de] brouillon** Konzeptpapier; **~ d'emballage** Einwickelpapier; **~ émeri/glacé** Schmirgel-/Glanzpapier; **~ hygiénique** Toilettenpapier; **~ kraft** Packpapier; **~ mâché** Pappmaché *nt,* Pappmaschee *nt;* **~ machine** Schreibmaschinenpapier; **~ peint** Tapete *f*
❷ *sans pl* (*feuille de métal*) **~ d'argent** Silberfolie *f;* **~ d'étain** Stanniol[papier] *nt;* **~ [d']aluminium** Aluminiumfolie
❸ (*feuille*) [Blatt *nt*] Papier *nt;* (*à remplir*) Formular *nt;* (*papillon*) Zettel *m*
❹ PRESSE Artikel *m*
❺ (*document*) Schriftstück *nt; pl* Unterlagen *Pl;* **des ~s confidentiels/personnels** vertrauliche/persönliche Unterlagen
❻ *pl* (*papiers d'identité*) [Ausweis]papiere *Pl*
▶ **qn/qc est réglé(e) comme du ~ à musique** bei jdm geht alles nach Plan/etw ist genau festgelegt; **avoir une figure/une mine de ~ mâché** kreidebleich sein; **être dans les petits ~s de qn** bei jdm gut angeschrieben sein; **sur le ~** auf dem Papier
papier-filtre [papjefiltʀ] <papiers-filtres> *m* Filterpapier *nt*
papier-monnaie [papjemɔnɛ] <papiers-monnaies> *m* Papiergeld *nt*
papille [papij] *f* Papille *f;* **être un plaisir pour les ~s [gustatives]** eine wahre Gaumenfreude sein
papillon [papijɔ̃] *m* ❶ ZOOL Schmetterling *m;* **~ de nuit** Nachtfalter *m*
❷ SPORT **[nage] ~** Delfinschwimmen *nt;* **le 200 m ~** das 200-m-Delfinschwimmen
❸ (*feuillet*) Zettel *m*
❹ *fam* (*contravention*) Knöllchen *nt* (*fam*), Strafzettel *m*
❺ TECH (*écrou*) Flügelmutter *f*
❻ AUT **~ des gaz** Drosselklappe *f*
papillonnant(e) [papijɔnɑ̃, ɑ̃t] *adj caractère, personne* flatterhaft, unbeständig
papillonner [papijɔne] <1> *vi* herumschwirren (*fam*), herumflattern (*fam*); **~ autour de qn** um jdn herumscharwenzeln (*fam*)
papillote [papijɔt] *f* ❶ *vieilli* (*bigoudi*) Papierlockenwickler *m*
❷ (*pour les bonbons*) Bonbonpapier *nt*
❸ GASTR **poisson/viande en ~** (*dans un papier* [*huilé*]) in [gefettetem] Papier gebackener Fisch/gebackenes Fleisch; (*dans une feuille d'aluminium*) in [Alu]folie gebratener Fisch/gebratenes Fleisch
papillotement [papijɔtmɑ̃] *m* Flimmern *nt*
papilloter [papijɔte] <1> *vi paupières:* zucken; *yeux:* blinzeln; *étoile:* funkeln; *lampe, lumière:* flackern; **avoir les yeux qui papillotent** mit den Augen zwinkern [*o* blinzeln]
papisme [papism] *m* Papismus *m*
papotage [papɔtaʒ] *m* [leeres] Geschwätz (*fam*)
papoter [papɔte] <1> *vi* schwatzen, schwätzen (SDEUTSCH), quasseln (*fam*); **~ avec qn** ein Schwätzchen [*o* einen Schwatz] mit jdm halten (*fam*)
papouilles [papuj] *fpl fam* **faire des ~ à qn** jdn tätscheln
paprika [papʀika] *m* Paprika *m*
papy [papi] *m fam* Opa *m* (*fam*)
papy-boom <papy-booms>, **papy-boum** [papibum] <papy-boums> *m fam* (*forte augmentation de nombre des personnes âgées*) Rentnerschwemme *f* (*pej fam*)
papyrus [papiʀys] *m* ❶ BOT Papyrusstaude *f*
❷ HIST (*feuille*) Papyrus *m;* (*manuscrit*) Papyrusrolle *f*
pâque [pɑk] *f* **la ~ [juive]** das Passah[fest]
paquebot [pakbo] *m* Passagierschiff *nt;* **~ transatlantique** Ozeandampfer *m*

pâquerette [pɑkʀɛt] *f* Gänseblümchen *nt*
▶ **au ras des ~s** *fam* nicht sehr geistreich
Pâques [pɑk] **I.** *m* Ostern *nt o Pl;* **fête/lundi/vacances de ~** Osterfest *nt*/-montag *m*/-ferien *Pl*
▶ **à ~ ou à la Trinité** *hum* am Nimmerleinstag
II. *fpl* Ostern *Pl;* **joyeuses ~!** frohe Ostern!; **souhaiter de joyeuses ~ à qn** jdm frohe Ostern [*o* ein frohes Osterfest] wünschen

i Land & Leute

In der Vorstellung der französischen Kinder reisen an Ostern, **à Pâques**, die Kirchenglocken im Himmel zum Papst nach Rom und lassen auf ihrem Weg Schokoladeneier, Schokoladenglocken und andere Leckereien auf die Erde fallen.

paquet [pakɛ] *m* ❶ Paket *nt; de café, sucre* Päckchen *nt; de cigarettes* Schachtel *f; de linge, vêtements* Bündel *nt*
❷ (*colis*) Paket *nt*
❸ *fam* (*grande quantité*) **un ~ de billets** ein Bündel *nt* Geldscheine; **un ~ de neige/d'eau** eine Ladung Schnee/Wasser (*fam*); **un joli/sacré ~ [d'argent/de fric]** ein hübsches/ganz ordentliches Sümmchen (*fam*)
❹ CARTES Stoß *m*
❺ INFORM [Daten]paket *nt*
▶ **faire ses ~s** [*o* **son paquet**] seine Sachen [zusammen]packen; **mettre le ~** *fam* (*déployer tous ses efforts*) alles d[a]ransetzen (*fam*); (*payer beaucoup*) keine Kosten scheuen; **être un ~ de graisse/de nerfs/d'os** *fam* ein Fettkloß *m*/Nervenbündel *nt*/Knochengerüst *nt* sein (*fam*)
◆ **~ de mer** Brecher *m*
paquetage [paktaʒ] *m* [Marsch]gepäck *nt*
paquet-cadeau [pakɛkado] <paquets-cadeaux> *m* Geschenkverpackung *f;* **vous pouvez me faire un ~?** können Sie es mir bitte als Geschenk einpacken?
paqueté(e) [pak(ə)te] *adj* CAN ❶ (*rempli à l'excès*) überfüllt
❷ *fig* (*ivre*) betrunken, [sternhagel]voll (*fam*)
par [paʀ] *prép* ❶ (*grâce à l'action de*) von; **le but marqué ~ l'avant-centre** das vom Mittelstürmer geschossene Tor; **apprendre qc ~ des voisins/le journal** etw von den [*o* durch die] Nachbarn/durch die [*o* aus der] Zeitung erfahren; **tout faire ~ soi-même** alles selbst machen
❷ (*au moyen de*) durch; **~ tous les moyens** mit allen Mitteln; **~ chèque/carte bancaire** mit [*o* per] Scheck/Scheckkarte; **la porte est fermée ~ un verrou** die Tür ist/wird mit einem Riegel verschlossen
❸ (*origine*) **descendre de Victor Hugo ~ sa mère** mütterlicherseits von Victor Hugo abstammen; **un oncle ~ alliance** ein angeheirateter Onkel
❹ *gén sans art* (*cause, motif*) aus; **~ sottise/devoir** aus Dummheit/Pflichtbewusstsein; **elle est remarquable ~ sa beauté** sie fällt wegen ihrer Schönheit auf
❺ (*à travers, via*) **regarder ~ la fenêtre** aus dem Fenster sehen; **venir ~ le chemin le plus court** auf dem schnellsten Weg herkommen; **passer ~ la côte/~ l'intérieur** die Küste entlang/durch das Landesinnere fahren; **passer ~ ici** hier vorbeikommen
❻ (*localisation*) **habiter ~ ici/là** hier/dort in der Gegend wohnen; **~ cinq mètres de fond** in fünf Meter Tiefe; **être assis(e) ~ terre** auf dem Boden sitzen; **tomber ~ terre** auf den Boden fallen
❼ (*distribution, mesure*) pro; **un ~ un** einzeln; **deux fois ~ semaine/mois** zweimal pro Woche/Monat, zweimal in der Woche/im Monat; **heure ~ heure** Stunde um Stunde; **~ moments** zeitweise; **~ centaines/milliers** zu hunderten [*o* Hunderten]/tausenden [*o* Tausenden]
❽ (*durant, pendant*) **~ temps de pluie/brouillard** bei Regen[wetter]/Nebel; **~ les temps qui courent** in der heutigen Zeit; **~ le passé** früher
❾ (*dans des exclamations, serments*) bei; **~ tout ce que j'ai de plus cher, ...** bei allem, was mir lieb ist, ...; **~ pitié, aidez-moi!** ich flehe euch an, helft mir!
▶ **~ contre** dagegen
para [paʀa] *m abr de* **parachutiste** Para *m*
parabole [paʀabɔl] *f* ❶ REL Gleichnis *nt*
❷ MATH Parabel *f*
❸ (*antenne*) Parabolantenne *f*
parabolique [paʀabɔlik] *adj* parabolisch; **antenne/miroir ~** Parabolantenne *f*/-spiegel *m*
paracentèse [paʀasɛ̃tɛz] *f* MED Punktion *f; du tympan* Durchstechung *f*
parachèvement [paʀaʃɛvmɑ̃] *m* Vollendung *f*
parachever [paʀaʃ(ə)ve] <4> *vt* vollenden *œuvre;* vollenden, fertig stellen *travail*
parachutage [paʀaʃytaʒ] *m* ❶ Fallschirmabwurf *m;* **~ de vivres** Abwerfen *nt* von Lebensmitteln [mit dem Fallschirm]; **~ de soldats** Absetzen *nt* von Soldaten [mit dem Fallschirm]
❷ (*nomination inattendue*) **les employés n'apprécient pas beaucoup le ~ de ce patron** die Angestellten sind nicht erfreut darüber, dass man ihnen diesen Chef vor die Nase gesetzt hat (*fam*)
parachute [paʀaʃyt] *m* Fallschirm *m;* **sauter en ~** mit dem Fallschirm abspringen
parachuter [paʀaʃyte] <1> *vt* ❶ [mit dem Fallschirm] absetzen *soldats;* [mit dem Fallschirm] abwerfen *armes, vivres*
❷ *fam* (*nommer de manière inattendue*) **~ qn à un poste** jdn auf einen Posten setzen; **on nous a parachuté un nouveau directeur** man hat uns einen neuen Direktor vor die Nase gesetzt (*fam*)
parachutisme [paʀaʃytism] *m* Fallschirmspringen *nt*
parachutiste [paʀaʃytist] **I.** *adj* MIL **troupe/unité ~** Fallschirmjägertruppe *f*/-einheit *f*
II. *mf* MIL Fallschirmjäger(in) *m(f);* SPORT Fallschirmspringer(in) *m(f)*
para-commercial(e) [paʀakɔmɛʀsjal, jo] <-aux> *adj* halbkommerziell
parade [paʀad] *f* ❶ (*défense*) Abwehr[mittel *nt*] *f;* SPORT Parade *f;* **trouver la ~ à un argument** ein Gegenargument *nt* finden
❷ (*défilé*) Parade *f;* **~ militaire** Militärparade
❸ (*exhibition*) Zurschaustellen *nt;* **faire ~ de ses relations** mit seinen Beziehungen prahlen
▶ **arme/uniforme de ~** Paradewaffe *f*/-uniform *f;* **amabilité de ~** Scheinfreundlichkeit *f*
parader [paʀade] <1> *vi* (*se pavaner*) herumstolzieren
paradigmatique [paʀadigmatik] *adj* paradigmatisch
paradigme [paʀadigm] *m* LING, GRAM Paradigma *nt*
paradis [paʀadi] *m* ❶ REL Paradies *nt*, Himmel *m;* **aller au ~** in den Himmel kommen
❷ *fig* Paradies; **~ sur terre** Paradies auf Erden; **~ fiscal** Steuerparadies; **~ perdu** verlorenes Paradies; **le Paradis terrestre** das irdische Paradies
▶ **tu ne l'emporteras pas au ~** das wirst du mir [noch] büßen
paradisiaque [paʀadizjak] *adj* *endroit, île* paradiesisch; *séjour* himmlisch
paradoxal(e) [paʀadɔksal, o] <-aux> *adj* paradox, widersinnig
paradoxalement [paʀadɔksalmɑ̃] *adv* paradoxerweise
paradoxe [paʀadɔks] *m* ❶ (*opinion contraire*) Paradoxon *nt*, Widerspruch *m*
❷ (*absurdité*) Paradox *nt*
parafe [paʀaf] *m v.* **paraphe**
parafer [paʀafe] <1> *vt v.* **parapher**
paraffinage [paʀafinaʒ] *m* Paraffinierung *f*
paraffine [paʀafin] *f* Paraffin *nt*

paraffiner [paʀafine] <1> *vt* paraffinieren
parafiscal(e) [paʀafiskal, o] <-aux> *adj financement* durch steuerähnliche Abgaben; **taxe** ~**e** steuerähnliche Abgabe
parafiscalité [paʀafiskalite] *f* steuerähnliche Abgaben *Pl*
parages [paʀaʒ] *mpl* Gegend *f,* Umgebung *f;* **dans les** ~ [irgendwo] in der Gegend [*o* in der Nähe]
paragraphe [paʀagʀaf] *m* ❶ *d'un devoir, texte* Abschnitt *m,* Absatz *m*
❷ TYP Paragraphenzeichen *nt*
paragrêle [paʀagʀɛl] *adj* **canon** ~ Hagelschutzkanone *f;* **fusée** ~ Hagelschutzrakete *f*
paraître [paʀɛtʀ] <*irr*> **I.** *vi* ❶ (*sembler*) ~ **être heureux(-euse) à qn** jdm glücklich zu sein scheinen; **cela me paraît [être] une erreur** das scheint mir ein Irrtum zu sein; ~ **faire qc** anscheinend etw tun
❷ (*apparaître*) *personne:* erscheinen, sich zeigen; *soleil, étoile:* aufgehen; ~ **en public** in der Öffentlichkeit auftreten
❸ (*être publié*) *journal, livre:* erscheinen, herauskommen; **faire** ~ veröffentlichen; *éditeur, auteur:* herausgeben
❹ (*être visible*) *sentiment:* sich zeigen, zum Vorschein kommen; **laisser** ~ **son émotion** seine Erregung zeigen
❺ (*se mettre en valeur*) **aimer** ~ sich gern in den Vordergrund stellen; **désir de** ~ Geltungssucht *f*
II. *vi impers* ❶ **il paraît/paraîtrait que qn va faire qc** (*le bruit court*) wie man hört wird jd etw tun; (*soi-disant*) angeblich wird jd etw tun; **il paraît que oui!** anscheinend ja!
❷ (*sembler*) **il paraît difficile à qn de faire qc** jd hält es für schwierig etw zu tun; **il paraît impossible à qn que qn ait fait qc** es scheint jdm unmöglich, dass jd etw getan hat; **il paraît évident à qn que qn a fait qc** es scheint jdm offensichtlich, dass jd etw getan hat
▸ **sans qu'il y paraisse** ohne dass man etwas davon merkt; **il n'y paraîtra plus** davon wird nichts mehr zu sehen sein
paralittérature [paʀaliteʀatyʀ] *f* drittklassige Literatur
parallaxe [paʀalaks] *f* ASTRON, PHOT Parallaxe *f;* **erreur de** ~ Parallaxenfehler *m*
parallèle [paʀalɛl] **I.** *adj* ❶ **activité** ~ Nebentätigkeit *f;* **énergie/médecine** ~ Alternativenergie *f*/-medizin *f;* **police** ~ Geheimpolizei *f;* **circuit** ~ **[de distribution]** Parallelvertrieb *m;* **marché** ~ grauer Markt
❷ GEOM parallel; ~ **à qc** parallel zu etw
II. *f* GEOM Parallele *f*
III. *m* ❶ GEOG Breitenkreis *m;* **le 38e** ~ der 38. Breitengrad
❷ (*comparaison*) **établir** [*o* **faire**] **un** ~ **avec qc/entre deux choses** eine Parallele zu etw/zwischen zwei Dingen ziehen; **mettre deux choses/qc et qc en** ~ zwei Dinge miteinander/etw mit etw vergleichen
parallèlement [paʀalɛlmɑ̃] *adv* ❶ (*dans l'espace*) parallel [zueinander], nebeneinander; ~ **à qn/qc** parallel zu jdm/etw
❷ (*dans le temps*) gleichzeitig; ~ **à qc** parallel zu etw
parallélépipède [paʀalelepipɛd] *m* GEOM Parallelepiped *nt;* ~ **rectangle** Quader *m*
parallélisme [paʀalelism] *m* ❶ AUT ~ **[des roues]** Radstand *m,* Achsabstand *m;* GEOM Parallelität *f*
❷ (*correspondance*) ~ **entre qc et qc** Parallelismus *m* zwischen etw und etw (*Dat*)
parallélogramme [paʀalelɔgʀam] *m* GEOM Parallelogramm *nt*
paralysant(e) [paʀalizɑ̃, ɑ̃t] *adj* lähmend; *attitude* hemmend
paralysé(e) [paʀalize] **I.** *adj bras, personne* gelähmt; **être** ~**(e) des jambes** an den Beinen gelähmt sein
II. *m(f)* Gelähmte(r) *f(m)*
paralyser [paʀalize] <1> *vt* ❶ (*empêcher d'agir*) *personne, émotion, peur:* lähmen; **être paralysé(e) par la peur** vor Angst (*Dat*) [wie] gelähmt sein
❷ (*entraver*) lahm legen, zum Stillstand [*o* Erliegen] bringen *trafic, activité, économie*
❸ MED lähmen, paralysieren
paralysie [paʀalizi] *f* ❶ MED Lähmung *f,* Paralyse *f*
❷ (*arrêt complet*) *de la circulation, de l'économie, des échanges* Stillstand *m,* Erliegen *nt*
❸ (*impuissance*) Ohnmacht *f*
paralytique [paʀalitik] **I.** *adj* gelähmt; *vieillard* lahm
II. *mf* Gelähmte(r) *f(m),* Paralytiker(in) *m(f);* REL Lahme(r) *f(m)*
paramédical(e) [paʀamedikal, o] <-aux> *adj* **profession** ~**e** medizinischer Hilfsberuf
paramètre [paʀamɛtʀ] *m* ❶ MATH Parameter *m*
❷ (*élément important*) [wesentliches] Element
❸ *pl* INFORM Einstellungen *Pl*
paramilitaire [paʀamilitɛʀ] *adj* paramilitärisch
parangon [paʀɑ̃gɔ̃] *m* ~ **de vertu** Ausbund *m* an Tugend
parano [paʀano] *fam abr de* **paranoïa, paranoïaque**
paranoïa [paʀanɔja] *f* Verfolgungswahn *m,* Paranoia *f;* **être atteint(e) de** ~ unter Verfolgungswahn leiden
paranoïaque [paʀanɔjak] **I.** *adj* paranoisch, geistesgestört; *personne* an Verfolgungswahn leidend; **délire** ~ Verfolgungswahn *m;* **être un peu** ~ ein bisschen spinnen
II. *mf* Paranoiker(in) *m(f),* Geistesgestörte(r) *f(m)*
paranormal [paʀanɔʀmal] *m* **le** ~ das Übersinnliche
paranormal(e) [paʀanɔʀmal, o] <-aux> *adj* übersinnlich, paranormal
parapente [paʀapɑ̃t] *m* ❶ (*parachute rectangulaire*) Gleitschirm *m*
❷ (*sport*) Gleitschirmfliegen *nt*
parapentiste [paʀapɑ̃tist] *mf* Gleitschirmflieger(in) *m(f)*
parapet [paʀapɛ] *m* Brüstung *f*
parapharmacie [paʀafaʀmasi] *f Produkte der Körper- und Schönheitspflege*
paraphe [paʀaf] *m* Namenszug *m,* Paraphe *f*
parapher [paʀafe] <1> *vt* JUR paraphieren *contrat;* abzeichnen *page*
paraphrase [paʀafʀɑz] *f* Umschreibung *f,* Paraphrase *f*
paraphraser [paʀafʀɑze] <1> *vt* umschreiben, paraphrasieren
paraplégie [paʀapleʒi] *f* Querschnittslähmung *f,* Paraplegie *f* (*Fachspr.*)
paraplégique [paʀapleʒik] **I.** *adj* querschnittsgelähmt
II. *mf* Querschnittsgelähmte(r) *f(m)*
parapluie [paʀaplɥi] *m* ❶ Regenschirm *m;* ~ **pliant** [*o* **telescopique**] Taschenschirm *m,* Knirps® *m*
❷ (*protection*) ~ **atomique** [*o* **nucléaire**] atomarer Schirm
parapsychique [paʀapsiʃik] *adj* parapsychisch, übersinnlich
parapsychologie [paʀapsikɔlɔʒi] *f* Parapsychologie *f*
parascolaire [paʀaskɔlɛʀ] *adj* außerschulisch
parasismique [paʀasismik] *adj* erdbebensicher
parasitaire [paʀazitɛʀ] *adj* parasitär
parasite [paʀazit] **I.** *adj* schmarotzend, parasitär; **animal/plante** ~ Schmarotzertier *nt*/-pflanze *f*
II. *m* ❶ BIO Schmarotzer *m,* Parasit *m;* ~ **des fruits/des cultures/de la vigne** Obst-/Acker-/Rebenschädling *m*
❷ (*profiteur*) Schmarotzer(in) *m(f)* (*pej*), Parasit *m* (*pej*)
❸ *pl* RADIO, TV Störgeräusche *Pl*
parasiter [paʀazite] <1> *vt* ❶ BIO ~ **qn/qc** *champignon, insecte, ver:* als Parasit auf [*o* in] jdm/etw leben
❷ (*vivre aux dépens de*) ~ **qn/qc** auf jds Kosten (*Akk*)/auf Kosten einer S. (*Gen*) leben
❸ RADIO, TV stören
parasitisme [paʀazitism] *m* Schmarotzertum *nt,* Parasitismus *m*
parasol [paʀasɔl] *m* Sonnenschirm *m*
parastatal(e) [paʀastatal, o] <-aux> *adj* BELG (*semi-public*) *organisme* halböffentlich; *entreprise* gemischtwirtschaftlich
parasympatique [paʀasɛ̃patik] *adj* ANAT, MED parasympatisch
parataxe [paʀataks] *f* LING Parataxe *f*
paratonnerre [paʀatɔnɛʀ] *m* Blitzableiter *m*
paravalanche [paʀavalɑ̃ʃ] *m* Lawinenverbauung *f*
paravent [paʀavɑ̃] *m* Wandschirm *m,* spanische Wand
parbleu [paʀblø] *interj* bei [*o* weiß] Gott!

P

parc [paʀk] *m* ❶ Park[anlage *f*] *m;* ~ **botanique/zoologique** botanischer/zoologischer Garten; ~ **animalier** Tierpark; ~ **d'attractions/de loisirs** Vergnügungs-/Freizeitpark
❷ (*région protégée*) ~ **naturel/maritime** Naturschutz-/Küstenschutzgebiet *nt;* ~ **national** Nationalpark *m*
❸ (*ensemble d'équipements*) Bestand *m;* ~ **automobile** Wagenpark *m,* Fuhrpark; ~ **informatique** EDV-Bestand; ~ **audiovisuel** Ausstattung *f* an audiovisuellen Geräten
❹ AGR Pferch *m*
❺ (*bassin d'élevage*) ~ **à huîtres/moules** Austern-/Muschelpark *m*
❻ (*pour bébé*) Laufstall *m*
◆ ~ **des expositions** Messegelände *nt;* ~ **de stationnement** Parkplatz *m*

parcellaire [paʀsɛlɛʀ] *adj* bruchstückhaft; **plan** ~ Teilplan *m*

parcelle [paʀsɛl] *f* ❶ (*terrain*) Parzelle *f;* **une** ~ **de terrain** [*o* **terre**] eine Parzelle [*o* ein Stück *nt*] Land
❷ (*fragment*) **une** ~ **de bon sens** eine Spur gesunden Menschenverstands; **pas la moindre** ~ **de vérité** kein Körnchen Wahrheit

parcellisation [paʀselizasjɔ̃] *f d'un terrain* Parzellierung *f; du travail* Aufteilung *f*

parcelliser [paʀselize] <1> *vt* aufteilen; parzellieren, aufteilen *terres*

parce que [paʀskə] *conj + indic* ❶ (*car*) weil
❷ *fam* (*sinon*) sonst; **vous partez? Parce que je suis à vous dans deux minutes** geht ihr? Sonst bin ich nämlich in zwei Minuten fertig
❸ (*c'est comme ça!*) ~**!** darum!

parchemin [paʀʃəmɛ̃] *m* ❶ (*peau d'animal, texte*) Pergament *nt*
❷ *fam* (*diplôme universitaire*) Diplom *nt*

parcheminé(e) [paʀʃəmine] *adj littér peau* pergamenten, ledern; *visage* gegerbt

par-ci [paʀsi] ~, **par-là** hier und da

parcimonie [paʀsimɔni] *f* [übertriebene] Sparsamkeit; **distribuer/donner qc avec** ~ mit etw knausern [*o* geizen]; **accorder ses éloges avec** ~ mit Lob geizen

parcimonieusement [paʀsimɔnjøzmɑ̃] *adv* [sehr] sparsam

parcimonieux, -euse [paʀsimɔnjø, -jøz] *adj* [sehr] sparsam

parcmètre [paʀkmɛtʀ] *m* Parkuhr *f*

parcourir [paʀkuʀiʀ] <*irr*> *vt* ❶ (*accomplir* [*un trajet*]) zurücklegen *trajet, distance*
❷ (*traverser, sillonner*) durchlaufen *ville, rue;* (*en tous sens*) kreuz und quer laufen durch *ville, rue;* durchreisen, bereisen *région, pays;* (*en tous sens*) kreuz und quer reisen durch *région, pays;* ~ **une région** *navire:* in einer Region kreuzen; *ruisseau:* durch eine Region fließen; *objet volant:* durch eine Region fliegen
❸ (*examiner rapidement*) überfliegen *journal, lettre;* ~ **qc des yeux/du regard** seinen Blick über etw (*Akk*) schweifen lassen
❹ (*agiter*) ~ **l'échine/le corps de qn** *frisson:* jdm über den Rücken laufen/jds Körper (*Akk*) durchlaufen

parcours [paʀkuʀ] *m* ❶ (*trajet*) *d'un véhicule* [Fahr]strecke *f; d'un fleuve* Lauf *m*
❷ SPORT (*piste*) Strecke *f;* (*équitation*) Parcours *m;* (*épreuve*) Durchgang *m,* Runde *f*
◆ ~ **du combattant** *fig* Hindernislauf *m;* ~ **de santé** Trimm-dich-Pfad *m*

par-delà [paʀdəla] *prép* (*de l'autre côté*) jenseits (+ *Gen*), hinter (+ *Dat*); ~ **les montagnes/mers** jenseits der Berge/der Meere; ~ **les querelles/problèmes/difficultés** über die Streitigkeiten/Probleme/Schwierigkeiten hinaus **par-derrière** [paʀdɛʀjɛʀ] *adv* ❶ *attaquer, emboutir* von hinten ❷ (*dans le dos de qn*) hinten, im Rücken; *fig raconter, critiquer* hintenherum (*fam*); **dire du mal des gens** ~ hintenherum schlecht über die Leute reden (*fam*) **par-dessous** [paʀdəsu] **I.** *prép* (*avec mouvement*) unter (+ *Akk*); (*sans mouvement*) unter (+ *Dat*); **passer** ~ **les barbelés** unter dem Stacheldraht durchschlüpfen **II.** *adv* darunter; **regarder** ~ daruntersehen; **passer** ~ darunter hindurchgehen **par-dessus** [paʀdəsy] **I.** *prép* (*avec mouvement*) über (+ *Akk*); (*sans mouvement*) über (+ *Dat*); **passer/sauter** ~ **la barrière** über die Barriere steigen/springen **II.** *adv* darüber

pardessus [paʀdəsy] *m* Überzieher *m,* Mantel *m*

par-devant [paʀdəvɑ̃] **I.** *prép* JUR ~ **notaire** vor dem Notar **II.** *adv attaquer, emboutir* von vorn[e]; *se boutonner, être endommagé* vorn[e]

pardi [paʀdi] *interj* ~**!** (*dans une affirmation*) das ist doch klar!; (*après une question*) aber natürlich!; **c'est qu'il y trouve son intérêt,** ~**!** da kommt er bestimmt auf seine Kosten, das ist doch klar!

pardon [paʀdɔ̃] *m* Verzeihen *nt;* REL Vergebung *f;* **accorder son** ~ **à qn** jdm verzeihen; **demander** ~ **à qn** jdn um Verzeihung bitten
▸ **mille** ~[**s**]! ich bitte tausendmal um Verzeihung!; ~**?** wie bitte?

pardonnable [paʀdɔnabl] *adj* verzeihlich, entschuldbar; **être** ~ *personne:* nichts dafür können; **ne pas être** ~ *attitude:* unverzeihlich sein

pardonner [paʀdɔne] <1> **I.** *vt* (*absoudre*) ~ **qc à qn** jdm etw verzeihen [*o* vergeben]; **qn se fait** ~ **qc** man verzeiht jdm etw
▸ **pardonne-moi/pardonnez-moi** verzeih mir/verzeihen Sie mir/verzeiht mir
II. *vi* ❶ **ne pas** ~ *maladie, poison:* verhängnisvoll sein; *erreur:* unverzeihlich sein
❷ (*absoudre*) verzeihen, vergeben; ~ **à qn** jdm verzeihen

paré(e) [paʀe] *adj* **être** ~(**e**) **contre le froid/toute éventualité** gegen die Kälte/alle Eventualitäten gewappnet sein

pare-avalanches [paʀavalɑ̃ʃ] *adj, v.* **paravalanche** **pare-balles** [paʀbal] **I.** *adj inv* kugelsicher; *glace* schussfest, kugelsicher; **gilet** ~ kugelsichere Weste; **vitre** ~ Panzerglasscheibe *f* **II.** *m inv* Kugelfang *m* **pare-boue** [paʀbu] *m inv* Schutzblech *nt; d'une voiture* Kotflügel *m* **pare-brise** [paʀbʀiz] *m inv* Windschutzscheibe *f* **pare-chocs** [paʀʃɔk] *m inv* ~ **arrière/avant** hintere/vordere Stoßstange **pare-douche** [paʀduʃ] <pare-douche[s]> *m* (*pour une douche*) Duschabtrennung *f;* (*pour une baignoire*) Badewannenaufsatz *m* **pare-étincelles** [paʀetɛ̃sɛl] *m inv* [Schutz]gitter *nt,* Ofenschirm *m* **pare-feu** [paʀfø] **I.** *adj inv* feuerbeständig; **dispositif** ~ Feuerschutzvorrichtung *f;* **porte** ~ Feuertür *f* **II.** *m inv* ❶ (*pare-étincelles*) [Schutz]gitter *nt,* Ofenschirm *m* ❷ (*en forêt*) Feuerschneise *f*

pareil(le) [paʀɛj] **I.** *adj* ❶ (*identique*) gleich; **être** ~(**le**) **à qn/qc** jdm/einer S. gleich sein; **être** ~(**le**) **que qn/qc** [genau]so wie jd/etw sein
❷ (*tel*) solche(r, s), derartige(r, s); ~**le chose** eine derartige Sache; **en** ~**le circonstance/occasion** unter solchen Umständen/bei solch einer Gelegenheit
II. *m(f) pl péj* (*semblable*) **vous et vos** ~**s** Sie und Ihresgleichen/ihr und euresgleichen
▸ **c'est du** ~ **au même** *fam* das ist gehupft wie gesprungen (*fam*), das ist Jacke wie Hose (*fam*); **il n'a pas son** ~ **pour raconter des contes** niemand versteht es so gut wie er[,] Märchen zu erzählen; **rendre la** ~**le à qn** es jdm mit gleicher Münze heimzahlen; **sans** ~(**le**) ohnegleichen
III. *adv fam s'habiller* gleich; **faire** ~ das Gleiche tun

pareillement [paʀɛjmɑ̃] *adv* ❶ (*également*) ebenso, ebenfalls; **bonne année! – à vous** ~**!** pros[i]t Neujahr! – gleichfalls!
❷ (*de la même façon*) gleich

parement [paʀmɑ̃] *m* COUT [Ärmel]aufschlag *m;* ~ **de dentelle** Spitzenbesatz *m*

parenchyme [paʀɑ̃ʃim] *m* ANAT, BOT Parenchym *nt*

parent [paʀɑ̃] *m* ❶ *gén pl* (*le père et la mère*) Eltern *Pl;* ~**s adoptifs** Adoptiveltern; **un des deux** ~**s** ein Elternteil *m;* ~ **unique** allein Erziehende(r) *f(m),* Alleinerziehende(r) *f(m);*

être ~ unique allein erziehend sein
❷ BIO Elternteil *m*, Elter *nt o m* (*Fachspr.*)
❸ *pl littér* (*ancêtres*) Vorfahren *Pl*
❹ (*personne de la famille*) Verwandte(r) *m*; **être ~ avec qn par qn** über jdn mit jdm verwandt sein
▶ **être le ~ pauvre de qn/qc** das Stiefkind von jdm/einer S. (*Gen*) sein, von jdm/etw benachteiligt werden

parental(e) [paʀɑ̃tal, o] <-aux> *adj* elterlich

parente [paʀɑ̃t] *f* (*personne de la famille*) Verwandte *f*; **être ~ avec qn par qn** über jdn mit jdm verwandt sein

parenté [paʀɑ̃te] *f* ❶ (*lien familial*) Verwandtschaft *f*; **~ entre des personnes** Verwandtschaftsverhältnis *nt* zwischen Menschen (*Dat*); JUR Verwandtschaftsgrad *m* zwischen Menschen (*Dat*)
❷ (*analogie*) Ähnlichkeit *f*
❸ (*ensemble des parents*) Verwandtschaft *f*

parenthèse [paʀɑ̃tɛz] *f* ❶ TYP [runde] Klammer; MATH Klammer
❷ (*digression*) Exkurs *m*, Einschub *m*; **fermer/ouvrir la** [*o* **une**] **~** zum eigentlichen Thema zurückkommen/eine Zwischenbemerkung einfügen; **soit dit entre ~s** nebenbei bemerkt
❸ (*incident*) Intermezzo *nt*, Zwischenspiel *nt*
▶ **mettre qc entre ~s** TYP etw in Klammern setzen; (*oublier provisoirement qc*) etw ausklammern

paréo [paʀeo] *m* Pareo *m*, Hüfttuch *nt*

parer¹ [paʀe] <1> **I.** *vt* ❶ (*orner*) **~ qn/qc de qc** jdn/etw mit etw schmücken
❷ (*attribuer à*) **~ qn de toutes les vertus** jdm alle Tugenden zuschreiben
❸ (*préparer*) gerben *cuir, peaux*; vorbereiten *viande*
II. *vpr* ❶ **se ~ de bijoux/de dentelles** sich mit Schmuck/Spitzen schmücken
❷ *fig littér* (*s'attribuer*) **se ~ d'un titre** sich (*Dat*) [selbst] einen Titel zulegen

parer² [paʀe] <1> **I.** *vt* abwehren *attaque, coup*; entkräften *argument*
II. *vi* **~ à un danger** eine Gefahr abwenden; **~ à un inconvénient** einem Missstand abhelfen

pare-soleil [paʀsɔlɛj] *m inv* AUT Sonnenblende *f*

paresse [paʀɛs] *f* Faulheit *f*, Bequemlichkeit *f*; **~ intellectuelle/physique** geistige/körperliche Trägheit; **~ intestinale** Darmträgheit

paresser [paʀese] <1> *vi* **~ au** [*o* **dans son**] **lit** im Bett [herum]faulenzen

paresseuse [paʀesøz] *f* Faulenzerin *f*

paresseusement [paʀesøzmɑ̃] *adv* ❶ (*avec paresse*) faul
❷ (*avec lenteur*) *avancer* schwerfällig; *couler* träge

paresseux [paʀesø] *m* ❶ (*personne*) Faulenzer *m*
❷ ZOOL Faultier *nt*

paresseux, -euse [paʀesø, -øz] *adj* ❶ *personne* faul, bequem; *attitude* lässig; *démarche* schwerfällig; *esprit, caractère* träge
❷ MED *estomac, intestin* träge

parfaire [paʀfɛʀ] <*irr, déf*> *vt* vervollkommnen

parfait [paʀfɛ] *m* ❶ GRAM Perfekt *nt*
❷ GASTR Parfait *nt*; **~ au café** Mokkaparfait

parfait(e) [paʀfɛ, ɛt] *adj* ❶ (*sans défaut*) perfekt; *travail, manières* tadellos, perfekt; *élève, employé, mari* vorbildlich, perfekt; *condition, exemple* ideal; *beauté* vollendet
❷ (*qui répond exactement à un concept*) *discrétion, harmonie* vollkommen; *ignorance, accord* völlig; *amour* vollendet; *exemple* typisch; **le type ~ du banquier** ein Bankfachmann, wie er im Buche steht
❸ *antéposé* (*modèle*) *gentleman* vollendet; *idiot, crapule* ausgemacht

parfaitement [paʀfɛtmɑ̃] *adv* ❶ (*de façon parfaite*) *parler une langue* perfekt; *savoir, comprendre* [ganz] genau
❷ (*tout à fait*) völlig, vollkommen; *idiot, ridicule* ausgesprochen; **être ~ au courant** bestens informiert sein
❸ (*oui, bien sûr*) [aber] natürlich [*o* sicher]

parfois [paʀfwa] *adv* ❶ (*de temps en temps*) manchmal, gelegentlich
❷ (*dans certains cas*) manchmal, mitunter

parfum [paʀfœ̃] *m* ❶ (*substance*) Parfum *nt*, Parfüm *nt*; (*d'origine naturelle*) Duftstoff *m*
❷ (*odeur*) Duft *m*
❸ GASTR Geschmack *m*; **~ framboise** Himbeergeschmack; **je voudrais une glace – quel ~?** ich möchte ein Eis – welche Sorte?
▶ **être au ~** *fam* im Bilde sein, Bescheid wissen; **mettre qn au ~** *fam* jdn aufklären

parfumer [paʀfyme] <1> **I.** *vt* ❶ (*donner une bonne odeur*) **qc parfume la cuisine** die Küche duftet nach etw
❷ (*imprégner de parfum*) parfümieren *linge*
❸ GASTR **~ qc** etw aromatisieren, einer S. (*Dat*) Geschmack verleihen; **~ des crêpes avec du rhum** Crêpes [*o* Krepps] mit Rum verfeinern; **parfumé au café/au rhum** mit Kaffee-/Rumgeschmack
II. *vpr* **se ~** sich parfümieren

parfumerie [paʀfymʀi] *f* ❶ (*magasin, usine*) Parfümerie *f*
❷ (*produits*) Parfümeriewaren *Pl*
❸ (*fabrication*) Parfumherstellung *f*, Parfümherstellung *f*

parfumeur, -euse [paʀfymœʀ, -øz] *m, f* ❶ (*fabricant*) Parfumeur *m*, Parfumhersteller(in) *m(f)*, Parfümhersteller(in) *m(f)*
❷ (*propriétaire d'une parfumerie*) Parfümerieinhaber(in) *m(f)*

pari [paʀi] *m* JEUX, SPORT Wette *f*; **faire un ~** wetten, eine Wette eingehen; **faire le ~ que qn va faire qc** wetten, dass jd etw tun wird
▶ **~ mutuel** Totalisator *m*, Toto *nt*

paria [paʀja] *m* ❶ Ausgestoßene(r) *f(m)*
❷ (*en Inde*) Paria *m*

parier [paʀje] <1a> **I.** *vt* **~ qc à qn** mit jdm um etw wetten; **~ à qn que qn va faire qc** mit jdm wetten, dass jd etw tun wird; **~ qc sur qn/un animal/qc** etw auf jdn/ein Tier/etw setzen; **tu paries que j'y arrive!** wetten, dass ich es schaffe!; **je parie tout ce que tu veux que qn va faire qc** ich gehe jede Wette ein, dass jd etw tun wird
II. *vi* wetten; **~ sur qn/un animal/qc** auf jdn/ein Tier/etw setzen [*o* wetten]; **~ aux courses** Rennwetten abschließen, bei Pferderennen wetten

pariétal(e) [paʀjetal, o] <-aux> *adj* (*en rapport avec les parois d'une cavité*) **os ~** Scheitelbein *nt*; **lobe ~** Scheitellappen *m*; **peinture ~e** Höhlenmalerei *f*

parieur, -euse [paʀjœʀ, -jøz] *m, f* Wetter(in) *m(f)*

parigot(e) [paʀigo, ɔt] *adj pop* pariserisch

Parigot(e) [paʀigo, ɔt] *m(f) fam* Pariser(in) *m(f)*

Paris [paʀi] *m* Paris *nt*
▶ **~ ne s'est pas fait en un jour** *prov* Rom wurde [auch] nicht an einem Tag erbaut [*o* gebaut]

paris-brest [paʀibʀɛst] <paris-brest[s]> *m Cremegebäck*

parisianisme [paʀizjanism] *m* ❶ (*façon de parler*) [typischer] Pariser Ausdruck
❷ (*habitude*) [typische] pariserische [An]gewohnheit

parisien(ne) [paʀizjɛ̃, jɛn] *adj* Pariser; *mode* pariserisch, Pariser; **la vie ~ne** das Pariser Leben, das Leben in Paris

Parisien(ne) [paʀizjɛ̃, jɛn] *m(f)* Pariser(in) *m(f)*

paritaire [paʀitɛʀ] *adj* paritätisch; **représentation ~** paritätische Mitbestimmung

parité [paʀite] *f* ❶ (*égalité*) *des idées* Übereinstimmung *f*; **~ des** [*o* **entre les**] **salaires** Lohngleichheit *f*, Lohnparität *f*
❷ FIN (*cours*) Parität *f*

parjure [paʀʒyʀ] **I.** *adj* eidbrüchig, meineidig
II. *mf* Eidbrüchige(r) *f(m)*, Meineidige(r) *f(m)*
III. *m* Meineid *m*; **commettre un ~** einen Meineid schwören

parjurer [paʀʒyʀe] <1> *vpr* **se ~** einen Meineid schwören

parka [paʀka] *m o f* Parka *m*

parking [paʀkiŋ] *m* Parkplatz *m*; **~ souterrain** Tiefgarage *f*

P

parkinsonien(ne) [paʀkinsɔnjɛ̃, jɛn] *m(f)* an der Parkinsonkrankheit Leidende(r) *f(m)*

parlant(e) [paʀlɑ̃, ɑ̃t] *adj* ❶ (*éloquent*) *chiffres* [für sich selbst] sprechend; *preuve, exemple* deutlich; **ces chiffres sont ~s** diese Zahlen sprechen für sich
❷ (*très expressif*) *comparaison, description* anschaulich; *geste, regard* ausdrucksvoll
❸ TECH **cinéma/film ~** Tonfilm *m;* **horloge ~e** Zeitansage *f*
❹ *fam* (*bavard*) **ne pas être très ~(e)** nicht sehr gesprächig sein

parlé(e) [paʀle] *adj* gesprochen

Parlement [paʀləmɑ̃] *m* Parlament *nt;* **~ européen** Europäisches Parlament

parlementaire [paʀləmɑ̃tɛʀ] **I.** *adj* parlamentarisch; **débat/commission ~** Parlamentsdebatte *f*/-ausschuss *m;* **indemnité(s) ~(s)** Diäten *Pl*
II. *mf* ❶ Parlamentarier(in) *m(f)*, [Parlaments]abgeordnete(r) *f(m);* **~ européen(ne)** Abgeordnete(r) *f(m)* des Europäischen Parlaments
❷ (*médiateur*) Unterhändler(in) *m(f)*

parlementarisme [paʀləmɑ̃taʀism] *m* Parlamentarismus *m*

parlementer [paʀləmɑ̃te] <1> *vi* ❶ (*négocier*) **~ avec qn** mit jdm verhandeln; **~ avec l'ennemi** in Unterhandlungen mit dem Feind treten
❷ (*discuter*) hin und her reden [*o* diskutieren]

parler [paʀle] <1> **I.** *vi* ❶ sprechen; **~ bas/haut/du nez** leise/laut/durch die Nase sprechen
❷ (*exprimer*) sprechen, reden; **~ avec les mains** mit den Händen reden; **~ par gestes** sich mit Gesten verständigen; **~ en l'air/à tort et à travers** etwas aufs Geratewohl sagen/ins Blaue hinein reden; **~ pour ne rien dire** belangloses Zeug reden; **~ pour qn** für jdn [*o* in jds Namen (*Dat*)] sprechen; **laisser ~ qn** jdn reden [*o* zu Wort kommen] lassen; **faire ~ les armes** die Waffen sprechen lassen; **les faits parlent d'eux-mêmes** die Fakten sprechen für sich
❸ (*converser, discuter*) **~ de qn/qc avec qn** mit jdm über jdn/etw [*o* von jdm/etw] sprechen [*o* reden]; (*longuement*) sich mit jdm über jdn/etw unterhalten; **~ de la pluie et du beau temps/de choses et d'autres** über Gott und die Welt *fam*/über dies und das reden
❹ (*entretenir*) **~ de qn/qc à qn** (*dans un but précis*) mit jdm über jdn/etw sprechen [*o* reden]; (*raconter*) jdm von jdm/etw erzählen
❺ (*adresser la parole*) **~ à qn** jdn ansprechen
❻ (*avoir pour sujet*) **~ de qn/qc** *film, livre:* von jdm/etw erzählen [*o* handeln]; *article, journal:* über jdn/etw berichten; (*brièvement*) jdn/etw erwähnen
❼ (*en s'exprimant de telle manière*) **humainement parlant** vom menschlichen Standpunkt aus [betrachtet]
▸ **faire ~ de soi** von sich reden machen; **sans ~ de qn/qc** ganz zu schweigen von jdm/etw; **moi qui vous parle** *fam* so wahr ich hier stehe
II. *vt* ❶ sprechen *langue*
❷ (*aborder un sujet*) **~ affaires/politique** über Geschäftliches/über Politik (*Akk*) reden [*o* sprechen]; **adorer ~ politique** gern[e] politisieren
III. *vpr* ❶ **se ~** *langue:* gesprochen werden
❷ (*s'entretenir*) **des personnes se parlent** Menschen sprechen miteinander; **se ~ à soi-même** mit sich (*Dat*) selbst reden, Selbstgespräche führen
❸ (*s'adresser la parole*) **ne plus se ~** nicht mehr miteinander reden
IV. *m* ❶ (*manière*) Sprache *f*, Sprechweise *f*
❷ (*langue régionale*) Mundart *f*

parleur, -euse [paʀlœʀ, -øz] *m, f* Schwätzer(in) *m(f);* **un beau ~** *péj* ein Schönredner *m*

parloir [paʀlwaʀ] *m d'une prison, d'un internat, hôpital* Besuchszimmer *nt; d'un couvent, d'une école* Sprechzimmer *nt*

parlot[t]e [paʀlɔt] *f fam* [leeres] Gerede, Geschwätz *nt* (*fam*)

parme [paʀm] *adj inv* blassviolett

parmesan [paʀməzɑ̃] *m* Parmesan[käse *m*] *m*

parmi [paʀmi] *prép* ❶ (*entre*) unter (+ *Dat*), von; **pas un seul ~ les élèves n'avait ...** keiner von den Schülern hatte ...; **un exemple ~ d'autres** ein Beispiel *nt* unter [*o* von] vielen; **compter qn ~ ses amis** jdn zu seinen Freunden zählen
❷ (*dans*) (*sans mouvement*) [mitten] unter (+ *Dat*); (*avec mouvement*) [mitten] durch; **avancer ~ les rues désertes** durch die leeren Straßen gehen; **~ les spectateurs, je salue ...** unter den Zuschauern begrüße ich ...

parodie [paʀɔdi] *f* ❶ LITTER, ART Parodie *f;* **être une ~ de qc** eine Parodie auf etw (*Akk*) sein
❷ *fig* Farce *f;* **c'était une ~ de procès** der Prozess war eine [einzige] Farce

parodier [paʀɔdje] <1a> *vt* parodieren *auteur, œuvre, style;* nachmachen, nachahmen *personne;* in abgewandelter Form wiedergeben *mot, phrase, expression;* **pour ~ un mot/une phrase célèbre ...** in Abwandlung eines berühmten Ausspruches/Satzes ...

parodique [paʀɔdik] *adj* parodistisch

paroi [paʀwa] *f* ❶ *d'un récipient, véhicule, d'une baignoire* [Innen]wand *f; d'une caverne* Wand
❷ (*cloison*) Trennwand *f*
❸ ANAT Wand *f;* **~ abdominale** Bauchdecke *f*
❹ (*roc, muraille*) [Fels]wand *f*

paroisse [paʀwas] *f* Pfarrgemeinde *f*
▸ **prêcher pour sa ~** *fam* in eigener Sache sprechen

paroissial(e) [paʀwasjal, jo] <-aux> *adj* **église ~e** Pfarrkirche *f*

paroissien(ne) [paʀwasjɛ̃, jɛn] *m(f)* Gemeinde[mit]glied *nt*, Mitglied der Pfarrgemeinde

parole [paʀɔl] *f* ❶ *souvent pl* (*mot*) Wort *nt;* **une ~ célèbre** ein berühmter Ausspruch; **ne pas comprendre le sens des ~s de qn** nicht verstehen, was jd [damit] meint; **ne pas prononcer une ~** kein Wort sagen; **assez de ~s!** genug der Worte!
❷ (*promesse*) **~ d'honneur** Ehrenwort *nt;* **femme/homme de ~** zuverlässige Frau/zuverlässiger Mann; **croire qn sur ~** jdm aufs Wort glauben; **avoir la ~ de qn** jds [Ehren]wort haben; **donner sa ~ d'honneur à qn de faire qc** jdm sein Ehrenwort geben etw zu tun; **tenir** [*o* **être de**] **~** Wort halten; **manquer à sa ~** sein Wort brechen
❸ *sans pl* (*faculté de parler*) Sprache *f;* **perdre/retrouver la ~** die Sprache verlieren/wieder finden
❹ *sans pl* (*fait de parler*) **ne plus adresser la ~ à qn** nicht mehr mit jdm reden; **couper la ~ à qn** jdn unterbrechen
❺ *sans pl* (*droit de parler*) **avoir/prendre/demander la ~** das Wort haben/ergreifen/um das Wort bitten; **donner/refuser/retirer la ~ à qn** jdm das Wort erteilen/verweigern/entziehen; **temps de ~** Redezeit *f*
❻ *pl* MUS Text *m*
▸ **la ~ est d'argent et** [*o* **mais**] **le silence est d'or** *prov* Reden ist Silber, Schweigen ist Gold; **être ~ d'évangile pour qn** für jdn [ein] Evangelium sein; **ne pas être ~ d'évangile** nicht der Weisheit letzter Schluss sein; **prêcher** [*o* **porter**] **la bonne ~** REL Gottes Wort verkünden; *iron* schöne Reden halten; **avoir la ~ facile** redegewandt sein; **boire les ~s de qn** an jds Lippen (*Dat*) hängen; **ma ~!** (*je le jure!*) ich schwörs!; (*exprimant l'étonnement*) das gibt es doch nicht!
◆ **~ de Dieu** Gottes Wort *nt*

parolier, -ière [paʀɔlje, -jɛʀ] *m, f d'un opéra, d'une œuvre musicale* Textdichter(in) *m(f); d'une chanson* Texter(in) *m(f)*

paronyme [paʀɔnim] LING *adj* LING stammverwandt, paronymisch

parotide [paʀɔtid] *f* ANAT Ohrspeicheldrüse *f*, Parotis *f* (*Fachspr.*)

paroxysme [paʀɔksism] *m d'un sentiment, d'une crise* Höhepunkt *m; d'une maladie* Paroxysmus *m;* **être au ~ de la colère/douleur** außer sich vor Wut/Schmerz (*Dat*) sein; **le bruit est au** [*o* **à son**] ~ der Lärm ist auf dem/seinem Höhepunkt angelangt

paroxystique [paʀɔksistik] *adj situation, phase* kritisch

parpaing [paʀpɛ̃] *m* CONSTR Leichtbaustein *m*

parquer [paʀke] <1> *vt* ❶ einpferchen *animaux*
❷ *péj* (*entasser*) ~ **des personnes dans qc** Menschen in etw (*Dat*) zusammenpferchen
❸ (*garer*) parken, abstellen *véhicule*

parquet [paʀkɛ] *m* ❶ Holzfußboden *m,* Parkett[boden *m*] *nt*
❷ JUR Staatsanwaltschaft *f*

parqueter [paʀkəte] <3> *vt* TECH parkettieren

parrain [paʀɛ̃] *m* ❶ Patenonkel *m,* Pate *m,* Göd *m* (A); ~ **du bateau** Schiffspate
❷ (*celui qui introduit qn dans un groupe*) Fürsprecher *m,* Bürge *m*
❸ (*celui qui parraine qn, qc*) *d'un acteur, artiste* Förderer *m; d'une fondation, d'un projet* Schirmherr *m; d'une entreprise, initiative* Sponsor *m*
❹ *fig de la mafia* Pate *m*

parrainage [paʀɛnaʒ] *m* (*soutien*) Schirmherrschaft *f;* (*financier*) [finanzielle] Förderung

parrainer [paʀene] <1> *vt* ❶ (*apporter son soutien*) ~ **qc** die Schirmherrschaft für etw übernehmen
❷ (*introduire*) ~ **qn** für jdn bürgen
❸ (*sponsoriser*) fördern, sponsern

parraineur, -euse [paʀɛnœʀ, -øz] *m, f* Sponsor(in) *m(f)*

parricide [paʀisid] **I.** *adj* **fils** ~ (*quant au père*) Vatermörder *m;* (*quant à la mère*) Muttermörder; **crime** ~ Vater-/Muttermord *m*
II. *m* (*quant au père*) Vatermord *m;* (*quant à la mère*) Muttermord *m*
III. *mf* (*quant au père*) Vatermörder(in) *m(f);* (*quant à la mère*) Muttermörder(in) *m(f)*

parsemer [paʀsəme] <4> *vt* ❶ (*disperser*) ~ **un gâteau de qc** einen Kuchen mit etw bestreuen; ~ **le sol** auf dem Boden verstreut liegen; ~ **son devoir/son discours de qc** seine Aufgabe/seine Rede mit etw spicken
❷ (*être répandu sur*) *chose:* bedecken; **être parsemé(e) de qc** mit etw übersät sein; **un champ parsemé de fleurs** ein Feld *nt* voller Blumen; **un chemin parsemé d'embûches** ein Weg *m* voller Hindernisse

parsi(e) [paʀsi] REL **I.** *adj* parsisch
II. *m(f)* Parse *m*

part [paʀ] *f* ❶ (*portion*) Teil *m;* **une ~ de gâteau/de légumes** ein Stück Kuchen/eine Portion Gemüse
❷ (*partie*) Teil *m;* **une bonne/infime ~ de qc** ein großer/geringer Teil einer S. (*Gen*) [*o* von etw]
❸ (*participation*) ~ **dans qc** Anteil *m* an etw (*Dat*); **avoir ~ à qc** einen Anteil an etw (*Dat*) haben, an etw (*Dat*) beteiligt sein; **prendre une ~ importante dans le succès d'un projet** entscheidend zum Erfolg eines Projektes beitragen; **prendre ~ à une manifestation/à un débat** an einer Demonstration/Debatte teilnehmen; **prendre ~ aux frais** sich an den Kosten beteiligen
❹ ECON, FIN, JUR Anteil *m*
❺ FISC Steueranteil *m*
▶ **faire la ~ des choses** allen Faktoren Rechnung tragen; **faire la ~ du feu** ein Opfer bringen; **avoir/réclamer** [*o* **vouloir**] **sa ~ de gâteau** auch ein Stück vom Kuchen abbekommen/wollen (*fam*); **se réserver la meilleure ~ du gâteau** das Beste für sich behalten; **se tailler la ~ du lion** den Löwenanteil einstecken; **autre ~** *fam* anderswo; **d'une ~..., d'autre ~ ...** einerseits ..., andererseits ...; **d'autre ~** außerdem, übrigens; **être de ~ et d'autre de qn/qc** auf beiden Seiten einer Person/einer S. (*Gen*) sein; **se placer de ~ et d'autre de qn/qc** sich auf beide Seiten einer Person/einer S. (*Gen*) stellen; **citoyen(ne) à ~ entière** Vollbürger(in) *m(f);* **membre à ~ entière** Vollmitglied *nt;* **un Français à ~ entière** ein Franzose mit allen Rechten und Pflichten; **se sentir Français à ~ entière** sich ganz und gar als Franzose fühlen; **nulle ~** nirgendwo; **voir/lire/entendre quelque ~** irgendwo; **aller/jeter quelque ~** irgendwohin gehen/werfen; **de toute[s] ~[s]** von allen Seiten; **faire ~ de qc à qn** jdm etw mitteilen; **prendre qn à ~** jdn beiseite nehmen; **cas/place à ~** besonderer Fall/Platz; **classer/ranger à ~** getrennt einsortieren; **un cas à ~** ein Fall für sich; **mettre qc à ~** etw beiseite legen; **à ~ qn/qc** abgesehen von jdm/etw; **à ~ ça** *fam* abgesehen davon, ansonsten; **à ~ que qn a fait qc** *fam* abgesehen davon, dass jd etw getan hat; **de ma/sa ~/de la ~ de qn** in meinem/seinem/ihrem Auftrag/in jds Auftrag (*Dat*); **donner à qn le bonjour de la ~ de qn** jdn von jdm grüßen; **pour ma/sa ~** was mich/ihn/sie betrifft
◆ ~ **de marché** Marktanteil *m*

partage [paʀtaʒ] *m* ❶ (*division, répartition*) *d'un terrain, gâteau, butin, d'aliments* Aufteilung *f; d'une surface, pièce* Unterteilung *f,* Aufteilung; *des voix* Verteilung *f;* **le ~ des voix entre les candidats est le suivant:** die Stimmen verteilen sich wie folgt auf die Kandidaten:
❷ (*fait de partager*) *d'un appartement* Teilen *nt;* **il y a ~ des responsabilités entre les deux conducteurs** die beiden Fahrer tragen gemeinsam die Verantwortung
▶ **régner sans ~** uneingeschränkt herrschen; **autorité/pouvoir sans ~** unbestrittene Autorität/Macht; **fidélité sans ~** absolute Treue
◆ ~ **de la succession** Nachlassspaltung *f*

partageable [paʀtaʒabl] *adj frais* aufteilbar; *gâteau* teilbar

partager [paʀtaʒe] <2a> **I.** *vt* ❶ (*diviser*) teilen *gâteau;* aufteilen *pièce, terrain;* ~ **qc en qc** etw in etw (*Akk*) [auf]teilen; ~ **en deux/quatre** halbieren/vierteln
❷ (*répartir*) ~ **qc entre des personnes/choses/qc et qc** etw unter Menschen/Dingen/zwischen etw und etw (*Dat*) aufteilen
❸ (*avoir en commun*) teilen *appartement, frais, bénéfices, passions, goûts;* teilen, gemeinsam tragen *responsabilité*
❹ (*s'associer à*) ~ **l'avis/la joie/les soucis de qn** jds Ansicht/Freude/Sorgen teilen; ~ **la déception/surprise de qn** genauso enttäuscht/überrascht wie jd sein; **être partagé(e)** *frais:* geteilt werden; *avis:* geteilt sein; *plaisir, amour:* gegenseitig sein; **les torts sont partagés** (*entre tous*) die Schuld liegt bei allen [zusammen]; (*entre deux personnes*) die Schuld liegt bei beiden
❺ (*donner une part de ce que l'on possède*) ~ **qc avec qn** etw mit jdm teilen
❻ (*hésiter*) **être partagé(e) entre qc et qc** zwischen etw und etw (*Dat*) hin- und hergerissen sein
❼ (*être d'opinion différente*) **ils sont partagés sur qc/en ce qui concerne qc** sie sind geteilter Meinung über etw (*Akk*)/, was etw anbelangt
II. *vpr* ❶ (*se diviser*) **se ~ en qc** sich in etw (*Akk*) teilen; **se ~ en deux** sich in zwei Hälften [*o* Teile] teilen
❷ (*se répartir*) **se ~ qc** etw unter sich (*Dat*) aufteilen, sich (*Dat*) etw teilen; **se ~ entre** *voix:* sich verteilen auf (+ *Akk*); **se ~ entre qc et qc** *réactions:* zwischen etw (*Dat*) und etw schwanken

partageur, -euse [paʀtaʒœʀ, -ʒøz] *adj* **être ~(-euse)** gern[e] teilen

partagiciel [paʀtaʒisjɛl] *m* CAN Shareware *f*

partance [paʀtɑ̃s] **être en ~** *avion:* abflugbereit sein; *train, bateau:* abfahrbereit sein; **le train en ~ pour Paris** der Zug nach Paris

partant(e) [paʀtɑ̃, ɑ̃t] **I.** *adj fam* **être ~(e) pour qc** bei etw mitmachen (*fam*); **je suis ~(e)!** ich bin dabei! (*fam*)
II. *m(f)* ❶ (*opp: arrivant*) Abfahrende(r) *f(m),* Abreisende(r) *f(m)*
❷ SPORT Teilnehmer(in) *m(f),* Starter(in) *m(f);* **non ~(e)** Nichtstarter(in)

P

partenaire [paʀtənɛʀ] *mf* Partner(in) *m(f)*; ~ **social** Tarifpartner *m*
partenariat [paʀtənaʀja] *m* **en** ~ in Zusammenarbeit (*Dat*)
parterre [paʀtɛʀ] *m* ① ~ **de fleurs** Blumenbeet *nt*
② THEAT Parkett *nt;* **prendre des places au** ~ Parkettplätze nehmen
parthénogenèse [paʀtenoʒenɛz, -ʒənɛz] *f* Parthenogenese *f*
parti [paʀti] *m* ① POL Partei *f;* ~ **de droite/gauche** Rechts-/Linkspartei; ~ **unique** Einheitspartei; ~ **travailliste** Labour Party *f;* **adhérer à un** ~ Mitglied einer Partei (*Gen*) sein; **voter pour un** ~ eine Partei wählen
② (*camp*) **se ranger du** ~ **de qn** sich jds Meinung (*Dat*) anschließen
③ (*personne à marier*) Partie *f;* **un beau** ~ eine gute Partie
▸ ~ pris Voreingenommenheit *f;* **être de** ~ **pris** eine vorgefasste Meinung haben; **de/sans** ~ **pris** voreingenommen/unvoreingenommen; prendre ~ **pour/contre qn** für gegen/jdn Partei ergreifen; prendre **son** ~ sich entschließen; **mon** ~ **est pris** mein Entschluss steht fest; prendre **son** ~ **de qc** sich mit etw abfinden; prendre **le** ~ **de faire qc** sich entschließen etw zu tun; tirer ~ **de qc** Nutzen aus etw ziehen

i Land & Leute

Die wichtigsten **partis politiques** Frankreichs sind: *le PS (Parti Socialiste), le PCF (Parti Communiste Français), l'UDF (Union pour la Démocratie Française), le RPR (Rassemblement pour la République), le RPF (Rassemblement pour la France), le MPF (Mouvement pour la France), le FN (Front National)* und *les Verts.*
Die Sammelbewegung für die Republik RPR ging im Juli 2002 zusammen mit der Chirac-Partei *DL (Démocratie Libérale)* in der neuen Partei *UMP (l'Union pour la Majorité Présidentielle)* auf, die sich im November 2002 als *Union pour un Mouvement Populaire* neu gründete.

parti(e) [paʀti] *part passé de* **partir**
partial(e) [paʀsjal, jo] <-aux> *adj* parteiisch; *juge* parteiisch, befangen; *critique* nicht objektiv
partialement [paʀsjalmɑ̃] *adv littér* parteiisch, in einseitiger Weise
partialité [paʀsjalite] *f* Parteilichkeit *f;* **agir avec** ~ voreingenommen handeln
participant(e) [paʀtisipɑ̃, ɑ̃t] **I.** *adj* **personnes** ~**es** Teilnehmer *Pl*
II. *m(f) a.* JUR, ECON Teilnehmer(in) *m(f);* ~**s d'un débat** Diskussionsteilnehmer *Pl*
participatif, -ive [paʀtisipatif, -iv] *adj* ECON *direction, gestion* in dem/der Mitbestimmung herrscht; *politique* der Mitbestimmung; *prêt, titre* Partizipations-
participation [paʀtisipasjɔ̃] *f* ① *a.* JUR (*présence, contribution*) Beteiligung *f;* ~ **électorale** Wahlbeteiligung; **avec la** ~ **de** unter Mitwirkung von
② FIN (*partage*) Beteiligung *f*
③ (*droit de regard*) Mitbestimmung *f,* Mitsprache *f;* **la** ~ **des élèves à la vie du lycée** die aktive Beteiligung der Gymnasiasten am Schulgeschehen
◆ ~ **aux bénéfices** Gewinnbeteiligung *f* [der Arbeitnehmer]; ~ **aux frais** Unkostenbeteiligung *f*
participe [paʀtisip] *m* Partizip *nt*
participer [paʀtisipe] <1> *vi* ① (*prendre part à*) ~ **à une réunion/à un colloque** an einer Sitzung/an einem Kolloquium teilnehmen
② (*collaborer à*) ~ **à la conversation** sich am Gespräch beteiligen
③ (*payer, encaisser une part de*) ~ **aux frais** sich an den Kosten beteiligen; ~ **aux bénéfices** am Gewinn beteiligt sein/werden
④ (*partager*) ~ **à la joie de qn** an jds Freude (*Dat*) teilhaben; ~ **à la douleur de qn** an jds Schmerz (*Dat*) Anteil nehmen
participial(e) [paʀtisipjal, jo] <-aux> *adj* Partizipial-
participiale [paʀtisipjal] *f* Partizipialkonstruktion *f*
particulariser [paʀtikylaʀize] <1> *vt* ① *vieilli* (*exposer avec détails*) ausführlich darlegen
② (*singulariser*) spezifizieren
particularisme [paʀtikylaʀism] *m* Partikularismus *m*
particularité [paʀtikylaʀite] *f* Besonderheit *f,* besonderes Merkmal; *d'une personne* besonderes Merkmal, Eigenheit *f;* **qn/qc a** [*o* **présente**] **la** ~ **de** das Besondere an jdm/etw ist, dass
particule [paʀtikyl] *f* ① (*grain*) Teilchen *nt,* Partikel *nt;* ~ **de sable** Sandkörnchen *nt;* ~ **élémentaire** Elementarteilchen
② GRAM Partikel *f*
③ (*préposition*) ~ **nobiliaire** Adelsprädikat *nt;* **porter un nom à** ~ einen Namen mit „von" tragen
particulier [paʀtikylje] *m* (*personne privée*) Privatmann *m,* Privatperson *f;* ADMIN Einzelne(r) *f(m);* **la collection appartient à un** ~ die Sammlung ist in Privatbesitz; **vente aux** ~**s** Verkauf *m* [auch] an privat
particulier, -ière [paʀtikylje, -jɛʀ] *adj* ① (*spécifique*) *aspect, exemple* [ganz] bestimmt; *trait* typisch, charakteristisch; **"signes** ~**s néant"** „keine besonderen Kennzeichen"; **être** ~**(-ière) à qn/qc** jdm/einer S. eigen sein, charakteristisch für jdn/etw sein
② (*spécial*) besondere(r, s); *cas* Sonder-; **aptitudes particulières** besondere Begabungen *Pl;* **rien de** ~ nichts Besonderes
③ (*privé*) Privat-; **leçons particulières** Nachhilfestunden *Pl;* **hôtel** ~ herrschaftliches Stadthaus; **à titre** ~ als Privatperson
④ (*étrange*) eigenartig; **être d'un genre** ~ aus dem Rahmen fallen
▸ en ~ (*en privé*) unter vier Augen; (*notamment*) besonders; (*séparément*) gesondert
particulièrement [paʀtikyljɛʀmɑ̃] *adv* besonders; **je n'y tiens pas** ~ darauf lege ich keinen besonderen [*o* gesteigerten] Wert
partie [paʀti] *f* ① (*part*) Teil *m;* ~ **supérieure/inférieure** obere/unterer Teil; ~ **centrale** Mittelteil; **la majeure** ~ **du temps** die meiste Zeit; **en** ~ teilweise; **en** ~ **..., en** ~ **...** teils ..., teils ...; **en grande** ~ zum größten Teil; **faire** ~ **de qc** zu etw gehören
② MUS Part *m,* Stimme *f*
③ *pl fam* (*parties sexuelles masculines*) Weichteile *Pl* (*fam*)
④ (*spécialité*) Gebiet *nt,* Fach *nt;* **connaître sa** ~ sein Metier beherrschen
⑤ JEUX, SPORT Spiel *nt,* Partie *f;* ~ **de poker/tennis/d'échecs** Partie Poker/Tennis/Schach; **abandonner la** ~ das Rennen [*o* den Kampf] aufgeben; ~ **nulle** unentschieden; **la** ~ **est jouée** die Würfel sind gefallen
⑥ (*divertissement*) ~ **de campagne** Ausflug *m* aufs Land; ~ **de chasse/pêche** Jagd-/Angelpartie *f*
⑦ JUR Partei *f;* **les deux** ~**s** beide Seiten *Pl;* ~ **adverse** Gegenpartei; ~ **civile** Nebenkläger(in) *m(f)*
⑧ (*adversaire*) ~**s belligérantes** Krieg führende Mächte *Pl*
▸ **la** ~ **cachée de l'**iceberg das wahre Ausmaß der Sache; **faire une** ~ **de** jambes **en l'air** *fam* eine Nummer schieben (*sl*); **faire** ~ **des** meubles [schon] zum Inventar gehören; **ce n'est pas une** ~ **de** plaisir das ist weiß Gott kein Vergnügen; **être** ~ prenante an etw (*Dat*) beteiligt sein; **ce n'est que** ~ remise aufgeschoben ist nicht aufgehoben; être **de la** ~ (*participer*) mit von der Partie sein; (*s'y connaître*) vom Fach sein
partiel [paʀsjɛl] *m* UNIV Klausur *f*
partiel(le) [paʀsjɛl] *adj* Teil-; *information, vision* lückenhaft; *éclipse* partiell; *élection* Nach-, Ersatz-; **chômage** ~ Kurzarbeit *f;* **travail à temps** ~ Teilzeitarbeit *f;* **examen** ~ Klausur *f*
partielle [paʀsjɛl] *f* (*élection*) Nachwahl *f,* Ersatzwahl *f*
partiellement [paʀsjɛlmɑ̃] *adv* teilweise

partir¹ [paʀtiʀ] <10> *vi + être* ❶ (*s'en aller*) [weg]gehen; *automobiliste, voiture, train:* abfahren; *avion:* abfliegen, starten; *lettre:* hinausgehen, wegmüssen; ~ **en courant/en vitesse** losrennen/losstürmen; **tu n'es pas encore parti(e)?** bist du noch nicht weg?; **il faut que je parte!** ich muss jetzt weg!; ~ **sans laisser d'adresse** wegziehen, ohne eine Adresse zu hinterlassen; ~ **en ville** in die Stadt fahren; ~ **pour** [*o* **à**] **Paris** nach Paris fahren; (*pour s'y installer*) nach Paris ziehen; **être parti(e) pour [ses] affaires** auf Geschäftsreise sein; ~ **à l'école** in die Schule gehen/fahren; ~ **à la campagne/dans le Midi** aufs Land/in den Midi fahren; ~ **en vacances** in die Ferien reisen; ~ **en voyage** verreisen; ~ **à la recherche de qn/qc** sich auf die Suche nach jdm/etw machen; ~ **chercher qn** jdn abholen gehen; ~ **poster une lettre** einen Brief einwerfen gehen
❷ (*après un séjour*) abreisen
❸ (*s'en aller pour s'y installer*) ~ **pour** [*o* **à**] **Paris** nach Paris ziehen
❹ (*démarrer*) *coureur:* starten; *moteur:* anspringen; **l'affaire est bien/mal partie** die Angelegenheit lässt sich gut an/fängt schlecht an; **c'est parti!** *fam* es geht los! (*fam*); **à vos marques; prêts? Partez!** auf die Plätze, fertig, los!
❺ (*sauter, exploser*) *fusée:* starten; *coup de feu:* losgehen, sich lösen; **faire** ~ **un pétard** einen Knallkörper zünden
❻ (*se mettre à*) ~ **dans de grandes explications** zu weitschweifigen Erklärungen ausholen; **il est parti pour parler pendant des heures** jetzt wird er stundenlang reden
❼ (*disparaître*) weggehen; *odeur, tache:* weggehen, herausgehen; **ce pantalon part en lambeaux** die[se] Hose löst sich auf; **tout son argent part en livres** sein/ihr ganzes Geld geht für Bücher drauf (*fam*)
❽ *euph* (*mourir*) hinübergehen (*euph geh*)
❾ (*venir de, dater de*) **ce train part de Berlin** dieser Zug fährt von Berlin ab; **notre terrain part de la rivière** unser Grundstück fängt am Fluss an; **l'abonnement part de février** das Abonnement fängt im Februar an; **la deuxième personne en partant de la gauche** die zweite Person von links
❿ (*commencer une opération*) ~ **d'un principe/d'une idée** von einem Prinzip/einem Gedanken ausgehen
▸ **à** ~ **de** (*dans l'espace*) von ... an; (*dans le temps*) ab, von ... an; (*sur la base de*) aus

partir² [paʀtiʀ] <10> *vi v.* **maille**

partisan(e) [paʀtizɑ̃, an] **I.** *adj* ❶ (*favorable à*) **être ~(e) de qc** etw befürworten; **être ~(e) de faire qc** befürworten, etw zu tun
❷ (*sectaire*) parteiisch; *haine* kleinlich; **témoigner d'un esprit** ~ Voreingenommenheit *f* [*o* Parteilichkeit *f*] beweisen
II. *m(f)* ❶ (*adepte*) Befürworter(in) *m(f)*; *d'une idée* Befürworter, Verfechter(in) *m(f)*; *d'une personne* Anhänger(in) *m(f)*
❷ (*franc-tireur*) Partisan *m*

partita [paʀtita, paʀtite] <s *o* partite> *f* MUS Partita *f*

partitif, -ive [paʀtitif, -iv] *adj* **article** ~ Teilungsartikel *m*

partition [paʀtisjɔ̃] *f* ❶ MUS Partitur *f*; **jouer sans** ~ ohne Noten spielen
❷ (*division*) Teilung *f*
❸ INFORM Partition *f*; ~ **active** aktive Partition; ~ **étendue** erweiterte Partition; ~ **principale** primäre Partition

partout [paʀtu] *adv* ❶ überall; **un peu** ~ da und dort; ~ **où ...** überall, wo ...
❷ SPORT **on en est à trois** ~ es steht drei zu drei [unentschieden]; **on en est à deux manches** ~ es steht zwei beide
❸ TENNIS **40** ~ Einstand

partouze [paʀtuz] *f fam* [Sex]orgie *f*

parturiente [paʀtyʀjɑ̃t] *f* Gebärende *f*

parure [paʀyʀ] *f* ❶ *vieilli* (*toilette*) Aufmachung *f*
❷ (*dans la nature*) **la nature a revêtu sa** ~ **d'hiver** die Natur hat ihr Winterkleid angelegt
❸ (*bijoux*) Schmuck *m*; ~ **de diamants** Diamant[en]schmuck
❹ (*ensemble de pièces de linge*) ~ **en soie** seidene Wäschegarnitur; ~ **de lit** Bettgarnitur *f*

parution [paʀysjɔ̃] *f* Erscheinen *nt*

parvenir [paʀvəniʀ] <9> *vi + être* ❶ (*atteindre*) ~ **à une maison/au sommet** zu einem Haus/auf den Gipfel gelangen
❷ (*arriver*) ~ **à qn** *colis, lettre:* jdn erreichen; *bruit:* bis zu jdm dringen; **faire** ~ **une lettre à qn** jdm ein Schreiben zukommen lassen
❸ (*réussir à obtenir*) ~ **à la gloire** zu Ruhm gelangen; ~ **à convaincre qn** jdn überzeugen können
❹ (*atteindre naturellement*) ~ **à un âge avancé** ein hohes Alter erreichen; **être parvenu(e) au terme de sa vie** am Ende seines Lebens angelangt sein

parvenu(e) [paʀvəny] **I.** *adj* neureich
II. *m(f)* Neureiche(r) *f(m)*

parvis [paʀvi] *m* [Kirchen]vorplatz *m*

pas¹ [pɑ] *m* ❶ (*enjambée*) Schritt *m*; **au** ~ **de charge** im Sturmschritt; **au** ~ **de course/de gymnastique** im Laufschritt; **marcher à grands/petits** ~ große/kleine Schritte machen; **marcher d'un bon** ~ kräftig ausschreiten; **avancer/reculer d'un** ~ einen Schritt vorwärts gehen/zurückgehen
❷ *pl* (*trace*) Tritte *Pl*, Fußstapfen *Pl*; **revenir/retourner sur ses** ~ umkehren
❸ (*allure*) *d'un cheval* Schritt *m*; *d'une personne* Schritt, Gang *m*; **marcher au** ~ im Gleichschritt marschieren; **rouler au** ~ [im] Schritttempo fahren; **presser/ralentir le** ~ seine Schritte beschleunigen/langsamer gehen; **le cheval va au** ~ das Pferd geht im Schritt
❹ GEOG (*passage*) **le** ~ **de Calais** die Straße von Dover
❺ TECH ~ **de vis** Schraubengang *m*
❻ (*pas de danse*) [Tanz]schritt *m*; ~ **de tango/valse** Tango-/Walzerschritt
▸ **avancer à** ~ **de <u>géant</u>** sehr schnelle/große Fortschritte machen; **à** ~ **de <u>loup</u>** ganz leise; **faire les <u>cent</u>** ~ auf und ab gehen; **à <u>deux</u>** ~ ganz in der Nähe; **<u>faux</u>** ~ Fehltritt *m*; *fig* Faux-pas *m*; **à** ~ **<u>feutrés</u>** auf leisen Sohlen; **se sortir** [*o* **se tirer**] **d'un <u>mauvais</u>** ~ den Kopf aus der Schlinge ziehen; **politique des <u>petits</u>** ~ Politik *f* der kleinen Schritte; **faire le[s] <u>premier</u>[s]** ~ den ersten Schritt machen; **il n'y a que le <u>premier</u>** ~ **qui coûte** *prov* der erste Schritt ist immer der schwerste; **<u>céder</u> le** ~ **à qn** jdm den Vortritt lassen; **<u>franchir</u>** [*o* **<u>sauter</u>**] **le** ~ den Sprung wagen; **<u>marcher</u> sur les** ~ **de qn** in jds Fußstapfen (*Akk*) treten; **<u>marquer</u> le** ~ auf der Stelle treten; **<u>mettre</u> qn au** ~ jdn zurechtweisen; **ne pas <u>quitter</u> qn d'un** ~ jdm nicht von den Fersen [*o* der Seite] weichen; ~ **<u>à</u>** ~ Schritt für Schritt; **<u>à</u> chaque** ~ (*partout*) auf Schritt und Tritt; (*à chaque instant*) immer und überall; **<u>de</u> ce** ~ sofort, auf der Stelle
◆ ~ **de deux** Pas de deux *m*; ~ **de l'oie** Stechschritt *m*; ~ **de la porte** Türschwelle *f*; **sur le** ~ **de la porte** in der Tür

pas² [pɑ] *adv* ❶ **[ne]** ... ~ nicht; **ne** ~ **croire** nicht glauben; **[ne]** ~ **avoir de stylo/d'argent** keinen Stift/kein Geld haben; **[ne]** ~ **avoir de problème** kein Problem haben; **[ne]** ~ **vouloir de pâtes** keine Nudeln wollen; **il ne fait** ~ **son âge** er sieht jünger aus als er ist; **ce n'est** ~ **que je sois fâché(e), mais ...** nicht [etwa], dass ich wütend bin, aber ...; **je n'ai** ~ **peur** ich habe keine Angst; **j'ai** ~ **le temps** *fam* ich hab keine Zeit (*fam*); **[il n'y a]** ~ **de problème!** kein Problem!; **je n'ai** ~ **la moindre idée** ich habe nicht die geringste Ahnung; **[ne]** ~ **assez/beaucoup ...** nicht genug/viel ...
❷ *sans vb* ~ **de réponse** keine Antwort; ~ **bête!** gar nicht [so] dumm!; **absolument** ~**!** auf keinen Fall!; ~ **encore** noch nicht; ~ **tellement** nicht besonders; ~ **du tout** überhaupt nicht; ~ **le moins du monde** nicht im Geringsten; ~ **que je sache** nicht, dass ich wüsste; ~ **toi?** du nicht?
❸ *avec un adj* nicht; **une histoire** ~ **ordinaire** eine ungewöhnliche Geschichte; **c'est vraiment** ~ **banal!** das ist wirklich etwas Ausgefallenes!

pascal [paskal] <s> *m* ❶ PHYS Pascal *nt*

❷ INFORM PASCAL *nt*

pascal(e) [paskal, o] <-aux> *adj* ❶ (*dans la religion chrétienne*) Oster-, österlich
❷ (*dans la religion juive*) *agneau* Passah-

Pascal [paskal] *m* Pascal *m*

pas-de-géant [pad(ə)ʒeɑ̃] *m inv* SPORT Rundlauf *m* **pas-de-porte** [padpɔʀt] *m inv* COM *Abstandszahlung an den Vermieter eines Geschäftslokals*

passable [pɑsabl] *adj* ❶ leidlich, annehmbar; *produit* einigermaßen [gut], halbwegs [gut]
❷ SCOL ausreichend; [**mention**] ~ Ausreichend *nt*

passablement [pɑsabləmɑ̃] *adv* ❶ (*pas trop mal*) ganz passabel; **jouer ~ d'un instrument** ein Instrument recht gut beherrschen
❷ (*beaucoup*) **il lui a fallu ~ de courage pour faire qc** er/sie brauchte ganz schön viel Mut um etw zu tun

passade [pɑsad] *f* ❶ (*aventure*) Strohfeuer *nt,* kurzes Intermezzo
❷ (*caprice*) [vorübergehende] Laune

passage [pɑsaʒ] *m* ❶ Vorbeikommen *nt; des oiseaux* Vorüberziehen *nt; d'un véhicule* Durchfahren *nt;* ~ **interdit** Durchfahrt verboten; ~ **protégé** vorfahrtsberechtigte Straße; **personne de** ~ Durchreisende(r) *f(m);* **engouement de** ~ vorübergehende Schwärmerei; **au** ~ **d'un avion** wenn ein Flugzeug vorbeifliegt; **être de** ~ auf der Durchreise sein; **attendre le** ~ **de qn/qc** darauf warten, dass jd/etw [vorbei]kommt; **il y a du** ~ *fam* es kommen viele Leute vorbei; (*circulation*) es ist viel Verkehr
❷ (*traversée*) Passieren *nt; d'un col* Überqueren *nt; d'une frontière* Passieren, Überschreiten *nt; d'une rivière* Überqueren
❸ NAUT Passage *f,* Überfahrt *f*
❹ (*court séjour*) [kurzer] Aufenthalt; **lors de son dernier ~ chez X** als er das letzte Mal bei X war; ~ **d'un chanteur à la télévision** Auftreten *nt* eines Sängers im Fernsehen
❺ (*avancement*) ~ **d'un élève en sixième** Versetzung *f* [*o* Vorrücken *nt*] eines Schülers in die 6. Klasse [*o* in die 1. Klasse des Collège]; ~ **au grade de capitaine** Beförderung *f* zum Hauptmann
❻ (*transformation*) Übergang *m;* ~ **de l'enfance à l'adolescence** Übergang von der Kindheit zum Jugendalter
❼ (*transmission*) Übergabe *f*
❽ (*voie pour piétons*) Weg *m,* Durchgang *m;* ~ **clouté** [*o* **pour piétons**] Fußgängerüberweg; ~ **souterrain** Fußgängerunterführung *f;* **les valises encombrent le** ~ die Koffer versperren den Durchgang
❾ (*voie pour véhicules*) Durchfahrt *f*
❿ (*petite rue couverte*) Passage *f*
⓫ (*fragment*) *d'un roman* Passage *f,* Stelle *f; d'un morceau musical* Passage, Stück *nt;* ~ **de la Bible** Bibelstelle
▸ **céder le ~ à qn/qc** jdm/einer S. die Vorfahrt lassen; **au** ~ (*en chemin*) im Vorbeigehen; (*soit dit en passant*) nebenbei
◆ ~ **à niveau** Bahnübergang *m;* ~ **à tabac** *fam* Prügel *Pl;* ~ **à vide** [vorübergehende] Formschwäche, Formtief *nt*

passager, -ère [pɑsaʒe, -ɛʀ] **I.** *adj* ❶ (*de courte durée*) vorübergehend; *beauté, bonheur* vergänglich, flüchtig; **quelques pluies passagères** gelegentliche [Regen]schauer *Pl*
❷ *fam* (*très fréquenté*) *lieu, rue* belebt
❸ *fam* (*fréquenté par des voitures*) verkehrsreich
❹ (*de passage*) *hôte, client* durchreisend; *oiseau* Zug-; **hôte** ~ Durchreisende(r) *f(m)*
II. *m, f d'un navire* Passagier *m; d'un avion* Fluggast *m; d'un train* Fahrgast *m; d'une voiture* Insasse *m*/Insassin *f,* Mitfahrer(in) *m(f);* ~(-**ère**) **avant** Beifahrer(in) *m(f)*

passagèrement [pɑsaʒɛʀmɑ̃] *adv* vorübergehend, für kurze Zeit

passant [pɑsɑ̃] *m d'une ceinture* Schlaufe *f*

passant(e) [pɑsɑ̃, ɑ̃t] **I.** *adj lieu* belebt; (*fréquenté par des voitures*) verkehrsreich; *rue* stark befahren
II. *m(f)* Passant(in) *m(f)*

passation [pɑsasjɔ̃] *f* ❶ (*transmission*) *des pouvoirs* Übergabe *f*
❷ JUR *d'un acte* Ausfertigung *f;* ~ **du contrat** Vertragsabschluss *m*

passavant [pɑsavɑ̃] *m* ❶ COM, JUR (*pour marchandises*) Zollfreischein *m*
❷ COM, JUR (*pour voyageurs*) Passierschein *m*
❸ NAUT Laufsteg *m*

passe¹ [pɑs] *f* ❶ SPORT Pass *m;* **faire une ~ à qn** jdm den Ball zuspielen; ~ **mal ajustée** schlechte Vorlage
❷ (*en tauromachie*) Passage *f*
▸ **être dans une bonne/mauvaise** ~ eine glückliche/schwere Zeit durchleben; **être en ~ de faire qc** auf dem besten Weg sein etw zu tun
◆ ~ **d'armes** *fig* Wortgefecht *nt*

passe² [pɑs] *m fam abr de* **passe-partout** Hauptschlüssel *m*

passé(e) [pɑse] *adj* ❶ (*dernier*) letzte(r, s), vergangene(r, s)
❷ (*révolu*) vergangen; *angoisse* früher
❸ (*délavé*) *couleur* verblasst
❹ (*délavé par le soleil*) verschossen
❺ (*délavé au lavage*) verwaschen
❻ (*plus de*) [**il est**] **midi ~/deux heures ~es** es ist schon zwölf/zwei Uhr vorbei

passé [pɑse] **I.** *m* ❶ Vergangenheit *f;* **par le** ~ früher; **oublier le** ~ das Vergangene vergessen; **tout ça c'est du** ~ *fam* all das ist Schnee von gestern (*fam*)
❷ GRAM Vergangenheit *f;* ~ **simple** Passé simple *nt;* ~ **composé** Perfekt *nt;* ~ **antérieur** Passé antérieur *nt*
II. *prép* (*après*) ~ **minuit** nach Mitternacht; ~ **la frontière** hinter der Grenze

passe-droit [pɑsdʀwa] <passe-droits> *m* ungerechtfertigte Vergünstigung

passéisme [pɑseism] *m péj* Festhalten *nt* an der Vergangenheit

passéiste [pɑseist] **I.** *adj* vergangenheitsbezogen
II. *mf* Ewiggestrige(r) *f(m)* (*péj*)

passe-lacet [pɑslasɛ] <passe-lacets> *m* Einfädler *m*

passement [pɑsmɑ̃] *m* Posament *nt*

passementerie [pɑsmɑ̃tʀi] *f* Posamenterie *f*

passementier, -ière [pɑsmɑ̃tje, -jɛʀ] *m, f* Posamentier(in) *m(f)*

passe-montagne [pɑsmɔ̃taɲ] <passe-montagnes> *m* Sturmhaube *f* **passe-partout** [pɑspaʀtu] **I.** *adj inv fig* für alle Gelegenheiten; *discours, phrase* Allerwelts- (*fam*) **II.** *m inv* ❶ (*clé*) Hauptschlüssel *m* ❷ ART Passepartout *nt* **passe-passe** [pɑspɑs] *m v.* **tour passe-plat** [pɑspla] <passe-plats> *m* Durchreiche *f*

passepoil [pɑspwal] *m* Biese *f*

passeport [pɑspɔʀ] *m* [Reise]pass *m*

passer [pɑse] <1> **I.** *vi + avoir o être* ❶ (*se déplacer*) vorbeigehen; *véhicule, automobiliste:* vorbeifahren; *caravane:* vorbeiziehen; **laisser ~ qn/une voiture** jdn/ein Auto vorbeilassen [*o* durchlassen]
❷ (*desservir*) *bus, métro, train:* fahren; **le bus va bientôt** ~ der Bus wird gleich kommen
❸ (*s'arrêter un court instant*) ~ **chez qn** bei jdm vorbeikommen; **je ne fais que** ~ ich muss gleich wieder weiter; ~ **à la poste** bei [*o* an] der Post vorbeikommen
❹ (*avoir un certain trajet*) ~ **au bord de qc** *train:* an etw (*Dat*) vorbeifahren; *route:* an etw (*Dat*) vorbeiführen; ~ **au-dessus de qc** *personne:* über etw (*Akk*) gehen/fahren/fliegen; *véhicule:* über etw (*Akk*) fahren; *route:* oberhalb einer S. (*Gen*) verlaufen; ~ **dans une ville** *automobiliste, voiture:* durch eine Stadt fahren; *rivière:* durch eine Stadt fließen; ~ **devant qn/qc** an jdm/etw vorbeigehen; ~ **devant qc** *route:* an etw (*Dat*) vorbeiführen [*o* vorbeigehen]; ~ **devant/derrière** (*dans une queue, foule*) vorgehen/nach hinten gehen; ~ **devant/derrière qn** vor/hinter jdn gehen; ~ **entre deux maisons** *personne:* zwischen zwei Häusern durchgehen; *route:* zwischen zwei Häu-

sern verlaufen; ~ **par Francfort** *automobiliste:* über Frankfurt fahren; *avion:* über Frankfurt fliegen; *route:* über Frankfurt führen; ~ **par la porte** durch die Tür gehen; ~ **tout près de qc** *personne:* nahe an etw (*Dat*) vorbeigehen; *véhicule:* dicht an etw (*Dat*) vorbeifahren; *route:* ganz nahe an etw (*Dat*) vorbeiführen; ~ **sous qc** *personne:* unter etw (*Dat*) durchgehen/durchfahren; *véhicule:* unter etw (*Dat*) durchfahren; *route, tunnel, canal:* unter etw (*Dat*) durchführen; ~ **sous une voiture** unter ein Auto kommen; ~ **sur un pont** über eine Brücke gehen/fahren; ~ **sur l'autre rive** [ans andere Ufer] übersetzen

⑤ (*traverser en brisant*) ~ **à travers le pare-brise** durch die Windschutzscheibe geschleudert werden; ~ **à travers la glace** auf dem Eis einbrechen

⑥ (*réussir à franchir*) *personne, animal, véhicule:* durchkommen; *objet, meuble:* durchpassen

⑦ (*être digéré*) **ne pas ~, avoir du mal à ~** schwer im Magen liegen; **le repas est bien/mal passé** das Essen ist leicht/schwer verdaulich

⑧ (*s'infiltrer par, filtrer*) ~ **à travers qc** *eau, lumière:* durch etw dringen; *café:* durch etw durchlaufen; **le soleil passe par la fenêtre** die Sonne scheint durch das Fenster

⑨ (*apparaître brièvement*) ~ **sur qc** *lueur:* über etw (*Akk*) gleiten; *sourire:* über etw (*Akk*) huschen

⑩ (*se trouver*) **où est passée ta sœur/la clé?** wo ist deine Schwester geblieben/der Schlüssel hingekommen?

⑪ (*changer*) ~ **de la salle à manger au salon** vom Esszimmer in den Salon [hinüber]gehen; ~ **de maison en maison** von Haus zu Haus gehen; ~ **de la dixième à la huitième place** vom zehnten auf den achten Platz aufrücken [*o* vorrücken]; ~ **en seconde** AUT in den zweiten Gang schalten; ~ **d'un sujet à un autre** von einem Thema zum nächsten überwechseln; ~ **de l'élevage à la culture** von Viehzucht auf Ackerbau übergehen; ~ **de l'état solide à l'état liquide** vom festen in den flüssigen Zustand übergehen; ~ **de dix pour cent à douze pour cent** sich von zehn auf zwölf Prozent erhöhen; **le feu passe au rouge/du vert à l'orange** die Ampel schaltet auf Rot/von Grün auf Gelb

⑫ (*aller définitivement*) ~ **dans le camp ennemi** ins feindliche Lager überwechseln; ~ **dans les mœurs** in die Sitten und Gebräuche übergehen

⑬ (*être consacré à*) **60% du budget passent dans les traitements** 60% des Budgets gehen für Gehälter ab [*o* weg]; **toute ma fortune y est passée** mein ganzes Vermögen ist dabei draufgegangen (*fam*)

⑭ (*faire l'expérience de*) ~ **par des moments difficiles** schwierige Zeiten durchmachen; ~ **par des difficultés** mit Schwierigkeiten konfrontiert werden; **il est passé par la Légion étrangère** er war in der Fremdenlegion

⑮ (*subir*) **y** ~ nicht verschont bleiben

⑯ (*mourir*) dran glauben müssen (*fam*); **il faudra bien que nous y passions** da müssen wir durch (*fam*)

⑰ (*utiliser comme intermédiaire*) ~ **par qn** sich an jdn wenden; ~ **par une agence immobilière** über den/einen Immobilienmakler gehen; ~ **par le standard** über die Vermittlung gehen

⑱ (*être plus important, moins important*) ~ **avant qn/qc** wichtiger als jd/etw sein; ~ **après qn/qc** nicht so wichtig wie jd/etw sein; **le travail passe avant les plaisirs** erst die Arbeit, dann das Vergnügen

⑲ (*avoir son tour, être présenté*) drankommen; **faire ~ qn avant/après les autres** jdn vor/nach den anderen drannehmen (*fam*); ~ **à un examen** in eine Prüfung gehen; ~ **devant un tribunal** [*o* **en justice**] vor Gericht kommen; ~ **à la radio/télé** im Radio/Fernsehen kommen; ~ **à la radio/visite médicale** geröntgt/untersucht werden; **le film passe au Rex** der Film läuft im Rex

⑳ (*être accepté*) ~ **en sixième** in die 6. Klasse [*o* in die 1. Klasse des Collège] versetzt werden [*o* vorrücken]; **faire ~ un élève dans la classe supérieure** einen Schüler in die nächsthöhere Klasse versetzen; **faire ~ une loi/un candidat** ein Gesetz/einen Kandidaten durchbringen; **le candidat est passé à l'examen** der Kandidat hat die Prüfung bestanden; **le candidat est passé à l'élection** der Kandidat ist bei der Wahl durchgekommen; **la proposition de loi est passée à l'Assemblée Nationale** der Gesetzentwurf ist von der Nationalversammlung angenommen worden; **la plaisanterie est bien/mal passée** der Scherz ist gut/schlecht angekommen; **la pièce de théâtre n'est pas passée** das Theaterstück ist durchgefallen

㉑ (*ne pas tenir compte de, oublier*) ~ **sur les détails** über die Einzelheiten hinweggehen [*o* hinwegsehen]; ~ **sur des fautes/laisser ~ des fautes** Fehler übersehen; **laisser ~ une injustice** eine Ungerechtigkeit durchgehen lassen; **passons!** sei(')s drum!

㉒ JEUX passen

㉓ (*s'écouler*) *temps:* vergehen; **faire ~ le temps** die Zeit vertreiben; **laisser ~ un délai** eine Frist verstreichen lassen; **laisser ~ une occasion** eine Gelegenheit verpassen; **on ne voyait pas le temps ~** die Zeit verging im Nu; **les vacances ont passé vite/sont passées** die Ferien waren schnell vorbei/sind vorbei

㉔ (*disparaître*) vergehen; *douleur:* vergehen, sich legen; *colère:* verfliegen, sich legen; *fleurs:* verblühen; *mode, chagrin:* vorübergehen; *pluie, orage:* nachlassen; *couleur:* verblassen; **faire ~ à qn le goût** [*o* **l'envie**] **de qc/de faire qc** jdm die Lust an etw (*Dat*) nehmen/daran nehmen etw zu tun; **le danger est passé** die Gefahr ist vorbei; **le plus dur est passé** das Schlimmste ist überstanden; **ça te passera** das wird dir schon vergehen

㉕ (*devenir*) ~ **capitaine/directeur** zum Hauptmann befördert/zum Direktor ernannt werden

㉖ (*être pris pour*) ~ **pour qc** für etw gehalten werden; **il pourrait ~ pour un Allemand** man könnte ihn für einen Deutschen halten; **faire ~ qn pour qc** jdn als etw hinstellen

㉗ (*avoir la réputation de*) als etw gelten

㉘ (*présenter comme*) **faire ~ qn pour qc** jdn als etw ausgeben; **se faire ~ pour qc** sich als etw ausgeben

▶ **passe encore que qn ait fait qc** es mag ja noch angehen, dass jd etw getan hat; ~ **outre à qc** sich über etw (*Akk*) hinwegsetzen; **ça passe ou ça casse!** *fam* alles oder nichts!

II. *vt + avoir* ① (*donner*) geben, reichen *sel, photo;* übergeben *consigne, travail, affaire;* **faire ~ le sel à qn** jdm das Salz hinüberreichen; ~ **un message à qn** jdm etw ausrichten; ~ **la grippe/un virus à qn** jdn mit Grippe/einem Virus anstecken

② (*prêter*) ~ **un livre à qn** jdm ein Buch leihen

③ FBALL ~ **la balle à qn** an jdn abspielen [*o* abgeben]

④ (*au téléphone*) ~ **qn à qn** jdm jdn geben, jdn mit jdm verbinden

⑤ SCOL, UNIV machen, ablegen *examen;* ~ **son bac** das Abitur machen; ~ **sa thèse de doctorat** promovieren; ~ **un examen avec succès** eine Prüfung bestehen; **faire ~ un examen de français à qn** jdn in Französisch prüfen

⑥ (*vivre, occuper*) ~ **de bons moments ensemble** eine schöne Zeit miteinander verleben; ~ **ses vacances à Rome** seine Ferien in Rom verbringen; ~ **toutes ses soirées devant la télévision** jeden Abend vor dem Fernseher sitzen; ~ **son temps à faire qc** seine Zeit damit verbringen etw zu tun; ~ **ses nuits à lire** die Nächte durchlesen; ~ **sa vie à attendre** sein Leben lang nur warten; **des nuits passées à boire** durchzechte Nächte *Pl*

⑦ (*présenter*) vorführen, zeigen *film, diapositives;* spielen *disque;* abspielen *cassette*

⑧ (*franchir*) passieren, überqueren *rivière;* überschreiten, schreiten über (+ *Akk*) *seuil;* überqueren *montagne;* überwinden *obstacle;* (*en sautant*) überspringen *obstacle;* durchfahren *tunnel, écluse;* durchbrechen *mur du son;* passieren *frontière;* **faire ~ la**

frontière à qn jdn über die Grenze bringen
⑨ (*dépasser*) übersteigen, hinausgehen über (+ *Akk*) *imagination, forces;* überschreiten *limite, mesure;* überstehen *hiver;* **avoir passé la trentaine** über dreißig sein; **avoir passé l'âge de qc** zu alt für etw sein
⑩ (*faire mouvoir*) ~ **sa/la tête à travers le grillage/par la portière** den Kopf durch das Gitter/die Tür stecken; ~ **par une ouverture étroite** durch eine enge Öffnung durchbekommen; ~ **dans le chas de l'aiguille** in das Nadelöhr einfädeln; ~ **la main dans les cheveux de qn** jdm mit der Hand durchs Haar fahren; ~ **le chiffon sur l'étagère** auf dem Regal etwas Staub wischen
⑪ (*étaler, étendre*) ~ **une couche de peinture sur qc** eine Schicht Farbe auf etw (*Akk*) auftragen
⑫ (*faire subir une action*) ~ **à la radio** MED röntgen; ~ **au presse-purée** pürieren; ~ **au hache-viande** durch den [Fleisch]wolf drehen; ~ **sous le robinet** kurz abspülen
⑬ GASTR [durch]passieren *sauce, soupe;* filtern *café;* durch ein Sieb gießen *thé*
⑭ (*calmer*) ~ **sa colère sur qn/qc** seine Wut an jdm/etw auslassen
⑮ (*sauter* [*volontairement*]) überspringen; ~ **un/son tour** eine Runde [lang] aussetzen
⑯ (*oublier*) auslassen; ~ **les détails** die Einzelheiten weglassen
⑰ (*permettre*) ~ **tous ses caprices à qn** jdm alle Launen durchgehen lassen; **on lui passe tout** (*bêtises*) man lässt ihm/ihr alles durchgehen; (*désirs*) er/sie bekommt alles, was er/sie will
⑱ (*enfiler*) anziehen, überziehen *vêtement*
⑲ AUT einlegen *vitesse*
⑳ COM, JUR (*conclure*) aufgeben *commande;* abschließen *marché, contrat;* treffen *accord, convention;* ~ **un contrat** kontrahieren
III. *vpr* ① (*s'écouler*) **le temps/le jour se passe** die Zeit/der Tag vergeht
② (*avoir lieu*) geschehen; **que s'est-il passé?** was ist passiert?; **que se passe-t-il?** was ist denn los?
③ (*se dérouler*) **se** ~ *action, histoire:* sich abspielen; *fête, manifestation:* stattfinden; **bien/mal se** ~ gut/schlecht laufen; **se** ~ **très vite** ganz schnell gehen; **se** ~ **comme prévu** so laufen wie geplant; **l'accident s'est passé de nuit** der Unfall hat sich nachts ereignet; **si tout se passe bien** wenn alles gut geht
④ (*cesser*) **se** ~ *migraine:* vorübergehen; *douleur:* vorübergehen, vergehen; *colère:* verfliegen, sich legen
⑤ (*se débrouiller sans*) **se** ~ **de qn/qc** ohne jdn/etw auskommen; **ne pouvoir se** ~ **l'un de l'autre** ohne einander nicht leben können; **l'amour se passe de mots** Liebe braucht keine Worte; **voilà qui se passe de commentaires!** Kommentar überflüssig!
⑥ (*renoncer à*) auf jdn/etw verzichten; **se** ~ **de faire qc** darauf verzichten etw zu tun
⑦ (*se mettre*) **se** ~ **de la crème sur le visage** sich (*Dat*) das Gesicht eincremen; **se** ~ **le visage à l'eau** sich (*Dat*) das Gesicht kurz mit Wasser abspülen; **se** ~ **la main sur le front/dans les cheveux** sich (*Dat*) mit der Hand über die Stirn/übers Haar streichen [*o* fahren]
► **ça ne se passera pas** __comme__ **ça!** *fam* so geht das ja nun nicht!

passereau [pasʀo] <x> *m* Spatz *m;* **les** ~**x** die Sperlingsvögel *Pl*

passerelle [pasʀɛl] *f* ① (*pont*) Steg *m*
② AVIAT, NAUT (*voie d'accès*) Gangway *f;* (*pont supérieur*) Brücke *f*
③ SCOL [**classe**] ~ Übergangsklasse *f;* **il y a des** ~**s** das Schulsystem ist durchlässig

passe-temps [pastɑ̃] *m inv* Zeitvertreib *m;* **faire qc par** ~ etw zum Zeitvertreib tun **passe-thé** [paste] *m inv* Teesieb *nt*

passeur, -euse [pasœʀ, -øz] *m, f* ① (*sur un bac*) Fährmann *m*
② (*à la frontière*) Fluchthelfer(in) *m(f);* ~ **de drogues** Rauschgiftschmuggler *m*

passible [pasibl] *adj* COM, JUR **être** ~ **d'une amende/peine** *personne:* mit einer Geld-/[Haft]strafe rechnen müssen; *délit:* mit einer Geld-/[Haft]strafe belegt werden

passif [pasif] *m* ① FIN (*opp: actif*) Passiva *Pl;* **bilan** ~ Passivseite *f;* ~ **d'une succession** Nachlassverbindlichkeiten
② GRAM Passiv *nt;* **mettre au** ~ ins Passiv setzen; **être au** ~ im Passiv stehen

passif, -ive [pasif, -iv] *adj* ① (*apathique*) passiv
② (*qui n'agit pas*) untätig; **être le témoin** ~ **d'un événement** einem Geschehen tatenlos zusehen
③ GRAM *forme* Passiv-; **voix passive** Passiv *nt*

passiflore [pasiflɔʀ] *f* BOT Passionsblume *f*

passing-shot [pasiŋʃɔt] <passing-shots> *m* Passierschlag *m*

passion [pasjɔ̃] *f* ① (*inclination*) Leidenschaft *f;* ~ **du sport** Sportbegeisterung *f;* ~ **de l'histoire** starkes Interesse an Geschichte; ~ **de la liberté** Freiheitsdrang *m;* ~ **des voyages** ausgeprägte Reiselust; **avoir une** ~ **pour la littérature** eine Passion für die Literatur haben; ~ **du pouvoir** Machtgier *f*
② (*amour ardent*) Leidenschaft *f,* leidenschaftliche Liebe; **vivre une** ~ **avec qn** eine leidenschaftliche Beziehung mit jdm haben
③ (*impulsions*) Leidenschaft *f;* **maîtriser ses** ~**s** seine Leidenschaft[en] zügeln

Passion [pasjɔ̃] *f* REL **la** ~ die Passion, das Leiden [und Sterben] Christi; ~ **selon saint Matthieu** Matthäuspassion

passionnant(e) [pasjɔnɑ̃, ɑ̃t] *adj* faszinierend, fesselnd

passionné(e) [pasjɔne] **I.** *adj* leidenschaftlich; **être** ~**(e) de qc** ein(e) große(r) Liebhaber(in) einer S. (*Gen*) sein
II. *m(f)* **c'est un** ~ was er tut, tut er mit Leidenschaft; ~ **de cinéma** passionierter Kinogänger

passionnel(le) [pasjɔnɛl] *adj crime* im Affekt begangen; **drame** ~ Eifersuchtsdrama *nt;* **état** ~ Affekt *m*

passionnément [pasjɔnemɑ̃] *adv* leidenschaftlich; *être amoureux* leidenschaftlich, bis über beide Ohren (*fam*)

passionner [pasjɔne] <1> **I.** *vt* ~ **qn** *personne:* jdn faszinieren; *lecture, spectacle:* jdn fesseln; **ce sujet/match me passionne** ich finde dieses Thema/Spiel äußerst interessant
II. *vpr* **se** ~ **pour qc** sich für etw begeistern

passivement [pasivmɑ̃] *adv* passiv; *obéir* blind; *assister* tatenlos

passivité [pasivite] *f* Passivität *f*

passoire [paswaʀ] *f* Sieb *nt*
► **sa** __mémoire__ **est une vraie** ~**!** er/sie hat ein Gedächtnis wie ein Sieb! (*fam*)

pastaga [pastaga] *m* MIDI Pastis *m*

pastel [pastɛl] **I.** *m* ① (*crayon*) Pastellstift *m*
② ART Pastell[bild] *nt*
II. *app inv couleur* Pastell-

pastèque [pastɛk] *f* Wassermelone *f*

pasteur [pastœʀ] *m* ① (*prêtre*) [evangelischer] Pfarrer
② *poét* (*berger*) Hirte *m*
③ REL Hüter *m*

Pasteur [pastœʀ] *m* **le Bon** ~ der gute Hirte

pasteurisation [pastœʀizasjɔ̃] *f* Pasteurisierung *f*

pasteuriser [pastœʀize] <1> *vt* pasteurisieren

pastiche [pastiʃ] *m* ART Nachahmung *f; d'une œuvre littéraire* Nachempfindung *f;* **un** ~ **de ...** ein Werk im Stil von ... [*o* à la ...]

pasticher [pastiʃe] <1> *vt* ART nachahmen; nachempfinden *œuvre littéraire*

pasticheur, -euse [pastiʃœʀ, -øz] *m, f* ART Nachahmer(in) *m(f)*

pastille [pastij] *f* ① PHARM Pastille *f;* ~ **de menthe** Pfefferminzbonbon *m o nt;* ~ **de calcium** Kalziumtablette *f*
② COUT (*pois*) Pünktchen *nt;* **à** ~**s** gepunktet
③ (*gommette*) ~ **autocollante** Klebepunkt *m;* ~ **verte** ≈ G-KAT-Plakette *f*

❹ INFORM Auswahlknopf *m*

pastis [pastis] *m* Pastis *m*

pastoral(e) [pastɔʀal, o] <-aux> *adj* ❶ (*champêtre*) *mœurs* Hirten-; *chant, roman* Schäfer-
❷ REL *instruction, lettre* Hirten-; *anneau, croix* Bischofs-; *visite* des Bischofs

pastorale [pastɔʀal] *f* ❶ ART, LITTER, MUS Pastorale *f*
❷ (*poésie*) Schäferdichtung *f*

pastorat [pastɔʀa] *m* Amt *nt* des Geistlichen

pastourelle [pastuʀɛl] *f* Hirtenlied *nt*

pat [pat] **I.** *adj inv* ECHECS **être ~** patt sein
II. *m* ECHECS Patt *nt*

patachon [pataʃɔ̃] *m v.* **vie**

patapouf [patapuf] **I.** *interj enfantin* (*patatras*) bumm, bauz
II. *m fam* Dickerchen *nt* (*fam*); **gros ~** Fettmops *m* (*fam*)

pataquès [patakɛs] *m* ❶ LING falsche Liaison
❷ (*situation confuse*) Schlamassel *m* (*fam*)

patata [patata] *interj fam v.* **patati**

patate [patat] *f* ❶ *fam* Kartoffel *f;* **~ douce** Süßkartoffel *f*
❷ CAN (*pomme frite*) **~s frites** Pommes frites *Pl*
❸ *fam* (*imbécile*) Pflaume *f* (*fam*)
▶ **refiler la ~ chaude à qn** *fam* jdm den schwarzen Peter zuschieben; **en avoir gros sur la ~** *fam* großen Kummer haben (*fam*)

patati [patati] *interj* ▶ **et ~ et patata** *fam* und so weiter und so fort

patatras [patatʀa] *interj* ❶ (*bruit de chute*) [krach] bumm
❷ (*quand un enfant tombe par terre*) bauz (*Kinderspr.*)

pataud(e) [pato, od] **I.** *adj air, démarche* plump; *personne* ungeschickt
II. *m(f)* Tollpatsch *m*

pataugas [patogas] *m* ❶ Bergstiefel *m*
❷ (*pour ville*) Schnürstiefel *m*

pataugeoire [patoʒwaʀ] *f* Planschbecken *nt*

patauger [patoʒe] <2a> *vi* ❶ (*marcher*) waten
❷ (*barboter*) planschen
❸ (*ne pas suivre*) *élève:* nicht [mehr] mitkommen (*fam*)
❹ (*s'empêtrer*) sich [vergeblich] abstrampeln (*fam*)

patch [patʃ] *m* ❶ MED Pflaster *nt*
❷ ANAT (*tissu veineux*) Adergewebe *nt*
❸ INFORM Patch *m*

patchouli [patʃuli] *m* Patschuli *nt*

patchwork [patʃwœʀk] *m* ❶ COUT Patchwork *nt*
❷ *péj* (*mélange hétéroclite*) [buntes] Durcheinander

pâte [pɑt] *f* ❶ GASTR Teig *m;* **~ brisée/sablée** Mürbeteig; **~ feuilletée** Blätterteig; **~ à pain/crêpes** Brot-/Pfannkuchenteig
❷ *pl* GASTR Nudeln *Pl;* **~s alimentaires** Teigwaren *Pl*
❸ (*substance molle*) Paste *f;* **~ dentifrice** Zahnpasta *f*
❹ (*mélange*) *d'un fromage* Teig *m;* **fromage à ~ molle/dure** Weich-/Hartkäse *m*
◆ **~ d'amandes** Marzipan *nt;* **~ de fruits** Fruchtgelee *nt;* **~ à modeler** Knetmasse *f;* **~ à papier** Papierbrei *m*

pâté [pɑte] *m* ❶ GASTR Pastete *f;* **~ de campagne** Bauernpastete *f;* **~ de foie/de foie d'oie** Leber-/Gänseleberpastete; **~ en croûte** Pastete im Teigmantel
❷ (*tache d'encre*) Tintenklecks *m;* **faire des ~s en écrivant** beim Schreiben klecksen
❸ (*sable moulé*) **~ de sable** Sandkuchen *m*
❹ BELG (*petit gâteau à la crème*) [kleine] Cremetorte *f*
◆ **~ de maisons** Häuserblock *m*

pâtée [pɑte] *f du chien, chat* Futter *nt; du porc, de la volaille* Futterbrei *m*

patelin [patlɛ̃] *m fam* Nest *nt* (*fam*)

patène [patɛn] *f* ECCL Patene *f*

patent(e) [patɑ̃, ɑ̃t] *adj* offensichtlich, offenkundig

patente [patɑ̃t] *f* ❶ (*impôt*) Gewerbesteuer *f*
❷ CAN (*objet quelconque*) Ding *nt*

patenté(e) [patɑ̃te] *adj* anerkannt

pater [patɛʀ] *m inv pop* (*père*) **le ~** der Alte (*sl*)

Pater [patɛʀ] *m inv* REL **le ~** das Vaterunser

patère [patɛʀ] *f* Kleiderhaken *m*

paternalisme [patɛʀnalism] *m* Paternalismus *m;* POL Bevormundung *f* [durch den Staat]

paternaliste [patɛʀnalist] *adj* paternalistisch

paternel [patɛʀnɛl] *m fam* (*père*) **le ~** der Alte

paternel(le) [patɛʀnɛl] *adj* väterlich; **grands-parents ~s** Großeltern väterlicherseits

paternellement [patɛʀnɛlmɑ̃] *adv* väterlich, wie ein Vater

paternité [patɛʀnite] *f* ❶ Vaterschaft *f*
❷ (*fait d'être l'auteur*) *d'un roman, projet* Urheberschaft *f*

pâteux, -euse [pɑtø, -øz] *adj* ❶ zähflüssig; *sauce* dickflüssig; *pain* pappig; *masse* teigig
❷ (*lourd*) *style* schwerfällig
▶ **avoir la bouche/la langue pâteuse** ein pelziges Gefühl im Mund haben

pathétique [patetik] **I.** *adj* ergreifend, bewegend; *roman* leidenschaftlich
II. *m* Pathos *nt*

pathogène [patɔʒɛn] *adj* krankheitserregend; **agent ~** Krankheitserreger *m*

pathologie [patɔlɔʒi] *f* Pathologie *f*

pathologique [patɔlɔʒik] *adj* MED pathologisch; *comportement, peur* pathologisch, krankhaft

pathologiquement [patɔlɔʒikmɑ̃] *adv* krankhaft

pathologiste [patɔlɔʒist] *mf* Pathologe *m*/Pathologin *f*

pathos [patos] *m* Pathos *nt*

patibulaire [patibylɛʀ] *adj* **mine ~** Verbrechergesicht *nt*

patiemment [pasjamɑ̃] *adv* geduldig

patience[1] [pasjɑ̃s] *f* (*qualité*) Geduld *f;* **avoir de la ~** Geduld haben; **être à bout de ~** am Ende seiner Geduld sein; **perdre ~** die Geduld verlieren; **prendre ~** sich gedulden; **~!** [nur] Geduld!
▶ **~ d'ange** Engelsgeduld *f*

patience[2] [pasjɑ̃s] *f* BOT Gartenampfer *m*

patient(e) [pasjɑ̃, jɑ̃t] **I.** *adj* ❶ (*calme*) geduldig; **être ~(e) avec qn** Geduld mit jdm haben
❷ (*persévérant*) *observation* geduldig; *recherche* unermüdlich; *travail* ausdauernd; **c'est un esprit ~** er/sie ist [sehr] geduldig
II. *m(f)* MED Patient(in) *m(f)*

patienter [pasjɑ̃te] <1> *vi* warten; **faire ~ qn** jdn [kurze Zeit] warten lassen

patin [patɛ̃] *m* ❶ *d'une luge* Kufe *f*
❷ (*semelle*) Filzpantoffel *m*
▶ **rouler un ~ à qn** *fam* jdm einen Zungenkuss geben
◆ **~ de frein** Bremsklotz *m;* **~ à glace** Schlittschuh *m;* **faire du ~ à glace** Schlittschuh laufen; **~s en ligne** Inlineskates *Pl,* Rollerblades *Pl;* **~ à roulettes** Rollschuh *m;* (*version moderne*) Rollerskates *Pl;* **faire du ~ à roulettes** Rollschuh laufen; (*version moderne*) Rollerskates laufen

patinage[1] [patinaʒ] *m* ❶ SPORT **~ sur glace** Schlittschuhlaufen *nt;* **~ à roulettes** Rollschuhlaufen *nt;* **~ artistique** Eiskunstlauf *m*
❷ AUT *d'une roue* Durchdrehen *nt; de l'embrayage* Schleifen *nt*
◆ **~ en** [*o* **par**] **couple** Paarlauf *m;* **~ de vitesse** Eisschnelllauf *m*

patinage[2] [patinaʒ] *m* TECH Patinieren *nt*

patine [patin] *f* Patina *f*

patiner[1] [patine] <1> *vi* ❶ SPORT Schlittschuh/Rollschuh laufen
❷ AUT *embrayage:* schleifen; *roue:* durchdrehen; *véhicule:* rutschen
❸ (*ne pas progresser*) nicht vorankommen

patiner[2] [patine] <1> **I.** *vt* (*recouvrir de patine*) patinieren; **des statues patinées par le temps** Statuen, die mit der Zeit Patina angesetzt haben

II. *vpr* **se** ~ Patina ansetzen

patinette [patinɛt] *f* Roller *m*

patineur, -euse [patinœʀ, -øz] *m, f* Schlittschuhläufer(in) *m(f)*; ~**(-euse) artistique** Eiskunstläufer(in) *m(f)*; ~**(-euse) en ligne** Inlineskater(in) *m(f)*
◆ ~**(-euse) à roulettes** Rollschuhläufer(in) *m(f)*; ~**(-euse) de vitesse** Eisschnellläufer(in) *m(f)*

patinoire [patinwaʀ] *f* ❶ (*piste de patinage*) Eisbahn *f*; ~ **artificielle** Kunsteisbahn; ~ **couverte** [überdachtes] Eisstadion
❷ (*endroit glissant*) Rutschbahn *f* (*fam*)

patio [patjo, pasjo] *m* Patio *m*

pâtir [pɑtiʀ] <8> *vi* ~ **de qc** unter etw (*Dat*) leiden; ~ **des erreurs de qn** für jds Fehler büßen müssen

pâtisserie [pɑtisʀi] *f* ❶ (*magasin*) Konditorei *f*
❷ (*métier*) Konditorhandwerk *nt*
❸ (*gâteaux*) Gebäck *nt kein Pl*
❹ (*préparation de gâteaux*) Backen *nt*

pâtissier, -ière [pɑtisje, -jɛʀ] I. *m, f* Konditor(in) *m(f)*
II. *adj v.* **crème**

pâtissier-glacier [patisjeglasje] <pâtissiers-glaciers> *m* Eiskonditor(in) *m(f)*

pâtisson [pɑtisɔ̃] *m* BOT Bischofsmütze *f*

patois [patwa] *m* [lokale] Mundart; **parler [en]** ~ Mundart sprechen

patouiller [patuje] <1> *fam* I. *vi* [herum]panschen (*fam*)
II. *vt* (*tripoter*) begrapschen (*fam*)

patraque [patʀak] *adj fam* **être** [*o* **se sentir**] ~ sich ein bisschen angeschlagen fühlen (*fam*)

pâtre [pɑtʀ] *m littér* Hirte *m*

patriarcal(e) [patʀijaʀkal, o] <-aux> *adj* ❶ *société, autorité* patriarchalisch
❷ REL Patriarchen-; *croix* des Patriarchen

patriarcat [patʀijaʀka] *m* Patriarchat *nt*

patriarche [patʀijaʀʃ] *m* Patriarch *m*

patricien(ne) [patʀisjɛ̃, jɛn] *m(f)* HIST Patrizier(in) *m(f)*

patrie [patʀi] *f* ❶ (*nation*) Heimat *f*; **mourir pour la** ~ für das Vaterland sterben
❷ (*lieu de naissance*) Geburtsort *m*, Geburtsstadt *f*
❸ (*berceau*) Heimat *f*

patrimoine [patʀimwan] *m* ❶ *a.* FIN, JUR Vermögen *nt*; **dilapider son** ~ das Erbe durchbringen
❷ (*bien commun*) Erbe *nt*; ~ **culturel/national** Kulturerbe/nationales Kulturerbe
❸ BIO ~ **génétique** [*o* **héréditaire**] Erbgut *nt*, Erbmasse *f*

patriote [patʀijɔt] I. *adj* patriotisch; **être** ~ ein Patriot sein
II. *mf* Patriot(in) *m(f)*

patriotique [patʀijɔtik] *adj* patriotisch

patriotiquement [patʀijɔtikmɑ̃] *adv* patriotisch

patriotisme [patʀijɔtism] *m* Patriotismus *m*

patron [patʀɔ̃] *m* ❶ COUT Schnittmuster *nt*
❷ TECH Schablone *f*

patron(ne) [patʀɔ̃, patʀɔn] *m(f)* ❶ (*employeur*) Chef(in) *m(f)*
❷ (*le patronat*) **les** ~**s** die Arbeitgeber; **les [grands]** ~**s de l'industrie** die Industriebosse *Pl*
❸ (*propriétaire, chef*) *d'une petite entreprise* Chef(in) *m(f)*; *d'un restaurant, café, hôtel* Wirt(in) *m(f)*; **petit** ~ Kleinunternehmer(in) *m(f)*
❹ (*artisan*) ~ **boulanger** Bäckermeister *m*/-meisterin *f*
❺ (*leader*) *d'une organisation* Chef(in) *m(f)*; **le** ~ **des** ~**s** der Präsident des Arbeitgeberverbandes
❻ *fam* (*chef*) Chef *m* (*fam*), Boss *m* (*fam*)
❼ MED, UNIV Chefarzt *m*/-ärztin *f*; **les grands** ~**s** die großen Lehrmeister *Pl*
❽ REL Namenspatron(in) *m(f)*, Schutzpatron(in) *m(f)*
◆ ~ **de presse** Zeitungsmagnat *m*; ~ **de thèse** Doktorvater *m*

patronage [patʀɔnaʒ] *m* Schirmherrschaft *f*; **sous le** ~ **de qn** unter jds Schirmherrschaft (*Dat*)

patronal(e) [patʀɔnal, o] <-aux> *adj* ❶ Arbeitgeber-; *responsabilité* der Arbeitgeber
❷ REL **fête** ~**e** Patronatsfest *nt*

patronat [patʀɔna] *m* Arbeitgeber *Pl*, Arbeitgeberschaft *f*

patronner [patʀɔne] <1> *vt* protegieren, fördern *personne*; unterstützen *candidature, entreprise, initiative*

patronnesse [patʀɔnɛs] *f v.* **dame**

patronyme [patʀɔnim] *m littér* Familienname *m*

patronymique [patʀɔnimik] *adj* **nom** ~ Familienname *m*

patrouille [patʀuj] *f* Patrouille *f*; ~ **de police** Polizeistreife *f*; **voiture de** ~ **de la police** Streifenwagen *m* der Polizei; **être/partir en** ~ auf Patrouille sein/gehen; *policier:* auf Streife sein/gehen
◆ ~ **de chasse** *kleine Formation aus Jagdflugzeugen mit Erkundungsauftrag*; ~ **de reconnaissance** Spähpatrouille *f*

patrouiller [patʀuje] <1> *vi* patrouillieren; *policier:* Streife fahren

patrouilleur [patʀujœʀ] *m* ❶ (*soldat*) Soldat *m* auf Patrouille
❷ AVIAT Aufklärer *m*
❸ NAUT Patrouillenboot *nt*

patte [pat] *f* ❶ *d'un animal* Bein *nt*; **lever la** ~ das Bein heben
❷ (*extrémité*) *d'un chien, chat* Pfote *f*; *d'un lion* Pranke *f*; *d'un ours* Tatze *f*
❸ *fam* (*jambe*) Bein *nt*; **se casser une** ~ sich den/einen Hachsen brechen (*fam*); **être bas** [*o* **court**] **sur** ~**s** kurze Beine haben
❹ *fam* (*main*) Pfote *f* (*fam*)
❺ (*languette*) Patte *f*; *d'un uniforme* Schulterstück *nt*; *d'un portefeuille* Zunge *f*
❻ CH (*chiffon*) Lappen *m*; ~ **à relaver** Spüllappen *m*, Spültuch *nt*
▶ **ne pas casser trois** ~**s à un <u>canard</u>** *fam* einen nicht [gerade] vom Hocker hauen (*fam*); **faire** ~ **de <u>velours</u>** katzenfreundlich sein; **<u>bas</u> les** ~**s!** *fam* Pfoten weg! (*fam*); **montrer** ~ **<u>blanche</u>** sich ausweisen; **avoir une** ~ **<u>folle</u>** *fam* ein Hinkebein [*o* einen Hinkefuß] haben (*fam*); **en avoir <u>plein</u> les** ~**s** *fam* ganz müde Beine haben; **à <u>quatre</u>** ~**s** *fam* auf allen vieren (*fam*); **marcher sur <u>trois</u>** ~**s** *fam moteur:* [nur] auf drei Töpfen [*o* Pötten] laufen (*fam*); **<u>graisser</u> la** ~ **à qn** *fam* jdn schmieren (*fam*); **<u>tirer</u> dans les** ~**s de qn** *fam* jdm Knüppel zwischen die Beine werfen
◆ ~ **de derrière** Hinterbein *nt*; (*d'un petit mammifère*) Hinterpfote *f*; ~ **de devant** Vorderbein *nt*; (*d'un petit mammifère*) Vorderpfote *f*; ~**s d'éléphant pantalon à** ~**s d'éléphant** Hose *f* mit Schlag; ~**s de mouche** Gekritzel *nt*

patte-d'oie [patdwa] <pattes-d'oie> *f* ❶ *pl* (*rides*) Krähenfüße *Pl*
❷ (*carrefour en Y*) Gabelung *f*

pattemouille [patmuj] *f* Bügeltuch *nt*

pâturage [pɑtyʀaʒ] *m* ❶ (*herbage*) Weide *f*; **gras** ~**s** saftige Weiden *Pl*
❷ (*action*) Weiden *nt*

pâture [pɑtyʀ] *f* ❶ (*pâturage*) Weide *f*; **mener ses vaches en** ~ die Kühe auf die Weide treiben
❷ (*nourriture*) Futter *nt*
❸ *fig* [geistige] Nahrung *f*
▶ **donner** [*o* **livrer**] **qc <u>en</u>** ~ **à la presse** der Presse mit etw ein gefundenes Fressen liefern

pâturer [pɑtyʀe] <1> I. *vi* weiden
II. *vt* ~ **qc** *Tier:* etw abweiden

paturon, pâturon [patyʀɔ̃] *m* (*du cheval*) Fessel *f*

Paul [pɔl] *m* ❶ Paul *m*
❷ REL **Saint** ~ Paulus

paume [pom] *f* ❶ ~ **[de la main]** Handteller *m*
❷ SPORT **jeu de** ~ Paumespiel *nt*

paumé(e) [pome] I. *adj fam* ❶ (*perdu*) *lieu, village* gottverlassen (*fam*); **il est** ~ er weiß nicht mehr, wo er ist
❷ (*désorienté*) aufgeschmissen (*fam*); **être** ~**(e)** sich (*Dat*) verloren vorkommen
❸ (*socialement inadapté*) **être complètement** ~**(e)** völlig

neben der Kappe sein (*fam*)
II. *m(f) fam* **c'est un** ~ er ist total von der Rolle (*fam*)
paumelle [pomɛl] *f* TECH [Angel]band *nt*
paumer [pome] <1> I. *vt fam* verbummeln (*fam*)
II. *vpr fam* **se** ~ ① (*à pied*) sich verlaufen
② (*en voiture*) sich verfahren
paupérisation [popeʀizasjɔ̃] *f* Verarmung *f*
paupériser [popeʀize] <1> *vt* verarmen lassen
paupérisme [popeʀism] *m* Verarmung *f* breiter Bevölkerungsschichten
paupière [popjɛʀ] *f* [Augen]lid *nt*
paupiette [popjɛt] *f* ~ **de veau** Kalbsroulade *f*
pause [poz] *f* ① Pause *f*; **faire une** ~ [eine] Pause machen
② MUS ganze Pause
③ SPORT Halbzeit *f*
pause-café [pozkafe] <pauses-café> *f fam* Kaffeepause *f*
pauvre [povʀ] I. *adj* ① *personne, pays* arm; *mobilier, vêtement* ärmlich; *végétation* spärlich; *nourriture* ohne großen Nährwert; *mélange* mager; *style* farblos; **être** ~ **en graisse/oxygène** fett-/sauerstoffarm sein
② *antéposé* (*médiocre*) *argument* schwach; *orateur, tacticien* schwach; *excuse* fadenscheinig; *salaire* kümmerlich, armselig
③ *antéposé* (*digne de pitié*) arm; *sourire* schwach; **mon** ~ **ami, si tu savais** mein Lieber, wenn du wüsstest; ~ **France!** armes Frankreich!
④ *pop* (*lamentable*) *idiot, type* arm
II. *mf* Arme(r) *f(m)*
◆ ~ **d'esprit** leicht geistig Behinderte(r) *f(m)*
pauvrement [povʀəmɑ̃] *adv* ärmlich; *éclairé* schlecht; *vivre* in ärmlichen Verhältnissen
pauvret(te) [povʀɛ, ɛt] I. *adj* Mitleid erregend, mitleiderregend
II. *m(f)* ① (*garçon*) armes [kleines] Kerlchen
② (*fille*) armes [kleines] Ding
pauvreté [povʀəte] *f* Armut *f*; *du sol* Kargheit *f*; *du style, vocabulaire* Farblosigkeit *f*; *d'une habitation, du mobilier* Ärmlichkeit *f*, Armseligkeit *f*; ~ **de sentiments** Gefühlsarmut *f*
▸ ~ **n'est pas vice** *prov* Armut ist keine Schande
pavage [pavaʒ] *m* ① (*action*) Pflastern *nt*
② (*revêtement*) Pflaster *nt*
pavane [pavan] *f* Pavane *f*
pavaner [pavane] <1> *vpr* **se** ~ sich aufplustern (*fam*)
pavé [pave] *m* ① (*bloc, dalle*) Pflasterstein *m*
② (*revêtement*) [Straßen]pflaster *nt*
③ *péj fam* (*livre*) [dicker] Wälzer (*fam*)
④ (*morceau de viande*) ~ **de bœuf** *großes Rinder[filet]steak*
⑤ INFORM ~ **numérique** Ziffernblock *m*
▸ **qn a un** ~ **sur l'estomac** *fam* jdm liegt das Essen wie ein Stein im Magen (*fam*); **être/jeter un** ~ **dans la mare** für Wirbel sorgen (*fam*); **sous les** ~**s la plage!** unter dem Pflaster liegt der Strand! (*Slogan von Mai 1968*); **battre le** ~ lange durch die Straßen marschieren; **être sur le** ~ auf der Straße sitzen (*fam*)
pavement [pavmɑ̃] *m* Pflaster *nt*; ~ **de mosaïque** Mosaik[fuß]boden *m*
paver [pave] <1> *vt* pflastern
paveur [pavœʀ] *m* Pflasterer(in) *m(f)*
pavillon [pavijɔ̃] *m* ① (*maison particulière*) [kleineres] Einfamilienhaus; ~ **de banlieue** kleines Haus in einem Vorort
② (*petite maison dans un jardin*) Gartenpavillon *m*; ~ **de chasse** Jagdhütte *f*
③ (*bâtiment*) *d'un hôpital, château* Pavillon *m*; ~ **central** Mitteltrakt *m*
④ NAUT Flagge *f*; **sous** ~ **allemand** unter deutscher Flagge
⑤ MUS *d'un cor, phonographe* Schalltrichter *m*; *d'une clarinette, trompette* Schallstück *nt*; *d'un saxophone* Trichter *m*
⑥ ANAT Ohrmuschel *f*
▸ **baisser** ~ **devant qn** vor jdm die Segel streichen
pavillonnaire [pavijɔnɛʀ] *adj* *lotissement* mit Einfamilienhäusern; *banlieue* nur aus Einfamilienhäusern bestehend
pavois [pavwa] *m* großer [Schutz]schild
▸ **élever** [*o* **hisser**] **qn sur le** ~ jdn auf den Schild erheben
pavoiser [pavwaze] <1> I. *vi fam* (*se réjouir*) sich mit stolzgeschwellter Brust zeigen (*fam*); **il n'y a pas de quoi** ~ das ist kein Grund stolz zu sein
II. *vt* beflaggen
pavot [pavo] *m* Mohn *m*
payable [pɛjabl] *adj* zahlbar; ~ **fin juillet** zahlbar Ende Juli; ~ **en espèces** [in] bar zu zahlen
payant(e) [pɛjɑ̃, ɑ̃t] *adj* ① *parking* gebührenpflichtig; **l'entrée est** ~**e** es muss Eintritt bezahlt werden; **le spectacle est** ~ für die Vorstellung muss Eintritt bezahlt werden; **c'est** ~ das kostet Eintritt
② (*rentable*) *entreprise* rentabel; *coup* Gewinn bringend, gewinnbringend; **notre effort/politique est** ~**(e)** unsere Mühe/Politik lohnt sich
③ (*qui paie*) *spectateur, hôte* zahlend
paye [pɛj] *f v.* **paie**
payement [pɛjmɑ̃] *m v.* **paiement**
payer [peje] <7> I. *vt* ① bezahlen; begleichen, bezahlen *facture*; zahlen *intérêt, loyer*; ~ **par chèque/en espèces** mit Scheck/[in] bar [be]zahlen; ~ **qc d'avance** etw vorausbezahlen; **ne pas** ~ **qc en liquide** etw unbar bezahlen
② (*rétribuer*) bezahlen, entlohnen; ~ **qn à l'heure** jdn stundenweise bezahlen
③ (*verser de l'argent pour*) bezahlen für *service*; zahlen für *maison*; **faire** ~ **qc à qn mille euros** jdm tausend Euro für etw berechnen; **faire** ~ **l'entrée à qn** Eintritt von jdm verlangen; **ne pas faire** ~ **le déplacement** für die Anfahrt nichts nehmen
④ (*récompenser*) belohnen; ~ **qn de sa peine** jdn für seine Mühe belohnen; **qn est bien/mal payé(e) de qc** etw wird jdm gut/schlecht gelohnt
⑤ (*offrir*) ~ **un livre à qn** jdm ein Buch zahlen [*o* kaufen]; ~ **un coup à qn** *fam* jdm einen ausgeben (*fam*)
⑥ (*expier*) ~ **qc de qc** etw mit etw bezahlen müssen; **tu me le paieras!** das sollst du mir büßen!
▸ **être payé(e) pour le savoir** durch Schaden klug geworden sein
II. *vi* ① (*régler*) zahlen; **c'est moi qui paie** ich zahle, das geht auf meine Rechnung
② (*être rentable*) sich lohnen; *politique, tactique:* sich auszahlen, sich bezahlt machen; **le crime ne paie pas** Verbrechen lohnt sich nicht
③ (*expier*) ~ **pour qn/qc** für jdn/etw büßen müssen
III. *vpr* **se** ~ ① *fam* (*s'offrir*) **se** ~ **qc** sich (*Dat*) etw leisten
② *fam* (*se prendre*) **se** ~ **un arbre** gegen einen Baum knallen (*fam*)
③ (*prendre en paiement*) **payez-vous** ziehen Sie ab, was Sie bekommen
④ (*passif*) **la commande se paie à la livraison** die Bestellung ist bei [der] Lieferung zu [be]zahlen
▸ **se** ~ **de mots** [nur] im Reden groß sein (*fam*); **se** ~ **la tête de qn** *fam* jdn veräppeln
payeur, -euse [pɛjœʀ, -jøz] I. *adj* **organisme/service** ~ Zahlstelle *f*
II. *m, f* Zahler(in) *m(f)*; **mauvais** ~ säumiger Zahler
pays [pei] *m* ① *a.* ECON (*nation, État*) Land *nt*; ~ **agricole** Agrarland; ~ **industriel** Industrieland; ~ **membres de l'UE** EU-Länder; ~ **partenaire** Partnerland; ~ **producteur** Erzeugerland; ~ **de l'UE** EU-Land; **dans tout le** ~ landesweit
② *sans pl* (*région natale*) Heimat *f*; **les gens du** ~ die Einheimischen *Pl*; ~ **natal** Heimatland *nt*; **retourner au** ~ nach Hause zurückkehren; **le retour au** ~ die Heimkehr; **être du** ~ aus der Gegend stammen [*o* sein]; **saucisson/vin de** [*o* **du**] ~ Bauernwurst *f*/Landwein *m*
③ *sans pl* (*patrie*) Vaterland *nt*

P

❹ *sans pl* (*terre d'élection*) **le ~ du vin** das Land des Weins; **le ~ de la musique** die Heimstatt *geh* der Musik
❺ (*milieu favorable à*) **~ de légumes** Gemüseanbaugebiet *nt;* **~ d'élevage** Viehzuchtgebiet *nt*
❻ GEOG Gegend *f;* **~ tempéré** Region *f* mit gemäßigtem Klima; **plat ~** Flachland *nt;* **voir du ~** etwas von der Welt sehen
❼ (*village*) Ort *m;* **un petit ~ perdu** ein kleines, abgelegenes Nest
▸ **elle est en ~ de connaissance** (*elle connaît la matière, le lieu*) sie kennt sich aus; (*elle est connue*) man kennt sie; **il se conduit comme [si il était] en ~ conquis** er benimmt sich, als sei er der Herr im Haus
◆ **~ d'accueil** *de jeux, conférences* Gastgeberland *nt; de réfugiés* Aufnahmeland; **~ de Cocagne** Schlaraffenland *nt;* **~ de Galles** Wales; **~ en voie de développement** Entwicklungsland *nt;* **~ en voie d'industrialisation** Schwellenland *nt*

paysage [peizaʒ] *m* ❶ Landschaft *f;* **~ champêtre** ländliche Gegend; **~ de montagne** Gebirgslandschaft; **~ urbain** Stadtbild *nt*
❷ (*situation*) Landschaft *f;* **~ audiovisuel** Fernsehlandschaft; **le ~ politique** die politische Landschaft
❸ ART Landschaft *f,* Landschaftsbild *nt*
▸ **faire bien dans le ~** *fam* sich gut machen (*fam*)

paysagé(e) [peizaʒe] *adj,* **paysager, -ère** [peizaʒe, -ɛʀ] *adj parc* landschaftlich gestaltet; **jardin ~** Landschaftsgarten *m*

paysagiste [peizaʒist] **I.** *mf* ❶ HORT Landschaftsgärtner(in) *m(f)*
❷ ART Landschaftsmaler(in) *m(f)*
II. *app* **jardinier(-ière) ~** Landschaftsgärtner(in) *m(f);* **architecte ~** Landschaftsarchitekt(in) *m(f),* Gartenarchitekt(in) *m(f)*

paysan(ne) [peizɑ̃, an] **I.** *adj* ❶ (*agricole*) *problème, revendications* der Bauern; **le monde ~** die Bauernschaft
❷ (*rural*) *mœurs, vie* ländlich, bäuerlich
❸ GASTR **omelette ~ne** Bauernomelett *nt*
❹ *péj* (*rustre*) *air, manières* ungehobelt (*pej*), wie ein Bauer (*pej*)
II. *m(f)* ❶ Bauer *m*/Bäuerin [*o* Bauersfrau] *f*
❷ *péj* **quel ~!** was für ein ungehobelter Kerl! (*pej fam*)

paysannat [peizana] *m* Bauernschaft *f,* Bauernstand *m*

paysannerie [peizanʀi] *f sans pl* Bauernschaft *f,* Bauern *Pl*

Pays-Bas [peibɑ] *mpl* Niederlande *Pl*

P.C.[1] [pese] *m abr de* **poste de commandement** MIL Kommandozentrale *f;* TRANSP [Verkehrs]zentrale *f*

P.C.[2] [pese] *m abr de* **personal computer** INFORM PC *m;* **~ de poche** Taschencomputer *m,* Handheld *m*

P.C.[3] [pese] *m abr de* **Parti communiste** POL KP *f*

PCEM [peseøɛm] *m abr de* **premier cycle des études médicales** *erstes Studienjahr des Medizinstudiums*

PCF [peseɛf] *m abr de* **parti communiste français** Kommunistische Partei Frankreichs

PCV [peseve] *m* TELEC *abr de* **à percevoir** R-Gespräch *nt*

P.D.G. [pedeʒe] *m fam abr de* **Président-directeur général** Generaldirektor(in) *m(f)*

péage [peaʒ] *m* ❶ (*lieu*) Gebührenzahlstelle *f;* (*sur autoroutes*) Mautstelle *f*
❷ (*taxe*) Benutzungsgebühr *f;* (*sur autoroutes*) Autobahngebühr *f;* **à ~** gebührenpflichtig

i Land & Leute

In Frankreich ist die Benutzung der Autobahn gebührenpflichtig. Die Autobahnen sind in Teilstrecken untergliedert und mit **péages**, Zahlstellen, versehen. Die Gebühr hängt davon ab, wie viele Teilstrecken man befährt und wie häufig man sie benutzt.

péagiste [peaʒist] *mf Person, die Autobahngebühren einnimmt*

peau [po] <x> *f* ❶ *d'une personne* Haut *f*
❷ *pl* **~x autour des ongles** Nagelhaut *f;* **~x mortes** Hornhaut
❸ (*en parlant d'un animal*) (*sans poils*) Haut *f;* (*avec poils*) Fell *nt;* (*cuir*) Leder *nt;* **~ de serpent** Schlangenleder; **~ de renard** Fuchspelz *m;* **reliure pleine ~** Ganzledereinband *m;* **de ~** aus Leder
❹ (*enveloppe, pellicule*) *d'une pomme, orange, banane* Schale *f; d'une pêche, tomate, d'un raisin* Haut *f,* Schale *f; du lait* Haut *f*
▸ **diminuer comme une ~ de chagrin** zusammenschrumpfen; **attraper qn par la ~ du cou** [*o* **du dos**] *fam* jdn beim Schlafittchen packen (*fam*); **coûter** [*o* **valoir**] **la ~ des fesses** *fam* ein Heidengeld kosten (*fam*); **n'avoir que la ~ et les os** [*o* **sur les os**] nur noch Haut und Knochen sein; **il ne faut pas vendre la ~ de l'ours** [**avant de l'avoir tué**] man soll den Tag nicht vor dem Abend loben (*prov*); **entrer** [*o* **se mettre**] **dans la ~ du personnage** *acteur:* sich völlig mit seiner Rolle identifizieren; **avoir la ~ dure** *fam* ein dickes Fell haben (*fam*); **faire ~ neuve** *personne:* ein neuer [*o* ganz anderer] Mensch werden; *bâtiment:* von Grund auf erneuert sein/werden; *institution, organisme, parti:* sich erneuern; **vieille ~** *péj fam* alte Schachtel (*fam*); **être** [*o* **se sentir**] **bien/mal dans sa ~** sich in seiner Haut wohl/nicht wohl fühlen; **ne pas donner cher de la ~ de qn** *fam* keinen Pfifferling auf jdn geben (*fam*); **j'aurai ta/leur ~!** *fam* dir/denen dreh ich den Hals um! (*fam*); **avoir qc dans la ~** *fam* etw im Blut haben (*fam*); **avoir qn dans la ~** *fam* nach jdm verrückt sein (*fam*); **changer de ~** *serpent:* sich häuten; *personne:* sich völlig wandeln; **défendre sa ~** um sein Leben kämpfen; **entrer dans la ~ de qn** sich in jdn hineinversetzen; **faire la ~ à qn** *fam* jdn kaltmachen (*sl*); **jouer** [*o* **risquer**] **sa ~ pour qn/qc** *fam* Kopf und Kragen für jdn/etw riskieren; **y laisser sa ~** [*o* **la ~**] *fam* dran glauben müssen (*sl*); **sauver sa ~** *péj fam* seine [eigene] Haut retten (*fam*); **tenir à sa ~** *fam* a[n seine]m Leben hängen
◆ **~ de chamois** Rehleder *nt,* Fensterleder *nt;* **~ de pêche** Pfirsichhaut *f;* **~ de vache** *fam* Miststück *nt* (*fam*), Schuft *m* (*fam*); **~ d'orange** Orangenhaut *f*

peaucier [posje] **I.** *adj* ANAT **muscle ~** Hautmuskel *m*
II. *m* ANAT Hautmuskel *m*

peaufiner [pofine] <1> *vt* ausfeilen

Peau-Rouge [poʀuʒ] <Peaux-Rouges> *mf* Rothaut *f*

peausserie [posʀi] *f* ❶ (*articles en cuir*) Lederwaren *Pl*
❷ (*commerce*) Leder[waren]handel *m;* (*métier*) Leder[waren]geschäft *nt*

pecan, pécan [pekɑ̃] *m* Pekannuss *f*

pécari [pekaʀi] *m* ❶ ZOOL Pekari *nt,* Nabelschwein *nt*
❷ (*cuir*) Pekarileder *nt*

peccadille [pekadij] *f littér* (*faute légère*) kleine Sünde; (*vétille*) Lappalie *f*

pechblende [pɛʃblɛ̃d] *f* MINER Pechblende *f*

péché [peʃe] *m* Sünde *f;* **commettre** [*o* **faire**] **un ~** eine Sünde begehen, sündigen; **les sept ~s capitaux** die sieben Todsünden; **c'est son ~ mignon** er/sie hat eine [kleine] Schwäche dafür
◆ **~ de jeunesse** Jugendsünde *f*

pêche[1] [pɛʃ] *f* ❶ Pfirsich *m;* **~ Melba** [Eisbecher *m*] Pfirsich Melba *m*
❷ *fam* (*coup de poing*) Ohrfeige *f;* **flanquer une ~ à qn** jdm eine runterhauen (*fam*)
▸ **avoir la ~** [*o* **une sacrée ~**] *fam* topfit [*o* gut drauf] sein (*fam*); **se fendre la ~** *fam* sich kaputtlachen (*fam*)

pêche[2] [pɛʃ] *f sans pl* ❶ (*profession*) Fischerei *f,* Fischfang *m;* **petite ~** Küstenfischerei; **~ hauturière** Hochseefischerei; **produits de la ~** Fischereiprodukte *Pl;* **~ au thon/à la baleine** T[h]unfisch-/Walfang *m*
❷ (*loisir*) Fischen *nt;* (*à la ligne*) Angeln *nt;* **~ à la mouche** Fliegenfischerei *f;* **~ au lancer** Spinnangeln *nt;* **~ à la truite**

Forellenfang *m;* **articles de** ~ Angelzubehör *nt;* **aller à la** ~ angeln gehen
❸ (*période*) Fangzeit *f;* **la** ~ **est ouverte** die Angelsaison ist eröffnet; (*en mer*) die Fangzeit hat begonnen
❹ (*réserve*) Fischfanggebiet *nt*
❺ (*prises*) Fang *m*
pécher [peʃe] <5> *vi* ❶ REL sündigen; ~ **par orgueil** aus Hochmut sündigen
❷ (*commettre une erreur*) ~ **par négligence/imprudence** [all]zu nachlässig/unvorsichtig sein; ~ **par trop de minutie** übergenau sein
❸ (*être défectueux sur*) ~ **sur** [*o* **par**] **bien des côtés** *raisonnement, jugement:* zahlreiche Schwachstellen haben
pêcher¹ [peʃe] <1> **I.** *vi* fischen; (*avec une canne*) angeln; ~ **à l'hameçon/à la mouche** mit dem Angelhaken/der Fliege fischen
II. *vt* ❶ (*être pêcheur de*) fischen; ~ **le saumon/le thon** auf Lachs-/T[h]unfischfang gehen
❷ (*attraper*) fangen *poissons, crustacés, grenouilles;* ~ **des coquillages** auf Muschelfang gehen; (*sur la plage*) Muscheln [ein]sammeln
❸ *fam* (*chercher*) ausgraben *idée, histoire;* aufstöbern *costume, vieux meuble;* **où a-t-elle pêché [l'idée] que qn a fait qc?** wie kommt sie denn darauf, dass jd etw getan hat?
III. *vpr* **se** ~ **en rivière/mer** im Fluss/im Meer gefangen werden
pêcher² [peʃe] *m* Pfirsichbaum *m*
pêcherie [pɛʃʀi] *f* (*zone de pêche*) Fischfanggebiet *nt;* **les** ~**s** die Fischgründe *Pl,* die Fanggründe
pécheur, pécheresse [peʃœʀ, peʃʀɛs] *m, f* Sünder(in) *m(f)*
pêcheur, -euse [pɛʃœʀ, -øz] *m, f* ❶ (*professionnel*) Fischer(in) *m(f);* ~**(-euse) de corail/d'huîtres** Korallen-/Austernfischer(in) *m(f);* ~**(-euse) de baleines** Walfänger(in) *m(f)*
❷ (*amateur*) Angler(in) *m(f)*
pécore [pekɔʀ] *f péj* (*femme*) hochnäsige [dumme] Gans *f*
pectine [pɛktin] *f* Pektin *nt*
pectoral [pɛktɔʀal, o] <-aux> *m* ANAT **pectoraux** Brustmuskulatur *f*
pectoral(e) [pɛktɔʀal, o] <-aux> *adj* ❶ ANAT, ZOOL **région** ~**e** Brustbereich *m;* **nageoire** ~**e** Brustflosse *f*
❷ MED **sirop** ~ Hustensaft *m*
pécule [pekyl] *m sans pl* Ersparnisse *Pl;* **se constituer un petit** ~ sich (*Dat*) eine kleine Rücklage schaffen
pécuniaire [pekynjɛʀ] *adj* finanziell; **avoir des difficultés** ~**s** finanzielle Schwierigkeiten haben
pécuniairement [pekynjɛʀmɑ̃] *adv* finanziell
pédagogie [pedagɔʒi] *f* ❶ (*science*) Pädagogik *f*
❷ (*méthode d'enseignement*) Lehrmethode *f;* ~ **des langues étrangères/des mathématiques** Fremdsprachendidaktik/Didaktik *f* der Mathematik
❸ *sans pl* (*qualité*) pädagogisches Geschick; **avoir beaucoup de** ~ viel pädagogisches Geschick haben
pédagogique [pedagɔʒik] *adj* pädagogisch; *exposé* didaktisch gut; **moyens** ~**s** pädagogische [*o* erzieherische] Mittel *Pl;* **méthode** ~ Erziehungsmethode *f,* Lehrmethode *f;* **avoir un sens** ~ pädagogische Fähigkeiten haben
pédagogue [pedagɔg] **I.** *mf* Pädagoge *m*/Pädagogin *f*
II. *adj* pädagogisch; **être** ~ ein guter Pädagoge/eine gute Pädagogin sein
pédale [pedal] *f* ❶ *d'une bicyclette, voiture, machine* Pedal *nt; d'une poubelle* Fußhebel *m;* ~ **de frein** Bremspedal *nt*
❷ MUS Pedal *nt;* **clavier à** ~**s de l'orgue** Pedalklaviatur *f* der Orgel
❸ *péj fam* (*homosexuel*) Schwule(r) *m* (*fam*), Schwuchtel *f* (*pej fam*)
▸ **s'emmêler les** ~**s** *fam* sich verheddern (*fam*); **perdre les** ~**s** *fam* ins Schleudern kommen (*fam*)
pédaler [pedale] <1> *vi* ❶ (*bicyclette*) in die Pedale treten; ~ **debout** aus dem Sattel gehen
❷ *fam* (*faire vite*) einen Zahn zulegen (*fam*)
pédalier [pedalje] *m* ❶ *d'une bicyclette* Kettenantrieb *m* (*Kettenblatt und Tretlager*); **jeu de** ~ Tretlager *nt*
❷ MUS Pedalklaviatur *f*
pédalo® [pedalo] *m* Tretboot *nt;* **faire du** ~ [mit dem] Tretboot fahren
pédant(e) [pedɑ̃, ɑ̃t] **I.** *adj péj personne, air* schulmeisterlich (*pej*); *ton* besserwisserisch (*pej*)
II. *m(f) péj* Besserwisser(in) *m(f)* (*pej*)
pédanterie [pedɑ̃tʀi] *f* schulmeisterliche [*o* belehrende] Art *f*
pédantisme [pedɑ̃tism] *m d'une personne* Besserwisserei *f* (*pej*); *d'une explication, d'un discours* belehrende Art
pédé [pede] *m péj fam abr de* **pédéraste** Homo *m* (*pej fam*)
pédéraste [pedeʀast] *m* ❶ (*homosexuel*) Homosexuelle(r) *m*
❷ (*pédophile*) Päderast *m*
pédérastie [pedeʀasti] *f* ❶ (*homosexualité*) [männliche] Homosexualität *f*
❷ (*pédophilie*) Päderastie *f*
pédestre [pedɛstʀ] *adj* **randonnée** ~ Wanderung *f;* **sentier** ~ Wanderweg *m*
pédiatre [pedjatʀ] *mf* Kinderarzt *m*/-ärztin *f*
pédiatrie [pedjatʀi] *f* Kinderheilkunde *f;* **service de** ~ Kinderstation *f*
pedibus [pedibys] *adv fam* zu Fuß
pédicule [pedikyl] *m* ❶ BOT, ANAT Stiel *m*
❷ ARCHIT (*pilier*) kleine Stütze *f,* kleiner Pfeiler *m*
pédicure [pedikyʀ] *mf* Fußpfleger(in) *m(f)*
pedigree [pedigʀe] *m* Stammbaum *m*
pédologie [pedɔlɔʒi] *f* Bodenkunde *f*
pédoncule [pedɔ̃kyl] *m* BOT, ZOOL, ANAT Stiel *m;* ~**s cérébraux** Hirnstiele *Pl*
pédophile [pedofil] **I.** *adj* pädophil
II. *mf* Pädophile(r) *f(m)*
pédophilie [pedɔfili] *f* Pädophilie *f*
pedzouille [pɛdzuj] *mf péj fam* ❶ Bauer *m* (*pej fam*)
❷ (*personne naïve*) Hinterwäldler(in) *m(f)*
peeling [piliŋ] *m* Peeling *nt*
peep-show [pipʃo] <peep-shows> *m* Peepshow *f*
P.E.G.C. [peʒese] *mf abr de* **professeur d'enseignement général de collège** Lehrer(in) *m(f)* des Sekundarbereichs I
pègre [pɛgʀ] *f sans pl* Unterwelt *f*
peignage [pɛɲaʒ] *m* TECH Kämmen *nt,* Hecheln *nt*
peigne [pɛɲ] *m* ❶ Kamm *m;* (*pour retenir les cheveux*) Steckkamm; ~ **fin** Staubkamm; ~ **à manche/de poche** Stiel-/Taschenkamm; **se donner un coup de** ~ sich mal schnell kämmen (*fam*)
❷ TEXTIL Kamm *m;* (*d'un métier à tisser*) Weberkamm
▸ **passer au** ~ **fin** genau unter die Lupe nehmen (*fam*); durchkämmen *région*
peigne-cul [pɛɲky] <peigne-culs> *m pop* Kotzbrocken *m* (*sl*)
peigner [peɲe] <1> **I.** *vt* ❶ kämmen
❷ TEXTIL kämmen *coton, laine;* hecheln *lin;* **en laine peignée** aus Kammgarn
II. *vpr* **se** ~ sich (*Akk*) kämmen; **se** ~ **les cheveux** sich (*Dat*) die Haare kämmen
peignoir [pɛɲwaʀ] *m* ❶ Bademantel *m;* (*déshabillé*) Morgenrock *m*
❷ (*blouse*) Umhang *m;* (*chez le coiffeur*) Frisierumhang
peinard(e) [pɛnaʀ, aʀd] *adj fam personne* ruhig, verträglich; *coin* ruhig; *boulot, vie* bequem; **avoir un boulot** ~ eine ruhige Kugel schieben (*fam*); **mener une vie de père** ~ ein gemütliches Leben führen
peindre [pɛ̃dʀ] <*irr*> **I.** *vi* ~ **au pinceau** mit dem Pinsel malen
II. *vt* ❶ [an]streichen; spritzen *carrosserie;* ~ **qc en rouge/jaune** etw rot/gelb [an]streichen; ~ **qc au pinceau/rouleau** etw mit dem Pinsel/dem Farbroller streichen; ~ **qc à la laque** etw lackieren; **être peint(e)** bemalt sein

❷ ART malen; ~ **à la gouache/à l'huile** in Gouachetechnik/Öl (*Dat*) malen; **tableau peint à l'huile** Ölbild *nt*
❸ LITTER (*décrire*) schildern
III. *vpr* **se ~ sur le visage de qn** *angoisse, joie:* sich in jds Gesicht (*Dat*) widerspiegeln

peine [pɛn] I. *f* ❶ (*chagrin, douleur*) Kummer *m*, Leid *nt*; **avoir de la ~/beaucoup de ~** traurig/sehr traurig sein; **faire de la ~ à qn** jdn verletzen; **ça me fait de la ~ de le voir si triste** es tut mir leid ihn so traurig zu sehen; **qn/qc fait ~ à voir** es tut in der Seele weh jdn/etw anzusehen
❷ JUR Strafe *f*; ~ **capitale** Todesstrafe; ~ **de réclusion** [*o* **de détention**] Haftstrafe; **sous ~ de mort/d'amende** unter Androhung der Todesstrafe/von Geldstrafe; **défense d'entrer sous ~ de poursuites** widerrechtliches Betreten wird strafrechtlich verfolgt
❸ (*effort, difficulté*) Mühe *f*; **avoir de la ~** [*o* **beaucoup de ~**] **à faire qc** [große] Mühe [*o* [große] Schwierigkeiten] haben etw zu tun; **avoir** [**de la**] **~ à croire qc** etw kaum glauben können; **croire sans ~ qc** etw ohne weiteres glauben; **ça, je vous crois sans ~!** das glaube ich Ihnen gern!; **se donner de la ~/beaucoup de ~** sich (*Dat*) Mühe/große [*o* viel] Mühe geben; **se donner la ~ de faire qc** sich (*Dat*) die Mühe machen etw zu tun; **donnez-vous** [*o* **prenez** [**donc**]] **la ~ d'entrer** *form* bitte, kommen Sie doch herein; **ne vous donnez pas cette ~** machen Sie sich (*Dat*) keine Umstände; **ne pas épargner sa ~** keine Mühe scheuen; **ce n'est pas la ~ de faire qc/que qn fasse qc** es ist nicht nötig etw zu tun/, dass jd etw tut; **c'est ~ perdue!** das ist verlorene Mühe!; **valoir la ~** sich lohnen, es wert sein; *personne:* es verdienen; **valoir la ~ d'être vu(e)/lu(e)** sehenswert/lesenswert sein; **ça ne vaut même pas la ~ d'en parler** das ist doch nicht der Rede wert; **avec ~** mühsam; **pour la/sa ~** (*en récompense*) als Lohn für die/seine/ihre Mühe; (*en punition*) als [*o* zur] Strafe; **sans ~** mühelos
▸ **être bien en ~ de faire qc** etw beim besten Willen nicht tun können; **être dur(e) à la ~** hart arbeiten; **n'être pas en ~ pour faire qc** keine Schwierigkeiten haben etw zu tun; **c'est bien la ~ de faire qc** *iron* das lohnt sich vielleicht etw zu tun (*iron fam*); **en être pour sa ~** sich umsonst bemühen; **sous ~ de ...** um zu vermeiden, dass ...; **roule doucement sous ~ de glisser** fahr vorsichtig, um nicht ins Schleudern zu kommen
II. *adv* ❶ (*très peu*) **à ~** kaum
❷ (*tout au plus*) **à ~** noch nicht einmal; **il y a à ~ huit jours** es ist kaum acht Tage her
❸ (*juste*) **à ~** *finir, partir* gerade [*o* eben] erst; (*aussitôt*) kaum
▸ **à ~!** *iron* was du nicht sagst! (*iron fam*)
◆ **~s de cœur** Liebeskummer *m*; **~ de mort** Todesstrafe *f*

peiner [pene] <1> I. *vi* ❶ ~ **à faire qc/pour faire qc** Mühe haben etw zu tun; ~ **sur qc** sich mit etw [herum]plagen
❷ (*avoir des problèmes*) *moteur, voiture:* Schwierigkeiten haben
II. *vt* ~ **qn** (*décevoir*) jdn enttäuschen; (*faire de la peine*) jdn verletzen; *nouvelle, refus:* jdn traurig machen; **être peiné(e) par qc** traurig über etw (*Akk*) sein; **être peiné(e) que qn ait fait qc** traurig sein, dass jd etw getan hat

peintre [pɛ̃tʀ] *m* ❶ Maler(in) *m(f)*, Anstreicher(in) *m(f)*
❷ ART Maler(in) *m(f)*, Kunstmaler(in)
❸ LITTER Schilderer *m*; **un grand ~ de la société de son temps** ein genialer Schilderer der gesellschaftlichen Verhältnisse seiner Zeit
◆ **~ en bâtiment** Anstreicher(in) *m(f)*; **~ du dimanche** Sonntagsmaler(in) *m(f)*

peinture [pɛ̃tyʀ] *f* ❶ (*couleur*) Farbe *f*; ~ **brillante/laquée** Glanz-/Lackfarbe; ~ **à l'eau/à l'huile** Wasser-/Ölfarbe
❷ (*couche, surface peinte*) Anstrich *m*; **refaire les ~s d'un appartement** eine Wohnung frisch streichen; **~ fraîche!** frisch gestrichen!
❸ *sans pl* (*action*) [An]streichen *nt*; ~ **au pistolet** Spritz[lackier]en *nt*
❹ ART Malen *nt*; (*technique*) Malerei *f*; ~ **sur verre** Glasmalerei; ~ **à fresque** Freskomalerei; ~ **à l'huile** Ölmalerei
❺ ART (*toile*) Gemälde *nt*, Bild *nt*; ~ **murale** Wandmalerei *f*; ~ **à l'huile** Ölgemälde
❻ *sans pl* (*école, genre*) Malerei *f*; (*courant*) Schule *f* der Malerei; **technique de ~** Maltechnik *f*; **musée de ~** Museum *nt* für Malerei; **école de ~** Malschule *f*
❼ *sans pl* LITTER, MUS (*description, évocation*) Schilderung *f*, Darstellung *f*; **faire la ~ de qc** etw darstellen
▸ **ne pas pouvoir voir qn/qc en ~** *fam* jdn/etw nicht ausstehen können (*fam*)

peinturlurer [pɛ̃tyʀlyʀe] <1> I. *vt fam* grellbunt beschmieren (*fam*); **être peinturluré(e) de qc** mit etw beschmiert sein
II. *vpr fam* **se ~ le visage** sich (*Dat*) das Gesicht anmalen

péjoratif, -ive [peʒɔʀatif, -iv] *adj* pejorativ

péjorativement [peʒɔʀativmɑ̃] *adv* pejorativ

Pékin [pekɛ̃] *m* Peking *nt*

pékinois [pekinwa] *m* (*chien*) Pekinese *m*

pékinois(e) [pekinwa, waz] *adj* Pekinger

Pékinois(e) [pekinwa, waz] *m(f)* Pekinger(in) *m(f)*

P.E.L. [pɛl] *m abr de* **plan d'épargne-logement** Bausparvertrag *m*

pelade [pəlad] *f* MED kreisrunder Haarausfall

pelage [pəlaʒ] *m* Fell *nt*

pélagique [pelaʒik] *adj* Meer[es]-, pelagisch (*Fachspr.*); **sédiments ~s** Sedimente *Pl*, pelagische Ablagerungen *Pl*

pelé(e) [pəle] I. *adj* kahl
II. *m(f)* ▸ **quatre ~s et un tondu** *fam* [nur] ein paar Hanseln (*fam*)

pêle-mêle [pɛlmɛl] I. *adv* [kunterbunt] durcheinander; **des choses sont ~** Dinge liegen kreuz und quer [*o* wie Kraut und Rüben *fam*] durcheinander
II. *m inv* **un ~ de choses** ein Durcheinander *nt* von Dingen

peler [pəle] <4> I. *vi* ❶ *personne, peau, nez:* sich schälen
❷ *fam* (*avoir froid*) sich (*Dat*) einen abfrieren (*fam*)
II. *vt* schälen, pellen *pomme de terre cuite*
III. *vpr* **se ~ facilement** sich leicht schälen [lassen]

pèlerin [pɛlʀɛ̃] *m* ❶ REL Pilger(in) *m(f)*
❷ (*faucon*) Wanderfalke *m*
❸ (*criquet*) Wanderheuschrecke *f*

pèlerinage [pɛlʀinaʒ] *m* ❶ REL (*voyage*) Wallfahrt *f*, Pilgerfahrt *f*; **faire un ~/aller en ~** eine Wallfahrt [*o* Pilgerfahrt] machen; **faire un ~ sur la tombe de son idole** *fig* zum Grab seines Idols pilgern
❷ (*lieu*) Wallfahrtsort *m*

pèlerine [pɛlʀin] *f* Pelerine *f*

pélican [pelikɑ̃] *m* Pelikan *m*

pelisse [pəlis] *f* pelzgefütterter Mantel

pellagre [pelagʀ] *f* MED Pellagra *nt*

pelle [pɛl] *f* Schaufel *f*; *d'un jardinier* Spaten *m*; ~ **mécanique** [Löffel]bagger *m*
▸ **ramasser qc à la ~** *fam* etw haufenweise finden (*fam*); [**se**] **ramasser** [*o* **se prendre**] **une ~** *fam* auf die Nase fallen (*fam*); **rouler une ~ à qn** *fam* mit jdm knutschen (*fam*)
◆ **~ à tarte** Tortenheber *m*, Tortenschaufel *f*

pelletée [pɛlte] *f* ❶ **une ~ de sable** eine Schaufel [voll] Sand
❷ *fam* (*bordée*) **une ~/des ~s d'injures** eine Schimpfkanonade (*fam*)

pelleter [pɛlte] <3> *vt* schaufeln, schippen

pelleterie [pɛltʀi, pelɛtʀi] *f* ❶ (*commerce*) Pelzhandel *m*, Rauchwarenhandel *m*
❷ (*lieu*) Rauchwarenzurichterei *f*
❸ (*préparation*) Rauchwarenzurichtung *f*
❹ (*peau apprêtée*) Pelz[ware *f*] *m meist Pl*

pelleteuse [pɛltøz] *f* [Löffel]bagger *m*

pelletier, -ière [pɛltje, -jɛʀ] *m, f* Rauchwarenzurichter(in) *m(f)*

pellicule [pelikyl] *f* ❶ PHOT, CINE Film *m*; ~ **couleur/noir et blanc** Farb-/Schwarzweißfilm

❷ (*mince couche*) **une ~ de poussière/givre/crème** eine Staub-/Rauhreif-/Cremeschicht [*o* Krem[e]schicht]; **une ~ de pétrole** ein Ölfilm
❸ (*petite écaille*) Schuppe *f;* **avoir des ~s** Schuppen haben
pelloche, péloche [pelɔʃ] *f fam* Film *m*
pelotage [p(ə)lɔtaʒ] *m fam* Befummeln *nt* (*fam*), Begrapschen *nt* (*pej fam*)
pelote [p(ə)lɔt] *f* ❶ Knäuel *nt;* **une ~ de ficelle** ein Knäuel von Fäden; **une ~ de laine** ein Wollknäuel
❷ COUT **~ [d'épingles]** Nadelkissen *nt*
❸ SPORT **~ [basque]** Pelota[spiel *nt*] *f*
peloter [p(ə)lɔte] <1> **I.** *vt fam* betatschen (*fam*), befummeln (*fam*); **se faire ~ par qn** von jdm betatscht [*o* befummelt] werden (*fam*)
II. *vpr fam* **se ~** [herum]fummeln (*fam*)
peloton [p(ə)lɔtɔ̃] *m* ❶ SPORT [Haupt]feld *nt;* POL, ECON *des pays, nations* Gruppe *f;* **être dans le ~ de tête/de queue** SPORT an der Spitze/am Ende des Feldes liegen; SCOL zu den Besten/zu den Schlechtesten gehören; ECON zu den Führenden/Rückständigsten gehören
❷ MIL Trupp *m;* **un ~ de sapeurs-pompiers** ein Trupp Feuerwehrleute; **~ de gendarmerie** Polizeitrupp
◆ **~ d'exécution** Exekutionskommando *nt*
pelotonner [p(ə)lɔtɔne] <1> *vpr* **se ~** (*se mettre en boule*) sich zusammenrollen; **se ~ contre qn/qc** sich an jdn/etw [an]kuscheln; **se ~ sous les draps** sich unter der Bettdecke zusammenkuscheln
pelouse [p(ə)luz] *f d'un parc, jardin, stade* Rasen *m; d'un champ de courses* Rasenfläche *f*
peluche [p(ə)lyʃ] *f* ❶ TEXTIL Plüsch *m;* **ours en ~** Teddybär *m*
❷ (*jouet*) Kuscheltier *nt,* Plüschtier *nt*
❸ (*poil*) Fussel *f o m;* (*poussière*) Staubflocke *f*
pelucher [p(ə)lyʃe] <1> *vi* fusseln
pelucheux, -euse [p(ə)lyʃø, -øz] *adj* fuss[e]lig
pelure [p(ə)lyʀ] **I.** *f* ❶ *d'un fruit, légume* [abgeschälte] Schale *f*
❷ *fam* (*manteau*) Mantel *m;* **enlever sa ~** sich aus dem Mantel pellen (*fam*)
II. *app* **papier ~** (*pour machine à écrire*) Durchschlagpapier *nt;* (*pour texte imprimé*) Dünndruckpapier *nt*
◆ **~ d'oignon** (*peau*) Zwiebelschale *f;* (*vin*) Bleichert *m,* Rosé[wein *m*] *m*
pelvien(ne) [pɛlvjɛ̃, jɛn] *adj* **ceinture ~ne** Beckengürtel *m*
pelvis [pɛlvis] *m* Becken *nt*
pénal(e) [penal, o] <-aux> *adj* **responsabilité ~e** strafrechtliche Verantwortlichkeit; **affaire/procédure ~e** Strafsache *f*/-prozess *m;* **code ~** Strafgesetzbuch *nt;* **droit ~** Strafrecht *nt*
pénalement [penalmɑ̃] *adv* strafrechtlich; **être ~ sanctionné(e)** strafrechtlich verfolgt werden
pénalisation [penalizasjɔ̃] *f* SPORT Strafe *f*
pénaliser [penalize] <1> *vt* ❶ SPORT bestrafen, mit einer Strafe belegen
❷ (*désavantager*) *origine, religion:* benachteiligen; **~ qn/qc de qc** jdn/etw durch etw benachteiligen
❸ (*sanctionner*) bestrafen; (*sanctionner d'une amende*) mit einem Bußgeld belegen; **être pénalisé(e) pour qc de qc** für etw mit etw bestraft werden
pénalité [penalite] *f* ❶ (*peine*) [Geld]strafe *f;* (*pour une omission, un retard*) Strafgebühr *f*
❷ RUGBY **coup de pied de ~** Strafstoß *m;* **tirer le coup de pied de ~** den Strafstoß ausführen
penalty [penalti] <penalties *o* s> *m* (*sanction*) Strafstoß *m;* (*tir au but*) Elfmeter *m*
pénard(e) [penaʀ, aʀd] *adj v.* **peinard**
pénates [penat] *mpl* **regagner ses ~** ins traute Heim zurückkehren
penaud(e) [pəno, od] *adj* (*embarrassé*) verlegen; (*honteux*) beschämt; (*déçu*) enttäuscht, kleinlaut; **s'en aller tout(e) ~(e)** sich kleinlaut davonstehlen

penchant [pɑ̃ʃɑ̃] *m* **~ à qc/à faire qc** Neigung *f* [*o* Hang *m*] zu etw/etw zu tun; **avoir un ~ à qc/à faire qc** zu etw neigen/dazu neigen etw zu tun; **un ~ pour la musique classique** eine Vorliebe für die klassische Musik; **un ~ pour l'alcool** ein Hang zum Alkohol
pencher [pɑ̃ʃe] <1> **I.** *vi* ❶ (*perdre l'équilibre*) *moto, pile de livres:* sich [zur Seite] neigen; *arbre:* sich biegen; *bateau:* Schlagseite haben; **le vent fait ~ l'arbre** der Baum biegt sich im Wind
❷ + *être* (*ne pas être droit*) *mur, tour:* schief sein; *bouteille:* schief stehen; *tableau:* schief hängen; **~ à droite** *voiture:* nach rechts hängen; **la tour penchée de Pise** der Schiefe Turm von Pisa; **écriture penchée** schräge Schrift
❸ (*se courber vers*) **être penché(e) sur qn/qc** sich über jdn/etw beugen; **penché(e) sur ses livres** in seine/ihre Bücher vertieft
❹ (*se prononcer pour*) **~ pour qc** einer S. (*Dat*) zuneigen, zu etw tendieren
II. *vt* schräg halten *bouteille, carafe;* kippen *table, chaise;* **~ la tête** (*en avant, sur qc*) den Kopf beugen; (*de honte*) den Kopf senken; (*sur le côté*) den Kopf [zur Seite] neigen; **~ la tête en arrière** den Kopf zurücklegen
III. *vpr* ❶ (*baisser*) **se ~** sich bücken; **se ~ en avant/vers qn** sich nach vorn beugen/zu jdm hinüberbeugen; **se ~ par la fenêtre** sich zum Fenster hinauslehnen
❷ (*examiner*) **se ~ sur un problème** sich mit einem Problem befassen
pendable [pɑ̃dabl] *adj* übel, schlimm; **jouer un tour ~ à qn** jdm übel/schlimm mitspielen
pendaison [pɑ̃dɛzɔ̃] *f* (*supplice*) Erhängen *nt;* (*suicide*) Aufhängen *nt,* Erhängen; (*exécution*) Hinrichtung *f* durch den Strang; **mort par ~** Tod *m* durch Erhängen
pendant¹ [pɑ̃dɑ̃] *m* **le ~ de qn/qc** das Gegenstück zu jdm/etw; **faire ~ à qc/qn** das Pendant zu jdm/etw sein
◆ **~ d'oreille** Ohrgehänge *nt*
pendant² [pɑ̃dɑ̃] **I.** *prép* ❶ (*au cours de*) während (+ *Gen*); **~ l'hiver/le mois de janvier** während des Winters/im Laufe des Januar[s]; **~ la nuit** während der Nacht
❷ (*simultanément à*) während (+ *Gen*); **~ ce temps** während dieser Zeit, währenddessen; **~ longtemps** lange Zeit hindurch; **~ la journée** während des Tages, tagsüber; **~ trois jours/plusieurs années** drei Tage/mehrere Jahre [lang]; **marcher ~ des kilomètres et des kilomètres** kilometerweit laufen
II. *conj* **~ que** (*tandis que*) während; (*aussi longtemps que*) solange
▶ **~ que tu y es** *iron* wenn du schon mal dabei bist (*iron*); **~ que j'y pense ...** da fällt mir gerade ein ...
III. *adv* während (+ *Gen*); **c'était avant le cours ou ~?** war es vor dem oder während des Unterrichts?
pendant(e) [pɑ̃dɑ̃, ɑ̃t] *adj* ❶ (*tombant*) [herunter]hängend; *langue* heraushängend; **oreilles ~es** Hängeohren *Pl*
❷ (*ballant*) *jambes* baumelnd; **rester les bras ~s** untätig herumstehen
❸ JUR *procès, affaire* anhängig, schwebend
pendeloque [pɑ̃d(ə)lɔk] *f* (*bijou*) [Ohr]gehänge *nt*
pendentif [pɑ̃dɑ̃tif] *m* [Schmuck]anhänger *m*
penderie [pɑ̃dʀi] *f* (*placard mural*) Wandschrank *m* (*ohne Fächer zum Aufhängen der Kleidung*); (*garde-robe*) Garderobe *f;* (*armoire*) Kleiderschrank *m* (*ohne Fächer zum Aufhängen der Kleidung*)
pendiller [pɑ̃dije] <1> *vi linge:* flattern
pendouiller [pɑ̃duje] <1> *vi fam* [herum]baumeln (*fam*)
pendre [pɑ̃dʀ] <14> **I.** *vi* + *être* ❶ hängen; **~ à qc** an etw (*Dat*) hängen; **~ de qc** von etw herunterhängen
❷ (*tomber*) *joues, cheveux, guirlande:* herunterhängen; **laisser ~ ses jambes** seine Beine herabhängen [*o* baumeln *fam*] lassen; **~ jusqu'à terre** bis zum Boden reichen [*o* hängen]; **~ der-**

rière [*o* **par-derrière**] *jupe:* hinten länger sein als vorn

II. *vt* ❶ (*accrocher*) aufhängen; ~ **qc au portemanteau/dans l'armoire** etw an den Garderobenständer/in den Schrank hängen; ~ **qc dans l'entrée** etw im Eingang aufhängen

❷ (*mettre à mort*) hängen, aufhängen, erhängen; ~ **qn à un arbre** jdn an einem Baum aufhängen; **être pendu(e)** [auf]gehängt werden

► **je veux** [**bien**] **être pendu(e) si ...** wenn ..., dann will ich Meier heißen

III. *vpr* ❶ (*s'accrocher*) **se** ~ **à une branche** sich an einen Ast hängen; **se** ~ **au cou de qn** *fam* sich an jds Hals (*Akk*) hängen; (*par crainte*) sich an jds Hals (*Dat*) festklammern

❷ (*se suicider*) **se** ~ sich erhängen, sich aufhängen

pendu(e) [pɑ̃dy] **I.** *part passé de* **pendre**

II. *adj fam* (*agrippé*) **être** ~**(e) aux lèvres de qn/au téléphone** an jds Lippen (*Dat*)/an der Strippe hängen (*fam*)

III. *m(f)* Gehängte(r) *f(m)*; **jouer au** ~ JEUX Galgenraten *nt* spielen

pendulaire [pɑ̃dylɛʀ] *adj* **mouvement** ~ Pendelbewegung *f*, Pendeln *nt*; **migration** ~ SOCIOL [Berufs]pendelverkehr *m*

pendule [pɑ̃dyl] **I.** *f* Uhr *f*; (*pour la cuisine*) Küchenuhr; (*murale*) Wanduhr

► **remettre les** ~**s à l'heure** die [*o* eine] Sache richtig stellen

II. *m* ❶ *d'un sourcier, radiesthésiste* [siderisches] Pendel

❷ PHYS Pendel *nt*

pendulette [pɑ̃dylɛt] *f* kleine Uhr

pêne [pɛn] *m d'une serrure* Riegel *m*

pénéplaine [peneplɛn] *f* GEOG Fastebene *f*

pénétrable [penetʀabl] *adj* ❶ (*perméable*) durchlässig

❷ (*compréhensible*) zugänglich, erkennbar

pénétrant(e) [penetʀɑ̃, ɑ̃t] *adj* ❶ *froid* schneidend; *pluie* bis auf die Haut durchdringend; **air** ~ schneidend kalte Luft

❷ (*fort*) *odeur* durchdringend, penetrant (*pej*)

❸ (*aigu*) *regard* durchdringend, scharf

❹ (*subtil*) *analyse, remarque, personne* scharfsinnig; **c'est un esprit très** ~ er/sie hat einen sehr scharfen Verstand

pénétrante [penetʀɑ̃t] *f* TRANSP, AUT Magistrale *f*

pénétration [penetʀasjɔ̃] *f* ❶ *sans pl* (*action*) *de l'eau, d'un projectile, d'idées* Eindringen *nt*; (*acte sexuel*) Eindringen des Gliedes; **force de** ~ **d'un projectile** Durchschlagskraft *f* eines Geschosses

❷ *sans pl* (*perspicacité*) Scharfsinn *m*

pénétré(e) [penetʀe] *adj* *ton, air* überzeugt; **dire qc d'un** [*o* **sur un**] **ton** ~ etw im Brustton der Überzeugung sagen; **être** ~**(e) de son sujet** ganz von seinem Thema eingenommen sein; ~**(e) de son importance/soi-même** von der eigenen Wichtigkeit/von sich selbst eingenommen

pénétrer [penetʀe] <5> **I.** *vi* ❶ (*entrer*) ~ **dans qc** *personne:* in etw (*Akk*) hineingehen [*o* eintreten]; *véhicule:* in etw (*Akk*) hineinfahren; (*par la force, abusivement*) in etw (*Akk*) eindringen; *envahisseur, armée:* in etw (*Akk*) einfallen [*o* eindringen]; *balle:* in etw (*Akk*) eindringen; ~ **dans un groupe** sich (*Dat*) Zutritt zu einer Gruppe verschaffen; (*clandestinement*) eine Gruppe infiltrieren; ~ **sur un marché** auf einen Markt vordringen

❷ (*prendre place*) ~ **dans qc** *idée, habitude:* in etw (*Akk*) eindringen [*o* eingehen]

❸ (*s'insinuer*) ~ **dans qc** *vent, odeur:* in etw (*Akk*) eindringen; *soleil:* in etw (*Akk*) hinein-/hereinscheinen; *liquide, crème:* in etw (*Akk*) einziehen; **faire** ~ **de l'air/du gaz dans qc** Luft/Gas in etw (*Akk*) hineinlassen; ~ **à travers qc** durch etw dringen

II. *vt* ❶ (*transpercer*) ~ **qc** etw durchdringen; ~ **les vêtements** *odeur:* sich in der Kleidung festsetzen; ~ **qn** *froid, humidité:* jdm bis auf die Knochen gehen; *regard:* jdn durchbohren; (*acte sexuel*) in jdn eindringen

❷ (*imprégner*) ~ **qc** *mode, habitude:* sich in etw (*Dat*) durchsetzen

❸ (*deviner*) durchschauen *mystère, intentions;* ergründen *secret;* erfassen *sens*

❹ (*remplir*) ~ **qn de joie/d'admiration** jdn mit Freude/Bewunderung erfüllen

III. *vpr* **se** ~ **d'une idée** sich (*Dat*) einen Gedanken bewusst machen; **je n'arrive pas à me** ~ **de l'idée que qn a fait qc** ich kann einfach nicht begreifen, dass jd etw getan hat; **se** ~ **d'une philosophie** sich eingehend mit einer Philosophie befassen

pénibilité [penibilite] *f* Mühseligkeit *f*, Beschwerlichkeit *f*

pénible [penibl] *adj* ❶ (*fatigant*) *travail, voyage* anstrengend, ermüdend; (*difficile*) *tâche* schwierig; *ascension, chemin* beschwerlich; *respiration* mühsam; *hiver* hart; ~ **à lire/à supporter** anstrengend zu lesen/schwer zu ertragen; **être** ~ **à qn** *voyage, travail:* für jdn anstrengend sein; *effort:* jdm schwer fallen; **il est/c'est** ~ **à qn de faire qc** es ist schwer für jdn etw zu tun

❷ (*douloureux*) *circonstance, événement, moment* traurig, schmerzlich; *heure* schwer; **être** ~ **à qn** schmerzlich für jdn sein

❸ (*désagréable*) *sujet, circonstance* unangenehm; *maladie* schwer; **être** ~ **à qn** jdm unangenehm sein; **il est/c'est** ~ **à qn de faire qc** es ist jdm unangenehm etw zu tun; **il m'est** ~ **de constater que qn a fait qc** es tut mir leid, feststellen zu müssen, dass jd etw getan hat

❹ *fam* (*agaçant*) *personne, caractère* unerträglich; **il/elle est** ~ er/sie kann einen nerven (*fam*); **c'est** ~ **que qn fasse qc** es ist unerträglich, dass jd etw tut

péniblement [peniblәmɑ̃] *adv* ❶ (*difficilement*) mühsam, mit Mühe

❷ (*cruellement*) *affecté* schmerzlich; (*désagréablement*) *surpris* unangenehm

❸ (*tout juste*) mit Müh und Not, [nur] knapp

péniche [peniʃ] *f* Lastkahn *m*; ~ **remorquée** Schleppkahn *m*

◆ ~ **de débarquement** Landungsboot *nt*

pénichette [peniʃɛt] *f* Hausboot *nt*; (*pour touristes*) Ausflugsdampfer *m*

pénicilline [penisilin] *f* Penizillin *nt*

péninsulaire [penɛ̃sylɛʀ] *adj* Halbinsel-, peninsularisch (*Fachspr.*)

péninsule [penɛ̃syl] *f* Halbinsel *f*; **la** ~ **balkanique/ibérique** die Balkanhalbinsel/Iberische Halbinsel

pénis [penis] *m* Penis *m*

pénitence [penitɑ̃s] *f* Buße *f*; (*sacrement*) Bußsakrament *nt*; **faire** ~ Buße tun

pénitencier [penitɑ̃sje] *m* Strafvollzugsanstalt *f*

pénitent(e) [penitɑ̃, ɑ̃t] **I.** *adj* bußfertig

II. *m(f)* Beichtkind *nt*

pénitentiaire [penitɑ̃sjɛʀ] *adj* **régime** ~ Strafvollzug *m*; **établissement** ~ Strafvollzugsanstalt *f*; **personnel** ~ Gefängnispersonal *nt*; **colonie** ~ Strafkolonie *f*

penne [pɛn] *f* ORN (*rémige*) Schwungfeder *f*; (*plume de la queue*) Schwanzfeder *f*

penné(e) [pene] *adj* BOT gefiedert; **une feuille** ~**e** ein gefiedertes Blatt

pénombre [penɔ̃bʀ] *f* ❶ Halbdunkel *nt*

❷ ASTRON Halbschatten *m*

pensable [pɑ̃sabl] *adj* denkbar

pense-bête [pɑ̃sbɛt] <pense-bêtes> *m* Gedächtnisstütze *f*; (*petite feuille*) [Notiz]zettel *m*; (*signe*) Merkzeichen *nt*; ~ **mural** Memoboard *nt*

pensée[1] [pɑ̃se] *f* ❶ Gedanke *m*; **deviner/pénétrer la** ~ [*o* **les** ~**s**] **de qn** jds Gedanken erraten/durchschauen; **être absorbé(e) dans ses** ~**s** seinen Gedanken nachhängen; **être perdu(e)/plongé(e) dans ses** ~**s** [ganz] in Gedanken verloren/versunken sein; **aller jusqu'au bout de sa** ~ (*achever sa réflexion*) seinen Gedanken zu Ende führen; (*réaliser ses

intentions) seine Vorstellungen in die Tat umsetzen; **la ~ de faire qc** der Gedanke etw zu tun; **à la ~ que qn fasse qc** bei dem Gedanken, dass jd etw tut; **loin de moi la ~ que qn a fait qc** ich bin weit davon entfernt zu glauben, dass jd etw getan hat; **avoir une ~ pour qn** an jdn denken; (*en souvenir*) eines Menschen gedenken (*geh*); **meilleures ~s à votre femme** Ihrer Frau die allerherzlichsten Grüße
❷ *sans pl* (*opinion*) Meinung *f;* **ne pas dissimuler** [*o* **déguiser**] **sa ~** aus seiner Meinung keinen Hehl machen; **je partage votre ~ là-dessus** ich denke [genauso] wie Sie darüber
❸ *sans pl* PHILOS (*raison*) Denken *nt;* (*façon de pensée*) Denkweise *f;* **la ~ abstraite** das abstrakte Denken; **l'expression de la ~ par le langage** der Ausdruck der Gedanken durch die Sprache; **la ~ distingue l'homme de l'animal** das Denkvermögen unterscheidet den Menschen vom Tier
❹ (*esprit*) Geist *m,* Sinn *m;* **hanter la ~ de qn** jdm nicht aus dem Sinn gehen; **être en ~ avec qn** in Gedanken bei jdm sein; **se représenter qc par la ~** sich (*Dat*) etw im Geist[e] ausmalen
❺ *sans pl* (*philosophie*) *chrétienne* Lehre *f;* *de Gandhi, Nietzsche* Philosophie *f;* **libre ~** Freidenkertum *nt*
❻ (*réflexion brève*) Denkspruch *m*

pensée² [pɑ̃se] *f* BOT Stiefmütterchen *nt*

penser [pɑ̃se] <1> **I.** *vi* ❶ (*réfléchir*) denken; **faculté de ~** Denkvermögen *nt;* **~ tout haut** laut denken; **~ à qc** über etw (*Akk*) nachdenken
❷ (*juger*) **~ différemment sur qc** anders über etw (*Akk*) denken; **je vais lui montrer ma façon de ~** ich werde ihm/ihr zeigen, was ich davon halte
❸ (*songer à*) **~ à qn/qc** an jdn/etw denken; **il suffit d'y ~** [*o* **il faut y ~**] man muss nur auf den Gedanken kommen, es muss einem erst einmal einfallen; **sans ~ à mal** ohne [sich (*Dat*)] Böses dabei zu denken; **sans y ~** *faire qc* ohne zu überlegen, ganz gedankenverloren; *raconter qc* ohne sich (*Dat*) viel dabei zu denken
❹ (*ne pas oublier*) **~ à qn/qc** an jdn/etw denken, etw/jdn nicht vergessen; **~ à faire qc** daran denken etw zu tun; **n'y pensons plus!** denken wir nicht mehr daran!; **~ à l'avenir** an die Zukunft denken; **faire ~ à qn/qc** an jdn/etw erinnern; **il leur a fait ~ à qc** er hat sie an etw (*Akk*) erinnert; **faire ~ à qn que qn a fait qc** jdn daran erinnern, dass jd etw getan hat; **cela me fait ~ que** das erinnert mich daran, dass
❺ (*s'intéresser à*) **~ aux autres** an andere denken
▶ **je pense <u>bien</u>!** *fam* und ob! (*fam*), aber sicher! (*fam*); **<u>donner</u>** [*o* **<u>laisser</u>**] **à ~** zu denken geben; **<u>laisser</u> à ~ que qn a fait qc** darauf schließen lassen, dass jd etw getan hat; **je vous <u>laisse</u> à ~ si** Sie können sich ja denken, wie; **mais j'<u>y</u> pense ...** da fällt mir ein ...; **tu n'<u>y</u> penses pas!** *fam* das ist doch wohl nicht dein Ernst!; **[là] <u>où</u> je pense** *euph fam* in den Allerwertesten (*fam*); **<u>tu</u> penses!** *fam* (*tu plaisantes*) das soll wohl ein Witz sein! (*fam*), wo denkst du hin! (*fam*); (*et comment*) und ob! (*fam*)
II. *vt* ❶ (*avoir comme opinion*) denken; **~ qc de qn/qc** etw von jdm/etw halten; **qu'en pensez-vous?** wie denken Sie darüber?; **~ du bien/du mal de qn/qc** viel/nicht viel von jdm/etw halten
❷ (*imaginer*) **~ qc de qn** etw von jdm denken; **c'est bien ce que je pensais** das habe ich mir [doch] gedacht
❸ (*croire*) glauben; **penses-tu que qn a** [*o* **ait**] **fait qc?** glaubst du, dass jd etw getan hat?; **je ne pense pas que qn a** [*o* **ait**] **fait qc** ich glaube nicht, dass jd etw getan hat; **~ qn intelligent/sincère** jdn für intelligent/ehrlich halten; **je pense que oui/que non** ich denke ja/ich glaube nicht; **vous pensez bien que qn a fait qc** *fam* Sie können sich (*Dat*) wohl denken, dass jd etw getan hat
❹ (*avoir l'intention de*) **~ faire qc** vorhaben etw zu tun; **que pensez-vous faire à présent?** was haben Sie jetzt vor?
❺ *littér* (*concevoir*) durchdenken *plan, problème;* entwerfen *machine, aménagement;* **être bien/mal pensé(e)** gut durchdacht sein
▶ **n'en ~ pas <u>moins</u>** sich (*Dat*) sein Teil denken; **pensez <u>que</u> qn a fait qc** (*tenez compte*) bedenken Sie, dass jd etw getan hat; (*imaginez*) stellen Sie sich (*Dat*) vor, dass jd etw getan hat

penseur, -euse [pɑ̃sœʀ, -øz] *m, f* Denker(in) *m(f);* **libre ~(-euse)** Freidenker(in) *m(f)*

pensif, -ive [pɑ̃sif, -iv] *adj* nachdenklich

pension [pɑ̃sjɔ̃] *f* ❶ (*allocation*) Rente *f;* **~ de veuf/veuve** Witwer-/Witwenrente; **bénéficiaire d'une ~** Rentenempfänger(in) *m(f);* **~ alimentaire** (*en cas de divorce*) Unterhaltszahlung *f,* Unterhaltsabfindung *f;* (*à un enfant naturel*) Alimente *Pl*
❷ (*internat*) Internat *nt,* Internatsschule *f;* **mettre qn en ~** jdn in ein Internat geben
❸ (*petit hôtel*) Pension *f*
❹ (*hébergement*) Kost und Logis; **~ complète** Vollpension *f;* **être en ~ chez qn** bei jdm in Pension sein; **prendre ~ dans un hôtel** in einem Hotel zur Pension wohnen; **prendre ~ chez qn** bei jdm zur Pension wohnen; (*s'installer chez qn*) sich bei jdm häuslich niederlassen; **prendre qn/un animal en ~** jdn in Kost/ein Tier in Pflege nehmen
◆ **~ de famille** Familienpension *f;* **~ de guerre** Kriegsopferrente *f;* **~ d'invalidité** Erwerbsunfähigkeitsrente *f;* **~ de retraite** [*o* **de vieillesse**] Altersrente *f,* Altersruhegeld *nt*

pensionnaire [pɑ̃sjɔnɛʀ] *mf* ❶ SCOL Internatsschüler(in) *m(f)*
❷ (*dans un hôtel, une famille*) Pensionsgast *m*

pensionnat [pɑ̃sjɔna] *m* Pensionat *nt*

pensionné(e) [pɑ̃sjɔne] *m(f)* Rentner(in) *m(f);* (*de la fonction publique*) Pensionär(in) *m(f)*

pensivement [pɑ̃sivmɑ̃] *adv* nachdenklich

pensum [pɛ̃sɔm] *m* Strafarbeit *f*

pentacle [pɛ̃takl] *m* Pentagramm *nt,* Drudenfuß *m*

pentaèdre [pɛ̃taɛdʀ] *m* Fünfflächner *m,* Pentaeder *nt*

pentagonal(e) [pɛ̃tagɔnal, o] <-aux> *adj* fünfeckig

pentagone [pɛ̃tagɔn] *m* ❶ GEOM Fünfeck *nt*
❷ (*à Washington*) **le Pentagone** das Pentagon

pentathlon [pɛ̃tatlɔ̃] *m* Fünfkampf *m,* Pentathlon *nt*

pente [pɑ̃t] *f* *d'une route, d'un terrain* Gefälle *nt;* *d'un toit* Schräge *f;* *d'une colline, montagne* [Ab]hang *m;* **gravir/monter la ~** den Berg [*o* Hang] hinaufklettern/hinauffahren [*o* hinaufgehen]; **être/monter en ~ douce** leicht abfallen/leicht ansteigen; **être/monter en ~ raide** steil abfallen/steil ansteigen; **en ~** abfallend, abschüssig
▶ **être sur une ~ <u>dangereuse</u>** [*o* **<u>savonneuse</u>** *fam*] auf die schiefe Bahn [*o* auf Abwege] geraten sein (*fam*); **qn/qc est sur une** [*o* **la**] **<u>mauvaise</u> ~** mit jdm/etw geht es bergab; **qn/qc <u>remonte</u> la ~** es geht wieder bergauf mit jdm/etw

Pentecôte [pɑ̃tkot] *f* Pfingsten *nt;* **les vacances de** [**la**] **~** die Pfingstferien; **tu viens à la ~?** kommst du zu [*o* an SDEUTSCH] Pfingsten?

penthotal® [pɛ̃tɔtal] *m* Wahrheitsserum *nt*

pentu(e) [pɑ̃ty] *adj* schräg; **toit ~** Schrägdach *nt*

penture [pɑ̃tyʀ] *f* ❶ *d'une fenêtre* Fensterband *nt;* *d'une porte* Türband *nt*
❷ NAUT Beschlag *m*

pénurie [penyʀi] *f* Knappheit *f,* Mangel *m;* **~ d'eau** Wasserknappheit; **~ de logements** Wohnungsnot *f;* **~ de personnel** Personalmangel; **~ de vivres** Lebensmittelknappheit; **il y a** [**une**] **~ de qc** es fehlt an etw (*Dat*), etw ist knapp

people [pipœl] *inv* **I.** *adj* Boulevard-, Regenbogen-; **presse/magazine ~** Boulevardpresse/Boulevardmagazin
II. *mpl* VIPs *Pl,* berühmte Persönlichkeiten *Pl*

PEP [pɛp] *m abr de* **plan d'épargne populaire** *privater Anlageplan*

pep [pɛp] *m* Pep *m;* **avoir du ~** Pep haben

pépé [pepe] *m fam* Opa *m* (*fam*)

pépée [pepe] *f fam* Biene *f* (*fam*), Mieze *f* (*sl*)

pépère [pepɛʀ] **I.** *adj fam* gemütlich; *vie* geruhsam; *travail* ruhig;

P

un petit coin ~ ein ruhiges [*o* gemütliches] Eckchen
II. *m* ① *enfantin pop* (*grand-père*) Opa *m* (*fam*)
② *fam* Dicke(r) *m* (*fam*); (*enfant*) Dickerchen *nt* (*fam*); **un gros** ~ ein dicker Gemütsmensch (*fam*)

pépètes [pepɛt] *fpl vieilli fam* Moneten *Pl* (*fam*), Zaster *m* (*sl*)

pépie [pepi] *f* MED (*induration*) Zungenverhärtung *f*
▸ **avoir la** ~ *fig* einen Riesendurst haben (*fam*)

pépiement [pepimɑ̃] *m* Piep[s]en *nt*

pépier [pepje] <1a> *vi* piepen

pépin [pepɛ̃] *m* ① *d'un raisin, d'une pomme* Kern *m*; **fruits à** ~ Kernobst *nt*
② *fam* (*ennui, difficulté*) Schererei *f meist Pl* (*fam*); **j'ai eu un gros** ~ mir ist da was Schlimmes passiert (*fam*)
③ *fam* (*parapluie*) Musspritze *f* (*hum fam*)

Pépin [pepɛ̃] *m* ~ **le Bref** Pippin der Kurze

pépinière [pepinjɛʀ] *f* ① Baumschule *f*
② (*vivier*) ~ **de savants/jeunes talents** Nährboden *m* für Wissenschaftler/junge Talente

pépiniériste [pepinjeʀist] *mf* Baumschulgärtner(in) *m(f)*

pépite [pepit] *f* ~ **d'or** Goldklumpen *m*

péplum [peplɔm] *m* CINE *fam* Kolossalfilm *m*, Monumentalschinken *m* (*pej fam*)

pepsine [pɛpsin] *f* Pepsin *nt*

peptide [pɛptid] *m* BIO, CHIM Peptid *nt*

péquenaud(**e**) [pɛkno, od] I. *adj péj fam* ungehobelt (*pej*)
II. *m(f) péj fam* Tölpel *m*/Trampel *m* (*pej fam*)

péquenot [pɛkno] *adj*, *v.* **péquenaud**

perçage [pɛʀsaʒ] *m* TECH Bohren *nt*, Lochen *nt*

percale [pɛʀkal] *f* TEXTIL Perkal *m*

perçant(**e**) [pɛʀsɑ̃, ɑ̃t] *adj froid* schneidend; *regard* stechend; *cri* gellend; *voix* schrill; *esprit* scharf

perce [pɛʀs] *f v.* **tonneau**

percée [pɛʀse] *f* ① (*dans une forêt*) Schneise *f*; (*dans un mur*) Durchbruch *m*; **faire** [*o* **ouvrir**] **une** ~ **dans la forêt** eine Schneise durch den Wald schlagen
② RUGBY, FBALL Durchbruch *m*; MIL Durchstoß *m*
③ SCI, ECON Durchbruch *m*; ~ **technologique/politique** Durchbruch auf technologischem/politischem Gebiet

percement [pɛʀsəmɑ̃] *m* [Durch]bohrung *f*; *d'une cloison, rue, d'un mur* Durchbrechen *nt*; *d'une fenêtre, porte* Ausbrechen *nt*; *d'un tunnel* Durchstich *m*

perce-neige [pɛʀsənɛʒ] <perce-neige[s]> *m o f* Schneeglöckchen *nt* **perce-oreille** [pɛʀsɔʀɛj] <perce-oreilles> *m* ZOOL Ohrwurm *m*, Ohrenkriecher *m* (*fam*)

percepteur [pɛʀsɛptœʀ] *m* (*fonctionnaire*) Finanzbeamter *m*/-beamtin *f*; (*administration*) Finanzamt *nt*

perceptible [pɛʀsɛptibl] *adj* ① *détails, différences* wahrnehmbar; (*à la vue*) sichtbar; *sons* hörbar
② (*sensible*) *amélioration* spürbar, merklich; *ironie, intention* deutlich

perceptif, **-ive** [pɛʀsɛptif, -iv] *adj* PSYCH perzeptorisch, perzeptiv; **champ** ~ Wahrnehmungsfeld *nt*

perception [pɛʀsɛpsjɔ̃] *f* ① *sans pl d'un impôt* Erhebung *f*, Einziehung *f*; *d'une taxe, d'un péage* Erhebung
② (*bureau du percepteur*) Finanzamt *nt*
③ (*sens, sensation*) Wahrnehmung *f*; PSYCH, PHILOS Wahrnehmung, Perzeption *f* (*Fachspr.*); *d'une situation* Einschätzung *f*; ~ **des couleurs/des odeurs** Farben-/Geruchssinn *m*

percer [pɛʀse] <2> I. *vi* ① (*s'ouvrir*) *abcès:* aufgehen
② (*apparaître*) *dent:* durchkommen; **le soleil perce à travers les nuages** die Sonne bricht durch die Wolken; **l'aube perce à l'horizon** der Morgen bricht an
③ (*transparaître*) ~ **dans qc** *sentiment, ironie:* in etw (*Dat*) durchklingen [*o* zum Ausdruck kommen]; **laisser** ~ **qc** etw zeigen, sich (*Dat*) etw anmerken lassen
④ (*être dévoilé*) **rien n'a percé de leur entretien** über ihre Zusammenkunft ist nichts [Näheres] bekannt geworden
⑤ (*devenir populaire*) *artiste:* den Durchbruch schaffen; **elle a enfin réussi à** ~ endlich ist ihr der Durchbruch gelungen
II. *vt* ① (*forer*) bohren *trou*
② (*faire des trous dans*) ~ **qc d'un trou/de trous** ein Loch/Löcher in etw (*Akk*) bohren; **être percé**(**e**) **de trous** durchlöchert sein
③ (*perforer*) durchstechen, ein Loch/Löcher machen in (+ *Akk*) *papier, pneu;* anstechen, anzapfen *tonneau;* durchbohren *mur, tôle;* aufbrechen *coffre-fort;* aufstechen *abcès, ampoule;* durchstechen *oreille, tympan;* **être percé**(**e**) *pneu, bouteille:* ein Loch/Löcher haben
④ (*creuser une ouverture dans*) durchbohren, einen Durchbruch machen durch *mur, rocher*
⑤ (*pénétrer*) ~ **qc** *vent, pluie, humidité:* durch etw dringen; *balle:* etw durchbohren
⑥ (*blesser*) ~ **qn d'un coup de couteau** jdn mit einem Messer durchbohren
⑦ (*trouer*) **être percé**(**e**) *chaussette, chaussure, poche:* Löcher haben; (*d'un seul trou*) ein Loch haben
⑧ (*faire*) ~ **une porte dans un mur** eine Tür durch eine Wand durchbrechen, eine Tür aus einer Wand ausbrechen; ~ **une route dans la montagne/à travers la forêt** eine Straße durch das Gebirge bauen/durch den Wald ziehen; ~ **un tunnel dans la montagne** einen Tunnel durch den Berg treiben [*o* bauen]; ~ **une ouverture dans le mur** eine Öffnung in die Mauer brechen
⑨ (*traverser*) durchbrechen *ligne, front;* ~ **la foule** sich (*Dat*) einen Weg durch die Menge bahnen
⑩ (*déchirer*) durchbrechen, durchdringen *nuages, obscurité;* zerreißen, gellen durch *silence;* ~ **les oreilles/les tympans à qn** *bruit:* jdm in den Ohren gellen; ~ **qn du regard** jdn mit Blicken durchbohren
⑪ (*découvrir*) kommen hinter (+ *Akk*), aufdecken *secret, énigme*

perceur, **-euse** [pɛʀsœʀ, -øz] *m, f* Bohrer(in) *m(f)*

perceuse [pɛʀsøz] *f* Bohrmaschine *f*; ~ **à percussion** Schlagbohrmaschine

percevable [pɛʀsəvabl] *adj* einziehbar, erhebbar

Perceval [pɛʀsəval] *m* Parzival *m*

percevoir [pɛʀsəvwaʀ] <12> *vt* ① (*avec l'oreille*) wahrnehmen, vernehmen; (*avec les yeux*) wahrnehmen, erkennen
② (*concevoir*) spüren *évolution, gêne, nuance;* erkennen *vérité, intention, problème;* **être mal perçu**(**e**) **par qn** *mesure, projet, loi, intention:* von jdm falsch verstanden werden; *problème:* von jdm nicht [richtig] erkannt werden; ~ **qn comme un perturbateur** jdn als Störenfried ansehen, in jdm einen Störenfried sehen
③ (*recevoir, encaisser*) bekommen, erhalten *indemnité, honoraires, intérêts;* einnehmen *loyer;* kassieren *cotisation*
④ (*prélever*) erheben; (*chez un individu*) einziehen

perche[1] [pɛʀʃ] *f* ZOOL Barsch *m*

perche[2] [pɛʀʃ] *f* ① Stange *f*; (*pour saut à la perche*) Stab *m*; *d'un téléski* Schleppbügel *m*; AUDIOV Galgen *m*; TECH, TRANSP Stromabnehmer *m*
② SPORT [**le saut à**] **la** ~ der Stabhochsprung
▸ **grande** ~ *fam* Bohnenstange *f* (*fam*); **saisir la** ~ **que l'on vous tend** die Hilfe annehmen, die man angeboten bekommt; **tendre la** ~ **à qn** jdm aus der Verlegenheit helfen

perché(**e**) [pɛʀʃe] *adj* in der Höhe sitzend, hochgelegen
▸ **jouer à chat** ~ Fangen spielen; **une voix haut** ~**e** eine hohe Stimme

perchée [pɛʀʃe] *f* AGR Furche *f*

percher [pɛʀʃe] <1> I. *vi* ① ~ **sur qc** *animal:* sich auf etw (*Dat*) niederlassen; **être perché**(**e**) **sur une branche** *animal:* auf einem Ast sitzen; **être perché**(**e**) **sur qc** *pot, objet, maison:* [hoch] oben auf etw (*Dat*) stehen
② *fam* (*crécher*) ~ **au premier** [**étage**] in der ersten Etage hausen (*hum fam*)
II. *vt fam* (*mettre*) ~ **qc sur qc** etw ganz weit oben auf etw

(*Akk*) stellen/legen (*fam*)
III. *vpr* **se ~ sur qc** ❶ *oiseau:* sich auf etw (*Akk*) setzen, sich auf etw (*Dat*) niederlassen
❷ *fam* (*monter*) *personne:* sich auf etw (*Akk*) hocken (*fam*); (*debout*) sich auf etw (*Akk*) stellen

percheron [pɛʀʃəʀɔ̃] *m* Kaltblut(pferd *nt*) *nt* (*aus dem Perche*)

perchiste [pɛʀʃist] *mf* ❶ SPORT Stabhochspringer(in) *m(f)*
❷ AUDIOV Mikroassistent(in) *m(f)*
❸ SKI Aufseher(in) *m(f)* am Schlepplift

perchoir [pɛʀʃwaʀ] *m* ❶ [Sitz]stange *f; des poules* Hühnerstange *f*
❷ *fam* (*mansarde*) Dachwohnung *f;* **descends de ton ~!** komm von da oben runter!
❸ POL *fam Sitz des Präsidenten der französischen Nationalversammlung*

perclus(e) [pɛʀkly, yz] *adj* **être ~(e) de rhumatismes** durch Rheuma steif sein; **être ~(e) de douleurs** wie gelähmt vor Schmerzen (*Dat*) sein

percolateur [pɛʀkɔlatœʀ] *m* Kaffeemaschine *f* (*in der Gastronomie*)

percussion [pɛʀkysjɔ̃] *f* ❶ TECH (*choc*) Schlag *m,* Erschütterung *f;* **arme à ~** Perkussionswaffe *f*
❷ MED Abklopfen *nt*
❸ *sans pl* MUS (*batterie*) Schlagzeug *nt,* Percussion *f;* **la ~, les instruments à ~** die Schlaginstrumente *Pl*

percussionniste [pɛʀkysjɔnist] *mf* MUS Schlagzeuger(in) *m(f)*

percutant(e) [pɛʀkytɑ̃, ɑ̃t] *adj* ❶ MIL Aufschlag-; **fusée ~e à retardement** Aufschlagzünder *m* mit Verzögerung
❷ *fig* durchschlagend; *argument* schlagend

percuter [pɛʀkyte] <1> **I.** *vi* **~ contre qc** gegen etw prallen; *obus:* auf etw (*Dat*) aufschlagen
II. *vt* ❶ (*heurter*) **~ qc** auf [*o* an] [*o* gegen] etw (*Akk*) prallen; **~ qn** (*avec la voiture*) jdn anfahren
❷ MIL, PHYS **~ qc** auf etw (*Dat*) aufschlagen; MUS anschlagen *corde*

percuteur [pɛʀkytœʀ] *m* Schlagbolzen *m*

perdant(e) [pɛʀdɑ̃, ɑ̃t] **I.** *adj* **numéro/billet ~** Niete *f;* **cheval ~** Verlierer *m;* **être ~(e)** schlecht wegkommen; **partir ~(e)** von vornherein schlechte Erfolgsaussichten haben
II. *m(f)* Verlierer(in) *m(f);* **mauvais(e) ~(e)** schlechter Verlierer/schlechte Verliererin

perdition [pɛʀdisjɔ̃] *f* **en ~** *navire* in Seenot *f*

perdre [pɛʀdʀ] <14> **I.** *vi* ❶ verlieren; **~ au jeu/au loto/aux élections** beim Spiel/beim Lotto/bei den Wahlen verlieren
❷ (*fuir*) *récipient, réservoir:* undicht sein, lecken, auslaufen
▸ **jouer à qui perd gagne** einen Verlust in einen Gewinn ummünzen; **y ~** COM Verlust machen
II. *vt* ❶ verlieren *trace, guide, chien;* nicht mehr finden *page, enfant;* vergessen *nom;* **~ son chemin** sich verlaufen [*o* verirren]; **être perdu(e)** sich verlaufen [*o* verirrt] haben
❷ (*cesser d'avoir*) verlieren, einbüßen *réputation, estime;* ablegen, aufgeben [*mauvaise*] *habitude;* **~ l'habitude de faire qc** nicht mehr gewöhnt sein etw zu tun; **faire ~ à qn l'habitude de faire qc** jdm abgewöhnen etw zu tun; **~ de son prestige** an Prestige verlieren; **~ de sa valeur/de son sens** an Wert/Bedeutung verlieren; **~ de sa fraîcheur** nicht mehr ganz frisch sein; **~ de la vitesse** langsamer werden; **n'avoir rien à ~ dans qc** bei etw nichts zu verlieren haben
❸ (*se voir privé d'une partie de soi*) verlieren; verlieren, einbüßen *éclat, teint, bras;* **il perd ses cheveux** ihm gehen die Haare aus; **~ la vue/l'ouïe** blind/taub werden; **~ du poids** abnehmen; **~ le goût de qc** die Freude an etw (*Dat*) verlieren; **~ courage/espoir/patience** den Mut/die Hoffnung/die Geduld verlieren
❹ (*être séparé par la mort de*) verlieren *père, femme*
❺ (*laisser s'échapper*) verlieren *pantalon, chaussure, sang;* **le réservoir perd de l'eau** der Behälter leckt
❻ (*avoir le dessous dans*) verlieren *match, procès*
❼ (*gaspiller*) **~ une heure/son argent à qc/à faire qc** eine Stunde/sein Geld mit etw verlieren/damit verlieren etw zu tun; **~ une occasion** eine Gelegenheit versäumen [*o* verpassen]; **faire ~ une heure à qn** *rangement:* jdn eine Stunde kosten; **sans ~ un instant** [*o* **une minute**] ohne [auch nur] eine Minute zu verlieren
❽ (*rater*) **~ quelque chose en ne faisant pas qc** [*o* **à ne pas faire qc**] etwas versäumen [*o* verpassen], wenn man etw nicht tut; **tu n'y perds rien!** da hast du nichts verpasst!
❾ (*ruiner*) ins Verderben stürzen, ruinieren, zugrunde [*o* zu Grunde] richten *personne*
▸ **tu ne perds rien pour attendre!** so leicht kommst du mir nicht davon!; **ne ~ rien** [*o* **pas une bouchée**] [*o* **pas une miette**] **de qc** sich (*Dat*) nicht das Geringste von etw entgehen lassen
III. *vpr* ❶ (*s'égarer*) **se ~ dans la/en forêt** (*à pied/en voiture*) sich im Wald verirren [*o* verlaufen]/verfahren; **se ~ en route** *colis, lettre:* unterwegs verloren gehen
❷ (*s'attarder à*) **se ~ dans des explications** sich in Erklärungen (*Dat*) ergehen; **se ~ en raisonnements** sich in Überlegungen (*Dat*) verlieren
❸ (*se plonger*) **se ~ dans ses pensées** in Gedanken (*Dat*) versinken; **se ~ dans ses réflexions** in tiefes Nachdenken versinken
❹ (*disparaître*) **se ~** *sens, bonnes habitudes:* verloren gehen; *coutume, traditions:* in Vergessenheit geraten, aussterben; *métier:* aussterben; **se ~ dans les buissons** *chemin, trace:* sich im Gebüsch verlieren; **se ~ dans le tumulte** *cri, paroles:* im Getöse untergehen
❺ (*faire naufrage*) **se ~** verschwinden; **un bateaux s'est perdu** ein Schiff ist verschollen
❻ (*se gâter*) **se ~** *fruits, légumes, récolte:* verderben
❼ (*rester inutilisé*) **se ~** *ressources:* ungenutzt bleiben; *occasion:* nicht wahrgenommen [*o* genutzt] werden; *initiative:* im Sand verlaufen; **il ne faut pas laisser [se] ~ une telle occasion** eine solche Gelegenheit darf man sich nicht entgehen lassen
▸ **il y a des gifles qui se perdent** *fam* er/sie braucht mal ein paar hinter die Ohren (*fam*); **je m'y perds** da kann ich nicht mehr folgen

perdreau [pɛʀdʀo] <x> *m* junges Rebhuhn

perdrix [pɛʀdʀi] *f* Feldhuhn *nt;* **~ grise/rouge** Reb-/Rothuhn *nt*

perdu(e) [pɛʀdy] **I.** *part passé de* **perdre**
II. *adj* ❶ *bataille, procès* verloren; *cause* aussichtslos; **il n'y a rien de ~, rien n'est ~** noch ist nicht alles verloren; **tout est ~** es ist alles verloren
❷ (*condamné*) *personne* verloren; **être ~(e)** *malade:* nicht mehr zu retten sein
❸ (*embrouillé*) *personne* durcheinander; **elle était ~e** sie wusste nicht mehr weiter; **avoir l'air ~** verstört aussehen
❹ (*absorbé*) **être ~(e) dans qc** in etw (*Akk*) vertieft sein; **être ~(e) dans ses rêveries/ses pensées** ganz traum-/gedankenverloren sein
❺ (*qui a été égaré*) *objet* verloren gegangen; *chien* streunend; (*sans propriétaire*) herrenlos
❻ (*gaspillé, manqué*) **de ~(e)** *soirée, temps, argent* vergeudet; *place* ungenutzt; *occasion* verpasst, versäumt; **c'est de l'argent/du temps ~!** das ist Geld-/Zeitverschwendung *f*!
❼ (*de loisir*) **à mes heures ~es** [*o* **moments ~s**] in meiner freien Zeit, wenn ich etwas Zeit habe
❽ (*isolé*) *pays, coin, endroit* abgelegen, entlegen
❾ (*non consigné*) **bouteille ~e** Einwegflasche *f;* **emballage ~** Einwegverpackung *f*
▸ **~ pour ~** da lässt sich nun nichts mehr machen

perdurer [pɛʀdyʀe] <1> *vi* fortbestehen, überdauern

père [pɛʀ] *m* ❶ Vater *m;* **il est ~ depuis hier** er ist gestern Vater geworden; **Durand ~** Durand senior; **~ légal** gesetzlich anerkannter Vater; ~ **spirituel de qn** jds geistiges Vorbild; **de ~ en fils** von Generation zu Generation

❷ (*créateur, fondateur*) *d'une idée, théorie, d'un projet* [geistiger] Vater; *d'une institution* Begründer *m*

❸ *fam* (*monsieur*) **le ~ Dupont** der alte [Herr] Dupont, Vater Dupont (*fam*)

❹ REL Pater *m;* **les Pères Blancs** die Weißen Väter (*geistlicher Orden*)*;* **Notre Père** Vaterunser *nt*

❺ *pl littér* (*ancêtres*) **nos/vos ~s** unsere/eure Väter *geh* [*o* Vorfahren] *Pl*

▶ **tel ~, tel fils** wie der Vater, so der Sohn; der Apfel fällt nicht weit vom Stamm (*prov*); ~ **tranquille** ruhiger [*o* Patron *fam*] Mensch

◆ ~ **de famille** Familienvater *m;* **c'est le vrai ~ de famille** *hum* er ist ein sehr treusorgender Vater; ~ **Fouettard** Knecht *m* Ruprecht; ~ **Noël** Weihnachtsmann *m* ▶ **croire encore au ~ Noël** noch an den Weihnachtsmann glauben (*fam*)

pérégrinations [peʀegʀinasjɔ̃] *fpl* Umherreisen *nt,* Reiserei *f* (*fam*); (*pour des démarches*) Lauferei *f* (*fam*)

péremption [pɛʀɑ̃psjɔ̃] *f* JUR Verjährung *f,* Verwirkung *f;* **délai de ~** Verwirkungsfrist *f*

péremptoire [peʀɑ̃ptwaʀ] *adj argument* durchschlagend, unwiderlegbar; *ton* kategorisch, entschieden

péremptoirement [peʀɑ̃ptwaʀmɑ̃] *adv répliquer* in kategorischem [*o* entschiedenem] Ton; *démontrer* eindeutig, unwiderlegbar

pérennité [peʀenite] *f sans pl* Fortbestand *m,* Weiterbestehen *nt*

péréquation [peʀekwasjɔ̃] *f* ❶ FISC, ECON (*répartition*) *des charges* Ausgleich *m*

❷ (*réajustement*) *des salaires, pensions, notes* Angleichung *f,* Anpassung *f*

perestroïka [peʀɛstʀɔika] *f* Perestroika *f*

perf [pɛʀf] *f fam abr de* **perfusion**

perfectible [pɛʀfɛktibl] *adj* verbesserungsfähig

perfection [pɛʀfɛksjɔ̃] *f sans pl* Vollendung *f,* Perfektion *f;* **être loin de la ~** lange nicht vollkommen sein; **être une ~** unübertrefflich [*o* perfekt] sein; **à la ~** meisterhaft, vollendet

perfectionné(e) [pɛʀfɛksjɔne] *adj machine, dispositif* weiterentwickelt, verbessert; **très ~(e)** hochentwickelt

perfectionnement [pɛʀfɛksjɔnmɑ̃] *m* Verbesserung *f; d'un système, d'une technique* Weiterentwicklung *f,* Perfektionierung *f;* **apporter des ~s à qc** etw verbessern; **doté(e) des derniers ~s** mit den letzten technischen Neuerungen ausgestattet; **stage de ~** Fortbildungslehrgang *m;* **classe de ~** SCOL Förderunterricht *m*

perfectionner [pɛʀfɛksjɔne] <1> **I.** *vt* verbessern *technique, procédé;* verbessern, weiterentwickeln *appareil;* verbessern, vervollkommnen *style, langue*

II. *vpr* **se ~** *technique, procédé:* sich verbessern; **se ~ dans/en qc** *personne:* sich in etw (*Dat*) weiterbilden; **se ~ en allemand** sein Deutsch verbessern

perfectionnisme [pɛʀfɛksjɔnism] *m* Perfektionismus *m*

perfectionniste [pɛʀfɛksjɔnist] **I.** *mf* Perfektionist(in) *m(f)*

II. *adj* perfektionistisch

perfide [pɛʀfid] *adj littér* (*déloyal*) *personne* illoyal (*geh*); (*qui cherche à nuire*) *personne, manœuvre, parole* perfide (*geh*), hinterhältig; *promesse* falsch

perfidement [pɛʀfidmɑ̃] *adv littér* perfid[e] (*geh*)

perfidie [pɛʀfidi] *f littér* Perfidie *f* (*geh*)

perforant(e) [pɛʀfɔʀɑ̃, ɑ̃t] *adj* TECH panzerbrechend

perforateur [pɛʀfɔʀatœʀ] *m* (*pour le bureau*) Locher *m*

perforateur, -trice [pɛʀfɔʀatœʀ, -tʀis] *adj* **pince perforatrice** Lochzange *f;* **marteau ~** Bohrhammer *m*

perforation [pɛʀfɔʀasjɔ̃] *f* ❶ MED Durchbruch *m,* Perforation *f* (*Fachspr.*); **une ~ du tympan** ein Loch *nt* im Trommelfell; **une ~ intestinale** eine Darmperforation

❷ (*trou*) Loch *nt,* Lochung *f; d'un film* die Perforation; **les ~s d'une bande** die Perforation eines Streifens, die Löcher in einem Streifen

perforatrice [pɛʀfɔʀatʀis] *f* ❶ CONSTR Bohrer *m,* Bohrmaschine *f;* (*pour les roches*) Gesteinsbohrer

❷ INFORM Lochkartenstanzer *m*

perforer [pɛʀfɔʀe] <1> *vt* ❶ lochen; (*percer de plusieurs trous*) durchlöchern; (*percer de trous réguliers*) perforieren (*Fachspr.*); *projectile:* durchschlagen; **être perforé(e)** *feuille:* gelocht sein; **bande/carte perforée** Lochstreifen *m*/Lochkarte *f*

❷ MED perforieren *organe;* **être perforé(e)** *organe:* perforiert sein

❸ (*poinçonner*) lochen *billet*

perforeuse [pɛʀfɔʀøz] *f* Locher *m*

performance [pɛʀfɔʀmɑ̃s] *f* ❶ *a.* SPORT Leistung *f;* **c'est une véritable ~!** das ist eine echte Leistung!; **~s** *d'une machine, voiture* Leistung[sfähigkeit *f*] *f;* **réaliser de bonnes ~s** leistungsstark sein

❷ LING Performanz *f*

performant(e) [pɛʀfɔʀmɑ̃, ɑ̃t] *adj appareil, technique* leistungsstark; *entreprise, industrie, produit* wettbewerbsfähig; *cadre, manager* leistungsfähig, effizient

perfusion [pɛʀfyzjɔ̃] *f* MED Infusion *f;* **être sous ~** Infusionen bekommen; **mettre qn sous ~** jdm eine Infusion legen

pergola [pɛʀgɔla] *f* Pergola *f*

périarthrite [peʀiaʀtʀit] *f* MED Periarthritis *f*

péricarde [peʀikaʀd] *m* Herzbeutel *m*

péricarpe [peʀikaʀp] *m* BOT, BIO Fruchthülle *f,* Perikarp *nt* (*Fachspr.*)

péricliter [peʀiklite] <1> *vi affaire, commerce:* zugrunde [*o* zu Grunde] gehen; **son commerce périclite** mit seinem Geschäft geht es bergab

péridurale [peʀidyʀal] *f* Periduralanästhesie *f*

périf [peʀif] *m fam abr de* **périphérique**

périgée [peʀiʒe] *m* ASTRON Erdnähe *f,* Perigäum *nt* (*Fachspr.*)

périgourdin(e) [peʀiguʀdɛ̃, in] *adj* aus dem Périgord

Périgourdin(e) [peʀiguʀdɛ̃, in] *m(f)* Bewohner(in) *m(f)* des Périgord; **être ~(e)** aus dem Périgord stammen

péril [peʀil] *m littér* [große] Gefahr; **il y a ~ à faire qc** es ist gefährlich [*o* riskant] etw zu tun; **mettre qn/qc en ~** jdn/etw gefährden [*o* in Gefahr bringen]; **en ~** *navire* in Seenot; *chef d'œuvre* gefährdet, bedroht

▶ **il y a/il n'y a pas ~ en la demeure** es ist Gefahr im Verzug/es besteht kein Grund zur Panik; **au ~ de sa vie** [*o* **ses jours**] *soutenu* unter Einsatz seines/ihres Lebens

périlleusement [peʀijøzmɑ̃] *adv littér* gefährlich

périlleux, -euse [peʀijø, -jøz] *adj* ❶ (*dangereux*) gefährlich, riskant

❷ (*délicat*) *sujet* heikel

périmé(e) [peʀime] *adj* ❶ *carte, visa, garantie* abgelaufen; *billet, chèque* ungültig; **un médicament/yaourt ~** ein Medikament/Joghurt [*o* Jogurt], dessen Verfallsdatum überschritten ist

❷ (*démodé, dépassé*) *conception, institution* überholt, veraltet; **être ~(e)** nicht mehr zeitgemäß sein

périmer [peʀime] <1> *vpr* **se ~** *carte, passeport, visa:* ablaufen, ungültig werden; *billet:* verfallen; **laisser [se] ~ un billet** eine Karte verfallen lassen

périmètre [peʀimɛtʀ] *m* ❶ GEOM Umfang *m*

❷ (*limite*) Gebiet *nt,* Bereich *m; d'un champ* Ausdehnung *f;* **~ urbain** [*o* **d'une ville**] Stadtgebiet

❸ (*zone*) Umkreis *m;* ~ **de sécurité** Sicherheitszone *f,* Sicherheitsgürtel *m*

périnatal(e) [peʀinatal] <s> *adj* perinatal

périnée [peʀine] *m* ANAT Damm *m*

période [peʀjɔd] *f* ❶ (*époque*) Zeit *f;* **la ~ classique** die Zeit der Klassik

❷ *a.* JUR (*espace de temps*) Zeit[raum *m*] *f,* Zeitspanne *f;* **une ~ d'un an** ein Zeitraum von einem Jahr; **s'étendre sur une**

longue ~ sich über einen langen Zeitraum erstrecken; **traverser une mauvaise** ~ eine schwierige Zeit durchmachen; ~ **difficile/révolutionnaire** schwierige/revolutionäre Phase; ~ **électorale** Wahlkampf *m;* ~ **des cerises/asperges** Kirschen-/Spargelzeit; ~ **des fêtes** Feiertage *Pl;* ~ **de [la] vie** Lebensabschnitt *m;* **la** ~ **rose de Picasso** Picassos rosa Periode *f;* **en** ~ **de crise** in Krisenzeiten; **par** ~**[s]** zeitweise, von Zeit zu Zeit
❸ MIL ~ **[d'instruction]** Reserveübung *f;* **faire une** ~ an einer Reserveübung teilnehmen
❹ PHYS *d'un radioélément* Halbwert[s]zeit *f*
❺ PHYS, ELEC *d'un courant* Periode *f*
❻ ASTRON Periode *f,* Umlaufzeit *f*
◆ ~ **d'activité** (*durée d'un emploi*) Beschäftigungszeit *f;* (*durée de la vie active*) Zeit der Erwerbstätigkeit; ~ **d'affluence** (*dans les magasins*) Hauptgeschäftszeit *f;* (*dans les endroits touristiques*) Hochsaison *f;* ~ **de double circulation** (*concernant l'euro*) Doppelwährungsphase *f;* ~ **d'essai** Probezeit *f;* ~ **d'incubation** Inkubationszeit *f;* ~ **de pointe** COM Hochsaison *f;* ~ **de sécheresse** Dürreperiode *f*

périodicité [peʀjɔdisite] *f* regelmäßige Wiederkehr; **avoir une** ~ **semestrielle** *revue:* halbjährlich erscheinen

périodique [peʀjɔdik] **I.** *adj* ❶ *phase, phénomène, mouvement* regelmäßig wiederkehrend [*o* auftretend], periodisch; *retour* regelmäßig; **classification** ~ Periodensystem *nt;* **être** ~ regelmäßig wiederkehren, regelmäßig [*o* periodisch] auftreten
❷ PRESSE periodisch erscheinend; **la presse** ~ die Periodika *Pl*
❸ (*hygiénique*) **serviette** ~ Monatsbinde *f*
II. *m* PRESSE Zeitschrift *f*

périodiquement [peʀjɔdikmɑ̃] *adv* in regelmäßigen Abständen, periodisch

périoste [peʀjɔst] *m* MED Knochenhaut *f*

péripatéticienne [peʀipatetisjɛn] *f hum littér* Prostituierte *f,* Dame *f* vom horizontalen Gewerbe (*hum fam*)

péripétie [peʀipesi] *f* ❶ unvorhergesehenes [*o* unerwartetes] Ereignis, Zwischenfall *m;* **vie pleine de** ~**s** ereignisreiches Leben
❷ LITTER, CINE, TV, THEAT entscheidende Wendung, Peripetie *f* (*Fachspr.*); **les** ~**s** die Höhepunkte

périph [peʀif] *m fam abr de* **périphérique**

périphérie [peʀifeʀi] *f* ❶ GEOM **la** ~ **d'un cercle** der Kreisumfang
❷ (*banlieue*) Peripherie *f;* **habiter à la** ~ **de la ville** am Stadtrand wohnen; **l'immobilier dans la** ~ die Immobilien in den Außenbezirken

périphérique [peʀifeʀik] **I.** *adj* ❶ **quartier** ~ Viertel *nt* am Stadtrand
❷ MEDIA **poste/radio/station** ~ *privater französischer Sender, der aus dem grenznahen Ausland sendet*
❸ BIO *système nerveux* peripher
II. *m* ❶ **le** ~ **de Paris** die Ringautobahn um Paris; ~ **intérieur/extérieur** innerer/äußerer Ring
❷ INFORM Peripheriegerät *nt;* ~ **son** Soundkarte *f*
◆ ~ **d'entrée** Eingabegerät *nt;* ~ **de sortie** Ausgabegerät *nt*

périphrase [peʀifʀɑz] *f* Umschreibung *f*

périple [peʀipl] *m* ❶ HIST *soutenu* Seereise *f*
❷ (*voyage par voie de terre*) Rundreise *f;* **un** ~ **chinois/en Chine** eine Rundreise durch China

périr [peʀiʀ] <8> *vi* ❶ *soutenu* ums Leben kommen, den Tod finden (*geh*); ~ **noyé(e)** ertrinken; **faire** ~ **qn** jdn in den Tod schicken (*geh*); ~ **d'ennui** sich zu Tode langweilen
❷ *soutenu* (*disparaître*) *bateau:* sinken; *plante:* eingehen; *marchandises:* verderben; *civilisation, empire:* untergehen; *souvenir:* erlöschen

périscolaire [peʀiskɔlɛʀ] *adj* die Schule ergänzend

périscope [peʀiskɔp] *m* Periskop *nt*

périssable [peʀisabl] *adj denrée* leicht verderblich

périssoire [peʀiswaʀ] *f* langes Paddelboot *nt*

péristaltique [peʀistaltik] *adj* PHYSIOL peristaltisch; **mouvements** ~**s** Peristaltik *f*

péristyle [peʀistil] *m* Säulenhalle *f*

péritel® [peʀitɛl] *adj inv* **une prise** ~ eine Scartbuchse *f*

péritéléphonie [peʀitelefɔni] *f* Telefonzusatzgeräte *Pl;* (*service*) Sektor *m* für Telefonzusatzgeräte

péritoine [peʀitwan] *m* Bauchfell *nt*

péritonite [peʀitɔnit] *f* Bauchfellentzündung *f*

perle [pɛʀl] *f* ❶ Perle *f;* ~ **naturelle** echte Perle; ~ **en bois/verre** Holz-/Glasperle
❷ *littér* (*goutte*) ~ **de sang** Blutstropfen *m;* ~**s de sueur/rosée** Schweißperlen *Pl*/Tautropfen *Pl*
❸ *fam* (*erreur*) Stilblüte *f*
❹ (*personne*) Perle *f* (*fam*); **c'est une** ~ **rare** sie/er ist wirklich eine Perle
❺ (*chose de grande valeur*) Juwel *m*
▶ **jeter des** ~**s aux pourceaux** [*o* **cochons**] Perlen vor die Säue werfen (*sl*); **enfiler des** ~**s** *fam* seine Zeit vertrödeln (*fam*)
◆ ~ **de culture** Zuchtperle *f*

perlé(e) [pɛʀle] *adj* ❶ *rire* perlend
❷ TECH **riz** ~ polierter Reis; **orge** ~ Perlgraupen *Pl*

perler [pɛʀle] <1> *vi* perlen

perlier, -ière [pɛʀlje, -jɛʀ] *adj* **industrie perlière** Perlenindustrie *f;* **huître perlière** Perlmuschel *f*

perlimpinpin [pɛʀlɛ̃pɛ̃pɛ̃] *m* **la poudre de** ~ das Wunderpulver

permanence [pɛʀmanɑ̃s] *f* ❶ ADMIN, MED Bereitschaftsdienst *m;* ~ **juridique** juristischer Beratungsdienst; **assurer** [*o* **tenir**] **la** ~/**être de** ~ Bereitschaftsdienst haben
❷ (*bureau*) *d'un parti, syndicat* Geschäftsstelle *f; d'un commissariat de police* Dienststelle *f;* SCOL *Klassenraum, in dem Schüler bei Freistunden oder nach Schulschluss unter Aufsicht arbeiten können;* ~ **électorale** Wahlkampfbüro *nt*
❸ *sans pl* (*persistance*) *d'un régime, pouvoir* Fortbestand *m; d'habitudes, d'une situation* Fortbestehen *nt*
▶ **en** ~ ständig, dauernd; *siéger* ununterbrochen; *surveiller* rund um die Uhr

permanent [pɛʀmanɑ̃] *m d'un parti, syndicat* Funktionär *m; d'une association* fester Mitarbeiter

permanent(e) [pɛʀmanɑ̃, ɑ̃t] *adj* ❶ (*constant*) *caractère, phénomène, élément* beständig, unveränderlich
❷ (*continu*) *souci, danger* ständig, fortwährend; *contrôle, collaboration, liaison* ständig, dauernd; *tension, troubles* anhaltend; *emploi* fest, ständig; **exposition** ~**e** Dauerausstellung *f;* **formation** ~**e** Fortbildung *f;* **cinéma** ~ Nonstopkino *nt,* Non-Stop-Kino *nt;* **ici le spectacle est** ~ hier ist immer was los (*fam*); ~**(e) de ... à ...** *spectacle, cinéma* durchgehend von ... bis ...
❸ (*opp: spécial, extraordinaire*) *envoyé, représentant* ständig; **personnel** ~ Stammpersonal *nt;* **armée** ~**e** stehendes Heer

permanente [pɛʀmanɑ̃t] *f* ❶ Dauerwelle *f*
❷ *d'un parti, syndicat* Funktionärin *f; d'une association* feste Mitarbeiterin

permanganate [pɛʀmɑ̃ganat] *m* Permanganat *nt*

perme [pɛʀm] *f fam abr de* **permission** Erlaubnis *f,* Okay *nt* (*fam*)

perméabilité [pɛʀmeabilite] *f* ❶ GEOL, PHYS, BIO Durchlässigkeit *f,* Permeabilität *f* (*Fachspr.*); ~ **à l'eau** Wasserdurchlässigkeit
❷ (*réceptivité*) ~ **de qn à qc** jds Aufgeschlossenheit *f* für etw; ~ **de qn aux influences** jds Beeinflussbarkeit *f*

perméable [pɛʀmeabl] *adj* ❶ GEOL, PHYS, BIO durchlässig, permeabel (*Fachspr.*); ~ **à l'eau** wasserdurchlässig
❷ (*ouvert*) ~ **à qc** *personne* zugänglich [*o* empfänglich] für etw; *frontière* durchlässig

permettre [pɛʀmɛtʀ] <*irr*> **I.** *vt impers* ❶ (*être autorisé*) **il est permis à qn de faire qc** es ist jdm gestattet etw zu tun; **s'il m'est permis de faire une objection** wenn ich mir einen Einwand erlauben darf

P

permettre

• permettre	• erlauben
Vous avez le droit de fumer dans cette zone.	In diesem Bereich **dürfen** Sie rauchen.
Vous pouvez vous garer ici, **si vous voulez.**	**Wenn Sie möchten**, können Sie hier parken.
Tu pourras aller jouer quand tu auras fini tes devoirs.	Wenn du mit deinen Hausaufgaben fertig bist, **darfst du** raus spielen.
Entrez (donc), **je vous prie.**	**Sie dürfen gern** hereinkommen.
• demander la permission	**• um Erlaubnis bitten**
Puis-je vous déranger/interrompre un instant?	**Darf ich** Sie kurz stören/unterbrechen?
Êtes-vous d'accord pour que je prenne mes vacances en juillet?	**Sind Sie damit einverstanden, wenn** ich im Juli Urlaub nehme?
Cela vous dérange si j'ouvre la fenêtre?	**Haben/Hätten Sie was dagegen, wenn** ich das Fenster aufmache?

❷ (*être possible*) **il est permis à qn de faire qc** jd kann es sich (*Dat*) erlauben etw zu tun; **est-il permis d'être aussi bête!** wie kann man nur so dumm sein!; **autant qu'il est permis d'en juger** soweit man darüber urteilen kann; **il n'est pas permis à tout le monde de faire qc** nicht jeder hat die Möglichkeit etw zu tun

II. *vt* ❶ (*autoriser*) ~ **à qn de faire qc** jdm erlauben [*o* gestatten *geh*] etw zu tun; (*donner droit à*) jdn dazu berechtigen etw zu tun; ~ **que qn fasse qc** erlauben, dass jd etw tut; ~ **qc à qn** jdm etw erlauben [*o* gestatten *geh*]; **être permis(e)** erlaubt sein; **c'est permis par la loi** das ist rechtlich zulässig; **permettez-moi d'entrer!** gestatten Sie, dass ich eintrete?; **vous permettez?** gestatten Sie?, darf ich?; **vous permettez que je fasse qc** erlauben Sie, dass ich etw tue; hätten Sie etwas dagegen, wenn ich etw tun würde

❷ (*rendre possible*) ~ **à qn de faire qc** *chose:* es jdm erlauben [*o* ermöglichen] etw zu tun; **si le temps le permet** wenn es das Wetter zulässt; **mes moyens financiers ne me le permettent pas** meine finanziellen Mittel lassen das nicht zu

▸ **permettez!/tu permets!** [na] erlauben Sie mal!/[na] erlaube mal! (*fam*)

III. *vpr* ❶ (*s'accorder*) **se ~ une fantaisie** sich (*Dat*) etwas Besonderes gönnen [*o* leisten]

❷ (*oser*) **se ~ une plaisanterie** sich (*Dat*) einen Scherz erlauben; **se ~ de faire qc** sich (*Dat*) erlauben etw zu tun; **se ~ bien des choses** sich (*Dat*) einiges herausnehmen; **je me permettrai de vous faire observer** [*o* **remarquer**] **que qn a fait qc** darf ich Sie darauf aufmerksam machen, dass jd etw getan hat

permien(ne) [pɛʀmjɛ̃, jɛn] *adj* GEOL Perm-

permien [pɛʀmjɛ̃] *m* GEOL Perm *nt*

permis [pɛʀmi] *m* ❶ (*permis de conduire*) (*papier*) Führerschein *m;* (*examen*) Fahrprüfung *f;* ~ **moto** Motorradführerschein; ~ **poids lourd** LKW-Führerschein; **passer le ~** den Führerschein machen; **échouer au ~** durch die Fahrprüfung fallen

❷ (*licence*) Berechtigungsschein *m;* ~ **de chasse/pêche** Jagd-/Angelschein

◆ ~ **de construire** Baugenehmigung *f;* ~ **d'établissement** CH unbefristete Aufenthaltserlaubnis, Niederlassungsbewilligung *f* (CH); ~ **d'inhumer** Totenschein *m;* ~ **de séjour** Aufenthaltserlaubnis *f;* ~ **de travail** Arbeitserlaubnis *f*

permis(e) [pɛʀmi, z] *part passé de* **permettre**

permissif, -ive [pɛʀmisif, -iv] *adj* SOCIOL, PSYCH freizügig, permissiv (*Fachspr.*)

permission [pɛʀmisjɔ̃] *f* ❶ *sans pl* ~ **de faire qc** Erlaubnis *f* etw zu tun

❷ MIL Urlaub *m;* **en ~** auf Urlaub; **partir en ~** in Urlaub gehen

◆ ~ **de minuit** Ausgang *m* bis Mitternacht

permissionnaire [pɛʀmisjɔnɛʀ] *mf* MIL Urlauber(in) *m(f),* Soldat(in) *m(f)* auf Urlaub

permutable [pɛʀmytabl] *adj* austauschbar

permutation [pɛʀmytasjɔ̃] *f* ❶ Umstellung *f;* MATH, CHIM, LING Permutation *f* (*Fachspr.*)

❷ ADMIN *de fonctionnaires, d'employés* [Stellen]tausch *m*

permuter [pɛʀmyte] <1> **I.** *vi* ~ **avec qn** mit jdm die Stelle tauschen; **deux personnes permutent** zwei Menschen tauschen miteinander die Stelle

II. *vt* umstellen, vertauschen; MATH, CHIM, LING permutieren (*Fachspr.*)

pernicieux, -euse [pɛʀnisjø, -jøz] *adj* schädlich, gefährlich

péroné [peʀɔne] *m* Wadenbein *nt*

péronnelle [peʀɔnɛl] *f vieilli fam* [dumme] Schwatzliese *f*

péroraison [peʀɔʀɛzɔ̃] *f* ❶ *péj* (*long discours*) Gerede *nt* (*pej fam*), Volksreden *Pl* (*pej fam*)

❷ (*conclusion*) *d'un plaidoyer* Resümee *nt*

pérorer [peʀɔʀe] <1> *vi péj* Volksreden halten (*pej fam*)

Pérou [peʀu] *m* **le ~** Peru *nt*

▸ **ce n'est pas le ~** damit kann man keine großen Sprünge machen (*fam*)

peroxyde [pɛʀɔksid] *m* CHIM Peroxid *nt*

perpendiculaire [pɛʀpɑ̃dikylɛʀ] **I.** *adj* ❶ ~ **à qc** *rue* im rechten Winkel [*o* rechtwinklig] zu etw; *soleil* senkrecht über etw; **la rue ~ à cette rue** die Querstraße zu dieser Straße; **les deux rues sont ~s [entre elles]** die beiden Straßen stoßen senkrecht aufeinander

❷ GEOM senkrecht; **deux droites ~s [entre elles]** zwei senkrecht zueinander stehende Geraden; **être ~ à qc** senkrecht zu etw stehen

II. *f* GEOM ~ **à qc** Senkrechte *f* zu etw; **abaissez une ~ à cette droite** fällen Sie das Lot zu dieser Geraden

perpendiculairement [pɛʀpɑ̃dikylɛʀmɑ̃] *adv* ~ **à qc** im rechten Winkel [*o* senkrecht] zu etw

perpète [pɛʀpɛt] *fam* ❶ (*pour toujours*) **être condamné(e) à ~** lebenslänglich bekommen; **attendre jusqu'à ~** ewig warten müssen (*fam*)

❷ (*très loin*) **aller à ~** ewig weit *fam* laufen; **habiter à ~** am Ende der Welt wohnen, jwd wohnen (*fam*); **jusqu'à ~** ewig weit (*fam*)

perpétration [pɛʀpetʀasjɔ̃] *f* JUR *d'un délit* Begehung *f,* Verübung *f*

perpétrer [pɛʀpetʀe] <5> *vt* JUR begehen, verüben *crime*

perpette [pɛʀpɛt] *v.* **perpète**

perpétuel(le) [pɛʀpetɥɛl] *adj* ❶ *angoisse, difficultés* dauernd,

ständig; *murmure, lamentations* fortwährend, ständig
❷ (*à vie*) *fonction, rente* auf Lebenszeit; *prison* lebenslänglich; **les vœux ~s** die ewigen Gelübde

perpétuellement [pɛʀpetɥɛlmɑ̃] *adv* ❶ (*constamment*) ständig, dauernd
❷ (*éternellement*) unaufhörlich

perpétuer [pɛʀpetɥe] <1> **I.** *vt* aufrechterhalten *tradition;* weitergeben *nom;* wachhalten *souvenir;* **servir à ~ l'espèce** der Arterhaltung dienen
II. *vpr* **se ~** *abus, injustices:* sich fortsetzen; *tradition:* lebendig [*o* erhalten] bleiben; *espèce:* sich erhalten

perpétuité [pɛʀpetɥite] *f* **à ~** auf Lebenszeit, lebenslang; *condamnation* lebenslänglich; **concession à ~** Erbbegräbnis *nt;* **être condamné(e) à ~** zu einer lebenslangen Freiheitsstrafe verurteilt werden

perplexe [pɛʀplɛks] *adj personne, mine* ratlos; **rendre qn ~** jdn in Verlegenheit bringen

perplexité [pɛʀplɛksite] *f* Ratlosigkeit *f;* **plonger qn dans la plus grande ~** jdn völlig ratlos machen

perquisition [pɛʀkizisjɔ̃] *f* Haus[durch]suchung *f*

perquisitionner [pɛʀkizisjɔne] <1> **I.** *vi* eine Haus[durch]suchung vornehmen
II. *vt* durchsuchen

perron [pɛʀɔ̃] *m* Freitreppe *f*

perroquet [pɛʀɔkɛ] *m* ❶ ORN *a. fig* Papagei *m;* **répéter qc comme un ~** etw nachplappern
❷ (*boisson*) Pastis *m* mit Pfefferminzsirup
❸ NAUT Bramsegel *nt*

perruche [peʀyʃ, peʀyʃ] *f* ❶ ORN Sittich *m*
❷ (*femme*) Schnattergans *f*

perruque [pɛʀyk, peʀyk] *f* Perücke *f*

perruquier [peʀykje, peʀykje] *m* Perückenmacher(in) *m(f)*

pers [pɛʀ] *adj inv* blaugrün; **des yeux ~** blaugrüne Augen *Pl*

persan [pɛʀsɑ̃] *m* **le ~** Persisch *nt,* das Persische; *v. a.* **allemand**

persan(e) [pɛʀsɑ̃, an] *adj* persisch; *tapis, chat* Perser-

Persan(e) [pɛʀsɑ̃, an] *m(f)* Perser(in) *m(f)*

perse [pɛʀs] **I.** *adj* HIST persisch
II. *m* HIST **le ~** Persisch *nt,* das Persische; *v. a.* **allemand**

Perse [pɛʀs] **I.** *m, f* HIST Perser(in) *m(f)*
II. *f* **la ~** Persien *nt*

persécuté(e) [pɛʀsekyte] **I.** *adj* verfolgt
II. *m(f)* Verfolgte(r) *f(m)*

persécuter [pɛʀsekyte] <1> *vt* verfolgen

persécuteur, -trice [pɛʀsekytœʀ, -tʀis] *m, f* Verfolger(in) *m(f)*

persécution [pɛʀsekysjɔ̃] *f* Verfolgung *f*

persévérance [pɛʀseveʀɑ̃s] *f* Ausdauer *f,* Beharrlichkeit *f*

persévérant(e) [pɛʀseveʀɑ̃, ɑ̃t] *adj* ausdauernd, beharrlich

persévérer [pɛʀseveʀe] <5> *vi* durchhalten, nicht aufgeben; **~ dans ses efforts** in seinen Bemühungen nicht nachlassen; **~ dans une recherche** eine Suche nicht einstellen; **~ dans sa volonté de changer qc** auf seinem Willen, etwas zu verändern, beharren; **~ dans la désobéissance** weiterhin ungehorsam sein; **~ à faire qc** etw weiterhin tun

persienne [pɛʀsjɛn] *f* Fensterladen *m*

persiflage [pɛʀsiflaʒ] *m* ❶ (*action*) Spöttelei *f*
❷ (*propos, écrit*) Spott *m,* Persiflage *f*

persifler [pɛʀsifle] <1> *vt littér* **~ qn/qc** über jdn/etw spötteln; (*plus fort*) jdn/etw verspotten

persifleur, -euse [pɛʀsiflœʀ, -øz] *m, f* Spötter(in) *m(f)*

persil [pɛʀsi] *m* Petersilie *f*

persillade [pɛʀsijad] *f* ❶ fein gehackte Petersilie mit Knoblauch
❷ (*plat*) *mit Petersilie und Knoblauch geschmortes Rindfleisch*

persillé(e) [pɛʀsije] *adj* ❶ mit Petersilie
❷ (*avec des moisissures*) *fromage* mit Blauschimmel; *viande* durchwachsen

persique [pɛʀsik] *adj v.* **golfe**

persistance [pɛʀsistɑ̃s] *f* ❶ (*entêtement*) **~ dans qc** Beharren *nt* auf etw (*Dat*)
❷ (*continuité*) Andauern *nt*

persistant(e) [pɛʀsistɑ̃, ɑ̃t] *adj* ❶ anhaltend, andauernd
❷ BOT immergrün

persister [pɛʀsiste] <1> *vi* ❶ (*persévérer*) **~ dans qc** auf etw (*Dat*) bestehen [*o* beharren]; **~ dans un projet** hartnäckig an einem Projekt festhalten; **~ à faire qc** etw weiterhin tun
❷ (*durer*) anhalten, andauern; *mode:* sich halten; *souvenir:* bleiben
▶ **qn persiste et signe** jd bleibt dabei

perso [pɛʀso] *adj fam abr de* **personnalisé, personnel**

persona grata [pɛʀsɔnagʀata] <persona grata> *f* **être ~** willkommen [*o* gern gesehen] sein; POL Persona grata sein

persona non grata [pɛʀsɔnanɔngʀata] <persona non grata> *f* Persona non grata *f*

personnage [pɛʀsɔnaʒ] *m* ❶ ART, LITTER Figur *f,* Person *f;* CINE Rolle *f,* Figur; **les ~s de Walt Disney** die Figuren Walt Disneys; **interpréter le ~ de Carmen** die [Rolle der] Carmen spielen; **jouer le ~ d'un voleur** einen Dieb spielen
❷ (*rôle*) Rolle *f;* **soigner son ~** sein Image pflegen
❸ (*individu*) Typ *m;* (*femme*) Person *f;* **un grossier ~** ein ungehobelter Kerl
❹ (*personnalité*) Persönlichkeit *f;* **~s politiques** politische Prominenz

personnalisation [pɛʀsɔnalizasjɔ̃] *f* Personalisierung *f*

personnalisé(e) [pɛʀsɔnalize] *adj* personalisiert; *accessoire, vêtement* individuell entworfen; *service* individuell

personnaliser [pɛʀsɔnalize] <1> *vt* ❶ (*adapter*) individuell gestalten
❷ (*rendre personnel*) **~ qc** einer S. (*Dat*) eine persönliche Note verleihen

personnalité [pɛʀsɔnalite] *f* ❶ (*caractère*) Persönlichkeit *f; d'un style, d'une œuvre* persönliche Note; **avoir une forte** [*o* **de la**] **~** eine ausgeprägte Persönlichkeit sein
❷ (*personne*) Persönlichkeit *f*

personne[1] [pɛʀsɔn] *f* ❶ Person *f;* **dix ~s** zehn Leute; **~ âgée** alter Mensch; **les ~s âgées** die Senioren; **grande ~** Erwachsene(r) *f(m);* **la ~ qui...** derjenige, der ...; **les ~s qui...** diejenigen, die ...; **je respecte sa ~** ich respektiere ihn/sie als Menschen; **tu ne penses qu'à ta ~** du denkst nur an dich selbst; **satisfait(e) de sa ~** von sich überzeugt
❷ (*femme*) Person *f;* (*jeune fille*) Mädchen *nt*
❸ (*être humain*) Mensch *m*
❹ GRAM Person *f*
❺ ADMIN, JUR **~ déplacée** Verschleppte(r) *f(m),* Vertriebene(r) *f(m);* **~ morale** juristische Person; **~ physique** natürliche Person; **par ~ interposée** durch einen Mittelsmann; **tierce ~** Dritte(r) *f(m)*
▶ **être bien** [**fait(e)**] **de sa ~** gut aussehen; **~ humaine** Mensch *m;* **en ~** [höchst]persönlich; JUR persönlich; **être la vanité en ~** die Eitelkeit in Person sein; **être le calme en ~** die Ruhe selbst sein; **en la ~ de qn** in jds Person (*Dat*); **en la ~ du président** in der Person des Präsidenten
◆ **~ à charge** Unterhaltsberechtigte(r) *f(m)*

personne[2] [pɛʀsɔn] *pron indéf* ❶ (*opp: quelqu'un*) niemand; **il n'y a ~** es ist niemand da; **je n'ai vu ~** ich habe niemanden gesehen; **je n'ai parlé à ~** ich habe mit niemandem gesprochen; **~ d'autre** niemand sonst, kein anderer
❷ (*quelqu'un*) jemand; **une place sans presque ~** ein fast menschenleerer Platz
▶ **plus rapide que ~** schneller als jede(r) andere(r)

personnel [pɛʀsɔnɛl] *m* Personal *nt; d'une entreprise* Personal, Angestellten *Pl,* Belegschaft *f;* **~ enseignant** Lehrkörper *m;* **~ de bureau** Büropersonal

personnel(le) [pɛʀsɔnɛl] *adj* ❶ persönlich; *objets* des persönlichen Gebrauchs; *biens, fortune* Privat-; *style, idées* eigenwillig; **à**

titre ~ persönlich
❷ GRAM persönlich; *forme* finit, bestimmt; *pronom* Personal-; **mode** ~ *Bezeichnung für Indikativ, Konditional, Konjunktiv und Imperativ*
personnellement [pɛʀsɔnɛlmɑ̃] *adv* persönlich
personnification [pɛʀsɔnifikasjɔ̃] *f* ❶ *(action)* Personifizierung *f*
❷ *(incarnation)* Personifikation *f;* **être la ~ de l'avarice** der Geiz in Person sein
personnifié(e) [pɛʀsɔnifje] *adj* personifiziert, verkörpert, versinnbildlicht
personnifier [pɛʀsɔnifje] <1a> *vt* ❶ personifizieren
❷ *(incarner)* ~ **qn/qc** jd/etw in Person sein
perspectif, -ive [pɛʀspɛktif, -iv] *adj* perspektivisch
perspective [pɛʀspɛktiv] *f* ❶ GEOM, ART Perspektive *f;* ~ **aérienne** Vogelperspektive; **en** ~ perspektivisch
❷ *(éventualité, horizon)* ~ **de qc** Aussicht *f* auf etw *(Akk);* ~ **insoupçonnée** ungeahnte Perspektive; **une ~ réjouissante** schöne Aussichten; **ouvrir des ~s** Perspektiven eröffnen; **à la ~ de qc/de faire qc** bei der Aussicht auf etw *(Akk)/* darauf etw zu tun; **dans cette** ~ zu diesem Zweck; **en** ~ in Aussicht
❸ *(panorama)* Ausblick *m*
❹ *(point de vue)* Gesichtspunkt *m;* **changer de** ~ den Blickwinkel ändern
◆ ~**s d'avenir** Zukunftsaussichten *Pl*
perspicace [pɛʀspikas] *adj* ❶ *(sagace)* scharfsinnig
❷ *(très capable d'apercevoir)* scharfsichtig; *observation* scharf; **d'un œil** [*o* **regard**] ~ mit Scharfblick
perspicacité [pɛʀspikasite] *f* Scharfblick *m; d'une prévision* Scharfsichtigkeit *f; d'une remarque* Scharfsinnigkeit *f*
persuader [pɛʀsɥade] <1> **I.** *vt* ~ **qn de qc** jdn von etw überzeugen; ~ **qn de faire qc** *(intellectuellement)* jdn [davon] überzeugen etw zu tun; *(sentimentalement)* jdn überreden etw zu tun; ~ **qn que qn a fait qc** jdn davon überzeugen, dass jd etw getan hat
II. *vpr* **se ~ de qc** von etw überzeugt sein; **se ~ que qn a fait qc** sich *(Dat)* einreden, dass jd etw getan hat
persuasif, -ive [pɛʀsɥazif, -iv] *adj* überzeugend
persuasion [pɛʀsɥazjɔ̃] *f* ❶ *(action)* *(intellectuelle)* Überzeugen *nt; (sentimentale)* Überreden *nt;* **puissance de** ~ Überzeugungskraft *f*
❷ *(conviction)* Überzeugung *f*
perte [pɛʀt] *f* ❶ Verlust *m; de facultés physiques* Nachlassen *nt;* **en cas de** ~ im Verlustfall; ~ **du sommeil** Schlaflosigkeit *f;* ~ **de temps/d'argent** Zeit-/Geldverschwendung *f;* ~ **d'autorité/de prestige** Autoritäts-/Prestigeverlust; ~ **de sang/d'huile** Blut-/Ölverlust
❷ COM, ECON, FISC Verlust *m;* **se solder par une** ~ ein Verlustgeschäft sein
❸ *(ruine)* Verderben *nt; (financière)* Ruin *m*
❹ *(déchet)* Abfall *m*
❺ *pl (morts)* Verluste *Pl*
❻ *pl* MED ~**s** [**blanches**] Ausfluss *m;* ~**s de sang** Blutungen *Pl*
▸ **renvoyer avec ~ et fracas** hochkantig rauswerfen *(fam);* **passer qc par ~s et profits** etw abschreiben; **à ~ de vue** so weit das Auge reicht; *(interminablement)* endlos; **en pure** ~ völlig umsonst, vergeblich; **courir** [*o* **aller**] **à sa** ~ in sein Verderben rennen; **à** ~ mit Verlust
◆ ~ **de connaissance** Ohnmacht *f,* Bewusstlosigkeit *f;* ~ **des eaux** MED Fruchtwasserabgang *m;* ~ **de mémoire** Gedächtnisverlust *m*
pertinemment [pɛʀtinamɑ̃] *adv* ❶ [ganz] genau
❷ *littér (justement) répondre* treffend, passend; *parler* sachkundig
pertinence [pɛʀtinɑ̃s] *f* Zutreffen *nt; d'un argument, raisonnement* Stichhaltigkeit *f;* **parler avec** ~ mit Sachkunde sprechen; **conseiller qn avec** ~ jdn sachdienlich beraten
pertinent(e) [pɛʀtinɑ̃, ɑ̃t] *adj* treffend; *argument* treffend, stichhaltig; *réponse, propos* treffend, passend
pertuis [pɛʀtɥi] *m* ❶ GEOG Meerenge *f; d'un fleuve* Verengung *f*
❷ TECH Schleusenöffnung *f*
❸ DIAL *(détroit)* Pass *m*
perturbant(e) [pɛʀtyʀbɑ̃, ɑ̃t] *adj* störend; *situation* belastend
perturbateur, -trice [pɛʀtyʀbatœʀ, -tʀis] **I.** *adj* störend
II. *m, f* Unruhestifter(in) *m(f); (élève)* Störenfried *m*
perturbation [pɛʀtyʀbasjɔ̃] *f* Störung *f*
perturbé(e) [pɛʀtyʀbe] *adj* ❶ *personne* verstört
❷ *(dérangé) ordre* gestört; *service* durcheinander gebracht; *monde* auf den Kopf gestellt; **un trafic** ~ eine Verkehrsbehinderung
perturber [pɛʀtyʀbe] <1> *vt* durcheinander bringen; ~ **qc** sich störend auf etw *(Akk)* auswirken
pervenche [pɛʀvɑ̃ʃ] **I.** *f* ❶ BOT Immergrün *nt*
❷ *fam (contractuelle)* Politesse *f*
II. *app inv* hellblau
pervers(e) [pɛʀvɛʀ, ɛʀs] **I.** *adj* ❶ pervers
❷ *littér (méchant)* boshaft; *plaisir* hämisch
II. *m(f)* perverser Mensch; **c'est un** ~ er ist pervers [veranlagt]
perversion [pɛʀvɛʀsjɔ̃] *f* ❶ Pervertierung *f; des coutumes* Verfall *m; de l'odorat, du goût* Störung *f*
❷ PSYCH Perversion *f*
perversité [pɛʀvɛʀsite] *f* ❶ *(méchanceté)* Verderbtheit *f; d'actes, de paroles* Verderbtheit, Niederträchtigkeit *f*
❷ *(acte)* Perversion *f*
perverti(e) [pɛʀvɛʀti] *adj* pervertiert; *jeunesse* verdorben; *mœurs* verfallen; *odorat* gestört
pervertir [pɛʀvɛʀtiʀ] <8> *vt* ❶ *(corrompre)* verderben; pervertieren *chose*
❷ *(altérer)* stören
pesage [pəzaʒ] *m* Wiegen *nt; d'objets* Wiegen, Abwiegen *nt;* **appareil de** ~ Waage *f*
pesamment [pəzamɑ̃] *adv* schwer; *(sans grâce)* schwerfällig
pesant [pəzɑ̃] *m* ▸ **valoir son ~ d'or** [*o* **de cacahuètes**] [*o* **de moutarde**] *fam* nicht mit Gold zu bezahlen sein
pesant(e) [pəzɑ̃, ɑ̃t] *adj* schwer; *sommeil* bleiern; *atmosphère, silence* bedrückend; *corvée, idée* lästig; *démarche, architecture, style* schwerfällig
pesanteur [pəzɑ̃tœʀ] *f* ❶ PHYS Schwerkraft *f;* **accélération de la** ~ Erdbeschleunigung *f*
❷ *pl (inertie)* Schwerfälligkeit *f*
❸ *(manque de finesse)* Schwerfälligkeit *f*
◆ ~ **d'estomac** Magendruck *m*
pèse-bébé [pɛzbebe] <pèse-bébé[s]> *m* Säuglingswaage *f*
pesée [pəze] *f* Wiegen *nt; d'objets* Wiegen, Abwiegen *nt*
pèse-lettre [pɛzlɛtʀ] <pèse-lettre[s]> *m* Briefwaage *f* **pèse-personne** [pɛzpɛʀsɔn] <pèse-personne[s]> *m* Personenwaage *f*
peser [pəze] <4> **I.** *vt* ❶ *(mesurer le poids)* wiegen; abwiegen *marchandises, ingrédients*
❷ *(estimer)* abwägen; ~ **ses mots** sich *(Dat)* seine Worte reiflich überlegen
▸ **emballez** [*o* **enlevez**], **c'est pesé** *fam* so, das wärs *(fam);* **tout bien pesé** nach reiflicher Überlegung
II. *vi* ❶ *(avoir un certain poids)* wiegen; **ne rien** ~ nicht viel wiegen; ~ **lourd** viel wiegen; ~ **dix milliards d'euros** *fam* zehn Milliarden Euro schwer sein
❷ *(être lourd)* schwer sein
❸ *(exercer une pression)* ~ **sur/contre qc** auf/gegen etw *(Akk)* drücken; **les frites lui pèsent sur l'estomac** die Pommes frites liegen ihm schwer im Magen
❹ *(accabler)* **ce climat me pèse** dieses Klima macht mir [schwer] zu schaffen; **des soupçons pèsent sur lui** Verdachtsmomente lasten auf ihm; **des remords pesaient sur elle** Gewissensbisse belasteten sie
❺ *(influencer)* ins Gewicht fallen; ~ **sur qn/qc** jdn/etw beeinflussen

III. *vpr* **se** ~ sich wiegen

peseta [pezeta] *f* HIST (*monnaie*) Peseta *f*

pessaire [pesɛʀ] *m* Pessar *m*

pessimisme [pesimism] *m* Pessimismus *m*

pessimiste [pesimist] **I.** *adj* pessimistisch
II. *m, f* Pessimist(in) *m(f)*

peste [pɛst] *f* ❶ MED Pest *f;* ~ **bovine/porcine** Rinder-/Schweinepest *f*
❷ (*personne ou chose*) Plage *f;* **la** ~ **brune** POL die braune Pest
▸ **craindre/éviter qn/qc comme la** ~ jdn/etw wie die Pest fürchten/meiden; **se garder** [*o* **se méfier**] **de qn/qc comme de la** ~ sich vor jdm/etw wie vor der Pest hüten

pester [pɛste] <1> *vi* ~ **contre qn/qc** auf jdn/etw schimpfen

pesticide [pɛstisid] **I.** *adj* Schädlingsbekämpfungs-
II. *m* Schädlingsbekämpfungsmittel *nt,* Pestizid *nt* (*Fachspr.*)

pestiféré(e) [pɛstifeʀe] **I.** *adj* pestkrank
II. *m(f)* Pestkranke(r) *f(m)*

pestilence [pɛstilɑ̃s] *f* widerlicher Gestank

pestilentiel(le) [pɛstilɑ̃sjɛl] *adj* übel riechend; **une odeur ~le** ein widerlicher Gestank

pet [pɛ] *m fam* Furz *m* (*fam*); **faire** [*o* **lâcher**] **un** ~ einen fahren lassen (*fam*)
▸ **toujours avoir un** ~ **de travers** (*être mal luné*) ständig etwas auszusetzen haben (*fam*); (*être malade*) ständig ein Wehwehchen haben (*fam*); **ne pas valoir un** ~ [**de lapin**] keinen Pfifferling wert sein (*fam*)

pétainiste [petenist] *mf* HIST Anhänger(in) *m(f)* Pétains

pétale [petal] *m* Blütenblatt *nt*

pétanque [petɑ̃k] *f* Boulespiel *nt*

i Land & Leute

Ursprünglich aus Südfrankreich kommt der Volkssport der Franzosen: **pétanque**. Auf einem Spielfeld im Freien gilt es spezielle Metallkugeln möglichst nah an eine kleine Holzkugel, *cochonnet* („Schweinchen") genannt, heranzuwerfen. Mit einem Wurf versucht man entweder eine gegnerische Kugel wegzuschießen *(tirer)* oder die eigene Kugel so gut wie möglich zu platzieren *(pointer)*.

pétant(e) [petɑ̃, ɑ̃t] *adj fam* **huit heures ~[es]** Punkt [*o* Schlag *fam*] acht [Uhr]; **midi** ~ Punkt zwölf

pétarade [petaʀad] *f* Geknalle *nt; d'une mobylette* Geknatter *nt*

pétarader [petaʀade] <1> *vi* knattern

pétard [petaʀ] *m* ❶ (*pour faire la fête*) Knallkörper *m;* (*pour prévenir*) [Signal]knallkapsel *f*
❷ *fam* (*bruit*) Krach *m* (*fam*); **faire du** ~ Krach machen (*fam*)
❸ *fam* (*cigarette de haschich*) Joint *m*
❹ *arg* (*pistolet*) Knarre *f* (*fam*)
❺ *fam* (*postérieur*) Hinterteil *nt* (*fam*)
▸ **un** ~ **mouillé** ein Schlag ins Wasser (*fam*); **être/se mettre en** ~ *fam* fuchsteufelswild sein/werden (*fam*)

pétase [petaz] *m* HIST *Hut mit breiter Krempe zum Schutz gegen Sonne und Regen*

pétaudière [petodjɛʀ] *f* Durcheinander *nt*

pet-de-nonne [pɛdnɔn] <pets-de-nonne> *m kleiner, in Schmalz gebackener Krapfen*

pété(e) [pete] *adj fam* (*ivre*) sturzbesoffen (*fam*); (*drogué*) zu[gedröhnt] (*sl*)

péter [pete] <5> **I.** *vi fam* ❶ furzen (*fam*), einen fahren lassen (*fam*)
❷ (*éclater*) platzen; *verre, assiette:* [zer]springen
II. *vt fam* **j'ai pété la couture de mon pantalon** mir ist die Hosennaht geplatzt

pète-sec [pɛtsɛk] **I.** *adj inv fam* schroff; *ton* schroff, scharf; *air* autoritär
II. *m, f inv fam* Feldwebel *m* (*fam*)

péteux, -euse [petø, -øz] *m, f fam* Angsthase *m* (*fam*)

pétillant(e) [petijɑ̃, jɑ̃t] *adj* ❶ *eau* sprudelnd; *champagne* perlend; *boisson* mit Kohlensäure; **eau** ~**e** Sprudel *m*
❷ (*qui crépite*) knisternd; *feu* knisternd, prasselnd
❸ (*brillant*) glitzernd; **des yeux ~s de malice/gaieté** schelmisch funkelnde/vor Fröhlichkeit sprühende Augen
❹ (*pétulant*) spritzig; **avoir l'esprit** ~ witzig sein, vor Geist sprühen; ~**(e) d'esprit/de fantaisie** sprühend vor Geist/Phantasie [*o* Fantasie]

pétillement [petijmɑ̃] *m* ❶ *du feu* Knistern *nt; de l'eau, d'une boisson* Sprudeln *nt; du champagne* Perlen *nt*
❷ (*scintillement*) Funkeln *nt*

pétiller [petije] <1> *vi* ❶ (*faire des bulles*) sprudeln; *champagne:* perlen; **boisson qui pétille** Getränk *nt* mit Kohlensäure
❷ (*crépiter*) knistern
❸ *littér* (*scintiller*) *pierre précieuse:* funkeln; *paillettes:* glitzern
❹ (*être bouillant de*) ~ **de gaieté/de malice** vor Fröhlichkeit (*Dat*) sprühen/schelmisch funkeln

pétiole [pesjɔl] *m* Blattstiel *m*

petiot(e) [pətjo, jɔt] **I.** *adj fam* [ganz] klein
II. *m(f) fam* Kleine(r) *f(m)*

petit(e) [p(ə)ti, it] **I.** *adj* ❶ klein; *lumière* schwach; *pluie* fein; **au** ~ **jour** bei Tagesanbruch; **à ~e vitesse** langsam
❷ (*de courte durée*) kurz; **faire un** ~ **salut/sourire** kurz grüßen/lächeln
❸ (*de basse extraction*) klein; ~ **paysan** Kleinbauer *m*
❹ (*jeune*) klein; ~ **chat** Kätzchen *nt;* ~ **Jésus** Jesuskind *nt;* **les ~es classes** die unteren Klassen
❺ (*terme affectueux*) klein; *mots* leise; ~ **chou** mein Liebling; **ton** ~ **mari** deine bessere Hälfte (*fam*); ~ **copain** [*o* **ami**] Freund *m*
❻ (*condescendant*) **jouer au** ~ **chef** den Chef spielen
❼ (*mesquin, bas, vil*) *esprit* kleinlich; *intérêts* niedrig
❽ (*médiocre*) *vin, année, cru* einfach; *santé* schwach; ~ **film** Filmchen *nt*
❾ (*pour atténuer*) klein; *heure, kilo, mètre* knapp
❿ (*miniature*) klein; **~s soldats** Zinnsoldaten *Pl;* **~es voitures** Spielzeugautos *Pl*
▸ **se faire tout(e)** ~**(e)** sich ganz klein machen
II. *m(f)* ❶ (*enfant*) Kleine(r) *f(m);* (*enfant de qn*) Kleine(r), Kind *nt*
❷ ZOOL Junge(s) *nt*
❸ POL kleiner Mann; **les ~s** die kleinen Leute
▸ **faire des ~s** *argent, capital:* sich vermehren; **mon ~/ma ~e** (*gentiment*) mein Kleiner/meine Kleine; (*méchamment*) mein Guter/meine Gute; **~, ~, ~!** put, put, put!
III. *adv* **voir** ~ [zu] knapp rechnen
▸ ~ **à** ~ allmählich, nach und nach; **en** ~ im Kleinen

petit-beurre [p(ə)tibœʀ] <petits-beurre> *m* Butterkeks *m*

petit-bourgeois, petite-bourgeoise [p(ə)tibuʀʒwa, p(ə)titbuʀʒwaz] <petits-bourgeois> **I.** *adj péj* spießig (*pej*)
II. *m, f péj* Spießer(in) *m(f)* (*pej*)

petit-déj [p(ə)tideʒ] <petits-déjs> *m fam abr de* **petit-déjeuner I.**

petit-déjeuner [p(ə)tideʒœne] **I.** <petits-déjeuners> *m* Frühstück *nt*
II. *vi fam* frühstücken

petite-fille [p(ə)titfij] <petites-filles> *f* Enkelin *f,* Enkeltochter *f*

petitement [pətitmɑ̃] *adv* ❶ (*chichement*) bescheiden; *vivre* bescheiden, in ärmlichen Verhältnissen
❷ (*à l'étroit*) sehr beengt
❸ (*avec mesquinerie*) kleinlich; *penser* sehr einseitig

petite-nièce [p(ə)titnjɛs] <petites-nièces> *f* Großnichte *f*

petitesse [pətitɛs] *f* ❶ Kleinheit *f; des revenus* Geringfügigkeit *f*
❷ (*mesquinerie*) Kleinlichkeit *f*
❸ (*acte, parole*) Schäbigkeit *f,* Gemeinheit *f*

P

◆ ~ **d'âme** Gefühlsarmut *f;* ~ **de cœur** Engherzigkeit *f;* ~ **d'esprit** Engstirnigkeit *f*

petit-fils [p(ə)tifis] <petits-fils> *m* Enkel *m,* Enkelsohn *m*

petit-four [p(ə)tifuʀ] <petits-fours> *m exquisites Kleingebäck*

petit-gris [p(ə)tigʀi] <petits-gris> *m* ZOOL ❶ (*écureuil*) graues, sibirisches Eichhörnchen *nt* ❷ (*escargot*) Weinbergschnecke *f*

pétition [petisjɔ̃] *f* Petition *f,* Gesuch *nt*

petit-lait [p(ə)tilɛ] <petits-laits> *m* Molke *f* ▸ **qn boit du** ~ es/das geht jdm runter wie Öl; **se boire comme du** ~ sich wie Wasser trinken; **boire qc comme du** ~ etw wie Wasser trinken

petit-nègre [p(ə)tinɛgʀ] *m sans pl* Kauderwelsch *nt*

petit-neveu [p(ə)tin(ə)vø] <petits-neveux> *m* Großneffe *m*

petit-pois [p(ə)tipwa] <petits-pois> *m* [grüne] Erbse *f*

petits-enfants [p(ə)tizɑ̃fɑ̃] *mpl* Enkel[kinder] *Pl*

petit-suisse [p(ə)tisɥis] <petits-suisses> *m kleiner runder sahniger Frischkäse*

pétochard(e) [petɔʃaʀ, aʀd] *m(f) fam* Angsthase *m* (*fam*), Schisser(in) *m(f)* (*sl*)

pétoche [petɔʃ] *f fam* **avoir la** ~ Schiss *m* haben (*fam*)

pétoire [petwaʀ] *f* (*fusil*) Schießeisen *nt* (*fam*)

peton [pətɔ̃] *m fam* Füßchen *nt*

pétoncle [petɔ̃kl] *m* ZOOL Archenkammmuschel *f*

pétrel [petʀɛl] *m* Sturmvogel *m*

pétri(e) [petʀi] *adj littér* **être ~(e) d'orgueil** voller Hochmut sein

pétrification [petʀifikasjɔ̃] *f* Versteinerung *f*

pétrifié(e) [petʀifje] *adj* ❶ (*changé en pierre*) versteinert ❷ (*médusé*) wie versteinert; **~(e) de terreur** starr vor Schreck (*Dat*)

pétrifier [petʀifje] <1a> **I.** *vt* ❶ (*changer en pierre*) versteinern ❷ (*méduser, figer*) erstarren lassen; *timidité:* lähmen; ~ **qn de terreur** jdn vor Schreck (*Dat*) erstarren lassen
II. *vpr* **se** ~ ❶ (*se changer en pierre*) versteinern ❷ (*se figer*) erstarren; *sourire:* erstarren, gefrieren

pétrin [petʀɛ̃] *m* ❶ (*appareil*) Knetmaschine *f* ❷ (*coffre*) Backtrog *m* ❸ *fam* (*difficultés*) Patsche *f* (*fam*); **être dans le** ~ in der Patsche sitzen; **se mettre** [*o* **se fourrer**] [*o* **se ficher**] **dans le** ~ sich (*Dat*) etwas [Schönes] einbrocken (*fam*)

pétrir [petʀiʀ] <8> *vt* ❶ (*malaxer*) kneten ❷ (*modeler*) formen, prägen; formen *personne*

pétrissage [petʀisaʒ] *m* Kneten *nt*

pétrochimie [petʀoʃimi] *f* Petrochemie *f*

pétrochimique [petʀoʃimik] *adj* petrochemisch

pétrodollar [petʀodɔlaʀ] *m* Petrodollar *m*

pétrographie [petʀɔgʀafi] *f* Gesteinskunde *f,* Petrographie *f* (*Fachspr.*)

pétrole [petʀɔl] **I.** *m* [Erd]öl *nt;* ~ **brut** Rohöl *nt*
II. *app bleu, vert* Petrol-

pétrolette [petʀɔlɛt] *f fam* ❶ (*voiture*) Karre *f* (*fam*) ❷ (*moto*) Moped *nt* (*fam*)

pétroleuse [petʀɔløz] *f* ❶ (*activiste*) Powerfrau *f* ❷ HIST Brandstifterin *f*

pétrolier [petʀɔlje] *m* ❶ (*navire*) [Öl]tanker *m* ❷ (*industriel*) Ölmagnat *m*

pétrolier, -ière [petʀɔlje, -jɛʀ] *adj* [Erd]öl-

pétrolifère [petʀɔlifɛʀ] *adj* Erdöl-; *roche* erdölhaltig

pétulance [petylɑ̃s] *f* Ausgelassenheit *f,* Überschwänglichkeit *f*

pétulant(e) [petylɑ̃, ɑ̃t] *adj personne* ausgelassen, überschwänglich; *joie* überschäumend

pétunia [petynja] *m* BOT Petunie *f*

peu [pø] **I.** *adv* ❶ (*opp: beaucoup, très*) wenig; *avec un adj ou un adv* nicht sehr; **être** ~ **aimable** nicht [gerade] sehr freundlich sein; ~ **avant/après** kurz davor/darauf; **avant** [*o* **d'ici**] [*o* **sous**] ~ bald, in Kürze; **depuis** ~ seit kurzem; **bien/trop** ~ recht/zu wenig; ~ **de temps/d'argent** wenig Zeit/Geld; ~ **de voitures** wenig[e] Autos; ~ **de jours** ein paar Tage; **en** ~ **de temps** in kurzer Zeit ❷ (*rarement*) ~ [**souvent**] selten
▸ ~ **ou prou** *littér* mehr oder weniger; **c'est** ~ **dire** das ist noch gelinde ausgedrückt; **ce n'est pas** ~ **dire** das will schon etwas heißen; ~ **s'en faut** es fehlt nicht viel; ~ **à** ~ nach und nach; **à** ~ **près** ungefähr, etwa; **de** ~ [nur] knapp; **éviter qn de** ~ jdm gerade noch ausweichen können
II. *pron indéf* ❶ (*peu de personnes*) wenige ❷ (*peu de choses*) wenig; ~ **importe** das ist nicht so wichtig
III. *m* **le** ~ **de temps/d'argent qu'il me reste** das bisschen Zeit/Geld, das mir bleibt; **ton** ~ **de confiance en toi** dein geringes Selbstvertrauen; **le** ~ **de personnes/choses** die paar Menschen/Dinge; **le** ~ **que j'ai vu** das bisschen, das [*o* was] ich gesehen habe; **un** ~ **de beurre/bonne volonté** ein wenig [*o* bisschen] Butter/guten Willen; **un** ~ **de monde** ein paar Leute
▸ **attends un** ~ **que je t'attrape** *fam* warte nur, bis ich dich kriege; **un** ~ **partout** fast überall; **et pas qu'un** ~**!** und das nicht zu knapp! (*fam*); **pour un** ~ fast, beinahe; **pour si** ~ wegen so einer Kleinigkeit; **pour** ~ **que qn fasse qc** wenn jd auch nur etw tut; **si** ~ **qu'on lui donne, ...** mag es auch noch so wenig sein, das man ihm gibt, ...; **un tant soit** ~ ein [ganz] klein wenig; **bien sûr que je suis un** ~ **là** und ob ich hier bin (*fam*); **un** ~ **que j'ai raison!** und ob ich Recht habe!

peuchère [pøʃɛʀ] *interj* MIDI ❶ du liebe Zeit, ja mei (SDEUTSCH, A) ❷ (*le pauvre*) der/die Arme!/du/Sie Arme(r)!

peuh [pø] *interj* (*mépris*) bah, pah; (*indifférence*) pff

peuplade [pœplad] *f* Volksstamm *m*

peuple [pœpl] *m* Volk *nt;* **le** ~ **chrétien** die Christen; **le** ~ **palestinien** die Palästinenser; **le** ~ **élu** das auserwählte Volk

peuplé(e) [pœple] *adj* [dicht] bevölkert; *région* [dicht] bevölkert [*o* besiedelt]; **être ~(e) de personnes/choses** voller Menschen/Dinge sein

peuplement [pœpləmɑ̃] *m* ❶ (*action de peupler*) Bevölkern *nt,* Besied[e]lung *f;* (*avec des animaux*) Besetzen *nt;* (*avec des plantes*) Bepflanzung *f;* (*avec des arbres*) Aufforstung *f* ❷ (*densité*) Bevölkerung *f;* (*en animaux*) Besatz *m;* (*en végétaux*) Bestand *m*

peupler [pœple] <1> **I.** *vt* ❶ (*pourvoir*) ~ **un lieu de prisonniers** Häftlinge an einem Ort ansiedeln; **la guerre peupla les camps de réfugiés** durch den Krieg füllten sich die Flüchtlingslager; ~ **un lieu d'animaux** Tiere an einem Ort ansiedeln; ~ **un lieu de plantes** Pflanzen an einem Ort [neu] setzen; ~ **un lieu d'arbres** Bäume an einem Ort anpflanzen ❷ (*habiter*) ~ **un pays/une région** *personnes:* ein Land/eine Region bewohnen [*o* bevölkern]; ~ **un immeuble** *personnes:* in einem Gebäude wohnen; *animaux:* in einem Gebäude leben ❸ *littér* (*remplir*) ~ **un univers/roman de personnages imaginaires** eine Welt/einen Roman mit Figuren beleben ❹ *littér* (*hanter*) ~ **le délire/la mémoire de qn** *visions, rêves:* in jds Wahnvorstellungen/Erinnerungen vorkommen
II. *vpr* ❶ (*se pourvoir*) **se** ~ **de nouveaux habitants** sich mit neuen Bewohnern füllen ❷ (*se remplir*) **se** ~ **de rires joyeux** von fröhlichem Gelächter erfüllt werden

peupleraie [pøpləʀɛ] *f* Pappelwald *m*

peuplier [pøplije] *m* Pappel *f*

peur [pœʀ] *f* ~ **de** [*o* **devant**] **qn/qc** Angst *f* vor jdm/etw; **la** ~ **du ridicule** die Angst sich lächerlich zu machen; **avoir** ~ **de faire qc** Angst davor haben etw zu tun; **avoir** ~ **pour qn** Angst um jdn haben; **avoir** ~ **pour sa vie/santé** um sein Leben/seine Gesundheit fürchten; **avoir** ~ **pour son avenir** sich (*Dat*) um seine Zukunft Sorgen machen; **avoir** ~ **que qn fasse qc** befürchten [*o* Angst haben], dass jd etw tut; **faire** ~ **à qn** jdm Angst machen
▸ **la** ~ **du gendarme** die Angst vor der Polizei; **avoir eu plus de** ~ **que de mal** mit dem [bloßen] Schrecken davongekom-

peur/souci

• **exprimer la peur/les craintes**	• **Angst/Befürchtungen ausdrücken**
J'ai peur de la foule.	Diese Menschenmengen **machen mir Angst.**
J'ai peur du dentiste/**que** tu te blesses.	**Ich habe Angst vorm** Zahnarzt/, **dass** du dich verletzen könntest.
J'ai la frousse/trouille de l'examen. *(fam)*	**Ich habe Bammel/Schiss vor** der Prüfung. *(fam)*
J'ai un mauvais pressentiment.	**Ich habe (da) ein ungutes Gefühl.**
Je m'attends au pire.	**Ich rechne mit dem Schlimmsten.**
Ce sans-gêne **m'inquiète.**	Diese Rücksichtslosigkeit **beängstigt mich.**

• **exprimer le souci**	• **Sorge ausdrücken**
Je me fais du souci pour toi.	**Ich mache mir Sorgen um** dich.
Je passe des nuits blanches à me faire du souci pour lui.	Die Sorge um ihn **bereitet mir schlaflose Nächte.**
L'augmentation des chiffres du chômage **m'inquiète.**	Die steigenden Arbeitslosenzahlen **beunruhigen mich/ machen mir große Sorgen.**

men sein; **n'ayons pas ~ des mots** scheuen wir uns nicht es ganz offen auszusprechen; **avoir une ~ bleue** eine Heidenangst haben *(fam)*; **la grande ~** *historischer Begriff zur Bezeichnung der Repressalien, denen der französische Adel nach dem 14. Juli 1789 ausgeliefert war;* **j'ai bien ~ que qn ait fait qc** ich befürchte sehr, dass jd etw getan hat; **à faire ~** furchtbar; **laid à faire ~** furchtbar hässlich; **histoire/conte à faire ~** Schauergeschichte *f*/-märchen *nt;* **prendre ~** Angst bekommen; **de ~** vor Angst; **de** [*o* **par**] **~ du ridicule** aus Angst sich lächerlich zu machen; **de** [*o* **par**] **~ des critiques** aus Angst vor Kritik; **de** [*o* **par**] **~ de faire qc/que qn fasse qc** aus Angst davor[,] etw zu tun/dass jd etw tut

peureusement [pørøzmɑ̃] *adv* ängstlich

peureux, -euse [pørø, -øz] **I.** *adj* ängstlich
II. *m, f* ängstlicher Mensch, Angsthase *m (fam)*

peut [pø] *indic prés de* **pouvoir**

peut-être [pøtɛtʀ] *adv* ❶ *(éventuellement)* vielleicht; **~ que qn va faire qc** es kann sein, dass jd etw tun wird; **~ bien** kann gut sein
❷ *(environ)* ungefähr
❸ *(marque de doute)* mag ja sein; **ce médicament est ~ efficace, mais ...** dieses Medikament mag ja wirkungsvoll sein, aber ...

peuvent [pœv], **peux** [pø] *indic prés de* **pouvoir**

pèze [pɛz] *m arg* Schotter *m (fam)*, Kohle *f (fam)*

pfennig [pfenig] *m* Pfennig *m*

pff[t] [pf(t)] *interj* ❶ bah, pah
❷ *(disparition subite)* pff[t]

P.G.C.D. [peʒesede] *m abr de* **plus grand commun diviseur** g.g.T. *m*

pH [peaʃ] *m abr de* **potentiel d'Hydrogène** *inv* pH-Wert *m*

phacochère [fakɔʃɛʀ] *m* ZOOL Warzenschwein *nt*

phagocyte [fagɔsit] *m* BIO Fresszelle *f,* Phagozyt *m (Fachspr.)*

phagocyter [fagɔsite] <1> *vt* ❶ BIO phagozytieren *(Fachspr.)*
❷ *(neutraliser)* schlucken; **se laisser ~** sich völlig vereinnahmen lassen

phalange¹ [falɑ̃ʒ] *f* ANAT *du doigt* Fingerglied *nt,* Phalanx *f (Fachspr.)*; *de l'orteil* Zehenglied *nt,* Phalanx *f (Fachspr.)*

phalange² [falɑ̃ʒ] *f* ❶ POL Falange *f*
❷ *littér (groupement)* **~ d'artistes/de savants** [geschlossene] Gruppe von Künstlern/Gelehrten
❸ HIST *(formation de combat)* Phalanx *f*

phalangiste [falɑ̃ʒist] *mf* HIST Falangist(in) *m(f)*

phalène [falɛn] *f* Spanner *m*

phallique [falik] *adj* Phallus-, phallisch

phallocrate [falɔkʀat] **I.** *adj* phallokratisch
II. *m* Phallokrat *m*

phallocratie [falɔkʀasi] *f* Phallokratie *f*

phalloïde [falɔid] *adj v.* **amanite**

phallus [falys] *m* Phallus *m*

phanérogame [faneʀɔgam] BOT **I.** *adj* phanerogam
II. *f* Blütenpflanze *f,* Phanerogame *f (Fachspr.)*

phantasme [fɑ̃tasm] *m v.* **fantasme**

pharamineux, -euse [faʀaminø, -øz] *adj v.* **faramineux**

pharaon [faʀaɔ̃] *m* HIST Pharao *m*

pharaonique [faʀaɔnik] *adj* pharaonisch

phare [faʀ] **I.** *m* ❶ *(projecteur)* Scheinwerfer *m;* **~ antibrouillard** Nebelscheinwerfer; **être/se mettre en ~s** das Fernlicht eingeschaltet haben/einschalten
❷ *(tour)* Leuchtturm *m; d'un aéroport* Leuchtfeuer *nt*
❸ *littér* Leitstern *m*
II. *app* **le match ~ de la journée** das Spiel des Tages; **les livres ~ de l'époque** die bedeutendsten Bücher des Jahrhunderts
◆ **~ de recul** AUT Rückfahrscheinwerfer *m*

pharisaïsme [faʀizaism] *m* ❶ REL pharisäische Lehre
❷ *péj littér* Pharisäertum *nt*

pharisien(ne) [faʀizjɛ̃, jɛn] **I.** *m(f)* Pharisäer(in) *m(f)*
II. *adj* ❶ REL pharisäisch
❷ *péj littér* pharisäerhaft

pharmaceutique [faʀmasøtik] *adj* pharmazeutisch; **préparation ~** Arznei[mittel *nt*] *f*

pharmacie [faʀmasi] *f* ❶ *(boutique)* Apotheke *f;* **~ de garde** Notdienstapotheke
❷ *(science)* Pharmazie *f*
❸ *(armoire)* Hausapotheke *f*

pharmacien(ne) [faʀmasjɛ̃, jɛn] *m(f)* Apotheker(in) *m(f)*

pharmacodépendance [faʀmakɔdepɑ̃dɑ̃s] *f* Medikamentensucht *f,* Tablettensucht *f*

pharmacologie [faʀmakɔlɔʒi] *f* Pharmakologie *f,* Arzneimittelkunde *f*

pharmacopée [faʀmakɔpe] *f* amtliche Arzneimittelliste, Pharmakopöe *f (Fachspr.)*

pharyngal(e) [faʀɛ̃gal, o] <-aux> PHON *adj* pharyngal

pharyngale [faʀɛ̃gal] *f* Rachenlaut *m*

pharyngite [faʀɛ̃ʒit] *f* MED Rachenkatarr[h] *m,* Pharyngitis *f (Fachspr.)*

pharynx [faʀɛ̃ks] *m* ANAT Rachen *m,* Pharynx *m (Fachspr.)*

phase [fɑz] *f* Phase *f; d'une maladie* Phase, Stadium *nt;* **~ de la Lune** Mondphase; **en ~** phasengleich; **en ~ terminale** im Endstadium; **en opposition de ~** phasenverschoben
▶ **être** [*o* **se sentir**] **en ~ avec qn/qc** mit jdm auf einer Wellen-

P

länge liegen/sich im Gleichklang mit etw befinden
Phèdre [fɛdʀ(ə)] *f* Phädra *f*
phénicien [fenisjɛ̃] *m* Phönizisch *nt; v. a.* **allemand**
phénicien(ne) [fenisjɛ̃, jɛn] *adj* phönizisch
Phénicien(ne) [fenisjɛ̃, jɛn] *m(f)* Phönizier(in) *m(f)*
phénix [feniks] *m* ❶ außergewöhnliche Persönlichkeit
❷ MYTH Phönix *m*
phénol [fenɔl] *m* CHIM Phenol *nt*
phénoménal(e) [fenɔmenal, o] <-aux> *adj* ❶ (*extraordinaire*) phänomenal, sagenhaft (*fam*)
❷ PHILOS phänomenal; *monde* Erscheinungs-
phénomène [fenɔmɛn] *m* ❶ (*fait*) Phänomen *nt*
❷ (*monstre*) Monstrum *nt*
❸ *fam* (*individu*) komischer Kauz (*fam*), Sonderling *m*
phénoménologie [fenɔmenɔlɔʒi] *f* PHILOS Phänomenologie *f*
phénoplaste [fenɔplast] *m* CHIM Phenoplast *m*
phénotype [fenɔtip] *m* BIO Phänotyp[us] *m*
philanthrope [filɑ̃tʀɔp] *mf* ❶ (*ami du genre humain*) Menschenfreund(in) *m(f)*, Philanthrop(in) *m(f)*
❷ (*mécène*) Wohltäter(in) *m(f)* an der Menschheit
❸ (*personne désintéressée*) selbstloser Mensch
philanthropie [filɑ̃tʀɔpi] *f* Menschenliebe *f*, Philanthropie *f*
philanthropique [filɑ̃tʀɔpik] *adj* **dans un but** ~ zum Wohle der Menschheit; **à caractère** ~ zu wohltätigen Zwecken
philatélie [filateli] *f* ❶ (*science*) Briefmarkenkunde *f*, Philatelie *f*
❷ (*hobby*) Briefmarkensammeln *nt*
philatélique [filatelik] *adj* Briefmarken-; *chronique* für Briefmarkensammler
philatéliste [filatelist] *mf* Briefmarkensammler(in) *m(f)*, Philatelist(in) *m(f)*
philharmonie [filaʀmɔni] *f* Philharmonie *f*
philharmonique [filaʀmɔnik] *adj* philharmonisch
Philippe [filip(ə)] *m* Philipp *m*
philippin(e) [filipɛ̃, in] *adj* philippinisch
Philippin(e) [filipɛ̃, in] *m(f)* Philippine/-rin *m/f*, Filipino *m/* Filipina *f*
Philippines [filipin] *fpl* **les** ~ die Philippinen
philistin [filistɛ̃] *m* Philister *m*
philo [filo] *f fam abr de* **philosophie**
philodendron [filɔdɛ̃dʀɔ̃] *m* BOT Philodendron *m o nt*
philologie [filɔlɔʒi] *f* Philologie *f*; ~ **romane** romanische Philologie, Romanistik *f*
philologique [filɔlɔʒik] *adj* philologisch
philologue [filɔlɔg] *mf* Philologe *m*/Philologin *f*
philosophale [filɔzɔfal] *adj v.* **pierre**
philosophe [filɔzɔf] **I.** *mf* Philosoph(in) *m(f)*
II. *adj* weise, gelassen
philosopher [filɔzɔfe] <1> *vi* philosophieren
philosophie [filɔzɔfi] *f* ❶ (*science, conception*) Philosophie *f*
❷ (*art de vivre*) Lebensphilosophie *f*
❸ (*flegme, sagesse*) [philosophische] Gelassenheit, Weisheit *f*
philosophique [filɔzɔfik] *adj* philosophisch
philosophiquement [filɔzɔfikmɑ̃] *adv* philosophisch; (*avec sagesse, calme*) gelassen
philtre [filtʀ] *m* Liebestrank *m*
phimosis [fimozis] *m* MED Verengung *f* der Vorhaut, Phimose *f* (*Fachspr.*)
phlébite [flebit] *f* MED Venenentzündung *f*, Phlebitis *f* (*Fachspr.*)
phlegmon [flɛgmɔ̃] *m* MED Zellgewebsentzündung *f*, Phlegmone *f* (*Fachspr.*)
phlox [flɔks] *m* BOT Phlox *m*
phobie [fɔbi] *f* ❶ (*aversion*) **avoir la** ~ **de qc** eine Aversion gegen etw haben
❷ PSYCH Phobie *f*
phobique [fɔbik] *adj* phobisch
phocéen(ne) [fɔseɛ̃, ɛn] *adj* **cité** ~**ne** Marseille *nt;* **l'équipe** ~**ne** die Marseiller Mannschaft
phonateur, -trice [fɔnatœʀ, -tʀis] *adj* Stimm-; *difficultés* Phonations-
phonation [fɔnasjɔ̃] *f* PHON Stimmbildung *f*, Phonation *f* (*Fachspr.*), **phonatoire** [fɔnatwaʀ] *adj v.* **phonateur**
phone [fɔn] *m* PHYS Phon *nt*
phonème [fɔnɛm] *m* LING Phonem *nt*
phonéticien(ne) [fɔnetisjɛ̃, jɛn] *m(f)* Phonetiker(in) *m(f)*
phonétique [fɔnetik] **I.** *f* ❶ (*science*) Phonetik *f*
❷ (*transcription*) Lautschrift *f*, phonetische Umschrift
II. *adj* phonetisch; *écriture* phonetisch, Laut-; *signes* phonetisch, Lautschrift-
phonétiquement [fɔnetikmɑ̃] *adv* phonetisch
phonique [fɔnik] *adj* ❶ phonisch; *procédé* Lautbildungs-
❷ *isolation* Schall-; *nuisances* Lärm-
phono [fono] *m abr de* **phonographe**
phonographe [fɔnɔgʀaf] *m* Phonograph *m*
phonologie [fɔnɔlɔʒi] *f* Phonologie *f*
phonologique [fɔnɔlɔʒik] *adj* phonologisch
phonothèque [fɔnɔtɛk] *f* Tonarchiv *nt*
phoque [fɔk] *m* ❶ (*animal*) Seehund *m*, Robbe *f*
❷ (*fourrure*) Seehundfell *nt*, Seal *m o nt*
▸ **souffler comme un** ~ wie ein Walross schnaufen (*fam*)
phosphatage [fɔsfataʒ] *m* AGR Phosphatdüngung *f*
phosphate [fɔsfat] *m* ❶ CHIM Phosphat *nt*
❷ (*engrais*) Phosphatdünger *m*
phosphaté(e) [fɔsfate] *adj* phosphathaltig
phosphater [fɔsfate] <1> *vt* mit Phosphat[dünger] düngen
phosphore [fɔsfɔʀ] *m* CHIM Phosphor *m*
phosphorer [fɔsfɔʀe] <1> *vi fam* ~ **sur un projet** an einem Projekt arbeiten bis jdm der Kopf raucht (*fam*); ~ **sur une question** über einer Frage brüten; **ça phosphore sec, par ici!** hier riechts verdammt nach Arbeit! (*fam*)
phosphorescence [fɔsfɔʀesɑ̃s] *f* Leuchten *nt; des poissons* Glitzern *nt*
phosphorescent(e) [fɔsfɔʀesɑ̃, ɑ̃t] *adj* ❶ PHYS phosphoreszierend
❷ (*luisant*) *balles* blitzend; *brume* glitzernd; *mer* leuchtend
phosphorique [fɔsfɔʀik] *adj* Phosphor-
photo [fɔto] **I.** *f abr de* **photographie** ❶ (*cliché*) Foto *nt;* ~ **couleur** Farbfoto; ~ **noir et blanc** Schwarzweißfoto; ~ **instantanée** Sofortbild *nt;* ~ **de famille** Familienfoto; ~ **d'identité** Passfoto; **faire une** ~ ein Foto machen; **prendre qn/qc en** ~ ein Foto von jdm/etw machen; **en** ~ auf dem Foto [*o* Bild]
❷ (*art*) Fotografie *f*, Photographie *f*; **faire de la** ~ fotografieren
▸ **tu veux ma** ~**?** *fam* was glotzt du mich so an? (*fam*)
II. *app inv abr de* **photographique** Foto-; **des séances** ~ Aufnahmen *Pl;* **pellicule** ~ Film *m*
photochimie [fɔtoʃimi] *f* Fotochemie *f*
photocomposition [fɔtokɔ̃pozisjɔ̃] *f* Fotosatz *m*
photocopie [fɔtɔkɔpi] *f* Fotokopie *f*
photocopier [fɔtɔkɔpje] <1a> *vt* [foto]kopieren
photocopieur [fɔtɔkɔpjœʀ] *m*, **photocopieuse** [fɔtɔkɔpjøz] *f* [Foto]kopierer *m;* ~ **couleur** Farbkopierer
photocopillage [fɔtɔkɔpijaʒ] *m* Fotokopieren *nt*
photoélectrique [fɔtoelɛktʀik] *adj* fotoelektrisch; *cellule, effet* Foto-
photo-finish [fɔtofiniʃ] <photos-finish> *f* ❶ (*cliché*) Zielfotografie *f*, Zielphotographie *f*
❷ (*appareil*) Zielkamera *f*
photogénique [fɔtɔʒenik] *adj* fotogen, photogen
photographe [fɔtɔgʀaf] *mf* Fotograf(in) *m(f)*
photographie [fɔtɔgʀafi] *f* ❶ (*procédé*) Fotografie *f*, Photographie *f*
❷ *vieilli* (*cliché*) Fotografie *f*, Photographie *f*
❸ (*reproduction exacte*) **une** ~ **de la situation** ein getreues Bild der Situation; **une** ~ **de la réalité** ein Abbild der Realität;

donner une ~ **de qc** genau Aufschluss über etw (*Akk*) geben; *v. a.* **photo**

photographier [fɔtɔgʀafje] <1a> *vt* ❶ PHOT fotografieren
❷ (*mémoriser*) sich (*Dat*) genau merken
❸ (*reproduire*) ~ **qc** ein getreues Bild einer S. (*Gen*) geben

photographique [fɔtɔgʀafik] *adj* fotografisch; *appareil, papier* Foto-; *peinture* naturgetreu; **appareil** ~ Fotoapparat *m;* **épreuve** ~ Abzug *m*

photogravure [fɔtogʀavyʀ] *f* Fotoreproduktion *f,* Photogravüre *f*

photo-interprétation [fɔtoɛ̃tɛʀpʀetasjɔ̃] <photos-interprétations> *f* Luftbildinterpretation *f*

photolyse [fɔtɔliz] *f* BIO Photolyse *f*

photomaton® [fɔtɔmatɔ̃] *m* Passbildautomat *m*

photomécanique [fɔtomekanik] *adj* fotomechanisch

photomètre [fɔtɔmɛtʀ] *m* Photometer *nt*

photomontage [fɔtomɔ̃taʒ] *m* Fotomontage *f*

photon [fɔtɔ̃] *m* PHYS Photon *nt*

photophore [fɔtɔfɔʀ] *m* ❶ (*porte-bougie*) Windlicht *nt*
❷ (*flambeau*) [Kerzen]fackel *f*

photopile [fɔtopil] *f* [Sperrschicht]photozelle *f*

photosensible [fɔtosɑ̃sibl] *adj* lichtempfindlich

photosynthèse [fɔtosɛ̃tɛz] *f* BIO Photosynthese *f*

photothèque [fɔtɔtɛk] *f* Fotothek *f*

phrase [fʀɑz] *f* ❶ Satz *m;* ~ **affirmative/négative** bejahter/verneinter Satz; ~ **complexe/simple** zusammengesetzter/einfacher Satz; ~ **déclarative/interrogative/exclamative** Aussage-/Frage-/Ausrufesatz; ~ **nominale/verbale** Nominal-/Verbalphrase *f*
❷ MUS Phrase *f*
▶ ~ **toute faite** Redewendung *f;* **faire des** ~**s** Phrasen dreschen (*fam*); **sans** ~**s** ohne Umschweife

phrasé [fʀɑze] *m* Phrasierung *f*

phraséologie [fʀazeɔlɔʒi] *f* ❶ LING Phraseologie *f; d'un auteur* Diktion *f;* **la** ~ **juridique** die juristische Ausdrucksweise
❷ *littér* (*verbiage*) leere Phrasen, Phrasendrescherei *f*
❸ (*jargon*) **la** ~ **marxiste** der marxistische Jargon; **la** ~ **à la mode** der aktuelle Jargon

phraséologique [fʀazeɔlɔʒik] *adj* phraseologisch

phraser [fʀɑze] <1> *vt* phrasieren

phraseur, -euse [fʀɑzœʀ, -øz] *m, f* Phrasendrescher(in) *m(f)*

phréatique [fʀeatik] *adj v.* **nappe**

phrygien [fʀiʒjɛ̃] *adj v.* **bonnet**

phtisie [ftizi] *f* MED *vieilli* [Lungen]schwindsucht *f* (*veraltet*); ~ **galopante** galoppierende Schwindsucht

phtisiologie [ftizjɔlɔʒi] *f* MED Lungenheilkunde *f*

phtisique [ftizik] I. *adj* MED *vieilli* schwindsüchtig (*veraltet*)
II. *mf* MED *vieilli* Schwindsüchtige(r) *f(m)* (*veraltet*)

phylactère [filaktɛʀ] *m* ❶ (*dans une bédé*) Sprechblase *f*
❷ REL Gebetsriemen *m*

phylloxéra [filɔkseʀa] *m* ZOOL Reblaus *f*

physalis [fizalis] *m* BOT Physalis *f*

physicien(ne) [fizisjɛ̃, jɛn] *m(f)* Physiker(in) *m(f)*

physicochimie [fizikoʃimi] *f* physikalische Chemie

physiologie [fizjɔlɔʒi] *f* Physiologie *f*

physiologique [fizjɔlɔʒik] *adj* physiologisch

physiologiquement [fizjɔlɔʒikmɑ̃] *adv* physiologisch [gesehen]

physiologiste [fizjɔlɔʒist] *mf* Physiologe *m*/Physiologin *f*

physionomie [fizjɔnɔmi] *f* ❶ *ouverte, rieuse* Gesicht *nt; antipathique* Physiognomie *f,* Gesichtsausdruck *m; boudeuse, chagrine* Miene *f;* **jeux de** ~ Mimik *f*
❷ (*apparence*) ~ **d'un pays/d'un objet** Charakter *m* eines Landes/Gepräge *nt* eines Gegenstands

physionomiste [fizjɔnɔmist] I. *adj* **être** ~ ein gutes Personengedächtnis haben
II. *mf* Mensch *m,* der ein gutes Personengedächtnis hat

physiothérapie [fizjoteʀapi] *f* Physiotherapie *f*

physique [fizik] I. *adj* ❶ (*corporel*) physisch; *effort, fatigue* physisch, körperlich; *culture* Körper-; **éducation** ~ Turnen *nt;* **exercice** ~ sportliche Betätigung
❷ PHYS physikalisch; **sciences** ~**s** [die] Physik und [die] Chemie
❸ (*sensuel*) *amour* körperlich; *plaisir* körperlich, Sinnes-
❹ (*qui concerne la nature*) physisch
▶ **c'est** ~ jd kann nichts dafür
II. *m* ❶ (*aspect extérieur*) Äußere(s) *nt;* **avoir un beau** ~ gut aussehen
❷ (*constitution*) Physis *f* (*Fachspr.*); **grâce à son** ~ **robuste** dank seiner/ihrer robusten Natur
▶ **il/elle a le** ~ **de l'emploi** man sieht ihm/ihr seinen/ihren Beruf an; **il est boucher! – Eh bien, il a le** ~ **de l'emploi!** er ist Metzger! – So sieht er auch aus!; **avoir un** ~ das gewisse Etwas haben; **au** ~ physisch
III. *f* Physik *f*

physiquement [fizikmɑ̃] *adv* ❶ (*concernant le corps*) physisch, körperlich
❷ (*concernant l'apparence*) ~, **elle est assez jolie** sie ist eine hübsche Erscheinung; **être très bien** ~ gut aussehen
❸ (*sexuellement*) im sexuellen Bereich
❹ PHYS physikalisch

phytobiologie [fitobjɔlɔʒi] *f* Pflanzenbiologie *f*

phytogéographie [fitoʒeogʀafi] *f* Phytogeographie *f,* Geobotanik *f*

phytopathologie [fitopatɔlɔʒi] *f* Lehre *f* von den Pflanzenkrankheiten, Phytopathologie *f* (*Fachspr.*)

phytophage [fitofaʒ] *m* Pflanzenfresser *m*

phytoplancton [fitoplɑ̃ktɔ̃] *m* Phytoplankton *nt*

phytosanitaire [fitosanitɛʀ] *adj* **produit** ~ Pflanzenschutzmittel *nt*

phytotechnologie [fitotɛknɔlɔʒi] *f* Pflanzentechnologie *f*

phytothérapie [fitoteʀapi] *f* Pflanzenheilkunde *f*

pi [pi] *m a.* MATH *inv* Pi *nt*

piaf [pjaf] *m fam* Spatz *m*

piaffement [pjafmɑ̃] *m d'un cheval* [ungeduldiges] Stampfen [mit den Vorderhufen]

piaffer [pjafe] <1> *vi* ❶ *cheval:* [ungeduldig mit den Vorderhufen] stampfen
❷ (*s'agiter*) ~ **sur place** ungeduldig von einem Fuß auf den anderen treten

piaillard(e) [pjajaʀ, jaʀd] I. *adj fam moineau* piepsend; *enfant* plärrend; *femme* kreischend
II. *m(f) fam* Schreihals *m* (*fam*)

piaillement [pjajmɑ̃] *m d'un oiseau* Gepiep[s]e *nt; d'un enfant* Geplärr[e] *nt; d'une femme* Gekreisch[e] *nt*

piailler [pjaje] <1> *vi animal:* piep[s]en; *enfant:* plärren; *femme:* kreischen

piailleur, -euse [pjajœʀ, -jøz] *adj, v.* **piaillard**

pianissimo [pjanisimo] I. *adv* MUS pianissimo
II. *m* MUS Pianissimo *nt*

pianiste [pjanist] *mf* Pianist(in) *m(f),* Klavierspieler(in) *m(f)*

pianistique [pjanistik] *adj* Klavier-; *version* für Klavier

piano [pjano] I. *m* MUS Klavier *nt;* ~ **droit** Klavier; ~ **mécanique** automatisches Klavier, Pianola® *nt;* **jouer du** ~ Klavier spielen
▶ ~ **du pauvre** *fam* Schifferklavier *nt*
II. *adv* leise, piano; [**y**] **aller** ~ *fam* es langsam angehen; **vas-y** ~ immer mit der Ruhe (*fam*)
◆ ~ **à bretelles** *fam* Schifferklavier *nt;* ~ **à queue** Flügel *m*

piano-bar [pjanobaʀ] <pianos-bars> *m* Pianobar *f*

pianotage [pjanɔtaʒ] *m* [Klavier]geklimper *nt* (*fam*); (*sur un ordinateur*) Getippe *nt*

pianoter [pjanɔte] <1> *vi* ❶ (*jouer sans talent*) ~ **sur un piano** auf einem Klavier herumklimpern (*fam*)
❷ (*taper comme un débutant*) ~ **sur un ordinateur** an einem Rechner herumtippen; ~ **sur un minitel** an einem Btx-Termi-

nal herumspielen
❸ (*tapoter du bout des doigts*) ~ **sur la table/vitre** ungeduldig mit den Fingern auf den Tisch/gegen das Fenster trommeln

piastre [pjastʀ] *f* ❶ (*ancienne monnaie*) Piaster *m*
❷ CAN *fam* (*dollar*) Dollar *m*
❸ CAN *fig* (*argent*) Geld *nt,* Mammon *m* (*pej*)

piaule [pjol] *f fam* Bude *f* (*fam*)

piaulement [pjolmɑ̃] *m d'un poulet* Gepiep[s]e *nt,* Piep[s]en *nt; d'une poulie* Quietschen *nt; d'un chanteur* Gequäke *nt*

piauler [pjole] <1> *vi animal:* piep[s]en, quiek[s]en; *poulie, gond:* quietschen; *personne:* plärren

P.I.B. [peibe] *m abr de* **produit intérieur brut** B.I.P. *nt*

pic[1] [pik] *m* ❶ (*sommet*) Bergspitze *f*
❷ (*outil*) Spitzhacke *f;* (*piolet*) Eispickel *m*
❸ (*sur une courbe*) Hochpunkt *m*
► **tomber à** ~ gerade recht kommen; *personne:* wie gerufen kommen; **à** ~ steil; **couler à** ~ ganz plötzlich versinken

pic[2] [pik] *m* ORN Specht *m*

picador [pikadɔʀ] *m* Picador *m*

picaillon [pikajɔ̃] *m souvent pl fam* Zaster *m* (*fam*), Mäuse *Pl* (*fam*)

picard [pikaʀ] *m* **le** ~ Pikardisch, das Pikardische; *v. a.* **allemand**

picard(e) [pikaʀ, aʀd] *adj* pikardisch

Picard(e) [pikaʀ, aʀd] *m(f)* Pikarde *m*/Pikardin *f*

Picardie [pikaʀdi] *f* **la** ~ die Picardie, die Pikardie

picaresque [pikaʀɛsk] *adj* pikaresk; **roman** ~ Schelmenroman *m*

piccolo [pikɔlo] *m* MUS Pikkoloflöte *f*

pichenette [piʃnɛt] *f* Klaps *m,* Schnipser *m;* **repousser qc d'une** ~ etw wegschnippen; **faire une** ~ **sur l'oreille de qn** jdm ans Ohr schnipsen

pichet [piʃɛ] *m* kleiner Krug

pickpocket [pikpɔkɛt] *m* Taschendieb *m*

pick-up [pikœp] *m inv vieilli* (*électrophone*) Plattenspieler *m*

picoler [pikɔle] <1> *vi fam* picheln (*fam*), bechern (*fam*)

picolo [pikɔlo] *m v.* **piccolo**

picorer [pikɔʀe] <1> **I.** *vi* ❶ *animal:* picken
❷ (*grignoter*) *personne:* knabbern; ~ **dans son assiette** in seinem Essen herumstochern (*fam*)
II. *vt* ❶ *animal:* [auf]picken
❷ (*grignoter*) *personne:* knabbern; ~ **qc dans l'assiette de qn** ab und zu etw von jds Teller stibitzen (*fam*)

picoseconde [pikosəgɔ̃d] *f* Pikosekunde *f,* Picosekunde *f*

picot [piko] *m* ❶ (*marteau de carrier*) Spitzhammer *m*
❷ (*pic du maçon*) Keil *m* zum Verdichten
❸ *pl* (*filet de pêche*) Plattfischnetz *nt*
❹ (*paille*) Stroh *nt* [für Strohhüte]
❺ (*dans la dentelle*) Picot *m*
❻ TECH **entraînement par** ~**s** Stachelbandtransport *m*

picotement [pikɔtmɑ̃] *m* Kribbeln *nt;* (*dans les yeux*) Brennen *nt*

picoter [pikɔte] <1> *vt* ❶ **la fumée me picote les yeux** der Rauch brennt mir in den Augen; **le froid picote/les orties picotent la peau** die Kälte prickelt/die Brennnesseln brennen auf der Haut; **les herbes picotent les mollets** die Gräser kitzeln an den Waden; **ça me picote le nez** das kribbelt mir in der Nase
❷ (*picorer*) [auf]picken; ~ **qc** an etw (*Dat*) [herum]picken

picotin [pikɔtɛ̃] *m* **un** ~ **d'avoine** eine Haferration

picrate [pikʀat] *m fam* Fusel *m* (*fam*)

pictogramme [piktɔgʀam] *m* Piktogramm *nt*

pictographique [piktɔgʀafik] *adj* Bilder-

pictural(e) [piktyʀal, o] <-aux> *adj* malerisch; *qualités* Bild-

pic-vert [pivɛʀ] <pics-verts> *m* ZOOL Grünspecht *m*

pie[1] [pi] **I.** *f* ❶ ORN Elster *f*
❷ *fam* (*femme*) Quasselstrippe *f* (*fam*)
II. *adj inv* scheckig

pie[2] [pi] *adj* **une œuvre** ~ *littér* ein gutes Werk

Pie [pi] *m* ~ **XII** Pius XII., Pius der Zwölfte

pièce [pjɛs] *f* ❶ (*salle*) Zimmer *nt;* **un deux-/trois-**~**s** eine Zwei-/Dreizimmerwohnung
❷ (*monnaie*) Geldstück *nt,* Münze *f;* ~ **d'un euro/de deux euros** Eineuro-/Zweieurostück
❸ MUS, THEAT Stück *nt;* ~ **vocale/instrumentale** Vokal-/Instrumentalstück
❹ (*document*) Schriftstück *nt;* ~ **justificative** Beleg; **les** ~**s** Unterlagen *Pl;* **les** ~**s du procès** die Prozessakten; **juger sur** ~**s** nach Aktenlage entscheiden
❺ (*élément constitutif*) Teil *nt; d'une collection, d'un trousseau* Stück *nt; d'un puzzle* Teil; ECHECS Figur *f;* **belle** ~ Prachtexemplar *nt;* ~ **de mobilier** Möbelstück
❻ (*quantité*) Stück *nt;* **une** ~ **de viande** ein Stück Fleisch; ~ **de blé** Weizenfeld *nt*
❼ (*pour rapiécer*) Flicken *m*
❽ (*unité*) **acheter/vendre à la** ~ stückweise [*o* einzeln] kaufen/verkaufen
► **être fait(e) de** ~**s et de morceaux** zusammengeflickt sein (*fam*); ~ **détachée** Einzelteil *nt;* ~ **rapportée** *péj* Außenseiter(in) *m(f),* fünftes Rad am Wagen; **être tout d'une** ~ aus einem Stück gemacht sein; **c'est un homme tout d'une** ~ er ist geradeheraus (*fam*); **tout d'une** ~ (*avec raideur*) steif; **créer qc de toutes** ~**s** etw selbst zusammenbauen; **construire qc de toutes** ~**s** etw von A bis Z entwerfen; **reconstituer qc de toutes** ~**s** etw wieder vollständig zusammensetzen; **être inventé(e) de toutes** ~**s** von Anfang bis Ende erfunden sein; **donner la** ~ **à qn** *fam* jdm ein Trinkgeld geben; **mettre/tailler qn/qc en** ~**s** (*en morceaux*) jdn/etw kurz und klein schlagen; SPORT jdn vernichtend schlagen; **mettre/tailler une argumentation/théorie en** ~**s** eine Argumentation/Theorie in der Luft zerreißen (*fam*); ~ **à** ~ Stück für Stück; **aux** ~**s** Akkord-; **travailler aux** ~**s** im Akkord arbeiten
◆ ~ **d'archives** Archivdokument *nt;* ~ **d'artillerie** Artilleriegeschütz *nt;* ~ **de collection** Stück *nt* einer Sammlung; ~ **à conviction** Beweisstück *nt;* ~ **d'eau** Bassin *nt;* ~**s [en] euro** Euromünzen *Pl;* ~ **d'identité** [Personal]ausweis *m;* ~ **de monnaie** Geldstück *nt,* Münze *f;* ~ **de musée** Museumsstück *nt;* ~ **de rechange** Ersatzteil *nt;* ~ **de théâtre** Theaterstück *nt*

piécette [pjesɛt] *f* kleines Geldstück, kleine Münze

pied [pje] *m* ❶ ANAT Fuß *m; d'un cheval* Fuß, Huf *m; d'un chien* Fuß, Pfote *f; du gibier* Klaue *f;* ~ **bot** Klumpfuß; ~ **plat** Plattfuß; **à** ~ zu Fuß; **au** ~**!** bei Fuß!
❷ (*support*) Bein *nt; d'un lit, établi, microphone* Fuß *m*
❸ (*opp: tête*) *d'un lit* Fußende *nt*
❹ (*partie inférieure*) *d'une chaussette, d'un bas* Fuß *m*
❺ (*chaussure*) **le** ~ **gauche serre trop** der linke Schuh drückt
❻ (*base*) Fuß *m; d'un champignon* Stiel *m; d'une perpendiculaire* Basis *f;* **au** ~ **d'une colline/d'un mur** am Fuß eines Hügels/einer Mauer; **mettre qc au** ~ **de qc** etw unter etw (*Akk*) legen; **être [couché(e)] au** ~ **de qc** unter etw (*Dat*) liegen
❼ (*plant*) ~ **de salade/poireau** Salat-/Lauchpflanze *f;* ~ **de vigne** Rebstock *m*
❽ (*unité de mesure*) Fuß *m*
❾ POES Versfuß *m*
❿ (*pas*) **marcher d'un** ~ **léger** leichten Fußes gehen; **ils s'en vont/marchent du même** ~ sie gehen im Gleichschritt
► **de** ~ **en cap** von Kopf bis Fuß; **traiter qn sur un** ~ **d'égalité** jdn wie seinesgleichen behandeln; **avoir le** ~ **à l'étrier** auf dem richtigen Weg [zum Erfolg] sein; **mettre le** ~ **à l'étrier à qn** jdm in den Sattel helfen; **faire le** ~ **de grue** sich (*Dat*) die Beine in den Bauch stehen (*fam*); **faire qc au** ~ **de la lettre** etw genau wie vorgeschrieben tun; **prendre qc au** ~ **de la lettre** etw wörtlich nehmen; **mettre qn au** ~ **du mur** jdn zu

einer Entscheidung zwingen; **avoir bon ~ bon œil** noch sehr rüstig und gesund sein; **avoir/rouler le ~ au plancher** mit Bleifuß fahren (*fam*); **mettre les ~s dans le plat** ins Fettnäpfchen treten; **avoir les deux ~s dans le même sabot** [*o* **soulier**] etwas lahm sein; **mettre ~ à terre** absteigen; **vouloir être à cent ~s sous terre** vor Scham am liebsten im Boden versinken wollen; **avoir/garder les deux ~s sur terre** mit beiden Beinen fest auf der Erde stehen/bleiben; **des ~s à la tête** von Kopf bis Fuß; **avoir un ~ dans la tombe** mit einem Bein im Grab stehen; **partir du bon/mauvais ~** etw gut/schlecht anfangen; **se lever du ~ gauche** [*o* **du mauvais ~**] mit dem linken Fuß zuerst aufstehen; **vivre sur un grand ~** auf großem Fuß leben; **sauter à ~s joints sur l'occasion** die Gelegenheit beim Schopf packen; **faire un cours au ~ levé** unvorbereitet Unterricht halten; **faire un discours au ~ levé** aus dem Stegreif einen Vortrag halten; **remplacer qn au ~ levé** jdn plötzlich [*o* stante pede *fam*] ersetzen; **ils/elles sont sur le même ~** sie sind gleichberechtigt; **~s nus** barfuß; **à ~ sec** trockenen Fußes; **avoir ~** Boden unter den Füßen haben; **casser les ~s à qn** *fam* jdm auf die Nerven gehen (*fam*); **s'emmêler les ~s** straucheln; **être sur ~** wieder auf den Beinen sein; (*en alerte*) in Alarmbereitschaft sein; **[c'est] bien fait pour ses ~s** *fam* das geschieht ihm/ihr recht; **ça lui fait les ~s** *fam* das wird ihm/ihr eine Lehre sein; **fouler aux ~s** mit Füßen treten; **lâcher ~** [es] aufgeben; **lever le ~** (*s'enfuir*) sich aus dem Staub machen (*fam*); (*ralentir*) den Fuß vom Gas[pedal] nehmen; **marcher sur les ~s de qn** (*faire mal*) jdm auf den Fuß treten; (*embêter*) jdm ins Gehege kommen; **elle ne se laisse pas marcher sur les ~s** sie lässt sich (*Dat*) nicht auf der Nase herumtanzen (*fam*); **mettre/ne jamais mettre les ~s quelque part** einen Fuß irgendwohin setzen/etw nie betreten; **mettre qn à ~** jdn seiner Stellung entheben; **mettre un projet sur ~** ein Projekt auf die Beine stellen; **mettre une entreprise sur ~** ein Unternehmen aufbauen; **perdre ~** (*se noyer*) nicht mehr stehen können; (*être désemparé*) den Boden unter den Füßen verlieren; (*ne plus comprendre*) nicht mehr mitkommen (*fam*); **prendre/reprendre ~** [festen] Fuß/wieder [festen] Fuß fassen; **remettre qn/qc sur ~** jdn wieder auf die Beine bringen/etw wieder sanieren; **il/elle ne sait pas sur quel ~ danser** er/sie weiß nicht, was er/sie tun soll; **avec lui, on ne sait jamais sur quel ~ danser** bei ihm weiß man nie, woran man ist; **sortir de qc les ~s devant** etw tot verlassen; **traîner les ~s** trödeln; **combattre ~ à ~** um jeden Zentimeter kämpfen; **regagner du terrain ~ à ~** Zentimeter um Zentimeter zurückgewinnen; **défendre un projet ~ à ~** ein Projekt verbissen [*o* hartnäckig] verteidigen; **tomber** [*o* **se jeter**] **aux ~s de qn** sich jdm zu Füßen werfen; **se traîner** [*o* **ramper**] **aux ~s de qn** sich vor jdm niederwerfen

◆ **~ de col** [Kragen]bündchen *nt;* **~ à coulisse** Schublehre *f,* Schieblehre *f;* **~ de nez** lange Nase; **faire un ~ de nez à qn** jdm eine lange Nase drehen

pied-à-terre [pjetatɛʀ] *m inv* Zweitwohnung *f* **pied-d'alouette** [pjedalwɛt] <pieds-d'alouette> *m* BOT Rittersporn *m* **pied-de-biche** [pjedbiʃ] <pieds-de-biche> *m* ❶ (*outil*) Nagelzieher *m* ❷ COUT Nähfuß *m* **pied-de-mouton** [pjedmutɔ̃] <pieds-de-mouton> *m* Semmelpilz *m* **pied-de-poule** [pjedpul] **I.** *adj inv* mit Hahnentrittmuster *nt* **II.** <pieds-de-poule> *m* [Stoff *m* mit] Hahnentritt[muster *nt*] *m* **pied-de-veau** [pjedvo] <pieds-de-veau> *m* BOT Aron[s]stab *m* **pied-droit** [pjedʀwa] <pieds-droits> *m v.* **piédroit**

piédestal [pjedɛstal, o] <-aux> *m* Sockel *m*

▸ **descendre/tomber** [*o* **dégringoler**] **de son ~** vom Podest fallen; **faire tomber qn de son ~** jdn vom Sockel stoßen; **mettre** [*o* **placer**] **qn sur un ~** jdn aufs Podest heben

pied-noir [pjenwaʀ] <pieds-noirs> **I.** *mf fam* Algerienfranzose *m*/-französin *f*

II. *adj* der Algerienfranzosen

i Land & Leute

Pieds-noirs nennt man in Europa geborene Franzosen, die in Nordafrika, speziell in Algerien bis zu dessen Unabhängigkeit im Jahre 1962, gelebt haben und danach wieder nach Frankreich zurückgekehrt sind.

piédroit [pjedʀwa] *m* Widerlager *nt*

piège [pjɛʒ] *m* Falle *f;* **~ à souris** Mausefalle; **prendre un animal au ~** ein Tier mit der Falle fangen; **prendre qn au ~** jdn in eine Falle locken; **tendre un ~** eine Falle aufstellen; **tendre un ~ à qn** jdm eine Falle stellen; **tomber dans le/un ~** in die/eine Falle gehen

▸ **qc/c'est un ~ à cons** *fam* bei etw/dabei kann man ganz schön reinfallen (*fam*); **se prendre/être pris(e) à son propre ~** in die eigene Falle gehen/in der eigenen Falle sitzen

piégé(e) [pjeʒe] *adj colis* Sprengstoff-; **valise ~e** Koffer *m,* in dem eine Sprengladung [*o* Bombe] versteckt ist; **lettre ~e** Briefbombe *f;* **voiture ~e** Autobombe *f*

piégeage [pjeʒaʒ] *m* ❶ (*chasse avec des pièges*) Fangjagd *f*
❷ (*action de piéger*) Anbringen *nt* eines Sprengsatzes

piéger [pjeʒe] <2a, 5> *vt* ❶ (*attraper*) mit der Falle fangen *animal*
❷ (*tromper*) in die Falle locken *personne;* **se faire ~ par qn** jdm in die Falle gehen; **se laisser ~** sich in die Falle locken lassen; (*par de bonnes paroles*) sich einfangen lassen
❸ (*mettre un explosif*) **~ qc** eine versteckte Sprengladung [*o* eine Bombe] an etw (*Dat*) anbringen; **~ une lettre/un colis** eine Briefbombe/ein Sprengstoffpaket basteln
❹ MIL scharf machen

pie-grièche [pigʀijɛʃ] <pies-grièches> *f* ZOOL Würger *m* **pie-mère** [pimɛʀ] <pies-mères> *f* ANAT weiche Hirnhaut *f*

piémont [pjemɔ̃] *m* Piemont *nt*

piémontais(e) [pjemɔ̃tɛ, ɛz] *adj* piemontesisch, piemontisch

Piémontais(e) [pjemɔ̃tɛ, ɛz] *m(f)* Piemontese *m*/Piemontesin *f*

piéride [pjeʀid] *f* ZOOL Kohlweißling *m*

pierraille [pjeʀɑj] *f* ❶ *d'une plage* grober Kies; *d'une route* Schotter *m*
❷ (*étendue de pierres*) Geröllfeld *nt*

pierre [pjɛʀ] *f* ❶ Stein *m;* **en/de ~** Stein-, aus Stein; **~ ponce** Bimsstein; **de/en ~s sèches** aus Bruchstein; **~ à aiguiser** Wetzstein
❷ (*pierre précieuse*) [Edel]stein *m;* **~ fine** Halbedelstein
❸ *sans pl* (*immobilier*) **la ~** Immobilien *Pl*

▸ **être la ~ d'achoppement de qc** der Stein des Anstoßes einer S. (*Gen*) sein; **faire d'une ~ deux coups** zwei Fliegen mit einer Klappe schlagen (*fam*); **qc est une ~ dans mon/son jardin** etw ist auf mich/ihn/sie gemünzt; **être la ~ de touche de qc** der Prüfstein für etw sein; **être la ~ angulaire de qc** der Eckpfeiler einer S. (*Gen*) sein; **marquer qc d'une ~ blanche** etw rot [im Kalender] anstreichen; **dur(e) comme la ~** hart wie Stein; **~ funéraire** [*o* **tombale**] Grabstein *m;* **malheureux(-euse) comme les ~s** todunglücklich; **~ philosophale** Stein *m* der Weisen; **~ précieuse** Edelstein *m;* **poser la première ~ de qc** den Grundstein zu etw legen; **apporter sa ~ à qc** [auch] seinen Teil zu etw beitragen; **jeter la première ~ à qn** den ersten Stein auf jdn werfen; **~ à** [*o* **par**] **~** Stein für Stein; **de ~** steinern; **cœur de ~** Herz *nt* aus Stein; **visage de ~** versteinertes Gesicht; **regard de ~** eiskalter Blick

◆ **~ d'autel** Altarstein *m;* **~ de taille** Quaderstein *m*

Pierre [pjɛːʀ(ə)] *m* ❶ Peter *m*
❷ REL **Saint ~** Petrus

pierreries [pjɛʀʀi] *fpl* [geschliffene] Edelsteine, Juwelen *Pl*

pierreux, -euse [pjeʀø, -øz] *adj* ❶ (*couvert de pierres*) steinig
❷ (*qui ressemble à de la pierre*) steinartig; *poire* grobkörnig

pierrot [pjeʀo] *m* Pierrot *m*

pietà [pjeta] *f inv* Pieta *f,* Pietà *f*

piétaille [pjetɑj] *f* Fußvolk *nt*
piété [pjete] *f* ❶ REL Frömmigkeit *f*
❷ *littér (attachement)* Verehrung *f*
piètement [pjɛtmɑ̃] *m (d'un meuble)* Beine *Pl,* Füße *Pl*
piétinement [pjetinmɑ̃] *m* ❶ *des chevaux, soldats* Getrappel *nt; de la foule* Trampeln *nt; d'éléphants* Stampfen *nt; (dans la neige)* Stapfen *nt*
❷ *(stagnation)* Stillstand *m,* Stagnation *f*
piétiner [pjetine] <1> I. *vi* ❶ *(trépigner)* ~ **de colère** [*o* **rage**] wütend mit den Füßen aufstampfen; ~ **d'impatience** ungeduldig von einem Bein aufs andere treten
❷ *(avancer péniblement)* nur langsam [*o* kaum] von der Stelle kommen; ~ **sur place** auf der Stelle treten
❸ *(ne pas progresser)* keine Fortschritte machen
II. *vt* ❶ *(marcher sur)* feststampfen, festtreten *sol, neige;* zertrampeln *pelouse;* ~ **qc de rage** auf etw *(Dat)* herumtrampeln
❷ *(ne pas respecter)* mit Füßen treten
piétisme [pjetism] *m* Pietismus *m*
piétiste [pjetist] I. *adj* pietistisch
II. *mf* Pietist(in) *m(f)*
piéton(ne) [pjetɔ̃, ɔn] I. *adj zone* Fußgänger-; *rue* autofrei
II. *m(f)* Fußgänger(in) *m(f)*
piétonnier, -ière [pjetɔnje, -jɛʀ] *adj v.* **piéton I.**
piètre [pjɛtʀ] *adj antéposé littér* jämmerlich; *élève* miserabel; *résultat* kümmerlich, dürftig; *consolation* schwach; *excuse* dürftig, schwach
pieu [pjø] <x> *m* ❶ Pfahl *m*
❷ *pop (lit)* Falle *f (fam)*; **au ~!** ab in die Falle! *(fam)*
pieusement [pjøzmɑ̃] *adv* ❶ *(avec respect)* ehrfürchtig
❷ REL fromm
pieuter [pjøte] <1> I. *vi pop* pennen *(fam)*
II. *vpr pop* **se ~** sich in die Falle hauen *(fam)*
pieuvre [pjœvʀ] *f* ❶ ZOOL Tintenfisch *m,* Krake *f*
❷ *(personne)* Blutsauger *m*
pieux, -euse [pjø, -jøz] *adj* ❶ REL fromm
❷ *antéposé soutenu (respectueux) affection* liebevoll; *souvenir* ehrenvoll
piézoélectrique [pjezoelɛktʀik] *adj* piezoelektrisch
pif¹ [pif] *m fam* Riechkolben *m (hum fam)*
▸ **au ~** so nach Gefühl; **estimer qc au ~** etw über den Daumen peilen *(fam)*
pif² [pif] *interj* **~!** ~ [*o* **paf**]! *(bruit d'une gifle)* patsch!; *(bruit d'une détonation)* peng!
pif[f]er [pife] <1> *vt pop* **ne pas pouvoir ~ qn** jdn nicht riechen [*o* verknusen] können
pifomètre [pifɔmɛtʀ] *v.* **pif**
pige [piʒ] *f* ❶ *pl fam (année)* **avoir 40 ~s** [schon] 40 Jahre auf dem Buckel haben *(fam)*; **à 53 ~s, ...** mit 53, ... *(fam)*
❷ MEDIA **être payé(e) à la ~** ein Zeilenhonorar bekommen; **travailler à la ~** als freier Journalist/freie Journalistin arbeiten
pigeon [piʒɔ̃] *m* ❶ Taube *f;* **~ voyageur** Brieftaube
❷ *fam (dupe)* **être le ~ dans l'affaire** der/die Gelackmeierte sein *(fam)*; **cherchez un autre ~!** sucht euch einen anderen Dummen! *(fam)*
▸ **jouer à ~ vole** „alle Vögel [*o* Hände] fliegen hoch" spielen
pigeonnant(e) [piʒɔnɑ̃, ɑ̃t] *adj poitrine* üppig; **soutien-gorge ~** *tief ausgeschnittener Form-BH*
pigeonner [piʒɔne] <1> *vt fam* rupfen *(fam)*, ausnehmen *(fam)*; **se faire ~ par qn** sich von jdm anschmieren lassen *(fam)*
pigeonnier [piʒɔnje] *m* Taubenschlag *m*
piger [piʒe] <2a> *vt, vi fam* kapieren *(fam)*; **ne rien ~** nur Bahnhof verstehen *(fam)*
pigiste [piʒist] *mf* freier Journalist *m*/freie Journalistin *f*
pigment [pigmɑ̃] *m* Pigment *nt; (colorant)* Pigmentfarbstoff *m*
pigmentation [pigmɑ̃tasjɔ̃] *f de la peau* Pigmentierung *f*
pigmenter [pigmɑ̃te] <1> *vt* pigmentieren; **être pigmenté(e)** *peau:* pigmentiert sein
pignocher [piɲɔʃe] <1> I. *vi (chipoter)* ohne Appetit [*o* lustlos] essen
II. *vt (peindre minutieusement)* pinselig malen
pignon [piɲɔ̃] *m* ❶ ARCHIT Giebel *m*
❷ TECH *(roue dentée)* Zahnrad *nt; (petite roue)* Ritzel *nt*
❸ BOT, GASTR *(graine)* Pinienkern *m*
▸ **avoir ~ sur rue** *personne:* ein angesehener Geschäftsmann sein, ein gut gehendes Geschäft haben; *attitude méprisable:* sich ungeniert ausbreiten
pignouf [piɲuf] *m fam* ungehobelter Klotz *(fam)*
pilaf [pilaf] *app* **riz ~** Pilaw *m*
pilage [pilaʒ] *m* [Zer]stampfen *nt,* Zerstoßen *nt*
pilastre [pilastʀ] *m* Pilaster *m*
pile¹ [pil] *f* ❶ *(tas)* Stapel *m,* Stoß *m;* **une ~ d'assiettes** ein Stapel Teller; **une ~ de linge/de livres** ein Stapel [*o* Stoß] Wäsche/Bücher
❷ ELEC Batterie *f;* **~ solaire** Solarzelle *f;* **~ sèche** Trockenbatterie; **fonctionner à ~s** batteriebetrieben sein, mit [einer] Batterie laufen
❸ *(réacteur)* **~ atomique** Atomreaktor *m*
❹ MIDI *(évier)* Spüle *f*
pile² [pil] *adv* ❶ *(avec précision) arriver, [s']arrêter* genau, ganz pünktlich; *(brusquement) [s']arrêter* plötzlich, jäh; *(au bon moment) arriver* gerade richtig; **ça tombe ~!** das trifft sich gut!
❷ *(exactement)* **à dix heures ~** Punkt [*o* Schlag] zehn Uhr
▸ **~ poil** *fam* exakt, ganz genau; **il a mis 20 minutes ~ poil** er hat auf die Sekunde 20 Minuten gebraucht
pile³ [pil] *f* **le côté ~** die [Münz]vorderseite; **~ ou face?** Kopf oder Zahl?; **on va jouer ça à ~ ou face!** wir werfen eine Münze!
piler [pile] <1> I. *vt* zerstoßen, zerkleinern
II. *vi fam* voll auf die Bremse latschen *(fam)*; *voiture:* mit quietschenden Bremsen halten; **~ sec** eine Vollbremsung hinlegen *(fam)*
pileux, -euse [pilø, -øz] *adj* haarig, Haar-; **système ~** [Körper]behaarung *f*
pilier [pilje] *m* ❶ CONSTR Pfeiler *m*
❷ *(soutien)* Stütze *f,* Säule *f*
❸ RUGBY Stürmer *m* [der ersten Reihe]
◆ **~ de bistrot** [*o* **bar**] *fam* Kneipenstammgast *m*
pillage [pijaʒ] *m* Plünderung *f;* **livrer** [*o* **mettre**] **une ville au ~** eine Stadt völlig ausplündern
pillard(e) [pijaʀ, jaʀd] I. *adj nomades, soldats* plündernd; *oiseaux* diebisch
II. *m(f)* Plünderer *m*/Plünderin *f*
piller [pije] <1> *vt* ❶ *(mettre à sac)* [aus]plündern
❷ *(plagier)* **~ un auteur** bei einem Autor eine [geistige] Anleihe machen; **~ un vers chez qn** bei jdm einen Vers abschreiben
pilleur, -euse [pijœʀ, -jøz] *m, f* Plünderer *m*/Plünderin *f;* **~(-euse) d'églises** Kirchenplünderer *m*/Kirchenplünderin *f;* **~(-euse) d'épaves** Strandräuber(in) *m(f)*
pilon [pilɔ̃] *m* ❶ *(instrument)* Stößel *m;* PHARM Pistill *nt*
❷ *(jambe artificielle)* Holzbein *nt*
❸ GASTR [Hähnchen]keule *f*
▸ **mettre** [*o* **passer**] **un livre au ~** ein Buch einstampfen
pilonnage [pilɔnaʒ] *m (de l'aviation)* [pausenloses] Bombardieren; *(de l'artillerie)* Trommelfeuer *nt*
pilonner [pilɔne] <1> *vt* ❶ MIL unter [Trommel]feuer nehmen; *aviation, pilote:* pausenlos bombardieren
❷ *(écraser au pilon)* zerstampfen
pilori [pilɔʀi] *m* Pranger *m*
▸ **clouer** [*o* **mettre**] **qn/qc au ~** jdn/etw anprangern [*o* an den Pranger stellen]
pilosité [pilozite] *f* Behaarung *f,* Behaartheit *f*
pilotage [pilɔtaʒ] *m* Steuern *nt*
◆ **~ sans visibilité** Blindflug *m,* Instrumentenflug *m*
pilote [pilɔt] I. *adj* ❶ *(qui ouvre la voie)* [-]~ Modell-; *projet, essai*

Modell-, Pilot-
❷ (*expérimental*) [-]~ Versuchs-
❸ (*exemplaire*) [-]~ Muster-
❹ NAUT [-]~ *bateau, navire* Lotsen-
II. *mf* ❶ AVIAT Pilot(in) *m(f)*; AUT [Renn]fahrer(in) *m(f)*; NAUT Lotse *m*/Lotsin *f*
❷ (*guide*) Führer(in) *m(f)*
III. *m* ❶ (*dispositif*) ~ **automatique** Autopilot *m*
❷ INFORM Treiber *m*
◆ ~ **de course** Rennfahrer(in) *m(f)*; ~ **d'essai** Testpilot(in) *m(f)*; ~ **de ligne** Pilot(in) *m(f)* einer Verkehrsmaschine
piloter [pilɔte] <1> *vt* ❶ fliegen, steuern *avion;* lotsen *navire;* lenken *voiture*
❷ (*guider*) führen
❸ INFORM steuern
pilotis [pilɔti] *m* Pfahlwerk *nt;* **des maisons sur** ~ Pfahlbauten *Pl*
pilou [pilu] *m* TEXTIL *moltonartiger Baumwollstoff*
pilule [pilyl] *f* PHARM Pille *f;* **la** ~ die [Antibaby]pille (*fam*)
▸ **la** ~ **est dure à avaler** das ist eine bittere Pille (*fam*); **devoir** [*o* **être obligé(e) d'**] **avaler la** ~ in den sauren Apfel beißen müssen (*fam*)
pimbêche [pɛ̃bɛʃ] *f* eingebildete Pute (*fam*)
piment [pimɑ̃] *m* ❶ GASTR Peperoni *f;* ~ **doux** Paprika *m,* Paprikaschote *f*
❷ (*piquant*) Würze *f;* **donner du** ~ **à qc** einer S. (*Dat*) [eine gewisse] Würze geben; **trouver du** ~ **à qc** etw reizvoll finden
◆ ~ **en poudre** Cayennepfeffer *m*
pimenté(e) [pimɑ̃te] *adj* ❶ GASTR scharf gewürzt
❷ *fig anecdote, récit* pikant
pimenter [pimɑ̃te] <1> *vt* ❶ GASTR scharf würzen
❷ *fig* ~ **qc** einer S. (*Dat*) [eine gewisse] Würze verleihen
pimpant(e) [pɛ̃pɑ̃, ɑ̃t] *adj femme jugendfrisch und zugleich elegant,* schick; (*coquet*) *ville* schick
pimprenelle [pɛ̃pʀənɛl] *f* BOT Pimpinelle *f,* Pimpernell *m*
pin [pɛ̃] *m* Kiefer *f;* ~ **sylvestre** Föhre *f;* ~ **parasol** Schirmpinie *f*
pinacle [pinakl] ▸ **porter qn au** ~ jdn überschwänglich loben
pinaillage [pinajaʒ] *m fam* Kleinigkeitskrämerei *f*
pinailler [pinaje] <1> *vi fam* auf Kleinigkeiten herumreiten (*fam*); ~ **sur qc** an etw (*Dat*) herumkritteln (*pej*)
pinailleur, -euse [pinajœʀ, -jøz] **I.** *adj fam* pingelig (*fam*)
II. *m, f fam* (*pointilleux*) Kleinigkeitskrämer(in) *m(f)*; (*chicaneur*) Krittler(in) *m(f)* (*pej*)
pinard [pinaʀ] *m arg* Wein *m*
pinasse [pinas] *f* MIDI Pinasse *f*
pince [pɛ̃s] *f* ❶ TECH Zange *f;* ~ **coupante/universelle** Beiß-/Kombizange
❷ MED Pinzette *f*
❸ ZOOL Schere *f,* Zange *f*
❹ COUT Abnäher *m;* **pantalon à** ~**s** Bundfaltenhose *f*
❺ *fam* (*main*) Flosse *f* (*fam*); **serrer la** ~ **à qn** jdm die Flosse schütteln (*fam*)
❻ (*levier*) Stemmeisen *nt*
▸ **à** ~**s** *fam* zu Fuß
◆ ~ **à cheveux** Haarklemme *f;* ~ **à épiler** Pinzette *f;* ~ **à glace** Eisportionierer *m;* ~ **à linge** Wäscheklammer *f;* ~ **à ongles** Nagelknipser *m;* ~ **à sucre** Zuckerzange *f*
pincé(e) [pɛ̃se] *adj* ❶ (*hautain*) selbstgefällig; (*contraint*) steif; *sourire* gezwungen; (*mécontent*) *ton* spitz
❷ (*serré*) *nez, narines* schmal; *lèvres* zusammengekniffen, schmal
❸ MUS gezupft
pinceau [pɛ̃so] <x> *m* ❶ Pinsel *m*
❷ OPT ~ **lumineux** [*o* **de lumière**] Lichtbündel *nt*
▸ **se mélanger** [*o* **s'emmêler**] **les** ~**x** *fam* alles durcheinander bringen
pincée [pɛ̃se] *f* Prise *f;* **une** ~ **de sel/tabac** eine Prise Salz/Tabac
pince-fesses [pɛ̃sfɛs] *inv m fam* wilde Party *f,* Fummelparty *f* (*sl*)
pincement [pɛ̃smɑ̃] *m* ❶ *des lèvres, narines* Zusammenkneifen *nt*
❷ MUS Zupfen *nt*
❸ AGR *des branches, bourgeons* Abknipsen *nt*
▸ **avec un petit** ~ **au cœur** schweren Herzens; **qn a eu un petit** ~ **au cœur** es gab jdm einen kleinen Stich
pince-monseigneur [pɛ̃smɔ̃sɛɲœʀ] <pinces-monseigneur> *f* Brecheisen *nt* **pince-nez** [pɛ̃sne] <pince-nez> *m* Kneifer *m*
pincer [pɛ̃se] <2> **I.** *vt* ❶ *personne:* zwicken, kneifen; *crabe, écrevisse:* zwicken; ~ **la joue/le bras à qn** jdn in die Backe/den Arm kneifen; *crabe, écrevisse:* jdn in die Backe/den Arm zwicken
❷ (*serrer fortement*) zusammenkneifen *bouche;* aufeinander pressen *lèvres*
❸ *fam* (*arrêter*) schnappen (*fam*); **se faire** ~ **par qn** (*se faire prendre/arrêter*) von jdm erwischt/geschnappt werden (*fam*)
❹ MUS zupfen
❺ COUT abnähen, einen Abnäher/Abnäher machen an (+ *Dat*)
❻ AGR abknipsen, abschneiden *branches, bourgeons*
II. *vpr* ❶ (*se blesser*) **se** ~ sich quetschen; (*se serrer la peau*) sich zwicken; **se** ~ **le doigt** sich (*Dat*) den Finger quetschen [*o* einklemmen]
❷ (*boucher*) **se** ~ **le nez** sich die Nase zuhalten
III. *vi* ❶ (*serrer*) *animal:* zwicken; *outil:* greifen
❷ (*piquer*) *bise, froid:* beißend [*o* schneidend] sein
▸ **pince-moi, je rêve!** zwick' mich, ich glaub', ich träum'!; **en** ~ **pour qn** *fam* in jdn verknallt sein (*fam*)
pince-sans-rire [pɛ̃ssɑ̃ʀiʀ] **I.** *mf inv* **c'est un/une** ~ er/sie hat einen trockenen Humor
II. *adj inv air* unbewegt; *ton* trocken
pincette [pɛ̃sɛt] *f* ❶ Pinzette *f*
❷ *pl* (*longue pince*) Feuerzange *f*
▸ **ne pas être à prendre avec des** ~**s** *fam* mit Vorsicht zu genießen sein
pinçon [pɛ̃sɔ̃] *m* Quetschfleck *m*
pine [pin] *f vulg* Schwanz *m* (*fam*)
pinède [pinɛd] *f* Kiefernwald *m,* Pinienwald *m*
pingouin [pɛ̃gwɛ̃] *m* Pinguin *m;* (*oiseau arctique*) Alk *m*
ping-pong [piŋpɔ̃g] *m sans pl* Tischtennis *nt*
pingre [pɛ̃gʀ] **I.** *adj fam* knaus[e]rig (*fam*), knick[e]rig (*fam*)
II. *mf fam* Geizkragen *m* (*fam*)
pingrerie [pɛ̃gʀəʀi] *f fam* Knaus[e]rigkeit *f* (*fam*), Knick[e]rigkeit *f* (*fam*)
pinotte [pinɔt] *f* CAN *fam* (*cacahuète*) Erdnuss *f*
pin-pon [pɛ̃pɔ̃] *interj* tatütata
pin's [pins] *m inv* Anstecker *m,* Pin *m*
pinson [pɛ̃sɔ̃] *m* Buchfink *m*
▸ **gai(e) comme un** ~ quietschvergnügt (*fam*)
pintade [pɛ̃tad] *f* Perlhuhn *nt*
pintadeau [pɛ̃tado] <x> *m* junges Perlhuhn
pinte [pɛ̃t] *f* ❶ Pinte *f* (*0,9 Liter*), Pint *nt* (*englisches Hohlmaß*)
❷ CAN Pinte *f* (*1,136 Liter*)
❸ CH (*bistrot*) Kneipe *f*
pinter [pɛ̃te] <1> **I.** *vpr pop* **se** ~ [**la gueule**] sich voll laufen lassen (*fam*)
II. *vi pop* [sich voll] saufen (*fam*); **être pinté(e)** besoffen [*o* voll] sein (*fam*)
pin up [pinœp] *f inv* Pin-up-girl *nt*
pioche [pjɔʃ] *f* ❶ (*outil*) [Kreuz]hacke *f;* **à coups de** ~ mit einer Hacke
❷ JEUX (*tas de dominos*) Stoß *m;* (*tas de cartes*) [Karten]stock *m*
piocher [pjɔʃe] <1> **I.** *vt* ❶ (*creuser*) aufhacken
❷ *fam* (*étudier*) büffeln (*fam*)

P

❸ JEUX [aus dem Stoß] ziehen
❹ (*dénicher*) herausfischen, herauspicken (*fam*) *renseignement*
II. *vi* ❶ (*creuser*) hacken, mit der Hacke arbeiten
❷ *fam* (*étudier*) büffeln (*fam*)
❸ JEUX [eine Karte vom Stoß] ziehen [*o* aufnehmen]; (*prendre un domino*) [einen Dominostein aus dem Stoß] ziehen
❹ *fam* (*puiser*) ~ **dans ses économies** an seine Ersparnisse gehen
❺ (*chercher pour saisir, se servir*) ~ **dans le plat de hors-d'œuvre** sich aus der Vorspeisenplatte etwas herauspicken; ~ **dans une pile de livres** aus einem Stapel Bücher eines herausgreifen
piolet [pjɔlɛ] *m* Pickel *m*
pion [pjɔ̃] *m* JEUX Stein *m;* ECHECS Bauer *m*
► __damer__ **le ~ à qn** jdm den Rang ablaufen, jdn ausstechen
pion(**ne**) [pjɔ̃, pjɔn] *m(f)* SCOL *fam* Aufsichtführende(r) *f(m),* Aufpasser(in) *m(f)* (*pej*)
pioncer [pjɔ̃se] <2> *vi fam* pennen (*fam*)
pionnier, -ière [pjɔnje, -jɛʀ] **I.** *m, f* ❶ (*novateur*) *de la médecine, de l'aviation* Pionier(in) *m(f);* **être un ~ dans un domaine** ein Wegbereiter auf einem Gebiet sein
❷ (*défricheur*) Pionier(in) *m(f)*
II. *adj* bahnbrechend
pipe [pip] *f* Pfeife *f*
► __casser__ **sa ~** *fam* ins Gras beißen (*fam*); **se** __fendre__ **la ~** *fam* sich kaputtlachen (*fam*)
◆ **~ en terre** Tonpfeife *f*
pipeau [pipo] <x> *m* ❶ MUS Hirtenflöte *f*
❷ (*appeau*) Lockpfeife *f*
► **c'**__est__ **du ~** *fam* das ist doch [nur] leeres Gerede
pipelette [piplɛt] *f fam* Tratsche *f* (*pej fam*); **c'est une vraie ~!** der/die kann aber auch wirklich seinen/ihren Mund nicht halten!
pipeline [pajplajn, piplin] *m* Pipeline *f,* Rohrfernleitung *f*
piper [pipe] <1> **I.** *vi* **ne pas ~** keinen Ton sagen, den Mund nicht aufmachen (*fam*)
II. *vt* fälschen *dés;* zinken *cartes*
pipette [pipɛt] *f* Pipette *f*
pipi [pipi] *m fam enfantin* Pipi *nt* (*Kinderspr.*); **faire ~** Pipi machen
► **c'est du ~ de** __chat__ das ist ziemlich dürftig; (*en parlant d'une boisson*) das ist das reinste Spülwasser
pipi-room [pipiʀum] <pipi-rooms> *m hum fam* Klo *nt* (*fam*)
piquage [pikaʒ] *m* COUT Steppen *nt* [mit der Maschine], Maschinennähen *nt*
piquant [pikɑ̃] *m* ❶ (*épine*) Stachel *m; d'un rosier* Dorn *m*
❷ (*agrément*) **avoir du ~** *récit, livre:* seinen Reiz haben; **ne pas manquer de ~** seinen [besonderen] Reiz haben; **le ~ de l'histoire, c'est qu'il l'a cru** das Amüsante [*o* Witzige] an der Geschichte ist, dass er es geglaubt hat
piquant(**e**) [pikɑ̃, ɑ̃t] *adj* ❶ *joue, plante* stach[e]lig; *barbe* stach[e]lig, kratzig; *rose* dornig
❷ GASTR *moutarde, radis* scharf; *odeur* scharf, stechend; *goût, sauce* scharf, pikant
❸ (*mordant*) *air, bise, froid* schneidend
❹ *littér* (*croustillant*) *mot, remarque, allusion* spitz, bissig; *conversation, détail* anregend, pikant
❺ *littér* (*intéressant*) *beauté, personne* reizvoll, anziehend
pique [pik] **I.** *f* ❶ (*arme*) Pike *f,* Spieß *m; de picador* Lanze *f*
❷ (*parole blessante*) spitze Bemerkung; **envoyer** [*o* **lancer**] **une ~ à qn** jdm gegenüber eine spitze Bemerkung machen
II. *m* CARTES Pik *nt;* **valet de ~** Pikbube *m*
piqué [pike] *m* COUT Pikee *m*
► __en__ **~** AVIAT im Sturzflug
piqué(**e**) [pike] *adj* ❶ (*marqué de trous, de taches*) *bois* wurmstichig; *papier* stockfleckig; *glace* fleckig; **~(e) de moisissures/de rouille** schimmel-/rostfleckig; **~(e) de taches de rousseur** mit Sommersprossen übersät; **~(e) par la rouille/l'acide** voller Roststellen/von Säure zerfressen
❷ (*aigri*) **être ~(e)** *vin:* sauer [*o* umgeschlagen] sein; *aliments:* einen Stich haben (*fam*)
❸ *fam* (*fou*) bekloppt (*fam*); **être ~(e)** einen Stich haben (*fam*)
❹ MUS staccato [gespielt]
❺ COUT gesteppt, mit Steppstich [verziert]
pique-assiette [pikasjɛt] <pique-assiette[s]> *mf fam* Nassauer(in) *m(f)* (*fam*) **pique-feu** [pikfø] *m inv* Schürhaken *m* **pique-fleurs** [pikflœʀ] *m inv* Blumenstecker *m* **pique-nique** [piknik] <pique-niques> *m* Picknick *nt* **pique-niquer** [piknike] <1> *vi* [ein] Picknick machen **pique-niqueur, -euse** [piknikœʀ, -øz] <pique-niqueurs> *m, f* jemand, der ein Picknick macht
piquer [pike] <1> **I.** *vt* ❶ (*faire une piqûre*) *personne, guêpe, moustique:* stechen; *serpent, puce:* beißen
❷ (*vacciner*) **se faire ~/faire ~ qn contre une maladie** sich/jdn gegen eine Krankheit impfen lassen
❸ (*donner la mort*) einschläfern *animal*
❹ (*prendre, fixer avec un objet pointu*) aufspießen *olive*
❺ (*enfoncer par le bout*) **~ une aiguille dans qc** eine Nadel in etw (*Akk*) stechen
❻ (*picoter*) pik[s]en (*fam*); **~ la peau** auf der Haut kratzen; **~ la langue** auf der Zunge brennen; **~ les yeux/le visage** in den Augen/im Gesicht brennen
❼ GASTR einstechen; **~ qc d'ail** etw mit Knoblauch spicken
❽ COUT [mit der Nähmaschine] nähen, [ab]steppen
❾ (*exciter*) anspornen, anstacheln *amour-propre;* wecken *curiosité, intérêt*
❿ *fam* (*faire brusquement*) **~ un cent mètres** einen Spurt einlegen; **~ une colère/une crise** einen Wutanfall/Koller kriegen (*fam*); **~ une crise de larmes** in Tränen ausbrechen; **~ un fard** rot anlaufen; **~ un somme** [*o* **roupillon**]/**une tête** ein Nickerchen/einen Kopfsprung machen (*fam*)
⓫ *fam* (*voler*) klauen (*fam*)
⓬ *fam* (*arrêter*) schnappen (*fam*); (*attraper*) erwischen (*fam*)
⓭ MUS staccato spielen
II. *vi* ❶ (*faire une piqûre*) *moustique, aiguille:* stechen; *serpent, puce:* beißen
❷ (*descendre*) **~ sur** [*o* **vers**] **qc** auf etw (*Akk*) niederstürzen [*o* im Sturzflug niedergehen]
❸ (*se diriger*) **~ sur** [*o* **vers**] **qn/qc** schnurstracks auf jdn/etw zugehen [*o* zufahren] (*fam*), [geradewegs] auf jdn/etw zusteuern (*fam*)
❹ (*irriter un sens*) *fumée, ortie:* brennen; *moutarde, radis:* brennen, scharf sein; *barbe, pull:* kratzen; *froid, vent:* schneidend sein; *eau gazeuse:* prickeln
III. *vpr* ❶ (*se blesser*) **se ~ avec une aiguille/à un rosier** sich mit einer Nadel/an einem Rosenstock stechen; **se ~ avec des orties** sich [an Brennnesseln (*Dat*)] verbrennen
❷ (*se faire une injection*) **se ~** sich spritzen; *drogué:* spritzen (*sl*); **se ~ à qc** sich (*Dat*) etw spritzen [*o* injizieren]; *drogué:* etw spritzen (*sl*)
❸ (*se couvrir de taches*) **se ~** *linge, livre:* Stockflecken bekommen; *métal:* Rostflecken bekommen; *miroir:* fleckig werden
❹ (*s'aigrir*) **se ~** sauer werden, umschlagen
piquet [pikɛ] *m* (*pieu*) *de parc, jardin* Pflock *m;* SKI Torstange *f*
► __droit__(**e**) [*o* __raide__] **comme un ~** stocksteif (*fam*); **être/rester** __planté__(**e**) **comme un ~** *fam* wie angewurzelt dastehen/stehen bleiben; __aller__ **au ~** SCOL sich (*Akk*) in die Ecke stellen; __mettre__ **qn au ~** SCOL jdn in die Ecke stellen
◆ **~ de grève** Streikposten *m;* **~ d'incendie** Brandwache *f;* **~ de tente** Hering *m*
piquetage [piktaʒ] *m* Abstecken *nt* [mit Pflöcken]
piqueter [pikte] <3> *vt* ❶ (*jalonner*) [mit Pflöcken] abstecken
❷ (*moucheter*) *fleur, pelage:* **piqueté(e)** gesprenkelt; **des étoiles piquettent le ciel/le ciel est piqueté d'étoiles** der Himmel ist mit Sternen übersät

piquette [pikɛt] *f* ❶ *péj* (*mauvais vin*) Krätzer *m* (*pej*)
❷ *fam* (*défaite cuisante*) Schlappe *f* (*fam*)

piqueur [pikœʀ] *m* ❶ CHASSE Pikör *m*
❷ MIN Hauer *m*

piqueur, -euse [pikœʀ, -øz] **I.** *adj insecte* stechend
II. *m, f* COUT *de chaussures* Stepper(in) *m(f)*; *de vêtements* Näher(in) *m(f)*

piquouse [pikuz] *f fam* Spritze *f*; **se faire une ~** sich einen Schuss setzen (*sl*)

piqûre [pikyʀ] *f* ❶ (*blessure*) *d'épingle, de guêpe, moustique* Stich *m*; *de serpent* Biss *m*; *d'ortie* Quaddel *f*
❷ MED Spritze *f*, Injektion *f*; **faire une ~ à qn** jdm eine Spritze [*o* Injektion] geben
❸ (*tâche*) (*sur un miroir*) Fleck *m*; (*sur du papier*) Stockfleck; (*sur du métal*) [Rost]fleck
❹ (*petit trou*) Loch *nt*; **~ de ver** Wurmstich *m*
❺ COUT (*point*) Steppstich *m*; (*succession de points*) Steppnaht *f*

piranha [piʀana] *m* Piranha *m*

piratage [piʀataʒ] *m* Piraterie *f*; **~ informatique/industriel/de vidéocassettes** Software-/Produkt-/Videopiraterie

pirate [piʀat] **I.** *adj bateau, émetteur, radio* Piraten-; **édition/disque/enregistrement ~** Raubdruck *m*/Raubpressung *f*/Raubkopie *f*
II. *m* NAUT Seeräuber *m*
III. *mf* (*escroc*) Ausbeuter(in) *m(f)*, Halsabschneider(in) *m(f)* (*fam*)
◆ **~ de l'air** Luftpirat(in) *m(f)*; **~ de la route** Straßenräuber(in) *m(f)*

pirater [piʀate] <1> *vt* illegal kopieren, eine Raubkopie machen von *logiciel*; **~ une œuvre** einen Raubdruck von einem Werk machen; **être piraté(e)** *disquette, logiciel:* eine Raubkopie sein

piraterie [piʀatʀi] *f* ❶ Seeräuberei *f*
❷ (*escroquerie*) Wucherei *f*, Ausbeutung *f*

pire [piʀ] **I.** *adj comp, superl de* **mauvais** ❶ *comp* schlimmer; **rien de ~ que** nichts Schlimmeres als; **~ que ça** noch [*o* viel] schlimmer; **~ que tout** schlimmer, als man es sich vorstellen kann; **être ~ que jamais** schlimmer denn je [*o* schlimmer als je zuvor] sein; *situation politique:* noch nie so schlecht gewesen sein; **de ~ en ~** immer schlimmer
❷ *superl* (*le plus mauvais*) **le/la ~ élève** der schlechteste Schüler/die schlechteste Schülerin
II. *m* **le ~** das Schlimmste; **le ~ de tout, c'est que qn a fait qc** das Allerschlimmste [daran] ist, dass jd etw getan hat; **s'attendre au ~** mit dem Schlimmsten rechnen; **au ~** schlimmstenfalls

piriforme [piʀifɔʀm] *adj* birnenförmig

pirogue [piʀɔg] *f* Einbaum *m*

pirouette [piʀwɛt] *f* ❶ *d'un acrobate, danseur, cheval* Pirouette *f*
❷ (*volte-face*) Kehrtwendung *f*
▶ **répondre** [*o* **s'en tirer**] **par une ~** sich herausreden [*o* herauswinden]

pirouetter [piʀwete] <1> *vi* ❶ (*virevolter*) sich herumdrehen; *danseur, cheval, patineuse:* eine Pirouette ausführen [*o* drehen]
❷ (*tourner rapidement*) *objet:* schnell kreiseln

pis¹ [pi] *m* Euter *nt*

pis² [pi] **I.** *adj comp de* **mauvais** *inv littér* schlimmer; **~ que qc** schlimmer als etw
II. *adv comp de* **mal** *inv littér* **aller de mal en ~** immer schlechter gehen; **tant ~!** [na,] dann sollte es wohl nicht sein!; **tant ~ pour lui/elle** geschieht ihm/ihr recht, Pech für ihn/sie
III. *m littér* **le ~** das Schlimmste; **au ~ [aller]** schlimmstenfalls

pis-aller [pizale] *m inv* Notbehelf *m*

piscicole [pisikɔl] *adj* Fischzucht-

pisciculteur, -trice [pisikyltœʀ, -tʀis] *m, f* Fischzüchter(in) *m(f)*

pisciculture [pisikyltyʀ] *f* Fischzucht *f*

piscine [pisin] *f* Schwimmbad *nt*; (*privée*) Swimmingpool *m*; **~ couverte/en plein air** [*o* **découverte**] Hallenbad/Freibad
◆ **~ à vagues** Wellenbad *nt*

piscivore [pisivɔʀ] **I.** *adj* Fisch fressend
II. *m* Fischfresser *m*

pisé [pize] *m* CONSTR Piseebau *m*, Stampfbau *m*

pisse [pis] *f vulg* Pisse *f* (*sl*)

pisse-froid [pisfʀwa] *m inv fam* Trauerkloß *m* (*fam*)

pissenlit [pisɑ̃li] *m* Löwenzahn *m*
▶ **manger** [*o* **bouffer**] **les ~s par la racine** *fam* sich (*Dat*) die Radieschen von unten ansehen (*fam*)

pisser [pise] <1> **I.** *vi fam* ❶ pinkeln (*fam*)
❷ (*avoir une fuite*) *tonneau, tuyau:* lecken
❸ (*se moquer de qc*) **~ sur les principes** auf die Prinzipien pfeifen
▶ **ça [ne] pisse pas loin** das ist nicht gerade doll (*fam*); **c'est à ~ de rire/dans sa culotte** das ist zum Kaputtlachen (*fam*); **laisser ~ [le mérinos]** abwarten und Tee trinken (*fam*); **laisse ~!** vergiss es! (*fam*)
II. *vt fam* **~ du sang** Blut pinkeln (*fam*); **le seau/tuyau pisse l'eau** aus dem Eimer/Schlauch spritzt Wasser heraus; **son nez pisse le sang** aus seiner/ihrer Nase quillt Blut heraus

pisseur, -euse [pisœʀ, -øz] *m, f fam* Pisser(in) *m(f)* (*sl*)
◆ **~ de copie** Schreiberling *m* (*fam*)

pisseuse [pisøz] *f péj pop* (*femme*) [blöde] Zicke (*fam*)

pisseux, -euse [pisø, -øz] *adj* ❶ *fam* (*imprégné d'urine*) verpinkelt (*fam*)
❷ (*terne*) vergilbt

pisse-vinaigre [pisvinɛgʀ] *mf inv fam* Miesmacher(in) *m(f)* (*fam*)

pissotière [pisɔtjɛʀ] *f fam* Pissoir *nt*, Pinkelbude *f* (*fam*)

pistache [pistaʃ] **I.** *f* Pistazie *f*
II. *adj inv* lindgrün
III. *app inv* lindgrün

pistachier [pistaʃje] *m* (*arbre*) Pistazie *f*

pistage [pistaʒ] *m* Verfolgen *nt*

pistard(e) [pistaʀ, aʀd] *m(f)* CYCLISME Bahnfahrer(in) *m(f)*

piste [pist] *f* ❶ (*trace*) *d'un cambrioleur, suspect* Spur *f*; *d'un animal* Spur, Fährte *f*; **jeu de ~** Schnitzeljagd *f*; **brouiller les ~s** die Spuren verwischen; **être sur la ~ de qn/d'un animal** jdm/einem Tier auf der Spur sein; **se lancer sur la ~ de qn/qc/d'un animal** jds Spur/die Spur einer S. (*Gen*)/eines Tieres aufnehmen
❷ (*indice*) Indiz *nt*, Hinweis *m*
❸ AVIAT Rollbahn *f*; TRANSP Weg *m*; SKI Piste *f*; **~ d'atterrissage/de décollage** Lande-/Startbahn; **~ cyclable/cavalière** Rad-/Reitweg; **~ de ski de fond** [Langlauf]loipe *f*
❹ (*grand ovale*) (*à l'hippodrome*) [Renn]bahn *f*; (*au vélodrome, circuit automobile*) [Renn]bahn, [Renn]piste; **cyclisme/épreuve sur ~** Bahnrennen *nt*
❺ (*espace*) (*pour le patinage*) Eisbahn *f*; (*pour la danse*) Tanzfläche *f*; (*au cirque*) Manege *f*
❻ (*chemin*) (*dans le désert*) Piste *f*; (*à la montagne*) Pfad *m*
❼ AUDIOV Spur *f*
▶ **entrer en ~** in Aktion treten
◆ **~ d'essai** Teststrecke *f*

pister [piste] <1> *vt* **~ qn/un animal** jds Spur/die Spur eines Tieres verfolgen

pisteur, -euse [pistœʀ, -øz] *m, f* Pistenwart *m*

pistil [pistil] *m* BOT Stempel *m*, Fruchtknoten *m*

pistolet [pistɔlɛ] *m* ❶ (*arme*) Pistole *f*
❷ (*pulvérisateur*) Spritzpistole *f*
❸ BELG (*petit pain*) Brötchen *nt*
❹ (*individu bizarre*) **un drôle de ~** ein komischer Kauz
◆ **~ d'alarme** Schreckschusspistole *f*; **~ à eau** Wasserpistole *f*

pistolet-mitrailleur [pistɔlɛmitʀajœʀ] <pistolets-mitrailleurs> *m* Maschinenpistole *f*

piston [pistɔ̃] *m* ❶ TECH Kolben *m*
❷ *fam* (*favoritisme*) Beziehungen *Pl*, Vitamin *nt* B (*fam*); **obtenir** [*o* **avoir**] **qc par** ~ *fam* etw durch/über Beziehungen bekommen
❸ MUS (*pièce mobile*) Ventil *nt;* (*instrument*) Kornett *nt*
pistonner [pistɔne] <1> *vt fam* ~ **qn** für jdn seine Beziehungen spielen lassen; **se faire** ~ [**par qn**] von jds Beziehungen profitieren; **il s'est fait** ~ **par son oncle pour ce poste** sein Onkel hat ihm diese Stelle über Beziehungen verschafft
pistou [pistu] *m* **soupe au** ~ *Gemüsesuppe mit Basilikum und Knoblauch*
pita [pita] *m* GASTR Pita *nt;* **pain** ~ Fladenbrot *nt*
pitchoun(e) [pitʃun] *m(f)* MIDI *fam* Kleine(r) *f(m)*
piteusement [pitøzmɑ̃] *adj* jämmerlich, kläglich
piteux, -euse [pitø, -øz] *adj air, apparence* erbärmlich; *état* erbärmlich, jämmerlich; *résultat* kläglich, kümmerlich
pithécanthrope [pitekɑ̃tʀɔp] *m* ARCHEOL Pithekanthropus *m*
pithiviers [pitivje] *m mit Marzipan gefüllter Blätterteigkuchen*
pitié [pitje] *f* ❶ (*compassion*) Mitleid *nt*, Mitgefühl *nt;* (*miséricorde*) Erbarmen *nt;* **par** ~ aus Mitleid; **sans** ~ *agir, combattre* erbarmungslos; **être sans** ~ kein Mitleid haben, kein Erbarmen kennen; **avoir/prendre** ~ **de qn** mit jdm Mitleid haben/bekommen; **Seigneur, prends** ~ **de nous!** Herr erbarme dich unser!; **faire** ~ **à qn** jds Mitleid erwecken; *péj* jdm nur Leid tun können, jdm direkt Leid tun; **prendre qn/qc en** ~ jdn bemitleiden/Anteil an etw (*Dat*) nehmen
❷ (*commisération accompagnée de mépris*) **quelle** ~**!** welch ein Jammer!; *péj* wie erbärmlich [*o* jämmerlich]!
piton [pitɔ̃] *m* ❶ [Schraub]haken *m;* ALPIN [Kletter]haken
❷ GEOG Bergspitze *f*
❸ CAN (*bouton*) [Dreh]knopf *m*, Schalter *m*
❹ CAN (*touche*) *d'un ordinateur, téléphone, d'une télécommande* Taste *f*
pitonnage [pitɔnaʒ] *m* CAN *fam* (*zapping*) Zappen *nt* (*fam*)
pitonner [pitɔne] *vi* ❶ ALPIN Kletterhaken anbringen
❷ CAN (*tapoter sur des touches*) tippen
❸ CAN (*zapper*) zappen (*fam*)
pitoyable [pitwajabl] *adj* ❶ (*qui inspire la pitié*) *aspect, état* Mitleid erregend, erbarmenswert; *état, personne* bemitleidenswert
❷ (*piteux*) erbärmlich, jämmerlich; *niveau de vie, résultat* kläglich
pitoyablement [pitwajabləmɑ̃] *adv* miserabel, erbärmlich
pitre [pitʀ] *m* Hanswurst *m* (*hum*); **faire le** ~ den Hanswurst spielen
pitrerie [pitʀəʀi] *f souvent pl* Albernheiten *Pl;* **faire des** ~**s** Faxen [*o* Blödsinn] machen
pittoresque [pitɔʀɛsk] **I.** *adj* ❶ *paysage, quartier* malerisch, pittoresk
❷ (*imagé*) bildhaft; *expression* bildhaft, plastisch; *récit, détails, description* anschaulich; *personnage* originell
II. *m* **le** ~ **de qn** das Originelle an einem Menschen, jds Originalität *f;* **le** ~ **d'un récit** die Anschaulichkeit einer Erzählung
pive [piv] *f* BOT CH (*fruit des conifères*) Zapfen *m*
pivert [pivɛʀ] *m* Grünspecht *m*
pivoine [pivwan] *f* Pfingstrose *f*
▸ **rouge comme une** ~ rot wie eine Tomate (*fam*)
pivot [pivo] *m* ❶ TECH [Dreh]zapfen *m*, Bolzen *m; d'une boussole* Pinne *f;* **dent sur** [*o* **à**] ~ Stiftzahn *m*
❷ (*agent principal*) *d'une entreprise* Dreh- und Angelpunkt *m*
pivotant(e) [pivɔtɑ̃, ɑ̃t] *adj* Dreh-
pivoter [pivɔte] <1> *vi* ~ **sur qc** sich um etw drehen; **faire** ~ **qc** etw kreisen lassen
pixel [piksɛl] *m* Pixel *nt*
pizza [pidza] *f* Pizza *f*
pizzeria [pidzeʀja] *f* Pizzeria *f*
pizzicato [pidzikato] <pizzicati> *m* Pizzikato *nt*
P.J. [peʒi] *f abr de* **Police judiciaire** (*fam*) Kripo *f* (*fam*)

placage [plakaʒ] *m* ❶ (*revêtement*) *de marbre, bois* Verkleidung *f;* (*pour meubles*) Furnier *nt*
❷ SPORT *v.* **plaquage**
placard [plakaʀ] *m* ❶ (*armoire*) Wandschrank *m*, Einbauschrank *m*
❷ (*affiche*) Plakat *nt;* ~ **publicitaire** (*affiche*) Werbeplakat *nt;* (*dans un journal*) große Werbeannonce
❸ TYP Korrekturfahne *f*
▸ **mettre qn/qc au** ~ *fam* jdn/etw in der Versenkung verschwinden lassen (*fam*)
◆ ~ **à balais** Besenkammer *f*
placarder [plakaʀde] <1> *vt* anschlagen; **être placardé(e) de qc** mit etw vollgeklebt sein
place [plas] *f* ❶ (*lieu public*) Platz *m;* ~ **de l'église/du marché** Kirch-/Marktplatz; **sur la** ~ **publique** in aller Öffentlichkeit
❷ (*endroit approprié*) Platz *m*, Ort *m;* **à la** ~ **de qc** an Stelle einer S. (*Gen*); **sur** ~ an Ort und Stelle, vor Ort; **être à sa** ~ an seinem [*o* am gewohnten] Platz sein; **être à sa** ~ am richtigen Platz sein; **être en** ~ (*installé*) auf [*o* an] seinem Platz sein; (*en fonction*) im Amt sein; **mettre les meubles/une machine en** ~ die Möbel aufstellen/eine Maschine installieren; **se mettre en** ~ *organisation:* eingerichtet [*o* aufgebaut] werden; *régime politique:* an die Macht kommen; **se mettre à la** ~ **de qn** sich in jds Lage (*Akk*) versetzen
❸ (*endroit quelconque*) Platz *m*, Stelle *f;* **être/rester cloué(e) sur** ~ wie angewurzelt dastehen/wie angewurzelt stehen bleiben; **prendre la** ~ **de qc** etw ersetzen [*o* ablösen]; **ne pas rester** [*o* **tenir**] **en** ~ nicht stillsitzen [*o* ruhig bleiben] können
❹ (*espace*) Platz *m;* **tenir/prendre de la** ~ [viel] Platz einnehmen [*o* wegnehmen]; **gagner de la** ~ Platz gewinnen
❺ (*emplacement réservé*) Platz *m;* ~ **assise/debout** Sitz-/Stehplatz; **prendre la** ~ **de qn** jds Platz einnehmen, jdn ersetzen; **y a-t-il encore une** ~ [**de**] **libre?** ist noch ein Platz frei?
❻ (*billet*) Karte *f;* ~ **de cinéma/concert** Kino-/Konzertkarte; **louer des** ~**s** Plätze reservieren
❼ SCOL, SPORT Platz *m;* **en** ~**!** auf die Plätze!; **être/figurer en bonne** ~ **pour faire qc** gut platziert sein um etw zu tun; **laisser qn sur** ~ jdn hinter sich (*Dat*) lassen
❽ (*emploi*) Stelle *f*
❾ MIL (*ville de garnison*) Garnison *f;* ~ **forte** Festung *f*
❿ BOURSE Börsenplatz *m*
▸ **une** ~ **pour chaque chose et chaque chose à sa** ~ *prov* Ordnung muss sein; **avoir/obtenir sa** ~ **au soleil** ihren/seinen Platz an der Sonne haben/erwerben; **les** ~**s sont chères** *fam* die Konkurrenz schläft nicht (*fam*); **faire** ~ **nette** gründlich aufräumen; **faire** ~ **à qn/qc** jdm/einer S. weichen; **remettre qn à sa** ~ jdn in seine Schranken weisen
◆ ~ **d'armes** MIL Exerzierplatz *m;* ~ **du mort** Beifahrersitz *m;* ~ **de stationnement** [einzelner] Parkplatz
placé(e) [plase] *adj* ❶ **être bien/mal** ~**(e)** *objet:* gut/nicht gut stehen, einen guten [*o* günstigen]/schlechten [*o* ungünstigen] Standort [*o* Platz] haben; *terrain:* eine gute [*o* günstige]/schlechte [*o* ungünstige] Lage haben; *spectateurs:* einen guten/schlechten Platz haben; **c'est de la fierté mal** ~**e!** Stolz ist hier [wirklich] fehl am Platz [*o* nicht angebracht]!; **être** ~**(e) dans un parc** sich in einem Park befinden; **être bien/mal** ~**(e) pour répondre** in der Lage/nicht in der Lage sein zu antworten; **être bien/mal** ~**(e) pour se plaindre** allen Grund/keinen Grund haben zu klagen; **tu es mal** ~**(e) pour me faire des reproches!** du hast kein Recht mir Vorwürfe zu machen!; **me voilà** ~**(e) dans une position délicate** jetzt bin ich in einer peinlichen Lage
❷ SPORT plaziert; **être bien/mal** ~**(e)** gut/schlecht platziert sein; **jouer** ~ auf Platz setzen
❸ (*dans une situation*) **être haut** ~**(e)** in hoher [*o* einflussreicher] Stellung sein; **personnage haut** ~ hoch gestellte Persön-

lichkeit

placebo [plasebo] *m* Placebo *nt*

placement [plasmɑ̃] *m* ❶ [Geld]anlage *f*, Kapitalanlage; **faire un ~ obligataire/en actions** sein Geld in Obligationen/in Wertpapieren anlegen
❷ MED Unterbringung *f*, Einweisung *f*
❸ (*embauche*) Vermittlung *f*
❹ BELG (*action de placer*) Platzieren *nt*, Platzierung *f*
◆ ~ **de père de famille** mündelsichere Anlage; ~ **de produit** Product-Placement *nt*

placenta [plasɛ̃ta] *m* Plazenta *f*

placer [plase] <2> **I.** *vt* ❶ (*mettre*) ~ **qc sur l'étagère** (*verticalement/à plat*) etw auf das Regal stellen/legen; ~ **un satellite sur** [*o* **en**] **orbite** einen Satelliten in die Umlaufbahn bringen; ~ **qn dans une situation délicate** jdn in eine heikle Lage bringen
❷ (*installer*) aufstellen *sentinelle*; ~ **les spectateurs/les invités** den Zuschauern die Plätze anweisen/den Gästen ihren Platz zuweisen; ~ **un enfant dans une famille d'acceuil** ein Kind bei einer Pflegefamilie unterbringen
❸ (*situer*) ~ **l'action du roman à Nantes** die Handlung des Romans nach Nantes verlegen; ~ **Madrid en Italie** [irrtümlich] denken, Madrid liege in Italien
❹ (*introduire*) anbringen *anecdote, remarque*; ~ **une idée dans qc** einen Gedanken in etw (*Akk*) einflechten [*o* einfügen]; **ne pas pouvoir ~ un mot** [*o* **ne pas arriver à en ~ une**] nicht zu Wort kommen
❺ (*mettre dans une situation professionnelle*) ~ **un ami dans une entreprise comme qc** einen Freund in einem Unternehmen als etw unterbringen; **être placé(e) sous l'autorité** [*o* **la direction**] [*o* **les ordres**] **de qn** jdm unterstellt sein, jdm unterstehen
❻ FIN anlegen *argent, capitaux, économies*; ~ **qc en actions** etw in Aktien (*Dat*) anlegen
II. *vpr* ❶ (*s'installer*) **se ~** sich irgendwohin setzen, irgendwo Platz nehmen; (*debout*) sich irgendwohin stellen
❷ (*se situer*) **se ~ dans le cas où ...** den Fall annehmen, dass ...; **se ~ sous la protection de qn** sich unter jds Schutz (*Akk*) stellen; **si je me place dans cette perspective** wenn ich es von diesem Standpunkt aus betrachte
❸ (*avoir sa place désignée*) **se ~ devant/à côté de qc** *meuble, objet, obstacle:* seinen Platz vor/neben etw (*Dat*) haben; **se ~ dans le cadre de qc** *démarche/intervention:* im Zusammenhang mit etw stehen
❹ (*prendre un certain rang*) **se ~ deuxième** den zweiten Platz belegen
❺ (*occuper le poste de*) **se ~ dans une entreprise comme qc** in einem Unternehmen eine Stelle [*o* Anstellung] als etw finden

placeur, -euse [plasœʀ, -øz] *m, f* Platzanweiser(in) *m(f)*

placide [plasid] *adj attitude, comportement* ruhig, gelassen; *regard, personne* sanft; *personne* sanftmütig

placidement [plasidmɑ̃] *adv* ruhig, gelassen

placidité [plasidite] *f* [innere] Ruhe, Gelassenheit *f*, Sanftmut *f*

placier, -ière [plasje, -jɛʀ] *m, f* ❶ (*d'un marché*) Marktmeister(in) *m(f)*
❷ (*représentant*) Vertreter(in) *m(f)*

placoplâtre® [plako(plɑtʀ)] *m* Rigips® *m*, Gipskartonplatte *f*

plafond [plafɔ̃] **I.** *m* ❶ Decke *f*; **faux ~** eingezogene Decke
❷ (*limite supérieure*) Obergrenze *f*; (*somme d'argent*) Höchstbetrag *m*
❸ METEO ~ **nuageux** Wolkendecke *f*
▶ **crever le ~** das Limit überschreiten; **sauter au ~** *fam* [bis] an die Decke springen (*fam*)
II. *app* **prix/vitesse ~** Höchstpreis/-geschwindigkeit; **cours ~ d'une monnaie** oberer Interventionskurs [einer Währung]

plafonné(e) [plafɔne] *adj somme* nach oben hin begrenzt, mit festgesetzter Höchstgrenze; *salaire* höchstbeitragspflichtig

plafonnement [plafɔnmɑ̃] *m* Festsetzung *f* einer Höchstgrenze

plafonner [plafɔne] <1> **I.** *vi* (*atteindre son maximum*) *écolier:* seine bestmögliche Leistung erreicht haben [und stagnieren]; *salaire, ventes:* die Höchstgrenze erreicht haben, nicht weiter ansteigen
II. *vt* ❶ CONSTR eine Decke in etw (*Dat*) einziehen
❷ FIN eine Höchstgrenze festsetzen für, nach oben hin begrenzen

plafonnier [plafɔnje] *m* Deckenleuchte *f*

plage [plaʒ] *f* ❶ Strand *m*; **les ~s de la Seine** die Strandufer der Seine *Pl*; ~ **de galets/sable** Kiesel-/Sandstrand; **robe/serviette de ~** Strandkleid *nt*/Badelaken *nt*; **sur la ~** am Strand; **être/aller à la ~** am Strand sein/an den Strand gehen
❷ (*station balnéaire*) Badeort *m*, Seebad *nt*
❸ IND (*laps de temps*) Zeitspanne *f*; ~ **fixe/variable** Kern-/Gleitzeit *f*
❹ AUDIOV ~ **horaire** Sendezeit *f*; ~ **musicale** Musiksendung *f*
❺ (*fourchette, gamme*) Spanne *f*; ~ **de prix** Preisspanne
❻ AUDIOV Spur *f*, [Ton]rille *f*
❼ AUT ~ **arrière** Heckablage *f*

plagiaire [plaʒjɛʀ] *mf* Plagiator(in) *m(f)*

plagiat [plaʒja] *m* Plagiat *nt*

plagier [plaʒje] <1a> *vt* plagiieren

plagiste [plaʒist] *mf* Strandpächter(in) *m(f)*

plaid [plɛd] *m* [Reise]decke *f*, Plaid *nt*

plaidant(e) [plɛdɑ̃, ɑ̃t] *adj* **avocat(e) ~(e)** prozessführender Anwalt *m*/prozessführende Anwältin *f*

plaider [plede] <1> **I.** *vt* ❶ JUR ~ **la cause de qn** ein Plädoyer für jdn halten; **être plaidé(e)** *cause:* verhandelt werden
❷ JUR (*faire valoir*) [als Grund] vorbringen, sich berufen auf *irresponsabilité, incompétence*; ~ **coupable/non-coupable** auf [*o* für] schuldig/nicht schuldig plädieren; ~ **que l'accusé est très jeune** geltend machen, dass der Angeklagte noch sehr jung ist
II. *vi* ❶ JUR (*faire une plaidoirie*) *avocat:* plädieren, ein Plädoyer halten; ~ **pour/contre qn** sich in seinem Plädoyer für/gegen jdn aussprechen
❷ JUR (*intenter un procès*) ~ **contre qn** gegen jdn prozessieren
❸ (*appuyer*) ~ **pour** [*o* **en faveur de**] **son fils/pour le tarif auprès de qn** bei jdm für seinen/ihren Sohn/den Tarif eintreten/für den Tarif plädieren; ~ **contre qn/qc** sich gegen jdn/etw aussprechen
❹ (*être à l'avantage*) ~ **pour** [*o* **en faveur de**] **qn** *passé:* für jdn [*o* zu jds Gunsten] sprechen

plaideur, -euse [plɛdœʀ, -øz] *m, f* prozessführende Partei; **les ~s** die Prozessgegner *Pl*, die prozessführenden Parteien

plaidoirie [plɛdwaʀi] *f* ❶ JUR Plädoyer *nt*
❷ (*défense*) Plädoyer *nt*; ~ **pour** [*o* **en faveur de**] **qn/qc** Verteidigungsrede *f* zu jds Gunsten/zu Gunsten einer S. (*Gen*)

plaidoyer [plɛdwaje] *m* Verteidigungsrede *f*
◆ ~ **pro domo** Plädoyer *nt* in eigener Sache

plaie [plɛ] *f* ❶ (*blessure*) Wunde *f*
❷ (*souffrance morale*) Schmerz *m*, Wunde *f* (*geh*); **rouvrir une ~** alte Wunden aufreißen
❸ (*malheur*) Plage *f*; **les dix ~s d'Égypte** die zehn ägyptischen Plagen; **quelle ~!** *fam* wie ärgerlich!
❹ *fam* (*personne*) Plagegeist *m* (*fam*), Nervensäge *f* (*fam*)
▶ ~ **d'argent n'est pas mortelle** *prov* Geld ist nicht alles; **panser ses ~s** seine Wunden lecken

plaignant(e) [plɛɲɑ̃, ɑ̃t] **I.** *adj* klagend
II. *m(f)* Kläger(in) *m(f)*

plain-chant [plɛ̃ʃɑ̃] <plains-chants> *m* REL gregorianischer Gesang *m*

plaindre [plɛ̃dʀ] <*irr*> **I.** *vt* (*s'apitoyer sur*) bedauern *personne*; **je te plains vraiment/sincèrement** du tust mir richtig/aufrichtig Leid; **être bien/ne pas être à ~** wirklich zu bedauern

P

sein/sich nicht beklagen können
II. *vpr* ❶ (*se lamenter*) **se ~ de qc** [über etw (*Akk*)] klagen; **se ~ tout le temps** immer am Jammern sein
❷ (*protester*) **se ~ de qn/qc à l'arbitre** sich beim Schiedsrichter über jdn/etw beklagen [*o* beschweren]

plaine [plɛn] *f* Ebene *f*, Flachland *nt*

plain-pied [plɛ̃pje] *m* ❶ (*au même niveau*) **être de ~** ebenerdig liegen
❷ (*de même origine*) **être/se sentir de ~ avec qn** jdm ebenbürtig sein/sich jdm ebenbürtig fühlen; **traiter de ~ avec qn** jdn wie seinesgleichen behandeln
❸ (*sans difficulté*) **entrer de ~ dans le sujet** ohne Umschweife auf etw (*Akk*) zu sprechen kommen

plainte [plɛ̃t] *f* ❶ (*gémissement*) Klage *f;* **les ~s** das Wehgeschrei
❷ (*récrimination*) Beschwerde *f*, Klage *f*
❸ JUR Klage *f*, [Straf]anzeige *f;* **~ [écrite]** Klageschrift *f;* **établir/engager/signifier une ~ [écrite]** eine Klageschrift anfertigen/einreichen/zustellen; **déposer une ~ [*o* porter ~] contre un voisin auprès du tribunal pour le vacarme** gegen einen Nachbarn bei Gericht wegen des Krachs Klage erheben [*o* Anzeige erstatten]
◆ **~ en diffamation** Verleumdungsklage *f*

plaintif, -ive [plɛ̃tif, -iv] *adj* klagend, jammernd

plaintivement [plɛ̃tivmɑ̃] *adv* klagend, jammernd (*pej*)

plaire [plɛʀ] <*irr*> **I.** *vi* ❶ (*être agréable*) **~ à qn** *livre, travail, spectacle:* jdm gefallen
❷ (*charmer*) **~ à qn** *personne:* jdm gefallen; **les brunes me plaisent davantage** ich stehe eher auf Dunkelhaarige (*fam*)
❸ (*convenir*) **~ à qn** *idée, projet:* jdm gefallen [*o* zusagen]
❹ (*être bien accueilli*) *chose:* Gefallen [*o* Anklang] finden
▸ **qn a tout pour ~** *iron* alles spricht gegen jdn
II. *vi impers* (*être agréable*) **il plaît à l'enfant de faire qc** es gefällt dem Kind etw zu tun; **vous plairait-il de venir dîner?** hätten Sie Lust zum Essen zu kommen?; **comme il te/vous plaira** wie du möchtest [*o* willst]/Sie möchten [*o* wollen]; **quand ça te/vous plaira** wann du willst/Sie wollen
▸ **s'il te/vous plaît** bitte; (*injonction*) wenn ich bitten darf!; (*accent d'insistance*) stell dir vor!, bitte schön!
III. *vpr* ❶ (*se sentir à l'aise*) **se ~ avec qn** gern mit jdm zusammen sein; **qn se plaît au Canada** jdm gefällt es in Kanada, jd fühlt sich in Kanada wohl
❷ (*s'apprécier*) **se ~ avec qc** sich (*Dat*) mit etw gefallen; **se ~** *personnes:* sich mögen
❸ (*prendre plaisir*) **il se plaît à faire qc** es macht ihm Freude [*o* Spaß] etw zu tun, er macht sich (*Dat*) einen Spaß daraus etw zu tun

plaisamment [plɛzamɑ̃] *adv conter* auf angenehme Art; *causer* angenehm; *être meublé* nett, hübsch

plaisance [plɛzɑ̃s] *f* NAUT **[navigation de] ~** Bootssport *m;* (*à voile*) Segelsport *m;* **port de ~** Jachthafen *m*

plaisancier, -ière [plɛzɑ̃sje, jɛʀ] *m, f* [Motor]bootsbesitzer(in) *m(f);* (*avec un bateau à voile*) Freizeitsegler(in) *m(f)*

plaisant [plɛzɑ̃] *m littér* (*agréable*) **le ~ de la chose** das Lustige [*o* Amüsante] an der Sache

plaisant(e) [plɛzɑ̃, ɑ̃t] *adj* ❶ (*agréable*) nett; *lieu* nett, hübsch; *personne, souvenir* nett, angenehm; **être ~(e) à l'œil [*o* au regard]** ein erfreulicher Anblick [*o* hübsch anzusehen] sein
❷ (*amusant*) lustig, amüsant

plaisanter [plɛzɑ̃te] <1> *vi* ❶ (*blaguer*) scherzen, spaßen, Spaß [*o* Scherze] machen; **je ne plaisante pas!** ich meine es ernst!; **~ sur [*o* à propos de] qc** Witze über etw (*Akk*) machen; **je ne suis pas d'humeur à ~** ich bin nicht zu[m] Scherzen aufgelegt
❷ (*dire par jeu*) **ne pas ~ sur la discipline/avec l'exactitude** keinen Spaß verstehen, was Disziplin/Pünktlichkeit anbelangt; **tu plaisantes!** das soll wohl ein Witz sein!

plaisanterie [plɛzɑ̃tʀi] *f* ❶ (*blague*) Scherz *m*, Witz *m;* **mauvaise ~** übler Scherz; **~ de mauvais goût** geschmackloser Witz; **par ~** aus [*o* im] Spaß; **aimer la ~** gerne Witze machen; **dire qc sur le ton de la ~** etw im Scherz sagen
❷ *pl* (*raillerie*) Gespött *nt;* **il est en butte aux ~s de ses camarades** seine Kameraden machen sich ständig über ihn lustig
❸ (*farce*) Scherz *m*, Streich *m;* **pousser un peu loin/trop loin la ~** [mit seinen Scherzen] ein wenig zu weit/wirklich zu weit gehen
▸ **les ~s les plus courtes sont les meilleures** man soll das Spiel nicht übertreiben

plaisantin [plɛzɑ̃tɛ̃] *m* ❶ (*blagueur*) Spaßvogel *m;* **petit ~** kleiner Witzbold
❷ *péj* (*fumiste*) Schwindler *m*

plaisir [pleziʀ] *m* ❶ (*joie*) Vergnügen *nt;* **~ de faire qc** Freude etw zu tun; **il a ~ à faire qc** es macht ihm Freude etw zu tun; **qn éprouve [*o* prend] un malin ~ à faire qc** es macht jdm einen Heidenspaß etw zu tun (*fam*); **faire ~ à qn** jdm Freude machen [*o* bereiten]; (*rendre service à qn*) jdm gefällig sein; **faire à ses parents le ~ de faire qc** (*sur invitation*) seinen/ihren Eltern die Freude [*o* das Vergnügen] machen etw zu tun; (*sur ordre*) seinen/ihren Eltern den [einen] Gefallen tun und etw tun (*fam*); **maintenant fais-moi le ~ de te taire!** jetzt tu mir den [einen] Gefallen und sei still!; **elle prend [du] ~ à qc** sie hat [*o* findet] Freude an etw (*Dat*), etw macht ihr Freude; **souhaiter à qn bien du ~** *iron* jdm viel Vergnügen wünschen; **faire ~ à voir** ein erfreulicher Anblick sein
❷ (*distraction*) [Freizeit]vergnügen *nt;* **par [*o* pour le] ~** aus [*o* zum] Vergnügen; **sans ~** lustlos
❸ (*jouissance sexuelle*) **~ solitaire** Selbstbefriedigung *f;* **se donner du ~** (*faire l'amour*) sich im Bett vergnügen; (*se masturber*) sich selbst befriedigen
❹ *pl* (*sentiment agréable*) Lustgefühl *nt*, Sinnenfreude *f;* **menus ~s** kleine Vergnügungen [*o* Freuden] *Pl;* **les ~s de la table** die Tafelfreuden; **courir après les ~s** immer auf Vergnügungen aus sein
▸ **bon ~** Belieben *nt;* **décider qc selon son bon ~** etw nach Belieben [*o* Lust und Laune *fam*] entscheiden; **faire durer le ~** kein Ende finden; *iron* es spannend machen; **au ~!** *pop* [ich hoffe,] bis bald!; **avec grand ~** mit größtem Vergnügen

plan [plɑ̃] *m* ❶ (*représentation graphique*) Plan *m*
❷ (*projet*) Plan *m;* **~ de travail/d'action** Arbeits-/Aktionsplan; **tirer des ~s** Pläne schmieden [*o* machen]
❸ ECON, FIN, POL Plan *m*, Programm *nt;* **~ économique** Wirtschaftsplan; **~ de sauvetage de...** Plan zur Rettung von ...
❹ (*canevas*) *d'un devoir, d'une dissertation* Gliederung *f;* *d'un livre* Entwurf *m*
❺ PHYS, MATH Ebene *f*
❻ AUDIOV Aufnahme *f;* (*cadrage*) Einstellung *f;* **~ fixe** statische Einstellung; **gros ~** Großaufnahme *f;* **~ rapproché** Nahaufnahme; **au premier ~/à l'arrière-plan** im Vorder-/Hintergrund
❼ TECH **~ incliné** schiefe Ebene; **le Plan incliné d'Arzviller** der Schiffsaufzug von Arzviller; **être en ~ incliné** schräg [*o* geneigt] sein
❽ *fam* (*projet de sortie*) **j'ai un ~ d'enfer!** ich hab' was ganz Tolles vor! (*fam*)
❾ (*niveau*) **sur le ~ national/régional** auf nationaler/regionaler Ebene; **passer au second ~** in den Hintergrund rücken; **de premier/second ~** ersten Ranges/zweitrangig; **sur le ~ moral** in moralischer Hinsicht, moralisch gesehen; **sur le ~ de qc** in Bezug auf etw (*Akk*), was etw anbelangt; **placer [*o* mettre] qn/qc sur le même ~** jdn/etw auf die gleiche Stufe stellen
▸ **tirer des ~s sur la comète** Luftschlösser bauen; **tirer son ~** BELG (*se débrouilller*) zurechtkommen; **laisser qn en ~** *fam* jdn hängen lassen (*fam*); **laisser ses affaires en ~** seine Sachen zurücklassen; **laisser un projet en ~** einen Plan fallen lassen

◆ ~ **d'austérité** Sparprogramm *nt;* ~ **d'eau** Wasserfläche *f;* ~ **d'ensemble** Gesamtplan *m,* Totale *f,* Gesamtaufnahme *f;* ~ **d'occupation des sols** Bebauungsplan *m;* ~ **ORSEC** Katastropheneinsatzplan *m;* ~ **de travail** (*dans une cuisine*) Arbeitsfläche *f;* ~ **de vol** Flugplan *m*

plan(e) [plɑ̃, plan] *adj surface, terrain* eben, plan; GEOG, MATH zweidimensional

planant(e) [planɑ̃, ɑ̃t] *adj fam musique* zum Träumen anregend

planche [plɑ̃ʃ] *f* ❶ Brett *nt*
❷ SPORT (*plongeoir*) Sprungbrett *nt;* NAUT (*passerelle*) Landungssteg *m*
❸ (*illustration*) [Bild]tafel *f*
❹ (*scène*) **les ~s** die Bühnenbretter *Pl;* **brûler les ~s** ein begnadeter [Theater]schauspieler sein; **monter sur les ~s** auf die Bühnenbretter steigen
▶ **être [cloué(e)] entre quatre ~s** unter der Erde liegen; **faire la ~** den toten Mann machen (*fam*)
◆ ~ **à billets** [Bank]notenpresse *f;* ~ **à découper** Hackbrett *nt;* ~ **à dessin** Reißbrett *nt;* ~ **à pain** Brotbrett *nt;* (*personne très maigre*) [schmales] Handtuch (*fam*); ~ **à repasser** Bügelbrett *nt* ▶ **être plate comme une ~ à repasser** *fam femme:* flach wie ein Brett sein (*fam*); ~ **à roulettes** Skateboard *nt;* ~ **de salut** letzte Hoffnung, Rettungsanker *m;* ~ **à voile** (*objet*) Surfbrett *nt;* (*sport*) Windsurfing *nt*

planchéier [plɑ̃ʃeje] <1a> *vt* dielen *sol;* verschalen *parois*

plancher[1] [plɑ̃ʃe] **I.** *m* ❶ Fußboden *m; d'un ascenseur, d'une voiture* Boden *m*
❷ (*seuil inférieur*) *des cotisations* Mindestsatz *m; d'un cours* Mindestwert *m*
▶ **le ~ des vaches** *hum fam* das Festland; **débarrasser le ~** *fam* 'ne Fliege machen (*sl*), Leine ziehen (*fam*)
II. *app* **prix/salaire ~** Mindestpreis *m*/-lohn *m;* **cours/niveau ~ d'une action** Mindestwert *m* einer Aktie

plancher[2] [plɑ̃ʃe] <1> *vi fam* ❶ (*être interrogé*) ~ **sur qc** über etw (*Akk*) abgefragt werden
❷ (*présenter un rapport*) ~ **sur qc** über etw (*Akk*) referieren, über etw (*Akk*) ein Referat halten
❸ (*réfléchir*) ~ **sur un sujet/problème** über einem Thema/Problem brüten (*fam*)

planchette [plɑ̃ʃɛt] *f* Brettchen *nt,* kleines Brett

planchiste [plɑ̃ʃist] *mf* Windsurfer(in) *m(f)*

plancton [plɑ̃ktɔ̃] *m* Plankton *nt*

plané(e) [plane] *adj* **vol ~** Schweben *nt,* Gleitflug *m; fig fam* Bauchlandung *f* (*fam*)

planer [plane] <1> *vi* ❶ *oiseau:* schweben
❷ AVIAT gleiten
❸ (*flotter*) *fumée, nuages:* schweben; *vapeur:* schweben, stehen
❹ (*peser*) ~ **sur qn/qc** *danger:* jdm/einer S. drohen; *soupçons:* auf jdm/etw liegen [*o* lasten]; **laisser ~ le doute sur qc** Zweifel an etw (*Dat*) aufkommen lassen; **un mystère plane sur toute cette affaire** hinter dieser ganzen Sache verbirgt sich ein Geheimnis
❺ *fam* (*rêver*) in höheren Regionen schweben (*fam*)
❻ *fam* (*être sous effet euphorisant*) [total] weg[getreten] sein (*fam*); (*sous l'effet d'une drogue*) high sein (*fam*)
▶ **ça plane** *fam* alles Spitze (*fam*)

planétaire [planetɛʀ] *adj* ❶ (*mondial*) weltweit
❷ ASTRON planetarisch; *système* Planeten-

planétarium [planetaʀjɔm] *m* Planetarium *nt*

planète [planɛt] *f* Planet *m;* **la ~ Terre** die Erde

planeur [planœʀ] *m* Segelflugzeug *nt*

planificateur, -trice [planifikatœʀ, -tʀis] **I.** *adj autorité* wegweisend; *mesures* Planungs-
II. *m, f* Planer(in) *m(f);* ECON Planungsfachmann *m*/-fachfrau *f*

planification [planifikasjɔ̃] *f* Planung *f;* (*visant l'économie nationale*) Planung, Planifikation *f* (*Fachspr.*)
◆ ~ **des naissances** Geburtenregelung *f*

planifier [planifje] <1a> *vt* einen Plan aufstellen für, ein Programm erarbeiten für; **économie planifiée** Planwirtschaft *f*

planimétrie [planimetʀi] *f* Planimetrie *f*

planisphère [planisfɛʀ] *m* Weltkarte *f*

planning [planiŋ] *m* ❶ (*calendrier*) Terminkalender *m*
❷ (*planification*) Terminplanung *f;* ~ **de production** Fertigungsplan; ~ **familial** Familienplanung *f*

planque [plɑ̃k] *f fam* ❶ (*cachette*) Versteck *nt*
❷ (*travail tranquille*) ruhiger Job (*fam*); **c'est la planque!** da kann man eine ruhige Kugel schieben! (*fam*)
❸ (*lieu protégé*) Unterschlupf *m; péj* Druckposten *m* (*fam*)

planqué(e) [plɑ̃ke] *m(f) péj fam* Drückeberger(in) *m(f)* (*fam*)

planquer [plɑ̃ke] <1> **I.** *vt fam* verstecken, in Sicherheit bringen
II. *vpr fam* **se ~** sich verstecken, sich in Sicherheit bringen

plan-séquence [plɑ̃sekɑ̃s] <plans-séquences> *m* Sequenzaufnahme *f*

plant [plɑ̃] *m* ❶ (*jeune plante*) Setzling *m;* ~ **de vigne** Weinschössling *m;* ~ **de laitue** junge Salatpflanze
❷ (*plantation*) ~ **d'asperges** Spargelfeld *nt*

plantage [plɑ̃taʒ] *m* INFORM *fam* Absturz *m* (*fam*)

plantain [plɑ̃tɛ̃] *m* BOT Wegerich *m*

plantaire [plɑ̃tɛʀ] *adj* an der Fußsohle; **voûte ~** Fußwölbung *f*

plantation [plɑ̃tasjɔ̃] *f* ❶ (*exploitation agricole*) Plantage *f;* ~ **de café** Kaffeeplantage *f*
❷ (*culture*) [An]pflanzung *f;* ~ **d'arbres fruitiers** Obstplantage *f;* ~ **de légumes** Gemüsefeld *nt;* ~ **de sapins** Tannenschonung *f*
❸ (*action*) [An]pflanzen *nt; d'un arbre* Setzen *nt;* **faire des ~s** Pflanzen setzen; **faire de nouvelles ~s** neu anpflanzen

plante[1] [plɑ̃t] *f* Pflanze *f;* ~ **d'appartement/grimpante/tropicale** Zimmer-/Kletter-/Tropenpflanze
▶ **c'est une belle ~** *fam* das ist eine flotte Biene (*fam*)

plante[2] [plɑ̃t] *f de pied* Sohle *f*

planté(e) [plɑ̃te] *adj* ❶ (*debout et immobile*) **être/rester ~(e) là** wie angewurzelt dastehen/stehen bleiben; **être** [*o* **rester**] **~(e) là à attendre** dastehen und warten; **qu'est-ce que tu fais ~(e) là?** was stehst du da herum? (*fam*)
❷ (*aligné*) **être bien/mal ~(e)** *dents:* gerade [*o* regelmäßig] sein/schief [*o* unregelmäßig] gewachsen sein; **des cheveux ~s dru** dichtes Haar

planter [plɑ̃te] <1> **I.** *vt* ❶ (*mettre en terre*) pflanzen *arbre, tulipes;* setzen *salade, tomates, pommes de terre;* anbauen *légumes*
❷ (*garnir de*) ~ **un jardin de/en qc** einen Garten mit etw bepflanzen; **avenue plantée d'arbres** von Bäumen gesäumte Straße, Allée *f*
❸ (*enfoncer*) eintreiben *pieu, piquet;* einschlagen *clou;* ~ **un clou dans le mur** einen Nagel in die Wand schlagen; ~ **ses griffes dans le bras à qn** *chat:* jdm die/seine Krallen in den Arm schlagen [*o* hauen]; ~ **un couteau dans le dos de qn** jdm ein Messer in den Rücken stechen
❹ (*dresser*) aufpflanzen *drapeau;* aufschlagen *tente;* aufstellen *échelle*
❺ THEAT (*décrire*) deutlich umreißen, lebendig werden lassen *décor, personnages*
❻ *fam* (*abandonner*) ~ **qn là** jdn einfach stehen lassen; *fig* jdn sitzen lassen (*fam*)
II. *vpr* ❶ *fam* (*se tromper*) **se ~ dans qc** sich [bei etw] vertun (*fam*); **se ~ à un examen** bei einer Prüfung danebenhauen (*fam*)
❷ (*se mettre*) **se ~ une aiguille dans la main** sich (*Dat*) eine Nadel in die Hand bohren; **se ~ dans le mur** *couteau, flèche:* sich in die Wand bohren, in der Wand stecken bleiben
❸ *fam* (*se poster*) **se ~ dans le jardin** sich im Garten postieren; **se ~ devant** [*o* **en face de**] **qn** sich vor jdm aufpflanzen (*fam*)
❹ *fam* (*avoir un accident*) **se ~** einen Unfall bauen (*fam*)
❺ INFORM *fam* **se ~** *ordinateur:* abstürzen (*fam*), sich aufhängen (*fam*)

P

planteur [plɑ̃tœʀ] *m* Planter's Punch (*Cocktail aus weißem Rum, Fruchtsaft und Zuckerrohrsirup*)

planteur, **-euse** [plɑ̃tœʀ, -øz] *m, f* Plantagenbesitzer(in) *m(f)*

planteuse [plɑ̃tøz] *f* AGR Kartoffelsetzmaschine *f*

plantigrade [plɑ̃tigʀad] ZOOL **I.** *adj* auf Fußsohlen gehend
II. *m pl* ZOOL *vieilli* **les ~s** die Sohlengänger

plantoir [plɑ̃twaʀ] *m* Pflanzholz *m*

planton [plɑ̃tɔ̃] *m* MIL Ordonnanz *f*

plantureux, **-euse** [plɑ̃tyʀø, -øz] *adj* ❶ *repas* üppig, feudal
❷ (*bien en chair*) *femme, poitrine* üppig
❸ (*fertile*) *région, terre, année* ertragreich, üppig

plaquage [plakaʒ] *m* RUGBY Fassen *nt*

plaque [plak] *f* ❶ (*matériau plat*) Platte *f*
❷ (*présentation*) ~ **de beurre/de chocolat** Stück *nt* Butter/Tafel *f* Schokolade
❸ (*couche*) ~ **de verglas** vereiste Stelle
❹ MED (*tache*) Fleck *m;* (*lésion délimitée*) Plaque *f* (*Fachspr.*); ~**s d'eczéma** von Hautausschlag befallene Stellen; ~ **dentaire** Zahnbelag *m*, Plaque *f*
❺ (*pièce de métal*) *d'une porte, rue* Schild *nt; d'un policier* Dienstmarke *f*, Plakette *f;* (*décoration*) Abzeichen *nt;* ~ **commémorative** Gedenktafel *f;* ~ **minéralogique** Nummernschild *nt*
❻ (*foyer*) *d'une cuisinière* [Koch]platte *f;* ~ **chauffante** [*o* **électrique**] Elektroplatte *f*
❼ GEOL Scholle *f*
▶ ~ **tournante** Drehscheibe *f;* **être à côté de la** ~ *fam* daneben [*o* falsch] liegen (*fam*); **mettre à côté de la** ~ *fam* danebenhauen (*fam*)
◆ ~ **de cheminée** Kaminplatte *f;* ~ **de cuisson** Kochmulde *f;* (*en vitrocéramique*) Kochfeld *nt;* ~ **d'égout** Kanaldeckel *m;* ~ **d'identité** *d'un soldat* Erkennungsmarke *f; d'un chien* Hundemarke *f;* ~ **d'immatriculation** Nummernschild *nt*

i Land & Leute

Die französischen **plaques minéralogiques** weisen nicht auf den Zulassungsort hin, sondern nur auf das Departement, in dem er sich befindet. Die letzten beiden Ziffern des Nummernschilds stimmen mit den ersten beiden Ziffern der Postleitzahlen des Departements überein. So fangen zum Beispiel alle Postleitzahlen des Departements Yvelines mit 78 an, und eine **plaque minéralogique** aus dieser Gegend könnte folgendermaßen aussehen: 6785 MN 78.

plaqué [plake] *m* (*bois*) Furnier *nt;* (*métal*) Dublee *nt;* **c'est du** ~ **chêne** das ist Eichenfurnier; **bijoux en** ~ **or** vergoldeter Schmuck

plaqué(e) [plake] *adj* ~**(e)** [**en**] **argent/or** versilbert/vergoldet; ~**(e) chêne** [mit] Eiche furniert

plaquer [plake] <1> **I.** *vt* ❶ *fam* (*abandonner*) sitzen lassen (*fam*) *conjoint;* aufgeben, an den Nagel hängen *emploi;* hinschmeißen (*fam*) *travail;* **tout** ~ alles hinschmeißen (*fam*); ~ **son petit ami/fiancé** mit ihrem Freund/Verlobten Schluss machen
❷ (*aplatir*) glatt streichen *cheveux*
❸ (*coller*) **la pluie plaque sa robe sur ses jambes** ihr regennasses Kleid klebt an den Beinen
❹ (*serrer contre*) ~ **qn sur/à/contre le mur** jdn an/gegen die Mauer drücken
❺ TECH ~ **une couche d'or sur un bracelet** ein Armband mit einer Goldschicht überziehen
❻ RUGBY fassen
II. *vpr* (*se serrer*) **se** ~ **contre qc** sich [platt] an etw (*Akk*) [*o* gegen etw] drücken

plaquette [plakɛt] *f* ❶ (*petite plaque*) kleine Platte; ~ **de marbre/métal** [kleine] Marmor-/Metallplatte
❷ GASTR (*présentation*) ~ **de chocolat/de beurre** Tafel *f* Schokolade/Stück *nt* Butter; ~ **de pilules** Blister [mit Tabletten] *nt*
❸ MED Blutplättchen *nt*
❹ (*livre*) Büchlein *nt;* (*brochure*) Prospekt *m*
◆ ~**s de frein** Bremsbeläge *Pl*

plasma [plasma] *m* Plasma *nt*

plastic [plastik] *m* Plastiksprengstoff *m*

plasticage [plastikaʒ] *m* Anschlag *m* mit einer Plastikbombe

plasticien(ne) [plastisjɛ̃, jɛn] *m(f)* ❶ (*artiste*) Plastiker(in) *m(f)*
❷ (*chirurgien*) plastischer Chirurg *m*/plastische Chirurgin *f*

plasticité [plastisite] *f* ❶ *de l'argile, d'un matériau* Formbarkeit *f*, Modellierbarkeit *f*
❷ PHYSIOL *d'un tissu lésé* Regenerationsfähigkeit *f*
❸ (*souplesse*) *du caractère* Formbarkeit *f*, Anpassungsfähigkeit *f*

plastifier [plastifje] <1a> *vt* in eine Plastikhülle einschweißen

plastiquage [plastikaʒ] *m v.* **plasticage**

plastique [plastik] **I.** *adj* ❶ plastisch, formbar; *argile* formbar, knetbar
❷ ART plastisch, bildhauerisch; **arts** ~**s** Bildhauerkunst *f*
❸ (*esthétique*) *chirurgie* plastisch
❹ (*de la forme*) *beauté, génie, qualité* plastisch; *geste* mit körperlicher Ausdruckskraft
II. *m* Kunststoff *m*, Plastik *nt;* **sous** ~ in Plastik verpackt
III. *f* Figur *f*
IV. *app inv* **sac/bouteille/emballage** ~ Plastiksack/-flasche/-verpackung

plastiquement [plastikmɑ̃] *adv* was die Formen [*o* plastische Gestalt] betrifft

plastiquer [plastike] <1> *vt* mit einer Plastikbombe in die Luft sprengen

plastiqueur, **-euse** [plastikœʀ, -øz] *m, f* Sprengstoffattentäter(in) *m(f)*

plastron [plastʀɔ̃] *m d'une chemise* Hemdbrust *f; d'un corsage* Plastron *m o nt*, Chemisette *f*

plastronner [plastʀɔne] <1> *vi* sich aufspielen

plat [pla] *m* ❶ (*récipient*) (*creux*) Schüssel *f;* (*plat*) Schale *f;* ~ **à viande** Fleischplatte *f*
❷ (*contenu*) **un** ~ **de lentilles** eine Schüssel [voll] Linsen
❸ (*mets*) Gericht *nt;* (*élément d'un repas*) Gang *m;* ~ **principal** Hauptgericht, Hauptspeise *f* (A); ~ **de poisson/légumes** Fisch-/Gemüsegericht; **de bons petits** ~**s** kleine leckere Gerichte *Pl;* ~ **garni** Gericht *nt* mit Beilage
❹ (*partie plate*) *d'un couteau* Flanke *f;* **le** ~ **de la main** die flache Hand
▶ **apporter** [*o* **servir**] **qc à qn sur un** ~ **d'argent** jdm etw auf einem silbernen Tablett servieren; **mettre les petits** ~**s dans les grands** ein Festessen vorbereiten [und sich dabei nicht lumpen lassen]; **faire du** ~ **à qn** *fam* sich an jdn plump heranmachen (*fam*); **faire tout un** ~ **de qc** *fam* ein großes Trara [*o* viel Wind] um etw machen (*fam*)
◆ ~ **du jour** Tagesgericht *nt;* ~ **de résistance** GASTR Hauptgericht *nt; fig* Hauptsache *f*, Höhepunkt *m*

plat(e) [pla, plat] *adj* ❶ flach; *surface, terrain* eben; *mer* glatt
❷ (*opp: arrondi*) *front, poitrine, ventre* flach; *coiffure* glatt
❸ (*peu profond, peu haut*) *assiette, chaussure, talon* flach; GEOM *angle* gestreckt; **mettre/poser qc à** ~ etw flach hinlegen
❹ (*fade*) flach; *personne* geistlos; *conversation* flach, platt; *adaptation* platt, farblos; *livre, style* einfallslos, trivial; *vie* eintönig; *vin* fade
❺ (*obséquieux*) *personne* unterwürfig, kriecherisch; **faire de** ~**es excuses** unterwürfig um Verzeihung bitten
❻ (*vidé de son contenu*) **être à** ~ *pneu:* platt sein; *batterie:* leer sein; (*être en panne*) einen Platten haben; *fam* (*être épuisé*) völlig ausgepumpt sein (*fam*); **mettre** [*o* **ficher**] **qn à** ~ *fam* jdn [völlig] fertig [*o* kaputt] machen (*fam*)
▶ **mettre qc à** ~ etw neu aufrollen; **tomber à** ~ *plaisanterie, remarque, pièce:* nicht ankommen (*fam*)

platane [platan] *m* Platane *f*
► **rentrer dans un ~** *fam*, **se payer un ~** *fam* gegen einen Baum fahren [*o* krachen *fam*]
plateau [plato] <x> *m* ❶ Tablett *nt;* **~ à fromages** Käseplatte *f*
❷ GASTR **~ de fruits de mer/de fromages** Platte *f* mit Meeresfrüchten/mit Käse
❸ (*cagette*) Steige *f;* **un ~ de pêches** eine Steige Pfirsiche (*Gen*)
❹ (*partie plate*) *d'une balance* Waagschale *f; d'une table* [Tisch]platte *f; d'un tourne-disques* Plattenteller *m*
❺ GEOG [Hoch]plateau *nt;* **~ continental** Kontinentalplatte *f*
❻ THEAT (*scène*) Bühne *f;* AUDIOV Drehplatz *m;* (*invités*) [Star]aufgebot *nt;* **sur le ~/hors du ~** vor/hinter der Kamera
❼ CYCLISME Kettenblatt *nt*
► **apporter** [*o* **servir**] **un ami à qn sur un ~** jdm einen Freund auf einem silbernen Tablett servieren
◆ **~ de chargement** Palette *f;* **~ de tournage** Drehplatz *m*
plateau-repas [platoʀ(ə)pa] <plateaux-repas> *m auf einem Tablett serviertes vollständiges Menü* **plateau-télé** [platotele] <plateaux-télé> *m Tablett mit einfach zu essenden Gerichten, das man, z.B. als Abendessenersatz, mit zum Fernseher nimmt*
platebande, plate-bande [platbɑ̃d] <plates-bandes> *f* Rabatte *f*
► **marcher sur les plates-bandes de qn** *fam* jdm ins Gehege kommen
platée [plate] *f* **une ~ de riz/purée** eine Schüssel voll Reis/Püree
plateforme, plate-forme [platfɔʀm] <plates-formes> *f*
❶ [Aussichts]plattform *f;* ALPIN Leiste *f*
❷ AUT, CHEMDFER Plattform *f*
❸ GEOG **~ continentale** [*o* **littorale**] Festlandsockel *m*, Kontinentalsockel *m*
❹ (*base d'un programme*) Plattform *f*
◆ **~ de chargement** TRANSP Ladefläche *f;* **~ de forage** Bohrinsel *f*
platement [platmɑ̃] *adv écrire, s'exprimer* farblos, platt; *s'excuser* unterwürfig
platine¹ [platin] **I.** *m* Platin *nt*
II. *app inv cheveux* platinblond; *blond* platin-
platine² [platin] *f* ❶ TECH Platine *f; d'un microscope* Objekttisch *m; d'une machine à coudre, serrure* [Metall]platte *f*
❷ AUDIOV *d'un électrophone* Plattenspieler *m; d'un lecteur cassettes* Kassettendeck *nt;* **~ laser** CD-Spieler *m*
platiné(e) [platine] *adj* platinblond; **une blonde ~e** eine Platinblonde
platiner [platine] <1> *vt* platinieren
platitude [platityd] *f* ❶ *sans pl* Seichtheit *f kein Pl*, Flachheit *f kein Pl* (*pej*)
❷ (*propos*) Flachheit *f* (*pej*), Platitüde *f* (*geh*)
Platon [platɔ̃] *m* Plato[n] *m*
platonicien(ne) [platɔnisjɛ̃, jɛn] **I.** *adj* PHILOS platonisch
II. *m(f)* PHILOS Platoniker(in) *m(f)*
platonique [platɔnik] *adj amour* platonisch
platoniquement [platɔnikmɑ̃] *adv* platonisch
plâtrage [plɑtʀaʒ] *m sans pl d'un mur* [Ver]gipsen *nt; d'un bras, d'une jambe* [Ein]gipsen *nt*
plâtras [plɑtʀɑ] *m* Brocken *m* Gips; **les ~** der [Bau]schutt
plâtre [plɑtʀ] *m* ❶ Gips *m;* **mur en ~** Gipsmauer *f*
❷ MED Gips *m;* **avoir un bras dans le ~** einen Arm in Gips haben
❸ ART (*buste*) Gipsbüste *f;* (*moule*) Gipsabdruck *m*
❹ *pl* CONSTR Verputz *m*, Stuckarbeiten *Pl*
► **essuyer les ~s** *fam* eine Sache ausbaden (*fam*)
plâtrer [plɑtʀe] <1> *vt* ❶ vergipsen; zugipsen *trou, fissure*
❷ (*mettre dans le plâtre*) **~ le bras à qn** jdm den Arm eingipsen; **être plâtré(e)** in Gips liegen
plâtrerie [plɑtʀəʀi] *f* ❶ Gipswerk *nt*, Gipsfabrik *f*
❷ *sans pl* (*travail*) Gipserarbeit *f*
plâtreux, -euse [plɑtʀø, -øz] *adj teint* fahlbleich; *fromage* körnig
plâtrier, -ière [plɑtʀije, -jɛʀ] *m, f* Gipser(in) *m(f)*
plâtrière [plɑtʀijɛʀ] *f* ❶ (*carrière*) Gipsbruch *m*/-grube *f*
❷ (*four*) Gipsbrennerei *f*
plausible [plozibl] *adj* plausibel
play-back [plɛbak] *m inv* Playback *nt* **play-boy** [plɛbɔj] <play-boys> *m* Playboy *m*
plèbe [plɛb] *f* ❶ HIST Plebs *f*
❷ *péj vieilli* (*populace*) Plebs *m* (*geh*), Pöbel *m*
plébéien(ne) [plebejɛ̃, jɛn] **I.** *adj* HIST plebejisch
II. *m(f)* HIST Plebejer(in) *m(f)*
plébiscitaire [plebisitɛʀ] *adj* plebiszitär
plébiscite [plebisit] *m* Plebiszit *nt*, Volksabstimmung *f*
plébisciter [plebisite] <1> *vt* ❶ POL durch Volksabstimmung billigen
❷ (*approuver*) befürworten
pléiade [plejad] *f* ❶ **une ~ d'artistes** eine Schar Künstler
❷ ASTRON **les Pléiades** die Plejaden
❸ LITTER **la Pléiade** die Pléiade
plein [plɛ̃] **I.** *adv* ❶ *fam* **avoir ~ d'argent/d'amis** unheimlich viel Geld/viele Freunde haben (*fam*)
❷ (*exactement*) **en ~ dans l'œil** genau ins Auge; **en ~ devant/sur la table/dans la soupe** genau vor/auf den Tisch/in die Suppe
❸ (*au maximum*) **tourner à ~** auf Hochtouren laufen; **utiliser une machine à ~** eine Maschine voll ausnutzen
► **en ~** (*de front*) voll (*fam*); **mignon/gentil tout ~** *fam* unheimlich niedlich/nett (*fam*)
II. *prép* **de l'argent ~ les poches** die Taschen voller Geld
III. *m* ❶ (*de carburant*) Tankfüllung *f;* **faire le ~** voll tanken; **le ~, s'il vous plaît!** bitte voll tanken!
❷ (*trait épais*) Schattenstrich *m*
► **battre son ~** in vollem Gange sein
plein(e) [plɛ̃, plɛn] *adj* ❶ voll; *journée, vie* ausgefüllt; **à moitié ~(e)** halb voll; **un panier ~ de champignons** ein Korb voller Pilze; **être ~(e) de bonne volonté/de joie** voll des guten Willens/voller Freude sein; **~(e) de vie** lebenslustig; **~(e) de risques/d'idées/d'esprit** risiko-/ideen-/geistreich; **être ~(e) de santé** vor Gesundheit strotzen; **être ~(e) à craquer** brechend voll sein (*fam*)
❷ (*rond*) *joues, visage* voll, rund
❸ (*sans réserve*) **à ~e gorge** aus vollem Hals; **à ~s bras/à ~es mains** mit vollen Armen/Händen; **mordre à ~es dents dans une pomme** herzhaft [*o* kraftvoll] in einen Apfel beißen; **respirer à ~s poumons** in tiefen Zügen [ein]atmen
❹ (*au maximum de*) **à ~s bords** im Überfluss; **à ~ régime** [*o* **rendement**], **à ~e vapeur** auf Hochtouren
❺ (*au plus fort de*) **en ~ été/hiver** mitten im Sommer/Winter; **en ~ jour** am helllichten Tag; **en ~e nuit** mitten in der Nacht; **en ~ soleil** in der prallen Sonne
❻ (*au milieu de*) **être en ~ travail** mitten in der Arbeit sein; **viser en ~ cœur** mitten ins Herz zielen; **en ~e rue** auf offener Straße; **en ~e obscurité** in völliger Dunkelheit; **en ~e lumière** im [vollen] Licht; **en ~ vol/essor** in vollem Flug/Aufschwung; **être en ~ boum** einen ungeheuren Boom erleben
❼ (*sans vide*) *trait* durchgezogen; *bois, porte* massiv; **pneu ~** Vollgummireifen *m;* **une porte en bois ~** eine Massivholztür
❽ *antéposé* (*total*) *victoire* klar; *succès, confiance* voll; **avoir ~e conscience de qc** sich (*Dat*) über etw (*Akk*) voll und ganz im Klaren sein
❾ (*entier*) *jour, mois* voll, ganz
❿ (*gravide*) trächtig
pleinement [plɛnmɑ̃] *adv* voll [und ganz]
plein-emploi [plɛnɑ̃plwa] *m sans pl* Vollbeschäftigung *f*
plein-temps [plɛ̃tɑ̃] <pleins-temps> *m* Vollzeitbeschäftigung *f;* **faire un ~ à la fac** *fam* eine volle Stelle an der Uni haben

P

(fam)
plénier, -ière [plenje, -jɛʀ] *adj* **réunion plénière** Plenarsitzung *f;* **assemblée plénière** Plenum *nt*
plénipotentiaire [plenipɔtɑ̃sjɛʀ] **I.** *adj* bevollmächtigt; **ministre** ~ Gesandte(r) *f(m)*
II. *mf* Bevollmächtigte(r) *f(m)*
plénitude [plenityd] *f littér* ❶ *(ampleur)* Fülle *f*
❷ *(totalité)* **dans toute la ~ de sa beauté** in ihrer/seiner ganzen Pracht
plenum, plénum [plenɔm] *m* Plenum *nt*
pléonasme [pleɔnasm] *m* Pleonasmus *m*
pléthore [pletɔʀ] *f sans pl soutenu* ~ **de qc** Überschuss *m* an etw *(Dat);* COM Überangebot *nt* an etw *(Dat);* **il y a ~ de candidats** es gibt zu viele Kandidaten
pléthorique [pletɔʀik] *adj péj classes* überfüllt; *documentation* zu umfangreich
pleur [plœʀ] *m littér* **fondre en ~s** in Tränen ausbrechen; **tout en ~s** ganz in Tränen aufgelöst
pleurage [plœʀaʒ] *m* Jaulen *nt*
pleural(e) [plœʀal, o] <-aux> *adj* ANAT Brustfell-, Rippenfell-
pleurer [plœʀe] <1> **I.** *vi* ❶ *personne:* weinen; *œil:* tränen; **faire ~ qn** *personne, roman, film:* jdn zum Weinen bringen; *rage:* jdm [die] Tränen in die Augen treiben; **la poussière me fait ~** mir tränen die Augen vom Staub; ~ **de rage** vor Wut *(Dat)* weinen; ~ **de rire** Tränen lachen
❷ *(crier) bébé:* schreien
❸ *(se lamenter)* ~ **sur qn/qc** jdn bedauern [*o* bemitleiden]/etw beklagen [*o* beweinen]; ~ **sur son sort** sein Los beklagen
❹ *(réclamer)* herumjammern *(fam);* ~ **auprès de qn** jdm etwas vorjammern *(fam);* ~ **après qc** *pop* nach etw jammern
❺ *(extrêmement)* **triste à [faire] ~** tottraurig; **maigre à [faire] ~** knochendürr *(fam);* **bête à ~** dumm, dass es weh tut *(fam)*
II. *vt* ❶ trauern um, beweinen *personne;* ~ **sa jeunesse** seiner Jugend nachtrauern; ~ **la mort d'un parent** den Tod eines Verwandten beklagen
❷ *(verser)* ~ **des larmes de joie/sang** Freudentränen/bittere Tränen vergießen; ~ **toutes les larmes de son corps** sich *(Dat)* die Seele aus dem Leib weinen
pleurésie [plœʀezi] *f* Rippenfellentzündung *f*
pleureur, -euse [plœʀœʀ, -øz] *adj* ❶ *enfant, ton* weinerlich
❷ BOT Trauer-; **saule ~** Trauerweide *f*
pleureuse [plœʀøz] *f* Klageweib *nt*
pleurnichard(e) [plœʀniʃaʀ, aʀd] *adj fam v.* **pleurnicheur**
pleurnichement [plœʀniʃmɑ̃] *m fam v.* **pleurnicheries**
pleurnicher [plœʀniʃe] <1> *vi fam* ❶ [immer gleich] rumheulen *(fam)*
❷ *(se lamenter)* rumjammern *(fam)*
pleurnicheries [plœʀniʃʀi] *fpl fam* ❶ Geheule *nt (fam)*
❷ *(fait de se lamenter)* Gejammer *nt (fam)*
pleurnicheur, -euse [plœʀniʃœʀ, -øz] **I.** *adj fam* ❶ **enfant ~** weinerliches Kind, Heulsuse *f (fam)*
❷ *(qui se lamente)* nörgelig *(pej)*
II. *m, f fam* ❶ Heulpeter *m (fam),* Heulsuse *f (fam),* Heulliese *f (fam)*
❷ *(qui se lamente)* Nörgelfritze *m (pej fam)*
pleurote [plœʀɔt] *m* Seitling *m*
pleutre [pløtʀ] *m littér* Feigling *m*
pleutrerie [pløtʀəʀi] *f littér* Feigheit *f*
pleuvasser [pløvase] <1> *vi impers,* **pleuviner** [pløvine] <1> *vi impers* **il pleuvasse, il pleuvine** es nieselt
pleuvoir [pløvwaʀ] <*irr*> **I.** *vi impers* **il pleut** es regnet; **il pleut de grosses gouttes** es regnet heftig [*o* große Tropfen]
▶ **qu'il pleuve ou qu'il vente** ob es regnet oder schneit
II. *vi* ❶ *(s'abattre)* **les coups/reproches pleuvent** es hagelt Schläge/Vorwürfe; **les obus pleuvent sur la ville** Granaten gehen auf die Stadt nieder
❷ *(arriver en abondance)* **les mauvaises nouvelles pleuvent en ce moment** im Moment hagelt es schlechte Nachrichten
pleuvoter [pløvɔte] <1> *vi impers* **il pleuvote** es nieselt
plèvre [plɛvʀ] *f* Brust-/Rippenfell *nt,* Pleura *f (Fachspr.)*
plexiglas® [plɛksiglas] *m* Plexiglas® *nt*
plexus [plɛksys] *m* Plexus *m;* ~ **solaire** Sonnengeflecht *nt,* Solarplexus
pli [pli] *m* ❶ Falte *f; du papier* Kniff *m;* TYP Falz *m,* Bruch *m;* **faire le ~ d'un pantalon** eine Bügelfalte in eine Hose bügeln; **jupe à ~s** Faltenrock *m*
❷ *(mauvaise pliure)* **faux ~** Knitterfalte *f;* **cette veste fait des ~s/un ~** diese Jacke wirft Falten/eine Falte; **être plein(e) de ~s** voller Knitterfalten sein
❸ *sans pl (forme)* **avoir un beau ~** schön fallen
❹ *(repli)* [Speck]falte *f*
❺ *(ride)* Falte *f;* **petits ~s** Fältchen *Pl*
❻ GEOL Falte *f*
❼ *form (lettre)* Schreiben *nt;* **sous ~ cacheté** in verschlossenem Briefumschlag
❽ CARTES **faire un ~** einen Stich machen
❾ BELG *(raie formée par les cheveux)* Scheitel *m*
▶ **prendre un mauvais ~** eine schlechte Gewohnheit annehmen; **ça ne fait pas un ~** *fam* das ist [tod]sicher; **prendre le ~ de faire qc** es sich *(Dat)* angewöhnen etw zu tun
pliable [plijabl] *adj* biegsam, weich
pliage [plijaʒ] *m* Falten *nt; du linge* Zusammenlegen *nt;* TYP Falzen *nt*
pliant [plijɑ̃] *m* Klapphocker *m*
pliant(e) [plijɑ̃, jɑ̃t] *adj* **lit/table ~(e)** Klappbett *nt*/-tisch *m;* **mètre ~** Zollstock *m;* **meubles ~s** zusammenklappbare Möbel *Pl*
plie [pli] *f* Scholle *f*
plié(e) [plije] *adj* **être ~(e) [en deux]** *fam* sich vor Lachen biegen
plier [plije] <1a> **I.** *vt* ❶ [zusammen]falten *papier, tissu;* zusammenlegen *linge, tente;* umknicken *coin d'une page;* **un papier plié en quatre** ein zweimal gefaltetes Papier
❷ *(refermer)* zusammenklappen; zusammenfalten *journal, carte routière;* schließen *éventail*
❸ *(fléchir)* beugen *bras, jambe*
❹ *(courber)* biegen; **la neige plie les arbres** die Bäume biegen sich unter dem Schnee; **être plié(e) par l'âge** vom Alter gebeugt sein; **être plié(e) par la douleur** sich vor Schmerzen *(Dat)* krümmen
❺ *(soumettre)* ~ **qn à une discipline sévère** jdn einer strengen Disziplin unterwerfen; ~ **son langage aux circonstances** seine Sprache der Situation *(Dat)* anpassen
II. *vi* ❶ ~ **sous la charge/le poids de qc** sich unter der Last/dem Gewicht von etw biegen
❷ *(céder)* nachgeben; ~ **devant l'autorité du chef** sich der Autorität des Chefs beugen; **l'armée a plié devant l'ennemi** die Armee weicht vor dem Feind zurück
III. *vpr* ❶ **se ~** zusammenklappbar sein
❷ *(se soumettre)* **se ~ à la volonté de qn** sich jds Willen beugen; **se ~ à la discipline** sich der Disziplin unterwerfen; **se ~ aux circonstances** sich den Umständen anpassen
plinthe [plɛ̃t] *f* [Fuß]leiste *f,* Scheuerleiste
plissage [plisaʒ] *m sans pl* Plissieren *nt*
plissé [plise] *m sans pl* Plissee *nt*
plissé(e) [plise] *adj* ❶ COUT plissiert
❷ GEOL **chaîne ~e** Faltengebirge *nt*
❸ *(ridé)* faltig, runzelig
plissement [plismɑ̃] *m* ❶ *du front* Runzeln *nt kein Pl;* **avoir un ~ d'yeux/de la bouche** die Augen zusammenkneifen/den Mund verziehen
❷ GEOL Faltung *f*
plisser [plise] <1> **I.** *vt* ❶ fälteln, plissieren *jupe;* falten *papier*
❷ *(couvrir de faux plis)* zerknittern
❸ *(froncer)* runzeln *front;* zusammenkneifen *yeux;* rümpfen

nez; verziehen *bouche;* **une ride plissa son front** eine Falte erschien auf seiner/ihrer Stirn
④ GEOL falten
II. *vi* Falten werfen; *lin, tissu:* [leicht] knittern
III. *vpr* **son nez se plisse** er/sie rümpft die Nase; **son front se plisse d'étonnement** er/sie runzelt erstaunt die Stirn

pliure [plijyʀ] *f* ① *du bras, genou* Beuge *f; d'un ourlet* Kante *f; d'un tissu* Bruch[linie *f*] *m; d'un papier* Kniff *m*
② (*pliage*) *d'un papier, tissu* Kniffen *nt;* TYP Falzen *nt*

ploc [plɔk] *interj* platsch

ploiement [plwamɑ̃] *m* Biegen *nt; du genou* Beugen *nt*

plomb [plɔ̃] *m* ① Blei *nt;* **tuyau/tablier de** [*o* **en**] ~ Bleirohr/-schurz; **lourd comme du** ~ bleischwer; **super sans** ~ Super *nt* bleifrei
② (*fusible*) Sicherung *f*
③ CHASSE Schrotkugel *f;* **du** ~ Schrot *nt*
④ PECHE Bleikugel *f*
⑤ NAUT [Senk]blei *nt,* Lot *nt*
⑥ (*sceau*) Plombe *f;* **mettre des** ~**s à un wagon/compteur** einen Wagon/Zähler verplomben; **la caisse porte un** ~ die Kasse ist verplombt
⑦ (*baguette*) *d'un vitrail* Bleirute *f*
⑧ TYP Bleisatz *m*
⑨ COUT Bleiband *nt*
⑩ (*amalgame*) Plombe *f,* Füllung *f*
▸ **avoir du** ~ **dans la tête** [*o* **cervelle**] vernünftig sein; **ne pas avoir de** ~ **dans la tête** [sehr] gedankenlos sein; **à** ~ senkrecht; **ciel/sommeil de** ~ bleierner Himmel/Schlaf (*geh*); **jambes de** ~ bleischwere Beine; **par un soleil** [*o* **une chaleur**] **de** ~ bei drückender Hitze

plombage [plɔ̃baʒ] *m* ① MED *d'une dent* Füllen *nt,* Plombieren *nt;* (*amalgame*) Füllung *f,* Plombe *f*
② (*action de sceller*) *d'un colis* Versiegeln *nt; d'un camion, wagon* Plombieren *nt,* Verplomben *nt*

plombé(e) [plɔ̃be] *adj* ① *teint* aschgrau; *couleur* blaugrau; *ciel* bleiern (*geh*)
② (*garni de plomb*) **canne à bout** ~ Gehstock *m* mit Metallspitze

plomber [plɔ̃be] <1> **I.** *vt* ① MED plombieren
② (*lester*) beschweren
③ (*sceller*) versiegeln; plombieren, verplomben *wagon, camion*
II. *vpr* **se** ~ *peau:* aschgrau [*o* fahl] werden; *ciel:* dunkel werden

plomberie [plɔ̃bʀi] *f sans pl* ① **être dans la** ~ Installateur(in) [*o* Klempner(in)] *m(f)* sein; **la facture de** ~ die Installateurrechnung [*o* Klempnerrechnung]
② (*montage, ensemble des tuyaux*) Installation *f*

plombier [plɔ̃bje] *m* ① Installateur(in) *m(f),* Klempner(in) *m(f)*
② *fam* (*policier*) *auf Wanzenlegen und das Abhören von Telefongesprächen spezialisierter Polizeibeamter*

plombières [plɔ̃bjɛʀ] *f inv* ≈ Cassata *f*

plonge [plɔ̃ʒ] *f* **faire la** ~ *fam* als Tellerwäscher(in) arbeiten

plongé(e) [plɔ̃ʒe] **I.** *part passé de* **plonger**
II. *adj* ① **être** ~**(e) dans qc** in etw (*Akk*) versunken sein; **être** ~**(e) dans un livre** in ein Buch vertieft sein
② (*se trouver totalement*) **être** ~**(e) dans l'obscurité** in Dunkelheit (*Akk*) gehüllt sein; **être** ~**(e) dans la misère** verelendet sein (*geh*); **être** ~**(e) dans le vice** dem Laster verfallen sein

plongeant(e) [plɔ̃ʒɑ̃, ʒɑ̃t] *adj décolleté* tief; **une vue** ~**e sur le parc** ein weiter Ausblick auf den Park

plongée [plɔ̃ʒe] *f* ① Tauchgang *m*
② SPORT ~ **sous-marine** Sporttauchen *nt;* **faire de la** ~ Sporttaucher(in) *m(f)* sein
③ CINE Aufnahme *f* von oben

plongeoir [plɔ̃ʒwaʀ] *m* Sprungbrett *nt*

plongeon¹ [plɔ̃ʒɔ̃] *m* ① SPORT Kopfsprung *m*
② (*chute*) Absturz *m;* **faire un** ~ abstürzen
③ FBALL Hechtsprung *m*

plongeon² [plɔ̃ʒɔ̃] *m* ORN Seetaucher *m*

plonger [plɔ̃ʒe] <2a> **I.** *vi* ① tauchen; ~ **à la recherche de qc** [auf der Suche] nach etw tauchen
② (*faire un plongeon*) ~ **dans l'eau** *personne:* einen Kopfsprung ins Wasser machen; *oiseau:* tauchen; *voiture:* ins Wasser stürzen; **tu plonges ou tu ne plonges pas?** springst du oder springst du nicht?
③ FBALL ~ **dans/sur qc** in etw (*Akk*)/nach etw hechten
④ (*descendre en piqué*) ~ **sur qn/qc** auf jdn/etw hinabstoßen
⑤ (*sombrer*) ~ **dans le désespoir/la dépression** in Hoffnungslosigkeit/Depression (*Akk*) versinken; ~ **dans le sommeil** in den Schlaf sinken (*geh*)
II. *vt* ① ~ **la vaisselle dans l'eau** das Geschirr ins Wasser tauchen
② (*introduire*) ~ **sa main dans sa poche** seine Hand in die Tasche stecken
③ (*enfoncer*) **il lui plonge un couteau dans le ventre** er stößt ihm ein Messer in den Bauch
④ (*mettre brusquement*) ~ **qn dans la misère** jdn ins Elend stürzen; ~ **le public/la pièce dans l'obscurité** das Publikum/den Raum in Dunkelheit (*Akk*) hüllen
III. *vpr* **se** ~ **dans ses pensées** sich in seine Gedanken vertiefen; **se** ~ **dans un projet** sich in ein Projekt stürzen

plongeur, -euse [plɔ̃ʒœʀ, -ʒøz] *m, f* ① Springer(in) *m(f)*
② (*sous-marin*) Taucher(in) *m(f)*
③ (*dans un restaurant*) Tellerwäscher(in) *m(f)*

plot [plo] *m* ① SPORT ~ **de départ** Startblock *m*
② (*bloc*) ~ **de** [*o* **en**] **béton** Betonblock *m*
③ ELEC Kontakt *m*

plouc [pluk] **I.** *mf péj fam* Stoffel *m* (*fam*), Bauer *m* (*fam*)
II. *adj péj fam* **être** ~ doof sein (*fam*); (*fruste*) ungehobelt sein, hinterwäldlerisch sein (*fam*)

plouf [pluf] **I.** *interj* platsch
II. *m* Platsch *m*

ploutocrate [plutɔkʀat] *mf* Plutokrat(in) *m(f)*

ployer [plwaje] <6> **I.** *vt littér* (*plier*) biegen, beugen
II. *vi* ① (*se courber*) sich biegen, sich beugen
② *fig* nachgeben

plu¹ [ply] *part passé de* **plaire**

plu² [ply] *part passé de* **pleuvoir**

plucher [plyʃe] <1> *vi v.* **pelucher**

pluches [plyʃ] *fpl fam* Kartoffelschälen *nt*

plucheux, -euse [plyʃø, -øz] *adj v.* **pelucheux**

plugiciel [plyʒisjɛl] *m* INFORM Plug-in *nt* (*Fachspr.*)

pluie [plɥi] *f* ① METEO Regen *m;* **des** ~**s** Niederschläge *Pl;* **saison des** ~**s** Regenzeit *f;* **jours/temps de** ~ Regentage *Pl*/-wetter *nt;* **les** ~**s acides** der saure Regen; **sous la** ~ im Regen; **nous aurons de la** ~ **demain** morgen wird es regnen; **le temps est à la** ~ es sieht nach Regen aus
② *sans pl* (*grande quantité*) ~ **d'étincelles** Funkenregen *m;* ~ **de pierres/bombes** Stein-/Bombenhagel *m;* **il tombait une** ~ **de confettis** es regnete Konfetti
▸ **après la** ~ **le beau temps** *prov* auf Regen folgt Sonnenschein (*prov*); **faire la** ~ **et le beau temps** das Sagen haben (*fam*); **ne pas être né(e)** [*o* **tombé(e)**] **de la dernière** ~ nicht von gestern sein (*fam*); **être ennuyeux(-euse) comme la** ~ sterbenslangweilig sein (*fam*); **verser de la farine en** ~ **sur qc** etw mit Mehl bestäuben

plumage [plymaʒ] *m* Gefieder *nt,* Federkleid *nt* (*liter*)

plumard [plymaʀ] *m fam* Federn *Pl* (*fam*)

plume [plym] **I.** *f* ① Feder *f;* ~ **d'oie** Gänsefeder; **gibier à** ~[**s**] Federwild *nt*
② (*pour écrire*) Feder *f;* (*plume d'oie*) [Gänse]kiel *m*
③ BOXE (*catégorie*) [**poids**] ~ Federgewicht[sklasse *f*] *nt;* (*sportif*) Federgewicht[ler *m*] *nt*
▸ **laisser** [*o* **perdre**] **des** ~**s** Federn lassen; **soulever qn/qc**

P

comme une ~ jdn/etw mit Leichtigkeit [*o* mühelos] hochheben; **voler dans les** ~**s à** [*o* **de**] **qn** *fam* jdm ans Leder gehen (*fam*)
II. *app* SPORT **catégorie** ~ Federgewicht[sklasse *f*] *nt;* **un boxeur** ~ ein Federgewicht[ler *m*] *nt*
plumeau [plymo] <x> *m* Federwisch *m,* Flederwisch *m*
plumer [plyme] <1> *vt* rupfen *animal;* rupfen (*fam*), ausnehmen (*fam*) *personne*
plumet [plymɛ] *m* Federbusch *m*
plumetis [plym(ə)ti] *m* Federstickerei *f;* (*tissu brodé*) leichtes Gewebe *nt* mit Federstickerei
plumier [plymje] *m* [Feder]mäppchen *nt*
plumitif [plymitif] *m* Schreiberling *m*
plupart [plypaʀ] *f sans pl* **la** ~ **des élèves/femmes mariées** die meisten Schüler/Ehefrauen; **la** ~ **d'entre nous/eux/elles** die meisten von uns/ihnen; **la** ~ **sont venus** die meisten sind gekommen; **dans la** ~ **des cas** in den meisten Fällen, meistens; **la** ~ **du temps** die meiste Zeit, meistens
▸ **pour la** ~ zum größten Teil, größtenteils
pluralisme [plyʀalism] *m* Pluralismus *m*
pluraliste [plyʀalist] *adj* pluralistisch
pluralité [plyʀalite] *f* Pluralität *f*
pluriannuel(le) [plyʀianɥɛl] *adj* mehrjährig
pluricellulaire [plyʀiselylɛʀ] *adj* mehrzellig
pluridisciplinaire [plyʀidisiplinɛʀ] *adj* multidisziplinär; **atelier** ~ Mehrzweckwerkstatt *f*
pluridisciplinarité [plyʀidisiplinaʀite] *f* Multidisziplinarität *f*
pluriel [plyʀjɛl] *m* Plural *m;* **mettre un mot au** ~ ein Wort in den Plural setzen
plurilatéral(e) [plyʀilateʀal, o] <-aux> *adj* multilateral
plurilingue [plyʀilɛ̃g] *adj* mehrsprachig
pluripartisme [plyʀipaʀtism] *m* Mehrparteiensystem *nt*
plus¹ [ply] *passé simple de* **plaire**
plus² [ply] *adv* ❶ (*opp: encore*) **il n'est** ~ **très jeune** er ist nicht mehr ganz jung; **il ne l'a** ~ **jamais vu(e)** er hat ihn niemals mehr gesehen; **il ne pleut** ~ **du tout** es regnet überhaupt nicht mehr; **il ne neige presque** ~ es schneit kaum noch; **il n'y a** ~ **personne** es ist niemand mehr da; **nous n'avons** ~ **rien à manger** wir haben nichts mehr zu essen; **il ne dit** ~ **un mot** er sagt kein [einziges] Wort mehr; **elle n'a** ~ **un sou** sie hat keinen [einzigen] Pfennig mehr; **ils n'ont** ~ **d'argent/de beurre** sie haben kein Geld/keine Butter mehr; **nous n'avons** ~ **du tout de pain** wir haben überhaupt kein Brot mehr
❷ (*seulement encore*) **on n'attend** ~ **que vous** wir warten nur noch auf Sie/euch; **il ne manquait** ~ **que ça** das hat gerade noch gefehlt
❸ (*pas plus que*) **non** ~ auch nicht; **tu n'y vas pas? Moi non** ~**.** gehst du nicht hin? Ich auch nicht.
plus³ [ply(s)] **I.** *adv* ❶ **être** ~ **dangereux(-euse)/bête/vieux(vieille) que lui** gefährlicher/dümmer/älter als er sein; **deux fois** ~ **âgé(e)/cher(chère) qu'elle** doppelt so alt/teuer wie sie; ~ **tard/tôt/près/lentement qu'hier** später/früher/näher/langsamer als gestern
❷ (*dans une comparaison*) **je lis** ~ **que toi** ich lese mehr als du; **ce tissu me plaît** ~ **que l'autre** dieser Stoff gefällt mir besser als der andere
❸ (*très*) **il est** ~ **qu'intelligent** er ist mehr als intelligent; **elle est** ~ **que contente** sie ist überglücklich
▸ ~ **que jamais** mehr denn je; ~ **ou moins** mehr oder weniger; **le vin est bon, ni** ~ **ni moins** der Wein ist ganz gut, nicht mehr und nicht weniger; **on ne peut** ~ äußerst; **c'est une dame on ne peut** ~ **charmante** sie ist eine überaus charmante Frau
II. *adv emploi superl* **le/la** ~ **rapide/important(e)** der/die/das schnellste/wichtigste; **le** ~ **intelligent des élèves** der Intelligenteste unter den Schülern; **les** ~ **belles maisons du quartier** die schönsten Häuser des Viertels; **c'est le** ~ **intelligent d'eux** er ist der Intelligenteste von [*o* unter] ihnen; **c'est l'acteur le** ~ **doué qui ait jamais joué ici** das ist der begabteste Schauspieler, der je hier gespielt hat; **le** ~ **vite/souvent** am schnellsten/häufigsten [*o* meistens]; **le** ~ **tard possible** so spät wie möglich; **c'est François qui lit le** ~ François liest am meisten; **c'est le livre que j'aime le** ~ dieses Buch mag ich am liebsten; **le** ~ **d'argent/de pages** das meiste Geld/die meisten Seiten; **le** ~ **possible de choses/personnes** möglichst viel/viele Dinge/Personen, so viel/so viele Dinge/Personen wie möglich; **il a pris le** ~ **de livres/d'argent qu'il pouvait** er nahm so viele Bücher/so viel Geld wie er nur konnte
▸ **au** ~ **tôt/vite** möglichst früh/schnell, frühestens/schnellstens; **tout au** ~ allerhöchstens
plus⁴ [plys, ply] *adv* mehr; **pas** ~ mehr nicht; ~ **d'une heure/de 40 ans** über eine Stunde/40 Jahre; **les enfants de** ~ **de douze ans** Kinder über zwölf Jahre; **il est** ~ **de minuit** es ist schon nach Mitternacht; **tu as de l'argent? – Plus qu'il n'en faut** hast du Geld? – Mehr als nötig; ~ **de la moitié** über [*o* mehr als] die Hälfte; **j'ai dépensé** ~ **d'argent que je ne le pensais** ich habe mehr Geld ausgegeben, als ich dachte; **il n'a pas** ~ **d'argent que toi** er hat nicht mehr Geld als du; ~ **le temps passe,** ~ **l'espoir diminue** je mehr Zeit vergeht, desto mehr schrumpft die Hoffnung; ~ **on est bête,** ~ **on est heureux** je dümmer man ist, desto glücklicher ist man
▸ ~ **il réfléchit, [et] moins il a d'idées** je mehr er nachdenkt, desto weniger fällt ihm ein; **moins il l'aimait, [et]** ~ **il lui disait qu'il l'aimait** je weniger er sie liebte, desto häufiger sagte er ihr, dass er sie liebe; **et de** ~ und außerdem; **un jour/une assiette de** ~ ein zusätzlicher Tag/Teller; **une fois de** ~ ein weiteres Mal; **boire de** ~ **en** ~ immer mehr trinken; **de** ~ **en** ~ **beau(belle)/vite** immer schöner/schneller; **en** ~ dazu; **il est moche, et il est bête en** ~ er ist hässlich und dumm dazu; **être en** ~ (*en supplément*) zusätzlich berechnet werden; (*de trop*) zu viel sein; **en** ~ **de qc** zusätzlich zu etw, neben etw (*Dat*); **sans** ~ mehr nicht
plus⁵ [plys] **I.** *conj* ❶ plus, und; **deux** ~ **deux font quatre** zwei plus [*o* und] zwei gibt vier; **le loyer** ~ **les charges** die Miete plus Nebenkosten
❷ (*quantité positive*) ~ **quatre degrés** vier Grad plus
II. *m* ❶ MATH Plus *nt*
❷ (*avantage*) Plus *nt,* Vorteil *m*
plusieurs [plyzjœʀ] **I.** *adj antéposé, pl* **à** ~ **reprises** mehrmals; **il y a** ~ **années** vor mehreren Jahren; ~ **fois** mehrere Male, des Öfteren
II. *pron pl* einige; ~ **m'ont raconté cette histoire** die Geschichte habe ich von einigen [Leuten] gehört; ~ **d'entre nous** einige von uns; ~ **de ces journaux** einige von diesen Zeitungen; ~ **de mes amis** einige meiner Freunde
▸ **à** ~ zu mehreren
plus-que-parfait [plyskəpaʀfɛ] <plus-que-parfaits> *m* Plusquamperfekt *nt* **plus-value** [plyvaly] <plus-values> *f* Wertzuwachs *m;* (*bénéfice*) Mehreinnahmen *Pl;* **réaliser une** ~ einen Gewinn erzielen
plut [ply] *passé simple de* **pleuvoir**
plutonium [plytɔnjɔm] *m* Plutonium *nt*
plutôt [plyto] *adv* ❶ (*de préférence*) **prendre** ~ **l'avion que le bateau** eher das Flugzeug als das Schiff nehmen; **cette maladie affecte** ~ **les enfants** von dieser Krankheit sind eher Kinder betroffen
❷ (*au lieu de*) ~ **que de parler, il vaudrait mieux que vous écoutiez** anstatt zu reden solltet ihr besser zuhören
❸ (*mieux*) **tu ne voudrais pas** ~ **un chèque que du liquide?** möchtest du nicht lieber einen Scheck als Bargeld?; ~ **mourir que [de] fuir** lieber sterben als fliehen
❹ (*et pas vraiment*) **être paresseux(-euse)** ~ **que sot(te)** eher faul als dumm sein; **c'est un journaliste** ~ **qu'un romancier** er ist eher Journalist als Romanschriftsteller; **elle**

n'est pas méchante, ~ lunatique sie ist nicht bösartig, sondern eher launisch; **les difficultés le stimulent ~ qu'elles ne le découragent** Schwierigkeiten spornen ihn eher an, als dass sie ihn entmutigen
❺ *(assez)* **être ~ gentil(le)** eher [*o* eigentlich] nett sein; **c'est ~ bon signe** das ist eigentlich ein gutes Zeichen; **~ mal/lentement** eher schlecht/langsam; **elle va ~ bien** ihr geht es eigentlich ganz gut
❻ *fam (très)* unheimlich *(fam)*
❼ *(plus exactement)* **ou ~** oder besser gesagt
pluvial(e) [plyvjal, o] <-aux> *adj* Regen-; **riz ~** *Reis, der in mit Regen bewässerten Reisfeldern wächst*
pluvier [plyvje] *m* Regenpfeifer *m*
pluvieux, -euse [plyvjø, -jøz] *adj* regnerisch, verregnet; *climat, région* regenreich; **par temps ~** bei Regenwetter
pluviner [plyvine] <1> *vi impers* **il pluvine** es nieselt
pluviomètre [plyvjɔmɛtʀ] *m* Niederschlagsmesser *m*
pluviosité [plyvjozite] *f* Niederschlagsmenge *f*
PLV [peɛlve] *f abr de* **publicité sur le lieu de vente** *Werbeaktion vor Ort*
p.m. [peɛm] *adv abr de* **post meridiem** p.m.
PMA[1] [peɛma] *mpl abr de* **pays les moins avancés** am wenigsten entwickelte Länder *Pl*
PMA[2] [peɛma] *f abr de* **procréation médicalement assistée** medizinisch unterstützte Zeugung *f*
PMI[1] [peɛmi] *fpl abr de* **petites et moyennes industries** kleinere und mittelständische Industriebetriebe *Pl*
PMI[2] [peɛmi] *f abr de* **protection maternelle et infantile** Fürsorge *f* für Mutter und Kind
PMU [peɛmy] *m abr de* **Pari mutuel urbain** Pferdewettbüro *nt*
P.N.B. [peɛnbe] *m abr de* **produit national brut** Bruttosozialprodukt *nt*
pneu [pnø] *m* Reifen *m;* **avoir un ~ crevé** eine Reifenpanne haben
◆ **~ à clous** Spikereifen *m;* **~ d'hiver** Winterreifen *m*
pneumatique [pnømatik] **I.** *adj* **canot ~** Schlauchboot *nt;* **matelas ~** Luftmatratze *f;* **marteau ~** Presslufthammer *m*
II. *m* Reifen *m*
pneumocoque [pnømɔkɔk] *m* Pneumokokke *f,* Pneumokokkus *m*
pneumologie [pnømɔlɔʒi] *f* Pneumologie *f,* Lungenheilkunde *f*
pneumonie [pnømɔni] *f* Lungenentzündung *f*
pneu-neige [pnønɛʒ] <pneus-neige> *m* Winterreifen *m*
pneu-pluie [pnøplɥi] <pneus-pluie> *m* Regenreifen *m*
pochade [pɔʃad] *f* ❶ [Farb]skizze *f*
❷ *(œuvre littéraire)* burleske Skizze
poche[1] [pɔʃ] *f* ❶ Tasche *f*
❷ *(compartiment)* [Innen]fach *nt*
❸ ZOOL Beutel *m*
❹ *(cavité remplie de)* **~ d'air/d'eau** Luft-/Wasserblase *f;* **~ de pus** Eitertasche *f*
❺ *(îlot)* **ce quartier est une ~ de pauvreté** dieses Viertel ist eine Insel der Armut; **des ~s de chômage/d'analphabétisme** Gebiete mit hoher Arbeitslosigkeit/mit einer hohen Analphabetenrate; **~ de résistance** Zelle *f* des Widerstands
❻ ANAT **avoir des ~s sous les yeux** Tränensäcke unter den Augen haben
▶ **connaître qn/qc comme sa ~** jdn in- und auswendig/etw wie seine Westentasche kennen; **en être de sa ~** *fam* dafür blechen müssen *(fam)*; **payer de sa ~** aus eigener Tasche zahlen; **se remplir les ~s** sich bereichern; **lampe de ~** Taschenlampe *f;* **collection/format de ~** Taschenbuchreihe *f*/Taschenbuchformat *nt*
◆ **~ des eaux** Fruchtblase *f;* **~ de thé** CAN *(sachet de thé)* Teebeutel *m*
poche[2] [pɔʃ] *m fam* Taschenbuch *nt*
poche[3] [pɔʃ] *f* CH *(louche)* Schöpflöffel *m*

pocher [pɔʃe] <1> *vt* ❶ GASTR pochieren
❷ *(donner un coup à)* **~ un œil à qn** jdm ein blaues Auge schlagen; **avoir un œil poché** ein blaues Auge [*o* ein Veilchen *fam*] haben
poche-revolver [pɔʃʀevɔlvɛʀ] <poches-revolver> *f* Gesäßtasche *f*
pochette [pɔʃɛt] *f* ❶ *de disque* Hülle *f,* Cover *nt;* **~ d'allumettes** Streichholzbriefchen *nt;* **~ de timbres** Tüte *f* mit Briefmarken; **~ [pour photos]** Umschlag *m*
❷ *(mouchoir de veste)* Ziertuch *nt*
❸ *(petit sac)* *(pour femme)* Unterarmtasche *f;* *(pour homme)* Handgelenktasche *f*
pochette-surprise [pɔʃɛtsyʀpʀiz] <pochettes-surprises> *f* Wundertüte *f*
pochoir [pɔʃwaʀ] *m* Schablone *f*
pochothèque [pɔʃotɛk] *f* Taschenbuchhandlung *f*
podium [pɔdjɔm] *m* ❶ Podium *nt*
❷ SPORT Podest *nt;* **monter sur le ~** das Siegerpodest besteigen
podologie [pɔdɔlɔʒi] *f* Fußheilkunde *f*
podologue [pɔdɔlɔg] *mf* Fußspezialist(in) *m(f)*
poêle[1] [pwal] *f* GASTR [Brat]pfanne *f*
poêle[2] [pwal] *m* Ofen *m;* **~ à mazout/à bois** Öl-/Holzofen
poêlée [pwale] *f* **une ~ de qc** eine Pfanne voll etw
poêler [pwale] <1> *vt* braten
poêlon [pwalɔ̃] *m* Kasserolle *f*
poème [pɔɛm] *m* Gedicht *nt;* **~ symphonique** sinfonische Dichtung
poésie [pɔezi] *f* ❶ *sans pl* Poesie *f*
❷ *sans pl (genre de poème)* Dichtung *f,* Poesie *f;* **la ~ de Victor Hugo/de Rilke** Victor Hugos Poesie/die Rilke'sche Poesie
❸ *(poème)* Gedicht *nt*
poète [pɔɛt] *m* ❶ Dichter(in) *m(f);* **~ lyrique** Lyriker(in) *m(f)*
❷ *(rêveur)* Träumer(in) *m(f)*
poétesse [pɔetɛs] *f péj* Dichterin *f*
poétique [pɔetik] *adj* ❶ LITTER dichterisch; **art ~** Dichtkunst *f*
❷ *(empreint de poésie)* poetisch; *image, paysage* stimmungsvoll; *histoire* romantisch; *vision des choses* verklärt
poétiquement [pɔetikmɑ̃] *adv* poetisch
poétiser [pɔetize] <1> *vt* verklären
pognon [pɔɲɔ̃] *m sans pl fam* Kohle *f (fam)*, Knete *f (fam)*
pogrom(e) [pɔgʀɔm, pogʀom] *m* Pogrom *nt*
poids [pwɑ] *m* ❶ *a.* ECON Gewicht *nt;* *d'une personne* [Körper]gewicht; **~ net** Nettogewicht; **quel ~ faites-vous?** wie viel wiegen Sie?; **acheter/vendre au ~** nach Gewicht kaufen/verkaufen; **perdre/prendre du ~** ab-/zunehmen; **surveiller son ~** auf seine Linie achten *(fam)*
❷ *(objet)* Gewicht *nt*
❸ SPORT Kugel *f;* **le lancer du ~** das Kugelstoßen
❹ *(charge, responsabilité)* Last *f;* **le ~ des responsabilités** die Last der Verantwortung; **le ~ des années** die Last der Jahre; **le ~ des impôts** die Steuerlast; **être un grand ~ pour qn** jdm eine große Last sein; **se sentir délivré(e) d'un grand ~** sich erleichtert fühlen
❺ *sans pl (importance)* Gewicht *nt,* Bedeutung *f;* **un argument de ~** ein gewichtiges Argument; **le ~ économique d'un pays** die wirtschaftliche Bedeutung eines Landes; **donner du ~ à qc** einer S. *(Dat)* Gewicht verleihen; **être de peu de ~** nicht ins Gewicht fallen
❻ *sans pl (influence)* Einfluss *m;* **un homme de ~** ein Mann von Einfluss; **peser de tout son ~** seinen ganzen Einfluss geltend machen
❼ TRANSP **~ lourd** Lastwagen *m*
❽ TECH **~ mort** Eigengewicht *nt;* **~ utile** Nutzlast *f*
❾ SPORT **~ lourd/plume/coq** *(catégorie)* Schwer-/Feder-/Bantamgewicht *nt;* *(sportif)* Schwer-/Feder-/Bantamgewichtler *m*

▸ **avoir** [*o* **se sentir**] **un** ~ **sur l'estomac** einen Druck in der Magengegend haben; **il y a/on fait deux** ~ [**et**] **deux mesures** es wird mit zweierlei Maß gemessen; **faire le** ~ das nötige Format haben; **faire le** ~ **devant qn/qc** jdm/etw gewachsen sein
◆ ~ **en charge** Ladegewicht *nt;* ~ **et haltères** Gewichtheben *nt;* ~ **à vide** Leergewicht *nt*

poignant(e) [pwaɲɑ̃, ɑ̃t] *adj scène* ergreifend; *douleur* stechend

poignard [pwaɲaʀ] *m* Dolch *m;* **un coup de** ~ **dans le dos** *fig* ein Dolchstoß *m* in den Rücken

poignarder [pwaɲaʀde] <1> *vt* erdolchen, erstechen

poigne [pwaɲ] *f* Kraft *f* [in den Händen]
▸ **avoir de la** ~ Durchsetzungsvermögen haben; **homme/femme à** ~ energischer Mann/energische Frau; **gouvernement à** ~ starke Regierung
◆ ~ **de fer** (*force*) eiserner Griff; (*autorité*) energische Hand; **régner avec une** ~ **de fer** mit eiserner Hand regieren

poignée [pwaɲe] *f* ① Griff *m; d'une épée* Griff, Schaft *m;* (*dans le bus, la baignoire*) Haltegriff
② (*quantité*) Handvoll *f;* **une** ~ **de riz/de jeunes gens** eine Hand voll Reis/junger Leute
③ INFORM Joystick *m*
▸ **à** [*o* **par**] [**pleines**] ~**s** mit vollen Händen
◆ ~ **de main** Händedruck *m;* ~ **de main historique** historischer Handschlag; **donner une** ~ **de main à qn** jdm die Hand geben

poignet [pwaɲɛ] *m* ① ANAT Handgelenk *nt*
② COUT Manschette *f; d'un joueur de tennis* Schweißband *nt*
◆ ~ **de force** Gelenkstütze *f*

poil [pwal] *m* ① ANAT [Körper]haar *nt;* **les** ~**s de la barbe** das Barthaar, die Barthaare; **il n'a pas de** ~**s** er ist nicht behaart
② ZOOL Fell *nt,* Haarkleid *nt* (*geh*); **à** ~ **ras/long** kurz-/langhaarig; **manteau en** ~ **de lapin/renard** Hasenfell-/Fuchspelzmantel *m;* **le chat perd ses** ~**s** die Katze haart [*o* verliert Haare]
③ BOT [Pflanzen]haar *nt*
④ (*filament*) Borste *f; d'un pinceau* Haar *nt; d'un tapis, d'une moquette* Flor *m; d'un tissu* Faser *f*
⑤ *fam* (*un petit peu*) **un** ~ **de gentillesse** ein Funken [*o* Fünkchen] Höflichkeit; **ne pas avoir un** ~ **de bon sens** keinen Funken Verstand haben
▸ **reprendre du** ~ **de la bête** (*se rétablir*) wieder zu Kräften kommen; (*se ressaisir*) sich wieder fangen; **être de bon/mauvais** ~ *fam* gut/schlecht gelaunt sein; **de tout** ~, **de tous** ~**s** *fam* aller Art; **à** ~ *fam* (*nu*) nackt; **se mettre à** ~ sich [nackt] ausziehen; **au** ~**!** *fam* super! (*fam*), toll! (*fam*), prima! (*fam*)
◆ ~ **à gratter** Juckpulver *nt*

poilant(e) [pwalɑ̃, ɑ̃t] *adj fam* witzig, spaßig

poil-de-carotte [pwaldəkaʀɔt] *adj inv fam* leuchtend rot; **un enfant** ~ ein Rotschopf *m*

poiler [pwale] <1> *vpr fam* **se** ~ sich totlachen (*fam*), sich kaputtlachen (*fam*)

poilu(e) [pwaly] *adj* behaart

poinçon [pwɛ̃sɔ̃] *m* ① Ahle *f,* Pfriem *m; d'un graveur* Radiernadel *f*
② (*estampille*) *d'un orfèvre* Punze *f*

poinçonnage [pwɛ̃sɔnaʒ] *m* ① (*action*) Stanzen *nt,* Lochen *nt*
② (*perforage*) Lochung *f,* Perforierung *f*

poinçonner [pwɛ̃sɔne] <1> *vt* lochen; *orfèvre:* punzen

poinçonneuse [pwɛ̃sɔnøz] *f* Lochstanze *f*

poindre [pwɛ̃dʀ] <*irr*> **I.** *vi* (*apparaître*) sprießen
II. *vt fig littér* (*blesser*) verletzen

poing [pwɛ̃] *m* Faust *f;* [**le**] **revolver au** ~ mit dem Revolver in der Hand
▸ **envoyer** [*o* **mettre**] **son** ~ **dans la figure à qn** *fam* jdm eine vor den Latz knallen (*fam*); **taper du** ~ **sur la table, donner un coup de** ~ **sur la table** mit der Faust auf den Tisch hauen; **dormir à** ~**s fermés** tief [und fest] schlafen

point[1] [pwɛ̃] *m* ① Punkt *m*
② GEOM Punkt *m;* ~ **d'intersection** Schnittpunkt
③ (*tache*) Punkt *m;* ~ **lumineux** Lichtpunkt
④ (*dans une notation*) Punkt *m*
⑤ ECON *de retraite* Punkt *m* (*in Frankreich wird die Rente nach einem Punktsystem berechnet*)*; d'inflation* Prozent[punkt *m*] *nt*
⑥ (*endroit*) Stelle *f*
⑦ PHYS ~ **de liquéfaction** Verflüssigungspunkt *m*
⑧ (*question*) Frage *f*
⑨ (*partie*) *d'ordre du jour* Punkt *m;* ~ **litigieux** Streitpunkt; ~ **de détail** unwesentlicher Punkt; **être d'accord sur tous les** ~**s** in allen Punkten einverstanden sein; ~ **par** ~ Punkt für Punkt; **en tout** ~, **en tous** ~**s** in allen Punkten
⑩ GEOG **les quatre** ~**s cardinaux** die vier Himmelsrichtungen; ~ **culminant** höchster Punkt
⑪ POL ~ **chaud** Konfliktherd *m*
⑫ MED **avoir un** ~ ein Stechen haben
▸ **qn se fait un** ~ **d'honneur de faire qc, qn met un/son** ~ **d'honneur à faire qc** für jdn ist es Ehrensache etw zu tun, jd setzt seine Ehre darein etw zu tun (*geh*); **mettre les** ~**s sur les i à qn** jdm gegenüber sehr deutlich werden; **c'est un bon/mauvais** ~ **pour qn/qc** das spricht für/gegen jdn/etw; **jusqu'à un certain** ~ (*relativement*) bis zu einem gewissen Punkt; **avoir raison jusqu'à un certain** ~ in gewisser Weise Recht haben; **ça va jusqu'à un certain** ~ *fam* (*il y a une limite*) es gibt auch Grenzen; ~ **commun** Gemeinsamkeit *f;* **nous avons un** ~ **commun: ...** wir haben ein[e]s gemeinsam: ...; **n'avoir aucun** ~ **commun avec qn** nichts mit jdm gemeinsam haben; ~ **faible** Schwachpunkt *m;* ~ **fort** Stärke *f;* **au plus haut** ~ im höchsten Grad, äußerst; **être mal en** ~ *personne:* schlecht beieinander sein; *voiture, objet:* in einem schlechten Zustand sein; **être toujours au même** ~ unverändert sein; ~ **mort** toter Punkt; ECON Break-even-Punkt (*Fachspr.*); ~ **noir** (*comédon*) Mitesser *m;* (*grave difficulté*) heikler Punkt; (*lieu d'accidents*) Gefahrenstelle *f;* **arriver** [*o* **tomber**] **à** ~ **nommé** wie gerufen kommen; **à** [**un**] **tel** ~ [*o* **à un** ~ **tel**] **que qn fait qc** so [*o* derart], dass jd etw tut; **un** ~, **c'est tout** Punkt, Schluss, Aus; und damit basta; **être au** ~ *procédé, voiture:* ausgereift sein; *fam personne:* gut vorbereitet sein; **être sur le** ~ **de faire qc** im Begriff sein etw zu tun; **il était sur le** ~ **de prendre sa retraite** er stand kurz vor der Rente; **faire le** ~ [**de la situation**] Bilanz ziehen; **mettre au** ~ (*régler*) einstellen; (*préparer dans les détails*) ausarbeiten; **mettre une technique au** ~ eine Technik voll entwickeln; **mettre qc au** ~ **avec qn** (*s'entendre avec qn sur qc*) etw mit jdm vereinbaren; (*éclaircir*) etw mit jdm [ab]klären; **partir à** ~ rechtzeitig abfahren; **tomber à** ~ genau richtig kommen; **je voudrais ma viande à** ~ ich hätte gern mein Fleisch medium; **légumes/nouilles à** ~ Gemüse/Nudeln al dente; **fruit/fromage à** ~ reifes Obst/reifer Käse; **arriver** [*o* **venir**] **à** ~ wie gerufen kommen, [genau] im richtigen Moment kommen; **comment a-t-il pu en arriver à ce** ~[**-là**]? wie konnte es so weit mit ihm kommen?; **au** ~ **qu'on a dû faire qc/que qn fait** [*o* **fasse**] **qc** so [*o* derart], dass man etw unternehmen musste/dass jd etw unternimmt; **le** ~ **sur qn/qc** (*dans un journal télévisé*) zur Lage jds/einer S.
◆ ~ **virgule** Strichpunkt *m;* ~ **d'appui** (*pour un levier*) Drehpunkt *m;* (*pour une échelle*) Stelle *m* zum Anlegen; MIL Stützpunkt *m;* (*soutien*) Halt *m;* **prendre un** ~ **d'appui** sich festhalten; ~ **d'attache** (*relations*) **je n'ai pas de** ~ **d'attache dans cette ville** ich habe weder Verwandte noch Bekannte in dieser Stadt; ~ **de chute** Quartier *nt;* ~ **de côté** Seitenstechen *nt;* ~ **de départ** Ausgangspunkt *m; d'une découverte* Ausgangsbasis *f; du jeu de l'oie* Start *m;* ~ **d'eau** Wasserstelle *f;* ~ **d'exclamation** Ausrufezeichen *nt;* ~ **de friction** Reibungspunkt *m,* Streitpunkt *m;* ~ **de fuite** Fluchtpunkt *m;* ~ **d'impact** (*trace*) Aufschlagstelle *f;* (*trou*) Einschlag[stelle *f*] *m;* ~ **d'interrogation** Fragezeichen *nt;* **c'est le grand** ~ **d'interrogation** das

ist die große Frage; ~ **d'intersection** Schnittpunkt *m; de routes* Kreuzung *f;* ~ **de jonction** Verbindungsstelle *f;* ~ **du jour** Tagesanbruch *m;* ~ **de mire être le ~ de mire des journalistes** im Mittelpunkt des Interesses der Journalisten stehen; ~ **de non-retour qn/qc est à un ~ de non-retour** für jdn/etw gibt es kein Zurück mehr; ~ **de rencontre** Treffpunkt *m;* ~ **de repère** Anhaltspunkt *m,* Orientierungspunkt *m;* **servir de ~ de repère** der Orientierung dienen; ~ **de rupture** Bruchstelle *f;* ~**s de suspension** Auslassungspunkte *Pl;* ~ **de vente** Verkaufsstelle *f;* ~ **de vue** ① Aussicht[spunkt *m*] *f* ② (*opinion*) Ansicht *f,* Meinung *f;* **partager le [même] ~ de vue que qn** jds Meinung [*o* Ansicht] teilen [*o* sein]; **j'ai un autre ~ de vue** ich sehe das anders; **à mon ~ de vue** meiner Meinung [*o* Ansicht] nach; **d'un certain ~ de vue** in gewisser Weise; **de ce ~ de vue** so gesehen; **du ~ de vue touristique** was den Tourismus angeht [*o* anbelangt] ▸ **au** [*o* **du**] ~ **de vue de qc** was etw anbelangt; **au ~ de vue scientifique** aus wissenschaftlicher Sicht

point² [pwɛ̃] *m* Stich *m;* (*en tricotant, crochetant*) Masche *f;* ~ **de tricot** Strickmuster *nt;* **en ~ de jersey** glatt rechts gestrickt
◆ ~ **à l'endroit** rechte Masche; ~ **de croix** Kreuzstich *m;* ~ **à l'envers** linke Masche; ~ **de suture** MED Stich *m;* **avoir deux ~s de suture** mit zwei Stichen genäht werden

point³ [pwɛ̃] *adv littér* **je n'ai ~ froid** mir ist [gar] nicht kalt; **elle n'a ~ d'amis** sie hat gar keine Freunde

pointage [pwɛ̃taʒ] *m* [Über]prüfung *f; d'une liste* Abhaken *nt;* **faire le ~ d'un colis** den Inhalt eines Päckchens kontrollieren; **faire le ~ des bulletins de vote** die Stimmen auszählen

pointe [pwɛ̃t] *f* ① Spitze *f;* **la ~ de l'île** die Inselspitze; **en ~** spitz; **décolleté en ~** V-Ausschnitt *m*
② (*objet pointu*) Spitze *f; d'une fourchette* Zinke *f*
③ (*clou*) Drahtstift *m*
④ (*outil*) Spitzeisen *nt;* ~ **de traçage** Reißnadel *f*
⑤ GEOG (*langue de terre*) Landzunge *f*
⑥ *pl* (*de danse*) Spitzenschuhe *Pl;* **faire des ~s** auf der Spitze tanzen
⑦ SPORT Spike *m*
⑧ (*sommet dans un graphique*) Spitze *f*
⑨ ART ~ **sèche** (*outil*) Kaltnadel *f;* (*gravure*) Kaltnadelradierung *f*
⑩ (*petite quantité de*) **une ~ de cannelle** eine Messerspitze Zimt; **une ~ de méchanceté** ein Schimmer *m* von Boshaftigkeit; **une ~ d'ironie** ein Hauch *m* von Ironie; **une ~ d'accent** ein leichter Akzent
⑪ CAN (*part*) Stück *nt*
▸ **faire des ~s [de vitesse] de** [*o* **à**] **200/230 km/heure** 200/230 km/h Spitze fahren (*fam*); **chaussons à ~s** Spitzenschuhe *Pl;* **chaussures à ~s** Spikes *Pl,* Nagelschuhe *Pl;* **être à la ~ de qc** an der Spitze einer S. (*Gen*) stehen; **un journaliste à la ~ de l'actualité** ein Journalist *m* [mit dem Finger] am Puls der Zeit; **vitesse de ~** Höchstgeschwindigkeit *f,* Spitzengeschwindigkeit *f;* **heures de ~** Hauptverkehrszeit *f,* Stoßzeit *f;* **de** [*o* **en**] ~ führend; **technologie/équipe de ~** Spitzentechnologie/Spitzenmannschaft; **notre société est en ~/reste une entreprise de ~** unser Unternehmen steht an der Spitze/bleibt führend
◆ ~ **d'asperge** Spargelspitze *f;* ~ **des pieds marcher sur la ~ des pieds** auf Zehenspitzen gehen; (*prudemment*) behutsam vorgehen; **se mettre** [*o* **se dresser**] **sur la ~ des pieds** sich auf die Zehenspitzen stellen

pointeau [pwɛ̃to] <x> *m* TECH Stempel *m;* (*tige à bout conique*) Körner *m*

pointer¹ [pwɛ̃te] <1> **I.** *vi* ① IND **[aller] ~** *ouvrier, employé:* die Stechuhr betätigen; *chômeur:* stempeln gehen (*fam*)
② (*au jeu de boules*) die Setzkugel anspielen
③ INFORM ~ **sur une icône** mit der Maus auf ein Icon zeigen
II. *vt* ① abhaken *noms;* ankreuzen *titres de livres*
② IND kontrollieren
③ (*diriger vers*) ~ **qc sur/vers qn/qc** etw auf/gegen jdn/etw richten; ~ **son/le doigt sur qn** mit dem Finger auf jdn zeigen
④ (*au jeu de boules*) ~ **une boule** mit einer Kugel die Setzkugel anspielen
⑤ MUS **être pointé(e)** punktiert sein
III. *vpr fam* **se ~** aufkreuzen (*fam*), auftauchen (*fam*)

pointer² [pwɛ̃te] <1> **I.** *vi* ① emporragen (*geh*); ~ **vers le ciel** in den Himmel ragen; ~ **au-dessus des toits** aus den Dächern [heraus]ragen
② (*commencer à pousser*) sprießen
③ *littér* (*apparaître brusquement*) *lueur d'effroi:* aufflackern; *ironie:* aufblitzen
II. *vt* spitzen *oreilles;* ~ **le nez** schnuppern

pointeur [pwɛ̃tœʀ] *m* ① (*au jeu de boules*) Werfer(in) *m(f)* (*der versucht, möglichst nahe an die Setzkugel anzulegen*)
② MIL Richtkanonier *m*
③ INFORM ~ **de la souris** Mauszeiger *m*

pointeuse [pwɛ̃tøz] *f* Stechuhr *f*

pointillé [pwɛ̃tije] *m* ① punktierte Linie; **être en ~[s]** gestrichelt [dargestellt] sein; *fig* angedeutet sein
② (*perforations*) Perforierung *f,* Perforation *f;* **détacher selon le ~** an [*o* entlang] der Perforierung abtrennen

pointilleux, -euse [pwɛ̃tijø, -jøz] *adj* übergenau, pingelig (*fam*); **être ~(-euse) sur qc** [*o* **en matière de qc**] es mit etw sehr genau nehmen

pointillisme [pwɛ̃tijism] *m* Pointillismus *m*

pointu(e) [pwɛ̃ty] **I.** *adj* ① spitz
② (*grêle et aigu*) schrill
③ (*très poussé*) *formation* hochqualifiziert; *analyse* tief schürfend; *sujet* enggefasst
II. *adv* **parler ~** mit Pariser Akzent sprechen

pointure [pwɛ̃tyʀ] *f* Größe *f;* **quelle est votre ~?** welche Größe haben Sie?

point-virgule [pwɛ̃viʀgyl] <points-virgules> *m* Strichpunkt *m,* Semikolon *nt*

poire [pwaʀ] *f* ① Birne *f;* (*eau-de-vie*) Birnenschnaps *m;* ~ **Belle-Hélène** Birne Helene; **gâteau aux ~s** Birnenkuchen *m*
② (*en forme de poire*) **vaporisateur à ~** Pumpzerstäuber *m;* ~ **à lavement** MED Klistierspritze *f*
③ *fam* (*figure*) Gesicht *nt*
④ *fam* (*naïf*) Naivling *m* (*fam*); **quelle ~!** wie kann man nur so dumm sein!
▸ **garder une ~ pour la soif** eine eiserne Reserve haben; **être trop bonne ~** viel zu gutmütig sein; **couper la ~ en deux** halbe-halbe machen; **se payer la ~ de qn** *fam* sich über jdn lustig machen

poireau [pwaʀo] <x> *m* Porree *m,* Lauch *m*
▸ **faire le ~** *fam* herumstehen wie bestellt und nicht abgeholt (*fam*); **faire faire le ~ à qn** jdn herumstehen lassen (*fam*)

poireauter [pwaʀote] <1> *vi fam* **faire ~ les gens** die Leute herumstehen lassen

poirée [pwaʀe] *f* Mangold *m*

poirier [pwaʀje] *m* Birnbaum *m*
▸ **faire le ~** einen Kopfstand machen

pois [pwɑ] *m* Erbse *f;* ~ **cassés** Trockenerbsen *Pl;* ~ **chiche** Kichererbse; **petit ~** Erbse
▸ **à ~** getüpfelt, gepunktet; **à gros ~** mit großen Tupfen [*o* Punkten]
◆ ~ **de senteur** Wicke *f*

poison [pwazɔ̃] **I.** *m* ① Gift *nt*
② *fam* (*chose ennuyeuse*) **quel ~!** wie ätzend! (*fam*)
II. *mf fam* ① Giftzwerg *m* (*fam*), Giftspritze *f* (*fam*)
② (*enfant insupportable*) Nervensäge *f* (*fam*)

poissard(e) [pwasaʀ, aʀd] LITTER *adj* pöbelhaft, vulgär

poissarde [pwasaʀd] *f péj vieilli* Fischweib *nt* (*pej*)

poisse [pwas] *f* Pech *nt;* **porter la ~ à qn** *fam* jdm Unglück bringen; **quelle ~!** so ein Mist! (*fam*)

P

poisser [pwase] <1> *vt* ❶ (*enduire de poix*) mit Pech ausstreichen
❷ (*salir*) beschmieren
❸ (*arrêter, attraper*) **se faire** ~ *fam* geschnappt werden (*fam*)
poisseux, **-euse** [pwasø, -øz] *adj* klebrig
poisson [pwasɔ̃] *m* ZOOL Fisch *m;* ~ **rouge** Goldfisch
▸ **comme un** ~ **dans l'eau** wie ein Fisch im Wasser; **se sentir comme un** ~ **dans l'eau** in seinem Element sein; **petit** ~ **deviendra grand** *prov* aus Kindern werden Leute; **engueuler qn comme du** ~ **pourri** *fam* jdn zur Schnecke machen (*fam*)
◆ [**petit**] ~ **d'argent** Silberfischchen *nt;* ~ **d'avril** Aprilscherz *m;* ~ **d'avril!** April, April!; **faire à qn un** ~ **d'avril** jdn in den April schicken
poisson-chat [pwasɔ̃ʃa] <poissons-chats> *m* Wels *m* **poisson-épée** [pwasɔ̃epe] <poissons-épées> *m* Schwertfisch *m* **poisson-lune** [pwasɔ̃lyn] <poissons-lunes> *m* Mondfisch *m*
poissonnerie [pwasɔnʀi] *f* (*boutique*) Fischgeschäft *nt*
poissonneux, **-euse** [pwasɔnø, -øz] *adj* fischreich
poissonnier [pwasɔnje] *m* Fischhändler *m*
poissonnière [pwasɔnjɛʀ] *f* ❶ Fischhändlerin *f*
❷ (*casserole*) Fischpfanne *f*
Poissons [pwasɔ̃] *mpl* ASTROL Fische *Pl;* **être** [**du signe des**] ~ [ein] Fisch sein, im Zeichen der Fische geboren sein
poisson-scie [pwasɔ̃si] <poissons-scies> *m* Sägefisch *m*
poitevin(**e**) [pwat(ə)vɛ̃, vin] *adj* (*de la ville*) von Poitiers; (*de la région*) des Poitou
Poitevin(**e**) [pwat(ə)vɛ̃, vin] *m(f)* (*de la ville*) Einwohner(in) *m(f)* von Poitiers; (*de la région*) Einwohner(in) *m(f)* des Poitou
Poitou [pwatu] *m* **le** ~ das Poitou
poitrail [pwatʀaj] *m* *d'un cheval, chien* Brust[partie *f*] *f*
poitrine [pwatʀin] *f* ❶ ANAT Brust *f;* **le tour de** ~ die Oberweite
❷ (*seins*) Busen *m*
❸ GASTR Brust *f*
poivre [pwavʀ] *m sans pl* Pfeffer *m;* **mettre du** ~ **dans** [*o* **sur**] **qc** etw pfeffern
▸ **être** ~ **et sel** grau meliert sein
◆ ~ **de Cayenne** Cayennepfeffer *m*
poivré(**e**) [pwavʀe] *adj* ❶ gepfeffert
❷ (*évoquant l'odeur, le goût du poivre*) *parfum, menthe* herb
❸ (*grossier*) *plaisanterie, histoire* gepfeffert (*fam*)
poivrer [pwavʀe] <1> *vt, vi* pfeffern
poivrier [pwavʀije] *m* ❶ Pfefferstrauch *m*
❷ (*récipient*) Pfefferstreuer *m*
❸ (*moulin à poivre*) Pfeffermühle *f*
poivrière [pwavʀijɛʀ] *f* Pfefferstreuer *m*
poivron [pwavʀɔ̃] *m* Paprika[schote *f*] *m*
poivrot(**e**) [pwavʀo, ɔt] *m(f)* *fam* Trinker(in) *m(f)*
poix [pwɑ] *f* Pech *nt*
pokémonomaniaque [pɔkemɔnɔmanjak] *mf* Pokemon-Freak *m*
poker [pɔkɛʀ] *m* ❶ Poker[spiel *nt*] *nt*
❷ (*partie*) Partie *f* Poker
❸ (*carré*) **un** ~ **d'as/de rois** vier Asse/Könige
◆ ~ **d'as** JEUX Würfelpoker *nt*
polaire [pɔlɛʀ] *adj* ❶ GEOG **cercle** ~ Polarkreis *m;* **ours** ~ Eisbär *m*
❷ (*glacial*) eisig
polar [pɔlaʀ] *m fam* Krimi *m* (*fam*)
polarisation [pɔlaʀizasjɔ̃] *f* ❶ ~ **sur qn/qc** Konzentration *f* auf jdn/etw
❷ PHYS, ELEC, OPT Polarisation *f*
polariser [pɔlaʀize] <1> **I.** *vt* ❶ ~ **l'attention** Aufmerksamkeit auf sich (*Akk*) ziehen
❷ (*concentrer*) ~ **son attention sur un problème** seine [ganze] Aufmerksamkeit auf ein Problem richten
❸ PHYS, OPT, ELEC polarisieren
II. *vpr* **se** ~ **sur qn/qc** sich auf jdn/etw konzentrieren; *haine:* sich auf jdn/etw richten
polariseur [pɔlaʀizœʀ] OPT **I.** *adj* Polarisations-
II. *m* Polarisator *m*
polarité [pɔlaʀite] *f* Polarität *f*
polaroïd® [pɔlaʀɔid] *m* ❶ Polaroid[kamera *f*]® *f*
❷ (*photo*) Polaroid[bild *nt*] *nt*
polder [pɔldɛʀ] *m* Polder *m,* Marsch *f*
pôle [pol] *m* ❶ GEOG Pol *m;* ~ **Nord/Sud** Nord-/Südpol
❷ ELEC Pol *m;* ~ **négatif/positif** Minus-/Pluspol
❸ (*terme opposé*) [Gegen]pol *m*
❹ ECON, POL Zentrum *nt*
◆ ~ **d'attraction** Anziehungspunkt *m;* ~ **de croissance** Wachstumszentrum *nt;* ~ **de développement** Entwicklungsschwerpunkt *m;* ~ **d'influence** Einflussbereich *m*
polémique [pɔlemik] **I.** *adj* polemisch
II. *f* Polemik *f*
polémiquer [pɔlemike] <1> *vi* ~ **contre qn/qc** gegen jdn/etw polemisieren
polémiste [pɔlemist] *mf* Polemiker(in) *m(f)*
polenta [pɔlɛnta] *f* Polenta *f*
pole position [polpozisjɔ̃] *f inv* ❶ SPORT Poleposition *f inv*
❷ COM (*en tête*) Marktführer *m*
poli [pɔli] *m sans pl* Glanz *m;* **donner un beau** ~ **à qc** etw auf Hochglanz polieren
poli(**e**)¹ [pɔli] *adj* höflich; **être** ~(**e**) **avec qn** jdm gegenüber höflich sein
poli(**e**)² [pɔli] *adj* glatt; *bois, métal* poliert
police¹ [pɔlis] *f sans pl* Polizei *f;* ~ **judiciaire/secrète** Kriminal-/Geheimpolizei; ~ **municipale/nationale** Orts-/Staatspolizei; ~ **privée** Wach- und Sicherheitsdienst *m*
▸ **faire la** ~ für Ordnung sorgen
◆ ~ **de l'air et des frontières** Luft- und Grenzschutzpolizei *f;* ~ **des mœurs** Sittenpolizei *f;* ~ **de la route** Verkehrspolizei *f;* ~ **secours** Notruf *m*
police² [pɔlis] *f* ❶ ~ **d'assurance** Versicherungspolice *f*
❷ INFORM ~ **de caractères** Font *m*
policé(**e**) [pɔlise] *adj littér* zivilisiert
polichinelle [pɔliʃinɛl] *m* ❶ Hampelmann *m* (*fam*)
❷ THEAT **Polichinelle** Pulcinella *m*
policier [pɔlisje] *m* ❶ Polizist *m*
❷ (*roman, film*) Krimi *m*
policier, **-ière** [pɔlisje, -jɛʀ] *adj* **chien/état** ~ Polizeihund *m*/-staat *m;* **roman/film** ~ Kriminalroman *m*/-film *m;* **femme** ~ Polizistin *f*
policière [pɔlisjɛʀ] *f* Polizistin *f*
policlinique [pɔliklinik] *f* Poliklinik *f*
poliment [pɔlimɑ̃] *adv* höflich
polio [pɔljo] **I.** *f abr de* **poliomyélite** Polio *f,* Kinderlähmung *f*
II. *mf abr de* **poliomyélitique** an Polio Erkrankte(r) *f(m)*
poliomyélite [pɔljɔmjelit] *f* [spinale] Kinderlähmung, Poliomyelitis *f* (*Fachspr.*)
poliomyélitique [pɔljɔmjelitik] **I.** *adj* **virus** ~ Poliovirus *nt;* **être** ~ Kinderlähmung haben
II. *mf* an Kinderlähmung Erkrankte(r) *f(m)*
polir [pɔliʀ] <8> *vt* ❶ glatt schleifen, blank schleifen
❷ (*rendre brillant*) [auf Hochglanz] polieren
❸ (*peaufiner*) ausfeilen
polissage [pɔlisaʒ] *m* ❶ Schleifen *nt*
❷ (*pour rendre brillant*) Polieren *nt*
polisson(**ne**) [pɔlisɔ̃, ɔn] **I.** *adj* ❶ anzüglich; *chanson* zweideutig; *regard* begehrlich
❷ (*espiègle*) schelmisch; **elle est** ~**ne** sie ist ein Schelm *m* [*o* Schlingel *m*] (*fam*)
II. *m(f)* Schelm *m* (*fam*), Schlingel *m* (*fam*)
polissonnerie [pɔlisɔnʀi] *f* Bubenstreich *m,* Ungezogenheit *f*
politesse [pɔlitɛs] *f* ❶ *sans pl* Höflichkeit *f,* Anstand *m;* **manquer de** ~ unhöflich sein; **lettre de** ~ Höflichkeitsschreiben *nt;* **faire qc par** ~ etw aus Höflichkeit tun

❷ *pl* (*propos*) Höflichkeiten *Pl;* (*comportements*) Anstandsregeln *Pl;* **se faire des ~s** Höflichkeiten austauschen
▸ **brûler la ~ à qn** sich [auf] französisch empfehlen

politicard(e) [pɔlitikaʀ, aʀd] *m(f)* Politprofi *m*

politicien(ne) [pɔlitisjɛ̃, jɛn] **I.** *adj péj* politisch; **politique ~ne** Politik *f* um der Politik willen
II. *m(f)* Politiker(in) *m(f)*

politico-économique [pɔlitikɔekɔnɔmik] *adj* politisch und wirtschaftlich

politique¹ [pɔlitik] *adj* ❶ politisch; *droits* staatsbürgerlich; **sciences ~s** Politikwissenschaft *f*
❷ *littér* (*habile*) diplomatisch

politique² [pɔlitik] *m* ❶ (*homme politique*) Politiker *m*
❷ (*prisonnier politique*) politische(r) Gefangene(r) *m*
❸ (*domaine politique*) politischer Bereich

politique³ [pɔlitik] *f* ❶ Politik *f;* **~ économique/extérieure** Wirtschafts-/Außenpolitik; **~ financière** Finanzpolitik; **~ intérieure** Innenpolitik; **~ sociale** Sozialpolitik; **~ de droite/gauche** rechts-/linksorientierte Politik; **~ en matière de taux de change** Wechselkurspolitik; **faire de la ~** (*être militant*) politisch engagiert sein; (*être intéressé*) sich für Politik interessieren; **la ~ politicienne** *péj* Politik um der Politik willen
❷ (*ligne de conduite*) Politik *f;* **être de bonne ~** [taktisch] klug sein; **~ de la main tendue** Versöhnungspolitik; **~ de la terre brûlée** Politik der verbrannten Erde; **pratiquer la ~ du moindre effort** den Weg des geringsten Widerstandes gehen
❸ (*femme politique*) Politikerin *f*
❹ (*prisonnière politique*) politische Gefangene
◆ **~ de l'autruche** Vogel-Strauß-Politik *f*

politiquement [pɔlitikmɑ̃] *adv* ❶ politisch
❷ *littér* (*avec habileté*) diplomatisch

politisation [pɔlitizasjɔ̃] *f* Politisierung *f*

politiser [pɔlitize] <1> *vt* politisieren

politologie [pɔlitɔlɔʒi] *f* Politologie *f*

politologue [pɔlitɔlɔg] *mf* Politologe *m*/Politologin *f*

polka [pɔlka] *f* Polka *f*

pollen [pɔlɛn] *m* Pollen *m*

pollinisation [pɔlinizasjɔ̃] *m* BOT Bestäubung *f*

polluant [pɔlɥɑ̃] *m* Schadstoff *m*

polluant(e) [pɔlɥɑ̃, ɑ̃t] *adj* umweltverschmutzend; *produit chimique* umweltschädlich; **non ~(e)** umweltfreundlich

polluer [pɔlɥe] <1> **I.** *vt* verschmutzen
II. *vi* die Umwelt verschmutzen

pollueur, -euse [pɔlɥœʀ, -øz] **I.** *adj* umweltverschmutzend; *méthodes de production* umweltschädlich
II. *m, f* Umweltverschmutzer(in) *m(f)*

pollution [pɔlysjɔ̃] *f* ❶ Umweltverschmutzung *f;* **~ atmosphérique** [*o* **de l'air**] Luftverschmutzung; **~ radioactive** radioaktive Verseuchung; **~ des eaux** Gewässerverschmutzung; **~ du sol** Bodenverschmutzung
❷ (*nuisance*) Beeinträchtigung *f;* **~ sonore** Lärmbelästigung *f*
❸ MED **~ nocturne** nächtlicher Samenerguss, Pollution *f* (*Fachspr.*)

polo [pɔlo] *m* ❶ Polohemd *nt*
❷ SPORT Polo *nt*

polochon [pɔlɔʃɔ̃] *m fam* Nackenrolle *f*

Pologne [pɔlɔɲ] *f* **la ~** Polen *nt*

polonais [pɔlɔnɛ] *m* Polnisch *nt,* das Polnische; *v. a.* **allemand**

polonais(e) [pɔlɔnɛ, ɛz] *adj* polnisch

Polonais(e) [pɔlɔnɛ, ɛz] *m(f)* Pole *m*/Polin *f*

polonaise [pɔlɔnɛz] *f* MUS Polonaise *f*

polonium [pɔlɔnjɔm] *m* Polonium *nt*

poltron(ne) [pɔltʀɔ̃, ɔn] **I.** *adj* feig[e]
II. *m(f)* Feigling *m*

poltronnerie [pɔltʀɔnʀi] *f* Feigheit *f*

poly [pɔli] *m fam abr de* **polycopié** [Vorlesungs]skript *nt*

polyacrylique [pɔliakʀilik] *adj* Polyacryl-

polyamide [pɔliamid] *m* Polyamid *nt*

polyandrie [pɔljɑ̃dʀi, pɔliɑ̃dʀi] *f* Vielmännerei *f*

polychrome [pɔlikʀom] *adj* vielfarbig, mehrfarbig

polyclinique [pɔliklinik] *f* Poliklinik *f*

polycopie [pɔlikɔpi] *f* (*procédé*) Vervielfältigungsverfahren *nt;* (*action*) Vervielfältigung *f;* (*feuille*) Kopie *f*

polycopié [pɔlikɔpje] *m* [Vorlesungs]skript *nt*

polycopier [pɔlikɔpje] <1a> *vt* vervielfältigen, abziehen

polyculture [pɔlikyltyʀ] *f* Mischkultur *f*

polyèdre [pɔliɛdʀ, pɔljɛdʀ] GEOM **I.** *adj* polyedrisch, vielflächig
II. *m* Polyeder *nt,* Vielflächner *m*

polyester [pɔliɛstɛʀ] **I.** *m* Polyester *m*
II. *app inv* aus Polyester; **fibres ~** Polyesterfasern *Pl*

polyéthylène [pɔlietilɛn] **I.** *m* Polyäthylen *nt*
II. *app inv* aus Polyäthylen

polygame [pɔligam] **I.** *adj* polygam
II. *m* Polygamist *m*

polygamie [pɔligami] *f* Polygamie *f*

polyglotte [pɔliglɔt] **I.** *adj* polyglott
II. *mf* Polyglotte *mf*

polygonal(e) [pɔligɔnal, o] <-aux> *adj* polygonal, vieleckig

polygone [pɔligɔn] *m* ❶ Vieleck *nt,* Polygon *nt*
❷ MIL Artillerieschießplatz *m*

polygraphe [pɔligʀaf] *m* Vielschreiber *m*

polymère [pɔlimɛʀ] **I.** *adj* polymer
II. *m* Polymer[e] *nt*

polymérisation [pɔlimeʀizasjɔ̃] *f* Polymerisation *f*

polymorphe [pɔlimɔʀf] *adj* polymorph

polymorphisme [pɔlimɔʀfism] *m* CHIM Polymorphie *f;* BIO Polymorphismus *m*

Polynésie française [pɔlinezifʀɑ̃sɛz] *f* **la ~** die französischen Südseeinseln

polynésien(ne) [pɔlinezjɛ̃, jɛn] *adj* polynesisch

Polynésien(ne) [pɔlinezjɛ̃, jɛn] *m(f)* Polynesier(in) *m(f)*

polynôme [pɔlinom] *m* MATH Polynom *nt*

polype [pɔlip] *m* ZOOL, MED Polyp *m*

polyphasé(e) [pɔlifaze] *adj* ELEC mehrphasig

polyphonie [pɔlifɔni] *f* Polyphonie *f*

polyphonique [pɔlifɔnik] *adj* polyphon

polypropylène [pɔlipʀɔpilɛn] **I.** *m* Polypropylen *nt*
II. *app inv* aus Polypropylen

polysémie [pɔlisemi] *f* LING Polysemie *f*

polysémique [pɔlisemik] *adj* LING polysem

polystyrène [pɔlistiʀɛn] **I.** *m* Polystyrol *nt;* **~ expansé** Styropor® *nt*
II. *app inv* aus Polystyrol

polysyllabe [pɔlisi(l)lab], **polysyllabique** [pɔlisi(l)labik] **I.** *adj* mehrsilbig
II. *m* mehrsilbiges Wort, Polysyllabum *nt* (*Fachspr.*)

polytechnicien(ne) [pɔlitɛknisjɛ̃, jɛn] *m(f)* [*ehemaliger*] *Schüler/*[*ehemalige*] *Schülerin der École polytechnique*

polytechnique [pɔlitɛknik] *adj* polytechnisch; **Ecole ~** *Hochschule zur Ausbildung von Ingenieuren in Paris*

polythéisme [pɔliteism] *m* Polytheismus *m*

polythéiste [pɔliteist] **I.** *adj* polytheistisch
II. *mf* jd, der/die an mehrere Götter zugleich glaubt; Polytheist(in) *m(f)*

polyuréthan[n]e [pɔliyʀetan, pɔljyʀetan] **I.** *m* Polyurethan *nt;* **en mousse de ~** aus Polyurethanschaumstoff
II. *app inv* aus Polyurethan

polyvalence [pɔlivalɑ̃s] *f* Vielseitigkeit *f*

polyvalent(e) [pɔlivalɑ̃, ɑ̃t] **I.** *adj* ❶ vielseitig; *objet* vielseitig verwendbar; *sérum, vaccin* polyvalent; **salle ~e** Mehrzweckhalle *f;* **école ~e** CAN ≈ Berufsfachschule
❷ CHIM mehrwertig
II. *m(f)* FISC Steuerprüfer(in) *m(f)*

polyvinyle [pɔlivinil] *m* Polyvinyl *nt*

pomélo [pɔmelo] *m* Grapefruit *f*

P

pommade [pɔmad] *f* Salbe *f*
► **passer de la ~ à qn** jdm schmeicheln, jdm Honig um den Bart schmieren (*fam*)

pommader [pɔmade] <1> **I.** *vt* mit Pomade einreiben *cheveux;* eincremen *joues*
II. *vpr* **se ~** sich mit Pomade einreiben [*o* einschmieren *pej*]

pomme [pɔm] *f* ❶ Apfel *m;* **~ d'api** kleiner rotbäckiger Apfel; **~ de reinette** Renette *f;* **~ golden** Golden Delicious *m*
❷ (*pomme de terre*) Kartoffel *f;* **~s frites** Pommes frites *Pl;* **~s sautées** Bratkartoffeln *Pl;* **~s mousseline** Kartoffelpüree *nt;* **~s dauphines** Kroketten *Pl*
❸ (*cœur*) *de chou, laitue* Herz *nt*
❹ (*objet en forme de pomme*) *d'une canne* Knauf *m; d'un arrosoir, d'une douche* Braus(e)kopf *m*
► **être grand(e) [*o* haut(e)] comme trois ~s** winzig[klein] sein; *enfant:* ein Dreikäsehoch sein (*fam*); **rond(e) comme une ~** kugelrund; **être/tomber dans les ~s** umgekippt sein/umkippen (*fam*); **aux ~s!** *fam* super! (*fam*); **pour ma/ta ~** *fam* für mich/dich; **ça va encore être pour ma ~!** ich werde wohl wieder dran glauben müssen! (*fam*)
◆ **~ d'Adam** Adamsapfel *m;* **~ de discorde** Zankapfel *m;* **~ de pin** Tannenzapfen *m*

pommé(e) [pɔme] *adj* **laitue ~e** Kopfsalat *m;* **chou ~** Weißkohl *m*

pommeau [pɔmo] <x> *m* Knauf *m; d'une selle* Knopf *m*

pomme de terre [pɔmdətɛʀ] <pommes de terre> *f* Kartoffel *f;* **~ en robe de chambre** [*o* **des champs**] Pellkartoffel *f*

pommelé(e) [pɔmle] *adj ciel* mit Schäfchenwolken; **cheval ~** Apfelschimmel *m*

pommer [pɔme] <1> *vi* einen Kopf bilden

pommette [pɔmɛt] *f souvent pl* Backenknochen *m*

pommier [pɔmje] *m* Apfelbaum *m*

pompage [pɔ̃paʒ] *m* [Ab]pumpen *nt;* (*vers le haut*) [Hoch]pumpen

pompe¹ [pɔ̃p] *f* ❶ Pumpe *f;* **~ aspirante/rotative** Saug-/Rotationspumpe; **~ à essence** Zapfsäule *f;* **~ à incendie** Feuerlöschpumpe
❷ *fam* (*chaussure*) Treter *m* (*fam*)
❸ *pl* SCOL *arg* Spickzettel *m* (*fam*)
❹ SPORT *fam* Liegestütz *m;* **faire des ~s** Liegestütze[n] machen
► **coup de ~** *fam* Durchhänger *m* (*fam*); **être** [*o* **marcher**] **à côté de ses ~s** *fam* völlig daneben sein (*fam*); **à toute[s] ~[s]** *fam* blitzschnell (*fam*); *arriver, rouler* mit Karacho (*fam*)

pompe² [pɔ̃p] *f littér* Prunk *m;* **en grande ~** mit großem Prunk
► **[entreprise de] ~s funèbres** Bestattungsinstitut *nt*

pomper [pɔ̃pe] <1> **I.** *vt* ❶ abpumpen; (*vers le haut*) hochpumpen
❷ (*absorber*) aufsaugen
❸ *fam* (*boire*) schlucken (*fam*)
❹ *fam* (*épuiser*) **~ qn** jdn schlauchen (*fam*)
II. *vi* ❶ pumpen
❷ SCOL *fam* **~ sur qn** von jdm abschreiben (*fam*)

pompette [pɔ̃pɛt] *adj fam* beschwipst (*fam*)

pompeusement [pɔ̃pøzmɑ̃] *adv* hochtrabend, bombastisch

pompeux, -euse [pɔ̃pø, -øz] *adj* hochtrabend, bombastisch

pompier [pɔ̃pje] *m* Feuerwehrmann *m*
► **fumer comme un ~** wie ein Schlot rauchen (*fam*)

pompier, -ière [pɔ̃pje, -jɛʀ] *adj péj style* gestelzt; **art ~** *péj* Kitsch *m*

pompiste [pɔ̃pist] *mf* Tankwart *m*

pompon [pɔ̃pɔ̃] *m* Troddel *f,* Bommel *m* (*fam*)
► **décrocher le ~** *fam* den Vogel abschießen (*fam*)

pomponner [pɔ̃pɔne] <1> **I.** *vt* ausstaffieren, herausputzen
II. *vpr* **se ~** sich herausputzen

ponçage [pɔ̃saʒ] *m* [Ab]schleifen *nt*

ponce [pɔ̃s] *f* [Natur]bimsstein *m*

Ponce Pilate [pɔ̃spilat] *m* Pontius Pilatus *m*

poncer [pɔ̃se] <2> *vt* [ab]schleifen; (*à la pierre ponce*) poncieren; (*au papier émeri*) [ab]schmirgeln

ponceuse [pɔ̃søz] *f* Schleifmaschine *f;* **~ à bande[s]** Bandschleifmaschine; **~ vibrante** Schwingschleifer *m*

poncho [pɔ̃(t)ʃo] *m* Poncho *m*

poncif [pɔ̃sif] *m* Gemeinplatz *m,* Klischee *nt*

ponction [pɔ̃ksjɔ̃] *f* ❶ MED Punktion *f;* **faire** [*o* **pratiquer**] **une ~ à qn** bei jdm eine Punktion vornehmen
❷ (*prélèvement*) *d'argent* Abheben *nt;* **faire une ~ dans ses économies/son capital** seine Ersparnisse/sein Kapital angreifen

ponctionner [pɔ̃ksjɔne] <1> *vt* ❶ MED **~ qc à qn** jdm etw punktieren
❷ (*prélever*) **~ son capital** sein Kapital angreifen; **~ de l'argent à qn** jdm Geld abnehmen

ponctualité [pɔ̃ktɥalite] *f* Pünktlichkeit *f*

ponctuation [pɔ̃ktɥasjɔ̃] *f* Zeichensetzung *f,* Interpunktion *f;* **signes de ~** Satzzeichen *Pl*

ponctuel(le) [pɔ̃ktɥɛl] *adj* ❶ pünktlich
❷ (*momentané*) punktuell

ponctuellement [pɔ̃ktɥɛlmɑ̃] *adv* ❶ pünktlich
❷ (*momentanément*) punktuell

ponctuer [pɔ̃ktɥe] <1> *vt* ❶ LING Satzzeichen setzen; **ce texte est bien/mal ponctué** die Interpunktion in diesem Text ist gut/schlecht
❷ (*souligner*) **~ qc de qc** etw durch etw unterstreichen [*o* betonen]
❸ MUS phrasieren

pondéral(e) [pɔ̃deʀal, o] <-aux> *adj* Gewichts-; **surcharge ~e** Übergewicht *nt*

pondérateur, -trice [pɔ̃deʀatœʀ, -tʀis] *adj* ausgleichend; *influence* mäßigend

pondération [pɔ̃deʀasjɔ̃] *f* ❶ Besonnenheit *f*
❷ ECON, POL Ausgewogenheit *f;* **~ des pouvoirs** Gleichgewicht *nt* der Mächte
❸ STATIST Gewichtung *f*

pondéré(e) [pɔ̃deʀe] *adj* ❶ besonnen; **esprit ~** Besonnenheit *f*
❷ STATIST gewichtet, gewogen

pondérer [pɔ̃deʀe] <5> *vt* abwägen, bewerten

pondéreux, -euse [pɔ̃deʀø, -øz] **I.** *adj marchandises, produits* schwer
II. *mpl* Schwergüter *Pl*

pondeur, -euse [pɔ̃dœʀ, -øz] **I.** *adj* **poule pondeuse** Legehenne *f*
II. *m, f péj* Vielschreiber(in) *m(f)* (*pej*); **être un ~ de qc** etw am laufenden Band produzieren (*fam*)

pondeuse [pɔ̃døz] *f* ❶ (*poule*) Legehenne *f* (*fam*)
❷ (*femme*) Gebärmaschine *f* (*pej fam*)

pondre [pɔ̃dʀ] <14> *vt, vi* ❶ *poule:* legen; *péj femme:* werfen (*pej fam*)
❷ *souvent péj fam* (*rédiger*) zusammenschreiben (*fam*) *romans;* fabrizieren (*fam*) *rapport, circulaires*

poney [pɔnɛ] *m* Pony *nt*

pongiste [pɔ̃ʒist] *mf* Tischtennisspieler(in) *m(f)*

pont [pɔ̃] *m* ❶ Brücke *f;* **~ basculant/suspendu/routier** Klapp-/Hänge-/Straßenbrücke
❷ (*vacances*) verlängertes Wochenende; **faire le ~** einen Brückentag einlegen
❸ NAUT Deck *nt;* **~ arrière/avant/principal/supérieur** Achter-/Vorder-/Haupt-/Oberdeck; **tout le monde sur le ~!** alle Mann an Deck!
❹ AUT **~ arrière/avant** Hinter-/Vorderachse *f;* **~ élévateur** Hebebühne *f*
► **Ponts et Chaussées** *staatliches Tiefbauamt;* **faire un ~ d'or à qn** jdm ein finanziell verlockendes Angebot machen; **~ aérien** Luftbrücke *f;* **couper les ~s avec qn/qc** den Kontakt zu jdm/etw abbrechen; **couper les ~s derrière soi** alle Brücken hinter sich (*Dat*) abbrechen; **jeter un ~ entre qc et qc** eine Brücke zwischen etw und etw schlagen; **culotte à ~** Latz-

hose *f*; **casquette à ~** Schirmmütze *f*
◆ **~ aux ânes** *graphische Darstellung des pythagoreischen Lehrsatzes;* (*banalité*) Binsenwahrheit *f*; **~ d'envol** Flugdeck *nt*; **~ de graissage** Hebebühne *f*

pontage [pɔ̃taʒ] *m* Bypassoperation *f*

pont-bascule [pɔ̃baskyl] <ponts-bascules> *m* CHEMDFER Gleiswaage *f* **pont-canal** [pɔ̃kanal, o] <ponts-canaux> *m* Kanalbrücke *f*

ponte¹ [pɔ̃t] *f* ❶ Legezeit *f*
❷ (*œufs*) Gelege *nt*

ponte² [pɔ̃t] *m fam* hohes Tier (*fam*), Bonze *m* (*pej fam*); **~ de la finance** Finanzhai *m* (*fam*)

ponter [pɔ̃te] <1> *vt* ❶ NAUT mit einem Deck versehen
❷ MED **~ une artère à qn** jdm einen Bypass auf eine Arterie setzen

pontife [pɔ̃tif] *m* ❶ *souvent péj fam* hohes Tier (*fam*); **~ de la critique/littérature** Kritiker-/Literaturpapst *m*; **~s de la Faculté** Koryphäen *Pl* an der Universität
❷ REL Kirchenfürst *m*; **souverain ~** Pontifex maximus *m*

pontifiant(e) [pɔ̃tifjɑ̃, jɑ̃t] *adj discours* schulmeisterhaft; *ton* belehrend; **être ~(e)** gerne dozieren

pontifical(e) [pɔ̃tifikal, o] <-aux> *adj* päpstlich; **messe ~e** Pontifikalamt [*o* -messe *f*] *nt*

pontificat [pɔ̃tifika] *m* ECCL Pontifikat *nt*

pontifier [pɔ̃tifje] <1a> *vi* dozieren (*pej fam*), sich [selbst] gerne reden hören (*pej fam*)

pont-l'évêque [pɔ̃levɛk] *m inv viereckiger Weichkäse* **pont-levis** [pɔ̃l(ə)vi] <ponts-levis> *m* Zugbrücke *f*

ponton [pɔ̃tɔ̃] *m* (*appontement*) [Anlege]steg *m*; (*plate-forme flottante*) Ponton *m*

ponton-grue [pɔ̃tɔ̃gʀy] <pontons-grues> *m* Schwimmkran *m*

pontonnier [pɔ̃tɔnje] *m* ❶ HIST Brückenzolleinnehmer(in) *m(f)*
❷ MIL Pionier *m*

pont-promenade [pɔ̃pʀɔmnad] <ponts-promenade[s]> *m* Promenadendeck *nt*

pool [pul] *m* ❶ Pool *m*; **~ bancaire** Bankenkonsortium *nt*; **~ [du] charbon [et de l']acier** Montanunion *f*
❷ (*équipe*) **~ des dactylos** Schreibzentrale *f*

pop [pɔp] **I.** *adj inv* **groupe/musique ~** Popgruppe *f*/Popmusik *f*; **artiste ~** Pop-art-Künstler(in) *m(f)*; **peinture ~** Pop-art *f*
II. *f* Pop *m*

pop['|art [pɔpaʀ] *m* Pop-art *f*

pop-corn [pɔpkɔʀn] <pop-corn> *m* Popcorn *nt*

pope [pɔp] *m* Pope *m*

popeline [pɔplin] *f* Popelin *m*, Popeline *m o f*; **robe en ~** Popelinkleid *nt*

pop music [pɔpmyzik] <pop musics> *f* Popmusik *f*

popote [pɔpɔt] **I.** *f fam* Essen *nt*; **faire la ~** das Essen machen
II. *adj inv fam* **être très ~** *homme:* ein richtiger Stubenhocker sein (*fam*); *femme:* ein richtiges Heimchen [am Herd] sein (*fam*)

popotin [pɔpɔtɛ̃] *m fam* Hintern *m* (*fam*), Po *m* (*fam*); **se manier le ~** sich ranhalten (*fam*)

populace [pɔpylas] *f péj* Pöbel *m*

populaire [pɔpylɛʀ] *adj* ❶ (*du peuple*) **république ~** Volksrepublik *f*
❷ (*destiné à la masse*) *roman* volkstümlich; **croyance ~** Volksglaube *m*; **bal ~** öffentliche Tanzveranstaltung
❸ (*plébéien*) *goût* gewöhnlich; **quartier ~** Arbeiterviertel *nt*; **bon sens ~** gesundes Volksempfinden; **classes ~s** untere Volksschichten; **d'origine ~** von einfacher Herkunft
❹ (*qui plaît*) populär; *personne* populär, beliebt
❺ LING populärsprachlich; **latin ~** Vulgärlatein *nt*

populairement [pɔpylɛʀmɑ̃] *adv s'exprimer* populär, gemeinverständlich; **pour parler ~** um mit den Worten des einfachen Mannes zu sprechen

populariser [pɔpylaʀize] <1> *vt* populär [*o* bekannt] machen; popularisieren *sciences*

popularité [pɔpylaʀite] *f* Popularität *f*, [allgemeine] Beliebtheit; *d'un souverain* Beliebtheit *f* beim Volk

population [pɔpylasjɔ̃] *f* ❶ Bevölkerung *f*; *d'une ville* Einwohner *Pl*; **~ totale** Gesamtbevölkerung; **~ du globe** Weltbevölkerung, Erdbevölkerung
❷ BIO, ZOOL Population *f*
❸ SOCIOL Bevölkerung *f*; *d'un sondage* Population *f*; **~ active** Erwerbspersonen *Pl*, Berufstätige *Pl*; **~ agricole/civile/urbaine** Land-/Zivil-/Stadtbevölkerung; **~ ouvrière** Arbeitervolk *nt*; **~ scolaire** Schüler *Pl*; (*nombre d'élèves*) Zahl *f* der Schüler

populeux, -euse [pɔpylø, -øz] *adj rue* sehr belebt; *cité* dicht bewohnt

populisme [pɔpylism] *m* Populismus *m*

populiste [pɔpylist] **I.** *adj* populistisch
II. *mf* Populist(in) *m(f)*

populo [pɔpylo] *m fam* ❶ [einfaches] Volk
❷ (*foule*) Volk *nt* (*fam*)

porc [pɔʀ] *m* ❶ ZOOL Schwein *nt*
❷ GASTR Schwein[efleisch *nt*] *nt*; **côtelette de ~** Schweinekotelett *nt*; **pur ~** reines Schweinefleisch
❸ (*peau*) Schweinsleder *nt*
❹ *péj fam* (*personne*) Schwein *nt* (*fam*)

porcelaine [pɔʀsəlɛn] *f* ❶ Porzellan *nt*
❷ (*vaisselle*) Porzellangeschirr *nt*; **~ de Saxe** Meiß[e]ner Porzellan
❸ (*objet*) Porzellan[stück] *nt* (*Fachspr.*)

porcelainier, -ière [pɔʀsəlenje, -jɛʀ] **I.** *adj* **industrie porcelainière** Porzellanindustrie *f*
II. *m, f* Porzellanfabrikant(in) *m(f)*

porcelet [pɔʀsəlɛ] *m* ❶ Ferkel *nt*
❷ (*chair*) Spanferkel *nt*

porc-épic [pɔʀkepik] <porcs-épics> *m* ❶ Stachelschwein *nt*
❷ (*individu*) Kratzbürste *f* (*fam*)

porche [pɔʀʃ] *m* [Portal]vorbau *m*

porcher, -ère [pɔʀʃe, -ɛʀ] *m, f* Schweinehirt(in) *m(f)*

porcherie [pɔʀʃəʀi] *f* ❶ Schweinestall *m*
❷ (*lieu très sale*) Saustall *m* (*fam*)

porcin(e) [pɔʀsɛ̃, in] **I.** *adj* ❶ **élevage ~** Schweineaufzucht *f*
❷ *fig sourire, visage* feist; **yeux ~s** Schweinsäuglein *Pl*
II. *mpl* Schweine *Pl*

pore [pɔʀ] *m* Pore *f*
► **suer la vanité/l'arrogance par tous les ~s** vor Eitelkeit/Arroganz strotzen

poreux, -euse [pɔʀø, -øz] *adj* porös

porion [pɔʀjɔ̃] *m* MIN Steiger(in) *m(f)*

porno [pɔʀno] **I.** *adj fam abr de* **pornographique**: **film ~** Pornofilm *m*
II. *m fam* ❶ *abr de* **pornographie** Pornografie *f*
❷ (*film, roman*) Porno *m* (*fam*)

pornographe [pɔʀnɔgʀaf] **I.** *adj éditeur* von Pornografien; **auteur ~** Verfasser(in) *m(f)* von pornografischen Schriften
II. *mf* Verfasser(in) *m(f)* von pornografischen Schriften

pornographie [pɔʀnɔgʀafi] *f* Pornografie *f*

pornographique [pɔʀnɔgʀafik] *adj* pornografisch; **revue ~** Pornoheft *nt*

porosité [pɔʀozite] *f* Durchlässigkeit *f*, Porosität *f*

porphyre [pɔʀfiʀ] *m* MINER Porphyr *m*

port¹ [pɔʀ] *m* ❶ Hafen *m*; **~ fluvial/maritime** Binnen-/Seehafen; **~ franc/militaire/pétrolier** Frei-/Kriegs-/Ölhafen
❷ *littér* (*abri*) Port *m* (*poet*)
❸ INFORM Port *m* (*Fachspr.*); **~ jeu** Gameport; **~ parallèle** Parallelschnittstelle *f*, Parallelport (*Fachspr.*); **~ série** serielle Schnittstelle, serieller Port (*Fachspr.*); **~ imprimante** Druckerschnittstelle *f*, Druckerport (*Fachspr.*)
❹ (*col*) Pass *m*
► **arriver à bon ~** wohlbehalten ankommen; **mener qc à bon**

~ etw zu einem guten Ende führen

◆ ~ **d'attache** Heimathafen *m;* ~ **de pêche** Fischereihafen *m*

port² [pɔʀ] *m* ① *d'un vêtement, casque, objet* Tragen *nt; d'un nom* Tragen *nt,* Führen *nt;* ~ **obligatoire de la ceinture de sécurité** Anschnallpflicht *f*

② NAUT ~ **en lourd** Gesamtladungsfähigkeit *f*

③ COM Transportkosten *Pl; d'une lettre* Porto *nt;* ~ **dû/payé** unfrei/frei[gemacht], unfrankiert/frankiert; **franco de** ~ [**et d'emballage**] franko, portofrei

④ (*allure*) *d'une personne* [Körper]haltung *f; d'un arbre* Wuchs *m;* ~ **de tête** Kopfhaltung

◆ ~ **d'armes** Waffentragen *nt;* MIL Präsentieren *nt* des Gewehrs; ~ **de voix** Portament[o] *nt*

portable [pɔʀtabl] **I.** *adj* tragbar

II. *m* ① TELEC Handy *m,* Natel *nt* (CH)

② INFORM Laptop *m*

portage [pɔʀtaʒ] *m* ① *d'une marchandise* [Aus]tragen *nt*

② NAUT CAN Tragen *nt* [eines Bootes über Land]; (*partie d'un fleuve*) *mit Booten nicht befahrbarer Flussabschnitt*

portail [pɔʀtaj] <s> *m a.* INFORM Portal *nt*

portance [pɔʀtɑ̃s] *f* [dynamischer] Auftrieb *m*

portant(e) [pɔʀtɑ̃, ɑ̃t] *adj* CONSTR tragend

▶ **bien/mal** ~(e) gesund/nicht gesund; **qn est bien/mal** ~ jdm geht es [gesundheitlich] gut/nicht so gut

portatif, -ive [pɔʀtatif, -iv] *adj* tragbar; **machine à écrire portative** Reiseschreibmaschine *f*

porte [pɔʀt] **I.** *f* ① (*ouverture, panneau mobile*) Tür *f;* (*plus grand*) Tor *nt;* ~ **de garage/grange** Garagen-/Scheunentor; ~ **du four/de la maison** Backofen-/Haustür; ~ **battante** Flügeltür; ~ **de devant/derrière** Vordertür/Hintertür; **voiture à deux** ~**s** zweitüriges Auto; ~ **de secours** Notausgang *m;* ~ **de service** Dienstboteneingang *m,* Lieferanteneingang; ~ **d'embarquement** Flugsteig *m;* ~ **cochère** Toreinfahrt *f;* ~ **dérobée** Hintertür *f;* **fausse** ~ Scheintür *f;* **à la** ~ vor der Tür; BELG (*à l'extérieur*) draußen; **il y a qn à la** ~ es ist jd an der Tür; **de** ~ **en** ~ von Tür zu Tür, von Haus zu Haus; **laisser qn à la** ~ jdn vor [*o* an] der Tür stehen lassen; **forcer la** ~ die Tür aufbrechen; **claquer** [*o* **fermer**] **la** ~ **au nez de qn** jdm die Tür vor der Nase zuschlagen [*o* zumachen]

② (*entrée*) *d'un château, d'une ville* Tor *nt;* ~ **de la ville** Stadttor *nt;* **aux** ~**s de la ville/de Paris** vor [den Toren] der Stadt/vor Paris; ~ **de Clignancourt** Porte *f* de Clignancourt; ~ **de Bourgogne** Burgunder Pforte *f*

③ SKI Tor *nt*

④ ELEC Gatter *nt*

▶ **trouver** ~ **close/de bois** vor verschlossener Tür stehen; **être aimable** [*o* **souriant(e)**]/**poli(e) comme une** ~ **de prison** sehr unfreundlich/unhöflich sein; **entrer par la grande/petite** ~ ganz oben/ganz klein anfangen; **enfoncer une** ~ **ouverte** [*o* **des** ~**s ouvertes**] offene Türen einrennen (*fam*); **laisser la** ~ **ouverte à qc** die Tür für etw offen lassen; **c'est la** ~ **ouverte à tous les abus** dadurch ist jedem Missbrauch Tür und Tor geöffnet; **toutes les** ~**s lui sont ouvertes** ihm/ihr stehen alle Türen offen; [**journée**] ~**s ouvertes** Tag *m* der offenen Tür; **écouter aux** ~**s** an der Tür lauschen; **fermer** [*o* **refuser**]/**ouvrir sa** ~ **à qn** jdm sein Haus verbieten/öffnen; **forcer la** ~ **de qn** sich (*Dat*) gewaltsam Zutritt bei jdm verschaffen; **frapper à la** ~ **de qn** bei jdm anklopfen (*fam*); **frapper à la bonne** ~ sich an die richtige Adresse wenden; **frapper à la mauvaise** ~ an die falsche Adresse geraten; **mettre** [*o* **foutre** *fam*] **qn à la** ~ jdn vor die Tür setzen, jdn rausschmeißen (*fam*); **prendre la** ~ [weg]gehen; **à la** ~**!** hinaus!, raus! (*fam*); **à** [*o* **devant**] **ma** ~ vor meiner Tür, ganz in meiner Nähe; **ce n'est pas la** ~ **à côté!** das ist ganz schön weit! (*fam*); **aux** ~**s de la mort** an der Schwelle des Todes; **entre deux** ~**s** zwischen Tür und Angel (*fam*)

II. *adj* ANAT **veine** ~ Pfortader *f*

◆ ~ **à glissière** Schiebetür *f*

porté(e) [pɔʀte] *adj* ① **être** ~**(e) à qc** zu etw neigen; **être** ~**(e) à faire qc** dazu neigen etw zu tun

② (*aimer bien*) **être** ~**(e) sur qc** eine Vorliebe [*o* Schwäche] für etw haben; **être** ~**(e) sur la chose** nur an das eine denken

porte-à-faux [pɔʀtafo] ▶ **en** ~ *mur, roche* überhängend; *fig personne* in einer heiklen Lage **porte-à-porte** [pɔʀtapɔʀt] *m inv* Hausieren *nt;* **faire du** ~ *quêteur:* von Haus zu Haus gehen; *démarcheur:* Haustürgeschäfte machen; *marchand ambulant:* hausieren **porte-avions** [pɔʀtavjɔ̃] *m inv* Flugzeugträger *m* **porte-bagages** [pɔʀtbagaʒ] *m inv* ① Gepäckträger *m* ② (*dans un train*) Gepäckablage *f* **porte-bébé** [pɔʀtbebe] <porte-bébés> *m* (*sur le dos*) Babytraggestell *nt;* (*sur le ventre*) Babytragetasche *f* **porte-bonheur** [pɔʀtbɔnœʀ] *m inv* Glücksbringer *m* **porte-bougies** [pɔʀtbuʒi] *m inv* Kerzenständer *m* **porte-bouteilles** [pɔʀtbutɛj] *m inv* Flaschengestell *nt* **porte-cartes** [pɔʀtəkaʀt] *m inv* (*pour les cartes routières*) Kartentasche *f;* (*pour les documents personnels*) Brieftasche *f,* Ausweistasche *f* **porte-clés** [pɔʀtəkle] *m inv* (*anneau*) Schlüsselring *m;* (*anneau avec breloque*) Schlüsselanhänger *m;* (*étui*) Schlüsseletui *nt* **porte-containers** [pɔʀtkɔ̃tɛnɛʀ] *m inv,* **porte-conteneurs** [pɔʀtkɔ̃tnœʀ] *m inv* Containerschiff *nt* **porte-couteau** [pɔʀtkuto] <porte-couteaux> *m* Messerbänkchen *nt* **porte-documents** [pɔʀtdɔkymɑ̃] *m inv* Aktentasche *f* **porte-drapeau** [pɔʀtdʀapo] <porte-drapeau[x]> *m* ① Fahnenträger *m* ② (*chef*) Anführer *m*

portée [pɔʀte] *f* ① Reichweite *f; d'une arme* Reichweite *f,* Schussweite *f;* **à** ~ **de vue** in Sichtweite; **à** ~ **de voix** in Rufweite, in Hörweite; **à** ~ **de la main** griffbereit; **à la** ~ **de qn** in jds Reichweite, für jdn erreichbar; **hors de** [**la**] ~ [**de qn**] für jdn unerreichbar, außer[halb jds] Reichweite

② (*effet*) *d'un acte, événement* Tragweite *f,* Bedeutung *f; d'un argument* Schlagkraft *f; de paroles* Wirkung *f*

③ MUS Notensystem *nt*

④ ZOOL Wurf *m;* (*durée de la gestation*) Trächtigkeitsdauer *f*

⑤ ARCHIT Spannweite *f*

⑥ TECH Sitz *m*

⑦ (*aptitude, niveau*) *de l'intelligence* Fassungsvermögen *nt* (*fig*); ~ **de l'esprit** geistiger Horizont (*fam*); **c'est au-dessus** [*o* **hors**] **de ma** ~ das übersteigt meinen Horizont (*fam*); **être à la** ~ **de qn** *livre, discours* für jdn verständlich sein; **cet examen est à votre** ~ diese Prüfung können Sie schaffen (*fam*); **être hors de** [**la**] ~ **de qn** *livre:* für jdn zu hoch sein (*fam*); *examen, travail:* jds Fähigkeiten übersteigen; **se mettre à la** ~ **de qn** sich für jdn verständlich ausdrücken; **mettre qc à la** ~ **de qn** jdm etw verständlich machen

⑧ (*accessibilité*) **être à la** ~ **de qn** für jdn zugänglich [*o* erreichbar] sein; *voyage, achat:* für jdn erschwinglich sein; **à la** ~ **de toutes les bourses** für jeden erschwinglich

portefaix [pɔʀtəfɛ] *m* HIST [Last]träger(in) *m(f)*

porte-fenêtre [pɔʀtfənɛtʀ] <portes-fenêtres> *f* Fenstertür *f*

portefeuille [pɔʀtəfœj] *m* ① Brieftasche *f*

② (*ministère*) Ressort *nt,* Geschäftsbereich *m,* Portefeuille *nt* (*geh*)

③ FIN Wertpapierbestand *m,* Portefeuille *nt*

④ COUT **jupe** ~ Wickelrock *m*

porte-hélicoptères [pɔʀtelikɔptɛʀ] *m inv* Hubschrauberträger *m* **porte-jarretelles** [pɔʀtʒaʀtɛl] *m inv* Strumpfhaltergürtel *m,* Strapsgürtel *m* **porte-malheur** [pɔʀtmalœʀ] *m inv rare* Unglücksbote *m*

portemanteau [pɔʀtmɑ̃to] <x> *m* Garderobe *f;* (*mobile*) Garderobenständer *m;* (*crochets au mur*) Kleiderhaken *m*

portemine [pɔʀtəmin] <[s]> *m* Drehbleistift *m*

porte-monnaie [pɔʀtmɔnɛ] *m inv* Portmonee *nt,* Geldbeutel *m;* **avoir le** ~ **bien garni** ein dickes Portmonnee haben (*fam*) **porte-objet** [pɔʀtɔbʒɛ] <porte-objets> *m* OPT Objektträger *m* **porte-parapluies** [pɔʀtpaʀaplɥi] *m inv* Schirmständer *m* **porte-parole** [pɔʀtpaʀɔl] *m inv* (*personne*) Sprecher(in) *m(f);* (*journal*) Sprachrohr *nt* **porte-photo** [pɔʀtfɔto]

<porte-photos> *m* Fotohalter *m* **porte-plume** [pɔʀtəplym] *m inv* Federhalter *m*

porter [pɔʀte] <1> **I.** *vt* ❶ tragen
❷ (*endosser*) tragen *responsabilité, faute;* **faire ~ qc à qn** etw auf jdn schieben; **chacun porte sa croix** jeder hat sein Kreuz zu tragen
❸ *a. fig* (*apporter*) bringen; austragen *lettre, colis;* überbringen *nouvelle;* schenken *attention;* leisten *assistance, secours*
❹ (*diriger*) **~ son regard/ses yeux sur qn/qc** seinen Blick/seine Augen auf jdn/etw richten; **qn porte son choix sur qc** jds Wahl fällt auf etw (*Akk*); **~ ses pas vers la porte** auf die Tür zugehen; **~ le verre à ses lèvres** das Glas an die Lippen führen; **~ la main au chapeau** mit der Hand an den Hut fassen; **~ la main à sa poche** in die Tasche greifen; **~ qn quelque part** jdn irgendwohin führen
❺ (*avoir sur soi*) tragen *vêtement, lunettes;* führen *nom, titre;* **~ la barbe/les cheveux longs** einen Bart tragen/das Haar lang tragen
❻ (*révéler*) aufweisen *traces;* tragen *marque de fabrique*
❼ (*ressentir*) **~ de l'amitié/de l'amour à qn/qc** Freundschaft/Liebe für jdn empfinden; **~ de l'intérêt à qn/qc** jdm Zuneigung entgegenbringen; **~ de la haine à qn/qc** Hass gegen jdn empfinden; **~ de la reconnaissance à qn** jdm dankbar sein
❽ (*tenir*) **~ la tête droite/haute** den Kopf aufrecht halten/hoch tragen; **~ le buste/corps en avant** leicht nach vorne geneigt gehen
❾ (*inscrire*) **être porté(e) malade** krankgemeldet sein, sich krankmelden; **être porté(e) disparu(e)** als vermisst gemeldet sein; **se faire ~ absent(e)** sich abmelden
❿ FIN **~ de l'argent au crédit** Geld gutschreiben
⓫ (*faire arriver*) **~ à la perfection/au paroxysme** zur Vollkommenheit/zum Höhepunkt bringen; **~ au pouvoir** an die Macht bringen; **~ le salaire à 1000 euros** den Lohn auf 1000 Euro anheben; **~ une peine à trois ans** eine Strafe auf drei Jahre anheben
⓬ (*inciter à*) **~ qn à qc** *jalousie, avarice:* jdn zu etw bringen [*o* treiben]; *ambiance:* jdn zu etw verleiten; **tout porte à croire que** alles weist darauf hin, dass; **se laisser ~ par la colère** sich vom Zorn hinreißen lassen; **se laisser ~ par l'enthousiasme** sich von der Begeisterung mitreißen lassen
⓭ (*avoir en gestation*) *animal:* tragen; *femme:* erwarten
⓮ (*avoir en soi*) **~ de la haine en soi** Hass in sich (*Dat*) tragen; **~ avec soi la récompense/la punition** die Belohnung/die Strafe mit sich bringen
▶ **~ les armes** beim Militär sein
II. *vi* ❶ **~ sur qc** *action, effort:* sich auf etw (*Akk*) konzentrieren; *discours:* sich um etw drehen; *revendications, divergences:* etw betreffen; *question, critique:* sich auf etw (*Akk*) beziehen; **l'étude porte sur ...** Gegenstand der Studie ist ...
❷ (*avoir telle étendue*) **~ sur qc** sich auf etw (*Akk*) belaufen; *préjudice:* darin bestehen
❸ (*faire effet*) *conseil, critique:* wirken; *coup:* sitzen (*fam*)
❹ (*avoir une certaine portée*) *voix:* weit [*o* gut] tragen; *mesure, question:* bedeutsam sein; **cette arme à feu porte à ...** diese Schusswaffe hat eine Reichweite von ...; **il a une voix qui porte loin** seine Stimme ist weit zu hören
❺ (*reposer sur*) **~ sur qc** *édifice, poids:* auf etw (*Dat*) ruhen; *accent:* auf etw (*Dat*) liegen
❻ (*avoir en gestation*) *animal:* trächtig sein
❼ (*heurter*) **c'est son front qui a porté** er/sie ist mit der Stirn aufgeschlagen; **sa tête a porté sur un tabouret** er/sie schlug mit dem Kopf gegen einen Hocker
III. *vpr* ❶ **qn se porte bien/mal** jdm geht es [gesundheitlich] gut/schlecht
❷ (*se présenter comme*) **se ~ acquéreur/candidat** als Käufer/Kandidat auftreten; **se ~ volontaire** sich freiwillig melden
❸ (*se diriger*) **se ~ sur qn/qc** *regard:* sich auf jdn richten; *choix, soupçon:* auf jdn/etw fallen; **se ~ vers qc** *personne:* sich einer S. (*Dat*) zuwenden
❹ (*être porté*) **se ~ en été/hiver** *vêtements:* getragen werden; **se ~ beaucoup en ce moment** momentan in sein (*fam*)
❺ (*se laisser aller*) **se ~ à des violences/extrémités** sich zu Gewalt/extremen Handlungen hinreißen lassen

porte-revues [pɔʀtʀəvy] *m inv* Zeitungsständer *m* **porte-savon** [pɔʀtsavɔ̃] <porte-savons> *m* Seifenschale *f* **porte-serviette** [pɔʀt(ə)sɛʀvjɛt] *m inv* Serviettenhalter *m* **porte-serviettes** [pɔʀt(ə)sɛʀvjɛt] *m inv* Handtuchhalter *m* **porte-skis** [pɔʀtski] *m inv* Dachträger *m* für Skier

porteur, -euse [pɔʀtœʀ, -øz] **I.** *adj* ❶ *mur* tragend; **fusée porteuse** Trägerrakete *f*
❷ (*prometteur*) *secteur* viel versprechend; *marché* gewinnträchtig; **~(-euse) d'avenir** zukunftsträchtig
II. *m, f* ❶ (*sur le quai*) Gepäckträger(in) *m(f);* (*lors d'expéditions*) Träger(in) *m(f);* **~(-euse) d'eau** Wasserträger(in) *m(f);* **~(-euse) de nouvelle** Überbringer(in) *m(f)* der Nachricht; **~(-euse) de journaux** Zeitungsausträger(in) *m(f)*
❷ (*détenteur*) *d'action, obligation* Inhaber(in) *m(f);* **payable au ~** zahlbar an Überbringer; **être ~(-euse) de qc** im Besitz einer S. (*Gen*) sein; **~ du ballon** SPORT Ballbesitzer *m*
❸ MED *d'une maladie* Träger(in) *m(f);* **~ de germes/microbes** Keim-/Bazillenträger *m*

porte-voix [pɔʀtəvwa] *m inv* Megaphon *nt; fig* Sprachrohr *nt*
▶ **en ~** trichterförmig

portier [pɔʀtje] *m* SPORT Torhüter *m*

portier, -ière [pɔʀtje, -jɛʀ] *m, f* Portier *m*/Portiersfrau *f*
▶ **~ électronique** Sprechanlage *f*

portière [pɔʀtjɛʀ] *f* CHEMDFER, AUT Tür *f*

portillon [pɔʀtijɔ̃] *m de passage à niveau* Türchen *nt* [für Fußgänger]; *du métro parisien* [Bahnsteig]sperre *f*
▶ **ça se bouscule** [*o* **presse**] **au ~** *fam* er/sie verhaspelt sich beim Sprechen (*fam*)

portion [pɔʀsjɔ̃] *f* ❶ Stück *nt; d'une route* Teilstrecke *f; d'un terrain* Teil *m*
❷ GASTR Portion *f*
▶ **être réduit(e) à la ~ congrue** sich mit dem Minimum begnügen müssen; **se réduire à la ~ congrue** sich auf ein Minimum beschränken

portique [pɔʀtik] *m* ❶ ARCHIT Säulenhalle *f*
❷ SPORT Turngerüst *nt;* (*pour enfants*) Klettergerüst *nt*
❸ TECH **~ [à signaux]** Signalbrücke *f*

porto [pɔʀto] *m* Portwein *m*

portoricain(ne) [pɔʀtɔʀikɛ̃, -ɛn] *adj* puerto-ricanisch

Portoricain(ne) [pɔʀtɔʀikɛ̃, -ɛn] *m(f)* Puerto-Ricaner(in) *m(f)*

Porto Rico [pɔʀtoʀiko] Puerto Rico *nt*

portrait [pɔʀtʀɛ] *m* ❶ ART, PHOT Porträt *nt;* **~ caricatural** Karikatur *f;* **~ fidèle** [*o* **ressemblant**] naturgetreues [*o* lebensnahes] Abbild; **faire le ~ de qn** (*peindre*) ein Porträt von jdm malen, jdn porträtieren; (*faire une photo*) eine Porträtaufnahme von jdm machen; **se faire tirer le ~** *fam* sich fotografieren [*o* knipsen *fam*] lassen
❷ (*description*) *d'une personne* Porträt *nt; d'une société* Beschreibung *f;* **~ physique d'une personne** äußeres Erscheinungsbild eines Menschen; **faire le ~ de qn** das Porträt [*o* Charakterbild] von jdm entwerfen
❸ ART Porträtmalerei *f*
▶ **se faire abîmer** [*o* **esquinter**] **le ~** *fam* die Fassade demoliert kriegen (*fam*); **être tout le ~ de qn** jdm wie aus dem Gesicht geschnitten sein, jds Ebenbild sein (*geh*)

portraitiste [pɔʀtʀetist] *mf* Porträtmaler(in) *m(f)*

portrait-robot [pɔʀtʀɛʀɔbo] <portraits-robots> *m* ❶ Phantombild *nt*
❷ (*caractéristiques*) Standardbild *nt*

portraiturer [pɔʀtʀetyʀe] <1> *vt* porträtieren

port-salut® [pɔʀsaly] *m inv Käse aus dem Loire-Tal*

portuaire [pɔʀtɥɛʀ] *adj* **installations ~s** Hafenanlagen *Pl*

P

portugais [pɔʀtygɛ] *m* **le** ~ Portugiesisch *nt,* das Portugiesische; *v. a.* **allemand**
portugais(e) [pɔʀtygɛ, ɛz] *adj* portugiesisch
Portugais(e) [pɔʀtygɛ, ɛz] *m(f)* Portugiese *m*/Portugiesin *f*
portugaise [pɔʀtygɛz] *f* GASTR portugiesische Auster
▸ **avoir les ~s ensablées** *fam* taub sein (*fam*)
Portugal [pɔʀtygal] *m* **le** ~ Portugal *nt*
P.O.S. [peoɛs] *m abr de* **plan d'occupation des sols** ≈ Flächennutzungsplan *m*
pose [poz] *f* ❶ *d'une moquette, de câbles* Verlegen *nt; d'une canalisation* Legen *nt; d'un chauffage, d'une antenne* Installieren *nt; d'une serrure, de rideaux* Anbringen *nt; d'une vitre* Einsetzen *nt; d'une tapisserie* Ankleben *nt;* ~ **de la première pierre** Grundsteinlegung *f*
❷ (*attitude*) [Körper]haltung *f;* ART, PHOT Pose *f*
❸ PHOT (*exposition*) Belichtung *f;* (*photo*) Aufnahme *f;* **temps de** ~ Belichtungszeit *f;* **prendre une photo en** ~ ein Foto mit dem Selbstauslöser machen
❹ (*affectation*) Pose *f;* **être de la** ~ gespielt sein; **prendre des ~s** sich in Pose werfen
posé(e) [poze] *adj* ruhig, bedächtig
▸ **bien/mal ~(e)** MUS mit gutem/schlechtem Registerausgleich
posément [pozemɑ̃] *adv agir* [wohl]überlegt; *parler* ruhig
posemètre [pozmɛtʀ] *m* Belichtungsmesser *m*
poser [poze] <1> **I.** *vt* ❶ [hin]legen *livre, main;* [hin]stellen *échelle, bagages;* [hin]setzen *pieds;* ~ **par terre** auf den Boden stellen, abstellen; ~ **son regard sur qn/qc** seinen Blick auf jdn/etw richten
❷ AVIAT aufsetzen, landen
❸ MATH [hin]schreiben *opération;* aufstellen *équation*
❹ MUS ~ **sa voix** den Registerausgleich beherrschen
❺ (*installer*) verlegen *moquette, câbles, rails;* installieren *chauffage;* [ver]legen *électricité;* anbringen *rideau, serrure;* ankleben *tapisserie;* einsetzen *vitre*
❻ (*énoncer*) aufstellen *définition, principe;* aufgeben *devinette;* stellen *question, condition*
❼ (*soulever*) aufwerfen *problème, question*
❽ (*donner de l'importance*) ~ **qn** *maison, poste:* jdm Ansehen verschaffen; **ça vous pose un homme!** und die Leute sehen zu einem hoch!
❾ BELG, CAN ~ **un acte** (*commettre un acte*) eine Tat begehen
▸ **ceci posé** danach, hierauf[hin]
II. *vi* ❶ ~ **pour qn/qc** jdm/für etw Modell sitzen [*o* stehen]; ~ **pour la postérité** für die Nachwelt posieren; ~ **pour la galerie** sich in Szene setzen
❷ CONSTR ~ **sur qc** auf etw (*Dat*) ruhen
III. *vpr* ❶ **se** ~ *question:* sich stellen; *difficulté, problème:* auftauchen; **il se pose la question si ...** es stellt sich die Frage, ob ...; **se ~ une question** sich + *Dat* eine Frage stellen; **se ~ des problèmes** sich + *Dat* [selbst] Probleme schaffen
❷ (*cesser de voler*) **se ~ dans/sur qc** *insecte, oiseau:* sich auf etw (*Akk*) setzen; *avion:* in etw (*Dat*)/auf etw (*Dat*) landen
❸ (*se fixer*) **se ~ sur qc** *regard, yeux:* sich auf etw (*Akk*) richten; *main:* sich auf etw (*Akk*) legen
❹ (*s'appliquer*) **se ~ facilement** *moquette:* sich leicht [ver]legen lassen; *papier peint:* sich leicht ankleben lassen; *rideau:* sich leicht anbringen lassen
❺ (*se donner pour*) **se ~ comme** [*o* **en**] **qc** sich als etw aufspielen
poseur, -euse [pozœʀ, -øz] **I.** *adj* angeberisch, affektiert
II. *m, f* ❶ ~**(-euse) de carrelages/de parquet** Fliesen-/Parkettleger(in) *m(f);* ~**(-euse) d'affiches** Plakat[an]kleber(in) *m(f)*
❷ (*pédant*) Angeber(in) *m(f);* **être ~(-euse)** sich aufspielen, sich wichtig machen
positif [pozitif] *m* ❶ PHILOS Tatsächliche(s) *nt,* Greifbare(s) *nt*
❷ (*réel*) Positive(s) *nt,* Konkrete(s) *nt;* **je veux du ~!** ich möchte [etwas] Konkretes [*o* Positives] !
❸ PHOT Positiv *nt*
❹ LING Positiv *m*
positif, -ive [pozitif, -iv] *adj* ❶ positiv; **pôle** ~ Pluspol *m*
❷ *critique* konstruktiv; *fait* feststehend
❸ PHOT **épreuve** [*o* **image**] **positive** Positiv *nt,* Abzug *m*
position [pozisjɔ̃] *f* ❶ Lage *f; d'un objet* Platz *m; d'une personne* Position *f; d'un navire* Position, Standort *m;* **être en première/dernière** ~ in erster/letzter Position liegen; (*dans une course*) auf dem ersten/letzten Platz liegen; **arriver en première/dernière** ~ *coureur:* als Erster/Letzter durchs Ziel gehen; *candidat:* an erster/letzter Stelle liegen
❷ *a.* MIL Stellung *f;* ~ **défensive** Abwehrstellung, Verteidigungsstellung; **en ~!** in Position!; MIL in Stellung!; **prendre ~ quelque part** irgendwo Stellung beziehen; **prendre ~ autour de la maison** das Haus umstellen
❸ (*posture*) *d'une personne* Stellung *f;* (*en danse*) Position *f; du corps* Haltung *f;* ~ **du corps/des doigts** Körper-/Fingerhaltung; ~ **horizontale/verticale** Horizontal-/Vertikallage *f;* ~ **debout** [aufrechter] Stand; **en ~ allongée** [*o* **couchée**] in liegender Stellung; **se mettre en ~ allongée/assise** sich hinlegen/hinsetzen
❹ (*situation*) Lage *f,* Situation *f;* (*dans une hiérarchie*) Stellung *f,* Position *f;* ~ **dominante sur le marché** marktbeherrschende Stellung; ~ **sur le marché** Marktstellung; **avoir une ~ dominante sur le marché** eine überragende Marktstellung haben; **être dans une ~ fausse** in einer unangenehmen Situation sein; **dans ma/ta ~** [ich] in meiner/[du] in deiner Position; **être dans une ~ intéressante** BELG *fig* (*être enceinte*) in anderen Umständen sein
❺ (*opinion*) Standpunkt *m;* **camper** [*o* **rester**] **sur ses ~s** auf seinem Standpunkt beharren; **j'ai changé de ~** meine Einstellung hat sich geändert; **prendre ~ sur qc/en faveur de/contre qn/qc** Stellung zu etw/für/gegen jdn/etw nehmen
❻ FIN Kontostand *m*
▸ **être en ~ de force** sich in einer starken Position befinden; ~ **du lotus** Schneidersitz *m;* **avoir** [*o* **se ménager**] **une ~ de repli** noch etwas anderes in Reserve haben [*o* halten]; **être en ~ de faire qc** in der Lage sein etw zu tun
positionnement [pozisjɔnmɑ̃] *m* Positionierung *f*
positionner [pozisjɔne] <1> **I.** *vt* ❶ TECH, COM positionieren
❷ (*situer*) lokalisieren
II. *vpr* **se** ~ *personne:* sich plazieren; *produit:* sich positionieren
positivement [pozitivmɑ̃] *adv* positiv
positivisme [pozitivism] *m* Positivismus *m*
positiviste [pozitivist] **I.** *adj* positivistisch
II. *mf* PHILOS Positivist(in) *m(f)*
posit[r]on [pozit(ʀ)ɔ̃] *m* PHYS Positron *nt*
posologie [pozɔlɔʒi] *f* Dosierung *f*
possédant(e) [pɔsedɑ̃, ɑ̃t] **I.** *adj classe* besitzend
II. *m(f) gén pl* Besitzende(r) *f(m)*
possédé(e) [pɔsede] **I.** *adj* ~**(e) de qc** besessen von etw
II. *m(f)* Besessene(r) *f(m)*
posséder [pɔsede] <5> **I.** *vt* ❶ besitzen
❷ (*disposer de*) besitzen, verfügen über (+ *Akk*) *expérience, talent;* haben *mémoire, réflexes;* ~ **la vérité** im Besitz der Wahrheit sein
❸ (*connaître*) beherrschen *langue, technique;* kennen *rôle*
❹ (*dominer*) ~ **qn** *colère, jalousie:* jdn beherrschen
❺ (*avoir des rapports sexuels*) besitzen *femme, homme*
❻ *fam* (*rouler*) hereinlegen (*fam*)
II. *vpr littér* **ne pas/plus se ~** sich nicht mehr in der Gewalt haben; **ne plus se ~ de colère/joie** außer sich vor Zorn/Freude sein; **ne plus se ~ d'impatience** seine Ungeduld kaum noch zügeln können (*geh*)
possesseur [pɔsesœʀ] *m a.* JUR *d'une action, d'un diplôme* Inhaber(in) *m(f); d'un secret* Hüter(in) *m(f)*
possessif [pɔsesif] *m* Possessivpronomen *nt*
possessif, -ive [pɔsesif, -iv] *adj* ❶ besitzergreifend

❷ GRAM possessiv; **adjectif** ~ attributives Possessivpronomen; **pronom** ~ Possessivpronomen *nt*

possession [pɔsesjɔ̃] *f* ❶ Besitz *m;* (*sexuelle*) Besitzen *nt;* **avoir qc en sa** ~ etw besitzen; **être en** ~ **de qc** im Besitz einer S. (*Gen*) sein; **entrer en** ~ **de qc** in den Besitz einer S. (*Gen*) gelangen (*form*); **être/tomber en la** ~ **de qn** in jds Besitz (*Akk*) sein/gelangen; **prendre** ~ **d'une chambre** ein Zimmer in Besitz nehmen; (*aménager*) in ein Zimmer einziehen
❷ *a.* JUR (*chose possédée*) Besitz *m;* ~**s d'un pays** Besitzungen *Pl* eines Landes
❸ (*connaissance*) Beherrschen *nt*
❹ REL Besessenheit *f*

possessivité [pɔsesivite] *f* besitzergreifende Art

possibilité [pɔsibilite] *f* ❶ *a.* JUR, ECON Möglichkeit *f*
❷ *pl* (*moyens*) [finanzielle] Möglichkeiten *Pl;* (*intellectuels*) [geistige] Fähigkeiten *Pl*

possible [pɔsibl] **I.** *adj* ❶ möglich; *projet* durchführbar; **tout ce qu'il est humainement** ~ alles Menschenmögliche; **ce n'est pas** ~ **autrement** anders ist es nicht möglich
❷ (*éventuel*) möglich; **il est** ~ **qu'il vienne** es ist möglich [*o* es kann sein], dass er kommt
❸ (*indiquant une limite*) *cas, mesures* möglich, erdenklich; **le moins/plus** ~ so wenig/so viel wie möglich, möglichst wenig/viel; **aussi grand que** ~ so groß wie möglich, möglichst groß; **les tomates les plus grosses** ~**s** die größtmöglichen Tomaten; **autant que** ~ soweit das möglich ist; **autant d'argent/d'enfants que** ~ möglichst viel Geld/viele Kinder
❹ *fam* (*supportable*) **ne pas être** ~ *personne:* unmöglich sein
▸ ~ **et imaginable** denkbar, gut möglich; **faire tout ce qui est** ~ **et imaginable** alles Erdenkliche [*o* Mögliche] tun; [**c'est**] **pas** ~**!** *fam* (*indignation*) das ist doch [wohl] nicht möglich!; (*étonnement*) ist das [denn] die Möglichkeit! (*fam*)
II. *m* Mögliche(s) *nt;* **faire** [**tout**] **son** ~ **pour faire qc/pour que qn fasse qc** sein Möglichstes tun [*o* tun, was man kann] um etw zu tun/damit jd etw tut; **être gentil**(**le**)**/doué**(**e**) **au** ~ äußerst nett/begabt sein

possiblement [pɔsibləmɑ̃] *adv* CAN (*d'une manière possible*) möglicherweise, eventuell

postage [pɔstaʒ] *m du courrier* Aufgeben *nt;* (*dans la boîte*) Einwerfen *nt*

postal(**e**) [pɔstal, o] <-aux> *adj* **carte** ~**e** Postkarte *f;* **code** ~ Postleitzahl *f*

postcombustion [pɔstkɔ̃bystjɔ̃] *f* Nachverbrennung *f*

postcommunisme [pɔstkɔmynism] *m* Postkommunismus *m*

postcommuniste [pɔstkɔmynist] **I.** *adj* postkommunistisch
II. *mf* Altkommunist(in) *m(f)*

postcure [pɔstkyʀ] *f* Nachkur *f*

postdater [pɔstdate] <1> *vt* vor[aus]datieren; **chèque postdaté** vordatierter Scheck

poste¹ [pɔst] *f* ❶ Post *f*
❷ (*administration*) Post *f;* **mettre à la** ~ zur [*o* auf die] Post bringen, aufgeben; **par la** ~ mit der Post
❸ HIST (*relais de chevaux*) Poststation *f*
▸ ~ **aérienne** Luftpost *f;* ~ **restante** postlagernd

poste² [pɔst] *m* ❶ Stelle *f,* Posten *m;* (*dans une hiérarchie*) Stellung *f;* ~ **de diplomate/de directeur** Diplomaten-/Direktorposten; ~ **de professeur** Lehrerstelle; **avoir un** ~ **de professeur** als Lehrer arbeiten; **être en** ~ **à Berlin/au ministère** in Berlin/im Ministerium arbeiten [*o* eine Stelle haben]
❷ (*lieu de travail*) [Arbeits]stelle *f,* Arbeitsplatz *m*
❸ (*appareil*) Gerät *nt,* Apparat *m;* ~ **émetteur-récepteur** Funkgerät *nt;* ~ **de radio/de télévison** Radio-/Fernsehapparat *m*
❹ (*lieu*) ~ **de douane/de contrôle** Zoll-/Kontrollstelle *f;* ~ **d'incendie** Feuerlöschanlage *f;* ~ **d'aiguillage** Stellwerk *nt;* ~ **de conduite** *d'un tramway, d'une machine agricole* Fahrerstand *m; d'un train* Führerstand *m;* ~ **d'essence** Tankstelle *f;* ~ **de pilotage** Cockpit *nt;* ~ **de police** [Polizei]wache *f;* ~ **de secours** Erste-Hilfe-Posten; (*en montagne*) Bergwacht *f;* ~ **frontière** Grenzübergang *m*
❺ MIL Posten *m;* ~ **de combat** Gefechtsstand *m;* ~ **de commandement** Befehlsstelle *f;* (*au combat*) Gefechtsstand; ~ **d'observation** [*o* **de garde**] Beobachtungsposten; ~ **d'écoute** Lauschposten; ~ **avancé** vorgeschobener Posten; **à vos** ~**s!** auf eure Posten!
❻ TELEC Apparat *m;* ~ **téléphonique** Telefonanschluss *m*
❼ FIN Posten *m*
▸ **être fidèle au** ~ ein langjähriger Mitarbeiter sein; (*faire son travail*) stets seine Pflicht erfüllen
◆ ~ **de soudure** Schweißapparat *m;* ~ **de travail** (*ordinateur performant*) Workstation *f*

posté(**e**) [pɔste] *adj* IND **travail** ~ Schichtarbeit *f*

poste-frontière [pɔstfʀɔ̃tjɛʀ] <postes-frontières> *m* Grenzposten *m*

poster¹ [pɔste] <1> *vt* zur Post bringen, aufgeben; (*dans la boîte aux lettres*) einwerfen

poster² [pɔste] <1> **I.** *vt* ~ **qn** jdn postieren
II. *vpr* **se** ~ **quelque part** sich irgendwo postieren

poster³ [pɔstɛʀ] *m* Poster *nt*

postérieur [pɔsteʀjœʀ] *m fam* Hintern *m* (*fam*)

postérieur(**e**) [pɔsteʀjœʀ] *adj* ❶ spätere(r, s); ~(**e**) **à qn** auf jdn folgend; ~(**e**) **à qc** nach etw kommend; **être** ~(**e**) **à qc** *document:* aus der Zeit nach etw stammen; *délit, événement:* [zeitlich] nach etw liegen
❷ (*dans l'espace*) hintere(r, s)

postérieurement [pɔsteʀjœʀmɑ̃] *adv* später; ~ **à qc** nach etw

postériorité [pɔsteʀjɔʀite] *f* Spätersein *nt*

postérité [pɔsteʀite] *f* ❶ Nachkommenschaft *f; d'un artiste, d'une œuvre* geistige Erben *Pl*
❷ (*futur*) Nachwelt *f;* **passer à la** ~ in der Nachwelt fortleben

postface [pɔstfas] *f* Nachwort *nt*

postglaciaire [pɔstglasjɛʀ] *adj* postglazial, nacheiszeitlich

posthume [pɔstym] *adj* post[h]um; *enfant* nachgeboren; **œuvres** ~**s** literarischer Nachlass; **à titre** ~ nach dem Tode

postiche [pɔstiʃ] **I.** *adj barbe, cheveux* falsch, unecht
II. *m* (*pour hommes*) Toupet *nt;* (*pour femmes*) Perücke *f*

postier, -ière [pɔstje, -jɛʀ] *m, f* Postbeamte(r) *m/*-beamtin *f;* **grève des** ~**s** Poststreik *m*

postillon [pɔstijɔ̃] *m* ❶ Spucke *f* (*fam*); **envoyer des** ~**s à qn** jdn [beim Sprechen] anspucken
❷ (*cocher*) Postillon *m*

postillonner [pɔstijɔne] <1> *vi* [beim Sprechen] spucken, eine feuchte Aussprache haben (*fam*)

postindustriel(**le**) [pɔstɛ̃dystʀijɛl] *adj* postindustriell

post-it® [pɔstit] *m inv* Post-it® *nt*

postmoderne [pɔstmɔdɛʀn] *adj* postmodern

post mortem [pɔstmɔʀtɛm] *adj inv mariage* nach dem Tod eines der Partner erfolgend; *viol* an einer Toten

postnatal(**e**) [pɔstnatal] <s> *adj* postnatal, nach der Geburt [erfolgend]

postopératoire [pɔstɔpeʀatwaʀ] *adj* postoperativ; **accident** ~ Komplikationen *Pl* nach der Operation

postposé(**e**) [pɔstpoze] *adj* nachgestellt

postposer [pɔstpoze] <1> *vt* BELG (*remettre à plus tard*) verschieben

postposition [pɔstpozisjɔ̃] *f* (*fait de postposer*) Nachstellung *f;* (*mot*) Postposition *f*

postscolaire [pɔstskɔlɛʀ] *adj* weiterbildend; **enseignement** ~ Weiterbildung *f*

post-scriptum [pɔstskʀiptɔm] <post-scriptum> *m* Postskriptum *nt*

postsynchronisation [pɔstsɛ̃kʀɔnizasjɔ̃] *f* Nachsynchronisierung *f*

postsynchroniser [pɔstsɛ̃kʀɔnize] <1> *vt* nachsynchronisieren

postulant(**e**) [pɔstylɑ̃, ɑ̃t] *m(f)* ❶ ~(**e**) **à qc** Bewerber(in) *m(f)* für etw

❷ REL Postulant(in) *m(f)*
postulat [pɔstyla] *m* Postulat *nt*
postuler [pɔstyle] <1> **I.** *vt* ❶ sich bewerben um
❷ LOGIQUE postulieren
II. *vi* ~ **à qc** sich um etw bewerben
posture [pɔstyʀ] *f* Stellung *f,* [Körper]haltung *f*
▸ **être en bonne/mauvaise** ~ in einer guten [*o* günstigen]/üblen Lage sein; **financièrement, il est dans une mauvaise** ~ finanziell sieht es bei ihm schlecht aus; **être en** ~ **de faire qc** in der Lage sein etw zu tun
pot [po] *m* ❶ (*en terre*) Topf *m;* (*en verre*) Glas *nt;* (*en plastique, en métal*) Dose *f;* (*en plastique*) Becher *m;* (*pour liquides*) Kanne *f,* Krug *m;* (*de crème*) Dose *f;* ~ **à eau** Wasserkrug; ~ **à lait** Milchkanne; ~ **de confiture/miel** Glas *nt* Marmelade/Honig; ~ **de peinture/colle** Topf *m* Farbe/Kleister; ~ **de fleurs** Blumentopf; ~ **de yaourt** Joghurtbecher; ~ **de crème** Cremedose; **petit** ~ **pour bébé** Gläschen *nt* Babynahrung; **mettre des plantes en** ~ Blumen eintopfen
❷ *fam* (*chance*) **c'est pas de** ~**!** Pech [gehabt]! (*fam*); **avoir du** ~**/ne pas avoir de** ~ *fam* Schwein/Pech haben (*fam*)
❸ *fam* (*consommation*) Drink *m;* (*réception*) Umtrunk *m;* (*d'adieu*) Ausstand *m;* **payer** [*o* **offrir**] **un** ~ **à qn** jdm einen ausgeben; **prendre** [*o* **boire**] **un** ~ zusammen einen trinken (*fam*)
❹ (*pot de chambre*) [Nacht]topf *m;* **mettre qn sur le** ~ jdn auf den Topf [*o* aufs Töpfchen] setzen
▸ ~ **de colle** *fam* Klette *f* (*fam*); **découvrir/dévoiler le** ~ **aux roses** das Geheimnis entdecken/lüften; **c'est le** ~ **de terre contre le** ~ **de fer** das ist wie David gegen Goliath; **payer les** ~**s cassés** die Zeche bezahlen [*o* die Suppe auslöffeln *fam*] müssen; ~ **catalytique** Auspuff *m* mit eingebautem Kat[alysator]; **être sourd(e) comme un** ~ stocktaub sein (*fam*); **se manier le** ~ *fam* voranmachen (*fam*); **tourner autour du** ~ um den heißen Brei herumreden (*fam*)
◆ ~ **d'échappement** Auspuff[topf *m*] *m*
potable [pɔtabl] *adj* ❶ trinkbar; **eau** ~ Trinkwasser *nt;* **eau non** ~**!** kein Trinkwasser!
❷ *fam* (*acceptable*) *travail, film* anständig (*fam*); **c'est tout juste** ~ das geht gerade noch an
potache [pɔtaʃ] *m fam* Pennäler *m* (*veraltet*)
potage [pɔtaʒ] *m* Suppe *f*
potager [pɔtaʒe] *m* Gemüsegarten *m*
potager, -ère [pɔtaʒe, -ɛʀ] *adj* **jardin** ~ Gemüsegarten *m;* **plantes de culture potagère** Gemüsepflanzen *Pl*
potasse [pɔtas] *f* Pottasche *f;* (*engrais chimique*) Kali *nt;* **mines de** ~ Kalibergwerke *Pl*
potasser [pɔtase] <1> **I.** *vt fam* pauken für (*fam*) *examen;* herumfeilen an (+ *Dat*) *discours;* durchackern (*fam*) *livre*
II. *vi fam* pauken (*fam*)
potassique [pɔtasik] *adj* **engrais** ~ Kalidünger *m*
potassium [pɔtasjɔm] *m* Kalium *nt*
pot-au-feu [pɔtofø] **I.** *adj inv fam mari* häuslich; **elle est** ~ sie ist ein Heimchen *nt* am Herd (*fam*) **II.** *m inv* GASTR ❶ Eintopf *m* ❷ (*viande*) Stück *nt* [Suppen]fleisch für den Eintopf **pot-de-vin** [podvɛ̃] <pots-de-vin> *m* Bestechungsgeld *nt,* Schmiergeld *nt* (*fam*)
pote [pɔt] *m fam* Kumpel *m* (*fam*)
poteau [pɔto] <x> *m a.* SPORT (*pilier*) Pfosten *m;* ~ **de** [*o* **en**] **béton/métal** Beton-/Metallpfosten; ~ **de bois** Holzpfahl; ~ **d'arrivée/départ** Start-/Zielpfosten; ~ **électrique/télégraphique** Leitungs-/Telegrafenmast *m;* ~ **indicateur** Wegweiser *m*
▸ **gros** ~**x** *fam* dicke Stempel *Pl* (*fam*); **envoyer qn au** ~ jdn erschießen, jdn an die Wand stellen; **passer le** ~ durchs Ziel gehen; **rester au** ~ den Start verweigern
◆ ~ **d'exécution** Erschießungspfahl *m;* ~ **de torture** Marterpfahl *m*
potée [pɔte] *f Eintopfgericht aus Kohl, Kartoffeln und Speck*
potelé(e) [pɔtle] *adj* mollig, pummelig (*fam*); *bras* fleischig
potence [pɔtɑ̃s] *f* ❶ Galgen *m*
❷ (*support*) Träger *m*
potentat [pɔtɑ̃ta] *m* ❶ Machthaber *m,* Potentat *m*
❷ (*personne tyrannique*) Despot *m*
potentialiser [pɔtɑ̃sjalize] <1> *vt* potenzieren
potentialité [pɔtɑ̃sjalite] *f* Möglichkeit *f*
potentiel [pɔtɑ̃sjɛl] *m* ❶ Potenzial *nt;* ~ **économique** Wirtschaftspotenzial; ~ **militaire** Militärpotenzial; ~ **nucléaire** Kernpotenzial
❷ LING Möglichkeitsform *f,* Potentialis *m* (*Fachspr.*)
potentiel(le) [pɔtɑ̃sjɛl] *adj* ❶ *a.* TECH potenziell
❷ LING potenzial
potentiellement [pɔtɑ̃sjɛlmɑ̃] *adv* potenziell; *dangereux* möglicherweise
potentiomètre [pɔtɑ̃sjɔmɛtʀ] *m* Potentiometer *nt*
poterie [pɔtʀi] *f* ❶ Töpferware *f;* ~**s étrusques** Tongeschirr *nt* aus etruskischer Zeit
❷ (*activité*) Töpferei *f*
poterne [pɔtɛʀn] *f* Ausfallspforte *f*
poteur [pɔtœʀ] *m v.* **putter**
potiche [pɔtiʃ] *f* ❶ große Porzellanvase *f*
❷ (*figurant*) Galionsfigur *f*
potier, -ière [pɔtje, -jɛʀ] *m, f* Töpfer(in) *m(f)*
potin [pɔtɛ̃] *m* ❶ *souvent pl* Klatsch *m* (*fam*), Tratsch *m* (*fam*)
❷ *fam* (*bruit*) Krach *m*
potiner [pɔtine] <1> *vi fam* klatschen (*fam*), tratschen (*fam*)
potion [posjɔ̃] *f vieilli* [flüssige] Arznei; ~ **magique** Zaubertrank *m*
potiron [pɔtiʀɔ̃] *m* Kürbis *m*
pot-pourri [popuʀi] <pots-pourris> *m* ❶ MUS Potpourri *nt*
❷ (*mélange hétéroclite*) [bunte] Mischung
potron-minet [pɔtʀɔ̃minɛ] ▸ **dès** ~ *fam* seit Tagesanbruch; *se lever* mit den Hühnern (*fam*)
pou [pu] <x> *m* Laus *f*
▸ **chercher des** ~**x à qn** Streit mit jdm suchen; **fier(fière)** [*o* **orgueilleux(-euse)**] **comme un** ~ *fam* wie ein aufgeblasener Frosch (*fam*); **laid(e) comme un** ~ *fam* hässlich wie die Nacht (*fam*)
pouah [pwa] *interj vieilli* igitt
poubelle [pubɛl] *f* (*dans la cuisine*) Mülleimer *m,* Abfalleimer *m,* Mistkübel *m* (A); (*devant la porte*) Mülltonne *f;* (*dans un lieu public*) Abfallkorb *m;* **être bon(ne) à jeter** [*o* **mettre**] **à la** ~ *fam* reif für den Mülleimer sein (*fam*)
pouce [pus] **I.** *m* ❶ *de la main* Daumen *m; du pied* große Zehe, großer Zeh
❷ (*mesure*) Zoll *m*
▸ **donner un coup de** ~ **à qc** bei etw ein bisschen nachhelfen; **ne pas céder d'un** ~ [*o* **un** ~ **de terrain**] keinen Fußbreit Boden preisgeben; **mettre les** ~**s** sich geschlagen geben; **se tourner les** ~**s** *fam* Däumchen drehen (*fam*); **faire du** ~**, partir en** ~ CAN (*faire de l'auto-stop*) per Anhalter fahren, trampen; **ne pas avancer d'un** ~ keinen Schritt weiterkommen; **ne pas reculer d'un** ~ keinen Zollbreit zurückweichen; **ne pas bouger d'un** ~ sich keinen Millimeter von der Stelle rühren; **manger sur le** ~ *fam* schnell einen Happen essen (*fam*)
II. *interj enfantin* halt [*o* stop] mal!
Poucet [pusɛ] *m* **le Petit** ~ der Däumling
pouding [pudiŋ] *m* Pudding *m*
poudrage [pudʀaʒ] *m* AGR Bestäuben *nt*
poudre [pudʀ] *f* ❶ Pulver *nt;* ~ **insecticide** Insektenpulver; **lait en** ~ Trockenmilch *f;* **sucre en** ~ Puderzucker *m*
❷ (*mélange explosif*) [Schieß]pulver *nt*
❸ (*produit cosmétique*) [Gesichts]puder *m*
❹ (*drogue*) Heroin *nt*
▸ **prendre la** ~ **d'escampette** sich aus dem Staub machen (*fam*); **jeter** [*o* **mettre**] **de la** ~ **aux yeux à qn** jdm Sand in die Augen streuen; **ne pas avoir inventé la** ~ *fam* das Pulver

[auch] nicht [gerade] erfunden haben; **sentir la** ~ zum Pulverfass werden können
◆ ~ **à canon** Schießpulver *nt;* ~ **à laver** Waschpulver *nt;* ~ **de perlimpinpin** *fam* Wunderpülverchen *nt* (*fam*)
poudrer [pudʀe] <1> **I.** *vt* [sich (*Dat*)] pudern
II. *vpr* **se** ~ sich pudern; **se** ~ **qc** sich (*Dat*) etw pudern
poudrerie[1] [pudʀəʀi] *f* Sprengstoffabrik *f*
poudrerie[2] [pudʀəʀi] *f* CAN (*neige chassée par le vent*) Schneetreiben *nt*
poudreuse [pudʀøz] *f* Pulverschnee *m*
poudreux, -euse [pudʀø, -øz] *adj* ❶ staubig
❷ (*en poudre*) pulv[e]rig
poudrier [pudʀije] *m* Puderdose *f*
poudrière [pudʀijɛʀ] *f* ❶ *fig* Pulverfass *nt*
❷ (*magasin*) Pulvermagazin *nt*
poudroiement [pudʀwamɑ̃] *m* ~ **de neige/lumière** Glitzern *nt* der Schneekristalle/Sonne; ~ **de poussière** Aufwirbeln *nt* glitzernden Staubs
poudroyer [pudʀwaje] <6> *vi sable, neige:* [wie feiner Staub] glitzern
pouf[1] [puf] **I.** *m* Hocker *m,* Puff *m*
II. *interj* plumps!
pouf[2] [puf] *m* BELG ❶ (*dette*) Schuld *f;* **à** ~ (*à crédit*) auf Raten
❷ (*hasard*) **à** ~ (*à petit bonheur*) auf gut Glück; **taper à** ~ (*deviner*) erraten
pouffer [pufe] <1> *vi* ~ [**de rire**] in Lachen ausbrechen, losprusten (*fam*)
pouf[f]iasse [pufjas] *f péj vulg* doofe Ziege (*fam*)
pouillerie [pujʀi] *f* äußerste Armut; **croupir dans la** ~ im Elend und Schmutz verkommen
pouilles [puj] *fpl vieilli* Beschimpfungen *Pl,* Beleidigungen *Pl*
▸ **chanter** ~ **à qn** *littér* jdn beschimpfen
pouilleux, -euse [pujø, -jøz] **I.** *adj* ❶ verlaust
❷ (*sordide*) *endroit, quartier* armselig [und schmutzig]
❸ GEOG unfruchtbar
II. *m, f vieilli* armer Schlucker (*fam*); **espèce de** ~**!** du Penner! (*fam*)
pouillot [pujo] *m* ZOOL Laubsänger *m*
poujadisme [puʒadism] *m* HIST, POL Poujadismus *m*
poulailler [pulaje] *m* ❶ Hühnerstall *m*
❷ THEAT *fam oberster Rang im Theater*
poulain [pulɛ̃] *m* ❶ Fohlen *nt*
❷ (*protégé*) Schützling *m*
poulaine [pulɛn] *f* Schnabelschuh *m*
poularde [pulaʀd] *f* Poularde *f*
poulbot [pulbo] *m Gassenkind vom Montmartre*
poule[1] [pul] *f* ❶ Henne *f;* ~ **couveuse** [*o* **pondeuse**] Legehenne *f*
❷ (*poulet*) Huhn *nt*
❸ *fam* (*maîtresse*) Mieze *f* (*fam*); ~ **de luxe** (*prostituée*) Edelnutte *f* (*fam*)
▸ **quand les** ~**s auront des dents** wenn Ostern und Pfingsten auf einen Tag fallen (*prov*); **tuer la** ~ **aux œufs d'or** das Huhn, das goldene Eier legt schlachten (*fam*); ~ **mouillée** Angsthase *m* (*fam*); **se coucher/se lever avec les** ~**s** mit den Hühnern zu Bett gehen/aufstehen; **une** ~ **n'y retrouverait pas ses poussins!** wie soll man denn hier noch etwas finden!; **ma** ~ *fam* mein Schätzchen
◆ ~ **d'eau** Teichhuhn *nt*
poule[2] [pul] *f* SPORT Gruppe *f;* (*série*) Runde *f;* ~ **éliminatoire** Ausscheidungsrunde
poulet [pulɛ] *m* ❶ ZOOL Huhn *nt*
❷ GASTR Hähnchen *nt;* ~ **rôti** Brathähnchen; ~ **aux hormones/de grain** mit Hormonen/mit Körnern gefüttertes Huhn; ~ **d'élevage** Batteriehuhn *nt;* ~ **élevé en plein air** Freilandhuhn *nt*
❸ *fam* (*policier*) Bulle *m* (*fam*)
▸ **mon** [**petit**] ~**!** mein Häschen!
poulette [pulɛt] **I.** *f fam* Schätzchen *nt*
II. *app* **sauce** ~ *Art holländische Sauce mit Weißwein und Champignons*
pouliche [puliʃ] *f* Stut[en]fohlen *nt*
poulie [puli] *f* NAUT Block *m;* TECH [Seil]rolle *f;* ~ **fixe** feste Riemenscheibe; ~ **folle** bewegliche Rolle
pouliner [puline] <1> *vi* fohlen
poulinière [pulinjɛʀ] **I.** *adj* **jument** ~ Zuchtstute *f*
II. *f* Zuchtstute *f*
poulpe [pulp] *m* Krake *f*
pouls [pu] *m* Puls *m;* **prendre le** ~ **de qn** jdm den Puls messen
▸ **prendre** [*o* **tâter**] **le** ~ **de qn/qc** jdm auf den Zahn fühlen *fam*/etw erforschen
poumon [pumɔ̃] *m* Lunge *f,* Lungenflügel *m;* **les** ~**s** die Lunge; **à pleins** ~**s** aus voller Lunge; *respirer* ganz tief; **avoir du** ~ eine gute Lunge haben
▸ **cracher ses** ~**s** *fam* sich (*Dat*) die Lunge aus dem Leib husten
poupe [pup] *f* Heck *nt*
poupée [pupe] *f* ❶ Puppe *f;* ~**s gigognes** russische Puppen *Pl;* **jouer à la** ~ mit Puppen spielen
❷ *fam* (*femme*) [hübsche] Puppe (*sl*); *péj* Püppchen *nt* (*pej fam*)
❸ (*pansement*) Fingerverband *m*
poupin(e) [pupɛ̃, in] *adj* pausbäckig
poupon [pupɔ̃] *m* [pausbäckiges] Baby
pouponner [pupɔne] <1> **I.** *vi fam* sich um sein Baby kümmern
II. *vt* hätscheln
pouponnière [pupɔnjɛʀ] *f* Kinderkrippe *f*
pour [puʀ] **I.** *prép* ❶ für; ~ **le malheur/le plaisir de qn** zu jds Unglück/Freude; **c'est** ~ **ton bien** das geschieht zu deinem Besten
❷ (*envers*) ~ **qn** *sympathie, sentiment* für jdn; *amour* zu jdm; *respect* vor jdm
❸ (*contre*) ~ **la toux/le rhume** gegen Husten/Schnupfen
❹ (*en direction de*) nach; **partir** ~ **Paris/l'étranger** nach Paris/ins Ausland fahren; ~ **où?** wohin?
❺ (*jusqu'à, pendant*) für; ~ **demain** für [*o* bis] morgen; ~ **la semaine prochaine/**~ **dans huit jours** für nächste Woche/für in acht Tagen; ~ **le moment** [*o* **l'instant**] im Augenblick; **j'en ai** ~ **une heure!** ich brauche eine Stunde!
❻ (*à l'occasion de*) zu; ~ **l'anniversaire/Noël** zum Geburtstag/zu Weihnachten
❼ (*en faveur de*) ~ **qn/qc** für jdn/etw; **être** ~ **faire qc** dafür sein etw zu tun
❽ (*quant à*) für; ~ **moi** meiner Meinung nach
❾ (*à cause de*) wegen; ~ **son courage/sa paresse** wegen seines Mutes/seiner Faulheit; **fermé(e)** ~ **réparations** wegen Reparaturarbeiten geschlossen; **merci** ~ **votre cadeau!** danke für euer Geschenk!; **remercier qn** ~ **avoir fait qc** jdm danken, weil er etw getan hat
❿ (*à la place de*) für, i. A.; ~ **le directeur, Beate Wengel** der Direktor, i.A. Beate Wengel; **œil** ~ **œil, dent** ~ **dent** Auge um Auge, Zahn um Zahn
⓫ (*par rapport à*) für; **être grand** ~ **son âge** groß für sein Alter sein
⓬ (*comme*) als; **prendre** ~ **femme** zur Frau nehmen; **j'ai** ~ **principe de faire** es ist mein Prinzip etw zu tun; **avoir** ~ **effet** zur Folge haben; **c'est** ~ **de vrai!** das ist wirklich so!; **laisser qn** ~ **mort** jdn für tot halten und liegen lassen
⓭ (*pour ce qui est de*) ~ **être furieux(-euse), je le suis!** ich bin vielleicht wütend!; ~ **intelligente qu'elle soit ...** und wenn sie noch so intelligent ist ...; ~ **autant que je sache** soviel ich weiß
⓮ (*dans le but de*) ~ **faire qc** um etw zu tun; **ce n'est pas** ~ **me déplaire** das gefällt mir [ganz gut]; ~ **que tu comprennes**

P

damit du verstehst; **il est trop jeune ~ qu'il puisse comprendre** er ist zu jung um zu verstehen
II. *m* **le ~ et le contre** das Für und [das] Wider; **avoir du ~ et du contre** ein Für und ein Wider haben; **il y a du ~ et du contre** es gibt Argumente dafür und dagegen
pourboire [purbwar] *m* Trinkgeld *nt*
pourceau [purso] <x> *m littér* Schwein *nt*
pourcentage [pursɑ̃taʒ] *m* ❶ *a.* COM ~ **sur qc** [prozentualer] Anteil an etw (*Dat*); **travailler/être payé(e) au ~** auf Provisionsbasis arbeiten/bezahlt werden
❷ (*proportion pour cent*) Prozentsatz *m*
◆ ~ **de bénéfices** Gewinnanteil *m;* ~ **des naissances** Geburtenrate *f*
pourchasser [purʃase] <1> *vt* ❶ verfolgen; ~ **l'argent** dem Geld nachjagen; **être pourchassé(e) par qn** von jdm verfolgt werden
❷ (*se débarrasser de*) verjagen *importun;* verscheuchen *idées noires*
pourfendeur [purfɑ̃dœr] *m littér* scharfer Kritiker *m*
pourfendre [purfɑ̃dr] <14> *vt vieilli littér* angehen gegen
pourlécher [purleʃe] <5> *vpr* **qn se pourlèche** jdm läuft das Wasser im Mund zusammen
pourparlers [purparle] *mpl* Verhandlungen *Pl,* Gespräche *Pl;* **engager des** [*o* **entrer en**] ~ **avec qn** mit jdm Gespräche [*o* Verhandlungen] aufnehmen; **être en ~ avec qn** mit jdm verhandeln [*o* in Verhandlungen stehen]
pourpier [purpje] *m* Portulak *m*
pourpoint [purpwɛ̃] *m* HIST Wams *m*
pourpre [purpr] I. *adj* purpurrot, purpurfarben
II. *m* ❶ (*couleur*) Purpur *m*
❷ ZOOL Purpurschnecke *f*
❸ ANAT ~ **rétinien** Sehpurpur *m*
III. *f* (*matière, étoffe*) Purpur *m*
pourpré(e) [purpre] *adj* purpurn
pourquoi [purkwa] I. *conj* ❶ warum, weshalb
❷ (*à quoi bon*) ~ **continuer/chercher** warum [*o* wozu] [soll ich/sollen wir/...] weitermachen/suchen
▸ **c'est** ~ deshalb, deswegen; **c'est ~?** *fam* was kann ich für Sie tun?
II. *adv* warum; **je me demande bien ~** ich frage mich wirklich warum; **voilà ~** deshalb; ~ **pas?** [*o* **non?**] warum [eigentlich] nicht?
III. *m inv* ❶ **le ~ de qc** das Warum [*o* der Grund] einer S. (*Gen*); **chercher le ~ et le comment** nach dem Warum und Weshalb fragen
❷ (*question*) Warum-Frage *f;* **les ~s** die Fragen
pourri [puri] *m* ❶ *d'un fruit, légume* faule Stelle; **ça sent le ~ dans cette pièce!** in diesem Raum riecht es muffig! (*fam*)
❷ *péj* (*homme corrompu*) Dreckskerl *m* (*fam*)
pourri(e) [puri] *adj* ❶ *fruit, œuf* faul; *poisson, viande* verdorben; *cadavre* verwest; *arbre, planche* morsch; *feuilles* verfault; *roches* verwittert
❷ (*infect*) mies (*fam*); *saison, temps* verregnet; *climat* schlecht; **quel temps ~!** was für ein Mistwetter! (*fam*); **bagnole ~e** Schrottauto *nt* (*fam*)
❸ (*corrompu, gâté*) *personne, société* korrupt, verdorben; *mœurs* verkommen; *enfant* verzogen
❹ *fam* (*plein*) **être ~(e) de défauts** voller Fehler stecken; **être ~(e) de fric** stinkreich sein (*fam*)
pourrir [purir] <8> I. *vi* ❶ *œuf:* faul werden; *fruit:* verfaulen, faul werden; *aliment, poisson:* schlecht werden; *cadavre:* verwesen; *arbre, planche:* [ver]modern; *roche:* verwittern
❷ *fam* (*croupir*) ~ **en prison/dans la misère** im Gefängnis/im Elend verkümmern; **il pourrit dans cet emploi/ce village** er versauert auf dieser Stelle/in diesem Dorf (*fam*)
❸ (*se dégrader*) *situation:* sich verschlimmern; *personne:* verkommen; **laisser ~ la situation** die Lage schlimmer werden lassen; **laisser ~ la grève** warten, bis der Streik sich totläuft
II. *vt* verderben *aliment;* verfaulen lassen *bois, végétaux;* faulen lassen *fruit;* [völlig] verziehen *enfant*
pourrissement [purismɑ̃] *m* ❶ *d'une situation* Verschlechterung *f; d'un conflit* Zuspitzung *f;* **espérer le ~ de la grève** hoffen, dass der Streik sich totläuft
❷ (*corruption*) Korrumpierung *f*
pourriture [purityr] *f* ❶ Fäulnis *f; du bois* Verrottung *f; d'un corps* Verwesung *f;* **odeur de ~** Fäulnisgeruch *m*
❷ (*dans une cave*) **odeur de ~** Modergeruch *m*
❸ (*corruption*) *de la société, d'un régime* Korruption *f,* Verderbtheit *f* (*geh*); *des mœurs* Verkommenheit *f*
❹ *péj* (*homme corrompu*) Dreckskerl *m* (*fam*)
❺ *péj* (*femme corrompue*) gemeines Biest (*fam*)
❻ BOT, HORT ~ **blanche** Weißfäule *f;* ~ **grise/noble** Grau-/Edelfäule
poursuite [pursɥit] *f* ❶ Verfolgung *f;* **être à la ~ de qn** jdn verfolgen; **se lancer** [*o* **se mettre**] **à la ~ de qn** jds Verfolgung aufnehmen
❷ (*recherche*) **la ~ de la fortune/gloire** das Streben nach Reichtum/Ruhm; **la ~ du bonheur** die Jagd nach dem Glück; **la ~ de la vérité** die Suche nach der Wahrheit
❸ *gén pl* JUR ~**s judiciaires** gerichtliche Verfolgung; **engager des ~s contre qn** gerichtlich gegen jdn vorgehen
❹ (*continuation*) *de négociations, d'un travail* Fortsetzung *f,* Weiterführung *f;* **décider la ~ de la guerre** beschließen den Krieg weiterzuführen
❺ SPORT Verfolgungsrennen *nt*
poursuiteur, -euse [pursɥitœr, -øz] *m, f* Verfolgungsfahrer(in) *m(f)*
poursuivant(e) [pursɥivɑ̃, ɑ̃t] I. *adj* JUR **partie ~e** Kläger(in) *m(f)*
II. *m(f)* ❶ Verfolger(in) *m(f)*
❷ JUR Kläger(in) *m(f)*
poursuivre [pursɥivr] <*irr*> I. *vt* ❶ verfolgen
❷ (*harceler*) ~ **qn** *personne:* jdn bedrängen; *souvenir, images:* jdn verfolgen; *remords:* jdn quälen; ~ **qn de sa haine** jdn mit seinem Hass verfolgen
❸ (*rechercher*) streben nach *bonheur, gloire, idéal;* verfolgen *but;* suchen nach *vérité;* ~ **un rêve** einem Traum nachhängen; ~ **l'argent** dem Geld nachjagen
❹ (*continuer*) fortsetzen; weiterführen *combat, enquête;* ~ **son récit** in seinem Bericht fortfahren
❺ JUR ~ **qn** [**en justice**] jdn gerichtlich belangen [*o* verfolgen], gegen jdn gerichtlich vorgehen; ~ **qn en justice pour vol** jdn wegen Diebstahls verklagen
II. *vi* ❶ fortfahren; ~ **sur un sujet** bei einem Thema bleiben
❷ (*persévérer*) weitermachen
III. *vpr* **se ~** andauern; *enquête, grève:* weitergeführt werden
pourtant [purtɑ̃] *adv* ❶ (*marque l'opposition, le regret*) dennoch, trotzdem; **cette fois ~, ...** diesmal jedoch ...
❷ (*marque l'étonnement*) [aber] doch; **c'est ~ facile!** das ist aber doch leicht!; **c'est ~ vrai, non?** das stimmt aber doch, oder?; **mais ~ tu avais dit que** du hattest aber doch gesagt, dass
pourtour [purtur] *m* ❶ Umrandung *f;* **un ~ de cent mètres** ein Umfang *m* von hundert Metern
❷ (*bords*) Rand *m*
pourvoi [purvwa] *m* Berufung *f,* Einspruch *m;* ~ **en appel** Berufung; ~ **en cassation** Revisionsantrag *m,* Revisionsbeschwerde *f*
pourvoir [purvwar] <*irr*> I. *vt* ~ **de** [*o* **en**] **provisions/marchandises** mit Vorräten/Waren ausstatten [*o* versorgen]; ~ **qn d'une beauté/intelligence exceptionnelle** jdn mit einer außergewöhnlichen Schönheit/Intelligenz bedenken; ~ **qn d'une recommandation** jdm eine Empfehlung mitgeben; ~ **un poste** eine Stelle besetzen
II. *vi* ~ **à qc** sich um etw kümmern; ~ **à l'entretien de la famille** für den Unterhalt der Familie aufkommen

III. *vpr* ❶ **se ~ de provisions/vêtements** sich mit Vorräten/Kleidern eindecken [*o* versorgen]; **se ~ d'armes** sich mit Waffen ausrüsten
❷ JUR **se ~ devant qc** bei etw Beschwerde einlegen [*o* Einspruch erheben]; **se ~ en appel/cassation** Berufung/Revision einlegen; **se ~ en révision** ein Wiederaufnahmeverfahren beantragen

pourvoyeur [puʀvwajœʀ] *m* MIL Munitionskanonier *m*

pourvoyeur, -euse [puʀvwajœʀ, -jøz] *m, f* Lieferant(in) *m(f)*; **les ~s de drogue** die Dealer *Pl*

pourvu [puʀvy] *conj* ❶ (*souhait*) wenn ... nur; **~ que nous ne manquions pas le train!** wenn wir nur den Zug nicht verpassen!
❷ (*condition*) **~ que cela vous convienne** sofern [*o* vorausgesetzt, dass] es euch recht ist

pourvu(e) [puʀvy] *adj* ❶ **être ~(e) en qc** mit etw eingedeckt [*o* ausgestattet] sein; **ici nous sommes mal ~s en commerçants** hier gibt es nicht genügend Geschäfte; **être ~(e) d'argent/de grandes qualités** Geld/gute Eigenschaften haben; **être ~(e) de beauté/d'imagination** schön/einfallsreich sein
❷ (*occupé*) **le poste/l'emploi est ~** der Posten/die Stelle ist vergeben [*o* besetzt]

poussah [pusa] *m* ❶ (*jouet*) Stehaufmännchen *nt*
❷ *fig* (*gros homme*) Dickmops *m* (*fam*)

pousse [pus] *f* ❶ Spross *m*, Trieb *m*; **~s de bambou** Bambussprossen *Pl*
❷ (*développement*) Wachstum *nt*; *d'une dent* Durchbruch *m*; **la ~ des cheveux** der Haarwuchs
❸ BOT Austrieb *m*

poussé(e) [puse] *adj* ❶ *étude, discussion, enquête* eingehend, ausführlich; *technique* hochentwickelt; *travail* ausgefeilt; *précision* höchste(r, s); **il a fait des études très ~es** er hat es in seinem Studium sehr weit gebracht
❷ *péj* (*forcé*) *plaisanterie* gewagt; *voix* forciert (*geh*); *moteur* hochgezüchtet

pousse-café [puskafe] *m inv fam* Verdauungsschnaps *m*

poussée [puse] *f* ❶ *a.* ARCHIT, GEOG, PHYS Druck *m*
❷ PSYCH Drang *m*
❸ (*coup*) Stoß *m*; **~ du vent** Windstoß; **écarter qn d'une ~ de l'épaule** jdn mit der Schulter beiseite drängen
❹ MED *d'acné, de boutons* plötzlicher Ausbruch; **~ de fièvre** Fieberanfall *m*
❺ (*croissance*) *du chômage, de l'inflation* Anstieg *m*

pousse-pousse [puspus] *m inv* Rikscha *f*

pousser [puse] <1> **I.** *vt* ❶ schieben; [an]schieben *voiture*; antreiben *troupeau*; rücken *meuble*
❷ (*pour ouvrir*) **~ la porte/la fenêtre** die Tür/das Fenster aufmachen; (*fortement*) die Tür/das Fenster aufstoßen
❸ (*pour fermer*) **~ la porte/la fenêtre** die Tür/das Fenster zumachen; (*en claquant*) die Tür/das Fenster zuschlagen
❹ (*bousculer*) stoßen; **~ qn/qc du coude/pied** jdn/etw mit dem Ellbogen/dem Fuß anstoßen
❺ (*entraîner*) *courant, vent*: treiben
❻ (*stimuler*) antreiben, anspornen *candidat, élève*; hoch drehen *moteur, machine*; antreiben *cheval*; anfachen *feu*; **~ le chauffage** die Heizung hoch drehen; **l'intérêt/l'ambition le pousse** das Interesse/der Ehrgeiz treibt ihn [an]
❼ (*inciter à*) **~ qn à faire qc** jdn dazu bringen [*o* animieren] etw zu tun; *envie, intérêt, ambition*: jdn dazu treiben etw zu tun; **~ qn à la consommation** jdn zum Konsum verleiten; **~ qn au crime** jdn zum Verbrechen anstiften; **~ qn au désespoir** jdn zur Verzweiflung treiben
❽ (*diriger*) **~ qn vers qc/qn** jdn zu etw drängen/zu jdm hindrängen; **quelque chose le poussait vers elle** er fühlte sich von ihr angezogen
❾ (*émettre*) ausstoßen *cri, soupir*; schmettern *chanson*; **~ des cris de joie** in Freudengeschrei ausbrechen; **~ des gémissements** stöhnen; **en ~ une** *fam* was singen (*fam*)
❿ (*exagérer*) **~ qc à l'extrême/trop loin** etw [bis] zum Äußersten/zu weit treiben; **~ la jalousie/la gentillesse jusqu'à faire qc** in seiner Eifersucht/Freundlichkeit so weit gehen etw zu tun; **il faut pas ~!** man soll auch nicht übertreiben!
⓫ (*approfondir*) **~ plus loin les études/recherches** das Studium/die Forschung weiter vertiefen
⓬ (*poursuivre*) vorantreiben *enquête, recherches*
⓭ (*cultiver*) **faire ~ des salades/légumes** Salat/Gemüse [an]pflanzen; **faire ~ des fleurs** Blumen ziehen; **l'engrais fait ~ les plantes** Dünger lässt die Pflanzen gedeihen
⓮ (*grandir*) **se laisser ~ les cheveux/la barbe** sich (*Dat*) die Haare/den Bart wachsen lassen
II. *vi* ❶ wachsen; **sa première dent a poussé** sein/ihr erster Zahn ist [durch]gekommen
❷ (*faire un effort pour accoucher*) pressen
❸ (*faire un effort pour aller à la selle*) drücken
❹ (*aller*) **~ jusqu'à Toulon** weiter bis Toulon fahren
❺ (*exercer une poussée*) drängen, drängeln (*fam*); **ne poussez pas!** drängelt nicht!
❻ *fam* (*exagérer*) übertreiben
III. *vpr* **se ~** ❶ Platz machen; **pousse-toi un peu!** rutsch mal ein Stück [zur Seite]!
❷ (*se bousculer*) sich drängen, drängeln (*fam*)

poussette [pusɛt] *f* ❶ (*voiture d'enfant*) [Kinder]sportwagen *m*
❷ CYCLISME [An]schieben *nt*

poussier [pusje] *m* Kohlenstaub *m*

poussière [pusjɛʀ] *f* ❶ Staub *m*; **faire la ~** Staub wischen; **avoir une ~ dans l'œil** ein Staubkorn im Auge haben
❷ (*grande quantité*) **cet archipel est une ~ d'îles** dieser Archipel besteht aus einer Unzahl von Inseln
▶ **mordre la ~** auf die Nase fallen (*fam*); **faire mordre la ~ à qn** jdn in die Pfanne hauen (*fam*); **réduire qn/qc en ~** aus jdm/etw Kleinholz machen (*fam*); **tomber en ~** zu Staub zerfallen; **2000 euros et des ~s** *fam* 2000 Euro und ein paar Zerquetschte (*fam*)

poussiéreux, -euse [pusjeʀø, -øz] *adj* ❶ staubig; *fenêtre* staubbedeckt; *chambre, livres* verstaubt
❷ (*gris*) *teint* grau
❸ *péj* (*rétrograde*) *monde, société* verstaubt

poussif, -ive [pusif, -iv] *adj* *personne* kurzatmig; *moteur* stotternd (*fam*); *cheval* dämpfig

poussin [pusɛ̃] *m* ❶ ORN Küken *nt*
❷ *fam* (*terme affectueux*) **mon petit ~** mein kleiner Spatz

poussin(e) [pusɛ̃, in] *m(f)* SPORT ≈ C-Mädchen/C-Knaben

poussivement [pusivmɑ̃] *adv* keuchend

poussoir [puswaʀ] *m* *d'une montre, sonnette* Knopf *m*

poutre [putʀ] *f* ❶ ARCHIT (*de bois*) Balken *m*; **~s apparentes** frei liegende Balken *Pl*; **plafond à ~s apparentes** Balkendecke *f*
❷ ARCHIT (*de métal*) Träger *m*
❸ SPORT Schwebebalken *m*

poutrelle [putʀɛl] *f* [Eisen]träger *m*

poutser [putse] <1> *vt* CH putzen

pouvoir¹ [puvwaʀ] <*irr*> **I.** *aux* ❶ (*être autorisé*) können, dürfen; **tu peux aller jouer** du kannst [*o* darfst] spielen gehen; **il ne peut pas venir** er kann [*o* darf] nicht kommen; **puis-je fermer la fenêtre?** kann ich das Fenster schließen?
❷ (*être capable de*) können; **j'ai fait ce que j'ai pu** ich habe getan, was ich konnte; **je ne peux pas m'empêcher de tousser** ich muss ständig husten
❸ (*éventualité*) **elle peut/pourrait être en France** sie kann [*o* könnte] in Frankreich sein; **quel âge peut-il bien avoir?** wie alt er wohl sein mag?; **l'orage pourrait bien éclater d'un moment à l'autre** das Gewitter könnte jeden Augenblick losbrechen; **c'est une chose qui peut arriver** das kann vorkommen
❹ (*suggestion*) **tu peux bien me prêter ton vélo** du kannst

P

[*o* könntest] mir doch wirklich dein Fahrrad leihen; **tu aurais pu nous le dire plus tôt!** das hättest du uns früher sagen können!
❺ *littér* (*souhait*) **puisse-t-il guérir!** wenn er doch nur gesund werden könnte!; **ah! Puissiez-vous dire vrai!** ach, wenn Sie nur Recht hätten!
II. *aux impers* **il peut/pourrait pleuvoir** es kann/könnte regnen; **il aurait pu y avoir un accident** es hätte zu einem Unfall kommen können; **cela peut arriver** das kann vorkommen; **il peut se faire que qn fasse qc** es kann passieren, dass jd etw tut
III. *vt* (*être capable de*) ~ **quelque chose pour qn** etwas für jdn tun können; **ne rien ~ [faire] pour qn** nichts für jdn tun können
▶ **on ne peut mieux** [aller]bestens; **n'en plus ~ de qc** nicht mehr können vor etw (*Dat*); **qn n'y peut rien** (*ne peut y porter remède*) jd kann nichts dagegen tun [*o* nichts machen]; (*n'est pas responsable*) jd kann nichts dafür; **si l'on peut dire** wenn man so sagen darf; **on peut dire que qn a bien fait qc** man darf [*o* kann] wohl sagen, dass jd etw wirklich getan hat; **le moins qu'on puisse dire** das mindeste, was man sagen kann; **qu'est-ce que cela peut te faire?** was geht dich das an?; **ne rien ~ y faire** nichts daran ändern können
IV. *vpr impers* **cela** [*o* **ça** *fam*] **se peut/pourrait** das kann/könnte sein; **non, ça ne se peut pas** nein, das kann nicht sein; **il se pourrait qu'elle vienne** es könnte sein [*o* es wäre möglich], dass sie kommt; **ça se pourrait bien** das könnte gut [*o* durchaus] sein
▶ **autant que faire se peut** wenn nur irgend möglich

pouvoir² [puvwaʀ] *m* ❶ POL [regierende] Macht; **le parti au ~** die regierende Partei; **être au ~** an der Macht sein; **arriver au ~** an die Macht kommen; **prendre le ~** die Macht ergreifen [*o* übernehmen]
❷ (*autorité*) ~ **sur qn** Macht *f* über jdn; **il est en mon ~ de faire qc** es steht [*o* liegt] in meiner Macht etw zu tun; **tenir qn en son ~** jdn in der Hand [*o* Gewalt] haben
❸ (*influence*) Einfluss *m* [auf jdn]
❹ POL, JUR (*organes de décision*) [Staats]gewalt *f;* ~ **absolu** absolute Gewalt; ~ **central** Zentralgewalt; ~ **exécutif** Exekutive *f;* ~ **législatif** Legislative *f*, ausübende/gesetzgebende Gewalt; ~ **judiciaire** richterliche Gewalt; **la séparation des ~s** die Gewaltenteilung; **~s publics** Staatsorgane *Pl*, Behörden *Pl*
❺ JUR, POL (*droit, attribution*) Befugnis *f;* (*procuration*) Vollmacht *f;* **~s exceptionnels** Sondervollmachten, außerordentliche Vollmachten; **dépasser ses ~s** seine Befugnisse überschreiten; **bon pour ~** bevollmächtigt; **avoir plein ~ pour faire qc** unbeschränkte Vollmacht haben etw zu tun; **donner ~ à qn de faire qc** jdn bevollmächtigen [*o* ermächtigen] etw zu tun
❻ *a.* TECH (*faculté*) Fähigkeit *f;* ~ **colorant** Farbkraft *f;* ~ **absorbant/isolant** Saug-/Isolierfähigkeit; **avoir le ~ de faire qc** die Fähigkeit haben etw zu tun
◆ ~ **de concentration** Konzentrationsfähigkeit *f*

PP [pepe] *f abr de* **préfecture de police** Polizeipräfektur *f*

PPCM [pepeseɛm] *m* MATH *abr de* **plus petit commun multiple** kleinstes gemeinschaftliches Vielfaches *nt*

P.Q. [peky] *m fam abr de* **papier cul** Klopapier *nt* (*fam*)

PR [peɛʀ] *f abr de* **poste restante** *Schalter für postlagernde Sendungen*

Præsidium [pʀezidjɔm] *m* **le ~ du Soviet suprême** das Präsidium des Obersten Sowjets

pragmatique [pʀagmatik] **I.** *adj* pragmatisch
II. *mf* Pragmatiker(in) *m(f)*
III. *f* LING Pragmatik *f*

pragmatisme [pʀagmatism] *m* Pragmatismus *m*

pragmatiste [pʀagmatist] **I.** *adj* pragmatisch
II. *mf* Pragmatist(in) *m(f)*

Pragois(e) [pʀagwa, waz] *m(f)* Prager(in) *m(f)*

Prague [pʀag] Prag *nt*

praire [pʀɛʀ] *f* Venusmuschel *f*

prairie [pʀeʀi] *f* Wiese *f*

Prairie [pʀeʀi] *f* GEOG **la [Grande] ~** die Prärie

praline [pʀalin] *f* ❶ (*bonbon*) gebrannte Mandel
❷ BELG (*chocolat fourré*) Praline *f*

praliné [pʀaline] *m* Nougatcremetorte *f*

praliné(e) [pʀaline] *adj amande, noisette* gebrannt; *crème, glace* mit Haselnussgeschmack

praséodyme [pʀazeɔdim] *m* CHIM Praseodym *nt*

praticabilité [pʀatikabilite] *f* ❶ (*en véhicule*) Befahrbarkeit *f*
❷ (*à pied*) Begehbarkeit *f; d'un terrain de sport* Bespielbarkeit *f*

praticable [pʀatikabl] **I.** *adj* ❶ *chemin* benutzbar
❷ (*en véhicule*) befahrbar
❸ (*à pied*) begehbar; *terrain de sport* bespielbar; *gué* passierbar
❹ (*exécutable*) *opération, projet* durchführbar; *moyen* brauchbar
❺ ARCHIT, THEAT *fenêtre, décor* praktikabel
II. *m* ❶ THEAT Praktikabel *nt*
❷ CINE, TV Kamerawagen *m*

praticien(ne) [pʀatisjɛ̃, jɛn] *m(f)* Praktiker(in) *m(f);* MED praktizierender Arzt/praktizierende Ärztin

pratiquant(e) [pʀatikɑ̃, ɑ̃t] **I.** *adj* praktizierend; **être très/peu ~(e)** häufig/selten in die Kirche gehen
II. *m(f)* Kirchgänger(in) *m(f);* **cette religion compte dix millions de ~s** diese Religion hat zehn Millionen Anhänger

pratique [pʀatik] **I.** *adj* ❶ praktisch; *solution* brauchbar, praktisch; *emploi du temps* günstig
❷ (*réaliste*) praktisch; **n'avoir aucun sens ~** keinerlei praktische Veranlagung haben; **être un esprit ~** praktisch veranlagt sein; **dans la vie ~** im täglichen Leben
❸ (*opp: théorique*) praktisch; *philosophie* angewandt; **cours de langue ~** praxisbezogener Fremdsprachenunterricht; **travaux ~s** Übung *f;* **guide ~** Handbuch *nt*
II. *f* ❶ Praxis *f;* **dans la** [*o* **en**] **~** in der Praxis; **mettre en ~** in die Praxis umsetzen
❷ (*expérience*) [praktische] Erfahrung *f;* **~ de la conduite** Fahrpraxis; **avoir la ~ du métier** Berufserfahrung haben
❸ (*procédé*) Praktik *f;* **c'était une ~ courante** das war allgemein [so] üblich
❹ (*coutume*) Gepflogenheit *f*
❺ (*exercice*) *d'un sport, métier* Ausübung *f*, [Be]treiben *nt;* **la ~ de l'escrime** das Fechten; **la ~ du golf** das Golfspielen; **~ illégale de la médecine** illegale Ausübung des Arztberufs
❻ REL Praktizieren *nt*

pratiqué(e) [pʀatike] *adj* **être ~(e)** *politique:* verfolgt werden; *prix:* verlangt werden; *sport:* betrieben werden; **le golf est très ~** es wird sehr viel Golf gespielt

pratiquement [pʀatikmɑ̃] *adv* ❶ praktisch gesehen
❷ (*presque*) praktisch (*fam*), so gut wie

pratiquer [pʀatike] <1> **I.** *vt* ❶ ausüben *métier, sport;* sprechen *langue;* **~ sa religion** seine Religion ausüben, praktizieren; **~ le tennis/golf** Tennis/Golf spielen; **~ la peinture** malen; **~ la musique** musizieren
❷ (*mettre en pratique*) [praktisch] anwenden *philosophie, règle;* praktizieren, [praktisch] anwenden *méthode;* betreiben *politique;* **~ l'indulgence** Nachsicht üben
❸ (*faire*) machen *ouverture, trou;* durchführen *massage cardiaque, opération*
❹ (*utiliser*) verlangen *prix;* **~ des méthodes malhonnêtes** sich unlauterer Methoden bedienen; **~ le chantage avec qn** jdn erpressen
❺ *vieilli* (*fréquenter*) [gern und viel] lesen *auteur;* **~ la haute société** in der gehobenen Gesellschaft verkehren
II. *vi* ❶ MED praktizieren
❷ REL in die Kirche gehen
III. *vpr* **se ~** üblich sein; *prix:* verlangt werden, üblich sein; *langage, langue:* gesprochen werden; REL ausgeübt werden

pré [pʀe] *m* Wiese *f*
préado [pʀeado] *m, f fam abr de* **préadolescent** Teeny *m*
préadolescence [pʀeadɔlesɑ̃s] *f* Vorpubertät *f*
préadolescent(e) [pʀeadɔlesɑ̃, ɑ̃t] *m(f)* Jugendliche(r) *f(m)* in der Vorpubertät
préalable [pʀealabl] **I.** *adj entretien* vorhergehend; *avis, accord* vorherig; **question** ~ Vorfrage *f;* **je voudrais votre accord/avis** ~ ich hätte gerne vorher Ihre Zustimmung/Meinung
II. *m* [Vor]bedingung *f;* **sans** [**aucun**] ~ bedingungslos
▸ **au** ~ zuvor, zunächst
préalablement [pʀealabləmɑ̃] *adv* zunächst, vorher; ~ **à qc** vor etw (*Dat*)
préalpin(e) [pʀealpɛ̃, pin] *adj* Voralpen-
préambule [pʀeɑ̃byl] *m* ❶ JUR Präambel *f*
❷ (*entrée en matière*) Vorrede *f*
❸ (*prélude*) Vorspiel *nt*
▸ **sans** ~ ohne Umschweife
préamplificateur [pʀeɑ̃plifikatœʀ] *m* Vorverstärker *m*
préau [pʀeo] <x> *m* [Innen]hof *m; d'une école* überdachter Pausenhof
préavis [pʀeavi] *m* ❶ JUR Kündigung *f;* **délai de** ~ Kündigungsfrist *f;* ~ **de licenciement** fristgemäßes Kündigungsschreiben; **être licencié(e) sans** ~ fristlos entlassen werden; **donner son** ~ [fristgemäß] kündigen
❷ (*annonce*) [Vor]ankündigung *f;* ~ **de grève** Streikankündigung *f;* **sans** ~ ohne Vorankündigung
prébende [pʀebɑ̃d] *f a.* REL *littér* Pfründe *f*
précaire [pʀekɛʀ] *adj* ❶ *position, situation* ungewiss, prekär (*geh*); *emploi* unsicher; *bonheur* zerbrechlich; *santé, paix* labil
❷ JUR **possession** ~ mittelbarer Besitz, Fremdbesitz
précairement [pʀekɛʀmɑ̃] *adv* ❶ vorübergehend
❷ JUR mittelbar
précambrien [pʀekɑ̃bʀijɛ̃] *m* GEOL Präkambrium *nt*
précambrien(ne) [pʀekɑ̃bʀijɛ̃, jɛn] *adj* GEOL präkambrisch
précarité [pʀekaʀite] *f* Ungewissheit *f; d'un emploi, d'une situation* Unsicherheit *f,* Ungewissheit; *d'un bonheur* Zerbrechlichkeit *f;* JUR Unmittelbarkeit *f* [des Besitzverhältnisses]
précaution [pʀekosjɔ̃] *f* ❶ (*disposition*) Vorsichtsmaßnahme *f;* **prendre des** [*o* **ses**] ~**s contre qn/qc** Vorsichtsmaßnahmen gegen jdn/etw treffen, sich gegen jdn/etw absichern
❷ (*prudence*) Vorsicht *f;* **avec** ~ vorsichtig; **sans** ~ unvorsichtig [*o* unachtsam]; **par** ~ aus Vorsicht, vorsichtshalber; **s'entourer de** ~**s** vorsichtig sein
précautionner [pʀekosjɔne] <1> *vpr littér* **se** ~ **contre qn/qc** sich vor jdm/etw schützen
précautionneusement [pʀekosjɔnøzmɑ̃] *adv littér* mit [größter] Vorsicht
précautionneux, -euse [pʀekosjɔnø, -øz] *adj littér geste* behutsam; *personne* umsichtig
précédemment [pʀesedamɑ̃] *adv* vorher
précédent [pʀesedɑ̃] *m* Präzedenzfall *m;* **créer un** ~ einen Präzedenzfall schaffen; **sans** ~ noch nie dagewesen
précédent(e) [pʀesedɑ̃, ɑ̃t] *adj* vorhergehend; *article, discours, film* vorangegangen, vorhergehend; *année* vorige(r, s); **le jour** ~ am Vortag *m;* **le mois** ~ [im] vorigen [*o* letzten] Monat; **comme les années** ~**es** wie in den Vorjahren
précéder [pʀesede] <5> **I.** *vt* ❶ (*dans le temps*) ~ **qc** einer S. (*Dat*) vorangehen [*o* vorausgehen]; **le jour qui précédait leur départ** am Tag vor ihrer Abreise
❷ (*dans l'espace*) ~ **qc** sich vor einer S. (*Dat*) befinden; **l'article précède le nom** der Artikel steht vor dem Nomen
❸ (*devancer*) ~ **qn** [jdm] vorangehen, vor jdm [her]gehen
❹ (*devancer en voiture*) ~ **qn** vor jdm [her]fahren, [jdm] vorausfahren; **je vais vous** ~ **pour ...** ich werde vorangehen, um ...; **elle m'a précédé(e) de quelques minutes** sie war wenige Minuten vor mir da; **j'allais vous téléphoner, mais vous m'avez précédé(e)** ich wollte Sie soeben anrufen, aber Sie sind mir zuvorgekommen
II. *vi* vorausgehen; **les jours qui précédaient** an den Tagen zuvor; **dans le chapitre qui précède** im vorangehenden Kapitel
précepte [pʀesɛpt] *m* ❶ Grundsatz *m;* **les** ~**s en usage dans la société** die gesellschaftlichen Regeln
❷ REL Gebot *nt*
précepteur, -trice [pʀesɛptœʀ, -tʀis] *m, f* ❶ Hauslehrer(in) *m(f)*
❷ HIST Hofmeister *m*
précession [pʀesesjɔ̃] *f* PHYS Präzession *f*
préchauffage [pʀeʃofaʒ] *m* Vorheizen *nt; d'un moteur diesel* Vorglühen *nt*
préchauffer [pʀeʃofe] <1> *vt* vorheizen *four;* vorglühen *diesel*
prêche [pʀɛʃ] *m* Predigt *f; hum* [Moral]predigt (*pej*)
prêcher [pʀeʃe] <1> **I.** *vt* verkünden *l'Évangile, croisade;* predigen *fraternité, haine;* **tu peux toujours** ~ **la bonne parole, ...** *hum* du kannst predigen soviel du willst, ... (*fam*)
II. *vi* REL predigen; *hum* Moralpredigten halten (*fig pej*)
prêcheur, -euse [pʀɛʃœʀ, -øz] **I.** *adj fam* moralisierend (*pej*)
II. *m, f* Moralprediger(in) *m(f)* (*pej*)
prêchi-prêcha [pʀeʃipʀeʃa] *m inv péj* Moralpredigten *Pl* (*pej*)
précieuse [pʀesjøz] *f* HIST, LITTER **les** ~**s** die Preziösen
précieusement [pʀesjøzmɑ̃] *adv* sorgsam
précieux, -euse [pʀesjø, -jøz] *adj* ❶ wertvoll; *temps, moment* kostbar; **métal** ~ Edelmetall *nt;* **objet** ~ Wertgegenstand *m; fig* Kostbarkeit *f*
❷ (*affecté*) *personne* geziert, affektiert; *style* gespreizt; LITTER *écrivain, salon* preziös
préciosité [pʀesjozite] *f* ❶ Geziertheit *f,* Affektiertheit *f;* **la** ~ **du style de cet auteur** der gespreizte Stil dieses Autors
❷ LITTER Preziosität *f*
précipice [pʀesipis] *m* Abgrund *m*
précipitamment [pʀesipitamɑ̃] *adv* hastig; *partir, s'enfuir* überstürzt
précipitation [pʀesipitasjɔ̃] *f* ❶ Hast *f; d'un départ, d'une décision* Überstürztheit *f;* **sans** ~ in aller Ruhe; **avec** ~ voller Hast; **partir avec** ~ überstürzt aufbrechen
❷ CHIM Niederschlag *m,* [Aus]fällung *f*
❸ *pl* METEO Niederschläge *Pl*
précipité [pʀesipite] *m* CHIM Niederschlag *m*
précipité(e) [pʀesipite] *adj* ❶ *fuite, départ* überstürzt; *décision* übereilt; *personne* voreilig
❷ (*accéléré*) *pas, rythme* schnell, beschleunigt; **sa respiration était** ~**e** sein/ihr Atem ging schnell
précipiter [pʀesipite] <1> **I.** *vt* ❶ (*jeter*) ~ **qn de l'escalier** jdn die Treppe hinunterstoßen; ~ **la voiture contre un arbre** das Auto gegen den Baum schleudern
❷ (*plonger*) ~ **qn dans le malheur** jdn ins Unglück stürzen; ~ **qn dans les bras de qn** jdn in jds Arme treiben
❸ (*accélérer*) beschleunigen *pas, démarche*
❹ (*brusquer*) überstürzen *départ, décision;* **il ne faut rien** ~ man soll nichts überstürzen
❺ CHIM [aus]fällen
II. *vi* CHIM ausfällen
III. *vpr* ❶ (*s'élancer*) **se** ~ **de qc** sich von etw [hinunter]stürzen; **se** ~ **dans le vide** sich in die Tiefe stürzen
❷ (*se jeter*) **se** ~ **à la porte/dans la rue** zur Tür/auf die Straße stürzen; **se** ~ **sur qn/dans les bras de qn** sich auf jdn/in jds Arme stürzen; **il s'est précipité à mon secours** er eilte mir zu Hilfe
❸ (*s'accélérer*) **se** ~ sich beschleunigen, schneller werden; **les événements se précipitent** die Ereignisse überstürzen sich
❹ (*se dépêcher*) **se** ~ sich beeilen; **ne nous précipitons pas!** nur keine Eile!
précis [pʀesi] *m* Handbuch *nt*
précis(e) [pʀesi, iz] *adj* ❶ genau; *instrument, diagnostic* exakt; *demande, ordre, idée* klar; *geste* präzise; **à dix heures** ~**es** um

P

précision

• demander des précisions	• rückfragen
Est-ce que tu veux dire par là que ...?	Meinst du damit, dass ...?
Est-ce que cela signifie que ...?	Soll das heißen, dass ...?
Si je vous ai bien compris, ... , non?	Habe ich Sie richtig verstanden, dass ...?
Vous voulez dire que ...?	Wollen Sie damit sagen, dass ...?
• s'assurer que le sens/le but de ses paroles a été compris	**• kontrollieren, ob Inhalt/Zweck eigener Äußerungen verstanden werden**
Compris?/Pigé? *(fam)*	Kapiert? *(fam)*
C'est clair?	Alles klar? *(fam)*/Ist das klar?
Est-ce que tu comprends ce que je veux dire?	Verstehst du, was ich (damit) meine?
Avez-vous compris où je veux en venir?	Haben Sie verstanden, auf was ich hinaus möchte?
Je ne sais pas si je me suis bien fait(e) comprendre.	Ich weiß nicht, ob ich mich verständlich machen konnte.

Punkt zehn Uhr
❷ (*net*) *bruit, contours* deutlich; *dessin, trait* genau; *style* präzise

précisément [pʀesizemɑ̃] *adv* ❶ gerade; **je venais ~ de sortir quand ...** ich hatte gerade das Haus verlassen, als ...
❷ (*exactement*) genau; **c'est ~ ce que je cherchais** das ist genau das, wonach ich suchte; **ou plus ~** oder genauer gesagt

préciser [pʀesize] <1> **I.** *vt* ❶ (*donner des précisions*) genau[er] erklären [*o* darstellen] *point, fait;* klar[er] [*o* deutlich[er]] ausdrücken *intention, idée;* genau angeben *date, lieu;* **précisez!** werden Sie deutlicher!
❷ (*souligner*) klarstellen; **~ que qn a bien fait qc** klar stellen, dass jd etw wirklich getan hat; **..., précise le commissaire ...,** erläutert der Kommissar
II. *vpr* **se ~** sich klarer abzeichnen; *menace:* deutlicher werden; *idée, situation:* klarer werden

précision [pʀesizjɔ̃] *f* ❶ Genauigkeit *f; d'un geste, instrument* Präzision *f,* Genauigkeit; **avec ~** genau, präzise (*geh*); **être/ne pas être d'une grande ~** sehr genau/nicht sehr genau sein
❷ (*netteté*) *des contours, d'un trait* Deutlichkeit *f*
❸ *souvent pl* (*détail*) [genauere] Angabe, Detail *nt;* **une ~ intéressante** ein interessantes Detail
❹ TECH **balance de ~** Präzisionswaage *f;* **instrument de ~** Feinmessgerät *nt*

précité(e) [pʀesite] *adj* oben erwähnt

précoce [pʀekɔs] *adj* ❶ *plante, variété* früh; *hiver, gelée* [vor]zeitig; **fruits ~s** Frühobst *nt*
❷ (*prématuré*) *rides, sénilité* vorzeitig auftretend; **mariage ~** Frühehe *f*
❸ (*en avance*) *enfant* frühreif; *sentiment* früh

précocement [pʀekɔsmɑ̃] *adv* frühzeitig

précocité [pʀekɔsite] *f d'un fruit* frühe Reife; *d'une gelée, de l'hiver* frühzeitiges Einsetzen; *d'un enfant* Frühreife *f*

précolombien(ne) [pʀekɔlɔ̃bjɛ̃, jɛn] *adj* präkolumbianisch

précompte [pʀekɔ̃t] *m* Vorausabzug *m;* **~ mobilier** Vorabsteuer *f*

précompter [pʀekɔ̃te] <1> *vt* **~ sur qc** von etw abziehen, einbehalten

préconçu(e) [pʀekɔ̃sy] *adj* ❶ *péj idée, opinion* vorgefasst
❷ (*préétabli*) *plan* fertig

préconiser [pʀekɔnize] <1> *vt* befürworten *politique, solution, méthode;* empfehlen *mode de vie, remède*

précontraint [pʀekɔ̃tʀɛ̃] *m* Spannbeton *m*

précontraint(e) [pʀekɔ̃tʀɛ̃, ɛt] *adj* vorgespannt; **béton ~** Spannbeton *m*

précuit(e) [pʀekɥi, kɥit] *adj* vorgekocht; **produits ~s** Fertigprodukte *Pl*

précurseur [pʀekyʀsœʀ] **I.** *adj seulement m* **événement ~ de qc** Auftakt *m* zu etw; **signe ~ de qc** Vorbote *m* einer S. (*Gen*); **l'éclair est [le signe] ~ de l'orage** der Blitz kündigt das Gewitter an
II. *m* Wegbereiter(in) *m(f)*

prédateur, -trice [pʀedatœʀ, -tʀis] **I.** *adj* **animal ~** Raubtier *nt;* **végétal ~** Schmarotzerpflanze *f,* Parasit *m;* **être ~ de qc** der natürliche Feind von etw sein
II. *m, f* Raubtier *nt*

prédécesseur [pʀedesesœʀ] *m* Vorgänger(in) *m(f)*

prédécoupé(e) [pʀedekupe] *adj planche* [schon] zugeschnitten; *viande* [schon] vorgeschnitten

prédestination [pʀedɛstinasjɔ̃] *f* Vorherbestimmung *f;* PHILOS, REL Vorherbestimmung, Prädestination *f* (*Fachspr.*)

prédestiné(e) [pʀedɛstine] *adj* **être ~(e)** vor[her]bestimmt sein; REL auserwählt [*o* auserkoren] sein; **être ~(e) à qc** für etw prädestiniert sein; **être ~(e) à faire qc** dazu vor[her]bestimmt [*o* prädestiniert] sein, etw zu tun

prédestiner [pʀedɛstine] <1> *vt* **~ qn à qc** jdn für [*o* zu] etw vor[her]bestimmen [*o* prädestinieren]; **~ qn à faire qc** jdn dazu prädestinieren, etw zu tun; REL jdn dazu auserwählen, etw zu tun

prédétermination [pʀedetɛʀminasjɔ̃] *f* PHILOS Determination *f;* REL Vorherbestimmung *f*

prédéterminer [pʀedetɛʀmine] <1> *vt* [vorher]bestimmen

prédicat [pʀedika] *m* LOGIQUE, LING Prädikat *nt*

prédicateur, -trice [pʀedikatœʀ, -tʀis] *m, f* Prediger(in) *m(f)*

prédicatif, -ive [pʀedikatif, -iv] *adj* prädikativ; **phrase prédicative** Prädikativsatz *m*

prédication [pʀedikasjɔ̃] *f* ❶ REL Predigen *nt;* **la ~ de l'Évangile** die Verkündigung des Evangeliums
❷ REL (*sermon*) Predigt *f*

prédiction [pʀediksjɔ̃] *f* Voraussage *f,* Prophezeiung *f*

prédigéré(e) [pʀediʒeʀe] *adj* [voll]adaptiert

prédilection [pʀedilɛksjɔ̃] *f* Vorliebe *f;* **avoir une ~ pour qn/qc** eine Vorliebe [*o* Schwäche] für jdn/etw haben *f;* **auteur/sport de ~** Lieblingsautor *m*/-sport *m*

prédire [pʀediʀ] <*irr*> *vt* vorhersagen, voraussagen; **~ l'avenir à qn** jdm die Zukunft voraussagen [*o* weissagen]; **~ qu'il pleuvra demain** vorhersagen, dass es morgen regnet

prédisposer [pʀedispoze] <1> *vt* **~ qn à qc** bei jdm die Voraussetzungen für etw schaffen; MED jdn besonders anfällig für etw machen; **son éducation le prédispose à être sévère** durch seine Erziehung ist er dazu veranlagt streng zu sein; **~ qn en faveur de qn** jdn für jdn einnehmen; **être prédisposé(e) à qc** für etw geschaffen [*o* prädestiniert] sein; **être pré-**

disposé(e) à faire qc dafür geschaffen sein etw zu tun
prédisposition [pʀedispozisjɔ̃] *f* ~ **à** [*o* **pour**] **qc** Veranlagung *f* für etw; MED Veranlagung [*o* Prädisposition *f*] zu etw (*Fachspr.*); ~ **à être malade** besondere Anfälligkeit für Krankheiten; **avoir une** ~ **à** [*o* **pour**] **faire qc** eine besondere Veranlagung dafür haben etw zu tun; **avoir des** ~**s musicales** eine musikalische Veranlagung haben
prédominance [pʀedɔminɑ̃s] *f d'un pays, groupe social* Vorherrschaft *f; d'une couleur* Dominieren *nt*
prédominant(e) [pʀedɔminɑ̃, ɑ̃t] *adj* dominierend, vorherrschend; *passion, souci* größte(r, s); *qualité* hervorstechend; **souci** ~ Hauptsorge *f*
prédominer [pʀedɔmine] <1> *vi* vorherrschen; *avis, préoccupation, sport:* vorherrschend sein; *couleur, impression:* überwiegen; *personne, pays:* dominieren; **aujourd'hui les nuages prédomineront** heute ist es überwiegend bewölkt
préélectoral(e) [pʀeelɛktɔʀal, o] <-aux> *adj* **la période** ~**e** die Wahlkampfperiode, die Zeit vor den Wahlen
préemballé(e) [pʀeɑ̃bale] *adj* [verkaufsfertig] abgepackt
prééminence [pʀeeminɑ̃s] *f* Vorrangstellung *f; d'un État* Vormachtstellung *f;* **donner la** ~ **à qc** einer S. (*Dat*) den Vorrang geben; **avoir la** ~ **sur qn/qc** jdn/etw beherrschen
prééminent(e) [pʀeeminɑ̃, ɑ̃t] *adj littér* herausragend; *influence* übermächtig
préemption [pʀeɑ̃psjɔ̃] *f* Vorkauf *m;* **droit de** ~ Vorkaufsrecht *nt*
préencollé(e) [pʀeɑ̃kɔle] *adj* vorgeleimt
préétablir [pʀeetabliʀ] <8> *vt* vorher festlegen
préexistant(e) [pʀeɛgzistɑ̃, ɑ̃t] *adj* [bereits] vorhanden [*o* existierend]
préexistence [pʀeɛgzistɑ̃s] *f* Vorhandensein *nt;* PHILOS, REL Präexistenz *f*
préexister [pʀeɛgziste] <1> *vi* bereits existieren [*o* vorhanden sein]; ~ **à qn/qc** vor jdm/etw vorhanden sein
préfabrication [pʀefabʀikasjɔ̃] *f* Fertigbau *m;* ~ **de qc** Vorfertigung *f* einer S. (*Gen*)
préfabriqué [pʀefabʀike] *m* ❶ Fertig[bau]teil *nt*
❷ (*bâtiment*) Fertigbau *m*
préfabriqué(e) [pʀefabʀike] *adj* ❶ TECH vorgefertigt; **maison** ~**e** Fertighaus *nt*
❷ *péj* (*faux*) *accusation* frei erfunden; *sourire* aufgesetzt
préface [pʀefas] *f* Vorwort *nt*
préfacer [pʀefase] <2> *vt* das Vorwort schreiben
préfacier [pʀefasje] *m* Verfasser(in) *m(f)* des Vorworts
préfectoral(e) [pʀefɛktɔʀal, o] <-aux> *adj* **administration** ~**e** Präfektur[verwaltung *f*] *f;* **arrêté** ~ Verordnung *f* des Präfekten; **par mesure** ~**e** durch Verfügung der Präfektur
préfecture [pʀefɛktyʀ] *f* Präfektur *f*
◆ ~ **de police** Polizeipräfektur *f*

i Land & Leute

Die **préfecture** ist die Vertretung des Staats auf der Ebene der Departements. Sie ist zuständig für die öffentliche Ordnung (unter anderem auch für den Katastrophenschutz). Die Präfekturbehörden erteilen Lizenzen und Zulassungen und stellen Führerscheine aus.

préférable [pʀefeʀabl] *adj* **être** ~ **à qc** besser als etw sein, einer S. (*Dat*) vorzuziehen sein; **il est** ~ **de se taire** es ist besser zu schweigen; **il est** ~ **que je m'en aille** es ist besser, ich gehe jetzt
préférablement [pʀefeʀabləmɑ̃] *adv littér* vorzugsweise
préféré(e) [pʀefeʀe] **I.** *adj ami* beste(r, s); **chanteur** ~ Lieblingssänger *m*
II. *m(f)* Liebling *m*
préférence [pʀefeʀɑ̃s] *f* Vorliebe *f;* **avoir une** ~ [*o* **des** ~**s**] **pour qn/qc** eine Vorliebe für jdn/etw haben; **accorder** [*o* **donner**] **la** ~ **à qn/qc** jdn/etw vorziehen, jdm/einer S. den Vorzug geben; **avoir la** ~ **sur qn** jdm vorgezogen werden; **je n'ai pas de** ~ das ist mir egal
► **de** ~ vorzugsweise, möglichst; **de** ~ **à qc** lieber als etw
préférentiel(le) [pʀefeʀɑ̃sjɛl] *adj* **tarif** ~ Vorzugspreis *m;* **bénéficier d'un traitement** ~ bevorzugt behandelt werden
préférentiellement [pʀefeʀɑ̃sjɛlmɑ̃] *adv littér* bevorzugt
préférer [pʀefeʀe] <5> *vt* ❶ ~ **qn à qn** jdn lieber mögen als jdn, jdn jdm vorziehen; ~ **qc à qc** etw einer S. (*Dat*) vorziehen, etw lieber mögen als etw; ~ **le champagne** Champagner bevorzugen; ~ **vivre en ville qu'à la campagne** lieber in der Stadt als auf dem Land leben; **préférez-vous du thé ou du café?** trinken Sie lieber Tee oder Kaffee?; **je préfère aller me promener que d'aller au cinéma** ich gehe lieber spazieren als ins Kino; **je préfère que tu le fasses** mir ist es lieber, wenn du das machst; **je te préfère avec les cheveux courts** mir gefällst du mit kurzen Haaren besser; **si tu préfères ...** wenn es dir lieber ist ...
❷ (*prospérer mieux*) ~ **un climat humide/un sol sablonneux** *plante:* in feuchtem Klima/sandigem Boden besonders gut gedeihen
préfet [pʀefɛ] *m* ❶ (*fonctionnaire*) Präfekt *m*
❷ BELG (*directeur de lycée*) Schulleiter *m* (*eines Gymnasiums*)
◆ ~ **de police** Polizeipräfekt *m* [von Paris]
préfète [pʀefɛt] *f* ❶ (*femme préfet*) **Madame la** ~ die Präfektin
❷ BELG (*directrice de lycée*) Schulleiterin *f* (*eines Gymnasiums*)
préfiguration [pʀefigyʀasjɔ̃] *f littér* Vorgeschmack *m*
préfigurer [pʀefigyʀe] <1> *vt* ahnen lassen
préfixation [pʀefiksasjɔ̃] *f* Präfigieren *nt* (*Fachspr.*)
préfixe [pʀefiks] *m* Präfix *nt,* Vorsilbe *f*
préfixer [pʀefikse] <1> *vt* ❶ LING mit einem Präfix [*o* einer Vorsilbe] versehen
❷ JUR festsetzen *délai, terme*
préformage [pʀefɔʀmaʒ] *m* TECH Vorformung *f*
préhenseur [pʀeɑ̃sœʀ], **préhensile** [pʀeɑ̃sil] *adj* BIO Greif-; **organe** ~ Greiforgan *nt*
préhensile [pʀeɑ̃sil] *adj* **queue** ~ Greifschwanz *m*
préhension [pʀeɑ̃sjɔ̃] *f* Greifen *nt;* **organe de** ~ Greiforgan *nt*
préhistoire [pʀeistwaʀ] *f* Vorgeschichte *f*
préhistorique [pʀeistɔʀik] *adj* ❶ HIST vorgeschichtlich, prähistorisch
❷ *péj* (*suranné*) vorsintflutlich (*fam*)
préinscription [pʀeɛ̃skʀipsjɔ̃] *f* Voreinschreibung *f,* Voranmeldung *f*
préjudice [pʀeʒydis] *m a.* JUR Schaden *m;* ~ **financier** finanzieller Verlust; **causer** [*o* **porter**] **un** ~ **à qn** jdm schaden [*o* Schaden zufügen]; **porter** ~ **à la tranquillité** die Ruhe beeinträchtigen; **subir un** ~ Schaden erleiden
► **au** ~ **de qn/qc** zu jds Nachteil [*o* Schaden]/zum Nachteil einer S. (*Gen*); **sans** ~ **de qc** unbeschadet einer S. (*Gen*)
préjudiciable [pʀeʒydisjabl] *adj* ~ **à qn/qc** nachteilig [*o* schädlich] für jdn/etw; **une erreur** ~ ein Irrtum, der von Nachteil ist
préjugé [pʀeʒyʒe] *m* Vorurteil *nt;* **avoir un** ~ **contre qn** jdm gegenüber voreingenommen sein; **avoir des** ~**s contre qn/qc** Vorurteile gegen jdn/etw haben; **sans** ~ unvoreingenommen
► **qn bénéficie d'un** ~ **favorable** jdm geht ein guter Ruf voraus
préjuger [pʀeʒyʒe] <2a> *vt, vi* ~ **[d'] une réaction/[d'] une conduite** eine Reaktion/ein Verhalten vorhersehen; **ne rien laisser** ~ **de la décision prise** keinen Hinweis auf die Entscheidung geben
prélasser [pʀelɑse] <1> *vpr* **se** ~ es sich bequem machen
prélat [pʀela] *m* Prälat *m*

P

prélature [pʀelatyʀ] *f* Prälatur *f*
prélavage [pʀelavaʒ] *m* Vorwäsche *f*
prèle, prêle [pʀɛl] *f* BOT Schachtelhalm *m*
prélèvement [pʀelɛvmɑ̃] *m* ① *d'eau* Probe *f; de sang* Abnahme *f; d'organe* Entnahme *f;* **faire un ~ de tissu** eine Gewebeprobe entnehmen; **faire un ~ de sang** eine Blutprobe machen, Blut abnehmen
② FIN, ECON Abzug *m,* Einbehaltung *f;* **~ automatique** Einzugsverfahren *nt;* **~ bancaire** Bankauftrag *m;* **~ fiscal** Steuerabzug; **~s obligatoires** gesetzliche [Sozial]abgaben *Pl*
③ *(somme retenue)* Abzugsbetrag *m*
④ *(retrait)* Abhebung *f*
⑤ *(somme retirée)* abgehobener Betrag
◆ **~ à la source** Quellenbesteuerung *f*
prélever [pʀel(ə)ve] <4> *vt* ① FIN einbehalten *pourcentage;* **~ de l'argent sur le compte** Geld vom Konto abheben; **~ une certaine somme sur le salaire** eine bestimmte Summe vom Lohn abziehen [*o* einbehalten]
② MED entnehmen *organe, tissu;* abnehmen *sang*
préliminaire [pʀeliminɛʀ] **I.** *adj* vorbereitend; *discours* einleitend; **remarque ~** Vorbemerkung *f*
II. *mpl* Vorverhandlungen *Pl;* **~s de la paix** Friedensvorverhandlungen
prélude [pʀelyd] *m* ① MUS Präludium *nt*
② *(début)* **~ de qc** Auftakt *m* zu etw
préluder [pʀelyde] <1> *vi* ① MUS **~ par qc** etw zur Einleitung singen/spielen
② *soutenu (annoncer)* **~ à qc** den Auftakt zu etw bilden
prématuré(e) [pʀematyʀe] **I.** *adj* vorzeitig; *démarche, décision* verfrüht; **enfant ~** zu früh geborenes Kind; **il est/serait ~ de faire qc** es ist zu früh/wäre verfrüht, etw zu tun
II. *m(f)* Frühgeburt *f*
prématurément [pʀematyʀemɑ̃] *adv* vorzeitig; *décider* verfrüht
prémédication [pʀemedikasjɔ̃] *f* Anästhesievorbereitung *f*
préméditation [pʀemeditasjɔ̃] *f* ① Absicht *f;* **agir sans la moindre ~** ganz spontan handeln
② JUR Vorsatz *m;* **avec ~** vorsätzlich
prémédité(e) [pʀemedite] *adj crime* vorsätzlich; *réponse, réaction* wohlüberlegt
préméditer [pʀemedite] <1> *vt* planen; **~ de faire qc** planen [*o* beabsichtigen] etw zu tun
prémices [pʀemis] *fpl littér* Anfänge *Pl;* **les ~ de l'hiver** die ersten Anzeichen des Winters
premier [pʀəmje] *m* ① **le ~** der/die/das Erste; **arriver le ~** der Erste [*o* zuerst da] sein; **passez le ~!** gehen Sie vor[an]!; **Luc a vu Max, le ~ a plaisanté** Luc hat Max gesehen, Ersterer hat Spaß gemacht
② *(étage)* erster Stock
③ *(arrondissement)* erstes Arrondissement
④ *(aîné)* Erste(r, s), erstes Kind
⑤ *(jour)* Erste(r) *m;* **le ~ du mois/de l'an** am Monatsersten/Neujahrstag
⑥ *(dans une charade)* erste Silbe
▸ **le ~ de cordée** der Führer der Seilschaft; **le ~ en date** der Allererste; **bon ~** mit Abstand der/die/das Erste ...; **~ concerné** direkt betroffen; **les ~s seront les derniers** die Ersten werden die Letzten sein; **jeune ~** *(séducteur)* jugendlicher Liebhaber; *(jeune vedette)* Jungstar *m;* **en ~** *(avant les autres)* zuerst, als Erste(r, s); *(pour commencer)* zunächst, als Erstes
premier, -ière [pʀəmje, -jɛʀ] *adj* ① *antéposé* erste(r, s); *page* Titel-; **~ venu/première venue** erste(r, s), erstbeste(r, s); **en ~ lieu** zuerst, als Erstes; **dans les ~s temps** anfangs, in der ersten Zeit
② *(principal) clerc, consul, violon* erste(r, s); *magistrat, personnage de l'État* oberste(r, s); *cause, intéressé, problème* Haupt-; *besoins, rudiments* Grund-; *vocation* eigentlich; *objectif, rôle* Haupt-, wichtigste(r, s); *qualité* wichtigste(r, s); *constructeur automobile, écrivain* führend; **au ~ chef** in erster Linie, vor allem; **au ~ plan** im Vordergrund; **aux premières loges** ganz vorn; **marchandise de ~ choix** [*o* **première qualité**] erstklassige [*o* erlesene] Ware; **de ~ ordre** ersten Ranges, erstklassig; *v. a.* **cinquième**
première [pʀəmjɛʀ] *f* ① **la ~** der/die/das Erste; **arriver la ~** die Erste [*o* zuerst da] sein; **passez la ~!** gehen Sie vor[an]!
② *(vitesse)* erster Gang
③ SCOL ≈ elfte Klasse
④ *(manifestation sans précédent)* erstmaliges Ereignis; **~ mondiale** Weltereignis *nt*
⑤ THEAT, CINE Premiere *f;* **grande ~** Galapremiere
⑥ TRANSP erste Klasse; **billet de ~** Fahrkarte *f*/Flugticket *nt* erster Klasse
⑦ SPORT erstes Rennen
⑧ ALPIN Erstbesteigung *f*
⑨ COUT Direktrice *f*
⑩ *(semelle)* Brandsohle *f*
▸ **être de ~** ausgezeichnet [*o* erstklassig] sein; **être de ~ pour qc/faire qc** *fam personne:* einsame Spitze bei etw [*o* unübertroffen in etw *(Dat)*] sein/einsame Spitze sein, wenn es darum geht etw zu tun *(fam)*
premièrement [pʀəmjɛʀmɑ̃] *adv* ① *(en premier lieu)* erstens, zunächst
② *(et d'abord)* im Übrigen; **~ tu n'avais qu'à le faire toi-même** und außerdem hättest du es ja auch selbst machen können *(fam)*
première-née [pʀəmjɛʀne] <premières-nées> *f* Erstgeborene *f*
premier-né [pʀəmjene] <premiers-nés> *m* Erstgeborener *m*
prémilitaire [pʀemilitɛʀ] *adj* vormilitärisch
prémisse [pʀemis] *f* Voraussetzung *f,* Prämisse *f (geh)*
prémolaire [pʀemɔlɛʀ] *f* vorderer Backenzahn
prémonition [pʀemɔnisjɔ̃] *f* [Vor]ahnung *f,* Vorgefühl *nt*
prémonitoire [pʀemɔnitwaʀ] *adj* ① MED *symptômes* erste(r, s); **signe ~** Vorzeichen *nt*
② *(qui constitue une prémonition)* **faire un rêve ~** etwas im Traum voraussehen
prémontré(e) [pʀemɔ̃tʀe] *m(f)* ECCL Prämonstratenser *m*
prémunir [pʀemyniʀ] <8> **I.** *vt* ① *(prévenir)* **~ qn contre qc** jdn vor etw *(Dat)* warnen
② *(protéger)* **~ qn contre qc** jdn vor etw *(Dat)* schützen
II. *vpr* **se ~ contre qc** sich vor etw *(Dat)* schützen
prenable [pʀənabl] *adj rare* einnehmbar; **facilement ~** leicht einzunehmen
prenant(e) [pʀənɑ̃, ɑ̃t] *adj* ① *film, livre* fesselnd
② *(absorbant) travail, activité* Zeit raubend
prénatal(e) [pʀenatal, o] <s *o* -aux> *adj* vorgeburtlich, pränatal *(Fachspr.)*; **congé ~** Schwangerschaftsurlaub *m;* **examen** [*o* **visite**] **~** Schwangerschaftsvorsorgeuntersuchung *f*
prendre [pʀɑ̃dʀ] <13> **I.** *vt + avoir* ① nehmen; **~ qc dans qc** etw aus etw [heraus]nehmen; **~ qn par le bras** jdn am Arm fassen; **~ qn par la main** jdn bei der Hand nehmen
② *(absorber)* [zu sich] nehmen; trinken *boisson, café;* essen *sandwich;* einnehmen *médicament;* **vous prendrez bien quelque chose?** Sie trinken doch ein Gläschen/essen doch eine Kleinigkeit?
③ *(aller chercher)* **~ qn chez lui/à la gare** jdn zu Hause/am Bahnhof abholen
④ *(emporter)* [mit]nehmen *manteau, parapluie*
⑤ TRANSP nehmen, fahren mit *train, métro, ascenseur;* nehmen, fliegen mit *avion;* **~ le volant** sich ans Steuer setzen
⑥ *(dérober)* **~ de l'argent à qn** jdm Geld wegnehmen; **~ l'idée de qn** jds Idee übernehmen; **il a pris la place de son collègue** er hat die Stelle seines Kollegen übernommen
⑦ SPORT übernehmen *relais, ballon;* **~ le ballon à qn** jdm den Ball abnehmen; **~ le service de l'adversaire** den Aufschlag des Gegners durchbrechen
⑧ *(capturer)* erlegen *gibier;* fangen *poisson, mouches;* einneh-

men *forteresse, ville;* **se faire ~** gefasst werden; **être pris(e) dans qc** in etw (*Dat*) gefangen sein

⑨ (*se laisser séduire*) **se laisser ~ par qn/à qc** auf jdn/etw hereinfallen (*fam*)

⑩ (*surprendre*) **~ qn** jdn ertappen [*o* erwischen *fam*]; **~ qn sur le fait** jdn auf frischer Tat ertappen; **~ qn en train de faire qc** jdn dabei ertappen [*o* erwischen *fam*], wie er etw tut; **on ne m'y prendra plus!** das passiert mir nicht noch einmal!

⑪ (*s'engager dans*) nehmen *route, chemin;* einschlagen *direction;* **~ l'autoroute/un raccourci** [über die] Autobahn/eine Abkürzung fahren

⑫ (*piloter*) übernehmen *commande, gouvernail*

⑬ (*acheter*) kaufen; nehmen *chambre, couchette;* **~ de l'essence** tanken

⑭ (*accepter*) **~ qn comme locataire** jdn als Mieter nehmen; **~ qn comme pensionnaire/passager** jdn in Pension/an Bord nehmen; **~ qn comme cuisinier** jdn als Koch einstellen

⑮ PHOT **~ qn en photo** ein Foto von jdm machen

⑯ (*noter, enregistrer*) nehmen *empreintes;* machen *notes;* aufschreiben *adresse, nom;* einholen *renseignements;* **~ un rendez-vous** sich (*Dat*) einen Termin geben lassen; **~ des nouvelles de qn** sich nach jdm erkundigen; **~ sa température** Fieber messen

⑰ (*adopter*) treffen *décision, précautions;* aufsetzen *air innocent;* ergreifen *mesure;* anschlagen *ton menaçant;* **~ une résolution** einen Entschluss fassen; **~ l'apparence/la forme de qc** die Gestalt/die Form einer S. (*Gen*) annehmen

⑱ (*se lier avec*) sich (*Dat*) nehmen *amant, maîtresse*

⑲ (*acquérir*) annehmen *couleur, goût de rance;* erhalten *nouveau sens;* schöpfen *courage;* **~ de l'assurance** selbstsicherer werden; **~ de l'autorité** an Autorität gewinnen; **~ du poids** zunehmen; **~ du ventre** einen Bauch bekommen

⑳ MED **~ froid** sich erkälten; **être pris(e) d'un malaise** sich [plötzlich] unwohl fühlen

㉑ (*s'accorder*) sich (*Dat*) gönnen *plaisir, repos;* nehmen *des congés, vacances;* **~ sa retraite** in den Ruhestand treten; **~ le temps de faire qc** sich die Zeit nehmen etw zu tun

㉒ (*durer*) **~ deux heures/jours** zwei Stunden/Tage dauern; **ça va me ~ longtemps/deux jours** ich werde lange/zwei Tage dafür brauchen

㉓ (*coûter*) **ce travail me prend tout mon temps** diese Arbeit nimmt meine ganze Zeit in Anspruch

㉔ (*prélever, faire payer*) nehmen *argent, pourcentage;* verlangen *commission, cotisation;* **~ de l'argent sur son compte** Geld vom Konto abheben; **être pris(e) sur le salaire** vom Gehalt einbehalten werden

㉕ *fam* (*recevoir, subir*) abkriegen (*fam*) *averse, coup, reproche;* **~ la balle/porte en pleine figure** den Ball/die Tür voll ins Gesicht kriegen (*fam*)

㉖ (*traiter*) umgehen mit *personne;* anpacken *problème;* **~ qn par la douceur** jdm sanft beikommen; **~ qn par son point faible** jdn an seinem schwachen Punkt packen; **~ qn par les sentiments** an jds Gefühl appellieren; **on ne sait jamais par quel bout le ~** man weiß nie, wie man ihn anpacken soll (*fam*)

㉗ (*réagir à*) **~ qc au sérieux/tragique** etw ernst/tragisch nehmen; **elle a bien/mal pris la chose** sie hat es/die Sache gut aufgenommen/übel genommen; **si vous le prenez ainsi** wenn Sie es so auffassen

㉘ (*considérer comme*) **~ qn/qc pour qc** jdn/etw für etw halten; **~ qn pour qn** jdn mit jdm verwechseln; **~ ses désirs pour des réalités** seine/ihre Träume für Realität halten; **~ qc pour prétexte** etw zum Vorwand nehmen; **tu me prends pour un imbécile?** du willst mich wohl für dumm verkaufen? (*fam*); **pour qui me prends-tu?** für wen hältst du mich eigentlich?

㉙ (*assaillir*) *doute, faim:* überkommen; *colère, envie:* packen, überkommen; *panique:* ergreifen; **l'envie le prenait de chanter** er hatte plötzlich Lust zu singen; **pris(e) de remords** von Gewissensbissen geplagt; **être pris(e) de panique** in Panik geraten

㉚ LING (*s'écrire*) **ce mot prend deux l/une cédille** dieses Wort schreibt man [*o* schreibt sich] mit zwei l/mit Cedille

▸ **être bien pris(e)** ganz schön hereingefallen sein; **tel est pris qui croyait ~** *prov* wer andern eine Grube gräbt, fällt selbst hinein (*prov*); **c'est à ~ ou à laisser** entweder oder; **il y a à ~ et à laisser** *fam* das ist mit Vorsicht zu genießen; **à tout ~** im Großen und Ganzen; **~ qc sur soi** etw auf sich nehmen; **~ sur soi de faire qc** es auf sich nehmen etw zu tun; **qu'est-ce qui te/lui prend?** was ist denn mit dir/ihm/ihr los?

II. *vi* ① + *avoir film, mode:* ankommen, ziehen (*fam*); *bouture:* Wurzeln treiben; *vaccin:* anschlagen; **avec moi, ça ne prend pas!** *fam* das zieht bei mir nicht! (*fam*)

② + *avoir* (*s'enflammer*) *feu:* angehen; *incendie:* ausbrechen; *bois:* Feuer fangen; *allumette:* sich entzünden

③ + *avoir o être* (*durcir*) *ciment, mayonnaise:* fest werden; *sauce:* sämig werden; *rivière, étang:* zufrieren

④ + *avoir* (*se diriger*) **~ à gauche/droite** *personne:* [nach] links/rechts abbiegen; *chemin:* nach rechts/links führen

⑤ + *avoir* (*faire payer*) **~ beaucoup/peu** viel/wenig verlangen; **~ cher/bon marché** teuer/billig sein; **~ cher de l'heure** einen hohen Stundenlohn verlangen

III. *vpr* ① (*s'accrocher*) **se ~ dans qc** sich in etw (*Dat*) verfangen; **se ~ le doigt dans la porte** sich den Finger in der Tür einklemmen; **se ~ les cheveux dans les branches** mit den Haaren in den Zweigen hängen bleiben

② (*se considérer*) **se ~ pour un héros/un génie** sich für einen Helden/ein Genie halten; **se ~ trop au sérieux** sich [selbst] zu ernst nehmen

③ (*procéder*) **s'y ~ bien/mal avec qn** gut/schlecht mit jdm umgehen; **avec lui il faut savoir s'y ~** ihn muss man zu nehmen wissen; **s'y ~ bien/mal avec qc** sich bei etw geschickt/ungeschickt anstellen; **s'y ~ à temps** sich rechtzeitig darum kümmern; **s'y ~ à trois reprises** drei Anläufe unternehmen; **savoir s'y ~** wissen, wie es geht [*o* wie man es macht]

④ (*en vouloir*) **s'en ~ à qn/qc** jdn/etw dafür verantwortlich machen

⑤ (*s'attaquer*) **s'en ~ à qn/qc** jdn/etw angreifen

⑥ (*être pris*) **se ~** *médicament:* [ein]genommen werden; **se ~ au filet/à la ligne** *poisson:* mit dem Netz gefangen/geangelt werden

⑦ (*se tenir*) **se ~ par le bras** sich unterhaken; **se ~ par la main** sich an den Händen fassen

⑧ *littér* (*commencer*) **se ~ à pleurer** zu weinen beginnen; **se ~ d'affection/amitié pour qn** zu jdm Zuneigung/für jdn Freundschaft empfinden

⑨ (*se solidifier*) **se ~ en glace** zu Eis erstarren

▸ **se ~ un râteau avec qn** *fam* bei jemandem nicht landen können

preneur, -euse [pʀənœʀ, -øz] *m, f* Abnehmer(in) *m(f);* **ce tableau me plaît, je suis ~(-euse)** dieses Bild gefällt mir, ich nehme es; **trouver ~ pour qc** einen Abnehmer für etw finden

prénom [pʀenɔ̃] *m* Vorname *m;* **~ usuel** Rufname *m*

prénommé(e) [pʀenɔme] **I.** *adj* mit dem Vornamen
II. *m(f)* Besagte(r) *f(m)*, Obengenannte(r) *f(m)*

prénommer [pʀenɔme] <1> **I.** *vt* **~ qn Julien** jdm den Vornamen Julian geben
II. *vpr* **se ~ Julia** mit Vornamen Julia heißen

prénuptial(e) [pʀenypsjal, jo] <-aux> *adj* **certificat ~** [ärztliches] Ehetauglichkeitszeugnis; **examen ~** ärztliche Untersuchung vor der Eheschließung

préoccupant(e) [pʀeɔkypɑ̃, ɑ̃t] *adj* Besorgnis erregend

préoccupation [pʀeɔkypasjɔ̃] *f* ① Sorge *f*, Besorgnis *f*
② (*occupation*) Beschäftigung *f*

préoccupé(e) [pʀeɔkype] *adj* besorgt; **avoir l'air ~** besorgt aussehen; **être ~(e) par qc** besorgt um etw sein; **être ~(e) de**

P

faire qc besorgt darum sein etw zu tun

préoccuper [pʀeɔkype] <1> **I.** *vt* ❶ ~ **qn** jdm Sorge bereiten; *avenir, situation:* jdm Sorge(n) machen, jdn beunruhigen
❷ (*absorber*) ~ **qn** *problème, affaire:* jdn sehr beschäftigen
II. *vpr* **se** ~ **de qn/qc** sich um jdn/etw sorgen; **se** ~ **de faire qc** sich darum bemühen etw zu tun

préopératoire [pʀeɔpeʀatwaʀ] *adj* vor der Operation, präoperativ (*Fachspr.*)

prépa [pʀepa] *f abr de* **classe préparatoire** Vorbereitungsklasse *f* [auf eine der „Grandes Écoles"]

préparateur, -trice [pʀepaʀatœʀ, -tʀis] *m, f* UNIV Laborant(in) *m(f)*
◆ ~(**-trice**) **en pharmacie** pharmazeutisch-technischer Assistent/pharmazeutisch-technische Assistentin

préparatifs [pʀepaʀatif] *mpl* Vorbereitungen *Pl;* ~ **de la fête** Vorbereitungen für das Fest; **les** ~ **du départ** die Reisevorbereitungen

préparation [pʀepaʀasjɔ̃] *f* ❶ *a.* JUR Vorbereitung *f; d'un discours, plan* Ausarbeitung *f; d'un repas, poisson* Zubereitung *f; d'un médicament* Herstellung *f; d'un complot* [heimliche] Planung; **avoir qc en** ~ etw in Vorbereitung haben; **être en** ~ in Vorbereitung sein; ~ **au Tour de France** Training *nt* für die Tour de France
❷ SCOL **classe de** ~ Vorbereitungsklasse *f;* **la** ~ **à l'examen** die Examensvorbereitung
❸ CHIM, PHARM Präparat *nt*

préparatoire [pʀepaʀatwaʀ] *adj* vorbereitend; **travail** ~ Vorarbeit *f;* **cours** ~ SCOL ≈ 1. Klasse Grundschule; **classe** ~ Vorbereitungsklasse *f* [auf eine der „Grandes Écoles"]

préparer [pʀepaʀe] <1> **I.** *vt* ❶ (*confectionner*) vorbereiten, zubereiten *repas;* zubereiten *thé, café;* herstellen *médicament, pommade;* **plat préparé** Fertiggericht *nt*
❷ (*apprêter*) [zusammen]packen *affaires, bagages;* herrichten *chambre, voiture;* zurechtmachen *gibier, poisson, volaille;* bearbeiten *terre*
❸ (*mettre au point*) vorbereiten *fête, plan, voyage;* ~ **un piège à qn** jdm eine Falle stellen; ~ **une surprise à qn** jdm eine Überraschung bereiten
❹ (*travailler à*) vorbereiten *cours, discours, leçon;* arbeiten an (+ *Dat*) *nouvelle édition, roman, thèse;* sich vorbereiten auf (+ *Akk*) *bac, concours;* ~ **une grande école** sich auf die [Aufnahme]prüfung für eine Elitehochschule vorbereiten
❺ (*réserver*) ausbrüten (*fam*) *rhume, grippe;* ~ **une déception/des ennuis à qn** *iron* jdm eine Enttäuschung/Ärger bereiten; **que nous prépare-t-il?** was führt er im Schilde?
❻ (*entraîner*) ~ **qn à un examen/une mauvaise nouvelle** jdn auf eine Prüfung/eine schlechte Nachricht vorbereiten; **j'y étais préparé(e)** ich war darauf vorbereitet
II. *vpr* ❶ (*se laver, se coiffer, s'habiller*) **se** ~ sich zurechtmachen, sich fertig machen
❷ (*faire en sorte d'être prêt*) **se** ~ **à un examen/une compétition** sich auf eine Prüfung/einen Wettkampf vorbereiten
❸ *soutenu* (*être sur le point de*) **se** ~ **à faire qc** sich anschicken etw zu tun (*geh*)
❹ (*aller au-devant de*) **se** ~ **bien des ennuis** sich (*Dat*) viel Ärger einhandeln (*fam*)
❺ (*approcher*) **se** ~ *événement:* in der Luft liegen; *orage:* im Anzug sein; *grandes choses, tragédie:* sich anbahnen, sich abzeichnen; **il se** ~ **qc de louche** da ist etwas Zwielichtiges im Gange
❻ (*devoir être préparé*) **se** ~ *examen, plan, voyage:* vorbereitet werden

prépondérance [pʀepɔ̃deʀɑ̃s] *f* (*suprématie*) *d'un groupe, parti, d'une nation* Vorherrschaft *f,* Vormachtstellung *f; d'une croyance, idée* Vorherrschaft; **la** ~ **du rendement sur** [*o* **par rapport à**] **la qualité** der Vorrang des Ertrags vor der Qualität

prépondérant(e) [pʀepɔ̃deʀɑ̃, ɑ̃t] *adj influence, part, rôle* entscheidend, maßgeblich; *voix* ausschlaggebend; **occuper une place** ~**e** *personne:* eine entscheidende Rolle spielen; *chose, événement:* eine Vorrangstellung einnehmen

préposé(e) [pʀepoze] *m(f)* ❶ (*facteur*) Briefträger(in) *m(f)*
❷ ADMIN ~ **des douanes/postes** Zoll-/Postbeamte(r) *m/* Zoll-/Postbeamtin *f*
❸ (*responsable de*) ~**e aux vestiaires** Garderobenfrau *f;* **le** ~**/la** ~**e aux tickets** der Kartenverkäufer/die Kartenverkäuferin; ~ **à la circulation** Verkehrspolizist *m*

préposer [pʀepoze] <1> *vt soutenu* ~ **qn à qc** jdm etw übertragen, jdn mit etw beauftragen

prépositif, -ive [pʀepozitif, -iv] *adj* **locution prépositive** präpositionale Wendung

préposition [pʀepozisjɔ̃] *f* Präposition *f*

prépositionnel(le) [pʀepozisjɔnɛl] *adj* präpositional

prépuce [pʀepys] *m* Vorhaut *f*

préréglage [pʀeʀeglaʒ] *m d'un appareil, circuit* Voreinstellung *f*

prérégler [pʀeʀegle] <5> *vt* vorwählen *programme, station de radio;* **être préréglé(e)** vorprogrammiert sein

prérentrée [pʀeʀɑ̃tʀe] *f* vorgezogener Schulanfang [für die Lehrer] (*Lehrerkonferenz zur Vorbereitung des Schulanfangs*)

préretraite [pʀeʀ(ə)tʀɛt] *f* vorzeitiger Ruhestand, Vorruhestand *m;* **départ en** ~ vorzeitiges Ausscheiden aus dem Arbeitsleben; **être en** ~ im Vorruhestand [*o* vorzeitigen Ruhestand] sein; **être mis(e) en** ~ vorzeitig in den Ruhestand versetzt werden; **aller en** ~ in den Vorruhestand treten

préretraité(e) [pʀeʀ(ə)tʀɛte] *m(f)* Vorruheständler(in) *m(f);* (*pour des raisons médicales*) Frührentner(in) *m(f)*

prérogative [pʀeʀɔgativ] *f* Vorrecht *nt*

préromantisme [pʀeʀɔmɑ̃tism] *m* Präromantik *f*

près [pʀɛ] **I.** *adv* ❶ (*à une petite distance*) nah[e], in der Nähe; **habiter tout** ~ ganz in der Nähe wohnen
❷ (*dans peu de temps*) nahe; **être** ~ *événement, départ, fête:* bevorstehen
▸ **de** ~ **ou de loin** in irgendeiner Weise; **ni de** ~ **ni de loin** nicht im Geringsten; *ressembler* in keiner Weise; **il n'a rien à voir dans le meurtre, ni de** ~ **ni de loin** er hat mit dem Mord nicht das Geringste zu tun; **qn en est à un euro/cent euros** ~ bei jdm kommt es auf jeden Euro/jeden Hunderter an (*fam*); **qn n'en est pas/plus à qc** ~ jdm kommt es auf etw (*Akk*) nicht/nicht mehr an; **je ne suis pas à une minute** ~ es kommt mir nicht auf eine Minute an; **ne pas y regarder de trop** ~ *fam* nicht so genau hinsehen (*fam*); **à la/au ...** ~ (*très exactement*) **à la minute/au centimètre** ~ auf die Minute/auf den Zentimeter genau; **à l'euro** ~ bis auf den letzten Euro; **à qc** ~ (*pour une différence minime de*) **c'est la somme que je vous dois à quelques centimes/à un euro** ~ das ist fast auf den Centime/Euro genau die Summe, die ich Ihnen schulde; **j'ai raté le bus à quelques secondes** ~ ich habe den Bus um ein paar Sekunden verpasst; **à une exception/quelques détails** ~ bis auf eine Ausnahme/einige Details; **c'est à quelque chose** ~ **identique à ce que tu m'as dit** das stimmt fast genau mit dem überein, was du mir gesagt hast; **à peu** [**de choses**] ~ beinahe; *ressembler* ziemlich; **l'hôtel était à peu** ~ **vide/calme** das Hotel war fast [ganz] leer [*o* so gut wie leer]/einigermaßen ruhig; **à cela** ~ **que qn a fait qc** abgesehen davon, dass jd etw getan hat; **de tout/très** ~ *voir, regarder* ganz aus der Nähe; *frôler, approcher* sehr nahe; *suivre* ganz/sehr dicht; *examiner, surveiller, y garder* ganz/sehr genau; *se suivre* kurz hintereinander, dicht aufeinander
II. *prép* ❶ (*à côté de*) ~ **d'une personne/d'un lieu** in jds Nähe (*Dat*)/in der Nähe eines Ortes; ~ **de Paris/Cologne** bei [*o* in der Nähe von] Paris/Köln; **habiter** ~ **de chez qn** in jds Nähe (*Dat*) wohnen, nicht weit von jdm wohnen; ~ **du bord** nah[e] am Rand; **rien n'est si** ~ **de la sottise que la vanité** nichts steht der Dummheit näher als die Selbstgefälligkeit
❷ (*à peu de temps de*) **être** ~ **du but** nahe am Ziel sein; **être** ~ **de la retraite** kurz vor der Pensionierung stehen; **être** ~ **de faire qc** nahe daran [*o* im Begriff] sein etw zu tun; **être** ~

d'aboutir kurz vor dem Abschluss stehen
❸ (*presque*) ~ **de mille euros/cinq ans/cent kilomètres** fast [*o* an die] tausend Euro/fünf Jahre/hundert Kilometer; ~ **de la moitié/des trois quarts** fast die Hälfte/drei Viertel
▶ **ne pas être ~ de faire qc** nicht [so schnell] wieder bereit sein etw zu tun, etw bestimmt nicht mehr tun; **il n'est pas ~ de recommencer pareille bêtise** so schnell wird er solch eine Dummheit nicht wieder machen

présage [pʀezaʒ] *m* ❶ (*signe annonciateur*) Vorzeichen *nt*, Omen *nt* (*geh*); **heureux/mauvais ~** gutes/schlechtes Vorzeichen; **être un ~ de malheur** Unglück bringen; **être ~ de chaleur/de pluie** Hitze/Regen ankündigen
❷ (*prédiction*) Voraussagung *f*; **tirer un ~ de qc** (*interpréter*) etw als Vorzeichen einer S. (*Gen*) deuten; (*prédire*) Voraussagungen aufgrund einer S. (*Gen*) machen

présager [pʀezaʒe] <2a> *vt* ❶ (*être un signe annonciateur*) ankündigen, ein Vorbote sein für *vent, beau temps, pluie;* **qc/cela ne présage rien de bon** etw/das bedeutet nichts Gutes, etw/das ist kein gutes Zeichen
❷ (*prévoir*) *personne:* voraussehen; *indice:* voraussagen; **laisser ~ une catastrophe** auf eine Katastrophe hindeuten

présalaire [pʀesalɛʀ] *m* Studienbeihilfe *f* (*als Ausgleich für entgangenes Gehalt*)

pré-salé [pʀesale] <prés-salés> *m Schaf, das auf zeitweise vom Meer überschwemmten Wiesen weidet;* GASTR *Fleisch dieser Schafe*

presbyte [pʀɛsbit] **I.** *adj* **être ~** weitsichtig sein; *personne âgée:* alters[weit]sichtig sein
II. *mf* Weitsichtige(r) *f(m)*; (*personne âgée*) Alters[weit]sichtige(r) *f(m)*

presbytère [pʀɛsbitɛʀ] *m* Pfarrhaus *nt*

presbytérien(ne) [pʀɛsbiteʀjɛ̃, jɛn] **I.** *adj* presbyterianisch
II. *m(f)* Presbyterianer(in) *m(f)*

presbytie [pʀɛsbisi] *f* Weitsichtigkeit *f*; (*des personnes âgées*) Alters[weit]sichtigkeit *f*

prescience [pʀesjɑ̃s] *f* ❶ *soutenu* Vorahnung *f*
❷ REL Vorherwissen *nt;* **Dieu a la ~ de tout notre avenir** Gott kennt unsere Zukunft

préscolaire [pʀeskɔlɛʀ] *adj activités* vorschulisch; **âge/période ~** Vorschulalter *nt*/-zeit *f*

prescripteur [pʀɛskʀiptœʀ] *m* MED verschreibender Arzt

prescriptible [pʀɛskʀiptibl] *adj crime* verjährbar; *biens* ersitzbar; **droit ~** verjährbarer Anspruch

prescription [pʀɛskʀipsjɔ̃] *f* ❶ *a.* JUR, ECON (*ordre formel*) Vorschrift *f*, Bestimmung *f*; (*émanant d'une autorité, d'un supérieur hiérarchique*) Anordnung *f*; (*morale*) Gebot *nt;* **~s officielles** offizielle Bestimmungen
❷ MED (*traitement prescrit*) Anordnung *f*, Anweisung *f*; (*action de prescrire*) Verschreiben *nt*, Verordnen *nt;* **~ médicale** Anweisung *f* [*o* Anordnung *f*] des Arztes; **médicament délivré sur ~ médicale** verschreibungspflichtiges Medikament
❸ JUR (*moyen d'acquérir ou de se libérer*) Verjährung *f*; **~ pénale** strafrechtliche Verjährung; **il y a ~** das ist verjährt

prescrire [pʀɛskʀiʀ] <*irr*> **I.** *vt* ❶ (*ordonner*) vorschreiben; erfordern *comportement, démarche;* anordnen *mesures;* **~ à qn de faire qc** jdn anweisen etw zu tun; **jour/délai prescrit** festgesetzter Tag/festgesetzte Frist
❷ MED **~ qc à qn contre qc** jdm etw gegen etw verschreiben [*o* verordnen]; **ne pas dépasser la dose prescrite** die verordnete Dosis nicht überschreiten
❸ JUR (*acquérir*) durch Verjährung erwerben, ersitzen *bien, propriété*
❹ JUR (*abolir*) **être prescrit(e)** *dette, peine:* verjähren, verjährt sein
II. *vpr* ❶ MED **se ~** verschrieben [*o* verordnet] werden
❷ JUR **se ~** *dette, peine, rente:* verjähren

préséance [pʀeseɑ̃s] *f* Vorrang *m;* **ordre des ~s** Rangordnung *f*; **avoir la ~ sur qn** Vorrang vor jdm haben

présélecteur [pʀeselɛktœʀ] *m* Vorwahlvorrichtung *f*

présélection [pʀeselɛksjɔ̃] *f* ❶ (*choix préalable*) *de candidats, concurrents* Vorauswahl *f*
❷ TECH (*préréglage*) Vorwahl *f*

présélectionner [pʀeselɛksjɔne] <1> *vt* ❶ eine Vorauswahl treffen von *candidats, concurrents;* **être présélectionné(e)** *candidat, concurrent:* in der engeren Wahl sein
❷ TECH **être présélectionné(e)** *programme, poste:* vorgewählt sein/werden

présence [pʀezɑ̃s] *f* ❶ (*opp: absence*) (*d'une personne*) Anwesenheit *f*, Gegenwart *f*; (*d'une chose*) Vorhandensein *nt;* (*de pétrole, minerai*) Vorkommen *nt;* **~ policière** Polizeipräsenz *f*; **honorer qn de sa ~** jdn mit seiner Anwesenheit beehren; **mettre qn en ~ de qn/qc** jdn jdm gegenüberstellen, jdn mit jdm/etw konfrontieren; **en ~ de qn** in jds Anwesenheit (*Dat*); **en ~ d'un problème** angesichts eines Problems
❷ (*empreinte, preuve*) *d'une personnalité, d'un pays* Präsenz *f*, Einfluss *m; d'un art, d'une civilisation ancienne* Präsenz *f*; REL *de Dieu* [All]gegenwart *f*
❸ (*personnalité*) Ausstrahlung *f*, Ausstrahlungskraft *f*; **avoir de la ~** Ausstrahlung haben
◆ **~ d'esprit** Geistesgegenwart *f*; **avoir la ~ d'esprit de faire qc** so geistesgegenwärtig sein etw zu tun

présent¹ [pʀezɑ̃] *m soutenu* Geschenk *nt;* **faire un ~ à qn** jdm ein Geschenk machen; **faire ~ de qc à qn** jdm etw schenken

présent² [pʀezɑ̃] *m* ❶ (*opp: passé*) Gegenwart *f*; **pour le ~** im Moment
❷ GRAM Präsens *nt*, Gegenwart *f*; **participe ~** Partizip Präsens; **indicatif/subjonctif ~** Indikativ/Konjunktiv Präsens; **conjuguer un verbe au ~ de l'indicatif/du subjonctif** ein Verb im Indikativ/Konjunktiv Präsens konjugieren *nt*
❸ (*personne*) Anwesende(r) *m*
▶ **à ~** jetzt, zur Zeit; **à ~ qu'il est parti** jetzt, wo er weggegangen ist; **d'à ~** *gens, femmes* von heute; *jeunesse* von heute, heutig; *solitude, joie, tristesse* augenblicklich; **dès à ~** ab sofort; **jusqu'à ~** bis jetzt

présent(e) [pʀezɑ̃, ɑ̃t] *adj* ❶ (*opp: absent*) *personne* anwesend; **les personnes ~es** die Anwesenden; **ici ~(e)** hier anwesend
❷ (*qui existe*) **l'ironie ~e dans ses paroles** die in seinen Worten spürbare Ironie; **le minerai ~ dans le sous-sol** das im Boden vorhandene Erz; **avoir qc ~ à l'esprit/à la mémoire** etw im Kopf/[gut] in Erinnerung haben
❸ (*actuel*) *circonstances, état* gegenwärtig, augenblicklich; *temps* heutig; **à la minute/l'heure ~e** im Augenblick/zur Stunde; **vivre dans le moment ~** den Augenblick leben, in der Gegenwart leben
❹ ADMIN *document, lettre* vorliegend; **par la ~e lettre nous vous informons que** hiermit teilen wir Ihnen mit, dass; **le 6 du mois ~** am 6. dieses Monats

présentable [pʀezɑ̃tabl] *adj* ❶ (*bien présenté*) **être ~** präsentierbar [*o* vorzeigbar] sein; **ce travail n'est pas ~** diese Arbeit kann man so nicht vorzeigen
❷ (*convenable, décent*) **être ~** *tenue, coiffure:* sich sehen lassen können; *personne:* vorzeigbar sein (*fam*)

présentateur, -trice [pʀezɑ̃tatœʀ, -tʀis] *m, f des informations, du journal télévisé* [Nachrichten]sprecher(in) *m(f)*; *d'un programme* Ansager(in) *m(f)*; *d'une émission, discussion* Moderator(in) *m(f)*

présentation [pʀezɑ̃tasjɔ̃] *f* ❶ (*action de faire connaître*) *d'une collection, de modèles, tableaux* Vorführung *f*; *d'un film, invité, nouveau venu* Vorstellung *f*; *du budget* Vorlage *f*; *d'un problème, d'une idée* Darlegung *f*, Darstellung *f*
❷ RADIO, TV *d'une émission, du journal télévisé* Moderation *f*; *d'un programme* Ansage *f*
❸ *a.* JUR (*action de montrer*) *d'un billet, document, d'une pièce d'identité* Vorzeigen *nt;* **sur ~ d'une pièce d'identité** gegen Vorlage eines Ausweises

P

❹ (*aspect extérieur*) (*d'une personne*) [äußere] Erscheinung; (*d'un devoir, texte*) [äußere] Form; (*d'un produit*) Aufmachung *f;* (*d'un médicament*) Darreichungsform *f*
❺ (*pendant l'accouchement*) Lage *f;* ~ **du siège/de la tête** Steißlage/Kopflage
❻ (*fait d'introduire qn*) **les ~s** das Vorstellen; **faire les ~s** [Menschen einander] vorstellen; **votre fils a déjà fait les ~s** Ihr Sohn hat uns [einander] schon vorgestellt [*o* uns schon miteinander bekannt gemacht]
◆ **Présentation au Temple** REL Darstellung *f* im Tempel

présente [pʀezɑ̃t] *f* ❶ (*personne*) Anwesende *f*
❷ ADMIN dieses Schreiben; **par la ~ nous vous informons que** hiermit teilen wir Ihnen mit, dass

présentement [pʀezɑ̃tmɑ̃] *adv vieilli* gegenwärtig, augenblicklich, derzeit

présenter [pʀezɑ̃te] <1> **I.** *vt* ❶ (*faire connaître*) vorstellen, vorführen *collection, modèles;* vorstellen *film, invité, nouveau venu;* vorführen *cheval, troupe;* ~ **qn à un juge/à la justice** jdn dem Richter/dem Gericht vorführen
❷ RADIO, TV moderieren *émission;* ansagen *programme;* ~ **le journal télévisé** (*en France*) die Nachrichtensendung moderieren; (*en Allemagne*) die Nachrichten sprechen
❸ (*décrire*) ~ **qn/qc comme qn/qc** jdn/etw als jdn/etw darstellen
❹ (*montrer*) vorzeigen *billet, carte d'identité;* vorlegen *document;* zeigen *jambe, dos*
❺ (*soumettre*) darlegen, unterbreiten *problème, théorie;* vorlegen *travail;* (*exprimer*) vorbringen *critique, objection;* aussprechen *condoléances, félicitations;* ausdrücken *regrets;* ~ **ses excuses à qn** jdn um Entschuldigung bitten
❻ (*donner une apparence*) präsentieren; ~ **des résultats sous forme de tableau** Ergebnisse in Form einer Übersicht darstellen; **c'est bien présenté** das ist gut dargeboten
❼ (*avoir*) aufweisen *différence, symptôme, défaut;* mit sich bringen *inconvénients;* bereiten *difficultés;* ~ **un avantage/des avantages** von Vorteil sein/Vorteile haben; ~ **un intérêt** von Interesse sein; ~ **un intérêt personnel** von persönlichem Interesse sein; ~ **un danger/des dangers** eine Gefahr darstellen/Gefahren bergen; ~ **un danger pour la santé** gesundheitsgefährdend sein; ~ **un aspect rugueux/humide** rau/feucht aussehen
❽ (*offrir*) bieten; reichen, anbieten *plat, rafraîchissement;* anbieten *fauteuil;* überreichen *fleurs, bouquet*
❾ (*proposer*) vorlegen *devis, dossier, projet de loi;* vorlegen, präsentieren *addition, facture;* stellen, einreichen *motion, demande;* ~ **sa candidature à un poste** sich um eine Stelle bewerben; POL für ein Amt kandidieren
II. *vi* ~ **bien/mal** *fam* einen guten/schlechten Eindruck hinterlassen
III. *vpr* ❶ (*décliner son identité*) **se ~ à qn** sich jdm vorstellen; **se ~ comme qc** sich als etw vorstellen
❷ (*se rendre, aller, venir*) **se ~ chez qn** bei jdm erscheinen; **se ~ chez un employeur** sich bei einem Arbeitgeber vorstellen; **les candidats sont priés de se ~** die Bewerber werden gebeten sich [persönlich] vorzustellen
❸ (*être candidat*) **se ~ à un examen** an einer Prüfung teilnehmen; **se ~ pour un emploi** sich um [*o* für] eine Stelle bewerben; **se ~ à une élection** bei einer Wahl kandidieren, sich zur Wahl stellen; **se ~ à une annonce** sich auf eine Anzeige hin melden
❹ (*apparaître, exister, surgir*) *problème, difficulté, obstacle:* auftauchen, auftreten; *occasion, spectacle:* sich bieten; **se ~ à l'esprit de qn** jdm einfallen, jdm in den Sinn kommen
❺ (*paraître, avoir un certain aspect*) **se ~ sous forme de cachets** es als [*o* in Form von] Tabletten geben; **se ~ sous un nouveau jour** *problème:* in einem ganz anderen Licht erscheinen; **qc se présente bien/mal** es sieht gut/schlecht aus mit etw (*fam*); **ça se présente bien!** das fängt ja gut an! (*fam*)
❻ (*pendant l'accouchement*) **l'enfant se présente par la tête/le siège** das Kind liegt in Kopflage/Steißlage

présentoir [pʀezɑ̃twaʀ] *m* Verkaufsständer *m*

présérie [pʀeseʀi] *f* Nullserie *f*

préservatif [pʀezɛʀvatif] *m* (*condom*) Präservativ *nt,* Kondom *nt*

préservatif, -ive [pʀezɛʀvatif, -iv] *adj soutenu* vorbeugend

préservation [pʀezɛʀvasjɔ̃] *f des biens, récoltes, de l'environnement* Schutz *m; d'une espèce, de la santé, de monuments* Erhaltung *f;* ~ **des sites** Landschaftspflege *f;* **campagne en vue de la ~ des animaux en voie de disparition** Kampagne *f* zur Rettung der vom Aussterben bedrohten Tierarten

préserver [pʀezɛʀve] <1> **I.** *vt* ❶ (*protéger*) ~ **qn de la contamination/du froid** jdn vor [einer] Ansteckung/[der] Kälte schützen; ~ **qn du danger** jdn vor einer Gefahr bewahren; ~ **qc du froid/de l'humidité** etw vor Kälte/gegen Feuchtigkeit schützen
❷ (*garder intact*) wahren *secret, intérêts;* schützen *information*
II. *vpr* **se ~ de qc** sich vor etw (*Dat*) schützen

présidence [pʀezidɑ̃s] *f* ❶ (*fonction*) *d'une assemblée, université, d'un tribunal, de la République* Präsidentschaft *f,* Amt *nt* des Präsidenten; *d'un comité, d'une firme, association* Vorsitz *m,* Präsidium *nt; d'un congrès* Leitung *f;* **pendant sa ~** während seiner/ihrer Präsidentschaft, während seiner/ihrer Amtszeit als Präsident/Präsidentin
❷ (*siège*) Amtssitz *m* des Präsidenten; ~ **du parti** Amtssitz des Parteivorsitzenden

président(e) [pʀezidɑ̃, ɑ̃t] *m(f)* ❶ (*personne qui dirige*) *d'une association, commission, d'un comité, jury* Vorsitzende(r) *f(m); d'un congrès* Vorsitzende(r), Leiter(in) *m(f); d'une assemblée, université, d'un tribunal* Präsident(in) *m(f); d'une entreprise* Generaldirektor(in) *m(f)*
❷ (*chef de l'État*) **le Président/la Présidente** der [Staats]präsident/die [Staats]präsidentin; **le ~ de la République française** der französische Staatspräsident
❸ CH (*maire dans les cantons de Valois et de Neuchâtel*) Ammann *m* (CH)
◆ **~(e) de la BCE, ~(e) de la Banque centrale européenne** Zentralbankpräsident(in) *m(f);* **Président du Conseil** HIST *Regierungschef* (*in Frankreich in der 3. und 4. Republik*)

> **i Land & Leute**
>
> Der **Président de la République** ist das Staatsoberhaupt Frankreichs und wird vom Volk per Direktwahl für eine Amtszeit von fünf Jahren *(le quinquennat)* nach dem Mehrheitswahlrecht gewählt. Präsident und Regierung müssen nicht aus dem gleichen politischen Lager stammen. Die Befugnisse des Staatspräsidenten sind mit denen des Bundeskanzlers vergleichbar.

président-directeur général, présidente-directrice générale [pʀezidɑ̃diʀɛktœʀʒeneʀal, pʀezidɑ̃tdiʀɛktʀisʒeneʀal, o] <présidents-directeurs généraux> *m, f* Generaldirektor(in) *m(f)*

présidentiable [pʀezidɑ̃sjabl] **I.** *adj* **être ~** [ein] möglicher [*o* potenzieller] Präsidentschaftskandidat sein
II. *mf* [möglicher] Präsidentschaftskandidat/[mögliche] Präsidentschaftskandidatin

présidentialisme [pʀezidɑ̃sjalism] *m* Präsidialherrschaft *f*

présidentiel(le) [pʀezidɑ̃sjɛl] *adj* **pouvoir ~** Präsidialgewalt *f;* **élections ~les** Präsidentschaftswahlen *Pl*

présidentielle [pʀezidɑ̃sjɛl] *f gén pl* Präsidentschaftswahl[en *Pl*] *f*

présider [pʀezide] <1> **I.** *vt* ❶ den Ehrenplatz einnehmen bei *dîner, banquet*
❷ (*diriger*) ~ **une assemblée/séance** bei einer Versamm-

lung/Sitzung den Vorsitz führen, einer Versammlung/Sitzung (*Dat*) präsidieren, eine Versammlung/Sitzung präsidieren (CH); **être présidé(e) par...** *réunion, assemblée:* unter dem Vorsitz von ... stehen; *mission, débat, délibération:* unter der Leitung von ... stehen

II. *vi* ❶ (*diriger*) den Vorsitz führen

❷ (*surveiller*) ~ **aux préparatifs d'une fête** Festvorbereitungen überwachen

présomptif, -ive [pʀezɔ̃ptif, -iv] *adj héritier* vermutlich, mutmaßlich

présomption [pʀezɔ̃psjɔ̃] *f* ❶ (*supposition*) Vermutung *f,* Annahme *f;* **avoir de fortes ~s que qn a fait qc** stark annehmen, dass jd etw getan hat

❷ JUR ~ **de culpabilité** Schuldvermutung; ~ **de faute** Schuldvermutung; ~ **de paternité** Vaterschaftsvermutung

❸ *littér* (*prétention*) Überheblichkeit *f,* Anmaßung *f*

présomptueux, -euse [pʀezɔ̃ptɥø, -øz] **I.** *adj* überheblich, anmaßend

II. *m, f* überheblicher [*o* selbstgefälliger] Mensch; (*femme*) selbstgefällige [*o* überhebliche] Person

presque [pʀɛsk] *adv* ❶ fast, beinahe; **tout le monde ou** ~ alle oder fast alle; **c'est ~ sûr** das ist so gut wie sicher; **je ne l'ai ~ pas entendu(e)** ich habe ihn kaum gehört; **je ne connais ~ personne** ich kenne fast niemanden [*o* kaum jemanden]; **il pleurait** ~ er war dem Weinen nahe

❷ *antéposé soutenu* (*quasi*) **j'ai la ~ certitude que tu te trompes** ich bin mir fast [*o* so gut wie] sicher, dass du dich irrst; **dans la ~ obscurité** in fast völliger Dunkelheit; **la ~ totalité des électeurs** fast alle Wähler

presqu'île [pʀɛskil] *f* Halbinsel *f*

pressage [pʀɛsaʒ] *m* Pressen *nt*

pressant(e) [pʀɛsɑ̃, ɑ̃t] *adj* ❶ (*urgent*) *travail* dringend; *affaire* dringlich

❷ (*insistant*) drängend; *créancier, amoureux* aufdringlich, zudringlich; **se faire ~(e)** aufdringlich werden

press-book [pʀɛsbuk] <press-books> *m* (*attestations professionnelles*) Bewerbungsmappe *f;* (*documents reliés*) Präsentationsmappe *f*

presse [pʀɛs] *f* ❶ (*journaux*) Presse *f;* ~ **écrite** Printmedien *Pl;* ~ **à grand tirage** auflagenstarke [Tages]zeitungen *Pl;* ~ **féminine/sportive** Frauen-/Sportzeitschriften *Pl;* ~ **nationale/régionale** überregionale Presse/Regionalpresse [*o* Lokalpresse]; ~ **mensuelle** Monatsschriften *Pl;* ~ **quotidienne** Tagespresse; ~ **d'information** Nachrichtenpresse; ~ **d'opinion** Parteipresse; **lire la** ~ die Zeitungen lesen

❷ TECH Presse *f;* ~ **monétaire** Prägemaschine *f,* Prägestock *m;* ~ **à fourrage** Heu- und Strohpresse; ~ **à coller/emboutir/comprimer** Klebe-/Tiefzieh-/Stauchpresse; ~ **à découper** Stanzpresse

❸ TYP **mettre sous** ~ drucken lassen, in Druck geben; **sous** ~ im Druck

▶ **avoir bonne/mauvaise** ~ einen guten/schlechten Ruf haben; **avoir une bonne/mauvaise** ~ eine gute/schlechte Presse haben

◆ ~ **du cœur** Regenbogenpresse *f*

i Land & Leute

Die meistgelesenen überregionalen Tageszeitungen der französischen **presse** sind: *Le Monde, Le Figaro, France-Soir* und die *Libération.* Bekannte Wochenzeitschriften zu Politik und aktuellen Ereignissen sind unter anderen *L'Express, Le Nouvel Observateur* und *Le Point.*

pressé(e)¹ [pʀese] *adj* ❶ (*qui se hâte*) *pas* eilig; **être ~(e)** es eilig haben, in Eile sein; **être ~(e) d'arriver** es eilig haben anzukommen

❷ (*urgent*) *lettre, travail* dringend; **être ~(e)** eilen

▶ **ne rien avoir de plus ~ que de faire qc** nichts Besseres zu tun haben als etw zu tun; **aller au plus** ~ [*o* **parer**] das Dringendste zuerst erledigen; **devoir parer au plus** ~ Prioritäten setzen müssen

pressé(e)² [pʀese] *adj citron, orange* [frisch] gepresst

presse-agrumes [pʀɛsagʀym] *m inv* Saftpresse *f* **presse-bouton** [pʀɛsbutɔ̃] *adj inv usine, cuisine* vollautomatisch **presse-citron** [pʀɛsitʀɔ̃] <presse-citrons> *m* Zitronenpresse *f*

pressentiment [pʀesɑ̃timɑ̃] *m* Vorahnung *f;* **avoir un** ~ ein ungutes Gefühl haben; **avoir le ~ de qc** etw vorausahnen; **avoir le ~ qu'il va pleuvoir** das Gefühl haben, dass es [bald] regnen wird

pressentir [pʀesɑ̃tiʀ] <10> *vt* ❶ vorausahnen; ~ **qu'il va pleuvoir** das Gefühl haben, dass es [bald] regnen wird; **il laisse ~ son mécontentement** er lässt seine Verärgerung durchscheinen

❷ *soutenu* (*sélectionner*) ~ **qn pour qc** bei jdm wegen etw vorfühlen, an jdn wegen etw herantreten

presse-papiers [pʀɛspapje] *m inv* ❶ Briefbeschwerer *m* ❷ INFORM Zwischenablage *f* **presse-purée** [pʀɛspyʀe] *m inv* Kartoffelpresse *f*

presser¹ [pʀese] <1> **I.** *vt* ❶ (*hâter*) beschleunigen *cadence, pas;* überstürzen *choses;* vorantreiben *affaire, événement;* ~ **l'allure** Tempo zulegen (*fam*); ~ **le départ** früher losfahren; ~ **qn** jdn [zur Eile] antreiben; **rien ne vous presse** nichts treibt Sie zur Eile; ~ **le pas** einen Schritt zulegen

❷ (*pousser à*) ~ **qn de faire qc** jdn drängen etw zu tun

❸ (*harceler*) *personne:* bedrängen; *débiteur:* unter Druck setzen; *besoin, désir:* [an]treiben; ~ **qn de questions** jdn mit Fragen bedrängen

II. *vi temps:* drängen; *affaire:* drängen, eilen; **ça ne presse pas!** das eilt nicht!; **le temps presse** es ist höchste Zeit

▶ **ça presse!** *fam* das ist dringend!, es pressiert! (SDEUTSCH)

III. *vpr* **se ~ de faire qc** sich beeilen etw zu tun; **allons, pressons!** los, Beeilung!

presser² [pʀese] <1> **I.** *vt* ❶ (*pour extraire un liquide*) auspressen *fruit, jus;* auspressen, ausdrücken *éponge;* pressen *pis d'une vache, raisin*

❷ (*serrer*) (*avec la main, les mains*) drücken; ~ **qn contre soi/sa poitrine** jdn an sich/an seine Brust drücken; (*dans un étau*) jdn an sich/an seine Brust pressen

❸ (*comprimer*) ~ **qn contre le mur** jdn an die Wand drücken; **être pressés les uns contre les autres** [dicht] zusammengedrängt sein

❹ (*appuyer sur*) drücken, drücken auf (+ *Akk*) *bouton, sonnette*

❺ (*façonner*) pressen *disque, fourrage*

II. *vpr* ❶ (*venir en grand nombre*) *événements:* sich überstürzen

❷ (*se serrer*) **se ~ contre qn/qc** sich an jdn/etw drücken

❸ (*se bousculer*) **se ~ autour de qn** sich um jdn drängen; **se ~ vers la sortie** zum Ausgang drängen

presse-raquette [pʀɛsʀakɛt] <presse-raquettes> *m* SPORT [Schläger]bespanner, m

pressing [pʀesiŋ] *m* ❶ (*teinturerie*) [chemische] Reinigung

❷ SPORT Drängen *nt;* **faire un** ~ drängen

pression [pʀesjɔ̃] *f* ❶ MED, METEO, PHYS Druck *m;* **zone de haute/basse** ~ Hochdruck-/Tiefdruckgebiet *nt;* ~ **artérielle** Blutdruck; ~ **atmosphérique** Luftdruck; **sous** ~ unter Druck

❷ (*bouton*) Druckknopf *m*

❸ (*contrainte*) Druck *m;* ~ **sociale** gesellschaftliche Zwänge *Pl;* **céder/résister aux ~s** dem Druck nachgeben/nicht nachgeben; **faire** [*o* **exercer une**] ~ **sur qn** Druck auf jdn ausüben; (*verbalement*) auf jdn einreden; **sous la ~ des événements/de l'opinion** unter dem Druck der Ereignisse/der öffentlichen Meinung; **il a subi des ~s** man hat Druck auf ihn ausgeübt; **elle est soumise à toutes sortes de ~s** man übt mit allen Mitteln Druck auf sie aus

P

❹ (*action de presser*) *du doigt, de la main, foule* Druck *m*; **faire ~ sur qc** auf etw (*Akk*) drücken, einen Druck auf etw (*Akk*) ausüben
❺ (*bière*) **bière** [**à la**] ~ Bier *nt* vom Fass, Fassbier
► **mettre la ~ sur qn** jdn unter [Leistungs]druck setzen; **être sous** ~ unter Druck stehen
pressionné(**e**) [pʀesjɔne] *adj* COUT mit Druckknöpfen; **ce chemisier est ~ sur le devant** diese Bluse hat vorn[e] Druckknöpfe
pressoir [pʀɛswaʀ] *m* ❶ (*machine*) Presse *f*; (*pour le raisin*) Kelter *f*; ~ **à olives** Olivenpresse
❷ (*lieu*) Kelterei *f*
pressurage [pʀesyʀaʒ] *m des fruits, du raisin* Keltern *nt*; *des fromages, olives* Pressen *nt*
pressurer [pʀesyʀe] <1> **I.** *vt* ❶ (*exploiter*) aussaugen, ausnehmen *contribuable, peuple*
❷ (*presser*) keltern *fruits, pommes, raisin*; pressen *fromage, olives*
II. *vpr fam* **se ~ qc** sich (*Dat*) etw zermartern (*fig fam*); **inutile de te ~ les méninges** du brauchst dir nicht das Hirn zu zermartern (*fam*)
pressurisation [pʀesyʀizasjɔ̃] *f* Druckausgleich *m*
pressuriser [pʀesyʀize] <1> *vt* PHYS Druckausgleich erzeugen; **une cabine d'avion pressurisée** eine Druckkabine (*eine Kabine, in der Druckausgleich herrscht*)
prestance [pʀɛstɑ̃s] *f d'une personne* stattliches Aussehen; **avoir de la ~** eine stattliche Erscheinung sein, stattlich aussehen
prestataire [pʀɛstatɛʀ] *mf* (*bénéficiaire*) [Leistungs]empfänger(in) *m(f)*; ~ **d'allocations familiales** Kindergeldempfänger(in)
◆ ~ **de services** JUR Dienstleistungserbringer(in) *m(f)* (*Fachspr.*); (*personne*) im Dienstleistungsbereich Tätige(r) *f(m)*; (*entreprise*) Dienstleistungsunternehmen *nt*
prestation [pʀɛstasjɔ̃] *f* ❶ THEAT Darbietung *f*; SPORT Leistung *f*; ~ **télévisée** Fernsehauftritt *m*; **faire une excellente ~** eine hervorragende Leistung bieten; *acteur:* hervorragend spielen; *chanteur:* hervorragend singen
❷ *gén pl* (*services fournis*) Leistungen *Pl*; *d'un hôtel, restaurant* Leistungen, Service *m*
❸ *pl* (*sommes versées*) Leistungen *Pl*; **~s familiales** Familienbeihilfe *f*; **~s locatives** *vom Mieter zu tragende Kosten*; **~s sociales** Sozialversicherungsleistungen; **~s de maladie** Leistungen [aus] der Krankenversicherung; **~s d'invalidité/de vieillesse** Leistungen [aus] der Invaliditätsversicherung/Altersversicherung
◆ ~ **de services** Dienstleistung *f*
preste [pʀɛst] *adj soutenu geste, main, personne* flink; *mouvement* flink, rasch
prestement [pʀɛstəmɑ̃] *adv soutenu* schnellstens, rasch
prestidigitateur, **-trice** [pʀɛstidiʒitatœʀ, -tʀis] *m, f* Zauberkünstler(in) *m(f)*, Taschenspieler(in) *m(f)*
prestidigitation [pʀɛstidiʒitasjɔ̃] *f* Zauberei *f*; **tour de ~** Zauberkunststück *nt*
prestige [pʀɛstiʒ] *m* Prestige *nt*, Ansehen *nt*; **avoir beaucoup de ~** hohes Ansehen genießen; **faire qc pour le ~** etw [nur] aus Prestigegründen tun
prestigieux, **-euse** [pʀɛstiʒjø, -jøz] *adj* ❶ *lieu, événement* glanzvoll; *carrière* glanzvoll, glänzend; *objet, produits* von hohem Prestigewert; *métier, école* [hoch]angesehen, mit hohem Prestige[wert]
❷ (*remarquable*) *artiste, scientifique* hervorragend, bemerkenswert; (*en renom*) namhaft, renommiert
presto [pʀɛsto] *adv* ❶ MUS presto
❷ *fam* (*en vitesse*) schnellstens
présumé(**e**) [pʀezyme] *adj auteur* mutmaßlich; **l'endroit ~ de l'enlèvement** der Ort, an dem vermutlich die Entführung stattfand; **être ~(e) coupable/innocent/responsable** als schuldig/unschuldig/verantwortlich gelten, für schuldig/unschuldig/verantwortlich gehalten werden
présumer [pʀezyme] <1> **I.** *vt* annehmen; ~ **une issue heureuse/de bons résultats** einen glücklichen Ausgang/gute Ergebnisse erwarten; **je présume que tu es d'accord** ich nehme an [*o* ich gehe davon aus], dass du einverstanden bist
II. *vi* **trop ~ de ses forces** seine Kräfte überschätzen
présupposé [pʀesypoze] *m* ❶ *d'un article, d'une doctrine* Voraussetzung *f*, Grundlage *f*
❷ LING, GRAM Präsupposition *f*
présupposer [pʀesypoze] <1> *vt* voraussetzen
présupposition [pʀesypozisjɔ̃] *f* Voraussetzung *f*, Präsupposition *f* (*geh*)
présure [pʀezyʀ] *f* Lab *nt*
prêt [pʀɛ] *m* ❶ (*action de prêter*) *d'argent* [Ver]leihen *nt*; *d'un livre, objet* Ausleihen *nt*, Verleihen *nt*; **faire un ~ de cent euros à qn** jdm hundert Euro leihen
❷ (*crédit*) Darlehen *nt*, Kredit *m*; (*prêt public*) Anleihe *f*
❸ (*chose prêtée*) Leihgabe *f*
❹ MIL [Wehr]sold *m*
◆ ~ **d'honneur** *zinsloses Darlehen, zu dessen Rückzahlung man sich ehrenwörtlich verpflichtet*; ~ **à intérêt** verzinsliches Darlehen
prêt(**e**) [pʀɛ, pʀɛt] *adj* ❶ (*préparé*) **être ~(e)** fertig [*o* bereit] sein; **être ~(e) à l'heure** [*o* **dans les temps voulus**] pünktlich fertig sein; **fin ~(e)** *fam* fix und fertig (*fam*); **tout est ~ pour la cérémonie** für die Feier ist alles vorbereitet; **avoir qc ~** etw bereit halten; **~(e) à cuire/rôtir** koch-/bratfertig; **~(e) à l'emploi** *biens, marchandises, pâte* gebrauchsfertig; **acheter qc ~(e) à l'emploi** etw fertig kaufen; **~(e) à fonctionner** funktionsbereit; **~(e) à partir** [*o* **pour le départ**] aufbruchbereit; (*pour un voyage*) abfahrbereit, reisefertig; **à vos marques; ~s? Partez!** auf die Plätze, fertig, los!
❷ (*disposé*) **~(e) à faire qc** bereit etw zu tun; **se tenir ~(e) à faire qc** sich bereithalten etw zu tun; **être ~(e) à tout pour faire qc** zu allem bereit sein um etw zu tun
prêt-à-monter [pʀɛtamɔ̃te] <prêts-à-monter> *m* Selbstbausatz *m*; **des meubles prêts-à-monter** Möbel *Pl* zum Selberzusammenbauen
prétantaine [pʀetɑ̃tɛn] *f* ► **courir la ~** ein Schürzenjäger sein
prêt-à-porter [pʀɛtapɔʀte] *m sans pl* Konfektionskleidung *f*
prêté [pʀete] ► **c'est un ~ pour un rendu** wie du mir, so ich dir (*fam*)
prétendant [pʀetɑ̃dɑ̃] *m* ❶ (*candidat*) ~ **à un poste** Bewerber *m* [für eine Stelle]; ~ **au trône** Anwärter *m* [auf den Thron]; (*prince*) [Thron]prätendent *m* (*form*)
❷ *hum vieilli* (*client d'une prostituée*) Freier *m* (*veraltet*)
prétendante [pʀetɑ̃dɑ̃t] *f* (*candidate*) ~ **à un poste** Bewerberin *f* [für eine Stelle]; ~ **au trône** Anwärterin *f* [auf den Thron]
prétendre [pʀetɑ̃dʀ] <14> **I.** *vt* ❶ (*affirmer*) behaupten; **à ce qu'on prétend, il est ...** angeblich ist er ...
❷ (*avoir la prétention de*) behaupten; **je ne prétends pas vous convaincre** ich behaupte nicht [*o* ich bilde mir nicht ein], dass ich Sie überzeugen kann
II. *vi soutenu* ~ **aux honneurs** nach Ruhm und Ehre streben; ~ **à un poste** sich um eine Stelle bemühen, eine Stelle anstreben; ~ **à la main d'une femme** um die Hand einer Frau anhalten
III. *vpr* **se ~** [**être**] **insulté**(**e**)/**berné**(**e**) behaupten beleidigt/betrogen worden zu sein; **se ~ médecin** behaupten Arzt zu sein
prétendu(**e**) [pʀetɑ̃dy] *adj antéposé* angeblich; *justice, liberté* angeblich, sogenannte(r, s)
prétendument [pʀetɑ̃dymɑ̃] *adv* angeblich
prête-nom [pʀɛtnɔ̃] <prête-noms> *m* Interessenvertreter(in) *m(f)*, Beauftragte(r) *f(m)*; (*non officiel*) Strohmann *m* (*fam*)
prétentaine [pʀetɑ̃tɛn] *f v.* **prétantaine**
prétentieusement [pʀetɑ̃sjøzmɑ̃] *adv* selbstgefällig, auf überhebliche Weise

prétentieux, -euse [pʀetɑ̃sjø, -jøz] **I.** *adj personne, ton* überheblich, anmaßend; *villa, maison* pompös; **avoir l'air ~** überheblich [*o* arrogant] wirken
II. *m, f* eingebildeter [*o* selbstgefälliger] Mensch; (*femme*) eingebildete Person

prétention [pʀetɑ̃sjɔ̃] *f* ❶ *sans pl* (*vanité*) Überheblichkeit *f,* Selbstgefälligkeit *f;* **sans ~** *maison* schlicht; *repas* einfach; **avoir/ne pas avoir la ~ de faire qc** sich (*Dat*) einbilden/nicht einbilden etw tun zu können; **ce diplôme n'a pas la ~ de remplacer ...** dieses Diplom erhebt nicht den Anspruch ... zu ersetzen
❷ (*fait de prétendre*) **~ à un héritage/au pouvoir** Anspruch *m* auf ein Erbe/die Macht
❸ *gén pl* (*ce à quoi on prétend*) Anspruch *m,* Forderung *f;* **avoir des ~s** Ambitionen [*o* Ehrgeiz] haben; **quelles sont vos ~s?** wie sind Ihre Gehaltsvorstellungen?

prêter [pʀete] <1> **I.** *vt* ❶ (*avancer pour un temps*) [ver]leihen, ausleihen *livre, voiture, parapluie;* **~ cent euros/de l'argent à qn** jdm hundert Euro/Geld leihen
❷ (*attribuer*) **~ une intention à qn** jdm eine Absicht unterstellen; **~ une importance exagérée à un fait** einer S. (*Dat*) zu große Bedeutung beimessen
II. *vi* ❶ (*donner matière à*) **~ à la critique** Anlass zu Kritik geben; **~ à équivoque** missverständlich [*o* zweideutig] sein; **~ à rire** lachhaft [*o* lächerlich] sein
❷ (*consentir un prêt*) **~ à dix pour cent** zu [*o* mit] zehn Prozent Zinsen [ver]leihen; **~ à intérêt/sur gage** auf Zinsen/gegen Pfand leihen
III. *vpr* ❶ (*consentir*) **se ~ à un jeu** bei einem Spiel mitmachen; **se ~ à une expérience** sich zu einem Versuch bereit erklären
❷ (*être adapté à*) **se ~ à qc** geeignet für etw sein, sich für etw eignen
❸ (*épouser la forme de*) **cette chaussure se prête tout à fait à mon pied** dieser Schuh passt sich genau meinem Fuß an

prétérit [pʀeteʀit] *m* Präteritum *nt*

prêteur, -euse [pʀɛtœʀ, -øz] **I.** *adj* **être ~(-euse)** gerne [ver]leihen
II. *m, f* [Geld]verleiher(in) *m(f),* Darlehens-/Geldgeber(in) *m(f)*
◆ **~(-euse) sur gages** Pfandleiher(in) *m(f)*

prétexte [pʀetɛkst] *m* (*raison apparente*) Vorwand *m;* (*excuse*) Ausrede *f;* **mauvais ~** schlechte [*o* faule *fam*] Ausrede; **donner un** [*o* **servir de**] **~ pour faire qc** jdm als Vorwand/Ausrede dafür dienen etw zu tun; **prendre qc comme** [*o* **pour**] **~** etw als Ausrede benutzen, etw zum Vorwand nehmen; **prendre ~ de qc pour faire qc** etw zum Vorwand nehmen/als Ausrede benutzen um etw zu tun; **sous aucun ~** unter keinen Umständen; **sous ~ qu'elle est majeure** unter dem Vorwand, dass sie volljährig sei; **sous ~ de manque de temps, elle est ...** aus angeblichem Zeitmangel ist sie ...

prétexter [pʀetɛkste] <1> *vt* zum Vorwand nehmen, als Ausrede benutzen, vorschützen; **elle prétexte qu'elle n'a pas le temps** sie gibt vor keine Zeit zu haben

pretium doloris [pʀesjɔmdɔlɔʀis] *m inv* JUR Schmerzensgeld *nt*

prétoire [pʀetwaʀ] *m* Gerichtssaal *m*

prétorien [pʀetɔʀjɛ̃] *m* HIST Prätorianer *m*

prétorien(ne) [pʀetɔʀjɛ̃, jɛn] *adj* ❶ HIST Prätor-; **garde ~ne** Prätorianergarde *f*
❷ JUR **droit ~** Richterrecht *nt*

prétranché(e) [pʀetʀɑ̃ʃe] *adj* [schon] in Scheiben geschnitten

prêtre [pʀɛtʀ] *m* REL Priester *m*

prêtre, -esse [pʀɛtʀ, -ɛs] *m, f* ❶ HIST Priester(in) *m(f);* **grand ~/grande prêtresse** Hohepriester(in) *m(f)*
❷ *fig* Oberhaupt *nt*

prêt-relais [pʀeʀəlɛ] <prêts-relais> *m* Überbrückungskredit *m*

prêtre-ouvrier [pʀɛtʀuvʀije] <prêtres-ouvriers> *m* Arbeiterpriester *m*

preuve [pʀœv] *f* ❶ *a.* JUR (*indice probant, démonstration*) Beweis *m;* **~ de qc** Beweis für etw; **la ~ qu'il est coupable** der Beweis [dafür], dass er schuldig ist; **la ~ : ...** *fam* der [beste] Beweis dafür: ...; **~ en main** anhand von Beweisen; **jusqu'à ~ du contraire** bis zum Beweis des Gegenteils; **faire la ~ de la culpabilité de qn/que qn est coupable** den Beweis dafür erbringen/beweisen, dass jd schuldig ist; **fournir/établir la ~ de qc** den Beweis für etw erbringen/liefern
❷ (*marque*) **une ~ d'amour/de bonne volonté** ein Liebesbeweis *m*/ein Zeichen *nt* des guten Willens; **c'est une ~ de courage** das ist ein Beweis seines/ihres Mutes, das beweist seinen/ihren Mut
❸ MATH **~ par neuf** Neunerprobe *f*
▶ **faire ~ de bonne volonté/courage** guten Willen/Mut zeigen [*o* beweisen]; **faire ~ d'entêtement** Sturheit an den Tag legen; **faire ses ~s** *élève:* sich beweisen; *méthode:* sich bewähren

preux [pʀø] **I.** *adj littér antéposé chevalier* kühn
II. *m littér* kühner Krieger, Recke *m* (*geh*)

prévaloir [pʀevalwaʀ] <irr> **I.** *vi soutenu argument, opinion, position:* vorherrschen; *droits, volonté:* maßgebend sein; **~ sur** [*o* **contre**] **qc** *argument, opinion, volonté:* sich gegenüber etw [*o* gegen etw] durchsetzen; **les diplômes prévalent sur l'expérience** Diplome haben mehr Gewicht als die Erfahrung; **faire ~ son opinion/point de vue** seine Meinung/Ansicht durchsetzen; **faire ~ ses droits** seine Rechte [*o* Ansprüche] geltend machen; **il faut faire ~ la qualité sur la quantité** die Qualität muss Vorrang vor der Quantität haben
II. *vpr soutenu* ❶ (*tirer avantage*) **se ~ de sa fortune** Nutzen aus seinem Vermögen ziehen
❷ (*se flatter*) **se ~ de ses titres** sich mit seinen Titeln brüsten; (*se référer à*) sich auf seine Titel berufen

prévaricateur, -trice [pʀevaʀikatœʀ, -tʀis] JUR **I.** *adj* kriminell
II. *m, f* korrupter Beamter *m*/korrupte Beamtin *f*

prévenance [pʀev(ə)nɑ̃s] *f* Zuvorkommenheit *f,* Aufmerksamkeit *f;* **être plein(e) de ~s** sehr zuvorkommend [*o* aufmerksam] sein; **n'avoir aucune ~ pour qn** keinerlei Rücksicht auf jdn nehmen

prévenant(e) [pʀev(ə)nɑ̃, ɑ̃t] *adj personne, manières* zuvorkommend, aufmerksam; **être ~(e) avec** [*o* **envers**] **qn** jdm gegenüber zuvorkommend sein

prévenir [pʀev(ə)niʀ] <9> **I.** *vt* ❶ (*aviser*) benachrichtigen; benachrichtigen, rufen *médecin;* benachrichtigen, verständigen *police;* **~ qn de qc** jdn von etw benachrichtigen, jdn von etw in Kenntnis setzen (*form*); **être prévenu(e)** benachrichtigt [*o* verständigt] sein; **si vous avez un empêchement, prévenez-moi** falls Sie verhindert sind, geben Sie mir Bescheid
❷ (*avertir*) warnen; **je te préviens, si tu continues ainsi ...** ich warne dich, wenn du so weitermachst ...; **être prévenu(e)** gewarnt sein; **tu es prévenu(e)!** jetzt weißt du Bescheid!
❸ (*empêcher*) **~ un danger** einer Gefahr (*Dat*) vorbeugen; **~ un accident** einen Unfall verhüten; **~ une catastrophe** eine Katastrophe verhindern
❹ (*devancer*) **~ des désirs/une question** Wünschen/einer Frage zuvorkommen
II. *vi* Bescheid sagen [*o* geben]; *tremblement de terre:* sich ankündigen; **arriver sans ~** *événement:* sich nicht ankündigen

préventif, -ive [pʀevɑ̃tif, -iv] *adj* vorbeugend; **médecine préventive** Präventivmedizin *f;* **mesure préventive** Vorbeugungsmaßnahme *f;* **détention/prison préventive** Untersuchungshaft *f*/-gefängnis *nt*

prévention [pʀevɑ̃sjɔ̃] *f* ❶ (*mesures préventives*) **~ médicale** medizinische Vorsorge; **la ~ des accidents du travail** [Maßnahmen *Pl* zur] Verhütung *f* von Arbeitsunfällen; **~ d'une maladie/de la délinquance** Vorbeugung *f* [gegen eine Krankheit/gegen die Kriminalität], Unfallverhütung am Arbeitsplatz
❷ (*détention provisoire*) Untersuchungshaft *f;* **en ~** in Unter-

suchungshaft

❸ (*idée préconçue*) Voreingenommenheit *f*, vorgefasste Meinung; ~ **contre qn/qc** Vorurteil *nt* gegen jdn/etw; ~ **en faveur de qn/qc** Voreingenommenheit zu jds Gunsten/zugunsten einer S. (*Gen*); **n'avoir aucune** ~ nicht voreingenommen sein; **sans** ~ unvoreingenommen

❹ (*organisme*) **la Prévention routière** die Straßenverkehrswacht

préventivement [pʀevɑ̃tivmɑ̃] *adv agir, se soigner* vorbeugend; *prescrire* vorbeugend, zur Vorbeugung

préventorium [pʀevɑ̃tɔʀjɔm] *m* Erholungsheim *nt* für Tuberkulosegefährdete

prévenu(e) [pʀev(ə)ny] **I.** *adj* ❶ JUR **être ~(e)** unter Anklage stehen; **être ~(e) d'un délit** eines Delikts beschuldigt sein/werden

❷ (*qui a des préventions*) **être ~(e) contre qn/qc** gegen jdn/etw [vor]eingenommen sein; **être ~(e) en faveur de qn/qc** für jdn/etw eingenommen sein

II. *m(f)* JUR Beschuldigte(r) *f(m)*, Beklagte(r) *f(m)*

préverbe [pʀevɛʀb] *m* Verbpräfix *nt*

prévisible [pʀevizibl] *adj* **être** ~ vorhersehbar [*o* voraussehbar] sein; **difficilement** ~ schwer vorauszusehen

prévision [pʀevizjɔ̃] *f* ❶ (*anticipation*) *d'un comportement, événement, phénomène* Vorhersehen *nt;* (*prédiction*) Voraussage *f*, Vorhersage *f; des dépenses* Vorausberechnung *f;* **au-delà de toute** ~ wider Erwarten; **en** ~ **du départ/des vacances** im Hinblick auf die Abreise/die Ferien; **la** ~ **de ses réactions est impossible** es ist unmöglich, seine/ihre Reaktionen vorherzusehen

❷ *pl a.* ECON, FIN Voraussagen *Pl*, Prognosen *Pl;* **~s boursières** Börsenprognose *f;* **~s budgétaires** Haushaltsvoranschlag *m;* **~s météorologiques** Wettervorhersage *f*, Wetteraussichten *Pl;* **nos ~s se sont révélées exactes** unsere Voraussagen [*o* Prognosen] haben sich als richtig erwiesen

prévisionnel(le) [pʀevizjɔnɛl] *adj mesures* vorausschauend; *coûts* veranschlagt; *production* voraussichtlich; *étude, analyse* prognostisch; **budget** ~ Haushaltsvoranschlag *m;* **comptes ~s** Vorkalkulation *f;* **étude ~le sur qc** [Vor]studie *f* über die Entwicklung einer S. (*Gen*); **gestion ~le** Betriebsplanung *f;* **plan** ~ Budget *nt; d'une entreprise* Betriebsplan *m*

prévoir [pʀevwaʀ] <*irr*> *vt* ❶ (*envisager ce qui va se passer*) ~ **qc** etw voraussehen [*o* vorhersehen]; **il faut ~ les conséquences de ses actes** man muss die Folgen seines Handelns [vorher] bedenken; **laisser ~ un malheur** Böses ahnen lassen; **laisser ~ une amélioration rapide** auf eine rasche Verbesserung hindeuten; **comme prévu!** wie vorhergesehen!; (*comme d'habitude*) wie gehabt! (*fam*); **plus beau/moins cher que prévu** schöner/billiger als erwartet

❷ (*projeter*) vorsehen, beabsichtigen; **l'arrivée de nos hôtes est prévue pour** [*o* **à**] **trois heures** wir erwarten unsere Gäste um drei Uhr

❸ (*envisager*) vorsehen; [vor]sorgen für *casse-croûte, couvertures;* **ils avaient tout prévu** sie hatten an alles gedacht; **c'est prévu** daran ist gedacht; **prévu(e) à cet effet** zu diesem Zweck vorgesehen; **cette tente est prévue pour quatre personnes** dieses Zelt ist für vier Personen vorgesehen [*o* gedacht]; **tout est prévu pour ton arrivée** für deine Ankunft ist alles vorbereitet

❹ JUR (*fixer, stipuler*) vorsehen, festlegen; **prévu(e) par la loi** im Gesetz vorgesehen

prévôt [pʀevo] *m* HIST Vogt *m;* REL Domprobst *m;* MIL, HIST Befehlshaber *m* der Feldgendarmerie

prévôté [pʀevote] *f* HIST, JUR Vogtei *f;* MIL Militärpolizei *f;* HIST Feldgendarmerie *f*

prévoyance [pʀevwajɑ̃s] *f* ❶ (*aptitude à prévoir*) Voraussicht *f;* **manquer de** ~ es an Voraussicht fehlen lassen

❷ (*mesure[s] visant la sécurité existentielle*) Vorsorge *f;* **faire preuve de ~ pour le temps de la vieillesse** für das Alter Vorsorge treffen

prévoyant(e) [pʀevwajɑ̃, jɑ̃t] *adj* (*qui prend des précautions*) vorsorgend; (*qui est apte à anticiper*) vorausschauend; **mesures ~es** vorsorgliche Maßnahmen *Pl*

prie-Dieu [pʀidjø] *m inv* Betstuhl *m*

prier [pʀije] <1a> **I.** *vt* ❶ REL ~ **Dieu/les saints** zu Gott/den Heiligen beten; **je prie Dieu/le ciel que cela soit vrai!** ich bete zu Gott/zum Himmel, dass das wahr ist!

❷ (*inviter, solliciter*) ~ **qn de faire qc** jdn bitten etw zu tun; **se faire** ~ sich [lange] bitten lassen; **ne pas se faire ~ pour faire qc** sich nicht [lange] bitten lassen und etw tun [*o* etw zu tun]; **sans se faire** ~ ohne sich [lange] bitten zu lassen

❸ (*ordonner*) ~ **qn de faire qc** jdn bitten etw zu tun; **vous êtes prié de répondre quand on vous parle** antworten Sie bitte, wenn man mit Ihnen spricht

► **je vous prie d'agréer mes sincères salutations/sentiments les meilleurs** mit freundlichen Grüßen; **je t'en/vous en prie** (*fais/faites donc*) [aber] bitte, bitte sehr; (*s'il te/vous plaît*) bitte; (*il n'y a pas de quoi*) (*après un remerciement*) keine Ursache!, gern geschehen!; (*après une excuse*) das macht [doch] nichts!; **je te/vous prie!** wenn ich bitten darf!; **adopte un autre ton, je te prie!** gewöhne dir gefälligst einen anderen Ton an!

II. *vi* REL ~ **pour qn/qc** für jdn/etw beten

prière [pʀijɛʀ] *f* ❶ REL Gebet *nt;* ~ **du matin/du soir/des morts** Morgen-/Abend-/Totengebet; ~ **d'action de grâce** Dankgebet; ~ **d'adoration** Lobgebet; **dire** [*o* **faire**] **sa ~/ses ~s** sein Gebet sprechen [*o* verrichten], beten; **être en** ~ beten

❷ (*demande*) Bitte *f;* **à la ~ de qn** auf jds Bitte/Bitten (*Akk*) [hin]; **j'ai une ~ à vous faire!** ich habe eine Bitte an Sie!; **céder aux ~s de qn** jds Bitten (*Dat*) nachgeben; ~ **d'essuyer ses pieds!** bitte Füße abtreten!; ~ **de répondre par retour du courrier** um postwendende Antwort wird gebeten

► **tu peux faire ta ~!** *hum* du kannst schon mal ein Stoßgebet zum Himmel schicken! (*hum*)

prieur(e) [pʀijœʀ] **I.** *adj* **père ~/mère ~e** Prior(in) *m(f);* (*interpellation*) Vater Prior/Mutter Oberin

II. *m(f)* Prior(in) *m(f)*

prieuré [pʀijœʀe] *m* ❶ (*couvent*) Priorat *nt*

❷ (*église*) Prioratskirche *f*, Klosterkirche *f*

prima donna [pʀimadɔna, pʀimedɔne] <prime donne> *f* Primadonna *f*

primaire [pʀimɛʀ] **I.** *adj* ❶ (*de base*) **couleur** ~ Grundfarbe *f;* **école** ~ Grundschule *f;* **enseignement** ~ Grundschulunterricht *m;* (*institution*) Grundschulwesen *nt;* **inspecteur** ~ Schulrat *m*

❷ ECON, GEOL, MED primär; **ère** ~ Paläozoikum *nt;* **roche** ~ Primärgestein *nt*

❸ POL **assemblée** ~ Urwählerversammlung *f;* **élections ~s** innerparteiliche Vorwahlen *Pl*

❹ *péj* (*simpliste*) primitiv; *esprit, personne* primitiv, beschränkt (*pej*); *raisonnement, explication* [zu] simpel, vereinfachend; *anticléricalisme, communisme* oberflächlich, nicht fundiert

❺ PSYCH **réaction** ~ Primitivreaktion *f;* **fonction** ~ Primärfunktion *f*

II. *m* ❶ SCOL Grundschule *f;* **être en** ~ in der Grundschule sein

❷ GEOL Paläozoikum *nt*

III. *f souvent pl* POL [innerparteiliche] Vorwahlen *Pl*

primal(e) [pʀimal, o] <-aux> *adj* **cri** ~ Urschrei *m;* **thérapie ~e** Urschreitherapie *f*

primat [pʀima] *m* ❶ (*primauté*) Vorrang *m*, Primat *m o nt* (*geh*)

❷ REL Primas *m*

primate [pʀimat] *m pl* ZOOL Primaten *Pl*

primauté [pʀimote] *f* ❶ (*supériorité*) ~ **de qc sur qc** Vorrang *m* einer S. (*Gen*) vor etw (*Dat*); **avoir la** ~ eine Vorrangstellung einnehmen; **donner la ~ à qc** einer S. (*Dat*) den Vorrang geben

❷ REL Oberhoheit *f,* Primat *m o nt*

prime¹ [pʀim] *f* ❶ *a.* ECON *(allocation)* Prämie *f; (en complément du salaire)* [Lohn]zulage *f; (subvention payée par l'État)* Zuschuss *m,* Beihilfe *f;* ~ **à la construction** Wohnungsbauprämie; ~ **d'ancienneté** Betriebszugehörigkeitszulage; ~ **d'encouragement** Gratifikation *f;* ~ **de fin d'année** Weihnachtsgeld *nt;* ~ **de rendement** Leistungszulage, Leistungsprämie; ~ **de risque** Gefahrenzulage; ~ **de transport** Fahrtkostenzuschuss
❷ JUR, FIN *(somme à payer)* ~ **d'assurance** Versicherungsprämie *f,* Versicherungsbeitrag; ~ **de risque** Risikoaufschlag *m;* **marché à** ~ Prämiengeschäft *nt*
► **en** ~ als Zugabe, als Werbegeschenk; *(par-dessus le marché)* obendrein, noch dazu

prime² [pʀim] *adj* ❶ *antéposé soutenu (premier)* **sa** ~ **jeunesse** seine/ihre frühe Jugend; **de** ~ **abord** auf den ersten Blick
❷ *postposé* MATH **A** ~ **B** ~ A Strich B Strich, A'B'

primer [pʀime] <1> **I.** *vt* ❶ *soutenu (l'emporter sur)* ~ **qc** den Vorrang vor etw *(Dat)* haben; **cette considération prime toutes les autres** diese Überlegung ist wichtiger als alle anderen; **la force prime le droit** Gewalt geht vor Recht
❷ *(récompenser)* prämi[i]eren; **film/livre primé** preisgekrönter [*o* prämi[i]erter] Film/preisgekröntes [*o* prämi[i]ertes] Buch
II. *vi* vorherrschen, vorherrschend sein; *couleur:* dominieren; *qualité:* im Vordergrund stehen; ~ **sur qc** gegenüber etw *(Dat)* überwiegen; **cette raison prime sur toutes les autres** dieser Grund hat mehr Gewicht als alle anderen

primerose [pʀimʀoz] *f* BOT Stockrose *f*

primesautier, -ière [pʀimsotje, -jɛʀ] *adj soutenu* impulsiv

prime time [pʀajmtajm] <prime times> *m* Hauptsendezeit *f*

primeur [pʀimœʀ] *f pl (fruits)* Frühobst *nt; (légumes)* Frühgemüse *nt;* **marchand de** ~**s** Obst- und Gemüsehändler *m*
► **avoir la** ~ **d'une réforme/innovation** als Erste(r) in den Genuss einer Reform/Neuerung kommen; **avoir la** ~ **d'une information** eine Nachricht als Erste(r) erfahren; **donner/réserver la** ~ **d'un manuscrit à qn** jdn ein Manuskript als Erste(n) lesen lassen

primevère [pʀimvɛʀ] *f* Primel *f*

primipare [pʀimipaʀ] **I.** *adj femme* erstgebärend; *femelle* zum ersten Mal werfend
II. *f* Erstgebärende *f*

primitif, -ive [pʀimitif, -iv] **I.** *adj* ❶ *(originel)* ursprünglich; *sentiment, passion* unverfälscht; **état** ~ Urzustand *m;* **les sept couleurs primitives** die sieben Grundfarben; **les terrains** ~**s** GEOL das Grundgebirge
❷ *(initial) préoccupation, projet* ursprünglich; MED primär; **concept** ~ Grundbegriff *m;* **proposition primitive** Elementarsatz *m;* **cancer** ~ Primärtumor *m*
❸ SOCIOL primitiv; **hommme** ~ Urmensch *m*
❹ *(rudimentaire) installation, procédé* primitiv, einfach
❺ *péj (fruste) esprit, personne* primitiv
❻ LING **langue primitive** Ursprache *f;* **mot** ~ Stammwort *nt;* **sens** ~ **d'un mot** erste [*o* ursprüngliche] Bedeutung eines Wortes; **concept** ~ nicht definierbare Notion; **les temps** ~**s d'un verbe** die Stammformen eines Verbs
❼ MATH **fonction primitive** Stammfunktion *f*
II. *m, f* ❶ ART *(peintre naïf)* naiver Maler/naive Malerin, Naive(r) *f(m); (précurseur de la Renaissance) (peintre)* Maler(in) *m(f)* der Frühromanik; *(sculpteur)* Bildhauer(in) *m(f)* der Frühromanik
❷ *pl* SOCIOL *vieilli* die Primitiven, die Naturvölker
III. *f* MATH Stammfunktion *f*

primitivement [pʀimitivmɑ̃] *adv* ursprünglich

primo [pʀimo] *adv* erstens

primogéniture [pʀimoʒenityʀ] *f* Erstgeburt *f*

primo-infection [pʀimoɛ̃fɛksjɔ̃] <primo-infections> *f* Erstinfektion *f*

primordial(e) [pʀimɔʀdjal, jo] <-aux> *adj* ❶ *(essentiel) importance, rôle* wesentlich, entscheidend; **être** ~**(e) pour qn/qc** äußerst wichtig für jdn/etw sein; **il est** ~ **que vous soyez à l'heure** es ist von äußerster Wichtigkeit, dass Sie pünktlich sind/kommen
❷ *(fondamental)* grundlegend; **droit** ~ Grundrecht *nt*

prince, princesse [pʀɛ̃s, pʀɛ̃sɛs] *m, f* ❶ *(titre nobiliaire)* Fürst(in) *m(f); (fils, fille ou femme de roi)* Prinz *m*/Prinzessin *f;* ~ **charmant** Märchenprinz; ~ **consort** Prinzgemahl *m;* ~ **héritier** Kronprinz; **élever qn au rang de** ~ jdn in den Fürstenstand erheben
❷ *littér (premier par le talent)* **le** ~ **des poètes** der Dichterfürst
► **être bon** ~ großmütig sein, tolerant sein; **vivre comme un** ~**/une princesse** fürstlich leben
◆ ~ **de Galles** Prinz *m* von Wales; ~ **de galles** Glencheck *m*

princeps [pʀɛ̃sɛps] *adj inv, postposé observation* erstmalig; **édition** ~ Erstausgabe *f*

princesse [pʀɛ̃sɛs] *f v.* **prince**

princier, -ière [pʀɛ̃sje, -jɛʀ] *adj* ❶ *(de prince)* fürstlich; **titre** ~ Fürstentitel *m*
❷ *(somptueux)* fürstlich, königlich

princièrement [pʀɛ̃sjɛʀmɑ̃] *adv* fürstlich, königlich

principal [pʀɛ̃sipal, o] <-aux> *m* ❶ *(l'important)* **le** ~ das Wichtigste; **c'est le** ~ das ist die Hauptsache; **le** ~**, c'est que tu sois vivante** Hauptsache ist, dass du noch am Leben bist
❷ FIN *(capital d'une dette)* Kapital *nt,* Hauptschuld *f;* JUR Hauptsache *f*
❸ SCOL Schuldirektor *m*

principal(e) [pʀɛ̃sipal, o] <-aux> *adj* ❶ *(le plus important)* wichtigste(r, s); **les principaux monuments de la ville** die wichtigsten Bauwerke *Pl* der Stadt
❷ *(premier dans une hiérarchie)* **les principaux intéressés dans cette histoire** die Hauptbetroffenen [*o* die in erster Linie Betroffenen] in dieser Geschichte; **les raisons** ~**es** die Hauptgründe, die wesentlichen Gründe; **résidence** ~**e** Hauptwohnsitz *m;* **rôle** ~ **d'un film** Hauptrolle *f* in einem Film; **les** ~**es rues touchées par les travaux** die am stärksten [*o* am meisten] von den Arbeiten betroffenen Straßen
❸ GRAM **proposition** ~**e** Hauptsatz *m*

principale [pʀɛ̃sipal] *f* ❶ GRAM Hauptsatz *m*
❷ SCOL Schuldirektorin *f*

principalement [pʀɛ̃sipalmɑ̃] *adv* hauptsächlich, vor allem

principauté [pʀɛ̃sipote] *f* Fürstentum *nt*

principe [pʀɛ̃sip] *m* ❶ PHYS, MATH Prinzip *nt;* ~ **d'Archimède** Archimedisches Prinzip
❷ *(règle de conduite)* Prinzip *nt,* Grundsatz *m;* ~ **conducteur** Leitsatz; ~ **fondamental** Grundprinzip; **accord/autorisation de** ~ grundsätzliche [*o* prinzipielle] Zustimmung/Genehmigung; **avoir des** ~**s** Prinzipien haben; **être fidèle à ses** ~**s** an seinen Prinzipen [*o* Grundsätzen] festhalten; **qn a pour** ~ **de faire qc** es ist jds Prinzip etw zu tun; **manquer à ses** ~**s** gegen seine Prinzipien verstoßen
❸ *(hypothèse)* Grundsatz *m;* **poser des** ~**s** Grundsätze aufstellen
❹ *(élément) (constitutif)* Bestandteil *m,* Wirkstoff *m;* ~ **azoté** stickstoffhaltiger Wirkstoff; ~ **minéral** Mineralstoff *m*
❺ *pl (notions)* **des** ~**s de musique/philosophie** Grundbegriffe *Pl* der Musik/Philosophie
❻ *(source) du bien, mal, de la nature* Ursprung *m;* **le** ~ **de toutes choses** der Urgrund allen Seins; **remonter au** ~ zu den Anfängen zurückgehen
❼ JUR, FIN Prinzip *nt*
► **en** ~ im Prinzip; **par** ~ aus Prinzip; **pour le** ~ um des Prinzips willen

printanier, -ière [pʀɛ̃tanje, -jɛʀ] *adj atmosphère, tenue* frühlingshaft; **soleil** ~ Frühlingssonne *f;* **robe printanière** Frühjahrskleid *nt*

printemps [pʀɛ̃tɑ̃] *m* ❶ (*saison*) Frühling *m,* Frühjahr *nt;* **ce ~** dieses [*o* in diesem] Frühjahr; **au ~** im Frühling [*o* Frühjahr]; **le ~ dernier** letztes [*o* im letzten] Frühjahr
❷ *littér* (*jeune âge*) **au ~ de la vie** im Frühling [*o* in der Blütezeit] des Lebens
❸ *littér* (*année*) Lenz *m;* **il/elle a** [*o* **compte**] **seulement seize ~** er/sie zählt erst sechzehn Lenze
▸ **le ~ de Prague** der Prager Frühling
prion [pʀijɔ̃] *m* BIO Prion *nt*
priori [pʀijɔʀi] *adv v.* **a priori**
prioritaire [pʀijɔʀitɛʀ] **I.** *adj* ❶ (*qui passe en premier*) vorrangig, vordringlich; **être ~** Vorrang [*o* Priorität] haben
❷ AUT **être ~** *automobiliste, route:* Vorfahrt haben, vorfahrtsberechtigt sein
II. *mf* (*personne*) Bevorzugte(r) *f(m),* Bevorrechtigte(r) *f(m)*
prioritairement [pʀijɔʀitɛʀmɑ̃] *adv* vorrangig, als erstes
priorité [pʀijɔʀite] *f* ❶ (*urgence*) Priorität *f;* **définir les ~s** die Prioritäten festlegen
❷ (*droit*) **~** [**sur qn/qc**] Vorrang *m* [vor jdm/etw], Vorrecht *nt* [gegenüber jdm]; (*préséance*) Vortritt *m* [vor jdm]; **en ~** zu [aller]erst, als Erstes; **demander la ~** [**de parole**] darum bitten als Erster sprechen zu dürfen; **donner la ~ à qn/qc** jdm/einer S. den Vorrang geben; **laisser la ~ à qn** jdm den Vortritt lassen
❸ AUT Vorfahrt *f;* **avoir la ~** Vorfahrt haben; **~ à droite** Vorfahrt *f* von rechts; **il y a ~ à droite** hier gilt rechts vor links; **refuser la ~ à qn/à un véhicule** jdm/einem Fahrzeug die Vorfahrt nehmen
❹ (*antériorité*) *d'un événement, fait* zeitliches Vorausgehen; **la ~ de ce fait n'implique pas ...** dass dieses Ereignis zeitlich vorausgeht, bedeutet nicht ...
pris [pʀi] *passé simple de* **prendre**
pris(e) [pʀi, pʀiz] **I.** *part passé de* **prendre**
II. *adj* ❶ (*occupé*) **être ~(e)** *place:* besetzt sein; (*emploi du temps complet*) [völlig] verplant sein; *personne:* beschäftigt sein; **je suis déjà ~(e) ce soir** ich habe heute Abend schon etwas vor; **en ce moment je suis très ~(e)** im Moment bin ich sehr beansprucht; **avoir les mains ~es** die Hände voll [*o* keine Hand frei] haben
❷ MED **avoir la voix ~e** heiser sein; **qn a le nez ~** jd ist verschnupft, jds Nase ist verstopft; **qn a la gorge ~e** jd hat ein Kratzen im Hals, jdn/jdm kratzt es im Hals
❸ (*durci*) **être ~(e)** *enduit, ciment, mayonnaise:* fest [geworden] sein; *flaque d'eau:* zugefroren sein
❹ (*en proie à*) **être ~(e) de peur/de panique** von Furcht gepackt/von Panik erfasst sein/werden; **~ de remords, il alla ...** voller Gewissensbisse [*o* von Gewissensbissen geplagt] ging er ...; **être ~(e) d'envie de faire qc** [plötzlich] das Verlangen haben etw zu tun; **être ~(e) de vin** [vom Wein] berauscht sein
prise [pʀiz] *f* ❶ (*action de prendre avec les mains*) Griff *m;* **~ de judo** Judogriff; **maintiens bien la ~!** halt dich gut fest!
❷ (*poignée, objet que l'on peut empoigner*) Halt *m,* Festhaltemöglichkeit *f;* **je n'ai pas de ~ pour tenir cette malle** ich kann diesen Koffer nirgends festhalten; **l'alpiniste cherche une ~** der Bergsteiger sucht nach einem Halt; **lâcher ~** loslassen; *fig* nachgeben
❸ (*action de conquérir, gagner*) *d'une forteresse, ville* Einnahme *f; d'un pion, de la dame* Schlagen *nt; d'une carte* Stechen *nt;* **la ~ de la Bastille** der Sturm auf die Bastille
❹ (*action de durcir*) *du ciment, de l'enduit* Abbinden *nt; de la mayonnaise* Binden *nt;* **ciment à ~ rapide** schnell [ab]bindender Zement
❺ MED (*action d'ingérer*) Einnahme *f;* (*quantité de médicament*) Einnahmedosis *f*
❻ PECHE (*animal capturé*) Fang *m;* CHASSE Beute *f*
❼ ELEC **~ femelle** Steckdose *f;* **~ mâle** Stecker *m;* **~ multiple** Mehrfachsteckdose; **~ péritel®** Scartkabelstecker
❽ CINE Aufnahme *f*
❾ (*pincée*) *de tabac, de drogue* Prise *f*
▸ **être en ~ directe avec la réalité** einen direkten Bezug zur Realität haben, in direktem Bezug zur Realität stehen; **ne pas avoir ~ sur qn/qc** keinen Einfluss auf jdn/etw haben; **les remontrances n'ont pas de ~ sur lui** die Vorhaltungen haben keinerlei Wirkung auf ihn; **être aux ~s avec des problèmes** sich mit Problemen auseinandersetzen [müssen]
◆ **~ à ferme** Pachtung *f;* **~ à partie** Angriff *m;* JUR Amtshaftungsklage *f;* **~ d'air** Lufteinlass *m,* Luftzufuhr *f;* **~ d'armes** Militärparade *f;* **~ de bec** *fam* Wortwechsel *m;* **avoir une ~ de bec avec qn** mit jdm aneinander geraten; **~ de conscience** Bewusstwerden *nt;* **il faut qu'il y ait une ~ de conscience de ce problème** man muss sich dieses Problems bewusst werden, es ist notwendig dieses Problem zu erkennen; **~ de contact** Kontaktaufnahme *f;* **~ de courant** Steckdose *f;* **~ d'eau** Wasseranschluss *m;* (*dans la rue*) Hydrant *m;* **~ de fonction** Amtsantritt *m;* **~ de guerre** Kriegsbeute *f;* **~ d'otages** Geiselnahme *f;* **~ de parole** Ergreifen *nt* des Wortes; **refuser la ~ de parole à qn** jdm das Wort verweigern; **attendre la ~ de parole de qn** darauf warten, dass jd das Wort ergreift; **~ de participation** FIN Beteiligung *f;* **~ de position** Stellungnahme *f;* **~ de risques** Risikoübernahme *f;* **~ de sang** (*prélèvement*) (*dans un laboratoire*) Blutabnahme *f;* (*par la police*) Blutentnahme *f,* Blutprobe *f;* **se faire faire une ~ de sang** sich (*Dat*) Blut abnehmen lassen; **~ de son** Tonaufnahme *f;* **~ de terre** Erdung *f;* **~ de vues** Aufnahme *f;* **~ en charge** Übernahme *f;* **taxe de ~ en charge** Grundgebühr *f* [für eine Taxifahrt]; **~ en charge des frais** Kostenübernahme *f;* **~ en charge des soins médicaux** Kostenübernahme für die Behandlung *f;* **~ en compte** Berücksichtigung *f;* **~ en considération** Berücksichtigung *f,* Erwägung *f*
priser¹ [pʀize] <1> *vt littér* (*apprécier*) schätzen; **être très prisé(e)** hoch im Kurs stehen
priser² [pʀize] <1> *vt* (*aspirer*) schnupfen *tabac;* schnupfen, sniffen *sl cocaïne*
prismatique [pʀismatik] *adj* prismatisch; **couleurs ~s** Spektralfarben *Pl*
prisme [pʀism] *m* Prisma *nt*
prison [pʀizɔ̃] *f* ❶ (*lieu de détention*) Gefängnis *nt*
❷ (*emprisonnement*) Haft[strafe] *f;* **~ ferme** Gefängnis[strafe *f*] *nt* ohne Bewährung; **faire de la ~** im Gefängnis sein
▸ **une ~ dorée** ein goldener Käfig
prisonnier, -ière [pʀizɔnje, -jɛʀ] **I.** *adj* (*en détention*) **être ~(-ière)** eingesperrt sein, im Gefängnis sein; *soldat:* in Gefangenschaft sein
II. *m, f* Häftling *m,* Gefangene(r) *f(m);* **~(-ière) politique** politische(r) Gefangene(r) *f(m);* **se constituer ~(-ière)** sich der Polizei stellen; **faire ~(-ière)** gefangen nehmen
◆ **~(-ière) de guerre** Kriegsgefangene(r) *f(m)*
privatif, -ive [pʀivatif, -iv] *adj* ❶ JUR ausschließend; **jardin ~** Garten *m* [nur] zur Privatnutzung; **jouissance privative** alleiniger Nießnutz
❷ LING *particule, préfixe* privativ
privation [pʀivasjɔ̃] *f* ❶ *soutenu* (*suppression*) Verlust *m; de la liberté* Entzug *m; des droits civiques* Aberkennung *f;* (*par la force*) Beraubung *f*
❷ *pl* (*sacrifice*) Entbehrungen *Pl;* **vie de ~s** entbehrungsreiches Leben
privatisation [pʀivatizasjɔ̃] *f* Privatisierung *f*
privatiser [pʀivatize] <1> *vt* privatisieren
privauté [pʀivote] *f* ❶ (*familiarité malséante*) Dreistigkeit *f;* **prendre la ~ de faire qc** sich (*Dat*) die Freiheit nehmen etw zu tun; **trouver qn d'une grande ~** jdn ziemlich dreist finden (*fam*)
❷ *pl* (*gestes*) Freiheiten *Pl;* (*paroles*) Vertraulichkeiten *Pl*
privé [pʀive] *m* ❶ (*vie privée*) Privatleben *nt;* **dans le ~** privat; **en ~** *déclarations, conversation* privat; **confier qc à qn en ~** unter vier Augen jdm etw anvertrauen

❷ IND (*secteur privé*) Privatwirtschaft *f,* privatwirtschaftlicher Sektor
❸ *fam* (*détective*) Privatdetektiv *m*
privé(e) [pʀive] *adj* (*opp: public*) privat; *secteur, investissement* privatwirtschaftlich; **école ~e** Privatschule *f;* **enseignement ~** Privatschulwesen *nt;* **secteur ~** Privatwirtschaft *f;* **il est ici à titre ~** er ist privat [*o* als Privatperson] hier
privée [pʀive] *f fam* (*détective*) Privatdetektivin *f*
priver [pʀive] <1> **I.** *vt* ❶ (*refuser à*) jdm etw entziehen; **menacer de ~ un enfant de dessert** einem Kind drohen, dass es keinen Nachtisch bekommt; **~ qn de ses droits civiques** jdm seine Staatsbürgerrechte aberkennen; **~ qn de liberté** jdn seiner Freiheit (*Gen*) berauben
❷ (*faire perdre à*) **qc prive qn/qc de qc** etw nimmt jdm/einer S. etw, durch etw verliert jd/eine S. etw; **~ qn de tous ses moyens** jdn handlungsunfähig machen; **l'hémiplégie le prive de l'usage de son bras** durch die halbseitige Lähmung kann er seinen Arm nicht mehr gebrauchen; **qn/qc est privé(e) de qc** jdm/einer S. fehlt etw; **être privé(e) de sommeil** um seinen Schlaf gebracht werden; **être privé(e) d'électricité** keinen Strom mehr haben
❸ (*frustrer*) **~ qn de qc** jdm etw nehmen, jdn um etw bringen; **il doit faire un régime, ça le prive beaucoup** er muss Diät halten, das bedeutet ein großes Opfer für ihn; **je ne veux pas vous ~** ich möchte Ihnen nichts vorenthalten
II. *vpr* ❶ (*se restreindre*) **se ~ pour qn** sich für jdn einschränken
❷ (*renoncer*) **se ~ de cigarettes/dessert** auf Zigaretten/den Nachtisch verzichten; **se ~ de fumer** darauf verzichten zu rauchen; **ne t'en prive pas!** lass dir ja nichts entgehen! (*fam*)
▸ **ne <u>pas</u> se ~ de faire qc** es sich (*Dat*) nicht nehmen lassen etw zu tun, sich nicht darum bringen lassen etw zu tun; **il ne s'est pas privé de critiquer l'orateur** er hat es sich nicht entgehen lassen den Redner zu kritisieren
privilège [pʀivilɛʒ] *m* ❶ (*avantage*) *de fortune, naissance* Privileg *nt; de beauté* Vorzug *m*
❷ HIST, FISC, JUR Privileg *nt,* Vorrecht *nt,* Sonderrecht; **jouir de ~s** Sonderrechte genießen; **les ~s des nobles** [*o* **de la noblesse**] die Adelsprivilegien
❸ (*honneur*) *d'une visite, rencontre, d'un entretien* Ehre *f;* **avoir le ~ de faire qc** die Ehre haben etw zu tun
privilégié(e) [pʀivileʒje] **I.** *adj* ❶ (*avantagé*) *personne, ordres, lieu* privilegiert, begünstigt; *climat, situation* [besonders] günstig; *relations* besonders gut
❷ FIN **action ~e** Vorzugsaktie *f*
II. *m(f)* Privilegierte(r) *f(m);* JUR Bevorrechtigte(r) *f(m)*
privilégier [pʀivileʒje] <1a> *vt* privilegieren, begünstigen *personne;* **~ un de ses enfants** eines seiner Kinder bevorzugen; **~ qc** einer S. (*Dat*) den Vorzug geben
prix [pʀi] *m* ❶ *a.* ECON (*coût*) Preis *m;* **~ coûtant** Selbstkostenpreis, Einkaufsselbstkosten *Pl;* **dernier ~** äußerster Preis; **~ fixe** Festpreis; **~ garanti** Mindestpreis; **~ imposé** vorgeschriebener Preis; **~ marqué** angegebener [*o* ausgeschriebener] Preis; **~ unique** Einheitspreis; **~ d'ami** Freundschaftspreis; **~ du pain** Brotpreis; **à ~ d'or** für teures Geld; **à bas/vil/moitié ~** billig/spottbillig/zum halben Preis; **à ~ écrasés/sacrifiés** zu Niedrig-/Schleuderpreisen (*fam*); **hors de ~** unerschwinglich; **casser** [*o* **écraser**] **les ~** die Preise drücken; **qc est dans mes/ses ~** etw kann ich mir/kann er/sie sich leisten; **faire un ~ à qn** jdm einen guten Preis machen; **vendre au ~ fort** sehr teuer verkaufen; **ton/votre ~ sera le mien!** nenn mir deinen/nennen Sie mir Ihren Preis!
❷ (*contrepartie*) **le ~ de la gloire/du succès** der Preis für den Ruhm/den Erfolg; **au ~ de sa carrière** auf Kosten der Karriere; **à aucun/tout ~** um keinen/jeden Preis; **à quel ~!** um welchen Preis!
❸ (*valeur*) **de ~** wertvoll, von großem Wert; **ne pas avoir de ~** von unschätzbarem Wert sein, nicht mit Gold zu bezahlen sein; **attacher du ~ à qc** einer S. (*Dat*) großen Wert beimessen
❹ (*distinction*) Preis *m,* Auszeichnung *f;* **~ de beauté** Schönheitspreis; **le premier ~ d'anglais** der erste Preis in Englisch
❺ (*lauréat*) Preisträger(in) *m(f);* **~ Goncourt** Preisträger(in) *m(f)* des Prix Goncourt; **~ Nobel** Nobelpreisträger(in); **être un ~ Nobel de médecine** den Nobelpreis für Medizin bekommen haben
❻ SPORT Preis *m;* **Grand Prix** [**automobile**] Großer Preis, Grand Prix *m*
▸ **c'est le <u>même</u> ~** *fam* das kommt auf eins heraus (*fam*); **qn <u>paie</u> le ~ fort** jd muss das teuer bezahlen, das kommt jdn teuer zu stehen; **<u>mettre</u> la tête de qn à ~** einen Preis auf jds Kopf aussetzen; **y <u>mettre</u> le ~** einiges dafür tun, weder Kosten noch Mühen scheuen
◆ **~ au comptant** Barzahlungspreis *m;* **~ à la production** Herstellungspreis *m;* AGR Erzeugerpreis *m;* **~ d'achat** Kaufpreis *m,* Einkaufspreis, Einstandspreis; **~ de consolation** Trostpreis *m;* **~ de départ** (*aux enchères*) Mindestgebot *nt;* **~ d'excellence** *Auszeichnung für den Klassenbesten;* **~ de gros** Großhandelspreis *m;* **~ d'honneur** *Auszeichnung für den zweitbesten Schüler;* **~ d'interprétation** Preis *m* für die beste schauspielerische Leistung; **~ de revient** Selbstkostenpreis *m;* **~ d'usine** Fabrikpreis *m;* **~ de vente** Verkaufspreis *m*

i Land & Leute

Jedes Jahr werden im Herbst verschiedene **prix littéraires** vergeben. Der berühmteste und begehrteste ist der *Prix Goncourt.* Weitere wichtige Literaturpreise sind der *Prix Interallié,* und der *Prix Fémina,* der von Schriftstellerinnen vergeben wird.

pro [pʀo] *mf fam abr de* **professionnel** Profi *m* (*fam*)
pro-arabe [pʀoaʀab] *m Sympathisant(in) der arabischen Minderheit in Frankreich*
probabilité [pʀɔbabilite] *f* Wahrscheinlichkeit *f;* **calcul des ~s** Wahrscheinlichkeitsrechnung *f;* **taux de ~** Wahrscheinlichkeit[sgrad *m*] *f;* **selon toute ~** aller Wahrscheinlichkeit nach, höchstwahrscheinlich
probable [pʀɔbabl] *adj* **il est ~ qu'il gagnera** wahrscheinlich wird er gewinnen
probablement [pʀɔbabləmɑ̃] *adv* wahrscheinlich; **~ qu'il dira oui** wahrscheinlich wird er ja sagen
probant(e) [pʀɔbɑ̃, ɑ̃t] *adj argument, explication, raison* überzeugend; *document, témoignage* beweiskräftig; **pièce ~e** Beweisstück *nt*
probation [pʀɔbasjɔ̃] *f* ❶ JUR Bewährung *f*
❷ REL Noviziat *nt*
probatoire [pʀɔbatwaʀ] *adj* **période ~** Probezeit *f;* **test ~** Einstufungstest *m;* **stage ~** Probezeit *f*
probe [pʀɔb] *adj littér employé, fonctionnaire* rechtschaffen, redlich; *conscience* rein
probité [pʀɔbite] *f d'un employé, fonctionnaire, serviteur* Rechtschaffenheit *f,* Redlichkeit *f; du langage, de la pensée* Aufrichtigkeit *f*
problématique [pʀɔblematik] **I.** *adj* ❶ (*qui pose problème*) problematisch
❷ (*hypothétique*) *succès, victoire* ungewiss, fragwürdig
II. *f* Problemstellung *f;* **définir une ~** die Problematik umreißen
problème [pʀɔblɛm] *m* ❶ (*difficulté*) Problem *nt;* **enfant à ~s** *fam* Problemkind *nt;* **peau à ~s** *fam* sehr empfindliche Haut; **avoir des ~s** Probleme haben; **poser un ~/des ~s à qn** für jdn ein Problem darstellen, problematisch für jdn sein; **y a pas de ~!** *fam* das ist kein Problem!
❷ (*question à résoudre*) Problem *nt; moral, philosophique, histo-*

P

rique Problem, Frage *f;* PHILOS Problem, Problematik *f;* **faux ~** Scheinproblem; **les ~s de circulation/stationnement** die Verkehrs-/Parkprobleme; **~ du logement/chômage** Wohnungs-/Arbeitslosenfrage; **c'est mon/ton ~!** *fam* das ist mein/dein Problem!
❸ SCOL Textaufgabe *f;* **~ de géométrie/de physique** Geometrie-/Physikaufgabe *f;* **résoudre un ~** die Lösung einer Aufgabe finden

procédé [pʀɔsede] *m* ❶ *(méthode)* Verfahren *nt,* Methode *f*
❷ *souvent pl (façon d'agir)* Verhalten *nt;* **user de bons/mauvais ~s à l'égard de qn** sich jdm gegenüber freundlich [*o* korrekt]/unfreundlich verhalten
❸ *péj (recette stéréotypée)* Methode *f;* **avoir recours à des ~s malhonnêtes** zu unredlichen Methoden greifen
❹ JEUX Queuespitze *f*
◆ **~ de fabrication** Fabrikationsverfahren *nt,* Herstellungsverfahren

procéder [pʀɔsede] <5> *vi* ❶ *(agir)* vorgehen, verfahren; **~ par ordre** der Reihe nach vorgehen
❷ *(opérer)* **~ à une étude/expérience** eine Studie/einen Versuch vornehmen [*o* durchführen]; **~ au dépouillement** mit der Auswertung beginnen; **~ à une élection** zu einer Wahl schreiten; **~ au vote** zur Abstimmung kommen; **on vient de ~ à l'élection du nouveau président** gerade wurde der neue Präsident gewählt; **faire ~ à une enquête** eine Untersuchung veranlassen
❸ *littér (découler de)* **~ de qc** von etw kommen; *philosophie, théorie:* seinen Ursprung in etw *(Dat)* haben; **le Saint-Esprit procède du Père et du Fils** der Heilige Geist geht aus dem Vater und dem Sohn hervor

procédure [pʀɔsedyʀ] *f* ❶ *a.* JUR *(marche à suivre)* Verfahren *nt;* **quelle est la ~ à suivre?** wie muss man vorgehen [*o* verfahren]?; **~ de conclusion d'un contrat** Vertragsschließungsverfahren
❷ *(ensemble des directives)* Maßregeln *Pl;* JUR *(ensemble des règles juridiques)* Prozessordnung *f,* Prozessrecht *nt;* **~s d'urgence** Verhaltensmaßregeln für den Notfall; **code de ~ pénale** ≈ Strafprozessordnung
❸ JUR *(action en justice)* [Gerichts]verfahren *nt;* **~ accélérée** Eilverfahren; **~ civile** Zivilverfahren; **~ pénale** Strafverfahren; **~ relative à une mesure provisoire** Zwischenverfahren
◆ **~ de contrôle** Prüfungsverfahren *nt;* **~ de licenciement** Entlassungsverfahren *nt*

procédurier, -ière [pʀɔsedyʀje, -jɛʀ] *adj personne* pedantisch, kleinlich; *formalités* haarspalterisch

procès [pʀɔsɛ] *m* ❶ JUR Prozess *m;* **être en ~ avec qn** gegen jdn prozessieren; **faire** [*o* **intenter**] **un ~ à qn** einen Prozess gegen jdn anstrengen
❷ *vieilli fam (contravention)* Strafzettel *m (fam)*
▶ **faire le ~ de qn/qc** jdn/etw scharf kritisieren, mit jdm hart ins Gericht gehen
◆ **~ d'intention** Unterstellung *f;* **faire un ~ d'intention à qn** jdm üble Absichten unterstellen; **~ en diffamation** Verleumdungsprozess *m*

processeur [pʀɔsesœʀ] *m* Prozessor *m*

procession [pʀɔsesjɔ̃] *f* ❶ REL Prozession *f*
❷ *(défilé)* [langer] Zug, [lange] Schlange; **en ~** in einem langen Zug, in geschlossener Reihe

processus [pʀɔsesys] *m* ❶ *(évolution)* Prozess *m;* MED [Krankheits]verlauf *m; inflammatoire, morbide, pathologique* Verlauf, Entwicklung *f; biologique, physiologique* Prozess, Vorgang *m*
❷ TECH *(ensemble d'opérations)* Ablauf *m*
◆ **~ de fabrication** Fertigungsablauf *m*

procès-verbal [pʀɔsɛvɛʀbal, o] <procès-verbaux> *m* ❶ *(contravention)* Strafmandat *nt;* **dresser un ~ à qn** jdm eine gebührenpflichtige Verwarnung geben, jdm ein Strafmandat erteilen
❷ *(compte rendu) d'une réunion, séance* Protokoll *nt*
❸ JUR *(constat)* Protokoll *nt,* Niederschrift *f*
◆ **~ de perquisition** Durchsuchungsprotokoll *nt*

prochain [pʀɔʃɛ̃] *m* ❶ *(être humain)* Nächste(r) *m*
❷ *(personne suivante)* der Nächste
❸ *(bus, train, bateau)* der/die/das Nächste; **j'ai raté le bus, je prendrai le ~** ich habe den Bus verpasst, ich nehme den nächsten

prochain(e) [pʀɔʃɛ̃, ɛn] *adj* ❶ *antéposé (suivant) carrefour, rue, village* nächste(r, s); *postposé an, mois, semaine* nächste(r, s); **la ~e fois** nächstes Mal, das nächste Mal; **le 15 août ~** am 15. August [dieses Jahres]; **à la ~e occasion** bei der nächsten [*o* bei nächster] Gelegenheit
❷ *postposé (proche) arrivée, départ* baldig; *mort* nahe [bevorstehend]; *avenir* nahe

prochaine [pʀɔʃɛn] *f* ❶ *fam (station)* die nächste Haltestelle [*o* Station]; **descendez-vous à la ~?** steigen Sie an der nächsten Haltestelle aus?
❷ *fam (fois)* **à la ~!** bis zum nächsten Mal!, bis dann! *(fam)*
❸ *(personne suivante)* die Nächste
❹ *(bus, train, bateau)* der/die/das Nächste

prochainement [pʀɔʃɛnmɑ̃] *adv* demnächst; **très ~** in Kürze

proche [pʀɔʃ] **I.** *adj* ❶ *lieu* nah[e]; **un restaurant tout ~** ein Restaurant ganz in der Nähe; **la ville la plus ~** die nächste Stadt; **être ~ de qc** nah[e] an etw *(Dat)* sein; **~s l'un(e) de l'autre** nah[e] beieinander; **deux villes toutes ~s** zwei Städte, die nah[e] beieinander liegen
❷ *antéposé (d'à côté) voisin* nächste(r, s), unmittelbar
❸ *(imminent) avenir, dénouement, mort* nah[e]; *départ* nah[e] bevorstehend; **être ~** *départ:* kurz bevorstehen; **dans un très ~ avenir** in allernächster Zukunft
❹ *(récent) événement* nah[e]; *souvenir* lebendig; **être ~ de notre époque/de nous** nicht weit [*o* lange] zurückliegen
❺ *antéposé (de parenté étroite) cousin, parent* nah[e]; **être ~ de qn** *(par la pensée)* jdm nah[e] sein
❻ *(voisin) sens* verwandt; **être ~ de qc** *langue, prévision, attitude:* einer S. *(Dat)* ähnlich sein
▶ **de ~ en ~** nach und nach
II. *mf* ❶ *(ami intime)* Vertraute(r) *f(m);* **les ~s d'elle** die ihr Nahestehenden
❷ *pl (parents)* **les ~s de qn** jds Angehörige *Pl,* jds nächste Verwandte *Pl*

Proche-Orient [pʀɔʃɔʀjɑ̃] *m* **le ~** der Nahe Osten

proclamation [pʀɔklamasjɔ̃] *f* ❶ *(annonce publique)* Bekanntgabe *f,* Verkündigung *f; de la république* Ausrufung *f*
❷ *(manifeste)* Erklärung *f,* Aufruf *m*

proclamer [pʀɔklame] <1> **I.** *vt* ❶ *(affirmer)* verkünden *conviction, vérité;* beteuern *innocence*
❷ *(annoncer publiquement)* proklamieren; ausrufen, verkünden *état de siège;* ausrufen *république;* öffentlich bekannt geben, verkünden *résultats, verdict*
❸ *(désigner comme)* **~ qn empereur/roi** jdn zum Kaiser/König ausrufen
II. *vpr (se déclarer)* **se ~ indépendant(e)** sich für unabhängig erklären; **se ~ république autonome** sich zur freien Republik erklären

proconsul [pʀokɔ̃syl] *m* Prokonsul *m*

procréateur, -trice [pʀɔkʀeatœʀ, -tʀis] *adj littér* **puissance procréatrice** Zeugungskraft *f*

procréateurs [pʀɔkʀeatœʀ] *mpl hum* Erzeuger *Pl (hum)*

procréation [pʀɔkʀeasjɔ̃] *f littér* Zeugung *f;* **~ artificielle** künstliche Befruchtung

procréer [pʀɔkʀee] <1> *vt littér* zeugen

procurateur [pʀɔkyʀatœʀ] *m* HIST Prokurator *m*

procuration [pʀɔkyʀasjɔ̃] *f* Vollmacht *f;* COM Prokura *f*

procurer [pʀɔkyʀe] <1> **I.** *vt* ❶ *(faire obtenir)* **~ qc à qn** jdm etw verschaffen, jdm zu etw verhelfen
❷ *(apporter)* bereiten *joie, ennuis*
II. *vpr (obtenir)* **se ~ un travail** sich *(Dat)* [eine] Arbeit ver-

schaffen; **se ~ une marchandise** sich (*Dat*) eine Ware beschaffen

procureur, procuratrice [pʀɔkyʀœʀ, pʀɔkyʀatʀis] *m* JUR Staatsanwalt *m*/-anwältin *f;* ~ **général/procuratrice générale** Generalstaatsanwalt/-anwältin

◆ **Procureur/Procuratrice de la République** Oberstaatsanwalt *m*/-anwältin *f*

prodigalité [pʀɔdigalite] *f* ❶ (*caractère dépensier*) Verschwendungssucht *f*

❷ *pl* (*dépenses excessives*) Verschwendung *f*

❸ *littér* (*profusion*) *de détails, d'images* verschwenderische Fülle

prodige [pʀɔdiʒ] *m* ❶ (*miracle*) Wunder *nt*

❷ (*merveille*) Wunder[werk *nt*] *nt;* **faire des ~s** Wunder vollbringen

❸ (*personne très douée*) Genie *nt;* **enfant ~** Wunderkind *nt*

▸ **tenir du ~** an ein Wunder grenzen

prodigieusement [pʀɔdiʒjøzmɑ̃] *adv beau, difficile* ungemein; *doué, intéressant* sehr; *agacer, s'ennuyer* über alle Maßen

prodigieux, -euse [pʀɔdiʒjø, -jøz] *adj bêtise, effort, force* ungeheuer; *personne* wunderbar

prodigue [pʀɔdig] *adj* ❶ (*dépensier*) verschwenderisch

❷ (*généreux*) **être ~ de compliments** nicht mit Komplimenten geizen; **ne pas être ~ de paroles** wortkarg sein

❸ *postposé* (*qui a quitté sa famille*) *mari, père* treulos; *enfant, fils* verloren

prodiguer [pʀɔdige] <1> **I.** *vt* ❶ (*distribuer généreusement*) großzügig austeilen *biens;* ~ **le temps/l'énergie** nicht mit der Zeit/Energie geizen; ~ **des conseils/paroles à qn** jdn mit Ratschlägen/mit einem Redeschwall überschütten; ~ **des compliments à qn** jdn mit Komplimenten überhäufen; ~ **son temps à qn/qc** jdm/einer S. viel Zeit widmen; ~ **des soins à qn** jdn versorgen

❷ (*gaspiller*) ~ **qc à qn** etw an jdn verschwenden

II. *vpr* **se ~** sich verausgaben

pro domo [pʀodomo] in eigener Sache, pro domo

producteur, -trice [pʀɔdyktœʀ, -tʀis] **I.** *adj* COM erzeugend, produzierend; ~(**-trice**) **de blé** Getreide anbauend; ~(**-trice**) **de gaz naturel/charbon** Erdgas/Kohle fördernd; **les pays ~s de pétrole** die Erdöl produzierenden Länder; **pays ~s** Erzeuger-/Anbau-/Förderländer *Pl*

II. *m, f* ❶ AGR Erzeuger(in) *m(f)*

❷ (*fabricant*) Hersteller(in) *m(f),* Produzent(in) *m(f)*

❸ CINE, RADIO, TV Produzent(in) *m(f)*

productible [pʀɔdyktibl] *adj* COM herstellbar; *courant* erzeugbar

productif, -ive [pʀɔdyktif, -iv] **I.** *adj* produktiv; *sol* ertragreich; *capital, investissement* Gewinn bringend

II. *mpl* produktive Kräfte *Pl*

production [pʀɔdyksjɔ̃] *f* ❶ (*fait de produire*) Produktion *f*

❷ (*fabrication*) *de produits manufacturés* Herstellung *f,* Produktion *f;* ~ **énergétique** Energieerzeugung *f;* ~ **d'électricité** Stromerzeugung; ~ **de voitures** Autoproduktion

❸ (*exploitation*) ~ **de blé/fruits** Weizen-/Obstanbau *m;* ~ **de viande** Fleischproduktion *f*

❹ (*quantité produite*) Produktionsmenge *f; d'énergie* erzeugte Menge; *de pétrole* Fördermenge *f;* AGR Ertrag *m,* Erzeugnisse *Pl*

❺ MED (*apparition*) *d'une tumeur, de pus, de gaz* Bildung *f;* CHIM, PHYS *d'un phénomène* Hervorrufen *nt; d'un son, d'une onde* Erzeugung *f*

❻ CINE, RADIO, TV Produktion *f;* LITTER Schaffen *nt*

productique [pʀɔdyktik] *f* [computergestützte] Industrieautomation

productiviste [pʀɔdyktivist] *adj* gewinnorientiert

productivité [pʀɔdyktivite] *f* ❶ *d'une usine, d'un employé, ouvrier* Produktivität *f,* Produktionskraft *f*

❷ (*rentabilité*) *d'un service, impôt* Rentabilität *f,* Einträglichkeit *f*

produire [pʀɔdɥiʀ] <*irr*> **I.** *vt* ❶ IND produzieren *matières premières;* herstellen *voitures, produits manufacturés;* erzeugen *électricité*

❷ (*planter, faire croître*) *cultivateur:* erzeugen; *pays, région, terre:* hervorbringen; *arbre:* tragen

❸ (*provoquer*) hervorbringen *son;* ~ **une impression sur qn/qc** *changement, événement:* auf jdn/etw einen Eindruck machen; *méthode, procédé:* bei jdm/etw zu einem Eindruck führen; ~ **une sensation sur qn** bei jdm ein Gefühl hervorrufen

❹ (*retenir l'attention, marquer*) ~ **de l'effet sur qn** bei jdm eine Wirkung erzielen; ~ **une impression sur qn** auf jdn Eindruck machen

❺ (*former*) hervorbringen *écrivain, homme célèbre*

❻ (*créer*) produzieren *film, émission;* verfassen *roman, poèmes*

❼ (*présenter*) beibringen *témoin;* erbringen *preuve;* vorlegen *carte d'identité, document;* vorweisen *titre, passeport*

❽ COM, FIN (*rapporter*) einbringen; bringen *intérêts;* **faire ~ son argent/capital** sein Geld/Kapital arbeiten lassen

II. *vi* FIN Gewinn bringen [*o* abwerfen]

III. *vpr* **se ~** ❶ (*survenir*) sich ereignen; *changement, silence:* eintreten

❷ (*se montrer*) (*en public*) sich sehen lassen; (*sur la scène*) auftreten

produit [pʀɔdɥi] *m* ❶ (*article, marchandise*) Produkt *nt,* Erzeugnis *nt;* CHIM, PHARM Mittel *nt,* Produkt; ~ **alimentaire** Nahrungsmittel; ~ **brut** Rohstoff *m;* ~ **générique** No-Name-Produkt (*Fachspr.*); ~ **haut de gamme** hochwertiges Produkt; ~ **manufacturé** Fertigerzeugnis

❷ (*rapport, bénéfice*) *d'une terre* Ertrag *m; d'une collecte* Erlös *m;* ~ **brut** Bruttoertrag

❸ (*résultat*) Produkt *nt*

❹ MATH Produkt *nt*

◆ ~ **de beauté** Schönheitsmittel *nt;* ~ **de consommation** Gebrauchsartikel *m;* ~ **d'entretien** Reinigungsmittel *nt,* Putzmittel; ~ **de l'impôt** Steueraufkommen *nt,* Steuereinnahmen *Pl;* ~ **de la journée** Tageseinnahme *f;* ~ **de marque** Markenartikel *m;* ~ **de première nécessité** Grundnahrungsmittel *nt*

proéminence [pʀɔeminɑ̃s] *f littér* ❶ (*saillie*) Vorsprung *m*

❷ (*fait de ressortir*) Vortreten *nt,* Vorspringen *nt*

proéminent(e) [pʀɔeminɑ̃, ɑ̃t] *adj front, menton, nez* vorspringend

pro-européen(ne) [pʀoøʀɔpeɛ̃, ɛn] *m(f)* Europabefürworter(in) *m(f)*

prof [pʀɔf] *mf fam abr de* **professeur** SCOL Lehrer(in) *m(f);* UNIV Prof *m* (*fam*)

profanateur, -trice [pʀɔfanatœʀ, -tʀis] **I.** *adj littér* schändlich, ruchlos (*geh*)

II. *m, f soutenu* ~(**-trice**) **d'églises** Kirchenschänder(in) *m(f)*

profanation [pʀɔfanasjɔ̃] *f* Schändung *f,* Entweihung *f*

profane [pʀɔfan] **I.** *adj* ❶ (*ignorant*) *auditoire, public* laienhaft; **je suis ~ en la matière** auf dem Gebiet bin ich [ein] Laie

❷ (*opp: religieux*) *fête, musique* weltlich, profan; *monde* außerkirchlich

II. *mf* (*non initié*) Laie *m,* Nichteingeweihte(r) *f(m)*

III. *m* REL **le ~** das Weltliche, das Profane

profaner [pʀɔfane] <1> *vt* ❶ schänden, entweihen

❷ *littér* entweihen *institution;* entehren *nom, souvenir*

proférer [pʀɔfeʀe] <5> *vt* laut werden lassen *paroles;* ausstoßen *injures, menaces;* **être proféré(e) par qn** von jdm geäußert werden

professer [pʀɔfese] <1> *vt littér* bekunden; vertreten *théorie;* ~ **que qc est exact** öffentlich erklären, dass etw zutrifft

professeur [pʀɔfesœʀ] *m* ❶ SCOL Lehrer(in) *m(f);* ~ **d'allemand/de piano** Deutsch-/Klavierlehrer(in); ~ **de sciences naturelles** Lehrer(in) für Naturwissenschaften

❷ UNIV (*avec chaire*) Professor(in) *m(f);* (*sans chaire*) Dozent(in) *m(f);* ~ **de droit/médecine** Professor(in) für Recht/Medizin

◆ ~ **de lycée** Gymnasiallehrer(in) *m(f);* ~ **d'enseignement**

général de collège *Lehrer für die Sekundarstufe 1,* ≈ Realschullehrer(in) *m(f);* ~ **des écoles** Grundschullehrer(in) *m(f)*
profession [pʀɔfesjɔ̃] *f* ❶ Beruf *m;* **la ~ de menuisier/journaliste/médecin/d'avocat** der Beruf des Schreiners/Journalisten/Arztes/[Rechts]anwalts; **exercer la ~ de qc** von Beruf etw sein
❷ (*corps de métier*) Berufsstand *m*
▶ **faire ~ de qc/de faire qc** sich [öffentlich] zu etw bekennen/sich dazu bekennen etw zu tun
◆ ~ **de foi** Glaubensbekenntnis *nt*
professionnalisme [pʀɔfesjɔnalism] *m* ❶ (*opp: amateurisme*) Professionalismus *m*
❷ (*compétence*) Professionalität *f*
professionnel [pʀɔfesjɔnɛl] *m* ❶ (*homme de métier*) Fachmann *m;* ~ **du tourisme** Tourismusfachmann; ~ **du crime/de la pêche à la ligne** *fig* ausgemachter Verbrecher/leidenschaftlicher Angler
❷ (*personne compétente*) Sachkundige(r) *m,* Profi *m* (*fam*)
❸ SPORT **passer ~** *fam* ins Profilager überwechseln
professionnel(le) [pʀɔfesjɔnɛl] *adj* ❶ (*relatif à un métier*) *conscience, qualification, connaissance* beruflich; *cours, enseignement* berufsbezogen; **vie ~le** Berufsleben *nt;* **frais ~s** Werbungskosten *Pl;* **faute ~le** Fehler *m* bei der Ausübung des Berufes; *d'un médecin* Kunstfehler *m;* **lycée ~** ≈ Fachoberschule *f*
❷ (*opp: amateur*) *écrivain, journaliste* berufsmäßig; *fig pêcheur* begeistert; *menteur* ausgemacht; **sport ~** Profisport *m*
❸ (*compétent*) fachkundig, sachverständig
professionnelle [pʀɔfesjɔnɛl] *f* ❶ (*femme de métier*) Fachfrau *f;* ~ **du tourisme** Tourismusfachfrau; ~ **du crime/de la pêche à la ligne** *fig* ausgemachte Verbrecherin/leidenschaftliche Anglerin
❷ (*personne compétente*) Sachkundige *f,* Profi *m* (*fam*)
❸ SPORT **passer ~** *fam* ins Profilager überwechseln
❹ *fam* (*prostituée*) Prostituierte *f*
professionnellement [pʀɔfesjɔnɛlmɑ̃] *adv* beruflich
professoral(e) [pʀɔfesɔʀal, o] <-aux> *adj* ❶ **corps ~** Lehrkörper *m*
❷ *péj* (*doctoral*) *attitude, ton* schulmeisterlich
professorat [pʀɔfesɔʀa] *m* Lehramt *nt;* ~ **de mathématiques** Lehramt für Mathematik
profil [pʀɔfil] *m* ❶ Profil *nt;* **de ~** im Profil
❷ (*silhouette*) *d'une personne* Silhouette *f; d'un édifice* Umriss *m,* Konturen *Pl*
❸ (*coupe perpendiculaire*) *d'un bâtiment, d'une moulure, route* Profil *nt;* ~ **longitudinal/transversal** Längs-/Querschnitt *m*
❹ (*aptitudes*) *de l'homme d'affaires* Profil *nt;* **avoir le ~ d'un diplomate** das richtige Profil für einen Diplomaten haben
❺ (*vue d'ensemble*) Merkmale *Pl;* **le ~ des ventes en mars** die Verkaufstendenz im März
❻ INFORM ~ **utilisateur** Benutzerprofil *nt*
▶ **adopter un ~ bas** sich bedeckt halten; ~ **médical** Gesundheitsbild *nt;* **montrer son meilleur ~** sich von seiner besten Seite zeigen
profilage [pʀɔfilaʒ] *m* (*technique policière*) Täterprofilerstellung *f*
profilé [pʀɔfile] *m* Profilstahl *m*
profilé(e) [pʀɔfile] *adj* ❶ **acier ~** Profilstahl *m*
❷ (*aérodynamique*) profiliert
profiler [pʀɔfile] <1> **I.** *vt* ❶ TECH profilieren
❷ (*représenter en profil*) umreißen *corniche, édifice;* ~ **un visage** das Profil eines Gesichts zeichnen
❸ (*faire ressortir*) **le [mont] Cervin profilait au loin sa silhouette** die Silhouette des Matterhorns zeichnete sich in der Ferne ab
II. *vpr* **se ~** ❶ (*se détacher*) *édifice, nuages, silhouette:* sich abheben
❷ (*s'esquisser*) *ennuis, obstacles, solution:* sich abzeichnen
profit [pʀɔfi] *m* ❶ COM, FIN Profit *m*
❷ (*avantage*) Gewinn *m,* Nutzen *m;* **être/ne pas être d'un grand ~** von großem Nutzen sein/nicht von großem Nutzen sein; **mettre à ~ une situation pour faire qc** eine Situation ausnutzen um etw zu tun; **au ~ de qn/qc** zugunsten einer Person/S. (*Gen*)
▶ **passer qc aux ~s et pertes** etw abschreiben (*fam*); **il n'y a pas de petits ~s** *prov* wer den Pfennig nicht ehrt, ist des Talers nicht wert; **faire du/beaucoup de ~ à qn** *vêtement:* bei jdm lange halten; **les vacances lui ont fait beaucoup de ~** die Ferien haben ihm gut getan
profitable [pʀɔfitabl] *adj* ❶ (*avantageux*) *action* nutzbringend; **être ~ à qn** *avis, leçon:* für jdn von Nutzen sein; *voyage:* für jdn ein Gewinn sein
❷ (*rentable*) *affaire* Gewinn bringend
profitablement [pʀɔfitabləmɑ̃] *adv* **s'occuper ~** sich sinnvoll beschäftigen; **il a voyagé ~** durch das Reisen hat er viel gewonnen
profiter [pʀɔfite] <1> *vi* ❶ (*tirer avantage de*) ~ **d'un conseil** aus einem Ratschlag Nutzen ziehen; ~ **d'une situation** von einer Situation profitieren; ~ **d'une occasion** eine Gelegenheit ausnützen [*o* nutzen]
❷ (*être utile à*) ~ **à qn** für jdn von Nutzen [*o* ein Gewinn] sein; *repos, vacances:* jdm gut tun
❸ *fam* (*se fortifier*) Speck ansetzen; *enfant:* gedeihen
❹ *fam* (*être avantageux*) *plat:* gut ausreichen; *vêtement:* lange halten
❺ (*tirer un profit*) ~ **dans un marché** bei einem Handel Profit machen
profiterole [pʀɔfitʀɔl] *f kleiner mit Eis oder Vanillecreme gefüllter Windbeutel*
profiteur, -euse [pʀɔfitœʀ, -øz] *m, f péj* Profitmacher(in) *m(f)* (*pej*)
profond [pʀɔfɔ̃] **I.** *m littér* (*profondeur*) **le ~** die Tiefe; **au plus ~ de son être** in seinem/ihrem tiefsten Inneren; **au plus ~ de la mer** tief im Meer; **au plus ~ de la nuit** mitten in der Nacht
II. *adv creuser, planter* tief
profond(e) [pʀɔfɔ̃, ɔ̃d] *adj* ❶ (*qui s'enfonce loin*) tief; *cave* tief [liegend]; **~(e) de dix mètres** zehn Meter tief
❷ (*très grand*) *différence, erreur, ignorance* groß; *intérêt, influence* groß, stark; *révérence, sommeil* tief; *sentiment* tief [sitzend]; *nuit* tief[schwarz]
❸ *postposé* (*caché*) *cause* tiefere(r, s); *signification* tiefer liegend; *tendance* unterschwellig; **la France ~e** *das traditionelle Frankreich*
❹ (*opp: superficiel*) *esprit, penseur* tiefsinnig; *pensée, réflexion* tiefgründig, tiefsinnig
❺ (*opp: léger*) *soupir, voix* tief; *regard* intensiv
❻ *postposé* MED *arriéré, débile* stark; **handicapé(e) ~(e)** Schwerbehinderte(r) *f(m)*
profondément [pʀɔfɔ̃demɑ̃] *adv* ❶ *creuser, s'incliner, pénétrer* tief
❷ (*beaucoup*) *respirer, dormir* tief; *influencer, ressentir* stark; *réfléchir, se tromper* gründlich; *aimer* innig; *souhaiter* sehnlichst
❸ *antéposé* (*très, tout à fait*) *choqué, ému, touché* tief; *vexé* schwer; *convaincu* felsenfest; ~ **différent** grundverschieden
profondeur [pʀɔfɔ̃dœʀ] *f* ❶ Tiefe *f;* **50 m de ~** 50 Meter tief
❷ (*intensité*) *d'une voix* Tiefe *f; d'un regard* Intensität *f*
❸ (*intelligence pénétrante*) *d'un penseur, d'une personne* Tiefsinnigkeit *f; d'un esprit, d'une réflexion* Tiefgründigkeit *f*
❹ (*force*) *d'une émotion, d'un sentiment* Tiefe *f,* Stärke *f*
❺ *pl littér* (*le plus profond*) **dans les ~s de la terre/mer** im Innersten der Erde/auf dem Meeresgrund
❻ (*impénétrabilité*) Tiefe *f;* **les ~s de l'âme** das tiefste Innere der [menschlichen] Seele
▶ **en ~** (*opp: superficiellement*) gründlich; *connaissance, réforme* tief greifend
◆ ~ **de champ** CINE, PHOT Tiefenschärfe *f*

pro forma [pʀofɔʀma] **facture** ~ Proformarechnung *f*
profus(e) [pʀɔfy, fyz] *adj littér* reichlich, stark
profusion [pʀɔfyzjɔ̃] *f* (*abondance*) Fülle *f; de cadeaux* Überfülle *f;* **une ~ de lumières** ein Lichtermeer *nt;* **être baigné(e) dans une ~ de lumière** lichtdurchflutet sein
► **à** ~ in Hülle und Fülle, überreichlich
progéniture [pʀɔʒenityʀ] *f* ❶ LITTER (*descendance*) Nachkommenschaft *f*
❷ *hum* (*enfants*) Sprösslinge *Pl*
progestérone [pʀɔʒɛsteʀɔn] *f* Gelbkörperhormon *nt*
progiciel [pʀɔʒisjɛl] *m* Softwarepaket *nt*
programmable [pʀɔgʀamabl] *adj* ❶ INFORM programmierbar
❷ TECH vorprogrammierbar
programmateur [pʀɔgʀamatœʀ] *m d'un ordinateur* Programmsteuerung *f; d'une cuisinière, d'un lave-vaisselle* Programmwähler *m*
programmateur, -trice [pʀɔgʀamatœʀ, -tʀis] *m, f* (*métier*) Programmplaner(in) *m(f)*
programmation [pʀɔgʀamasjɔ̃] *f* ❶ CINE, RADIO, TV Programmplanung *f,* Programmgestaltung *f*
❷ TECH, INFORM Programmierung *f*
❸ POL, ECON Planung *f*
programme [pʀɔgʀam] *m* ❶ (*objectif planifié*) Programm *nt;* ~ **d'action** Aktionsprogramm; ~ **de recherches** Forschungsprogramm
❷ (*livret*) Programm[heft *nt*] *nt*
❸ AUDIOV Programm[zeitschrift *f*] *nt*
❹ SCOL Lehrstoff *m,* Lehrplan *m*
❺ UNIV Studienplan *m*
❻ INFORM ~ **informatique** Computerprogramm *nt*
► **vaste ~!** *hum* da hast du dir/haben Sie sich aber viel vorgenommen!; **être au ~** auf dem Programm stehen; THEAT auf dem Spielplan stehen; CINE laufen; **être hors ~** nicht auf dem Programm stehen; SCOL nicht zum Lehrstoff gehören; **tout un ~** ein weites Feld
programmé(e) [pʀɔgʀame] *adj* programmgesteuert
programmer [pʀɔgʀame] <1> *vt* ❶ AUDIOV, CINE ins Programm nehmen; THEAT auf den Spielplan setzen; **être programmé(e)** *émission:* auf dem Programm stehen
❷ (*établir à l'avance*) vorausplanen, im Voraus planen *journée, réjouissances, vacances;* **être programmé(e) à dix heures** auf zehn Uhr angesetzt sein
❸ TECH [vor]programmieren *calculatrice;* ~ **une machine à laver sur qc** eine Waschmaschine auf etw (*Akk*) einstellen; **être programmé(e)** [vor]programmiert [*o* voreingestellt] sein
programmeur, -euse [pʀɔgʀamœʀ, -øz] *m, f* Programmierer(in) *m(f)*
progrès [pʀɔgʀɛ] *m* ❶ Fortschritt *m; pl* SCOL Fortschritte *Pl;* **faire des ~ en qc** Fortschritte in etw (*Dat*) machen
❷ (*progression*) *d'une inondation* Ausbreitung *f; d'une épidémie, d'un incendie* Umsichgreifen *nt,* Ausbreitung; *d'une maladie, d'un sentiment* Fortschreiten *nt; d'une armée* Vorrücken *nt*
► **faire des ~ à l'envers** Rückschritte machen; **il y a du ~** *fam* es geht voran; **on n'arrête pas le ~** *fam* nobel geht die Welt zugrunde
progresser [pʀɔgʀese] <1> *vi* ❶ *écolier, malade, sciences, technique:* Fortschritte machen; *conditions de vie, culture, humanité:* sich entwickeln
❷ (*augmenter*) *difficultés:* zunehmen; *prix, salaires:* steigen
❸ (*s'étendre*) *épidémie, incendie, inondation:* um sich greifen, sich ausbreiten; *idées, théories:* sich verbreiten
❹ (*avancer*) *explorateur, sauveteur, véhicule:* vorankommen; *armée:* vorrücken
progressif, -ive [pʀɔgʀesif, -iv] *adj amélioration, évolution, transformation* allmählich, progressiv; *développement* schrittweise; *difficulté* zunehmend; *amnésie, paralysie* fortschreitend; **impôt ~** Progressivsteuer *f*
progression [pʀɔgʀɛsjɔ̃] *f* ❶ Fortschreiten *nt; des conditions de vie* Weiterentwicklung *f; du bien-être* Steigerung *f*
❷ (*augmentation*) *du chômage, de l'alcoolisme* Zunahme *f; des prix, salaires* Ansteigen *nt*
❸ (*extension, développement*) *d'une épidémie, inondation, d'un incendie* Sichausbreiten *nt; d'une maladie* Fortschreiten *nt; d'une doctrine, idée, théorie* Verbreitung *f*
❹ (*marche en avant*) *d'un explorateur, sauveteur, véhicule* Vorankommen *nt; d'une armée* Vordringen *nt*
❺ MATH Reihe *f*
progressisme [pʀɔgʀɛsism] *m* POL Progressivismus, m
progressiste [pʀɔgʀesist] **I.** *adj* progressiv
II. *mf* Progressive(r) *f(m)*
progressivement [pʀɔgʀesivmɑ̃] *adv* nach und nach; *procéder* schrittweise
progressivité [pʀɔgʀesivite] *f d'un changement, d'une évolution* langsames Fortschreiten; FIN Progression *f;* ~ **de l'impôt** Steuerprogression *f*
prohibé(e) [pʀɔibe] *adj* [gesetzlich] verboten
prohiber [pʀɔibe] <1> *vt* [gesetzlich] verbieten
prohibitif, -ive [pʀɔibitif, -iv] *adj* ❶ **tarif** ~ Prohibitivtarif *m*
❷ JUR **système** ~ Prohibitivsystem *nt;* **loi prohibitive** Verbot *nt*
prohibition [pʀɔibisjɔ̃] *f de la chasse, pêche* Verbot *nt; de denrées* Einfuhrverbot; ~ **du port d'armes** Verbot Waffen zu tragen; **la** ~ HIST die Prohibition
proie [pʀwɑ] *f* ❶ Beute *f;* **oiseau de ~** Raubvogel *m;* **insecte de ~** Fleisch fressendes Insekt
❷ (*victime*) Opfer *nt;* **être la ~ de qn/qc** jdm/einer S. zum Opfer fallen
► **lâcher la ~ pour l'ombre** *prov* Schimären nachjagen anstatt zuzugreifen; **être en ~ à qc** einer S. (*Dat*) ausgeliefert sein; **être en ~ au doute/aux remords** von Zweifel[n]/Gewissensbissen gequält werden
projecteur [pʀɔʒɛktœʀ] *m* ❶ *de cinéma, diapositives* Projektor *m,* Vorführgerät *nt*
❷ *d'un bateau, monument, stade* Scheinwerfer *m*
► **braquer les ~s sur qn/qc** jdn/etw in den Mittelpunkt stellen; **les ~s sont braqués sur qn/qc** jd/etw steht im Rampenlicht
projectile [pʀɔʒɛktil] *m* Wurfgeschoss *nt;* MIL Geschoss *nt*
projection [pʀɔʒɛksjɔ̃] *f* ❶ CINE, OPT Projektion *f; de diapositives, d'un film* Vorführung *f*
❷ (*lancement*) *de lave, liquide, vapeur* [Heraus]stoßen *nt; de pierres* [Herum]schleudern *nt*
❸ MATH Projektion *f,* Abbildung *f*
❹ GEOG Projektion *f*
❺ PSYCH Projektion *f,* Übertragung *f*
projectionniste [pʀɔʒɛksjɔnist] *mf* Filmvorführer(in) *m(f)*
projet [pʀɔʒɛ] *m* ❶ Plan *m;* ~ **de mariage/vacances/d'avenir** Heirats-/Urlaubs-/Zukunftspläne *Pl;* ~ **de film** Filmprojekt *nt;* **chef de ~** Projektleiter(in) *m(f);* **avoir des ~s sur qn** mit jdm etwas vorhaben; **faire des ~s** Pläne schmieden; **en ~** geplant
❷ (*ébauche*) Entwurf *m;* ~ **gouvernemental** Regierungsentwurf; ~ **de contrat/roman** Vertrags-/Romanentwurf
❸ (*esquisse*) *de construction* Entwurf *m*
◆ ~ **d'investissement** Investitionsvorhaben *nt;* ~ **de loi** Gesetzesentwurf *m*
projeter [pʀɔʒ(ə)te] <3> **I.** *vt* ❶ (*faire un projet*) planen
❷ (*éjecter*) herausschleudern, hervorschleudern; ausstoßen *fumée;* verspritzen *liquide;* sprühen *étincelles*
❸ CINE, OPT vorführen *diapo, film;* werfen *ombre;* ~ **une lueur/un reflet** leuchten/reflektieren; ~ **une ombre sur qc** einen Schatten auf etw (*Akk*) werfen; ~ **une diapo sur qc** ein Dia auf etw (*Akk*) projizieren
❹ GEOG ~ **la surface courbe sur un plan** die gewölbte Oberfläche auf eine Karte projizieren
❺ PSYCH ~ **un sentiment sur qn** ein Gefühl auf jdn übertragen

P

II. *vpr* ❶ (*se refléter*) **se** ~ *ombre, silhouette:* sich abzeichnen
❷ PSYCH **se** ~ **sur qn** sich in jdn hineinprojizieren

projeteur, **-euse** [pʀɔʒ(ə)tœʀ, -øz] *m, f* Planer(in) *m(f)*, Projektant(in) *m(f)* (*Fachspr.*)

prolapsus [pʀolapsys] *m* MED Vorfall *m*

prolétaire [pʀɔletɛʀ] **I.** *adj classe, milieu* proletarisch; *manières* proletenhaft
II. *mf* Proletarier(in) *m(f)*

prolétariat [pʀɔletaʀja] *m* Proletariat *nt*

prolétarien(ne) [pʀɔletaʀjɛ̃, jɛn] *adj* proletarisch

prolétarisation [pʀɔletaʀizasjɔ̃] *f* Proletarisierung *f*

prolétariser [pʀɔletaʀize] <1> **I.** *vt* **le remembrement prolétarise les propriétaires ruraux** die Landbesitzer werden durch die Flurbereinigung proletarisiert
II. *vpr* **se** ~ proletarisiert werden

prolifération [pʀɔlifeʀasjɔ̃] *f d'animaux* starke Vermehrung; *de plantes* Wuchern *nt; de microbes* Vermehrung *f; de cellules* Wucherung *f; de doctrines, théories* Ausbreitung *f; des armes nucléaires* Verbreitung *f*

proliférer [pʀɔlifeʀe] <5> *vi humains, animaux:* sich stark vermehren; *cellules:* wuchern; *doctrines, sectes, théories:* um sich greifen; *crimes:* überhandnehmen

prolifique [pʀɔlifik] *adj animal, famille* fruchtbar; *artiste, écrivain* produktiv; **le lapin est un animal** ~ Hasen vermehren sich stark

prolixe [pʀɔliks] *adj* weitschweifig

prolixité [pʀɔliksite] *f soutenu* Weitschweifigkeit *f*

prolo [pʀolo] *abr de* **prolétaire I.** *adj péj fam* proletarisch; (*sans manières*) proletenhaft; **faire** ~ wie ein(e) Prolet(in) wirken
II. *mf péj fam* Prolet(in) *m(f)* (*pej*)

PROLOG [pʀɔlɔg] *m abr de* **Programming in Logic** PROLOG *nt*

prologue [pʀɔlɔg] *m* ❶ LITTER *d'un roman* Vorrede *f*
❷ MUS, THEAT Vorspiel *nt*, Prolog *m*
❸ (*introduction*) Vorrede *f*
❹ *fig* ~ **à un événement** Auftakt *m* zu einem Ereignis

prolongateur [pʀɔlɔ̃gatœʀ] *m* Verlängerungskabel *nt*

prolongation [pʀɔlɔ̃gasjɔ̃] *f* ❶ (*allongement*) Verlängerung *f; d'un congé, délai, d'une trêve* Verlängerung; ~ **du délai de paiement** Zahlungsaufschub *m*
❷ SPORT Verlängerung *f*
► **jouer les** ~**s** SPORT in der Verlängerung spielen; *hum* kein Ende finden

prolongé(e) [pʀɔlɔ̃ʒe] *adj* ❶ (*de longue durée*) *arrêt, séjour* verlängert; *débat, exposition au soleil* ausgedehnt; *cri, rire* langanhaltend; *effort* anhaltend
❷ (*de longueur accrue*) verlängert; **habiter rue de la Paix** ~**e** in der Verlängerung der Rue de la Paix wohnen

prolongement [pʀɔlɔ̃ʒmɑ̃] *m* ❶ (*continuation*) Verlängerung *f; d'une route* Weiterführung *f*
❷ (*appendice*) Fortsatz *m*, Verlängerung *f*
❸ *gén pl* (*suites*) *d'une affaire, décision, d'un événement* Auswirkungen *Pl*; **l'affaire aura des** ~**s** die Affäre wird ein Nachspiel haben

prolonger [pʀɔlɔ̃ʒe] <2a> **I.** *vt* ❶ (*faire durer davantage*) verlängern; aushalten *note;* **ne pas voir d'intérêt à** ~ **l'activité d'un collaborateur** an der Weiterbeschäftigung eines Mitarbeiters nicht interessiert sein
❷ (*rendre plus long*) verlängern; weiterführen *rue;* **les bâtiments qui prolongent le château** die Gebäude in der Verlängerung des Schlosses
II. *vpr* **se** ~ ❶ (*durer*) *séjour:* sich verlängern; *effet, trêve, séance:* andauern; *débat, maladie:* sich in die Länge ziehen
❷ (*s'étendre en longueur*) *chemin, rue:* sich fortsetzen

pro-Maastricht [pʀomastʀik(t)] **I.** *adj inv* **politique** ~ Pro-Maastricht-Politik *f*
II. *mpl inv* Maastrichtbefürworter *Pl*

promenade [pʀɔm(ə)nad] *f* ❶ (*à pied*) Spaziergang *m;* (*en bateau*) Bootsfahrt *f;* (*à cheval*) Ausritt *m;* ~ **en voiture** Spazierfahrt *f* [mit dem Auto]; ~ **à** [*o* **en**] **vélo** Fahrradtour *f;* **aller en** [*o* **faire une**] ~ einen Spaziergang machen, spazieren gehen; **faire faire une** ~ **à qn** jdn spazieren führen
❷ (*lieu où l'on se promène*) (*en ville*) Promenade *f;* (*à la campagne*) Spazierweg *m*

promener [pʀɔm(ə)ne] <4> **I.** *vt* ❶ (*accompagner*) ~ **qn/un animal** jdn/ein Tier spazieren führen, mit jdm/einem Tier spazieren gehen
❷ (*laisser errer*) ~ **ses doigts sur le clavier** die Finger über die Tasten gleiten lassen; ~ **son regard sur la plaine** den Blick über die Ebene schweifen lassen
► **ça me/le promènera** *fam* da komme ich/kommt er ein bisschen raus (*fam*)
II. *vpr* ❶ (*faire une promenade*) [**aller**] **se** ~ *animal:* herumlaufen; *personne:* (*à pied*) spazieren gehen; (*à cheval*) ausreiten; (*en bateau*) eine Bootsfahrt machen; **se** ~ **en voiture** [mit dem Auto] spazieren fahren; **se** ~ **à** [*o* **en**] **vélo** eine [kleine] Fahrradtour machen
❷ *fig* **se** ~ *rivière:* sich schlängeln; *chaussettes, livres, outils:* herumfliegen (*fam*); *imagination, regards:* schweifen

promeneur, **-euse** [pʀɔm(ə)nœʀ, -øz] *m, f* Spaziergänger(in) *m(f)*

promenoir [pʀɔm(ə)nwaʀ] *m* Wandelgang *m*

promesse [pʀɔmɛs] *f* ❶ (*engagement*) Versprechen *nt*, Versprechung *f*
❷ REL **la Promesse** die Verheißung
❸ *littér* (*espérance*) **la** ~ **de qc** die Aussicht auf etw (*Akk*), die Verheißung einer S. (*Gen*); **un jeune homme plein de** ~**s** ein viel versprechender junger Mann; **regard plein de** ~**s** verheißungsvoller Blick
► ~ **en l'air** [*o* **de Gascon**] [*o* **d'ivrogne**] leere Versprechungen *Pl*
◆ ~ **d'achat** COM Kaufvorvertrag *m;* ~ **d'action** COM Aktienbezugsschein *m;* ~ **de libération** JUR, FIN Freigabeversprechen *nt;* ~ **de mariage** Heiratsversprechen *nt;* ~ **de vente** JUR Verkaufsversprechen *nt*, Verkaufsvorvertrag *m*

prométhium [pʀɔmetjɔm] *m* Promethium *nt*

prometteur, **-euse** [pʀɔmɛtœʀ, -øz] *adj acteur, débuts, politicien* viel versprechend; *signes, sourire* verheißungsvoll

promettre [pʀɔmɛtʀ] <*irr*> **I.** *vt* ❶ (*s'engager à*) versprechen; zusagen *visite;* zusichern *aide;* ~ **le secret à qn** jdm versprechen nichts zu verraten
❷ (*prédire*) *météo:* vorhersagen; *personne, affaire, nuages:* prophezeihen
❸ (*assurer*) versichern, versprechen; **ça je te le promets!** das schwöre ich dir!
❹ (*laisser présager*) versprechen *du beau temps, un séjour agréable;* **ne rien** ~ **de bon** nichts Gutes versprechen [*o* verheißen] (*geh*)
► **c'est promis juré** *fam* das ist hoch und heilig versprochen; [**il ne**] **faut pas lui en** ~ *fam* er/sie begnügt sich nicht mit Versprechungen
II. *vi* ❶ (*faire une promesse*) sein Versprechen geben
❷ (*être prometteur*) zu Hoffnungen Anlass geben
► **ça promet!** *hum* das fängt ja gut an!, das kann ja heiter werden!
III. *vpr* ❶ (*prendre la résolution de*) **se** ~ **de faire qc** sich (*Dat*) fest vornehmen etw zu tun
❷ (*attendre*) **se** ~ **des ennuis** mit Ärger rechnen können; **se** ~ **du plaisir d'un voyage** sich (*Dat*) von einer Reise Vergnügen versprechen

promis(e) [pʀɔmi, iz] *adj* **être** ~**(e) à qn/qc** für jdn/etw bestimmt sein; **être** ~**(e) à un grand boom** mit einem Boom rechnen

promiscuité [pʀɔmiskɥite] *f* ~ **d'un taudis** Zusammengepferchtsein *nt* in einem Elendsquartier; ~ **du métro** [haut-

nahe] Tuchfühlung in der Metro
promo [pʀɔmo] *f fam abr de* **promotion** *Jahrgang einer Hochschule*
promontoire [pʀɔmɔ̃twaʀ] *m* Felsvorsprung *m*
promoteur, -trice [pʀɔmɔtœʀ, -tʀis] *m, f* ❶ CONSTR ~ [**immobilier**] Baufirma *f*
❷ *littér* (*initiateur*) Initiator(in) *m(f); d'une réforme, loi* geistiger Urheber/geistige Urheberin; *d'un complot* Anstifter(in) *m(f)*
promotion [pʀɔmosjɔ̃] *f* ❶ ADMIN (*avancement*) Beförderung *f*
❷ (*progression*) ~ **sociale** sozialer Aufstieg
❸ SCOL *Jahrgang einer Hochschule*
❹ MIL *militärischer Jahrgang*
❺ COM (*diffusion*) *d'un produit* Absatzförderung *f*
❻ (*produit en réclame*) Sonderangebot *nt*
❼ CONSTR ~ **immobilière** Baugeschäft *nt*
◆ ~ **des investissements** Investitionsförderung *f;* ~ **des ventes** Verkaufsförderung *f*
promotionnel(le) [pʀɔmosjɔnɛl] *adj* ❶ (*en promotion*) *produit* im Sonderangebot; **vente** ~**le** Sonderangebot *nt*
❷ (*pour préparer la promotion*) *argument* verkaufsfördernd; **matériel** ~ Werbematerial *nt*
promouvoir [pʀɔmuvwaʀ] <irr> *vt* ❶ (*élever en grade*) ~ **un mécanicien** [**à la fonction de**] **contremaître** einen Mechaniker zum Werkmeister befördern
❷ (*soutenir*) fördern *politique, recherche*
❸ COM bewerben *produit*
prompt(e) [pʀɔ̃(pt), pʀɔ̃(p)t] *adj* ❶ *antéposé* (*rapide*) *rétablissement* rasch; *décision* prompt, rasch; *changement, départ* plötzlich; *postposé geste* flink; *conclusion* voreilig
❷ *soutenu* (*vif*) *répartie* schlagfertig; **avoir l'esprit** ~ schnell von Begriff sein; **être** ~(**e**) *réaction:* nicht auf sich warten lassen; **être** ~(**e**) **à l'injure** schnell ausfallend werden
promptement [pʀɔ̃ptəmɑ̃] *adv soutenu* auf schnellstem Wege
prompteur [pʀɔ̃ptœʀ] *m* Teleprompter *m*
promptitude [pʀɔ̃(p)tityd] *f soutenu* ❶ (*rapidité*) Schnelligkeit *f; d'un geste* Flinkheit *f; d'un changement, départ* Plötzlichkeit *f;* **la** ~ **des secours** der prompte Einsatz der Rettungsmannschaft
❷ (*vivacité*) *d'une réaction* Schnelligkeit *f; d'une personne* Behendigkeit *f,* Flinkheit *f; d'un esprit* Beweglichkeit *f;* **la** ~ **de ses réparties** seine/ihre Schlagfertigkeit; ~ **à faire qc** schnelle Bereitschaft etw zu tun
promu(e) [pʀɔmy] ADMIN **I.** *part passé de* **promouvoir**
II. *adj* befördert
III. *m(f)* Beförderte(r) *f(m)*
promulgation [pʀɔmylgasjɔ̃] *f* Verkündung *f,* öffentliche Bekanntmachung
promulguer [pʀɔmylge] <1> *vt* verkünden, öffentlich bekannt machen *loi, décret, édit*
prôner [pʀone] <1> *vt* anpreisen *idée, méthode;* empfehlen *produit, remède*
pronom [pʀɔnɔ̃] *m* Pronomen *nt*
pronominal [pʀɔnɔminal, o] <-aux> *m* reflexives Verb
pronominal(e) [pʀɔnɔminal, o] <-aux> *adj* pronominal; *verbe* reflexiv
pronominalement [pʀɔnɔminalmɑ̃] *adv* pronominal
prononçable [pʀɔnɔ̃sabl] *adj* aussprechbar, auszusprechen
prononcé [pʀɔnɔ̃se] *m* JUR *d'un arrêt, d'une sentence* Verkündung *f*
prononcé(e) [pʀɔnɔ̃se] *adj trait* stark ausgeprägt; *accent* stark [ausgeprägt]; *goût pour qc* ausgesprochen, entschieden; *parfum* stark, aufdringlich (*pej*)
prononcer [pʀɔnɔ̃se] <2> **I.** *vt* ❶ (*articuler*) aussprechen; **ne** [**pas**] **pouvoir** ~ **un mot** kein Wort hervorbringen können
❷ (*dire, exprimer*) äußern *parole;* aussprechen, äußern *souhait;* halten *discours, plaidoyer*
❸ JUR, POL fällen *sentence;* verkünden *dissolution;* verfügen *huis clos, clôture des débats*
❹ REL verhängen *excommunication;* ablegen *vœux*
II. *vi* JUR *cour, tribunal:* entscheiden
III. *vpr* ❶ (*être articulé*) **se** ~ *lettre, mot, nom:* ausgesprochen werden; **comme ça se prononce** wie man es spricht
❷ (*prendre position*) **se** ~ **pour/contre qn/qc** sich für/gegen jdn/etw aussprechen
❸ (*formuler son point de vue, diagnostic*) **se** ~ **sur qc** sich über etw (*Akk*) äußern, zu etw Stellung nehmen
prononciation [pʀɔnɔ̃sjasjɔ̃] *f* ❶ LING Aussprache *f*
❷ JUR Verkündung *f*
pronostic [pʀɔnɔstik] *m* Prognose *f*
pronostiquer [pʀɔnɔstike] <1> *vt* voraussagen, vorhersagen
pronostiqueur, -euse [pʀɔnɔstikœʀ, -øz] *m, f* Prognostiker(in) *m(f);* **être un bon** ~ treffende Prognosen stellen
propagande [pʀɔpagɑ̃d] *f* Propaganda *f;* **discours/film de** ~ Propagandarede *f*/-film *m*
▸ **faire de la** ~ **à/pour qn/qc** für jdn/etw Reklame machen; POL für jdn/etw Propaganda machen
propagandiste [pʀɔpagɑ̃dist] **I.** *adj* propagandistisch
II. *mf* Propagandist(in) *m(f)*
propagateur, -trice [pʀɔpagatœʀ, -tʀis] *m, f* Verbreiter(in) *m(f)*
propagation [pʀɔpagasjɔ̃] *f* ❶ (*extension*) Ausbreitung *f; d'une épidémie* Verbreitung *f,* Ausbreitung; *d'un incendie* Ausdehnung *f,* Ausbreitung; PHYS *de la lumière, des ondes, du son* Fortpflanzung *f*
❷ (*diffusion*) *d'une idée, nouvelle* Verbreitung *f*
❸ (*reproduction*) *d'une espèce* Vermehrung *f*
propager [pʀɔpaʒe] <2a> **I.** *vt* ❶ (*étendre*) verbreiten *épidémie, incendie*
❷ (*diffuser*) verbreiten, propagieren (*geh*) *idée, nouvelle*
❸ (*reproduire*) vermehren *espèce*
II. *vpr* **se** ~ ❶ (*s'étendre*) *épidémie, guerre, incendie:* sich ausbreiten; PHYS *lumière, ondes, son:* sich fortpflanzen
❷ (*se répandre*) *idée, nouvelle:* sich verbreiten
❸ (*se multiplier*) *espèce:* sich vermehren
propane [pʀɔpan] *m* Propan[gas *nt*] *nt*
propédeutique [pʀɔpedøtik] *f von 1948 bis 1966 Bezeichnung für das erste Studienjahr an der Universität*
propène [pʀɔpɛn] *m* Propen *nt*
propension [pʀɔpɑ̃sjɔ̃] *f* Hang *m,* Neigung *f;* **avoir une** ~ **à la paresse** einen Hang zur Faulheit haben
propergol [pʀɔpɛʀgɔl] *m* CHIM Propergol *nt*
prophète, prophétesse [pʀɔfɛt, pʀɔfetɛs] *m, f* Prophet(in) *m(f);* **le Prophète** der Prophet (*Mohammed*)
▸ **nul n'est** ~ **en son pays** *prov* der Prophet gilt nichts in seinem [Vater]land
◆ ~ **de malheur** Schwarzseher(in) *m(f)*
prophétie [pʀɔfesi] *f* ❶ (*prédiction*) Prophezeiung *f,* Weissagung *f*
❷ REL Prophezeiung
prophétique [pʀɔfetik] *adj* prophetisch
prophétiquement [pʀɔfetikmɑ̃] *adv* prophetisch
prophétiser [pʀɔfetize] <1> **I.** *vt* prophezeien
II. *vi* Prophezeiungen machen
prophylactique [pʀɔfilaktik] *adj* vorbeugend
prophylaxie [pʀɔfilaksi] *f* Vorbeugung *f*
propice [pʀɔpis] *adj* günstig; **terrain** ~ günstiger [*o* guter] Nährboden; **un milieu** ~ **à la violence/drogue** ein Milieu, das die Gewalt/den Drogenkonsum begünstigt; **si les dieux nous sont** ~**s** so die Götter wollen
proportion [pʀɔpɔʀsjɔ̃] *f* ❶ Proportion *f,* [Größen]verhältnis *nt;* **à** ~ **de qc** im Verhältnis von etw; **en** ~ **de qc** im Verhältnis zu etw, einer S. (*Dat*) entsprechend; **il est grand, et gros en** ~ er ist groß und entsprechend dick; **hors de** ~ **avec qc** unverhältnismäßig lang/groß/schwer im Vergleich zu etw; **être hors de** ~ **avec qc** in keinem Verhältnis zu etw stehen; **il n'y a aucune** ~ **entre la faute et la peine** die Strafe steht in

P

proposer

• **proposer**	• **vorschlagen**
Et si nous allions au cinéma, aujourd'hui?	**Wie wär's, wenn** wir heute mal ins Kino gehen würden?
Une tasse de thé, **ça te/vous dirait?**	**Wie wär's mit** einer Tasse Tee?
Si nous faisions une petite pause maintenant? **Qu'en penses-tu?**	**Was hältst du davon, wenn** wir mal eine Pause machen würden?
Est-ce que tu as envie de faire une promenade?	**Hättest du Lust,** spazieren zu gehen?
Je propose de reporter la réunion.	**Ich schlage vor,** wir vertagen die Sitzung.
• **demander un souhait, proposer quelque chose**	• **nach Wünschen fragen, etwas anbieten**
Puis-je vous aider?/Vous désirez?	**Kann ich Ihnen helfen?/Was darf's sein?**
Vous désirez quelque chose?	**Haben Sie irgendeinen Wunsch?**
Qu'est-ce que tu veux?	**Was hättest du denn gern?**
Qu'est-ce que tu aimerais/veux manger/boire?	**Was möchtest/magst du** essen/trinken?
Puis-je vous offrir un verre de vin?	**Darf ich Ihnen** ein Glas Wein **anbieten**?
Vous pouvez volontiers utiliser mon téléphone.	**Sie können gern** mein Telefon benutzen.
• **accepter une offre**	• **Angebote annehmen**
Oui, s'il vous/te plaît./Oui, volontiers.	**Ja, bitte./Ja, gern.**
Merci, c'est gentil de ta part.	**Danke, das ist nett/lieb von dir.**
Oui, ce serait gentil.	**Ja, das wäre nett.**
Oh, c'est vraiment gentil!	**Oh, das ist aber nett!**
• **refuser une offre**	• **Angebote ablehnen**
Non, merci!	**Nein, danke!**
Mais ce n'est vraiment pas nécessaire!	**Aber das ist doch nicht nötig!**
Je ne peux vraiment pas accepter!	**Das kann ich doch nicht annehmen!**

keinem Verhältnis zu dem Vergehen
❷ *pl* (*taille, volume*) *d'une personne, d'un texte, édifice* Proportionen *Pl; d'une recette* Mengenangaben *Pl;* (*importance*) Ausmaße *Pl;* **prendre des ~s telles que** solche Ausmaße annehmen, dass; **dans des ~s inattendues** in unerwartetem Ausmaß
❸ MATH (*relation*) Verhältnisgleichung *f*
▶ **toutes ~s gardées** relativ gesehen

proportionnalité [pʀɔpɔʀsjɔnalite] *f a.* JUR Angemessenheit *f; d'un impôt* Proportionalität *f*

proportionné(e) [pʀɔpɔʀsjɔne] *adj* proportioniert; **être ~(e) à qc** im Verhältnis zu etw stehen

proportionnel(le) [pʀɔpɔʀsjɔnɛl] *adj* proportional; **impôt ~** Proportionalsteuer *f;* **scrutin ~** Verhältniswahl *f;* **moyenne ~le** geometrisches Mittel; **être ~(le) à qc** proportional zu etw sein, im Verhältnis zu etw stehen

proportionnelle [pʀɔpɔʀsjɔnɛl] *f* POL **la ~** das Verhältniswahlrecht

proportionnellement [pʀɔpɔʀsjɔnɛlmɑ̃] *adv* verhältnismäßig; **~ à qc** im Verhältnis zu etw, einer S. (*Dat*) entsprechend

proportionner [pʀɔpɔʀsjɔne] <1> *vt* **~ les dépenses aux** [*o* **et les**] **ressources** die Ausgaben den Einnahmen anpassen

propos [pʀɔpo] *m* ❶ *gén pl* (*paroles*) Worte *Pl,* Äußerungen *Pl;* **tenir des ~ inacceptables** intolerable Äußerungen von sich geben
❷ *littér* (*intention*) Absicht *f;* **de ~ délibéré** absichtlich
▶ **bien/mal à ~** zur rechten Zeit/zur Unzeit; **à tout ~** bei jeder Gelegenheit; **à ~ de tout et de rien** beim geringsten Anlass, wegen allem und jedem; **juger à ~ de faire qc** es für angezeigt [*o* ratsam] halten etw zu tun; **à ce ~** dazu, zu diesem Thema; **hors de ~** [völlig] unangebracht; **à quel ~?** weswegen?; **c'est à quel ~?** worum geht es?; **à ~** übrigens; **à ~ de qc** etw betreffend, bezüglich einer S. (*Gen*); **à ~ de vacances, ...** a propos Ferien, ..., wo wir gerade von Ferien reden, ...

proposer [pʀɔpoze] <1> **I.** *vt* ❶ (*soumettre*) vorschlagen; unterbreiten *plan, projet;* beantragen *décret, loi;* stellen *devoir, question, sujet*
❷ (*offrir*) anbieten *marchandise, paix, récompense, activité;* bieten *prix, spectacle*
❸ (*présenter*) **~ qn pour un poste/comme collaborateur** jdn für einen Posten/als Mitarbeiter vorschlagen
II. *vpr* ❶ (*avoir pour objectif*) **se ~ un but** sich (*Dat*) ein Ziel setzen; **se ~ de faire qc** die Absicht haben etw zu tun
❷ (*offrir ses services*) **se ~ à qn comme chauffeur** sich jdm als Chauffeur anbieten

proposition [pʀɔpozisjɔ̃] *f* ❶ (*offre*) Vorschlag *m;* **~ d'emploi/de paix** Beschäftigungs-/Friedensangebot *nt;* **~ de mariage** Heiratsantrag *m;* **~ de règlement** Lösungsvorschlag; **sur** [**la**] **~ de qn** auf jds Vorschlag (*Akk*) hin
❷ *pl* (*avances*) Annäherungsversuche *Pl;* **faire des ~s à qn** bei jdm Annäherungsversuche machen
❸ MATH Lehrsatz *m*
❹ GRAM Satz *m*
◆ **~ de loi** Gesetzentwurf *m,* Gesetzesvorlage *f*

propre[1] [pʀɔpʀ] **I.** *adj* ❶ (*opp: sale*) sauber
❷ (*soigné*) *travail, intérieur, personne, tenue* sauber
❸ (*opp: incontinent*) *enfant:* sauber; *animal:* stubenrein, sauber
❹ (*honnête*) *affaire, argent* sauber; *passé* untadelig, sauber; *per-*

sonne anständig; *mœurs* einwandfrei; *conscience* rein
❺ (*non polluant*) sauber, umweltfreundlich
▶ **me/le voilà ~!** *fam* jetzt sitze ich/sitzt er im Schlamassel! (*fam*)
II. *m* ▶ **c'est du ~!** *fam* sauber! (*iron fam*); **mettre qc au ~** etw ins Reine schreiben
propre² [pʀɔpʀ] **I.** *adj* ❶ *antéposé* (*à soi*) eigen
❷ *postposé* (*exact*) *mot, terme* passend, treffend; *sens* eigentlich; **le sens ~ d'un mot** der wörtliche Sinn eines Wortes
❸ (*particulier*) *biens, capitaux* eigen; **être ~ à qn/qc** jdm/einer S. eigen sein
❹ (*propice*) **être ~ à un travail/usage** für eine Arbeit/Nutzung geeignet sein
II. *m* ❶ (*particularité*) spezifisches Merkmal, charakteristisches Kennzeichen; *de l'homme* Wesensmerkmal *nt*
❷ GRAM **au ~ et au figuré** in wörtlicher und übertragener Bedeutung
❸ (*propriété*) **en ~** als Eigentum
propre-à-rien [pʀɔpʀaʀjɛ̃] <propres-à-rien> *mf* Nichtsnutz *m*
proprement [pʀɔpʀəmɑ̃] *adv* ❶ sauber, ordentlich; *manger* anständig
❷ (*avec honnêteté*) anständig
❸ (*spécifiquement*) typisch, unverkennbar; (*au sens propre*) im eigentlichen Sinn
❹ *antéposé* (*littéralement*) buchstäblich
▶ **~ dit** eigentlich; **à ~ parler** genau genommen
propret(te) [pʀɔpʀɛ, ɛt] *adj maison, chambre* schmuck; *personne* adrett
propreté [pʀɔpʀəte] *f* ❶ (*opp: saleté*) Sauberkeit *f*
❷ (*caractère non polluant*) Umweltfreundlichkeit *f*
propriétaire [pʀɔpʀijetɛʀ] *mf* ❶ (*possesseur*) Eigentümer(in) *m(f)*, Besitzer(in) *m(f)*; *d'un animal, d'une voiture* Halter(in) *m(f)*; **~ immobilier** Haus- und Grundbesitzer(in)
❷ (*opp: locataire*) Hauswirt(in) *m(f)*; (*bailleur*) Vermieter(in) *m(f)*
❸ JUR Eigentümer(in) *m(f)*, Eigenbesitzer(in) *m(f)*
propriété [pʀɔpʀijete] *f* ❶ (*domaine, immeuble*) [privates] Anwesen; **~ bâtie** bebautes Grundstück; **~ foncière** Grundbesitz *m*, Grundstückseigentum *nt*
❷ (*chose possédée*) Eigentum *nt*, Besitz *m*
❸ (*droit*) Eigentum *nt*; **~ artistique/littéraire** Urheberrecht *nt*
❹ (*qualité propre*) Eigenschaft *f*
❺ (*exactitude*) *d'un mot, terme* Angemessenheit *f*, Richtigkeit *f*
proprio [pʀɔpʀijo] *mf fam abr de* **propriétaire** Vermieter(in) *m(f)*
propulser [pʀɔpylse] <1> **I.** *vt* ❶ (*projeter*) wegschleudern; antreiben, vorwärts treiben *engin, missile*
❷ *fig fam* **~ qn à un poste** jdm einen [höheren] Posten verschaffen
II. *vpr fam* (*jouer des coudes*) **se ~ jusque dans les premiers rangs** sich bis zu den ersten Reihen vordrängeln
propulseur [pʀɔpylsœʀ] *m* Antriebssystem *nt*, Triebwerk *nt*; **~ à hélice/réaction** Propeller-/Düsenantrieb *m*
propulsif, -ive [pʀɔpylsif, -iv] *adj* antreibend; **force propulsive** Triebkraft *f*; **hélice propulsive** Druckschraube *f*; **roue propulsive** Treibrad *nt*
propulsion [pʀɔpylsjɔ̃] *f* Antrieb *m*; **à ~ atomique** [*o* **nucléaire**] mit Atomantrieb, atomgetrieben
propylée [pʀɔpile] *m* ❶ ARCHIT Eingang *m*, Zugang *m*
❷ *pl* Propyläen *Pl*; **les Propylées de l'Acrypole d'Athènes** die Propyläen der Akropolis von Athen
propylène [pʀɔpilɛn] *m* Propylen *nt*
prorata [pʀɔʀata] ▶ **au ~ de qc** entsprechend einer S. (*Dat*)
prorogatif, -ive [pʀɔʀɔgatif, -iv] *adj* ❶ (*qui prolonge*) aufschiebend
❷ (*qui reporte*) vertagend
prorogation [pʀɔʀɔgasjɔ̃] *f* ❶ (*prolongation*) Aufschub *m*
❷ (*report*) Vertagung *f*
proroger [pʀɔʀɔʒe] <2a> *vt* ❶ (*prolonger*) verlängern
❷ (*reporter*) vertagen; aufschieben *délai*
prosaïque [pʀozaik] *adj* prosaisch (*geh*)
prosaïquement [pʀozaikmɑ̃] *adv* prosaisch (*geh*); **vivre ~** ein banales Leben führen
prosaïsme [pʀozaism] *m soutenu* Banalität *f*
prosateur [pʀozatœʀ] *m* Prosaschriftsteller(in) *m(f)*
proscription [pʀɔskʀipsjɔ̃] *f* ❶ *soutenu* (*interdiction*) Verbot *nt*
❷ POL Ächtung *f*
❸ HIST Proskription *f*
proscrire [pʀɔskʀiʀ] <irr> *vt* ❶ (*interdire*) untersagen *activité, drogue;* verbannen *mot;* ächten *idéologie*
❷ HIST, POL (*bannir*) ächten; **~ qn d'un pays** jdn aus einem Land verbannen
proscrit(e) [pʀɔskʀi, it] **I.** *adj* (*banni*) verbannt; (*isolé*) geächtet
II. *m(f)* Verbannte(r) *f(m)*; HIST Geächtete(r) *f(m)*
prose [pʀoz] *f* ❶ LITTER Prosa *f*
❷ *péj* Geschreibsel *nt* (*pej fam*); **~ administrative** Beamtenstil *m*
prosélyte [pʀozelit] *mf* ❶ (*adepte*) neuer Anhänger/neue Anhängerin
❷ HIST, REL Neubekehrte(r) *f(m)*
prosélytisme [pʀozelitism] *m* Bekehrungseifer *m*
prosodie [pʀɔzɔdi] *f* Prosodie *f*
prospect [pʀɔspɛ(kt)] *m* COM potenzieller Kunde *m*
prospecter [pʀɔspɛkte] <1> **I.** *vt* (*explorer*) durchforschen; (*en quête des richesses naturelles*) nach Bodenschätzen absuchen
II. *vi* Umschau halten
prospecteur, -trice [pʀɔspɛktœʀ, -tʀis] *m, f* COM Kundenwerber(in) *m(f)*
prospectif, -ive [pʀɔspɛktif, -iv] *adj* ❶ (*prévisionnel*) vorausschauend; **une étude prospective du marché** eine Trendanalyse
❷ (*orienté vers l'avenir*) zukunftsorientiert
prospection [pʀɔspɛksjɔ̃] *f* ❶ COM Kundenwerbung *f*; **faire de la ~** Kundenwerbung betreiben
❷ MIN Erkundung *f* von Rohstofflagerstätten
prospective [pʀɔspɛktiv] *f* (*futurologie*) Zukunftsforschung *f*
prospectiviste [pʀɔspɛktivist] **I.** *adj* futurologisch
II. *mf* Futurologe *m*/Futurologin *f*
prospectus [pʀɔspɛktys] *m* Prospekt *m*
prospère [pʀɔspɛʀ] *adj affaires, commerce, entreprise* gut gehend, florierend; *mine, personne, santé* blühend; **période ~** Zeit *f* des Wohlstands
prospérer [pʀɔspeʀe] <5> *vi* ❶ (*réussir*) *affaires, commerce, entreprise:* gut gehen, florieren
❷ (*croître, bien se porter*) gedeihen
prospérité [pʀɔspeʀite] *f* ❶ (*richesse*) Wohlstand *m*
❷ *soutenu* (*santé*) Wohlergehen *nt*
prostaglandines [pʀɔstaglɑ̃din] *fpl* MED Prostaglandine *Pl*
prostate [pʀɔstat] *f* Prostata *f*
prosternation [pʀɔstɛʀnasjɔ̃] *f*, **prosternement** [pʀɔstɛʀnəmɑ̃] *m* ❶ Kniefall *m*
❷ *fig* Unterwürfigkeit *f*
prosterner [pʀɔstɛʀne] <1> **I.** *vt littér* tief neigen *tête;* **être prosterné(e)** *personne:* knien
II. *vpr* **se ~ devant qn/qc** ❶ (*s'incliner profondément*) vor jdm/etw niederknien [*o* einen Kniefall machen]
❷ (*s'humilier*) sich jdm/einer S. unterwerfen
prostitué(e) [pʀɔstitɥe] *m(f)* Prostituierte(r) *f(m)*
prostituer [pʀɔstitɥe] <1> **I.** *vt* ❶ **~ une femme à qn** die Liebesdienste einer Frau an jdn verkaufen
❷ *soutenu* (*déshonorer*) verkaufen, prostituieren (*geh*) *art, talent*
II. *vpr* ❶ **se ~** sich prostituieren
❷ (*se déshonorer*) **se ~ à qc** sich an etw (*Akk*) verkaufen

prostitution [pʀɔstitysjɔ̃] *f* ❶ (*métier*) Prostitution *f*
❷ *fig soutenu d'un art, talent, d'une justice* Sichverkaufen *nt*, [Sich]prostituieren *nt* (*geh*)
prostration [pʀɔstʀasjɔ̃] *f* [tiefe] Niedergeschlagenheit
prostré(e) [pʀɔstʀe] *adj* [völlig] niedergeschlagen
protactinium [pʀɔtaktinjɔm] *m* Protactinium *nt*
protagoniste [pʀɔtagɔnist] *mf* ❶ THEAT Protagonist(in) *m(f)*
❷ (*acteur principal*) Hauptdarsteller(in) *m(f)*
protecteur, -trice [pʀɔtɛktœʀ, -tʀis] **I.** *adj* ❶ (*défenseur*) *attitude, geste, personne* [be]schützend; **un ministre ~ des arts** ein Minister, der die Kunst fördert
❷ ECON, POL **mesure protectrice** Schutzmaßnahme *f*
❸ (*condescendant*) *air, ton* gönnerhaft
II. *m, f* ❶ (*défenseur*) Beschützer(in) *m(f)*
❷ (*mécène*) Gönner(in) *m(f); des arts* Förderer *m*/Förderin *f*
protection [pʀɔtɛksjɔ̃] *f* ❶ *a.* JUR (*défense*) Schutz *m*; **~ contre qc** Schutz gegen etw [*o* vor etw (*Dat*)]; **~ contre l'incendie/le bruit** Brand-/Lärmschutz; **~ rapprochée** verschärfte Schutzmaßnahmen *Pl*; **~ du littoral/des animaux/sites** Küsten-/Tier-/Landschaftsschutz; **sous la ~ de qn** unter jds Schutz (*Dat*)
❷ (*appui*) Unterstützung *f*, Förderung *f*; **avoir de hautes ~s** von/an höchster Stelle protegiert werden; **par ~** durch Protektion
❸ (*élément protecteur*) Schutz *m*, Schutzvorrichtung *f*
► **~ sociale** soziales Netz; **mesures de ~** Schutzmaßnahmen *Pl*; **sourire de ~** gönnerhaftes Lächeln
◆ **~ de l'enfance** Kinderschutz *m*; **~ de l'environnement** [*o* **de la nature**] Umweltschutz *m*, Naturschutz; **~ du salarié** Arbeitnehmerschutz *m*
protectionnisme [pʀɔtɛksjɔnism] *m* Protektionismus *m*
protectionniste [pʀɔtɛksjɔnist] **I.** *adj* protektionistisch
II. *mf* Protektionist(in) *m(f)*
protectorat [pʀɔtɛktɔʀa] *m* Protektorat *nt*
protégé(e) [pʀɔteʒe] **I.** *adj site, territoire* geschützt; *passage* vorfahrtsberechtigt
II. *m(f)* (*favori*) Günstling *m* (*pej*)
protège-cahier [pʀɔtɛʒkaje] <protège-cahiers> *m* [Schutz]umschlag *m* **protège-dents** [pʀɔtɛʒdɑ̃] *m inv* Mundschutz *m*
protéger [pʀɔteʒe] <2a, 5> **I.** *vt* ❶ (*défendre*) schützen; **~ un enfant contre qn** ein Kind vor jdm beschützen; **~ qn/qc d'un danger** jdn/etw vor einer Gefahr schützen; **~ qn/qc contre le froid/soleil** jdn/etw gegen Kälte/vor Sonne schützen; **~ qc contre l'humidité** etw vor Feuchtigkeit schützen
❷ (*patronner*) fördern *arts, carrière, sport*
II. *vpr* (*se défendre*) **se ~ contre qn/qc** sich vor jdm/etw schützen
protège-slip [pʀɔtɛʒslip] <protège-slips> *m* Slipeinlage *f* **protège-tibia** [pʀɔtɛʒtibja] <protège-tibias> *m* Schienbeinschützer *m*
protéine [pʀɔtein] *f* Eiweiß *nt*, Protein *nt*
protéique [pʀɔteik] *adj* BIO, CHIM Eiweiß-; **substances ~s** Eiweißstoffe *Pl*
protestant(e) [pʀɔtɛstɑ̃, ɑ̃t] **I.** *adj* protestantisch; (*en Allemagne*) evangelisch, protestantisch
II. *m(f)* Protestant(in) *m(f)*; (*en Allemagne*) Evangelische(r) *f(m)*, Protestant(in)
protestantisme [pʀɔtɛstɑ̃tism] *m* Protestantismus *m*
protestataire [pʀɔtɛstatɛʀ] **I.** *adj étudiants* protestierend; **marche ~** Protestmarsch *m*
II. *mf* Protestierende(r) *f(m)*
protestation [pʀɔtɛstasjɔ̃] *f* ❶ (*plainte*) Protest[kundgebung *f*] *m*, Protestaktion *f*; **~ écrite** Protestschreiben *nt*
❷ *soutenu* (*assurance*) Beteuerung *f*; **~ de sympathie** Sympathiebekundung *f*; **~ d'amour** Liebesbeteuerung
protester [pʀɔtɛste] <1> *vi* ❶ *a.* FIN (*s'opposer à*) protestieren; **~ contre qc** gegen etw Einspruch erheben
❷ *soutenu* (*affirmer avec force*) **~ de son innocence** seine Unschuld beteuern
prothèse [pʀɔtɛz] *f* ❶ (*organe artificiel*) Prothese *f*; **~ dentaire** Zahnprothese; **~ oculaire** Glasauge *nt*
❷ (*technique*) Prothetik *f*
prothésiste [pʀɔtezist] *mf* Orthopädiemechaniker(in) *m(f)*; **~ dentaire** Zahntechniker(in) *m(f)*
protide [pʀɔtid] *m* Proteid *nt*
protocolaire [pʀɔtɔkɔlɛʀ] *adj cérémonie, invitation, visite* protokollarisch [festgelegt], dem Protokoll entsprechend; *difficultés, question* protokollarisch; **être/ne pas être ~** dem Protokoll folgen/gegen das Protokoll verstoßen
protocole [pʀɔtɔkɔl] *m a.* JUR Protokoll *nt*
◆ **~ d'accord** Vertragsprotokoll *nt*
protohistoire [pʀɔtoistwaʀ] *f* Frühgeschichte *f*
proton [pʀɔtɔ̃] *m* Proton *nt*
protonotaire [pʀɔtonɔtɛʀ] *m* CAN (*fonctionnaire*) *mit der Registrierung von Urkunden beauftragter Beamter*
protoplasme [pʀɔtɔplasm] *m* Protoplasma *nt*
prototype [pʀɔtɔtip] *m* ❶ Prototyp *m*
❷ ECON Prototyp *m*, Erstausfertigung *f*
protoxyde [pʀɔtɔksid] *m* CHIM Monoxid *nt*; **~ d'azote** Lachgas *nt*
protozoaire [pʀɔtɔzɔɛʀ] *m* Einzeller *m*
protubérance [pʀɔtybeʀɑ̃s] *f* ❶ (*saillie*) Höcker *m*
❷ ANAT Vorwölbung *f*
❸ ASTRON Protuberanz *f*
protubérant(e) [pʀɔtybeʀɑ̃, ɑ̃t] *adj menton, nez* vorspringend; *ventre* vorgewölbt; *yeux* hervortretend
prou [pʀu] *adv v.* **peu**
proue [pʀu] *f* Bug *m*
prouesse [pʀuɛs] *f* ❶ (*exploit*) Meisterleistung *f*
❷ *littér* (*acte de courage*) Heldentat *f*
► **faire des ~s** wahre Wunder vollbringen; *iron* eine [wahre] Heldentat vollbringen
prout [pʀut] *m fam* Pup[s] *m* (*fam*); **faire [un] ~** pupsen (*fam*)
prouver [pʀuve] <1> **I.** *vt* ❶ (*démontrer*) beweisen; **il est prouvé que c'est vrai** es ist erwiesen, dass es stimmt; **il n'est pas prouvé que ce soit vrai** es gibt keinen Beweis dafür, dass es stimmt; **être** [*o* **rester**] **à ~** noch zu beweisen sein [*o* bleiben]; **ne plus être à ~** keines Beweises mehr bedürfen
❷ (*montrer*) beweisen *amour;* erweisen *reconnaissance; réponse, conduite:* beweisen; **~ à qn que c'est exact** jdm beweisen, dass es richtig ist
II. *vpr* **se ~** ❶ (*se convaincre*) *personne:* sich (*Dat*) beweisen
❷ (*être démontrable*) *chose:* sich beweisen lassen
provenance [pʀɔv(ə)nɑ̃s] *f* (*origine*) Herkunft *f*; **être de ~ étrangère/anglaise** ausländischer/englischer Herkunft sein
► **être en ~ de ...** aus [*o* von] ... kommen; **le train/les voyageurs en ~ de Lyon** der Zug/die Reisenden aus Lyon; **de même ~** der gleichen Herkunft; **de toute ~** von überall her
provençal [pʀɔvɑ̃sal] *m* **le ~** Provenzalisch *nt*, das Provenzalische; *v. a.* **allemand**
provençal(e) [pʀɔvɑ̃sal, o] <-aux> *adj* provenzalisch
Provençal(e) [pʀɔvɑ̃sal, o] <-aux> *m(f)* Provenzale *m*/Provenzalin *f*
provençale [pʀɔvɑ̃sal] *f* GASTR ► **à la ~e** auf provenzalische Art
Provence [pʀɔvɑ̃s] *f* **la ~** die Provence
provenir [pʀɔv(ə)niʀ] <9> *vi* ❶ (*venir de*) **~ de qc** *marchandise, colis:* von [*o* aus] etw kommen; *mot, préfixe:* aus etw stammen [*o* kommen]; **~ de qn/qc** *fortune:* von jdm/etw kommen
❷ (*être la conséquence de*) **~ de qc** von etw kommen; *idée, sentiment:* von etw kommen [*o* herrühren]
proverbe [pʀɔvɛʀb] *m* Sprichwort *nt*; **comme dit le ~** wie es im Sprichwort [so schön] heißt
► **faire mentir le ~** das Sprichwort Lügen strafen
proverbial(e) [pʀɔvɛʀbjal, jo] <-aux> *adj* sprichwörtlich
proverbialement [pʀɔvɛʀbjalmɑ̃] *adv* sprichwörtlich

providence [pʀɔvidɑ̃s] *f* ❶ (*chance*) glückliche Fügung
❷ REL Vorsehung *f*
❸ *soutenu* (*personne secourable*) rettender Engel
providentiel(le) [pʀɔvidɑ̃sjɛl] *adj* ❶ *personne* vom Schicksal gesandt; *rencontre, voyage* schicksalhaft; *pluie* segensreich; *nouvelle* glücklich
❷ REL göttlich gefügt
providentiellement [pʀɔvidɑ̃sjɛlmɑ̃] *adv* durch eine glückliche Fügung
province [pʀɔvɛ̃s] *f* Provinz *f;* BELG (*unité territoriale*) Provinz *f*
▸ **la Belle Province** *Bezeichnung für die Provinz Quebec;* **faire très ~** *fam* sehr provinziell wirken
provincial(e) [pʀɔvɛ̃sjal, jo] <-aux> **I.** *adj* ❶ (*opp: parisien*) *air, manières* provinziell; *rythme* der Provinz; *vie* in der Provinz
❷ CAN *mesures, décision* auf der Provinzebene; **gouvernement ~** Provinzregierung *f*
II. *m(f)* Provinzbewohner(in) *m(f)*
provincialisme [pʀɔvɛ̃sjalism] *m* ❶ LING Provinzialismus *m*
❷ *péj* Provinzialität *f*
proviseur [pʀɔvizœʀ] **I.** *m* Schulleiter(in) *m(f)* (*in Gymnasien*); BELG (*adjoint du directeur de lycée*) stellvertretender Schulleiter *m*
II. *f* Schulleiterin *f* (*in Gymnasien*)
provision [pʀɔvizjɔ̃] *f* ❶ *pl* (*vivres*) [Essens]vorräte *Pl,* [Lebensmittel]vorräte *Pl;* (*pour une excursion*) Proviant *m*
❷ (*réserve*) **~ d'eau/de nourriture/papier** Wasser-/Lebensmittel-/Papiervorrat *m,* Vorrat an Wasser/Lebensmitteln/Papier (*Dat*); **faire ~ de qc** sich (*Dat*) einen Vorrat an etw (*Dat*) anlegen
❸ FIN, JUR (*acompte*) Vorschuss *m;* (*somme déposée*) Deckungssumme *f;* **sans ~** ungedeckt; **les ~s d'une entreprise** die Rückstellungen eines Unternehmens
▸ **aller aux ~s** einkaufen gehen; **faire ses ~s** seine [Lebensmittel]einkäufe machen
provisionnel(le) [pʀɔvizjɔnɛl] *adj* **acompte** [*o* **tiers**] **~** *Steuervorauszahlung*
provisionner [pʀɔvizjɔne] <1> *vt* auffüllen *compte;* **être provisionné(e)** *compte:* aufgefüllt sein; *chèque:* gedeckt sein
provisoire [pʀɔvizwaʀ] **I.** *adj* ❶ (*opp: définitif*) provisorisch; *solution, mesure* vorläufig, provisorisch; *installation* behelfsmäßig, provisorisch; *bonheur, liaison* vorübergehend
❷ JUR *arrêt, jugement, sentence* einstweilig
❸ (*intérimaire*) *gouvernement* provisorisch
II. *m* Provisorische(s) *nt,* Provisorium *nt,* Übergangslösung *f*
▸ **il n'y a que le ~ qui dure** *prov* Provisorien halten meist am längsten
provisoirement [pʀɔvizwaʀmɑ̃] *adv* vorübergehend; **asseyez-vous là ~** setzt euch vorerst mal hierher; **avoir construit qc ~** etw als Übergangslösung gebaut haben
provoc [pʀɔvɔk] *f fam abr de* **provocation**
provocant(e) [pʀɔvɔkɑ̃, ɑ̃t] *adj* ❶ (*agressif*) provozierend
❷ (*aguichant*) provozierend; *regard, sourire, fille* verführerisch, provozierend; *pose* aufreizend, provozierend
provocateur, -trice [pʀɔvɔkatœʀ, -tʀis] **I.** *adj* provokatorisch; **agent ~** Provokateur(in) *m(f)*
II. *m, f* Provokateur(in) *m(f),* Aufwiegler(in) *m(f)*
provocation [pʀɔvɔkasjɔ̃] *f* ❶ (*défi*) Provokation *f,* Herausforderung *f;* **faire de la ~** provozieren
❷ (*incitation*) **~ au combat/à se battre** Herausforderung *f* zum Kampf/sich zu schlagen; **~ au meurtre/à désobéir** Anstiftung *f* zum Mord/zum Ungehorsam
provoquer [pʀɔvɔke] <1> **I.** *vt* ❶ (*causer*) verursachen; bewirken *changement;* erregen *colère, gaieté;* herbeiführen *mort, accident;* auslösen, herbeiführen *explosion, révolte, désordre*
❷ (*inciter à*) **~ qn au vol/à la révolte** jdn zum Diebstahl anstiften/zur Revolte aufhetzen [*o* anstacheln]; **~ qn à boire** jdn zum Trinken verleiten
❸ (*énerver*) provozieren, reizen; (*défier*) herausfordern
❹ (*aguicher*) provozieren, aufreizen
II. *vpr* **se ~** sich [gegenseitig] provozieren
proxénète [pʀɔksenɛt] *m* Zuhälter(in) *m(f)*
proxénétisme [pʀɔksenetism] *m* Zuhälterei *f*
proximité [pʀɔksimite] *f* Nähe *f;* **à ~ de la gare** in der Nähe des Bahnhofs
▸ **les magasins de ~** die [kleinen] Geschäfte gleich um die Ecke; **politique/discours de ~** bürgernahe Politik/Sprache
pruche [pʀyʃ] *f* BOT CAN (*conifère apparenté au sapin*) Kanadische Hemlocktanne *m*
prude [pʀyd] **I.** *adj* prüde
II. *f* prüde Frau
prudemment [pʀydamɑ̃] *adv* ❶ (*avec précaution*) vorsichtig
❷ (*par précaution*) vorsichtshalber, vorsichtigerweise
prudence [pʀydɑ̃s] *f* Vorsicht *f;* **avoir la ~ de faire qc** so vorsichtig sein und etw tun; **avec ~** vorsichtig, mit Umsicht; **par [mesure de] ~** vorsichtshalber
▸ **~ est mère de sûreté** *prov* Vorsicht ist besser als Nachsicht
prudent(e) [pʀydɑ̃, ɑ̃t] **I.** *adj* vorsichtig; *personne* bedachtsam, vorsichtig; *pas* bedächtig; *silence* klug; **juger plus ~ de faire qc** es für ratsamer [*o* klüger] halten etw zu tun; **il est ~ de faire qc** es ist ratsam [*o* klug] etw zu tun
II. *m(f)* vorsichtiger Mensch
pruderie [pʀydʀi] *f* Prüderie *f*
prud'homal(e) [pʀydɔmal, o] <-aux> *adj compétence* den Arbeitsschiedsausschuss betreffend; **les conseillers prud'homaux** die Mitglieder des paritätischen Arbeitsschiedsausschusses
prud'homme [pʀydɔm] *m* Mitglied *nt* des paritätischen Arbeitsschiedsausschusses
prune [pʀyn] **I.** *f* ❶ (*fruit*) Pflaume *f*
❷ (*eau-de-vie*) Pflaumenschnaps *m*
▸ **pour des ~s** *fam* für nichts [und wieder nichts]
II. *adj inv* dunkelviolett
pruneau [pʀyno] <x> *m* ❶ GASTR Backpflaume *f*
❷ *fam* (*balle*) Kugel *f*
❸ CH (*quetsche*) Pflaume *f,* Zwetschge *f* (SDEUTSCH)
prunelle [pʀynɛl] *f* ❶ BOT Schlehe *f*
❷ (*liqueur*) Schlehenlikör *m*
❸ (*eau-de-vie*) Schlehenschnaps *m*
❹ ANAT Pupille *f*
▸ **tenir à qc comme à la ~ de ses yeux** etw wie seinen Augapfel hüten
prunellier [pʀynelje] *m* Schlehdorn *m*
prunier [pʀynje] *m* Pflaumenbaum *m*
▸ **secouer qn comme un ~** *fam* jdn heftig schütteln
prunus [pʀynys] *m* japanische Zierkirsche
prurigineux, -euse [pʀyʀiʒinø, -øz] *adj boutons, dermatose* juckend; **effet ~** Juckreiz *m*
prurigo [pʀyʀigo] *m* Hautausschlag *m*
prurit [pʀyʀit] *m* Hautjucken *nt,* Juckreiz *m*
Prusse [pʀys] *f* **la ~** Preußen *nt;* **la ~ Orientale** Ostpreußen
prussien(ne) [pʀysjɛ̃, jɛn] *adj* preußisch
Prussien(ne) [pʀysjɛ̃, jɛn] *m(f)* Preuße *m*/Preußin *f*
prussienne [pʀysjɛn] *f* ▸ **à la ~** preußisch
prussique [pʀysik] *adj* **acide ~** Blausäure *f*
P. S. [peɛs] *m abr de* **Parti socialiste** *Sozialistische Partei Frankreichs*
P.-S. [peɛs] *m abr de* **post-scriptum** PS *nt*
psalmodie [psalmɔdi] *f* ❶ REL Psalmodie *f*
❷ *littér* (*déclamation monotone*) Herunterleiern *nt* (*fam*)
psalmodier [psalmɔdje] <1a> **I.** *vt* ❶ (*chanter*) im Sprechgesang singen
❷ (*débiter*) herunterleiern (*fam*)
II. *vi* REL psalmodieren
psaume [psom] *m* Psalm *m*
psautier [psotje] *m* REL Psalter *m,* Psalmenbuch *nt*
pseudonyme [psødɔnim] *m* Pseudonym *nt*

P

PSG [peɛsʒe] *m* SPORT *abr de* **Paris Saint-Germain** PSG *m*

psi [psi] *m* Psi *nt*

ps[it]t [psit] *interj fam* pst

psittacose [psitakoz] *f* Papageienkrankheit *f,* Psittakose *f* (*Fachspr.*)

psoriasis [psɔʀjazis] *m* Schuppenflechte *f*

PSU [psy] *m abr de* **parti socialiste unifié** sozialistische Einheitspartei *f*

psy [psi] *mf fam abr de* **psychanalyste, psychiatre, psychologue** *Bezeichnung für Berufe, die sich mit Psychologie beschäftigen*

psychanalyse [psikanaliz] *f* Psychoanalyse *f*

psychanalyser [psikanalize] <1> *vt* [psycho]analysieren; **se faire ~** sich [psycho]analysieren [*o* psychoanalytisch behandeln] lassen

psychanalyste [psikanalist] *mf* Psychoanalytiker(in) *m(f)*

psychanalytique [psikanalitik] *adj* psychoanalytisch

psyché [psiʃe] *f* ❶ (*miroir*) großer Ankleidespiegel
❷ PHILOS Seelenleben *nt,* Psyche *f*

psychédélique [psikedelik] *adj* bewusstseinsverändernd

psychiatre [psikjatʀ] *mf* Psychiater(in) *m(f)*

psychiatrie [psikjatʀi] *f* Psychiatrie *f*

psychiatrique [psikjatʀik] *adj hôpital* psychiatrisch; *troubles* psychisch; **asile ~** *vieilli* Nervenheilanstalt *f* (*veraltet*)

psychique [psiʃik] *adj* psychisch, seelisch

psychisme [psiʃism] *m* Psyche *f,* seelische Struktur

psychodrame [psikodʀam] *m* Psychodrama *nt*

psycholinguistique [psikolɛ̃gɥistik] **I.** *adj* psycholinguistisch
II. *f* Psycholinguistik *f*

psychologie [psikolɔʒi] *f* ❶ (*science*) Psychologie *f; d'un héros de roman* seelische Struktur
❷ (*intuition*) psychologisches Gespür

psychologique [psikolɔʒik] *adj* ❶ psychologisch; *problème, état* psychisch
❷ (*opportun*) *instant, moment* psychologisch günstig
❸ (*qui agit sur le psychisme*) *action, guerre* psychologisch; **thriller ~** Psychothriller *m*

psychologiquement [psikolɔʒikmɑ̃] *adv* psychologisch [gesehen]

psychologue [psikolɔg] **I.** *adj* psychologisch begabt
II. *mf* Psychologe *m*/Psychologin *f*

psychomoteur, **-trice** [psikomɔtœʀ, -tʀis] *adj* psychomotorisch

psychopathe [psikopat] *mf* Psychopath(in) *m(f)*

psychopathie [psikopati] *f* Psychopathie *f*

psychophonie [psikofɔni] *f* Gesangstherapie *f*

psychose [psikoz] *f* ❶ MED Psychose *f*
❷ (*obsession collective*) Massenpsychose *f*

psychosensoriel(le) [psikosɑ̃sɔʀjɛl] *adj* **troubles ~s** Wahrnehmungsstörungen *Pl*

psychosocial(e) [psikosɔsjal, jo] <-aux> *adj troubles* psychosozial; *métier, centre* sozialpsychologisch

psychosociologie [psikosɔsjɔlɔʒi] *f* Sozialpsychologie *f*

psychosomatique [psikosɔmatik] *adj* psychosomatisch

psychotechnicien(ne) [psikotɛknisjɛ̃, jɛn] *m(f)* Betriebspsychologe *m*/-psychologin *f*

psychotechnique [psikotɛknik] **I.** *adj* **méthode ~** Testmethode *f;* **test ~** Eignungstest *m*
II. *f* Betriebspsychologie *f,* Arbeitspsychologie *f*

psychothérapeute [psikoteʀapøt] *mf* Psychotherapeut(in) *m(f)*

psychothérapie [psikoteʀapi] *f* Psychotherapie *f*

psychothérapique [psikoteʀapik] *adj* psychotherapeutisch

psychotique [psikotik] **I.** *adj* geisteskrank, gemütskrank
II. *mf* Geisteskranke(r) *f(m),* Psychotiker(in) *m(f)* (*Fachspr.*)

psychotrope [psikotʀɔp] MED, PSYCH **I.** *adj* psychotrop
II. *m* Psychopharmakon *nt*

PTAC [petease] *m abr de* **poids autorisé en charge** zulässiges Gesamtgewicht *nt*

ptérodactyle [pteʀɔdaktil] ZOOL *m* Pterodaktylus *m*

P.T.T. [petete] *mpl abr de* **Postes, Télégraphes, Téléphones** Post- und Fernmeldewesen *nt*

pu [py] *part passé de* **pouvoir**

puant(e) [pɥɑ̃, ɑ̃t] *adj* ❶ *lieu* stinkend
❷ *fam* (*odieux*) überheblich

puanteur [pɥɑ̃tœʀ] *f* Gestank *m*

pub¹ [pyb] *f fam abr de* **publicité** ❶ CINE, TV Werbung *f*
❷ (*spot*) Werbespot *m*

pub² [pœb] *m* (*bar*) Pub *m o nt*

pubère [pybɛʀ] *adj* **être ~** pubertieren

pubertaire [pybɛʀtɛʀ] *adj* pubertär

puberté [pybɛʀte] *f* Pubertät *f*

pubien(ne) [pybjɛ̃, jɛn] *adj* **os ~** Schambein *nt*

pubis [pybis] *m* Schamgegend *f*

publiable [pyblijabl] *adj* ❶ (*qui peut être publié*) **être ~** *œuvre, texte:* veröffentlicht werden können; (*autorisé*) veröffentlicht werden dürfen; **cette œuvre est difficilement ~** es ist schwierig dieses Werk zu veröffentlichen
❷ (*qui mérite d'être publié*) veröffentlichenswert sein

public [pyblik] *m* ❶ Publikum *nt;* (*spectateurs*) Zuschauer *Pl;* (*lecteurs*) Leser[schaft] *f;* (*auditeurs*) Zuhörer[schaft] *f;* **un ~ nombreux** ein großes Publikum, zahlreiche Zuschauer/Leser/Zuhörer *Pl;* **avoir son ~** sein festes Publikum haben; **être bon ~** ein dankbarer Zuhörer/Zuschauer/Leser sein; **le grand ~** das breite Publikum; **un film grand ~** ein Film für das breite Publikum
❷ (*tous*) Öffentlichkeit *f,* Allgemeinheit *f;* **être ouvert(e) au ~** *musée, banque, poste:* geöffnet sein; *commissariat de police:* für den Publikumsverkehr geöffnet sein; **en ~** (*en présence de personnes*) in der Öffentlichkeit; (*devant un auditoire*) öffentlich; (*devant tout le monde*) in [*o* vor] aller Öffentlichkeit

public, **publique** [pyblik] *adj* ❶ öffentlich; **sur la voie publique** in der Öffentlichkeit; **rendre une affaire publique** eine Sache öffentlich machen; **rendre un jugement ~** ein Urteil [öffentlich] bekannt geben; **la rumeur publique veut que ce soit vrai** es geht [allgemein] das Gerücht, dass es wahr ist; **cette nouvelle est publique** diese Neuigkeit ist allgemein bekannt
❷ (*de l'État*) staatlich; *école* staatlich, öffentlich; *finances* öffentlich; **chaîne publique** öffentlich-rechtlicher Sender; **le secteur ~** der öffentliche Bereich; **les services ~s** der öffentliche Dienst

publication [pyblikasjɔ̃] *f* ❶ (*écrit publié*) Publikation *f,* Veröffentlichung *f;* **~ mensuelle/hebdomadaire** Monats-/Wochenschrift *f*
❷ (*action de publier*) *d'un écrit, d'une œuvre* Publikation *f,* Veröffentlichung *f;* **~ des bans du mariage** das Bestellen des Aufgebots

publiciste [pyblisist] *mf* Werbefachmann *m*/-frau *f*

publicitaire [pyblisitɛʀ] **I.** *adj* **pancarte ~** Werbeplakat *nt;* **produit ~** Werbeartikel *m;* **vente ~** Werbeaktion *f;* **budget ~** Werbeetat *m;* **annonce ~** (*dans la presse*) Anzeige *f;* (*à la radio, télé*) Werbespot *m*
II. *mf* Werbefachmann *m*/-frau *f*

publicité [pyblisite] *f* ❶ (*ensemble des activités et messages, métier*) Werbung *f kein Pl;* **une page de ~** (*dans la presse*) eine Seite Werbung [*o* Reklame]; (*à la radio, télé*) ein Werbeblock *m;* **notre journal sera suivi d'une page de ~** im Anschluss an die Nachrichten senden wir [etwas] Werbung; **~ déguisée** Schleichwerbung; **faire de la ~ pour qn/qc** Reklame für jdn/etw machen
❷ (*annonce publicitaire*) Anzeige *f;* (*message publicitaire à la radio, télé*) Werbespot *m*
❸ *sans pl* (*action de rendre public*) Werbung *f,* Publicity *f;* **faire trop de ~ autour de qc** zu viel Aufheben[s] um etw machen; **donner trop de ~ à qc** einer S. (*Dat*) zu viel Publi-

zität *geh* [*o* Publicity] verschaffen
❹ *sans pl* JUR Öffentlichkeit *f*, Publizität *f* (*Fachspr.*)
publier [pyblije] <1a> *vt* ❶ (*faire paraître*) *auteur:* veröffentlichen; *éditeur:* herausgeben
❷ *a.* ECON, JUR (*rendre public*) veröffentlichen; bekannt geben *nouvelle;* herausgeben *communiqué;* veröffentlichen *décret;* ~/**faire** ~ **les bans du mariage** das Aufgebot bestellen
publiphone® [pyblifɔn] *m* [öffentliches] Kartentelefon *nt*
publipostage [pyblipɔstaʒ] *m* (*sans adresse individuelle*) Postwurfsendung *f*
publiquement [pyblikmɑ̃] *adv* öffentlich
publireportage [pybliʀ(ə)pɔʀtaʒ] *m* PRESSE PR-Meldung *f*
puce [pys] **I.** *adj inv* rotbraun [*o* rot-braun]
II. *f* ❶ ZOOL Floh *m;* **jeu de** ~**s** Flohspiel *nt*, Flohhüpfen *nt;* **le marché aux** ~**s** der Flohmarkt
❷ INFORM Chip *m;* ~**s graphiques** Grafikchips
❸ (*terme d'affection*) **viens, ma** ~**!** komm her, mein Schatz/mein Kleiner/meine Kleine!
▸ **mettre la** ~ **à l'oreille de qn** (*éveiller l'attention*) jdn hellhörig machen; (*éveiller la méfiance*) jdn misstrauisch machen, jds Misstrauen *nt* erregen; **secouer les** ~**s à qn** *fam* (*réprimander*) jdm den Kopf waschen (*fam*); (*dégourdir*) jdm Dampf machen (*fam*), jdn auf Trab bringen (*fam*); **se secouer les** ~**s** (*se dépêcher*) sich ranhalten (*fam*); (*se lever*) aus den Federn kriechen (*fam*)
◆ ~ **d'eau** Wasserfloh *m;* ~ **de mer,** ~ **de sable** Sandfloh *m*
puceau, pucelle [pyso, pysɛl] <x> **I.** *adj fam* jungfräulich, unberührt
II. *m, f fam* in der Liebe noch völlig unerfahrener Junge [*o* unerfahrenes Mädchen]; **la Pucelle d'Orléans** die Jungfrau von Orleans
pucelage [pys(ə)laʒ] *m fam* Unschuld *f*, Jungfräulichkeit *f* (*geh*); **perdre son** ~ seine Unschuld verlieren
puceron [pys(ə)ʀɔ̃] *m* Blattlaus *f*
pudding [pudiŋ] *m* Plumpudding *m*
pudeur [pydœʀ] *f* ❶ (*décence*) Scham[haftigkeit] *f;* **manque de** ~ Schamlosigkeit *f;* **n'avoir aucune** ~ kein Schamgefühl haben; **sans** ~ schamlos
❷ (*délicatesse*) Feingefühl *nt*, Takt *m;* **ayez la** ~ **de vous taire!** seien Sie doch so taktvoll und schweigen Sie!
pudibond(e) [pydibɔ̃, ɔ̃d] *adj personne* prüde
pudibonderie [pydibɔ̃dʀi] *f* Prüderie *f*
pudique [pydik] *adj* ❶ (*chaste*) *comportement, personne* schamhaft; *geste* züchtig
❷ (*plein de réserve*) *personne* zurückhaltend
❸ (*modéré*) *terme, expression* behutsam; *allusion* dezent, diskret
pudiquement [pydikmɑ̃] *adv* ❶ (*par euphémisme*) verhüllend
❷ (*chastement*) schamhaft
puer [pɥe] <1> **I.** *vi péj* stinken; **il pue des pieds** *fam* seine Füße stinken
II. *vt* ❶ *péj* (*empester*) ~ **l'alcool** nach Alkohol stinken; ~ **le renfermé** muffig riechen
❷ *péj fam* (*porter l'empreinte de*) ~ **le fric** nach Geld stinken (*fam*); **il pue le flic à cent mètres** man riecht drei Meilen gegen den Wind, dass er bei der Polente ist (*fam*)
puéricultrice [pɥeʀikyltʀis] *f* ❶ (*s'occupant des nouveau-nés*) Säuglingsschwester *f*
❷ (*s'occupant des tout-petits*) Kinderkrankenschwester *f*
puériculture [pɥeʀikyltyʀ] *f* ❶ (*s'appliquant aux nouveau-nés*) Säuglingspflege *f*
❷ (*s'appliquant aux tout-petits*) Kleinkinderpflege *f*
puéril(e) [pɥeʀil] *adj* kindisch, albern
puérilité [pɥeʀilite] *f* ❶ *sans pl* (*caractère puéril*) kindische Art
❷ (*chose peu digne d'un adulte*) Albernheit *f;* **vraiment c'est d'une** ~**!** das ist doch wirklich kindisch!
puerpéral(e) [pyɛʀpeʀal, o] <-aux> *adj* MED Kindbett-, puerperal (*Fachspr.*); **fièvre** ~**e** Kindbettfieber *nt*
pugilat [pyʒila] *m* Schlägerei *f*
pugnace [pygnas] *adj littér* kampflustig
pugnacité [pyɲasite] *f* Kampflust *f*, Streitsucht *f*
puis[1] [pɥi] *adv* dann; **et** ~ **après** [*o* **quoi**]**?** *fam* na und?; **et** ~ **quoi encore!?** *fam* ja, was denn noch [alles]!? (*fam*); **et** ~ (*en outre*) und dann [noch]; (*en fin de compte*) und überhaupt
puis[2] [pɥi] *indic prés de* **pouvoir**
puisard [pɥizaʀ] *m* ❶ (*puits*) Sickerschacht *m*, Gully *m*
❷ NAUT Lenzbrunnen *m*
puisatier [pɥizatje] *m* Brunnenbauer *m*
puiser [pɥize] <1> **I.** *vt* ❶ ~ **de l'eau dans qc** Wasser aus etw schöpfen
❷ *soutenu* (*aller chercher*) ~ **dans la tristesse la force de vivre** aus der Trauer Kraft schöpfen
II. *vi* ~ **dans ses réserves** an seine Reserven gehen (*fam*)
puisque [pɥisk(ə)] <puisqu'> *conj* da [ja]; **mais puisqu'elle est malade!** aber sie ist doch krank!; ~ **c'est ainsi** da es nun einmal so ist; **puisqu'il le faut!** wenn es [*o* wenn's denn] sein muss!; **ce doit être vrai, puisqu'il le dit** wenn er es sagt, muss es ja stimmen
puissamment [pɥisamɑ̃] *adv* ❶ (*avec des moyens efficaces*) heftig, mit aller Kraft [*o* Macht]
❷ (*à un haut degré*) stark, besonders
puissance [pɥisɑ̃s] *f* ❶ *sans pl* (*force*) Kraft *f; des éléments* Kraft, Gewalt *f; du vent* Stärke *f*
❷ *sans pl* (*pouvoir*) Macht *f;* **volonté de** ~ Wille *m* zur Macht, Machtstreben *nt*
❸ (*État*) Macht *f;* **grande** ~ Großmacht; **les** ~**s occidentales** die Westmächte
❹ TECH *d'un moteur, d'une émission sonore* Leistung[sfähigkeit] *f; d'une source lumineuse* Stärke *f*
❺ *pl* (*forces*) Kräfte *Pl;* **les** ~**s du mal** die Mächte des Bösen
❻ MATH, GEOM Potenz *f;* **dix** ~ **deux** zehn hoch zwei
❼ PHYS, ELEC Leistung *f*
❽ OPT Brechwert *m*
▸ **en** ~ potenziell (*geh*)
◆ ~ **au frein** *in Brems-PS ausgedrückte Nutzleistung;* ~ **de feu** Feuerkraft *f;* **les** ~**s d'argent** das Großkapital, die Großfinanz
puissant(e) [pɥisɑ̃, ɑ̃t] **I.** *adj* ❶ (*d'une grande force*) kräftig, stark; *voix* kraftvoll
❷ (*qui a du pouvoir*) mächtig
❸ (*qui a un grand potentiel économique ou militaire*) stark; *pays* mächtig; *armée* schlagkräftig
❹ (*très efficace*) wirksam; TECH *moteur* leistungsfähig; *freins* gut
II. *mpl* **les** ~**s** die Mächtigen
puisse [pɥis] *subj prés de* **pouvoir**
puits [pɥi] *m* ❶ Brunnen *m;* ~ **artésien** artesischer Brunnen
❷ (*pour l'exploitation d'un gisement*) *d'une mine* Schacht *m*
◆ ~ **d'aérage,** ~ **d'aération** Wetterschacht *m;* ~ **de pétrole** [Erd]ölbohrloch *nt;* ~ **de pétrole en feu** brennende [Erd]ölquelle; ~ **de science** hochgelehrter Mensch
pull [pyl] *m abr de* **pull-over** *fam* Pulli *m* (*fam*)
pullman [pulman] *m* (*car*) Komfort-Reisebus *m*
pull-over [pylɔvɛʀ, pylɔvœʀ] <pull-overs> *m* Pullover *m;* (*sans manches*) Pullunder *m*
pullulement [pylylmɑ̃] *m* ❶ *d'insectes, de personnes* Schwarm *m*, Gewimmel *nt*
❷ BIO (*action de se multiplier*) Vermehrung *f*
pulluler [pylyle] <1> *vi* ❶ (*être en grand nombre*) **des personnes/animaux pullulent** es wimmelt von Menschen/Tieren; **le gibier pullule ici** hier wimmelt es von Wild
❷ (*être plein de*) **l'article pullulait d'inexactitudes** in dem Artikel wimmelte es von Ungenauigkeiten
❸ (*proliférer*) sich stark vermehren; **faire** ~ **des animaux** bewirken, dass Tiere sich stark vermehren
pulmonaire [pylmɔnɛʀ] *adj* **tuberculose** ~ Lungentuberkulose *f*

P

pulpe [pylp] *f* (*chair*) [Frucht]fleisch *nt;* ~ **dentaire** Zahnmark *nt,* Pulpa *f* (*Fachspr.*); ~ **des doigts** Fingerkuppe *f*
pulpeux, -euse [pylpø, -øz] *adj lèvres* voll; *peau* straff; *femme* drall
pulsar [pylsaʀ] *m* ASTRON Pulsar *m* (*Fachspr.*)
pulsation [pylsasjɔ̃] *f* ❶ (*battement*) *du cœur* [rhythmisches] Schlagen; *du pouls* Klopfen *nt;* **le nombre de ~s à la minute** die Pulsfrequenz; **son pouls bat à 80 ~s à la minute** er/sie hat einen Puls [*o* eine Pulsfrequenz] von 80
❷ ELEC, PHYS Puls *m*
pulsé(e) [pylse] *adj v.* **air, chauffage**
pulsion [pylsjɔ̃] *f* Trieb *m;* ~ **sexuelle** Geschlechtstrieb *m kein Pl*
pulvérisateur [pylveʀizatœʀ] *m* Sprühgerät *nt; de peinture* Spritzgerät *nt; d'un produit insecticide* [Garten]spritze *f; d'un produit liquide* Sprühflasche *f; d'un produit médicamenteux* Zerstäuber *m,* Spray *m o nt,* Spraydose *f;* ~ **nasal/buccal** Nasen-/Mundspray
pulvérisation [pylveʀizasjɔ̃] *f* Sprühen *nt; de peinture* Sprühen, Spritzen *nt; d'un produit insecticide* Spritzen; *d'un produit médicamenteux* Sprayen *nt;* **la ~ d'un produit détachant** das Besprühen mit einem Fleckenmittel
pulvériser [pylveʀize] <1> *vt* ❶ (*vaporiser*) sprühen; sprühen, spritzen *peinture;* spritzen *insecticide;* **peinture à ~** Spritzfarbe *f*
❷ (*réduire à néant*) **qc pulvérise une chose** etw zerstört eine S.; ~ **une objection** einen Einspruch widerlegen
❸ *fam* (*battre très largement*) haushoch besiegen (*fam*) *adversaire;* vernichtend schlagen *armée;* [sensationell] brechen *record*
❹ (*réduire en poudre*) zu Pulver zermahlen, pulverisieren
puma [pyma] *m* Puma *m*
punaise [pynɛz] *f* ❶ ZOOL Wanze *f*
❷ (*petit clou*) Reißzwecke *f,* Reißnagel *m*
◆ ~ **de sacristie** *péj* Betbruder *m*/Betschwester *f;* ~ **des bois** Schildwanze *f,* Baumwanze *f*
punaiser [pyneze] <1> *vt* mit einer Reißzwecke/mit Reißzwecken befestigen
punch¹ [pɔ̃ʃ] *m* (*boisson*) Punsch *m*
punch² [pœnʃ] *m inv* ❶ (*dynamisme*) Schwung *m,* Elan *m;* **avoir du ~** *fam* Schwung [*o* Elan] haben, dynamisch sein; **je manque de ~** ich fühle mich [etwas] schlapp (*fam*); **avoir du/manquer de ~** *fam moto:* Power/keine Power haben (*fam*); **donner du ~ à qn/qc** jdn/etw in Schwung bringen
❷ SPORT Punch *m* (*Fachspr.*); **ce boxeur a le ~** dieser Boxer hat einen harten Punch
puncheur [pœnʃœʀ] *m* Puncher *m* (*Fachspr.*)
punching-ball [pœnʃiŋbol] <punching-balls> *m* Punchingball *m*
punique [pynik] *adj* HIST punisch
punir [pyniʀ] <8> *vt* ❶ (*châtier*) bestrafen; ~ **qn d'une peine d'emprisonnement** jdn mit Gefängnis bestrafen
❷ (*sévir*) ~ **qc** etw bestrafen, etw ahnden (*geh*); **qc est puni de mort** auf etw (*Akk*) steht die Todesstrafe
❸ (*opp: récompenser*) **être puni(e) de qc** für etw bestraft werden; **te voilà bien puni(e)!** [siehst du,] das ist die Strafe!; **cela le punirait de son orgueil** das wäre die gerechte Strafe für seinen Hochmut
▶ **qn est puni par où il a péché** jdm wird seine Missetat zum Verhängnis
punissable [pynisabl] *adj* strafbar, sträflich
punitif, -ive [pynitif, -iv] *adj* strafend; *v. a.* **expédition 2.**
punition [pynisjɔ̃] *f* ❶ (*peine*) Strafe *f;* ~ **corporelle** Prügelstrafe
❷ SCOL Strafarbeit *f*
❸ (*action de punir*) Bestrafung *f;* **en ~ de qc** als Strafe für etw
❹ (*conséquence néfaste*) Strafe *f;* **la juste ~ de qc** die gerechte Strafe für etw
punk [pœ̃k, pœnk] **I.** *adj inv lunettes, bijoux* punkig; **musique ~** Punkmusik *f;* **il a adopté un look ~** er läuft als [*o* wie ein] Punk[er] herum
II. *mf* (*personne*) Punk[er] *m*/Punkerin *f*
pupille¹ [pypij, pypil] *f* ANAT Pupille *f*
pupille² [pypij, pypil] *mf* Mündel *nt*
◆ ~ **de la Nation** *unter staatlicher Fürsorge stehende Kriegswaise;* ~ **de l'État** (*orphelin*) *unter staatlicher Fürsorge stehende Waise;* (*abandonné*) Fürsorgezögling *m*
pupitre [pypitʀ] *m* ❶ INFORM Steuerpult *nt,* Schaltpult *nt*
❷ TECH, ELEC ~ **de commande** Steuerpult *nt*
❸ MUS *d'un musicien, choriste* [Noten]pult *nt,* Notenständer *m; d'un chef d'orchestre* [Dirigenten]pult; *d'un piano* Notenablage *f;* **être au ~** am Pult stehen (*geh*)
❹ (*meuble à plan incliné*) Pult *nt*
pupitreur, -euse [pypitʀœʀ, -øz] *m, f* Operator(in) *m(f)*
pur(e) [pyʀ] **I.** *adj* ❶ (*non altéré*) rein; *air, eau* klar; **~(e) et dur(e)** *morale* strikt; *doctrine, système* rigoros; *personne* überzeugt
❷ (*non mélangé*) rein; **animal de race ~e** reinrassiges Tier; **boire son vin ~** seinen Wein unverdünnt trinken
❸ (*authentique*) *vérité* rein; *hasard, méchanceté* rein; **mais c'est de la folie ~e!** das ist ja purer [*o* heller] [*o* glatter] Wahnsinn!
❹ (*opp: appliqué*) *recherche, science, mathématiques* rein
❺ (*innocent*) *cœur, amour* rein; *regard* klar; *jeune fille* unschuldig; *intentions* lauter (*geh*)
❻ (*harmonieux*) *ligne, son* rein; *profil* klar; *langue, style* rein; **un visage d'un ovale ~** ein Gesicht mit einer makellos ovalen Form; **il écrivait dans l'anglais le plus ~** er schrieb in lupenreinem Englisch
▶ **~(e) et simple** in Reinform; *refus* eindeutig, unmissverständlich; **un "non" ~ et simple** ein klares Nein
II. *m(f) souvent pl* (*personne fidèle à un parti*) hundertprozentiger [Partei]anhänger/hundertprozentige [Partei]anhängerin (*fam*); (*personne fidèle à une orthodoxie*) Vertreter (in) *m(f)* der reinen Lehre
purée [pyʀe] *f* Püree *nt,* Brei *m;* ~ **de pommes de terre** [Kartoffel]püree *nt,* Kartoffelbrei *m;* ~ **de marrons** Maronenpüree; ~ **en flocons** Flockenpüree
▶ **~!** *pop* Scheibenkleister! (*fam*)
◆ ~ **de pois** (*brouillard*) Waschküche *f* (*fam*)
purement [pyʀmɑ̃] *adv* rein; **un avis ~ subjectif** eine rein subjektive Meinung; ~ **et simplement** [schlicht und] einfach
pureté [pyʀte] *f* ❶ Reinheit *f; de l'air, eau* Reinheit, Klarheit *f; du ciel* Klarheit; ~ **de la race** Reinrassigkeit *f*
❷ (*perfection*) Reinheit *f; d'un visage* Makellosigkeit *f*
❸ (*innocence*) *des intentions* Lauterkeit *f; d'un regard* Klarheit *f; de l'enfance* Unschuld *f*
purgatif [pyʀgatif] *m* Abführmittel *nt*
purgatif, -ive [pyʀgatif, -iv] *adj* **être ~(-ive)** abführend wirken
purgatoire [pyʀgatwaʀ] *m* Fegefeuer *nt*
purge [pyʀʒ] *f* ❶ (*action de vidanger*) *d'une tuyauterie, chaudière* Entleerung *f* [und Reinigung *f*]; *d'une huile* Ablassen *nt; d'un radiateur* Entlüftung *f;* **robinet de ~** Ablassventil *nt*
❷ POL Säuberungsaktion *f*
❸ MED Abführmittel *nt*
purger [pyʀʒe] <2a> **I.** *vt* ❶ (*vidanger*) entleeren [und reinigen] *conduite, tuyauterie, chaudière;* ablassen *huile;* entlüften *radiateur;* ~ **qc d'eau** etw entwässern
❷ JUR verbüßen *peine;* ~ **une peine d'emprisonnement** eine Haftstrafe verbüßen
❸ MED ~ **qn** jdm ein Abführmittel geben [*o* verabreichen]; **être purgé(e)** ein Abführmittel [verabreicht] bekommen
❹ POL ~ **qc de personnes** etw von Menschen säubern
II. *vpr* **se ~** ein Abführmittel nehmen; **un animal se purge avec qc** ein Tier frisst etw um abzuführen
purgeur [pyʀʒœʀ] *m* Ablasshahn *m; d'eau* Wasserabscheider *m; d'air* Entlüftungshahn *m*
purifiant(e) [pyʀifjɑ̃, jɑ̃t] *adj* **lotion ~e** Reinigungslotion *f*
purificateur [pyʀifikatœʀ] *m* Reinigungsgerät *nt;* ~ **d'air** Luft-

reiniger *m*
purificateur, **-trice** [pyʀifikatœʀ, -tʀis] *adj* reinigend
purification [pyʀifikasjɔ̃] *f* ❶ Reinigung *f; d'une eau* Klärung *f*
❷ REL Reinigung *f;* **rite de** ~ Reinigungsritus *m*
❸ (*épuration*) Säuberung *f*
purificatoire [pyʀifikatwaʀ] *adj* **cérémonie** ~ Reinigungszeremonie *f;* **cette cérémonie est** ~ diese Zeremonie dient der Reinigung
purifier [pyʀifje] <1a> **I.** *vt* ❶ reinigen *air, atmosphère;* klären *eau*
❷ (*rendre plus pur*) *feu, rite:* reinigen; *pénitence, prière, souffrance:* läutern (*geh*)
II. *vpr fig* **se** ~ **de qc** sich von etw reinigen
purin [pyʀɛ̃] *m* Jauche *f*
purisme [pyʀism] *m* LING Purismus *m*
puriste [pyʀist] **I.** *adj* puristisch
II. *m, f* Purist(in) *m(f)*
puritain(e) [pyʀitɛ̃, ɛn] **I.** *adj* ❶ sittenstreng
❷ HIST puritanisch
II. *m(f)* ❶ sittenstrenger Mensch
❷ HIST Puritaner(in) *m(f)*
puritanisme [pyʀitanism] *m* ❶ Sittenstrenge *f*
❷ HIST Puritanismus *m*
pur-sang [pyʀsɑ̃] <pur-sang *o* purs-sangs> *m* Vollblut[pferd] *nt,* Vollblüter *m*
purulent(e) [pyʀylɑ̃, ɑ̃t] *adj* MED *infection* eitrig; *plaie* eitrig, eiternd; **foyer** ~ Eiterherd *m*
pus [py] *m* Eiter *m*
pus [py] *passé simple de* **pouvoir**
pusillanime [pyzi(l)lanim] *adj littér* kleinmütig (*geh*)
pustule [pystyl] *f* ❶ MED [Eiter]bläschen *nt,* Pustel *f* (*Fachspr.*)
❷ *d'un crapaud* Warze *f; d'une feuille, tige* Wucherung *f* im Gewebe
putain [pytɛ̃] **I.** *f* ❶ *péj vulg* Nutte *f* (*sl*), Hure *f;* **faire la** ~ *vulg* (*se prostituer*) auf den Strich gehen (*sl*); *fam* (*s'avilir*) liebedienern
❷ *péj fam* ~ **de voiture** Scheißkarre *f* (*vulg*)
II. *interj* ❶ *fam* (*exprime la colère*) Scheiße (*vulg*); (*exprime l'étonnement, l'incrédulité*) Donnerwetter (*fam*)
❷ MIDI *fam* (*forme d'insistance*) ~**!** Mensch! (*fam*)
▶ ~ [**de bordel**] **de merde** *fam* verdammte Scheiße (*vulg*)
putatif, **-ive** [pytatif, -iv] *adj père, enfant* vermeintlich; *mariage* nichtig, für nichtig erklärt
pute [pyt] *f péj vulg* Nutte *f* (*pej sl*), Hure *f;* **fils de** ~ Hurensohn *m;* **faire la** ~ *vulg* (*se prostituer*) auf den Strich gehen (*sl*); *fam* (*s'avilir*) kriechen
putois [pytwa] *m* Iltis *m*
▶ **crier comme un** ~ (*pousser des cris*) wie am Spieß schreien [*o* brüllen] (*fam*); (*protester avec force*) lautstarken Protest einlegen
putréfaction [pytʀefaksjɔ̃] *f d'un corps* Verwesung *f;* **cadavre en** ~ verwesender Leichnam; **dans un état/en état de** ~ **avancée** stark verwest
putréfier [pytʀefje] <1a> **I.** *vt* verwesen lassen; **être putréfié(e)** verwest sein
II. *vpr* **se** ~ verwesen
putrescent(e) [pytʀesɑ̃, ɑ̃t] *adj* verfaulend, verwesend
putrescible [pytʀesibl] *adj* [leicht] verderblich; **une matière non** ~ ein Stoff, der nicht [biologisch] abbaubar ist
putride [pytʀid] *adj* faul; *eau, odeur* faulig
putsch [putʃ] *m* Putsch *m;* ~ **militaire** Militärputsch *m*
putschiste [putʃist] **I.** *m souvent pl* Putschist(in) *m(f)*
II. *adj* **une action** ~ eine Aktion von Putschisten
putt [pœt] *m* SPORT Putt *m*
putter [pœtœʀ] *m* SPORT Putter *m*
puzzle [pœzl, pœzœl] *m* ❶ (*jeu*) Puzzle[spiel *nt*] *nt;* **faire un** ~ ein Puzzle zusammensetzen
❷ (*problème complexe*) Rätsel *nt;* **les pièces du** ~ **commencent à se mettre en place** allmählich fügen sich die Mosaiksteinchen zusammen
p.-v. [peve] *m abr de* **procès-verbal** *inv fam* Strafzettel *m*
P.V.C. [pevese] *m abr de* **polyvinylchloride** *inv* PVC *nt*
pygmée [pigme] *adj langue, littérature* pygmäisch; **campement de** ~**s** Pygmäenlager *nt;* **populations** ~**s** Bevölkerungsgruppen *Pl* der Pygmäen
Pygmée [pigme] *m* Pygmäe *m*
pyjama [piʒama] *m* Schlafanzug *m,* Pyjama *m;* **en** ~[**s**] im Schlafanzug
pylône [pilon] *m* ❶ TECH Mast *m;* ~ **électrique** Leitungsmast; (*pour lignes à haute tension*) Hochspannungsmast
❷ ARCHIT Pylon *m,* Brückenportal *nt*
pylore [pilɔʀ] *m* ANAT [Magen]pförtner *m*
pyorrhée [pjɔʀe] *f* MED eitriger Ausfluss *m,* Pyorrhö *f* (*Fachspr.*)
pyramidal(e) [piʀamidal, o] <-aux> *adj* pyramidenförmig, pyramidal
pyramide [piʀamid] *f* ❶ ARCHIT Pyramide *f;* **les** ~**s d'Égypte** die ägyptischen Pyramiden
❷ GEOM Pyramide *f*
❸ (*empilement en forme de pyramide*) Pyramide *f;* ~ **humaine** [Menschen]pyramide; ~ **de fruits** Pyramide aus Früchten
◆ ~ **des âges** Alterspyramide *f*
pyrénéen(ne) [piʀeneɛ̃, neɛn] *adj* pyrenäisch
Pyrénées [piʀene] *fpl* **les** ~ die Pyrenäen
pyrex® [piʀɛks] *m* feuerfestes Glas
pyrite [piʀit] *f* CHIM Pyrit *nt*
pyrograver [piʀogʀave] *vt* TECH mit Brandmalerei gestalten
pyrogravure [piʀogʀavyʀ] *f sans pl* Brandmalerei *f;* ~ **sur bois/cuir** Holz-/Lederbrandmalerei
pyrolyse [piʀɔliz] *f* Pyrolyse *f*
pyromane [piʀɔman] **I.** *adj* an Pyromanie leidend
II. *mf* Brandstifter(in) *m(f);* PSYCH Pyromane *m*/Pyromanin *f*
pyromanie [piʀɔmani] *f* Pyromanie *f*
pyromètre [piʀɔmɛtʀ] *m* Pyrometer *nt* (*Fachspr.*)
pyrotechnicien(ne) [piʀɔtɛknisjɛ̃, jɛn] *m(f) rare* Pyrotechniker(in) *m(f),* Feuerwerker(in) *m(f)*
pyrotechnique [piʀɔtɛknik] *f* Pyrotechnik *f*
Pyrrhus [piʀys] *m v.* **victoire**
pythie [piti] *f* ❶ HIST Pythia *f*
❷ *littér* (*devineresse*) Pythia *f* (*geh*), Seherin *f*
python [pitɔ̃] *m* Pythonschlange *f,* Python *m*

Qq

Q, **q** [ky] *m inv* Q *nt*/q *nt*
▶ **q comme Quintal** Q wie Quelle
Q.C.M. [kyseɛm] *m abr de* **questionnaire à choix multiple** *inv v.* **questionnaire**
Q.G. [kyʒe] *m inv* MIL *fam abr de* **quartier général** Hauptquartier *nt; fig* Treffpunkt *m*
QHS [kyaʃɛs] *m abr de* **quartier de haute sécurité** Hochsicherheitstrakt *m*
QI [kyi] *m abr de* **quotient intellectuel** IQ *m*
qu' [k] *v.* **que**
quadragénaire [k(w)adʀaʒenɛʀ] **I.** *adj* in den Vierzigern
II. *mf* Mann *m*/Frau *f* in den Vierzigern
quadrangulaire [k(w)adʀɑ̃gylɛʀ] *adj* viereckig
quadrant [kadʀɑ̃] *m* MATH Quadrant *m*
quadrature [k(w)adʀatyʀ] *f* Quadratur *f* (*Fachspr.*); **la** ~ **du cercle** die Quadratur des Kreises

quadrichromie [k(w)adʀikʀɔmi] *f* Vierfarbendruck *m*
quadriennal(e) [k(w)adʀijenal, o] <-aux> *adj* ❶ (*qui a lieu tous les quatre ans*) vierjährlich; **le festival est** ~ das Festival findet alle vier Jahre statt
❷ (*qui dure quatre ans*) *rotation* im Vierjahresrhythmus; **plan** ~ Vierjahresplan *m*
quadrilatère [k(w)adʀilatɛʀ] *m* Viereck *nt*
quadrillage [kadʀijaʒ] *m* ❶ (*encadrement, action d'implanter un réseau*) Errichtung *f* eines dichten Netzes von Niederlassungen [*o* Vertretungen]; ~ **électoral** flächendeckende Wahlkampfmaßnahmen *Pl;* **organiser un véritable** ~ **de la population** MED Reihenuntersuchungen organisieren
❷ (*opération militaire, policière*) ~ **de qc** Errichtung *f* eines dichten [*o* flächendeckenden] Netzes von Kontrollpunkten (*Dat*) in etw
❸ *d'un papier* karierte Linien *Pl; d'un tissu* Karomuster *nt*
quadrille [kadʀij] *m* (*danse*) Quadrille *f*
quadrillé(e) [kadʀije] *adj* kariert
quadriller [kadʀije] <1> *vt* ❶ (*procéder à une opération militaire, policière*) ~ **qc** in etw (*Dat*) ein flächendeckendes Netz von Kontrollpunkten errichten
❷ (*tracer des lignes*) ~ **qc** etw in Quadrate [*o* Kästchen] einteilen
quadrimoteur [kadʀimotœʀ] **I.** *adj avion* viermotorig
II. *m* viermotoriges Flugzeug *nt*
quadriparti(e) [k(w)adʀipaʀti] *adj,* **quadripartite** [k(w)adʀipaʀtit] *adj* ❶ *a.* POL **conférence** ~**e** Viererkonferenz *f;* **accord** ~ Viermächteabkommen *nt*
❷ BOT vierteilig, aus vier Teilen bestehend
quadriphonie [k(w)adʀifɔni] *f* Quadrophonie *f;* **en** ~ quadrophon
quadriréacteur [k(w)adʀiʀeaktœʀ] **I.** *adj avion* vierstrahlig
II. *m* vierstrahliges Flugzeug *nt*
quadrumane [k(w)adʀyman] **I.** *adj* mit vier Händen; **les singes sont** ~**s** die Affen haben vier Hände
II. *m* Vierhänder *m*
quadrupède [k(w)adʀypɛd] **I.** *adj* vierfüßig
II. *m* Vierfüßer *m*
quadruple [k(w)adʀypl] **I.** *adj* vierfach; **une** ~ **rangée de chaises** vier Reihen Stühle
II. *m* Vierfache(s) *nt;* **le** ~ **du prix** das Vierfache des Preises, der vierfache Preis; **il me l'a rendu au** ~ er hat sich [bei mir] doppelt und dreifach revanchiert
quadrupler [k(w)adʀyple] <1> **I.** *vi* (*se multiplier par quatre*) sich vervierfachen
II. *vt* (*multiplier par quatre*) vervierfachen
quadruplés, quadruplées [k(w)adʀyple] *mpl, fpl* Vierlinge *Pl*
quai [ke] *m* ❶ *d'une gare, station de métro* Bahnsteig *m; d'un entrepôt* Laderampe *f;* ~ **de déchargement** Verladerampe
❷ (*endroit pour accoster*) Anlegestelle *f*
❸ (*installation portuaire*) Kai *m,* Pier *m o f;* **être à** ~ am Kai liegen
❹ (*voie publique*) Uferstraße *f,* Quai *m;* **les** ~**s de la Seine** das Seineufer
◆ **Quai des Orfèvres** *Sitz der Pariser Kriminalpolizei;* **Quai d'Orsay** *Sitz des französischen Außenministeriums*
quaker, quakeresse [kwɛkœʀ, kwɛkʀɛs] *m, f* Quäker(in) *m(f)*
qualifiable [kalifjabl] *adj* **qc est à peine** ~ man findet kaum noch Worte für etw; **qc n'est pas** ~ etw ist [einfach] unbeschreiblich
qualificatif [kalifikatif] *m* ❶ GRAM Adjektiv *nt*
❷ (*expression*) Bezeichnung *f*
qualificatif, -ive [kalifikatif, -iv] *adj* ❶ GRAM **adjectif** ~ Eigenschaftswort *nt,* Adjektiv *nt*
❷ SPORT **match** ~ Qualifikationsspiel *nt*
qualification [kalifikasjɔ̃] *f* ❶ SPORT Qualifikation *f;* **match de** ~ Qualifikationsspiel *nt;* **jouer sa** ~ **pour ...** um die Qualifikation für ... spielen
❷ (*expérience*) Qualifikation *f;* ~ **dans qc** Erfahrung *f* [*o* Kenntnisse *Pl*] in etw (*Dat*); ~ **professionnelle** berufliche Qualifikation
qualifié(e) [kalifje] *adj* ❶ (*compétent*) *personne* kompetent; *avis* kompetent, sachkundig; **être** ~**(e) pour prendre des décisions** berechtigt sein Entscheidungen zu treffen
❷ (*formé*) [gut] ausgebildet, qualifiziert; **hautement** ~**(e)** hochqualifiziert; **ouvrier** ~ Facharbeiter *m;* **personnel** ~ Fach[arbeits]kräfte *Pl;* **des jeunes non** ~**s** junge Leute ohne Berufsausbildung
❸ (*manifeste*) **c'est du vol** ~**!** das ist ganz klarer Diebstahl!
qualifier [kalifje] <1a> **I.** *vt* ❶ (*caractériser comme*) ~ **qc de vol** etw als Diebstahl bezeichnen; **voilà une conduite qu'on ne saurait** ~ dieses Benehmen ist einfach unbeschreiblich
❷ (*traiter*) ~ **qn de menteur** jdn einen Lügner nennen
❸ (*rendre apte*) ~ **qn pour une profession** jdn zu einem Beruf befähigen
❹ (*permettre de*) **le diplôme le qualifie pour faire qc** das Diplom berechtigt ihn etw zu tun
❺ SPORT **le temps la qualifie pour qc** mit der Zeit qualifiziert sie sich für etw; **nous sommes qualifiés pour la finale** wir haben uns für das Finale qualifiziert
❻ GRAM näher bestimmen
II. *vpr* SPORT **se** ~ **pour qc** sich für etw qualifizieren
qualitatif, -ive [kalitatif, -iv] *adj analyse* qualitativ; **différence qualitative** Qualitätsunterschied *m;* **changement** ~ Veränderung *f* in qualitativer Hinsicht
qualitativement [kalitativmɑ̃] *adv* qualitativ, in Bezug auf die Qualität
qualité [kalite] *f* ❶ Qualität *f; d'un produit* Qualität, Güte *f;* ~ **moyenne** Durchschnittsqualität; **service** ~ Abteilung *f* für Qualitätskontrolle [*o* Qualitätssicherung]; **de bonne** ~ von guter Qualität; **de première** ~ erstklassig; **un spectacle de** ~ eine [sehr] gute Veranstaltung; **un produit de** ~ ein Qualitätsprodukt *nt*
❷ (*caractéristique positive*) Vorzug *m; d'un athlète* Stärke *f; d'une œuvre littéraire* [künstlerische] Qualität; *d'une personne* gute Eigenschaft *f;* ~**s morales** charakterliche Qualitäten
❸ (*aptitude*) Fähigkeit *f;* **avoir** ~ **pour faire qc** befugt [*o* berechtigt] sein etw zu tun
❹ (*fonction*) Stellung *f;* **sa** ~ **d'ambassadeur lui permet de ...** als Botschafter kann er ...; **en** ~ **de** als; **en ma** ~ **de ...** in meiner Eigenschaft als ...
◆ ~ **de la réalisation** Ausführungsqualität *f;* ~ **de [la] vie** Lebensqualität *f*
quand [kɑ̃] **I.** *adv* wann; **depuis/jusqu'à** ~**?** seit/bis wann?; **de** ~ **date ce livre?** wann ist dieses Buch erschienen?
II. *conj* ❶ (*temporel*) (*événement unique du passé ou du présent*) als; (*événement répétitif, événement unique du futur*) wenn
❷ *fam* (*le moment où, le fait que*) wenn
❸ (*puisque*) wenn ... [doch]; ~ **je vous le dis, vous pouvez me croire** wenn ich es euch/Ihnen [doch] sage, könnt ihr/können Sie mir glauben
❹ (*même si*) ~ **[même]**, ~ **bien même** selbst wenn
❺ (*exclamatif*) ~ **je pense que ...!** wenn ich daran denke, dass ...!
▸ ~ **même** (*malgré cela*) trotzdem; *fam* (*tout de même*) doch; **quel imbécile** ~ **même!** was ist er doch für ein Dummkopf!; ~ **même, il n'est pas bête!** schließlich ist er ja nicht dumm!; **tu aurais** ~ **même pu avertir** du hättest doch [*o* schließlich] Bescheid sagen können
quant [kɑ̃t] *prép* ❶ (*pour ce qui concerne*) ~ **à qn/qc** was jdn/etw betrifft [*o* angeht]; ~ **à moi** ich für mein[en] Teil
❷ (*pour ce qui est de*) ~ **à se brosser les dents, ...** was das Zähneputzen angeht, ..., in puncto Zähneputzen, ... (*fam*)
quanta [k(w)ɑ̃ta] *mpl v.* **quantum**
quant-à-soi [kɑ̃taswa] *m inv* [vornehme] Zurückhaltung; **res-**

ter sur son ~ sich [sehr] reserviert verhalten/[sehr] reserviert sein

quantième [kɑ̃tjɛm] *m littér* **le** ~ das Datum *nt,* der soundsovielte Tag [eines Monats]

quantifiable [kɑ̃tifjabl] *adj* quantifizierbar

quantifier [kɑ̃tifje] <1a> *vt* ❶ (*chiffrer*) in Zahlen (*Akk*) fassen, quantitativ erfassen (*geh*)
❷ PHYS quanteln

quantitativement [kɑ̃titativmɑ̃] *adv* mengenmäßig, quantitativ

quantité [kɑ̃tite] *f* ❶ (*nombre*) Menge *f;* (*au sujet d'objets dénombrables*) Anzahl *f;* (*au sujet de personnes*) Zahl *f;* **en grande** ~ ECON in großer Stückzahl; **être** ~ **négligeable** unwichtig sein; **considérer qn/qc comme** ~ **négligeable** jdn/etw kaum beachten; **traiter qn/qc comme** ~ **négligeable** jdn von oben herab behandeln/auf etw (*Akk*) keine Rücksicht nehmen
❷ (*grand nombre*) [**une**] ~ **de personnes/choses** eine Menge Menschen/Dinge; [**des**] ~**s de personnes** unzählige Menschen; [**des**] ~**s de choses** eine Unmenge/Unmengen *Pl* von Dingen; **en** ~ unzählig, zahllos; **il y a du travail en** ~ es gibt unendlich viel Arbeit
❸ SCI Menge *f;* ~ **d'électricité/de lumière** Elektrizitäts-/Lichtmenge
❹ GRAM Menge *f;* **adverbe de** ~ Adverb *nt* der Menge *f*
❺ PHON Quantität *f* (*Fachspr.*)
► ~**s industrielles** (*très grand nombre*) riesige Mengen

quantum [k(w)ɑ̃tɔm, k(w)ɑ̃ta] <quanta> *m* Quant *nt* (*Fachspr.*); **théorie des quanta** Quantentheorie *f*

quarantaine [kaʀɑ̃tɛn] *f* ❶ **une** ~ **de personnes/pages** etwa [*o* ungefähr] vierzig Personen/Seiten
❷ (*âge approximatif*) **avoir la** ~ [*o* **une** ~ **d'années**] ungefähr [*o* etwa] vierzig [Jahre alt] sein; **approcher de la** ~ auf die vierzig zugehen; **avoir largement dépassé la** ~ weit über vierzig [Jahre alt] sein
❸ MED Quarantäne *f;* **pavillon de** ~ **d'un bateau** Quarantäneflagge *f* eines Schiffs; **dans ce service de l'hôpital, il y a** ~ die Patienten in dieser Krankenstation stehen unter Quarantäne
► **être en** ~ MED *personne, animal:* unter Quarantäne stehen; *navire:* in Quarantäne liegen; (*être tenu à l'écart*) *personne:* isoliert sein; *pays:* in die Isolation geraten sein; **mettre en** ~ MED unter Quarantäne stellen *personne, animal;* in Quarantäne legen [*o* nehmen] *navire;* (*tenir à l'écart*) nichts mehr zu tun haben wollen mit, nicht mehr reden [*o* sprechen] mit *personne;* in die Isolation drängen *pays; v. a.* **cinquantaine**

quarante [kaʀɑ̃t] **I.** *num* ❶ vierzig; **semaine de** ~ **heures** Vierzigstundenwoche *f*
❷ (*dans l'indication de l'âge, la durée*) **avoir/avoir bientôt** ~ **ans** vierzig [Jahre alt] sein/werden; **personne de** ~ **ans** Vierzigjährige(r); **période de** ~ **ans** Zeitraum *m* von vierzig Jahren
❸ (*dans l'indication de l'heure*) **à dix heures** ~ um zehn Uhr vierzig
❹ (*dans l'indication des époques*) **les années** ~ die vierziger Jahre
❺ (*dans l'indication de l'ordre*) **arriver** ~ **ou** ~ **et unième** als Vierzigste(r) oder Einundvierzigste(r) kommen
II. *m inv* ❶ Vierzig *f*
❷ (*numéro*) Nummer *f* vierzig, Vierzig *f*
❸ TRANSP **le** ~ die Linie [*o* Nummer] vierzig, die Vierzig (*fam*)
❹ (*taille de confection*) **faire du** ~ Größe 40 tragen; (*dans le système allemand*) ≈ Größe 38 tragen
► **les Quarante** die [vierzig Mitglieder der] Académie française
III. *f* (*table, chambre... numéro quarante*) Vierzig *f*
◆ ~ **et un(e)** einundvierzig; *v. a.* **cinq, cinquante**

quarantième [kaʀɑ̃tjɛm] **I.** *adj antéposé* vierzigste(r, s)
II. *mf* **le/la** ~ der/die/das Vierzigste
III. *m* (*fraction*) Vierzigstel *nt; v. a.* **cinquième**

quark [kwaʀk] *m* PHYS Quark *m*

quart [kaʀ] *m* ❶ (*quatrième partie d'un tout*) Viertel *nt;* **trois** ~**s** drei Viertel [*o* viertel]; ~ **de siècle** Vierteljahrhundert *nt;* **le** ~ **de vingt est cinq** der vierte Teil von zwanzig ist fünf
❷ GASTR (*25 cl*) Viertel *nt,* Viertelliter *m;* (*bouteille contenant 25 cl*) Viertelliterflasche *f;* (*125 g*) Viertel[pfund] *nt*
❸ MIL (*gobelet*) Trinkgefäß *nt*
❹ (*15 minutes*) Viertelstunde *f;* (*dans le décompte des heures*) Viertel *nt;* **sonner les** ~**s** jede Viertelstunde schlagen; **il est trois heures et/un** ~ es ist Viertel nach drei, es ist viertel vier (SDEUTSCH); **il est 4 heures moins le** ~ es ist Viertel vor vier, es ist drei viertel vier (SDEUTSCH); **il est le** ~**/moins le** ~ es ist Viertel nach/vor
❺ (*partie appréciable*) Großteil *m;* **je n'ai pas fait le** ~ **de ce que je voulais faire** ich habe nur einen Bruchteil dessen getan, was ich tun wollte; **les trois** ~**s de qc** der Großteil einer S. (*Gen*); **les trois** ~**s du temps** die meiste Zeit; **aux trois** ~**s** zum größten Teil; **aux trois** ~**s vide** fast leer
► **au** ~ **de poil** *fam* haargenau, auf den Millimeter genau; **au** ~ **de tour** sofort; **de trois** ~**s** im Halbprofil; **se mettre de trois** ~**s** sein Gesicht ins Halbprofil drehen; **de** ~ wachhabend; **être de** ~ Wache haben
◆ ~ **de finale** Viertelfinale *nt;* ~ **d'heure** Viertelstunde *f* ► ~ **d'heure académique** akademisches Viertel; **passer un mauvais** [*o* **sale**] ~ **d'heure** Ärger bekommen; ~ **de queue** Stutzflügel *m;* ~ **de soupir** Sechzehntelpause *f;* ~ **de ton** Viertelton *m*

quarte [kaʀt] *f* ❶ MUS Quart[e] *f*
❷ CARTES *vier aufeinanderfolgende Karten derselben Farbe*

quarté [k(w)aʀte] *m* Rennquartett *nt* (*bei Pferdewetten*)

quartette [k(w)aʀtɛt] *m* MUS Quartett *nt*

quartier [kaʀtje] *m* ❶ (*partie de ville*) Stadtteil *m,* Viertel *nt;* ADMIN [Stadt]bezirk *m;* ~ **résidentiel** Wohngebiet *nt;* ~ **commerçant/des affaires** Geschäftsviertel; ~ **bourgeois** wohlhabende [Wohn]gegend; **les bas** ~**s** die Armenviertel; **les beaux** ~**s** die Villenviertel, die vornehme [Wohn]gegend; **le Quartier latin** das Quartier Latin (*Pariser Universitäts- und Studentenviertel*)
❷ (*lieu où l'on habite, habitants*) Viertel *nt;* **les gens du** ~ die Leute aus der Nachbarschaft; **de** ~ in der Nachbarschaft [*o* Nähe]
❸ CH (*banlieue*) ~ **périphérique** Vorstadtviertel *nt,* Außenquartier *nt* (CH)
❹ (*morceau*) *de fromage, fruit* Viertel *nt; de viande* großes Stück
❺ (*division naturelle d'un fruit*) Stück *nt*
❻ ASTRON Viertel *nt;* **la lune est dans son premier** ~ der Mond steht im ersten Viertel, es ist Halbmond
❼ *pl* MIL Quartier *nt,* Unterkunft *f*
► **prendre ses** ~**s d'hiver** (*rentrer*) das Winterquartier beziehen; **prendre ses** ~**s d'hiver dans le Midi** den Winter in Südfrankreich verbringen; ~ **général** MIL Hauptquartier *nt;* (*lieu de réunion*) Treffpunkt *m;* **avoir** ~ **libre** MIL Ausgang haben; (*être autorisé à sortir*) ausgehen dürfen, frei haben (*fam*); **ne pas faire de** ~ kein Pardon kennen; **pas de** ~**!** kein Pardon!

quartier-maître [kaʀtjemɛtʀ] <quartiers-maîtres> *m* NAUT Maat *m*

quart-monde [kaʀmɔ̃d] <quarts-mondes> *m* ❶ (*pauvreté*) **le** ~ die neue Armut; (*personnes défavorisées*) die Opfer *Pl* der neuen Armut
❷ (*pays les plus pauvres*) die Vierte Welt

quarto [kwaʀto] *adv rare* viertens

quartz [kwaʀts] *m* Quarz *m;* **montre à** ~ Quarzuhr *f*

quasar [kazaʀ] *m* Quasar *m* (*Fachspr.*)

quasi [kazi] *adv* fast, beinahe; ~ **mort** halbtot

quasi-certitude [kazisɛʀtityd] *f* Quasigewissheit *f*

quasiment [kazimɑ̃] *adv fam* fast, beinahe

quasi-monopole [kazimɔnɔpɔl] <quasi-monopoles> *m* JUR Quasimonopol *nt* **quasi-totalité** [kazitɔtalite] *f* überwiegende Mehrheit *f*; **la ~ des électeurs a voté pour lui** fast alle Wähler haben für ihn gestimmt **quasi-unanimité** [kaziynanimite] *f* Quasieinstimmigkeit *f*

quaternaire [kwatɛʀnɛʀ] **I.** *adj* **ère ~** Quartär *nt*
II. *m* Quartär *nt*

quatorze [katɔʀz] **I.** *num* ① vierzehn
② (*dans l'indication de l'âge, la durée*) **avoir/avoir bientôt ~ ans** vierzehn [Jahre alt] sein/werden; **personne de ~ ans** Vierzehnjährige(r) *f(m)*; **période de ~ ans** Zeitraum *m* von vierzehn Jahren
③ (*dans l'indication de l'heure*) **il est ~ heures** es ist vierzehn [Uhr]
④ (*dans l'indication de la date*) **le ~ mars** *geschrieben:* **le 14 mars** der vierzehnte März *écrit:* der 14. März
⑤ (*dans l'indication de l'ordre*) **arriver ~ ou quinzième** als Vierzehnte(r) oder Fünfzehnte(r) kommen
⑥ (*dans les noms de personnages*) **Louis XIV** *gesprochen:* **Louis ~** Ludwig XIV. *oral:* Ludwig der Vierzehnte
▸ **c'est reparti comme en ~** und schon geht's wieder los
II. *m inv* ① Vierzehn *f*
② (*numéro*) Nummer *f* vierzehn, Vierzehn *f*
③ TRANSP **le ~** die Linie [*o* Nummer] vierzehn, die Vierzehn (*fam*)
④ JEUX Vierzehn *f*; CARTES Trumpfneun *f*
⑤ SCOL **avoir ~ [sur vingt]** ≈ eine Zwei haben
III. *f* (*table, chambre... numéro quatorze*) Vierzehn *f*; *v. a.* **cinq**

quatorzième [katɔʀzjɛm] **I.** *adj antéposé* vierzehnte(r, s)
II. *mf* **le/la ~** der/die/das Vierzehnte
III. *m* ① (*fraction*) Vierzehntel *nt*
② (*étage*) vierzehnter Stock, vierzehnte Etage
③ (*arrondissement*) vierzehntes Arrondissement; *v. a.* **cinquième**

quatrain [katʀɛ̃] *m* Vierzeiler *m*

quatre [katʀ(ə)] **I.** *num* ① vier
② (*dans l'indication de l'âge, la durée*) **avoir/avoir bientôt ~ ans** vier [Jahre alt] sein/werden; **enfant de ~ ans** Vierjährige(r) *f(m)*; **période de ~ ans** Zeitraum *m* von vier Jahren
③ (*dans l'indication de l'heure*) **il est ~ heures** es ist vier [Uhr]
④ (*dans l'indication de la date*) **le ~ mars** *geschrieben:* **le 4 mars** der vierte März *écrit:* der 4. März
⑤ (*dans l'indication de l'ordre*) **arriver ~ ou cinquième** als Vierte(r) oder Fünfte(r) kommen
⑥ (*dans les noms de personnages*) **Henri IV** *gesprochen:* **Henri ~** Heinrich IV. *oral:* Heinrich der Vierte
▸ **se mettre en ~ pour qn/pour faire qc** sich förmlich für jdn zerreißen/sich förmlich zerreißen um etw zu tun (*fam*); **~ à ~** (*précipitamment*) **monter l'escalier ~ à ~** (*vu d'en bas*) die Treppe hinaufstürzen; (*vu d'en haut*) die Treppe heraufstürzen; **descendre l'escalier ~ à ~** (*vu d'en haut*) die Treppe hinunterstürzen; (*vu d'en bas*) die Treppe herunterstürzen; **comme ~** *manger* für zwei; *boire* [sehr] viel; **un de ces ~ [matins]** *fam* demnächst, über kurz oder lang
II. *m inv* ① Vier *f*
② (*numéro*) Nummer *f* vier, Vier *f*
③ TRANSP **le ~** die Linie [*o* Nummer] vier, die Vier (*fam*)
④ JEUX Vier *f*
⑤ SCOL **avoir ~ [sur dix/sur vingt]** ≈ eine Fünf/eine Sechs haben
⑥ (*aviron à quatre rameurs*) **un ~ avec/sans barreur** ein Vierer mit/ohne Steuermann
III. *f* (*table, chambre... numéro quatre*) Vier *f*; **la ~** TV das vierte Programm; *v. a.* **cinq**

quatre-cent-vingt-et-un [kat(ʀə)sɑ̃vɛ̃teœ̃] *m inv* JEUX *französisches Würfelspiel* **quatre-épices** [katʀepis] *m o f inv* Piment *m o nt*, Nelkenpfeffer *m* **quatre-heures** [katʀœʀ] *m inv fam süße Nachmittagsmahlzeit für Kinder* **quatre-huit** [katʀ(ə)ɥit] *m inv* MUS Vierachteltakt *m* **quatre-mâts** [kat(ʀə)mɑ] *m inv* Viermaster *m* **quatre-quarts** [kat(ʀə)kaʀ] *m inv Butterkuchen in rechteckiger Form* **quatre-quatre** [katkatʀə] *m o f inv* AUT Auto *nt* mit Vierradantrieb [*o* Allradantrieb] **quatre-vingt** [katʀəvɛ̃] <quatre-vingts> **I.** *num* ① **quatre-vingts** achtzig; **~ mille** achtzigtausend ② (*dans l'indication de l'âge, la durée*) **avoir/avoir bientôt quatre-vingts ans** achtzig [Jahre alt] sein/werden; **personne de quatre-vingts ans** Achtzigjährige(r) *f(m)*; **période de quatre-vingts ans** Zeitraum *m* von achtzig Jahren ③ (*dans l'indication des époques*) **les années quatre-vingts** die achtziger Jahre [*o* Achtzigerjahre] ④ (*dans l'indication de l'ordre*) **arriver ~ ou ~-unième** als Achtzigste(r) oder Einundachtzigste(r) kommen **II.** *m inv* ① Achtzig *f* ② (*numéro*) Nummer *f* achtzig, Achtzig *f* **III.** *f* (*table, chambre... numéro quatre-vingt*) Achtzig *f*; *v. a.* **cinq, cinquante** **quatre-vingt-dix** [katʀəvɛ̃dis] **I.** *num* ① neunzig ② (*dans l'indication de l'âge, la durée*) **avoir/avoir bientôt ~ ans** neunzig [Jahre alt] sein/werden; **personne de ~ ans** Neunzigjährige(r) *f(m)*; **période de ~ ans** Zeitraum *m* von neunzig Jahren ③ (*dans l'indication des époques*) **les années ~** die neunziger Jahre [*o* Neunzigerjahre] ④ (*dans l'indication de l'ordre*) **arriver ~ ou quatre-vingt-onzième** als Neunzigste(r) oder Einundneunzigste(r) kommen **II.** *m inv* ① Neunzig *f* ② (*numéro*) Nummer *f* neunzig, Neunzig *f* **III.** *f* (*table, chambre... numéro quatre-vingt-dix*) Neunzig *f*; *v. a.* **cinq, cinquante** **quatre-vingt-dixième** [katʀəvɛ̃dizjɛm] <quatre-vingt-dixièmes> **I.** *adj antéposé* neunzigste(r, s) **II.** *mf* **le/la ~** der/die/das Neunzigste **III.** *m* (*fraction*) Neunzigstel *nt*; *v. a.* **cinquième** **quatre-vingtième** [katʀəvɛ̃tjɛm] <quatre-vingtièmes> **I.** *adj antéposé* achtzigste(r, s) **II.** *mf* **le/la ~** der/die/das Achtzigste **III.** *m* (*fraction*) Achtzigstel *nt*; *v. a.* **cinquième** **quatre-vingt-onze** [katʀəvɛ̃ɔ̃z] **I.** *num* ① einundneunzig ② (*dans l'indication de l'âge, la durée*) **avoir/avoir bientôt ~ ans** einundneunzig [Jahre alt] sein/werden; **personne de ~ ans** Einundneunzigjährige(r) *f(m)*; **période de ~ ans** Zeitraum *m* von einundneunzig Jahren ③ (*dans l'indication de l'ordre*) **arriver ~ ou quatre-vingt-douzième** als Einundneunzigste(r) oder Zweiundneunzigste(r) kommen **II.** *m inv* ① Einundneunzig *f* ② (*numéro*) Nummer *f* einundneunzig, Einundneunzig *f* **III.** *f* (*table, chambre... numéro quatre-vingt-onze*) Einundneunzig *f*; *v. a.* **cinq, cinquante** **quatre-vingt-un** [katʀəvɛ̃œ̃] *m inv* ① Einundachtzig *f* ② (*numéro*) Nummer *f* einundachtzig, Einundachtzig *f* **quatre-vingt-un, -une** [katʀəvɛ̃œ̃, -yn] *num* ① einundachtzig ② (*dans l'indication de l'âge, la durée*) **avoir/avoir bientôt ~ ans** einundachtzig [Jahre alt] sein/werden; **personne de ~ ans** Einundachtzigjährige(r) *f(m)*; **période de ~ ans** Zeitraum *m* von einundachtzig Jahren ③ (*dans l'indication de l'ordre*) **arriver ~(-une) ou quatre-vingt-deuxième** als Einundachtzigste(r) oder Zweiundachtzigste(r) kommen; *v. a.* **cinq, cinquante** **quatre-vingt-une** [katʀəvɛ̃yn] *f* (*table, chambre... numéro quatre-vingt-un*) Einundachtzig *f* **quatre-vingt-unième** [katʀəvɛ̃ynjɛm] **I.** *adj antéposé* einundachtzigste(r, s) **II.** *mf* **le/la ~** der/die/das Einundachtzigste **III.** *m* (*fraction*) Einundachtzigstel *nt*; *v. a.* **cinquième**

quatrième [katʀijɛm] **I.** *adj antéposé* vierte(r, s)
II. *mf* **le/la ~** der/die/das Vierte
III. *m* ① (*étage*) vierter Stock
② (*arrondissement*) viertes Arrondissement
③ (*dans une charade*) vierte Silbe
IV. *f* ① (*vitesse*) vierter Gang
② SCOL ≈ achte Klasse; *v. a.* **cinquième**

quatrièmement [katʀijɛmmɑ̃] *adv* viertens

quatuor [kwatɥɔʀ] *m* ① (*œuvre*) Quartett *nt*; **~ à cordes** Streichquartett

❷ (*musiciens*) Quartett *nt*
❸ *fam* (*clique*) Quartett *nt* (*fam*)
que [kə] **I.** *conj* ❶ (*introduit une complétive*) dass; **je crois qu'il viendra** ich glaube, dass er kommt [*o* kommen wird]; **je ne crois pas qu'il vienne** ich glaube nicht, dass er kommt; **je pense ~ oui/non** ich denke schon/nicht
❷ (*dans des formules de présentation*) **voici** [*o* **voilà**] ~ da; **peut-être** ~ vielleicht; **c'est ~ j'ignore tout de lui** ich weiß nämlich gar nichts über ihn
❸ (*dans des questions*) **qu'est-ce ~ c'est?** was ist das?; **qui est-ce ~ c'est?** wer ist das?; **qu'est-ce que c'est ~ ça?** *fam* was ist denn das?; **quand/où est-ce ~ tu pars?** wann/wohin gehst du?; **d'où ~ tu viens?** *fam* woher kommst du?
❹ (*reprend une conjonction de subordination*) **si tu as le temps et qu'il fait beau** wenn du Zeit hast und es schön ist
❺ (*introduit une proposition de temps*) **ça fait trois jours qu'il est là** er ist seit drei Tagen da; **il avait à peine fini qu'elle s'en allait** kaum war er fertig, ging sie weg
❻ (*introduit une proposition de conséquence*) **si/tant/tellement/tel(le) ... ~ qn a fait qc** so/so viel/so sehr/so [*o* dermaßen] ..., dass jd etw getan hat
❼ (*introduit une proposition de but*) damit; **taisez-vous qu'on entende l'orateur!** seien Sie still, damit man den Redner verstehen kann!
❽ (*introduit une proposition de conséquence*) [so] dass; **es-tu muet(te) ~ tu ne puisses dire un seul mot?** bist du stumm, dass du kein Wort sagen kannst?
❾ (*introduit une proposition de cause*) **vous devez être bien occupé(e) qu'on ne vous voit plus** Sie müssen sehr beschäftigt sein, denn man sieht Sie nicht mehr
❿ (*introduit une hypothèse*) **qu'il pleuve ou qu'il neige** ob es regnet oder schneit
⓫ (*marque une opposition*) selbst wenn; **on me paierait ~ je ne le ferais pas** selbst wenn man mich dafür bezahlte, würde ich es nicht tun
⓬ (*pour comparer*) **plus/moins/autre ... ~** mehr/weniger/anders ... als; **plus/moins grand(e) ~** größer/kleiner als; **tout aussi ... ~** genauso ... wie; **autant de ... ~** genauso viel(e) ... wie; **tel(le) ~** [genau] so, wie
⓭ (*pour exprimer un ordre, un souhait*) **qu'elle se taise!** sie soll still sein!; **~ la paix soit avec vous!** [der] Friede sei mit euch!
⓮ *fam* (*pour renforcer un adverbe*) **sûrement ~ c'est vrai** das ist sicher wahr
⓯ (*pour renforcer*) **il n'en est ~ plus coupable** dann ist er erst recht schuld
⓰ (*seulement*) nur; **il ne fait ~ travailler** er arbeitet nur; **il n'est arrivé qu'hier** er ist erst gestern angekommen; **la vérité, rien ~ la vérité** die Wahrheit, nichts als die Wahrheit
II. *adv* ❶ (*comme*) wie; **[qu'est-ce] ~ c'est beau!** wie schön das ist!; **ce ~ c'est beau!** *fam* was ist das schön! (*fam*); **~ c'est compliqué!** das ist vielleicht kompliziert!
❷ (*combien*) **~ de monde!** wie viele Leute!; **~ de temps perdu!** wie viel Zeit [doch] verloren wurde!; **qu'est-ce ~ ...!**, **ce ~ ...!** *fam* wie viel[e] ...!; **ce qu'il y a comme vent aujourd'hui!** *fam* heute weht vielleicht ein Wind!
❸ *littér* (*pourquoi*) **~ ne m'a-t-il écouté(e)?** warum hat er [nur] nicht auf mich gehört?
❹ (*pour renforcer oui, non, si*) **~ oui!** ja[, unbedingt]!; **~ non!** [aber] nein!; **~ si!** doch[, durchaus]!
III. *pron rel* ❶ (*complément direct*) (*se rapportant à un substantif au singulier*) den/die/das, welchen/welche/welches; (*se rapportant à un substantif au pluriel*) die, welche; **ce ~** (*en fonction de sujet*) [das,] was; (*en fonction d'objet direct*) was; **chose ~** was; **quoi ~ tu dises** was du auch sagst; egal, was du sagst (*fam*)
❷ (*après une indication de temps*) **un jour qu'il faisait beau** eines Tages, als das Wetter schön war; **toutes les fois qu'il vient** jedes Mal, wenn er kommt; **depuis dix ans ~ nous habitons ici, ...** wir wohnen [nun] seit zehn Jahren hier und ...; **le temps ~ la police arrive, ...** bis die Polizei [endlich] kommt, ...
❸ (*attribut du sujet*) **malheureuse qu'elle était** unglücklich wie sie war, da sie unglücklich war; **quelle belle chose ~ le cinéma!** was für eine schöne Sache das Kino doch ist!; **pour naïf qu'il soit** so naiv er auch sein mag [*o* auch ist], mag er auch [noch so] naiv sein; **qui ~ tu sois** wer du auch bist; **c'est un inconvénient ~ de ne pas avoir de vélo** es ist unpraktisch, wenn man kein Fahrrad hat; **en bonne fille qu'elle était** als braves Mädchen
IV. *pron interrog* ❶ (*quelle chose?*) was ...?; **~ faire?** was soll man/sollen wir/soll ich tun?; **qu'est-ce ~ ...?** was ...?; **ce ~** was
❷ (*attribut du sujet*) was ...?; **~ deviens-tu?** was hast du die ganze Zeit gemacht?; **qu'est-ce ~ ...?** was ...?; **ce ~** was
❸ (*quoi*) was; **je ne sais ~ faire** ich weiß nicht, was ich tun soll
▶ **qu'est-ce qui vous prend?** was ist denn in Sie/euch gefahren?
Québec [kebɛk] *m* ❶ (*ville*) Quebec *nt*
❷ (*région*) **le ~** Quebec *nt;* **la province de/du ~** die Provinz Quebec

i Land & Leute

Die Provinz **Québec** mit ihrer gleichnamigen Hauptstadt ist die östlichste und größte Provinz Kanadas. Montréal im Süden der Provinz ist Kanadas zweitgrößte Metropole. Der Anteil der Frankokanadier, also der Bevölkerung mit französischer Muttersprache, ist in **Québec**, gemessen am Rest des Landes, mit Abstand am höchsten.

québécisme [kebesism] *m* LING *Besonderheit des in Quebec gesprochenen Französisch*
québécois [kebekwa] *m* **le ~** *in Quebec gesprochenes Französisch*
québécois(e) [kebekwa, waz] *adj* aus Quebec, Quebecer
Québécois(e) [kebekwa, waz] *m(f)* Quebecer(in) *m(f)*
quel(le) [kɛl] **I.** *adj* ❶ (*dans une question*) welche(r, s), was für ein(e); **~ temps fait-il?** wie ist das Wetter?; **~le heure est-il?** wie viel Uhr ist es?; **~ jour sommes-nous?** (*jour de la semaine*) welcher [Wochen]tag ist heute?; (*date*) der Wievielte ist heute?, den Wievielten haben wir heute?; **~ est/~(le)s sont ...?** wer ist/sind ...?; **~ est cet homme?** wer ist dieser Mann?; **~les sont les personnes qui acceptent?** wer ist [alles] einverstanden?; **~ est le plus grand des deux?** welcher von beiden ist größer [*o* der größere]?; **~ est ce vin?** welcher Wein ist das?; **~les sont tes intentions?** welche Absichten hast du?; **~ est votre âge/salaire?** wie alt sind Sie/wie viel verdienen Sie?; **je me demande ~le a pu être sa réaction** ich frage mich, wie er/sie wohl reagiert hat; **~ que soit son choix** ganz gleich, was er/sie wählt; **~le que puisse être votre décision** ganz gleich, wie Sie sich entscheiden; **un vêtement ~ qu'il soit** irgendein Kleidungsstück; **~les que soient les conséquences, ...** was für Folgen das auch immer haben wird, ...
❷ (*exclamation*) was für ein(e), so ein(e); **~(le) imbécile je suis!** ich Dummkopf!, was bin ich für ein Dummkopf!; **~ dommage!** wie schade!; **~ talent!** was für ein Talent *fam!*
II. *pron* welche(r, s); **de nous deux, ~ est le plus grand?** wer ist der größere von uns beiden?
quelconque [kɛlkɔ̃k] *adj* ❶ (*n'importe quel*) **un(e) ... ~** irgendein(e) ..., ein [x-]beliebiger/eine [x-]beliebige/ein [x-]beliebiges ...; **sous un prétexte ~** unter irgendeinem [*o* einem x-beliebigen] Vorwand; **des risques ~s** irgendwelche Risiken

2 (*le moindre*) **un/une ~ ..., un/une ...** ~ [nur] irgendein(e); **si seulement j'en avais une ~ idée** wenn ich nur die leiseste Ahnung hätte
3 (*ordinaire*) mittelmäßig; **être très ~** überhaupt nichts Besonderes sein
4 *fam* (*vulgaire*) gewöhnlich; **je trouvais cela d'un ~!** ich fand das dermaßen gewöhnlich!
quelque [kɛlk] **I.** *adj indéf, antéposé* 1 *sans pl littér* (*un quelconque*) **il faut trouver ~ autre solution** man muss [irgend]eine andere Lösung finden; **désirez-vous ~ autre chose?** möchten Sie irgendetwas Anderes?
2 *sans pl littér* (*un peu de*) einige(r, s); **~ peine/temps** einige Mühe/Zeit; **avec ~ impatience** ein wenig ungeduldig
3 *pl* (*plusieurs*) einige, ein paar; **il m'a donné cent et ~s euros** er gab mir etwas mehr als hundert [*o* Hundert] Euro; **à ~s pas d'ici** ein paar Schritte von hier entfernt; **~s milliers de** einige [*o* mehrere] Tausend
4 *pl* (*petit nombre*) **les/ces ~s ...** die/diese wenigen ..., die/diese paar ...; **les ~s fois où ...** die wenigen Male, die ...
▸ **~s efforts que tu fasses** *soutenu* wie sehr du dich auch bemühst; **~ lien qui pût nous unir, ...** *soutenu* was für ein Band uns auch verbinden mochte, ...
II. *adv* (*environ*) etwa; **il a ~ trente ans** er ist etwa [*o* so um die *fam*] dreißig Jahre alt
▸ **~ peu** etwas, ein wenig; **quelqu'étrange que fût cette musique** *soutenu* so fremdartig diese Musik auch war; **10 kg et ~s** *fam* etwas mehr als 10 kg; **cinq heures et ~[s]** *fam* ein paar Minuten nach fünf
quelque chose [kɛlkəʃoz] *pron v.* **chose**
quelquefois [kɛlkəfwa] *adv* manchmal, hin und wieder
quelque part [kɛlkpaʀ] *adv v.* **part**
quelques-uns, quelques-unes [kɛlkəzœ̃, kɛlkəzyn] *pron indéf*
1 (*un petit nombre de personnes*) einige; (*seulement une minorité*) einige wenige
2 (*certaines personnes*) einige, manche
3 (*certains*) **quelques-unes des personnes/choses** einige Menschen/Dinge; **~ de ces tableaux** einige dieser Bilder; **j'en ai mangé ~/quelques-unes** ich habe einige davon gegessen; **~/quelques-unes parmi** [*o* **d'entre**] **eux/elles** einige [von ihnen]
quelqu'un [kɛlkœ̃] *pron indéf* 1 (*une personne*) jemand; **~ d'autre** jemand anders; **~ d'important** jemand Wichtiges; **elle, c'est ~ de bien** sie ist nett
2 (*une personne remarquable*) jemand Besonderes; **son père, c'est ~!** sein Vater ist jemand!
quémander [kemɑ̃de] <1> *vt* **~ qc** um etw betteln; **~ des secours à qn** jdn um Hilfe anflehen
qu'en-dira-t-on [kɑ̃diʀatɔ̃] *m inv* Gerede *nt* der Leute; **se moquer du ~** auf das Gerede der Leute pfeifen; auf das pfeifen, was die Leute sagen
quenelle [kənɛl] *f* GASTR [*längliches*] *Klößchen,* Nockerl *nt* (A); **~s de veau/brochet** Kalbs-/Hechtklößchen *nt*
quenotte [kənɔt] *f enfantin fam* Zähnchen *nt,* Beißerchen *nt* (*fam*)
quenouille [kənuj] *f* Spinnrocken *m*
▸ **tomber en ~** *littér loi:* in Vergessenheit geraten; *domaine:* verfallen; **laisser tomber un privilège en ~** von einem Privileg keinen Gebrauch mehr machen
quéquette [kekɛt] *f enfantin fam* Piephahn *m* (*fam*)
querelle [kəʀɛl] *f* Streit *m kein Pl;* **une ~ sur qc** ein Streit um etw; **provoquer une ~** einen Streit vom Zaun brechen/einen Streit anfangen; **~ de famille** Familienstreit; **~ d'amoureux** Streit unter Verliebten; **la ~ des Anciens et des Modernes** *Auseinandersetzung zwischen französischen Schriftstellern des 17. Jahrhunderts*
▸ **~s de clocher** unbedeutende lokale Streitigkeiten *Pl;* **~s byzantines** Streit *m* um des Kaisers Bart; **chercher ~ à qn** (*provoquer*) mit jdm Streit anfangen; (*chercher à provoquer*) mit jdm Streit suchen, sich mit jdm streiten wollen; **embrasser** [*o* **épouser**] **la ~ de qn** für jdn Partei ergreifen; **vider une ~** *soutenu* einen Streitfall bereinigen
quereller [kəʀele] <1> *vpr* **se ~ avec qn à propos de qc** sich mit jdm wegen etw streiten
querelleur, -euse [kəʀelœʀ, -øz] *adj* (*chamailleur*) streitlustig; (*agressif*) streitsüchtig
quérir [keʀiʀ] <*irr, déf*> *vt* **aller ~ qn** *littér* jdn holen gehen; **venir ~ qn** *littér* jdn holen kommen; **envoyer ~ qn** *littér* jdn holen lassen
qu'est-ce que [kɛskə] *pron interrog* was
qu'est-ce qui [kɛski] *pron interrog* was
question [kɛstjɔ̃] *f* 1 (*demande*) Frage *f;* **~ piège** (*apparemment facile*) Fußangel *f;* (*pour nuire*) Fangfrage; **~s d'un examen** Prüfungsfragen; **poser la ~ de confiance** die Vertrauensfrage stellen; **cette ~!, quelle ~!, la belle ~!** *iron* (*bien sûr*) was für eine Frage!; (*cette question est stupide*) dumme Frage!; **la ~ est: ...** die Frage ist [nur], ..., ich frage mich [nur], ...; **la ~ est** [*o* **se pose**] **de savoir s'il est d'accord** man/ich/... müsste [nur] wissen, ob er einverstanden ist; **poser une ~ à qn** jdm eine Frage stellen; **sans poser de ~s** ohne viel zu fragen; **[re]mettre qc en ~** etw infrage [*o* in Frage] stellen; **se poser des ~s sur qn/qc** sich (*Dat*) über jdn/etw Gedanken machen
2 (*sujet à discussion*) Thema *nt; d'un ordre du jour* Punkt *m;* POL (*demande d'explication au parlement*) Anfrage *f;* **être en ~** zur Diskussion stehen
3 (*problème*) **~s d'argent/de famille** Geld-/Familienfragen *Pl;* **~s de religion** Glaubensfragen; **pour des ~s de pétrole** wegen Erdöl [*o* des Erdöls]; **c'est une ~ de vie ou de mort** es geht um Leben und Tod; **c'est une ~ de temps** das ist eine Frage der Zeit; **c'est [toute] la ~, c'est là la ~, là est [toute] la ~** das ist die [große] Frage, genau das ist die Frage [*o* das Problem]; **ce n'est pas la ~, là n'est pas la ~, la ~ n'est pas là** darum geht es [hier/jetzt] nicht; **la ~ de qc se pose** etw ist ein [ernstes] Problem
4 (*domaine*) **c'est une ~ de tact** das ist eine Frage des Takts; **~ de bon sens!** Köpfchen *nt* muss man haben! (*fam*); **c'est une ~ d'habitude** das ist [nur] eine Frage der Gewohnheit
5 (*ensemble de problèmes soulevés*) Frage *f,* Problem *nt;* **~ sociale** soziale Frage; **~ raciale** Rassenfrage, Rassenproblem; **la ~ du chômage** die Frage [*o* das Problem] der Arbeitslosigkeit; **la ~ du pétrole/trou d'ozone** das Erdöl-/Ozonlochproblem
6 HIST (*torture*) peinliche Befragung; **infliger la ~ à qn** jdn einer peinlichen Befragung (*Dat*) unterziehen
▸ **il est ~ de qn/qc** (*il s'agit de*) es geht um jdn/etw; (*on parle de*) es ist die Rede von jdm/etw; **il est ~ de faire qc** es ist die Rede davon, dass etw getan werden soll [*o* getan wird]; **il n'est pas ~ de faire qc/pour qn de faire qc** es ist ausgeschlossen, dass etw getan wird/dass jd etw tut; **il n'est ~ que de qn/qc** es ist nur noch die Rede von jdm/etw; **il est ~ que qn fasse qc** man sagt [*o* es heißt], dass jd etw tut/tun soll; **il n'est pas ~ de qc** etw ist völlig ausgeschlossen; **il n'est pas ~ que qn fasse qc** es ist völlig ausgeschlossen, dass jd etw tut; **il ne saurait être ~ de faire qc** es kann keine Rede davon sein, dass man/jd etw tut; **[c'est/c'était] ~ de faire qc** *fam* jd will/wollte nur etw tun; **c'était ~ de rigoler** wir wollten nur Spaß machen; **qn/qc en ~** jd, um den es geht/etw, um das es geht; **la personne en ~** der/die Betreffende; **hors de ~** das kommt überhaupt nicht infrage [*o* in Frage]; **pas ~!** *fam* [das] kommt nicht in die Tüte! (*fam*); **~ qc, ...** *fam* in puncto etw, ...; **~ finances, comment fais-tu?** wie geht's dir in puncto Finanzen?
questionnaire [kɛstjɔnɛʀ] *m* 1 Fragebogen *m*
2 (*série de questions*) Fragen *Pl*
◆ **~ à choix multiple** Multiple-Choice-Fragebogen [*o* Multiplechoicefragebogen] *m*
questionner [kɛstjɔne] <1> *vt* 1 (*interroger*) **~ qn sur qc** *jury:*

jdm zu etw Fragen stellen, jdn in etw (*Dat*) prüfen; *police:* jdn zu etw befragen
❷ (*poser problème*) ~ **qn** jdn vor Probleme stellen, für jdn ein Problem sein

quête [kɛt] *f* ❶ (*collecte d'argent*) [Geld]sammlung *f;* **faire la** ~ (*dans la rue*) *association:* [Geld] sammeln; *chanteur des rues:* Geld einsammeln
❷ (*à l'église*) Kollekte *f;* **faire la** ~ die Kollekte einsammeln
❸ *littér* (*recherche*) ~ **de qc** Suche *f* nach etw; **être en** ~ **de qc** auf der Suche nach etw sein; **en** ~ **d'un emploi** auf Stellensuche [*o* Arbeitssuche]; **en** ~ **de nourriture** auf Nahrungssuche

quêter [kete] <1> **I.** *vi* ~ **pour qn/qc** für jdn/etw sammeln
II. *vt littér* (*solliciter*) bitten um *suffrages;* heischen (*geh*) *regard, compliment, éloges;* ~ **l'affection de qn** *personne:* sich um jds Zuneigung bemühen; *animal:* um Zuneigung betteln

quetsche [kwɛtʃ] *f* ❶ Zwetsche *f,* Zwetschge *f* (CH, SDEUTSCH)
❷ (*eau-de-vie*) Zwetschenschnaps *m*/-wasser *nt,* Zwetschgenschnaps/-wasser (CH, SDEUTSCH)

queue [kø] *f* ❶ ZOOL Schwanz *m; d'un poisson* Schwanz[flosse] *f; d'un coq, paon, d'une pie* Schwanz[federn *Pl*]; **avoir la** ~ **basse** *chien:* den Schwanz hängen lassen; **agiter la** [*o* **sa**] ~ *chien:* [mit dem Schwanz] wedeln
❷ GASTR Schwanz *m;* **des** ~**s de langoustine/d'écrevisse** Hummer-/Flusskrebsschwänze *Pl*
❸ BOT *d'un fruit, d'une fleur, feuille* Stiel *m; de radis* Stiel, Stängel *m*
❹ (*partie d'un objet*) *d'un cerf-volant* Schwanz *m; d'un avion* Heck *nt; d'un habit* [Rock]schoß *m;* **habit à** ~ Frack *m*
❺ (*manche*) *d'une casserole, poêle* Stiel *m*
❻ (*fin*) *d'une comète* Schweif *m* (*geh*); *d'un orage* Ende *nt*
❼ TRANSP *d'un train, métro* Zugende *nt;* **les compartiments de** ~/**voitures en** ~ **de train** die Abteile/Wagen am Zugende
❽ *fam* (*pénis*) Schwanz *m* (*sl*)
❾ (*file de personnes*) Schlange *f;* **faire la** ~ Schlange stehen, anstehen; **se mettre à la** ~, **prendre la** ~ sich anstellen, sich in die Schlange stellen; **prenez la** ~ [*o* **mettez-vous à la** ~], **s'il vous plaît!** stellen Sie sich bitte hinten an!
❿ (*dernières personnes*) *d'un cortège, défilé, d'une manifestation, colonne* Ende *nt;* **la** ~ **de la classe** die Schlechtesten in der Klasse; **arriver en** ~ **de qc** als einer der Letzten von etw ankommen
⓫ (*appendice*) *d'une lettre* Unterlänge *f*
▸ **se disputer pour des** ~**s de cerise** *fam* sich um des Kaisers Bart streiten (*fam*); **être rond(e) comme une** ~ **de pelle** *fam* sturzbetrunken [*o* sternhagelvoll] sein (*fam*); **faire une** ~ **de poisson à qn** jdn [beim Überholen] schneiden; **finir** [*o* **se terminer**] **en** ~ **de poisson** (*se terminer brusquement*) abrupt enden; (*sans conclusion satisfaisante*) unbefriedigend enden; **n'avoir ni** ~ **ni tête** weder Hand noch Fuß haben; **à la** ~ **basse** [*o* **entre les jambes**] *fam* mit eingezogenem Schwanz (*fam*); **se mordre la** ~ sich im Kreis drehen; **ne pas en voir la** ~ **d'un(e), il n'y en a pas la** ~ **d'un(e)** *fam* **les filles, on n'en verra pas la** ~ **d'une** es werden überhaupt keine Mädchen dasein; **à la** ~ **leu leu** im Gänsemarsch; **marcher à la** ~ **leu leu** im Gänsemarsch gehen
◆ ~ **de billard** Queue *m o nt*

queue de cheval [kød(ə)ʃəval] <queues de cheval> *f* Pferdeschwanz *m*

queue-de-pie [kød(ə)pi] <queues-de-pie> *f* Frack *m,* Schwalbenschwanz *m* (*veraltet*) **queue-de-rat** [kød(ə)ʀa] <queues-de-rats> *f* ❶ (*coiffure*) Rattenschwänzchen *nt* (*hum*) ❷ TECH Rundfeile *f*

qui [ki] **I.** *pron rel* ❶ (*comme sujet*) (*se rapportant à un substantif au singulier*) der/die/das, welcher/welche/welches; (*se rapportant à un substantif au pluriel*) die, welche; **toi** ~ **sais tout** du weißt doch alles; **le voilà** ~ **arrive** da kommt er ja; **voici/voilà** ~ **est intéressant** das ist [jetzt aber] interessant; **je le vis** ~ **ramassait ...** ich sah [ihn], wie er ... aufhob; **j'en connais** ~ **...** ich kenne Leute, die ...; **c'est lui/elle** ~ **a fait cette bêtise** er/sie hat diesen Blödsinn gemacht; **ce** ~ **...** (*servant de sujet*) [das,] was ...; (*se rapportant à une phrase principale*) ..., was ...; **ce** ~ **se passe est grave** [das,] was sich da ereignet, ist schlimm; **chose** ~ **...** was ...
❷ (*comme complément, remplace une personne*) **la dame à côté de** ~ **tu es assis(e)/tu t'assois** die Dame, neben der du sitzt/neben die du dich setzt; **l'ami dans la maison de** ~ **...** der Freund, in dessen Haus ...; **la dame à** ~ **c'est arrivé** die Dame, der das passiert ist
❸ (*celui qui*) wer; ~ **fait qc ...** (*introduisant un proverbe, dicton*) wer etw tut, ...; **cela m'a été dit par** ~ **vous savez** ihr wisst/Sie wissen schon, wer mir das gesagt hat; **il a dit à** ~ **voulait l'entendre que** er hat jedem, der es hören wollte, gesagt, dass
▸ **c'est à** ~ **criera le plus fort** jeder will am lautesten schreien; ~ **que tu sois** ganz gleich, wer du bist; **je ne veux être dérangé(e) par** ~ **que ce soit** ich möchte von niemandem gestört werden; ~ **...,** ~ **...,** ~ **...** *littér* (*l'un..., l'autre ..., le troisième ...*) der eine ..., der andere ..., der dritte [wiederum] ...
II. *pron interrog* ❶ (*qui est-ce qui*) ~ **...?** wer ...?; ~ **ça?** wer?; ~ **c'est qui ...?** *abusif* wer ...?; ~ **c'est qui est là?** wer ist denn da?
❷ (*question portant sur la personne complément direct*) ~ **...?** wen/wem ...?; ~ **as-tu vu?** wen hast du gesehen?; ~ **croyez-vous?** wem glauben Sie?; ~ **c'est que ...?** *abusif* wen ...?
❸ (*question portant sur la personne complément indirect*) **à/avec/pour/chez** ~ **...?** wem/mit wem/für wen/bei wem ...?; **à/avec/pour/chez** ~ **c'est que ...?** *abusif* wem/mit wem/für wen/bei wem ...?
❹ (*marque du sujet, personne ou chose*) **qui est-ce** ~ **...?** wer ...?; **qu'est-ce** ~ **...?** was ...?

quiche [kiʃ] *f* ~ [**lorraine**] Quiche Lorraine *f*

quick® [kwik] *m Tennisboden mit schnellem Belag*

quiconque [kikɔ̃k] **I.** *pron rel* (*celui qui*) ~ **veut venir** wer kommen will; (*toute personne qui*) jeder, der ...; **donne-le à** ~ **le voudra** gib es dem, der es will
II. *pron indéf* (*personne*) **je le sais mieux que** ~ ich weiß es selbst am besten; **hors de question que** ~ **sorte** es kommt nicht infrage [*o* in Frage], dass irgendjemand hinausgeht; **elle ne veut recevoir d'ordres de** ~ sie will sich (*Dat*) von niemandem etwas vorschreiben lassen

quidam [k(ɥ)idam] *m hum fam* jemand; **qui est ce** ~**?** wer ist [denn] das?

qui est-ce que [kiɛskə] *loc interrog* (*question portant sur une personne en position complément*) ~ **...?** wen/wem ...?; **avec/par/pour** ~ **...?** mit wem/durch wen/für wen ...?

qui est-ce qui [kiɛski] *loc interrog* (*question portant sur une personne en position sujet*) ~ **...?** wer ...?; ~ **parmi vous ...?** wer von Ihnen/euch ...?

quiet, quiète [kje, kjɛt] *adj vieilli* [seelen]ruhig

quiétude [kjetyd] *f* ❶ *littér* (*tranquillité d'esprit*) Ruhe *f,* Gelassenheit *f;* **en toute** ~ *soutenu* in aller Ruhe; (*impliquant un reproche*) in aller Seelenruhe, seelenruhig; **tu peux partir en toute** ~ du kannst in aller Ruhe [*o* ganz beruhigt] wegfahren
❷ *littér* (*calme*) Ruhe *f,* [friedliche] Stille; **la** ~ **des soirées au coin du feu** die [friedlichen,] stillen Abende am Kamin

quignon [kiɲɔ̃] *m* ~ [**de pain**] Brotkanten *m*

quille [kij] *f* ❶ JEUX Kegel *m;* **jouer aux** ~**s** kegeln; **le jeu de** ~**s** das Kegeln; **un jeu de** ~**s** ein Kegelspielset *nt*
❷ NAUT Kiel *m;* **la** ~ **en l'air** kieloben
❸ *arg* (*fin du service militaire*) Abgang *m* (*fam*); (*sortie de prison*) Entlassung *f*
▸ **ne pas tenir sur ses** ~**s** *fam* Schlagseite haben (*fam*)

quilleur, -euse [kijœʀ, -jøz] *m, f* CAN Kegelspieler(in) *m(f),* Kegler(in) *m(f)*

quincaillerie [kɛ̃kajʀi] *f* ❶ (*articles de ménage*) Haushaltswa-

Q

ren *Pl*, Hartwaren (*Fachspr.*)
❷ (*petit outillage*) Eisenwaren *Pl*
❸ (*magasin d'articles de ménage*) Haushaltswarengeschäft *nt*
❹ (*magasin de petit outillage*) Eisenwarenhandlung *f*
quincaillier, -ière [kɛ̃kaje, -jɛʀ] *m, f* ❶ (*commerçant d'articles de ménage*) Haushaltswarenhändler(in) *m(f)*
❷ (*commerçant de petit outillage*) Eisenwarenhändler(in) *m(f)*
quinconce [kɛ̃kɔ̃s] *m* **en ~** versetzt [angeordnet]
quinine [kinin] *f* (*médicament*) Chinin *nt;* **comprimés de ~** Chinintabletten *Pl*
quinquagénaire [kɛ̃kaʒenɛʀ, kɥɛ̃kwaʒenɛʀ] **I.** *adj* **homme/femme ~** Fünfzigjähriger *m*/Fünfzigjährige *f;* **être ~** fünfzigjährig sein
II. *mf* (*personne*) Fünfziger(in) *m(f)*
quinquennal(e) [kɛ̃kenal, o] <-aux> *adj* ❶ (*qui a lieu tous les cinq ans*) fünfjährlich; **ces élections sont ~es** diese Wahlen finden alle fünf Jahre statt
❷ (*qui dure cinq ans*) **plan ~** Fünfjahresplan *m;* **ces plans sont quinquennaux** diese Pläne sind auf fünf Jahre angelegt; **un contrat de plan ~** ein Vertrag über einen Fünfjahresplan
quinquennat [kɛ̃kena] *m* fünfjährige Regierungszeit
quinquina [kɛ̃kina] *m* ❶ BOT Chinarindenbaum *m*
❷ MED Chinarinde *f*
❸ (*apéritif*) *Aperitif, der Chinarinde enthält*
quintal [kɛ̃tal, o] <-aux> *m* Doppelzentner *m*
quinte [kɛ̃t] *f* ❶ MUS Quinte *f*
❷ CARTES *Serie von fünf aufeinanderfolgenden Karten derselben Farbe*
❸ MED Hustenanfall *m;* **~ de toux** Hustenanfall *m*
quinté [kɛ̃te] *m* Rennquintett *nt*
quintessence [kɛ̃tesɑ̃s] *f littér* Quintessenz *f* (*geh*)
quintette [k(ɥ)ɛ̃tɛt] *m* Quintett *nt*
quintuple [kɛ̃typl] **I.** *adj* ❶ fünffach; **~ de qc** fünfmal so groß wie etw; **trente est ~ de six** dreißig ist das Fünffache von sechs
❷ *antéposé* (*au nombre de cinq*) fünffach
II. *m* Fünffache(s) *nt;* **le ~ du prix** das Fünffache des Preises, der fünffache Preis; **les prix ont atteint leur ~** die Preise haben sich verfünffacht [*o* sind auf das Fünffache angestiegen]
quintupler [kɛ̃typle] <1> **I.** *vi* (*se multiplier par cinq*) sich verfünffachen
II. *vt* (*multiplier par cinq*) verfünffachen
quintuplés, quintuplées [kɛ̃typle] *mpl, fpl* Fünflinge *Pl*
quinzaine [kɛ̃zɛn] *f* ❶ **une ~ de personnes/pages** etwa [*o* ungefähr] fünfzehn Personen/Seiten
❷ (*deux semaines*) **revenir dans une ~ [de jours]** in vierzehn Tagen [*o* zwei Wochen] wiederkommen; **la première ~ de janvier** die ersten beiden Wochen im Januar, die erste Januarhälfte; **la grande ~ des prix littéraires** *die ersten beiden Wochen im Dezember, während denen die großen französischen Literaturpreise verliehen werden;* **une ~ commerciale/publicitaire** zwei Sonderangebots-/Werbewochen
❸ (*salaire de deux semaines*) Zwei-Wochen-Gehalt *nt*
◆ **~ du blanc** COM *zwei Wochen dauernder Schlussverkauf für Wäsche und Bettwäsche*
quinze [kɛ̃z] **I.** *num* ❶ fünfzehn; **tous les ~ jours** alle vierzehn Tage [*o* zwei Wochen]; **demain/lundi en ~** morgen/Montag in zwei Wochen; **~ A** TENNIS fünfzehn beide
❷ (*dans l'indication de l'âge, la durée*) **avoir/avoir bientôt ~ ans** fünfzehn [Jahre alt] sein/werden; **personne de ~ ans** Fünfzehnjährige(r) *f(m);* **période de ~ ans** Zeitraum *m* von fünfzehn Jahren
❸ (*dans l'indication de l'heure*) **il est ~ heures** es ist fünfzehn [Uhr]
❹ (*dans l'indication de la date*) **le ~ mars** *geschrieben:* **le 15 mars** der fünfzehnte März *écrit:* der 15. März
❺ (*dans l'indication de l'ordre*) **arriver ~ ou seizième** als Fünfzehnte(r) oder Sechzehnte(r) kommen
❻ (*dans les noms de personnages*) **Louis XV** *gesprochen:* **Louis ~** Ludwig XV. *oral:* Ludwig der Fünfzehnte
II. *m inv* ❶ Fünfzehn *f*
❷ (*numéro*) Nummer *f* fünfzehn, Fünfzehn *f*
❸ TRANSP **le ~** die Linie [*o* Nummer] fünfzehn, die Fünfzehn (*fam*)
❹ JEUX Fünfzehn *f*
❺ SCOL **avoir ~ [sur vingt]** ≈ eine Eins haben
❻ RUGBY Mannschaft *f;* **le ~ d'Irlande** die irische Rugby-Nationalmannschaft
III. *f* (*table, chambre... numéro quinze*) Fünfzehn *f; v. a.* **cinq**
quinzième [kɛ̃zjɛm] **I.** *adj antéposé* fünfzehnte(r, s)
II. *mf* **le/la ~** der/die/das Fünfzehnte
III. *m* ❶ (*fraction*) Fünfzehntel *nt*
❷ (*étage*) fünfzehnter Stock, fünfzehnte Etage
❸ (*arrondissement*) fünfzehntes Arrondissement; *v. a.* **cinquième**
quiproquo [kipʀɔko] *m* Verwechslung *f;* **~ entre le mari et l'amant** Verwechslung des Ehemanns mit dem Liebhaber
quittance [kitɑ̃s] *f* Quittung *f*, Beleg *m;* **faire une ~ à qn** jdm eine Quittung [*o* einen Beleg] ausstellen
quitte [kit] *adj* ❶ (*qui a fait son devoir*) **être ~ de qc** etw hinter sich (*Dat*) haben; **être ~ envers la société** seine Pflicht gegenüber der Gesellschaft erfüllt haben
❷ (*sans dettes*) **être ~ envers qn** jdn abgefunden haben, mit jdm quitt sein (*fam*); **des personnes sont ~s** Menschen sind quitt [miteinander] (*fam*); **tenir qn ~ d'une promesse** jdn von einem Versprechen entbinden; **tenir qn ~ d'une dette** jdm eine Schuld erlassen
❸ (*avoir fait sa part de travail*) **être ~** seinen Teil geleistet haben; **s'estimer ~ [envers qn]** glauben, mit jdm quitt zu sein (*fam*)
❹ (*sans autre dommage*) **en être ~ pour qc** mit etw davonkommen; **elle en a été ~ pour la peur** sie ist mit dem Schrecken davongekommen; **en être ~ pour faire qc** eben etw tun können [*o* müssen]; **il en est ~ pour tout recommencer** jetzt kann [*o* muss] er eben alles noch einmal machen; **en être ~ à bon compte** [*o* **bon marché**] [*o* **bas prix**] glimpflich davonkommen
❺ (*au risque de*) **~ à faire qc** auch auf die Gefahr hin, dass man/jd etw tut
quitte ou double [kitudubl] *m sans pl* ❶ (*le tout pour le tout*) alles oder nichts
❷ JEUX *Name eines Ratespiels;* **jouer ~** „quitte ou double" spielen
▶ **jouer ~** (*risquer un grand coup*) alles auf eine Karte setzen
quitter [kite] <1> **I.** *vt* ❶ (*prendre congé de*) **~ qn** jdn verlassen; **je vous quitte quelques instants** ich muss Sie einen Augenblick allein lassen; **je te quitte** (*dans une lettre, au téléphone*) ich mache jetzt Schluss; **ne quittez pas** TELEC bleiben Sie am Apparat, legen Sie nicht auf
❷ (*rompre avec*) verlassen *femme, mari, amant, famille*
❸ (*sortir de*) **~ qc** etw verlassen, aus etw gehen
❹ (*partir de*) verlassen *ville, pays;* räumen *chambre d'hôtel, appartement, lieux;* **~ l'école** die Schule verlassen, von der Schule abgehen; **ils ont quitté Paris** sie sind aus Paris weggezogen
❺ (*se retirer*) aufgeben *emploi;* niederlegen *fonctions;* **~ l'enseignement/le service de qn** den Schuldienst/jds Dienste quittieren
❻ (*ne plus rester sur*) **la voiture a quitté la route** das Auto kam von der Straße ab
❼ *littér* (*mourir*) für immer verlassen
❽ (*abandonner*) **~ qn** *courage, espoir:* jdn verlassen; **ne pas ~ qn** *pensée, appréhension:* jdn nicht loslassen; **la toux ne le quitte pas** sein Husten klingt nicht ab
❾ (*enlever*) ausziehen *gants;* ausziehen, ablegen *vêtements;* ablegen *bijoux;* **~ le deuil** die Trauerkleidung ablegen

⑩ INFORM ~ **un logiciel** [*o* **un programme**] ein Programm beenden
II. *vpr* **se** ~ sich trennen; **ils se sont quittés bons amis** sie sind als gute Freunde auseinander gegangen; **les frères ne se quittent pas/plus/jamais** die Brüder sind unzertrennlich
quitus [kitys] *m* **donner** ~ **à qn** jdn entlasten
qui-vive [kiviv] *m inv* **être/rester sur le** ~ (*sur ses gardes*) sehr wachsam sein/bleiben; (*en état d'alerte*) in Alarmbereitschaft sein/bleiben
quiz [kwiz] *m* Quiz *nt*[sendung *f*]
quoi [kwa] **I.** *pron rel* ① (*annexe d'une phrase principale complète*) **..., ce à** ~ **il ne s'attendait pas** ..., womit er nicht rechnete; **..., ce en** ~ **elle se trompait** ..., worin sie sich täuschte; **..., ce pour** ~ **il ne pouvait sortir** ..., weshalb er nicht hinausgehen konnte
② (*dans une question indirecte*) **elle ne comprend pas ce à** ~ **on fait allusion** sie versteht nicht, worauf angespielt wird; **c'est ce pour** ~ **je vous ai fait venir** deswegen habe ich Sie/euch kommen lassen; **ce sur** ~ **je veux que nous discutions** das, worüber ich mit Ihnen/euch sprechen möchte
③ (*comme pronom relatif*) **à/de** ~ **...** woran/worüber ...; **voilà de** ~ **je voulais te parler** [gerade] darüber wollte ich mit dir sprechen; **voilà à** ~ **je pensais** [gerade] daran dachte ich; **rien à/de/sur** ~ **...** *littér* nichts, woran/worauf ...; **je n'ai rien à** ~ **je puisse me raccrocher** ich habe nichts, woran ich mich halten könnte; **il n'y a rien sur** ~ **il ne donne son avis** es gibt nichts, wozu er nicht seine Meinung beisteuert; **la chose à** ~ **tu penses** *littér* das, woran du denkst
④ (*cela*) **..., après** ~ **... ...,** [und] danach ...; **..., en** ~ **il a tort** ..., aber darin irrt er sich; **prête-moi un peu d'argent, faute de** ~ **je ne pourrai pas prendre le métro** leih mir ein bisschen Geld, sonst kann ich die Metro nicht nehmen; **écoute ses conseils, moyennant** ~ **tu t'en sortiras** hör auf seine/ihre Ratschläge, mittels deren du dich aus der Affäre ziehen kannst
⑤ (*ce qui est nécessaire pour*) **de** ~ **faire qc** etwas um etw zu tun; **voici de** ~ **payer le loyer** hier hast du etwas um die Miete zu zahlen; **as-tu de** ~ **écrire?** hast du etwas zum Schreiben?; **elle n'a pas de** ~ **vivre** sie hat nicht genug zum Leben; **il y a de** ~ **faire qc** da muss man/muss ich/... doch einfach etw tun; **il y a de** ~ **s'énerver, non?** darüber kann man sich doch wirklich aufregen, oder?; **il est très fâché – il y a de** ~**!** er ist sehr böse – dazu hat er allen Grund!; **il n'y a pas de** ~ **rire** da gibt es nichts zu lachen
▶ **il n'y a pas de** ~**!** keine Ursache!; **avoir de** ~ *fam* gut betucht sein (*fam*); ~ **que ce soit** irgendetwas; **si tu as besoin de** ~ **que ce soit, ...** wenn du irgendetwas brauchst, ...; **elle n'a jamais dit** ~ **que ce soit** sie hat nie auch nur das Geringste gesagt; ~ **qu'il en soit** wie dem auch sei; **comme** ~ *fam* woraus folgt, dass; **comme** ~ **on peut se tromper!** wie man sich doch täuschen kann!; **sans** ~ sonst; ~ **que** ganz gleich, was; ~ **que j'en dise** ganz gleich, was ich dazu sage
II. *pron interrog* ① + *prép* **à** ~ **penses-tu** [*o* **est-ce que tu penses**]**?** woran denkst du?; **dites-nous à** ~ **cela sert** sagt uns, wozu das gut ist; **de** ~ **n'est-elle pas capable/a-t-elle besoin?** wozu ist sie nicht in der Lage/was braucht sie?; **cette chaise est en** ~**?** *fam* woraus ist dieser Stuhl?; **en** ~ **puis-je vous être utile?** was kann ich für Sie tun?; **par** ~ **commençons-nous?** womit fangen wir an?; **j'aimerais savoir en** ~ **cela me concerne** ich möchte wissen, inwieweit mich das betrifft
② *fam* (*qu'est-ce que*) was; **c'est** ~**, ce truc?** was ist denn das da [für ein Ding]?; **tu sais** ~**?** weißt du was?; **je ne sais** ~ **dire** ich weiß nicht, was ich sagen soll; ~ **encore?** was ist denn jetzt schon wieder?; **tu es idiot(e), ou** ~**?** *fam* bist du dumm oder was? (*fam*)
③ (*qu'est-ce qu'il y a de ...?*) ~ **de neuf?** was gibt's Neues?; ~ **de plus facile/beau que ...?** was gibt es Einfacheres/Schöneres als ...?
④ *fam* (*comment?*) was? (*fam*)
▶ **de** ~[**, de** ~]**?** *pop* wie war das? (*fam*), was ist los? (*fam*)
III. *interj* ① (*marque la surprise: comment!*) ~**!** was!
② *fam* (*marque l'impatience*) **allons/alors/eh bien** ~**!** na los! (*fam*)
③ *fam* (*en somme*) **...,** ~**!** eben ...!; **il n'est pas bête, il manque un peu d'intelligence,** ~**!** er ist nicht dumm, er ist eben nur ein bisschen beschränkt!
quoique [kwak(ə)] *conj* ① + *subj* (*bien que*) obwohl
② + *indic* (*après réflexion*) obwohl
quolibet [kɔlibɛ] *m* Spöttelei *f*
quorum [k(w)ɔʀɔm] *m* Quorum *nt*
quota [k(w)ɔta] *m* Quote *f*
◆ ~ **d'immigration** Einwanderungsquote *f*
quote-part [kɔtpaʀ] <quote-parts> *f* Anteil *m*, anteilmäßiger Betrag; JUR Eigentumsanteil; **payer sa** ~ **de qc** seinen Anteil an etw (*Dat*) bezahlen
◆ ~ **de bénéfice** Gewinnanteil *m*
quotidien [kɔtidjɛ̃] *m* ① (*journal*) Tageszeitung *f*; **un** ~ **du matin/soir** eine Morgen-/Abendzeitung
② (*vie quotidienne*) Alltag *m*; (*train-train*) tägliches Einerlei
quotidien(ne) [kɔtidjɛ̃, jɛn] *adj* ① (*journalier*) täglich; **vie** ~**ne** Alltag *m*, tägliches Leben; (*train-train*) tägliches Einerlei; **il fait sa promenade** ~**ne** er macht seinen üblichen Spaziergang; **elle fait le trajet** ~ **en métro** sie fährt täglich [*o* jeden Tag] mit der Metro
② (*banal*) *tâches* banal; *vie, existence* durchschnittlich; (*monotone*) eintönig; *incident* alltäglich, gewöhnlich
quotidiennement [kɔtidjɛnmɑ̃] *adv* jeden Tag, täglich
quotient [kɔsjɑ̃] *m* Quotient *m*; ~ **familial** *Steuerklasse, die die Zahl der zu versorgenden Familienmitglieder berücksichtigt*; ~ **intellectuel** Intelligenzquotient *m*
quotité [kɔtite] *f* JUR Anteil *m*, anteiliger Betrag *m*; ~ **disponible** frei verfügbarer Erbteil *m*

Rr

R, r [ɛʀ] *m inv* R *nt*/r *nt*; **rouler les r** das R rollen
▶ **r comme Raoul** R wie Richard
rab [ʀab] *m fam* **il y a du** ~ es ist noch etwas übrig; **est-ce que je peux avoir du** ~ ich hätte gerne einen Nachschlag; **faire du** ~ Überstunden machen
rabâchage [ʀabɑʃaʒ] *m* ① (*répétition fastidieuse*) *d'une leçon* Wiederkäuen *nt*; **faire du** ~ den Lernstoff wiederkäuen
② (*radotage*) immer das Gleiche; **c'est du** ~ du sagst/er sagt/... immer wieder dasselbe
rabâcher [ʀabɑʃe] <1> **I.** *vi* (*radoter*) ständig dasselbe sagen
II. *vt* ① (*ressasser*) ~ **les mêmes histoires** ständig [*o* immer wieder] die gleichen Geschichten erzählen; ~ **les mêmes choses à qn** jdm ständig [*o* immer wieder] dieselben Dinge sagen
② (*répéter pour apprendre*) ständig wiederholen *leçons*; immer [und immer] wieder lernen *histoire, géographie*
rabâcheur, -euse [ʀabɑʃœʀ, -øz] *m, f* (*radoteur*) Mann, der/Frau, die ständig dasselbe erzählt; **être un** ~ ständig [*o* immer wieder] dasselbe erzählen
rabais [ʀabɛ] *m* Rabatt *m*; **faire douze pour cent de** ~ [darauf] zwölf Prozent Rabatt geben; **au** ~ (*avec réduction de prix*) zu einem herabgesetzten Preis/herabgesetzten Preisen; (*de mauvaise qualité*) zweitklassig (*pej*); **travailler au** ~ für wenig Geld arbeiten; **vente au** ~ Verkauf *m* reduzierter Ware

rabaisser [ʀabese] <1> **I.** *vt* ❶ (*diminuer*) herabsetzen; ~ **un prix de dix pour cent** einen Preis um zehn Prozent herabsetzen
❷ (*déprécier*) mindern (*geh*) *mérite, qualité*
❸ (*dénigrer*) herabsetzen; ~ **qn au niveau de qn/d'un animal** jdn zu jdm/zu einem Tier erniedrigen
❹ (*limiter les pouvoirs*) mindern *pouvoir*
❺ (*rabattre*) bremsen *orgueil;* ~ **les prétentions/exigences de qn** jds Ansprüchen/Forderungen entgegentreten
II. *vpr* **se** ~ sich [selbst] herabsetzen
rabane [ʀaban] *f* [Raphia]bastgeflecht *nt;* **natte en** ~ [geflochtene] Bastmatte
rabat [ʀaba] *m* ❶ (*partie rabattue*) *d'une poche* Klappe *f; d'une enveloppe* Lasche *f;* **faire un joli** ~ (*en faisant le lit à la française*) das Betttuch dekorativ umschlagen
❷ (*revers de col*) *d'une toge* Beffchen *nt*
rabat-joie [ʀabaʒwa] *mf inv* Spielverderber(in) *m(f),* Miesepeter *m* (*fam*)
rabattage [ʀabataʒ] *m* Treibjagd *f*
rabatteur [ʀabatœʀ] *m* ❶ *d'une moissonneuse* Haspel *f*
❷ CHASSE Treiber *m*
❸ COM Kundenfänger *m*
❹ POL Stimmenfänger *m*
rabatteuse [ʀabatøz] *f* ❶ CHASSE Treiberin *f*
❷ COM Kundenfängerin *f*
❸ POL Stimmenfängerin *f*
rabattre [ʀabatʀ] <*irr*> **I.** *vt* ❶ (*refermer*) herunterklappen *couvercle, siège;* umschlagen *col;* ~ **le capot de la voiture** die Motorhaube schliessen
❷ (*faire retomber*) **le vent rabattait la pluie sur le toit** der Wind peitschte den Regen gegen das Dach
❸ (*faire un rabais*) **le commerçant rabat cinq pour cent sur le prix affiché** der Kaufmann lässt fünf Prozent auf den angegebenen Preis nach
❹ CHASSE ~ **le gibier** das Wild treiben
❺ COUT ~ **les mailles d'un tricot** die Maschen einer Strickarbeit abketten
► **en** ~ seine Illusionen verlieren
II. *vpr* **se** ~ ❶ (*changer de direction*) wieder einscheren; **le coureur s'est rabattu à la corde** der Läufer hat auf die Innenbahn gewechselt
❷ (*accepter faute de mieux*) **se** ~ **sur qn/qc** sich mit jdm/etw begnügen [*o* zufrieden geben]
rabattu(e) [ʀabaty] *adj bord, couture* umgeschlagen; *poche* verdeckt; **col** ~ Umlegkragen *m*
rabbin [ʀabɛ̃] *m* ❶ HIST Rabbi *m*
❷ REL Rabbiner *m;* **grand** ~ Großrabbiner *m*
rabbinat [ʀabina] *m* Rabbinat *nt*
rabbinique [ʀabinik] *adj* rabbinisch
rabelaisien(ne) [ʀablɛzjɛ̃, jɛn] *adj* (*truculent*) *personnage, plaisanterie, style* derb; *verve* lebensfroh
rabibocher [ʀabibɔʃe] <1> *fam* **I.** *vt* ❶ (*réconcilier*) versöhnen
❷ (*rafistoler*) flicken (*fam*)
II. *vpr* **se** ~ sich versöhnen
rabiot [ʀabjo] *m fam v.* **rab**
rabioter [ʀabjɔte] <1> *fam* **I.** *vt* ❶ (*obtenir en plus*) abstauben (*fam*)
❷ (*extorquer*) ergattern (*fam*)
II. *vi* schnorren (*fam*)
rabique [ʀabik] *adj* **virus** ~ Tollwutvirus *nt o m*
râble [ʀɑbl] *m* Rücken *m;* ~ **de lapin à la moutarde** GASTR Hasenrücken in Senfsoße
► **tomber sur le** ~ **à qn** *fam* jdm auf die Pelle rücken (*fam*)
râblé(e) [ʀɑble] *adj personne* stämmig; *animal* kräftig
rabot [ʀabo] *m* Hobel *m*
rabotage [ʀabɔtaʒ] *m* [Ab]hobeln *nt*
raboter [ʀabɔte] <1> *vt* TECH [ab]hobeln *planche;* schleifen *parquet*
raboteur [ʀabɔtœʀ] *m* Hobler(in) *m(f);* ~ **de parquet** Parkettschleifer(in) *m(f)*
raboteuse [ʀabɔtøz] *f* Hobelmaschine *f*
raboteux, -euse [ʀabɔtø, -øz] *adj* ❶ (*inégal*) uneben; *surface* uneben, rau; *chemin* uneben, holprig
❷ *fig littér* (*rude*) *style* grob; *voix* rau
rabougri(e) [ʀabugʀi] *adj arbre, plante* kümmerlich; *silhouette* gebeugt, eingefallen; *personne, vieillard* alt und gebückt; *enfant* schwächlich; *vie* kümmerlich
rabougrir [ʀabugʀiʀ] <8> *vpr* ❶ (*s'étioler*) **se** ~ **au soleil** *plante:* in der Sonne verkümmern
❷ *fig* **se** ~ **avec l'âge** *gens, hommes:* sich mit zunehmendem Alter verkrümmen
rabougrissement [ʀabugʀismɑ̃] *m* ❶ *de plantes* Verkümmern *nt*
❷ *fig d'une personne âgée* Verkrümmen *nt*
rabouter [ʀabute] <1> *vt* ❶ TECH anstückeln *tuyaux*
❷ *fig* zusammenstückeln *parties de textes*
rabrouer [ʀabʀue] <1> *vt* anfahren
racaille [ʀakɑj] *f* Abschaum *m kein Pl* (*pej*)
raccard [ʀakaʀ] *m* CH (*grange à blé*) Weizenscheune *f*
raccommodable [ʀakɔmɔdabl] *adj* auszubessern(d)
raccommodage [ʀakɔmɔdaʒ] *m* (*réparation*) Flicken *nt,* Ausbessern *nt;* **faire du** ~ Flickarbeiten ausführen
raccommodement [ʀakɔmɔdmɑ̃] *m fam* Versöhnung *f*
raccommoder [ʀakɔmɔde] <1> **I.** *vt* ❶ (*réparer*) flicken, ausbessern *linge, filet;* stopfen *chaussettes; vieilli* ausbessern, in Ordnung bringen *meuble, objet*
❷ *fam* (*réconcilier*) versöhnen
II. *vpr fam* **se** ~ sich versöhnen
raccommodeur, -euse [ʀakɔmɔdœʀ, -øz] *m, f* Flicker(in) *m(f),* Flickschneider(in) *m(f)* (*pej*)
raccompagner [ʀakɔ̃paɲe] <1> *vt* ~ **qn à la maison** jdn nach Hause [zurück]begleiten
raccord [ʀakɔʀ] *m* ❶ (*jonction*) Nahtstelle *f*
❷ (*retouche*) Ausbesserung *f*
❸ (*enchaînement*) Überleitung *f;* CINE Übergang *m*
❹ (*joint*) Verbindungsstück *nt*
► **faire un** ~ *fam* (*de maquillage*) sein Make-up auffrischen
raccordement [ʀakɔʀdəmɑ̃] *m* Verbindung *f,* Anschluss *m;* ELEC Schaltung *f*
raccorder [ʀakɔʀde] <1> **I.** *vt* (*joindre*) [miteinander] verbinden *tuyaux, routes;* ~ **une ville à la ligne de TGV** eine Stadt an die TGV-Strecke anschließen; **il faut** ~ **les différents plans** CINE die verschiedenen Aufnahmen müssen zusammengeschnitten werden; ~ **qn au réseau** TELEC jdn an das Netz anschließen
II. *vpr* **se** ~ **à qc** ❶ (*se relier*) *route, voie de chemin de fer:* mit etw verbunden sein
❷ (*se rapporter*) *événement:* in Zusammenhang mit etw stehen
raccourci [ʀakuʀsi] *m* ❶ (*chemin*) Abkürzung *f*
❷ (*abrégé*) Kurzfassung *f;* **en** ~ in Kurzfassung
❸ ART perspektivische Verkürzung
❹ INFORM ~ **clavier** Shortcut *m,* Hotkey *m*
raccourcir [ʀakuʀsiʀ] <8> **I.** *vt* (*rendre plus court*) kürzen *texte, vêtement;* stutzen *barbe*
II. *vi* kürzer werden; (*au lavage*) einlaufen
raccourcissement [ʀakuʀsismɑ̃] *m* (*action de raccourcir*) Kürzen *nt;* (*fait de devenir plus court*) Kürzerwerden *nt*
raccroc [ʀakʀo] *m* ► **par** ~ (*par hasard*) durch Zufall; (*par chance*) durch einen Glücksfall
raccrocher [ʀakʀɔʃe] <1> **I.** *vt* ❶ (*remettre en place en accrochant*) auflegen *écouteur;* aufhängen *rideaux, tableau, vêtement;* anhängen *wagon, remorque*
❷ (*arrêter des gens qui passent pour les retenir*) ansprechen
❸ *fam* (*rattraper*) ergattern (*fam*)
II. *vi* ❶ TELEC auflegen
❷ SPORT *fam* (*renoncer*) *boxeur, professionnel:* aufhören

III. *vpr* **se ~** ❶ (*se cramponner*) **se ~ à qn/qc** sich an jdn/etw klammern
❷ (*se rapporter*) *choses:* **se ~ à qc** [sich] auf etw gründen

race [ʀas] *f* ❶ (*groupe ethnique*) Rasse *f;* **croisement entre ~s** Kreuzung *f* von Rassen
❷ *soutenu* (*lignée*) Geschlecht *nt* (*geh*)
❸ (*sorte*) Spezies *f,* Gattung *f; péj* Brut *f* (*fam*), Sippe *f* (*fam*); **sale ~** üble Brut (*fam*); **être de la même ~** vom gleichen Schlag sein
❹ (*espèce zoologique*) Rasse; **animal de pure ~** reinrassiges Tier; **chien/cheval de ~** Rassehund/-pferd
▶ **avoir de la ~** Format [*o* Klasse] haben

racé(e) [ʀase] *adj* ❶ *animaux* reinrassig
❷ *personnes* rassig; *homme, femme* von Klasse, von Format

rachat [ʀaʃa] *m* ❶ JUR, FIN, ECON Rückkauf *m; d'une rente* Ablösung *f; d'un titre* Einlösung *f*
❷ (*pardon*) *d'une faute* Vergeben *nt; d'un péché* Vergebung *f*
❸ (*salut*) Erlösung *f*
❹ (*libération sous caution*) Freikauf *m*

rachetable [ʀaʃtabl] *adj* ❶ FIN *rente* ablösbar; *titre* einlösbar
❷ (*expiable*) *faute* verzeihlich

racheter [ʀaʃte] <4> I. *vt* ❶ (*acheter de nouveau*) zurückkaufen
❷ (*acheter en remplacement*) [wieder] kaufen
❸ (*acheter en plus*) nachkaufen
❹ (*acheter d'autrui*) **~ une table à qn** jdm einen Tisch abkaufen; **~ les parts de son associé dans l'entreprise** seinen Geschäftspartner ausbezahlen [*o* abfinden]
❺ (*expier*) sühnen *crime;* wieder gutmachen *faute;* REL büßen *péché*
❻ (*sauver*) retten; REL erlösen
❼ FIN, JUR (*se libérer de*) zurückzahlen, tilgen *dette, emprunt;* ablösen *rente*
❽ (*libérer par rançon*) freikaufen
❾ (*compenser*) ausgleichen, wettmachen *défaut, imperfection*
❿ SCOL **~ un candidat** einen Prüfling durchkommen lassen (*fam*)
II. *vpr* **se ~** (*d'un crime, péché*) sich wieder reinwaschen; **se ~ d'une faute** einen Fehler wieder gutmachen

rachidien(ne) [ʀaʃidjɛ̃, jɛn] *adj* **canal ~** Wirbelkanal *m;* **nerf ~** Rückenmarksnerv *m*

rachitique [ʀaʃitik] I. *adj* ❶ MED rachitisch
❷ *personne* schwächlich; *plantes* mickerig (*pej fam*)
II. *mf* MED Rachitiskranke(r) *f(m); fig* Schwächling *m*

rachitisme [ʀaʃitism] *m* Rachitis *f*

racho [ʀaʃo] *adj fam abr de* **rachitique**

racial(e) [ʀasjal, jo] <-aux> *adj* **haine ~e** Rassenhass *m*

racine [ʀasin] *f* ❶ BOT Wurzel *f*
❷ MATH Wurzel *f;* **~ carrée/cubique** Quadrat-/Kubikwurzel; **extraire la ~** die Wurzel ziehen
❸ *des cheveux, du nez, d'une dent* Wurzel *f*
❹ LING Wurzel *f*
❺ (*origine*) Ursache *f;* **la ~ du mal** die Wurzel des Übels
❻ *gén pl* (*origines*) Wurzeln *Pl*
▶ **attaquer le mal à la ~** das Übel an der Wurzel packen/das Übel mit der Wurzel ausrotten; **prendre ~** Wurzeln schlagen

racisme [ʀasism] *m* ❶ (*théorie des races*) Rassismus *m*
❷ (*hostilité*) **~ anti-jeunes** Feindseligkeit *f* gegenüber Jugendlichen

raciste [ʀasist] I. *adj* rassistisch
II. *mf* Rassist(in) *m(f)*

rack [ʀak] *m* ELEC Rack *nt*

racket [ʀakɛt] *m* Schutzgelderpressung *f;* **se livrer au ~** Schutzgelder erpressen

racketter [ʀakete] <1> *vt* **~ qn** Geld [*o* Schutzgelder] von jdm erpressen

racketteur, -euse [ʀakɛtœʀ, -øz] *m, f* Erpresser(in) *m(f)*

raclage [ʀɑklaʒ] *m* TECH [Ab]schaben *nt*

raclée [ʀɑkle] *f fam* ❶ (*volée de coups*) Tracht *f* Prügel
❷ (*défaite*) Schlappe *f* (*fam*)

raclement [ʀɑkləmɑ̃] *m* Knirschen *nt;* **~ de gorge** Räuspern *nt*

racler [ʀɑkle] <1> I. *vt* ❶ (*nettoyer*) scheuern *casserole;* abschleifen *parquet, sol, boiseries;* abstreifen, abputzen *semelles, sabots;* abkratzen *boue, croûte, tache de peinture*
❷ (*frotter*) schleifen; **le garde-boue racle le pneu** das Schutzblech schleift am Reifen
❸ (*ratisser*) harken *allée, gravier, sable*
❹ *péj* (*faire grincer*) auf etw (*Dat*) herumklimpern (*fam*) *guitare, mandoline;* auf etw (*Dat*) herumkratzen (*fam*) *violon*
II. *vpr* **se ~ la gorge** [*o* **le gosier**] sich räuspern

raclette [ʀɑklɛt] *f* ❶ (*outil*) Schaber *m,* Kratzer *m; du ramoneur* Schultereisen *nt;* **~ en caoutchouc** Gummischieber *m;* **~ de fer** Schabeisen *nt,* Kratzeisen *nt*
❷ (*fromage*) Raclettekäse *m;* (*spécialité*) Raclette *f o nt*

racloir [ʀɑklwaʀ] *m* Schaber *m,* Kratzer *m*

raclure [ʀɑklyʀ] *f* ❶ *pl* Späne *Pl;* (*rebut*) Abfall *m*
❷ (*déchet*) Abschaum *m kein Art*

racolage [ʀakɔlaʒ] *m* ❶ (*recrutement*) Anwerbung *f,* Anwerben *nt;* **faire du ~** die Werbetrommel rühren
❷ (*action d'une prostituée*) Anwerben *nt* von Kunden

racoler [ʀakɔle] <1> *vt* werben *adeptes, clients, électeurs; prostituée:* ansprechen; HIST, MIL anwerben

racoleur [ʀakɔlœʀ] *m* ❶ HIST, MIL Werber *m*
❷ POL Werber *m* von Mitgliedern; Mann, der Mitglieder wirbt
❸ COM Kundenwerber *m*

racoleur, -euse [ʀakɔlœʀ, -øz] *adj péj publicité, affiche* ins Auge springend; *slogan* reißerisch

racoleuse [ʀakɔløz] *f* ❶ (*prostituée*) Straßendirne *f*
❷ POL Werberin *f* von Mitgliedern; Frau, die Mitglieder wirbt
❸ COM Kundenwerberin *f*

racontable [ʀakɔ̃tabl] *adj* **cette histoire n'est guère ~ en public** diese Geschichte kann man eigentlich nicht in der Öffentlichkeit erzählen

racontar [ʀakɔ̃taʀ] *m gén pl fam* Tratsch *m kein Pl* (*fam*), Klatsch *m kein Pl* (*fam*)

raconter [ʀakɔ̃te] <1> I. *vt* ❶ (*narrer*) **~ une histoire à qn** jdm eine Geschichte erzählen; **~ un voyage** eine Reise schildern; **~ que c'est vrai** erzählen [*o* berichten], dass es wahr ist
❷ (*dire à la légère*) erzählen *histoires, balivernes;* **c'est du moins ce qu'elle raconte** das zumindest erzählt sie
❸ *littér* (*décrire*) beschreiben *personne*
▶ **~ sa vie à qn** *fam* jdm sein [ganzes] Leben erzählen; **je te/vous raconte pas** *fam* ich kann dir/euch sagen (*fam*)
II. *vpr* **se ~** ❶ (*se dire*) **ne crois pas ce qui se raconte à mon propos!** glaub nicht, was man über mich erzählt!
❷ (*parler de soi*) von sich erzählen

raconteur, -euse [ʀakɔ̃tœʀ, -øz] *m, f soutenu* Erzähler(in) *m(f)*

racorni(e) [ʀakɔʀni] I. *part passé de* **racornir**
II. *adj* ❶ (*durci*) *cuir* verhärtet
❷ *fig idées* verstaubt

racornir [ʀakɔʀniʀ] <8> I. *vt* ❶ (*durcir*) hart machen, hart sein
❷ (*rendre insensible*) abstumpfen; verhärten *cœur, âme*
II. *vpr* **se ~** hart werden; *cuir, peau:* hart werden, sich verhärten; *viande:* zäh werden

racornissement [ʀakɔʀnismɑ̃] *m de la peau* Hartwerden *nt,* Verhärtung *f; de la viande* Zähwerden *nt*

radar [ʀadaʀ] I. *m* Radar[gerät *nt*] *m o nt*
II. *app* **écran ~** Radarschirm *m*

rade [ʀad] *f* Reede *f*
▶ **être/rester en ~** *fam* festsitzen/stecken bleiben

radeau [ʀado] <x> *m* ❶ (*assemblage flottant*) Floß *nt;* **~ de fortune** behelfsmäßiges Floß; **~ de sauvetage** Rettungsinsel *f*
❷ (*train de bois*) Floß *nt*

radial(e) [ʀadjal, jo] <-aux> *adj* TECH strahlenförmig, radial; **pneu à carcasse ~e** Radialreifen *m,* Gürtelreifen *m*

radiale [ʀadjal] *f* (*route*) **une [voie] ~** eine Radialstraße

radian [ʀadjɑ̃] *m* Radiant *m*
radiant [ʀadjɑ̃] *m* ASTRON Radiant *m*
radiant(e) [ʀadjɑ̃, jɑ̃t] *adj* **chaleur ~e** Strahlungswärme *f*
radiateur [ʀadjatœʀ] *m* ❶ *(de chauffage central)* Heizkörper *m*
❷ *(appareil de chauffage)* Heizung *f,* Ofen *m;* **~ infrarouge** Infrarotstrahler *m;* **~ parabolique** Heizsonne *f;* **~ soufflant** Heizlüfter *m;* **~ rayonnant** Wärmestrahler *m;* **~ à gaz/huile** Gas-/Ölheizung; **~ à eau** Heißwasserofen; **~ à accumulation** Nachtspeicherofen
❸ AUT Kühler *m*
radiation [ʀadjasjɔ̃] *f* ❶ PHYS Strahlung *f*
❷ *a.* JUR *(action de rayer)* Streichung *f;* **~ du barreau** Ausschluss *m* aus der Anwaltskammer; **~ des listes électorales** Streichung von den Wählerlisten
radical [ʀadikal, o] <-aux> *m* ❶ LING Stamm *m*
❷ CHIM Radikal *nt*
❸ POL Radikale(r) *m*
❹ MATH Wurzelzeichen *nt*
radical(e) [ʀadikal, o] <-aux> *adj* ❶ *(total)* radikal, grundlegend; *refus* grundsätzlich
❷ *(énergique)* radikal; *mesure* radikal, einschneidend, tiefgreifend
❸ *(foncier)* fundamental; **instinct ~** Urinstinkt *m;* **principe ~** Grundprinzip *nt;* **islam ~** orthodoxer Islam
❹ POL radikal; **parti ~** radikale Partei *m*
❺ LING zum Wortstamm gehörig; **voyelle ~e** Stammvokal *m*
❻ BOT *feuilles* grundständig
radicalement [ʀadikalmɑ̃] *adv* ❶ *(entièrement)* radikal, grundlegend; *guérir* gründlich
❷ *(absolument)* vollkommen, völlig
radicalisation [ʀadikalizasjɔ̃] *f d'un point de vue, d'une position* Erhärtung *f; de la lutte, du climat* Verschärfung *f; d'un régime, d'une théorie* Radikalisierung *f*
radicaliser [ʀadikalize] <1> **I.** *vt* verschärfen *conflit;* verhärten *position;* radikalisieren *opinion, théorie*
II. *vpr* **se ~** *parti, régime, théorie:* radikaler werden; *conflit:* sich verschärfen; *position:* sich verhärten
radicalisme [ʀadikalism] *m* Radikalismus *m*
radical-socialisme [ʀadikalsɔsjalism] *m* Radikalsozialismus *m* **radical-socialiste, radicale-socialiste** [ʀadikalsɔsjalist, ʀadiko-] <radicaux-socialistes> **I.** *adj* radikalsozialistisch **II.** *m, f* Radikalsozialist(in) *m(f)*
radicelle [ʀadisɛl] *f* BOT Seitenwurzel *f*
radier [ʀadje] <1a> *vt* streichen *candidat, nom;* **~ qn du barreau/de l'ordre des médecins** jdn aus der Anwaltskammer/Ärztekammer ausschließen
radiesthésie [ʀadjɛstezi] *f* Radiästhesie *f*
radiesthésiste [ʀadjɛstezist] *mf* Rutengänger(in) *m(f)*
radieux, -euse [ʀadjø, -jøz] *adj* strahlend; *avenir* glänzend; *temps* herrlich; **soleil ~** strahlender Sonnenschein
radin(e) [ʀadɛ̃, in] *fam* **I.** *adj (avare)* knauserig *(fam)*, knickrig *(fam)*
II. *m(f)* Geizkragen *m (fam)*, Pfennigfuchser(in) *m(f) (fam)*
radiner [ʀadine] <1> *fam* **I.** *vi (arriver)* angeschossen kommen *(fam)*
II. *vpr* **se ~** auftauchen; **allez, radine-toi!** komm endlich!
radinerie [ʀadinʀi] *f fam* Knauserigkeit *f (fam)*, Pfennigfuchserei *f (fam)*
radio [ʀadjo] **I.** *f* ❶ *(poste)* Radio[gerät *nt*] *nt;* **allumer [*o* mettre]/éteindre la ~** das Radio ein-/ausschalten
❷ *(radiodiffusion)* Radio *nt,* Rundfunk *m;* **passer à la ~** im Radio kommen
❸ *(station)* Sender *m;* **~ locale/libre** Regionalradio/freies Radio
❹ MED Röntgenaufnahme *f;* **passer à la ~** eine Röntgenaufnahme machen lassen
❺ *(radiotéléphonie)* Funk[gerät *nt*] *m;* **par ~** über Funk
II. *m* Funker(in) *m(f)*
III. *app* **message ~** Funkspruch *m*
radioactif, -ive [ʀadjoaktif, -iv] *adj* radioaktiv
radioactivité [ʀadjoaktivite] *f* Radioaktivität *f*
radioalignement [ʀadjoaliɲ(ə)mɑ̃] *m* TECH Navigation *f* mit Richtfunkfeuer
radioamateur, -trice [ʀadjoamatœʀ, -tʀis] *m, f* Funkamateur(in) *m(f)*
radiobalisage [ʀadjobalizaʒ] *m* Funkbefeuerung *f*
radiocarbone [ʀadjokaʀbɔn] *m* radioaktiver Kohlenstoff
radiocassette [ʀadjokasɛt] *f* Radio[kassetten]recorder *m*
radiocobalt [ʀadjokɔbalt] *m* radioaktives Kobalt
radiocommunication [ʀadjokɔmynikasjɔ̃] *f* Funkverständigung *f*
radiocompas [ʀadjokɔ̃pɑ] *m* AVIAT Funkkompas *m*
radiodiagnostic [ʀadjodjagnɔstik] *m* Röntgendiagnose *f*
radiodiffuser [ʀadjodifyze] <1> *vt* senden [im Rundfunk], ausstrahlen [über den Rundfunk]; **être radiodiffusé(e)** *émission, journal:* über [den] Rundfunk ausgestrahlt sein
radiodiffusion [ʀadjodifyzjɔ̃] *f vieilli* Rundfunk *m*
radioélectricien(ne) [ʀadjoelɛktʀisjɛ̃, jɛn] *m(f)* Rundfunktechniker(in) *m(f)*
radioélectricité [ʀadjoelɛktʀisite] *f* Rundfunktechnik *f*
radioélectrique [ʀadjoelɛktʀik] *adj* Funk-; **ondes ~s** Funkwellen *Pl*
radioélément [ʀadjoelemɑ̃] *m* radioaktives Element *nt*
radiofréquence [ʀadjofʀekɑ̃s] *f* Funkfrequenz *f*
radiogoniométrie [ʀadjogɔnjɔmetʀi] *f* Funkpeilung *f*
radiographie [ʀadjɔgʀafi] *f* ❶ MED *(procédé)* Röntgen *nt,* Radiographie *f (Fachspr.)*
❷ MED *(cliché)* Röntgenaufnahme *f,* Röntgenbild *nt*
radiographier [ʀadjɔgʀafje] <1a> *vt* MED röntgen *malade, organe;* **se faire ~** sich röntgen lassen
radioguidage [ʀadjogidaʒ] *m* AVIAT, NAUT Funksteuerung *f;* AUT Verkehrsfunk *m*
radio-isotope [ʀadjoizɔtɔp] <radio-isotopes> *m* Radioisotop *nt*
radiologie [ʀadjɔlɔʒi] *f* Radiologie *f,* Röntgenologie *f*
radiologique [ʀadjɔlɔʒik] *adj* **examen ~** Röntgenuntersuchung *f*
radiologue [ʀadjɔlɔg] *mf* Radiologe *m*/Radiologin *f,* Röntgenologe *m*/Röntgenologin *f*
radionavigant [ʀadjonavigɑ̃] *m* TECH Funker *m*
radionavigation [ʀadjonavigasjɔ̃] *f* Funknavigation *f*
radiophare [ʀadjofaʀ] *m* Funkbake *f*
radiophonique [ʀadjɔfɔnik] *adj* **programme ~** Rundfunkprogramm *nt;* **pièce ~** Hörspiel *nt*
radioreportage [ʀadjoʀ(ə)pɔʀtaʒ] *m* Rundfunkreportage *f*
radioreporter [ʀadjoʀəpɔʀtɛʀ] *mf* Rundfunkreporter(in) *m(f)*
radioréveil [ʀadjoʀevɛj] *m* Radiowecker *m*
radioscopie [ʀadjɔskɔpi] *f* ❶ MED Röntgen *nt,* Radioskopie *f (Fachspr.)*; **passer à la ~** geröntgt werden
❷ *(analyse)* Analyse *f*
radiosonde [ʀadjosɔ̃d] *f* Radiosonde *f*
radio-taxi [ʀadjotaksi] <radio-taxis> *m* Funktaxi *nt*
radiotechnique [ʀadjotɛknik] **I.** *adj* rundfunktechnisch
II. *f* Rundfunktechnik *f*
radiotélégraphie [ʀadjotelegʀafi] *f* Funktelegrafie *f*
radiotélégraphique [ʀadjotelegʀafik] *adj* funktelegrafisch
radiotéléphone [ʀadjotelefɔn] *m* Funktelefon *nt*
radiotélescope [ʀadjoteleskɔp] *m* Radioteleskop *nt*
radiotélévisé(e) [ʀadjotelevize] *adj* **message ~ du chef de l'État** Rundfunk- und Fernsehansprache des Staatschefs
radiothérapeute [ʀadjoteʀapøt] *mf* Strahlentherapeut(in) *m(f),* Radiotherapeut(in) *m(f)*
radiothérapie [ʀadjoteʀapi] *f* Strahlentherapie *f,* Radiotherapie *f*
radis [ʀadi] *m* Radieschen *nt;* *(grand radis)* Rettich *m*

▸ ne pas valoir un ~ *fam* keinen Pfifferling wert sein (*fam*)
radium [ʀadjɔm] *m* Radium *nt*
radius [ʀadjys] *m* ANAT Speiche *f*
radja [ʀadʒa] *m v.* **raja[h]**
radôme [ʀadom] *m* TECH Radom *nt*
radon [ʀadɔ̃] *m* Radon *nt*
radotage [ʀadɔtaʒ] *m* ❶ (*rabâchage*) ständiges Wiederholen ❷ *fam* (*papotage*) Geschwätz *nt kein Pl* (*pej fam*)
radoter [ʀadɔte] <1> I. *vi* ❶ (*rabâcher*) sich wiederholen ❷ (*déraisonner*) Unsinn [*o* dummes Zeug] reden
II. *vt* wiederholen; ~ **toujours les mêmes histoires** immer die gleichen Geschichten wiederkauen
radoteur, -euse [ʀadɔtœʀ, -øz] *m, f* Schwätzer(in) *m(f)* (*fam*)
radoub [ʀadu] *m* NAUT Wartung *f*, Überholung *f*; **au** ~ im Dock liegend; **bassin de** ~ Hafenbecken *nt*
radouber [ʀadube] <1> *vt* TECH warten, überholen *navire;* flicken *filet de pêche*
radoucir [ʀadusiʀ] <8> I. *vt* ❶ (*apaiser*) besänftigen *personne;* mildern *attitude;* heben *humeur;* dämpfen *voix* ❷ METEO mildern *température;* bessern *temps*
II. *vpr* **se** ~ ❶ (*se calmer*) *personne:* sich besänftigen; *attitude:* milder werden; *cœur:* weicher werden; *humeur:* sich bessern ❷ METEO *température:* milder werden; *temps:* sich bessern
radoucissement [ʀadusismɑ̃] *m* ❶ (*apaisement*) Milderung *f; de l'humeur* Verbesserung *f; de la voix* Dämpfen *nt* ❷ *de la température* Milderung *f; du temps* Besserung *f*
rafale [ʀafal] *f* ❶ METEO Bö[e] *f;* ~ **de neige/pluie** Schnee-/Regenschauer *m;* ~ **de vent** Windstoß *m;* **le vent souffle par/en** ~**s** der Wind bläst in Böen ❷ MIL Salve *f;* **tirer par courtes** ~**s** kurze Salven schießen ❸ (*manifestation soudaine*) ~ **d'applaudissements/de protestations** Beifalls-/Proteststurm *m*
raffermir [ʀafɛʀmiʀ] <8> I. *vt* ❶ (*rendre ferme*) stärken, kräftigen *muscles, peau, tissu* ❷ *fig littér* (*consolider*) bestärken *personne;* steigern *popularité;* stärken *courage, gouvernement, autorité*
II. *vpr* **se** ~ ❶ (*devenir ferme*) *voix:* fester werden; *peau, tissu:* straffer werden; *muscles:* kräftiger werden; *sol:* härter werden ❷ (*devenir stable*) *santé, cours à la Bourse:* sich stabilisieren ❸ *littér* (*se consolider*) *autorité, courage:* größer werden; *détermination, résolution, volonté:* stärker werden
raffermissement [ʀafɛʀmismɑ̃] *m* ❶ (*durcissement*) *de la peau, des tissus* Strafferwerden *nt; des muscles* Kräftigung *f*, Stärkung *f; du sol* Härterwerden *nt* ❷ (*consolidation*) Stärkung *f;* ~ **des cours à la Bourse** Stabilisierung *f* der Börsenkurse
raffinage [ʀafinaʒ] *m du pétrole, sucre* Raffinieren *nt*, Raffination *f; du caoutchouc, papier, des métaux* Veredelung *f*
raffiné(e) [ʀafine] *adj* ❶ (*fin, délicat*) edel, fein; *goût, plat, nourriture* erlesen; *personne, esprit* vornehm, kultiviert ❷ (*recherché*) subtil; *coup* raffiniert ❸ (*traité par raffinage*) *pétrole, sucre* raffiniert; *caoutchouc, métaux, papier* veredelt
raffinement [ʀafinmɑ̃] *m* ❶ (*délicatesse*) *du goût, des manières* Feinheit *f; d'une personne* Kultiviertheit *f*, Vornehmheit *f* ❷ *pl* (*recherche*) Übertriebenheit *f; d'une toilette* Künstelei *f* ❸ (*manifestation extrême d'un sentiment*) ~ **de cruauté** Übermaß *nt* an Grausamkeit
raffiner [ʀafine] <1> I. *vt* ❶ IND raffinieren *pétrole, sucre;* veredeln *métaux, papier* ❷ (*affiner*) verfeinern *goût, langage*
II. *vi* (*rechercher la plus grande délicatesse*) ~ **sur la présentation** sich (*Dat*) die größte Mühe mit dem Aussehen geben
raffinerie [ʀafinʀi] *f* Raffinerie *f;* ~ **de pétrole/sucre** Öl-/Zuckerraffinerie
raffineur, -euse [ʀafinœʀ] *m, f* ❶ (*personne qui dirige une raffinerie*) Raffineriebesitzer(in) *m(f)* ❷ (*spécialiste du raffinage*) Raffineur *m*
raffoler [ʀafɔle] <1> *vi* ~ **de qn/qc** in jdn/etw vernarrt sein
raffut [ʀafy] *m fam* Radau *m* (*fam*)
▸ **faire du** ~ (*faire un scandale*) Staub aufwirbeln (*fam*)
rafiot [ʀafjo] *m fam* Nussschale *f* (*fam*); **un vieux** ~ ein Seelenverkäufer *m*
rafistolage [ʀafistɔlaʒ] *m fam* Zusammenflicken *nt* (*fam*); *fig* Notbehelf *m*
rafistoler [ʀafistɔle] <1> *vt fam* zusammenflicken (*fam*) *chaussures, meuble, objet;* flicken (*fam*) *relations*
rafle [ʀafl] *f* ❶ (*arrestation*) Razzia *f*, Massenverhaftung *f;* **être pris(e) dans une** ~ bei einer Razzia verhaftet werden ❷ *vieilli* (*vol rapide*) Raubüberfall *m*
rafler [ʀafle] <1> *vt fam* mitgehen lassen (*fam*); angeln (*fam*) *prix, trophée*
rafraîchir [ʀafʀeʃiʀ] <8> I. *vt* ❶ (*refroidir*) abkühlen *air;* sinken lassen *température;* kühlen *boisson, fruits, vin;* kühlen, erfrischen *visage, corps* ❷ (*raviver*) auffrischen *couleurs, mémoire, idées;* beleben *appartement;* wieder herrichten *tableau, meubles;* ausbessern *vêtement*
II. *vi* (*devenir plus frais*) *boisson, fruits:* kühl werden; **mettre des boissons à** ~ Getränke kalt stellen
III. *vpr* **se** ~ ❶ (*devenir plus frais*) *air, temps, température:* abkühlen ❷ (*boire*) sich erfrischen ❸ (*se laver*) sich abkühlen ❹ (*arranger sa toilette, son maquillage*) sich frisch machen
rafraîchissant(e) [ʀafʀeʃisɑ̃, ɑ̃t] *adj* ❶ (*apportant la fraîcheur*) *boisson, averse, brise* erfrischend ❷ (*tonifiant*) erfrischend, anregend
rafraîchissement [ʀafʀeʃismɑ̃] *m* ❶ *de l'air* Abkühlung *f; de la température* Sinken *nt* ❷ (*boisson*) Erfrischung *f* ❸ *fig des souvenirs, de la mémoire* Auffrischung *f;* **cycle de** ~ **de la mémoire** INFORM Refreshzyklus *m*
raft [ʀaft] *m* Schlauchboot *nt* (*für Wildwasserfahrten*)
rafting [ʀaftiŋ] *m* Rafting *nt*
ragaillardir [ʀagajaʀdiʀ] <8> *vt boisson, repos:* stärken; *nouvelle:* aufmuntern
rage [ʀaʒ] *f* ❶ (*colère*) Wut *f;* **être fou(folle)** [*o* **ivre**] **de** ~ rasend vor Wut sein; **mettre qn en** ~ jdn wütend machen; **être en** ~ **contre qn/qc** auf jdn/etw wütend sein; **avoir la** ~ **au ventre** [*o* **cœur**] eine Wut im Bauch haben (*fam*); **qn entre/est dans une** ~ **folle** eine wilde Wut steigt in jdm auf/erfüllt jdn ❷ (*envie*) Sucht *f*, Drang *m;* **la** ~ **de vivre** der Drang zu leben ❸ MED Tollwut *f*
▸ **faire** ~ *tempête, incendie:* toben
◆ ~ **de dents** Zahnschmerzen *Pl*
rageant(e) [ʀaʒɑ̃, ɑ̃t] *adj* **c'est** ~ *fam* das ist ärgerlich
rager [ʀaʒe] <2a> *vi fam* toben, wütend sein
rageur, -euse [ʀaʒœʀ, -ʒøz] *adj* wütend; *personne* jähzornig
rageusement [ʀaʒøzmɑ̃] *adv* wutentbrannt
raglan [ʀaglɑ̃] I. *m* Raglan *m*
II. *app inv manteau* mit Raglanärmeln; **des manches** ~ Raglanärmel *Pl*
ragondin [ʀagɔ̃dɛ̃] *m* ❶ (*animal*) Biberratte *f*, Nutria *f* ❷ (*fourrure*) Nutria *m*
ragot [ʀago] *m souvent pl fam* Klatsch *m kein Pl* (*fam*), Tratsch *m kein Pl* (*fam*); **dire** [*o* **faire**] **des** ~**s** tratschen, klatschen
ragougnasse [ʀaguɲas] *f péj arg* Fraß *m* (*pej fam*)
ragoût [ʀagu] *m* Ragout *nt;* ~ **de mouton/veau** Hammel-/Kalbsragout
ragoûtant(e) [ʀagutɑ̃, ɑ̃t] *adj* **être peu** ~**(e)** *personne:* nicht gerade anziehend sein; *repas, plat:* nicht gerade appetitanregend sein; **c'est** ~ **ce que vous faites-là!** das ist lecker, was Sie da machen!
ragrafer [ʀagʀafe] <1> *vt* wieder zuhaken, wieder schließen *soutien-gorge, jupe*

ragtime [ʀagtajm] *m* Ragtime *m*
rahat-loukoum [ʀaatlukum] *m v.* **loukoum**
rai [ʀɛ] *m* ❶ *littér de soleil, d'une étoile* Strahl *m*
❷ TECH *d'une roue en bois* Speiche *f*
raï [ʀaj] *m* MUS Rai *m*

i Land & Leute

Das nordafrikanische Musikgenre des **raï**, zu Deutsch „Meinung", umfasst improvisierte Sprechgesänge in arabischem Dialekt, die, unterlegt mit Rock- und Bluesrhythmen, häufig auf ironische Weise tägliche Probleme thematisieren. **Le raï** ist äußerst beliebt in Frankreich.

raid [ʀɛd] *m* ❶ MIL Überfall *m,* Angriff *m;* ~ **aérien** Luftangriff; ~ **de représailles** Vergeltungsschlag *m*
❷ *(expédition sportive)* Expedition *f;* ~ **automobile** Rallye *f*
❸ COM Übernahmeangebot *nt;* **lancer un** ~ ein Übernahmeangebot machen
raide [ʀɛd] **I.** *adj* ❶ *(rigide) personne, tête* starr, unbeweglich; *corps, jambe, membre* steif; *étoffe* steif, hart; *geste* eckig, ungelenk; *cheveux* glatt
❷ *chemin, escalier, pente* steil
❸ *(inflexible) attitude, personne* stur, unnachgiebig; *morale, principe* streng
❹ *(emprunté) démarche, manières, personne* steif
❺ *fam alcool* stark; *vin* schwer
❻ *fam (ivre)* blau
❼ *fam (incroyable) histoire, récit* unglaublich
❽ *fam (osé) histoires* schweinisch *(fam); propos* frivol, lose
❾ *fam (sans le sou)* abgebrannt *(fam),* blank *(fam)*
II. *adv* ❶ *(en pente)* steil
❷ *(brusquement) étendre, tomber, tuer* auf der Stelle; **tomber** ~ **mort(e)** mausetot sein *(fam)*
❸ *(violemment)* heftig
raider [ʀɛdœʀ] *m* Firmenjäger *m,* aggressiver Firmen[auf]käufer
raideur [ʀɛdœʀ] *f* ❶ *(rigidité) du corps* Unbeweglichkeit *f; d'un geste* Eckigkeit *f; d'un membre* Steifheit *f;* **saluer qn avec** ~ jdn steif grüßen
❷ *du chemin* Abschüssigkeit *f; de l'escalier, de la descente, montée* Steilheit *f*
❸ *(rigidité) des principes, préjugés* Strenge *f; d'une personne* Sturheit *f,* Unnachgiebigkeit *f*
raidillon [ʀedijɔ̃] *m* Steilhang *m*
raidir [ʀediʀ] <8> **I.** *vt (tendre)* spannen; anspannen *muscles; (durcir)* versteifen *cuir, tissu*
II. *vpr* **se** ~ ❶ *(se tendre) corde, drap, tissu:* sich spannen; *muscles:* sich anspannen; *membres:* sich versteifen; *personne:* sich verkrampfen
❷ *(résister)* sich stemmen; **se** ~ **contre le destin** sich gegen das Schicksal stemmen
raidissement [ʀedismɑ̃] *m* ❶ *(tension) du corps, des muscles* Anspannung *f; d'une corde, d'un tissu* Spannung *f; du cuir* Verhärten *nt*
❷ *(intransigeance) d'une attitude* Unnachgiebigkeit *f; d'une opinion* Starrsinn *m*
❸ *(perte de souplesse)* Versteifung *f*
raie¹ [ʀɛ] *f* ❶ *(ligne)* Streifen *m*
❷ *(sillon)* Furche *f*
❸ *(dans les cheveux)* Scheitel *m*
❹ PHYS Strahl *m*
raie² [ʀɛ] *f* ZOOL, GASTR Rochen *m;* ~ **au beurre noir** Rochen *m* in brauner Butter
raie³ [ʀɛ] *indic et subj prés de* **rayer**
raierai [ʀɛʀɛ] *fut de* **rayer**
raifort [ʀɛfɔʀ] *m* Meerrettich *m*
rail [ʀɑj] *m* ❶ CHEMDFER, TECH Schiene *f;* **deux wagons sont sortis des** ~**s** zwei Wagen sind entgleist
❷ *sans pl (moyen de transport)* **le** ~ die Schiene
▸ **[re]mettre qc sur les** ~**s** etw wieder ins rechte Gleis bringen
railler [ʀɑje] <1> **I.** *vt littér* verspotten
II. *vpr* **se** ~ **de qn/qc** sich über jdn/etw lustig machen
raillerie [ʀɑjʀi] *f* ❶ *(fait de plaisanter)* Spotten *nt*
❷ *pl (propos moqueurs)* Spott *m,* Gespött *nt*
railleur, -euse [ʀɑjœʀ, -øz] **I.** *adj* spöttisch; **avoir l'esprit** ~ spöttisch [*o* zynisch] sein
II. *m, f* Spötter(in) *m(f)*
rainette [ʀɛnɛt] *f* Laubfrosch *m*
rainurage [ʀenyʀaʒ] *m* Rillen *nt*
rainure [ʀenyʀ] *f* Rille *f; (dans une pièce de bois)* Nut[e] *f (Fachspr.)*
rainurer [ʀenyʀe] <1> *vt* rillen *chaussée;* nuten *planche*
raisin [ʀɛzɛ̃] *m* Traube *f;* ~**s secs** Rosinen *Pl*
◆ ~**s de Corinthe** Korinthen *Pl*
raisiné [ʀezine] *m* ❶ *mit Traubensaft gemachtes Birnen- oder Quittengelee*
❷ *arg (sang)* Blut *nt*
raison [ʀɛzɔ̃] *f* ❶ *(motif)* Grund *m;* **avoir de bonnes/mauvaises** ~**s** gute/schlechte Gründe haben; **avoir de fortes** ~**s de penser que** schwerwiegende Gründe haben zu glauben, dass; **ce n'est pas une** ~ **pour faire qc** das ist kein Grund etw zu tun; **avoir ses** ~**s** seine Gründe haben; **une** ~ **d'agir** Grund etw zu tun *m*
❷ *(argument)* Begründung *f;* **se rendre aux** ~**s de qn** jdm zustimmen
❸ *(sagesse)* Vernunft *f;* **ramener qn à la** ~ jdn wieder zur Vernunft bringen; **mettre qn à la** ~ jdm Vernunft beibringen; **revenir à la** ~ wieder zur Vernunft kommen
❹ *(facultés intellectuelles)* Verstand *m;* **avoir toute sa** ~ bei [klarem] Verstand sein; **perdre la** ~ den Verstand verlieren
❺ MATH Verhältnis *nt,* Proportion *f*
❻ JUR ~ **sociale** Firmenname *m (der sich aus den Namen mehrerer Teilhaber zusammensetzt)*
▸ **la** ~ **du plus fort est toujours la meilleure** *prov* der Stärkere hat immer recht; **pour la bonne** [*o* **simple**] ~ **que je le veux** aus dem einfachen Grund, weil ich es will *(fam);* **à plus forte** ~ *(après une affirmation)* umso mehr; *(après une négation)* geschweige denn; **à tort ou à** ~ zu Recht oder zu Unrecht; **avoir** ~ Recht haben; **avoir** ~ **de qn/qc** *(vaincre la résistance)* jdn/etw in den Griff bekommen; **donner** ~ **à qn** jdm Recht geben; **entendre** ~ Vernunft annehmen; **se faire une** ~ sich damit abfinden; **rendre** ~ **de qc** eine Erklärung für etw schulden [*o* schuldig sein]; **à** ~ **de 2000 euros par mois** für 2000 Euro monatlich; **en** [*o* **pour**] ~ **de qc** *(à cause de)* auf Grund einer S. *(Gen),* wegen etw; **pour cette** ~ deshalb, aus diesem Grund; **pour quelle** ~ weshalb, warum; **pour une** ~ **ou pour une autre** aus diesem oder jenem Grund; **sans/non sans** ~ ohne/nicht ohne Grund; **plus que de** ~ über alle Maßen
◆ ~ **d'État** Staatsräson *f;* ~ **d'être** Daseinsberechtigung *f,* Existenzberechtigung; ~ **de vivre** Lebensinhalt *m*
raisonnable [ʀɛzɔnabl] *adj* ❶ *(sage)* vernünftig
❷ *(suffisant)* angemessen
raisonnablement [ʀɛzɔnabləmɑ̃] *adv* ❶ *(avec sagesse)* vernünftig; *(à juste titre)* mit Recht; *(judicieusement)* richtig
❷ *(modérément)* vernünftig; *espérer, demander* vernünftigerweise; **user** ~ **de qc** einen vernünftigen Gebrauch von etw machen
raisonné(e) [ʀɛzɔne] *adj* ❶ *(réfléchi) attitude* besonnen; *décision, projet* gut durchdacht
❷ *(systématique)* systematisch; *méthode* gezielt
raisonnement [ʀɛzɔnmɑ̃] *m* ❶ *(façon de penser)* Denkweise *f; (faculté de penser)* Denkvermögen *nt*
❷ *(argumentation)* Schlussfolgerung *f;* ~ **analogique/déductif** Analogieschluss *m*/deduktiver Schluss
❸ *pl (ergotage)* Debatte *f,* ewige Diskussionen *Pl*

raisonner [ʀɛzɔne] <1> **I.** *vi* ❶ (*réfléchir*) denken; ~ **par déduction/induction** deduzieren/induzieren
❷ (*argumenter*) diskutieren
❸ (*ergoter*) debattieren
❹ *vieilli* (*juger*) ~ **de qc** etw beurteilen
II. *vt* ❶ (*ramener à la raison*) zur Vernunft bringen
❷ *littér* (*expliciter*) hinterfragen *conduite, croyance, démarche*
III. *vpr* **se** ~ *sentiment:* sich zusammennehmen
raisonneur, -euse [ʀɛzɔnœʀ, -øz] **I.** *adj vieilli* nörglerisch
II. *m, f* Nörgler(in) *m(f)*
raja[h] [ʀa(d)ʒa] *m* Radscha *m*
rajeunir [ʀaʒœniʀ] <8> **I.** *vt* ❶ (*rendre plus jeune*) verjüngen
❷ (*rénover*) erneuern; aufarbeiten [*o* auffrischen] *habits, vieux meubles;* (*actualiser*) aktualisieren *théorie;* überarbeiten *encyclopédie, grammaire, constitution*
❸ (*abaisser l'âge moyen*) verjüngen; **ça ne me/nous rajeunit pas** *hum* tja, ich werde/wir werden eben auch nicht jünger (*fam*)
❹ (*sous-estimer l'âge*) ~ **qn de cinq ans** jdn 5 Jahre jünger schätzen
II. *vi* ❶ (*se sentir plus jeune*) sich jünger fühlen
❷ (*sembler plus jeune*) jünger scheinen
❸ (*se renouveler*) sich verjüngen
III. *vpr* **se** ~ ❶ (*reprendre de la jeunesse*) *quartier, association:* sich verjüngen
❷ (*se prétendre moins âgé*) sich jünger machen
rajeunissant(e) [ʀaʒœnisɑ̃, ɑ̃t] *adj* verjüngend; **traitement** ~ Verjüngungskur *f*
rajeunissement [ʀaʒœnismɑ̃] *m* ❶ Verjüngung *f;* **cure de** ~ Verjüngungskur *f*
❷ *d'une théorie, d'un ouvrage* Aktualisierung *f,* Überarbeitung *f; d'une institution, du personnel* Verjüngung *f*
rajout [ʀaʒu] *m* Ergänzung *f,* Zusatz *m*
rajouter [ʀaʒute] <1> *vt* ~ **une phrase à qc** einen Satz zu etw hinzufügen; **il faut** ~ **du sel/sucre** man muss etwas Salz/Zucker hinzugeben
▶ **en** ~ *fam* übertreiben
rajustement [ʀaʒystəmɑ̃] *m* Angleichung *f*
rajuster [ʀaʒyste] <1> **I.** *vt* ❶ (*remettre en place*) ordnen *coiffure;* zurechtrücken *vêtement, lunettes;* richten *mécanisme, tir*
❷ (*remettre à jour*) angleichen *prix, salaires*
II. *vpr* **se** ~ sich wieder herrichten
râlant [ʀɑlɑ̃] *adj* **c'est** ~ *fam* das ist ärgerlich [*o* dumm]
râle¹ [ʀɑl] *m du mourant* Röcheln *nt; du poumon* Pfeifen *nt*
râle² [ʀɑl] *m* ORN Ralle *f*
ralenti [ʀalɑ̃ti] *m* ❶ CINE, TV Zeitlupe *f;* **au** ~ im Zeitlupentempo (*fam*); CINE, TV in Zeitlupe
❷ AUT Leerlauf *m*
ralentir [ʀalɑ̃tiʀ] <8> **I.** *vt* verlangsamen; bremsen *élan, zèle, activité*
II. *vi marcheur, véhicule:* abbremsen; *progrès:* abnehmen; *croissance:* zurückgehen
III. *vpr* **se** ~ ❶ (*devenir plus lent*) *allure, mouvement:* sich verlangsamen
❷ (*diminuer*) *ardeur, effort, zèle:* abnehmen, nachlassen; *production, croissance:* zurückgehen; *offensive, forces physiques:* nachlassen
ralentissement [ʀalɑ̃tismɑ̃] *m* ❶ (*perte de vitesse*) *de l'allure, de la marche, circulation* Verlangsamung *f*
❷ (*affaiblissement*) *de l'effort, du zèle, des fonctions physiologiques* Nachlassen *nt; de l'expansion* Nachlassen, Rückgang *m*
ralentisseur [ʀalɑ̃tisœʀ] *m* ❶ TECH *d'un camion* Zusatzbremse *f*
❷ PHYS (*modérateur*) Moderator *m*
❸ (*dos d'âne*) Bodenwelle *f*
râler [ʀɑle] <1> *vi* ❶ (*grogner*) ~ **contre qn/qc** über jdn/etw meckern (*fam*), über jdn/etw motzen (*fam*); **faire** ~ **qn** jdn ärgern
❷ (*émettre un râle*) *mourant:* röcheln; *catarrheux:* pfeifen
❸ (*gémir*) ächzen
râleur, -euse [ʀɑlœʀ, -øz] *fam* **I.** *adj* motzig (*fam*)
II. *m, f* Meckerer *m*/Meckerziege *f* (*fam*), Motzer(in) *m(f)* (*fam*)
ralingue [ʀlɛ̃g] *f* NAUT *d'une voile* Liek *nt*
ralliement [ʀalimɑ̃] *m* ❶ MIL Sammlung *f,* Sammeln *nt;* **signe/point de** ~ Zeichen *nt* zum Sammeln/Sammelpunkt *m*
❷ (*adhésion*) ~ **à une cause** Unterstützung *f* einer S. (*Gen*); ~ **à un mouvement/parti** Anschluss *m* an eine Bewegung/Beitritt *m* zu einer Partei
rallier [ʀalje] <1a> **I.** *vt* ❶ (*gagner*) gewinnen *adeptes, groupe, sympathisants;* **cette proposition a rallié tous les suffrages** dieser Vorschlag wurde einstimmig angenommen
❷ (*unir des personnes pour une cause commune*) vereinen; ~ **des personnes autour de qn/qc** Menschen für jdn/etw gewinnen
❸ (*rejoindre*) ~ **une unité** sich einer Einheit (*Dat*) anschließen; ~ **la côte** an der Küste (*Dat*) anlegen; ~ **son poste** sich auf seinem Posten einfinden; **les matelots ont rallié le bord** die Matrosen haben sich an Bord eingefunden
❹ (*rassembler*) sammeln *troupes;* einsammeln *fuyards, enfants*
II. *vpr* **se** ~ **à l'avis de qn** sich jds Meinung anschließen
rallonge [ʀalɔ̃ʒ] *f* ❶ (*d'une table*) Ausziehplatte *f*
❷ ELEC Verlängerungskabel *nt*
❸ (*somme*) Zuschuss *m*
❹ (*extension*) *de vacances* Verlängerung *f*
rallongement [ʀalɔ̃ʒmɑ̃] *m* Verlängerung *f*
rallonger [ʀalɔ̃ʒe] <2a> **I.** *vt* verlängern; ausziehen *table;* erweitern *texte;* erhöhen *budget*
II. *vi jour:* länger werden
rallumer [ʀalyme] <1> **I.** *vt* ❶ (*allumer*) wieder [*o* noch einmal] anzünden *cigarette, feu, mèche;* wieder [*o* noch einmal] anfachen, noch einmal entfachen *brasier;* wieder [*o* noch einmal] anmachen *lampe, lumière;* wieder [*o* noch einmal] einschalten *électricité, lumière*
❷ (*raviver*) wieder anfachen, erneut entfachen *guerre, querelle;* wieder aufleben lassen *enthousiasme, haine*
II. *vi* das Licht wieder anmachen [*o* anschalten]
III. *vpr* **se** ~ ❶ *feu, incendie:* sich wieder entzünden
❷ *conflit, ferveur, querelle:* wieder [*o* erneut] aufflammen; *haine, enthousiasme:* wieder aufleben; *courage:* wieder steigen
rallye [ʀali] *m* Rallye *f*
RAM [ʀam] *f abr de* **Random Access Memory** RAM *m*
ramadan [ʀamadɑ̃] *m* Ramadan *m*
ramage [ʀamaʒ] *m* ❶ (*chant*) *des oiseaux* Gesang *m,* Gezwitscher *nt*
❷ *pl* (*dessins*) Rankenmuster *nt,* Rankenornament *nt*
ramassage [ʀamɑsaʒ] *m* ❶ (*collecte*) *du bois mort, des coquillages* Sammeln *nt; des élèves, balles de tennis* Einsammeln *nt; des fruits tombés* Auflesen *nt,* Einsammeln; ~ **des déchets** Müllbeseitigung *f;* ~ **des vieux papiers** Altpapiersammlung *f*
❷ (*récolte*) *des fruits, pommes de terre* Lese *f,* Lesen *nt; du foin* Ernte *f*
❸ TRANSP ~ **scolaire, service de** ~ Schulbusservice *m;* **car de** ~ Sammelbus *m;* (*pour les écoliers*) Schulbus
ramassé(e) [ʀamɑse] *adj* ❶ (*trapu*) untersetzt
❷ (*concis*) *expression, formule* kurz; *style* knapp
❸ (*blotti*) *village* zurückgezogen
ramasse-miettes [ʀamɑsmjɛt] *m inv* Tischbesen *m* **ramasse-poussière** [ʀamaspusjɛʀ] <ramasse-poussière[s]> *m* NORD, BELG (*pelle à poussière*) Schaufel *f,* Kehrschaufel *f*
ramasser [ʀamɑse] <1> **I.** *vt* ❶ (*collecter*) sammeln *champignons, bois mort, coquillages;* einsammeln *cotisations, balles, ordures, copies;* zusammentragen, zu etw kommen *argent*
❷ (*récolter*) ernten *foin;* ernten, lesen *fruits, pommes de terre*
❸ einsammeln *élèves*
❹ *fam* (*embarquer*) festnehmen
❺ *fam* (*attraper*) einstecken (*fam*) *coup;* ~ **une maladie** sich

(*Dat*) eine Krankheit holen [*o* einfangen] (*fam*); ~ **une amende/gifle** eine Geldbuße/Ohrfeige kriegen (*fam*); **se faire** ~ **par qn** von jdm angeschnauzt werden (*fam*)
⑥ (*relever une personne qui est tombée*) ~ **qn qui est ivre mort** jdn aufrichten, der total betrunken ist
⑦ *fig, péj* ~ **qn dans le ruisseau** jdn aus der Gosse auflesen (*fam*)
⑧ (*prendre ce qui est tombé par terre*) aufheben
⑨ (*condenser*) kürzer fassen *formule, pensée, style*
⑩ (*resserrer*) [zusammen]raffen *jupons, jupes;* hochstecken *cheveux*
⑪ *soutenu* (*regrouper*) zusammennehmen *forces*
II. *vpr* **se** ~ ① *fam* (*tomber*) hinpurzeln (*fam*)
② (*échouer*) **se** ~ **à un examen** bei einer Prüfung durchfallen
③ (*se mettre en boule*) sich zusammenkauern; (*pour bondir*) sich ducken

ramasseur [ʀamasœʀ] *m* ① (*personne*) Sammler *m*
② TECH Greifer *m*
◆ ~ **de balles de tennis** Balljunge *m;* ~ **de papillons** Schmetterlingssammler *m*

ramasseuse [ʀamasøz] *f* Sammlerin *f*
◆ ~ **de balles de tennis** Ballmädchen *nt;* ~ **de papillons** Schmetterlingssammlerin *f*

ramasseuse-presse [ʀamasøzpʀɛs] <ramasseuses-presses> *f* Strohpresse *f*

ramassis [ʀamasi] *m péj* (*amas*) Klumpatsch *m* (*pej sl*); (*bande*) Haufen *m* (*pej*)

rambarde [ʀɑ̃baʀd] *f d'une jetée, plate-forme* Geländer *nt; d'un navire* Reling *f*

ramdam [ʀamdam] *m fam* Tamtam *nt* (*fam*)

rame¹ [ʀam] *f* HORT Stange *f*

rame² [ʀam] *f* (*aviron*) Ruder *nt;* **rejoindre la côte à la** ~ rudernd an die Küste zurückkehren
▶ **ne pas en ficher une** ~ *fam* keinen Schlag tun (*fam*)

rame³ [ʀam] *f* CHEMDFER Zug *m*

rameau [ʀamo] <x> *m* ① BOT Zweig *m*
② REL **le Dimanche des Rameaux, les Rameaux** der Palmsonntag
③ ANAT Verästelung *f*
④ *fig d'un arbre généalogique* Seitenlinie *f; de langues apparentées* Zweig *m*

ramée [ʀame] *f littér* (*feuillage*) Buschwerk *nt,* Laubwerk *nt*

ramener [ʀamne] <4> **I.** *vt* ① (*reconduire*) ~ **qn chez soi** jdn nach Hause zurückbringen; ~ **un cheval à l'écurie** ein Pferd in den Stall zurückführen
② (*faire revenir*) zurückbringen *confiance, paix;* ~ **qn à la vie** jdn ins Leben zurückbringen; ~ **qn à de meilleurs sentiments** jdn auf bessere Gedanken bringen; ~ **qn à la raison** jdn zur Vernunft bringen
③ (*amener avec soi*) ~ **qn/qc de Paris** jdn/etw von Paris mitbringen; ~ **un cadeau à qn** *fam* jdm ein Geschenk mitbringen; **ramène-moi du pain, s'il te plaît** bring mir bitte Brot mit
④ (*remettre en place*) ~ **son chapeau sur son front** seinen Hut in die Stirn ziehen
⑤ (*faire renaître*) erwecken; **la nuit ramène mes peurs** die Nacht erweckt meine Ängste
⑥ (*réduire à*) ~ **la température à qc** die Temperatur auf etw (*Akk*) senken, die Temperatur auf etw (*Akk*) herabsetzen; **il faut** ~ **cette fraction à sa plus simple expression** MATH dieser Bruch ist auf den kleinsten Nenner zu bringen
▶ **la** ~ *fam* (*être prétentieux*) angeben; (*râler*) motzen (*fam*); (*se mêler de qc*) seinen Senf dazu geben (*fam*); ~ **tout à soi** (*être égocentrique*) immer nur an sich (*Akk*) denken
II. *vpr* ① (*se réduire à*) **se** ~ **à qc** sich auf etw (*Akk*) reduzieren
② *fam* (*arriver*) **se** ~ aufkreuzen (*fam*)

ramequin [ʀamkɛ̃] *m* ① (*moule*) *kleine Auflaufform*
② (*petit gâteau au fromage*) *kleines Käsesoufflee*

ramer¹ [ʀame] <1> *vi* ① NAUT rudern
② *fam* (*peiner*) sich abstrampeln (*fam*)

ramer² [ʀame] <1> *vt* HORT an Stangen anbinden

rameur [ʀamœʀ] *m* ① Rudergerät *nt*
② (*personne*) Ruderer *m*

rameuse [ʀamøz] *f* Ruderin *f*

rameuter [ʀamøte] <1> **I.** *vt* ① CHASSE ~ **les chiens de la meute** die Hundemeute wieder zusammentreiben
② (*rassembler*) ~ **les militants** die aktiven Mitglieder wieder zusammenholen
II. *vpr* **se** ~ sich [ver]sammeln

rami [ʀami] *m* Rommee *nt*

ramie [ʀami] *f* BOT Chinagras *nt*

ramier [ʀamje] *m* Ringeltaube *f*

ramification [ʀamifikasjɔ̃] *f* ① BOT Verzweigung *f*
② ANAT Verästelung *f*
③ *fig d'un réseau, d'une secte, science* Zweig *m; d'un complot* Beteiligte(r) *f(m)*

ramifier [ʀamifje] <1a> *vpr* **se** ~ **en qc** *branche, famille, nerf, science:* sich in etw (*Akk*) verzweigen; *route, voie:* sich in etw (*Akk*) gabeln; **être ramifié(e)** *tige, veine:* verästelt sein; *voie:* verzweigt sein

ramolli(e) [ʀamɔli] **I.** *adj* ① *beurre, biscuit, glace* weich
② *péj personne* vertrottelt (*fam*); *cerveau* eingerostet (*fam*)
II. *m(f) péj* vertrottelte(r) Alte(r) *f(m)* (*fam*)

ramollir [ʀamɔliʀ] <8> **I.** *vt* ① (*rendre mou*) weich machen *cuir, beurre*
② *fig littér* (*affaiblir*) schwächen *ardeur, courage, volonté*
II. *vpr* **se** ~ ① *asphalte, beurre, biscuit:* weich werden
② (*s'affaiblir*) *ardeur, courage, volonté:* nachlassen; **ses os se ramollissent** er/sie leidet an Knochenerweichung; **son cerveau se ramollit** er/sie leidet an Gehirnerweichung

ramollissement [ʀamɔlismɑ̃] *m* ① *de l'asphalte, du beurre* Weichwerden *nt*
② MED ~ **du cerveau/des os** Gehirn-/Knochenerweichung *f*

ramollo [ʀamɔlo] **I.** *adj* ① *péj* (*gâteux*) vertrottelt (*fam*), schrullig (*fam*)
② *fam* (*mou*) **être/se sentir** ~ eine Mattscheibe haben (*fam*), rammdösig sein (*fam*)
II. *mf* ① *péj* (*gâteux*) Vertrottelte(r) *f(m)* (*fam*), Tattergreis(in) *m(f)* (*fam*)
② *fam* (*mollasson*) Weichling *m,* Waschlappen *m* (*fam*)

ramonage [ʀamɔnaʒ] *m* Entrußen *nt; de la cheminée* Fegen *nt*

ramoner [ʀamɔne] <1> *vt* entrußen; fegen *cheminée;* reinigen *pipe*

ramoneur, -euse [ʀamɔnœʀ, -øz] *m, f* Schornsteinfeger(in) *m(f),* Kaminfeger(in) (SDEUTSCH)

rampant [ʀɑ̃pɑ̃] *m* ① *d'un fronton, gable, toit* Schräge *f*
② AVIAT *arg zum Bodenpersonal gehörende(r) Angestellte(r) einer Fluggesellschaft*

rampant(e) [ʀɑ̃pɑ̃, ɑ̃t] *adj* ① (*progressant par reptation*) *plante* kriechend; **animal** ~ Kriechtier *nt;* **la marche** ~**e** der Kriechgang
② ARCHIT **un arc** ~ ein geneigter Bogen
③ AVIAT **le personnel** ~ *arg* das Bodenpersonal
④ (*obséquieux*) *caractère, personne* kriecherisch

rampe [ʀɑ̃p] *f* ① (*rambarde*) *d'un escalier* Geländer *nt*
② (*plan incliné*) Rampe *f*
③ (*montée*) Steigung *f*
④ (*lumières*) Beleuchtung[sanlage *f*] *f;* THEAT Rampe *f;* ~ **de projecteurs** Scheinwerferbeleuchtung; **les feux de la** ~ das Rampenlicht
⑤ MIL Abschussrampe *f*
▶ **passer la** ~ THEAT ankommen
◆ ~ **d'accès** (*d'un ferry*) [Zufahrts]rampe *f;* (*d'un parking*) Einfahrt *f;* ~ **de chargement,** ~ **de déchargement** Laderampe *f;* ~ **de lancement** Abschussrampe *f*

ramper [ʀɑ̃pe] <1> *vi* ❶ (*progresser par reptation*) *animal, enfant:* kriechen
❷ (*pousser*) *lierre, vigne:* klettern
❸ (*s'insinuer*) kriechen; **le danger/mal rampe, il est partout** die Gefahr/das Böse lauert überall; **un feu qui rampe** ein schwelendes Feuer; **l'inquiétude rampe en moi** Unsicherheit beschleicht mich
❹ (*s'abaisser*) *personnes:* ~ **devant qn** vor jdm kriechen
ramponneau [ʀɑ̃pɔno] <x> *m fam* Dresche *f kein Pl* (*fam*)
ramure [ʀamyʀ] *f* ❶ *soutenu* (*branchage*) Geäst *nt* (*geh*), Astwerk *nt*
❷ (*andouiller*) Geweih *nt*
rancard [ʀɑ̃kaʀ] *m* ❶ *arg* (*tuyau*) Wink *m*, Tipp *m*
❷ *fam* (*rendez-vous*) Treff *m* (*fam*), Verabredung *f*
rancarder [ʀɑ̃kaʀde] <1> **I.** *vt* ❶ *arg* (*renseigner*) heimlich benachrichtigen
❷ *fam* (*donner un rendez-vous à*) ~ **qn** mit jdm einen Treff ausmachen (*fam*)
II. *vpr* **se** ~ *arg* (*se renseigner*) sich erkundigen
rancart [ʀɑ̃kaʀ] *m* ► **mettre qc au** ~ *fam* etw ausrangieren (*fam*); **une table bonne à mettre au** ~ ein Tisch gehört ausrangiert; **votre projet, vous pouvez le mettre au** ~ Ihr Projekt können Sie vergessen (*fam*); **mettre qn au** ~ *fam* jdn aufs Abstellgleis schieben (*fam*)
rance [ʀɑ̃s] **I.** *adj* ranzig
II. *m* **sentir le** ~/**avoir un goût de** ~ ranzig riechen/schmecken
ranch [ʀɑ̃tʃ] <[e]s> *m* Ranch *f*
ranci [ʀɑ̃si] *m* **sentir le** ~ muffig riechen
ranci(e) [ʀɑ̃si] **I.** *part passé de* **rancir**
II. *adj beurre* ranzig
rancir [ʀɑ̃siʀ] <8> *vi* ranzig werden
rancœur [ʀɑ̃kœʀ] *f* **avoir de la** ~ **pour** [*o* **contre**] **qn** einen Groll *m* auf jdn haben
rançon [ʀɑ̃sɔ̃] *f* ❶ Lösegeld *nt;* HIST Kaution *f*
❷ (*prix*) **la** ~ **de la gloire/du succès/progrès** der Preis des Ruhms/Erfolges/Fortschritts
rançonner [ʀɑ̃sɔne] <1> *vt* ❶ *fig littér* (*mettre à rançon*) ~ **les clients/contribuables** die Kunden/Steuerzahler prellen [*o* übervorteilen]
❷ (*racketter*) erpressen
rancune [ʀɑ̃kyn] *f* **avoir de la** ~ **contre qn** einen Groll *m* gegen jdn haben, Rachegelüste *Pl* gegenüber jdm haben; **garder** ~ **à qn de qc** jdm etw nachtragen
► **sans** ~**!** nichts für ungut!
rancunier, -ière [ʀɑ̃kynje, -jɛʀ] *adj* nachtragend
randonnée [ʀɑ̃dɔne] *f* ~ **à pied/skis/bicyclette** Wanderung *f*/Ski-/Radtour *f;* ~ **en montagne** Bergwanderung; **chaussures de** ~ Wanderschuhe *Pl;* **chemin** [*o* **sentier**] **de grande** ~ *Bezeichnung der ausgeschilderten französischen Hauptwanderwege*
randonneur, -euse [ʀɑ̃dɔnœʀ, -øz] *m, f* Wanderer *m*/Wanderin *f*
rang [ʀɑ̃] *m* ❶ (*suite de personnes ou de choses*) Reihe *f;* **mettez-vous en** ~ stellt euch in einer Reihe auf
❷ (*rangée de sièges*) Reihe *f;* ~ **de chaises** Stuhlreihe; **se placer au premier** ~ sich in die erste Reihe setzen
❸ (*rangée de mailles*) [Maschen]reihe *f*
❹ (*suite de soldats*) Rang *m;* **le** ~ (*les hommes de troupe d'une armée*) das Glied
❺ (*position dans un ordre ou une hiérarchie*) Platz *m*
❻ (*condition*) Rang *m;* **le** ~ **social** die soziale Schicht; **garder/tenir son** ~ seinen Stand wahren
❼ CAN (*type de peuplement rural*) *einem Straßendorf vergleichbare ländliche Siedlungsform*
► **en** ~ **d'oignons** *fam* wie die Zinnsoldaten (*fam*); **de haut** ~ von hohem Rang; **en** ~**s serrés** in Scharen; **être** [*o* **se mettre**] **sur les** ~**s pour obtenir qc** (*entrer en compétition avec d'autres personnes*) unter den Mitbewerbern sein, um etw zu erreichen; **grossir les** ~**s de...** sich den Reihen der ... anschließen; **prendre** ~ **parmi...** sich unter ... reihen; **rentrer dans le** ~ (*accepter la discipline d'un groupe*) klein beigeben; **rompre les** ~**s** abtreten; **serrer les** ~**s** zusammenrücken; **à vos** ~**s!** antreten!; **en** ~ **par deux** in Zweierreihen; **par** ~ **d'âge/de taille** dem Alter/der Größe nach
rangé(e) [ʀɑ̃ʒe] *adj* solide
rangée [ʀɑ̃ʒe] *f* Reihe *f*
rangement [ʀɑ̃ʒmɑ̃] *m* ❶ (*fait de ranger*) *d'une pièce, d'un meuble* Aufräumen *nt; du linge, d'objets* Verstauen *nt;* **faire du** ~ Ordnung machen
❷ (*possibilités de ranger*) Stauraum *m*, Ablagemöglichkeit *f*
❸ (*classement*) Ordnen *nt*
ranger [ʀɑ̃ʒe] <2a> **I.** *vt* ❶ (*mettre en ordre*) aufräumen *maison, tiroir*
❷ (*mettre à sa place*) zurückstellen *objet;* aufräumen *vêtements*
❸ (*mettre de côté*) ~ **la voiture** das Auto parken
❹ (*classer*) ordnen *dossiers, fiches*
❺ (*faire figurer parmi*) einordnen
❻ *vieilli* (*mettre en rang*) aufstellen *élèves, soldats*
❼ (*soumettre*) ~ **qn à son avis** jdn für seine Ansicht gewinnen; ~ **qn sous l'autorité de qn** jdn unter jds Amtsgewalt stellen
II. *vi* **il passe son temps à** ~ er verbringt seine Zeit mit Aufräumen
III. *vpr* **se** ~ ❶ (*se garer*) *bateau:* anlegen; *voiture:* parken
❷ (*s'écarter*) *piéton:* zur Seite [*o* beiseite] gehen; *véhicule:* den Platz freimachen
❸ (*se mettre en rang*) sich aufstellen
❹ (*se rallier à*) **se** ~ **à l'avis de qn** sich der Ansicht von jdm anschließen
❺ (*avoir sa place*) **où se range le livre?** wohin kommt das Buch?
❻ (*devenir plus sérieux*) *personnes:* solide werden
ranimer [ʀanime] <1> **I.** *vt* ❶ (*ramener à la vie*) wieder beleben *noyé, personne évanouie*
❷ (*revigorer*) *air, boisson:* [wieder] aufmuntern
❸ (*rallumer*) wieder anfachen *braises, feu, flamme*
❹ (*aviver*) wieder aufleben lassen *amour, douleur, haine;* beleben *conversation, forces;* auffrischen *couleurs;* wach rufen *souvenirs;* wieder anfachen *querelle*
II. *vpr* **se** ~ *amour, espoir, haine:* wieder aufleben; *conversation, forces:* sich beleben; *douleur:* wieder auftreten; *querelle:* wieder entfachen; *souvenir:* wieder wachgerufen werden
rantanplan [ʀɑ̃tɑ̃plɑ̃] *interj v.* **rataplan**
rap [ʀap] *m* Rap *m*
rapace [ʀapas] **I.** *adj* ❶ (*avide*) räuberisch; **oiseau** ~ Raubvogel *m*
❷ (*cupide*) *homme d'affaires, usurier* habgierig, gewinnsüchtig
II. *m* ORN Raubvogel *m*
rapacité [ʀapasite] *f* Habgier *f*, Gewinnsucht *f*
râpage [ʀɑpaʒ] *m* Reiben *nt*, Raspeln *nt*
rapatrié(e) [ʀapatʀije] *m(f)* Repatriierte(r) *f(m)*
rapatriement [ʀapatʀimɑ̃] *m* ❶ (*tansfert de personnes*) *d'un étranger* Ausweisung *f* ins Herkunftsland; *d'un matelot, agent secret, militaire* Entlassung *f* ins Heimatland; *d'un prisonnier de guerre* Rückführung *f*
❷ (*tansfert de biens*) Rückbeförderung *f; des fonds, bénéfices* Zurückbringen *nt;* ~ **des capitaux** Kapitalrückwanderung *f*
❸ JUR Repatriierung *f*
rapatrier [ʀapatʀije] <1a> *vt* zurückbringen *capitaux, affaires personnelles;* wieder mitnehmen *déchets;* zurückführen *militaire, prisonnier de guerre;* (*ramener*) [zurück]bringen *personne;* (*renvoyer*) in sein Herkunftsland ausweisen *personne*
râpe [ʀɑp] *f* ❶ GASTR Raspel *f*, Reibe *f;* ~ **à fromage** Käsereibe
❷ TECH Grobfeile *f*
râpé [ʀɑpe] *m fam* (*fromage*) geriebener Käse

R

râpé(e) [ʀɑpe] *adj* ❶ *amandes, fromage* gerieben
❷ (*usé*) *veste* abgewetzt
▸ **c'est** ~ *fam* das ist geplatzt (*fam*)
râper [ʀɑpe] <1> *vt* ❶ reiben *fromage;* reiben, raspeln *betteraves, carottes*
❷ (*être désagréable*) ~ **la peau/la gorge** auf der Haut/im Hals kratzen
❸ TECH feilen *bois, pièce de métal*
rapetasser [ʀap(ə)tase] <1> *vt fam* flicken, auf Vordermann bringen (*fam*)
rapetissement [ʀap(ə)tismɑ̃] *m* ❶ (*fait de rapetisser*) Schrumpfen *nt*
❷ (*effet optique*) Verkleinerung *f*
rapetisser [ʀap(ə)tise] <1> **I.** *vt* ❶ (*rendre plus petit*) kleiner machen; kürzen, kürzer machen *vêtement*
❷ (*dévaloriser*) abwerten
II. *vi* kleiner werden, schrumpfen; *jour:* kürzer werden
III. *vpr* **se** ~ ❶ (*devenir plus petit*) kleiner werden, sich verkleinern
❷ (*se dévaloriser*) sich abwerten, sich schlecht machen
râpeux, -euse [ʀɑpø, -øz] *adj langue, peau, surface* rau; *goût, vin* herb
Raphaël [ʀafaɛl] *m* ❶ Raphael *m*, Rafael *m*
❷ (*peintre*) Raffael *m*
raphia [ʀafja] *m* Raphiabast *m*
rapiat(e) [ʀapja, jat] *fam* **I.** *adj* knaus[e]rig (*fam*), knick[e]rig (*fam*)
II. *m(f)* Knauser(in) *m(f)* (*fam*)
rapide [ʀapid] **I.** *adj* ❶ (*d'une grande vitesse*) schnell; *manière, progrès, réponse* rasch; *geste, main, personne* flink; *remède* schnell wirkend; *respiration* kurz; *courant* reißend; **nous espérons une réponse ~ de votre part** wir hoffen auf Ihre baldige Antwort; **une décision trop** ~ eine übereilte Entscheidung
❷ (*vif*) *esprit, intelligence* wach
❸ (*concis*) *récit, style* knapp
❹ (*expéditif*) *décision, démarche* schnell; *besogne* flink; *examen* flüchtig
❺ (*qui permet d'aller vite*) *descente, escalier, pente* steil
❻ PHOT, TECH **pellicules ~s** Filme *Pl* mit Kurzzeitbelichtung; **ciment à prise** ~ schnellbindender Zement
II. *m* ❶ (*train*) Schnellzug *m*
❷ GEOG Stromschnelle *f*
rapidement [ʀapidmɑ̃] *adv* schnell, rasch; *travailler* flink; **parcourir le journal** ~ die Zeitung flüchtig lesen
rapidité [ʀapidite] *f* ❶ (*vitesse*) Schnelligkeit *f; d'un véhicule* [hohe] Geschwindigkeit; *d'un geste, mouvement, d'une personne* Schnelligkeit, Flinkheit *f; d'un remède* schnelle Wirkung; *du temps* Schnelllebigkeit *f;* **agir avec la ~ de l'éclair/de la foudre/d'une flèche** blitzschnell handeln
❷ (*vivacité*) *d'esprit* Wachheit *f*
❸ (*concision*) *du style* Knappheit *f*, Kürze *f*
rapidos [ʀapidos] *adv fam* schnell, fix (*fam*)
rapiéçage [ʀapjesaʒ] *m* Flicken *nt*
rapiécer [ʀapjese] <2, 5> *vt* flicken
rapière [ʀapjɛʀ] *f* Rapier *nt*
rapin [ʀapɛ̃] *m* ❶ *péj* (*peintre bohème et sans talent*) Farbenkleckser(in) *m(f)*
❷ *vieilli* (*élève peintre*) Malschüler(in) *m(f)*
rapine [ʀapin] *f littér* Plünderung *f*, Raub *m*
raplapla [ʀaplapla] *adj inv pop* ❶ (*fatigué*) schlapp (*fam*), groggy (*fam*)
❷ (*aplati*) flach; *matelas* durchgelegen; *soufflé* zusammengefallen
raplatir [ʀaplatiʀ] <8> *vt* glatt streichen
rappel [ʀapɛl] *m* ❶ (*remise en mémoire*) ~ **d'un événement/d'une aventure** Erinnerung *f* an ein Ereignis/Abenteuer; ~ **d'un souvenir** Wachrufen *nt* einer Erinnerung (*Gen*), Wecken *nt* von Erinnerungen *Pl;* (*répétition*) Wiederholen *nt*
❷ (*admonestation*) ~ **à l'ordre** Verweis *m*, Mahnung *f* zur Ordnung; POL Ordnungsruf *m;* ~ **à la raison** Appell *m* an die Vernunft
❸ FIN *d'une facture, cotisation* Mahnung *f*
❹ (*panneau de signalisation*) Wiederholungsschild *nt*
❺ THEAT *Herausrufen vor den Vorhang;* **il y a eu trois ~s** sie bekamen drei Vorhänge
❻ ADMIN Rückzahlung *f*
❼ MED (*vaccination*) Auffrischungsspritze *f*
❽ MIL, POL *d'un ambassadeur* Rückberufung *f; des militaires, réservistes* Einberufung *f*
❾ ALPIN Seilabzug *m;* **la descente en** ~ das Abseilen; **faire du** ~ sich abseilen
❿ NAUT Trimmen *nt*
▸ **battre le** ~ alle zusammentrommeln
◆ ~ **de compte** Zahlungsaufforderung *f*, Mahnung *f*
rappelé [ʀap(ə)le] *m* Einberufene(r) *m*
rappeler [ʀap(ə)le] <3> **I.** *vt* ❶ (*remémorer*) wachrufen, wecken *souvenir;* ~ **un ami/une date à qn** jdn an einen Freund/ein Datum erinnern; ~ **à qn que c'est lundi** jdn daran erinnern, dass es Montag ist
❷ (*appeler pour faire revenir*) zurückrufen; vor den Vorhang rufen *acteurs, comédiens;* einberufen *réservistes*
❸ (*ramener à*) ~ **qn à l'obéissance/l'ordre/la raison** jdn zum Gehorsam/zur Ordnung/Vernunft mahnen; ~ **qn à la vie** jdn ins Leben zurückrufen
❹ TELEC zurückrufen
❺ (*évoquer*) ~ **un enfant/tableau à qn** jdn an ein Kind/Gemälde erinnern
❻ ALPIN abziehen *corde*
▸ **Dieu l'a rappelé à lui** *euph* Gott hat ihn zu sich gerufen
II. *vi* TELEC zurückrufen
III. *vpr* **se** ~ **qn/qc** sich an jdn/etw erinnern; **se ~ qu'il est venu** sich daran erinnern, dass er gekommen ist; **se ~ avoir fait qc** sich erinnern etw getan zu haben; **se ~ à qn** sich an jdn erinnern; **se ~ au bon souvenir de qn** jdn in guter Erinnerung behalten
rappeur, -euse [ʀapœʀ, -øz] *m, f* Rapper(in) *m(f)*
rappliquer [ʀaplike] <1> *vi fam* auftauchen, aufkreuzen (*fam*)
rapport [ʀapɔʀ] *m* ❶ (*lien*) Zusammenhang *m;* ~ **entre deux ou plusieurs choses** Gemeinsamkeit *f* zwischen zwei oder mehreren Dingen; ~ **de parenté** Verwandtschaftsbeziehung *f*
❷ (*relations*) Beziehungen *Pl;* **~s d'amitié/de bon voisinage** freundschaftliche/gutnachbarliche Beziehungen; **~s entre des personnes** Verhältnis *nt* zwischen Menschen; **être en ~ avec qn** mit jdm in Verbindung stehen; **mettre qn en ~ avec le voisin** jdn mit dem Nachbarn in Verbindung bringen; **se mettre en ~ avec le chef** sich mit dem Chef in Verbindung setzen; **les ~s franco-allemands** die deutsch-französischen Beziehungen
❸ *pl* (*relations sexuelles*) Geschlechtsverkehr *m*, Sex *m;* **avoir des ~s avec qn** Geschlechtsverkehr mit jdm haben
❹ (*compte rendu*) Bericht *m;* **faire/dresser un ~ sur qn/qc** einen Bericht über jdn/etw abfassen; **faire un ~ à qn** jdm Bericht erstatten; ~ **d'expert/d'inspection/de médecin** Experten-/Inspektions-/medizinisches Gutachten; ~ **de police** [Polizei]bericht
❺ MIL Meldung *f;* **au** ~ zur Meldung
❻ (*revenu*) Ertrag *m*, Einkünfte *Pl;* **être d'un bon** ~ einen guten Ertrag bringen; **le ~ du tiercé** der Gewinn in der Dreierwette (*bei Pferderennen*)
❼ MATH Verhältnis *nt*, Proportion *f*
❽ AUT, CYCLISME Übersetzung *f*
❾ FIN, ECON ~ **qualité-prix** Preis-Leistungs-Verhältnis
▸ **avoir ~ à qc** sich auf etw (*Akk*) beziehen; **sous tous [les] ~s** in jeder Hinsicht; **en ~ avec** passend zu; **par ~ à qn/qc** (*par comparaison*) im Vergleich zu jdm/etw; (*proportionnelle-*

ment) im Verhältnis zu jdm/etw
◆ ~ **d'activité** Tätigkeitsbericht *m;* ~ **de cause à effet** Kausalzusammenhang *m;* ~ **d'enquête** JUR Recherchenbericht *m;* ~ **d'expertise** Sachverständigengutachten *nt;* ~ **de forces** Kräfteverhältnis *nt*
rapportage [RapɔRtaʒ] *m fam* Verpetzen *nt* (*fam*)
rapporté(e) [RapɔRte] *adj poche* aufgesetzt; *élément* angefügt, hinzugefügt, angesetzt
rapporter [RapɔRte] <1> **I.** *vt* ❶ (*ramener*) ~ **un livre à qn** jdm ein Buch mitbringen; ~ **une réponse** eine Antwort geben; **le chien rapporte le gibier** der Hund apportiert das Wild
❷ (*rendre*) ~ **un livre** ein Buch zurückbringen
❸ (*être profitable*) ~ **qc à qn** *action, activité:* jdm etw bringen (*fam*); *métier, travail:* jdm etw einbringen; *terre:* etw hervorbringen; FIN *actions, placement:* jdm etw einbringen
❹ (*rendre compte de*) wiedergeben *récit;* ~ **un cas/fait** von einem Fall berichten/einen Vorfall berichten; ~ **à qn qu'il est venu** jdm berichten, dass er gekommen ist
❺ *péj* (*répéter*) weitertragen (*fam*)
❻ (*ajouter*) ansetzen *bande de tissu;* anbauen *bâtiment;* aufsetzen *poche*
❼ (*rattacher*) ~ **un événement à une certaine époque** ein Ereignis einer bestimmten Epoche zuordnen; ~ **tout à soi** sich alles aneignen
❽ (*annuler*) aufheben *décret;* rückgängig machen *décision, mesure*
❾ MATH übertragen *angle, mesures*
II. *vi* ❶ CHASSE **un chien de chasse rapporte** ein Jagdhund apportiert
❷ FIN *actions:* einträglich sein; *investissement, placement:* sich lohnen, sich rentieren, sich bezahlt machen
❸ SCOL *péj* (*moucharder*) petzen (*fam*)
III. *vpr* ❶ (*être relatif à*) **se** ~ **à qc** sich auf etw (*Akk*) beziehen, mit etw zu tun haben
❷ GRAM **se** ~ **à qc** sich auf etw (*Akk*) beziehen
❸ (*s'en remettre à*) **s'en** ~ **à qn/qc** sich auf jdn/etw verlassen
rapporteur [RapɔRtœR] *m* ❶ *d'une commission, réunion* Berichterstatter *m;* JUR, POL Referent *m,* Berichterstatter *m*
❷ (*cafteur*) Petzer *m* (*fam*)
❸ GEOM Winkelmesser *m*
rapporteur, -euse [RapɔRtœR, -øz] *adj* **être** ~/**rapporteuse** ein Petzer/eine Petze sein (*fam*)
rapporteuse [RapɔRtøz] *f* ❶ *d'une commission, réunion* Berichterstatterin *f;* JUR, POL Referentin *f,* Berichterstatterin *f*
❷ (*cafteur*) Petze *f* (*fam*)
rapprendre [RapRɑ̃dR] <13> *vt v.* **réapprendre**
rapproché(e) [RapRɔʃe] *adj* ❶ nahe; *lieu* nahe [gelegen]; **combat** ~ Nahkampf *m;* **la protection** ~**e d'un chef d'état** der persönliche Schutz eines Staatschefs *m;* **à une date aussi** ~**e** so kurzfristig
❷ (*répété*) dicht [*o* kurz] [*o* schnell] aufeinander folgend; *intervalles* kurz
rapprochement [RapRɔʃmɑ̃] *m* ❶ Näherrücken *nt; d'un bruit* Näherkommen *nt*
❷ (*réconciliation*) Versöhnung *f; de partis* Verständigung *f,* Annäherung *f; d'idées, de points de vue* Annäherung; ~ **franco-allemand** deutsch-französische Verständigung
❸ (*analogie*) Parallele *f,* Ähnlichkeit *f;* (*comparaison*) *de textes* Vergleich *m;* **faire le** ~ **entre deux événements** zwischen zwei Ereignissen einen Zusammenhang herstellen
rapprocher [RapRɔʃe] <1> **I.** *vt* ❶ [näher] zusammenrücken *objets, chaises;* [näher] zusammenschieben *planches;* vorverlegen *date, échéance;* **rapproche ta chaise de la table/de moi!** rück deinen Stuhl näher an den Tisch/zu mir!; ~ **qn de son lieu de travail** *logement:* näher an jds Arbeitsplatz (*Dat*) liegen
❷ (*réconcilier*) versöhnen *ennemis, familles brouillées;* **ce drame nous a beaucoup rapprochés** dieses Unglück hat uns einander sehr nahe gebracht
❸ (*mettre en accord*) annähern *idées, thèses;* miteinander in Einklang *m* bringen *récits*
❹ (*comparer*) miteinander in Verbindung *f* bringen *affaires, événements;* miteinander vergleichen *indices, textes;* ~ **le texte de Sartre de celui de Camus** den Text von Sartre mit dem von Camus vergleichen
II. *vpr* ❶ **se** ~ **de qn/qc** sich jdm/einer S. nähern; **rapproche-toi de moi!** komm näher [zu mir]!; **l'orage/le bruit se rapproche de nous** das Gewitter/der Lärm kommt näher
❷ (*ressembler*) **se** ~ **de qn** sich jdm [an]nähern; **se** ~ **de qc** *idées, opinion, récit:* einer S. (*Dat*) [sehr] nahe kommen
❸ (*sympathiser*) **se** ~ sich näher kommen; **se** ~ **de qn** sich jdm nähern; (*se réconcilier*) sich mit jdm versöhnen
❹ (*converger*) **se** ~ *points de vue:* sich näher kommen
rapproprier [RapRɔpRije] <1a> **I.** *vt vieilli* (*rendre propre*) sauber machen
II. *vpr* **se** ~ NORD, BELG (*mettre des vêtements propres*) saubere Kleidung anziehen, sich umziehen
rapprovisionnement [RapRɔvizjɔnmɑ̃] *m v.* **réapprovisionnement**
rapprovisionner [RapRɔvizjɔne] <1> *vt v.* **réapprovisionner**
rapsodie [Rapsɔdi] *f v.* **rhapsodie**
rapt [Rapt] *m* Entführung *f,* Kidnapping *nt;* ~ **d'enfant** Kindesraub *m*
raquer [Rake] <1> *vi fam* blechen (*fam*)
raquette [Rakɛt] *f* ❶ SPORT Schläger *m;* ~ **de tennis** Tennisschläger
❷ (*semelle pour la neige*) Schneeschuh *m*
rare [RɑR] *adj* ❶ *animal, édition, variété* selten; *objet, mot* ausgefallen, selten; **il est** ~ **qu'elle fasse des erreurs** sie macht selten Fehler
❷ (*peu nombreux*) [einige] wenige; *clients, passants, voitures* vereinzelt; *cas* selten; **ne recevoir que de** ~**s visites** nur selten Besuch *m* bekommen
❸ (*peu abondant*) *argent, main d'œuvre, nourriture* knapp; *barbe, herbe, végétation* spärlich; *cheveux* schütter
❹ (*exceptionnel*) außergewöhnlich; *beauté, moment, talent* selten, außergewöhnlich; **ça n'a rien de** ~**!** das ist nichts Außergewöhnliches *nt* [*o* Besonderes *nt*]!
► **se faire** ~ sich nur selten sehen lassen, selten werden
raréfaction [RaRefaksjɔ̃] *f de l'air* Verdünnung *f; du tissu osseux* Verminderung *f; des denrées* Verknappung *f*
raréfier [RaRefje] <1a> **I.** *vt* PHYS verdünnen
II. *vpr* **se** ~ *touristes, gibier:* selten[er] werden; *air:* dünn[er] werden; *oxygène, argent, marchandise:* knapp[er] werden
rarement [RɑRmɑ̃] *adv* selten
rareté [RɑRte] *f* ❶ Seltenheit *f; de l'argent, des denrées* Knappheit *f,* Mangel *m;* **la** ~ **des touristes/visiteurs** die geringe Zahl Touristen/Besucher; **être d'une extrême** ~ äußerst selten sein
❷ (*chose précieuse*) Rarität *f*
rarissime [RaRisim] *adj* äußerst selten
ras [Rɑ] **I.** *adv coupé, taillé, tondu* sehr kurz; **la haie est taillée** ~ die Hecke ist stark zurückgeschnitten
II. *m* ► ~ **du cou** mit rundem Ausschnitt; **au** ~ **des pâquerettes** seicht, niveaulos; **à** ~ sehr kurz; **au** ~ **de qc** dicht über etw; **au** ~ **de l'eau** dicht über dem Wasser
RAS [ɛRaɛs] *fam abr de* **rien à signaler** alles okay (*fam*)
ras(e) [Rɑ, Rɑz] *adj barbe, cheveux* kurz [geschnitten]; *herbe* niedrig; *étoffe* kurzflorig; **à poil** ~ kurzhaarig; **avoir les cheveux** ~ kahl geschoren sein
R.A.S. [ɛRaɛs] *abr de* **rien à signaler** (*sur un certificat médical*) o. B., ohne Befund *m*
rasade [Rɑzad] *f* bis zum Rand gefülltes Glas; **se verser une** ~ **de vin** sich (*Dat*) einen kräftigen Schluck Wein einschenken
rasage [Rɑzaʒ] *m* Rasieren *nt*

R

rasant(e) [ʀazɑ̃, ɑ̃t] *adj* ❶ OPT flach einfallend; MIL flach; **tir ~** Flachfeuer *nt*
❷ *fam* (*ennuyeux*) langweilig
rascasse [ʀaskas] *f* Drachenkopf *m*
rasé(e) [ʀaze] *adj* rasiert
rase-mottes [ʀazmɔt] *inv* ▶ **voler en** [*o* **faire du**] **~** im Tiefflug fliegen
raser [ʀaze] <1> **I.** *vt* ❶ rasieren; kahl scheren *cheveux, tête;* **se faire ~ la barbe** sich (*Dat*) den Bart abrasieren lassen; **avoir la tête rasée** kahl geschoren sein; **rasé de près/de frais** glatt/frisch rasiert
❷ (*effleurer*) **~ un mur** dicht an einer Mauer entlanggehen [*o* entlangfahren]; **~ le sol** *oiseaux, projectiles:* dicht über dem Boden fliegen; **la balle l'a rasé à la tête** die Kugel ist knapp über seinem/ihrem Kopf vorbeigeflogen
❸ (*détruire*) dem Erdboden gleichmachen *bâtiment, quartier;* schleifen *fortification*
❹ *fam* (*ennuyer*) anöden (*fam*)
II. *vpr* **se ~** ❶ sich rasieren; **se ~ la barbe/les jambes/la tête** sich (*Dat*) den Bart/die Beine/den Kopf rasieren
❷ *fam* (*s'ennuyer*) sich anöden (*fam*)
raseur, -euse [ʀazœʀ, -øz] *m, f fam* Langweiler(in) *m(f)* (*fam*); (*casse-pieds*) Nervensäge *f* (*fam*)
rasibus [ʀazibys] *adv fam* ❶ (*à ras*) ganz dicht
❷ (*de justesse*) ganz knapp
ras-le-bol [ʀal(ə)bɔl] *m inv fam* Überdruss *m;* **en avoir ~ de qc** von etw die Nase voll haben (*fam*); **~!** mir reicht's! (*fam*)
rasoir [ʀazwaʀ] **I.** *m* Rasierapparat *m*
▶ **comme un ~** wie ein Rasiermesser *nt*
II. *adj inv fam* zum Einschlafen *nt* (*fam*)
rassasié(e) [ʀasazje] *adj* ❶ (*repu*) gesättigt, satt
❷ *fig* (*saturé*) übersättigt
rassasier [ʀasazje] <1a> **I.** *vt* ❶ stillen *curiosité, désir;* **~ ses yeux de qc** etw genüßlich betrachten
❷ (*assouvir*) stillen *appétit, faim;* **~ qn** *personne:* jds Hunger stillen; *nourriture, plat:* jdn sättigen [*o* sattmachen]; **être rassasié(e)** satt sein
❸ (*être lassé*) **être rassasié(e) de toutes ces histoires** all dieser Sachen (*Gen*) überdrüssig sein; **ne pas être rassasié(e) de qc/faire qc** nie genug von etw haben/nie genug davon haben etw zu tun
II. *vpr* ❶ (*se lasser*) **se ~ de qc** einer S. (*Gen*) überdrüssig werden; **ne pas pouvoir se ~ de revoir un film** einen Film [gar] nicht oft genug sehen können
❷ (*manger à sa faim*) **se ~ de qc** sich an etw (*Dat*) satt essen
rassemblement [ʀasɑ̃bləmɑ̃] *m* ❶ *de documents, d'objets épars* Zusammentragen *nt*
❷ (*regroupement*) Treffen *nt;* POL Zusammenschluss *m;* MIL Sammeln *nt;* **~!** antreten!, sammeln!
rassembler [ʀasɑ̃ble] <1> **I.** *vt* ❶ (*réunir*) zusammentragen *documents, objets épars;* zusammentreiben *troupeau;* **deux cents pièces sont rassemblées au musée...** eine Sammlung von zweihundert Stücken befindet sich im Museum ...
❷ (*regrouper*) [ver]sammeln *troupes, soldats;* **~ des personnes** *personne:* Menschen um sich versammeln; **ce parti rassemble les mécontents** diese Partei ist das Sammelbecken der Unzufriedenen
❸ (*faire appel à*) sammeln *forces, idées;* zusammennehmen *courage;* **j'ai du mal à ~ mes idées** [*o* **esprits**] es fällt mir schwer mich zu konzentrieren
❹ (*remonter*) [wieder] zusammensetzen *charpente, mécanisme;* [wieder] zusammenbauen *moteur*
II. *vpr* **se ~** *badauds, foule:* zusammenströmen; *participants:* sich versammeln; *partisans:* sich zusammenschließen; *écoliers, enfants:* sich [ver]sammeln; *soldats:* antreten
rassembleur, -euse [ʀasɑ̃blœʀ, -øz] **I.** *adj* einend (*geh*), einigend
II. *m, f* Einiger(in) *m(f)*
rasseoir [ʀaswaʀ] <*irr*> **I.** *vpr* **se ~** sich wieder setzen; **va te ~!** setz dich wieder hin!
II. *vt* wieder hinsetzen *enfant, malade;* wieder aufstellen *statue;* neu festigen *institution, pouvoir;* **faire ~ qn** jdn wieder Platz nehmen lassen
rasséréner [ʀaseʀene] <5> **I.** *vt* aufheitern; **être rasséréné(e)** [wieder] heiter sein
II. *vpr* **se ~** *personne:* wieder heiter werden; *ciel, visage:* sich aufheitern
rassir [ʀasiʀ] <8> **I.** *vi pain, pâtisserie:* trocken werden
II. *vpr* **se ~** trocken werden
III. *vt* **laisser ~ qc** etw austrocknen lassen
rassis, rassie [ʀasi] *adj pain, pâtisserie* alt[backen]; *viande* abgehangen
rassurant(e) [ʀasyʀɑ̃, ɑ̃t] *adj nouvelle* beruhigend; *visage, mine* zuversichtlich; *indice* ermutigend; **se montrer ~(e)** sich zuversichtlich zeigen; **se vouloir ~(e)** zu beschwichtigen versuchen; **c'est ~!** das ist ja ermutigend!
rassuré(e) [ʀasyʀe] *adj personne* beruhigt
rassurer [ʀasyʀe] <1> **I.** *vt* beruhigen; **ne pas être rassuré(e)** beunruhigt sein; **je ne me sens pas rassuré(e) dans sa voiture** ich fühle mich in seinem/ihrem Auto nicht sicher
II. *vpr* **se ~** sich beruhigen; **essayer de se ~** versuchen sich zu beruhigen; **rassurez-vous!** seien Sie unbesorgt!; **que les élèves se rassurent:...** die Schüler können beruhigt sein: ...
rasta [ʀasta] *fam* **I.** *adj inv* **musicien ~** Rastamusiker *m* (*fam*); **être ~** auf Rasta (*Akk*) machen (*fam*)
II. *m* Rasta *mf*
rastaquouère [ʀastakwɛʀ] *m péj fam* Zuhältertyp *m* (*fam*) (*von südländischem Aussehen*)
rat [ʀa] *m* ❶ ZOOL Ratte *f;* **~ musqué** Bisamratte; **~ d'égout/des champs** Kanalratte/Feldmaus *f*
❷ *péj* (*avare*) Geizkragen *m* (*fam*)
❸ (*jeune danseur*) **petit ~ de l'Opéra** Ballettratte *f* an der Pariser Oper (*fam*)
▶ **les ~s quittent le navire** die Ratten verlassen das sinkende Schiff; **s'ennuyer comme un ~ mort** sich zu Tode *m* langweilen; **être fait(e) comme un ~** in der Falle sitzen; **mon** [**petit**] **~** mein Mäuschen *nt*
◆ **~ de bibliothèque** Bücherwurm *m;* **~ d'hôtel** Hoteldieb *m*
rata [ʀata] *m fam* Fraß *m* (*fam*)
ratafia [ʀatafja] *m* Ratafia *m* (*Likör*)
ratage [ʀataʒ] *m* Misserfolg *m;* **être un ~ complet** *entreprise:* ein glatter Reinfall sein (*fam*)
rataplan [ʀataplɑ̃] *interj* ratatatam
ratatiné(e) [ʀatatine] *adj* ❶ (*rabougri*) *visage, pomme* runzelig
❷ *fig fam voiture* zerdeppert (*fam*)
ratatiner [ʀatatine] <1> **I.** *vt* ❶ (*rabougrir*) [zusammen]schrumpfen lassen *fruit, personne;* runz[e]lig [*o* faltig] werden lassen *visage;* **être ratatiné(e)** zusammengeschrumpft [*o* verschrumpelt *fam*] sein
❷ *fam* (*détruire*) kaputtmachen *machine, maison;* zu Schrott fahren (*fam*) *vélo, voiture*
❸ *pop* (*battre*) **~ qn** es jdm geben (*fam*); **se faire ~ par qn** haushoch von jdm geschlagen werden
II. *vpr* **se ~** zusammenschrumpfen; *fruit:* verschrumpeln; *visage:* runz[e]lig [*o* faltig] werden
ratatouille [ʀatatuj] *f* Ratatouille *nt o f* (*südfranzösisches Gemüsegericht*)
rate¹ [ʀat] *f* ANAT Milz *f*
▶ **décharger sa ~** seinem Ärger Luft *f* machen; **se dilater la ~** Tränen *Pl* lachen; **avoir la ~ qui se dilate** vor Lachen *nt* fast platzen; **ne pas se fouler la ~** sich nicht gerade überanstrengen
rate² [ʀat] *f* ZOOL weibliche Ratte
raté [ʀate] *m* ❶ (*personne*) Versager *m*
❷ (*pour les armes à feu*) Versager *m; d'un moteur* Fehlzündung *f*

❸ *(déficience)* Missgeschick *nt*

râteau [ʀɑto] <x> *m du jardinier* Harke *f,* Rechen *m* (A, CH, SDEUTSCH); *du croupier* Rateau *nt*

ratée [ʀate] *f* Versagerin *f*

râtelier [ʀɑtəlje] *m* ❶ AGR [Futter]raufe *f*
❷ *fam (dentier)* Gebiss *nt*
❸ *(support)* Ständer *m*
▶ **manger à tous les ~s** mehrere Eisen im Feuer haben

rater [ʀate] <1> **I.** *vt* ❶ verfehlen *cible, gibier;* verpassen *occasion, train;* nicht richtig treffen *ballon*
❷ *(ne pas réussir)* verpfuschen *(fam) travail, vie;* **faire ~ qc** etw zum Scheitern bringen; **qn rate une affaire/la mayonnaise** jdm misslingt eine Angelegenheit/die Mayonnaise [*o* Majonäse]; **~ son examen** seine Prüfung nicht schaffen; **être raté(e)** missglückt sein; *photos:* nichts geworden sein; **être un journaliste raté** ein verkrachter Journalist sein; **trois essais ratés** drei Fehlversuche; **l'excursion? Je crois que c'est raté!** der Ausflug? Ich glaube, daraus wird nichts!; **tu as cru m'avoir? Raté!** du hast gedacht, du hast mich reingelegt? Denkste! *(fam)*
▶ **ne pas en ~ une** in jedes Fettnäpfchen treten; **ne pas ~ qn** sich *(Dat)* jdn vorknöpfen
II. *vi affaire, coup, projet:* misslingen; *coup de fusil:* nicht losgehen
III. *vpr* ❶ *fam* **qn se rate** jds Selbstmordversuch missglückt
❷ *(ne pas se voir)* **se ~** sich verpassen

ratiboiser [ʀatibwaze] <1> *vt fam* ❶ *gel, froid:* kaputtmachen *(fam)*
❷ *(voler)* **~ le portefeuille/l'argent à qn** jdm die Brieftasche/das Geld klauen *(fam)*; **~ tout son argent à qn** jdn um sein ganzes Geld erleichtern *(fam)*
❸ *(ruiner)* ruinieren; **se faire ~** Pleite gehen *(fam)*; **être ratiboisé(e)** ruiniert sein
❹ *(tondre)* kahl scheren; **se faire ~** [kahl] geschoren werden; **être ratiboisé(e)** *tête:* rasiert sein

raticide [ʀatisid] *m* Rattengift *nt*

ratier [ʀatje] **I.** *adj* Rattenfänger-
II. *m (chien)* Rattenfänger *m*

ratière [ʀatjɛʀ] *f* Rattenfalle *f*

ratification [ʀatifikasjɔ̃] *f* Ratifizierung *f;* **~ de vente** Verkaufsbestätigung *f*

ratifier [ʀatifje] <1a> *vt* ratifizieren *loi, traité;* bestätigen *acte de vente;* genehmigen *choix, projet*

ratine [ʀatin] *f* TEXTIL Ratiné *m*

rating [ʀatiŋ, ʀetiŋ] *m* ECON Rating *nt*

ratio [ʀasjo] *m* Verhältnis *nt; (coefficient)* Verhältniszahl *f*

ratiocination [ʀasjɔsinasjɔ̃] *f littér* Haarspalterei *f (pej)*

ratiociner [ʀasjɔsine] <1> *vi littér* sich in Spitzfindigkeiten *(Dat)* ergehen *(pej)*

ration [ʀasjɔ̃] *f* Ration *f (a. fig)*; MIL Ration; **vous avez tous eu la même ~** ihr hattet alle gleich viel; **~ de pain/viande** Brot-/Fleischration; **~ de croissance** Extraportion *f* während des Wachstums; **~ d'entretien** Erhaltungskost *f;* **~ de survie** Überlebensration; **~ alimentaire** täglicher Nahrungsbedarf; **arrête, il a eu sa ~!** hör auf, es reicht!

rationalisation [ʀasjɔnalizasjɔ̃] *f* Rationalisierung *f*

rationaliser [ʀasjɔnalize] <1> *vt* rationalisieren

rationalisme [ʀasjɔnalism] *m* Rationalismus *m*

rationaliste [ʀasjɔnalist] **I.** *adj* rationalistisch
II. *mf* Rationalist(in) *m(f)*

rationalité [ʀasjɔnalite] *f* Rationalität *f;* **dépourvu(e) de toute ~** völlig vernunftwidrig

rationnel [ʀasjɔnɛl] *m* **le ~** das Rationale

rationnel(le) [ʀasjɔnɛl] *adj* ❶ *comportement, pensée* rational; *alimentation* vernünftig; *organisation* rationell; *méthode, moyen* zweckmäßig; **c'est un esprit ~** er/sie ist ein Verstandesmensch [*o* ein rationaler Mensch]
❷ MATH *fraction, nombre* rational

rationnellement [ʀasjɔnɛlmɑ̃] *adv* rational

rationnement [ʀasjɔnmɑ̃] *m* Rationierung *f*

rationner [ʀasjɔne] <1> **I.** *vt* rationieren; **~ qn** jdn auf halbe Ration *(Akk)* setzen *(fam)*
II. *vpr* **se ~** sich einschränken; *(à table)* sich [beim Essen] zurückhalten

Ratisbonne [ʀatisbɔn] Regensburg *nt*

ratissage [ʀatisaʒ] *m* ❶ AGR Harken *nt,* Rechen *nt* (A, CH, SDEUTSCH)
❷ MIL Durchkämmen *nt;* **opération de ~** Durchkämmungsaktion *f*

ratisser [ʀatise] <1> **I.** *vt* ❶ harken, rechen (A, CH, SDEUTSCH) *allée, platebande;* zusammenharken, zusammenrechen *herbe, feuilles mortes*
❷ MIL durchkämmen
❸ *fam (piller)* plündern; **il s'est fait ~ au jeu** man hat ihn beim Spiel ausgenommen
II. *vi* harken (NDEUTSCH), rechen (A, CH, SDEUTSCH)

raton [ʀatɔ̃] *m* ❶ ZOOL junge Ratte; **~ laveur** Waschbär *m*
❷ *péj fam (personne)* dreckiger Ausländer *(pej sl)*
❸ CAN *(chat sauvage)* Wildkatze *f*

ratonnade [ʀatɔnad] *f* Ausschreitungen *Pl (gegen Minderheiten)*

R.A.T.P. [ɛʀatepe] *f abr de* **Régie autonome des transports parisiens** *öffentlicher Pariser Verkehrsbetrieb*

rattachement [ʀataʃmɑ̃] *m* ❶ ADMIN, POL **~ de l'Alsace-Lorraine à la France** Angliederung *f* von Elsass-Lothringen an Frankreich; **~ à une commune** Eingemeindung *f;* **~ de qn à un service** jds Eingliederung *f* in einen Dienst
❷ *(liaison)* **~ d'idées/de thèmes** Verknüpfung *f* von Gedanken/Themen; **le ~ de ces deux questions s'impose** diese beiden Fragen müssen im Zusammenhang gesehen werden

rattacher [ʀataʃe] <1> **I.** *vt* ❶ wieder anbinden; wieder [zu]binden *lacet;* wieder zumachen *ceinture, jupe*
❷ *(annexer)* **~ un territoire à un pays** ein Gebiet an ein Land *(Akk)* angliedern; **~ une commune à Lille** einen Ort in die Stadt Lille eingemeinden; **~ des services autonomes à l'administration municipale** autonome Dienste der Stadtverwaltung unterstellen
❸ *(mettre en corrélation)* **~ un problème aux précédents** ein Problem im Zusammenhang mit den vorhergehenden sehen; **~ la magie à la religion** die Magie mit der Religion in Verbindung bringen; **~ la langue roumaine aux langues latines** das Rumänische zu den romanischen Sprachen zählen
❹ *(relier)* **rien ne la rattachait plus à son pays** nichts verband sie mehr mit ihrer Heimat; **c'est la reconnaissance qui me rattache à lui** ich bin ihm in Dankbarkeit verbunden
II. *vpr* **se ~ à une question** mit einer Frage in Zusammenhang stehen; **se ~ à une tradition** auf eine Tradition zurückgehen

ratte [ʀat] *f* DIAL *helle Kartoffelsorte*

rattrapable [ʀatʀapabl] *adj* **être ~** *erreur, oubli:* wieder gutzumachen sein; **vos heures d'absence sont ~s** Sie können Ihre Fehlstunden nacharbeiten

rattrapage [ʀatʀapaʒ] *m* ❶ Wiedergutmachen *nt; d'une maille* Wiederaufnehmen *nt*
❷ SCOL *(remise à niveau)* Aufholen *nt;* **classe de ~** Förderklasse *f;* **cours de ~** Förderunterricht *m,* Nachhilfestunden *Pl*
❸ SCOL, UNIV *(repêchage)* Nachprüfung *f;* **examen de ~** Zusatzprüfung; **oral de ~** mündliche Zusatzprüfung; **avoir son bac au ~** das Abitur in der Nachprüfung schaffen
❹ *(rajustement) des salaires* Angleichung *f*
❺ IND, COM *des heures perdues* Nacharbeitung *f; des pertes, du retard* Aufholen *nt*

rattraper [ʀatʀape] <1> **I.** *vt* ❶ wieder einfangen *animal échappé, prisonnier*
❷ *(rejoindre)* [wieder] einholen
❸ *(réparer)* wieder gutmachen *erreur, oubli;* wieder aufnehmen *maille;* retten *mayonnaise*
❹ *(regagner)* wettmachen *temps perdu, pertes, retard;* nachholen

R

sommeil; nacharbeiten *heures d'absence*
5 (*retenir*) auffangen; ~ **qn par le bras/le manteau** jdn am Arm/Mantel fest halten; **mon chapeau s'envole, rattrape-le!** mein Hut fliegt weg, fang ihn!
6 SCOL (*repêcher*) bestehen lassen
II. *vpr* 1 **se ~ à une branche** sich an einem Ast fest halten
2 (*compenser*) **se ~** das Versäumte nachholen
3 (*regagner*) **se ~** alles wieder ausgleichen; **se ~ à la roulette** beim Roulett[e] alles wieder zurückgewinnen
4 (*réparer*) **se ~** das wieder gutmachen; (*corriger une erreur*) einen Fehler berichtigen
5 SCOL **se ~** das ausgleichen
rature [ʀatyʀ] *f* Streichung *f;* **sans ~s ni surcharges** ohne Streichungen oder Korrekturen
raturer [ʀatyʀe] <1> *vt* [durch]streichen; (*corriger*) verbessern; **une lettre raturée** ein überall verbesserter Brief; **un chèque raturé ne peut être encaissé** ein Scheck, auf dem etwas durchgestrichen wurde, kann nicht eingelöst werden
rauque [ʀok] *adj son, toux* rau; *cri, voix* heiser, rau
ravage [ʀavaʒ] *m* 1 Schäden *Pl;* **~s causés par la guerre** verheerende Kriegsschäden; **~s de la grêle/de l'orage** Hagel-/Unwetterschäden
2 *pl* (*effets néfastes*) *de l'alcool, de la drogue* schädliche Auswirkungen *Pl; de la maladie, vieillesse* Spuren *Pl*
► **faire des ~s** verheerende Schäden anrichten; **la peste faisait des ~s parmi la population** die Pest wütete in der Bevölkerung; **il/elle fait des ~s** *hum* er/sie verdreht allen den Kopf (*fam*)
ravagé(e) [ʀavaʒe] *adj fam* übergeschnappt (*fam*), bescheuert (*fam*); **ce mec est complètement ~!** dieser Typ ist total übergeschnappt [*o* spinnt total]! (*fam*)
ravager [ʀavaʒe] <2a> *vt* 1 verwüsten *pays, ville;* vernichten *cultures;* **être ravagé(e)** *pays, ville:* verwüstet [*o* zerstört] sein; *cultures:* vernichtet sein
2 (*flétrir*) zeichnen *traits, visage*
3 (*tourmenter*) quälen; **être ravagé(e) d'inquiétude** krank vor Sorge sein; **être ravagé(e) de remords** von Gewissensbissen geplagt sein
ravageur, -euse [ʀavaʒœʀ, -ʒøz] *adj humour, passion* zerstörerisch, destruktiv (*geh*); **animal ~** schädliches Tier, Schädling *m*
ravalement [ʀavalmɑ̃] *m* Reinigen *nt,* Säubern *nt;* (*avec du crépi*) [Neu]verputzen *nt*
ravaler [ʀavale] <1> **I.** *vt* 1 reinigen; (*repeindre*) [frisch] streichen; (*crépir*) [neu] verputzen
2 (*retenir*) unterdrücken *larmes, émotion;* **faire ~ sa prétention à qn** jdm seine Wichtigtuerei austreiben (*fam*); **je lui ferai bien ~ ses paroles!** *fam* diese Worte wird er/sie mir noch büßen!
3 (*avaler*) [wieder] hinunterschlucken
4 (*avilir*) erniedrigen *personne;* schmälern *mérite;* **~ l'homme au niveau de la bête** den Menschen zum Tier degradieren
II. *vpr littér* **se ~** sich erniedrigen
ravaleur, -euse [ʀavalœʀ, -øz] *m, f* Fassadenrenovierer(in) *m(f)*
ravaudage [ʀavodaʒ] *m vieilli de vêtements, chaussettes* Ausbessern *nt*
ravauder [ʀavode] <1> *vt vieilli* ausbessern *vêtements, chaussettes*
rave[1] [ʀav] *f* Rübe *f*
rave[2] [ʀɛv] *f* Rave *m*
rave-party [ʀɛvpaʀti] *f* Rave *m*
raveur, -euse [ʀɛvœʀ, -øz] *m, f* Raver(in) *m(f)*
ravi(e) [ʀavi] *adj personne, visage* begeistert; **avoir l'air ~** strahlen; **être ~(e) de qn/qc** von jdm/etw begeistert sein; **être ~(e) de faire qc** erfreut sein etw zu tun; **j'en suis ~(e)** ich freue mich darüber, ich bin begeistert; **je suis ~(e) que vous soyez venu** ich freue mich sehr [darüber], dass Sie gekommen sind
ravier [ʀavje] *m* [kleine, ovale] Platte
ravigotant(e) [ʀavigɔtɑ̃, ɑ̃t] *adj fam douche, liqueur* belebend; **être ~(e)** *vin:* wieder munter machen
ravigote [ʀavigɔt] **I.** *f Kräutersalatsoße mit Kapern [und hartgekochtem Ei]*
II. *app tête de veau* mit Kapern-Kräuter-Soße
ravigoter [ʀavigɔte] <1> *vt fam nouvelle, personne:* aufmuntern; *alcool, douche, repas:* [wieder] auf die Beine bringen (*fam*); **tu as froid? Je vais te ~** dir ist kalt? Ich werde dich warm rubbeln
ravin [ʀavɛ̃] *m* [Fels]schlucht *f*
ravine [ʀavin] *f* kleine Schlucht
ravinement [ʀavinmɑ̃] *m* 1 Bodenabschwemmung *f*
2 (*rigole*) Rinne *f,* Furche *f*
raviner [ʀavine] <1> *vt* 1 GEOG durchfurchen
2 *littér* zerfurchen *traits, visage*
raviole [ʀavjɔl] *f de fromage, de légumes* gefülltes Teigtäschchen *nt*
raviolis [ʀavjɔli] *mpl* Ravioli *Pl*
ravir [ʀaviʀ] <8> *vt* 1 begeistern; **ta visite me ravit** ich freue mich sehr über deinen Besuch; **ces vacances me ravissent** ich bin von diesen Ferien ganz begeistert
2 *soutenu* (*enlever*) rauben *honneur, trésor;* entführen *femme, enfant;* **la mort nous a ravi notre enfant** der Tod hat uns unser Kind entrissen (*geh*)
► **à ~** bezaubernd, hinreißend
raviser [ʀavize] <1> *vpr* **se ~** seine Meinung ändern
ravissant(e) [ʀavisɑ̃, ɑ̃t] *adj* bezaubernd; *femme, beauté* hinreißend
ravissement [ʀavismɑ̃] *m* 1 Zauber *m;* **avec ~** verzückt, hingerissen; **plonger qn dans le ~** jdn in Entzücken (*Akk*) versetzen
2 REL Ekstase *f*
ravisseur, -euse [ʀavisœʀ, -øz] *m, f* Entführer(in) *m(f)*
ravitaillement [ʀavitajmɑ̃] *m* 1 *de la population, des troupes* Versorgen *nt* mit Lebensmitteln; **~ en essence/vivres** Versorgung *f* mit Benzin/Lebensmitteln; **aller au ~** etwas zu essen beschaffen
2 (*denrées alimentaires*) Verpflegung *f*
3 SPORT Auftanken *nt*
4 AVIAT **~ en vol** Lufttanken *nt*
ravitailler [ʀavitaje] <1> **I.** *vt* **~ en qc** mit etw versorgen; **~ les avions en vol** Flugzeuge in der Luft betanken
II. *vpr* **se ~ en qc** sich mit etw eindecken; **on peut se ~ facilement à la ville voisine** in der benachbarten Stadt kann man gut einkaufen
ravitailleur [ʀavitajœʀ] *m* (*avion*) Versorgungsflugzeug *nt;* (*navire*) Versorgungsschiff *nt;* (*véhicule*) Versorgungsfahrzeug *nt*
ravitailleur, -euse [ʀavitajœʀ, -jøz] *adj* **avion ~** Versorgungsflugzeug *nt*
raviver [ʀavive] <1> **I.** *vt* wieder aufleben lassen *espoir, souvenir;* auffrischen *couleur;* [wieder] anfachen *feu;* wieder aufbrechen lassen *vieilles blessures;* **~ une douleur** *personne:* an alte Wunden rühren; **~ un souvenir** eine Erinnerung wieder erwachen lassen
II. *vpr* **se ~** *douleur:* wieder wach werden; *inquiétude, pessimisme:* wieder aufkommen; **mes regrets se sont ravivés quand...** ich war von neuem voller Reue, als ...
ravoir [ʀavwaʀ] <*irr, déf*> *vt toujours à l'infin* 1 (*récupérer*) zurückbekommen, zurückhaben
2 *fam* (*détacher*) wieder sauber kriegen (*fam*) *casserole, cuivres, vêtements*
rayé(e) [ʀeje] *adj* 1 gestreift; *papier* liniert; **~(e) verticalement/de noir** längs/schwarz gestreift
2 (*éraflé*) *disque, vitre* zerkratzt
3 TECH *fusil* gezogen
rayer [ʀeje] <7> *vt* 1 linieren *papier;* **des cicatrices lui rayaient le visage** Narben durchzogen sein/ihr Gesicht

❷ (*érafler*) zerkratzen *disque, vitre*
❸ (*biffer*) durchstreichen *mot, nom*
❹ (*supprimer*) ~ **qn/qc de la liste** jdn/etw von der Liste streichen; **être rayé(e) des effectifs** nicht mehr zum Personal gehören; ~ **un souvenir de sa mémoire** eine Erinnerung aus seinem Gedächtnis streichen; ~ **une ville de la carte** eine Stadt ausradieren [*o* vernichten]
❺ TECH mit Zügen versehen *arme à feu, fusil*

rayon [ʀɛjɔ̃] *m* ❶ Strahl *m;* ~ **laser** Laserstrahl; ~ **de lumière** Lichtstrahl
❷ *pl* (*radiations*) Strahlen *Pl,* Strahlung *f;* ~**s X** Röntgenstrahlen; ~**s ultraviolets/infrarouges** UV-Strahlen/Infrarotstrahlen
❸ MED Bestrahlung *f;* **faire des séances de** ~**s** Bestrahlungen bekommen
❹ MATH Radius *m*
❺ *fig* ~ **d'espoir** Hoffnungsschimmer *m;* **un** ~ **de joie illumina ses traits** er/sie strahlte [vor Freude]
❻ (*enrayure*) *d'une roue* Speiche *f*
❼ (*étagère*) *d'une armoire* Fach *nt;* **ranger ses livres dans les** ~**s d'une bibliothèque** seine Bücher ins Regal einer Bibliothek zurückstellen
❽ COM Abteilung *f;* ~ **d'alimentation** Lebensmittelabteilung; **c'est tout ce qu'il me reste en** ~ das ist alles, was ich noch [anzubieten] habe
❾ (*étendue*) Ausdehnung *f;* **le** ~ **de mes activités** mein Betätigungsfeld *nt*
❿ (*gâteau de cire*) *d'une ruche* Wabe *f*
⓫ AGR kleine Furche
⓬ (*distance*) **dans un** ~ **de plus de dix kilomètres** in einem Umkreis von über zehn Kilometern
► ~ **de soleil** Sonnenschein *m* (*fig*), Lichtblick *m;* **en connaître un** ~ sich da auskennen; **c'est mon** ~ ich kenne mich da aus
◆ ~ **d'action** Aktionsradius *m;* ~ **de braquage** Wendekreis *m*

rayonnage [ʀɛjɔnaʒ] *m* Regal *nt*

rayonnant(e) [ʀɛjɔnɑ̃, ɑ̃t] *adj* ❶ strahlend; *air* freudestrahlend; **par un soleil** ~ bei strahlendem Sonnenschein; ~**(e) de santé/joie** vor Gesundheit strotzend/vor Freude strahlend
❷ (*en étoile*) sternförmig
❸ ARCHIT, ART **gothique** ~ Hochgotik *f;* **chapelles** ~**es** Kapellenkranz *m*
❹ PHYS **chaleur** ~**e** Strahlungswärme *f;* MED *douleur* ausstrahlend

rayonne [ʀɛjɔn] *f* Kunstseide *f,* Reyon *m o nt* (*veraltet*)

rayonnement [ʀɛjɔnmɑ̃] *m* ❶ *d'une civilisation, d'un pays* Einfluss *m*
❷ (*aura*) Ausstrahlung *f;* (*éclat*) Glanz *m*
❸ (*lumière*) Strahlen *nt;* ~ **solaire** Sonnenstrahlung *f*
❹ PHYS Strahlung *f*

rayonner [ʀɛjɔne] <1> **I.** *vi* ❶ *civilisation, pays:* Einfluss haben; *influence, prestige:* spürbar sein, sich niederschlagen; *découverte:* sich auswirken
❷ (*irradier*) ~ **de joie** vor Freude strahlen; ~ **de beauté** strahlend schön sein; ~ **de santé** vor Gesundheit strotzen; **le bonheur faisait** ~ **son visage** er/sie strahlte vor Glück
❸ (*briller*) *soleil:* strahlen; *astre, lumière:* funkeln; *feux de joie:* hell lodern
❹ PHYS strahlen; MED *douleur:* ausstrahlen
❺ (*faire un circuit*) Ausflüge machen
❻ (*être disposé en rayons*) ~ **autour d'une place** *avenues:* von einem Platz strahlenförmig ausgehen
II. *vt* **faire** ~ **une cave/une chambre** Regale in einem Keller/in einem Zimmer anbringen lassen

rayure [ʀejyʀ] *f* ❶ Streifen *m;* **à** ~**s** *étoffe, vêtement* gestreift; *papier* liniert
❷ (*éraflure*) Kratzer *m*
❸ TECH *d'une arme à feu* Zug *m*

raz-de-marée [ʀɑdəmaʀe] *m inv* ❶ GEOG Flutwelle *f*
❷ (*bouleversement*) (*lors des élections*) Erdrutsch *m;* ~ **publicitaire** Werbeflut *f;* **être un vrai** ~ eine große Wirkung haben

razzia [ʀa(d)zja] *f* ❶ (*descente*) Razzia *f;* **faire une** ~ eine Razzia machen
❷ HIST Raubzug *m*
❸ *fam* (*ruée*) **faire une** ~ **dans les supermarchés** die Supermärkte leer räumen (*fam*); **faire une** ~ **sur un produit** über einen Artikel herfallen (*fam*)

razzier [ʀa(d)zje] <1a> *vt* ausplündern *village;* ~ **les récoltes** über die Ernte herfallen

R.D.A. [ɛʀdea] *f* HIST *abr de* **République démocratique allemande** DDR *f*

R.D.C. [ɛʀdese] *m abr de* **rez-de-chaussée** EG *nt*

R.-de-ch. *m abr de* **rez-de-chaussée** Erdgeschoss *nt*

R.D.S. [ɛʀdeɛs] *m abr de* **remboursement de la dette sociale** *Steuer auf alle Einkünfte zur Deckung des Defizits bei der "Sécurité Sociale"*

ré [ʀe] *m inv* D *nt,* d *nt; v. a.* **do**

réa [ʀea] *f* TECH Blockscheibe *f*

réabonnement [ʀeabɔnmɑ̃] *m* Abonnement[s]verlängerung *f*

réabonner [ʀeabɔne] <1> **I.** *vt* ~ **qn à un journal** jds Zeitungsabonnement verlängern
II. *vpr* **se** ~ **à un journal** eine Zeitung wieder abonnieren

réabsorber [ʀeapsɔʀbe] <1> *vt* aufsaugen, absorbieren *liquide;* noch einmal einnehmen *médicament*

réabsorption [ʀeapsɔʀpsjɔ̃] *f de liquide* Aufsaugen *nt; d'un médicament* erneute Einnahme

réac [ʀeak] *fam abr de* **réactionnaire I.** *adj* verstaubt (*pej*); POL reaktionär
II. *mf* POL Reaktionär(in) *m(f)*

réaccoutumer [ʀeakutyme] <1> **I.** *vt* ~ **qn à un travail** jdn wieder an eine Arbeit (*Akk*) gewöhnen
II. *vpr* **se** ~ **à qn/qc** sich wieder an jdn/etw gewöhnen

réacheminer [ʀeaʃ(ə)mine] <1> *vt* weiterbefördern *marchandise*

réacteur [ʀeaktœʀ] *m* ❶ AVIAT Düsentriebwerk *nt*
❷ PHYS Reaktor *m;* ~ **nucléaire** Kernreaktor

réactif [ʀeaktif] *m* CHIM Reagens *nt*

réactif, -ive [ʀeaktif, -iv] *adj* PSYCH reaktiv

réaction [ʀeaksjɔ̃] *f* ❶ Reaktion *f;* ~ **à** [*o* **devant**] **une catastrophe/un spectacle** Reaktion auf eine Katastrophe/ein Ereignis; ~ **en chaîne** Kettenreaktion; **en** ~ **contre qn/qc** als Reaktion auf jdn/etw; **par** ~ als Reaktion; (*par opposition*) aus [bloßer] Opposition; **avoir d'excellentes** ~**s** *voiture:* ausgezeichnet reagieren; **avoir des** ~**s rapides/un peu lentes** schnell/etwas langsam reagieren; **avoir une** ~ **de colère/peur** wütend/ängstlich reagieren; **cela l'a laissé sans** ~ er hat nicht darauf reagiert
❷ POL Reaktion *f,* reaktionäre Kräfte *Pl*
❸ CHIM, MED, PHYS, TECH Reaktion *f;* ~ **nucléaire** Kernreaktion; **action et** ~ Wirkung *f* und Gegenwirkung *f*
❹ AVIAT **avion à** ~ Düsenflugzeug *nt;* **moteur à** ~ Strahltriebwerk *nt;* **propulsion par** ~ Düsenantrieb *m*

réactionnaire [ʀeaksjɔnɛʀ] **I.** *adj* reaktionär
II. *mf* Reaktionär(in) *m(f)*

réactionnel(le) [ʀeaksjɔnɛl] *adj* CHIM durch Reaktion entstanden; **manifestation** ~**le** PSYCH [sichtbare] Reaktion; **psychose** ~**le** Reaktionspsychose *f*

réactivation [ʀeaktivasjɔ̃] *f* Wiederaufnahme *f; d'une idéologie, maladie, d'un sérum* Reaktivierung *f;* ~ **économique** Ankurbelung *f* der Wirtschaft

réactiver [ʀeaktive] <1> *vt* neu beleben *alliance, idéologie;* wieder aufleben lassen *amitié;* wieder anfachen *feu;* MED reaktivieren *maladie, sérum*

réactivité [ʀeaktivite] *f* ❶ CHIM, PSYCH Reaktionsfähigkeit *f*
❷ MED ~ **à qc** Reaktionsbereitschaft *f* auf etw (*Akk*)

R

réactualisation [ʀeaktyalizasjɔ̃] *f* ❶ (*mise à jour*) Aktualisierung *f*
❷ (*remémorisation*) *d'un événement* Erinnern *nt*
réactualiser [ʀeaktɥalize] <1> *vt* aktualisieren; wieder aufleben lassen *conflit*
réadaptation [ʀeadaptasjɔ̃] *f* Wiedereingliederung *f; d'un handicapé* Rehabilitation *f;* ~ **à la vie civile/au travail** Wiedereingliederung in die Gesellschaft/in das Berufsleben
réadapter [ʀeadapte] <1> **I.** *vt* ❶ ~ **qn à la vie professionnelle** jdn wieder in das Berufleben eingliedern; ~ **un enfant à l'école** ein Kind wieder an die Schule gewöhnen
❷ MED reaktivieren *articulation, muscle*
II. *vpr* **se** ~ **à qc** sich wieder in etw (*Akk*) eingliedern; **se** ~ **au travail** sich wieder an die Arbeit gewöhnen
réadmettre [ʀeadmɛtʀ] <*irr*> *vt* wieder aufnehmen
réadmission [ʀeadmisjɔ̃] *f* Wiederaufnahme *f*
réafficher [ʀeafiʃe] <1> *vt* INFORM ~ **les copies des pages visitées** die Kopien der geladenen Seiten wieder einblenden
réaffirmer [ʀeafiʀme] <1> *vt* bekräftigen *intention, volonté;* ~ **une nécessité** auf eine Notwendigkeit (*Akk*) erneut hinweisen
réagir [ʀeaʒiʀ] <8> *vi* ❶ (*répondre spontanément*) ~ **à qc** auf etw (*Akk*) reagieren; ~ **mal aux antibiotiques** Antibiotika schlecht vertragen; **"non", a réagi le président** „nein", sagte der Präsident daraufhin
❷ (*se répercuter sur*) ~ **sur qn/qc** sich auf jdn/etw auswirken
❸ (*s'opposer à*) ~ **contre des idées** sich gegen bestimmte Vorstellungen wehren; ~ **contre un danger** eine Gefahr bekämpfen
❹ MED ~ **contre une infection** *organisme:* gegen eine Infektion ankämpfen
❺ CHIM reagieren
réajustement [ʀeaʒystəmɑ̃] *m* Angleichung *f*
réajuster [ʀeaʒyste] <1> *vt v.* **rajuster**
réalignement [ʀealiɲ(ə)mɑ̃] *m* Anpassung *f*
réalimenter [ʀealimɑ̃te] <1> *vpr* **se** ~ wieder Nahrung zu sich nehmen
réalisable [ʀealizabl] *adj* ❶ realisierbar; *souhait* erfüllbar; *réforme* durchsetzbar
❷ FIN *fortune, valeurs* realisierbar, [in Geld] umsetzbar; **être** ~ *capitaux, montants:* verfügbar sein
réalisateur, -trice [ʀealizatœʀ, -tʀis] *m, f* ❶ *d'un plan, projet* Realisator(in) *m(f); d'une œuvre architecturale* Gestalter(in) *m(f)*
❷ CINE, TV Regisseur(in) *m(f);* RADIO Sendeleiter(in) *m(f)*
réalisation [ʀealizasjɔ̃] *f* ❶ Verwirklichung *f,* Realisierung *f; d'un contrat, d'une vente* Abschluss *m*
❷ (*œuvre*) Werk *nt;* ~**s économiques/médicales** auf wirtschaftlichem Gebiet/im medizinischen Bereich erzielte Ergebnisse
❸ FIN Realisierung *f,* Flüssigmachung *f*
❹ CINE, RADIO, TV Regie *f*
réaliser [ʀealize] <1> **I.** *vt* ❶ verwirklichen, realisieren *ambition, projet, rêve;* wahr machen *intention, menace;* aufbringen *effort;* vollbringen *exploit;* erfüllen *désir;* erwirtschaften *excédent*
❷ (*effectuer*) ausführen *travail;* ausarbeiten *plan, maquette;* erzielen *progrès;* tätigen *achat, vente;* durchführen *réforme;* ~ **des économies/des bénéfices** Einsparungen/Gewinne erzielen
❸ (*se rendre compte de*) ~ **l'ampleur de son erreur** sich über das Ausmaß seines Fehlers bewusst werden
❹ FIN realisieren, flüssig machen *capital, valeurs;* in Geld umsetzen [*o* umwandeln] *biens*
❺ COM, JUR abschließen *achat, vente;* erfüllen *contrat*
❻ CINE, RADIO, TV leiten *émission;* führen *interview;* ~ **un film** bei einem Film Regie führen
II. *vi* begreifen; **est-ce que tu réalises vraiment?** bist du dir dessen wirklich bewusst?; **j'ai du mal à** ~ ich kann das [alles] nicht recht fassen
III. *vpr* **se** ~ ❶ *ambition, projet:* Wirklichkeit werden; *rêve:* wahr werden; *vœu:* in Erfüllung gehen; *exploit:* vollbracht werden
❷ (*s'effectuer*) *travail:* ausgeführt werden; *achat, vente:* getätigt werden; *réforme:* durchgeführt werden; *progrès:* erzielt werden
❸ (*s'épanouir*) *personnalité:* sich entfalten
réalisme [ʀealism] *m* Realismus *m;* **être d'un grand** ~ sehr realistisch sein; **manquer de** ~ wirklichkeitsfremd sein
réaliste [ʀealist] **I.** *adj* realistisch; *description, portrait* wirklichkeitsgetreu
II. *mf* Realist(in) *m(f)*
réalité [ʀealite] *f* ❶ Wirklichkeit *f,* Realität *f;* **devenir** ~ Wirklichkeit werden; *rêve, souhait:* wahr werden; **la** ~ **dépasse la fiction** die Wirklichkeit übertrifft jegliche Vorstellung
❷ (*chose réelle*) Tatsache *f*
❸ (*caractère réel*) *d'un événement, fait* Realität *f*
▸ **en** ~ in Wirklichkeit *f,* tatsächlich
reality-show [ʀealitiʃo] <reality-shows> *m* Reality-Show *f*
réaménagement [ʀeamenaʒmɑ̃] *m d'un site* Neugestaltung *f; d'un plan de financement* Neuerarbeitung *f; de réseaux* Erneuerung *f; d'un service* Umstrukturierung *f*
réaménager [ʀeamenaʒe] <2a> *vt* neu gestalten *site;* neu erstellen *plan de financement;* erneuern *réseau;* ~ **le centre de la ville en zone piétonne** die Innenstadt zu einer Fußgängerzone umgestalten
réamorcer [ʀeamɔʀse] <2> *vt* wieder ködern *poisson;* nachladen *pistolet;* wieder in die Wege leiten *négociations*
réanimateur, -trice [ʀeanimatœʀ, -tʀis] *m, f* (*personne*) Narkosearzt *m*/-ärztin *f* (*der/die die Frischoperierte bis zum Aufwachen betreut*)
réanimation [ʀeanimasjɔ̃] *f* Wiederbelebung *f,* Reanimation *f;* **service de** ~ Intensivstation *f;* **en** ~ auf der/die Intensivstation
réanimer [ʀeanime] <1> *vt* wieder beleben
réapparaître [ʀeapaʀɛtʀ] <*irr*> *vi* + *avoir o être* wieder auftauchen
réapparition [ʀeapaʀisjɔ̃] *f* Wiederauftauchen *nt; d'une maladie* Wiederauftreten *nt; des hirondelles* Rückkehr *f*
réapprendre [ʀeapʀɑ̃dʀ] <13> *vt* noch einmal lernen *leçon, poésie;* ~ **la liberté** sich wieder an die Freiheit gewöhnen; ~ **l'anglais à qn** jds Englisch wieder auffrischen; ~ **à marcher** wieder gehen lernen; ~ **à vivre** in ein normales Leben zurückfinden
réapprentissage [ʀeapʀɑ̃tisaʒ] *m* Neuerlernung *f;* ~ **de la marche** Wiedererlernen *nt* des Gehens; ~ **de la liberté/vie** Wiedergewöhnung *f* an die Freiheit/an ein normales Leben
réapprovisionnement [ʀeapʀɔvizjɔnmɑ̃] *m* Auffüllen *nt; d'un magasin* Neubelieferung *f;* **le** ~ **en essence a enfin pu s'effectuer** endlich konnte Treibstoff nachgeliefert werden
réapprovisionner [ʀeapʀɔvizjɔne] <1> **I.** *vt* auffüllen *réservoir, cuve;* neu beliefern *magasin;* ~ **les stocks** die Lagerbestände auffüllen; ~ **le frigo en boissons** den Kühlschrank mit Getränken auffüllen
II. *vpr* **se** ~ **en chocolat** sich wieder mit Schokolade eindecken; **se** ~ **en essence/fuel** sich wieder Benzin/Öl nachliefern lassen
réargenter [ʀeaʀʒɑ̃te] <1> *vt* erneut versilbern *couverts*
réarmement [ʀeaʀməmɑ̃] *m* Wiederaufrüstung *f*
réarmer [ʀeaʀme] <1> **I.** *vi* wieder aufrüsten
II. *vt* neu spannen *fusil, pistolet, appareil photo;* wieder bewaffnen *troupes;* wieder aufrüsten *pays;* wieder ausrüsten *navire*
réarrangement [ʀeaʀɑ̃ʒmɑ̃] *m* ❶ Neuanordnung *f; d'une pièce* Umstellen *nt*
❷ PHYS ~ **moléculaire** Neuanordnung *f* der Moleküle
réarranger [ʀeaʀɑ̃ʒe] <2a> *vt* richten *coiffure, vêtement;* neu vereinbaren *entrevue;* umstellen *chambre;* neu arrangieren *fleurs*
réassort [ʀeasɔʀ] *m* COM *abr de* **réassortiment**
réassortiment [ʀeasɔʀtimɑ̃] *m* COM Ergänzung *f,* Auffüllung; *d'un tissu* Nachkauf *m*

réassortir [ReasɔRtiR] <8> **I.** *vt* [wieder] ergänzen; nachkaufen *tissu*
II. *vpr* **se** ~ **en qc** sich wieder mit etw eindecken; *commerçant:* seinen Bestand an etw (*Dat*) auffüllen
réassurance [ReasyRɑ̃s] *f* Rückversicherung *f*
réassurer [ReasyRe] <1> **I.** *vt* rückversichern
II. *vpr* **se** ~ sich rückversichern
réassureur [ReasyRœR] *m* Rückversicherer *m*
rebaisser [R(ə)bese] <1> *vi* wieder sinken; *prix, thermomètre:* wieder fallen
rebaptiser [R(ə)batize] <1> *vt* umbenennen
rébarbatif, -ive [RebaRbatif, -iv] *adj air, mine* abweisend; *style* umständlich; *sujet, tâche* undankbar
rebâtir [R(ə)bɑtiR] <8> *vt* wieder aufbauen
rebattu(e) [Rəbaty] *adj citation, sujet* abgedroschen
rebelle [Rəbɛl] **I.** *adj* ❶ (*insurgé*) *populations, troupes* aufständisch; ~ **à la patrie/à un souverain** dem Heimatland/einem Herrscher abtrünnig
❷ (*récalcitrant*) *enfant* rebellisch, widerspenstig; *fièvre, maladie* hartnäckig; *cheveux, mèche, animal* widerspenstig; **avoir l'esprit** ~ widerspenstig sein; **être** ~ **au latin/aux maths** mit Latein/Mathe auf Kriegsfuß stehen (*fam*); **ce virus est** ~ **à tous les remèdes** gegen diesen/dieses Virus kommt kein Mittel an
II. *mf* Rebell(in) *m(f)*, Aufrührer(in) *m(f)*
rebeller [R(ə)bele] <1> *vpr* **se** ~ **contre qc** sich gegen etw auflehnen, gegen etw rebellieren
rébellion [Rebeljɔ̃] *f* ❶ ~ **contre qn/qc** Aufstand *m* gegen jdn/etw, Rebellion *f* gegen jdn/etw; **entrer en** ~ **contre qn** sich gegen jdn erheben
❷ (*rebelles*) Rebellen *Pl*
rebelote [Rəbəlɔt] *interj fam* wie könnt's auch anders sein (*fam*)
rebiffer [R(ə)bife] <1> *vpr fam* **se** ~ **contre qn/qc** gegen jdn/etw aufmucken (*fam*)
rebiquer [R(ə)bike] <1> *vi fam* in die Höhe stehen
reblanchir [R(ə)blɑ̃ʃiR] <8> *vt* neu weißen
reblochon [Rəblɔʃɔ̃] *m milder Weichkäse aus Savoyen*
reboisement [R(ə)bwazmɑ̃] *m* [Wieder]aufforsten *nt*
reboiser [R(ə)bwaze] <1> *vt, vi* [wieder] aufforsten
rebond [R(ə)bɔ̃] *m* Aufprall *m; de l'eau* Auftreffen *nt; d'un corps* Aufschlagen *nt*, Aufprallen *nt;* **faux** ~ Abspringen *nt* [des Balls]
rebondi(e) [R(ə)bɔ̃di] *adj croupe, fesses, porte-monnaie* prall; *femme, formes* drall; *ventre* rund; *bouteille, cruche* bauchig; **un bébé aux joues** ~**es** ein pausbäckiges Baby
rebondir [R(ə)bɔ̃diR] <8> *vi* ❶ ~ **contre qc** *balle, ballon:* von etw abprallen; *eau:* auf etw (*Dat*) auftreffen; *corps:* gegen etw prallen [*o* schlagen]; ~ **contre un arbre** *voiture:* gegen einen Baum prallen
❷ (*être relancé*) *affaire, procès:* wieder aktuell werden; *conversation:* wieder in Gang kommen; *crise:* wieder aufflackern; *intrigue, action d'un film:* eine Wende nehmen; ~ **sur la scène politique** wieder auf der politischen Bühne erscheinen
rebondissement [R(ə)bɔ̃dismɑ̃] *m* Wiederaufleben *nt;* **nouveau** ~ **dans l'affaire ...!** Neues *nt* [*o* Wende *f*] im Fall ...!
rebord [R(ə)bɔR] *m* Rand *m; d'une cheminée, fenêtre* Sims *m o nt; d'un meuble* Kante *f*
reborder [R(ə)bɔRde] <1> *vt* wieder zudecken *enfant;* neu machen (*indem die Laken unter die Matratze eingeschlagen werden*) *lit;* glatt ziehen *draps*
rebouchage [R(ə)buʃaʒ] *m* Auskitten *nt;* **procèder au** ~ **de qc** etw auskitten
reboucher [R(ə)buʃe] <1> **I.** *vt* wieder zumachen [*o* verschließen] *bouteille, récipient;* wieder zuschütten *tranchée;* verkitten *fissure, trou*
II. *vpr* **se** ~ *tuyau, siphon:* wieder verstopfen
rebours [R(ə)buR] ▶ **à** ~ von hinten; *compter* rückwärts; *caresser, lisser* gegen den Strich; **feuilleter un livre à** ~ ein Buch von hinten nach vorn durchblättern; **refaire le trajet à** ~ den Weg zurückgehen; **comprendre/faire qc à** ~ etw falsch verstehen/machen; **prendre qn à** ~ jdn falsch anpacken (*fam*)
rebouteur, -euse [R(ə)butœR, -øz] *m, f*, **rebouteux, -euse** [R(ə)butø, -øz] *m, f fam* Knochenklempner(in) *m(f)* (*fam*)
reboutonner [R(ə)butɔne] <1> **I.** *vt* wieder zuknöpfen
II. *vpr* **se** ~ sich wieder zuknöpfen
rebrousse-poil [R(ə)bRuspwal] **à** ~ *caresser, lisser* gegen den Strich; **prendre qn à** ~ *fam* jdn falsch anpacken (*fam*)
rebrousser [R(ə)bRuse] <1> **I.** *vt* aufstellen *cheveux, poils;* **brossez le tapis en rebroussant les poils** bürsten Sie den Teppich gegen den Strich
II. *vpr* **se** ~ sich aufstellen
rebuffade [R(ə)byfad] *f* Abfuhr *f;* **essuyer une** ~ abgewiesen werden, eine Abfuhr erleiden
rébus [Rebys] *m* Bilderrätsel *nt*, Rebus *m;* **être un vrai** ~ *fig* ein einziges Rätsel sein
rebut [Rəby] *m* ❶ Abfälle *Pl;* (*objets*) Unrat *m*
❷ *péj* (*racaille*) **le(s)** ~**(s) de la société** der Abschaum *m* der Gesellschaft
❸ POST unzustellbare Sendung
▶ **aller au** ~ in den Müll kommen; **marchandise de** ~ Ausschussware *f*
rebutant(e) [R(ə)bytɑ̃, ɑ̃t] *adj* abstoßend, ekelhaft
rebuter [R(ə)byte] <1> **I.** *vt* ❶ *manières:* anwidern; *aliment, odeur:* anekeln (*fam*), anwidern; *spectacle, vulgarité:* abstoßen
❷ (*décourager*) ~ **qn** *démarche, travail:* jdm zuwider sein; **rien ne le rebute** er lässt sich durch nichts abschrecken
II. *vpr* **se** ~ aufgeben
recalage [R(ə)kalaʒ] *m* SCOL *fam* Durchfallen *nt*
recalcification [R(ə)kalsifikasjɔ̃] *f* gesteigerte Kalziumaufnahme, Rekalzifizierung *f* (*Fachspr.*)
récalcitrant(e) [Rekalsitrɑ̃, ɑ̃t] **I.** *adj* ❶ eigensinnig, aufsässig; *enfant* bockig; *animal* störrisch; **se montrer** [*o* **être**] ~**(e) à qc** sich gegen etw sträuben; **ne sois pas aussi** ~**(e)!** sei nicht so stur!
❷ *fam* (*pas facilement arrangeable*) *boutons, machine, outil* widerspenstig
II. *m(f)* Querkopf *m*
recalculer [Rəkalkyle] <1> *vt* nachrechnen *dette*
recalé(e) [R(ə)kale] *m(f) fam* Durchgefallene(r) *f(m)*
recaler [R(ə)kale] <1> *vt* SCOL *fam* durchfallen lassen (*fam*); **se faire** ~ **au bac/en math** durchs Abi rasseln/in Mathe (*Dat*) durchrasseln (*fam*)
récapitulatif [Rekapitylatif] *m* Auszug *m*
récapitulatif, -ive [Rekapitylatif, -iv] *adj* zusammenfassend
récapitulation [Rekapitylasjɔ̃] *f* Resümee *nt;* **faire** [*o* **procéder à**] **la** ~ **de qc** etw noch einmal kurz zusammenfassen, etw rekapitulieren (*geh*)
récapituler [Rekapityle] <1> *vt* noch einmal kurz zusammenfassen, rekapitulieren (*geh*); ~ **sa journée** den Tag Revue passieren lassen
recaser [R(ə)kaze] <1> *fam* **I.** *vt* ❶ (*employer*) unterbringen (*fam*)
❷ (*loger*) unterbringen
❸ (*remarier*) wieder verheiraten; unter die Haube bringen (*fam*) *femme*
II. *vpr* **se** ~ ❶ unterkommen (*fam*)
❷ (*se marier*) wieder heiraten
recauser [R(ə)koze] <1> *vi fam* ~ **de la vente à qn** noch mal mit jdm über den Verkauf reden; **elle ne m'en a jamais recausé** sie hat nie mehr mit mir darüber gesprochen
recéder [R(ə)sede] <5> *vt* ❶ wieder abtreten [*o* zurückgeben]
❷ (*vendre*) weiter verkaufen
recel [Rəsɛl] *m* Hehlerei *f;* ~ **de cadavre** [unbefugte] Wegnahme einer Leiche; ~ **de malfaiteur/de criminel** Personenhehlerei
receler [Rəs(ə)le, R(ə)səle], **recéler** [R(ə)sele] <4> *vt* ❶ JUR verbergen; ~ **un malfaiteur** einem Verbrecher Unterschlupf

R

gewähren

❷ *(renfermer) fond marin, sous-sol:* bergen; **ce texte recèle des erreurs** der Text enthält Fehler

receleur, -euse [ʀəs(ə)lœʀ, -øz, ʀ(ə)səlœʀ, -øz] *m, f,* **recéleur, -euse** [ʀ(ə)selœʀ, -øz] *m, f* Hehler(in) *m(f)*

récemment [ʀesamɑ̃] *adv* vor kurzem, in letzter Zeit

recensement [ʀ(ə)sɑ̃smɑ̃] *m* ❶ ADMIN ~ **[de la population]** Volkszählung *f*

❷ *(dénombrement)* Bestandsaufnahme *f;* MIL Erfassung *f*

recenser [ʀ(ə)sɑ̃se] <1> *vt* ❶ zählen *population*

❷ *(dénombrer)* erfassen, zählen; ~ **les ressources d'une région** die Ressourcen in einem Gebiet erfassen

recenseur, -euse [ʀ(ə)sɑ̃sœʀ, -øz] **I.** *adj* **agent** ~ Zähler(in) *m(f)*

II. *m, f* Zähler(in) *m(f)*

recension [ʀ(ə)sɑ̃sjɔ̃] *f* LITTER ❶ *(comparaison)* Kollation *f*

❷ *(compte rendu)* Rezension *f*

récent(e) [ʀesɑ̃, ɑ̃t] *adj* ❶ *événement, période, passé* jüngste(r, s); **être ~(e)** [ganz] neu sein; **as-tu des nouvelles ~es de ton fils?** hast du in der letzten Zeit von deinem Sohn gehört?

❷ *(nouveau) propriétaire* frisch gebacken *(fam)*; *thérapeutique* jung, neu

recentrage [ʀ(ə)sɑ̃tʀaʒ] *m d'une politique* Neuorientierung *f; d'un parti* Rückbesinnung *f* auf gemeinsame Ziele *Pl;* **opérer un ~ de qc** etw neu ausrichten

recentrer [ʀ(ə)sɑ̃tʀe] <1> **I.** *vt* POL neu ausrichten; TECH neu zentrieren

II. *vi* SPORT flanken

récépissé [ʀesepise] *m* Empfangsbestätigung *f,* Quittung *f;* ~ **d'envoi** Einlieferungsschein

réceptacle [ʀesɛptakl] *m* ❶ *des eaux* Sammelbecken *nt; d'objets hétéroclites* Ablageplatz *m;* ~ **pour bouteilles consignées** CH Harasse *f* (CH)

❷ BOT Blütenboden *m;* TECH Rückhaltebecken *nt,* Auffangbecken *nt*

récepteur [ʀesɛptœʀ] *m* ❶ *(poste)* Empfänger *m;* ~ **de radio** Rundfunkempfänger

❷ *(partie du téléphone)* ~ **téléphonique** Telefonhörer *m*

❸ PHYSIOL, BIO Rezeptor *m;* ~ **olfactif** Geruchsrezeptor

❹ *(transformateur)* Energieumwandler *m*

❺ LING Empfänger *m*

récepteur, -trice [ʀesɛptœʀ, -tʀis] *adj* **poste ~** Empfänger *m;* **antenne réceptrice** Empfangsantenne *f;* **appareil ~** Energieumwandler *m*

réceptif, -ive [ʀesɛptif, -iv] *adj* aufnahmebereit; *(apte à accueillir)* aufnahmefähig; **~(-ive) aux conseils** empfänglich für Ratschläge; **~(-ive) à une maladie** anfällig für eine Krankheit; **être ~(-ive) au cancer** krebsgefährdet sein

réception [ʀesɛpsjɔ̃] *f* ❶ Empfang *m;* **donner une ~** einen Empfang geben

❷ *(accueil)* Empfang *m;* **faire bonne/mauvaise ~ à qn** jdn freundlich/unfreundlich empfangen

❸ *(guichet d'accueil)* Empfang *m,* Rezeption *f; d'une entreprise* Empfangsbüro *nt; (hall d'accueil)* [Empfangs]halle *f*

❹ *(action de recevoir)* Erhalt *m;* RADIO, TV Empfang *m;* **~ de[s] marchandises** Warenannahme; **accuser ~ d'une lettre à qn** jdm den Empfang eines Briefes bestätigen

❺ *(arrivée au sol) d'un parachutiste* Landung *f; d'un sauteur* Aufsprung *m*

❻ CONSTR ~ **provisoire/définitive des travaux** vorläufige/endgültige Abnahme der Arbeiten

réceptionnaire [ʀesɛpsjɔnɛʀ] *mf* IND Angestellte(r) *f(m)* in der Warenannahme

réceptionner [ʀesɛpsjɔne] <1> *vt* in Empfang nehmen

réceptionniste [ʀesɛpsjɔnist] *mf* Empfangschef *m*/-dame *f*

réceptivité [ʀesɛptivite] *f* Aufnahmefähigkeit *f;* ~ **à une maladie/un virus** Anfälligkeit *f* für eine Krankheit/ein[en] Virus

récession [ʀesesjɔ̃] *f* Rezession *f*

recette [ʀ(ə)sɛt] *f* ❶ GASTR Rezept *nt*

❷ *(secret, truc)* Patentrezept *nt*

❸ *sans pl* COM Einnahmen *Pl; (pour une œuvre de bienfaisance)* Erlös *m;* **qn fait une bonne ~** jds Einnahmen sind gut

❹ *pl* COM, ECON, FISC *(opp: dépenses)* Einnahmen *Pl;* **~s annuelles** Jahresumsatz *m;* **~s extraordinaires d'entreprise** Sonderbetriebseinnahmen; **~s fiscales** Steuereinnahmen; **perte de ~s** Einnahmeausfall *m*

❺ ADMIN *(bureau)* **~ des finances [*o* impôts]** Finanzkasse *f*

▶ **faire ~** großen Erfolg haben, ein Kassenerfolg sein

recevabilité [ʀəs(ə)vabilite, ʀ(ə)səvabilite] *f a.* JUR Zulässigkeit *f;* **admettre la ~ de qc** etw genehmigen, etw für zulässig erklären

recevable [ʀəs(ə)vabl, ʀ(ə)səvabl] *adj* zulässig

receveur, -euse [ʀəs(ə)vœʀ, -øz, ʀ(ə)səvœʀ, -øz] *m, f* ❶ MED Empfänger(in) *m(f);* **~ universel** Universalempfänger

❷ *(profession) de bus, tramway* Schaffner(in) *m(f);* **~(-euse) des postes** Leiter(in) *m(f)* eines Postamts; **~ des contributions** Finanzbeamte(r) *m*/-beamtin *f*

recevoir [ʀəs(ə)vwaʀ, ʀ(ə)səvwaʀ] <12> **I.** *vt* ❶ erhalten, bekommen *lettre, colis*

❷ RADIO, TV empfangen

❸ *(obtenir en cadeau)* bekommen; *(obtenir en récompense)* ernten *louanges, compliment;* **~ une ovation** tosenden Beifall erhalten; **~ une décoration** eine Auszeichnung verliehen bekommen; **~ une poupée en cadeau** eine Puppe geschenkt bekommen

❹ *(percevoir)* bekommen, erhalten; **~ un bon salaire** ein gutes Gehalt bekommen

❺ *(bénéficier de)* erhalten *instruction, leçon, ordre;* genießen, erhalten *éducation;* **~ le nom de son inventeur** *procédé:* nach seinem Erfinder benannt werden; **~ la lumière du soleil** *pièce:* sonnig sein

❻ *(accueillir)* empfangen; **~ qn à dîner** jdn zum Abendessen zu Gast haben; **j'ai reçu la visite de ma sœur** ich habe Besuch von meiner Schwester bekommen; **être reçu(e) à l'Élysée** im Elyséepalast empfangen werden

❼ *(subir)* abbekommen *coup, projectile, averse;* einstecken müssen *coups;* bekommen *châtiment, injures;* **~ une correction** Prügel beziehen; **elle a reçu le ballon sur la tête** der Ball hat sie am Kopf getroffen

❽ *(accepter)* annehmen *avis, conseil;* entgegennehmen *compliment;* **être bien/mal reçu(e)** gut/schlecht aufgenommen werden; **je n'ai pas de conseil/leçon à ~ de vous** Ihren weisen Rat/Ihre Belehrungen können Sie sich sparen; **recevez, cher Monsieur/chère Madame, l'expression de mes sentiments distingués/mes sincères salutations** *form* mit vorzüglicher Hochachtung/mit freundlichen Grüßen *(form)*; **veuillez ~ toutes mes félicitations** *form* ich möchte Ihnen meine herzlichsten Glückwünsche aussprechen *(form)*

❾ ADMIN, JUR, COM entgegennehmen *déposition, témoignage;* erhalten *commande, demande d'emploi, plainte*

❿ REL empfangen *communion, sacrement;* **~ les vœux de qn** jdm die Gelübde abnehmen

⓫ *(admettre)* **~ qn dans un club/une école** jdn in einen Klub/in eine Schule aufnehmen; **être reçu(e) à un examen** eine Prüfung bestehen; **les candidats reçus** die Kandidaten, die bestanden haben

⓬ *(contenir)* **pouvoir ~ des personnes** *salle:* Menschen aufnehmen können; *hôtel:* Menschen unterbringen [*o* beherbergen] können

⓭ GEOG **le Rhin reçoit la Moselle à Coblence** bei Koblenz mündet die Mosel in den Rhein; **ce bassin reçoit les eaux de pluie** in diesem Becken wird das Regenwasser aufgefangen

⓮ TECH **~ sa forme définitive** seine endgültige Form erhalten; **cette poutre est destinée à ~ le faux plafond** dieser Balken soll die Zwischendecke tragen

▶ **se faire [bien/drôlement] ~** ganz schön was abkriegen

(fam)
II. *vi* ❶ ~ **à dîner** zum Abendessen Gäste haben
❷ SPORT *(jouer sur son terrain)* Gastgeber sein; *(opp: servir)* [den Ball] zurückschlagen
III. *vpr* ❶ *(retomber)* **se ~ bien/mal/sur une jambe** gut/schlecht/auf einem Bein aufkommen; **se ~ pieds groupés** *parachutiste:* mit geschlossenen Füßen landen
❷ *(se fréquenter)* **se ~** einander besuchen
rechange [ʀ(ə)ʃɑ̃ʒ] *m* **prendre un ~** etwas zum Wechseln mitnehmen
▶ **pantalon/chaussures de ~** Hose *f*/Schuhe *Pl* zum Wechseln; **pièce de ~** Ersatzteil *nt;* **roue de ~** Reserverad *nt;* **solution de ~** Alternative *f*
rechanter [ʀ(ə)ʃɑ̃te] <1> *vt* noch einmal singen
rechapage [ʀ(ə)ʃapaʒ] *m* Runderneuerung *f*
rechaper [ʀ(ə)ʃape] <1> *vt* runderneuern *pneus*
réchapper [ʀeʃape] <1> *vi* ~ **de l'incendie** den Brand überstehen
recharge [ʀ(ə)ʃaʀʒ] *f* ❶ Nachfüllpatrone *f; d'un produit d'entretien* Nachfüllpackung *f; d'un rouge à lèvres* Refill *m; d'un stylo à bille* Ersatzmine *f*
❷ *(fait de recharger) d'une arme* Nachladen *nt*
❸ ELEC **mettre qc en ~** etw zum Aufladen anschließen
rechargeable [ʀ(ə)ʃaʀʒabl] *adj briquet* nachfüllbar; **stylo ~** Patronenfüllhalter *m;* **briquet/rasoir non ~** Einwegfeuerzeug *nt*/-rasierer *m*
rechargement [ʀ(ə)ʃaʀʒəmɑ̃] *m* ❶ *d'une arme* Nachladen *nt; d'un véhicule* Wiederbeladen *nt*
❷ TECH *d'une route, voie* Neubeschotterung *f*
recharger [ʀ(ə)ʃaʀʒe] <2a> **I.** *vt* ❶ nachladen *arme;* wieder beladen *véhicule;* nachfüllen *briquet;* wieder [auf]laden *accumulateurs, batterie;* ~ **un stylo** eine neue Patrone in einen Füllhalter einsetzen; ~ **l'appareil photo** einen neuen Film [in den Fotoapparat] einlegen; ~ **un poêle** Holz *nt* nachlegen
❷ TECH frisch [be]schottern *route, voie*
II. *vpr* ELEC **se ~** sich wieder aufladen
réchaud [ʀeʃo] *m* Kocher *m;* ~ **à gaz** Gaskocher
réchauffage [ʀeʃofaʒ] *m* GASTR Aufwärmen *nt;* TECH Anwärmen *nt*
réchauffé [ʀeʃofe] *m* ❶ GASTR Aufgewärmte(s) *nt;* **ça doit être du ~** das ist sicher [nur] aufgewärmt
❷ *fig* **ça sent le ~!** *péj* das ist ja ein alter Hut! *(fam)*
réchauffé(e) [ʀeʃofe] *adj péj* aufgewärmt *(fam)*
réchauffement [ʀeʃofmɑ̃] *m* Erwärmung *f; des relations, d'une amitié* Besserung *f;* **annoncer un ~ des températures** wärmere Temperaturen ankündigen
réchauffer [ʀeʃofe] <1> **I.** *vt* ❶ GASTR **faire ~ qc** etw aufwärmen lassen
❷ *(donner de la chaleur à)* wärmen *corps, membres;* **ce bouillon m'a bien réchauffé(e)** diese Suppe hat mich wieder aufgewärmt; **le soleil réchauffe la terre/pièce** die Sonne erwärmt die Erde/den Raum
❸ *(ranimer)* anstacheln *ardeur, courage;* **cela m'a réchauffé le cœur** das hat mir das Herz erwärmt
II. *vpr* ❶ **se ~** *eau, planète:* sich erwärmen; *temps, température:* wärmer werden; *relations:* sich bessern
❷ *(retrouver sa chaleur)* **se ~** *pieds, mains:* wieder warm werden; **se ~ les doigts/pieds** sich *(Dat)* die Finger/Füße wärmen
❸ GASTR **se ~ au bain-marie** im Wasserbad warm gemacht werden
rechausser [ʀ(ə)ʃose] <1> **I.** *vt* ❶ ~ **qn** jdm die Schuhe wieder anziehen
❷ *(racheter des chaussures à)* ~ **qn** jdm neue Schuhe kaufen
❸ TECH, CONSTR neu bereifen *voiture;* untermauern *mur*
II. *vpr* **se ~** seine Schuhe wieder anziehen; *(s'acheter des chaussures)* sich *(Dat)* neue Schuhe kaufen
rêche [ʀɛʃ] *adj* ❶ rau; *vin* [säuerlich] herb; *fruit* sauer
❷ *soutenu (rude) personne* barsch, schroff
recherche [ʀ(ə)ʃɛʀʃ] *f* ❶ Suche *f;* **la ~ d'un livre** die Suche nach einem Buch; ~ **du cholestérol** Cholesterin-Untersuchung *f;* **être à la ~ d'un appartement/de qn** auf der Suche nach einer Wohnung/nach jdm sein
❷ *gén pl (enquête)* Nachforschung *f;* **abandonner les ~s** die Fahndung einstellen; **faire des ~s sur qc** Nachforschungen über etw *(Akk)* anstellen
❸ *(poursuite)* **être à la ~ du bonheur/du pouvoir** nach dem Glück/nach Macht streben
❹ *sans pl* MED, SCOL, UNIV Forschung *f;* **faire de la ~ scientifique/fondamentale** wissenschaftliche Forschung/Grundlagenforschung betreiben; **faire de la ~ en géologie** auf dem Gebiet der Geologie forschen
❺ *sans pl (raffinement)* **mettre beaucoup de ~ dans sa toilette** immer mit ausgesuchter Eleganz gekleidet sein; **s'exprimer avec ~** sich sehr gewählt ausdrücken
❻ SCI ~ **opérationnelle** Unternehmensforschung *f,* Operations-Research *f*
◆ ~ **de paternité** Vaterschaftsermittlung *f;* ~ **de texte complet** Volltextsuche *f*
recherché(e) [ʀ(ə)ʃɛʀʃe] *adj* ❶ begehrt; *acteur, produit* gefragt
❷ *(raffiné) expression, style* gewählt; *plaisir* erlesen
rechercher [ʀ(ə)ʃɛʀʃe] <1> **I.** *vt* ❶ ~ **un nom/une amie** nach einem Namen/einer Freundin suchen; ~ **un terroriste** nach einem Terroristen fahnden [*o* suchen]; ~ **l'albumine dans les urines** den Urin auf Eiweiß untersuchen; ~ **où/quand/comment/si c'est arrivé** herauszufinden versuchen, wo/wann/wie/ob das passiert ist; **être recherché(e) pour meurtre/vol** wegen Mordes/Diebstahls gesucht werden
❷ *(poursuivre)* suchen; ~ **le succès/la perfection** nach Erfolg/Perfektion streben
❸ *(reprendre)* **aller ~ qn/qc** jdn/etw [wieder] abholen
II. *vi* noch einmal suchen
rechigner [ʀ(ə)ʃiɲe] <1> *vi* ~ **à faire un travail** sich gegen eine Aufgabe sträuben; **en rechignant** widerwillig
rechute [ʀ(ə)ʃyt] *f* MED Rückfall *m;* **avoir une ~** einen Rückfall haben [*o* erleiden]
rechuter [ʀ(ə)ʃyte] <1> *vi* rückfällig werden; MED einen Rückfall haben [*o* erleiden]
récidivant(e) [ʀesidivɑ̃, ɑ̃t] *adj* wiederkehrend, rezidiv *(Fachspr.)*
récidive [ʀesidiv] *f* ❶ Wiederholung *f;* JUR Rückfall *m,* Rückfälligkeit *f;* **escroquerie avec ~** Betrug im Rückfall; **être en ~** rückfällig sein [*o* werden]; **il y a ~** es handelt sich um einen Rückfall
❷ MED *d'une maladie* erneutes Auftreten; **le rhumatisme est sujet à ~** Rheuma ist eine rezidive Krankheit *(Fachspr.)*
récidiver [ʀesidive] <1> *vi* ❶ es noch einmal tun; JUR rückfällig werden
❷ MED [in Abständen] wiederkehren, rezidivieren *(Fachspr.)*
récidiviste [ʀesidivist] **I.** *adj* rückfällig; **criminel ~** Wiederholungstäter *m;* **être ~** ein Wiederholungstäter sein
II. *mf* JUR Wiederholungstäter(in) *m(f) (a. hum)*
récif [ʀesif] *m* Riff *nt;* ~ **corallien/frangeant** Korallen-/Saumriff
récipiendaire [ʀesipjɑ̃dɛʀ] *mf* ❶ *de l'Académie française, d'une société* neues Mitglied
❷ SCOL, UNIV ~ **d'un diplôme/d'une médaille** Urkunden-/Medaillenempfänger(in) *m(f)*
récipient [ʀesipjɑ̃] *m* Gefäß *nt,* Behältnis *nt; (pour cuisiner)* Schüssel *f*
réciprocité [ʀesipʀɔsite] *f* Gegenseitigkeit *f,* Wechselseitigkeit *f;* **accord de ~** Gegenseitigkeitsabkommen *nt;* **il y a ~** es beruht auf Gegenseitigkeit
réciproque [ʀesipʀɔk] **I.** *adj* ❶ wechselseitig, auf Gegenseitigkeit beruhend; *hargne, torts* beiderseitig
❷ MATH, LING, LOGIQUE reziprok; **verbe ~** reziprokes Verb; **pro-**

R

positions ~s reziproke Urteile
II. *f* ❶ Gleiche(s) *nt;* **attendre la ~** das Gleiche [für sich] erwarten; **la ~ n'est pas toujours vraie** dies trifft umgekehrt nicht immer zu
❷ LOGIQUE, MATH Umkehrung *f*
▶ **rendre la ~ à qn** sich bei jdm revanchieren

réciproquement [ʀesipʀɔkmɑ̃] *adv* gegenseitig; **s'aimer ~** einander lieben; **et ~** und umgekehrt

récit [ʀesi] *m* Bericht *m;* (*narration*) Erzählung *f;* THEAT Botenbericht; **~ d'aventures/de voyage** Abenteuergeschichte *f*/Reisebericht; **faire un ~ circonstancié de qc** ausführlich über etw (*Akk*) berichten

récital [ʀesital] <s> *m* Konzert *nt;* **~ de piano/violon** Klavier-/Violinkonzert; **~ de chant/danse** Lieder-/Ballettabend *m;* **~ poétique** Rezitationsabend

récitant(e) [ʀesitɑ̃, ɑ̃t] **I.** *adj* MUS **partie ~e** Solopart *m*
II. *m(f)* Erzähler(in) *m(f)*

récitatif [ʀesitatif] *m* Rezitativ *nt*

récitation [ʀesitasjɔ̃] *f* ❶ SCOL Aufsagen *nt* [*o* Vortragen *nt*] von Gedichten; (*poème*) Gedicht *nt*
❷ (*action de réciter*) Aufsagen *nt*

réciter [ʀesite] <1> *vt* ❶ aufsagen *leçon, poème;* sprechen *prière;* beten *chapelet*
❷ *péj* (*débiter*) herbeten *profession de foi, témoignage;* **~ des compliments** sich in Komplimenten (*Dat*) ergehen

réclamation [ʀeklamasjɔ̃] *f* ❶ Beschwerde *f;* COM Reklamation *f*, Mängelrüge *f* (*Fachspr.*); **faire** [*o* **déposer**] **une ~** reklamieren; **faire une ~ contre le vendeur** eine Mängelrüge gegen den Verkäufer geltend machen
❷ (*service*) **les ~s** für Reklamationen zuständige Stelle; TELEC Störungsstelle *f*

réclame [ʀeklam] *f* (*publicité*) Reklame *f*, Werbung *f;* **faire de la ~ pour qn/qc** für jdn/etw werben [*o* Werbung machen]
▶ **en ~** im [Sonder]angebot *nt*

réclamer [ʀeklame] <1> **I.** *vt* ❶ erbitten *aide, argent;* bitten um *indulgence, silence, parole*
❷ (*solliciter avec insistance*) fordern; **~ qc/qn** etw/nach jdm verlangen
❸ (*revendiquer*) **~ une augmentation à qn** von jdm eine Einkommenserhöhung fordern
❹ (*nécessiter*) erfordern *patience, soin, temps*
II. *vi* sich beschweren; **~ contre une injustice/en faveur de qn** gegen eine Ungerechtigkeit/zugunsten von jdm [*o* zu jds Gunsten] Einspruch erheben
III. *vpr* **se ~ de qn/qc** sich auf jdn/etw berufen; **un homme se réclamant de l'IRA** ein Mann, der behauptet, der IRA anzugehören

reclassement [ʀ(ə)klasmɑ̃] *m* ❶ *d'un employé, ouvrier* berufliche Umstellung; *d'un chômeur* Wiederbeschäftigung *f*
❷ (*réajustement*) Umstufung *f*
❸ (*remise en ordre*) Neuordnung *f*

reclasser [ʀ(ə)klase] <1> *vt* ❶ anderweitig beschäftigen *employé, ouvrier;* wieder in den Arbeitsprozess eingliedern *chômeur;* **être reclassé(e)** neu beschäftigt werden
❷ (*réajuster*) neu einstufen *fonctionnaire*
❸ (*remettre en ordre*) neu ordnen

reclouer [ʀ(ə)klue] <1> *vt* wieder festnageln [*o* annageln]

reclus(e) [ʀəkly, yz] **I.** *adj vie* abgeschieden, zurückgezogen
II. *m(f)* Einsiedler(in) *m(f);* **vivre en ~(e)** völlig zurückgezogen leben

réclusion [ʀeklyzjɔ̃] *f* ❶ Abgeschiedenheit *f*
❷ JUR Freiheitsstrafe *f*, Freiheitsentzug *m;* **~ criminelle** Gefängnis[strafe *f*] *nt;* **être condamné(e) à la ~ criminelle à perpétuité** zu lebenslänglicher Freiheitsstrafe verurteilt sein

recoiffer [ʀ(ə)kwafe] <1> **I.** *vt* noch einmal kämmen
II. *vpr* **se ~** ❶ sich noch einmal kämmen
❷ (*remettre son chapeau*) seinen Hut wieder aufsetzen

recoin [ʀəkwɛ̃] *m* Winkel *m;* *du cœur, de la mémoire* [verborgener] Winkel; **fouiller jusque dans les moindres ~s** selbst die hintersten Winkel durchsuchen

recollage [ʀ(ə)kɔlaʒ] *m*, **recollement** [ʀ(ə)kɔlmɑ̃] *m du papier peint* Wiederankleben *nt; d'un timbre* Wiederaufkleben *nt; de morceaux* Kleben *nt*

recoller [ʀ(ə)kɔle] <1> **I.** *vt* ❶ wieder zukleben *enveloppe;* wieder aufkleben *étiquette, timbre*
❷ (*raccommoder*) wieder zusammenkleben *morceaux, vase cassé*
❸ *fam* (*remettre*) **~ qn en prison** jdn wieder einbuchten (*sl*)
❹ *fam* (*redonner*) **~ un enfant à garder à qn** jdm [schon] wieder die Beaufsichtigung eines Kindes aufhalsen (*fam*); **~ une amende à qn** jdm noch einmal eine Geldstrafe verpassen (*fam*)
II. *vpr* **se ~** *enveloppe:* wieder zusammenkleben; *os:* wieder zusammenwachsen

récoltable [ʀekɔltabl] *adj* erntereif

récoltant(e) [ʀekɔltɑ̃, ɑ̃t] **I.** *adj* **viticulteur ~** Winzer(in) *m(f);* **propriétaire ~** Betreiber(in) *m(f)* eines Weinguts
II. *m(f)* Winzer(in) *m(f)*

récolte [ʀekɔlt] *f* ❶ AGR Ernte *f;* **~ des abricots/pommes de terre** Aprikosen-/Kartoffelernte
❷ (*collecte*) *d'une quête* Ausbeute *f;* **~ d'observations** Ergebnis *nt* der Beobachtungen; **~ de documents/d'informations** Zusammentragen *nt* [*o* Sammeln *nt*] von Dokumenten/Informationen

récolter [ʀekɔlte] <1> **I.** *vt* ❶ AGR ernten
❷ (*recueillir*) sammeln *argent;* zusammentragen *documents;* bekommen *contraventions, coups, ennuis;* ernten *compliments, lauriers*
▶ **~ ce qu'on a semé** ernten, was man gesät hat
II. *vpr* **se ~** *blé, fruits, gloire:* geerntet werden; *succès:* erzielt werden

recommandable [ʀ(ə)kɔmɑ̃dabl] *adj* empfehlenswert, zu empfehlen; **un type très peu ~** ein recht zwielichtiger Typ

recommandation [ʀ(ə)kɔmɑ̃dasjɔ̃] *f* ❶ Empfehlung *f;* **lettre de ~** Empfehlungsschreiben *nt;* **sur la ~ de qn** auf jds Empfehlung (*Akk*) [hin]
❷ POST **fiche de ~ postale** Einlieferungsschein *m;* **la ~ d'une lettre/d'un paquet coûte...** einen Brief/ein Päckchen als Einschreiben zu schicken kostet ...
❸ (*conseil*) Rat *m;* **faire des ~s à qn** jdm Ratschläge erteilen

recommandé [ʀ(ə)kɔmɑ̃de] *m* POST Einschreiben *nt;* **en ~** als [*o* per] Einschreiben

recommander [ʀ(ə)kɔmɑ̃de] <1> **I.** *vt* ❶ **~ qn/qc à qn** jdm jdn/etw empfehlen; **être recommandé(e)** empfohlen sein; *attitude, comportement:* ratsam sein; **~ à qn de faire qc** jdm empfehlen [*o* raten] etw zu tun; **il est recommandé de faire qc** es ist ratsam, etw zu tun; **ce vin est à ~ aux amateurs de blanc** der Wein ist Weißweinliebhabern zu empfehlen
❷ (*appuyer*) empfehlen *candidat*
❸ REL **~ son âme à Dieu** seine Seele Gott [an]befehlen (*geh*)
❹ POST per Einschreiben schicken *lettre, paquet;* **paquet recommandé/lettre recommandée** Einschreibepäckchen *nt*/-brief *m*
II. *vpr* ❶ **se ~ de qn** sich auf jds Empfehlung berufen
❷ (*montrer sa valeur*) **se ~ par ses mérites/son talent** sich durch seine Verdienste/sein Talent auszeichnen
❸ (*se rappeler*) **permettez-moi de me ~ à votre bon souvenir** gestatten Sie mir mich Ihnen in Erinnerung zu bringen

recommencement [ʀ(ə)kɔmɑ̃smɑ̃] *m* Wiederaufnahme *f; de la pluie* erneutes Einsetzen; **la vie est un éternel ~** das Leben ist ein ständiger Neubeginn

recommencer [ʀ(ə)kɔmɑ̃se] <2> **I.** *vt* ❶ wieder anfangen; wieder aufnehmen *combat, lutte;* **~ une dispute** wieder zu streiten beginnen; **~ un récit depuis le début** noch einmal von vorn erzählen
❷ (*refaire*) noch einmal neu beginnen *travail, vie;* **tout est à ~**

alles muss neu gemacht werden; **si c'était à ~, ...** wenn man noch einmal von vorn beginnen könnte, ...
❸ (*répéter*) noch einmal machen *erreur, expérience;* **ne recommence jamais ça!** mach [*o* tu] das [ja] nie wieder!
II. *vi* ❶ wieder beginnen [*o* anfangen]; **les cours ont recommencé** die Schule/Uni hat wieder angefangen (*fam*); **la pluie recommence [à tomber]** es beginnt wieder zu regnen
❷ (*essayer de nouveau*) es noch einmal versuchen; (*refaire un travail, un devoir*) noch einmal anfangen; (*récidiver*) wieder anfangen
❸ (*se remettre à*) ~ **à espérer/marcher** wieder hoffen/gehen; **il recommence à neiger** es fängt wieder an [*o* es beginnt wieder] zu schneien
▸ **[et voilà que] ça recommence!** jetzt geht das schon wieder los!
recomparaître [Rəkɔ̃paʀɛtʀ] <*irr*> *vi* ~ **devant qn** noch einmal vor jdm erscheinen
récompense [Rekɔ̃pɑ̃s] *f* ~ **de qc** Dank *m* [*o* Lohn *m*] für etw; (*matérielle*) Belohnung *f* für etw; SCOL, SPORT Preis *m* für etw, Auszeichnung *f* für etw; **obtenir** [*o* **recevoir**] **la ~ de qc** den Dank [*o* Lohn] für etw ernten; **mériter une ~** Dank/eine Belohnung verdienen; **liste des ~s** Liste der Preisträger; **en ~ de qc** als Dank/Belohnung für etw
récompenser [Rekɔ̃pɑ̃se] <1> *vt* belohnen *personne;* ~ **qn d'un** [*o* **pour un**] **effort/service** jdn für einen Einsatz/Dienst belohnen, sich bei jdm für einen Einsatz/Dienst erkenntlich zeigen
recomposer [R(ə)kɔ̃poze] <1> **I.** *vt* ❶ zusammensetzen; rekonstruieren *scène;* neu [*o* noch einmal] wählen *numéro de téléphone*
❷ TYP neu setzen
❸ CHIM synthetisieren, zusammensetzen
II. *vpr* **se ~** POL sich wandeln; *majorité:* sich neu zusammensetzen
recomposition [R(ə)kɔ̃pozisjɔ̃] *f* ❶ [Wieder]zusammensetzen *nt; d'un puzzle* Zusammensetzen
❷ POL Umstrukturierung *f,* Wandel *m; d'une majorité* neue Zusammensetzung
❸ TYP neuer Satz, Neusatz *m;* **procéder à la ~ de qc** etw neu setzen
❹ CHIM Synthese *f,* Zusammensetzung *f*
recompter [R(ə)kɔ̃te] <1> **I.** *vi* [noch einmal] nachzählen; (*calculer à nouveau*) [noch einmal] nachrechnen
II. *vt* [noch einmal] nachzählen *monnaie;* [noch einmal] nachrechnen *opération*
réconciliation [Rekɔ̃siljasjɔ̃] *f* Versöhnung *f,* Aussöhnung *f*
réconcilier [Rekɔ̃silje] <1a> **I.** *vt* [miteinander] versöhnen [*o* aussöhnen] *personnes;* miteinander in Einklang bringen *choses;* ~ **qn avec** [*o* **et**] **le père/une idée** jdn mit dem Vater/mit einer Idee versöhnen
II. *vpr* **se ~** *personnes:* sich [miteinander] versöhnen [*o* aussöhnen]; **se ~ avec qn/qc** sich mit jdm/etw versöhnen [*o* aussöhnen]; **se ~ avec soi-même** mit sich [selbst] ins Reine kommen
reconductible [R(ə)kɔ̃dyktibl] *adj contrat* verlängerbar, erneuerbar; **être tacitement ~** sich automatisch [*o* stillschweigend] verlängern; **taxe non ~** einmalige Steuer
reconduction [R(ə)kɔ̃dyksjɔ̃] *f d'un budget* Fortschreibung *f; d'une politique* Fortschreibung, Fortführung *f; d'un crédit* Verlängerung *f,* Erneuerung *f;* ~ **tacite d'une location** stillschweigende [*o* automatische] Verlängerung eines Mietvertrags
reconduire [R(ə)kɔ̃dɥiR] <*irr*> *vt* ❶ (*raccompagner*) zurückbringen; (*chez soi*) heimbringen, nach Hause bringen; ADMIN (*à la frontière*) zurückführen, zurückbringen; ~ **qn en voiture à la gare** jdn wieder zum Bahnhof fahren [*o* mit dem Auto zum Bahnhof bringen]
❷ (*continuer*) fortführen, weiter führen; fortschreiben *budget;* verlängern *bail, crédit, location*
réconfort [Rekɔ̃fɔR] *m* (*soutien*) Halt *m kein Pl,* Hilfe *f;* (*consolation*) Trost *m;* **après l'effort, le ~** erst die Arbeit, dann das Vergnügen
réconfortant(e) [Rekɔ̃fɔRtɑ̃, ɑ̃t] *adj* ❶ (*rassurant*) aufmunternd; *événement* ermutigend; (*consolant*) tröstlich; (*stimulant*) ermunternd, aufmunternd; **être pour qn une personne ~e** jdm Halt geben (*fig*); **ne pas être très ~(e)** kein großer Trost sein
❷ (*fortifiant*) aufbauend, stärkend; **être ~(e)** *remède, aliment:* eine stärkende Wirkung haben
réconforter [Rekɔ̃fɔRte] <1> **I.** *vt* ❶ (*consoler*) ~ **qn par une lettre** jdn mit einem Brief trösten; (*rassurer*) jdn durch einen Brief ermutigen; (*stimuler*) jdn mit einem Brief aufmuntern
❷ (*fortifier*) die Lebensgeister wecken; **cela m'a bien réconforté(e)** das hat mir gut getan
II. *vpr* **se ~** ❶ (*s'encourager*) sich (*Dat*) Mut machen
❷ (*se revigorer*) sich stärken
reconnaissable [R(ə)kɔnɛsabl] *adj* (*identifiable*) erkennbar; (*qui n'a pas changé*) wieder zuerkennen
reconnaissance [R(ə)kɔnɛsɑ̃s] *f* ❶ (*gratitude*) Dankbarkeit *f;* (*fait d'admettre les mérites de qn*) Anerkennung *f;* **faire un geste de ~** sich erkenntlich zeigen; **en ~ de qc** (*pour remercier*) als Dank für etw; (*pour honorer*) als Anerkennung für etw
❷ POL Anerkennung *f*
❸ JUR, ADMIN, ECON ~ **d'enfant naturel** (*par le père*) Anerkenntnis *nt* der Vaterschaft
❹ (*exploration, prospection*) *d'un pays, terrain* Erkundung *f; de la situation de l'ennemi* Aufklärung *f;* **avion de ~** Aufklärungsflugzeug *nt;* **patrouille de ~** Spähtrupp *m;* **partir** [*o* **aller**] **en ~** die Gegend erkunden; **pousser une ~ dans les lignes ennemies** die feindlichen Linien auskundschaften
❺ (*aveu*) Eingeständnis *nt*
❻ INFORM ~ **optique de caractères** automatische Schriftenerkennung; ~ **vocale** Spracherkennung *f*
▸ **avoir la ~ du ventre** *hum* dankbar sein für das, was für einen getan wurde; nicht vergessen, wer einen durchgefüttert hat (*fam*)
reconnaissant(e) [R(ə)kɔnɛsɑ̃, ɑ̃t] *adj* dankbar
reconnaître [R(ə)kɔnɛtR] <*irr*> **I.** *vt* ❶ (*identifier*) erkennen; **savoir ~ un mensonge** eine Lüge erkennen können; **je reconnais bien là ta paresse** da kann man mal wieder sehen, wie faul du bist; ~ **qn à son style** jdn an seinem Stil erkennen; (*se rappeler*) jdn an seinem Stil wieder erkennen; ~ **un faucon d'un aigle** einen Falken von einem Adler unterscheiden können
❷ (*admettre*) anerkennen, zugeben *innocence, qualité;* eingestehen *erreur, faute;* ~ **la difficulté de la tâche** zugeben, dass es sich um eine schwierige Aufgabe handelt; ~ **du style à qn/qc** (*accorder*) bei jdm Stil erkennen/einer S. (*Dat*) Stil zuschreiben; **il faut lui ~ qc** man muss ihm/ihr etw zugestehen; man muss zugeben, dass er/sie etw hat; **il faut ~ que nous avons exagéré** wir haben zugegebenermaßen übertrieben
❸ (*admettre comme légitime*) anerkennen *droit;* ~ **qn comme chef** jdn als Chef anerkennen; ~ **une pause à qn** jdm eine Pause zugestehen
❹ JUR ~ **qn innocent** jdn für unschuldig befinden (*form*)
❺ (*explorer*) erkunden; aufklären *lignes ennemies*
❻ (*être reconnaissant de*) zu schätzen wissen *service, bienfait*
II. *vpr* ❶ (*se retrouver*) **se ~ dans qn/qc** sich in jdm/etw wieder erkennen, sich mit jdm/etw identifizieren
❷ (*être reconnaissable*) **se ~ à qc** an etw (*Dat*) zu erkennen sein
❸ (*s'avouer*) **se ~ coupable/vaincu(e)** sich schuldig bekennen/sich geschlagen geben
reconnu(e) [Rəkɔny] **I.** *part passé de* **reconnaître**
II. *adj* ❶ (*admis*) *chef* anerkannt; *fait* anerkannt, unbestritten; **il est ~ que ce médicament est très efficace** dieses Medikament gilt als sehr wirksam

❷ (*de renom*) ~(**e**) **pour qc** für etw bekannt

reconquérir [ʀ(ə)kɔ̃keʀiʀ] <*irr*> *vt* zurückgewinnen *amour, dignité;* zurückgewinnen, wiedererlangen *liberté;* zurückerobern *pouvoir, terrain, femme*

reconquête [ʀ(ə)kɔ̃kɛt] *f* Rückeroberung *f*

reconsidérer [ʀ(ə)kɔ̃sideʀe] <5> *vt* ~ **qc** etw noch einmal überdenken, noch einmal über etw (*Akk*) nachdenken

reconstituant [ʀ(ə)kɔ̃stitɥɑ̃] *m* Stärkungsmittel *nt*

reconstituant(**e**) [ʀ(ə)kɔ̃stitɥɑ̃, ɑ̃t] *adj aliment* stärkend; **crème** ~**e** Aufbaucreme *f;* **médicament** ~ Stärkungsmittel *nt*

reconstituer [ʀ(ə)kɔ̃stitɥe] <1> **I.** *vt* ❶ (*remettre dans l'ordre*) rekonstruieren *texte;* nachvollziehen *faits;* zusammensetzen *puzzle;* nachstellen *scène, bataille;* erstellen *généalogie*

❷ (*reformer*) wieder ausbauen *marge de manœuvre;* wieder aufbauen *organisation;* (*réorganiser*) neu organisieren [*o* ordnen] *organisation;* ~ **une fortune** wieder zu einem Vermögen kommen

❸ (*restaurer*) rekonstruieren; wieder aufbauen *vieux quartier, édifice*

❹ BIO regenerieren (*geh*); wieder aufbauen *organe;* wiederherstellen *santé;* ~ **ses forces en mangeant** essen um wieder zu Kräften zu kommenn

II. *vpr* **se** ~ *armée, parti:* sich neu formieren [*o* organisieren]; *cerveau:* sich regenerieren; *organe:* sich neu bilden, sich regenerieren

reconstitution [ʀ(ə)kɔ̃stitysjɔ̃] *f* ❶ *des faits, d'un texte* Rekonstruktion *f; d'un puzzle* Zusammensetzen *nt;* ~ **de la vérité** Wahrheitsfindung *f*

❷ (*reformation*) *d'une armée, d'un parti* Neubildung *f;* (*réorganisation*) Reorganisation *f* (*geh*)

❸ (*restauration*) Rekonstruktion *f; d'un vieux quartier* Rekonstruktion, Wiederaufbau *m*

reconstruction [ʀ(ə)kɔ̃stʀyksjɔ̃] *f* Wiederaufbau *m*

reconstruire [ʀ(ə)kɔ̃stʀɥiʀ] <*irr*> *vt* wieder aufbauen *ville, édifice;* neu [er]schaffen *monde;* ~ **une fortune** wieder zu einem Vermögen kommen; ~ **sa vie** ein neues Leben beginnen

reconversion [ʀ(ə)kɔ̃vɛʀsjɔ̃] *f* ❶ **suivre un stage de** ~ **en informatique** an einer Umschulungsmaßnahme in Informatik teilnehmen

❷ ECON ~ **économique d'une entreprise** Umstrukturierung *f* eines Unternehmens; ~ **de l'outil industriel** Umrüstung *f* des Produktionsapparats

reconvertir [ʀ(ə)kɔ̃vɛʀtiʀ] <8> **I.** *vt* ❶ ~ **un entrepôt en usine** ein Lager zu einem Werk umrüsten; **être reconverti**(**e**) **en qc** in etw (*Akk*) umgewandelt werden

❷ (*recycler*) ~ **le personnel à l'informatique** das Personal zu Informatikern umschulen

II. *vpr* ❶ **se** ~ **dans**/**en qc** auf etw (*Akk*) umschulen; *chose:* in etw (*Akk*) umgewandelt werden

❷ (*se transformer*) **se** ~ **en qc** *chose:* in etw (*Akk*) umgewandelt werden, sich in etw (*Akk*) verwandeln

recopier [ʀ(ə)kɔpje] <1a> *vt* ❶ ~ **un texte à qn d'un livre** einen Text aus einem Buch für jdn abschreiben

❷ (*mettre au propre*) abschreiben, ins Reine schreiben

❸ INFORM ~ **un texte sur une disquette à qn** jdm einen Text auf eine Diskette kopieren

record [ʀ(ə)kɔʀ] **I.** *m* ❶ SPORT Rekord *m*

❷ (*performance*) Rekord *m;* ~ **d'affluence**/**de production** Besucher-/Produktionsrekord; **battre tous les** ~**s** alle Rekorde schlagen; **établir un** ~ einen Rekord aufstellen

II. *app inv* **vitesse** ~ Rekordgeschwindigkeit *f;* **en un temps** ~ in Rekordzeit

recordman [ʀ(ə)kɔʀdman, -mɛn] <s *o* -men> *m* Rekordhalter *m*

recordwoman [ʀ(ə)kɔʀdwuman, -wumɛn] <s *o* -women> *f* Rekordhalterin *f*

recoucher [ʀ(ə)kuʃe] <1> **I.** *vt* wieder ins [*o* zu] Bett bringen; wieder ins Bett legen [*o* zu Bett bringen] *enfant, malade*

II. *vpr* **se** ~ sich wieder hinlegen [*o* ins Bett legen]

recoudre [ʀ(ə)kudʀ] <*irr*> *vt* ❶ wieder annähen

❷ MED nähen; wieder zunähen *opéré;* ~ **qc à un blessé** einem Verletzten etw nähen

recoupement [ʀ(ə)kupmɑ̃] *m* Vergleich *m* [von Informationen]; **faire un** ~/**des** ~**s** die Informationen vergleichen

recouper [ʀ(ə)kupe] <1> **I.** *vt* ❶ ~ **un morceau à qn** noch ein Stück für jdn abschneiden

❷ COUT ändern

❸ (*confirmer*) ~ **qc** *témoignage, renseignement:* sich mit etw decken, mit etw übereinstimmen

II. *vi* CARTES noch einmal abheben

III. *vpr* **se** ~ ❶ (*coïncider*) *chiffres, faits:* [miteinander] übereinstimmen, sich decken

❷ GEOM *droites:* sich schneiden

recourbé(**e**) [ʀ(ə)kuʀbe] *adj bec* krumm, gekrümmt; **cils** ~**s** lange geschwungene Wimpern; **nez** ~ Hakennase *f*

recourber [ʀ(ə)kuʀbe] <1> **I.** *vt* umbiegen, zurechtbiegen *branche*

II. *vpr* **se** ~ sich [um]biegen, sich krümmen

recourir[1] [ʀ(ə)kuʀiʀ] <*irr*> *vi* ❶ *coureur:* wieder [bei Wettkämpfen] laufen; *cycliste, coureur automobile:* wieder [Rennen] fahren

❷ (*retourner*) ~ **à la maison** (*une seconde fois*) schnell noch einmal nach Hause gehen [*o* laufen]; **je recours aussitôt vous chercher** (*revenir*) ich komme sofort [*o* gleich] zurück um Sie zu holen

recourir[2] [ʀ(ə)kuʀiʀ] <*irr*> *vi* ~ **à qn** auf jdn zurückkommen, sich an jdn wenden; ~ **à qc** auf etw (*Akk*) zurückgreifen; ~ **à une aide** Hilfe in Anspruch nehmen; ~ **à un emprunt** ein Darlehen aufnehmen; ~ **à la violence** Gewalt anwenden

recours [ʀ(ə)kuʀ] *m* ❶ ~ **à qc** Zurückgreifen *nt* auf etw (*Akk*); ~ **à la violence** Anwendung *f* von Gewalt, Gewaltanwendung; **avoir** ~ **à qn** sich an jdn wenden, auf jdn zurückkommen; **avoir** ~ **à la violence** Gewalt anwenden; **avoir** ~ **à un service** einen Dienst in Anspruch nehmen; **avoir** ~ **à une organisation** eine Einrichtung um Hilfe bitten

❷ (*ressource*) Ausweg *m;* (*personne*) Rettung *f;* **sans** ~ ausweglos, verfahren; *décision:* endgültig; **en dernier** ~ als letzter Ausweg

❸ JUR [Rechts]beschwerde *f;* ~ **administratif** Verwaltungsbeschwerde; **moyen**/**voie de** ~ Rechtsbehelf *m,* Rechtsmittel *nt;* **être sans** ~ ohne Widerspruchsmöglichkeit gegen etw sein; **quel** ~ **peut-il avoir?** welche Rechtsmittel stehen ihm zur Verfügung?

◆ ~ **en cassation** Revisionsbegehren *nt,* Anrufung *f* des Kassationsgerichts; ~ **en garantie** Gewährleistung *f;* ~ **en grâce** Gnadengesuch *nt*

recouvert(**e**) [ʀəkuvɛʀ, ɛʀt] *part passé de* **recouvrir**

recouvrable [ʀ(ə)kuvʀabl] *adj* (*qui peut être payé*) zahlbar; **être** ~ **chez qn** bei jdm zahlbar sein [*o* gezahlt werden können]; (*qui doit être payé*) bei jdm gezahlt werden müssen [*o* zu zahlen sein]

recouvrement [ʀ(ə)kuvʀəmɑ̃] *m* ❶ FIN *de l'impôt* Erhebung *f; des impayés* Eintreibung *f;* **somme mise en** ~ eingeforderter Betrag

❷ CONSTR Überdeckung *f*

recouvrer [ʀ(ə)kuvʀe] <1> *vt* ❶ FIN erheben, einziehen *impôt, cotisation;* einfordern *effet de commerce, créance*

❷ *littér* (*récupérer*) wieder erlangen *santé, liberté, vue;* wieder erringen [*o* erlangen] *amitié;* wieder erlangen, [zurück]bekommen *biens;* ~ **des forces** wieder zu Kräften kommen; **avoir recouvré la liberté**/**ses forces** wieder frei/bei Kräften sein; **permettre à qn de** ~ **la vue** jds Sehvermögen wieder herstellen

recouvrir [ʀ(ə)kuvʀiʀ] <11> **I.** *vt* ❶ ~ **un fauteuil** einen Sessel beziehen; ~ **un mur de papier peint** eine Wand tapezieren; ~ **le toit de tuiles** das Dach mit Ziegeln bedecken; ~ **qc** *neige,*

givre: etw bedecken, auf etw (*Dat*) liegen; **être recouvert(e) de buée/crépi** beschlagen/verputzt sein
❷ (*couvrir à nouveau*) ~ **un enfant de qc** *personne:* ein Kind mit etw wieder zudecken; **être recouvert(e)** *fauteuil:* neu bezogen sein; *enfant:* wieder zugedeckt sein
❸ (*correspondre à*) **l'arrogance recouvre la timidité** hinter der Arroganz steckt Schüchternheit; **le projet recouvre la vente du terrain** das Projekt beinhaltet [*o* umfasst] den Grundstücksverkauf; (*cacher*) hinter dem Projekt verbirgt sich der Grundstücksverkauf; **ce mot recouvre plusieurs sens** dieses Wort hat mehrere Bedeutungen
II. *vpr* ❶ **le toit se recouvre de neige** das Dach ist mit Schnee bedeckt
❷ (*se couvrir à nouveau*) **se** ~ *ciel:* sich [wieder] zuziehen [*o* bewölken]
❸ (*se chevaucher*) **se** ~ sich überdecken [*o* überlappen]; *deux choses:* genau übereinanderliegen

recracher [ʀ(ə)kʀaʃe] <1> **I.** *vi* ausspucken
II. *vt* ❶ [wieder] ausspucken
❷ *fam* (*répéter*) herunterspulen (*fam*) *leçon*

récré [ʀekʀe] *f fam abr de* **récréation** Pause *f*

récréatif, -ive [ʀekʀeatif, -iv] *adj soirée* bunt; **lecture récréative** Unterhaltungslektüre *f*; **séance récréative** Spielstunde *f*

récréation [ʀekʀeasjɔ̃] *f* ❶ Pause *f*; **être/aller en** ~ Pause haben/in die Pause gehen
❷ (*délassement*) Erholung *f*, Entspannung *f*; (*pause*) [Erholungs]pause *f*

recréer [ʀ(ə)kʀee] <1> *vt* neu erschaffen; (*reconstruire*) rekonstruieren, wieder entstehen lassen

récréer [ʀəkʀee] <1> **I.** *vt littér* unterhalten *enfants*
II. *vpr* **se** ~ sich entspannen

récrier [ʀekʀije] <1a> *vpr* **se** ~ **contre qc** *littér* gegen etw protestieren

récriminateur, -trice [ʀekʀiminatœʀ, -tʀis] *adj* nörglerisch, ewig unzufrieden

récrimination [ʀekʀiminasjɔ̃] *f* ❶ *vieilli* (*accusation*) Klage *f*
❷ *pl* (*protestations*) Beschwerden *Pl*, Klagen *Pl*; (*rouspétances*) Nörgeleien *Pl* (*pej fam*); **cesse ces ~s !** hör auf zu protestieren!

récriminer [ʀekʀimine] <1> *vi* ~ **contre qn/qc** gegen jdn/etw schimpfen

récrire [ʀekʀiʀ] <*irr*> *vt* ❶ neu [*o* noch einmal] schreiben
❷ (*répondre*) ~ **une lettre à qn** jdm einen Brief zurückschreiben, jdm mit einem Brief antworten

recroqueviller [ʀ(ə)kʀɔk(ə)vije] <1> *vpr* **se** ~ ❶ (*se rétracter*) schrumpeln; *fleur:* welken
❷ (*se tasser*) sich zusammenkauern; (*avec l'âge*) zusammenschrumpfen; **se** ~ **dans les bras de qn** sich in jds Arme kuscheln; **se** ~ **sur un objet** einen Gegenstand umklammern; **se** ~ **sur son passé** sich an seine Vergangenheit klammern; **se** ~ **sur soi-même** (*se tasser*) sich zusammenkauern; (*s'isoler*) sich einigeln

recru(e) [ʀəkʀy] *adj littér* ❶ (*épuisé*) erschöpft
❷ *vieilli* (*débordant*) ~ **de maladie** von Krankheiten befallen; ~ **de malheur** von Unglück heimgesucht

recrudescence [ʀ(ə)kʀydesɑ̃s] *f* Zunahme *f*; *de la criminalité* Zunahme *f*, Anstieg *m*; *du feu* Wiederaufflackern *nt*; *de la maladie* Verschlimmerung *f*; ~ **du froid** Temperatursturz *m*

recrue [ʀəkʀy] *f* ❶ MIL Rekrut *m*
❷ (*nouveau membre*) neues Mitglied; **faire une nouvelle** ~ ein neues Mitglied werben

recrutement [ʀ(ə)kʀytmɑ̃] *m* Rekrutierung *f*; *d'un membre* Werbung *f*; *d'un employé* Anwerbung *f*; MIL Anwerbung, Einberufung *f*; *des troupes* Aushebung *f*; **cabinet de** ~ Personalberatungsbüro *nt*

recruter [ʀ(ə)kʀyte] <1> **I.** *vt* ❶ MIL einziehen, einberufen; ausheben (*veraltet*) *troupes;* anwerben *mercenaires*
❷ (*engager*) finden *membres;* werben *clients, adeptes;* anwerben *employés, travailleurs*
II. *vi* ❶ MIL rekrutieren, Soldaten einziehen
❷ (*engager*) *secte:* neue Anhänger aufnehmen; *parti, association:* neue Mitglieder aufnehmen; *entreprise, administration:* neue Mitarbeiter einstellen; **on recrute dans la police** die Polizei stellt neue Mitarbeiter ein
III. *vpr* **se** ~ *membre:* sich rekrutieren; *personnel:* sich rekrutieren, angeworben werden

recruteur [ʀ(ə)kʀytœʀ] **I.** *m, f* Werbeoffizier *m*; *d'une entreprise* Personalberater(in) *m(f)*; ~ **d'un parti** Mitgliederwerber(in) *m(f)* für eine Partei
II. *app* **sergent** ~ Werbeunteroffizier *m*; **agent** ~ Mitgliederwerber(in) *m(f)*

recta [ʀɛkta] *adv payer* prompt

rectal(e) [ʀɛktal, o] <-aux> *adj* rektal

rectangle [ʀɛktɑ̃gl] **I.** *m* Rechteck *nt*
II. *adj triangle, trapèze* rechtwinklig; **parallélépipède** ~ Quader *m*

rectangulaire [ʀɛktɑ̃gylɛʀ] *adj* ❶ rechteckig
❷ (*orthogonal*) *axes* rechtwinklig; *droites* orthogonal [*o* senkrecht zueinander stehend]

recteur [ʀɛktœʀ] *m* ❶ SCOL ≈ Leiter *m* eines Oberschulamts (*Leiter eines Schulaufsichtsbezirks*); CAN (*chef d'une université*) Rektor(in) *m(f)*
❷ REL Rektor *m*

rectifiable [ʀɛktifjabl] *adj* korrigierbar *attr*, zu behebend *attr;* **c'est** ~ das kann wieder gutgemacht [*o* behoben] werden

rectificatif [ʀɛktifikatif] *m* Richtigstellung *f*

rectificatif, -ive [ʀɛktifikatif, -iv] *adj compte, état* berichtigend; **note rectificative** Berichtigung *f*

rectification [ʀɛktifikasjɔ̃] *f* ❶ *d'un texte* Korrektur *f*; *d'une erreur* Korrektur, Berichtigung *f*; *d'une déclaration* Richtigstellung *f*
❷ (*redressement*) *d'une route, d'un tracé* Begradigung *f*; *d'une position* Korrektur *f*; TECH *d'un objet* Feinbearbeitung *f*; **atelier de** ~ Schleiferei *f*

rectifier [ʀɛktifje] <1a> *vt* ❶ berichtigen, korrigieren, verbessern, richtig stellen; ~ **les défauts d'un produit** die Fehler eines Produkts ausmerzen
❷ (*redresser*) begradigen *route, tracé;* korrigieren *position;* MIL korrigieren *alignement, tir;* ~ **la position** Haltung annehmen; ~ **une pièce** TECH die Feinbearbeitung eines Werkstücks vornehmen

rectifieur [ʀɛktifjœʀ] *m* Schleifer *m*

rectifieuse [ʀɛktifjøz] *f* ❶ (*personne*) Schleiferin *f*
❷ (*machine*) Schleifmaschine *f*

rectiligne [ʀɛktiliɲ] *adj* gerade, geradlinig; **parfaitement** ~ schnurgerade; **figure** ~ Vieleck *nt*

rection [ʀɛksjɔ̃] *f* LING *d'un verbe* Rektion *f*

rectitude [ʀɛktityd] *f* ❶ *d'un caractère* Rechtschaffenheit *f*; *d'un raisonnement* Richtigkeit *f*; (*rigueur*) Fundiertheit *f*; ~ **morale** Rechtschaffenheit
❷ *littér* (*fait d'être droit*) *d'un tracé* Geradheit *f*

recto [ʀɛkto] *m* [Blatt]vorderseite *f*, Rekto *nt* (*Fachspr.*); **au** ~ auf der [Blatt]vorderseite; ~ **verso** beidseitig

rectoral(e) [ʀɛktɔʀal, o] <-aux> *adj circulaire, délégué* der Schulverwaltung (*Gen*), ≈ des Oberschulamts; *administration* ≈ des Oberschulamtsbezirks

rectorat [ʀɛktɔʀa] *m* ❶ ≈ Leitung *f* eines Oberschulamts (*Leitung eines Schulaufsichtsbezirks*)
❷ (*bureaux*) Behörde *f* der Schulverwaltung, ≈ Oberschulamt *nt*

rectoscopie [ʀɛktɔskɔpi] *f* MED Rektoskopie *f*

rectrice [ʀɛktʀis] *f* CAN ≈ Leiterin *f* eines Oberschulamts

rectum [ʀɛktɔm] *m* Mastdarm *m*, Rektum *nt*

reçu [ʀ(ə)sy] *m* ❶ (*personne*) ~ **à une école** an einer Schule angenommener Schüler; ~ **à un examen** Kandidat, der die Prüfung bestanden hat
❷ (*quittance*) Quittung *f*

R

reçu(e) [R(ə)sy] **I.** *part passé de* **recevoir**
II. *adj* ❶ (*couramment admis*) [allgemein] üblich, herkömmlich; **idée ~e** Vorurteil *nt*
❷ SCOL *candidat, élève* erfolgreich, der/die bestanden hat; **douze candidats sont ~s sur les cent qui se sont présentés** von hundert Kandidaten haben zwölf bestanden
reçue [R(ə)sy] *f* **~ à une école** an einer Schule angenommene Schülerin; **~ à un examen** Kandidatin, die die Prüfung bestanden hat
recueil [Rəkœj] *m* (*ensemble*) Sammlung *f;* (*livre*) Sammelband *m; de documents* Sammlung, Zusammenstellung *f;* **~ des faits** Zusammenstellung der Ereignisse; **~ de poèmes** Gedichtsammlung, Anthologie *f*
recueillement [R(ə)kœjmɑ̃] *m* Besinnung *f;* (*religieux*) Andacht *f;* **avec ~** andächtig, voller Andacht
recueilli(e) [R(ə)kœji] *adj* andächtig; *vie* besinnlich, kontemplativ (*geh*)
recueillir [R(ə)kœjiR] <*irr*> **I.** *vt* ❶ ernten *fruits;* auffangen *liquide;* gewinnen *sel;* sammeln *pollen*
❷ (*réunir*) sammeln, zusammenstellen *documents;* **~ tous les suffrages** einhellige Zustimmung finden
❸ (*obtenir*) ernten *applaudissements;* sammeln *signatures;* erhalten, auf sich vereinigen *suffrages;* **ne ~ aucun bénéfice de qc** keinerlei Vorteil aus etw ziehen
❹ (*accueillir*) aufnehmen
❺ (*enregistrer*) aufnehmen *témoignage, déposition;* zusammentragen *réponses, éléments*
II. *vpr* **se ~** sich sammeln; **se ~ sur la tombe d'un ami** eines Freundes an dessen Grab gedenken
recuire [R(ə)kɥiR] <*irr*> **I.** *vt* noch kochen lassen; (*dans une casserole*) noch einmal aufkochen; (*dans une poêle*) [noch] länger braten; (*au four*) noch einmal in den Ofen stellen; [noch] länger backen *gâteau;* ausglühen *métal;* noch einmal brennen *poterie;* noch einmal erhitzen *verre*
II. *vi chose:* noch etwas [weiter] kochen; *confiture, liquide:* noch einmal aufkochen; (*dans une poêle*) noch länger braten; *gâteau:* noch länger backen
recul [R(ə)kyl] *m* ❶ *d'une armée* Rückzug *m;* (*de la part d'un négociateur, patron*) Nachgeben *nt;* **être en ~ par rapport à qc** hinter etw (*Dat*) zurückbleiben; **entraîner un ~ dans les positions de qn** jdn zum Nachgeben bewegen
❷ (*déclin*) Rückgang *m; d'une monnaie* Wertverlust *m; d'une civilisation* Niedergang *m;* **net ~** ausgeprägter Rückgang; **~ d'un parti à des élections** Verluste *Pl* einer Partei bei den Wahlen; **~ d'un parti à la suite d'un événement** Rückgang *m* der Mitglieder[zahl] einer Partei aufgrund eines Ereignisses; **être en ~** rückläufig sein; *influence:* zurückgehen, abnehmen
❸ (*éloignement*) (*dans le temps*) Abstand *m;* (*dans l'espace*) Entfernung *f;* **avoir du ~** [genügend] Abstand haben; **prendre du ~** (*reculer*) zurückgehen; (*se détacher*) [genügend] Abstand gewinnen; **avec du/le ~** im Nachhinein
❹ *d'une arme à feu* Rückstoß *m*
❺ (*espace libre pour reculer*) Platz *m* [nach hinten]; (*distance*) Abstand *m*
❻ FIN (*sursis*) Aufschub *m*
◆ **~ d'échéance** Zahlungsaufschub *m*
reculade [R(ə)kylad] *f péj* Rückzieher *m*
reculé(e) [R(ə)kyle] *adj époque* längst vergangen; *maison, village* abgeschieden, entlegen; **depuis les temps les plus ~s** [schon] seit Urzeiten
reculer [R(ə)kyle] <1> **I.** *vi* ❶ *véhicule:* rückwärts fahren, zurückstoßen; (*involontairement*) zurückrollen; **~ devant qn/qc** vor jdm/etw zurückweichen; *animal:* [vor jdm/etw] scheuen; **faire ~ qn/un animal** jdn zurückdrängen/ein Tier zurückscheuchen; **~ de deux pas** zwei Schritte zurücktreten
❷ (*renoncer*) klein beigeben; **~ devant une obligation** einem Zwang aus dem Weg gehen; **ne plus pouvoir ~** nicht mehr zurück können; **faire ~ qn** jdn abschrecken; **rien ne me fera ~** nichts kann mich aufhalten; **ne ~ devant rien** vor nichts zurückschrecken
❸ (*diminuer*) *chômage, influence:* zurückgehen, abnehmen; *idéologie:* [an] Boden verlieren; *épidémie:* abklingen; *incendie:* eingedämmt werden; *monnaie:* an Wert verlieren, fallen; *parti:* Verluste [*o* Einbußen] erleiden; **faire ~ le chômage** die Arbeitslosigkeit abbauen; **faire ~ une épidémie** eine Epidemie eindämmen; **faire ~ une civilisation** eine Zivilisation zurückdrängen; **faire ~ une monnaie** eine Währung schwächen; **faire ~ un parti** einer Partei Verluste beibringen
▸ **~ pour mieux sauter** aufgeschoben ist nicht aufgehoben
II. *vt* zurückschieben *meuble;* versetzen *mur;* [nach hinten] verschieben *frontière;* zurückfahren *véhicule;* verschieben *rendez-vous;* aufschieben *décision, échéance*
III. *vpr* **se ~** zurücktreten; **recule-toi!** geh aus dem Weg!
reculons [R(ə)kylɔ̃] ▸ **à ~** rückwärts; **aller en classe à ~** (*ne pas avoir envie*) unwillig zum Unterricht gehen; **aller à ~** rückwärts gehen; (*régresser*) Rückschritte machen
reculotter [R(ə)kylɔte] <1> **I.** *vt* **~ un enfant** einem Kind die [Unter]hose wieder anziehen
II. *vpr* **se ~** sich wieder die/eine Hose anziehen
récupérable [RekypeRabl] *adj* ❶ *objets* wiederverwertbar; *vieux habits* noch tragbar
❷ (*à rattraper*) **les heures ~s** die nachzuholenden [*o* nachzuarbeitenden] Stunden; (*à compenser*) die auszugleichenden [*o* abzufeiernden *fam*] Stunden; **ces heures supplémentaires sont ~s sous forme de congé** diese Überstunden können durch Urlaub ausgeglichen werden
❸ (*amendable*) *délinquant* resozialisierbar; **ne plus être ~** ein hoffnungsloser Fall sein
récupérateur [RekypeRatœR] *m* ❶ (*personne*) Altmaterialsammler *m;* **~ de ferrailles** Alteisensammler
❷ TECH Wärme[aus]tauscher *m*
récupérateur, -trice [RekypeRatœR, -tRis] *adj repos* erholsam, erfrischend; **discours ~s** schöne Reden *Pl*
récupération [RekypeRasjɔ̃] *f* ❶ *des biens* Wiedererlangung *f; des forces* Wiederherstellung *f; d'une fusée* Bergung *f*
❷ (*réutilisation*) *de la chaleur* Rückgewinnung *f; des chiffons, du verre* Wiederverwertung *f;* (*collecte*) Sammeln *nt;* **~ des vieux papiers** Altpapiersammlung *f*
❸ (*recouvrement*) *des heures de cours* Nachholen *nt; d'une journée de travail* Nachholen, Nacharbeiten *nt; des heures supplémentaires* (*sous forme de congés*) Ausgleichen *nt,* Abfeiern *nt* (*fam*); *d'une créance* Eintreibung *f,* Beitreibung *f* (*Fachspr.*)
❹ (*repos*) Freizeit *f*
❺ POL *péj d'un mouvement, d'une personne* Vereinnahmung *f;* **s'appliquer à la ~ de qn** versuchen jdn für sich zu vereinnahmen
récupératrice [RekypeRatRis] *f* Altmaterialsammlerin *f;* **~ de ferrailles** Alteisensammlerin
récupérer [RekypeRe] <5> **I.** *vi* sich erholen, wieder Kräfte sammeln
II. *vt* ❶ wieder bekommen, zurückbekommen *argent, biens;* sicher stellen *butin;* bergen *fusée, satellite*
❷ *fam* (*retrouver*) wiederhaben, zurückkriegen (*fam*) *stylo prêté*
❸ *fam* (*aller chercher*) abholen, holen
❹ (*réutiliser*) wieder verwerten; verwenden *aliments;* nutzen *chaleur, énergie;* (*recueillir*) [ein]sammeln *chaleur, énergie*
❺ (*recouvrer*) eintreiben, beitreiben (*Fachspr.*) *créance;* nachholen, nacharbeiten *journée de travail;* (*sous forme de congés*) ausgleichen, abfeiern (*fam*) *journée de travail*
❻ POL *péj* vereinnahmen *émancipation, mouvement;* vereinnahmen, für sich gewinnen *personne;* an sich (*Akk*) reißen *grève*
récurer [RekyRe] <1> *vt* scheuern
récurrence [RekyRɑ̃s] *f littér* Wiederkehr *f*
▸ **démonstration par ~** rekursive Demonstration
récurrent(e) [RekyRɑ̃, ɑ̃t] *adj* sich wiederholend; (*fréquent*)

häufig; **être ~(e)** sich wiederholen; (*fréquent*) häufig sein; *fièvre:* wieder auftreten

récusable [Rekyzabl] *adj* JUR *juré* ablehnbar; *témoignage* anfechtbar

récusation [Rekyzasjõ] *f a.* JUR Ablehnung *f*

récuser [Rekyze] <1> **I.** *vt* ❶ JUR ablehnen *personne;* nicht anerkennen *fait*
❷ (*rejeter*) nicht akzeptieren; ablehnen *personne;* nicht anerkennen *fait;* **ne pas pouvoir ~ un argument** ein Argument anerkennen [*o* akzeptieren] müssen
II. *vpr* **se ~** ablehnen

recyclable [R(ə)siklabl] *adj* ❶ wiederverwertbar, recyclebar
❷ (*pouvant être reconverti*) *personne* anderweitig einsetzbar; (*par reconversion*) umschulungsfähig; *délinquant* resozialisierbar

recyclage [R(ə)siklaʒ] *m* ❶ Wiederverwertung *f,* Recycling *nt; de l'air, l'eau* Wiederaufbereitung *f;* **~ des déchets** Müllrecycling; **~ des gaz d'échappement** Abgasrückführung *f*
❷ (*reconversion*) Umschulung *f;* (*formation permanente*) Fortbildung *f,* [berufliche] Weiterbildung

recycler [R(ə)sikle] <1> **I.** *vt* ❶ recyceln, wieder verwerten *déchets, verre;* wieder aufbereiten *eau;* **papier recyclé** Recyclingpapier *nt,* Umweltschutzpapier *nt;* **être recyclé(e)** TECH *produit:* wiederverwertet sein
❷ (*reconvertir*) umschulen; (*par une formation permanente*) weiterbilden; **être recyclé(e)** *employé:* umgeschult sein
II. *vpr* (*se reconvertir*) **se ~ dans qc** auf etw (*Akk*) umschulen; (*par une formation permanente*) sich in etw (*Dat*) weiterbilden [*o* fortbilden]; *entreprise:* auf etw (*Akk*) umstellen

rédacteur, -trice [RedaktœR, -tRis] *m, f* Redakteur(in) *m(f);* **~(-trice) publicitaire** Werbetexter(in) *m(f)*
◆ **~(-trice) en chef** Chefredakteur(in) *m(f)*

rédaction [Redaksjõ] *f* ❶ *d'un projet* Ausarbeitung *f; d'une thèse* Verfassen *nt; d'un contrat, d'une loi* Abfassung *f,* Formulierung *f; d'un article* Redaktion *f,* Verfassen *nt; d'une encyclopédie* Redaktion *f;* **première ~** erste Fassung
❷ PRESSE Redaktion *f*
❸ SCOL Aufsatz *m*

rédactionnel(le) [Redaksjɔnɛl] *adj* redaktionell; **équipe ~le** Redaktionsteam *nt*

reddition [Redisjõ] *f* Kapitulation *f*

redécoupage [R(ə)dekupaʒ] *m* **~ électoral** Neueinteilung *f* der Wahlkreise

redécouverte [R(ə)dekuvɛRt] *f* Wiederentdeckung *f*

redécouvrir [R(ə)dekuvRiR] <11> *vt* wiederentdecken

redéfaire [R(ə)defɛR] <*irr*> **I.** *vt* wieder [*o* noch einmal] aufmachen; wieder lösen *nœud;* wieder aufziehen *tricot*
II. *vpr* **se ~** *couture:* wieder aufgehen; *nœud:* sich wieder lösen, wieder aufgehen

redéfinir [R(ə)definiR] <8> *vt* neu definieren; neu festlegen *droit;* neu abstecken *objectif*

redéfinition [Rədefinisjõ] *f des lois, des objectifs* Neubestimmung *f*

redemander [R(ə)dəmɑ̃de, Rəd(ə)mɑ̃de] <1> *vt* ❶ **~ un livre/de la sauce** noch einmal nach einem Buch fragen/um etwas Soße bitten
❷ (*exiger*) wieder zurückverlangen; **~ toujours du chocolat** von der Schokolade nicht genug bekommen können; **~ une bouteille de vin** um eine weitere Flasche Wein bitten; **si tu veux encore du poulet, tu n'as qu'à en ~** wenn du noch Hähnchen möchtest, brauchst du es nur zu sagen; **en ~** nach mehr verlangen; *iron* gar nicht genug bekommen können

redémarrage [R(ə)demaRaʒ] *m d'une industrie, économie* Wiederbelebung *f; d'une usine* Wiederaufnahme *f* der Produktion; *d'une activité* Wiederaufnahme *f;* **~ de l'embauche** Wiedereinstellung *f* von Personal

redémarrer [R(ə)demaRe] <1> *vi* ❶ wieder losfahren
❷ (*repartir à nouveau*) *entreprise:* wieder in Schwung kommen; *production, machines:* wieder anlaufen; **faire ~ l'économie** die Wirtschaft ankurbeln; **faire ~ un chantier** eine Baustelle wieder in Betrieb nehmen

rédempteur, -trice [Redɑ̃ptœR, -tRis] *adj littér* erlösend, der Erlösung; *acte* erlösend, der Erlösung, heilbringend

Rédempteur [Redɑ̃ptœR] *m* **le ~** der Erlöser, der Heiland

rédemption [Redɑ̃psjõ] *f* (*salut*) *d'un péché* Erlösung *f,* Vergebung *f;* **la Rédemption** die Erlösung

redéploiement [R(ə)deplwamɑ̃] *m d'une économie, politique* Umstrukturierung *f; des personnes, postes* Umschichtung *f; des troupes* [Um]verlegung *f*

redéployer [R(ə)deplwaje] <6> **I.** *vt* umstrukturieren *industrie, économie;* verlegen *troupes*
II. *vpr* **se ~** *troupes:* verlegt werden; *secteur économique:* umstrukturiert werden

redescendre [R(ə)desɑ̃dR] <14> **I.** *vt* + *avoir* ❶ (*vu d'en haut/d'en bas*) wieder hinuntergehen/herunterkommen; (*en courant*) [wieder] hinunterrennen/herunterrennen; (*en escaladant*) [wieder] hinunterklettern/herunterklettern; (*en roulant*) *chauffeur, voiture:* wieder hinunterfahren/herunterfahren
❷ (*porter vers le bas*) **~ qn/qc au marché** jdn zum Markt zurückbringen/etw zum Markt hinunterbringen; **~ qn/qc d'un arbre** jdn/etw [wieder] von einem Baum herunterholen
II. *vi* + *être baromètre, fièvre:* wieder fallen [*o* zurückgehen]; *chemin:* wieder hinunterführen [*o* abwärts gehen]; *marée, mer:* zurückgehen; **~ de son échelle** wieder von der Leiter [herunter]steigen

redevable [R(ə)dəvabl, Rəd(ə)vabl] **I.** *adj* ❶ FIN **être ~ à qn d'une somme** jdm einen Betrag schulden; **être ~ de l'impôt** steuerpflichtig sein; **être ~ d'une taxe** eine Steuer/Gebühr zahlen müssen
❷ (*tenu à reconnaissance*) **être ~ à qn d'un service** jdm für seine Hilfe zu Dank verpflichtet sein; **être ~ à qn d'un succès** jdm seinen Erfolg verdanken
II. *mf* Steuerpflichtige(r) *f(m)*

redevance [R(ə)dəvɑ̃s, Rəd(ə)vɑ̃s] *f* ❶ TELEC, TV Gebühr *f;* **~ télé** Fernsehgebühr
❷ (*taxe*) Abgabe *f*

redevenir [Rəd(ə)vəniR, R(ə)dəv(ə)niR] <9> *vi* wieder werden; **~ rentable** sich wieder rentieren; **être redevenu(e) soi-même** wieder [ganz] der/die Alte sein

redevoir [RədəvwaR] <*irr*> *vt* noch schulden *somme*

rédhibitoire [RedibitwaR] *adj* krass, grundlegend; **vice ~** JUR Sachmangel *m*

rediffuser [R(ə)difyze] <1> *vt* noch einmal senden, wiederholen

rediffusion [R(ə)difyzjõ] *f* Wiederholung *f*

rédiger [Rediʒe] <2a> *vt* verfassen, schreiben, aufsetzen *contrat, procès-verbal;* redigieren *revue*

redingote [R(ə)dɛ̃gɔt] *f* taillierter Mantel, Redingote *f* (*Fachspr.*); HIST Gehrock *m*

redire [R(ə)diR] <*irr*> *vt* (*répéter*) noch einmal erzählen *histoire;* **~ un mot à qn** ein Wort für jdn wiederholen, jdm ein Wort noch einmal sagen; (*rapporter*) weitererzählen, weitersagen
▸ **avoir/trouver rien à ~ à qc** nichts an etw (*Dat*) auszusetzen haben/finden

rediscuter [R(ə)diskyte] <1> *vt* wieder zur Debatte stellen, erneut debattieren über (+ *Akk*); **~ un projet** erneut [über] ein Projekt diskutieren; **nous en rediscuterons** darüber reden wir noch einmal

redistribuer [R(ə)distRibɥe] <1> *vt* **~ qc à qn** (*répartir*) etw an jdn verteilen; CARTES jdm etw neu austeilen; (*rendre*) jdm etw zurückgeben

redistribution [R(ə)distRibysjõ] *f* Neuverteilung *f; des biens, forces politiques* Neuverteilung, Umverteilung *f; des terres* [Neu]aufteilung *f;* (*restitution*) Rückgabe *f*

redite [R(ə)dit] *f* [unnötige] Wiederholung

R

redondance [ʀ(ə)dɔ̃dɑ̃s] *f* ❶ Überflüssige(s) *nt; du style* Weitschweifigkeit *f*
❷ INFORM, LING Redundanz *f*
redondant(e) [ʀ(ə)dɔ̃dɑ̃, ɑ̃t] *adj expression* weitschweifig; *terme* überflüssig, redundant (*Fachspr.*)
redonner [ʀ(ə)dɔne] <1> **I.** *vt* ❶ wieder geben, [wieder] zurückgeben; ~ **de l'espoir** wieder Hoffnung machen; ~ **des forces** kräftigen; ~ **du courage à qn** jdm wieder Mut machen; ~ **l'envie d'écrire** wieder Lust am Schreiben vermitteln; **ça te redonnera du tonus** das bringt dich wieder in Schwung
❷ (*donner à nouveau*) noch einmal geben, noch einmal austeilen *coups;* wieder geben *travail, cours;* wieder ergeben *résultat;* noch einmal sagen, wiederholen *nom;* wieder machen *appétit;* ~ **de ses nouvelles** sich wieder melden, wieder von sich hören lassen
❸ (*resservir*) noch einmal servieren; ~ **à boire à qn** jdm noch [etwas] zu trinken geben
❹ (*refaire*) ~ **forme à une chose** einer S. (*Dat*) wieder eine Form verleihen; ~ **une couche [de peinture] à qc** etw überstreichen
❺ THEAT wieder spielen; wieder bringen *spectacle*
II. *vi* ~ **dans qc** wieder in etw (*Akk*) verfallen
redorer [ʀ(ə)dɔʀe] <1> *vt* neu vergolden
redormir [ʀ(ə)dɔʀmiʀ] <*irr*> *vi* noch einmal [ein]schlafen; **ne pas pouvoir** ~ **de la nuit** die ganze Nacht nicht wieder einschlafen können
redoublant(e) [ʀ(ə)dublɑ̃, ɑ̃t] *m(f)* Wiederholer(in) *m(f),* Sitzenbleiber(in) *m(f)* (*pej fam*); **il n'y a pas eu de** ~**s** es ist niemand sitzengeblieben (*fam*)
redoublé(e) [ʀ(ə)duble] *adj* ❶ *coups* heftig; *cris* laut; *pas* eilig, hastig; **se mettre à hurler à cris** ~**s** aus Leibeskräften schreien; **résister aux assauts** ~**s des ennemis** dem gewaltigen Ansturm der Feinde standhalten
❷ (*accru*) *coups* noch heftiger; *pas* noch hastiger, noch eiliger; *cris* noch lauter; *zèle* doppelt; **frapper à la porte à coups** ~**s** noch lauter gegen die Tür hämmern
redoublement [ʀ(ə)dubləmɑ̃] *m* ❶ SCOL Wiederholen *nt*
❷ (*accroissement*) *de l'attention* Verstärkung *f; des douleurs* Verschlimmerung *f; de la fièvre* Ansteigen *nt;* **avec un** ~ **d'attention** mit doppelter Aufmerksamkeit; **la tempête a repris avec un** ~ **de violence** der Sturm schwoll noch stärker an [*o* nahm sehr an Stärke zu]
❸ LING Verdoppelung *f,* Reduplikation *f* (*Fachspr.*)
redoubler [ʀ(ə)duble] <1> **I.** *vt* ❶ SCOL wiederholen
❷ (*accroître*) verdoppeln *effort;* verschlimmern *douleur;* ~ **sa tristesse** noch trauriger werden
❸ LING verdoppeln, reduplizieren (*Fachspr.*) *consonne*
II. *vi* ❶ sitzen bleiben (*fam*)
❷ (*montrer davantage de*) ~ **de prudence** doppelt so vorsichtig sein
❸ (*augmenter*) zunehmen; *orage:* immer stärker [*o* heftiger] werden; *douleur:* stärker [*o* schlimmer] werden, sich verschlimmern; *cris:* lauter werden; **le froid redouble** es wird immer kälter; **à mesure que ma joie redoublait, ...** je mehr ich mich freute, desto ...
redoutable [ʀ(ə)dutabl] *adj arme, maladie, adversaire* [äußerst] gefährlich; *adversaire* [äußerst] gefährlich, furchterregend; *phénomène* beängstigend, erschreckend; **avoir l'air** ~ furchterregend aussehen; **être** ~ sehr gefürchtet sein
redoute [ʀədut] *f* HIST Redoute *f,* Schanze *f;* (*à l'intérieur*) Kasematte *f*
redouter [ʀədute] <1> *vt* ~ **qn/qc** (*avoir peur de*) sich vor jdm/etw fürchten; (*craindre, pressentir*) jdn/etw fürchten; ~ **de grossir** (*craindre, pressentir*) [be]fürchten zuzunehmen; (*avoir peur de*) sich davor fürchten zuzunehmen
redoux [ʀədu] *m* Erwärmung *f;* ~ **passager** vorübergehend mildere Temperaturen *Pl*
redressement [ʀ(ə)dʀɛsmɑ̃] *m* ❶ *d'un poteau* [Wieder]aufrichten *nt; d'un buste* Aufrichten; *d'un axe* Geradebiegen *nt; d'une tôle* Glätten *nt; d'une route* Begradigung *f;* **procéder au** ~ **de qc** etw [wieder] aufrichten [*o* gerade biegen]; **être excellent pour le** ~ **du buste** hervorragend für eine aufrechte Haltung sein
❷ (*relèvement*) *d'une économie* Wiederbelebung *f; d'une situation* Stabilisierung *f; d'une entreprise, des finances* Sanierung *f;* (*résultat*) Erholung *f,* Gesundung *f* (*geh*)
❸ FIN *d'un compte, de l'imposition* Berichtigung *f*
❹ ELEC Gleichrichtung *f*
❺ JUR ~ **judiciaire** gerichtlicher Vergleich (*nach einem Konkursantrag*)
redresser [ʀ(ə)dʀese] <1> **I.** *vt* ❶ strecken *buste, corps;* heben *tête;* wieder aufrichten *poteau;* geradebiegen *axe;* begradigen *route;* glätten *tôle;* ausbeulen *portière;* ~ **qn** *personne:* jdn [wieder] aufrichten; **redresse ton buste!** halt dich gerade!
❷ (*rétablir*) [wieder] in Ordnung bringen; [wieder] ankurbeln *économie;* sanieren *finances;* wieder aufbauen *pays;* ~ **sa courbe** *entreprise:* wieder Zuwachs verzeichnen
❸ (*rediriger*) geradeaus lenken, wieder geradeaus fahren *voiture;* wieder gerade stellen *barre, roue;* hochziehen *avion;* wieder aufrichten *bateau*
❹ (*corriger*) richtig stellen; wieder gut machen *injustice, tort;* **venir** ~ **les torts** den edlen Ritter spielen
❺ ELEC gleichrichten
II. *vpr* **se** ~ ❶ (*se tenir très droit*) sich aufrichten; (*de nouveau*) sich wieder aufrichten; **redresse-toi!** halt dich gerade!
❷ (*se remettre droit*) *voiture:* wieder geradeaus fahren; *roues:* sich [wieder] gerade stellen; *avion:* [wieder] hochziehen; *bateau:* sich [wieder] aufrichten
❸ (*se relever*) *pays, ville:* sich [wieder] erholen; *finances, situation:* sich wieder erholen, wieder in Ordnung kommen; *économie:* wieder anlaufen
❹ (*retrouver sa fierté*) den Kopf wieder hoch tragen
redresseur [ʀ(ə)dʀesœʀ] *m* ELEC Gleichrichter *m*
◆ ~ **de torts** edler Ritter
réduc [ʀedyk] *f fam abr de* **réduction** Ermäßigung *f*
réducteur [ʀedyktœʀ] *m* CHIM Reduktionsmittel *nt;* PHOT Abschwächer *m;* ~ **de vitesse** Geschwindigkeitsbegrenzer *m*
réducteur, -trice [ʀedyktœʀ, -tʀis] *adj* ❶ vereinfachend; **être** ~**(-trice)** vereinfacht sein
❷ CHIM reduzierend; **substance réductrice** Reduktionsmittel *nt*
réductible [ʀedyktibl] *adj* ❶ **être** ~ *quantité:* reduziert [*o* verringert] werden können; *dépenses:* eingeschränkt [*o* gekürzt] werden können
❷ (*assimilable*) **être** ~ **à qc** auf etw (*Akk*) reduzierbar sein, sich auf etw (*Akk*) reduzieren lassen
❸ MATH **être** ~ *fraction:* gekürzt werden können, sich kürzen lassen (*Fachspr.*); *équation:* vereinfacht werden können
❹ MED **être** ~ *fracture, hernie:* sich wieder einrichten lassen, reponibel sein (*Fachspr.*); *luxation:* einrenkbar sein, sich wieder einrenken lassen
réduction [ʀedyksjɔ̃] *f* ❶ *a.* JUR Verringerung *f,* Reduzierung *f; du personnel* Abbau *m;* ~ **du montant de l'impôt** Steuerbetragsermäßigung *f;* ~ **du montant de la responsabilité** Haftsummenherabsetzung *f*
❷ (*rabais*) ~ **[de prix]** Preisnachlass *m,* Ermäßigung *f;* **faire une** ~ **à qn** jdm einen Preisnachlass gewähren; ~ **de cinq pour cent sur un manteau** Ermäßigung [*o* Nachlass *m*] von fünf Prozent auf einen Mantel; ~**s jeunes** Ermäßigungen für Jugendliche
❸ (*miniature*) *d'une carte* Verkleinerung *f; d'un tableau* verkleinerte Reproduktion; **en** ~ als Verkleinerung
❹ CHIM Reduktion *f*
❺ MATH *d'une équation* Vereinfachung *f; d'une fraction* Kürzen *nt*
❻ MED *d'une fracture* Einrichten *nt,* Reposition *f* (*Fachspr.*);

d'une luxation Einrenken *nt; d'une hernie* Reposition (*Fachspr.*)
⑦ GASTR Einkochen *nt*, Reduzieren *nt* (*Fachspr.*)
⑧ MUS vereinfachte Fassung; ~ **pour piano** Klavierfassung *f*
◆ ~ **de capital** Kapitalherabsetzung *f*; ~ **d'impôts** Steuerermäßigung *f*; ~ **d'impôt sur les sociétés** Körperschaftssteuerminderung *f*; ~ **de peine** Strafmilderung *f*; ~ **de valeur** Wertminderung *f*

réduire [ʀedɥiʀ] <*irr*> **I.** *vt* ① reduzieren, verringern, senken; kürzen *texte, salaire;* verkürzen *temps de travail, peine;* einschränken *activité, responsabilités, portée;* herunterschrauben *prétentions;* ~ **les dépenses de cent euros** die Ausgaben um hundert Euro reduzieren
② ART, PHOT verkleinern
③ CHIM reduzieren
④ MATH vereinfachen, umformen *équation;* ~ **des fractions au même dénominateur** Brüche auf einen gemeinsamen Nenner bringen; ~ **la distance en mètres** die Entfernung in Meter umrechnen
⑤ MED reponieren, einrichten *fracture;* [wieder] einrenken *luxation*
⑥ (*contraindre*) ~ **qn au désespoir** jdn in Verzweiflung stürzen; ~ **à l'inaction** jdn zur Untätigkeit verurteilen; **il en est réduit à manger tout seul** er ist dazu gezwungen ganz allein zu essen
⑦ (*ramener*) ~ **qc à l'essentiel** etw auf das Wesentliche beschränken
⑧ (*transformer*) ~ **qc en bouillie** aus etw Brei machen; ~ **des grains en poudre** Körner zermahlen; **qn/qc réduit qc en morceaux** jd bricht etw in Stücke/bei etw bricht etw in Stücke
⑨ GASTR einkochen, reduzieren (*Fachspr.*)
⑩ (*soumettre*) zum Schweigen bringen *opposition*
II. *vi viande:* zerkochen; *légumes:* zusammenfallen, zerkochen; *sirop, soupe:* einkochen
III. *vpr* ① **se** ~ **à qc** sich auf etw (*Akk*) beschränken; *montant:* sich auf etw (*Akk*) belaufen; **le montant se réduit à bien peu de choses** der Betrag ist ziemlich gering [*o* niedrig]
② (*diminuer*) **se** ~ sich verringern
③ (*se transformer*) **se** ~ **en bouillie** zu Brei werden; **se** ~ **en miettes** in Krümel zerfallen

réduit [ʀedɥi] *m* Kammer *f*

réduit(e) [ʀedɥi, it] *adj* ① *échelle, modèle* verkleinert; **tête** ~**e** Schrumpfkopf *m*
② (*diminué*) reduziert; *prix* reduziert, herabgesetzt; *vitesse* reduziert, verringert; *horaire* verkürzt; *tarif* ermäßigt; *débouchés, dispositif* eingeschränkt, begrenzt

rééchelonnement [ʀeeʃ(ə)lɔnmɑ̃] *m* ~ [**de la dette**] Umschuldung *f*

rééchelonner [ʀeeʃ(ə)lɔne] <1> *vt* umschulden *dette*

réécrire [ʀeekʀiʀ] <*irr*> *vt v.* **récrire**

réécriture [ʀeekʀityʀ] *f* Überarbeitung *f*, Neubearbeitung *f*

réédifier [ʀeedifje] <1> *vt* wieder aufbauen *église*

rééditer [ʀeedite] <1> *vt* ① neu herausgeben, [wieder] neu auflegen
② *fam* (*recommencer*) wieder machen; wieder veranstalten [*o* machen] (*pej*) *scène*

réédition [ʀeedisjɔ̃] *f* ① Neuausgabe *f*, Neuauflage *f*; ~ **revue et corrigée** überarbeitete und korrigierte Auflage
② (*répétition*) Neuauflage *f*, Wiederholung *f*

rééducation [ʀeedykasjɔ̃] *f* ① *d'un malade* Rehabilitation *f*; *d'un membre* Wiederherstellung *f* der Bewegungsfähigkeit
② *d'un délinquant* Resozialisierung *f*; *d'un mineur* [Um]erziehung *f*

rééduquer [ʀeedyke] <1> *vt* ① wiederherstellen, rehabilitieren *personne;* ~ **un membre** die Bewegungsfähigkeit eines Gliedes wiederherstellen
② (*éduquer de nouveau*) resozialisieren *délinquant;* umerziehen *mineur;* **ils vont te** ~**!** die werden dir schon Manieren beibringen! (*fam*)

réel [ʀeɛl] *m* Realität *f*, Wirklichkeit *f*

réel(le) [ʀeɛl] *adj* ① (*véritable*) real, wirklich; *besoin* tatsächlich; *cause, chef* wirklich, wahr, eigentlich; **c'est un fait** ~ das ist wahr [*o* eine Tatsache]; **mes douleurs sont** ~**les** ich habe wirklich [*o* echte] Schmerzen
② *antéposé* (*notable*) *bonheur, succès* echt, wirklich
③ FIN *salaire* real; *taux d'intérêt, valeur* effektiv
④ MATH *fonction, nombre* reell
⑤ OPT *image* reell
⑥ PHILOS real

réélection [ʀeelɛksjɔ̃] *f* Wiederwahl *f*

rééligibilité [ʀeeliʒibilite] *f* Wiederwählbarkeit *f*

rééligible [ʀeeliʒibl] *adj* wiederwählbar

réélire [ʀeeliʀ] <*irr*> *vt* ~ **qn à la présidence** jdn wieder zum Präsidenten wählen

réellement [ʀeɛlmɑ̃] *adv* (*en vérité*) wirklich, ehrlich; (*effectivement*) wirklich, tatsächlich

réembaucher [ʀeɑ̃boʃe] <1> *vt* wieder einstellen

réemploi [ʀeɑ̃plwa] *m d'un ouvrier* Wiedereinstellung *f*; *d'un produit* Wiederverwendung *f*; *d'une somme* Reinvestition *f*

réemployer [ʀeɑ̃plwaje] <6> *vt* wieder einstellen; wieder verwenden *produit;* reinvestieren *argent*

réengagement [ʀeɑ̃gaʒmɑ̃] *m* Wiedereinstellung *f*

réengager [ʀeɑ̃gaʒe] <2a> *vt* wieder einstellen

réentendre [ʀeɑ̃tɑ̃dʀ] <14> *vt* noch einmal hören; (*entendre toujours de nouveau*) [immer] wieder hören

rééquilibrage [ʀeekilibʀaʒ] *m d'un budget* Ausgleich *m*; ~ **d'un parti** Kräfteausgleich *m* innerhalb einer Partei; ~ **des forces en présence** Angleichung *f* der Mehrheitsverhältnisse; **permettre le** ~ **de qc** etw wieder ins Gleichgewicht bringen; **procéder au** ~ **de la balance commerciale** die Handelsbilanz ausgleichen

rééquilibrer [ʀeekilibʀe] <1> *vt* [wieder] ins Gleichgewicht bringen; ausgleichen, wiederherstellen *majorité*

réescompte [ʀeɛskɔ̃t] *m* FIN Rediskont *m*

réessayage [ʀeesɛjaʒ] *m d'un vêtement* erneute Anprobe *nt*

réessayer [ʀeeseje] <7> *vt* noch einmal versuchen; noch einmal anprobieren *vêtement*

réévaluation [ʀeevalɥasjɔ̃] *f des salaires* Erhöhung *f*

réévaluer [ʀeevalɥe] <1> *vt* aufwerten *image, monnaie;* erhöhen *salaires;* neu bewerten *bilan*

réexamen [ʀeɛgzamɛ̃] *m* erneute [*o* nochmalige] Prüfung, Überprüfung *f*; **qc fait l'objet d'un** ~ **approfondi** etw wird noch einmal gründlich überdacht

réexaminer [ʀeɛgzamine] <1> *vt* noch einmal überprüfen *cas;* überdenken *problème, question;* ~ **un projet de loi** noch einmal über einen Gesetzesentwurf beraten

réexpédier [ʀeɛkspedje] <1a> *vt* ~ **un colis à qn à Lyon** (*au destinataire*) jdm ein Paket nach Lyon nachsenden; (*à l'expéditeur*) jdm ein Paket wieder nach Lyon zurückschicken

réexpédition [ʀeɛkspedisjɔ̃] *f* (*au destinataire*) Nachsenden *nt;* (*à l'expéditeur*) Zurückschicken *nt*, Zurücksenden *nt;* **ordre de** ~ [**du courrier**] Nachsendeantrag *m*

réexportation [ʀeɛkspɔʀtasjɔ̃] *f* Wiederausfuhr *f*, Reexport *m*

réexporter [ʀeɛkspɔʀte] <1> *vt* wieder ausführen, reexportieren

réf [ʀɛf] *f abr de* **référence**

refaçonner [ʀ(ə)fasɔne] <1> *vt* umformen, neu machen *objet;* umgestalten *projet*

refaire [ʀ(ə)fɛʀ] <*irr*> **I.** *vt* ① wieder machen *plat;* neu [*o* noch einmal] schreiben *article;* machen *lit;* neu [*o* noch einmal] binden *nœud*
② (*recommencer*) wieder machen *bruit, fautes;* wiederbekommen *dents, fièvre, petits;* wieder fahren *bicyclette, ski;* wieder treiben *sport;* noch einmal abgehen *parcours;* von vorn beginnen *itinéraire;* wieder pflanzen [*o* anbauen] *légumes, céréales;* ~ **ses comptes** noch einmal nachrechnen; **qc est à** ~ man muss mit

etw noch einmal von vorn anfangen; **si c'était à** ~ wenn ich/du noch einmal von vorn anfangen könnte/könntest
❸ (*remettre en état*) restaurieren *meuble;* neu decken *toit;* renovieren *chambre;* ~ **la peinture de qc** etw neu streichen; ~ **qc à neuf** etw erneuern; **se faire** ~ **les lunettes** sich (*Dat*) eine neue Brille machen lassen; **se faire** ~ **le nez** sich (*Dat*) die Nase richten lassen [*o* korrigieren lassen]
II. *vpr* ❶ **se** ~ sich sanieren, seine Verluste wettmachen; **se** ~ **un look** sein Outfit verändern
❷ (*s'habituer*) **se** ~ **à qc** sich wieder an etw (*Akk*) gewöhnen
▸ **on ne se refait pas!** niemand kann aus seiner Haut!
III. *vi impers* **il refait beau** es ist wieder schön
réfection [ʀefɛksjɔ̃] *f* Instandsetzung *f; d'un mur* Instandsetzung, Ausbesserung *f; d'une maison* Instandsetzung, Renovierung *f; d'une statue* Restaurierung *f;* **travaux de** ~ Instandsetzungs-/Renovierungs-/Restaurationsarbeiten *Pl*
réfectoire [ʀefɛktwaʀ] *m d'une école, d'un hôpital* Speisesaal *m; d'un couvent* Refektorium *nt; d'une caserne, usine* Kantine *f;* (*pour officiers, cadres*) Kasino *nt*
référé [ʀefeʀe] *m* JUR (*procédure*) Antrag *m* auf Erlass einer einstweiligen Verfügung; (*arrêt*) einstweilige Verfügung; **en** ~ (*procédure*) im Verfahren der einstweiligen Verfügung; (*arrêt*) als einstweilige Verfügung
référence [ʀefeʀɑ̃s] *f* ❶ Bezug *m; d'un texte* Verweis *m; d'une citation* Quellenangabe *f;* ADMIN, COM [Akten]zeichen *nt;* **perdre toutes ses** ~**s** jeglichen Bezug [zu seiner Umgebung] verlieren; ~**s de base d'un groupe** gemeinsame Grundüberzeugungen *Pl* einer Gruppe; **faire** ~ **à qn/qc** sich auf jdn/etw beziehen; **faire** ~ **à qn dans un livre** jdn in einem Buch erwähnen; **en** ~**s** COM [oben] genannt, betreffend; **cité(e) en** ~**s** oben angeführt; **en** [*o* **par**] ~ **à qc** einer S. (*Dat*) entsprechend [*o* gemäß]; **notre** ~**/nos** ~**s** unser Zeichen
❷ (*recommandation*) Empfehlung *f;* **quelles sont vos** ~**s ?** was für Referenzen haben Sie?
❸ (*modèle*) **faire figure de** ~ **pour qn** Maßstäbe setzen, für jdn maßgebend sein; **être une** ~ eine Schlüsselfigur sein; **rester une** ~ noch in aller Munde sein; **ne pas être une** ~ *iron* nicht gerade eine Empfehlung sein (*fam*); **servir de** ~ **à qc** als Maßstab für etw dienen; **ouvrage de** ~ Nachschlagewerk *nt;* **point de** ~ Anhaltspunkt *m;* **indice de** ~ Richtwert *m*
référencer [ʀefeʀɑ̃se] <2> *vt* mit einem Aktenzeichen versehen *document, lettre;* **être référencé(e)** *exemple, citation:* belegt sein
référendaire [ʀefeʀɑ̃dɛʀ] *adj* **succès** ~ Erfolg *m* bei einer Volksabstimmung; **procédure** ~ Volksentscheid *m,* Volksabstimmung *f*
référendum [ʀefeʀɑ̃dɔm, ʀefeʀɛ̃dɔm] *m* Volksabstimmung *f,* Volksentscheid *m,* Referendum *nt*
référentiel [ʀefeʀɑ̃sjɛl] *m* Bezugssystem *nt;* MATH, PHYS Koordinatensystem *nt*
référer [ʀefeʀe] <5> **I.** *vi* **en** ~ **à un supérieur** es an einen Vorgesetzten weiterleiten; **en** ~ **au tribunal** das Gericht anrufen
II. *vpr* ❶ (*faire référence à*) **se** ~ **à qn/qc** sich auf jdn/etw beziehen, auf jdn/etw Bezug nehmen (*form*)
❷ (*s'en remettre à*) **s'en** ~ **à qn/qc** sich auf jdn/etw verlassen
refermer [ʀ(ə)fɛʀme] <1> **I.** *vt* ❶ [wieder] schließen; [wieder] zumachen [*o* schließen] *porte*
❷ (*verrouiller*) [wieder] abschließen, [wieder] zuschließen
II. *vpr* **se** ~ sich [wieder] schließen, wieder zugehen; *plaie:* sich [wieder] schließen, wieder zuheilen; **se** ~ **sur qn** *piège:* über jdm zuschnappen; *porte:* sich [wieder] hinter jdm schließen; (*se fermer au nez de qn*) sich wieder vor jdm verschließen
refiler [ʀ(ə)file] <1> *vt fam* ~ **un objet sans valeur à qn** jdm einen wertlosen Gegenstand geben [*o* andrehen *fam*]; ~ **un problème à qn** jdm ein Problem zuschieben; ~ **la grippe à qn** jdn mit ihrer/seiner Grippe anstecken
refinancement [ʀəfinɑ̃s(ə)mɑ̃] *m* Refinanzierung *f*
réfléchi [ʀefleʃi] *m* Reflexivpronomen *nt,* Reflexiv *nt*
réfléchi(e) [ʀefleʃi] *adj* ❶ *action, jugement* durchdacht, [wohl]überlegt; *air, personne* nachdenklich, ernsthaft
❷ GRAM *verbe* reflexiv, rückbezüglich; **pronom** ~ Reflexivpronomen *nt*
❸ OPT *lumière, radiations* reflektiert; *image* reflektiert, gespiegelt
réfléchir [ʀefleʃiʀ] <8> **I.** *vi* ❶ nachdenken, überlegen; **donner à** ~ *chose:* zu denken geben; **demander à** ~ *personne:* sich (*Dat*) Bedenkzeit erbitten
❷ (*examiner*) ~ **à l'avenir/à un projet** über die Zukunft/über ein Projekt nachdenken
❸ (*cogiter*) ~ **à qc** über etw (*Dat*) brüten; **réfléchissez à ce que vous faites** überlegen Sie sich genau, was Sie tun
▸ **tout bien réfléchi** bei genauerer Überlegung, wenn man es sich (*Dat*) recht überlegt; **c'est tout réfléchi** daran ist nicht zu rütteln
II. *vt* reflektieren; *eau, glace:* reflektieren, widerspiegeln
III. *vpr* **se** ~ **dans/sur qc** sich in etw (*Dat*) [wider]spiegeln; *lumière:* etw bricht sich an etw (*Dat*), von etw reflektiert werden
réfléchissant(e) [ʀefleʃisɑ̃, ɑ̃t] *adj surface* reflektierend, spiegelnd; **pouvoir** ~ Reflexionsvermögen *nt*
réflecteur [ʀeflɛktœʀ] *m* Reflektor *m*
réflecteur, -trice [ʀeflɛktœʀ, -tʀis] *adj miroir* reflektierend; *surface* reflektierend, spiegelnd; **pouvoir** ~ Reflexionsvermögen *nt;* **être** ~**(-trice)** spiegeln, reflektieren
reflet [ʀ(ə)flɛ] *m* ❶ (*représentation*) *d'une personne, époque* Spiegelbild *nt,* Abbild *nt; d'une société, personnalité* Spiegel *m;* **être le** ~ **de qc/de qn** etw [wider]spiegeln/jds Ebenbild sein; **n'être qu'un pâle** ~ **de qc** nur ein schwacher Abklatsch einer S. (*Gen*) sein
❷ (*éclat*) *d'une étoffe* Glanz *m kein Pl,* Schimmer *m kein Pl; du soleil* Widerschein *m kein Pl*
❸ (*image réfléchie*) Spiegelbild *nt*
refléter [ʀ(ə)flete] <5> **I.** *vt* ❶ widerspiegeln; ~ **le bonheur** vor Freude strahlen
❷ (*réfléchir*) widerspiegeln; reflektieren *lumière*
II. *vpr* ❶ (*se réfléchir*) **se** ~ **dans l'eau** sich im Wasser spiegeln
❷ (*transparaître*) **se** ~ **dans un objet** in einem Gegenstand zum Ausdruck kommen
refleurir [ʀ(ə)flœʀiʀ] <8> **I.** *vi* ❶ wieder blühen
❷ (*renaître*) *art, civilisation:* wieder aufblühen, zu neuer Blüte kommen; *amitié:* wieder erwachen
II. *vt personne:* wieder mit Blumen schmücken
reflex [ʀeflɛks] **I.** *adj* **appareil** ~ Spiegelreflexkamera *f*
II. *m* Spiegelreflexkamera *f*
réflexe [ʀeflɛks] **I.** *m* ❶ Reflex *m*
❷ (*réaction rapide*) Reflex *m;* **avoir eu un bon** ~ gut reagiert haben; ~ **de peur** Angstreaktion *f;* **avoir des/manquer de** ~**s** ein gutes/kein gutes Reaktionsvermögen haben; **avoir le** ~ **de faire qc** etw reflexartig tun; (*agir spontanément*) etw spontan tun
II. *adj comportement* reflektorisch; **mouvement** ~ Reflexbewegung *f*
réflexion [ʀeflɛksjɔ̃] *f* ❶ Betrachtung *f,* Reflexion *f* (*geh*); (*méditation*) Nachdenken *nt;* (*idée, pensée*) Gedanke *m,* Überlegung *f;* ~ **approfondie** eingehende Betrachtung; **éléments de** ~ Überlegungen; **après mûre** ~ nach reiflicher Überlegung [*o* Erwägung]; **qc demande** ~ über etw (*Akk*) muss man erst noch nachdenken; **il y a là matière à** ~ darüber muss man sich (*Dat*) noch Gedanken machen; **c'est un sujet à** ~ das ist ein Thema, über das noch nachzudenken ist [*o* über das man sich (*Dat*) noch Gedanken machen muss]; **avec/sans** ~ überlegt/unüberlegt [*o* ohne nachzudenken]; **cellule de** ~ POL Ausschuss *m;* **cercle de** ~ Arbeitskreis *m*
❷ (*remarque*) Anmerkung *f;* **faire des** ~**s** [*o* **faire part de**

ses ~s] **à qn sur un sujet** jdm seine Überlegungen zu einem Thema mitteilen; **je te dispense de tes ~s** behalte deine Kommentare für dich, ich habe dich nicht nach deiner Meinung gefragt
❸ (*remarque désobligeante*) [spitze] Bemerkung; **faire des ~s sur la voisine/la voiture** spitze Bemerkungen über die Nachbarin/das Auto machen; **faire des ~s sur le travail de qn** sich über jds Arbeit beschweren; **ma mère me fait toujours des ~s** meine Mutter hat immer etwas an mir auszusetzen
❹ OPT, PHYS Reflexion *f;* **angle de ~** Ausfallswinkel *m,* Reflexionswinkel *m*
► **~ faite** (*en fin de compte*) letztendlich; (*tout bien considéré*) eigentlich, wenn man es sich (*Dat*) recht überlegt; **à la ~** bei näherer Betrachtung, bei näherem Hinsehen
refluer [ʀ(ə)flye] <1> *vi foule:* zurückströmen; *eaux, mer:* zurückgehen; *liquide:* zurückfließen; *sang:* stocken; **faire ~ qn** jdn zurückdrängen
reflux [ʀəfly] *m* ❶ ablaufendes Wasser, Ebbe *f*
❷ (*recul*) *de la foule* Zurückströmen *nt,* Zurückweichen *nt; d'un électorat* Rückgang *m; des aliments* Rückfluss *m*
refondateur, -trice [ʀəfɔ̃datœʀ, -tʀis] *m, f* Erneuerer *m/* Erneuerin *f*
refonder [ʀəfɔ̃de] <1> *vt* **~ son identité** zu einer neuen Identität finden
refondre [ʀ(ə)fɔ̃dʀ] <14> *vt* ❶ wieder einschmelzen
❷ (*remanier*) überholen; erneuern, ändern *système;* neu organisieren *programme;* überarbeiten *dictionnaire, texte*
refonte [ʀ(ə)fɔ̃t] *f* ❶ Einschmelzen *nt*
❷ (*remaniement*) Überholen *nt; d'un système* Erneuerung *f,* Änderung *f; d'un programme* Neuorganisation *f; d'un texte* Neubearbeitung *f,* Überarbeitung *f*
reforestation [ʀəfɔʀɛstasjɔ̃] *f* Wiederaufforstung *f*
réformable [ʀefɔʀmabl] *adj* **être ~** reformierbar sein; *loi:* abänderbar sein
réformateur, -trice [ʀefɔʀmatœʀ, -tʀis] **I.** *m, f* ❶ Reformer(in) *m(f)*
❷ HIST, REL Reformator(in) *m(f)*
II. *adj* reformerisch
réformation [ʀefɔʀmasjɔ̃] *f* ❶ *littér* Reform *f*
❷ REL **la Réformation** die Reformation
réforme [ʀefɔʀm] *f* ❶ Reform *f;* **~ économique** Wirtschaftsreform; **~s sociales** soziale Reformen; **~ de l'orthographe** Rechtschreibreform
❷ MIL Freistellung *f* [aus gesundheitlichen Gründen]; *d'un appelé* Ausmusterung *f*
❸ HIST **la Réforme** die Reformation
réformé(e) [ʀefɔʀme] **I.** *adj* ❶ reformiert
❷ MIL [wehrdienst]untauglich
II. *m(f)* [Wehrdienst]untaugliche(r) *m*
reformer [ʀ(ə)fɔʀme] <1> **I.** *vt* wiederherstellen [*o* formen] [*o* bilden]; formieren *armée;* wieder aufstellen *équipe*
II. *vpr* **se ~** *nuages:* sich wieder bilden; *alliance:* wieder zu Stande [*o* zustande] kommen; *groupe:* wieder zusammen [*o* zustande] kommen
réformer [ʀefɔʀme] <1> **I.** *vt* ❶ reformieren, verbessern
❷ MIL freistellen; ausmustern, [wehrdienst]untauglich schreiben *appelé*
❸ JUR abändern *jugement*
II. *vpr* **se ~** sich reformieren
réformette [ʀefɔʀmɛt] *f iron fam* Reförmchen *m* (*hum fam*)
réformisme [ʀefɔʀmism] *m* Reformismus *m*
réformiste [ʀefɔʀmist] **I.** *adj* reformistisch
II. *mf* Reformist(in) *m(f)*
refoulé(e) [ʀ(ə)fule] **I.** *adj pulsion* verdrängt; *personne* verklemmt
II. *m(f) fam* verklemmter Mensch, Verklemmte(r) *f(m)*
refoulement [ʀ(ə)fulmɑ̃] *m* ❶ Abweisung *f; des manifestants* Zurückdrängen *nt*
❷ PSYCH Verdrängung *f*
refouler [ʀ(ə)fule] <1> *vt* ❶ zurückschlagen *attaque, envahisseur;* zurückdrängen *foule;* abweisen *intrus, demande*
❷ (*réprimer*) unterdrücken, zügeln; bezähmen *colère;* unterdrücken *pulsion;* verdrängen *souvenir;* zurückhalten *larmes*
❸ (*faire reculer*) *pompe:* ausstoßen, fördern; **~ le sang vers le cœur** das Blut [*o* Herz] zum Stocken bringen
réfractaire [ʀefʀaktɛʀ] **I.** *adj* ❶ **être ~ à une influence** einem Einfluss widerstehen; **être ~ à une maladie** gegen eine Krankheit immun sein; **être ~ à la musique** keinen Zugang zur Musik haben
❷ (*rebelle*) *conscrit* fahnenflüchtig; *maladie* therapieresistent; **prêtre ~** Priester, der den Eid verweigert
II. *m* HIST Fahnenflüchtige(r) *m;* **devenir ~** Fahnenflucht begehen
réfracter [ʀefʀakte] <1> **I.** *vt* brechen
II. *vpr* **se ~** sich brechen
réfraction [ʀefʀaksjɔ̃] *f* Brechung *f,* Refraktion *f* (*Fachspr.*)
refrain [ʀ(ə)fʀɛ̃] *m* ❶ MUS Refrain *m,* Kehrreim *m*
❷ (*chant monotone*) Lied *nt; d'un moulin* Klappern *nt; d'une bouilloire* Summen *nt*
❸ (*rengaine*) Lied *nt,* Litanei *f;* **c'est toujours le même ~** es ist immer dasselbe Lied [*o* die alte Leier *fam*]; **change de ~!** leg mal [wieder] eine andere Platte auf! (*fam*)
réfréner [ʀefʀene] <5> **I.** *vt* bremsen; zügeln, [be]zähmen *désir, envie;* dämpfen *colère;* zurückhalten, bremsen *personne;* **~ un abus** einem Missbrauch Einhalt gebieten
II. *vpr* **se ~ sur qc** sich mit etw zurückhalten
réfrigérant [ʀefʀiʒeʀɑ̃] *m* (*appareil, dispositif*) Kühlaggregat *nt;* (*fluide*) Kühlmittel *nt*
réfrigérant(e) [ʀefʀiʒeʀɑ̃, ɑ̃t] *adj* ❶ **appareil ~** Kühlapparat *m*
❷ (*glacial*) eisig; *personne* kalt
réfrigérateur [ʀefʀiʒeʀatœʀ] *m* Kühlschrank *m,* Eiskasten *m* (A); **~-congélateur combiné** Kühl-Gefrier-Kombination *f*
réfrigération [ʀefʀiʒeʀasjɔ̃] *f* Kühlen *nt,* Kühlung *f;* **appareil de ~** Kühlgerät *nt*
réfrigéré(e) [ʀefʀiʒeʀe] *adj* **vitrine ~e** Kühlvitrine *f*
réfrigérer [ʀefʀiʒeʀe] <5> *vt* ❶ TECH tiefkühlen, einfrieren *denrées;* [ab]kühlen *organisme;* kühlen *local*
❷ *fam* (*avoir froid*) **être réfrigéré(e)** völlig durchgefroren sein
❸ (*mettre mal à l'aise, décourager*) **~ qn/qc** jdm/einer S. einen Dämpfer versetzen
réfringence [ʀefʀɛ̃ʒɑ̃s] *f* Brechungsvermögen *nt*
réfringent(e) [ʀefʀɛ̃ʒɑ̃, ɑ̃t] *adj* PHYS lichtbrechend
refroidir [ʀ(ə)fʀwadiʀ] <8> **I.** *vt* ❶ **qc refroidit le jus** der Saft wird durch etw kalt; **~ le temps** kühleres Wetter bringen
❷ (*décourager*) **~ qn** jdm einen Dämpfer versetzen
❸ *arg* (*tuer*) kalt machen (*sl*)
II. *vi* (*devenir plus froid*) *moteur, aliment:* [sich] abkühlen; (*devenir trop froid*) kalt werden; **mettre qc à ~** etw kalt stellen
III. *vpr* **se ~** ❶ (*devenir plus froid*) *chose:* [sich] abkühlen; (*devenir trop froid*) kalt werden; **le temps s'est refroidi** es hat heute abgekühlt
❷ *fam* (*s'enrhumer*) sich erkälten
❸ (*perdre de son ardeur*) *chose:* nachlassen
refroidissement [ʀ(ə)fʀwadismɑ̃] *m* ❶ Abkühlung *f;* AUT, TECH *de l'air, l'eau* Kühlung *f;* **tour de ~** Kühlturm *m*
❷ MED Erkältung *f;* **attraper un ~** sich erkälten
❸ (*diminution*) Abkühlung *f*
◆ **~ par air** Luftkühlung *f*
refroidisseur [ʀ(ə)fʀwadisœʀ] *m* Kühler *m,* Kühlapparat *m*
refroidisseur, -euse [ʀ(ə)fʀwadisœʀ, -øz] *adj* **système ~** Kühlsystem *nt*
refuge [ʀ(ə)fyʒ] **I.** *m* ❶ Zufluchtsstätte *f,* Refugium *nt* (*geh*); **chercher/trouver ~ chez qn** bei jdm Zuflucht suchen/finden

R

❷ (*échappatoire*) Zuflucht *f;* (*soutien*) Halt *m;* **chercher/trouver** [**un**] ~ **dans la drogue** zu Drogen Zuflucht nehmen
❸ ALPIN Schutzhütte *f*
❹ AUT Verkehrsinsel *f;* (*sur l'autoroute*) Nothaltebucht *f*
II. *app* **valeur** ~ sichere Anlage
réfugié(**e**) [ʀefyʒje] **I.** *adj* geflüchtet
II. *m(f)* Flüchtling *m*
réfugier [ʀefyʒje] <1a> *vpr* **se** ~ **chez qn** sich zu jdm flüchten; **se** ~ **dans la solitude** sich in die Einsamkeit zurückziehen
refus [ʀ(ə)fy] *m* (*résistance*) Weigerung *f;* **le** ~ **par ces gens de l'ésotérisme** die Absage dieser Leute an die Esoterik; **essuyer** [*o* **se heurter à**] **un** ~ eine Absage bekommen; **opposer un** ~ **à qn** jdm seine Zustimmung verweigern
▸ **ce n'est pas de** ~ *fam* da sage ich/sagen wir nicht nein
◆ ~ **de priorité** Missachtung *f* der Vorfahrt
refusable [ʀ(ə)fyzabl] *adj* **être** ~ ablehnen können
refuser [ʀ(ə)fyze] <1> **I.** *vt* ❶ ablehnen; nicht wollen, verweigern *nourriture;* ~ **qc en bloc/**[**tout**] **net** etw en bloc/rundweg ablehnen
❷ (*ne pas accorder*) nicht geben, verweigern *objet, permission;* verwehren, verweigern *entrée, accès;* nehmen *priorité;* ~ **la porte à qn** jdm den Zutritt versagen; **il m'a refusé une augmentation** er hat mir keine Gehaltserhöhung gegeben
❸ (*dénier*) *personne:* absprechen *qualité, talent*
❹ *vieilli* (*ne pas recevoir*) wegschicken, abweisen *monde;* **être refusé**(**e**) [*o* **se faire** ~] **à un examen** eine Prüfung nicht bestehen
II. *vi* ablehnen
III. *vpr* ❶ **se** ~ **un voyage** auf eine Reise verzichten; **se** ~ **un plaisir** sich (*Dat*) ein Vergnügen versagen; **ne rien se** ~ *hum* sich was gönnen (*fam*)
❷ (*être décliné*) **se** ~ *avantage, offre:* abgelehnt werden können; **ça ne se refuse pas** dazu kann man doch nicht nein sagen
❸ (*ne pas accepter*) **se** ~ **à l'évidence** der Wahrheit nicht ins Gesicht sehen wollen; **se** ~ **à tout commentaire** jeglichen Kommentar verweigern; **nous nous y refusons** da machen wir nicht mit
❹ (*échapper à*) **se** ~ **à qn/qc** *chose:* jdm/einer S. entgehen; *succès:* jdm/einer S. versagt bleiben; **se** ~ **à tout service** den Dienst versagen
❺ (*sur le plan sexuel*) **se** ~ **à qn** sich jdm verweigern
réfutable [ʀefytabl] *adj* widerlegbar, zu widerlegen
réfutation [ʀefytasjɔ̃] *f* Widerlegung *f;* **apporter la** ~ **de qc** etw widerlegen
réfuter [ʀefyte] <1> *vt* widerlegen
regagner [ʀ(ə)gaɲe] <1> *vt* ❶ zurückgewinnen *amitié, faveurs;* zurückbekommen *argent;* (*en travaillant*) wieder verdienen *argent;* wieder einholen *temps perdu;* MIL zurückerobern *terrain;* ~ **le terrain perdu** verlorenen Boden wieder gutmachen
❷ (*rentrer*) ~ **sa place** an seinen Platz zurückgehen; ~ **sa maison** wieder nach Hause gehen; ~ **son pays** in sein Land zurückkehren
regain [ʀəgɛ̃] *m* ❶ (*renouveau*) *d'optimisme* Wiederaufleben *nt,* Wiedererlangen *nt; de jeunesse* Rückkehr *f; de santé* Wiederaufblühen *nt;* ~ **d'espoir** neue Hoffnung
❷ AGR Grummet *nt kein Pl,* Öhmd *nt kein Pl* (SDEUTSCH)
régal [ʀegal] *m* Genuss *m,* Gaumenfreude *f;* **mon grand** ~, **c'est le strudel** Strudel esse ich für mein Leben gern; ~ **pour les yeux** Augenweide *f*
régalade [ʀegalad] ▸ **boire à la** ~ trinken ohne [die Flasche/das Glas] anzusetzen
régaler [ʀegale] <1> **I.** *vpr* ❶ **qn se régale de qc** etw schmeckt einem, jd genießt etw; **on va se** ~ das wird ein Fest[essen], lecker, lecker (*fam*)
❷ (*éprouver un grand plaisir*) **se** ~ **en faisant qc** es genießen etw zu tun
II. *vt* ~ **qn d'un repas** jdn mit einem Essen erfreuen
III. *vi fam* [die Zeche] zahlen; **c'est le patron qui régale** das geht auf Kosten des Hauses
régalien(**ne**) [ʀegaljɛ̃, jɛn] *adj* HIST regal, königlich; **droits** ~**s** Regalien *Pl*
regard [ʀ(ə)gaʀ] *m* ❶ Blick *m;* ~ **d'envie** neidvoller Blick; **avec un** ~ **de convoitise** mit begierigen Blicken; ~ **en coin** [*o* **en coulisse**] Seitenblick, Blick aus den Augenwinkeln; ~ **noir** finsterer [*o* böser] Blick; **adresser un** ~ **à qn** jdm einen Blick zuwerfen; **attacher son** ~ **sur qn/qc** seinen Blick auf jdn/etw heften; **attirer les** ~**s de qn sur qc** jds Blick [*o* Aufmerksamkeit] auf etw (*Akk*) lenken; **dévorer qn/qc du** ~ jdn/etw mit den Augen verschlingen; **disparaître aux** ~**s de qn** *soutenu* jds Blicken (*Dat*) entschwinden (*geh*); **fixer** [*o* **porter**] **son** ~ **sur qn/qc** seinen Blick auf jdn/etw richten; **foudroyer** [*o* **fusiller**] [*o* **incendier**] [*o* **mitrailler**] **qn du** ~ jdm vernichtende Blicke zuwerfen, jdn mit Blicken töten; **jeter** [*o* **lancer**] **un** ~**/des** ~**s à qn** jdm einen Blick/Blicke zuwerfen; **tourner son** ~ **vers qn** (*regarder*) seinen Blick auf jdn richten, jdn anschauen
❷ (*coup d'œil*) Blick *m;* **jeter** [*o* **poser**] **un** ~ **sur qc** einen [kurzen] Blick auf etw (*Akk*) werfen; **parcourir qc du** ~ etw [mit Blicken] absuchen; **promener son** ~**/ses** ~**s sur qc** *littér* seinen Blick/seine Blicke über etw (*Akk*) schweifen lassen (*geh*); **au premier** ~ auf den ersten Blick
❸ (*façon de voir*) ~ **de l'enfant sur le monde qui l'entoure** Blick des Kindes auf die Welt, die es umgibt; **avoir un autre** ~ **sur qn/qc** jdn/etw anders sehen; **au** ~ **de la loi** vom rechtlichen Standpunkt aus [gesehen]
❹ TECH Sehloch *nt,* Schauloch *nt;* ~ **d'égout/de canalisation** Kanalschacht *m*
▸ **caresser qn/qc du** ~ jdn/etw liebevoll anschauen; **mettre deux choses en** ~ zwei Dinge einander gegenüberstellen; **tourner ses** ~**s vers qn** (*demander de l'aide*) jdn um Hilfe bitten; **en** ~ **de qc** im Vergleich zu etw, einer S. (*Dat*) gegenüber
regardant(**e**) [ʀ(ə)gaʀdɑ̃, ɑ̃t] *adj* **être** ~(**e**) **sur qc** sparsam mit etw sein
regarder [ʀ(ə)gaʀde] <1> **I.** *vt* ❶ ansehen, anschauen, angucken (*fam*), betrachten; (*observer*) beobachten; ~ **la mer pendant des heures** stundenlang aufs Meer schauen; ~ **tomber la pluie** dem Regen zusehen; **il la regarde faire** er sieht ihr zu; **regarde-moi cet imbécile** *fam* jetzt sieh dir mal diesen Idioten an
❷ (*prêter attention*) ansehen, beobachten, anschauen
❸ (*suivre des yeux avec attention*) ansehen *chose;* ~ **la télévision** fernsehen, Fernsehen schauen; ~ **un film** sich (*Dat*) einen Film ansehen [*o* anschauen]
❹ (*consulter rapidement*) überfliegen; sehen in (+ *Akk*), durchsehen, durchgehen *courrier;* durchsprechen *projet;* nachsehen, nachschlagen *numéro, mot;* sehen auf (+ *Akk*) *montre*
❺ (*vérifier*) sich (*Dat*) ansehen *malade, mécanisme*
❻ (*envisager, considérer*) betrachten *situation, être;* im Auge haben *avenir, danger, intérêt;* ~ **un danger/l'avenir** an eine Gefahr/an die Zukunft denken; ~ **qc en face** einer S. (*Dat*) ins Auge sehen
❼ (*concerner*) **ça te regarde** das geht dich etwas an, das betrifft dich; (*être l'affaire de qn*) das ist deine Angelegenheit; **je fais ce qui me regarde** ich kümmere mich um meine eigenen Angelegenheiten
❽ (*être tourné vers*) ~ **qc** *chose:* auf etw (*Akk*) sehen [*o* gerichtet sein]; *façade:* auf etw (*Akk*) gehen [*o* zeigen]
▸ **tu ne m'as pas regardé**(**e**)**!** *fam* so siehst du aus! (*fam*); **tu m'as** [**bien**] **regardé**(**e**)**!** *fam* das könnte dir so passen! (*fam*); **regardez-moi ça!** *fam* hat man so etwas [*o* so was *fam*] schon gesehen!, stellen Sie sich das mal vor!
II. *vi* ❶ (*s'appliquer à voir*) zusehen, zuschauen; **bien** ~ gut [*o* aufmerksam] hinsehen; ~ **dans un livre** in einem Buch nachsehen; ~ **sans voir** [*o* **droit devant soi**] blind vor sich (*Akk*) hinstarren

❷ (*prêter grande attention à*) ~ **à qc** auf etw (*Akk*) sehen [*o* gucken *fam*]; ~ **à deux francs de plus ou de moins** *vieilli* jede Mark [*o* jeden Pfennig] zweimal umdrehen; **à y bien** ~ bei näherer [*o* genauerer] Betrachtung; **ne pas y** ~ **de si près** es nicht so genau nehmen
❸ (*être dirigé vers*) ~ **au sud** *maison:* nach Süden gerichtet sein; *façade, fenêtre:* nach Süden gehen [*o* zeigen]
III. *vpr* ❶ (*se contempler*) **se** ~ **dans qc** sich in etw (*Dat*) betrachten
❷ (*se mesurer du regard*) **se** ~ *personnes:* sich ansehen [*o* angucken *fam*]
❸ (*se faire face*) **se** ~ *façades, maisons:* sich (*Dat*) gegenüberstehen
❹ (*pouvoir être vu*) **se** ~ *chose:* zu sehen sein; (*devoir être vu*) angesehen werden müssen
▸ **tu [ne] t'es [pas] regardé(e)!** *fam* sieh dich doch erst mal selbst an!, und du erst!
regarnir [ʀ(ə)gaʀniʀ] <8> *vt* [wieder] auffüllen, ergänzen
régate [ʀegat] *f* Regatta *f*
regel [ʀəʒɛl] *m* erneut auftretender Frost *m*
regeler [ʀ(ə)ʒəle, ʀəʒ(ə)le] <4> **I.** *vt* wieder einfrieren *produit congelé*
II. *vi* **il regèle** es friert wieder
régence [ʀeʒɑ̃s] **I.** *f* Regentschaft *f;* **la Régence** die Regentschaft [Philippes von Orléans] (*1715-1723*)
II. *app inv* **style Régence** Régencestil *m*
régénérateur [ʀeʒeneʀatœʀ] *m* CHIM, TECH Regenerator *m;* PHYS Konverter *m*
régénérateur, -trice [ʀeʒeneʀatœʀ, -tʀis] *adj crème, principe* regenerierend; **réacteur** ~ Brutreaktor *m,* Brüter *m*
régénération [ʀeʒeneʀasjɔ̃] *f* ❶ *du tissu osseux* Neubildung *f,* Regeneration *f;* **pouvoir de** ~ Regenerationsfähigkeit *f*
❷ *littér des mœurs, d'une nation* Erneuerung *f*
❸ TECH, CHIM Regeneration *f*
régénérer [ʀeʒeneʀe] <5> **I.** *vt* ❶ neu bilden *chairs, tissu;* ~ **ses forces** wieder zu Kräften kommen
❷ *littér* (*réformer*) erneuern
❸ TECH regenerieren *catalyseur;* regenerieren, wieder aufbereiten *caoutchouc, matériau*
II. *vpr* **se** ~ sich regenerieren; *chairs:* sich regenerieren, sich neu bilden; *plante:* sich regenerieren, sich erholen
régent [ʀeʒɛ̃t] *m* BELG *Lehrer für die ersten drei Jahre des Sekundarunterrichts*
régent(e) [ʀeʒɑ̃, ʒɑ̃t] **I.** *adj* die Regentschaft ausübend; **prince** ~ Prinzregent *m*
II. *m(f)* Regent(in) *m(f);* **le Régent** der Regent [Philippe von Orléans]
régenter [ʀeʒɑ̃te] <1> *vt, vi* ~ **qn/qc** über jdn/etw bestimmen; **vouloir tout** ~ [über] alles bestimmen wollen
reggae [ʀege] **I.** *m* Reggae *m*
II. *app inv* **groupe** ~ Reggaeband *f*
régicide [ʀeʒisid] **I.** *adj* für den König tödlich; **révolution** ~ Revolution *f,* bei der der König ermordet wird
II. *mf* Königsmörder(in) *m(f)*
III. *m* (*meurtre*) Königsmord *m*
régie [ʀeʒi] *f* ❶ Verwaltung *f* durch die öffentliche Hand, Regie *f* (*geh*)
❷ (*entreprise*) öffentliches Unternehmen, Regiebetrieb *m;* ~ **financière** Finanzverwaltung *f;* **Régie française des tabacs** französisches Tabakmonopol *nt* (*staatliche französische Tabakgesellschaft*)
❸ CINE, THEAT, TV Aufnahmeleitung *f,* Regieassistenz *f*
❹ TV, RADIO (*local*) Regieraum *m*
◆ ~ **image** Bildregie *f;* ~ **son** Tonregie *f*
regimber [ʀ(ə)ʒɛ̃be] <1> **I.** *vi* ~ **contre** [*o* **devant**] **qc** *personne:* sich gegen etw sträuben, gegen etw rebellieren; *animal:* etw ausschlagen, etw verweigern
II. *vpr* **se** ~ **contre** [*o* **devant**] **qc** sich gegen etw sträuben [*o* auflehnen]
régime¹ [ʀeʒim] *m* ❶ (*système*) [politisches] System; ~ **capitaliste** kapitalistisches [Wirtschafts]system; ~ **constitutionnel** Verfassung[sordnung *f*] *f;* ~ **présidentiel** Präsidialsystem; **opposants au** ~ Regimegegner *Pl;* **l'Ancien Régime** HIST das Ancien Régime, der Französische Absolutismus
❷ ADMIN (*réglementation*) ~ **conventionnel** vertragliche Regelung; ~ **douanier** Zollsystem *nt,* Zollrecht *nt;* ~ **sanitaire** Hygienewesen *nt,* Hygienemaßnahmen *Pl*
❸ MED Diät *f;* ~ **végétarien** vegetarische Ernährung[sweise *f*] *f;* ~ **diététique** Diät; ~ **lacté** Milchdiät; ~ **sec** Alkoholverbot *nt;* **il est au** ~ **sec** bei ihm ist Alkoholentzug angesagt; **être au** ~ eine Diät machen, Diät leben; **mettre qn/se mettre au** ~ jdn auf Diät setzen/eine Diät machen, jdm eine Diät verordnen/sich eine Diät verordnen
❹ AUT, TECH Drehzahl *f*
❺ GEOG, METEO *d'un fleuve* Wasserführung *f;* **le** ~ **des précipitations** die Niederschlagsmenge und -verteilung, die Niederschlagsverhältnisse *Pl*
❻ GRAM Objekt *nt*
▸ ~ **de <u>croisière</u>** Betriebsdrehzahl *f;* **atteindre son** ~ **de croisière** *fig* auf vollen Touren laufen (*fam*); **vivre/se marier sous le** ~ **de la <u>séparation</u> des biens** in Gütertrennung leben/eine Ehe mit Gütertrennung eingehen; **à <u>plein</u>** ~ **marcher** [*o* **tourner**] **à plein** ~ *machine, entreprise:* auf Hochtouren laufen; **travailler à plein/moindre** ~ *personne:* mit vollem/vermindertem Einsatz arbeiten; **<u>à</u> ce** ~ bei diesem Tempo
régime² [ʀeʒim] *m* BOT ~ **de bananes** Fruchtstand *m* der Bananen (*Gen*); ~ **de dattes** Dattelrispe *f*
régiment [ʀeʒimɑ̃] *m* ❶ (*troupe*) Truppe *f;* MIL Regiment *nt;* ~ **de cavalerie** Kavallerieregiment; **être/aller au** ~ *fam* beim Bund sein/zum Bund gehen (*fam*)
❷ *fam* (*service militaire*) Militärdienst *m,* Wehrdienst *m*
❸ (*quantité*) Unmenge *f;* **avoir un** ~ **de cousins** ein ganzes Heer von Vettern haben; **il y en a pour tout un** ~ *fam* das reicht ja für eine ganze Kompanie (*fam*)
région [ʀeʒjɔ̃] *f* ❶ (*contrée*) Gegend *f;* ~ **agricole** landwirtschaftliche Region, landwirtschaftliches Gebiet; ~ **équatoriale** Äquatorgebiet; ~ **frontalière** Grenzgebiet; ~ **naturelle** natürlicher Lebensraum; ~ **parisienne** Einzugsgebiet von Paris; ~ **pétrolière** Erdölgebiet; ~ **polaire** Polargebiet
❷ ADMIN Region *f;* MIL militärischer Verwaltungsbezirk, ≈ Wehrbereich *m;* ~ **aérienne** Luftwehrbereich
❸ ANAT Bereich *m;* ~ **lombaire** Bereich der Lenden[wirbelsäule], Lendengegend; ~ **plantaire** Fußsohle *f*
régional(e) [ʀeʒjɔnal, o] <-aux> **I.** *adj* ❶ (*relatif à une région*) regional; *mot* regional, landschaftlich; **langue** ~**e** Regionalsprache *f,* Regiolekt *m* (*Fachspr.*)
❷ ADMIN *préfet* der Region
II. *fpl* **les** ~**es** die Regionalwahlen
régionalisation [ʀeʒjɔnalizasjɔ̃] *f* Regionalisierung *f*
régionaliser [ʀeʒjɔnalize] <1> *vt* regionalisieren *financement, pays;* auf die Regionen verteilen *budget;* **être régionalisé(e)** *investissements:* regionalisiert [*o* dezentralisiert] sein
régionalisme [ʀeʒjɔnalism] *m* ADMIN, POL, LITTER, LING Regionalismus *m*
régionaliste [ʀeʒjɔnalist] **I.** *adj* regionalistisch, lokalpatriotisch (*pej*); **art** ~ Regionalkunst *f*
II. *mf* Regionalist(in) *m(f)*
régir [ʀeʒiʀ] <8> *vt* ❶ bestimmen; *protocole, règle:* regeln; (*gouverner*) bestimmen [über + *Akk*]; verwalten *biens;* lenken *besoins;* **être régi(e) par qn/qc** durch jdn/etw geregelt werden; *manifestation:* von jdm ausgerichtet werden
❷ GRAM, LING stehen mit, regieren (*Fachspr.*)
régisseur, -euse [ʀeʒisœʀ, -øz] *m, f* ❶ CINE, TV Aufnahmeleiter(in) *m(f),* Regieassistent(in) *m(f);* THEAT Inspizient(in) *m(f);* ~ **de plateau** Aufnahmeleiter
❷ JUR Verwalter(in) *m(f)*

R

registre [ʀəʒistʀ] *m* ❶ Schreibheft *nt;* ~ **des absences** Anwesenheitsliste *f;* **tenir un** ~ **de qc** über etw (*Akk*) Buch führen
❷ JUR, ECON Eintragungsbuch *nt;* ~ **mortuaire** Sterberegister, Sterbebuch; ~ **d'état civil** Personenstandsregister
❸ MUS Register *nt;* **changer de** ~ einen anderen Ton anschlagen
❹ INFORM Register *nt*
❺ (*style*) Ton[fall *m*] *m*
▸ ~ **de connaissances** breites Spektrum von Kenntnissen
◆ ~ **des avocats** Anwaltsverzeichnis *nt;* ~**s de comptabilité** [Haupt]bücher *Pl;* ~ **d'hôtel** Gästebuch *nt,* Melderegister *nt* (*form*); ~ **des sociétés** JUR Gesellschaftsregister *nt*

réglable [ʀeglabl] *adj bretelles, siège* verstellbar; *lumière* regulierbar

réglage [ʀeglaʒ] *m* ❶ (*mise au point*) *d'un moteur* Einstellung *f; d'une montre* Regulierung *f;* **système de** ~ Regelsystem *nt,* Steuersystem *nt*
❷ (*tracé*) *d'un papier* Linierung *f*

règle [ʀɛgl] *f* ❶ Regel *f;* JEUX [Spiel]regel; ADMIN Regel, Vorschrift *f;* REL [Ordens]regel; **avoir pour** ~ **de faire qc** es sich (*Dat*) zur Regel gemacht haben etw zu tun; **adopter des** ~**s de conduite** sich nach [bestimmten] Regeln richten, sich Regeln unterwerfen; **échapper à la** ~ eine Ausnahme [von der Regel] sein [*o* darstellen]; **être en** ~ **avec la loi** nicht gegen das Gesetz verstoßen, sich nicht strafbar machen; **être en** ~ in Ordnung sein; *passeport:* in Ordnung sein, gültig sein; **une dispute en** ~ ein regelrechter Streit; *iron* ein Streit, wie es sich gehört; **un vote en** ~ eine ordnungsgemäße Abstimmung; **se mettre en** ~ **avec qn** seine Angelegenheiten mit jdm in Ordnung [*o* ins Reine] bringen; **se mettre en** ~ **avec sa conscience** mit seinem Gewissen ins Reine kommen; **se faire une** ~ **de faire qc** es sich (*Dat*) zur Regel machen etw zu tun; **en** ~ **générale** in der Regel, im Allgemeinen; **les** ~**s** *de la morale, la politesse* die Regeln, die Grundsätze; **les** ~**s de la bienséance** die Anstandsregeln; **les** ~**s de l'honneur** der Ehrenkodex; **faire partie des** ~**s du métier** zum Beruf gehören; **qc fait partie des** ~**s de la politesse** die Höflichkeit verlangt etw; **dans les** ~**s** nach allen Regeln der Kunst, regelgerecht; (*selon les règles*) nach Vorschrift, vorschriftsmäßig; **se faire battre dans les** ~**s** sich nach Strich und Faden verprügeln lassen
❷ (*instrument*) (*plate*) Lineal *nt;* (*graduée*) Meterstab *m*
❸ *pl* ANAT Regel *f,* Periode *f,* Tage *Pl* (*fam*)
▸ **être de** ~ üblich sein; *état d'esprit:* an der Tagesordnung sein; **être de** ~ **que** üblich sein, dass
◆ ~ **à calcul** Rechenschieber *m;* ~ **de l'avantage** SPORT Vorteilsregel *f,* Vorteil *m;* ~ **de conduite** Verhaltensregel *f,* Verhaltensnorm *f;* ~ **du jeu** Spielregel *f;* ~ **d'or** goldene Regel; ~ **de trois** Dreisatz *m*

réglé(e) [ʀegle] *adj* ❶ *vie* geregelt
❷ ANAT **être** ~**(e)** *femme:* die Regel [*o* Periode] haben; **être mal** ~**(e)** eine unregelmäßige Periode haben

règlement [ʀɛgləmɑ̃] *m* ❶ (*discipline*) Vorschriften *Pl,* Reglement *nt;* ~ **intérieur** (*d'une école*) Schulordnung *f*
❷ (*solution*) *d'une affaire* Regelung *f; d'un problème, d'une question* Klärung *f,* Lösung *f*
❸ (*paiement*) Zahlung, Bezahlung *f;* **faire un** ~ **par chèque/en espèces** mit Scheck/[in] bar bezahlen
❹ JUR, FIN, ECON ~ **judiciaire** Vergleichsverfahren *nt;* ~ **à l'amiable** gütliche Beilegung
◆ ~ **de comptes** Abrechnung *f;* (*acte de vengeance*) Vergeltungsakt *m;* **avoir un** ~ **de comptes avec qn** mit jdm abrechnen; ~ **du conflit** Konfliktlösung *f,* Beilegung *f* des Konflikts; ~ **de police** Polizeiverordnung *f*

réglementaire [ʀɛgləmɑ̃tɛʀ] *adj* ❶ *taille, tenue, uniforme* vorschriftsmäßig; **ce n'est pas très** ~ das verstößt eigentlich gegen die Vorschrift
❷ JUR *dispositions, procédure* durch Verordnung [gesetzlich] geregelt; *pouvoir, compétence* Verordnungs-; *délai, temps* vorgeschrieben

réglementairement [ʀɛgləmɑ̃tɛʀmɑ̃] *adv* vorschriftsmäßig, den Vorschriften entsprechend; **être fixé(e)** ~ durch eine Vorschrift festgelegt werden

réglementation [ʀɛgləmɑ̃tasjɔ̃] *f* ❶ *du code de la route, commerce, travail* [gesetzliche] Bestimmungen [*o* Vorschriften] *Pl*
❷ (*fixation*) *des taux de change, loyers, salaires* [gesetzliche] Festsetzung [*o* Regelung]
◆ ~ **du commerce** Wirtschaftsrecht *nt;* ~ **des prix** Preisregelung *f*

réglementer [ʀɛgləmɑ̃te] <1> **I.** *vt* gesetzlich regeln, reglementieren
II. *vi* Verordnungen erlassen, reglementieren (*pej*)

régler [ʀegle] <5> **I.** *vt* ❶ (*résoudre*) regeln; klären *problème, question;* beilegen, schlichten, bereinigen *conflit, différend;* ~ **qc à l'amiable** etw gütlich regeln; **c'est une affaire réglée** die Sache ist erledigt
❷ (*payer*) bezahlen
❸ (*réguler*) einstellen, regulieren; regeln *circulation;* stellen *montre;* ~ **le tir** sich einschießen; ~ **le thermostat à 22°** den Thermostat auf 22° einstellen
❹ (*fixer*) festlegen, festsetzen *modalités, programme;* **son sort est déjà réglé** sein/ihr Schicksal ist schon besiegelt
❺ (*conformer à*) ~ **la journée sur qn/qc** den Tag nach jdm/etw richten
II. *vi* zahlen
III. *vpr* ❶ (*suivre*) **se** ~ **sur qn/qc** sich nach jdm/etw richten
❷ (*se résoudre*) **se** ~ *affaire, question:* sich regeln lassen, sich klären; *conflit, différent:* sich beilegen [*o* schlichten] lassen, beigelegt [*o* geschlichtet] werden
❸ (*être mis au point*) **se** ~ sich einstellen lassen

règles [ʀɛgl] *fpl* Regel *f,* Periode *f,* Tage *Pl* (*fam*); **avoir ses** ~ seine Regel [*o* Periode] haben [*o* Tage *fam*]

réglette [ʀeglɛt] *f* kleines Lineal

réglisse [ʀeglis] **I.** *f* (*plante*) Süßholz *nt*
II. *m o f* (*bonbon*) Lakritzebonbon *nt;* (*bâton*) Lakritze *f*

réglo [ʀeglo] *adj fam* korrekt; **c'est** ~**!** das ist o.k.! (*fam*); **c'est un type** ~**!** der Typ ist o.k. (*fam*)

régnant(e) [ʀeɲɑ̃, ɑ̃t] *adj* ❶ *prince* regierend; *famille* herrschend; **la maison** ~**e** das Herrscherhaus
❷ (*en cours*) [derzeit] vorherrschend; *morale* herrschend

règne [ʀɛɲ] *m* ❶ (*souveraineté*) *d'un régime* Herrschaft *f; d'un roi, souverain* Herrschaft, Regentschaft *f;* **que ton** ~ **vienne!** dein Reich komme!; **sous le** ~ **de qn** unter jds Herrschaft (*Dat*)
❷ (*influence prédominante*) Herrschaft *f;* **c'est le** ~ **de qc** hier regiert etw
❸ BOT, ZOOL Welt *f,* Reich *nt*

régner [ʀeɲe] <5> *vi* ❶ *prince, roi:* herrschen, regieren; ~ **sur qc** *prince, roi:* über etw (*Akk*) regieren [*o* herrschen]; **Louis XIV régna de 1643 à 1715** Ludwig XIV. regierte von 1643 bis 1715
❷ (*exercer son autorité*) ~ **sur qn/qc** über jdn/etw herrschen; ~ **dans la cuisine** *fam* in der Küche das Zepter schwingen (*hum*)
❸ (*prédominer*) herrschen; **faire** ~ **la terreur** Angst und Schrecken verbreiten

regonflage [ʀ(ə)gɔ̃flaʒ] *m* Nachfüllen *nt* der Luft; *d'une chambre à air* [Wieder]aufpumpen *nt*

regonfler [ʀ(ə)gɔ̃fle] <1> **I.** *vt* ❶ (*gonfler à nouveau*) wieder aufpumpen *ballon, chambre à air;* (*avec la bouche*) wieder aufblasen *ballon, chambre à air;* ~ **un pneu** im Reifen Luft nachfüllen
❷ *fam* (*tonifier*) wieder aufmuntern [*o* aufmöbeln] (*fam*) *personne;* ~ **le moral de qn** jdm wieder Mut machen; **être regonflé(e) [à bloc]** wieder in besserer Stimmung sein
II. *vi rivière:* wieder ansteigen; *partie du corps:* wieder anschwellen

regorger [ʀ(ə)gɔʀʒe] <2a> *vi* (*abonder*) ~ **d'argent** *personne:*

im Geld schwimmen; ~ **de personnes/choses** *marché, magasin, pièce:* vor Menschen/Dingen überquellen

régresser [ʀegʀese] <1> *vi* zurückgehen; *organe:* sich zurückbilden; *enfant:* zurückfallen

régressif, -ive [ʀegʀesif, -iv] *adj* regressiv, rückläufig

régression [ʀegʀesjɔ̃] *f* ❶ (*diminution*) *d'une douleur, épidémie* Zurückgehen *nt; d'une production, des ventes, accidents* Rückgang *m; d'une mentalité, société, histoire* rückläufige Entwicklung; ~ **intellectuelle** Rückschritt *m;* **en** ~ rückläufig; **être en** ~ im Rückgang begriffen sein
❷ PSYCH Regression *f*
❸ BIO Rückbildung *f*
❹ GEOL ~ **marine** Zurückweichen *nt* des Meeres

regret [ʀ(ə)gʀɛ] *m* ❶ (*nostalgie*) **le[s]** ~**[s] de qc** die Sehnsucht nach etw; **se complaire dans le** ~ **du passé** der Vergangenheit gern nachtrauern; ~**s éternels** in tiefer Trauer
❷ (*contrariété*) Bedauern *nt;* **avoir le** ~ **de faire qc** [es] bedauern etw zu tun; **ne pas avoir de** ~**s** nichts bereuen; **qn est au** ~ **de faire qc** jd bedauert etw tun zu müssen; **au grand** ~ **de qn** zu jds größtem Bedauern; **tous mes** ~**s** es tut mir wirklich Leid
❸ (*remords*) ~ **de qc** Bedauern *nt* einer S. (*Gen*), Reue *f* über etw (*Akk*); **ne manifester aucun** ~ keine Reue zeigen
▶ **à** ~ *partir* ungern; *accepter* widerstrebend; **allez, sans** ~ **!** nichts für ungut!

regrettable [ʀ(ə)gʀetabl] *adj* bedauerlich

regretter [ʀ(ə)gʀete] <1> **I.** *vt* ❶ (*se repentir de*) bereuen
❷ (*déplorer*) bedauern *attitude, décision, absence*
❸ (*déplorer l'absence de*) ~ **sa jeunesse** seiner Jugend (*Dat*) nachtrauern; ~ **le pays natal** sich nach seiner Heimat sehnen; **qn regrette une personne** ein Mensch fehlt jdm; **à notre regretté collègue** unserem geschätzten Kollegen, den wir sehr vermissen
II. *vi* **je regrette** ich bedaure, es tut mir Leid

regrimper [ʀ(ə)gʀɛ̃pe] <1> **I.** *vt* wieder hinaufsteigen *escalier;* wieder hinaufklettern *côte, pente*
II. *vi fièvre, prix, route:* wieder ansteigen

regrossir [ʀ(ə)gʀosiʀ] <8> *vi* wieder zunehmen

regroupement [ʀ(ə)gʀupmɑ̃] *m* Versammlung *f,* Versammeln *nt; de forces, personnes, sociétés* Zusammenschluss *m; de parcelles, terrains* Zusammenlegung *f;* ~ **familial** JUR Familienzusammenführung *f*

regrouper [ʀ(ə)gʀupe] <1> **I.** *vt* ❶ (*mettre ensemble*) zusammenlegen; vereinen *personnes;* zusammenräumen *papiers, objets;* (*réduire*) zusammenfassen *chapitres, paragraphes;* **des personnes sont regroupées autour de qn** Menschen scharen sich um jdn; **toute la famille regroupée** die ganze Familie [vereint]
❷ (*être composé de, rassembler*) vereinigen, umfassen; **cette association regroupe des experts** in diesem Verein haben sich Experten zusammengeschlossen
❸ (*réorganiser*) [neu] gruppieren *classe, élèves;* [wieder] zusammentreiben *bétail;* neu ordnen *armée, parti*
II. *vpr* **se** ~ **dans qc** sich in etw (*Dat*) zusammenschließen; **se** ~ **autour de qn** sich um jdn herum aufstellen; (*dans un but commun*) sich jdm anschließen; **regroupez-vous pour la photo** stellt euch für das Foto zusammen; **se** ~ **autour de/derrière qn** SPORT sich um jdn/hinter jdm gruppieren

régularisation [ʀegylaʀizasjɔ̃] *f* ❶ (*mise en ordre*) *d'une situation* Regelung *f,* Legalisierung *f;* **s'occuper de la** ~ **de ses papiers** seine Papiere in Ordnung bringen
❷ GEOG *d'une rivière* Regulierung *f*

régulariser [ʀegylaʀize] <1> *vt* ❶ (*mettre en ordre*) in Ordnung bringen; regeln *acte administratif;* legalisieren *situation* [*de couple*]
❷ GEOG regulieren *rivière*

régularité [ʀegylaʀite] *f* ❶ (*harmonie*) *d'un dessin, d'une façade* Regelmäßigkeit *f; des traits du visage* Regelmäßigkeit, Ebenmäßigkeit *f*
❷ (*ponctualité*) *d'un acte, repas* Regelmäßigkeit *f*
❸ (*conformité aux règles, légalité*) Ordnungsmäßigkeit *f,* Vorschriftsmäßigkeit *f*

régulateur [ʀegylatœʀ] *m* ❶ (*phénomène*) Regulator *m,* Regulativ *nt*
❷ CHEMDFER Stellwerksleiter *m*
❸ (*appareil*) Regler *m;* ~ **de vitesse** Geschwindigkeitsregler

régulateur, -trice [ʀegylatœʀ, -tʀis] *adj* regulierend; *principe* ordnend, Ordnungs-; *rôle* ausgleichend

régulation [ʀegylasjɔ̃] *f* Regelung *f;* ~ **hormonale/thermique** Hormon-/Wärmeregulierung *f*

régulatrice [ʀegylatʀis] *f* ❶ (*phénomène*) Regulator *m,* Regulativ *nt*
❷ CHEMDFER Stellwerksleiterin *f*

réguler [ʀegyle] <1> *vt* regulieren

régulier, -ière [ʀegylje, -jɛʀ] *adj* ❶ (*équilibré*) regelmäßig; *vie, habitudes* geregelt; *humeur* gleichbleibend
❷ (*constant*) regelmäßig; *effort* stet (*geh*), kontinuierlich; *résultats, vitesse* gleich bleibend; *vent* konstant
❸ (*à périodicité fixe*) regelmäßig; *avion, train, ligne* [fahr]planmäßig; **vol** ~ Linienflug *m;* **correspondance régulière** regelmäßige Verkehrsverbindung; **manger à des heures régulières** seine Mahlzeiten zu festen Zeiten einnehmen
❹ (*ponctuel*) pünktlich
❺ (*légal*) vorschriftsmäßig; *jugement* korrekt; *gouvernement* legal; *tribunal* ordentlich; **ne pas être en situation régulière** keine gültige Aufenthaltsgenehmigung haben
❻ (*honnête*) *homme d'affaires, opération* korrekt; **être** ~**(-ière) en/dans qc** in etw (*Dat*) korrekt sein, sich in etw (*Dat*) korrekt verhalten
❼ SPORT vorschriftsmäßig, regulär
❽ MIL regulär; **armée régulière** [reguläre] Armee
❾ GRAM, LITTER regelmäßig
❿ GEOM gleichseitig

régulièrement [ʀegyljɛʀmɑ̃] *adv* ❶ (*périodiquement*) regelmäßig
❷ (*selon les règles*) vorschriftsmäßig
❸ (*uniformément*) gleichmäßig

régurgitation [ʀegyʀʒitasjɔ̃] *f* MED Wiederausspucken *nt;* ZOOL Wiederkäuen *nt*

régurgiter [ʀegyʀʒite] <1> *vt* ❶ MED, ZOOL *personne:* wieder von sich geben; *animal:* wiederkäuen
❷ *fig personne:* wiederkäuen (*fam*)

réhabilitation [ʀeabilitasjɔ̃] *f* ❶ (*remise en honneur*) Rehabilitierung *f*
❷ (*réinsertion*) Wiedereingliederung *f* in die Gesellschaft
❸ (*rénovation*) *d'un quartier* Sanierung *f; d'un immeuble* Instandsetzung *f*

réhabiliter [ʀeabilite] <1> **I.** *vt* ❶ JUR rehabilitieren; ~ **qn dans ses fonctions** jdn wieder in sein Amt einsetzen
❷ (*réinsérer*) rehabilitieren, wieder [in die Gesellschaft] eingliedern
❸ (*remettre à l'honneur*) rehabilitieren; ~ **la mémoire de qn** jdn nach seinem Tode [*o* nachträglich] rehabilitieren
❹ (*rénover*) sanieren
II. *vpr* **se** ~ sich rehabilitieren

réhabituer [ʀeabitɥe] <1> **I.** *vt* ~ **un enfant à qn/qc** *personne:* ein Kind wieder an jdn/etw gewöhnen; ~ **un élève à faire qc** einen Schüler wieder daran gewöhnen etw zu tun
II. *vpr* **se** ~ **à qn/qc** sich wieder an jdn/etw gewöhnen; **se** ~ **à faire qc** sich wieder daran gewöhnen etw zu tun

rehaussement [ʀəosmɑ̃] *m* ❶ *d'une clôture, muraille* Erhöhen *nt; d'un immeuble, édifice* Aufstocken *nt*
❷ (*majoration*) *d'un forfait fiscal, impôt* Anheben *nt; d'une monnaie* Aufwertung *f*

rehausser [ʀəose] <1> *vt* ❶ (*surélever*) höher machen (*fam*) *clôture;* aufstocken *édifice, immeuble;* anheben, erhöhen *plancher,*

R

plafond
❷ (*majorer*) anheben *forfait fiscal, impôt;* aufwerten *monnaies*
❸ (*mettre en valeur*) unterstreichen, hervorheben; erhöhen, steigern *mérite, prestige, réputation;* ~ **une chemise de dentelle** eine Bluse mit Spitzen verzieren; ~ **un avocat aux yeux de qn** einen Anwalt in jds Ansehen (*Dat*) steigen lassen

réhydrater [ReidRate] <1> *vt* ~ **la peau** der Haut (*Dat*) wieder Feuchtigkeit geben; ~ **l'organisme** dem Organismus wieder Feuchtigkeit zuführen

réimplantation [Reɛ̃plɑ̃tasjɔ̃] *f d'une industrie, population* Wiederansiedlung *f; d'une dent, d'un organe* Reimplantation *f,* Wiedereinpflanzung *f*

réimplanter [Reɛ̃plɑ̃te] <1> **I.** *vt* wieder ansiedeln *industrie;* wieder einpflanzen *dent, organe*
II. *vpr* **se** ~ **dans la vallée** *industrie:* sich wieder im Tal ansiedeln

réimportation [Reɛ̃pɔRtasjɔ̃] *f* Wiedereinfuhr *f,* Reimport *m*

réimporter [Reɛ̃pɔRte] <1> *vt* wieder einführen, reimportieren

réimposer [Reɛ̃poze] <1> *vt* neu veranlagen

réimposition [Reɛ̃pozisjɔ̃] *f* Neuveranlagung *f*

réimpression [Reɛ̃pResjɔ̃] *f* Neudruck *m,* Nachdruck *m;* **être en** ~ nachgedruckt werden

réimprimer [Reɛ̃pRime] <1> *vt* neu drucken, nachdrucken

rein [Rɛ̃] *m* ❶ Niere *f*
❷ *pl* (*bas du dos*) Kreuz *nt;* **avoir mal aux** ~**s** Kreuzschmerzen haben
▸ **donner un coup de** ~ *fam* einen neuen Anlauf nehmen *m;* **sonder les** ~**s et les cœurs** Hellseher sein; **avoir les** ~**s solides** *fam* (*avoir une position très forte*) einflussreich [*o* mächtig] sein; (*financièrement*) zahlungskräftig sein; **briser** [*o* **casser**] **les** ~**s à qn** (*briser sa carrière*) jdm das Genick brechen (*fam*)

réincarcérer [Reɛ̃kaRseRe] <5> *vt* wieder [*o* erneut] inhaftieren

réincarnation [Reɛ̃kaRnasjɔ̃] *f* Wiedergeburt *f,* Reinkarnation *f;* **la** ~ **de qn** (*portrait*) jds Ebenbild *nt;* (*personnification*) jds Verkörperung *f*

réincarner [Reɛ̃kaRne] <1> *vpr* REL **se** ~ **dans qc** *âme:* in etw (*Dat*) wiedergeboren werden

réincorporer [Reɛ̃kɔRpɔRe] <1> *vt* ADMIN, MIL ~ **qn dans un régiment** jdn wieder in eine Truppe eingliedern; ~ **qn dans une fonction** jdn wieder in ein Amt einsetzen

réindustrialiser [Reɛ̃dystRijalize] <1> *vt* wieder industrialisieren, reindustrialisieren

reine [Rɛn] *f* ❶ Königin *f;* ~ **mère** Königinmutter *f*
❷ (*celle qui domine*) ~ **du bal** Ballkönigin *f;* **être la** ~ **des idiotes** eine Vollidiotin sein (*fam*); **elle est la** ~ **de mes pensées** sie beherrscht meine Gedanken
❸ ZOOL ~ **des abeilles/fourmis** Bienen-/Ameisenkönigin *f*
❹ ECHECS, CARTES Dame *f*
◆ ~ **de beauté** Schönheitskönigin *f*

reine-claude [Rɛnklod] <reines-claudes> *f* Reineclaude *f,* Reneklode **reine-marguerite** [RɛnmaRgəRit] <reines-marguerites> *f* Gartenaster *f*

reinette [Rɛnɛt] *f* Renette *f*

réinfecter [Reɛ̃fɛkte] <1> **I.** *vt* wieder infizieren
II. *vpr* **se** ~ *blessure, plaie:* sich wieder infizieren

réinfection [Reɛ̃fɛksjɔ̃] *f* erneute Infektion

réinjecter [Reɛ̃ʒɛkte] <1> *vt* ~ **des capitaux dans une entreprise** einem Unternehmen wieder neues Kapital zuführen

réinscription [Reɛ̃skRipsjɔ̃] *f* Rückmeldung *f*

réinscrire [Reɛ̃skRiR] <*irr*> **I.** *vt* ❶ (*mettre à nouveau sur une liste*) [**faire**] ~ **qn/qc sur une liste** jdn/etw wieder auf eine Liste setzen; [**faire**] ~ **qn dans une nouvelle école** jdn in einer neuen Schule anmelden
❷ (*réécrire*) ~ **qc sur un papier** etw noch einmal aufschreiben; ~ **qc sur une liste** etw noch einmal in eine Liste eintragen
II. *vpr* **se** [**faire**] ~ **sur une liste** sich wieder auf eine Liste setzen lassen; **se** [**faire**] ~ **à l'université** sich wieder an der Universität einschreiben, sich [an der Universität] zurückmelden

réinsérer [Reɛ̃seRe] <5> **I.** *vt* ~ **un joueur dans qc** einen Spieler wieder in etw (*Akk*) eingliedern; ~ **un élément dans qc** ein Element wieder in etw (*Akk*) einfügen
II. *vpr* **se** ~ **dans qc** sich wieder in etw (*Akk*) eingliedern

réinsertion [Reɛ̃sɛRsjɔ̃] *f d'un chômeur* Wiedereingliederung *f; d'un délinquant* Wiedereingliederung, Resozialisierung *f; d'un malade* Wiedereingliederung, Rehabilitation *f;* ~ **professionnelle** berufliche Wiedereingliederung

réinstallation [Reɛ̃stalasjɔ̃] *f* (*dans une région*) Neuansiedlung *f;* (*dans un bâtiment*) Neuunterbringung *f*

réinstaller [Reɛ̃stale] <1> **I.** *vt* **faire** ~ **qc** wieder installieren lassen; ~ **qn dans un appartement** jdn wieder in einer Wohnung unterbringen; ~ **qn dans une fonction** jdn wieder in ein Amt einsetzen
II. *vpr* **se** ~ sich wieder niederlassen

réintégration [Reɛ̃tegRasjɔ̃] *f d'un fonctionnaire, ouvrier* Wiedereingliederung *f,* Wiedereinstellung *f;* ~ **dans ses fonctions** Wiedereinsetzung *f* in sein Amt; ~ **dans la nationalité** Wiedereinbürgerung *f*

réintégrer [Reɛ̃tegRe] <5> *vt* ❶ (*revenir dans*) ~ **une place** an einen Platz zurückkehren; ~ **sa cellule/maison** in seine Zelle/sein Haus zurückkehren; ~ **son lit** *fleuve:* wieder in seinem Flussbett fließen
❷ (*rétablir*) ~ **qn dans un groupe** jdn wieder in eine Gruppe aufnehmen; ~ **qn dans la société** jdn wieder in die Gesellschaft eingliedern [*o* integrieren]; ~ **qn dans ses droits** jdn wieder in seine Rechte einsetzen; ~ **qn dans les rangs de l'armée** jdn wieder in die Armee aufnehmen; ~ **qn dans un poste** jdn wieder einstellen; ~ **qn dans sa nationalité** jdn wieder einbürgern

réinterpréter [Reɛ̃tɛRpRete] <5> *vt* neu interpretieren

réintroduire [Reɛ̃tRɔdɥiR] <*irr*> **I.** *vt* ~ **qn/qc dans un jeu** jdn/etw wieder in ein Spiel einführen; ~ **une phrase dans un texte** einen Satz wieder in einen Text einfügen
II. *vpr* **se** ~ **dans un groupe** sich (*Dat*) wieder Zutritt zu einer Gruppe verschaffen

réinventer [Reɛ̃vɑ̃te] <1> *vt* wieder neu erfinden *monde;* wieder neu entdecken *solidarité, partage, relations*

réinviter [Reɛ̃vite] <1> *vt* wieder einladen

réitération [ReiteRasjɔ̃] *f littér* Wiederholung *f*

réitérer [ReiteRe] <5> *vt* wiederholen; **être réitéré(e)** *demande, efforts:* wiederholt sein

rejaillir [R(ə)ʒajiR] <8> *vi* ❶ (*retomber*) ~ **sur qn/qc** *honte, faute:* auf jdn/etw zurückfallen; *bienfait, gloire, renommée:* sich [positiv] auf jdn/etw auswirken
❷ (*jaillir avec force*) *boue, liquide:* aufspritzen; *lumière:* zurückstrahlen

rejaillissement [R(ə)ʒajismɑ̃] *m* ❶ (*retombée*) *d'un acte, événement, d'une faute* Auswirkung *f*
❷ (*éclaboussure*) Hochspritzen *nt,* Aufspritzen *nt*

rejet [R(ə)ʒɛ] *m* ❶ **a.** JUR (*refus*) Ablehnung *f*
❷ MED *d'une greffe, d'un organe* Abstoßung *f;* **réaction de** ~ Abstoßreaktion *f*
❸ *pl* (*déchets*) Absonderungen *Pl;* (*de liquide*) Abwässer *Pl*
❹ AGR Schössling *m,* neuer Trieb
❺ GRAM *d'un verbe* Zurückstellen *nt* [ans Satzende]; POES Zeilensprung *m*

rejetable [Rəʒtabl] *adj projet, proposition* zurückzuweisen, nicht annehmbar

rejeter [R(ə)ʒəte, Rəʒ(ə)te] <3> **I.** *vt* ❶ **a.** JUR (*refuser*) zurückweisen, ablehnen; verwerfen *hypothèse;* nicht anerkennen *circonstances atténuantes;* **être rejeté(e)** verstoßen sein/werden; (*exclu d'une communauté*) ausgeschlossen sein/werden; ~ **le pourvoi en cassation** die Revision verwerfen [*o* zurückweisen]

❷ (*évacuer*) abgeben *déchets;* spülen *épaves;* wieder ausspucken *nourriture*
❸ (*se décharger de*) ~ **une responsabilité sur qn/qc** die Verantwortung auf jdn abwälzen; ~ **une faute sur qn/qc** jdm/etw die Schuld zuschieben
❹ (*repousser*) zurückwerfen *tête;* zurück machen *épaules;* auswerfen, ausstoßen *terre*
❺ GRAM ~ **le sujet après le verbe** das Subjekt hinter das Verb stellen
❻ (*relancer*) zurückwerfen *balle, objet*
❼ AGR austreiben *nouvelles pousses*
II. *vpr* ❶ *fam* (*se rabattre*) **se ~ sur qc** mit etw vorlieb nehmen
❷ (*se jeter à nouveau*) **se ~ à l'eau** sich wieder ins Wasser stürzen; **se ~ sur qn** sich wieder auf jdn stürzen
❸ (*faire un mouvement du corps*) **se ~ en arrière** einen Satz nach hinten machen
❹ (*s'accuser*) **se ~ la faute l'un l'autre** sich gegenseitig die Schuld zuschieben
rejeton [ʀəʒ(ə)tɔ̃, ʀ(ə)ʒətɔ̃] *m* ❶ AGR (*pousse*) Schössling *m,* Ableger *m*
❷ *fam* (*descendant*) Sprössling *m* (*hum fam*), Spross *m* (*geh*)
rejoindre [ʀ(ə)ʒwɛ̃dʀ] <*irr*> I. *vt* ❶ (*regagner*) wieder einnehmen *poste;* treffen *personne;* ~ **son domicile** nach Hause zurückkehren; ~ **un lieu** an einen Ort zurückkehren; ~ **le régiment** zum Regiment zurückkehren
❷ (*déboucher*) ~ **une route** auf eine Straße treffen [*o* stoßen]
❸ (*rattraper*) einholen *personne;* **vas-y, je te rejoins** geh schon [voraus], ich komme nach
❹ (*se rapprocher de*) ~ **qn dans un point** in einem Punkt mit jdm übereinstimmen; ~ **un parti** sich einer Partei anschließen
II. *vpr* **se ~** ❶ (*être d'accord*) *idées, points de vue:* übereinstimmen; *personnes:* sich einig sein, miteinander übereinstimmen
❷ (*se réunir*) *personnes:* sich treffen; *choses:* zusammenlaufen, aufeinander treffen; *fleuves, rivières:* zusammenfließen
rejouer [ʀ(ə)ʒwe] <1> I. *vt* (*à nouveau*) wieder spielen *match, morceau de musique, pièce;* (*encore une fois*) noch einmal spielen *match, morceau de musique, pièce;* noch einmal ausspielen *carte*
II. *vi* wieder spielen
réjoui(e) [ʀeʒwi] *adj* fröhlich, vergnügt
réjouir [ʀeʒwiʀ] <8> I. *vt* ~ **qn/qc** jdn/etw erfreuen; **tu ne me réjouis guère en me disant que qn a fait qc** du machst mir nicht gerade eine Freude, wenn du mir sagst, dass jd etw getan hat
II. *vpr* **se ~ de qc** sich über etw (*Akk*) freuen; (*à l'avance*) sich auf etw (*Akk*) freuen; **se ~ de faire qc** sich [darüber] freuen etw zu tun; (*à l'avance*) sich darauf freuen etw zu tun; **se ~ à l'idée de...** sich bei dem Gedanken freuen, dass ...
réjouissance [ʀeʒwisɑ̃s] *f* ❶ (*divertissement, joie*) Freude *f*
❷ *pl* (*festivités*) Festlichkeiten *Pl;* *hum* Festivitäten *Pl;* **~s populaires** Volksfeste *Pl*
réjouissant(e) [ʀeʒwisɑ̃, ɑ̃t] *adj* erfreulich; *histoire, spectacle* amüsant, unterhaltsam; **c'est ~!** *iron* das kann ja heiter werden! (*iron fam*)
rejuger [ʀəʒyʒe] <2a> *vt* neu verhandeln *affaire;* ~ **un accusé** erneut über einen Angeklagten urteilen
relâche [ʀəlɑʃ] *f* ❶ (*répit*) [Ruhe]pause *f;* (*dans le travail*) Unterbrechung *f;* **un moment de ~** ein Moment Ruhe; **sans ~** *poursuivre, combattre* unermüdlich; *travailler, harceler* pausenlos
❷ THEAT **jour de ~** vorstellungsfreier Tag; **afficher** [*o* **faire**] ~ keine Vorstellung geben
❸ NAUT Hafen, der angelaufen wird; **faire ~** anlegen; **faire ~ dans un port** einen Hafen anlaufen
relâché(e) [ʀ(ə)lɑʃe] *adj autorité, discipline* lax; *conduite* ungehobelt; *mœurs* locker; *style* nachlässig
relâchement [ʀ(ə)lɑʃmɑ̃] *m des mœurs* Lockerung *f;* *de l'autorité, de la discipline* Nachlassen *nt*
relâcher [ʀ(ə)lɑʃe] <1> I. *vt* ❶ (*desserrer*) lockern; entspannen *muscles*
❷ (*libérer*) freilassen
❸ (*cesser de tenir*) loslassen *objet, proie*
❹ (*affaiblir*) lockern *discipline;* ~ **un effort** in einer Anstrengung nachlassen; **qn relâche son attention** jds Aufmerksamkeit lässt nach
II. *vi* NAUT ~ **dans un port** in einem Hafen anlegen
III. *vpr* **se ~** ❶ (*se desserrer*) sich lockern; *muscle:* sich entspannen
❷ (*s'affaiblir*) *attention, effort, discipline:* nachlassen; *mœurs:* sich lockern; *style:* nachlässig werden
❸ (*perdre son ardeur*) nachlassen; **se ~ dans qc** in etw (*Dat*) nachlässig werden
relais [ʀ(ə)lɛ] *m* ❶ (*intermédiaire*) Mittler(in) *m(f),* Vermittler(in) *m(f)*
❷ SPORT Staffel *f,* Staffellauf *m;* **le ~ quatre fois cent mètres** die 4 x Hundert-Meter-Staffel
❸ ELEC, RADIO Relais *nt;* ~ **de télévision/radio** Fernseh-/Radiorelaisstation *f*
❹ HIST Relais *nt,* Relaisstation *f*
▸ **passer le ~ à qn** (*laisser sa fonction*) jdm die Führung übergeben; (*laisser la parole*) jdm das Wort überlassen; (*confier l'administration des biens*) jdm die Nachfolge übertragen; **prendre le ~** die Nachfolge antreten; **prendre le ~ de qn/qc** jdn/etw ablösen; **travail par ~** Schichtarbeit *f*
relance [ʀ(ə)lɑ̃s] *f* ❶ (*nouvel essor*) Aufschwung *m;* *de la consommation* [Wieder]ankurbelung *f,* [Wieder]belebung; ~ **économique** wirtschaftlicher Aufschwung
❷ SPORT [Ball]einwurf *m*
❸ CARTES höheres Gebot; **faire une ~** überbieten
relancer [ʀ(ə)lɑ̃se] <2> I. *vt* ❶ (*donner un nouvel essor à*) wieder aufnehmen; wieder aufleben lassen *idée, mouvement;* wieder ankurbeln *économie, production, immobilier;* [wieder] anregen *investissement;* ankurbeln *croissance économique*
❷ CHASSE [wieder] aufscheuchen *animal*
❸ *fam* (*harceler*) bedrängen; mahnen *client, débiteur*
❹ (*renvoyer*) (*avec la main*) wieder zurückwerfen, einwerfen; (*avec une raquette*) wieder zurückschlagen, aufschlagen; (*avec le pied*) zurückschießen, abschlagen, anstoßen; (*avec la tête*) zurückköpfen
II. *vi* CARTES [den Einsatz] erhöhen, überbieten
relater [ʀ(ə)late] <1> *vt* berichten über (+ *Akk*), schildern *événement, fait;* erzählen *aventure;* **relaté(e) par la presse** *faits* in der Presse dargelegt [*o* geschildert]
relatif [ʀ(ə)latif] *m* ❶ GRAM Relativpronomen *nt*
❷ (*relativité*) **avoir le sens du ~** relativieren können
relatif, -ive [ʀ(ə)latif, -iv] *adj* ❶ (*opp: absolu*) relativ
❷ (*partiel*) relativ; **être d'une relative discrétion** relativ diskret sein
❸ (*en liaison avec*) **être ~(-ive) à qn/qc** sich auf jdn/etw beziehen; **~(-ive) à ton projet/ta question** dein Projekt/deine Frage betreffend, bezüglich deines Projekts/deiner Frage
❹ *postposé* GRAM Relativ-
❺ MATH relativ
relation [ʀ(ə)lasjɔ̃] *f* ❶ (*rapport*) Beziehung *f,* Verhältnis *nt*
❷ *pl* (*rapport entre personnes, pays*) Beziehungen *Pl;* **~s amicales/tendues** freundschaftliches/gespanntes Verhältnis *nt;* **rompre les ~s commerciales avec qn** die geschäftlichen Beziehungen zu jdm abbrechen; **~s sexuelles** JUR Beiwohnung *f* (*Fachspr.*); **~s d'affaires** Geschäftsbeziehungen; **avoir une ~ amoureuse/des ~s amoureuses avec qn** eine Beziehung [*o* ein Verhältnis] mit jdm haben; **avoir de bonnes/mauvaises ~s avec qn** gute/schlechte Beziehungen zu jdm haben; **avoir/entretenir des ~s avec qn** mit jdm Kontakt haben/in Kontakt stehen; **par ~s** durch Beziehungen; **être en ~ avec qn** mit jdm in Verbindung [*o* in Kontakt] stehen; **se mettre en ~ avec qn** sich mit jdm in Verbindung setzen

❸ (*lien logique*) Zusammenhang *m;* LOGIQUE Relation *f;* **je ne vois pas la** ~ ich sehe [da] keinen Zusammenhang; **être sans** ~ **avec qc** in keiner Beziehung zu etw stehen, nichts mit etw zu tun haben; ~ **de cause à effet** Kausalzusammenhang
❹ (*personne de connaissance*) Bekannte(r) *f(m)*
❺ (*récit*) *d'une aventure* Schilderung *f;* ~ **d'un entretien/événement** Bericht *m* über ein Gespräch/Ereignis
❻ (*communication*) ~**s publiques** Öffentlichkeitsarbeit *f,* Public Relations *Pl;* **service de** ~**s publiques** PR-Abteilung *f,* Public-Relations-Abteilung *f*
relationnel(le) [ʀ(ə)lɑsjɔnɛl] *adj* PSYCH relational; **problèmes** ~**s** Kontaktschwierigkeiten *Pl*
relative [ʀ(ə)lativ] *f* GRAM Relativsatz *m*
relativement [ʀ(ə)lativmɑ̃] *adv* ❶ (*dans une certaine mesure*) *facile, honnête, rare* relativ, verhältnismäßig
❷ (*comparativement*) vergleichsweise; ~ **à qn/qc** im Verhältnis zu jdm/etw
relativisation [ʀ(ə)lativizasjɔ̃] *f* Relativierung *f*
relativiser [ʀ(ə)lativize] <1> *vt* relativieren
relativisme [ʀəlativism] *m* PHILOS Relativismus *m*
relativiste [ʀ(ə)lativist] **I.** *adj* relativistisch
II. *mf* PHILOS Relativist(in) *m(f);* PHYS Vertreter(in) *m(f)* der Relativitätstheorie
relativité [ʀ(ə)lativite] *f* ❶ PHILOS, PHYS Relativität *f;* **théorie de la** ~ Relativitätstheorie *f*
❷ (*caractère relatif*) *d'une connaissance, richesse* Bedingtheit *f,* Relativität *f*
relaver [ʀ(ə)lave] <1> **I.** *vt* ❶ noch einmal spülen
❷ CH (*laver*) waschen
II. *vi* CH (*faire la vaiselle*) [Geschirr] spülen
relax [ʀəlaks] *adj inv fam personne* locker (*fam*); *ambiance* ungezwungen; *tenue* bequem
relaxant(e) [ʀ(ə)laksɑ̃, ɑ̃t] *adj* entspannend
relaxation [ʀ(ə)laksasjɔ̃] *f* ❶ PHYSIOL Entspannung *f*
❷ (*détente, repos*) Entspannung *f,* Erholung *f;* **exercice de** ~ Entspannungsübung *f*
relaxe¹ [ʀəlaks] *f* JUR Freispruch *m*
relaxe² [ʀəlaks] *adj inv v.* **relax**
relaxer [ʀ(ə)lakse] <1> **I.** *vt* ❶ (*décontracter*) entspannen
❷ JUR freisprechen
II. *vpr* **se** ~ sich entspannen
relayer [ʀ(ə)leje] <7> **I.** *vt* ❶ (*remplacer*) ablösen; **se faire** ~ **par qn/qc** *personne:* sich von jdm/etw ablösen lassen
❷ RADIO, TV ~ **une émission par satellite** eine Sendung über Satellit (*Akk*) übertragen
II. *vpr* **se** ~ **pour faire qc** sich abwechseln um etw zu tun; SPORT sich abwechseln
relayeur, -euse [ʀ(ə)lɛjœʀ, -øz] *m, f* Staffelläufer(in) *m(f)*
relecture [ʀ(ə)lɛktyʀ] *f* nochmaliges Lesen; TYP Korrekturlesen *nt*
relégation [ʀ(ə)legasjɔ̃] *f* ❶ SPORT Abstieg *m*
❷ HIST Verbannung *f*
reléguer [ʀ(ə)lege] <5> *vt* ❶ (*mettre à l'écart*) verbannen; ~ **qn dans une maison de retraite** jdn in ein Altersheim abschieben; ~ **qn au second plan** jdn in den Hintergrund drängen; ~ **un élève au fond de la classe** einen Schüler in die letzte Reihe des Klassenzimmers verweisen; **équipe reléguée en seconde division** in die 2. Liga abgestiegene Mannschaft
❷ HIST verbannen
relent [ʀ(ə)lɑ̃] *m* ❶ (*mauvaise odeur*) übler Geruch *m;* **dégager des** ~**s d'alcool** nach Alkohol stinken
❷ *soutenu* (*trace*) **un** ~**/des** ~**s de qc** ein [übler] Beigeschmack von etw
relevable [ʀəl(ə)vabl, ʀ(ə)ləvabl] *adj siège* zurückklappbar, Klapp-; *volet* aufklappbar; *train d'atterrissage* einziehbar
relève [ʀ(ə)lɛv] *f* Ablösung *f;* **assurer** [*o* **prendre**] **la** ~ (*assurer la succession*) die Nachfolge antreten; **la** ~ **est assurée** (*succession*) die Nachfolge ist gesichert; (*génération montante*) es ist genügend Nachwuchs da
relevé [ʀəl(ə)ve, ʀ(ə)ləve] *m* ❶ FIN ~ **de compte** Kontoauszug *m;* ~ **d'identité bancaire** *Bescheinigung über die Bankverbindung;* ~ **d'identité postale** *Bescheinigung über die Postbankverbindung*
❷ (*liste, facture détaillée*) Aufstellung *f;* ~ **de gaz/téléphone** Gas-/Telefonabrechnung *f;* ~ **de notes** Zeugnis *nt;* **procéder au** ~ **du compteur** den Zähler ablesen
❸ CONSTR *d'un terrain* Aufnahme *f;* **faire un** ~ **de terrain** das Gelände aufnehmen [*o* vermessen]
relevé(e) [ʀəl(ə)ve, ʀ(ə)ləve] *adj* ❶ *plat, sauce* gut gewürzt, pikant
❷ *soutenu* (*noble*) *langage* gehoben, gewählt
relèvement [ʀ(ə)lɛvmɑ̃] *m* ❶ *d'un poteau, pylône* Wiederaufrichten *nt,* Wiederaufstellen *nt*
❷ (*augmentation*) Anhebung *f,* Erhöhung *f*
❸ (*rétablissement*) *d'une économie, d'un pays* Wiederaufbau *m*
❹ NAUT Peilung *f*
relever [ʀəl(ə)ve, ʀ(ə)ləve] <4> **I.** *vt* ❶ (*augmenter*) erhöhen; SCOL heben *notes*
❷ (*redresser*) hochheben *meuble, véhicule;* aufheben *blessé, objet tombé;* wieder aufstellen *chaise, plante;* ~ **qn** jdm hochhelfen
❸ (*rehausser*) anheben *niveau, plafond*
❹ (*remonter*) hochschlagen *col, voile;* höher stellen *siège;* hochklappen *strapontin;* hochziehen *store, chaussettes;* hochstecken *cheveux;* aufkrempeln *manches, bas du pantalon*
❺ (*constater*) feststellen, messen *températures;* (*souligner*) hervorheben
❻ (*noter*) notieren *adresse, renseignement, observation;* ablesen *compteur, électricité, gaz;* anfertigen *plan, esquisse;* aufnehmen *terrain, topographie;* NAUT bestimmen *position*
❼ (*répondre à*) annehmen *défi, pari*
❽ SCOL einsammeln *cahiers, devoirs*
❾ (*libérer*) ~ **qn d'une promesse** jdn von einem Versprechen entbinden; ~ **qn de ses fonctions** jdn seines Amtes entheben
❿ (*remplacer*) ablösen
⓫ (*restaurer*) wieder aufbauen *économie, entreprise, pays;* wieder heben *moral*
⓬ (*mettre en valeur*) hervorheben *beauté, tableau, teint;* ~ **une sauce** einer Soße (*Dat*) mehr Würze geben
II. *vi* ❶ (*se remettre*) ~ **de maladie** [gerade] eine Krankheit überstanden haben
❷ (*dépendre de*) ~ **d'une administration/autorité** einer Verwaltung/Behörde (*Dat*) unterstehen; ~ **de la compétence de qn** in jds Zuständigkeit (*Akk*) fallen; ~ **de la pédagogie/linguistique** in den Bereich der Pädagogik/Linguistik fallen; **je ne relève de personne** ich bin von niemandem abhängig; ~ **du miracle** das reinste Wunder sein
III. *vpr* **se** ~ ❶ (*se remettre debout*) [wieder] aufstehen
❷ (*se remonter*) *store:* sich hochziehen lassen; *couvercle, siège, accoudoir:* sich hochklappen lassen; *col:* sich hochstellen lassen; (*rebiquer*) hochstehen
❸ (*se remettre*) **se** ~ **d'une maladie/surprise** *personne:* sich von einer Krankheit/Überaschung erholen; **se** ~ **d'une crise** *pays:* eine Krise überwinden; **se** ~ **de ses cendres** wieder aus der Asche erstehen
releveur [ʀəl(ə)vœʀ, ʀ(ə)ləvœʀ] *m* ❶ ANAT Hebemuskel *m,* Levator *m* (*Fachspr.*)
❷ NAUT ~ **de mines** Minenräumboot *nt*
❸ (*personne*) Ableser *m*
releveur, -euse [ʀəl(ə)vœʀ, ʀ(ə)ləvœʀ, -øz] *adj muscle* Hebe-
releveuse [ʀəl(ə)vøz, ʀ(ə)ləvøz] *f* Ableserin *f*
relief [ʀəljɛf] *m* ❶ GEOG Relief *nt;* **avoir un** ~ **très accidenté** sehr hügelig sein
❷ (*saillie*) *d'un visage* Formen *Pl; d'une médaille* herausgearbei-

tete Oberfläche; *d'une surface* Unebenheit *f; d'une moulure, boiserie* reliefartige Oberfläche; **sans ~** glatt; **en ~** *carte, impression* Relief-; *caractères* in Relief [gedruckt]; *motif* plastisch herausgearbeitet
❸ ART, ARCHIT Relief *nt*
❹ (*caractère*) *d'une personne* Profil *nt; d'une expression, d'un portrait, style* Anschaulichkeit *f;* **avoir du ~/manquer de ~** anschaulich/nicht sehr anschaulich sein
❺ OPT (*contraste*) Kontrast *m*
► **mettre qc en ~** etw hervorheben, etw herausstellen
relier [ʀəlje] <1a> *vt* ❶ (*réunir*) [miteinander] verbinden *personnes, choses;* **~ des faits** einen Zusammenhang zwischen Tatsachen herstellen; **~ un artiste/une route à un autre/une autre** einen Artisten/eine Straße mit einem anderen/einer anderen verbinden; **~ un appareil à un autre** ein Gerät an ein anderes anschließen
❷ GRAM *préposition:* zueinander in Beziehung setzen; **~ une subordonnée à qc** einen Nebensatz mit etw verbinden
❸ TECH binden *livre;* **une édition reliée [en] cuir** eine in Leder gebundene Ausgabe
relieur, -euse [ʀəljœʀ, -jøz] *m, f* Buchbinder(in) *m(f)*
religieuse [ʀ(ə)liʒjøz] *f* ❶ Ordensschwester *f,* Nonne *f*
❷ GASTR *Windbeutel, der mit Schokoladenguss überzogen ist*
religieusement [ʀ(ə)liʒjøzmɑ̃] *adv* ❶ religiös, fromm; *se marier* kirchlich
❷ (*scrupuleusement*) *agir, tenir parole* gewissenhaft
❸ (*attentivement*) *écouter* andächtig
religieux [ʀ(ə)liʒjø] *m* Ordensgeistliche(r) *m*
religieux, -euse [ʀ(ə)liʒjø, -jøz] *adj* ❶ REL *personne* religiös, fromm; *cérémonie, mariage* kirchlich; *musique, chant, habit* Kirchen-; *opinions, vie, tradition, art* religiös; *ordre* geistlich; **édifice ~** Gebetshaus *nt;* **école religieuse** Konfessionsschule *f;* **pratique religieuse** Ausübung *f* der Religion
❷ (*attentif*) ehrfürchtig
religion [ʀ(ə)liʒjɔ̃] *f* ❶ (*ensemble de croyances*) Religion *f*
❷ (*culte*) Glaube *m,* Glaubenslehre *f;* **appartenir à la ~ protestante** der evangelischen Glaubensgemeinschaft angehören
❸ (*admiration exclusive*) Religion *f;* **la ~ du progrès** der Kult des Fortschritts
► **entrer en ~** ins Kloster gehen
religiosité [ʀ(ə)liʒjozite] *f* Religiosität *f,* Gläubigkeit *f; péj* Frömmlerei *f* (*pej*)
reliquaire [ʀəlikɛʀ] *m* Reliquienschrein *m,* Reliquiar *m*
reliquat [ʀəlika] *m* FIN, JUR Rest[betrag] *m,* Restsumme *f*
relique [ʀəlik] *f* ❶ REL Reliquie *f*
❷ (*objet auquel on tient*) Reliquie *f,* Heiligtum *nt;* (*héritage*) Relikt *nt*
❸ BIO Relikt *nt*
relire [ʀ(ə)liʀ] *<irr>* **I.** *vt* noch einmal lesen *lettre, roman;* (*pour corriger ou bien comprendre*) noch einmal durchlesen *lettre, roman;* (*pour vérifier une référence*) nachlesen *passage;* **être relu(e)** *texte:* durchgelesen sein
II. *vpr* **se ~** noch einmal lesen, was man geschrieben hat
reliure [ʀəljyʀ] *f* ❶ (*action*) Binden *nt*
❷ (*couverture*) Einband *m;* **~ pleine peau** Ganzledereinband
relogement [ʀ(ə)lɔʒmɑ̃] *m* Neuunterbringung *f,* [neue] Unterbringung
reloger [ʀ(ə)lɔʒe] <2a> **I.** *vt* **~ qn** jdm eine neue Unterkunft besorgen
II. *vpr* **[trouver à] se ~** eine neue Wohnung finden
relooker [ʀ(ə)luke] <1> *vt fam* neu stylen
relu(e) [ʀəly] *part passé de* **relire**
reluire [ʀ(ə)lɥiʀ] *<irr> vi* glänzen; **faire ~ qc** etw blank putzen, etw polieren
reluisant(e) [ʀ(ə)lɥizɑ̃, ɑ̃t] *adj* ❶ (*brillant*) glänzend; **~(e) de graisse** vor Fett glänzend; **être ~(e) de propreté** blitzsauber sein (*fam*)
❷ (*réjouissant*) *perspective, situation* glänzend; *résultat* hervorragend; *avenir* erfreulich
reluquer [ʀ(ə)lyke] <1> *vt fam* [mit neugierigen Blicken] mustern, schielen nach *personne;* **~ un poste** es auf eine Stelle abgesehen haben, mit einer Stelle liebäugeln
rem [ʀɛm] *m abr de* **Röntgen Equivalent Man** Rem *nt*
remâcher [ʀ(ə)mɑʃe] <1> *vt* ❶ (*ressasser*) [immer wieder] nachgrübeln über (+ *Akk*)
❷ ZOOL wiederkäuen
remailler [ʀ(ə)mɑje] <1> *vt v.* **remmailler**
remake [ʀimɛk] *m* Neuverfilmung *f,* Remake *nt*
rémanent(e) [ʀemanɑ̃, ɑ̃t] *adj* [zurück]bleibend, remanent (*Fachspr.*)
remanger [ʀ(ə)mɑ̃ʒe] <2a> **I.** *vt* **~ de qc** von etw wieder [*o* noch einmal] essen
II. *vi* wieder essen
remaniement [ʀ(ə)manimɑ̃] *m* ❶ *d'un projet, travail* [Um]änderung *f,* Abänderung *f; d'un manuscrit, pièce* Überarbeitung *f,* Umarbeitung *f*
❷ POL *d'une constitution* [Um]änderung *f;* **~ ministériel** Kabinettsumbildung *f*
remanier [ʀ(ə)manje] <1a> *vt* ❶ (*modifier*) umändern, abändern; umgestalten, neugestalten *quartier;* umschreiben, umarbeiten *manuscrit, pièce*
❷ POL umbilden *cabinet, ministère;* umbesetzen *comité, direction;* ändern *constitution*
remaquiller [ʀ(ə)makije] <1> **I.** *vt* [neu] schminken
II. *vpr* **se ~** sich [neu] schminken
remarcher [ʀ(ə)maʀʃe] <1> *vi* wieder gehen
remariage [ʀ(ə)maʀjaʒ] *m* Wiederverheiratung *f*
remarier [ʀ(ə)maʀje] <1a> **I.** *vt* **~ une veuve avec qn** eine Witwe wieder mit jdm verheiraten
II. *vpr* **il s'est remarié avec une collègue** er hat wieder geheiratet, und zwar eine Kollegin
remarquable [ʀ(ə)maʀkabl] *adj* ❶ (*extraordinaire*) bemerkenswert, beachtlich
❷ (*qui attire l'attention*) *fait, phénomène, changement* bemerkenswert, bedeutsam; **être ~ par son intelligence/sa taille** außergewöhnlich intelligent/auffallend groß sein
remarquablement [ʀ(ə)maʀkabləmɑ̃] *adv beau, intelligent* außerordentlich, außergewöhnlich; *jouer, se porter, réussir* hervorragend, außergewöhnlich [gut]
remarque [ʀ(ə)maʀk] *f* Bemerkung *f;* (*commentaire*) Anmerkung *f;* **adresser une ~ à qn** etwas zu jdm sagen; **faire une ~/des ~s à qn sur qc** jdm gegenüber eine Bemerkung/Bemerkungen wegen etw machen; **en faire la ~ à qn** jdn darauf hinweisen; **je m'en suis fait la ~** das habe ich mir auch gesagt
remarqué(e) [ʀ(ə)maʀke] *adj intervention, discours* bemerkenswert; *absence, entrée* auffallend, auffällig
remarquer [ʀ(ə)maʀke] <1> **I.** *vt* ❶ (*apercevoir*) bemerken
❷ (*distinguer*) **~ qn/qc par [*o* pour] qc** auf jdn/etw wegen einer S. (*Gen*) aufmerksam werden, jdm wegen einer S. (*Gen*) auffallen; **être remarqué(e) par qn** von jdm beachtet werden, bei jdm Beachtung finden
❸ (*noter*) bemerken; **faire ~ qc à qn** jdn auf etw (*Akk*) aufmerksam machen [*o* hinweisen]; **se faire ~** *péj* sich auffällig benehmen, auffallen; **sans se faire ~** unauffällig; **remarque/remarquez [bien] que j'en suis ravi(e)!** eins kann ich dir/Ihnen sagen [*o* wohlgemerkt], ich bin begeistert!; **remarque, je m'en fiche!** nebenbei bemerkt ist es mir egal!; **remarque, il a essayé** er hat es immerhin versucht
II. *vpr* **se ~** auffallen
remballer [ʀɑ̃bale] <1> **I.** *vt* ❶ (*opp: déballer*) wieder einpacken
❷ *fam* (*garder pour soi*) für sich behalten; **remballe tes commentaires!** auf deine Kommentare kann ich verzichten!
II. *vi* zusammenpacken
rembarquement [ʀɑ̃baʀkəmɑ̃] *m des troupes, des marchandises*

R

remercier

• **remercier**	• **sich bedanken**
Merci!	Danke!
Merci beaucoup!/Un grand merci!	Danke sehr/schön!/Vielen Dank!
Mille fois merci!	Tausend Dank!
Merci, c'est très gentil de ta part!	Danke, das ist sehr lieb von dir!
Merci bien!	Vielen (herzlichen) Dank!
Je vous remercie (beaucoup)!	Ich bedanke mich (recht herzlich)!
• **répondre à un remerciement**	• **auf Dank reagieren**
Je t'en/vous en prie!	Bitte!
Je t'en/vous en prie!/Il n'y a pas de quoi!/De rien!	Bitte schön!/Gern geschehen!/Keine Ursache!
De rien!/Mais il n'y a pas de quoi!	Bitte, bitte!/Aber bitte, das ist doch nicht der Rede wert!
Tout le plaisir est pour moi!/C'était tout naturel!	(Aber) das habe ich doch gern getan!/Das war doch selbstverständlich!
• **remercier avec reconnaissance**	• **dankend anerkennen**
Merci bien, tu m'as beaucoup aidé(e).	Vielen Dank, du hast mir sehr geholfen.
Que ferions-nous sans toi!	Wo wären wir ohne dich!
Nous n'y serions pas arrivés sans ton aide.	Ohne deine Hilfe hätten wir es nicht geschafft.
Vous nous avez été d'une très grande aide.	Sie waren uns eine große Hilfe.
J'apprécie beaucoup votre engagement.	Ich weiß Ihr Engagement sehr zu schätzen.

Wiedereinschiffung *f*

rembarquer [ʀɑ̃baʀke] <1> **I.** *vt* wieder einschiffen; wieder an Bord nehmen *passagers*
II. *vi* wieder einschiffen, wieder an Bord gehen
III. *vpr* ❶ MIL, NAUT **se ~** sich wieder einschiffen
❷ *fam (s'engager de nouveau)* **se ~ dans qc** sich wieder auf etw (*Akk*) einlassen; **se laisser ~ dans qc** sich wieder in etw (*Akk*) hineinziehen [*o* verwickeln] lassen

rembarrer [ʀɑ̃baʀe] <1> *vt fam* **~ qn** jdm eine Abfuhr erteilen (*fam*); **se faire ~** eine Abfuhr erteilt kriegen (*fam*)

remblai [ʀɑ̃blɛ] *m* (*action*) Aufschüttung *f;* (*matériau*) (*en terre*) Erdmasse *f,* Aufschüttmasse *f;* (*en caillou*) Schotter *m;* (*ouvrage*) (*en terre*) Erdwall *m;* (*en caillou*) Schotterbelag *m*

remblayer [ʀɑ̃bleje] <7> *vt* aufschütten

rembobiner [ʀɑ̃bɔbine] <1> *vt* zurückspulen *bande magnétique, film;* wieder aufwickeln *fil*

remboîtement [ʀɑ̃bwatmɑ̃] *m* MED [Wieder]einrenken *nt*

remboîter [ʀɑ̃bwate] <1> *vt* ❶ MED [wieder] einrenken
❷ TECH wieder einsetzen *tuyau, pièce;* wieder zusammensetzen [*o* zusammenfügen] *chaise*

rembourrage [ʀɑ̃buʀaʒ] *m* ❶ (*action*) *d'un fauteuil, siège* Polstern *nt,* [Auf]polsterung *f; d'un matelas, coussin* Füllen *nt*
❷ (*matière*) Polsterung *f; d'un matelas, coussin* Füllung *f*

rembourrer [ʀɑ̃buʀe] <1> *vt* ❶ füllen *matelas;* polstern *siège;* [aus]polstern *épaules;* **faire ~ des fauteuils** die Sessel polstern lassen
❷ *fig* **être bien rembourré(e)** gut gepolstert sein (*fam*)

remboursable [ʀɑ̃buʀsabl] *adj emprunt* rückzahlbar, tilgbar; *billet* zahlbar, einlösbar; *montant, frais* erstattungsfähig

remboursement [ʀɑ̃buʀsəmɑ̃] *m* ❶ *d'un emprunt, d'une dette* Rückzahlung *f,* Tilgung *f; des frais* [Rück]erstattung *f;* **contre ~** gegen Nachnahme
❷ FIN Rückzahlung *f,* Tilgung *f*
◆ **~ des dépenses** Aufwandsrückerstattung *f;* **~ de dette** Schuldenbegleichung *f*

rembourser [ʀɑ̃buʀse] <1> *vt* [zurück]erstatten, ersetzen; **~ une dette/un emprunt à qn** jdm seine Schulden/ein Darlehen zurückzahlen; **ce médicament n'est pas remboursé** die Kosten für dieses Medikament werden nicht [zurück]erstattet; **ça rembourse à peine les frais de fonctionnement** das deckt kaum die Betriebskosten [ab]; **je te rembourserai demain!** ich gebe dir das Geld morgen zurück!; **remboursez! remboursez!** *hum* wir wollen unser Geld zurück!

rembrunir [ʀɑ̃bʀyniʀ] <8> *vpr* **se ~** *traits, visage, ciel:* sich verfinstern [*o* verdüstern]; **qn se rembrunit** jds Miene verdüstert [*o* verfinstert] sich; **le temps se rembrunit** es bewölkt sich, es zieht sich zu

remède [ʀ(ə)mɛd] *m* ❶ (*médicament*) Medikament *nt,* Arzneimittel *nt;* (*traitement*) [Heil]mittel *nt*
❷ (*moyen de lutte*) [Heil]mittel *nt; d'un problème* Lösung *f;* **~ contre l'inflation** Mittel zur Bekämpfung der Inflation; **porter ~ à un mal** einem Übel abhelfen; **c'est vraiment sans ~** da ist wirklich nichts zu machen
▸ **le ~ est pire que le <u>mal</u>** den Teufel mit dem Beelzebub austreiben; **~ <u>miracle</u>** Wundermittel *nt*
◆ **~ de bonne femme** Hausmittel *nt;* **~ de cheval** (*médicament*) Rosskur *f;* (*solution*) Radikalkur *f*

remédier [ʀ(ə)medje] <1a> *vi* **~ à qc** einer Sache (*Dat*) Abhilfe schaffen; **~ à un mal** ein Übel beseitigen

remembrement [ʀ(ə)mɑ̃bʀəmɑ̃] *m* Flurbereinigung *f*

remembrer [ʀ(ə)mɑ̃bʀe] <1> *vt* zusammenlegen [und neu einteilen]

remémorer [ʀ(ə)memɔʀe] <1> *vpr* **se ~ qc** sich wieder an etw (*Akk*) erinnern, sich (*Dat*) etw ins Gedächtnis zurückrufen

remerciement [ʀ(ə)mɛʀsimɑ̃] *m* Dank *m;* **des ~s** Dankesbezeigungen *Pl,* Dankesworte *Pl;* **adresser ses ~s à qn** jdm seinen Dank aussprechen; **avec tous mes/nos ~s** mit bestem Dank (*form*); **lettre de ~** Dankschreiben *nt*

remercier [ʀ(ə)mɛʀsje] <1a> *vt* ❶ (*dire merci à*) **~ qn/qc de**

[*o* **pour**] **qc** jdm/einer S. für etw danken, sich bei jdm für etw bedanken; ~ **qn/qc de faire qc** jdm/einer S. [dafür] danken, dass er/sie/es etw tut
❷ *vieilli* (*renvoyer*) ~ **qn** jdn entlassen, jdm kündigen
▸ **je te/vous remercie!** (*non merci*) nein danke!; *iron* vielen Dank!

remettre [ʀ(ə)mɛtʀ] <*irr*> **I.** *vt* ❶ (*replacer*) wieder zurückstellen [*o* zurücklegen]; wieder annähen *bouton;* ~ **debout** wieder hinstellen; ~ **à cuire** noch einmal zum Kochen aufstellen; ~ **qn sur la bonne voie** jdn wieder auf den richtigen Weg bringen
❷ (*rétablir*) ~ **qn/faire** ~ **qn en liberté** jdn freilassen/jds Freilassung veranlassen; ~ **une machine en marche** eine Maschine wieder in Gang bringen; ~ **un moteur en marche** einen Motor wieder anlassen; ~ **qc en ordre** etw wieder in Ordnung bringen; ~ **qc à neuf** etw erneuern; ~ **sa montre à l'heure** seine Uhr [richtig] stellen
❸ (*donner*) [über]geben; überreichen *récompense, prix;* einreichen *démission;* abgeben *devoir;* ~ **qc en mains propres** etw persönlich übergeben; ~ **un paquet à qn** jdm ein Paket [über]geben; **se faire** ~ **un dossier par qn** sich (*Dat*) eine Akte von jdm aushändigen lassen; **faire** ~ **une note à un collègue par qn** einem Kollegen durch jdn eine Notiz zukommen lassen
❹ (*rajouter*) noch etw dazugeben *ingrédient;* ~ **de l'huile dans le moteur** Öl in den Motor nachfüllen; ~ **du sel dans les légumes** das Gemüse nachsalzen; ~ **du rouge à lèvres** sich (*Dat*) die Lippen nachziehen
❺ (*réenclencher*) wieder einschalten [*o* anstellen]; **faire** ~ **le gaz** sich wieder an das Gasnetz anschließen lassen
❻ (*ajourner*) ~ **une décision à la semaine prochaine** eine Entscheidung auf die nächste Woche verschieben; ~ **un jugement à l'année prochaine** ein Urteil auf nächstes Jahr vertagen
❼ (*porter de nouveau*) wieder anziehen *vêtement;* wieder aufsetzen *chapeau*
❽ (*dispenser de*) ~ **une dette/peine à qn** jdm eine Schuld/Strafe erlassen
❾ (*confier*) ~ **un enfant à qn** [*o* **entre les mains de qn**] jdm ein Kind anvertrauen; ~ **qn à la police** jdn der Polizei übergeben; ~ **le sort de l'orphelin à qn** [*o* **entre les mains de qn**] jdm das Schicksal der Waise anvertrauen; ~ **son âme à Dieu** seine Seele Gott befehlen
❿ SPORT wieder [*o* neu] aufschlagen *balle*
⓫ BELG (*rendre la monnaie*) herausgeben
⓬ BELG (*vendre*) verkaufen
▸ ~ **ça** *fam* wieder damit anfangen (*fam*), es wieder aufwärmen (*fam*); **en** ~ *fam* dick auftragen (*fam*), übertreiben
II. *vpr* ❶ (*recouvrer la santé*) **se** ~ **de qc** sich von etw erholen; **remettez-vous maintenant!** nun beruhigen Sie sich doch!
❷ (*recommencer*) **se** ~ **au travail** sich wieder an die Arbeit machen; **se** ~ **en mouvement** sich wieder in Bewegung setzen; *mécanisme:* sich wieder in Gang setzen; **se** ~ **à faire qc** etw wieder tun, wieder anfangen etw zu tun
❸ METEO **le temps se remet au beau/à la pluie** das Wetter wird wieder schöner [*o* besser]/regnerisch, es sieht wieder nach Regen aus; **il se remet à pleuvoir** es fängt wieder an zu regnen
❹ (*se replacer*) **se** ~ **en tête du groupe** sich wieder an die Spitze setzen; **se** ~ **debout/sur ses jambes** wieder aufstehen/sich wieder auf die Beine stellen; **se** ~ **à table** wieder essen, wieder zu Tisch gehen (*geh*)
❺ (*se confier*) **s'en** ~ **à qn/qc** sich auf jdn/etw verlassen, auf jdn/etw vertrauen; **s'en** ~ **à un ami/une agence pour qc** sich an einen Freund/ein Büro wegen einer S. wenden; **s'en** ~ **à une amie/un office pour faire qc** sich an eine Freundin/ein Amt wenden um etw zu tun; **je m'en remets à votre décision** ich überlasse Ihnen die Entscheidung
❻ (*se rappeler*) **se** ~ **qn/qc** sich an jdn/etw erinnern
❼ (*se réconcilier*) **se** ~ **avec qn** *fam* sich wieder mit jdm versöhnen [*o* aussöhnen]; **ils se sont remis ensemble** sie sind wieder zusammen
III. *vi* FBALL ~ **pour** [*o* **sur**] **qn** an jdn weitergeben [*o* abgeben]

rémige [ʀemiʒ] *f* Schwungfeder *f*

remilitarisation [ʀ(ə)militaʀizasjɔ̃] *f* Remilitarisierung *f*

remilitariser [ʀ(ə)militaʀize] <1> *vt* remilitarisieren, wieder aufrüsten

réminiscence [ʀeminisɑ̃s] *f* Erinnerung *f*, Reminiszenz *f* (*geh*); ~ **de qc** Erinnerung [*o* Reminiszenz] an etw (*Akk*)

remise [ʀ(ə)miz] *f* ❶ (*dépôt, attribution*) *d'une clé, rançon* Übergabe *f; d'une décoration, d'un cadeau* Übergabe, Überreichung *f; d'une lettre, d'un paquet* Zustellung *f;* (*en mains propre*) Aushändigung *f; d'un devoir* Abgabe *f*
❷ (*dispense, grâce*) Erlass *m*
❸ (*rabais*) Nachlass *m*, Ermäßigung *f*, Rabatt *m;* **faire une** ~ **de cinq pour cent à qn** jdm fünf Prozent Rabatt geben
❹ (*local*) Schuppen *m*
❺ (*ajournement*) *d'un procès, jugement* Vertagung *f;* ~ **à huitaine/quinzaine** Vertagung um acht/vierzehn Tage
❻ FBALL (*passe*) Zuspiel *nt*
◆ ~ **de peine** Straferlass *m;* ~ **en cause** Infragestellung *f;* ~ **en état** Instandsetzung *f*, Wiederherrichtung *f;* ~ **en forme** Fitnesstraining *nt;* ~ **à jour** *des connaissances* Auffrischen *nt; des dossiers, fichiers* Aufarbeitung *f*, Aktualisierung *f;* ~ **en marche** erneutes Ingangsetzen [*o* Ingangbringen]; *de l'économie* Wiederankurbeln *nt;* ~ **en ordre** Ordnen *nt;* ~ **en place** *d'un meuble, d'une statue* Wiederaufstellen *nt; d'un os* Wiedereinrenken *nt;* ~ **en question** erneute Infragestellung

remiser [ʀ(ə)mize] <1> *vt* unterstellen *voiture;* räumen, wegräumen *objet, outil*

rémission [ʀemisjɔ̃] *f* ❶ REL Vergebung *f*
❷ JUR *d'une peine* Erlassung *f*, Erlass *m*
❸ MED *d'une douleur, fièvre* Zurückgehen *nt*, Nachlassen *nt; d'une maladie* Remission *f* (*Fachspr.*)
▸ **sans** ~ erbarmungslos, unerbittlich, ohne jede Nachsicht

remix [ʀəmiks] *m* Remix *m*

remmailler [ʀɑ̃maje] <1> *vt* die Maschen wieder aufnehmen an (+ *Dat*)

remmener [ʀɑ̃m(ə)ne] <4> *vt* zurückbringen

remodelage [ʀ(ə)mɔd(ə)laʒ] *m d'une ville* Neugestaltung *f; d'une organisation* Umgestaltung *f*, Umstrukturierung *f; d'un visage* plastische Veränderung; *d'un nez* Richten *nt*

remodeler [ʀ(ə)mɔd(ə)le] <4> *vt* neu gestalten *ville, quartier;* neu gliedern *circonscription;* umstrukturieren, neu strukturieren *organisation, profession;* richten *nez;* ~ **un visage** ein Gesicht [operativ] verändern

remontage [ʀ(ə)mɔ̃taʒ] *m* ❶ (*assemblage*) *d'une machine, d'un meuble, moteur* Wiederzusammenbauen *nt; d'une montre, d'un appareil* Wiederzusammensetzen *nt*
❷ (*remise en place*) *d'un moteur* Wiedereinbau *m*, Wiedereinbauen *nt*

remontant [ʀ(ə)mɔ̃tɑ̃] *m* Stärkungstrunk *m*, Muntermacher *m* (*fam*)

remontant(e) [ʀ(ə)mɔ̃tɑ̃, ɑ̃t] *adj* ❶ (*fortifiant*) belebend
❷ HORT zweimal im Jahr blühend

remonte [ʀ(ə)mɔ̃t] *f* ❶ NAUT Bergfahrt *f*, Flussaufwärtsfahren *nt*
❷ (*action de remonter une rivière*) *des poissons* Flussaufwärtswanderung *f* [*o* Flussaufwärtsziehen *nt*] [zum Laichen]

remontée [ʀ(ə)mɔ̃te] *f* ❶ (*action*) *d'une côte, pente* erneuter Aufstieg; *d'un mineur* Ausfahrt *f; d'un plongeur* Auftauchen *nt;* SPORT [Wieder]aufstieg *m*, Aufholen *nt*
❷ (*hausse*) *des eaux, d'une popularité* erneutes Ansteigen, Wiederanstieg *m;* BOURSE erneuter Anstieg
❸ (*machine*) ~ **mécanique** Skilift *m*

remonte-pente [ʀ(ə)mɔ̃tpɑ̃t] <remonte-pentes> *m* Schlepp-

R

lift *m*

remonter [ʀ(ə)mɔ̃te] <1> **I.** *vi* ❶ + *être* (*monter à nouveau*) ~ **dans une chambre/de la cuisine** wieder in ein Zimmer hinaufgehen/wieder von [*o* aus] der Küche heraufkommen; ~ **à Paris** wieder nach Paris zurückfahren (*fam*); ~ **en bateau/à la nage** stromaufwärts fahren/schwimmen; ~ **de la rue** *odeur, fumée:* wieder von der Straße hochsteigen [*o* hochziehen]; ~ **sur l'échelle** wieder auf die Leiter [hinauf]steigen; ~ **sur le trône** den Thron wieder besteigen; ~ **sur scène** wieder zur Bühne zurückkehren; ~ **faire qc** [wieder] hinaufgehen um etw zu tun; (*venir d'en bas*) [wieder] heraufkommen um etw zu tun
❷ + *être* (*reprendre place*) ~ **à bicyclette** wieder Fahrrad fahren; ~ **en voiture** wieder ins Auto steigen; ~ **à bord** [wieder] an Bord gehen
❸ + *avoir* (*s'élever de nouveau*) [wieder] ansteigen
❹ + *être* (*s'améliorer*) ~ **dans l'estime de qn** in jds Ansehen steigen
❺ + *être* (*glisser vers le haut*) *jupe, vêtement:* hochrutschen; *col:* hochstehen
❻ + *être* (*réapparaître*) ~ **des profondeurs** *instincts, sentiments:* wieder hochkommen
❼ + *être* (*se reporter*) ~ **dans le temps** zurückblicken; ~ **loin dans qc** *personne:* weit ausholen bei etw; *souvenirs:* weit zurückreichen
❽ + *avoir* (*aller vers la source*) ~ **de l'effet jusqu'à la cause** den Weg von der Wirkung bis zur eigentlichen Ursache zurückverfolgen; ~ **jusqu'à qn** bis zu jdm vordringen
❾ + *avoir* (*dater de*) **cela remonte jusqu'au siècle dernier** das geschah im letzten Jahrhundert; ~ **au mois dernier/à l'année dernière** *événement, fait:* auf letzten Monat/letztes Jahr zurückgehen; **cet incident remonte à quelques jours** dieser Zwischenfall liegt einige Tage zurück
II. *vt* + *avoir* ❶ (*vu d'en haut/d'en bas*) wieder heraufkommen/hinaufgehen; (*dans un véhicule*) wieder heraufkommen/hinauffahren; (*en bateau*) herauffahren/hinauffahren; (*à la nage*) heraufschwimmen/hinaufschwimmen
❷ (*rattraper*) einholen *cortège, troupe, concurrent;* aufholen *handicap, places, points;* **se faire** ~ **par qn** von jdm eingeholt werden
❸ (*relever*) hochschlagen *col;* hochziehen *chaussettes, pantalon;* hochkrempeln, aufkrempeln *bas du pantalon, manches;* höher hängen *étagère, tableau;* höher machen [*o* ziehen] *mur;* SCOL anheben *note*
❹ (*rapporter, porter*) ~ **la valise au grenier** den Koffer auf den Dachboden hinauftragen; ~ **une bouteille de la cave à son père** seinem Vater eine Flasche aus dem Keller heraufbringen
❺ (*faire marcher*) aufziehen *mécanisme, montre;* **être remonté(e)** *hum* (*excité*) aufgedreht [*o* aufgeputscht] sein (*fam*); **être remonté(e) contre qn** (*fâché*) wütend auf jdn sein
❻ (*opp: démonter*) wieder zusammenbauen [*o* anbringen] *robinet;* wieder aufmontieren *roue*
❼ (*réassortir*) ~ **sa garde-robe** sich neu einkleiden; ~ **son ménage** [**en meubles**] sich neu einrichten
❽ (*remettre en état*) wieder in Gang [*o* in Schwung] bringen *affaires;* wieder instandsetzen [*o* aufbauen] *mur;* ~ **qn** (*physiquement*) jdn aufmuntern, jdn wieder auf die Beine bringen; (*moralement*) jdn aufmuntern; ~ **le moral de qn** jdm wieder Mut machen
❾ THEAT wieder [*o* neu] inszenieren, wieder aufführen
III. *vpr* **se** ~ ❶ (*physiquement*) sich erholen, wieder zu Kräften kommen; (*moralement*) neuen Mut schöpfen [*o* fassen]
❷ *montre, mécanisme:* aufgezogen werden

remontoir [ʀ(ə)mɔ̃twaʀ] *m d'une horloge, d'un jouet* Aufziehvorrichtung *f*, Aufziehschraube *f; d'une montre* Krone *f;* **montre à** ~ Uhr zum Aufziehen

remontrance [ʀ(ə)mɔ̃tʀɑ̃s] *f* Verweis *m*, Ermahnung *f;* **faire des** ~**s à qn** jdm Vorhaltungen machen

remontrer [ʀ(ə)mɔ̃tʀe] <1> **I.** *vt* ❶ (*montrer à nouveau*) wieder aufführen, noch einmal aufführen [*o* zeigen] *spectacle*
❷ (*donner une leçon*) **en** ~ **à un collègue en** [*o* **dans la**] **linguistique** einem Kollegen seine Überlegenheit in Linguistik beweisen, einen Kollegen in Linguistik belehren
II. *vpr* **se** ~ **en public** sich wieder in der Öffentlichkeit zeigen

remords [ʀ(ə)mɔʀ] *m* Schuldgefühl *nt*, Reue *f;* **des** ~ Gewissensbisse *Pl;* **bourrelé(e) de** ~ von Gewissensbissen geplagt; **avoir des** ~**s** ein schlechtes Gewissen haben; **pas de** ~**?** bist du/sind Sie sicher?, du bleibst/Sie bleiben dabei?
◆ ~ **de conscience** Gewissensbisse *Pl;* **par** ~ **de conscience** aus Schuldgefühl, aus schlechtem Gewissen

remorquage [ʀ(ə)mɔʀkaʒ] *m d'une voiture* Abschleppen *nt; d'un chaland, d'une péniche* Schleppen *nt*, Bugsieren *nt*

remorque [ʀ(ə)mɔʀk] *f* ❶ (*d'un véhicule*) Anhänger *m;* **prendre qc en** ~ etw ins Schlepptau nehmen (*fig*)
❷ (*traction*) Abschleppen *nt*
❸ (*câble*) Schlepptau *nt*, Schleppseil *nt*
▶ **être à la** ~ **de qn/qc** hinter jdm/etw herhinken; **être** [*o* **se mettre**] **à la** ~ **de qn/qc** sich von jdm/etw ins Schlepptau nehmen lassen

remorquer [ʀ(ə)mɔʀke] <1> *vt* schleppen, ins Schlepptau nehmen *bateau;* ziehen *train;* abschleppen *voiture;* **se faire** ~ abgeschleppt werden

remorqueur [ʀ(ə)mɔʀkœʀ] *m* Schlepper *m*, Schleppkahn *m*

remouiller [ʀ(ə)muje] <1> **I.** *vt* ❶ wieder [*o* noch einmal] nass machen; wieder anfeuchten *linge;* **se faire** ~ wieder nass werden
❷ NAUT ~ [**l'ancre**] wieder vor Anker gehen, wieder Anker werfen
II. *vpr* **se** ~ **le pantalon** sich (*Dat*) wieder [*o* noch einmal] die Hose nass machen

rémoulade [ʀemulad] *f* Remoulade[nsoße *f*] *f*

rémouleur [ʀemulœʀ] *m* Scherenschleifer(in) *m(f)*

remous [ʀ(ə)mu] *m* ❶ (*tourbillon*) *de l'air, eau* Wirbel *m*, Strudel *m; d'un bateau* Kielwasser *nt; d'une foule* hektisches Treiben
❷ (*agitation*) Wirbel *m*, Aufruhr *f;* **provoquer** [*o* **causer**] **des** ~ Wirbel verursachen; **les** ~ **de la politique** die politischen Turbulenzen

rempaillage [ʀɑ̃pajaʒ] *m d'une chaise* Neubespannung *f* mit [Stroh]geflecht

rempailler [ʀɑ̃paje] <1> *vt* neu mit Stroh bespannen, neu flechten

rempaqueter [ʀɑ̃pak(ə)te] <3> *vt* wieder einpacken

rempart [ʀɑ̃paʀ] *m* ❶ MIL [Schutz]wall *m; d'une ville* Stadtmauer *f*, Befestigungsmauer *f*
❷ (*protection idéologique*) Bollwerk *nt*
▶ **faire à qn un** ~ **de son corps** *soutenu* jdn mit seinem Körper schützen [*o* decken]

rempiler [ʀɑ̃pile] <1> **I.** *vt* wieder aufstapeln
II. *vi fam* sich weiter [*o* länger] verpflichten; ~ **pour trois ans** um drei Jahre verlängern

remplaçable [ʀɑ̃plasabl] *adj personne* ersetzbar; (*interchangeable*) *pièce détachée* auswechselbar; (*retrouvable*) *objet de valeur, pièce rare* ersetzbar

remplaçant(e) [ʀɑ̃plasɑ̃, ɑ̃t] *m(f)* Vertretung *f;* SPORT Ersatzspieler(in) *m(f);* THEAT Ersatzschauspieler(in) *m(f);* **être le** ~ **de qn** [als Ersatz] für jdn einspringen

remplacement [ʀɑ̃plasmɑ̃] *m* ❶ (*substitution*) Ersetzen *nt; d'un employé* Ablösung *f;* (*d'un objet par un autre*) Auswechseln *nt;* ~ **des monnaies nationales** FIN Ablösung der Landeswährungen; **en** ~ **de qn/qc** (*définitivement*) als Ersatz für jdn/etw; (*provisoirement*) als Vertretung für jdn; **solution de** ~ Ersatzlösung
❷ (*intérim*) Vertretung *f;* **faire des** ~**s** Vertretung[en] machen

remplacer [ʀɑ̃plase] <2> **I.** *vt* ❶ (*changer*) ersetzen; austauschen *pièce usée;* ~ **sa voiture** sich ein anderes Auto kaufen

❷ (*prendre la place de*) ablösen *personne fatiguée, sentinelle;* ~ **qn** (*temporairement*) jdn vertreten
❸ (*tenir lieu de*) ersetzen
II. *vpr* **se** ~ sich ersetzen lassen; *pièce usée:* sich austauschen lassen

rempli(e) [ʀɑ̃pli] *adj* ❶ (*plein*) voll; ~(**e**) **de personnes** voller Menschen; **tasse ~e de thé** Tasse *f* voll Tee
❷ (*rond*) voll
❸ (*occupé*) *journée, vie* ausgefüllt; *emploi du temps* voll
❹ (*en proie à*) ~(**e**) **de joie/tristesse** voller Freude/Trauer; ~(**e**) **de colère** wuterfüllt

remplir [ʀɑ̃pliʀ] <8> **I.** *vt* ❶ (*rendre plein*) ~ **un carton de choses** einen Karton mit Dingen füllen; ~ **une valise de vêtements** einen Koffer mit Kleidungsstücken voll packen
❷ (*occuper*) füllen; ausfüllen *journée, vie*
❸ (*couvrir*) voll schreiben *page*
❹ (*compléter*) ausfüllen *formulaire, chèque*
❺ (*pénétrer*) ~ **qn de joie/tristesse/d'admiration** jdn mit Freude/Trauer/Bewunderung erfüllen
❻ (*réaliser, répondre à*) erfüllen *mission, contrat, conditions;* spielen *rôle*
II. *vpr* **se** ~ **de personnes/liquide** sich mit Menschen/Flüssigkeit füllen

remplissage [ʀɑ̃plisaʒ] *m* ❶ (*fait de remplir*) Füllen *nt*
❷ *péj* (*développement inutile*) Füllsel *nt*

remploi [ʀɑ̃plwa] *m v.* **réemploi**

remployer [ʀɑ̃plwaje] <6> *vt v.* **réemployer**

remplumer [ʀɑ̃plyme] <1> *vpr fam* **se** ~ ❶ (*grossir*) wieder zunehmen
❷ (*financièrement*) wieder zu Geld kommen

rempocher [ʀɑ̃pɔʃe] <1> *vt* wieder einstecken

remporter [ʀɑ̃pɔʀte] <1> *vt* ❶ (*reprendre*) wieder mitnehmen; **faire** ~ **une livraison** eine Lieferung zurückgehen lassen
❷ (*gagner*) davontragen (*geh*); gewinnen *championnat, prix*

rempoter [ʀɑ̃pɔte] <1> *vt* umtopfen

remuant(e) [ʀəmɥɑ̃, ɑ̃t] *adj* ❶ (*turbulent*) lebhaft
❷ (*entreprenant*) rührig

remue-ménage [ʀ(ə)mymenaʒ] *m inv* ❶ (*agitation*) **un** ~ ein Hin und Her ❷ (*confusion*) Durcheinander *nt;* **faire du** ~ für Aufruhr sorgen ❸ (*bruit*) Krach *m;* **faire du** ~ Krach machen

remue-méninges [ʀ(ə)mymenɛ̃ʒ] *m inv* Brainstorming *nt*

remuer [ʀəmɥe] <1> **I.** *vi* ❶ (*bouger*) sich bewegen; (*continuellement*) in Bewegung sein
❷ (*être instable*) *dent, lit, mur:* wackeln; *tuile:* lose sein
❸ (*se révolter*) unruhig werden
II. *vt* ❶ (*bouger*) bewegen; wiegen *hanches;* ~ **les oreilles** mit den Ohren wackeln; ~ **la queue** mit dem Schwanz wedeln
❷ (*déplacer*) zur Seite rücken
❸ (*mélanger*) rühren *sauce, mayonnaise;* umrühren *café;* mischen *salade*
❹ (*retourner*) umgraben *terre;* ~ **des cendres** in der Asche stochern
❺ (*évoquer*) ~ **des souvenirs/sentiments en qn** Erinnerungen/Gefühle in jdm (*Dat*) wecken
❻ (*émouvoir*) ergreifen
III. *vpr* **se** ~ ❶ (*bouger*) sich bewegen
❷ (*faire des efforts*) sich bemühen

rémunérateur, -trice [ʀemyneʀatœʀ, -tʀis] *adj* einträglich; **être très** ~(**-trice**) sich auszahlen

rémunération [ʀemyneʀasjɔ̃] *f* Bezahlung *f,* Entlohnung *f;* (*salaire*) Vergütung *f;* ECON, JUR Leistungsentgelt *nt* (*Fachspr.*); ~ **de l'activité** Tätigkeitsvergütung

rémunérer [ʀemyneʀe] <5> *vt* bezahlen

renâcler [ʀ(ə)nɑkle] <1> *vi* ~ **à** [*o* **devant**] **qc** über etw (*Akk*) murren; ~ **à faire qc** etw nur widerwillig tun

renaissance [ʀ(ə)nɛsɑ̃s] **I.** *f* ❶ (*renouveau*) *des arts, lettres* Wiederaufblühen *nt; de l'économie* Wiederaufschwung *m*
❷ (*vie nouvelle*) Wiedergeburt *f*
❸ HIST, ART **la Renaissance** die Renaissance
II. *app inv* **château Renaissance** Renaissanceschloss *nt*

renaissant(e) [ʀ(ə)nɛsɑ̃, ɑ̃t] *adj* wieder aufkommend; *économie* wieder aufblühend; *antagonisme* wieder aufflammend

renaître [ʀ(ə)nɛtʀ] <*irr, déf*> *vi* ❶ (*reparaître*) *espoir, doute:* wieder aufkommen; *désir, dispute:* wieder aufflammen; *difficultés:* wieder auftauchen; **faire** ~ **l'espoir chez qn** jdm wieder Hoffnung machen; **faire** ~ **le conflit** den Konflikt erneut heraufbeschwören
❷ (*reprendre vigueur*) *fleur:* wieder blühen; *jour:* erwachen; *économie:* wieder aufblühen; *pays:* wieder aufleben
❸ REL, MYTH wiedergeboren werden

rénal(e) [ʀenal, o] <-aux> *adj* **la fonction ~e** die Funktion der Niere

renard [ʀ(ə)naʀ] *m* (*animal, fourrure*) Fuchs *m;* ~ **argenté/roux/gris** Silber-/Rot-/Graufuchs
▶ **fin** ~ schlauer Fuchs; **vieux** ~ alter Fuchs

renarde [ʀ(ə)naʀd] *f* Füchsin *f*

renardeau [ʀənaʀdo] <x> *m* junger Fuchs *m*

renardière [ʀ(ə)naʀdjɛʀ] *f* ❶ (*tanière*) Fuchsbau *m*
❷ CAN (*ferme*) Fuchsfarm *f*

rencard [ʀɑ̃kaʀ] *m fam v.* **rancard**

renchérir [ʀɑ̃ʃeʀiʀ] <8> **I.** *vi* ❶ (*faire de la surenchère*) auftrumpfen
❷ (*devenir plus cher*) teurer werden
❸ (*faire une enchère supérieure*) ~ **sur qn** jdn überbieten
II. *vt* verteuern

renchérissement [ʀɑ̃ʃeʀismɑ̃] *m* Preisanstieg *m; des loyers* Anstieg *m*

rencontre [ʀɑ̃kɔ̃tʀ] *f* ❶ (*fait de se rencontrer*) Begegnung *f;* ~ **secrète** geheimes Treffen
❷ MIL Gefecht *nt*
❸ (*entrevue*) Zusammenkunft *f;* (*réunion*) Treffen *nt*
❹ SPORT Spiel *nt;* ~ **de football/boxe/d'athlétisme** Fußballspiel/Boxkampf *m*/Leichtathletiktreffen *nt*
❺ HIST (*duel*) Duell *nt*
❻ (*convergence*) *de lignes* Schnittpunkt *m; de voyelles* Zusammentreffen *nt; de fleuves* Zusammenfluß *m; de routes* Kreuzung *f*
▶ **faire une mauvaise** ~ überfallen werden; **aller/venir à la** ~ **de qn** jdm entgegengehen/-kommen; **faire la** ~ **de qn** jdn kennen lernen; **personne de** ~ Zufallsbekanntschaft *f*
◆ ~ **au sommet** Gipfeltreffen *nt*

rencontrer [ʀɑ̃kɔ̃tʀe] <1> **I.** *vt* ❶ (*croiser*) ~ **qn** jdm begegnen
❷ (*avoir une entrevue*) ~ **qn** sich mit jdm treffen
❸ (*faire la connaissance de*) kennen lernen
❹ SPORT ~ **qn** auf jdn treffen
❺ (*être confronté à*) ~ **qc** auf etw (*Akk*) stoßen
❻ (*se heurter à*) ~ **un mur/arbre** gegen eine Mauer/einen Baum prallen; ~ **le vide** ins Leere treffen
❼ (*trouver par hasard*) finden *bonheur, trèfle à quatre feuilles*
▶ **... comme on n'en rencontre plus/on en rencontre peu ...** wie heute nicht mehr anzutreffen/wie nur noch selten anzutreffen
II. *vpr* **se** ~ ❶ (*se croiser*) sich begegnen; *regards, yeux:* sich treffen
❷ (*avoir une entrevue*) sich treffen
❸ (*faire connaissance*) sich kennen lernen; **il les a fait se** ~ er hat sie zusammengeführt
❹ SPORT *boxeurs, équipes:* gegeneinander antreten
❺ (*se heurter*) *véhicules:* zusammenstoßen
❻ (*se rejoindre*) *routes, lignes:* aufeinander treffen; *rivières:* zusammenfließen
❼ (*se produire*) vorkommen
❽ (*exister*) **il se rencontre des femmes/voitures qui...** es gibt Frauen/Autos, die ...

rendement [ʀɑ̃dmɑ̃] *m* ❶ (*production*) *d'une terre, d'un champ* Ertrag *m; d'une exploitation agricole* Ertrag *m; d'un puits de pétrole*

Ausbeute *f; d'une machine* Nutzeffekt *m,* Leistung *f;* **des terres d'un bon ~** ertragreiche Böden
❷ FIN Rendite *f;* **placements à fort/faible ~** leistungsstarke/leistungsschwache Anlagen (*Fachspr.*)
❸ (*efficacité*) *d'une personne* Leistung *f;* **être payé(e) au ~** leistungsbezogen bezahlt werden
❹ PHYS Leistung *f*

rendez-vous [ʀɑ̃devu] *m inv* ❶ Termin *m;* (*avec ami, proche*) Verabredung *f;* (*entre amoureux*) Rendezvous *nt;* **avoir ~ avec qn** mit jdm verabredet sein; (*rencontre officielle*) einen Termin [mit jdm] haben; **donner un ~ à qn** mit jdm einen Termin ausmachen; (*avec ami, proche*) sich mit jdm verabreden; **~ à huit heures/à la gare** wir treffen uns um acht Uhr/am Bahnhof; **se donner ~** sich verabreden; **prendre ~ avec qn** mit jdm einen Termin ausmachen; **prendre ~ chez qn** sich bei jdm einen Termin geben lassen; **sur ~** nach Vereinbarung
❷ (*lieu de rencontre*) Treffpunkt *m*
▸ **~ amoureux** [*o* **galant**] Rendezvous *nt;* **~ social** ≈ Tarifrunde *f;* **être au ~** *chose:* nicht auf sich warten lassen
◆ **~ d'affaires** geschäftliche Verabredung; **~ de chasse** Jagdhaus *nt*

rendormir [ʀɑ̃dɔʀmiʀ] <*irr*> **I.** *vt* wieder einschläfern
II. *vpr* **se ~** wieder einschlafen

rendre [ʀɑ̃dʀ] <14> **I.** *vt* ❶ (*restituer*) zurückgeben
❷ (*donner en retour*) zurückgeben; erwidern *invitation, visite, salut;* **~ sa visite à qn** jds Besuch erwidern; **~ la monnaie sur cent euros** auf hundert Euro herausgeben; **elle me déteste, et je le lui rends bien** sie kann mich nicht ausstehen, was auf Gegenseitigkeit beruht
❸ (*rapporter*) zurückgeben *article défectueux*
❹ (*donner*) geben *réponse;* abgeben *devoir*
❺ (*redonner*) wiederschenken *liberté;* wiedergeben *espoir;* zurückgeben *courage, vue;* **~ la santé à qn** jdn heilen
❻ (*faire devenir*) **~ plus facile** leichter machen; **~ plus facile à comprendre** verständlicher machen; **~ triste/joyeux(-euse)** traurig/fröhlich stimmen; **~ public(-ique)** veröffentlichen; **~ moins compliqué(e)** einfacher machen, vereinfachen; **c'est à vous ~ fou!** das ist doch zum Verrücktwerden!
❼ JUR fällen *jugement, verdict;* erlassen *arrêt*
❽ (*vomir*) erbrechen
❾ (*émettre*) erzeugen *son*
❿ (*traduire, reproduire*) wiedergeben
⓫ MIL übergeben *place forte*
II. *vi* ❶ AGR (*rapporter*) ertragreich sein; **ne guère/rien ~** *terre:* ertragsarm/ertraglos sein
❷ (*vomir*) sich übergeben
III. *vpr* ❶ (*capituler*) **se ~** sich ergeben
❷ (*se soumettre*) **se ~ à l'avis de qn** sich jds Meinung (*Dat*) anschließen; **se ~ aux prières de qn** jds Bitten (*Dat*) nachgeben; **se ~ aux raisons de qn** sich von jdm überzeugen lassen; **se ~ à l'évidence** sich den Tatsachen beugen
❸ (*agir de façon à être*) **se ~ agréable à qn** es jdm recht machen; **se ~ esclave de qn** sich zu jds Sklaven machen; **se ~ maître de qn/qc** jdn/etw beherrschen
❹ (*aller*) **se ~ chez qn** zu jdm gehen; **se ~ à son travail** zur Arbeit gehen

rendu [ʀɑ̃dy] *m* **des ~s** Retouren *Pl*

rendu(e) [ʀɑ̃dy] **I.** *part passé de* **rendre**
II. *adj* ❶ (*arrivé*) angekommen; **on est plus vite ~ par le train** mit dem Zug ist man schneller da
❷ COM **~(e) à bord/domicile/à l'usine/en gare** frei an Bord/frei Haus/Fabrik/Bahnhof

rêne [ʀɛn] *f* Zügel *m*
▸ **lâcher les ~s** aufgeben; **prendre les ~s de qc** die Führung einer S. (*Gen*) übernehmen

renégat(e) [ʀ(ə)nega, at] *m(f)* Abtrünnige(r) *f(m)*

renégociation [ʀənegɔsjasjɔ̃] *f* Neuverhandlung *f*

renégocier [ʀənegɔsje] <1a> *vt* neu verhandeln *contrat*

reneiger [ʀəneʒe] <2a> *vi impers* **il reneige** es schneit wieder

renfermé [ʀɑ̃fɛʀme] *m* **sentir le ~** muffig riechen

renfermé(e) [ʀɑ̃fɛʀme] *adj* verschlossen

renfermer [ʀɑ̃fɛʀme] <1> **I.** *vt* enthalten
II. *vpr* **se ~ en** [*o* **sur**] **soi-même** sich in sich (*Akk*) zurückziehen

renflé(e) [ʀɑ̃fle] *adj* bauchig

renflement [ʀɑ̃fləmɑ̃] *m* Ausbauchung *f; d'une racine, tige, d'un bourgeon* Verdickung *f*

renfler [ʀɑ̃fle] <1> **I.** *vt* ❶ *rare* (*augmenter de volume*) anschwellen lassen *dette*
❷ (*rendre bombé*) wölben
II. *vpr* **se ~** *cou:* anschwellen

renflouage [ʀɑ̃fluaʒ] *m,* **renflouement** [ʀɑ̃flumɑ̃] *m* Flottmachen *nt*

renflouer [ʀɑ̃flue] <1> *vt* ❶ NAUT flottmachen
❷ (*fournir des fonds*) finanziell unterstützen; wieder auffüllen *caisse*

renfoncement [ʀɑ̃fɔ̃smɑ̃] *m* Nische *f*

renfoncer [ʀɑ̃fɔ̃se] <2> *vt* tiefer hineindrücken *bouchon;* tiefer hineinschlagen *clou;* **~ son chapeau sur sa tête** den Hut tiefer in die Stirn ziehen

renforçateur [ʀɑ̃fɔʀsatœʀ] *m* ❶ PHOT Verstärker *m*
❷ GASTR Geschmacksverstärker *m*

renforcement [ʀɑ̃fɔʀsəmɑ̃] *m* Verstärkung *f; d'une couleur* Intensivierung *f; de la paix* Festigung *f; de l'amour, de la haine* Vertiefung *f*

renforcer [ʀɑ̃fɔʀse] <2> **I.** *vt* ❶ (*consolider*) verstärken; **être renforcé(e)** verstärkt sein
❷ (*intensifier*) verstärken; intensivieren *couleur;* **~ le son** lauter drehen; **~ ses efforts** seine Anstrengungen verstärken
❸ (*affermir*) festigen *paix, position;* verstärken *soupçon;* vertiefen *sentiment;* **être renforcé(e)** *paix:* konsolidiert sein
❹ (*confirmer*) **~ qn dans son opinion** jdn in seiner Meinung bestärken
II. *vpr* ❶ (*devenir plus efficace*) **se ~ de qn** *groupe:* durch jdn verstärkt werden
❷ (*s'affermir*) **se ~** sich festigen; *popularité:* wachsen

renfort [ʀɑ̃fɔʀ] *m* ❶ *souvent pl* (*personnes*) Verstärkung *f*
❷ (*supplément*) **~s en nourriture/matériel** Nachschub *m* an Lebensmitteln/Material
❸ COUT Flicken *m*
❹ ARCHIT Stütze *f;* **mettre un ~ contre qc** etw abstützen
❺ AUT **~ latéral [de sécurité]** Seitenaufprallschutz *m*
▸ **à grand ~ de gestes/statistiques** mit großer Gestik/vielen Statistiken

renfrogné(e) [ʀɑ̃fʀɔɲe] *adj* mürrisch

renfrogner [ʀɑ̃fʀɔɲe] <1> *vpr* **se ~** ein schiefes Gesicht ziehen

rengagement [ʀɑ̃gaʒmɑ̃] *m v.* **réengagement**

rengager [ʀɑ̃gaʒe] <2a> **I.** *vt v.* **réengager**
II. *vi* MIL sich weiterverpflichten
III. *vpr* **se ~** MIL sich weiterverpflichten

rengaine [ʀɑ̃gɛn] *f fam* ❶ (*chanson*) abgedroschener Schlager
❷ (*propos*) Leier *f* (*fam*); **c'est toujours la même ~** es ist immer die alte Leier (*fam*)

rengainer [ʀɑ̃gene] <1> *vt* ❶ (*ranger*) in die Scheide zurückstecken *épée;* ins Halfter zurückstecken *revolver*
❷ *fam* (*garder pour soi*) für sich behalten *compliment, remarque*

rengorger [ʀɑ̃gɔʀʒe] <2a> *vpr* **se ~ de son succès** sich aufgrund seines Erfolgs aufplustern (*pej fam*); **se ~ de faire qc** sich damit brüsten, dass man etw tut (*pej*)

reniement [ʀənimɑ̃] *m* Verleugnung *f; du passé, d'une promesse* Leugnung *f; de la foi* Lossagung *f*

renier [ʀənje] <1a> **I.** *vt* verleugnen; leugnen *idée, promesse, passé;* **~ sa foi** sich von seinem Glauben lossagen
II. *vpr* **se ~** sich verleugnen

reniflement [ʀ(ə)nifləmɑ̃] *m* ❶ (*fait de renifler*) Schnüffeln *nt*
❷ (*bruit*) Geschnüffel *nt*

renifler [ʀ(ə)nifle] <1> **I.** *vi* schnüffeln
II. *vt* ❶ (*sentir*) riechen; *animal:* wittern
❷ (*aspirer par le nez*) schnupfen *tabac;* schnüffeln *cocaïne*
❸ *fam* (*pressentir*) wittern (*fam*)

renne [ʀɛn] *m* Ren[tier *nt*] *nt*

renom [ʀ(ə)nɔ̃] *m* Renommee *nt;* **en** [*o* **de**] **grand** ~ renommiert

renommé(e) [ʀ(ə)nɔme] *adj* bekannt; ~(**e**) **pour** bekannt für

renommée [ʀ(ə)nɔme] *f* ❶ *sans pl* (*célébrité*) Renommee *nt*
❷ (*réputation*) Ruf *m;* **de** ~ **mondiale** von Weltruf
▸ **bonne** ~ **vaut mieux que ceinture dorée** *prov* guter Ruf ist Goldes wert

renon [ʀənɔ̃] *m* BELG *d'un bail* Kündigung *f*

renoncement [ʀ(ə)nɔ̃smɑ̃] *m* ❶ ~ **à qc** Verzicht *m* auf etw (*Akk*)
❷ (*sacrifice*) Opfer *nt;* **esprit de** ~ aufopferungswilliger Geist; **mener une vie de** ~ ein entbehrungsreiches Leben führen

renoncer [ʀ(ə)nɔ̃se] <2> **I.** *vi* ❶ (*abandonner*) verzichten; ~ **à sa foi** sich von seinem Glauben lossagen; ~ **à fumer/boire** aufhören, zu rauchen/trinken; ~ **au monde/aux plaisirs** dem weltlichen Leben/den Freuden entsagen (*geh*)
❷ (*se désister*) ~ **à un voyage/projet** von einer Reise/einem Projekt zurücktreten
❸ (*refuser un droit*) ~ **à qc** auf etw (*Akk*) verzichten; ~ **à une succession** eine Erbschaft ausschlagen
❹ CARTES ~ **à pique/carreau** Pik/Karo nicht bedienen
II. *vt* BELG (*résilier*) *bail* kündigen; ~ **un locataire** einem Mieter [die Wohnung] kündigen

renoncule [ʀənɔ̃kyl] *f* Hahnenfuß *m*

renouer [ʀənwe] <1> **I.** *vi* ~ **avec qn** mit jdm wieder Verbindung aufnehmen; ~ **avec qc** wieder an etw (*Akk*) anknüpfen
II. *vt* ❶ (*relacer*) wieder zubinden
❷ (*reprendre*) erneut schließen *amitié, alliance;* wieder anknüpfen an (+ *Akk*) *conversation, fil du récit*

renouveau [ʀ(ə)nuvo] *m* Wiederaufleben *nt;* **qc connaît un** ~ **d'intérêt** das Interesse an etw (*Dat*) erwacht wieder

renouvelable [ʀ(ə)nuv(ə)labl] *adj* ❶ (*prolongeable*) verlängerbar
❷ (*rééligible*) neu wählbar
❸ (*qui peut être répété*) wiederholbar
❹ (*inépuisable*) *énergie* erneuerbar
❺ JUR erneuerungsfähig

renouveler [ʀ(ə)nuv(ə)le] <3> **I.** *vt* ❶ (*remplacer*) erneuern; neu wählen *députés, parlement;* ~ **sa garde-robe** sich neu einkleiden; ~ **l'air d'une pièce** einen Raum lüften
❷ (*répéter*) ~ **une offre à qn** jdm gegenüber ein Angebot wiederholen; ~ **une question à qn** jdm eine Frage erneut stellen; ~ **une promesse à qn** jdm ein Versprechen erneut geben; ~ **sa candidature** sich noch einmal bewerben; ~ **sa confiance à qn** jdm erneut sein Vertrauen aussprechen
❸ (*prolonger*) verlängern *bail, passeport*
❹ (*rénover*) ändern; ~ **l'aspect** [*o* **la face**] **de qc** einer S. (*Dat*) ein neues Gesicht geben; **version renouvelée** Neufassung *f*
II. *vpr* **se** ~ ❶ (*être remplacé*) ausgewechselt werden; *peau, cellule:* sich erneuern
❷ (*se reproduire*) sich wiederholen
❸ (*innover*) sich weiterentwickeln

renouvellement [ʀ(ə)nuvɛlmɑ̃] *m* ❶ (*remplacement*) Erneuerung *f; des députés, du parlement* Neuwahl *f;* ~ **de l'air** Lüften *nt*
❷ (*répétition*) Wiederholung *f*
❸ (*prolongation*) Verlängerung *f*
❹ (*rénovation*) *de la conception, d'un genre, style* Veränderung *f*

rénovateur, -trice [ʀenɔvatœʀ, -tʀis] **I.** *adj* reformerisch
II. *m, f* Reformer(in) *m(f)*

rénovation [ʀenɔvasjɔ̃] *f* ❶ (*remise à neuf*) Renovierung *f; d'un quartier* Sanierung *f; d'un meuble* Restaurierung *f*
❷ (*modernisation*) Modernisierung *f*

rénover [ʀenɔve] <1> *vt* ❶ (*remettre à neuf*) renovieren; sanieren *quartier;* restaurieren *meuble*
❷ (*moderniser*) modernisieren

renseignement [ʀɑ̃sɛɲmɑ̃] *m* ❶ (*information*) Information *f;* (*auprès d'un service*) Auskunft *f;* **à titre de** ~ interessehalber; **de plus amples** ~**s** nähere Informationen; **aller aux** ~**s** zur Information gehen; **prendre ses** ~**s** Erkundigungen einziehen; ~**s pris** nach eingehenden Erkundigungen
❷ (*bureau*) **les** ~**s** die Information
❸ TELEC **les** ~**s** die Auskunft
❹ MIL Geheimdienst *m;* **les** ~**s généraux** *französischer Geheimdienst*

renseigner [ʀɑ̃seɲe] <1> **I.** *vt* informieren; ~ **qn sur un élève/la route** *chose:* jdm Aufschluss über einen Schüler/eine Straße geben; **on vous a mal renseigné(e)** man hat Ihnen eine falsche Auskunft gegeben; **ça ne nous renseigne pas beaucoup** das hilft uns nicht viel weiter
II. *vpr* **se** ~ **sur qn/qc** sich über jdn/etw informieren

rentabilisation [ʀɑ̃tabilizasjɔ̃] *f* rentable Gestaltung

rentabiliser [ʀɑ̃tabilize] <1> *vt* rentabel machen

rentabilité [ʀɑ̃tabilite] *f* Rentabilität *f*

rentable [ʀɑ̃tabl] *adj* ❶ FIN rentabel; *mesure* Kosten sparend
❷ *fam* (*qui vaut la peine*) **être** ~ sich lohnen (*fam*)

rente [ʀɑ̃t] *f* ❶ (*revenu*) [Vermögens]rente *f;* ~ **perpétuelle** Rente auf Lebenszeit; ~ **viagère** Leibrente; **vivre de ses** ~**s** von seinem Vermögen leben
❷ (*emprunt d'État*) Rentenpapier *nt*
◆ ~ **de situation** angestammtes Vorrecht

rentier, -ière [ʀɑ̃tje, -jɛʀ] *m, f* Privatier *m* (*veraltet*)

rentrant [ʀɑ̃tʀɑ̃] *m* SPORT eingewechselter Spieler *m*

rentrant(e) [ʀɑ̃tʀɑ̃, ɑ̃t] *adj* ❶ GEOM *angle* überstumpf; *surface* einspringend
❷ (*escamotable*) *train d'atterrissage* einziehbar

rentre-dedans [ʀɑ̃t(ʀə)dədɑ̃] *m inv* **faire du** ~ **à qn** *fam* jdn anmachen (*fam*)

rentrée [ʀɑ̃tʀe] *f* ❶ SCOL Schuljahresbeginn *m;* **le jour de la** ~ der erste/am ersten Schultag; **aujourd'hui, c'est la** ~ [**des classes**] heute fängt die Schule wieder an
❷ UNIV Semesterbeginn *m*
❸ (*après les vacances d'été*) **à la** ~ nach der Sommerpause; **la** ~ **politique/sociale/théâtrale** die Wiederaufnahme der Geschäfte nach der Sommerpause/die Wiederaufnahme der Tarifverhandlungen/der Beginn der neuen Spielzeit; **faire sa** ~ POL die Geschäfte wieder aufnehmen
❹ (*come-back*) Comeback *nt;* **faire sa** ~ sein Comeback feiern
❺ (*fait de rentrer*) Rückkehr *f;* ~ **dans l'atmosphère** Wiedereintritt *m* in die Atmosphäre
❻ (*somme d'argent*) Eingang *m*
❼ (*mise à l'abri*) Einbringen *nt*
◆ ~**s d'argent** Geldeingänge *Pl;* ~ **en touche** Einwurf *m*

i Land & Leute

Während der zweimonatigen Sommerferien kommt in Frankreich das öffentliche Leben stärker zum Erliegen, als es etwa in Deutschland während der Sommerpause der Fall ist. **La rentrée** bezeichnet den Wiederbeginn nicht nur der Schule und des Universitätsbetriebs, sondern überhaupt des öffentlichen und kulturellen Lebens.

rentrer [ʀɑ̃tʀe] <1> **I.** *vi* + *être* ❶ (*retourner chez soi*) nach Hause gehen; **comment rentres-tu?** wie kommst du nach Hause?; ~ **au pays natal** in seine Heimat zurückkehren
❷ (*revenir chez soi*) nach Hause kommen; ~ **de l'école** von der Schule nach Hause kommen; **à peine rentré(e), ...** kaum zu Hause angekommen, ...; **elle est déjà rentrée?** ist sie schon zu Hause?

R

❸ (*entrer à nouveau*) zurückgehen
❹ (*reprendre son travail*) *professeurs:* den Unterricht wieder aufnehmen; *parlement:* [nach der Sommerpause] wieder zusammentreten; *députés:* [nach der Sommerpause] die Geschäfte wieder aufnehmen; **les écoliers rentrent** für die Schüler beginnt die Schule wieder
❺ (*entrer*) **faire ~ qn** jdn eintreten lassen; ~ **dans un café** in ein Café gehen; ~ **sans frapper** eintreten ohne zu klopfen; ~ **par la fenêtre** durchs Fenster einsteigen; **l'eau/le voleur rentre dans la maison** das Wasser/der Dieb dringt ins Haus ein
❻ (*s'insérer*) ~ **dans une valise/un tiroir** in einen Koffer/eine Schublade hineinpassen; ~ **les uns dans les autres** *tubes:* sich ineinander stecken lassen
❼ (*être inclus dans*) ~ **dans qc** zu etw gehören; **faire ~ qc dans une catégorie** etw einer Kategorie zuordnen
❽ (*devenir membre*) ~ **dans la police** zur Polizei gehen; ~ **dans une entreprise** bei einer Firma anfangen; ~ **dans les ordres/au couvent** einem Orden beitreten/ins Kloster gehen; **faire ~ qn dans une entreprise** jdm zu einer Stelle in einem Unternehmen verhelfen
❾ (*commencer à étudier*) ~ **en fac** an der Uni anfangen
❿ (*percuter*) ~ **dans qc** gegen etw prallen; *conducteur:* gegen etw fahren
⓫ COM, FISC *article:* eintreffen; *créances:* eingehen; **faire ~ des commandes/des impôts** Aufträge hereinholen/Steuern einziehen
⓬ (*recouvrer*) ~ **dans ses droits** wieder zu seinem Recht kommen; ~ **dans ses frais** seine Unkosten decken
▶ **qn lui rentre dedans** *fam* jd macht ihn fertig (*fam*)
II. *vt + avoir* ❶ (*ramener à l'intérieur*) hineinbringen; einbringen *foin;* einziehen *tête, ventre;* ~ **sa chemise dans le pantalon** sein Hemd in die Hose stecken; ~ **la voiture au garage** den Wagen in die Garage fahren; ~ **son cou dans les épaules** den Kopf einziehen
❷ (*enfoncer*) ~ **la clé dans la serrure** den Schlüssel in das Schloss stecken
❸ (*refouler*) zurückhalten *larmes;* unterdrücken *rage;* nicht zeigen *déception*
III. *vpr* **se ~ dedans** zusammenstoßen

renversant(e) [ʀɑ̃vɛʀsɑ̃, ɑ̃t] *adj fam* umwerfend (*fam*)

renverse [ʀɑ̃vɛʀs] *f* **qn tombe à la ~** (*en arrière*) jd fällt hintenüber; (*n'en revient pas*) jdn haut es um (*fam*)

renversé(e) [ʀɑ̃vɛʀse] *adj* ❶ (*stupéfait*) verblüfft
❷ (*à l'envers*) umgekehrt; **être ~(e)** auf dem Kopf stehen
❸ (*penché vers la gauche*) *écriture* nach links geneigt

renversement [ʀɑ̃vɛʀsəmɑ̃] *m* ❶ (*changement complet*) Verkehrung *f* ins Gegenteil
❷ POL Sturz *m;* (*par un coup d'État*) Umsturz *m*
❸ (*mise à l'envers*) Umkehrung *f; de l'ordre des mots* Umstellung *f*

renverser [ʀɑ̃vɛʀse] <1> **I.** *vt* ❶ (*faire tomber*) umstoßen; *voiture, vélo:* umfahren; ~ **des arbres** *tempête:* Bäume umstürzen
❷ (*répandre*) verschütten
❸ (*réduire à néant*) aus dem Weg räumen *obstacles*
❹ POL stürzen; umstürzen *ordre établi*
❺ (*pencher en arrière*) nach hinten beugen *corps, tête*
❻ (*retourner*) umdrehen
❼ (*inverser*) umstellen *ordre des mots;* umkehren *fraction;* ins Gegenteil verkehren *situation;* auf den Kopf stellen *image*
❽ *fam* (*étonner*) **ça me renverse** das haut mich um (*fam*)
II. *vpr* ❶ (*se pencher en arrière*) **se ~** sich zurücklehnen; **se ~ sur le dos** sich auf den Rücken legen
❷ (*se retourner*) **se ~** umkippen; *bateau:* kentern

renvoi [ʀɑ̃vwa] *m* ❶ *a.* FIN (*réexpédition*) ~ **à qn** Rücksendung *f* an jdn
❷ SPORT (*avec le pied*) Abstoß *m;* (*avec la main*) Abwurf *m*
❸ (*licenciement*) Entlassung *f*
❹ SCOL, UNIV Verweisung *f;* **le ~ d'un élève** die Verweisung eines Schülers von der Schule
❺ (*indication*) ~ **à qc** Verweis *m* auf etw (*Akk*)
❻ JUR, POL ~ **devant qc/en qc** Verweisung an etw (*Akk*)
❼ (*ajournement*) ~ **à qc** Vertagung *f* auf etw (*Akk*)
❽ (*rot*) Aufstoßen *nt;* **donner des ~s à qn** jdm aufstoßen; **avoir des ~s** aufstoßen müssen; **faire un ~** rülpsen (*fam*)
❾ TECH Vorgelege *nt*
❿ MUS Wiederholungszeichen *nt*

renvoyer [ʀɑ̃vwaje] <6> *vt* ❶ (*envoyer à nouveau*) ~ **une lettre à un client** einem Kunden noch einmal einen Brief schicken
❷ SPORT zurückspielen
❸ (*retourner*) zurückschicken *ascenseur;* erwidern *compliment*
❹ (*réexpédier*) zurückschicken
❺ (*faire retourner*) ~ **qn à une autre époque** jdn in eine andere Zeit zurückversetzen
❻ (*licencier*) entlassen
❼ SCOL, UNIV ~ **un élève** einen Schüler von der Schule verweisen
❽ (*éconduire*) hinausweisen
❾ (*adresser*) ~ **à qn** zu jdm schicken
❿ (*faire se reporter*) ~ **un étudiant à un auteur** einen Studenten auf einen Autor verweisen
⓫ (*ajourner*) ~ **à plus tard/à une date ultérieure** auf später/auf ein späteres Datum vertagen
⓬ (*réfléchir*) reflektieren *lumière;* widerspiegeln *image;* wiedergeben *son;* zurückstrahlen *chaleur*
⓭ CARTES noch einmal ausspielen

réoccuper [ʀeɔkype] <1> *vt* erneut besetzen

réorchestrer [ʀeɔʀkɛstʀe] <1> *vt* neu orchestrieren *œuvre*

réorganisation [ʀeɔʀganizasjɔ̃] *f* Reorganisation *f*

réorganiser [ʀeɔʀganize] <1> **I.** *vt* umorganisieren, reorganisieren (*geh*)
II. *vpr* **se ~** sich neu organisieren

réorienter [ʀeɔʀjɑ̃te] <1> **I.** *vt* ❶ neu ausrichten
❷ SCOL ~ **les élèves vers la littérature** die Schüler verstärkt in Literatur unterrichten
II. *vpr* **se ~ vers une branche** die Branche wechseln

réouverture [ʀeuvɛʀtyʀ] *f* Wiedereröffnung *f*

repaire [ʀ(ə)pɛʀ] *m* ❶ (*tanière*) *d'un renard* Bau *m; d'un ours* Höhle *f*
❷ (*refuge*) Schlupfwinkel *m*
▶ **c'est un ~ de brigands** *hum fam* (*ce sont des voleurs*) da wird man regelrecht ausgenommen (*fam*); (*c'est un lieu mal famé*) das ist eine üble Spelunke (*pej*)

repaître [ʀəpɛtʀ] <*irr*> **I.** *vt* (*nourrir*) füttern
II. *vpr* ❶ **se ~** (*se nourrir*) sich nähren
❷ **se ~ de qc** *fig littér* sich an etw weiden

répandre [ʀepɑ̃dʀ] <14> **I.** *vt* ❶ (*laisser tomber*) ~ **qc par terre/sur la table** etw auf den Boden/Tisch streuen; (*du liquide*) etw auf den Boden/Tisch schütten; (*par mégarde*) etw auf dem Boden/Tisch verstreuen; (*du liquide*) etw auf dem Boden/Tisch verschütten
❷ (*être source de, faire connaître, susciter*) verbreiten; ausströmen lassen *gaz*
❸ (*verser*) vergießen
❹ *littér* (*prodiguer*) großzügig verteilen *dons*
II. *vpr* ❶ (*s'écouler*) **se ~** sich ergießen
❷ (*se disperser*) **se ~** sich verteilen
❸ (*se dégager*) **se ~** *chaleur, fumée, odeur:* sich verbreiten; *son:* tönen
❹ (*se propager*) **se ~** *bruit, nouvelle, idées:* sich verbreiten; *doctrine, mode, coutume:* sich durchsetzen; *information:* verbreitet werden; *épidémie:* sich ausbreiten
❺ (*se manifester*) **se ~ sur qc** sich auf etw (*Dat*) breit machen
❻ (*envahir*) **se ~** sich verteilen
❼ (*proférer*) **se ~ en louanges sur l'écrivain** sich in großem

Lob über den Schriftsteller ergehen

répandu(e) [Repɑ̃dy] **I.** *part passé de* **répandre**
II. *adj* ① (*épars*) ~(**e**) **sur qc** auf etw (*Dat*) verstreut
② (*courant*) [weit] verbreitet

réparable [ReparabI] *adj panne, objet* reparabel; *faute, perte* wieder gutzumachen; **être** ~ *réveil:* repariert werden können; *erreur:* wieder gutzumachen sein

reparaître [R(ə)parɛtR] *<irr> vi* ① + *avoir* (*se montrer de nouveau*) wieder auftauchen; *soleil, lune:* wieder hervorkommen
② + *avoir o être journal, livre:* wieder erscheinen

réparateur, -trice [ReparatœR, -tRis] **I.** *adj* erquickend (*geh*)
II. *m, f* Techniker(in) *m(f)*

réparation [Reparasjɔ̃] *f* ① *sans pl* (*remise en état*) Reparatur *f; d'un bâtiment* Instandsetzung *f; d'un objet d'art* Restaurierung *f; d'une route* Ausbesserung *f; d'un accroc* Flicken *nt; d'une fuite* Abdichten *nt;* **atelier de** ~ Reparaturwerkstatt *f;* AUT Autowerkstatt *f;* **frais de** ~ Reparaturkosten *Pl;* **être en** ~ repariert werden
② (*endroit réparé*) Reparaturstelle *f*
③ *pl* ARCHIT Renovierungsarbeiten *Pl*
④ *sans pl* (*correction*) Korrigieren *nt*
⑤ *sans pl* (*compensation*) Wiedergutmachung *f*
⑥ *sans pl* MED *des forces, tissus* Regenerierung *f*
⑦ (*dédommagement*) Entschädigung *f;* **demander** ~ **de qc à un État** von einem Staat Entschädigung für etw verlangen; **obtenir** ~ **de** [*o* **pour**] **qc** für etw entschädigt werden
⑧ *pl* POL Reparationen *Pl*
▸ **donner** ~ **de** [*o* **pour**] **qc** für etw büßen; **surface/coup de pied de** ~ SPORT Strafraum/-stoß *m*

réparer [RepaRe] <1> *vt* ① (*remettre en état*) reparieren; instandsetzen *maison;* ausbessern *route;* beheben *dégât;* abdichten *fuite;* flicken *accroc*
② (*rattraper*) wieder gutmachen
③ (*régénérer*) regenerieren *forces;* wiederherstellen *santé*

reparler [R(ə)parle] <1> **I.** *vi* ~ **de qn/qc** auf jdn/etw zurückkommen; **on reparlera bientôt de lui** er wird bald wieder von sich reden machen; ~ **à qn** wieder mit jdm sprechen
▸ **on en reparlera** *fam* darüber unterhalten wir uns später nochmal; *fig* wir werden ja sehen (*fam*)
II. *vpr* **se** ~ wieder miteinander sprechen

repartie, répartie [Reparti] *f* **avoir de la** ~ [*o* **la** ~ **facile**] schlagfertig sein

repartir [R(ə)partiR] <10> *vi* + *être* ① (*se remettre à avancer*) *voyageur:* wieder aufbrechen; *véhicule:* weiterfahren
② (*s'en retourner*) wieder zurückkehren; **vous voulez déjà** ~**?** Sie wollen schon wieder gehen?
③ (*fonctionner à nouveau*) *moteur:* wieder anspringen; *chauffage, machine:* wieder gehen; *discussion, dispute:* wieder anfangen; *affaire:* wieder in Gang kommen
▸ **et c'est reparti pour un tour!** *fam* und schon geht alles wieder von vorn los!

répartir [RepartiR] <10> **I.** *vt* ① (*partager*) ~ **un butin/bénéfice/une somme** eine Beute/einen Gewinn/eine Summe aufteilen; ~ **les touristes entre les deux bus** die Touristen auf die zwei Busse verteilen
② (*diviser*) ~ **en groupes** in Gruppen (*Akk*) einteilen
③ (*disposer*) ~ **des troupes aux endroits stratégiques** Truppen an strategischen Punkten aufstellen; ~ **des choses sur les étagères** Dinge auf den Regalen verteilen
④ (*étaler*) ~ **qc sur le corps/sur toute la semaine** etw auf dem Körper/auf die ganze Woche verteilen; **le programme est réparti sur deux ans** das Programm erstreckt sich über zwei Jahre
II. *vpr* ① (*se partager*) **se** ~ **des personnes/qc** Menschen/etw unter sich aufteilen
② (*être partagé*) **se** ~ verteilt werden; **le travail se répartit comme suit** die Arbeit wird folgendermaßen aufgeteilt
③ (*se diviser*) **se** ~ **en groupes** sich in Gruppen [auf]teilen

répartition [Repartisjɔ̃] *f* ① (*partage, division*) Verteilung *f;* ~ **territoriale** Gebietsaufteilung *f;* ~ **des élèves entre** [*o* **sur**] **les classes** Verteilung der Schüler auf die Klassen; ~ **des rôles entre trois personnes** Verteilung der Rollen auf drei Personen; ~ **des touristes en petits groupes** Einteilung *f* der Touristen in kleine Gruppen
② (*disposition*) *des troupes* Aufstellung *f*
③ (*étalement*) *d'une crème, lotion* Auftragen *nt; d'un programme* Verteilung *f*
④ (*localisation*) *de pièces, salles* Anordnung *f*
◆ ~**s des fonctions** Geschäftsverteilung *f* (*Fachspr.*)

reparution [R(ə)parysjɔ̃] *f* Wiedererscheinen *nt*

repas [R(ə)pɑ] *m* ① (*nourriture, ensemble de plats*) Essen *nt;* **faire un** ~ **sommaire** schnell etwas essen; **faire un bon** ~ gut essen; **aimer les bons** ~ gern gut essen; **partager le** ~ **de qn** mit jdm zusammen speisen (*geh*)
② (*fait de manger*) Mahlzeit *f;* **cinq** ~ **par jour** fünf Mahlzeiten am Tag; **prendre ses** ~ **au restaurant** seine Mahlzeiten im Restaurant einnehmen; **donner un grand** ~ ein Festessen geben; **c'est l'heure du** ~ es ist Essenszeit *f;* ~ **d'enterrement** CH Leichenmahl *nt,* Traueressen *nt* (CH)

repassage [R(ə)pɑsaʒ] *m* ① Bügeln *nt;* **faire du** ~ bügeln
② (*aiguisage*) Schleifen *nt*

repasser¹ [R(ə)pɑse] <1> **I.** *vi* + *avoir* bügeln
II. *vt* ① bügeln
② (*aiguiser*) schleifen
III. *vpr* **se** ~ gebügelt werden müssen; **bien/mal se** ~ sich gut/schlecht bügeln lassen; **ne pas se** ~ bügelfrei sein; (*s'abîmerait*) nicht gebügelt werden dürfen

repasser² [R(ə)pɑse] <1> **I.** *vi* + *être* ① (*revenir*) noch einmal vorbeikommen; **ne pas** ~ **par la même route** nicht dieselbe Strecke zurückfahren/-gehen
② (*passer à nouveau*) *plat:* noch einmal herumgereicht werden; *film:* noch einmal laufen; ~ **devant les yeux de qn** *souvenirs:* noch einmal an jdm vorbeiziehen
③ (*revoir le travail de*) ~ **derrière qn** jds Arbeit überprüfen
④ (*retracer*) ~ **sur qc** etw nachziehen
▸ **qn peut toujours** ~**!** *fam* darauf kann jd lange warten! (*fam*)
II. *vt* + *avoir* ① (*franchir de nouveau*) von neuem überqueren
② (*refaire*) wiederholen *examen*
③ (*remettre*) ~ **une couche de peinture sur qc** etw noch einmal streichen; ~ **le plat au four** das Gericht noch einmal in den Ofen stellen
④ (*redonner*) noch einmal reichen *plat, outil;* ~ **le standard à qn** jdn wieder mit der Vermittlung verbinden; **je te repasse maman** ich gebe dir Mutti wieder
⑤ (*rejouer*) noch einmal zeigen
⑥ (*passer à nouveau*) ~ **qc dans sa tête** [*o* **son esprit**] etw noch einmal an sich vorüberziehen lassen
⑦ (*réviser*) noch einmal durchgehen
⑧ *fam* (*donner*) ~ **un travail à qn** jdm eine Arbeit aufhalsen (*fam*); ~ **une maladie à qn** jdn mit einer Krankheit anstecken

repasseuse [R(ə)pɑsøz] *f* ① Büglerin *f*
② (*machine*) Mangel *f*

repayer [R(ə)peje] <7> *vt* noch einmal bezahlen

repêchage [R(ə)peʃaʒ] *m* ① Bergen *nt*
② SCOL, UNIV Durchkommenlassen *nt;* (*examen*) Nachprüfung *f*
③ SPORT Hoffnungslauf *m*

repêcher [R(ə)peʃe] <1> *vt* ① (*retirer de l'eau*) bergen
② SCOL, UNIV *fam* durchkommen lassen (*fam*); (*par examen complémentaire*) nachprüfen
③ SPORT nachträglich qualifizieren

repeindre [R(ə)pɛ̃dR] *<irr> vt* ① (*peindre à neuf*) neu streichen
② (*peindre une autre fois*) noch einmal streichen; **être repeint(e)** *partie:* überstrichen sein

R

repeint(e) [ʀəpɛ̃, ɛ̃t] *part passé de* **repeindre**

repenser [ʀ(ə)pɑ̃se] <1> **I.** *vi* ~ **à qc** etw überdenken; **je vais y** ~ ich werde es mir noch überlegen
II. *vt* neu durchdenken

repentant(e) [ʀəpɑ̃tɑ̃, ɑ̃t] *adj* reumütig

repenti(e) [ʀ(ə)pɑ̃ti] *adj buveur, fumeur* ehemalig; *malfaiteur, terroriste* reuig

repentir [ʀ(ə)pɑ̃tiʀ] **I.** *m* Reue *f*
II. <10> *vpr* **se** ~ **de qc/d'avoir fait qc** etw bereuen/bereuen etw getan zu haben

repérable [ʀ(ə)peʀabl] *adj grandeur* festlegbar, bestimmbar

repérage [ʀ(ə)peʀaʒ] *m* ❶ (*localisation*) Orten *nt*
❷ CINE Location *f;* **faire des** ~**s** auf Drehortsuche sein
◆ ~ **à distance** Fernerkundung *f*

répercussion [ʀepɛʀkysjɔ̃] *f* ❶ (*effet*) Auswirkung *f;* **avoir des** ~**s négatives** auf negative Resonanz stoßen; **avoir peu de** ~**s sur qc** sich kaum auf etw (*Akk*) auswirken
❷ PHYS *d'un son* Widerhall *m; d'un choc* Wucht *f*
❸ ECON, FISC Abwälzung *f*

répercuter [ʀepɛʀkyte] <1> **I.** *vt* ❶ (*réfléchir*) zurückwerfen
❷ ECON, FISC ~ **qc sur les consommateurs/sur les prix des marchandises** etw auf die Verbraucher abwälzen/auf die Warenpreise umlegen
❸ (*transmettre*) weiterleiten
II. *vpr* ❶ (*être réfléchi*) **se** ~ widerhallen
❷ (*se transmettre à*) **se** ~ **sur qc** sich auf etw niederschlagen

repère [ʀ(ə)pɛʀ] **I.** *m* ❶ Orientierungspunkt *m;* **tracer des** ~**s sur qc** etw markieren
❷ (*trait*) Markierungsstrich *m*
II. *app* **borne** ~ Markierungsstein *m;* **des dates** ~ Meilensteine *Pl*

repérer [ʀ(ə)peʀe] <5> **I.** *vt* ❶ *fam* (*découvrir*) ausfindig machen; **se faire** ~ sich verraten; **se faire** ~ **par qn** jds Aufmerksamkeit auf sich lenken
❷ CINE erkunden *lieux*
❸ MIL (*localiser*) orten
II. *vpr fam* ❶ (*se retrouver, s'orienter*) **se** ~ **dans qc** sich in etw (*Dat*) zurechtfinden
❷ (*se remarquer*) **se** ~ auffallen

répertoire [ʀepɛʀtwaʀ] *m* ❶ *a.* INFORM Verzeichnis *nt;* ~ **principal** Wurzelverzeichnis
❷ (*carnet*) Register *nt*
❸ THEAT Repertoire *nt*
❹ *fam* (*grand nombre*) Repertoire *nt* (*fam*)

répertorier [ʀepɛʀtɔʀje] <1a> *vt* ❶ (*inscrire dans un répertoire*) in ein Verzeichnis aufnehmen
❷ (*classer*) ~ **des personnes/choses** ein Verzeichnis von Personen/Dingen aufstellen

repeser [ʀ(ə)pəze] <4> *vt* ❶ (*peser de nouveau*) wieder abwiegen *bananes*
❷ *fig* (*considérer de nouveau*) neu abwägen *le pour et le contre*

répéter [ʀepete] <5> **I.** *vt* ❶ (*redire*) wiederholen; **répète après moi:...** sprich mir nach: ...; **ne pas se faire** ~ **les choses deux fois** sich das nicht zweimal sagen lassen; ~ **à son fils de faire qc** seinem/ihrem Sohn noch einmal sagen, dass er etw tun soll; **je vous l'ai répété cent fois déjà** ich habe es euch schon hundertmal gesagt; **combien de fois vous ai-je répété que** wie oft habe ich euch schon gesagt, dass
❷ (*rapporter*) weitererzählen; wiederholen *propos;* **ne va pas le** ~**!** erzähl es nicht weiter!
❸ (*refaire*) wiederholen
❹ (*mémoriser*) lernen
❺ THEAT, MUS proben
❻ (*plagier*) wiederholen
II. *vi* ❶ (*redire*) wiederholen; **répète un peu!** sag das noch mal! (*fam*)
❷ THEAT proben
III. *vpr* ❶ (*redire les mêmes choses*) **se** ~ sich wiederholen
❷ (*se raconter*) **se** ~ *histoire:* erzählt werden; **se** ~ **qc** sich etw weitererzählen
❸ (*se redire la même chose*) **se** ~ **qc/que** sich (*Dat*) etw vorsagen/sich immer wieder sagen, dass
❹ (*être reproduit, se reproduire*) **se** ~ sich wiederholen

répétiteur [ʀepetitœʀ] *m* TECH *de signaux* Rückmelder *m*

répétiteur, -trice [ʀepetitœʀ, -tʀis] *m, f* Repetitor(in) *m(f)*

répétitif, -ive [ʀepetitif, -iv] *adj* sich ständig wiederholend; *travail* monoton; **faire des gestes** ~**s** immer dieselben Handgriffe machen

répétition [ʀepetisjɔ̃] *f* ❶ (*redite, renouvellement, reproduction*) Wiederholung *f*
❷ (*mémorisation*) *d'un rôle, morceau* Einstudieren *nt*
❸ THEAT, MUS Probe *f;* ~ **générale** Generalprobe; **être en** ~ proben
▶ **faire des angines à** ~ *fam* eine Angina nach der anderen haben

repeupler [ʀ(ə)pœple] <1> **I.** *vt* ❶ (*peupler à nouveau*) neu besiedeln
❷ (*regarnir*) aufforsten *forêt;* ~ **qc d'animaux** etw wieder mit Tieren besetzen
II. *vpr* **se** ~ neu besiedelt werden

repiquage [ʀ(ə)pikaʒ] *m* ❶ HORT ~ **de qc** Pikieren *nt* von etw
❷ AUDIOV Überspielen *nt;* **faire un** ~ **de cassettes** Kassetten überspielen
❸ PHOT Retusche *f*

repiquer [ʀ(ə)pike] <1> *vt* ❶ HORT pikieren
❷ AUDIOV überspielen
❸ PHOT retuschieren
❹ *fam* (*attraper de nouveau*) wieder erwischen (*fam*); **il a été repiqué à voler** er ist wieder beim Stehlen erwischt worden (*fam*)

répit [ʀepi] *m* ❶ (*pause*) Pause *f;* **sans** ~ pausenlos
❷ (*délai supplémentaire*) Aufschub *m*

replacement [ʀ(ə)plasmɑ̃] *m* Vermittlung *f* einer neuen Stelle

replacer [ʀ(ə)plase] <2> **I.** *vt* ❶ (*remettre à sa place*) zurückstellen, zurücklegen
❷ (*situer*) ~ **un événement dans son époque** ein Ereignis im Kontext seiner Zeit sehen
II. *vpr* **se** ~ **dans qc** sich in etw (*Akk*) zurückversetzen

replanter [ʀ(ə)plɑ̃te] <1> *vt* ❶ (*repiquer*) umsetzen
❷ (*repeupler de végétaux*) neu bepflanzen; aufforsten *forêt*
❸ (*planter à nouveau*) wieder einpflanzen

replat [ʀəpla] *m* Abflachung *f*

replâtrage [ʀ(ə)plɑtʀaʒ] *m* ❶ TECH (*renouvellement*) Erneuerung *f* des Gipsverputzes; (*amélioration*) Ausbesserung *f* des Gipsverputzes
❷ *fam* (*raccommodage*) **c'est du** ~ das ist Flickschusterei *f* (*fam*)

replâtrer [ʀ(ə)plɑtʀe] <1> *vt* ❶ (*plâtrer de nouveau*) ~ **qc** den Gipsverputz einer S. (*Gen*) erneuern
❷ *fam* (*raccommoder*) kitten (*fam*)

replet, -ète [ʀəplɛ, -ɛt] *adj* wohlgenährt; *visage* voll

repleuvoir [ʀəpləvwaʀ] <*irr*> *vi impers* **il repleut** es regnet wieder

repli [ʀəpli] *m* ❶ *pl* (*ondulations*) *d'un drapeau, de la peau* Falten *Pl; d'une rivière, d'un intestin* Windung *f;* ~ **de terrain** Erhebung *f*
❷ (*retraite*) Rückzug *m*
❸ BOURSE, ECON Rückgang *m*
❹ (*isolement*) *d'un pays* Abschottung *f;* ~ **sur soi-même** Abkapselung *f*
❺ COUT [doppelter] Einschlag
❻ *pl littér de l'âme, du cœur* versteckter Winkel

repliable [ʀ(ə)plijabl] *adj* ausklappbar

repliement [ʀ(ə)plimɑ̃] *m* ~ **sur soi-même** Abkapselung *f*

replier [ʀ(ə)plije] <1a> **I.** *vt* ❶ (*plier à nouveau*) wieder zusammenfalten *journal, carte;* wieder zusammenlegen *nappe,*

refuser de répondre

• **refuser de répondre**	• **Antwort verweigern**
Je ne le dirai pas !	Sag ich nicht! *(fam)*
(Je regrette, mais) je ne peux pas te le dire.	Das kann ich dir (leider) nicht sagen.
Je n'ai rien à dire à ce sujet.	Dazu möchte ich nichts sagen.
Je me défends de tout commentaire sur cette affaire.	Ich möchte mich zu dieser Angelegenheit nicht äußern. *(form)*

étoffe
② (*plier sur soi-même*) hochkrempeln *bas de pantalon, manche;* falten *feuille;* umknicken *coin d'une page;* zusammenklappen *mètre rigide*
③ (*rabattre*) anwinkeln *jambes, pattes;* wieder anlegen *ailes;* zurückschlagen *couverture, drap;* wieder einklappen *couteau, lame;* **les jambes repliées** mit angezogenen Beinen
④ MIL zurückziehen
II. *vpr* ① (*faire retraite*) **se ~** sich zurückziehen
② (*se protéger*) **se ~ sur qc** sich hinter etw (*Dat*) verschanzen
③ (*se plier*) **se ~** zusammenklappbar sein
④ (*se ramasser*) **se ~** *animal:* sich einrollen; (*chat, chien*) sich zusammenrollen
⑤ (*se renfermer*) **se ~** *pays:* sich abschotten; **se ~ sur soi-même** sich abkapseln

réplique [ʀeplik] *f* ① *a.* JUR (*réponse*) Antwort *f;* **avoir la ~ facile** schlagfertig sein
② (*objection*) **~ à qc** Einwand *m* gegen etw
③ (*réaction*) **~ à qc** Antwort *f* auf etw (*Akk*)
④ THEAT Antwort *f*
⑤ ART Nachbildung *f*
▸ **donner la ~ à qn** THEAT jdm das Stichwort geben; (*débattre*) mit jdm debattieren; (*répondre*) jdm kontern; **être la vivante ~ de qn** jds lebendes Abbild sein; **sans ~** unwiderlegbar; *obéir* ohne Widerrede

répliquer [ʀeplike] <1> **I.** *vi* ① (*répondre*) erwidern
② (*protester, répondre avec impertinence*) protestieren
II. *vt* **~ la même chose à sa mère** seiner/ihrer Mutter dasselbe erwidern; **~ qc à un argument** etw auf ein Argument erwidern

replonger [ʀ(ə)plɔ̃ʒe] <2a> **I.** *vi* ① (*faire un plongeon*) **~ dans la piscine** noch einmal ins Schwimmbecken springen
② (*aller au fond de l'eau*) **~ dans le bassin** noch einmal im Becken untertauchen
II. *vt* ① (*plonger à nouveau*) **~ les rames dans l'eau** die Ruder noch einmal in das Wasser tauchen; **~ la main dans sa poche** noch einmal in seine Tasche greifen
② (*précipiter à nouveau*) **~ les gens/la région dans la misère** die Menschen/Region erneut ins Elend stürzen
III. *vpr* **se ~ dans qc** sich wieder in etw (*Akk*) vertiefen

répondant [ʀepɔ̃dɑ̃] *m* ① **avoir du ~** über ausreichende Geldmittel verfügen; (*de la répartie*) schlagfertig sein
② (*garant*) Bürge *m*

répondante [ʀepɔ̃dɑ̃t] *f* (*garante*) Bürgin *f*

répondeur [ʀepɔ̃dœʀ] *m* Anrufbeantworter *m;* **~ interrogeable à distance** Anrufbeantworter mit Fernabfrage

répondeur, -euse [ʀepɔ̃dœʀ, -øz] *adj* (*impertinent*) aufmüpfig

répondeur-enregistreur [ʀepɔ̃dœʀɑ̃ʀəʒistʀœʀ] <répondeurs-enregistreurs> *m Anrufbeantworter mit Aufzeichnungsfunktion*

répondre [ʀepɔ̃dʀ] <14> **I.** *vi* ① (*donner une réponse*) **~ qc à qn** jdm etw antworten; **~ par** [*o* **de**] **qc** mit etw antworten; **~ à une lettre** einen Brief beantworten; **~ à une question** auf eine Frage antworten; **ne pas ~ à des injures** auf Beleidigungen nicht eingehen; **~ par monosyllabes** nur einsilbige Antworten geben; **~ en souriant/en haussant les épaules** mit einem Lächeln/einem Achselzucken antworten; **~ à qn en claquant la porte** jdm als Antwort die Tür vor der Nase zuschlagen
② (*réagir*) **~ à une convocation** einer Einladung Folge leisten; **ne pas ~ au téléphone** nicht abnehmen; **ne pas ~ à un coup de sonnette** nicht öffnen; **~ à l'appel d'un syndicat** dem Aufruf der Gewerkschaft Folge leisten; **~ au nom de...** auf den Namen ... hören; **la radio ne répond plus** das Radio ist tot
③ (*correspondre à*) **~ aux espérances de qn** jds Erwartungen entsprechen
④ (*payer de retour*) **~ à l'amour de qn** jds Liebe erwidern; **ne pas ~ à un salut** einen Gruß nicht erwidern; **~ à la force par la force/au mépris par le mépris** Gewalt mit Gewalt/Verachtung mit Verachtung vergelten
⑤ (*se porter garant*) **~ de qn/qc** sich für jdn/etw verbürgen, für jdn/etw haften; **ne plus ~ de soi** die Beherrschung verlieren
⑥ (*justifier*) **~ de qc** sich für etw verantworten
⑦ (*réfuter*) **~ à des arguments/critiques/objections** eine Antwort auf Argumente/Kritiken/Einwände finden
⑧ (*obéir*) **~ à qc** *cerveau, organisme:* auf etw (*Akk*) reagieren; *freins, commandes:* auf etw (*Akk*) ansprechen
⑨ (*être impertinent*) **~ à qn** jdm freche Antworten geben
II. *vt* **~ qc à qn** jdm etw zur Antwort geben; **~ oui** Ja [*o* ja] sagen; **réponds quelque chose!** gib irgendeine Antwort!; **que dois-je ~ à ça?** was soll ich darauf antworten?; **avoir quelque chose/n'avoir rien à ~** etwas/nichts zu sagen haben; **qu'avez-vous à ~?** was haben Sie darauf zu sagen?; **~ à qn de faire qc** jdm antworten, er solle etw tun
III. *vpr* **se ~** ① (*faire écho à*) *instruments:* im Wechsel spielen
② (*être symétrique*) sich entsprechen

réponse [ʀepɔ̃s] *f* ① *a.* JUR **~ à qc** Antwort *f* auf etw (*Akk*); **avoir ~ à tout** auf alles eine Antwort haben; **rester sans ~** unbeantwortet bleiben; **ce n'est pas une ~** das ist doch keine Antwort; **~ de Normand** ausweichende Antwort
② PHYSIOL, TECH Reaktion *f;* **~ à une critique/objection** Reaktion auf eine Kritik/einen Einwand; **~ à un stimulus** Reizbeantwortung *f*
③ (*solution*) **~ à un problème/une énigme** Lösung *f* eines Problems/Rätsels
▸ **en ~ à** als Antwort auf (+ *Akk*); (*dans un courrier*) Bezug nehmend auf (+ *Akk*)

repopulation [ʀəpɔpylasjɔ̃] *f* Neubesied[e]lung *f*

report [ʀəpɔʀ] *m* ① (*renvoi*) *d'une date, question* Verschiebung *f; d'un paiement, d'une livraison* Aufschub *m; d'une échéance* Prolongation *f;* MIL *d'une incorporation* Zurückstellung *f;* **~ à une date ultérieure** Verschieben *nt* auf einen späteren Zeitpunkt
② (*inscription*) Übertrag *m*
③ POL *de voix* Übertragung *f*
④ PHOT, TYP Umdruck *m*

reportage [ʀ(ə)pɔʀtaʒ] *m* Reportage *f;* **~ filmé/photographique/télévisé** Film-/Foto-/Fernsehreportage; **grand ~** Sonderberichterstattung *f*

reporter[1] [ʀ(ə)pɔʀtɛʀ, ʀ(ə)pɔʀtœʀ] *mf* Reporter(in) *m(f);*

R

grand ~ [Auslands]sonderkorrespondent(in) *m(f);* ~ **photographe** Bildreporter(in) *m(f)*

reporter² [ʀ(ə)pɔʀte] <1> **I.** *vt* ❶ (*ramener*) zurückbringen *chose;* zurückversetzen *personne*

❷ (*différer*) verschieben *date;* ~ **à une date ultérieure** auf einen späteren Zeitpunkt verschieben

❸ (*inscrire*) übertragen

❹ COM, FIN (*proroger*) prolongieren *titres*

❺ (*transférer*) ~ **sa haine sur qn/qc** seinen Hass auf jdn/etw richten; ~ **sa colère sur qn/qc** seine Wut an jdm/etw auslassen; ~ **son affection/amour sur qn** jdm seine Zuneigung/Liebe schenken; ~ **ses voix sur qn/qc** jdm/einer S. seine Stimmen geben

❻ JEUX ~ **qc sur un cheval/numéro** etw auf ein Pferd/eine Nummer setzen

II. *vpr* ❶ (*se référer*) **se** ~ **à qc** sich auf etw (*Akk*) beziehen; **se** ~ **à la page 13** siehe Seite 13

❷ (*repenser*) **se** ~ **à une époque** sich (*Akk*) in eine Zeit zurückversetzen

❸ (*se transférer*) **se** ~ **sur** [*o* **contre**] **qn** *colère, politique, mesures:* sich gegen jdn richten; *affection, amour:* jdm gelten

reporter-cameraman, reporter-caméraman [ʀ(ə)pɔʀtɛʀkameʀaman, ʀ(ə)pɔʀtœʀ-, -mɛn] <reporters-caméramans *o* reporter-cameramen> *mf* Filmreporter(in) *m(f)*

repos [ʀ(ə)po] *m* ❶ (*détente*) Ruhe *f;* **cure de** ~ Erholungskur *f;* **animal au** ~ ruhendes Tier; **muscles/mécanisme à l'état de** ~ Muskeln/Mechanismus im Ruhezustand; **laisser qn en** ~ jdn in Ruhe lassen; **prendre du** ~ ausspannen; **prendre un peu de** ~ sich (*Dat*) ein wenig Ruhe gönnen

❷ (*pause*) Ruhepause *f;* **temps de** ~ Pause *f;* **travailler sans** ~ pausenlos arbeiten

❸ (*congé*) ~ **annuel** Jahresurlaub *m;* ~ **dominical** arbeitsfreier Sonntag; ~ **hebdomadaire** Ruhetag *m;* **une journée de** ~ ein freier Tag; **il a pris une matinée/trois jours de** ~ er hat einen Vormittag/drei Tage frei genommen; **être de** ~ Urlaub haben

❹ (*congé pour écoliers*) schulfreier Tag in der Woche

❺ (*tranquillité, sommeil*) Ruhe *f;* **trouver/ne pas trouver le** ~ Ruhe/keine Ruhe finden; **huit heures de** ~ **me suffisent largement** acht Stunden Schlaf reichen mir bei weitem

❻ POES Zäsur *f;* MUS Pause *f*

► ~ **éternel** ewige Ruhe; **ne pas pouvoir demeurer** [*o* **rester**] **en** ~ nicht ruhig sitzen bleiben können; **de tout** ~ (*sûr*) [ganz] sicher; (*simple*) einfach; **pas de tout** ~ (*fatigant*) anstrengend; **avoir la conscience en** ~ ein ruhiges Gewissen haben; **ne pas avoir l'esprit en** ~ keine Ruhe haben; ~**!** MIL rührt euch!

reposant(e) [ʀ(ə)pozɑ̃, ɑ̃t] *adj* erholsam; *lieu* friedlich; ~**(e) pour la vue** wohltuend für das Auge; ~**(e) pour l'esprit** erholsam für den Geist

repose [ʀ(ə)poz] *f* erneuter Einbau; *d'une moquette* erneutes Verlegen

reposé(e) [ʀ(ə)poze] *adj* erholt; **avoir le teint** ~ frisch aussehen; **avoir l'esprit** ~ ausgeruht sein

repose-pied [ʀ(ə)pozpje] <repose-pieds> *m* Fußstütze *f*

reposer¹ [ʀ(ə)poze] <1> **I.** *vt* ❶ (*poser à nouveau*) zurückstellen, zurücklegen; ~ **l'écouteur** den Hörer auflegen

❷ MIL **reposez... arme!** Gewehr ... ab!

❸ (*remettre en place*) wieder zusammenbauen *appareil, machine;* wieder verlegen *tapis, moquette*

❹ (*répéter*) noch einmal stellen *question;* wieder aufwerfen *problème;* ~ **un problème à qn** jdn erneut vor ein Problem stellen

II. *vi* ❶ (*être posé sur*) ~ **sur qc** auf etw (*Dat*) ruhen

❷ (*être fondé sur*) ~ **sur une hypothèse/des observations** sich auf eine Hypothese/Beobachtungen stützen; **ne** ~ **sur rien** aus der Luft gegriffen sein

❸ (*dépendre*) ~ **sur qn** [*o* **sur les épaules de qn**] auf jds Schultern ruhen

III. *vpr* **se** ~ ❶ (*revenir se poser*) sich wieder setzen; *avion:* wieder landen

❷ (*se poser à nouveau*) *problème, question:* sich erneut stellen

reposer² [ʀ(ə)poze] <1> **I.** *vt* (*délasser*) entspannen; ~ **qn de qc** jdm Entspannung von etw bringen; ~ **l'esprit** abschalten; **il lit, ça le repose** er liest, dabei kann er ausspannen

II. *vi* ❶ (*être couché*) ruhen

❷ (*dormir*) schlafen

❸ (*se trouver*) liegen

❹ (*être enterré*) ruhen (*geh*)

❺ (*rester au repos*) **laisser** ~ **qc** etw ruhen lassen

III. *vpr* ❶ (*se délasser*) **se** ~ sich ausruhen

❷ (*s'en remettre à*) **se** ~ **sur qn** sich auf jdn verlassen; **se** ~ **sur qn pour qc** jdm etw überlassen; **se** ~ **sur qn pour faire qc** es jdm überlassen etw zu tun

repose-tête [ʀ(ə)poztɛt] <repose-tête[s]> *m* Kopfstütze *f*

repositionner [ʀ(ə)pɔzisjɔne] <1> **I.** *vt* wieder in die Umlaufbahn bringen *satellite;* wieder platzieren *produit*

II. *vpr* **se** ~ sich wieder platzieren

reposoir [ʀ(ə)pozwaʀ] *m* ECCL *Altar bei Prozessionen*

repoussage [ʀ(ə)pusaʒ] *m* Treiben *nt*

repoussant(e) [ʀ(ə)pusɑ̃, ɑ̃t] *adj* abstoßend; *odeur* widerlich; **être d'une laideur** ~**e** abstoßend hässlich sein

repousse [ʀ(ə)pus] *f* Nachwachsen *nt;* **lotion qui favorise la** ~ **des cheveux** Haarwuchsmittel *nt*

repoussé(e) [ʀ(ə)puse] *adj métal, cuir* getrieben, gepunzt

repousser¹ [ʀ(ə)puse] <1> **I.** *vt* ❶ (*écarter*) abwehren *attaque, coups, agresseur;* zurückdrängen *ennemi, foule;* beiseite schieben *objet encombrant*

❷ (*écarter avec véhémence*) beiseite stoßen *objet encombrant;* ~ **qn sur le côté** jdn beiseite stoßen

❸ (*refuser*) zurückweisen *aide, arguments, conseil;* abschlagen *demande;* ausschließen *hypothèse;* ablehnen *motion, projet de loi;* abweisen *soupirant;* ~ **une tentation** einer Versuchung (*Dat*) widerstehen

❹ (*répugner*) ~ **qn** jdn anwidern

❺ (*remettre à sa place*) wieder zurückschieben *meuble;* wieder zuschieben *tiroir*

❻ (*différer*) verschieben

❼ TECH treiben *cuir, métal*

II. *vpr* **se** ~ sich abstoßen

repousser² [ʀ(ə)puse] *vi* (*croître de nouveau*) nachwachsen; *feuilles:* wieder wachsen; **laisser** ~ **sa barbe/ses cheveux** seinen Bart/seine Haare wieder wachsen lassen

repoussoir [ʀ(ə)puswaʀ] *m* ❶ (*personne laide*) Vogelscheuche *f*

❷ (*perspective inquiétante*) Schreckgespenst *nt* (*fig*)

❸ (*faire-valoir*) Kontrast *m;* **servir de** ~ **à qn/qc** jdn/etw zur Geltung bringen

❹ (*pour les ongles*) Nagelhautschieber *m*

❺ TECH Punze *f*

répréhensible [ʀepʀeɑ̃sibl] *adj acte* sträflich

reprendre [ʀ(ə)pʀɑ̃dʀ] <13> **I.** *vt* ❶ (*récupérer*) wieder einstellen *employé;* wieder fassen *fuyard;* zurücknehmen *objet prêté, parole, emballage;* wieder einnehmen *place;* wieder abholen *objet déposé;* zurückerobern *territoire, ville;* ~ **ses enfants à l'école** seine Kinder von der Schule abholen; ~ **sa voiture et rentrer chez soi** wieder ins Auto steigen und nach Hause fahren; ~ **la voiture/le volant après un accident** sich nach einem Unfall wieder ans Steuer setzen

❷ (*retrouver*) wieder aufnehmen *contact, habitudes;* wieder schöpfen *espoir, courage;* wieder annehmen *nom de jeune fille;* ~ **confiance** wieder zuversichtlicher sein; ~ **conscience** [*o* **connaissance**] wieder zu sich kommen; ~ **des couleurs** wieder Farbe bekommen; ~ **des forces** wieder zu Kräften kommen; ~ **sa liberté** wieder frei sein; ~ **haleine** Luft holen; ~ **de la vitesse** wieder schneller fahren

❸ COM, IND übernehmen *fonds de commerce, entreprise;* in Zah-

réprimander

• réprimander	• zurechtweisen
Votre comportement laisse à désirer.	Ihr Verhalten lässt einiges zu wünschen übrig.
Je vous défends de me parler sur ce ton!	Ich verbitte mir diesen Ton!
Je ne tolérerai pas cela de votre part!	Das brauche ich mir von Ihnen nicht gefallen zu lassen!
Essayez un peu pour voir!	Unterstehen Sie sich!
Pour qui vous prenez-vous?	Was erlauben Sie sich!
Qu'est-ce qui vous prend?	Was fällt Ihnen ein!

lung nehmen *marchandise usagée*
④ (*continuer après une interruption*) wieder aufnehmen; fortsetzen *promenade;* wieder ausüben *fonction;* wieder aufnehmen *travail;* wieder ergreifen *parole;* ~ **une lecture** weiterlesen; ~ **un récit** weiterberichten; ~ **la route** weiterfahren; ~ [**le chemin de**] **l'école** wieder in die Schule gehen; ~ **son cours** *conversation:* fortgesetzt werden; *vie:* wieder seinen Lauf nehmen
⑤ (*recommencer*) ~ **la lecture/le récit de qc** etw noch einmal lesen/berichten; **tout** ~ **à zéro** alles noch einmal von vorn anfangen
⑥ (*rejouer*) wieder spielen *pièce, rôle;* wieder zeigen *film*
⑦ (*saisir à nouveau*) **le doute/la douleur reprend qn** jd bekommt wieder Zweifel/Schmerzen
⑧ (*corriger*) verbessern *élève, faute;* korrigieren *travail;* überarbeiten *article, chapitre*
⑨ (*réprimander*) zurechtweisen; **se faire** ~ zurechtgewiesen werden
⑩ COUT ändern; (*rétrécir*) enger machen; (*raccourcir*) kürzen; (*agrandir*) weiter machen; (*rallonger*) länger machen
⑪ (*répéter*) aufgreifen *incident, information, citation;* noch einmal spielen/singen *chanson;* zurückgreifen auf (+ *Akk*) *argument, critique*
⑫ (*se resservir de*) noch nehmen *viande, gâteau*
⑬ (*s'approprier*) aufgreifen *idée, suggestion*
⑭ FBALL annehmen
▶ **ça me/le reprend** *hum* es packt mich/ihn schon wieder (*fam*); **que je ne t'y reprenne pas!** dass ich dich nicht noch einmal dabei erwische! (*fam*); **on ne m'y reprendra plus** das passiert mir nicht noch einmal
II. *vi* ① (*se revivifier*) *affaires:* wieder besser gehen; *bouture:* anwurzeln; *vie:* wieder seinen Gang gehen; *convalescent:* wieder zu Kräften kommen
② (*recommencer*) *douleurs, musique, pluie:* wieder einsetzen; *bruit, guerre:* von neuem beginnen; *classe, cours:* wieder beginnen; *conversation:* wieder aufgenommen werden
③ (*enchaîner*) fortfahren
④ (*répéter*) **je reprends: ...** ich wiederhole: ...
III. *vpr* ① (*se corriger*) **se** ~ sich verbessern
② (*s'interrompre*) **se** ~ innehalten
③ *soutenu* (*recommencer*) **se** ~ **à faire qc** wieder beginnen etw zu tun; **s'y** ~ **à deux fois pour faire qc** zwei Anläufe benötigen um etw zu tun
④ (*se ressaisir*) **se** ~ sich wieder fangen

repreneur [R(ə)pRənœR] *m* Aufkäufer(in) *m(f)*

représailles [R(ə)pRezɑj] *fpl* Repressalien *Pl;* **exercer des** [*o* **user de**] ~ **contre qn** Vergeltungsmaßnahmen *Pl* gegen jdn ergreifen; **s'attendre à des** ~ **de la part de qn** damit rechnen, dass jd sich rächen wird; **en** ~ **à qc** als Vergeltung für etw; **par** ~ zur Vergeltung

représentable [R(ə)pRezɑ̃tabl] *adj spectacle* aufführbar

représentant(e) [R(ə)pRezɑ̃tɑ̃, ɑ̃t] *m(f)* ① COM ~(**e**) **en qc** Vertreter(in) *m(f)* für etw; ~(**e**) **de commerce** Handelsvertreter(in) *m(f),* Außendienstler(in) *m(f);* **c'est une** ~**e multicarte** sie vertritt mehrere Firmen
② JUR, POL, REL Vertreter(in) *m(f);* **les** ~**s syndicaux/du peuple** die Gewerkschafts-/Volksvertreter; ~ [**des forces**] **de l'ordre** Polizist *m;* ~ **exclusif/**~**e exclusive** Alleinvertreter(in); ~ **national/**~**e nationale** Inlandsvertreter(in)
③ (*spécimen*) [typischer] Vertreter/[typische] Vertreterin

représentatif, -ive [R(ə)pRezɑ̃tatif, -iv] *adj* ① POL repräsentativ; *mandat* frei; **assemblée représentative** gewählte Volksvertretung; **régime** ~ parlamentarische Regierungsform
② (*caractéristique*) repräsentativ; ~(**-ive**) **de qn/qc** typisch für jdn/etw; **être** ~(**-ive**) **de sa génération** typisch für seine Generation sein

représentation [R(ə)pRezɑ̃tasjɔ̃] *f* ① (*description*) Darstellung *f*
② MATH Abbildung *f*
③ (*perception*) Vorstellung *f*
④ THEAT Aufführung *f;* **être en** ~ sich produzieren (*fam*)
⑤ POL (*délégation*) Vertretung *f;* ~ **proportionnelle** Verhältniswahlrecht *nt*
⑥ JUR Vertretung *f*
⑦ COM (*métier*) Vertretung *f;* ~ **exclusive** Alleinvertretung; **faire de la** ~ Vertreter(in) *m(f)* sein
⑧ (*mondanités*) Repräsentation *f*

représentativité [R(ə)pRezɑ̃tativite] *f* repräsentativer Charakter

représenté(e) [R(ə)pRezɑ̃te] *m(f)* JUR Vertretene(r) *f(m)*

représenter [R(ə)pRezɑ̃te] <1> **I.** *vt* ① (*décrire*) darstellen; schildern *faits;* ~ **qn comme qc** jdn als etw hinstellen
② (*correspondre à*) sein *progrès, révolution, travail;* darstellen *menace, danger, effort;* verkörpern *autorité;* ~ **une classe sociale** ein typischer Vertreter einer Gesellschaftsklasse sein
③ THEAT aufführen
④ JUR, POL, COM vertreten
⑤ (*montrer à nouveau*) noch einmal zeigen *film;* noch einmal vorlegen *document*
⑥ *littér* (*exposer*) ~ **qc à qn** jdm etw vor Augen führen
II. *vpr* ① (*s'imaginer*) **se** ~ **qn/qc** sich (*Dat*) jdn/etw vorstellen
② (*survenir à nouveau*) **se** ~ **à qn** *occasion, possibilité:* sich jdm noch einmal bieten; *problème:* sich jdm erneut stellen
③ POL **se** ~ **à qc** sich bei etw erneut zur Wahl stellen; SCOL noch einmal zu etw antreten

répressif, -ive [RepResif, -iv] *adj* repressiv (*geh*), ein-/beschränkend; **loi répressive** Strafgesetz *nt;* **mesure répressive** Strafmaßnahme *f*

répression [RepResjɔ̃] *f* ① JUR strafrechtliche Verfolgung
② POL Repression *f* (*geh*); *d'une insurrection, révolte* Niederschlagung *f*
③ PSYCH [bewusste] Verdrängung

réprimande [RepRimɑ̃d] *f* Verweis *m;* **faire une** ~ **à qn** jdn rügen

réprimander [RepRimɑ̃de] <1> *vt* zurechtweisen

réprimer [RepRime] <1> *vt* ① (*retenir*) unterdrücken; zurück-

R

halten *larmes*
② JUR ahnden (*geh*) *abus, crime*
③ POL niederschlagen *révolte*
reprisage [ʀ(ə)pʀizaʒ] *m* Stopfen *nt*
repris de justice [ʀ(ə)pʀid(ə)ʒystis] *m inv* Vorbestrafte(r) *f(m)*
reprise [ʀ(ə)pʀiz] *f* ① (*recommencement*) *d'une activité, des hostilités* Wiederaufnahme *f; du froid* Wiedereinsetzen *nt; d'une œuvre* Wiederaufnahme *f* [in den Spielplan]; *d'une émission, d'un film* Wiederholung *f*
② SPORT [Wieder]auftakt *m*
③ MUS Wiederholung *f*
④ COM, ECON (*essor*) Aufschwung *m*
⑤ COM (*rachat*) *d'un appareil, d'une voiture* Inzahlungnahme *f; d'un fonds de commerce, d'une usine* Übernahme *f; de mobilier* Ablösung *f;* **pas de ~!** kein Umtausch! *f*
⑥ COM (*retour*) *d'une marchandise, de bouteilles* Zurücknahme *f*
⑦ (*réutilisation*) *d'une idée, suggestion* Wiederaufgreifen *nt*
⑧ AUT Beschleunigung *f kein Pl*
⑨ MIL, POL *d'un territoire, siège* Zurückeroberung *f*
⑩ COUT *d'une chaussette* Stopfen *nt; d'une chemise, d'un drap, pantalon* Ausbessern *nt*
⑪ (*en équitation*) Reitstunde *f*
⑫ SPORT (*deuxième mi-temps*) zweite Halbzeit; BOXE Runde *f*
▶ **à deux/trois ~s** zwei-/dreimal; **à plusieurs** [*o* **diverses**] **~s** mehrmals
◆ **~ de volée** direkte Ballannahme
repriser [ʀ(ə)pʀize] <1> *vt* ausbessern; stopfen *chaussette*
réprobateur, -trice [ʀepʀɔbatœʀ, -tʀis] *adj* missbilligend
réprobation [ʀepʀɔbasjɔ̃] *f* ① Missbilligung *f*
② REL ewige Verdammnis
reproche [ʀ(ə)pʀɔʃ] *m* Vorwurf *m;* **faire** [*o* **adresser**] **un ~ à qn** jdm einen Vorwurf machen; **faire ~ à qn de qc** jdm etw zum Vorwurf machen; **faire ~ à qn de faire qc** jdm zum Vorwurf machen etw zu tun; **air de ~** vorwurfsvolle Miene; **ton de ~** vorwurfsvoller Ton; **comportement sans ~** untadeliges Benehmen; **être sans ~** über jeden Vorwurf erhaben sein
reprocher [ʀ(ə)pʀɔʃe] <1> **I.** *vt* ① (*faire grief de*) **~ qc à qn** jdm etw vorwerfen; **~ à qn de faire qc** jdm vorwerfen etw zu tun; **avoir qc à ~ à qn** jdm etw vorzuwerfen haben
② JUR **qc est reproché(e)** [*o* **il est reproché qc**] **à qn** etw wird jdm zur Last gelegt
③ (*critiquer*) **~ qc à qc** [*o* **avoir qc à ~ à qc**] etw an etw (*Dat*) auszusetzen haben
II. *vpr* **se ~ qc** sich (*Dat*) Vorwürfe wegen etw machen; **se ~ de faire qc** sich (*Dat*) Vorwürfe machen, dass man etw tut; **avoir qc à se ~** sich (*Dat*) etw vorzuwerfen haben
reproducteur, -trice [ʀ(ə)pʀɔdyktœʀ, -tʀis] *adj* **organe ~** Fortpflanzungsorgan *nt;* **taureau ~** Zuchtbulle *m*
reproductible [ʀ(ə)pʀɔdyktibl] *adj* reproduzierbar
reproduction [ʀ(ə)pʀɔdyksjɔ̃] *f* ① (*action de reproduire*) *des sons, d'images* Wiedergabe *f; d'une illustration, d'un texte* Vervielfältigung *f; d'une œuvre d'art* Reproduktion *f;* **~ illégale** unerlaubter Nachdruck; **~ interdite** Nachdruck *m* verboten; **tous droits de ~ réservés** alle Rechte vorbehalten
② (*copie*) Reproduktion *f*
③ BIO Fortpflanzung *f;* **mâle pour la ~** männliches Zuchttier
reproduire [ʀ(ə)pʀɔdɥiʀ] <*irr*> **I.** *vt* ① (*refaire*) reproduzieren *illustration, tableau;* wieder machen *erreur*
② (*rendre*) wiedergeben *image, son*
③ (*imiter*) nachmachen *geste*
④ (*copier*) vervielfältigen *page;* **être reproduit(e)** *photo:* abgebildet sein; *texte:* abgedruckt sein
II. *vpr* **se ~** ① BIO sich fortpflanzen
② (*se répéter*) sich wiederholen
reprogrammer [ʀ(ə)pʀɔgʀame] <1> *vt* ① INFORM wieder programmieren *mémoire*
② wieder in das Programm aufnehmen *émission, film*
③ BIO genetisch verändern *bactérie*
reprographie [ʀ(ə)pʀɔgʀafi] *f* Reprographie *f*
reprographier [ʀ(ə)pʀɔgʀafje] <1a> *vt* kopieren
réprouvé(e) [ʀepʀuve] *m(f)* ① Ausgestoßene(r) *f(m)*
② REL Verdammte(r) *f(m),* Verstoßene(r) *f(m)*
réprouver [ʀepʀuve] <1> *vt* ① missbilligen
② REL verdammen *personne;* **être réprouvé(e)** verurteilt sein/werden; *personne:* geächtet sein/werden
reps [ʀɛps] *m* Rips *m*
reptation [ʀɛptasjɔ̃] *f* Kriechen *nt*
reptile [ʀɛptil] *m* Reptil *nt;* **les ~s** die Kriechtiere
reptilien(ne) [ʀɛptiljɛ̃, jɛn] *adj* reptilartig; **caractéristiques ~nes** für Reptilien typische Merkmale
repu(e) [ʀəpy] *adj* ① (*rassasié*) satt
② (*gavé*) **être ~(e) de lecture** des Lesens überdrüssig sein
républicain(e) [ʀepyblikɛ̃, ɛn] **I.** *adj* republikanisch
II. *m(f)* Republikaner(in) *m(f)*
république [ʀepyblik] *f* ① Republik *f;* **~ bananière** *péj* Bananenrepublik; **République démocratique allemande** HIST Deutsche Demokratische Republik; **République fédérale d'Allemagne** Bundesrepublik Deutschland; **République française** Französische Republik; **République populaire de Chine** Volksrepublik China; **République centrafricaine** Zentralafrikanische Republik
② *fig* **~ des lettres** Welt *f* der Gelehrten
▶ **on est** [*o* **vit**] **en ~** wir leben in einem freien Land

i Land & Leute

Die erste französische Republik wurde im Zuge der französischen Revolution am 21. September 1792 gegründet. Seit 1958 erlebt Frankreich bereits seine fünfte Republik. Die Revolutionsfigur der *Marianne*, eine Frauenbüste mit phrygischer Kopfbedeckung, gilt als Symbol für die **république**.

répudiation [ʀepydjasjɔ̃] *f d'une chose* Ausschlagung *f; d'une personne* Verstoßen *nt*
répudier [ʀepydje] <1a> *vt* aufgeben *idées, principes;* ausschlagen *legs;* ablehnen *nationalité;* verstoßen *conjoint*
répugnance [ʀepyɲɑ̃s] *f* ① (*aversion*) Abscheu *m;* **avoir de la ~ pour qc** etw verabscheuen; **~ à qc** Abscheu vor etw (*Dat*); **éprouver de la ~ à faire qc** Abscheu davor haben etw zu tun
② (*dégoût*) Ekel *m;* **~ pour qn/qc** Widerwillen *m* gegen jdn/etw; **qn éprouve de la ~ à faire qc** es widerstrebt jdm etw zu tun
répugnant(e) [ʀepyɲɑ̃, ɑ̃t] *adj* widerlich; *action, crime* abscheulich; **d'une laideur ~e** abstoßend hässlich
répugner [ʀepyɲe] <1> *vi* ① (*dégoûter*) **~ à qn** *nourriture, personne:* jdn anwidern; *action, idée, malhonnêteté:* jdn abstoßen
② (*n'avoir pas envie*) **qn répugne à qc** jdm widerstrebt etw; **qn répugne à faire qc, il répugne à qn de faire qc** es widerstrebt jdm etw zu tun
répulsif, -ive [ʀepylsif, -iv] *adj a.* PHYS abstoßend
répulsion [ʀepylsjɔ̃] *f* ① (*aversion*) Abscheu *m;* **soulever la ~ de qn** jdn abstoßen; **~ pour qn/qc** Abscheu vor jdm/etw; **avoir de la ~ pour qn** jdn verabscheuen
② (*dégoût*) Ekel *m*
③ PHYS Abstoßung *f*
réputation [ʀepytasjɔ̃] *f* ① (*honneur*) [guter] Ruf
② (*renommée*) Ruf *m;* **~ mondiale** Weltruf; **sa ~ d'homme honnête/d'avarice** sein Ruf, ein Ehrenmann/Geizhals zu sein; **avoir bonne/mauvaise ~** einen guten/schlechten Ruf haben; **avoir une ~ de générosité/d'avarice** in dem Ruf stehen großzügig/geizig zu sein; **avoir la ~ d'être généreux(-euse)/avare** in dem Ruf stehen großzügig/geizig zu sein; **la ~ de qn n'est plus à faire** jds guter Ruf steht außer Zweifel; *iron* jds Ruf ist bereits ruiniert; **se faire une ~** sich

(*Dat*) einen Namen machen
▸ connaître **qn/qc de** ~ jdn/etw vom Hörensagen kennen
réputé(e) [ʀepyte] *adj* ① (*connu*) bekannt; **ce professeur est ~ pour être sévère** dieser Lehrer ist für seine Strenge bekannt
② (*célèbre*) berühmt
③ (*considéré comme*) **être ~(e) infaillible** als unfehlbar gelten
requérant(e) [ʀəkeʀɑ̃, ɑ̃t] **I.** *adj* antragstellend
II. *m(f)* Antragsteller(in) *m(f)*
requérir [ʀəkeʀiʀ] <*irr*> **I.** *vt* ① (*nécessiter*) erfordern
② (*solliciter*) ~ **l'aide de qn** jds Hilfe erbitten
③ (*exiger*) fordern *explication, justification;* anfordern *avion spécial, protection*
④ JUR beantragen *peine*
II. *vi* Anklage erheben
requête [ʀəkɛt] *f* ① (*supplique*) Gesuch *nt;* **présenter** [*o* **déposer**] **une** ~ ein Gesuch einreichen
② JUR (*demande*) ~ **en qc** Antrag *m* auf etw (*Akk*); ~ **civile** Restitutionsklage *f;* **à** [*o* **sur**] **la** ~ **de qn** auf jds Antrag (*Akk*) hin
③ INFORM Abfrage *f*
requiem [ʀekɥijɛm] *m inv* Requiem *nt*
requin [ʀəkɛ̃] *m* ① ZOOL Hai[fisch *m*] *m*
② (*personne*) Halsabschneider(in) *m(f);* ~ **de la finance** Finanzhai *m*
requin-marteau [ʀəkɛ̃maʀto] <requins-marteaux> *m* Hammerhai *m*
requinquer [ʀ(ə)kɛ̃ke] <1> *fam* **I.** *vt* aufmöbeln (*fam*); **être requinqué(e)** wieder in Form sein
II. *vi* beleben
III. *vpr* **se** ~ sich erholen
requis(e) [ʀəki, iz] **I.** *part passé de* **requérir**
II. *adj* erforderlich
III. *m(f)* Dienstverpflichtete(r) *f(m)*
réquisition [ʀekizisjɔ̃] *f* ① (*confiscation*) Beschlagnahme *f*
② *a.* JUR (*demande*) Anforderung *f*
③ *pl* JUR (*requête*) Antrag *m*
④ *pl* JUR (*demande de peine*) Strafantrag *m*
⑤ *pl* JUR (*plaidoirie*) Plädoyer *nt*
réquisitionner [ʀekizisjɔne] <1> *vt* ① beschlagnahmen *biens;* dienstverpflichten *hommes;* anfordern *force armée*
② *fig, hum fam* mit Beschlag belegen (*fam*) *personne;* **être réquisitionné(e) pour faire la vaisselle** zum Spülen abkommandiert worden sein (*fam*)
réquisitoire [ʀekizitwaʀ] *m* ① JUR (*réquisition*) Antrag *m*
② JUR (*discours*) Anklagerede *f*
③ *fig* ~ **contre qn** Anklage *f* gegen jdn
R.E.R. [ɛʀøɛʀ] *m abr de* **réseau express régional** *S-Bahn-Netz in Paris und Umgebung*
resaler [ʀ(ə)sale] <1> *vt* nachsalzen
resalir [ʀ(ə)saliʀ] <8> **I.** *vt* wieder schmutzig machen *cuisine*
II. *vpr* **se** ~ sich wieder schmutzig machen
rescapé(e) [ʀɛskape] **I.** *adj* **personne ~e** Überlebende(r) *f(m);* **quelques passagers ~s de l'accident** einige Passagiere, die den Unfall überlebt haben
II. *m(f)* Überlebende(r) *f(m)*
rescousse [ʀɛskus] *f* **venir à la ~ de qn** jdm zu Hilfe kommen
réseau [ʀezo] <x> *m* ① Netz *nt;* ~ **ferroviaire/routier** Eisenbahn-/Straßennetz; ~ **téléphonique/radiophonique** Fernsprech-/Rundfunknetz; ~ **de communication** Kommunikationsnetz
② (*organisation*) Organisation *f;* ~ **d'espionnage/de la mafia** Spionage-/Mafianetz *nt*
③ (*enchevêtrement*) Netz *nt;* ~ **inextricable** Gewirr *nt;* ~ **de fils de fer** Drahtverhau *m*
④ GEOL, PHYS Gitter *nt*
⑤ INFORM Netz *nt;* **le ~ Internet** das Internet; ~ **local** lokales Netz; ~ **multimédia** Multimedia-Netzwerk *nt*
résection [ʀezɛksjɔ̃] *f* MED Resektion *f*
réséda [ʀezeda] *m* Reseda *f*
réservataire [ʀezɛʀvatɛʀ] **I.** *adj* pflichtteilsberechtigt
II. *mf* Pflichtteilsberechtigte(r) *f(m)*
réservation [ʀezɛʀvasjɔ̃] *f* Reservierung *f;* ~ **de groupe** Gruppenbuchung *f;* **avez-vous une ~?** haben Sie reserviert?
réserve [ʀezɛʀv] *f* ① (*provision*) Vorrat *m;* **faire des ~s pour l'hiver** Vorräte für den Winter anlegen
② *a.* JUR (*restriction*) Vorbehalt *m;* **exprimer ses ~s** seine Bedenken äußern; **émettre** [*o* **faire**] **des ~s sur qc** Bedenken gegen etw äußern; **à une ~ près** mit einer Einschränkung; **sans ~** ohne Vorbehalt; **sous toute ~** unter Vorbehalt, ohne Gewähr; **sous ~ de qc** vorbehaltlich einer S. (*Gen*); **sous ~ qu'il vienne** unter dem Vorbehalt, dass er kommt
③ (*retenue*) Zurückhaltung *f;* **être d'une grande ~** sehr zurückhaltend sein; **sortir de sa ~** seine Zurückhaltung ablegen; **faire sortir qn de sa ~** jdn aus der Reserve locken
④ MIL, SPORT Reserve *f;* **officier de ~** Reserveoffizier *m*
⑤ (*lieu protégé*) Schutzgebiet *nt;* ~ **indienne** Indianerreservat *nt;* ~ **botanique/naturelle/ornithologique** Pflanzen-/Natur-/Vogelschutzgebiet; ~ **de chasse** Wildschutzgebiet
⑥ (*entrepôt*) Lager *nt*
⑦ FIN, ECON Rücklage *f;* ~ **foncière** Bauerwartungsland *nt;* ~ **héréditaire** [*o* **légale**] Pflichtteil *m o nt;* **~s obligatoires** gesetzliche Rücklagen
⑧ (*ensemble de choses précieuses*) *d'une bibliothèque, d'un musée* Magazin *nt*
▸ avoir **des ~s** *hum* Reserven haben; en ~ in Reserve; **marchandises en ~** vorrätige Waren; **mettre** [*o* **tenir**] **qn/qc en ~** jdn zurückhalten/etw aufsparen; **mettre de l'argent en ~** Geld zurücklegen; sur **la ~** reserviert
réservé(e) [ʀezɛʀve] *adj* ① (*discret*) zurückhaltend
② (*circonspect*) vorsichtig
③ (*retenu*) reserviert
④ (*limité à certains*) **tous droits ~s** alle Rechte vorbehalten; **domaine de chasse ~** privates Jagdrevier; **~(e) à qn/qc** jdm/einer S. vorbehalten; **~(e) aux handicapés/autobus** nur für Behinderte/Busse
réserver [ʀezɛʀve] <1> **I.** *vt* ① (*garder*) freihalten *place;* beiseite legen *argent;* zurücklegen *marchandise;* aufheben *objet;* beiseite stellen *meuble;* ~ **le meilleur pour la fin** das Beste bis zuletzt aufsparen; **être réservé(e) à qn** jdm vorbehalten sein
② (*retenir*) reservieren; buchen *voyage;* ~ **un billet d'avion** einen Flug buchen
③ (*destiner, procurer*) bringen; sich ausdenken *punition;* bergen *danger;* mit sich bringen *surprise;* ~ **des joies à qn** jdm viel Freude bereiten; ~ **un accueil favorable à une demande** eine Bitte wohlwollend aufnehmen (*geh*); **il est réservé à qn de faire qc** (*droit exclusif*) jdm ist es vorbehalten etw zu tun
④ (*surseoir à*) zurückhalten *décision, diagnostic, réponse*
II. *vpr* ① (*revendiquer pour soi*) **se ~ un avantage/un droit** sich (*Dat*) einen Vorteil/ein Recht vorbehalten; **se ~ de faire qc** sich (*Dat*) vorbehalten etw zu tun
② (*se ménager*) **se ~ pour le dessert** sich (*Dat*) seinen Appetit für den Nachtisch aufheben; **se ~ pour une meilleure occasion** auf eine bessere Gelegenheit warten; **se ~ pour plus tard** noch etwas warten
③ (*rassembler ses forces*) **se ~ pour qc** sich moralisch auf etw (*Akk*) vorbereiten; SPORT seine Kräfte für etw schonen
réserviste [ʀezɛʀvist] *m* ① MIL Reservist *m*
② SPORT Reservespieler *m*
réservoir [ʀezɛʀvwaʀ] *m* ① (*cuve, bassin*) Tank *m;* ~ **d'huile** Öltank; ~ **d'essence** Benzintank; ~ **d'eau** Wasserreservoir *nt,* Wasserspeicher *m;* ~ **d'air/d'air comprimé** Luft-/Druckluftbehälter *m*
② (*lac, barrage*) Wasserreservoir *nt*
③ (*réserve*) ~ **de matières premières** Rohstoffreserven *Pl;* ~ **d'images** Bildbestand *m;* **ce pays est un ~ de talents/de**

main-d'œuvre dieses Land ist reich an Talenten/hat eine große Arbeitskraftreserve [*o* einen großen Bestand an Arbeitskräfte]

résidant(e) [ʀezidɑ̃, ɑ̃t] *m(f) d'un immeuble* Bewohner(in) *m(f); d'une ville, d'un pays* Einwohner(in) *m(f)*

résidence [ʀezidɑ̃s] *f* ❶ (*domicile*) Wohnsitz *m;* **lieu de ~** Wohnort *m;* **~ principale** Hauptwohnsitz; **~ secondaire** zweiter Wohnsitz
❷ (*appartement pour les vacances*) Ferienwohnung *f*
❸ (*maison pour les vacances*) Ferienhaus *nt*
❹ (*immeuble*) Wohnanlage *f;* **~ universitaire** Studentenwohnheim *nt;* **~ pour personnes âgées** Altenheim *nt;* **~ pour handicapés** Behindertenwohnheim
❺ ADMIN (*lieu de fonction*) Amtssitz *m*
► **en ~ surveillée** unter Hausarrest; **placer en ~ surveillée** unter Hausarrest stellen

résident(e) [ʀezidɑ̃, ɑ̃t] *m(f)* ❶ (*étranger*) Gebietsansässige(r) *f(m) in einem Gastland ansässiger Ausländer/ansässige Ausländerin;* **les ~s allemands en France** die in Frankreich ansässigen Deutschen
❷ HIST Resident *m*
❸ (*diplomate*) Gebietsansässige(r) *f(m)*
❹ FISC Gebietsansässige(r) *f(m),* Steuerinländer(in) *m(f)* (*fam*)

résidentiel(le) [ʀezidɑ̃sjɛl] *adj* ❶ (*d'habitation*) **zone ~le** Wohngebiet *nt*
❷ (*de standing*) vornehm

résider [ʀezide] <1> *vi* ❶ (*habiter*) wohnen; **les étrangers qui résident en France** die in Frankreich ansässigen Ausländer
❷ (*se trouver*) **~ dans qc** in etw (*Dat*) liegen

résidu [ʀezidy] *m* ❶ CHIM Rückstand *m;* **~s de combustion/fission** Verbrennungs-/Spaltungsrückstände *Pl*
❷ MATH Rest *m*

résiduel(le) [ʀezidɥɛl] *adj* zurückbleibend; **produit ~** Abfallprodukt *nt;* **air ~** Restluft *f;* **eaux ~les** Abwässer *Pl;* **valeur ~le d'une voiture** Restwert *m* eines Autos

résignation [ʀeziɲasjɔ̃] *f* Resignation *f;* **avec ~** resigniert; **la ~ à qc** das Sichabfinden mit etw

résigné(e) [ʀeziɲe] *adj* resigniert; **~(e) à son sort** schicksalsergeben

résigner [ʀeziɲe] <1> *vpr* **se ~** resignieren; **se ~ à qc** sich mit etw abfinden; **se ~ à faire qc** sich damit abfinden etw zu tun

résiliable [ʀeziljabl] *adj* kündbar

résilier [ʀezilje] <1a> *vt* kündigen

résille [ʀezij] **I.** *f* Netz *nt*
II. *app inv* **bas ~** Netzstrumpf *m*

résine [ʀezin] *f* Harz *nt;* **~ synthétique** [*o* **artificielle**] Kunstharz

résiné [ʀezine] *m* (*vin*) geharzter Wein

résiné(e) [ʀezine] *adj vin* geharzt

résineux [ʀezinø] *m* Nadelbaum *m;* **les ~** die Nadelhölzer; **forêt de ~** Nadelwald *m*

résineux, -euse [ʀezinø, -øz] *adj* harzig; **bois ~** Nadelholz *nt*

résistance [ʀezistɑ̃s] *f* ❶ (*opposition*) Widerstand *m;* MIL Gegenwehr *f;* **la Résistance** HIST die Resistance; **~ passive** passiver Widerstand; **offrir** [*o* **opposer**] **une ~ à qn/qc** jdm/einer S. Widerstand leisten
❷ (*endurance*) *de matériaux, d'une personne* Widerstandsfähigkeit *f; de la glace* Tragfähigkeit *f;* **~ vitale** Widerstandsfähigkeit; **ne pas avoir de ~** nicht sehr widerstandsfähig sein; **~ au feu/à la rupture** Feuer-/Bruchfestigkeit *f;* **~ au froid/à la chaleur** Kälte-/Hitzebeständigkeit *f;* **~ aux antibiotiques/à la pénicilline** Resistenz *f* gegen Antibiotika/Penizillin; **~ à la fatigue** Durchhaltevermögen *nt;* **~ aux chocs/acides** Stoß-/Säurefestigkeit *f;* **~ à l'usure d'un tissu** Strapazierfähigkeit *f* eines Stoffes; **offrir une grande ~ au feu** äußerst feuerfest sein
❸ ELEC, PHYS Widerstand *m;* **~ de l'air** Luftwiderstand

résistant(e) [ʀezistɑ̃, ɑ̃t] **I.** *adj* ❶ (*robuste*) *couleur, matériau* haltbar; *personne, plante, animal* robust; **l'acier est plus ~ que le fer** Stahl ist härter als Eisen; **~(e) à la corrosion** korrosionsbeständig; **~(e) au feu/au froid/à la chaleur** feuer-/kälte-/hitzebeständig; **~(e) à l'usure/aux chocs/aux acides** verschleiß-/stoß-/säurefest; **plante ~e à de fortes gelées** winterfeste Pflanze
❷ HIST **groupe ~** Widerstandsgruppe *f*
II. *m(f)* HIST Widerstandskämpfer(in) *m(f)*

résister [ʀeziste] <1> *vi* ❶ (*s'opposer*) **~ à qn** sich gegen jdn wehren; **~ à un argument** sich einem Argument widersetzen; **~ à un désir/une passion/tentation** einem Verlangen/einer Leidenschaft/Versuchung widerstehen; **~ à une attaque** einen Angriff abwehren
❷ (*surmonter*) **~ à la douleur/fatigue** den Schmerz/die Müdigkeit überwinden; **~ à son émotion** seine Emotionen zurückhalten; **~ à l'adversité** gegen die Not ankämpfen; **~ au chagrin/aux privations** Kummer/Entbehrungen überstehen
❸ (*supporter*) **qc résiste à qc** etw hält einer S. (*Dat*) stand; **~ au feu/lavage** feuerfest/waschecht sein

résistivité [ʀezistivite] *f* ELEC spezifischer Widerstand *m*

resituer [ʀ(ə)sitɥe] <1> *vt* in den historischen Kontext einordnen *débat*

résolu(e) [ʀezɔly] **I.** *part passé de* **résoudre**
II. *adj air, personne* entschlossen; *ton* bestimmt; **être ~(e) à qc** zu etw entschlossen sein; **être ~(e) à faire qc** entschlossen sein etw zu tun

résoluble [ʀezɔlybl] *adj* JUR aufhebbar

résolument [ʀezɔlymɑ̃] *adv* ❶ (*sans hésiter*) entschlossen
❷ (*délibérément*) bewusst

résolutif [ʀezɔlytif] *m* Resolvens *nt* (*Fachspr.*) (*Arznei, die die Rückbildung von Krankheitserscheinungen fördert*)

résolutif, -ive [ʀezɔlytif, -iv] *adj* ❶ rückbildend
❷ (*lors d'une inflammation*) entzündungshemmend

résolution [ʀezɔlysjɔ̃] *f* ❶ (*décision*) Beschluss *m;* **prendre une ~** einen Beschluss fassen; **prendre des ~s** Vorsätze fassen; **prendre de bonnes ~s** gute Vorsätze fassen; **prendre la ~ de faire qc** den Beschluss fassen etw zu tun
❷ (*énergie*) Entschlossenheit *f*
❸ (*solution*) *d'une question, d'un problème* Lösung *f*
❹ JUR *d'un bail* Kündigung *f; d'un contrat* Auflösung *f*
❺ MED *d'un abcès, d'une tumeur* Rückbildung *f*
❻ MATH *d'une équation* [Auf]lösung *f*
❼ INFORM Auflösung *f*

résolutoire [ʀezɔlytwaʀ] *adj* auflösend

résonance [ʀezɔnɑ̃s] *f* ❶ ELEC, PHYS Resonanz *f*
❷ (*répercussion*) Resonanz *f;* **avoir une grande ~ dans l'opinion** in der Öffentlichkeit große Resonanz finden
❸ (*connotation*) Anklang *m*
❹ *fig* **être en ~ avec qn/qc** mit jdm/etw in Einklang stehen

résonateur [ʀezɔnatœʀ] *m* Resonator *m*

réson[n]ant(e) [ʀezɔnɑ̃, ɑ̃t] *adj* ❶ **réflecteur ~** Resonanzreflektor *m*
❷ *littér voix* klangvoll; **~(e) de qc** von etw widerhallend

résonner [ʀezɔne] <1> *vi* hallen; **~ de qc** von etw widerhallen

résorber [ʀezɔʀbe] <1> **I.** *vt* abbauen *inflation, chômage, surplus;* verringern *déficit;* **qc permet de ~ une tumeur/un abcès** durch etw bildet sich ein Tumor/ein Abszess zurück
II. *vpr* **se ~** *chômage, inflation, surplus:* zurückgehen; *déficit:* sich verringern; *embouteillage:* sich auflösen; *abcès, tumeur:* sich zurückbilden

résorption [ʀezɔʀpsjɔ̃] *f* ❶ Abbau *m; d'un abcès, d'une tumeur* Rückbildung *f; d'un épanchement* Rückgang *m*
❷ PHYSIOL Aufnahme *f*

résoudre [ʀezudʀ] <*irr*> **I.** *vt* ❶ lösen *conflit, mystère, problème;* meistern *difficulté, crise;* **~ un dilemme** einen Ausweg aus einem Dilemma finden
❷ MATH lösen

❸ (*décider*) beschließen *exécution, mort;* ~ **de faire qc** beschließen etw zu tun; ~ **qn à faire qc** jdn überzeugen etw zu tun
❹ MED ~ **une tumeur** einen Tumor zur Rückbildung bringen
❺ JUR auflösen *bail, contrat*
❻ MUS auflösen *dissonance*
❼ *littér* (*transformer*) ~ **qc en qc** etw in etw (*Akk*) verwandeln
II. *vpr* ❶ (*se décider*) **se ~ à qc/à faire qc** sich zu etw entschließen/sich entschließen etw zu tun
❷ (*trouver une solution*) **se ~** sich lösen
❸ (*se ramener à*) **qc se résout à qc** etw läuft auf etw (*Akk*) hinaus
❹ *littér* (*se transformer*) **se ~ en qc** sich in etw (*Akk*) verwandeln

respect [ʀɛspɛ] *m* ❶ (*égards*) Respekt *m;* ~ **de** [*o* **pour**] **qn/qc** Respekt vor jdm/etw; **avec ~** ehrerbietig; **devoir le ~ à qn** jdm Respekt schulden; **imposer le ~ à qn** jdm Respekt einflößen; **manquer de ~ à qn** sich jdm gegenüber respektlos benehmen; **par ~ pour qn/qc** aus Achtung vor jdm/etw
❷ (*observance*) *de la forme* Wahrung *f; des lois, d'un plan, de l'étiquette* Einhaltung *f; d'une institution* Anerkennung *f*
▸ **présenter ses ~s à qn** *form* jdm seinen Gruß entbieten (*veraltet geh*); **tenir qn en ~** jdn in Schach halten; **sauf votre ~** mit Verlaub (*veraltet geh*); **mes ~s!** meine Verehrung! (*veraltet geh*)

respectabilité [ʀɛspɛktabilite] *f* Ehrenhaftigkeit *f*

respectable [ʀɛspɛktabl] *adj* ❶ (*digne de respect*) ehrbar; *motif, scrupule* ehrenhaft
❷ (*assez important*) beachtlich; *somme d'argent* ansehnlich

respecter [ʀɛspɛkte] <1> **I.** *vt* ❶ (*avoir des égards pour*) achten; **être respecté(e)** geachtet werden; **se faire ~** sich (*Dat*) Respekt verschaffen
❷ (*observer*) wahren *forme, tradition;* einhalten *loi, normes, conditions;* beachten *ordre alphabétique, priorité;* halten *paroles;* ~ **un engagement** einer Verpflichtung (*Dat*) nachkommen; **faire ~ la loi** dafür sorgen, dass das Gesetz befolgt wird
❸ (*ménager*) Rücksicht nehmen auf
II. *vpr* **se ~** Selbstachtung haben
▸ **qn qui se respecte** jd, der etwas auf sich hält

respectif, -ive [ʀɛspɛktif, -iv] *adj* jeweilig

respectivement [ʀɛspɛktivmɑ̃] *adv* jeweils; **ils ont présenté ~ leur travail** jeder von ihnen hat seine Arbeit vorgestellt; **mes enfants ont ~ cinq et dix ans** meine Kinder sind fünf beziehungsweise zehn Jahre alt

respectueuse [ʀɛspɛktɥøz] *f vieilli* (*prostituée*) Dirne *f*

respectueusement [ʀɛspɛktɥøzmɑ̃] *adv* mit Respekt; *iron* höflichst

respectueux, -euse [ʀɛspɛktɥø, -øz] *adj* respektvoll; **être ~(-euse) de qc** (*mettre en pratique*) etw wahren; (*attacher de l'importance*) Wert auf etw legen; **être ~(-euse) de la loi/du bien d'autrui** das Gesetz/das Eigentum anderer achten; **être ~(-euse) d'une autre religion/de l'environnement** auf eine andere Religion/die Umwelt Rücksicht nehmen; **être ~(-euse) envers qn** jdm mit Respekt begegnen; **je vous présente mes respecteuses salutations/mes hommages ~** (*à la fin d'une lettre*) mit freundlichen Grüßen/hochachtungsvoll

respirable [ʀɛspiʀabl] *adj* erträglich

respirateur [ʀɛspiʀatœʀ] *m* Beatmungsgerät *nt*

respiration [ʀɛspiʀasjɔ̃] *f* Atmung *f;* ~ **branchiale/cutanée/pulmonaire** Kiemen-/Haut-/Lungenatmung; ~ **artificielle** [*o* **assistée**] künstliche Beatmung; **avoir une ~ bruyante/difficile/haletante** laut/schwer/keuchend atmen; **couper la ~ à qn** jdm den Atem verschlagen; **retenir sa ~** den Atem anhalten

respiratoire [ʀɛspiʀatwaʀ] *adj* **voies ~s** Atemwege *Pl;* **organes ~s** Atmungsorgane *Pl;* **maladies ~s** Erkrankungen *Pl* der Atemwege; **troubles ~s** Atembeschwerden *Pl;* **sous assistance ~** unter künstlicher Beatmung; **appareil ~** (*organes*) Atmungsorgane *Pl;* (*masque*) Atemgerät *nt*

respirer [ʀɛspiʀe] <1> **I.** *vi* ❶ atmen; **respirez fort!** tief einatmen!
❷ (*se détendre*) Luft holen
❸ (*être rassuré*) aufatmen
II. *vt* ❶ (*inhaler*) [ein]atmen; **faites-lui ~ des sels!** geben Sie ihm/ihr Riechsalz!
❷ (*exprimer*) ausstrahlen *bonté, calme, sérénité;* zeugen von *méfiance*

resplendir [ʀɛsplɑ̃diʀ] <8> *vi soutenu* ❶ (*rayonner*) strahlen
❷ (*briller*) ~ **de propreté** vor Sauberkeit blitzen

resplendissant(e) [ʀɛsplɑ̃disɑ̃, ɑ̃t] *adj* ❶ (*brillant*) strahlend; **d'un blanc ~** strahlend weiß; **le sol est ~** der Boden ist blitzblank (*fam*)
❷ (*éclatant*) *beauté* strahlend; **~(e) de beauté** strahlend schön; **~(e) de santé** vor Gesundheit strotzend; **être doté(e) d'une santé ~e** vor Gesundheit strotzen; **avoir une mine ~e** [*o* **être ~(e)**] glänzend aussehen; **~(e) de bonheur/joie** glück-/freudestrahlend

responsabilisation [ʀɛspɔ̃sabilizasjɔ̃] *f* Übertragung *f* von Verantwortung; *d'un enfant* Hervorrufen *nt* von Verantwortungsbewusstsein

responsabiliser [ʀɛspɔ̃sabilize] <1> **I.** *vt* ~ **qn** jds Verantwortungsbewusstsein wecken
II. *vpr* **se ~** Verantwortungsbewusstsein entwickeln

responsabilité [ʀɛspɔ̃sabilite] *f* ❶ (*culpabilité*) Verantwortung *f;* **~[s] dans qc** Mitverantwortung an etw; **porter** [*o* **avoir**] **une ~ dans qc** für etw mitverantwortlich sein
❷ JUR Haftung *f;* ~ **civile** [gesetzliche] Haftpflicht; (*assurance*) Haftpflichtversicherung *f;* ~ **collective** Gemeinschaftshaftung; ~ **pleine et entière** unbeschränkte Haftung
❸ (*charge de responsable*) ~ **de qc** Verantwortung *f* für etw; **accéder à une haute ~** in eine sehr verantwortliche Stellung gelangen; **avoir/prendre des ~s** Verantwortung tragen/übernehmen; **avoir de grosses ~s** große Verantwortung tragen; **avoir la ~ de qn/qc** die Verantwortung für jdn/etw haben; **décliner/rejeter toute ~** jegliche Verantwortung ablehnen/von sich weisen; **endosser la ~ de qc** die Verantwortung für etw übernehmen; **porter la ~ de qc** die Verantwortung für etw tragen; **rejeter sur qn/qc la ~ de qc** die Verantwortung für etw auf jdn/etw abwälzen; **poste à ~** verantwortungsvolle Stellung; **sous la ~ de qn** unter jds Verantwortung; **il a plusieurs employés sous sa ~** ihm unterstehen mehrere Angestellte
❹ (*conscience*) Verantwortungsbewusstsein *nt*

responsable [ʀɛspɔ̃sabl] **I.** *adj* ❶ (*coupable*) **être ~ de qc** für etw verantwortlich sein; **être jugé(e) ~ de qc** für etw verantwortlich gemacht werden
❷ JUR *civilement, pénalement* haftbar; **être ~ de qn/qc devant qn** jdm gegenüber für jdn/etw haften; **être ~ de ses décisions/actes** für seine Entscheidungen/Taten verantwortlich sein
❸ (*chargé de*) ~ **de qc** für etw verantwortlich
❹ (*conscient*) *attitude, acte, personne* verantwortungsbewusst
II. *mf* ❶ (*auteur*) Verantwortliche(r) *f(m)*
❷ (*personne compétente*) Verantwortliche(r) *f(m); d'une organisation, entreprise* Führungskraft *f;* ~ **d'un parti/syndicat** [*o* **syndical**] Partei-/Gewerkschaftsfunktionär(in) *m(f);* ~ **politique** politische Führungskraft; ~ **technique** technischer Leiter/technische Leiterin

resquillage [ʀɛskijaʒ] *m fam v.* **resquille**

resquille [ʀɛskij] *f fam* ❶ Schummeln *nt* (*fam*); **faire de la ~** schummeln (*fam*)
❷ (*voyager sans payer*) **faire de la ~** schwarzfahren
❸ (*dans une file d'attente*) **faire de la ~** sich vordrängeln (*fam*)

R

resquiller [ʀɛskije] <1> *fam* **I.** *vi* ❶ schummeln (*fam*)
❷ (*voyager sans payer*) schwarzfahren
❸ (*dans une file d'attente*) sich vordrängeln (*fam*)
II. *vt* ~ **qc** sich etw organisieren (*fam*)

resquilleur, -euse [ʀɛskijœʀ, -jøz] *m, f fam* ❶ Schummler(in) *m(f)* (*fam*)
❷ (*voyageur sans ticket*) Schwarzfahrer(in) *m(f)*
❸ (*dans une file d'attente*) Vordrängler(in) *m(f)* (*fam*)

ressac [ʀəsak] *m* Brandung *f*

ressaisir [ʀ(ə)seziʀ] <8> *vpr* (*se maîtriser*) **se** ~ sich wieder fangen

ressaisissement [ʀ(ə)sezismɑ̃] *m littér* **je ne m'attendais pas à un ~ aussi rapide** ich hatte nicht erwartet, dass er/sie sich so schnell wieder fangen würde

ressasser [ʀ(ə)sase] <1> *vt* bis zum Überdruss wiederholen; **~ des pensées moroses** in dumpfes Brüten verfallen sein; **être ressassé(e)** abgedroschen sein

ressaut [ʀəso] *m* ❶ ARCHIT, GEOG Vorsprung *m*
❷ (*dénivellation*) Absatz *m*

ressemblance [ʀ(ə)sɑ̃blɑ̃s] *f* Ähnlichkeit *f*; **présenter de nombreuses ~s** sich in vielen Punkten ähneln; **avoir une ~ avec qc** einer S. (*Dat*) sehr ähnlich sein; **il y a une très grande ~ entre X et Y** X und Y ähneln sich sehr

ressemblant(e) [ʀ(ə)sɑ̃blɑ̃, ɑ̃t] *adj* ähnlich; *portrait* lebensecht; **vous n'êtes pas très ~(e) sur cette photo** dieses Foto ist Ihnen nicht sehr ähnlich

ressembler [ʀ(ə)sɑ̃ble] <1> **I.** *vi* ❶ (*être semblable*) ~ **à qn** jdm ähneln
❷ (*être semblable physiquement*) jdm ähnlich sehen; **~ à qc** einer S. (*Dat*) gleichen
❸ *fam* (*être digne de*) ~ **à qn** jdm ähnlich sehen (*fig*); **ça te ressemble de faire qc** das sieht dir ähnlich etw zu tun (*fam*)
▶ **à quoi ça ressemble!** *fam* (*c'est nul*) was ist das denn! (*fam*); **à quoi ça ressemble de faire qc** *fam* (*qu'est-ce que ça veut dire*) was soll denn das etw zu tun; **à quoi il ressemble, ton nouveau copain?** und wie ist dein neuer Freund?; **regarde un peu à quoi tu ressembles!** *fam* du siehst vielleicht aus! (*fam*); **ça ne ressemble à rien!** *fam* (*c'est nul*) das sieht nach nichts aus! (*fam*); **ça ne ressemble à rien de faire qc** *fam* (*ça n'a pas de sens*) das bringt doch nichts etw zu tun (*fam*)
II. *vpr* ❶ **se** ~ sich ähneln
❷ (*être semblables physiquement*) sich ähnlich sehen
▶ **qui se ressemble s'assemble** *prov* Gleich und Gleich gesellt sich gern

ressemelage [ʀ(ə)səm(ə)laʒ] *m d'une chaussure* Neubesohlung *f*

ressemeler [ʀ(ə)səm(ə)le] <3> *vt* neu besohlen

ressemer [ʀ(ə)səme, ʀəs(ə)me] <4> *vpr* **se** ~ sich aussamen

ressentiment [ʀ(ə)sɑ̃timɑ̃] *m* Groll *m*; **éprouver du ~ à l'égard de qn** jdm böse sein; **ne garder aucun ~ à qn** jdm nicht das Geringste nachtragen

ressentir [ʀ(ə)sɑ̃tiʀ] <10> **I.** *vt* empfinden; spüren *coup, douleur, sensation*; spüren *effet*; als schmerzlich empfinden *perte*; **être vivement ressenti(e)** deutlich spürbar sein; **~ qc comme qc** etw als etw (*Akk*) empfinden; **se faire ~ sur qc** sich auf etw auswirken
II. *vpr* **se ~ d'une chute** die Nachwirkungen eines Sturzes spüren; **c'est la qualité qui s'en ressentira** das wird sich auf die Qualität auswirken

resserre [ʀ(ə)sɛʀ] *f* Verschlag *m*

resserré(e) [ʀ(ə)seʀe] *adj* eng

resserrement [ʀ(ə)sɛʀmɑ̃] *m* ❶ (*renforcement*) ~ **de l'action** straffere Handlung; **cela a abouti à un ~ de leurs relations** dadurch sind sie sich noch näher gekommen
❷ (*étroitesse*) *d'une route, vallée* Enge *f*; **le ~ de la route est tel que...** die Straße ist derart eng, dass ...
❸ FIN *du crédit* Einschränkung *f*

resserrer [ʀ(ə)seʀe] <1> **I.** *vt* ❶ (*serrer plus fort*) nachziehen *boulon, vis*; fest ziehen *nœud*; enger schnallen *ceinture*; verstärken *étreinte*; schließen *pores*
❷ (*serrer de nouveau*) wieder anziehen *boulon, vis*; **~ qn dans ses bras** jdn wieder in seine Arme schließen
❸ FIN beschränken *crédit*
❹ (*fortifier*) festigen *amitié, relations*
II. *vpr* **se** ~ ❶ (*devenir plus étroit*) enger werden; *personnes, groupe:* zusammenrücken; *filet:* sich schließen; *cercle d'amis:* schrumpfen
❷ (*se fortifier*) *amitié:* sich festigen; *relations:* enger werden

resservir [ʀ(ə)sɛʀviʀ] <irr> **I.** *vt* ❶ (*offrir à nouveau au restaurant*) noch servieren
❷ (*offrir à nouveau chez soi, des amis*) noch geben
❸ *péj* (*radoter*) noch einmal auftischen
II. *vi* ❶ (*revenir en usage*) noch einmal Verwendung finden; **ces emballages me resserviront** ich werde diese Verpackungen weiter verwenden
❷ TENNIS noch einmal aufschlagen
III. *vpr* ❶ (*reprendre*) **se ~ en** [*o* **de**] **qc** noch etw nehmen
❷ (*réutiliser*) **se ~ de qc** etw wieder benützen

ressort¹ [ʀ(ə)sɔʀ] *m* ❶ (*pièce métallique*) Feder *f*; **les ~s de suspension d'une voiture** die Federung eines Wagens; **~ à boudin/lame** Sprung-/Blattfeder; **articulation à ~** Federgelenk *nt*
❷ (*énergie*) Elan *m*; **sans ~** kraftlos
❸ *littér* (*motivation*) Triebfeder *f*; **le ~ est cassé** die Luft ist raus (*fam*)
▶ **faire ~** zurückschnellen; **se redresser comme mû(mue) par un ~** plötzlich in die Höhe schnellen

ressort² [ʀ(ə)sɔʀ] *m* JUR, ADMIN Zuständigkeitsbereich *m*; **en premier ~** in erster Linie; **en dernier ~** schließlich; **jugement en premier/dernier ~** JUR Urteil *nt* in erster/letzter Instanz; **être du ~ de qn/qc** in jds Ressort/in das Ressort einer S. (*Gen*) fallen; **ce n'est pas de mon ~** dafür bin ich nicht zuständig

ressortir [ʀ(ə)sɔʀtiʀ] <10> **I.** *vi* + *être* ❶ (*sortir à nouveau*) *personne:* noch einmal weggehen; *film:* wieder gezeigt werden; *pièce:* wieder aufgeführt werden
❷ (*contraster*) ~ **sur qc** *couleur, qualité:* sich von etw abheben; *détail:* von etw hervortreten; **faire ~ qc** (*mettre en relief*) *personne:* etw hervorheben; *chose:* etw zur Geltung bringen; **faire ~ que qn a fait qc** aufzeigen, dass jd etw getan hat
❸ (*se dégager*) ~ **de qc** aus etw hervorgehen; **il ressort de qc qu'il a raison** aus etw geht hervor, dass er recht hat
❹ (*reparaître*) *idée, projet:* wieder auftauchen; *désir, souvenir:* wieder wach werden; *couleur:* wieder herauskommen; CARTES wieder ausgespielt werden; JEUX *numéro, couleur:* gewinnen; **faire ~ un souvenir en qn** eine Erinnerung in jdm wachrufen
❺ *fam* (*renouer*) ~ **avec qn** wieder mit jdm gehen (*fam*)
❻ SPORT *balle:* wieder ins Aus gehen
II. *vt* + *avoir* ❶ (*remettre d'actualité*) wieder hervorholen *projet*; wieder herausbringen *modèle*
❷ (*se resservir de*) wieder hervorholen
❸ (*rejouer*) wieder zeigen *film*; wieder aufführen *pièce*
❹ (*remettre dehors*) wieder raustellen *meubles de jardin*; **peux-tu ~ l'agenda?** kannst du den Terminkalender noch einmal herausholen?

ressortissant(e) [ʀ(ə)sɔʀtisɑ̃, ɑ̃t] *m(f)* Staatsangehörige(r) *f(m)*; **les ~s étrangers résidant en France** die in Frankreich wohnhaften Ausländer

ressouder [ʀ(ə)sude] <1> **I.** *vt* ❶ TECH nachschweißen; zusammenschweißen *choses*
❷ (*braser*) nachlöten; neu verlöten *choses*
❸ (*consolider*) wieder festigen *amitié, amour*
II. *vpr* **se** ~ ❶ (*se souder à nouveau*) *fracture, os:* wieder zusammenwachsen
❷ (*se consolider*) *amitié, amour:* sich wieder festigen

ressource [ʀ(ə)suʀs] *f* ① *pl* (*moyens*) Mittel *Pl*; *de l'État* Einnahmequellen *Pl*; **~s naturelles** Bodenschätze *Pl*; **~s personnelles** Eigenkapital *nt*; **~s en argent/énergie** Einnahme-/Energiequellen *Pl*; **~s en blé** Weizenvorräte *Pl*; **~s en hommes** Arbeitskräftepotenzial *nt*; **sans ~s** mittellos
② *pl* (*possibilités*) *d'une machine, technique, d'un système* Verwendungsmöglichkeiten *Pl*; **~s musculaires** Muskelkraft *f*; **~s intellectuelles** geistige Fähigkeiten *Pl*; **déployer toutes les ~s de son intelligence/art** seine ganze Intelligenz/sein ganzes künstlerisches Können entfalten; **les ~s de la langue française** die sprachlichen Ausdrucksmittel des Französischen
③ *sans pl* (*recours*) **tu es ma seule ~** du bist meine letzte Rettung; **en dernière ~** als letzter Ausweg; **sans ~** hilflos; **avoir la ~ de faire qc** immer noch etw tun können; **n'avoir d'autre ~ que de faire qc** nur noch etw tun können
▸ **les ~s humaines** das Personal; **avoir de la ~** sich nicht unterkriegen lassen (*fam*); **il y a de la ~** *fam* es fehlt an nichts; **un homme/une femme de ~s** ein findiger Kopf

ressourcement [ʀ(ə)suʀsəmɑ̃] *m* Selbstbesinnung *f*; REL Einkehr *f*

ressourcer [ʀ(ə)suʀse] <2> *vpr* **se ~** ① (*revenir aux sources*) sich besinnen
② (*puiser de nouvelles forces*) neue Kraft schöpfen

ressouvenir [ʀ(ə)suvniʀ] <9> *vpr littér* **se ~ de qc** sich an etw (*Akk*) erinnern

ressurgir [ʀəsyʀʒiʀ] <8> *vi v.* **resurgir**

ressuscité(e) [ʀesysite] *m(f)* ① REL **le Ressuscité** der Auferstandene
② *fig* **vous êtes un vrai ~!** Sie sind ja wieder auferstanden! (*fig*)

ressusciter [ʀesysite] <1> **I.** *vi* ① + *être* REL **être ressuscité(e)** auferstanden sein
② + *avoir* (*renaître*) *malade:* wieder aufleben; *nature:* zu neuem Leben erwachen; *projet:* wieder aktuell werden; *pays, entreprise:* sich wieder erholen; *idéologie:* wieder stark werden
II. *vt* + *avoir* ① REL zum Leben erwecken
② (*régénérer, faire revivre*) wieder auf die Beine bringen (*fam*) *entreprise, pays;* zu neuem Leben erwecken *malade, nature;* wieder aufleben lassen *idéologie, mode;* **être ressuscité(e)** *malade:* wieder auf den Beinen sein; *entreprise, pays:* sich wieder erholt haben; *idéologie:* wieder stark sein

restant [ʀɛstɑ̃] *m* Rest *m*; **le ~ des provisions** die restlichen Vorräte; **le ~ de la journée** der restliche Tag; **~ de poulet/tissu** Hühnchen-/Stoffrest

restant(e) [ʀɛstɑ̃, ɑ̃t] *adj* restlich; **le seul membre ~ de la famille** das einzig verbleibende Familienmitglied

restau [ʀɛsto] *m fam abr de* **restaurant** *v.* **resto**

restaurant [ʀɛstɔʀɑ̃] *m* Restaurant *nt*, Gaststätte *f*; **aller au ~** essen gehen; **~ gastronomique** Gourmetrestaurant; **~ universitaire** Mensa *f*; **~ à service rapide** Fastfood-Restaurant; **~ d'entreprise** Kantine *f*; **~ du cœur** *Essen für Obdachlose* [*in den Wintermonaten*]; **~ libre service** Selbstbedienungsrestaurant

restaurateur, -trice [ʀɛstɔʀatœʀ, -tʀis] *m, f* ① (*aubergiste*) [Gast]wirt(in) *m(f)*; (*avec formation*) Gastronom(in) *m(f)*
② (*personne qui remet en état*) Restaurator(in) *m(f)*; **~(-trice) de bâtiments/tableaux** Gebäude-/Gemälderestaurator(in) *m(f)*
③ POL *littér* Erneu[e]rer *m*/Erneuerin *f*

restauration [ʀɛstɔʀasjɔ̃] *f* ① ARCHIT, ART (*remise en état*) Restaurierung *f*, Restauration *f*; **après ~** in restauriertem Zustand
② (*hôtellerie*) Gastronomie *f*, Gaststättengewerbe *nt*; **~ rapide** Fastfood-Gastronomie *f*
③ POL *de l'autorité, État* Wiederherstellung *f*; *de la monarchie, d'un régime* Restauration *f*
④ INFORM Wiederherstellung *f*
▸ **la Restauration** die Restauration

restaurer [ʀɛstɔʀe] <1> **I.** *vt* ① (*remettre en état*) restaurieren
② (*rétablir*) wieder aufnehmen *coutume, habitude;* wiederherstellen *droits, ordre, paix;* wiederherstellen, wieder einführen *monarchie, régime*
③ MED wiederherstellen *fonction;* **~ ses forces/sa santé** wieder zu Kräften kommen/seine Gesundheit wiedererlangen
④ (*nourrir*) **~ qn** jdm etwas zu essen geben, jdn verköstigen (*geh*)
II. *vpr* **se ~** sich stärken

restauroute® [ʀɛstoʀut] *m v.* **restoroute®**

reste [ʀɛst] *m* ① *a.* MATH Rest *m*; **le ~ du monde** die übrige Welt; **le ~ de la journée/du temps/de ma vie** der Rest des Tages/der Zeit/meines Lebens; **tout le ~** alles Übrige [*o* andere [*o* Andere]]; **un ~ de tissu** ein Stoffrest; **un ~ d'amour/de pitié** ein Rest [von] Liebe/Mitgefühl
② *pl* (*vestiges*) *d'une armée* [Über]reste *Pl*; (*dépouille mortelle*) sterbliche Überreste *Pl*; *d'un repas* Reste *Pl*; **ne pas laisser beaucoup de ~s** nicht viel übrig lassen
▸ [**tout**] **le ~ est littérature** alles andere [*o* Andere] sind fromme Wünsche; **avoir de beaux ~s** *hum* sich ganz gut gehalten haben (*fam*); **ne pas demander** [*o* **attendre**] **son ~ partir sans demander** [*o* **attendre**] **son ~** gehen ohne einen Ton von sich zu geben; **faire le ~** ein Übriges tun; **avoir du temps/de l'argent de ~** Zeit/Geld übrig haben; **du** [*o* **au** *littér*] **~** im Übrigen, übrigens; **pour le ~, pour ce qui est du ~, quant au ~** im Übrigen, ansonsten; **et tout le ~** und so weiter und so fort

rester [ʀɛste] <1> **I.** *vi* + *être* ① (*demeurer, ne pas s'en aller*) bleiben; **~ au lit** im Bett bleiben; **~ chez soi** [*o* **à la maison**] daheim [*o* zu Hause] bleiben; **~ [à] dîner** zum Essen bleiben; **~ sans parler/manger/bouger** nicht sprechen/nicht essen/sich nicht bewegen
② (*continuer à être*) bleiben; **~ debout/assis(e) toute la journée** den ganzen Tag stehen/sitzen; **~ immobile** stillhalten; **~ tête baissée/les yeux mi-clos** den Kopf gesenkt/die Augen halb geschlossen halten; **~ ouvert(e) jusqu'à vingt heures** bis zwanzig Uhr offen [*o* geöffnet] haben
③ (*subsister*) [übrig] bleiben, übrig sein; **ça m'est resté** (*dans ma mémoire*) das habe ich [im Gedächtnis] behalten; (*dans mes habitudes*) das habe ich beibehalten; **beaucoup de choses restent à faire** es bleibt noch viel zu tun
④ (*durer*) *nom, œuvre, sentiment:* [bestehen] bleiben
⑤ (*ne pas dépasser*) **en ~ aux pourparlers** über Gespräche nicht hinauskommen
⑥ (*ne pas se libérer de*) **~ sur un échec** sich von einem Misserfolg lähmen lassen
▸ **en ~ là** es dabei [bewenden] lassen; **y ~** umkommen, ums Leben kommen
II. *vi impers* + *être* ① (*être toujours là*) **il reste du vin** es ist noch Wein übrig; **il n'est rien resté** es ist nichts übrig [geblieben]; **il ne me reste [plus] que toi/cinquante euros** ich habe nur noch dich/fünfzig Euro; **il m'est resté des cicatrices de cet accident** ich habe Narben von diesem Unfall zurückbehalten
② (*ne pas être encore fait*) **il me reste à terminer ce travail** ich muss [jetzt] nur noch diese Arbeit fertig machen; **je sais ce qu'il me reste à faire** ich weiß, was ich zu tun habe; **reste à savoir si...** [es] bleibt abzuwarten, ob ...; **reste au gouvernement à prendre les mesures nécessaires** es ist jetzt an der Regierung, die notwendigen Maßnahmen zu ergreifen; **il n'en reste pas moins que qn a fait qc** das ändert aber nichts daran, dass jd etw getan hat; **il reste entendu que qn a fait qc** es bleibt dabei, dass jd etw getan hat

restituer [ʀɛstitɥe] <1> *vt* ① (*rendre*) **~ un livre à un voisin** einem Nachbarn ein Buch zurückgeben
② AUDIOV wiedergeben
③ (*reconstituer*) rekonstruieren *inscription, texte;* rekonstruieren, restaurieren *fresque*
④ (*libérer, dégager*) **être restitué(e) sous forme de chaleur**

R

énergie: als Wärme freigesetzt [*o* in Wärme umgewandelt] werden

restitution [ʀɛstitysjɔ̃] *f* ❶ (*action de rendre*) Rückgabe *f*
❷ AUDIOV Wiedergabe *f*
❸ JUR Rückgewähr *f*

resto [ʀɛsto] *m fam abr de* **restaurant** Restaurant *nt,* Lokal *nt;* ~ **U** *fam* Mensa *f*

restoroute® [ʀɛstoʀut] *f* Raststätte *f; de l'autoroute* Autobahnraststätte

restreindre [ʀɛstʀɛ̃dʀ] <*irr*> **I.** *vt* einschränken; begrenzen, beschränken *champ d'action, crédit, étude;* verringern *quantité, production, dépenses;* zurückschrauben *ambition*
II. *vpr* **se** ~ ❶ (*s'imposer des restrictions*) sich einschränken; **se ~ dans ses dépenses** seine Ausgaben einschränken; **se ~ sur la nourriture** sich beim Essen einschränken
❷ (*diminuer*) *ambition:* nachlassen; *champ d'action:* sich verengen; *dépenses, production, quantité:* sich verringern, zurückgehen; *sens d'un mot:* eingeschränkt werden

restreint(e) [ʀɛstʀɛ̃, ɛ̃t] **I.** *part passé de* **restreindre**
II. *adj vocabulaire* beschränkt; *moyens, nombre* gering, begrenzt; *autorité, choix* eingeschränkt; *personnel, production* reduziert; **~(e) à un petit cercle/certaines personnes** auf einen kleinen Kreis/gewisse Menschen begrenzt [*o* beschränkt]

restrictif, -ive [ʀɛstʀiktif, -iv] *adj loi* restriktiv (*geh*); *condition, alimentation* einschränkend; *clause* Einschränkungs-; *interprétation* eng

restriction [ʀɛstʀiksjɔ̃] *f* ❶ (*limitation*) *des libertés, de la consommation, production* Einschränkung *f; des dépenses* Beschränkung *f;* **mesures de** ~ restriktive Maßnahmen *Pl* (*geh*)
❷ *pl* (*rationnement*) Restriktionen *Pl;* **les ~s** die Rationierung; **~s d'électricité/d'eau** Rationierung *f* von Strom/Wasser; **~s budgétaires** Haushaltskürzungen *Pl*
❸ (*réserve*) Einschränkung *f;* **apporter des ~s à qc** bei etw Einschränkungen machen; **faire** [*o* **émettre**] **des ~s** Vorbehalte haben; **sans faire de ~s** ohne Vorbehalte; **avec des ~s** unter Vorbehalt; **sans** ~ vorbehaltlos, ohne Vorbehalte
◆ ~ **des exportations** Exportbeschränkungen *Pl;* ~ **des importations** Importbeschränkungen *Pl*

restructuration [ʀəstʀyktyʀasjɔ̃] *f de l'économie, d'une entreprise* Umstrukturierung *f; d'un parti* Neuordnung *f; d'un lieu* Umgestaltung *f,* Neugestaltung

restructurer [ʀəstʀyktyʀe] <1> *vt* umstrukturieren *entreprise, économie;* neuordnen *parti;* neugestalten, umgestalten *centre ville, lieu*

resucée [ʀ(ə)syse] *f péj fam* zweiter Aufguss (*fam*)

résultante [ʀezyltɑ̃t] *f* ❶ (*conséquence*) Ergebnis *nt,* Resultat *nt*
❷ MATH, SCI Resultante *f,* Resultierende *f*

résultat [ʀezylta] *m* ❶ MATH, SPORT, POL Ergebnis *nt; d'une opération, d'un problème* Resultat *nt;* SCOL Leistung *f; d'un examen* Ergebnis; **~s partiels** Teilergebnisse; **les ~s des élections** das Wahlergebnis
❷ (*conséquence*) Folge *f;* **avoir de bons/mauvais ~s** positive/negative Folgen haben; **avoir pour** [*o* **comme**] ~ **une augmentation des prix** eine Preiserhöhung zur Folge haben, zu einer Preiserhöhung führen
❸ (*chose obtenue*) Ergebnis *nt;* (*réussite*) Resultat *nt,* Erfolg *m;* **c'est déjà un** ~ das ist [doch] schon [mal] etwas; **n'obtenir aucun** ~ nichts erreichen; **obtenir quelques ~s** einige Erfolge [*o* gute Ergebnisse] erzielen
❹ ECON, FIN *d'une société* Zahlen *Pl; pl*
► **beau** ~ *iron* na bravo; **sans** ~ ohne Erfolg, ergebnislos
◆ ~ **d'exploitation** ECON Betriebsergebnis *nt*

résulter [ʀezylte] <1> **I.** *vi* ~ **d'un conflit/d'une situation** aus einem Konflikt/einer Situation enstehen [*o* resultieren]; ~ **d'une réunion/discussion** bei einer Versammlung/Diskussion herauskommen
II. *vi impers* **il résulte de ce renseignement que qn a fait qc** aus dieser Information folgt, dass jd etw getan hat; **il en résulte/est résulté une grande confusion** das Ergebnis ist/war [eine] große Verwirrung; **il en résulte/est résulté que qn a fait qc** das Ergebnis ist/war, dass jd etw getan hat; **qu'en résultera-t-il?** was dabei wohl herauskommen wird?

résumé [ʀezyme] *m* Zusammenfassung *f,* Resümee *nt* (*geh*)
► **en** ~ (*en bref*) zusammenfassend; (*somme toute*) abschließend, alles in Allem; **en ~: ...** kurz und gut: ...

résumer [ʀezyme] <1> **I.** *vt* ❶ (*récapituler*) zusammenfassen, resümieren (*geh*); ~ **qc en une page** etw auf einer Seite zusammenfassen
❷ (*contenir en soi*) ~ **toute une époque** *œuvre:* eine ganze Epoche auf den Punkt bringen
II. *vpr* ❶ (*être contenu*) **l'intelligence et la modestie se résument en lui** er verkörpert Intelligenz und Bescheidenheit
❷ (*se répéter brièvement*) **se** ~ *orateur:* [das Gesagte] zusammenfassen; *discours:* sich zusammenfassen lassen

résurgence [ʀezyʀʒɑ̃s] *f* ❶ *de difficultés, d'un phénomène* Wiederauftreten *nt; d'une idéologie, idée* Wiederaufleben *nt*
❷ GEOG [Karst]quelle *f*

resurgir [ʀ(ə)syʀʒiʀ] <8> *vi personne, animal:* wieder zum Vorschein kommen, wieder auftauchen; *difficulté, phénomène:* wieder auftreten; *eaux, cours d'eau:* austreten

résurrection [ʀezyʀɛksjɔ̃] *f* Auferstehung *f; d'une personne, d'un auteur* Wiedergeburt *f; d'une coutume ancienne* Wiederbelebung *f; d'une ville, région, d'un pays* Wiederaufleben *nt; de la nature* [Wieder]erwachen *nt;* **la Résurrection** die Auferstehung

retable [ʀətabl] *m* Altaraufsatz *m,* Retabel *nt* (*Fachspr.*)

rétabli(e) [ʀetabli] **I.** *part passé de* **rétablir**
II. *adj* ❶ (*restauré*) *chose, contact* wieder hergestellt
❷ (*guéri*) *personne* genesen

rétablir [ʀetabliʀ] <8> **I.** *vt* ❶ (*remettre en fonction*) wiederherstellen *communications, courant;* wieder aufnehmen *contact, liaison;* ~ **le trafic sur une route** eine Straße wieder für den Verkehr freigeben; **être rétabli(e)** *communication, contact:* wiederhergestellt sein; *trafic:* wieder fließen
❷ (*restaurer*) wiederherstellen *confiance, équilibre, ordre;* wiederherstellen, restaurieren (*Fachspr.*) *monarchie;* richtig stellen *faits;* ~ **la vérité** der Wahrheit zu ihrem Recht verhelfen
❸ MED wiederherstellen; ~ **sa santé/ses forces** wieder gesund werden/sich erholen; **être rétabli(e)** wiederhergestellt sein, wieder gesund sein
❹ (*améliorer*) stabilisieren *situation économique*
❺ (*réintégrer*) ~ **qn dans son emploi/ses droits** jdn wieder an seinem alten Arbeitsplatz einstellen/rehabilitieren; ~ **qc dans un calcul** etw wieder in die Kalkulation aufnehmen
II. *vpr* **se** ~ ❶ (*guérir*) *personne:* sich erholen, wieder gesund werden; **en voie de se** ~ auf dem Wege der Besserung
❷ (*revenir*) *calme, silence:* wieder einkehren; *trafic:* wieder fließen
❸ SPORT in den Stütz gehen

rétablissement [ʀetablismɑ̃] *m* ❶ *d'un malade* Wiederherstellung *f,* Genesung *f;* **bon** [*o* **prompt**] **~!** gute Besserung!; **souhaiter un bon** [*o* **prompt**] ~ **à qn** jdm gute Besserung wünschen
❷ (*remise en fonction*) *des communications, d'une liaison* Wiederherstellung *f; d'un contact* Wiederaufnahme *f; d'une relation* Wiederaufnahme; **le ~ du trafic aura lieu demain** die Strecke wird morgen wieder für den Verkehr freigegeben; **on attend toujours le ~ du courant** die Stromversorgung ist immer noch nicht wiederhergestellt
❸ (*restauration*) *d'un droit, de l'équilibre, de l'ordre* Wiederherstellung *f; de la monarchie* Wiedereinführung *f; des faits* Richtigstellung *f;* **permettre le ~ de la vérité** der Wahrheit zu ihrem Recht verhelfen
❹ SPORT Klimmzug *m* [in den Stütz]

retailler [ʀ(ə)taje] <1> *vt* ändern *vêtement;* [wieder an]spitzen *crayon*

rétamé(e) [Retame] *adj fam* ❶ (*fatigué*) kaputt (*fam*), fertig (*fam*)
❷ (*ruiné*) pleite (*fam*), ruiniert
❸ (*mort*) hinüber (*sl*)
rétamer [Retame] <1> *fam* **I.** *vt* ❶ (*fatiguer*) fertig [*o* k.o.] machen (*fam*)
❷ (*ruiner*) ruinieren
❸ (*rendre ivre*) betrunken machen
❹ (*se faire battre*) **se faire** ~ abgezogen werden (*fam*); **se faire** ~ **au poker** beim Pokern abgezockt werden (*sl*)
❺ (*échouer à un examen*) **se faire** ~ **au bac** durchs Abi fallen [*o* rasseln] (*fam*)
II. *vpr* **se** ~ hinfallen, hinfliegen (*fam*); **se** ~ **en voiture/moto** einen Auto-/Motorradunfall bauen (*fam*); **se** ~ **dans un virage/contre un arbre** aus der Kurve fliegen/gegen einen Baum krachen (*fam*)
rétameur [RetamœR] *m* Kesselflicker *m*
retapage [R(ə)tapaʒ] *m d'une maison* Renovierung *f; d'une voiture* Instandsetzung *f; d'un lit* Zurechtziehen *nt;* **avoir besoin d'un sérieux** ~ *maison:* gründlich renoviert werden müssen; *voiture:* gründlich überholt werden müssen
retape [R(ə)tap] *f fam* Kundenfang *m;* **faire la** ~ auf den Strich gehen (*fam*); **faire [de] la** ~ **pour qc** *agent publicitaire:* für etw auf Kundenfang gehen; *publicité:* aufdringlich für etw werben
retaper [R(ə)tape] <1> **I.** *vt* ❶ (*remettre en état*) renovieren *maison;* überholen *voiture;* zurechtziehen *lit*
❷ *fam* (*rétablir*) wiederherstellen, wieder auf die Beine bringen (*fam*), aufpäppeln (*fam*) *malade*
II. *vpr fam* **se** ~ **à la mer/la montagne** sich am Meer/im Gebirge erholen
retard [R(ə)taR] *m* ❶ (*arrivée tardive*) *d'un véhicule* Verspätung *f; d'une personne* Zuspätkommen *nt; d'un événement, d'une réponse* Verzögerung *f;* **un** ~ **d'une heure** eine einstündige Verspätung, eine Verspätung von einer Stunde; **avec une heure/dix minutes de** ~ mit einer Stunde/zehn Minuten Verspätung; **arriver en** ~ zu spät kommen, sich verspäten; **avoir du** ~**/deux minutes de** ~ [*o* **un** ~ **de deux minutes**] *personne:* zu spät/zwei Minuten zu spät kommen; *moyen de transport:* Verspätung/zwei Minuten Verspätung haben; **avoir du** ~ **sur son planning** seiner [Termin]planung hinterher sein [*o* hinterherhinken] (*fam*); **être en** ~ **de dix minutes** *personne:* zehn Minuten zu spät kommen, sich zehn Minuten verspätet haben; *moyen de transport:* zehn Minuten Verspätung haben; **mettre qn en** ~ jdn aufhalten; **se mettre en** ~ sich verspäten; **prendre du** ~**/un** ~ **de dix minutes** *montre, horloge:* nachgehen/zehn Minuten nachgehen
❷ (*réalisation tardive*) Rückstand *m;* ~ **des recherches** Forschungsrückstand; **être en** ~ **dans le versement de ses mensualités** mit seinen Raten im Rückstand sein; **payer qc avec** ~ etw verspätet [*o* mit Verspätung] bezahlen; **avoir du** ~ **dans un travail/paiement** mit einer Arbeit im Rückstand/einer Zahlung im Verzug sein; **être en** ~ **d'un mois pour payer le loyer** mit der Zahlung der Miete einen Monat im Rückstand [*o* Verzug] sein; **être en** ~ **de cent mètres sur le premier concurrent** hundert Meter hinter dem Führenden zurückliegen
❸ (*développement plus lent*) Rückständigkeit *f;* SCOL Rückstand *m;* **présenter un** ~ **de langage/de croissance** in seiner Sprachentwicklung/im Wachstum zurück sein; **avoir du** ~ **dans son développement** in seiner Entwicklung zurückgeblieben sein; **avoir du** ~ **sur un pays** einem Land gegenüber im Rückstand sein; **être en** ~ **sur son temps** nicht auf dem Laufenden [*o* auf der Höhe der Zeit] sein
❹ JUR Verzug *m;* ~ **dans un/le paiement** Zahlungsverzug
▶ **avoir du** ~ **à l'allumage** *moteur:* Spätzündung haben; *hum* (*être momentanément/toujours lent à comprendre*) Spätzündung haben/ein Spätzünder sein (*fam*); **être en** ~ **d'une bataille** [*o* **d'une guerre**] nicht auf der Höhe der Zeit sein; **sans** ~ unverzüglich, ohne Aufschub
◆ ~ **de livraison** Lieferverzug *m*
retardataire [R(ə)taRdatɛR] **I.** *adj invité* verspätet; *idées, méthodes, théorie* rückständig; **élève** ~ Schüler, der zu spät kommt
II. *mf* Zuspätkommende(r) *f(m),* Nachzügler(in) *m(f)*
retardateur, -trice [R(ə)taRdatœR, -tRis] *adj* verzögernd, retardierend (*geh*); *dispositif* Brems-; *frottement* bremsend; **action retardatrice** MIL Hinhaltemanöver *nt*
retardé(e) [R(ə)taRde] *fam* **I.** *adj enfant* zurückgeblieben; *élève* schwach
II. *m(f)* ~ **mental/**~**e mentale** Zurückgebliebene(r) *f(m);* ~**(e) scolaire** Spätentwickler(in) *m(f);* **classe pour** ~**s** Förderklasse *f*
retardement [R(ə)taRdəmɑ̃] *m* **bombe à** ~ Zeitbombe *f,* Bombe *f* mit Zeitzünder; **dispositif à** ~ Zeitschaltvorrichtung; **à** ~ *rire, féliciter* mit Verspätung; *se fâcher* im Nachhinein; **comprendre à** ~ eine lange Leitung haben (*fam*)
retarder [R(ə)taRde] <1> **I.** *vt* ❶ (*mettre en retard*) aufhalten *personne, véhicule;* ~ **l'arrivée de qn** *personne:* jds Ankunft hinauszögern; **qc retarde le départ du train** durch etw verzögert sich die Abfahrt des Zuges; **être retardé(e) d'une heure** *spectacle:* eine Stunde später beginnen; *départ:* sich um eine Stunde verzögern
❷ (*ralentir, empêcher*) aufhalten; ~ **qn dans son travail/ses préparatifs** jdn von seiner Arbeit/seinen Vorbereitungen abhalten; ~ **un moteur dans sa course** *chose:* einen Motor verlangsamen [*o* bremsen]; **le gel a retardé la construction de la maison** durch den Frost hat sich der Bau des Hauses hinausgezögert
❸ (*remettre*) verschieben, aufschieben; ~ **qc de deux jours** etw [um] zwei Tage verschieben [*o* aufschieben]
❹ (*reculer*) zurückstellen *horloge, montre;* ~ **une montre d'une heure** eine Uhr um eine Stunde zurückstellen
II. *vi* ❶ (*être en retard*) ~ **d'une heure** *montre, horloge:* eine Stunde nachgehen
❷ (*ne pas être au niveau de*) ~ **de dix ans sur qc** zehn Jahre hinter etw (*Dat*) her sein [*o* hinken *fam*]; ~ **sur son époque/son temps/son siècle** nicht auf der Höhe der Zeit sein, von gestern sein
❸ *fam* (*ne pas être à la page*) nicht auf dem Laufenden sein, hinterm Mond leben (*fam*)
retéléphoner [R(ə)telefɔne] <1> *vi* wieder telefonieren
retendre [R(ə)tɑ̃dR] <14> *vt* ❶ (*raidir à nouveau*) wieder anziehen; wieder spannen *câble, chaîne;* fest ziehen *lien;* MUS nachspannen, neu spannen *corde*
❷ (*disposer à nouveau*) wieder auswerfen *filet de pêche*
❸ (*présenter à nouveau*) ~ **la main à qn** jdm wieder die Hand reichen
retenir [R(ə)təniR, Rət(ə)niR] <9> **I.** *vt* ❶ (*maintenir en place*) [fest] halten *objet, personne qui glisse;* zurückhalten *foule, personne;* fest halten *bras;* ~ **qn par la manche** jdn am Ärmel fest halten
❷ (*empêcher d'agir*) zurückhalten; **retiens/retenez-moi, ou je fais un malheur** halte/halten Sie mich [zurück] oder ich vergesse mich; **je ne sais pas ce qui me retient de le gifler** ich weiß nicht, was mich davon abhält ihn zu ohrfeigen
❸ (*empêcher de tomber*) halten
❹ (*garder*) aufhalten; **je ne te retiens pas plus longtemps** ich will dich nicht länger aufhalten; ~ **qn prisonnier/en otage** jdn gefangen halten/jdn als Geisel fest halten; **j'ai été retenu(e)** ich bin aufgehalten worden; **la maladie/le mauvais temps le retient à la maison** die Krankheit/das schlechte Wetter fesselt ihn ans Haus
❺ (*requérir*) ~ **l'attention** Aufmerksamkeit erfordern; **ce travail a retenu tous nos soins** diese Arbeit hat unsere ganze Sorgfalt in Anspruch genommen; **nous espérons que notre demande retiendra votre attention** wir hoffen, dass Sie unsere Bitte aufmerksam prüfen

❻ (*réserver*) reservieren *chambre, place;* reservieren, bestellen *table*
❼ (*se souvenir de*) [im Gedächtnis] behalten, sich merken; **retenez bien la date** merken Sie sich den Termin gut; ~ **que qn a fait qc** im Auge behalten, dass jd etw getan hat
❽ (*réprimer*) unterdrücken *colère, cri, geste;* unterdrücken, zurückhalten *larmes;* unterdrücken, sich verkneifen (*fam*) *sourire, soupir de satisfaction;* anhalten *souffle*
❾ (*accepter, choisir*) annehmen *candidature;* ~ **une proposition** einen Vorschlag annehmen, einem Vorschlag zustimmen; ~/**ne pas** ~ **la préméditation** JUR auf Vorsatz/nicht auf Vorsatz erkennen; ~ **une solution** sich für eine Lösung entscheiden; **il a été retenu** er ist ausgewählt worden, auf ihn ist die Wahl gefallen
❿ (*prélever*) ~ **un montant sur le salaire** einen Betrag vom Lohn abziehen; ~ **les impôts sur le salaire** die Steuer vom Lohn einbehalten
⓫ (*confisquer*) einbehalten; nicht auszahlen *salaire;* nicht herausgeben *bagages;* beschlagnahmen *biens;* nicht zurückzahlen, behalten *argent dû*
⓬ MATH behalten; **je pose quatre et je retiens un** schreibe vier, behalte [*o* merke] eins
⓭ (*conserver*) *terre:* speichern; *digue:* stauen
⓮ (*fixer*) *nœud, ruban, câble:* zusammenhalten
▶ **je te/le/la retiens!** *fam* das vergesse ich dir/ihm/ihr nicht so leicht [*o* schnell]!, das werde ich mir merken!
II. *vpr* ❶ (*s'accrocher*) **se** ~ **à qn/qc pour faire qc** sich an jdm/etw [fest] halten um etw zu tun
❷ (*s'empêcher*) **se** ~ sich beherrschen, sich zurückhalten, an sich halten; **se** ~ **pour ne pas rire** sich beherrschen [*o* zusammennehmen] um nicht zu lachen; **je n'ai pas pu me** ~ **de lui dire la vérité** ich musste ihm einfach die Wahrheit sagen
❸ (*contenir ses besoins naturels*) **se** ~ sich beherrschen

retenter [R(ə)tɑ̃te] <1> *vt* noch einmal versuchen

rétention [Retɑ̃sjɔ̃] *f* ❶ MED Verhaltung *f;* ~ **d'eau** Wasseransammlung *f*
❷ *a.* JUR Zurückbehaltung *f;* ~ **d'information**[**s**] Zurückbehaltung von Information[en]

retentir [R(ə)tɑ̃tiR] <8> *vi* ❶ (*résonner*) *bruit, cri:* ertönen; *chant:* erklingen; *cloche, sonnerie:* läuten, klingeln; ~ **d'applaudissements** vor Applaus dröhnen; ~ **d'appels/de cris** von Rufen/Schreien widerhallen
❷ (*affecter*) ~ **sur le caractère/la santé** Auswirkungen auf den Charakter/die Gesundheit haben

retentissant(**e**) [R(ə)tɑ̃tisɑ̃, ɑ̃t] *adj* ❶ (*fort, sonore*) *cri* durchdringend, laut; *voix* dröhnend; *bruit* dröhnend; *claque* schallend
❷ (*fracassant*) Aufsehen erregend; *scandale, succès* Riesen-; *déclaration, discours* spektakulär

retentissement [R(ə)tɑ̃tismɑ̃] *m* ❶ (*répercussion*) *d'un discours, de mesures politiques* [Nach]wirkung *f; d'une affaire* Auswirkung *f*
❷ (*éclat*) *d'un film, d'une œuvre* Wirkung *f;* **avoir un grand** ~ großes Aufsehen erregen

retenu(**e**) [R(ə)təny, Rət(ə)ny] *adj* unaufdringlich, zurückhaltend

retenue [R(ə)təny, Rət(ə)ny] *f* ❶ (*somme prélevée*) ~ **sur le salaire/les revenus** vom Lohn/Einkommen einbehaltener Betrag; **la** ~ **pour la Sécurité sociale** der Sozialversicherungsbeitrag
❷ (*action de prélever*) Einbehaltung *f;* **opérer** [*o* **faire**] **une** ~ **de trois pour cent sur le salaire** drei Prozent vom Lohn einbehalten
❸ (*modération*) Zurückhaltung *f,* Beherrschung *f;* **avoir de la** ~ zurückhaltend sein; **n'avoir aucune** [*o* **manquer de**] ~ keinerlei Hemmungen haben; **avec** ~ zurückhaltend; **se conduire avec** ~ sich [anständig] benehmen; **sans** ~ hemmungslos
❹ MATH Übertrag *m*
❺ SCOL Nachsitzen *nt;* **attraper une** ~/**être en** ~ nachsitzen müssen; **avoir trois heures de** ~ drei Stunden nachsitzen müssen; **mettre un élève en** ~ einen Schüler nachsitzen lassen
❻ (*bouchon*) Stau *m*
❼ TECH (*barrage*) Damm *m*
❽ (*maintien*) *d'une marchandise* Zurückbehaltung *f*
◆~ **d'eau** Wasserreservoir *nt,* Rückhaltebecken *nt;* ~ **à la source** Quellensteuer *f*

réticence [Retisɑ̃s] *f* Vorbehalt *m;* **avec** ~ widerstrebend; *accepter* unter Vorbehalt[en]; **sans** ~ ohne Vorbehalt[e], vorbehaltlos; *parler* offen

réticent(**e**) [Retisɑ̃, ɑ̃t] *adj expression* widerstrebend; *personne, phrase* voller Vorbehalte; *attitude, silence* zurückhaltend, reserviert; **être** ~(**e**) Vorbehalte haben

réticule [Retikyl] *m* OPT Fadenkreuz *nt*

réticulé(**e**) [Retikyle] *adj* ❶ ANAT netzartig, retikulär (*Fachspr.*)
❷ GEOL **sol** ~ Polygonboden *m*

rétif, -ive [Retif, -iv] *adj* störrisch, widerspenstig

rétine [Retin] *f* Netzhaut *f*

rétinien(**ne**) [Retinjɛ̃, jɛn] *adj* Netzhaut-

rétique [Retik] **I.** *adj* rätisch; **les Alpes** ~**s** die rätischen Alpen
II. *m v.* **rhéto-roman**

retirage [R(ə)tiRaʒ] *m d'une photo* neuer Abzug; *d'une gravure, d'un livre* Nachdruck *m;* **procéder au** [*o* **effectuer le**] ~ **d'une photo/d'un livre** einen neuen Abzug von einem Foto machen/ein Buch nachdrucken

retiré(**e**) [R(ə)tiRe] *adj* ❶ (*solitaire*) *lieu* entlegen, abgelegen, abgeschieden; **mener une vie** ~**e** zurückgezogen leben; **vivre complètement** ~(**e**) **du monde** völlig weltabgeschieden leben
❷ (*en retraite*) im Ruhestand; **être** ~(**e**) **des affaires** sich aus dem Geschäftsleben zurückgezogen haben

retirer [R(ə)tiRe] <1> **I.** *vt* ❶ (*enlever*) ablegen, ausziehen *vêtement, montre;* abziehen *housses;* ~ **ses lunettes** seine Brille absetzen; ~ **qc du commerce** etw aus dem Handel zurückziehen; ~ **qc du catalogue/programme** etw aus dem Katalog/Programm nehmen; ~ **son jouet à qn** jdm ihr/sein Spielzeug wegnehmen; ~ **sa confiance à qn** jdm das Vertrauen entziehen; ~ **le permis à qn** jdm den Führerschein abnehmen
❷ (*faire sortir*) herausnehmen; ~ **un gâteau du moule** einen Kuchen aus der Form nehmen; ~ **la clé de la serrure** den Schlüssel abziehen; ~ **qn de l'école** jdn von der Schule nehmen; ~ **qn des décombres** jdn aus den Trümmern bergen
❸ (*prendre possession de*) holen *argent;* abholen *billet;* ~ **de l'argent à la banque/d'un compte** Geld von der Bank/vom Konto abheben; ~ **ses bagages de la consigne** das Gepäck von der Gepäckaufbewahrung holen
❹ (*ramener en arrière*) zurückziehen *main, tête, troupes*
❺ (*annuler*) zurücknehmen, widerrufen (*form*) *déclaration, paroles;* zurückziehen *accusation, candidature, offre*
❻ (*obtenir*) ~ **des avantages/un bénéfice de qc** Vorteile/einen Gewinn aus etw ziehen; ~ **qc d'une expérience** etw aus einer Erfahrung lernen
❼ (*extraire*) ~ **de l'huile d'une substance** Öl aus einer Substanz gewinnen; ~ **du minerai/du charbon** Erz/Kohle gewinnen [*o* abbauen]
❽ (*tirer de nouveau*) ~ **un coup de feu** noch einen Schuss abgeben
❾ (*faire un second tirage*) **faire** ~ **une photo** neue Abzüge von einem Foto machen lassen
II. *vi* noch einmal schießen
III. *vpr* ❶ (*partir*) **se** ~ sich zurückziehen; **se** ~ **dans sa chambre** sich in sein Zimmer zurückziehen, auf sein Zimmer gehen; **se** ~ **à la campagne** sich aufs Land zurückziehen
❷ (*annuler sa candidature*) **se** ~ seine Kandidatur zurückziehen
❸ (*prendre sa retraite*) **se** ~ sich zur Ruhe setzen

④ *(reculer)* **se ~** *armée, ennemi:* sich zurückziehen; *eau, mer:* zurückgehen; **retire-toi d'ici!** verzieh dich! *(fam)*
⑤ *(quitter)* **se ~ de la vie publique/des affaires** sich aus dem öffentlichen Leben/dem Geschäftsleben zurückziehen; **se ~ du jeu** [*o* **de la partie**] sich zurückziehen, aussteigen *(fam)*

retombée [ʀ(ə)tɔ̃be] *f* ① *pl (répercussions)* Auswirkungen *Pl; de la recherche* Nebenprodukt *nt;* **les ~s médiatiques/publicitaires de qc** das Medienecho/die Werbewirksamkeit einer S. *(Gen);* **les ~s électorales de qc** die Auswirkungen einer S. *(Gen)* auf die Wahlen *Pl*
② *(impact)* [Aus]wirkung *f,* Folge *f*
③ *pl* PHYS, CHIM Emissionen *Pl;* **~s gazeuses** Abgase *Pl;* **~s radioactives** [*o* **atomiques**] radioaktiver Niederschlag, Fallout *m (Fachspr.)*

retomber [ʀ(ə)tɔ̃be] <1> *vi + être* ① *(tomber à nouveau)* wieder hinfallen; **~ dans l'oubli/la misère/la drogue** wieder in Vergessenheit/in Not/an Drogen geraten; **~ dans le découragement/l'ennui** wieder in Mutlosigkeit/Langeweile versinken; **~ dans la délinquance** wieder straffällig werden; **~ sur le même sujet** wieder auf dasselbe Thema [zurück]kommen
② *(tomber après s'être élevé)* aufkommen; *ballon:* aufkommen, aufschlagen; *capot:* wieder zufallen; *fusée:* [wieder] abstürzen; *missile:* einschlagen; **se laisser ~** sich [wieder] fallen lassen
③ *(baisser) curiosité, enthousiasme:* nachlassen, verfliegen; *colère:* verrauchen; *fièvre, cote de popularité:* fallen; *ambiance:* sinken; **~ au niveau d'il y a trois ans** *consommation:* auf den Stand von vor drei Jahren zurückgehen
④ *(redevenir)* **~ amoureux** sich wieder verlieben [*o* neu verlieben]; **~ malade/enceinte** wieder krank/schwanger werden
⑤ METEO *brouillard:* wieder aufkommen [*o* aufziehen]; *neige:* wieder fallen; **la pluie/la neige retombe** es regnet/schneit wieder
⑥ *(pendre) drap:* herunterhängen; **les cheveux me retombent sur les épaules/le front** die Haare fallen mir bis auf die Schultern/in die Stirn
⑦ *(échoir à)* **~ sur qn** auf jdn zurückfallen; **la responsabilité retombe sur lui** die Verantwortung fällt auf ihn zurück; **les frais retombent sur son entreprise** sein Unternehmen muss die Kosten übernehmen [*o* tragen]; **cela va me ~ dessus** das wird wieder auf mich zurückfallen; **faire ~ la faute sur qn** die Schuld auf jdn schieben; **faire ~ la responsabilité sur qn/qc** die Verantwortung auf jdn/etw abwälzen
⑧ *(arriver à nouveau)* **Noël retombe un mardi/vendredi** Weihnachten fällt wieder auf einen Dienstag/Freitag
⑨ *(revenir, rencontrer)* **~ au même endroit** [zufällig] wieder an denselben Ort geraten; **~ sur qn** jdn [zufällig] wieder treffen

retordre [ʀ(ə)tɔʀdʀ] <14> *vt* ① TECH verzwirnen *fils;* zusammendrehen *câble*
② *(essorer)* noch einmal auswringen
③ *(courber de nouveau)* noch einmal biegen

rétorquer [ʀetɔʀke] <1> *vt* erwidern; **~ un bon mot à un adversaire à qc** einem Gegner mit einer geistreichen Bemerkung auf etw *(Akk)* erwidern; **il n'a rien rétorqué** er hat nichts dazu gesagt; **~ à qn que qn a fait qc** jdm erwidern, dass jd etw getan hat

retors(e) [ʀətɔʀ, ɔʀs] *adj* durchtrieben, hinterhältig

rétorsion [ʀetɔʀsjɔ̃] *f* **user de ~** Vergeltungsmaßnahmen ergreifen; **des mesures de ~** Vergeltungsmaßnahmen, Repressalien

retouche [ʀ(ə)tuʃ] *f d'un vêtement* Änderung *f; d'un texte* Überarbeitung *f; d'une photo* Retusche *f; d'un tableau* Ausbesserung *f;* **faire une ~ à un vêtement** ein Kleidungsstück [ab]ändern; **faire une ~ à une photo** ein Foto retuschieren
◆ **~ d'image** Bildbearbeitung *f*

retoucher [ʀ(ə)tuʃe] <1> **I.** *vt* ① *(corriger)* [ab]ändern *vêtement;* überarbeiten *texte;* retuschieren *photo;* ausbessern *tableau*
② *(recevoir)* **~ mille euros** *(recevoir en plus)* tausend Euro dazubekommen; *(être remboursé)* tausend Euro zurückbekommen
II. *vi* ① *(toucher de nouveau)* **~ à qc** etw noch einmal [*o* wieder] anfassen [*o* berühren]
② *(rectifier)* **~ à un texte** einen Text [noch einmal] überarbeiten; **je n'y retouche plus** ich mache nichts mehr daran
③ *(regoûter à)* **~ à qc** etw wieder essen [*o* zu sich nehmen]; **~ à l'alcool** wieder [Alkohol] trinken

retoucheur, -euse [ʀ(ə)tuʃœʀ, -øz] *m, f* **~(-euse) en confection** Änderungsschneider(in) *m(f);* **~(-euse) photographe** Retuscheur(in) *m(f)*

retour [ʀ(ə)tuʀ] **I.** *m* ① *(opp: départ)* Rückkehr *f; (à la maison)* Heimkehr *f; (chemin)* Rückweg *m; (à la maison)* Heimweg *m; (voyage)* Rückreise *f; (à la maison)* Heimreise *f;* **prendre le chemin du ~** sich auf den Rück-/Heimweg machen; **au ~** auf dem Rückweg; *(en voiture)* auf der Rückfahrt; *(en avion)* auf dem Rückflug; *(à l'arrivée)* bei der Rückkehr; **au ~ du service militaire** nach Beendigung des Militärdienstes; **à mon ~ d'Afrique** bei meiner Rückkehr aus Afrika; **être de ~** [wieder] zurück sein; **être de ~ à la maison** wieder zu Hause sein
② *(à un état antérieur)* **~ à la nature** Rückkehr *f* zur Natur; *(slogan)* zurück zur Natur; **~ à l'Antiquité** Rückbesinnung *f* auf die Antike; **~ à la politique/terre** Rückkehr in die Politik/zum Landleben; **~ au calme** Beruhigung *f* [der Lage]
③ *(réapparition)* **~ de la grippe** Wiederauftreten *nt* der Grippe; **un ~ du froid** ein erneuter Kälteeinbruch; **ils annoncent le ~ du courant pour demain** sie kündigen an, dass ab morgen die Stromversorgung wieder funktioniert; **~ sur les planches/sur l'écran d'une actrice** Rückkehr einer Schauspielerin auf die Bretter/die Leinwand; **la mode des années 60 est de ~** die Mode der 60er Jahre ist wieder im Kommen
④ POST Rücksendung *f;* COM *d'un emballage, invendu* Rückgabe *f;* **le service ~** der Rücknahmeservice; **~ de monnaie** Geldrückgabe
⑤ TRANSP einfache Fahrkarte für die Rückfahrt; *(avion)* Flugschein *m* für den Rückflug; **un aller et ~ pour Paris** eine Rückfahrkarte/ein Hin- und Rückflug *m* nach Paris
⑥ TECH *d'un chariot, d'une pièce mobile* Rücklauf *m;* AUDIOV Rücklauf; **touche de ~ rapide** Rückspultaste *f*
⑦ ELEC *du courant* Rückleitung *f*
⑧ JUR Zurückfallen *nt*
⑨ *littér (revirement)* **~ de l'opinion** Meinungsumschwung *m*
▸ **il va y avoir des ~s de bâton** das wird noch ein Nachspiel haben; **c'est un juste ~ des choses** das ist ausgleichende Gerechtigkeit; **par ~ du courrier** postwendend, umgehend; **~ à l'envoyeur** [*o* **l'expéditeur**]! zurück an Absender!; *fam (rendre la pareille)* wie du mir, so ich dir!; **faire un ~ en arrière sur qc** auf etw *(Akk)* zurückblicken; **~ éternel** ewige Wiederkehr; **faire un ~ sur soi-même** in sich *(Akk)* gehen; **payer/ne pas payer qn de ~** sich bei jdm/sich nicht bei jdm revanchieren; **être/ne pas être payé(e) de ~** eine/keine Gegenleistung bekommen; **il l'aime, mais il n'est pas payé de ~** er liebt sie, aber seine Liebe wird nicht erwidert; **en ~** im Gegenzug; *(en échange d'un service)* als Gegenleistung; **sans ~** ohne Wiederkehr
II. *app* **match** [*o* **rencontre**] **~** Rückspiel *nt;* **les quarts de finale ~** die Viertelfinal-Rückspiele
◆ **~ d'âge** Wechseljahre *Pl;* **~ en arrière** Rückblende *f;* **~ de flamme** Flammenrückschlag *m;* **~ en force** Comeback *nt;* **~ à la masse** Anschluss *m* an Masse; *(regain de passion)* Wiederaufflammen *nt* der Leidenschaft; **~ de manivelle** Rückschlag *m;* **il y aura des ~s de manivelle** der Schuss wird nach hinten losgehen; **~ de service** TENNIS Return *m;* **~ à la terre** ELEC Erdung *f*

retournement [ʀ(ə)tuʀnəmɑ̃] *m (de la part d'une personne)* Kehrtwendung *f; (dans une situation)* Wende *f,* Umschwung

R

m; ~ **de la conjoncture** Trendwende *f* in der Konjunktur; ~ **de l'opinion** Meinungsumschwung *m;* ~ **de la situation** Wende

retourner [R(ə)tuRne] <1> **I.** *vt + avoir* ❶ (*mettre dans l'autre sens*) umdrehen; wenden *matelas, omelette, viande;* auf den Kopf stellen *caisse, tableau, verre;* CARTES aufdecken
❷ (*remuer en secouant*) umpflügen *sol, terre;* wenden *foin*
❸ (*mettre à l'envers*) [auf] links drehen *vêtement;* umkrempeln, hochkrempeln *manche, bas de pantalon;* **être retourné(e)** *vêtement:* auf links sein; *col:* nach innen geschlagen sein
❹ (*orienter en sens opposé*) ~ **une critique à qn** eine Kritik gegen jdn kehren; ~ **un compliment à qn** jdm ein Kompliment zurückgeben; ~ **la situation en faveur de qn** die Situation zu jds Gunsten umkehren; ~ **l'opinion en sa faveur** einen Meinungsumschwung zu seinen Gunsten herbeiführen; ~ **une arme contre qn** eine Waffe gegen jdn richten
❺ (*faire changer d'opinion*) umstimmen; ~ **qn en faveur d'une amie/contre un projet** jdn für eine Freundin/gegen ein Projekt einnehmen; ~ **la salle en sa faveur** den Saal für sich einnehmen
❻ (*renvoyer*) ~ **une lettre à l'expéditeur** einen Brief an den Absender zurückschicken; ~ **une marchandise** eine Ware zurückgehen lassen
❼ *fam* (*bouleverser*) auf den Kopf stellen *maison, pièce;* erschüttern *personne;* **le film m'a retourné(e)** der Film hat mich aufgewühlt; **j'en suis tout(e) retourné(e)** ich bin ganz fassungslos
❽ (*tourner plusieurs fois*) ~ **qc entre ses doigts/dans ses mains** etw zwischen seinen Fingern/in seinen Händen drehen und wenden; **qn retourne une pensée dans sa tête** jdm geht ein Gedanke immer wieder durch den Kopf
II. *vi + être* ❶ (*revenir*) zurückkehren, zurückkommen; (*en bus, voiture, train*) zurückfahren; (*en avion*) zurückfliegen; ~ **en arrière** [*o* **sur ses pas**] kehrtmachen, umdrehen; ~ **chez soi** nach Hause gehen
❷ (*aller de nouveau*) ~ **à la montagne/chez qn** wieder ins Gebirge/zu jdm gehen; (*en bus, voiture, train*) wieder ins Gebirge/zu jdm fahren; (*en avion*) wieder ins Gebirge/zu jdm fliegen; ~ **devant les électeurs** sich wieder den Wählern stellen
❸ (*se remettre à*) ~ **à son travail** wieder an die Arbeit gehen; (*après une maladie, des vacances*) die Arbeit wieder aufnehmen
III. *vi impers + avoir* **il retourne de qc** es handelt sich um etw, es geht um etw
IV. *vpr + être* ❶ (*se tourner dans un autre sens*) **se** ~ *personne:* sich umdrehen; *voiture:* sich überschlagen; *bateau:* kentern; **se** ~ **sans cesse dans son lit** sich im Bett herumwälzen [*o* hin und her wälzen]
❷ (*tourner la tête*) **se** ~ sich umschauen [*o* umdrehen]; **tout le monde se retournait sur leur passage** alle haben sich nach ihnen umgedreht [*o* umgeschaut]; **se** ~ **vers qn/qc** sich zu jdm/etw drehen
❸ (*recourir à*) **se** ~ **vers qn/qc** sich an jdn wenden/sich einer S. (*Dat*) zuwenden
❹ (*prendre parti*) **se** ~ **en faveur de/contre qn** sich hinter/gegen jdn stellen; **se** ~ **contre qn** JUR [gerichtlich] gegen jdn vorgehen
❺ (*prendre un nouveau cours*) **se** ~ **en faveur de/contre qn** *situation:* sich zu jds Gunsten/Ungunsten kehren; *acte, action:* sich zu jds Gunsten/Ungunsten auswirken
❻ (*se tordre*) **se** ~ **l'épaule** sich die Schulter verrenken; **se** ~ **le doigt/bras** sich (*Dat*) den Finger/Arm verstauchen [*o* verrenken]
❼ (*repartir*) **s'en** ~ **dans son pays natal/en France** wieder in sein Heimatland/nach Frankreich zurückkehren
❽ (*s'adapter*) **se** ~ Luft holen, verschnaufen; **savoir se** ~ sich (*Dat*) zu helfen wissen
▸ **s'en** ~ **comme on est venu** unverrichteter Dinge wieder gehen

retracer [R(ə)tRase] <2> *vt* ❶ (*raconter*) schildern, beschreiben; erzählen *histoire;* darstellen *faits*
❷ (*tracer à nouveau*) nochmal zeichnen

rétractable [RetRaktabl] *adj* ❶ (*qui se rétracte*) *laisse* aufrollbar; *cornes* einziehbar; **stylo à pointe** ~ Drehkugelschreiber *m*
❷ JUR widerrufbar

rétractation [RetRaktasjɔ̃] *f d'un aveu, témoignage, d'une déclaration* Widerruf *m;* **faire une** ~ **de témoignage** seine [Zeugen]aussage widerrufen; **obliger qn à la** ~ **de ses propos** jdn [dazu] zwingen, seine Äußerungen zurückzunehmen

rétracter [RetRakte] <1> **I.** *vt* ❶ (*rentrer*) einziehen
❷ *littér* (*revenir sur*) zurücknehmen *paroles;* zurückziehen, widerrufen, zurücknehmen *affirmation, déclaration;* revidieren *opinion*
II. *vpr* **se** ~ ❶ ANAT *muscle:* sich zusammenziehen
❷ TECH schwinden
❸ (*se dédire*) von seiner Meinung abgehen; JUR seine Aussage widerrufen [*o* zurückziehen]

rétracteur [RetRaktœR] *m* ◆ ~ **de ceinture [de sécurité]** Gurtstraffer *m*

rétractile [RetRaktil] *adj griffes* einziehbar; *organe* retraktionsfähig (*Fachspr.*)

rétraction [RetRaksjɔ̃] *f* ❶ ANAT Retraktion *f* (*Fachspr.*); *d'une membrane, d'un tissu* Schrumpfung *f;* ZOOL Einziehen *nt;* **subir une** ~ schrumpfen; **les griffes du chat sont susceptibles de** ~ die Katze kann die Krallen einziehen
❷ TECH Schwinden *nt*

retraduction [R(ə)tRadyksjɔ̃] *f* Neuübersetzung *f*

retraduire [R(ə)tRadɥiR] *<irr> vt* neu übersetzen

retrait [R(ə)tRɛ] *m* ❶ (*action de retirer*) *d'argent* Abheben *nt,* Abhebung *f; des bagages, d'un billet* Abholen *nt,* Abholung *f; d'un projet de loi, d'une candidature* Zurückziehen *nt;* ~ **d'espèces** Barabhebung; **effectuer des** ~**s** Geld abheben; **le** ~ **des bagages se fait là-bas** die Gepäckausgabe befindet sich dort drüben
❷ (*suppression*) *d'une autorisation* Aufhebung *f;* ~ **du permis [de conduire]** Führerscheinentzug *m;* **infliger à qn un** ~ **de permis [de conduire] de cinq mois** jdm für fünf Monate den Führerschein entziehen
❸ (*action de se retirer*) ~ **de qn d'une association** jds Austritt *m* aus einem Verein; ~ **des troupes d'occupation d'un territoire** Abzug *m* [*o* Rückzug *m*] der Besatzungstruppen aus einem Gebiet; **amener le** ~ **de la compétition d'un candidat** einen Kandidaten dazu bewegen seine Kandidatur zurückzuziehen
❹ *littér* (*recul*) Zurückgehen *nt*
❺ (*rétrécissement*) *de l'argile, du ciment* Schwinden *nt*
▸ **en** ~ (*dans l'ombre*) im Hintergrund; (*en arrière*) abseits [gelegen]; **être en** ~ **de la route** *maison:* abseits der Straße [gelegen] sein; **être en** ~ **sur les autres** hinter den anderen zurückbleiben

retraite [R(ə)tRɛt] *f* ❶ (*cessation du travail*) [Eintritt *m* in den] Ruhestand; *des ouvriers, employés* Verrentung *f* (*Fachspr.*); *des fonctionnaires, militaires* Pensionierung *f;* **l'âge de la** ~ die Altersgrenze; *des ouvriers, employés* das Rentenalter; *des fonctionnaires* das Pensionsalter; ~ **anticipée** [*o* **forcée**] vorzeitiger Ruhestand, Vorruhestand *m; d'un ouvrier, employé* Frührente *f;* **être à la** [*o* **en**] ~ im Ruhestand sein; *ouvrier, employé:* in Rente sein; *fonctionnaire, militaire:* pensioniert [*o* in Pension] sein; **mettre à la** ~ in den Ruhestand versetzen; verrenten (*Fachspr.*) *ouvrier, employé;* pensionieren *fonctionnaire, militaire;* **partir à la** [*o* **en**] ~**, prendre sa** ~ in den Ruhestand gehen; *ouvrier, employé:* in Rente gehen; *fonctionnaire, militaire:* in Pension gehen; *artisans, professions libérales:* sich zur Ruhe setzen
❷ (*pension*) Altersruhegeld *nt* (*form*); *des ouvriers, employés* [Alters]rente *f; des fonctionnaires, militaires* Pension *f,* [Alters]ru-

hegehalt *nt;* ~ **complémentaire** (*assurance*) Zusatzrentenversicherung *f;* (*pension*) Zusatzrente *f*
③ *littér* (*refuge*) Zuflucht[sort *m*] *f; du poète* Refugium *nt* (*geh*); *du voleur* Unterschlupf *m; des amants* Liebesnest *nt; de l'ours* Höhle *f; du loup* Bau *m*
④ MIL Rückzug *m;* ~ **forcée** überstürzter Rückzug; **la** ~ **de Russie** der Rückzug aus Russland; **sonner la** ~ zum Rückzug blasen
⑤ REL Einkehr *f,* Exerzitien *Pl* (*Fachspr.*)
▶ **battre en** ~ MIL den Rückzug antreten; *fig* einen Rückzieher machen
◆ ~ **aux flambeaux** Fackelzug *m*

retraité(e) [ʀ(ə)tʀete] **I.** *adj* ① (*à la retraite*) im Ruhestand; *ouvrier, employé* in Rente; *fonctionnaire, militaire* pensioniert, in Pension
② PHYS, TECH *combustibles nucléaires* wieder aufbereitet; *déchets* wieder verwertet, recycelt
II. *m(f)* Ruheständler(in) *m(f);* (*ouvrier, employé*) Rentner(in) *m(f);* (*fonctionnaire, militaire*) Pensionär(in) *m(f)*

retraitement [ʀ(ə)tʀɛtmɑ̃] *m des combustibles nucléaires* Wiederaufbereitung *f; des déchets* Wiederverwertung *f,* Recycling *nt;* **centre/usine de** ~ **[des déchets nucléaires]** Wiederaufbereitungsanlage *f;* ~ **des vieux papiers** Altpapierrecycling *nt*

retraiter [ʀ(ə)tʀete] <1> *vt* wieder aufbereiten *combustibles nucléaires;* wieder verwerten, recyceln *déchets;* **cette usine retraite les vieux papiers** in dieser Fabrik wird Altpapier wieder verwertet [*o* recycelt]

retranchement [ʀ(ə)tʀɑ̃ʃmɑ̃] *m* Verschanzung *f*
▶ **forcer** [*o* **poursuivre**] [*o* **pousser**] **qn [jusque] dans ses [derniers]** ~**s** jdn in die Enge treiben

retrancher [ʀ(ə)tʀɑ̃ʃe] <1> **I.** *vt* ① (*retirer*) ~ **une somme/un nombre de qc** eine Summe/eine Zahl von etw abziehen; ~ **un mot/passage d'un texte** ein Wort/eine Passage aus einem Text streichen
② (*séparer des autres*) **vivre retranché(e)** zurückgezogen leben
II. *vpr* ① MIL **se** ~ sich verschanzen
② (*se protéger*) **se** ~ **derrière la loi** sich hinter dem Gesetz verschanzen; **se** ~ **dans sa douleur** sich in seinen Schmerz zurückziehen

retranscription [ʀ(ə)tʀɑ̃skʀipsjɔ̃] *f* [weitere] Abschrift

retranscrire [ʀ(ə)tʀɑ̃skʀiʀ] *<irr>* *vt* [noch einmal] abschreiben

retransmettre [ʀ(ə)tʀɑ̃smɛtʀ] *<irr>* *vt* übertragen; ausstrahlen, übertragen *émission;* ~ **qc en direct/en différé** etw live/als Aufzeichnung übertragen; **être retransmis(e)** *message:* weiter geleitet sein; *match télévisé:* übertragen sein

retransmis(e) [ʀ(ə)tʀɑ̃smi, iz] *part passé de* **retransmettre**

retransmission [ʀ(ə)tʀɑ̃smisjɔ̃] *f* Übertragung *f; d'une émission* Ausstrahlung *f;* ~ **en direct** Direktübertragung, Live-Übertragung; ~ **en différé** Aufzeichnung *f;* **la** ~ **du match aura lieu en direct/en différé** das Spiel wird live/als Aufzeichnung übertragen

retravailler [ʀ(ə)tʀavaje] <1> **I.** *vi* ① (*reprendre le travail*) wieder arbeiten
② (*se remettre à*) ~ **à qc** die Arbeit an etw (*Dat*) wieder aufnehmen
II. *vt* überarbeiten; umarbeiten *discours, texte;* neu [*o* noch einmal] bearbeiten *matière, minerai;* [noch einmal] überdenken *question*

rétréci(e) [ʀetʀesi] *adj* ① (*rendu plus étroit*) verengt; *pupille* eng; *vêtement* eingegangen, eingelaufen
② (*borné*) *esprit* engstirnig, borniert; *univers* eng, kleinkariert (*fam*)

rétrécir [ʀetʀesiʀ] <8> **I.** *vt* ① (*rendre plus étroit*) verengen; enger machen *bague, vêtement*
② (*diminuer la capacité de*) ~ **l'esprit** den geistigen Horizont einschränken
II. *vi, vpr laine, tissu:* einlaufen, eingehen; **le pull a rétréci au lavage** der Pulli ist beim Waschen eingegangen [*o* eingelaufen]; **[se]** ~ *pupille:* sich verengen; *rue, vallée, univers:* enger werden; *cercle:* kleiner werden; **son esprit [se] rétrécit** er/sie wird [immer] engstirniger; **faire** ~ **qc** etw enger machen lassen

rétrécissement [ʀetʀesismɑ̃] *m* ① (*resserrement*) *de la laine, d'un tissu* Einlaufen *nt,* Eingehen *nt; de la pupille, rue* Verengung *f;* ~ **de la vallée** Verengung *f* des Tals
② MED Verengung *f,* Stenose *f* (*Fachspr.*)

retremper [ʀ(ə)tʀɑ̃pe] <1> **I.** *vt* ① TECH noch einmal härten
② (*remouiller*) noch einmal einweichen
③ *littér* (*fortifier*) stärken *courage, volonté*
II. *vpr* **se** ~ *personne:* noch einmal kurz ins Wasser gehen; **se** ~ **dans une atmosphère d'amitié** in eine freundschaftliche Atmosphäre eintauchen

rétribuer [ʀetʀibɥe] <1> *vt* bezahlen; entlohnen (*form*) *personne;* vergüten (*form*) *travail, service*

rétribution [ʀetʀibysjɔ̃] *f* Bezahlung *f,* Entlohnung *f* (*form*); *d'un service, travail* Vergütung *f* (*form*)

rétro¹ [ʀetʀo] *m fam abr de* **rétroviseur**

rétro² [ʀetʀo] *abr de* **rétrograde I.** *adj inv* (*démodé*) nostalgisch; *mode* Retro- (*kann den Stil der 20er bis 70er Jahre bezeichnen*); *roman, style* altmodisch
II. *adv* nostalgisch (*kann im Stil der 20er bis 70er Jahre sein*)
III. *m* (*style*) nostalgischer Stil; (*courant*) Nostalgiewelle *f;* (*objets*) altes Zeug (*pej*)

rétroactes [ʀetʀoakt] *mpl* BELG (*antécédents*) Vorgeschichte *f kein Pl*

rétroactif, -ive [ʀetʀoaktif, -iv] *adj* rückwirkend; **effet** ~ Rückwirkung *f;* **avoir un effet** ~ **sur qc** eine [Rück]wirkung auf etw (*Akk*) haben; *loi:* rückwirkende Kraft auf etw (*Akk*) haben; **une augmentation avec effet** ~ **à partir du 1er janvier de la même année** eine Gehaltserhöhung rückwirkend zum 1. Januar des Jahres

rétroaction [ʀetʀoaksjɔ̃] *f* Rückwirkung *f;* BIO Rückkopp[e]lung *f;* TECH Rückkopp[e]lung, Feedback *nt*

rétroactivement [ʀetʀoaktivmɑ̃] *adv* rückwirkend; **agir** ~ rückwirkend in Kraft treten; *décision:* rückwirkend gelten

rétroactivité [ʀetʀoaktivite] *f* ① Rückwirkung *f,* rückwirkende Kraft
② JUR *d'un contrat* Rückwirkung *f*

rétrocéder [ʀetʀosede] <5> *vt* ~ **qc à qn** (*à l'ancien propriétaire*) jdm etw zurückgeben; JUR (*à un tiers*) jdm etw abtreten

rétrocession [ʀetʀosesjɔ̃] *f* Rückgabe *f*

rétrofusée [ʀetʀofyze] *f* Bremsrakete *f*

rétrogradation [ʀetʀogʀadasjɔ̃] *f* ① *d'un fonctionnaire* [Zu]rückstufung *f; d'un officier* Degradierung *f*
② SPORT *d'une équipe* Abstieg *m; d'un athlète* Zurückfallen *nt;* ~ **en deuxième division** *d'une équipe de football* Abstieg in die zweite Liga

rétrograde [ʀetʀogʀad] *adj* ① (*arriéré*) *esprit, mesures, politique* reaktionär; *idées, personne* rückschrittlich, rückständig
② ASTRON, MATH rückläufig, retrograd (*Fachspr.*)

rétrograder [ʀetʀogʀade] <1> **I.** *vi* ① AUT ~ **de troisième en seconde** vom Dritten in den Zweiten zurückschalten [*o* herunterschalten]
② (*régresser*) zurückfallen; ~ **dans la hiérarchie sociale** in der gesellschaftlichen Hierarchie absteigen; ~ **à la seconde/troisième place** SPORT auf den zweiten/dritten Platz zurückfallen; ~ **au classement** in der Rangliste zurückfallen (*Dat*); ~ **en deuxième division** *équipe de football:* in die zweite Liga absteigen
③ (*reculer*) zurückweichen
II. *vt* ① ADMIN zurückstufen; MIL degradieren
② SPORT zurückstufen; ~ **qn à la seconde/troisième place** jdn auf den zweiten/dritten Platz zurücksetzen; ~ **qn en deuxième division** jdn in die zweite Liga zurückstufen

rétropédalage [ʀetʀopedalaʒ] *m d'un vélo* Rücktritt *m*

rétroprojecteur [ʀetʀopʀɔʒɛktœʀ] *m* Overheadprojektor *m,*

Tageslichtprojektor *m*

rétrospectif, -ive [ʀetʀɔspɛktif, -iv] *adj* ❶ (*tourné vers le passé*) *examen, étude* rückblickend, retrospektiv (*geh*); *regard, vue* Rück-; **la vision rétrospective de qc** der Rückblick [*o* die Rückschau] auf etw (*Akk*); **jeter un regard ~ sur qc** etw rückblickend betrachten
❷ (*après coup*) nachträglich; **éprouver une peur rétrospective** noch im Nachhinein Angst bekommen

rétrospective [ʀetʀɔspɛktiv] *f* ❶ Retrospektive *f;* **la ~ Matisse** die Matisse-Retrospektive
❷ CINE CAN (*retour en arrière*) Rückblende *f*

rétrospectivement [ʀetʀɔspɛktivmɑ̃] *adv* im Rückblick, zurückblickend; *avoir peur, être jaloux* [noch] im Nachhinein, [noch] nachträglich

retroussé(e) [ʀ(ə)tʀuse] *adj nez* Stups-, Himmelfahrts-; *lèvres* wulstig

retrousser [ʀ(ə)tʀuse] <1> **I.** *vt* umschlagen, hochkrempeln *manche, bas de pantalon;* hochnehmen, schürzen *jupe, robe;* hochzwirbeln *moustache;* **~ les lèvres** die Zähne blecken; **~ les babines** die Zähne fletschen; **~ la jupe de qn** *vent:* jds Rock heben [*o* lüpfen]
II. *vpr* **se ~** *bords:* sich umschlagen lassen; *manche, bas de pantalon:* sich hochkrempeln lassen

retrouvailles [ʀ(ə)tʀuvɑj] *fpl* Wiedersehen *nt;* (*entre États, partis, organismes*) Wiederannäherung *f;* **lieu de ~** Treffpunkt *m*

retrouver [ʀ(ə)tʀuve] <1> **I.** *vt* ❶ (*récupérer*) wiederfinden; finden, aufspüren *fugitif, enfant perdu;* finden *cadavre;* wiedererhalten *fonction;* wiederbekommen, wiederfinden *place;* **~ son utilité** wieder benutzt werden; **j'ai retrouvé son portefeuille** ich habe seinen/ihren Geldbeutel wiedergefunden
❷ (*se remémorer*) **~ qc** sich an etw (*Akk*) erinnern; **~ ses souvenirs** sich wieder erinnern
❸ (*revoir*) **~ qn** jdm wieder begegnen; **je serais ravi(e) de vous ~ là-bas** ich würde mich freuen Sie dort wiederzusehen
❹ (*rejoindre*) **~ qn** jdn treffen, sich mit jdm treffen; **attendez-moi, je vous retrouve dans un quart d'heure** wartet/warten Sie auf mich, ich komme in einer Viertelstunde nach
❺ (*recouvrer*) **~ l'équilibre** sein Gleichgewicht wiederfinden; **~ la foi** wieder zu seinem Glauben finden; **~ son calme/ses forces/sa santé** sich [wieder] beruhigen/wieder zu Kräften kommen; **avoir retrouvé son sourire/le sommeil/l'espoir** wieder lächeln/schlafen/hoffen können; **ses soucis l'empêchent de ~ le sommeil** seine/ihre Sorgen lassen ihn/sie keinen Schlaf finden [*o* nicht schlafen]; **~ sa puissance** *pays:* zu seiner alten Machtstellung zurückfinden
❻ (*redécouvrir*) finden *situation, travail, marchandise;* **tu auras du mal à ~ une occasion aussi favorable** so eine günstige Gelegenheit findest du [*o* bietet sich dir] nicht so schnell wieder
❼ (*reconnaître*) **~ le grand-père/l'idée dans un tableau** den Großvater in einem Gemälde wieder erkennen/die Idee in einem Gemälde wieder finden; **on retrouve chez le fils la même impétuosité que chez le père** der Sohn ist genauso ungestüm wie der Vater; **je te retrouve tel que je t'ai toujours connu** du bist immer noch derselbe; **je retrouve bien là mon mari!** das sieht meinem Mann ähnlich!
II. *vpr* ❶ (*se réunir*) **se ~** *personnes:* sich [wieder] treffen; *animaux:* sich sammeln; **se ~ au bistro** sich in der Kneipe treffen; **j'espère qu'on se retrouvera bientôt** ich hoffe, wir treffen [*o* sehen] uns bald wieder
❷ (*se présenter de nouveau*) **se ~** *occasion, circonstance:* sich wieder bieten [*o* finden]
❸ (*être de nouveau*) **se ~ dans la même situation** sich wieder in der gleichen Situation befinden; **se ~ devant les mêmes difficultés** wieder vor den gleichen Schwierigkeiten stehen; **se ~ seul(e)/désemparé(e)** wieder allein/ratlos dastehen [*o* sein]
❹ (*finir*) **se ~ en prison/dans le fossé** sich im Gefängnis/im Graben wieder finden, im Gefängnis/im Graben landen (*fam*); **se ~ sur le pavé** [*o* **à la rue**] [plötzlich] auf der Straße stehen [*o* sitzen] (*fam*)
❺ (*retrouver son chemin*) **se ~ dans une ville inconnue** sich in einer fremden Stadt zurechtfinden; **j'arrive toujours à me** [*o* **m'y**] **~** ich finde mich immer irgendwie zurecht
❻ (*voir clair*) **s'y ~** sich zurechtfinden; **je n'arrive pas à m'y ~** ich komme damit nicht zurecht; **s'y ~ dans ses calculs** mit seinen Berechnungen zurechtkommen; **s'y ~ dans des explications** Erklärungen (*Dat*) folgen können
❼ *fam* (*rentrer dans ses frais*) **s'y ~** seine Ausgaben wieder hereinbekommen (*fam*); **elle s'y retrouve** es rechnet sich für sie
► **comme on se retrouve!** so trifft [*o* sieht] man sich wieder!; **on se retrouvera!** *fam* (*menace*) wir sprechen uns noch!

rétroversion [ʀetʀɔvɛʀsjɔ̃] *f* MED Retroversion *f*

rétrovirus [ʀetʀoviʀys] *m* Retrovirus *nt*

rétroviseur [ʀetʀɔvizœʀ] *m* Rückspiegel *m;* **~ extérieur/intérieur** Außen-/Innen[rück]spiegel *m*

rets [ʀɛ] *m littér* ❶ *vieilli* (*filet*) Netz *nt*
❷ *fig* (*piège*) Falle *f;* **tendre des ~** Fallstricke legen

réuni(e) [ʀeyni] *adj* ❶ (*rassemblé*) versammelt; **les candidats ~s dans la salle d'examen** die im Prüfungsraum versammelten Prüflinge; **le public ~** das gesamte Publikum; **nous tous ~s** wir alle zusammen
❷ *pl* COM (*associés*) **les Transporteurs Réunis** die Vereinigten Spediteure

réunification [ʀeynifikasjɔ̃] *f de nations, d'États* Wiedervereinigung *f; d'un mouvement politique, de partis* [erneuter] Zusammenschluss; **la ~ de l'Allemagne** die Wiedervereinigung Deutschlands

réunifier [ʀeynifje] <1a> **I.** *vt* wieder vereinigen *nations, États;* wieder zusammenführen, wieder vereinigen *mouvement politique, courants, partis;* **l'Allemagne réunifiée** das wieder vereinigte Deutschland
II. *vpr* **se ~** *nations:* sich wieder vereinigen; *mouvement politique:* sich wieder zusammenschließen, sich wieder vereinigen

réunion [ʀeynjɔ̃] *f* ❶ (*séance*) Zusammenkunft *f,* Treffen *nt; d'un comité, d'une commission* Sitzung *f;* (*conférence*) Besprechung *f,* Konferenz *f;* SCOL Konferenz; (*rassemblement politique, public*) Versammlung *f;* (*réunion privée*) Veranstaltung *f;* SPORT Veranstaltung; **~ sportive/cycliste/hippique** Sport-/Rad[sport]-/Reitveranstaltung; **~ syndicale/électorale** Gewerkschaftsversammlung/Wahlveranstaltung; **~ de famille** Familientreffen; **~ d'information** Informationsveranstaltung; **~ de parents d'élèves** Elternabend *m;* **~ par téléphone** Konferenzschaltung *f;* **être en ~** in einer Besprechung sein
❷ (*mise en commun*) *d'objets* Sammeln *nt; d'indices, de preuves* Zusammentragen *nt; de documents* Zusammenstellen *f; de fonds* Aufbringen *nt*
❸ (*ensemble, rapprochement*) Vereinigung *f; d'États* Zusammenschluss *m; de compagnies* Zusammenschluss, Fusion *f; d'idées* Sammlung *f; de membres* Versammlung *f;* (*cercle*) *d'amis* Kreis *m;* (*convocation*) Versammlung; **la ~ des membres de la famille** die Versammlung der Familienmitglieder; **~ d'une province à un État** Anschluss *m* einer Provinz an einen Staat
❹ MATH (*rapprochement*) Vereinigung *f;* (*ensemble*) Vereinigungsmenge *f*
❺ (*jonction*) *de fleuves* Zusammenfluss *m; de rues* Zusammenlaufen *nt;* (*carrefour*) Kreuzung *f*

Réunion [ʀeynjɔ̃] *f* **la ~** Réunion; **l'île de la ~** die Insel Réunion

réunionite [ʀeynjɔnit] *f hum fam* Versammlungswahn *m* (*fam*), Versammlungswut *f* (*fam*); (*dans les milieux politiques*) Sitzungswut *f* (*fam*); (*dans les écoles*) Konferenzmanie *f* (*fam*); (*dans les entreprises*) Besprechungsmanie *f* (*fam*)

réunion-téléphone® [Reynjɔ̃telefɔn] <réunions-téléphones> *f* Konferenzschaltung *f*

réunir [ReyniR] <8> **I.** *vt* ❶ (*mettre ensemble*) sammeln; einsammeln, sammeln *objets, papiers;* sammeln, zusammenstellen, zusammentragen *faits, preuves, arguments;* aufbringen *fonds;* **les conditions sont réunies pour que la tension baisse** die Voraussetzungen für eine Entspannung der Lage sind gegeben
❷ (*cumuler*) vereinigen *caractères, qualités, tendances;* ~ **un maximum d'avantages** maximale Vorteile mit sich bringen; ~ **toutes les conditions exigées** alle erforderlichen Bedingungen erfüllen
❸ (*rassembler*) ~ **des personnes** *personne:* Menschen versammeln; *goût commun:* Menschen zusammenkommen lassen; *deuil, nécessité:* Menschen zusammenbringen; ~ **des amis** Freunde einladen; ~ **des articles de presse dans un classeur** Zeitungsartikel in einem Ordner sammeln
❹ (*relier*) [miteinander] verbinden; zusammenfügen *bords;* ~ **la Seine à la Loire** *canal:* die Seine mit der Loire verbinden
❺ (*rattacher*) ~ **une province à un État** eine Provinz an einen Staat anschließen
II. *vpr* **se** ~ ❶ (*se rassembler*) *personnes:* sich treffen, zusammenkommen; *animaux:* sich sammeln; *assemblée, comité:* zusammenkommen, zusammentreten
❷ (*s'associer*) sich zusammenschließen; *entreprises:* fusionieren
❸ (*se rejoindre*) *cours d'eau:* zusammenfließen, ineinander fließen; *idées:* übereinstimmen; *rues:* sich treffen, zusammenlaufen

réussi(e) [Reysi] *adj* ❶ (*couronné de succès*) gelungen; *examen* bestanden; **être vraiment** ~**(e)** wirklich gelungen sein
❷ (*bien exécuté*) gelungen; *tournure* glücklich; **ne pas être très réussi(e)** nicht besonders gelungen sein
▸ **c'est** ~ **!** *iron* [das war ein] Volltreffer! (*fam*)

réussir [ReysiR] <8> **I.** *vi* ❶ (*aboutir à un résultat*) *chose:* gelingen, Erfolg haben; ~ **bien/mal** Erfolg/keinen Erfolg haben, gelingen/danebengehen (*fam*)
❷ (*parvenir au succès*) ~ **dans la vie/dans les affaires** im Leben/im Geschäftsleben erfolgreich sein [*o* Erfolg haben]; ~ **à l'école/en latin** gut in der Schule/in Latein sein; ~ **en politique** in der Politik Erfolg haben; ~ **à l'/un examen** die/eine Prüfung bestehen; **elle a réussi dans ses études** sie hat ihr Studium erfolgreich abgeschlossen; **tout lui réussit** ihm/ihr gelingt alles
❸ (*être capable de*) **il réussit à faire qc** es gelingt ihm etw zu tun; *iron* er bringt es fertig etw zu tun (*fam*); **j'ai réussi à la convaincre** ich habe sie überzeugen können
❹ (*être bénéfique à*) ~ **bien/mal à qn** *aliment:* jdm gut/nicht bekommen; *climat, travail, mode de vie:* jdm gut/nicht gut tun; *action, méthodes d'entraînement:* jdm nutzen, jdm etwas bringen (*fam*)
❺ (*prospérer*) *culture, plantation:* gedeihen, gut wachsen
II. *vt* ❶ (*bien exécuter*) **il réussit qc** ihm gelingt etw; ~ **son effet** seine Wirkung nicht verfehlen
❷ (*réaliser avec succès*) bestehen *épreuve, examen;* gewinnen *pari;* **elle a réussi un but** SPORT sie hat ein Tor erzielt; ~ **sa vie** etwas aus seinem Leben machen; **pour** ~ **ce spectacle, ...** damit die Aufführung gelingt, ...

réussite [Reysit] *f* ❶ (*bon résultat, succès*) Erfolg *m;* (*réussite sociale*) Aufstieg *m;* ~ **d'une tentative** Gelingen *nt* eines Versuchs; ~ **à un examen** Bestehen *nt* einer Prüfung
❷ CARTES Patience *f;* **faire une** ~ eine Patience legen; **je n'arrive pas à faire cette** ~ die [*o* meine] Patience geht nicht auf

réutilisable [Reytilizabl] *adj* wieder verwendbar

réutilisation [Reytilizasjɔ̃] *f* Wiederverwendung *f*

réutiliser [Reytilize] <1> *vt* wieder benutzen; (*à d'autres fins*) [weiter] benutzen [*o* verwenden]

revaloir [R(ə)valwaR] <*irr*> *vt* **je te/vous/... revaudrai ça, je te/vous/... le revaudrai** (*en bien, en mal*) dafür werde ich mich [bei dir/Ihnen/ ...] revanchieren, das werde ich dir/Ihnen/ ... heimzahlen

revalorisation [R(ə)valɔRizasjɔ̃] *f* ❶ (*opp: dépréciation*) Aufwertung *f*
❷ FIN *d'une monnaie* Aufwertung *f; d'une rente, d'un traitement* Erhöhung *f;* ~ **des salaires** Gehaltserhöhung

revaloriser [R(ə)valɔRize] <1> *vt* ❶ (*opp: déprécier*) aufwerten
❷ FIN aufwerten, revalorisieren (*Fachspr.*) *monnaie;* erhöhen *rente, traitement, salaire*

revanchard(e) [R(ə)vɑ̃ʃaR, aRd] **I.** *adj* revanchistisch; *personne* rachsüchtig; *sentiment* Rache-
II. *m(f)* rachsüchtiger Mensch; POL Revanchist(in) *m(f)*

revanche [R(ə)vɑ̃ʃ] *f* (*vengeance*) Revanche *f;* JEUX, SPORT (*jeu, match*) Revanche[spiel *nt*] *f;* (*combat*) Revanche[kampf *m*] *f;* **tu auras bientôt ta** ~ du bekommst bald deine Revanche; **donner sa** ~ **à qn** jdm Revanche geben; **j'ai gagné! Tu veux qu'on fasse** [*o* **joue**] **la** ~**?** ich habe gewonnen, soll ich dir Revanche geben?; **allez, on fait la** ~ **!** auf, geben Sie/gib mir [eine] Revanche!; **prendre une** [*o* **sa**] ~ sich [dafür] rächen, sich dafür revanchieren; SPORT Revanche nehmen; **prendre une** [*o* **sa**] ~ **sur qn** es jdm heimzahlen; SPORT über jdn triumphieren; **prendre une** [*o* **sa**] ~ **sur qc** für etw entschädigt werden
▸ **en** ~ (*par contre*) dagegen; (*en contrepartie*) dafür

revanchisme [R(ə)vɑ̃ʃism] *m* Revanchismus *m*

rêvasser [Revase] <1> *vi péj* vor sich hin träumen

rêvasserie [RevasRi] *f péj* Träumerei *f,* Vor-sich-hin-Träumen *nt;* (*chimère*) Tagtraum *m,* Fantasterei *f*

rêve [Rɛv] *m* Traum *m;* ~ **de liberté/gloire** Traum von Freiheit/Ruhm; **un** ~ **de jeunesse** ein Jugendtraum; **beau/mauvais** ~ schöner/böser Traum [*o* Alptraum [*o* Albtraum]]; ~ **éveillé** Wachtraum *m;* **qn croit vivre un** ~ **éveillé** jd glaubt [mit offenen Augen] zu träumen; **faire un** ~ einen Traum haben, träumen; **fais de beaux** ~**s!** träum süß [*o* was Schönes]!; **une voiture de** ~ ein Traumauto *nt;* **la femme/la maison/le métier de mes** ~**s** die Frau/das Haus/der Beruf meiner Träume, meine Traumfrau/mein Traumhaus/-beruf; **en** ~ im Traum
▸ **prendre ses** ~**s pour des réalités** Wunsch und Wirklichkeit verwechseln; **il prenait déjà son** ~ **pour une** [*o* **la**] **réalité** er glaubte sich schon am Ziel seiner Träume; **avoir un** ~**/des** ~**s** (*concevoir un projet*) einen Traum/Träume haben; **c'est le** ~ *fam* das ist ein Traum [*o* traumhaft]; **ce n'est pas le** ~ es ist nicht gerade das, wovon man träumt; **le** ~ **!** *fam* ein Traum!, [einfach] traumhaft!

rêvé(e) [Reve] *adj* ideal; *solution* Ideal-; *femme, homme* Traum-

revêche [Rəvɛʃ] *adj* unfreundlich; *caractère* abweisend; *personne* mürrisch, griesgrämig; **être d'humeur/avoir un caractère** ~ mürrisch [*o* griesgrämig] sein

réveil [Revɛj] *m* ❶ (*sortie du sommeil*) Aufwachen *nt;* **avoir un** [*o* **le**] ~ **pénible** nur schwer [*o* nur mit Mühe] wach werden; **service de** ~ **téléphonique** telefonischer Weckdienst; **au** ~ beim Aufwachen; ~ **en sursaut** Aus-dem-Schlaf-[Hoch]schrecken *nt,* jähes Erwachen (*geh*); **ce** ~ **en sursaut l'a fortement perturbé** er war völlig verstört, weil er aus dem Schlaf [hoch]geschreckt war
❷ (*réveille-matin*) Wecker *m;* **mettre le** ~ **à six heures** den Wecker auf sechs Uhr stellen
❸ (*retour à la réalité*) Erwachen *nt;* **un** ~ **douloureux** ein böses Erwachen
❹ (*renaissance*) *de la nature, de l'amour* [Wieder]erwachen *nt; de la douleur* Wiederauftreten *nt; d'un souvenir* Wiederaufleben *nt,* Rückkehr *f; d'un volcan* neue Aktivität, Wiederausbruch *m;* **provoquer le** ~ **de certains souvenirs** Erinnerungen wecken [*o* wachrufen]; **on craint un** ~ **de l'Etna** man befürchtet, dass der Ätna wieder aktiv wird
❺ MIL Wecken *nt;* **sonner le** ~ zum Wecken blasen

réveille-matin [Revɛjmatɛ̃] *m inv vieilli* Wecker *m*

réveiller [ʀeveje] <1> **I.** *vt* ❶ (*sortir du sommeil*) [auf]wecken; *bruit:* wach machen; **être réveillé(e)** wach sein; **être bien réveillé(e)** ganz wach sein; **être mal réveillé(e)** noch nicht [so] ganz wach sein, noch [ganz] verschlafen sein; **être à moitié réveillé(e)** noch [ganz] verschlafen sein, in halbwachem Zustand sein
❷ (*ramener à la réalité*) wachrütteln, aufrütteln; ~ **qn de son apathie** jdn aus seiner Apathie reißen [*o* aufrütteln]; ~ **qn de ses chimères** jdn auf den Boden der Tatsachen zurückholen
❸ (*raviver*) wecken *curiosité, jalousie, cupidité;* anregen *appétit;* erregen *rancune;* [wieder] anspornen [*o* anstacheln] *ardeur;* ~ **le courage de qn** jdm [wieder] Mut machen; ~ **la colère de qn** jdn in Wut versetzen; ~ **la jalousie de qn** jdn eifersüchtig machen, jds Eifersucht erregen
❹ (*ranimer*) wecken, wachrufen *souvenir;* wachrütteln, aufrütteln *consciences*
II. *vpr* **se** ~ ❶ (*sortir du sommeil*) aufwachen; (*après un évanouissement, une anesthésie*) [wieder] zu sich (*Dat*) kommen
❷ (*revenir à la réalité*) aufwachen; **se** ~ **de son sommeil** aus seinem Schlaf erwachen; **se** ~ **de son apathie/sa torpeur** seine Apathie/Benommenheit abschütteln; **se** ~ **désillusionné(e)** plötzlich ohne Illusionen dastehen
❸ (*se raviver*) wieder kommen; *douleur:* wieder auftreten; *ardeur, courage:* zurückkehren; *appétit:* sich einstellen; *jalousie, rancune:* wieder wach werden; **mon appétit/courage se réveille** ich bekomme Appetit/wieder Mut; **dès que la douleur se réveillera** sobald Sie wieder Schmerzen bekommen
❹ (*se ranimer*) *consciences:* wachgerüttelt [*o* aufgerüttelt] werden, erwachen; *souvenir:* wach werden, wiederkehren, zurückkehren; *volcan:* wieder aktiv werden; **la nature se réveille de son long sommeil hivernal** die Natur erwacht aus ihrem langen Winterschlaf; **mon pied/ma jambe se réveille** in meinen Fuß/mein Bein kehrt das Gefühl zurück

réveillon [ʀevɛjɔ̃] *m* (*nuit et fête de Noël*) Heiligabend *m;* (*repas*) Weihnachtsessen *nt;* (*nuit du nouvel an*) Silvester *nt o m;* (*fête*) Silvesterparty *f;* (*repas*) Silvesteressen *nt;* **fêter le** ~ **de Noël/du nouvel an** Heiligabend/Silvester feiern; **au** ~ **de Noël/du nouvel an nous avons mangé...** an Heiligabend/Silvester haben wir ... gegessen; **les soirs de** ~ an Heiligabend und Silvester

réveillonner [ʀevɛjɔne] <1> *vi* (*fêter Noël*) Weihnachten feiern; (*fêter le nouvel an*) Silvester feiern

révélateur [ʀevelatœʀ] *m* ❶ (*chose qui dévoile*) **être le** ~ **de qc** Ausdruck *m* einer S. (*Gen*) sein
❷ PHOT Entwickler *m*

révélateur, -trice [ʀevelatœʀ, -tʀis] *adj signe, silence* verräterisch; *symptôme, hésitation* aufschlussreich; **lapsus** ~ aufschlussreicher [*o* freudscher] Versprecher; **être** ~**(-trice) de qc** über etw (*Akk*) Aufschluss geben; **des signes** ~**s de qc** Anzeichen für etw

révélation [ʀevelasjɔ̃] *f* ❶ (*dévoilement*) *d'un fait, projet* Aufdeckung *f; d'un secret* Enthüllung *f; d'une intention* Eröffnung *f;* **faire la** ~ **d'un projet** ein Projekt bekanntgeben; **retarder la** ~ **d'une intention** mit einer Absicht hinter dem Berg halten; **faire une** ~ (*révéler un fait ou projet*) etwas bekannt geben; (*révéler une intention*) seine Absichten darlegen [*o* verraten]; (*révéler un secret*) ein Geheimnis enthüllen; **faire des** ~**s à un collègue sur un projet** einem Kollegen Erkenntnisse über ein Projekt liefern; **avoir des** ~**s à faire à ses parents sur le mariage** seinen/ihren Eltern etwas über die Hochzeit sagen können
❷ (*mise en lumière*) *d'un artiste, talent* Entdeckung *f; d'une tendance* Offenbarung *f;* **être la** ~ **du ski de fond** die Entdeckung im Langlauf sein
❸ (*aveu*) Enthüllung *f;* **je n'ai plus aucune** ~ **à vous faire** ich kann Ihnen nichts weiter dazu sagen
❹ (*découverte, surprise*) Entdeckung *f;* **avoir la** ~ **de qc** etw entdecken; **avoir une** ~ eine Eingebung haben
❺ REL **la Révélation** die Offenbarung; **c'est la** ~ *hum* das ist die Offenbarung (*hum*)

révéler [ʀevele] <5> **I.** *vt* ❶ (*divulguer*) aufdecken; aufzeigen *faits;* aufdecken, enthüllen *scandale;* enthüllen, verraten *secret;* ~ **son intention/opinion/ses projets à qn** jdm seine Absicht/Meinung/Pläne kundtun (*geh*); ~ **qc au grand public** etw publik [*o* öffentlich bekannt] machen; **je ne peux encore rien vous** ~ **pour l'instant** ich kann Ihnen im Augenblick noch nichts sagen; ~ **qc** *enquête, journal:* etw ans Licht [*o* an den Tag] bringen, etw aufdecken; **le journal a révélé le scandale à l'opinion** die Zeitung hat den Skandal publik gemacht; ~ **à qn que qn a fait qc** *personne:* jdm sagen [*o* gestehen], dass jd etw getan hat; ~ **que qn a fait qc** *enquête, journal:* ergeben [*o* ans Licht bringen], dass jd etw getan hat
❷ (*témoigner de*) erkennen lassen *ambition, talent, amélioration;* zeigen, erkennen lassen *bonté, caractère*
❸ (*faire connaître*) ~ **un collègue/une idée à qn** einen Kollegen/eine Idee jdm bekannt machen
❹ PHOT entwickeln
II. *vpr* ❶ (*s'avérer*) **se** ~ **ambitieux(-euse)** *personne:* sich als ehrgeizig erweisen; *chose:* sich als ehrgeizig herausstellen [*o* erweisen]; **se** ~ **excellente cuisinière** sich als ausgezeichnete Köchin erweisen
❷ (*apparaître, se faire connaître*) **se** ~ *artiste, sportif, tendance:* sich zeigen; *talent, génie, vérité:* sich offenbaren (*geh*); *caractère:* zum Ausdruck kommen

revenant(e) [ʀəv(ə)nɑ̃, ɑ̃t] **I.** *m(f)* Gespenst *nt,* Geist *m;* **des histoires de** ~**s** Gespenstergeschichten
II. *m, f fam* Totgeglaubte(r) *f(m);* **tiens, [voilà] un** ~**/une** ~**e!** *hum* lebst du/leben Sie auch noch?

revendeur, -euse [ʀ(ə)vɑ̃dœʀ, -øz] *m, f* Einzelhändler(in) *m(f),* Kleinhändler(in) *m(f);* ~**(-euse) de drogue** Dealer(in) *m(f),* Drogenhändler(in) *m(f);* **être** ~**(-euse) de livres anciens** alte Bücher verkaufen

revendicateur, -trice [ʀ(ə)vɑ̃dikatœʀ, -tʀis] **I.** *adj* voller Forderungen; **les déclarations revendicatrices des dirigeants syndicaux** die von den Gewerkschaftsführern erhobenen Forderungen; **son esprit** ~ seine/ihre fordernde Art
II. *m, f* Mensch, der immer etwas fordert

revendicatif, -ive [ʀ(ə)vɑ̃dikatif, -iv] *adj* **journée revendicative** Aktionstag *m* [zur Durchsetzung von Forderungen]; **mouvement** ~ Protestbewegung *f;* **arguments** ~**s** Forderungen *Pl;* **programme** ~ Katalog *m* von Forderungen

revendication [ʀ(ə)vɑ̃dikasjɔ̃] *f* Forderung *f;* JUR, POL Anspruch *m;* ~ **salariale** Lohnanspruch; **des** ~**s salariales/syndicales** Lohnforderungen/Forderungen der Gewerkschaft; **lettre de** ~ Forderungskatalog *m;* **journée de** ~ Aktionstag *m* [zur Durchsetzung von Forderungen]; **présenter une** ~ einen Anspruch geltend machen

revendiquer [ʀ(ə)vɑ̃dike] <1> **I.** *vi* Ansprüche stellen, fordern
II. *vt* ❶ (*réclamer*) fordern *droit, augmentation de salaire;* Anspruch erheben auf (+ *Akk*) *territoires occupés;* einfordern *part d'héritage;* ~ **le maintien de tous les emplois** die Weiterbeschäftigung aller Mitarbeiter fordern
❷ (*assumer*) übernehmen, auf sich (*Akk*) nehmen *responsabilité;* ~ **la paternité** Anspruch auf die Vaterschaft erheben; ~ **un attentat** sich zu einem Attentat bekennen; **qc est revendiqué(e) par le terroriste** der Terrorist bekennt sich zu etw; **l'attentat a été revendiqué par la Maffia/n'a pas été revendiqué** die Mafia/niemand hat sich zu dem Anschlag bekannt

revendre [ʀ(ə)vɑ̃dʀ] <14> **I.** *vt* ❶ (*vendre d'occasion*) ~ **un piano à un collègue** einem Kollegen ein Klavier verkaufen
❷ (*vendre au détail*) ~ **une chaise à un client** einem Kunden einen Stuhl [weiter] verkaufen; **avoir du talent à** ~ *fam* mehr als genug Talent haben; **avoir du courage à** ~ Mut für zwei haben; **avoir du temps à** ~ Zeit übrig haben; **avoir de l'énergie à** ~ überschüssige Energie haben

II. *vpr* **se** ~ sich wieder verkaufen/weiterverkaufen lassen

revenez-y [ʀəv(ə)nezi] *m inv v.* **goût**

revenir [ʀ(ə)vəniʀ, ʀəvniʀ] <9> *vi + être* ❶ (*venir de nouveau*) *personne, printemps:* wiederkommen; *lettre:* [wieder] zurückkommen; *calme, ordre:* wieder einkehren; *agitation:* wieder aufkommen; ~ **chez soi** wieder nach Hause kommen; ~ **faire qc** zurückkommen um etw zu tun
❷ (*rentrer*) zurückkommen; ~ **en avion/en voiture/à pied** zurückfliegen/-fahren/-laufen; ~ **dans un instant** gleich wieder da sein
❸ (*recommencer*) ~ **à un projet/sujet** auf ein Projekt/Thema zurückkommen; ~ **à de meilleurs sentiments** wieder versöhnlicher gestimmt sein; **en** ~ **à faire qc** wieder darauf zurückkommen etw zu tun
❹ (*réexaminer*) ~ **sur une affaire/un scandale** eine Affäre/einen Skandal wieder aufgreifen; ~ **sur un sujet/le passé** auf ein Thema/die Vergangenheit zurückkommen; ~ **sur une opinion** eine Meinung überdenken; **ne revenons pas là-dessus!** sprechen wir nicht mehr darüber!
❺ (*se dédire de*) ~ **sur une décision** eine Entscheidung rückgängig machen; ~ **sur des promesses** Versprechungen zurücknehmen
❻ (*se présenter à nouveau à l'esprit*) ~ **à qn** jdm wieder einfallen
❼ (*parvenir à la connaissance de*) **la rumeur/la médisance revient à qn** das Gerücht/die üble Nachrede kommt jdm zu Ohren
❽ *soutenu* (*être retrouvé*) **la mémoire m'est revenue** ich kann mich wieder erinnern; **mon assurance m'est revenue** ich habe wieder Selbstvertrauen; **la parole lui est revenue** er/sie kann wieder sprechen
❾ (*échoir à*) **cette maison lui revient** dieses Haus fällt ihm zu; **l'honneur lui revient** die Ehre gebührt ihm; ~ **de droit à qn** jdm rechtmäßig zustehen; **il revient à qn de faire qc** es kommt jdm zu etw zu tun
❿ (*se remettre de*) ~ **d'une maladie** sich von einer Krankheit erholen; ~ **d'une syncope** aus einer Ohnmacht erwachen; ~ **de ses erreurs** seine Fehler einsehen
⓫ (*en réchapper*) ~ **d'une situation périlleuse** eine gefährliche Situation überstehen
⓬ (*être déçu par*) ~ **d'une profession** von einem Beruf ernüchtert sein; ~ **de ses illusions** seine Illusionen verlieren; ~ **de ses théories** von seinen Theorien abkommen
⓭ (*équivaloir à*) **cela revient au même** das läuft aufs Gleiche hinaus; **cela revient à dire que qn a fait qc** das heißt so viel wie dass jd etw getan hat
⓮ (*coûter au total*) ~ **à cent euros à qn** jdn hundert Euro kosten; ~ **cher/meilleur marché** teuer/günstiger kommen
⓯ *fam* (*plaire*) **mon voisin ne me revient pas** mein Nachbar passt mir [gar] nicht
⓰ SPORT (*rattraper son retard*) aufholen, wieder den Anschluss finden
⓱ GASTR **faire** [*o* **laisser**] ~ **le lard** den Speck anbraten; **faire** [*o* **laisser**] ~ **les oignons/les légumes** die Zwiebeln/das Gemüse andünsten
▸ ~ **en arrière** (*sur ses pas*) zurückgehen; (*remonter dans le texte, le discours*) zurückgehen; (*régresser*) zurückfallen; (*se rétracter*) einen Rückzieher machen; **faire** ~ **une cassette en arrière** eine Kassette zurückspulen; **n'en pas** ~ **de qc** *fam* etw gar nicht fassen können; ~ **de loin** noch einmal davongekommen sein; ~ **à soi** wieder zu sich (*Dat*) kommen; **et n'y reviens pas!** *fam* mach das nicht noch mal! (*fam*)

revente [ʀ(ə)vɑ̃t] *f* Weiterverkauf *m*

revenu [ʀ(ə)vəny, ʀəvny] *m* ❶ (*salaire*) Einkommen *nt;* ~ **net** Nettoeinkommen; ~**s nets** Nettoverdienst *m*
❷ (*recettes*) *d'une entreprise* Einnahmen *Pl; d'une terre* Ertrag *m; d'un investissement* Gewinne *Pl;* ~ **monétaire** Einkünfte aus Geldanlagen; ~ **national** Volkseinkommen *nt;* ~**s non imposés** steuerfreie Einkünfte; ~ **salarial** Einkünfte aus Löhnen und Gehältern; ~ **par tête d'habitant** Pro-Kopf-Einkommen; **type de** ~ Einkunftsart *f*
◆ ~ **minimum d'insertion** *Übergangsgeld zur Eingliederung in das Berufsleben, entspricht etwa dem Sozialhilfesatz*

rêver [ʀeve, ʀɛve] <1> *vi* ❶ (*faire un songe*) ~ **de qn/qc** von jdm/etw träumen; ~ **que les temps se font meilleurs** davon träumen, dass die Zeiten besser werden
❷ (*désirer*) ~ **de qc** von etw träumen; ~ **de faire qc** davon träumen etw zu tun
❸ (*divaguer*) **te prêter de l'argent? Tu rêves!** dir Geld leihen? Du träumst wohl!
❹ (*rêvasser*) vor sich hinträumen; ~ **tout éveillé(e)** mit offenen Augen träumen

réverbération [ʀevɛʀbeʀasjɔ̃] *f de la chaleur, lumière* Reflexion *f; du son* Widerhall *m*

réverbère [ʀevɛʀbɛʀ] *m* ❶ (*éclairage*) Straßenlaterne *f*
❷ TECH Reflektor *m*

réverbérer [ʀevɛʀbeʀe] <5> **I.** *vt* (*réfléchir*) reflektieren *chaleur, lumière;* zurückwerfen *son*
II. *vpr* **se** ~ *son:* widerhallen; *chaleur:* zurückgestrahlt werden; *lumière:* reflektiert werden

reverdir [ʀ(ə)vɛʀdiʀ] <8> **I.** *vt* wieder grün machen; grün überstreichen *volets*
II. *vi nature:* wieder grün werden

révérence [ʀeveʀɑ̃s] *f* ❶ (*salut cérémonieux*) *d'un homme* Verbeugung *f; d'une femme* Knicks *m*
❷ (*salut devant un souverain*) Hofknicks *m*
❸ *littér* (*respect*) Ehrfurcht *f*
▸ **tirer sa** ~ *hum* sich empfehlen (*geh*); **il a tiré sa** ~ *euph* (*mourir*) er hat uns [für immer] verlassen (*euph*)

révérencieux, -euse [ʀeveʀɑ̃sjø, -jøz] *adj littér* ehrfürchtig; **être** ~(**-euse**) **envers qn** jdm gegenüber Respekt zeigen

révérend [ʀeveʀɑ̃] *m* ❶ **mon** ~ Euer Hochwürden
❷ (*pasteur*) Reverend *m*

révérend(e) [ʀeveʀɑ̃, ɑ̃d] *adj antéposé* **Révérend Père** ehrwürdiger Vater; **Révérende Mère** ehrwürdige Mutter

révérendissime [ʀeveʀɑ̃disim] *adj* REL hochwürdigst

révérer [ʀeveʀe] <5> *vt soutenu* verehren

rêverie [ʀɛvʀi] *f* ❶ (*méditation*) Träumerei *f*
❷ *pl péj* (*chimères*) Hirngespinste *Pl* (*pej*)

revérifier [ʀ(ə)veʀifje] <1a> *vt* etw noch einmal überprüfen

revernir [ʀ(ə)vɛʀniʀ] <8> *vt* neu lackieren

revers [ʀ(ə)vɛʀ] *m* ❶ (*dos*) Rückseite *f; d'une étoffe* linke Seite; *de la main* Rücken *m;* **balayer qc d'un** ~ **de main** etw vom Tisch wischen
❷ (*échec économique*) [wirtschaftlicher] Rückschlag *m;* (*échec militaire*) [militärische] Niederlage *f*
❸ TENNIS Rückhand *f*
❹ (*repli*) *d'un pantalon, d'une manche* Aufschlag *m; d'un manteau* Revers *m o nt; d'un col* Umschlag *m*
▸ **c'est le** ~ **de la médaille** das ist die Kehrseite der Medaille; **prendre qn/qc à** ~ MIL jdn/etw im Rücken angreifen
◆ ~ **de fortune** Schicksalsschlag *m*

reverse [ʀəvɛʀs, ʀivœʀs] *adj v.* **autoreverse**

reversement [ʀ(ə)vɛʀsəmɑ̃] *m* FIN Übertragung *f*

reverser [ʀ(ə)vɛʀse] <1> *vt* ❶ (*verser davantage*) ~ **une boisson à qn** jdm nachschenken; ~ **un liquide dans un récipient** eine Flüssigkeit in einen Behälter zurückgießen
❷ FIN ~ **une somme à qn sur un compte** jdm einen Betrag auf ein Konto überweisen

réversibilité [ʀevɛʀsibilite] *f* ❶ FIN, JUR, REL Übertragbarkeit *f*
❷ CHIM Umkehrbarkeit *f*

réversible [ʀevɛʀsibl] *adj* ❶ (*qui peut s'inverser*) *mouvement* umkehrbar; *évolution* rückgängig zu machen
❷ FIN, JUR, REL übertragbar
❸ CHIM umkehrbar
❹ (*utilisable à l'envers comme à l'endroit*) *vêtement, étoffe*

R

beidseitig tragbar
réversion [ʀevɛʀsjɔ̃] *f* FIN, JUR Übertragung *f;* **pension de ~** Hinterbliebenenrente *f*
revêtement [ʀ(ə)vɛtmɑ̃] *m* (*couche protectrice*) Verkleidung *f; d'une route, d'un chemin* Straßenbelag *m; d'un four, d'une poêle* Beschichtung *f*
◆ **~ de sol** Fußbodenbelag *m*
revêtir [ʀ(ə)vetiʀ] <*irr*> **I.** *vt* ❶ (*endosser*) anziehen
❷ (*poser un revêtement*) **~ une surface de liège/bois** eine Fläche mit Kork/Holz verkleiden; **~ une surface de moquette** eine Fläche mit Teppichboden auslegen; **~ une surface de boiseries** eine Fläche [mit Holz] [ver]täfeln; **~ une surface de carrelage/crépi** eine Fläche fliesen/verputzen
❸ (*recouvrir*) *papier peint, moquette, pavés, neige:* bedecken; **être revêtu(e)** *route:* mit Straßendecke sein
❹ (*prendre*) annehmen *apparence*
❺ (*avoir*) haben *caractère, formes;* **~ une importance particulière** eine besondere Bedeutung haben
❻ *soutenu* (*habiller*) **~ qn d'un manteau** jdm einen Mantel anlegen (*geh*)
❼ *soutenu* (*investir*) **~ qn d'un pouvoir/d'insignes** jdm eine Macht/Insignien verleihen; **être revêtu(e) de qc** etw besitzen
❽ *soutenu* (*dissimuler*) **~ des mensonges d'une apparence d'honnêteté** Lügen hinter einem Anschein von Ehrlichkeit verbergen
❾ ADMIN, JUR **~ un document d'un sceau** ein Dokument mit einem Siegel versehen; **~ un document d'une signature** eine Unterschrift unter ein Dokument setzen
II. *vpr* ❶ (*s'habiller*) **se ~ d'un manteau** einen Mantel anziehen
❷ *littér* (*se couvrir*) **se ~ de neige** sich mit Schnee bedecken
revêtu(e) [ʀ(ə)vety] *part passé de* **revêtir**
rêveur, -euse [ʀɛvœʀ, -øz] **I.** *adj* ❶ (*songeur*) verträumt; **avoir l'esprit ~** ein Träumer sein
❷ (*perplexe*) **ça me laisse ~(-euse)!** *fam* da kann ich nur staunen!
II. *m, f* Träumer(in) *m(f)*
rêveusement [ʀɛvøzmɑ̃] *adv* ❶ (*distraitement*) verträumt
❷ (*avec perplexité*) erstaunt
revient [ʀəvjɛ̃] *m v.* **prix**
revigorant(e) [ʀ(ə)vigɔʀɑ̃, ɑ̃t] *adj* erfrischend; *paroles* ermunternd
revigorer [ʀ(ə)vigɔʀe] <1> **I.** *vt* ❶ (*ragaillardir*) *air frais, boisson:* wieder munter machen; *discours, promesse:* wieder aufheitern; *repas:* stärken
❷ (*ranimer*) wieder Leben bringen in (+*Akk*) *entreprise, structures;* wieder neu beleben *idée, doctrine*
II. *vi* wieder munter machen
revirement [ʀ(ə)viʀmɑ̃] *m d'un goût, d'une situation* Umschlagen *nt; d'une tendance* Umschwenken *nt*
◆ **~ d'opinion** Meinungsumschwung *m*
réviser [ʀevize] <1> **I.** *vt* ❶ (*rectifier*) revidieren; ändern *constitution;* wieder aufnehmen *procès;* ergänzen *liste;* **~ à la hausse/baisse** nach oben/unten korrigieren
❷ FIN, TYP (*vérifier*) Korrektur lesen; revidieren *estimation;* prüfen *comptes*
❸ SCOL wiederholen
❹ TECH warten; überholen *moteur*
II. *vi* SCOL den Stoff wiederholen
réviseur, -euse [ʀevizœʀ, -øz] *m, f* Revisor(in) *m(f);* **~ comptable** Rechnungsprüfer *m*
révision [ʀevizjɔ̃] *f* ❶ *a.* JUR (*modification*) *d'une opinion, d'un jugement* Revision *f; d'un règlement* Änderung *f; d'une liste* Ergänzung *f;* **~ à la hausse/baisse** Korrektur *f* nach oben/unten
❷ FIN, TYP (*vérification*) Revision *f; des comptes* Prüfung *f*
❸ *pl* SCOL Wiederholung *f;* **faire ses ~s** den Stoff wiederholen
❹ TECH Wartung *f; d'un moteur* Überholung *f; d'un véhicule* Inspektion *f*
◆ **~ de la Constitution** Verfassungsänderung *f*
révisionnisme [ʀevizjɔnism] *m* Revisionismus *m*
révisionniste [ʀevizjɔnist] **I.** *adj thèse, doctrine* revisionistisch
II. *mf* Revisionist(in) *m(f)*
revisser [ʀ(ə)vise] <1> *vt* ❶ (*visser à nouveau*) wieder festschrauben
❷ (*serrer plus fort*) nachziehen *écrou, vis*
revitalisant(e) [ʀ(ə)vitalizɑ̃, ɑ̃t] *adj* **crème ~e** Aufbaucreme *f;* **shampooing ~** Revitalisierungsshampoo *nt*
revitalisation [ʀ(ə)vitalizasjɔ̃] *f d'une alliance, union* Wiederbelebung *f; d'une région* wirtschaftliche Wiederbelebung; *d'un organisme* Kräftigung *f; de la chevelure* Revitalisierung *f*
revitaliser [ʀ(ə)vitalize] <1> *vt* wieder kräftigen *organisme;* wieder beleben *alliance, union;* wirtschaftlich wieder beleben *région;* revitalisieren *cheveux*
revivifier [ʀ(ə)vivifje] <1a> *vt littér* neu beleben
revivre [ʀ(ə)vivʀ] <*irr*> **I.** *vi* ❶ (*être revigoré*) wieder aufleben
❷ (*réapparaître*) wieder aufleben; *espoir:* wieder erwachen; **faire ~ qn/qc** jdn/etw wieder aufleben lassen
❸ (*être ressuscité*) **~ dans qn/qc** in jdm/etw weiterleben
II. *vt* (*vivre à nouveau*) noch einmal erleben (*fig*), noch einmal durchleben
révocabilité [ʀevɔkabilite] *f d'un fonctionnaire* Absetzbarkeit *f; d'un contrat* Widerruflichkeit *f; d'un jugement* Aufhebbarkeit
révocable [ʀevɔkabl] *adj fonctionnaire* absetzbar; *contrat, legs* widerruflich
révocation [ʀevɔkasjɔ̃] *f d'un fonctionnaire* Absetzung *f; d'un contrat* Widerrufung *f;* **~ de l'Édit de Nantes** Aufhebung *f* des Edikts von Nantes
revoici [ʀ(ə)vwasi] *prép fam* **me ~** da bin ich wieder; **le ~** da ist er wieder
revoilà [ʀ(ə)vwala] *prép fam* **me ~** da bin ich wieder; **le ~** da ist er wieder; **~ Nadine!** da ist Nadine schon wieder!; **~ une contrariété!** schon wieder ein Ärgernis!
revoir [ʀ(ə)vwaʀ] <*irr*> **I.** *vt* ❶ (*voir à nouveau*) wieder sehen
❷ (*regarder de nouveau*) sich (*Dat*) noch einmal ansehen
❸ (*revivre*) noch einmal erleben
❹ (*se souvenir*) vor sich (*Dat*) sehen
❺ SCOL (*réviser*) wiederholen
❻ (*corriger*) revidieren *comportement, attitude, texte;* **édition revue et corrigée** durchgesehene und verbesserte Auflage; **revu(e) à la hausse/baisse** nach oben/unten korrigiert
II. *vpr* **se ~** ❶ (*se retrouver*) sich wieder sehen
❷ (*se souvenir de soi*) sich noch sehen
révoltant(e) [ʀevɔltɑ̃, ɑ̃t] *adj* empörend; *injustice* himmelschreiend
révolte [ʀevɔlt] *f* ❶ (*émeute*) Revolte *f*
❷ (*indignation*) Empörung *f*
❸ (*opposition*) Aufsässigkeit *f*
révolté(e) [ʀevɔlte] **I.** *adj population, paysans* aufständisch; *foule* rebellisch; *adolescent* aufsässig
II. *m(f)* Rebell(in) *m(f)*
révolter [ʀevɔlte] <1> **I.** *vt individu:* aufbringen; *crime, injustice:* empören; **être révolté(e) de qc** über etw (*Akk*) empört sein
II. *vpr* **se ~ contre qn/qc** ❶ (*s'insurger*) sich gegen jdn/etw auflehnen
❷ (*s'indigner*) sich über jdn/etw empören
révolu(e) [ʀevɔly] *adj* ❶ *époque, temps* längst vergangen
❷ ADMIN (*achevé*) **à dix-huit ans ~s** mit Vollendung des achtzehnten Lebensjahres; **au bout de deux ans ~s** nach Ablauf von zwei Jahren
révolution [ʀevɔlysjɔ̃] *f* ❶ (*changement*) Revolution *f*
❷ HIST **la Révolution** die Französische Revolution; **la ~ d'Octobre, la ~ russe** die [Russische] Oktoberrevolution; **la ~ culturelle** die Kulturrevolution
❸ (*forces révolutionnaires*) **la ~** die revolutionären Kräfte
❹ ASTRON *d'une planète* Umlauf *m; des saisons* regelmäßige Wie-

derkehr
⑤ GEOM, MATH Rotation *f*
▶ **être en** ~ *fam* in heller Aufregung sein
◆ ~ **de palais** Palastrevolution *f*
révolutionnaire [ʀevɔlysjɔnɛʀ] **I.** *adj* ① *idées, procédé, technique* revolutionär; *chant, calendrier, tribunal* Revolutions-
② HIST **la France** ~ Frankreich zur Zeit der Revolution
II. *mf* Revolutionär(in) *m(f)*
révolutionner [ʀevɔlysjɔne] <1> *vt* ① *(transformer radicalement)* revolutionieren
② *fam (bouleverser) nouveau venu, nouvelle:* in helle Aufregung versetzen; *film, reportage:* bestürzen
revolver [ʀevɔlvɛʀ] *m* Revolver *m*
révoquer [ʀevɔke] <1> *vt* ① ADMIN *(destituer)* [**faire**] ~ **qn pour une faute** jdn wegen eines Fehlers aus dem Amt entlassen
② JUR *(annuler)* widerrufen
revoter [ʀ(ə)vɔte] <1> **I.** *vi* noch einmal wählen
II. *vt* ~ **une loi** noch einmal über ein Gesetz abstimmen
revouloir [ʀ(ə)vulwaʀ] <*irr*> *vt fam* noch wollen
revoyure [ʀ(ə)vwajyʀ] ▶ **à la** ~**!** *pop* bis die Tage! *(fam)*
revue [ʀ(ə)vy] *f* ① *(magazine)* Zeitschrift *f;* ~ **spécialisée en économie** wirtschaftliche Fachzeitschrift; ~ **financière** Finanzmagazin *nt;* ~ **porno** Pornoheft *nt;* ~ **illustrée** Illustrierte *f*
② *(spectacle)* Revue *f*
③ *(examen) d'un document* nochmalige Durchsicht; *d'une erreur* nochmaliges Durchdenken; *d'un article* nochmaliges Durchlesen
④ *(inspection)* **passer une chambre/armoire en** ~ ein Zimmer/einen Schrank inspizieren; **passer des troupes en** ~ Truppen inspizieren
⑤ MIL Parade *f*
▶ **être de la** ~ *fam* dumm gucken *(fam)*
◆ ~ **d'armement** Waffenappell *m;* ~ **de détail** Sachenappell *m;* ~ **de presse** Presseschau *f*
révulsé(e) [ʀevylse] *adj visage* verzerrt; *yeux* verdreht
révulser [ʀevylse] <1> **I.** *vt* zutiefst erschüttern
II. *vpr* **le visage se révulse** das Gesicht verzerrt sich; **ses yeux se révulsent** er/sie verdreht die Augen
révulsif [ʀevylsif] *m* ableitendes Mittel
révulsif, -ive [ʀevylsif, -iv] *adj* ableitend
révulsion [ʀevylsjɔ̃] *f* Ableitung *f*
rewriter[1] [ʀiʀajte, ʀəʀajte] <1> *vt* redigieren *texte*
rewriter[2] [ʀiʀajtœʀ, ʀəʀajtœʀ] *m* Rewriter(in) *m(f)*
rewriting [ʀiʀajtiŋ, ʀəʀajtiŋ] *m* Überarbeitung *f*
Reykjavik [ʀekjavik] Reykjavik *nt*
rez-de-chaussée [ʀed(ə)ʃose] *m inv* ① *(niveau inférieur)* Erdgeschoss *nt;* **habiter au** ~ im Erdgeschoss wohnen ② *(appartement)* Erdgeschosswohnung *f* **rez-de-jardin** [ʀed(ə)ʒaʀdɛ̃] *m inv* Souterrain *nt;* **en** ~ im Souterrain
R.F. [ɛʀɛf] *f abr de* **République française**
R.F.A. [ɛʀɛfa] *f abr de* **République fédérale d'Allemagne: la** ~ die BRD
RFI [ɛʀɛfi] *abr de* **Radio-France internationale** *Französischer Radiosender für das Ausland*
RFO [ɛʀɛfo] *abr de* **Radio-France outre-mer** *Französischer Radiosender in Übersee*
R.G. [ɛʀʒe] *mpl abr de* **renseignements généraux**
RH [ɛʀaʃ] *abr de* **rhésus** Rh, rh
rhabillage [ʀabijaʒ] *m* ① *(action de se rhabiller)* Wiederankleiden *nt*
② TECH *(réparation) d'un meuble, édifice* Restaurierung *f; d'un mécanisme* Reparatur *f*
rhabiller [ʀabije] <1> **I.** *vt* ① *(acheter de nouveaux vêtements à qn)* neu einkleiden
② *(remettre ses vêtements à qn)* wieder ankleiden
③ *(réparer)* restaurieren *meuble, édifice;* reparieren *mécanisme*
II. *vpr* **se** ~ ① *(se vêtir de neuf)* sich neu einkleiden
② *(se changer)* sich umziehen
③ *(remettre ses vêtements)* sich wieder anziehen
▶ **pouvoir aller se** ~ *fam* einpacken können *(fam)*
rhabituer [ʀabitɥe] <1> *vt, vpr v.* **réhabituer**
rhapsodie [ʀapsɔdi] *f* Rhapsodie *f*
rhénan(e) [ʀenɑ̃, an] *adj* rheinisch; **pays** ~ Rheinland *nt*
Rhénanie [ʀenani] *f* **la** ~ das Rheinland
Rhénanie-du-Nord-Westphalie [ʀenanidynɔʀvɛstfali] *f* **la** ~ Nordrhein-Westfalen *nt* **Rhénanie-Palatinat** [ʀenanipalatina] *f* **la** ~ Rheinland-Pfalz *nt*
rhénium [ʀenjɔm] *m* Rhenium *nt*
rhéostat [ʀeɔsta] *m* Regelwiderstand *m*
rhésus [ʀezys] *m* ① MED Rhesusfaktor *m;* [**facteur**] ~ **positif/négatif** Rhesusfaktor positiv/negativ; **mère** ~ **négatif** Mutter *f* mit negativem Rhesusfaktor
② ZOOL Rhesusaffe *m*
rhéteur [ʀetœʀ] *m* ① HIST Rhetor *m*
② *péj littér (beau parleur)* Schönredner *m (pej)*
Rhétie [ʀesi] *f* **la** ~ Rätien *nt*
rhétique [ʀetik] *adj v.* **rétique**
rhétoricien(ne) [ʀetɔʀisjɛ̃, jɛn] *m(f) péj littér* Phrasendrescher(in) *m(f) (pej)*
rhétorique [ʀetɔʀik] **I.** *adj* rhetorisch
II. *f* ① Rhetorik *f; péj fam* Phrasendrescherei *f (pej)*
② BELG **classe de** ~ *(classe de terminale)* Abiturklasse *f (Abschlussklasse der Oberstufe des Sekundarunterrichts)*
rhéto-roman [ʀetɔʀɔmɑ̃] *m* **le** ~ Rätoromanisch *nt,* das Rätoromanische; *v. a.* **allemand rhéto-roman(e)** [ʀetɔʀɔmɑ̃, an] <rhéto-romans> *adj* rätoromanisch
Rhin [ʀɛ̃] *m* **le** ~ der Rhein
rhinite [ʀinit] *f* Nasenschleimhautentzündung *f*
rhinocéros [ʀinɔseʀɔs] *m* Nashorn *nt*
rhinopharyngé(e) [ʀinofaʀɛ̃ʒe] *adj,* **rhinopharyngien(ne)** [ʀinofaʀɛ̃ʒjɛ̃, jɛn] *adj* der Nasen- und Rachenschleimhaut
rhinopharyngite [ʀinofaʀɛ̃ʒit] *f* Entzündung *f* der Nasen- und Rachenschleimhaut
rhinopharynx [ʀinofaʀɛ̃ks] *m* Nasen-Rachenbereich *m*
rhinoplastie [ʀinoplasti] *f* Rhinoplastik *f*
rhizome [ʀizom] *m* Wurzelstock *m*
rhodanien(ne) [ʀɔdanjɛ̃, jɛn] *adj* **la vallée** ~**ne** das Rhonetal
Rhodes [ʀɔd] **l'île de** ~ die Insel Rhodos *nt*
rhodium [ʀɔdjɔm] *m* Rhodium *nt*
rhododendron [ʀɔdɔdɛ̃dʀɔ̃] *m* Rhododendron *m o nt*
rhombique [ʀɔ̃bik] *adj* rhombisch
rhomboïdal(e) [ʀɔ̃bɔidal, o] <-aux> *adj* rhomboid
rhomboïde [ʀɔ̃bɔid] *m* ① GEOM Rhomboid *nt*
② ANAT Rautenmuskel *m*
Rhône [ʀon] *m* **le** ~ die Rhone
rhovyl® [ʀɔvil] *m* Vinyl® *nt*
rhubarbe [ʀybaʀb] *f* Rhabarber *m*
rhum [ʀɔm] *m* Rum *m*
rhumatisant(e) [ʀymatizɑ̃, ɑ̃t] **I.** *adj personne* an Rheuma leidend
II. *m(f)* Rheumatiker(in) *m(f)*
rhumatismal(e) [ʀymatismal, o] <-aux> *adj* rheumatisch
rhumatisme [ʀymatism] *m* Rheumatismus *m,* Rheuma *nt (fam)*
rhumatologie [ʀymatɔlɔʒi] *f* Rheumatologie *f*
rhumatologue [ʀymatɔlɔg] *mf* Rheumatologe *m*/Rheumatologin *f*
rhume [ʀym] *m* ① *(coup de froid)* Erkältung *f;* **attraper un** ~ sich erkälten
② *(rhinite)* Schnupfen *m*
◆ ~ **de cerveau** Schnupfen *m;* ~ **des foins** Heuschnupfen *m*
rhumerie [ʀɔmʀi] *f* Rumbrennerei *f*
rhyolite, rhyolithe [ʀjɔlit] *f* Rhyolith *m*
ri [ʀi] *part passé de* **rire**

R

riais [ʀ(i)jɛ] *imparf de* **rire**
riant(e) [ʀ(i)jɑ̃, jɑ̃t] **I.** *part prés de* **rire**
II. *adj* (*gai*) heiter; *paysage* lieblich; *perspective* erfreulich; *atmosphère* angenehm
RIB [ʀib] *m abr de* **relevé d'identité bancaire** *Bescheinigung über die Bankverbindung*
ribambelle [ʀibɑ̃bɛl] *f fam* ~ **de touristes** Horde *f* Touristen (*pej*); ~ **de noms/livres** Haufen *m* Namen/Bücher (*fam*); ~ **d'enfants** Schar *f* Kinder
ribonucléique [ʀibonykleik] *adj* **acide** ~ Ribonukleinsäure *f*
ribote [ʀibɔt] *f hum pop* [Trink]gelage *nt*
▸ **faire** ~ einen draufmachen (*fam*)
ribouldingue [ʀibuldɛ̃g] *f vieilli fam* wüstes Gelage
Ricain(e) [ʀikɛ̃, ɛn] *m(f) vieilli fam* Ami *m* (*fam*)
ricanant(e) [ʀikanɑ̃, ɑ̃t] *adj* hämisch grinsend
ricanement [ʀikanmɑ̃] *m* ❶ (*rire sarcastique*) Hohngelächter *nt*
❷ (*rire stupide*) albernes Gekicher
ricaner [ʀikane] <1> *vi* ❶ (*avec mépris*) hämisch lachen
❷ (*bêtement*) albern kichern
ricaneur, -euse [ʀikanœʀ, -øz] **I.** *adj personne* feixend; **prendre un air** ~ blöde grinsen; **fixer qn d'un regard** ~ jdn blöde grinsend ansehen
II. *m, f* hämischer Kerl/hämisches Weib
richard(e) [ʀiʃaʀ, aʀd] *m(f) péj fam* Geldsack *m* (*pej fam*)
Richard [ʀiʃa:ʀ] *m* ❶ Richard *m*
❷ HIST ~ **Cœur de Lion** Richard Löwenherz
riche [ʀiʃ] **I.** *adj* ❶ (*opp: pauvre*) reich
❷ *antéposé* (*de prix*) kostbar; *coloris* kräftig
❸ (*fécond*) *terre* fruchtbar; *langue* wortreich
❹ (*nourrissant*) *aliment, nourriture* gehaltvoll; *mélange* reichhaltig; ~ **en minerai** reich an Erz; ~ **en calories/vitamines** kalorien-/vitaminreich
❺ *antéposé* (*excellent*) *idée* großartig
❻ *antéposé* (*abondant*) *collection* reichhaltig; *moisson* reich; *végétation* üppig; *documentation* umfangreich
❼ (*plein*) ~ **de contradictions** voller Widersprüche; ~ **d'enseignements** lehrreich
▸ **faire** ~ *fam* nach viel Geld aussehen (*fam*)
II. *mf* Reiche(r) *f(m)*; **nouveau** ~ Neureiche(r) *f(m)*
richement [ʀiʃmɑ̃] *adv* reich; *décoré* prächtig; *vêtu, marié* sehr gut; *meublé* kostbar; *vivre* aufwändig
richesse [ʀiʃɛs] *f* ❶ (*fortune*) Reichtum *m*
❷ (*magnificence*) Kostbarkeit *f; d'un décor* Pracht *f; d'une orchestration, d'un coloris* Vielfalt *f*
❸ (*teneur, densité*) *d'un aliment* Reichhaltigkeit *f; d'un sol* Fruchtbarkeit *f*; ~ **en pétrole** großes Erdölvorkommen; ~ **en gibier** Wildreichtum *m;* ~ **en calcium** hoher Kalziumgehalt
❹ (*abondance*) Reichhaltigkeit *f; de la végétation* Üppigkeit *f;* **des moissons d'une grande** ~ sehr ertragreiche Ernten
❺ *pl* (*ressources*) Reichtümer *Pl; d'un musée* Schätze *Pl*
❻ (*bien*) Gut *nt*
richissime [ʀiʃisim] *adj fam* steinreich (*fam*)
ricin [ʀisɛ̃] *m* Rizinus *m*
ricocher [ʀikɔʃe] <1> *vi* ~ **sur qc** *balle:* von etw abprallen; *caillou, pierre:* springen auf etw (*Dat*); **faire** ~ **qc** etw springen lassen
ricochet [ʀikɔʃɛ] *m* (*rebond*) Abprall *m;* **faire des** ~**s** *caillou:* springen; *personne:* Kieselsteine [übers Wasser] springen lassen
▸ **par** ~ (*indirectement*) indirekt
ric-rac [ʀikʀak] *adv fam* (*avec une exactitude rigoureuse*) **payer** ~ auf Heller und Pfennig bezahlen
rictus [ʀiktys] *m* Grinsen *nt;* ~ **de colère/dégoût** wutverzerrtes/ekelverzerrtes Gesicht
ride [ʀid] *f* ❶ (*pli*) Falte *f*, Runzel *f*
❷ *pl* (*ondulation*) *de l'eau* Kräuselung *f; du sable* Rippelmarken *Pl*
▸ **n'avoir pas pris une** ~ zeitlos sein
ridé(e) [ʀide] *adj personne* voller Falten; *visage* faltig, runz[e]lig; *pomme* schrump[e]lig (*fam*); *eau* gekräuselt
rideau [ʀido] <x> *m* ❶ (*voile*) Vorhang *m;* **doubles** ~**x** Übergardinen *Pl*
❷ THEAT Vorhang *m*
❸ (*fermeture*) *d'une boutique* Gitter *nt; d'une cheminée* Klappe *f*
❹ (*écran*) ~ **de pluie/de fumée/de feu** Regen-/Rauch-/Feuerwand *f;* ~ **de policiers** Polizeikette *f;* ~ **de verdure** dichtes Grün
▸ ~! (*ça suffit!*) jetzt reicht's! (*fam*); THEAT aufhören!; **grimper aux** ~**x** *fam* vor Freude an die Decke springen (*fam*); **tirer le** ~ **sur qc** einen Schlussstrich unter etw (*Akk*) ziehen
◆ ~ **de fer** HIST eiserner Vorhang
ridelle [ʀidɛl] *f d'un camion* Seitenwand *f; d'une charrette* Wagenwand *f*
rider [ʀide] <1> **I.** *vt* ❶ (*marquer de rides*) faltig werden lassen *peau, front;* kräuseln *eau*
❷ NAUT reffen *cordage*
II. *vpr* **se** ~ *front, peau:* faltig werden; *pomme:* verschrumpeln (*fam*); *eau:* sich kräuseln
ridicule [ʀidikyl] **I.** *adj personne, vêtement, conduite* lächerlich; *somme, prix* lächerlich gering
II. *m* Lächerlichkeit *f;* **le** ~ **de cette situation** das Lächerliche an dieser Situation; **avoir peur du** [*o* **avoir peur de s'exposer au**] ~ Angst haben sich lächerlich zu machen; **couvrir qn/se couvrir de** ~ jdn/sich lächerlich machen; **tomber dans le** ~ *personne:* sich lächerlich machen; *situation, discours:* lächerlich werden; **tourner qc en** ~ etw ins Lächerliche ziehen
ridiculement [ʀidikylmɑ̃] *adv* lächerlich
ridiculiser [ʀidikylize] <1> **I.** *vt* lächerlich machen
II. *vpr* **se** ~ sich lächerlich machen
ridule [ʀidyl] *f* Fältchen *nt*
rie [ʀi] *subj prés de* **rire**
rien [ʀjɛ̃] **I.** *pron indéf emploi sans ne: fam* ❶ (*aucune chose*) nichts; **c'est ça ou** ~ entweder das oder nichts; **ça ne vaut** ~ das ist nichts wert; ~ **de plus,** ~ **de moins** nicht mehr und nicht weniger; ~ **d'autre** nichts weiter; ~ **de nouveau/mieux** nichts Neues/Besseres; **il n'y a plus** ~ es ist nichts mehr da; ~ **qui puisse m'en empêcher** nichts, was mich davon abhalten könnte; **il n'y a** ~ **de tel qu'un bon repas** es geht nichts über ein gutes Essen
❷ (*seulement*) ~ **que l'entrée coûte 35 euros** die Vorspeise allein kostet schon 35 Euro; ~ **que d'y penser** wenn ich nur daran denke; **je ne dis** ~ **que ce que je pense** ich sage nur, was ich denke
❸ (*quelque chose*) etwas; **être incapable de** ~ **dire** unfähig sein etwas zu sagen; **rester sans** ~ **faire** untätig bleiben
▸ **qn en a** ~ **à cirer** [*o* **faire**] [*o* **fiche**] [*o* **secouer**] *fam* das ist jdm piepegal (*fam*); **ce n'est** ~ es ist nicht schlimm; **comme si de** ~ **n'était** als ob nichts gewesen wäre; **n'être pour** ~ **dans un problème** mit einem Problem nichts zu tun zu haben; **de** ~! keine Ursache!; ~ **de** ~ überhaupt nichts; **désagrément/quantité de** ~ **du tout** ganz kleine Unannehmlichkeit/Menge; **blessure de** ~ **du tout** ganz leichte Verletzung; ~ **du tout** überhaupt nichts; **pour** ~ (*très bon marché*) spottbillig (*fam*); (*en vain*) umsonst; ~ **que ça!** *iron* (*pas plus*) ist das alles?; (*c'est abuser*) aber sonst geht's dir gut! (*fam*)
II. *m* ❶ (*très peu de chose*) Kleinigkeit *f*
❷ (*un petit peu*) ein wenig; **un** ~ **d'ironie** ein Anflug *m* von Ironie; **un** ~ **de vin** ein Schlückchen *nt* Wein; **un** ~ **de cognac** ein Schuss *m* Cognac; **un** ~ **trop large/moins fort** *fam* ein wenig zu weit/leiser
▸ **en un** ~ **de temps** im Nu; **comme un** ~ *fam* wie nichts (*fam*)
◆ **un/une** ~ **du tout** *vieilli* ein Hergelaufener/eine Hergelaufene
rient [ʀi] *indic prés de* **rire**
riesling [ʀisliŋ] *m* Riesling *m*

rieur, **-euse** [ʀ(i)jœʀ, ʀ(i)jøz] **I.** *adj* fröhlich; *yeux* lachend
II. *m, f* Lacher(in) *m(f)*
riez [ʀ(i)je] *indic prés et impératif de* **rire**
rififi [ʀififi] *m arg* Klopperei *f* (*fam*)
riflard [ʀiflaʀ] *m* TECH ❶ (*outil à bois*) Schrupphobel *m*
❷ (*outil à métal*) Schruppfeile *f*
❸ (*outil de maçon, sculpteur*) Stechbeitel *m*
❹ (*longue laine de mouton*) beste Wolle einer Schur
rifle [ʀifl] *m Gewehr mit gezogenem Lauf*
rifler [ʀifle] <1> *vt* hobeln *bois;* feilen *métal*
rigide [ʀiʒid] *adj* ❶ (*opp: flexible*) steif; *carton* fest
❷ (*sévère*) unnachgiebig
rigidifier [ʀiʒidifje] <1> *vt* versteifen
rigidité [ʀiʒidite] *f* ❶ (*opp: flexibilité*) Steifheit *f; d'un carton* Festigkeit *f*
❷ ANAT *d'un cadavre, muscle* Starre *f; du pénis* Steifheit
❸ (*rigueur*) Unnachgiebigkeit *f*
rigolade [ʀigɔlad] *f fam* Spaß *m*
► **c'est de la ~** (*c'est facile*) das ist ein Kinderspiel; (*c'est pour rire*) das ist nur ein Spaß; (*ça ne vaut rien*) das ist ein echter Schwindel; **prendre à la ~** als Spaß auffassen; **prendre un examen à la ~** eine Prüfung auf die leichte Schulter nehmen
rigolard(e) [ʀigɔlaʀ, aʀd] *fam* **I.** *adj* lustig; **être très ~(e)** gern lachen
II. *m(f)* Spaßvogel *m*
rigole [ʀigɔl] *f* Rinne *f;* **~ d'écoulement** Ablaufrinne; **creuser des ~s** Furchen ziehen
rigoler [ʀigɔle] <1> *vi fam* ❶ (*rire*) lachen; **faire ~ qn** jdn zum Lachen bringen
❷ (*s'amuser*) Spaß haben
❸ (*plaisanter*) **~ avec qn/qc** einen Spaß mit jdm/etw machen; **pour ~** zum Spaß; **je [ne] rigole pas!** ich mache keine Witze!
► **tu me fais ~!** *iron* du machst mir vielleicht Spaß!
rigolo(te) [ʀigɔlo, ɔt] **I.** *adj fam* ❶ (*amusant*) lustig; *personne, film* urkomisch (*fam*)
❷ (*étrange*) komisch
II. *m(f) fam* ❶ (*homme amusant*) lustiger Kerl (*fam*)
❷ (*femme amusante*) Ulknudel *f* (*fam*)
❸ (*personne frivole*) unseriöser Mensch
rigorisme [ʀigɔʀism] *m* Strenge *f*
rigoriste [ʀigɔʀist] **I.** *adj* streng
II. *mf* Rigorist(in) *m(f)*
rigoureusement [ʀiguʀøzmɑ̃] *adv* ❶ (*sévèrement*) streng; *punir* hart
❷ (*précisément*) peinlich genau; *appliquer* strikt; *raisonner* logisch
❸ (*absolument*) *exact* peinlich; *interdit* strengstens; *authentique* hundertprozentig; **~ vrai(e)** genau der Wahrheit entsprechend
rigoureux, **-euse** [ʀiguʀø, -øz] *adj* ❶ (*sévère*) streng; *punition* hart
❷ (*exact, précis*) peinlich genau; *méthode* strikt; *logique* streng; *analyse* gründlich; *raisonnement* stichhaltig; *style* streng und einfach
❸ *antéposé* (*absolu*) *exactitude* peinlich; *interdiction* strikt; *authenticité* hundertprozentig
❹ (*dur*) *climat, froid, hiver* streng; *conditions* hart
rigueur [ʀigœʀ] *f* ❶ (*sévérité*) Strenge *f; d'une punition* Härte *f;* **appliquer la loi avec ~** das Gesetz strikt anwenden
❷ (*austérité*) Strenge *f;* **~ économique** Sparpolitik *f;* **~ salariale** restriktive Lohnpolitik
❸ (*précision*) peinliche Genauigkeit; *d'une analyse* Gründlichkeit *f; d'une logique, méthode* Strenge *f; d'un raisonnement* Stichhaltigkeit *f; d'un style* Strenge *f* und Einfachheit *f*
❹ (*épreuve*) Strenge *f; d'un climat* Rauheit *f; d'une captivité* Härte *f*
► **tenir ~ à qn de qc** jdm etw übel nehmen; **à la ~** (*tout au plus*) allenfalls; (*si besoin est*) notfalls; **une tenue correcte est de ~** korrekte Kleidung ist unerlässlich
rikiki [ʀikiki] *adj v.* **riquiqui**
rillettes [ʀijɛt] *fpl Schmalzfleisch* (*meist von Schwein oder Gans*)
rillons [ʀijɔ̃] *mpl* Grieben *Pl*
rimailler [ʀimaje] <1> *vi péj vieilli* schlechte Verse schreiben
rimailleur, **-euse** [ʀimajœʀ, -jøz] *m, f péj* Reimschmied *m* (*fam*)
rimaye [ʀimaj] *f* Schrund *m*
rime [ʀim] *f* POES Reim *m;* **~ alternée** [*o* **croisée**] Kreuzreim; **~ plate/intérieure** Paar-/Zäsurreim
► **sans ~ ni raison** ohne ersichtlichen Grund
rimer [ʀime] <1> **I.** *vi* ❶ **~ avec qc** sich mit etw reimen
❷ *soutenu* dichten
► **à quoi riment ces excentricités?** wozu diese Extravaganzen?; **ne ~ à rien** keinen Sinn machen
II. *vt* reimen; **rimé(e)** gereimt
rimeur, **-euse** [ʀimœʀ, -øz] *m, f péj* Dichterling *m* (*pej fam*)
rimmel® [ʀimɛl] *m* Wimperntusche *f*
rinçage [ʀɛ̃saʒ] *m du linge* Spülen *nt; des assiettes* Abspülen; *d'une tasse, d'un verre, plat creux* Ausspülen
rince-bouteille[s] [ʀɛ̃sbutɛj] *m inv* Flaschenspülmaschine *f*
rince-doigts [ʀɛ̃sdwa] *m inv* ❶ (*bol*) Fingerschale *f* ❷ (*papier*) Reinigungstuch *nt*
rincée [ʀɛ̃se] *f fam* (*averse*) Wolkenbruch *m*
rincer [ʀɛ̃se] <2> **I.** *vt* ❶ (*passer à l'eau claire*) spülen; abspülen *assiettes;* ausspülen *verres,tasses;* mit klarem Wasser nachwischen *carrelage*
❷ *fam* **se faire ~** patschnass werden (*fam*)
II. *vpr* **se ~** sich abspülen; **se ~ la bouche** sich (*Dat*) den Mund ausspülen
rincette [ʀɛ̃sɛt] *f fam Schluck Schnaps nach dem Kaffeetrinken, den man aus der Tasse trinkt*
rinceuse [ʀɛ̃søz] *f v.* **rince-bouteille[s]**
rinçure [ʀɛ̃syʀ] *f* ❶ (*eau de rinçage*) Spülwasser *nt*
❷ *péj fam* (*mauvaise boisson*) [übles] Gesöff *nt* (*pej fam*)
ring [ʀiŋ] *m* SPORT Ring *m*
ringard(e) [ʀɛ̃gaʀ, aʀd] *fam* **I.** *adj* altmodisch
II. *m(f)* Opa *m* (*fig fam*)
rions [ʀ(i)jɔ̃] *indic prés et impératif de* **rire**
RIP [ʀip] *m abr de* **relevé d'identité postale** *Bescheinigung über die Postbankverbindung*
ripaille [ʀipɑj] *f fam* Gelage *nt;* **faire ~** ein Gelage veranstalten
ripailler [ʀipaje] <1> *vi fam* schlemmen
ripaton [ʀipatɔ̃] *m pop* Fuß *m;* **rentre tes ~s** zieh deine Flossen ein (*fam*)
riper [ʀipe] <1> **I.** *vi* (*déraper*) **~ sur une surface** auf einer Fläche ins Rutschen kommen; *pneu:* auf einer Fläche rutschen
II. *vt* (*faire glisser*) verrücken *meuble*
ripolin® [ʀipɔlɛ̃] *m* Lackfarbe *f*
ripoliner [ʀipɔline] <1> *vt* mit Lackfarbe streichen
riposte [ʀipɔst] *f* ❶ schlagfertige Antwort; **être prompt(e) à la ~** immer eine Antwort parat haben
❷ SPORT Riposte *f*
❸ MIL Gegenschlag *m*
riposter [ʀipɔste] <1> **I.** *vi* ❶ (*répondre*) kontern; **~ à une attaque verbale** einen verbalen Angriff kontern
❷ MIL (*contre-attaquer*) zurückschlagen
❸ SPORT ripostieren
II. *vt* (*rétorquer*) mit etw antworten
ripou [ʀipu] <s *o* x> *fam* **I.** *adj* korrupt
II. *m* korrupter Beamter
riquiqui [ʀikiki] *adj inv fam chapeau* winzig klein; *portion* mickrig (*fam*); **faire ~** mickrig [*o* popelig] aussehen (*fam*)
rire¹ [ʀiʀ] *<irr>* **I.** *vi* ❶ (*opp: pleurer*) lachen; **faire ~ qn** jdn zum Lachen bringen; **laisse(z)-moi ~!** *iron* dass ich nicht lache!
❷ (*se moquer*) **~ de qn/qc** über jdn/etw lachen

❸ (*s'amuser*) Spaß haben
❹ (*plaisanter*) Spaß machen; **tu veux ~!** das ist doch nicht dein Ernst!
❺ (*exprimer la gaieté*) *campagne:* lachen; *yeux, visage:* strahlen
► **sans ~?** echt? (*fam*)
II. *vpr* ❶ (*se jouer de*) **se ~ de qc** spielend mit etw fertig werden
❷ *littér* (*se moquer de*) **se ~ de qn/qc** über jdn/etw lachen
rire² [ʀiʀ] *m* ❶ (*action de rire*) Lachen *nt;* **~ bruyant/inextinguible** lautes/unaufhörliches Gelächter
❷ (*hilarité*) Gelächter *nt;* **fou ~** Lachkrampf *m*
► **passer du ~ aux larmes** himmelhochjauchzend und zu Tode betrübt sein
ris¹ [ʀi] *indic prés et passé simple de* **rire**
ris² [ʀi] *m* GASTR **~ de veau** Kalbsbries *nt*
ris³ [ʀi] *m* NAUT Reff *nt*
risée¹ [ʀize] *f* **être la ~ des voisins/du quartier** das Gespött der Nachbarn/des [ganzen] Viertels sein
risée² [ʀize] *f* NAUT Windstoß *m*
risette [ʀizɛt] *f* ► **faire ~ [o des ~s] à qn** *bébé, jeune enfant:* jdm zulächeln, jdn anlachen, jdm um den Bart gehen
risible [ʀizibl] *adj* ❶ (*ridicule*) lachhaft
❷ (*drôle*) komisch
risotto [ʀizɔto] *m* Risotto *m o nt*
risque [ʀisk] *m* ❶ (*péril*) Risiko *nt;* **~s d'agression** mögliche Übergriffe *Pl;* **~ d'épidémie/incendie** Seuchen-/Brandgefahr *f;* **~ d'infarctus** Infarktrisiko; **au ~ de déplaire** auf die Gefahr hin, Missfallen zu erregen; **au ~ de sa vie** unter Einsatz seines/ihres Lebens; **courir un ~/des ~s** ein Risiko/Risiken eingehen
❷ *pl* (*préjudice possible*) Risiken *Pl;* **les ~s du métier** *fam* Berufsrisiko *nt*
► **à mes/ses ~s et périls** auf eigenes Risiko; **grossesse à ~(s)** Risikoschwangerschaft *f;* **placements à ~(s)** riskante Kapitalanlagen pl
risqué(e) [ʀiske] *adj* ❶ (*hasardeux*) riskant
❷ *vieilli plaisanterie* gewagt
risquer [ʀiske] <1> I. *vt* ❶ (*mettre en danger*) aufs Spiel setzen
❷ (*s'exposer à*) **~ des ennuis/une punition** Gefahr laufen, Ärger zu bekommen/bestraft zu werden; **~ le renvoi/la prison** Gefahr laufen, entlassen zu werden/ins Gefängnis zu kommen; **~ la mort** sich in Lebensgefahr begeben; **qn ne risque rien** jdm kann nichts passieren; **tu risques qu'on s'en aperçoive** du läufst Gefahr, dass man es bemerkt
❸ (*tenter, hasarder*) riskieren; **~ le coup** es riskieren; **~ un coup d'œil** einen Blick riskieren
II. *vi* ❶ (*courir le risque*) **~ de faire qc** Gefahr laufen etw zu tun
❷ (*il y a de fortes chances que*) **le feu risque de s'étendre** das Feuer droht sich auszubreiten; **la boulangerie risque d'être fermée** die Bäckerei ist wahrscheinlich geschlossen; **il risque de pleuvoir** es könnte regnen; **ça ne risque pas de m'arriver** das kann mir nicht passieren
► **ça [ne] risque pas!** *fam* das ist wohl kaum drin! (*fam*)
III. *vpr* **se ~ à faire qc** es wagen etw zu tun; **se ~ dans un endroit dangereux** sich an einen gefährlichen Ort wagen; **se ~ dans une aventure/affaire/entreprise** sich auf ein Abenteuer/eine Affäre/ein Geschäft einlassen
risque-tout [ʀiskətu] *mf inv* Waghals *m*
rissole [ʀisɔl] *f gefüllte und fritierte Teigtasche*
rissoler [ʀisɔle] <1> I. *vt* goldbraun backen *beignets;* goldbraun braten *pommes de terre;* **pommes rissolées** Bratkartoffeln *Pl*
II. *vi pommes de terre, beignets:* goldbraun werden
ristourne [ʀistuʀn] *f* ❶ (*sur cotisation*) Rückvergütung *f*
❷ (*sur achat*) Rabatt *m*
ristourner [ʀistuʀne] <1> *vt* ❶ (*sur cotisation*) **~ qc à qn** jdm etw rückvergüten
❷ (*sur achat*) **~ qc à qn** jdm auf etw (*Akk*) Rabatt geben

rit [ʀi] *indic prés de* **rire**
rital(e) [ʀital] <s> *m(f) péj fam* Spaghettifresser *m* (*pej fam*)
rite [ʀit] *m* ❶ (*coutume*) Ritual *nt*
❷ REL, SOCIOL (*cérémonial*) Ritus *m*
ritournelle [ʀituʀnɛl] *f* Ritornell *nt*
► **c'est toujours la même ~** es ist immer dieselbe Leier (*fam*)
ritualiser [ʀitɥalize] <1> *vt* ritualisieren; **être ritualisé(e)** ritualisiert sein
ritualisme [ʀitɥalism] *m* Ritualismus *m*
ritualiste [ʀitɥalist] I. *adj* ritualistisch
II. *mf* Ritualist(in) *m(f)*
rituel [ʀitɥɛl] *m* REL, SOCIOL Ritual *nt*
rituel(le) [ʀitɥɛl] *adj* (*coutumier*) gewohnheitsmäßig; REL, SOCIOL rituell
rituellement [ʀitɥɛlmɑ̃] *adv* ❶ (*invariablement*) wie gewohnt
❷ REL nach dem Ritus
rivage [ʀivaʒ] *m* Küste *f;* **rejeter sur le ~** ans Ufer spülen
rival(e) [ʀival, o] <-aux> I. *adj* rivalisierend
II. *m(f)* ❶ (*concurrent*) Rivale *m*/Rivalin *f*
❷ (*autre prétendant*) Nebenbuhler(in) *m(f)*
► **sans ~** unübertroffen
rivaliser [ʀivalize] <1> *vi* ❶ (*soutenir la comparaison*) **~ avec qn** sich mit jdm messen; **~ avec qc** sich mit etw messen können
❷ (*se disputer la palme*) **~ d'élégance** miteinander um Eleganz wetteifern
rivalité [ʀivalite] *f* ❶ (*concurrence*) Rivalität *f;* (*commerciale, économique*) Konkurrenz *f,* Wettbewerb *m;* **~s de clocher** Streitigkeiten *Pl* auf lokaler Ebene
❷ (*antagonisme*) Feindschaft *f*
rive [ʀiv] *f* Ufer *nt;* **~ droite/gauche** rechtes/linkes Ufer
river [ʀive] <1> *vt* ❶ TECH umschlagen *clou, pointe;* einziehen *rivet;* nieten *chaîne, plaque;* **~ qc à un support** etw an einen Träger annieten
❷ (*clouer*) **~ qn** *travail, occupations:* jdn fest halten; *fièvre, maladie:* jdn fesseln; **la peur me rivait sur mon fauteuil/sur place** vor Angst blieb ich wie erstarrt im Sessel sitzen/wie angewurzelt stehen; **être rivé(e) à/devant la télé** vorm Fernseher kleben (*fam*); **le regard rivé sur une personne/l'horizon** den Blick auf eine Person/auf den Horizont geheftet
riverain(e) [ʀiv(ə)ʀɛ̃, ɛn] I. *adj* am Ufer gelegen
II. *m(f)* (*voisin*) Anwohner(in) *m(f)*
rivet [ʀivɛ] *m* Niet[e *f*] *m*
rivetage [ʀiv(ə)taʒ] *f* [Ver]nietung *f*
riveter [ʀiv(ə)te] <3> *vt* [ver]nieten
riveteuse [ʀiv(ə)tøz] *f* Nietmaschine *f*
Riviera [ʀivjɛʀa] *f* **la ~** die Riviera
rivière [ʀivjɛʀ] *f* ❶ (*cours d'eau*) Fluss *m*
❷ SPORT Wassergraben *m*
rivière de diamants [ʀivjɛʀ də djamɑ̃] *f* Diamantenkollier *nt*
rixe [ʀiks] *f* Rauferei *f*
riz [ʀi] *m* Reis *m;* **~ complet** Vollkornreis; **~ long** Langkornreis
◆ **~ au curry** Curryreis; **~ au lait** Milchreis
riziculture [ʀizikyltyʀ] *f* Reisanbau *m*
rizière [ʀizjɛʀ] *f* Reisfeld *nt*
R.M.I. [ɛʀɛmi] *m abr de* **revenu minimum d'insertion**
RMIste, RMiste [ɛʀɛmist] *v.* **érémiste**
R.M.N. [ɛʀɛmɛn] *abr de* **résonnance magnétique nucléaire** Kernspintomographie *f*
R.N. [ɛʀɛn] *f abr de* **route nationale**
R.N.I.S. [ɛʀɛniɛs] *m abr de* **réseau de numérique à intégration de service** ≈ ISDN *nt*
R.O. [ɛʀo] *m abr de* **régime ordinaire** Frachtgut *nt*
roast-beef [ʀo:stbi:f] *m v.* **rosbif**
robe [ʀɔb] *f* ❶ (*vêtement féminin*) Kleid *nt;* **~ de plage/du soir** Strand-/Abendkleid; **se mettre en ~** ein Kleid anziehen
❷ JUR, REL Talar *m;* **~ de bure** Kutte *f;* **la ~** HIST der Richterstand; **noblesse de ~** Amtsadel *m;* **gens de ~** Richter *Pl* und

Anwälte *Pl*
③ (*pelage*) Fell *nt*
④ (*peau*) *d'une fève* Hülse *f; d'un oignon* Schale *f*
⑤ (*enveloppe*) *d'un cigare* Deckblatt *nt*
⑥ (*couleur*) *d'un vin* Farbe *f*
◆ ~ **chasuble** Überkleid *nt;* ~ **chemisier** Hemdblusenkleid *nt*
robe de chambre [ʀɔb də ʃɑ̃bʀ] *f* Morgenrock *m*
robert [ʀɔbɛʀ] *m pop* Titte *f* (*sl*)
robinet [ʀɔbinɛ] *m* Hahn *m;* ~ **d'eau/du gaz** Wasser-/Gashahn; ~ **mélangeur** Mischbatterie *f*
► **petit** ~ *enfantin* Pipimännchen *nt* (*fam*)
robinetterie [ʀɔbinɛtʀi] *f* ① (*matériel*) Armaturen *Pl*
② (*usine*) Armaturenfabrik *f*
robinier [ʀɔbinje] *m* Robinie *f*
roboratif, -ive [ʀɔbɔʀatif, -iv] *adj littér liqueur* stärkend; *activité* anregend; **climat** ~ Reizklima *f*
robot [ʀɔbo] *m* ① (*machine automatique*) Roboter *m*
② (*appareil ménager*) Küchenmaschine *f*
③ *péj* (*personne mécanisée*) Roboter *m*
④ (*androïde*) Roboter *m*
roboticien(ne) [ʀɔbɔtisjɛ̃, jɛn] *m(f)* Roboterspezialist *m*
robotique [ʀɔbɔtik] *f* Robotertechnik *f*
robotisation [ʀɔbɔtizasjɔ̃] *f* Automatisierung *f; péj d'une personne* Entwicklung *f* zum Roboter
robotisé(e) [ʀɔbɔtize] *adj* ① (*équipé de robots*) *atelier, usine* vollautomatisiert
② (*transformé en robot*) *homme, société* roboterhaft
robotiser [ʀɔbɔtize] <1> *vt* automatisieren; zum Roboter machen *personne*
robuste [ʀɔbyst] *adj* robust; *personne, plante* widerstandsfähig; *appétit* gesund; *foi* unerschütterlich
robustesse [ʀɔbystɛs] *f* Robustheit *f; d'une personne, plante* Widerstandsfähigkeit *f; de la foi* Unerschütterlichkeit *f*
roc [ʀɔk] *m* ① (*pierre*) Fels *m*
② (*personne*) Fels *m* in der Brandung
► **des convictions dures** [*o* **fermes**] **comme un** ~ unerschütterliche Überzeugungen; **solide comme un** ~ kerngesund
rocade [ʀɔkad] *f* ① Umgehungsstraße *f*
② MIL Rochade *f*
rocaille [ʀɔkaj] **I.** *adj* **style** ~ Rokokostil *m*
II. *f* ① (*cailloux*) Schotter *m*
② ART Muschelwerk *nt*
rocailleux, -euse [ʀɔkajø, -jøz] *adj* ① (*pierreux*) steinig
② (*sans grâce*) *style* holp[e]rig
③ (*rauque*) *accent* hart; *voix* rau
rocambolesque [ʀɔkɑ̃bɔlɛsk] *adj* unglaublich
roche [ʀɔʃ] *f* ① GEOL Gestein *nt*
② (*rocher*) Felsen *m*
rocher [ʀɔʃe] *m* ① (*bloc de pierre*) Felsen *m*
② (*matière*) Felsgestein *nt*
③ ANAT Felsenbein *nt*
④ GASTR *mit Nugat gefüllte und mit Mandelsplittern besetzte Praline*
► **faire du** ~ klettern
rochet[1] [ʀɔʃɛ] *m* ECCL Chorhemd *nt*
rochet[2] [ʀɔʃɛ] *m* ① TEXTIL Schaltrad *nt*
② TECH **roue à** ~ Klinkwerk *nt*
Rocheuses [ʀɔʃøz] *fpl* **les** ~ die Rocky Mountains
rocheux, -euse [ʀɔʃø, -øz] *adj* felsig; **côte rocheuse** Felsenküste *f*
rock [ʀɔk] *m* Rock *m;* **concert de** ~ Rockkonzert *nt*
rock-and-roll [ʀɔkɛnʀɔl] *m* Rock and Roll *m*
rocker [ʀɔkœʀ] *m* ① MUS (*musicien*) Rockmusiker(in) *m(f)*
② (*admirateur*) Rockfan *m*
③ *fam* (*jeune*) Rocker *m*/Rockerbraut *f*
rocket [ʀɔkɛt] *f v.* **roquette**
rockeur, -euse [ʀɔkœʀ, -øz] *m, f v.* **rocker**
rocking-chair [ʀɔkiŋ(t)ʃɛʀ] <rocking-chairs> *m* Schaukelstuhl *m*
rococo [ʀɔkɔko, ʀokoko] **I.** *adj* ① ART **style** ~ Rokokostil *m*
② *péj* altmodisch
II. *m* Rokoko *nt*
rodage [ʀɔdaʒ] *m* ① (*adaptation*) Anlaufzeit *f; d'un employé* Einarbeitung *f*
② AUT Einfahren *nt*
③ TECH (*opération*) *des cames, soupapes* Einschleifen *nt; d'un moteur* Einstellen *nt; des engrenages* Einrollen *nt*
► **être en** ~ *voiture:* eingefahren werden; *organisation, entreprise:* noch in den Kinderschuhen stecken
rodéo [ʀɔdeo] *m* ① (*des cowboys*) Rodeo *m o nt*
② *fam* (*avec moto, voiture*) wilde Verfolgungsjagd
roder [ʀɔde] <1> *vt* ① AUT, TECH einfahren *moteur, voiture;* einschleifen *cames, soupapes;* einrollen *engrenages;* **être rodé(e)** *soupape:* abgeschliffen sein; *voiture:* eingefahren sein
② (*mettre au point*) einstudieren *revue, spectacle;* ausarbeiten *méthodes, scénario;* **cette actrice est bien rodée** diese Künstlerin ist gut eingearbeitet; **être rodé(e)** *fam méthode:* ausgetüftelt sein (*fam*)
rôder [ʀode] <1> *vi* ① ~ **dans les parages** (*de façon suspecte*) sich in der Gegend herumtreiben; (*au hasard*) in der Gegend herumlungern
② *littér* (*planer sur*) *mort, famine:* drohen
rôdeur, -euse [ʀodœʀ, -øz] *m, f* Herumtreiber(in) *m(f)*
rodomontade [ʀɔdɔmɔ̃tad] *f* Prahlerei *f*
Rodrigue [ʀɔdʀig(ə)] *m* ① HIST Roderich *m*
② (*le Cid*) Rodrigo *m*
rogations [ʀɔgasjɔ̃] *fpl* REL Bittgebete *Pl;* **semaine des** ~ Bittwoche *f*
rogatoire [ʀɔgatwaʀ] *adj* **commission** ~ Rechtshilfeersuchen *nt*
rogaton [ʀɔgatɔ̃] *m souvent pl fam* [Essens]reste pl
rogne [ʀɔɲ] *f fam* Stinkwut *f* (*fam*)
► **se mettre** [*o* **se ficher**] [*o* **se foutre**] **en** ~ **contre qn** *fam* eine Stinkwut auf jdn kriegen (*fam*)
rogner [ʀɔɲe] <1> **I.** *vt* ① (*couper*) schneiden *ongles;* stutzen *griffes, ailes;* beschneiden *page, pièce, plaque*
② (*mordre sur*) kürzen *salaire, argent de poche;* nagen an (+ *Dat*) *revenus*
II. *vi* ~ **sur qc** an etw (*Dat*) sparen
rognon [ʀɔɲɔ̃] *m* GASTR Niere *f*
rognonnade [ʀɔɲɔnad] *f* GASTR Kalbsnierenbraten *m*
rognure [ʀɔɲyʀ] *f* ~ **de papier** Papierschnipsel *Pl;* ~ **de carton/cuir/viande** Karton-/Leder-/Fleischabfälle *Pl;* ~ **de métal** Metallspäne *Pl;* ~**s d'ongles** abgeschnittene Fingernägel *Pl*
rogue [ʀɔg] *adj* (*hargneux*) überheblich; **d'un ton** ~ in einem schroffen Ton; **d'une voix** ~ mit barscher Stimme
roi [ʀwa] *m* ① (*souverain*) König *m;* **les** ~**s fainéants** *die letzten Merowingerkönige*
② CARTES, ECHECS König *m*
③ (*premier*) ~ **du pétrole** Erdölmagnat *m;* ~ **de la presse** Pressebaron *m;* ~ **de la finance** Finanzgröße *f;* **le** ~ **des imbéciles** ein absoluter Dummkopf (*fam*)
► **pour le** ~ **de Prusse** für nichts und wieder nichts; **heureux comme un** ~ überglücklich; **être plus royaliste que le** ~ päpstlicher als der Papst sein; **tirer les** ~**s** *französischer Brauch, bei dem am Dreikönigstag ein Dreikönigskuchen gegessen wird*
◆ ~ **de Rome** König *m* von Rom
Rois mages [ʀwa maʒ] *mpl* REL **les** ~ die Heiligen Drei Könige
Roi-Soleil [sɔlɛj] *m inv* **le** ~ der Sonnenkönig
roitelet [ʀwat(ə)lɛ] *m* ① ORN Goldhähnchen *nt*
② (*roi*) Duodezfürst *m*
rôle [ʀol] *m* ① THEAT, CINE Rolle *f;* **le premier** ~ die Hauptrolle
② (*fonction*) Rolle *f*
③ ADMIN, JUR (*registre*) ~ **d'équipage** Musterrolle *f;* ~ **d'im-**

R

pôt Heberegister *nt*
▸ <u>avoir</u> **pour ~ de faire qc** die Aufgabe haben etw zu tun; <u>avoir</u> **le beau ~** gut dastehen
◆ **~ de composition** Charakterrolle *f;* **~ de figurant(e)** Nebenrolle *f*

roller [ʀɔlœʀ] *m* [**paire de**] **~s** Rollerblades *Pl,* Inlineskates *Pl;* **faire du ~** Rollerblades fahren, inlineskaten

roller, -euse [ʀɔlœʀ, -øz] *m, f* Inlineskater *m*

rollmops [ʀɔlmɔps] *m* Rollmops *m*

rom [ʀɔm] *adj inv* der Roma

Rom [ʀɔm] *mpl* **les ~** die Roma

ROM [ʀɔm] *f inv abr de* **Read Only Memory** ROM *m*

romain(e) [ʀɔmɛ̃, ɛn] *adj* ❶ *(de Rome)* römisch
❷ TYP *chiffre* römisch; **caractères ~s** lateinische Schrift; *(opp: italiques)* Grundschrift
❸ REL **catholique ~** römisch-katholisch

Romain(e) [ʀɔmɛ̃, ɛn] *m(f)* ❶ Römer(in) *m(f)*
❷ HIST *pl* Römer *Pl*

romaine [ʀɔmɛn] *f* ❶ *(salade)* römischer Salat
❷ *(balance)* Schnellwaage *f*

roman [ʀɔmɑ̃] *m* LITTER ❶ Roman *m;* **~ épistolaire/policier** Brief-/Kriminalroman; **~ noir** Schauerroman; *(policier)* harter [Polit]krimi; **~ d'anticipation** Zukunftsroman; **~ d'analyse** psychologischer Roman
❷ *(longue histoire compliquée)* Roman *m (fam)*
❸ *(histoire imaginaire)* Märchen *nt*
❹ ARCHIT, ART Romanik *f*
❺ *(langue)* **le ~** romanische Volkssprache; *v. a.* **allemand**
◆ **~ de cape et d'épée** Mantel-und-Degen-Roman *m;* **~ à clés** Schlüsselroman *m;* **~ à l'eau de rose** Kitschroman *m*

roman(e) [ʀɔmɑ̃, an] *adj* ❶ ARCHIT, ART romanisch
❷ LING *langue* romanisch; *texte* in romanischer Volkssprache verfasst

romance [ʀɔmɑ̃s] *f* ❶ MUS Romanze *f*
❷ *(chanson sentimentale)* Liebeslied *nt*
▸ <u>pousser</u> **la ~** *hum* ein Liebeslied schmettern

romancer [ʀɔmɑ̃se] <2> *vt* ❶ *(présenter sous forme de roman)* zu einem Roman verarbeiten *événements, aventure*
❷ *(agrémenter)* romantisieren

romanche [ʀɔmɑ̃ʃ] **I.** *adj* **langue ~** Romantsch *nt*
II. *m* **le ~** Romantsch *nt; v. a.* **allemand**

romancier, -ière [ʀɔmɑ̃sje, -jɛʀ] *m, f* Romanschriftsteller(in) *m(f)*

romand(e) [ʀɔmɑ̃, ɑ̃d] *adj* **la Suisse ~e** die französische Schweiz

Romand(e) [ʀɔmɑ̃, ɑ̃d] *m(f)* Bewohner(in) *m(f)* der französischen Schweiz, Welschschweizer(in) *m(f)* (CH)

romanesque [ʀɔmanɛsk] **I.** *adj* ❶ *(digne du roman) histoire* unglaublich; *aventures* wie im Roman; *amours* unglaublich romantisch
❷ *(sentimental)* romantisch
❸ *postposé (propre au roman) technique* des Romans
II. *m* **le ~** das Romantische; **se réfugier dans le ~** sich in eine Scheinwelt flüchten

roman-feuilleton [ʀɔmɑ̃fœjtɔ̃] <romans-feuilletons> *m* ❶ LITTER Fortsetzungsroman *m* ❷ *(histoire à rebondissements)* Geschichte *f* mit Fortsetzung **roman-fleuve** [ʀɔmɑ̃flœv] <romans-fleuves> *m* ❶ LITTER langer Roman ❷ *fig* Roman *m*

romanichel(le) [ʀɔmaniʃɛl] *m(f) péj* Zigeuner(in) *m(f) (pej)*

romanisation [ʀɔmanizasjɔ̃] *f* HIST, LING Romanisierung *f*

romaniser [ʀɔmanize] <1> *vt* HIST, LING romanisieren

romaniste [ʀɔmanist] *mf* Romanist(in) *m(f)*

romano [ʀɔmano] *mf abr de* **romanichel**

roman-photo [ʀɔmɑ̃fɔto] <romans-photos> *m* Fotoroman *m*

romantique [ʀɔmɑ̃tik] **I.** *adj* romantisch
II. *mf* Romantiker(in) *m(f)*

romantisme [ʀɔmɑ̃tism] *m* ❶ LITTER Romantik *f*
❷ *(grande sensibilité)* Romantik *f; d'une personne* romantische Veranlagung

romarin [ʀɔmaʀɛ̃] *m* Rosmarin *m*

rombière [ʀɔ̃bjɛʀ] *f fam* alte Schachtel *(fam)*

Rome [ʀɔm] Rom *nt*

rompre [ʀɔ̃pʀ] <irr> **I.** *vt* ❶ *(interrompre)* brechen *enchantement;* lösen *fiançailles;* abbrechen *pourparlers, relations;* stören *équilibre;* unterbrechen *monotonie*
❷ *(ne pas respecter)* brechen *traité;* rückgängig machen *marché*
❸ *soutenu (casser)* abbrechen *branche;* brechen *pain;* sprengen *chaînes*
❹ *(détruire)* durchbrechen; zerreißen *amarres, liens*
❺ *soutenu (accoutumer à)* **~ qn à une tâche** jdn mit einer Aufgabe vertraut machen; **être rompu(e) aux privations/à la discipline** an Entbehrungen/Disziplin gewöhnt sein; **être rompu(e) aux affaires** geschäftstüchtig sein
❻ *littér (épuiser)* **être rompu(e) de fatigue** vor Müdigkeit erschöpft sein
II. *vi* ❶ *(se séparer)* **~ avec qn** mit jdm Schluss machen *(fam);* **~ avec une habitude** eine Gewohnheit ablegen; **~ avec une tradition** mit einer Tradition brechen
❷ *littér (se briser) digue, branche:* brechen; *corde, chaîne:* reißen
❸ SPORT, MIL *(reculer)* zurückweichen
▸ **rompez!** weggetreten!
III. *vpr soutenu (se briser)* **se ~** *digue, branche:* brechen; *corde, chaîne:* reißen; *veine:* platzen; **se ~ les os/le cou** sich *(Dat)* die Knochen/den Hals brechen; **je me suis rompu(e) le tendon d'Achille** meine Achillessehne ist gerissen

rompu(e) [ʀɔ̃py] **I.** *part passé de* **rompre**
II. *adj* ❶ *(cassé) liens* abgebrochen
❷ *fig (annulé) fiançailles* aufgelöst; *(exténué) personne* gerädert

romsteak, romsteck [ʀɔmstɛk] *m* Rumpsteak *nt,* Hüferl *nt* (A)

ronce [ʀɔ̃s] *f* ❶ *pl (épineux)* Dornenranken *Pl*
❷ BOT Brombeerstrauch *m*
❸ *(bois veiné)* Maserung *f*

ronceraie [ʀɔ̃sʀɛ] *f* Gestrüpp *nt*

ronchon(ne) [ʀɔ̃ʃɔ̃, ɔn] **I.** *adj fam* miesepet[e]rig *(fam)*
II. *m(f) fam (homme)* Meckerfritze *m (fam); (femme)* Meckerliese *f (fam)*

ronchonnement [ʀɔ̃ʃɔnmɑ̃] *m fam* Gemeckere *nt (fam)*

ronchonner [ʀɔ̃ʃɔne] <1> *vi fam* **~ après qn/qc** über jdn/etw meckern *(fam)*

ronchonneur, -euse [ʀɔ̃ʃɔnœʀ, -øz] *fam* **I.** *adj* nörglerisch
II. *m, f* Meckerfritze *m*/Meckerliese *f (fam)*

roncier [ʀɔ̃sje] *m,* **roncière** [ʀɔ̃sjɛʀ] *f* dorniger Strauch

rond [ʀɔ̃] **I.** *m* ❶ *(cercle)* Kreis *m*
❷ *(trace ronde)* Ring *m;* **~s de fumée** Rauchringe *Pl*
❸ *fam (argent)* **n'avoir pas un ~** keine Knete haben *(fam)*
▸ **en baver des ~s de** <u>chapeau</u> *fam (n'en pas revenir)* Bauklötze staunen *(fam); (éprouver de graves difficultés)* es schrecklich schwer haben *(fam);* **en rester comme deux ~s de** <u>flan</u> *fam* ganz schön baff sein *(fam);* <u>pour</u> **pas un ~** *fam* für umsonst *(fam)*
II. *adv* **avaler qc tout ~** etw unzerkaut herunterschlucken; **ne pas tourner ~** *ménage:* schlecht laufen; *moteur:* nicht rund laufen; *fam personne:* spinnen *(fam)*
◆ **~ de jambe** *(figure de danse) halbkreisförmiger Tanzschritt;* **faire des ~s de jambe** Höflichkeiten von sich geben; **~ de serviette** Serviettenring *m*

rond(e) [ʀɔ̃, ʀɔ̃d] *adj* ❶ *(circulaire)* rund
❷ *(arrondi)* **dos ~** krummer Rücken
❸ *(rebondi)* dick; *personne* rundlich
❹ *(net) chiffre, compte* rund
❺ *(direct)* **être ~(e) en affaires** gleich zur Sache kommen
❻ *fam (ivre)* blau *(fam)*

rond-de-cuir [ʀɔ̃d(ə)kɥiʀ] <ronds-de-cuir> *m péj* Bürohengst *m (pej)*

ronde [ʀɔ̃d] *f* ❶ *(tour de surveillance)* Runde *f;* **~ de police** Polizeistreife *f*

❷ (*danse*) Rundtanz *m;* **faire la** ~ im Kreis tanzen
❸ (*danseurs*) Kreis *m*
❹ MUS ganze Note
❺ (*écriture*) Rundschrift *f*
► **à la** ~ (*aux alentours*) im Umkreis; **faire passer qc à la** ~ (*tour à tour*) etw reihum gehen lassen

rondeau [ʀɔ̃do] <x> *m* ❶ POES Rondeau *nt*
❷ MUS Rondo *nt*

ronde-bosse [ʀɔ̃dbɔs] <rondes-bosses> *f* ART Hochrelief *nt*

rondelet(te) [ʀɔ̃dlɛ, ɛt] *adj* ❶ (*rondouillard*) mollig; **ventre** ~ Bäuchlein *nt*
❷ (*coquet*) *somme, salaire* ansehnlich

rondelle [ʀɔ̃dɛl] *f* ❶ GASTR Scheibe *f;* ~ **de carotte/pommes de terre** Möhren-/Kartoffelscheibe; **concombre coupé en** ~**s** in Scheiben geschnittene Gurke
❷ TECH (*disque percé*) Unterlegscheibe *f*
❸ (*petit disque*) ~ **de caoutchouc/feutre** Ring *m* aus Gummi/Filz

rondement [ʀɔ̃dmɑ̃] *adv* ❶ (*tambour battant*) zügig
❷ (*franchement*) ohne Umschweife

rondeur [ʀɔ̃dœʀ] *f* ❶ (*forme ronde*) Rundung *f;* **la** ~ **de ses joues** seine/ihre Pausbacken; **la** ~ **de son visage** sein/ihr rundes Gesicht; ~**s de l'enfance** Babyspeck *m* (*fam*)
❷ *sans pl* (*franchise*) Offenheit *f;* **parler avec** ~ offen sprechen

rondin [ʀɔ̃dɛ̃] *m* ❶ (*de chauffage*) Brennholz *nt*
❷ (*de construction*) Rundholz *nt;* **des** ~**s de sapin** Tannenrundhölzer *Pl;* **cabane en** ~**s** Blockhütte *f*

rondo [ʀɔ̃do] *m* Rondo *nt*

rondouillard(e) [ʀɔ̃dujaʀ, aʀd] *adj fam* (*grassouillet*) pummelig (*fam*)

rond-point [ʀɔ̃pwɛ̃] <ronds-points> *m* Kreisverkehr *m*

ronéo® [ʀɔneo] *f* Hektograph *m*

ronéot[yp]er [ʀɔneɔtipe, ʀɔneɔte] <1> *vt* mit Matrize vervielfältigen

ronflant(e) [ʀɔ̃flɑ̃, ɑ̃t] *adj* ❶ *fig, péj* (*emphatique*) hochtrabend; *promesse* großartig
❷ (*qui ronfle*) *poêle* bullernd

ronflement [ʀɔ̃fləmɑ̃] *m* ❶ (*respiration*) Schnarchen *nt*
❷ (*grondement*) *d'un avion* Brummen *nt; d'un orgue* Dröhnen *nt; d'un poêle* Bullern *nt*

ronfler [ʀɔ̃fle] <1> *vi* ❶ *personne:* schnarchen
❷ (*gronder*) *avion, moteur:* brummen; *orgue:* dröhnen; *poêle:* bullern
❸ *fam* (*dormir*) pennen (*fam*)

ronfleur, -euse [ʀɔ̃flœʀ, -øz] *m, f* (*personne*) Schnarcher(in) *m(f)*

ronger [ʀɔ̃ʒe] <2a> I. *vt* ❶ (*grignoter*) nagen an (+ *Dat*)
❷ (*user*) zerfressen; angreifen *peau, roche*
❸ (*miner*) aufreiben, zermürben; **être rongé(e) par la maladie** von der Krankheit aufgefressen werden; **être rongé(e) de remords** von Gewissensbissen geplagt werden
II. *vpr* ❶ (*se grignoter*) **se** ~ **les ongles** an den Nägeln kauen
❷ (*se tourmenter*) **se** ~ **d'inquiétude** sich vor Sorge (*Dat*) verzehren

rongeur, -euse [ʀɔ̃ʒœʀ, -øz] *m* Nagetier *nt;* **appartenir à l'ordre des** ~**s** zu den Nagetieren gehören [*o* zählen]

ronron [ʀɔ̃ʀɔ̃] *m* ❶ *du chat* Schnurren *nt*
❷ *fig fam d'une machine, d'un moteur* Surren *nt*
❸ *fam* (*monotonie*) ~ **de la vie quotidienne** Alltagstrott *m*

ronronnement [ʀɔ̃ʀɔnmɑ̃] *m du chat* Schnurren *nt; d'une machine, d'un moteur* Surren *nt*

ronronner [ʀɔ̃ʀɔne] <1> *vi chat:* schnurren; *moteur, avion, auto:* surren; **qn ronronne de satisfaction** jd grunzt vor Zufriedenheit

röntgen [ʀœntgɛn] *m* Röntgen *nt*

roque [ʀɔk] *m* Rochade *f*

roquefort [ʀɔkfɔʀ] *m* Roquefort *m*

roquer [ʀɔke] <1> *vi* rochieren

roquet [ʀɔkɛ] *m* ❶ (*chien*) Kläffer *m* (*fam*)
❷ (*personne*) Kläffer *m* (*fam*)

roquette [ʀɔkɛt] *f* Rakete[ngeschoss *nt*] *f;* ~ **antichar** Panzerfaust *f*

rorqual [ʀɔʀk(w)al] *m* ZOOL Finnwal *m*

rosace [ʀozas] *f* Rosette *f,* Fensterrose *f*

rosacée [ʀozase] *f* Rosengewächs *nt*

rosaire [ʀozɛʀ] *m* Rosenkranz *m*

rosat [ʀoza] *adj inv* PHARM mit Rosenextrakt

rosâtre [ʀozɑtʀ] *adj* schmutzigrosa

rosbif [ʀɔzbif] *m* GASTR Roastbeef *nt,* Beiried *f* (A)

rose¹ [ʀoz] *f* ❶ BOT Rose *f*
❷ ARCHIT Rosette *f,* Fensterrose *f*
► **roman à l'eau de** ~ kitschiger Roman; **pas de** ~**s sans épines** *prov* keine Rosen ohne Dornen; **frais(fraîche) comme une** ~ frisch wie der junge Morgen; **envoyer qn sur les** ~**s** *fam* jdn abblitzen lassen (*fam*)
◆ ~ **de Jéricho** Jerichorose *f;* ~ **de Noël** Christrose *f;* ~ **des sables** Sandrose *f;* ~ **des vents** Windrose *f*

rose² [ʀoz] I. *adj* ❶ rosa; *joue, teint* rosig
❷ (*érotique*) *messagerie* Erotik-; **téléphone** ~ Telefonsex *m*
❸ POL sozialistisch angehaucht
II. *m* Rosa *nt;* ~ **chair** Fleischfarbe *f;* ~ **pâle** Blassrosa; ~ **fané** [*o* **passé**], **vieux** ~ Altrosa; ~ **saumon** [*o* **orangé**] lachsfarbener Ton; ~ **bonbon** Babyrosa
► **voir la vie/tout en** ~ das Leben/alles durch die rosarote Brille sehen

rosé [ʀoze] *m* (*vin*) Rosé[wein *m*] *m*

rosé(e) [ʀoze] *adj* rosé

roseau [ʀozo] <x> *m* Schilf[rohr *nt*] *nt*
► **être souple comme un** ~ sehr gelenkig sein

rose-croix [ʀozkʀwa] I. *f sans pl* HIST **la Rose-Croix** die Rosenkreuzer
II. *m inv* HIST Rosenkreuzer *m*

rosée [ʀoze] *f* Tau *m*

roséole [ʀozeɔl] *f* MED Roseole *f*

roseraie [ʀozʀɛ] *f* Rosengarten *m*

rosette [ʀozɛt] *f* ❶ (*ornement, décoration*) Rosette *f*
❷ GASTR *luftgetrocknete Wurstspezialität aus Lyon*
❸ BOT Rosette *f*

rosier [ʀozje] *m* Rosenstrauch *m,* Rosenstock *m;* ~ **grimpant/nain** Kletter-/Zwergrose *f*

rosiériste [ʀozjeʀist] *mf* Rosenzüchter(in) *m(f)*

rosir [ʀoziʀ] <8> I. *vi* erröten; *joues, ciel:* sich röten; **son visage rosit de plaisir** sein Gesicht rötete sich vor Freude
II. *vt* röten

rossard(e) [ʀɔsaʀ, aʀd] I. *adj personne* gemein
II. *m(f)* ❶ (*homme*) gemeiner Kerl
❷ (*femme*) Biest *nt* (*fam*)

rosse [ʀɔs] I. *adj* ❶ (*mordant*) *chansonnier* scharfzüngig; *critique* scharf; *satire* beißend
❷ (*méchant*) *personne* gemein
❸ (*sévère*) streng
II. *f fam* ❶ (*personne*) **quelle vieille** ~! so ein Biest! (*fam*)
❷ *vieilli* (*cheval*) Schindmähre *f*

rossée [ʀɔse] *f fam* Tracht *f* Prügel

rosser [ʀɔse] <1> *vt* ❶ ~ **qn** jdm eine Tracht Prügel verpassen; **se faire** ~ **par qn** eine Tracht Prügel von jdm bekommen
❷ SPORT **se faire** ~ **par qn** von jdm haushoch geschlagen werden

rosserie [ʀɔsʀi] *f* ❶ *sans pl* (*caractère*) *d'un chansonnier* Scharfzüngigkeit *f; d'un critique* Schärfe *f; d'une caricature, d'un patron* Gemeinheit *f*
❷ (*acte, parole*) Gemeinheit *f*

rossignol [ʀɔsiɲɔl] *m* ❶ ORN Nachtigall *f*
❷ COM *fam* Ladenhüter *m*
❸ (*passe-partout*) Dietrich *m*

R

rossinante [ʀɔsinɑ̃t] *f vieilli* Klepper *m,* Schindmähre *f*
rostre [ʀɔstʀ] *m* HIST, NAUT Sporn *m*
rot [ʀo] *m* (*renvoi*) Aufstoßen *nt,* Rülpser *m* (*fam*); **faire/lâcher un** ~ aufstoßen, rülpsen (*fam*); *bébé:* ein Bäuerchen machen (*fam*)
rôt [ʀo] *m littér* Braten *m*
rotatif, -ive [ʀɔtatif, -iv] *adj* Dreh-, Rotations-
rotation [ʀɔtasjɔ̃] *f* ❶ (*mouvement*) Drehung *f,* Rotation *f;* **mouvement/vitesse de** ~ Drehbewegung/Drehgeschwindigkeit
❷ AVIAT, NAUT Turnus *m*
❸ (*série périodique d'opérations*) ~ **du capital** Kapitalumschlag *m;* ~ **des cultures** Fruchtwechsel *m;* ~ **du personnel** Personalwechsel
rotative [ʀɔtativ] *f* Rotationspresse *f*
rotatoire [ʀɔtatwaʀ] *adj* Dreh-, Rotations-
roter [ʀɔte] <1> *vi fam* rülpsen (*fam*)
rôti [ʀoti, ʀɔti] *m* Braten *m;* ~ **de bœuf/porc/veau** Rinder-/Schweine-/Kalbsbraten
rotin [ʀɔtɛ̃] *m* Rattan *nt,* Peddigrohr *nt;* **des meubles en** ~ Rattanmöbel *Pl*
rôtir [ʀotiʀ, ʀɔtiʀ] <8> **I.** *vt* ❶ GASTR braten
❷ *fam* (*brûler*) *soleil:* verbrennen
II. *vi* ❶ GASTR garen; **faire** ~ **qc** etw braten
❷ *fam* (*être exposé au soleil*) braten (*fam*)
III. *vpr fam* **se** [**faire**] ~ in der Sonne braten (*fam*)
rôtisserie [ʀɔtisʀi] *f* ❶ (*magasin*) Grillmetzgerei *f*
❷ (*restaurant*) Grillrestaurant *nt*
rôtisseur, -euse [ʀɔtisœʀ, -øz] *m, f* ❶ (*boucher-traiteur*) Grillmetzger(in) *m(f)*
❷ (*restaurateur*) Inhaber(in) *m(f)* eines Grillrestaurants
rôtissoire [ʀɔtiswaʀ] *f* elektrisches Grillgerät
rotogravure [ʀɔtɔgʀavyʀ] *f* Rotationsdruck *m*
rotonde [ʀɔtɔ̃d] *f* Rotunde *f,* Rundbau *m*
rotondité [ʀɔtɔ̃dite] *f* ❶ *littér* (*sphéricité*) *de la Terre* Rundheit *f,* runde Form
❷ *fam* (*embonpoint*) Beleibtheit *f,* Körperfülle *f*
rotor [ʀɔtɔʀ] *m* Rotor *m*
rototo [ʀototo] *m fam* Bäuerchen *nt*
rottweiler [ʀɔtvajlœʀ] *m* ZOOL Rottweiler *m*
rotule [ʀɔtyl] *f* ❶ ANAT Kniescheibe *f*
❷ TECH Kugelgelenk *nt*
▸ **être sur les** ~**s** *fam* fix und fertig sein (*fam*)
rotulien(ne) [ʀɔtyljɛ̃, jɛn] *adj* Kniescheiben-
roture [ʀɔtyʀ] *f* HIST ❶ (*absence de noblesse*) Nichtadeligsein *nt*
❷ (*classe des roturiers*) Nichtadelige *Pl*
roturier, -ière [ʀɔtyʀje, -jɛʀ] **I.** *adj* HIST bürgerlich, nicht adelig
II. *m, f* HIST Bürgerliche(r) *f(m),* Nichtadelige(r) *f(m)*
rouage [ʀwaʒ] *m* ❶ (*élément constituant*) Maschinerie *f;* **n'être qu'un** ~ nur ein Rädchen im Getriebe sein
❷ TECH Zahnrad *nt*
roubignoles [ʀubiɲɔl] *fpl vulg* Klöten *Pl* (*vulg*)
roublard(e) [ʀublaʀ, aʀd] *fam* **I.** *adj* durchtrieben, verschlagen
II. *m(f)* ❶ (*homme*) durchtriebener Bursche (*fam*)
❷ (*femme*) gerissenes Luder (*fam*)
roublardise [ʀublaʀdiz] *f* Durchtriebenheit *f,* Verschlagenheit *f*
rouble [ʀubl] *m* Rubel *m*
roucoulades [ʀukulad] *fpl,* **roucoulement** [ʀukulmɑ̃] *m* ❶ *du pigeon, de la tourterelle* Gurren *nt*
❷ *pl fig fam* (*propos tendres*) Liebesgeflüster *nt*
roucouler [ʀukule] <1> **I.** *vi* ❶ gurren
❷ *hum* (*tenir des propos tendres*) turteln
II. *vt hum* säuseln
roudoudou [ʀududu] *m enfantin fam mit karamellisierter Bonbonmasse gefüllte Muschelhälfte*
roue [ʀu] *f* ❶ (*partie d'un véhicule*) Rad *nt;* ~ **arrière/avant** Hinter-/Vorderrad; **véhicule à deux/quatre** ~**s** zweirädriges/vierrädriges Fahrzeug; ~ **libre** Freilauf *m;* **en** ~ **libre** im Freilauf
❷ TECH Rad *nt;* **la** ~ **du moulin** das Mühlrad; ~ **dentée/élévatoire** Zahn-/Hubrad
❸ (*supplice*) Rädern *nt*
▸ **la cinquième** ~ **du carrosse** das fünfte Rad am Wagen; **faire la** ~ *paon, gymnaste:* Rad schlagen; *fanfaron:* sich aufblasen; **pousser à la** ~ (*aider qn*) Beistand leisten
◆ ~ **à aubes** Schaufelrad *nt;* ~ **à barre** [Steuer]ruder *nt;* ~ **à eau** Wasserrad *nt;* ~ **de friction** Reibrad *nt;* ~ **à godets** Schöpfrad *nt;* ~ **de la Fortune** Glücksrad *nt;* ~ **de loterie** Lostrommel *f;* ~ **de secours** Reserverad *nt,* Ersatzrad
roué(e) [ʀwe] **I.** *adj* (*rusé*) verschlagen, durchtrieben
II. *m(f) littér* ❶ (*homme*) durchtriebener Bursche
❷ (*femme*) durchtriebenes Frauenzimmer
rouelle [ʀwɛl] *f* Beinscheibe *f*
rouer [ʀwe] <1> *vt* ❶ (*rosser*) ~ **qn de coups** jdn verprügeln
❷ HIST **être roué(e)** gerädert werden
rouerie [ʀuʀi] *f* ❶ (*caractère*) List *f kein Pl*
❷ (*acte*) Trick *m*
rouet [ʀwɛ] *m* TEXTIL Spinnrad *nt*
rouflaquette [ʀuflakɛt] *f* ❶ (*mèche de cheveux*) Stirnlocke *f*
❷ (*patte de cheveux*) *pl* **des** ~**s** Koteletten *Pl*
rouge [ʀuʒ] **I.** *adj* ❶ rot; *poisson* Gold-; *vin* Rot-; ~ **carmin/écarlate/pourpre** karmin-/scharlach-/purpurrot; ~ **sang/vermillon** blut-/zinnoberrot; ~ **incarnat** leuchtend rot
❷ (*congestionné*) rot; ~ **de colère** rot vor Wut (*Dat*); ~ **de honte** schamrot; ~ **comme un coq/une écrevisse** puter-/krebsrot
❸ (*incandescent*) rot glühend; **la braise est encore** ~ die Glut glimmt noch
❹ POL rot
❺ (*délicat*) **journée classée** ~ **pour le trafic routier** Tag *m* mit hohem Verkehrsaufkommen
II. *m* ❶ (*couleur*) Rot *nt;* **le feu est au** ~ die Ampel ist rot [*o* steht auf Rot]
❷ (*signe d'émotion*) Röte *f;* ~ **de la colère/honte** Zornes-/Schamröte; **le** ~ **lui monte au front** ihm/ihr steigt die Röte ins Gesicht
❸ *fam* (*vin*) Rote(r) *m* (*fam*), Rotwein *m;* **un verre de** ~ ein Glas Rotwein; **gros** ~ *fam* einfacher Rotwein
❹ (*fard*) Rouge *nt;* **se mettre du** ~ Rouge auflegen; **se mettre du** ~ **sur les lèvres** sich (*Dat*) die Lippen [rot] schminken
❺ (*colorant*) Rot *nt,* roter Farbstoff
III. *mf* POL *vieilli* Rote(r) *f(m)*
IV. *adv* ▸ **se fâcher tout** ~ rot vor Zorn werden; **voir** ~ rot sehen
◆ ~ **à joues** Rouge *nt;* ~ **à lèvres** Lippenstift *m*
rougeâtre [ʀuʒɑtʀ] *adj* rötlich; **brun** ~ rotbraun
rougeaud(e) [ʀuʒo, od] **I.** *adj personne* mit rotem Gesicht; *visage* rot
II. *m(f)* **un gros** ~ ein rotgesichtiger Dicker (*fam*)
rouge-gorge [ʀuʒgɔʀʒ] <rouges-gorges> *m* Rotkehlchen *nt*
rougeoiement [ʀuʒwamɑ̃] *m d'un incendie* roter Schein; **le** ~ **du ciel au couchant** das Abendrot
rougeole [ʀuʒɔl] *f* Masern *Pl*
rougeoyant(e) [ʀuʒwajɑ̃, jɑ̃t] *adj cendres* glimmend; *reflet* rötlich
rougeoyer [ʀuʒwaje] <6> *vi soleil couchant:* rot glühen; *ciel:* sich rot färben
rouge-queue [ʀuʒkø] <rouges-queues> *m* Rotschwänzchen *nt*
rouget [ʀuʒɛ] *m* ❶ (*poisson*) Rotbarbe *f;* ~ **barbet** echte Rotbarbe; ~ **grondin** Knurrhahn *m*
❷ (*maladie*) Rotlauf *m*
rougeur [ʀuʒœʀ] *f* ❶ (*carnation rouge*) Röte *f;* **la** ~ **de son nez** seine/ihre rote Nase; **la** ~ **de ses yeux** seine/ihre roten Augen; **sa** ~ **trahissait son émotion** sein/ihr rotes Gesicht

verriet seine/ihre Erregung
❷ *(tache)* roter Fleck
❸ *rare (teinte rouge) du ciel* Röte *f;* **la ~ du ciel au couchant** das Abendrot
rougi(e) [ʀuʒi] **I.** *part passé de* **rougir**
II. *adj yeux* gerötet
rougir [ʀuʒiʀ] <8> **I.** *vi* ❶ *(exprimer une émotion) personne:* rot werden, erröten; ~ **de colère/confusion/plaisir** vor Wut/Verwirrung/Freude rot werden
❷ *(avoir honte)* ~ **de qn** sich für jdn schämen; **faire ~ qn** jdm die Röte in die Wangen treiben
❸ *(devenir rouge)* rot werden; *métal:* glühend rot werden
II. *vt* ❶ *(rendre rouge)* rot färben; zum Glühen bringen *métal;* röten *peau*
❷ *fig poét* ~ **ses mains de sang** seine Hände mit Blut beflecken
rougissant(e) [ʀuʒisɑ̃, ɑ̃t] *adj personne, visage* errötend; *feuilles, ciel* sich rot färbend
rougissement [ʀuʒismɑ̃] *m* Erröten *nt*
rouille [ʀuj] **I.** *f* ❶ *(corrosion)* Rost *m*
❷ AGR Rost *m*
❸ GASTR *Mayonnaise mit Knoblauch und roten Pfefferschoten*
II. *adj inv* rostbraun
rouillé(e) [ʀuje] *adj* ❶ *(couvert de rouille)* rostig, verrostet
❷ *(sclérosé)* eingerostet; *muscles* steif
❸ AGR von Rost befallen
rouiller [ʀuje] <1> **I.** *vi (se couvrir de rouille)* [ver]rosten
II. *vt* ❶ *(attaquer par la rouille)* rosten lassen
❷ *(scléroser)* einrosten lassen; ~ **la mémoire** [*o* **l'esprit**] **de qn** jdn verkalken lassen
III. *vpr* **se ~** ❶ *(se couvrir de rouille)* [ver]rosten
❷ *(se scléroser) personne:* einrosten
rouir [ʀwiʀ] <8> *vt, vi* rösten, rotten
rouissage [ʀwisaʒ] *m* Rösten *nt,* Rotten *nt*
roulade [ʀulad] *f* ❶ *(roulé-boulé)* Purzelbaum *m;* SPORT Rolle *f*
❷ GASTR Roulade *f;* ~ **de porc/veau** Schweine-/Kalbsroulade
❸ MUS Koloratur *f*
roulage [ʀulaʒ] *m* ❶ AGR Walzen *nt*
❷ TRANSP, MIN Transport *m,* Beförderung *f*
roulant(e) [ʀulɑ̃, ɑ̃t] **I.** *adj* ❶ *(sur roues) cabine, meuble* auf Rollen; **chaise ~e, fauteuil ~** Rollstuhl *m;* **cuisine ~e** Feldküche *f;* **table ~e** Servierwagen *m*
❷ CHEMDFER *matériel* rollend; *personnel* fahrend
❸ *(mobile)* Roll-; **escalier ~** Rolltreppe *f;* **trottoir ~** Rollsteig *m;* **tapis ~** Förderband *nt*
II. *mpl* CHEMDFER *fam* fahrendes Personal
roulé [ʀule] *m* ❶ *(gâteau)* [Biskuit]rolle *f*
❷ *(viande)* Rollbraten *m*
roulé(e) [ʀule] *adj* ❶ *(enroulé) bord de chapeau* [ein]gerollt; **col ~** Rollkragen *m*
❷ GASTR **épaule ~e** Schulterstück *nt* als Rollbraten
❸ LING gerollt
❹ *(arrondi) galets* rund
▶ **bien ~(e)** *fam* gut gebaut *(fam)*
rouleau [ʀulo] <x> *m* ❶ *(bigoudi)* Lockenwickler *m*
❷ *(bande enroulée)* Rolle *f;* **un ~ de pièces** eine Rolle Münzen; ~ **de cuivre** Kupferdrahtrolle
❸ TECH *(cylindre)* ~ **compresseur** Planierwalze *f;* ~ **de peintre** Farbroller *m*
❹ *(vague)* Welle *f*
❺ SPORT Rolle *f*
◆ ~ **à pâtisserie** Nudelholz *nt;* ~ **de printemps** Frühlingsrolle *f*
roulé-boulé [ʀulebule] <roulés-boulés> *m* Purzelbaum *m*
roulement [ʀulmɑ̃] *m* ❶ *(bruit sourd) du tonnerre* Grollen *nt; du train* Rattern *nt;* ~ **de tambour** Trommelwirbel *m*
❷ *(mouvement) des yeux* Rollen *nt; des épaules* Kreisen *nt;* **marcher avec des ~s de hanches** sich beim Gehen in den Hüften wiegen
❸ *(alternance)* [Schicht]wechsel *m;* **par ~** im Turnus
❹ *(circulation) des capitaux, fonds* Umlauf *m*
❺ TECH Lager *nt;* ~ **à aiguilles/billes/rouleaux** Nadel-/Kugel-/Rollenlager
❻ *(circulation)* ~ **des voitures** Autoverkehr *m;* ~ **des poids lourds** Lkw-Verkehr *m*
rouler [ʀule] <1> **I.** *vt* ❶ *(faire avancer)* rollen; fahren *brouette, poussette;* **la rivière roule des galets** der Fluss führt Kieselsteine mit sich
❷ *(enrouler)* aufrollen; zusammenrollen *parapluie, crêpe;* drehen *cigarette;* zusammenlegen *chaussettes;* ~ **ses cheveux sur les bigoudis** sich *(Dat)* die Haare eindrehen
❸ *(enrouler, enrober)* ~ **qn dans une couverture** jdn in eine Decke einwickeln; ~ **qc dans la farine** etw in Mehl *(Dat)* wälzen
❹ *(passer au rouleau)* walzen
❺ *fam (tromper)* übers Ohr hauen *(fam);* **se faire ~ par qn** von jdm übers Ohr gehauen werden *(fam)*
❻ *littér (retourner)* wälzen *idées, projets*
❼ *(faire tourner une partie du corps)* kreisen mit *épaules;* rollen *yeux;* sich wiegen in *(Dat) hanches*
❽ LING rollen
II. *vi* ❶ *(se déplacer sur roues) véhicule, objet:* fahren, rollen; ~ **peu/vite/en 2 CV** wenig/schnell/mit einem 2 CV fahren; ~ **à vide** ohne Ladung fahren
❷ *(tourner sur soi)* rollen; ~ **sous la table** *personne:* unterm Tisch landen
❸ NAUT schlingern
❹ *(bourlinguer)* herumkommen
❺ FIN *argent, fonds:* in Umlauf sein
❻ *(faire un bruit sourd) tonnerre:* grollen; **les tambours se mirent à ~** die Trommeln fingen an zu schlagen
❼ *(porter sur)* **la discussion roule sur qn/qc** in der Diskussion geht es um jdn/etw
❽ *fam (être à la solde de)* ~ **pour qn** für jdn arbeiten
▶ **ça roule** *fam* alles paletti *(fam);* **allez roulez!** *fam* auf geht's! *(fam)*
III. *vpr* ❶ *(se vautrer)* **se ~ par terre/dans l'herbe** sich auf dem Boden/im Gras rollen
❷ *(se tordre)* **se ~ de douleur** sich vor Schmerz *(Dat)* krümmen; **c'est vraiment à se ~ par terre** es ist wirklich zum Totlachen *(fam)*
❸ *(s'enrouler)* **se ~** [**en boule**] sich einrollen; **se ~ dans une couverture** sich in eine Decke einrollen
❹ *(pouvoir être enroulé)* sich zusammenrollen lassen
roulette [ʀulɛt] *f* ❶ *(petite roue)* Rolle *f,* Rädchen *nt;* **fauteuil à ~s** Rollstuhl *m;* **patins à ~s** Rollschuhe *Pl*
❷ *(outil) du dentiste* Bohrer *m; du pâtissier* [Teig]rädchen *nt; de la couturière* [Kopier]rädchen *nt*
❸ *(jeu)* Roulett(e) *nt;* ~ **russe** russisches Roulett(e)
▶ **marcher comme sur des ~s** *fam* wie geschmiert laufen
rouleur, -euse [ʀulœʀ, -øz] *m, f* CYCLISME [Rad]rennfahrer(in) *m(f)*
roulis [ʀuli] *m* Schlingern *nt*
roulotte [ʀulɔt] *f* Wohnwagen *m*
roulotté(e) [ʀulɔte] *adj* COUT *foulard* mit Rollsaum
roulottier, -ière [ʀulɔtje, -jɛʀ] *m, f fam* Autoknacker *m (fam)*
roulure [ʀulyʀ] *f vulg* Nutte *f (fam)*
roumain [ʀumɛ̃] *m* **le ~** Rumänisch *nt,* das Rumänische; *v. a.* **allemand**
roumain(e) [ʀumɛ̃, ɛn] *adj* rumänisch
Roumain(e) [ʀumɛ̃, ɛn] *m(f)* Rumäne *m*/Rumänin *f*
Roumanie [ʀumani] *f* **la ~** Rumänien *nt*
roumi [ʀumi] *mf Bezeichnung der Muslime für Christen*
round [ʀaund, ʀund] *m* SPORT *a. fig* Runde *f*
roupettes [ʀupɛt] *fpl fam* Eier *Pl (sl)*
roupie [ʀupi] *f* FIN Rupie *f*
roupiller [ʀupije] <1> *vi fam* pennen *(fam),* pofen *(fam)*

roupillon [ʀupijɔ̃] *m fam* Nickerchen *nt;* **piquer** [*o* **faire**] **un ~** ein Nickerchen machen

rouquin(e) [ʀukɛ̃, in] **I.** *adj personne* rothaarig; *cheveux* rot
II. *m(f)* Rothaarige(r) *f(m)*

rouscailler [ʀuskɑje] <1> *vi fam* meckern (*fam*)

rouspétance [ʀuspetɑ̃s] *f fam* Gemecker *nt* (*fam*)

rouspéter [ʀuspete] <4> *vi fam* **~ contre qn/qc** an jdm/etw [herum]meckern (*fam*); **se faire ~** ausgeschimpft werden

rouspéteur, -euse [ʀuspetœʀ, -øz] *fam* **I.** *adj* meckernd (*fam*); **être ~(-euse)** dauernd meckern
II. *m, f* ❶ (*homme*) Meckerfritze *m* (*fam*)
❷ (*femme*) Meckerziege *f* (*fam*)

roussâtre [ʀusɑtʀ] *adj* rötlich

rousse [ʀus] **I.** *f* (*personne*) Rothaarige *f*
II. *adj v.* **roux**

rousserolle [ʀus(ə)ʀɔl] *f* Drosselrohrsänger *m*

roussette [ʀusɛt] *f* ❶ (*requin*) Katzenhai *m*
❷ (*chauve-souris*) Fledermaus *f*

rousseur [ʀusœʀ] *f* Rotton *m*

roussi [ʀusi] *m* ▸ <u>**sentir**</u> **le ~** (*sentir le brûlé*) angebrannt riechen; (*être suspect*) nicht [ganz] koscher [*o* sauber] sein (*fam*)

roussir [ʀusiʀ] <8> **I.** *vi* ❶ *feuillage:* rot werden; *herbe:* braun werden
❷ GASTR **faire ~** anbraten
II. *vt* ❶ (*brûler*) ansengen; [an]bräunen *farine*
❷ (*rendre roux*) braun färben *herbe;* rot färben *feuillage*

roustons [ʀustɔ̃] *mpl fam* Eier *Pl* (*sl*)

routage [ʀutaʒ] *m d'imprimés* Sortierung *f*

routard(e) [ʀutaʀ, aʀd] *m(f)* Rucksacktourist(in) *m(f)*

route [ʀut] *f* ❶ (*voie*) Straße *f;* **la ~ de Paris** die Straße nach Paris; **~ nationale/départementale** ≈ Bundes-/Landstraße; **~ secondaire** Nebenstraße
❷ (*voyage*) Fahrt *f;* **trois heures de ~** drei Stunden Fahrzeit; **être en ~ pour Paris** nach Paris unterwegs sein, auf dem Weg nach Paris sein; **faire ~ vers Paris** nach Paris fahren; **faire ~ avec qn** mit jdm unterwegs sein; **bonne ~!** gute Fahrt!
❸ (*itinéraire, chemin*) Weg *m;* NAUT, AVIAT Route *f;* **demander sa ~** nach dem Weg fragen; **perdre sa ~** sich verfahren; **changer de ~** den Kurs ändern; **être sur la bonne ~** auf dem richtigen Weg sein; **couper** [*o* **barrer**] **la ~ à qn** jdm den Weg versperren
❹ *sans pl* (*moyen de transport*) Straße[nverkehr *m*] *f;* **venir par la ~** mit dem Auto kommen
❺ (*ligne de communication*) **~ aérienne/maritime** Luft-/Seeweg *m;* **~ stratégique** strategisch wichtige Straße; **~ de la soie/du sel** Seiden-/Salzstraße *f;* **~ des Indes** Weg *m* nach Indien
❻ (*parcours*) **~ du bonheur/succès** Weg *m* zum Glück/Erfolg; **nos ~s se sont croisées** unsere Wege haben sich gekreuzt; **sa ~ est déjà toute tracée** sein/ihr Weg ist bereits vorgezeichnet
▸ **faire** <u>**fausse**</u> **~** vom Weg abkommen; (*se tromper*) auf dem Holzweg sein; <u>**avoir**</u> **qc en ~** etw in Gang gesetzt haben; <u>**faire**</u> **de la ~** viel herumreisen; <u>**mettre**</u> **qc en ~** etw in Gang setzen; <u>**tenir**</u> **la ~** *voiture:* eine gute Straßenlage haben; *fam projet:* realisierbar sein; *personne:* verlässlich sein; <u>**en**</u> **~!** auf geht's! (*fam*)

routier [ʀutje] *m* ❶ (*camionneur*) Fernfahrer *m*
❷ CYCLISME Straßenfahrer *m*
❸ (*restaurant*) Fernfahrerraststätte *f*

routier, -ière [ʀutje, -jɛʀ] *adj* (*relatif à la route*) Straßen-; **prévention routière** Verkehrserziehung *f;* **réseau ~** Straßennetz *nt*

routière [ʀutjɛʀ] *f* ❶ (*camionneur*) Fernfahrerin *f*
❷ CYCLISME Straßenfahrerin *f*
❸ AUT Langstreckenfahrzeug *nt*

routine [ʀutin] *f* ❶ (*habitude*) Routine *f;* **contrôle/visite de ~** Routineuntersuchung *f/*-besuch *m*
❷ INFORM Routineprogramm *nt*

routinier, -ière [ʀutinje, -jɛʀ] *adj* Routine-; *méthodes* gängig; *vie* eintönig; *personne* Gewohnheits-

rouvert(e) [ʀuvɛʀ, vɛʀt] *part passé de* **rouvrir**

rouvrir [ʀuvʀiʀ] <11> **I.** *vt* wieder aufmachen; wieder aufreißen *blessure, plaie;* wieder in Gang setzen *débat*
II. *vi* wieder aufmachen; **être rouvert(e)** *magasin:* wieder eröffnet sein; *plaie:* wieder aufgegangen sein
III. *vpr* **se ~** *porte:* wieder aufgehen; *blessure, plaie:* wieder aufplatzen; *débat:* wieder in Gang kommen

roux [ʀu] *m* ❶ (*couleur*) Rot *nt*
❷ GASTR Mehlschwitze *f,* Einbrenn *f* (A)
❸ (*personne*) Rothaariger *m*

roux, rousse [ʀu, ʀus] *adj personne* rothaarig; *barbe, cheveux, feuillage* rot; *pelage, robe de cheval* rotbraun *f*

royal(e) [ʀwajal, o] <-aux> *adj* ❶ (*propre à un roi*) königlich; **prince ~/princesse ~e** Kronprinz *m/*Kronprinzessin *f*
❷ (*digne d'un roi*) fürstlich
❸ (*parfait*) *indifférence* absolut; *paix* himmlisch

royale [ʀwajal] *f* GASTR **lièvre à la ~** *mit Gänseleberpastete gefüllter Hasenbraten in Weißwein-Trüffel-Soße*

royalement [ʀwajalmɑ̃] *adv* ❶ *vivre* fürstlich
❷ *fam* (*complètement*) **je m'en moque ~** das ist mir völlig Wurst (*fam*)

royalisme [ʀwajalism] *m* Royalismus *m*

royaliste [ʀwajalist] **I.** *adj* royalistisch
II. *mf* Royalist(in) *m(f)*

royalties [ʀwajalti] *fpl* ❶ (*pour un brevet, une licence*) Lizenzgebühr *f*
❷ (*pour une chanson, une adaptation*) Tantiemen *Pl*
❸ (*dans le cas d'une société pétrolière*) Förderabgaben *Pl*

royaume [ʀwajom] *m* ❶ (*monarchie*) Königreich *nt*
❷ REL Himmelreich *nt*
❸ *fig* Reich *nt*
▸ **au ~ des** <u>**aveugles**</u> **les borgnes sont rois** *prov* unter den Blinden ist der Einäugige König
◆ **~ de Dieu** Reich *nt* Gottes; **~ des morts** Reich *nt* der Toten, Totenreich *nt*

Royaume-Uni [ʀwajomyni] *m* **le ~** das Vereinigte Königreich

royauté [ʀwajote] *f* ❶ (*régime*) Königtum *nt*
❷ (*fonction*) Krone *f*

R.P.F. [ɛʀpeɛf] *m abr de* **Rassemblement du peuple français** *Partei in Frankreich*

R.P.R. [ɛʀpeɛʀ] *m abr de* **Rassemblement pour la République** *französische konservative Partei der Gaullisten*

R.S.V.P. [ɛʀɛsvepe] *abr de* **répondez s'il vous plaît** u.A.w.g., U.A.w.g.

RTB [ɛʀtebe] *f abr de* **Radio-Télévision belge** *Rundfunk- und Fernsehsender in Belgien*

RTL [ɛʀteɛl] *abr de* **Radio-Télévision luxembourgeoise** *Rundfunk- und Fernsehsender in Luxemburg*

RU [ʀy] *m* UNIV *arg abr de* **restaurant universitaire** Mensa *f*

ruade [ʀɥad] *f* Ausschlagen *nt;* **le cheval a décoché** [*o* **lancé**] **une ~** das Pferd hat ausgeschlagen

ruban [ʀybɑ̃] *m* ❶ (*bande de tissu*) Band *nt;* **~ de chapeau** Hutband
❷ (*insigne de décoration*) **~ de la Légion d'honneur** Ordensband *nt* der Ehrenlegion
❸ (*bande de tissu, de métal*) Band *nt; d'un téléscripteur* Streifen *m; d'une machine à écrire* Farbband; **~ magnétique** Tonband; INFORM Magnetband; **~ adhésif** Klebeband; **~ correcteur/encreur/isolant** Korrektur-/Farb-/Isolierband; **~ perforé** Lochstreifen

rubéole [ʀybeɔl] *f* Röteln *Pl*

Rubicon [ʀybikɔ̃] *m* **franchir le ~** den Rubikon überschreiten

rubicond(e) [ʀybikɔ̃, ɔ̃d] *adj* hochrot

rubidium [Rybidjɔm] *m* Rubidium *nt*
rubis [Rybi] **I.** *m* ① (*pierre précieuse*) Rubin *m*
② (*en horlogerie*) Stein *m*
▶ **payer ~ sur l'ongle** auf Heller und Pfennig bezahlen
II. *adj* rubinrot
rubrique [RybRik] *f* ① PRESSE Rubrik *f;* **~ littéraire/sportive** Literatur-/Sportteil *m;* **~ des spectacles** Veranstaltungskalender *m;* **~ Courriers des lecteurs/Petites annonces** Rubrik Leserbriefe/Kleinanzeigen; **tenir la ~ des sciences** für den Wissenschaftsteil verantwortlich sein
② (*titre*) Verzeichnis *nt*
③ (*catégorie*) Rubrik *f*
ruche [Ryʃ] *f* ① Bienenstock *m*
② (*panier*) Bienenkorb *m*
③ (*colonie*) Bienenvolk *nt*
④ (*fourmilière*) Ameisenhaufen *m*
ruché [Ryʃe] *m* Rüsche *f*
rucher [Ryʃe] *m* Bienenhaus *nt*
rude [Ryd] **I.** *adj* ① (*pénible*) hart; *climat* rau; *montée* steil
② (*sévère*) hart
③ (*rugueux*) *peau, surface* rau; *étoffe* derb
④ (*fruste*) *personne* rau; *manières* derb; *traits* hart
⑤ *antéposé* (*redoutable*) *gaillard* handfest
⑥ (*rauque*) *sons, voix* rau
⑦ *antéposé fam* (*sacré*) *appétit* gesegnet
⑧ (*forte*) *conccurence* drückend
II. *f* ▶ **en voir de ~s** Schweres durchmachen
rudement [Rydmɑ̃] *adv* ① *frapper* hart; *tomber* schwer; *répondre* schroff; *traiter* grob
② *fam* (*sacrément*) verdammt (*fam*); **avoir ~ peur** eine Mordsangst haben (*fam*)
rudesse [Rydɛs] *f* ① (*dureté*) *d'une personne* Grobheit *f;* **la ~ de son langage** seine/ihre ungeschliffene Sprache; **la ~ de ses manières** seine/ihre derben Manieren
② (*rigueur*) *des conditions de vie* Härte *f;* **la ~ du climat** das raue Klima; **la ~ de l'hiver** der harte Winter
rudiment [Rydimɑ̃] *m* ① *pl* (*notions élémentaires*) Grundkenntnisse *Pl;* **~s d'anglais/de chimie** Grundkenntnisse in Englisch/Chemie
② ANAT Rudiment *nt*
rudimentaire [Rydimɑ̃tɛR] *adj* ① (*sommaire*) *connaissances* rudimentär; *installation* einfach
② ANAT rudimentär
rudoiement [Rydwamɑ̃] *m littér* Brutalität *f*
rudoyer [Rydwaje] <6> *vt* **~ qn** mit jdm brutal umgehen
rue¹ [Ry] *f* ① Straße *f;* **~ commerçante** Geschäftsstraße; (*dans un complexe*) Einkaufsmeile *f;* **~ piétonne** Fußgängerzone *f;* **~ à sens unique** Einbahnstraße; **en pleine ~** mitten auf der Straße; **dans la ~** auf der Straße; **descendre dans la ~** auf die Straße gehen; **marcher dans les ~s** durch die Straßen gehen; **traîner dans les ~s** sich auf der Straße herumtreiben
② (*ensemble des habitants*) **toute la ~ la connaît** die ganze Straße kennt sie
▶ **courir les ~s** *personne:* an jeder Ecke anzutreffen sein; *chose:* gang und gäbe sein; **être à la ~** auf der Straße stehen; **jeter qn à la ~** jdn hinauswerfen; **gamin/fille des ~s** Junge/Mädchen aus der Gosse
rue² [Ry] *f* BOT Raute *f*
ruée [Rɥe] *f* Ansturm *m;* **~ vers l'issue de secours** Ansturm auf den Notausgang; **~ vers l'or** Goldrausch *m*
ruelle [Rɥɛl] *f* Gässchen *nt*
ruer [Rɥe] <1> **I.** *vi cheval, âne:* ausschlagen
II. *vpr* **se ~ sur qn/qc** sich auf jdn/etw stürzen; **se ~ dans la rue/vers la sortie** auf die Straße/zum Ausgang stürzen [*o* stürmen]; **la foule se rua vers la frontière** die Menge strömte zur Grenze
ruf[f]ian [Ryfjɑ̃] *m littér* Zuhälter *m*
rugby [Rygbi] *m* Rugby *nt*

i Land & Leute

Le rugby ist nach Fußball eine der beliebtesten Sportarten. Ursprünglich aus England kommend entwickelte es sich vor allem im Süden Frankreichs zum Breitensport. Man spielt **rugby** in Teams mit 13 oder 15 Spielern, die versuchen, den ovalen Ball hinter die gegnerische Torlinie zu bringen.

rugbyman [Rygbiman, -mɛn] <s *o* -men> *m* Rugbyspieler *m*
rugir [RyʒiR] <8> **I.** *vi* ① brüllen; **~ de colère** vor Wut (*Dat*) brüllen
② (*mugir, gronder*) heulen; *mer:* tosen; **faire ~ son moteur** den Motor aufheulen lassen
II. *vt* brüllen *insultes, menaces*
rugissement [Ryʒismɑ̃] *m* ① *d'un fauve* Brüllen *nt kein Pl*
② (*hurlement*) **pousser des ~s** herumbrüllen; **~s de colère** Wutgeheul *nt*
③ (*grondement*) *de la tempête, du vent, d'un moteur* Heulen *nt; de la mer* Tosen *nt*
rugosité [Rygozite] *f* ① (*aspérité*) Unebenheit *f*
② *sans pl* (*surface rugueuse*) Rauheit *f*
rugueux, -euse [Rygø, -øz] *adj* rau
Ruhr [RuR] *f* ① (*région*) **la ~** das Ruhrgebiet; **aller dans la ~** ins Ruhrgebiet gehen; **se trouver dans la ~** sich im Ruhrgebiet befinden; **les industries de la ~** die Industrie des Ruhrgebiets
② (*rivière*) **la ~** die Ruhr
ruine [Rɥin] *f* ① *pl* (*décombres*) Trümmer *Pl*
② (*édifice délabré*) Ruine *f*
③ (*personne*) hinfälliger Mensch, Wrack *nt*
④ (*destruction*) **en ~[s]** in Trümmern; **tomber en ~[s]** zerfallen; **menacer de tomber en ~[s]** zu verfallen drohen
⑤ (*chute, décadence*) *d'une entreprise, personne* Ruin *m; d'une carrière, d'espoirs* Ende *nt; d'un État* Zusammenbruch *m;* **sa carrière est allée à la ~** seine/ihre Karriere ist ruiniert
⑥ (*perte de biens*) wirtschaftlicher Ruin; **courir à la ~** dem Bankrott entgegengehen
⑦ (*source de dépenses*) **quelle ~ cette voiture!** dieses Auto ist mein/dein/sein/... Ruin!
ruiné(e) [Rɥine] *adj* ① (*délabré*) *château* verfallen
② (*qui a perdu sa fortune*) *personne* ruiniert
ruiner [Rɥine] <1> **I.** *vt* ① (*dévaster*) verwüsten *vignoble;* vernichten *récolte*
② (*dépouiller de sa richesse*) ruinieren
③ (*détruire*) ruinieren; zerstören *vie;* **~ tous les espoirs de qn** jdm seine ganze Hoffnung nehmen
④ (*coûter cher*) **ça [ne] va pas te ~** *fam* das wird dich [schon] nicht umbringen (*fam*)
II. *vpr* **se ~ pour qn** sich wegen jdm in den Ruin stürzen; **se ~ en médicaments** viel Geld für Medikamente ausgeben
ruineux, -euse [Rɥinø, -øz] *adj voiture, voyage* horrend teuer; *dépense* horrend; **avoir des goûts ~** einen sündhaft teuren Geschmack haben; **ce n'est pas ~** das kostet nicht die Welt
ruisseau [Rɥiso] <x> *m* ① Bach *m*
② (*liquide qui coule*) **~ de lave/sang** Lava-/Blutstrom *m*
③ (*situation misérable*) Gosse *f;* **tomber dans le ~** in der Gosse landen
▶ **les petits ~x font les grandes rivières** *prov* Kleinvieh macht auch Mist
ruisselant(e) [Rɥis(ə)lɑ̃, ɑ̃t] *adj* ① (*coulant*) tropfnass; **~(e) de pluie** vom Regen triefend
② (*couvert*) **~(e) de sueur** schweißtriefend; **~(e) de sang** blutüberströmt; **~(e) d'humidité** tropfnass
③ *fig littér* **~(e) de lumière** lichtdurchflutet
ruisseler [Rɥis(ə)le] <3> *vi* ① (*couler*) rinnen
② (*être couvert de*) **~ de sueur** vor Schweiß (*Dat*) triefen;

~ **d'humidité** *murs:* vor Nässe (*Dat*) tropfen; **ses joues ruisselaient de larmes** Tränen rannen ihm/ihr über die Wangen
③ *fig littér* ~ **de lumières** von Licht durchflutet sein
ruisselet [ʀɥis(ə)lɛ] *m* Bächlein *nt*
ruissellement [ʀɥisɛlmɑ̃] *m* ① Rinnen *nt*
② *fig* ~ **de lumières** Lichterglanz *m*
rumba [ʀumba] *f* Rumba *f o m*
rumeur [ʀymœʀ] *f* ① (*bruit qui court*) Gerücht *nt;* ~ **publique** Gerüchteküche *f;* **faire courir une** ~ ein Gerücht in Umlauf bringen
② (*brouhaha*) *de la ville* Lärm *m; des vagues* Brausen *nt; d'une conversation* Gemurmel *nt*
③ (*protestation*) Murren *nt;* **des ~s de protestation s'élèvent** Proteststimmen werden laut
ruminant [ʀyminɑ̃] *m* Wiederkäuer *m*
rumination [ʀyminasjɔ̃] *f* ① *fig* ~ **d'une idée/du passé** [Nach]grübeln *nt* über eine Idee/die Vergangenheit; ~ **d'un projet** Brüten *nt* über einem Projekt
② ZOOL Wiederkäuen *nt*
ruminer [ʀymine] <1> I. *vt* ① (*ressasser*) brüten über (+ *Dat*); ~ **son chagrin** sich dem Kummer hingeben
② ZOOL wiederkäuen
II. *vi* wiederkäuen
rumsteck [ʀɔmstɛk] *m v.* **romsteck**
rune [ʀyn] *f* Rune *f*
runique [ʀynik] *adj* Runen-
rupestre [ʀypɛstʀ] *adj peinture, art* Fels-, Höhlen-; *tombe* Felsen-; *plante* Gesteins-
rupin(e) [ʀypɛ̃, in] *fam* I. *adj personne* betucht (*fam*); *appartement* nobel; *quartier* Nobel-
II. *m(f)* Steinreiche(r) *f(m)* (*fam*)
rupteur [ʀyptœʀ] *m* ELEC Unterbrecher *m*
rupture [ʀyptyʀ] *f* ① (*cassure*) Bruch *m*
② (*déchirure*) *d'une corde* Reißen *nt; d'un tendon, d'une veine* Riss *m*
③ (*interruption*) *des négociations, relations* Abbruch *m*
④ (*annulation*) *de fiançailles* Entlobung *f;* ~ **de contrat/traité** Vertragsbruch *m;* ~ **du contrat de travail** Auflösung *f* des Arbeitsverhältnisses
⑤ (*séparation*) Trennung *f*
⑥ (*changement brusque*) ~ **d'équilibre** Gleichgewichtsverlust *m;* ~ **de pente** Vorsprung *m,* Absatz *m;* ~ **de rythme/ton** Rhythmus-/Tonwechsel *m;* ~ **de style** Stilbruch *m*
⑦ (*opposition*) **être en** ~ **avec le monde** abgekehrt von der Welt leben; **être en** ~ **avec la société** auf Kriegsfuß mit der Gesellschaft stehen
▶ **être en** ~ **de ban** völlig frei sein; **homme/femme en** ~ **de ban** Aussteiger *m*/Aussteigerin *f*
◆ ~ **de stock** Lagerfehlbestand *m;* **être en** ~ **de stock** nicht liefern können
rural(e) [ʀyʀal, o] <-aux> I. *adj vie, région* ländlich; *exploitation* landwirtschaftlich; **pays** ~ Agrarland *nt;* **domaine** ~ Landgut *nt;* **économie** ~**e** Landwirtschaft *f;* **route** ~**e** CAN (*chemin qui va d'un rang à un autre*) *Landstraße, die von einer Siedlung zur nächsten führt*
II. *m(f)* Landbewohner(in) *m(f)*
ruse [ʀyz] *f* ① (*subterfuge*) List *f;* **déjouer les ~s de qn** jdm auf die Schliche kommen
② *sans pl* (*habileté*) Schläue *f;* **réussir par** ~ **à faire qc** es geschickt fertig bringen etw zu tun
▶ ~ **de guerre**, ~ **de Sioux** Kriegslist *f*
rusé(e) [ʀyze] I. *adj* listig, schlau
II. *m(f)* raffinierte Person; **c'est une** ~**e** sie ist raffiniert
ruser [ʀyze] <1> *vi* List anwenden
rush [ʀœʃ] <[e]s> *m* Andrang *m;* SPORT Spurt *m;* ~ **de la clientèle** Kundenandrang; ~ **du week-end** Wochenendansturm *m;* ~ **sur qc** Ansturm *m* auf etw (*Akk*)
rushes [ʀœʃ] *mpl* CINE Rohmaterial *nt*
russe [ʀys] I. *adj* russisch
II. *m* **le** ~ Russisch *nt,* das Russische; *v. a.* **allemand**
Russe [ʀys] *mf* Russe *m*/Russin *f;* ~ **blanc** Weißrusse *m*/-russin *f*
Russie [ʀysi] *f* **la** ~ Russland *nt*
russification [ʀysifikasjɔ̃] *f* Russifizierung *f*
russifier [ʀysifje] <1a> *vt* russifizieren
russule [ʀysyl] *m* Täubling *m*
rustaud(e) [ʀysto, od] I. *adj personne* ungehobelt; *apparence* ungeschlacht (*geh*)
II. *m(f)* ungehobelter Klotz
rusticité [ʀystisite] *f* ① (*rustrerie*) Ungehobeltheit *f;* **la** ~ **de ses manières** sein/ihr ungehobeltes Benehmen
② *sans pl littér* (*aspect rustique*) **la** ~ **des maisons** die bäuerlichen Häuser; **la** ~ **du cadre** der bäuerliche Rahmen
③ *sans pl* (*robustesse*) Robustheit *f*
rustine® [ʀystin] *f* Flickzeug *nt*
rustique [ʀystik] I. *adj mobilier* rustikal; *objets, outils* einfach; *personne, vie* naturverbunden; *coutumes* ländlich; *arbre, plante* robust
II. *m* Einfachheit *f;* **se meubler en** ~ sich rustikal einrichten
rustre [ʀystʀ] I. *adj* ungehobelt
II. *m* ungehobelter Kerl [*o* Klotz]
rut [ʀyt] *m* Brunft *f,* Brunst *f;* **en** ~ brünstig
rutabaga [ʀytabaga] *m* Steckrübe *f*
ruthénium [ʀytenjɔm] *m* Ruthenium *nt*
rutilant(e) [ʀytilɑ̃, ɑ̃t] *adj* funkelnd
rutilement [ʀytilmɑ̃] *m littér* Funkeln *nt*
rutiler [ʀytile] <1> *vi* funkeln
RV *m abr de* **rendez-vous**
rythme [ʀitm] *m* ① MUS Rhythmus *m*
② (*dans un roman, une pièce*) Spannung *f*
③ (*allure, cadence*) Tempo *nt;* **ne pas pouvoir suivre le** ~ das Tempo nicht halten können; **au** ~ **de qc** im Rhythmus von etw
④ (*succession*) *des habitudes* Rhythmus *m; des saisons* Wechsel *m*
⑤ (*mouvement régulier*) ~ **cardiaque/respiratoire** Herz-/Atemrhythmus *m*
rythmé [ʀitme] *adj* rhythmisch; **match/rock très** ~ flottes Spiel/flotter Rock
rythmer [ʀitme] <1> *vt* (*cadencer*) ~ **qc** den Rhythmus einer S. (*Gen*) bestimmen
rythmique [ʀitmik] I. *adj* rhythmisch; *guitare* Rhythmus-; **section** ~ Schlaginstrumente *Pl*
II. *f* ① (*gymnastique*) rhythmische Gymnastik
② MUS (*cadence*) Tempo *nt*

S s

S, s [ɛs] *m inv* ① S *nt*/s *nt*
② (*forme*) **virage en S** S-Kurve *f*
▶ **s comme Suzanne** S wie Siegfried
s *f inv abr de* **seconde** Sek.
S *abr de* **sud**
s' *v.* **se, si**
sa [sa, se] <ses> *dét poss* ① sein(e)/ihr(e); ~ **chaise/fleur/maison** sein/ihr Stuhl/seine/ihre Blume/sein/ihr Haus
② *form* (*avec un titre*) **Sa Majesté** Seine/Ihre Majestät; **Sa Sainteté** Seine Heiligkeit
▶ **elle pourrait tout de même fermer** ~ **porte** sie könnte wenigstens die Tür hinter sich (*Dat*) zumachen

SA [ɛsa] *f* ECON *abr de* **société anonyme** AG *f*
sabayon [sabajɔ̃] *m* Zaba[gl]ione *f*, Sabayon *nt*
sabbat [saba] *m* ❶ REL Sabbat *m*; **jour du** ~ Sabbat
❷ (*danse des sorcières*) Hexensabbat *m*
sabbatique [sabatik] *adj* ❶ **année** ~ Sabbatjahr *nt*, Forschungsjahr; **congé** ~ Beurlaubung *f*
❷ REL *repos* Sabbat-
sabir [sabiʀ] *m péj* Kauderwelsch *nt*
sablage [sɑblaʒ] *m* Sandstreuen *nt*; *d'une façade* Sandstrahlen *nt*
sable [sɑbl] **I.** *m* ❶ Sand *m*
❷ (*région*) **les** ~**s** die [Sand]wüste; ~**s mouvants** Treibsand *m*
II. *adj inv* sandfarben
sablé [sɑble] *m* GASTR Sandgebäck *nt*
sablé(e) [sɑble] *adj* GASTR **gâteau** ~ Sandgebäck *nt*; **pâte** ~**e** Mürbeteig *m*
sabler [sɑble] <1> *vt* ❶ (*couvrir de sable*) mit Sand bestreuen
❷ (*décaper*) sandstrahlen; ~ **le champagne** die Champagnerkorken knallen lassen
sableuse [sɑbløz] *f* ❶ (*appareil pour couvrir de sable*) Sandstreuwagen *m*
❷ (*machine pour décaper*) Sandstrahlgebläse *nt*
sableux, -euse [sɑblø, -øz] *adj* Sand-
sablier [sɑblije] *m* Sanduhr *f*
sablière [sɑblijɛʀ] *f* Sandgrube *f*
sablon [sɑblɔ̃] *m* TECH feinster Sand *m*
sablonneux, -euse [sɑblɔnø, -øz] *adj* sandig
sabord [sabɔʀ] *m* Geschützpforte *f*; ~ **de charge** Ladeluke *f*
▸ **mille** ~**s!** *fam* heiliges Kanonenrohr! (*fam*)
sabordage [sabɔʀdaʒ] *m*, **sabordement** [sabɔʀdəmɑ̃] *m*
❶ *d'une entreprise* Schließung *f*
❷ NAUT Versenken *nt*
saborder [sabɔʀde] <1> **I.** *vt* ❶ einstellen *projet*; ~ **une entreprise** einen Betrieb schließen
❷ NAUT versenken *bateau, flotte*
II. *vpr* **se** ~ ❶ *patron:* den Betrieb schließen; *candidat:* freiwillig ausscheiden
❷ NAUT sich versenken
sabot [sabo] *m* ❶ (*chaussure*) Holzschuh *m*
❷ (*de ville*) Clog *m*
❸ ZOOL Huf *m*; **animaux à** ~**s** Huftiere *Pl*
❹ TECH *de tables, bureaux* [Schutz]kappe *f*; ~ **de frein** Bremsbacke *f*; ~ **d'arrêt** Bremsklotz *m*
▸ **je te vois venir avec tes gros** ~**s** Nachtigall, ich hör dir trapsen (*fam*); **comme un** ~ (*très mal*) unter aller Kanone (*fam*)
◆ ~ **de Denver** Parkkralle *f*
sabotage [sabɔtaʒ] *m* ❶ (*destruction volontaire*) Sabotage *f*; ~ **des machines** Zerstörung *f* der Maschinen
❷ *fig* ~ **des négociations** Unterminierung *f* der Verhandlungen
❸ (*bâclage*) ~ **du travail** schludrige Arbeit
saboter [sabɔte] <1> *vt* ❶ (*détruire volontairement*) sabotieren; ~ **une machine** eine Maschine zerstören
❷ *fig* ~ **les négociations** die Verhandlungen unterminieren
❸ (*bâcler*) schludern bei
saboteur, -euse [sabɔtœʀ, -øz] *m, f* Saboteur(in) *m(f)*
sabotier, -ière [sabɔtje, -jɛʀ] *m, f* Holzschuhmacher(in) *m(f)*
sabre [sɑbʀ] *m* ❶ (*arme*) Säbel *m*
❷ SPORT Säbelfechten *nt*
▸ **le** ~ **et le goupillon** *fam* die Armee und die Kirche
sabrer [sɑbʀe] <1> *vt* ❶ (*biffer*) streichen
❷ (*raccourcir*) kürzen
❸ *fam* (*refuser à un examen*) durchrasseln lassen (*fam*)
❹ *fam* (*renvoyer de l'école, licencier*) **se faire** ~ gefeuert werden (*fam*)
❺ (*mettre en pièces*) ~ **l'ennemi** mit dem Säbel auf den Feind einhauen
❻ (*ouvrir*) ~ **le champagne** einer/der Champagnerflasche den Hals brechen (*wobei der Flaschenhals mit einem Säbel durchtrennt wird*)
❼ *fam* (*bâcler*) schludern bei (*fam*) *affaire, travail;* hinschludern (*fam*) *travail écrit*
❽ (*marquer*) zeichnen *front, visage*
sabreur [sɑbʀœʀ] *m* ❶ (*soldat*) Draufgänger *m*
❷ (*escrimeur*) Säbelfechter *m*
sac[1] [sak] **I.** *m* ❶ Sack *m*, Beutel *m*; ~ **à pommes de terre** Kartoffelsack; ~ **à linge** Wäschebeutel; ~ **postal** Postsack; **mettre en** ~**s** in Säcke füllen
❷ (*en plastique*) [Plastik]tüte *f*; ~ **poubelle** Müllbeutel *m*; ~ **congélation** Gefrierbeutel *m*
❸ (*en papier*) Papiertüte *f*; ~ **aspirateur** Staubsaugerbeutel *m*
❹ (*bagage*) Tasche *f*; ~ **à main** Handtasche; ~ **à provisions** Einkaufstasche; ~ **d'écolier** Schultasche; ~ **de fantassin** [*o* **de soldat**] Marschgepäck *nt*; ~ **de marin** Seesack *m*; ~ **de plage/sport/voyage** Bade-/Sport-/Reisetasche; ~ **à dos** Rucksack *m*; **partir** ~ **au dos** mit dem Rucksack losziehen
❺ (*contenu*) **un** ~ **de pommes de terre/de ciment** ein Sack *m* Kartoffeln/Zement
❻ HIST *fam* (*dix francs ou mille anciens francs*) *tausend alte/zehn neue französische Franc*
❼ ANAT, ORN ~ **lacrymal/aérien** Tränen-/Luftsack *m*
▸ ~ **d'embrouilles** [*o* **de nœuds**] *fam* Wirrwarr *m*, verworrene Geschichte; **l'affaire est/c'est dans le** ~ *fam* die Sache/das ist gebongt (*fam*); **mettre dans le même** ~ in einen Topf werfen; **vider son** ~ *fam* auspacken (*fam*)
II. *app inv robe* Sack-
◆ ~ **de couchage** Schlafsack *m*; ~ **à malice[s]** Zauberkiste *f*; ~ **de sable** Sandsack *m*; ~ **à viande** *fam* Leinenschlafsack *m*
sac[2] [sak] *m* (*pillage*) Plünderung *f*; **mettre à** ~ plündern
saccade [sakad] *f* Ruck *m*; **par** ~**s** stoßweise; **parler par** ~**s** abgehackt sprechen
saccadé(e) [sakade] *adj débit, style* abgehackt; *démarche, gestes* ruckartig; *respiration, rire* stoßweise; *bruit* in kurzen, aufeinander folgenden Stößen; *sommeil* mehrmals gestört
saccage [sakaʒ] *m* ❶ (*pillage*) Plünderung *f*
❷ (*dévastation*) Verwüstung *f*
saccager [sakaʒe] <2a> *vt* ❶ (*dévaster*) verwüsten; vernichten *récolte*
❷ (*piller*) plündern
saccageur, -euse [sakaʒœʀ, -jøz] *m, f* Plünderer *m*
saccharification [sakaʀifikasjɔ̃] *f* CHIM Verzuckerung *f*, Saccharifikation *f* (*Fachspr.*)
saccharine [sakaʀin] *f* Saccharin *nt*
saccharose [sakaʀoz] *m* Saccharose *f*
SACEM [sasɛm] *f abr de* **Société des auteurs, compositeurs et éditeurs de musique** ≈ GEMA *f*
sacerdoce [sasɛʀdɔs] *m* ❶ REL Priesteramt *nt*
❷ (*vocation*) heiliges Amt
sacerdotal(e) [sasɛʀdɔtal, o] <-aux> *adj* Priester-
sachant [saʃɑ̃] *part prés de* **savoir**
sache [saʃ] *subj prés de* **savoir**
sachem [saʃɛm] *m* Häuptling *m*
sachet [saʃɛ] *m* Tüte *f*; ~ **de bonbons** Bonbontüte; ~ **de lavande** Lavendelsäckchen *nt*; ~ **de soupe instantanée** Suppentüte; ~ [**de**] **congélation** Gefrierbeutel *m*; **soupe en** ~ Tütensuppe *f*, Fertigsuppe *f*
sacoche [sakɔʃ] *f* Umhängetasche *f*; BELG (*sac à main*) Handtasche *f*; ~ **de cycliste** [Fahrrad]satteltasche *f*
sac-poubelle [sakpubɛl] <sacs-poubelles> *m* Müllbeutel *m*, Müllsack *m*
sacquer [sake] <1> *vt fam* ❶ (*renvoyer*) feuern (*fam*); **se faire** ~ gefeuert werden (*fam*)
❷ (*noter sévèrement*) schlecht benoten; **se faire** ~ schlecht benotet werden
❸ (*refuser à un examen*) durchrasseln lassen (*fam*); **il s'est**

S

fait ~ er ist durchgerasselt (*fam*)
❹ (*détester*) **ne pas pouvoir ~ qn** jdn nicht riechen können (*fam*)

sacralisation [sakʀalizasjɔ̃] *f* Verehrung *f*

sacraliser [sakʀalize] <1> *vt* ❶ (*rendre sacral*) als heilig verehren
❷ (*accorder de la valeur à*) ~ **qc** einer Sache (*Dat*) einen hohen Wert beimessen

sacramentel(le) [sakʀamɑ̃tɛl] *adj* sakramental

sacre [sakʀ] *m* ❶ (*cérémonie religieuse*) *d'un souverain, évêque* Inthronisation *f*
❷ (*consécration*) *du printemps* Krönung *f*
❸ CAN (*juron*) Fluch *m*

sacré [sakʀe] *m* **le** ~ das Göttliche

sacré(e)[1] [sakʀe] *adj* ❶ REL heilig; *art, édifice* sakral; *musique* geistlich
❷ *fig horreur* fürchterlich; **terreur ~e** Furcht *f* vor übernatürlichen Kräften
❸ (*inviolable*) *droits* geheiligt, unantastbar; *lois* heilig; **pour lui, le sommeil, c'est** ~ der Schlaf ist ihm heilig
❹ *antéposé fam* (*maudit*) ~ **nom d'un chien!** verdammt noch [ein]mal! (*fam*)
❺ *antéposé fam* (*satané*) verdammt (*fam*); *farceur, gaillard* irrsinnig (*fam*); **avoir un ~ talent** ein Wahnsinnstalent haben (*fam*); **avoir un ~ toupet** ganz schön dreist sein (*fam*); **cette ~e Lina a encore gagné!** diese verdammte Lina hat schon wieder gewonnen! (*fam*)

sacré(e)[2] [sakʀe] *adj* **les vertèbres ~es** das Kreuzbein

sacrebleu [sakʀəblø] *interj* Donnerwetter

Sacré-Cœur [sakʀekœʀ] *m sans pl* ❶ Herz *nt* Jesu
❷ (*basilique*) **le ~ se trouve à Paris** die Sacré-Cœur steht in Paris

sacrement [sakʀəmɑ̃] *m* Sakrament *nt;* **derniers ~s** Sterbesakramente *Pl;* **saint** ~ heiliges Sakrament

sacrément [sakʀemɑ̃] *adv fam* wahnsinnig (*fam*), ungeheuer; **il fait ~ beau** es ist ein irrsinnig schönes Wetter [draußen] (*fam*)

sacrer [sakʀe] <1> *vt* ❶ (*introniser*) inthronisieren
❷ (*déclarer*) ~ **qn le meilleur acteur de sa génération** jdn zum besten Schauspieler seiner Generation erklären; **être sacré le meilleur roman de l'année** zum besten Roman des Jahres erklärt werden

sacrificateur, -trice [sakʀifikatœʀ, -tʀis] *m, f* Opferpriester(in) *m(f)*

sacrifice [sakʀifis] *m* ❶ (*privation*) Opfer *nt;* **faire un ~** ein Opfer bringen
❷ *sans pl* (*renoncement*) Aufgabe *f;* **sens du ~** Opfergeist *m;* **faire le ~ de qc pour qc** etw für etw opfern
❸ REL (*immolation*) Opferung *f*
► Saint **Sacrifice** heilige Messe

sacrificiel(le) [sakʀifisjɛl] *adj* Opfer-

sacrifié(e) [sakʀifje] *m(f)* Opfer *nt*

sacrifier [sakʀifje] <1a> **I.** *vt* ❶ (*renoncer à*) opfern; **~ qn à ses intérêts** jdn seinen Interessen opfern; **~ qc pour** [*o* **à**] **qc** etw für etw opfern; **~ qc pour faire qc** etw opfern, um etw zu tun
❷ (*négliger*) vernachlässigen *personnage, rôle*
❸ COM zu Schleuderpreisen verkaufen, verramschen (*fam*) *marchandises;* heruntersetzen *prix*
❹ REL opfern
II. *vi littér* **~ à la mode** sich der Mode unterwerfen; **~ aux préjugés** Vorurteilen unterliegen
III. *vpr* **se ~ pour ses enfants** sich für seine Kinder aufopfern; **se ~ à des idées/pour la patrie** sich für eine Idee/für das Vaterland opfern

sacrilège [sakʀilɛʒ] **I.** *adj* ❶ frevelhaft
❷ REL gotteslästerlich
II. *m* ❶ Sakrileg *nt*
❷ REL (*profanation*) Gotteslästerung *f*
III. *mf* (*personne*) Gotteslästerer *m*/-lästerin *f*

sacripant [sakʀipɑ̃] *m fam* Strolch *m* (*fam*)

sacristain, sacristine [sakʀistɛ̃, sakʀistin] *m, f* Küster(in) *m(f)*, Kirchendiener(in) *m(f)*, Messner(in) *m(f)* (DIAL)

sacristie [sakʀisti] *f* Sakristei *f*

sacro-saint(e) [sakʀosɛ̃, sɛ̃t] <sacro-saints> *adj iron* sakrosankt

sacrum [sakʀɔm] *m* Kreuzbein *nt*

sadique [sadik] **I.** *adj* sadistisch
II. *mf* Sadist(in) *m(f)*

sadiquement [sadikmɑ̃] *adv* sadistisch

sadisme [sadism] *m* Sadismus *m*

sado [sado] *fam* **I.** *adj* Sado- (*fam*); **être ~** ein Sadist sein
II. *m, f* Sado *m*/Sado-Frau *f* (*fam*)

sadomaso [sadomazo] *fam* **I.** *adj inv* Sadomaso- (*fam*); **il/elle est ~** er/sie ist sadomasochistisch
II. *mf inv* Sadomaso *m*/Sadomaso-Frau *f* (*fam*)

sadomasochisme [sadomazɔʃism] *m* Sadomasochismus *m*

sadomasochiste [sadomazɔʃist] **I.** *adj* sadomasochistisch
II. *mf* Sadomasochist(in) *m(f)*

safari [safaʀi] *m* Safari *f*

safari-photo [safaʀifɔto] <safaris-photos> *m* Fotosafari *f*

safran[1] [safʀɑ̃] **I.** *m* ❶ GASTR, BOT Safran *m*
❷ (*couleur*) Safrangelb *nt*
II. *adj inv* safrangelb

safran[2] [safʀɑ̃] *m* NAUT Ruderblatt *nt*

saga [saga] *f* ❶ (*histoire familiale*) Familiensaga *f*
❷ (*légende*) Saga *f*

sagace [sagas] *adj* scharfsinnig

sagacité [sagasite] *f* Scharfsinn *m*

sagaie [sagɛ] *f* Lanze *f*

sage [saʒ] **I.** *adj* ❶ (*avisé*) *conseil, personne* weise; *décision* klug
❷ (*docile*) *écolier, enfant* artig, brav
❸ (*chaste*) *jeune fille* sittsam (*geh*)
❹ (*décent, modéré*) *goût, vêtement* schlicht; *roman* anständig
II. *m* Weise(r) *f(m);* **conseil des ~s** Rat *m* der Weisen

sage-femme [saʒfam] <sages-femmes> *f* Hebamme *f*

sagement [saʒmɑ̃] *adv* ❶ (*raisonnablement*) klug
❷ (*modérément*) *user* in Maßen
❸ (*docilement*) artig
❹ (*chastement*) sittsam

sagesse [saʒɛs] *f* ❶ Weisheit *f;* **agir avec ~** klug handeln; **user de qc avec ~** etw in Maßen gebrauchen; **un conseil plein de ~** ein weiser Rat; **la ~ de ta décision** deine kluge Entscheidung; **solution de la ~** vernünftige Lösung; **voie de la ~** vernünftiger Weg; **avoir la ~ de faire qc** so klug sein und etw tun
❷ (*docilité*) *d'un enfant, élève* Artigkeit *f*
❸ (*chasteté*) *d'une jeune fille* Sittsamkeit *f* (*geh*)
❹ (*modération*) *de vêtements* Schlichtheit *f*
► **~ des** nations Volksweisheit *f*

sagittaire [saʒitɛʀ] *f* BOT Pfeilkraut *nt*

Sagittaire [saʒitɛʀ] *m* ASTROL, ASTRON Schütze *m;* **être** [**du signe du**] ~ [ein] Schütze sein, im Zeichen des Schützen geboren sein

sagouin(e) [sagwɛ̃, in] *m(f) fam* (*personne malpropre*) Schwein *nt* (*fam*), Ferkel *nt* (*fam*)

Sahara [saaʀa] *m* **le** ~ die Sahara

saharien(ne) [saaʀjɛ̃, jɛn] *adj* ❶ GEOG aus der Sahara; *oasis* in der Sahara
❷ (*extrême*) *température* tropisch

saharienne [saaʀjɛn] *f* Safari-Jacke *f*

Sahel [saɛl] *m* **le** ~ der Sahel, die Sahelzone

saignant(e) [sɛɲɑ̃, ɑ̃t] *adj* ❶ (*sanglant*) *blessure, plaie* blutend
❷ (*rouge*) *bifteck, viande* englisch
❸ (*douloureux*) *blessure, douleur* tief; *critique* scharf, hart; *mésaventure* schmerzlich
❹ (*violent*) **ça va être ~!** da werden die Fetzen fliegen!

saignée [seɲe] *f* ❶ (*sillon*) *d'un arbre* Zapfstelle *f; du sol* Rinne *f;*

d'une pièce Nut *f*
❷ MED Aderlass *m*
❸ (*pertes humaines, financières*) Aderlass *m*
❹ ANAT Armbeuge *f*
saignement [sɛɲmɑ̃] *m* ❶ (*perte de sang*) Blutung *f;* **les ~s de nez** das Nasenbluten
❷ (*fait de saigner*) Bluten *nt*
saigner [seɲe] <1> **I.** *vi* ❶ bluten; ~ **du nez** aus der Nase bluten
❷ *littér* (*souffrir*) *dignité, orgueil:* verletzt sein; *cœur:* bluten
▶ **ça va ~!** da werden die Fetzen fliegen!
II. *vt* ❶ MED zur Ader lassen
❷ (*tuer*) abstechen *animal;* ~ **qn** jdm die Gurgel durchschneiden
❸ (*exploiter*) schröpfen *personne*
III. *vpr* **se ~ pour qn** für jdn [schwer] bluten müssen (*fig*)
saillant [sajɑ̃] *m d'un bastion* Vorsprung *m; d'une frontière* Ausbuchtung *f*
saillant(e) [sajɑ̃, jɑ̃t] *adj* ❶ (*protubérant*) *corniche, front* [her]vorspringend; *veine, yeux, muscle* hervortretend; *pommettes, menton* vorstehend; *angle* spitz
❷ (*important*) *événement* herausragend; *trait* hervorstechend
saillie¹ [saji] *f* ❶ (*aspérité*) Vorsprung *m;* **en ~** vorspringend
❷ *littér* (*boutade*) Geistesblitz *m*
saillie² [saji] *f* ZOOL (*accouplement*) Decken *nt*
saillir¹ [sajiʀ] <*irr, déf*> *vi corniche, front:* [her]vorspringen; *veines, yeux, muscle:* hervortreten; *menton, os:* vorstehen
saillir² [sajiʀ] <8> *vt* decken
sain(e) [sɛ̃, sɛn] *adj* ❶ (*en bonne santé, salubre*) gesund; *constitution* kräftig
❷ (*non abîmé*) *fruit, viande* einwandfrei; *fondations* solide
❸ (*normal*) *affaire, gestion* seriös
❹ (*de bon aloi*) *politique, lectures, idées* vernünftig
❺ NAUT ungefährlich
▶ **~(e) et sauf(sauve)** gesund und wohlbehalten
saindoux [sɛ̃du] *m* Schweineschmalz *nt*
sainement [sɛnmɑ̃] *adv manger, vivre* gesund; *juger, réagir* vernünftig
sainfoin [sɛ̃fwɛ̃] *m* [Futter]esparsette *f*
saint(e) [sɛ̃, sɛ̃t] **I.** *adj* ❶ heilig; **~es huiles** Salböl *nt;* **~(e) patron(ne)** Schutzheilige(r) *f(m);* **le ~ sacrifice de la messe** die heilige Messe; **le Saint Sépulcre** das Heilige Grab; **la Sainte Vierge** die Heilige Jungfrau; **les Saintes Écritures** die Heilige Schrift; **vendredi/samedi ~** Karfreitag *m*/Karsamstag *m;* **jeudi ~** Gründonnerstag *m;* **la nuit du samedi ~** die Osternacht
❷ *antéposé* (*inspiré par la piété*) **une ~e colère** ein heiliger Zorn
II. *m(f)* REL Heilige(r) *f(m);* **le culte des ~s** die Heiligenverehrung
▶ **ne pas savoir à quel ~ se vouer** weder ein noch aus wissen
◆ **~s de glace** Eisheilige(n) *Pl;* **~ des saints** Allerheiligste(s) *nt*
Saint-Barthélemy [sɛ̃baʀtelemi] *f sans pl* **la ~** die Bartholomäusnacht **saint-bernard** [sɛ̃bɛʀnaʀ] <saint-bernard[s]> *m* ❶ (*chien*) Bernhardiner *m* ❷ (*âme secourable*) Samariter *m* **saint-cyrien(ne)** [sɛ̃siʀjɛ̃, jɛn] <saint-cyriens> *m(f) Schüler der Elite-Militärschule Saint-Cyr*
Sainte-Alliance [sɛ̃taljɑ̃s] *f* **la ~** die Heilige Allianz **Sainte-Catherine** [sɛ̃tkatʀin] *f sans pl* ▶ **elle coiffe ~** sie ist fünfundzwanzig Jahre alt und ledig
Sainte Édith [sɛ̃tedit] *f* **la ~** das Fest der heiligen Edith
Sainte-Hélène [sɛ̃telɛn(ə)] GEOG Sankt Helena *nt*
saintement [sɛ̃tmɑ̃] *adv* heilig
Saint-Esprit [sɛ̃tɛspʀi] *m sans pl* **le ~** der Heilige Geist
sainteté [sɛ̃tte] *f* Heiligkeit *f;* **Sa/Votre Sainteté** Seine/Ihre Heiligkeit
saint-frusquin [sɛ̃fʀyskɛ̃] *m inv fam* Krempel *m* (*fam*), Kram *m* (*fam*) **saint-glinglin** [sɛ̃glɛ̃glɛ̃] *f sans pl fam* ▶ **à la ~** am Sankt-Nimmerleins-Tag (*fam*) **saint-honoré** [sɛ̃tɔnɔʀe] *m inv mit Sahne oder Pudding gefüllter Brandteigkuchen* **Saint-Jean** [sɛ̃ʒɑ̃] *f sans pl* **la ~** das Johannisfest **Saint-Marin** [sɛ̃maʀɛ̃] *m* San Marino **Saint-Nicolas** [sɛ̃nikɔla] *f sans pl* **la ~** der Nikolaustag, Nikolaus **Saint-Office** [sɛ̃tɔfis] *m* ECCL, HIST Heiliges Offizium *nt* **Saint-Père** [sɛ̃pɛʀ] <Saints-Pères> *m* Heiliger Vater **saint-pierre** [sɛ̃pjɛʀ] <saint-pierre[s]> *m* (*poisson*) Heringskönig *m* **Saint-Pierre** [sɛ̃pjɛʀ] *m sans pl* Sankt Petrus *m* **Saint-Pierre-et-Miquelon** [sɛ̃pjɛʀemikəlɔ̃] *m* Saint-Pierre-et-Miquelon *kein Art* **Saint-Siège** [sɛ̃sjɛʒ] *m sans pl* Heiliger Stuhl **saint-simonien(ne)** [sɛ̃simɔnjɛ̃, jɛn] <saint-simoniens> **I.** *adj* saint-simonistisch **II.** *m(f)* Saint-Simonist(in) *m(f)* **Saint-Sylvestre** [sɛ̃silvɛstʀ] *f sans pl* Silvester *m o nt*
sais [sɛ] *indic prés de* **savoir**
saisi [sezi] *m* JUR Pfändungsschuldner *m*
saisi(e) [sezi] **I.** *part passé de* **saisir**
II. *adj* JUR *personne, chose* gepfändet
saisie [sezi] *f* ❶ JUR Pfändung *f,* Exekution *f* (A); **~ conservatoire** Sicherungsbeschlagnahmung *f;* **~ immobilière** Immobiliarpfändung; **~ mobilière** Pfändung einer beweglichen Sache; **~ sur compte bancaire** Kontopfändung
❷ (*confiscation*) Beschlagnahmung *f*
❸ INFORM Erfassen *nt;* **~ de l'écran** Screenshot *m* (*Fachspr.*)
saisie-arrêt [seziaʀɛ] <saisies-arrêts> *f* JUR Pfändung *f* bei einem Dritten **saisie-exécution** [seziɛgzekysjɔ̃] <saisies-exécutions> *f* Zwangsvollstreckung *f*
saisir [seziʀ] <8> **I.** *vt* ❶ (*prendre*) packen, fassen; **~ qn par les épaules/le chien par le collier** jdn an den Schultern/den Hund am Halsband packen [*o* fassen]; **~ qn à bras le corps** jdn mit beiden Armen umfassen
❷ (*attraper*) **~ le ballon au vol** den Ball auffangen; **réussir à ~ la corde** den Strick zu fassen bekommen
❸ (*mettre à profit*) wahrnehmen *chance;* ergreifen *occasion;* zum Anlass nehmen *prétexte*
❹ (*comprendre*) begreifen; **~ au vol une partie de la conversation** einen Teil des Gesprächs aufschnappen
❺ *littér* (*s'emparer de*) **~ qn** *allégresse, désespoir, malaise:* jdn ergreifen; *colère, horreur, peur, fièvre:* jdn packen
❻ (*impressionner*) **~ qn** *beauté:* jdn bezaubern; *ressemblance, changement:* jdn verblüffen
❼ GASTR anbraten *viande*
❽ (*confisquer*) beschlagnahmen, pfänden
❾ JUR (*porter devant*) anrufen, gehen vor *commission;* **~ un tribunal d'une affaire** mit einer Sache vor Gericht gehen
❿ INFORM erfassen
II. *vi fam* durchblicken (*fam*)
III. *vpr* **se ~ de qc** zu etw greifen
saisissable [sezisabl] *adj* ❶ (*compréhensible*) verständlich
❷ JUR pfändbar
saisissant(e) [sezisɑ̃, ɑ̃t] *adj* ❶ (*qui surprend*) *beauté* ergreifend; *changement, différence* erstaunlich; *froid* schneidend
❷ JUR **être ~(e)** Pfandgläubiger(in) *m(f)* sein
saisissement [sezismɑ̃] *m* ❶ (*frisson*) Schaudern *nt*
❷ (*émotion*) Ergriffenheit *f;* **de ~** vor Schreck; **il resta muet de ~** ihm verschlug es die Sprache
saison [sɛzɔ̃] *f* ❶ (*division de l'année*) Jahreszeit *f;* **belle/mauvaise ~** schöne/kalte Jahreszeit; **en toute(s) ~(s)** ganzjährig; **il n'y a plus de ~s** *fam* das Wetter ist auch nicht mehr das, was es einmal war
❷ (*époque privilégiée*) **~ littéraire/lyrique** Literatur-/Lyrikwochen *Pl;* **~ théâtrale** Theatersaison *f;* **~ des amours** Paarungszeit *f;* **~ des foins** Zeit *f* der Heuernte; **fruits de ~** Früchte der Saison
❸ SPORT, TOURISME Saison *f;* **basse/haute ~** Neben-/Hochsaison; **morte ~** flaue Saison; **en/hors ~** während/außerhalb der Saison; **faire la ~** während der Saison arbeiten
❹ (*cure*) Kur[aufenthalt *m*] *f*

S

► **sujet de** ~ aktuelles Thema; **hors de** ~ unangemessen

saisonnalité [sezɔnalite] *f des ventes* Saisonabhängigkeit *f*/-bedingtheit *f*

saisonnier, -ière [sɛzɔnje, -jɛʀ] **I.** *adj* ❶ (*propre à la saison*) jahreszeitlich; *maladie* jahreszeitlich bedingt
❷ (*limité à la saison*) saisonal
II. *m, f* Saisonarbeiter(in) *m(f)*

sait [sɛ] *indic prés de* **savoir**

saké [sake] *m* Sake *m*

salace [salas] *adj littér plaisanterie, écrit* unanständig; *personne* lüstern

salacité [salasite] *f littér d'un écrit, d'une plaisanterie* Unanständigkeit *f; d'une personne* Lüsternheit *f*

salade [salad] *f* ❶ Salat *m;* ~ **verte** grüner Salat; ~ **niçoise** Nizza-Salat; ~ **de tomates/pommes de terre** Tomaten-/Kartoffelsalat; ~ **de saison** Salat der Saison; ~ **de fruits** Obstsalat, Fruchtsalat; **légumes en** ~ als Salat zubereitetes Gemüse
❷ *fam* (*confusion*) Salat *m* (*fam*)
❸ *pl fam* (*mensonges*) Geschichten *Pl* (*fam*)
► **vendre sa** ~ **à qn** *fam* jdm seinen Kram andrehen (*fam*)

saladier [saladje] *m* Salatschüssel *f*

salage [salaʒ] *m* ❶ (*pour conserver*) *d'un plat, de conserves* Salzen *nt*
❷ (*contre le verglas*) **le** ~ **des routes** das Salzstreuen [auf den Straßen]

salaire [salɛʀ] *m* ❶ Gehalt *nt; d'un ouvrier* Lohn *m;* ~ **brut** Bruttoverdienst *m;* ~ **de famine** [*o* **misère**] Hungerlohn; **toucher un** ~ ein Gehalt beziehen
❷ (*récompense*) Lohn *m*
◆ ~ **d'appoint** Zusatzlohn *m*

salaison [salɛzɔ̃] *f* ❶ *gén pl* (*viande*) Pökelfleisch *nt;* ~**s de bœuf** gepökeltes Rindfleisch
❷ (*action*) Pökeln *nt*

salamalecs [salamalɛk] *mpl fam* Katzbuckelei *f;* **faire des** ~ katzbuckeln

salamandre [salamɑ̃dʀ] *f* Salamander *m*

salami [salami] *m* Salami *f*

salant [salɑ̃] *adj v.* **marais**

salarial(e) [salaʀjal, jo] <-aux> *adj* **politique** ~**e** Lohnpolitik *f*

salariat [salaʀja] *m* ❶ Arbeitnehmer *Pl*
❷ (*condition*) Status *m* des Arbeitnehmers

salarié(e) [salaʀje] **I.** *adj travail* unselb[st]ständig; *personne* nicht selb[st]ständig beschäftigt
II. *m(f)* Arbeitnehmer(in) *m(f); d'une entreprise* die Belegschaft

salaud [salo] *fam* **I.** *adj* hundsgemein (*fam*)
II. *m* Dreckskerl *m* (*fam*)

sale [sal] **I.** *adj* ❶ schmutzig; *personne* schmuddelig (*fam*)
❷ *antéposé fam* (*vilain, louche*) übel; *type, temps* mies (*fam*); *coup* hart; **avoir une** ~ **gueule** (*visage antipathique*) fies aussehen (*fam*)
❸ (*obscène*) schmutzig
II. *m fam* **être au** ~ in der schmutzigen Wäsche sein

salé [sale] **I.** *m* **petit** ~ gepökeltes Schweinefleisch
II. *adv manger* salzig

salé(e) [sale] *adj* ❶ *beurre, cacahuètes* gesalzen; **eau** ~**e** Salzwasser *nt;* **être trop** ~**(e)** *soupe:* versalzen sein; *eau de mer:* zu salzig sein
❷ (*conservé dans le sel*) *poisson* gesalzen; *viande* gepökelt
❸ *fam* (*corsé*) *addition* gesalzen (*fam*); *histoire* schlüpfrig

salement [salmɑ̃] *adv* ❶ *manger* unmanierlich; *travailler* schludrig (*fam*); *gagner* auf unsaubere Weise
❷ *fam* (*très*) ganz schön (*fam*)

saler [sale] <1> **I.** *vi* ❶ GASTR salzen
❷ TECH Salz streuen
II. *vt* ❶ GASTR salzen; (*conserver dans le sel*) einsalzen
❷ TECH streuen *route*
❸ *fam* (*corser*) ~ **l'addition** [*o* **la note**] ganz schön abkassieren (*fam*)

saleté [salte] *f* ❶ Schmutzigkeit *f*
❷ (*chose sale*) Dreck *m;* **faire des** ~**s partout** alles schmutzig machen
❸ (*crasse*) *sans pl* Dreck *m*
❹ *fam* (*objet sans valeur*) Plunder *m* (*fam*)
❺ *fam* (*crapule*) Dreckskerl *m*/Miststück *nt* (*fam*)
❻ *fam* (*maladie*) verdammte Krankheit (*fam*); (*fléau*) Kreuz *nt* (*fam*); **ramasser une** ~ sich (*Dat*) etwas einfangen (*fam*)
❼ *fam* (*friandise*) süßes Zeug (*fam*)
❽ (*mauvaise action*) Gemeinheit *f*
❾ (*obscénité*) Unanständigkeit *f*
❿ *fam* (*juron*) ~ **de Paul/de télé!** dieser verdammte Paul/Fernseher! (*fam*)
► **faire des** ~**s** *euph animal:* sein Geschäft machen

saleuse [saløz] *f* Streufahrzeug *nt*

salicylique [salisilik] *adj* **acide** ~ Salizylsäure *f*

salière [saljɛʀ] *f* ❶ Salzstreuer *m*
❷ *fam* (*creux des clavicules*) Salzfass *nt* (*fam*)

salifère [salifɛʀ] *adj* salzhaltig; **cette région est** ~ in dieser Gegend gibt es Salzvorkommen

saligaud [saligo] *m fam* Mistkerl *m* (*fam*)

salin [salɛ̃] *m* Salzgarten *m*

salin(e) [salɛ̃, in] *adj* salzhaltig

saline [salin] *f* Saline *f*

salinité [salinite] *f* Salzgehalt *m*

salique [salik] *adj* HIST salisch; **la loi** ~ das Salische Gesetz

salir [saliʀ] <8> **I.** *vt* ❶ schmutzig machen; (*complètement*) verschmutzen
❷ (*déshonorer*) beschmutzen *honneur;* durch den Schmutz ziehen *mémoire, personne*
II. *vpr* **se** ~ ❶ sich schmutzig machen; **se** ~ **les mains** sich (*Dat*) die Hände schmutzig machen
❷ (*devenir sale*) schmutzig werden
❸ *littér* (*se déshonorer*) das Gesicht verlieren

salissant(e) [salisɑ̃, ɑ̃t] *adj* ❶ schmutzig; **des travaux/jeux** ~**s** Arbeiten/Spiele, bei denen man sich schmutzig macht
❷ (*qui se salit*) **être** ~**(e)** schnell schmutzen

salissure [salisyʀ] *f* ❶ Schmutzspur *f;* (*tache*) Schmutzfleck *m*
❷ *pl* (*ordures*) Dreck *m*

salivaire [salivɛʀ] *adj* **glande** ~ Speicheldrüse *f*

salivation [salivasjɔ̃] *f* Speichelfluss *m*

salive [saliv] *f* Speichel *m*
► **dépenser** [*o* **gaspiller**] **sa** [*o* **de la**] ~ *fam* sich (*Dat*) den Mund fusselig reden (*fam*); **ravaler sa** ~ schlucken

saliver [salive] <1> *vi* ❶ Speichel produzieren
❷ (*convoiter*) ~ **d'envie de faire un tour en moto** scharf darauf sein eine Motorradfahrt zu machen (*fam*); ~ **d'impatience** vor Ungeduld vergehen; **laisser qn** ~ **d'impatience** jdn zappeln lassen; **faire** ~ **qn** jdm den Mund wäss[e]rig machen (*fam*)

salle [sal] *f* ❶ Saal *m;* ~ **de bal/concert** Ball-/Konzertsaal; ~ **de billard** Billardraum *m;* ~ **polyvalente** Mehrzweckhalle *f;* **faire du sport en** ~ Hallensport betreiben
❷ (*cinéma*) Kino *nt;* ~**s obscures** Kinos *Pl*
❸ (*spectateurs*) Publikum *nt;* **toute la** ~ der ganze Saal
► **faire** ~ **comble** die Säle füllen
◆ ~ **à manger** Esszimmer *nt;* (*dans un restaurant*) Speisesaal *m;* ~ **d'armes** Fechtsaal *m;* ~ **d'attente** Wartesaal *m;* (*chez un médecin*) Wartezimmer *nt;* ~ **d'audience** Gerichtssaal *m;* ~ **de bains** Badezimmer *nt;* ~ **de cinéma** Kinosaal *m,* Kino *nt;* ~ **de classe** Klassenzimmer *nt;* ~ **de congrès** Tagungsraum *m;* ~ **d'eau** Waschraum *m;* ~ **d'étude** Hausaufgabenraum *m;* ~ **des fêtes** Festhalle *f;* ~ **de jeux** Spielzimmer *nt;* ~ **des machines** Maschinenraum *m;* ~ **d'opération** Operationssaal *m;* ~ **des pas perdus** Bahnhofshalle *f;* ~ **de police** Arrestzelle *f;* ~ **de réanimation** Intensivstation *f;* ~ **de rédaction** Redaktion *f;* ~ **de restaurant** Speisesaal *m;* ~ **de réunion** Sitzungssaal *m;* ~ **de séjour** Wohnzimmer *nt;* ~ **de spectacle** Veran-

staltungssaal *m;* ~ **des sports** Sporthalle *f;* ~ **de théâtre** Theatersaal *m,* Theater *nt;* ~ **de travail** MED Kreißsaal *m;* ~ **des ventes** Auktionslokal *nt*

salmigondis [salmigɔ̃di] *m fam* Durcheinander *nt,* Mischmasch *m* (*fam*)

salmis [salmi] *m* Salmi *nt*

salmonelle [salmɔnɛl] *f* Salmonelle *f*

salmonellose [salmɔneloz] *f* Salmonellose *f*

salmonidés [salmɔnide] *mpl* Salmoniden *Pl*

saloir [salwaʀ] *m* Pökelfass *nt*

Salomon [salomɔ̃] *m v.* **jugement**

salon [salɔ̃] *m* ❶ Wohnzimmer *nt*
❷ (*mobilier*) Sitzgarnitur *f*
❸ (*salle d'hôtel*) (*pour les clients*) Gesellschaftsraum *m;* (*pour des conférences, réunions*) Veranstaltungsraum *m*
❹ (*exposition*) Messe *f;* ~ **professionnel** Fachmesse; **Salon du jouet** Spielwarenmesse; **Salon de l'Auto[mobile]** Automobil-Salon *m*
❺ LITTER Salon *m*
◆ ~ **de coiffure** Friseursalon *m;* ~ **d'essayage** Umkleidekabine *f;* ~ **de jardin** Gartenmöbel *Pl;* ~ **de thé** Teestube *f*

saloon [salun] *m* Saloon *m*

salopard [salɔpaʀ] *m fam* Dreckskerl *m* (*fam*); **bande de** ~**s** Saubande *f* (*fam*)

salope [salɔp] *f* ❶ *vulg* (*débauchée*) Nutte *f* (*sl*)
❷ *fam* (*garce*) Miststück *nt* (*fam*)

saloper [salɔpe] <1> *vt fam* ❶ hinschludern (*fam*)
❷ (*salir*) versauen (*fam*)

saloperie [salɔpʀi] *f fam* ❶ Ramsch *m kein Pl* (*fam*); **vendre de la** ~ Ramsch verkaufen (*fam*)
❷ (*saletés*) *gén pl* Sauerei *f* (*fam*)
❸ (*mauvaise nourriture*) Fraß *m kein Pl* (*fam*)
❹ (*maladie*) verdammte Krankheit (*fam*); (*fléau*) Kreuz *nt* (*fam*)
❺ (*méchanceté*) Gemeinheit *f;* **faire une** ~ **à qn** jdm übel mitspielen
❻ (*obscénité*) Schweinerei *f* (*fam*)
▶ **c'est de la** ~ das taugt nichts; ~ **d'ordinateur/de bagnole** Scheißcomputer *m sl*/Scheißkiste *f* (*sl*)

salopette [salɔpɛt] *f* Latzhose *f*

salpêtre [salpɛtʀ] *m* Salpeter *m*

salpingite [salpɛ̃ʒit] *f* Eileiterentzündung *f*

salsa [salsa] *f* Salsa *m*

salsifis [salsifi] *m* ❶ BOT Haferwurz *m*
❷ GASTR Schwarzwurzel *f*

saltimbanque [saltɛ̃bɑ̃k] *mf* Gaukler(in) *m(f)*

salubre [salybʀ] *adj* gesund

salubrité [salybʀite] *f* ❶ *du climat* gesundheitsfördernde Wirkung; *de l'air* Reinheit *f; d'un logement* gesundheitliche Zuträglichkeit
❷ (*hygiène*) Hygiene *f;* **par mesure de** ~ zum Schutz der Gesundheit
❸ ADMIN ~ **publique** öffentliches Gesundheitswesen

saluer [salɥe] <1> **I.** *vt* ❶ grüßen; ~ **qn de la main** jdm zuwinken
❷ (*dire au revoir*) ~ **qn** sich von jdm verabschieden
❸ (*rendre hommage*) würdigen; loben *film*
❹ (*accueillir*) begrüßen; ~ **qn par des sifflets** jdn zur Begrüßung auspfeifen; **être salué(e) par des applaudissements** mit Applaus aufgenommen werden
❺ *soutenu* (*considérer*) ~ **Brassens comme chef de file de la chanson française** Brassens als die Nr. 1 des französischen Chansons ansehen
❻ MIL ~ **un supérieur/le drapeau** vor einem Vorgesetzten/vor der Fahne salutieren
II. *vi* ❶ THEAT sich verbeugen
❷ MIL salutieren

salut¹ [saly] **I.** *m* ❶ Gruß *m;* **faire un** ~ **de la main** winken; **sans un** ~ grußlos
❷ MIL ~ **aux supérieurs/au drapeau** Salutieren *nt* vor den Vorgesetzten/vor der Fahne
II. *interj* ❶ *fam* (*bonjour*) ~! hallo! (*fam*)
❷ *fam* (*au revoir*) ~! tschüs! (*fam*)
❸ *littér* (*pour rendre hommage*) ~, **puissant roi!** heil dir, mächtiger König!

salut² [saly] *m* ❶ Rettung *f;* **le** ~ **de l'entreprise passe par là** das Unternehmen ist nur so zu retten; **chercher son** ~ **dans la fuite** sein Heil in der Flucht suchen
❷ REL Heil *nt*
❸ POL ~ **public** öffentliches Wohl

salutaire [salytɛʀ] *adj* heilsam; *décision* richtig; **ce séjour a été** ~ dieser Aufenthalt hat gut getan; ~ **à qn/qc** (*avantageux*) vorteilhaft für jdn/etw; (*secourable*) hilfreich für jdn/etw

salutation [salytasjɔ̃] *f* ❶ REL Gruß
❷ *souvent iron ou péj* (*action de saluer*) Begrüßung *f*
❸ *pl form* **transmettez mes** ~**s à votre épouse** grüßen Sie Ihre Frau von mir; **je vous prie/nous vous prions d'agréer, Madame/Monsieur, mes/nos** ~**s distinguées, veuillez agréer, Madame/Monsieur, mes/nos** ~**s distinguées** mit freundlichen Grüßen; **veuillez agréer, Madame la Présidente, mes respectueuses** ~**s** hochachtungsvoll

salutiste [salytist] **I.** *adj* der Heilsarmee
II. *mf* Mitglied *nt* der Heilsarmee

salvateur, -trice [salvatœʀ, -tʀis] *adj soutenu* heilsam; *réflexe* rettend

salve [salv] *f* Salve *f*
◆ ~ **d'applaudissements** Beifallssturm *m*

Salzbourg [saltsbuʀ] Salzburg *nt*

Samaritain(e) [samaʀitɛ̃, ɛn] *m(f)* HIST, REL Samariter(in) *m(f)*

samarium [samaʀjɔm] *m* Samarium *nt*

samba [sɑ̃mba] *f* Samba *f*

samedi [samdi] *m* Samstag *m; v. a.* **dimanche**

samouraï [samuʀaj] *m* Samurai *m*

samovar [samɔvaʀ] *m* Samowar *m*

sampan[g] [sɑ̃pɑ̃] *m* Sampan *m*

S.A.M.U. [samy] *m abr de* **Service d'aide médicale d'urgence** ärztlicher Bereitschaftsdienst; (*médecin*) Notarzt *m*/-ärztin *f;* **appeler le** ~ den Notarzt rufen

samurai [samuʀaj] *m inv v.* **samouraï**

sana [sana] *m abr de* **sanatorium** *fam* Sanatorium *nt*

sanatorium [sanatɔʀjɔm] *m* Sanatorium *nt*

sanctifiant(e) [sɑ̃ktifjɑ̃, jɑ̃t] *adj* REL heiligsprechend

sanctifier [sɑ̃ktifje] <1a> *vt* heiligen

sanction [sɑ̃ksjɔ̃] *f* ❶ Strafe *f;* SCOL Strafarbeit *f;* **mériter une** ~ bestraft werden müssen; **être passible d'une** ~ sich strafbar machen
❷ ECON, POL Sanktion *f;* **prendre une** ~ **contre qn** eine Strafmaßnahme gegen jdn ergreifen; ECON eine Sanktion über jdn verhängen
❸ (*conséquence*) Folge *f*
❹ *a.* JUR (*confirmation*) Sanktion *f;* **recevoir la** ~ **de qn** von jdm sanktioniert werden

sanctionner [sɑ̃ksjɔne] <1> **I.** *vt* ❶ (*punir*) bestrafen; ECON sanktionieren
❷ (*ratifier, confirmer*) sanktionieren
II. *vi* zu einer Strafmaßnahme greifen

sanctuaire [sɑ̃ktɥɛʀ] *m* ❶ REL Heiligtum *nt*
❷ (*refuge*) Refugium *nt*

sandale [sɑ̃dal] *f* Sandale *f*

sandalette [sɑ̃dalɛt] *f* Sandalette *f*

sandow [sɑ̃do] *m* ❶ Spanngurt *m*
❷ (*propulseur*) Schleppseil *nt*

sandre [sɑ̃dʀ] *m* Zander *m*

sandwich [sɑ̃dwitʃ] <[e]s> *m* ❶ GASTR Sandwich *nt;* ~ **au jambon** Schinkensandwich
❷ (*matériau intercalé*) Verbundmaterial *nt*

▸ **prendre en** ~ *fam* (*encadrer*) in die Mitte nehmen *personne, véhicule;* (*coincer*) einkeilen *personne, véhicule;* SPORT in die Zange nehmen (*fam*) *joueur*

sandwicherie [sɑ̃dwi(t)ʃʀi] *f* Sandwichbude *f*

sang [sɑ̃] *m* ❶ ANAT Blut *nt;* **donner son** ~ Blut spenden; **être en** ~ bluten; **se gratter jusqu'au** ~ sich blutig kratzen
❷ (*race*) Blut *nt;* **être de** ~ **royal** von königlichem Geblüt sein (*geh*)
❸ (*vie*) Leben *nt;* **payer qc de son** ~ etw mit seinem Leben bezahlen
▸ **coup de** ~ (*colère*) Tobsuchtsanfall *m;* **suer** ~ **et eau** Blut und Wasser schwitzen; **qn a du** ~ **sur les mains** an jds Händen klebt Blut; **qn a le** ~ **qui lui monte à la tête** jdm steigt das Blut in den Kopf; **ne pas avoir de** ~ **dans les veines** *fam* keinen Mumm in den Knochen haben (*fam*); **bon** ~ **ne peut mentir** *prov* der Apfel fällt nicht weit vom Stamm (*prov*); **avoir le** ~ **chaud** hitziges Blut haben; **du** ~ **frais** [*o* **neuf**] frischer Wind; **se faire du mauvais** ~ sich (*Dat*) Sorgen machen; **avoir qc dans le** ~ etw im Blut haben; **baigner dans son** ~ in einer Blutlache liegen; **donner/verser son** ~ **pour qn/qc** sein Leben für jdn/etw geben; **répandre le** ~ **de qn** jds Blut vergießen; **se ronger les** ~**s** *fam* vor Angst umkommen; **dans le** ~ in einem Blutbad

sang-froid [sɑ̃fʀwa] *m sans pl* ❶ Beherrschung *f;* **conserver** [*o* **garder**] **son** ~ einen kühlen Kopf bewahren; **perdre son** ~ seine Beherrschung verlieren
❷ (*froideur*) Kaltblütigkeit *f;* **agir avec** ~ kaltblütig handeln; **de** ~ kaltblütig

sanglant(e) [sɑ̃glɑ̃, ɑ̃t] *adj* ❶ blutig
❷ (*violent*) hart; *rencontre, match* hitzig
❸ *littér* (*rouge*) blutrot

sangle [sɑ̃gl] *f* Spanngurt *m;* ~ **d'une selle** Sattelgurt *m*

sangler [sɑ̃gle] <1> **I.** *vt* ❶ ~ **un cheval** einem Pferd den Sattelgurt anlegen; ~ **une bâche** eine Plane mit Gurten befestigen; **les chevaux sont sanglés** die Pferde sind gesattelt
❷ (*être serré*) **être sanglé(e) dans une jupe étroite** in einem engen Rock eingeschnürt sein
II. *vpr* **se** ~ sich einschnüren

sanglier [sɑ̃glije] *m* ZOOL, GASTR Wildschwein *nt*

sanglot [sɑ̃glo] *m* Schluchzer *m;* **avec des** ~**s dans la voix** mit schluchzender Stimme; **éclater en** ~**s** in Tränen ausbrechen; **être en** ~**s** in Tränen aufgelöst sein

sangloter [sɑ̃glɔte] <1> *vi* schluchzen

sang-mêlé [sɑ̃mele] *mf inv* Mischling *m*

sangria [sɑ̃gʀija] *f* Sangria *f*

sangsue [sɑ̃sy] *f* ❶ ZOOL Blutegel *m*
❷ *fam* (*personnage collant*) Klette *f* (*fam*)

sanguin [sɑ̃gɛ̃] *m* Sanguiniker(in) *m(f)*

sanguin(e) [sɑ̃gɛ̃, in] *adj* ❶ ANAT **plasma** ~ Blutplasma *nt*
❷ (*coloré*) rot; **orange** ~**e** Blutorange *f*
❸ (*impulsif*) hitzig; *type* sanguinisch

sanguinaire [sɑ̃ginɛʀ] *adj* ❶ blutrünstig
❷ *soutenu* (*sanglant*) blutig

sanguine [sɑ̃gin] *f* ❶ (*orange*) Blutorange *f*
❷ (*crayon*) Rötel *m*

sanguinolent(e) [sɑ̃ginɔlɑ̃, ɑ̃t] *adj* blutig

sanisette® [sanizɛt] *f* öffentliche Münztoilette *f*

sanitaire [sanitɛʀ] **I.** *adj* sanitär; *mesure* gesundheitspolizeilich; **installations** ~**s** Sanitärinstallationen *Pl;* **cordon** ~ Sperrgürtel *m;* **les services** ~**s** der Wirtschaftskontrolldienst
II. *m gén pl* Sanitäranlagen *Pl*

sans [sɑ̃] **I.** *prép* ohne; ~ **scrupules/manches** skrupel-/ärmellos; ~ **remède** ausweglos; ~ **arrêt** ununterbrochen; ~ **but** ziellos; **partir** ~ **fermer la porte** gehen ohne die Tür zu schließen; **la situation n'est pas** ~ **nous inquiéter** nicht, dass wir über die Situation nicht beunruhigt wären; **vous n'êtes pas** ~ **savoir que** Sie wissen doch, dass; ~ **que tu le saches** ohne dass du es weißt
▸ ~ **plus** das ist aber auch alles; ~ **quoi** sonst
II. *adv fam* ohne; **il va falloir faire** ~ wir werden ohne auskommen müssen

sans-abri [sɑ̃zabʀi] *m inv* Obdachlose(r) *f(m)* **sans-cœur** [sɑ̃kœʀ] **I.** *adj inv* herzlos; **rester** ~ ungerührt bleiben **II.** *mf inv* herzloser Mensch

sanscrit [sɑ̃skʀi] *m* **le** ~ [das] Sanskrit *nt; v. a.* **allemand**

sanscrit(e) [sɑ̃skʀi, it] *adj* **la langue** ~**e** das Sanskrit

sans-culotte [sɑ̃kylɔt] <sans-culottes> *m* Sansculotte *m* **sans-emploi** [sɑ̃zɑ̃plwa] *m inv* Arbeitslose(r) *f(m)* **sans-façon** [sɑ̃fasɔ̃] *m inv* Ungezwungenheit *f* **sans-faute** [sɑ̃fot] *m inv* hervorragende Leistung; SPORT fehlerfreier Durchgang **sans-fil** [sɑ̃fil] *m inv* Funktelefon *nt* **sans-filiste** [sɑ̃filist] <sans-filistes> *mf* [Amateur]funker(in) *m(f)* **sans-gêne** [sɑ̃ʒɛn] **I.** *adj inv* ungeniert **II.** *m sans pl* (*désinvolture*) Ungeniertheit *f* **III.** *mf inv* (*personne désinvolte*) unverfrorene Person **sans-grade** [sɑ̃gʀad] <sans-grade[s]> *mf fam* Handlanger(in) *m(f)*

sanskrit [sɑ̃skʀi] *adj, v.* **sanscrit**

sans-le-sou [sɑ̃lsu] *mf inv fam* armer Schlucker (*fam*) **sans-logis** [sɑ̃lɔʒi] *mf inv soutenu* Obdachlose(r) *f(m)*

sansonnet [sɑ̃sɔnɛ] *m* ZOOL Star *m*

sans-papiers [sɑ̃papje] *mf inv Ausländer, die sich illegal in Frankreich aufhalten* **sans-plomb** [sɑ̃plɔ̃] *m inv* (*essence*) Bleifrei *nt* **sans-souci** [sɑ̃susi] *inv* **I.** *adj personne* sorglos, gedankenlos **II.** *mf vieilli* Luftikus *m* (*hum*) **sans-travail** [sɑ̃tʀavaj] *mf inv* Arbeitslose(r) *f(m)*

santal [sɑ̃tal] *m* ❶ Sandelbaum *m*
❷ (*bois*) Sandelholz *nt*
❸ (*essence*) Sandelholzöl *nt*

santé [sɑ̃te] *f* ❶ Gesundheit *f;* ~ **mentale** Geisteszustand *m;* **comment va la** ~? wie geht es gesundheitlich?; **être bon pour la** ~ gesund sein; **avoir une** ~ **de fer** eine eiserne Gesundheit haben; **être en bonne/mauvaise** ~ es geht einem gesundheitlich gut/schlecht
❷ ADMIN **le ministre de la Santé** der Gesundheitsminister; **la** ~ **publique** das öffentliche Gesundheitswesen; **les services de** ~ das Gesundheitsamt; (*armée*) der Sanitätsdienst; **profession de la** ~ Heilberuf *m*
▸ **y laisser sa** ~ *fam* dabei seine Gesundheit ruinieren; **se refaire une** ~ *fam* mal wieder ausspannen; **respirer la** ~ *fam* vor Gesundheit strotzen; **à la** ~ **de qn** auf jds Wohl (*Akk*); **à ta** ~! auf dein Wohl!

santiag [sɑ̃tjag] *f fam* Cowboystiefel *m*

santon [sɑ̃tɔ̃] *m* Krippenfigur *f*

saoudien(ne) [saudjɛ̃, jɛn] *adj* saudi-arabisch

Saoudien(ne) [saudjɛ̃, jɛn] *m(f)* Saudi-Araber(in) *m(f)*

saoul(e) [su, sul] *adj v.* **soûl**

saouler [sule] <1> *vt v.* **soûler**

sapajou [sapaʒu] *m* ❶ Kapuzineraffe *m*
❷ *péj fam* (*individu*) Gartenzwerg (*fig fam*)

sape [sap] *f* ❶ Unterwanderung *f*
❷ (*galerie*) Unterhöhlung *f*

saper [sape] <1> **I.** *vt* ❶ untergraben; ~ **le moral de qn** jds Moral untergraben; ~ **la santé de qn** jds Gesundheit zusetzen; ~ **qn avec ses questions incessantes** jdn mit seiner ständigen Fragerei zum Wahnsinn treiben (*fam*)
❷ (*miner à la base*) unterhöhlen
❸ *fam* (*habiller*) anziehen; **être bien sapé(e)** rausgeputzt sein (*fam*)
II. *vpr fam* **se** ~ sich anziehen; (*s'habiller bien*) sich in Schale werfen (*fam*)

saperlipopette [sapɛʀlipɔpɛt] *interj hum vieilli* Sapperlot (*veraltet*)

sapes [sap] *fpl arg* Klamotten *Pl* (*fam*)

sapeur [sapœʀ] *m* MIL Pionier *m*
▸ **fumer comme un** ~ *fam* wie ein Schlot rauchen (*fam*)

sapeur-pompier [sapœʀpɔ̃pje] <sapeurs-pompiers> *m* Feuerwehrmann *m;* **femme** ~ Feuerwehrfrau *f;* **les sapeurs-**

pompiers die Feuerwehr, die Brandwache (CH)
saphique [safik] *adj* ① HIST, LITTER sapphisch
② *littér* (*lesbien*) lesbisch
saphir [safiʀ] **I.** *m a.* AUDIOV Saphir *m*
II. *adj inv* saphirblau
saphisme [safism] *m littér* Sapphismus *m*
sapidité [sapidite] *f* Schmackhaftigkeit *f;* **agent de** ~ Geschmacksverstärker *m*
sapin [sapɛ̃] **I.** *m* Tanne *f;* ~ **de Noël** Weihnachtsbaum *m*
II. *app inv* dunkelgrün
sapinière [sapinjɛʀ] *f* Tannenschonung *f*
saponacé(e) [sapɔnase] *adj spéc crème, substance* seifenartig
saponaire [sapɔnɛʀ] *f* Seifenkraut *nt*
saponification [sapɔnifikasjɔ̃] *f* ① TECH Verseifen *nt*
② CHIM Verseifung *f*
saponifier [sapɔnifje] <1a> *vt* verseifen
sapristi [sapʀisti] *interj* ~**!** ach, du meine Güte!
saquer [sake] <1> *vt v.* **sacquer**
sarabande [saʀabɑ̃d] *f* ① *fam* (*chahut*) Spektakel *m* (*fam*)
② MUS Sarabande *f*
sarbacane [saʀbakan] *f* Blasrohr *nt*
sarcasme [saʀkasm] *m* Sarkasmus *m;* (*remarque*) sarkastische Bemerkung
sarcastique [saʀkastik] *adj* sarkastisch
sarcastiquement [saʀkastikmɑ̃] *adv* sarkastisch
sarcelle [saʀsɛl] *f* ZOOL Knäkente *f*
sarclage [saʀklaʒ] *m* Jäten *nt*
sarcler [saʀkle] <1> *vt* jäten
sarclette [saʀklɛt] *f* [kleine] Jäthacke
sarcloir [saʀklwaʀ] *m* Jäthacke *f*
sarcome [saʀkom] *m* Sarkom *nt*
sarcophage [saʀkɔfaʒ] *m* Sarkophag *m*
Sardaigne [saʀdɛɲə] *f* **la** ~ Sardinien *nt*
sardane [saʀdan] *f* (*danse catalane*) Sardana *f*
sarde [saʀd] **I.** *adj* sardisch
II. *m* **le** ~ Sardisch *nt; v. a.* **allemand**
Sarde [saʀd] *mf* Sarde *m*/Sardin *f*
sardine [saʀdin] *f* ① Sardine *f*
② MIL *fam* Tresse *f*
▸ **serrés comme des** ~**s en boîte** *fam* dicht gedrängt wie in einer Sardinenbüchse (*fam*)
sardinerie [saʀdinʀi] *f* Sardinenkonservenfabrik *f*
sardinier, -ière [saʀdinje, -jɛʀ] *m, f* Sardinenfischer(in) *m(f)*
sardonique [saʀdɔnik] *adj* hämisch
sari [saʀi] *m* Sari *m*
sarigue [saʀig] *f* Beutelratte *f*
S.A.R.L. [ɛsaɛʀɛl] *f abr de* **société à responsabilité limitée** GmbH *f*
sarment [saʀmɑ̃] *m* ① Weinrebe *f*
② (*tige flexible*) Ranke *f*
sarmenteux, -euse [saʀmɑ̃tø, -øz] *adj* rankentreibend
sarrasin [saʀazɛ̃] *m* Buchweizen *m*
sarrau [saʀo] *m* Kittel *m;* ~ **de peintre** Malerkittel *m*
Sarre [saʀ] *f* ① **la** ~ Saarland *nt*
② (*rivière*) Saar *f*
Sarrebruck [saʀbʀyk] Saarbrücken *nt*
sarriette [saʀjɛt] *f* Bohnenkraut *nt*
sas [sɑs] *m* ① Schleusenkammer *f*
② (*pièce intermédiaire*) Schleuse *f*
sassafras [sasafʀa] *m* Sassafras *m*
sasser [sase] <1> *vt* ① sieben *semoules*
② durchschleusen *bateau*
▸ ~ **et resasser qc** etw drehen und wenden, etw von allen Seiten beleuchten
Satan [satɑ̃] *m* Satan *m*
satané(e) [satane] *adj antéposé* ① (*maudit*) verflucht, verflixt (*fam*)
② (*sacré*) toll (*fam*); ~ **farceur!** du Teufelskerl! *m* (*fam*); **un** ~ **coureur de jupons** ein toller [*o* verwegener] Frauenheld
satanique [satanik] *adj a.* REL satanisch; *ruse* teuflisch
satellisation [satelizasjɔ̃] *f* ① ESPACE Abschießen *nt* in die Umlaufbahn
② POL (*résultat*) Abhängigkeit *f*
satelliser [satelize] <1> *vt* ① ESPACE in die Umlaufbahn bringen
② POL zu einem Satellitenstaat machen *pays*
satellite [satelit] **I.** *m* ① ESPACE Satellit *m*
② ASTRON Trabant *m*
③ POL Satellitenstaat *m*
II. *adj* **ville** ~ Satellitenstadt *f*
satiété [sasjete] *f* Sättigung *f;* (*dégoût*) Übersättigung; **à** ~ reichlich; (*jusqu'au dégoût*) bis zum Geht-nicht-mehr (*fam*); **manger à** ~ sich satt essen
satin [satɛ̃] *m* Satin *m;* **peau de** ~ seidenweiche Haut
satiné [satine] *m* ① seidiger Glanz
② (*douceur*) *de la peau* Zartheit *f*
satiné(e) [satine] *adj* ① seidig glänzend; *peinture* seidenmatt; **papier** ~ Glanzpapier *nt*
② (*doux*) seidenweich; *peau* samtig
satiner [satine] <1> *vt* satinieren
satinette [satinɛt] *f* Satin *m*
satire [satiʀ] *f* Satire *f;* **faire la** ~ **de qn/qc** *pièce, texte:* eine Satire auf jdn/etw sein; *auteur:* über jdn/etw spotten
satirique [satiʀik] *adj* satirisch; **poète** ~ Satiriker *m*
satisfaction [satisfaksjɔ̃] *f* ① *sans pl* Zufriedenheit *f;* **à la** ~ **générale** zur allgemeinen Zufriedenheit
② (*auto-satisfaction*) Genugtuung *f*
③ (*contentement*) Befriedigung *f*
④ (*action de satisfaire*) **la** ~ **d'un désir** die Erfüllung eines Wunsches; **la** ~ **de la faim** das Stillen des Hungers; **la** ~ **d'un instinct** die Befriedigung eines Triebs; **accorder la** ~ **d'une demande à qn** jds Bitte entsprechen (*geh*)
⑤ (*raison d'être satisfait*) Befriedigung *f;* **avoir beaucoup de** ~**[s] avec qn/qc** mit jdm/etw sehr zufrieden sein
▸ **qn/qc donne toute** ~ **à une personne** ein Mensch ist mit jdm/etw sehr zufrieden; **donner** ~ **à qn** jdn zufrieden stellen; **donner** ~ **à tout le monde** allen gerecht werden; **donner** ~ **à un plaignant** einem Kläger Recht geben; **obtenir** ~ bekommen, was man will
satisfaire [satisfɛʀ] *<irr>* **I.** *vt* ① *travail, solution:* befriedigen; *personne:* zufrieden stellen
② (*assouvir*) befriedigen; stillen *faim, soif*
③ (*donner droit à*) ~ **une demande** einer Bitte entsprechen (*geh*); ~ **une réclamation** eine Reklamation erledigen
II. *vi* ~ **à une condition/demande** eine Bedingung erfüllen/einer Bitte entsprechen (*geh*); ~ **à une obligation** einer Verpflichtung nachkommen; ~ **à certaines règles** sich an bestimmte Regeln halten
III. *vpr* ① **se** ~ **de qc** sich mit etw begnügen
② *euph* (*uriner*) **se** ~ sich erleichtern
③ *euph* (*prendre son plaisir*) **se** ~ seine Lust befriedigen; (*par la masturbation*) sich selbst befriedigen
satisfaisant(e) [satisfəzɑ̃, ɑ̃t] *adj* befriedigend
satisfait(e) [satisfɛ, ɛt] *adj* zufrieden; **être** ~**(e) de qn/qc** mit jdm/etw zufrieden sein
saturateur [satyʀatœʀ] *m* Luftbefeuchter *m*
saturation [satyʀasjɔ̃] *f* ① Überdruss *m;* **manger du chocolat jusqu'à** ~ Schokolade essen, bis man nicht mehr kann
② (*surcharge*) Sättigung *f; d'un standard téléphonique, d'une rue* Überlastung *f*
③ CHIM, PHYS Sättigung *f; d'un réacteur* Auslastung *f*
▸ **arriver** [*o* **être**] **à** ~ *personne, aéroport:* voll ausgelastet sein; CHIM *solution:* gesättigt sein
saturé(e) [satyʀe] *adj* ① CHIM, GEOL, PHYS gesättigt; *sol* [wasser]gesättigt; *atome* abgesättigt
② CHIM *vieilli* (*neutralisé*) *acide* neutralisiert
③ (*plein*) *éponge* voll gesogen; *autoroute, aéroport* überlastet

saturer [satyʀe] <1> **I.** *vt* ❶ **les politiciens me saturent** von den Politikern habe ich genug (*fam*); **mes élèves me saturent avec leurs questions** ich habe die Fragen meiner Schüler satt (*fam*)
❷ (*plus que rassasier*) **le poisson me sature, je suis saturé(e) de poisson** *fam* ich kann keinen Fisch mehr sehen (*fam*); **être saturé(e) de publicité** mit Werbung übersättigt sein
❸ (*surcharger*) verstopfen; **être saturé(e)** *standard:* besetzt sein; *rues, égouts:* verstopft sein; *marché:* gesättigt sein; CHIM, GEOL gesättigt sein; *air:* zum Schneiden sein
II. *vi fam* die Nase voll haben (*fam*)
saturnales [satyʀnal] *fpl* ❶ HIST Saturnalien *Pl*
❷ (*débauche*) Ausschweifungen *Pl*
Saturne [satyʀn] *f* Saturn *m*
saturnisme [satyʀnism] *m* Bleivergiftung *f*
satyre [satiʀ] *m* ❶ Sittenstrolch *m*
❷ MYTH Satyr *m*
sauce [sos] *f* ❶ GASTR Soße *f;* ~ **béchamel/chasseur** Béchamel-/Jägersoße; ~ **vinaigrette** Vinaigrette *f;* ~ **au vin** Weinsoße; ~ **béarnaise** Sauce Béarnaise *f;* **viande en** ~ Fleisch mit Soße
❷ *fam* (*délayage*) Drumherum *nt* (*fam*)
▸ **la ~ fait passer le poisson** *fam* es kommt darauf an, wie man die bittere Pille versüßt (*fam*); **mettre qc à toutes les ~s** *fam* etw in allen Variationen servieren (*fam*); **être mis(e) à toutes les ~s** für alles herhalten müssen (*fam*)
saucée [sose] *f fam* Guss *m* (*fam*)
saucer [sose] <2> *vt* ❶ austunken
❷ *fam* **être saucé(e)/se faire** ~ klatschnass sein/werden (*fam*)
saucier [sosje] *m* Soßenkoch *m*
saucière [sosjɛʀ] *f* ❶ Soßenschüssel *f*
❷ (*personne*) Soßenköchin *f*
sauciflard [sosiflaʀ] *m fam luftgetrocknete Salami*
saucisse [sosis] *f* ❶ GASTR Würstchen *nt*
❷ *fam* (*idiot*) Knallkopf *m* (*fam*)
❸ HIST, MIL (*ballon captif*) Fesselballon *m*
saucisson [sosisɔ̃] *m* GASTR *luftgetrocknete Salami;* ~ **sec** Hartwurst *f*
▸ **ficeler qn comme un** ~ *fam* jdn verschnüren; **être ficelé(e) comme un** ~ (*mal vêtu*) unmöglich angezogen sein (*fam*); (*être serré*) eingeschnürt wie eine Wurst sein (*fam*)
saucissonnage [sosisɔnaʒ] *m fam* Unterbrechung *f*
saucissonné(e) [sosisɔne] *adj fam* eingezwängt
saucissonner [sosisɔne] <1> *fam* **I.** *vi* picknicken
II. *vt* unterbrechen; **des films saucissonnés par des pubs** Filme *Pl* mit eingeblendeten Werbespots
sauf [sof] *prép* ❶ bis auf (+ *Akk*); ~ **quand/si** außer wenn; ~ **que tu es trop jeune** abgesehen davon, dass du zu jung bist
❷ (*à moins de*) abgesehen von; JUR vorbehaltlich (+ *Gen*) (*form*); ~ **erreur de ma part** wenn ich mich nicht irre; ~ **imprévu** wenn nichts dazwischen kommt; ~ **avis contraire** wenn niemand dagegen ist
sauf, sauve [sof, sov] *adj* unversehrt; *honneur* unangetastet; **avoir la vie sauve** mit dem Leben davonkommen; **laisser à qn la vie sauve** jdn am Leben lassen
sauf-conduit [sofkɔ̃dɥi] <sauf-conduits> *m* Passierschein *m*
sauge [soʒ] *f* Salbei *m*
saugrenu(e) [sogʀəny] *adj* albern; *idée* hirnrissig (*fam*)
saule [sol] *m* Weide *f;* ~ **pleureur** Trauerweide
saumâtre [somɑtʀ] *adj* ❶ brackig; *goût* salzig
❷ *fam* (*désagréable*) *impression* unangenehm; *plaisanterie* geschmacklos
saumon [somɔ̃] **I.** *m* Lachs *m*
II. *adj inv* lachsfarben
III. *app* **rose** ~ lachsrosa
saumoné(e) [somɔne] *adj* **truite ~e** Lachsforelle *f*
saumure [somyʀ] *f* ❶ Salzlake *f*
❷ IND, TECH Sole *f*
sauna [sona] *m* Sauna *f*
saunier, -ière [sonje, -jɛʀ] *m, f* ❶ Salzwerker(in) *m(f)*
❷ (*exploitant*) Salinenbesitzer(in) *m(f)*
saupiquet [sopikɛ] *m würzige Soße, die zum Fleisch serviert wird*
saupoudrage [sopudʀaʒ] *m* ❶ FIN *de crédits, subventions* Verteilung *f* nach dem Gießkannenprinzip
❷ GASTR ~ **de cacao** Bestreuen *nt* mit Kakao
saupoudrer [sopudʀe] <1> *vt* ❶ GASTR ~ **qc de sucre/sel** etw mit Zucker/Salz bestreuen; ~ **qc de farine** etw mit Mehl bestäuben
❷ FIN ~ **qn de subventions** Subventionen an jdn verteilen; ~ **les crédits** Kredite nach dem Gießkannenprinzip verteilen
saupoudreuse [sopudʀøz] *f* Streudose *f*
saur [sɔʀ] *adj* **hareng** ~ Bückling *m*
saurai [sɔʀɛ] *fut de* **savoir**
saurien [sɔʀjɛ̃] *m* Echse *f*
sauriens [zɔʀjɛ̃] *mpl* ZOOL Schuppenkriechtiere *Pl*
saut [so] *m* ❶ Sprung *m*
❷ SPORT ~ **à la perche** Stabhochsprung *m;* ~ **à la corde** Seilspringen *nt;* ~ **en longueur** Weitsprung; ~ **en parachute** Fallschirm[ab]sprung; ~ **en chute libre** Sprung in freiem Fall; ~ **de haies** Hürdenspringen *nt;* ~ **d'obstacles** Hindernissprung; ~ **périlleux** Salto *m*
❸ (*cascade*) Wasserfall *m*
❹ INFORM Sprung *m*
▸ **au ~ du lit** beim Aufstehen; **prendre qn au ~ du lit** jdn aus dem Bett holen; **faire le** ~ den Schritt wagen; **faire un ~ chez qn** *fam* auf einen Sprung bei jdm vorbeischauen (*fam*)
◆ ~ **de l'ange** Kopfsprung *m;* ~ **de carpe** Hechtsprung *m;* (*sursaut*) Hochfahren *nt;* ~ **de la mort** Salto mortale *m;* ~ **de puce** Katzensprung *m;* **à un ~ de puce d'ici** einen Katzensprung von hier [entfernt]
saut-de-lit [sod(ə)li] <sauts-de-lit> *m* Morgenrock *m* **saut-de-loup** [sod(ə)lu] <sauts-de-loup> *m* breiter Graben **saut-de-mouton** [sod(ə)mutɔ̃] <sauts-de-mouton> *m* Überführung *f*
saute [sot] *f* ~ **de température** plötzlicher Temperaturumschwung; ~ **de vent** Umschlagen *nt* des Windes; ~ **d'humeur** plötzlicher Stimmungsumschwung; ~ **d'image** Flimmern *nt* des Bildes
sauté [sote] *m* ~ **de veau** Kalbsragout *nt*
saute-mouton [sotmutɔ̃] *m inv* Bockspringen *nt;* **jouer à** ~ Bockspringen machen
sauter [sote] <1> **I.** *vi* ❶ springen; (*sautiller*) [herum]hüpfen; (*sauter vers le haut*) hochspringen; ~ **du lit** aus dem Bett springen; ~ **par la fenêtre/d'un train** aus dem Fenster/aus dem Zug springen
❷ SPORT springen; ~ **en parachute** mit dem Fallschirm abspringen; ~ **à la corde** Seil springen
❸ (*se précipiter*) ~ **sur l'occasion** die Gelegenheit beim Schopf packen; ~ **sur le prétexte** den Vorwand benutzen; ~ **sur la proposition** sofort auf den Vorschlag eingehen
❹ (*passer brusquement*) ~ **d'un sujet à l'autre** von einem Thema zum anderen springen; ~ **du CP en CE2** *élève:* ≈ die zweite Klasse überspringen
❺ (*jaillir*) *bouchon:* knallen; *bouton, chaîne:* abspringen
❻ (*exploser*) *bâtiment, pont:* in die Luft fliegen (*fam*); *bombe:* hochgehen (*fam*); ~ **sur une mine** *personne:* auf eine Mine treten; *navire:* auf eine Mine laufen; *camion:* auf eine Mine fahren; **faire ~ qn/qc** jdn/etw in die Luft sprengen
❼ ELEC *circuit:* zusammenbrechen; *courant:* ausfallen; *fusibles, plombs:* durchbrennen
❽ *fam* (*ne pas avoir lieu*) *classe, cours:* ausfallen
❾ *fam* (*être renvoyé*) gefeuert werden (*fam*); *ministre:* abgesetzt werden; **faire ~ qn** *personne:* jdn feuern (*fam*); *faute, com-*

portement: jdn den Kopf kosten
⑩ (*être oublié*) **un mot a sauté** ein Wort fehlt
⑪ GASTR **faire ~ qc** etw braten; **des pommes de terre sautées** Bratkartoffeln *Pl*
⑫ (*clignoter*) *image:* flackern
⑬ (*annuler*) **faire ~ une contravention** eine Geldstrafe rückgängig machen
II. *vt* ① **~ un fossé/mur** über einen Graben/eine Mauer springen
② (*omettre*) überspringen *étape, page, classe;* vergessen *mot;* auslassen *repas*
③ *fam* (*avoir des relations sexuelles*) bumsen (*sl*)
sauterelle [sotʀɛl] *f* Heuschrecke *f*
sauterie [sotʀi] *f fam* Tanzparty *f*
sauteur [sotœʀ] *m* SPORT Springer *m;* (*cheval*) Springpferd *nt*
sauteur, -euse [sotœʀ, -øz] *adj* **les insectes ~s** die Springheuschrecken
sauteuse [sotøz] *f* ① GASTR Bratpfanne *f*
② (*scie*) Stichsäge *f*
③ SPORT Springerin *f*
sautillant(e) [sotijɑ̃, jɑ̃t] *adj* ① [umher]hüpfend
② (*saccadé*) flott
sautillement [sotijmɑ̃] *m* ① [Herum]hüpfen *nt*
② (*caractère décousu*) *d'une conversation* ständiger Themenwechsel
sautiller [sotije] <1> *vi* hüpfen
sautoir [sotwaʀ] *m* ① SPORT Sprunganlage *f*
② (*collier*) lange Halskette (*über der Brust getragen*); **porter qc en ~** etw an der Halskette tragen
▶ **en ~** überkreuz
sauvage [sovaʒ] **I.** *adj* ① *camping, grève* wild; *concurrence, vente* illegal
② (*opp: domestique*) wild; *plante* wild wachsend; **un animal à l'état ~** ein in der Wildnis lebendes Tier
③ (*primitif*) primitiv
④ (*à l'état de nature*) *côte* wild; *lieu, pays* unberührt; *beauté* unverfälscht
⑤ (*farouche*) scheu
⑥ (*violent*) brutal; *haine, horde* wild; *cris* gellend
II. *mf* ① Einzelgänger(in) *m(f)*
② (*brute*) Rohling *m;* **comme des ~s** wie die Wilden (*fam*)
③ (*indigène*) Wilde(r) *f(m)*
sauvagement [sovaʒmɑ̃] *adv* auf bestialische Weise; *frapper, traiter* brutal
sauvageon [sovaʒɔ̃] *m* AGR Wildling *m*
sauvageon(ne) [sovaʒɔ̃, ɔn] *m(f)* [junge(r)] Wilde(r) *f(m),* jugendliche(r) Randalierer(in) *m(f)*
sauvagerie [sovaʒʀi] *f* ① Grausamkeit *f*
② (*insociabilité*) Ungeselligkeit *f*
sauvagine [sovaʒin] *f* ① CHASSE Wasser- und Sumpfvögel *Pl*
② TECH Felle *Pl*
sauve [sov] *adj f v.* **sauf**
sauvegarde [sovgaʀd] *f* ① Schutz *m;* **~ de l'emploi** Sicherung *f* der Arbeitsplätze
② INFORM Sicherheitskopie *f,* Backup *nt* (*Fachspr.*); **faire la ~ d'un fichier** eine Sicherungskopie einer Datei erstellen
sauvegarder [sovgaʀde] <1> *vt* ① sich (*Dat*) bewahren *indépendance, liberté;* wahren *droits;* schützen *biens, patrimoine;* aufrechterhalten *relations, image de marque*
② INFORM sichern
sauve-qui-peut [sovkipø] *m inv* Panik *f*
sauver [sove] <1> **I.** *vt* ① **~ qn de la noyade** jdn vor dem Ertrinken retten; **~ qn du désespoir** jdn aus der Verzweiflung retten; **~ la vie à qn** jdm das Leben retten; **il a été sauvé par sa ceinture de sécurité** der Sicherheitsgurt war seine Rettung
② (*sauvegarder*) **~ qc d'un naufrage/du feu** etw vor dem Untergang/dem Feuer retten; **~ une entreprise de la faillite** ein Unternehmen vor dem Konkurs bewahren
③ INFORM sichern *fichiers*
④ REL erlösen
⑤ (*racheter*) retten *livre, film*
▶ **~ les meubles** retten, was zu retten ist
II. *vi* retten; **un réflexe/geste qui sauve** ein rettender Reflex/eine rettende Geste
▶ **sauve qui peut!** rette sich wer kann!
III. *vpr* ① **se ~ du désastre/danger** der Katastrophe/Gefahr entkommen; **se ~ d'un mauvais pas** sich wieder herauswinden
② (*s'enfuir*) **se ~** flüchten
③ *fam* (*s'en aller*) **se ~** sich auf die Socken machen (*fam*)
④ (*déborder*) **se ~** überkochen
⑤ REL **se ~** erlöst werden
sauvetage [sov(ə)taʒ] *m* Rettung *f; de naufragés* Bergung *f*
sauveteur [sov(ə)tœʀ] *m* Retter(in) *m(f)*
sauvette [sovɛt] *f* **à la ~** *fam* auf die Schnelle (*fam*); **se marier à la ~** überstürzt heiraten; **vendre à la ~** schwarz verkaufen; **vendeur à la ~** Schwarzhändler *m*
sauveur [sovœʀ] **I.** *adj m* rettend
II. *m* ① Retter(in) *m(f)*
② REL **le Sauveur** der Heiland
SAV [ɛsave] *m abr de* **service après-vente** Kundendienst *m*
savamment [savamɑ̃] *adv* ① geschickt
② (*avec érudition*) gelehrt
③ (*par expérience*) **parler ~ du chômage** über Arbeitslosigkeit aus Erfahrung sprechen
savane [savan] *f* ① (*vaste prairie*) Savanne *f*
② CAN (*terrain marécageux*) Sumpfgelände *nt*
savant(e) [savɑ̃, ɑ̃t] **I.** *adj* ① gelehrt; **être ~(e) en histoire** in Geschichte sehr bewandert sein; **c'est trop ~ pour moi** das ist mir zu hochgestochen (*fam*)
② *antéposé péj discussion* hochgestochen; *calcul* kompliziert
③ (*habile*) geschickt; **c'est un ~ dosage** das ist wohl dosiert
④ (*dressé*) dressiert
II. *m(f)* ① Gelehrte(r) *f(m)*
② (*scientifique*) Wissenschaftler(in) *m(f)*
savarin [savaʀɛ̃] *m* Savarin *m*
savate [savat] *f* ① Hauslatschen *m* (*fam*); (*chaussure*) Treter *m* (*fam*); **en ~s** *fam* in Pantoffeln
② *fam* (*maladroit*) Tollpatsch *m* (*fam*)
③ SPORT ≈ Kickboxen *nt* (*Boxkampfart, bei der Fußtritte erlaubt sind*); (*coup*) Fußtritt *m*
▶ **traîner la ~** *fam* sich herumtreiben; (*vivoter*) sich so durchschlagen (*fam*)
savetier [sav(ə)tje] *m* Flickschuster *m*
saveur [savœʀ] *f* ① Geschmack *m;* **avoir une ~ âcre/douce** bitter/süß schmecken; **sans ~** geschmacklos
② (*attrait*) *d'une nouveauté, d'un interdit* Reiz *m; d'une formule, d'un style* Würze *f*
Savoie [savwa] *f* **la ~** Savoyen *nt*
savoir [savwaʀ] <*irr*> **I.** *vt* ① wissen; **~ la nouvelle par les journaux/sa famille** die Neuigkeit aus den Zeitungen/von seiner Familie erfahren haben; **~ qn malade/en danger** wissen, dass jdn krank/in Gefahr ist; **faire ~ à qn que tout va bien** jdm Bescheid sagen, dass alles in Ordnung ist; **on sait qu'il est malade** es ist bekannt, dass er krank ist
② (*connaître*) können *leçon, rôle, langue;* kennen *détails;* **~ qc de** [*o* **sur**] **qn/qc** etw über jdn/etw wissen; **bien ~ sa leçon** seine Lektion gut gelernt haben; **tâcher d'en ~ davantage** versuchen mehr zu erfahren
③ (*être capable de*) **~ attendre/dire non** warten/nein sagen können; **je ne saurais vous renseigner** ich kann Ihnen leider keine Auskunft geben
④ (*être conscient*) wissen
⑤ BELG, NORD (*pouvoir*) **ne pas ~ venir à l'heure** nicht pünktlich sein können

S

▸ ~ **y faire** *fam* wissen, wie man's macht (*fam*); **qn ne sait plus où se mettre** [*o* **fourrer**] *fam* jd würde sich am liebsten in ein Mauseloch verkriechen (*fam*); **ne rien vouloir** ~ davon nichts wissen wollen; **à** ~ nämlich; **on ne sait jamais** man kann nie wissen; **en** ~ **quelque chose** ein Lied davon singen können (*fam*); **n'en rien** ~ keine Ahnung haben
II. *vi* wissen
▸ **pas que je sache** nicht dass ich wüsste; **pour autant que je sache!** soviel ich weiß!
III. *vpr* ❶ **se** ~ bekannt sein
❷ (*avoir conscience*) **se** ~ **en danger/malade** wissen, dass man in Gefahr/krank ist
▸ **tout se sait** nichts bleibt verborgen; **ici, tout se sait** hier bleibt niemandem etwas verborgen
IV. *m* Wissen *nt*
savoir-faire [savwaʀfɛʀ] *m inv* Know-how *nt* **savoir-vivre** [savwaʀvivʀ] *m inv* Benehmen *nt*
savon [savɔ̃] *m* ❶ Seife *f*; ~ **de Marseille** Kernseife
❷ *fam* (*réprimande*) Rüffel *m* (*fam*); **passer un** ~ **à qn** jdm einen Rüffel erteilen (*fam*); **prendre un** [**bon**] ~ was zu hören kriegen (*fam*)
savonnage [savɔnaʒ] *m* Waschen *nt* mit Seife
savonner [savɔne] <1> **I.** *vt* ❶ einseifen
❷ *fam* (*réprimander*) ~ **qn** jdm den Kopf waschen (*fam*)
II. *vpr* **se** ~ sich einseifen; **se** ~ **les mains** sich die Hände mit Seife waschen
savonnerie [savɔnʀi] *f* Seifenfabrik *f*
savonnette [savɔnɛt] *f* Toilettenseife *f*
savonneux, -euse [savɔnø, -øz] *adj* seifig; **eau savonneuse** Seifenwasser *nt*
savourer [savuʀe] <1> **I.** *vt* genießen *mets, boisson;* auskosten *triomphe, vengeance*
II. *vi* genießen
savoureux, -euse [savuʀø, -øz] *adj* köstlich
savoyard(e) [savwajaʀ, jaʀd] *adj* savoyisch
Savoyard(e) [savwajaʀ, jaʀd] *m(f)* Savoyarde *m*/Savoyardin *f*, Savoyer(in) *m(f)*
saxe [saks] *m* Meiß[e]ner Porzellan *nt*
Saxe [saks] *f* **la** ~ Sachsen *nt*
Saxe-Anhalt [saksanalt] *f* Sachsen-Anhalt *nt*
saxhorn [saksɔʀn] *m* Saxhorn *nt*
saxifrage [saksifʀaʒ] *f* Steinbrech *m*
saxo [sakso] **I.** *m* Saxophon [*o* Saxofon] *nt*
II. *mf* Saxophonist [*o* Saxofonist](in) *m(f)*
saxon [saksɔ̃] *m* **le** ~ Sächsisch *nt*, das Sächsische; *v. a.* **allemand**
saxon(ne) [saksɔ̃, ɔn] *adj* sächsisch
Saxon(ne) [saksɔ̃, ɔn] *m(f)* Sachse *m*/Sächsin *f*
saxophone [saksɔfɔn] *m* Saxophon [*o* Saxofon] *nt*
saxophoniste [saksɔfɔnist] *mf* Saxophonist [*o* Saxofonist](in) *m(f)*
sbire [sbiʀ] *m* Scherge *m*/Schergin *f*
scabieuse [skabjøz] *f* BOT Skabiose *f*
scabieux, -euse [skabjø, -jøz] *adj* skabiös
scabreux, -euse [skabʀø, -øz] *adj* ❶ *conversation, histoire* schlüpfrig; *allusion* anzüglich; *sujet* gewagt
❷ *soutenu* (*risqué*) *question, thème* gewagt
scalaire [skalɛʀ] **I.** *adj* skalar
II. *m* Skalar *m*
scalène [skalɛn] *adj* **triangle** ~ ungleichseitiges Dreieck
scalp [skalp] *m* ❶ Skalp *m*
❷ (*action*) Skalpieren *nt*
scalpel [skalpɛl] *m* Skalpell *nt*
scalper [skalpe] <1> *vt* skalpieren
scampi [skɑ̃pi] *mpl* Scampi *Pl*
scandale [skɑ̃dal] *m* ❶ Skandal *m*; **presse à** ~ Skandalpresse *f*
❷ (*indignation*) Empörung *f*
❸ (*tapage*) Lärm *m*; ~ **sur la voie publique** öffentliche Ruhestörung; **faire du** ~ (*faire du bruit*) Krach machen; (*protester*) Krach schlagen (*fam*)
▸ **faire** ~ Staub aufwirbeln (*fig*)
scandaleusement [skɑ̃daløzmɑ̃] *adv* ❶ skandalös
❷ (*outrageusement*) unerhört; *exagéré, sous-estimé* maßlos
scandaleux, -euse [skɑ̃dalø, -øz] *adj* ❶ skandalös; *personne* unmöglich; *prix, propos* unverschämt; *vie* skandalumwittert; **il est** ~ **que ce soit permis** es ist ein Skandal, dass das erlaubt ist
❷ (*qui exploite le scandale*) **la chronique scandaleuse** die Skandalberichte *Pl*
scandaliser [skɑ̃dalize] <1> **I.** *vt* schockieren; **être scandalisé(e) qu'il ait menti** empört darüber sein, dass er gelogen hat
II. *vpr* **se** ~ **de qc** sich über etw (*Akk*) empören; **se** ~ **que j'aie dit la vérité** empört darüber sein, dass ich die Wahrheit gesagt habe
scander [skɑ̃de] <1> *vt* ❶ im Sprechchor rufen *slogans;* klar und deutlich sprechen *phrases*
❷ MUS, POES skandieren
scandinave [skɑ̃dinav] *adj* skandinavisch
Scandinave [skɑ̃dinav] *mf* Skandinavier(in) *m(f)*
Scandinavie [skɑ̃dinavi] *f* **la** ~ Skandinavien *nt*
scandium [skɑ̃djɔm] *m* Scandium *nt*
scannage [skanaʒ] *m* [Ein]scannen *nt*
scanner¹ [skane] <1> *vt* scannen
scanner² [skanɛʀ] *m*, **scanneur** [skanœʀ] *m* Scanner *m*
◆ ~ **à main** Handscanner *m*; ~ **à plat** Flachbettscanner *m*
scanographie [skanɔgʀafi] *f* Computertomographie *f*
scansion [skɑ̃sjɔ̃] *f* Skandieren *nt*
scaphandre [skafɑ̃dʀ] *m* (*pour scaphandrier*) Taucheranzug *m*; (*pour astronaute*) Raumanzug *m*; **le** ~ **autonome** das Tauchgerät
scaphandrier, -ière [skafɑ̃dʀije, -jɛʀ] *m, f* Taucher(in) *m(f)*
scapulaire [skapylɛʀ] *adj* ANAT Schulter-
scarabée [skaʀabe] *m* Skarabäus *m*
scarificateur [skaʀifikatœʀ] *m* ❶ AGR Grubber *m*; (*pour le gazon*) Vertikutierer *m*
❷ MED *kleine Lanzette zum Einritzen der Haut*
scarification [skaʀifikasjɔ̃] *f* ❶ AGR *d'une écorce* Einritzen *nt*; *du gazon* Vertikutieren *nt*
❷ MED Hautritzung *f*
❸ TRANSP Aufreißen *nt*
scarifier [skaʀifje] <1a> *vt* ❶ MED einritzen
❷ AGR einritzen *écorce;* vertikutieren *gazon;* grubbern *terre*
scarlatine [skaʀlatin] *f* Scharlach *m*
scarole [skaʀɔl] *f* Endivie *f*
scatologie [skatɔlɔʒi] *f* Skatologie *f*
scatologique [skatɔlɔʒik] *adj* skatologisch
sceau [so] <x> *m* ❶ Siegel *nt*
❷ *soutenu* (*marque*) **le** ~ **du génie** das Siegel der Genialität (*geh*)
▸ **sous le** ~ **du secret** unter dem Siegel der Verschwiegenheit
scélérat(e) [seleʀa, at] **I.** *adj littér* ruchlos (*geh*)
II. *m(f) soutenu* Schurke *m*/Schurkin *f*
scélératesse [seleʀatɛs] *f littér* Ruchlosigkeit *f* (*geh*)
scellement [sɛlmɑ̃] *m d'un crochet, d'une couronne dentaire* Einzementieren *nt*; *d'une pierre* Einmauern *nt*; *de barreaux* Einlassen *nt*; *d'un dallage* Verlegen *nt*
sceller [sele] <1> *vt* ❶ TECH einzementieren *crochet, couronne dentaire;* einmauern *pierre;* einlassen *barreaux;* kleben *dalle;* **être scellé(e)** *barreaux de prison:* einzementiert sein
❷ (*confirmer solennellement*) besiegeln; bekräftigen *engagement*
❸ (*authentifier par un sceau*) siegeln; **être scellé(e)** *acte, porte:* versiegelt sein
❹ (*fermer hermétiquement*) versiegeln; **être scellé(e)** *fig destin:* besiegelt sein
❺ (*apposer les scellés*) mit Siegeln versehen

scellés [sele] *mpl* Amtssiegel *Pl;* (*plomb*) Plomben *Pl;* **apposer** [*o* **mettre**] **les** ~ die Siegel anbringen; **apposer les** ~ **sur qc** etw amtlich versiegeln; **lever les** ~ das Siegel aufbrechen; **sous** ~ unter Verschluss
scénario [senaʀjo, senaʀi] <s *o* scénarii> *m* ❶ *d'un film* Drehbuch *nt; d'une pièce de théâtre* Gerüst *nt; d'une bande dessinée* Story *f; d'un roman* Aufbau *m*
❷ (*déroulement prévu*) Ablauf *m; d'un attentat, hold-up* Plan *m; d'une opération de police* Vorgehensweise *f;* **c'est toujours le même** ~ es ist immer dasselbe Spiel
scénariste [senaʀist] *mf* Drehbuchautor(in) *m(f)*
scène [sɛn] *f* ❶ Szene *f;* ~ **d'amour** Liebesszene
❷ (*querelle*) Szene *f;* ~ **de jalousie** Eifersuchtsszene; ~ **de ménage** Ehekrach *m;* **faire une** ~ **à qn** jdm eine Szene machen
❸ CINE, THEAT Bühne *f;* (*séquence*) Szene *f;* **entrer en** ~ auftreten; **mettre une histoire en** ~ eine Geschichte auf der Bühne darstellen; **mettre une pièce de théâtre en** ~ ein Theaterstück inszenieren; **en** ~**!** auf die Bühne!
❹ (*décor*) Bühnenbild *nt*
❺ (*cadre*) *d'un crime, drame* Schauplatz *m*
❻ (*domaine*) Szene *f;* **la** ~ **universitaire** die Universitätsszene
❼ ART ~ **de mœurs** Sittenbild *nt*
scénique [senik] *adj* ❶ *gestuelle, traitement* szenisch; **les indications** ~**s** die Bühnenanweisungen; **jeux** ~**s** Theaterspiele *Pl*
❷ (*aisé à mettre en scène*) bühnenwirksam
scéniquement [senikmɑ̃] *adv* szenisch
scepticisme [sɛptisism] *m* ❶ Skepsis *f*
❷ PHILOS Skeptizismus *m*
sceptique [sɛptik] **I.** *adj* skeptisch
II. *mf* Skeptiker(in) *m(f)*
sceptre [sɛptʀ] *m* Zepter *nt*
schah [ʃa] *m* Schah *m*
schelem [ʃlɛm] *m v.* **chelem**
schéma [ʃema] *m* ❶ Schema *nt*
❷ (*dessin*) schematische Zeichnung; ~ **de montage** Montageplan *m*
schématique [ʃematik] *adj* ❶ *péj* (*sommaire*) schematisch
❷ (*simplifié*) *représentation* schematisch; **dessin** ~ schematische Zeichnung
schématiquement [ʃematikmɑ̃] *adv* in groben Zügen
schématisation [ʃematizasjɔ̃] *f* Schematisierung *f; péj* Schematismus *m*
schématiser [ʃematize] <1> *vt* schematisch darstellen; *péj* schematisieren
scherzo [skɛʀdzo] *m* MUS *d'une sonate, symphonie* Scherzo *nt*
schilling [ʃiliŋ] *m* Schilling *m*
schismatique [ʃismatik] **I.** *adj* schismatisch
II. *mf* Schismatiker(in) *m(f)*
schisme [ʃism] *m* ❶ REL Schisma *nt*
❷ POL Spaltung *f*
schiste [ʃist] *m* Schiefer *m*
schisteux, -euse [ʃistø, -øz] *adj structure* schief[e]rig; **sol** ~ Schieferboden *m*
schizo [skizo] *adj abr de* **schizophrène**
schizoïde [skizɔid] **I.** *adj* schizoid
II. *mf* Schizoide(r) *f(m)*
schizophrène [skizɔfʀɛn] **I.** *adj* schizophren
II. *mf* Schizophrene(r) *f(m)*
schizophrénie [skizɔfʀeni] *f* Schizophrenie *f*
schlague [ʃlag] *f* ❶ HIST, MIL Spießrutenlaufen *nt*
❷ *fig* ▸ **conduire qn à la** ~ jdm das Leder gerben (*fam*)
schlass [ʃlɑs] *adj inv fam* besoffen (*fam*)
Schleswig-Holstein [ʃlɛsvigɔlʃtajn] *m* **le** ~ Schleswig-Holstein *nt*
schleu(e) [ʃlø] *adj, v.* **chleuh**
schlinguer [ʃlɛ̃ge] <1> *vi fam* müffeln (*fam*)
schlittage [ʃlitaʒ] *m du bois* Holztransport *m* per Schlitten
schlitte [ʃlit] *f* HIST, TECH Schlitten *m*
schnaps [ʃnaps] *m* Schnaps *m*
schnock, schnoque [ʃnɔk] *fam* **I.** *adj* bescheuert (*fam*)
II. *m* **vieux** ~ alter Knacker (*fam*)
schnouf [ʃnuf] *f arg* Stoff *m* (*sl*)
schuss [ʃus] *m* Schussfahrt *f;* **descendre tout** ~ *fam* Schuss fahren
S.C.I. [ɛssei] *f abr de* **société civile immobilière** Bauträgergesellschaft *f* (*in Form einer GdBR*)
sciage [sjaʒ] *m* ❶ Sägen *nt*
❷ (*bois*) Schnittholz *nt*
sciant(e) [sjɑ̃, sjɑ̃t] *adj fam* ❶ öde (*fam*)
❷ (*étonnant*) umwerfend (*fam*)
sciatique [sjatik] **I.** *adj* **nerf** ~ Ischiasnerv *m*
II. *f* Ischias *m o nt*
scie [si] *f* ❶ Säge *f;* ~ **égoïne** Fuchsschwanz *m;* ~ **circulaire** Kreissäge; ~ **à bois** Holzsäge; ~ **à découper** Laubsäge
❷ (*rengaine*) Gedudel *nt* (*fam*)
❸ *fam* (*personne ennuyeuse*) Nervensäge *f* (*fam*)
sciemment [sjamɑ̃] *adv* absichtlich; **prendre** ~ **une décision** wissentlich eine Entscheidung treffen
science [sjɑ̃s] *f* ❶ Wissenschaft *f*
❷ (*disciplines scolaires*) **les** ~**s** die Naturwissenschaften *Pl;* ~**s appliquées** angewandte Wissenschaften *Pl;* ~**s humaines** Humanwissenschaften; ~**s politiques** Politologie *f;* **faculté des** ~**s** naturwissenschaftliche Fakultät
❸ (*connaissance*) ~ **de l'être** Lehre *f* des Seins
❹ (*savoir faire*) Fertigkeit *f*
❺ (*érudition*) Wissen *nt*
▸ **avoir la** ~ **infuse** *fam* die Weisheit gepachtet haben (*pej fam*)
science-fiction [sjɑ̃sfiksjɔ̃] *f inv* Sciencefiction *f;* **roman/film de** ~ Sciencefictionroman *m*/-film *m*
scientifique [sjɑ̃tifik] **I.** *adj* wissenschaftlich
II. *mf* ❶ Wissenschaftler(in) *m(f)*
❷ (*élève*) Naturwissenschaftler(in) *m(f)*
scientifiquement [sjɑ̃tifikmɑ̃] *adv* wissenschaftlich; ~ **parlant** wissenschaftlich gesehen
scientisme [sjɑ̃tism] *m* Wissenschaftsgläubigkeit *f*
scientiste [sjɑ̃tist] **I.** *adj* wissenschaftsgläubig
II. *mf* Wissenschaftsgläubige(r) *f(m)*
scientologie [sjɑ̃tɔlɔʒi] *f* Scientology *f;* **Église de** ~ Scientology-Kirche *f*
scientologue [siɑ̃tɔlɔg] *mf* Anhänger (in) *m(f)* der Scientology-Bewegung
scier [sje] <1a> *vt* ❶ sägen; absägen *arbres*
❷ *fam* (*estomaquer*) umhauen (*fam*); **être scié(e)** platt sein (*fam*)
scierie [siʀi] *f* Sägewerk *nt*
scieur [sjœʀ] *m* Sägewerker *m*
scieuse [sjœʀ] *f* ❶ Sägemaschine *f*
❷ (*personne*) Sägewerkerin *f*
scinder [sɛ̃de] <1> **I.** *vt* spalten *parti;* ~ **une question/un problème** eine Frage/ein Problem aufspalten; **scindé(e) en deux** zweigeteilt
II. *vpr* **se** ~ **en qc** sich in etw (*Akk*) aufsplittern; *parti:* sich in etw (*Akk*) spalten
scintillant(e) [sɛ̃tijɑ̃, jɑ̃t] *adj* funkelnd; *perles* schimmernd; *neige* glitzernd
scintillation [sɛ̃tijasjɔ̃] *f* Szintillation *f*
scintillement [sɛ̃tijmɑ̃] *m* Funkeln *nt; de la neige* Glitzern *nt; d'une image télévisée* Flimmern *nt*
scintiller [sɛ̃tije] <1> *vi* funkeln; PHYS szintillieren
scion [sjɔ̃] *m* ❶ BOT Schössling *m*
❷ PECHE Spitze *f*
scission [sisjɔ̃] *f* ❶ Spaltung *f;* **faire** ~ sich abspalten
❷ PHYS Spaltung *f*

S

❸ BOT Teilung *f*
scissionniste [sisjɔnist] **I.** *adj* abtrünnig; *activités* spalterisch
II. *mf* Spalter(in) *m(f)*
scissiparité [sisipaʀite] *f* Fortpflanzung *f* durch Zellteilung
sciure [sjyʀ] *f* Sägemehl *nt*
sclérosant(e) [skleʀozɑ̃, ɑ̃t] *adj attitude, mode* lähmend; *éducation* rigide
sclérose [skleʀoz] *f* ❶ *des institutions, d'un parti* Verknöcherung *f*; *d'une personne* Verkalkung *f*
❷ MED Sklerose *f*; ~ **artérielle** Arteriosklerose
◆ ~ **en plaques** multiple Sklerose
sclérosé(e) [skleʀoze] *adj* ❶ MED verhärtet, sklerotisch (*Fachspr.*)
❷ *fig administration, société* verkrustet, erstarrt
scléroser [skleʀoze] <1> **I.** *vt* ❶ verknöchern lassen *personne*; lähmen *initiatives*; **être sclérosé(e)** *personne:* festgefahren sein; *institution:* unbeweglich sein
❷ MED veröden; **être sclérosé(e)** sklerotisch sein
II. *vpr* ❶ **se** ~ *société:* unbeweglich werden; **se** ~ **dans ses habitudes** in seinen Gewohnheiten festgefahren sein
❷ MED **se** ~ sich verhärten
sclérotique [skleʀɔtik] *f* Lederhaut *f*
scolaire [skɔlɛʀ] *adj* ❶ *succès* schulisch; **année** ~ Schuljahr *nt*; **échec** ~ Schulversagen *nt*
❷ *péj* (*livresque*) akademisch; **parler un allemand** ~ Schuldeutsch sprechen
scolarisable [skɔlaʀizabl] *adj enfant* schulreif
scolarisation [skɔlaʀizasjɔ̃] *f* ❶ Einschulung *f*, Schulbesuch *m*
❷ (*équipement en écoles*) Einrichtung *f* von Schulen
scolariser [skɔlaʀize] <1> *vt* ❶ einschulen; **être scolarisé(e)** eingeschult werden, eine Schule besuchen
❷ (*doter d'écoles*) ~ **un pays/une région** in einem Land/in einem Gebiet Schulen einrichten
scolarité [skɔlaʀite] *f* Schulbesuch *m*; **années de** ~ Schulzeit *f*; ~ **obligatoire** Schulpflicht *f*
scolastique [skɔlastik] **I.** *adj* scholastisch
II. *f* Scholastik *f*
III. *mf* Scholastiker(in) *m(f)*
scoliose [skɔljoz] *f* Skoliose *f*
scolopendre [skɔlɔpɑ̃dʀ] *f* ❶ ZOOL Tausendfüßler *m*
❷ BOT Hirschzunge *f*
sconse [skɔ̃s] *m* Stinktier *nt*
scoop [skup] *m* Knüller *m* (*fam*)
scooter [skutœʀ, skutɛʀ] *m* Motorroller *m*; ~ **des mers** Jetski *m*; ~ **des neiges** Motorschlitten *m*
scootériste [skuteʀist] *mf* Motorroller-Fahrer(in) *m(f)*
scopie [skɔpi] *f fam abr de* **radioscopie** Röntgenaufnahme *f*
scorbut [skɔʀbyt] *m* Skorbut *m*
scorbutique [skɔʀbytik] **I.** *adj* skorbutisch
II. *mf* Skorbutkranke(r) *f(m)*
score [skɔʀ] *m* Spielergebnis *nt*; (*en cours de partie*) Spielstand *m*; **mener au** ~ in Führung liegen; ~ **électoral** Wahlergebnis
scories [skɔʀi] *fpl* CHIM, GEOL Schlacke *f*
scorpion [skɔʀpjɔ̃] *m* ZOOL Skorpion *m*
Scorpion [skɔʀpjɔ̃] *m* ASTROL Skorpion *m*; **être** [**du signe du**] ~ [ein] Skorpion sein, im Zeichen des Skorpions geboren sein
scorsonère [skɔʀsɔnɛʀ] *f* BOT Schwarzwurzel *f*, Skorzonere *f* (*Fachspr.*)
scotch®[1] [skɔtʃ] *m sans pl* (*adhésif*) Tesafilm® *m*
scotch[2] [skɔtʃ] <es> *m* (*whisky*) Scotch *m*
scotcher [skɔtʃe] <1> *vt* ❶ (*coller*) kleben; (*pour fermer*) [mit Tesafilm] zukleben
❷ *fig fam* **être/rester scotché(e) devant la télé** vor dem Fernseher kleben [*o* hängen]/kleben bleiben (*fam*)
scout(e) [skut] **I.** *adj* Pfadfinder-; *fraternité* der Pfadfinder
II. *m(f)* Pfadfinder(in) *m(f)*
scoutisme [skutism] *m* **faire du** ~ Pfadfinder sein
scrabble® [skʀabl] *m* Scrabble® *nt*
scratcher [skʀatʃe] <1> *vt* SPORT [von der Teilnehmerliste] streichen *joueur*
scribe [skʀib] *m* ❶ HIST (*copiste*) Kopist *m*; (*écrivain*) Schreiber *m*
❷ BIBL Schriftgelehrter *m*
scribouillard(e) [skʀibujaʀ, jaʀd] *m(f) fam* Schreiberling *m* (*fam*)
script [skʀipt] *m* ❶ CINE Drehbuch *nt*; THEAT Regiebuch *nt*
❷ (*écriture*) Druckschrift *f*; **en** ~ in Druckschrift
❸ (*retranscription*) Skript *nt*
scripte [skʀipt] *f* Skriptgirl *nt*
scripteur [skʀiptœʀ] *m* ❶ REL Skriptor *m*
❷ (*personne qui écrit*) Schreiber *m*
script-girl [skʀiptgœʀl] <script-girls> *f v.* **scripte**
scriptural(e) [skʀiptyʀal, o] <-aux> *adj* ❶ ECON bargeldlos; **trafic des paiements scripturaux** bargeldloser Zahlungsverkehr; *monnaie* Buch-
❷ LING *compétence* schriftlich
scrogneugneu [skʀɔɲøɲø] *interj fam* verflixt und zugenäht! (*pej fam*)
scrotum [skʀɔtɔm] *m* ANAT Hodensack *m*, Skrotum *nt* (*Fachspr.*)
scrupule [skʀypyl] *m* ❶ *souvent pl* Skrupel *m*; **avoir** ~ [*o* **des** ~**s**] **à faire qc** Hemmungen haben etw zu tun; **comprendre les** ~**s de qn** jds Bedenken verstehen; **être sans** ~[**s**] keine Skrupel haben; **un individu sans** ~**s** ein skrupelloses Individuum
❷ (*souci*) ~ **d'exactitude** Bemühen *nt* um Genauigkeit
scrupuleusement [skʀypyløzmɑ̃] *adv* peinlich genau
scrupuleux, -euse [skʀypylø, -øz] *adj* ❶ gewissenhaft; *honnêteté* absolut
❷ (*très honnête*) ehrlich; **peu** ~(**-euse**) gewissenlos
scrutateur, -trice [skʀytatœʀ, -tʀis] **I.** *adj* prüfend, forschend
II. *m, f* POL Stimmenauszähler(in) *m(f)*
scruter [skʀyte] <1> *vt* mit den Augen absuchen *horizon;* mit seinem Blick zu durchdringen suchen *pénombre;* prüfen *conscience*
scrutin [skʀytɛ̃] *m* Abstimmung *f*, Wahl *f*; ~ **majoritaire** Mehrheitswahl
sculpter [skylte] <1> **I.** *vt* formen; schnitzen *bois;* mit Schnitzereien verzieren *meuble, objet en bois;* behauen *marbre, pierre;* ~ **qc dans du marbre** etw in Marmor hauen; **être sculpté(e)** *marbre, pierre:* gemeißelt sein; *bois:* geschnitzt sein
II. *vi* sich als Bildhauer(in) betätigen
sculpteur [skyltœʀ] *m* Bildhauer(in) *m(f)*; ~ **sur bois** Holzbildhauer(in) *m(f)*
sculptural(e) [skyltyʀal, o] <-aux> *adj* ❶ ART bildhauerisch; **art** ~ Bildhauerkunst *f*
❷ (*bien modelé*) statuenhaft; *corps* vollendet; *beauté* klassisch
sculpture [skyltyʀ] *f* ❶ **la** ~ die Bildhauerei; **la** ~ **sur pierre** das Meißeln; **la** ~ **sur bois** die Holzschnitzerei
❷ (*statue*) Skulptur *f*, Plastik *f*
❸ *pl* AUT *d'un pneu* Profil *nt*
S.D.E.C.E. [sdɛk] *m abr de* **Service de documentation extérieur et de contre-espionnage** *französischer Geheimdienst*
S.D.F. [ɛsdeɛf] *m, f abr de* **sans domicile fixe** Obdachlose(r) *f(m)*
S.D.N. [ɛsdeɛn] *f abr de* **Société des Nations** Völkerbund *m*
se [sə] *<devant une voyelle ou un h muet s'> pron pers* ❶ sich; **il/elle** ~ **voit dans le miroir** er/sie sieht sich im Spiegel; **il/elle** ~ **demande s'il/si elle a raison** er/sie fragt sich, ob er/sie Recht hat
❷ (*l'un l'autre*) sich, einander (*geh*); **ils/elles** ~ **suivent/** ~ **font confiance** sie folgen einander/vertrauen einander
❸ *avec les verbes pronominaux* sich; **il/elle** ~ **nettoie** er/sie macht sich sauber; **ils/elles** ~ **nettoient** sie machen sich sauber; **il/elle** ~ **nettoie les ongles** er/sie macht sich (*Dat*) die Nägel sauber; **ils/elles** ~ **nettoient les ongles** sie machen

sich (*Dat*) die Nägel sauber; **il/elle ~ fait couper les cheveux** er/sie lässt sich (*Dat*) die Haare schneiden; **ils/elles ~ font couper les cheveux** sie lassen sich (*Dat*) die Haare schneiden

séance [seɑ̃s] *f* ❶ CINE, THEAT Vorstellung *f;* ~ **privée** Privatvorführung *f*
❷ (*période*) Sitzung *f;* ~ **d'essais** AUT Probefahrt *f;* ~ **de gymnastique** Turnstunde *f;* ~ **de pose** Modellsitzen *nt;* ~ **de spiritisme** Séance *f;* ~ **de tir** Schießübung *f*
❸ (*réunion*) Sitzung *f;* **en** ~ in einer Sitzung; **être en** ~ tagen; **lever la** ~ die Sitzung aufheben; (*interrompre*) die Sitzung unterbrechen
❹ *fam* (*scène*) Szene *f*
► ~ __tenante__ unverzüglich, auf der Stelle

séant¹ [seɑ̃] *adj v.* **seyant**

séant² [seɑ̃] *m soutenu* Gesäß *nt*

seau [so] <x> *m* (*récipient, contenu*) Eimer *m;* **un** ~ **d'eau** ein Eimer [voll] Wasser; ~ **à charbon** Kohleneimer *m;* ~ **à glace** Eiskübel *m;* ~ **hygiénique** Nachttopf *m*
► **il __pleut__ à ~x** *fam* es gießt wie mit/aus Kübeln (*fam*)
◆ ~ **de plage** Sandeimer *m*

sébacé(e) [sebase] *adj* PHYSIOL, MED *glandes* Talg-; **kyste** ~ Grützbeutel *m,* Atherom *nt* (*Fachspr.*)

sébaste [sebast] *m* ZOOL Rotbarsch *m;* **grand** ~ großer Rotbarsch

SEBC [ɛsøbese] *m abr de* **Système européen de banques centrales** ESZB *nt*

sébile [sebil] *f* Schälchen *nt; d'un mendiant* Bettelschale *f*

séborrhée [sebɔʀe] *f* MED Seborrhö[e] *f*

sébum [sebɔm] *m* Talg *m*

sec [sɛk] **I.** *adv* ❶ *démarrer* ruckartig; *frapper* kräftig
❷ (*abondamment*) *boire* kräftig
► __aussi__ ~ *fam* sofort; *répondre* wie aus der Pistole geschossen (*fam*)
II. *m* **étang à** ~ ausgetrockneter Teich; **mettre à** ~ trockenlegen; **être à** ~ (*sans argent*) blank sein (*fam*); **mettre qc au** ~ etw ins Trockene bringen; **tenir qc au** ~ etw trocken lagern

sec, sèche [sɛk, sɛʃ] *adj* ❶ trocken
❷ (*déshydraté*) *figue* getrocknet; **légumes ~s** Hülsenfrüchte *Pl;* **fruits ~s** Dörrobst *nt;* **raisins ~s** Rosinen *Pl*
❸ (*opp: gras*) *bras* dürr; *cheveu* spröde; *peau, toux* trocken
❹ (*brusque*) *bruit, rire* kurz und heftig; *coup* rasch
❺ (*opp: aimable*) *personne* kurz angebunden; *refus* klar; *réponse, merci* knapp; *lettre* kühl; *ton* schroff; *cœur* hart
❻ (*sobre*) *style* trocken
❼ SPORT *jeu, placage* hart
❽ (*pur*) *whisky, gin* pur
❾ (*opp: doux*) *champagne, vin* trocken
❿ CARTES *atout, valet* blank

sécable [sekabl] *adj* schneidbar; *comprimé* teilbar

SECAM [sekam] *m abr de* **séquentiel à mémoire** SECAM *nt*

sécant(e) [sekɑ̃, kɑ̃t] *adj* schneidend

sécante [sekɑ̃t] *f* Sekante *f*

sécateur [sekatœʀ] *m* Gartenschere *f;* (*grand*) Heckenschere *f*

sécession [sesesjɔ̃] *f* POL Abspaltung *f;* HIST Sezession *f;* **faire** ~ sich abspalten

sécessionniste [sesesjɔnist] *adj* POL abgespalten; HIST sezessionistisch

séchage [seʃaʒ] *m* Trocknen *nt*

sèche [sɛʃ] *f fam* Glimmstängel *m* (*fam*)

sèche-cheveux [sɛʃʃəvø] *m inv* Haartrockner *m,* Föhn *m* **sèche-linge** [sɛʃlɛ̃ʒ] *m inv* Wäschetrockner *m* **sèche-mains** [sɛʃmɛ̃] *m inv* Händetrockner *m*

sèchement [sɛʃmɑ̃] *adv démarrer* ruckartig; *frapper, tirer* hart; *refuser, répondre* schroff

sécher [seʃe] <5> **I.** *vt* ❶ trocknen; (*en essuyant*) abtrocknen *personne, mains*
❷ *fam* (*ne pas assister à*) schwänzen (*fam*)
II. *vi* ❶ trocknen; **mettre le linge à** ~ die Wäsche zum Trocknen aufhängen
❷ (*se déshydrater*) *bois:* trocken werden; *plante, terre:* austrocknen; *fleur, fruits:* vertrocknen
❸ *fam* (*ne pas savoir*) passen müssen (*fam*); ~ **en math** in Mathe alt aussehen (*fam*)
III. *vpr* **se** ~ sich abtrocknen; (*au soleil*) sich trocknen; **se ~ les mains** sich (*Dat*) die Hände abtrocknen; **se ~ les cheveux** sich (*Dat*) [die Haare] föhnen

sécheresse [sɛʃʀɛs] *f* ❶ Trockenheit *f*
❷ (*sobriété*) *d'un style* Trockenheit *f*
❸ (*dureté*) Härte *f*

sécheuse [seʃøz] *f* CAN (*sèche-linge*) Wäschetrockner *m*

séchoir [seʃwaʀ] *m* ❶ Trockengestell *nt*
❷ (*sèche-cheveux*) Haartrockner *m,* Föhn *m*

second [s(ə)gɔ̃] *m* ❶ (*étage*) zweiter Stock
❷ (*arrondissement*) zweites Arrondissement
❸ (*dans une charade*) zweite Silbe
❹ NAUT (*second capitaine*) erster Offizier; **commandant en** ~ zweiter Kommandant
❺ (*dans l'ordre*) **le** ~ der/die/das Zweite

second(e) [s(ə)gɔ̃, ɔ̃d] *adj antéposé* ❶ zweite(r, s); **en ~ lieu** dann, als Zweites
❷ (*qui n'a pas la primauté*) zweite(r, s); **au ~ plan** im Hintergrund; **au ~ plan du tableau** im Mittelgrund des Bildes; **marchandise de ~ choix** [*o* **~e qualité**] zweitklassige Ware, Ware zweiter Wahl; **de ~ ordre** unbedeutend
❸ (*nouveau*) *jeunesse, nature* zweite(r, s); *vie* zweite(r, s), neu; *v. a.* **cinquième**

secondaire [s(ə)gɔ̃dɛʀ] **I.** *adj* ❶ *action, rôle* Neben-; *détail* nebensächlich; **ne jouer qu'un rôle ~ dans une affaire** in einer Sache nur eine untergeordnete Rolle spielen
❷ SCOL **l'enseignement** ~ der Unterricht an weiterführenden Schulen
❸ GEOL **ère** ~ Mesozoikum *nt,* Erdmittelalter *nt*
❹ MED **effets ~s** Nebenwirkungen *Pl*
❺ ECON *secteur* sekundär, industriell
II. *m* ❶ GEOL **le** ~ das Mesozoikum, das Erdmittelalter
❷ SCOL **le** ~ die weiterführende Schule; (*au lycée*) die Gymnasialstufe

seconde [s(ə)gɔ̃d] *f* ❶ *a.* GEOM, MUS Sekunde *f*
❷ (*temps très court*) Augenblick *m;* **patienter deux ~s** sich einen Moment gedulden; **une ~, j'arrive!** Sekunde, ich komme!
❸ (*vitesse*) zweiter Gang
❹ SCOL ≈ zehnte Klasse
❺ TRANSP zweite Klasse; **billet de** ~ Fahrkarte *f*/Flugticket *nt* zweiter Klasse
❻ (*en escrime*) Sekond *f*
❼ (*dans l'ordre*) **la** ~ der/die/das Zweite

secondement [s(ə)gɔ̃dmɑ̃] *adv* zweitens

seconder [s(ə)gɔ̃de] <1> *vt* ~ **qn dans son travail** jdm bei einer Arbeit zur Hand gehen; **être secondé(e) par qn** von jdm unterstützt werden

secouer [s(ə)kwe] <1> **I.** *vt* ❶ schütteln; (*pour débarrasser*) ausschütteln *nappe, tapis;* schütteln *pommier, prunier;* ~ **qn [pour le réveiller]** jdn wachrütteln; ~ **la poussière de la veste** den Staub von der Jacke [ab]schütteln
❷ (*ballotter*) *explosion, bombardement:* erschüttern; *autobus, avion:* durchrütteln *personne;* hin und her schütteln *arbre, embarcation*
❸ (*ébranler*) erschüttern; abschütteln *autorité, joug;* ablegen *nonchalance, paresse*
❹ (*traumatiser*) *émotion:* erschüttern; *deuil, maladie:* mitnehmen
❺ (*réprimander*) auf Trab bringen (*fam*); **se faire ~ par qn** von jdm etwas zu hören bekommen (*fam*)
► **il n'en a __rien__ à ~ de qc** *pop* etw ist ihm total egal (*fam*)

II. *vpr fam* **se ~** ❶ sich schütteln
❷ (*réagir*) sich aufraffen
secourable [s(ə)kuʀabl] *adj* hilfreich; **tendre une main ~ à qn** jdm seine Hilfe anbieten
secourir [s(ə)kuʀiʀ] <*irr*> *vt* **~ qn** jdm Hilfe leisten
secourisme [s(ə)kuʀism] *m* erste Hilfe; **faire du ~** beim Rettungsdienst arbeiten
secouriste [s(ə)kuʀist] *mf* Sanitäter(in) *m(f)*, Ersthelfer(in) *m(f)*
secours [s(ə)kuʀ] *m* ❶ erste Hilfe; (*organisme*) Rettungsdienst *m;* (*en montagne*) Bergwacht *f;* **les ~** die Rettungsmannschaft; **donner les premiers ~ aux accidentés** den Unfallopfern erste Hilfe leisten
❷ (*aide*) Hilfe *f;* **appeler qn à son ~** jdn zu Hilfe rufen; **porter** [*o* **prêter**] **~ à qn** jdm Hilfe leisten; **aller** [*o* **courir**]/**voler au ~ de qn/qc** jdm/einer S. zu Hilfe kommen/eilen; **au ~!** [zu] Hilfe!; **sortie de ~** Notausgang *m*
❸ (*subvention*) Unterstützung *f*
❹ MIL Hilfstruppe *f*
❺ REL Beistand *m;* **Secours catholique** *katholisches Hilfswerk*
secousse [s(ə)kus] *f* ❶ Stoß *m; d'une voiture, d'un avion* Erschütterung *f;* **par ~s** stoßweise, ruckartig
❷ (*décharge électrique*) Schlag *m*
❸ (*choc*) Schlag *m*, Schock *m*
❹ GEOL **~ sismique** [*o* **tellurique**] Erdstoß *m*
❺ POL Erschütterung *f*
secret [səkʀɛ] *m* ❶ Geheimnis *nt;* **garder un ~** ein Geheimnis wahren [*o* hüten]; **ne pas avoir de ~ pour qn** vor jdm kein Geheimnis haben
❷ *sans pl* (*confidentialité*) Verschwiegenheit *f;* **~ médical/professionnel** ärztliche Schweigepflicht/Berufsgeheimnis *nt;* **~ de la confession** Beichtgeheimnis; **garder le ~ sur qc** [*o* **de qc**] etw geheim halten
❸ *pl* (*mystères*) Geheimnis *nt*
❹ (*recette cachée*) *du bonheur* Geheimnis *nt*
❺ POL **~ défense** Militärgeheimnis *nt*
▸ **être dans le ~ des dieux** zu den Eingeweihten gehören; **l'astrologie n'a plus de ~ pour elle** sie weiß alles über die Astrologie; **être dans le ~/dans le ~ de qn** zu den Eingeweihten/zu jds Eingeweihten gehören; **mettre qn dans le ~** jdn in das Geheimnis einweihen; **cadenas/serrure à ~** Kombinationsschloss; **les personnes qui sont dans le ~** die Eingeweihten; **en** [**grand**] **~** ganz im Geheimen *nt*
◆ **~ d'alcôve** Bettgeheimnis *nt;* **~ de Polichinelle** *fam* offenes Geheimnis; **c'est le ~ de Polichinelle** die Spatzen pfeifen es von den Dächern (*fam*)
secret, -ète [səkʀɛ, -ɛt] *adj* ❶ *agent, service, code* Geheim-; *ennemi* versteckt; *blessure* unsichtbar; *vice* heimlich; **garder qc ~(-ète)** etw geheim halten
❷ *soutenu* (*renfermé*) verschlossen
secrétaire [s(ə)kʀetɛʀ] I. *mf* Sekretär(in) *m(f); d'une réunion* Schriftführer(in) *m(f)*, Aktuar *m* (CH); **~ médical(e)** Sprechstundenhilfe *f;* **~ général(e) d'un institut** Generalsekretär(in) *m(f)* eines Instituts; **~ général(e) des Nations Unies** UN-Generalsekretär(in) *m(f)*
II. *m* Sekretär *m*
◆ **~ d'ambassade** Legationsrat *m*/-rätin *f;* **~ de direction** Chefsekretär(in) *m(f);* **~ d'État** Staatssekretär(in) *m(f);* **~ de mairie** Stadtdirektor(in) *m(f);* **~ de rédaction** Redaktionsassistent(in) *m(f);* **~ de séance** Protokollführer(in) *m(f)*
secrétariat [s(ə)kʀetaʀja] *m* ❶ Geschäftsstelle *f*, Sekretariat *nt;* **~ général des Nations Unies** Generalsekretariat der Vereinten Nationen; **~ d'État/de direction** Staats-/Chefsekretariat
❷ (*fonction officielle*) Amt *nt* des Sekretärs
❸ (*emploi de secrétaire*) (*pour un homme*) Sekretärberuf *m;* (*pour une femme*) Sekretärinnenberuf *m*
❹ (*bureau*) Sekretariat *nt*
secrète [səkʀɛt] *v.* **secret**
Secrète [səkʀɛt] *f fam* Geheimpolizei *f*
secrètement [səkʀɛtmɑ̃] *adv agir, informer* heimlich; *désirer, espérer* im Stillen, insgeheim
sécréter [sekʀete] <5> *vt* ❶ ANAT absondern
❷ (*engendrer*) führen zu, nach sich ziehen; **~ l'ennui/la fatigue** langweilig sein/ermüden
sécrétion [sekʀesjɔ̃] *f* Absonderung *f*, Sekretion *f*
sectaire [sɛktɛʀ] I. *adj* sektiererisch
II. *mf* Sektierer(in) *m(f)*
sectarisme [sɛktaʀism] *m* Sektierertum *nt*
secte [sɛkt] *f* ❶ Sekte *f*
❷ *péj* (*clan*) Klüngel *m*
secteur [sɛktœʀ] *m* ❶ Bereich *m*
❷ (*en parlant d'une entreprise*) **~ d'activité** Betätigungsfeld *nt*
❸ ADMIN, POL Gebiet *nt*, Bezirk *m;* MIL Abschnitt *m;* **~ géographique** [*o* **de recrutement**] Einzugsgebiet *nt;* **~ sauvegardé** Schutzgebiet *nt*
❹ ELEC Netz *nt;* **panne de ~** Netzausfall *m;* **appareil avec fonctionnement sur ~** Apparat *m* mit Netzanschluss
❺ ECON (*domaine de l'économie*) **~** [**d'économie**] Wirtschaftszweig *m*, Sektor *m;* **le ~ nationalisé** die verstaatlichten Unternehmen; **~ privé** privater Sektor
❻ (*coin*) Gegend *f*
❼ GEOM **~ circulaire/sphérique** Kreisausschnitt *m*/Kugelsektor *m*
❽ METEO Sektor *m*
section [sɛksjɔ̃] *f* ❶ Abschnitt *m; d'une voie ferrée* Streckenabschnitt; *d'un parcours* Teilstrecke *f; d'un réseau de transports* Zone *f*
❷ SCOL (*branche*) [Fach]richtung *f*
❸ JUR, ECON (*service*) Abteilung *f*
❹ (*groupe*) **~ d'un syndicat** Gewerkschaftsgruppe *f;* MIL Zug *m;* **~s spéciales** Sondereinheiten *Pl*
❺ MED Durchtrennung *f*
❻ (*représentation graphique*) (*latérale*) Querschnitt *m;* (*longitudinale*) Längsschnitt
❼ (*diamètre*) Durchmesser *m*
❽ MUS **~ rythmique** Rhythmusgruppe *f*
❾ MATH Schnitt *m*
sectionnement [sɛksjɔnmɑ̃] *m* ❶ Durchtrennung *f*
❷ ADMIN *d'une circonscription* Aufteilung *f;* CHEMDFER Streckentrennung *f*
sectionner [sɛksjɔne] <1> I. *vt* ❶ durchtrennen *artère, fil;* **il a eu trois doigts sectionnés** ihm wurden drei Finger abgetrennt
❷ (*subdiviser*) aufteilen *circonscription, groupe*
II. *vpr* **se ~** *câble, fil:* reißen
sectoriel(le) [sɛktɔʀjɛl] *adj* ADMIN, POL nach Sektoren; *revendications* branchenbedingt
sectorisation [sɛktɔʀizasjɔ̃] *f* ADMIN, POL Aufteilung *f* [in Bezirke]; *d'un projet, de revendications* Aufspaltung *f*
sectoriser [sɛktɔʀize] <1> *vt* in Gebiete aufteilen; nach Gebieten organisieren *prospection commerciale*
sécu [seky] *f fam abr de* **sécurité sociale**
séculaire [sekylɛʀ] *adj* jahrhundertealt
sécularisation [sekylaʀizasjɔ̃] *f* Säkularisierung *f*
séculariser [sekylaʀize] <1> *vt* REL säkularisieren *monastère, biens du clergé*
séculier, -ière [sekylje, -jɛʀ] *adj* weltlich; *clergé* Welt-
secundo [səgɔ̃do] *adv* zweitens
sécurisant(e) [sekyʀizɑ̃, ɑ̃t] *adj atmosphère, climat* der Sicherheit, der Geborgenheit; **être ~(e)** beruhigend sein
sécuriser [sekyʀize] <1> *vt* **~ qn** jdm ein Gefühl der Sicherheit geben [*o* Geborgenheit]; **ne pas se sentir très sécurisé(e)** sich nicht sehr sicher fühlen
sécurité [sekyʀite] *f* ❶ Sicherheit *f;* **règles de ~** Sicherheitsvor-

schriften *Pl;* **conseils de ~** Sicherheitshinweise *Pl;* **être en ~** in Sicherheit sein
❷ (*sentiment*) Sicherheit *f,* Geborgenheit *f;* **se sentir en ~** sich sicher fühlen
❸ POL, ECON, JUR **~ de l'emploi** sicherer Arbeitsplatz; **la ~ de l'emploi n'est pas assurée** die Sicherheit des Arbeitsplatzes ist nicht gewährleistet; **~ civile** Zivilschutz *m;* **~ publique** öffentliche Sicherheit; **~ routière** Sicherheit auf den Straßen; **Sécurité sociale** *staatliche Sozial- und Krankenversicherung*
▶ **jouer la ~** auf Nummer sicher gehen (*fam*); **en toute ~** in aller Ruhe, ganz beruhigt
◆ **~ d'État** HIST Staatssicherheit *f,* Staatssicherheitsdienst *m*
sédatif [sedatif] *m* Beruhigungsmittel *nt,* Sedativum *nt* (*Fachspr.*); (*qui calme la douleur*) schmerzstillendes Mittel
sédatif, -ive [sedatif, -iv] *adj* beruhigend, sedativ (*Fachspr.*); *produit* Beruhigungs-; (*calmant la douleur*) schmerzstillend
sédentaire [sedɑ̃tɛʀ] **I.** *adj* sesshaft; *profession, travail* ortsgebunden
II. *mf* Sesshafte(r) *f(m)*
sédentarisation [sedɑ̃taʀizasjɔ̃] *f d'une population* Sesshaftmachung *f*
sédentariser [sedɑ̃taʀize] <1> **I.** *vt* sesshaft machen
II. *vpr* **se ~** sesshaft werden
sédentarité [sedɑ̃taʀite] *f* Sesshaftigkeit *f*
sédiment [sedimɑ̃] *m* GEOL Ablagerung *f,* Sediment *nt*
sédimentaire [sedimɑ̃tɛʀ] *adj* sedimentär; *roche* Schicht-, Sediment-
sédimentation [sedimɑ̃tasjɔ̃] *f* GEOL Ablagerung *f,* Sedimentation *f*
séditieux, -euse [sedisjø, -jøz] *soutenu* **I.** *adj* aufrührerisch; *troupes* aufständisch
II. *m, f* Aufrührer(in) *m(f)*
sédition [sedisjɔ̃] *f soutenu* Aufruhr *m,* Aufstand *m*
séducteur, -trice [sedyktœʀ, -tʀis] **I.** *adj* verführerisch; **manœuvres séductrices** Verführungskünste *Pl*
II. *m, f* Verführer(in) *m(f),* Charmeur *m;* (*qui séduit par son talent*) Verführungskünstler(in) *m(f)*
séduction [sedyksjɔ̃] *f* ❶ verführerischer Charme; (*par le talent*) Verführungskunst *f;* **un discours plein de ~** eine Rede voller Überzeugungskraft; **succomber à la ~ de qn** jdm nicht widerstehen können
❷ (*attrait*) Reiz *m; du pouvoir, de la richesse* Verlockung *f*
séduire [sedɥiʀ] *<irr>* **I.** *vt* ❶ verführen; **être séduit(e)** verführt sein; *fig* hingerissen sein; **~ qn avec des propositions alléchantes** jdn mit verführerischen Vorschlägen locken
❷ (*plaire à*) überzeugen *personne; pièce:* begeistern *personne;* **être séduit(e) par une idée** von einer Idee angetan sein
II. *vi* bezaubern, verführerisch wirken
séduisant(e) [sedɥizɑ̃, ɑ̃t] *adj* verführerisch; *personne* bezaubernd, anziehend, verführerisch; *projet, proposition* verlockend; *style* ansprechend; *éloquence* hinreißend
segment [sɛgmɑ̃] *m* ❶ GEOM Segment *nt,* Abschnitt *m*
❷ AUT **~ de frein/de piston** Bremsbacke *f*/Kolbenring *m*
◆ **~ de marché** COM Marktsegment *nt*
segmentation [sɛgmɑ̃tasjɔ̃] *f* ❶ *littér* (*fractionnement*) Gliederung *f,* Aufteilung *f*
❷ BIO Segmentation *f*
segmenter [sɛgmɑ̃te] <1> *vt* gliedern *sujet;* aufteilen *surface;* **~ en plusieurs parties** in mehrere Teile gliedern; **le service a été segmenté** die Abteilung ist untergliedert worden
ségrégatif, -ive [segʀegatif, -iv] *adj* trennend
ségrégation [segʀegasjɔ̃] *f* Trennung *f,* Segregation *f* (*geh*)
ségrégationniste [segʀegasjɔnist] **I.** *adj* segregationistisch (*geh*); *politique, problème* der Rassentrennung; *manifestation* zugunsten der Rassentrennung; *troubles* infolge der Rassentrennung; *idée, article, journal* rassistisch
II. *mf* Befürworter(in) *m(f)* der Rassentrennung
seiche [sɛʃ] *f* ZOOL Tintenfisch *m;* **os de ~** Schulp *m*
séide [seid] *m soutenu* fanatischer Anhänger *m*/fanatische Anhängerin *f*
seigle [sɛgl] *m* Roggen *m*
seigneur [sɛɲœʀ] *m* ❶ HIST [adeliger] Herr
❷ REL **le Seigneur** der Herr
❸ (*personnage puissant*) **~ de la finance** Boss *m* der Finanzwelt (*fam*); **~ de l'industrie** Industriekapitän *m* (*fam*)
▶ **à tout ~ tout honneur** *prov* Ehre, wem Ehre gebührt; **grand ~** großzügig; **jouer** [*o* **faire**] **le grand ~** den Großzügigen spielen; **vivre en grand ~** auf großem Fuß leben
seigneurial(e) [sɛɲœʀjal, jo] <-aux> *adj* herrschaftlich; *droits* Lehens-; *allure* vornehm
seigneurie [sɛɲœʀi] *f* ❶ herrschaftliches Gebiet
❷ (*pouvoir*) Lehnsherrschaft *f;* **les ~s** die Lehensrechte
❸ (*titre*) **votre/sa Seigneurie** Eure/seine Herrlichkeit
sein [sɛ̃] *m* ❶ ANAT Brust *f;* **donner le ~ à un enfant, nourrir un enfant au ~** einem Kind die Brust geben
❷ *sans pl littér* (*poitrine*) Busen *m,* Brust *f;* **serveuse ~s nus** barbusige Bedienung
❸ *sans pl littér* (*entrailles*) Schoß *m*
❹ *littér* (*milieu*) **le ~ de la terre** der Schoß der Erde; **au ~ d'un parti** innerhalb einer Partei; **au ~ de l'Église** im Schoß der Kirche (*Gen*); **au ~ d'une population** in einer Bevölkerung
Seine [sɛn] *f* **la ~** die Seine
seing [sɛ̃] *m* **sous ~ privé** privatschriftlich
séisme [seism] *m* Erdbeben *nt; fig* Erschütterung *f*
SEITA [seita] *f abr de* **Société nationale d'exploitation industrielle des tabacs et allumettes** *französisches Tabakwaren-Unternehmen*
seize [sɛz] **I.** *num* ❶ sechzehn
❷ (*dans l'indication de l'âge, la durée*) **avoir/avoir bientôt ~ ans** sechzehn [Jahre alt] sein/werden; **personne de ~ ans** Sechzehnjährige(r) *f(m);* **période de ~ ans** Zeitraum *m* von sechzehn Jahren
❸ (*dans l'indication de l'heure*) **il est ~ heures** es ist sechzehn [Uhr]
❹ (*dans l'indication de la date*) **le ~ mars** *geschrieben:* **le 16 mars** der sechzehnte März *écrit:* der 16. März
❺ (*dans l'indication de l'ordre*) **arriver ~ ou dix-septième** als Sechzehnte(r) oder Siebzehnte(r) kommen
❻ (*dans les noms de personnages*) **Louis XVI** *gesprochen:* **Louis ~** Ludwig XVI. *oral:* Ludwig der Sechzehnte
II. *m inv* ❶ Sechzehn *f*
❷ (*numéro*) Nummer *f* sechzehn, Sechzehn *f*
❸ TRANSP **le ~** die Linie [*o* Nummer] sechzehn, die Sechzehn (*fam*)
❹ JEUX Sechzehn *f*
❺ SCOL **avoir ~** [**sur vingt**] ≈ eine Eins haben
III. *f* (*table, chambre... numéro seize*) Sechzehn *f; v. a.* **cinq**
seizième [sɛzjɛm] **I.** *adj antéposé* sechzehnte(r, s)
II. *mf* **le/la ~** der/die/das Sechzehnte
III. *m* ❶ (*fraction*) Sechzehntel *nt*
❷ (*étage*) sechzehnter Stock, sechzehnte Etage
❸ (*arrondissement*) sechzehntes Arrondissement
❹ (*siècle*) sechzehntes Jahrhundert
◆ **~ de finale** Ausscheidungsrunde *f* zum Achtelfinale; *v. a.* **cinquième**
séjour [seʒuʀ] *m* ❶ Aufenthalt *m;* (*vacances*) Urlaub *m*
❷ (*salon*) Esszimmer *nt*
❸ JUR **être interdit(e) de ~** Aufenthaltsverbot haben
séjourner [seʒuʀne] <1> *vi* sich aufhalten; **~ quelque temps à l'hôtel** einige Zeit im Hotel wohnen
sel [sɛl] *m* ❶ GASTR Salz *nt;* **gros ~** grobes Salz; **sans ~** salzlos
❷ CHIM Salz *nt;* **les ~s** das Riechsalz; **~ gemme** Steinsalz
❸ (*piquant*) Würze *f; d'une histoire* Witz *m*
▶ **ne pas manquer de ~** *histoire, remarque:* es in sich (*Dat*) haben (*fam*)

◆ ~**s de bain** Badesalz *nt;* ~ **de cuisine** Speisesalz *nt;* ~ **de table** Tafelsalz *nt*

sélect(e) [selɛkt] *adj fam* exklusiv; *clientèle* [aus]erlesen; *club* nobel; *gens* vornehm, piekfein (*fam*)

sélecteur [selɛktœʀ] *m de température* Wählschalter *m; de motocyclette* Schalthebel *m;* ~ **de programmes** Programmtaste *f*

sélectif, -ive [selɛktif, -iv] *adj* ❶ selektiv; **collecte sélective des déchets** getrennte Müllabfuhr; **recrutement** ~ Auswahlverfahren *nt*
❷ ELEC *récepteur* trennscharf, selektiv

sélection [selɛksjɔ̃] *f* ❶ Auswahl *f,* Auslese *f;* SPORT [Spieler]auswahl; (*joueur sélectionné*) Auswahlspieler(in) *m(f);* (*équipe sélectionnée*) Auswahl[mannschaft *f*] *f;* **faire** [*o* **opérer**] **une** ~ eine Auswahl treffen
❷ (*choix avec règles et critères*) Auswahlverfahren *nt;* **critères de** ~ Auswahlkriterien *Pl;* **match de** ~ Ausscheidungsspiel *nt;* **test** [*o* **épreuve**] **de** ~ Eignungstest *m;* **bouton de** ~ TECH Wählknopf *m*
❸ ZOOL, BIO Selektion *f,* Zuchtwahl *f;* ~ **naturelle** natürliche Auslese

sélectionné(e) [selɛksjɔne] *m(f)* SPORT Auswahlspieler(in) *m(f)*

sélectionner [selɛksjɔne] <1> *vt* ❶ auswählen; aufstellen *joueur;* ~ **des élèves** eine Auswahl unter den Schülern treffen
❷ INFORM anklicken, auswählen

sélectionneur, -euse [selɛksjɔnœʀ, -øz] *m, f* Eignungsprüfer(in) *m(f);* SPORT ≈ Bundestrainer(in) *m(f)* (*der/die die Mannschaftsaufstellung vornimmt*)

sélectivement [selɛktivmɑ̃] *adv* selektiv; **classer des livres** ~ beim Ordnen der Bücher eine Auswahl treffen

sélectivité [selɛktivite] *f* TECH Trennschärfe *f*

sélénium [selenjɔm] *m* CHIM Selen *nt*

self [sɛlf] *m fam* Selbstbedienungsrestaurant *nt*

self-control [sɛlfkɔ̃tʀol] <self-controls> *m* Selbstbeherrschung *f* **self-induction** [sɛlfɛ̃dyksjɔ̃] <self-inductions> *f* ELEC, PHYS Selbstinduktion *f* **self-made-man** <s *o* -men> [sɛlfmɛdman, -mɛn] *m* Selfmademan *m* **self-service** [sɛlfsɛʀvis] <self-services> *m* Selbstbedienung *f;* (*magasin*) Selbstbedienungsladen *m;* (*restaurant*) Selbstbedienungsrestaurant *nt*

selle [sɛl] *f* ❶ Sattel *m;* **se mettre en** ~ aufsitzen; **mettre qn en** ~ jdm in den Sattel helfen
❷ GASTR Rücken *m*
❸ (*matières fécales*) ~**s** Stuhl[gang *m*] *m;* **aller à la** ~ Stuhlgang haben
▸ **être bien en** ~ fest im Sattel sitzen

seller [sele] <1> *vt* satteln

sellerie [sɛlʀi] *f* ❶ Sattelzeug *nt*
❷ (*local*) Sattelraum *m*
❸ (*profession*) Sattlerei *f,* Sattlerhandwerk *nt*

sellette [sɛlɛt] *f* **mettre qn sur la** ~ jdn auf die Anklagebank bringen

sellier, -ière [selje, -jɛʀ] *m, f* Sattler(in) *m(f)*

selon [s(ə)lɔ̃] **I.** *prép* ❶ (*conformément à*) ~ **votre volonté/les instructions** gemäß Ihrem Wunsch/den Anweisungen
❷ (*en fonction de*) ~ **l'humeur** je nach Laune; ~ **leur âge et leur taille** nach Alter und Größe; ~ **mes moyens** soweit es meine finanziellen Mittel erlauben; **c'est** ~ *fam* je nachdem, es kommt darauf an
❸ (*d'après*) ~ **les journaux** den Zeitungen zufolge; ~ **moi** meines Erachtens
II. *conj* ~ **que vous travaillerez ou non** je nachdem, ob ihr arbeiten werdet oder nicht

Seltz [sɛlts] *f v.* **eau**

semailles [s(ə)mɑj] *fpl* Aussaat *f,* Säen *nt*

semaine [s(ə)mɛn] *f* ❶ Woche *f;* **la** ~ **de trente-cinq heures** die Fünfunddreißigstundenwoche; **la** ~ **du blanc** die weiße Woche; **à la** ~ wochenweise; **en** ~ unter der Woche
❷ REL ~ **sainte** Karwoche *f*
▸ **la** ~ **des quatre jeudis** *fam* Sankt Nimmerleinstag *m*

semainier [s(ə)menje] *m* ❶ (*agenda*) Terminplaner [mit Wocheneinteilung] *m*
❷ (*meuble*) Semainier *m* (*Wäschetruhe mit sieben Fächern*)

sémantique [semɑ̃tik] **I.** *adj* semantisch; **champ** ~ Wortfeld *nt*
II. *f* Semantik *f*

sémaphore [semafɔʀ] *m* NAUT Semaphor *nt o m;* CHEMDFER Flügelsignal *nt*

semblable [sɑ̃blabl] **I.** *adj* ❶ solche(r, s), derartig; *objets, personnes* gleich; **rien de** ~ nichts Derartiges
❷ *antéposé* (*tel*) solche(r, s), so ein(e); **une** ~ **désinvolture** so eine Frechheit
❸ (*ressemblant*) ähnlich; ~ **à qn/qc** jdm/einer S. ähnlich
II. *mf* ❶ (*prochain*) Mitmensch *m*
❷ (*congénère*) **mon/ton/son** ~ meines-/deines-/seines-/ihresgleichen; **toi et tes** ~**s** *péj* du und deinesgleichen

semblant [sɑ̃blɑ̃] *m* **un** ~ **de jardin** so etwas [Ähnliches] wie ein Garten; **un** ~ **de bonheur** ein Anflug von Glück; **un** ~ **de vérité** ein Hauch von Wahrheit; **retrouver un** ~ **de calme** etwas Ruhe genießen können
▸ **être des faux** ~**s** der Schein trügt; **faire** ~ **de dormir** so tun, als würde man schlafen; **elle ne pleure pas: elle fait juste** ~**!** sie weint nicht [wirklich], sie tut nur so [als ob]!; **faire** ~ **de rien** *fam* so tun, als wäre nichts gewesen

sembler [sɑ̃ble] <1> **I.** *vi* ~ **préoccupé(e)** besorgt zu sein scheinen; **tu me sembles nerveux(-euse)** mir scheint, du bist nervös; du scheinst [mir] nervös zu sein; **cet appartement semble lui convenir** die Wohnung scheint ihm/ihr zu gefallen
II. *vi impers* ❶ **il semble inutile d'espérer** es wäre zwecklos, zu hoffen; **il semble que la situation s'est** [*o* **se soit**] **aggravée** es sieht ganz so aus, als habe sich die Lage verschlimmert; **il semblerait qu'elle ait oublié son rendez-vous** allem Anschein nach hat sie ihre Verabredung vergessen; **il semble probable que demain il fera beau** wahrscheinlich wird es morgen schön
❷ (*estimer*) **il me semble inutile de le déranger** es ist nicht nötig ihn zu stören; **il nous semble souhaitable de partir de bonne heure** wir halten es für wünschenswert frühzeitig loszufahren; **il vous semble que j'exagère?** haben Sie das Gefühl, dass ich übertreibe?
❸ (*avoir l'impression de*) **il me semble bien vous avoir déjà rencontré(e)** ich habe das Gefühl, Ihnen schon einmal begegnet zu sein
❹ (*paraître*) **il me semble, à ce qu'il me semble** [wie] mir scheint; **semble-t-il** wie es scheint

semelle [s(ə)mɛl] *f* ❶ Sohle *f;* ~ **de cuir** Ledersohle *f;* ~ **compensée** Keilabsatz *m;* ~ **intérieure** Einlage *f*
❷ CONSTR, TECH Sohle *f;* ~ **de béton** Fundament[streifen *m*] *nt*
❸ CHEMDFER ~ **de frein** Bremsklotz *m*
❹ SKI Lauffläche *f*
▸ **être de la** [**vraie**] ~ *bifteck, escalope:* zäh wie Leder sein; **ne pas avancer d'une** ~ keinen Schritt vorwärts kommen; **ne pas céder** [*o* **reculer**] **d'une** ~ keinen Fußbreit zurückweichen; **ne pas lâcher** [*o* **quitter**] **qn d'une** ~ jdm auf den Fersen [*o* auf Schritt und Tritt] folgen

semence [s(ə)mɑ̃s] *f* ❶ AGR Saat *f,* Saatgut *nt;* ~ **de blé** Weizensaat
❷ (*sperme*) Samen *m*
❸ (*clou*) kleiner Flachkopfnagel

semer [s(ə)me] <4> **I.** *vi* säen
II. *vt* ❶ AGR [aus]säen *graines;* einsäen *jardin, champ;* **cette platebande est semée de pensées** in diesem Beet sind Stiefmütterchen gesät
❷ (*joncher*) streuen *confettis, fleurs;* **être semé(e) de pétales de roses** mit Rosenblättern übersät sein; **une robe semée de diamants** ein mit Diamanten besetztes Kleid
❸ (*propager*) säen *discorde, zizanie;* verbreiten *terreur, panique*
❹ (*truffer*) ~ **un texte de citations** einen Text mit Zitaten spi-

cken; **être semé(e) de difficultés** voller Schwierigkeiten sein
❺ (*se débarrasser de*) abhängen (*fam*)
❻ *fam* (*égarer*) verlegen
semestre [s(ə)mɛstʀ] *m* Halbjahr *nt;* UNIV Semester *nt;* **par** ~ halbjährlich
semestriel(le) [s(ə)mɛstʀijɛl] *adj assemblée* halbjährlich; *bulletin* Halbjahres-; *revue* halbjährlich erscheinend
semestriellement [s(ə)mɛstʀijɛlmɑ̃] *adv* halbjährlich, alle sechs Monate
semeur, -euse [s(ə)mœʀ, -øz] *m, f* ❶ AGR Sämann *m*/Säerin *f*
❷ *fig* ~(-**euse**) **de faux bruits** Gerüchtemacher(in) *m(f)* (*pej*); **c'est un** ~ **de discorde** er sät immer Zwietracht
semi-aride [səmiaʀid] <semi-arides> *adj* **région** ~ Halbwüstenregion *f* **semi-automatique** [səmiɔtɔmatik] <semi-automatiques> *adj* halbautomatisch **semi-circulaire** [səmisiʀkylɛʀ] <semi-circulaires> *adj* halbrund **semi-conducteur** [s(ə)mikɔ̃dyktœʀ] <semi-conducteurs> *m* Halbleiter *m* **semi--conducteur, -trice** [s(ə)mikɔ̃dyktœʀ, -tʀis] <semi-conducteurs> *adj* TECH Halbleiter- **semi-conserve** [s(ə)mikɔ̃sɛʀv] <semi-conserves> *f* beschränkt haltbare Konserve **semi-consonne** [səmikɔ̃sɔn] <semi-consonnes> *f* PHON Halbkonsonant *m* **semi-fini(e)** [səmifini] <semi-finis> *adj* halb fertig; **produits** ~**s** Halbfertigprodukte *Pl*, Halbfabrikate *Pl* **semi-liberté** [səmilibɛʀte] <semi-libertés> *f* überwachte Freiheit
sémillant(e) [semijɑ̃, jɑ̃t] *adj hum soutenu* sprühend, lebhaft
séminaire [seminɛʀ] *m* ❶ Seminar *nt*
❷ REL Priesterseminar *nt*
séminal(e) [seminal, o] <-aux> *adj* Samen-
séminariste [seminaʀist] *m* Seminarist(in) *m(f)*
semi-nomade [səminɔmad] <semi-nomades> **I.** *adj* halbnomadisch
II. *mf* Halbnomade *m*/Halbnomadin *f*
sémiologie [semjɔlɔʒi] *f* MED, LING Semiologie *f*
sémiotique [semjɔtik] **I.** *adj* semiotisch
II. *f* Semiotik *f*
semi-perméable [səmipɛʀmeabl] <semi-perméables> *adj* PHYS halbdurchlässig, semipermeabel (*Fachspr.*) **semi-précieux, -euse** [səmipʀesjø, jøz] <semi-précieux> *adj* **pierre semi-précieuse** Halbedelstein *m* **semi-public, semi-publique** [səmipyblik] <semi-publics> *adj organisme* halböffentlich; *entreprise* gemischtwirtschaftlich **semi-remorque** [səmiʀ(ə)mɔʀk] <semi-remorques> **I.** *m* Sattelschlepper *m*
II. *f* (*remorque*) Auflieger *m*
semis [s(ə)mi] *m* ❶ *pl* Säen *nt*, Aussaat *f;* (*plants*) Sämlinge *Pl*
❷ (*motif décoratif*) Streumuster *nt*
sémite [semit] *adj* semitisch
Sémite [semit] *mf* Semit(in) *m(f)*
sémitique [semitik] *adj* semitisch
semi-voyelle [səmivwajɛl] <semi-voyelles> *f* PHON Halbvokal *m*
semoir [səmwaʀ] *m* Sämaschine *f;* HIST (*sac*) Sätuch *nt*
semonce [səmɔ̃s] *f* Warnung *f;* **coup de** ~ Warnschuss *m*
semoule [s(ə)mul] **I.** *f* GASTR Grieß *m*
▸ **pédaler dans la** ~ *fam* nur Bahnhof verstehen (*fam*); *police, enquêteurs:* im Dunkeln tappen
II. *app sucre* Streu-
sempiternel(le) [sɑ̃pitɛʀnɛl] *adj antéposé* ewig; *chapeau, costume* unvermeidlich
sempiternellement [sɑ̃pitɛʀnɛlmɑ̃] *adv* immer und ewig
sénat [sena] *m* POL, HIST Senat *m;* **le Sénat** der Senat; (*bâtiment*) das Senatsgebäude

i Land & Leute

Der **Sénat** ist die zweite Kammer des französischen Parlaments. Sein Sitz ist das *Palais du Luxembourg* in Paris. Er setzt sich aus 295 Senatoren zusammen, die für neun Jahre in indirekter Wahl bestimmt werden. Ein neues Gesetz kann nur mit Zustimmung der beiden Kammern – der *Assemblée nationale* und des **Sénat** – verabschiedet werden. Der **Sénat** vertritt die Interessen der Gebietskörperschaften und wacht über die Verfassung.

sénateur, -trice [senatœʀ, -tʀis] *m, f* Senator(in) *m(f)*
sénatorial(e) [senatɔʀjal, jo] <-aux> *adj dignité* Senatoren-; *élections* Senats-; *prérogatives* senatorisch
sénatoriales [senatɔʀjal] *fpl* Senatswahlen *Pl*
sénatus-consulte [senatyskɔ̃sylt] <sénatus-consultes> *m* HIST Senatsbeschluss *m*
séné [sene] *m* BOT Sennespflanze *f*
sénéchal [seneʃal, o] <-aux> *m* HIST Seneschall *m*
séneçon [sɛnsɔ̃] *f* BOT Kreuzkraut *nt*
Sénégal [senegal] *m* **le** ~ der Senegal
sénégalais(e) [senegalɛ, ɛz] *adj* senegalesisch
Sénégalais(e) [senegalɛ, ɛz] *m(f)* Senegalese *m*/Senegalesin *f*
senellier [sənəlje] *m* CAN (*aubépine*) Weißdorn *m*
Sénèque [senɛk] *m* HIST Seneca *m*
sénescence [senesɑ̃s] *f* Altern *nt*, Seneszens *f* (*Fachspr.*)
sénevé [sɛnve] *m* BOT Ackersenf *m*, wilder Senf *m*
sénile [senil] *adj* altersschwach; MED *atrophie, démence* Alters-; *péj fam* senil (*geh*)
sénilité [senilite] *f* Altersschwäche *f; péj* (*débilité*) Senilität *f* (*geh*)
senior [senjɔʀ] **I.** *adj équipe* Senioren-
II. *mf* Senior(in) *m(f)*
séniornaute [senjɔʀnot] *mf* älterer Internetsurfer *m*, ältere Internetsurferin *f;* (*aux cheveux blancs*) Silversurfer(in) *m(f)* (*fam*)
sens¹ [sɑ̃s] *m* (*signification*) Sinn *m;* **à double** ~ doppeldeutig; **au** ~ **large/figuré** im weiteren/übertragenen Sinn; **être dépourvu(e) de tout** ~ [*o* **n'avoir aucun** ~] völlig unsinnig sein; **être plein(e) de** ~ sehr sinnvoll sein
sens² [sɑ̃s] *m* ❶ (*direction*) Richtung *f;* ~ **de la marche** Fahrtrichtung; ~ **de la flèche** Pfeilrichtung; **dans le** ~ **contraire** andersherum; **dans le** ~ **de la longueur** der Länge nach; **dans le** ~ **des aiguilles d'une montre** im Uhrzeigersinn; **mettre son pull dans le mauvais** ~ seinen Pullover falsch herum anziehen; **dans tous les** ~ hin und her; **partir dans tous les** ~ sich in alle Richtungen zerstreuen; **en** ~ **inverse** umgekehrt; **aller/rouler en** ~ **inverse** in die entgegengesetzte Richtung fahren; **revenir en** ~ **inverse** umkehren; **caresser dans le** ~ **du poil** mit dem Strich streicheln
❷ (*idée*) Sinn *m;* **dans le** ~ **de qn/qc** in jds Sinn (*Dat*)/im Sinn einer S. (*Gen*); **abonder dans le** ~ **de qn** jdm beipflichten; **aller dans le même** ~ dasselbe Ziel verfolgen; **aller dans le** ~ **d'un compromis** auf einen Kompromiss hinauslaufen; **aller dans le bon** ~ *personne:* auf dem richtigen Weg sein; **aller dans le** ~ **de l'Histoire** folgerichtig sein; **donner des ordres dans ce** ~ in diesem Sinne Anweisungen geben
❸ AUT ~ **giratoire** Kreisverkehr *m;* ~ **unique** Einbahnstraße *f;* ~ **interdit** Einbahnstraße *f;* (*panneau*) Durchfahrtsverbot *nt;* **rouler en** ~ **interdit** in verbotener Fahrtrichtung fahren
▸ ~ **dessus dessous** völlig durcheinander; **tout va** ~ **dessus dessous** alles geht drunter und drüber (*fam*); **mettre** ~ **dessus dessous** völlig durcheinander bringen; **raisonnements à** ~ **unique** eingleisige Überlegungen; **en ce** ~ **que...** insofern als ...; **en un [certain]** ~ in gewissem Sinn
sens³ [sɑ̃s] *m* ❶ ANAT Sinn *m*
❷ (*sensualité*) **les** ~ die Sinne
❸ (*aptitude*) ~ **moral** Moralgefühl *nt;* ~ **pratique** Sinn *m* für das Praktische; **avoir le** ~ **du rythme** musikalisch sein; ~ **de l'humour** Sinn *m* für Humor; ~ **de l'orientation** Orientierungssinn *m;* ~ **de la répartie** Schlagfertigkeit *f;* **avoir le** ~ **de la répartie/la musique** schlagfertig/musikalisch sein; **avoir le** ~ **des réalités** realistisch denken

S

❹ (*sagesse, raison*) **bon** ~, ~ **commun** gesunder Menschenverstand
▸ **reprendre** ses ~ wieder zur Besinnung kommen; **tomber** sous le ~ sich von selbst verstehen; **à** mon ~ meines Erachtens
sensas[s] [sɑ̃sɑs] *adj inv fam abr de* **sensationnel** toll (*fam*), sagenhaft (*fam*)
sensation [sɑ̃sasjɔ̃] *f* Empfindung *f,* [Sinnes]eindruck *m;* (*émotion*) Gefühl *nt;* **avoir une** ~ **de chaleur** sich [unnormal] heiß fühlen; ~ **de brûlure** Art *f* Brennen; ~ **de bien-être** wohliges Gefühl; ~ **de malaise** unangenehmes Gefühl; **avoir une** ~ **d'étouffement** das Gefühl haben, zu ersticken
▸ ~s **fortes** Nervenkitzel *m;* **faire** ~ Aufsehen erregen; **presse à** ~ Sensationspresse *f;* **roman/film à** ~ reißerischer [*o* reißerisch aufgemachter] Roman/Film
sensationnel [sɑ̃sasjɔnɛl] *m* Sensation *f*
sensationnel(le) [sɑ̃sasjɔnɛl] *adj* ❶ sensationell, Aufsehen erregend
❷ *fam* (*super*) sagenhaft (*fam*)
sensé(e) [sɑ̃se] *adj* vernünftig
sensibilisation [sɑ̃sibilizasjɔ̃] *f* ~ **à qc** Sensibilisierung *f* für etw
sensibiliser [sɑ̃sibilize] <1> *vt* ~ **qn à** [*o* **sur**] **qc** jdn für etw sensibilisieren; **être sensibilisé(e) à qc** für etw empfänglich sein
sensibilité [sɑ̃sibilite] *f* ❶ *d'une personne* Sensibilität *f,* Empfindsamkeit *f;* **être d'une grande** ~ sehr sensibel sein
❷ PHYSIOL Sensibilität *f;* **être d'une extrême** ~ äußerst empfindlich sein; ~ **au froid** Kälteempfindlichkeit *f*
❸ (*conviction*) Empfinden *nt;* **avoir une** ~ **de gauche** politisch links denken, eine Sympathie für die politische Linke haben
❹ PHOT, TECH Empfindlichkeit *f; d'une pellicule* Lichtempfindlichkeit
sensible [sɑ̃sibl] *adj* ❶ sensibel, empfindsam
❷ (*opp: indifférent*) ~ **aux attentions** empfänglich für Aufmerksamkeiten
❸ (*fragile*) empfindlich; **être très** ~ **de la gorge** einen empfindlichen Hals haben; ~ **au froid** kälteempfindlich
❹ (*perceptible*) spürbar; *goût, odeur* deutlich
❺ (*fin*) *odorat, ouïe* fein
❻ TECH *balance, baromètre* genau; PHOT *plaque* lichtempfindlich; **être** ~ **à qc** auf etw (*Akk*) reagieren
❼ (*délicat*) heikel; **point** ~ wunder Punkt
❽ PHILOS fühlend; **univers/monde** ~ Sinnenwelt *f*
❾ MUS **note** ~ Leitton *m*
sensiblement [sɑ̃sibləmɑ̃] *adv* ❶ deutlich, spürbar
❷ (*à peu près*) etwa
sensiblerie [sɑ̃sibləʀi] *f* Überempfindsamkeit *f,* Gefühlsduselei *f*
sensitif, -ive [sɑ̃sitif, -iv] *adj faculté* Empfindungs-; *nerf* sensibel, Empfindungs-
sensitive [sɑ̃sitiv] *f* BOT Mimose *f,* Sinnpflanze *f*
sensoriel(le) [sɑ̃sɔʀjɛl] *adj vie, organe* Sinnes-; *nerf* sensorisch, Empfindungs-, Sinnes-; *éducation* der Sinne; *information* sensorisch
sensualisme [sɑ̃sɥalism] *m* PHILOS Sensualismus *m*
sensualité [sɑ̃sɥalite] *f* Sinnlichkeit *f*
sensuel(le) [sɑ̃sɥɛl] *adj* sinnlich
sentence [sɑ̃tɑ̃s] *f* ❶ JUR Urteil *nt,* Urteilsspruch *m*
❷ (*adage*) Sinnspruch *m,* Denkspruch *m*
sentencieux, -euse [sɑ̃tɑ̃sjø, -jøz] *adj langage, style, ton* sentenziös (*geh*); *personne* schulmeisterlich
senteur [sɑ̃tœʀ] *f soutenu* Duft *m,* Wohlgeruch *m* (*geh*)
senti(e) [sɑ̃ti] *adj* **un discours bien** ~ treffende Worte; **vérité bien** ~**e** bittere Wahrheit
sentier [sɑ̃tje] *m* ❶ [Fuß]weg *m,* Pfad *m;* ~ **de grande randonnée** Hauptwanderweg
❷ *soutenu* (*voie*) ~ **de la gloire** Weg *m* zum Ruhm; ~ **de la vertu** Pfad *m* der Tugend
▸ **être sur le** ~ **de la guerre** auf dem Kriegspfad sein; **sortir des** ~**s battus** neue Wege gehen
sentiment [sɑ̃timɑ̃] *m* ❶ Gefühl *nt;* ~ **de culpabilité** Schuldgefühl *nt;* ~ **de fierté** Stolz *m;* ~ **de tendresse** zärtliches Gefühl
❷ (*sensibilité*) Gefühl *nt*
❸ (*conscience*) ~ **de sa valeur** Selbstwertgefühl *nt*
❹ (*impression*) Meinung *f;* **était-il déçu? – Non, je n'ai pas eu ce** ~ war er enttäuscht? – Nein, das Gefühl hatte ich nicht; **le** ~ **d'être un raté** das Gefühl ein Versager zu sein; **je ne peux me débarrasser du** ~ **que je suis de trop** ich werde den Eindruck nicht los, dass ich [hier] überflüssig bin
❺ *pl* (*formule de politesse*) **mes meilleurs** ~**s** meine besten Grüße; **veuillez agréer l'assurance de mes** ~**s distingués** mit freundlichen Grüßen; **veuillez agréer l'assurance de mes** ~**s respectueux, veuillez croire à mes** ~**s dévoués** hochachtungsvoll
❻ *pl* (*tendance*) Gefühle *Pl;* **avoir** [*o* **être animé(e)**] **de bons/mauvais** ~**s à l'égard de qn** jdm wohl-/übelgesonnen sein
▸ **partir d'un bon** ~ gut gemeint sein; **grands** ~**s** Gefühlskitsch *m;* **revenir à de meilleurs** ~**s** zur Einsicht kommen, [ein] Einsehen haben; **déborder de grands** ~**s** vor Schmalz triefen (*fam*); **prendre qn par les** ~**s** jdn von der Gefühlsseite her anpacken
sentimental(e) [sɑ̃timɑ̃tal, o] <-aux> **I.** *adj* ❶ *nature, personne* gefühlsbetont
❷ (*amoureux*) *problème, vie* Liebes-
❸ (*opp: rationnel*) *attachement, réaction, valeur* gefühlsmäßig
❹ *péj* (*avec sensibilité*) sentimental; *film* schnulzig (*fam*), sentimental
II. *m(f)* Gefühlsmensch *m*
sentimentalement [sɑ̃timɑ̃talmɑ̃] *adv* vom Gefühl her
sentimentalisme [sɑ̃timɑ̃talism] *m* Gefühlsduselei *f*
sentinelle [sɑ̃tinɛl] *f* Wachposten *m*
▸ **en** ~ zur Wache
sentir [sɑ̃tiʀ] <10> **I.** *vt* ❶ riechen
❷ (*goûter*) schmecken
❸ (*ressentir*) spüren; ~ **la fatigue gagner qn** spüren, wie die Müdigkeit jdn ergreift
❹ (*avoir une odeur*) ~ **la fumée** nach Rauch riechen; **ça sent le brûlé** es riecht verbrannt; **cette pièce sent le renfermé** in diesem Raum riecht es muffig
❺ (*avoir un goût*) ~ **l'ail/la vanille** nach Knoblauch/Vanille schmecken
❻ (*révéler*) **son éducation sent la noblesse** seiner Erziehung merkt man den Adel an
❼ (*annoncer*) **ça sent la neige** es sieht nach Schnee aus
❽ (*pressentir*) spüren; ~ **sa mort prochaine** seinen baldigen Tod spüren; ~ **qu'il va pleuvoir** spüren, dass es regnen wird; **je sens que ce film vous plaira** ich bin mir sicher, dass der Film Ihnen gefallen wird
❾ (*rendre sensible*) **faire** ~ **son autorité à qn** jdn seine Autorität spüren lassen; **faire** ~ **à qn la beauté d'un tableau** jdm die Schönheit eines Gemäldes vermitteln; **faire** ~ **à qn qu'il est allé trop loin** jdn merken lassen, dass er zu weit gegangen ist
▸ **ne pas pouvoir** ~ **qn** jdn nicht ausstehen [*o* riechen *fam*] können
II. *vi* ❶ riechen; ~ **bon** gut riechen
❷ (*puer*) stinken; **il sent des pieds** er hat Schweißfüße
III. *vpr* ❶ **se** ~ **fatigué(e)** sich müde fühlen; **se** ~ **le cœur plus libre** sich innerlich befreit fühlen; **je ne m'en sens pas le courage** mir fehlt es an Mut dazu
❷ (*être perceptible*) **se** ~ *amélioration, changement, effet:* zu spüren sein; **se faire** ~ *conséquences:* seine Wirkung zeigen; *effet:* spürbar sein, seine Wirkung zeigen

► **ne pas se ~ bien** *fam* (*déménager*) eine Meise haben (*fam*); **se ~ mal** (*s'évanouir*) ohnmächtig werden; *fam* (*déménager*) eine Meise haben (*fam*), spinnen (*fam*); **ne pas pouvoir se ~** sich nicht ausstehen [*o* riechen *fam*] können; **ne plus se ~ de joie/bonheur** vor Freude/Glück ganz außer sich (*Dat*) sein

seoir [swaʀ] <*irr*> *vi littér* ~ **à qn** *toilette:* jdn [gut] kleiden; *comportement:* zu jdm passen; **il lui sied de prendre cette décision** es geziemt sich für ihn diese Entscheidung zu treffen (*geh*)

sep [sɛp] *m v.* **cep**

sépale [sepal] *m* BOT Kelchblatt *nt*

séparable [sepaʀabl] *adj* trennbar

séparateur, -trice [sepaʀatœʀ, -tʀis] *adj* Trenn-

séparation [sepaʀasjɔ̃] *f* ❶ Trennung *f; de convives, manifestants* Auseinandergehen *nt*
❷ JUR ~ **de biens** Gütertrennung *f;* ~ **de corps** Trennung von Tisch und Bett; ~ **de fait** Getrenntleben *nt*
❸ POL Trennung *f; de pouvoirs* Teilung *f*
❹ (*distinction*) Trennung *f*
❺ (*cloison*) [**mur de**] ~ Trennwand *f*

séparatisme [sepaʀatism] *m* Separatismus *m*

séparatiste [sepaʀatist] **I.** *adj* separatistisch
II. *mf* Separatist(in) *m(f)*

séparé(e) [sepaʀe] *adj* getrennt; *étude* gesondert; *pièce* separat

séparément [sepaʀemɑ̃] *adv examiner* einzeln; *vivre* getrennt

séparer [sepaʀe] <1> **I.** *vt* ❶ trennen; ~ **qc en deux groupes** etw in zwei Gruppen aufteilen; ~ **un enfant de ses parents** ein Kind von seinen Eltern trennen
❷ (*diviser*) trennen; ~ **une pièce d'une autre par une cloison amovible** zwei Zimmer durch eine Zwischenwand voneinander [ab]trennen
❸ (*détacher*) ~ **le coupon du formulaire** den Coupon vom Formular abtrennen
❹ (*être interposé entre*) trennen; **le Rhin sépare la France de l'Allemagne** der Rhein bildet die Grenze zwischen Frankreich und Deutschland
❺ (*différencier*) trennen *idées, théories;* auseinander halten *problèmes;* ~ **la théorie de la pratique** die Theorie von der Praxis trennen
II. *vpr* ❶ **se ~** sich trennen; **se ~ de qn/qc** sich von jdm/etw trennen; **ne jamais se ~ de son passeport** immer seinen Pass bei sich haben
❷ (*se diviser*) **se ~** *branche, route:* sich gabeln; **se ~ de qc** *branche, route:* von etw abzweigen; **se ~ en qc** *rivière, route:* sich in etw (*Akk*) teilen; **nos routes se séparent** unsere Wege trennen sich
❸ (*se détacher*) **se ~** sich voneinander lösen; **se ~ de qc** sich von etw lösen
❹ (*se disperser*) **se ~** auseinander gehen, sich trennen

sépia [sepja] *adj inv* sepia[braun]

sept [sɛt] **I.** *num* ❶ sieben
❷ (*dans l'indication de l'âge, la durée*) **avoir/avoir bientôt ~ ans** sieben [Jahre alt] sein/werden; **enfant de ~ ans** Siebenjährige(r) *f(m);* **période de ~ ans** Zeitraum *m* von sieben Jahren
❸ (*dans l'indication de l'heure*) **il est ~ heures** es ist sieben [Uhr]
❹ (*dans l'indication de la date*) **le ~ mars** *geschrieben:* **le 7 mars** der siebte März *écrit:* der 7. März
❺ (*dans l'indication de l'ordre*) **arriver ~ ou huitième** als Siebte(r) oder Achte(r) kommen
❻ (*dans les noms de personnages*) **Charles VII** *gesprochen:* **Charles ~** Karl VII. *oral:* Karl der Siebte
II. *m inv* ❶ Sieben *f*
❷ (*numéro*) Nummer *f* sieben, Sieben *f*
❸ TRANSP die Linie [*o* Nummer] sieben, die Sieben (*fam*)
❹ JEUX Sieben *f*
❺ SCOL **avoir ~ sur dix/sur vingt** ≈ eine Drei/eine Fünf haben
III. *f* (*table, chambre... numéro sept*) Sieben *f; v. a.* **cinq**

septante [sɛptɑ̃t] *num* BELG, CH, CAN (*soixante-dix*) siebzig; *v. a.* **cinq, cinquante**

septantième [sɛ̃ptɑ̃tjɛm] *adj* BELG, CH *antéposé* siebzigste(r, s); *v. a.* **cinquième**

septembre [sɛptɑ̃bʀ] *m* September *m;* **le 11 ~** der 11. September (*Tag des Attentats auf das World Trade Center in New York*)*; v. a.* **août**

septennat [sɛptena] *m* siebenjährige Amtszeit

septentrional(e) [sɛptɑ̃tʀijɔnal, o] <-aux> *adj* nördlich; *pays* Nord-

septicémie [sɛptisemi] *f* MED Blutvergiftung *f,* Sepsis *f* (*Fachspr.*)

septième [sɛtjɛm] **I.** *adj antéposé* sieb[en]te(r, s)
II. *mf* **le/la ~** der/die/das Sieb[en]te; **être le/la ~ de la classe** der/die Sieb[en]te [*o* Siebtbeste] [in] der Klasse sein
III. *m* ❶ (*fraction*) Sieb[en]tel *nt*
❷ (*étage*) siebter Stock, siebte Etage
❸ (*arrondissement*) siebtes Arrondissement
IV. *f* MUS Septime *f; v. a.* **cinquième**

septièmement [sɛtjɛmmɑ̃] *adv* sieb[en]tens

septique [sɛptik] *adj* MED septisch

septuagénaire [sɛptɥaʒenɛʀ] **I.** *adj* siebzigjährig
II. *mf* Siebzigjährige(r) *f(m),* Siebziger(in) *m(f)* (*fam*)

septuor [sɛptɥɔʀ] *m* MUS Septett *nt*

septuple [sɛptypl] **I.** *adj* siebenfach
II. *m* Siebenfache(s) *nt*

septupler [sɛptyple] <1> **I.** *vt* versiebenfachen
II. *vi* sich versiebenfachen

sépulcral(e) [sepylkʀal, o] <-aux> *adj* Grabes-

sépulcre [sepylkʀ] *m littér* Grabmal *nt;* **le Saint Sépulcre** das Heilige Grab

sépulture [sepyltyʀ] *f* Grab[stätte *f*] *nt*

séquelle [sekɛl] *f* ❶ *d'un accident, d'une maladie* Folge[erscheinung *f*] *f,* Nachwirkung *f*
❷ *gén pl* (*conséquences*) *d'une guerre, révolution* Auswirkung *f*

séquence [sekɑ̃s] *f* CINE, TV, LING Sequenz *f;* INFORM Folge *f,* Sequenz

séquentiel(le) [sekɑ̃sjɛl] *adj* INFORM sequenziell, fortlaufend

séquestration [sekɛstʀasjɔ̃] *f de biens* Beschlagnahmung *f;* ~ **de personne** Freiheitsberaubung *f;* ~ **d'enfant** Kindesraub *m*

séquestre [sekɛstʀ] *m* Zwangsverwaltung *f;* **sous ~** beschlagnahmt

séquestrer [sekɛstʀe] <1> *vt* ❶ JUR beschlagnahmen *biens*
❷ (*enfermer*) einsperren *personne;* gefangen halten *otage;* (*ne pas se servir de*) unter Verschluss halten *bijoux, tableaux;* (*s'approprier*) in Beschlag nehmen *ordinateur*

sequin [səkɛ̃] *m* ❶ HIST (*pièce de monnaie*) Zechine *f*
❷ COUT (*ornement*) *zur Stoffverzierung durchbohrtes Metallplättchen*

séquoia [sekɔja] *m* Mammutbaum *m,* Sequoia *f* (*Fachspr.*)

sera [səʀa] *fut de* **être**

sérac [seʀak] *m* Sérac *m*

serai [səʀɛ] *fut de* **être**

sérail [seʀaj] *m* Serail *nt*

séraphin [seʀafɛ̃] *m* REL Seraph *m;* **les ~s** die Seraphim [*o* Seraphe]

séraphique [seʀafik] *adj* ❶ REL *ordre* seraphisch
❷ *fig littér beauté* seraphisch, engelgleich

seras [səʀa] *fut de* **être**

serbe [sɛʀb] **I.** *adj* serbisch
II. *m* **le ~** Serbisch *nt,* das Serbische; *v. a.* **allemand**

Serbe [sɛʀb] *mf* Serbe *m*/Serbin *f*

Serbie [sɛʀbi] *f* **la ~** Serbien *nt*

serbo-croate [sɛʀbokʀɔat] <serbo-croates> **I.** *adj* serbokroatisch
II. *m* **le ~** Serbokroatisch *nt,* das Serbokroatische; *v. a.* **alle-**

mand

serein(e) [səʀɛ̃, ɛn] *adj* ❶ *visage* heiter; *âme, personne* in sich ruhend, heiter
❷ *soutenu ciel, nuit* heiter, wolkenlos

sereinement [səʀɛnmɑ̃] *adv agir, juger* mit Ruhe

sérénade [seʀenad] *f* ❶ MUS Serenade *f*
❷ (*concert*) **donner une ~ à qn** jdm ein Ständchen bringen
❸ *fam* (*scène*) Gezeter *nt*
❹ *fam* (*charivari*) Radau *m* (*sl*)

sérénissime [seʀenisim] *adj* **altesse** ~ Durchlaucht *f*

sérénité [seʀenite] *f* ❶ Heiterkeit *f; de l'âme* Ausgeglichenheit *f;* **en toute ~** mit aller Ruhe
❷ *soutenu* (*clarté*) *du ciel* Heiterkeit *f*

séreux, -euse [seʀø, -øz] *adj* PHYSIOL, MED *liquide* serös

serez [s(ə)ʀe] *fut de* **être**

serf, serve [sɛʀ(f), sɛʀv] **I.** *adj* leibeigen, hörig
II. *m, f* Leibeigene(r) *f(m)*, Hörige(r) *f(m)*

serfouette [sɛʀfwɛt] *f* Hacke *f*

serge [sɛʀʒ] *f* TEXTIL Serge *f;* **la ~ de laine peignée** die Kammgarn-Serge

sergé [sɛʀʒe] *m* TEXTIL Köper *m*

sergent(e) [sɛʀʒɑ̃, ɑ̃t] *m(f)* Unteroffizier(in) *m(f)*

sergent-chef [sɛʀʒɑ̃ʃɛf] <sergents-chefs> *m* Stabsunteroffizier *m*

sergent-major [sɛʀʒɑ̃maʒɔʀ] <sergents-majors> *m* Hauptfeldwebel(in) *m(f)*

sériciculture [seʀisikyltyʀ] *f* Seidenraupenzucht *f*

série [seʀi] *f* ❶ *de casseroles* Satz *m; de photo* Serie *f; de volumes* Reihe *f;* **~ spéciale d'un ouvrage** Sonderausgabe *f* eines Werkes
❷ (*succession*) Serie *f*, Folge *f;* **toute une ~ de questions** eine ganze Reihe [von] Fragen; **~ d'accidents/de succès** Serie von Unfällen/Erfolgsserie
❸ CINE, TV Serie *f*, Reihe *f*
❹ (*au billard*) Serie *f*, Ballfolge *f;* BOXE Serie von Schlägen
❺ CHIM, MATH Reihe *f*
❻ MUS Reihe *f*
❼ (*catégorie, classe*) CINE Serie *f;* NAUT Kategorie *f;* SPORT Leistungsgruppe *f*
❽ SPORT (*éliminatoires*) Vorlauf *m*, Qualifikationsrunde *f*
❾ COM **véhicule de ~** Serienwagen *m*
▶ **tueur en ~** Serienmörder *m;* **~ noire** (*roman*) Kriminalroman *m;* (*collection*) Krimi[nalroman]reihe *f;* (*succession de malheurs*) Pechsträhne *f;* **se produire en ~** serienweise hergestellt werden; **montage en ~** Serienanfertigung *f;* ELEC Serienschaltung *f;* **hors ~** (*extraordinaire*) außergewöhnlich; IND in Sonderanfertigung hergestellt

sériel(le) [seʀjɛl] *adj a.* INFORM, MUS seriell

sérier [seʀje] <1a> *vt* ordnen *problèmes, questions*

sérieusement [seʀjøzmɑ̃] *adv* ❶ *croire, penser* im Ernst, ernstlich
❷ (*avec sérieux*) *agir, travailler* ernsthaft; **vous parlez ~?** meinen Sie das ernst [*o* im Ernst]?
❸ (*gravement*) ernstlich; *touché, blessé* schwer

sérieux [seʀjø] *m* ❶ Ernsthaftigkeit *f; d'une entreprise, d'un projet* Seriosität *f; d'un employé* Zuverlässigkeit *f*
❷ (*conscience*) *d'une personne* Gewissenhaftigkeit *f*
❸ (*air grave*) Ernst *m;* **garder son ~** ernst bleiben
❹ (*gravité*) *d'une situation, d'un état* Ernst *m*
▶ **prendre au ~** ernst nehmen; **se prendre au ~** sich wichtig nehmen

sérieux, -euse [seʀjø, -jøz] *adj* ❶ ernst; **pas ~, s'abstenir** nur ernst gemeinte Zuschriften
❷ (*grave*) *maladie, affaire, état* ernst; **être atteint(e) d'une maladie sérieuse** ernstlich erkrankt sein
❸ (*opp: plaisantin*) *personne, air* ernst
❹ (*digne de confiance*) seriös; *employé* zuverlässig; *promesse* ernst gemeint
❺ (*consciencieux*) *élève, apprenti* ernsthaft
❻ (*digne d'intérêt*) *problème* ernst zu nehmend; *renseignement* vertrauenswürdig
❼ (*approfondi*) *études, recherches, travail* ernsthaft, seriös
❽ *a. antéposé* (*fort*) *différence, somme* gewaltig; *raison* ernsthaft, gewichtig
❾ (*sage*) anständig

sérigraphie [seʀigʀafi] *f* ❶ (*procédé*) Siebdruckverfahren *nt*, Siebdruck *m;* **en ~** im Siebdruck[verfahren]
❷ (*œuvre*) Siebdruck *m*

serin [s(ə)ʀɛ̃] *m* Kanarienvogel *m*

seriner [s(ə)ʀine] <1> *vt fam* ❶ (*rabâcher*) *publicité:* anpreisen; **~ qc à un enfant** einem Kind etw wieder und wieder sagen
❷ (*excéder*) **~ qn** jdm [mit seinem ewigen Gerede] auf die Nerven gehen (*fam*)

seringa[t] [s(ə)ʀɛ̃ga] *m* BOT Falscher Jasmin *m*

seringue [s(ə)ʀɛ̃g] *f* ❶ MED Spritze *f*
❷ (*petite pompe*) Spritze *f;* (*ustensile de cuisine*) Tortenspritze

serment [sɛʀmɑ̃] *m* ❶ (*engagement solennel*) Schwur *m;* **~ sur l'honneur** Beteuerung auf Ehre und Gewissen *f;* **~ professionnel** Amtseid *m;* **prêter ~** einen Eid ablegen; **faire un faux ~** einen Meineid schwören; **sous ~** unter Eid; *déclaration* eidlich
❷ (*promesse*) Schwur *m;* **faire le ~ de faire qc** schwören etw zu tun
◆ **~ de fidélité** Treueschwur *m;* **~ d'Hippocrate** MED hippokratischer Eid

sermon [sɛʀmɔ̃] *m* ❶ REL Predigt *f*
❷ *péj* (*discours moralisateur*) Moralpredigt *f;* **faire un ~ à qn** jdm eine Moralpredigt halten (*fam*)

sermonner [sɛʀmɔne] <1> *vt* (*réprimander*) **~ qn** jdm eine Strafpredigt halten (*fam*); (*adresser des conseils*) jdn ins Gebet nehmen (*fam*); **se faire ~** eine Moralpredigt über sich (*Akk*) ergehen lassen müssen (*fam*)

sermonneur, -euse [sɛʀmɔnœʀ, -øz] **I.** *adj* moralisierend
II. *m, f* Moralprediger(in) *m(f)*

S.E.R.N.A.M. [sɛʀnam] *f abr de* **service national de messageries** *Eilgutverkehr der französischen Eisenbahn*

sérologie [seʀɔlɔʒi] *f* Serologie *f*

séronégatif, -ive [seʀɔnegatif, -iv] *adj* HIV-negativ

séropo [seʀopo] *mf fam abr de* **séropositif**

séropositif, -ive [seʀopozitif, -iv] **I.** *adj* seropositiv; (*en parlant du sida*) HIV-positiv
II. *m, f* Seropositive(r) *f(m);* (*atteint du sida*) HIV-Positive(r) *f(m)*

séropositivité [seʀopozitivite] *f* **constater la ~ de qn** feststellen, dass jd seropositiv ist; (*due au virus du sida*) feststellen, dass jd HIV-positiv ist; **un film qui traite de la ~** ein Film über Aids

sérosité [seʀozite] *f* PHYSIOL, MED seröse Flüssigkeit *f*

sérothérapie [seʀoteʀapi] *f* Serumbehandlung *f*, Serotherapie *f* (*Fachspr.*)

serpe [sɛʀp] *f* AGR Hippe *f*
▶ **un visage/personnage taillé à la [*o* à coups de] ~** ein grobgeschnittenes Gesicht/eine grobgezeichnete Figur; **faire qc à la ~** etw auf die Schnelle machen (*fam*)

serpent [sɛʀpɑ̃] *m* ❶ (*reptile*) Schlange *f*
❷ (*personne mauvaise*) **langue de ~** Lästerzunge *f*
▶ **réchauffer un ~ dans son sein** eine Schlange am Busen nähren (*geh*)
◆ **~ à lunettes** Brillenschlange *f;* **~ de mer** [Meeres]ungeheuer *nt; fam* (*sujet bien connu*) alter Hut (*fam*); **~ à sonnettes** Klapperschlange *f*

serpenter [sɛʀpɑ̃te] <1> *vi chemin, rivière, vallée:* sich schlängeln; **le sentier montait en serpentant** der Weg schlängelte [*o* wand] sich bergauf

serpentin [sɛʀpɑ̃tɛ̃] *m* ❶ (*ruban*) Luftschlange *f*
❷ (*tuyau coudé*) [Rohr]schlange *f*

serpette [sɛʀpɛt] *f* Baumhippe *f*
serpillière [sɛʀpijɛʀ] *f* Scheuertuch *nt;* **passer la ~** feucht [auf] wischen
serpolet [sɛʀpɔlɛ] *m* Feldthymian *m*
serrage [sɛʀaʒ] *m d'un écrou, du frein à main* Anziehen *nt; d'un couvercle* Festschrauben *nt;* **le ~ de ce nœud est trop fort** der Knoten wurde zu fest zugemacht
serre¹ [sɛʀ] *f* AGR Gewächshaus *nt;* (*serre chauffée*) Treibhaus *nt;* **fruits/légumes de ~** Treibhausobst/-gemüse; **faire pousser des plantes en ~** Pflanzen im Gewächs-/Treibhaus ziehen
serre² [sɛʀ] *f surtout pl* (*griffe*) Fänge *Pl*
serré [seʀe] *adv* ❶ (*avec prudence*) **jouer ~** vorsichtig spielen; *fig* taktieren
❷ (*avec peu de moyens*) *vivre* bescheiden
❸ (*brèvement*) *écrire* eng
serré(e) [seʀe] *adj* ❶ *café, alcool* stark
❷ (*petit*) **budget ~** äußerst beschränkte Mittel *Pl;* **délai ~** kurze Frist
❸ (*dense*) *forêt, foule* dicht; **en rangs ~s** in dichten Reihen; **des mailles ~es** dichte Maschen
❹ (*rigoureux*) *débat, discussion* heiß; *combat* hart; *course* Kopf-an-Kopf-; *analyse, argumentation* überzeugend; *style* straff
❺ (*fauché*) *train de vie* bescheiden; **être ~[e]** kein Geld haben
serre-fils [sɛʀfil] *m inv* ELEC Verbindungsklemme *f* **serre-joint** [sɛʀʒwɛ̃] <serre-joints> *m* [Schraub]zwinge *f* **serre-livres** [sɛʀlivʀ] *m inv* Buchstütze *f*
serrement [sɛʀmɑ̃] *m* ❶ (*action de serrer*) **~ de main** Händedruck *m*
❷ (*fait d'être serré*) **~ de cœur** (*tristesse*) Niedergeschlagenheit *f;* (*angoisse*) Beklemmung *f;* **avec un ~ de gorge** mit zusammengeschnürter Kehle
serrer [seʀe] <1> **I.** *vt* ❶ (*tenir en exerçant une pression*) umklammern; **~ la main de qn** jdm die Hand schütteln; **~ qn/qc dans ses bras/contre soi** jdn/etw an sich (*Akk*) drücken; **~ qn à la gorge** jdn würgen
❷ (*contracter*) zusammenbeißen *dents, mâchoires;* zusammenpressen *lèvres;* ballen *poings;* **~ la gorge à qn** jdm die Kehle zuschnüren; **~ le cœur à qn** *fig* jdn traurig machen; **il a le cœur serré devant qc** ihm wird es bei etw ganz traurig ums Herz; **qn serre les fesses** *fig fam* jdm wird angst [und bange]
❸ (*comprimer*) **~ qn** *chaussure, jupe, ceinture:* jdm zu eng sein
❹ (*rendre très étroit*) enger schnallen *ceinture;* fest ziehen *nœud*
❺ (*bloquer*) spannen *câble;* anziehen *écrou, frein à main;* zudrehen *robinet*
❻ (*se tenir près de*) **~ qn/qc** sich dicht an jdn/etw halten; **~ un mur** dicht an einer Mauer entlangfahren; **~ une femme** *fig* sich an eine Frau heranmachen; **~ l'ennemi de plus en plus près** immer dichter zum Feind aufrücken; **serre bien ta droite!** halte dich schön rechts!; **~ le vent** *bateau:* hart am Wind segeln; **~ qn/qc contre un mur** jdn/etw gegen eine Mauer drängen
❼ (*rapprocher*) zusammenrücken lassen *invités;* **~ les lignes/les mots** eng schreiben; **~ les rangs** aufschließen; **être serré(e)s** *personnes:* eng nebeneinander sitzen/stehen/...; *objets:* dicht gedrängt stehen/liegen/...
❽ (*restreindre*) kürzen *budget;* einschränken *dépenses;* **~ les délais** knappe Fristen setzen
❾ (*traiter avec rigueur*) **~ un texte** dicht an einem Text bleiben; **~ son jeu** den Gegner/die Gegner nicht zum Zug kommen lassen; **~ un sujet** am Thema bleiben
II. *vi* **~ à droite/à gauche** sich rechts/links halten
III. *vpr* **se ~** ❶ (*se rapprocher*) *personnes:* enger zusammenrücken; **se ~ contre qn** sich [eng] an jdn schmiegen [*o* pressen]; **serrons-nous autour du feu!** lasst uns näher ans Feuer rücken!
❷ (*se contracter*) **son cœur se serre** ihm/ihr krampft sich das Herz zusammen; **sa gorge se serre** seine/ihre Kehle ist wie zugeschnürt
serre-tête [sɛʀtɛt] *m inv* ❶ (*diadème*) Haarreif *m*
❷ (*bandeau*) Stirnband *nt*
serrure [seʀyʀ] *f* Schloss *nt*
◆ **~ à combinaison** Zahlenschloss *nt;* **~ à cylindre** Zylinderschloss *nt;* **~ de sûreté** Sicherheitsschloss *nt*
serrurerie [seʀyʀʀi] *f* ❶ (*objet*) Schlosserarbeit *f*
❷ (*métier*) Schlosserhandwerk *nt*
serrurier, -ière [seʀyʀje, -jɛʀ] *m, f* Schlosser(in) *m(f)*
sertir [sɛʀtiʀ] <8> *vt* ❶ (*enchâsser*) fassen *diamant, pierre précieuse;* **~ qc dans un diadème** etw in ein Diadem einarbeiten
❷ TECH falzen
sertissage [sɛʀtisaʒ] *m d'une pierre* Einfassen *nt; de pièces métalliques* Bördeln *nt*
sérum [seʀɔm] *m* ❶ PHYSIOL [Blut]serum *nt*
❷ MED [Immun]serum *nt;* **~ antidiphtérique/antirabique** Diphtherie-/Tollwutserum; **~ antivenimeux/antitétanique** Schlangen-/Tetanusserum; **~ thérapeutique** Heilserum; **~ physiologique** physiologische Kochsalzlösung
◆ **~ de vérité** Wahrheitsdroge *f*
servage [sɛʀvaʒ] *m* ❶ (*servitude*) Unterjochung *f,* Knechtschaft *f;* **imposer à qn un véritable ~** jdn regelrecht unterjochen
❷ HIST Leibeigenschaft *f*
serval [sɛʀval] *m* Serval *m*
servant [sɛʀvɑ̃] *m* ❶ REL Messdiener *m,* Ministrant *m*
❷ MIL Kanonier *m;* **les ~s** die Geschützbedienung
servant(e) [sɛʀvɑ̃, ɑ̃t] *adj postposé* **chevalier ~** ständiger Begleiter
servante [sɛʀvɑ̃t] *f* ❶ REL Messdienerin *f,* Ministrantin *f*
❷ HIST Dienerin *f*
serve [sɛʀv] *f v.* **serf**
serveur [sɛʀvœʀ] *m* ❶ INFORM Server *m*
❷ (*employé*) Bedienung *f,* Kellner *m*
❸ SPORT (*au tennis*) Aufschläger *m;* (*au volley-ball*) Aufgeber *m*
❹ CARTES Geber *m*
◆ **~ de courrier** Mail Server *m*
serveuse [sɛʀvøz] *f* ❶ (*employée*) Bedienung *f,* Kellnerin *f*
❷ SPORT (*au tennis*) Aufschlägerin *f;* (*au volley-ball*) Aufgeberin *f*
❸ CARTES Geberin *f*
servi(e) [sɛʀvi] *part passé de* **servir**
serviabilité [sɛʀvjabilite] *f* Hilfsbereitschaft *f*
serviable [sɛʀvjabl] *adj* hilfsbereit
service [sɛʀvis] *m* ❶ (*au restaurant, bar*) Bedienung *f;* (*à l'hôtel, dans un magasin*) Service *m;* **manger au premier/second ~** die frühere/spätere Tischzeit wählen; **le ~ est assuré jusqu'à.../est terminé** ≈ die Küche ist bis ... geöffnet/ist geschlossen
❷ (*pourboire*) Bedienung[sgeld *nt*] *f;* **[le] ~ [est] compris** [die] Bedienung [ist] inbegriffen
❸ *pl* (*aide*) Dienste *Pl;* **se passer des ~s de qn** *form* auf jds Mitarbeit (*Akk*) verzichten
❹ (*organisme officiel*) **~ administratif** *d'État* Behörde *f; d'une commune* Dienststelle *f;* **~ hospitalier** Krankenhausabteilung *f;* **~ médicosocial** ≈ medizinisch-soziale Versorgungseinrichtung; **~ postal** Postdienst *m;* **tous les ~s postaux** alle Dienstleistungsbereiche der Post; **un ~ public** eine öffentliche Einrichtung; **le ~ public** der öffentliche Dienst; **entreprise du ~ public** staatliches Unternehmen; **chaînes du ~ public** (*en France*) staatliche Fernsehsender; (*en Allemagne*) öffentlich-rechtliche Fernsehanstalten; **les ~s sociaux** die sozialen Einrichtungen; **~s spéciaux/secrets** Geheimdienst *m;* **~ de surveillance des travaux** Bauaufsicht *f*
❺ (*département*) Abteilung *f;* **~ [des] achats** Einkaufsabteilung; **~(s) administratif(s)** *d'une entreprise* Verwaltungsabteilung; **~ [du] contentieux** Rechtsabteilung; **~ [de] dépannage** Reparaturdienst *m; des appareils électroménagers* Kundendienst;

AUT Pannendienst; ~ **du matériel** Materialausgabe *f;* ~ **du personnel/de recrutement** Personalabteilung; ~ **de presse** Pressestelle *f;* ~ **[de] publicité** *d'une entreprise* Werbeabteilung; *d'un journal* Anzeigenabteilung; ~ **des réclamations** Beschwerdestelle; **le ~ social [d'une entreprise]** *Verwaltungsabteilung in einem Unternehmen, die sich um Belange der Mitarbeiter im Hinblick auf Sozial- und Krankenversicherung kümmert;* ~ **spécialisé** Fachabteilung; ~ **technique** technischer Dienst; ~ **des transmissions** MIL Fernmeldetruppe *f*

❻ MED Abteilung *f;* ~ **de cardiologie/d'urologie** kardiologische/urologische Abteilung, Kardiologie *f*/Urologie *f;* ~ **de réanimation** Intensivstation *f;* ~ **des urgences** Notaufnahme *f*

❼ MIL Militärdienst *m,* Wehrdienst *m;* ~ **civil** Zivildienst *m;* **être bon(ne) pour le ~** [für den Wehrdienst] tauglich sein; **faire son ~ [militaire]** seinen Militärdienst [*o* Wehrdienst] ableisten

❽ (*activité professionnelle*) Dienst *m;* **pendant le ~** im Dienst; **heures de ~** Dienstzeit *f;* **après des années de bons et loyaux ~s** nach jahrelanger treuer Mitarbeit; **être de ~** Dienst haben; **être en ~ commandé** dienstlich unterwegs sein; **prendre son ~** seinen Dienst antreten

❾ ECON (*prestations*) Dienstleistung *f*

❿ (*action de servir*) Dienst *m;* ~ **de l'État** Staatsdienst; ~ **de permanence** Bereitschaftsdienst *m;* **être au ~ de qn** bei jdm in Stellung sein; **je suis à votre ~** ich stehe Ihnen zu Diensten; **être en ~ chez qn** bei jdm in Stellung sein; **escalier de ~** Dienstbotenaufgang *m;* (*escalier des fournisseurs*) Lieferantenaufgang *m*

⓫ (*faveur*) Gefallen *m;* **demander un ~ à qn** jdn um einen Gefallen bitten; **rendre ~ à qn** jdm behilflich sein; **rendre un mauvais ~ à qn** jdm einen schlechten Dienst erweisen; **qu'y a-t-il pour votre ~?** womit kann ich Ihnen dienen?; **c'est là un ~ dont je vous suis très reconnaissant(e)** für diese Gefälligkeit bin ich Ihnen sehr dankbar

⓬ (*assortiment pour la table*) Service *nt;* ~ **de table** (*vaisselle*) Tafelservice; (*linge*) Tischgarnitur *f;* ~ **de verres/de cristal** Glas-/Kristallglasgarnitur *f;* ~ **de couteaux** Satz *m* Messer; ~ **à fondue/raclette** Fondue-/Racletteset *nt;* ~ **à thé** Teeservice *nt*

⓭ (*transport*) Betrieb *m;* ~ **d'autocar** Busverbindung *f;* ~ **d'été** Sommerfahrplan *m*

⓮ SPORT (*engagement au tennis*) Aufschlag *m;* (*au volley-ball*) Aufgabe *f;* (*jeu au tennis où on sert*) Aufschlagspiel *nt;* **être au ~** (*au tennis*) Aufschlag haben; (*au volley-ball*) aufgeben

⓯ REL ~ **[religieux]** Gottesdienst *m;* ~ **funèbre** Trauergottesdienst

⓰ (*activité*) **entrer en ~** *unité de production:* den Betrieb aufnehmen; **mettre qc en ~** etw in Betrieb nehmen

► **à ton/votre ~!** gern geschehen!; **hors ~** außer Betrieb

◆ ~ **après-vente** Kundendienst *m;* ~ **des eaux** Wasserwerk *nt;* ~ **du feu** CH Feuerwehr *f,* Brandwache *f* (CH); ~ **d'homologation** [*o* **des homologations**] Genehmigungsbehörde *f,* Genehmigungsstelle *f;* ~**s de l'immigration** Einwanderungsbehörde *f;* ~ **des impôts** Steuerbehörde *f;* ~ **d'intervention** JUR Interventionsstelle *f;* ~ **des mines** technischer Überwachungsdienst; ~ **d'ordre** Ordnungsdienst *m;* ~ **des renseignements téléphoniques** Fernsprechauskunft *f;* ~ **de santé** Gesundheitsamt *nt;* ~ **en ligne** Hotline *f*

i Land & Leute

Der **service militaire** wurde im Jahre 1999 abgeschafft, stattdessen unterhält Frankreich eine Berufsarmee. Franzosen und Französinnen im Alter von 18–20 Jahren gehen seither zu einem so genannten *rendez-vous citoyen,* einer fünftägigen Informationsveranstaltung über die nationale Verteidigung.

serviette [sɛʀvjɛt] *f* ❶ (*pour la toilette*) Handtuch *nt;* ~ **de toilette/de bain** Hand-/Badetuch; ~ **de plage** Strandtuch *nt;* ~ **éponge** Frotteetuch *nt;* ~ **hygiénique** [Damen]binde *f*

❷ (*serviette de table*) Serviette *f;* ~ **en papier** Papierserviette

❸ (*cartable*) *d'un écolier* Schultasche *f; d'un homme, d'une femme d'affaires* Aktentasche *f*

servile [sɛʀvil] *adj* ❶ (*obséquieux*) unterwürfig

❷ (*trop fidèle à l'original*) sklavisch [genau]

❸ *postposé* HIST **condition ~** Leibeigenschaft *f;* **travail ~** Fron[arbeit *f*] *f*

servilement [sɛʀvilmɑ̃] *adv* ❶ (*obséquieusement*) unterwürfig

❷ (*trop fidèlement*) sklavisch [genau]

servilité [sɛʀvilite] *f* ❶ (*basse soumission*) Unterwürfigkeit *f;* **la ~ de son comportement** sein/ihr unterwürfiges Verhalten

❷ (*imitation*) sklavische Genauigkeit

servir [sɛʀviʀ] <*irr*> **I.** *vt* ❶ (*offrir*) ~ **une boisson/un repas à qn** jdm ein Getränk/ein Gericht servieren; ~ **d'un plat à qn** jdm von einem Gericht geben; ~ **[quelque chose] à boire/à manger à qn** jdm etwas zu trinken/zu essen geben/servieren; **on lui sert le petit-déjeuner au lit** das Frühstück wird ihm/ihr ans Bett gebracht; **Madame est servie!** [gnädige Frau,] es ist angerichtet!; **c'est servi!** *fam* [das] Frühstück/Essen ist fertig! (*fam*)

❷ (*fournir un client*) *commerçant:* bedienen; **on vous sert, Madame/Monsieur?** werden Sie schon bedient?; **bien/mal ~ qn** (*qualitativement*) jdm gute/schlechte Ware verkaufen; (*quantitativement*) großzügig/jdm zu wenig abwiegen; **qu'est-ce que je vous sers?** was darf es sein?; **être servi(e)** *personne:* bedient werden; *repas:* serviert sein; **être bien/mal ~(e)** gut/schlecht bedient werden

❸ REL (*faire fonctionner*) ~ **la messe** bei der Messe ministrieren

❹ (*apporter son aide*) ~ **qn** sich für jdn einsetzen; ~ **qc** einer S. zustatten kommen

❺ (*payer*) auszahlen *rente*

❻ MIL bedienen *pièce d'artillerie*

❼ CARTES **être servi(e)** genug Karten haben

► **je suis servi(e) pour aujourd'hui** *fig, iron* für heute bin ich bedient; **on n'est jamais si bien servi que par soi-même** *prov* man macht am besten alles selbst

II. *vi* ❶ (*être utile*) *voiture, outil:* von Nutzen sein; *conseil, explication:* von Nutzen [*o* nützlich] sein; ~ **à qn à la réparation/à faire la cuisine** *machine, outil:* jdm zur Reparatur dienen/dazu dienen zu kochen; **à quoi cet outil peut-il bien ~?** wozu dient dieses Werkzeug eigentlich?; **à quoi sert[-il] de réclamer?** wozu sich beschweren; **pleurer ne sert à rien** weinen hilft nichts; **rien ne sert de t'énerver** es bringt nichts, wenn du dich aufregst (*fam*)

❷ (*tenir lieu de*) ~ **de guide à qn** für jdn den Fremdenführer machen; ~ **de témoin à qn** jds Zeuge sein; ~ **de mère/de père à qn** jdm die Mutter/den Vater ersetzen; **ça te servira de leçon!** das wird dir eine Lehre sein!; **cela lui sert de prétexte** das ist für ihn/sie ein guter Vorwand

❸ (*être utilisable*) zu gebrauchen sein; **ce vélo peut encore/ne peut plus ~** dieses Rad ist noch/nicht mehr zu gebrauchen

❹ CARTES geben

❺ SPORT (*au tennis*) aufschlagen; (*au volley-ball*) aufgeben

► **rien ne sert de courir, il faut partir à point** *prov* zu spät ist zu spät

III. *vpr* ❶ (*utiliser*) **se ~ d'un copain/article pour faire qc** einen Kumpel/Artikel benutzen um etw zu tun; **se ~ de ses relations** seine Beziehungen spielen lassen; **ne pas savoir se ~ de ses dix doigts** zwei linke Hände haben

❷ (*prendre soi-même qc*) **se ~** sich bedienen; **servez-vous mieux!** nehmen Sie [sich] doch noch etwas!; **se ~ de légumes** [sich (*Dat*)] Gemüse [*o* von dem Gemüse] nehmen

❸ (*s'approvisionner*) **se ~ au marché/au supermarché** auf dem Markt/im Supermarkt einkaufen

❹ *(être servi)* **ce vin se sert frais** dieser Wein wird kühl serviert

serviteur [sɛʀvitœʀ] *m* ❶ *littér (personne qui assume un devoir)* ~ **de Dieu** Diener Gottes; ~ **de l'État** Staatsdiener *m*
❷ *vieilli (domestique)* Diener *m*
❸ *(accessoires de cheminée)* Kaminbesteckständer *m*
▶ **votre** ~ *hum soutenu* meine Wenigkeit *(hum)*

servitude [sɛʀvityd] *f* ❶ *pl (contraintes)* Zwänge *Pl*
❷ *(esclavage)* Knechtschaft *f*; **réduire qn à la** ~ jdn in die Knechtschaft stürzen
❸ JUR *(obligation)* Auflage *f*; ~ **de passage** Wegerecht *nt*

servocommande [sɛʀvokɔmɑ̃d] *f* Servosteuerung *f*

servofrein [sɛʀvofʀɛ̃] *m* Servobremse *f*

ses [se] *dét poss v.* **sa, son**

sésame [sezam] *m* ❶ BOT Sesam *m*
❷ *(passe-partout)* Zauberformel *f*
▶ **Sésame, ouvre-toi** Sesam, öffne dich

session [sesjɔ̃] *f* ❶ *(séance) d'une assemblée, d'un tribunal* Sitzung *f*
❷ *(période)* Sitzungsperiode *f*; ~ **d'examens** Prüfungsphase *f*, Prüfungszeitraum *m*
❸ INFORM Sitzung *f*; **ouvrir/clore une** ~ sich ein-/ausloggen

sesterce [sɛstɛʀs] *m* HIST Sesterz *m*

set [sɛt] *m* ❶ SPORT Satz *m*; ~ **gagnant** Gewinnsatz
❷ *(service de table)* Set *nt*
❸ *(nécessaire)* Set *nt*; ~ **de rasage** Rasierset

setter [setɛʀ] *m* Setter *m*; ~ **irlandais** Irischer Setter

seuil [sœj] **I.** *m* ❶ *(pas de la porte)* [Tür]schwelle *f*; **rester sur le** ~ **de la porte** in der Tür stehen bleiben; **franchir le** ~ über die Schwelle treten
❷ *(limite)* Grenze *f*, Schwelle *f*; ~ **auditif** Hörschwelle *f*; ~ **de pauvreté** Armutsgrenze *f*; ~ **de rentabilité** Rentabilitätsgrenze *f*
❸ *(cap)* Schwelle *f*; **au** ~ **de la vieillesse/mort** auf der Schwelle zum Greisenalter/Tod stehen; **franchir le** ~ **de la vie active** ins Erwerbsleben eintreten
❹ GEOG Schwelle *f*
II. *app inv* **valeur** ~ *(minimum)* Grenzwert *m*; *(maximum)* Höchstwert *m*; **salaire** ~ Einkommensgrenze *f*

seul(e) [sœl] **I.** *adj* ❶ *(sans compagnie)* allein; **tout(e)** ~**(e)** ganz allein; ~ **à** ~ allein; **parler à qn** ~ **à** ~ jdn unter vier Augen sprechen; **dames voyageant** ~**es** allein reisende Damen; **parler tout(e)** ~**(e)** Selbstgespräche führen; **c'est moi** ~**(e) qui ai réussi à faire ça** ich habe das ganz allein geschafft; **enfin** ~**[s]!** endlich allein!; **cette lampe** ~**e ne suffit pas** diese eine Lampe reicht nicht; **eh vous, vous n'êtes pas** ~**(e)!** he, die anderen sind auch noch da!; **ça descend tout** ~ *fam* das rutscht ganz von alleine *(fam)*
❷ *(célibataire)* allein stehend
❸ *antéposé (unique)* einzig; ~**(e) et unique** einzig; **une** ~**e fois** ein einziges Mal; **être** ~**(e) de son espèce** einzigartig sein; **déclarer d'une** ~**e voix** einstimmig erklären; **pour la** ~**e raison que** [einzig und] allein deswegen, weil
❹ *(uniquement)* nur; **lui** ~ **est** [*o* **il est** ~] **capable de le faire** er allein ist dazu fähig; ~**s les invités sont admis** nur die geladenen Gäste sind zugelassen; ~ **le résultat importe** nur das Ergebnis zählt
II. *m(f)* **le** ~**/la** ~**e** der/die Einzige; **vous n'êtes pas le** ~ **à...** Sie sind nicht der Einzige, der ...; **un** ~**/une** ~**e** ein Einziger/eine Einzige

seulement [sœlmɑ̃] *adv* ❶ *(pas davantage)* nur
❷ *(opp: déjà)* erst; **il rentrera** ~ **demain** er kommt erst morgen zurück
❸ *antéposé (mais)* allerdings, aber; **je te donne l'argent,** ~ **je demande des garanties** ich gebe dir das Geld, allerdings verlange ich Sicherheiten
▶ **non** ~**..., mais encore ...** nicht nur ..., sondern auch noch; **pas** ~ *soutenu (pas même)* nicht einmal; **sans** ~ *soutenu* ohne auch nur; **si** ~ wenn nur; **si** ~ **j'en avais les moyens!** wenn ich es mir nur leisten könnte!; **tu as gagné à la loterie? – Si** ~**!** hast du in der Lotterie gewonnen? – Schön wär's!

seulet(te) [sœle, ɛt] *adj hum* mutterseelenallein

sève [sɛv] *f* ❶ BOT Saft *m*
❷ *littér (vigueur)* Schwung *m*, Elan *m*

sévère [sevɛʀ] *adj* ❶ *(rigoureux)* streng; *critique, jugement* hart; *climat* rau; *concurrence* scharf; *lutte* unerbittlich; **avoir besoin d'une taille** ~ radikal zurückgeschnitten werden müssen; **la sélection est** ~ es wird eine strenge Auslese getroffen
❷ *(austère)* streng
❸ *(grave) crise, pertes* schwer; *échec* schlimm

sévèrement [sevɛʀmɑ̃] *adv* ❶ *(durement) critiquer* scharf, hart; *éduquer, punir* streng; **juger** ~ **qn/qc** mit jdm/etw hart ins Gericht gehen; **être** ~ **battu(e)** eine schwere Niederlage hinnehmen müssen
❷ *(gravement)* schwer

sévérité [seveʀite] *f* ❶ *(rigueur)* Strenge *f*; *d'une critique, d'un verdict* Härte *f*; *d'un climat* Rauheit *f*; **être d'une grande** ~ sehr streng sein; **un regard d'une telle** ~ **que...** ein dermaßen strenger Blick, dass ...
❷ *(austérité)* Strenge *f*; **style d'une grande** ~ sehr strenger Stil
❸ *soutenu (gravité)* Schwere *f (geh)*

sévices [sevis] *mpl* Misshandlung *f*; **exercer des** ~ **sur qn** jdn misshandeln

sévir [seviʀ] <8> *vi* ❶ *(punir)* ~ **contre qn/qc** [hart] gegen jdn/etw durchgreifen
❷ *(exercer ses ravages) malfaiteur:* sein Unwesen treiben; *fléau:* wüten; *grippe:* grassieren; *professeur, doctrine:* Unheil anrichten

sevrage [səvʀaʒ] *m* ❶ *(cessation de l'allaitement) d'un nourrisson* Abstillen *nt*; *d'un animal* Absetzen *nt*
❷ *(désintoxication)* Entziehung *f*, Entzug *m*

sevrer [səvʀe] <1> *vt* ❶ *(cesser d'allaiter)* abstillen *nourrisson;* absetzen *petit animal*
❷ *littér (priver)* **être sevré(e) de plaisirs/de tabac** auf sein/ihr Vergnügen/Zigaretten verzichten müssen

sèvres [sɛvʀ] *m* Sèvresporzellan *nt*; *(objet)* Gegenstand *m* aus Sèvresporzellan

sexagénaire [sɛksaʒenɛʀ] **I.** *adj* **un homme/une femme** ~ ein Mann/eine Frau in den Sechzigern; **être** ~ über sechzig Jahre alt sein
II. *mf* Sechzigjährige(r) *f(m)*, Sechziger(in) *m(f)*

sex-appeal [sɛksapil] <sex-appeals> *m* Sex-Appeal *m*

sexe [sɛks] *m* ❶ *(catégorie)* Geschlecht *nt*; **des personnes des deux** ~**s** Menschen beiderlei Geschlechts; **le beau** ~ das schöne Geschlecht; **le** ~ **faible/fort** das schwache/starke Geschlecht
❷ *fam (sexualité)* Sex *m (fam)*
❸ *(organe)* Geschlechtsorgan *nt*
▶ **discuter du** ~ **des anges** sich in [endlosen] Scheindiskussionen verlieren

sexisme [sɛksism] *m* Sexismus *m*

sexiste [sɛksist] **I.** *adj* sexistisch
II. *mf* Sexist(in) *m(f)*

sexologie [sɛksɔlɔʒi] *f* Sexualwissenschaft *f*, Sexologie *f*

sexologue [sɛksɔlɔg] *mf* Sexualwissenschaftler(in) *m(f)*, Sexologe *m*/Sexologin *f*

sex-shop [sɛksʃɔp] <sex-shops> *m* Sexshop *m*

sex-symbol [sɛkssɛ̃bɔl] <sex-symbols> *m* Sexsymbol *nt*

sextant [sɛkstɑ̃] *m* Sextant *m*

sextuor [sɛkstɥɔʀ] *m* Sextett *nt*

sextuple [sɛkstypl] **I.** *adj* sechsfach
II. *m* Sechsfache(s) *nt*

sextupler [sɛkstyple] <1> **I.** *vt* versechsfachen
II. *vi prix:* sich versechsfachen

sexualité [sɛksɥalite] *f* ❶ *(comportement sexuel)* Sexualität *f*; **les perversions de la** ~ die sexuellen Perversionen

S

❷ BIO Sexualität *f*

sexué(e) [sɛksɥe] *adj être, reproduction* geschlechtlich; **animaux ~s** getrenntgeschlechtige Tiere; **être ~s** geschlechtliche Wesen sein

sexuel(le) [sɛksɥɛl] *adj* ❶ *(relatif à la sexualité)* sexuell; *éducation* Sexual-; *tourisme* Sex- *(fam)*; **acte ~** Geschlechtsakt *m*
❷ *(relatif au sexe)* Geschlechts-; **caractères ~s** Geschlechtsmerkmale *Pl*

sexuellement [sɛksɥɛlmɑ̃] *adv* sexuell

sexy [sɛksi] *adj inv fam* sexy *(fam)*

seyait [sɛjɛ] *imparf de* **seoir**

seyant(e) [sɛjɑ̃, jɑ̃t] **I.** *part prés de* **seoir**
II. *adj* kleidsam

S.F. [ɛsɛf] *f abr de* **science-fiction** SF *f*

SG [ɛsʒe] *abr de* **secrétaire général** Generalsekretär(in) *m(f)*

SGEN [sgɛn] *m abr de* **Syndicat général de l'Éducation nationale** *allgemeine Gewerkschaft der Beschäftigten im Bildungswesen*

S.G.M.L. [ɛsʒeɛmɛl] INFORM *abr de* **Standard Generalized Mark-up Language** SGML *f*

shah [ʃa] *m* Schah *m*

shaker [ʃɛkœʀ] *m* Shaker *m*, Mixbecher *m*

shako [ʃako] *m* Tschako *m*

shampooiner [ʃɑ̃pwine] <1> *vt* die Haare waschen; mit [Teppich]schaum reinigen *moquette*

shampooineur [ʃɑ̃pwinœʀ] *m (personne)* Shampooneur *m*

shampooineuse [ʃɑ̃pwinøz] *f* ❶ *(machine)* Teppichreinigungsmaschine *f*
❷ *(personne)* Shampooneuse *f*

shampo[o]ing [ʃɑ̃pwɛ̃] *m* Shampoo *nt*, Haarwaschmittel *nt*; **~ colorant** Tönungsshampoo; **faire un ~ à qn** jdm die Haare waschen

shampouiner [ʃɑ̃pwine] <1> *vt v.* **shampooiner**

shampouineur, -euse [ʃɑ̃pwinœʀ, -øz] *m, f v.* **shampooineur**

shantung [ʃɑ̃tuŋ] *m* Shantung *m*, Shantungseide *f*; **en ~** aus Shantung[seide]

shérif [ʃeʀif] *m* Sheriff *m*

sherry [ʃeʀi] *m* Sherry *m*

shetland [ʃɛtlɑ̃d] *m* ❶ *(tissu)* Shetland *m*
❷ *(pull-over)* Shetlandpullover *m*

shilling [ʃiliŋ] *m* HIST Shilling *m*

shintoïsme [ʃintɔism] *m* REL Schintoismus *m*

shoot [ʃut] *m* [kräftiger] Schuss

shooter [ʃute] <1> **I.** *vi* FBALL schießen
II. *vt* FBALL schießen *penalty*; treten *corner*
III. *vpr fam* **se ~ à qc** *(se droguer)* etw fixen *(sl)*, etw drücken *(sl)*; **se ~ au champagne** *hum* sich an Champagner gewöhnen *(hum)*

shop[p]ing [ʃɔpiŋ] *m* Einkaufsbummel *m*; **faire du ~** einen Einkaufsbummel machen

short [ʃɔʀt] *m* Shorts *Pl*; **~ de foot** Fußballhose *f*

shorty [ʃɔʀti] *m* Boxershorts *Pl (für Frauen)*

show [ʃo] *m* Show *f*

showbiz [ʃobiz] *m fam sans pl abr de* **show-business**

show-business [ʃobiznɛs] *m fam sans pl* Showgeschäft *nt*, Showbusiness *nt*

si[1] [si] <s'> **I.** *conj* ❶ *(condition)* wenn; **~ tu es sage, ...** wenn du artig bist, ...
❷ *(hypothèse)* **~ je ne suis pas là, partez sans moi** wenn ich nicht pünktlich da bin [*o* sollte ich nicht pünktlich da sein], geht/fahrt ohne mich los; **~ j'étais riche, ...** wenn ich reich wäre ...; **~ j'avais su!** wenn ich das gewusst hätte!
❸ *(toutes les fois que)* [immer [*o* jedesmal]] wenn
❹ *(opposition)* auch wenn ..., so ... [doch]; **~ toi tu es mécontent(e), moi, je ne le suis pas!** auch wenn du unzufrieden bist, ich bin es nicht!
❺ *(le fait que)* dass; **s'il n'y a pas eu de blessé, c'est un vrai miracle** dass niemand verletzt wurde, ist das reinste Wunder
❻ *(éventualité)* wenn; **~ nous profitions du beau temps?** wenn wir das schöne Wetter ausnutzten?
❼ *(désir, regret)* wenn ... nur [*o* bloß]; **ah ~ je les tenais!** wenn ich sie nur zu fassen bekäme!; **~ seulement tu étais venu(e) hier!** wenn du doch bloß gestern gekommen wärst!
▶ **~ ce n'est...** *(ou même)* wenn nicht [sogar] ...; **~ ce n'est qn/qc** *(en dehors de)* außer jdm/etw; **~ ce n'est que tu es trop jeune** außer dass du zu jung bist; **~ tant est que tu sois en âge de le faire** vorausgesetzt, dass du alt genug bist, um es zu tun; **~ c'est ça** *fam* ja dann *(fam)*, wenn das so ist
II. *m inv (hypothèse)* Wenn *nt*; **je n'ai que faire de tous tes ~!** du mit deinem ständigen Wenn und Aber!; **avec des ~, on mettrait Paris en bouteille** wenn das Wörtchen „wenn" nicht wär', wär' mein Vater Millionär

si[2] [si] *adv* ❶ *(dénégation)* doch; **mais ~!** [aber ja] doch!
❷ *(tellement)* so, dermaßen; **ne parle pas ~ bas!** sprich nicht so leise!; **une ~ belle fille** ein so hübsches Mädchen; **elle était ~ impatiente qu'elle ne tenait plus en place** sie war so ungeduldig, dass sie nicht mehr still sitzen konnte; **il n'est pas ~ petit qu'il ne puisse atteindre le plafond** er ist [schließlich] nicht so klein, [als] dass er nicht an die Decke reichen könnte
❸ *(aussi)* **~... que** so ... wie; **il n'est pas ~ intelligent qu'il le paraît** er ist nicht so klug, wie er aussieht
❹ *(concessif)* **~ peu que ce soit, cela m'aiderait** so wenig es auch wäre, es würde mir helfen
▶ **~ bien que** so ..., dass; **j'en avais assez, ~ bien que je suis parti(e)** ich hatte dermaßen genug, dass ich ging; **~ bien que je fasse, mon patron n'est jamais content** ich mag mir noch so viel Mühe geben, mein Chef ist immer unzufrieden; **oh que ~!** o doch!, und ob!

si[3] [si] *adv (interrogation indirecte)* ob

si[4] [si] *m inv* MUS h *nt*, H *nt*; **~ bémol** b *nt*, B *nt*; **~ dièse** his *nt*, His *nt*; **en ~ majeur/mineur** in H-Dur/h-Moll; **en ~ bémol mineur** in b-Moll; *v. a.* **do**

S.I. [ɛsi] *m abr de* **système international d'unités** *v.* **système**

siamois [sjamwa] *m* ❶ *pl (jumeaux)* siamesische Zwillinge *Pl*, siamesische Zwillingsbrüder *Pl*
❷ *(chat)* Siamkatze *f*

siamois(e) [sjamwa, waz] **I.** *adj* siamesisch; *chat* Siam- *Pl*
II. *mpl* **des ~(es)** *(jumeaux/jumelles)* siamesische Zwillinge *Pl*

Sibérie [sibeʀi] *f* **la ~** Sibirien *nt*

sibérien(ne) [sibeʀjɛ̃, jɛn] *adj* sibirisch

Sibérien(ne) [sibeʀjɛ̃, jɛn] *m(f)* Sibirer(in) *m(f)*, Sibirier(in) *m(f)*

sibyllin(e) [sibilɛ̃, in] *adj comportement* rätselhaft; *ouvrage* unverständlich; *paroles* sibyllinisch *(geh)*

sic [sik] *adv* sic

SICAV [sikav] *f abr de* **Société d'Investissement à Capital Variable** *(société)* Investmentfondsgesellschaft *f*; *(titre)* Investmentfondsanteil *m*

siccatif [sikatif] *m* Trockenstoff *m*, Sikkativ *nt (Fachspr.)*

siccatif, -ive [sikatif, -iv] *adj huile, produit* die Trocknung beschleunigend; **substance siccative** MED austrocknende Substanz

Sicile [sisil] *f* **la ~** Sizilien *nt*

sicilien(ne) [sisiljɛ̃, jɛn] *adj* sizilianisch

Sicilien(ne) [sisiljɛ̃, jɛn] *m(f)* Sizilianer(in) *m(f)*

sida, Sida [sida] *m* **le ~** Aids *nt*

SIDA [sida] *m abr de* **Syndrome d'Immunodéficience Acquise** *v.* **sida**

sidaïque [sidaik], **sidatique** [sidatik] **I.** *adj inv* aidskrank
II. *mf* Aidskranke(r) *f(m)*

side-car [sidkaʀ] <side-cars> *m (habitacle)* Beiwagen *m*; *(motocyclette plus side-car)* Motorrad *nt* mit Beiwagen

sidéen(ne) [sideɛ̃, ɛn] **I.** *adj* aidskrank
II. *m(f)* Aidskranke(r) *f(m)*

sidéral(e) [sideʀal, o] <-aux> *adj* *année* siderisch, Stern-; **les observations ~es** die Beobachtung der Sterne; **révolution ~e** siderische Umlaufzeit

sidérant(e) [sideʀɑ̃, ɑ̃t] *adj* verblüffend

sidérer [sideʀe] <5> *vt fam* verblüffen; **être sidéré(e)** baff [*o* platt] sein (*fam*); **être sidéré(e) par qc** über etw nur staunen können

sidérurgie [sideʀyʀʒi] *f* Eisen- und Stahlindustrie *f,* Hüttenindustrie *f*

sidérurgique [sideʀyʀʒik] *adj* Eisen- und Stahl-; *procédé* Eisenverhüttungs-; **usine ~** Eisenhütte *f,* Stahlwerk *nt;* **bassin ~** Eisenhüttenrevier *nt;* **grand groupe ~** großer Eisenhüttenkonzern; **produit ~** Erzeugnis *nt* der Eisen- und Stahlindustrie

sidérurgiste [sideʀyʀʒist] *mf* Hüttenarbeiter(in) *m(f)*

sidologie [sidɔlɔʒi] *f* Aidsforschung *f*

sidologue [sidɔlɔg] *mf* Aidsforscher(in) *m(f),* Aids-Spezialist(in) *m(f)*

siècle [sjɛkl] *m* ❶ (*période de cent ans*) Jahrhundert *nt;* **de ~ en ~** von Jahrhundert zu Jahrhundert; **au IIIe ~ avant J.C.** im 3. Jahrhundert v. Chr.
❷ (*période remarquable*) **le ~ de Louis XIV/de Périclès** das Zeitalter Ludwigs XIV./des Perikles; **le Siècle des Lumières** das Zeitalter der Aufklärung; **le Grand Siècle** das Zeitalter Ludwigs XIV.; **le ~ de l'atome** das Atomzeitalter
❸ (*période très longue*) Ewigkeit *f* (*fam*); **depuis des ~s** seit einer Ewigkeit (*fam*); **dans les ~s des ~s** von Ewigkeit zu Ewigkeit; **il y a des ~s que je ne t'ai vu** *fam* ich habe dich ja seit einer Ewigkeit nicht mehr gesehen; **mais ça fait un ~ de ça!** aber das ist ja schon eine Ewigkeit her! (*fam*)
❹ (*époque*) **au ~ où nous vivons** in der Zeit, in der wir leben; **être de son ~** immer auf dem neuesten Stand sein; **être d'un autre ~** in einer anderen Zeit leben
► **du ~** *fam combat, marché, inondation* Jahrhundert-

sied [sje] *indic prés de* **seoir**

siée [sje] *subj prés de* **seoir**

siéent [sje] *indic prés de* **seoir**

siège [sjɛʒ] *m* ❶ (*meuble*) Sitz *m;* **~ rembourré** Polstersitz; **~ avant/arrière** AUT Vorder-/Rücksitz; **~ baquet/couchette** Schalen-/Liegesitz; **~ transformable** umklappbarer Sitz; **~ pour enfant** Kindersitz; **~ de jardin/bureau** Garten-/Bürostuhl *m;* **~ pliant** Klappstuhl *m;* **~ éjectable** AVIAT Schleudersitz; **~ de W.-C.** Klobrille *f* (*fam*), Klosettbrille; **offrir un ~ à qn** jdn bitten Platz zu nehmen; **prenez un ~!** nehmen Sie Platz!
❷ (*action d'assiéger*) Belagerung *f;* **le ~ de Paris** die Belagerung von Paris; **lever le ~** die Belagerung aufheben [*o* beenden]; **mettre le ~ devant une ville** eine Stadt belagern
❸ POL (*au Parlement*) Sitz *m*
❹ REL **le ~ apostolique/pontifical** der Apostolische/Päpstliche Stuhl; **~ épiscopal** (*dignité d'évêque*) bischöflicher Stuhl; (*ville, résidence*) Bischofssitz *m*
❺ (*résidence*) *d'une organisation, entreprise* Sitz *m;* **~ principal** Hauptsitz; **une entreprise avec ~ principal à Paris** eine Firma mit Hauptsitz in Paris; **~ social** Sitz, Hauptgeschäftsstelle *f*
❻ (*centre d'action*) **le ~ d'une douleur** die Stelle, von der der Schmerz ausgeht; **qc est le ~ de la pensée** etw ist der Sitz des Denkvermögens
❼ MED (*derrière de l'homme*) **accouchement par le ~** Steißgeburt *f;* **l'enfant se présentait par le ~** das Kind war in Steißlage *f*

siéger [sjeʒe] <2a, 5> *vi* ❶ (*avoir un siège*) *députés, procureur:* sitzen
❷ (*tenir séance*) tagen
❸ (*être situé*) *passion, problème, mal:* liegen; **je ne vois pas très bien où siège la difficulté** ich verstehe nicht ganz, wo[rin] die Schwierigkeit liegt

sien(ne) [sjɛ̃, sjɛn] **I.** *pron poss* ❶ **le ~/la ~ne** der/die/das Seine [*o* seine]/Ihre [*o* ihre], der/die/das Seinige [*o* seinige]/Ihrige [*o* ihrige] (*veraltet geh*), seine(r, s)/ihre(r, s); **les ~s** die Seinen [*o* seinen]/Ihren [*o* ihren], die Seinigen [*o* seinigen]/Ihrigen [*o* ihrigen] (*veraltet geh*), seine/ihre; **ce n'est pas ma valise, c'est la ~ne** es ist nicht mein Koffer, es ist der Seine [*o* seine]/Ihre [*o* ihre] [*o* es ist seiner/ihrer]; **cette maison est la ~ne** dies ist sein/ihr Haus, dieses Haus gehört ihm/ihr [*o* ist das Seinige [*o* seinige]/Ihrige] [*o* ihrige] (*geh*)
❷ *pl* (*ceux de sa famille*) **les ~s** seine/ihre Angehörigen [*o* Familie], die Seinen [*o* seinen]/Ihren [*o* ihren] (*geh*); (*ses partisans*) seine/ihre Anhänger, die Seinen [*o* seinen]/Ihren [*o* ihren] (*geh*)
► **faire des ~nes** *fam personne:* Unfug machen; *tempête, voiture:* verrückt spielen (*fam*); **à la [bonne] ~ne!** *hum fam* auf sein/ihr Wohl!; **y mettre du ~** tun, was man kann; **il/elle y a mis du ~** er/sie hat das Sein(ig)e [*o* sein(ig)e]/Ihr(ig)e [*o* ihr(ig)e] getan, er/sie hat seinen/ihren Teil dazu beigetragen
II. *adj poss littér* **qc est ~** etw ist der/die/das Seine [*o* seine]/Ihre [*o* ihre], etw ist der/die/das Seinige [*o* seinige]/Ihrige [*o* ihrige] (*veraltet geh*); **cet objectif est ~** das ist sein/ihr Ziel; **ces principes, il/elle les a faits ~s** er/sie hat sich diese Prinzipien zu eigen gemacht

siéra [sjeʀa] *fut de* **seoir**

sierra [sjeʀa] *f* Sierra *f*

sieste [sjɛst] *f* Mittagsschlaf *m;* **à l'heure de la ~** während der Mittagsruhe; **faire la ~** einen Mittagsschlaf machen

sieur [sjœʀ] *m* **le ~ Untel** JUR *hum* Herr Soundso

sifflant(e) [siflɑ̃, ɑ̃t] *adj* pfeifend; *toux* keuchend; **respiration ~e** pfeifender Atem; **consonne ~e** LING Reibelaut *m,* Frikativ *m*

sifflement [sifləmɑ̃] *m* Pfeifen *nt; du serpent, de la vapeur* Zischen *nt;* **~ d'oreilles** Ohrensausen *nt;* **~ d'admiration** bewundernder Pfiff

siffler [sifle] <1> **I.** *vi* pfeifen; *gaz, vapeur, serpent:* zischen; **~ aux oreilles de qn** an jds Ohr (*Dat*) vorbeipfeifen
II. *vt* ❶ (*appeler*) **~ son copain/chien** nach seinem Kumpel/Hund pfeifen; **~ une fille** hinter einer jungen Frau herpfeifen
❷ (*signaler en sifflant*) pfeifen; **~ le départ de la course/la fin du match** das Rennen anpfeifen/das Spiel abpfeifen
❸ (*huer*) auspfeifen; **se faire ~** ausgepfiffen werden
❹ (*moduler*) pfeifen *chanson, mélodie*
❺ *fam* (*boire*) hinunterstürzen (*fam*), kippen (*fam*) *verre*

sifflet [siflɛ] *m* ❶ (*instrument*) Pfeife *f;* **~ à vapeur** Dampfpfeife; **~ à roulette** Trillerpfeife; **~ d'alarme** *d'une machine à vapeur* Signalpfeife; *d'une locomotive* Lokomotivpfeife; **coup de ~** Pfiff *m*
❷ *pl* (*huées*) Pfiffe *Pl*
► **couper le ~ à qn** *fam* (*couper la parole*) jdm über den Mund fahren (*fam*); **ça me coupe le ~!** da bleibt mir die Spucke weg! (*fam*), da fällt mir nichts mehr ein!; **en ~** schräg

siffleur, -euse [siflœʀ, -øz] **I.** *adj* pfeifend
II. *m, f* (*personne qui hue*) Person, die jdn/etw auspfeift

siffleux [siflø] *m* ZOOL CAN (*marmotte*) Murmeltier *nt*

sifflotement [siflɔtmɑ̃] *m* Pfeifen *nt*

siffloter [siflɔte] <1> *vt, vi* [vor sich hin] pfeifen

sigle [sigl] *m* Abkürzung *f,* Kürzel *nt*

signal [siɲal, o] <-aux> *m* ❶ (*signe conventionnel*) Signal *nt;* (*signe convenu*) Zeichen *nt;* (*signe annonciateur*) [An]zeichen *nt;* **~ convenu** vereinbartes Zeichen; **~ de l'attaque** Zeichen/Signal zum Angriff; **~ de la retraite/de la révolte** Signal zum Rückzug/Aufstand; **donner le ~ du départ** das Startzeichen geben; **le ~ est arrivé trop tard** das Zeichen/Signal wurde zu spät gegeben
❷ (*point de départ*) Auslöser *m*
❸ (*avertisseur*) Signal *nt;* (*système*) Signalanlage *f;* **~ automatique** automatisches Signal; (*système*) Signalanlage; **~ acoustique** [*o* **sonore**] akustisches Signal; **~ d'alarme** Alarmsignal; CHEMDFER Notbremse *f;* **déclencher le ~ d'alarme** den Alarm

auslösen; ~ de chemin de fer Eisenbahnsignal; ~ de détresse Notsignal; ~ de priorité Vorfahrtsschild *nt;* ~ de route (*feu*) Verkehrssignal; (*panneau*) Verkehrsschild *nt*
④ INFORM, TELEC Signal *nt;* signaux horaires hertziens Zeitzeichen *nt*
◆ ~ de sollicitation Eingabeaufforderung *f,* Prompt *nt* (*Fachspr.*)

signalé(e) [siɲale] *adj* ① (*signalisé*) *virage* ausgeschildert
② *littér service* bedeutend

signalement [siɲalmɑ̃] *m d'une personne* Personenbeschreibung *f; d'un véhicule, malfaiteur* Beschreibung *f*

signaler [siɲale] <1> I. *vt* ① (*attirer l'attention sur*) melden *fait nouveau, perte, vol;* ~ un détail/une erreur à [o à l'attention de] qn jdn auf ein Detail/einen Fehler hinweisen [o aufmerksam machen]
② (*marquer par un signal*) ~ la direction à qn jdm die Richtung signalisieren; (*annoncer*) jdm die Richtung ankündigen; *carte, écriteau:* jdn auf die Richtung hinweisen; *balise:* die Richtung kennzeichnen für jdn
③ (*indiquer*) ~ l'existence de qc auf die Existenz einer S. (*Gen*) hindeuten
▶ rien à ~ keine besonderen Vorkommnisse; MED ohne Befund
II. *vpr* ① (*s'illustrer*) se ~ par son courage sich durch seinen Mut hervortun
② (*se manifester*) se ~ à qn/qc *personne:* sich bei jdm/etw melden; *maladie:* bei jdm zum Ausbruch kommen; se ~ à l'attention de qn jdn auf sich (*Akk*) aufmerksam machen

signalétique [siɲaletik] *adj* détail ~ erkennungsdienstlich relevantes Merkmal; fiche ~ erkennungsdienstliche Akte

signalisation [siɲalizasjɔ̃] *f* ① (*par panneaux*) *d'une route* Beschilderung *f;* (*par feu*) Sicherung *f* durch Ampeln; feu de ~ Ampel *f*
② (*par lumière*) *d'un aéroport, port* Befeuerung *f*
③ (*au sol*) *d'une route* Fahrbahnmarkierung *f; d'un aéroport* Pistenmarkierung
④ (*par signaux*) ~ des chemins de fer Sicherung *f* des Schienenverkehrs durch Signale; feu de ~ Leuchtsignal *nt;* la ~ ferroviaire/maritime die Eisenbahnsignale/Seezeichen

signaliser [siɲalize] <1> *vt* ~ une route (*avec des panneaux*) eine Straße ausschildern; (*avec des feux*) auf einer Straße Ampeln installieren; (*avec des marques au sol*) auf einer Straße Fahrbahnmarkierungen anbringen; bien/mal signalisé(e) (*équipé de panneaux*) gut/schlecht ausgeschildert; (*équipé de feux*) durch Ampeln gut/schlecht gesichert

signataire [siɲatɛʀ] I. *adj État, pays, gouvernement* Signatar-; les membres ~s du traité die[jenigen] Mitglieder, die das Abkommen unterzeichnet haben; partie ~ vertragschließende Partei
II. *mf* Unterzeichner(in) *m(f)*

signature [siɲatyʀ] *f* ① (*action*) Unterzeichnung *f;* apposer sa ~ au bas de qc seine Unterschrift unter etw (*Akk*) setzen; avoir la ~ zeichnungsberechtigt sein; honorer sa ~ sich an seine vertraglichen Verpflichtungen halten; procéder à la ~ de qc etw unterzeichnen
② (*marque d'authenticité*) Unterschrift *f; d'un peintre* Signatur *f;* ~ légalisée beglaubigte Unterschrift; ~ sociale Firmenzeichnung *f*

signe [siɲ] *m* ① (*geste*) Zeichen *nt;* ~ de la main [Hand]zeichen *nt;* ~ de la tête Kopfbewegung *f;* ~ de tête affirmatif/négatif Nicken *nt*/Kopfschütteln *nt;* ~ de bienvenue Willkommensgeste *f;* ~ de refus ablehnende Bewegung; ~ d'intelligence Verständigungszeichen; faire ~ à qn (*pour signaler qc*) jdm zuwinken; (*pour contacter qn*) sich bei jdm melden; faire un ~ de la tête à son partenaire seinem Partner zunicken; faire ~ à son fils de faire qc seinem/ihrem Sohn bedeuten etw zu tun; faire ~ que oui/non (*de la tête*) zustimmend nicken/den Kopf schütteln; (*d'un geste*) ein Zeichen geben, dass ja/nein
② (*indice*) Anzeichen *nt;* ~ annonciateur erstes Anzeichen; ~ avant-coureur Vorzeichen *nt;* donner des ~s de fatigue *personne:* Anzeichen von Müdigkeit erkennen lassen; *véhicule, moteur, machine:* [allmählich] altersschwach werden; être le ~ d'un changement de temps einen Wetterwechsel ankündigen; MED Anzeichen, Symptom *nt*
③ (*trait distinctif*) Merkmal *nt,* Kennzeichen *nt;* ~s particuliers: néant besondere Kennzeichen: keine; ~s extérieurs de richesse sichtbare Zeichen von Reichtum; un ~ des temps ein Zeichen unserer Zeit
④ (*symbole*) Zeichen *nt;* MUS Vorzeichen; MATH Zeichen, Vorzeichen; GRAM Satzzeichen; ~ de ponctuation Satzzeichen; ~ négatif/positif Minuszeichen/Pluszeichen; ~ d'égalité/de multiplication Gleichheitszeichen/Multiplikationszeichen; ~ d'altération Versetzungszeichen; ~ de piste Wegzeichen
⑤ ASTROL Sternzeichen *nt;* ~ du zodiaque Tierkreiszeichen *nt*
▶ ne pas donner ~ de vie (*ne pas donner de nouvelles*) nichts von sich hören lassen; (*paraître mort*) kein Lebenszeichen von sich geben; c'est bon/mauvais ~ das ist ein gutes/schlechtes Zeichen; en ~ de qc als [o zum] Zeichen einer S. (*Gen*); sous le ~ de qc im Zeichen einer S. (*Gen*)
◆ ~ de [la] croix Kreuzzeichen *nt;* faire le ~ de la croix/un ~ de croix sich bekreuzigen

signer [siɲe] <1> I. *vt* ① (*apposer sa signature*) unterschreiben; unterzeichnen *pétition, traité;* ~ un tableau *peintre:* ein Bild signieren; ~ qc de son nom/de sa main etw mit seinem [vollen] Namen/eigenhändig unterschreiben
② (*produire sous son nom*) verfassen *œuvre, pièce;* malen *tableau;* être signé(e) de qn von jdm stammen
▶ c'est signé *fam* es ist [doch] sonnenklar, wer das war (*fam*); être signé(e) *fam* jds Stempel tragen
II. *vpr* se ~ sich bekreuzigen

signet [siɲɛ] *m* ① Lesezeichen *nt*
② INFORM Bookmark *f*

signifiant [siɲifjɑ̃] *m* LING Signifikant *m*

signifiant(e) [siɲifjɑ̃, jɑ̃t] *adj* ① *littér* (*plein de sens*) bedeutungsvoll
② LING *morphème, unité* bedeutungstragend

significatif, -ive [siɲifikatif, -iv] *adj* ① (*révélateur*) *date, décision, fait* bedeutsam; *geste, silence, sourire* vielsagend; être ~(-ive) de qc etw erkennen lassen
② (*important*) bedeutend

signification [siɲifikasjɔ̃] *f* ① (*sens*) Bedeutung *f;* chercher une ~ au comportement de qn einen Sinn in jds Verhalten (*Dat*) suchen
② JUR *d'un acte, d'une décision judiciaire* Zustellung *f*

signifié [siɲifje] *m* LING Signifikat *nt*

signifier [siɲifje] <1a> *vt* ① (*avoir pour sens*) bedeuten; qu'est-ce que cela signifie? was hat das zu bedeuten?
② (*faire connaître*) ~ une intention à qn jdm eine Absicht zu verstehen geben; ~ son congé à qn jdm kündigen
③ JUR ~ une décision à qn jdm eine Entscheidung zustellen; ~ l'inculpation à qn jdn von der Anklage in Kenntnis setzen
▶ qu'est-ce que ça signifie? (*se dit pour exprimer son mécontentement*) was soll denn das?, ich höre wohl nicht richtig!

silence [silɑ̃s] *m* ① *sans pl* (*absence de bruit*) Stille *f;* (*calme*) Ruhe *f;* le ~ de la nuit die Stille der Nacht; ~ de mort Totenstille *f;* travailler en ~ arbeiten, ohne Lärm zu machen; souffrir en ~ vor sich hinleiden; rompre le ~ die Stille durchbrechen; le ~ se fait dans la salle im Saal kehrt Ruhe/Stille ein; le ~ des enfants m'inquiète die Kinder sind beunruhigend still; quel ~! was für eine [wohltuende] Ruhe!; ~! Ruhe!; ~! on tourne! Achtung, Aufnahme!
② *a.* MUS (*pause*) Pause *f;* il y eut un ~ assez long es entstand eine ziemlich lange Pause
③ *a.* JUR (*absence de paroles, d'information*) Schweigen *nt;* ~ gêné/éloquent betretenes/beredtes Schweigen; ~ glacial

demander le silence

• demander le silence	• um Ruhe bitten
Chut!	Psst! *(fam)*
Silence!	Ruhig!
Ferme-la! *(fam)*/Ecrase! *(fam)*	Halt's Maul! *(vulg)*/Schnauze! *(vulg)*
Taisez-vous!/Du calme!	Jetzt seien Sie doch mal ruhig!
Écoute-moi bien, maintenant!	Jetzt hör mir mal zu!
Tais-toi donc!	Jetzt sei mal still!
Je voudrais aussi dire quelque chose!	Ich möchte auch noch etwas sagen!
Merci! Moi, je pense que ...	Danke! ICH meine dazu, ...
(à un public) Un peu de calme, s'il vous plaît!	*(an ein Publikum)* Ich bitte um Ruhe.
Pourriez-vous vous taire, s'il vous plaît!	Wenn ihr jetzt bitte mal ruhig sein könntet!

eisiges Schweigen; **le ~ de la loi/du ministère sur ce sujet** die Tatsache, dass das Gesetz/das Ministerium zu diesem Thema schweigt; **condamner qn au ~** jdn zum Schweigen verurteilen; **garder le ~ sur qc** über etw (*Akk*) Stillschweigen bewahren; **passer qc sous ~** kein Wort über etw verlieren; **réduire qn au ~** jdn zum Schweigen bringen; **rompre le ~** das Schweigen brechen; **je ne comprends pas ton ~** ich verstehe nicht, warum du schweigst [*o* nichts sagst]

▶ **la parole est d'argent, mais le ~ est d'or** *prov* Reden ist Silber, Schweigen ist Gold (*prov*)

silencieusement [silɑ̃sjøzmɑ̃] *adv* ❶ (*sans bruit*) lautlos, geräuschlos

❷ (*en secret*) heimlich [still und leise *fam*]

silencieux [silɑ̃sjø] *m* Schalldämpfer *m*

silencieux, -euse [silɑ̃sjø, -jøz] *adj* ❶ (*opp: bruyant*) leise; *personne, méditation* still

❷ (*où règne le silence*) still

❸ (*peu communicatif*) *personne* still, schweigsam; **majorité silencieuse** schweigende Mehrheit; **rester ~(-euse)** schweigen

silex [silɛks] *m* GEOL, ARCHEOL Feuerstein *m*

silhouette [silwɛt] *f* ❶ (*allure*) *d'une personne* Silhouette *f*, Figur *f*; **la ~ voûtée de qn** jds gebeugte Gestalt; **donner une ~ élancée à qn** jdn schlank erscheinen lassen

❷ (*figure indistincte*) Umriss *m*, [undeutliche] Gestalt; **voir qn en ~** jds Umriss sehen [*o* erkennen] können

❸ (*contour*) Kontur *f*, Umrisslinie *f*

❹ (*dessin*) Schattenriss *m*, Silhouette *f* (*Fachspr.*); (*obtenu par découpage*) Scherenschnitt *m*

silicate [silikat] *m* GEOL, CHIM Silikat *nt*

silice [silis] *f* Kieselerde *f*, Siliciumdioxid *nt*

siliceux, -euse [silisø, -øz] *adj* Kiesel-; *terrain* kieselsäurehaltig; **terre/roche siliceuse** Kieselerde *f*/Kieselgestein *nt*, Silikatgestein

silicium [silisjɔm] *m* Silizium *nt*, Silicium *nt* (*Fachspr.*)

silicone [silikon] *m* Silikon *nt*, Silicon *nt* (*Fachspr.*)

silicose [silikoz] *f* [Quarz]staublunge *f*, Silikose *f* (*Fachspr.*)

sillage [sijaʒ] *m* NAUT Kielwasser *nt*; *d'un avion* Kondensstreifen *m*; **~ de l'eau** Wasserwirbel *Pl*

▶ **marcher dans le ~ de qn** (*suivre son exemple*) in jds Fußstapfen (*Akk*) treten; (*profiter de qn*) in jds Kielwasser (*Dat*) segeln; **rester dans le ~ de qn** sich in jds Kielwasser (*Dat*) halten; **entraîner qn/qc dans son ~** jdn/etw mit sich ziehen; **dans le ~ de ces événements** im Zuge dieser Ereignisse; **dans le ~ du ministère de la Culture...** wie das Kultusministerium ...; **dans le ~ des entreprises concurrentes, ...** sich den Konkurrenzfirmen anschließend, ...

sillon [sijɔ̃] *m* ❶ AGR Furche *f*; **creuser/tracer/ouvrir un ~** eine Furche ziehen

❷ (*trace longitudinale*) Spur *f*; (*ride*) Furche *f*; ANAT Furche; GEOG Graben *m*; **le ~ rhénan** der Rheingraben; **tracer deux ~s humides sur les joues** zwei feuchte Spuren auf den Wangen hinterlassen

❸ (*piste*) *d'un disque* Rille *f*

sillonner [sijɔne] <1> *vt* ❶ (*traverser*) **~ une ville** *personnes, touristes:* kreuz und quer durch eine Stadt gehen/fahren; *canaux, routes:* eine Stadt durchziehen; **~ le ciel** *avions:* am Himmel ihre Bahnen ziehen; *éclairs:* den Himmel durchzucken

❷ (*creuser*) *crevasses, ravins:* durchfurchen; *fissures, rides:* durchziehen; **un visage sillonné de rides** ein zerfurchtes Gesicht

silo [silo] *m* ❶ AGR (*réservoir*) Silo *m o nt*; (*fosse*) Miete *f*

❷ MIL [Raketen]silo *m o nt*

silure [silyʀ] *m* Wels *m*

simagrée [simagʀe] *f gén pl* Gehabe *nt*, Getue *nt* (*fam*); **faire des ~s** einen Zirkus veranstalten; **arrête tes ~s!** mach kein Theater! (*fam*)

simiens [simjɛ̃] *mpl* ZOOL Affen *Pl* (*als zoologische Ordnung*)

simiesque [simjɛsk] *adj* affenähnlich

similaire [similɛʀ] *adj* vergleichbar; *goûts* sehr ähnlich

similarité [similaʀite] *f* Gleichartigkeit *f*, [große] Ähnlichkeit *f*

simili [simili] *m* Imitation *f*; **en ~** unecht

similicuir [similikɥiʀ] *m* Kunstleder *nt*

similitude [similityd] *f* ❶ (*analogie*) Ähnlichkeit *f*; **présenter certaines ~s** gewisse Gemeinsamkeiten aufweisen; **il y a des ~s de caractère frappantes entre eux** sie ähneln sich charakterlich sehr

❷ GEOM Ähnlichkeit *f*; **cas de ~** Ähnlichkeitssatz *m*

simoun [simun] *m* Samum *m*

simple [sɛ̃pl] **I.** *adj* ❶ (*facile*) einfach; *affaire, exercice, tâche* einfach, leicht; **être ~ à faire** einfach zu tun sein; **rien de plus ~ à réaliser!** nichts leichter als das!; **le plus ~, c'est...** am einfachsten ist es, ...

❷ (*modeste*) einfach; *personne, revenus* bescheiden; *cérémonie* schlicht; **venir d'un milieu ~** aus bescheidenen Verhältnissen stammen; **être issu(e) d'une famille ~** das Kind einfacher Leute sein

❸ (*non multiple*) *feuille, nœud* einfach; **un aller ~ pour Paris, s'il vous plaît** eine einfache Fahrkarte nach Paris, bitte

❹ *postposé* GRAM (*non composé*) einfach; **temps ~** einfache Zeitform; **corps ~** CHIM chemischer Grundstoff

❺ *antéposé* (*rien d'autre que*) einfach; **~ soldat/employé de bureau** einfacher Soldat/Büroangestellter *m*; **~ formalité** [reine] Formalität; **~ regard** flüchtiger Blick; **~ remarque** kleine Bemerkung; **appeler pour un ~ renseignement** nur wegen einer Auskunft anrufen; **un ~ coup de téléphone aurait suffi** ein [kurzer] Anruf hätte genügt; **"sur ~ appel"**

„Anruf genügt"
❻ (*naïf*) einfältig
▶ **c'est [bien] ~** *fam* das ist ganz einfach; **écoute, c'est ~, si tu...** jetzt hör' mir mal gut zu: wenn du ...; **si tu..., c'est bien ~, je te quitte!** wenn du ..., dann verlasse ich dich ganz einfach!; **c'est bien ~, il ne m'écoute jamais!** er hört mir einfach nie zu!; **tu penses que tu vas t'en tirer comme ça, mais ce serait trop ~!** du glaubst, du wirst ungeschoren davonkommen, aber das könnte dir so passen!; **on a beau t'expliquer, mais ce serait trop ~, tu fais toujours le contraire!** man kann es dir noch so oft erklären, aber nein, du musst natürlich das Gegenteil tun!
II. *m* TENNIS Einzel *nt;* **~ dames/messieurs** Damen-/Herreneinzel
▶ **passer du ~ au double** sich verdoppeln
◆ **~ d'esprit** geistig Behinderte(r) *f(m)*
simplement [sɛ̃pləmɑ̃] *adv* ❶ (*sans affectation*) *s'exprimer* einfach; *se vêtir* schlicht; *recevoir, se comporter* ungezwungen
❷ (*seulement*) [einfach] nur; **ce sont ~ des hommes** das sind [einfach] nur Menschen; **tout ~** (*sans plus*) einfach nur; (*absolument*) [ganz] einfach
simplet(te) [sɛ̃plɛ, ɛt] *adj* ❶ (*niais*) [etwas] einfältig
❷ (*simpliste*) banal; *intrigue, question* simpel; *raisonnement* nichts sagend; *roman* trivial
simplicité [sɛ̃plisite] *f* ❶ (*opp: complexité*) Einfachheit *f;* **être d'une extrême/de la plus grande ~** außerordentlich/äußerst einfach sein; **être d'une ~ enfantine** kinderleicht sein
❷ (*naturel*) Schlichtheit *f,* Unkompliziertheit *f;* **être resté(e) d'une grande ~** sehr bescheiden geblieben sein; **parler avec ~** sich einfach [und verständlich] ausdrücken; **être célébré(e) dans la ~** in schlichtem Rahmen stattfinden; **recevoir qn en toute ~** jdn empfangen ohne große Umstände zu machen
❸ (*naïveté*) Naivität *f,* Einfalt *f;* **avoir la ~ de croire qc** so naiv sein etw zu glauben
simplifiable [sɛ̃plifjabl] *adj* ❶ (*qui peut être simplifié*) vereinfachbar; **qc est ~** etw kann man vereinfachen
❷ MATH kürzbar; **cette fraction n'est pas ~** diesen Bruch kann man nicht kürzen
simplificateur, -trice [sɛ̃plifikatœʀ, -tʀis] *adj* [zu] stark vereinfachend; **cette explication est simplificatrice** diese Erklärung ist zu einfach; **avoir l'esprit très ~** dazu neigen die Dinge zu vereinfachen
simplification [sɛ̃plifikasjɔ̃] *f* ❶ (*action de rendre simple*) Vereinfachung *f;* **~ du travail** Arbeitserleichterung *f*
❷ MATH Kürzen *nt;* **la ~ de cette fraction est possible** dieser Bruch kann gekürzt werden
simplifier [sɛ̃plifje] <1a> **I.** *vt* ❶ vereinfachen; erleichtern, leichter machen *existence, tâche, travail*
❷ MATH kürzen *fraction*
II. *vpr* **se ~ la vie/l'existence** sich (*Dat*) das Leben/das Dasein erleichtern
simplisme [sɛ̃plism] *m* Simplifizierung *f* (*geh*), übermäßige Vereinfachung; **faire preuve de ~** die Dinge simplifizieren (*geh*); **le ~ de leur raisonnement** ihre simplifizierende Denkweise (*geh*)
simpliste [sɛ̃plist] *adj* einseitig; **être ~** die Dinge zu einseitig sehen
simulacre [simylakʀ] *m* ❶ *littér* (*illusion*) **un ~ de gouvernement** eine Scheinregierung
❷ (*action simulée*) Täuschungsmanöver *nt;* **un ~ de combat** ein Scheingefecht
simulateur, -trice [simylatœʀ, -tʀis] *m, f* (*trompeur*) Heuchler(in) *m(f);* (*qui simule une maladie*) Simulant(in) *m(f)*
◆ **~ d'espace** [Welt]raumsimulator *m;* **~ de pilotage** [Lehr]simulator *m;* **~ de vol** Flugsimulator *m*
simulation [simylasjɔ̃] *f* ❶ (*reconstitution*) Simulation *f;* **jeu de ~** Rollenspiel *nt;* **organiser une ~ de qc** etw inszenieren
❷ (*action de simuler un sentiment*) Heuchelei *f;* (*action de simuler une maladie*) Simulieren *nt;* **elle n'est pas malade, c'est de la ~!** sie ist nicht krank, sie simuliert nur!
simulé(e) [simyle] *adj* ❶ (*feint*) *joie, gravité* vorgetäuscht; *maladie* simuliert
❷ (*postiche*) falsch
simuler [simyle] <1> *vt* ❶ (*feindre*) vortäuschen; heucheln *sentiment;* **un appel de détresse simulé** ein fingierter Notruf
❷ TECH (*reconstituer*) simulieren
❸ (*créer l'apparence de*) *choses:* vortäuschen; **ce tissu simule le velours** dieser Stoff wirkt wie Samt
❹ JUR fingieren, vortäuschen
simultané(e) [simyltane] *adj* gleichzeitig; **traduction ~e** Simultandolmetschen *nt;* **ces événements ont été ~s** diese Ereignisse spielten sich gleichzeitig ab
simultanéité [simyltaneite] *f* Gleichzeitigkeit *f;* **~ de deux événements** Stattfinden *nt* zweier Ereignisse zur gleichen Zeit
simultanément [simyltanemɑ̃] *adv* gleichzeitig, zur gleichen Zeit
sinapisé(e) [sinapize] *adj bain, cataplasme* Senf-
sinapisme [sinapism] *m* Senfwickel *m*
sincère [sɛ̃sɛʀ] *adj* ❶ (*franc, loyal*) aufrichtig; *aveu* offen; *ami, repentir* echt; *explication, réponse* ehrlich; **je crois son amour ~** ich glaube, dass seine Liebe aufrichtig ist
❷ (*véritable*) **~s condoléances** aufrichtiges Beileid; **croyez à mes plus ~s regrets** ich bedauere zutiefst; **veuillez agréer mes plus ~s salutations** mit [den] besten Grüßen
❸ (*authentique*) echt; **un document ~** ein Original[schriftstück]; **certifier ~s ses renseignements** bestätigen, dass seine Angaben der Wahrheit entsprechen
sincèrement [sɛ̃sɛʀmɑ̃] *adv* ❶ (*franchement*) *avouer* offen; *regretter* aufrichtig; **il est ~ désolé de qc** etw tut ihm aufrichtig leid; **je te le dis ~** ich sage es dir [ganz] offen; **~, tu ne veux pas y aller?** du willst also wirklich nicht hingehen?
❷ (*à franchement parler*) ehrlich gesagt
sincérité [sɛ̃seʀite] *f* ❶ (*franchise*) *des aveux, d'une personne, d'un sentiment* Aufrichtigkeit *f; d'une explication, réponse* Ehrlichkeit *f;* **attester de la ~ des renseignements fournis** bestätigen, dass die gemachten Angaben der Wahrheit entsprechen; **en toute ~** ehrlich gesagt
❷ (*authenticité*) *des documents* Echtheit *f*
sinécure [sinekyʀ] *f* ruhiger Posten
▶ **ce n'est pas une ~, c'est pas une ~** *fam* das ist kein Honiglecken [*o* Honigschlecken] (*fam*)
sine die [sinedje] auf später
sine qua non [sinekwanɔn] *adj v.* **condition**
Singapour [sɛ̃gapuʀ] Singapur *nt*
singe [sɛ̃ʒ] *m* ❶ ZOOL Affe *m;* **grand ~** Menschenaffe *m;* **l'homme descend du ~** der Mensch stammt vom Affen ab
❷ *fam* (*personne laide*) hässlicher Kerl *m*/hässliche Frau *f*
❸ *fam* (*personne qui imite*) Kasper *m* (*fam*); **faire le ~** *fam* herumkaspern (*fam*)
❹ *arg* (*corned-beef*) Rindfleisch *nt* in Dosen
❺ *arg* (*patron*) Alte(r) *m* (*sl*)
▶ **ce n'est pas à un vieux ~ qu'on apprend à faire des grimaces** *prov* einem alten Hasen [wie mir] kann man nichts mehr vormachen; **être laid(e) comme un ~** *fam* hässlich wie die Nacht sein; **être malin(maligne) comme un ~** *fam* ein schlauer Fuchs sein (*fam*); **être poilu(e) comme un ~** *fam* behaart wie ein Affe sein
singer [sɛ̃ʒe] <2a> *vt* ❶ (*imiter*) äffen *personne;* nachäffen *démarche, voix*
❷ (*feindre*) heucheln *sentiment, intérêt*
singerie [sɛ̃ʒʀi] *f* ❶ *pl fam* (*grimaces*) Grimassen *Pl,* Faxen *Pl;* (*pitreries*) Albereien *Pl;* **faire des ~s** *fam* (*des grimaces*) Grimassen schneiden, Faxen machen; (*des pitreries*) herumalbern (*fam*), herumkaspern (*fam*)

❷ *pl fam* (*simagrées*) [geziertes] Getue (*fam*), Gehabe *nt*
❸ (*cage aux singes*) Affenhaus *nt*
single [siŋgœl] *m* (*cabine pour une personne*) Einzelkabine *f;* (*chambre pour une personne*) Einzelzimmer *nt;* **supplément en** ~ Aufpreis *m* für eine Einzelkabine/ein Einzelzimmer
singulariser [sɛ̃gylaʀize] <1> **I.** *vt* **cette jupe singularise une fille** ein Mädchen fällt durch diesen Rock auf
II. *vpr* **se** ~ **par qc** durch etw auffallen
singularité [sɛ̃gylaʀite] *f* ❶ *sans pl* (*caractère original*) Originalität *f;* **présenter une** ~ eine Besonderheit aufweisen
❷ *pl* (*excentricité*) Absonderlichkeit *f;* **les** ~**s de son comportement** sein/ihr absonderliches Verhalten
singulier [sɛ̃gylje] *m* Einzahl *f,* Singular *m*
singulier, -ière [sɛ̃gylje, -jɛʀ] *adj* ❶ (*bizarre*) sonderbar, eigenartig; (*étonnant*) erstaunlich
❷ LING **nombre** ~ Einzahl *f,* Singular *m*
❸ (*seul à seul*) **combat** ~ Zweikampf *m*
singulièrement [sɛ̃gyljɛʀmɑ̃] *adv* ❶ (*étrangement*) eigenartig, merkwürdig
❷ (*fortement*) außerordentlich, ungemein
❸ (*particulièrement*) **et** ~ insbesondere, vor allem
sinistre [sinistʀ] **I.** *adj* ❶ (*lugubre*) trostlos; **avoir l'air** ~ düster drein blicken
❷ (*inquiétant*) *bruit* unheimlich; *projet* unheilvoll
❸ (*terrible*) *nouvelle, spectacle* schrecklich, grauenvoll
❹ *antéposé* (*de la pire espèce*) *crapule, gredin* ausgemacht; **quel** ~ **imbécile !** so ein Vollidiot!; **quel** ~ **individu!** so ein gemeiner Kerl!
II. *m* ❶ (*catastrophe*) Katastrophe *f;* **maîtriser un** ~ einen Brand unter Kontrolle haben
❷ (*dommages*) Schaden *m*
sinistré(e) [sinistʀe] **I.** *adj* *bâtiment* zerstört; **personnes** ~**es à la suite des inondations** Opfer *Pl* der Überschwemmungskatastrophe; **zone** [*o* **région**] ~**e** Katastrophengebiet *nt*
II. *m(f)* [Katastrophen]opfer *nt;* **les** ~**s de la dernière guerre** die Opfer des letzten Krieges; **l'inondation a fait de nombreux** ~**s** durch die Überschwemmung sind viele zu Schaden gekommen
sinistrement [sinistʀəmɑ̃] *adv* *se manifester* unheilvoll; *retentir* unheimlich
sinistrose [sinistʀoz] *f* Pessimismus *m,* Schwarzseherei *f* (*fam*)
sinologie [sinɔlɔʒi] *f* Chinakunde *f,* Sinologie *f*
sinologue [sinɔlɔg] *mf* Sinologe *m*/Sinologin *f*
sinon [sinɔ̃] *conj* ❶ (*dans le cas contraire*) sonst, andernfalls
❷ (*si ce n'est*) **que faire** ~ **attendre?** was können wir anderes tun als warten?; **à quoi sert la clé** ~ **à faire qc** wozu ist der Schlüssel eigentlich gut, wenn nicht dazu etw zu tun; ~ **que tu es trop jeune** außer dass du zu jung bist; **aucun roman** ~ **"Madame Bovary"** kein Roman außer „Madame Bovary"; **il ne s'intéresse à rien** ~ **à la musique** er interessiert sich für nichts anderes, als für Musik; ~**... du** [*o* **au**] **moins** (*en tout cas*) wenn nicht ..., so doch [wenigstens] ...
❸ (*voire même*) wenn nicht gar
sinueux, -euse [sinɥø, -øz] *adj* ❶ (*ondoyant*) gewunden
❷ (*compliqué*) verschlungen
sinuosité [sinɥozite] *f* ❶ (*formes sinueuses*) Windung *f,* Biegung *f*
❷ (*détours*) **les** ~**s de la pensée** die verschlungenen Gedankengänge
sinus¹ [sinys] *m* ANAT [Nasen]nebenhöhle *f;* ~ **frontal/maxillaire** Stirnhöhle *f*/Kieferhöhle *f*
sinus² [sinys] *m* GEOM Sinus *m*
sinusite [sinyzit] *f* [Nasen]nebenhöhlenentzündung *f,* Sinusitis *f* (*Fachspr.*); ~ **frontale** Stirnhöhlenentzündung *f*
sinusoïdal(e) [sinyzɔidal, o] <-aux> *adj* *courbe, fonction, mouvement* Sinus-; **avoir une forme** ~**e** die Form einer Sinuskurve haben
sinusoïde [sinyzɔid] *f* MATH Sinuskurve *f*
sionisme [sjɔnism] *m* Zionismus *m*
sioniste [sjɔnist] **I.** *adj* zionistisch
II. *mf* Zionist(in) *m(f)*
sioux [sju] **I.** *m* **le** ~ die Sprache der Sioux; *v. a.* **allemand**
II. *adj inv fam* gewieft
Sioux [sju] *m* Sioux *m*
▶ **des ruses de** ~ teuflische Listen
siphon [sifɔ̃] *m* ❶ (*tube courbé*) Saugheber *m;* *d'un évier, des W.-C.* Geruchsverschluss *m,* Siphon *m*
❷ GEOG Siphon *m*
❸ (*bouteille*) Siphon *m*
siphonné(e) [sifɔne] *adj fam* **être** ~**(e)** spinnen (*fam*), verrückt sein (*fam*)
siphonner [sifɔne] <1> *vt* (*transvaser le contenu*) absaugen; (*vider un contenant*) leeren
sire [siʀ] *m* **Sire!** Majestät! *f*
▶ **triste** ~ *péj* übler Kerl
sirène [siʀɛn] *f* ❶ (*signal*) Sirene *f;* **les** ~**s sonnent** die Sirenen heulen; ~ **d'alarme** Alarmsirene
❷ (*femme poisson*) Meerjungfrau *f,* Sirene *f*
❸ *hum* (*symbole de séduction*) **chant des** ~**s** Sirenengesang *m*
sirocco [siʀɔko] *m* Schirokko *m*
sirop [siʀo] *m* ❶ (*solution sucrée concentrée*) Sirup *m;* (*boisson diluée*) Saft *m* (*mit Wasser verdünnter Sirup*); ~ **de citron/framboise/fraise** Zitronen-/Himbeer-/Erdbeersirup *m;* **pêches au** ~ Pfirsiche in gezuckertem Fruchtsaft
❷ MED Sirup *m,* Saft *m;* ~ **contre la toux** Hustensaft; **bouteille de** ~ Flasche *f* Sirup
siroter [siʀɔte] <1> *vt fam* [langsam und mit Genuss] trinken; **prends le temps de** ~ **ton café!** trinke deinen Kaffee in aller Ruhe!
sirtaki [siʀtaki] *m* Sirtaki *m*
sirupeux, -euse [siʀypø, -øz] *adj* *boisson, liquide* sirupartig; *péj musique* schmalzig (*fam*), schnulzig (*fam*)
sis(e) [si, siz] *adj form* gelegen
sisal [sizal] *m* (*plante*) Sisalagave *f;* (*fibre*) Sisal *m;* **tapis en** ~ Sisalteppich *m*
sismique [sismik] *adj* seismisch; **onde** ~ Erdbebenwelle *f;* **secousse** ~ Erdstoss *m*
sismographe [sismɔgʀaf] *m* Seismograph [*o* Seismograf] *m*
▶ **avoir une sensibilité de** ~ **à qc** äußerst empfindlich auf etw (*Akk*) reagieren
sismologie [sismɔlɔʒi] *f* Seismologie *f*
sismologue [sismɔlɔg] *m, f* Seismologe *m*/Seismologin *f*
site [sit] *m* ❶ (*paysage*) Landschaft *f;* (*région*) Gegend *f;* ~ **classé** Landschaftsschutzgebiet *f;* ~ **historique** historische Stätte; ~ **naturel** Naturschönheit *f;* ~ **sauvage** Stück *nt* unberührte Natur; ~ **touristique** Sehenswürdigkeit *f*
❷ (*emplacement*) *d'une ville* Lage *f*
❸ (*lieu d'activité*) Standort *m;* *de production* Produktionsstätte *f;* ~ **archéologique** Ausgrabungsstätte *f;* ~ **olympique** olympischer Austragungsort; ~ **industriel** Industriegebiet; ~ **universitaire** Universitätsareal *nt*
❹ INFORM Site *f;* ~ **sur Internet**, ~ **Web** Website *f;* **s'offrir un** ~ **sur Internet** [sich (*Dat*)] eine Website einrichten
▶ ~ **propre** Busspur *f*
sit-in [sitin] *m inv* Sit-in *nt*
sitôt [sito] **I.** *adv* (*aussitôt*) sobald; ~ **entré, il enleva ses chaussures** sobald er eingetreten war [*o* kaum war er eingetreten], zog er seine Schuhe aus; ~ **après** *littér* gleich [*o* unmittelbar] danach
▶ ~ **dit**, ~ **fait** gesagt, getan; **pas de** ~ so bald nicht
II. *conj soutenu* ~ **que je serai guéri(e)** sobald ich [wieder] gesund bin
III. *prép littér* (*dès*) sobald; ~ **le seuil franchi, on s'apercevait que** bereits an der Türschwelle stellten wir fest, dass; ~ **le début des vacances, ...** gleich zu Beginn der Ferien ...

situation [sitɥasjɔ̃] *f* ❶ (*état*) *d'une personne* Lage *f; d'une route, nappe phréatique* Zustand *m;* ~ **délicate** schwierige Lage [*o* Situation]; **la** ~ **sociale de qn** jds soziale Verhältnisse; **des** ~**s sociales** (*des cas sociaux*) Sozialfälle *Pl;* **dans ma** ~ in meiner Lage; **agir en** ~ **de légitime défense** aus [*o* in] Notwehr handeln; **être en** ~ **de faire qc** in der Lage sein etw zu tun; **remettre qc en** ~ etw im Kontext sehen
❷ (*état conjoncturel*) *d'une personne* Lage *f;* (*place, rang*) *d'un pays* [wirtschaftliche] Stellung; ECON, FIN Lage, Situation *f;* **la** ~ **de l'emploi en France** die Lage auf dem französischen Arbeitsmarkt; ~ **de la trésorerie d'une entreprise** Finanzlage eines Unternehmens
❸ (*emploi*) [An]stellung *f;* **avoir une belle** ~ eine gute Stellung haben; **se faire une** ~ sich hoch arbeiten
❹ (*emplacement*) Lage *f*
❺ LITTER Situation *f;* **le premier chapitre présente la** ~ im ersten Kapitel wird die Ausgangssituation geschildert
◆ ~ **de famille** Familienstand *m;* ~ **de fortune** Vermögensverhältnisse *Pl*

situé(e) [sitɥe] *adj* gelegen; **être** ~**(e) au nord/sud** *quartier, région:* im Norden/Süden liegen [*o* gelegen sein]; *maison:* im Norden/Süden stehen; **bien/mal** ~**(e)** günstig/ungünstig gelegen; **bureaux à louer,** ~**s en plein centre ville** Büroräume zu vermieten, direkt im Stadtzentrum [gelegen]

situer [sitɥe] <1> **I.** *vt* ❶ (*localiser dans l'espace par la pensée*) ~ **son film/l'action de son roman à Paris** seinen Film/seinen Roman in Paris spielen lassen; **je ne situe pas très bien ce lieu** ich weiß [im Moment] nicht genau, wo dieser Ort liegt; **pouvez-vous** ~ **l'endroit précis où ...?** wissen Sie, wo genau ...?
❷ (*localiser dans le temps*) ~ **qc en l'an...** etw um ... ansiedeln, etw auf ... (*Akk*) datieren
❸ *fam* (*définir*) einordnen *personne*
II. *vpr* **se** ~ ❶ (*se localiser dans l'espace*) liegen; **l'action de ce roman se situe à Paris/dans les collines** dieser Roman spielt in Paris/in den Hügeln
❷ (*se localiser dans le temps*) **se** ~ **en l'an...** im Jahr ... stattfinden; **cet événement se situe avant la dernière guerre** dieses Ereignis fällt/fiel in die Zeit vor dem letzten Krieg
❸ (*se localiser à un certain niveau*) **se** ~ **entre vingt et trente pour cent** zwischen zwanzig bis dreißig Prozent liegen; **se** ~ **à un niveau inférieur/supérieur** niedriger/höher sein; **sur le plan financier les Français se situent devant les Polonais** in finanzieller Hinsicht sind die Franzosen besser gestellt als die Polen
❹ (*se définir*) **se** ~ wissen, wo jdn steht; **se** ~ **par rapport à qc** wissen, wie jd sich einer S. (*Dat*) gegenüber verhalten soll

six [sis, *devant une voyelle* siz, *devant une consonne* si] **I.** *num* ❶ sechs
❷ (*dans l'indication de l'âge, la durée*) **avoir/avoir bientôt** ~ **ans** sechs [Jahre alt] sein/werden; **enfant de** ~ **ans** Sechsjährige(r) *f(m);* **période de** ~ **ans** Zeitraum *m* von sechs Jahren
❸ (*dans l'indication de l'heure*) **il est** ~ **heures** es ist sechs [Uhr]
❹ (*dans l'indication de la date*) **le** ~ **mars** *geschrieben:* **le 6 mars** der sechste März *écrit:* der 6. März
❺ (*dans l'indication de l'ordre*) **arriver** ~ **ou septième** als Sechste(r) oder Siebte(r) kommen
❻ (*dans les noms de personnages*) **Charles VI** *gesprochen:* **Charles** ~ Karl VI. *oral:* Karl der Sechste
II. *m inv* ❶ Sechs *f*
❷ (*numéro*) Nummer *f* sechs, Sechs
❸ TRANSP **le** ~ die Linie [*o* Nummer] sechs, die Sechs (*fam*)
❹ JEUX Sechs *f*
❺ SCOL **avoir** ~ **sur dix/sur vingt** ≈ Drei/eine Sechs haben
III. *f* (*table, chambre... numéro six*) Sechs *f; v. a.* **cinq**

six-huit [sisɥit] *m inv* Sechsachteltakt *m*

sixième [sizjɛm] **I.** *adj antéposé* sechste(r, s)
II. *mf* **le/la** ~ der/die/das Sechste
III. *m* ❶ (*fraction*) Sechstel *nt*
❷ (*étage*) sechster Stock
❸ (*arrondissement*) sechstes Arrondissement
❹ (*dans une charade*) sechste Silbe
IV. *f* ❶ (*vitesse*) sechster Gang
❷ SCOL ≈ fünfte Klasse; *v. a.* **cinquième**

sixièmement [sizjɛmmɑ̃] *adv* sechstens

six-quatre-deux [siskatdø] *f fam* ▶ **l'affaire est allée à la** ~ das Geschäft ging hoppla hopp (*fam*); **faire qc à la** ~ etw auf die Schnelle [*o* husch husch *fam*] machen

sixte [sikst] *f* MUS Sext[e] *f*

skaï® [skaj] *m* Skai® *f*

skate [skɛt] <s> *m,* **skate-board** [skɛtbɔʀd] <skate-boards> *m* Skateboard *nt;* **faire du** ~ Skateboard fahren

skating [skɛtiŋ] *m* ❶ (*patinage à roulettes*) Rollschuhlauf *m*
❷ (*technique de ski*) Schlittschuhschritt *m*

sketch [skɛtʃ] <[e]s> *m* Sketch *m*

ski [ski] *m* ❶ (*objet*) Ski *m,* Schi *m;* **à** [*o* **en**] ~**s** auf Skiern; **randonnée à** ~**s** Skiwanderung *f*
❷ (*sport*) Skilauf[en *nt*] *m,* Skifahren *nt;* ~ **de fond** [Ski]langlauf; ~ **de piste** Abfahrt[slauf *m*] *f;* ~ **de randonnée** Skiwandern *nt;* ~ **hors piste** Tourenskilauf[en]; ~ **alpin** alpiner Skilauf; ~ **artistique/acrobatique** Buckelpistenfahren *nt*/Skiakrobatik *f;* ~ **nordique** nordische Kombination; **aller au** ~ *fam* Ski fahren [*o* laufen] gehen; **faire du** ~ Ski [*o* Schi] fahren [*o* laufen]; **des chaussures de** ~ Skistiefel *Pl;* **station de** ~ Wintersportort *m*

skiable [skjabl] *adj neige* zum Skifahren [*o* Skilaufen] geeignet, gefühig (DIAL); **domaine/piste/saison** ~ Skigebiet *nt*/-piste *f*/-saison *f*

ski-bob [skibɔb] <ski-bobs> *m* Skibob *m;* **faire du** ~ Skibob fahren

skier [skje] <1a> *vi* Ski fahren [*o* laufen]

skieur, -euse [skjœʀ, -jøz] *m, f* Skifahrer(in) *m(f),* Skiläufer(in) *m(f);* ~ **de fond** [Ski]langläufer

skif[f] [skif] *m* SPORT Skiff *nt*

skin[head] [skin(ɛd)] *m* Skin[head *m*] *m*

skipper [skipœʀ] *m* Skipper *m*

slalom [slalɔm] *m* ❶ Slalom[lauf *m*] *m;* ~ **spécial/[super-]géant** Spezial-/Riesenslalom
❷ (*en canoë-kayak*) ~ [**nautique**] Kanuslalom *m*
❸ (*parcours sinueux*) Slalom[kurs *m*] *m;* **faire du** ~ (*en marchant*) im Slalom [*o* Zickzack] gehen; (*en conduisant*) Slalom [*o* im Zickzack] fahren; **en** ~ im Slalom [*o* Zickzack]

slalomer [slalɔme] <1> *vi* ❶ SPORT Slalom fahren
❷ (*zigzaguer*) (*en marchant*) im Slalom [*o* Zickzack] gehen; (*en conduisant, en roulant*) Slalom [*o* im Zickzack] fahren

slalomeur, -euse [slalɔmœʀ, -øz] *m, f* Slalomfahrer(in) *m(f)*

slash [slaʃ] *m* TYP Slash *m*

slave [slav] *adj* slawisch

Slave [slav] *mf* Slawe *m*/Slawin *f*

slip [slip] *m* Slip *m;* ~ [**de bain**] Badehose *f*
▶ **se retrouver en** ~ *fam* alles bis aufs Hemd verlieren

slogan [slɔgɑ̃] *m* Slogan *m;* ~ **politique** politisches Schlagwort, politische Parole; ~ **publicitaire** Werbeslogan

slovaque [slɔvak] **I.** *adj* slowakisch
II. *m* **le** ~ Slowakisch *nt,* das Slowakische; *v. a.* **allemand**

Slovaque [slɔvak] *mf* Slowake *m*/Slowakin *f*

Slovaquie [slɔvaki] *f* **la** ~ die Slowakei

slovène [slɔvɛn] **I.** *adj* slowenisch
II. *m* **le** ~ Slowenisch *nt,* das Slowenische; *v. a.* **allemand**

Slovène [slɔvɛn] *mf* Slowene *m*/Slowenin *f*

Slovénie [slɔveni] *f* **la** ~ Slowenien *nt*

slow [slo] *m* Slowfox *m*

smala [smala] *f hum fam* Sippe *f* (*hum fam*); **avec toute sa** ~ mit Kind und Kegel (*fam*)

smart [smaʀt] *adj* CAN (*élégant*) elegant
smash [sma(t)ʃ] *m* Smash *m*, Schmetterball *m*
smasher [sma(t)ʃe] <1> *vt, vi* schmettern
S.M.E. [ɛsɛmø] *m abr de* **Système monétaire européen** EWS *nt*
S.M.I.C. [smik] *m abr de* **salaire minimum interprofessionnel de croissance** gesetzlicher [*o* tariflich festgelegter] Mindestlohn; **au** ~ zum tariflich festgelegten Mindestlohn; **le** ~ **jeunes** tariflich festgelegter Mindestlohn für Jugendliche

i Land & Leute

Der seit 1970 bestehende **S.M.I.C.** wurde mit dem Ziel geschaffen, die Kaufkraft benachteiligter Arbeitnehmer aufrechtzuerhalten. Es handelt sich um einen festgelegten, aber dynamischen Bruttostundenlohn, den kein Arbeitgeber bei der Entlohnung volljähriger Arbeitnehmer unterschreiten darf. Dieser Mindestlohn wird jährlich erhöht, und zwar um einen Betrag, der mindestens 50% der durchschnittlichen Lohn- und Gehaltserhöhungen im Land betragen muss.

smicard(e) [smikaʀ, aʀd] *m(f) fam* Mindestlohnempfänger(in) *m(f)*
S.M.I.G. [smig] *m abr de* **salaire minimum interprofessionnel garanti** *gesetzlich garantierter Mindestlohn*
smocks [smɔk] *mpl* COUT Smokarbeit *f*
smog [smɔg] *m* Smog *m*
smoking [smɔkiŋ] *m* Smoking *m*
SMS [ɛsɛmɛs] ❶ UNIV *abr de* **Sciences médico-sociales** sozialmedizinische Wissenschaften *Pl*
❷ TELEC *abr de* **short message service** SMS *f*
smurf [smœʀf] *m* Breakdance *m*
snack [snak] *m*, **snack-bar** [snakbaʀ] <snack-bars> *m* Schnellimbiss *m*, Snackbar *f*
S.N.C.F. [ɛsɛnseɛf] *f abr de* **Société nationale des chemins de fer français** Nationalgesellschaft der französischen Eisenbahnen *f*

i Land & Leute

1937 wurde die **S.N.C.F.**, die französische Eisenbahngesellschaft, gegründet. Sie ist auch heute noch in staatlicher Hand, ihre Privatisierung wird jedoch diskutiert.

SNES [snɛs] *m abr de* **Syndicat national des enseignants du secondaire** *nationale Gewerkschaft der Gymnasiallehrer*
S.N.E.sup [snesyp] *m abr de* **Syndicat national des enseignants du supérieur** *nationale Gewerkschaft der Hochschullehrer*
SNI [ɛsɛni] *m abr de* **Syndicat national des instituteurs** *nationale Gewerkschaft der Primarlehrer*
snif[f] [snif] *interj* schnief, schluchz
snif[f]er [snife] <1> *vt arg* schnüffeln (*sl*) *colle, dissolution;* schnupfen *cocaïne*
snob [snɔb] **I.** *adj* snobistisch (*pej*), versnobt (*pej*)
II. *mf* Snob *m* (*pej*)
snober [snɔbe] <1> *vt* von oben herab behandeln *personne;* sich (*Dat*) zu gut sein für *invitation;* verschmähen *repas*
snobinard(e) [snɔbinaʀ, aʀd] *fam* **I.** *adj* [etwas] versnobt [*o* hochnäsig] (*pej*)
II. *m(f)* (*homme*) kleiner Snob (*pej*), Fatzke *m* (*pej fam*); (*femme*) eingebildete Gans (*pej fam*)
snobisme [snɔbism] *m* Snobismus *m*
snowboard [snobɔʀd] *m* SPORT Snowboard *nt*
soap-opéra [sopɔpeʀa] <soap-opéras> *m* TV Seifenoper *f*, Soap *f*
sobre [sɔbʀ] *adj* ❶ (*modéré*) genügsam; *personne, vie* genügsam, maßvoll, solide
❷ (*qui boit peu ou pas d'alcool*) maßvoll im Trinken
❸ (*mesuré*) *paroles* einfach, nüchtern; *discours* nüchtern; *gestes* sparsam; **être** ~ **dans ses explications** sich bei seinen Erklärungen aufs Wesentliche beschränken; **être** ~ **dans ses gestes** mit seinen Gesten zurückhaltend sein
❹ (*simple*) *art, style* nüchtern, schlicht; *coupe, look* dezent, schlicht
sobrement [sɔbʀəmɑ̃] *adv* ❶ (*avec modération*) *boire, manger* mäßig, maßvoll; *vivre* enthaltsam, bescheiden
❷ (*avec simplicité*) *s'habiller* schlicht; *s'exprimer* einfach
sobriété [sɔbʀijete] *f* ❶ (*tempérance*) *d'une personne* Genügsamkeit *f*, Enthaltsamkeit *f; d'un animal* Genügsamkeit; **la** ~ **de sa vie** ihr/sein maßvoller Lebenswandel; **la** ~ **au volant** Verzicht *m* auf Alkohol am Steuer
❷ (*modération*) **la** ~ **de ses déclarations** die Zurückhaltung *f* in seinen/ihren Äußerungen, seine/ihre zurückhaltenden Äußerungen; **la** ~ **de ses gestes** ihre/seine sparsamen [*o* knappen] Gesten; ~ **en toutes choses** Zurückhaltung in allen Dingen; ~ **dans ses explications** Beschränkung *f* aufs Wesentliche bei ihren/seinen Erklärungen
❸ (*discrétion*) *d'un style* Schlichtheit *f*
sobriquet [sɔbʀikɛ] *m* Spitzname *m*
soc [sɔk] *m* Pflugschar *f*
sociabilité [sɔsjabilite] *f* ❶ (*amabilité*) *d'une personne* Geselligkeit *f*
❷ SOCIOL soziales Verhalten, Soziabilität *f* (*Fachspr.*)
sociable [sɔsjabl] *adj* ❶ (*aimable*) gesellig, umgänglich
❷ SOCIOL sozial, soziabel (*Fachspr.*); *fourmi, abeille* staatenbildend; **l'homme est de nature** ~ der Mensch ist von Natur aus ein soziales Wesen
social [sɔsjal] *m* ❶ (*questions sociales*) Soziale(s) *nt*, sozialer Bereich
❷ (*politique*) Sozialpolitik *f*
social(e) [sɔsjal, jo] <-aux> *adj* ❶ (*relatif à la société*) *vie, convention* gesellschaftlich; *conflit, inégalités* sozial; *classe* sozial, gesellschaftlich; **partenaires sociaux** Sozialpartner *Pl*, Tarifpartner *Pl*; **mener une action** ~**e contre qc** sich sozial gegen etw engagieren
❷ ADMIN **aide** ~**e** Sozialhilfe *f*; **logement** ~ Sozialwohnung *f*; **avantage** ~ soziale Vergünstigung
❸ (*vivant en société*) *homme* sozial; *insecte* staatenbildend; **un être** ~ ein soziales Wesen
❹ (*socialement progressiste*) *loi, politique* sozial
social-démocrate, **sociale-démocrate** [sɔsjaldemɔkʀat, sɔsjo-] <sociaux-démocrates> **I.** *adj* sozialdemokratisch **II.** *m, f* Sozialdemokrat(in) *m(f)* **social-démocratie** [sɔsjaldemɔkʀasi] <social-démocraties> *f* Sozialdemokratie *f*
socialement [sɔsjalmɑ̃] *adv* sozial
socialisant(e) [sɔsjalizɑ̃, ɑ̃t] *adj personne* mit der sozialistischen Partei sympathisierend; *idéologie, programme, politique* mit sozialistischen Zügen
socialisation [sɔsjalizasjɔ̃] *f* ❶ POL Sozialisierung *f*, Vergesellschaftung *f*
❷ PSYCH Sozialisation *f*
socialiser [sɔsjalize] <1> *vt* ❶ POL sozialisieren, vergesellschaften
❷ PSYCH sozialisieren
socialisme [sɔsjalism] *m* Sozialismus *m*; ~ **d'État** Staatssozialismus
socialiste [sɔsjalist] **I.** *adj* sozialistisch
II. *mf* Sozialist(in) *m(f)*
socialo [sɔsjalo] *mf fam abr de* **socialiste** Sozi *mf* (*fam*)
socialo-communiste [sɔsjalokɔmynist] <socialo-communistes> *adj* sozialistisch-kommunistisch; *alliance, coalition* zwischen Sozialisten und Kommunisten
sociétaire [sɔsjetɛʀ] *mf* ❶ Mitglied *nt*
❷ ECON (*membre d'une coopérative*) [Genossenschafts]mit-

S

glied *nt;* (*membre d'une société*) Gesellschafter(in) *m(f)*, Teilhaber(in) *m(f)*

société [sɔsjete] *f* ❶ Gesellschaft *f;* ~ **d'abondance/de consommation** Überfluss-/Konsumgesellschaft; **problème de** ~ gesellschaftliches Problem; **intérêt de la** ~ gesellschaftliches Interesse
❷ ZOOL **vivre en** ~ *fourmis:* in Staaten leben
❸ ECON, FIN, JUR Gesellschaft *f*, Unternehmen *nt;* ~ **anonyme** Aktiengesellschaft; ~ **coopérative** Genossenschaft *f;* ~ **mère** Muttergesellschaft, Mutterunternehmen; ~ **à responsabilité limitée** Gesellschaft mit beschränkter Haftung; ~ **en nom collectif** offene Handelsgesellschaft
❹ (*club*) Gesellschaft *f*, Verein *m;* ~ **littéraire/savante** literarische/wissenschaftliche Gesellschaft; ~ **sportive/protectrice des animaux** Sport-/Tierschutzverein; ~ **secrète** Untergrundorganisation *f*, Geheimbund *m*
❺ (*ensemble de personnes*) Gruppe *f;* **la bonne** ~ die feine Gesellschaft; **les gens de la bonne** ~ die feinen Leute; **la haute** ~ die Highsociety, die oberen Zehntausend; **venir saluer la** ~ die Runde [*o* Gesellschaft] begrüßen
❻ *soutenu* (*fréquentation*) Umgang *m;* **en** ~ (*compagnie*) in Gesellschaft
◆ ~ **de crédit** Kreditgesellschaft *f;* **Société des Nations** Völkerbund *m;* ~ **de services** Dienstleistungsgesellschaft *f;* ~ **en commandite** Kommanditgesellschaft *f;* ~ **en commandite simple fictive** Schein-KG *f;* ~ **par actions** Aktiengesellschaft *f*

socioculturel(le) [sɔsjokyltyʀɛl] *adj* soziokulturell

socio-économique [sɔsjoekɔnɔmik] <socio-économiques> *adj* sozioökonomisch **socio-éducatif, -ive** [sɔsjoedykatif, iv] <socio-éducatifs> *adj* sozialpädagogisch

sociolinguistique [sɔsjolɛ̃gɥistik] I. *f* Soziolinguistik *f*
II. *adj* soziolinguistisch

sociologie [sɔsjɔlɔʒi] *f* Soziologie *f*

sociologique [sɔsjɔlɔʒik] *adj* soziologisch

sociologiquement [sɔsjɔlɔʒikmɑ̃] *adv* soziologisch

sociologue [sɔsjɔlɔg] *mf* Soziologe *m*/Soziologin *f*

sociopolitique [sɔsjopɔlitik] *adj* sozialpolitisch

socioprofessionnel(le) [sɔsjopʀɔfesjɔnɛl] I. *adj* sozioprofessionell (*Fachspr.*); *activité* beruflich und gesellschaftlich; *enquête* das berufliche und soziale Umfeld betreffend; **origine** ~**le** soziale Herkunft und Berufsausbildung; **catégorie** ~**le** Berufsgruppe *f*
II. *m(f)* (*responsable*) Vertreter(in) *m(f)* beruflicher und sozialer Gruppen

socle [sɔkl] *m* ❶ *d'une lampe, d'un vase* Fuß *m; d'une statue* Sockel *m; d'une colonne* Basis *f*
❷ GEOG Sockel *m;* ~ **continental** Festlandsockel, Schelf *m o nt*

socquette [sɔkɛt] *f* Socke *f;* (*pour femmes, enfants*) Söckchen *nt*

Socrate [sɔkʀat] *m* Sokrates *m*

socratique [sokʀatik] *adj dialogue, philosophie* sokratisch; **amour** ~ Päderastie *f*

soda [sɔda] *m* ❶ (*boisson aromatisée*) Limonade *f*, Brause *f*, Kracherl *nt* (A *fam*)
❷ (*eau gazeuse*) Soda[wasser *nt*] *nt;* ~ **à l'orange/au citron** Orangen-/Zitronenlimonade *f*

sodé(e) [sɔde] *adj* natriumhaltig

sodium [sɔdjɔm] *m* Natrium *nt*

sodomie [sɔdɔmi] *f* Analverkehr *m*

sodomiser [sɔdɔmize] <1> *vt* ~ **qn** mit jdm anal koitieren

sœur [sœʀ] I. *f* ❶ Schwester *f*
❷ (*objet semblable*) Gegenstück *nt*, Pendant *nt*
❸ REL [Ordens]schwester *f;* **ma** ~ Schwester; **bonne** ~ *fam* fromme Schwester (*fam*); **se faire [bonne]** ~ ins Kloster gehen
▶ **et ta** ~[, **elle bat le beurre**]? *fam* kümmere dich um deinen eigenen Mist! (*fam*), was geht dich das an? (*fam*)
II. *adj* ❶ (*semblable*) *civilisation, âme* verwandt
❷ (*apparentés*) **être** ~**s** *choses:* miteinander verwandt [*o* einander ähnlich] sein
◆ ~ **d'infortune** *soutenu* Leidensgefährtin *f;* ~ **de lait** Milchschwester *f*

sœurette [sœʀɛt] *f* Schwesterchen *nt*, Schwesterlein *nt*

sofa [sɔfa] *m* Sofa *nt*

Sofia [sɔfja] Sofia *nt*

SOFRES [sɔfʀɛs] *f abr de* **Société française d'enquêtes par sondages** *kommerzielles Meinungsforschungsinstitut in Frankreich*

software [sɔftwɛʀ, sɔftwaʀ] *m* Software *f*

soi [swa] I. *pron pers* ❶ *avec une préposition* sich (*Dat o Akk*); **chez** ~ [bei sich (*Dat*)] zu Hause; **malgré** ~ (*à contrecœur*) gegen seinen Willen; (*par hasard*) unabsichtlich
❷ *vieilli littér* (*lui-même, elle-même*) **il n'aime que** ~ er liebt nur sich [selbst]; **elle allait droit devant** ~ sie ging unbeirrt ihres Weges; **elle a toujours su rester** ~[**-même**] sie ist immer sie selbst geblieben
▶ **avoir qc sur** ~ etw bei sich haben; **en** ~ an sich; **un genre en** ~ eine Gattung für sich
II. *m* Selbst *nt;* **la conscience du** ~ das Ich-Bewusstsein

soi-disant [swadizɑ̃] I. *adj inv antéposé* angeblich, sogenannt
II. *adv* angeblich; ~ **qu'il serait en vacances** *pop* anscheinend ist er auf Urlaub

soie [swa] *f* ❶ Seide *f;* ~ **grège/sauvage** Roh-/Wildseide; **foulard de** [*o* **en**] ~ Seidenschal *m;* **peinture sur** ~ Seidenmalerei *f*
❷ (*poils*) Borste *f;* **en** ~**s de sanglier** aus Wildschweinborsten

soient [swa] *subj prés de* **être**

soierie [swaʀi] *f* ❶ Seide[nstoff *m*] *f*
❷ (*industrie*) Seidenindustrie *f;* (*usine*) Seidenspinnerei *f;* **commerce de la** ~ Seidenhandel *m*

soif [swaf] *f* ❶ Durst *m;* **avoir** ~ Durst haben, durstig sein; *plante:* ausgedörrt sein; **donner** ~ **à qn** jdn durstig machen; **étancher la/sa** ~ den/seinen/ihren Durst löschen; **boire à sa** ~ ausreichend trinken
❷ (*désir*) ~ **d'indépendance** Unabhängigkeitsstreben *nt;* ~ **de richesse** Habgier *f;* ~ **de tendresse** Zärtlichkeitsbedürfnis *nt;* ~ **de vengeance** Rachsucht *f;* ~ **de connaître** Wissensdurst *m;* ~ **de vivre** Lebenshunger *m;* **avoir** ~ **de faire qc** sich danach sehnen [*o* danach verlangen] etw zu tun
▶ **il fait** ~ *fam* es ist ziemlich trockene Luft [hier] (*fig fam*) *Aufforderung zum Trinken;* **laisser qn sur sa** ~ *livre, spectacle:* jds Erwartungen nicht erfüllen; *personne:* jdn hinhalten; **mourir de** ~ verdursten, vor Durst fast umkommen; **rester sur sa** ~ (*avoir encore soif*) noch Durst haben; (*rester insatisfait*) [noch] nicht befriedigt sein; **boire jusqu'à plus** ~ *fam* sich vollaufen lassen (*fam*)

soiffard(e) [swafaʀ, aʀd] *m(f) fam* Säufer(in) *m(f)* (*sl*), Schluckspecht *m* (*hum fam*)

soignant(e) [swaɲɑ̃, ɑ̃t] I. *adj* **personnel** ~ Pflegepersonal *nt*
II. *m(f)* Angehörige(r) *f(m)* des Pflegepersonals

soigné(e) [swaɲe] *adj* ❶ (*impeccable*) gepflegt
❷ (*consciencieux*) gründlich
❸ *iron fam* **ce sont des prix plutôt** ~**s!** das sind ja zünftige Preise [hier]! (*iron fam*)

soigner [swaɲe] <1> I. *vt* ❶ *médecin:* behandeln; *infirmier:* pflegen; ~ **son rhume à la maison** seinen Schnupfen zu Hause auskurieren; **se faire** ~ sich behandeln [*o* ärztlich versorgen] lassen
❷ (*avoir soin de*) sich kümmern um, umsorgen *personne;* versorgen *animal, plante;* pflegen *mains, chevelure, plante;* achten auf (+ *Akk*) *style, tenue;* viel Sorgfalt verwenden auf (+ *Akk*) *travail, repas;* **savoir** ~ **ses invités** seine Gäste verwöhnen; **être soigné(e)** *travail:* sorgfältig gemacht sein; **dans ce restaurant les repas sont soignés** in diesem Restaurant kann man gepflegt essen
❸ *iron fam* (*forcer l'addition*) schröpfen (*fam*), ausnehmen

(*fam*) *client;* (*maltraiter*) fertig machen (*fam*) *adversaire;* **attraper une punition soignée** eine ordentliche Strafe kriegen (*fam*); **attraper un rhume soigné** sich (*Dat*) einen ordentlichen Schnupfen holen (*fam*); **l'addition est soignée** die Rechnung ist gesalzen [*o* gepfeffert] (*fam*)
▶ **va** [*o* **tu devrais**] **te faire ~!** *fam* du hast sie wohl nicht alle! (*fam*)
II. *vpr* ❶ (*essayer de se guérir*) **se ~** sich pflegen; **se ~ tout(e) seul(e)** sich selbst kurieren
❷ *hum* (*avoir soin de soi*) **se ~** es sich (*Dat*) gutgehen lassen
❸ (*pouvoir être soigné*) **se ~ par** [*o* **avec**] **une thérapie** mit einer Therapie behandelt werden
▶ **ça se soigne!** *fam* du hast/der hat sie wohl nicht alle! (*fam*); **la paresse, ça se soigne** gegen Faulheit ist ein Kraut gewachsen (*fam*)

soigneur, -euse [swaɲœʀ, -øz] *m, f* SPORT Betreuer(in) *m(f); d'un boxeur* Sekundant *m*

soigneusement [swaɲøzmɑ̃] *adv travailler* gewissenhaft; *installer* sorgfältig, ordentlich; *ranger* ordentlich; *éviter* peinlich

soigneux, -euse [swaɲø, -øz] *adj* ❶ (*appliqué*) sorgfältig, gewissenhaft; (*ordonné*) ordentlich; **être ~(-euse) dans son travail** sorgfältig [*o* gewissenhaft] arbeiten; **j'aurais dû être plus ~(-euse)** ich hätte besser aufpassen sollen
❷ (*soucieux*) **être ~(-euse) de sa réputation/santé** um seinen Ruf/seine Gesundheit besorgt sein, auf seinen Ruf/seine Gesundheit bedacht sein; **être ~(-euse) de ses affaires** mit seinen Sachen sorgfältig umgehen; **être ~(-euse) de sa personne** auf ein gepflegtes Äußeres achten
❸ *soutenu* (*minutieux*) *recherches* eingehend, gründlich, gewissenhaft

soi-même [swamɛm] *pron pers* selbst, selber (*fam*); **faire tout ~** alles selbst machen; **on se sent ~ heureux** man fühlt sich [selbst] glücklich; **on est venu de ~?** ist man von selbst [*o* aus eigenem Antrieb] gekommen?; **le respect de ~** die Selbstachtung; **M. X? – Soi-même!** *hum* Herr X? – Höchstpersönlich!

soin [swɛ̃] *m* ❶ *sans pl* (*application*) Sorgfalt *f*, Gewissenhaftigkeit *f;* (*ordre et propreté*) Ordnungssinn *m;* **avec beaucoup de ~** sehr sorgfältig [*o* gewissenhaft]; **avoir du ~** ordentlich [*o* verlässlich] sein; **apporter le plus grand ~ à qc** die größte Sorgfalt auf etw (*Akk*) verwenden; **mettre un certain ~ à faire qc** sich (*Dat*) einige Mühe geben etw zu tun
❷ *souvent pl* (*travaux*) *d'un jardin* Pflege *f;* **les ~s domestiques** [*o* **du ménage**] der Haushalt, die Hausarbeit
❸ *pl* (*traitement médical*) Behandlung *f*, Pflege *f;* **~s intensifs/palliatifs** Intensiv-/Palliativpflege; **~s à domicile** häusliche Pflege; **les premiers ~s** erste Hilfe; **donner des ~s à qn** jdn pflegen, jdn behandeln; **donner les premiers ~s** erste Hilfe leisten
❹ *pl* (*hygiène*) **~s du visage/corps** Gesichts-/Körperpflege *f*
❺ *sans pl* (*responsabilité*) **confier à un voisin le ~ de la maison** einem Nachbarn auftragen, sich um das Haus zu kümmern; **laisser à sa mère le ~ de faire qc** es seiner/ihrer Mutter überlassen etw zu tun; **confier le ~ d'un enfant à qn** ein Kind jds Obhut (*Dat*) anvertrauen
❻ *pl* (*attention*) Zuwendung *f*
❼ *littér* (*souci*) Sorge *f;* **prendre ~ de qn** für jdn Sorge tragen (*geh*); **prendre ~ des fleurs/du jardin** die Blumen/den Garten versorgen; **prendre bien ~ de sa petite personne** vor allem an sich selbst denken; **avoir** [*o* **prendre**] [**grand**] **~ de faire qc** darauf achten [*o* daran denken] etw zu tun; **avoir ~ que rien ne se sache** darauf achten, dass nichts bekannt wird; **mon premier ~ est de lire le courrier** als erstes lese ich die Post
▶ **aux bons ~s de qn** zu Händen von jdm; **être aux petits ~s pour qn** jdm jeden Wunsch von den Augen ablesen; **par les ~s de qn** unter jds Regie; **je compte que ce sera fait par vos ~s** ich verlasse mich darauf, dass Sie sich selbst darum kümmern

soir [swaʀ] **I.** *m* Abend *m;* **le ~ tombe** [*o* **descend**] es wird Abend; **au ~** am Abend; **hier au ~** gestern Abend; **pour le repas de ce ~** heute zum Abendessen; **huit heures du ~** acht Uhr abends, zwanzig Uhr; **le ~** abends, am Abend; **un beau ~** eines schönen Abends; **l'autre ~** neulich Abend, neulich abends
▶ **du ~ au matin** die ganze Nacht [über]; **le ~ de la vie** *littér* der Lebensabend (*liter*); **atteindre le ~ de sa vie** seinen letzten Lebensabschnitt beginnen; **le Grand Soir** der Tag der Wende; **être du ~** *fam* (*être en forme le soir*) ein Nachtmensch sein (*fam*); (*être de l'équipe du soir*) Spätdienst haben
II. *adv* abends; **hier ~** gestern Abend; **mardi ~** [am] Dienstagabend; **tous les lundis ~**[**s**] jeden Montagabend, montagabends

soirée [swaʀe] *f* ❶ (*fin du jour*) Abend *m;* **en ~** abends, am Abend; **demain en ~** morgen Abend; **en fin de ~** spät am Abend, am späten Abend; **toute la ~** den ganzen Abend [über]; **dans la ~** im Laufe des Abends; **lundi dans la ~, dans la ~ de lundi** im Laufe des Montagabends
❷ (*fête*) [Abend]gesellschaft *f*, Party *f;* **~ dansante/costumée** Tanzabend *m*/Kostümfest *nt;* **tenue de ~** Abendkleidung *f*
❸ THEAT Abendvorstellung *f;* CINE Abendprogramm *nt*, Abendvorstellung; **en ~** im Abendprogramm, in der Abendvorstellung

sois [swa] *subj prés de* **être**

soit I. [swat] *adv* (*d'accord*) einverstanden; **eh bien ~!** also gut!
II. [swa] *conj* ❶ (*alternative*) **~..., ~ ...** [entweder] ... oder ...; **~ qu'il soit malade, ~ qu'il n'ait pas envie** entweder ist er krank oder er hat keine Lust
❷ (*c'est-à-dire*) das heißt
❸ MATH gegeben sei [*o* ist]; **~** [*o* **soient**] **deux triangles...** gegeben seien [*o* sind] zwei Dreiecke ...

soixantaine [swasɑ̃tɛn] *f* ❶ **une ~ de personnes/pages** etwa [*o* ungefähr] sechzig Personen/Seiten
❷ (*âge approximatif*) **avoir la ~** [*o* **une ~ d'années**] ungefähr [*o* etwa] sechzig [Jahre alt] sein; **approcher de la ~** auf die Sechzig zugehen; **avoir largement dépassé la ~** weit über sechzig [Jahre alt] sein

soixante [swasɑ̃t] **I.** *num* ❶ sechzig
❷ (*dans l'indication de l'âge, la durée*) **avoir/avoir bientôt ~ ans** sechzig [Jahre alt] sein/werden; **personne/période de ~ ans** Sechzigjährige(r) *f(m)*/Zeitraum *m* von sechzig Jahren
❸ (*dans l'indication des époques*) **les années ~** die sechziger Jahre [*o* Sechzigerjahre]
❹ (*dans l'indication de l'ordre*) **arriver ~ ou ~ et unième** als Sechzigste(r) oder Einundsechzigste(r) kommen
II. *m inv* ❶ Sechzig *f*
❷ (*numéro*) Nummer *f* sechzig, Sechzig
❸ TRANSP **le ~** die Linie [*o* Nummer] sechzig, die Sechzig (*fam*)
III. *f* (*table, chambre... numéro soixante*) Sechzig *f*
◆ **~ et un(e)** einundsechzig; **~ et onze** einundsiebzig; *v. a.* **cinq, cinquante**

soixante-dix [swasɑ̃tdis] **I.** *num* ❶ siebzig ❷ (*dans l'indication de l'âge, la durée*) **avoir/avoir bientôt ~ ans** siebzig [Jahre alt] sein/werden; **personne/période de ~ ans** Siebzigjährige(r) *f(m)*/Zeitraum *m* von siebzig Jahren ❸ (*dans l'indication des époques*) **les années ~** die siebziger Jahre [*o* Siebzigerjahre] ❹ (*dans l'indication de l'ordre*) **arriver ~ ou soixante et onzième** als Siebzigste(r) oder Einundsiebzigste(r) kommen
II. *m inv* ❶ Siebzig *f* ❷ (*numéro*) Nummer *f* siebzig, Siebzig *f*
III. *f* (*table, chambre... numéro soixante-dix*) Siebzig *f; v. a.* **cinq, cinquante**

soixante-dixième [swasɑ̃tdizjɛm] <soixante-dixièmes> **I.** *adj antéposé* siebzigste(r, s) **II.** *mf* **le/la ~** der/die/das Siebzigste **III.** *m* (*fraction*) Siebzigstel *nt; v. a.* **cinquième**

soixante-huitard, soixante-huitarde [swasɑ̃tɥitaʀ, swasɑ̃tɥitaʀd] <soixante-huitards> *m, f* Achtundsechziger(in) *m(f)*

soixantième [swasɑ̃tjɛm] **I.** *adj antéposé* sechzigste(r, s)

II. *mf* le/la ~ der/die/das Sechzigste
III. *m* (*fraction*) Sechzigstel *nt; v. a.* **cinquième**

soja [sɔʒa] *m* Soja[bohne *f*] *f*

sol¹ [sɔl] *m* ❶ Boden *m;* ~ **argileux/calcaire/sablonneux** Ton-/Kalk-/Sandboden, toniger/kalkhaltiger/sandiger Boden
❷ (*croûte terrestre*) [Erd]boden *m;* **être allongé(e) sur le** ~ auf dem [*o* am] Boden liegen; **personnel au** ~ AVIAT Bodenpersonal *nt*
❸ (*plancher*) *d'une pièce, maison* [Fuß]boden *m;* **exercices au** ~ SPORT Bodenübungen *Pl*
❹ (*territoire*) Boden *m;* **le** ~ **de son pays natal** die heimatliche Erde
► **le** ~ **se dérobe sous les pieds de qn** jdm schwankt der Boden unter den Füßen

sol² [sɔl] *m inv* MUS G *nt*, g *nt; v. a.* **do**

sol-air [sɔlɛʀ] *adj inv* **missile** ~ Boden-Luft-Rakete *f*

solaire [sɔlɛʀ] I. *adj* ❶ ASTROL, ASTRON **système** ~ Sonnensystem *nt;* **cadran** ~ Sonnenuhr *f*
❷ (*utilisant la force du soleil*) **centrale** ~ Solarkraftwerk *nt,* Sonnenwärmekraftwerk; **capteur** ~ Solarkollektor *m,* Sonnenkollektor; **architecture** ~ eine die Sonnenenergie [*o* Solarenergie] nutzende Bauweise
❸ (*protégeant du soleil*) **huile** ~ Sonnen[schutz]öl *nt;* **produit** ~ Sonnenschutzmittel *nt*
II. *m* Sonnenenergie *f,* Solarenergie

solanacées [sɔlanase] *fpl* BOT Nachtschattengewächse *Pl*

solarium [sɔlaʀjɔm] *m* (*dans une piscine*) Liegewiese *f;* (*appareil*) Solarium *nt;* (*établissement de bronzage*) Sonnenstudio *nt,* Solarium

soldat [sɔlda] *m* ❶ Soldat *m;* ~ **de première classe** ≈ Gefreite(r) *m;* ~ **de deuxième classe, simple** ~ [einfacher] Soldat, Gemeine(r) *m;* **le Soldat inconnu** der Unbekannte Soldat; **se faire** ~ **[de métier]** Berufssoldat werden
❷ JEUX ~ **de plomb** Zinnsoldat *m;* **jouer aux petits** ~**s** mit [Spielzeug]soldaten spielen
❸ (*militant*) ~ **du droit** Kämpfer *m* für das Recht; ~ **de la liberté** Freiheitskämpfer *m;* ~ **du Christ** Soldat *m* Christi
► **jouer au petit** ~ **avec qn** *fam* jdm gegenüber den wilden Mann spielen
◆ ~ **du feu** Feuerwehrmann *m;* **les** ~**s du feu** die Feuerwehrleute *Pl*

soldate [sɔldat] *f fam* Soldatin *f*

soldatesque [sɔldatɛsk] I. *adj* soldatisch
II. *f péj* Soldateska *f* (*pej*)

solde¹ [sɔld] *m* ❶ *pl* (*marchandises*) Sonderangebot[e *Pl*] *nt;* **dans les** ~**s de lainage** bei den herabgesetzten Strickwaren
❷ (*braderie*) Ausverkauf *m;* (*en fin de saison*) Schlussverkauf; ~**s d'été/d'hiver** Sommer-/Winterschlussverkauf; **en** ~ im Sonderangebot; *acheter, vendre* im Sonderangebot [*o* Ausverkauf] [*o* Schlussverkauf]
❸ FIN, ECON (*balance*) Saldo *m;* (*reliquat*) Restbetrag *m;* **pour** ~ **de tout compte** zur Begleichung aller Forderungen

solde² [sɔld] *f* (*rémunération*) *d'un soldat* Sold *m; d'un matelot* Heuer *f*
► **être à la** ~ **de qn** in jds Sold (*Dat*) stehen; **être complètement à la** ~ **de qn** jds gefügiges Werkzeug sein

solder [sɔlde] <1> I. *vt* ❶ COM herabsetzen, reduzieren; ~ **qc à un client** einem Kunden etw billiger verkaufen; ~ **tout son stock** einen Räumungsverkauf machen
❷ FIN begleichen, bezahlen *dette;* (*arrêter*) ausgleichen, saldieren *compte;* (*fermer*) abschließen *compte*
II. *vpr* **se** ~ **par un échec/succès** *conférence, tentative:* mit einem Misserfolg/Erfolg enden; **se** ~ **par un bénéfice/déficit** *budget, compte, opération:* mit einem Überschuss/Defizit abschließen

solderie® [sɔldəʀi] *f* Discountgeschäft *nt,* Discounter *m*

soldeur, -euse [sɔldœʀ, -øz] *m, f* Discounter(in) *m(f),* Betreiber(in) *m(f)* eines Discountladens

sole [sɔl] *f* (*poisson*) Seezunge *f*

solécisme [sɔlesism] *m* sprachlicher Fehler

soleil [sɔlɛj] *m* ❶ Sonne *f;* **le Soleil** ASTRON die Sonne; ~ **de minuit** Mitternachtssonne; ~ **couchant/levant** Sonnenuntergang/-aufgang *m;* **au** ~ **levant** bei Sonnenaufgang
❷ (*rayonnement*) Sonne *f;* (*temps ensoleillé*) Sonne[nschein *m*] *f;* **se mettre au** ~ sich in die Sonne legen [*o* setzen]; **déteindre au** ~ in der Sonne bleichen; **un coin au** ~ ein sonniges Plätzchen, ein Plätzchen in der Sonne; **les pays du** ~ der sonnige Süden; **il fait [du]** ~ die Sonne scheint; **prendre le** ~ Sonne abbekommen
❸ (*fleur*) **grand** ~ gemeine Sonnenblume
❹ (*ornement*) Sonne *f,* Sonnenemblem *nt*
❺ (*feu d'artifice*) Feuerrad *nt*
❻ (*acrobatie*) Welle *f;* **grand** ~ Riesenwelle; **faire un** ~ *personne:* einen Salto machen; *voiture:* sich überschlagen
► **le** ~ **brille pour tout le monde** *prov* die Sonne scheint über Gerechte und Ungerechte (*prov*); **quoi de nouveau sous le** ~**?** was gibt's Neues unter der Sonne?; **ôte-toi de mon** ~**!** geh mir aus der Sonne! (*fam*)

solennel(le) [sɔlanɛl] *adj* ❶ *cérémonie, obsèques* feierlich; **rendre des honneurs** ~**s à qn** jdn feierlich ehren
❷ (*grave*) *occasion, promesse* feierlich; *avertissement* ernst
❸ *péj* (*affecté*) theatralisch, gekünstelt (*pej*)

solennellement [sɔlanɛlmɑ̃] *adv* ❶ (*avec éclat*) feierlich, in feierlichem Rahmen
❷ (*avec gravité*) *jurer* feierlich; *promettre* hoch und heilig, feierlich; *s'exprimer* gewählt, feierlich

solenniser [sɔlanize] <1> *vt* feierlich begehen

solennité [sɔlanite] *f* ❶ *d'un événement, d'une cérémonie* Feierlichkeit *f,* feierlicher Rahmen, Würde *f; d'un lieu* Würde; **avec** ~ in feierlichem Ton, mit feierlicher Miene; **revêtir une grande** ~ feierlich begangen werden
❷ *péj* (*gravité affectée*) übertriebene Förmlichkeit
❸ (*fête*) Fest *nt,* Feierlichkeit[en *f*] *Pl*

solénoïde [sɔlenɔid] *m* ELEC Zylinderspule *f,* Solenoid *nt* (*Fachspr.*)

solex® [sɔlɛks] *m ein Moped in besonders einfacher Bauweise*

solfatare [sɔlfataʀ] *m* GEOG, GEOL Solfatare *f*

solfège [sɔlfɛʒ] *m* ❶ (*théorie*) musikalische Elementarlehre
❷ (*livre*) Musiklehrbuch *nt*

solfier [sɔlfje] <1 a> *vt* solfeggieren

soli [sɔli] *pl de* **solo**

solidaire [sɔlidɛʀ] *adj* ❶ (*lié*) **être** ~**(s)** solidarisch sein, füreinander einstehen; **se montrer** ~**(s)** sich solidarisch zeigen [*o* verhalten]; **être** ~ **de** [*o* **avec**] **qn/de qc** solidarisch mit jdm/einverstanden mit etw sein, hinter jdm/etw stehen
❷ (*interdépendant*) **être** ~**s** *questions, phénomènes:* zusammenhängen, sich [gegenseitig] bedingen; *mécanismes, matériaux:* fest miteinander verbunden sein; **être** ~ **de qc** fest mit etw verbunden sein

solidairement [sɔlidɛʀmɑ̃] *adv* gemeinsam, gemeinschaftlich

solidariser [sɔlidaʀize] <1> *vpr* **se** ~ sich zusammenschließen [*o* zusammentun]; **se** ~ **avec qn** sich mit jdm solidarisieren [*o* solidarisch erklären]; **se** ~ **avec qc** sich mit etw einverstanden erklären

solidarité [sɔlidaʀite] *f* ❶ Solidarität *f,* Zusammenhalt *m;* **la** ~ **entre les collègues** die Solidarität [*o* der Zusammenhalt] unter den Kollegen; **la** ~ **avec nos camarades** die Solidarität mit unseren Kameraden; ~ **professionnelle** Solidarität [*o* Zusammenhalt] innerhalb des Berufsstandes; ~ **ouvrière** Solidarität der Arbeiter[klasse]; ~ **ministérielle** Kabinettsdisziplin *f*
❷ JUR Solidarhaftung *f,* Mithaftung *f*

solide [sɔlid] I. *adj* ❶ (*opp: liquide*) fest; **corps** ~ Festkörper *m*
❷ (*résistant*) *construction* stabil, solide; *outil* stabil; *matériau* haltbar, dauerhaft; *personne, santé* robust
❸ (*sûr*) *connaissances* fundiert; *amitié* unerschütterlich, zuver-

lässig; *source, base* zuverlässig, gesichert; *position* gesichert; *raison* handfest, stichhaltig; *institution* stabil; **être doué(e) d'un ~ bon sens** einen gesunden Menschenverstand haben
❹ (*robuste, vigoureux*) kräftig; **n'être pas très ~ sur ses jambes** nicht ganz sicher auf den Beinen sein; **d'une poigne ~** mit festem Griff
❺ (*équilibré*) *personne* klar denkend, vernünftig; *esprit* klar; **avoir la tête ~** völlig klar im Kopf sein
❻ *antéposé fam* (*substantiel*) *fortune, repas, coup de poing* ordentlich (*fam*); *appétit* gesund
II. *m* ❶ GEOM, PHYS [geometrischer] Körper
❷ (*aliments*) **du ~** feste Nahrung; **ne pas pouvoir encore manger de ~** noch keine feste Nahrung zu sich nehmen können
❸ *fam* (*chose sûre, résistante*) **c'est du ~!** das ist was Solides! (*fam*)

solidement [sɔlidmɑ̃] *adv* ❶ (*fermement*) *fixer* gut, richtig; *construire* solide, stabil; **tenir ~ le bout d'une corde** das Seilende gut festhalten
❷ (*durablement*) *s'établir, s'installer* fest, auf Dauer; *structurer* schlüssig, überzeugend; **être/rester ~ attaché(e) à ses amis** mit seinen Freunden eng verbunden sein/bleiben

solidification [sɔlidifikasjɔ̃] *f d'un liquide* Verfestigung *f*, Erstarren *nt; d'un corps gazeux* Sublimation *f*

solidifier [sɔlidifje] <1a> **I.** *vt* verfestigen *liquide;* sublimieren *corps gazeux*
II. *vpr* **se ~** *cire, lave:* erstarren, fest werden; *ciment:* abbinden, fest werden; *névé:* sich verfestigen, fest werden

solidité [sɔlidite] *f* ❶ (*robustesse*) *d'une machine* Robustheit *f; d'un meuble* Stabilität *f; d'un tissu, vêtement* Strapazierfähigkeit *f; d'une personne* Robustheit *f; d'un ouvrage* Solidität *f; d'un nœud* Festigkeit *f;* **être d'une grande ~** *ouvrage:* sehr solide sein; **avoir la ~ d'un roc** *personne:* unverwüstlich [sein]
❷ (*stabilité*) *d'une institution* Stabilität *f; d'une firme* Solidität *f; d'une position* Sicherheit *f; d'une personne* Unerschütterlichkeit *f*
❸ (*sérieux*) *d'un argument, raisonnement* Stichhaltigkeit *f*

soliloque [sɔlilɔk] *m* Monolog *m;* (*avec soi-même*) Selbstgespräch *nt*

soliloquer [sɔlilɔke] <1> *vi* einen Monolog halten, monologisieren; (*avec soi-même*) Selbstgespräche führen

soliste [sɔlist] *mf* Solist(in) *m(f)*

solitaire [sɔlitɛʀ] **I.** *adj* ❶ (*seul*) *vie* zurückgezogen, einsam; *vieillard* vereinsamt, einsam; *caractère* einzelgängerisch, eigenbrötlerisch (*pej*)
❷ (*isolé*) *arbre, rocher* einzeln; *maison* abgelegen, einsam
❸ (*désert*) *parc* einsam; *chemin, demeure* verlassen, einsam
II. *mf* Einzelgänger(in) *m(f);* (*ermite*) Einsiedler(in) *m(f)*
▶ **en ~** allein[e]; **faire un tour du monde en ~** allein um die Welt reisen
III. *m* ❶ (*diamant*) Solitär *m*
❷ (*jeu*) Solitär[spiel *nt*] *m*
❸ CHASSE alter Keiler

solitairement [sɔlitɛʀmɑ̃] *adv* (*sans compagnie*) allein[e]; (*dans la solitude*) einsam, zurückgezogen; **souffrir ~** still für sich leiden

solitude [sɔlityd] *f* ❶ (*isolement*) Einsamkeit *f*, Vereinsamung *f*
❷ (*tranquillité*) Alleinsein *nt*, Abgeschiedenheit *f*
❸ (*lieu solitaire*) Einsamkeit *f*, Abgeschiedenheit *f*

solive [sɔliv] *f* [Decken]balken *m*

sollicitation [sɔlisitasjɔ̃] *f* ❶ *gén pl* (*démarche*) dringende Bitte, Ersuchen *nt kein Pl* (*form*); (*par écrit*) Gesuch *nt*
❷ *gén pl soutenu* (*tentation*) Verlockung *f*, Versuchung *f*
❸ (*action exercée sur qc*) Einwirkung *f;* **réagir à la moindre ~** *appareil:* auf den geringsten Impuls reagieren

solliciter [sɔlisite] <1> *vt* ❶ *form* (*demander*) **~ une autorisation de qn** jdn um eine Genehmigung ersuchen (*form*); **~ de qn une audience/explication** von jdm eine Audienz/eine Erklärung erbitten (*form*); **~ de qn des dommages et intérêts** jdm gegenüber Schadenersatz fordern (*form*); **~ un emploi** sich auf eine Stelle bewerben
❷ (*faire appel à*) **~ qn de venir voir le malade** jdn bitten [*o* ersuchen *form*], den Kranken besuchen zu kommen; **être sollicité(e)** in Anspruch genommen sein; **on est sollicité sans arrêt** ständig will jemand etwas von einem
❸ (*attirer*) auf sich (*Akk*) ziehen *attention;* wecken *curiosité;* anziehen, anlocken *touristes, visiteurs;* **~ l'attention sur qc** die Aufmerksamkeit auf etw (*Akk*) lenken; **être sollicité(e) par des tentations** Versuchungen ausgesetzt sein
❹ (*actionner*) beanspruchen, strapazieren *engin, moteur;* antreiben *animal;* anspornen *cheval*
❺ *hum* (*interpréter abusivement*) absichtlich falsch auslegen *texte*

solliciteur, -euse [sɔlisitœʀ, -øz] *m, f* Bittsteller(in) *m(f)*

sollicitude [sɔlisityd] *f* Fürsorge *f;* **avec ~** fürsorglich

solo [sɔlo, sɔli] <s *o* soli> **I.** *m* Solo *nt;* **~ de piano** Klaviersolo; **en ~** *chanter, jouer* solo, solistisch; *escalader* im Alleingang; **escalade en ~** Alleingang *m*
II. *adj inv* **violon ~** Sologeige *f*

sol-sol [sɔlsɔl] *adj inv* **missile ~** Boden-Boden-Rakete *f*

solstice [sɔlstis] *m* Sonnenwende *f;* **~ d'été/d'hiver** Sommer-/Wintersonnenwende

solubiliser [sɔlybilize] <1> *vt* auflösen *cacao*

solubilité [sɔlybilite] *f* Löslichkeit *f;* **la ~ d'une substance dans l'eau** die Wasserlöslichkeit einer Substanz (*Gen*)

soluble [sɔlybl] *adj* ❶ *substance, café* löslich; **~ dans l'eau** wasserlöslich, in Wasser löslich
❷ (*pouvant être résolu*) **être ~** *problème:* lösbar sein, gelöst werden können

soluté [sɔlyte] *m* Lösung *f*

solution [sɔlysjɔ̃] *f* ❶ (*issue*) Lösung *f;* **~ à un** [*o* **d'un**] **problème** Lösung für ein Problem [*o* eines Problems]; **~ de facilité** [zu] einfache [*o* bequeme] Lösung; **~ de repli** Ausweichlösung; **~ miracle** Patentlösung, Patentrezept *nt*
❷ (*résultat*) Lösung *f*, Ergebnis *nt;* **trouver la ~ d'une équation** eine Gleichung lösen
❸ (*réponse*) *d'une énigme, d'un rébus* [Auf]lösung *f*
❹ CHIM, PHARM Lösung *f;* **~ pharmaceutique/médicamenteuse** flüssiges Medikament
▶ **~ finale** HIST, POL Endlösung *f*
◆ **~ de continuité** Unterbrechung *f;* **sans ~ de continuité** lückenlos

solutionner [sɔlysjɔne] <1> *vt* lösen *problème;* beantworten, lösen *question*

solvabilité [sɔlvabilite] *f d'un client, d'une entreprise* Zahlungsfähigkeit *f*, Liquidität *f*, Solvenz *f* (*Fachspr.*); *d'un débiteur* Kreditwürdigkeit *f*, Bonität *f* (*Fachspr.*)

solvable [sɔlvabl] *adj client, pays* zahlungsfähig, liquid (*Fachspr.*); *débiteur* kreditwürdig; **non ~** *client, pays* zahlungsunfähig, insolvent (*Fachspr.*); *débiteur* nicht kreditwürdig; **marché/demande ~** kaufkräftiger Markt

solvant [sɔlvɑ̃] *m* Lösungsmittel *nt*

somatique [sɔmatik] *adj* somatisch

sombre [sɔ̃bʀ] *adj* ❶ (*obscur*) *lieu* dunkel; *nuit* finster, dunkel; **il fait ~** es ist dunkel
❷ (*foncé*) **un bleu/rouge ~** ein dunkles Blau/Rot; **gris ~** dunkelgrau
❸ (*sinistre*) *heure, année, avenir* dunkel, düster; *réalité, tableau* düster; *pensée* trüb[e], düster
❹ (*triste*) *roman* düster; *visage* bedrückt, düster; *caractère, personne* trübsinnig
❺ *antéposé fam* (*lamentable*) *histoire* finster; (*bizarre*) konfus; **quel ~ idiot!** *fam* so ein Vollidiot! (*fam*)

sombrer [sɔ̃bʀe] <1> *vi* ❶ (*faire naufrage*) versinken, untergehen; **~ au fond de la mer** auf den Meeresgrund hinabsinken
❷ (*se perdre*) *personne:* den Boden unter den Füßen verlieren; *œuvre:* der Vergessenheit anheim fallen (*geh*); **sa raison a**

S

sombré sie/er hat den Verstand verloren; ~ **dans la folie/l'alcool** dem Wahnsinn/dem Alkohol verfallen

sombrero [sɔ̃bʀeʀo] *m* Sombrero *m*

sommaire [sɔmɛʀ] **I.** *adj* ❶ (*court*) *analyse, réponse, exposé* knapp, kurz[gefasst]
❷ (*élémentaire, rapide*) *examen, réparation* flüchtig, oberflächlich; *repas* schnell
❸ (*expéditif*) *exécution* standrechtlich; **justice** ~ Standrecht *nt;* **procédure** ~ Schnellverfahren *nt*
II. *m* ❶ (*table des matières*) Inhaltsverzeichnis *nt*
❷ (*résumé*) Inhaltsangabe *f,* Zusammenfassung *f*

sommairement [sɔmɛʀmɑ̃] *adv* ❶ (*brièvement*) kurz, in groben Zügen
❷ (*simplement*) sparsam, spärlich
❸ (*de façon expéditive*) im Schnellverfahren

sommation [sɔmasjɔ̃] *f* ❶ Aufforderung *f;* JUR (*de paraître en justice*) Vorladung *f;* (*de satisfaire à une obligation*) Mahnung *f;* **recevoir** ~ **de payer qc** eine Zahlungsaufforderung für etw erhalten
❷ MIL Anruf *m;* **les** ~**s d'usage** [*o* **réglementaires**] die vorschriftsmäßigen Warnrufe; **tirer sans** ~ ohne Vorwarnung schießen

somme¹ [sɔm] *f* ❶ (*quantité d'argent*) Summe *f,* Betrag *m*
❷ (*total*) Summe *f;* **faire la** ~ **de qc** etw zusammenrechnen [*o* summieren]; **la** ~ **des angles d'un triangle** die Winkelsumme im Dreieck
❸ (*ensemble*) Gesamtheit *f;* **la** ~ **des dégâts/des besoins** der Gesamtschaden/alle Bedürfnisse
❹ (*accumulation*) **une telle** ~ **de travail** eine solche Menge Arbeit, so viel Arbeit; **toute cette** ~ **d'efforts** die ganze Mühe
► **en** ~, ~ **toute** alles in Allem, letztendlich, im Ganzen gesehen

somme² [sɔm] *m* (*sieste*) Schläfchen *nt,* Nickerchen *nt* (*fam*); **faire** [*o* **piquer** *fam*] **un** ~ ein Schläfchen [*o* Nickerchen *fam*] machen

sommeil [sɔmɛj] *m* ❶ (*fait de dormir*) Schlaf *m;* (*envie de dormir*) Schläfrigkeit *f,* Müdigkeit *f;* **avoir** ~ müde sein; **tomber de** ~ zum Umfallen müde sein; **être réveillé(e) en plein** ~ mitten aus dem Schlaf gerissen werden; ~ **réparateur** Erholungsschlaf; ~ **paradoxal** REM-Schlaf; **dans le premier** ~ kurz nach dem Einschlafen
❷ (*inactivité*) *de la nature* Schlaf *m; d'une ville* Verschlafenheit *f; de la conscience, des sens* Trägheit *f;* **être en** ~ ruhen, auf Eis liegen (*fig fam*); **laisser qc en** ~ etw auf sich (*Dat*) beruhen lassen
► **dormir du** ~ **du juste** *hum* den Schlaf des Gerechten schlafen (*hum*); ~ **éternel** *littér* ewiger Schlaf (*liter*), ewige Ruhe (*liter*)

sommeiller [sɔmeje] <1> *vi* ❶ (*somnoler*) im Halbschlaf liegen, schlummern (*geh*), dösen (*fam*)
❷ (*ne pas se manifester*) *sentiment:* schlummern; *nature:* schlafen, schlummern

sommelier, -ière [sɔməlje, -jɛʀ] *m, f* (*garçon*) Weinkellner(in) *m(f);* (*personne chargée des vins*) Kellermeister(in) *m(f)*

sommelière [sɔməljɛʀ] *f* CH (*serveuse*) Kellnerin *f,* Bedienung *f*

sommer [sɔme] <1> *vt* ❶ JUR, COM ~ **qn de** [*o* **à**] **comparaître** jdn auffordern vor Gericht zu erscheinen; ~ **qn de payer** jdn zur Zahlung auffordern
❷ *littér* (*ordonner*) ~ **les manifestants de se disperser** die Demonstranten [ultimativ] auffordern sich zu zerstreuen

sommes [sɔm] *indic prés de* **être**

sommet [sɔmɛ] *m* ❶ *d'une montagne* Gipfel *m; d'une tour, hiérarchie* Spitze *f; d'une pente, vague* Kamm *m; d'un arbre* Wipfel *m; d'un crâne* Scheitel *m; d'un angle* Scheitel[punkt *m*] *m; d'un polyèdre* Ecke *f; d'une hiérarchie* Spitze *f;* ~ **d'un toit** Dachfirst *m;* **sur les** ~**s** in den Bergen; **au** ~ **d'une tour** (*sans mouvement*) [oben] auf einem Turm; (*avec mouvement*) auf einen Turm [hinauf]
❷ (*apogée*) Höhepunkt *m,* Gipfel *m;* **être au** ~ **de la gloire** am Gipfel des Ruhms [angelangt] sein
❸ POL Gipfel[treffen *nt*] *m,* Gipfel[konferenz *f*]; ~ **européen** Europagipfel, europäisches Gipfeltreffen; **au** ~ *accord, négociation* auf höchster Ebene

sommier [sɔmje] *m* [Bett]rahmen *m;* ~ **avec pieds** Bettgestell *nt;* ~ **à lattes** Lattenrost *m;* ~ **à ressorts** Sprungfederrahmen; ~ **tapissier** Polsterbett *nt*

sommité [sɔ(m)mite] *f* Kapazität *f,* prominente Persönlichkeit; ~ **de la médecine/de la science** medizinische/wissenschaftliche Kapazität; **les** ~**s du monde politique** die politische Prominenz

somnambule [sɔmnɑ̃byl] **I.** *adj* mondsüchtig; **être** ~ mondsüchtig sein, schlafwandeln, nachtwandeln
II. *mf* Schlafwandler, Nachtwandler(in) *m(f),* Mondsüchtige(r) *f(m),* Somnambule(r) *f(m)* (*Fachspr.*); **comme un** ~ wie in Trance

somnambulisme [sɔmnɑ̃bylism] *m* Schlafwandeln, Nachtwandeln *nt,* Mondsüchtigkeit *f,* Somnambulismus *m* (*Fachspr.*)

somnifère [sɔmnifɛʀ] *m* Schlafmittel *nt;* (*cachet, pilule*) Schlaftablette *f*

somnolence [sɔmnɔlɑ̃s] *f* ❶ (*demi-sommeil*) Schläfrigkeit *f,* Halbschlaf *m;* **être gagné(e) par la** ~ schläfrig [*o* müde] werden; **tirer qn de sa** ~ jdn aus seinem Dämmerzustand reißen
❷ (*inertie*) *d'une ville* Verschlafenheit *f; d'une personne, vie, conscience* Trägheit *f,* Lethargie *f*

somnolent(e) [sɔmnɔlɑ̃, ɑ̃t] *adj* ❶ (*à moitié endormi*) schläfrig; *ville* verschlafen
❷ (*amorphe*) *conscience, esprit* lethargisch, träge

somnoler [sɔmnɔle] <1> *vi* ❶ (*dormir à moitié*) halb schlafen, vor sich hin dösen (*fam*)
❷ (*être inactif*) *ville:* vor sich hin dämmern; *faculté:* brachliegen; *conscience:* ausgeschaltet sein; *vie:* zum Erliegen kommen

somptuaire [sɔ̃ptɥɛʀ] *adj dépenses* verschwenderisch; *train de vie* aufwändig, verschwenderisch

somptueusement [sɔ̃ptɥøzmɑ̃] *adv* verschwenderisch, aufwendig

somptueux, -euse [sɔ̃ptɥø, -øz] *adj vêtement* luxuriös, prächtig; *résidence* prunkvoll, prächtig; *repas* üppig, feudal; *cadeau* nobel, großzügig

somptuosité [sɔ̃ptɥozite] *f d'une résidence* Prunk *m,* Pracht *f; d'un repas* Üppigkeit *f*

son¹ [sɔ̃] **I.** *m* ❶ (*sensation auditive*) Ton *m; d'une voix, cloche, d'un instrument* Klang *m,* Ton; (*ondes*) Schall *m;* LING Laut *m;* ~ **guttural** Guttural[laut], Gaumenlaut; **au** ~ **de l'accordéon** zu den Klängen des Akkordeons
❷ CINE, RADIO, TV Ton *m; d'un appareil* Klang *m,* Ton; (*bruit*) Lautstärke *f;* **baisser le** ~ leiser machen; **synchroniser le** ~ **et l'image** Ton und Bild aufeinander abstimmen
► ~ **de cloche** Version *f,* Lesart *f;* **c'est un autre** ~ **de cloche** das sind ganz andere Töne; **n'entendre qu'un** ~ **de cloche** nur eine Seite hören
II. *app* [**spectacle**] ~ **et lumière** TOURISME Licht-Ton-Inszenierung *f* (*an historischen Bauwerken*)

son² [sɔ̃] *m* (*mouture*) Kleie *f*

son³ [sɔ̃, se] <ses> *dét poss* ❶ (*se rapportant à un être masculin, un animal mâle*) sein(e); (*se rapportant à un être féminin, un animal femelle*) ihr(e); ~ **classeur** sein/ihr Ordner; ~ **vase** seine/ihre Vase; ~ **tableau** sein/ihr Bild; **à** ~ **avis** seiner/ihrer Meinung nach
❷ (*se rapportant à des objets, animaux en général*) sein(e)/ihr(e); **le chien/le chat a perdu** ~ **collier** der Hund hat sein/die Katze hat ihr Halsband verloren
❸ (*après un indéfini*) sein; **à chacun** ~ **dû** jedem das Seine [*o* seine]; **c'est chacun** ~ **tour** immer der Reihe nach; **passer tout** ~ **dimanche à faire du bricolage** den ganzen Sonntag mit Bastelarbeiten verbringen

④ *form* (*avec un titre*) **Son Altesse Royale** Seine/Ihre Königliche Hoheit

sonal [sɔnal] *m* Jingle *m*

sonar [sɔnaʀ] *m* Sonargerät *nt,* Sonar *nt*

sonate [sɔnat] *f* Sonate *f;* ~ **pour piano** Klaviersonate

sonatine [sɔnatin] *f* Sonatine *f*

sondage [sɔ̃daʒ] *m* ① (*enquête*) ~ **d'opinion** Meinungsumfrage *f,* demoskopische Erhebung; ~ **d'écoute** Hörerumfrage
② (*contrôle rapide*) Überprüfung *f,* Kontrolle *f;* **faire quelques ~s dans qc** etw durch Stichproben überprüfen
③ MINER Bodenuntersuchung *f;* (*forage*) Probebohrung *f*
④ NAUT Peilen *nt,* Loten *nt*
⑤ METEO Messung *f;* **effectuer des ~s** Messungen vornehmen
⑥ MED Einführen *nt* einer Sonde; (*cathétérisme*) Katheterisieren *nt*

sonde [sɔ̃d] *f* ① NAUT Lot *nt;* (*à écho*) Echolot *nt;* **naviguer à la ~** nach Echolot fahren
② ASTRON, METEO, MINER, TECH Sonde *f;* (*instrument de forage*) Bohrer *m;* ~ **à avalanches** Lawinensonde; ~ **atmosphérique** Wettersonde
③ MED Sonde *f;* (*cathéter*) Katheter *m*
④ STATIST **un coup de ~** eine Kurzumfrage

sondé(e) [sɔ̃de] *m(f)* Befragte(r) *f(m)*

sonder [sɔ̃de] <1> *vt* ① STATIST befragen *personnes;* erforschen *intentions;* ~ **l'opinion** Meinungsumfragen machen
② (*interroger insidieusement*) ausfragen, aushorchen *personne*
③ (*mesurer*) ausloten *fonds sous-marins;* vermessen *cavité;* untersuchen *atmosphère*
④ GEOL, MINER (*analyser*) erkunden, untersuchen *terrain, glacier;* erkunden *espace*
⑤ MED sondieren; (*cathétériser*) katheterisieren
⑥ (*pénétrer*) erforschen *conscience, cœur, sentiments;* ~ **l'avenir** ergründen, was die Zukunft bringt

sondeur [sɔ̃dœʀ] *m* NAUT Peilgerät *nt;* TECH Sondiergerät *nt;* ~ **à ultrasons** Ultraschallecholot *nt*

sondeur [sɔ̃dœʀ] *m* STATIST Interviewer *m*

sondeuse [sɔ̃døz] *f* ① TECH Bohrkran *m*
② STATIST Interviewerin *f*

songe [sɔ̃ʒ] *m littér* ① (*rêve*) Traum *m;* **faire un ~** einen Traum haben; **en ~** im Traum
② (*rêverie*) Träumerei *f*

songer [sɔ̃ʒe] <2a> **I.** *vi* ① (*penser*) ~ **à qn/qc** an jdn/etw denken; (*réfléchir*) über jdn/etw nachdenken; ~ **à faire qc** daran denken etw zu tun; **songez-y bien** bedenken Sie das gut, überlegen Sie es sich (*Dat*) gut; **faire ~ qn à son fils/son enfance** jdn an seinen Sohn/seine Kindheit erinnern; **tu m'y feras ~** erinnere mich bitte daran
② *littér* (*rêver*) träumen
II. *vt* ~ **que qn a fait qc** bedenken, dass jd etw getan hat; **tout cela est bien étrange, songeait-il** das ist alles sehr eigenartig, dachte er bei sich

songerie [sɔ̃ʒʀi] *f soutenu* Träumerei *f*

songeur, -euse [sɔ̃ʒœʀ, -ʒøz] *adj* ① (*perdu dans ses pensées*) nachdenklich, grüblerisch
② (*perplexe*) **être** [*o* **rester**] ~**(-euse)** nachdenklich werden; **laisser qn ~** jdn nachdenklich stimmen

sonnaille [sɔnaj] *f* ① (*clochette*) Glöckchen *nt; d'une vache* Kuhglocke *f*
② (*son*) Gebimmel *nt,* Läuten *nt*

sonnant(e) [sɔnɑ̃, ɑ̃t] *adj* **à minuit ~/à quatre heures ~es** Punkt [*o* Schlag] Mitternacht/vier Uhr

sonné(e) [sɔne] *adj* ① *fam* (*cinglé*) bescheuert (*fam*), bekloppt (*fam*)
② *fam* (*groggy*) groggy (*fam*), mitgenommen (*fam*)
③ (*annoncé par la cloche*) **il est minuit ~/quatre heures ~es** es schlägt Mitternacht/vier Uhr, es ist Schlag Mitternacht/vier Uhr
▸ **avoir cinquante ans bien ~s** *fam* gut und gerne über die Fünfzig [*o* fünfzig] sein (*fam*)

sonner [sɔne] <1> **I.** *vt* ① (*tirer des sons de*) läuten *cloche;* blasen *clairon;* ~ **trois coups** dreimal klingeln [*o* läuten SDEUTSCH, A]
② (*annoncer*) ~ **le réveil** *cloche:* zum Wecken läuten; *clairon:* zum Wecken blasen; ~ **la charge/la retraite** zum Angriff/Rückzug blasen; ~ **l'heure** *cloche, horloge:* die Stunde schlagen; ~ **l'alarme** *personne:* Alarm schlagen; *sirène:* heulen; *tocsin:* Sturm läuten
③ (*appeler*) ~ **qn** [nach] jdm klingeln [*o* läuten SDEUTSCH, A]
④ *fam* (*étourdir, secouer*) fertig machen (*fam*); *coup, maladie, nouvelle:* umhauen (*fam*), fertig machen (*fam*); **être sonné(e)** fertig [*o* groggy] sein (*fam*)
⑤ *fam* (*réprimander*) **se faire ~ par qn** von jdm einen Rüffel [*o* eins aufs Dach] bekommen (*fam*)
▸ **on [ne] t'a pas sonné(e)** *fam* du hast hier gar nichts zu melden (*fam*)
II. *vi* ① (*produire un son*) *cloche:* läuten; *réveil, téléphone:* klingeln, läuten (SDEUTSCH, A); *angélus, trompette:* ertönen
② (*produire un effet*) ~ **bien** *proposition:* gut [*o* schön] klingen; ~ **juste** echt klingen; *film:* echt wirken; ~ **faux** *aveux:* unaufrichtig [*o* falsch] klingen
③ (*être annoncé*) *heure:* schlagen, gekommen sein; *fin:* gekommen sein; **midi/minuit sonne** es schlägt Mittag/Mitternacht; **la récréation sonne** es klingelt [*o* läutet SDEUTSCH, A] zur Pause; **quand sonne l'heure de qc** wenn die Zeit für etw gekommen ist, wenn es Zeit für etw ist
④ (*s'annoncer*) klingeln, läuten (SDEUTSCH, A)
⑤ (*jouer*) ~ **du cor/de la trompette** ins Horn stoßen/Trompete blasen
⑥ (*tinter*) *monnaie, clé:* klimpern; *marteau:* klingen; **faire ~ qc** mit etw klimpern/klirren, etw klingen lassen
⑦ PHON **faire ~ le "t" final** das „t" im Auslaut mitsprechen

sonnerie [sɔnʀi] *f* ① (*appel sonore*) Läuten *nt; d'une cloche* Geläute *nt,* Läuten; *d'un téléphone* Klingeln *nt,* Läuten (SDEUTSCH, A); *d'une trompette* Schmettern *nt*
② (*mécanisme*) *d'une pendule* Schlagwerk *nt; d'un réveil* Läutwerk *nt;* (*cloches*) Geläute *nt,* Läutwerk; ~ **électrique** elektrische Klingel; ~ **téléphonique** Telefonklingel; **remonter la ~ d'un réveil** das Läutwerk des Weckers aufstellen
③ MIL Signal *nt*

sonnet [sɔnɛ] *m* Sonett *nt*

sonnette [sɔnɛt] *f* Glocke *f; d'une porte d'entrée* Klingel *f;* (*mécanisme*) Alarmanlage *f;* ~ **d'alarme** Alarmglocke; ~ **de nuit** Nachtglocke
▸ **tirer la ~ d'alarme** Alarm schlagen; **je tire la ~ d'alarme** ich warne dich/Sie; **tirer les ~s** (*pour s'amuser*) Klingeln putzen gehen (*fam*); (*pour demander de l'aide*) überall um Hilfe betteln

sonneur, -euse [sɔnœʀ, -øz] *m, f* Glöckner(in) *m(f);* ~ **[de cor]** Hornist(in) *m(f)*

sono [sɔno] *f fam abr de* **sonorisation** ① Verstärkeranlage *f*
② (*équipe*) Tontechniker *Pl*

sonore [sɔnɔʀ] *adj* ① (*retentissant*) *voix* sonore, klangvoll; *gifle, rire* schallend; *baiser* schmatzend
② (*relativ au son*) **onde ~** Schallwelle *f;* **bande/film/piste ~** Tonband *nt*/-film *m*/-spur *f;* **ambiance/fond ~** Geräuschkulisse *f;* **nuisances ~s** Lärmbelästigung *f*
③ (*qui résonne*) *lieu, voûte* hallend
④ PHON *consonne* stimmhaft

sonorisation [sɔnɔʀizasjɔ̃] *f d'un film* Vertonung *f; d'une salle* Beschallung *f;* (*équipement*) Lautsprecheranlage *f,* Verstärkeranlage

sonoriser [sɔnɔʀize] <1> *vt* vertonen *film;* beschallen *salle*

sonorité [sɔnɔʀite] *f* ① (*qualité sonore*) *d'un instrument, d'une voix* Klang[farbe *f*] *m; d'un transistor* Tonqualität *f,* Wiedergabequalität; *d'une salle* Akustik *f*
② (*résonance*) Resonanz *f*

S

❸ PHON Stimmhaftigkeit *f*
sonothèque [sɔnɔtɛk] *f* Geräuscharchiv *nt*
sonotone® [sɔnɔtɔn, sonoton] *m* Hörgerät *nt*
sont [sɔ̃] *indic prés de* **être**
sophisme [sɔfism] *m* ❶ Scheinbeweis *m*
❷ PHILOS Sophismus *m*
sophiste [sɔfist] *mf* ❶ Wortverdreher(in) *m(f)* (*pej*)
❷ PHILOS Sophist(in) *m(f)*
sophistication [sɔfistikasjɔ̃] *f* ❶ (*perfectionnement*) hoher Entwicklungsstand; (*fonctionnalisme*) ausgeklügeltes System; (*complexité*) Komplexität *f*
❷ (*affectation*) *des manières* Affektiertheit *f;* **la ~ de sa beauté** das Künstliche [*o* Unnatürliche] seiner/ihrer Schönheit; **la ~ d'une forme** das Gekünstelte einer Form
sophistiqué(e) [sɔfistike] *adj* ❶ (*perfectionné*) hochentwickelt; (*fonctionnel*) durchdacht, ausgeklügelt
❷ (*complexe*) kompliziert, anspruchsvoll
❸ (*exagérément raffiné*) *beauté* künstlich, unnatürlich; *manières* affektiert, gekünstelt; *tenue* aufwendig, raffiniert; *public, endroit, magazine* mondän; *écrivain, artiste, mise en scène* raffiniert, subtil; *argumentation* subtil, kompliziert
sophistiquer [sɔfistike] <1> **I.** *vt* (*perfectionner*) perfektionieren, vervollkommnen
II. *vpr* **se ~** immer perfekter werden; (*en se compliquant*) immer komplexer [*o* komplizierter] werden
Sophocle [sɔfɔkl(ə)] *m* Sophokles *m*
sophrologie [sɔfʀɔlɔʒi] *f autogenes Training zur Steigerung der Widerstandskraft*
soporifique [sɔpɔʀifik] *adj* ❶ schlaffördernd; **cachet ~** Schlaftablette *f*
❷ (*endormant, ennuyeux*) einschläfernd, langweilig
soprane [sɔpʀan] *mf v.* **soprano²**
sopraniste [sɔpʀanist] *m* Countertenor *m*
soprano¹ [sɔpʀano, sɔpʀani] <soprani *o* s> *m* (*voix*) Sopranstimme *f,* Sopran *m*
soprano² [sɔpʀano] <sopranes> *mf* (*chanteuse*) Sopran *m,* Sopranistin *f;* (*chanteur*) Sopran, Sopranist *m*
sorbe [sɔʀb] *f* BOT Vogelbeere *f*
sorbet [sɔʀbɛ] *m* Sorbet[t] *m o nt;* ~ **[au] citron** Zitronensorbet
sorbetière [sɔʀbətjɛʀ] *f* Eismaschine *f*
sorbier [sɔʀbje] *m* Eberesche *f;* ~ **commun** [*o* **des oiseleurs**] Vogelbeerbaum *m*
sorbitol [sɔʀbitɔl] *m* BIO, CHIM Sorbit *m*
sorcellerie [sɔʀsɛlʀi] *f* ❶ Hexerei *f,* Hexenkunst *f*
❷ (*chose incompréhensible*) Hexerei *f;* **c'est** [*o* **ça tient**] **de la ~** das grenzt an Hexerei
sorcier, -ière [sɔʀsje, -jɛʀ] **I.** *adj* ▸ **ce n'est pas** [**bien**] **~** das ist leichter als [*o* du denkst] es aussieht
II. *m, f* (*femme*) Hexe *f;* (*homme*) Hexer *m,* Hexenmeister *m*
▸ **il ne faut pas être ~ pour apprendre à lire** es ist kein Kunststück lesen zu lernen (*fam*); **n'être pas ~** *fam* (*ne pas pouvoir faire*) nicht hexen können (*fam*); (*ne pas pouvoir savoir*) nicht hellsehen können (*fam*)
sordide [sɔʀdid] *adj* ❶ (*répugnant*) *quartier, ruelle* verwahrlost, heruntergekommen
❷ (*ignoble*) *circonstances* widerwärtig; *crime, individu* niederträchtig, gemein; *avarice, égoïsme* schnöde
sordidement [sɔʀdidmɑ̃] *adv se comporter* niederträchtig, gemein; *agir* schnöde
sorgho, sorgo [sɔʀgo] *m* BOT Sorghum *nt,* Sorgho *m*
sornettes [sɔʀnɛt] *fpl vieilli* leeres Gerede, dummes Zeug (*fam*); **assez de ~** genug geschwatzt; **ne savoir que débiter des ~s** nur dummes Zeug daherreden (*fam*)
sort [sɔʀ] *m* ❶ (*condition*) Schicksal *nt,* Los *nt;* (*situation*) Lage *f*
❷ (*destinée*) Schicksal *nt;* **quel a été le ~ de ton ami/votre voiture?** was ist aus deinem Freund/Ihrem Auto geworden?; **connaître le même ~ que** dasselbe Schicksal erleiden wie; **abandonner** [*o* **laisser**] **qn à son triste ~** jdn seinem traurigen Schicksal überlassen
❸ (*hasard*) Schicksal *nt,* Zufall *m;* **c'est le ~ qui décidera** wir überlassen es dem Zufall; **le ~ a tourné** das Blatt hat sich gewendet; **tirer le vainqueur/les numéros gagnants au ~** den Sieger/die Gewinnzahlen auslosen [*o* durch das Los bestimmen]
❹ (*maléfice*) Verhängnis *nt;* [**mauvais**] ~ Fluch *m;* **elle a un ~** auf ihr liegt ein Fluch; **conjurer le mauvais ~** den Bann brechen; **jeter un ~ à qn/sur qc** jdn/etw verhexen [*o* mit einem Fluch belegen]
▸ **faire un ~ à un évènement** ein besonderes Augenmerk auf ein Ereignis richten; **faire un ~ à un livre** einem Buch zum Durchbruch verhelfen; **faire un ~ à un gigot/à une bouteille** *fam* eine Hammelkeule verspachteln/eine Flasche niedermachen (*fam*); **le ~ en est jeté** die Würfel sind gefallen
sortable [sɔʀtabl] *adj fam* vorzeigbar, herzeigbar; **elle est ~** sie kann sich sehen lassen, man kann sich mit ihr sehen lassen; **il n'est pas ~** er kann sich nirgends sehen lassen, man kann sich mit ihm nirgends sehen lassen
sortant(e) [sɔʀtɑ̃, ɑ̃t] **I.** *adj* ❶ (*en fin de mandat*) *coalition, député, ministre* scheidend *attr,* bisherig *attr*
❷ (*tiré au sort*) durch das Los bestimmt; **les numéros ~s** die Gewinnzahlen
II. *m(f)* (*député*) Abgeordnete(r) *f(m)* mit auslaufendem Mandat; (*ministre*) scheidender [*o* bisheriger] Minister *m*/scheidende [*o* bisherige] Ministerin *f;* **les entrants et les ~s** die Ein- und Ausgehenden
sorte [sɔʀt] *f* Art *f,* Sorte *f;* **plusieurs ~s de pommes** mehrere Apfelsorten, mehrere Sorten Äpfel; **toutes ~s de personnes/choses** alle möglichen Menschen/Dinge; **des disques de toutes ~s** Schallplatten aller Art, alle möglichen Schallplatten; **ne plus avoir de marchandises d'aucune ~** keinerlei Waren mehr haben
▸ **en aucune ~** in keinster Weise; **en quelque ~** in gewisser Weise [*o* Hinsicht]; **en voir de toutes ~s** eine Menge [*o* allerhand] mitmachen; **faire en ~ que tout se passe bien** zusehen *fam* [*o* es so einrichten], dass alles gutgeht; **de la ~** so, auf diese Art und Weise; **parler lentement de** [**telle**] **~ que l'on vous comprend** so langsam sprechen, dass man verstanden wird; **parler lentement de** [**telle**] **~ que l'on vous comprenne** langsam sprechen, um verstanden zu werden
sortie [sɔʀti] *f* ❶ (*action de sortir*) *d'une personne* Herauskommen *nt; d'un véhicule* Herausfahren *nt;* (*action de quitter*) *d'une personne* Hinausgehen *nt; d'un véhicule* Hinausfahren *nt; des eaux* Auslaufen *nt;* POL, THEAT Abgang *m;* (*action de quitter un pays*) Ausreise *f;* ~ **de prison/d'hôpital** Entlassung *f* aus dem Gefängnis/Krankenhaus; **la ~ de piste** AUT das Abkommen von der Fahrbahn; **à la ~ de qn** bei jds Weggehen
❷ (*promenade*) Spaziergang *m;* (*en voiture, à bicyclette*) Spazierfahrt *f,* Tour *f;* (*excursion*) Ausflug *m;* SCOL Exkursion *f;* **la première ~ depuis une maladie** der erste Ausgang nach einer Krankheit; **uniforme de ~** Ausgehuniform *f;* **être de ~** *personne:* ausgehen; **tu es de ~ aujourd'hui?** willst du heute ausgehen?
❸ (*lieu par où l'on sort*) *d'un bâtiment* Ausgang *m; d'une autoroute, d'un garage* Ausfahrt *f; d'une localité* Ortsausgang *m;* (*grande route*) Ausfallstraße *f; d'un égout* Mündung *f;* ~ **de secours** Notausgang *m;* ~ **des ateliers/de l'usine** Werkstor *nt;* ~ **des artistes** Künstlereingang *m*
❹ (*panneau*) ~ **de camions** (*devant une usine*) Werksausfahrt; (*devant un chantier*) Baustellenausfahrt; ~ **d'école** [Vorsicht] Schulkinder!; ~ **de garage** Ausfahrt freihalten!
❺ (*fin*) *d'un spectacle, d'une saison* Ende *nt;* ~ **de l'école/des bureaux** Schul-/Büroschluss *m;* ~ **des classes** Schuljahresende, Ferienanfang *m;* **à la ~** [**du magasin/du bureau**] nach Feierabend [*o* der Arbeit]; **à la ~ de l'usine** bei Betriebsschluss
❻ (*échappatoire*) Ausweg *m*

❼ *(parution) d'une publication* Erscheinen *nt,* Veröffentlichung *f; d'un disque* Erscheinen; *d'un film* Anlaufen *nt; d'un nouveau modèle, véhicule* Markteinführung *f;* **la ~ de ce film est prévue pour le mois prochain** dieser Film soll nächsten Monat anlaufen [*o* in die Kinos kommen]; **la ~ de cette voiture est prévue pour janvier** dieses Auto soll im Januar auf den Markt kommen
❽ SPORT *d'un ballon* Aus *nt; d'un gardien* Herauslaufen *nt;* **~ [de but]** Torlinie *f*
❾ AVIAT, MIL Einsatz *m,* Ausrücken *nt; d'un ennemi* Ausfall *m,* Ausbruch *m*
❿ *(attaque verbale)* Ausfall *m;* **faire une ~ contre qn** jdm gegenüber ausfällig werden
⓫ *(exportation) de marchandises* Ausfuhr *f; de devises* Abfluss *m,* Ausfuhr
⓬ *(dépense)* Ausgabe *f*
⓭ INFORM *(output)* Ausgabe *f;* **~ [sur imprimante]** Ausdruck *m*
▸ **fausse ~** THEAT vorgetäuschter Abgang; **attendre qn à la ~** *fam* jdn schon noch [dran]kriegen *(fam)*
◆ **~ de bain** Bademantel *m*

sortilège [sɔʀtilɛʒ] *m* Zauber *m kein Pl; (moyen)* Zaubermittel *nt; (acte de sorcellerie)* Zauberei *f;* **se débarrasser du ~ de qn** sich jds Bann *(Dat)* entziehen

sortir [sɔʀtiʀ] <10> **I.** *vi + être* ❶ *(partir)* hinausgehen; *(venir)* herauskommen; **~ par la fenêtre** aus dem [*o* durchs] Fenster steigen [*o* klettern]; **faire ~ qn** jdn hinausschicken, jdn auffordern hinauszugehen; **faire ~ un animal** ein Tier hinausschicken [*o* hinausjagen]; **laisser ~ qn** jdn [weg]gehen lassen; **laisser ~ un animal** ein Tier hinauslassen
❷ *(quitter)* **~ du magasin** aus dem Geschäft gehen, das Geschäft verlassen; *(venir)* aus dem Geschäft kommen, das Geschäft verlassen; **~ du lit** aus dem Bett kommen; **[mais] d'où sors-tu?** woher kommst du denn?, wo kommst du denn her *fam*?; **~ de chez ses amis** bei seinen Freunden weggehen; **elle vient justement de ~ d'ici** sie ist gerade weggegangen; **à quelle heure sors-tu du bureau?** um wie viel Uhr verlässt du das Büro?; **~ de prison** aus dem Gefängnis kommen; **en sortant du théâtre** beim Verlassen des Theaters; **~ du garage** *voiture:* aus der Garage fahren; **~ de la piste/route** von der Fahrbahn/Straße abkommen; **~ des rails/des gonds** aus den Gleisen/Angeln springen; **~ de son lit** *rivière:* über die Ufer treten; **faire ~ les gens d'une salle** die Leute aus dem Zimmer schicken [*o* auffordern das Zimmer zu verlassen]; **laisser ~ le chat de son panier** die Katze aus ihrem Korb lassen; **la faim fait ~ le loup du bois** der Hunger treibt den Wolf aus dem Wald
❸ *(quitter son domicile)* weggehen; **~ de chez soi** aus dem Haus gehen [*o* kommen]; **~ faire les courses** einkaufen gehen; **faire ~ un enfant/un animal** mit einem Kind an die [frische] Luft gehen/ein Tier ausführen; **laisser ~ un enfant/un animal** ein Kind/ein Tier hinauslassen [*o* ins Freie lassen]
❹ *(se divertir)* ausgehen, weggehen *(fam)*; **~ en boîte/en ville** in die Disko/in die Stadt gehen
❺ *fam (avoir une relation amoureuse avec)* **~ avec qn** mit jdm gehen *fam* [*o* zusammen sein]
❻ *(en terminer avec)* **~ de l'hiver** den Winter gerade hinter sich *(Dat)* haben; **~ d'une période difficile** eine schwierige Zeit hinter sich *(Dat)* haben; **n'être pas encore sorti(e) d'embarras** noch nicht aus dem Schneider sein *(fam)*; **être à peine sorti(e) de convalescence** [noch] kaum genesen sein; **~ de son calme** seine [*o* die] Ruhe verlieren; **~ de prendre sa douche** *fam* gerade vom Duschen kommen
❼ *(être tel après un événement)* **~ indemne d'un accident** einen Unfall unverletzt überstehen; **~ victorieux(-euse) [*o* vainqueur]/vaincu(e) d'un concours** siegreich [*o* als Sieger]/als Verlierer aus einem Wettbewerb hervorgehen; **être sorti(e) grandi(e) d'une épreuve** an einer Prüfung gewachsen sein; **être sorti(e) diminué(e) d'une maladie** nach einer Krankheit angeschlagen sein
❽ *(faire saillie)* **~ de qc** aus etw *(Dat)* vorstehen; *(en haut)* aus etw *(Dat)* herausragen; *(en bas)* unter etw *(Dat)* hervorschauen; **les yeux lui sortaient de la tête** *fig* ihm/ihr fielen fast die Augen aus dem Kopf *(fig)*
❾ COM *marchandises:* ausgeführt werden; *capitaux, devises:* abfließen, ausgeführt werden
❿ *(s'écarter)* **~ du sujet/de la question** vom Thema/von der Frage abkommen; **~ de la légalité** außerhalb der Legalität sein; **~ des règles** sich nicht an die Regeln halten; **~ des compétences de qn** nicht in jds Kompetenz fallen; **ça m'était complètement sorti de l'esprit** das war mir völlig entfallen; **il sort de son rôle** er mischt sich in Dinge ein, die ihn nichts angehen
⓫ SPORT ins Aus gehen; **~ en touche** ins Seitenaus gehen; **être sorti(e)** im Aus sein; **être sorti(e) en touche** im Seitenaus sein
⓬ *(être issu de)* **~ de qc** aus etw *(Dat)* stammen [*o* kommen]; **~ du peuple** aus dem Volk kommen; **~ de l'école de musique** die Musikschule besucht haben; **venir de ~ d'une école** gerade eine Schule abgeschlossen haben
⓭ *(apparaître) bourgeons, plante:* sprießen, herauskommen; *dent:* durchbrechen; **~ de terre** aus der Erde kommen [*o* sprießen]
⓮ *(paraître) livre, disque:* erscheinen, herauskommen; *film:* anlaufen; *nouveau modèle, voiture:* auf den Markt kommen; **vient de ~** soeben erschienen, Neuerscheinung *f;* **~ sur les écrans** in die Kinos kommen
⓯ JEUX *numéro:* fallen, gewinnen; *couleur:* ausgespielt werden
⓰ *(résulter de)* **~ de qc** bei etw herauskommen
▸ **il n'y a pas à ~ de là** daran führt kein Weg vorbei; **[mais] d'où tu sors?** *fam* wo lebst du denn? *(fam)*; **ne pas en ~** *fam* bei etw kein Land sehen *(fam)*
II. *vt + avoir* ❶ *(mener dehors)* ausführen, hinausgehen mit; *(porter dehors)* hinausbringen, hinaustragen; **~ les fauteuils dans le jardin** die Sessel in den Garten bringen [*o* tragen]; **ça vous sortira** so kommen Sie auch mal raus *(fam)*
❷ *(expulser)* hinauswerfen
❸ *(libérer)* **~ qn d'une situation difficile** jdn aus einer schwierigen Lage befreien; **~ qn d'une mauvaise habitude** jdm eine schlechte Gewohnheit [*o* Unsitte] abgewöhnen; **~ qn d'un travail** jdn von einer Arbeit ablenken [*o* wegholen]; **~ qn d'un jeu** jdn beim Spiel ablenken; **~ qn de l'ordinaire** *chose:* für jdn eine Abwechslung sein
❹ *(retirer d'un lieu)* herausholen, hervorholen; **~ les disques/les robes légères** die Schallplatten/die leichten Kleider hervorholen; **~ qc d'un sac/d'un tiroir/d'une valise** etw aus einer Tasche/einem Schubfach/einem Koffer herausnehmen [*o* herausziehen] [*o* hervorholen]; **ne pas arriver à ~ qc** etw nicht herausbekommen; **~ la voiture du garage** das Auto aus der Garage fahren [*o* holen]; **~ les mains de ses poches** die Hände aus den Taschen nehmen
❺ *(extraire)* **faire ~ du jus d'un fruit** eine Frucht auspressen [*o* entsaften]; **faire ~ le pus d'un abcès** den Eiter aus einem Abszess herausholen
❻ COM **[faire] ~ des marchandises d'un pays** Waren aus einem Land ausführen; **[faire] ~ de la drogue d'un pays** Drogen aus einem Land [heraus]schmuggeln; **~ qc en fraude** etw außer Landes schmuggeln
❼ *(lancer sur le marché)* auf den Markt bringen, herausbringen *nouveau modèle, véhicule;* herausbringen *film;* veröffentlichen, herausbringen *livre, disque*
❽ *fam (débiter)* von sich geben *(pej fam) âneries, sottises;* **~ des âneries à qn** jdm dummes Zeug auftischen *(pej fam)*
❾ *fam (éliminer)* aus dem Rennen werfen, rauswerfen *(fam)*; **se faire ~ au premier tour** SPORT in der ersten Runde rausfliegen *(fam)*; **se faire ~ par qn** gegen jdn ausscheiden

10 *fam* (*tirer*) ziehen *numéro, carte*
11 *fam* (*rendre public*) publik machen, an die Öffentlichkeit bringen *affaire, scandale*
III. *vpr + être* 1 (*se tirer*) **se ~ d'une situation/d'un piège** aus einer Situation/Falle herauskommen
2 (*réussir*) **s'en ~** klarkommen (*fam*), es schaffen (*fam*); (*échapper à un danger, un ennui*) noch einmal davonkommen (*fam*); (*survivre*) durchkommen (*fam*); **je ne m'en sors plus** (*fam*) ich komme damit nicht mehr klar (*fam*)
IV. *m* **au ~ du lit** beim Aufstehen; **au ~ d'une réunion** beim Verlassen einer Versammlung; **au ~ de l'hiver** am Ende des Winters
S.O.S. [ɛsoɛs] *m* 1 SOS *nt*
2 (*organisation*) **~ médecins** medizinischer Not[fall]dienst; **~ dépannage** Pannenhilfe *f;* **~ femmes battues** Hilfe für Frauen in Not; **~ Racisme** *französische Organisation gegen Rassismus*
▸ **envoyer** [*o* **lancer**] **un ~** SOS funken; *fig fam* einen Hilferuf loslassen (*fam*)
sosie [sɔzi] *m* Doppelgänger(in) *m(f)*
sot(te) [so, sɔt] **I.** *adj* dumm; *comportement, réflexion* töricht, dumm
II. *m(f) littér* Narr *m*/Närrin *f* (*geh*), Tor *m*/Törin *f* (*geh*)
sottement [sɔtmɑ̃] *adv* dummerweise
sottise [sɔtiz] *f* 1 (*acte sot*) Dummheit *f*
2 *sans pl* (*caractère sot*) Dummheit *f,* Beschränktheit *f;* **avoir la ~ de faire qc** so dumm sein etw zu tun
3 (*paroles niaises*) Dummheit *f,* dummes Zeug (*fam*); **dire une ~/des ~s** dummes Zeug/Dummheiten erzählen
sottisier [sɔtizje] *m* Stilblütensammlung *f*
sou [su] *m* 1 *pl fam* (*argent*) Geld *nt,* Kröten *Pl* (*fam*), Mäuse *Pl* (*fam*); **ça en fait des ~s!** *fam* das ist ein ganzer Haufen [*o* Batzen] Geld! (*fam*)
2 HIST (*pièce de monnaie*) Sou *m* (*alte frz. Geldmünze*)
▸ **s'embêter à cent ~s de l'heure** *fam* sich zu Tode langweilen (*fam*); **n'avoir pas un ~ en poche** *fam* keinen Pfennig [Geld] in der Tasche haben (*fam*); **c'est une question de gros ~s** da geht es um das große Geld (*fam*); **propre comme un ~ neuf** blitzsauber; **être beau comme un ~ neuf** zum Anbeißen schön sein; **de quatre ~s** Billig- (*pej*); **L'Opéra de quat' ~s** Die Dreigroschenoper; **ne pas avoir un ~ de jugeote** *fam* nicht für fünf Pfennig Verstand haben; **ne pas avoir un ~ vaillant** keinen Pfennig mehr haben; **ne pas avoir** [*o* **être sans**] **le ~** *fam* blank sein (*fam*); **compter ses ~s** *fam* nachsehen, ob man genügend Geld hat; (*être avare*) jeden Groschen dreimal umdrehen; **un ~ [c']est un ~** *prov* wer den Pfennig nicht ehrt[, ist des Talers nicht wert] (*prov*); **avec lui un ~ est un ~** für ihn zählt jeder Pfennig; **être près de ses ~s** *fam* auf den Pfennig schauen; **~ à** [*o* **par**] **~** Pfennig für Pfennig; **n'être pas rigolo pour un ~** kein bisschen lustig sein
souabe [swab] **I.** *adj* schwäbisch
II. *m, f* Schwabe *m,* Schwäbin *f*
soubassement [subɑsmɑ̃] *m* CONSTR Sockel *m;* GEOL Grundgebirge *nt*
soubresaut [subʀəso] *m* 1 (*cahot*) *d'un véhicule* Satz *m; d'un cheval* Sprung *m;* **faire un ~** *cheval:* plötzlich scheuen
2 (*tressaillement*) Zuckung *f;* **~s d'agonie** Todeszuckungen; **avoir un ~ de peur** vor Angst zusammenzucken
3 POL, ECON Erschütterung *f*
soubrette [subʀɛt] *f* [Kammer]zofe *f*
souche [suʃ] *f* 1 BOT Baumstumpf *m;* **~ de vigne** Weinstock *m,* Rebstock *m*
2 (*famille*) Ursprung *m,* Herkunft *f,* Wurzeln *Pl;* **de ~** der Herkunft nach, von Geburt; **les Marseillais de ~** die alteingesessenen Marseiller; **de vieille ~** aus einer alten Familie; **une famille de vieille ~** ein altes Geschlecht; **être de ~ paysanne** bäuerlicher Herkunft sein
3 LING Wurzel *f;* **être de ~ grecque** *langue:* griechischen Ursprungs sein
4 BIO Stamm *m*
5 (*talon*) Kontrollabschnitt *m*
6 (*partie de cheminée*) Schornstein[kopf *m*] *m,* Kamin[kopf] *m* (SDEUTSCH)
▸ **dormir comme une ~** wie ein Stein schlafen; **faire ~** eine Familie gründen; **rester [planté(e)] comme une ~** wie angewurzelt dastehen
souchet[1] [suʃe] *m* BOT Zypergras *nt*
souchet[2] [suʃe] *m* ZOOL Löffelente *f*
souci[1] [susi] *m* 1 *souvent pl* (*inquiétude*) Sorge *f,* Kummer *m kein Pl;* **~s financiers** Geldschwierigkeiten *Pl;* **~s pécuniers** *d'une personne* finanzielle Schwierigkeiten; **des ~s d'argent** Geldsorgen; **se faire du ~ pour qn/qc** sich (*Dat*) Sorgen um jdn/wegen etw machen; **faire faire du ~ à qn** jdm Sorgen [*o* Kummer] machen [*o* bereiten]; **aucun ~ pour l'avenir** keine Zukunftsängste; **sans ~** ohne Sorgen, sorgenfrei, unbesorgt
2 (*préoccupation*) Sorge *f,* Anliegen *nt;* **mon premier ~, c'est de trouver un travail** meine Hauptsorge ist es Arbeit zu finden; **mon premier ~ en arrivant dans la ville** das Erste, was ich bei Ankunft in der Stadt tat; **avoir [le] ~ de qc** sich um etw bemühen; **avoir [le] ~ de faire qc** sich darum bemühen etw zu tun; **dans le ~ de faire qc** um etw zu tun
3 (*respect*) **le ~ de la vérité/perfection** das Bemühen um Wahrhaftigkeit/Vollkommenheit; **dans un** [*o* **par**] **~ de vérité** im Bemühen um Wahrhaftigkeit; **par ~ d'égalité** wegen [*o* aus Gründen] der Gleichberechtigung
souci[2] [susi] *m* BOT Ringelblume *f;* **~ d'eau** [*o* **des marais**] Sumpfdotterblume *f*
soucier [susje] <1a> *vpr* **se ~ de qn/de la nourriture** sich um jdn/um die Verpflegung kümmern; **se ~ de l'avenir** für die Zukunft [vor]sorgen; **se ~ de l'heure/des voitures** die [Uhr]zeit/den Straßenverkehr beachten; **ne pas se ~ de la vérité** sich nicht um die Wahrheit kümmern; **se ~ de faire qc** bestrebt [*o* darauf bedacht] sein etw zu tun
soucieux, -euse [susjø, -jøz] *adj* 1 (*inquiet*) *personne* besorgt; *air, ton* sorgenvoll, besorgt
2 (*préoccupé*) **être ~(-euse) de qn/de l'avenir** sich um jdn/um die Zukunft sorgen; **être ~(-euse) de la vérité** auf die Wahrheit bedacht sein; **être ~(-euse) de l'heure** auf die [Uhr]zeit achten; **être ~(-euse) de faire qc** bestrebt [*o* darauf bedacht] sein etw zu tun; **il est peu/n'est nullement ~ qu'on médise** es kümmert ihn wenig/überhaupt nicht, ob man ihn verleumdet
soucoupe [sukup] *f* Untertasse *f*
▸ **~ volante** fliegende Untertasse
soudage [sudaʒ] *m* TECH Schweißen *nt;* (*brasure*) Löten *nt*
soudain(e) [sudɛ̃, ɛn] **I.** *adj événement, geste* unerwartet, plötzlich; *sentiment* plötzlich, jäh; **ce fut très ~** das kam völlig unerwartet
II. *adv* plötzlich, auf einmal, mit einem Mal
soudainement [sudɛnmɑ̃] *adv* plötzlich, unvermittelt
soudaineté [sudɛnte] *f* Plötzlichkeit *f; d'un geste* Abruptheit *f;* **la ~ de sa mort** sein/ihr plötzlicher Tod; **la ~ de ton revirement** dein plötzlicher Meinungswechsel
soudard [sudaʀ] *m* brutaler Soldat; **les ~s** die Soldateska
soude [sud] *f* Soda *f o nt,* Natriumkarbonat *nt;* **~ [caustique]** Ätznatron *nt*
soudé(e) [sude] *adj* 1 (*uni par soudure*) verschweißt
2 (*joint, uni*) *pétales, sépales* zusammengewachsen
souder [sude] <1> **I.** *vt* 1 TECH schweißen; verschweißen, zusammenschweißen *pièces;* (*braser*) verlöten, zusammenlöten *pièces*
2 (*réunir*) zusammenschweißen *gens, amis;* **être** [*o* **rester**] **soudé(e)s** fest zusammenhalten, wie Pech und Schwefel sein (*fig fam*)
3 (*attacher*) **être soudé(e)** verwurzelt sein; **être soudé(e) à sa région natale** in seiner Heimat verwurzelt sein; **avoir les**

pieds soudés au plancher wie angewurzelt dastehen
❹ MED, ANAT, BOT **être soudé(e)** zusammengewachsen sein; **pour ~ les deux parties de l'os** damit die beiden Knochenteile wieder zusammenwachsen
II. *vpr* **se ~** zusammenwachsen
soudeur, -euse [sudœʀ, -øz] *m, f* Schweißer(in) *m(f)*
soudoyer [sudwaje] <6> *vt* dingen, kaufen, bestechen *assassin;* **des assassins soudoyés** gedungene Mörder
soudure [sudyʀ] *f* ❶ *(action)* Schweißen *nt; (brasure)* Löten *nt; (substance)* Lot *nt;* **~ autogène** Autogenschweißen
❷ *(résultat)* Schweißnaht *f; (brasure)* Lötstelle *f*
❸ BIO *(action) d'os* Zusammenwachsen *nt; (résultat)* Verwachsung *f,* zusammengewachsene Bruchstelle; *des os du crâne* [Schädel]naht *f*
❹ *(liaison)* **assurer la ~ entre deux choses** einen nahtlosen Übergang zwischen zwei Dingen gewährleisten; **faire la ~ avec qc** die Zeitspanne zu etw überbrücken
soufflage [suflaʒ] *m* TECH Glasbläserei *f;* **~ du verre** Glasblasen *nt;* **pratiquer le ~ du verre** mundgeblasenes Glas herstellen
soufflant(e) [suflɑ̃, ɑ̃t] *adj* **machine ~e** Gebläse *nt;* **brosse à cheveux ~e** Föhnbürste *f*
soufflante [suflɑ̃t] *f* TECH Gebläse *nt*
souffle [sufl] *m* ❶ *(expiration)* Atemzug *m; (respiration)* Atmen *nt; (capacité pulmonaire)* Atem *m,* Atmung *f;* **le dernier ~** der letzte Atemzug; **avoir le ~ court** kurzatmig sein; **arriver le ~ haletant** außer Atem ankommen; **éteindre les bougies d'un [seul] ~** alle Kerzen auf einmal ausblasen; **il faut du ~** man braucht einen guten Atem; **manquer de ~** atemlos sein; **perdre le ~** außer Atem kommen
❷ *(déplacement d'air) d'une explosion* Druckwelle *f; d'un incendie* Sog *m; d'un ventilateur* Luftzug *m;* **le ~ des incendies** der Feuersturm
❸ *(vent)* Wehen *nt;* **~ d'air** Lufthauch *m,* Luftzug *m;* **~ du vent** Wind[hauch *m*] *m;* **il n'y a pas un ~ [d'air/de vent]** es regt sich kein Lüftchen; **le ~ du vent dans le feuillage** das Rauschen des Windes in den Blättern
❹ *(vitalité)* Tatkraft *f; (persévérance)* Stehvermögen *nt;* **il faut du ~ pour cela** man braucht dafür einen langen Atem; **second [*o* deuxième] ~** neuer Schwung [*o* Auftrieb]
❺ *(mouvement créateur) d'un écrivain, poète* Schöpferkraft *f; d'une œuvre, histoire* Inspiration *f;* **le ~ d'un génie** die geniale Inspiration; **le ~ créateur de Dieu** der schöpferische Atem Gottes
▸ **avoir du ~** Kondition haben; *(avoir du culot)* Nerven haben; **couper le ~ à qn** jdm den Atem nehmen [*o* die Sprache verschlagen]; **être à couper le ~** atemberaubend sein; **ne pas manquer de ~** ziemlich dreist sein; **reprendre son ~** *(respirer)* Atem [*o* Luft] holen; *(se calmer)* tief durchatmen; **dans un ~** kaum hörbar; **d'un ~** um Haaresbreite
◆ **~ au cœur** Herzgeräusche *Pl,* Herzklappenfehler *m*
soufflé [sufle] *m* GASTR Auflauf *m,* Soufflé [*o* Soufflee] *nt;* **~ au fromage** Käseauflauf
soufflé(e) [sufle] *adj fam (stupéfait)* **[en] être ~(e)** platt sein *(fam)*
souffler [sufle] <1> **I.** *vi* ❶ *vent:* wehen; **ça souffle** es ist windig
❷ *(insuffler de l'air)* **~ sur/dans qc** auf/in etw *(Akk)* blasen; **~ sur ses doigts** in die Hände hauchen
❸ *(haleter)* keuchen, schnaufen
❹ *(se reposer)* verschnaufen, eine Verschnaufpause [*o* Atempause] machen
❺ *(prendre du recul)* **laisser ~ qn** jdm [noch] etwas Zeit lassen [*o* geben]
II. *vt* ❶ *(éteindre)* ausblasen
❷ *(déplacer en soufflant)* [weg]pusten; *vent:* wegwehen; **~ la poussière dans les yeux** den Staub in die Augen pusten; **~ la fumée au visage de qn** jdm den Rauch ins Gesicht pusten
❸ *fam (enlever)* **~ une affaire à qn** jdm einen Auftrag [vor der Nase] wegschnappen *(fam);* **~ un pion** einen Stein wegnehmen [*o* kassieren *fam*]
❹ *(détruire)* zerstören, wegfegen *(fam)*
❺ *(dire discrètement)* **~ un secret à qn** jdm ein Geheimnis zuflüstern; **~ un poème à l'oreille de qn** jdm ein Gedicht ins Ohr flüstern; THEAT jdm ein Gedicht soufflieren; SCOL jdm ein Gedicht vorsagen
❻ *fam (stupéfier)* sprachlos machen, umhauen *(fam)*
❼ TECH **~ le verre** Glas *nt* blasen
soufflerie [sufləʀi] *f* ❶ Gebläse *nt*
❷ AVIAT, AUT Windkanal *m*
soufflet [suflɛ] *m* ❶ *(instrument)* Blasebalg *m*
❷ *(partie pliante)* Balg[en] *m;* **classeur à ~** Pultordner *m*
❸ *littér (gifle)* Ohrfeige *f*
❹ *fig littér (insulte)* Affront *m*
souffleter [suflәte] <3> *vt littér* ❶ *vieilli (gifler)* **~ qn** jdm einen Backenstreich versetzen *(veraltet geh),* jdn ohrfeigen
❷ *(humilier)* **~ qn** jdn vor den Kopf stoßen *(fig)*
souffleur, -euse [suflœʀ, -øz] *m, f* THEAT Souffleur *m*/Souffleuse *f*
◆ **~ de verre** Glasbläser(in) *m(f)*
souffleuse [sufløz] *f* CAN *(chasse-neige)* Schneefräse *f*
souffrance [sufʀɑ̃s] *f* ❶ *(douleur physique)* Schmerz *m*
❷ *(douleur morale)* Schmerz *m,* Leid *nt*
❸ *(fait de souffrir)* Leiden *nt*
❹ *(en suspens)* **affaire/dossier en ~** unerledigte Angelegenheit/Akte; **colis/marchandises en ~** nicht abgeholte Pakete/Waren; **paiement en ~** ausstehende Zahlung
souffrant(e) [sufʀɑ̃, ɑ̃t] *adj* ❶ *littér (éprouvé de la peine)* leidend
❷ *(indisposé)* **être ~(e)** [leicht] erkrankt sein, unpässlich sein *(geh)*
souffre-douleur [sufʀәdulœʀ] *mf inv* Prügelknabe *m*
souffreteux, -euse [sufʀәtø, -øz] *adj* kränklich
souffrir [sufʀiʀ] <11> **I.** *vi* ❶ *(avoir mal)* leiden; **faire ~ qn** jdm wehtun; **ses dents le font ~** er hat Zahnschmerzen
❷ *(avoir mal quelque part)* **~ de la tête/de l'estomac/des reins** Kopf-/Magen-/Nierenschmerzen haben
❸ *(avoir mal à cause de)* **~ du froid/de la chaleur** unter der Kälte/Hitze leiden; **~ de la faim/de la soif** Hunger/Durst leiden; **~ de malnutrition/d'un manque de lumière** an den Folgen falscher Ernährung/an Lichtmangel *(Dat)* leiden
❹ *(être malheureux)* leiden; **faire ~ qn** *personne:* jdn unglücklich machen; *échec, séparation:* schmerzen; **~ d'être seul(e)** darunter leiden alleine zu sein
❺ *(être endommagé à cause de)* **~ du gel** *cultures:* unter dem Frost leiden; **~ d'une grave crise** *pays:* in einer schweren Krise stecken; **sa réputation souffre de ce scandale** dieser Skandal schadet seinem Ruf
❻ *fam (avoir des difficultés)* **il a souffert pour avoir l'examen** es war nicht einfach für ihn die Prüfung zu bestehen
II. *vt* ❶ *(endurer)* [er]dulden, [er]leiden
❷ *(admettre)* **ne ~ aucun retard** keine Verspätung dulden; **~ quelques exceptions** gewisse Ausnahmen dulden
❸ *(supporter, aimer)* **ne pas pouvoir ~ qn/qc** jdn/etw nicht leiden [*o* ausstehen] können; **ne pas pouvoir ~ le mensonge** Lügen nicht ausstehen können
III. *vpr (se supporter)* **ne pas pouvoir se ~** sich nicht leiden [*o* ausstehen] können
soufisme [sufism] *m* Sufismus *m*
soufre [sufʀ] **I.** *adj inv* **jaune ~** schwefelgelb
II. *m* Schwefel *m*
▸ **sentir le ~** spüren, dass etw faul ist *(fam)*
soufré(e) [sufʀe] *adj* geschwefelt; **allumettes ~es** Schwefelhölzer *Pl*
soufrer [sufʀe] <1> *vt* schwefeln; [aus]schwefeln *tonneau*
souhait [swɛ] *m* ❶ Wunsch *m;* **exprimer le ~ de faire qc** den

soulagement/sérénité

• exprimer le soulagement	• Erleichterung ausdrücken
Ça y est!	**Geschafft!**
Dieu merci!	**Gott sei Dank!**
Enfin!	**Endlich!**
Heureusement que ça s'est passé comme ça!	**Bin ich froh, dass** es so gekommen ist!
Quelle chance que tu sois venu(e)!	**Ein Glück, dass** du gekommen bist!
• exprimer la sérénité	**• Gelassenheit ausdrücken**
Ça va aller.	**Es wird schon werden.**
Ce n'est pas si grave.	**Alles halb so schlimm.**
Ne vous en faites pas, nous finirons **bien** par y arriver.	**Keine Angst,** das werden wir **schon** hinkriegen.
Ne vous faites pas de soucis.	**Machen Sie sich keine Sorgen.**
Nous verrons bien.	**Abwarten und Tee trinken.** *(fam)*
Pas de panique/d'affolement!	**Nur keine Panik/Aufregung!**
Restons calme!/Ne nous affolons pas! *(fam)*	**Ganz ruhig bleiben!**

Wunsch äußern etw zu tun
❷ (*très, très bien*) **joli(e) à** ~ bildhübsch; **paisible à** ~ herrlich friedlich; **marcher à** ~ *entreprise, affaire:* [ganz] nach Wunsch [ver]laufen
▶ **à tes/vos ~s!** Gesundheit!
◆ **~s de bonheur** Glückwünsche *Pl;* **~s de bonne année** Neujahrswünsche *Pl*

souhaitable [swɛtabl] *adj* wünschenswert; **il est ~ que chacun soit au courant** es ist wünschenswert jeden auf dem Laufenden zu halten

souhaiter [swete] <1> **I.** *vt* ❶ (*désirer*) ~ **qc** sich (*Dat*) etw wünschen; ~ **que tout se passe bien** hoffen [*o* sich (*Dat*) wünschen], dass alles gut verläuft; **nous souhaitons manger** wir möchten essen; **je souhaiterais t'aider davantage** ich würde dir gern[e] noch mehr helfen
❷ (*espérer pour quelqu'un*) ~ **bonne nuit/beaucoup de bonheur à qn** jdm gute Nacht/viel Glück wünschen; ~ **bien des choses pour la nouvelle année à qn** jdm alles Gute für das neue Jahr wünschen; ~ **un joyeux anniversaire à qn** jdm alles Gute zum Geburtstag wünschen; ~ **son anniversaire/sa fête à qn** jdm zum Geburtstag/Namenstag gratulieren; ~ **à qn de réussir** jdm wünschen, dass er Erfolg hat; **je t'en/vous en souhaite!** na dann viel Spaß! (*fam*)
II. *vpr* **se** ~ **qc** sich etw (*Akk*) wünschen

souiller [suje] <1> *vt littér* ❶ (*salir*) beschmutzen, schmutzig machen
❷ (*entacher*) in den Schmutz ziehen *nom, réputation*

souillon [sujɔ̃] *f* (*personne malpropre*) Schmutzfink *m* (*fam*)

souillure [sujyʀ] *f* ❶ *rare* (*tâche*) Schmutzfleck *m*
❷ *fig littér* Befleckung *f*

souk [suk] *m* ❶ (*bazar*) Souk *m*
❷ *fam* (*désordre*) Durcheinander *nt* (*fam*)

soul [sul] *f* **la musique** ~ Soulmusik *f*

soûl [su] *m* **tout mon/ton** ~ nach Herzenslust *f*

soûl, soûle [su, sul] *adj* ❶ *fam* (*ivre*) blau (*fam*), betrunken; **être complètement ~(e)** total blau sein (*fam*)
❷ (*repu de*) **il était ~ de paroles/promesses** jd hat sich an Worten/Versprechungen (*Dat*) satt gehört; **qn est ~ de qc** jdm kommt etw zu den Ohren raus (*pej fam*)

soulagement [sulaʒmɑ̃] *m* ❶ (*fait de ne plus être inquiet*) Erleichterung *f;* **un soupir de** ~ ein Seufzer der Erleichterung
❷ (*adoucissement*) Linderung *f;* **apporter un certain ~ à qn** jdm etwas Linderung verschaffen

soulager [sulaʒe] <2a> **I.** *vt* ❶ *a. fig* (*ôter une charge lourde*) erleichtern, entlasten; ~ **qn de son fardeau/son travail** jdm einen Teil seiner Last/Arbeit abnehmen; ~ **les entreprises** *État:* die Steuerlast der Unternehmen [ver]mindern; ~ **la conscience de qn** jds Gewissen erleichtern
❷ (*rendre plus supportable*) lindern *peine, misère*
❸ (*calmer la douleur*) ~ **qn** jds Schmerzen lindern, jdm Linderung verschaffen
❹ (*rassurer*) ~ **qn** *nouvelle, aveu:* jdn erleichtern; **être soulagé(e)** *personne:* erleichtert sein
❺ (*aider*) ~ **qn** jdm helfen, jdn entlasten
II. *vpr* ❶ (*se défouler*) **se** ~ **en faisant qc** sich (*Dat*) Erleichterung verschaffen, indem man etw tut
❷ (*partager sa charge de travail*) **se** ~ sich entlasten
❸ *fam* (*satisfaire un besoin naturel*) **se** ~ sich erleichtern (*fam*)

soûlant(e) [sulɑ̃, ɑ̃t] *adj* ❶ (*enivrant*) berauschend; (*grisant*) betörend
❷ *fig, péj* (*épuisant*) ermüdend

soûlard(e) [sulaʀ, aʀd] *m(f) fam* Säufer(in) *m(f)* (*pej fam*)

soûler [sule] <1> **I.** *vt* ❶ *fam* (*enivrer*) ~ **qn à la bière/au whisky** jdn mit Bier/Whiskey betrunken machen; **ça soûle!** das macht blau! (*fam*)
❷ (*tourner la tête*) ~ **qn** jdn [ganz] benommen machen (*fam*)
II. *vpr* ❶ (*s'enivrer*) **se ~ à la bière/au whisky** sich mit Bier/Whiskey betrinken
❷ (*se griser*) **se ~ de musique/paysages magnifiques** sich an der Musik/herrlichen Landschaften berauschen

soûlerie [sulʀi] *f fam* ❶ (*beuverie*) Saufgelage *nt* (*fam*)
❷ (*ivresse*) Rausch *m*

soulèvement [sulɛvmɑ̃] *m* ❶ (*révolte*) Aufstand *m,* Erhebung *f*
❷ GEOL [Er]hebung *f*

soulever [sul(ə)ve] <4> **I.** *vt* ❶ (*lever*) *poids:* [hoch]heben
❷ (*relever légèrement*) hochheben, anheben
❸ (*agiter*) aufwirbeln *poussière, sable;* ~ **un rideau** *vent:* einen Vorhang hochwehen
❹ (*exalter*) in Begeisterung versetzen, mitreißen
❺ (*pousser à la révolte*) aufwiegeln; aufbringen *opinion publique*
❻ (*provoquer la colère de*) ~ **qn contre soi** jdn gegen sich (*Akk*) aufbringen
❼ (*provoquer*) hervorrufen *enthousiasme, colère;* auslösen *applaudissements, protestations*

❽ (*susciter*) aufwerfen *problème, question*
II. *vpr* **se** ~ ❶ *personne:* aufstehen; *couvercle, rideau:* sich heben; **se** ~ **de son fauteuil** sich aus dem Sessel erheben
❷ (*se révolter*) sich erheben
❸ (*s'agiter légèrement*) *sable, poussière:* aufwehen; (*fortement*) aufwirbeln
soulier [sulje] *m* Schuh *m;* ~**s à talons hauts** CAN Schuhe mit hohen Absätzen; ~**s bas** CAN Halbschuhe
▸ **qn est dans ses petits** ~**s** jd würde sich am liebsten in einem Mauseloch verkriechen (*fam*)
soulignage [suliɲaʒ] *m,* **soulignement** [suliɲmɑ̃] *m* Unterstreichen *nt*
souligner [suliɲe] <1> *vt* ❶ (*tirer un trait sous*) unterstreichen; **souligné(e) de deux traits/en rouge** doppelt/rot unterstrichen
❷ (*accentuer, marquer*) betonen; **être souligné(e) de bleu** *yeux:* durch einen blauen Lidstrich betont sein
❸ (*insister sur*) unterstreichen, betonen *importance, risques*
soûlographie [sulɔgʀafi] *f fam* Sauferei *f* (*fam*)
soulte [sult] *f* ❶ COM Ausgleichsbetrag *m*
❷ JUR Ausgleichszahlung *m,* Abfindung *f*
soumettre [sumɛtʀ] <*irr*> **I.** *vt* ❶ (*asservir*) ~ **un joueur à qn/qc** einen Spieler jdm/einer S. unterwerfen
❷ (*astreindre*) ~ **qn à une réglementation stricte/à l'impôt** jdn einer Verordnung/Steuer unterwerfen, jdm eine Verordnung/Steuer auferlegen
❸ (*faire subir*) ~ **qn à des tests/analyses** jdn [einer Reihe von] Untersuchungen/Analysen unterwerfen; ~ **qn à une épreuve** jdm eine Prüfung auferlegen
❹ (*présenter*) ~ **une idée/un projet à qn** jdm einen Vorschlag/ein Projekt unterbreiten; ~ **un manuscrit à qn** jdm ein Manuskript anbieten
II. *vpr* ❶ (*obéir*) **se** ~ sich unterwerfen; **se** ~ **à la loi/à une décision** sich dem Gesetz/einer Entscheidung fügen [*o* beugen]
❷ (*se plier à, suivre*) **se** ~ **à un entraînement spécial** sich einem speziellen Training unterziehen
soumis(e) [sumi,-z] **I.** *part passé de* **soumettre**
II. *adj* ❶ (*docile*) fügsam, ergeben, unterwürfig (*pej*)
❷ *a.* JUR, ECON (*assujetti*) **être** ~**(e) à des changements** Veränderungen unterliegen; ~**(e) à l'impôt** steuerpflichtig; **non** ~**(e) à l'impôt** steuerfrei
soumission [sumisjɔ̃] *f* ❶ (*obéissance*) Fügsamkeit *f,* Unterwürfigkeit *f* (*pej*)
❷ (*reddition*) *des rebelles, d'un pays* Unterwerfung *f;* **faire [sa]** ~ **à qn** sich jdm unterwerfen
❸ COM [schriftliches] Angebot
soumissionner [sumisjɔne] <1> **I.** *vi* ~ **à qc** sich bei etw bewerben
II. *vt* COM ein Angebot abgeben [*o* machen]
soupape [supap] *f a. fig* Ventil *nt*
soupçon [supsɔ̃] *m* ❶ (*suspicion*) Verdacht *m kein Pl;* **de graves** ~**s** ein schwerer Verdacht; **être au-dessus de tout** ~ über jeden Verdacht erhaben sein (*geh*); **éveiller les** ~**s de qn** jds Verdacht erregen
❷ (*très petite quantité*) **un** ~ **de sel/poivre** eine Idee [*o* Spur] Salz/Pfeffer; **un** ~ **d'ironie** ein Hauch [von] Ironie
❸ (*idée*) Vermutung *f;* **ne pas avoir** ~ **de qc** keine Vorstellung von etw haben, sich (*Dat*) keine Vorstellung von etw machen
soupçonner [supsɔne] <1> *vt* ❶ (*suspecter*) ~ **qn de vol** jdn des Diebstahls verdächtigen; **être soupçonné(e) de meurtre** des Totschlags verdächtigt werden
❷ (*se douter*) vermuten; ahnen *vérité*
soupçonneux, -euse [supsɔnø, -øz] *adj* misstrauisch, argwöhnisch (*geh*)
soupe [sup] *f* ❶ (*potage*) Suppe *f;* **assiette/cuillère à** ~ Suppenteller *m*/-löffel *m;* ~ **à l'oignon/de légumes** Zwiebel-/Gemüsesuppe; **à la** ~**!** *fam* essen kommen!, Essen ist fertig!
❷ (*neige fondue*) Schneematsch *m*
❸ (*organisme charitable*) ~ **populaire** Armenküche *f*
❹ SCI ~ **primitive** [*o* **biotique**] Ursuppe *f*
▸ **avoir la** ~ **à la grimace** *fam* einen eisigen Empfang erhalten; **être très** ~ **au lait** sehr aufbrausend sein; **aller à la** ~ sich am großen Fressen beteiligen (*fam*); **être trempé(e) comme une** ~ *fam* klatschnass sein; **cracher dans la** ~ *fam* in die eigene Suppe spucken (*fam*)
soupente [supɑ̃t] *f* (*en haut d'une pièce*) Hängeboden *m;* (*sous l'escalier*) Verschlag *m*
souper¹ [supe] *m* ❶ (*repas tard dans la nuit*) spätes Abendessen [nach einer Abendveranstaltung]
❷ BELG, CAN, CH (*dîner*) [Abend]essen *nt,* Nachtessen *nt* (CH, SDEUTSCH)
souper² [supe] <1> *vi* ❶ (*prendre un souper*) spät am Abend/in der Nacht essen
❷ BELG, CAN, CH (*dîner*) zu Abend essen; **vous restez à** ~**?** bleiben Sie zum Abendessen?
▸ **en avoir soupé de qc** *fam* von etw die Nase [gestrichen] voll haben (*fam*)
soupeser [supəze] <4> *vt* ❶ (*peser*) mit der Hand abwiegen
❷ (*évaluer*) abwägen; ~ **des arguments** Argumente [gegeneinander] abwägen
soupière [supjɛʀ] *f* Suppenschüssel *f*
soupir [supiʀ] *m* ❶ (*signe d'émotion*) Seufzer *m;* ~ **de soulagement/résignation** Seufzer der Erleichterung/Resignation; **pousser un** ~ **de soulagement** (*être soulagé*) [erleichtert] aufatmen
❷ MUS Viertelpause *f*
soupirail [supiʀaj, o] <-aux> *m* Kellerfenster *nt*
soupirant [supiʀɑ̃] *m hum* Verehrer *m*
soupirer [supiʀe] <1> *vi* seufzen; ~ **d'aise/de regret/d'ennui** zufrieden [*o* vor Zufriedenheit]/bedauernd [*o* vor Bedauern]/gelangweilt seufzen
souple [supl] *adj* ❶ (*opp: rigide*) biegsam; *lentilles de contact* weich; *cuir* geschmeidig
❷ (*agile*) *bras, jambes, personne* gelenkig
❸ (*adaptable*) flexibel; *personne* flexibel, anpassungsfähig
❹ (*gracieux*) geschmeidig
❺ (*docile*) fügsam
souplesse [suplɛs] *f* ❶ (*opp: rigidité*) *d'une branche, lame, tige* Biegsamkeit *f; d'un cuir, plastique* Weichheit *f*
❷ (*opp: raideur*) *des bras, jambes, d'une personne* Gelenkigkeit *f; de la démarche, des mouvements* Geschmeidigkeit *f*
❸ (*adaptabilité*) Flexibilität *f; d'une personne* Flexibilität, Anpassungsfähigkeit *f*
souquer [suke] <1> **I.** *vt* festziehen *nœud*
II. *vi* kräftig rudern; ~ **ferme** sich in die Riemen legen
sourate [suʀat] *f* REL Sure *f*
source [suʀs] **I.** *f* ❶ (*point d'eau*) Quelle *f;* ~ **thermale/d'eau minérale** Thermal-/Mineralquelle; **eau de** ~ Quellwasser *nt*
❷ (*naissance d'un cours d'eau*) Quelle *f,* Ursprung *m;* **prendre sa** ~ **en Suisse** in der Schweiz entspringen
❸ PHYS, OPT ~ **lumineuse/sonore/radioactive** Licht-/Schall-/Strahlenquelle *f;* ~ **d'énergie/de chaleur** Energie-/Wärmequelle
❹ (*cause, raison*) ~ **d'erreurs** Fehlerquelle *f;* **être [une]** ~ **d'ennuis** Anlass *m* zu Langeweile geben; **aller à la** ~ **du mal** dem Übel auf den Grund gehen
❺ (*origine*) **retour aux** ~**s** Rückkehr *f* zum Ursprung
❻ (*origine de l'information*) **de** ~ **sûre/bien informée** aus sicherer/gut unterrichteter Quelle
❼ ECON, FIN ~ **de revenu** Einkommensquelle
▸ **couler de** ~ [doch] klar [*o* logisch] sein (*fam*)
II. *app* ❶ INFORM **langage** ~ Programmiersprache *f*
❷ LING **langue** ~ Ausgangssprache *f*

sourceur, **-euse** [suʀsœʀ, -øz] *m, f* COM Groß- und Außenhändler(in) *m(f)*, Einkäufer(in) *m(f)* im Ausland (*für den Großhandel*)

sourcier [suʀsje] *m* [Wünschel]rutengänger *m*

sourcil [suʀsi] *m* [Augen]braue *f*

▸ froncer **les ~s** die Stirn runzeln

sourcilier, **-ière** [suʀsilje, -jɛʀ] *adj v.* **arcade**

sourciller [suʀsije] <1> *vi* **sans ~** ohne mit der Wimper zu zucken (*fam*)

sourcilleux, **-euse** [suʀsijø, øz] *adj* ❶ *littér* (*sévère*) gestreng (*geh*)

❷ (*pointilleux*) kleinlich

sourd [suʀ] *m* (*personne*) (*qui n'entend pas*) Gehörlose(r) *m;* (*qui n'entend pas bien*) Schwerhörige(r) *m*

▸ **il n'est pire ~ que celui qui ne veut [pas] entendre** *prov* jedes Reden ist sinnlos, wenn jemand nicht hören will

sourd(e) [suʀ, suʀd] *adj* ❶ (*qui n'entend pas*) taub; (*qui n'entend pas bien*) schwerhörig; **~(e) d'une oreille** auf einem Ohr taub/schwerhörig

❷ *fig littér* (*insensible*) **être ~(e) à la souffrance** seine Ohren vor dem Leid verschließen

❸ (*étouffé*) *bruit* dumpf

❹ (*mat*) *couleur, teinte* stumpf

❺ (*indéterminé*) *douleur* dumpf; *inquiétude* unbestimmt

❻ LING stimmlos

sourde [suʀd] *f* ❶ (*personne*) (*qui n'entend pas*) Gehörlose *f;* (*qui n'entend pas bien*) Schwerhörige *f*

❷ LING stimmloser Konsonant

sourdement [suʀdəmɑ̃] *adv* ❶ (*avec un bruit sourd*) dumpf

❷ *fig* (*d'une manière cachée*) heimlich

sourdine [suʀdin] *f* ❶ MUS (*dispositif*) Dämpfer *m;* **en ~** leise

❷ *fig* **mettre la ~** *fam* (*faire moins de bruit*) ein bisschen leiser sein [*o* treten *fam*]

sourdingue [suʀdɛ̃g] *adj péj fam* taub

sourd-muet, **sourde-muette** [suʀmɥɛ, suʀd(ə)mɥɛt] <sourds-muets> *m, f* Taubstumme(r) *f(m)*

sourdre [suʀdʀ] <*irr, déf*> *vi* ❶ *littér* (*filtrer*) *eau:* herausquellen

❷ (*naître, surgir*) sich regen

souriant(e) [suʀjɑ̃, jɑ̃t] *adj* freundlich; *personne* freundlich, fröhlich

souriceau [suʀiso] <x> *m* junge Maus *f*

souricière [suʀisjɛʀ] *f* ❶ (*piège à souris*) Mausefalle *f*

❷ (*traquenard*) Falle *f*

sourire[1] [suʀiʀ] <*irr*> *vi* ❶ (*avoir un sourire*) lächeln

❷ (*adresser un sourire*) **~ à qn** jdm zulächeln, jdn anlächeln

❸ (*amuser*) **sa naïveté fait ~ les amis** die Freunde lächeln über ihre/seine Naivität

❹ (*convenir*) **~ à qn** *projet, idée:* jdm zusagen, jdn anlachen (*fam*)

❺ (*favoriser*) **la chance lui sourit** ihm lacht das Glück

❻ (*s'amuser de*) **~ de qc** über etw (*Akk*) lächeln

sourire[2] [suʀiʀ] *m* Lächeln *nt;* **faire un ~** lächeln; **faire un ~ à qn** jdm zulächeln, jdn anlächeln; **avoir le ~** *fam* gutgelaunt sein (*fam*); **garder le ~** [immer] freundlich bleiben

souris [suʀi] *f a.* INFORM Maus *f*

sourisodrome [suʀizodʀom] *m* Mauspad *nt*

sournois(e) [suʀnwa, waz] **I.** *adj* ❶ (*hypocrite*) falsch, verschlagen

❷ (*insidieux*) heimtückisch, hinterhältig

II. *m(f)* falscher Kerl *m*/falsche Schlange *f* (*fam*)

sournoisement [suʀnwazmɑ̃] *adv* ❶ (*pas franchement*) *observer* lauernd

❷ (*insidieusement*) heimtückisch, hinterhältig

sous [su] *prép* ❶ (*spatial avec direction*) unter (+ *Akk*); **mettre qc ~ le bras** etw unter den Arm nehmen; **pousser sa chaise ~ la table** seinen Stuhl unter den Tisch schieben

❷ (*spatial sans direction*) unter (+ *Dat*); **nager ~ l'eau** unter Wasser schwimmen; **à cent mètres ~ terre** hundert Meter unter der Erde

❸ (*temporel*) (*à l'époque de*) unter (+ *Dat*); **~ Charlemagne** unter Karl dem Großen; **vivre ~ la Révolution** während der Revolution leben; **~ huitaine** (*pour exprimer un délai*) innerhalb einer Woche (*Gen*); **~ peu** binnen kurzem

❹ (*manière*) **~ un nom d'emprunt/pseudonyme** unter falschem Namen/mit einem Pseudonym; **~ les applaudissements de la foule** unter dem Beifall der Menge; **~ ce rapport** in dieser Hinsicht; **~ tous les angles** [*o* **toutes les faces**] von allen Seiten

❺ (*dépendance*) unter (+ *Dat*); **~ les ordres de qn** unter jdm, unter jds Leitung; **~ ma responsabilité/surveillance** unter meiner Verantwortung/Aufsicht; **~ contrôle médical** unter ärztlicher Kontrolle

❻ (*causal*) unter (+ *Dat*); **casser ~ le poids de qc** unter dem Gewicht einer S. (*Gen*) zusammenbrechen; **avouer ~ la torture** unter Folter gestehen; **faire qc ~ le coup de l'émotion/de la colère** etw im Affekt/aus Wut tun

❼ METEO in (+ *Dat*); **~ la pluie** im Regen; **~ le soleil** in der Sonne

❽ MED **être ~ perfusion** am Tropf hängen; **être ~ antibiotiques/cortisone** mit Antibiotika/Kortison behandelt werden; **être ~ anesthésie** in [der] Narkose liegen

sous-alimentation [suzalimɑ̃tasjɔ̃] <sous-alimentations> *f* Unterernährung *f* **sous-alimenté(e)** [suzalimɑ̃te] <sous-alimentés> *adj* unterernährt **sous-approvisionné(e)** [suzapʀovizjɔne] <sous-approvisionnés> *adj* unterversorgt **sous-bois** [subwɑ] *m inv* Unterholz *nt* **sous-brigadier** [subʀigadje] <sous-brigadiers> *m* ≈ Wachtmeister (*unterster Dienstgrad bei der Gendarmerie nationale*) **sous-catégorie** [sukategɔʀi] <sous-catégories> *f* Subkategorie *f* **sous-chef** [suʃɛf] <sous-chefs> *mf* Stellvertreter(in) *m(f)* des Chefs **sous-classe** [suklas] <sous-classes> *f* Unterklasse *f* **sous-comité** [sukɔmite] <sous-comités> *m* Unterausschuss *m* **sous-commission** [sukɔmisjɔ̃] <sous-commissions> *f* POL Unterausschuss *m* **sous-couche** [sukuʃ] <sous-couches> *f* darunter liegende Schicht

souscripteur, **-trice** [suskʀiptœʀ, -tʀis] *m, f* ❶ (*personne qui s'engage à acheter*) Subskribent(in) *m*

❷ FIN **~(-trice) à un emprunt** Zeichner(in) *m(f)* einer Anleihe

souscription [suskʀipsjɔ̃] *f* ❶ (*action de contribuer*) Spendenaktion *f*

❷ (*contribution*) Spende *f*

❸ (*engagement d'achat*) Subskription *f*

souscrire [suskʀiʀ] <*irr*> **I.** *vi* ❶ (*participer financièrement*) spenden; **~ pour mille euros** für einen Betrag von tausend Euro zeichnen

❷ (*s'engager à acheter*) **~ à une encyclopédie** [auf] ein Nachschlagewerk subskribieren; **~ à un emprunt** BOURSE ein Anleihe zeichnen

❸ *soutenu* (*donner son approbation à*) zustimmen

II. *vt* ❶ (*signer et s'engager à payer*) unterzeichnen; ausstellen *billet à ordre;* abschließen *police d'assurance, abonnement*

❷ BOURSE zeichnen *action, obligation*

sous-cutané(e) [sukytane] <sous-cutanés> *adj* ANAT, MED unter die Haut, subkutan (*Fachspr.*) **sous-développé(e)** [sudev(ə)lɔpe] <sous-développés> *adj* unterentwickelt; **pays ~** Entwicklungsland *nt* **sous-développement** [sudev(ə)lɔpmɑ̃] <sous-développements> *m* Unterentwicklung *f* **sous-diacre** [sudjakʀ] <sous-diacres> *m* REL Subdiakon *m* **sous-directeur**, **-trice** [sudiʀɛktœʀ, -tʀis] <sous-directeurs> *m, f* stellvertretender Direktor *m*/stellvertretende Direktorin *f* **sous-emploi** [suzɑ̃plwa] *m sans pl* Unterbeschäftigung *f* **sous-ensemble** [suzɑ̃sɑ̃bl] <sous-ensembles> *m* Teilmenge *f*, Untermenge *f* **sous-entendre** [suzɑ̃tɑ̃dʀ] <14> *vt* ❶ (*dire implicitement*) zu verstehen geben; **~ par qc que la réalité est pire** mit etw andeuten wollen [*o* zu verstehen geben], dass die Realität [noch] schlimmer ist ❷ GRAM (*être *implicite*) **être sous-entendu(e)** *verbe, sujet, complément:* [implizit] enthalten sein **sous-entendu** [suzɑ̃tɑ̃dy] <sous-entendus> *m* Andeutung *f;* **parler par ~s** in Andeutungen sprechen **sous-entendu(e)** [suzɑ̃tɑ̃dy] <sous-entendus> *adj* unausgesprochen, nicht ausdrücklich gesagt; **il est ~ que...** es wird stillschweigend vorausgesetzt, dass ... **sous-équipé(e)** [suzekipe] <sous-équipés> *adj* unzureichend ausgerüstet; *région* strukturschwach **sous-équipement** [suzekipmɑ̃] <sous-équipements> *m* ungenügende Ausstattung **sous-estimer** [suzɛstime] <1> *vt* ❶ (*évaluer au-dessous de son prix*) ~ **un bijou/une maison** den Wert eines Schmuckstückes/Hauses unterschätzen ❷ (*mal juger la valeur*) unterschätzen *adversaire, difficulté* **sous-évaluer** [suzevalɥe] <1> *vt* ~ **qc** etw unterbewerten, den Wert einer S. zu niedrig ansetzen **sous-exposé(e)** [suzɛkspoze] *adj photo* unterbelichtet **sous-exposer** [suzɛkspoze] <1> *vt* unterbelichten **sous-fifre** [sufifʀ] <sous-fifres> *m fam* kleiner Angestellter *f* (*pej*) **sous-groupe** [sugʀup] <sous-groupes> *m* Untergruppe *f* **sous-homme** [suzɔm] <sous-hommes> *m péj* Untermensch *m* (*pej*) **sous-jacent(e)** [suʒasɑ̃, ɑ̃t] <sous-jacents> *adj* ❶ (*placé en dessous*) darunter liegend ❷ (*caché*) *sentiment, problème* tiefer liegend **sous-lieutenant** [suljøt(ə)nɑ̃] <sous-lieutenants> *m* Unterleutnant *m* **sous-locataire** [sulɔkatɛʀ] <sous-locataires> *mf* Untermieter(in) *m(f)* **sous-location** [sulɔkasjɔ̃] <sous-locations> *f* Untervermietung *f* **sous-louer** [sulwe] <1> *vt* ❶ (*donner en location*) ~ **une chambre à qn** an jdn ein Zimmer untervermieten ❷ (*prendre en location*) zur Untermiete mieten **sous-main** [sumɛ̃] *m inv* Schreibunterlage *f* ▶ **en** ~ unter der Hand, heimlich **sous-marin** [sumaʀɛ̃] <sous-marins> *m* Unterseeboot *nt,* U-Boot *nt;* ~ **nucléaire** Atom-U-Boot **sous-marin(e)** [sumaʀɛ̃, in] <sous-marins> *adj* ❶ (*qui se trouve sous la mer*) **faune ~e** Meeresfauna *f* ❷ (*qui s'effectue sous la mer*) **pêche ~e** Unterwasserfischfang *m* **sous-médicalisé(e)** [sumedikalize] <sous-médicalisés> *adj* medizinisch unterversorgt **sous-menu** [suməny] <sous-menus> *m* Untermenü *nt* **sous-multiple** [sumyltipl] <sous-multiples> *m* Teiler *m,* Untereinheit *f* **sous-nutrition** [nytʀisjɔ̃] <sous-nutritions> *f* Unterernährung *f*

sous-off [suzɔf] <sous-offs> *m fam abr de* **sous-officier** Unteroffizier *m,* Uffz. *m* (*fam*)

sous-officier [suzɔfisje] <sous-officiers> *m* Unteroffizier *m* **sous-ordre** [suzɔʀdʀ] <sous-ordres> *m* ❶ (*employé subalterne*) kleiner Angestellter *m* (*pej*) ❷ ZOOL (*subdivision*) Unterordnung *f* **sous-payer** [supeje] <7> *vt* unterbezahlen **sous-peuplé(e)** [supœple] *adj* unterbevölkert **sous-peuplement** [supœpləmɑ̃] *m sans pl* (*opp: surpeuplement*) Unterbevölkerung *f* **sous-pied** [supje] <sous-pieds> *m d'un pantalon* Steg *m* **sous-préfecture** [supʀefɛktyʀ] <sous-préfectures> *f* ❶ (*bâtiment*) Unterpräfektur *f,* ≈ Landratsamt *nt* ❷ (*chef-lieu d'arrondissement*) Sitz *m* einer Unterpräfektur, ≈ Kreisstadt *f* **sous-préfet** [supʀefɛ] <sous-préfets> *m* Unterpräfekt(in) *m(f),* ≈ Landrat *m*/-rätin *f* **sous-production** [supʀɔdyksjɔ̃] *m* (*opp: surproduction*) Unterproduktion *f* **sous-produit** [supʀɔdɥi] <sous-produits> *m* (*produit dérivé*) Nebenprodukt *nt* **sous-programme** [supʀɔgʀam] <sous-programmes> *m* Unterprogramm *nt* **sous-pull** [supyl] <sous-pulls> *m* Unterziehpullover *m* **sous-qualification** [sukalifikasjɔ̃] <sous-qualifications> *f* ungenügende Qualifikation **sous-qualifié(e)** [sukalifje] <sous-qualifiés> *adj* unterqualifiziert **sous-secrétaire d'État** [sus(ə)kʀetɛʀdeta] <sous-secrétaires d'État> *mf* Unterstaatssekretär(in) *m(f)*

soussigné(e) [susiɲe] **I.** *adj* JUR unterzeichnet
II. *m(f)* Unterzeichnete(r) *f(m)*

sous-sol [susɔl] <sous-sols> *m* ❶ (*dans le sol*) **les richesses du ~** die Bodenschätze *Pl* ❷ (*dans un immeuble*) Untergeschoss *nt* **sous-tasse** [sutɑs] <sous-tasses> *f* BELG, CH Untertasse *f* **sous-tendre** [sutɑ̃dʀ] <14> *vt* ❶ GEOM **la corde sous-tend cet arc de cercle** die Sehne verbindet die zwei Punkte des Kreisbogens ❷ (*être à la base de*) ~ **une idée** einer Meinung zugrunde [*o* zu Grunde] liegen, die Grundlage für eine Meinung bilden **sous-titre** [sutitʀ] <sous-titres> *m* Untertitel *m* **sous-titrer** [sutitʀe] <1> *vt* untertiteln; **version originale sous-titrée** Originalfassung *f* mit Untertiteln

soustraction [sustʀaksjɔ̃] *f* ❶ JUR Hinterziehung *f,* Unterschlagung *f*
❷ MATH Subtraktion *f;* **faire une ~** subtrahieren

soustraire [sustʀɛʀ] <*irr*> **I.** *vi* subtrahieren
II. *vt* ❶ MATH (*opp: additionner*) ~ **50 à 120** 50 von 120 abziehen [*o* subtrahieren]
❷ *form* (*dérober*) entwenden (*geh*), unterschlagen
❸ (*faire échapper à*) ~ **qn à la justice/aux regards** jdm helfen sich (*Akk*) der Gerichtsbarkeit/jds Blicken zu entziehen
III. *vpr* **se ~ à une obligation** sich einer Verpflichtung entziehen

sous-traitance [sutʀɛtɑ̃s] <sous-traitances> *f* ECON Zulieferung *f* **sous-traitant** [sutʀɛtɑ̃] <sous-traitants> *m* Zulieferer *m,* Subunternehmer *m;* **engager** [*o* **faire appel à**] **un ~** einen Subunternehmer verpflichten **sous-traiter** [sutʀete] <1> *vt* ❶ (*donner en sous-traitance*) an Subunternehmer *Pl* vergeben ❷ (*agir comme sous-traitant*) als Subunternehmer ausführen **sous-urbanisé(e)** [suyʀbanize] <sous-urbanisés> *adj* unzureichend urbanisiert **sous-utilisation** [suytilizasjɔ̃] <sous-utilisations> *f* ~ **de qc** unzureichende Ausnutzung [*o* Nicht-Ausnutzung] einer S. **sous-ventrière** [suvɑ̃tʀijɛʀ] *f* ▶ **manger à s'en faire péter la ~** *fam* sich (*Dat*) den Bauch voll schlagen (*fam*) **sous-verre** [suvɛʀ] *m inv* Glasrahmen *m* **sous-vêtement** [suvɛtmɑ̃] <sous-vêtements> *m* **des sous-vêtements** Unterwäsche *f* **sous-virer** [suviʀe] <1> *vi* AUT untersteuern

soutane [sutan] *f* Soutane *f*

soute [sut] *f d'un avion, bateau* Laderaum *m;* ~ **à charbon** Kohlenbunker *m;* ~ **à bagages** Gepäckraum *m*

soutenable [sut(ə)nabl] *adj* vertretbar, haltbar

soutenance [sut(ə)nɑ̃s] *f* Disputation *f*

soutènement [sutɛnmɑ̃] *m* **travaux de ~** Abstützarbeiten *Pl;* **mur de ~** Stützmauer *f*

souteneur [sut(ə)nœʀ] *m* Zuhälter *m*

soutenir [sut(ə)niʀ] <9> **I.** *vt* ❶ (*porter*) halten; *colonne, poutre:* tragen
❷ (*étayer, maintenir droit*) abstützen
❸ (*maintenir debout, en bonne position*) stützen, Halt geben
❹ (*assister*) ~ **qn dans le malheur** jdm im Unglück eine Stütze sein
❺ (*aider*) ~ **financièrement/moralement** finanziell/moralisch unterstützen
❻ (*empêcher de faiblir*) stärken; stützen *monnaie;* wachhalten *intérêt;* ~ **ses efforts** in seinen Anstrengungen nicht nachlassen
❼ (*prendre parti pour*) verteidigen; sich einsetzen für *cause;* unterstützen *candidat, parti;* UNIV verteidigen *thèse, mémoire* (*im Rahmen eines mündliches Examens, das die betreffende wissenschaftliche Arbeit zum Gegenstand hat*)*;* ~ **qn** zu jdm halten; ~ **un gouvernement** zu einer Regierung stehen
❽ (*affirmer*) ~ **que c'est la vérité** behaupten, dass etwas die Wahrheit ist [*o* sei]
❾ (*résister à*) ~ **le regard de qn** jds Blick standhalten
II. *vpr* ❶ (*se maintenir en équilibre*) **se ~ dans l'eau/en l'air** sich über Wasser/in der Luft halten
❷ (*ne pas faiblir*) **se ~** *intérêt:* nicht nachlassen
❸ (*s'entraider*) **se ~** *personnes:* sich unterstützen

soutenu(e) [sut(ə)ny] **I.** *part passé de* **soutenir**
II. *adj* ❶ (*régulier*) *attention, effort* stetig, beständig
❷ (*avec des effets de style*) *style, langue* gehoben
❸ (*intense*) *couleur* kräftig, tief

souterrain [suteʀɛ̃] *m* (*passage*) unterirdischer Gang; (*pour piétons*) Unterführung *f;* (*sous-sol d'un immeuble*) Souterrain *nt,* Kellergeschoss *nt*

S

souterrain(e) [sutεʀε̃, εn] *adj* ❶ (*sous terre*) unterirdisch; **passage** ~ Unterführung *f*
❷ (*caché*) versteckt, heimlich
soutien [sutjε̃] *m* ❶ (*aide, appui*) Unterstützung *f;* **apporter son** ~ **à qn** jdn unterstützen
❷ ECON Stützung *f*
❸ (*défenseur*) *d'un régime, gouvernement, d'une personne* Stütze *f*
❹ SCOL Nachhilfe *f;* **cours de** ~ Stützkurs *m*
❺ ARCHIT Stütze *f*
◆ ~ **de famille** Ernährer *m* der Familie
soutien-gorge [sutjε̃gɔʀʒ] <soutiens-gorge[s]> *m* Büstenhalter *m,* BH *m; d'un maillot deux pièces* Oberteil *nt;* ~ **ampliforme** Push-up-BH *m*
soutier [sutje] *m* NAUT Trimmer *m,* Kohletrimmer *m*
soutif [sutif] *m fam* BH *m*
soutirage [sutiʀaʒ] *m du vin* Abziehen *nt; de la bière* Abfüllen *nt*
soutirer [sutiʀe] <1> *vt* ❶ (*escroquer*) ~ **un livre à un copain** einem Kumpel ein Buch (*Akk*) abknöpfen (*fam*); ~ **de l'argent à qn** jdm Geld abluchsen [*o* aus der Tasche ziehen] (*fam*)
❷ (*transvaser*) umfüllen, abziehen
souvenance [suv(ə)nɑ̃s] *f* ❶ *vieilli* (*mémoire*) Gedächtnis *nt*
❷ *littér* (*souvenir*) Erinnerung *f;* **avoir** ~ sich entsinnen
souvenir¹ [suv(ə)niʀ] <9> *vpr* ❶ (*se rappeler*) **se** ~ **de qn/qc** sich an jdn/etw erinnern
❷ (*se remémorer*) **qn se souvient à qui il a parlé** jd weiß [*o* erinnert sich] [noch], mit wem er gesprochen hat; **fais-moi [me]** ~ **que je dois passer chez le boucher** erinnere mich daran, dass ich noch beim Metzger vorbeigehen muss
❸ (*se venger*) **je m'en souviendrai!** das werde ich mir merken!
souvenir² [suv(ə)niʀ] **I.** *m* ❶ (*image dans la mémoire*) **le** ~ **de qc** die Erinnerung an etw (*Akk*); **amical** ~ *form* mit freundlichem Gruß; **si mes** ~**s sont exacts, ...** wenn ich mich recht erinnere [*o* entsinne], ...; **avoir/ne pas avoir** ~ **d'avoir fait qc** sich daran erinnern/nicht erinnern können etw getan zu haben; **garder le** ~ **de qc** etw in Erinnerung behalten; **garder un bon/mauvais** ~ **de qn/qc** jdn/etw in guter/schlechter Erinnerung behalten; **éveiller des** ~**s en qn** in jdm Erinnerungen wachrufen
❷ (*mémoire*) Gedächtnis *nt,* Erinnerung *f*
❸ (*ce qui rappelle qn/qc*) ~ **de qn/qc** Erinnerung *f* [*o* Andenken *nt*] an jdn/qc; **en** ~ **de qn/qc** zum Andenken [*o* zur Erinnerung] an jdn/etw
❹ (*objet touristique*) Andenken *nt,* Souvenir *nt*
II. *app* **photo-**~ Erinnerungsfoto *nt*
souvent [suvɑ̃] *adv* oft, häufig; **le plus** ~ meistens
souverain(e) [suv(ə)ʀε̃, εn] **I.** *adj* ❶ *État, puissance, peuple* souverän; *pouvoir* höchster; **être** ~**(e)** *assemblée:* uneingeschränkte Entscheidungsbefugnis haben; *cour, juge:* vollkommen unabhängig sein
❷ (*suprême*) *bien, bonheur* höchster; *indifférence, mépris* völliger
❸ (*très efficace*) *remède* unübertroffen
II. *m(f)* Herrscher(in) *m(f)*
souverainement [suv(ə)ʀεnmɑ̃] *adv* ❶ (*extrêmement*) äußerst
❷ (*en toute indépendance*) souverän
souveraineté [suv(ə)ʀεnte] *f d'un État, peuple* Souveränität *f; d'un empereur, roi* Oberhoheit *f*
soviet [sɔvjεt] *m* Sowjet *m;* **le Soviet suprême** der Oberste Sowjet
soviétique [sɔvjetik] *adj* sowjetisch; **l'Union** ~ die Sowjetunion
Soviétique [sɔvjetik] *mf* Sowjetrusse *m/*-russin *f;* **les** ~**s** die Sowjets
soviétiser [sɔvjetize] *vt* HIST sowjetisieren *région*
soviétologue [sɔvjetɔlɔg] *mf* Expert(in) *m(f)* für sowjetische Politik
soya [soja] *m v.* **soja**
soyeux [swajø] *m* (*industriel*) Seidenfabrikant *m;* (*négociant*) Seidenhändler *m*
soyeux, -euse [swajø, -jøz] *adj* ❶ (*doux*) seidenweich
❷ (*brillant*) seidig
soyez [swaje] *impératif de* **être**
soyons [swajɔ̃] *impératif de* **être**
S.P.A. [εspea] *f abr de* **Société protectrice des animaux** *französischer Tierschutzverein*
spacieux, -euse [spasjø, -jøz] *adj* geräumig
spadassin [spadasε̃] *m littér* (*tueur à gages*) gedungener Mörder *m* (*geh*)
spaghettis [spageti] *mpl* Spaghetti [*o* Spagetti] *Pl*
sparadrap [spaʀadʀa] *m* [Heft]pflaster *nt*
sparring-partner [spaʀiŋpaʀtnεʀ] <sparring-partners> *m* Sparringspartner *m*
sparterie [spaʀt(ə)ʀi] *f* ❶ (*fabrication*) Fertigung *f* von Sparteriewaren
❷ (*ouvrage*) Sparterie *f*
spartiate [spaʀsjat] **I.** *adj fig mœurs, confort* spartanisch
II. *mf* HIST Spartaner(in) *m(f),* Bewohner(in) von Sparta *m*
III. *fpl* Römersandalen *Pl*
spasme [spasm] *m* Krampf *m*
spasmodique [spasmɔdik] *adj* krampfartig
spasmophilie [spasmɔfili] *f* Spasmophilie *f* (*Fachspr.*)
spath [spat] *m* Spat *m*
spatial(e) [spasjal, jo] <-aux> *adj* ❶ (*de l'espace*) räumlich; **les catégories temporelles et** ~**es** die Kategorien [von] Zeit und Raum
❷ ESPACE **voyage** ~ [Welt]raumfahrt *f*
spationaute [spasjonot] *mf* [Welt]raumfahrer(in) *m(f)*
spatiotemporel(le) [spasjotɑ̃pɔʀεl] *adj* raumzeitlich
spatule [spatyl] *f* ❶ (*ustensile*) Spachtel *m;* (*en cuisine*) Pfannenwender *m; d'un médecin* Spatel *m*
❷ (*bout*) *d'un ski* Spitze *f*
speaker, speakerine [spikœʀ, spikʀin] *m, f vieilli* Ansager(in) *m(f),* Sprecher(in) *m(f)*
spécial(e) [spesjal, jo] <-aux> *adj* ❶ besondere(r, s), spezielle(r, s); **équipement** ~ Spezialausrüstung *f,* besondere [*o* spezielle] Ausrüstung; **autorisation** ~**e** Sondergenehmigung *f;* **pouvoirs spéciaux** Sondervollmachten *Pl;* **rien de** ~ nichts Besonderes
❷ (*bizarre*) eigenartig, sonderbar
spécialement [spesjalmɑ̃] *adv* ❶ (*en particulier*) [ganz] besonders
❷ (*tout exprès*) extra, eigens
❸ *fam* (*pas vraiment*) **tu as faim? – Non, pas** ~ hast du Hunger? – Nein, nicht besonders
spécialisation [spesjalizasjɔ̃] *f* Spezialisierung *f*
spécialisé(e) [spesjalize] *adj* spezialisiert; **être** ~**(e) dans qc** auf etw (*Akk*) spezialisiert sein
spécialiser [spesjalize] <1> **I.** *vt* ~ **qn dans un domaine précis** jdn auf einem speziellen Gebiet einsetzen
II. *vpr* **se** ~ **dans** [*o* **en**] **qc** sich auf etw (*Akk*) spezialisieren
spécialiste [spesjalist] *mf* ❶ (*expert*) Spezialist(in) *m(f);* ~ **de l'art moderne** Spezialist(in) für moderne Kunst
❷ (*technicien*) Fachmann *m/*-frau *f*
❸ MED Facharzt *m/*-ärztin *f*
❹ *souvent iron fam* (*personne coutumière d'un fait*) **c'est** [*o* **il/elle est**] **le/la** ~ **du mensonge** er/sie ist ein/e Meister/in im Lügen (*iron fam*)
spécialité [spesjalite] *f* ❶ SCI, TECH Spezialgebiet *f,* Fachgebiet *f*
❷ (*produit caractéristique*) Spezialität *f;* ~ **gastronomique** Spezialität
❸ *a. iron fam* (*manie*) Spezialität *f*
❹ PHARM Pharmazeutikum *nt*
spécieux, -euse [spesjø, -jøz] *adj* **argument** ~ Scheinargument *nt*
spécification [spesifikasjɔ̃] *f* Spezifizierung *f*

spécificité [spesifisite] *f* spezifische Besonderheit
spécifier [spesifje] <1a> *vt* genau angeben, spezifizieren; *loi:* genau festlegen; ~ **qu'il est interdit de faire qc** ausdrücklich verbieten etw zu tun
spécifique [spesifik] *adj* spezifisch
spécifiquement [spesifikmɑ̃] *adv* spezifisch
spécimen [spesimɛn] *m* ❶ *(exemplaire)* Exemplar *nt*
❷ *(exemplaire publicitaire)* Probeexemplar *nt*
spectacle [spɛktakl] *m* ❶ *(ce qui s'offre au regard)* Anblick *m;* ~ **de la nature** Naturschauspiel *nt*
❷ THEAT, AUDIOV Vorstellung *f;* ~ **dramatique/chorégraphique** Bühnenstück *nt*/Ballett *nt;* **aller au** ~ ins Theater/ Kino/... gehen
❸ *(show-business)* **le monde du** ~ das Showgeschäft
❹ *(avec de gros moyens)* **à grand** ~ mit großem Aufwand, mit viel Spektakel *(fam)*
spectaculaire [spɛktakylɛʀ] *adj* spektakulär, eindrucksvoll
spectateur, -trice [spɛktatœʀ, -tʀis] *m, f* ❶ THEAT, SPORT Zuschauer(in) *m(f)*
❷ *(observateur)* Beobachter(in) *m(f)*
spectral(e) [spɛktʀal, o] <-aux> *adj* ❶ PHYS **couleurs** ~**es** Spektralfarben *Pl*
❷ *(fantomatique)* gespenstisch
spectre [spɛktʀ] *m* ❶ Spektrum *nt;* ~ **solaire/sonore** Sonnen-/Schallspektrum *nt;* **antibiotique à large** ~ Breitspektrum-Antibiotika *nt*
❷ *a. fig (fantôme)* Gespenst *nt*
spectroscope [spɛktʀɔskɔp] *m* PHYS Spektroskop *nt*
spéculaire [spekylɛʀ] *adj image, écriture* Spiegel-; **transmission** ~ spiegelnde Durchlässigkeit *f;* **reflexion** ~ Spiegelung *f*
spéculateur, -trice [spekylatœʀ, -tʀis] *m, f* Spekulant(in) *m(f)*
spéculatif, -ive [spekylatif, -iv] *adj* spekulativ; **gain** ~ Spekulationsgewinn *m*
spéculation [spekylasjɔ̃] *f (supposition)* Spekulation *f;* **faire des** ~**s sur qc** Spekulationen über etw *(Akk)* anstellen
spéculer [spekyle] <1> *vi* ❶ FIN, COM ~ **sur qc** mit etw spekulieren
❷ *(compter sur)* ~ **sur qc** auf etw *(Akk)* spekulieren *(fam)*
❸ *littér (méditer)* ~ **sur qc** Spekulationen über etw *(Akk)* anstellen
spéculo[o]s [spekylos] *m* BELG *ein mit Rohzucker hergestelltes Biskuitgebäck*
spéculum [spekylɔm] *m* Spekulum *nt (Fachspr.)*
speech [spitʃ] *m* Rede *f*
speed [spid] *adj,* **speedé(e)** [spide] *adj* ❶ *fam (agité)* hektisch
❷ *(par des amphétamines)* aufgeputscht *(fam)*
speeder [spide] <1> *vi fam* sich beeilen, sich ranhalten *(fam)*
spéléo [speleo] *fam* **I.** *f abr de* **spéléologie**
II. *mf abr de* **spéléologue**
spéléologie [speleɔlɔʒi] *f* ❶ *(science)* Höhlenkunde *f,* Speläologie *f (Fachspr.)*
❷ *(loisirs)* Erkundung *f* von Höhlen
spéléologue [speleɔlɔg] *mf* Höhlenforscher(in) *m(f),* Speläologe *m*/Speläologin *f (Fachspr.)*
spencer [spɛnsœʀ, spɛnsɛʀ] *m* Spenzer *m*
spermatique [spɛʀmatik] *adj* ANAT Samen-
spermatozoïde [spɛʀmatɔzɔid] *m* Spermium *nt,* Spermatozoon *nt (Fachspr.)*
sperme [spɛʀm] *m* Sperma *nt*
spermicide [spɛʀmisid] **I.** *adj* samenabtötend, spermizid *(Fachspr.)*
II. *m* Spermizid *nt (Fachspr.)*
sphénoïde [sfenɔid] ANAT **I.** *adj* Keilbein-
II. *m* Keilbein *nt (des Schädels)*
sphère [sfɛʀ] *f* ❶ SCI Kugel *f*
❷ *(domaine)* Bereich *m,* Sphäre *f*
◆ ~ **d'action** Wirkungskreis *m;* ~ **d'activité** Betätigungsfeld *nt;* ~ **d'attributions** Zuständigkeitsbereich *m;* ~ **d'influence** Einflussbereich *m*
sphéricité [sfeʀisite] *f* GEOM Kugelform *f,* sphärische Form *f (Fachspr.)*
sphérique [sfeʀik] *adj* kugelförmig
sphincter [sfɛ̃ktɛʀ] *m* Schließmuskel *m*
sphinx [sfɛ̃ks] *m* ❶ Sphinx *f*
❷ ZOOL *(papillon)* Schwärmer *m*
Sphinx [sfɛ̃ks] *m* MYTH **le** ~ die Sphinx
spi [spi] *m fam abr de* **spinnaker**
spinal(e) [spinal, o] <-aux> *adj* die Wirbelsäule betreffend, spinal *(Fachspr.)*
spinnaker [spinakɛʀ, spinakœʀ] *m* NAUT Spinnaker *m*
spirale [spiʀal] *f a. fig (forme, fil métallique)* Spirale *f;* **cahier à** ~ Heft *nt* mit Spiralbindung; ~ **de prix** Preisspirale *f*
spirant(e) [spiʀɑ̃, ɑ̃t] *adj* LING, PHON **consonne** ~**e** Reibelaut *m*
spirante [spiʀɑ̃t] *f* LING, PHON Spirans *f,* Spirant *m*
spire [spiʀ] *f* Windung *f*
spirite [spiʀit] **I.** *adj communication* spiritistisch
II. *mf* Spiritist(in) *m(f)*
spiritisme [spiʀitism] *m* Spiritismus *m*
spiritualiser [spiʀitɥalize] <1> *vt littér* spiritualisieren *(geh)*
spiritualité [spiʀitɥalite] *f* ❶ REL Verinnerlichung *f,* Spiritualität *f (geh)*
❷ PHILOS Geistigkeit *f,* Immaterialität *f (geh)*
spirituel(le) [spiʀitɥɛl] *adj* ❶ *(plein d'esprit)* geistreich, voller Esprit
❷ REL geistlich
❸ *(qui se rapporte à l'esprit)* geistig
spirituellement [spiʀitɥɛlmɑ̃] *adv* ❶ *(avec esprit)* geistreich
❷ *littér (en esprit)* geistig
spiritueux [spiʀitɥø] *m* Spirituose *f*
spitant(e) [spitɑ̃, tɑ̃t] *adj* BELG *(pétillant) eau* sprudelnd, Sprudel-
spleen [splin] *m* Schwermut *m*
splendeur [splɑ̃dœʀ] *f* ❶ *a. iron (grande beauté, merveille)* Pracht *f kein Pl,* Herrlichkeit *f*
❷ *(gloire)* Glanz *m;* **au** [*o* **du**] **temps de sa** ~ in seiner/ihrer Glanzzeit
splendide [splɑ̃did] *adj* prächtig, prachtvoll
spoiler [spɔjlɛʀ] *m* Spoiler *m*
spoliation [spɔljasjɔ̃] *f* Beraubung *f;* ~ **d'héritage/de biens** um jds Erbschaft/Güter bringen
spolier [spɔlje] <1a> *vt* ~ **qn de qc** jdn um etw bringen, jdn einer S. *(Gen)* berauben
spongieux, -euse [spɔ̃ʒjø, -jøz] *adj a.* ANAT *(consistance molle)* schwammartig; *(structure poreuse)* porös; *(qui s'imbibe)* schwammähnlich; *sol* schwammig
sponsor [spɔ̃sɔʀ, spɔnsɔʀ] *m* Sponsor(in) *m(f)*
sponsoring [spɔ̃sɔʀiŋ] *m,* **sponsorisation** [spɔ̃sɔʀizasjɔ̃] *f* Sponsoring *nt*
sponsoriser [spɔ̃sɔʀize] <1> *vt* sponsern
spontané(e) [spɔ̃tane] *adj* ❶ *(automatique) geste, mouvement* spontan
❷ *(direct) personne, caractère* spontan, impulsiv
❸ JUR *aveu* freiwillig
❹ BOT spontan *(Fachspr.)*
spontanéité [spɔ̃taneite] *f* Spontaneität *f*
spontanément [spɔ̃tanemɑ̃] *adv* ❶ *(sans réfléchir)* spontan
❷ *(librement)* freiwillig
sporadicité [spɔʀadisite] *f* sporadisches Auftreten *nt*
sporadique [spɔʀadik] *adj* vereinzelt, sporadisch
sporadiquement [spɔʀadikmɑ̃] *adv* vereinzelt; **cette maladie sévit** ~ diese Krankheit tritt nur sporadisch auf
sporange [spɔʀɑ̃ʒ] *m* Sporenbehälter *m*
spore [spɔʀ] *f* Spore *f*
sport [spɔʀ] **I.** *adj inv* ❶ *(coupe* sportlich; **s'habiller** ~ sich sportlich kleiden
❷ *(fair play)* **être très** ~ **avec qn** sich jdm gegenüber sehr fair

S

verhalten
II. *m* ① (*activité sportive*) Sport *m;* ~ **professionnel** Profisport; **faire du** ~ Sport treiben; **chaussures de** ~ Sportschuhe *Pl*
② (*forme d'activité sportive*) Sportart *f;* ~**s nautiques** Wassersportarten *Pl;* **pratiquer plusieurs** ~**s** mehrere Sportarten betreiben
► **ça, c'est du** ~ da gehört allerhand dazu
◆ ~ **de combat** Kampfsport *m;* ~**s de combat** Kampfsportarten *Pl;* ~ **de compétition** Leistungssport *m;* ~ **d'hiver** ① (*activité*) Wintersport *m;* ~**s d'hiver** Wintersportarten *Pl* ② (*séjour*) ~**s d'hiver** Winterurlaub *m,* Skiurlaub *m*
sportif, -ive [spɔʀtif, -iv] **I.** *adj* ① (*de sport*) **les pages sportives d'un journal** der Sportteil [*o* die Sportseiten] einer Zeitung
② (*de compétition*) **pratiquer la danse/la natation sportive** das Tanzen/das Schwimmen als Sport betreiben
③ (*qui fait du sport*) sportlich, Sport treibend
④ (*typique de qui fait du sport*) *allure, démarche* sportlich
⑤ (*loyal*) fair
II. *m, f* Sportler(in) *m(f);* ~ **en chambre** sportbegeisterter Fernsehzuschauer *m,* Passivsportler (*pej*)
sportivement [spɔʀtivmɑ̃] *adv* sportlich
sportivité [spɔʀtivite] *f* sportliche Haltung *f,* Sport[s]geist *m*
sportswear [spɔʀtswɛʀ] *m* Sportswear *f,* Sportbekleidung *f*
spot [spɔt] *m* ① (*lampe*) Spot *m*
② (*projecteur*) Spot *m,* Scheinwerfer *m*
③ (*point lumineux sur un écran*) Lichtpunkt *m*
④ (*message publicitaire*) ~ **publicitaire** Werbespot *m*
SPOT [spɔt] *abr de* **Satellite pour l'observation de la Terre** Erde-Beobachtungssatellit *m*
spoutnik [sputnik] *m* Sputnik *m*
sprat [spʀat] *m* Sprotte *f*
spray [spʀɛ] *m* ① (*pulvérisation*) Spray *m o nt*
② (*atomiseur*) Spraydose *f*
sprint [spʀint] *m* ① (*course sur petite distance*) Sprint *m*
② (*fin de course*) ~ [**final**] Endspurt *m*
sprinter[1] [spʀintœʀ] *m v.* **sprinteur**
sprinter[2] [spʀinte] <1> *vi* sprinten, spurten
sprinteur, -euse [spʀintœʀ, -øz] *m, f* Sprinter(in) *m(f);* (*en athlétisme*) Kurzstreckenläufer(in) *m(f)*
squale [skwal] *m* Hai[fisch *m*] *m*
squame [skwam] *f* [Haut]schuppe *f*
square [skwaʀ] *m* [kleine] Grünanlage (*inmitten eines Platzes*)
squash [skwaʃ] *m* Squash *nt*
squat [skwat] *m* ① (*action de squatter*) Hausbesetzung *f*
② (*logement*) besetztes Haus *nt*
squatter[1] [skwatœʀ] *m* Hausbesetzer(in) *m(f)*
squatter[2] [skwate] <1> *vt* [ein Haus] besetzen
squattériser [skwateʀize] <1> *vt v.* **squatter**
squatteur [skwatœʀ] *m v.* **squatter**
squelette [skəlɛt] *m* ① ANAT, CONSTR Skelett *nt*
② *fam* (*personne très maigre*) Klappergestell *nt* (*fam*)
③ (*plan*) *d'un livre, discours, d'une œuvre* Gerüst *nt*
squelettique [skəletik] *adj* ① (*très maigre*) spindeldürr; *arbre* kümmerlich
② (*très réduit*) mager; *exposé* dürftig
Sri Lanka [sʀilɑ̃ka] *m* Sri Lanka *nt*
S.S.[1] [ɛsɛs] *f abr de* **Sécurité sociale**
S.S.[2] [ɛsɛs] *m* HIST *abr de* **Schutzstaffel** SS *f*
stabilisateur [stabilizatœʀ] *m* ① (*dispositif*) *d'une bicyclette* Stützrad *nt;* NAUT, AVIAT Stabilisierungsflosse *f;* AUT Stabilisator *m*
② CHIM Stabilisator *m*
stabilisation [stabilizasjɔ̃] *f a.* ECON Stabilisierung *f*
stabiliser [stabilize] <1> **I.** *vt* ① (*consolider, équilibrer*) stabilisieren; befestigen *accotement, terrain*
② (*rendre stable*) stabilisieren *monnaie, situation*
③ (*éviter toute fluctuation*) [konstant] halten *poids, vitesse*
II. *vpr* **se** ~ ① (*devenir stable*) *monnaie, situation, maladie:* sich stabilisieren
② *a.* PSYCH (*se fixer, devenir équilibré*) sich festigen
stabilité [stabilite] *f* ① (*maintien en équilibre*) *d'une construction* Stabilität *f; d'un avion* Flugstabilität *f; d'un véhicule* stabile Straßenlage
② ECON, POL Stabilität *f,* Beständigkeit *f*
③ PSYCH *d'une personne* innere [*o* psychische] Stabilität
stable [stabl] *adj* ① (*ferme, équilibré*) stabil; *terrain* befestigt
② (*durable*) dauerhaft, beständig
③ (*qui ne varie pas*) *monnaie, prix, situation* stabil; *temps* beständig
④ PSYCH *personne* ausgeglichen
⑤ PHYS, CHIM stabil
stabulation [stabylasjɔ̃] *f* Stallhaltung *f*
staccato [stakato] **I.** *adv* staccato
II. *m* Stakkato *nt*
stade [stad] *m* ① SPORT Stadion *nt;* ~ **olympique** Olympiastadion
② (*phase*) Stadium *nt;* ~ **oral/anal** orale/anale Phase
staff [staf] *m* Stab *m*
stage [staʒ] *m* ① (*en entreprise*) Praktikum *nt;* (*en rédaction*) Volontariat *nt;* **faire un** ~ ein Praktikum/Volontariat machen
② (*séminaire*) Kurs *m,* Lehrgang *m;* ~ **de perfectionnement** Fortbildungskurs; ~ **d'initiation à qc** Einführungskurs in etw (*Akk*)
③ (*période avant la titularisation*) ≈ Referendariat *nt*
stagflation [stagflasjɔ̃] *f* ECON Stagflation *f*
stagiaire [staʒjɛʀ] **I.** *adj* **avocat(e)** ~ ≈ [Gerichts]referendar(in) *m(f);* **professeur** ~ ≈ [Studien]referendar(in) *m(f)*
II. *mf* ① (*en entreprise*) Praktikant(in) *m(f);* (*en rédaction*) Volontär(in) *m(f)*
② (*dans un séminaire*) [Kurs]teilnehmer(in) *m(f)*
stagnant(e) [stagnɑ̃, ɑ̃t] *adj* ① (*dormant*) stehend; **eaux** ~**es** stehendes Gewässer
② ECON stagnierend
stagnation [stagnasjɔ̃] *f* Stillstand *m,* Stagnation *f*
stagner [stagne] <1> *vi* ① (*croupir*) stehen
② ECON stagnieren
stalactite [stalaktit] *f* [hängender] Tropfstein, Stalaktit *m* (*Fachspr.*)
stalag [stalag] *m* HIST Kriegsgefangenenstammlager *nt*
stalagmite [stalagmit] *f* [stehender] Tropfstein, Stalagmit *m* (*Fachspr.*)
stalinien(ne) [stalinjɛ̃, jɛn] **I.** *adj* stalinistisch
II. *m(f)* Stalinist(in) *m(f)*
stalinisme [stalinism] *m* Stalinismus *m*
stalle [stal] *f* ① (*box*) [Pferde]box *f*
② ECCL Chorstuhl *m*
stances [stɑ̃s] *fpl* ① *vieilli* Strophe *f*
② *pl* LITTER *aus mehreren Strophen gleicher Form bestehendes Gedicht*
stand [stɑ̃d] *m* ① (*dans une exposition*) [Messe]stand *m*
② (*dans une fête*) Bude *f*
◆ ~ **de ravitaillement** (*dans une course cycliste, pédestre*) Verpflegungsstelle *f;* (*dans une course automobile*) Box *f;* ~ **de tir** (*dans une fête*) Schießbude *f;* MIL Schießstand *m*
standard[1] [stɑ̃daʀ] *m* TELEC [Telefon]zentrale *f;* **repasser le** ~ **à qn** jdn wieder mit der [Telefon]zentrale verbinden
standard[2] [stɑ̃daʀ] **I.** *adj inv* ① (*fabriqué en grande série*) **modèle** ~ Serienmodell *nt*
② (*normalisé*) genormt; **pièce** ~ Serienteil *nt*
③ (*dépourvu d'originalité*) [allgemein] üblich; IND standardisiert; *voiture* mit Standardausrüstung; **modèle** ~ Standardmodell *nt*
④ LING **langue** ~ Hochsprache *f*
II. *m* ① (*norme*) Standard *m,* Norm *f*
② AUDIOV Systemstandard *m*

◆ ~ **de sécurité** Sicherheitsnorm *f;* ~ **de vie** Lebensstandard *m*

standardisation [stɑ̃daʀdizasjɔ̃] *f* Vereinheitlichung *f;* IND Normung *f,* Standardisierung *f*

standardiser [stɑ̃daʀdize] <1> *vt* standardisieren, vereinheitlichen

standardiste [stɑ̃daʀdist] *mf* Telefonist(in) *m(f)*

stand-by [stɑ̃dbaj] *inv* **I.** *adj* **billet** ~ Stand-by-Ticket *nt*
II. *m* **voyager en** ~ Stand-by fliegen

standing [stɑ̃diŋ] *m* ❶ *(niveau de vie)* [hoher] Lebensstandard *m*
❷ *(confort)* **hôtel de** [**grand**] ~ Luxushotel *nt*

staphylocoque [stafilɔkɔk] *m* Staphylokokkus *m (Fachspr.)*

star [staʀ] *f* Star *m;* ~ **de cinéma** Filmstar *m*

starlette [staʀlɛt] *f iron* Starlet[t] *nt*

starter [staʀtɛʀ] *m* ❶ AUT Choke[r] *m;* **mettre le** ~ den Choke[r] [heraus]ziehen; ~ **automatique** Startautomatik *f*
❷ SPORT Starter *m;* **coup de pistolet du** ~ Startschuss *m*

starting-block [staʀtiŋblɔk] <starting-blocks> *m* Startblock *m*

start-up [staʀtœp] *f inv* ECON Start-up-Unternehmen *nt*

station [stasjɔ̃] *f* ❶ TRANSP Station *f,* Haltestelle *f;* ~ **de taxis** Taxistand *m*
❷ AUDIOV *(émetteur)* Sender *m*
❸ TECH, REL Station *f;* ~ **météorologique** Wetterstation; ~ **expérimentale** Versuchsanstalt *f;* ~ **orbitale/spatiale** [Welt]raumstation; ~ **radar** Radarstation; **les quatorze** ~**s du chemin de Croix** die vierzehn Stationen des Kreuzwegs
❹ TOURISME ~ **balnéaire/de sports d'hiver** Bade-/Wintersportort *m;* ~ **thermale** Thermalkurort
❺ *(fait de s'arrêter)* Station *f* [*o* Halt *m*] machen
❻ *(position)* Haltung *f;* ~ **verticale/couchée** aufrechte Haltung/liegende Stellung
◆ ~ **d'épuration** Kläranlage *f;* ~ [**d'**]**essence** Tankstelle *f*

stationnaire [stasjɔnɛʀ] *adj (qui n'évolue pas)* unverändert

stationnement [stasjɔnmɑ̃] *m* ❶ Parken *nt;* **voitures en** ~ parkende Autos *Pl;* **ticket/disque de** ~ Parkschein *m*/Parkscheibe *f;* ~ **payant** gebührenpflichtiges Parken; ~ **interdit** Parken verboten; **panneau de** ~ **interdit** Halteverbotsschild *nt*
❷ CAN *(parc de stationnement)* Parkplatz *m*

stationner [stasjɔne] <1> *vi* ❶ *(être garé)* parken; **interdiction de** ~ Parkverbot *nt*
❷ MIL **être stationné(e)** stationiert sein

station-service [stasjɔ̃sɛʀvis] <stations-service[s]> *f* Tankstelle *f*

statique [statik] *adj* statisch

statisticien(ne) [statistisj ɛ̃, jɛn] *m(f)* Statistiker(in) *m(f)*

statistique [statistik] **I.** *adj* statistisch
II. *f* ❶ *(science)* Statistik *f;* **les** ~**s** die Statistik
❷ *(chiffres)* Statistik *f;* **faire des** ~**s** Statistiken erstellen

statistiquement [statistikmɑ̃] *adv* statistisch

statuaire [statɥɛʀ] *f* Bildhauerkunst *f*

statue [staty] *f* Statue *f,* Standbild *nt;* ~ **de marbre/de bronze/de bois** Marmor-/Bronze-/Holzstatue; **la** ~ **de la Liberté** die Freiheitsstatue

statuer [statɥe] <1> *vi* ~ **sur qc** über etw *(Akk)* entscheiden

statuette [statɥɛt] *f* Figur *f,* Statuette *f*

statufier [statyfje] <1a> *vt* ❶ *fam (élever une statue à)* ~ **qn** jdn auf den Sockel heben *(fam)*
❷ *(pétrifier)* versteinern; **être statufié(e)** wie versteinert sein

statu quo [statykwo] *m inv* Status quo *m*

stature [statyʀ] *f* ❶ *(taille)* Statur *f;* **de** ~ **moyenne/de haute** ~ von mittlerer/großer Statur
❷ *(envergure)* Format *nt*

statut [staty] *m* Status *m,* Stellung *f;* ~ **social** gesellschaftlicher Status, gesellschaftliche Stellung; ~ **de fonctionnaire** Beamtenstatus; ~ **juridique** Rechtsstellung

statutaire [statytɛʀ] *adj* ❶ *(conforme aux statuts)* satzungsgemäß; **horaire** ~ **d'un enseignant** Deputat *nt* eines Lehrers
❷ *(désigné par les statuts)* **gérant** ~ bevollmächtigter Gesellschafter

statutairement [statytɛʀmɑ̃] *adv* ❶ *(conformément aux statuts)* satzungsgemäß
❷ *(par les statuts)* aufgrund der Satzung

steak [stɛk] *m* Steak *nt*

stéarine [steaʀin] *f* BIO, CHIM Stearin *nt*

stéatite [steatit] *f* MINER Steatit *m*

steeple [stipœl] *app* Hindernislauf *m;* **le 3000 m** ~ der 3000-Meter-Hindernislauf

steeple-chase [stipœltʃɛz] <steeple-chases> *m* Steeplechase *f,* Hindernisrennen *nt*

stèle [stɛl] *f* Stele *f*

stellaire [stelɛʀ] *adj* **lumière** ~ Sternenlicht *nt;* **les influences** ~**s** der Einfluss der Sterne

stem[**m**] [stɛm] *m* Stemmbogen *m*

stencil [stɛnsil] *m* Matrize *f*

sténo [steno] **I.** *mf abr de* **sténographe** Stenograf [*o* Stenograph](in) *m(f)*
II. *mf abr de* **sténodactylo** Stenotypist(in) *m(f)*
III. *f abr de* **sténographie** Steno *f (fam);* **en** ~ in Steno *(fam)*

sténodactylo [stenodaktilo] *mf* Stenotypist(in) *m(f)*

sténodactylographie [stenodaktilɔgʀafi] *f* Stenotypieren *nt*

sténographe [stenɔgʀaf] *mf* Stenograf [*o* Stenograph](in) *m(f)*

sténographie [stenɔgʀafi] *f* Stenografie [*o* Stenographie] *f*

sténographier [stenɔgʀafje] <1 a> *vt* stenografieren

sténographique [stenɔgʀafik] *adj écriture, signe, style* stenografisch

sténotypie [stenotipi] *f* Maschinenstenografie [*o* -stenographie] *f*

sténotypiste [stenɔtipist] *mf* Maschinenstenograf(in) *m(f)*

stentor [stɑ̃tɔʀ] *m v.* **voix**

steppe [stɛp] *f* Steppe *f*

stère [stɛʀ] *m* Ster *m;* **trois** ~**s de bois** drei Ster Holz

stéréo [steʀeo] **I.** *adj inv abr de* **stéréophonique**: **chaîne** ~ Stereoanlage *f*
II. *f abr de* **stéréophonie** Stereo *nt*

stéréophonie [steʀeɔfɔni] *f* Stereofonie [*o* Stereophonie] *f*

stéréophonique [steʀeɔfɔnik] *adj* stereofon [*o* stereophon]

stéréoscope [steʀeɔskɔp] *m* OPT Stereoskop *nt*

stéréotype [steʀeɔtip] *m* Stereotyp *nt*

stéréotypé(**e**) [steʀeɔtipe] *adj* stereotyp

stérile [steʀil] *adj* ❶ BIO, AGR unfruchtbar
❷ *(sans microbes)* steril, keimfrei
❸ LITTER, ART unschöpferisch
❹ *(vain)* fruchtlos

stérilet [steʀilɛ] *m* Spirale *f (fam),* Intrauterinpessar *nt (Fachspr.)*

stérilisant(**e**) [steʀilizɑ̃, ɑ̃t] *adj* ❶ *(désinfectant) produit* desinfizierend; **procédé** ~ Sterilisationsmethode *f*
❷ *(improductif)* lähmend

stérilisateur [steʀilizatœʀ] *m* Sterilisator *m*

stérilisation [steʀilizasjɔ̃] *f* ❶ *(pour tuer les microbes)* Sterilisieren *nt*
❷ *(contre la procréation)* Sterilisation *f,* Sterilisieren

stériliser [steʀilize] <1> *vt* sterilisieren

stérilité [steʀilite] *f* ❶ BIO, AGR Unfruchtbarkeit *f*
❷ *(absence de microbes)* Sterilität *f,* Keimfreiheit *f*
❸ ART, LITTER Unproduktivität *f*
❹ *fig d'un débat* Unfruchtbarkeit *f*

sterling [stɛʀliŋ] *adj inv* **une livre** ~ ein Pfund Sterling *nt*

sterne [stɛʀn] *f* Seeschwalbe *f*

sternum [stɛʀnɔm] *m* Brustbein *nt*

sternutatoire [stɛʀnytatwaʀ] *adj poudre* Nies-

stéroïde [steʀɔid] *f* Steroide *Pl (Fachspr.)*

stéthoscope [stetɔskɔp] *m* Hörrohr *nt,* Stethoskop *nt*

steward [stiwaʀt] *m* Steward *m*

stick [stik] *m* Stift *m;* ~ **de colle** Klebestift; ~ **à lèvres** Lippenstift

stigmate [stigmat] *m* ❶ (*cicatrice*) Narbe *f*
❷ *littér* (*marque*) Zeichen *nt;* **porter les ~s de la guerre** vom Krieg gezeichnet sein
❸ *pl* REL Stigmen *Pl,* Stigmata *Pl*
❹ BOT Narbe *f,* Stigma *nt* (*Fachspr.*)
❺ ZOOL Atemöffnung *f,* Stigma *nt* (*Fachspr.*)

stigmatiser [stigmatize] <1> *vt* brandmarken, anprangern

stimulant [stimylɑ̃] *m* ❶ (*médicament*) anregendes Mittel, Stimulans *nt* (*Fachspr.*)
❷ (*incitation*) Ansporn *m*

stimulant(e) [stimylɑ̃, ɑ̃t] *adj* ❶ (*fortifiant*) anregend, stimulierend
❷ (*qui ouvre l'esprit*) anregend
❸ (*encourageant*) aufmunternd

stimulateur [stimylatœʀ] *m* **~ cardiaque** Herzschrittmacher *m*

stimulation [stimylasjɔ̃] *f* ❶ PHYSIOL *de l'appétit* Anregung *f; d'un nerf, muscle* Reizung *f;* (*sexuel, psychique*) Erregung *f*
❷ (*motivation*) Anreiz *m,* Ansporn *m*

stimuler [stimyle] <1> *vt* ❶ (*activer, augmenter*) anregen
❷ (*encourager*) anspornen

stimulus [stimylys] <stimuli *o* stimulus> *m* Reiz *m,* Stimulus *m* (*Fachspr.*)

stipendié(e) [stipɑ̃dje] *adj littér complice* gedungen

stipendier [stipɑ̃dje] <1a> *vt littér* bestechen *juge*

stipulation [stipylasjɔ̃] *f* (*clause*) [vertragliche] Vereinbarung, Klausel *f*

stipuler [stipyle] <1> *vt* ❶ JUR [vertraglich] festlegen
❷ (*préciser*) *personne:* ausdrücklich sagen; **l'annonce stipule** [*o* **il est stipulé dans l'annonce**] **que...** in der Anzeige steht ausdrücklich, dass ...

S.T.O. [ɛsteo] *m* HIST *abr de* **service du travail obligatoire** AD *m*

stock [stɔk] *m* ❶ COM Lager *nt,* Bestand *m*
❷ (*réserve*) Vorrat *m;* **~ de sucre** Zuckervorrat
❸ (*grande quantité*) **garde ce stylo, j'en ai tout un ~** *fam* behalte den Stift, ich habe jede Menge davon (*fam*)

stockage [stɔkaʒ] *m* Lagerung *f*

stock-car [stɔkkaʀ] <stock-cars> *m* ❶ (*voiture*) Stockcar *m*
❷ (*course*) Stockcarrennen *nt*

stocker [stɔke] <1> *vt* ❶ (*mettre en réserve*) [ein]lagern, auf Lager legen; bevorraten (*Fachspr.*) *marchandises;* **~ des noisettes** *animal:* sich (*Dat*) einen Vorrat an Haselnüssen anlegen
❷ INFORM [ab]speichern *données*

Stockholm [stɔk´ɔlm] Stockholm *nt*

stoïcien(ne) [stɔisjɛ̃, jɛn] PHILOS **I.** *adj* stoisch
II. *m(f)* Stoiker(in) *m(f)*

stoïcisme [stɔisism] *m* Stoizismus *m*

stoïque [stɔik] *adj* unerschütterlich, stoisch (*geh*)

stoïquement [stɔikmɑ̃] *adv* unerschütterlich, stoisch (*geh*)

stolon [stɔlɔ̃] *m* Ausläufer *m*

stomacal(e) [stɔmakal, o] <-aux> *adj* **douleurs ~es** Magenschmerzen *Pl*

stomatologie [stɔmatɔlɔʒi] *mf* Stomatologie *f*

stomatologiste [stɔmatɔlɔʒist] *mf* Stomatologe *m*/Stomatologin *f*

stop [stɔp] **I.** *interj* ❶ (*halte*) stop[p], halt; **~ à l'inflation** stoppt die Inflation, Schluss mit der Inflation
❷ (*dans un télégramme*) stop
II. *m* ❶ TRANSP (*panneau*) Stoppschild *nt;* (*feu*) Haltesignal *nt*
❷ AUT (*feu arrière*) Bremslicht *nt*
❸ (*auto-stop*) **faire du ~** *fam* trampen, per Anhalter fahren; **en ~** *fam* per Anhalter
III. *app* **panneau ~** Stoppschild *nt*

stoppage [stɔpaʒ] *m* COUT [Kunst]stopfen *nt*

stopper [stɔpe] <1> **I.** *vi* stehen bleiben, anhalten
II. *vt* ❶ (*arrêter la marche de*) zum Stehen bringen, stoppen
❷ (*arrêter*) stoppen *inflation, chômage*

stoppeur, -euse [stɔpœʀ, -øz] *m, f* ❶ *fam* (*auto-stoppeur*) Tramper(in) *m(f)*
❷ FBALL Vorstopper(in) *m(f)*

store [stɔʀ] *m* ❶ (*rideau à enrouler*) Rollo *nt*
❷ (*rideau de magasin*) Rollladen *m*
❸ (*à lamelles*) **~ vénitien** Jalousie *f*

strabisme [stʀabism] *m* Schielen *nt;* **avoir un ~** schielen

stradivarius [stʀadivaʀjys] *m* Stradivari *f*

strangulation [stʀɑ̃gylasjɔ̃] *f* Erdrosselung *f,* Strangulation *f* (*geh*)

strapontin [stʀapɔ̃tɛ̃] *m* ❶ (*siège*) Notsitz *m*
❷ (*place secondaire*) zweitrangiger Platz *m*

Strasbourg [stʀasbuʀ] Straßburg *nt*

strasbourgeois(e) [stʀasbuʀʒwa, ʒwaz] *adj* Straßburger, aus Straßburg

strass [stʀas] *m* Strass *m*

stratagème [stʀataʒɛm] *m* List *f*

strate [stʀat] *f* Schicht *f*

stratège [stʀatɛʒ] *mf* Stratege *m*/Strategin *f;* **des qualités de ~** strategische Fähigkeiten *Pl*

stratégie [stʀateʒi] *f* Strategie *f;* **jeu de ~** Strategiespiel *nt;* **~ électorale d'un parti** Wahlkampfstrategie einer Partei

stratégique [stʀateʒik] *adj objectif, repli, intérêt* strategisch; *matière première, position* strategisch wichtig

stratégiquement [stʀateʒikmɑ̃] *adv* strategisch [wichtig]; (*du point de vue de la stratégie*) strategisch gesehen

stratification [stʀatifikasjɔ̃] *f* Schichtung *f;* GEOL Schichtung, Stratifikation *f* (*Fachspr.*)

stratifié [stʀatifje] *m* Schicht[press]stoff *m,* Laminat *nt*

stratocumulus [stʀatokymylys] *m* Stratokumulus *m* (*Fachspr.*)

stratosphère [stʀatɔsfɛʀ] *f* Stratosphäre *f*

stratus [stʀatys] *m* Schichtwolke *f,* Stratus *m* (*Fachspr.*)

streamer [stʀimœʀ] *m* Streamer *m*

streptocoque [stʀɛptɔkɔk] *m* Streptokokkus *m*

streptomycine [stʀɛptomisin] *f* Streptomyzin *nt* (*Antibiotikum gegen Tuberkulose*)

stress [stʀɛs] *m* Stress *m kein Pl,* Belastung *f*

stressant(e) [stʀesɑ̃, ɑ̃t] *adj* aufreibend, stressig (*fam*)

stresser [stʀese] <1> **I.** *vt* überbeanspruchen, stressen (*fam*); **être stressé(e)** im Stress [*o* gestresst *fam*] sein
II. *vi personne:* sich stressen

stretch® [stʀɛtʃ] *m* Stretch *m*

stretching [stʀɛtʃiŋ] *m* Stretching *nt*

strict(e) [stʀikt] *adj* ❶ (*sévère*) streng; **être très ~(e) sur le règlement** es sehr genau mit den Bestimmungen nehmen; **être ~(e) avec qn** [*o* **à l'égard de qn**] streng mit [*o* zu] jdm sein
❷ (*rigoureux*) *principe, observation, respect* streng, strikt
❸ *antéposé* (*exact*) **c'est la ~e vérité** das ist die reine Wahrheit
❹ *antéposé* (*absolu*) *minimum* absolut; **le ~ nécessaire** das Allernötigste; **dans la plus ~e intimité** im engsten Familienkreis
❺ (*littéral*) **au sens ~** im engeren Sinne
❻ (*sobre*) *vêtement, tenue* streng geschnitten

strictement [stʀiktəmɑ̃] *adv* ❶ (*pour renforcer*) strikt; **~ interdit** streng verboten; **c'est ~ pareil** das ist genau das Gleiche; **~ confidentiel** streng vertraulich
❷ (*littéralement, au sens restreint*) **~ parlant** genau genommen, streng genommen
❸ (*sobrement*) **~ vêtu(e)** streng gekleidet

stricto sensu [stʀiktosɛ̃sy] *adv form* genau genommen

strident(e) [stʀidɑ̃, ɑ̃t] *adj* schrill

stridulation [stʀidylasjɔ̃] *f* Zirpen *nt*

striduler [stʀidyle] <1> *vi criquet, grillon:* zirpen

strie [stʀi] *f rare au sing* ❶ (*en relief*) **les ~s** die Rillen *Pl*

❷ (*de couleur*) Streifen *m*
strié(e) [stʀije] *adj* ❶ gerillt
❷ ANAT *muscle* quer gestreift; **corps** ~ Streifenkörper *m*
strier [stʀije] <1a> *vt* ❶ (*couvrir de stries*) mit Streifen versehen
❷ TECH riefen *métal*
string [stʀiŋ] *m* String-Tanga *m*
strip-tease [stʀiptiz] <strip-teases> *m* (*spectacle*) Striptease *m*, Strip *m* (*fam*); **faire un** ~ strippen
strip-teaseur, -euse [stʀiptizœʀ, -øz] <strip-teaseurs> *m, f* Stripteasetänzer(in) *m(f)*, Stripper(in) *m(f)* (*fam*)
striure [stʀijyʀ] *f* ❶ TECH Riefelung *f*
❷ BOT, ZOOL Streifung *f*
stroboscope [stʀɔbɔskɔp] *m* Stroboskop *nt*
strontium [stʀɔ̃sjɔm] *m* Strontium *nt*
strophe [stʀɔf] *f* Strophe *f*; **à huit** ~**s** achtstrophig, mit acht Strophen
structural(e) [stʀyktyʀal, o] <-aux> *adj* strukturell
structuralisme [stʀyktyʀalism] *m* Strukturalismus *m*
structuration [stʀyktyʀasjɔ̃] *f d'un projet, de la personnalité* Strukturierung *f*
structure [stʀyktyʀ] *f* ❶ (*organisation*) Struktur *f*, Aufbau *m*; **réforme de** ~ Strukturreform *f*
❷ (*tente*) ~ **gonflable** Traglufthalle *f*
❸ (*lieu, service social*) ~ **d'accueil** soziale Einrichtung
◆ ~ **de la personnalité** Persönlichkeitsstruktur *f*
structuré(e) [stʀyktyʀe] *adj* gegliedert, strukturiert
structurel(le) [stʀyktyʀɛl] *adj chômage, inflation* strukturell; **réforme** ~**le** Strukturreform *f*
structurer [stʀyktyʀe] <1> **I.** *vt* ❶ strukturieren; gliedern *exposé, ouvrage*
❷ CONSTR aufbauen
II. *vpr* **se** ~ sich organisieren, sich strukturieren
strudel [ʃtʀudœl] *m* Apfelstrudel *m*
strychnine [stʀiknin] *f* Strychnin *nt*
stuc [styk] *m* Stuck *m*; ~ **de marbre** Stuckmarmor *m*
stucateur [stykatœʀ] *m* ❶ (*spécialiste qui travaille le stuc*) Stuckateur *m*
❷ ART (*sculpteur en stuc*) Stuckator *m*
studieusement [stydjøzmɑ̃] *adv travailler* fleißig; *préparer* gewissenhaft
studieux, -euse [stydjø, -jøz] *adj* ❶ (*appliqué*) fleißig, arbeitsam
❷ (*consacré au travail, aux études*) *vacances, soirée* der Arbeit/dem Studium gewidmet
studio [stydjo] *m* ❶ AUDIOV Studio *nt*; ~ **de télévision/cinéma** Fernseh-/Filmstudio; ~ **d'enregistrement** Aufnahmestudio; **à vous, les** ~**s** wir schalten [*o* geben] zurück ins Studio
❷ (*logement*) Einzimmerwohnung *f*, Studio *nt*
❸ (*atelier d'artiste*) Atelier *nt*
stupéfaction [stypefaksjɔ̃] *f* (*étonnement*) Verblüffung *f*
stupéfait(e) [stypefɛ, ɛt] *adj* (*étonné*) verblüfft
stupéfiant [stypefjɑ̃] *m* Betäubungsmittel *nt*, Rauschgift *nt*
stupéfiant(e) [stypefjɑ̃, jɑ̃t] *adj* verblüffend
stupéfié(e) [stypefje] *adj* (*très étonné*) verblüfft
stupéfier [stypefje] <1a> *vt* (*étonner*) verblüffen
stupeur [stypœʀ] *f* ❶ (*étonnement*) Verblüffung *f*; **être frappé(e) de** ~ wie vor den Kopf geschlagen sein (*fam*), verblüfft sein
❷ MED Stupor *m* (*Fachspr.*)
stupide [stypid] *adj* ❶ (*inintelligent*) dumm; *vie, travail* stumpfsinnig, stupid (*fam*)
❷ (*absurde*) *accident, pari* dumm, blödsinnig
stupidement [stypidmɑ̃] *adv* ❶ (*sottement, bêtement*) *se conduire* dumm; *rire* dummerweise; **répondre** ~ eine dumme Antwort geben
❷ (*absurdement*) sinnlos
stupidité [stypidite] *f* ❶ (*inintelligence, bêtise*) Dummheit *f*
❷ (*action, propos stupide*) Dummheit *f*, Blödsinn *f*
style [stil] *m* ❶ (*écriture*) Stil *m*, Ausdrucksweise *f*; ~ **parlé/écrit** gesprochene/geschriebene Sprache; ~ **administratif/publicitaire** Behörden-/Werbesprache *f*; **avoir un** ~ **soutenu/négligé** sich gewählt/nachlässig ausdrücken; **en** ~ **télégraphique** im Telegrammstil
❷ GRAM (*discours*) Rede *f*; ~ **direct/indirect** direkte/indirekte Rede; ~ **indirect libre** erlebte Rede
❸ (*genre*) Art *f*; *d'un vêtement* Stil *m*; *d'un immeuble, d'une maison* [Bau]stil; **des meubles de** ~ Stilmöbel *Pl*
❹ ART, LITTER Stil *m*; **sculpture de** ~ **expressionniste** Skulptur *f* im Stil des Expressionismus; **des meubles de** ~ **anglais/Empire** Möbel im englischen Stil/im Empirestil
❺ (*manière personnelle*) Stil *m*; **avoir du** ~ Stil haben; **arriver en retard, c'est bien dans son** ~**!** zu spät zu kommen ist typisch für ihn!
❻ TECH, BOT Griffel *m*
◆ ~ **de vie** Lebensstil *m*
stylé(e) [stile] *adj* [gut] geschult
stylet [stilɛ] *m* Stilett *nt*
stylisation [stilizasjɔ̃] *f* Stilisierung *f*
styliser [stilize] <1> *vt* stilisieren; **être stylisé(e)** *fleurs:* stilisiert sein
stylisme [stilism] *m* Design *nt*
styliste [stilist] *mf* Stilist(in) *m(f)*; IND Designer(in) *m(f)*
stylistique [stilistik] **I.** *adj* stilistisch
II. *f* Stilistik *f*, Stilkunde *f*
stylo [stilo] *m* Füllfederhalter *m*, Füller *m*; **tu n'aurais pas un** ~**?** *fam* hast du mal einen Stift für mich? (*fam*)
◆ ~ [**à**] **bille** Kugelschreiber *m*, Kuli *m*; ~ **à encre** Füllfederhalter *m*, Füller *m*; ~ [**à**] **plume** Füllfederhalter *m*
stylo-bille [stilobij] <stylos-bille> *m* Kugelschreiber *m* **stylo-feutre** [stiloføtʀ] <stylos-feutres> *m* Filzstift *m*
stylomine® [stilomin] *m* Druckbleistift *m*
su [sy] *part passé de* **savoir**
suaire [sɥɛʀ] *m* **le saint** ~ das Grabtuch [*o* Leichentuch] Christi
suant(e) [sɥɑ̃, ɑ̃t] *adj* ❶ (*en sueur*) *personnes* schwitzend
❷ *fig fam* (*fatiguant*) *cours, film* sterbenslangweilig
suave [sɥav] *adj* lieblich; *couleur, ton, forme* zart; *sourire, voix* sanft
suavité [sɥavite] *f d'une odeur, musique* Lieblichkeit *f*; *des manières, de la voix* Sanftheit *f*; *d'une couleur* Zartheit *f*
subalpin(e) [sybalpɛ̃, pin] *adj* GEOG subalpin, subalpinisch
subalterne [sybaltɛʀn] **I.** *adj* ❶ (*inférieur*) untergeordnet, subaltern
❷ (*secondaire*) untergeordnet, zweitrangig
II. *mf* Untergebene(r) *f(m)*
subaquatique [sybakwatik] *adj faune, flore* Unterwasser-
subconscient [sybkɔ̃sjɑ̃] *m* Unterbewusstsein *nt*
subculture [sybkyltyʀ] *f* Subkultur *f*
subdiviser [sybdivize] <1> **I.** *vt* (*diviser encore*) ~ **une échelle en qc** eine Skala [weiter] in etw (*Akk*) unterteilen
II. *vpr* **se** ~ **en qc** *bactérie, cellule:* sich erneut in etw (*Akk*) teilen; *chapitre, livre:* [weiter] in etw (*Akk*) unterteilt sein
subdivision [sybdivizjɔ̃] *f* ❶ (*fait de subdiviser*) erneute Unterteilung
❷ (*partie obtenue*) Unterabteilung *f*; **les races sont des** ~**s de l'espèce** die Arten sind in Rassen unterteilt
subir [sybiʀ] <8> *vt* ❶ (*être victime de*) erleiden, hinnehmen müssen; **des injustices subies** erlittenes Unrecht
❷ (*endurer*) erdulden, hinnehmen; über sich ergehenlassen *événements*; auf sich nehmen *conséquences*
❸ (*être soumis à*) ~ **le charme/l'influence** dem Charme/Einfluss erliegen; ~ **une opération/un interrogatoire** operiert/vernommen werden
❹ (*être l'objet de*) erfahren *modification*
❺ *fam* (*devoir supporter*) ertragen *personne*
subit(e) [sybi, it] *adj* [ganz] plötzlich, jäh (*geh*)
subitement [sybitmɑ̃] *adv* [ganz] plötzlich

subito [sybito] *adv fam* plötzlich; **partir ~ presto** ruck, zuck verschwinden
subjectif, -ive [sybʒɛktif, -iv] *adj* subjektiv
subjectivement [sybʒɛktivmɑ̃] *adv* subjektiv
subjectivité [sybʒɛktivite] *f* Subjektivität *f*
subjonctif [sybʒɔ̃ktif] *m* GRAM Subjonctif *m*
subjuguer [sybʒyge] <1> *vt* (*fasciner*) in seinen Bann ziehen
sublimation [syblimasjɔ̃] *f* ① CHIM Sublimation *f* (*Fachspr.*)
② PSYCH Sublimierung *f* (*Fachspr.*)
sublime [syblim] **I.** *adj* ① (*admirable*) überwältigend
② (*d'une haute vertu*) erhaben
II. *m* **le ~** das Erhabene
sublimer [syblime] <1> *vt littér* sublimieren
subliminal(e) [sybliminal] *adj* unterschwellig
sublimité [syblimite] *f littér* ① *d'un vers, d'une personne* Erhabenheit *f*
② (*pensée ou action sublime*) Erhabene *nt*
submerger [sybmɛʀʒe] <2a> *vt* ① unter Wasser (*Akk*) setzen, fluten *digue, rives;* überfluten, überschwemmen *plaine, terres;* **être submergé(e)** unter Wasser stehen; *terres:* überschwemmt sein
② (*envahir*) **~ qn de travail/de questions** jdn mit Arbeit/Fragen überhäufen [*o* überschütten]; **l'émotion le submerge** die Gefühle *Pl* übermannen ihn; **être submergé(e)** überhäuft sein
submersible [sybmɛʀsibl] *adj navire, sous-marin* tauchfähig; **terre ~** Überschwemmungsland *nt*
submersion [sybmɛʀsjɔ̃] *f* ① (*innondation*) Überschwemmung *f*
② AGR, TECH Überflutung *f*
subodorer [sybɔdɔʀe] <1> *vt fam* **elle subodore qc** ihr schwant etw (*fam*)
subordination [sybɔʀdinasjɔ̃] *f* untergeordnete Stellung, Unterstelltsein *nt*
subordonné [sybɔʀdɔne] *m* Untergebene(r) *m*
subordonné(e) [sybɔʀdɔne] *adj proposition* untergeordnet, Neben-
subordonnée [sybɔʀdɔne] *f* ① (*personne*) Untergebene *f*
② GRAM Nebensatz *m*
subordonner [sybɔʀdɔne] <1> *vt* **~ une décision à qc** eine Entscheidung von etw abhängig machen; **être subordonné(e) à qn/qc** von jdm/etw abhängig sein, von jdm/etw abhängen
subornation [sybɔʀnasjɔ̃] *f* Bestechung *f*
suborner [sybɔʀne] <1> *vt* (*corrompre*) verderben *personnel;* JUR bestechen *témoin*
subreptice [sybʀɛptis] *adj* ① JUR erschlichen, unrechtmäßig erlangt
② (*furtif*) *baiser* heimlich
subrepticement [sybʀɛptismɑ̃] *adv* heimlich[, still und leise *fam*], unbemerkt
subséquemment [sybsekamɑ̃] *adv* JUR daraufhin
subséquent(e) [sybsekɑ̃, kɑ̃t] *adj* ① *a.* JUR unmittelbar [nach]folgend
② GEOG subsequent
subside [sybzid] *m* [finanzielle] Unterstützung
subsidiaire [sybzidjɛʀ, sypsidjɛʀ] *adj* zusätzlich; *raison* weitere(r, s), zusätzlich; **question** zusätzliche [*o* weitere] Frage, Zusatzfrage
subsidiarité [sybzidjaʀite] *f* Subsidiarität *f*
subsistance [sybzistɑ̃s] *f* Lebensunterhalt *m*
subsistant(e) [sybzistɑ̃, ɑ̃t] *adj* restlich; *partie* übrig geblieben, noch vorhanden; *question* noch offen [*o* ungeklärt]
subsister [sybziste] <1> **I.** *vi* ① (*subvenir à ses besoins*) [über]leben
② (*survivre*) überleben
③ (*demeurer*) **~ de qc** von etw bleiben; *doute, erreur:* weiterbestehen
II. *vi impers* **il subsiste qc/ne subsiste rien de la ville** es bleibt etwas/nichts von der Stadt [übrig]
subsonique [sypsɔnik] *adj* Unterschall-
substance [sypstɑ̃s] *f* ① (*matière*) Substanz *f*
② (*essentiel*) *d'un article, livre* wesentlicher Inhalt; **en ~** im Wesentlichen
substantiel(le) [sypstɑ̃sjɛl] *adj* ① (*nourrissant*) nahrhaft
② (*important*) wesentlich, bedeutend; *augmentation, avantage* beträchtlich
substantif [sypstɑ̃tif] *m* Substantiv *nt,* Hauptwort *nt*
substantifique [sypstɑ̃tifik] *adj v.* **moelle**
substantivé(e) [sypstɑ̃tive] *adj* substantiviert
substituer [sypstitɥe] <1> **I.** *vt* ① **~ un collègue/un mot à un autre** (*volontairement*) einen Kollegen/ein Wort durch einen anderen/ein anderes ersetzen; (*involontairement*) einen Kollegen/ein Wort mit einem anderen vertauschen
② JUR **~ l'héritier à un autre bénéficiaire** einen anderen Begünstigten an Stelle (*Dat*) des Erben einsetzen
II. *vpr* **se ~ à qn** sich an jds Stelle *f* (*Akk*) setzen; **une substance se substitue à qc** eine Substanz wird durch etw ersetzt
substitut [sypstity] *m* ① (*remplacement*) Ersatz *m;* **être le ~ de qn/qc** jdn/etw ersetzen
② JUR **~ du procureur** Staatsanwalt *m*/-anwältin *f*
substitution [sypstitysjɔ̃] *f* (*volontaire*) Austauschen *nt;* (*involontaire*) Vertauschen *nt*
substrat [sybstʀa] *m* Grundlage *f;* PHILOS, LING Substrat *nt*
subterfuge [syptɛʀfyʒ] *m* Ausflucht *f*
subtil(e) [syptil] *adj personne* scharfsinnig, feinsinnig; *raisonnement* feinsinnig, subtil (*geh*); *distinction, nuance* fein; *parfum* zart
subtilement [syptilmɑ̃] *adv* ① (*avec finesse*) *argumenter, raisonner* feinsinnig; *exprimer* nuanciert
② (*habilement*) geschickt
subtiliser [syptilize] <1> *vt* **~ un livre à qn** jdm ein Buch entwenden (*geh*), jdm ein Buch stehlen
subtilité [syptilite] *f soutenu* ① Subtilität *f* (*geh*); *d'une analyse* Nuanciertheit *f;* **~ d'esprit** Scharfsinnigkeit *f*
② (*raffinement*) *d'un art, d'une langue* Feinheit *f*
subtropical(e) [sybtʀɔpikal, o] <-aux> *adj* subtropisch
suburbain(e) [sybyʀbɛ̃, ɛn] *adj* Vorort-; **périphérie ~e** Stadtrand *m*
subvenir [sybvəniʀ] <9> *vi* **~ à qc** für etw aufkommen
subvention [sybvɑ̃sjɔ̃] *f* Subvention *f;* **~s de l'État** staatliche Zuwendungen *Pl;* **projet qui peut obtenir une ~** förderfähiges Projekt
subventionner [sybvɑ̃sjɔne] <1> *vt* subventionieren, durch staatliche Gelder unterstützen, staatlich bezuschussen; **subventionné(e) par l'État** *théâtre:* staatlich gefördert [*o* subventioniert]
subversif, -ive [sybvɛʀsif, -iv] *adj* umstürzlerisch, subversiv (*geh*)
subversion [sybvɛʀsjɔ̃] *f* Umsturz *m,* Subversion *f* (*geh*)
suc [syk] *m* Saft *m*
succédané [syksedane] *m* Ersatz *m*
succéder [syksede] <5> **I.** *vi* ① (*venir après*) **~ à qc** auf etw (*Akk*) folgen
② (*assurer la succession*) **~ à qn** jds Nachfolge *f* antreten; **~ à qn sur le trône** jdm auf dem Thron folgen
③ (*hériter*) erben
II. *vpr* **se ~** einander folgen
succès [syksɛ] *m* ① Erfolg *m;* **~ en qc** Erfolg bei etw; **~ fou** [*o* **bœuf** *fam*] Wahnsinnserfolg (*fam*), durchschlagender Erfolg; **avoir du ~ auprès de qn** bei jdm Erfolg haben [*o* gut ankommen]; **être couronné(e) de ~** von Erfolg gekrönt sein; **remporter un ~** einen Erfolg erzielen; **à ~** Erfolgs-; **avec/sans ~** mit/ohne Erfolg, erfolgreich/erfolglos
② (*conquête amoureuse*) Erfolg *m kein Pl;* **~ féminins** Erfolg bei den Frauen

❸ SPORT, MIL Sieg *m*
◆ ~ **de circonstance** Augenblickserfolg *m;* ~ **d'estime** Achtungserfolg *m*
successeur [syksesœʀ] *m* ❶ Nachfolger(in) *m(f)*
❷ (*héritier*) Erbe *m*/Erbin *f*
successif, -ive [syksesif, -iv] *adj époques, générations* aufeinander folgend; *tâches* stets neu anfallend
succession [syksesjɔ̃] *f* ❶ (*série*) *des saisons* Aufeinanderfolgen *nt; des événements* Folge *f; de malheurs, d'erreurs* Reihe *f*
❷ (*transmission du pouvoir*) Nachfolge *f;* **prendre la** ~ **de qn/qc** die Nachfolge einer Person/S. (*Gen*) antreten
❸ (*héritage*) Erbschaft *f,* Verlassenschaft *f* (A); **droits de** ~ Erbschaftssteuer *f*
successivement [syksesivmɑ̃] *adv* nacheinander
successoral(e) [syksesɔʀal, o] <-aux> *adj* JUR *droit, masse* Erb-
succinct(e) [syksɛ̃, ɛ̃t] *adj* ❶ kurz, knapp; **soyez** ~**(e)!** fassen Sie sich kurz!
❷ (*peu abondant*) **un repas** ~ ein frugales Mahl (*geh*)
succinctement [syksɛ̃tmɑ̃] *adv* kurz [und bündig], knapp
succion [sy(k)sjɔ̃] *f* Saugen *nt; d'une plaie, blessure* Aussaugen *nt*
succomber [sykɔ̃be] <1> *vi* ❶ (*mourir*) sterben; ~ **à qc** einer S. (*Dat*) erliegen
❷ (*être vaincu*) ~ **sous qc** einer S. (*Dat*) erliegen; ~ **sous le poids de qc** unter dem Gewicht einer S. (*Gen*) zusammenbrechen
❸ (*céder à*) ~ **au sommeil/à la fatigue** vom Schlaf/von der Erschöpfung übermannt werden; ~ **à la tentation/au charme de qn/qc** der Versuchung/dem Charme einer Person/S. (*Gen*) erliegen
succulence [sykylɑ̃s] *f* ❶ (*saveur*) *d'un plat* exquisiter Geschmack *m*
❷ *fig d'un récit* Pep *m,* Würze *m*
succulent(e) [sykylɑ̃, ɑ̃t] *adj* köstlich
succursale [sykyʀsal] *f* Filiale *f*
sucer [syse] <2> **I.** *vt* ❶ lutschen *bonbon;* aussaugen *sang, suc d'une plante, citron;* ~ **le crayon/le pouce** am Bleistift/Daumen lutschen
❷ *vulg* (*faire une fellation*) ~ **qn** jdm einen blasen (*sl*)
II. *vpr* **se** ~ gelutscht werden
sucette [sysɛt] *f* ❶ (*bonbon*) Lutscher *m*
❷ (*tétine*) Schnuller *m*
suçoir [syswaʀ] *m* ❶ ZOOL *d'un insecte* Saugrüssel *m*
❷ BOT *d'une plante parasite* Saugwurzel *f,* Haustorium *f* (*Fachspr.*)
suçon [sysɔ̃] *m* ❶ *fam* (*ecchymose*) Knutschfleck *m* (*fam*)
❷ CAN *v.* **sucette**
suçoter [sysɔte] <1> *vt* lutschen
sucrage [sykʀaʒ] *m* Zuckern *nt*
sucrant(e) [sykʀɑ̃, ɑ̃t] *adj* süßend
sucre [sykʀ] *m* Zucker *m;* (*morceau*) Zuckerwürfel *m,* Stück *nt* Zucker; ~ **candi/cristallisé/glace** Kandis-/[mittelgrober] Kristall-/Puderzucker; ~ **en morceaux** Würfelzucker; ~ **en poudre** feiner Kristallzucker; **au** ~ mit Zucker
▶ **casser du** ~ **sur le dos de qn** *fam* jdn durch den Dreck ziehen (*fam*); **être tout** ~ **tout miel** zuckersüß sein
◆ ~ **de canne** Rohrzucker *m;* ~ **d'orge** *Lutscher aus Zucker und Gerstensud*
sucré [sykʀe] *m* Süßspeise *f,* Süßes *nt*
▶ **faire le** ~ Süßholz *nt* raspeln (*fam*)
sucré(e) [sykʀe] *adj* ❶ süß; (*par addition de sucre*) gesüßt, gezuckert
❷ (*doucereux*) [honig]süß, süßlich
sucrée [sykʀe] *f* ▶ **faire la** ~ Süßholz *nt* raspeln (*fam*)
sucrer [sykʀe] <1> **I.** *vt* ❶ zuckern, süßen
❷ *fam* (*supprimer*) ~ **l'argent de poche à un enfant** einem Kind das Taschengeld streichen
II. *vi* (*rendre sucré*) süßen
III. *vpr fam* **se** ~ absahnen (*fam*)
sucrerie [sykʀəʀi] *f* ❶ (*friandise*) Süßigkeit *f*
❷ (*usine*) Zuckerfabrik *f;* CAN (*fabrique de sucre d'érable*) Ahornzuckerfabrik *f*
sucrette® [sykʀɛt] *f* Süßstofftablette *f*
sucrier [sykʀije] *m* Zuckerdose *f*
sucrier, -ière [sykʀije, -ijɛʀ] *adj* Zucker-
sud [syd] **I.** *m* Süden *m;* **au** ~ (*dans/vers la région*) im/in den Süden; (*vers le point cardinal*) nach Süden; **au** ~ **de qc** südlich von etw; **dans le** ~ **de** im Süden von; **du** ~ aus dem Süden; **les Allemands du** ~ die Süddeutschen; **vers le** ~ nach Süden; **l'autoroute du Sud** die Autobahn nach Süden; **les gens du Sud** die Leute aus dem Süden
II. *adj inv* Süd-; *banlieue, latitude* südlich
sud-africain(e) [sydafʀikɛ̃, ɛn] <sud-africains> *adj* südafrikanisch **Sud-Africain(e)** [sydafʀikɛ̃, ɛn] <Sud-Africains> *m(f)* Südafrikaner(in) *m(f)* **sud-américain(e)** [sydameʀikɛ̃, ɛn] <sud-américains> *adj* südamerikanisch **Sud-Américain(e)** [sydameʀikɛ̃, ɛn] <Sud-Américains> *m(f)* Südamerikaner(in) *m(f)*
sudation [sydasjɔ̃] *f* Schwitzen *nt*
sud-coréen(ne) [sydkɔʀeɛ̃, ɛn] <sud-coréens> *adj* südkoreanisch **Sud-Coréen(ne)** [sydkɔʀeɛ̃, ɛn] <Sud-Coréens> *m(f)* Südkoreaner(in) *m(f)* **sud-est** [sydɛst] **I.** *m* Südosten *m* **II.** *adj inv* südöstlich; **vent** ~ Südostwind *m*
sudiste [sydist(ə)] **I.** *adj* HIST südstaatlich
II. *m* HIST Südstaatler *m*
sudorifère [sydɔʀifɛʀ] *adj* Schweiß-
sudorifique [sydɔʀifik] *adj* schweißtreibend
sudoripare [sydɔʀipaʀ] *adj v.* **sudorifère**
sud-ouest [sydwɛst] **I.** *m* Südwesten *m;* **vent** ~ Südwestwind *m* **II.** *adj inv* südwestlich **sud-vietnamien(ne)** [sydvjɛtnamjɛ̃, jɛn] <sud-vietnamiens> *adj* HIST südvietnamesisch **Sud-Vietnamien(ne)** [sydvjɛtnamjɛ̃, jɛn] <Sud-Vietnamiens> *m(f)* HIST Südvietnamese *m*/-vietnamesin *f*
suède [sɥede] *m* TEXTIL Wildleder *nt,* Veloursleder *nt*
Suède [sɥɛd] *f* **la** ~ Schweden *nt*
suédé(e) [sɥede] *adj* TEXTIL wildlederartig; **cuir** ~ Wildlederimitat *nt*
suédine [sɥedin] *f* Wildlederimitation *f*
suédois [sɥedwa] *m* **le** ~ Schwedisch *nt,* das Schwedische; *v. a.* **allemand**
suédois(e) [sɥedwa, waz] *adj* schwedisch
Suédois(e) [sɥedwa, waz] *m(f)* Schwede *m*/Schwedin *f*
suée [sɥe] *f fam* Schweißausbruch *m;* **attraper** [*o* **prendre**] **une bonne** ~ kräftig ins Schwitzen geraten [*o* kommen]
suer [sɥe] <1> *vi* ❶ (*transpirer*) ~ **de qc** vor etw (*Dat*) schwitzen
❷ (*se donner beaucoup de mal*) ~ **sur qc/pour faire qc** sich mit etw quälen/sich abmühen etw zu tun
❸ *fam* (*excéder*) **faire** ~ **qn** jdn nerven (*fam*)
❹ *fam* (*s'ennuyer*) **se faire** ~ sich entsetzlich langweilen
sueur [sɥœʀ] *f* Schweiß *m;* **avoir des** ~**s** Schweißausbrüche *Pl* haben; **être en** ~ schweißnass sein
▶ **à la** ~ **de son front** im Schweiße seines/ihres Angesicht[e]s; **qn a des** ~**s froides** jdm bricht der kalte Schweiß aus
suffire [syfiʀ] *<irr>* **I.** *vi* ❶ (*être assez*) genügen, reichen; ~ **pour** [*o* **à**] **faire qc** genügen um etw zu tun
❷ (*satisfaire*) ~ **aux besoins** für die Bedürfnisse *Pl* aufkommen; ~ **aux obligations** den Verpflichtungen (*Dat*) nachkommen
II. *vi impers* (*être suffisant*) **il suffit à qn d'une scie pour abattre l'arbre** eine Säge genügt jdm um den Baum zu fällen; **il suffit de donner son nom pour être inscrit** man braucht nur seinen Namen anzugeben um eingeschrieben zu sein; **il suffit d'une fois** einmal reicht; **il suffit que vous soyez là pour qu'il se calme** um ihn zu beruhigen genügt es, wenn Sie da sind; **ça suffit** [**comme ça**]! *fam* Schluss jetzt! (*fam*), jetzt reicht's! (*fam*)

S

III. *vpr* **se ~ à soi-même** (*matériellement*) sich selbst versorgen; (*intellectuellement*) sich (*Dat*) selbst genügen

suffisamment [syfizamɑ̃] *adv* **~ grand(e)** groß genug; **~ affranchi(e)** ausreichend frankiert; **~ de temps/livres** genügend Zeit/Bücher; **~ à boire** genug zu trinken

suffisance [syfizɑ̃s] *f* Selbstgefälligkeit *f*, Süffisanz *f* (*geh*)

suffisant(e)¹ [syfizɑ̃, ɑ̃t] *adj* *nombre, techniques* ausreichend; *place* genügend *inv*; *résultat, somme* erforderlich, notwendig; **ne pas être ~(e)** nicht reichen; **~(e) pour faire qc** ausreichend um etw zu tun

suffisant(e)² [syfizɑ̃, ɑ̃t] *adj* (*prétentieux*) selbstgefällig, süffisant (*geh*)

suffixe [syfiks] *m* Nachsilbe *f*, Suffix *nt*

suffocant(e) [syfɔkɑ̃, ɑ̃t] *adj* *fumée, odeur* erstickend, den Atem raubend; *chaleur* erdrückend

suffocation [syfɔkasjɔ̃] *f* Atemnot *f*; **crise de ~** Erstickungsanfall *m*

suffoquer [syfɔke] <1> **I.** *vt* ❶ (*étouffer*) **~ qn** jdm den Atem rauben [*o* nehmen]
❷ (*stupéfier*) **~ qn** jdm den Atem verschlagen; (*s'emparer de*) *colère, joie:* jdn überwältigen
II. *vi* ❶ (*perdre le souffle*) ersticken
❷ (*ressentir une vive émotion*) **~ de colère** vor Wut außer sich (*Dat*) sein

suffrage [syfʀaʒ] *m* ❶ (*voix*) [Wahl]stimme *f*; **~ universel** allgemeines Wahlrecht; **les ~s exprimés** die abgegebenen Stimmen
❷ *pl* (*approbation*) Zustimmung *f*; **remporter tous les ~s** allgemeinen Beifall finden

suffragette [syfʀaʒɛt] *f* Suffragette *f*

suggérer [sygʒeʀe] <5> *vt* ❶ (*proposer*) **~ un voyage à qn** jdm eine Reise vorschlagen
❷ (*inspirer*) **~ une solution à qn** jdn auf eine Lösung bringen
❸ (*évoquer*) **~ le passé à qn** jdn an die Vergangenheit denken lassen; **être suggéré(e)** angedeutet sein/werden
❹ PSYCH **~ un succès à qn** jdm einen Erfolg suggerieren

suggestible [sygʒɛstibl] *adj* *psych personne* beeinflussbar, suggestibel (*Fachspr.*)

suggestif, -ive [sygʒɛstif, -iv] *adj* ❶ (*érotique*) aufreizend
❷ (*évocateur*) suggestiv

suggestion [sygʒɛstjɔ̃] *f* ❶ Vorschlag *m*; **faire une ~ à qn** (*proposer*) jdm einen Vorschlag machen; (*conseiller*) jdm etw raten
❷ PSYCH Suggestion *f*

suggestionner [sygʒɛstjɔne] <1> *vt* suggerieren; **~ à qn de faire qc** jdm einreden [*o* suggerieren], etw zu tun

suicidaire [sɥisidɛʀ] *adj* selbstmörderisch

suicide [sɥisid] **I.** *m* ❶ (*mort volontaire*) Selbstmord *m*
❷ (*entreprise suicidaire*) Selbstmord *m*; **c'est un [*o* du] ~** das ist glatter Selbstmord (*fam*)
II. *app* *opération* selbstmörderisch; *commando* Selbstmord-; *avion* Kamikaze-

suicidé(e) [sɥiside] *m(f)* Selbstmörder(in) *m(f)*

suicider [sɥiside] <1> *vpr* **se ~** ❶ Selbstmord begehen, sich (*Dat*) das Leben nehmen
❷ (*se détruire*) sich [selbst] zugrunde richten

suie [sɥi] *f* Ruß *m*

suif [sɥif] *m* Talg *m*

suint [sɥɛ̃] *m* ❶ (*sécrétion animale*) Wollschweiß *m*
❷ TECH (*scorie*) Glasgalle *f*

suintant(e) [sɥɛ̃tɑ̃, ɑ̃t] *adj* *pierre, roche* feucht

suintement [sɥɛ̃tmɑ̃] *m* *des eaux* Sickern *nt*; *d'un mur* Schwitzen *nt*

suinter [sɥɛ̃te] <1> *vi* **~ de qc** *eaux:* aus/durch etw sickern; *mur:* schwitzen; *plaie:* nässen

suis [sɥi] *indic prés de* **être**

suisse [sɥis] **I.** *adj* Schweizer *attr*; *peuple* schweizerisch; **~ romand(e)** welsch[schweizerisch]
II. *m* ❶ (*garde*) Schweizer Gardist *m*; (*bedeau*) Küster *m*
❷ CAN (*écureuil rayé*) Streifenhörnchen *nt*
▶ **petit ~** GASTR *Rahmquark in kleinen Portionen*; **boire/manger en ~** *fam* heimlich trinken/essen

Suisse [sɥis] **I.** *f* **la ~** die Schweiz
II. *mf* Schweizer(in) *m(f)*; **c'est un ~ allemand/romand** er ist Deutsch-/Französischschweizer [*o* Welschschweizer CH]

Suissesse [sɥisɛs] *f* Schweizerin *f*; **~ romande** Welschschweizerin *f*

suite [sɥit] *f* ❶ *d'une lettre, d'un roman* Rest *m*; *d'une affaire* Nachspiel *nt*; **attendre la ~** abwarten, wie es weiter geht
❷ (*succession*) *d'événements, de nombres* [Ab]folge *f*; *d'objets, de personnes* Reihe *f*
❸ (*conséquence*) Folge *f*; **sans ~** ohne Folgen *Pl*
❹ (*nouvel épisode*) Fortsetzung *f*, Folge *f*; **la ~ au prochain numéro** Fortsetzung folgt
❺ (*cohérence*) Zusammenhang *m*
❻ (*appartement*) Suite *f*
❼ MUS Suite *f*
❽ (*escorte*) Gefolge *nt*
❾ INFORM **~ bureautique** Office-Paket *nt*
▶ **tout de ~** sofort; **tout de ~ avant/après** kurz davor/gleich danach; **donner ~ à qc** auf etw (*Akk*) reagieren; **entraîner qc à sa ~** etw mit sich bringen; **faire ~ à qc** auf etw (*Akk*) folgen; **prendre la ~ de qn/qc** jds Nachfolge *f* antreten, jdn/etw ablösen; **~ à qc** Bezug *m* nehmend auf etw (*Akk*); **à la ~ [l'un(e) de l'autre]** nacheinander; **à la ~ de qc** nach etw; **et ainsi de ~** und so weiter [*o* fort]; **de ~** (*d'affilée*) hintereinander; **par la ~** später; **par ~ de qc** infolge [*o* aufgrund] einer S. (*Gen*)

suivant [sɥivɑ̃] **I.** *prép* ❶ (*conformément à*) gemäß (+ *Dat*); (*en fonction de*) je nach (+ *Dat*)
❷ (*le long de*) entlang (+ *Dat*)
II. *conj* **~ qu'on est jeune ou vieux** je nachdem, ob man jung oder alt ist

suivant(e) [sɥivɑ̃, ɑ̃t] **I.** *adj* ❶ (*qui vient ensuite*) nächste(r, s)
❷ (*ci-après*) folgende(r, s)
II. *m(f)* Nächste(r) *f(m)*; **au ~!** der Nächste!

suiveur, -euse [sɥivœʀ, -øz] *m, f* ❶ SPORT Begleiter(in) *m(f)*
❷ (*opp: meneur*) Mitläufer(in) *m(f)*

suivi [sɥivi] *m* *d'une affaire* Weiterverfolgung *f*; *d'un produit* Kundendienst *m*; **~ médical** medizinische Betreuung

suivi(e) [sɥivi] *adj* ❶ (*continu*) regelmäßig; *effort* kontinuierlich
❷ (*cohérent*) *conversation, raisonnement* zusammenhängend; *politique* konsequent

suivisme [sɥivism] *m* Mitläufertum *nt*

suiviste [sɥivist] **I.** *adj* *attitude* hörig, unterwürfig; *politique* linientreu
II. *mf* Mitläufer(in) *m(f)*

suivre [sɥivʀ] <*irr*> **I.** *vt* ❶ **~ qn/une route** jdm/einer Straße folgen; **faire ~ qn** jdn beschatten lassen
❷ (*venir ensuite*) **~ qn sur une liste** auf einer Liste gleich nach jdm kommen; **l'hiver suit l'automne** auf den Herbst folgt der Winter
❸ (*hanter*) verfolgen
❹ (*se conformer à*) **~ qn/qc** jdm/einer S. folgen; **~ la mode** mit der Mode gehen
❺ SCOL besuchen *classe, cours*
❻ (*observer*) beobachten, beaufsichtigen *élève, malade;* verfolgen *actualité, affaire, compétition*
❼ COM ständig führen *article, produit*
❽ (*comprendre*) **~ qn/qc** jdm/einer S. [geistig] folgen
▶ **être à ~** *personne:* vorbildlich sein; *exemple:* mustergültig sein; **à ~** Fortsetzung *f* folgt
II. *vi* ❶ folgen
❷ (*réexpédier*) **faire ~ qc** etw nachsenden lassen
❸ (*être attentif*) aufpassen; (*assimiler*) mitkommen
❹ (*évoluer parallèlement*) gleichziehen, nachziehen

III. *vi impers* **il suit de l'orage que la route est inondée** dass die Straße überschwemmt ist, ist eine Folge des Gewitters; **comme suit** wie folgt, folgendermaßen
IV. *vpr* **se** ~ ❶ (*se succéder*) aufeinander folgen
❷ (*être cohérent*) einen Zusammenhang haben
sujet [syʒɛ] *m* ❶ (*thème*) Thema *nt;* **c'est à quel ~?** *fam* worum geht's? (*fam*); **à ce ~** diesbezüglich, was dies betrifft; **au ~ de qn/qc** bezüglich einer Person/S. (*Gen*), was jdn/etw betrifft [*o* angeht]
❷ (*cause*) Grund *m;* **sans ~** grundlos
❸ (*individu*) Mensch *m;* **mauvais ~** übles Subjekt (*pej*)
❹ (*élève*) **brillant ~** glänzender Schüler/glänzende Schülerin
❺ (*personne soumise à une autorité*) Untertan *m*
❻ PHILOS , GRAM Subjekt *nt*
◆ **~ d'élite** Spitzenschüler(in) *m(f)*
sujet(te) [syʒɛ, ʒɛt] *adj* **être ~(te) à la migraine** für Migräne anfällig sein; **être ~(te) au mal de mer** leicht seekrank werden; **être ~(te) à faire qc** dazu neigen, etw zu tun
sujétion [syʒesjɔ̃] *f soutenu* ❶ (*dépendance*) **~ à qn/qc** Abhängigkeit *f* von jdm/etw
❷ (*contrainte*) Bürde *f*
sujette [syʒɛt] *f* Untertan *m*
sulfamides [sylfamid] *mpl* Sulfonamide *Pl*
sulfatage [sylfataʒ] *m* Schwefeln *nt*
sulfate [sylfat] *m* Sulfat *nt*
sulfater [sylfate] <1> *vt* schwefeln
sulfure [sylfyʀ] *m* Sulfid *nt;* **~ de carbone** Schwefelkohlenstoff *m*
sulfuré(e) [sylfyʀe] *adj* Schwefel-
sulfureux, -euse [sylfyʀø, -øz] *adj* ❶ CHIM schwefelig; **anhydride** [*o* **gaz**] **~** Schwefeldioxyd *nt*
❷ (*qui sent l'hérésie*) aufrührerisch
sulfurique [sylfyʀik] *adj* **acide ~** Schwefelsäure *f*
sulfurisé(e) [sylfyʀize] *adj* mit Schwefelsäure *f* behandelt; **papier ~** Pergamentpapier *nt*
sulky [sylki] <s> *m* SPORT Sulky *nt*
sultan [syltɑ̃] *m* Sultan *m*
sultanat [syltana] *m* Sultanat *nt*
sultane [syltan] *f* Sultanin *f*
summum [sɔ(m)mɔm] *m* ❶ *d'une civilisation, de la gloire* Höhepunkt *m,* Gipfel *m*
❷ *iron* (*comble*) Gipfel *m,* Höhe *f*
sumo [symo] *m* ❶ (*sport*) Sumo[ringen *nt*] *nt*
❷ (*lutteur*) Sumoringer *m*
sunlight [sœnlajt] *m souvent pl Name eines Projektors mit besonders hoher Lichtleistung*
sunnite [syn(n)it] I. *adj* REL sunnitisch
II. *mf* REL Sunnit *m*
super[1] [sypɛʀ] *m abr de* **supercarburant** Super[benzin *nt*] *nt;* **~ sans plomb/plombé** Super bleifrei/verbleit
super[2] [sypɛʀ] *adj inv fam* super (*fam*)
superbe [sypɛʀb] *adj repas, vin* erstklassig; *corps, yeux, paysage* wunderschön; *performance, résultat* erstklassig, fantastisch; *enfant* prächtig; *temps* herrlich; **elle a une mine ~** sie sieht blendend aus
superbement [sypɛʀbəmɑ̃] *adv* großartig, hervorragend
superbénéfice [sypɛʀbenefis] *m* Spitzengewinn *m*
supercarburant [sypɛʀkaʀbyʀɑ̃] *m* Superbenzin *nt*
superchampion(ne) [sypɛʀʃɑ̃pjɔ̃, jɔn] *m(f)* Spitzensportler(in) *m(f)*
supercherie [sypɛʀʃəʀi] *f* Schwindel *m,* Betrug *m*
supérette [sypeʀɛt] *f* kleinerer Supermarkt
superfétatoire [sypɛʀfetatwaʀ] *adj littér* überflüssig
superficie [sypɛʀfisi] *f d'un terrain, pays* Fläche *f; d'un appartement* Grundfläche; **unité de ~** Flächenmaß *nt*
superficiel(le) [sypɛʀfisjɛl] *adj* oberflächlich
superficiellement [sypɛʀfisjɛlmɑ̃] *adv* oberflächlich
superfin(e) [sypɛʀfɛ̃, in] *adj* erstklassig, hochfein
superflic [sypɛʀflik] *m fam* Superbulle *m* (*fam*)
superflu [sypɛʀfly] *m* Überflüssige(s) *nt,* Unnötige(s) *nt*
superflu(e) [sypɛʀfly] *adj* überflüssig
superforme [sypɛʀfɔʀm] *f fam* Höchstform *f,* beste Verfassung
supergrand [sypɛʀgʀɑ̃] *m fam* Supermacht *f*
super-huit, super-8 [sypɛʀɥit] I. *adj inv* Super-8-
II. *m inv* Super-8-Format *nt*
supérieur [sypeʀjœʀ] *m* ❶ (*personne*) Vorgesetzte(r) *f(m);* REL Superior *m*
❷ UNIV Hochschulwesen *nt*
supérieur(e) [sypeʀjœʀ] *adj* ❶ (*plus haut dans l'espace*) obere(r, s); *lèvre, mâchoire* Ober-
❷ (*plus élevé dans la hiérarchie*) höhere(r, s); *animal, plante* höher entwickelt, höhere(r, s); *cadre* leitend; **enseignement ~** Hochschulwesen *nt;* **d'ordre ~** höher wertig
❸ (*de grande qualité*) hervorragend, überragend; *produit* erstklassig
❹ (*qui dépasse*) **être ~(e) à un coureur par la vitesse/en vitesse** einem Läufer in Bezug auf Geschwindigkeit/in Geschwindigkeit (*Dat*) überlegen sein; **~(e) en nombre/par la qualité** zahlenmäßig größer/qualitativ besser; **être ~(e) à la moyenne** über dem Durchschnitt *m* liegen
❺ (*prétentieux*) *air, regard, ton* überlegen
supérieure [sypeʀjœʀ] *f* Vorgesetzte *f;* REL Superiorin *f*
supérieurement [sypeʀjœʀmɑ̃] *adv* außergewöhnlich
supériorité [sypeʀjɔʀite] *f* **~ sur qn/qc** Überlegenheit *f* jdm/etw gegenüber; **complexe de ~** Größenwahn *m*
superlatif [sypɛʀlatif] *m* Superlativ *m*
superléger [sypɛʀleʒe] *m* Halbweltergewicht *nt*
superman [sypɛʀman, -mɛn] <s *o* -men> *m fam* Supermann *m*
supermarché [sypɛʀmaʀʃe] *m* Supermarkt *m*
superpétrolier [sypɛʀpetʀɔlje] *m v.* **supertanker**
superposable [sypɛʀpozabl] *adj* aufeinander setzbar; GEOM deckungsgleich
superposé(e) [sypɛʀpoze] *adj couches* übereinander liegend; *livres, pierres* aufeinander getürmt; **lits ~s** Etagenbett *nt*
superposer [sypɛʀpoze] <1> I. *vt* ❶ (*faire chevaucher*) übereinander legen
❷ (*empiler*) auftürmen
II. *vpr* ❶ (*se recouvrir*) **se ~** *figures géométriques:* sich decken; *images:* sich überdecken
❷ (*s'ajouter*) **se ~ à qc** *couche:* etw überlagern; *élément, renseignements:* zu etw hinzukommen
superposition [sypɛʀpozisjɔ̃] *f* ❶ Übereinanderschichtung *f,* Übereinanderlagerung *f*
❷ (*action de superposer*) Übereinanderlegen *nt*
superproduction [sypɛʀpʀɔdyksjɔ̃] *f* Monumentalfilm *m*
superprofit [sypɛʀpʀɔfi] *m* Spitzengewinn *m*
superpuissance [sypɛʀpɥisɑ̃s] *f* Großmacht *f,* Supermacht *f*
supersonique [sypɛʀsɔnik] I. *adj* Überschall-
II. *m* Überschallflugzeug *nt*
superstar [sypɛʀstaʀ] *f* Superstar *m*
superstitieux, -euse [sypɛʀstisjø, -jøz] *adj* abergläubisch
superstition [sypɛʀstisjɔ̃] *f* Aberglaube[n] *m*
superstructure [sypɛʀstʀyktyʀ] *f* Überbau *m,* Oberbau *m;* NAUT Aufbauten *Pl*
supertanker [sypɛʀtɑ̃kɛʀ] *m* Riesentanker *m*
superviser [sypɛʀvize] <1> *vt* überprüfen, durchsehen; beaufsichtigen *travail*
superviseur [sypɛʀvizœʀ] *m* ❶ INFORM Kontrollprogramm *nt,* Überwachungsprogramm
❷ (*personne*) Aufsichtsführende(r) *m*
superviseuse [sypɛʀvizøz] *f* Aufsichtsführende *f*
supervision [sypɛʀvizjɔ̃] *f* Überprüfung *f; d'un travail* Beaufsichtigung *f;* PSYCH Supervision *f*
superwelter [sypɛʀwɛltɛʀ] *m* Halbmittelgewicht *nt*
supplanter [syplɑ̃te] <1> *vt* verdrängen; verdrängen, ausstechen *rival*

S

suppléance [sypleɑ̃s] *f* Vertretung *f;* **faire des ~s** Vertretungen übernehmen
suppléant(e) [sypleɑ̃, ɑ̃t] **I.** *adj député, juge* stellvertretend; *instituteur* Aushilfs-
II. *m(f)* Stellvertreter(in) *m(f);* MED, SCOL Vertretung *f*
suppléer [syplee] <1> **I.** *vt personne:* vertreten; *chose:* ersetzen
II. *vi* ❶ (*remplacer*) ~ **à la main d'œuvre par le recours à la machine** die Handarbeit durch die Maschine ersetzen
❷ (*compenser*) ~ [**à**] **un défaut par qc** einen Fehler durch etw ausgleichen
supplément [syplemɑ̃] *m* ❶ (*surplus*) zusätzliche Menge; **en ~** zusätzlich
❷ (*publication*) *d'un journal, d'une revue* Beilage *f; d'un dictionnaire* Ergänzungsband *m*
❸ (*somme d'argent à payer*) Aufpreis *m;* CHEMDFER Zuschlag *m;* **payer un ~** einen Zuschlag zahlen
supplémentaire [syplemɑ̃tɛʀ] *adj* ❶ zusätzlich; *édition, train* Sonder-; **heure ~** Überstunde *f*
❷ GEOM **angle ~** Ergänzungswinkel *m*
supplétif, -ive [sypletif, -iv] *adj* ❶ *vieilli* (*qui complète*) *paragraphe* ergänzend
❷ (*temporaire*) *personnel* Aushilfs-
suppliant(e) [syplijɑ̃, ijɑ̃t] *adj* flehend
supplication [syplikasjɔ̃] *f* inständige Bitte
supplice [syplis] *m* ❶ (*souffrance*) Qual *f*
❷ (*châtiment corporel*) Folter *f*
▶ **être au ~** [wie] auf glühenden Kohlen sitzen; **mettre qn au ~** jdn quälen
◆ **~ de Tantale** Tantalusqualen *Pl*
supplicié(e) [syplisje] *m(f)* [zu Tode] Gefolterte(r) *f(m)*
supplicier [syplisje] <1a> *vt* [zu Tode] foltern
supplier [syplije] <1a> *vt* ~ **qn de faire qc** jdn anflehen etw zu tun, jdn inständig bitten etw zu tun
supplique [syplik] *f* Gesuch *nt*
support [sypɔʀ] *m* ❶ (*soutien*) Stütze *f; d'un meuble, d'une statue* Sockel *m*
❷ (*subjectile*) Basis *f,* Untergrund *m;* ~ **audiovisuel** audiovisuelles [Hilfs]mittel *nt;* ~ **publicitaire** Werbeträger *m*
❸ INFORM ~ **d'information** Informationsträger *m,* Datenträger *m,* Medium *nt*
supportable [sypɔʀtabl] *adj* erträglich
supporter¹ [sypɔʀte] <1> **I.** *vt* ❶ (*psychiquement*) ertragen; ertragen, erdulden *douleur, maladie;* hinnehmen *malheur;* ertragen, sich (*Dat*) gefallen lassen *mauvais traitement;* ~ **de faire qc** es ertragen etw zu tun; **mal ~/ne pas ~ qu'elle fasse qc** es nicht ausstehen können, wenn sie etw tut; **je ne peux pas le ~** ich kann ihn nicht ausstehen
❷ (*physiquement*) vertragen *alcool, chaleur;* aushalten *douleur;* überstehen *opération;* **ne pas ~ l'avion/la vue du sang** das Fliegen nicht vertragen/kein Blut *nt* sehen können; ~ **la chaleur** *plat:* hitzebeständig sein
❸ (*subir*) einstecken [*o* hinnehmen] müssen *affront, avanies, échec;* ~ **les conséquences de qc** die Folgen einer S. zu tragen haben
❹ (*soutenir*) *pilier:* stützen; *chevalet, socle:* tragen
❺ SPORT ~ **qn/qc** (*donner son appui*) jdn/etw unterstützen; (*encourager*) jdn/etw anfeuern
II. *vpr* **se ~** miteinander auskommen
supporter² [sypɔʀtɛʀ] *m,* **supporteur, -trice** [sypɔʀtœʀ, -tʀis] *m, f* Anhänger(in) *m(f),* Fan *m*
supposé(e) [sypoze] *adj* mutmaßlich, vermutet
supposer [sypoze] <1> *vt* ❶ annehmen; **je suppose qu'il va revenir** ich nehme an, dass er zurückkommen wird; **supposons qu'il revienne** nehmen wir [einmal] an, er käme zurück; **le problème est supposé résolu** das Problem wird als gelöst betrachtet; **le train est supposé arriver à l'heure** der Zug soll eigentlich pünktlich da sein; **à ~ qu'elle vienne** vorausgesetzt sie kommt
❷ (*présumer*) ~ **qc** etw vermuten, von etw ausgehen
❸ (*impliquer*) voraussetzen
supposition [sypozisjɔ̃] *f* Vermutung *f,* Annahme *f*
suppositoire [sypozitwaʀ] *m* Zäpfchen *nt*
suppôt [sypo] *m littér* Handlanger(in) *m(f),* Helfershelfer(in) *m(f)* (*pej*)
suppression [sypʀesjɔ̃] *f* ❶ *d'une phrase, subvention* Streichung *f; de personnel, d'emplois* Abbau *m; d'une difficulté, d'un objet* Beseitigung *f; d'une administration, usine* Auflösung *f*
❷ (*abrogation*) *d'une disposition légale* Aufhebung *f; de la peine de mort, d'un privilège* Abschaffung *f*
supprimer [sypʀime] <1> **I.** *vt* ❶ (*enlever*) ~ **un avantage/emploi à qn** jdm einen Vorteil/eine Stelle streichen; ~ **des emplois** Arbeitsplätze abbauen; ~ **le permis à qn** jdm den Führerschein entziehen
❷ (*abolir*) abschaffen *libertés, peine de mort*
❸ (*faire disparaître*) beseitigen *fatigue, trace;* stillen *douleur;* ~ **le sucre** auf Zucker (*Akk*) verzichten
❹ (*tuer*) beseitigen
II. *vpr* **se ~** sich umbringen
suppuration [sypyʀasjɔ̃] *f* MED Eiterung *f,* Suppuration *f* (*Fachspr.*)
suppurer [sypyʀe] <1> *vi* eitern
supputation [sypytasjɔ̃] *f* ❶ (*estimation*) Schätzung *f*
❷ (*pronostic*) Prognose *f*
supputer [sypyte] <1> *vt littér* abschätzen; abwägen *possibilités;* überschlagen *dépenses*
supraconducteur [sypʀakɔ̃dyktœʀ] *m* Supraleiter *m*
supraconducteur, -trice [sypʀakɔ̃dyktœʀ, -tʀis] *adj* supraleitend
supraconductivité [sypʀakɔ̃dyktivite] *f* supraleitende Eigenschaft
supranational(e) [sypʀanasjɔnal, o] <-aux> *adj* supranational, überstaatlich
supranationalité [sypʀanasjɔnalite] *f* Überstaatlichkeit *f*
suprématie [sypʀemasi] *f* Überlegenheit *f,* Vorherrschaft *f*
suprême [sypʀɛm] **I.** *adj bonheur, degré* höchste(r, s); *cour, instance* oberste(r, s); *pouvoir* größte(r, s)
II. *m* GASTR ~ **de volaille/poissons** Geflügelbrust *f*/Fischfilet *nt* mit Sahnesoße
suprêmement [sypʀɛmmɑ̃] *adv* äußerst; *intelligent* höchst, äußerst
sur [syʀ] *prép* ❶ (*spatial*) ~ **qn/qc** (*vers*) auf jdn/etw; (*au-dessus de*) über jdn/etw; (*non directionnel*) auf jdm/etw; (*au-dessus de*) über jdm/etw
❷ (*temporel*) ~ **le soir** gegen Abend *m;* ~ **ses vieux jours** auf seine/ihre alten Tage; ~ **le coup** (*immédiatement*) auf der Stelle; (*au début*) im ersten Augenblick; ~ **ce je vous quitte** und nun gehe ich
❸ (*successif*) **coup ~ coup** Schlag auf Schlag (*Akk*)
❹ (*causal*) ~ **sa recommandation** auf seine/ihre Empfehlung hin; ~ **présentation d'une pièce d'identité** gegen Vorlage eines Ausweises
❺ (*modal*) **ne me parle pas ~ ce ton!** sprich nicht so [*o* in diesem Ton] mit mir!; ~ **mesure** nach Maß; ~ **le mode mineur** in Moll (*Dat*); ~ **l'air de...** auf die Melodie ...
❻ (*au sujet de*) ~ **qn/qc** über jdn/etw
❼ (*proportionnalité, notation, dimension*) **neuf fois ~ dix** neun von zehn Mal; **un enfant ~ deux** jedes zweite Kind; **faire cinq mètres ~ quatre** fünf auf [*o* mal] vier Meter groß sein
sûr(e) [syʀ] *adj* ❶ (*convaincu*) ~(**e**) **de qn/qc** jds/einer S. sicher; **j'en suis ~(e)** ich bin [mir] dessen sicher, da bin ich [mir] ganz sicher; **être ~(e) de faire qc/qu'il va réussir** sicher sein etw zu tun/, dass er Erfolg haben wird
❷ (*certain*) sicher, gewiss *präd;* **il est** [*o* **c'est**] ~ **qu'il va pleuvoir** es ist sicher [*o* es besteht kein Zweifel], dass es regnen wird; **il n'est pas ~ qu'il va pleuvoir** [*o* **pleuve**] es ist

unsicher, ob es regnen wird
③ (*sans danger*) sicher; **en lieu** ~ an einem sicheren Ort
④ (*digne de confiance*) zuverlässig; *temps* beständig; *valeur* sicher
⑤ (*solide*) *arme, base, main, goût, instinct* sicher; *raisonnement* gesund
► **bien** ~ sicherlich, selbstverständlich; **bien** ~ **que oui/non** *fam* aber sicher/sicherlich nicht [*o* ganz bestimmt nicht]; **être** ~(**e**) **et certain**(**e**) absolut sicher sein; **rien n'est moins** ~ das ist höchst unwahrscheinlich; **le plus** ~ **est de faire qc** es ist das Beste etw zu tun; **c'est** ~ *fam* na klar (*fam*); **pas** [**si**] ~! *fam* nicht gesagt (*fam*), nicht unbedingt
surabondance [syʀabɔ̃dɑ̃s] *f* Überfluss *m*; ~ **de produits** Überangebot *nt* an Produkten (*Dat*)
surabondant(**e**) [syʀabɔ̃dɑ̃, ɑ̃t] *adj* überreichlich
surabonder [syʀabɔ̃de] <1> *vi* im Übermaß vorhanden sein; ~ **en** [*o* **de**] **qc** etw in Hülle und Fülle besitzen, etw im Überfluss haben
suractivité [syʀaktivite] *f* Überaktivität *f*
suraigu, suraiguë [syʀegy] *adj* schrill; *douleur* stechend
surajouter [syʀaʒute] <1> **I.** *vt* ~ **une strophe à un poème** einem Gedicht eine Strophe hinzufügen
II. *vpr* **se** ~ **à qc** noch zu etw hinzukommen
suralimentation [syʀalimɑ̃tasjɔ̃] *f* Überernährung *f*
suralimenté(**e**) [syʀalimɑ̃te] *adj* ① überernährt
② TECH vorverdichtet
suralimenter [syʀalimɑ̃te] <1> *vt* ① überernähren, überfüttern *animal, enfant*
② AUT vorverdichten, aufladen
suranné(**e**) [syʀane] *adj style* veraltet, antiquiert; *beauté, charme* verlebt
surarmement [syʀaʀməmɑ̃] *m* Überrüstung *f*
surate [syʀat] *f* REL Sure *f*
surbaissé(**e**) [syʀbese] *adj plafond* niedrig; *carrosserie, véhicule* tiefergelegt
surbooké(**e**) [syʀbuke] *adj* ① (*surréservé*) *avion* überbucht
② *fam* ausgebucht; *manager* overbooked (*fam*)
surbooking [syʀbukiŋ] *m* Überbuchung *f*
surcapacité [syʀkapasite] *f* Überkapazität *f*
surcharge [syʀʃaʀʒ] *f* ① (*excès de charge*) Überladung *f*
② (*excédent de poids*) Übergewicht *nt*; ~ **de bagages** Übergepäck *nt*
③ (*surcroît*) ~ **de dépenses** Mehrausgaben *Pl*; ~ **des programmes scolaires** Überlastung *f* der Lehrpläne
④ (*ajout, surimpression*) *d'un document, texte* überschriebene Stelle, Korrektur *f*; *d'un timbre-poste* Überdruck *m*
► **en** ~ ELEC überlastet; *passagers:* überzählig; *véhicule:* überladen
surchargé(**e**) [syʀʃaʀʒe] *adj* ① (*bondé*) *véhicule, ascenseur* überfüllt
② (*qui a trop d'ornements*) *tâpisserie* überladen
③ (*qui a trop de travail*) *élève, secrétaire* überlastet
④ SCOL (*trop plein*) *emploi du temps* zu voll
⑤ (*avec des surcharges*) *cahier* mit überschriebenen Textstellen
surcharger [syʀʃaʀʒe] <2a> *vt* ① (*charger à l'excès*) überladen
② (*imposer une charge à*) ~ **une machine/un ouvrier de travail** eine Maschine/einen Arbeiter mit Arbeit überlasten; **être surchargé**(**e**) **de travail** in Arbeit (*Dat*) ersticken
③ (*recouvrir d'une inscription*) (*en écrivant*) überschreiben; (*à l'impression*) überdrucken
surchauffe [syʀʃof] *f* PHYS, TECH Überhitzen *nt*; **être en** ~ überhitzt sein
surchauffé(**e**) [syʀʃofe] *adj* ① *bureau, salle de sport* überheizt
② *fig imagination* überhitzt; *esprit* überreizt
surchauffer [syʀʃofe] <1> *vt* überheizen; **imagination surchauffée** übersteigerte Fantasie
surchemise, sur-chemise [syʀʃ(ə)miz] <sur-chemises> *f* Jackenhemd *nt*
surchoix [syʀʃwa] *adj inv* erstklassig, [qualitativ] hervorragend
surclasser [syʀklɑse] <1> *vt* ① ~ **qn** jdm [weit] überlegen sein, jdn in den Schatten stellen; **être surclassé**(**e**) unterlegen sein
② (*être de qualité supérieure à*) ~ **un produit** einem Produkt überlegen sein
surcomposé(**e**) [syʀkɔ̃poze] *adj* GRAM *temps* mit zwei Hilfsverben
surcompression [syʀkɔ̃pʀesjɔ̃] *f* Überverdichtung *f*; *d'un moteur à explosion* Vorverdichtung *f*
surconsommation [syʀkɔ̃sɔmasjɔ̃] *f* übermäßiger Konsum; ~ **de qc** übermäßiger Konsum von etw, übermäßiger Verbrauch an etw (*Dat*)
surcoût [syʀku] *m* Mehrkosten *Pl*
surcroît [syʀkʀwa] *m* ~ **de travail/passagers** zusätzliche Arbeit/Passagiere; **un** ~ **d'honnêteté/de scrupules** übertriebene Ehrlichkeit/Bedenken
► **de** [*o* **par**] ~ *soutenu* überdies (*geh*), obendrein
surdimensionné(**e**) [syʀdimɑ̃sjɔne] *adj* überdimensional
surdimutité [syʀdimytite] *f* Taubstummheit *f*, Surdomutitas *f* (*Fachspr.*)
surdité [syʀdite] *f* (*perte totale de l'ouïe*) Taubheit *f*, Gehörlosigkeit *f*; (*perte partielle de l'ouïe*) Schwerhörigkeit *f*
surdose [syʀdoz] *f* Überdosis *f*
surdoué(**e**) [syʀdwe] **I.** *adj* hochbegabt
II. *m(f)* Hochbegabte(r) *f(m)*
sureau [syʀo] *m* Holunder *m*
sureffectif [syʀefɛktif] *m* Überbesetzung *f*; **entreprise en** ~ Unternehmen mit zu großer Belegschaft; **classe en** ~ Klasse mit zu vielen Schülern
surélévation [syʀelevasjɔ̃] *f* Erhöhung *f*
surélever [syʀelve] <4> *vt* aufstocken *maison;* erhöhen *mur;* **être surélevé**(**e**) *maison:* aufgestockt sein; *chaise:* erhöht sein; **rez-de-chaussée surélevé** Hochparterre *nt*
suremballage [syʀɑ̃balaʒ] *m* Umverpackung *f*
sûrement [syʀmɑ̃] *adv* sicher[lich], bestimmt
surenchère [syʀɑ̃ʃɛʀ] *f* (*exagération*) gegenseitiges Überbieten; ~ **électorale** Überbietung *f* in Wahlversprechungen (*Dat*); **faire de la** ~ auftrumpfen
surenchérir [syʀɑ̃ʃeʀiʀ] <8> *vi* mehr bieten; (*en rajouter*) auftrumpfen; ~ **sur qn/qc** jdn/etw überbieten
surendetté(**e**) [syʀɑ̃dete] *adj* überschuldet
surendettement [syʀɑ̃dɛtmɑ̃] *m* Überschuldung *f*
surent [syʀ] *passé simple de* **savoir**
surentraîné(**e**) [syʀɑ̃tʀene] *adj* übertrainiert
suréquipement [syʀekipmɑ̃] *m* übertriebene Ausstattung [*o* Ausrüstung]
suréquiper [syʀekipe] <1> *vt* ~ **un enfant/une chambre en qc** ein Kind/ein Zimmer übermäßig mit etw ausstatten
surestimation [syʀɛstimasjɔ̃] *f* *d'un immeuble, d'une valeur* zu hohe Schätzung; *des effectifs, d'une puissance* Überschätzung *f*
surestimer [syʀɛstime] <1> *vt* zu hoch schätzen *immeuble, valeur;* überschätzen, zu hoch einschätzen *force, puissance, personne*
suret(**te**) [syʀe, ɛt] *adj pomme, goût* säuerlich
sûreté [syʀte] *f* ① (*précision*) Sicherheit *f*
② (*sécurité*) Sicherheit *f*; **épingle/serrure de** ~ Sicherheitsnadel *f*/-schloss *nt*; **mettre qn/qc en** ~ jdn/etw in Sicherheit bringen; **pour plus de** ~ sicherheitshalber, um sicherzugehen
③ (*exactitude*) Verlässlichkeit *f*, Zuverlässigkeit *f*
surévaluer [syʀevalɥe] <1> *vt* überschätzen *personne;* zu hoch schätzen *immeuble, nombre;* zu hoch ansetzen [*o* veranschlagen] *prix*
surexcitation [syʀɛksitasjɔ̃] *f* übermäßige Erregung
surexcité(**e**) [syʀɛksite] *adj* übermäßig erregt
surexciter [syʀɛksite] <1> *vt* überreizen *personne;* entflammen *passions*
surexploiter [syʀɛksplwate] <1> *vt* übermäßig ausnutzen, aus-

beuten; übermäßig abholzen *forêt*
surexposer [syʀɛkspoze] <1> *vt* überbelichten
surexposition [syʀɛkspozisjɔ̃] *f* Überbelichtung *f*
surf [sœʀf] *m* ❶ (*sport*) Wellenreiten *nt*, Surfen *nt*; (*sur la neige*) Snowboard fahren *nt*; **faire du ~** surfen; (*sur la neige*) Snowboard *nt* fahren
❷ (*planche*) (*pour l'eau*) Surfbrett *nt*; (*pour la neige*) Snowboard *nt*
❸ INFORM Surfen *nt*; **faire du ~ sur le Net** im Internet surfen
surface [syʀfas] *f* ❶ (*aire*) Fläche *f*; *d'un appartement, d'une pièce* [Wohn]fläche; GEOM Fläche, Flächeninhalt *m*; **~ corrigée** JUR *durch Bewertungsziffern korrigierte Wohnfläche* (*zur Mietpreisberechnung*)
❷ (*couche superficielle*) Oberfläche *f*; **~ de l'eau** Wasseroberfläche; **à la ~** auf der/die Oberfläche
❸ (*apparence des choses*) Oberfläche *f*
▶ **grande** ~ Supermarkt *m*; **faire** ~ auftauchen; **refaire** ~ wieder auftauchen, wieder zu sich kommen; **en** ~ an der Oberfläche, oberflächlich
◆ **~ de chauffe** Heizfläche *f*; **~ de réparation** FBALL Strafraum *m*; **~ de travail** INFORM Arbeitsoberfläche *f*
surfait(e) [syʀfɛ, ɛt] *adj auteur, œuvre* überbewertet; **une réputation ~e** übertrieben guter Ruf
surfer [sœʀfe] <1> *vi* ❶ (*sur l'eau*) surfen
❷ INFORM surfen; **~ sur le Web** im Web [*o* Internet] surfen
surfeur, -euse [sœʀfœʀ, -øz] *m, f* ❶ (*sur l'eau*) Wellenreiter(in) *m(f)*, Surfer(in) *m(f)*
❷ (*sur la neige*) Snowboardfahrer(in) *m(f)*
❸ INFORM Surfer(in) *m(f)*
surfil [syʀfil] *m* Versäuberungsnaht *f*
surfiler [syʀfile] <1> *vt* versäubern
surfin(e) [syʀfɛ̃, in] *adj* extrafein
surfing [sœʀfiŋ] *m* INFORM Surfen *nt*; **faire du ~ sur le Net** im Internet surfen
surgelé(e) [syʀʒəle] *adj* tiefgekühlt, tiefgefroren
surgeler [syʀʒəle] <4> *vt* tiefgefrieren *légumes, poisson*
surgelés [syʀʒəle] *mpl* Tiefkühlkost *f*, Gefriergut *nt*
surgénérateur [syʀʒeneʀatœʀ] *m* schneller Brüter
surgir [syʀʒiʀ] <8> *vi* auftauchen
surhomme [syʀɔm] *m* Übermensch *m*
surhumain(e) [syʀymɛ̃, ɛn] *adj* übermenschlich
surimi [syʀimi] *m* Surimi *nt* (*Krabbenersatz auf Fischbasis*)
surimposer [syʀɛ̃poze] <1> *vt* übermäßig besteuern
surimposition [syʀɛ̃pozisjɔ̃] *f* übermäßige Besteuerung, Überbesteuerung *f*
surimpression [syʀɛ̃pʀesjɔ̃] *f* Doppelbelichtung *f*
surin [syʀɛ̃] *m arg* (*poignard*) Dolch *m*
surindustrialisé(e) [syʀɛ̃dystʀijalize] <1> *adj région, secteur* hoch industrialisiert
surinfection [syʀɛ̃fɛksjɔ̃] *f* Superinfektion *f*
surinformation [syʀɛ̃fɔʀmasjɔ̃] *f* Überinformation *f*
surinformé(e) [syʀɛ̃fɔʀme] *adj* überinformiert
surintendant [syʀɛ̃tɑ̃dɑ̃] *m* HIST **~ des Finances** *oberster Finanzbeamter des Ancien Régime*
surir [syʀiʀ] <8> *vi vin:* sauer werden
surjet [syʀʒɛ] *m* Überwendlingsnaht *f*
sur-le-champ [syʀləʃɑ̃] *adv* auf der Stelle, sofort
surlendemain [syʀlɑ̃dmɛ̃] *m* übernächster Tag; **le ~ de qc** zwei Tage nach etw
surligner [syʀliɲe] <1> *vt* INFORM markieren
surligneur [syʀliɲœʀ] *m* Leuchtstift *m*, Textmarker *m*
surloyer [syʀlwaje] *m* Mietzuschlag *m*
surmédicalisation [syʀmedikalizasjɔ̃] *f* (*suréquipement*) übertriebene medizinische Ausrüstung; (*suivi exagéré*) übertriebene medizinische Betreuung
surmenage [syʀmənaʒ] *m* (*intellectuel, scolaire*) Überbeanspruchung *f*; (*physique*) Überanstrengung *f*
surmené(e) [syʀməne] *adj* (*fatigué*) übermüdet; (*en état de surmenage*) überarbeitet
surmener [syʀməne] <4> **I.** *vt* überbeanspruchen, zu stark belasten
II. *vpr* **se ~** sich übernehmen
sur[-]mesure [syʀməzyʀ] *m* Fertigung *f* nach Maß
surmoi [syʀmwa] *m inv* PSYCH Über-Ich *nt*
surmontable [syʀmɔ̃tabl] *adj* überwindbar
surmonter [syʀmɔ̃te] <1> **I.** *vt* ❶ überwinden; bezwingen *peur*
❷ (*couronner*) überragen *porte*
II. *vpr* **se ~** ❶ sich beherrschen
❷ (*être maîtrisé*) *timidité:* überwunden werden
surmulot [syʀmylo] *m* Wanderratte *f*
surmultiplié(e) [syʀmyltiplije] *adj* **vitesse ~e** Overdrive *m*
surnager [syʀnaʒe] <2a> *vi* ❶ oben schwimmen
❷ *fig* fortbestehen
surnaturel [syʀnatyʀɛl] *m* **le ~** das Übernatürliche; REL das Überirdische
surnaturel(le) [syʀnatyʀɛl] *adj* ❶ übernatürlich; REL überirdisch
❷ (*extraordinaire*) *bonheur* unfassbar; *paysage* außergewöhnlich schön
surnom [syʀnɔ̃] *m* ❶ Spitzname *m*
❷ Beiname *m*
surnombre [syʀnɔ̃bʀ] *m* Überzahl *f*
surnommer [syʀnɔme] <1> *vt* **~ qn Junior** jdm den Spitznamen [*o* Beinamen] Junior geben, jdn Junior taufen
surnuméraire [syʀnymeʀɛʀ] *adj* überzählig
suroffre [syʀɔfʀ] *f* COM höheres Angebot
suroît [syʀwa] *m* ❶ (*chapeau*) Südwester *m*
❷ METEO Südwest[wind *m*] *m* (*poet*)
surpasser [syʀpɑse] <1> **I.** *vt* ❶ (*être plus fort que*) übertreffen *personne[s]*
❷ (*dépasser*) **~ une voiture en qc** ein Auto an etw (*Dat*) übertreffen; **~ une tour de deux mètres** *maison:* einen Turm um zwei Meter überragen
II. *vpr* **se ~** sich selbst übertreffen
surpayer [syʀpeje] <1> *vt* überbezahlen *personne;* zu teuer bezahlen *chose*
surpeuplé(e) [syʀpœple] *adj pays* über[be]völkert; *salle* überfüllt
surpeuplement [syʀpœpləmɑ̃] *m d'un pays* Über[be]völkerung *f*; *d'une salle* Überfüllung *f*
surpiqûre [syʀpikyʀ] *f* COUT Ziernaht *f*
surplace [syʀplas] *m d'une économie* Stagnation *f*; *d'un gouvernement* Auf-der-Stelle-Treten *nt*; **faire du ~** auf der Stelle treten, nicht vorankommen, nicht vom Fleck kommen (*fam*); CYCLISME einen Stehversuch unternehmen
surplis [syʀpli] *m* Chorhemd *nt*
surplomb [syʀplɔ̃] *m* Überhang *m*; **étage en ~** vorspringendes Stockwerk
surplomber [syʀplɔ̃be] <1> *vt* **~ qc** *étage:* in etw (*Akk*) hineinragen; *lumière:* über etw (*Akk*) strahlen
surplus [syʀply] *m* ❶ *d'une somme* Rest *m*; *d'une récolte* Überschuss *m*; **~ d'un stock/de marchandises** Restbestände *Pl*
❷ *pl* MIL Armeebestände *Pl*; (*magasin*) Jeansladen *m*
❸ ECON (*bénéfice*) Surplus *nt* (*Fachspr.*)
▶ **au** ~ zudem, darüber hinaus
surpopulation [syʀpɔpylasjɔ̃] *f* Über[be]völkerung *f*
surprenant(e) [syʀpʀənɑ̃, ɑ̃t] *adj* überraschend; *effets d'un médicament, progrès* erstaunlich
surprendre [syʀpʀɑ̃dʀ] <13> **I.** *vt* ❶ (*étonner*) überraschen; **être surpris(e) de qc** über etw (*Akk*) überrascht sein; **être surpris(e) que qn fasse qc** überrascht sein, dass jd etw tut
❷ (*prendre sur le fait*) **~ qn à faire qc** jdn bei etw überraschen [*o* ertappen]/dabei überraschen, wie er etw tut
❸ (*découvrir*) zufällig aufdecken *complot, secret;* mitanhören *conversation;* herauslesen *sourire*
❹ (*prendre au dépourvu*) **~ qn dans son bureau** jdn in sei-

nem Büro überraschen [*o* überfallen]
❺ (*prendre à l'improviste*) **la pluie nous a surpris** wir wurden vom Regen überrascht
❻ *littér* (*tromper*) missbrauchen *confiance*
II. *vpr* **se ~ à faire qc** sich dabei ertappen, wie man etw tut
surpression [syʀpʀesjɔ̃] *f* Überdruck *m*
surprime [syʀpʀim] *f* Prämienzuschlag *m*
surpris(e) [syʀpʀi, iz] *part passé de* **surprendre**
surprise [syʀpʀiz] *f* ❶ Überraschung *f*; **faire la ~ à qn** jdn überraschen; **à la grande ~ de qn** zu jds großer Überraschung; **avec/par ~** überrascht/überraschend
❷ (*chose qui étonne*) Überraschung *f*
surprise-partie [syʀpʀizpaʀti] <surprises-parties> *f* Überraschungsparty *f*
surproduction [syʀpʀɔdyksjɔ̃] *f* Überproduktion *f*
surprotéger [syʀpʀɔteʒe] <2a> *vt* zu sehr behüten
surpuissant(e) [syʀpɥisɑ̃, ɑ̃t] *adj* *moteur* mit extrem hoher Leistung
surréalisme [syʀʀealism] *m* Surrealismus *m*
surréaliste [syʀʀealist] **I.** *adj* ❶ surrealistisch
❷ *fam* (*extravagant*) irre (*fam*), echt verrückt (*fam*)
II. *mf* Surrealist(in) *m(f)*
surréel [syʀʀeɛl] *m littér* Surreale *nt* (*geh*)
surréel(le) [syʀʀeɛl] *adj littér* surreal (*geh*)
surrégénérateur [syʀʀeʒeneʀatœʀ] *m v.* **surgénérateur**
surrénal(e) [sy(ʀ)ʀenal, o] <-aux> *adj* Nebennieren-; **les [glandes/capsules] ~es** Nebenniere *f*
surreprésenté(e) [syʀʀəpʀezɑ̃te] *adj* **les femmes sont ~es dans ce parti** in dieser Partei sind [die] Frauen überproportional vertreten
sursaturé(e) [syʀsatyʀe] *adj* ❶ CHIM, PHYS *air, solution* übersättigt
❷ *fig littér personne* überdrüssig
sursaut [syʀso] *m* ❶ Zusammenzucken *nt*; **avoir un ~ [de surprise]** wie vom Donner gerührt sein
❷ Hochschrecken *nt*; **se réveiller en ~** aus dem Schlaf auffahren [*o* hochfahren]
❸ (*élan*) *de colère* Ausbruch *m*; *d'énergie* Schub *m*; **avoir un ~ de lucidité** einen Geistesblitz haben; **dans un ~** in einer Anwandlung; **dans un dernier ~** mit letzter Kraftanstrengung
sursauter [syʀsote] <1> *vi* zusammenzucken; (*de peur*) aufschrecken; **faire ~ qn** *personne:* jdn aufschrecken; *nouvelle, bruit:* jdn zusammenzucken [*o* zusammenfahren] lassen
surseoir [syʀswaʀ] <*irr*> *vi* **~ à qc** ❶ JUR etw aussetzen
❷ *littér* (*différer*) etw aufschieben
sursis [syʀsi] *m* ❶ Fristverlängerung *f*; (*pour payer*) Aufschub *m*
❷ JUR Bewährung *f*; **être en ~** noch eine Gnadenfrist haben
❸ MIL Zurückstellung *f* [vom Wehrdienst]
◆ **~ d'incorporation** Zurückstellung *f* vom Wehrdienst
sursitaire [syʀsitɛʀ] **I.** *adj* *appelé, étudiant* [vom Wehrdienst] zurückgestellt
II. *mf* MIL [vom Wehrdienst] Zurückgestellter *m*; JUR Verurteilte(r) auf Bewährung *f(m)*
surtaxe [syʀtaks] *f* (*pour une lettre mal affranchie*) Nachporto *nt*; (*pour un envoi exprès*) Zuschlag[sporto *nt*] *m*
surtaxer [syʀtakse] <1> *vt* Nachporto *nt* erheben für *lettre mal affranchie*; mit einem Zuschlag[sporto] belegen *envoi exprès*
surtension [syʀtɑ̃sjɔ̃] *f* Überspannung *f*
surtout [syʀtu] *adv* ❶ (*avant tout*) vor allem
❷ *fam* (*d'autant plus*) **j'ai peur de lui, ~ qu'il est si fort** ich habe Angst vor ihm, besonders, wo er doch so stark ist (*fam*)
► **~ pas** auf keinen Fall, bloß [*o* ja] nicht
surveillance [syʀvɛjɑ̃s] *f* (*contrôle*) Aufsicht *f*; *des travaux, de la police* Überwachung *f*; *des études* Beaufsichtigung *f*; **faire la ~ de l'étude** Hausaufgabenbetreuung *f* machen; **exercer une ~ sur qc** etw überwachen; **être sous étroite/haute ~** unter strenger Aufsicht stehen/streng überwacht werden; **être en ~** *personne:* unter Beobachtung *f* stehen; *avion:* der Beobachtung dienen; **tromper la ~ de qn** jdn überlisten; **service de ~** Überwachungsdienst *m*
► **~ légale** gesetzliche Verwahrung
surveillant(e) [syʀvɛjɑ̃, jɑ̃t] *m(f)* Aufsichtsperson *f*, Aufsicht *f*, Aufseher(in) *m(f)*; (*en prison*) Wärter(in) *m(f)*; (*au magasin*) Detektiv(in) *m(f)*; **~e [de salle]** MED Stationsschwester *f*
surveillé(e) [syʀveje] *adj* ❶ SCOL *étude* unter Aufsicht
❷ JUR *liberté* mit Bewährungsaufsicht
surveiller [syʀveje] <1> **I.** *vt* ❶ (*prendre soin de*) beaufsichtigen *enfant*; **~ un malade** bei einem Kranken Wache halten
❷ (*suivre l'évolution*) überwachen; beaufsichtigen, überwachen *travaux*; wachen über (+ *Akk*) *éducation des enfants*; beobachten *comportement*
❸ (*garder*) aufpassen auf (+ *Akk*)
❹ (*assurer la protection de*) bewachen
❺ GASTR aufpassen auf (+ *Akk*)
❻ (*contrôler*) prüfen *niveau d'huile*
❼ (*guetter*) beobachten *proie, gestes, ennemi*; im Auge behalten *enfant, concurrent*; nicht aus den Augen lassen *loustic*; SPORT decken *ennemi*
❽ (*être attentif à*) achten auf (+ *Akk*)
❾ SCOL beaufsichtigen *élèves*; **~ un examen** bei einer Prüfung die Aufsicht führen
II. *vpr* **se ~** sich in Acht nehmen; (*pour ne pas grossir*) auf seine Linie achten
survenir [syʀvəniʀ] <9> *vi* + *être* *événement:* sich plötzlich [*o* unerwartet] ereignen; *incident, changement:* plötzlich [*o* unerwartet] eintreten; *complications:* sich plötzlich [*o* unerwartet] ergeben
survêt [syʀvɛt] *m fam abr de* **survêtement**
survêtement [syʀvɛtmɑ̃] *m* Freizeitkleidung *f*; SPORT Trainingsanzug *m*
survie [syʀvi] *f* ❶ Überleben *nt*
❷ (*persistance*) Fortbestand *m*
❸ REL Leben *nt* nach dem Tod[e]
survirage [syʀviʀaʒ] *m* Untersteuerung *f*
survirer [syʀviʀe] <1> *vi* AUT *véhicule:* übersteuern
survitrage [syʀvitʀaʒ] *m* Doppelfenster *Pl*
survivance [syʀvivɑ̃s] *f* ❶ (*ce qui a survécu*) Relikt *nt*
❷ (*le fait de continuer à vivre*) Weiterleben *nt*
survivant(e) [syʀvivɑ̃, ɑ̃t] **I.** *adj* überlebend
II. *m(f)* (*rescapé*) Überlebende(r) *f(m)*; (*personne en deuil*) Hinterbliebene(r) *f(m)*
survivre [syʀvivʀ] <*irr*> **I.** *vi* ❶ (*demeurer en vie*) **~ à qc** etw überleben, bei etw mit dem Leben davonkommen
❷ (*se perpétuer*) noch lebendig sein
❸ (*vivre plus longtemps que*) **~ à qn/qc** jdn/etw überleben
II. *vpr* ❶ **se ~ dans qn/qc** in jdm/etw weiterleben [*o* fortleben]
❷ *péj* (*garder une apparence de vie*) **se ~** sich überleben
survol [syʀvɔl] *m* *d'une ville, d'un exposé* Überfliegen *nt*
survoler [syʀvɔle] <1> *vt* ❶ überfliegen
❷ (*examiner*) überfliegen *article*; flüchtig streifen *question*
survoltage [syʀvɔltaʒ] *m* Überspannung *f*
survolté(e) [syʀvɔlte] *adj* ❶ ELEC *lampe* mit zu hoher Spannung versorgt
❷ *fig* (*surexcité*) überreizt
survolter [syʀvɔlte] <1> *vt* überreizen; **être survolté(e)** *personne:* überreizt sein; *ambiance:* geladen sein
sus [sy(s)] *adv* **~ à l'ennemi!** nieder mit dem Feind!
susceptibilité [sysɛptibilite] *f* Empfindlichkeit *f*
susceptible [sysɛptibl] *adj* ❶ (*ombrageux*) empfindlich
❷ (*en mesure de*) **être ~ de faire qc** imstande [*o* im Stande] [*o* in der Lage] sein etw zu tun
❸ (*de nature à*) **être ~ de faire qc** geeignet sein etw zu tun; **être ~ d'amélioration** [*o* **d'être amélioré**] *dissertation:* verbesserungsfähig sein; **~ d'être pourvu(e) en cassation** JUR revisibel

S

susciter [sysite] <1> *vt* ❶ hervorrufen; verursachen, hervorrufen *querelle;* erregen *jalousie*
❷ (*provoquer*) in den Weg legen *obstacle;* stiften *troubles*
suscription [syskʀipsjɔ̃] *f d'une lettre* Anschrift *f*
susdit(e) [sysdi, dit] *adj form* oben genannt
sushi [syʃi] *m* GASTR Sushi *nt*
susmentionné(e) [sysmɑ̃sjɔne] *adj form* oben erwähnt
susnommé(e) [sysnɔme] *adj form* oben genannt
suspect(e) [syspɛ, ɛkt] **I.** *adj* ❶ verdächtig; **être ~(e) à qn** jdm verdächtig sein
❷ (*soupçonné*) **être ~(e) de qc** einer S. (*Gen*) verdächtig sein
❸ (*douteux*) verdächtig
II. *m(f)* Verdächtige(r) *f(m)*
suspecter [syspɛkte] <1> *vt* ❶ (*soupçonner*) ~ **un collègue de qc/de faire qc** einen Kollegen einer S. (*Gen*) verdächtigen/einen Kollegen verdächtigen etw zu tun
❷ (*mettre en doute*) ~ **l'honnêteté de qn** jds Rechtschaffenheit anzweifeln
suspendre [syspɑ̃dʀ] <14> **I.** *vt* ❶ aufhängen; ~ **qc au portemanteau/au mur** etw an den Kleiderständer/an die Wand hängen
❷ (*rester collé à*) **être suspendu(e) à la radio/aux lèvres de qn** am Radiogerät kleben/an jds Lippen (*Dat*) hängen (*fam*)
❸ (*dépendre de*) **être suspendu(e) à qc** von etw abhängen
❹ (*interrompre*) aussetzen, unterbrechen *séance, réunion;* vorübergehend einstellen *paiement*
❺ (*remettre*) aufschieben, hinauszögern *décision;* verschieben *jugement*
❻ (*destituer*) suspendieren *fonctionnaire;* sperren *joueur*
II. *vpr* (*s'accrocher*) **se ~ à qn/qc** sich an jdn/etw hängen
suspendu(e) [syspɑ̃dy] *adj* ❶ AUT gefedert
❷ (*en hauteur*) *jardin* hängend; *pont* Hänge-
suspens [syspɑ̃] ▸ **procès en ~** ruhendes Verfahren; **projet en ~** Projekt in der Schwebe; **dossier en ~** nicht geschlossene Akte
suspense [syspɛns] *m* Spannung *f;* **à ~** spannend
suspensif, -ive [syspɑ̃sif, -iv] *adj* suspensiv
suspension [syspɑ̃sjɔ̃] *f* ❶ *d'une grève, réunion* Unterbrechung *f,* Aussetzung *f; d'un travail* Einstellung *f; d'un contrat, d'une sanction* Aufhebung *f; d'un paiement* vorübergehende Einstellung; *des poursuites* Einstellung; ~ **des activités de l'entreprise** Einstellung des Geschäftsbetriebs
❷ AUT Federung *f*
❸ (*luminaire*) Hängelampe *f*
❹ (*installation*) Aufhängen *nt*
▸ **en ~** hängend; CHIM, PHYS suspendiert
◆ **~ d'armes** kurze Waffenruhe; **~ de la procédure** Einstellung *f* des Verfahrens
suspente [syspɑ̃t] *f* ❶ (*corde*) *d'un parachute* Fangleine *f; d'une nacelle* Tragseil *nt*
❷ CH (*boucle de ganse*) Aufhänger *m*
suspicieux, -euse [syspisjø, -jøz] *adj* misstrauisch
suspicion [syspisjɔ̃] *f* Verdacht *m,* Argwohn *m;* **~ légitime** Besorgnis *f* der Befangenheit; **avoir des ~s de qc envers un employé** einen Angestellten bei etw in Verdacht haben
sustentation [systɑ̃tasjɔ̃] *f d'un hélicoptère* Auftrieb *m*
sustenter [systɑ̃te] <1> *vpr hum* **se ~** sich stärken
susurrement [sysyʀmɑ̃] *m d'une personne* Flüstern *nt; du vent* Säuseln *nt*
susurrer [sysyʀe] <1> **I.** *vt* ~ **des mots à qn/à l'oreille de qn** jdm Worte zuflüstern/ins Ohr flüstern
II. *vi personne:* flüstern; *source:* murmeln; *vent:* säuseln
susvisé(e) [sysvize] *adj form* oben erwähnt
sut [sy] *passé simple de* **savoir**
sût [sy] *subj imparf de* **savoir**
suture [sytyʀ] *f* MED Naht *f;* ANAT [Knochen]naht, Sutur *f* (*Fachspr.*)
suturer [sytyʀe] <1> *vt* MED nähen
suzerain(e) [syzʀɛ̃, ɛn] **I.** *adj* Lehns-
II. *m(f)* Lehnsherr(in) *m(f)*
suzeraineté [syzʀɛnte] *f* HIST Lehnsherrschaft *f;* POL *littér* Suzeränität *f*
svelte [svɛlt] *adj* schlank
sveltesse [svɛltɛs] *f* Schlankheit *f*
S.V.P. [ɛsvepe] *abr de* **s'il vous plaît**
sweater [swɛtœʀ, switœʀ] *m* ❶ Sweater *m*
❷ Strickweste *f*
sweat-shirt [switʃœʀt] <sweat-shirts> *m* Sweatshirt *nt*
swing [swiŋ] *m* ❶ MUS Swing *m*
❷ BOXE Schwinger *m*
swinguer [swiŋge] <1> *vi* swingen; *musique:* heiß sein
▸ **ça swingue bien/terrible** *fam* da geht's richtig ab (*fam*), da ist schwer was los (*fam*)
sybarite [sibaʀit] *littér mf* Genussmensch *m,* Sybarit *m* (*liter*)
sycomore [sikɔmɔʀ] *m* Sykomore *f*
syllabe [sil(l)ab] *f* Silbe *f*
syllabique [sil(l)abik] *adj écriture* Silben-; *vers* quantitierend
syllogisme [silɔʒism] *m* ❶ LOGIQUE Syllogismus *m*
❷ *péj souvent pl* Scheinbeweis *m,* Scheinargument *m*
sylphe [silf] *m* MYTH Sylphe *m*
sylphide [silfid] *f* Sylphide *f*
sylvestre [silvɛstʀ] *adj* Wald-
sylvicole [silvikɔl] *adj* forstwirtschaftlich
sylviculteur, -trice [silvikyltœʀ, -tʀis] *m, f* Forstwirt(in) *m(f)*
sylviculture [silvikyltyʀ] *f* Forstwirtschaft *f*
symbiose [sɛ̃bjoz] *f* Symbiose *f*
symbole [sɛ̃bɔl] *m* ❶ Symbol *nt,* Sinnbild *nt*
❷ CHIM, MATH Symbol *nt*
❸ REL Glaubensbekenntnis *nt*
symbolique [sɛ̃bɔlik] **I.** *adj* ❶ symbolisch
❷ (*très modique*) symbolisch
❸ (*figuratif*) *écriture* Bilder-; **signe ~** Symbol *nt*
II. *f* Symbolik *f*
symboliquement [sɛ̃bɔlikmɑ̃] *adv* symbolisch
symbolisation [sɛ̃bɔlizasjɔ̃] *f* Symbolisierung *f*
symboliser [sɛ̃bɔlize] <1> *vt* ❶ (*matérialiser par un symbole*) versinnbildlichen
❷ (*être le symbole de*) symbolisieren
symbolisme [sɛ̃bɔlism] *m* ❶ Symbolik *f*
❷ ART, LITTER Symbolismus *m*
symboliste [sɛ̃bɔlist] **I.** *adj* symbolistisch
II. *mf* Symbolist(in) *m(f)*
symétrie [simetʀi] *f* ❶ Symmetrie *f*
❷ (*harmonie*) Ausgewogenheit *f,* Ebenmaß *nt*
❸ GEOM Symmetrie *f*
symétrique [simetʀik] **I.** *adj* ❶ **~ de qc** symmetrisch zu etw
❷ (*harmonieux*) ausgewogen
❸ GEOM symmetrisch
II. *m* symmetrische Entsprechung
symétriquement [simetʀikmɑ̃] *adv* symmetrisch
sympa [sɛ̃pa] *adj fam abr de* **sympathique** nett
sympathie [sɛ̃pati] *f* ❶ **~ pour qn/qc** Sympathie *f* für jdn/etw; **inspirer la ~** sympathisch sein
❷ (*affinité*) Zuneigung *f*
❸ *form* (*formule de condoléances*) Beileid *nt;* **veuillez croire à l'expression de ma profonde ~** [mein] aufrichtiges [*o* herzliches] Beileid
▸ **avec ~** wohlwollend
sympathique [sɛ̃patik] **I.** *adj* ❶ *fam* (*charmant*) nett; *accueil* freundlich, nett; *ambiance* angenehm, gemütlich, freundlich, nett; *plat* lecker
❷ (*aimable*) *personne, animal* sympathisch
❸ ANAT sympathisch
II. *m* Sympathikus *m*
sympathiquement [sɛ̃patikmɑ̃] *adv accueillir* freundlich; *offrir*

ses services netterweise
sympathisant(e) [sɛ̃patizɑ̃, ɑ̃t] **I.** *adj* sympathisierend
II. *m(f)* Sympathisant(in) *m(f)*
sympathiser [sɛ̃patize] <1> *vi personnes:* sich (*Dat*) sympathisch sein; ~ **avec qn** mit jdm sympathisieren
symphonie [sɛ̃fɔni] *f* Sinfonie *f*
symphonique [sɛ̃fɔnik] *adj* **orchestre** ~ Sinfonieorchester *nt;* **poème** ~ sinfonische Dichtung
symphoniste [sɛ̃fɔnist] *mf* Sinfoniker(in) *m(f)*
symposium [sɛ̃pozjɔm] *m* Symposium *nt*
symptomatique [sɛ̃ptɔmatik] *adj* ~ **de qc** symptomatisch für etw; *thérapeutique* Symptom-
symptôme [sɛ̃ptom] *m* ❶ *d'une guerre, crise* Anzeichen *nt; de la méfiance* Zeichen *nt*
❷ MED Symptom *nt*
synagogue [sinagɔg] *f* ❶ (*édifice*) Synagoge *f*
❷ (*fidèles juifs*) jüdische Glaubensgemeinschaft
❸ (*religion juive*) Judentum *nt*
synchrone [sɛ̃kʀon] *adj* synchron; *moteur* Synchron-
synchronie [sɛ̃kʀɔni] *f* Synchronie *f*
synchronique [sɛ̃kʀɔnik] *adj* synchronistisch; LING synchronisch, synchron
synchronisation [sɛ̃kʀɔnizasjɔ̃] *f* ❶ AUDIOV Synchronisation *f; des horloges* Gleichstellung *f*
❷ (*concordance*) Koordinierung *f*
synchroniser [sɛ̃kʀɔnize] <1> *vt* ❶ synchronisieren; **vitesse synchronisée** Synchrongetriebe *nt;* **être synchronisé(e) avec qn** MUS *personne:* mit jdm synchron spielen; **ne pas être synchronisé(e)** nicht im Takt sein
❷ (*mettre en concordance*) ~ **une grève avec celle d'un autre syndicat** einen Streik mit dem einer anderen Gewerkschaft abstimmen
synchronisme [sɛ̃kʀɔnism] *m* Synchronismus *m*
syncope [sɛ̃kɔp] *f* ❶ Ohnmacht *f;* **avoir une** [*o* **tomber en**] ~ ohnmächtig werden, in Ohnmacht fallen
❷ MUS, LING Synkope *f*
syncopé(e) [sɛ̃kɔpe] *adj* LING synkopiert; MUS synkopisch, synkopiert
syncrétisme [sɛ̃kʀetism] *m* PHILOS, REL Synkretismus *m*
syndic [sɛ̃dik] *m* ❶ *d'un immeuble* [Haus]verwalter(in) *m(f)*
❷ JUR *vieilli* Konkursverwalter(in) *m(f)*
❸ HIST Syndikus *m*
❹ CH (*maire dans les cantons de Vaud et de Fribourg*) Ammann *m* (CH)
syndical(e) [sɛ̃dikal, o] <-aux> *adj* Gewerkschafts-; *action* gewerkschaftlich
syndicalisation [sɛ̃dikalizasjɔ̃] *f* Mitgliedschaft *f* in einer Gewerkschaft
syndicalisme [sɛ̃dikalism] *m* ❶ Gewerkschaftsbewegung *f;* **faire du** ~ in einer Gewerkschaft aktiv sein
❷ HIST Gewerkschaftsbewegung *f,* Syndikalismus *m*
syndicaliste [sɛ̃dikalist] **I.** *adj* Gewerkschafts-
II. *mf* Gewerkschaft[l]er(in) *m(f)*
syndicat [sɛ̃dika] *m* ❶ (*syndicat de salariés*) Gewerkschaft *f*
❷ HIST (*groupement*) Bund *m;* ~ **patronal** Arbeitgeberverband *m;* ~ **financier** Finanzkonsortium *nt*
❸ HIST Bund *m,* Zusammenschluss *m*
❹ (*fonction de syndic*) Syndikat *nt*
◆ ~ **d'initiative** Fremdenverkehrsamt *nt*

i Land & Leute

Jeder Beschäftigte hat die Möglichkeit einem **syndicat** beizutreten. Große Gewerkschaftsverbände wie die *CGT (Confédération générale du travail)*, die *CFDT (Confédération française démocratique du travail)* oder die *FO (Force ouvrière)* machen häufig Gebrauch von ihrem Recht auf Streik zur Durchsetzung der Interessen der Arbeiter und Angestellten.

syndiqué(e) [sɛ̃dike] **I.** *adj* gewerkschaftlich organisiert
II. *m(f)* Gewerkschaftsmitglied *nt*
syndiquer [sɛ̃dike] <1> *vpr* **se** ~ in die Gewerkschaft eintreten; *personnes:* sich gewerkschaftlich organisieren
syndrome [sɛ̃dʀom] *m* Syndrom *nt*
synergie [sinɛʀʒi] *f* Synergie *f,* Zusammenwirken *nt*
synergique [sinɛʀʒik] *adj* synergetisch
synode [sinɔd] *m* Synode *f*
synonyme [sinɔnim] **I.** *adj* synonym; **être** ~ **de qc** ein Synonym *nt* für etw sein
II. *m* Synonym *nt*
synonymie [sinɔnimi] *f* Synonymie *f*
synopsis [sinɔpsis] *f* Übersicht *f,* Synopsis *f*
synoptique [sinɔptik] *adj* synoptisch; **tableau** ~ Tabelle *f,* Übersichtstafel *f*
synovie [sinɔvi] *f* Gelenkschmiere *f*
synovite [sinɔvit] *f* Entzündung *f* der Synovialmembran, Synovitis *f* (*Fachspr.*)
syntactique [sɛ̃taktik] *adj v.* **syntaxique**
syntagme [sɛ̃tagm] *m* Syntagma *nt;* ~ **nominal/verbal** Nominal-/Verbalphrase *f*
syntaxe [sɛ̃taks] *f* ❶ LING Syntax *f*
❷ BELG (*première année du "secondaire supérieur"*) *erstes Jahr der oberen Sekundarstufe*
syntaxique [sɛ̃taksik] *adj* syntaktisch
synthé [sɛ̃te] *m fam abr de* **synthétiseur**
synthèse [sɛ̃tɛz] *f* ❶ Synthese *f;* (*vue d'ensemble*) Zusammenschau *f;* (*exposé d'ensemble*) Gesamtüberblick *m;* ~ **de qc** Synthese aus [*o* von] etw; ~ **entre des choses** Synthese aus [*o* von] Dingen; **faire la** ~ **de qc** etw zusammenfassen, einen Gesamtüberblick über etw (*Akk*) geben
❷ CHIM, TECH Synthese *f;* **produit de** ~ Syntheseprodukt *nt;* **résine de** ~ Kunstharz *nt;* ~ **vocale** elektronisch erzeugte Sprache
synthétique [sɛ̃tetik] **I.** *adj* ❶ *matériau* synthetisch; *fibres, caoutchouc* Kunst-; *fibres* Chemie-
❷ (*opp: analytique*) *esprit, jugement, théorie* synthetisch; **vue** ~ Gesamtüberblick *m*
❸ LING *langue* synthetisch
II. *m* Synthetics *Pl*
synthétiser [sɛ̃tetize] <1> *vt* zusammenfassen; BIO, CHIM synthetisieren
synthétiseur [sɛ̃tetizœʀ] *m* MUS Synthesizer *m*
syphilis [sifilis] *f* Syphilis *f*
syphilitique [sifilitik] **I.** *adj personne, méningite* syphilitisch
II. *mf* Syphilitiker(in) *m(f)*
systématique [sistematik] **I.** *adj* systematisch; *refus* kategorisch
II. *f* Systematik *f*
systématiquement [sistematikmɑ̃] *adv* systematisch; *refuser* kategorisch
systématisation [sistematizasjɔ̃] *f* Systematisierung *f*
systématiser [sistematize] <1> *vt* ❶ systematisieren
❷ (*simplifier à l'excès*) vereinfachen, simplifizieren
système [sistɛm] *m* ❶ System *nt;* ~ **digestif** Verdauungsapparat *m;* ~ **économique** Wirtschaftsystem; **Système européen de banques centrales** Europäisches System der Zentralbanken; ~ **international d'unités** SI-System; **Système monétaire européen** Europäisches Währungssystem; ~ **nerveux** Nervensystem; ~ **solaire** Sonnensystem; ~ **vidéo de surveillance** Videoüberwachungssystem; ~ **de vie** Lebensform *f*
❷ (*dispositif*) *de fermeture* Vorrichtung *f*
❸ *fam* (*combine*) Taktik *f,* Strategie *f;* **connaître le** ~ *fam* Bescheid wissen, den Dreh raushaben (*fam*)
❹ (*institution*) System *nt*

S

❺ INFORM ~ **informatique** Betriebssystem *nt;* ~ **expert** Expertensystem

▶ **taper** [*o* **porter**] *fam* **sur le ~ à qn** jdm auf die Nerven [*o* den Wecker *fam*] gehen

◆ ~ **D** *fam* Kunst *f*, sich aus der Affäre zu ziehen; ~ **d'assurance** Versicherungssystem *nt;* ~ **de communication** Kommunikationssystem *nt;* ~ **d'exploitation** INFORM Betriebssystem *nt;* ~ **de gestion de base de données** Datenbankverwaltungssystem *nt;* ~ **de guidage** AUT Navigationssystem *nt;* ~ **de navigation** NAUT, INFORM Navigationssystem *nt;* ~ **de signalisation** (*feux*) Ampelsystem *nt;* (*signaux de route*) Beschilderung *f;* (*marques*) Markierung *f*

systémique [sistemik] *adj analyse* System-; *approche* ganzheitlich; PSYCH systemisch

systole [sistɔl] *f* MED, PHYSIOL Systole *f*

Tt

T, t [te] *m inv* ❶ T *nt*/t *nt*

❷ (*forme*) **en T** T-förmig; **équerre en T** Reißschiene *f*

▶ **t comme Thérèse** T wie Theodor

t *f abr de* **tonne** t

t' [t] *pron v.* **te, tu**

ta [ta, te] <tes> *dét poss* dein/deine; ~ **chaise/fleur/maison** dein Stuhl/deine Blume/dein Haus

▶ **ne fais pas ~ maligne!** gib nicht so an!

tabac [taba] **I.** *m* ❶ Tabakpflanze *f*, Tabak *m*

❷ (*produit*) Tabak *m*

❸ *fam* (*magasin*) Laden *m* für Tabakwaren

▶ **faire un ~** *fam* einen Bombenerfolg haben (*fam*); **passer qn à ~** *fam* jdn zusammenschlagen (*fam*)

II. *adj inv* tabakfarben

◆ ~ **à priser** Schnupftabak *m*

tabagie [tabaʒi] *f* ❶ (*pièce enfumée*) verrauchtes Zimmer

❷ CAN (*bureau de tabac*) Tabakladen *m*

tabagisme [tabaʒism] *m* übermäßiger Tabakkonsum; ~ **passif** passives Rauchen

tabasser [tabase] <1> *fam* **I.** *vt* zusammenschlagen (*fam*), verdreschen (*fam*)

II. *vpr* **se ~** *personnes:* sich prügeln

tabatière [tabatjɛʀ] *f* ❶ Tabakdose *f*

❷ (*lucarne*) Dachluke *f*

tabellion [tabeljɔ̃] *m péj littér* Notar *m*

tabernacle [tabɛʀnakl] **I.** *m* REL ❶ (*armoire*) Tabernakel *m o nt*

❷ (*tente*) Stiftshütte *f*

II. *interj* CAN *pop* verdammt [noch mal] (*fam*)

tablar[d] [tablaʀ] *m* CH (*étagère*) Regal *nt*

tablature [tablatyʀ] *f* MUS Tabulatur *f*

table [tabl] *f* ❶ Tisch *m;* **dresser** [*o* **mettre**] **la ~** den Tisch decken; **être à ~** bei Tisch sitzen; [**bien**] **se tenir à ~** *fam* (*se tenir correctement*) gute Tischmanieren haben; (*avoir un bon coup de fourchette*) einen gesunden Appetit haben; **à ~!** zu Tisch!

❷ (*tablée*) Tafel *f*, Tischgesellschaft *f*

❸ (*nourriture*) Essen *nt;* **plaisirs de la ~** Tafelfreuden *Pl*

❹ (*tablette*) ~ **mortuaire** Grabtafel *f*

❺ (*tableau*) ~ **alphabétique** alphabetisch geordnete Liste; ~ **généalogique** Stammbaum *m*, Stammtafel *f*

❻ (*partie supérieure*) *d'autel* Platte *f*

❼ INFORM ~ **traçante** Plotter *m* (*Fachspr.*)

▶ **s'asseoir à la même ~** *personnes:* sich am runden Tisch zusammensetzen; **tenir ~ ouverte** ein offenes Haus haben; **faire ~ rase de qc** Tabula rasa [*o* reinen Tisch] mit etw machen; ~ **ronde** (*tablée*) Tafelrunde *f;* (*conférence*) runder Tisch; ~ **tournante** Tischrücken *nt;* **se mettre à ~** (*aller manger*) sich zu Tisch setzen; *fam* (*avouer sa faute*) auspacken (*fam*)

◆ ~ **de chevet** Nachttisch *m;* ~ **de cuisson** Kochmulde *f;* (*en vitrocéramique*) Kochfeld *nt;* ~ **d'écoute** Abhöranlage *f;* ~**s gigognes** Satztische *Pl;* ~ **d'harmonie** Resonanzboden *m;* ~ **d'hôte** Stammtisch *m;* ~ **de lancement** Startrampe *f;* **Tables de la loi** REL Gesetzestafeln *Pl;* ~ **des matières** Inhaltsverzeichnis *nt;* ~ **de multiplication** Multiplikationstabelle *f;* ~ **de nuit** Nachttisch *m;* ~ **d'orientation** Orientierungstafel *f;* ~ **de roulement** Schienenlauffläche *f*

tableau [tablo] <x> *m* ❶ Bild *nt;* (*peinture, toile*) Gemälde *nt*, Bild

❷ (*scène, paysage*) Bild *nt*

❸ (*description*) Bild *nt*, Schilderung *f;* **pour achever** [*o* **compléter**] **le ~** um dem Ganzen die Krone aufzusetzen

❹ SCOL [Schul]tafel *f;* ~ **noir** [Wand]tafel; **passer au ~** an die Tafel gerufen werden

❺ (*panneau*) Anschlagtafel *f*, schwarzes Brett; ~ **indicateur de vitesse** Tachometer *m o nt;* ~ **de service** Dienstplan *m*

❻ (*présentation graphique*) Schaubild *nt*, Tabelle *f;* ~ **chronologique** Zeittafel *f*

❼ (*présentoir mural*) ~ **des clés** Schlüsselbrett *nt;* ~ **des fusibles** Sicherungskasten *m*

❽ ADMIN *des avocats, experts, comptables* Liste *f*

❾ INFORM Tabelle *f;* **fractionner le ~** Tabelle teilen

▶ **gagner/miser sur les deux ~x** [*o* **tous les ~x**] es mit beiden Seiten halten (*fam*); **je vois** [**d'ici**] **le ~** ich kann es mir lebhaft vorstellen

◆ ~ **d'affichage** Pinnwand *f*, schwarzes Brett; ~ **d'avancement** Beförderungsliste *f;* ~ **de bord** *d'une voiture* Armaturenbrett *nt; d'un bateau, avion* Instrumentenbrett *nt;* ECON Informationstafel *f;* ~ **de chasse** Strecke *f;* (*conquêtes féminines*) Eroberungen *Pl;* ~ **d'honneur** SCOL *Lob für gute Leistungen am Trimesterende;* **au ~ d'honneur de la lutte antipollution, il y a...** ganz oben auf der Liste für aktiven Umweltschutz steht ...; ~ **de maître** Meisterwerk *nt*

tablée [table] *f* Tischgesellschaft *f*

tabler [table] <1> *vi* ~ **sur qc** auf etw (*Akk*) setzen, mit etw rechnen

tablette [tablɛt] *f* ❶ Lutschtablette *f*, Pastille *f*

❷ (*planchette*) *d'un lavabo* [Ablage]platte *f;* HIST [Schreib]tafel *f; d'une cheminée* Sims *m o nt; d'une armoire* Brett *nt; d'un chewing-gum* Streifen *m;* ~ **de chocolat** Tafel *f* Schokolade

❸ CAN (*bloc de papier à lettres*) Schreibblock *m*

▶ **écris bien ça sur tes ~s** *fam* schreib dir das hinter die Ohren (*fam*)

tableur [tablœʀ] *m* INFORM Tabellenkalkulationsprogramm *nt*

tablier [tablije] *m* ❶ Schürze *f; d'un écolier* Kittel *m*

❷ (*plaque protectrice*) *d'une cheminée* Schutzgitter *nt;* AUT Spritzwand *f*

❸ (*plate-forme*) *d'un pont* Fahrbahnplatte *f*

▶ **ça te va comme un ~ à une vache** *fam* das steht dir überhaupt nicht; **rendre son ~** den Dienst quittieren

tabloïd[e] [tablɔid] *m* [**journal**] ~ kleinformatige Zeitung *f*

tabou [tabu] *m* Tabu *nt*

tabou(e) [tabu] *adj* ❶ *sujet, mot* Tabu-; *lieu* mit einem Tabu belegt, tabu *präd*

❷ (*intouchable*) unantastbar

taboulé [tabule] *m Salat aus Weizengrieß und Gemüse*

tabouret [tabuʀɛ] *m* ❶ Hocker *m*, Stockerl *nt* (A)

❷ (*support pour les pieds*) Fußschemel *m*

tabulateur [tabylatœʀ] *m* Tabulator *m*

tac [tak] *m d'un boîtier d'une montre* Klicken *nt;* **le ~ ~ d'une mitrailleuse** das Knattern eines Maschinengewehrs

▶ **répondre** [*o* **riposter**] **du ~ au ~** wie aus der Pistole geschossen kontern (*fam*)

tache [taʃ] *f* ❶ Fleck *m;* ~ **d'encre** Tintenfleck; (*sur du papier surtout*) Tintenklecks *m*
❷ (*moucheture*) Fleck *m;* ASTRON Fleck
❸ (*flétrissure*) Makel *m*
❹ (*impression visuelle*) Fleck *m; de couleur, peinture* Klecks *m*
▸ **faire** ~ **d'huile** sich [allmählich] verbreiten, um sich greifen; ~ **originelle** Erbsünde *f;* **faire** ~ **dans une soirée** nicht in die Abendgesellschaft passen; **quelle** ~ **!** *fam* was für ein Idiot!
◆ ~ **de rousseur** Sommersprosse *f;* ~ **de vin** Feuermal *nt*

tâche [taʃ] *f* ❶ Arbeit *f;* **faciliter la** ~ **à qn** jdm die Sache erleichtern; **se mettre à la** ~ sich an die Arbeit machen
❷ (*mission*) Aufgabe *f;* **prendre à** ~ **de faire qc** sich (*Dat*) zur Aufgabe machen etw zu tun
▸ **être dur(e) à la** ~ Durchhaltevermögen haben; **mourir** [*o* **se tuer**] **à la** ~ sich zu Tode arbeiten; **à la** ~ (*au travail*) bei der Arbeit; (*selon le travail rendu*) nach Auftrag; **ne pas être à la** ~ sich nicht hetzen lassen

tacher [taʃe] <1> **I.** *vi* Flecken *Pl* geben [*o* machen]
II. *vt* ❶ ~ **qc** auf etw (*Dat*) Flecken *Pl* machen, etw beflecken; **être taché(e)** fleckig sein; **taché(e) de sang** blutbefleckt
❷ (*moucheter*) ~ **la peau de qc** die Haut mit etw sprenkeln
❸ (*souiller*) beflecken
III. *vpr* **se** ~ ❶ *tissu:* Flecken *Pl* bekommen; *personne:* sich schmutzig machen
❷ (*s'abîmer*) *fruit:* fleckig werden

tâcher [taʃe] <1> *vi* ❶ ~ **de faire qc** versuchen [*o* sich bemühen] etw zu tun
❷ (*faire en sorte*) ~ **que qc ne se produise pas** zusehen, dass etw nicht geschieht

tâcheron [taʃʀɔ̃] *m* ❶ *péj* (*obscur travailleur*) Hilfsarbeiter(in) *m(f);* (*ouvrier agricole autrefois*) Tagelöhner(in) *m(f);* (*dans une entreprise*) Handlanger(in) *m(f)*
❷ (*sous-entrepreneur*) Zwischenunternehmer(in) *m(f)* (*mit Pauschallohn*)

tacheter [taʃte] <3> *vt* sprenkeln; **chien tacheté de noir** schwarz gefleckter Hund

tachisme [taʃism] *m* ART Tachismus *m*

tachycardie [takikaʀdi] *f* Herzjagen *nt,* Tachykardie *f* (*Fachspr.*)

tachygraphe [takigʀaf] *m* Fahrtenschreiber *m*

tachymètre [takimɛtʀ] *m* Tachometer *m o nt*

tacite [tasit] *adj* stillschweigend

tacitement [tasitmɑ̃] *adv* stillschweigend

taciturne [tasityʀn] *adj* (*silencieux*) schweigsam; (*morose*) wortkarg

tacle [takl] *m* Tackling *nt*

tacon [takɔ̃] *m* CH Flicken *m*

tacot [tako] *m* AUT *fam* alte Kiste [*o* Mühle] (*fam*), Karren *m* (*fam*)

tact [takt] *m* ❶ Takt *m;* **avoir du/manquer de** ~ taktvoll/taktlos sein
❷ (*toucher*) Tastsinn *m*

tacticien(ne) [taktisjɛ̃, jɛn] *m(f)* Taktiker(in) *m(f)*

tactile [taktil] *adj* Tast-; *écran* zum Berühren

tactique [taktik] **I.** *adj* taktisch
II. *f* Taktik *f*

tadorne [tadɔʀn] *m* ZOOL Brandente *f*

taekwondo [tekwɔ̃do] *m* SPORT Taekwondo *nt*

tænia [tenja] *m v.* **ténia**

taf[fe] [taf] *m arg* ❶ (*peur*) Schiss *m* (*sl*)
❷ (*part*) Anteil *m*
❸ (*travail*) Job *m*

taffe [taf] *f fam* Zug *m;* **tu me donnes une** ~**?** lässt du mich mal ziehen? (*fam*)

taffetas [tafta] *m* Taft *m;* ~ **gommé** [Heft]pflaster *nt*

tag [tag] *m* ❶ INFORM Tag *m*
❷ (*graffiti*) Graffito *nt o m*

tagète [taʒɛt] *m* BOT Tagetes *f*

tagliatelles [taljatɛl] *fpl* Tagliatelle *Pl*

taguer [tage] <1> *vi* Graffiti anbringen, sprühen

tagueur, -euse [tagœʀ, -øz] *m, f* Sprüher(in) *m(f)*

taï chi [tajʃi] *m sans pl* SPORT Tai-Chi *nt*

taie [tɛ] *f* ❶ *d'un oreiller* Bezug *m*
❷ MED weißer Hornhautfleck [des Auges]

taïga [taiga] *f* Taiga *f*

taillable [tajabl] ▸ **être** ~ **et corvéable** [**à merci**] *littér* bedingungslos ausgeliefert sein; HIST [bedingungslos] steuer- und fronpflichtig sein

taillader [tajade] <1> **I.** *vt* aufschlitzen *sièges;* einschneiden *rôti*
II. *vpr* **se** ~ **le doigt** sich (*Dat*) in den Finger schneiden

taillandier [tajɑ̃dje] *m* TECH Grobschmied *m;* **ouvrier** ~ Schneidwarenhersteller *m*

taille¹ [taj] *f* ❶ *d'une personne* [Körper]größe *f;* **de** ~ **moyenne** *personne:* mittelgroß; *d'une plante, d'un immeuble* Höhe *f*
❷ (*dimension, importance*) Größe *f;* **de** ~ *fam* riesengroß (*fam*); **de petite** ~ klein; **de la** ~ **de qn/qc** so groß wie jd/etw; **de la** ~ **d'une carte de visite** im Visitenkartenformat *nt*
❸ (*pointure*) [Konfektions]größe *f;* **la** ~ **en dessous** eine Nummer kleiner; **grande/petite** ~ Übergröße/kleine Größe; **quelle** ~ **faites-vous?** welche Größe haben Sie?
❹ (*partie du corps, d'un vêtement*) Taille *f;* **à** ~ **marquée** leicht tailliert; **à** ~ **ajustée** auf Taille gearbeitet, tailliert
▸ **être de** ~ **à faire qc** Manns genug sein etw zu tun; **n'être pas à sa** ~ *vêtement:* nicht seine/ihre Größe sein; *personne:* jdm nicht gewachsen sein; **c'est qn/qc à sa** ~ jd/etw ist für ihn/sie wie geschaffen
◆ ~ **de guêpe** Wespentaille *f;* ~ **mannequin** Mannequinfigur *f*

taille² [taj] *f* ❶ *d'un diamant* Schleifen *nt; d'une pierre* Behauen *nt; du bois* Schnitzen *nt*
❷ HORT [Be]schneiden *nt*
❸ HIST Steuer *f* [der Leibeigenen]

taillé(e) [taje] *adj* ❶ ~**(e) en qc** geformt wie etw
❷ (*destiné*) ~**(e) pour qc/pour faire qc** für etw gemacht/dafür gemacht etw zu tun

taille-crayon [tajkʀɛjɔ̃] <taille-crayon[s]> *m* [Bleistift]spitzer *m*

taille-douce [tajdus] <tailles-douces> *f* [Kupfer]stich *m*

tailler [taje] <1> **I.** *vt* ❶ [be]schneiden, zurückschneiden *arbre;* [an]spitzen *crayon;* [sich (*Dat*)] schneiden *ongles;* [sich (*Dat*)] stutzen *barbe;* [be]hauen *pierre;* schleifen *diamant;* schnitzen *pièce de bois;* **être taillé(e) à la mesure de qn** jdm auf den Leib [zu]geschnitten sein; **cheveux taillés en brosse** Bürstenschnitt *m*
❷ (*découper*) [zu]schneiden *robe*
❸ (*creuser*) ~ **un trou dans qc** ein Loch in etw (*Akk*) graben
II. *vi* ~ **dans le vif** ohne Betäubung ins Fleisch schneiden
III. *vpr* ❶ (*conquérir*) **se** ~ **un empire** sich (*Dat*) ein Reich aufbauen; **se** ~ **une place au soleil** sich (*Dat*) einen Platz an der Sonne sichern
❷ (*se couper*) **se** ~ **la barbe** sich (*Dat*) den Bart stutzen
❸ *pop* (*s'enfuir*) **se** ~ abhauen (*fam*), verduften (*fam*)

tailleur [tajœʀ] *m* ❶ (*artisan qui fait des vêtements*) Schneider *m*
❷ (*tenue*) Kostüm *nt*
❸ (*ouvrier*) *de diamants* Schleifer *m;* ~ **de pierre** Steinmetz *m;* ~ **de vignes** ≈ Winzer, der die Reben schneidet
▸ **être assis(e) en** ~ im Schneidersitz sitzen

tailleur-pantalon [tajœʀpɑ̃talɔ̃] <tailleurs-pantalons> *m* Hosenanzug *m*

tailleuse [tajøz] *f de diamants* Schleiferin *f;* ~ **de pierre** Steinmetzin *f;* ~ **de vignes** ≈ Winzerin, die Reben schneidet

taillis [taji] *m* Dickicht *nt*

tain [tɛ̃] *m* Spiegelbelag *m;* **glace sans** ~ Spionspiegel *m*

taire [tɛʀ] <*irr*> **I.** *vpr* ❶ **se** ~ schweigen, still sein
❷ (*faire silence*) **se** ~ verstummen; *vent:* sich legen

T

❸ (*s'abstenir de parler*) **se ~ sur qc** über etw (*Akk*) schweigen
II. *vt* ❶ verschweigen
❷ (*refuser de dire*) nicht sagen [*o* nennen] *raison;* nicht sagen *vérité*
❸ *littér* (*garder pour soi*) unterdrücken *amertume;* für sich behalten *chagrin, douleur*
III. *vi* **faire ~ qn** jdn zum Schweigen bringen; dafür sorgen, dass jd ruhig ist; **faire ~ un désir/la peur** einen Wunsch/die Angst unterdrücken

taiseux, -euse [tɛzø, -øz] *m, f* BELG (*personne qui ne parle guère*) wortkarger Mensch

Taiwan [tajwan] *m* Taiwan *nt*

tajine [taʒin] *f* GASTR Tajine *f*

talc [talk] *m* Talk *m*

talé(e) [tale] *adj fruit* mit Druckstellen

talent [talɑ̃] *m* ❶ Talent *nt,* Begabung *f;* **avoir du ~** Talent haben, begabt sein; **avoir le ~ de faire qc** *iron* eine ausgesprochene Begabung haben etw zu tun; **avoir des ~s de société** gesellig sein
❷ *sans pl* (*valeur exceptionnelle*) Talent *nt;* **comédien de grand ~** hoch begabter [*o* hoch talentierter] Schauspieler
❸ (*personne*) Talent *nt*
► **forcer son ~** sich überanstrengen

talentueux, -euse [talɑ̃tɥø, -øz] *adj* talentiert, begabt

taliban [talibɑ̃] *m* **les ~[s]** die Taliban *Pl*

talisman [talismɑ̃] *m* Talisman *m*

talkie-walkie [tokiwoki] <talkies-walkies> *m* Walkie-Talkie *nt*

talk-show [tɔ(l)kʃo] <talk-shows> *m* Talk-Show *f*

Talmud [talmyd] *m* **le ~** der Talmud

taloche [talɔʃ] *f* ❶ *fam* Backpfeife *f* (*fam*); **donner** [*o* **flanquer**] **une ~ à qn** jdm eine kleben (*fam*)
❷ TECH Kelle *f*

talon [talɔ̃] *m* ❶ (*partie du pied*) Ferse *f*
❷ (*partie d'une chaussure*) Absatz *m;* (*partie d'un bas, d'une chaussette*) Ferse *f;* **~ aiguille** Pfennigabsatz
❸ (*bout*) Ende *nt; d'un jambon, fromage* letztes Stück
❹ (*partie non détachable d'une feuille de carnet*) Kontrollabschnitt *m*
❺ TECH *d'un ski* Ende *nt; d'une lame de couteau* Angel *f; d'un archet* Frosch *m*
❻ CARTES Talon *m*
► **qn a qn sur ses ~s** jd ist jdm auf den Fersen; **être sur les ~s de qn** jdm auf den Fersen sein; **marcher sur les ~s de qn** sich an jds Fersen (*Akk*) heften; **tourner** [*o* **montrer**] **les ~s** Fersengeld geben
◆ **~ d'Achille** MYTH Achillesferse *f*

talonnade [talɔnad] *f* FBALL Hackentrick *m*

talonnage [talɔnaʒ] *m* Hakeln *nt*

talonner [talɔne] <1> **I.** *vt* ❶ **~ qn** jdm auf den Fersen sein
❷ (*harceler*) *personne:* bedrängen; *travaux ménagers:* quälen
❸ (*frapper du talon*) (*au rugby*) hakeln; (*au football*) mit der Hacke treten; **~ un cheval** einem Pferd die Sporen geben
II. *vi* NAUT auf Grund stoßen

talonnette [talɔnɛt] *f d'une chaussure* Einlegesohle *f; d'un pantalon* Stoßband *nt*

talquer [talke] <1> *vt* mit Talk einreiben

talus [taly] *m* Böschung *f*

TAM [teaɛm] *f abr de* **toile d'araignée mondiale** WWW *nt*

tamanoir [tamanwaʀ] *m* Großer Ameisenbär

tamarin [tamaʀɛ̃] *m* ZOOL Tamarin *m*

tamarinier [tamaʀinje] *m* BOT Tamarinde *f*

tamaris [tamaʀis] *m* Tamariske *f*

tambouille [tɑ̃buj] *f fam* ❶ (*plat*) Fraß *m* (*fam*)
❷ (*cuisine*) Essen *nt*

tambour [tɑ̃buʀ] *m* ❶ Trommel *f*
❷ TECH *d'un frein, treuil, lave-linge* Trommel *f; d'une montre* Federhaus *nt*
❸ (*musicien*) Trommler *m*
❹ (*tourniquet*) Drehtür *f*
❺ ARCHIT Trommel *f*
► **sans ~ ni trompette** sang- und klanglos; heimlich, still und leise; **~ battant** im Eiltempo; **battre le ~** die Trommel schlagen; (*ameuter les gens*) die Werbetrommel rühren; **raisonner comme un ~** *fam* dumme Argumente *Pl* bringen
◆ **~ de ville** Ausrufer *m*

tambourin [tɑ̃buʀɛ̃] *m* Tamburin *nt*

tambouriner [tɑ̃buʀine] <1> *vi* **~ à** [*o* **sur**] **qc** an [*o* gegen] etw (*Akk*) trommeln

tambour-major [tɑ̃buʀmaʒɔʀ] <tambours-majors> *m* Tambourmajor *m*

tamil [tamil] *adj v.* **tamoul**

tamis [tami] *m* ❶ Sieb *nt;* **passer qc au ~** etw sieben
❷ TENNIS Bespannung *f;* **raquette avec un grand ~** Tennisschläger mit einem großen [Schläger]kopf
► **passer un dossier au ~** eine Akte genau durchgehen; **passer une région au ~** eine Gegend durchkämmen

tamisage [tamizaʒ] *m* [Durch]sieben *nt*

Tamise [tamiz] *f* **la ~** die Themse

tamiser [tamize] <1> *vt* ❶ [durch]sieben
❷ (*filtrer*) dämpfen *lumière*

tamoul(e) [tamul] *adj* tamilisch

Tamoul(e) [tamul] *m(f)* Tamile *m*/Tamilin *f*

tampon [tɑ̃pɔ̃] **I.** *m* ❶ (*en coton*) Bausch *m;* (*périodique*) Tampon *m;* (*à récurer*) Topfkratzer *m;* (*pansement*) Tupfer *m*
❷ (*cachet*) Stempel *m;* **~ encreur** Stempelkissen *nt*
❸ (*bouchon*) Pfropfen *m,* Stöpsel *m;* **~ d'égout** Kanaldeckel *m*
❹ (*cheville*) Dübel *m*
❺ CHEMDFER Puffer *m*
► **~ buvard** Löscher *m;* **~ marqueur** Textmarker *m;* **servir de ~** *personne:* als Puffer dazwischenstehen
II. *app inv* Puffer-; **zone ~** Pufferzone *f*

tamponnement [tɑ̃pɔnmɑ̃] *m* ❶ Zusammenstoß *m*
❷ MED Tamponieren *nt,* Tamponade *f*

tamponner [tɑ̃pɔne] <1> **I.** *vt* ❶ abtupfen
❷ (*nettoyer*) säubern *plaie*
❸ (*heurter*) **~ qc** *voiture:* mit etw zusammenstoßen [*o* zusammenprallen]
❹ (*timbrer*) [ab]stempeln
II. *vpr* ❶ (*se heurter*) **se ~** *voitures:* zusammenstoßen, zusammenprallen
❷ *fam* **s'en ~** sich einen Dreck darum scheren (*fam*)
❸ (*s'essuyer*) **se ~ le visage** sich (*Dat*) das Gesicht abtupfen

tamponneur, -euse [tɑ̃pɔnœʀ, -øz] *adj véhicule* auffahrend

tam-tam [tamtam] <tam-tams> *m* ❶ afrikanische Trommel
❷ (*tapage*) Tamtam *nt* (*fam*); **faire du ~ autour de qc** viel Tamtam um etw machen (*fam*)
❸ (*gong*) Tamtam *nt*

tan [tɑ̃] *m* [Gerber]lohe *f*

tancer [tɑ̃se] <2> *vt littér* schelten (*geh*) *personne*

tanche [tɑ̃ʃ] *f* Schleie *f*

tandem [tɑ̃dɛm] *m* ❶ Tandem *nt*
❷ (*duo*) Gespann *nt*

tandis que [tɑ̃dikə] *conj + indic* während, wohingegen

tanga [tɑ̃ga] *m* Tanga *m*

tangage [tɑ̃gaʒ] *m* NAUT Stampfen *nt*

tangence [tɑ̃ʒɑ̃s] *f* GEOM Berührung *f;* **point de ~** Tangentenpunkt *m*

tangent(e) [tɑ̃ʒɑ̃, ʒɑ̃t] *adj* ❶ knapp; **élève ~** Schüler, der noch um Haaresbreite versetzt worden ist
❷ GEOM tangential

tangente [tɑ̃ʒɑ̃t] *f* ❶ GEOM Tangente *f;* **~ à un cercle** Tangente eines Kreises [*o* an einem Kreis]
❷ MATH Tangens *m*
► **prendre la ~** sich aus dem Staub machen

tangentiel(le) [tɑ̃ʒɑ̃sjɛl] *adj* tangential; *force* Tangential-
tangerine [tɑ̃ʒ(ə)ʀin] *f* BOT Tangerine *f*
tangible [tɑ̃ʒibl] *adj* greifbar; *preuve* handfest
tango [tɑ̃go] **I.** *m* Tango *m*
II. *adj inv* orangerot
tanguer [tɑ̃ge] <1> *vi* ❶ NAUT stampfen
❷ *fam* (*tituber*) torkeln (*fam*)
❸ *fam* (*vaciller*) ~ **autour de qn** *objets:* sich um jdn drehen
tanière [tanjɛʀ] *f* ❶ *d'un animal* Unterschlupf *m,* Schlupfloch *nt; d'un malfaiteur* Schlupfwinkel *m*
❷ (*lieu retiré*) Schlupfloch *nt;* **faire sortir qn de sa** ~ jdn aus seiner Höhle [*o* seinem Bau *m*] locken (*fam*)
❸ (*taudis*) Bruchbude *f* (*pej fam*), Elendsquartier *nt*
tanin [tanɛ̃] *m* Tannin *nt*
tank [tɑ̃k] *m* ❶ *vieilli* Panzer *m*
❷ (*réservoir*) Tank *m*
❸ *fam* (*grosse voiture*) Straßenkreuzer *m* (*fam*)
tanker [tɑ̃kœʀ] *m* Tanker *m*
tankiste [tɑ̃kist] *mf* Angehörige(r) *f(m)* einer Panzerdivision
tannage [tanaʒ] *m* Gerben *nt,* Gerbung *f*
tannant(e) [tanɑ̃, ɑ̃t] *adj* ❶ *fam personne* unerträglich
❷ IND *matière* Gerb-; *qualité* gerbend
tanner [tane] <1> *vt* ❶ gerben
❷ *fam* (*harceler*) nerven (*fam*) *personne*
❸ (*hâler*) gerben *visage*
tannerie [tanʀi] *f* (*opérations*) [Loh]gerbung *f;* (*établissement*) [Loh]gerberei *f*
tanneur, -euse [tanœʀ, -øz] *m, f* [Loh]gerber(in) *m(f)*
tannin [tanɛ̃] *m v.* **tanin**
tansad [tɑ̃sad] *m d'une moto* Soziussitz *m*
tant [tɑ̃] **I.** *adv* ❶ (*tellement*) *aimer, vouloir* so sehr; *manger, travailler* so viel; *aimé, attendu, espéré* so [sehr]; **pleurer** ~ **que...** so viel weinen, dass ...; **souffrir** ~ **que...** so sehr leiden, dass ...; ~ **que ça** *fam* so viel
❷ (*une telle quantité*) ~ **de choses** so viele Dinge; ~ **de fois** so oft; ~ **et plus** noch [weit] mehr; ~ **et** ~ so viel; **comme il y en a** ~ wie es derer viele gibt
❸ (*aussi bien... que*) ~ **filles que garçons** sowohl Mädchen als auch Jungen, Mädchen wie Jungen
❹ (*autant*) ~ **qu'il peut** so viel er kann; **ne rien aimer** ~ **que qc** nichts so sehr wie etw lieben; **ne pas en demander** ~ gar nicht um so viel bitten; **ce n'est pas** ~ **Sylvie que sa sœur qui me plaît** es ist weniger Sylvie als vielmehr ihre Schwester, die mir gefällt
❺ (*aussi longtemps que*) ~ **que tu seras là** solange du da bist; ~ **que j'y suis** wenn ich schon [mal] dabei bin
❻ (*dans la mesure où*) ~ **qu'à faire la vaisselle, tu peux aussi...** wenn du schon mal abspülst, kannst du auch gleich ...
▶ **vous m'en direz** ~**!** *fam* nein, so was! (*fam*); ~ **qu'à faire** *fam* wenn es schon sein muss; **il a fait** ~ **et si bien qu'on l'a renvoyé** er hat es so weit getrieben [*o* es schließlich geschafft *iron*], dass er entlassen wurde (*fam*); ..., ~ **s'en faut** ..., ganz im Gegenteil; ..., weit davon entfernt; ..., ganz und gar nicht; **en** ~ **que** [in der Eigenschaft] als
II. *m* (*date*) **le** ~ der Soundsovielte
▶ **un** ~ **soit peu** [**de qc**] ein bisschen
tante [tɑ̃t] *f* ❶ Tante *f*
❷ *vulg* (*homosexuel*) Schwuchtel *f* (*sl*), Tucke *f* (*sl*)
❸ *fam* (*mont-de-piété*) **ma** ~ das Leihhaus
◆ ~ **à héritage** *fam* Erbtante *f*
tantième [tɑ̃tjɛm] **I.** *adj* soundsovielte(r, s)
II. *m* Tantieme *f*
tantine [tɑ̃tin] *f enfantin* [liebe] Tante, Tantchen *nt*
tantinet [tɑ̃tinɛ] ▶ **un** ~ ein bisschen
tantôt [tɑ̃to] *adv* ❶ ~ **à pied** ~ **à vélo** mal zu Fuß, mal mit dem Fahrrad; bald zu Fuß, bald mit dem Fahrrad (*liter*)
❷ DIAL (*tout à l'heure*) später, gleich
❸ DIAL (*après-midi*) **lundi** ~ Montagnachmittag

tantouse [tɑ̃tuz] *f vulg* Tunte *f* (*sl*), Schwuchtel *f* (*sl*)
taoïsme [taoism] *m* Taoismus *m*
taoïste [taoist] **I.** *adj* taoistisch
II. *mf* Taoist(in) *m(f)*
taon [tɑ̃] *m* ZOOL Bremse *f*
tapage [tapaʒ] *m* ❶ Krach *m;* ~ **nocturne** nächtliche Ruhestörung
❷ (*publicité*) Aufsehen *nt,* Wirbel *m*
tapageur, -euse [tapaʒœʀ, -ʒøz] *adj liaison, vie* skandalös; *enfant* laut; *publicité* marktschreierisch; *toilette* Aufsehen erregend
tapant(e) [tapɑ̃, ɑ̃t] *adj* auf die Minute genau
tape [tap] *f* Klaps *m*
tapé(e) [tape] *adj fam* (*fou*) übergeschnappt (*fam*)
tape-à-l'œil [tapalœj] **I.** *adj inv toilette* auffällig; **décor** ~ Kitsch *m*
II. *m* Kitsch *m*
tapecul [tapky] *m* ❶ Wippe *f*
❷ (*voiture*) Klapperkiste *f* (*fam*), alte Mühle (*fam*)
❸ SPORT **faire du** ~ ohne Steigbügel reiten
tapée [tape] *f fam* (*grande quantité*) Haufen *m* (*fam*)
taper [tape] <1> **I.** *vi* ❶ klopfen; ~ **à la porte** an die Tür klopfen; ~ **sur qn** jdn schlagen; ~ **dans le tas** blindlings drauflosschlagen; ~ **sur la gueule de qn** *fam* jdm in die Fresse hauen (*sl*)
❷ (*donner une tape*) ~ **sur l'épaule de qn** jdm auf die Schulter klopfen
❸ (*frapper*) ~ **de la main sur la table** mit der Hand auf den Tisch schlagen; ~ **du pied sur le sol** mit dem Fuß auf den Boden stampfen; ~ **dans le ballon** gegen den Ball treten; ~ **des** [*o* **dans les**] **mains** in die Hände klatschen
❹ (*dactylographier*) tippen
❺ *fam* (*dire du mal de*) ~ **sur qn** über jdn herziehen (*fam*)
❻ *fam* (*prendre dans*) ~ **dans un paquet de clopes** sich über eine Schachtel Kippen hermachen (*fam*)
❼ *fam* (*cogner*) *soleil:* knallen (*fam*); *vin:* reinhauen (*fam*)
▶ ~ **à côté** *fam* danebentippen (*fam*)
II. *vt* ❶ (*battre*) klopfen *tapis;* ~ **qn/un animal** jdn/ein Tier schlagen; (*amicalement*) jdm/einem Tier einen Klaps geben
❷ (*cogner*) ~ **le pied contre qc** den Fuß gegen etw schlagen
❸ (*frapper de*) ~ **la table du poing** mit der Faust auf den Tisch hauen
❹ (*produire en tapant*) ~ **trois coups à la porte** dreimal an die Tür klopfen; ~ **un air sur un piano** eine Melodie auf dem Klavier klimpern
❺ (*dactylographier*) tippen; INFORM eintippen, eingeben *texte, code, 3615*
❻ *fam* (*emprunter à*) anpumpen (*fam*); ~ **qn de cent euros** sich (*Dat*) hundert Euro von jdm pumpen (*fam*); ~ **une cigarette à qn** von jdm eine Zigarette schnorren (*fam*)
III. *vpr* ❶ *fam* (*s'offrir*) **se** ~ **qc** sich (*Dat*) etw genehmigen (*fam*)
❷ *fam* (*subir*) **se** ~ **qc** sich (*Dat*) etw aufhalsen (*fam*); **se** ~ **cinq kilomètres à pied** fünf Kilometer zu Fuß gehen müssen
❸ (*se frapper*) **se** ~ **les cuisses** sich (*Dat*) auf die Schenkel schlagen
❹ *vulg* (*coucher avec*) **se** ~ **qn** es mit jdm treiben (*sl*)
▶ **c'est à se** ~ **la tête contre les murs!** das ist zum Auswachsen! (*fam*); **s'en** ~ **de qn/qc** *fam* auf jdn/etw pfeifen (*fam*); **je m'en tape** *fam* das ist mir wurst (*fam*)
tapette [tapɛt] *f* ❶ (*petite tape*) Klaps *m*
❷ (*ustensile*) (*pour les tapis*) Teppichklopfer *m;* (*pour les mouches*) Fliegenklatsche *f*
❸ (*piège*) Falle *f*
❹ *fam* (*langue*) Mundwerk *nt* (*fam*), Klappe *f* (*fam*)
❺ *vulg* (*pédé*) Schwuchtel *f* (*sl*)
tapeur, -euse [tapœʀ, -øz] *m, f* Schnorrer(in) *m(f)* (*fam*)
tapin [tapɛ̃] ▶ **faire le** ~ *arg* auf den Strich gehen (*fam*)
tapiner [tapine] <1> *vi arg* auf den Strich gehen (*fam*)

T

tapinois [tapinwa] ▸ **s'approcher en** ~ verstohlen näherkommen; **agir en** ~ heimlich agieren

tapioca [tapjɔka] *m* Tapioka *f*

tapir[1] [tapiʀ] *m* Tapir *m*

tapir[2] [tapiʀ] <8> *vpr* **se** ~ **sous/derrière qc** *animal, personne:* sich unter/hinter etw (*Dat*) verkriechen

tapis [tapi] *m* ❶ Teppich *m;* ~ **de haute laine** orientalischer Knüpfteppich; ~ **mural** Wandteppich
❷ (*textile protecteur*) Matte *f;* (*pour la table*) Tischdecke *f*
❸ JEUX Tuch *nt*
❹ (*vaste étendue*) Teppich *m*
❺ INFORM ~ **pour souris** Mauspad *nt*
▸ ~ **roulant** Laufband *nt;* NAUT Rollsteg *m;* (*pour bagages*) Gepäckband *nt;* ~ **vert** (*table de discussion*) grüner Tisch; JEUX Spieltisch *m;* **aller au** ~ BOXE zu Boden gehen; (*être vaincu*) eine Schlappe erleiden (*fam*); **envoyer qn au** ~ BOXE jdn auf die Bretter schicken; (*vaincre*) jdn ausstechen; **mettre qc sur le** ~ etw zur Sprache bringen; **revenir sur le** ~ *sujet, thème:* wieder zur Sprache kommen
◆ ~ **de prière** Gebetsteppich *m;* ~ **de sol** Bodenplane *f*

tapis-brosse [tapibʀɔs] <tapis-brosses> *m* Fußmatte *f*

tapisser [tapise] <1> *vt* ❶ tapezieren *mur, pièce;* auslegen *tiroir;* beziehen *fauteuil*
❷ (*recouvrir*) *lierre, mousse:* bedecken

tapisserie [tapisʀi] *f* ❶ Tapete *f*
❷ (*pose du papier peint*) Tapezieren *nt*
❸ ART (*activité*) Teppichweben *nt;* (*tapis*) Wandteppich *m*
❹ (*ouvrage de dame*) Kanevasstickerei *f*
▸ **faire** ~ ein unbeteiligter Zuschauer sein; (*à un bal*) ein Mauerblümchen *nt* sein

tapissier, -ière [tapisje, -jɛʀ] *m, f* ❶ Tapezierer(in) *m(f);* (*pour fauteuils*) Polsterer(in) *m(f);* ART Teppichweber(in) *m(f)*
❷ (*marchand*) Dekorateur(in) *m(f),* Raumausstatter(in) *m(f)*

tapissier-décorateur [tapisjedekɔʀatœʀ] <tapissiers-décorateurs> *m* Dekorateur(in) *m(f),* Raumausstatter(in) *m(f)*

tapotement [tapɔtmɑ̃] *m des doigts* Trommeln *nt; du piano* Geklimper *nt* (*fam*)

tapoter [tapɔte] <1> **I.** *vt* (*taper à petits coups répétés*) tätscheln *joues;* ~ **le baromètre** leicht an das Barometer klopfen
II. *vi* ~ **sur la table** auf dem Tisch (*Dat*) [herum]trommeln; ~ **du piano** auf dem Klavier (*Dat*) [herum]klimpern (*fam*)

taquet [takɛ] *m* ❶ (*cale*) Keil *m*
❷ (*verrou*) Riegel *m*
❸ TECH Knagge *f;* CHEMDFER Gleissperre *f*

taquin(e) [takɛ̃, in] **I.** *adj caractère, personne* schelmisch
II. *m(f)* Schelm *m*

taquiner [takine] <1> **I.** *vt* ❶ (*s'amuser à agacer*) necken
❷ (*faire légèrement souffrir*) *choses:* plagen
II. *vpr* **se** ~ sich necken

taquinerie [takinʀi] *f* Neckerei *f*

tarabiscoté(e) [taʀabiskɔte] *adj* überladen; *style* überladen, geschraubt; *meuble* überladen, übermäßig verziert; *histoire* völlig verdreht

tarabuster [taʀabyste] <1> *vt* ~ **qn** ❶ (*importuner*) jdn drängen
❷ (*causer de l'inquiétude*) *choses:* jdm keine Ruhe lassen

tarama [taʀama] *m* Taramas *m*

taratata [taʀatata] *interj fam* papperlapapp (*fam*)

taraud [taʀo] *m* TECH Gewindebohrer *m*

tarauder [taʀode] <1> *vt* ❶ TECH ein Gewinde schneiden in (+ *Akk*)
❷ (*creuser*) ~ **qc** *insecte:* etw anbohren
❸ *littér* (*tourmenter*) quälen

taraudeur [taʀodœʀ] *m* Gewindeschneider *m*

taraudeuse [taʀodøz] *f* ❶ Gewindeschneiderin *f*
❷ (*machine*) Gewindeschneidmaschine *f*

tard [taʀ] **I.** *adv* spät; **le plus** ~ **possible** möglichst spät, so spät wie möglich; **travailler** ~ **le soir** bis spät abends arbeiten; **au plus** ~ spätestens; **pas plus** ~ **que...** erst ...; **tôt ou** ~ früher oder später
▸ **il n'est jamais trop** ~ **pour bien faire** *prov* für eine Wiedergutmachung ist es nie zu spät; **mieux vaut** ~ **que jamais** *prov* besser spät als nie
II. *m* **sur le** ~ spät

tarder [taʀde] <1> **I.** *vi* ❶ (*traîner*) trödeln; **sans** ~ umgehend, unverzüglich; ~ **à faire qc** zögern etw zu tun
❷ (*se faire attendre*) auf sich warten lassen; **il ne tardera plus maintenant** er muss jeden Augenblick kommen; **tu ne vas pas** ~ **à t'endormir** du wirst gleich einschlafen
II. *vi impers* (*sembler long*) **il tarde à ce garçon de faire qc/que l'école soit finie** dieser Junge kann es kaum erwarten etw zu tun/, dass die Schule vorüber ist

tardif, -ive [taʀdif, -iv] *adj* ❶ (*qui vient, qui se fait tard*) spät; *regrets, remords* verspätet; **œuvre tardive** Spätwerk *nt*
❷ AGR *fruits, fleurs* spät

tardivement [taʀdivmɑ̃] *adv* spät

tare [taʀ] *f* ❶ (*défaut*) *d'une personne, société* Makel *m; d'un système* Fehler *m;* MED Vorbelastung *f*
❷ (*poids de l'emballage*) Tara *f*
❸ (*contrepoids*) Gewicht[stein *m*] *nt;* **faire la** ~ austarieren

taré(e) [taʀe] **I.** *adj* ❶ *fam* (*idiot*) bescheuert (*fam*)
❷ MED erblich belastet
II. *m(f)* ❶ *fam* (*idiot*) Verrückte(r) *f(m)*
❷ MED geistig Behinderte(r) *f(m)*

tarentelle [taʀɑ̃tɛl] *f* Tarantella *f*

tarentule [taʀɑ̃tyl] *f* Tarantel *f*

targette [taʀʒɛt] *f* [Schiebe]riegel *m*

targuer [taʀge] <1> *vpr littér* **se** ~ **d'un avantage/d'une vertu** sich eines Vorteils/einer Tugend rühmen; **se** ~ **de faire qc** sich damit rühmen [*o* brüsten] etw zu tun

tari(e) [taʀi] *adj rivière* ausgetrocknet; *source, imagination* versiegt; *ressources* erschöpft

tarière [taʀjɛʀ] *f* ❶ TECH (*vrille*) Stangenbohrer *m;* MIN Erdbohrer *m*
❷ ZOOL (*tube*) Legebohrer *m*

tarif [taʀif] *m* ❶ (*barème*) Tarif *m; d'une réparation* Preis *m;* ~**s postaux** Postgebühren *Pl;* **billet plein** ~ Fahrschein *m* zum vollen Preis; **à un** ~ **préférentiel/réduit** zu einem Vorzugspreis/ermäßigten Preis
❷ *hum fam* (*punition*) Strafe *f*
▸ **à ce** ~**-là** *fam* [ja,] wenn das so ist (*fam*)
◆ ~ **de base** Grundtarif *m;* ~ **de groupe** Gruppentarif *m*

tarifaire [taʀifɛʀ] *adj* Tarif-

tarifé(e) [taʀife] *adj services* preislich festgelegt; *marchandises* ≈ unverbindliche Preisempfehlung

tarifer [taʀife] <1> *vt* ~ **la marchandise** den Preis der [*o* für die] Ware festlegen

tarification [taʀifikasjɔ̃] *f* COM ❶ (*fixation des tarifs*) Preis-/Gebühren-/Zollfestsetzung *f*
❷ (*tarifs fixés*) ~ **impérative** Gebührenordnung *f*

tarin[1] [taʀɛ̃] *m fam* Gesichtserker *m* (*hum fam*), Zinken *m* (*fam*)

tarin[2] [taʀɛ̃] *m* ORN Zeisig *m*

tarir [taʀiʀ] <8> **I.** *vi* ❶ (*cesser de couler*) versiegen (*geh*)
❷ *fig soutenu* (*cesser*) versiegen (*geh*); *conversation:* ins Stocken geraten, verstummen; *imagination, chagrin:* schwinden
II. *vt* ❶ (*assécher*) austrocknen *mare, fleuve;* versiegen lassen (*geh*) *puits, source*
❷ *soutenu* (*épuiser*) erschöpfen *imagination, ressources;* zum Versiegen bringen (*geh*) *larmes*
III. *vpr* **se** ~ ❶ (*s'assécher*) versiegen
❷ *soutenu* (*s'épuiser*) sich erschöpfen

tarissement [taʀismɑ̃] *m* ❶ (*dessèchement*) *d'un puits, d'une source* Versiegen *nt* (*geh*); *d'un cours d'eau* Austrocknen *nt*
❷ *soutenu* (*épuisement*) Erschöpfung *f*

tarot [taʀo] *m* ❶ (*jeu*) Tarock *nt o m;* (*carte*) Tarock

❷ *(en cartomancie)* Tarot *nt o m*
tarse [taʀs] *m* Fußwurzelknochen *m*
tartan[1] [taʀtɑ̃] *m* TEXTIL Tartan *m*
tartan®[2] [taʀtɑ̃] *m* SPORT Tartan® *m;* **piste de ~** Tartanbahn *f*
tartare [taʀtaʀ] *adj* ❶ HIST **les populations ~s** die Tartarenvölker
❷ GASTR **steak ~** Tartarsteak *nt;* **sauce ~** *gewürzte Senfmayonnaise/-majonäse*
Tartare [taʀtaʀ] *mf* HIST Tartare *m*/Tartarin *f*
tarte [taʀt] **I.** *f* ❶ GASTR Kuchen *m;* **~ aux cerises/prunes** Kirschkuchen/Pflaumenkuchen; **~ à la crème** Sahnetorte *f;* **~ Tatin** *französische Apfelkuchenspezialität*
❷ *fam (gifle)* Schelle *f (fam)*
II. *adj fam* doof *(fam)*, blöd *(fam)*
tartelette [taʀtəlɛt] *f* Törtchen *nt*
Tartempion [taʀtɑ̃pjɔ̃] *m péj fam* **Monsieur ~** Herr Soundso
tartignol[l]e [taʀtiɲɔl] *adj fam* blöd *(fam)*, bescheuert *(sl)*
tartine [taʀtin] *f* ❶ GASTR **~ beurrée** Butterbrot *nt;* **~ grillée** Toast *m;* **~ de confiture/miel** Marmeladenbrot/Honigbrot
❷ *péj fam (long développement)* **écrire des ~s** einen ganzen Roman schreiben *(fam)*
tartiner [taʀtine] <1> *vt* ❶ GASTR bestreichen, schmieren; **pâte à ~** Brotaufstrich *m*
❷ *fam (trop écrire)* ganze Romane schreiben *(fam)*
tartre [taʀtʀ] *m* Kesselstein *m; des dents* Zahnstein *m; d'un tonneau de vin* Weinstein *m*
tartrique [taʀtʀik] *adj* **acide ~** Weinsäure *f*
tartuf[f]e [taʀtyf] **I.** *m* Heuchler(in) *m(f)*
II. *adj* scheinheilig, heuchlerisch
tartuf[f]erie [taʀtyfʀi] *f* Heuchelei *f*
tarzan, Tarzan [taʀzɑ̃] *m* Tarzan *m*
tas [tɑ] *m* ❶ *(amas)* Haufen *m;* **en ~** auf einem Haufen; **~ de fumier** Misthaufen; **mettre qc en ~** etw aufhäufen; **piocher dans le ~** *fam* einen Haufen durchstöbern; **tirer dans le ~** *fam* in einen Haufen [hinein]schießen
❷ *fam (beaucoup de)* **un ~ de choses/personnes** eine Menge Dinge/Menschen
❸ *péj fam (personne)* **~ de graisse, gros ~** Dickwanst *m (fam)*, Fettsack *m (sl)*
▸ **sur le ~** *fam* vor Ort, an Ort und Stelle
tasse [tɑs] *f* ❶ *(récipient)* Tasse *f;* **~ à thé** Teetasse; **~ à café** Kaffeetasse
❷ *(contenu)* Tasse *f;* **~ de thé/café** Tasse Tee/Kaffee
▸ **ce n'est pas ma ~ de thé** *fam* das ist nichts für mich *(fam)*; **boire la ~** *(avaler de l'eau)* Wasser schlucken; *(échouer)* baden gehen *(fam)*, auf die Nase fallen *(fam)*
tassé(e) [tɑse] *adj café, pastis* stark; **café bien ~** *fam* starker Kaffee
tasseau [tɑso] <x> *m* Leiste *f*
tassement [tɑsmɑ̃] *m* ❶ *(affaissement) des sédiments, neiges* Sichsetzen *nt; de terrain* Absacken *nt*
❷ *(affermissement) du sol* Befestigen *nt,* Feststampfen *nt*
❸ MED *des vertèbres* Zusammensacken *nt; (dû à un traumatisme)* Stauchung *f*
❹ *a.* ECON *(diminution, ralentissement)* Rückgang *m*
tasser [tɑse] <1> **I.** *vt* ❶ *(comprimer)* zusammendrücken; zusammenpressen *paille, foin;* fest stampfen *terre; (en tapant)* fest klopfen *neige, sable*
❷ SPORT abdrängen *personne*
II. *vpr* **se ~** ❶ *(s'affaisser)* in sich *(Akk)* zusammensinken; *terrain, neige:* sich setzen
❷ *(se serrer)* eng aneinander rücken
❸ *fam (s'arranger) difficulté, chose:* sich regeln; *ennui, querelle:* sich legen
taste-vin [tastəvɛ̃] *m inv (pipette)* Probenheber *m; (coupelle)* Probentasse *f*
tata [tata] *f* ❶ *enfantin (tante)* Tante *f*
❷ *pop (pédéraste)* Tunte *f (fam)*
tatami [tatami] *m* SPORT Tatamimatte *f*
tatane [tatan] *f fam* Treter *m (fam)*
tâter [tɑte] <1> **I.** *vt* ❶ *(palper)* befühlen; fühlen *pouls*
❷ *(sonder)* sondieren *(geh) terrain*
II. *vi (faire l'expérience)* **~ de qc** die Erfahrung einer S. *(Gen)* machen
III. *vpr* **se ~** *fam (hésiter)* noch überlegen, noch unschlüssig sein
tâte-vin [tɑtvɛ̃] *m inv v.* **taste-vin**
tati[e] [tati] *f enfantin* Tante *f*
tatillon(ne) [tatijɔ̃, jɔn] **I.** *adj* pedantisch *(pej)*, pingelig *(fam)*
II. *m(f)* Pedant(in) *m(f)*
tâtonnement [tɑtɔnmɑ̃] *m* ❶ *(essai hésitant)* Versuch *m*
❷ *(marche incertaine)* Tasten *nt*
tâtonner [tɑtɔne] <1> *vi* ❶ *(chercher en hésitant)* ausprobieren
❷ *(se déplacer sans voir)* sich vorantasten
tâtons [tɑtɔ̃] *mpl* **à ~** tastend
tatou [tatu] *m* Gürteltier *nt*
tatouage [tatwaʒ] *m (action)* Tätowieren *nt; (dessin sur la peau)* Tätowierung *f*
tatouer [tatwe] <1> *vt* tätowieren
tatoueur, -euse [tatwœʀ, -øz] *m, f* Tätowierer(in) *m(f)*
taudis [todi] *m* ❶ *(logement misérable)* Elendsbehausung *f*
❷ *(pièce ou appartement en désordre)* Räuberhöhle *f (fam)*
taulard(e) [tolaʀ, aʀd] *m(f) arg* Knastbruder *m/*-schwester *f (sl)*
taule [tol] *f* ❶ *arg (prison)* Knast *m (fam)*; **faire de la ~** [*o* **être en ~**] [im Knast] sitzen *(fam)*
❷ *fam (chambre)* Bude *f (fam)*
taulier, -ière [tolje, -jɛʀ] *m, f fam* Wirt(in) *m(f)*
taupe [top] *f* ❶ ZOOL Maulwurf *m*
❷ SCOL *arg mathematisch ausgerichtete Vorbereitungsklasse auf eine „Grande École"*
❸ *fam (espion)* Maulwurf *m (fam)*
▸ **être myope comme une ~** blind wie ein Maulwurf sein *(fam)*
taupin [topɛ̃] *m* ❶ ZOOL Schnellkäfer *m*
❷ SCOL *arg Schüler(in) einer mathematisch ausgerichteten Vorbereitungsklasse auf eine „Grande École"*
taupinière [topinjɛʀ] *f* Maulwurfshügel *m*
taureau [tɔʀo] <x> *m* ZOOL Stier *m,* Bulle *m;* **cou de ~** Stiernacken *m;* **avoir une force de ~** Bärenkräfte *Pl* haben
▸ **prendre le ~ par les cornes** den Stier bei den Hörnern packen
◆ **~ de combat** Kampfstier *m*
Taureau [tɔʀo] <x> *m* ASTROL Stier *m;* **être [du signe du] ~** [ein] Stier sein, im Zeichen des Stieres geboren sein
taurillon [tɔʀijɔ̃] *m* Jungbulle *m*
taurin(e) [tɔʀɛ̃, in] *adj* Stierkampf-
tauromachie [tɔʀɔmaʃi] *f* Stierkampf *m*
tauromachique [tɔʀɔmaʃik] *adj* **règles ~s** Stierkampfregeln
tautologie [totɔlɔʒi] *f* Tautologie *f*
taux [to] *m* ❶ *(pourcentage administrativement fixé)* Satz *m*
❷ *(mesure statistique)* Rate *f,* Quote *f;* **~ d'activité/de chômage** Beschäftigungs-/Arbeitslosenquote
❸ MED **~ de cholestérol/sucre** Cholesterin-/Zuckerspiegel *m*
❹ TECH **~ de compression** Druckverhältnis *nt*
❺ FIN **~ [d'intérêt]** Zinssatz *m,* Zins *m;* **~ d'escompte** Diskontsatz *m,* Diskont *m*
◆ **~ d'accroissement** Wachstumsrate *f;* **~ d'audience** Zuschauerquote *f;* **~ de base** FISC Basissteuersatz *m;* **~ de change** Wechselkurs *m;* **~ de conversion** *pl* Konversionskurse *Pl;* **~ d'inflation** Preisinflationsrate *f;* **~ d'intérêt** Zinssatz *m,* Zins *m;* **~ de mortalité** Sterblichkeitsziffer *f;* **~ de natalité** Geburtenrate *f*
tavelé(e) [tav(ə)le] *adj* fleckig

T

tavelure [tav(ə)lyʀ] *f* Fleck *m*
taverne [tavɛʀn] *f* Wirtshaus *nt;* HIST Herberge *f;* CAN (*débit de boissons*) Schenke *f*
tavernier, -ière [tavɛʀnje, -jɛʀ] *m, f* Wirt(in) *m(f)*
tavillon [tavijɔ̃] *m* CONSTR CH Schindel *f*
taxable [taksabl] *adj* abgabenpflichtig; (*à la douane*) zollpflichtig
taxation [taksasjɔ̃] *f* ❶ *des prix* Festsetzung *f*
❷ FISC ~ **des salaires** Lohnsteuerveranlagung *f*
◆ ~ **d'office** Besteuerung *f* von Amts wegen
taxe [taks] *f* ❶ Gebühr *f,* Abgabe *f;* ~ **foncière** FISC Grundabgabe; **toutes ~s comprises** alles inbegriffen, Steuer und Abgaben inbegriffen
❷ (*impôt*) Steuer *f;* **~s locales pour touristes** Fremdenverkehrssteuern; ~ **professionnelle** Gewerbe[ertrags]steuer; **hors ~s** Steuer nicht inbegriffen; (*sans T.V.A.*) ohne Mehrwertsteuer
◆ ~ **à la valeur ajoutée** Mehrwertsteuer *f;* ~ **d'habitation** ≈ Wohnsteuer *f;* ~ **de raccordement** Anschlussgebühr *f;* ~ **de séjour** Kurtaxe *f;* ~ **sur le chiffre d'affaires** Umsatzsteuer *f*
taxer [takse] <1> *vt* ❶ (*imposer*) besteuern
❷ (*fixer le prix*) den Preis festsetzen für *marchandise, produit;* JUR festsetzen *dépens*
❸ *fam* (*extorquer*) abknöpfen (*fam*)
❹ (*accuser*) ~ **le voisin de méchanceté** den Nachbarn der Boshaftigkeit (*Gen*) bezichtigen
❺ (*traiter*) ~ **qn d'imbécile/de feignant** jdn als einen Dummkopf/Faulpelz bezeichnen
taxi [taksi] *m* ❶ (*véhicule*) Taxi *nt*
❷ *fam* (*chauffeur*) Taxifahrer(in) *m(f)*
taxidermie [taksidɛʀmi] *f* Taxidermie *f* (*Fachspr.*)
taxidermiste [taksidɛʀmist] *mf* Tierpräparator(in) *m(f)*
taxi-girl [taksigœʀl] <taxi-girls> *f* Animierdame *f*
taximètre [taksimɛtʀ] *m* Fahrpreisanzeiger *m,* Taxameter *nt*
taxinomie [taksinɔmi] *f* Taxonomie *f*
taxiphone® [taksifɔn] *m* Münzfernsprecher *m*
taxiway [taksiwɛ] *m* Rollweg *m*
taxonomie [taksɔnɔmi] *f v.* **taxinomie**
taylorisme [tɛlɔʀism] *m* Taylorismus *m*
Tchad [tʃad] *m* ❶ (*État*) **le** ~ der Tschad
❷ (*lac*) **le** [**lac**] ~ der Tschadsee
tchador [tʃadɔʀ] *m* Schador *m,* Tschador *m*
tchao [tʃao] *interj fam* tschau (*fam*)
tchatche [tʃatʃ] *f* MIDI **avoir de la** ~ *fam* eine Quasselstrippe sein (*fam*)
tchatcher [tʃatʃe] <1> *vi fam* quatschen (*fam*)
tchécoslovaque [tʃekɔslɔvak] *adj* HIST tschechoslowakisch
Tchécoslovaque [tʃekɔslɔvak] *mf* HIST Tschechoslowake *m/* Tschechoslowakin *f*
Tchécoslovaquie [tʃekɔslɔvaki] *f* HIST Tschechoslowakei *f*
tchèque [tʃɛk] **I.** *adj* tschechisch
II. *m* **le** ~ Tschechisch *nt,* das Tschechische; *v. a.* **allemand**
Tchèque [tʃɛk] *mf* Tscheche *m/*Tschechin *f*
Tchétchène [tʃetʃɛn] *mf* Tschetschene *m/*Tschetschenin *f*
Tchétchénie [tʃetʃeni] *f* **la** ~ Tschetschenien *nt*
tchin[**-tchin**] [tʃin(tʃin)] *interj fam* prost (*fam*)
T.D. [tede] *m abr de* **travaux dirigés** UNIV Übung *f*
te [tə] <*devant une voyelle et un h muet* t'> *pron pers* ❶ **il** ~ **voit/t'aime** er sieht/liebt dich; **il** ~ **suit/t'aide** er folgt/hilft dir; **il** ~ **demande/t'explique le chemin** er fragt dich nach dem Weg/erklärt dir den Weg
❷ *avec faire, laisser* dich; **il** ~ **laisse/fait conduire la voiture** er lässt dich das Auto fahren
❸ *avec être, devenir, sembler soutenu* **cela** ~ **semble bon** das erscheint dir gut; **son amitié t'est chère** seine/ihre Freundschaft ist dir teuer (*geh*); **ça t'est bon de rentrer au pays** es tut [dir] gut heimzukommen; **le café** ~ **devenait indispensable** du konntest nicht mehr auf den Kaffee verzichten
❹ *avec les verbes pronominaux* **tu** ~ **nettoies** du machst dich sauber; **tu** ~ **nettoies les ongles** du machst dir die Nägel sauber; **tu** ~ **fais couper les cheveux** du lässt dir die Haare schneiden
❺ *fam* (*pour renforcer*) **et je** ~ **frotte et je** ~ **brique** und ich putz' alles blitzblank (*fam*)
❻ (*avec un sens possessif*) **le cœur** ~ **battait fort** dein Herz schlug heftig
❼ *avec un présentatif* du; ~ **voici** [*o* **voilà**]**!** hier [*o* da] bist du!; ~ **voilà tout**(**e**) **propre** jetzt bist du [wieder] sauber
té[1] [te] *m* ❶ (*règle*) Reißschiene *f*
❷ TECH (*ferrure*) T-Stück *nt;* [**fer en**] ~ T-Eisen *nt*
té[2] [te] *interj* MIDI sieh mal (*fam*)
TEC [tɛk] *f abr de* **tonne équivalent charbon** SKE *f* (*Steinkohleeinheit*)
technétium [tɛknesjɔm] *m* CHIM Technetium *nt*
technicien(**ne**) [tɛknisjɛ̃, jɛn] **I.** *adj* technisch
II. *m(f)* ❶ (*professionnel qualifié*) Techniker(in) *m(f)*
❷ (*expert*) Sachverständige(r) *f(m),* Fachmann *m/*-frau *f;* ~(**ne**) **de la finance** Finanzexperte *m/*-expertin *f;* ~(**ne**) **de la politique** Politikexperte/-expertin
◆ ~(**ne**) **de surface** Reinigungskraft *f*
technicité [tɛknisite] *f* hohe Spezialisiertheit
technico-commercial(**e**) [tɛknikokɔmɛʀsjal, jo] <technico--commerciaux> **I.** *adj* kaufmännisch-technisch
II. *m(f)* COM kaufmännisch-technische(r) Angestellte(r) *f(m)*
technicolor® [tɛknikɔlɔʀ] *m* Technicolor® *nt*
technique[1] [tɛknik] *adj* technisch; *ouvrage, revue, terme* Fach-; **lycée** ~ Fachoberschule *f*
technique[2] [tɛknik] *m* SCOL Fachschulwesen *nt*
technique[3] [tɛknik] *f* ❶ Technik *f;* **~s de communication** Kommunikationstechnik
❷ (*savoir-faire*) **il manque de** ~ es mangelt ihm an der nötigen Technik
▶ **ne pas avoir la bonne** ~ *fam* nicht den Dreh raus haben (*fam*)
techniquement [tɛknikmɑ̃] *adv* technisch
techno [tɛkno] **I.** *adj* Techno-; **la musique** ~ Technomusik *f*
II. *f* Techno *m*
technocrate [tɛknɔkʀat] *mf péj* Technokrat(in) *m(f)*
technocratie [tɛknɔkʀasi] *f péj* Technokratie *f*
technocratique [tɛknɔkʀatik] *adj péj* technokratisch
technologie [tɛknɔlɔʒi] *f* Technologie *f;* ~ **obsolète** veraltete Technologie
◆ ~ **de l'information** Informationstechnologie *f;* ~ **de pointe** Spitzentechnologie *f,* neueste Technologie
technologique [tɛknɔlɔʒik] *adj* technologisch
technologiste [tɛknɔlɔʒist], **technologue** [tɛknɔlɔg] *mf* Technologe *m/*Technologin *f*
technopole [tɛknɔpɔl] *f,* **technopôle** [tɛknɔpol] *m* Technologiepark *m* (*kombiniert mit Unterrichts- und Forschungsanstalten*)
technopôle [tɛknɔpol] *m* ≈technologisches Ballungszentrum *nt* (*Stadtteil, in dem ausschließlich Forschungs- und Hochschultechnologieunternehmen sitzen*)
teck [tɛk] *m* ❶ (*bois*) Teak[holz *nt*] *nt*
❷ (*arbre*) Teakbaum *m*
teckel [tekɛl] *m* Teckel *m,* Dackel *m*
tectonique [tɛktɔnik] **I.** *adj* tektonisch
II. *f* Tektonik *f*
tectrice [tɛktʀis] ZOOL **I.** *adj* **les plumes ~s** die Deckfedern
II. *fpl* Deckfedern
Te Deum [tedeɔm] *m inv* Tedeum *nt*
T.E.E. [teøø] *m abr de* **Trans-Europ-Express** T.E.E. *m*
tee [ti] *m* Tee *nt*
teenager [tinɛdʒœʀ] *mf* Teenager *m*
tee-shirt [tiʃœʀt] <tee-shirts> *m* T-Shirt *nt*

Téfal® [tefal] *adj inv* Teflon®
téflon® [teflɔ̃] *m* Teflon® *nt*
tégéviste [teʒevist] *mf Fahrer(in) des Hochgeschwindigkeitszugs T.G.V.*
tégument [tegymɑ̃] *m* BIO Integument *nt*
teigne [tɛɲ] *f* ❶ ZOOL Motte *f*
❷ MED Grind *m*
❸ *fam (personne méchante)* [Gift]schlange *f (pej fam)*
teigneux, **-euse** [tɛɲø, -øz] **I.** *adj fam* verbissen
II. *m, f* ❶ *fam* Giftkröte *f (fam)*, Fiesling *m (fam)*
❷ MED an Grind Erkrankte(r) *f(m)*
teindre [tɛ̃dʀ] <*irr*> **I.** *vt* färben; beizen *bois;* ~ **qc en rouge/noir** etw rot/schwarz färben
II. *vpr* **se** ~ ❶ *(se donner une teinte)* sich *(Dat)* die Haare färben
❷ *littér (se colorer)* sich färben
teint [tɛ̃] *m* Teint *m;* **avoir le** ~ **pâle/hâlé/rose** einen blassen/gebräunten/rosigen Teint haben
▸ **bon** ~ *hum* waschecht; **grand** ~ farbecht
teint(e) [tɛ̃, tɛ̃t] *part passé de* **teindre**
teinte [tɛ̃t] *f* ❶ *(couleur)* Farbe *f*, Farbton *m;* **prendre une** ~ **jaunâtre** vergilben
❷ *(petite dose)* ~ **de mélancolie/tristesse** Anflug *m* von Melancholie/Traurigkeit
teinter [tɛ̃te] <1> **I.** *vt* ❶ *(colorer)* tönen; **verres teintés** getönte Gläser *Pl*
❷ *(être nuancé)* **un discours teinté de puritanisme** eine puritanisch gefärbte Rede
II. *vpr* ❶ *(se colorer)* **se** ~ **de roux** sich rot färben
❷ *(se nuancer)* **son discours se teintait d'ironie/d'amertume** er/sie wurde ironisch/bitter
teinture [tɛ̃tyʀ] *f* ❶ *(colorant)* Färbemittel *nt*, Farbe *f*
❷ PHARM ~ **d'arnica/iode** Arnika-/Jodtinktur *f*
❸ *(connaissance superficielle)* ~ **d'une science/méthode** Ahnung *f* von einer Wissenschaft/Methode
❹ *(fait de teindre)* Färben *nt*
teinturerie [tɛ̃tyʀʀi] *f* ❶ *(magasin)* [chemische] Reinigung
❷ *(industrie)* Färberei *f*
teinturier, **-ière** [tɛ̃tyʀje, -jɛʀ] *m, f* ❶ *(commerçant)* **porter qc chez le** ~ etw zur [*o* in die] Reinigung bringen
❷ *(artisan)* Färber(in) *m(f)*
tek [tɛk] *m v.* **teck**
tel(le) [tɛl] **I.** *adj indéf* ❶ *(semblable, si fort ou grand)* **un** ~**/une** ~**le...** solch ein(e) ..., ein derartiger/eine derartige/ein derartiges ...; **de** ~**(s)...** derartige ..., solche ...
❷ *(ainsi)* ~ **est qn/qc** das ist jd/etw; ~**le n'est pas mon intention** das ist nicht meine Absicht; ~ **père,** ~ **fils** wie der Vater, so der Sohn
❸ *(comme)* ~**(le) que qn/qc** wie jd/etw; **un homme** ~ **que lui** ein Mann wie er; **les métaux** ~**s que l'or, l'argent...** Metalle wie [zum Beispiel] Gold, Silber ...; ~**(le) qn/qc** *soutenu* gleich jdm/etw *(geh)*; **elle s'est occupée d'eux** ~**le une mère** sie hat sich gleich einer Mutter ihrer angenommen *(geh)*
❹ *(un certain)* ~ **jour et à** ~**le heure** an dem und dem Tag und um die und die Zeit; ~**(le) et** ~**(le)** diese(r, s) und jene(r, s); ~**(le) ou** ~**(le)** diese(r, s) oder jene(r, s)
▸ **passer pour** ~**(le)** dafür gehalten werden; **en tant que** [*o* **comme**] ~**(le)** als solche(r, s); ~**(le) quel(le)**, ~**(le) que** *fam (dans le même état)* **je vous rends vos livres** ~**s quels** ich gebe Ihnen die Bücher so zurück, wie ich sie bekommen habe; **il n'y a rien de** ~ es gibt nichts Besseres
II. *pron indéf* **si** ~ **ou** ~ **te dit...** wenn dir dieser oder jener sagt, ...; ~ **prétend ceci,** ~ **autre cela** der eine behauptet dies, der andere das
télé [tele] *f fam abr de* **télévision** ❶ *(organisme)* Fernsehen *nt;* **regarder la** ~ fernsehen
❷ *(récepteur)* Fernseher *m*
téléachat [teleaʃa] *m* Teleshopping *nt*
télébenne [telebɛn] *f* Gondelbahn *f*
télécabine [telekabin] *f v.* **télébenne**
Télécarte® [telekaʀt] *f* Telefonkarte *f*
téléchargement [teleʃaʀʒəmɑ̃] *m d'une banque de données* Herunterladen *nt*, Download *m (Fachspr.)*; *d'un ordinateur* Einspeichern *nt*, Uploading *nt*
télécharger [teleʃaʀʒe] *vt* INFORM ~ **vers l'amont** hochladen, uploaden *(Fachspr.)*; ~ **vers l'aval** herunterladen, downloaden *(Fachspr.)*
Télécom [telekɔm] **France** ~ *französische Telefongesellschaft, entspricht der deutschen Telekom*
télécommande [telekɔmɑ̃d] *f* ❶ *(boîtier)* Fernsteuerung *f; d'une télé, d'un magnétoscope* Fernbedienung *f*
❷ *(procédé)* Fernbedienung *f; d'un explosif, d'une fusée* Fernzündung *f*
télécommander [telekɔmɑ̃de] <1> *vt* ❶ TECH mit Fernbedienung steuern; fernzünden *explosion*
❷ *(organiser à distance)* [aus der Ferne] lenken
télécommunication [telekɔmynikasjɔ̃] *f gén pl* ❶ *(administration)* Fernmeldewesen *nt*
❷ *(technique)* Fernmeldetechnik *f*
❸ *(ensemble des communications)* Fernsprechverkehr *m*
télécoms [telekɔm] *fpl fam abr de* **télécommunications** Fernmeldewesen *nt*
téléconférence [telekɔ̃feʀɑ̃s] *f* Konferenzschaltung *f*, Videokonferenz *f*
télécopie [telekɔpi] *f* Fax *nt*, Telefax *nt*
télécopieur [telekɔpjœʀ] *m* Fax[gerät] *nt*
télédétection [teledetɛksjɔ̃] *f* Fernabtastung *f*
télédiffuser [teledifyze] <1> *vt* im Fernsehen übertragen
télédiffusion [teledifyzjɔ̃] *f* Fernsehübertragung *f*
télédistribution [teledistʀibysjɔ̃] *f* Kabelfernsehen *nt*
téléenseignement [teleɑ̃sɛɲəmɑ̃] *m* Fernstudium *nt*
téléfax [telefaks] *m* Telefax *nt*
téléférique [telefeʀik] *m v.* **téléphérique**
téléfilm [telefilm] *m* Fernsehfilm *m*
télégénique [teleʒenik] *adj* telegen
télégramme [telegʀam] *m* Telegramm *nt*
télégraphe [telegʀaf] *m* Telegraf *m*
télégraphie [telegʀafi] *f* Telegrafie *f*
télégraphier [telegʀafje] <1a> *vt (envoyer un message en morse)* telegrafieren; NAUT funken
télégraphique [telegʀafik] *adj* ❶ TELEC telegrafisch; **poteau** ~ Telegrafenmast *m;* **alphabet** ~ Morsealphabet *nt*
❷ *(abrégé)* **style** ~ Telegrammstil *m*
télégraphiste [telegʀafist] *mf* ❶ *(opérateur)* Telegrafist(in) *m(f)*
❷ *(messager)* Telegrammbote *m*/Telegrammbotin *f*
téléguidage [telegidaʒ] *m* Fernlenkung *f*
téléguider [telegide] <1> *vt* ❶ *(diriger à distance)* durch Fernlenkung steuern
❷ *(influencer à distance)* lenken
téléimprimeur [teleɛ̃pʀimœʀ] *m* Fernschreiber *m*
téléinformatique [teleɛ̃fɔʀmatik] *f* Datenfernverarbeitung *f*
télématique [telematik] **I.** *adj* telematisch; **journal** ~ Btx-Zeitung *f*
II. *f* Datenfernübertragung *f*
télémètre [telemɛtʀ] *m* Entfernungsmesser *m*
télémétrie [telemetʀi] *f* Telemetrie *f*
télémétrique [telemetʀik] *adj* telemetrisch
télénaute [telenot] *mf* Teilnehmer(in) *m(f)* am interaktiven Fernsehen
téléobjectif [teleɔbʒɛktif] *m* Teleobjektiv *nt*
télépaiement [telepɛmɑ̃] *m* elektronische Zahlungsweise, elektronischer Zahlungsauftrag
télépathe [telepat] *adj* telepathisch
télépathie [telepati] *f* Telepathie *f*

T

télépathique [telepatik] *adj* telepathisch
télépendulaire [telepɑ̃dylɛʀ] *m* Telearbeit *f*
téléphérique [telefeʀik] *m* Seilbahn *f*
téléphone [telefɔn] *m* Telefon *nt;* ~ **sans fil** schnurloses Telefon; ~ **arabe** *hum* Buschtrommel *f* (*fam*); ~ **portable** Mobiltelefon, Funktelefon, Handy *nt,* Natel *nt* (CH); ~ **public** Telefonzelle *f;* ~ **visuel** Bildtelefon; **appeler/avoir qn au** ~ jdn anrufen/mit jdm telefonieren; **être au** ~ telefonieren
◆ ~ **à cartes** Kartentelefon *nt;* ~ **à touches** Tastentelefon *nt;* ~ **de voiture** Autotelefon *nt*
téléphoner [telefɔne] <1> **I.** *vt* (*transmettre par téléphone*) ~ **une nouvelle à une amie** einer Freundin telefonisch eine Neuigkeit mitteilen
II. *vi* (*parler au téléphone*) telefonieren; ~ **à qn** jdn anrufen
III. *vpr* **se** ~ sich anrufen
téléphonie [telefɔni] *f* ~ **numérique mobile** Mobilfunk *m*
téléphonique [telefɔnik] *adj* telefonisch
téléphoniquement [telefɔnikmɑ̃] *adv* telefonisch
téléphoniste [telefɔnist] *m, f* Telefonist(in) *m(f)*
téléphotographie [telefɔtɔgʀafi] *f* Telefotografie *f*
téléprompteur [telepʀɔ̃ptœʀ] *m* Teleprompter® *m*
télé-réalité [teleʀealite] *f inv* Reality-TV *nt*
téléreportage [teleʀ(ə)pɔʀtaʒ] *m* Fernsehreportage *f*
télescopage [teleskɔpaʒ] *m* Kollision *f*
télescope [teleskɔp] *m* Teleskop *nt*
télescoper [telɛskɔpe] <1> **I.** *vt* (*heurter violemment*) ~ **une voiture/un train/qn** mit einem Auto/Zug/jdm zusammenprallen [*o* kollidieren]
II. *vpr* **se** ~ ❶ (*se percuter*) aufeinander prallen
❷ (*s'entremêler*) kollidieren, durcheinander geraten
télescopique [telɛskɔpik] *adj* ❶ ASTRON teleskopisch
❷ TECH ausziehbar; **antenne** ~ Teleskopantenne *f*
téléscripteur [teleskʀiptœʀ] *m* Fernschreiber *m*
télésexe [telesɛks] *m* Cybersex *m*
télésiège [telesjɛʒ] *m* Sessellift *m*
téléski [teleski] *m* Schlepplift *m*
téléspectateur, -trice [telespɛktatœʀ, -tʀis] *m, f* Fernsehzuschauer(in) *m(f)*
télésurveillance [telesyʀvɛjɑ̃s] *f* Fernüberwachung *f*
Télétel® [teletɛl] *m* Bildschirmtext® *m*
Télétex® [teletɛks] *m* Teletex® *m*
télétexte [teletɛkst] *m* Videotext *m,* Teletext *m*
téléthon [teletɔ̃] *m interaktive TV-Sendung, die Spenden sammelt*
télétraitement [teletʀɛtmɑ̃] *m* Datenfernverarbeitung *f*
télétransmission [teletʀɑ̃smisjɔ̃] *f* Fernübertragung *f*
télétravail [teletʀavaj] *m* Telearbeit *f*
télétype® [teletip] *m* Fernschreiber *m*
télévendeur, -euse [televɑ̃dœʀ, -øz] *m, f* Teleshopverkäufer(in) *m(f)*
télévente [televɑ̃t] *f* Telemarketing *nt,* Teleselling *nt*
téléviser [televize] <1> *vt* im Fernsehen übertragen; **un reportage télévisé** eine Fernsehreportage
téléviseur [televizœʀ] *m* Fernseher *m*
télévision [televizjɔ̃] *f* ❶ (*organisme*) Fernsehen *nt*
❷ (*technique*) Fernsehtechnik *f*
❸ (*programmes*) Fernsehen *nt;* **regarder la** ~ fernsehen; **à la** ~ im Fernsehen; ~ **communautaire** CAN Lokalsender *m* (*mit Anzeigenwerbung*)
❹ (*chaîne*) [Fernseh]programm *nt*
❺ (*récepteur*) Fernseher *m*
◆ ~ **par câble** Kabelfernsehen *nt;* ~ **par satellite** Satellitenfernsehen *nt*
télévisuel(le) [televizɥɛl] *adj* Fernseh-
télex [telɛks] *m* ❶ (*appareil*) Fernschreiber *m,* Telex *nt*
❷ (*message*) Fernschreiben *nt,* Telex *nt*
télexer [telɛkse] <1> *vt* telexen
tellement [tɛlmɑ̃] *adv* ❶ (*si*) so, dermaßen; ~ **beau(belle)** so [*o* dermaßen] schön; **ce serait** ~ **mieux** das wäre weitaus besser
❷ (*tant*) [so] sehr; **je l'aime** ~ ich liebe ihn/sie so sehr
❸ (*beaucoup*) **pas/plus** ~ *fam venir* nicht oft/nicht mehr oft; *boire, manger, travailler* nicht so viel/nicht mehr so viel; *aimer* nicht sehr/nicht mehr sehr
❹ *fam* (*tant de*) **avoir** ~ **d'amis/de courage** so viele Freunde/so viel Mut haben; **nous avons** ~ **de choses à nous dire** wir haben uns so viel zu sagen
❺ (*parce que*) so; **on le comprend à peine** ~ **il parle vite** man versteht ihn kaum, so schnell spricht er
❻ (*très*) **pas/plus** ~ **costaud/agile** *fam* nicht besonders kräftig/gelenkig/nicht mehr so kräftig/gelenkig
tellure [telyʀ] *m* Tellur *nt*
tellurique [telyʀik] *adj courant, prospection, secousse* Erd-; **secousse** ~ Erdstoß *m; planète* terrestrisch; **eaux** ~**s** Grundwasser *nt*
télomère [telɔmɛʀ] *m* BIO Telomer *nt* (*Fachspr.*)
téméraire [temeʀɛʀ] *adj* ❶ (*audacieux*) gewagt, kühn
❷ (*imprudent*) *entreprise, jugement* gewagt
témérité [temeʀite] *f* Kühnheit *f;* **folle** ~ Tollkühnheit *f*
témoignage [temwaɲaʒ] *m* ❶ JUR [Zeugen]aussage *f;* **faux** ~ Falschaussage *f;* **porter** ~ **de qc** etw bezeugen; **rendre** ~ **de qc** Zeugnis über etw (*Akk*) ablegen; **rendre** ~ **à une victime de qc** einem Opfer etw bezeugen
❷ (*récit*) Aussage *f*
❸ (*attestation*) Zeugnis *nt*
❹ (*manifestation*) Beweis *m;* ~ **d'amitié/de confiance** Freundschafts-/Vertrauensbeweis; **en** ~ **de ma reconnaissance** als Zeichen *nt* meiner Dankbarkeit
témoigner [temwaɲe] <1> **I.** *vi* ❶ (*déposer*) ~ **en faveur de/contre qn** zugunsten [*o* zu Gunsten] von jdm/gegen jdn aussagen
❷ (*faire un récit*) berichten
❸ (*attester, jurer*) ~ **de qc** etw bezeugen
❹ (*démontrer*) ~ **de qc** etw beweisen
❺ (*manifester*) ~ **de qc** *choses:* von etw zeugen
II. *vt* ❶ (*certifier*) bezeugen
❷ (*exprimer*) zeigen; hegen *aversion;* entgegenbringen *sympathie*
❸ (*prouver*) ~ **que/combien la vie est chère** *choses:* beweisen, dass das Leben wertvoll ist/wie wertvoll das Leben ist
témoin [temwɛ̃] **I.** *m* ❶ (*personne qui a vu, entendu ou qui témoigne*) Zeuge *m*/Zeugin *f;* ~ **capital** Kronzeuge/-zeugin; ~ **oculaire** Augenzeuge/-zeugin; ~ **principal** Hauptzeuge/-zeugin; **prendre qn à** ~ jdn zum [*o* als] Zeugen nehmen; **faux** ~ falscher Zeuge/falsche Zeugin; **devant** ~[**s**] vor Zeugen
❷ (*à un mariage*) Trauzeuge *m*/-zeugin *f*
❸ (*cadre*) *d'une époque, d'un événement* Zeuge *m*/Zeugin *f*
❹ (*preuve*) **être** [**un**] ~ **de qc** Zeuge *m*/Zeugin *f* einer S. (*Gen*) sein; **il est cruel,** ~ **son comportement lors de...** er ist grausam, wie sein Verhalten bei ... gezeigt hat [*o* bewiesen hat]
❺ SPORT Staffelstab *m;* **le passage du** ~ die Stabübergabe
❻ GEOL Zeugenberg *m*
❼ (*voyant lumineux*) Kontrollleuchte *f*
II. *app* **lampe** ~ Kontrolllampe *f;* **appartement** ~ Musterwohnung *f;* **réalisation** ~ Vorzeigeobjekt *nt*
◆ ~ **à charge** Belastungszeuge *m*/-zeugin *f;* **être** ~ **à charge** als Belastungszeuge/-zeugin auftreten; ~ **à décharge** Entlastungszeuge *m*/-zeugin *f;* ~ **de Jéhovah** Zeuge *m*/Zeugin *f* Jehovas; ~ **de moralité** Leumundszeuge *m*/-zeugin *f*
tempe [tɑ̃p] *f* Schläfe *f*
tempérament [tɑ̃peʀamɑ̃] *m* ❶ (*caractère*) Natur *f*
❷ (*forte personnalité*) Temperament *nt;* **avoir du** ~ temperamentvoll sein; **être de** ~ **ardent/froid** heißblütig/gefühlskalt sein
❸ (*constitution*) Konstitution *f*

► vente **à** ~ Ratenkauf *m*

tempérance [tɑ̃peʀɑ̃s] *f* ❶ *(sobriété)* Mäßigkeit *f*
❷ *(continence)* Enthaltsamkeit *f*

tempérant(e) [tɑ̃peʀɑ̃, ɑ̃t] *adj* ❶ *(sobre)* maßvoll, mäßig
❷ *(continent)* enthaltsam

température [tɑ̃peʀatyʀ] *f* ❶ METEO, PHYS Temperatur *f;* ~ **ambiante/extérieure/moyenne** Raum-/Außen-/Durchschnittstemperatur; ~ **d'ébullition/de fusion** Siede-/Schmelzpunkt *m*
❷ *(chaleur du corps)* [Körper]temperatur *f;* **animaux à ~ variable** wechselwarme Tiere *Pl*
❸ *(fièvre)* Fieber *nt;* **avoir/faire de la** ~ Fieber haben; **prendre la ~ de qn** bei jdm Fieber messen
❹ *(ambiance)* Stimmung *f*

tempéré(e) [tɑ̃peʀe] *adj* ❶ *a.* METEO *(modéré)* gemäßigt
❷ MUS temperiert; **bien** ~ wohltemperiert

tempérer [tɑ̃peʀe] <5> **I.** *vt* ❶ METEO mildern
❷ *(modérer)* bremsen; bremsen, zügeln *ardeur, enthousiasme;* lindern *douleur, peine*
II. *vpr soutenu* **se** ~ sich mäßigen

tempête [tɑ̃pɛt] *f* ❶ METEO Unwetter *nt,* Sturm *m;* ~ **de neige** Schneesturm
❷ *(agitation)* Unruhe *f*
❸ *(déchaînement)* ~ **d'injures/imprécations** Flut *f* [von] Beleidigungen/Verwünschungen; ~ **d'applaudissements/de rires** Beifallssturm *m*/Lachsalve *f*
► **une ~ dans un verre d'eau** ein Sturm *m* im Wasserglas

tempêter [tɑ̃pete] <1> *vi* ~ **contre qn/qc** gegen jdn/etw wettern

tempétueux, -euse [tɑ̃petɥø, -øz] *adj littér* ❶ METEO stürmisch
❷ *(agité)* turbulent, stürmisch; *vie* bewegt

temple [tɑ̃pl] *m* ❶ ART, HIST Tempel *m*
❷ REL *protestant* Kirche *f;* **le Temple** der Templerorden; HIST der Temple *(Hauptniederlassung des Templerordens in Paris)*
❸ *hum (lieu de prédilection)* ~ **de la gastronomie/mode** Hochburg *f* der Gastronomie/Mode *(Gen)*

templier [tɑ̃plije] *m* HIST Templer *m,* Tempelritter *m*

tempo [tɛmpo, tɛmpi] <tempi *o* s> *m a.* MUS Tempo *nt*

temporaire [tɑ̃pɔʀɛʀ] *adj* ❶ *(intérimaire)* befristet, auf Zeit; **travail** ~ Zeitarbeit *f;* **à titre** ~ vorübergehend
❷ *(passager)* momentan; **exposition** ~ Sonderausstellung *f*

temporairement [tɑ̃pɔʀɛʀmɑ̃] *adv* vorübergehend

temporal [tɑ̃pɔʀal, o] <-aux> *m* Schläfenbein *nt*

temporal(e) [tɑ̃pɔʀal, o] <-aux> *adj* Schläfen-

temporel [tɑ̃pɔʀɛl] *m* **le** ~ das Zeitliche

temporel(le) [tɑ̃pɔʀɛl] *adj* ❶ LING temporal; **subordonnée ~le** Temporalsatz *m;* **adverbe** ~ Temporaladverb *nt*
❷ REL *biens* irdisch; *pouvoir* weltlich
❸ *(opp: spatial)* zeitlich
❹ *(opp: éternel)* vergänglich

temporisateur, -trice [tɑ̃pɔʀizatœʀ, -tʀis] **I.** *adj* abwartend; **politique temporisatrice** Hinhaltepolitik *f*
II. *m, f* jd, der mit der Verzögerungstaktik agiert; Zeitschinder(in) *m(f)* *(fam)*

temporisation [tɑ̃pɔʀizasjɔ̃] *f* Abwarten *nt*

temporiser [tɑ̃pɔʀize] <1> *vi* abwarten

temps[1] [tɑ̃] *m* ❶ *(déroulement du temps, durée)* Zeit *f;* **passer tout son ~ à faire qc** seine ganze Zeit damit verbringen etw zu tun; **avoir/ne pas avoir le ~ de faire qc** Zeit haben/keine Zeit haben etw zu tun; **avoir tout son** ~ viel Zeit haben; **prendre/trouver le ~ de faire qc** sich die Zeit nehmen/die Zeit finden etw zu tun; **la plupart du** ~ die meiste Zeit; ~ **libre** Freizeit; ~ **de parole** Redezeit; **à plein** ~ ganztags; **emploi à ~ complet/partiel** Vollzeit-/Teilzeitbeschäftigung *f*
❷ *(moment)* Zeitpunkt *m*
❸ *pl (époque)* Zeiten *Pl;* **les ~ modernes** die Moderne
❹ *(période)* Ära *f,* Zeitalter *nt;* **les jeunes de notre** ~ die heutige Jugend; **le bon vieux** ~ die gute alte Zeit; **c'était le bon** ~ das waren noch Zeiten; **prendre** [*o* **se donner**] [*o* **se payer**] **du bon** ~ es sich *(Dat)* gut gehen lassen *(fam),* sich *(Dat)* eine schöne Zeit machen
❺ *(saison)* **le ~ des cerises/moissons** die Kirschen-/Erntezeit; **le ~ de la chasse** die Jagdsaison
❻ GRAM, LING Zeit *f,* Tempus *nt*
❼ TECH Takt *m;* **moteur à deux/quatre** ~ Zweitakt-/Viertaktmotor *m*
❽ MUS Takt *m;* **à deux/quatre** ~ im Zweiviertel-/Viervierteltakt
❾ ECON Zeit *f;* ~ **partagé** Time-sharing *nt;* ~ **de travail** Arbeitszeit
► **le ~ c'est de l'argent** *prov* Zeit ist Geld; **en ~ et lieu** zur rechten Zeit am rechten Ort; **en deux ~ trois mouvements** im Handumdrehen; **les trois quarts du** ~ die meiste Zeit; **il y a beau ~ que...** es ist schon lange her, dass ... *(fam);* **le plus clair de mon/ton** ~ der Großteil meiner/deiner Zeit; **ces derniers ~, ces ~ derniers** in letzter Zeit; **trouver le ~ long** *(s'impatienter)* ungeduldig werden; *(s'ennuyer)* sich langweilen; ~ **mort** Leerlauf *m;* SPORT Auszeit *f;* **les premiers** ~ in der ersten Zeit, anfangs; **dans un premier/second** ~ zunächst/anschließend; **tout le** ~ ständig; **il y a un ~ pour tout** alles zu seiner Zeit; **n'avoir** [*o* **durer**] **qu'un** ~ nicht von Dauer sein; **par les ~ qui courent** *fam* heutzutage; **il est grand ~ de faire qc/qu'il parte** es ist höchste Zeit etw zu tun/, dass er geht; **il était ~!** es war allerhöchste Zeit!; **être de son** ~ ein Kind seiner Zeit sein; **laisser faire le** ~ die Zeit für sich arbeiten lassen; **avoir fait son** ~ ausgedient haben; **mettre du ~ à** [*o* **pour**] **faire qc** lange brauchen um etw zu tun; **passer le** ~ die Zeit totschlagen; **prendre le ~ comme il vient** die Dinge nehmen, wie sie kommen; **à** ~ rechtzeitig; **faire qc à ~ perdu** wenn [gerade] nichts zu tun ist, etw machen; **au** ~ [*o* **du** ~] **de qn/qc/où** zu jds Zeiten/zur Zeit einer S. *(Gen)*/zu der Zeit, als; **avant le** ~ vorzeitig; **avec le** ~ mit der Zeit; **dans le** ~ früher; **de ~ en ~, de ~ à autre** von Zeit zu Zeit; **de tout** ~ immer schon; **depuis le** ~ seither; **depuis le ~ que...** es ist schon ewig her, dass ...; **depuis ce ~-là** seitdem; **en ce ~-là** zu jener Zeit, damals; **en même** ~ gleichzeitig; **en ~ de crise/guerre/paix** in Krisen/-Kriegs-/Friedenszeiten *Pl;* **en ~ normal** [*o* **ordinaire**] normalerweise; **en ~ opportun** [*o* **utile**] [*o* **voulu**] zu gegebener Zeit; **en peu de** ~ in kurzer Zeit, im Nu *(fam);* **en son** ~ *(autrefois)* zu seiner/ihrer Zeit; *(au moment opportun)* zu seiner Zeit; **pour un** ~ für eine Weile [*o* gewisse Zeit]; **ces ~-ci** in der letzten Zeit, in letzter Zeit; **le ~ que je sois prêt(e)** [solang(e)] bis ich fertig bin; **un** ~ für eine [kurze] Zeit
◆ ~ **d'accès** Zugriffszeit *f;* ~ **d'antenne** Sendezeit *f;* ~ **de pose** PHOT Belichtungszeit *f;* ~ **de réflexion** Bedenkzeit *f;* ~ **de réponse** Reaktionszeit *f;* INFORM Antwortzeit *f*

temps[2] [tɑ̃] *m* METEO Wetter *nt;* **avoir beau/mauvais** ~ schönes/schlechtes Wetter haben; **il fait beau/mauvais** ~ das Wetter ist schön/schlecht; **il fait un ~ d'automne/d'été** es ist [ein richtiges] Herbst-/Sommerwetter; **le ~ est au beau/froid/à l'orage/à la pluie** es ist schön/kalt/gewittrig/regnerisch; **le ~ se met au beau/froid** es [*o* das Wetter] wird schön/kalt; **le ~ se met à l'orage/la pluie** es sieht nach Gewitter/Regen aus; **quel ~ fait-il?** wie ist das Wetter?
► ~ **de chien** [*o* **de cochon**] *fam* Sauwetter *nt* *(sl);* **un ~ à ne pas mettre un chien** [*o* **le nez**] **dehors** *fam* ein Wetter, bei dem man nicht einmal einen Hund vor die Tür jagt *(fam);* ~ **de saison** *fam* der Jahreszeit entsprechendes Wetter; **par tous les** ~ [*o* **n'importe quel** ~] bei jedem Wetter, bei Wind und Wetter; **par ce** ~ bei diesem Wetter

tenable [t(ə)nabl] *adj* **ne pas être** ~ unerträglich sein; *situation, température:* nicht auszuhalten sein; *position, point de vue:* nicht haltbar sein

tenace [tənas] *adj* ❶ *(persistant)* hartnäckig; *haine* erbittert; *croyance* unerschütterlich
❷ *(obstiné)* *personne, résistance* hartnäckig

❸ (*de forte adhérence*) *colle* fest klebend

tenacement [tənasmɑ̃] *adv soutenu* hartnäckig

ténacité [tenasite] *f* ❶ (*obstination*) Hartnäckigkeit *f*
❷ (*persévérance*) Beharrlichkeit *f*
❸ (*persistance*) Hartnäckigkeit *f; d'un préjugé* Unausrottbarkeit *f*

tenaille [t(ə)nɑj] *f v.* **tenailles**

tenailler [tənɑje] <1> *vt faim:* quälen; *soutenu inquiétude, remords:* peinigen (*geh*)

tenailles [t(ə)nɑj] *fpl* [Beiß]zange *f*
▸ **prendre qn en ~** jdn in die Zange nehmen (*fam*)

tenancier, -ière [tənɑ̃sje, -jɛʀ] *m, f* Geschäftsführer(in) *m(f)*

tenant(e) [tənɑ̃, ɑ̃t] **I.** *adj v.* **séance**
II. *m(f)* ❶ *gén pl* (*partisan*) Verfechter(in) *m(f)*
❷ SPORT **le ~ de la coupe** der [derzeitige] Pokalsieger; **la ~e du titre** die Titelverteidigerin
▸ **les ~s et les aboutissants** (*circonstances*) die näheren Umstände, die Begleitumstände; (*lieux contigus*) die angrenzenden Grundstücke; **d'un seul ~** in einem Stück, zusammenhängend

tendance [tɑ̃dɑ̃s] *f* ❶ (*propension*) Hang *m;* PSYCH Neigung *f;* **~ à la rêverie/l'étourderie** Hang zur Träumerei/zum Leichtsinn; **avoir ~ à qc** zu etw neigen [*o* tendieren]; **avoir ~ à faire qc** dazu neigen [*o* tendieren] etw zu tun
❷ (*opinion*) Gesinnung *f*
❸ *a.* BOURSE, ECON (*orientation*) Tendenz *f,* Trend *m;* **avoir une ~ à la baisse/hausse** eine fallende/[auf]steigende Tendenz haben

tendancieusement [tɑ̃dɑ̃sjøzmɑ̃] *adv* voreingenommen

tendancieux, -euse [tɑ̃dɑ̃sjø, -jøz] *adj* voreingenommen

tender [tɑ̃dɛʀ] *m* Tender *m*

tendeur [tɑ̃dœʀ] *m* ❶ (*câble pour fixer*) [Gummi]spanner *m*
❷ TECH Spanner *m*

tendineux, -euse [tɑ̃dinø, -øz] *adj* (*coriace*) sehnig; ANAT Sehnen-

tendinite [tɑ̃dinit] *f* Sehnenentzündung *f*

tendon [tɑ̃dɔ̃] *m* Sehne *f*
◆ **~ d'Achille** Achillessehne *f*

tendre¹ [tɑ̃dʀ] <14> **I.** *vt* ❶ (*raidir*) spannen
❷ (*installer*) aufhängen *tapisserie;* (*tapisser*) tapezieren *pièce, mur*
❸ (*présenter*) ausstrecken *bras;* recken *cou;* hinhalten *joue;* entgegenstrecken *main;* **~ un objet à qn** jdm etw reichen
▸ **~ la main** (*mendier*) betteln; **~ la main à qn** (*offrir son aide à qn*) jdm die Hand reichen; **~ un piège à qn** jdm eine Falle stellen
II. *vpr* **se ~** ❶ (*se raidir*) sich spannen; *relations:* angespannt werden
❷ (*être tendu*) *main:* entgegengestreckt werden
III. *vi* ❶ (*aboutir à*) **~ à faire qc** letztlich etw tun
❷ (*viser à*) **~ à** [*o* **vers**] **qc** auf etw (*Akk*) abzielen
❸ MATH **~ vers zéro/l'infini** gegen null/unendlich streben

tendre² [tɑ̃dʀ] **I.** *adj* ❶ (*opp: dur*) weich; *peau, viande* zart
❷ (*affectueux*) zärtlich; *ami* liebevoll; *amitié, sentiments* innig; **ne pas être ~ pour** [*o* **avec**] [*o* **envers**] **qn/qc** nicht gerade zimperlich mit jdm/etw umgehen
❸ (*jeune, délicat*) zart
❹ (*léger*) *couleur* zart; **rose/bleu ~** zartrosa/-blau
II. *mf* **c'est un/une ~** er/sie ist zart besaitet

tendrement [tɑ̃dʀəmɑ̃] *adv* liebevoll, zärtlich; *aimer* innig[lich]

tendresse [tɑ̃dʀɛs] *f* ❶ *sans pl* (*affection*) [zärtliche] Liebe
❷ *pl* (*marques d'affection*) Zärtlichkeit *f;* **mille ~s!** in Liebe!
❸ *fam* (*complaisance*) Nachsicht *f;* **garder des ~s communistes** weiterhin eine Schwäche für den Kommunismus haben

tendreté [tɑ̃dʀəte] *f* Zartheit *f*

tendron [tɑ̃dʀɔ̃] *m* ❶ GASTR Brustspitze *f*
❷ *fam* (*jeune fille*) junges Ding (*fam*)

ténèbres [tenɛbʀ] *fpl* ❶ *littér* (*obscurité*) Dunkel *nt* (*geh*)
❷ REL Finsternis *f*

ténébreux [tenebʀø] *m* **beau ~** *hum schöner dunkler Jüngling, der an einen spanischen Helden erinnert*

ténébreux, -euse [tenebʀø, -øz] *adj* ❶ *littér* (*obscur*) finster, dunkel
❷ *soutenu* (*malaisé à comprendre*) dunkel, mysteriös
❸ *littér* (*sombre*) *personne, regard, visage* finster

teneur [tənœʀ] *f* ❶ (*contenu exact*) Wortlaut *m*
❷ (*proportion*) Gehalt *m;* **~ en or** Goldgehalt

ténia [tenja] *m* Bandwurm *m*

tenir [t(ə)niʀ] <9> **I.** *vt* ❶ (*avoir à la main, dans les bras*) halten; **~ qn sur ses genoux** jdn auf dem Schoß haben
❷ (*maintenir dans la même position*) halten; **~ les yeux fermés/ouverts** die Augen geschlossen/offen halten
❸ (*rester dans un lieu*) **~ la chambre/le lit** im Zimmer/Bett bleiben
❹ (*avoir*) führen *article, marchandise*
❺ (*garder*) **~ son sérieux** ernst bleiben; MUS halten *note*
❻ (*avoir sous son contrôle*) **~ son cheval** sein Pferd halten
❼ (*s'occuper de*) sich kümmern um, führen *comptes, hôtel, magasin*
❽ (*assumer*) halten *conférence, meeting;* spielen *rôle*
❾ (*avoir reçu*) **~ une information de qn** eine Information von jdm haben
❿ (*occuper*) einnehmen *largeur, place*
⓫ (*contenir*) fassen
⓬ (*résister à*) **~ l'eau** wasserdicht sein
⓭ (*mobiliser*) **~ qn** *affaire, lecture, travail:* jdn in Anspruch nehmen
⓮ (*retenir*) aufhalten *personne*
⓯ (*habiter*) **~ qn** *jalousie, colère, envie:* packen
⓰ (*obliger, contraindre*) **être tenu(e) à qc** an etw (*Akk*) gebunden sein; **être tenu(e) de faire qc** etw tun müssen
⓱ (*respecter*) halten *parole, promesse, pari*
⓲ (*énoncer*) halten *propos, discours*
⓳ (*juger*) **~ un chanteur pour un talent/un achat pour une bêtise** einen Sänger für ein Talent/einen Kauf für eine Dummheit halten
▸ **~ sa langue** den Mund halten (*fam*); **~ lieu de qc** die Stelle von etw einnehmen
II. *vi* ❶ (*être attaché*) **~ à qn** an jdm hängen; **je tiens beaucoup à lui** mir liegt sehr viel an ihm; **~ à sa réputation** auf seinen Ruf Wert legen
❷ (*vouloir absolument*) **~ à faire qc/à ce que tout soit en ordre** Wert darauf legen etw zu tun/, dass alles ordentlich ist
❸ (*être dû à*) **~ à qc** auf etw (*Akk*) zurückzuführen sein
❹ (*être fixé*) halten
❺ (*être cohérent*) *raisonnement, théorie:* haltbar sein; *argument:* stichhaltig sein; *histoire:* glaubhaft sein
❻ *fam* (*rester valable*) *plan, projet:* stehen (*fam*)
❼ (*résister*) aushalten; MIL die Stellung halten
❽ (*être contenu dans*) **~ dans une voiture** in einem Auto Platz haben
❾ (*se résumer*) **~ en un mot/quelques pages** in einem Wort/wenigen Seiten zusammenfassen
❿ (*durer*) [sich] halten
⓫ (*ressembler à*) **~ de qn/qc** jdm/einer S. ähneln
⓬ (*être contigu*) **~ à qc** an etw (*Akk*) grenzen
⓭ CARTES (*être maître*) stechen
▸ **~ bon** durchhalten, nicht nachgeben; **tiens/tenez!** hier!, da! (*fam*); **tiens! Il pleut** schau [mal]! Es regnet; **n'y plus ~** es nicht mehr aushalten
III. *vpr* ❶ (*se prendre*) **se ~ par la main/le bras** Hand in Hand/untergehakt gehen; **se ~ par la taille/les épaules** sich bei der Taille/an den Schultern fassen
❷ (*s'accrocher*) **se ~ à qc** sich an etw (*Dat*) fest halten
❸ (*rester, demeurer*) **se ~ debout/assis(e)/couché(e)** stehen/sitzen/liegen

❹ (*se comporter*) sich benehmen; **se ~ bien/mal** sich gut/schlecht benehmen; **savoir se ~** sich benehmen können
❺ (*avoir lieu*) **se ~ dans une ville/le mois prochain** *réunion, conférence:* in einer Stadt/nächsten Monat stattfinden
❻ (*être cohérent*) **se ~** *événements, faits:* stimmig sein, zusammenpassen
❼ (*se limiter à*) **s'en ~ à qc** es bei etw bewenden lassen
❽ (*respecter*) **se ~ à qc** sich an etw (*Akk*) halten
❾ (*se considérer comme*) **se ~ pour qc** sich für etw halten
▸ **se le ~ pour <u>dit</u>** sich (*Dat*) das gesagt sein lassen; **<u>savoir</u> à quoi s'en ~** wissen, woran man ist (*fam*)
IV. *vi impers* (*dépendre de*) **ça tient à qn/qc** das hängt von jdm/etw ab; **je me demande à quoi ça tient** ich frage mich, woran das liegt; **il tient à toi de faire qc** es ist deine Sache [*o* es obliegt dir *geh*] etw zu tun; **il ne tient qu'à toi de faire qc/que je parte** es hängt nur von dir ab etw zu tun/, ob ich gehe
▸ **qu'<u>à</u> cela ne tienne** daran soll's nicht liegen

tennis [tenis] **I.** *m* ❶ SPORT Tennis *nt;* **~ en salle** Hallentennis; **jouer au ~** Tennis spielen
❷ (*court*) Tennisplatz *m*
II. *mpl* (*chaussures*) Turnschuhe *Pl*
◆ **~ de table** Tischtennis *nt*

tennis-elbow [tenisɛlbo] <tennis-elbows> *m* Tennisarm *m*

tennisman [tenisman, -mɛn] <s *o* -men> *m* Tennisspieler *m*

tenon [tənɔ̃] *m* Zapfen *m*

ténor [tenɔʀ] **I.** *m* ❶ (*soliste*) Tenor *m*
❷ (*grande figure*) Kopf *m* (*fig*); **~ du barreau** Staranwalt *m*
II. *adj* **le saxophone ~** das Tenorsaxophon

tenseur [tɑ̃sœʀ] *m* Streckmuskel *m,* Extensor *m*

tensioactif, -ive [tɑ̃sjoaktif, -iv] *adj* CHIM grenzflächenaktiv

tensiomètre [tɑ̃sjɔmɛtʀ] *m* ❶ MED Blutdruckmesser *m*
❷ TECH Spannungsmesser *m*

tension [tɑ̃sjɔ̃] *f* ❶ (*état tendu*) *d'une corde, d'un muscle, ressort* Spannung *f;* **~ nerveuse** nervliche Anspannung
❷ TECH, ELEC, PHYS Spannung *f;* **~ superficielle** Oberflächenspannung; **basse/haute ~** Nieder-/Hochspannung
❸ MED Blutdruck *m;* **avoir** [*o* **faire**] **de la ~** zu hohen Blutdruck haben; **prendre la ~ de qn** jdm den Blutdruck messen
❹ PHYS *de la vapeur* Druck *m*
❺ PHON Spannung *f*

tentaculaire [tɑ̃takylɛʀ] *adj* ❶ (*envahissant*) weitverzweigt
❷ ZOOL Fang-

tentacule [tɑ̃takyl] *m* ZOOL Tentakel *m o nt,* Fangarm *m*

tentant(e) [tɑ̃tɑ̃, ɑ̃t] *adj* verlockend

tentateur [tɑ̃tatœʀ] *m* ❶ (*personne*) Verführer *m*
❷ (*diable*) **le Tentateur** der Versucher

tentateur, -trice [tɑ̃tatœʀ, -tʀis] *adj* ❶ (*séducteur*) verführerisch
❷ REL *esprit, démon* der Versuchung (*Gen*)

tentation [tɑ̃tasjɔ̃] *f* ❶ (*désir*) Versuchung *f;* **~ de faire qc** Versuchung etw zu tun; **j'ai eu la ~ d'entrer** ich war versucht einzutreten
❷ REL Versuchung *f*

tentative [tɑ̃tativ] *f* Versuch *m;* **~ d'assassinat** Mordversuch; **~ de meurtre/vol** versuchter Mord/Diebstahl; **~ de viol** versuchte Vergewaltigung
◆ **~ de conciliation** Schlichtungsversuch *m*

tentatrice [tɑ̃tatʀis] *f* Verführerin *f*

tente [tɑ̃t] *f* Zelt *nt;* **monter** [*o* **planter**] **sa ~ chez son frère/voisin** *fam* bei seinem Bruder/Nachbarn seine Zelte aufschlagen (*fam*)
◆ **~ à oxygène** Sauerstoffzelt *nt*

tente-abri [tɑ̃tabʀi] <tentes-abris> *f* Einmannzelt *nt,* Leichtzelt *nt*

tenter [tɑ̃te] <1> *vt* ❶ (*allécher*) reizen; **se laisser ~ par qc** sich von etw verführen lassen; **être tenté(e) de faire qc** versucht sein etw zu tun
❷ (*essayer*) versuchen; **~ sa chance** sein Glück versuchen (*fam*); **~ de faire qc** versuchen etw zu tun
▸ **~ le <u>diable</u>** *fam* den Teufel versuchen

tenture [tɑ̃tyʀ] *f* ❶ (*tapisserie*) Wandteppich *m,* Wandbehang *m*
❷ (*rideau*) Vorhang *m*
❸ (*pour funérailles*) Trauerbehang *m*

tenu [t(ə)ny] *m* SPORT Zeitspiel *nt*

tenu(e) [t(ə)ny] *part passé de* **tenir**

ténu(e) [teny] *adj* ❶ (*peu perceptible*) *son, bruit* schwach; *voix* dünn; *nuance, distinction* fein
❷ (*fin*) *fil* fein; *brume* leicht

tenue [t(ə)ny] *f* ❶ (*comportement*) Verhalten *nt,* Benehmen *nt; d'un élève* Betragen *nt;* **avoir de la ~** gute Manieren haben; **manquer de ~** keine Manieren haben; **n'avoir pas la moindre ~** nicht den geringsten Anstand besitzen; **un peu de ~, voyons!** benimm dich/benehmt euch gefälligst!; **un peu de ~ devant les gens!** reiß dich/reißt euch vor den Leuten gefälligst zusammen!
❷ (*vêtements*) Kleidung *f;* MIL Uniform *f;* **~ de sport/travail/chasse/pêche** Sport-/Arbeits-/Jäger-/Anglerkleidung; **c'est ma ~ de week-end/de jardinage** das ist meine Wochenend-/Gartenkluft *f* (*fam*); **une ~ plutôt classique** eher etwas Klassisches [zum Anziehen]; **changer de ~** sich umziehen; **en ~** in entsprechender Kleidung; MIL in Uniform; **être/se mettre en ~** entsprechend angezogen sein/sich entsprechend anziehen; **en grande ~** in Festkleidung; MIL in Paradeuniform; **en ~ légère, en petite ~** spärlich bekleidet; **se mettre en ~ pour tondre le gazon** sich umziehen um den Rasen zu mähen
❸ (*gestion*) *d'une maison, d'un compte, restaurant* Führung *f;* **être attentif(-ive) à la bonne ~ du cahier de textes** darauf achten, dass das Aufgabenheft ordentlich geführt wird; **~ des livres de comptes** Führung der [Geschäfts]bücher, Buchhaltung *f*
❹ (*réunion*) *d'un congrès, d'une assemblée* Tagung *f;* **pendant la ~ du concile** während das Konzil stattfand
❺ (*qualité*) *d'un film, roman, journal* Niveau *nt;* **de haute ~** anspruchsvoll
❻ MUS *d'une note, d'un trémolo* Aushalten *nt*
❼ FIN *d'une monnaie* Stand *m;* **bonne ~** Stabilität *f*
◆ **~ de campagne** Kampfanzug *m;* **~ de cérémonie** Galauniform *f;* **~ de route** Straßenlage *f;* **~ de ville** Straßenkleidung *f*

ténuité [tenɥite] *f littér* Feinheit *f,* Subtilität *f* (*geh*)

TEP [tɛp] *f abr de* **tonne équivalent pétrole** TÖGW *m* (*Tonnen-Öl-Gleichwert*)

tequila [tekila] *f* Tequila *m*

ter [tɛʀ] *adv* ❶ **habiter au 12 ~** in [Nummer] 12/3 wohnen
❷ MUS dreimal [zu wiederholen]

tératogène [teʀatɔʒɛn] *adj* MED teratogen

terbium [tɛʀbjɔm] *m* Terbium *nt*

tercet [tɛʀsɛ] *m* Terzett *nt*

térébenthine [teʀebɑ̃tin] *f* Terpentin *nt*

térébrant(e) [teʀebʀɑ̃, ɑ̃t] *adj* ❶ *littér douleur* bohrend; **remords ~** quälende Gewissensbisse *Pl*
❷ MED *cancer, ulcère* tief infiltrierend

tergal® [tɛʀgal] *m* Tergal® *nt*

tergiversation [tɛʀʒivɛʀsasjɔ̃] *f gén pl* (*hésitation*) Zaudern *nt;* (*faux-fuyants*) Ausflüchte *Pl;* **assez de ~s!** kommen wir zur Sache!; **se perdre en ~s** sich in Ausflüchten verlieren

tergiverser [tɛʀʒivɛʀse] <1> *vi* (*user de faux-fuyants*) Ausflüchte machen; (*hésiter*) zaudern; **arrête de ~!** komm [endlich] zur Sache!; (*d'hésiter*) komm endlich zu einem Entschluss!

terme¹ [tɛʀm] *m* ❶ (*fin*) *d'un stage, voyage* Ende *nt; d'un travail* Abschluss *m;* **être parvenu(e) au ~ de son voyage** am Ende seiner Reise angelangt sein; **mener qc à son ~** etw zum Abschluss bringen; **mettre un ~ à une discussion/relation**

T

einer Diskussion ein Ende setzen/eine Beziehung beenden; **mettez un ~ à ce tapage!** hören Sie mit diesem Krach auf!; **toucher à son ~** *stage, soirée:* zu Ende gehen; *entreprise, travail, délai:* sich dem Ende nähern
❷ (*date limite*) Termin *m;* (*échéance*) Zahlungstermin; (*délai*) Frist *f;* **devoir déménager à court ~** bald umziehen müssen; **à plus ou moins long ~, il va craquer** früher oder später bricht er zusammen; **à ~, des changements seront indispensables** auf [die] Dauer [gesehen] sind Veränderungen unerlässlich; **faire qc à ~ échu** etw nach Ablauf der Frist tun; **acheter à ~** COM per Termin kaufen
❸ (*date de l'accouchement*) Geburtstermin *m;* **naître à/avant ~** zum errechneten Termin/zu früh geboren werden; **naissance avant ~** Frühgeburt *f;* **avoir dépassé le ~** über die Zeit [hinaus] sein
❹ (*loyer*) Miete *f;* **devoir déjà trois ~s** schon drei Mietzahlungen schulden

terme² [tɛʀm] *m* ❶ (*mot*) Wort *nt,* Ausdruck *m;* **en d'autres ~s** mit anderen Worten; **s'exprimer en ~s choisis** sich gewählt ausdrücken; **le ~ exact est...** richtig muss es heißen ...; **et le ~ est faible** und das ist noch gelinde ausgedrückt; **s'exprimer** [*o* **exprimer son opinion**] **en ces ~s...** sich folgendermaßen ausdrücken ...
❷ (*terme de spécialité*) Fachausdruck *m,* Fachbegriff *m,* [Fach]terminus *m* (*geh*); **~ juridique** [*o* **de droit**] Rechtsbegriff, juristischer [Fach]ausdruck; **~ militaire/de médecine** militärischer/medizinischer [Fach]ausdruck; **~ sportif** Ausdruck aus dem Sport
❸ GRAM, MATH Element *nt; d'une phrase, équation* Term *m*
❹ *pl* (*formule*) *d'un contrat, d'une loi* Wortlaut *m;* **selon les** [*o* **aux**] **~s du contrat, ...** laut Vertrag ...; **aux ~s de l'article...** gemäß Artikel ...
▶ **être en bons/mauvais ~s avec qn** ein gutes/gespanntes Verhältnis zu jdm haben; **moyen ~** Mittelweg *m*

terminaison [tɛʀminɛzɔ̃] *f* Endung *f*
▶ **~ nerveuse** Nervenendigung *f*

terminal [tɛʀminal, o] <-aux> *m* ❶ (*aérogare, installation portuaire*) Terminal *nt o m;* **~ pétrolier** (*à l'extrémité d'un pipeline*) Umschlaganlage *f;* (*port*) Öl[umschlag]hafen *m*
❷ INFORM Terminal *nt*

terminal(e) [tɛʀminal, o] <-aux> *adj* **chapitre ~** Schlusskapitel *nt;* **formule ~e** Schlussformel *f;* **phase/partie ~e** Endphase *f*/-stück *nt*

terminale [tɛʀminal] *f* SCOL ≈ dreizehnte Klasse

terminer [tɛʀmine] <1> **I.** *vt* ❶ beenden; erledigen *devoirs, travail;* fertig stellen *œuvre;* zu Ende führen *démonstration, explication;* abschließen *études;* aufessen *plat, salade;* leer essen *assiette;* austrinken *boisson, verre, bouteille;* **avoir terminé la vaisselle/le ménage** mit dem Spülen/dem Saubermachen fertig sein; **laissez-moi ~** [**ce que j'ai à dire**] lasst/lassen Sie mich ausreden; **mes devoirs sont terminés** ich bin mit meinen Hausaufgaben fertig
❷ (*passer la fin de*) beenden *soirée, vacances;* **on a terminé la soirée chez un ami/par des chansons** zum Abschluss des Abends sind wir zu einem Freund gegangen/haben wir [Lieder] gesungen
❸ (*être le dernier élément de*) abschließen
II. *vi* **~ de lire le journal** die Zeitung zu Ende lesen; **avoir terminé de faire l'exercice** mit der Übung fertig sein; **en ~ avec un sujet/une tâche** ein Thema/eine Aufgabe beenden; [**en**] **avoir terminé avec qc** mit etw fertig sein; **pour ~, ...** zum Abschluss ...
III. *vpr* **se ~** *année, vacances, stage:* zu Ende gehen [*o* sein]; **se ~ tard/dans la confusion/par des chansons** spät/im Chaos/mit Liedern enden; **se ~ dans le calme** *soirée:* ruhig ausklingen; **se ~ bien/mal** *histoire:* gut/schlecht ausgehen; **ça va mal se ~** das wird böse enden

terminologie [tɛʀminɔlɔʒi] *f* Terminologie *f*

terminus [tɛʀminys] *m* Endstation *f*

termite [tɛʀmit] *m* Termite *f*

termitière [tɛʀmitjɛʀ] *f* Termitenhügel *m*

ternaire [tɛʀnɛʀ] *adj* ❶ MUS, POES **mesure ~** Dreiertakt *m*
❷ CHIM ternär

terne¹ [tɛʀn] *m* ❶ (*aux dés*) Pasch *m* mit Dreien
❷ ELEC Drehstromleitung *f*

terne² [tɛʀn] *adj* ❶ *cheveux* stumpf; *œil, regard* trüb; *visage* fahl; *teint* farblos; *couleur* matt; *blanc* schmutzig; *miroir, glace* blind; *métal* angelaufen
❷ (*monotone*) *vie, conversation* eintönig; *journée* ereignislos; *style* farblos; *personne* unscheinbar

terni(e) [tɛʀni] *adj* ❶ *couleur* verblichen; *coloris* blass; *métal, chandelier* angelaufen
❷ (*flétri*) *honneur, réputation* befleckt

ternir [tɛʀniʀ] <8> **I.** *vt* ❶ ausbleichen *rideau, tissu;* verblassen lassen *couleur;* anlaufen lassen *métal;* **la maladie a terni son teint** durch die Krankheit hat er/sie eine ganz fahle Gesichtsfarbe bekommen
❷ (*nuire à*) beflecken *honneur;* beschmutzen *mémoire;* **~ la réputation/le renom de qn** jds Ruf/Ansehen (*Dat*) schaden
II. *vpr* **se ~** *rideau, tissu:* ausbleichen; *couleur, coloris:* verblassen; *métal, chandelier:* anlaufen

ternissement [tɛʀnismɑ̃] *m d'une couleur, d'un coloris* Verblassen *nt; d'un rideau, tissu* Ausbleichen *nt; d'un métal, chandelier* Anlaufen *nt*

terrain [teʀɛ̃] *m* ❶ (*parcelle*) Grundstück *nt;* AGR Parzelle *f;* (*terrain à bâtir*) [Bau]grundstück; **~ vague** [*o* **non bâti**] unbebautes Gelände; **~ industriel** Industriegrundstück; **~ loué** Mietwohngrundstück; **~ plat/accidenté** ebenes/unebenes Gelände
❷ (*espace réservé*) **~ de camping** Campingplatz *m;* **~ de jeu** Spielfeld *nt*
❸ (*sol*) **~ argileux/crayeux** Lehm-/Kreideboden *m*
❹ *gén pl* GEOL Formation *f*
❺ MED (*prédisposition*) **~ allergique/migraineux** Veranlagung *f* zu Allergien/zur Migräne
❻ (*domaine*) Gebiet *nt;* **empiéter sur le ~ de qn** jdm ins Gehege kommen
❼ MIL Gelände *nt;* **reconnaître le ~** das Gelände erkunden
▶ **~ brûlant** heißes Eisen; **s'aventurer sur un ~ glissant** sich aufs Glatteis begeben; **entraîner qn sur un ~ glissant** jdn aufs Glatteis führen; **~ mouvant** schwankender Boden; **bâtir sur un ~ mouvant** auf Sand bauen; **aller sur le ~** sich vor Ort begeben; **céder du ~** zurückweichen; *fig* Zugeständnisse machen; **devoir céder du ~ devant qn/qc** jdm/etw gegenüber zurückstecken [*o* nachgeben] müssen; *monnaie:* etw (*Dat*) gegenüber Einbußen hinnehmen müssen; **connaître le ~** sich auskennen; **être sur son ~** in seinem Element sein; **gagner/perdre du ~ devant qn** *parti politique, idées:* jdm gegenüber an Boden gewinnen/verlieren; *sportif, équipe:* jdm gegenüber aufholen/zurückfallen; **préparer** [*o* **déblayer**] **le ~ pour qn** (*poser des jalons*) den Boden für jdn bereiten, jdm den Weg ebnen; (*dégrossir un travail*) die Vorarbeit für jdn machen; **je ne te suivrai pas sur ce ~** da bin ich nicht einverstanden mit dir; **tâter** [*o* **sonder**] **le ~** vorfühlen; **homme/femme de ~** Praktiker(in) *m(f)*
◆ **~ d'aviation** Flugplatz *m;* **~ à bâtir** Baugelände *nt;* **~ d'entente** Verständigungsbasis *f;* **~ de manœuvre** Übungsgelände *nt*

terrarium [teʀaʀjɔm] *m* Terrarium *nt*

terrasse [teʀas] *f* ❶ *d'une maison, d'un café* Terrasse *f;* **café avec ~** Straßencafé *nt;* **s'installer à la ~** sich draußen hinsetzen
❷ GEOG Terrasse *f;* **cultures en ~s** Terrassenfeldbau *m;* **jardin en ~s** Terrassengarten *m;* **rizières en ~s** terrassenförmig angelegte Reisfelder *Pl*
❸ (*toit plat*) [**toit en**] **~** Flachdach *nt*

terrassement [teʀasmɑ̃] *m* (*travaux*) Erdarbeiten *Pl;* (*maté-*

riaux déplacés) Aufschüttung *f*

terrasser [teʀase] <1> *vt* ❶ (*vaincre*) vernichtend schlagen
❷ (*accabler*) ~ **qn** *mauvaise nouvelle:* jdn [völlig] niederschmettern; *émotion, fatigue:* jdn überwältigen; *maladie:* jdn niederwerfen; **être terrassé(e) par une embolie/un infarctus** (*en mourir*) einer Embolie/einem Infarkt erliegen

terrassier [teʀasje] *m* Bauarbeiter *m* für Erdarbeiten

terre [tɛʀ] *f* ❶ *sans pl* (*planète*) **la Terre** die Erde
❷ *sans pl* (*le monde*) **la** ~ die Erde, die Welt; **sur cette** ~ auf dieser Welt; **être connu(e) de toute la** ~ weltberühmt sein
❸ *sans pl* (*croûte terrestre*) Erde *f;* **sous** ~ (*avec mouvement*) unter die Erde; (*sans mouvement*) unter der Erde; **à** ~ auf dem Boden; **par** ~ (*avec mouvement*) auf den Boden; (*sans mouvement*) auf dem Boden; **nettoyer par** ~ den Fußboden sauber machen
❹ (*matière*) Erde *f;* (*terre cultivable*) Boden *m;* ~ **en jachère** Brachland *nt;* **cultiver la** ~ das Land bewirtschaften; **travailler la** ~ den Boden bearbeiten; (*comme métier*) Bauer sein; ~ **battue** [fest] gestampfter Boden; TENNIS Sandplatz *m;* ~ **végétale** Humuserde *f;* **légumes de pleine** ~ Freilandgemüse *nt;* **transplanter une plante en pleine** ~ eine Pflanze ins Freiland umsetzen
❺ *gén pl* (*propriété*) Grundbesitz *m kein Pl;* **avoir** [*o* **posséder**] **des** ~**s** Grundbesitz haben; **se retirer sur ses** ~**s** sich auf seine Güter [*o* Ländereien] zurückziehen
❻ (*contrée, pays*) Land *nt;* ~ **d'exil** Exilland; ~ **natale** Heimat[land *nt*] *f;* ~**s arctiques/inconnues** Nordpolargebiet *nt*/unbekannte Länder *Pl*
❼ (*continent*) Land *nt;* **"~, ~!"** „Land [in Sicht]!"; ~ **ferme** Festland; **se retrouver sur la** ~ **ferme** sich wieder auf festem Boden befinden; **descendre à** ~ an Land gehen; **transport par** ~ Transport *m* auf dem Landweg; **toucher** ~ anlegen
❽ *sans pl* (*vie à la campagne*) **la** ~ das Land; **aimer la** ~ das Land[leben] lieben
❾ *sans pl* (*argile*) Ton *m;* **en** ~ aus Ton; ~ **cuite** (*matière*) Terrakotta *f;* **objets en** ~ **cuite** Tonwaren *Pl;* (*antiques*) Terrakotten *Pl;* ~ **réfractaire** Schamotte *f*
❿ *sans pl* ELEC Erde *f;* **la mise à la** ~ die Erdung; **mettre qc à la** ~ etw erden
⓫ (*opp: ciel*) Erde *f;* **la vie sur** ~ das irdische Leben; **être sur** ~ auf der Welt sein, leben; **porter qn en** ~ *soutenu* jdn zu Grabe tragen (*geh*); **paradis/bonheur sur** ~ Paradies *nt*/Himmel *m* auf Erden (*geh*); **le Christ reviendra sur** [**la**] ~ Christus wird wiederkommen; **la Terre promise/sainte** das Gelobte/Heilige Land
▶ **qui** ~ **a guerre a** *prov* beim Teilen der Güter scheiden sich die Gemüter; **mettre qn plus bas que** ~ *fam* kein gutes Haar an jdm lassen (*fam*); **braconner** [*o* **chasser**] **sur les** ~**s de qn** in jds Revier (*Akk*) eindringen; (*rapports humains*) sich an jds Mann/Frau (*Akk*) heranmachen; **j'aurais voulu rentrer** [*o* **être**] **à cent pieds**] **sous** ~ ich wäre am liebsten im Erdboden versunken; **revenir** [*o* **redescendre**] **sur** ~ *fam* auf den Boden der Tatsachen zurückkehren; **reviens un peu sur** ~**!** hör auf zu träumen!; **ne plus toucher** ~ *hum fam* abgehoben haben (*fam*); **par** ~ **être par** ~ *projet, plan:* gescheitert sein; *entreprise:* bankrott sein; **se ficher** [*o* **flanquer**] **par** ~ *fam* (*échouer*) *personne:* auf die Nase fallen (*fam*); **ficher** [*o* **flanquer**] **tout par** ~ *fam* (*gâcher*) alles verderben
◆ ~ **de bruyère** Torfmull *m;* ~ **d'élection** (*d'une personne*) Wahlheimat *f;* (*d'un groupe*) Mekka *nt;* ~ **de Sienne** (*matière*) Sienaerde *f;* (*couleur*) sienafarben

terre à terre [tɛʀatɛʀ] *adj inv personne* nüchtern; *préoccupations* alltäglich

terreau [teʀo] *m sans pl* Komposterde *f*

terre-neuvas [tɛʀnœva] *m* ❶ (*navire*) Neufundland-Trawler *m*
❷ (*personne*) Neufundlandfischer *m*

terre-plein [tɛʀplɛ̃] <terre-pleins> *m* Erdwall *m;* ~ **central** (*îlôt directionnel*) Mittelstreifen *m*

terrer [teʀe] <1> **I.** *vt* häufeln *pommes de terre, asperges;* mit [frischer] Erde bedecken *pelouse;* ~ **un plant/arbre** um einen Setzling/Baum herum Erde aufschütten
II. *vpr* **se** ~ ❶ *animal:* sich verkriechen; *fuyard, criminel:* sich verstecken; *soldat:* in Deckung gehen; **se** ~ **dans une anfractuosité** *promeneur supris par la tempête:* Schutz in einer Felsspalte suchen
❷ (*vivre reclus*) sich zurückziehen; **se** ~ **chez soi** sich in seinen vier Wänden verkriechen (*fam*)

terrestre [teʀɛstʀ] *adj* ❶ (*de la Terre*) **croûte/surface** ~ Erdkruste *f*/-oberfläche *f*
❷ (*sur la terre*) *espèce* auf der Erde lebend; *vie* auf der Erde
❸ (*opp: aquatique, marin*) *animal* landlebend; *espèce, variété* terrestrisch; **plante** ~ Landpflanze *f*
❹ (*opp: aérien, maritime*) auf dem Landweg; *moyens de transport* zu Lande
❺ (*de ce bas monde*) *plaisirs* irdisch; *séjour* auf Erden; **vie** ~ Erdenleben *nt*

terreur [teʀœʀ] *f* ❶ (*peur violente*) Entsetzen *nt,* Schrecken *m;* **glacé(e) de** ~ starr vor Schreck *m;* **vivre dans la** ~ in Angst *f* und Schrecken leben; **vivre dans la** ~ **d'être découvert(e)** in panischer Angst leben entdeckt zu werden
❷ (*terrorisme*) Terror *m;* **politique de** ~ Terrorpolitik *f;* **la Terreur** die Schreckensherrschaft; **régner par la** ~ eine Schreckensherrschaft ausüben
❸ (*personne ou chose terrifiante*) **être une** ~ *fam personne:* ein Tyrann *m* sein; *enfant:* ein [kleines] Ungeheuer sein; **être la** ~ **de tous les élèves** der Schrecken aller Schüler sein; **jouer les** ~**s** *fam* den starken Mann markieren (*fam*); **Jean, la** ~ **de la cour de récréation!** Jean, der Schulhofschreck!
▶ ~**s nocturnes** Angstträume *Pl*

terreux, -euse [teʀø, -øz] *adj* ❶ (*de la terre*) *goût, odeur* erdig
❷ (*sali de terre*) *mains, chaussures, salade* voller Erde; *route* mit Erde bedeckt; *eau* schlammig
❸ (*pâle*) *façade* grau; *visage* fahl

terrible [teʀibl] **I.** *adj* ❶ (*qui inspire de la terreur*) *crime* entsetzlich; *catastrophe, dirigeant de parti* furchtbar; *jugement, année, arme* schrecklich; *personnage* furchterregend
❷ (*très intense*) schrecklich, fürchterlich, furchtbar
❸ (*turbulent*) schrecklich, furchtbar
❹ *fam* (*super*) toll (*fam*), fantastisch (*fam*); **ce film** [**n'**]**a rien de** [*o* **n'est pas**] ~ der Film ist nicht berauschend (*fam*); **côté cœur, c'est pas** ~ ~ in puncto Liebe sieht's nicht gerade rosig aus (*fam*)
II. *adv fam* wahnsinnig [gut] (*fam*), echt stark (*fam*)

terriblement [teʀibləmɑ̃] *adv* entsetzlich, schrecklich, furchtbar; *dangereux, sévère* äußerst

terrien(ne) [teʀjɛ̃, jɛn] **I.** *adj* ❶ (*qui possède des terres*) **il est** ~ er ist Grundbesitzer; **famille** ~**ne** Gutsbesitzerfamilie *f;* **propriétaire** ~ [Groß]grundbesitzer *m*
❷ (*opp: citadin*) *tradition, mœurs* ländlich; *ascendance, racines* bäuerlich
II. *m(f)* ❶ (*habitant de la Terre*) Erdbewohner(in) *m(f)*
❷ (*opp: citadin*) Landbewohner(in) *m(f);* **nous les** ~**s** wir[, die Leute] vom Land

terrier [teʀje] *m* ~ **de renard/lapin/blaireau** Fuchs-/Kaninchen-/Dachsbau *m*

terrifiant(e) [teʀifjɑ̃, jɑ̃t] *adj* Furcht erregend; *nouvelle* erschreckend

terrifier [teʀifje] <1a> *vt* in Angst und Schrecken versetzen; ~ **qn** jdm fürchterliche [*o* schreckliche] Angst einflößen; **être terrifié(e)** (*avoir peur*) furchtbare Angst haben; (*être choqué(e)*) entsetzt sein

terril [teʀi(l)] *m* [Berge]halde *f*

terrine [teʀin] *f* ❶ (*récipient*) Terrine *f*
❷ (*pâté*) Pastete *f;* ~ **de lapin** Kaninchenpastete

territoire [teʀitwaʀ] *m d'un animal* Revier *nt; d'un pays, d'une nation* Territorium *nt,* [Hoheits]gebiet *nt; d'une ville* Gebiet;

d'une commune Bezirk *m; d'un juge, évêque* Zuständigkeitsbereich *m;* **le** ~ [**national**] **français** das französische Staatsgebiet
◆ ~ **d'outre-mer** überseeisches Gebiet

territorial(e) [teʀitɔʀjal, jo] <-aux> *adj* territorial; **extension** ~**e** Gebietserweiterung *f*

territorialité [teʀitɔʀjalite] *f d'un impôt, d'une loi* gebietsgebundener Charakter; *du droit* Territorialitätsprinzip *nt*

terroir [tɛʀwaʀ] *m* Gegend *f;* **vin/accent du** ~ Landwein *m/* regionaler Akzent; **écrivain/poète du** ~ Heimatdichter *m;* **avoir un goût de** ~ *vin:* einen [für die Gegend] typischen Geschmack haben

terrorisant(e) [teʀɔʀizɑ̃, ɑ̃t] *adj* Furcht erregend, schreckenerregend, beängstigend

terroriser [teʀɔʀize] <1> *vt* ❶ (*faire très peur*) ~ **qn** jdm große Angst machen, jdn in Angst und Schrecken versetzen
❷ (*opprimer*) terrorisieren

terrorisme [teʀɔʀism] *m* Terrorismus *m;* **acte de** ~ Terroranschlag *m*

terroriste [teʀɔʀist] **I.** *adj* terroristisch; **acte/attentat** ~ Terroranschlag *m*
II. *mf* Terrorist(in) *m(f)*

tertiaire [tɛʀsjɛʀ] **I.** *adj emploi* im Dienstleistungsgewerbe; *activité* des Dienstleistungsbereichs; **secteur** ~ Dienstleistungssektor *m,* tertiärer Sektor
II. *m* ❶ **le** ~ der Dienstleistungssektor
❷ GEOL Tertiär *nt*
III. *mf gén pl* im Dienstleistungsbereich Beschäftigte(r) *f(m)*

tertiarisation [tɛʀsjaʀizasjɔ̃] *f* Ausweitung *f* des Dienstleistungssektors

tertio [tɛʀsjo] *adv* drittens

tertre [tɛʀtʀ] *m* Hügel *m;* ~ **funéraire** (*tumulus*) Grabhügel

tes [te] *dét poss v.* **ta, ton**

tessiture [tesityʀ] *f* (*registre*) Stimmlage *f;* (*étendue*) *d'une voix* Stimmumfang *m; d'un instrument* Tonumfang

tesson [tesɔ̃] *m* Scherbe *f*

test¹ [tɛst] **I.** *m* Test *m;* **faire** [*o* **passer**] **un** ~ einen Test machen; **faire passer un** ~ **à qn** jdn testen; **soumettre qn/qc à un** ~ jdn/etw einem Test unterziehen; **subir un** ~ getestet werden, einem Test unterzogen werden
II. *app* **élection/expérience** ~ Testwahl *f*/-versuch *m*
◆ ~ **de la baïonnette** [*o* **de l'élan**] AUT Elchtest *m;* ~ **de dépistage du sida** [*o* **de séropositivité**] Aidstest *m;* ~ **de grossesse** Schwangerschaftstest *m*

test² [tɛst] *m* ZOOL Gehäuse *nt,* Schale *f*

testable [tɛstabl] *adj* prüfbar; **être** ~ getestet werden können

testament [tɛstamɑ̃] *m* ❶ Testament *nt;* **coucher** [*o* **mettre**] **qn sur son** ~ jdn in seinem Testament bedenken; **léguer/recevoir qc par** ~ etw testamentarisch vererben/erben
❷ ART, LITTER, POL Vermächtnis *nt*
▶ **l'Ancien/le Nouveau Testament** das Alte/das Neue Testament; **pouvoir faire son** ~ *hum fam* sein Testament machen können (*fam*)

testamentaire [tɛstamɑ̃tɛʀ] *adj héritier* testamentarisch; **exécuteur/disposition** ~ Testamentsvollstrecker *m*/-bestimmung *f*

testateur, -trice [tɛstatœʀ, -tʀis] *m, f* JUR Erblasser(in) *m(f),* Testator *m* (*Fachspr.*)

tester¹ [tɛste] <1> *vt* (*mettre à l'épreuve*) testen; prüfen *élève, candidat*

tester² [tɛste] <1> *vi* JUR sein Testament machen

testeur [tɛstœʀ] *m* ❶ Tester *m*
❷ (*appareil*) Testgerät *nt*

testeuse [tɛstøz] *f* Testerin *f*

testicule [tɛstikyl] *m* Hoden *m,* Testikel *m* (*Fachspr.*)

testimonial(e) [tɛstimɔnjal, o] <-aux> *adj* JUR Zeugen-; **preuve** ~**e** Zeugenbeweis *m*

testostérone [tɛstɔsteʀɔn] *f* Testosteron *nt*

têt [tɛ(t)] *m* CHIM Kupelle *f*

tétanie [tetani] *f* Tetanie *f;* **crise de** ~ tetanischer Anfall

tétanisation [tetanizasjɔ̃] *f* Verkrampfung *f,* Erstarrung *f*

tétaniser [tetanize] <1> *vt* ❶ verkrampfen [lassen] *muscle, membre*
❷ (*abasourdir*) *discours:* erstarren lassen; *attitude:* lähmen

tétanos [tetanos] *m* ❶ Tetanus *m,* Wundstarrkrampf *m*
❷ (*contraction du muscle*) Muskelstarre *f*

têtard [tɛtaʀ] *m* ZOOL Kaulquappe *f*

tête [tɛt] *f* ❶ Kopf *m;* **baisser/courber la** ~ den Kopf einziehen; **pendre qn la** ~ **en bas** jdn mit dem Kopf nach unten aufhängen; **tomber/plonger la** ~ **la première** kopfüber fallen/ins Wasser springen; **de la** ~ **aux pieds, des pieds à la** ~ von Kopf bis Fuß, von oben bis unten
❷ (*mémoire, raison*) **ne pas avoir de** ~ *fam* ein Gedächtnis wie ein Sieb haben (*fam*); **avoir qc en** ~ etw im Kopf haben; **où ai-je la** ~**?** wo habe ich nur meinen Kopf?; **perdre la** ~ (*devenir fou*) den Verstand verlieren; (*perdre son sang-froid*) den Kopf verlieren; **faire perdre la** ~ **à qn** jdn um den Verstand bringen; **ça m'est totalement sorti de la** ~ das ist mir völlig entfallen; **exécuter un morceau/calculer de** ~ ein Stück aus dem Kopf spielen/im Kopf rechnen
❸ (*mine, figure*) **avoir une bonne** ~ *fam* nett [*o* sympathisch] aussehen; **avoir une sale** ~ *fam* (*avoir mauvaise mine*) mies aussehen (*fam*); (*être antipathique*) unsympathisch wirken; **t'en fais une sale** [*o* **drôle de**] ~**!** *fam* du machst vielleicht ein saures [*o* komisches] Gesicht!; **quelle** ~ **tu as!** *fam* du siehst ja vielleicht [mies] aus! (*fam*); **faire une** ~ **d'enterrement/de six pieds de long** *fam* eine Leichenbittermiene/ein Gesicht wie drei Tage Regenwetter machen (*fam*)
❹ (*longueur*) **avoir** [*o* **faire**] **une** ~ **de moins/plus que qn** einen Kopf kleiner/größer als jd sein; **gagner d'une courte** ~ mit einer knappen Kopflänge Vorsprung gewinnen
❺ (*vie*) **jouer** [*o* **risquer**] **sa** ~ Kopf und Kragen [*o* seinen Kopf] riskieren; **jurer sur la** ~ **de qn** bei jds Leben schwören; **je jure sur la** ~ **de mes enfants/de ma mère** ich schwöre bei allem, was mir heilig ist; **réclamer la** ~ **de qn** jds Kopf (*Akk*) fordern
❻ (*personne*) ~ **couronnée** gekröntes Haupt; **être une forte** ~ ein aufsässiger Mensch sein; **être la** ~ **pensante de qc** der Denker einer S. (*Gen*) sein; **par** ~ **de pipe** *fam* pro Kopf [*o* Nase *fam*]
❼ (*chef*) **être la** ~ **de qc** *fam* der Kopf einer S. (*Gen*) sein
❽ (*première place*) Spitze *f;* (*les premiers*) Spitzengruppe *f;* **wagon de** ~ vorderster Wagen; **prendre la** ~ **du peloton/défilé** sich an die Spitze des Feldes/Zuges setzen; **prendre la** ~ **d'un gouvernement/d'une entreprise** die Führung einer Regierung/die Leitung einer Firma übernehmen; **prendre la** ~ **de la classe** Klassenbeste(r) sein; **à la** ~ **de qc** an der Spitze einer S. (*Gen*); **être à la** ~ **de l'entreprise** die Firma leiten; **arriver en** ~ (*situation provisoire*) an der Spitze liegen; (*résultat*) als Erste(r, s) das Ziel erreichen; **être en** ~ **du peloton** das Feld anführen; **passer en** ~ in Führung gehen; **pour elle, le travail vient en** ~ die Arbeit kommt bei ihr an erster Stelle
❾ (*début*) *d'un chapitre, d'une liste* Anfang *m;* **en** ~ **de phrase** am Satzanfang; **être** [*o* **venir**] **en** ~ **de liste/des sondages** an erster Stelle auf der Liste/in den Meinungsumfragen stehen
❿ (*extrémité*) *d'un clou, d'une épingle* Kopf *m; d'un lit* Kopfende *nt; d'un champignon* Hut *m;* ~ **d'un arbre** Baumkrone *f;* ~ **d'un pont/d'une allumette/de fémur** Brücken-/Streichholz-/Oberschenkelkopf; **accrocher/suspendre qc la** ~ **en bas** etw verkehrt herum aufhängen
⓫ BOT *d'ail* Zwiebel *f; de céleri* Knolle *f; d'artichaut* Kopf *m*
⓬ TECH ~ **chercheuse d'une fusée** Suchkopf *m* einer Rakete; ~ **nucléaire** Atomsprengkopf *m*
⓭ INFORM ~ **de lecture-écriture** Schreib-Lesekopf *m*
⓮ FBALL Kopfball *m;* **faire une** ~ [den Ball] köpfen
⓯ GASTR BELG ~ **pressée** (*fromage de tête*) Schweinskopfsülze *f*

▸ **mettre la ~ au carré à qn** *fam* Kleinholz aus jdm machen (*fam*); **à la ~ du client** *fam* nach Sympathie; **avoir la ~ de l'emploi** *fam* einem seinen Beruf ansehen; *acteur:* für die Rolle wie geschaffen sein; **avoir la ~ [bien plantée] sur les épaules** einen gesunden Menschenverstand haben; **avoir la ~ sur les épaules pour son âge** sehr vernünftig für sein Alter sein; **quand on n'a pas de ~, il faut avoir des jambes** *prov* was man nicht im Kopf hat, muss man in den Beinen haben; **c'est à se taper la ~ contre les murs** *fam* es ist zum Auswachsen (*fam*); **~ baissée agir ~ baissée** überstürzt handeln; **se jeter dans qc ~ baissée** sich Hals über Kopf in etw stürzen; **se lancer ~ baissée dans un travail** sich kopfüber in eine Arbeit stürzen; **la ~ basse/haute** mit gesenktem/erhobenem Kopf; **~ brûlée** Draufgänger *m;* **avoir la ~ dure** eigensinnig sein; **garder la ~ froide** [einen] kühlen Kopf bewahren; **grosse ~** *fam* Intelligenzbestie *f* (*fam*); **avoir la grosse ~** *fam* die Nase hoch tragen; **être une mauvaise ~** (*sale caractère*) ein Starrkopf sein; (*élève indiscipliné*) ein Unruhestifter sein; **petite ~!** *fam* [du] kleines Dummerchen! (*fam*); **être une petite ~** nicht viel im Kopf haben (*fam*); **faire qc à ~ reposée** etw in aller Ruhe tun; **avoir toute sa ~** noch gut beisammen sein; **ne plus avoir toute sa ~** langsam senil werden; **avoir ses ~s** *fam* [so] seine Lieblinge haben; **avoir la ~ à ce qu'on fait** bei der Sache sein; **en avoir par-dessus la ~** *fam* die Nase voll haben (*fam*); **casser** [*o* **prendre**] **la ~ à qn** *fam* jdm auf die Nerven gehen (*fam*); **se casser la ~** sich (*Dat*) den Kopf zerbrechen; **j'en donnerais** [*o* **mettrais**] **ma ~ à couper** *fam* darauf würde ich meinen Kopf wetten (*fam*); **enfoncer** [*o* **faire entrer**] **qc dans la ~ de qn** (*forcer à se rappeler*) jdm etw einbläuen; (*faire comprendre*) jdm etw begreiflich machen; **qc/ça ne lui entre pas dans la ~** etw/das geht [*o* will] jdm nicht in den Kopf [hinein]; **faire** [*o* **tenir**] **~ à qn** jdm die Stirn bieten; **faire la ~ à qn** *fam* mit jdm schmollen; **n'en faire qu'à sa ~** nur das tun, was einem passt; **fourrer qc dans la ~ de qn** *fam* (*lui donner des idées*) jdm einen Floh ins Ohr setzen (*fam*); **se jeter à la ~ de qn** *fam* sich jdm an den Hals werfen (*fam*); **se mettre en ~ de faire qc** [*o* **dans la ~ qu'il faut faire qc**] (*décider*) es sich (*Dat*) in den Kopf setzen etw zu tun [*o* dass etw getan werden muss]; **se mettre dans la ~ que...** (*imaginer*) sich einreden, dass ...; **mets-toi bien ça dans la ~, je...** eins kannst du dir merken, ich ...; **se monter la ~** *fam* (*se faire des idées*) sich (*Dat*) etwas einbilden; (*se faire des illusions*) sich (*Dat*) etw vormachen; **monter à la ~ de qn** *vin:* jdm in den Kopf steigen; *succès:* jdm zu Kopf steigen; **passer par la ~ de qn** *idée:* jdm durch den Kopf gehen; **passer au-dessus de la ~ de qn** über jds Horizont (*Akk*) gehen; **se payer la ~ de qn** *fam* jdn auf den Arm nehmen (*fam*); **piquer une ~ dans qc** *fam* (*plonger*) einen Kopfsprung in etw (*Akk*) machen; (*tomber*) kopfüber in etw (*Akk*) fallen; **redresser** [*o* **relever**] **la ~** (*redevenir fier*) den Kopf wieder hoch tragen; (*reprendre du poil de la bête*) wieder auf dem Weg nach oben sein; **il a une ~ qui ne me revient pas** *fam* seine Nase passt mir nicht (*fam*); **ne pas savoir où donner de la ~** *fam* nicht [mehr] wissen, wo einem der Kopf steht; **être tombé(e) sur la ~** *fam* nicht [mehr] ganz richtig ticken (*fam*); **[faire] tourner la ~ à qn** *personne:* jdm den Kopf verdrehen; *succès, gloire:* jdm zu Kopf steigen; *vin, manège:* jdn benommen [*o* schwindelig] machen; **j'ai la ~ qui tourne** mir dreht sich der Kopf; **ça va pas la ~?** *fam* du tickst wohl nicht richtig? (*fam*); **femme de ~** fähige, praktisch denkende und zielbewusste Frau; **pensées de derrière la ~** *fam* Hintergedanken *Pl;* **avoir quelque chose** [*o* **une idée**] **derrière la ~** etwas im Schilde führen; **en ~ à ~** *dîner* zu zweit; *conversation* unter vier Augen; **être en ~ à ~ avec soi-même/avec qn** mit sich/mit jdm alleine sein

◆ **~ d'affiche** Hauptdarsteller(in) *m(f);* **en ~ d'affiche** in der Hauptrolle; **~ de bétail** Stück *nt* Vieh; **~ de lecture** *d'un magnétophone* Tonkopf *m; d'un ordinateur* Lesekopf; **~ de ligne** Endstation *f;* **~ de linotte** [*o* **en l'air**] *fam* Schussel *m* (*fam*); **être ~ en l'air** zerstreut sein; **~ de liste** POL Spitzenkandidat(in) *m(f);* **~ de lit** Kopfteil *nt;* **~ de mort** Totenkopf *m;* **~ de mule** [*o* **cochon**] [*o* **lard**] *fam* Dickschädel *m* (*fam*); **être une ~ de mule** störrisch wie ein Maulesel sein; **quelle ~ de cochon!** so ein sturer Bock! (*fam*); **~ d'œuf** *fam* Hohlkopf *m* (*fam*); **~ de Turc** Prügelknabe *m;* **elle est la ~ de Turc de la maîtresse** die Lehrerin hat es immer auf sie abgesehen

tête-à-queue [tɛtakø] *m inv* **faire un ~** *voiture:* sich um die eigene Achse drehen **tête-à-tête** [tɛtatɛt] *m inv* ❶ (*entretien*) Gespräch *nt* unter vier Augen ❷ (*service*) Frühstücksservice *nt* für zwei Personen **tête-bêche** [tɛtbɛʃ] *adv* entgegengesetzt; **ils sont couchés ~** sie liegen Kopf an Fuß **tête-de-loup** [tɛtdəlu] <têtes-de-loup> *f* Deckenbesen *m* **tête-de-nègre** [tɛtdənɛgʀ] <têtes-de-nègre> **I.** *adj inv* dunkelbraun **II.** *f* Negerkuss *m*

tétée [tete] *f* ❶ (*action de téter*) Saugen *nt*
❷ (*repas*) **donner la ~ à un enfant** einem Kind die Brust geben; (*avec un biberon*) einem Kind die Flasche geben; **c'est l'heure de la ~** es ist Zeit zum Stillen; (*avec un biberon*) es ist Zeit fürs Fläschchen; **avoir six ~s** *bébé:* sechsmal gestillt werden; (*avec un biberon*) sechsmal die Flasche bekommen

téter [tete] <5> **I.** *vt* **~ le sein/le biberon** an der Brust/am Fläschchen saugen; **~ sa mère** *bébé:* gestillt werden; *chaton:* gesäugt werden
II. *vi* saugen, trinken; **donner à ~ à un enfant** (*donner le sein*) ein Kind stillen; (*donner le biberon*) einem Kind die Flasche geben; **donner à ~ à un animal** ein Tier mit der Flasche füttern

têtière [tɛtjɛʀ] *f* ❶ *d'un canapé, fauteuil* Schoner[deckchen *nt*] *m; d'un appuie-tête* Schonbezug *m*
❷ (*pièce du harnais*) Kopfstück *nt*

tétine [tetin] *f* ❶ *d'un biberon* Sauger *m;* (*sucette pour calmer*) Schnuller *m*
❷ (*mamelle*) *d'une truie* Zitze *f; d'une vache* Euter *nt o m*

téton [tetɔ̃] *m* ❶ *fam* Brust *f;* **avec des ~s comme ça** mit so einem Busen
❷ TECH Zapfen *m*
◆ **~ de boulon** Zapfen *m*

tétrachlorure [tetʀaklɔʀyʀ] *m* CHIM Tetrachlorid *nt*
tétracorde [tetʀakɔʀd] *m* MUS Tetrachord *m o nt*
tétraèdre [tetʀaɛdʀ] *m* Tetraeder *nt*
tétralogie [tetʀalɔʒi] *f* LITTER, MUS Tetralogie *f*
tétraplégie [tetʀapleʒi] *f* Lähmung *f* aller vier Gliedmaßen, Tetraplegie *f* (*Fachspr.*); **être atteint(e) de ~** an Armen und Beinen gelähmt sein
tétraplégique [tetʀapleʒik] **I.** *adj personne* an Armen und Beinen gelähmt
II. *mf* an Armen und Beinen Gelähmte(r) *f(m)*
tétras [tetʀa(s)] *m* Raufußhuhn *nt;* **grand ~** Auerhuhn
têtu(e) [tety] **I.** *adj* starrköpfig; *air* eigensinnig; *front* eigenwillig
II. *m(f)* Starrkopf *m*
teuf [tœf] *f fam* Party *f*
teufeur, -euse [tœfœʀ, øz] *m, f fam* Partygänger(in) *m(f)*
teuf-teuf [tœftœf] <teufs-teufs> *m enfantin fam* Töfftöff *nt* (*Kinderspr.*)
teuton(ne) [tøtɔ̃, ɔn] *adj* teutonisch
Teuton(ne) [tøtɔ̃, ɔn] *m(f)* Teutone *m*/Teutonin *f*
teutonique [tøtɔnik] *adj* HIST **l'Ordre ~** der Deutsche [Ritter-]orden
tex-mex [tɛksmɛks] *inv* GASTR **I.** *adj* texanisch-mexikanisch, Tex-mex-
II. *m* Texmex-Küche *f*
texte [tɛkst] *m* (*écrit*) Text *m;* (*énoncé*) *d'un télégramme, d'une lettre* Wortlaut *m;* **lire Platon dans le ~** Platon im Original [*o* Urtext] lesen; **citer dans le ~** aus dem Original [*o* Urtext] zitieren
◆ **~ de loi** Gesetzestext *m*
textile [tɛkstil] **I.** *adj* ❶ textil; **matière ~** Faserstoff *m;* **fibre/**

T

plante ~ Textilfaser *f*/-pflanze *f*
❷ (*qui concerne la fabrication*) **industrie/usine** ~ Textilindustrie *f*/-fabrik *f*
II. *m* ❶ Faserstoff *m; pl* Textilien *Pl*
❷ (*industrie*) Textilindustrie *f*
texto[1] [tɛksto] *adv fam* wörtlich
texto[2] [tɛksto] *m* TELEC SMS *f*
textuel(le) [tɛkstɥɛl] *adj* ❶ *copie, traduction* wörtlich
❷ (*conforme à ce qui a été dit*) *réponse, contenu* wortgetreu
❸ (*du texte*) **analyse/interprétation ~le** Textanalyse *f*/-interpretation *f*
textuellement [tɛkstɥɛlmɑ̃] *adv* wörtlich; *répéter* Wort für Wort; *reproduire* wortgetreu
texture [tɛkstyʀ] *f* ❶ *du sol* Beschaffenheit *f; d'une crème, huile* Konsistenz *f*
❷ (*agencement*) *d'un roman, film, d'une pièce de théâtre* Aufbau *m*
TF1 [teɛfœ̃] *f abr de* **Télévision Française 1** *erstes Programm des französischen Fernsehens*
TGB [teʒebe] *f abr de* **Très grande bibliothèque** Großbibliothek *f*
T.G.V. [teʒeve] *m abr de* **train à grande vitesse** Hochgeschwindigkeitszug *m*, ≈ ICE *m*
thaï [taj] *m* **le** ~ (*groupe de langues*) die Thaisprachen *Pl;* (*langue officielle de Thaïlande*) [das] Thai; *v. a.* **allemand**
thaï(e) [taj] *adj* **langues ~es** Thaisprachen *Pl*
Thaï(e) [taj] *m(f)* Thai *mf*
thaïlandais(e) [tajlɑ̃dɛ, ɛz] *adj* thailändisch
Thaïlandais(e) [tajlɑ̃dɛ, ɛz] *m(f)* Thailänder(in) *m(f)*
Thaïlande [tajlɑ̃d] *f* **la** ~ Thailand *nt*
thalamus [talamys] *m* ANAT Thalamus *m* (*Fachspr.*)
thalasso [talaso] *f fam abr de* **thalassothérapie**
thalassothérapie [talasoteʀapi] *f* Thalassotherapie *f*
thalidomide [talidɔmid] *f* PHARM ❶ (*somnifère*) Contergan® *nt*
❷ (*médicament contre le cancer*) Thalidomid *nt*
thallium [taljɔm] *m* Thallium *nt*
thallophytes [talɔfit] *fpl* BOT Thallophyten *Pl* (*Fachspr.*)
thaumaturge [tomatyʀʒ] *mf* Wundertäter(in) *m(f)*
thé [te] *m* Tee *m;* **cueillette du** ~ Tee-Ernte *f;* **gâteaux pour le** ~ Teegebäck *nt;* **inviter qn à un** [*o* **à prendre le**] ~ jdn zum Tee einladen
théâtral(e) [teɑtʀal, o] <-aux> *adj effet, geste* theatralisch; **représentation/œuvre ~e** Theateraufführung *f*/-stück *nt;* **art** ~ Bühnenkunst *f;* **être/se faire** ~ theatralisch sein/sich theatralisch geben
théâtralement [teɑtʀalmɑ̃] *adv fig* theatralisch
théâtralité [teɑtʀalite] *f d'une œuvre, d'un opéra* Bühnenwirkung *f*
théâtre [teɑtʀ] *m* ❶ (*édifice, spectacle*) Theater *nt;* **faire du** ~ (*professionnellement*) [Theater]schauspieler(in) sein; (*en amateur*) Theater spielen; **jouer du ~ tous les soirs** jeden Abend auf der Bühne stehen
❷ (*art dramatique*) Theater *nt;* **école/cours de** ~ Schauspielschule *f*/-unterricht *m*
❸ (*genre littéraire*) Theater *nt*, Drama *nt;* (*œuvres*) Dramen *Pl*, Theaterstücke *Pl*
❹ (*lieu*) *des combats, d'une dispute* Schauplatz *m*
◆ ~ **de boulevard** Boulevardtheater *nt;* ~ **de marionnettes** Marionettentheater *nt;* ~ **de verdure** Freilichtbühne *f*
théâtreux, -euse [teɑtʀø, -øz] *m, f péj fam* Provinzschauspieler(in) *m(f);* **cette troupe de ~ s'est mis en tête de jouer du Racine!** diese Truppe von Möchtegernschauspielern hat es sich in den Kopf gesetzt, Racine zu spielen! (*fam*)
théier [teje] *m* Teestrauch *m*
théière [tejɛʀ] *f* Teekanne *f*
théine [tein] *f* Thein *nt*
théisme [teism] *m* PHILOS, REL Theismus *m*
thématique [tematik] **I.** *adj* thematisch
II. *f* Thematik *f*
thème [tɛm] *m* ❶ Thema *nt; d'une discussion* Gegenstand *m; d'une peinture* Motiv *nt;* **la conférence aura pour ~...** [das] Thema der Konferenz ist ...
❷ SCOL Übersetzung *f* in die Fremdsprache, Hinübersetzung; ~ **allemand** Übersetzung ins Deutsche
❸ MUS Thema *nt*
❹ LING (*radical*) Stamm *m*
❺ ASTROL ~ **astral** [Geburts]horoskop *nt;* **faire le ~ astral de qn** jdm das Horoskop stellen
théocratie [teɔkʀasi] *f* Theokratie *f*
théocratique [teɔkʀatik] *adj* theokratisch
théodolite [teɔdɔlit] *m* SCI Theodolit *m*
théologal [teɔlɔgal, o] <-aux> *m* ECCL *Theologielehrer innerhalb der Kirche*
théologal(e) [teɔlɔgal, o] <-aux> ECCL, REL *adj* **vertus ~es** göttliche Tugenden *Pl*
théologie [teɔlɔʒi] *f* Theologie *f*
théologien(ne) [teɔlɔʒjɛ̃, jɛn] *m(f)* Theologe *m*/Theologin *f*
théologique [teɔlɔʒik] *adj* theologisch
théorème [teɔʀɛm] *m* Lehrsatz *m*, Theorem *nt* (*geh*); ~ **de Pythagore/d'Euclide** Satz des Pythagoras/[Lehr]satz des Euklid
théoricien(ne) [teɔʀisjɛ̃, jɛn] *m(f)* Theoretiker(in) *m(f);* ~**(ne) de la musique** Musiktheoretiker(in)
théorie [teɔʀi] *f* ❶ Theorie *f;* ~ **musicale** Musiktheorie
❷ *sans pl* (*opp: pratique*) Theorie *f;* **en** ~ in der Theorie, theoretisch
◆ ~ **du chaos** Chaostheorie *f;* ~ **des ensembles** Mengenlehre *f;* ~ **de l'évolution** Evolutionstheorie *f;* ~ **de l'hérédité** Vererbungslehre *f;* ~ **des quanta** Quantentheorie *f;* ~ **de la relativité** Relativitätstheorie *f*
théorique [teɔʀik] *adj* ❶ (*opp: pratique*) theoretisch
❷ (*contraire aux faits*) *fiabilité, efficacité, égalité* [rein] theoretisch
théoriquement [teɔʀikmɑ̃] *adv* ❶ (*logiquement*) theoretisch
❷ (*par une théorie*) *fondé, justifié* theoretisch, in der Theorie
théorisation [teɔʀizasjɔ̃] *f* **la ~ de qc** das Aufstellen einer Theorie zu etw; **procéder à la ~ de qc** die theoretische Grundlage für etw erarbeiten
théoriser [teɔʀize] <1> **I.** *vt* eine Theorie aufstellen zu, die theoretischen Grundlagen erarbeiten für; **demander à être théorisé(e)** *démarche empirique:* einer theoretischen Grundlage bedürfen
II. *vi* ~ **sur qn/qc** über jdn/etw theoretisieren [*o* Theorien aufstellen]
thérapeute [teʀapøt] *mf* ❶ (*médecin*) Therapeut(in) *m(f)*
❷ (*psychothérapeute*) [Psycho]therapeut(in) *m(f)*
thérapeutique [teʀapøtik] **I.** *adj* therapeutisch; **procédés ~s** Heilverfahren *Pl*
II. *f* ❶ (*science*) Therapeutik *f;* ~ **homéopathique** Homöopathie *f*
❷ (*traitement*) Therapie *f*, Behandlungsmethode *f*
thérapie [teʀapi] *f* ❶ (*science*) Therapeutik *f*
❷ (*traitement*) Therapie *f*, Behandlungsmethode *f;* ~ **génique** Gentherapie
❸ (*psychothérapie*) [Psycho]therapie *f;* ~ **de groupe/familiale** Gruppen-/Familientherapie; **être en** ~ eine Therapie machen
thermal(e) [tɛʀmal, o] <-aux> *adj* **source/station ~e** Thermalquelle *f*/-bad *nt*
thermalisme [tɛʀmalism] *m* Thermaleinrichtungen *Pl*
thermes [tɛʀm] *mpl* ❶ (*dans une station thermale*) Thermalbad *nt*
❷ HIST Thermen *Pl*
thermicien(ne) [tɛʀmisjɛ̃, jɛn] *m(f)* Experte *m*/Expertin *f* für Wärmelehre

thermidor [tɛʀmidɔʀ] *m* HIST Thermidor *m* (*11. Monat des französischen Revolutionskalenders*); **le 9 ~ an II** ≈ *27. Juli 1794, der Tag des Sturzes von Robespierre*
thermie [tɛʀmi] *f* SCI Megakalorie *f*
thermique [tɛʀmik] **I.** *adj énergie* thermisch; **unité/effet/conductibilité ~** Wärmeeinheit *f*/-übertragung *f*/-leitfähigkeit *f*; **moteur ~** Verbrennungsmotor *m*; **élévation ~** Temperaturanstieg *m*
II. *f* Wärmelehre *f*
thermoactif, -ive [tɛʀmoaktif, -iv] *adj* atmungsaktiv
thermocouple [tɛʀmokupl] *m* Thermoelement *nt*
thermodurcissable [tɛʀmodyʀsisabl] *adj* **matières plastiques ~s** Duroplaste *Pl*
thermodynamique [tɛʀmodinamik] **I.** *adj* thermodynamisch
II. *f* Thermodynamik *f*
thermoélectrique [tɛʀmoelɛktʀik] *adj* thermoelektrisch; **effet/couple ~** Thermoeffekt *m*/-element *nt*
thermogène [tɛʀmɔʒɛn] *adj* wärmeerzeugend
thermo-imprimante [tɛʀmoɛ̃pʀimɑ̃t] <thermo-imprimantes> *f* Thermodrucker *m*
thermomètre [tɛʀmɔmɛtʀ] *m* Thermometer *nt*; *de l'opinion, la conjoncture* Barometer *nt*; **~ de la fortune/l'intérêt/l'attention** Gradmesser *m* für den Reichtum/das Interesse/die Aufmerksamkeit; **être le ~ de qc** Aufschluss über etw (*Akk*) geben; **~ médical** Fieberthermometer
thermométrique [tɛʀmɔmetʀik] *adj* thermometrisch; **échelle ~** Thermometerskala *f*
thermonucléaire [tɛʀmonykleɛʀ] *adj* thermonuklear
thermopompe [tɛʀmopɔ̃p] *f* Wärmepumpe *f*
thermorégulation [tɛʀmoʀegylasjɔ̃] *f* Temperaturregulation *f*
thermorésistant(e) [tɛʀmoʀezistɑ̃, -ɑ̃t] *adj* TECH wärmebeständig, thermostabil (*Fachspr.*)
thermos® [tɛʀmos] *m o f* Thermosflasche® *f*
thermosphère [tɛʀmosfɛʀ] *f* Thermosphäre *f*
thermostat [tɛʀmɔsta] *m* Thermostat *m*
◆ **~ d'ambiance** Raumthermostat *m*
thermovinification [tɛʀmovinifikasjɔ̃] *f* Weinherstellung *f* durch Wärmezufuhr
thésard(e) [tezaʀ, aʀd] *m(f) fam* Doktorand(in) *m(f)*
thésaurisation [tezɔʀizasjɔ̃] *f* Thesaurierung *f* (*Fachspr.*)
thésauriser [tezɔʀize] <1> **I.** *vi* [sein Geld] horten
II. *vt* horten, anhäufen
thésaurus [tezɔʀys] *m* Thesaurus *m*
thèse [tɛz] *f* ❶ (*point de vue défendu*) These *f*; **avancer/défendre** [*o* **soutenir**] **une ~** eine These aufstellen/vertreten; **envisager la ~ d'un incendie criminel** die Möglichkeit einer Brandstiftung erwägen; **soutenir la ~ de l'incendie criminel** der Ansicht sein, dass es sich um Brandstiftung handelt; **avancer/ne pas exclure la ~ d'un acte criminel** vermuten/nicht ausschließen, dass es sich um ein Verbrechen handelt; **pièce/roman à ~** Thesenstück *nt*/-roman *m*
❷ UNIV (*recherches, ouvrage*) **~ de troisième cycle** Doktorarbeit *f*, Dissertation *f* (*geh*); (*thèse de doctorat d'État*) Habilitationsschrift *f*; (*soutenance*) Rigorosum *nt*; **soutenir sa ~** seine Doktorarbeit vorstellen
thibaude [tibod] *f* Teppichunterlage *f*
Thomas [tɔma] *m* HIST **~ d'Aquin** Thomas *m* von Aquin[o]; **~ More** Thomas Morus
▶ **être comme <u>saint</u> ~** ein ungläubiger Thomas sein
thon [tɔ̃] *m* Thunfisch *m*
thonier [tɔnje] *m* Schiff *nt* für den Thunfischfang
Thora [tɔʀa] *f* (*Pentateuque*) Thora *f*; (*rouleau*) Thora[rolle *f*]
thoracique [tɔʀasik] *adj coupe* des Brustkorbs; **cage/région ~** Brustkorb *m*/-gegend *f*; **capacité ~** Vitalkapazität *f*
thorax [tɔʀaks] *m d'un homme* Brustkorb *m*, Thorax *m* (*Fachspr.*); *d'un insecte* Thorax
thorium [tɔʀjɔm] *m* Thorium *nt*
thriller [sʀilœʀ] *m* Thriller *m*
thrombose [tʀɔ̃boz] *f* Thrombose *f*
thulium [tyljɔm] *m* Thulium *nt*
thune [tyn] *f pop* **avoir de la ~** Kies [*o* Kohle] haben (*sl*); **n'avoir pas/plus une ~** völlig blank sein (*sl*)
Thurgovie [tyʀgovi] *f* **la ~** der Thurgau
thuriféraire [tyʀifeʀɛʀ] *m* ❶ (*porteur d'encensoir*) Rauchfassträger *m*
❷ (*flatteur*) Schmeichler *m*
Thuringe [tyʀɛ̃ʒ] *f* **la ~** Thüringen *nt*
thuya [tyja] *m* Thuja *f*, Lebensbaum *m*
thym [tɛ̃] *m* Thymian *m*
thymique [timik] *adj* MED, PSYCH Thymo-, thymogen (*Fachspr.*)
thymus [timys] *m* Thymus[drüse *f*] *m*; *d'un veau* Bries *nt*
thyroïde [tiʀɔid] **I.** *adj* **cartilage/glande ~** Schildknorpel *m*/-drüse *f*
II. *f* Schilddrüse *f*
thyroïdien(ne) [tiʀɔidjɛ̃, jɛn] *adj* **hormone ~ne** Schilddrüsenhormon *nt*; **hyperfonctionnement ~** Überfunktion *f* der Schilddrüse
tiare [tjaʀ] *f* HIST, REL (*coiffe*) Tiara *f*; (*dignité papale*) Papstwürde *f*
tibia [tibja] *m* Schienbein *nt*
tic [tik] *m* ❶ (*contraction nerveuse*) **~ nerveux** nervöser Tick, Tic *m* (*Fachspr.*); **avoir des ~s** nervöse Zuckungen haben
❷ (*manie*) Tick *m*, Angewohnheit *f*
ticket [tikɛ] *m* (*de train, bus, métro*) [Fahr]karte *f*, Fahrschein *m*; (*de match, manège*) [Eintritts]karte; (*de cantine*) Essensmarke *f*; (*numéro d'attente*) Nummer *f*; **~ de cinéma/quai** Kino-/Bahnsteigkarte; **~ de parking/d'avion** Parkschein/[Flug]ticket *nt*; **~ de rationnement/vestiaire** Lebensmittel-/Garderobenmarke
▶ **~ <u>modérateur</u>** Selbstbeteiligung *f*; **ne payer que le ~ modérateur** nur den Eigenanteil bezahlen; **<u>avoir</u> le** [*o* **un**] **~ avec qn** *fam* bei jdm gut ankommen (*fam*)
◆ **~ de caisse** Kassenzettel *m*, Kassenbon *m*
ticket-repas [tikɛ-ʀəpa] <tickets-repas> *m* Essensmarke *f*
ticket-restaurant [tikɛ-ʀɛstɔʀɑ̃] *m* Essensmarke *f*
tic-tac [tiktak] *m inv* Ticken *nt*
tie-break [tajbʀɛk] <tie-breaks> *m* Tiebreak *nt o m*
tiédasse [tjedas] *adj péj* lauwarm
tiède [tjɛd] **I.** *adj* ❶ *eau, repas, café* lauwarm; *lit, gâteau* [noch] warm; *vent* lau; *saison* mild
❷ (*de peu d'ardeur*) *engagement, accueil, soutien* lau; *sentiment, foi* halbherzig; **socialiste/chrétien ~** lauer Sozialist/Christ
II. *mf gén pl* **les ~s** die Unentschlossenen *Pl*
tièdement [tiɛdmɑ̃] *adv* halbherzig
tiédeur [tjedœʀ] *f* ❶ *de la température, de l'air, d'un hiver* Milde *f*; *de l'eau* Wärme *f*; **le soir était d'une grande ~** der Abend war sehr mild
❷ (*manque d'ardeur*) *d'un sentiment, accord, d'une participation* Lauheit *f*
tiédir [tjediʀ] <8> **I.** *vi* ❶ (*refroidir*) abkühlen; **bois ton café avant qu'il ne tiédisse!** trink deinen Kaffee, bevor er kalt wird!
❷ (*se réchauffer*) sich erwärmen; **faire ~ de l'eau au soleil** in der Sonne Wasser anwärmen
II. *vt* (*réchauffer*) erwärmen; wärmen *mains*; (*refroidir*) abkühlen [lassen]
tiédissement [tjedismɑ̃] *m* (*réchauffement*) Erwärmung *f*; (*refroidissement*) Abkühlen *nt*
tien(ne) [tjɛ̃, tjɛn] **I.** *pron poss* ❶ **le ~/la ~ne** deiner/deine/deins, der/die/das deine; **les ~s** deine, die deinen (*geh*); **ce n'est pas notre valise, c'est la ~ne** das ist nicht unser Koffer, sondern deiner; **cette maison est la ~ne** dies ist dein Haus, dieses Haus gehört dir [*o* ist das deinige *geh*]
❷ *pl* (*ceux de ta famille*) **les ~s** deine Angehörigen, dein Familie, die Deinen (*geh*); (*tes partisans*) deine Anhänger, die Deinen (*geh*)

T

▸ **à la ~ne**[, **Étienne**]! *fam* auf dein Wohl!, prost!; **tu pourrais y mettre du ~!** du könntest ruhig [auch] mit anpacken!, auch du könntest mithelfen!
II. *adj poss littér* **qc est** ~ etw ist der/die/das deine [*o* deinige *veraltet geh*]; **cet objectif est** ~ dieses Ziel ist das deinige; **ces principes, tu les as faits ~s** du hast dir diese Prinzipien zu eigen gemacht

tiendrai [tjɛ̃dʀɛ] *fut de* **tenir**

tienne [tjɛn] *subj prés de* **tenir**

tiennent [tjɛn] *indic prés et subj prés de* **tenir**

tiens, tient [tjɛ̃] *indic prés de* **tenir**

tierce [tjɛʀs] *f* ❶ CARTES Folge *f* von drei Karten einer Farbe
❷ MUS Terz *f;* ~ **majeure** große Terz
❸ (*en escrime*) Terz *f*

tiercé [tjɛʀse] *m* ❶ SPORT Dreierwette *f* [im Pferdetoto]; ~ **dans l'ordre/le désordre** richtiger Tipp bei der Dreierwette in der richtigen Reihenfolge/in der falschen Reihenfolge; **faire un** ~ einen Tipp für die Dreierwette abgeben; **jouer au/toucher le** ~ bei der Dreierwette tippen/gewinnen
❷ (*série de trois éléments arrivant en tête*) **le** ~ **gagnant/vainqueur d'une course** die drei Bestplatzierten eines Rennens

tiers [tjɛʀ] *m* ❶ Drittel *nt;* **le** ~ **de l'héritage** der dritte Teil [*o* ein Drittel] der Erbschaft
❷ (*tierce personne*) Dritte(r) *m,* Außenstehende(r) *m*
❸ JUR, ECON, FISC ~ **payant** Selbstkostenanteil *m* [des Krankenversicherten], Eigenbeteiligung *f;* ~ **provisionnel** Steuervorauszahlung *f* (*am 31. Januar und 30. April zu zahlender Steuerbetrag, der jeweils ein Drittel der im Vorjahr gezahlten Steuer beträgt*); **être assuré(e) au** ~ haftpflichtversichert sein
▸ **qn se moque** [*o* **se fout** *pop*] **du** ~ **comme du quart** *fam* jdm ist alles schnurzpiepegal (*fam*)

tiers, tierce [tjɛʀ, tjɛʀs] *adj* Dritte(r, s), Dritt-; **une tierce personne** ein Dritter

tiers-monde [tjɛʀmɔ̃d] *m sans pl* **le** ~ die Dritte Welt **tiers-mondisation** [tjɛʀmɔ̃dizasjɔ̃] *f sans pl wirtschaftliche Verarmung eines Landes, das nicht zur Dritten Welt gehört* **tiers-mondisme** [tjɛʀmɔ̃dism] *m sans pl* Solidarität *f* mit der Dritten Welt **tiers-mondiste** [tjɛʀmɔ̃dist] <tiers-mondistes> **I.** *adj actions* zur Unterstützung der Dritten Welt; **engagement** ~ Dritte-Welt-Engagement *nt;* **la gauche** ~ die Linke, die sich sehr für die Dritte Welt engagiert **II.** *mf* Interessenvertreter(in) *m(f)* der Dritten Welt; **être un/une** ~ sich für die Dritte Welt engagieren

tif [tif] *m pop souvent pl* Haar *nt*

T.I.G. [teiʒe] *m abr de* **travaux d'intérêt général** gemeinnützige Arbeit (*anstelle einer Gefängnisstrafe*)

tige [tiʒ] *f* ❶ *d'une fleur, feuille* Stiel *m,* Stängel *m; d'une céréale, graminée* Halm *m*
❷ (*partie mince et allongée*) Stange *f;* (*plus mince*) Stift *m; d'une clé, plume, colonne, de botte* Schaft *m;* ~ **de fer/de piston** [dünne] Eisenstange/Kolbenstange
❸ *fam* (*cigarette*) Glimmstängel *m* (*fam*)

tignasse [tiɲas] *f fam* Wuschelkopf *m* (*fam*); **attraper qn par la** ~ jdn beim Schopf packen

tigre [tigʀ] *m* Tiger *m; fig* Bestie *f;* ~ **royal** Königstiger
▸ **être jaloux comme un** ~ rasend eifersüchtig sein
◆ ~ **du Bengale** Bengaltiger *m*

tigré(e) [tigʀe] *adj chat, pelage* getigert; *cheval* gescheckt

tigresse [tigʀɛs] *f* Tigerin *f; fig* [wilde] Furie
▸ **être jalouse comme une** ~ rasend eifersüchtig sein

tilde [tild(ə)] *m* Tilde *f*

tillac [tijak] *m* NAUT Oberdeck *nt*

tilleul [tijœl] *m* ❶ Linde *f*
❷ (*infusion*) Lindenblütentee *m*

tilt [tilt] *m d'un flipper* Signal *nt* für das Spielende; **faire** ~ das Ende des Spiels anzeigen
▸ **ça a fait** ~ **dans ma tête** der Groschen ist bei mir gefallen (*fam*)

timbale [tɛ̃bal] *f* ❶ (*gobelet*) Trinkbecher *m* [aus Metall]; (*contenu*) Becher
❷ MUS [Kessel]pauke *f*
❸ (*moule*) Auflaufform *f* (*hoch, rund, aus Metall*); ~ **de fruits de mer** Meeresfrüchteauflauf *m* (*in einem Teigmantel*)
▸ **décrocher la** ~ *fam* (*gagner*) das Große Los ziehen; *iron* sich in die Nesseln setzen (*fam*)

timbalier [tɛ̃balje] *m* Paukist(in) *m(f)*

timbrage [tɛ̃bʀaʒ] *m* (*action de timbrer*) Frankieren *nt,* Frankierung *f;* (*oblitération*) [Ab]stempeln *nt,* [Ab]stempelung *f;* **dispensé(e) de** ~ portofrei

timbre¹ [tɛ̃bʀ] *m* ❶ POST Briefmarke *f,* Postwertzeichen *nt* (*Fachspr.*); **collection de ~s** Briefmarkensammlung *f*
❷ (*cachet, instrument*) Stempel *m;* POST Poststempel
❸ (*vignette*) *d'une carte d'adhérent* Gebührenmarke *f;* ~ **fiscal** Steuermarke
❹ MED Pflaster *nt*

timbre² [tɛ̃bʀ] *m* ❶ (*qualité du son*) Klang *m; d'une flûte, voix* Klang, Klangfarbe *f,* Timbre *nt*
❷ (*sonnette*) *d'une bicyclette, machine à écrire* Klingel *f*
◆ ~ **de voix** Timbre *nt*

timbré(e)¹ [tɛ̃bʀe] *adj* POST frankiert

timbré(e)² [tɛ̃bʀe] *adj* **bien ~(e)** *voix* klangvoll

timbré(e)³ [tɛ̃bʀe] **I.** *adj fam* (*un peu fou*) übergeschnappt (*fam*)
II. *m(f) fam* Verrückte(r) *f(m)*

timbre-amende [tɛ̃bʀamɑ̃d] <timbres-amendes> *m* Strafgebührenmarke *f* **timbre-poste** [tɛ̃bʀəpɔst] <timbres-poste> *m* Briefmarke *f,* Postwertzeichen *nt* (*Fachspr.*) **timbre-quittance** [tɛ̃bʀəkitɑ̃s] <timbres-quittances> *m* Quittungsmarke *f*

timbrer [tɛ̃bʀe] <1> *vt* (*affranchir*) frankieren; (*marquer d'un cachet*) [ab]stempeln

time-sharing [tajmʃɛʀiŋ] <time-sharings> *m* Time-sharing *nt*

timide [timid] **I.** *adj* ❶ *personne* schüchtern, scheu
❷ (*craintif*) *sourire, voix* zaghaft; *manières, air* schüchtern; *regard* scheu
❸ (*de peu d'audace*) *avancée, pas, réponse, critique* zaghaft; *tentative* schüchtern
II. *mf* schüchterner Mensch; **c'est une grande** ~ sie ist sehr schüchtern

timidement [timidmɑ̃] *adv* schüchtern, zaghaft; *faire remarquer* vorsichtig

timidité [timidite] *f d'une personne* Schüchternheit *f; d'une démarche, avancée* Zaghaftigkeit *f;* **la** ~ **de ce progrès me déçoit** dieser so geringe Fortschritt enttäuscht mich

timing [tajmiŋ] *m* Timing *nt,* Zeitplan *m*

timon [timɔ̃] *m* AGR Deichsel *f*

timonerie [timɔnʀi] *f* ❶ NAUT (*lieu*) Ruderhaus *nt;* (*matelots*) Rudergänger *Pl;* (*service*) Ruderwache *f*
❷ AUT Lenk- und Bremsgestänge *nt*

timonier [timɔnje] *m* ❶ NAUT Steuermann *m,* Rudergänger *m*
❷ (*cheval*) Deichselpferd *nt*

timoré(e) [timɔʀe] **I.** *adj péj* [über]ängstlich, zaghaft
II. *m(f) péj* zaghafter [*o* [über]ängstlicher] Mensch; **c'est un ~/une ~e** er/sie ist überängstlich

tinctorial(e) [tɛ̃ktɔʀjal, o] <-aux> *adj* färbend, Färbe-

tinette [tinɛt] *f* Abortkübel *m*

tins [tɛ̃] *passé simple de* **tenir**

tintamarre [tɛ̃tamaʀ] *m* Getöse *nt;* **le** ~ **des klaxons** das ohrenbetäubende Hupen; **joyeux** ~ fröhliches Lärmen; **faire du** ~ Lärm [*o* Krach] machen

tintement [tɛ̃tmɑ̃] *m d'une cloche* Läuten *nt; d'un grelot, d'une clochette, sonnette* Klingeln *nt; de verres* Klingen *nt; de bouteilles* Klirren *nt*
◆ ~ **d'oreilles** Ohrensausen *nt*

tinter [tɛ̃te] <1> **I.** *vi cloche:* läuten; *grelot, clochette:* klingeln; *verres:* klingen; *bouteilles:* klirren; **la sonnette a tinté** es hat

geklingelt
II. *vt* läuten *cloche, clochette*

tintin [tɛ̃tɛ̃] *m fam* **~!** Pustekuchen! (*fam*); **faire ~** in die Röhre gucken (*fam*); **j'ai plus qu'à faire ~** ich gehe mal wieder leer aus

tintinnabuler [tɛ̃tinabyle] <1> *vi littér clochette, grelot:* [leise] klingeln

tintouin [tɛ̃twɛ̃] *m fam* ❶ (*vacarme*) Radau *m* (*fam*)
❷ (*souci, tracas*) Sorge *f*, Mühe *f*

TIP [tip] *m abr de* **titre interbancaire de paiement** *Auszahlungsanweisung für den Bank-an-Bank-Verkehr*

tipi [tipi] *m* Tipi *nt*

tique [tik] *f* Zecke *f*

tiquer [tike] <1> *vi fam* das Gesicht verziehen, die Augen verdrehen; **~ sur qc/à l'idée de qc** von etw nicht gerade begeistert sein (*fam*); **faire ~ qn** jdm gegen den Strich gehen (*fam*)

tiqueté(e) [tik(ə)te] *adj* (*qui a de petites taches*) gesprenkelt; *fruit* fleckig

tir [tiʀ] *m* ❶ MIL Schießen *nt;* FBALL Schuss *m;* **~ à la carabine/à l'arc** Gewehr-/Bogenschießen; **~ de la tête/du pied gauche** Kopfstoß *m*/Schuss mit dem linken Fuß; **s'exercer au ~** Schießübungen machen; **les ~s sont interdits** Schießen verboten
❷ (*projectile tiré*) Schuss *m;* MIL (*série de projectiles*) Feuer *nt*, Beschuss *m;* **~ d'artillerie/de mitrailleuse** Artillerie-/Maschinengewehrfeuer; **~ continu** Dauerfeuer
❸ (*stand*) Schießstand *m;* (*forain*) Schießbude *f*
▶ **rectifier** [*o* **rajuster**] **le ~** (*changer de direction*) den Kurs ändern
◆ **~ de barrage** Sperrfeuer *nt;* **~ à blanc** Schießen *nt* mit Platzpatronen; **~ au but** Torschuss *m;* (*penalty*) Elfmeterschuss; **les ~s au but** das Elfmeterschießen; **~ au pigeon** (*sport*) [Ton]taubenschießen *nt;* (*lieu*) Tontaubenschießstand *m*

T.I.R. [tiʀ] *mpl abr de* **transports internationaux routiers** internationaler Straßengüterverkehr

tirade [tiʀad] *f* ❶ *souvent péj* Tirade *f* (*pej geh*), Wortschwall *m kein Pl* (*pej*); **~ d'injures** Schimpfkanonade *f* (*fam*)
❷ THEAT Monolog *m*

tirage [tiʀaʒ] *m* ❶ (*action de tirer au sort*) *d'une carte, lettre, d'un numéro* Ziehen *nt; d'un numéro gagnant, nom* Auslosung *f; de la loterie, du loto* Ziehung *f*
❷ FIN *d'un chèque* Ausstellung *f; d'une lettre de change* Ziehung *f*
❸ TYP (*opération et résultat*) *d'un livre, ouvrage* Druck *m;* (*ensemble des exemplaires*) Auflage *f;* **à fort** [*o* **grand**] **~** auflagenstark, mit hoher Auflage; **~ limité** limitierte Auflage
❹ ART *d'une estampe, lithographie* Druck *m;* PHOT *d'un film, négatif, d'une photo* Abziehen *nt*
❺ (*transvasement*) *d'un vin, porto, whisky* Abziehen *nt*
❻ (*arrivée d'air*) *d'une cheminée, d'un poêle* Zug *m;* **avoir un bon/mauvais ~** gut/schlecht ziehen
▶ **il y a du ~** *fam* es gibt Reibereien *Pl*
◆ **~ au sort** Auslosung *f*

tiraillement [tiʀɑjmɑ̃] *m* ❶ *gén pl* (*sensation douloureuse*) **~s dans la jambe/l'estomac/sur une plaie** Ziehen *nt* [*o* ziehende Schmerzen *Pl*] im Bein/Magen/in einer Wunde
❷ (*conflit*) (*chez une personne*) Hin- und Hergerissensein *nt*, innerer Konflikt; (*entre plusieurs personnes*) Spannungen *Pl*
❸ (*action de tirailler*) Gezerre *nt* (*pej*); (*pour lisser un tissu*) Glattziehen *nt*

tirailler [tiʀɑje] <1> **I.** *vt* ❶ [herum]ziehen [*o* zerren *pej*] an (+ *Dat*); glatt ziehen *pli;* **~ la moustache** am Schnurrbart [herum]zupfen; **~ qn par le bras/la manche** jdn am Arm ziehen/am Ärmel zupfen
❷ (*harceler*) **~ qn** *personne:* jdn bedrängen; *chose, personne:* jdm zusetzen; **être tiraillé(e) par un désir/le doute/les remords** von einem Wunsch/von Zweifeln/Gewissensbissen geplagt werden; **être tiraillé(e) par** [*o* **entre**] **des sentiments divers** zwischen verschiedenen Gefühlen hin- und hergerissen sein
II. *vi* Schüsse abgeben, feuern

tirailleur [tiʀɑjœʀ] *m* ❶ Einzelschütze *m;* **en ~s** in geöffneter Ordnung
❷ (*au temps des colonies*) Tirailleur *m*, Infanterist *m*

Tirana [tiʀana] Tirana *nt*

tirant [tiʀɑ̃] *m* ❶ (*cordon*) Schnur *f*
❷ (*partie latérale*) *d'une chaussure* Besatz *m*
◆ **~ d'eau** Tiefgang *m*

tire¹ [tiʀ] *f* AUT *arg* Schlitten *m* (*sl*), Kiste *f* (*sl*)
▶ **vol à la ~** Taschendiebstahl *m*

tire² [tiʀ] *f* CAN (*sirop d'érable*) dickflüssiger Ahornsirup *m*

tiré [tiʀe] *m* ◆ **~ à part** Sonderdruck *m*

tiré(e) [tiʀe] *adj* (*fatigué*) abgespannt; **avoir les traits ~s** [*o* **le visage ~**] abgespannt aussehen; (*de souffrance*) mitgenommen aussehen

tire-au-cul [tiʀoky] *m inv fam*, **tire-au-flanc** [tiʀoflɑ̃] *m inv* Drückeberger *m* (*fam*) **tire-botte** [tiʀbɔt] <tire-bottes> *m* (*planchette*) Stiefelknecht *m;* (*crochet*) Schuhanzieher *m* **tire-bouchon** [tiʀbuʃɔ̃] <tire-bouchons> *m* Korkenzieher *m*, Stoppelzieher *m* (A) ▶ **queue en ~** Ringelschwanz *m;* **pantalon en ~** Ziehharmonikahose *f* (*fam*); **avoir des boucles en ~** Korkenzieherlocken *Pl* haben **tire-bouchonner** [tiʀbuʃɔne] <1> *vi chaussettes, pantalon:* Falten werfen **tire-clou** [tiʀklu] <tire-clous> *m* Nagelklaue *f* **tire-d'aile** [tiʀdɛl] **à ~** flügelschlagend

tirée [tiʀe] *f* ❶ FIN *d'un effet, chèque* Bezogene *f* (*Fachspr.*), Trassatin *f*, Trassat
❷ *fam* (*longue distance*) **il y a** [*o* **ça fait**] **une ~ jusqu'à la poste** das ist ja ein ganz schönes Stück bis zur Post (*fam*)

tire-fesses [tiʀfɛs] *m inv fam* Schlepplift *m* **tire-fond** [tiʀfɔ̃] *m inv* ❶ (*pour suspendre un lustre*) Deckenhaken *m* ❷ (*grosse vis à bois*) Ankerschraube *f* **tire-jus** [tiʀʒy] *m inv pop* Taschentuch *nt*, Rotztuch *nt* (*vulg*) **tire-lait** [tiʀlɛ] *m inv* Milchpumpe *f* **tire-larigot** [tiʀlaʀigo] **à ~** *fam* reichlich; **manger/boire à ~** Riesenmengen essen/trinken (*fam*) **tire-ligne** [tiʀliɲ] <tire-lignes> *m* Reißfeder *f*

tirelire [tiʀliʀ] *f* Sparbüchse *f*

tirer [tiʀe] <1> **I.** *vt* ❶ ziehen *signal d'alarme, chasse d'eau;* (*vers le bas*) herunter ziehen *jupe, manche;* (*vers le haut*) hoch ziehen *chaussettes, collant;* (*pour lisser*) glatt ziehen *drap, collant;* (*pour tendre, pour maintenir tendu*) spannen *corde, toile;* **~ la sonnette** klingeln; **~ une corde** an einer Schnur [*o* an einem Seil] ziehen
❷ (*tracter*) ziehen *chariot, véhicule, charge;* schleppen *bateau*
❸ (*éloigner*) wegziehen, wegzerren; **~ une personne/couverture** an einem Menschen/einer Decke ziehen [*o* zerren]
❹ (*fermer*) zuziehen *porte;* vorschieben *verrou;* (*ouvrir*) aufziehen *tiroir, porte coulissante, rideau;* zurückschieben *verrou;* **le tissu est trop épais, j'ai du mal à ~ l'aiguille** der Stoff ist zu dick, ich kann die Nadel schlecht durchziehen
❺ (*aspirer*) **~ une longue bouffée** einen langen Zug machen
❻ (*lancer un projectile*) abfeuern *balle;* abgeben *coup de fusil, revolver;* abschießen *flèche, fusée éclairante;* abbrennen *feu d'artifice;* (*toucher, tuer*) [ab]schießen *perdrix, lièvre*
❼ (*tracer*) ziehen *trait, ligne;* **être tiré(e) au cordeau** schnurgerade angelegt sein
❽ (*prendre au hasard*) ziehen *carte, numéro, lettre*
❾ (*faire sortir*) **~ qn du lit** jdn aus dem Bett holen; **~ qn de son sommeil/ses rêveries/sa torpeur** jdn aus dem Schlaf/seinen Träumen/seiner Lethargie reißen; **~ qn de ses ennuis** jdm aus seinen Schwierigkeiten heraushelfen; **~ qn du pétrin** jdm aus der Patsche helfen; **~ un mouchoir de sa poche** ein Taschentuch aus der Tasche ziehen; **~ l'huile des olives** Öl aus Oliven gewinnen; **~ des aveux de qn/un son d'un instrument** jdm ein Geständnis/einem Instrument einen Ton entlocken; **~ une citation/un extrait d'un roman** ein Zitat/einen Auszug [aus] einem Roman entnehmen; **~ des béné-**

T

fices d'une entreprise Gewinn aus einem Unternehmen ziehen; ~ **de l'argent d'une vente/d'une affaire** bei einem Verkauf/Geschäft [Geld] verdienen; ~ **sa force de sa foi** seine Kraft aus seinem Glauben schöpfen; **elle tire son pouvoir/influence de ses relations** ihre Macht/ihr Einfluss gründet sich auf ihre Beziehungen

⑩ (*emprunter à*) ~ **son origine de qc** *coutume:* auf etw (*Akk*) zurückgehen; ~ **son nom de qc** *village:* seinen Namen von etw ableiten; ~ **ses mots du latin** *langue:* auf das Lateinische zurückgehen; **être tiré(e) d'un mot latin** auf ein lateinisches Wort zurückgehen; **le roman tire son origine** [*o* **sa source**] **d'un fait réel** der Roman beruht auf einer wahren Begebenheit

⑪ (*déduire*) ~ **une conclusion/leçon de qc** eine Schlussfolgerung/Lehre aus etw ziehen

⑫ *pop* (*passer du temps*) ~ **sa peine/un mois de prison** seine Strafe/einen Monat [im] Gefängnis absitzen (*fam*); ~ **un mois de service militaire** einen Monat Militärdienst abreißen (*sl*); **cette semaine va être difficile à** ~ diese Woche wird schwer herumzukriegen sein (*fam*)

⑬ FIN ausstellen *chèque;* ziehen *lettre de change*

⑭ PHOT abziehen *film, négatif, photo*

⑮ ART, TYP drucken *ouvrage, estampe, lithographie*

⑯ (*transvaser*) [auf Flaschen] abziehen *vin*

▶ **on ne peut rien** ~ **de qn** (*qn refuse de parler*) aus jdm ist nichts herauszubekommen

II. *vi* ① ~ **sur les cheveux de qn** jdn an den Haaren ziehen; ~ **sur les rênes de son cheval** seinem Pferd die Zügel anziehen

② (*aspirer*) ~ **sur sa pipe/cigarette** an seiner Pfeife/Zigarette ziehen; ~ **sur la tétine** am Schnuller saugen

③ (*gêner*) *peau, cicatrice:* spannen

④ CHASSE, MIL *personne, arme, fusil:* schießen; *canon:* abgefeuert werden

⑤ SPORT (*au football*) schießen; (*au basket*) werfen; (*au jeu de boules*) *eine Kugel werfen mit dem Ziel, die Setzkugel oder eine gegnerische Spielkugel wegzustoßen;* ~ **au but/au panier** aufs Tor schießen/auf den Korb werfen

⑥ (*avoir une certaine ressemblance avec*) ~ **sur** [*o* **vers**] **qc** *couleur:* in etw (*Akk*) spielen; ~ **sur qn** BELG, NORD nach jdm schlagen

⑦ TYP ~ **à mille exemplaires** eine Auflage von tausend Exemplaren haben

⑧ (*avoir du tirage*) ~ **bien/mal** *cheminée, poêle:* gut/schlecht ziehen

III. *vpr* ① *pop* (*s'en aller*) **se** ~ sich verdrücken (*fam*); **se** ~ **avec qn** mit jdm abhauen (*sl*); **tire-toi de là!** zieh Leine! (*fam*)

② (*se sortir*) **se** ~ **d'une situation/d'embarras** sich aus einer Situation/schwierigen Lage lavieren; **se** ~ **d'un mauvais pas** sich aus der Klemme ziehen (*fam*)

③ (*se blesser*) **se** ~ **une balle dans la tête** sich (*Dat*) eine Kugel in den Kopf schießen; **se** ~ **dessus** *deux personnes:* aufeinander schießen

▶ **s'en** ~ *fam* **il ne va pas s'en** ~ **comme ça** er wird nicht so einfach davonkommen; **elle s'en est tirée/s'en tirera** sie hat es überlebt/wird es überleben; **il s'en tire bien/mal** (*à la suite d'un accident, d'une maladie*) er ist noch einmal glimpflich davongekommen/es hat ihn schwer getroffen; (*à la suite d'un ennui*) er zieht sich gut/schlecht aus der Affäre (*fam*); (*réussir*) er macht seine Sache gut/schlecht; **tu t'en tires bien en n'ayant qu'une peine de prison avec sursis** da kommst du doch nochmal gut weg mit nur einer Gefängnisstrafe auf Bewährung (*fam*); **je ne vais pas m'en** ~ ich schaffe es nicht; **il s'en tire plutôt bien!** er stellt sich ganz geschickt an! (*fam*)

tiret [tiʀɛ] *m* Gedankenstrich *m;* (*division*) Trennungsstrich

tirette [tiʀɛt] *f* ① (*planche mobile*) *d'une table* Ausziehplatte *f*

② BELG (*fermeture à glissière*) Reißverschluss *m*

tireur [tiʀœʀ] *m* ① Schütze *m*

② SPORT (*au football*) Torschütze *m*/-schützin *f;* (*au basket*) Werfer(in) *m(f);* (*au jeu de boules*) *Werfer, der versucht, die Setzkugel oder eine gegnerische Spielkugel wegzuschießen;* (*à l'escrime*) Fechter(in) *m(f)*

③ FIN *d'une lettre de change* Aussteller(in) *m(f)*

◆ ~ **à l'arc** Bogenschütze *m;* ~ **d'élite** Scharfschütze *m*

tireuse [tiʀøz] *f* ① Schützin *f*

② SPORT (*au football*) Torschützin *f;* (*au basket*) Werferin *f;* (*à l'escrime*) Fechterin *f*

③ FIN ~ **du chèque** Ausstellerin *f* des Schecks, Scheckausstellerin; ~ **d'un/de l'effet** Wechselgläubigerin *f*

④ (*appareil photographique*) Kopiergerät *nt*

◆ ~ **à l'arc** Bogenschützin *f;* ~ **de cartes** Kartenlegerin *f;* ~ **d'élite** Scharfschützin *f*

tiroir [tiʀwaʀ] *m* Schublade *f,* Schubfach *nt*

▶ **pièce/roman à** ~**s** episodenreiches Stück/episodenreicher Roman

tiroir-caisse [tiʀwaʀkɛs] <tiroirs-caisses> *m* Geldschublade *f* der Registrierkasse

tisane [tizan] *f* [Kräuter]tee *m*

◆ ~ **à la menthe** Pfefferminztee *m;* ~ **au tilleul** Lindenblütentee *m*

tisanière [tizanjɛʀ] *f* Aufgussgefäß *nt;* ~ **individuelle** Teebecher *m* mit Deckel

tison [tizɔ̃] *m* glimmendes Stück Holz; **remuer les** ~**s** die Glut schüren

tisonner [tizɔne] <1> *vt* schüren

tisonnier [tizɔnje] *m* Schürhaken *m*

tissage [tisaʒ] *m* ① (*activité manuelle*) Weben *nt;* ~ **des tapis** Teppichweben

② (*usine*) Weberei *f*

③ (*industrie*) Webereien *Pl*

tisser [tise] <1> *vt* ① weben *tapis;* verweben *laine*

② (*ourdir*) *araignée:* spinnen

③ (*constituer*) spinnen *intrigue;* in die Hand nehmen *destin;* ~ **des liens** Freundschaft schließen; **être tissé(e) de légendes/d'aventures** aus Legenden/Abenteuern bestehen

tisserand(e) [tisʀɑ̃, ɑ̃d] *m(f)* Weber(in) *m(f)*

tisserin [tisʀɛ̃] *m* ZOOL Webervogel *m*

tisseur, -euse [tisœʀ, -øz] *m, f* Weber(in) *m(f)*

tissu [tisy] *m* ① Stoff *m;* ~ **imprimé/à fleurs** bedruckter/geblümter Stoff; ~ **fragile/synthétique** feines/synthetisches Gewebe

② (*enchevêtrement*) *de contradictions, d'intrigues* Netz *nt; d'inepties* Aneinanderreihung *f; d'erreurs* Kette *f;* ~ **de mensonges** Lügengespinst *nt*

③ BIO [Zell]gewebe *nt;* ~ **végétal** pflanzliches Gewebe; ~ **musculaire/nerveux/osseux** Muskel-/Nerven-/Knochengewebe

④ SOCIOL ~ **social** soziales Gefüge; ~ **urbain** Stadtgefüge; ~ **industriel** Industriestruktur *f*

◆ ~ **éponge** Frotteestoff *m,* Frottee *m o nt*

tissulaire [tisylɛʀ] *adj* BIO **groupe** ~ Gewebegruppe *f;* **liquide** ~ Gewebsflüssigkeit *f*

titan [titɑ̃] *m littér* Titan *m* (*geh*)

▶ **de** ~ gigantisch, titanisch (*geh*)

titane [titan] *m* Titan *nt*

titanesque [titanɛsk] *adj travail* gewaltig; *entreprise, œuvre* gigantisch; *réalisation* titanisch (*geh*)

titi [titi] *m fam* ~ **parisien** Pariser Straßenjunge *m*

titiller [titije] <1> *vt* ① kitzeln; ~ **l'oreille/le pied à qn** jdn am Ohr/am Fuß kitzeln

② *fam* (*asticoter*) ~ **le professeur sur qc** den Lehrer mit etw nerven (*fam*); **l'envie de tout raconter la titille** es juckt sie alles zu erzählen (*fam*)

titrage [titʀaʒ] *m d'un film, livre, ouvrage* Betitelung *f*

titre [titʀ] *m* ① (*intitulé*) Titel *m; d'un chapitre, article de journal*

Überschrift *f*
❷ (*qualité*) Titel *m;* ~ **de noblesse** Adelstitel; **le** ~ **de "citoyen français"** die Bezeichnung „französischer Staatsbürger"
❸ (*trophée*) Titel *m*
❹ (*pièce justificative*) Bescheinigung *f;* ~ **universel de paiement** allgemeines Zahlungsformular
❺ (*valeur, action*) Wertpapier *nt*
❻ (*proportion*) *d'un alliage, d'une monnaie* Wert *m;* CHIM *d'un alcool, d'une solution* Gehalt *m*
❼ (*raison, manière*) **à double** ~ in zweierlei [*o* doppelter] Hinsicht; **à juste** ~ mit [vollem] Recht; **à** ~ **d'essai** zur Probe; **à** ~ **amical/provisoire** freundschaftshalber/provisorisch; **à** ~ **posthume** posthum (*geh*); **à** ~ **préventif** als Vorbeugungsmaßnahme; **à ce** ~ in dieser Eigenschaft, als solche(r, s); **à** ~ **de comptable** als Buchhalter; **à** ~ **d'exemple/d'indemnité** als Beispiel/Entschädigung; **à** ~ **de curiosité** aus Neugier; **à** ~ **d'essai** auf Probe; **au même** ~ **que...** in gleicher Weise wie ...
▶ **faire les gros** ~**s** Schlagzeilen machen; **en** ~ offiziell; **professeur d'université en** ~ ordentlicher Universitätsprofessor
◆ ~ **de propriété** Besitzurkunde *f;* ~ **de transport** Fahrausweis *m*

titré(e) [titʀe] *adj personne* der/die einen Titel hat [*o* trägt]

titrer [titʀe] <1> *vt* ❶ (*donner un titre à*) ~ **qc sur qc** *journal:* mit einer Schlagzeile über etw (*Akk*) aufmachen
❷ CHIM ~ **12/25 degrés** einen Gehalt von 12/25 Prozent haben; ~ **un alliage** den Gehalt einer Legierung bestimmen
❸ SPORT **être titré(e)** mit einem Titel ausgezeichnet werden

titubant(e) [titybɑ̃, ɑ̃t] *adj démarche* schwankend; *jambes* wackelig; *ivrogne* torkelnd

tituber [titybe] <1> *vi* ~ **de fatique** vor Ermüdung (*Dat*) schwanken; ~ **d'ivresse** vor Trunkenheit (*Dat*) torkeln

titulaire [titylɛʀ] **I.** *adj* ❶ (*en titre*) *professeur, instituteur* verbeamtet; *professeur d'université* ordentlich
❷ (*détenteur*) ~ **d'un poste** ein Amt bekleidend; ~ **d'un diplôme/permis** ein Diplom/eine Erlaubnis besitzend; **être** ~ **d'un poste** ein Amt bekleiden; **être** ~ **d'un diplôme** ein Diplom besitzen
II. *mf* ❶ SCOL, UNIV, ADMIN Beamte(r) *m*/Beamtin *f*
❷ (*détenteur*) Inhaber(in) *m(f),* Besitzer(in) *m(f);* ~ **d'une carte/d'un permis** Besitzer(in) einer Karte/Erlaubnis; ~ **d'un poste** Inhaber(in) eines Amtes
❸ (*bénéficiaire*) Bezieher(in) *m(f)*

titularisation [titylaʀizasjɔ̃] *f* ADMIN, SCOL Verbeamtung *f; d'un professeur d'université* Berufung *f*

titulariser [titylaʀize] <1> *vt* verbeamten *fonctionnaire;* ernennen zu *professeur d'université*

T.N.T. [teɛnte] *m abr de* **trinitrotoluène** TNT *nt*

toast [tost] *m* ❶ Toast *m*
❷ (*allocution*) Trinkspruch *m;* **porter un** ~ **à qn/qc** auf jdn/etw trinken

toasteur [tostœʀ] *m* Toaster *m*

toboggan [tɔbɔgɑ̃] *m* ❶ Rutsche *f*
❷ (*piste glissante*) Rutschbahn *f*
❸ CAN (*traîneau sans patins*) Toboggan *m*
❹ (® *viaduc routier*) [Straßen]überführung *f*

toc¹ [tɔk] *interj* **et** ~**!** *fam* und zack! (*fam*); ~, ~**! – Qui est là?** klopf, klopf! – Wer ist da? (*fam*)

toc² [tɔk] *m fam* (*imitation*) **du** ~ Ramsch *m* (*fam*); **faire** ~ nach Ramsch aussehen (*fam*); **en** ~ unecht

tocade [tɔkad] *f* vorübergehender Spleen

tocante [tɔkɑ̃t] *f fam* Uhr *f*

tocard [tɔkaʀ] *m fam* ❶ (*personne*) Flasche *f* (*fam*)
❷ (*cheval*) Klepper *m* (*fam*)

tocard(e) [tɔkaʀ, aʀd] *adj fam* billig

toccata [tɔkata] *f* MUS Tokkata *f*

tocsin [tɔksɛ̃] *m* Alarmglocke *f;* **sonner le** ~ Alarm schlagen

tofu [tofy] *m* GASTR Tofu *m o nt*

toge [tɔʒ] *f* Talar *m,* Robe *f;* HIST Toga *f*

Togo [tɔgo] *m* **le** ~ Togo *nt*

tohu-bohu [tɔybɔy] *m inv fam* Tohuwabohu *nt* (*fam*)

toi [twa] *pron pers* ❶ *fam* (*pour renforcer*) du; ~, **monter une entreprise?** was, du willst ein Unternehmen gründen?; ~, **tu n'as pas ouvert la bouche** du hast den Mund nicht aufgemacht; **et** ~ **qui pensais avoir compris!** und du dachtest, du hättest alles verstanden!; **c'est** ~ **qui l'as dit** du hast das gesagt; **c'est** ~ **que j'ai entendu(e) à la radio** dich habe ich im Radio gehört; **je veux te voir,** ~**!** dich möchte ich sehen!; **il veut t'aider,** ~**?** dir möchte er helfen?
❷ *avec un verbe à l'impératif* **regarde-**~ sieh dich an; **imagine-**~ **...** stell dir vor ...; **lave-**~ **les mains** wasch dir die Hände
❸ *avec une préposition* **avec** ~ mit dir; **sans** ~ ohne dich; **à** ~ **seul(e)** du allein; **la maison est à** ~**?** gehört das Haus dir?; **c'est à** ~ **de décider** du musst entscheiden; **c'est à** ~**!** du bist dran!
❹ *dans une comparaison* du; **je suis comme** ~ ich bin wie du; **plus/aussi fort(e) que** ~ stärker als du/genauso stark wie du
❺ (*emphatique*) **c'est** ~**?** bist du's?; **c'est enfin** ~**!** da bist du [ja] endlich!; **et** ~**, alors?** *fam* ja, und du; und was ist mit dir?; **si j'étais** ~ wenn ich du wäre

toile [twal] *f* ❶ (*tissu*) Stoff *m;* (*pièce de tissu*) Tuch *nt;* ~ **plastifiée** Kunststofffolie *f;* ~ **de jute** Jutestoff; ~ **de soie/laine** Seiden-/Wollgewebe *nt;* ~ **à matelas** Stoff für Matratzen; ~ **à voile** Segeltuch; [**de** [*o* **en**]] ~ aus Leinen, Leinen-
❷ ART Gemälde *nt*
❸ NAUT Segel *Pl*
❹ SPORT *fam* Patzer *m* (*fam*)
❺ *fam* (*film*) **se payer une** ~ ins Kino gehen
❻ INFORM ~ **d'araignée mondiale** World Wide Web *nt*
▶ **tisser sa** ~ seine Fäden ziehen
◆ ~ **d'araignée** Spinnennetz *nt;* (*poussière*) Spinnwebe *f;* ~ **de fond** Hintergrund *m;* ~ **de maître** großer Meister (*Gemälde*)*;* ~ **de tente** Zelt *nt;* MIL Zeltbahn *f*

toilettage [twaletaʒ] *m* ❶ *d'un chat* Pflege *f; d'un chien* Pflege, Trimmen *nt;* **salon de** ~ Hunde- und Katzensalon *m*
❷ *fam* (*retouche*) Abänderung *f*

toilette [twalɛt] *f* ❶ *d'un enfant, défunt* Waschen *nt;* (*de soi-même*) Waschen; **articles de** ~ Toilettenartikel *Pl;* **faire sa** ~ *personne:* sich waschen; *animal:* sich putzen; **faire la** ~ **de qn/d'un animal** jdn waschen/ein Tier säubern; **faire une** ~ **de chat** Katzenwäsche machen
❷ (*nettoyage*) *d'un édifice, monument* Reinigung *f*
❸ (*vêtements*) Kleidung *f,* Toilette *f* (*geh*); **porter une** ~ **élégante** elegant gekleidet sein
❹ *pl* (*W.-C.*) Toilette *f;* **aller aux** ~**s** auf die Toilette gehen
❺ (*meuble*) Toilettentisch *m*

toiletter [twalete] <1> *vt* ❶ pflegen *chat;* trimmen *chien*
❷ *fam* (*retoucher*) abändern

toi-même [twamɛm] *pron pers* ❶ (*toi en personne*) ~ **n'en savais rien** du selbst wusstest nichts davon; **tu te sens** ~ **heureux(-euse)** du fühlst dich glücklich; **tu l'as dit** ~**, c'est** ~ **qui l'as dit** du selbst hast es gesagt; **tu es venu(e) de** ~ du bist von selbst [*o* von dir aus] [*o* aus eigenem Antrieb] gekommen
❷ (*toi aussi*) ebenfalls, auch; **tu étais** ~ **furieux(-euse)** du warst ebenfalls [*o* auch] sehr wütend

toise [twaz] *f* ❶ Messlatte *f*
❷ HIST Klafter *m o nt*

toiser [twaze] <1> **I.** *vt* verächtlich anschauen; ~ **qn des pieds à la tête** jdn von Kopf bis Fuß mustern
II. *vpr* **se** ~ sich [gegenseitig] verächtlich anschauen

toison [twazɔ̃] *f* ❶ (*pelage*) Schaffell *nt*
❷ (*chevelure*) Haarpracht *f*
❸ (*poils*) Behaarung *f*
◆ **la Toison d'or** MYTH das Goldene Vlies

toit [twa] *m* ❶ Dach *nt;* ~ **de** [*o* **en**] **chaume** Strohdach; ~ **en**

T

pente schräges Dach; **sous les ~s** unterm Dach
❷ (*maison*) Bleibe *f;* **vivre sous le même ~** unter einem Dach leben
► **crier** [*o* **chanter**] **qc sur** [**tous**] **les ~s** etw ausposaunen (*fam*)
toiture [twatyʀ] *f* Bedachung *f*
Tokyo [tɔkjo] Tokio *nt*
tôlard(**e**) [tolaʀ, aʀd] *m(f) fam v.* **taulard**
tôle[1] [tol] *f* ❶ METAL Blech *nt;* **~ d'acier** Stahlblech
❷ AUT [Karosserie]blech *nt;* **de la ~ froissée** Blechschaden *m*
tôle[2] [tol] *f fam v.* **taule**
tôlé(**e**) [tole] *adj neige* vereist
tolérable [tɔleʀabl] *adj* zumutbar; *douleur* erträglich
tolérance [tɔleʀɑ̃s] *f* ❶ (*largeur d'esprit*) Toleranz *f*
❷ (*concession*) Duldung *f;* COM Freigrenze *f*
❸ MED **~ à qc** Verträglichkeit *f* einer S. (*Gen*)
❹ (*marge admise*) Spielraum *m*
tolérant(**e**) [tɔleʀɑ̃, ɑ̃t] *adj* tolerant
tolérer [tɔleʀe] <5> **I.** *vt* ❶ (*autoriser*) dulden *infraction, pratique;* **~ qc à qn** etw bei jdm dulden; **~ que qn soit là** [es] dulden, dass jd da ist
❷ (*supporter*) ertragen; aushalten *douleur;* hinnehmen *injustice, attente;* dulden *contradiction, retard, comportement;* **~ la chaleur** *matériau:* der Hitze (*Dat*) standhalten
❸ MED vertragen
II. *vpr* (*se supporter*) **se ~** sich vertragen
tôlerie [tolʀi] *f* (*atelier*) Blechbearbeitungswerkstatt *f;* (*pour voitures*) Karosseriewerkstatt *f*
tolet [tɔlɛ] *m* NAUT Rudergabel *f*
tôlier [tolje] *m* Blechschmied *m;* **~ de bâtiment** Bauschlosser *m;* **~ en voitures** Autoschlosser
tôlier, -ière [tolje, -jɛʀ] *m, f fam v.* **taulier**
tollé [tɔle] *m* Aufschrei *m* der Empörung
toluène [tɔlɥɛn] *m* CHIM Toluol *nt*
T.O.M. [tɔm] *mpl abr de* **territoires d'outre-mer** *französische Überseegebiete*

i Land & Leute

Die **T.O.M.** sind frühere französische Kolonialgebiete in Übersee, die heute nicht vollständig unabhängig sind, aber relativ autonom verwaltet werden. Es gibt vier **T.O.M.**: die pazifischen Inselgruppen Wallis-et-Futuna, Französisch-Polynesien und Neukaledonien sowie die im Indischen Ozean gelegenen *Terres australes et antarctiques.* Die **T.O.M.** wurden 1946 gegründet.

tomahawk [tɔmaok] *m* Tomahawk *m*
tomate [tɔmat] *f* ❶ Tomate *f,* Paradeiser *m* (A); **envoyer/recevoir des ~s pourries** mit faulen Tomaten werfen/beworfen werden
❷ (*boisson*) *Aperitif aus Pastis und Granatapfelsirup*
tomawak [tɔmawak] *m v.* **tomahawk**
tombal(**e**) [tɔ̃bal, o] <s *o* -aux> *adj* Grab-
tombant(**e**) [tɔ̃bɑ̃, ɑ̃t] *adj* herabhängend; *épaules* [herab]hängend
tombe [tɔ̃b] *f* Grab *nt;* **être dans la ~** *soutenu* unter der Erde liegen (*geh*)
► **être muet**(**te**) [*o* **silencieux**(**-euse**)] **comme une ~** wie ein Grab schweigen; **creuser sa ~** sich (*Dat*) selbst sein Grab schaufeln; **se retourner dans sa ~** *hum* sich im Grab[e] umdrehen
tombeau [tɔ̃bo] <x> *m* ❶ Grabmal *nt;* **mise au ~** Grablegung *f*
❷ *littér* (*ruine*) Verderben *nt*
❸ *littér* (*mort*) Grab *nt;* **fidèle jusqu'au ~** treu bis in den Tod
► **à ~ ouvert** wie der Teufel (*fam*)
tombée [tɔ̃be] *f* **~ de la nuit** [*o* **du jour**] Einbruch *m* der Dunkelheit
tomber [tɔ̃be] <1> **I.** *vi* + *être* ❶ (*chuter*) *personne:* [hin]fallen; *animal:* stürzen; **~ en arrière/en avant** nach hinten/nach vorne [*o* vornüber] fallen; **~ dans les bras de qn** jdm in die Arme fallen; **~ sur le dos/les genoux** auf den Rücken/die Knie fallen; **~ de bicyclette/d'un arbre** vom Rad/von einem Baum fallen; **~ du troisième étage** aus dem dritten Stock fallen; **~** [**par terre**] *personne, bouteille, chaise:* umfallen; *arbre, pile d'objets, poteau:* umstürzen; *échafaudage:* einstürzen; *branches, casseroles:* herunterfallen; **se laisser ~** sich [hin]fallen lassen; **se laisser ~ par terre** sich zu Boden fallen lassen; **faire ~ qn/qc** jdn zu Fall bringen/etw herunterwerfen; **qn fait/laisse ~ qc** jd lässt etw fallen, etw fällt jdm herunter
❷ (*s'abattre*) **~ du ciel** vom Himmel fallen
❸ (*être affaibli*) **~ de fatigue/sommeil** vor Erschöpfung/Müdigkeit (*Dat*) umfallen
❹ (*se détacher*) *cheveux, dent:* ausfallen; *feuille, masque:* fallen; *fruit:* herunterfallen; **il tombe des choses** es fallen Dinge herunter
❺ (*arriver*) *nouvelle, télex:* eintreffen; **qc tombe un lundi** etw fällt auf [einen] Montag
❻ (*descendre*) *nuit, soir:* hereinbrechen; *neige, pluie, averse:* fallen; *brouillard:* aufziehen; *foudre:* einschlagen; THEAT *rideau:* fallen
❼ (*être vaincu*) fallen; *dictateur, gouvernement:* gestürzt werden; *mur de Berlin, ville:* fallen; *record:* gebrochen werden; **faire ~ qn/qc** jdn/etw stürzen
❽ MIL (*mourir*) fallen
❾ (*baisser*) *vent:* sich legen; *colère:* nachlassen; *conversation:* erlahmen; *enthousiasme, exaltation:* nachlassen; **~ de/à qc** *chiffre, indicateurs, monnaie:* um/auf etw (*Akk*) fallen; *nombre d'adhérents:* um/auf etw (*Akk*) sinken
❿ (*disparaître, échouer*) *objection:* widerlegt sein/werden; *obstacle:* beseitigt sein/werden; *plan, projet:* fallen gelassen werden
⓫ (*pendre*) fallen; **avoir les épaules qui tombent** hängende Schultern haben; **son manteau lui tombait jusqu'aux talons** der Mantel reichte ihm/ihr bis zur Ferse; **bien/mal ~** *vêtement:* gut/schlecht fallen
⓬ *fam* (*se retrouver*) **~ enceinte** schwanger werden; **~ d'accord** sich einig werden; **~ en ruine** verfallen
⓭ (*être pris*) **~ dans un piège** in einen Hinterhalt geraten; **~ aux mains de qn** jdm in die Hände fallen
⓮ (*être entraîné*) **~ dans l'alcoolisme/la folie** dem Alkohol/Irrsinn verfallen; **~ dans l'oubli** in Vergessenheit geraten
⓯ (*concerner par hasard*) **~ sur qn** jdn treffen; *sort:* auf jdn fallen
⓰ (*rencontrer, arriver par hasard*) **~ sur un article** auf einen Artikel stoßen; **~ sur qn** jdn [zufällig] treffen; **~ en plein repas** mitten ins Essen platzen
⓱ (*abandonner*) **laisser ~ un projet/une activité** ein Projekt fallen lassen/eine Tätigkeit sein lassen; **laisser ~ un ami** einen Freund im Stich lassen; (*définitivement*) einen Freund fallen lassen
⓲ CARTES *atout, carte:* fallen; **faire ~ qc** etw ziehen
⓳ (*se poser*) **~ sur qn/qc** *conversation:* auf jdn/etw kommen; *regard:* auf jdn/etw fallen
⓴ *fam* (*attaquer*) **~ sur qn** über jdn herfallen; **~ sur le dos** [*o* **le paletot**] [*o* **le râble**] **de qn** jdm auf die Pelle rücken (*fam*)
► **bien/mal ~** gelegen [*o* gerade recht]/ungelegen kommen; **ça tombe bien/mal** das trifft sich gut/schlecht
II. *vt* + *avoir* ❶ SPORT legen; POL *fam* schlagen (*fam*)
❷ *pop* (*séduire*) erobern *femme*
❸ *fam* (*se défaire de*) ablegen, ausziehen *cravate, veste, pantalon*
tombereau [tɔ̃bʀo] <x> *m* ❶ (*voiture*) Kippkarren *m;* (*engin de chantier*) [Hinter]kipper *m*
❷ (*contenu*) Wagenladung *f*
❸ *fam* (*grande quantité*) **des ~x de qc** [Riesen]mengen *Pl* von etw

tombeur [tɔ̃bœʀ] *m* ① SPORT *fam* ~ **de qn** Sieger *m* über jdn
② *fam* (*séducteur*) Frauenheld *m*, Playboy *m* (*fam*)
tombola [tɔ̃bɔla] *f* Tombola *f*
tome [tɔm] *m* Band *m*
tom[m]e [tɔm] *f Käsesorte aus Savoyen*
tom[m]ette [tɔmɛt] *f sechseckige Bodenplatte aus gebranntem Ton*
tomographie [tɔmɔgʀafi] *f* MED Tomographie *f*
ton¹ [tɔ̃] *m* ① Ton *m*; **d'un** [*o* **sur un**] ~ **convaincu/humoristique** in einem überzeugten/humoristischen Ton; **sur le** ~ **de la plaisanterie** in scherzhaftem Ton
② (*timbre*) *d'une voix* Klang *m*; **baisser/hausser le** ~ zu schreien aufhören/zu schreien anfangen; (*se calmer/s'échauffer*) sich beruhigen/sich erhitzen
③ (*couleur*) Farbton *m*; **dans les** ~**s roses** in Rosatönen; ~ **sur** ~ Ton in Ton
④ MUS Tonart *f*, Ton *m*
⑤ LING, PHON Tonfall *m*
▸ **le** ~ **fait la chanson** der Ton macht die Musik; **il est de bon** ~ **de faire qc** es gehört zum guten Ton etw zu tun; **donner le** ~ **à qn** bei jdm den Ton angeben; **se mettre dans le** ~ MUS den Ton anschlagen; (*d'esprit*) sich anpassen; **dire** [*o* **répéter**] **qc sur tous les** ~**s** etw immer wieder sagen
ton² [tɔ̃, te] <tes> *dét poss* dein(e); ~ **classeur/vase/tableau** dein Ordner/deine Vase/dein Bild; **à** ~ **avis** deiner Meinung nach; **à** ~ **approche** als du näherkommst
▸ **ne fais pas** ~ **malin!** gib nicht so an!
tonal(e) [tɔnal, o] <s *o* -aux> *adj* tonal
tonalité [tɔnalite] *f* ① RADIO Tonqualität *f*
② TELEC Freizeichen *nt*
③ (*timbre*) *d'une voix* Klang *m*
④ MUS (*échelle*) Tonalität *f*; PHON Klang *m*
⑤ (*impression d'ensemble*) *d'un tableau, paysage, texte* Grundstimmung *f*
tondeur [tɔ̃dœʀ] *m* ~ **de moutons/chiens** Schaf-/Hundescherer *m*
tondeuse [tɔ̃døz] *f* ① (*personne*) ~ **de moutons/chiens** Schaf-/Hundeschererin *f*
② (*instrument servant à couper les cheveux/la barbe*) Haar-/Bartschneider *m*
③ (*machine servant à tondre les animaux*) Schermaschine *f*
④ (*pour le jardin*) ~ [**à gazon**] Rasenmäher *m*; ~ **à main** Handrasenmäher
tondre [tɔ̃dʀ] <14> *vt* ① scheren; mähen *gazon*; schneiden *haie*
② *fam* (*escroquer*) rupfen (*fam*); **se faire** ~ **par qn** von jdm gerupft werden (*fam*)
tondu(e) [tɔ̃dy] **I.** *part passé de* **tondre**
II. *adj* *cheveux* geschoren; *personne, tête* [kahl] geschoren; *pelouse, pré* gemäht; *haie* geschnitten
III. *m(f)* [Kahl]geschorene(r) *f(m)*
tong [tɔ̃g] *f* Sandale *f* mit Zehenriemchen
tonicité [tɔnisite] *f* *d'une personne* Spannkraft *f*; *des muscles* Tonus *m*; *d'une peau* Spannung *f*
tonifiant [tɔnifjɑ̃] *m* Tonikum *nt*
tonifiant(e) [tɔnifjɑ̃, jɑ̃t] *adj* kräftigend; **air** ~ Reizklima *nt*
tonifier [tɔnifje] <1a> **I.** *vt* kräftigen *cheveux, muscles, peau*; stärken *organisme, personne*; beleben *esprit, personne*
II. *vi* anregen
tonique [tɔnik] **I.** *adj* ① (*revigorant*) *froid* belebend; *lotion, médicament* kräftigend; *boisson* tonisch
② (*débordant d'énergie*) voller Energie
③ (*stimulant*) *idée, lecture* anregend
④ LING, PHON *syllabe, voyelle* betont; **accent** ~ Betonung *f*
II. *m* MED Tonikum *nt*
III. *f* MUS Tonika *f*
tonitruant(e) [tɔnitʀyɑ̃, ɑ̃t] *adj* laut; *voix* durchdringend; *fig* lautstark
tonitruer [tɔnitʀye] <1> *vi* lärmen
tonnage [tɔnaʒ] *m* Tonnage *f*; ~ **brut/net** brutto/netto Raumgehalt *m*
tonnant(e) [tɔnɑ̃, ɑ̃t] *adj* *acclamations* tosend; *voix* donnernd
tonne [tɔn] *f* ① Tonne *f*; **trois** ~**s de charbon/de bois** drei Tonnen Kohlen/Holz; ~ **kilométrique** Tonnenkilometer *m*
② *fam* (*énorme quantité*) [ganze] Tonne (*fam*); **des** ~**s de légumes** Tonnen von Gemüse (*fam*)
③ (*récipient*) Tonne *f*
▸ **en faire des** ~**s** *fam* dick auftragen (*fam*)
tonneau [tɔno] <x> *m* ① (*récipient*) Fass *nt*, Schaff *nt*; **mettre un** ~ **en perce** ein Fass anzapfen [*o* anstechen]; **au** ~ Fass-, offen
② (*accident de voiture*) Überschlag *m*; (*acrobatie aérienne*) Rolle *f*; **faire un** ~ *voiture, personne:* sich überschlagen; *avion:* eine Rolle machen
③ NAUT Registertonne *f*
▸ **c'est le** ~ **des Danaïdes** das ist ein Danaidenfass
tonnelet [tɔnlɛ] *m* Fässchen *nt*
tonnelier, -ière [tɔnəlje, -jɛʀ] *m, f* Böttcher(in) *m(f)*
tonnelle [tɔnɛl] *f* [Garten]laube *f*
tonnellerie [tɔnɛlʀi] *f* (*métier*) Böttcherhandwerk *nt*; (*atelier*) Böttcherei *f*; (*marchandises*) Böttcherware *f*
tonner [tɔne] <1> **I.** *vi* ① (*retentir*) *artillerie, canons:* donnern
② (*parler*) ~ **contre qc** gegen etw wettern
II. *vi impers* **il tonne** es donnert
tonnerre [tɔnɛʀ] *m* ① Donner *m*; **de** ~ donnernd
② (*manifestation bruyante*) ~ **de protestations** Proteststurm *m*; ~ **d'applaudissements** Beifallssturm *m*; ~ **de Brest!** [*o* **de Dieu**] [zum] Donnerwetter [noch mal]! (*fam*); **bruit de** ~ Höllenlärm *m*; **marcher du** ~ *fam* wie geschmiert laufen (*fam*); **fille/type/voiture du** ~ super Mädchen/Typ/Auto (*fam*)
tonsure [tɔ̃syʀ] *f* ① REL Tonsur *f*; **porter la** ~ eine Tonsur tragen
② *fam* (*calvitie*) Platte *f* (*fam*)
tonte [tɔ̃t] *f* ① (*action*) Scheren *nt*, Schur *f*; *d'un gazon* Mähen *nt*; *d'une haie* Schneiden *nt*
② (*laine*) [Schur]wolle *f*
③ (*époque*) Scherzeit *f*
tonton [tɔ̃tɔ̃] *m enfantin* Onkel *m*
tonus [tɔnys] *m* ① (*dynamisme*) Tatkraft *f*
② PHYSIOL ~ **musculaire** Muskeltonus *m*
top [tɔp] **I.** *adj inv, antéposé* ~ **secret** streng geheim; ~ **model** Topmodel *nt*; ~ **niveau** Topniveau *nt*
II. *m* ① RADIO Gongschlag *m*; **au deuxième/troisième** ~ beim zweiten/dritten Gongschlag
② (*signal de départ*) ~ [**de départ**] Startsignal *nt*; SPORT Startschuss *m*
③ *fam* (*niveau maximum*) **le** ~ das Beste; **au** ~ *fam* ganz oben (*fam*); **Top 50** Top 50 *Pl*
topaze [tɔpɑz] **I.** *f* Topas *m*
II. *adj inv* topasfarben
toper [tɔpe] <1> *vi* **tope-là!** *fam* geritzt! (*fam*)
topette [tɔpɛt] *f* Fläschchen *f* (*länglich*)
topinambour [tɔpinɑ̃buʀ] *m* BOT Topinambur *m*
topique [tɔpik] **I.** *adj* ① PHILOS topisch
② MED lokal wirkend
③ (*caractéristique*) zur Sache gehörig
II. *m* ① PHILOS Topos *m*
② MED lokal wirkendes Medikament
top[-]modèle [tɔpmɔdɛl] <top[-]modèles> *mf* Topmodel *nt*
topo [tɔpo] *m fam* ① (*exposé*) Kurzvortrag *m*; (*écrit*) kurze Darstellung
② *péj* (*répétition ennuyeuse*) Sermon *m*; **c'est toujours le même** ~ es ist immer dasselbe Lied [*o* dieselbe Leier] (*fam*)
topographe [tɔpɔgʀaf] *mf* Topograf(in) *m(f)*
topographie [tɔpɔgʀafi] *f* Topografie *f*
topographique [tɔpɔgʀafik] *adj* topografisch
topoguide [topogid] *m* topographische Wanderkarte *f*
topologie [tɔpɔlɔʒi] *f* Topologie *f*

topométrie [tɔpɔmetʀi] *f* [Erd]vermessung *f*
toponyme [tɔpɔnim] *m* Ortsname *m*
toponymie [tɔpɔnimi] *f* Ortsnamenkunde *f*
top[-]secret [tɔpsəkʀɛ] *adj inv* topsecret
toquade [tɔkad] *f v.* **tocade**
toquante [tɔkɑ̃t] *f fam v.* **tocante**
toquard(e) [tɔkaʀ, aʀd] *adj, v.* **tocard**
toque [tɔk] *f d'un juge, magistrat* Toque *f; d'un cuisinier* Mütze *f;* (*distinction*) Stern *m*
toqué(e) [tɔke] **I.** *adj fam* ❶ (*cinglé*) bekloppt (*fam*)
❷ (*amoureux fou*) **être ~(e) de qn** in jdn verknallt sein (*fam*)
II. *m(f) fam* Bekloppte(r) *f(m)* (*fam*); **~(e) de cinéma/musique** Kino-/Musikfreak *m* (*fam*)
toquer [tɔke] <1> **I.** *vi fam* **~ à qc** an etw (*Akk*) klopfen
II. *vpr fam* **se ~ de qn** sich in jdn verknallen (*fam*)
Torah [tɔʀa] *f* Thora *f*
torche [tɔʀʃ] *f* ❶ (*flambeau*) Fackel *f*
❷ (*lampe électrique*) Taschenlampe *f*
torcher [tɔʀʃe] <1> **I.** *vt* ❶ *fam* (*essuyer*) abwischen
❷ *fam* (*bâcler*) hinschmieren (*fam*)
▸ **être <u>bien</u> torché(e)** *fam* gelungen sein
II. *vpr pop* **se ~ [le derrière]** sich (*Dat*) den Hintern abwischen
torchère [tɔʀʃɛʀ] *f* ❶ IND Hochfackel *f*
❷ (*candélabre*) Leuchter *m*
torchis [tɔʀʃi] *m* Strohlehm *m*
torchon [tɔʀʃɔ̃] *m* ❶ Tuch *nt;* **~ de cuisine** [*o* **à vaisselle**] Geschirrtuch; **donner un coup de ~ sur/à qc** etw abwischen
❷ *fam* (*mauvais journal*) Käseblatt *nt* (*fam*); (*sale travail*) Geschmiere *nt* (*fam*)
▸ **il ne faut pas mélanger les ~s et les <u>serviettes</u>** *fam* man darf nicht alles in einen Topf werfen (*fam*); **le ~ <u>brûle</u>** *fam* es herrscht [*o* ist] dicke Luft (*fam*)
torchonner [tɔʀʃɔne] <1> *vt fam* hinschmieren (*fam*)
torcol [tɔʀkɔl] *m* ZOOL Wendehals *m*
tordant(e) [tɔʀdɑ̃, ɑ̃t] *adj fam* (*drôle*) zum Brüllen (*fam*)
tord-boyaux [tɔʀbwajo] *m inv fam* Fusel *m* (*fam*)
tordre [tɔʀdʀ] <14> **I.** *vt* ❶ (*serrer en tournant*) [aus]wringen *linge;* zwirnen *brins, fils;* **~ le bras/cou à qn** jdm den Arm/Hals umdrehen
❷ (*plier*) verbiegen; **être tordu(e)** *jambe, nez, règle:* krumm sein; *cuillère, tronc:* verbogen sein
❸ (*déformer*) **~ la bouche/les traits de qn** jdm den Mund/die Züge von jdm verzerren
❹ *fam* (*faire mal*) **qc me tord les boyaux** bei einer S. dreht sich mir der Magen um
II. *vpr* ❶ (*faire des contorsions*) **se ~ de douleur** sich vor Schmerz (*Dat*) verziehen; **se ~ de rire** sich vor Lachen biegen (*fam*)
❷ (*se luxer*) **se ~ un membre** sich (*Dat*) ein Glied verrenken [*o* verstauchen]
❸ (*se déformer*) **se ~** *outil:* sich verbiegen; *plante, tronc, branche:* sich biegen; *racine:* sich krümmen
tordu(e) [tɔʀdy] **I.** *part passé de* **tordre**
II. *adj fam esprit, personne, idée* verschroben; *raisonnement* seltsam (*fam*)
III. *m(f) fam* Verrückte(r) *f(m)* (*fam*)
tore [tɔʀ] *m* ❶ ARCHIT Torus *m,* [Säulen-]wulst *m*
❷ GEOM Torus *m*
◆ **~ de ferrite** INFORM Ferritkern *m*
toréador [tɔʀeadɔʀ] *m* Stierkämpfer *m*
toréer [tɔʀee] <1> *vi* gegen den Stier kämpfen
torero [tɔʀeʀo] *m* Torero *m*
torgnole [tɔʀɲɔl] *f fam* Backpfeife *f* (*fam*)
toril [tɔʀil] *m* Stierkäfig *m*
tornade [tɔʀnad] *f* Tornado *m*
▸ **<u>comme</u> une ~** wie ein Wirbelwind
toron [tɔʀɔ̃] *m* TECH Litze *f*
torpédo [tɔʀpedo] *f* AUT, HIST *offener Tourenwagen*
torpeur [tɔʀpœʀ] *f* Erstarrung *f;* (*dans un pays*) Lähmung *f*
torpillage [tɔʀpijaʒ] *m* ❶ MIL Torpedierung *f*
❷ (*sabotage*) Sabotieren *nt; d'un projet* Sabotieren
torpille [tɔʀpij] *f* ❶ MIL Torpedo *m*
❷ ZOOL Zitterrochen *m*
torpiller [tɔʀpije] <1> *vt* ❶ MIL torpedieren
❷ (*faire échouer*) sabotieren; hintertreiben *plan, projet*
torpilleur [tɔʀpijœʀ] *m* Torpedoboot *nt*
torréfacteur [tɔʀefaktœʀ] *m* ❶ TECH Röster *m;* **~ à cacao/café** Kakao-/Kaffeeröster
❷ (*marchand*) Kaffeeröster *m;* (*magasin*) Kaffeerösterei *f*
torréfaction [tɔʀefaksjɔ̃] *f* Rösten *nt*
torréfier [tɔʀefje] <1a> *vt* rösten
torrent [tɔʀɑ̃] *m* ❶ Gebirgsbach *m*
❷ (*flot abondant*) **~ de boue** Schlammmasse *f;* **~ de lave** Lavastrom *m;* **~ de larmes** Strom von Tränen
▸ **il pleut <u>à</u> ~s** es gießt in Strömen
torrentiel(le) [tɔʀɑ̃sjɛl] *adj pluies* Sturz-; *crue, eaux* reißend; *régime* wild
torride [tɔʀid] *adj* ❶ heiß; *chaleur* brütend
❷ (*passionné*) heiß (*fam*)
tors(e) [tɔʀ, tɔʀs] *adj fil* gezwirnt; *jambes* krumm; *colonne* gedreht
torsade [tɔʀsad] *f* (*cordelette*) Kordel *f;* (*coiffure*) geflochtener Zopf; **pull à ~s** Pullover *m* mit Zopfmuster
torsader [tɔʀsade] <1> *vt* flechten *brins, cheveux;* drehen *drap, fil*
torse [tɔʀs] *m* Oberkörper *m;* ANAT Rumpf *m;* ART Torso *m;* **~ nu** mit nacktem Oberkörper
▸ **<u>bomber</u> le ~** die Brust herausstrecken; *fig* sich in die Brust werfen
torsion [tɔʀsjɔ̃] *f* ❶ (*déformation*) *de la bouche, des traits* Verzerren *nt; d'une cheville, d'un pied* Verstauchung *f*
❷ PHYS, TECH Torsion *f*
tort [tɔʀ] *m* ❶ (*erreur*) Fehler *m;* **avoir le ~ de faire qc** den Fehler begehen etw zu tun; **avoir des ~s envers qn** jdm [ein] Unrecht zugefügt haben
❷ (*préjudice*) Nachteil *m;* (*moral*) Unrecht *nt;* **avoir ~** Unrecht haben; **avoir [grand] ~ de faire qc** etw zu Unrecht tun; **donner ~ à qn** jdm Unrecht geben; **être/se mettre en** [*o* **dans son**] **~** im Unrecht sein/sich ins Unrecht setzen; **faire** [*o* **causer**] **du ~ à qn/qc** jdm/einer S. schaden [*o* Schaden zufügen]; **ne faire** [*o* **causer**] **de ~ à personne** niemandem schaden; **porter ~ à qn/qc** jdm/einer S. schaden [*o* Schaden zufügen]; **à ~** zu Unrecht
▸ **à ~ ou à <u>raison</u>** zu Recht oder zu Unrecht; **à ~ et à <u>travers</u>** unüberlegt; **dépenser à ~ et à travers** wie wild ausgeben (*fam*); **parler à ~ et à travers** ins Blaue hinein reden
tortellinis [tɔʀtelini] *mpl* GASTR Tortellini *Pl*
torticolis [tɔʀtikɔli] *m* steifer Hals; **avoir le ~** einen steifen Hals haben
tortillard [tɔʀtijaʀ] *m fam* Bummelzug *m*
tortillement [tɔʀtijmɑ̃] *m* Verrenkung *f; des fesses, hanches* Wackeln *nt*
tortiller [tɔʀtije] <1> **I.** *vt* zwirbeln *cheveux;* [zer]knittern *cravate, mouchoir;* [zer]knüllen *mouchoir;* kneten *doigts*
II. *vi* **~ des hanches/fesses** mit der Hüfte/dem Hintern wackeln
▸ **y <u>a</u> pas à ~** *fam* daran gibt es nichts zu rütteln
III. *vpr* **se ~** ❶ (*se tourner sur soi-même*) *personne:* herumzappeln; *animal:* sich winden; **se ~ sur sa chaise** auf seinem Stuhl herumrutschen
❷ (*s'étirer en spirale*) *racine, tige:* sich winden
tortillon [tɔʀtijɔ̃] *m* (*chose tortillée*) **~ de papier** zusammengedrehtes Papier; **~ d'étoffe** Stoffwulst *m*
tortionnaire [tɔʀsjɔnɛʀ] *mf* Folterknecht *m; hum* Quälgeist *m*

tortu(e) [tɔʀty] *adj* ❶ *littér* gewunden
❷ *fig littér personne* aalglatt; *idée* verschroben; *raisonnement* seltsam
tortue [tɔʀty] *f* ❶ ZOOL Schildkröte *f*
❷ *fam* (*personne très lente*) Schnecke *f* (*fam*)
tortueusement [tɔʀtɥøzmɑ̃] *adv* über Umwege; *fig* auf krummem Wege
tortueux, -euse [tɔʀtɥø, -øz] *adj* ❶ (*sinueux*) *chemin* verschlungen; *escalier, ruelle* verwinkelt
❷ (*retors*) *conduite* undurchsichtig; *manœuvres* undurchschaubar
torturant(e) [tɔʀtyʀɑ̃, ɑ̃t] *adj attente* qualvoll; *pensée, réflexion* quälend
torture [tɔʀtyʀ] *f* ❶ (*supplice*) Folter *f*
❷ (*souffrance*) Qual *f*
▸ **être à la ~** Qualen ausstehen, Qualen [er]leiden; **mettre qn à la ~** jdn auf die Folter spannen
torturer [tɔʀtyʀe] <1> **I.** *vt* ❶ (*supplicier*) foltern *personne;* quälen *animal*
❷ (*faire souffrir*) *douleur, doute, faim, jalousie, remords:* plagen
❸ (*déformer*) **être torturé(e) par qc** *traits, visage:* durch etw entstellt sein
II. *vpr* **se ~** grübeln; **se ~ l'esprit/la mémoire/les méninges** sich (*Dat*) den Kopf zerbrechen, sich (*Dat*) das Hirn zermartern
torve [tɔʀv] *adj* scheel
tory [tɔʀi] <s *o* tories> *m* POL Tory *m*
toscan(e) [tɔskɑ̃, an] *adj* ❶ (*de la Toscane*) toskanisch
❷ ARCHIT toskanisch; **l'ordre ~** die toskanische Ordnung
Toscane [tɔskan] *f* **la ~** die Toskana
tôt [to] *adv* ❶ (*de bonne heure*) früh
❷ (*à une date ou une heure avancée*) früh; **quelques années plus ~** einige Jahre zuvor
❸ (*vite*) **plus ~** früher, eher; **le plus ~ possible** so bald wie möglich
▸ **le plus ~ sera le mieux** je früher, desto besser; **~ ou tard** früher oder später; **au plus ~** (*au mieux*) frühestens; (*incessamment*) unverzüglich; **pas plus ~... que** (*à peine*) kaum ..., da; **pas de si ~** nicht so bald
total [tɔtal, o] <-aux> *m* Gesamtbetrag *m;* **~ d'une addition** Gesamtsumme *f;* **~ des dépenses/de la population** Gesamtausgaben *Pl*/-bevölkerung *f*
▸ **faire le ~ de qc** die Bilanz aus etw ziehen; **au ~** (*en tout*) insgesamt; (*somme toute*) alles in Allem
total(e) [tɔtal, o] <-aux> *adj* ❶ (*absolu*) total; *destruction, blocage* vollständig; *maîtrise* vollkommen; *désespoir, obscurité, ruine* völlig
❷ FIN, MATH *hauteur, somme* Gesamt-
totale [tɔtal] *f* MED *fam* Totaloperation *f*
▸ **c'est la ~** *fam* das ist echt die Härte (*fam*)
totalement [tɔtalmɑ̃] *adv* völlig; *détruit, ruiné* vollkommen, vollständig
totalisateur [tɔtalizatœʀ] *m* ❶ TECH Rechenmaschine *f*
❷ INFORM Rechenwerk *nt*
totalisation [tɔtalizasjɔ̃] *f* (*résultat*) [End]abrechnung *f;* (*action*) Zusammenzählen *nt;* **~ des recettes/dépenses** Zusammenrechnen *nt* der Einnahmen/Ausgaben
totaliser [tɔtalize] <1> *vt* ❶ (*additionner*) zusammenzählen
❷ (*atteindre*) kommen auf (+ *Akk*) *nombre, points, voix;* zählen *habitants*
totalitaire [tɔtalitɛʀ] *adj* totalitär
totalitarisme [tɔtalitaʀism] *m* Totalitarismus *m*
totalité [tɔtalite] *f* Gesamtheit *f;* **en ~** völlig, vollkommen
◆ **~ des biens** FIN Gesamtvermögen *nt*
totem [tɔtɛm] *m* ❶ (*symbole*) Totem *nt*
❷ (*statue*) Totempfahl *m*
totémique [tɔtemik] *adj* ❶ (*relatif au totem*) **mât ~** Totempfahl *m*
❷ (*relatif au culte du totem*) totemistisch
toto [toto] *m fam* Laus *f*
toton [totɔ̃] *m* Kreisel *m*
touareg [twaʀɛg] *adj* Tuareg-; **des groupes ~[s]** Tuareg-Gruppen *Pl*
Touareg [twaʀɛg] *mpl* Tuareg *Pl*
toubib [tubib] *m fam* Arzt *m*/Ärztin *f*
toucan [tukɑ̃] *m* ORN Tukan *m*
touchant [tuʃɑ̃] *prép littér* (*concernant*) **~ ce problème** dieses Problem betreffend, was dieses Problem betrifft
touchant(e) [tuʃɑ̃, ɑ̃t] *adj* (*émouvant*) rührend, ergreifend; *situation, histoire* ergreifend; **~(e) de gentillesse/naïveté** rührend vor Liebenswürdigkeit/Naivität (*Dat*)
touche [tuʃ] *f* ❶ INFORM Taste *f;* **~ Alternative** Alt-Taste; **~ Contrôle** Steuerung-Taste; **~ Echappement** Escape-Taste; **~ Entrée** Eingabetaste, Enter-Taste; **~ Espace** Leer-Taste; **~ Insertion** Einfüge-Taste; **~ Majuscule** Umschalttaste, Shift-Taste; **~ morte** Tottaste; **~ Option** Alt-Taste; **~ Retour arrière** Rücktaste, Backspace-Taste; **~ Retour** Return-Taste; **~ Suppression** Entfernen-Taste; **~ Tabulation** Tabulator-Taste; **~ verrouillage majuscule** Feststelltaste, CapsLock-Taste *f;* **presser la ~ F1** die Taste F1 drücken
❷ MUS *d'un accordéon, piano* Taste *f; d'une guitare, d'un violon* Griffbrett *nt*
❸ (*coup de pinceau*) Strich *m;* **une ~ de couleur/rose** ein Strich Farbe/Rosa
❹ (*style d'un artiste*) Stil *m*
❺ PECHE Anbiss *m;* **qn a une ~** bei jdm beißt ein Fisch an
❻ SPORT (*en escrime*) Treffer *m;* (*au football, rugby*) (*ligne*) Seitenlinie *f;* (*sortie du ballon*) Aus *nt*
❼ *fam* (*allure*) Aussehen *nt*
▸ **faire une ~** *fam* eine Eroberung machen; **~ de gaieté/tendresse/d'humour** Spur *f* von Fröhlichkeit/Zärtlichkeit/Humor; **sur la ~** (*au bord du terrain*) auf der Ersatzbank; *fam* (*à l'écart*) im/ins Abseits (*fam*)
◆ **~ d'effacement** Entfernen-Taste *f;* **~ [de] Fonction** Funktionstaste *f*
touche-à-tout [tuʃatu] *mf inv fam* (*enfant*) *Kind, das alles anfasst;* (*personne aux activités multiples*) Hansdampf in allen Gassen *m* (*fam*); (*personne aux talents multiples*) Tausendsassa *m* (*fam*)
toucher [tuʃe] <1> **I.** *vt* ❶ (*porter la main sur*) anfassen, berühren; **~ qn/qc du doigt/avec la main** jdn/etw mit dem Finger/der Hand berühren
❷ (*entrer en contact avec*) berühren *ballon, fond, sol;* reichen bis an (+ *Akk*) *plafond;* **faire ~ le sol à son adversaire** seinen Gegner zu Boden bringen
❸ (*être contigu à*) **~ qc** an etw (*Akk*) grenzen
❹ (*frapper*) *balle, coup, explosion, mesure, politique:* treffen; *maladie:* befallen
❺ (*concerner*) betreffen; *histoire, affaire:* angehen; **elle me touche de près** sie steht mir nahe; **être touché(e) par qc** von etw betroffen sein
❻ (*émouvoir*) *critique, reproche:* treffen; *drame, deuil, scène:* berühren; *sourire, style:* ansprechen
❼ (*recevoir*) bekommen *argent, ration, commission;* beziehen *pension, traitement;* kassieren *prime, tiercé;* (*à la banque*) abheben *argent;* einlösen *chèque*
❽ (*contacter*) erreichen *personne*
❾ (*atteindre*) erreichen *port, côte*
▸ **touché coulé!** Treffer, versenkt!; **qn n'en touche pas une** *fam* jd blickt's nicht (*fam*)
II. *vi* ❶ (*porter la main sur*) **~ à qc** etw anfassen
❷ (*se servir de*) **~ à ses économies** an sein Erspartes gehen; **~ à un instrument** ein Instrument anrühren
❸ (*tripoter*) **~ à qn** jdn anrühren; **ne me touche pas!** lass mich in Ruhe!
❹ (*salir*) **~ à une réputation** einen Ruf beflecken [*o* besudeln]

❺ *(modifier)* ~ **au règlement** die Regeln antasten; ~ **à un mécanisme/outil/site** an einem Mechanismus/Werkzeug/einer Landschaft herummachen *(fam)*
❻ *(concerner)* ~ **à des intérêts** Interessen berühren; ~ **à un domaine** ein Gebiet berühren [*o* betreffen]; ~ **à un problème/une question** im Zusammenhang mit einem Problem/einer Frage stehen
❼ *(aborder)* ~ **à un problème/sujet** ein Problem/Thema ansprechen
❽ *(être proche de)* ~ **à un lieu/objet** an einen Ort/ein Objekt fast angrenzen [*o* anstoßen]; ~ **au plafond** beinahe die Decke berühren; ~ **à la folie/l'inconscience** *soutenu* an Wahnsinn/Gewissenlosigkeit *(Akk)* grenzen; ~ **à sa fin** dem Ende zugehen
III. *vpr* **se** ~ ❶ *(être en contact)* *personnes:* sich berühren; *immeubles, localités, propriétés:* aneinander grenzen
❷ *(se masturber)* *jeune enfant:* sich selbst befriedigen
IV. *m* ❶ *(sens)* Tastsinn *m*
❷ *(impression)* Beschaffenheit *f*
❸ MUS Anschlag *m;* SPORT Ballgefühl *nt*
❹ MED Untersuchung *f*
▸ **au** ~ beim Berühren
touche-touche [tuʃtuʃ] *adv* **à** ~ *fam* dicht an dicht
touer [twe] <1> *vt* NAUT verholen, schleppen *bateau*
touffe [tuf] *f* Büschel *nt;* ~ **de cheveux** Haarbüschel; ~ **d'herbe** Grasbüschel
touffu(e) [tufy] *adj* ❶ *(épais)* dicht; *sourcils* buschig; *végétation* üppig
❷ *(chargé)* überfrachtet; *roman* verwickelt; *style* kompliziert
touillage [tujaʒ] *m fam* Rühren *nt*
touiller [tuje] <1> *vt fam* rühren *sauce;* wenden *salade;* ~ **le café** den Kaffee umrühren
toujours [tuʒuʀ] *adv* ❶ *(constamment)* immer
❷ *(encore)* immer noch
❸ *(en toutes occasions)* immer; **je l'ai** ~ **dit** das habe ich [ja] schon immer gesagt
❹ *(malgré tout)* dennoch; **qc peut** ~ **servir** etw kann man immer [*o* schon] noch gebrauchen
▸ ~ **est-il que tu ne viens pas** jedenfalls kommst du nie; **qn peut** ~ **faire qc** *(qn aura beau)* jd kann etw tun, so viel er will; **de** ~ alt; **depuis** ~ seit eh und je
toundra [tundʀa] *f* Tundra *f*
toupet [tupɛ] *m* ❶ *(touffe)* Büschel *nt*
❷ *fam (culot)* Frechheit *f;* **avoir le** ~ **de faire qc** die Frechheit besitzen etw zu tun
toupie [tupi] *f* ❶ *(jouet)* Kreisel *m*
❷ TECH Fräsmaschine *f*
tour¹ [tuʀ] *f* ❶ *(monument)* Turm *m;* MIL Wehrturm
❷ *(immeuble)* Hochhaus *nt*
❸ ECHECS Turm *m*
▸ **une vraie** ~ *fam* ein richtiger Kleiderschrank *(fam)*
◆ ~ **de Babel** REL Turm *m* von Babel; *(mélange de langues)* Sprachgewirr *nt,* Babel *nt;* ~ **de contrôle** Tower *m;* ~ **de forage** Bohrturm *m;* ~ **de guet** Wachturm *m;* ~ **d'ivoire** Elfenbeinturm *m;* ~ **de refroidissement** Kühlturm *m*
tour² [tuʀ] *m* ❶ *(circonférence)* Umfang *m; d'un visage* Umriss *m; des yeux* Ränder *Pl;* ~ **de hanches/poitrine** Hüftweite *f*/Brustumfang
❷ *(brève excursion)* Tour *f;* ~ **en voiture/à pied** [kleine] Autofahrt/[kleiner] Spaziergang; **faire un** ~ eine Runde machen [*o* drehen]
❸ *(succession alternée)* ~ **de garde/surveillance** Wachdienst *m;* **attendre son** ~ warten, bis jd an die Reihe kommt; **c'est au** ~ **de qn de faire qc** jd ist dran *fam* [*o* an der Reihe] etw zu tun; **passer son** ~ aussetzen; **chacun [à] son** ~ einer nach dem anderen
❹ *(rotation)* Umdrehung *f;* ~ **de manivelle/roue/vis** Kurbeldrehung/Radumdrehung/Schraubendrehung; **donner un** ~ **de vis** die Schraube fester anziehen; **donner un** ~ **de clé** den Schlüssel einmal herumdrehen; **fermer qc à double** ~ etw zweimal abschließen
❺ *(duperie)* Streich *m;* **un mauvais** ~ ein böser Streich; ~ **de con** *fam* idiotische Aktion *(fam)*
❻ *(tournure)* [Rede]wendung *f*
❼ *(exercice habile)* Kunststück *nt;* ~ **d'adresse/d'agilité** Kunststück; ~ **de prestidigitation** [*o* **de magie**] Zaubertrick *m*
❽ *(séance)* Runde *f;* ~ **de manège** Karussellrunde
❾ MUS *vieilli* **un disque 33/45/78** ~**s** eine LP/Single/78er Platte
❿ POL Wahlgang *m*
▸ **à** ~ **de bras** mit voller Wucht; **faire le** ~ **du cadran** zwölf geschlagene [*o* volle] Stunden schlafen; **faire des** ~**s et des détours** viele Umwege machen; **en un** ~ **de main** im Handumdrehen; **faire le** ~ **du propriétaire** einen Besichtigungsrundgang machen; **à** ~ **de rôle** abwechselnd; **avoir plus d'un** ~ **dans son sac** einige Tricks auf Lager haben *(fam)*; ~ **de table faire** [*o* **procéder à**] **un** ~ **de table** sich reihum äußern; **donner un** ~ **de vis à qc** etw einschränken; **trois petits** ~**s [et puis s'en vont]** *fam* eins, zwei, drei, und weg waren sie; **plus souvent qu'à mon/son** ~ *fam* öfter als gut [für mich/ihn/sie] ist; **faire le** ~ **du parc/de la ville** einen Rundgang durch den Park/die Stadt machen; **faire le** ~ **du pays/de la région** eine Rundreise durch das Land/die Region machen; **faire le** ~ **du problème/de la question** sich eingehend mit dem Problem/der Frage beschäftigen; **faire le** ~ **de ses amis/relations** seine Freunde/Verwandten aufzählen; **jouer un** ~ **à qn** jdm übel mitspielen; **jouer un** ~/**des** ~**s à qn** *étourderie:* jdm zu schaffen machen *(fam)*; **le** ~ **est joué** *fam* die Sache ist geritzt *(fam)*; **prendre un** ~ **désagréable/inquiétant** einen unangenehmen/beunruhigenden Verlauf nehmen; **c'est un** ~ **à prendre** das ist eine Frage der Übung; **c'est reparti pour un** ~ alles wie gehabt
◆ ~ **de chant** Konzert *nt;* ~ **de cou** Halsband *nt;* ~ **de force** Kraftakt *m;* *(exploit moral)* Heldentat *f;* ~ **de faveur** bevorzugte Behandlung; **Tour de France** SPORT Tour *f* de France; HIST *Wanderschaft eines Handwerksgesellen;* ~ **d'honneur** Ehrenrunde *f;* ~ **d'horizon** Überblick *m;* **faire un** ~ **d'horizon de qc** einen Überblick über etw *(Akk)* geben; ~ **de main** Fingerfertigkeit *f;* ~ **du monde** Weltreise *f;* ~ **de passe-passe** *fam* Masche *f (fam)*; ~ **de reins** MED Hexenschuss *m (fam)*; ~ **de scrutin** Wahlgang *m*
tour³ [tuʀ] *m* TECH Drehbank *f; d'un potier* Töpferscheibe *f;* ~ **à bois/à métaux** Drechslerbank *f*/Drehbank
tourbe [tuʀb] *f* AGR Torf *m*
tourbeux, -euse [tuʀbø, -øz] *adj* torfig; *plante, marais* Torf-
tourbière [tuʀbjɛʀ] *f* [Torf]moor *nt*
tourbillon [tuʀbijɔ̃] *m* ❶ *(vent)* Wirbelsturm *m;* ~ **de vent** Wirbelwind *m;* ~ **de neige** Schneegestöber *nt*
❷ *(masse d'eau)* Strudel *m*
❸ *(colonne tournoyante)* ~ **de sable** Sandsturm *m;* ~ **de fumée** Wirbel *m* von Rauch
❹ *(agitation)* ~ **de la vie** Lauf *m* des Leben; ~ **des danseurs** wildes Treiben der Tänzer
tourbillonnant(e) [tuʀbijɔnɑ̃, ɑ̃t] *adj* ❶ *vent* Wirbel-; *eau* strudelnd; *feuilles, fumée* wirbelnd
❷ *(agité)* *vie* lebhaft; *danse* schwungvoll
tourbillonnement [tuʀbijɔnmɑ̃] *m* ❶ *(tournoiement)* ~ **des feuilles/de la fumée** Blätter-/Rauchwirbel *m*
❷ *(agitation)* ~ **des personnes** Menschengedränge *nt*
tourbillonner [tuʀbijɔne] <1> *vi* ❶ *feuilles:* [herum]wirbeln; *eaux:* strudeln; *fumée, neige, poussière:* aufwirbeln; *danseurs:* [herum]wirbeln; *oiseaux:* aufstieben
❷ *(s'agiter, être en ébullition)* ~ **dans la tête de qn** *idées, projets:* in jds Kopf herumspuken
tourelle [tuʀɛl] *f* ❶ Türmchen *nt*

❷ MIL, NAUT Geschützturm *m*

tourier, -ière [tuʀje, -jɛʀ] **I.** *adj* Kloster-; **frère** ~ Klosterpförtner *m*
II. *m, f* Klosterpförtner(in) *m(f)*

tourillon [tuʀijɔ̃] *m* Bolzen *m,* Zapfen *m*

tourisme [tuʀism] *m* Tourismus *m;* **voiture de grand** ~ Grand-Tourisme-Wagen *m,* GT-Wagen *m;* ~ **vert** Naturtourismus *m;* **faire du** ~ Sightseeing machen (*fam*)

touriste [tuʀist] *mf* Tourist(in) *m(f);* **en** ~ als Tourist; *péj fam* eben mal so (*fam*)

touristique [tuʀistik] *adj* ❶ (*relatif au tourisme*) touristisch; *activités* Freizeit-; *attrait* für Touristen; *billet, menu* Touristen-; *renseignement* für Touristen, Touristen-; *guide* Fremden-
❷ (*où l'on fait du tourisme*) *région* Ferien-; **ville** ~ Ferienort *m*

tourment [tuʀmɑ̃] *m littér* ❶ (*souffrance morale*) Pein *f* (*liter*)
❷ (*douleur physique*) Marter *f* (*liter*); ~**s de l'enfer** Höllenqualen *Pl*

tourmente [tuʀmɑ̃t] *f* ❶ *soutenu* (*tempête*) Unwetter *nt;* ~ **de neige** Schneesturm *m*
❷ *littér* (*bouleversement*) Unruhen *Pl*

tourmenté(e) [tuʀmɑ̃te] *adj* ❶ (*angoissé*) gequält; ~(**e**) **de scrupules** von Gewissensbissen geplagt
❷ (*compliqué*) *côte, formes, paysages* zerklüftet; *style* verzerrt
❸ (*agité*) *mer* stürmisch; *vie* bewegt

tourmenter [tuʀmɑ̃te] <1> **I.** *vt* ❶ (*tracasser*) *ambition, envie, jalousie:* quälen; *doute, remords, scrupules:* plagen
❷ (*importuner*) ~ **qn de qc** jdn mit etw bedrängen [*o* drangsalieren]
❸ (*faire souffrir*) *douleur, faim, maladie:* plagen
II. *vpr* **se** ~ sich (*Dat*) Sorgen machen

tournage [tuʀnaʒ] *m* ❶ CINE Dreharbeiten *Pl;* ~ **d'un film** Dreharbeiten für einen Film; ~ **d'une scène** Drehen *nt* einer Szene
❷ TECH Drehbankarbeiten *Pl;* ~ **sur bois** Drechslerarbeiten *Pl*

tournailler [tuʀnɑje] <1> *vi fam* ~ **autour de qc/en ville** an/bei etw herumlungern *fam*/sich in der Stadt herumtreiben

tournant [tuʀnɑ̃] *m* ❶ (*virage*) Kurve *f;* **prendre bien/mal le** [*o* **son**] ~ die Kurve kriegen/nicht kriegen (*fam*)
❷ (*changement*) *d'une carrière, histoire, vie* Wendepunkt *m; d'un match, d'une politique* Wende *f;* **marquer un** ~ **dans qc** einen Wendepunkt in etw (*Dat*) bedeuten
▶ **attendre/rattraper qn au** ~ *fam* jdn schon noch kriegen/jdn drankriegen (*fam*); **être au** ~ in Sicht sein

tournant(e) [tuʀnɑ̃, ɑ̃t] *adj* ❶ (*qui peut tourner*) *plaque, pont, scène* Dreh-
❷ MIL *mouvement, manœuvre* Einkreisungs-
❸ (*en spirale*) *couloir, ruelle* verwinkelt; **escalier** ~ Wendeltreppe *f*

tourné(e) [tuʀne] *adj* (*aigri*) schlecht geworden; *sauce, vin* umgekippt (*fam*); *lait* sauer geworden; (*retombé*) zusammengefallen
▶ **personne/taille bien** ~**e** gut gebaute Person/Figur; **article/lettre bien/mal** ~ gut/schlecht formulierter Artikel/Brief; **avoir l'esprit mal** ~ eine schmutzige Fantasie haben

tourneboulèr [tuʀnəbule] <1> *vt fam* durcheinander bringen; ~ **la cervelle** [*o* **l'esprit**] [*o* **les idées**] **à qn** jdn völlig durcheinander bringen; **être tourneboulé(e)** völlig durcheinander sein

tournebroche [tuʀnəbʀɔʃ] *m* Drehspieß *m*

tourne-disque [tuʀnədisk] <tourne-disques> *m* Plattenspieler *m*

tournedos [tuʀnədo] *m* GASTR Tournedos *nt*

tournée [tuʀne] *f* ❶ (*circuit*) Runde *f,* Tour *f; d'un artiste* Tournee *f;* **être en** ~ auf Tournee sein, touren; *d'un conférencier* [Vortrags]reise *f;* ~ **théâtrale/électorale** Theatertournee/Wahlkampfreise; **faire la** ~ **de qc** eine Runde durch etw machen, etw abklappern (*fam*); **faire la** ~ **des cafés** durch die Kneipen ziehen; **faire sa** ~ seine Runde machen
❷ *fam* (*au café*) Runde *f;* ~ **générale** Lokalrunde (*fam*); **payer une** ~ eine Runde ausgeben; **c'est ma** ~ jetzt gebe ich einen [*o* eine Runde] aus
❸ *fam* (*raclée*) Tracht *f* Prügel (*fam*)
▶ **faire la** ~ **des grands ducs** eine Zechtour [*o* Sause *fam*] machen
◆ ~ **d'inspection** Inspektionsrundgang *m*

tournemain [tuʀnəmɛ̃] *m* ▶ **en un** ~ im Handumdrehen

tourner [tuʀne] <1> **I.** *vt* ❶ (*mouvoir en rond*) drehen; herumdrehen *clé;* ~ **la poignée** den [Tür]griff [*o* am [Tür]griff] drehen
❷ (*orienter*) ~ **la lampe vers la gauche/le haut** die Lampe nach links/nach oben drehen; ~ **les yeux vers qn/qc** den Blick auf jdn/etw richten; **sans daigner** ~ **les yeux vers nous** ohne uns eines Blickes zu würdigen; ~ **la tête vers qn/qc** sich zu jdm/etw umschauen; ~ **ses efforts vers qc** seine Kräfte auf etw (*Akk*) konzentrieren; ~ **ses pensées vers qn** an jdn denken; ~ **ses feuilles vers la lumière** *plante:* sich zum Licht drehen, sich dem Licht zudrehen
❸ (*retourner*) umdrehen *disque;* umblättern, umschlagen *page;* umdrehen, wenden *feuille;* ~ **entre ses mains** in seinen/ihren Händen [hin und her] drehen; ~ **l'affaire en tous sens** die Angelegenheit von allen Seiten betrachten; **quelle que soit la façon de** ~ **ce problème...** wie man das Problem auch dreht und wendet ..., man kann das Problem drehen und wenden, wie man will ...
❹ (*remuer*) umrühren
❺ (*contourner*) umgehen; (*en voiture, à vélo*) umfahren; (*en bateau*) umschiffen; ~ **le coin de la rue** um die Ecke biegen
❻ (*détourner*) abwenden *regard;* wegdrehen *tête;* ~ **le dos à qn/qc** sich von jdm/einer S. abwenden, jdm/einer S. den Rücken zuwenden [*o* zudrehen]
❼ (*formuler*) formulieren; **bien** ~ **ses phrases** sich [gut] ausdrücken können; **savoir comment** ~ **un compliment** es verstehen Komplimente zu machen
❽ (*transformer*) ~ **qn/qc en ridicule** [*o* **dérision**] jdn/etw lächerlich machen; ~ **qc en plaisanterie** etw nicht ernst nehmen; ~ **qc à son avantage** etw zu seinen Gunsten [*o* zu seinem Vorteil] wenden
❾ CINE drehen
❿ TECH drehen; drechseln *bois*
▶ ~ **et retourner qc** etw hin und her drehen; ~ **et retourner un problème** ein Problem drehen und wenden
II. *vi* ❶ (*pivoter sur son axe*) sich drehen; ~ **de travers** *roue:* eiern (*fam*); ~ **sur soi-même** sich um sich selbst drehen
❷ (*avoir un déplacement circulaire*) *personne, animal:* im Kreis herumlaufen; (*en fonction d'un système*) seine Runden drehen; *avion, oiseau:* seine Kreise ziehen; ~ **autour de qn/qc** jdn/etw umkreisen; ~ **autour du soleil** um die Sonne kreisen, sich um die Sonne drehen; **arrête de me** ~ **autour!** lauf mir nicht ständig zwischen den Beinen herum!
❸ (*fonctionner*) laufen; ~ **rond** reibungslos laufen; ~ **à vide** leer laufen; *moteur:* im Leerlauf sein; ~ **à plein rendement** [*o* **régime**] auf vollen Touren [*o* auf Hochtouren] laufen; ~ **au ralenti** *affaires:* auf Sparflamme laufen; **faire** ~ **un moteur** einen Motor laufen lassen; **c'est elle qui fait** ~ **l'entreprise** sie schmeißt den [ganzen] Laden (*fam*)
❹ (*avoir trait à*) ~ **autour de qn/qc** *conversation:* sich um jdn/etw drehen; **la discussion tourne autour de qn/qc** bei der Diskussion geht es um jdn/etw
❺ (*bifurquer*) abbiegen; ~ **dans une rue** in eine Straße [ein]biegen
❻ (*s'inverser*) umschlagen; *vent:* drehen; **la chance a tourné** das Blatt hat sich gewendet
❼ (*évoluer*) ~ **à/en qc** sich zu etw entwickeln; *événement:* als etw enden; *maladie:* zu etw werden, sich zu etw entwickeln; ~ **au drame/tragique** als Drama/tragisch enden; ~ **au grotesque** allmählich grotesk werden; ~ **au vaudeville** sich zur Posse entwickeln; **le temps tourne au beau/au froid/à la**

T

pluie es heitert sich auf/wird kalt/gibt Regen; ~ **en bagarre** in einer Schlägerei enden; ~ **à l'avantage/au désavantage de qn** sich zu jds Gunsten/Ungunsten entwickeln [*o* wenden]; **les choses ont tourné autrement** die Dinge haben sich anders entwickelt [*o* sind anders gelaufen] (*fam*)
❽ (*devenir aigre*) *crème, lait:* sauer werden; *vin:* schlecht werden
❾ CINE [Filme] drehen, Filme machen
❿ (*faire une tournée*) [dienstlich] unterwegs sein
⓫ (*approcher*) ~ **autour de qc** *prix, nombre:* sich um etw bewegen, [ungefähr [*o* etwa]] bei etw liegen
⓬ (*essayer de séduire*) ~ **autour de qn** jdn umschwärmen, jdm nachlaufen (*fam*); (*fayoter*) ständig um jdn herumscharwenzeln (*pej*)
► ~ **bien/mal** *personne:* sich positiv entwickeln/auf die schiefe Bahn geraten; *chose:* gut/schlecht ausgehen, eine glückliche/böse Wendung nehmen
III. *vpr* ❶ **se ~ vers qn/qc** (*s'adresser à*) sich an jdn/etw wenden; (*s'orienter*) sich jdm/etw zuwenden; *chose:* sich auf jdn/etw richten; **se ~ vers la littérature/politique/une profession** sich der Literatur/Politik widmen/einen Beruf ergreifen; **se ~ contre qn/qc** sich gegen jdn/etw stellen [*o* wenden]
❷ (*changer de position*) **se ~ et se retourner dans son lit** sich im Bett hin und her wälzen; **se ~ vers qn/de l'autre côté** sich zu jdm/andersherum drehen
tournesol [tuʀnəsɔl] *m* Sonnenblume *f*
tourneur, -euse [tuʀnœʀ, -øz] *m, f* Dreher(in) *m(f)*; (*sur bois*) Drechsler(in) *m(f)*
tournevis [tuʀnəvis] *m* Schraubendreher *m,* Schraubenzieher *m;* ~ **testeur** Phasenprüfer *m*
tournicoter [tuʀnikɔte] <1> *vi fam,* **tourniquer** [tuʀnike] <1> *vi fam* [ziellos] auf und ab [*o* hin und her] laufen
tourniquet [tuʀnikɛ] *m* ❶ (*barrière*) Drehkreuz *nt;* (*porte*) Drehtür *f*
❷ (*pour arroser*) Rasensprenger *m*
❸ (*présentoir*) Drehständer *m*
tournis [tuʀni] *m fam* Drehwurm *m* (*fam*); **il a le ~** ihm ist schwind[e]lig; **qc donne le ~ à qn** jd bekommt von etw den Drehwurm (*fam*), jdm wird von etw schwind[e]lig; **donner le ~ à qn** *personne:* jdn ganz schwind[e]lig machen
tournoi [tuʀnwa] *m* Turnier *nt*
◆ ~ **d'adresse** Geschicklichkeitswettbewerb *m;* ~ **de tennis** Tennisturnier *nt*
tournoiement [tuʀnwamɑ̃] *m* Kreisen *nt,* [Sich-im-Kreis-]Drehen *nt; des feuilles* Herumwirbeln *nt*
tournoyer [tuʀnwaje] <6> *vi* sich [im Kreis] drehen; (*plus vite*) herumwirbeln; *eau:* Wirbel bilden; ~ **autour de qc** *oiseau:* seine Kreise ziehen; **faire ~** [im Kreis] herumwirbeln; **le vent fait ~ les feuilles** der Wind lässt die Blätter tanzen
tournure [tuʀnyʀ] *f* ❶ (*évolution*) Wendung *f;* **vu la ~ que prennent les événements** so wie die Dinge sich entwickeln, so wie die Dinge laufen (*fam*); **prendre une mauvaise ~** eine böse Wendung nehmen; **prendre bonne ~** sich zum Guten wenden; **prendre une drôle de ~** sich nicht wie vorgesehen entwickeln, nicht wie vorgesehen laufen (*fam*); **se présenter sous une meilleure ~** eine Wendung zum Besseren nehmen
❷ LING Wendung *f;* (*idiomatique*) Redewendung
❸ (*apparence*) Erscheinung *f;* **avoir belle ~** eine elegante Erscheinung sein
► **prendre ~** Gestalt annehmen
◆ ~ **d'esprit** Denkweise *f,* Geisteshaltung *f* (*geh*)
tour-opérateur [tuʀɔpeʀatœʀ] <tour-opérateurs> *m* Reiseveranstalter *m*
tourte [tuʀt] *f* Pastete *f*
tourteau¹ [tuʀto] <x> *m* ZOOL Taschenkrebs *m*
tourteau² [tuʀto] <x> *m* AGR Ölkuchen *m*
tourtereau [tuʀtəʀo] <x> *m* ❶ *pl hum* (*amoureux*) Turteltäubchen *Pl*
❷ ORN Turteltaubenjunge(s) *nt,* junge Turteltaube
tourterelle [tuʀtəʀɛl] *f* Turteltaube *f*
tourtière [tuʀtjɛʀ] *f* ❶ (*moule à tarte*) runde Pastetenform
❷ CAN (*tourte à base de porc*) Schweinefleischpastete *f*
tous [tu, tus] *v.* **tout**
toussailler [tusaje] <1> *vi* hüsteln
Toussaint [tusɛ̃] *f* **la ~** Allerheiligen *nt;* **à la ~** zu Allerheiligen

i Land & Leute

Auch in Frankreich ist **la Toussaint** ein Feiertag. Man besucht die Friedhöfe und gedenkt der Verstorbenen. Die Gräber werden mit Blumen, häufig Chrysanthemen, geschmückt.

tousser [tuse] <1> *vi* ❶ *personne:* husten; (*s'éclaircir la gorge*) sich räuspern; (*pour avertir*) hüsteln; **pourquoi tu tousses?** hast du was?, is' was? (*sl*); **faire ~** einen Hustenreiz auslösen
❷ (*avoir des ratés*) *moteur:* stottern
toussotement [tusɔtmɑ̃] *m* [leichter] Husten; (*pour avertir, de gêne*) Hüsteln *nt*
toussoter [tusɔte] <1> *vi* leicht husten; (*pour avertir, de gêne*) hüsteln
tout [tu] *m* ❶ (*totalité*) Gesamtheit *f*
❷ (*ensemble*) **le ~** das Ganze; **pour couronner le ~** zur Krönung des Ganzen
► **le ~, [c']est de faire qc/[c']est qu'il fasse qc** die Hauptsache [*o* das Wichtigste] ist [*o* es kommt darauf an] etw zu tun/dass er etw tut; **c'est pas le ~ de rigoler** man kann nicht immer nur spaßen; **du ~ au ~** vollkommen, ganz [und gar]; **pas du ~!** ganz und gar nicht!, keineswegs!; **pas du ~ heureux(-euse)** überhaupt nicht glücklich; **plus du ~ heureux(-euse)** ganz und gar nicht mehr glücklich; **elle n'avait pas du ~ de pain** sie hatte überhaupt [*o* gar] kein Brot [im Haus]; **jouer** [*o* **risquer**] [*o* **tenter**] **le ~ pour le ~** alles auf eine Karte setzen, aufs Ganze gehen; **rien du ~** überhaupt [*o* gar] nichts
tout(e) [tu, tut, tus/tu, tut] <tous, toutes> **I.** *adj indéf* ❶ *sans pl* (*entier*) ~ **le temps/l'argent** die ganze Zeit/das ganze Geld; ~ **le monde** alle, jeder[mann]; ~**e la France** ganz Frankreich; **il a plu ~e la journée** es hat den ganzen Tag [lang] geregnet; ~ **l'argent dont j'ai besoin** soviel Geld, wie ich brauche; ~ **le long de la rivière** den ganzen Fluss entlang; ~**e une nuit/~ un été** eine ganze Nacht/einen ganzen Sommer [lang]; ~**e ma famille** meine ganze Familie; **de ~ mon cœur** von ganzem Herzen; ~ **ce bruit** dieser ganze Lärm, all dieser Lärm; ~**e cette affaire** diese ganze Angelegenheit; **nous avons ~ notre temps** wir können uns Zeit lassen
❷ *sans pl* (*tout à fait*) **c'est ~ le contraire** genau das [*o* das genaue] Gegenteil ist der Fall, ganz im Gegenteil; **cet enfant est ~ le portrait de son père** dieses Kind ist genau das [*o* das genaue] Ebenbild seines Vaters, dieses Kind ist ganz der Vater; **c'est ~ l'un ou ~ l'autre** es ist immer entweder – oder; **c'est ~e une affaire** das ist eine ziemlich komplizierte Angelegenheit [*o* Sache]; **faire ~e une histoire de qc** etw aufbauschen, eine große Geschichte aus etw machen; **c'est ~ mon mari/~e mon épouse** das ist [wieder einmal] ganz mein Mann/meine Frau, das sieht meinem Mann/meiner Frau ähnlich
❸ *sans pl* (*seul, unique*) **c'est là ~ le secret** das ist das ganze Geheimnis; **c'est ~ l'effet que ça te fait** mehr fällt dir dazu nicht ein?; **cet enfant est ~e ma joie** dieses Kind ist meine ganze Freude; **pour ~ bagage/~e réponse** als einziges Gepäckstück/einzige Antwort
❹ *sans pl* (*complet*) **j'ai lu ~ Balzac** ich habe alles von Balzac gelesen; ~ **Londres** ganz London; **en ~e humilité/simplicité/franchise** in aller Bescheidenheit/Einfachheit/Offenheit; **selon ~e apparence** allem Anschein nach; **à ~ prix** um jeden Preis; **à ~e vitesse** in aller Eile, schleunigst; **à ~e**

épreuve unerschütterlich; **être d'une patience à ~e épreuve** eine Engelsgeduld haben; **de ~e beauté** von vollendeter Schönheit; **de ~e éternité** seit Ewigkeiten; **avoir ~ loisir de faire qc** in aller Ruhe etw tun können

❺ *sans pl* (*quel qu'il soit*) ~ **homme** jeder [Mensch], alle [Menschen]; ~**e personne susceptible de nous aider** jeder, der imstande ist uns zu helfen; alle, die imstande sind uns zu helfen; **de ~e manière** jedenfalls, auf jeden Fall; **à ~ propos** ständig; **il peut arriver à ~ instant** er kann jeden Moment [*o* Augenblick] kommen; **à ~e heure du jour et de la nuit** zu jeder Tages- und Nachtzeit; **des plantes de ~e espèce** alle möglichen Arten von Pflanzen

❻ *pl* (*l'ensemble des*) ~**es les places** alle [*o* sämtliche] Plätze; **tous les jours** jeden Tag; **cela ne se voit pas tous les jours** das sieht man nicht alle Tage [*o* jeden Tag]; **dans tous les cas** in jedem Fall, in allen Fällen; **tous les moyens lui sont bons** ihm/ihr sind alle [*o* ist jedes] Mittel recht; **des hommes politiques de ~es les tendances** Politiker aller Richtungen [*o* jeder Couleur]; **mange d'abord tous tes légumes** iss zuerst dein Gemüse [auf]; **j'ai ~es les raisons d'être content(e)** ich habe allen Grund zufrieden zu sein; **tous mes muscles** all meine Muskeln; ~**es nos amies** all unsere Freundinnen; **de ~es mes forces** mit all meiner Kraft; ~**es ces maisons/tous ces gens** alle [*o* all] diese Häuser/Leute

❼ *pl* (*chaque*) **tous les dix mètres** alle zehn Meter; **tous les quinze jours** alle vierzehn Tage; **tous les deux/trois jours/mois** alle zwei/drei Tage/Monate, jeden zweiten/dritten Tag/Monat; **tous les jours/mois** jeden Tag/Monat; ~**es les semaines** jede Woche

❽ *pl* (*ensemble*) **nous avons fait tous les deux/cinq ce voyage** wir beide/fünf haben diese Reise gemacht

❾ *pl* (*la totalité des*) **à tous égards** in jeder [*o* jeglicher] Beziehung; **en tous lieux** überall, allerorts (*geh*); **de tous côtés** *arriver* von allen Seiten; *regarder* nach allen Seiten; ~**es proportions gardées** im Verhältnis gesehen; ~**es sortes de marchandises** allerlei Waren; **tous feux éteints** ganz ohne Licht; **un film tous publics** ein Film für jedes Publikum; **des meubles tous budgets** Möbel *Pl* für jeden Geldbeutel; **chiffon ~ usage** Allzwecktuch *nt;* **le tourisme ~es saisons/~es destinations** der Rund-ums-Jahr-/Rund-um-die-Welt-Tourismus

❿ *pl littér* (*récapitulation*) **le courage et la lucidité, ~es qualités nécessaires à un chef...** Mut und Scharfsinn, alles Eigenschaften, die ein Vorgesetzter braucht ...

II. *pron indéf* ❶ *sans pl* (*opp: rien*) alles; **manger/vendre de ~** alles essen/verkaufen; ~ **s'est bien passé/va bien** alles ist gut gegangen/ist in Ordnung; ~ **est pour le mieux** alles steht zum Besten, alles ist bestens; **avoir ~ vu, ~ entendu, ~ compris** alles besser wissen, die Weisheit mit Löffeln gefressen haben (*fam*)

❷ *pl* (*opp: personne, aucun*) alle; **un film pour tous** ein Film *m* für alle [*o* jedermann]; **nous tous** wir alle; **je ne peux vous les prêter tous** ich kann sie euch/Ihnen nicht alle ausleihen; **il s'adresse à tous et à ~es** er wendet sich an alle[, Männer und Frauen]; **tous/~es ensemble** alle zusammen, alle gemeinsam; **parler tous ensemble** alle gleichzeitig sprechen

❸ *sans pl* (*l'ensemble des choses*) ~ **ce qui bouge** alles, was sich bewegt; ~ **ce dont j'ai besoin/ce que je sais** alles, was ich brauche/weiß; ~ **ce que le pays compte d'artistes** alles, was das Land an Künstlern zu bieten hat

▶ **chacun pour soi et Dieu pour tous** *prov* jeder für sich, und Gott für uns alle; **il/elle a ~ pour lui/elle** *fam* alles spricht für ihn/sie; **avoir ~ d'un sportif/d'une intrigante** ein richtiger Sportler/eine richtige Intrigantin sein; **il a ~ de son père** er ist ganz der Vater; ~ **ce qui brille n'est pas or** *prov* es ist nicht alles Gold, was glänzt (*prov*); **c'est ~!** und damit hat sich's! (*fam*); **c'est ~, ne pleure plus** ist ja gut, weine nicht mehr (*fam*); ~ **est là** das ist der springende Punkt; **et ce n'est pas ~!** und das ist [noch] nicht alles!; **être ~ pour qn** jds Ein und Alles sein; **c[e n]'est pas ~ [que] de faire qc** es reicht nicht etw zu tun; ~ **passe, ~ casse, ~ lasse** *prov* alles ist vergänglich, es geht alles vorbei; **acheter/dépenser à ~ va** hemmungslos einkaufen/Geld ausgeben; ~ **est bien qui finit bien** *prov* Ende gut, alles gut (*prov*); **comme ~** unheimlich, wahnsinnig (*fam*); **il est drôle comme ~** er ist unheimlich [*o* wahnsinnig] komisch; **et ~ et ~** *fam* und so weiter und so fort; ~ **ou rien** alles oder nichts; **en ~** (*au total*) im Ganzen, insgesamt; (*dans toute chose*) in allem, in jeder Beziehung; **en ~ et pour ~** alles in allem

III. *adv* ❶ (*totalement*) ganz, völlig; ~ **neuf/~e neuve** ganz neu, brandneu; ~**(e) petit(e)** ganz klein, winzig; ~ **jeune** ganz jung, blutjung; ~**(e) nu(e)** ganz [*o* völlig] nackt, splitterfasernackt (*fam*); **le ~ premier/dernier** der Allererste/-letzte; **des portes ~es grandes ouvertes** weit offene [*o* sperrangelweit geöffnete] Türen; ~**(e) heureux(-euse)** ganz glücklich, überglücklich; **c'est ~ autre chose** das ist etwas ganz [*o* völlig] Anderes; **paraître ~ endormi(e)** tief [*o* fest] zu schlafen scheinen

❷ (*très, vraiment*) ganz; ~ **autrement/simplement** ganz anders/einfach; ~ **autant/comme...** [ganz] genauso viel/wie ...; ~ **près** ganz in der Nähe; ~ **près de** ganz nahe bei; ~ **à côté** genau [*o* gleich] daneben; ~ **à côté de qn/qc** genau [*o* gleich] neben jdm/etw; ~ **autour** ringsherum; ~ **autour de** rings um; ~ **juste** gerade noch, ganz knapp; ~ **naturellement** wie selbstverständlich

❸ (*aussi*) ~**e maligne qu'elle soit, ...** wie schlau sie auch [immer] sein mag, ..., so schlau sie auch ist, ...; ~ **médecin qu'il soit/~e directrice qu'elle soit,...** auch wenn er Arzt ist/sie Direktorin ist, ..., Arzt/Direktorin hin oder her, ... (*fam*)

❹ *inv* (*en même temps*) ~ **en faisant qc** während jd etw tut; (*quoique*) obwohl jd etw tut; **comment peux-tu travailler ~ en regardant la télévision?** wie kannst du arbeiten und dabei [gleichzeitig] fernsehen?; ~ **en étant très riche, il vit fort simplement** obwohl er sehr reich ist, führt er [doch] ein einfaches Leben

❺ (*en totalité*) ganz; **tissu ~ laine/soie** Stoff *m* aus reiner Wolle/Seide; **elle était encore ~ enfant** sie war noch ein ganz kleines Kind; **être ~ sourire** *personne:* das Lächeln in Person sein

▶ ~ **à coup** plötzlich, auf einmal; ~ **d'un coup** (*en une seule fois*) gleichzeitig, auf einmal (*fam*); (*soudain*) plötzlich, auf einmal; ~ **à fait** ganz, vollkommen; **être ~ à fait charmant(e)** äußerst charmant sein; **être ~ à fait guéri(e)** wieder ganz gesund sein; **c'est ~ à fait possible** das ist sehr gut möglich; **ce n'est pas ~ à fait de la magie** das ist nicht wirklich Zauberei; **avoir ~ à fait la même taille** [ganz] genau gleich groß sein; ~ **à fait!** [stimmt] genau!; (*d'accord!*) ja klar! (*fam*); ~ **feu ~ flamme** [ganz] Feuer und Flamme; ~ **de suite** sofort, gleich; **ce n'est pas [encore] pour ~ de suite** (*ce n'est pas pressé*) es muss nicht gleich sein; (*ce n'est pas près d'arriver*) so weit ist es [*o* sind wir] noch nicht; **c'est ~ comme** *fam* so gut wie, es läuft auf dasselbe hinaus; **c'est ~ un** das läuft aufs Gleiche hinaus; **être ~ à qn** jdm zur [*o* zu jds] Verfügung stehen; **c'est ~ vu** das ist todsicher (*fam*), das steht fest; ~ **de même** (*quand même*) trotz alledem; ~ **de même!** also wirklich [*o* ehrlich]!; **tu aurais ~ de même pu nous prévenir** du hättest uns immerhin [*o* wenigstens] verständigen können; **le ~ théâtre/Paris** die Crème de la crème des Theaters/von Paris; alles, was beim Theater/in (*Dat*) Paris Rang und Namen hat

tout-à-l'égout [tutalegu] *m sans pl* Abwasseranschluss *m;* **avoir le ~** an die Kanalisation angeschlossen sein

toutefois [tutfwa] *adv* jedoch, indessen

toute-puissance [tutpɥisɑ̃s] *f sans pl* Allmacht *f;* **exercer sa ~ sur qn** seine/ihre grenzenlose Macht über jdn ausüben

tout-fou [tufu] <tout-fous> **I.** *adj* total verrückt

II. *m fam* Spinner *m* (*fam*); **faire le ~** verrückt spielen

toutim [tutim] *m arg* ▶ **et [tout] le ~** und der ganze Rest [*o* Rat-

T

tenschwanz] (*fam*)
toutou [tutu] *m enfantin* (*chien*) Wauwau *m* (*Kinderspr.*)
▸ **suivre qn comme un ~** *fam* jdm wie ein Hündchen nachlaufen
tout-petit [tup(ə)ti] <tout-petits> *m* Kleinkind *nt* **tout-puissant, toute-puissante** [tupɥisɑ̃, tutpɥisɑ̃t] <tout-puissants> **I.** *adj* allmächtig **II.** *m, f* ❶ (*souverain absolu*) allmächtiger Herrscher/allmächtige Herrscherin ❷ REL **le Tout-Puissant** der Allmächtige **tout-terrain** [tuteʀɛ̃] <tout-terrains> **I.** *adj* Gelände-; **vélo ~** Mountainbike *nt* **II.** *m* (*véhicule*) Geländewagen *m* **tout-venant** [tuv(ə)nɑ̃] *m inv* **le ~** (*gens banals*) jeder x-Beliebige; (*choses courantes*) nichts Besonderes; **prendre du ~** irgend etwas nehmen; **être fréquenté(e) par le ~** von der breiten Masse besucht werden
toux [tu] *f* Husten *m*
toxicité [tɔksisite] *f* Giftigkeit *f,* Toxizität *f* (*Fachspr.*)
toxico [tɔksiko] *mf abr de* **toxicomane**
toxicologie [tɔksikɔlɔʒi] *f* Toxikologie *f*
toxicologique [tɔksikɔlɔʒik] *adj* toxikologisch
toxicologue [tɔksikɔlɔg] *mf* Toxikologe *m*/Toxikologin *f*
toxicomane [tɔksikɔman] **I.** *adj* drogensüchtig
II. *mf* [Drogen]süchtige(r) *f(m),* Rauschgiftsüchtige(r) *f(m)*
toxicomanie [tɔksikɔmani] *f* Drogensucht *f;* **les milieux de la ~** die Drogenszene
toxine [tɔksin] *f* Toxin *nt*
toxique [tɔksik] **I.** *adj* giftig, toxisch (*Fachspr.*); *gaz* Gift-; **pouvoir ~** Giftigkeit *f,* Toxizität *f* (*Fachspr.*)
II. *m* Toxikum *nt*
toxoplasmose [tɔksoplasmoz] *f* Toxoplasmose *f*
TP [tepe] *mpl* ❶ SCOL *abr de* **travaux pratiques** praktische Übungen *Pl*
❷ CONSTR *abr de* **travaux publics** Bauarbeiten *Pl* der Öffentlichen Hand
trac [tʀak] *m fam* Lampenfieber *nt;* **avoir le ~** Lampenfieber haben; **donner** [*o* **ficher** *fam*] **le ~ à qn** jdm Angst machen
traçage [tʀasaʒ] *m d'un terrain* Absteckung *f*
traçant(e) [tʀasɑ̃, ɑ̃t] *adj balle, obus* Leuchtspur-
tracas [tʀaka] *m* Sorgen *Pl;* **se faire du ~** sich (*Dat*) Sorgen machen; **valoir** [*o* **procurer**] **des ~ à qn** jdm Sorgen bereiten; **se donner bien du ~** sich (*Dat*) viel Mühe machen
tracasser [tʀakase] <1> **I.** *vt* **~ qn** jdm Kummer [*o* Sorgen] bereiten; *administration:* jdn schikanieren
II. *vpr* **se ~ pour qn/qc** sich (*Dat*) um jdn/etw [*o* wegen jdm/etw *fam*] Sorgen machen
tracasserie [tʀakasʀi] *f gén pl* Scherereien *Pl* (*fam*); **les ~s de l'administration** der Amtsschimmel; **faire mille ~s à qn** jdm tausend Steine in den Weg legen
tracassier, -ière [tʀakasje, -jɛʀ] *adj* lästig; *administration, bureaucratie* schikanös; **être ~(-ière)** andere gerne schikanieren
trace [tʀas] *f* ❶ (*empreinte*) Spur *f; d'un animal* Spur, Fährte *f*
❷ (*marque laissée*) Spur *f;* (*cicatrice*) Narbe *f,* Spur *f;* **~ de pas/pneu** Fuß-/Reifenspur; **~ de brûlure** Brandmal *nt,* Brandnarbe *f;* **~s de fatigue** Anzeichen *Pl* von Müdigkeit; **laisser des ~s sur qn** bei jdm Spuren hinterlassen; *discours:* bei jdm einen bleibenden Eindruck hinterlassen; **laisser des ~s sur un visage/dans la nature** auf einem Gesicht/in der Natur Spuren hinterlassen; **disparaître sans laisser de ~s** spurlos verschwinden
❸ (*indice*) **~s d'encre/de sang** Spuren *Pl* von Tinte/Blutspuren
❹ (*voie tracée*) Pfad *m;* SKI Spur *f*
❺ *gén pl* (*vestiges*) Spuren *Pl*
❻ (*quantité minime*) **~s de poison** Spuren *Pl* von Gift
▸ **marcher sur** [*o* **suivre**] **les ~s de qn** in jds Fußstapfen (*Akk*) treten; **suivre qn à la ~** sich an jds Fersen (*Akk*) heften, jdm auf den Fersen sein; **suivre un animal à la ~** der Fährte eines Tieres folgen; **on peut suivre qn à la ~** jd hinterlässt überall Spuren; **être sur la ~** [*o* **les ~s**] **de qn/qc** jdm/etw auf der Spur sein; **mettre qn sur la ~ de qn** jdn auf jds Spur (*Akk*) bringen
tracé [tʀase] *m* ❶ (*parcours*) Verlauf *m*
❷ (*plan, dessin*) *du réseau routier ou ferroviaire* Streckenführung *f; d'un bâtiment, d'installations* Grundriss *m,* Musterzeichnung *f; d'un dessin, motif* Umriss *m; d'une épure* Riss *m*
❸ (*graphisme*) Linienführung *f,* Duktus *m* (*geh*)
tracer [tʀase] <2> **I.** *vt* ❶ (*dessiner*) zeichnen; schreiben *chiffre, mot;* ziehen *ligne*
❷ (*frayer*) bahnen *piste;* trassieren (*Fachspr.*), anlegen *route*
❸ (*décrire*) skizzieren *portrait, tableau*
▸ **~ la voie à qn** jdm den Weg ebnen; **tout(e) tracé(e)** vorgegeben; **le modèle tout tracé** das ideale Vorbild
II. *vi fam* (*foncer*) düsen (*fam*)
traceur [tʀasœʀ] *m* ❶ CHIM, MED, RADIO Indikator *m,* Tracer *m* (*Fachspr.*)
❷ INFORM Plotter *m*
traceur, -euse [tʀasœʀ, -øz] **I.** *adj* SCI Indikator-, Markierungs-
II. *m, f* CONSTR Geometer *m;* TECH Anreißer(in) *m(f);* SPORT *jemand, der die Pisten steckt oder ausflaggt*
trachée [tʀaʃe] *f* Luftröhre *f*
trachée-artère [tʀaʃeaʀtɛʀ] <trachées-artères> *f* Luftröhre *f*
trachéite [tʀakeit] *f* Luftröhrenentzündung *f,* Tracheitis *f* (*Fachspr.*)
trachéotomie [tʀakeɔtɔmi] *f* Luftröhrenschnitt *m,* Tracheotomie *f* (*Fachspr.*)
trackball [tʀakbal] *m* Trackball *m*
tract [tʀakt] *m* Flugblatt *nt;* **~ religieux** Traktat *nt;* **~ publicitaire** Werbeprospekt *m*
tractable [tʀaktabl] *adj* Zug-; **poids/charge ~** Zugleistung *f* [*o* Zugvermögen *nt*]/Anhängerlast *f*
tractation [tʀaktasjɔ̃] *f gén pl* Mauschelei *f* (*pej*)
tracter [tʀakte] <1> *vt* schleppen; ziehen *caravane;* **artillerie tractée/canons tractés** Feldartillerie *Pl*/mobiles Geschütz
tracteur [tʀaktœʀ] *m* AUT [Sattel]schlepper *m;* AGR Traktor *m*
tracteur, -trice [tʀaktœʀ, -tʀis] *adj* Zug-; **véhicule ~** Zugmaschine *f*
traction [tʀaksjɔ̃] *f* ❶ TECH Zugkraft *f,* Traktion *f;* **résistance à la ~** Zugfestigkeit *f*
❷ AUT Antrieb *m;* **~ avant/arrière** Vorder-/Hinterradantrieb; **c'est une ~ avant/arrière** das Auto hat Vorder-/Hinterradantrieb
❸ SPORT (*à la barre, aux anneaux*) Klimmzug *m;* (*au sol*) Liegestütz *m*
❹ CHEMDFER Antrieb *m,* Traktion *f* (*Fachspr.*)
tradition [tʀadisjɔ̃] *f* ❶ (*coutume*) Tradition *f,* Brauch *m;* **c'est une ~ dans la famille** es ist Tradition in der Familie, es ist eine Familientradition; **fidèle à la ~** traditionsgemäß; **rester fidèle à sa ~ d'équipe offensive** dem Ruf einer offensiven Mannschaft treu bleiben
❷ *sans pl* (*coutumes transmises*) Tradition *f,* Überlieferung *f;* REL Tradition *f;* **~ orale** mündliche Überlieferung
❸ JUR Übergabe *f,* Übertragung *f*
▸ **dans la** [**grande**] **~ de qn/qc** nach alter Tradition von jdn/etw, wie es [bei jdm/etw] Tradition ist; **dans la grande ~ des sixties** ganz im Stil der sechziger Jahre; **de ~** traditionell; **il est de ~ de faire qc/qu'on fasse qc** es ist Tradition [*o* Brauch] etw zu tun/dass man etw tut; **par ~** aus Tradition
traditionalisme [tʀadisjɔnalism] *m* Traditionalismus *m*
traditionaliste [tʀadisjɔnalist] **I.** *adj* traditionalistisch
II. *mf* Traditionalist(in) *m(f)*
traditionnel(le) [tʀadisjɔnɛl] *adj* ❶ (*conforme à la tradition*) traditionell; *idée* althergebracht, herkömmlich, traditionell
❷ (*habituel*) üblich; **rester ~(le)** im Rahmen des Üblichen bleiben
traditionnellement [tʀadisjɔnɛlmɑ̃] *adv* ❶ (*selon la tradition*) traditionsgemäß, nach alter Tradition
❷ (*habituellement*) üblicherweise

❸ (*comme toujours*) wie üblich
traducteur [tʀadyktœʀ] *m* ❶ Übersetzer *m*
❷ INFORM Konverter *m*
◆ ~ **de poche** Sprachcomputer *m*
traduction [tʀadyksjɔ̃] *f* ❶ (*dans une autre langue*) Übersetzung *f;* ~ **assistée par ordinateur** computergestützte Übersetzung; ~ **simultanée** Simultandolmetschen *nt;* **une** ~ **de Goethe** eine Goethe-Übersetzung; ~ **en allemand/français** Übersetzung ins Deutsche/Französische
❷ (*expression*) *d'un sentiment* Ausdruck *m; d'une intention, de pensées* Ausdruck, Wiedergabe *f;* **être la** ~ **des pensées de qn** jds Gedanken wiedergeben
traductrice [tʀadyktʀis] *f* Übersetzerin *f*
traduire [tʀadɥiʀ] <*irr*> **I.** *vt* ❶ (*dans une autre langue*) ~ **Goethe de l'allemand en français** Goethe vom [*o* aus dem] Deutschen ins Französische übersetzen
❷ (*exprimer*) ~ **une pensée/un sentiment** *chose:* der Ausdruck eines Gedankens/eines Gefühls sein; *personne:* einen Gedanken/ein Gefühl zum Ausdruck bringen
❸ JUR ~ **en justice** [*o* **devant les tribunaux**] dem Gericht überstellen; **pouvant être traduit(e) en justice** JUR belangbar
II. *vpr* ❶ (*être traduisible*) **se** ~ **en qc** sich in etw (*Akk*) übersetzen lassen
❷ (*s'exprimer*) **se** ~ **par qc** *sentiment:* sich in etw (*Dat*) ausdrücken, in etw (*Dat*) zum Ausdruck kommen; *mesures:* sich in etw (*Dat*) auswirken; **se** ~ **par des mesures concrètes** in konkrete Maßnahmen umgesetzt werden
traduisible [tʀadɥizibl] *adj* übersetzbar; *doctrine* umsetzbar
trafic [tʀafik] *m* ❶ (*circulation*) Verkehr *m;* ~ **ferroviaire** Eisenbahnverkehr, Schienenverkehr; ~ **aérien/maritime** Luft-/Schiffsverkehr; ~ **[des] voyageurs/[de] marchandises** Reise-/Güterverkehr
❷ *péj* (*commerce*) Schwarzhandel *m;* ~ **de drogue** Drogenhandel, Rauschgifthandel; ~ **d'armes** Waffenschmuggel *m*, Waffenhandel
❸ *fam* (*activité suspecte*) Machenschaften *Pl;* **sais-tu à quels ~s ils se sont livrés?** weißt du denn, was sie getrieben haben?; **qu'est-ce que c'est que ce ~?** ja, was geht denn hier vor?
◆ ~ **d'influence** Vorteilsnahme *f*, passive Bestechung
traficoter [tʀafikɔte] <1> **I.** *vt fam* ❶ (*falsifier*) frisieren (*fam*); verfälschen *produit*
❷ (*bricoler*) ~ **un appareil** an einem Gerät herumbasteln
❸ (*manigancer*) aushecken (*fam*)
II. *vi fam* ~ **avec qn/dans qc** mit jdm krumme Geschäfte machen/seine Finger in etw (*Dat*) haben (*fam*)
trafiquant(e) [tʀafikɑ̃, ɑ̃t] *m(f)* Schwarzhändler(in) *m(f)*, Schieber(in) *m(f)* (*pej*); ~**(e) de drogue** Rauschgifthändler(in), Dealer(in) *m(f)*
trafiquer [tʀafike] <1> *vt fam* ❶ (*falsifier*) frisieren (*fam*) *comptes, moteur;* verfälschen *produit*
❷ (*bricoler*) ~ **qc** an etw (*Dat*) herumbasteln (*fam*)
❸ (*manigancer*) aushecken (*fam*)
tragédie [tʀaʒedi] *f* Tragödie *f*
tragédien(ne) [tʀaʒedjɛ̃, jɛn] *m(f)* Tragöde *m*/Tragödin *f*, Tragödiendarsteller(in) *m(f)*
tragicomédie [tʀaʒikɔmedi] *f* Tragikomödie *f*
tragicomique [tʀaʒikɔmik] *adj* tragikomisch
tragique [tʀaʒik] **I.** *adj auteur* Tragödien-; *accident* tragisch
II. *m* ❶ *sans pl* (*genre littéraire*) Tragische *nt*, Tragödie *f*
❷ *sans pl* (*gravité*) Tragik *f;* **tourner/prendre au** ~ tragisch enden/nehmen
❸ (*écrivain*) Tragödiendichter(in) *m(f)*, Tragiker(in) *m(f)* (*veraltet*)
tragiquement [tʀaʒikmɑ̃] *adv* tragisch; *mourir* auf tragische [Art und] Weise; **évoluer** ~ sich zur Tragödie entwickeln
trahir [tʀaiʀ] <8> **I.** *vt* ❶ (*tromper*) verraten; hintergehen, verraten *ami;* betrügen *femme;* missbrauchen *confiance;* enttäuschen *espoir;* ~ **les intérêts de qn** jds Interessen (*Dat*) schaden
❷ (*révéler*) verraten, erkennen lassen
❸ (*dénaturer*) verfälschen *auteur, pièce;* ~ **la pensée/les intentions de qn** jds Denken/Absichten (*Dat*) nicht korrekt wiedergeben
❹ (*lâcher*) *sens:* täuschen; **ses nerfs/forces l'ont trahi** seine Nerven/Kräfte haben ihn im Stich gelassen; **tes sens t'ont trahi(e)** dein Gefühl hat dich getäuscht
II. *vi* Verrat begehen
III. *vpr* **se** ~ **par une action/un geste** sich durch eine Handlung/Geste verraten
trahison [tʀaizɔ̃] *f* ❶ (*traîtrise*) Verrat *m kein Pl; d'un ami* Verrat, Untreue *f; d'une femme* Treuebruch *m;* **haute** ~ Hochverrat; ~ **de la patrie** Landesverrat
❷ (*falsification*) *d'une œuvre* Verfälschung *f*
train [tʀɛ̃] *m* ❶ CHEMDFER Zug *m;* (*moyen de transport*) Zug, [Eisen]bahn *f;* ~ **postal/spécial** Post-/Sonderzug; ~ **autos-couchettes** [*o* **autocouchettes**] Autoreisezug; ~ **express/omnibus/rapide** Eilzug/Nahverkehrszug/Schnellzug; ~ **sanitaire** Lazarettzug; ~ **fantôme** Geisterbahn *f;* ~ **électrique/à vapeur** Eisenbahn mit Elektrolokomotive/mit Dampflokomotive; **le** ~ **en direction/venant de Lyon** der Zug nach/aus Lyon; **le** ~ **de 6 heures/de 6 heures 11** der 6-Uhr-Zug/der Zug um 6 Uhr 11; ~ **de voyageurs/de marchandises** Personen-/Güterzug; **prendre le** ~ mit dem Zug [*o* der Bahn] fahren
❷ (*allure*) Tempo *nt;* **ne pas arriver à suivre le** ~ nicht [mehr] hinterherkommen [*o* mitkommen *fam*]; **au** ~ **où vont les choses** wenn es in dem Tempo weitergeht; **à ce** ~ bei diesem [*o* dem] Tempo; **ralentir/accélérer le** ~ das Tempo verringern [*o* verlangsamen]/beschleunigen; **j'y vais à mon** ~ ich mache das in meinem Tempo
❸ (*file*) ~ **de personnes** Gefolgsleute *Pl;* ~ **de chevaux/mulets** Pferde-/Maultiertross *m*, Pferde-/Maultierkarawane *f;* ~ **de bois** Floß *nt;* ~ **de péniches** Schleppzug *m*
❹ MIL Versorgungs- und Transportwesen *nt*
❺ (*jeu*) Satz *m;* **un** ~ **de roues/pneus** ein Satz Räder/Reifen
❻ ADMIN (*série*) *de textes, négociations* Reihe *f;* ~ **de réformes** Reformpaket *nt;* ~ **d'expulsions/de licenciements** Ausweisungs-/Entlassungsflut *f*
❼ ANAT (*d'un quadrupède*) ~ **d'avant/de derrière** Vorder-/Hinterteil *nt;* (*d'un cheval*) Vor[der]-/Hinterhand *f*
❽ AUT ~ **avant/arrière** Vorder-/Hinterachse *f*
▶ **prendre le** ~ **en <u>marche</u>** sich noch anschließen; **aller** [*o* **filer**] **<u>bon</u>** ~ flott vorangehen; *conversation:* lebhaft sein; *personne:* zügig [*o* flott] vorangehen; **mener ses affaires bon** ~ seine Geschäfte energisch führen; **mener <u>grand</u>** ~ in Saus und Braus [*o* auf großem Fuße] leben; **<u>aller</u>** [*o* **suivre**] **son** [**petit**] ~ *personne:* so vor sich hin arbeiten (*fam*); *chose:* seinen Gang gehen; **<u>botter</u> le** ~ **à qn** *fam* jdm in den Hintern treten (*fam*); **un** ~ **peut en <u>cacher</u> un autre** der erste Eindruck kann täuschen; **<u>être</u> en** ~ **de faire qc** gerade etw tun, [gerade] dabei sein etw zu tun; **elle est toujours en** ~ **de donner des conseils aux autres** sie kann es nicht lassen anderen ständig gute Ratschläge zu geben; **<u>filer</u> le** ~ **à qn** *fam* jdn verfolgen; (*à pied*) hinter jdm herlaufen, jdn verfolgen; **se <u>magner</u> le** ~ *fam* einen Zahn zulegen (*fam*); **<u>mener</u> le** ~ Stimmung machen; SPORT das Tempo machen; **<u>en</u>** ~ (*en forme*) fit, in Form; **mettre en** ~ (*moralement*) aufmuntern; (*physiquement*) fit machen; (*personne*) in Stimmung bringen; **<u>entre</u> deux ~s** auf einen Sprung
◆ ~ **d'atterrissage** Fahrwerk *nt;* ~ **d'enfer** Höllentempo *nt;* ~ **à grande vitesse** Hochgeschwindigkeitszug *m;* ~ **de maison** Haushalt *m;* ~ **de roulement** Fahrwerk *nt;* ~ **de sénateur** Schneckentempo *nt;* ~ **de vie** Lebensstandard *m*
traînailler [tʀɛnaje] <1> *vi fam* ❶ (*lambiner*) [herum]trödeln (*fam*)
❷ (*être inoccupé*) herumlungern (*fam*)

traînant(e) [tʀɛnɑ̃, ɑ̃t] *adj* ❶ (*lent*) schleppend; *démarche* schlurfend, schleppend
❷ (*qui traîne à terre*) *ailes* hängend
traînard(e) [tʀɛnaʀ, aʀd] *m(f) fam* ❶ (*lambin*) Bummelant(in) *m(f)* (*fam*), Trödelfritze *m*/Trödelliese *f* (*fam*)
❷ (*en queue de groupe*) Schlusslicht *nt* (*fam*)
traînasser [tʀɛnase] <1> *vi fam v.* **traînailler**
traîne [tʀɛn] *f* COUT Schleppe *f*
▶ **à la ~** PECHE mit dem Schleppnetz; *fam* (*en retard*) zu spät; **être à la ~** zu spät dran sein
traîneau [tʀɛno] <x> *m* Schlitten *m;* **aller en ~** mit dem Schlitten fahren; **promenade en ~** Schlittenfahrt *f*
traînée [tʀene] *f* ❶ (*trace*) Spur *f; d'une étoile filante* Schweif *m;* **~ lumineuse** Lichtschweif; **~ de brouillard** Nebelschweif; **~ de sang** Blutspur; **~ de poussière** Staubwolke *f*
❷ *fam* (*femme*) Schlampe *f;* (*putain*) Nutte *f*
▶ **comme une ~ de poudre** wie ein Lauffeuer
traînement [tʀɛnmɑ̃] *m* Nachschleppen *nt;* **~ de pieds** Schlurfen *nt*
traîne-misère [tʀɛnmizɛʀ] *mf inv* armer Teufel [*o* Schlucker] (*fam*)
traîner [tʀene] <1> **I.** *vt* ❶ (*tirer*) ziehen; *véhicule:* schleppen; nachziehen *jambe;* **~ qc sur le sol** etw über den Boden schleifen; **~ les pieds** schlurfen
❷ (*emmener de force*) schleppen
❸ (*être encombré de*) *personne:* mitschleppen (*fam*), mitschleifen (*fam*); mit sich herumschleppen (*fam*) *rhume;* **~ avec soi** mit sich herumschleppen *fam* [*o* herumschleifen] (*fam*)
❹ (*ne pas se séparer de*) **~ une idée** an einer Idee festhalten
❺ (*articuler lentement*) **~ la voix** schleppend sprechen
II. *vi* ❶ (*lambiner*) *personne:* trödeln, bummeln (*fam*); *discussion, maladie, procès:* sich [hin]ziehen; **~ en longueur** sich in die Länge ziehen; **~ à l'arrière d'un groupe** hinter einer Gruppe herzuckeln *fam* [*o* zurückbleiben]; **~ à faire qc** keine Eile haben etw zu tun; **ne pas ~ à faire qc** etw so schnell wie möglich tun; **il n'a pas traîné à répondre** seine Antwort hat nicht auf sich warten lassen; **faire ~ un projet** ein Projekt verzögern; **ça n'a pas traîné** das ging ruck zuck! (*fam*)
❷ (*vadrouiller*) *personne:* herumhängen, herumlungern (*fam*); (*dans les cafés, la rue*) sich herumtreiben, herumlungern; *microbe:* herumschwirren; **des idées qui traînent partout** Allerweltsüberlegungen *Pl*
❸ (*être en désordre*) herumliegen; **tout laisser ~** alles herumliegen lassen
❹ (*pendre à terre*) schleifen
❺ (*végéter*) *personne:* vor sich hin vegetieren
❻ (*être lent*) **sa voix traîne** er/sie spricht mit schleppender Stimme; **elle a l'accent qui traîne** sie hat einen schleppenden Tonfall
III. *vpr* ❶ (*se déplacer difficilement*) **se ~** sich dahinschleppen; **se ~ jusqu'au fauteuil** sich zum Sessel schleppen; **c'est tout juste si je peux encore me ~** ich kann kaum noch krauchen (*fam*)
❷ (*se forcer*) **se ~ pour faire qc** sich richtig aufraffen [*o* überwinden] müssen etw zu tun
❸ (*s'éterniser*) **se ~** sich [hin]ziehen
traîne-savates [tʀɛnsavat] *mf inv fam* ❶ (*indigent*) Penner(in) *m(f)* (*fam*)
❷ (*oisif*) Faulenzer(in) *m(f)*
traîneur, -euse [tʀɛnœʀ, -øz] *m, f* (*qui vagabonde*) Herumtreiber(in) *m(f)*
◆ **~(-euse) de cafés** jemand, der in Bars herumhängt
train-ferry [tʀɛ̃feʀi] <train-ferrys *o* train-ferries> *m* Eisenbahnfähre *f*
trainglot [tʀɛ̃glo] *m v.* **tringlot**
training [tʀeniŋ] *m* ❶ (*entraînement*) [Fitness]training *nt*
❷ (*survêtement*) Jogginganzug *m*
train-train [tʀɛ̃tʀɛ̃] *m sans pl fam* Einerlei *nt,* [Alltags]trott *m;* **reprendre son ~ quotidien** in den Alltagstrott zurückkehren
traire [tʀɛʀ] <irr, défec> *vt* melken
trait [tʀɛ] *m* ❶ (*ligne*) Strich *m*
❷ (*caractéristique*) [Grund]zug *m; d'une époque, d'un individu* [Grund]zug, Charakterzug *m;* **~ distinctif/dominant** charakteristisches/hervorstechendes Merkmal; **~ de caractère** Charakterzug; **~s de ressemblance** Ähnlichkeiten *Pl*
❸ *gén pl* (*lignes du visage*) [Gesichts]züge *Pl;* **avoir les ~s tirés** abgespannt aussehen
❹ (*preuve*) Beweis *m;* **~ de générosité/perfidie** großzügiger/gemeiner Zug; **~ de courage/d'audace** Tapferkeitsbeweis
❺ *littér* (*sarcasme*) Bemerkung *f;* **~ mordant** Spitze *f*
❻ (*courroie*) Zugriemen *m*
❼ MUS Passage *f*
❽ LING Merkmal *nt*
▶ **à grands ~s** in groben Zügen; **boire à longs ~s** in langen Zügen trinken; **avoir ~ à qc** etw betreffen, mit etw zu tun haben; *film, livre:* von etw handeln; **tirer un ~ sur qc** (*renoncer*) etw aufgeben; (*mettre un terme*) einen Schlussstrich unter etw (*Akk*) ziehen; **dessin au ~** Skizze *f;* **dessiner au ~** skizzieren; **animal de ~** Zugtier *nt;* **d'un ~** in einem Zug, auf einmal; **dormir d'un ~ jusqu'au lendemain** [die ganze Nacht] durchschlafen [ohne aufzuwachen]; **rédiger qc d'un ~ de plume** etw in einem Zug [*o* mit ein paar Federstrichen] niederschreiben; **~ pour ~** ganz genau, haargenau (*fam*); **se ressembler ~ pour ~** sich (*Dat*) aufs Haar gleichen; **sous les ~s de qn** als jd, in jds Gestalt (*Dat*); **dépeindre qn sous d'autres ~s** ein anderes Bild von jdm zeichnen; **comme un ~** wie ein Pfeil
◆ **~ d'esprit** geistreiche Bemerkung; **~ de génie** Geistesblitz *m;* **~ de lumière** Lichtstrahl *m;* (*révélation*) Erleuchtung *f;* **~ d'union** Bindestrich *m; fig* (*lien*) Bindeglied *nt*
traitable [tʀɛtabl] *adj personne* umgänglich; *chose* machbar
traitant(e) [tʀɛtɑ̃, ɑ̃t] *adj* pflegend; *shampoing, lotion* Pflege-; *médecin* behandelnd
traite [tʀɛt] *f* ❶ (*titre de paiement*) Wechsel *m*
❷ (*achat à crédit*) **~ de qc** Rate *f* für etw
❸ (*action de traire*) Melken *nt*
❹ (*trafic*) Handel *m;* **la ~ des noirs/blanches** der Sklaven-/Mädchenhandel
▶ **une longue ~** *littér* ein weiter Weg; **faire** [*o* **parcourir**] **une longue ~** einen weiten Weg zurücklegen; **[tout] d'une seule ~** *boire* in einem einzigen Zug; *marcher, voyager* ohne Unterbrechung
traité [tʀete] *m* ❶ POL, JUR Abkommen *nt,* Vertrag *m;* **~ collectif** JUR Kollektivvertrag (*Fachspr.*)
❷ (*ouvrage*) Abhandlung *f*
◆ **~ de Maastricht** Maastrichtabkommen *nt;* **~ de non-prolifération** Atomwaffensperrvertrag *m;* **~ de paix** Friedensabkommen *nt;* **~ sur l'Union européenne** Vertrag *m* über die Europäische Union; **~ de Versailles** Versailler Vertrag *m*
traitement [tʀɛtmɑ̃] *m* ❶ MED Behandlung *f;* **être en ~ pour qc** wegen etw in Behandlung sein; **suivre un ~ contre qc** wegen [*o* gegen] etw behandelt werden; **devoir suivre un ~ strict** strenge Behandlungsmaßnahmen befolgen müssen
❷ (*façon de traiter, expédition*) *du chômage, d'un problème, d'une question* Handhabung *f*
❸ *a.* JUR (*comportement*) **~ de qn** Art *f* mit jdm umzugehen [*o* jdn zu behandeln]; **mauvais ~s** Misshandlungen *Pl;* **~ de faveur** Sonderbehandlung *f,* Vorzugsbehandlung
❹ TECH Behandeln *nt; de l'eau, de déchets radioactifs* [Wieder]aufbereitung *f; du métal, minerai* Vergütung *f;* **~ thermique** Wärmebehandlung *f*
❺ INFORM **~ multitâche** Multitasking *nt*
❻ (*rémunération*) Gehalt *nt*
◆ **~ des données** [*o* **de l'information**] Datenverarbeitung *f,* Datenbearbeitung *f;* **~ par lots** INFORM Stapelverarbeitung *f;*

~ **de texte** Textverarbeitung *f*

traiter [tʀete] <1> **I.** *vt* ❶ (*se comporter envers*) behandeln; ~ **qn en malade** jdn wie einen Kranken behandeln; ~ **qn d'égal à égal/de haut/comme moins que rien** jdn als ebenbürtig/von oben herab/wie den letzten Dreck behandeln (*fam*)
❷ MED behandeln; **se faire** ~ **pour qc** wegen etw in Behandlung sein
❸ (*qualifier*) ~ **qn de fou/menteur** jdn einen Spinner/Lügner nennen
❹ (*analyser*) behandeln, abhandeln *sujet*
❺ (*régler*) erledigen *affaire, question;* bearbeiten, erledigen *dossier;* abwickeln *marché*
❻ TECH behandeln; [wieder]aufbereiten *déchets, eaux;* raffinieren *pétrole;* veredeln, behandeln *cuir;* **non traité(e)** *orange* ungespritzt, unbehandelt; *laine* unbehandelt, naturbelassen
❼ INFORM verarbeiten *données, texte*
❽ (*recevoir à table*) bewirten
II. *vi* ❶ (*avoir pour sujet*) ~ **de qc** sich mit etw befassen; *conférencier:* über etw (*Akk*) sprechen; *film:* von etw handeln; **ce livre traite d'économie** in diesem Buch geht es um Wirtschaft
❷ (*négocier*) ~ **avec qn** mit jdm verhandeln
III. *vpr* (*être réglé*) **se** ~ erledigt [*o* abgewickelt] werden; **l'affaire s'est traitée rapidement** die Angelegenheit konnte rasch erledigt werden

traiteur [tʀetœʀ] *m* Feinkostgeschäft *nt;* (*à domicile*) Partyservice *m*

traître, -esse [tʀetʀ, -ɛs] **I.** *adj* ❶ (*qui trahit*) verräterisch; **être ~(-esse) à qn/qc** jdn/etw verraten
❷ (*sournois*) tückisch; *escalier, virage* gefährlich, tückisch; *soleil* gefährlich; *animal* hinterhältig; *paroles* trügerisch; **ce vin est** ~ dieser Wein hat es in sich (*Dat*)
II. *m, f* ~(**-esse**) **à qn/qc** Verräter(in) *m(f)* an jdm/etw; **un ~ à sa patrie** ein Vaterlandsverräter
▶ **en** ~ hinterrücks, heimtückisch; **prendre en** ~ hinterrücks überrumpeln; **je ne t'ai pas pris(e) en** ~ ich habe dich gewarnt

traîtreusement [tʀetʀøzmɑ̃] *adv* hinterlistig, hinterrücks

traîtrise [tʀetʀiz] *f* ❶ (*déloyauté*) Heimtücke *f,* Hinterlist *f*
❷ (*acte perfide*) Verrat *m*
❸ (*danger caché*) Tücke *f; d'un escalier, virage* Tücke, Gefährlichkeit *f; du soleil* Gefährlichkeit *f*

trajectoire [tʀaʒɛktwaʀ] *f* ❶ (*parcours*) *d'un véhicule* Kurs *m; d'un projectile* Flugbahn *f; d'une planète* Umlaufbahn *f;* **quitter sa** ~ vom Kurs abkommen
❷ (*carrière*) Laufbahn *f*
❸ GEOM Trajektorie *f*

trajet [tʀaʒɛ] *m* Strecke *f,* Weg *m; d'une artère, d'un nerf* Bahn *f;* **ça me fait deux heures de** ~ für die Strecke brauche ich zwei Stunden

tralala [tʀalala] *m fam* Drum und Dran *nt* (*fam*), Trara *nt* (*fam*); **surtout pas de** ~ nur keinen Aufwand; **avec tout le** ~ mit allem Drum und Dran (*fam*), mit allen Schikanen; **et tout le** ~ und das ganze Trara (*fam*)
▶ **en grand** ~ in Schale (*fam*); **se mettre en grand** ~ sich in Schale werfen (*fam*)

tram [tʀam] *m abr de* **tramway**

trame [tʀam] *f* ❶ TEXTIL Schuss[faden *m*] *m,* Einschlag[faden *m*] *m;* **on voit la ~ du tapis** der Teppich hat keinen Flor mehr
❷ (*base*) *d'un récit, film, livre* Gerüst *nt;* **sur cette** ~ vor diesem Hintergrund; **être** [*o* **constituer**] **la ~ de la vie** die Grundlage des Lebens sein [*o* darstellen]
❸ *vieilli* Verschwörung *f*
❹ TV [Zeilen]raster *m;* PHOT, TECH Raster *nt*
▶ **usé(e) jusqu'à la** ~ fadenscheinig; (*éculé*) abgegriffen

tramer [tʀame] <1> **I.** *vt* ❶ (*ourdir*) aushecken (*fam*), planen *coup;* schmieden *complot*
❷ TEXTIL weben
❸ PHOT rastern
II. *vpr* **se ~ contre qn/qc** *intrigue:* gegen jdn/etw im Gange sein; *complot:* gegen jdn/etw geschmiedet werden

traminot [tʀamino] *m* Straßenbahnangestellte(r) *f(m)*

tramontane [tʀamɔ̃tan] *f* ❶ Tramontana *f*
❷ *vieilli* Polarstern *m*

trampoline [tʀɑ̃pɔlin] *m* Trampolin *nt*

tramway [tʀamwɛ] *m* Straßenbahn *f,* Tram *f*

tranchant [tʀɑ̃ʃɑ̃] *m* ❶ (*côté coupant*) Schneide *f;* **le ~ de la main** die Handkante; **être d'un ~ parfait** messerscharf sein
❷ (*mordant*) *d'un argument* Durchschlagskraft *f; d'un ton* Schärfe *f; d'un reproche* Härte *f*
▶ **être à double** ~ zweischneidig sein

tranchant(e) [tʀɑ̃ʃɑ̃, ɑ̃t] *adj* ❶ (*coupant*) scharf; **le côté ~/non ~ de la lame** die Schneide/der Rücken der Klinge, die scharfe/stumpfe Seite der Klinge
❷ (*péremptoire*) scharf; *ton* scharf; *reproche* hart, heftig; *argument* schneidend, stichhaltig; *personne* kategorisch
❸ (*trop vif*) hart, grell

tranche [tʀɑ̃ʃ] *f* ❶ (*portion*) Scheibe *f;* **une ~ de pain/jambon** eine Scheibe Brot/Schinken
❷ (*subdivision*) *de travaux* Abschnitt *m; de remboursement* Rate *f; de loterie* Teilauszahlung *f; de centrale nucléaire* Stufe *f,* Block *m;* MATH [Zahlen]gruppe *f*
❸ (*bord*) *d'une pièce de monnaie* Rand *m; d'une planche* Kante *f; d'un livre* Schnitt *m*
❹ (*viande*) *Stück Rindfleisch aus einem Teil der Blume*
▶ **doré(e) sur** ~ *livre* mit Goldschnitt; *hum personne* betucht; **mener une vie dorée sur** ~ auf Rosen gebettet sein; ~ **napolitaine** [Scheibe] Fürst-Pückler-Eis; **s'en payer une** ~ *fam* sich prächtig amüsieren, seinen Spaß haben
◆ ~ **d'âge** Altersstufe *f;* ~ **d'imposition** Steuerklasse *f;* ~ **de revenus** Einkommensklasse *f;* ~ **de vie** Lebensabschnitt *m;* **être une ~ de vie** [wie] aus dem Leben gegriffen sein

tranché(e) [tʀɑ̃ʃe] *adj* klar, deutlich; *ligne* scharf, klar; *limite* scharf; *opinion, position* klar, fest; **des couleurs ~es** sich deutlich voneinander abhebende Farben

tranchée [tʀɑ̃ʃe] *f* ❶ (*fossé*) Graben *m; des câbles* Kanal *m*
❷ MIL [Schützen]graben *m*
❸ (*coupe-feu*) Schneise *f*

tranchefile [tʀɑ̃ʃfil] *f* TECH (*sur une reliure*) Kapitalband *m;* (*sur une chaussure*) Rahmennaht *f*

trancher [tʀɑ̃ʃe] <1> **I.** *vt* ❶ (*couper au couteau*) durchschneiden; (*couper à l'épée*) durchschlagen; ~ **le cou/la gorge/la tête à qn/un animal** jdm/einem Tier den Hals/die Kehle durchschneiden/den Kopf abschlagen
❷ (*résoudre*) entscheiden *différend, débat;* klären *question;* beseitigen, aus dem Weg räumen *difficulté*
II. *vi* ❶ (*décider*) ~ **en faveur de qn/qc** für jdn/etw entscheiden, eine Entscheidung zugunsten von jdm/etw treffen
❷ (*contraster avec*) ~ **sur** [*o* **avec**] **qc** einen Kontrast zu etw bilden; *couleur:* sich von etw abheben, mit etw kontrastieren

tranchoir [tʀɑ̃ʃwaʀ] *m* ❶ (*planche*) Tranchierbrett *nt*
❷ (*couteau*) Tranchiermesser *nt*

tranquille [tʀɑ̃kil] **I.** *adj* ❶ (*calme*) ruhig; *eau, rue* still, ruhig; *élève, enfant* brav, ruhig
❷ (*paisible*) *endroit* still, friedlich; *voisins* ruhig, friedfertig
❸ (*opp: stressant*) *vacances, travail* geruhsam
❹ (*en paix*) **être** ~ *personne:* seine/ihre Ruhe haben; **laisser** ~ in Ruhe lassen; **laisser qc** ~ *fam* die Finger von etw lassen (*fam*)
❺ (*rassuré*) beruhigt; **avoir l'esprit** ~ beruhigt sein; **pouvoir dormir/partir** ~ unbesorgt [*o* getrost] schlafen/gehen können; **soyez ~!** ganz ruhig!, keine Angst!
❻ (*assuré*) *conviction* still; *courage* fest
❼ *iron fam* (*certain*) **là, je suis** ~ da kann man Gift drauf nehmen (*fam*)
▶ **pouvoir dormir** ~ beruhigt sein können; **se tenir** ~ stillhal-

T

ten, stillsitzen; **faire tenir qn** ~ dafür sorgen, dass jd ruhig ist
II. *adv fam* ❶ (*facilement*) locker (*fam*), mit links (*fam*)
❷ (*sans crainte*) in aller [Seelen]ruhe
tranquillement [tʀɑ̃kilmɑ̃] *adv* ❶ (*paisiblement*) ruhig, in [aller] Ruhe; *vivre* friedlich, in Frieden
❷ (*avec maîtrise de soi*) ruhig, gelassen
❸ (*sans risque*) getrost, unbesorgt
❹ (*sans se presser*) in [aller] Ruhe
tranquillisant [tʀɑ̃kilizɑ̃] *m* Beruhigungsmittel *nt*, Tranquilizer *m*
tranquillisant(e) [tʀɑ̃kilizɑ̃, ɑ̃t] *adj* beruhigend; **produit** ~ Beruhigungsmittel *nt*
tranquilliser [tʀɑ̃kilize] <1> I. *vt* beruhigen
II. *vpr* **se** ~ sich beruhigen
tranquillité [tʀɑ̃kilite] *f* ❶ (*calme*) Ruhe *f*; *d'un lieu, de la mer, rue* Ruhe, Stille *f*; **assurer la** ~ **publique** für Ruhe und Ordnung sorgen
❷ (*sérénité*) Ruhe *f*; *matérielle* Sicherheit *f*; ~ **d'esprit** Seelenfrieden *m*; **en toute** ~ in aller [Seelen]ruhe, ungestört
transaction [tʀɑ̃zaksjɔ̃] *f* ❶ COM, BOURSE Geschäft *nt*, Transaktion *f*; ~ **boursière** Börsentransaktion; ~**s financières** Zahlungsverkehr
❷ JUR Vergleich *m*, gütliche Einigung
❸ PSYCH Interaktion *f* (*Fachspr.*)
transactionnel(le) [tʀɑ̃zaksjɔnɛl] *adj* ❶ PSYCH Interaktions-
❷ JUR Vergleichs-; **accord** ~ Vergleich *m*
transafricain(e) [tʀɑ̃zafʀikɛ̃, ɛn] *adj* transafrikanisch; **chemin de fer** ~ Kap-Kairo-Bahn *f*
transalpin(e) [tʀɑ̃zalpɛ̃, in] *adj* ❶ (*italien*) italienisch, jenseits der Alpen
❷ GEOG, HIST transalpin
transamazonien(ne) [tʀɑ̃samazɔnjɛ̃, njɛn] *adj* **route** ~**ne** Transamazonas-Straße *f*, Transamazonika *f*
transat[1] [tʀɑ̃zat] *m abr de* **transatlantique** (*chaise*) Liegestuhl *m*
transat[2] [tʀɑ̃zat] *f abr de* **transatlantique** [Trans]atlantikregatta *f*
transatlantique [tʀɑ̃zatlɑ̃tik] I. *adj* transatlantisch, überseeisch
II. *m* ❶ (*paquebot*) Überseedampfer *m*, Ozeandampfer *m*
❷ (*chaise*) Liegestuhl *m*
transbahuter [tʀɑ̃sbayte] <1> *fam* I. *vt* wegschleppen (*fam*)
II. *vpr* **se** ~ **à la maison** sich ins Haus schleppen
transbordement [tʀɑ̃sbɔʀdəmɑ̃] *m* ❶ *d'une cargaison* Umladen *nt*, Umschlagen *nt*; **opérer le** ~ **de qc** etw umschlagen [*o* umladen]
❷ (*action de changer de navire*) Umsteigen *nt*, Umschiffen *nt* (*Fachspr.*); **opérer le** ~ **de qn** jdn umsteigen lassen, jdn umschiffen (*Fachspr.*)
transborder [tʀɑ̃sbɔʀde] <1> *vt* umschlagen *marchandises;* umsteigen lassen, umschiffen (*Fachspr.*) *personnes*
transbordeur [tʀɑ̃sbɔʀdœʀ] I. *adj* **pont** ~ Überladekran *m*; **navire** ~ Fähre *f*
II. *m* (*car-ferry*) Autofähre *f*; (*train-ferry*) Eisenbahnfähre *f*
transcanadien(ne) [tʀɑ̃skanadjɛ̃, djɛn] *adj* **route** ~**ne** Trans-Kanada-Straße *f*
transcendance [tʀɑ̃sɑ̃dɑ̃s] *f* Transzendenz *f*
transcendant(e) [tʀɑ̃sɑ̃dɑ̃, ɑ̃t] *adj* ❶ (*remarquable*) überragend; **ne pas être** ~**(e)** *personne:* nicht gerade eine Leuchte sein (*fam*)
❷ PHILOS, REL, MATH transzendent
transcendantal(e) [tʀɑ̃sɑ̃dɑ̃tal, o] <-aux> *adj* transzendental
transcender [tʀɑ̃sɑ̃de] <1> I. *vt* ❶ (*dépasser*) ~ **qc** die Grenzen einer S. (*Gen*) überschreiten, etw transzendieren (*geh*)
❷ (*survolter*) beflügeln *personne*
II. *vpr* **se** ~ über sich selbst hinauswachsen
transcodage [tʀɑ̃skɔdaʒ] *m* (*action*) Übersetzen *nt*, Umkodieren *nt*; (*résultat*) Übersetzung *f*, Umkodierung *f*
transcoder [tʀɑ̃skɔde] <1> *vt* übersetzen, umkodieren
transcodeur [tʀɑ̃skɔdœʀ] *m* Transcoder *m*
transcontinental(e) [tʀɑ̃skɔ̃tinɑ̃tal, o] <-aux> *adj* transkontinental
transcripteur [tʀɑ̃skʀiptœʀ] *m* (*personne*) Kopist(in) *m(f)*; (*machine*) Kopiergerät *nt*, Kopierer *m*
transcription [tʀɑ̃skʀipsjɔ̃] *f* ❶ (*copie*) Abschrift *f*; *d'une émission, conversation* Niederschrift *f*
❷ ADMIN, JUR ~ **hypothécaire** [Grundbuch]eintragung *f* einer Hypothek; **faire l'objet d'une** ~ **sur qc** in etw (*Akk*) eingetragen werden
❸ LING, MUS, BIO Transkription *f*; ~ **phonétique** Lautschrift *f*, phonetische Umschrift
transcrire [tʀɑ̃skʀiʀ] <*irr*> *vt* ❶ (*copier*) abschreiben, übertragen *manuscrit, texte;* aufschreiben *message oral;* niederschreiben, aufschreiben *souvenir*
❷ ADMIN, JUR eintragen
❸ LING, BIO transkribieren; MUS transkribieren, umschreiben
transculturel(le) [tʀɑ̃skyltyʀɛl] *adj* kulturübergreifend
transdisciplinaire [tʀɑ̃sdisiplinɛʀ] *adj* fächerübergreifend
transe [tʀɑ̃s] *f* ❶ *pl* (*affres*) Ängste *Pl*; **les** ~**s d'un examen** Prüfungsangst *f*; **être dans des** ~**s mortelles** *soutenu* Todesängste ausstehen
❷ (*état second*) Trance[zustand *m*] *f*
▸ **être en** ~ (*hors de soi*) außer sich (*Dat*) sein; (*en état d'hypnose*) in Trance sein
transept [tʀɑ̃sɛpt] *m* Querschiff *nt*
transeuropéen(ne) [tʀɑ̃sœʀɔpeɛ̃, ɛn] *adj* Trans-Europ[a]-
transférable [tʀɑ̃sfeʀabl] *adj* ❶ (*transportable*) transportfähig
❷ FIN transferabel (*Fachspr.*); *propriété, valeur* übertragbar, transferabel; **être** ~ **à** [*o* **sur**] **qn/qc** auf jdn/etw übertragen werden können; **être** ~ **sur un compte** auf ein Konto transferiert werden können
transfèrement [tʀɑ̃sfɛʀmɑ̃] *m* Verlegung *f*
transférer [tʀɑ̃sfeʀe] <5> *vt* ❶ (*déplacer*) verlegen *bureaux, gouvernement;* überführen *cendres, dépouille;* überführen, verlegen *prisonnier;* umlegen *malade;* (*dans un autre hôpital*) transportieren *malade;* versetzen *fonctionnaire;* umlagern *document;* **nos bureaux ont été transférés** wir sind umgezogen
❷ JUR transferieren; ~ **ses biens à qn** sein/ihr Vermögen auf jdn übertragen
❸ FIN ~ **une somme à qn** jdm einen Betrag überweisen
❹ PSYCH ~ **une émotion sur qn/qc** eine Emotion auf jdn/etw übertragen
transfert [tʀɑ̃sfɛʀ] *m* ❶ (*déplacement*) *d'un gouvernement, du siège social* Verlegung *f*; *d'un bureau* Verlegung, Umzug *m*; *de cendres* Überführung *f*; *d'un prisonnier* Verlegung, Überführung; *d'un fonctionnaire* Versetzung *f*; *de la population* Umsiedlung *f*; *d'un malade* Transport *m*; *de documents* Umlagerung *f*
❷ SPORT Transfer *m*
❸ JUR Transfer *m*, Übertragung *f*
❹ FIN (*versement*) Überweisung *f*
❺ PSYCH, INFORM Übertragung *f*
◆ ~ **de technologie** Technologietransfer *m*
transfiguration [tʀɑ̃sfigyʀasjɔ̃] *f* ❶ (*transformation*) Verwandlung *f*
❷ REL **la Transfiguration** die Transfiguration, die Verklärung [Christi]
transfigurer [tʀɑ̃sfigyʀe] <1> *vt* völlig verwandeln; verklären, völlig verwandeln *visage, réalité;* **être transfiguré(e)** *personne:* völlig verwandelt [*o* wie umgewandelt] sein
transfo [tʀɑ̃sfo] *m fam abr de* **transformateur** Trafo *m*
transformable [tʀɑ̃sfɔʀmabl] *adj* verwandelbar; *meubles* zusammenklappbar; **être** ~ **en qc** in etw (*Akk*) verwandelbar sein, sich in etw (*Akk*) verwandeln lassen; *meuble:* zu etw umwandelbar sein, sich in etw (*Akk*) verwandeln lassen; *aspect:* veränderbar sein; **être** ~ **en argent** sich zu Geld machen lassen

transformateur [tʀɑ̃sfɔʀmatœʀ] *m* ELEC Transformator *m*
transformateur, -trice [tʀɑ̃sfɔʀmatœʀ, -tʀis] *adj industrie* verarbeitend
transformation [tʀɑ̃sfɔʀmasjɔ̃] *f* ❶ (*changement*) Veränderung *f*, Wandel *m kein Pl; d'une maison, pièce* Umbau *m kein Pl; de matières premières* Verarbeitung *f kein Pl*, Veredelung *f kein Pl*; **connaître de grandes ~s** große Veränderungen durchmachen, sich stark wandeln; **faire des ~s à qc** Veränderungen an etw (*Dat*) vornehmen
❷ (*métamorphose*) ~ **en qc** Verwandlung *f* in etw (*Akk*)
❸ RUGBY Erhöhung *f*
❹ MATH, LING Transformation *f*; GEOM Abbildung *f*, Transformation *f*
transformationnel(le) [tʀɑ̃sfɔʀmasjɔnɛl] *adj* LING **grammaire ~le** Transformationsgrammatik *f*
transformer [tʀɑ̃sfɔʀme] <1> **I.** *vt* ❶ (*modifier*) verwandeln; umstrukturieren *entreprise;* verändern *société;* [ab]ändern *vêtement;* verarbeiten, veredeln *matière première*
❷ (*opérer une métamorphose*) ~ **un enfant en pirate** ein Kind zum Piraten machen [*o* in einen Piraten verwandeln]; ~ **un pantalon en bermuda** eine Hose in Bermudashorts umarbeiten; ~ **une pièce en bureau** einen Raum in ein Arbeitszimmer umgestalten
❸ SPORT verwandeln *pénalité, penalty;* erhöhen *essai*
❹ MATH umformen
II. *vpr* ❶ (*changer*) **se ~** sich verändern, sich wandeln; *animal:* sich verwandeln
❷ (*changer de nature*) **se ~ en jeune homme sérieux** ein ernsthafter junger Mann werden
❸ CHIM, PHYS **l'eau se transforme en glace** Wasser wird zu [*o* gefriert zu *Fachspr.*] Eis
transformisme [tʀɑ̃sfɔʀmism] *m* Abstammungslehre *f*, Deszendenztheorie *f* (*Fachspr.*)
transformiste [tʀɑ̃sfɔʀmist] **I.** *adj* abstammungstheoretisch; **théorie ~** Abstammungslehre *f*, Deszendenztheorie *f* (*Fachspr.*)
II. *mf* Vertreter(in) *m(f)* der Abstammungslehre [*o* Deszendenztheorie *Fachspr.*]
transfuge [tʀɑ̃sfyʒ] *mf* Überläufer(in) *m(f)*
transfusé(e) [tʀɑ̃sfyze] *m(f)* Empfänger(in) *m(f)* einer [Blut]transfusion
transfuser [tʀɑ̃sfyze] <1> *vt* übertragen *sang;* ~ **qn** jdm Blut übertragen, bei jdm eine Blutübertragung [*o* [Blut]transfusion] vornehmen; **qn est transfusé** jd bekommt eine Blutübertragung [*o* [Blut]transfusion], jdm wird Blut übertragen
transfusion [tʀɑ̃sfyzjɔ̃] *f* [Blut]transfusion *f*, Blutübertragung *f*; ~ **sanguine** [Blut]transfusion, Blutübertragung; **faire une ~ à qn** jdm Blut übertragen, bei jdm eine Blutübertragung [*o* [Blut]transfusion] vornehmen; **centre de ~ sanguine** Blutspendezentrale *f*
transgénique [tʀɑ̃sʒenik] *adj* BIO *fruits, légumes* gentechnisch verändert
transgenre [tʀɑ̃sʒɑ̃ʀ] **I.** *adj* transsexuell
II. *mf* Transsexuelle(r) *f(m)*
transgresser [tʀɑ̃sgʀese] <1> *vt* ~ **la loi** das Gesetz übertreten, gegen das Gesetz verstoßen; ~ **un ordre** einem Befehl zuwiderhandeln (*form*)
transgression [tʀɑ̃sgʀesjɔ̃] *f a.* JUR ~ **d'une interdiction** Verstoß *m* gegen ein Verbot; ~ **de la loi** Übertretung *f* des Gesetzes, Verstoß gegen das Gesetz
transhumance [tʀɑ̃zymɑ̃s] *f* Almauftrieb *m*, Herdenwanderung *f*
transhumer [tʀɑ̃zyme] <1> *vi* ❶ *animal:* das Weidegebiet wechseln
❷ *iron personnes:* ziehen
transiger [tʀɑ̃ziʒe] <2a> *vi* ❶ (*faire un compromis*) ~ **avec le collègue sur un aspect** über einen Aspekt mit dem Kollegen einen Kompromiss schließen; ~ **avec l'injustice** sich mit der Ungerechtigkeit abfinden; ~ **avec qn/qc** sich mit jdm/einer S. abfinden; ~ **sur l'honneur** es mit der Ehre nicht so genau nehmen; ~ **sur un point** in einem Punkt nachgeben
❷ JUR einen Vergleich schließen, sich vergleichen
transir [tʀɑ̃ziʀ] <8> *vt littér* ~ **qn** *froid, vent:* jdm durch Mark und Bein gehen; *peur:* jdm das Blut in den Adern erstarren lassen; **transi(e) de qc** starr vor etw (*Dat*); **transi(e) de froid/peur** völlig durchgefroren/erstarrt vor Angst
transistor [tʀɑ̃zistɔʀ] *m* ❶ RADIO Transistorradio *nt*, Kofferradio *nt*
❷ ELEC Transistor *m*
transistoriser [tʀɑ̃zistɔʀize] <1> *vt* TECH transistorisieren, mit Transistoren versehen
transit [tʀɑ̃zit] *m* ❶ COM *des voyageurs* Transit *m; des marchandises* Transit, Durchfuhr *f*; **cité de ~** Durchgangslager *nt*
❷ PHYSIOL Verdauung *f*; **cela aide le ~ intestinal** das fördert die Verdauung
▶ **en ~** Transit-
transitaire [tʀɑ̃zitɛʀ] **I.** *adj* Transit-
II. *mf* Transithändler(in) *m(f)*
transiter [tʀɑ̃zite] <1> *vi* ~ **par qc** durch etw reisen, etw durchqueren; (*en avion*) über etw (*Akk*) fliegen; *marchandise:* transitieren; ~ **par qn/qc** *chose:* über jdn/etw laufen
transitif, -ive [tʀɑ̃zitif, -iv] *adj* transitiv; **verbe ~ direct/indirect** Verb *nt* mit direktem Objekt/mit indirektem Objekt
transition [tʀɑ̃zisjɔ̃] *f* ❶ *a.* PHYS Übergang *m*; ~ **de l'enfance à qc** Übergang von der Kindheit zu etw; **opérer la ~ d'un atome à qc** von einem Atom zu etw überwechseln; **gouvernement de ~** Übergangsregierung *f*; **sans ~** übergangslos
❷ MUS Überleitung *f*
❸ CINE Überblendung *f*
transitivement [tʀɑ̃zitivmɑ̃] *adv* transitiv
transitivité [tʀɑ̃zitivite] *f* Transitivität *f*, transitiver Charakter
transitoire [tʀɑ̃zitwaʀ] *adj* vorübergehend; *période* Übergangs-; **être ~** nur vorübergehend bestehen
transitoirement [tʀɑ̃zitwaʀmɑ̃] *adv* vorläufig
translation [tʀɑ̃slasjɔ̃] *f* ❶ *d'un tribunal, prisonnier* Verlegung *f*
❷ GEOM Parallelverschiebung *f*, Translation *f* (*Fachspr.*)
translittération [tʀɑ̃sliteʀasjɔ̃] *f* LING Transliteration *f*
translucide [tʀɑ̃slysid] *adj* durchscheinend; TECH lichtdurchlässig; **papier ~** Transparentpapier *nt*
translucidité [tʀɑ̃slysidite] *f* Transparenz *f*; TECH Lichtdurchlässigkeit *f*
transmanche [tʀɑ̃smɑ̃ʃ] *adj* **trafic ~** Verkehr *m* über den Ärmelkanal, Ärmelkanalverkehr
transmetteur [tʀɑ̃smetœʀ] *m* Sender *m*
transmettre [tʀɑ̃smɛtʀ] <*irr*> **I.** *vt* ❶ (*léguer*) weitergeben; ~ **une qualité/un titre à qn** jdm eine Eigenschaft/einen Titel vererben; ~ **son autorité à qn** seine/ihre Machtbefugnis auf jdn übertragen
❷ (*faire parvenir*) überbringen, zustellen *colis, lettre;* überbringen, übermitteln *message;* weiterleiten *renseignement, ordre;* **transmettez-lui mon bon souvenir** richten Sie ihm/ihr viele Grüße [von mir] aus
❸ RADIO, TELEC, TV übertragen, senden
❹ SPORT übergeben, zuspielen *ballon*
❺ BIO, MED ~ **une maladie à qn** eine Krankheit auf jdn übertragen, jdn mit einer Krankheit anstecken
❻ SCI ~ **de l'énergie/un signal** Energie/ein Signal übertragen; *corps conducteur:* leiten
II. *vpr* ❶ (*se passer*) **se ~ qc** sich (*Dat*) etw übergeben [*o* weitergeben]; **se ~ une maladie/des nouvelles** sich [gegenseitig] anstecken/benachrichtigen
❷ (*se communiquer*) **se ~** *recette:* überliefert werden; *secret:* weitergesagt werden; *métier:* weitergereicht werden; *maladie:* übertragen werden
transmissibilité [tʀɑ̃smisibilite] *f* ❶ MED Übertragbarkeit *f*
❷ JUR, ECON *d'un héritage, privilège* Vererbbarkeit *f*

transmissible [tʀɑ̃smisibl] *adj* ❶ MED übertragbar, ansteckend
❷ JUR vererbbar; **être ~ à qn** jdm vererbt werden können

transmission [tʀɑ̃smisjɔ̃] *f* ❶ (*passation*) Weitergabe *f; d'un secret* Weitersagen *nt;* ~ **de l'autorité à qn** Übertragung *f* der Machtbefugnisse auf jdn; ~ **de biens/du caractère à qn** Vererbung *f* von Besitz/des Charakters an jdn
❷ (*diffusion*) *d'une lettre, d'un colis* Zustellung *f; des connaissances* Vermittlung *f;* ~ **d'une information/d'un ordre à qn** Weiterleitung *f* [*o* Übermittlung *f*] einer Information/eines Befehls an jdn
❸ RADIO, TELEC, TV Übertragung *f;* ~ **à distance** Fernübertragung
❹ SPORT *d'un ballon* Übergabe *f,* Zuspiel *nt*
❺ BIO, MED, TECH Übertragung *f*
❻ AUT Getriebe *nt*
❼ *pl* MIL Nachrichtendienst *m*
◆ ~ **de données** Datenübertragung *f;* ~ **de pensée** Gedankenübertragung *f*

transmuer [tʀɑ̃smɥe] <1> *vt* ❶ CHIM ~ **un métal en or** ein Metall in Gold (*Akk*) verwandeln [*o* umwandeln]
❷ *littér* (*changer de nature*) ~ **une ébauche en qc** einen Entwurf zu etw umgestalten [*o* in etw (*Akk*) verwandeln]

transmutation [tʀɑ̃smytasjɔ̃] *f* ❶ PHYS, CHIM Umwandlung *f*
❷ *littér* (*transformation*) Umgestaltung *f,* Verwandlung *f*

transmuter [tʀɑ̃smyte] <1> *vt v.* **transmuer**

transocéanique [tʀɑ̃zɔseanik] *adj* transozeanisch; *navigation, télégraphie* Übersee-

transparaître [tʀɑ̃spaʀɛtʀ] <*irr*> *vi forme, jour:* durchschimmern, durchscheinen; *forme:* sich abzeichnen; *idées, sentiment:* durchscheinen; **laisser** ~ erkennen lassen, verraten

transparence [tʀɑ̃spaʀɑ̃s] *f* ❶ (*opp: opacité*) *du cristal, verre* Transparenz *f,* Durchsichtigkeit *f; de l'air* Klarheit *f; de l'eau* Klarheit, Durchsichtigkeit; **d'une parfaite** ~ kristallklar
❷ (*absence de secret*) Transparenz *f; d'une allusion* Deutlichkeit *f,* Offensichtlichkeit *f;* ~ **fiscale** Steuertransparenz
▸ **dans la** ~ in aller Offenheit; **se faire dans la** ~ durchschaubar sein

transparent [tʀɑ̃spaʀɑ̃] *m* [Transparent]folie *f;* (*feuille réglée*) Linienblatt *nt*

transparent(e) [tʀɑ̃spaʀɑ̃, ɑ̃t] *adj* ❶ (*opp: opaque*) durchsichtig; *air* klar; *eau* klar, durchsichtig; **papier** ~ Pauspapier *nt,* Transparentpapier *nt*
❷ (*sans secret*) transparent, durchschaubar; *affaire, négociation* offen, durchschaubar
❸ (*limpide*) *âme, regard, yeux* klar; *personne* leicht zu durchschauen
❹ (*évident*) offensichtlich; *allusion* deutlich, offensichtlich; *intention* durchschaubar, durchsichtig, offensichtlich

transpercer [tʀɑ̃spɛʀse] <2> *vt* ❶ (*percer*) durchbohren; *balle:* durchschlagen; ~ **qc** *clou:* sich durch etw bohren
❷ (*passer au travers*) *froid:* durchdringen; *regard:* durchbohren; ~ **qc** *pluie:* durch etw dringen; **le froid/la pluie nous avait transpercés** wir waren völlig durchgefroren/[vom Regen] durchnässt

transpiration [tʀɑ̃spiʀasjɔ̃] *f* ❶ PHYSIOL (*processus*) Schwitzen *nt,* Transpiration *f* (*geh*); (*sueur*) Schweiß *m;* (*soudaine*) Schweißausbruch *m;* **en** ~ schweißgebadet
❷ BOT Transpiration *f*

transpirer [tʀɑ̃spiʀe] <1> *vi* ❶ schwitzen, transpirieren (*geh*); **il transpire des pieds/des mains** (*constamment*) er hat Schweißfüße/schwitzige Hände; (*accidentellement*) er schwitzt an den Füßen/Händen
❷ *littér* (*être divulgué*) ~ **d'une conversation** bei einer Unterhaltung durchsickern
❸ *fam* (*se donner du mal*) ~ **sur qc** über [*o* bei] etw ins Schwitzen geraten

transplant [tʀɑ̃splɑ̃] *m* Transplantat *nt*

transplantable [tʀɑ̃splɑ̃tabl] *adj* MED transplantierbar; AGR umpflanzbar

transplantation [tʀɑ̃splɑ̃tasjɔ̃] *f* ❶ BIO, MED Transplantation *f; d'un organe* Transplantation, Verpflanzung *f;* ~ **de cœur** [*o* **cardiaque**] Herztransplantation
❷ AGR Verpflanzung *f,* Umpflanzen *nt*
❸ (*déplacement*) Verpflanzung *f; d'une population* Umsiedlung *f; de traditions* Mitnahme *f*

transplanté(e) [tʀɑ̃splɑ̃te] *m(f)* ❶ MED Organempfänger(in) *m(f)*
❷ (*étranger*) Fremdling *m;* (*d'une autre région ou ville*) Fremdling, Umsiedler(in) *m(f),* Zugezogene(r) *f(m)*

transplanter [tʀɑ̃splɑ̃te] <1> **I.** *vt* ❶ BIO, MED transplantieren, verpflanzen; übertragen *peau;* **être transplanté(e)** *organe:* verpflanzt werden; *personne:* einer Transplantation unterzogen werden
❷ AGR umpflanzen, umsetzen, verpflanzen
❸ SOCIOL (*déplacer*) umsiedeln *population;* mitnehmen *traditions*
II. *vpr* **se** ~ übersiedeln, umsiedeln

transpolaire [tʀɑ̃spɔlɛʀ] *adj* über den Süd-/Nordpol; **route** ~ Polroute *f*

transpondeur [tʀɑ̃spɔ̃dœʀ] *m* Transponder *m*

transport [tʀɑ̃spɔʀ] *m* ❶ (*action de transporter*) Transport *m; de voyageurs* Beförderung *f; de bagages, marchandises* Transport, Beförderung; *d'énergie* Transport, Übertragung *f;* ~ **aérien** [*o* **par air**] Beförderung auf dem Luftweg, Lufttransport; ~ **routier** [*o* **par la route**] Beförderung per Achse [*o* auf der Straße]; ~ **ferroviaire** [*o* **par rail**] Beförderung per Bahn; **frais de** ~ *de personnes* Fahrtkosten *Pl,* Beförderungskosten; *de marchandises* Transportkosten
❷ *pl* (*secteur économique*) Transportwesen *nt,* Verkehrswesen; ~**s aériens** Luftverkehr *m,* Flugverkehr; (*en parlant de marchandises*) Luftfrachtverkehr; ~**s ferroviaires** Bahnverkehr, Schienenverkehr; ~**s routiers** Straßenverkehr; ~**s urbains** öffentlicher Nahverkehr; **le ministre des** ~**s** der Verkehrsminister
❸ *pl littér* (*accès*) ~**s amoureux** stürmische Leidenschaft; ~**s de colère** Wutausbruch *m;* **avec des** ~**s d'enthousiasme/de joie** mit überschwänglicher Begeisterung/Freude
◆ ~**s en commun** öffentliche Verkehrsmittel *Pl;* ~ **sur les lieux** JUR Lokaltermin *m;* ~ **de marchandises** Gütertransport *nt;* ~ **de troupes** Truppentransport *m*

transportable [tʀɑ̃spɔʀtabl] *adj marchandise* transportabel, transportierbar; *blessé, malade* transportfähig

transporter [tʀɑ̃spɔʀte] <1> **I.** *vt* ❶ transportieren, bringen *blessé, prisonnier;* bringen, befördern *voyageur;* ~ **qn en ambulance/hélicoptère** jdn im Krankenwagen/Hubschrauber transportieren [*o* bringen]; ~ **des marchandises par terre/route** Güter auf dem Landweg/per Achse befördern
❷ TECH übertragen *énergie, son*
❸ (*transférer*) versetzen; verlegen, verlagern *scène, action;* bringen, tragen *événement, guerre;* ~ **un roman à l'écran/sur [la] scène** einen Roman auf die Leinwand/die Bühne bringen
❹ *littér* (*exalter*) begeistern, überwältigen; ~ **qn de fureur** jdn in Rage bringen [*o* in Wut versetzen]; **être transporté(e) de reconnaissance** voller Anerkennung sein; **être transporté(e) de joie/d'enthousiasme** außer sich (*Dat*) vor Freude/Begeisterung sein
II. *vpr* ❶ **se** ~ **dans un monde irréel** *personne:* sich in eine irreale [Gedanken]welt versetzen
❷ (*se déplacer*) **se** ~ **sur les lieux** *juge, parquet:* einen Lokaltermin abhalten, sich an den Ort des Geschehens begeben

transporteur [tʀɑ̃spɔʀtœʀ] *m* ❶ (*entrepreneur*) Transportunternehmer *m,* Spediteur *m;* (*entreprise*) Transportunternehmen *nt,* Spedition *f*
❷ (*navire*) ~ **de pétrole** [Öl]tanker *m*
❸ TECH (*installation*) Förderer *m,* Förderanlage *f;* ~ **à bande** Förderband *nt*

transporteur, -euse [tʀɑ̃spɔʀtœʀ, -øz] *adj* zum Transport dienend; **bande transporteuse** Förderband *nt*

transposable [tʀɑ̃spozabl] *adj* übertragbar, transponierbar (*Fachspr.*); MUS transponierbar; **être ~ au cinéma/au théâtre** sich verfilmen/dramatisieren lassen, filmisch umsetzbar sein/sich für die Bühne eignen

transposer [tʀɑ̃spoze] <1> *vt* ❶ übertragen
❷ MUS transponieren *morceau*
❸ LING umstellen *mot;* vertauschen, umstellen *lettre*

transposition [tʀɑ̃spozisjɔ̃] *f* ❶ Übertragung *f;* (*dans une autre époque*) Verlagerung *f,* Übertragung; **une ~ moderne d'une tragédie antique** eine moderne Fassung [*o* Version] einer antiken Tragödie
❷ MUS Transposition *f*
❸ LING Umstellung *f; de lettres* Vertauschung *f,* Umstellung

transsexualisme [tʀɑ̃(s)sɛksɥalism] *m* Transsexualismus *m*

transsexuel(le) [tʀɑ̃(s)sɛksɥɛl] **I.** *adj* transsexuell
II. *m(f)* Transsexuelle(r) *f(m)*

transsibérien [tʀɑ̃(s)sibeʀjɛ̃] *m* Transsibirische Eisenbahn, Transsib *f* (*fam*)

transsibérien(ne) [tʀɑ̃(s)sibeʀjɛ̃, jɛn] *adj* transsibirisch

transvasement [tʀɑ̃svɑzmɑ̃] *m* Umfüllen *nt,* Umfüllung *f*

transvaser [tʀɑ̃svɑze] <1> *vt* umfüllen; **~ le vin dans une carafe** den Wein in eine Karaffe [um]füllen

transversal(e) [tʀɑ̃svɛʀsal, o] <-aux> *adj* quer [*o* schräg] verlaufend, transversal; **rue ~e** Seitenstraße *f,* Querstraße *f;* **lignes ~es** [Eisenbahn]querverbindungen *Pl*

transversale [tʀɑ̃svɛʀsal] *f* (*itinéraire*) Querverbindung *f;* (*route*) Seitenstraße; (*voie ferrée*) Nebenbahn *f,* Nebenlinie *f*

transversalement [tʀɑ̃svɛʀsalmɑ̃] *adv* quer; **couper ~** quer durchschneiden

transverse [tʀɑ̃svɛʀs] *adj* ANAT **colon ~** Quergrimmdarm *m,* Colon *m* transversum (*Fachspr.*)

transvider [tʀɑ̃svide] <1> *vt* umfüllen

trapèze [tʀapɛz] *m* ❶ GEOM Trapez *nt*
❷ SPORT Trapez *nt;* **~ volant** fliegender Trapezwechsel; **faire du ~** am [*o* auf dem] Trapez turnen
❸ ANAT Trapezmuskel *m*

trapéziste [tʀapezist] *mf* Trapezkünstler(in) *m(f)*

trapézoïdal(e) [tʀapezɔidal, o] <-aux> *adj* trapezförmig

trappe[1] [tʀap] *f* ❶ Klappe *f;* (*dans le plancher*) Falltür *f;* THEAT [Bühnen]versenkung *f;* AVIAT [Ausstiegs]luke *f;* **~ d'évacuation** Notausstieg *m*
❷ (*piège*) Falle *f,* Fallgrube *f*
▶ **passer à la ~** in der Versenkung [*o* Schublade] verschwinden (*fam*)

trappe[2] [tʀap] *f* Trappistenorden *m;* (*monastère*) Trappistenkloster *nt*

trappeur [tʀapœʀ] *m* Trapper *m*

trappiste [tʀapist] *m* Trappist *m*

trappistine [tʀapistin] *f* ❶ Trappistin *f*
❷ (*liqueur*) Trappistenlikör *m* (*ein Kräuterlikör*)

trapu(e) [tʀapy] *adj* ❶ gedrungen; *personne, carrure* stämmig, gedrungen; *bâtiment* massiv
❷ *fam* (*difficile*) knifflig, verzwickt (*fam*)
❸ *fam* (*calé*) unheimlich gut (*fam*); **être ~(e) en maths** in Mathe unheimlich was draufhaben (*fam*)

traque [tʀak] *f du gibier* Treibjagd *f; d'un malfaiteur, d'une vedette* Verfolgung *f,* Treibjagd (*pej*)

traquenard [tʀaknaʀ] *m* ❶ CHASSE Falle *f*
❷ *fig* Falle *f; pl* Fallstricke *Pl,* Falle; **tendre un ~ à qn** jdm eine Falle stellen; **tomber dans le/un ~** in die Falle gehen/in eine Falle geraten

traquer [tʀake] <1> *vt* verfolgen *abus, injustices;* verfolgen, Jagd machen auf (+ *Akk*) *vedette, voleur;* **~ un renard** einen Fuchs treiben [*o* hetzen]; **être traqué(e)** gehetzt [*o* gejagt] werden; **avoir un air de bête traquée** wie ein gehetztes Tier [*o* Wild] aussehen

trash [tʀaʃ] *adj inv fam* Trash-

trauma [tʀoma] *m* MED, PSYCH Trauma *nt*

traumatique [tʀomatik] *adj* traumatisch

traumatisant(e) [tʀomatizɑ̃, ɑ̃t] *adj* schockierend, erschütternd; **une expérience ~e** ein traumatisches Erlebnis, ein Trauma *nt*

traumatiser [tʀomatize] <1> *vt* ❶ **~ qn** jdm einen Schock versetzen, bei jdm zu einem Trauma führen; *échec, culpabilité:* für jdn zu einem Trauma werden; **être traumatisé(e) par qc** durch etw erschüttert werden [*o* einen Schock erleiden]; **elle est ressortie traumatisée de cette aventure** dieses Abenteuer wurde für sie zum Trauma
❷ MED **~ qn** bei jdm ein Trauma hervorrufen

traumatisme [tʀomatism] *m* ❶ MED Trauma *nt,* Verletzung *f;* **~ crânien** Schädelverletzung, Schädeltrauma
❷ (*forte émotion*) [seelischer] Schock, Trauma *nt;* **causer/provoquer un ~ chez** [*o* **en**] **qn** bei jdm zu einem Trauma führen, für jdn zu einem Trauma werden

traumatologie [tʀomatɔlɔʒi] *f* Unfallmedizin *f,* Traumatologie *f* (*Fachspr.*); (*service*) Unfallstation *f;* **clinique de ~** Unfallklinik *f*

traumatologique [tʀomatɔlɔʒik] *adj* einen/den Unfall [*o* ein/das Trauma] betreffend; **choc ~** Unfallschock *m*

traumatologiste [tʀomatɔlɔʒist] *mf* Unfallarzt *m/*-ärztin *f,* Traumatologe *m/*Traumatologin *f* (*Fachspr.*); (*chirurgien*) Unfallchirurg(in) *m(f)*

travail [tʀavaj, o] <-aux> *m* ❶ Arbeit *f;* **~ manuel** Handarbeit, manuelle Tätigkeit; SCOL Werken *nt;* **travaux dirigés** [*o* **pratiques**] SCOL [praktische] Übungen *Pl*
❷ (*tâche*) Arbeit *f;* **avoir beaucoup de ~** viel Arbeit [*o* viel zu tun] haben; **avoir un ~ fou** eine Menge Arbeit haben; **être submergé(e) de ~** in [der] Arbeit ersticken, bis über den Kopf in [der] Arbeit stecken; **~ en retard** Arbeitsrückstand *m*
❸ (*activité professionnelle*) Arbeit *f;* **~ [au] noir** Schwarzarbeit; **~ intérimaire** [*o* **temporaire**] Zeitarbeit; **~ télépendulaire** Telearbeit; **~ régulier** feste Arbeit; **être sans ~** keine Arbeit haben, arbeitslos sein; **se mettre au ~** sich an die Arbeit machen; **être au ~** am Arbeiten sein, zu tun haben; **prendre son ~ à huit heures** seine Arbeit um acht Uhr aufnehmen, um acht Uhr anfangen zu arbeiten; **pendant les heures de ~** während der Arbeitszeit; **code du ~** Arbeitsgesetzbuch *nt;* **division du ~** Arbeitsteilung *f;* **médecin/inspecteur du ~** Betriebsarzt *m/*Gewerbeaufsichtsbeamter *m*
❹ *pl* (*ensemble de tâches*) **les travaux domestiques/ménagers** häusliche Arbeiten *Pl,* die Hausarbeit; **les gros travaux** die groben Arbeiten; **travaux de rénovation** Renovierungsarbeiten *Pl;* **travaux des champs** Feldarbeit *f;* **travaux d'entretien** Unterhaltungsarbeiten; **travaux d'urbanisme** städtebauliche Maßnahmen *Pl*
❺ (*réalisation*) Arbeit *f;* (*résultat*) Werk *nt,* Arbeit
❻ (*publication*) Arbeit *f*
❼ (*façonnage*) Bearbeiten *nt,* Bearbeitung *f; de la pâte* Kneten *nt;* **~ du bois** Holzverarbeitung *f*
❽ (*fonctionnement*) Arbeit *f;* **~ musculaire** Muskelarbeit; **~ des reins** Nierenfunktion *f,* Nierentätigkeit *f*
❾ (*effet*) [Ein]wirkung *f;* **~ du temps/de l'inconscient** Werk *nt* der Zeit/des Unbewussten; **~ de l'érosion/de la fermentation** Erosions-/Gärprozess *m;* **faire son ~** sein Werk tun
❿ PHYS Arbeit *f*
⓫ MED [Geburts]wehen *Pl*
⓬ ADMIN **travaux publics** Bauarbeiten *Pl* der öffentlichen Hand; (*opp: secteur du bâtiment*) Tiefbau *m;* **ministère des travaux publics** Ministerium *nt* für Bauwesen und Verkehr; **ingénieur des travaux publics** [Hoch- und] Tiefbauingenieur(in) *m(f);* **travaux!** Bauarbeiten!
⓭ HIST **travaux forcés** Zwangsarbeit *f;* **être condamné(e) aux travaux forcés à perpétuité** zu einer lebenslänglichen Zuchthausstrafe verurteilt werden
▶ **~ d'Hercule** Herkulesarbeit *f;* **avoir du ~ par-dessus la tête**

T

mit Arbeit [reichlich] eingedeckt sein, in [der] Arbeit ersticken; **c'est du beau ~** *iron* eine tolle Leistung; **t'as fait du beau ~!** da hast du ja was Schönes angerichtet!, das hast du ja schön hingekriegt! (*fam*); **mâcher le ~ à qn** jdm alles vorkauen (*fam*); **se tuer au ~** sich totarbeiten [*o* zu Tode arbeiten] (*fam*)
◆ **~ à la chaîne** Fließbandarbeit *f;* **~ à mi-temps** Halbtagsarbeit *f,* Halbtagsbeschäftigung *f;* **~ à plein temps** Ganztagsarbeit *f,* Ganztagsbeschäftigung *f;* **~ à temps partiel** Teilzeitarbeit *f,* Teilzeitbeschäftigung *f;* **travaux d'aiguille** Handarbeiten *Pl,* Nadelarbeiten *Pl;* **~ d'amateur** Stümperei *f,* stümperhafte [*o* amateurhafte] Arbeit; **travaux d'approche** (*pour faire la cour*) Annäherungsversuche *Pl;* (*pour obtenir qc*) Anbiederungsversuche *Pl;* **~ d'art** kunstfertige Arbeit; **c'est un vrai ~ d'art** das ist ein wahres Kunstwerk; **~ de bénédictin** schwierige geistige Arbeit, die viel Geduld und Sorgfalt erfordert; **~ de bureau** Schreibarbeit *f;* **~ de deuil** Trauerarbeit *f;* **~ d'équipe** Teamwork *nt,* Teamarbeit *f;* **~ de force** Schwerstarbeit *f;* **~ de fourmi** Fleißarbeit *f,* mühevolle Kleinarbeit; **~ de groupe** Gruppenarbeit *f*

travailler [tʀavaje] <1> **I.** *vi* ❶ arbeiten
❷ (*exercer un métier*) arbeiten, beschäftigt sein; **faire ~ qn** jdn zur Arbeit schicken, jdn arbeiten lassen; **~ pour qn/qc** für jdn/etw arbeiten; **~ à son compte** selb[st]ständig sein; **à quelle heure finissez-vous de ~?** wann haben Sie Feierabend?, bis wann arbeiten Sie?
❸ (*s'exercer*) arbeiten; *musicien:* üben, arbeiten; *sportif:* trainieren; **faire ~** trainieren lassen *sportif;* üben lassen *musicien;* trainieren *animal;* arbeiten [*o* üben] mit *élève*
❹ (*viser un but*) **~ à un reportage/sur un projet** an einer Reportage/einem Projekt arbeiten; **~ au succès de qc** sich um das Gelingen einer S. (*Gen*) bemühen; **~ à satisfaire les clients** bestrebt sein [*o* sich bemühen] die Kunden zufriedenzustellen; **l'argent travaille pour lui** das Geld arbeitet für ihn, das Geld bringt ihm Zinsen; **le temps travaille pour/contre lui** die Zeit arbeitet für/gegen ihn; **faire ~ l'argent** das Geld [für sich] arbeiten lassen
❺ (*fonctionner*) *esprit, imagination:* arbeiten; *muscle:* beansprucht werden, arbeiten; **faire ~ sa tête** (*l'utiliser*) den Kopf gebrauchen; (*réfléchir beaucoup*) angestrengt nachdenken; **faire ~ ses muscles** sich bewegen, seine Muskeln arbeiten lassen; (*régulièrement*) trainieren
❻ (*subir des modifications*) arbeiten; *bois:* sich verziehen, arbeiten; *cidre, vin:* gären; *pâte:* gehen
II. *vt* ❶ bearbeiten; [durch]kneten *pâte;* bestellen, bearbeiten *terre;* arbeiten [*o* feilen] an (+ *Dat*) *phrase, style;* **être travaillé(e)** *bois, métal, marbre:* bearbeitet werden [*o* sein]; *style, phrase:* ausgefeilt sein; **travaillé(e) à la main** handgearbeitet; **travaillé(e) au tour** maschinengedreht
❷ (*s'entraîner à*) üben; [ein]üben *morceau de musique;* **~ son service** SPORT seine Angabe[technik] trainieren [*o* einüben]; **ne pas ~ suffisamment ses maths** nicht genug für die Mathematik tun
❸ (*agir sur*) versuchen zu beeinflussen
❹ (*tourmenter*) **~ qn** jdm zu schaffen machen; *douleur, fièvre:* jdn plagen; *problème, question:* jdn beschäftigen, jdm keine Ruhe lassen; **cette nouvelle me travaille l'esprit** [*o* **la tête**] diese Neuigkeit geht mir im Kopf herum [*o* beschäftigt mich]; **la faim me travaille l'estomac** der Hunger quält meinen Magen; **être travaillé(e) par la jalousie** von Eifersucht geplagt werden
❺ (*opp: chômer*) **les jours non travaillés** die Tage, an denen nicht gearbeitet wurde; **les heures non travaillées** die nicht gearbeitete Zeit
❻ SPORT trainieren *coup droit;* anschneiden *balle*

travailleur [tʀavajœʀ] *m* ❶ Arbeiter *m,* Berufstätige(r) *m,* Erwerbstätige(r) *m;* **~ étranger** ausländischer Arbeitnehmer; **~ immigré** Gastarbeiter; **~ indépendant** Selb[st]ständige(r) *m;* **~ manuel** Handarbeiter
❷ (*personne laborieuse*) fleißiger Mensch, Arbeitsmensch *m;* **être un ~** fleißig sein
◆ **~ de force** Schwerarbeiter *m*

travailleur, -euse [tʀavajœʀ, -jøz] *adj* fleißig

travailleuse [tʀavajøz] *f* ❶ Arbeiterin *f,* Berufstätige *f,* Erwerbstätige *f;* **~ étrangère** ausländische Arbeitnehmerin; **~ familiale** Hauswirtschaftsgehilfin *f;* **~ immigrée/occasionnelle** Gast-/Aushilfsarbeiterin; **~ indépendante** Selb[st]ständige *f;* **~ manuelle** Handarbeiterin
❷ (*personne laborieuse*) fleißiger Mensch, Arbeitsmensch *m*
❸ (*boîte*) Nähkasten *m,* Nähkästchen *nt*

travailliste [tʀavajist] **I.** *adj* POL **parti ~** Labour Party *f;* **programme ~** Labourprogramm *nt,* Programm *nt* der Labour Party
II. *mf* Mitglied *nt* der Labour Party

travailloter [tʀavajɔte] <1> *vi* wenig arbeiten, sich nicht überarbeiten

travée [tʀave] *f* ❶ *d'une église* [Bank]reihe *f; d'un théâtre, amphithéâtre* [Sitz]reihe
❷ ARCHIT Joch *nt; d'une nef* Travée *f*

traveller [tʀavlœʀ], **traveller's check** <traveller's checks>, **traveller's chèque** [tʀavlœʀ(s)ʃɛk] <traveller's chèques> *m* Reisescheck *m,* Travellerscheck *m*

travelling [tʀavliŋ] *m* CINE Kamerafahrt *f;* **~ optique** Zoomaufnahme *f*

travelo [tʀavlo] *m fam* Tunte *f* (*pej sl*)

travers [tʀavɛʀ] *m* ❶ Schwäche *f,* [kleiner] Fehler, Schrulle *f*
❷ GASTR **~ de porc** [Schweine]rippchen *nt*
▸ **à ~ champs** querfeldein; **avoir qc en ~ de la gorge** etw noch nicht geschluckt [*o* verdaut] haben (*fam*); **passer au ~** [ungeschoren] davonkommen; *criminel:* entkommen; **passer au ~ d'une maladie** von einer Krankheit verschont bleiben; **prendre qc de ~** etw übelnehmen [*o* krumm nehmen *fam*], etw in den falschen Hals bekommen [*o* kriegen] (*fam*); **regarder qn de ~** (*avec suspicion*) jdn schief ansehen (*fam*); (*avec animosité*) jdn böse ansehen; **à ~ qc, au ~ de qc** (*en traversant*) durch etw hindurch; (*par l'intermédiaire de*) durch etw, anhand einer S. (*Gen*); **ne pas voir au ~** nicht hindurchsehen; **passer à ~ les mailles du filet** *fam* der Polizei entkommen, durch die Lappen gehen (*fam*); **la glace est mince, tu risques de passer à ~** [*o* **au ~**] das Eis ist dünn, du könntest einbrechen; **à ~ les âges/saisons** durch alle Zeiten/Jahreszeiten hindurch, im Wandel der Zeiten/Jahreszeiten; **à ~ les siècles** über Jahrhunderte [hinweg]; **à ~ le monde** überall in der Welt; **juger qn à ~ son œuvre** jdn nach seinem Werk beurteilen; **de ~** (*en biais*) schief, schräg; (*mal*) falsch, verkehrt; **avoir le nez de ~** eine schiefe Nase haben; **mettre son chapeau de ~** seinen Hut schief aufsetzen; **vent de ~** Seitenwind *m,* Dwarswind *m* (*Fachspr.*); **avaler qc de ~** sich an etw (*Dat*) verschlucken; **tout va de ~ en ce moment** im Moment geht alles schief; **en ~** quer; **en ~ de la route/du jardin** quer über die Straße/durch den Garten; **couper/scier qc en ~** etw quer durchschneiden/durchsägen; **se mettre en ~ des projets de qn** sich (*Akk*) jds Plänen in den Weg stellen, jds Pläne durchkreuzen

traversable [tʀavɛʀsabl] *adj* passierbar; *rue* überquerbar; *rivière, forêt* durchquerbar

traverse [tʀavɛʀs] *f* ❶ CHEMDFER Schwelle *f*
❷ TECH Querbalken *m; d'une fenêtre* Querholz *nt,* Kämpfer *m* (*Fachspr.*)

traversée [tʀavɛʀse] *f* **~ d'une rue/d'un pont** Überqueren *nt* [*o* Überquerung *f*] einer Straße/Brücke; **~ d'un fleuve/d'une mer en bateau** Überfahrt *f* über einen Fluss/ein Meer, Überquerung eines Flusses/Meeres; **~ d'une région/d'une ville en voiture** Fahrt *f* durch eine Gegend/Stadt, Durchqueren *nt* einer Gegend/Stadt; **~ des Pyrénées en avion** Überfliegen *nt* der Pyrenäen, Flug *m* über die Pyrenäen; **~ d'une forêt/d'un tunnel à pied** Durchqueren eines Waldes/Tun-

nels; **la ~ de l'Atlantique** die Überquerung des Atlantiks; **la ~ du fleuve à la nage** das Durchschwimmen des Flusses
▸ **~ du désert** Durststrecke *f*

traverser [tʀavɛʀse] <1> *vt* ❶ überqueren; (*à pied*) gehen über (+ *Akk*); (*en voiture, à vélo*) fahren über (+ *Akk*); (*à la nage*) durchschwimmen, schwimmen über (+ *Akk*); **~ la forêt à pied/à vélo** den Wald zu Fuss/mit dem Fahrrad durchqueren, durch den Wald gehen/fahren; **faire ~ qn** jdn über die Straße führen, jdm beim Überqueren der Straße helfen
❷ (*se situer en travers de*) *route:* durchqueren, [quer] führen durch; *fleuve:* durchfließen, durchqueren, fließen durch; *pont:* überqueren, führen [*o* gehen] über (+ *Akk*); **le tunnel traverse la montagne** der Tunnel führt [*o* geht] durch das Gebirge; **le tunnel traverse la ville** der Tunnel führt [*o* geht] unter der Stadt durch; **la route traverse une rivière** die Straße [*o* der Weg] überquert einen Fluß [*o* führt über einen Fluss]
❸ (*transpercer*) dringen durch, durchgehen durch; *clou:* sich bohren durch [*o* in + *Akk*], dringen [*o* gehen] durch; *pluie:* durchnässen; *balle:* durchschlagen, durchbohren
❹ (*subir*) durchmachen; **~ une période difficile** sich in einer schwierigen Phase befinden, eine schwierige Zeit durchmachen
❺ (*se manifester dans*) **cette idée lui traverse l'esprit** diese Idee geht [*o* schießt] ihm/ihr durch den Kopf; **une vive douleur me traversa le crâne** ein heftiger Schmerz durchfuhr meinen Kopf
❻ (*fendre*) sich (*Dat*) einen Weg bahnen durch
❼ (*survivre à*) überdauern, hindurchgehen durch
❽ (*barrer*) **une balafre lui traversait le front** eine Narbe zog sich quer über seine/ihre Stirn, er/sie hatte eine Narbe quer über die Stirn

traversier [tʀavɛʀsje] *m* CAN (*bac*) Fähre *f*

traversier, -ière [tʀavɛʀsje, -jɛʀ] *adj* quer [gestellt]; **flûte traversière** Querflöte *f*

traversin [tʀavɛʀsɛ̃] *m lange, mit Federn gefüllte Kopfkissenrolle*

travesti [tʀavɛsti] *m* ❶ Transvestit *m*
❷ THEAT (*rôle*) (*pour un homme*) Frauenrolle *f;* (*pour une femme*) Hosenrolle *f;* (*artiste*) Travestiekünstler *m;* **faire un numéro de ~** eine Travestieshow machen

travesti(e) [tʀavɛsti] *adj* verkleidet, kostümiert; **bal ~** Maskenball *m*

travestir [tʀavɛstiʀ] <8> **I.** *vt* ❶ verfälschen, falsch darstellen; falsch wiedergeben *pensée;* verdrehen (*pej fam*) *paroles;* verzerrt darstellen, verfälschen *vérité, réalité;* verstellen *voix*
❷ (*déguiser*) **~ qn en fée** jdn als Fee verkleiden
II. *vpr* **se ~ en fée** sich als Fee verkleiden

travestisme [tʀavɛstism] *m* PSYCH Transvestismus *m*

travestissement [tʀavɛstismɑ̃] *m* ❶ Verfälschung *f; de la vérité, réalité* Verzerrung *f,* verzerrte Darstellung; *d'une pensée* verzerrte Wiedergabe, Verfälschung; *de la voix* Verstellung *f*
❷ (*déguisement*) Verkleidung *f,* Kostümierung *f*

traviole [tʀavjɔl] ▸ **de ~** *fam* **mettre qc de ~** etw schief hinstellen; **comprendre/faire qc de ~** etw falsch [*o* verkehrt] verstehen/machen; **regarder qn/qc de ~** jdn/etw schief angucken (*fam*)

trayeur [tʀɛjœʀ] *m* Melker *m*

trayeuse [tʀɛjøz] *f* ❶ Melkerin *f*
❷ (*machine*) Melkmaschine *f*

trébuchant(e) [tʀebyʃɑ̃, ɑ̃t] *adj* ❶ schwankend; *ivrogne* torkelnd; **s'avancer en ~** sich torkelnd fortbewegen, angetorkelt kommen
❷ (*hésitant*) *voix* stockend; *diction* holprig, stockend

trébucher [tʀebyʃe] <1> *vi* ❶ **~ sur une pierre** über einen Stein stolpern
❷ (*être arrêté par*) **~ sur une difficulté** über ein Problem stolpern; **faire ~ qn** jdm ein Bein stellen; *fig* jdn in Schwierigkeiten bringen

trébuchet [tʀebyʃɛ] *m* ❶ [Vogel]falle *f*
❷ (*balance*) Feinwaage *f,* Goldwaage *f;* (*pour la monnaie*) Münzwaage *f*

tréfilage [tʀefilaʒ] *m* Drahtziehen *nt*

trèfle [tʀɛfl] *m* ❶ BOT Klee *m*
❷ CARTES Kreuz *nt;* **jouer ~** Kreuz spielen
❸ (*figure*) Kleeblatt *nt;* ARCHIT Dreipass *m;* **carrefour en ~** Kleeblatt; (*carrefour autoroutier*) Autobahnkreuz *nt*
◆ **~ à quatre feuilles** vierblättriges Kleeblatt

tréfonds [tʀefɔ̃] *m littér* Innerste(s) *nt; d'une affaire* eigentlicher Hintergrund; **connaître le fonds et le ~ de qc** etw durch und durch kennen

treillage [tʀɛjaʒ] *m* Gitter[werk *nt*] *nt;* (*pour des plantes*) Spalier *nt,* Rankrost *m;* (*clôture*) Scherenzaun *m,* Jägerzaun *m*

treille [tʀɛj] *f* ❶ Weinlaube *f*
❷ (*vigne*) Kletterwein *m,* Spalierwein *m;* **jus de la ~** *hum* Rebensaft *m* (*geh*)

treillis[1] [tʀɛji] *m* ❶ CONSTR Gitterwerk *nt*
❷ (*clôture en bois*) Scherenzaun *m;* (*en métal*) Gitter *nt*
❸ (*grillage grossier*) Maschendraht *m;* (*fin*) Drahtgitter *nt; du garde-manger* Fliegengitter *nt*

treillis[2] [tʀɛji] *m* ❶ TEXTIL Drillich *m*
❷ TEXTIL (*vêtement*) Drillichanzug *m,* Drillichzeug *nt;* MIL Kampfanzug

treize [tʀɛz] **I.** *num* ❶ dreizehn
❷ (*dans l'indication de l'âge, la durée*) **avoir/avoir bientôt ~ ans** dreizehn [Jahre alt] sein/werden; **personne de ~ ans** Dreizehnjährige(r) *f(m);* **période de ~ ans** Zeitraum *m* von dreizehn Jahren
❸ (*dans l'indication de l'heure*) **il est ~ heures** es ist dreizehn [Uhr]
❹ (*dans l'indication de la date*) **le ~ mars** *geschrieben:* **le 13 mars** der dreizehnte März *écrit:* der 13. März
❺ (*dans l'indication de l'ordre*) **arriver ~ ou quatorzième** als Dreizehnte(r) oder Vierzehnte(r) kommen
❻ (*dans les noms de personnages*) **Louis XIII** *gesprochen:* **Louis ~** Ludwig XIII. *oral:* Ludwig der Dreizehnte
II. *m inv* ❶ Dreizehn *f*
❷ (*numéro*) Nummer *f* dreizehn, Dreizehn *f*
❸ TRANSP **le ~** die Linie [*o* Nummer] dreizehn, die Dreizehn (*fam*)
❹ JEUX Dreizehn *f*
❺ SCOL **avoir ~ [sur vingt]** ≈ eine Zwei haben
III. *f* (*table, chambre... numéro treize*) Dreizehn *f; v. a.* **cinq**

treizième [tʀɛzjɛm] **I.** *adj antéposé* dreizehnte(r, s)
II. *mf* **le/la ~** der/die/das Dreizehnte
III. *m* ❶ (*fraction*) Dreizehntel *nt*
❷ (*étage*) dreizehnter Stock, dreizehnte Etage
❸ (*arrondissement*) dreizehntes Arrondissement; *v. a.* **cinquième**

trekking [tʀekiŋ] *m* SPORT Trecking *nt*

tréma [tʀema] **I.** *m* Trema *nt*
II. *app* **e/i/u ~** e/i/u [mit] Trema; **a/o/u ~** (*en allemand*) ä/ö/ü, a/o/u Umlaut

tremblant(e) [tʀɑ̃blɑ̃, ɑ̃t] *adj* zitternd; *voix* bebend, zitternd; *lueur* flackernd; **être tout(e) ~(e)** am ganzen Körper zittern; **la main ~e** mit zitternder Hand; **~(e) d'émotion** vor Erregung zitternd; **être ~(e) de peur/froid** vor Angst/Kälte zittern [*o* schlottern]

tremble [tʀɑ̃bl] *m* Espe *f,* Zitterpappel *f*

tremblé(e) [tʀɑ̃ble] *adj* zitt[e]rig

tremblement [tʀɑ̃bləmɑ̃] *m* ❶ Zittern *nt; des jambes* Schlottern *nt; de la voix* Beben *nt,* Zittern; *d'une lumière, flamme* Flackern *nt;* **~ de peur/froid** Zittern vor Angst/Kälte; (*très fort*) Schlottern vor Angst/Kälte; **~ de colère** Beben vor Wut; **~s de fièvre** Schüttelfrost *m*
❷ (*vibration*) Beben *nt; d'un mur* Wackeln *nt,* Beben; *de la voix*

T

Zittern *nt,* Beben; *des feuilles* Zittern; **des ~s** Erschütterungen *Pl*

◆ **~ de terre** Erdbeben *nt*

trembler [tʀɑ̃ble] <1> *vi* ❶ zittern; *flamme, lumière:* flackern; **~ de fièvre** vor Fieber zittern; **~ de colère** vor Wut beben; **~ de peur/froid** vor Angst/Kälte schlottern [*o* zittern]

❷ (*vibrer*) beben; *bâtiment, sol:* [er]zittern, beben; *voix:* zittern; **faire ~ le sol** Boden erzittern lassen

❸ (*avoir peur*) erschauern; **~ à la vue de qc** beim Anblick einer S. [er]zittern [*o* erschauern]; **il tremble à l'idée de faire un discours/qu'elle vienne le voir** er zittert [*o* es graust ihm] bei dem Gedanken eine Rede halten zu müssen/dass sie ihn besuchen kommt; **je tremble de faire ce discours** ich fürchte mich davor diese Rede zu halten; **~ pour qn/qc** um jdn/etw Angst haben [*o* bangen *geh*]; **faire ~ qn** jdm Angst [und Bange] machen

tremblotant(e) [tʀɑ̃blɔtɑ̃, ɑ̃t] *adj* zitt[e]rig; *lumière* flackernd

tremblote [tʀɑ̃blɔt] *f* Zittern *nt;* **avoir la ~** *fam* zittern, schlottern; (*de peur*) das große Zittern haben (*fam*); (*de vieillesse*) den Tatterich haben (*fam*)

tremblotement [tʀɑ̃blɔtmɑ̃] *m* [leichtes] Zittern; **avec un ~ dans la voix** mit leicht zitternder Stimme

trembloter [tʀɑ̃blɔte] <1> *vi* [leicht] zittern

trémie [tʀemi] *f* TECH [Einfüll]trichter *m*

trémière [tʀemjɛʀ] *adj* **rose ~** Stockrose *f*

trémolo [tʀemɔlo] *m* ❶ MUS Tremolo *nt*

❷ (*tremblement*) Beben *nt,* Zittern *nt;* **avec des ~s dans la voix** mit bebender [*o* zitternder] Stimme

trémoussement [tʀemusmɑ̃] *m* Zappeln *nt,* [Herum]gehampel *nt* (*pej fam*); *d'un danseur* Verrenkung *f; des hanches* Wiegen *nt,* Wackeln *nt* (*pej*)

trémousser [tʀemuse] <1> *vpr* **se ~** (*en dansant*) sich verrenken, Verrenkungen machen (*fam*); (*en marchant*) sich in den Hüften wiegen, mit den Hüften wackeln (*pej*); *enfant:* herumhampeln (*fam*), zappeln

trempage [tʀɑ̃paʒ] *m* ❶ *du linge* Einweichen *nt*

❷ TECH *des grains, semences* Weichen *nt; du papier* Befeuchten *nt*

trempe [tʀɑ̃p] *f* ❶ Charakterstärke *f;* **un gars de cette/sa ~** ein Kerl von solchem/seinem Schlag [*o* Kaliber] (*fam*); **être de la même ~** vom gleichen Schlag sein

❷ *fam* (*correction*) Tracht *f* Prügel, Dresche *f* (*fam*), Abreibung *f* (*fam*); **flanquer une de ces ~s à qn** jdm eine Tracht Prügel verabreichen, jdn verdreschen (*fam*)

❸ TECH *de l'acier, du verre* Härten *nt*

trempé(e) [tʀɑ̃pe] *adj* ❶ durchnässt, klatschnass (*fam*); **~(e) de larmes** tränenüberströmt; **~(e) de sueur** schweißgebadet

❷ TECH *acier* gehärtet; *verre* vorgespannt; **en verre ~** aus Sicherheitsglas

▸ **bien ~(e)** stark; **volonté bien ~e** starker [*o* eiserner] Wille

tremper [tʀɑ̃pe] <1> **I.** *vt* ❶ durchnässen; durchtränken *sol*

❷ (*humecter*) weichen, quellen lassen *grains, semence;* befeuchten *papier*

❸ (*plonger*) **~ sa plume dans l'encre** seine Feder in die Tinte eintauchen; **~ son croissant dans son café au lait** sein Croissant in den Milchkaffee [ein]tunken; **~ ses lèvres dans une boisson** an einem Getränk nippen

❹ TECH härten *acier;* abschrecken *verre*

II. *vi* ❶ (*rester immergé*) **laisser ~ des légumes secs** Hülsenfrüchte wässern [*o* quellen lassen]; **laisser ~ le linge** die Wäsche einweichen [*o* weichen lassen]; **ta manche trempe dans l'assiette** du lässt deinen Ärmel in den Teller hängen

❷ (*participer à*) **~ dans qc** in etw (*Akk*) verwickelt sein

III. *vpr* **se ~** mal kurz ins Wasser gehen

trempette [tʀɑ̃pɛt] *f fam* kurzes Bad, [kurzer] Sprung ins Wasser; **faire ~ dans le lac** ein kurzes Bad im See nehmen, mal kurz in den See springen (*fam*)

tremplin [tʀɑ̃plɛ̃] *m* ❶ SPORT Sprungbrett *nt;* SKI Sprungschanze *f*

❷ (*aide, soutien*) Sprungbrett *nt;* **servir de ~ à qn** jdm als Sprungbrett dienen

trémulation [tʀemylasjɔ̃] *f* MED Tremor *f* (*Fachspr.*)

trench-coat [tʀɛnʃkot] <trench-coats> *m* Trenchcoat *m,* Trench *m* (*fam*)

trentaine [tʀɑ̃tɛn] *f* ❶ **une ~ de personnes/pages** etwa [*o* ungefähr] dreißig Personen/Seiten

❷ (*âge approximatif*) **avoir la ~** [*o* **une ~ d'années**] ungefähr [*o* etwa] dreißig [Jahre alt] sein; **approcher de la ~** auf die Dreißig zugehen; **avoir largement dépassé la ~** weit über dreißig [Jahre alt] sein

trente [tʀɑ̃t] **I.** *num* ❶ dreißig

❷ (*dans l'indication de l'âge, la durée*) **avoir/avoir bientôt ~ ans** dreißig [Jahre alt] sein/werden; **personne de ~ ans** Dreißigjährige(r) *f(m);* **période de ~ ans** Zeitraum *m* von dreißig Jahren

❸ (*dans l'indication de l'heure*) **à dix heures ~** um zehn Uhr dreißig

❹ (*dans l'indication des époques*) **les années ~** die dreißiger Jahre

❺ (*dans l'indication de l'ordre*) **arriver ~ ou ~ et unième** als Dreißigste(r) oder Einunddreißigste(r) kommen

II. *m inv* ❶ Dreißig *f*

❷ (*numéro*) Nummer *f* dreißig, Dreißig *f*

❸ TRANSP **le ~** die Linie [*o* Nummer] dreißig, die Dreißig (*fam*)

❹ JEUX Dreißig *f*

III. *f* (*table, chambre... numéro trente*) Dreißig *f*

◆ **~ et un(e)** einunddreißig ▸ **se mettre/être sur son ~ et un** sich in Schale werfen/geworfen haben (*fam*); *v. a.* **cinq, cinquante**

trentenaire [tʀɑ̃tnɛʀ] *adj* dreißigjährig; **être ~** dreißig Jahre alt sein; **prescription ~** Verjährungsfrist *f* von dreißig Jahren

trente-six [tʀɑ̃tsis] **I.** *num* ❶ sechsunddreißig; *v. a.* **cinq**

❷ *fam* (*une grande quantité*) zig[tausend] (*fam*), x (*fam*); **~ fois** hundertmal, x-mal (*fam*); **avoir ~ mille choses à faire** tausend Dinge zu erledigen haben

▸ **voir ~ chandelles** Sterne sehen (*fam*)

II. *m* ▸ **tous les ~ du mois** *fam* alle Jubeljahre [mal] (*fam*)

trentième [tʀɑ̃tjɛm] **I.** *adj antéposé* dreißigste(r, s)

II. *mf* **le/la ~** der/die/das Dreißigste

III. *m* (*fraction*) Dreißigstel *nt;* *v. a.* **cinquième**

trépan [tʀepɑ̃] *m* ❶ MED Trepan *m* (*Fachspr.*), Schädelbohrer *m*

❷ TECH (*machine*) (*pour le sol*) Tiefbohrer *m;* (*pour la pierre*) Bohrmeißel *m;* (*partie de la machine*) Bohrkopf *m*

trépanation [tʀepanasjɔ̃] *f* MED Trepanation *f* (*Fachspr.*)

trépaner [tʀepane] <1> *vt* MED am Schädel operieren, trepanieren (*Fachspr.*)

trépas [tʀepɑ] *m littér* Tod *m,* [Da]hinscheiden *nt* (*geh*); **passer de vie à ~** sterben, verscheiden (*geh*)

trépasser [tʀepɑse] <1> *vi littér* entschlafen (*geh*), verscheiden (*geh*), dahinscheiden (*geh*)

trépassés [tʀepase] *mpl littér* **les ~** die Verstorbenen *Pl;* **la fête des ~** Allerseelen *nt*

trépidant(e) [tʀepidɑ̃, ɑ̃t] *adj* ❶ *danse* rhythmisch; *rythme* pulsierend, hämmernd; *moteur* dröhnend

❷ (*fébrile*) pulsierend, bewegt

trépidation [tʀepidasjɔ̃] *f* ❶ *des vitres* Vibrieren *nt; du plancher* Beben *nt,* Vibrieren; *d'une machine* Dröhnen *nt*

❷ (*fébrilité*) Trubel *m,* Hektik *f*

trépider [tʀepide] <1> *vi* vibrieren; *plancher:* beben, vibrieren; *machine:* dröhnen; **faire ~ le sol** den Boden erzittern lassen

trépied [tʀepje] *m* ❶ Dreifuß *m*

❷ (*support*) Dreibein *nt; d'un appareil photo* Stativ *nt*

trépignement [tʀepiɲmɑ̃] *m* Trampeln *nt,* Getrampel *nt* (*fam*); (*de colère*) Aufstampfen *nt*

trépigner [tʀepiɲe] <1> *vi* **~ d'enthousiasme** vor Begeisterung trampeln; **~ d'impatience** vor Ungeduld von einem Fuß auf den anderen treten

très [tʀɛ] *adv* sehr; *dangereux, aimable* höchst, sehr; *nécessaire* dringend; ~ **intelligent(e)/intéressant(e)** hochintelligent/ -interessant, äußerst [*o* sehr] intelligent/interessant; **arriver** ~ **en avance** viel zu früh ankommen; **rester** ~ **en arrière** weit zurückbleiben; **être** ~ **au courant** bestens informiert sein; **avoir** ~ **faim/peur** großen Hunger/große Angst haben; **faire** ~ **attention** gut aufpassen; **il fait** ~ **province** *fam* er wirkt ziemlich hinterwäldlerisch; **pas** ~ **beau(belle)** nicht sehr [*o* besonders] [*o* sonderlich] hübsch; **ce n'est pas** ~ **nécessaire** das ist eigentlich nicht notwendig; **je ne suis pas** ~ **ciné** *fam* ich bin kein großer Kinofan; **il n'a pas été** ~, ~ **aimable** er war nicht besonders freundlich

Très-Haut [tʀɛo] *m* **le** ~ der Allerhöchste (*geh*)

trésor [tʀezɔʀ] *m* ❶ Schatz *m*
❷ *pl* (*richesses*) Schätze *Pl;* (*richesses artistiques*) Kunstschätze; *d'un pays, d'une terre* Reichtümer *Pl,* Schätze
❸ (*source précieuse*) **un** ~ **d'informations** eine Fülle von Informationen; **déployer des** ~**s de patience avec qn** jdm gegenüber grenzenlose Geduld zeigen; **dépenser des** ~**s d'ingéniosité** sich äußerst einfallsreich zeigen
❹ ADMIN, FIN **Trésor [public]** (*moyens financiers*) Staatskasse *f;* (*l'État*) öffentliche Hand; (*administration*) Finanzverwaltung *f,* Finanzbehörden *Pl;* (*bureau*) Finanzamt *nt;* **Direction du Trésor au ministère des Finances** *Abteilung Staatshaushalt im Finanzministerium*
▶ **être un** ~ ein Schatz sein; **mon** ~**!** [mein] [lieber] Schatz!

trésorerie [tʀezɔʀʀi] *f* ❶ (*fonds, ressources*) Finanzen *Pl;* (*en parlant d'une entreprise*) [Firmen]gelder *Pl*
❷ (*gestion des fonds*) Haushaltsführung *f;* (*en parlant d'une entreprise*) [betriebliches] Rechnungswesen; (*en parlant d'un État*) Etatverwaltung *f;* **rapport de** ~ Geschäftsbericht *m,* Kassenbericht
❸ (*administration*) Finanzverwaltung *f;* (*service municipal*) Finanzamt *nt*

trésorier, -ière [tʀezɔʀje, -jɛʀ] *m, f* Kassenführer(in) *m(f); d'une association, d'un club* Kassenwart *m,* Kassierer(in) *m(f); d'un parti, syndicat* Schatzmeister(in) *m(f)*

trésorier-payeur [tʀezɔʀjepɛjœʀ] <trésoriers-payeurs> *m* ~ **général** ≈ Oberfinanzdirektor(in) *m(f),* Leiter(in) *m(f)* der Finanzverwaltung [eines Departements, einer Provinz]

tressage [tʀɛsaʒ] *m* Flechten *nt*

tressaillement [tʀesajmɑ̃] *m* Zucken *nt; du corps* Zusammenzucken, Zucken; **il eut un** ~ **de joie** ein freudiges Beben durchlief ihn

tressaillir [tʀesajiʀ] <*irr*> *vi* zusammenzucken, zusammenfahren; *maison:* erzittern; *cœur:* beben; **faire** ~ **qn** jdn zusammenzucken lassen; (*de peur*) jdn erschrecken, jdn aufschrecken; ~ **de douleur/peur** vor Schmerz/Angst zusammenzucken [*o* zusammenfahren]; ~ **de joie** vor Freude [er]beben

tressauter [tʀesote] <1> *vi* ❶ *personne:* hin- und hergeworfen werden; (*dans un véhicule*) durchgerüttelt werden; *carriole, voiture:* holpern; *verre:* wackeln
❷ (*sursauter*) zusammenfahren, zusammenzucken; (*dans son sommeil, dans ses pensées*) auffahren, hochschrecken; **faire** ~ **qn** jdn erschrecken, jdn zusammenzucken lassen

tresse [tʀɛs] *f* ❶ Zopf *m,* Flechte *f* (*geh*)
❷ (*cordon*) Litze *f; d'un câble* Umflechtung *f;* MIL Tresse *f*

tresser [tʀese] <1> *vt* ❶ flechten
❷ (*confectionner*) flechten; ~ **des guirlandes de fleurs** Blumengirlanden winden [*o* flechten]

tréteau [tʀeto] <x> *m* ❶ Bock *m*
❷ THEAT **les** ~**x** die Bühne; die Bretter, die die Welt bedeuten (*geh*); **monter sur les** ~**x** zum Theater gehen, sich (*Akk*) dem Bühnenspiel zuwenden

treuil [tʀœj] *m* Winde *f*

treuillage [tʀœjaʒ] *m* Bergung *f* [mit Hilfe einer Winde]; *d'une personne* Rettung *f* [mit Hilfe einer Winde]; **être sauvé(e) par** ~ mit Hilfe einer Winde geborgen werden

treuiller [tʀœje] <1> *vt* mit einer Winde hochziehen; NAUT hieven

trêve [tʀɛv] *f* ❶ Ruhepause *f;* **s'accorder une** ~ sich (*Dat*) eine [Ruhe]pause [*o* Erholung] gönnen
❷ (*arrêt des hostilités*) Waffenruhe *f,* Kampfunterbrechung *f*
▶ **mettre une** ~ **à qc** einer S. (*Dat*) ein Ende setzen; ~ **de plaisanteries!** genug gescherzt!, Spaß beiseite!; ~ **de sous-entendus!** Schluss mit den Andeutungen!, [jetzt aber mal] Klartext! (*fam*); **sans** ~ ununterbrochen, pausenlos; **sans** ~ **ni repos** ohne Rast und Ruh[e]
◆ ~ **des confiseurs** Weihnachts- und Neujahrspause *f* (*Unterbrechung der politischen und diplomatischen Tätigkeit während der Feiertage zum Jahresende*)

Trèves [tʀɛv] Trier *nt*

trévise [tʀeviz] *f* Radicchio *m*

tri¹ [tʀi] *m* ❶ [Aus]sortieren *nt;* **faire le** ~ **de qc** eine Auswahl zwischen etw (*Dat*) treffen
❷ POST Sortieren *nt;* **le [bureau de]** ~**, le centre de** ~ **[postal]** die Sortierstelle, das Briefverteilzentrum
❸ INFORM **effectuer un** ~ **croissant/décroissant** aufsteigend/absteigend sortieren
◆ ~ **des déchets** Mülltrennung *f,* Abfalltrennung

tri² [tʀi] *m abr de* **triporteur**

triade [tʀijad] *f* Dreiergruppe *f; a.* LITTER, REL Triade *f* (*geh*); *de personnes* Terzett *nt*

triage [tʀijaʒ] *m* CHEMDFER Rangieren *nt;* **gare de** ~ Rangierbahnhof *m*

trial [tʀijal] *m* Moto-Cross-Rad *nt;* (*course*) Moto-Cross[-Rennen *nt*] *nt;* **faire du** ~ Moto-Cross fahren

triangle [tʀijɑ̃gl] *m* ❶ GEOM Dreieck *nt;* **en** ~ dreieckig
❷ AUT ~ **de présignalisation** Warndreieck *nt*
❸ MUS Triangel *m*
◆ ~ **des Bermudes** Bermudadreieck *nt*

triangulaire [tʀijɑ̃gylɛʀ] **I.** *adj* ❶ dreieckig; *prisme, pyramide* dreiseitig
❷ (*à trois*) *accord, débat* zu dritt, zwischen drei Parteien; **relation** ~ Dreiecksbeziehung *f*
II. *f* POL Dreikampf *m,* Wahl *f* mit drei Kandidaten

triangulation [tʀiɑ̃gylasjɔ̃] *f* Triangulation *f*

trias [tʀijɑs] *m* Trias[formation *f*] *f*

triathlon [tʀi(j)atlɔ̃] *m* Triathlon *m*

triathlonien(ne) [tʀi(j)atlɔnjɛ̃, jɛn] *m(f)* Triathlet(in) *m(f)*

triatomique [tʀiatɔmik] *adj* CHIM dreiatomig

tribal(e) [tʀibal, o] <-aux> *adj* **organisation** ~**e** Stammesorganisation *f;* **violences** ~**es** gewalttätige Stammeskonflikte [*o* Stammesfehden] *Pl*

tribalisme [tʀibalism] *m* Tribalismus *m*

triboélectricité [tʀiboelɛktʀisite] *f* PHYS Reibungselektrizität *f*

tribord [tʀibɔʀ] *m* Steuerbord *nt kein Pl;* **à** ~ steuerbord[s]; (*direction*) nach Steuerbord; **le côté de** ~ die Steuerbordseite

tribu [tʀiby] *f* ❶ SOCIOL Stamm *m,* Stammesverband *m*
❷ *iron* (*grande famille*) Sippe *f,* Sippschaft *f* (*pej*)

tribulations [tʀibylasjɔ̃] *fpl* unerfreuliche [*o* missliche *geh*] Abenteuer *Pl;* **il n'est pas au bout de ses** ~ ihm steht noch einiges bevor, er hat noch einiges auszustehen

tribun [tʀibœ̃] *m* ❶ HIST (*militaire*) Tribun *m;* (*civile*) [Volks]tribun *m*
❷ (*orateur*) Volkstribun *m*

tribunal [tʀibynal, o] <-aux> *m* ❶ Gericht *nt;* **porter une affaire devant le** ~ [*o* **les tribunaux**] mit einer Sache vor Gericht gehen, eine Sache gerichtlich klären lassen; ~ **administratif** Verwaltungsgericht; ~ **correctionnel** Strafgericht [der zweiten Instanz]; ~ **compétent** zuständiges Gericht; ~ **fédéral** CH (*cour suprême de la Suisse*) Bundesgericht; ~ **de première/dernière instance** Gericht erster/letzter Instanz
❷ (*bâtiment*) Gericht[sgebäude *nt*] *nt*
❸ *littér* (*juge suprême*) Tribunal *nt;* **le** ~ **de l'histoire** das

T

Urteil der Geschichte
❹ REL ~ **suprême** höchstes Gericht, Gericht *nt* Gottes
◆ ~ **de cassation** Kassationsgericht *nt;* ~ **de commerce** Handelsgericht *nt;* ~ **de droit commun** ordentliches Gericht; ~ **d'exception** Sondergericht *nt;* ~ **de grande instance** Zivilgericht *nt* [der zweiten Instanz]; ~ **d'instance** Zivilgericht *nt* [der ersten Instanz]; ~ **de police** ≈ Amtsgericht *nt* für Strafsachen; ~ **pour enfants** Jugendgericht *nt*
tribune [tʀibyn] *f* ❶ [Redner]tribüne *f*
❷ (*galerie surélevée*) [Zuhörer]tribüne *f; d'une église* Empore *f;* SPORT *d'un champ de courses, stade* [Zuschauer]tribüne; ~ **d'orgue** Orgelempore
❸ (*lieu d'expression*) Forum *nt,* Plattform *f;* (*dans un journal*) Kolumne *f;* (*à la radio*) eigene Sendung; (*débat*) Podiumsdiskussion *f;* ~ **libre d'un journal** Leserbriefkolumne einer Zeitung
▶ **monter à la** ~ auf die [Redner]tribüne steigen; (*prendre la parole*) das Wort ergreifen
tribut [tʀiby] *m* ❶ HIST Tribut *m*
❷ (*sacrifice*) Tribut *m;* **le** ~ **du sang** der Blutzoll; **le** ~ **payé à la route est très lourd** der Straßenverkehr fordert einen hohen Tribut; **payer son** ~ **à la vie/à la nation** dem Leben/dem Volk gegenüber seine Schuldigkeit tun
tributaire [tʀibytɛʀ] *adj* ❶ ~ **de qn/qc** abhängig von jdm/etw; ~ **d'un pays/du revenu de sa femme** auf ein Land/das Einkommen seiner Frau angewiesen; **être** ~ **de dates fixes** an feste Termine gebunden sein
❷ GEOG **être** ~ **d'un lac/de la mer** in einen See/das Meer fließen [*o* münden]; **être** ~ **du Rhin** in den Rhein münden, ein Nebenfluss des Rheins sein
tricentenaire [tʀisɑ̃tnɛʀ] I. *adj* dreihundertjährig; **être** ~ dreihundert Jahre alt sein
II. *m d'une personne, chose* dreihundertster Geburtstag; *d'un événement* dreihundertster Jahrestag; (*cérémonie*) Dreihundertjahrfeier *f*
tricéphale [tʀisefal] *adj* dreiköpfig
triceps [tʀisɛps] *m* Trizeps *m*
triche [tʀiʃ] *f fam* Betrug *m,* Beschiss *m* (*sl*); (*au jeu*) Schummeln *nt* (*fam*), Schummelei *f* (*fam*), Mogeln *nt* (*fam*), Mogelei *f* (*fam*); **c'est** [*o* **y a**] **de la** ~ das ist Beschiss (*fam*); (*au jeu*) das ist geschummelt [*o* gemogelt] (*fam*)
tricher [tʀiʃe] <1> *vi* ❶ betrügen, ein falsches Spiel spielen; ~ **au tennis/foot** beim Tennis[-]/Fußball[spiel] gegen die Regeln verstoßen; ~ **aux cartes/à l'examen** beim Kartenspiel/in der Prüfung schummeln [*o* mogeln] (*fam*); ~ **en affaires** bei Geschäften betrügen [*o* tricksen *fam*]
❷ (*tromper*) ~ **en amour/dans ses sentiments** in Sachen Liebe unehrlich [*o* untreu] sein; ~ **avec qn** jdn betrügen [*o* hintergehen], ein falsches Spiel mit jdm treiben; ~ **avec la vérité** die Wahrheit beschönigen; ~ **sur le prix** den Preis verfälschen; ~ **sur son âge** sich für jünger [*o* älter] ausgeben, als man ist
tricherie [tʀiʃʀi] *f* Betrügerei *f;* (*au jeu, à l'examen*) Schummeln *nt* (*fam*), Schummelei *f* (*fam*), Mogeln *nt* (*fam*), Mogelei *f* (*fam*)
tricheur, -euse [tʀiʃœʀ, -øz] I. *adj* **être** ~(**-euse**) [viel [*o* gern]] schummeln [*o* mogeln] (*fam*), ein(e) Schummler(in) sein (*fam*)
II. *m, f* Betrüger(in) *m(f);* (*au jeu, à l'examen*) Schummler(in) *m(f),* Mogler(in) *m(f);* (*aux cartes*) Falschspieler(in) *m(f)*
trichine [tʀikin] *f* BIO Trichine *f*
trichiné(e) [tʀikine] *adj* MED *muscle* trichinös
trichloréthylène [tʀiklɔʀetilɛn] *m* Trichloräth[yl]en *nt*
trichromie [tʀikʀɔmi] *f* TECH Dreifarbenverfahren *nt,* Dreifarbendruck *m*
tricolore [tʀikɔlɔʀ] I. *adj* ❶ blauweißrot; **le drapeau** ~ die Trikolore
❷ (*français*) *succès* französisch; **l'équipe** ~ die französische Nationalmannschaft
❸ (*de trois couleurs*) dreifarbig
II. *mpl* SPORT **les** ~**s** die französische Nationalmannschaft
tricorne [tʀikɔʀn] *m* Dreispitz *m*
tricot [tʀiko] *m* ❶ Pullover *m;* (*gilet tricoté*) Strickweste *f;* **des** ~**s** Stricksachen *Pl,* Strickwaren *Pl;* **entreprise de** ~ Strickwarenhersteller *m*
❷ TECH (*étoffe*) Gestrickte(s) *nt,* Strickware *f;* **une jupe en** [*o* **de**] ~ ein [gestrickter] Wollrock; **une veste en** [*o* **de**] ~ eine Strickjacke
❸ (*action*) Stricken *nt;* **faire du** ~ stricken
◆ ~ **de corps** Unterhemd *nt*
tricotage [tʀikɔtaʒ] *m* Stricken *nt*
tricoter [tʀikɔte] <1> I. *vt* stricken; verstricken *coton, laine;* **tricoté(e) à la main/à la machine** hand-/maschinengestrickt
II. *vi* ❶ stricken; **aiguille à** ~ Stricknadel *f*
❷ *fam* (*agiter les jambes*) ~ **des jambes** (*pour danser*) [wild] herumhüpfen, herumzappeln; (*pour courir*) die Beine unter den Arm nehmen (*fam*)
tricoteur, -euse [tʀikotœʀ, -øz] *m, f* Stricker(in) *m(f)*
tricoteuse [tʀikɔtøz] *f* Strickmaschine *f*
trictrac [tʀiktʀak] *m* Tricktrack *nt,* Puff[spiel *nt*] *nt*
tricycle [tʀisikl] *m* Dreirad *nt*
trident [tʀidɑ̃] *m* PECHE dreizackiger Fischspeer; AGR [dreizinkige] Heugabel; MYTH Dreizack *m*
tridimensionnel(le) [tʀidimɑ̃sjɔnɛl] *adj* dreidimensional
trièdre [tʀijɛdʀ] I. *adj prisme* dreikantig; *pyramide* dreiseitig
II. *m* Dreikant *m o nt*
triennal(e) [tʀijenal, o] <-aux> *adj* ❶ dreijährig; **plan** ~ Dreijahresplan *m;* **assolement** ~ Dreifelderwirtschaft *f*
❷ (*qui a lieu tous les trois ans*) alle drei Jahre stattfindend, dreijährlich; **prix** ~ Preis, der alle drei Jahre verliehen wird
trier [tʀije] <1a> *vt* ❶ auswählen, aussuchen; assortieren *fruits, habits;* auslesen, verlesen *graines, haricots*
❷ (*classer*) sortieren, ordnen; rangieren *wagons;* ~ **par ordre croissant/décroissant** aufsteigend/absteigend sortieren
trière [tʀijɛʀ] *f* HIST Triere *f*
trieur [tʀijœʀ] *m* ❶ ~ **de légumes** Mann, der Gemüse sortiert
❷ MIN Sortiermaschine *f;* AGR Trieur *m*
trieuse [tʀijøz] *f* ❶ ~ **de légumes** Frau, die Gemüse sortiert
❷ TECH (*machine*) Sortiermaschine *f;* (*pour des cartes perforées*) Lochkartenmaschine *f*
❸ ADMIN Vorordner *m;* (*fixé au mur*) Sortieranlage *f*
trifoliolé(e) [tʀifɔljɔle] *adj* dreiblättrig
trifouiller [tʀifuje] <1> *vi fam* herumwühlen (*fam*), herumkramen (*fam*), herumstöbern (*fam*); ~ **dans son moteur** am/an seinem Motor herumfummeln (*fam*); **qui a trifouillé dans mes affaires?** wer hat in meinen Sachen [herum]gewühlt [*o* meine Sachen durchstöbert]?
trigo [tʀigo] *f fam abr de* **trigonométrie**
trigonométrie [tʀigɔnɔmetʀi] *f* Trigonometrie *f*
trigonométrique [tʀigɔnɔmetʀik] *adj* trigonometrisch
trijumeau [tʀiʒymo] ANAT I. *adj* **nerf** ~ Trigeminus *m*
II. *m* Trigeminus *m*
trilatéral(e) [tʀilateʀal, o] <-aux> *adj* ❶ ECON, POL trilateral, dreiseitig
❷ GEOM *rare* dreiseitig
trilingue [tʀilɛ̃g] I. *adj* dreisprachig
II. *mf* Dreisprachige(r) *f(m),* jemand, der drei Sprachen spricht; **être** ~ dreisprachig sein
trille [tʀij] *m* Triller *m*
trillion [tʀiljɔ̃] *m* Trillion *f*
trilobé(e) [tʀilɔbe] *adj* BOT dreilappig; ARCHIT kleeblattförmig
trilogie [tʀilɔʒi] *f* Trilogie *f*
trimaran [tʀimaʀɑ̃] *m* Trimaran *m*
trimbal[l]age [tʀɛ̃balaʒ] *m,* **trimbal[l]ement** [tʀɛ̃balmɑ̃] *m fam de meubles* Schlepperei *f* (*fam*), Geschleppe *nt* (*fam*); *de personnes* Herumkutschiererei *f* (*fam*)
trimbal[l]er [tʀɛ̃bale] <1> I. *vt fam* ❶ herumschleppen (*fam*);

(*en voiture*) herumkutschieren (*fam*); schleppen *bagages;* [mit sich] herumschleppen *achats;* ~ **qn à travers les rues** jdn durch die Straßen schleppen (*fam*); ~ **qn partout [avec soi]** jdn überallhin mitschleppen (*fam*)
❷ (*détenir*) **qu'est-ce qu'il trimbal[l]e!** mein Gott, ist der blöd! (*fam*), wie kann man nur so doof sein! (*fam*)
II. *vpr fam* **se ~ dans les rues** durch die Straßen schlendern; **se ~ en voiture** [mit dem Auto] herumfahren [*o* spazieren fahren]

trimer [tʀime] <1> *vi* schuften (*fam*), sich abrackern (*fam*); **faire ~ les ouvriers** die Arbeiter schinden [*o* hart herannehmen]

trimestre [tʀimɛstʀ] *m* ❶ Vierteljahr *nt,* Quartal *nt;* SCOL Trimester *nt;* **au premier ~** im ersten Quartal/Trimester; **au dernier ~** im letzten Quartal/Trimester
❷ (*somme*) vierteljährliche Zahlung, Quartalszahlung *f;* **~ de rente** vierteljährliche Ertragszahlung; **un ~ de loyer** die Miete für ein Quartal; **un ~ de frais de scolarité** das Schulgeld für ein Trimester

trimestriel(le) [tʀimɛstʀijɛl] *adj paiement* vierteljährlich; *retraite* vierteljährlich ausgezahlt; *publication* vierteljährlich erscheinend; **bulletin ~** Trimesterzeugnis *nt,* Vierteljahreszeugnis; **composition ~le** Trimesterabschlussarbeit *f,* Trimesterklausur *f;* **le paiement de la rente est ~** die [Renten]zahlung erfolgt vierteljährlich [*o* quartalsweise]

trimestriellement [tʀimɛstʀijɛlmɑ̃] *adv* vierteljährlich, alle drei Monate

trimoteur [tʀimɔtœʀ] *m* AVIAT dreimotoriges Flugzeug *nt*

tringle [tʀɛ̃gl] *f* Stange *f;* **~ à rideaux** Gardinenstange

tringlot [tʀɛ̃glo] *m* Soldat *m* eines Versorgungszugs

Trinité [tʀinite] *f* **la [Sainte] ~** die Dreieinigkeit, die Dreifaltigkeit, die Trinität; **la fête de la ~** das Dreifaltigkeitsfest, Trinitatis *nt* (*Fachspr.*)

trinôme [tʀinom] *m* MATH Trinom *nt*

trinquer [tʀɛ̃ke] <1> *vi* ❶ **~ à la santé de qn** auf jdn anstoßen
❷ *fam* (*pâtir*) **~ pour qn** es für jdn ausbaden [müssen] (*fam*), für jdn den Kopf hinhalten (*fam*); **faire ~ qn** es jdm heimzahlen [*o* geben *fam*]

trio [tʀijo] *m a.* MUS Trio *nt,* Terzett *nt*

triolet [tʀijɔlɛ] *m* MUS Triole *f*

triomphal(e) [tʀijɔ̃fal, o] <-aux> *adj* triumphal; *accueil* begeistert; *retour* stürmisch umjubelt, triumphal; *étape* ruhmreich; **marche ~e** Triumphmarsch *m*

triomphalement [tʀijɔ̃falmɑ̃] *adv* triumphierend; *accueillir* jubelnd, mit stürmischem Jubel; **élu(e) ~** mit überwältigender Mehrheit gewählt

triomphalisme [tʀijɔ̃falism] *m* Siegesgewissheit *f,* [übersteigerte] Siegessicherheit; (*après un succès*) Triumphgefühl *nt,* [übersteigerte] Siegesfreude, Siegestaumel *m*

triomphaliste [tʀijɔ̃falist] *adj* [übertrieben [*o* allzu]] siegesgewiss [*o* siegessicher]; (*après un succès*) triumphierend; *chiffres, rapport* glorifizierend

triomphant(e) [tʀijɔ̃fɑ̃, ɑ̃t] *adj* triumphierend; *personne* siegreich, triumphierend

triomphateur, -trice [tʀijɔ̃fatœʀ, -tʀis] **I.** *adj air* triumphierend; *nation, parti* siegreich
II. *m, f* Sieger(in) *m(f)*

triomphe [tʀijɔ̃f] *m* ❶ Triumph *m;* **~ de la justice** Triumph [*o* Sieg *m*] der Gerechtigkeit; **~ de la mini-jupe** Siegeszug *m* der Minimode
❷ (*grand succès*) Triumph *m,* triumphaler Erfolg; **faire un ~** einen Triumph feiern; **remporter un véritable ~** einen wahren Triumph feiern; **faire un ~ à qn** jdm einen triumphalen Empfang bereiten
❸ (*joie rayonnante*) Triumph[gefühl *nt*] *m,* Siegesfreude *f;* **cris de ~** Triumphgeschrei *nt;* **avec un air de ~** mit Siegermiene, siegessicher
❹ HIST Triumphzug *m;* **porter qn en ~** jdn [im Triumphzug] auf den Schultern tragen

triompher [tʀijɔ̃fe] <1> *vi* ❶ triumphieren, siegen; *personne:* siegen, den Sieg davontragen; *vérité:* ans Licht kommen; *doctrine, mode:* sich durchsetzen; **~ d'un adversaire/d'une maladie** einen Gegner/eine Krankheit besiegen; **~ de la haine/peur** den Hass/die Angst überwinden [*o* besiegen]; **~ d'un obstacle** ein Hindernis überwinden; **le bons sens triomphe de la bêtise** die Vernunft siegt über [*o* bezwingt] die Dummheit; **faire ~ un politique/parti** einem Politiker/einer Partei zum Sieg verhelfen; **faire ~ une idée** eine Idee durchsetzen
❷ (*crier victoire*) triumphieren, jubeln
❸ (*faire un triomphe*) einen [großen] Triumph feiern, großen Erfolg haben

trip [tʀip] *m fam* Trip *m*

tripaille [tʀipɑj] *f fam* Eingeweide *Pl,* Innereien *Pl*

triparti(e) [tʀipaʀti] *adj v.* **tripartite**

tripartisme [tʀipaʀtism] *m* Dreiparteiensystem *nt*

tripartite [tʀipaʀtit] *adj* dreiseitig, dreigeteilt; POL trilateral (*Fachspr.*); **gouvernement ~** Dreiparteienregierung *f;* **union ~** Dreimächtebündnis *nt*

tripatouillage [tʀipatujaʒ] *m fam* Machenschaften *Pl* (*pej*), Manipulation *f;* (*en parlant des affaires*) faule Geschäfte [*o* Machenschaften] *Pl* (*pej*); (*lors des élections*) Schiebung *f* (*fam*), Manipulation; **~ fiscal** Steuerbetrügerei *f* (*fam*)

tripatouiller [tʀipatuje] <1> *vt fam* ❶ (*trafiquer*) manipulieren, verfälschen; herumpfuschen an (+ *Dat*) (*pej fam*), manipulieren *texte*
❷ befummeln (*fam*), betatschen (*fam*) *personne;* herumfummeln an (+ *Dat*) (*fam*) *objet*

tripatouilleur, -euse [tʀipatujœʀ, -jøz] *m, f fam* ❶ Fälscher(in) *m(f);* (*en affaires*) Betrüger(in) *m(f);* **un ~ de résultats électoraux** ein Wahlbetrüger *m*
❷ (*touche-à-tout*) Grapscher(in) *m(f)* (*fam*), Fummler(in) *m(f)* (*fam*)

tripe [tʀip] *f* ❶ *pl* GASTR Kaldaunen *Pl,* Kutteln *Pl* (SDEUTSCH), Gekröse *nt;* **~s à la mode de Caen** *Kaldaunen, mit Zwiebeln und Karotten gegart und mit Calvados verfeinert*
❷ *pl fam* (*boyau de l'homme*) Eingeweide *Pl,* Gedärm[e *Pl*] *nt*
❸ *pl fam* (*ventre*) Bauch *m*
▶ **avoir quelque chose dans les ~s** *fam* Mumm [in den Knochen] haben (*fam*); **prendre qn aux ~s** *fam nouvelle, accident:* [jdm] unter die Haut gehen (*fam*); *misère, violence:* [jdm] an die Nieren gehen (*fam*); **faire qc avec ses ~s** *fam* (*avec enthousiasme*) etw mit Leib und Seele tun; (*intuitivement*) etw aus dem Bauch heraus tun (*fam*)

triperie [tʀipʀi] *f* ❶ *Metzgerei, die auf Innereien spezialisiert ist*
❷ (*abats*) Innereien *Pl*

triphasé [tʀifɑze] *m* Drehstrom *m,* Dreiphasenstrom *m*

triphasé(e) [tʀifɑze] *adj* **courant ~** Drehstrom *m,* Dreiphasenstrom *m;* **être ~(e)** mit Drehstrom [*o* Dreiphasenstrom] funktionieren

tripier, -ière [tʀipje, -jɛʀ] *m, f Metzger(in) in einer „triperie"*

triplace [tʀiplas] *adj* dreisitzig; **bob[sleigh] ~** Dreierbob *m;* **avion ~** Dreisitzer *m*

triple [tʀipl] **I.** *adj* dreifach; **être ~ de qc** dreimal so groß [*o* hoch] wie etw sein; **cela coûte le ~ prix** das ist dreimal so teuer, das kostet dreimal so viel; **sous un ~ aspect** unter drei verschiedenen Gesichtspunkten
II. *m* ❶ **le ~ du prix** das Dreifache des Preises; **le ~ de temps** dreimal so viel Zeit; **9 est le ~ de 3** 9 ist das Dreifache von 3; **gagner le ~ de qn** dreimal so viel wie jd verdienen; **en ~** in dreifacher Ausführung, dreifach
❷ JEUX Dreier *m*

triplé [tʀiple] *m* SPORT dreifacher Sieg, Dreifachsieg *m;* (*trois victoires de suite*) Hattrick *m;* (*les trois premières places*) die ersten drei Plätze

triplement [tʀipləmɑ̃] **I.** *adv* ❶ dreifach

❷ *(tout à fait)* hundertprozentig; *vrai* absolut; *important* ganz besonders; **avoir ~ raison** hundertprozentig [*o* völlig] Recht haben
II. *m* ❶ Verdreifachung *f*
❷ *(agrandissement)* Erweiterung *f,* Ausbau *m; d'une autoroute, voie* Bau *m* einer dritten Spur; *du chemin de fer* Bau [*o* Hinzufügen *nt*] eines dritten Gleises
tripler [tʀiple] <1> **I.** *vt* ❶ verdreifachen
❷ *(agrandir de trois éléments)* **~ l'autoroute** eine dritte Autobahnspur [aus]bauen; **~ une ligne de chemin de fer** [auf der Zugstrecke] ein drittes Gleis hinzufügen
II. *vi* sich verdreifachen, auf das Dreifache ansteigen; **~ de poids** sein Gewicht verdreifachen, das Dreifache wiegen; **~ de valeur** seinen Wert verdreifachen, das Dreifache wert sein
triplés, triplées [tʀiple] *mpl* Drillinge *Pl*
triplex®[1] [tʀiplɛks] *m (verre)* Verbund[sicherheits]glas *nt*
triplex[2] [tʀiplɛks] *m* dreigeschossige [Maisonette]wohnung, Wohnung *f* über drei Etagen
triporteur [tʀipɔʀtœʀ] *m* Lieferdreirad *nt*
tripot [tʀipo] *m péj* Spielhölle *f (pej)*
tripotage [tʀipɔtaʒ] *m* ❶ Manipulationen *Pl,* Machenschaften *Pl (pej)*; **~s électoraux** Wahlschiebung *f (fam),* Wahlmanipulationen
❷ *(tripatouillage)* Herumwühlen *nt;* **~ dans un moteur** Herumbasteln *nt* an einem Motor *(fam)*
❸ *(toucher avec insistance)* Betatschen *nt (fam),* Befingern *nt (fam),* Begrapschen *nt (fam)*
tripotée [tʀipɔte] *f vieilli fam* ❶ **une ~ d'admirateurs/de livres** eine Menge [*o* ein Haufen *fam*] Bewunderer/Bücher; **avoir une ~ d'enfants** einen ganzen Stall voll Kinder haben *(fam)*
❷ *(raclée)* Tracht *f* Prügel *(fam),* Dresche *f (fam)*; **flanquer une ~ à qn** jdm eine Tracht Prügel verpassen *(fam)*
tripoter [tʀipɔte] <1> **I.** *vt* ❶ herumspielen mit [*o* an + *Dat*] *(fam) objets;* betatschen *(fam),* begrapschen *(fam) fruits;* herumfummeln an (+ *Dat*) *(fam) bouton;* herumspielen an (+ *Dat*) *(fam) appareil*
❷ *(toucher avec insistance)* betatschen *(fam),* befummeln *(fam),* begrapschen *(fam)*; **il lui tripotait les seins** er betatschte [*o* begrapschte] ihre Brüste *(fam)*
II. *vi* ❶ **~ dans un tiroir** in einer Schublade [herum]kramen [*o* [herum]wühlen] *(fam)*
❷ *(trafiquer)* dunkle Geschäfte machen
III. *vpr* ❶ **se ~** sich betatschen *(fam),* sich befummeln *(fam)*; *fam garçon, homme:* sich *(Dat)* einen runterholen *(sl),* wichsen *(sl)*
❷ *(triturer)* **se ~ la barbe en parlant** beim Sprechen an seinem Bart herumspielen [*o* herumzwirbeln]
tripoteur, -euse [tʀipɔtœʀ, -øz] *m, f* ❶ Fummler(in) *m(f) (fam),* Grapscher(in) *m(f) (fam)*
❷ *(bricoleur)* Stümper *m (pej),* Pfuscher *m (pej fam)*
❸ *(trafiquant)* Schieber *m*
tripous, tripoux [tʀipu] *mpl* GASTR *Kaldaunen mit Kalbsgekröse und Hammelbein*
triptyque [tʀiptik] *m* Triptychon *nt*
trique [tʀik] *f* Knüppel *m;* **recevoir la ~** eins [*o* ein paar] mit dem Knüppel übergezogen kriegen *(fam)*
▸ **être sec(sèche) comme un coup de ~** nur Haut und Knochen sein; **éducation à la ~** Erziehung[smethoden *Pl*] *f* mit Drill; **faire marcher qn à la ~** jdn an die Kandare nehmen; **mener qn à la ~** jdn unter der Knute halten
trisaïeul(e) [tʀizajœl] <s> *m(f)* Ururgroßvater *m*/-mutter *f*
trisannuel(le) [tʀizanɥɛl] *adj rare* ❶ dreijährlich, alle drei Jahre stattfindend; **cette fête est ~le** diese Feier findet alle drei Jahre statt
❷ *(qui dure trois ans) plante* dreijährig
trisomie [tʀizɔmi] *f* Trisomie *f;* **~ 21** Trisomie 21
trisomique [tʀizɔmik] *adj v.* **mongolien**

trisser [tʀise] <1> *vpr* **se ~** *fam* sich verdrücken *(fam),* sich verziehen *(fam)*
triste [tʀist] *adj* ❶ traurig; *personne* trübsinnig, traurig; *air* trübselig; **avoir l'air ~** ein trauriges Gesicht machen, traurig aussehen; **être ~ de son échec au bac** wegen seines Scheiterns [*o* über sein Scheitern] im Abi traurig sein; **être ~ de devoir partir** traurig sein weggehen [*o* abreisen] zu müssen; **je suis ~ que tu partes déjà** ich bin traurig, dass du schon gehst; **je suis ~ à l'idée de ton départ/à l'idée que tu partes** [*o* **pars**] der Gedanke an deine Abreise macht mich traurig/ich bin traurig, wenn ich daran denke, dass du gehst
❷ *a. antéposé* traurig; *pensée* trostlos, trübselig; *paysage, région* trostlos, trist; *couleur, bâtiment* trist; *temps, journée* trübe, trist
❸ *antéposé (affligeant) nouvelle* traurig; *événements, destin* tragisch, traurig; *mine* kläglich, traurig; *épreuve* schmerzlich; **avoir une ~ mine** schlecht [*o* elend] aussehen; **être dans un ~ état** sich in einem traurigen [*o* kläglichen] Zustand befinden; **c'est bien ~** das ist sehr traurig [*o* schlimm]; **il est de mon ~ devoir de vous dire...** ich habe die traurige Pflicht Ihnen mitzuteilen, ...
❹ *antéposé péj (déplorable) époque, mémoire* traurig; *lieu* trist, traurig; *affaire* unerfreulich, traurig; *résultats* kümmerlich, kläglich; **être un ~ sire** [*o* **personnage**] eine unrühmliche Figur sein
▸ **être ~ à pleurer** zum Heulen sein *(fam)*; **ne pas être ~** *fam personne:* eine Nummer für sich sein *(fam)*; *soirée, voyage:* ein Erlebnis [*o* Abenteuer] sein; **c'était pas ~!** da war vielleicht was los! *(fam)*
tristement [tʀistəmɑ̃] *adv* ❶ *regarder* traurig, voll[er] Trauer; *parler, raconter* voll[er] Traurigkeit, betrübt
❷ *(de façon lugubre)* traurig; *ressentir* wehmütig, auf bedrückende Art
❸ *(cruellement)* auf traurige Weise; **une histoire restée ~ célèbre** ein Geschichte von trauriger Berühmtheit
tristesse [tʀistɛs] *f* ❶ Traurigkeit *f,* Niedergeschlagenheit *f;* **la ~ de la journée/du temps** die Trostlosigkeit des Tages/des Wetters
❷ *(chagrin)* Trauer *f*
tristounet(te) [tʀistunɛ, ɛt] *adj fam* traurig; *nouvelles* deprimierend, traurig; *temps* trist; **avoir l'air ~** ziemlich down aussehen *(fam)*
trithérapie [tʀiteʀapi] *f* MED *(contre le sida)* Kombitherapie *f*
tritium [tʀitjɔm] *m* Tritium *nt*
triton[1] [tʀitɔ̃] *m* ❶ ZOOL [Wasser]molch *m*
❷ MYTH **Triton** Triton *m*
triton[2] [tʀitɔ̃] *m* MUS Tritonus *m*
trituration [tʀityʀasjɔ̃] *f* ❶ Zermahlen *nt*
❷ TECH *(broyage)* Zerreiben *nt; (pilage)* Zerstoßen *nt; (malaxage)* Durchkneten *nt*
triturer [tʀityʀe] <1> **I.** *vt* ❶ zerkleinern; zerkauen, zermahlen *aliments;* zerstoßen, zerreiben *médicament, sel;* **~ les muscles à qn** jdm die Muskeln durchkneten [*o* durchwalken *fam*]
❷ *(tripoter)* knautschen *(fam) veste;* knüllen *(fam) mouchoir;* herumkauen auf (+ *Dat*) *(fam) crayon*
❸ *(dénaturer)* manipulieren *opinion;* auseinander nehmen *texte;* verdrehen *pensée*
II. *vpr fam* **se ~ la cervelle** [*o* **les méninges**] sich *(Dat)* das Hirn zermartern *(fam)*
triumvirat [tʀijɔmviʀa] *m* Triumvirat *nt*
trivalent(e) [tʀivalɑ̃, ɑ̃t] *adj* CHIM dreiwertig
trivial(e) [tʀivjal, jo] <-aux> *adj* ❶ ordinär; *mot, expression* anstößig, ordinär; *plaisanterie* primitiv, ordinär; **avoir un langage ~** sich ordinär [*o* vulgär] ausdrücken
❷ *(ordinaire)* banal; *détail* trivial, banal, belanglos; *objet* gewöhnlich, banal
❸ MATH *(évident)* trivial
trivialement [tʀivjalmɑ̃] *adv* ordinär, vulgär; *se conduire* unschicklich, primitiv

tristesse/déception/consternation

• exprimer la tristesse	• Traurigkeit ausdrücken
Ça me rend triste que nous ne nous entendions pas bien.	**Es macht/stimmt mich traurig, dass** wir uns nicht verstehen.
C'est tellement dommage qu'il se laisse aller de la sorte.	**Es ist so schade, dass** er sich so gehen lässt.
Ces événements **me dépriment.**	Diese Ereignisse **deprimieren mich.**
• exprimer la déception	**• Enttäuschung ausdrücken**
Je suis (très) déçu(e) par sa réaction.	**Ich bin über** seine Reaktion **(sehr) enttäuscht.**
Tu m'as (terriblement) déçu(e).	**Du hast mich (schwer) enttäuscht.**
Je n'aurais pas cru ça de sa part.	**Das hätte ich nicht von ihr/ihm erwartet.**
J'aurais souhaité autre chose.	**Ich hätte mir etwas anderes gewünscht.**
• exprimer la consternation	**• Bestürzung ausdrücken**
Ce n'est pas croyable!	**Das ist (ja) nicht zu fassen!**
Mais c'est monstrueux!	**Das ist (ja) ungeheuerlich!**
C'est le bouquet!/C'est le comble!	**Das ist ja (wohl) die Höhe!**
Mais tu veux rire!	**Das kann doch nicht dein Ernst sein!**
Je n'y crois pas!	**Ich fasse es nicht!**
Je suis bouleversé(e).	**Das bestürzt mich.**
Mais ce n'est pas possible!	**Das kann/darf (doch wohl) nicht wahr sein!**

trivialité [tʀivjalite] *f* ❶ Primitivität *f*, Gewöhnlichkeit *f*; **la ~ de ses manières** sein ungehobeltes [*o* primitives] Benehmen; **tes plaisanteries sont d'une ~!** deine Witze sind vielleicht primitiv [*o* ordinär]!
❷ (*banalité*) Banalität *f*, Trivialität *f*, Belanglosigkeit *f*

troc [tʀɔk] *m* ❶ ~ Tauschgeschäft *nt*, Tausch *m*; **faire un ~ avec qn** mit jdm ein Tauschgeschäft machen [*o* eingehen]
❷ (*système économique*) **le ~** der Tauschhandel

troène [tʀɔɛn] *f* BOT Liguster *m*

troglodyte [tʀɔglɔdit] **I.** *adj v.* **troglodytique**
II. *m* ❶ Höhlenmensch *m*, Höhlenbewohner *m*
❷ ORN Zaunkönig *m*

troglodytique [tʀɔglɔditik] *adj* **habitations ~s** Höhlenwohnungen *Pl*

trogne [tʀɔɲ] *f fam* Rübe *f* (*fam*); (*d'un buveur*) Säufergesicht *nt*

trognon [tʀɔɲɔ̃] *m* Kernhaus *nt*, [Kern]gehäuse *nt*; *de chou* Strunk *m*

troïka [tʀɔika] *f* Troika *f*

trois [tʀwa] **I.** *num* ❶ drei
❷ (*dans l'indication de l'âge, la durée*) **avoir/avoir bientôt ~ ans** drei [Jahre alt] sein/werden; **enfant de ~ ans** Dreijährige(r) *f(m)*; **période de ~ ans** Zeitraum *m* von drei Jahren
❸ (*dans l'indication de l'heure*) **il est ~ heures** es ist drei [Uhr]
❹ (*dans l'indication de la date*) **le ~ mars** *geschrieben:* **le 3 mars** der dritte März *écrit:* der 3. März
❺ (*dans l'indication de l'ordre*) **arriver ~ ou quatrième** als Dritte(r) oder Vierte(r) kommen
❻ (*dans les noms de personnages*) **Henri III** *gesprochen:* **Henri ~** Heinrich III. *oral:* Heinrich der Dritte
▸ **en ~ mots** mit zwei, drei Worten; **~ ou quatre** drei, vier; ein paar
II. *m inv* ❶ Drei *f*
❷ (*numéro*) Nummer *f* drei, Drei *f*
❸ TRANSP **le ~** die Linie [*o* Nummer] drei, die Drei (*fam*)
❹ JEUX Drei *f*
❺ SCOL **avoir ~ sur dix/sur vingt** ≈ eine Fünf/eine Sechs haben
III. *f* (*table, chambre... numéro trois*) Drei *f*; **la ~** [*o* **FR 3**] [*o* **France-Régions ~**] TV Drittes [Regional]programm; *v. a.* **cinq**

trois-deux [tʀwadø] *m* MUS Dreihalbetakt *m* **trois-étoiles** [tʀwazetwal] **I.** *adj inv* mit drei Sternen; **hôtel/restaurant ~** Dreisternehotel *nt*/-restaurant *nt* **II.** *m inv* (*hôtel*) Dreisternehotel *nt*; (*restaurant*) Dreisternerestaurant *nt*; (*camping*) Dreisterne-Campingplatz *m* **trois-huit** [tʀwaɥit] *mpl inv* **faire les ~** in drei Schichten arbeiten

troisième[1] [tʀwazjɛm] *adj antéposé* dritte(r, s); **le ~ âge** (*période de vie*) das Alter, der Ruhestand; (*personnes âgées*) die Senioren; **le ~ cycle** (*Studium nach Abschluss der Magisterprüfung, das mit einem Doktortitel oder einer Spezialisierung abschließt*)

troisième[2] [tʀwazjɛm] *m* ❶ **le ~** der/die/das Dritte
❷ (*étage*) dritter Stock
❸ (*arrondissement*) drittes Arrondissement
❹ (*dans une charade*) dritte Silbe

troisième[3] [tʀwazjɛm] *f* ❶ **la ~** der/die/das Dritte
❷ (*vitesse*) dritter Gang
❸ SCOL ≈ neunte Klasse; *v. a.* **cinquième**

troisièmement [tʀwazjɛmmɑ̃] *adv* drittens

trois-mâts [tʀwamɑ] *m inv* Dreimaster *m* **trois-pièces** [tʀwapjɛs] *m inv* ❶ Dreizimmerwohnung *f* ❷ COUT **costume ~** dreiteiliger Anzug; **tailleur ~** dreiteiliges Kostüm **trois-quarts** [tʀwakaʀ] *m inv* ❶ COUT **manteau ~** Dreiviertelmantel *m* ❷ MUS (*violon*) Dreiviertelgeige *f* ❸ SPORT Dreiviertelspieler *m* **trois-quatre** [tʀwakatʀ] *m inv* MUS Dreivierteltakt *m*

troll [tʀɔl] *m* Troll *m*

trolley[1] [tʀɔlɛ] *m fam abr de* **trolleybus** Obus *m* (*fam*)

trolley[2] [tʀɔlɛ] *m* ELEC Stromabnehmer *m*

trolleybus [tʀɔlɛbys] *m* Trolleybus *m*, Oberleitungsbus *m*

trombe [tʀɔ̃b] *f* ❶ Wolkenbruch *m*; **il est tombé des ~s [d'eau]** es hat in Strömen geregnet
❷ METEO Windhose *f*, Wasserhose *f*, Trombe *f* (*Fachspr.*)
▸ **en ~** *fam* wie ein Wirbelwind; **filer en ~** wie der Blitz davondüsen (*fam*), abzischen (*fam*); **entrer/sortir en ~** [wie

ein Wirbelwind] hereinstürzen/hinausfegen; **passer en** ~ vorbeirasen; **démarrer en** ~ losdüsen (*fam*), davonbrausen (*fam*)
◆ ~ **d'eau** Wolkenbruch *m*
trombine [tʀɔ̃bin] *f fam* Gesicht *nt;* **elle a fait une drôle de** ~ **!** sie [*o* die] hat vielleicht ein Gesicht gemacht!
trombinoscope [tʀɔ̃binɔskɔp] *m fam* Verbrecherkartei *f* (*iron*), Verbrecheralbum *nt* (*iron*)
tromblon [tʀɔ̃blɔ̃] *m* ① MIL (*fusil*) *französische Waffe mit trichterförmiger Mündung*
② MIL (*entonnoir*) *französisches Gewehr mit Granantbecher*
③ (*chapeau*) *nach oben breiter werdender Zylinder*
trombone [tʀɔ̃bɔn] **I.** *m* ① MUS Posaune *f*
② (*attache*) Büroklammer *f*
II. *mf* Posaunist(in) *m(f)*
◆ ~ **à coulisse** Zugposaune *f;* ~ **à pistons** Ventilposaune *f*
trompe [tʀɔ̃p] *f* ① MUS Horn *nt;* AUT Hupe *f;* HIST [Signal]horn
② ZOOL Rüssel *m; d'un insecte* Saugrüssel
③ ANAT *souvent pl* Eileiter *m,* Tube *f* (*Fachspr.*); **ligature des ~s** Eileitersterilisation *f* [durch Unterbinden], Tubenligatur *f* (*Fachspr.*)
④ TECH ~ **à eau/à mercure** Wasserstrahl-/Quecksilberpumpe *f*
◆ ~ **d'Eustache** Eustachische Röhre, Ohrtrompete *f;* ~ **de Fallope** Eileiter *m,* Tube *f* (*Fachspr.*)
trompe-la-mort [tʀɔ̃pla mɔʀ] *m inv* **un** ~ einer, der dem Tod ein Schnippchen schlägt **trompe-l'œil** [tʀɔ̃plœj] *m inv* ① Augenwischerei *f* (*pej*) ② ART Trompe-l'œil *m;* **en** ~ täuschend echt, mit Trompe-l'œil-Effekt; **peinture en** ~ Trompe-l'œil-Malerei *f*
tromper [tʀɔ̃pe] <1> **I.** *vt* ① täuschen, hinters Licht führen; ~ **qn sur le prix/la marchandise** jdn mit dem Preis/der Ware betrügen [*o* übers Ohr hauen *fam*]; ~ **qn sur la qualité** jdm schlechte Qualität [*o* etwas Schlechtes] andrehen (*fam*)
② (*être infidèle à*) ~ **qn avec qn** jdn mit jdm betrügen
③ (*déjouer*) überlisten; irreführen, überlisten *poursuivant;* ~ **la vigilance de qn** jdn ablenken
④ (*décevoir*) enttäuschen *attente, espoir*
⑤ (*faire oublier*) hinweghelfen über (+ *Akk*); lindern *faim, soif;* ~ **le temps** sich (*Dat*) die Zeit vertreiben; ~ **son ennui en écrivant** etwas gegen die Langeweile tun, indem man schreibt; ~ **sa soif** etwas gegen den ärgsten Durst trinken
II. *vi* täuschen; **les apparences trompent** der Schein trügt
III. *vpr* ① **se** ~ sich täuschen, sich irren; **se** ~ **de jour** sich im Tag irren; **se** ~ **de dix euros** sich um zehn Euro verrechnen [*o* vertun *fam*]; **se** ~ **sur qn** sich in jdm irren [*o* täuschen]; **se** ~ **sur les intentions de qn** jdn falsch einschätzen; **se** ~ **sur le sens d'une réponse** eine Antwort missverstehen; **se** ~ **dans son calcul** sich verrechnen; **si je ne me trompe** wenn ich mich nicht irre
② (*confondre*) **se** ~ **de médecin** den falschen Arzt aufsuchen; **se** ~ **de porte** die Tür verwechseln, sich in der Tür irren; **se** ~ **de direction** die falsche Richtung nehmen; (*en voiture*) sich verfahren; **se** ~ **de numéro** [**de téléphone**] sich verwählen; **vous vous trompez de personne!** Sie verwechseln mich!; **là, tu te trompes d'adresse!** da bist du an der falschen Adresse! (*fam*), da bist du an den Falschen/die Falsche geraten!
▶ **à s'y** ~ zum Verwechseln [*o* täuschend] ähnlich; **c'est vraiment à s'y** ~ das sieht wirklich täuschend echt aus
tromperie [tʀɔ̃pʀi] *f* ① Täuschung *f,* Betrug *m kein Pl,* Betrügerei *f;* (*infidélité*) Untreue *f;* ~ **sur la qualité** Betrug hinsichtlich der Qualität; ~ **sur le prix** Preisschwindel
② *vieilli* (*illusion*) Täuschung *f,* Illusion *f*
trompeter [tʀɔ̃pete] <3> *vt fig* (*claironner*) ~ **qc** etw an die große Glocke hängen
trompette [tʀɔ̃pɛt] **I.** *f* MUS Trompete *f*
II. *m* MUS Trompeter(in) *m(f);* MIL Hornist(in) *m(f)*
trompettiste [tʀɔ̃petist] *mf* Trompeter(in) *m(f)*
trompeur [tʀɔ̃pœʀ] *m* Betrüger *m*
trompeur, -euse [tʀɔ̃pœʀ, -øz] *adj* trügerisch; *promesse* falsch, trügerisch; *distance, résultats* irreführend; *ressemblance* täuschend; *personne* betrügerisch; *discours* lügnerisch; **des paroles trompeuses** trügerische Worte *Pl,* Lügen *Pl*
trompeusement [tʀɔ̃pøzmɑ̃] *adv* betrügerischerweise, in betrügerischer Absicht
tronc [tʀɔ̃] *m* ① BOT Stamm *m*
② ANAT Rumpf *m*
③ (*boîte à offrandes*) Sammelbüchse *f;* (*à l'église*) Opferstock *m*
④ ARCHIT *d'une colonne* Schaft *m*
⑤ GEOM ~ **de pyramide** Pyramidenstumpf *m*
⑥ SCOL ~ **commun** (*cycle commun*) *Unter- und Mittelstufe einer Gesamtschule;* (*partie de programme commune*) Pflichtfächer *Pl;* UNIV Pflichtkurse *Pl*
troncation [tʀɔ̃kasjɔ̃] *f* LING Wortverkürzung *f*
tronche [tʀɔ̃ʃ] *f fam* Birne *f* (*sl*); (*visage*) Visage *f* (*sl*); **avoir une sale** ~ fies aussehen (*fam*)
tronçon [tʀɔ̃sɔ̃] *m* ① Teil *m; d'une phrase, d'un texte* Abschnitt *m,* Teil; *d'une voie ferrée* [Strecken]abschnitt, Teilstrecke *f; d'une route, autoroute* [Teil]abschnitt, Teilstrecke
② (*morceau coupé*) Stück *nt; d'une colonne* Trommel *f*
tronçonnage [tʀɔ̃sɔnaʒ] *m,* **tronçonnement** [tʀɔ̃sɔnmɑ̃] *m* Zersägen *nt*
tronçonner [tʀɔ̃sɔne] <1> *vt* zerteilen, zerlegen; (*découper*) zerschneiden; (*scier*) zersägen
tronçonneuse [tʀɔ̃sɔnøz] *f* Motorsäge *f*
tronconique [tʀɔ̃kɔnik] *adj* kegelstumpfförmig
trône [tʀon] *m* ① Thron *m;* (*fauteuil*) Thron[sessel *m*]; **prétendant au** ~ Thronprätendent *m;* **monter sur le** ~ den Thron besteigen
② *iron fam* (*siège des W.-C.*) Thron *m* (*fam*)
trôner [tʀone] <1> *vi* thronen; *tableau:* prangen
tronquer [tʀɔ̃ke] <1> *vt* auslassen, weglassen *détail;* weglassen, nicht zu Ende führen *conclusion;* verstümmeln, [ver]kürzen *texte, citation;* verfälschen *données;* ~ **un texte de deux paragraphes** einen Text um zwei Absätze kürzen; **colonne tronquée** Säulenstumpf *m*
trop [tʀo] *adv* ① (*de façon excessive*) *grand, cher* zu; *manger, faire* zu viel; *insister, négliger* zu sehr; **ne savoir que** ~ **ce que qn a fait** nur zu gut wissen, was jd getan hat; **ça n'a que** ~ **duré** es hat allzu lang[e] gedauert; **je ne le connais que** ~**!** ich kenne ihn zur Genüge [*o* nur zu gut]!; **en faire** ~ übertreiben; **n'en fais pas** ~**!** lass es gut sein!; **être par** ~ **indulgent(e)** allzu nachsichtig sein; **négliger par** ~ **qn** allzu sehr jdn vernachlässigen
② (*en quantité excessive*) ~ **de personnes/choses** zu viele Menschen/Dinge; **il y en a déjà** ~**!** es sind bereits zu viele!; **nous ne sommes pas** ~ **de trois!** drei sind nicht zu viele [Personen]!; ~ **de temps/travail** zu viel Zeit *f*/Arbeit *f;* **en demander** ~ **à qn** von jdm zu viel verlangen; ~**, c'est** ~**!** was zu viel ist, ist zu viel!; **être de** ~ überflüssig sein; **c'était une remarque de** ~ das war zu viel; **perdre ses kilos en** ~ die überflüssigen Kilos loswerden
③ (*vraiment*) *aimable, drôle* zu; **c'est** ~ **injuste/bête!** das ist doch zu ungerecht/dumm!
④ (*pas tellement*) **ne pas** ~ **aimer** nicht besonders [*o* nicht sehr] mögen; **ne pas** ~ **savoir** nicht genau wissen; **je n'ai pas** ~ **envie** ich habe keine große Lust; **pas** ~ **mal** nicht so schlecht; **ne savoir** ~ **que faire/penser** nicht so recht wissen, was man tun/davon halten soll
▶ **c'en est** ~**!** jetzt reicht es [mir]!; **c'est** ~**!** (*il ne fallait pas*) das wäre doch nicht nötig gewesen!; (*c'est la meilleure*) das gibt's doch nicht!; **pas** ~**!** *fam* es geht so! (*fam*), nicht besonders!
trope [tʀɔp] *m* LING Trope *f*
trophée [tʀɔfe] *m* Trophäe *f*

◆ ~ **de chasse** Jagdtrophäe *f*

tropical(e) [tʀɔpikal, o] <-aux> *adj* **climat** ~ tropisches Klima, Tropenklima

tropique [tʀɔpik] *m* ❶ GEOG Wendekreis *m;* ~ **du Cancer/Capricorne** Wendekreis des Krebses/Steinbocks, nördlicher/südlicher Wendekreis
❷ (*région tropicale*) **les ~s** die Tropen; **sous les ~s** in den Tropen

tropisme [tʀɔpism] *m* Tropismus *m*

troposphère [tʀɔpɔsfɛʀ] *f* METEO Troposphäre *f*

trop-perçu [tʀopɛʀsy] <trop-perçus> *m* ADMIN zu viel erhobener Betrag; COM Überschuss *m* **trop-plein** [tʀoplɛ̃] <trop-pleins> *m* ❶ TECH *d'un barrage, réservoir* Überlauf[becken *nt*] *m;* (*tuyau d'évacuation*) Überlauf[rohr *nt*] *m* ❷ (*surplus*) Überfülle *f;* **vider le ~ d'un vase** die Vase abgießen ❸ (*excès*) ~ **d'amour/d'énergie** Übermaß *nt* an Liebe/Energie; ~ **de vie** Übermut *m*

troquer [tʀɔke] <1> *vt* tauschen; ~ **un objet contre** [*o* **pour**] **un autre** einen Gegenstand gegen einen anderen tauschen; **je troquerais bien ma situation contre la tienne** ich würde gerne mit dir tauschen

troquet [tʀɔkɛ] *m fam* Kneipe *f* (*fam*)

trot [tʀo] *m* ❶ (*allure*) Trab *m;* **mettre son cheval au ~** sein Pferd in Trab setzen
❷ (*discipline*) ~ **enlevé** leichter Trab *m;* **course de ~ attelé** Trabrennen [mit Sulky] *nt*

trotskisme [tʀɔtskism] *m* Trotzkismus *m*

trotskiste [tʀɔtskist] **I.** *adj* trotzkistisch
II. *mf* Trotzkist(in) *m(f)*

trotte [tʀɔt] *f fam* [Weg]strecke *f,* Stück *nt* [Weg] (*fam*); **il y a** [*o* **ça fait**] **une** [**sacrée**] ~ das ist ein ganz schönes Stück (*fam*)

trotter [tʀɔte] <1> *vi* ❶ *fam animal:* trippeln (*fam*); *personne:* trotten (*fam*)
❷ (*aller au trot*) *cheval:* traben
❸ *fam* (*préoccuper*) **faire ~ l'imagination** die Fantasie anregen; **ça me trotte dans la tête/dans l'esprit** es geht mir im Kopf herum/durch den Sinn (*fam*)

trotteur [tʀɔtœʀ] *m* (*cheval*) Traber *m*

trotteuse [tʀɔtøz] *f* ❶ (*cheval*) Traber *m*
❷ (*aiguille des secondes*) Sekundenzeiger *m*

trottinement [tʀɔtinmɑ̃] *m* Getrappel *nt; d'un enfant* Trippeln *nt*

trottiner [tʀɔtine] <1> *vi* trappeln; *enfant:* trippeln

trottinette [tʀɔtinɛt] *f* Roller *m*

trottoir [tʀɔtwaʀ] *m* Bürgersteig *m;* ~ **roulant** Laufband *nt*
▸ **faire le ~** auf den [Straßen]strich gehen (*fam*)

trou [tʀu] *m* ❶ (*cavité*) Loch *nt; d'une aiguille* Öhr *nt;* ~ **de la serrure** Schlüsselloch
❷ (*moment de libre*) freier Augenblick
❸ (*déficit*) Loch *nt;* ~ **dans la caisse** FIN Kassenloch
❹ *péj fam* (*bled*) Kaff *nt* (*fam*)
❺ (*vide*) *d'un témoignage, d'une œuvre* Lücke *f;* ~ **de mémoire** Gedächtnislücke; **avoir un ~** (*ne plus se souvenir*) sich nicht mehr erinnern können; (*en parlant*) stecken bleiben
▸ **boire comme un ~** *fam* wie ein Loch saufen (*sl*); **être au ~** *fam* im Loch sitzen (*sl*); **faire le ~** SPORT die Gegner abhängen; **faire son ~** sich (*Dat*) sein Plätzchen schaffen; **mettre qn au ~** *fam* jdn einlochen (*sl*); **rester dans son ~** *fam* zu Hause herumhocken (*fam*)
◆ ~ **d'aération** Belüftungsloch *nt;* ~ **d'air** AVIAT Luftloch *nt;* ~ **de balle** *fam* Arschloch *nt* (*vulg*); ~ **dans la couche d'ozone** Ozonloch *nt;* ~ **du cul** *pop* Arschloch *nt* (*vulg*); ~ **de mémoire** Black-out *m;* ~ **de nez** *fam* Nasenloch *nt;* ~ **d'obus** Granattrichter *m;* ~ **d'ozone** Ozonloch *nt;* ~ **du souffleur** Souffleurkasten *m*

troubadour [tʀubaduʀ] *m* Troubadour *m*

troublant(e) [tʀublɑ̃, ɑ̃t] *adj* ❶ (*déconcertant*) irritierend, verwirrend; *élément* störend
❷ (*inquiétant*) *événement, fait* beunruhigend
❸ (*étrange*) *événement, mystère* merkwürdig, seltsam
❹ (*qui inspire le désir*) aufregend

trouble¹ [tʀubl] **I.** *adj* ❶ (*opp: limpide*) *image, vue* verschwommen, unscharf; *liquide, lumière* trüb; *atmosphère* dunstig
❷ (*équivoque*) *période* zwiespältig; *sentiment* gemischt; *affaire, personnage* zwielichtig
II. *adv voir* unscharf

trouble² [tʀubl] *m* ❶ *pl* MED Beschwerden *Pl;* (*d'ordre psychique, mental*) Störungen *Pl;* **~s fonctionnels/névrotiques** Funktionsstörungen/nervöse Störungen; **~s intestinaux/respiratoires** Darm-/Atembeschwerden *Pl;* **~s de l'audition/du comportement** Hör-/Verhaltensstörungen; **~s du langage/de la vision** Sprach-/Sehstörungen
❷ *pl* (*désordre*) Unruhen *Pl;* **~s politiques/sociaux** politische/soziale Unruhen
❸ (*désarroi*) Aufregung *f;* ~ **du cœur/de l'âme** innerliche/seelische Aufregung [*o* Erregtheit]
❹ (*agitation*) Durcheinander *nt,* Unruhe *f;* **son arrivée a provoqué un ~ dans l'assemblée** seine/ihre Ankunft löste in der Versammlung Unruhe aus; **jeter le ~** Unruhe [*o* Verwirrung] stiften
❺ JUR Störung *f*

trouble-fête [tʀubləfɛt] <trouble-fêtes> *mf* Spielverderber(in) *m(f);* **jouer les ~s** ein Spielverderber sein

troubler [tʀuble] <1> **I.** *vt* ❶ (*gêner fortement*) stören; **période** [*o* **époque**] **troublée** unruhige Zeit
❷ (*perturber*) beunruhigen; (*déranger*) stören; (*émouvoir*) verwirren; **être troublé(e)** irritiert sein
❸ MED (*altérer*) beeinträchtigen *digestion, facultés mentales;* ~ **l'esprit** [*o* **la raison**] **à qn** jdn um den Verstand bringen
❹ (*altérer la clarté*) verdüstern *atmosphère, ciel;* trüben *eau;* stören *réception*
II. *vpr* **se ~** ❶ (*devenir trouble*) sich trüben; *mémoire:* nachlassen; *temps:* sich verschlechtern
❷ (*perdre contenance*) unsicher werden

troué(e) [tʀue] *adj* durchlöchert; **être ~(e)** ein Loch/Löcher haben

trouée [tʀue] *f* ❶ (*ouverture*) Loch *nt,* Lücke *f; d'une forêt* Schneise *f;* **une ~ entre les arbres/dans la haie** eine Lücke zwischen den Bäumen/ein Loch in der Hecke
❷ MIL Durchbruch *m*

trouer [tʀue] <1> **I.** *vt* ❶ (*faire un trou*) ein Loch machen; (*faire plusieurs trous*) zerlöchern; *balles:* durchlöchern
❷ (*traverser*) *rayon de lumière:* durchdringen; **une flèche troue l'air** ein Pfeil fliegt durch die Luft; ~ **les nuages** *soleil:* [hin]durchbrechen
II. *vpr* **se ~** ein Loch/Löcher bekommen

troufignon [tʀufiɲɔ̃] *m fam* ❶ (*anus*) [Arsch]loch *nt* (*vulg*)
❷ (*derrière*) Hintern *m* (*fam*)

troufion [tʀufjɔ̃] *m fam* einfacher Soldat *m*

trouillard(e) [tʀujaʀ, jaʀd] **I.** *adj fam* ängstlich
II. *m(f) fam* Angsthase *m* (*fam*)

trouille [tʀuj] *f pop* **avoir la ~** Schiss haben (*sl*); **ficher** [*o* **flanquer**] **la ~ à qn** jdm Angst einjagen (*fam*)

trouillomètre [tʀujɔmɛtʀ] *m* **avoir le ~ à zéro** *fam* einen Mordsschiss haben (*fam*)

troupe [tʀup] *f* ❶ THEAT Truppe *f;* ~ **de chanteurs/danseurs** Gesangs-/Tanzgruppe *f;* ~ **de théâtre/ballet** Theater-/Balletttruppe
❷ MIL Truppe *f;* ~ **d'assaut** Sturmtrupp *m;* ~ **de choc** Stoßtrupp *m*

troupeau [tʀupo] <x> *m* ❶ Herde *f;* ~ **de vaches/d'éléphants** Kuh-/Elefantenherde
❷ *péj* (*foule*) Horde *f* (*pej*), Massen *Pl;* (*groupe*) Trupp *m*

trousse [tʀus] *f* Beutel *m;* ~ **à ongles** Nagelpflegeset *nt,* Maniküre *f;* ~ **à outils** Werkzeugset *nt;* ~ **à pharmacie** Reiseapotheke *f;* ~ **à couture** Necessaire *nt* für Nähzeug

T

▸ avoir qn à ses ~s jdn im Nacken [*o* auf den Fersen] haben; être aux ~s de qn jdm auf den Fersen sein, hinter jdm hersein
◆ ~ **d'écolier** [Feder]mäppchen *nt;* ~ **de maquillage** Schminktäschchen *nt;* ~ **de médecin** Arztkoffer *m;* ~ **de toilette** [*o* **voyage**] Kulturbeutel *m*

trousseau [tʀuso] <x> *m* 1 (*clés*) Schlüsselbund *m o nt*
2 (*vêtements*) Kleidung *f kein Pl; d'une mariée* Aussteuer *f*
◆ ~ **de clés** Schlüsselbund *m o nt*

trousser [tʀuse] <1> *vt* 1 GASTR zusammenbinden
2 *fam* (*posséder sexuellement*) nehmen (*sl*)

trou-trou [tʀutʀu] <trou[s]-trou[s]> *m* COUT Hohlsaum *m*

trouvaille [tʀuvɑj] *f* [glücklicher] Fund, [glückliche] Entdeckung; **dernière** ~ *iron* neueste Masche (*iron*)

trouvé(e) [tʀuve] *adj* 1 (*qui a été trouvé*) **un enfant** ~ ein Findelkind *m;* **les objets** ~**s** die Fundsachen *Pl*
2 (*original*) passend; **une réponse bien** ~**e** eine passende Antwort

trouver [tʀuve] <1> **I.** *vt* 1 finden; bekommen *information;* aufbringen *capitaux;* [heraus]finden (+ *Akk*) *solution, réponse;* ~ **un cadeau à qn** ein Geschenk für jdn finden; **ne pas** ~ **moins cher/plus beau** nichts Billigeres/Schöneres finden; ~ **à boire/à manger** etwas zu Trinken/Essen finden; ~ **toujours à se plaindre** immer etwas finden, worüber man sich beklagen kann; **ne pas** ~ **à se loger** keine Unterkunft finden; ~ **à qui parler** [bei jdm] an den Richtigen/die Richtige geraten (*fam*)
2 (*avoir le sentiment*) ~ **étrange qu'elle ait fait qc** es merkwürdig finden, dass sie etw getan hat; ~ **bon de faire qc** es gut finden [*o* es für gut halten] etw zu tun
3 (*voir*) ~ **de l'intérêt à faire qc** [das] Interesse haben etw zu tun; ~ **du plaisir à faire qc** Gefallen finden etw zu tun; **aller/venir** ~ **qn** jdn besuchen gehen/kommen; **mais qu'est-ce qu'il lui trouve?** *fam* was findet er nur an ihm/ihr?
▸ **il va/tu vas me** ~**!** *fam* der kann/du kannst was erleben! (*fam*); **j'ai trouvé!** ich hab's!; **c'est tout trouvé** [das ist] schon erledigt
II. *vpr* 1 (*être situé*) **se** ~ sich befinden
2 (*être*) **se** ~ **bloqué(e)/coincé(e)** blockiert/eingeklemmt sein; **se** ~ **dans l'obligation de partir** sich gezwungen sehen zu gehen; **se** ~ **en compétition avec qn** in Konkurrenz zu jdm stehen
3 (*se sentir*) **se** ~ **bien/mal** sich gut/schlecht fühlen
4 (*exprime la coïncidence*) **se** ~ **être nés le même jour** *personnes:* [zufällig] am gleichen Tag geboren sein; **se** ~ **avoir le même âge que qn** [zufällig] genauso alt wie jdn sein
5 (*se rencontrer*) **un bon job se trouve toujours** es findet sich immer eine gute Stelle, eine gute Stelle ist immer zu finden; **une bonne occasion se trouve toujours** eine günstige Gelegenheit bietet [*o* ergibt] sich immer
III. *vpr impers* 1 (*par hasard*) **il se trouve que je suis libre** ich habe tatsächlich [*o* zufällig habe ich] gerade Zeit
2 (*on trouve, il y a*) **il se trouve toujours un pour faire qc** es findet sich immer einer, mit dem man etw machen kann; **ça se trouve** *fam* das gibt es
▸ **si ça se trouve, il va pleuvoir** *fam* es kann gut sein [*o* es ist gut möglich], dass es regnen wird (*fam*)

trouvère [tʀuvɛʀ] *m* (*troubadour*) Trouvère *m* (*nordfranzösischer Minnesänger*)

truand [tʀyɑ̃] *m* Gauner(in) *m(f)*

truander [tʀyɑ̃de] <1> **I.** *vt fam* reinlegen (*fam*); **se faire** ~ **par qn** auf jdn [he]reinfallen (*fam*)
II. *vi fam* tricksen (*fam*), bescheißen (*sl*); (*à un examen*) schummeln (*fam*)

trublion [tʀyblijɔ̃] *m* Unruhestifter(in) *m(f)*

truc [tʀyk] *m* 1 *fam* (*chose*) Ding *nt;* **ce** ~**-là** das Ding[s] da (*fam*); **un drôle de** ~ etwas Komisches; **un** ~ **extraordinaire/bizarre** etwas Außergewöhnliches/Seltsames, eine außergewöhnliche/seltsame Sache
2 *fam* (*personne*) Dings *mf* (*fam*); **c'est Truc, tu sais** das ist der/die Dings, du weißt schon (*fam*)
3 *fam* (*combine*) Trick *m;* **trouver un** ~ einen Trick finden [*o* sich (*Dat*) etwas einfallen lassen]
4 (*tour*) [Zauber]trick *m*
▸ **c'est mon/son** ~ *fam* das ist meine/seine/ihre Sache (*fam*); **c'est pas mon** ~ *fam* das ist nicht mein Fall (*fam*); **trouver le** ~ **pour faire qc** *fam* den [richtigen] Dreh finden [*o* auf den Dreh kommen], wie man etw macht (*fam*)

trucage [tʀykaʒ] *m* 1 *de statistiques, de la réalité* Verfälschung *f; des élections* Fälschung *f; du vin* Panschen *nt*
2 CINE, PHOT Trickaufnahme *f*

truchement [tʀyʃmɑ̃] *m* **par le** ~ **de qc/qn** *soutenu* mittels einer S./Person (*Gen*) (*geh*), über [*o* durch] jdn/etw; **elle donne des ordres par le** ~ **de son conseiller** sie lässt durch ihren Berater Anweisungen erteilen

trucider [tʀyside] <1> *vt fam* umbringen (*fam*); **se faire** ~ umgebracht werden (*fam*)

trucmuche [tʀykmyʃ] *m pop* Dingsbums *nt* (*fam*)

truculence [tʀykylɑ̃s] *f* Urwüchsigkeit *f*

truculent(e) [tʀykylɑ̃, ɑ̃t] *adj* urwüchsig

truelle [tʀyɛl] *f* Kelle *f*

truffe [tʀyf] *f* 1 Trüffel *f*
2 (*museau*) Schnauze *f*

truffer [tʀyfe] <1> *vt* 1 GASTR trüffeln
2 *fig* ~ **un texte de citations** einen Text mit Zitaten spicken; ~ **le terrain de mines** ein Gelände verminen

truie [tʀɥi] *f* Mutterschwein *nt,* Sau *f*

truisme [tʀɥism] *m littér* Binsenwahrheit *f,* Binsenweisheit *f*

truite [tʀɥit] *f* Forelle *f;* ~ **arc-en-ciel** Regenbogenforelle; ~ **au bleu** Forelle blau; ~ **meunière** Forelle nach Müllerinart
◆ ~ **d'élevage** Zuchtforelle *f;* ~ **de mer** Meerforelle *f;* ~ **de rivière** Bachforelle *f*

trumeau [tʀymo] *m* 1 GASTR Rinderhaxe *f*
2 ARCHIT (*peinture ornant le dessus d'une cheminée*) Kaminbild *nt*
3 ARCHEOL Mittelpfeiler *m* (*eines Portals*)

truquage [tʀykaʒ] *m v.* **trucage**

truquer [tʀyke] <1> *vt* fälschen; panschen *vin;* **valise truquée** Koffer mit doppeltem Boden; **le jeu est truqué** es wird ein falsches Spiel getrieben, es wird manipuliert

truqueur, -euse [tʀykœʀ, -øz] *m, f* Schwindler(in) *m(f);* (*falsificateur*) Fälscher(in) *m(f)*

trust [tʀœst] *m* ECON Trust *m*

truster [tʀœste] <1> *vt* 1 *fam* (*accaparer*) einheimsen (*fam*) *médailles, prix*
2 ECON vertrusten

tsar [tsaʀ] *m* Zar *m*

tsarévitch [tsaʀevitʃ] *m* HIST Zarewitsch *m*

tsarine [tsaʀin] *f* Zarin *f*

tsariste [tsaʀist] *adj* zaristisch; **à l'époque** ~ zur Zeit der Zarenherrschaft

tsé-tsé [tsetse] *adj inv v.* **mouche**

T.S.F. [teɛsɛf] *m abr de* **télégraphie sans fil** 1 drahtlose Telegraphie *f*
2 (*radiodiffusion*) **écouter la T.S.F.** Rundfunk hören

t-shirt [tiʃœʀt] *m abr de* **tee-shirt** T-shirt *nt*

tsigane [tsigan] **I.** *adj* **musique** ~ Zigeunermusik *f*
II. *mf* Zigeuner(in) *m(f)*

tsoin-tsoin [tswɛ̃tswɛ̃] **I.** *interj* dideldumm
II. *adj inv* elegant

T.S.V.P. *abr de* **tournez s'il vous plaît** b.w.

TT [tete] *m abr de* **transit temporaire** vorübergehende Durchfuhr *f*

T.T.C. [tetese] *abr de* **toutes taxes comprises** inkl. MwSt.

TTU [tetey] *adj abr de* **très, très urgent(e)** brandeilig (*fam*)

tu [ty] <t'> **I.** *pron pers* ~ **es grand(e)** du bist groß; **t'as vu ça!** *fam* haste das gesehen! (*fam*); **t'as du fric, t'es quelqu'un**

fam haste was, biste was (*fam*)
▶ **être à ~ et à toi avec qn** *fam* mit jdm auf Du und Du stehen (*fam*)
II. *m* **dire ~ à qn** du zu jdm sagen
TU [tey] *m abr de* **temps universel** WZ *f*
tu(e) [ty] *part passé de* **taire**
tuant(e) [tɥɑ̃, ɑ̃t] *adj fig fam* (*fatigant, pénible*) tödlich (*fig fam*); **être ~(e)** (*pénible*) einem auf die Nerven gehen (*fam*)
tuba [tyba] *m* ❶ MUS Tuba *f*
❷ SPORT Schnorchel *m*
tubage [tybaʒ] *m* Intubation *f* (*Fachspr.*); **~ gastrique** Einführen eines Schlauchs [*o* einer Sonde] in den Magen
tubaire [tybɛʀ] *adj* **grossesse ~** Eileiterschwangerschaft *f*
tube [tyb] *m* ❶ (*tuyau*) Rohr *nt;* (*petit*) Röhrchen *nt*
❷ ELEC Röhre *f;* **~ cathodique** Kathodenstrahlröhre; **~ luminescent** Leucht[stoff]röhre
❸ (*emballage à presser*) Tube *f;* **un ~ de colle** eine Tube Klebstoff
❹ ANAT **~ digestif** Verdauungstrakt *m*
❺ *fam* (*chanson*) Hit *m* (*fam*)
◆ **~ à essai** Reagenzglas *nt;* **~ au** [*o* **de**] **néon** Neonröhre *f;* **~ de rouge** [**à lèvres**] Lippenstift *m*
tubercule [tybɛʀkyl] *m* ❶ BOT [Wurzel]knolle *f*
❷ MED Knoten *m*
tuberculeux, -euse [tybɛʀkylø, -øz] **I.** *adj personne* erkrankt an Tuberkulose *f; méningite* tuberkulös; **bactéries tuberculeuses** Tuberkulosebakterien *Pl*
II. *m, f* MED Tuberkulosekranke(r) *f(m)*
tuberculine [tybɛʀkylin] *f* MED Tuberkulin *f*
tuberculose [tybɛʀkyloz] *f* Tuberkulose *f;* **~ osseuse/pulmonaire** Knochen-/Lungentuberkulose
tubéreux, -euse [tybeʀø, -øz] *adj* BOT knollenartig; **racine tubéreuse** Wurzelknolle *f*
tubérosité [tybeʀozite] *f* ANAT Höcker *m;* **~ d'un os** Knochenfortsatz *m*
tubulaire [tybylɛʀ] *adj lampe* röhrenförmig; **échafaudage/meuble ~** Stahlrohrgerüst *nt*/-möbel *nt;* **conduit ~** Rohrleitung *f*
tubulure [tybylyʀ] *f* ❶ (*ensemble de tubes*) Rohrsystem *nt*
❷ (*conduit*) Rohr *nt;* **~ d'admission** Zulaufrohr *nt,* Zulauf *m;* **~ d'alimentation** Versorgungsleitung *f;* **~ d'échappement** Ablaufrohr *nt,* Ablauf *m*
T.U.C. [tyk] *m abr de* **travail d'utilité collective** *vieilli* Arbeitsbeschaffungsmaßnahmen *Pl;* (*emploi*) ABM-Stelle *f*
tucard(e) [tykaʀ, kaʀd] *m(f)* Jugendliche(r) mit einer ABM-Stelle *f(m)*
tuciste [tysist] *m, f v.* **tucard**
tué(e) [tɥe] *m(f)* Todesopfer *nt*
tue-mouche[s] [tymuʃ] **I.** *adj inv* **papier/ruban ~** Fliegenfänger *m*
II. *m* Fliegenklatsche *f*
tuer [tɥe] <1> **I.** *vt* ❶ (*donner la mort à*) töten; *meurtrier:* töten, umbringen; erlegen *gibier;* **être tué(e) dans un accident/à la guerre** bei einem Unfall ums Leben kommen/im Krieg gefallen sein; **être tué(e) sur le coup** auf der Stelle tot sein; **se faire ~** umkommen; **la route tue X personnes par an** auf der Straße sterben jährlich X Menschen
❷ (*nuire à*) zerstören *espoir, environnement;* vernichten *initiative, insectes;* **~ qn** *déshonneur:* jdn zugrunde richten; **ça n'a jamais tué personne** daran ist noch keiner gestorben
❸ *fam* (*fatiguer*) fertig machen (*fam*)
II. *vi animal, personne:* töten; *poison, arme:* tötlich sein; *catastrophe:* Menschenleben [er]fordern; **des balles qui tuent** tödliche Schüsse; **la route tue de plus en plus** immer mehr Menschen sterben auf der Straße
▶ **ça tue** *fam* das ist [echt] ätzend (*fam*), das macht einen [echt] fertig (*fam*)
III. *vpr* ❶ (*être victime d'un accident*) **se ~** sein Leben verlieren, umkommen; **se ~ en tombant d'une falaise** beim Sturz von einer Klippe ums Leben kommen
❷ (*se donner la mort*) **se ~** sich umbringen, sich das Leben nehmen
❸ (*se fatiguer*) **se ~ à qc/à faire qc** sich mit etw abmühen/sich abmühen etw zu tun
tuerie [tyʀi] *f* Gemetzel *nt*
tue-tête [tytɛt] **à ~** lauthals; *chanter* aus voller Kehle; *crier* aus Leibeskräften
tueur, -euse [tɥœʀ, -øz] *m, f* Mörder(in) *m(f)*
◆ **~ à gages** bezahlter Mörder, gedungener Mörder (*pej geh*), Killer *m* (*fam*)
tuf [tyf] *m* Tuffstein *m,* Tuff *m*
tuile [tɥil] *f* ❶ *d'un toit* [Dach]ziegel *m;* **~ creuse/faîtière/plate** Hohl-/First-/Flachziegel
❷ *fam* (*événement fâcheux*) unangenehme Überraschung; **il m'est arrivé une ~** da ist mir vielleicht etwas Schlimmes passiert (*fam*)
❸ GASTR Teegebäck *nt* (*Mandel- oder Schokoladengebäck in Form gewölbter Ziegel*)
tuilerie [tɥilʀi] *f* Ziegelei *f*
tulipe [tylip] *f* Tulpe *f*
tulipier [tylipje] *m* BOT Tulpenbaum *m*
tulle [tyl] *m* Tüll *m*
tuméfaction [tymefaksjɔ̃] *f* Schwellung *f*
tuméfié(e) [tymefje] *adj* geschwollen
tumescence [tymesɑ̃s] *f* MED ❶ (*gonflement des tissus*) Schwellung *f,* Tumeszenz *f* (*Fachspr.*)
❷ (*érection*) Versteifung *f*
tumeur [tymœʀ] *f* Tumor *m;* **~ du** [*o* **au**] **cerveau** Gehirntumor; **~ du sein** Knoten *m* in der Brust
tumoral(e) [tymɔʀal, o] <-aux> *adj* **marqueur ~** Tumormarker *m*
tumulte [tymylt] *m d'une foule* Tumult *m; des flots, d'un orage* Toben *nt; des passions* Sturm *m; de la rue, ville* Lärm *m;* **~ d'applaudissements** Beifallssturm; **~ de voix** Stimmengewirr *nt;* **~ des affaires** geschäftliches Treiben
tumultueusement [tymyltɥøzmɑ̃] *adv littér* aufgebracht; **agiter ~ qn** jdn in Aufruhr bringen [*o* versetzen]
tumultueux, -euse [tymyltɥø, -øz] *adj* ❶ (*agité*) *passion* stürmisch; *période, vie* bewegt; *discussion* hitzig; *flots* tosend; (*confus*) turbulent
❷ (*bruyant*) lärmend
tumulus [tymylys] *m* Grabhügel *m*
tune [tyn] *f v.* **thune**
tuner [tynœʀ] *m* Tuner *m*
tungstène [tœ̃kstɛn] *m* CHIM Wolfram *nt*
tunique [tynik] *f* Tunika *f;* MIL Uniformrock *m*
Tunisie [tynizi] *f* **la ~** Tunesien *nt*
tunisien(ne) [tynizjɛ̃, jɛn] *adj* tunesisch
Tunisien(ne) [tynizjɛ̃, jɛn] *m(f)* Tunesier(in) *m(f)*
tunnel [tynɛl] *m* ❶ (*galerie*) Tunnel *m*
❷ (*période difficile*) Durststrecke *f;* **arriver au bout du ~** wieder Land sehen; **sortir du ~** aus dem Gröbsten raus sein (*fam*)
TUP [typ] *m abr de* **titre universel de paiement** Zahlkarte *f*
tuque [tyk] *f* CAN (*bonnet de laine*) Pudelmütze *f*
turban [tyʀbɑ̃] *m* Turban *m*
turbin [tyʀbɛ̃] *m vieilli pop* Maloche *f* (*sl*)
turbine [tyʀbin] *f* Turbine *f*
◆ **~ à eau** Wasserturbine *f;* **~ à réaction** Überdruckturbine *f;* **~ à vapeur** Dampfturbine *f*
turbiner [tyʀbine] <1> *vi vieilli pop* malochen (*sl*)
turbo[1] [tyʀbo] *adj inv véhicule, version* mit Turbomotor; **moteur ~** Turbomotor *m*
turbo[2] [tyʀbo] *m abr de* **turbocompresseur** Turbo[lader *m*] *m*
turbocompresseur [tyʀbokɔ̃pʀesœʀ] *m* ❶ Turbolader *m*
❷ Turbokompressor *m* (*als Verdichter arbeitende Turboma-*

schine in einem Abgasturbolader)

turbopompe [tyʀbopɔ̃p] *f* Turbopumpe *f*

turbopropulseur [tyʀbopʀɔpylsœʀ] *m* AVIAT Turbo-Prop-Triebwerk *nt*

turboréacteur [tyʀboʀeaktœʀ] *m* Turboluftstrahltriebwerk *nt*

turbot [tyʀbo] *m* Steinbutt *m*

turbotière [tyʀbɔtjɛʀ] *f* Fischpfanne *f (rautenförmig)*

turbotrain [tyʀbotʀɛ̃] *m* Gasturbinentriebzug *m*

turbulence [tyʀbylɑ̃s] *f* ❶ *a.* PHYS, METEO, ECON *(agitation)* Turbulenz *f*
❷ *(caractère)* Lebhaftigkeit *f*

turbulent(e) [tyʀbylɑ̃, ɑ̃t] *adj* turbulent; *(agité)* wild; *(rebelle)* aufsässig

turc [tyʀk] *m* **le** ~ Türkisch *nt*, das Türkische; *v. a.* **allemand**

turc, turque [tyʀk] *adj* türkisch

Turc, Turque [tyʀk] *m, f* Türke *m*/Türkin *f*

turf [tœʀf, tyʀf] *m* Pferderennsport *m*

turfiste [tœʀfist, tyʀfist] *mf* jd, der/die bei Pferderennen wettet

turgescence [tyʀʒesɑ̃s] *f* MED Turgeszenz *f (Fachspr.)*

turlupiner [tyʀlypine] <1> *vt fam* ~ **qn** jdn plagen, jdm keine Ruhe lassen

turlututu [tyʀlytyty] *interj* ▶ ~ **chapeau pointu!** papperlapapp!

turne [tyʀn] *f arg* Loch *nt (fam)*

turn[-]over [tœʀnɔvœʀ] <turn[-]over[s]> *m du personnel* Fluktuation *f; de marchandises* Umsatz *m*

turpitude [tyʀpityd] *f gén pl* Schandtat *f*

turque [tyʀk] *v.* **turc**
▶ **W.-C. à la** ~ Stehklo[sett] *nt*

Turquie [tyʀki] *f* **la** ~ Türkei *f*

turquoise [tyʀkwaz] **I.** *f (pierre)* Türkis *m*
II. *m (couleur)* Türkis *nt*
III. *adj inv* türkis[farben]; **bleu** ~ türkisblau

tus [ty] *passé simple de* **taire**

tussah [tysa] *m* TEXTIL Tussahseide *f*

tussilage [tysilaʒ] *m* BOT Huflattich *m*

tussor [tysɔʀ] *m* TEXTIL Tussahseide *f*

tutélaire [tytelɛʀ] *adj* JUR schützend; *service* Aufsicht führend; **puissance** ~ Schutzmacht *f;* **gestion** ~ Verwaltung *f* durch den Vormund

tutelle [tytɛl] *f* ❶ *(protection abusive)* Bevormundung *f*
❷ JUR *d'un mineur* Vormundschaft *f; d'un aliéné* Betreuung *f;* **mettre qn en** [*o* **sous**] ~ jdn unter Vormundschaft stellen/für jdn eine Betreuung einrichten; **avoir qn en** ~ die Vormundschaft über [*o* für] jdn haben/jdn betreuen
❸ ADMIN, POL Kontrolle *f*, Aufsicht *f;* **être soumis(e) à la** ~ **d'un conseil/État** der Aufsicht [*o* Kontrolle] eines Rates/Staates unterliegen; ~ **administrative** [*o* **de l'État**] staatliche Kontrolle; ~ **des lois** Gesetzeskontrolle; **en** [*o* **sous**] ~ unter Aufsicht
▶ **prendre qn sous sa** ~ JUR die Vormundschaft [*o* die Betreuung] für jdn übernehmen; *(protéger)* jdn unter seine Fittiche nehmen *(fam);* **sous la** ~ **de qn/qc** *(sous la protection)* unter jds Schutz/unter dem Schutz einer S.; *(sous la domination)* unter jds Schutzherrschaft/unter der Schutzherrschaft [einer S.]

tuteur [tytœʀ] *m* ❶ JUR *d'un mineur* Vormund *m; d'un aliéné* Betreuer *m*
❷ SCOL, UNIV Tutor *m*
❸ *(support)* Stütze *f*

tutoiement [tytwamɑ̃] *m* Duzen *nt*

tutorat [tytɔʀa] *m* Tutorium *nt*

tutoyer [tytwaje] <6> **I.** *vt* duzen
II. *vpr* **se** ~ sich duzen

tutrice [tytʀis] *f* ❶ JUR *d'un mineur* Vormund *m; d'un aliéné* Betreuerin *f*
❷ SCOL, UNIV Tutorin *f*

tutti frutti [tutifʀuti] *inv* **I.** *adj glace* mit gemischten Früchten
II. *f* Tuttifrutti-Eis *nt*

tutti quanti [tutikwɑ̃ti] ▶ **et** ~ und Konsorten *(fam)*, und alle anderen

tutu [tyty] *m* Tutu *nt*

tuyau [tɥijo] <x> *m* ❶ *(tube rigide)* Rohr *nt*, Röhre *f; (tube souple)* Schlauch *m; d'une cheminée* Schacht *m; d'un orgue* Pfeife *f*
❷ *fam (conseil)* Tipp *m (fam)*
◆ ~ **d'alimentation** Zulauf *m;* ~ **d'arrosage** [Wasser]schlauch *m;* ~ **d'aspiration** Saugrohr *nt;* ~ **d'échappement** Ablauf *m; d'un véhicule* Auspuffrohr *nt*, Auspuff *m*

tuyauter [tɥijote] <1> *vt fam* einen Tipp/Tipps geben *(fam)*

tuyauterie [tɥijotʀi] *f d'une installation, chaudière* Leitungsnetz *nt; d'un orgue* Pfeifenwerk *nt*

tuyère [tɥijɛʀ] *f (dans une machine)* Düse *f; (dans une turbine)* Schubdüse *f*

T.V. [teve] *f abr de* **télévision** Fernsehen *nt*

T.V.A. [teveɑ] *f abr de* **taxe à la valeur ajoutée** FISC Mehrwertsteuer *f*, MwSt.

TV5 [tevesɛ̃k] *f abr de* **télévision cinq** TV5 *(frankophoner Fernsehsender)*

TVHD [teveaʃde] *f abr de* **télévision à haute définition** hochauflösendes Fernsehen *nt*

tweed [twid] *m* Tweed *m;* **une jupe en** [*o* **de**] ~ ein Rock aus Tweed, ein Tweedrock

twin-set [twinsɛt] <twin-sets> *m* TEXTIL Twinset *nt o m*

twist [twist] *m* Twist *m*

tympan [tɛ̃pɑ̃] *m* ❶ ANAT Trommelfell *nt*
❷ ARCHIT Tympanon *nt*, Bogenfeld *nt*

tympanon [tɛ̃panɔ̃] *m* MUS Hackbrett *nt*

type [tip] **I.** *m* ❶ *(archétype)* Prototyp *m*
❷ *(genre)* Art *f;* ~ **asiatique/humain** asiatischer/menschlicher Typ [*o* Typus]; **un jardin de ce** ~ ein Garten dieser Art *(Gen)*
❸ *(modèle)* Typ *m;* **une machine du** ~**...** eine Maschine vom Typ ...; ~ **de machine/véhicule** Maschinen-/Fahrzeugtyp
❹ *(individu quelconque)* Typ *m (fam);* **un drôle de** ~ ein komischer Kauz *(fam);* **sale** ~**!** Dreckskerl! *m (sl)*
❺ TYP [Druck]type *f*
▶ **du troisième** ~ der dritten Art; **c'est mon/son** ~ *fam* das ist mein/sein/ihr Typ *(fam)*
II. *app inv* typisch; **exemple** ~ Musterbeispiel *nt*

typé(e) [tipe] *adj* **être très** ~**(e)** sehr typisch sein

typer [tipe] <1> *vt* typisieren

typesse [tipɛs] *f péj fam* Weibsbild *nt (pej fam)*

typhoïde [tifɔid] **I.** *adj* **fièvre** ~ Typhusfieber *nt*
II. *f* Typhus *m*

typhon [tifɔ̃] *m* Taifun *m*

typhus [tifys] *m* Typhus *m*

typique [tipik] *adj* ❶ *(caractéristique)* ~ **de qn/qc** typisch für jdn/etw
❷ BIO *(spécifique)* **caractère** ~ spezifisches Merkmal

typiquement [tipikmɑ̃] *adv* **c'est** ~ **humain/français** das ist typisch menschlich/französisch

typo [tipo] *f fam abr de* **typographie** Typografie *f*

typographe [tipɔgʀaf] *mf* [Schrift]setzer(in) *m(f)*

typographie [tipɔgʀafi] *f* Typografie *f*

typographique [tipɔgʀafik] *adj* typografisch; **erreur** ~ Setzfehler *m*

typologie [tipɔlɔʒi] *f* Typologie *f*

typologique [tipɔlɔʒik] *adj* typologisch

tyran [tiʀɑ̃] *m* Tyrann *m*

tyrannie [tiʀani] *f* ❶ *d'un monarque* Tyrannei *f; d'un régime* Gewaltherrschaft *f*
❷ *(influence excessive) d'une personne* Tyrannei *f; des médias* Diktatur *f; d'une mode* Diktat *nt; des passions* gewaltige Macht

tyrannique [tiʀanik] *adj* ❶ HIST *pouvoir* tyrannisch; **régime** ~ Gewaltherrschaft *f*
❷ *(autoritaire)* tyrannisch, herrschsüchtig; *mode* diktatorisch;

opinion, point de vue absolut; *passion* überwältigend
tyranniser [tiʀanize] <1> *vt* tyrannisieren
Tyrol [tiʀɔl] *m* **le** ~ Tirol *nt*
tyrolien(ne) [tiʀɔljɛ̃, jɛn] *adj* tirol[er]isch; *chant, population* Tiroler *inv;* **chapeau** ~ Tirolerhut *m;* **danse** ~**ne** Schuhplattler *m*
Tyrolien(ne) [tiʀɔljɛ̃, jɛn] *m(f)* Tiroler(in) *m(f)*
tyrolienne [tiʀɔljɛn] *f* MUS Jodler *m*
tzar [tsaʀ] *m v.* **tsar**
tzarine [tsaʀin] *f v.* **tsarine**
tzigane [tsigan] *adj v.* **tsigane**

U u

U, u [y] *m inv* ❶ U *nt*/u *nt;* **u accent circonflexe/grave** u mit Accent circonflexe/grave, u Zirkumflex/Gravis; **u tréma** Ü *nt*/ü *nt,* U-Umlaut *nt,* umgelautetes U
❷ (*forme*) **en U** in U-Form, hufeisenförmig
▶ **u comme Ursule** U wie Ulrich
ubac [ybak] *m d'une montagne* Nordseite *f*/-hang *m*
ubiquité [ybikɥite] *f v.* **don**
ubuesque [ybyɛsk] *adj* absurd, grotesk
UCT [ysete] *f abr de* **Unité Centrale de Traitement** CPU *f*
U.D.F. [ydeɛf] *f abr de* **Union pour la démocratie française** *liberal-konservative Parteienkonföderation Frankreichs*
U.D.R. [ydeɛʀ] *f* POL *abr de* **Union des démocrates pour la République** *französische Partei*
UE [yø] *f abr de* **Union européenne** EU *f*
UEFA [yefa] *f abr de* **Union of European Football Associations** UEFA *f*
UEM [yøɛm] *f abr de* **Union économique et monétaire** WWU *f*
UEO [yøo] *f abr de* **Assemblée de l'union de l'Europe occidentale** WEU *f* (*Westeuropäische Union*)
U.E.R. [yøɛʀ] *f abr de* **unité d'enseignement et de recherche** [*universitärer*] *Fachbereich*
UFC [yɛfse] *f abr de* **Union fédérale des consommateurs** *französische Verbraucherschutzsorganisation*
ufologie [yfɔlɔʒi] *f* Ufologie *f*
U.F.R. [yɛfɛʀ] *f abr de* **unité de formation et de recherche** [*universitärer*] *Fachbereich*
U.H.F. [yaʃɛf] *abr de* **ultra high frequency** UHF
U.H.T. [yaʃte] *f abr de* **ultra-haute température** *v.* **lait**
UIT [yite] *f abr de* **Union internationale des télécommunications** IFU *f*
Ukraine [ykʀɛn] *f* **l'**~ die Ukraine
ukrainien [ykʀɛnjɛ̃] *m* **l'**~ Ukrainisch *nt,* das Ukrainische; *v. a.* **allemand**
ukrainien(ne) [ykʀɛnjɛ̃, jɛn] *adj* ukrainisch
Ukrainien(ne) [ykʀɛnjɛ̃, jɛn] *m(f)* Ukrainer(in) *m(f)*
ulcération [ylseʀasjɔ̃] *f* MED Geschwürbildung *f,* Ulzeration *f* (*Fachspr.*)
ulcère [ylsɛʀ] *m* Geschwür *nt*
◆ ~ **de** [*o* **à**] **l'estomac** Magengeschwür *nt*
ulcérer [ylseʀe] <5> *vt* tief kränken; **être ulcéré(e) par qn/qc** durch jdn/etw verbittert sein
ulcéreux, -euse [ylseʀø, -øz] **I.** *adj* ❶ MED geschwürig, ulzerös (*Fachspr.*); **colite ulcéreuse** Colitis ulcerosa *f* (*Fachspr.*)
❷ *personne* mit einer Ulkuskrankheit
II. *m, f* Geschwürkranke(r) *f(m)*
U.L.M. [yɛlɛm] *m abr de* **ultra-léger motorisé** Ultraleichtflugzeug *nt*
ultérieur(e) [ylteʀjœʀ] *adj* spätere(r, s); *réédition* weitere(r, s), (zu)künftige(r, s)
ultérieurement [ylteʀjœʀmɑ̃] *adv* später; *regretter* im Nachhinein
ultimatum [yltimatɔm] *m* Ultimatum *nt*
ultime [yltim] *adj a. antéposé* [aller]letzte(r, s); *ironie* höchste(r, s), äußerste(r, s)
ultra [yltʀa] *mf* ❶ (*extrémiste de droite*) Ultrarechte(r) *f(m);* (*extrémiste de gauche*) Ultralinke(r) *f(m)*
❷ HIST (*ultraroyaliste*) Monarchist(in) *m(f)*
ultracentralisation [yltʀasɑ̃tʀalizasjɔ̃] *f* extreme Zentralisierung
ultrachic [yltʀaʃik] *adj fam* todschick (*fam*)
ultraconfidentiel(le) [yltʀakɔ̃fidɑ̃sjɛl] *adj fam* streng vertraulich
ultraconfortable [yltʀakɔ̃fɔʀtabl] *adj fam* äußerst komfortabel, superbequem (*fam*)
ultraconservateur, -trice [yltʀakɔ̃sɛʀvatœʀ, -tʀis] *adj fam* extrem konservativ, reaktionär (*pej*)
ultracourt(e) [yltʀakuʀ, kuʀt] *adj fam* superkurz (*fam*); **ondes** ~**es** Ultrakurzwellen *Pl,* UKW
ultracoûteux, -euse [yltʀakutø, -øz] *adj fam* (*cher*) superkostspielig (*fam*); (*qui exige beaucoup*) extrem aufwendig
ultradéveloppé(e) [yltʀadev(ə)lɔpe] *adj fam* **odorat** ~ besonders stark entwickelter Geruchssinn
ultraélégant(e) [yltʀaelegɑ̃, ɑ̃t] *adj fam* äußerst elegant, superchic (*fam*)
ultrafin(e) [yltʀafɛ̃, fin] *adj fam* extrafein, ultrafein (*fam*)
ultragauchiste [yltʀagoʃist] *m* **les** ~**s** die extreme Linke
ultraléger, -ère [yltʀaleʒe, -ɛʀ] *adj* extraleicht
ultralibéralisme [yltʀalibeʀalism] *m* extremer [*o* radikaler] Liberalismus
ultramicroscope [yltʀamikʀɔskɔp] *m* Ultramikroskop *nt*
ultramicroscopique [yltʀamikʀɔskɔpik] *adj* [ultra-]mikroskopisch; **examination** ~ Untersuchung mit dem Ultramikroskop
ultramoderne [yltʀamɔdɛʀn] *adj* hochmodern
ultranationaliste [yltʀanasjɔnalist] **I.** *adj* extrem nationalistisch
II. *m* **les** ~**s** die extremen Nationalisten
ultraperformant(e) [yltʀapɛʀfɔʀmɑ̃, ɑ̃t] *adj fam* äußerst leistungsfähig, supergut (*fam*)
ultrapériphérique [yltʀapeʀifeʀik] *adj* **les îles** ~**s** *zur EU gehörende, nicht mit dem Festland verbundene Inseln wie die französischen Überseedepartements*
ultrapessimiste [yltʀapesimist] *adj fam* äußerst [*o* extrem] pessimistisch
ultrarapide [yltʀaʀapid] *adj fam* superschnell (*fam*)
ultraréactionnaire [yltʀaʀeaksjɔnɛʀ] *adj fam* [extrem] reaktionär (*pej*)
ultrasecret, -ète [yltʀasəkʀɛ, ɛt] *adj fam* supergeheim (*fam*)
ultrasensible [yltʀasɑ̃sibl] *adj* hochempfindlich
ultraserré(e) [yltʀaseʀe] *adj fam* **café** ~ Kaffee, der die Lebensgeister weckt *m*
ultrasilencieux, -euse [yltʀasilɑ̃sjø, -jøz] *adj fam* superleise (*fam*)
ultrasolide [yltʀasɔlid] *adj fam* äußerst solide
ultrason [yltʀasɔ̃] *m* Ultraschall *m*
ultrasophistiqué(e) [yltʀasɔfistike] *adj fam* ❶ (*perfectionné*) hochkomplex
❷ (*affecté*) extrem gekünstelt, affektiert
ultraviolet [yltʀavjɔlɛ] *m* Ultraviolett *nt;* **les** ~**s** ultraviolette Strahlen
ultraviolet(te) [yltʀavjɔlɛ, ɛt] *adj* ultraviolett
ululement [ylylmɑ̃] *m v.* **hululement**
ululer [ylyle] <1> *vi v.* **hululer**
Ulysse [ylis(ə)] *m* Odysseus *m*
U.M.E [yɛmø] *f abr de* **Union monétaire européenne** EWU *f*
un [œ̃] **I.** *m inv* ❶ Eins *f*
❷ (*numéro*) Nummer *f* eins, Eins *f*

3 TRANSP **le** ~ die Linie [*o* Nummer] eins, die Eins (*fam*)
4 JEUX Eins *f*
5 SCOL **avoir** ~ **sur dix/sur vingt** ≈ eine Sechs haben
II. *adv* erstens; ~, **je suis fatigué(e), deux, j'ai faim** erstens bin ich müde, und zweitens habe ich Hunger

un, une [œ̃, yn] I. *art indéf* 1 (*un certain*) ein(e); **avec** ~ **grand courage** mit großer Tapferkeit; **d'**~**e grande bonté/beauté** von großer Güte/Schönheit; **venez** ~ **jour quelconque** kommen Sie irgendwann [*o* an irgendeinem Tag]; **ce n'est pas** ~ **Picasso!** das ist kein Picasso!
2 (*intensif*) ~ **[de ces] bruits** ein derartiger Lärm, so ein Lärm; ~**e [de ces] tempêtes** ein derartiges Unwetter, so ein Unwetter; **il a fait** ~**e de ces scènes!** *fam* er hat vielleicht eine Szene gemacht!; **j'ai eu** ~**e de ces peurs!** *fam* ich habe vielleicht eine Angst gehabt!; **c'était** ~ **de ces jours!** das war vielleicht wieder ein Tag!; **être d'**~**e amabilité** von einer solchen [*o* derartigen] Liebenswürdigkeit sein; **la pièce était d'**~**e saleté!** der Raum war vielleicht schmutzig!; **ce type est d'**~ **culot!** der Kerl ist vielleicht frech!
II. *pron* 1 (*personne, chose parmi d'autres*) ein/eine/ein; **en connaître** ~**(e) qui...** jemanden [*o* da einen] kennen, der ...; **être l'**~ **de ceux qui...** zu denen gehören [*o* eines von denen sein], die ...; **être l'**~ **des meilleurs** einer/eine/eins der Besten [*o* von den Besten] sein; ~ **de tes livres** eines deiner Bücher [*o* von deinen Büchern]; **à** ~ **de ces jours!** bis demnächst [*o* bald]!; **faire qc** ~ **de ces jours** bei Gelegenheit etw machen; ~ **de ces jours, il va tomber!** eines schönen Tages wird er hinfallen!
2 (*personne, chose opposée à une autre*) **les** ~**s disent blanc, les autres disent noir** die einen sagen weiß, die anderen schwarz; **ils sont assis en face l'**~ **de l'autre** sie sitzen einander gegenüber; **aimez-vous les** ~**s les autres** liebt einander [*o* euch]; **ils sont aussi menteurs l'**~ **que l'autre** sie lügen alle beide; **s'injurier l'**~**(e) l'autre** sich gegenseitig beschimpfen
▸ **l'**~ **dans l'autre** alles in allem; **l'**~**(e) ou l'autre** [entweder] der/die/das eine oder der/die/das andere; **c'est l'**~ **ou l'autre, décide-toi!** entweder, oder, entscheide dich!; **à** ~ **contre deux/trois/...** allein gegen zwei/drei/...; **comme pas** ~**(e)** wie kein anderer/keine andere, wie kein Zweiter/keine Zweite; **et d'**~**(e)!** *fam* das wäre das Erste!; ~**(e) par** ~**(e)** einer/eine/eines nach dem/der/dem anderen
III. *num* 1 ein/eine/ein
2 (*dans l'indication de l'âge, la durée*) **avoir/avoir bientôt** ~ **an** ein Jahr alt [*o* eins] sein/werden; **enfant d'**~ **an** Einjährige(r) *f(m)*; **période d'**~ **an** Zeitraum *m* von einem Jahr
3 (*dans l'indication de l'heure*) **il est** ~**e heure** es ist ein [Uhr]
4 (*dans les noms de personnages*) **Henri I** *gesprochen:* **Henri** ~ Heinrich I. *oral:* Heinrich der Erste
5 (*non divisible*) einzig; **le monde/Dieu est** ~ es gibt nur eine [einzige] Welt/einen [einzigen] Gott
▸ **c'est tout** ~ das ist alles eins; **ne faire qu'**~ *personnes:* ein Herz und eine Seele sein; **ne faire qu'**~ **avec qn/qc** eine Einheit mit jdm/etw bilden, eins mit jdm/etw sein; **ne faire ni** ~**e ni deux** nicht lange überlegen; **il était** [*o* **c'était**] **moins** ~**e!** *fam* das war haarscharf! (*fam*); *v. a.* **cinq**

unanime [ynanim] *adj approbation, consentement* einhellig; *avis, sentiment* übereinstimmend; *vote* einstimmig; **nous sommes** ~**s à penser que...** wir sind uns darin einig [*o* sind der einhelligen Ansicht], dass ...

unanimement [ynanimmɑ̃] *adv approuver* einhellig; *décider, voter* einstimmig; **le comité en est** ~ **convaincu** das Komitee ist ausnahmslos [*o* ohne Ausnahme] davon überzeugt

unanimité [ynanimite] *f* Übereinstimmung *f; des suffrages* Einstimmigkeit *f;* **à l'**~ einstimmig; **adopter qc à l'**~ etw einstimmig beschließen

underground [œndœʀgʀaund] I. *adj inv film* Underground-
II. *m* Underground *m*

une [yn] I. *art v.* **un I.**
II. *pron v.* **un II.**
III. *num v.* **un III.**

une [yn] *f* 1 (*table, chambre... numéro un*) Eins *f*
2 (*première page du journal*) Titelseite *f*
3 (*premier sujet*) Thema *nt* des Tages
4 TV **la** ~ das erste Programm, das Erste (*fam*)

UNEDIC [ynedik] *f abr de* **Union nationale pour l'emploi dans l'industrie et le commerce** Gesamtverband *m* der Arbeitslosenversicherungskassen

U.N.E.F. [ynɛf] *f abr de* **Union nationale des étudiants de France** *französische Studentenvereinigung*

U.N.E.S.C.O. [ynɛsko] *f abr de* **United Nations Educational Scientific and Cultural Organization** UNESCO *f*

uni [yni] *m* (*d'une seule couleur*) Einfarbige(s) *nt;* (*sans motifs*) Ungemusterte(s) *nt*

uni(e) [yni] *adj* 1 (*sans motifs*) ungemustert; (*d'une seule couleur*) einfarbig
2 (*en union*) vereint; **les États Unis d'Amérique** die Vereinigten Staaten von Amerika; **les Nations Unies** die Vereinten Nationen; ~**s par qc** durch etw verbunden
3 (*lisse*) *surface* glatt; *chemin* eben

U.N.I.C.E.F. [ynisɛf] *f abr de* **United Nations International Children's Emergency Fund** UNICEF *f*

unicellulaire [yniselylɛʀ] *adj* einzellig; **animal** ~ Einzeller *m*

unicité [ynisite] *f d'un cas* Einmaligkeit *f; d'un phénomène* Einzigartigkeit *f*

unicolore [ynikɔlɔʀ] *adj* einfarbig

unidirectionnel(le) [ynidiʀɛksjɔnɛl] *adj* unidirektional; **courant** ~ Gleichstrom *m*

unième [ynjɛm] *adj* **vingt/trente/... et** ~ einundzwanzigste(r, s)/einunddreißigste(r, s)/...; **cent** ~ einhunderterste(r, s)

unièmement [ynjɛmmɑ̃] *adv* **vingt/trente/... et** ~ Punkt einundzwanzig/einunddreißig/...

unificateur, -trice [ynifikatœʀ, -tʀis] *adj principe* einigend; **mouvement** ~ Sammelbewegung *f*

unification [ynifikasjɔ̃] *f* 1 Vereinigung *f;* **l'**~ **de l'Allemagne** die Wiedervereinigung Deutschlands
2 (*harmonisation*) *des tarifs* Vereinheitlichung *f*

unifier [ynifje] <1a> I. *vt* 1 (*unir*) vereinen; zusammenschließen *régions, partis*
2 (*uniformiser*) vereinheitlichen *orthographe, programmes*
II. *vpr* **s'**~ sich vereinigen, zu einer Einheit werden; **la France ne s'est unifiée que lentement** Frankreich ist nur langsam zu einer Einheit zusammengewachsen; **le parti n'est pas parvenu à s'**~ die Partei konnte nicht als Einheit [*o* nicht geschlossen] auftreten

uniforme [ynifɔʀm] I. *adj* 1 (*pareil*) gleich[artig]; **les journées sont** ~**s** die Tage gleichen sich; **goûts** ~**s** Einheitsgeschmack *m kein Pl*
2 (*standardisé, homogène*) vereinheitlicht
3 (*invariable*) *conduite, vitesse* gleichbleibend; *paysage, vie* eintönig; *mouvement* gleichförmig
II. *m* Uniform *f;* **en** ~ in Uniform

uniformément [ynifɔʀmemɑ̃] *adv* 1 (*de façon monotone*) eintönig
2 (*de la même façon*) gleichermaßen

uniformisation [ynifɔʀmizasjɔ̃] *f des habitudes, du mode de vie* Angleichung *f; des programmes, tarifs* Vereinheitlichung *f*

uniformiser [ynifɔʀmize] <1> *vt* einander angleichen *mœurs, teintes;* vereinheitlichen, einander anpassen *programmes, tarifs, goûts*

uniformité [ynifɔʀmite] *f* 1 (*similitude*) *des habitudes, mœurs* Übereinstimmung *f; des goûts, produits* Einheitlichkeit *f*
2 (*monotonie*) Eintönigkeit *f*

unijambiste [yniʒɑ̃bist] I. *adj* einbeinig
II. *mf* Einbeinige(r) *f(m)*

unilatéral(e) [ynilateʀal, o] <-aux> *adj désistement, jugement* einseitig; *contrat, convention, garantie* nur für eine Seite verbindlich, unilateral (*Fachspr.*); **stationnement** ~ Parken *nt* auf nur einer der beiden Straßenseiten

unilatéralement [ynilateʀalmɑ̃] *adv* POL, JUR im Alleingang, einseitig, unilateral (*Fachspr.*)

unilingue [ynilɛ̃g] *adj* einsprachig

uninominal(e) [yninɔminal, o] <-aux> *adj* (*opp: de liste*) **scrutin** ~ Persönlichkeitswahl *f*

union [ynjɔ̃] *f* ❶ (*alliance*) Vereinigung *f; de partis* Zusammenschluss *m;* **en ~ avec qn** gemeinsam mit jdm
❷ (*vie commune*) Lebensgemeinschaft *f;* ~ **conjugale** Bund *m* der Ehe; ~ **libre** eheähnliche Lebensgemeinschaft, wilde Ehe
❸ (*juxtaposition*) *des couleurs, éléments* Zusammenstellung *f*
❹ (*association*) Verband *m,* Union *f;* **Union économique** Wirtschaftsunion; **Union économique et monétaire** Wirtschafts- und Währungsunion; **rejoindre l'Union économique et monétaire** der Wirtschafts- und Währungsunion beitreten; **Union européenne** Europäische Union; ~ **fédérale/sportive** Zentral-/Sportverband; **Union monétaire** Währungsunion; **participation à l'Union monétaire** Teilnahme *f* an der Währungsunion; ~ **ouvrière/syndicale** Arbeiter-/Gewerkschaftsbund *m;* **Union Soviétique** HIST Sowjetunion

unionisme [ynjɔnism] *m* ❶ *die Zielsetzung wirtschaftlicher Zusammenschlüsse eines Verbandes/einer Union*
❷ *vieilli politische Doktrin der Unionisten*

unioniste [ynjɔnist] *mf* ❶ POL, HIST Unionist(in) *m(f)*
❷ CAN (*membre du parti de l'Union nationale*) Parteimitglied *nt* der Nationalen Union

unipare [ynipaʀ] *adj* **femme** ~ Frau, die nur ein Kind zur Welt gebracht hat

unipersonnel(le) [ynipɛʀsɔnɛl] *adj v.* **entreprise**

unique [ynik] *adj* ❶ (*seul*) einzig; *marché, monnaie* einheitlich; **prix** ~ Einheitspreis *m;* **enfant** ~ Einzelkind *nt;* **à voie** ~ einspurig; **rue à sens** ~ Einbahnstraße *f*
❷ (*exceptionnel*) einzigartig; **c'est ~ au monde** das ist einmalig auf der Welt
❸ *fam* (*impayable*) **il/elle est ~!** er/sie ist einmalig! (*fam*)

uniquement [ynikmɑ̃] *adv* einzig und allein, nur

unir [yniʀ] <8> **I.** *vt* ❶ (*associer*) verein[ig]en
❷ (*marier*) trauen
❸ (*combiner*) verbinden mit; zusammenstellen *couleurs*
❹ *a.* TRANSP (*relier*) *chemin de fer, langage:* verbinden
II. *vpr* ❶ (*s'associer*) **s'~** sich vereinigen, sich zusammenschließen
❷ (*se marier*) **s'~** heiraten
❸ (*se combiner*) **s'~ à qc** mit etw zusammenkommen, sich mit etw verbinden; *couleur:* auf etw (*Akk*) abgestimmt sein

unisexe [ynisɛks] *adj* für Mann und Frau; **coiffeur** ~ Damen- und Herrenfriseur *m;* **mode** ~ Unisexmode *f*

unisexué(e) [ynisɛksɥe] *adj* eingeschlechtig

unisson [ynisɔ̃] *m* MUS, *a. fig* Unisono *nt;* **être à l'~ de qc** gleichstimmig mit etw sein; **se mettre à l'~ de qn** mit jdm harmonieren

unitaire [ynitɛʀ] *adj* ❶ POL *revendications* einheitlich; *mouvement, parti* geschlossen; **nous devons être ~s** wir müssen gemeinsam handeln [*o* geschlossen auftreten]
❷ COM *production* auf ein Produkt beschränkt; **prix** ~ Einheitspreis *m*

unité [ynite] *f* ❶ (*cohésion*) *d'une famille* Zusammenhalt *m; d'une classe* Einheit *f; d'un texte* Zusammenhang *m; d'une œuvre* Kohärenz *f;* ~ **d'action/de culture** gemeinsames Handeln/gemeinsame Kultur; ~ **d'intérêts/de sentiments/vues** gleiche [*o* übereinstimmende] Interessen/Gefühle/Standpunkte; **agir dans l'~** gemeinsam handeln; **manquer d'~** *texte:* nicht kohärent sein; ~ **d'action/de lieu/de temps** THEAT, CINE Einheit der Handlung/des Ortes/der Zeit
❷ POL Einheit *f;* ~ **administrative** Verwaltungseinheit; ~ **monétaire** Währungseinheit
❸ (*étalon de mesure*) Einheit *f;* ~ **électrique/optique** elektrische/optische Einheit; ~ **thermique** [*o* **de quantité de chaleur**] Wärmeeinheit
❹ MATH Einer *m*
❺ ECON, COM (*exemplaire*) Einheit *f;* **à l'~** einzeln; **prix à l'~** Einzelpreis *m*
❻ MIL Einheit *f;* ~ **blindée** Panzereinheit; **rejoindre son ~** sich bei seiner Einheit zurückmelden
❼ INFORM, TECH ~ **de stockage** Speichereinheit *f,* Speicher *m;* ~ **centrale** Zentraleinheit; ~ **de traitement/contrôle** Verarbeitungs-/Kontrolleinheit; ~ **d'entrée-sortie** [*o* **d'échange**] Ein- und Ausgabeeinheit
❽ JUR Einheit *f*
◆ ~ **de bande magnétique** Bandlaufwerk *nt;* ~ **de compte** Verrechnungseinheit *f;* ~ **de disque** Diskettenlaufwerk *nt;* ~ **de distance** Längenmaß *nt;* ~ **d'enseignement et de recherche** [*universitärer*] *Fachbereich;* ~ **de fabrication** Betriebsstätte *f;* ~ **de formation et de recherche** [*universitärer*] *Fachbereich;* ~ **de masse** Mengeneinheit *f;* ~ **de mesure** Maßeinheit *f;* ~ **de production** Produktionseinheit *f;* ~ **de réanimation** Intensivstation *f;* ~ **de sortie** Ausgabegerät *nt;* ~ **de travail** Arbeitseinheit *f;* ~ **de valeur** UNIV Studiennachweis *m*

univers [ynivɛʀ] *m* ❶ ASTRON Universum *nt,* Weltall *nt*
❷ (*milieu*) Welt *f; familier* Umgebung *f; politique* Umfeld *nt;* **l'~ du rêve/de l'enfant** die Welt der Träume/der Kinder; **l'~ mathématique/poétique** die Welt der Mathematik/Poesie

universalisation [ynivɛʀsalizasjɔ̃] *f* ❶ (*mondialisation*) [allgemeine] Verbreitung *f*
❷ (*du particulier à l'universel*) Verallgemeinerung *f,* Universalisierung *f*

universaliser [ynivɛʀsalize] <1> **I.** *vt* verallgemeinern
II. *vpr* **s'~** allgemeingültig werden, sich verbreiten

universalité [ynivɛʀsalite] *f* ❶ Universalität *f; d'une idée, vérité, d'un droit* Universalität, Allgemeingültigkeit *f; d'un jugement* Allgemeinverbindlichkeit *f*
❷ *d'un génie, d'une langue* Vielseitigkeit *f,* Universalität *f*
❸ JUR Gesamtheit *f*

universel(le) [ynivɛʀsɛl] *adj* ❶ (*mondial*) *sondage* weltweit; **exposition ~le** Weltausstellung *f*
❷ (*opp: particulier*) allgemein, universal, universell; *proposition, jugement* allgemeinverbindlich
❸ (*tous usages*) *remède* universell; *machine, dispositif* allgemein verwendbar; **clé ~le** Universalschlüssel *m*
❹ (*complet*) *personne* allwissend; **esprit** ~ Universalgenie *nt*

universellement [ynivɛʀsɛlmɑ̃] *adv* ❶ allgemein
❷ (*mondialement*) weltweit; ~ **connu(e)** weltweit bekannt

universitaire [ynivɛʀsitɛʀ] **I.** *adj* universitär; *carrière, titre* akademisch; **résidence** ~ Studentenwohnheim *nt;* **diplôme** ~ Hochschuldiplom *nt;* **bibliothèque** ~ Universitätsbibliothek *f;* **restaurant** ~ Mensa *f*
II. *mf* Hochschullehrer(in) *m(f)*

université [ynivɛʀsite] *f* Universität *f*
◆ ~ **d'été** Sommerkurs *m;* ~ **du troisième âge** Seniorenstudium *nt*

univoque [ynivɔk] *adj* PHILOS eindeutig, univok (*Fachspr.*)

Untel, Unetelle [œ̃tɛl, yntɛl] *m, f* **Monsieur ~/Madame Unetelle** Herr/Frau Sowieso

uploader [œplode] *vt* INFORM hochladen

uppercut [ypɛʀkyt] *m* BOXE Aufwärtshaken *m*

U.P.U [ypey] *f abr de* **Union postale universelle** Weltpostverein *m*

uranifère [yʀanifɛʀ] *adj* MINER Uran-, uranhaltig

uranium [yʀanjɔm] *m* Uran *nt*

Uranus [yʀanys] *f* Uranus *m*

urbain(e) [yʀbɛ̃, ɛn] *adj* städtisch; **aménagement** ~ Stadtplanung *f;* **paysage** ~ Stadtbild *nt*

U

Urbain [yʀbɛ̃] *m* ~ **VI** Urban VI.

urbanisation [yʀbanizasjɔ̃] *f* ❶ *d'une région, d'un pays* Urbanisierung *f*
❷ (*aménagement*) *d'un secteur, d'une zone* städtische Bebauung

urbaniser [yʀbanize] <1> **I.** *vt* urbanisieren *région, zone*
II. *vpr* **s'**~ urbanisiert werden, verstädtern

urbanisme [yʀbanism] *m* Städtebau *m*

urbaniste [yʀbanist] **I.** *mf* Stadtplaner(in) *m(f)*
II. *adj v.* **urbanistique**

urbanistique [yʀbanistik] *adj* städtebaulich

urbanité [yʀbanite] *f* ❶ (*politesse*) Gewandheit *f*, Urbanität *f* (*liter*)
❷ (*caractère de la ville*) städtische Atmosphäre *f*

urée [yʀe] *f* Harnstoff *m*

urémie [yʀemi] *f* Harnvergiftung *f*

uretère [yʀ(ə)tɛʀ] *f* ANAT Harnleiter *m*, Ureter *m* (*Fachspr.*)

urètre [yʀɛtʀ] *m* Harnröhre *f*

urgence [yʀʒɑ̃s] *f* ❶ (*caractère urgent*) Dringlichkeit *f*; **il y a** ~ es eilt; **d'**[**extrême**] ~ (*sans délai*) unverzüglich
❷ (*cas urgent*) dringende Angelegenheit; *a.* MED Notfall *m*; **en** ~ als Notfall; **les** ~**s** Notfallstation *f*; **le secours de première** ~ die erste Hilfe; **pharmacie de première** ~ Erste-Hilfe-Apotheke *f*

urgent(**e**) [yʀʒɑ̃, ʒɑ̃t] *adj besoin, cas, décision* dringend; *affaire* dringlich; *commande* eilig, dringend; *tâche* vordringlich; **c'est** ~ es ist dringend; ~**!** eilt!; **il est** ~ **de faire qc** etw muss dringend getan werden; **il est** ~ **qu'il fasse qc** es wird Zeit, dass er etw tut

urger [yʀʒe] <2a> *vi* **ça urge!** *fam* es brennt! (*fam*), es eilt!

urinaire [yʀinɛʀ] *adj* **maladie** ~ Erkrankung *f* der Harnwege; **appareil** ~ Harnapparat *m*; **voies** ~**s** Harnwege *Pl*; **calcul** ~ Harnstein *m*

urinal [yʀinal] <-aux> *m* MED Harnflasche *f*, Urinal *nt*

urine [yʀin] *f* Urin *m*

uriner [yʀine] <1> *vi* urinieren, Wasser lassen

urinoir [yʀinwaʀ] *m* Pissoir *nt*

urique [yʀik] *adj* **acide** ~ Harnsäure *f*

urne [yʀn] *f* ❶ POL (*boîte*) [Wahl]urne *f*
❷ *pl* (*scrutin*) Wahl *f*; **aller** [*o* **se rendre**] **aux** ~**s** wählen gehen
❸ (*vase funéraire*) [Grab]urne *f*

urogénital(**e**) [yʀɔʒenital, o] <-aux> *adj* ANAT, MED *canal* urogenital (*Fachspr.*)

urologie [yʀɔlɔʒi] *f* Urologie *f*

urologue [yʀɔlɔg] *mf* Urologe *m*/Urologin *f*

U.R.S.S. [yɛʀɛsɛs] *f* HIST *abr de* **Union des républiques socialistes soviétiques: l'**~ die UdSSR

URSSAF [yʀsaf] *f abr de* **Union de recouvrement des cotisations de sécurité sociale et d'allocations familiales** *Verband für die Beitragszahlungen zur Sozialversicherung und Familienbeihilfe*

urticaire [yʀtikɛʀ] *f* [allergischer] Hautausschlag, Urtikaria *f* (*Fachspr.*)
▸ **qn/qc** <u>**donne**</u> **de l'**~ **à qn** *fam* jd ist gegen jdn/etw allergisch (*fam*)

U.S. [yɛs] *f abr de* **Union sportive de...** SV *m*, SC *m*

us [ys] *mpl* ~ **et coutumes** Sitten *Pl* und [Ge]bräuche *Pl*

usage [yzaʒ] *m* ❶ (*utilisation*) Gebrauch *m*; *d'un appareil* Benutzung *f*, Benutzen *nt*; *d'une méthode* Anwendung *f*; *d'une salle* Nutzung *f*; **à l'**~ **de qn/qc** für jdn/etw; ~ **privé** Selbstgebrauch, private Nutzung; **à** ~ **domestique** für den Hausgebrauch; **à** ~ **interne/externe** nur innerlich/äußerlich anzuwenden; **à** ~ **privé** der privaten Nutzung vorbehalten; **appareil en** ~ Maschine *f* im Gebrauch; **ascenseur hors d'**~ Aufzug *m* außer Betrieb; **méthode en** ~ verbreitete Methode; **être d'**~ **courant** häufig benutzt [*o* verwendet] werden; (*habituel*) gang und gäbe sein; **faire** ~ **de qc** etw anwenden; (*utiliser intelligemment/non intelligemment*) vernünftig [*o* sinnvoll]/unvernünftig mit etw umgehen; **faire bon** ~ **de ses qualités** seine Fähigkeiten gut nutzen [*o* einsetzen]
❷ JUR Gebrauch *m*, Verwendung *f*; ~ **de faux** Verwendung gefälschter Urkunden; ~ **de fausse monnaie** Gebrauch [*o* Einsatz *m*] von Falschgeld
❸ (*façon de se servir*) *d'un appareil, d'une machine* Bedienung *f*
❹ (*consommation*) Verbrauch *m*
❺ (*faculté*) **retrouver l'**~ **de ses jambes/de la vue** wieder gehen/sehen können; **perdre/retrouver l'**~ **de la parole** die Sprache verlieren/wiederfinden
❻ (*fonction*) *d'un meuble, objet* [Verwendungs]zweck *m*; **servir à des** ~**s multiples** für mehrere Zwecke geeignet
❼ *souvent pl* (*coutume*) Brauch *m*; **c'est contraire aux** ~**s** das verstößt gegen die Sitten; **c'est l'**~ **de faire qc** es ist üblich, etw zu tun; **entrer dans l'**~ sich durchsetzen
❽ LING [Sprach]gebrauch *m*; *d'un mot* Verwendung *f*; **mot hors d'**~ nicht mehr gebräuchliches Wort
▸ <u>**faire**</u> **de l'**~ gute Dienste leisten; <u>**à**</u> **l'**~ in der Praxis

usagé(**e**) [yzaʒe] *adj* abgenutzt; *pile* verbraucht

usager, -ère [yzaʒe, -ɛʀ] *m, f* Benutzer(in) *m(f)*; *du gaz, de l'électricité* Verbraucher(in) *m(f)*; ~(**-ère**) **de la route** Verkehrsteilnehmer(in) *m(f)*

usant(**e**) [yzɑ̃, ɑ̃t] *adj* anstrengend

usé(**e**) [yze] *adj* ❶ (*détérioré*) abgenutzt; *semelles* abgelaufen
❷ (*affaibli*) *personne* verlebt
❸ (*banal*) überholt (*fig*), abgedroschen (*fam*)

user [yze] <1> **I.** *vt* ❶ (*détériorer*) abnutzen; abtragen *roche*; verschleißen *mécanique, cassette*
❷ (*épuiser*) ruinieren *santé*; ~ **qn** jdm zusetzen
❸ (*consommer*) verbrauchen
II. *vi* ~ **d'un droit** von einem Recht Gebrauch machen; ~ **de termes/formules** Ausdrücke *Pl*/Formulierungen *Pl* gebrauchen; ~ **d'un stratagème** eine List anwenden
▸ ~ **et** <u>**abuser**</u> **de qc** etw schamlos ausnutzen
III. *vpr* **s'**~ sich abnutzen; **s'**~ **à qc** sich bei etw aufreiben; **s'**~ **la santé** sich die Gesundheit ruinieren; **s'**~ **les yeux** [*o* **la vue**] sich (*Dat*) die Augen verderben

usinage [yzinaʒ] *f d'une pièce* Bearbeitung *f*; *d'un produit, matériau* Verarbeitung *f*

usine [yzin] *f* Fabrik *f*; ~ **textile/pilote** Textilfabrik/Pilotanlage *f*; ~ **sidérurgique** Eisenhüttenwerk *nt*; **travailler en** ~ [*o* **à l'**~] in der Fabrik arbeiten; **aller à l'**~ in die Fabrik gehen
◆ ~ **d'automobiles** Automobilwerk *nt*; ~ **à gaz** Gaswerk *nt*; ~ **d'incinération des ordures** [*o* **déchets**] Müllverbrennungsanlage *f*; ~ **de produits alimentaires** Lebensmittelfabrik *f*; ~ **de traitement des ordures** Müllverwertungsanlage *f*; ~ **de traitement des déchets radioactifs** Wiederaufbereitungsanlage *f*

usiner [yzine] <1> *vt* bearbeiten *pièce*; verarbeiten *produit, matériau*

usinier, -ière [yzinje, -jɛʀ] *adj* ❶ (*qui a rapport à l'usine*) Fabrik-
❷ (*industriel*) *ville, quartier* Industrie-

usité(**e**) [yzite] *adj* gebräuchlich

ustensile [ystɑ̃sil] *m* Gerät *nt*, Utensil *nt meist Pl*; ~ **de cuisine** Küchenartikel *m*

usuel(**le**) [yzɥɛl] *adj* gebräuchlich; *emploi* allgemein üblich; *mot, nom* gängig; *objet* weitverbreitet

usuellement [yzɥɛlmɑ̃] *adv* [für] gewöhnlich, üblicherweise

usufruit [yzyfʀɥi] *m* JUR Nutznießung *f*, Nießbrauch *m* (*Fachspr.*)

usufruitier, -ière [yzyfʀɥitje, -jɛʀ] *adj rare* Nießbrauch-

usuraire [yzyʀɛʀ] *adj* **taux** ~**s** Wucherzinsen *Pl*

usure[1] [yzyʀ] *f* ❶ (*détérioration*) Abnutzung *f*; **l'**~ **du pouvoir** der Verschleiß durch die Macht
❷ (*état*) abgenutzter Zustand; **un costume luisant d'**~ ein vom Tragen glänzender Anzug
❸ (*érosion*) *d'une roche* [Ab]schleifung *f*

❹ (*affaiblissement*) *des forces, de l'énergie* Verschleiß *m*
▸ **avoir qn à l'~** *fam* jdn mit der Zeit herumkriegen (*fam*)
usure² [yzyʀ] *f* FIN Wucher *m;* **pratiquer l'~** Wucher treiben
usurpateur, -trice [yzyʀpatœʀ, -tʀis] *m, f* Usurpator(in) *m(f)*
usurpation [yzyʀpasjɔ̃] *f* ❶ JUR (*appropriation*) Anmaßung *f,* widerrechtliche Aneignung; *d'un titre* Anmaßung, unbefugtes Führen
❷ POL Usurpation *f*
◆ **~ de pouvoir** Amtsmissbrauch *m*
usurper [yzyʀpe] <1> *vt* ❶ (*s'approprier*) **~ un titre** sich (*Dat*) einen Titel widerrechtlich aneignen; **~ le pouvoir** widerrechtlich die Macht an sich (*Akk*) reißen
❷ (*être immérité*) **sa réputation est usurpée** sein Ruf ist nicht gerechtfertigt
ut [yt] *m inv* MUS C *nt,* c *nt*
UTA [ytea] *f abr de* **Union des transports aériens** *französisches Luftverkehrsunternehmen*
utérin(e) [yteʀɛ̃, in] *adj* ❶ (*de la même mère*) *frères, sœurs* Halb- (*von derselben Mutter*)
❷ MED *grossesse, hémorragie* Gebärmutter-
utérus [yteʀys] *m* Gebärmutter *f*
utile [ytil] **I.** *adj* ❶ (*nécessaire, profitable*) nützlich; *dépenses, mesure, action* sinnvoll; **il est ~ de faire un exercice/que qn fasse un exercice** es ist sinnvoll eine Übung zu machen/, dass jd eine Übung macht; **être ~ à qn/qc** jdm/einer S. nützlich sein; **se rendre ~** sich nützlich machen
❷ TECH **partie ~** zweckdienliches Teil
II. *m* Nützliche(s) *nt;* **joindre l'~ à l'agréable** das Angenehme mit dem Nützlichen verbinden
utilement [ytilmɑ̃] *adv* nützlich; *employer* nutzbringend; **conseiller ~ qn** jdm nützliche Ratschläge geben
utilisable [ytilizabl] *adj* verwendbar; *matériel* brauchbar; *livre, manuel* benutzbar; **ce n'est plus ~** das ist nicht mehr zu gebrauchen
utilisateur, -trice [ytilizatœʀ, -tʀis] *m, f* Benutzer(in) *m(f)*
utilisation [ytilizasjɔ̃] *f* ❶ (*emploi*) *d'un téléphone, logiciel* Benutzung *f; d'une matière première, somme d'argent, d'un produit* Verwendung *f; de l'énergie* Nutzung *f;* **~ abusive/incorrecte** missbräuchliche/unsachgemäße Verwendung; **~ préalable** JUR Vorbenutzung (*Fachspr.*)
❷ (*accommodation*) **~ des restes** Resteverwertung *f*
utiliser [ytilize] <1> *vt* ❶ (*se servir de*) benutzen; **~ du beurre/de l'huile pour la cuisine** Butter/Speiseöl zum Kochen verwenden
❷ (*recourir à*) nutzen, nützen *avantage, compétences, dons;* anwenden *force, moyen, procédé;* gebrauchen *mot, expression;* **~ un droit** von einem Recht Gebrauch machen
❸ (*exploiter*) ausnutzen, ausnützen *personne, relations;* verwerten *restes*
utilitaire [ytilitɛʀ] **I.** *adj* ❶ (*susceptible d'être utilisé*) für den Gebrauch bestimmt; *objet, article* Gebrauchs-; *véhicule* Nutz-
❷ (*intéressé*) *préoccupations, calculs* auf Nutzen ausgerichtet
II. *m* ❶ INFORM Utility *nt*
❷ AUT Nutzfahrzeug *nt*
utilitarisme [ytilitaʀism] *m* PHILOS Utilitarismus *m*
utilité [ytilite] *f* ❶ (*aide*) Nutzen *m;* **être d'une grande ~** von großem Nutzen sein
❷ (*caractère utile*) Nützlichkeit *f;* **association reconnue d'~ publique** gemeinnütziger Verein; **pourquoi une deuxième voiture? Je n'en ai pas l'~** [*o* **elle ne me serait d'aucune ~**] wozu ein zweites Auto? Dafür habe ich keine [*o* keinerlei] Verwendung
utopie [ytɔpi] *f* Utopie *f*
utopique [ytɔpik] *adj* utopisch
utopiste [ytɔpist] *mf* Utopist(in) *m(f)*
U.V.¹ [yve] *mpl abr de* **ultraviolets** UV-Strahlen *Pl*
U.V.² *f abr de* **unité de valeur** UNIV Schein *m*
uval(e) [yval, o] <-aux> *adj* Trauben-
uvulaire [yvylɛʀ] *adj* ❶ ANAT Gaumenzäpfchen-
❷ LING uvulär; **r ~** Zäpfchen-R *nt*

Vv

V, v [ve] *m inv* ❶ V *nt*/v *nt;* **faire le V de la victoire** das Victory-Zeichen machen
❷ (*forme*) **décolleté en V** V-Ausschnitt *m;* **pull en V** Pullover *m* mit V-Ausschnitt
▸ **v comme Victor** V wie Viktor
va [va] *indic prés de* **aller**
VA *abr de* **voltampère** VA
vacance [vakɑ̃s] *f* ❶ *pl* Ferien *Pl;* **les grandes ~s** die großen Ferien; **~s [universitaires]** Semesterferien, Sommerpause *f;* **~s judiciaires/parlementaires** Gerichts-/Parlamentsferien, Sommerpause; **être en ~s** Ferien haben; **bonnes ~s!** schöne Ferien!
❷ *pl* (*congé*) Urlaub *m kein Pl;* **pendant les ~s** im Urlaub; **~s de neige** Skiferien *Pl,* Skiurlaub; **partir en ~s** in Urlaub fahren; **maison de ~s** Ferienhaus
❸ (*poste sans titulaire*) unbesetzte Stelle; UNIV Vakanz *f* (*geh*)
❹ (*non-pourvoiement*) **~ de poste/siège** unbesetzte Stelle; **~ de chaire** vakanter Lehrstuhl
❺ POL (*vide*) **~ du pouvoir** Machtvakuum *nt,* politisches Vakuum

i Land & Leute

In Frankreich beginnen die **vacances scolaires** nicht in allen Regionen gleichzeitig, sondern zonenweise jeweils um eine Woche versetzt. Man unterscheidet die drei Zonen A, B und C, die Frankreich streifenartig von Norden nach Süden unterteilen.

vacancier, -ière [vakɑ̃sje, -jɛʀ] *m, f* Urlauber(in) *m(f)*
vacant(e) [vakɑ̃, ɑ̃t] *adj* ❶ (*sans titulaire*) unbesetzt; *chaire, fauteuil* vakant
❷ (*non occupé*) frei; *appartement* leerstehend; *poste* offen
❸ JUR herrenlos; **succession ~e** Nachlass *m* ohne Erben
vacarme [vakaʀm] *m* Lärm *m*
vacataire [vakatɛʀ] *mf* SCOL, UNIV Vertretung *f;* ADMIN Aushilfe *f*
vacation [vakasjɔ̃] *f* ❶ (*temps de travail*) [Arbeits]zeitaufwand *m;* (*rémunération*) Honorar *nt*
❷ (*remplacement*) Vertretung *f*
vaccin [vaksɛ̃] *m* ❶ (*substance*) **~ contre la grippe/le tétanos** Grippe-/Tetanusimpfstoff *m;* **~ antirabique** Tollwutimpfstoff
❷ (*fait de vacciner*) Impfung *f;* **faire un ~ à qn** jdn impfen
vaccinable [vaksinabl] *adj* impfbar
vaccinal(e) [vaksinal, o] <-aux> *adj* Impf-; **complication ~e** durch eine/die Impfung ausgelöste Komplikation
vaccination [vaksinasjɔ̃] *f* Impfung *f*
vaccine [vaksin] *f* ❶ (*maladie*) *de la vache* Kuhpocken *Pl; du cheval* Pferdepocken *Pl*
❷ MED Variola-Vakzine *f* (*Fachspr.*)
vacciner [vaksine] <1> *vt* ❶ MED impfen
❷ *fam* immun machen
vachard(e) [vaʃaʀ, aʀd] *adj fam* gemein, fies (*fam*)
vache [vaʃ] **I.** *f* ❶ ZOOL Kuh *f;* **~ laitière** Milchkuh
❷ (*cuir*) Rindsleder *nt;* (*pour des chaussures*) Vacheleder *nt*

❸ *fam* (*rosse*) **peau de ~!** (*homme*) Mistkerl! *m* (*sl*); (*femme*) Miststück! *nt* (*sl*)
▸ **être planté(e) [là] comme une ~ qui regarde passer les trains** wie ein Ölgötze dastehen; **manger** [*o* **bouffer** *fam*] **de la ~ enragée** am Hungertuch nagen; **années/période de ~s grasses/maigres** [sieben] fette/magere Jahre; **il pleut comme ~ qui pisse** *fam* es gießt wie aus Eimern (*fam*); **la ~!** *fam* Donnerwetter! (*fam*)
II. *adj fam* ❶ (*méchant*) gemein; *problème, devoir* vertrackt (*fam*); **c'est ~ de la part de qn de faire qc** es/das ist gemein von jdm etw zu tun; **être ~ avec qn** gemein zu jdm sein (*fam*)
❷ (*sacré*) **une ~ de voiture/belle moto** ein Superauto/supertolles Motorrad (*fam*); **un ~ de beau garçon/une ~ de belle fille** ein Prachtexemplar *nt* von einem Jungen/Mädchen (*fam*)
◆ **~ à eau** Wasserbeutel *m;* **~ à lait** *fam* (*personne exploitée*) Melkkuh *f* (*fam*)
vachement [vaʃmɑ̃] *adv fam* echt (*fam*), wahnsinnig (*fam*)
vacher, -ère [vaʃe, -ɛʀ] *m, f* Kuhhirt(in) *m(f)*
vacherie [vaʃʀi] *f fam* ❶ (*dureté, méchanceté*) Gemeinheit *f*
❷ (*action*) Gemeinheit *f;* (*parole*) Gemeinheit *f,* Gehässigkeiten *Pl;* **faire une ~/des ~s à qn** jdm eine Gemeinheit/Gemeinheiten antun
vacherin [vaʃʀɛ̃] *m* ❶ (*fromage*) *Weichkäse aus dem französischen Jura*
❷ (*dessert*) *eisgekühlte Meringe* [*mit Crème fraîche*]
vachette [vaʃɛt] *f* ❶ kleine Kuh
❷ (*cuir*) Vachetteleder *nt*
vacillant(e) [vasijɑ̃, jɑ̃t] *adj* ❶ (*instable*) *démarche* schwankend; *jambes* wackelig
❷ (*tremblant*) *flamme, lumière, lueur* flackernd
❸ *fig caractère, foi* schwankend; *esprit* wankelmütig (*geh*); *raison* wirr
vacillement [vasijmɑ̃] *m* ❶ (*oscillation*) *d'un arbre, d'une personne* (*d'un côté et de l'autre*) Schwanken *nt;* (*avant la chute*) Wanken *nt; des jambes, murs, meubles* Wackeln *nt*
❷ (*tremblement*) *de la flamme, lumière* Flackern *nt*
❸ *soutenu* (*affaiblissement*) *de la raison* Verwirrung *f*
❹ (*hésitation*) *d'une personne* Unentschlossenheit *f; de la détermination* Wanken *nt*
vaciller [vasije] <1> *vi* ❶ (*être instable*) *personne:* taumeln; **~ sur ses jambes** unsicher auf den Beinen sein
❷ (*d'un côté et de l'autre*) *personne, arbre:* schwanken; (*avant la chute*) wanken
❸ (*chanceler*) *poteau, murs, meubles:* wackeln
❹ (*trembler*) *flamme, lueur, lumière:* flackern
❺ (*s'affaiblir*) *courage, détermination:* ins Wanken geraten; *intelligence, raison, mémoire:* nachlassen
❻ (*hésiter*) **~ dans sa détermination** in seiner Überzeugung (*Dat*) schwanken; **~ dans ses intentions** sich (*Dat*) über seine Absichten unschlüssig sein
va comme je te pousse [vakɔmʒtəpus] *adv* ▸ **à la ~** *fam* aufs Geratewohl (*fam*); **ces enfants sont élevés à la ~** diese Kinder sind nach Gutdünken erzogen (*fam*)
vacuité [vakɥite] *f de l'existence* Nichtigkeit *f; des propos* Belanglosigkeit *f*
vade-mecum [vademekɔm] *m inv* Vademekum *nt*
vadrouille[1] [vadʀuj] *f* ▸ **être en ~** *fam* auf Achse sein (*fam*); **partir en ~** *fam* losziehen (*fam*)
vadrouille[2] [vadʀuj] *f* ❶ NAUT (*instrument de nettoyage*) Dweil *m*
❷ CAN (*balai à franges*) Mopp *m*
vadrouiller [vadʀuje] <1> *vi fam* ❶ *vieilli* (*traîner dans les rues*) [auf den Straßen] herumlungern
❷ (*traînasser*) sich herumtreiben (*fam*)
Vaduz [vadyz] Vaduz *nt*
va-et-vient [vaevjɛ̃] *m inv* ❶ (*passage*) Kommen und Gehen *nt*
❷ (*mouvement alternatif*) Hin und Her *nt; d'un piston* Auf und Ab *nt*
❸ ELEC Wechselschalter *m*
❹ (*charnière*) **porte à ~** Schwingtür *f*
❺ (*bac*) Pendelfähre *f*
vagabond(e) [vagabɔ̃, ɔ̃d] **I.** *adj littér* ❶ (*errant*) **vie** [*o* **existence**] **~e** Vagabundenleben *nt;* **peuple ~** Wandervolk *nt*
❷ (*sans règles*) *âme, humeur* rastlos; *pensées, imagination* [umher]schweifend
II. *m(f) littér* (*sans domicile fixe*) Landstreicher(in) *m(f)*
vagabondage [vagabɔ̃daʒ] *m* ❶ JUR Landstreicherei *f*
❷ (*errance*) Herumziehen *nt;* **ses ~s dans la ville** seine Streifzüge durch die Stadt
❸ *littér* (*rêverie*) *de l'imagination, la pensée* Umherschweifen *nt*
vagabonder [vagabɔ̃de] <1> *vi* ❶ (*errer*) vagabundieren
❷ *littér imagination, esprit, pensée:* umherschweifen; **son esprit/sa pensée vagabonde** er/sie ist geistig abwesend, er/sie schweift in Gedanken ab
vagin [vaʒɛ̃] *m* Scheide *f*
vaginal(e) [vaʒinal, o] <-aux> *adj* vaginal; **frottis ~** [Scheiden]abstrich *m*
vaginite [vaʒinit] *f* MED Scheidenentzündung *f,* Kolpitis *f* (*Fachspr.*)
vagir [vaʒiʀ] <8> *vi bébé:* schreien
vagissement [vaʒismɑ̃] *m* Wimmern *nt*
vague[1] [vag] **I.** *adj* ❶ *a. antéposé* (*indistinct*) *forme, contours* undeutlich; *silhouette* schemenhaft; *bruit, son* unbestimmbar
❷ *a. antéposé* (*indéfinissable*) *douleur, angoisse, désir* unbestimmbar; *sensation, impression* vage
❸ *a. antéposé* (*imprécis*) ungenau; *indication, idée, souvenir* vage; *projet, intention* unbestimmt; **rester ~ sur qc** sich in Bezug auf etw (*Akk*) nicht festlegen
❹ *antéposé* (*lointain*) entfernt
❺ *postposé* (*absent*) **avoir le regard ~** einen leeren Blick haben
❻ *antéposé* (*quelconque*) irgendein
❼ (*ample*) *manteau, chemise* weit
II. *m* (*imprécision*) Unklarheit *f; d'une forme, de contours* Undeutlichkeit *f;* **dans le ~** im Unklaren; **rester dans le ~ au sujet de qc** sich in Bezug auf etw (*Akk*) nicht festlegen
◆ **~ à l'âme** melancholische Stimmung
vague[2] [vag] *f* ❶ *a.* METEO Welle *f;* **~ de chaleur/de froid** Hitze-/Kältewelle
❷ *fig littér* **les ~s de sa chevelure** ihr/sein wallendes Haar
❸ (*phénomène de masse subit, afflux*) **~ d'enthousiasme/de criminalité** Welle *f* der Begeisterung/von Verbrechen; **~ de protestations/suicides** Protest-/Selbstmordwelle; **~s de touristes/d'immigrants** Ströme *Pl* von Touristen/Einwanderern
▸ **la Nouvelle Vague** die Nouvelle Vague (*Strömung im französischen Kino der späten fünfziger und frühen sechziger Jahre*)**;** **faire des ~s** *fam* Wellen schlagen; **pas de ~s!** *fam* nur kein Aufsehen [erregen]!
vaguelette [vaglɛt] *f* kleine Welle *f*
vaguement [vagmɑ̃] *adv* ❶ (*de façon imprécise*) *dire, comprendre* ungefähr; *expliquer* in groben Zügen; *distinguer* schemenhaft; *apercevoir* flüchtig; **tu sais que Jean a de nouveaux projets? – Ben, il m'en a ~ parlé, oui** weißt du, ob Jean neue Pläne hat? – Also, er hat mir andeutungsweise davon erzählt, ja
❷ (*un peu*) **avoir l'air ~ surpris** etwas überrascht aussehen; **ne se sentir que ~ concerné(e)** sich nur bedingt betroffen fühlen
vaguemestre [vagmɛstʀ] *m für den Postdienst zuständiger Unteroffizier*
vaguer [vage] <1> *vi* ❶ *littér* umhergehen
❷ *fig pensées, yeux:* schweifen
vaillamment [vajamɑ̃] *adv littér* beherzt; (*au combat*) tapfer
vaillance [vajɑ̃s] *f* Beherztheit *f;* (*au combat*) Tapferkeit *f*
vaillant(e) [vajɑ̃, ɑ̃t] *adj* ❶ (*énergique, courageux*) beherzt;

(*au combat*) tapfer
❷ (*vigoureux*) bei Kräften
vaille [vaj] *subj prés de* **valoir**
vaille que vaille [vajkəvaj] *adv* so gut [wie] es geht
vain(e) [vɛ̃, vɛn] *adj* ❶ (*inutile*) vergeblich; *recherches* erfolglos; *sacrifice* sinnlos; **il est ~ de faire qc** es hat keinen Sinn [*o* Zweck] etw zu tun
❷ (*stérile*) *discussion* sinnlos; **de ~s regrets** sinnloses Bedauern
❸ *littér* (*illusoire*) *plaisirs, gloire* eitel (*geh*)
❹ *antéposé littér* (*creux*) leer; **de ~s mots/~es paroles** leere Worte *Pl*
❺ *postposé littér* (*fat*) *personne* eitel
▶ **en ~** (*sans résultat*) vergeblich; (*inutilement*) umsonst
vaincre [vɛ̃kʀ] <*irr*> **I.** *vi soutenu* siegen
II. *vt soutenu* ❶ MIL besiegen *pays;* bezwingen *geh ennemi, armée*
❷ SPORT schlagen; **~ la face nord/l'Everest** ALPIN die Nordwand/den Everest bezwingen
❸ (*surmonter*) überwinden; meistern *difficulté;* beseitigen *misère*
vaincu(e) [vɛ̃ky] **I.** *part passé de* **vaincre**
II. *adj* besiegt; **s'avouer ~(e)** sich geschlagen geben
III. *m(f)* (*perdant*) Verlierer(in) *m(f)*
vainement [vɛnmɑ̃] *adv* (*sans résultats*) vergeblich; (*inutilement*) umsonst
vainqueur [vɛ̃kœʀ] **I.** *adj* ❶ (*victorieux*) *personne, nation* siegreich; *équipe* siegreich, Sieger-; **sortir ~ de qc** als Sieger aus etw hervorgehen
❷ (*triomphant*) siegessicher; **air ~** Siegermiene *f*
II. *m* ❶ MIL, SPORT Sieger(in) *m(f);* (*lors d'une compétition*) Gewinner(in) *m(f);* ALPIN Bezwinger(in) *m(f)*
❷ POL Gewinner(in) *m(f)*
vairon [vɛʀɔ̃] *adj* **yeux ~s** verschieden[farbig]e Augen
vais [vɛ] *indic prés de* **aller**
vaisseau [vɛso] <x> *m* ❶ ANAT Gefäß *nt;* **~ sanguin/lymphatique** Blut-/Lymphgefäß
❷ BOT Trachee *f*
❸ *vieilli* (*navire*) Schiff *nt*
❹ ESPACE **~ spatial** Raumschiff *nt*
❺ ARCHIT Mittelschiff *nt*
❻ MUS **le Vaisseau fantôme** der Fliegende Holländer
▶ **brûler ses ~x** alle Brücken hinter sich (*Dat*) abbrechen
vaisselier [vɛsəlje] *m* Geschirrschrank *m*
vaisselle [vɛsɛl] *f* Geschirr *nt;* (*service de table*) [Tafel]geschirr; **faire** [*o* **laver**] **la ~** das Geschirr spülen, abwaschen
val [val, vo] <vaux> *m* Tal *nt*
V.A.L. [val] *m abr de* **véhicule automatique léger** *vollautomatisierter Nahverkehrszug ohne Fahrer*
valable [valabl] *adj* ❶ (*en règle*) *passeport, carte de séjour* gültig; **ne plus être ~** die [*o* seine] Gültigkeit verlieren
❷ JUR, COM *acte, contrat* [rechts]gültig; *offre* [rechts]verbindlich; **non ~** rechtsungültig
❸ (*fondé*) *argument* stichhaltig; *motif, raison* triftig; *critère* hinreichend; *théorie, hypothèse* gerechtfertigt
❹ (*de qualité*) ordentlich (*fam*); *personne* in Ordnung (*fam*)
❺ (*qualifié*) *interlocuteur* akzeptabel; *témoin* brauchbar
❻ *fam* (*profitable*) *achat* günstig; *opération, affaire* einträglich
valablement [valabləmɑ̃] *adv* ❶ (*légitimement*) rechtmäßig
❷ (*convenablement*) *répondre* zufriedenstellend; *soutenir, alléguer* überzeugend
❸ (*d'une manière efficace*) sinnvoll
Valais [valɛ] *m* **le ~** das Wallis
valdingue [valdɛ̃g] *m fam* **faire un ~** runterfallen (*fam*)
valdinguer [valdɛ̃ge] *vi fam* **~ contre qc** gegen etw knallen (*fam*); **quand il est en colère, il envoie tout ~** wenn er wütend ist, schmeißt er alles hin (*fam*)
valence [valɑ̃s] *f* CHIM Wertigkeit *f;* GRAM Valenz *f*
valériane [valeʀjan] *f* Baldrian *m*
valet [valɛ] *m* ❶ (*domestique*) [Haus]diener *m;* THEAT Diener
❷ *péj* (*personne servile*) Knecht *m*
❸ CARTES Bube *m*
◆ **~ de chambre** Kammerdiener *m;* **~ de ferme** Knecht *m;* **~ de nuit** stummer Diener
valetaille [valtaj] *f péj* Domestiken *Pl*
valétudinaire [valetydinɛʀ] *adj littér* kränkelnd; *vieillard* gebrechlich
valeur [valœʀ] *f* ❶ (*prix*) Wert *m;* **de ~** wertvoll; **objet de ~** Wertgegenstand *m;* **colis/envoi en ~ déclarée** Wertpaket *nt*/-sendung *f*
❷ BOURSE (*cours*) [Kurs]wert *m;* (*titre*) Wertpapier *nt;* **sans ~** *titre* wertlos
❸ *pl* FIN (*patrimoine*) Vermögenswerte *Pl,* Vermögen *nt;* **~s mobilières** Effekten *Pl*
❹ ECON [Waren]wert *m;* **~ marchande** Handelswert; **~ unitaire** Einheitswert; **~ d'un/du terrain** Grundstückswert
❺ JUR [Rechts]gültigkeit *f;* **avoir ~ générale** [*o* **universelle**] allgemeingültig sein, allgemeine Geltung haben
❻ (*qualité*) *d'une personne* Wert *m;* **une personne de grande ~** ein sehr wertvoller Mensch; **à sa** [**juste**] **~** nach seinen/ihren Verdiensten, gerecht; **~ nutritive** Nährwert
❼ (*importance*) *d'un objet* Wert *m; d'une œuvre* Bedeutung *f;* **avoir de la ~** seinen Wert haben; **accorder** [*o* **attacher**] **de la ~ à qc** Wert auf etw (*Akk*) legen; **juger qc au-dessus/au-dessous de sa ~** etw überbewerten/unterbewerten; **mettre qn/qc en ~** jdn/etw zur Geltung bringen; **se mettre en ~** sich in den Vordergrund stellen
❽ (*efficacité*) [praktischer] Wert; *d'un acte, d'une conduite* Nutzen *m*
❾ PHILOS [geistiger [*o* ideeller]] Wert; **hiérarchie des ~s** Wertordnung *f*
❿ (*équivalent*) **la ~ d'un litre/d'une cuiller à café** ungefähr ein Liter/ein Kaffeelöffel
⓫ MATH, MUS, JEUX Wert *m;* **la ~ de x** der Wert von x; **~ d'une note** Notenwert
⓬ LING Bedeutung *f*
⓭ ART *d'une couleur* Valenz *f* (*Fachspr.*)
◆ **~ d'échange** Tauschwert *m*
valeureux, -euse [valœʀø, -øz] *adj antéposé littér* tapfer, couragiert (*geh*)
valeur-refuge [valœʀʀəfyʒ] <valeurs-refuges> *f* FIN Fluchtwert *m*
validation [validasjɔ̃] *f* ❶ (*certification*) *d'un passeport, billet de loto* Gültigkeitserklärung *f; d'un titre de transport* Entwertung *f*
❷ (*homologation*) Anerkennung *f; des élections, d'une décision* Bestätigung *f*
❸ INFORM Bestätigung *f*
valide [valid] *adj* ❶ (*bien portant*) gesund; **être ~** fit sein (*fam*)
❷ (*valable*) *papier, passeport, billet* gültig; *contrat* [rechts]gültig
valider [valide] <1> *vt* ❶ (*certifier*) für gültig erklären *passeport, billet de loto;* entwerten *titre de transport*
❷ (*homologuer*) anerkennen; bestätigen *élections, décision*
❸ INFORM bestätigen
validité [validite] *f* ❶ (*fait d'être valide*) Gültigkeit *f; d'un contrat, d'une opération* Wirksamkeit *f,* Rechtsgültigkeit
❷ (*durée*) Gültigkeitsdauer *f*
valise [valiz] *f* [Reise]koffer *m;* **faire sa ~/ses ~s** den Koffer/die Koffer packen; **par la ~ diplomatique** im Diplomatengepäck
▶ **faire ses ~s** *fam* seine Sachen [*o* Koffer] packen
vallée [vale] *f* Tal *nt;* **la ~ du Rhin/Rhône** das Rhein-/Rhônetal; **la ~ de Chamonix** das Tal von Chamonix
vallon [valɔ̃] *m* kleines Tal
vallonné(e) [valɔne] *adj* hügelig
valoche [valɔʃ] *f fam* Koffer *m*
valoir [valwaʀ] <*irr*> **I.** *vi* ❶ (*coûter*) kosten; **~ cher** viel kosten; **combien ça vaut?** wie viel kostet das?; **à ~ sur qc** in

Anrechnung auf etw (*Akk*)
② *fam* (*peser financièrement*) ~ **dix millions de dollars** *personne:* zehn Millionen Dollar schwer sein (*fam*)
③ (*avoir de la valeur*) ~ **quelque chose/ne pas** ~ **grand-chose** etwas wert sein/nicht viel wert sein; **ce roman vaut par son originalité** der Wert dieses Romans liegt in seiner Originalität; **c'est tout ce que ça vaut!** mehr ist das nicht wert!
④ (*être valable, applicable*) ~ **pour qn/dans qc** für jdn/in etw (*Dat*) gelten; *méthode:* bei jdm/in etw (*Dat*) gelten; **autant vaut** [*o* **vaudrait**] **faire qc** da kann [*o* könnte] man genauso gut etw tun
⑤ (*mettre en avant*) **faire** ~ **un argument/que l'on a des ennuis** ein Argument hervorheben/hervorheben, dass man Ärger hat; **faire** ~ **ses droits** seine Rechte geltend machen
⑥ (*vanter les mérites de*) **faire** ~ **qn** jdn zur Geltung bringen
⑦ (*faire fructifier*) **faire** ~ **des économies/un capital** Ersparnisse/ein Kapital Gewinn bringend anlegen
⑧ (*mettre en valeur*) **sa robe fait** ~ **sa taille fine** ihr Kleid bringt ihre schlanke Taille zur Geltung
⑨ (*être mauvais, méchant*) **ne rien** ~ *personne:* nichts wert sein
⑩ (*ne pas être bon pour*) **le soleil ne me vaut rien** die Sonne bekommt mir nicht; **ça ne me vaut rien de prendre des vacances** es bekommt mir nicht, Urlaub zu nehmen
II. *vt* ① (*être équivalent à*) zählen
② (*pouvoir être comparé à*) **cet ouvrier au noir vaut** [**bien**] **un artisan** dieser Schwarzarbeiter steht einem Handwerker in nichts nach; **le nouveau disque ne vaut pas le précédent** die neue Platte kommt an die letzte nicht heran; **rien ne vaut un bon lit quand on est fatigué** es geht [doch] nichts über ein gutes Bett, wenn man müde ist
③ (*mériter*) **cette ville vaut le détour** diese Stadt ist einen Umweg wert; **ce roman vaut d'être lu** es lohnt sich diesen Roman zu lesen
④ (*avoir pour conséquence*) **cette démarche lui a valu des reproches** dieses Vorgehen hat ihm Vorwürfe eingebracht; **ses écarts de comportement lui valent d'être à la une des journaux** seine Ausschweifungen brachten ihn auf die Titelseiten [der Zeitungen]
III. *vpr* **se** ~ (*avoir le même prix*) gleich im Preis sein; (*être comparable*) *personnes, choses:* gleich[wertig] sein; **ces deux-là, ils se valent** bei den beiden ist einer wie der andere
valorisant(**e**) [valɔʀizɑ̃, ɑ̃t] *adj* dem Ansehen förderlich; *situation, travail* aufwertend
valorisation [valɔʀizasjɔ̃] *f d'une région* Aufwertung *f*; *des déchets* [Wieder]verwertung *f*
valoriser [valɔʀize] <1> *vt* ① ECON aufwerten *terrain, région;* [wieder]verwerten *déchets*
② PSYCH aufwerten
valse [vals] *f* ① (*musique, danse*) Walzer *m;* ~ **musette** Musettewalzer; ~ **viennoise** Wiener Walzer; **danser la** ~ **à l'envers/à l'endroit** den Walzer linksherum/rechtsherum tanzen
② *fam* (*changement*) ~ **des ministres/directeurs** ständiger Wechsel der Minister/Direktoren
valse-hésitation [valsezitasjɔ̃] <valses-hésitations> *f* [ewiges] Hin und Her *kein Pl*
valser [valse] <1> *vi* ① (*danser une valse*) einen Walzer tanzen
② *fam* (*être projeté*) ~ **sur le trottoir** unsanft auf dem Gehweg landen (*fam*)
③ (*dépenser sans compter*) **faire** ~ **de grosses sommes/des millions** große Summen/Milionen springen lassen (*fam*)
④ (*interchanger*) **faire** ~ **le personnel/les méthodes de travail** laufend das Personal auswechseln/die Arbeitsmethoden verändern
valseur, **-euse** [valsœʀ, -øz] *m, f* Walzertänzer(in) *m(f)*
valve [valv] *f* ① TECH Ventil *nt*
② ZOOL [Muschel]schale *f*
③ *pl* BELG ~**s** (*tableau d'affichage*) schwarzes Brett *nt*
valvule [valvyl] *f* Klappe *f*
vamp [vɑ̃p] *f* Vamp *m*
vamper [vɑ̃pe] *vt* (*fam*) anmachen (*fam*)
vampire [vɑ̃piʀ] *m* ① (*fantôme*) Vampir *m*
② ZOOL (*chauve-souris*) Vampir *m*
vampiriser [vɑ̃piʀize] *vt fam* ~ **qn** jdn hörig machen
van [vɑ̃] *m* Pferdetransporter *m*
vanadium [vanadjɔm] *m* Vanadium *nt*
vandale [vɑ̃dal] *mf* ① HIST Wandale *m*/Wandalin *f*
② (*destructeur*) Vandale *m*/Vandalin *f*
vandalisme [vɑ̃dalism] *m* Vandalismus *m*
vanesse [vanɛs] *f* ZOOL ~ **des chardons** [*o* **de l'artichaut**] Distelfalter *m*
vanille [vanij] *f* ① GASTR Vanille *f*
② BOT Vanilleschote *f*
vanillé(**e**) [vanije] *adj crème, sucre* Vanille-
vanillier [vanije] *m* Vanillepflanze *f*
vanilline [vanilin] *f* Vanillin *nt*
vanité [vanite] *f* ① (*amour-propre*) Eitelkeit *f*
② (*orgueil*) Einbildung *f;* **être d'une immense** ~ äußerst eingebildet sein; **tirer** ~ **de qn/qc** sich (*Dat*) etwas auf jdn/etw einbilden
③ *littér* (*illusion*) *des espoirs, de la gloire* Eitelkeit *f* (*geh*); *de la vie, des plaisirs* Nichtigkeit *f*
vaniteux, **-euse** [vanitø, -øz] I. *adj* eingebildet, eitel
II. *m, f* eingebildeter Mensch; (*femme*) eingebildete Person
vanity-case [vanitikɛz] <vanity-cases> *m* Kosmetikkoffer *m*
vanne [van] *f* ① *d'une écluse, d'un moulin, barrage* Schleusentor *nt*
② *fam* (*plaisanterie*) **lancer des** ~**s à qn** über jdn witzeln
vanné(**e**) [vane] *adj fam* kaputt (*fam*)
vanneau [vano] <x> *m* Kiebitz *m*
vanner [vane] <1> *vt* ① AGR schwingen *blé*
② *fig* erschöpfen *personne*
vannerie [vanʀi] *f* ① (*fabrication*) Korbflechterei *f*
② (*objets*) Korbware *f*
vannier [vanje] *m* Korbmacher(in) *m(f)*
vantail [vɑ̃taj, o] <-aux> *m d'une porte, fenêtre* Flügel *m; d'un volet* Laden *m*
vantard(**e**) [vɑ̃taʀ, aʀd] I. *adj* prahlerisch
II. *m(f)* Prahler(in) *m(f)*
vantardise [vɑ̃taʀdiz] *f* ① (*caractère*) Prahlsucht *f*
② (*propos*) Prahlerei *f*
vanter [vɑ̃te] <1> I. *vt* [in den höchsten Tönen] loben; herausstreichen *efficacité, mérite, qualité;* [an]preisen *marchandise;* ~ **un personnage/un fait historique** *texte:* eine Persönlichkeit/ein historisches Ereignis preisen
II. *vpr* ① (*fanfaronner*) **se** ~ prahlen; **sans vouloir me** ~**, ...** ohne mich rühmen zu wollen ...; **il n'y a pas de quoi se** ~ das ist wirklich kein Grund stolz [darauf] zu sein
② (*dire avec vantardise*) **se** ~ **de qc** sich einer S. (*Gen*) rühmen
va-nu-pieds [vanypje] *mf inv* Landstreicher(in) *m(f)*
vapes [vap] *fpl* ▶ **être dans les** ~ *fam* Mattscheibe haben (*fam*)
vapeur [vapœʀ] I. *f* ① ~ **d'eau** Wasserdampf *m;* **bain de** ~ Dampfbad *nt;* **cuire des légumes à la** ~ Gemüse dünsten
② (*énergie*) **bateau/machine à** ~ Dampfschiff *nt*/-maschine *f*
③ (*brume, buée*) Dunst *m;* **les vitres sont couvertes de** ~ die Scheiben sind beschlagen
④ *pl* (*émanation*) Dämpfe *Pl;* ~**s d'essence** Benzindämpfe; **les** ~**s de l'alcool** *fig* die Wirkung des Alkohols
▶ **renverser la** ~ *einer unguten Entwicklung Einhalt gebieten und umkehren;* **à toute** ~ mit Volldampf (*fam*); **courir/conduire à toute** ~ mit einem Affenzahn rennen/fahren (*fam*)
II. *m* Dampfschiff *nt*
vapocuiseur [vapɔkɥizœʀ] *m* Schnellkochtopf *m*
vaporeux, **-euse** [vapɔʀø, -øz] *adj* ① (*léger*) *déshabillé, robe,*

tissu hauchdünn; *cheveux, coiffure* duftig
❷ *littér* (*nébuleux*) *ciel, horizon* in Dunst [*o* Nebel] gehüllt; *atmosphère* nebelhaft
vaporisateur [vapɔʀizatœʀ] *m* (*atomiseur*) Zerstäuber *m;* (*récipient*) Flasche *f* mit [einem] Zerstäuber
vaporisation [vapɔʀizasjɔ̃] *f d'un parfum, produit* Zerstäuben *nt; d'une plante, pièce, du nez* Besprühen *nt*
vaporiser [vapɔʀize] <1> **I.** *vt* ❶ (*pulvériser*) sprühen
❷ (*imprégner*) ~ **les cheveux avec une laque** die Haare mit Haarlack besprühen
II. *vpr* **se** ~ **qc** [sich (*Dat*)] etw sprühen; **se** ~ **de parfum** sich mit Parfüm besprühen
vaquer [vake] <1> *vi* ~ **à ses occupations/aux soins du ménage** seiner Beschäftigung/der Hausarbeit nachgehen
varan [vaʀɑ̃] *m* ZOOL Waran *m*
varappe [vaʀap] *f* Klettern *nt;* **faire de la** ~ klettern
varapper [vaʀape] <1> *vi* klettern
varappeur, -euse [vaʀapœʀ, -øz] *m, f* ALPIN Kletterer *m*/Kletterin *f*
varech [vaʀɛk] *m* [See]tang *m*
vareuse [vaʀøz] *f* (*blouse*) Matrosenjacke *f*
variabilité [vaʀjabilite] *f* ❶ *du temps* Wechselhaftigkeit *f; des humeurs* Veränderlichkeit *f*
❷ BIO Variabilität *f*
variable [vaʀjabl] **I.** *adj* ❶ *revenu, allocation, part* variabel; *récolte, plaisir, qualité* unterschiedlich; **aux États-Unis il y a des lois** ~**s selon les États** in den USA gibt es je nach Staat unterschiedliche Gesetze
❷ METEO veränderlich; **vent** ~ Wind *m* aus unterschiedlichen Richtungen; **le baromètre est au** ~ das Barometer steht auf „veränderlich"
❸ (*pour divers usages*) **à géométrie** ~ veränderbar; **à foyer** ~ mit unterschiedlicher Brennweite; **à vitesse** ~ mit mehreren Geschwindigkeitsstufen
❹ GRAM ~ **en genre/en nombre** veränderlich in Geschlecht/in der Zahl
❺ SCI, MATH variabel
II. *f* Variable *f*
variante [vaʀjɑ̃t] *f* ❶ (*forme différente*) Variante *f*
❷ LITTER Fassung *f*
❸ LING Variante *f*
variateur [vaʀjatœʀ] *m* ◆ ~ **de lumière** [*o* **d'intensité**] Dimmer *m;* ~ **de vitesse** stufenloses Getriebe
variation [vaʀjasjɔ̃] *f* ❶ (*changement*) Veränderung *f*
❷ (*écart*) Schwankung *f*
❸ MATH Varianz *f*
❹ BIO Variation *f*
❺ (*nouvelle version*) Variation *f;* ~ **sur le thème du printemps** MUS Variation über das Thema des Frühlings
varice [vaʀis] *f souvent pl* Krampfader *f*
varicelle [vaʀisɛl] *f* Windpocken *Pl*
varié(e) [vaʀje] *adj* ❶ (*composé d'éléments différents*) abwechslungsreich; *choix, gamme* bunt
❷ *pl* (*très différent*) verschieden; *opinions, arguments* unterschiedlich
❸ MUS mit Variationen
varier [vaʀje] <1a> **I.** *vi* ❶ (*évoluer*) sich ändern; *mot:* sich verändern
❷ (*pouvoir aller, osciller*) *prix:* schwanken; *couleur:* wechseln; **les prix varient du simple au double** die Preise können bis doppelt so hoch sein
❸ (*être différent*) unterschiedlich sein
❹ (*changer d'opinion*) seine Meinung ändern
❺ MATH, PHYS sich ändern; ~ **de zéro à l'infini** von null bis unendlich gehen
II. *vt* ❶ (*diversifier*) abwechslungsreich[er] gestalten *style, menu, distractions;* ~ **ses produits** seine Produktpalette vielseitiger gestalten
❷ (*changer*) wechseln
variété [vaʀjete] *f* ❶ (*diversité*) Vielfalt *f; des animaux, plantes* Artenreichtum *m*
❷ (*changement*) Abwechslung *f*
❸ ZOOL, BOT [Ab]art *f; de fruits* Sorte *f*
❹ MUS [bunte] Unterhaltungsmusik
❺ THEAT *pl* Varietee[theater *nt*] *nt*
❻ AUDIOV *pl* [bunte] Unterhaltungssendung
variole [vaʀjɔl] *f* Pocken *Pl*
varioleux, -euse [vaʀjɔlø, -øz] MED **I.** *adj personne* an Pocken erkrankt; **virus** ~ Pockenvirus *m*
II. *m, f* Pockenkranke(r) *f(m)*
variolique [vaʀjɔlik] *adj* Pocken-
variqueux, -euse [vaʀikø, -øz] *adj* MED krampfadrig, varikös (*Fachspr.*)
varlope [vaʀlɔp] *m* Langhobel *m*
Varsovie [vaʀsɔvi] Warschau *nt*
vas [va] *indic prés de* **aller**
vasculaire [vaskylɛʀ] *adj* ANAT, MED Gefäß-; **troubles** ~**s** Durchblutungsstörungen *Pl*
vase¹ [vɑz] *m* ❶ (*récipient*) [Blumen]vase *f*
❷ ARCHEOL Gefäß *nt*
❸ PHYS **le principe des** ~**s communicants** das Prinzip der kommunizierenden Röhren *Pl*
▸ **vivre en** ~ **clos** in einer abgeschlossenen Welt leben; **éducation en** ~ **clos** nicht realitätsbezogene Erziehung
◆ ~ **de nuit** Nachttopf *m*
vase² [vɑz] *f* Schlamm *m*
vasectomie [vazɛktɔmi] *f* Vasektomie *f*
vaseline [vazlin] *f* Vaseline *f*
vaseux, -euse [vɑzø, -øz] *adj* ❶ (*boueux*) schlammig
❷ *fam* (*confus*) verworren; **idées vaseuses** nebulöse Vorstellungen *Pl*
❸ *fam* (*mal en point*) **être complètement** ~(**-euse**) völlig daneben sein (*fam*)
vasistas [vazistɑs] *m* [kleines] Klappfenster
vasoconstricteur [vazɔkɔ̃stʀiktœʀ] MED, PHYSIOL **I.** *adj* gefäßverengend
II. *m* gefäßverengendes Mittel *nt*
vasodilatateur [vazɔdilatœʀ] MED, PHYSIOL **I.** *adj* gefäßerweiternd
II. *m* gefäßerweiterndes Mittel *nt*
vasomoteur, -trice [vazomɔtœʀ, -tʀis] *adj* vasomotorisch
vasouillard(e) [vazujaʀ, aʀd] *adj fam réponse* unklar, schwammig
vasouiller [vazuje] <1> *vi fam personne:* unsicher sein
vasque [vask] *f* (*bassin*) niedriges Wasserbecken
vassal(e) [vasal, o] <-aux> *m(f)* HIST Vasall(in) *m(f)*
vaste [vast] *adj antéposé* ❶ (*immense*) *mer, monde* weit; *forêt, jardin, plaine* ausgedehnt
❷ (*spacieux*) *appartement, hall, église* groß[räumig]; *entrepôt* weiträumig; *placard* geräumig
❸ (*ample*) *vêtement, cape, manteau* weit
❹ (*puissant*) *groupe, organisation* riesengroß
❺ (*étendu*) *sujet, entreprise, domaine* umfangreich; *érudition, culture* umfassend
❻ *iron fam* (*mauvais*) **c'est une** ~ **plaisanterie** das ist ein schlechter Witz
va-t-en-guerre [vatɑ̃gɛʀ] *m inv* Kriegstreiber(in) *m(f)* (*pej*)
Vatican [vatikɑ̃] *m* **le** ~ der Vatikan
vaticination [vatisinasjɔ̃] *f péj littér* Orakel[spruch *m*] *nt*
vaticiner [vatisine] <1> *vi péj littér* Orakelsprüche verkünden
va-tout [vatu] *m inv* ▸ **jouer son** ~ alles auf eine Karte setzen
vaudeville [vodvil] *m* Vaudeville *nt*
vaudevillesque [vodvilɛsk] *adj* wie in einem Vaudeville; *situation* grotesk
vaudou [vodu] **I.** *m inv* Voodookult *m*
II. *adj inv culte* Voodoo-; *cérémonie* Voodookult-

vaudrai [vodʀɛ] *fut de* **valoir**
vau-l'eau [volo] *adv* ► **aller à** ~ Schiffbruch erleiden
vaurien(ne) [voʀjɛ̃, jɛn] *m(f)* (*garnement*) Taugenichts *m* (*pej*)
vaut [vo] *indic prés de* **valoir**
vautour [votuʀ] *m* ❶ ORN Geier *m*
❷ (*exploiteur*) Aasgeier *m* (*fam*)
vautrer [votʀe] <1> *vpr* ❶ (*s'étendre*) sich wälzen; **se ~ dans un fauteuil/sur un canapé** sich auf einen Sessel/ein Sofa lümmeln (*fam*); **être vautré(e) sur la banquette** ausgestreckt auf der Bank liegen
❷ *littér* (*se complaire*) **se ~ dans l'oisiveté** Müßiggang treiben; **se ~ dans le vice** seinem Laster frönen
vaux [vo] *indic prés de* **valoir**
va-vite [vavit] *adv fam* ► **à la ~** auf die Schnelle (*fam*)
VDQS [vedekyɛs] *m abr de* **vin délimité de qualité supérieure** *Qualitätsstufe der französischen Weine*
veau [vo] <x> *m* ❶ ZOOL Kalb *nt;* **~ marin** Seehund *m*
❷ GASTR Kalb[fleisch *nt*] *nt*
❸ (*peau*) Kalb[s]leder *nt*
❹ *fam* (*personne*) Tranfunzel *f* (*fam*)
❺ *fam* (*voiture*) lahme Ente (*fam*)
► **adorer le ~ d'or** das Goldene Kalb anbeten; **crier** [*o* **beugler**] **comme un ~ [qu'on égorge]** wie am Spieß schreien [*o* brüllen]
vécés [vese] *mpl fam* Klo *nt* (*fam*)
vecteur [vɛktœʀ] *m* ❶ MATH Vektor *m*
❷ MED Überträger *m*
❸ MIL Kernwaffenträger *m*
❹ (*support*) **~ de culture/d'information** Kultur-/Informationsträger *m*
vectoriel(le) [vɛktɔʀjɛl] *adj* ❶ MATH *grandeur* vektoriell; *calcul, espace* Vektor-
❷ INFORM vektoriell
vécu [veky] *m* **le ~** das Erlebte
vécu(e) [veky] **I.** *part passé de* **vivre**
II. *adj* ❶ (*réel*) erlebt; *histoire, aventure* wahr
❷ (*éprouvé*) selbst empfunden; *expérience* eigen
vécus [veky] *passé simple de* **vivre**
vedettariat [vədetaʀja] *m* ❶ (*condition de vedette*) Berühmtheit *f*
❷ (*système*) Starkult *m*
vedette¹ [vədɛt] **I.** *f* ❶ (*rôle principal*) Hauptdarsteller(in) *m(f);* **avoir** [*o* **tenir**] **la ~** die Starrolle spielen
❷ (*artiste connu*) Star *m;* **passer/se produire en ~ américaine** *artiste:* als Gast[künstler] *m* auftreten; *groupe:* als Vorgruppe *f* spielen
❸ (*personnage connu*) (*dans le monde du sport*) Star *m;* (*dans le monde politique*) prominente Persönlichkeit
❹ (*centre de l'actualité*) *de l'actualité, du journal télévisé* Thema *nt* Nummer eins, Hauptthema; *de la soirée, du jour* Star *m;* **avoir** [*o* **tenir**] **la ~** im Mittelpunkt stehen; **être en ~** im Blickfeld sein; **mettre qn/qc en ~** jdn/etw in den Vordergrund stellen; **ravir la ~ à qn** jdm die Schau [*o* Show] stehlen
❺ (*mot-clé*) *d'une fiche, d'un catalogue, dictionnaire* Schlagwort *nt;* **être en ~** in Fettdruck sein
❻ (*gros titre*) **mettre qc en ~** etw in den Schlagzeilen bringen
II. *app* **mannequin ~** Topmodel *nt;* **produit/émission/joueur ~** Spitzenprodukt *nt*/-sendung *f*/-spieler *m*
vedette² [vədɛt] *f* (*bateau*) Schnellboot *nt*
vedettisation [vədetizasjɔ̃] *f Verwandlung einer Person in einen Star*
végétal [veʒetal, o] <-aux> *m* Pflanze *f*
végétal(e) [veʒetal, o] <-aux> *adj* ❶ (*des plantes*) *biologie, cellules, vie* pflanzlich; *règne, fibres, tissu* Pflanzen-
❷ (*opp: animal*) *alimentation, produit, crin* pflanzlich; *huile, graisse* Pflanzen-
❸ (*représentant des plantes*) *décor, ornementation, motif* Pflanzen-
végétalien(ne) [veʒetaljɛ̃, jɛn] **I.** *adj* [streng] vegetarisch
II. *m(f)* Vegetarier(in) *m(f)*
végétalisme [veʒetalism] *m rare* Veganismus *m*
végétarien(ne) [veʒetaʀjɛ̃, jɛn] **I.** *adj* [ovo-lakto-]vegetarisch
II. *m(f)* [Ovo-Lakto-]Vegetarier(in) *m(f)*
végétarisme [veʒetaʀism] *m* Vegetarismus *m*
végétatif, -ive [veʒetatif, -iv] *adj* PHYSIOL vegetativ; **vie végétative** auf die vegetativen Funktionen beschränktes Leben
végétation [veʒetasjɔ̃] *f* ❶ BOT Vegetation *f*
❷ *pl* MED Polypen *Pl;* **opérer qn des ~s** jdm die Polypen herausnehmen
végéter [veʒete] <5> *vt* ❶ (*mal pousser*) kümmerlich wachsen
❷ (*vivoter*) dahinvegetieren
❸ (*stagner*) *entreprise, affaire:* stagnieren
véhémence [veemɑ̃s] *f d'une discussion* Heftigkeit *f;* **protester avec ~** mit Vehemenz protestieren
véhément(e) [veemɑ̃, ɑ̃t] *adj reproches* heftig; *discours, orateur* leidenschaftlich
véhiculaire [veikylɛʀ] *adj* **langue ~** Verkehrssprache *f*
véhicule [veikyl] *m* ❶ (*moyen de transport*) Fahrzeug *nt;* **~ à moteur** Motorfahrzeug; **~ tout terrain** Geländefahrzeug; **~ utilitaire** Nutzfahrzeug; **type de ~** Wagenklasse *f;* **vol de ~** Autodiebstahl *m*
❷ (*agent de transmission*) *d'une maladie* Überträger *m; d'une idéologie* Vermittler *m; d'une information* Übermittler *m*
❸ (*support*) Träger *m;* **le langage est le ~ de la pensée** die Sprache ist das Medium des Denkens
◆ **~ de tourisme** Personenwagen *m;* **~ de transport** Transporter *m*
véhiculer [veikyle] <1> *vt* ❶ (*transporter*) fahren; befördern *marchandise, matériel*
❷ (*transmettre*) übertragen *maladie, émotions;* vermitteln *idéologie, savoir*
❸ (*être le support de*) **le langage véhicule la pensée** die Sprache übermittelt die Gedanken
veille [vɛj] *f* ❶ (*jour précédent*) Vortag *m,* vorhergehender Tag; **la ~, il fit ses valises** tags zuvor packte er seine Koffer; **la ~ au soir** am Abend vorher; **la ~ de son départ** am Tag/am Abend vor seiner/ihrer Abreise; **la ~ du mariage** am Vorabend der Hochzeit; **la ~ de Noël** am Heiligen Abend
❷ (*fait de ne pas dormir*) Wachsein *nt;* **état de ~** Wachzustand *m;* **entre la ~ et le sommeil** zwischen Wachen und Träumen
❸ (*garde de nuit*) [Nacht]wache *f;* **infirmière de ~** Nachtschwester *f*
❹ TECH **~ technologique** technologische Überwachung
► **ce n'est pas demain la ~** *fam* das wird [*o* kann] noch eine Weile dauern; **à la ~ de qc** (*peu avant*) kurz vor etw (*Dat*)
veillée [veje] *f* ❶ (*réunion le soir*) Zusammenkunft *f* am Abend
❷ (*période*) Abend[stunden *Pl*] *m*
❸ (*action de veiller*) Wache *f;* **~ funèbre** Totenwache
◆ **~ d'armes** Vorabend *m* eines großen Tages
veiller [veje] <1> **I.** *vi* ❶ (*faire attention à*) **~ à qc** auf etw (*Akk*) achten; **~ aux intérêts de qn** jds Interessen wahrnehmen
❷ (*surveiller*) Wache halten; *chien de garde:* bewachen; **~ sur qn/qc** auf jdn/etw aufpassen
❸ (*ne pas dormir*) wach sein
❹ (*rester éveillé*) aufbleiben; **~ tard** lange aufbleiben
II. *vt* **~ qn** bei jdm Wache halten
veilleur [vɛjœʀ] *m* **~ de nuit** Nachtwächter *m*
veilleuse [vɛjøz] *f* ❶ (*petite lampe*) Nachtlicht *nt; d'une sortie de secours* Notausgangslampe *f;* **mettre la lampe en ~** das Licht herunterdimmen
❷ *pl* (*feu de position*) Standlicht *nt;* **se mettre en ~** runter schalten (*fam*)
❸ (*flamme*) *d'un chauffe-eau, réchaud* Zündflamme *f;* **mettre le feu/la flamme en ~** das Feuer/die Flamme klein[er] stellen

▶ **la mettre en** ~ *fam* (*parler moins fort*) seine Stimme dämpfen; (*parler moins*) halblang machen (*fam*); **mettre des projets/revendications en** ~ Projekte/Forderungen ruhen lassen
veinard(e) [vɛnaʀ, aʀd] *m(f) fam* Glückspilz *m* (*fam*)
veine [vɛn] *f* ❶ ANAT Vene *f;* **s'ouvrir les** ~**s** sich (*Dat*) die Pulsadern aufschneiden
❷ (*inspiration*) künstlerische Ader; **écrire plusieurs romans/opéras de la même** ~ mehrere Romane/Opern von der gleichen Art schreiben; **être en** ~ künstlerische Eingebungen haben
❸ *fam* (*chance*) Schwein *nt* (*fam*); **avoir de la** ~ Glück [*o* Schwein *fam*] haben; **tu as de la** ~ **que je sois de bonne humeur** du kannst von Glück reden, dass ich gut gelaunt bin; **avoir de la** ~ **au jeu/à un examen** Glück im Spiel/in einer Prüfung haben; **avoir de la** ~ **en amour** [wirklich] Glück in der Liebe haben; **c'est bien ma** ~**!** *iron fam* ich Unglücksrabe [*o* Pechvogel]!
❹ (*veinure*) Maserung *f*
❺ MIN Ader *f*
❻ BOT [Blatt]ader *f*
▶ **se saigner aux quatre** ~**s pour qn/que ses enfants puissent réussir** sich (*Dat*) für jdn jeden Bissen vom Mund absparen/jd spart sich (*Dat*) jeden Bissen vom Mund ab, damit es seine Kinder zu etwas bringen; **être en** ~ **de confidences** in redseliger Stimmung sein
veiné(e) [vene] *adj* ❶ (*aux veines apparentes*) geädert; *main* ad[e]rig
❷ (*avec des veinures*) *bois, marbre* gemasert
veineux, -euse [vɛnø, -øz] *adj* Venen-
veinule [venyl] *f* Äderchen *nt*
vêlage [vɛlaʒ] *m* Kalben *nt*
vélaire [velɛʀ] **I.** *adj* velar
II. *f* LING Velar[laut *m*] *m*
velcro® [vɛlkʀo] *m* Klettverschluss *m*
vêlement [vɛlmɑ̃] *m v.* **vêlage**
vêler [vele] <1> *vi* kalben
vélin [velɛ̃] **I.** *m* ❶ (*papier*) Velin[papier *nt*] *nt*
❷ (*peau*) Velin *nt*
II. *app* **papier** ~ Velinpapier *nt*
véliplanchiste [veliplɑ̃ʃist] *mf* [Wind]surfer(in) *m(f)*
velléitaire [veleitɛʀ] *adj* entschlusslos, willensschwach
velléité [veleite] *f* (*soutenu*) Anwandlung *f;* **faire taire les** ~**s d'indépendance de qn** jds Unabhängigkeitsbestrebungen unterbinden
vélo [velo] *m* ❶ (*bicyclette*) [Fahr]rad *nt;* **à** [*o* **en** *fam*] ~ mit dem [Fahr]rad
❷ (*activité*) [Fahr]rad fahren *nt;* (*sport*) Radsport *m;* **faire du** ~ *fam* [Fahr]rad fahren
▶ **avoir un petit** ~ *fam* eine Meise haben (*fam*)
◆ ~ **de course** Rennrad *nt;* ~ **tout terrain** Mountainbike *nt*
véloce [velɔs] *adj littér* schnell, flink
vélocipède [velɔsipɛd] *m* ❶ (*ancêtre du vélo*) Veloziped *nt*
❷ *hum* (*bicyclette*) Drahtesel *m* (*hum*)
vélocité [velɔsite] *f* Geschwindigkeit *f*
vélocross [velokʀɔs] *m* Mountainbike *nt;* **faire du** ~ Mountainbike fahren
vélodrome [velodʀom] *m* Radrennbahn *f*
vélomoteur [velomɔtœʀ] *m* Moped *nt*
véloski [veloski] *m* Skibob, Schibob *m*
velours [v(ə)luʀ] *m* ❶ (*tissu*) Samt *m,* Veloursstoff *m,* Velours *m;* ~ **côtelé** Cord[samt] *m,* Kord[samt]; ~ **frappé** strukturierter Velours[stoff]; **pantalon/veste/fauteuil de** ~ Samthose *f*/-jacke *f*/-sessel *m*
❷ (*douceur*) *d'une pêche, joue* weiche [*o* samtige] Beschaffenheit; **une peau/des joues de** ~ samtweiche Haut/Wangen; **des yeux de** ~ sanfte Rehaugen *Pl*
▶ **jouer sur le** ~ lieber auf Nummer Sicher gehen (*fam*)
velouté [vəlute] *m* ❶ (*douceur*) *d'une peau, pêche, d'un tissu* weiche [*o* samtige] Beschaffenheit; *d'un vin* milder Geschmack; *d'un potage* Sämigkeit *f; du regard* Sanftheit *f; de la voix* Weichheit *f*
❷ (*potage*) Cremesuppe *f;* ~ **d'asperges/de champignons** Spargel-/Champignoncremesuppe
velouté(e) [vəlute] *adj* ❶ (*doux au toucher*) samtweich
❷ GASTR *crème* zart; *potage, sauce* sämig; *vin* mild
❸ (*d'aspect doux*) *teint, couleur* samtig
❹ (*doux*) *regard, lumière, voix* sanft
❺ TEXTIL *satin, soie* Velours-
velu(e) [vəly] *adj* behaart; *peau, fruit* flaumig; *animal, chenille* haarig
velum, vélum [velɔm] *m* Zeltdach *nt*
venaison [vənɛzɔ̃] *f* Wild[fleisch *nt*] *nt*
vénal(e) [venal, o] <-aux> *adj* käuflich
vénalité [venalite] *f* Käuflichkeit *f*
venant [vənɑ̃] ▶ **à tout** ~ dem ersten Besten
vendable [vɑ̃dabl] *adj* verkäuflich
vendange [vɑ̃dɑ̃ʒ] *f souvent pl* ❶ (*récolte*) Weinlese *f;* **faire les** ~**s** *vigneron:* Weinlese halten; *saisonnier:* Trauben lesen gehen (*fam*)
❷ *sing* (*raisin récolté*) Traubenernte *f*
❸ *pl* (*période*) Zeit *f* der Weinlese

i Land & Leute

Gegen Ende September beginnt in Frankreich die Weinlese. Die **vendanges** werden von Aushilfen und Saisonarbeitern durchgeführt. Die Weinlese geschieht auch heute noch hauptsächlich von Hand und nur teilweise maschinell. Das Ende der **vendanges** wird mit großen Festen gefeiert.

vendanger [vɑ̃dɑ̃ʒe] <2a> **I.** *vi* Trauben lesen
II. *vt* lesen *raisin, muscat;* ~ **la vigne** die Rebstöcke abernten
vendangeur [vɑ̃dɑ̃ʒœʀ] *m* Weinleser *m*
vendangeuse [vɑ̃dɑ̃ʒøz] *f* ❶ Weinleserin *f*
❷ (*machine*) Weinlesemaschine *f*
Vendée [vɑ̃de] *f* **la** ~ die Vendée
vendéen(ne) [vɑ̃deɛ̃, ɛn] *adj* [aus] der Vendée
vendetta [vɑ̃deta, vɑ̃dɛtta] *f* Vendetta *f,* Blutrache *f*
vendeur, -euse [vɑ̃dœʀ, -øz] **I.** *m, f* ❶ (*dans un magasin*) Verkäufer(in) *m(f)*
❷ (*marchand*) ~(**-euse**) **de légumes/fruits** Gemüse-/Obsthändler(in) *m(f);* ~(**-euse**) **de poissons/journaux** Fisch-/Zeitungsverkäufer(in) *m(f)*
❸ (*dans une entreprise*) Vertriebsreferent(in) *m(f);* (*de formation*) Vertriebsfachmann *m*/-frau *f*
❹ ECON, COM Verkäufer *m;* JUR Verkäufer, veräußernder Vertragspartner *m*/veräußernde Vertragspartnerin *f*
II. *adj* ❶ (*qui fait vendre*) **argument** ~ verkaufsförderndes Argument; **publicité vendeuse** verkaufsfördernde Werbung
❷ (*qui vend*) **les pays** ~**s de pétrole** die Erdöl exportierenden Länder; **je ne suis pas** ~(**-euse**) ich verkaufe nicht
vendre [vɑ̃dʀ] <14> **I.** *vi* ❶ COM verkaufen; **faire** ~ den Absatz fördern; ~ **moins cher que la concurrence** die Konkurrenz unterbieten
❷ (*être proposé à la vente*) **être à** ~ *maison, terrain, tableau:* zu verkaufen sein
II. *vt* ❶ (*céder*) verkaufen; ~ **une maison à qn** jdm ein Haus verkaufen [*o* veräußern *form*], ein Haus an jdn verkaufen [*o* veräußern *form*]; ~ **qc par correspondance** etw im [*o* über] Versandhandel verkaufen [*o* vertreiben]; ~ **qc à crédit** etw auf Teilzahlung verkaufen; ~ **qc aux enchères** etw versteigern; **vendu tel quel/vendue telle quelle** JUR ≈ verkauft wie besichtigt
❷ *péj* (*marchander*) ~ **son honneur/son âme** seine Ehre/Seele verkaufen; ~ **son silence/ses faveurs/ses charmes**

sich (*Dat*) sein Schweigen/seine Gunst/seine Reize *Pl* bezahlen lassen
③ (*faire du trafic de*) ~ **de la drogue/des armes** mit Drogen/Waffen handeln
④ *fam* (*trahir*) verpfeifen (*fam*)
⑤ *fam* (*faire la promotion de*) ~ **sa politique/ses idées** seine Politik/Ideen verkaufen; ~ **son image** sich gut verkaufen (*fam*)
III. *vpr* ① COM **se** ~ sich verkaufen lassen; **se** ~ **bien/mal** sich gut/schlecht verkaufen; **se** ~ **à la pièce/à la douzaine/par pack** stückweise/dutzendweise/im Pack verkauft werden
② (*se mettre à son avantage*) **se** ~ *candidat, demandeur d'emploi:* sich gut verkaufen
③ (*se mettre au service de*) **se** ~ **à qn/qc** sich an jdn/etw verkaufen

vendredi [vɑ̃dʀədi] *m* Freitag *m;* **Vendredi saint** Karfreitag; *v. a.* **dimanche**

vendu(e) [vɑ̃dy] **I.** *part passé de* **vendre**
II. *adj* (*corrompu*) gekauft
III. *m(f)* (*personne*) gekaufte Person, Verräter(in) *m(f)*

venelle [vənɛl] *f* kleine Gasse *f*, Gässchen *nt*

vénéneux, -euse [venenø, -øz] *adj* giftig

vénérable [veneʀabl] *adj* (*respectable*) ehrwürdig; **âge** ~ ehrwürdiges Alter

vénération [veneʀasjɔ̃] *f* Verehrung *f;* **avoir de la** ~ **pour qn** jdn verehren

vénérer [veneʀe] <5> *vt* verehren; REL in Ehren halten

vénerie [vɛnʀi] *f* CHASSE Hetzjagd *f*, Hatz *f* (*Fachspr.*)

vénérien(ne) [veneʀjɛ̃, jɛn] *adj vieilli* **maladie** ~**ne** Geschlechtskrankheit *f*

vénézolan(e) [venezolɑ̃, an] *adj* venezolanisch

Vénézolan(e) [venezolɑ̃, an] *m(f)* Venezolaner(in) *m(f)*

Venezuela [venezɥɛla] *m* **le** ~ Venezuela *nt*

vénézuélien(ne) [venezɥeljɛ̃, jɛn] *adj* venezuelisch

Vénézuélien(ne) [venezɥeljɛ̃, jɛn] *m(f)* Venezueler(in) *m(f)*

vengeance [vɑ̃ʒɑ̃s] *f* (*action*) Rache *f;* **désir/soif de** ~ Rachsucht *f*/Rachedurst *m* (*geh*); **crier** ~ *littér* nach Rache schreien
▸ **la** ~ **est un plat qui se mange froid** *prov* Rache ist süß (*prov*)

venger [vɑ̃ʒe] <2a> **I.** *vt* ① (*réparer*) *personne:* rächen; *acte, mort:* wieder gut machen
② (*dédommager moralement*) rächen; retten, wiederherstellen *nom, mémoire*
③ (*constituer une compensation*) ~ **une victime de qc** ein Opfer für etw entschädigen
II. *vpr* (*exercer sa vengeance*) **se** ~ **de qn/qc** sich an jdm/für etw rächen

vengeur, vengeresse [vɑ̃ʒœʀ, vɑ̃ʒ(ə)ʀɛs] *adj* voller Rachsucht (*geh*), rachsüchtig (*geh*)

véniel(le) [venjɛl] *adj* ① REL **péché** ~ lässliche Sünde
② *littér* (*peu grave*) *faute, oubli* verzeihlich

venimeux, -euse [vənimø, -øz] *adj* ① (*qui a du venin*) giftig; **serpent** ~ Giftschlange *f*
② (*haineux*) giftig; *personne, paroles, critique* boshaft

venin [vənɛ̃] *m* ① (*poison*) Gift *nt*
② (*haine*) Gift *nt;* **cracher son** ~ sein Gift verspritzen

venir [v(ə)niʀ] <9> **I.** *vi* + *être* ① (*arriver*) kommen; ~ **en voiture/à bicyclette** mit dem Auto/Fahrrad kommen; ~ **en** [*o* **par le**] **train** mit dem Zug kommen; ~ **par l'autoroute** über die Autobahn kommen; **faire** ~ **un ami** einen Freund kommen lassen; **faire** ~ **le médecin** den Arzt rufen; **viens avec moi!** komm mit!
② (*se présenter à l'esprit*) **l'idée m'est venue de chercher dans ce livre** mir kam die Idee in diesem Buch zu suchen; **l'envie lui vint d'une petite promenade** er bekam Lust auf einen kleinen Spaziergang
③ (*parvenir*) ~ **jusqu'à qn/qc** *bruit, odeur:* bis zu jdm/etw dringen
④ (*survenir, arriver*) kommen; *nuit:* hereinbrechen; ~ **à propos/au bon moment/mal à propos** richtig/gelegen/ungelegen kommen; **laisser** ~ [erst mal] abwarten; **prendre les choses comme elles viennent** die Dinge nehmen, wie sie kommen; **alors, ça vient?** *fam* na wird's bald? (*fam*)
⑤ (*se situer dans un classement, un ordre*) kommen; **une équipe vient devant/derrière une autre** eine Mannschaft liegt vor/hinter einer anderen; ~ **en dernier** als Letzte(r, s) kommen; ~ **au premier/dernier rang** ganz vorn/hinten rangieren; **à** ~ kommend, folgend; **dimanche/le mois/l'année qui vient** kommenden Sonntag/Monat/kommendes Jahr
⑥ (*se développer*) ~ **bien/mal** *plante:* gut/schlecht wachsen; **des boutons/rougeurs lui viennent sur tout le corps** er bekommt am ganzen Körper Pickel/Rötungen
⑦ (*étendre ses limites*) ~ **jusqu'à qc** bis zu etw gehen, bis an etw (*Akk*) reichen; **l'eau leur vient [jusqu']aux genoux** das Wasser reicht [*o* geht] ihnen bis an die Knie (*Akk*)
⑧ (*provenir*) ~ **d'Angleterre/de l'ouest/d'un milieu favorisé** aus England/dem Westen/einem bevorzugten Milieu kommen [*o* stammen]; ~ **du latin/grec** *mot, terme:* aus dem Lateinischen/Griechischen kommen [*o* stammen]
⑨ (*être donné par*) **ce mobilier lui vient de sa mère** die Möbel sind [*o* die Möbel hat er/sie] von seiner/ihrer Mutter
⑩ (*découler, être la conséquence*) ~ **de qc** von etw kommen; **cela vient de ton imprudence** das kommt von deiner Unvorsichtigkeit; **ces troubles viennent du foie** diese Beschwerden kommen von der Leber; **cela vient de ce** [*o* **du fait**] **qu'il ne boit pas assez** das kommt daher, dass er nicht genug trinkt
⑪ (*attirer*) **faire** ~ **les touristes/fourmis** Touristen/Ameisen anlocken
⑫ (*être poussé à*) **elle en vint à penser qu'il [le] faisait exprès** sie fing [langsam] an zu glauben, dass er es absichtlich tat; **j'en viens à douter de son sérieux** ich fange [langsam] an seine/ihre Ernsthaftigkeit anzuzweifeln
⑬ (*aboutir à*) **j'en viens au thème de ma conférence/à la conclusion** ich komme [schließlich] zum Thema meines Vortrags/zum Ende; **où veut-il en** ~**?** worauf will er hinaus?
II. *aux* + *être* ① (*se déplacer pour*) **je viens manger** ich komme essen; **tu viens prendre un verre?** kommst du auf ein Glas?; **je viens chercher un renseignement** ich komme wegen einer Auskunft; **quand viendras-tu nous voir?** wann kommst du uns besuchen?
② (*intervenir*) **espérons qu'aucun contretemps ne viendra perturber la manifestation** hoffen wir, dass uns [bei unserer Kundgebung] keine widrigen Umstände dazwischenkommen; **la crise est venue bouleverser toutes les prévisions** die Krise hat alle Vorhersagen umgeworfen
③ (*avoir juste fini*) **je viens [juste/à peine] d'avoir fini** ich habe gerade aufgehört
④ (*être conduit à*) **s'il venait à se perdre/à passer par là** wenn er sich verirren/hier vorbeikommen sollte
III. *vi impers* + *être* ① **il viendra un temps où** es wird eine Zeit kommen, wo
② (*provenir*) **de là vient que** + *indic* daher kommt es, dass; **d'où vient que ...?** + *indic* wie kommt es, dass ...?

Venise [vəniz] Venedig *nt*

vénitien(ne) [venisjɛ̃, jɛn] *adj* venezianisch; **blond** ~ rotblond

Vénitien(ne) [venisjɛ̃, jɛn] *m(f)* Venezianer(in) *m(f)*

vent [vɑ̃] *m* ① METEO, NAUT Wind *m;* **un souffle de** ~ ein leichter Windhauch; **moulin à** ~ Windmühle *f;* ~ **du nord/d'est/de nord-est** Nord-/Ost-/Nordostwind; **il y a** [*o* **il fait**] **du** ~ es ist windig; **avoir le** ~ **dans le dos** Rückenwind haben; **le** ~ **se lève** es kommt Wind auf; **le** ~ **tombe** der Wind legt sich; **le** ~ **tourne** der Wind dreht; **être exposé(e) au** ~ dem Wind ausgesetzt sein; **flotter/voler au** ~ im Wind flattern/fliegen; **de** [*o* **en**] **plein** ~ ganz dem Wind ausgesetzt; *arbre, maison* frei stehend; **aux quatre** ~**s** (*dispersé*) in alle Winde; (*ouvert*) nach

allen Seiten; **à tous les ~s** bei Wind und Wetter
❷ (*courant d'air*) Luftzug *m;* **le ventilateur fait du ~** der Ventilator bringt etwas Luft; **instrument à ~** Blasinstrument *nt*
❸ *euph* (*pet*) [Darm]wind *m*
❹ *fig* **un ~ de haine/révolte** eine Welle des Hasses/der Empörung; **un ~ de folie souffle sur le pays** der Wahnsinn packt das Land
❺ (*tendance*) **le ~ est à l'optimisme/au pessimisme** die Stimmung ist von Optimismus/Pessimismus gekennzeichnet; **le ~ est à la révolte** es liegt Aufruhr in der Luft; **prendre le ~** die Lage sondieren; **dans le ~** in Mode
❻ NAUT **avoir le ~ en poupe** mit dem Wind segeln, vor dem Wind segeln (*Fachspr.*); **avoir le ~ contraire** gegen den Wind segeln, [dicht] am Wind segeln (*Fachspr.*)
❼ ASTRON **~ solaire** Sonnenwind *m*
▶ **il fait un ~ à décorner les bœufs** *fam* es stürmt wie verrückt (*fam*); **faire qc contre ~s et marées** etw gegen heftigsten Widerstand tun; **avoir le ~ en poupe** (*connaître le succès*) eine Glückssträhne haben; **qui sème le ~ récolte la tempête** *prov* wer Wind sät, wird Sturm ernten (*prov*); **elle est partie; bon ~!** sie ist weg; Gott sei Dank!; **quel bon ~ vous/t'amène?** *hum* was verschafft mir die Ehre [Ihres/deines Besuchs]? (*hum*); **avoir eu ~ de qc** Wind von etw bekommen haben (*fam*); **autant en emporte le ~** *prov* alles [*o* das] ist vom Winde verweht; **c'est du ~, ce n'est que du ~** das ist alles nur heiße Luft [*o* leeres Gerede]; **sentir le ~ tourner** einen Umschwung spüren; **le ~ tourne** (*la situation change*) die Dinge nehmen einen anderen [Ver]lauf; **allez, du ~!** *fam* los, hau/haut ab! (*fam*)

vente [vɑ̃t] *f* ❶ (*fait de vendre*) Verkauf *m;* JUR Veräußerung *f* (*Fachspr.*); **être en ~ libre** im freien Verkauf erhältlich sein; **être retiré(e) de la ~** aus dem Handel gezogen werden; **les vignettes auto sont en ~ en novembre** die Vignetten sind ab November im Handel erhältlich; **mettre qc en ~** (*vendre*) etw verkaufen, etw zum Verkauf anbieten; (*commercialiser*) etw auf den Markt bringen; **~ à emporter** Straßenverkauf; JUR Handkauf *m* (*Fachspr.*); **~ d'articles bradés** Ramschverkauf; **~ flash** *kurzfristig angesetzte Schleuderpreisaktion in Supermärkten;* **~ par adjudication** Versteigerung *f;* **~ d'un/du bâtiment** Gebäudeveräußerung; **~ d'un/du terrain** Grundstücksveräußerung; **acte/promesse de ~** Kaufakt *m*/-versprechen *nt*
❷ (*fait d'écouler*) Verkauf *m*
❸ (*service*) Vertrieb *m*
❹ (*métier*) Verkauf *m*
❺ *pl* (*chiffre d'affaires*) Umsatz *m*
❻ (*vente aux enchères*) Versteigerung *f*
◆ **~ au détail** Einzelhandel *m;* **~ aux enchères** Versteigerung *f,* Auktion *f;* **achat effectué lors d'une/de la ~ aux enchères** Versteigerungskauf *m;* **~ à la sauvette** nicht angemeldeter Straßenverkauf, Schwarzhandel *m;* **~ de charité** (*action*) Wohltätigkeitsverkauf *m;* (*réunion*) Wohltätigkeitsbasar *m;* **~ par correspondance** Versandhandel *m;* **~ par Internet** E-Commerce *m,* Verkauf *m* per Internet; **~ sur échantillon** Verkauf *m* nach Muster

venté(e) [vɑ̃te] *adj* windig

venter [vɑ̃te] <1> *vi impers* **il vente** es windet, es ist windig; **qu'il pleuve ou qu'il vente** bei Wind und Wetter

venteux, -euse [vɑ̃tø, -øz] *adj* windig

ventilateur [vɑ̃tilatœʀ] *m* Ventilator *m*

ventilation [vɑ̃tilasjɔ̃] *f* ❶ (*aération*) [Be]lüftung *f*
❷ (*répartition*) *du courrier* Verteilung *f; des dépenses, crédits* Verteilung, Aufschlüsselung *f*
❸ ANAT **~ pulmonaire** Atmung *f;* **pour une bonne ~ pulmonaire** um richtig durchzuatmen

ventiler [vɑ̃tile] <1> *vt* ❶ (*aérer*) [be]lüften *pièce*
❷ (*répartir*) **~ des dépenses sur plusieurs mois** die Ausgaben auf mehrere Monate verteilen

ventilo [vɑ̃tilo] *m fam abr de* **ventilateur**

ventouse [vɑ̃tuz] *f* ❶ (*dispositif*) (*adhésif*) Saugfuß *m;* (*aspirant*) Gummisauger *m;* **crochet à ~** Hafthaken *m;* **fléchette à ~** Haftpfeil *m;* **faire ~** sich festsaugen
❷ ZOOL Saugorgan *nt,* Saugnapf *m;* BOT Haftwurzel *f*
❸ MED Schröpfkopf *m*

ventral(e) [vɑ̃tʀal, o] <-aux> *adj* **douleurs ~es** Bauchschmerzen *Pl;* **parachute ~** Brustfallschirm *m;* **rouleau ~** Rollsprung *m*

ventre [vɑ̃tʀ] *m* ❶ Bauch *m;* **avoir mal au ~** Bauchschmerzen *Pl* haben; **avoir le ~ creux** [*o* **vide**]/**plein** einen leeren/vollen Bauch haben; **avoir du ~** einen Bauch haben; **perdre son ~** abnehmen; **prendre du ~** Bauch ansetzen; **se remplir le ~** sich (*Dat*) den Bauch voll schlagen; **être [encore] dans le ~ de sa mère** *hum* noch nicht auf der Welt sein; **dormir sur le ~** auf dem Bauch schlafen
❷ (*partie intérieure*) *de la terre, d'un volcan* Innere(s) *nt; d'un navire* Bauch *m*
❸ (*partie bombée*) *d'une bouteille, cruche* Bauch *m*
▶ **~ affamé n'a pas d'oreilles** *prov* einem hungrigen Magen ist schlecht predigen (*prov*); **courir ~ à terre** wie der Blitz rennen (*fam*); **être/se mettre à plat ~** auf dem Bauch liegen/sich auf den Bauch legen; **être/se mettre à plat ~ devant qn** vor jdm auf dem Bauch kriechen [*o* liegen] (*fam*); **avoir quelque chose dans le ~** etwas draufhaben (*fam*); **passer** [*o* **marcher**] **sur le ~ de qn** rücksichtslos über jdn hinweggehen; **il faudra me passer sur le ~** nur über meine Leiche (*fam*); **taper sur le ~ de qn** *fam* mit jdm dick befreundet sein (*fam*); **la peur/rage au ~** angsterfüllt/wutentbrannt, mit Angst/Wut im Bauch (*fam*)

ventrée [vɑ̃tʀe] *f fam* **s'en mettre une ~** sich (*Dat*) eine ordentliche Portion nehmen, ordentlich zulangen (*fam*)

ventriculaire [vɑ̃tʀikylɛʀ] *adj* ventrikulär

ventricule [vɑ̃tʀikyl] *m* Kammer *f,* Ventrikel *m* (*Fachspr.*); **~ droit/gauche** rechte/linke Herzkammer

ventrière [vɑ̃tʀijɛʀ] *f* (*pièce de toile*) Bauchgurt *m*

ventriloque [vɑ̃tʀilɔk] **I.** *adj* **un homme/une femme ~** ein Bauchredner *m*/eine Bauchrednerin; **être ~** bauchreden können
II. *mf* Bauchredner(in) *m(f)*

ventripotent(e) [vɑ̃tʀipɔtɑ̃, ɑ̃t] *adj* dickbäuchig

ventru(e) [vɑ̃tʀy] *adj personne* dickbäuchig; *cruche* bauchig

venu [v(ə)ny] *m* **dernier ~** Letztgekommene(r) *m;* **nouveau ~** Neuankömmling *m;* (*débutant*) Neuling *m;* **le premier ~** der erste Beste, der Erstbeste

venu(e) [v(ə)ny] **I.** *part passé de* **venir**
II. *adj* **bien/mal ~(e)** angebracht/unangebracht; (*bien/mal développé*) gut/schlecht gediehen; **être mal ~(e) de faire qc** es gerade nötig haben etw zu tun (*pej*)

venue [v(ə)ny] *f* ❶ (*personne*) **dernière ~** Letztgekommene *f;* **nouvelle ~** Neuankömmling *m;* (*débutante*) Neuling *m;* **la première ~** die erste Beste, die Erstbeste
❷ (*arrivée*) Kommen *nt;* **avant ta ~ au monde** vor deiner Geburt; **attendre la ~ de qn/qc** auf jdn/etw warten; **la ~ du printemps** der Frühling

Vénus [venys] *f* Venus *f*

vépéciste [vepesist] *mf* Versandhaus *nt*

vêpres [vɛpʀ] *fpl* REL Vesper *f*

ver [vɛʀ] *m* Wurm *m;* (*dans la nourriture*) Wurm, Made *f;* **~ blanc** Engerling *m;* **~ luisant** Leuchtkäfer *m,* Glühwürmchen *nt* (*fam*); **~ solitaire** Bandwurm *m;* **être mangé(e)** [*o* **piqué(e)**] **aux ~s** *bois:* wurmstichig sein; *fruit:* wurmig [*o* madig] sein
▶ **le ~ est dans le fruit** da ist der Wurm drin (*fam*); **tirer les ~s du nez à qn** jdm die Würmer aus der Nase ziehen (*fam*); **nu(e) comme un ~** *fam* splitternackt (*fam*); **pas piqué(e) des ~s** *fam* astrein (*fam*)
◆ **~ à soie** Seidenraupe *f;* **~ de terre** Regenwurm *m;* **~ de vase**

V

Wattwurm *m,* Köderwurm *m*

véracité [veʀasite] *f d'une information, d'un fait* Richtigkeit *f; d'un témoignage* Richtigkeit, Wahrheit *f*

véranda [veʀɑ̃da] *f* Veranda *f*

verbal(e) [vɛʀbal, o] <-aux> *adj* ❶ *récit, accord* mündlich; *promesse* mündlich [gegeben]; **ce n'est qu'une promesse ~e** *péj* das sind nur leere Versprechungen (*pej*)
❷ (*constitué de mots*) **expression ~e** sprachlicher Ausdruck; **violence ~e** verbale Gewalt
❸ GRAM **adjectif ~** Verbaladjektiv *nt;* **terminaison ~e** Verb-Endung *f;* **locution ~e** verbale Wendung

verbalement [vɛʀbalmɑ̃] *adv* ❶ (*oralement*) mündlich
❷ (*par des mots*) mit Worten, verbal

verbalisation [vɛʀbalizasjɔ̃] *f* ❶ *par un agent de police* gebührenpflichtige Verwarnung *f*
❷ PSYCH Verbalisieren *nt*

verbaliser [vɛʀbalize] <1> **I.** *vi* **~ contre qn** jdn gebührenpflichtig verwarnen; **se faire ~** gebührenpflichtig verwarnt werden
II. *vt* ❶ PSYCH in Worte fassen, verbalisieren (*geh*)
❷ *fam* (*mettre une contravention*) **~ qn** jdm einen Strafzettel verpassen (*fam*)

verbalisme [vɛʀbalism] *m péj* Phrasendrescherei *f,* leeres Gerede (*pej fam*)

verbatim [vɛʀbatim] **I.** *adv* wörtlich
II. *m* wortwörtlicher Bericht *m*

verbe [vɛʀb] *m* ❶ GRAM Verb *nt,* Zeitwort *nt,* Tätigkeitswort *nt*
❷ BIBL **le Verbe** das Wort
❸ *littér* (*parole*) Sprache *f,* Wort *nt*
▸ **avoir le ~ haut** (*parler fort*) laut sprechen; (*être arrogant*) das große Wort führen

verbeux, -euse [vɛʀbø, -øz] *adj commentaire* wortreich; *style* weitschweifig

verbiage [vɛʀbjaʒ] *m péj* leeres Gerede (*pej*)

verbosité [vɛʀbozite] *f* Weitschweifigkeit *f*

verdâtre [vɛʀdɑtʀ] *adj* grünlich; *teint* fahl

verdeur [vɛʀdœʀ] *f* ❶ *d'une langue, d'un propos* Deftigkeit *f*
❷ (*vigueur*) *d'un vieillard* Rüstigkeit *f*
❸ (*manque de maturité*) *d'un fruit, vin* Herbheit *f;* (*acidité*) Säure *f*

verdict [vɛʀdikt] *m* Urteil *nt,* Urteilsspruch *m;* **~ d'acquittement** Freispruch

verdier [vɛʀdje] *m* ZOOL Grünfink *m*

verdir [vɛʀdiʀ] <8> **I.** *vi* ❶ (*devenir vert*) *nature, arbre, campagne:* grün werden, grünen
❷ (*pâlir*) **~ de fureur/dégoût** *personne:* vor Wut/Ekel (*Dat*) bleich [*o* blass] werden
II. *vt* grün färben

verdoiement [vɛʀdwamɑ̃] *m* Grünen *nt*

verdoyant(e) [vɛʀdwajɑ̃, jɑ̃t] *adj* [satt]grün

verdoyer [vɛʀdwaje] <6> *vi* (*être vert*) grün leuchten; (*devenir vert*) grünen

verdunisation [vɛʀdynizasjɔ̃] *f* TECH *des eaux* Chlorieren *nt*

verdure [vɛʀdyʀ] *f* ❶ (*végétation*) Grün *nt;* **rechercher un peu de ~** ein Stück grüne Natur suchen; **faire un tapis/écran de ~** einen grünen Teppich/eine grüne Wand bilden
❷ (*légumes*) Grüne(s) *nt;* **manger de la ~** Grünes essen
❸ (*couleur*) Grün *nt*

véreux, -euse [veʀø, -øz] *adj* ❶ (*mangé par un ver*) *fruit* wurmig, madig
❷ (*louche*) *personne* zwielichtig; *affaire* anrüchig, zweifelhaft

verge [vɛʀʒ] *f* ❶ ANAT [männliches] Glied
❷ (*baguette*) Stock *m*
▸ **donner [à qn] des ~s pour se faire battre** [*o* **fouetter**] sich (*Dat*) sein eigenes Grab schaufeln

vergé(e) [vɛʀʒe] *adj* **papier ~** Papier mit Wasserzeichen

verger [vɛʀʒe] *m* Obstgarten *m;* (*plantation*) Obstplantage *f*

vergeté(e) [vɛʀʒəte] *adj* **avoir le ventre ~** den Bauch voller Schwangerschaftsstreifen haben

vergeture [vɛʀʒətyʀ] *f* Schwangerschaftsstreifen *m*

verglaçant(e) [vɛʀglasɑ̃, ɑ̃t] *adj* **pluie ~e** überfrierende Nässe

verglacé(e) [vɛʀglase] *adj* vereist; **route ~e** vereiste Fahrbahn

verglacer [vɛʀglase] <2> *vi impers* **ça verglace** es bildet sich Glatteis

verglas [vɛʀglɑ] *m* Glatteis *nt*

vergogne [vɛʀgɔɲ] *f* **sans ~** (*sans scrupule*) schamlos; (*sans pudeur*) ungeniert, ohne Scham

vergue [vɛʀg] *f* Rah[e] *f*

véridique [veʀidik] *adj information* wahrheitsgetreu; *histoire, témoignage* wahr; *amour, repentir* aufrichtig, ehrlich

vérifiable [veʀifjabl] *adj* überprüfbar, nachprüfbar

vérificateur [veʀifikatœʀ] *m* ❶ Prüfer *m,* Kontrolleur *m;* **~ des poids et mesures** Eichbeamte(r) *m*
❷ INFORM **~ orthographique** Rechtschreibkontrolle *f*

vérificatif, -ive [veʀifikatif, -iv] *adj* überprüfend; **calcul ~** Proberechnung *f,* Probe *f*

vérification [veʀifikasjɔ̃] *f* ❶ (*contrôle*) Überprüfung *f,* Kontrolle *f;* **~ faite** nach erfolgter Prüfung
❷ (*confirmation*) Bestätigung *f*
◆ **~ d'identité** Überprüfung der Personalien *f*

vérificatrice [veʀifikatʀis] *f* Prüferin *f,* Kontrolleurin *f;* **~ des poids et mesures** Eichbeamtin *f;* **~ des comptes** Abschlussprüferin *f;* **~ des coûts** JUR Kostenrevisorin *f*

vérifier [veʀifje] <1> **I.** *vt* ❶ (*contrôler*) überprüfen; **~ que/si le gaz est fermé** überprüfen [*o* kontrollieren], ob das Gas abgestellt ist; **~ le numéro de téléphone dans le carnet d'adresse** die Telefonnummer im Adressbuch nachschlagen
❷ (*confirmer*) bestätigen *prévision, théorie*
II. *vpr* **se ~** *prévision, soupçon, crainte:* sich bewahrheiten, sich bestätigen; *théorie:* sich bestätigen

vérifieur, -euse [veʀifjœʀ, -jøz] *m, f* Kontrolleur(in) *m(f)*

vérin [veʀɛ̃] *m* Winde *f;* **~ hydraulique/pneumatique** hydraulischer/pneumatischer Hebebock; **~ à vis** Schraubenwinde

véritable [veʀitabl] *adj* ❶ (*réel*) wirklich *attr;* **aimer d'un amour ~** aufrichtig lieben; **éprouver une ~ joie à apprendre qc** sich aufrichtig freuen etw zu erfahren
❷ *antéposé* (*vrai*) *nom, raison* richtig *attr,* wahr *attr;* **tu ne le connais pas sous son ~ jour** du weißt nicht, wie er wirklich ist; **c'est une ~ folie** das ist ja echter Wahnsinn (*fam*)
❸ *postposé* (*authentique*) *cuir, or, perles* echt

véritablement [veʀitabləmɑ̃] *adv* ❶ (*effectivement*) wirklich; (*vraiment*) wirklich, ehrlich; **être ~ fatigué(e)** wirklich müde sein
❷ (*à proprement parler*) eigentlich

vérité [veʀite] **I.** *f* ❶ Wahrheit *f;* **~ première** Grundwahrheit
❷ *sans pl* (*caractère réel*) *d'une information, d'un principe* Richtigkeit *f;* **pratiquer la ~ des prix** eine ehrliche Preispolitik machen; **c'est la ~ vraie** *fam* das ist die reine Wahrheit
❸ *sans pl* (*connaissance du vrai*) Wahrheit *f*
❹ *sans pl* (*réalisme*) Wirklichkeitstreue *f,* Realismus *m*
❺ *sans pl* (*sincérité*) Aufrichtigkeit *f*
▸ **la ~ sort de la bouche des enfants** *prov* Kinder und Narren sprechen die Wahrheit (*prov*); **toute ~ n'est pas bonne à dire** *prov* ≈ die Wahrheit bleibt manchmal besser unausgesprochen; **être criant(e) de ~** lebensecht sein; **il n'y a que la ~ qui blesse** *prov* getroffene Hunde bellen (*prov*); **dire** [*o* **sortir** *fam*] **à qn ses quatre ~s** jdm gehörig die Meinung sagen [*o* geigen *sl*]; **à chacun sa ~** *prov* jeder sieht die Dinge auf seine Art; **à la ~** ehrlich gesagt; **en ~** eigentlich; **heure/minute de ~** Stunde/Minute der Wahrheit
II. *app cinéma, roman, théâtre* realistisch
◆ **~ de La Palice** Binsenwahrheit *f,* Binsenweisheit *f*

verjus [vɛʀʒy] *m* Saft *m* von unreifen/sauren Trauben

verlan [vɛʀlɑ̃] *m Art Geheimsprache, in der die Silben gewisser Wörter in umgekehrter Reihenfolge gesprochen werden*

vermeil [vɛʀmɛj] *m* vergoldetes Silber, Vermeil *nt*
vermeil(le) [vɛʀmɛj] *adj* [leuchtend] rot; **bouche ~le** Kirschenmund *m*
vermicelle [vɛʀmisɛl] *m* Suppennudel *f*, Fadennudel *f*; **soupe au ~** Nudelsuppe *f*
vermiculaire [vɛʀmikylɛʀ] *adj* ANAT **appendice ~** Wurmfortsatz *m*, Blinddarm *m* (*fam*)
vermifuge [vɛʀmifyʒ] **I.** *adj* **remède ~** Mittel *nt* gegen Würmer
II. *m* Wurmmittel *nt*
vermillon [vɛʀmijɔ̃] **I.** *adj inv* zinnoberrot
II. *m* ❶ (*couleur*) Zinnoberrot *nt*
❷ MINER Zinnober *m*
vermine [vɛʀmin] *f* ❶ *sans pl* (*parasites*) Ungeziefer *nt*
❷ *sans pl* (*racaille*) Gesindel *nt* (*pej*), Abschaum *m* (*pej*)
vermisseau [vɛʀmiso] <x> *m* Würmchen *nt*, kleiner Wurm
vermoulu(e) [vɛʀmuly] *adj* ❶ (*mangé par les vers*) *bois, meuble* wurmstichig, von Würmern zerfressen
❷ (*en piteux état*) im Verfall begriffen
vermoulure [vɛʀmulyʀ] *f* [Holz]wurmloch *nt*
vermout[h] [vɛʀmut] *m* Wermut[wein *m*] *m*
vernaculaire [vɛʀnakylɛʀ] *adj* ❶ (*du pays*) Landes-
❷ LING Vernakular- (*Fachspr.*); **langue ~** Regionalsprache *f*
vernal(e) [vɛʀnal, o] <-aux> *adj* ❶ (*de printemps*) Frühlings-
❷ ASTRON **équinoxe ~** Frühjahrs-Tagundnachtgleiche *f*
verni(e) [vɛʀni] *adj* ❶ *ongles, bois* lackiert; *peinture* gefirnisst; **chaussures ~es** Lackschuhe *Pl*
❷ *fam* (*chanceux*) **on peut dire qu'il est ~** der hat vielleicht ein Glück (*fam*)
vernier [vɛʀnje] *m* TECH Nonius *m*
vernir [vɛʀniʀ] <8> **I.** *vt* lackieren *ongles, bois;* firnissen *peinture*
II. *vpr* **se ~ les ongles** sich (*Dat*) die Nägel lackieren
vernis [vɛʀni] *m* ❶ (*pour le bois*) Lack *m*; (*pour la poterie*) Glasur *f*; (*pour la peinture*) Firnis *m*
❷ (*aspect brillant*) Glanz *m*
❸ (*façade*) Fassade *f*; **si tu grattes le ~...** wenn du hinter die Fassade schaust, ...
◆ **~ à ongles** Nagellack *m*
vernissage [vɛʀnisaʒ] *m* ❶ (*action d'enduire*) Lackieren *nt*; *d'une poterie* Glasieren *nt*; *d'une peinture* Firnissen *nt*
❷ (*inauguration*) Eröffnung *f*, Vernissage *f* (*geh*)
vernissé(e) [vɛʀnise] *adj* ❶ (*verni*) glasiert
❷ (*brillant*) glänzend
vernisser [vɛʀnise] <1> *vt* glasieren
vernisseur, -euse [vɛʀnisœʀ, -øz] *m, f* Lackierer(in) *m(f)*
vérole [veʀɔl] *f fam* Syphilis *f*; **petite ~** Pocken *Pl*, Blattern *Pl*
vérolé(e) [veʀɔle] **I.** *adj* ❶ *fam* (*syphilitique*) syphiliskrank
❷ INFORM fehlerhaft
II. *m(f) fam* Syphilitiker(in) *m(f)*
véronique [veʀɔnik] *f* Ehrenpreis *m*
verrai [vɛʀɛ] *fut de* **voir**
verrat [vɛʀa] *m* Zuchteber *m*
verre [vɛʀ] *m* ❶ (*matière*) Glas *nt kein Pl*; **~ armé/blindé** Draht-/Panzerglas; **~ dépoli** Milchglas; **~ blanc** einfaches Glas; **~ cathédrale** Kathedralglas; **comme du ~** [zerbrechlich] wie Glas
❷ (*récipient*) Glas *nt*; **~ à bière/eau/vin** Bier-/Wasser-/Weinglas; **~ ballon** bauchiges [Rotwein]glas; **~ en cristal** Kristallglas; **lever son ~** sein Glas erheben
❸ (*contenu*) Glas *nt*; **deux ~s de vin/lait** zwei Glas [*o* Gläser] Wein/Milch; **prendre un ~** ein Gläschen trinken (*fam*); **je vous paie un ~?** darf ich Sie zu einem Glas einladen?
❹ (*objet*) *d'une montre, lampe, d'un réveil* Glas *nt*; OPT [Brillen]glas *nt*; **~s progressifs** Bifokalgläser *Pl*; **~s incassables** Kunststoffgläser *Pl*; **porter des ~s [correcteurs]** eine Brille tragen; **sous ~** unter [*o* hinter] Glas
▶ **se noyer dans un ~ d'eau** sich sehr ungeschickt anstellen; **avoir un ~ dans le nez** angeheitert sein; **être toujours entre deux ~s** *fam* an der Flasche hängen (*fam*); **qui casse les ~s les paie** *prov* wer den Schaden anrichtet, muss dafür aufkommen
◆ **~ de contact** Kontaktlinse *f*; **~ à dents** Zahnputzglas *nt*, Zahnputzbecher *m*; **~ à moutarde** [einfaches] Gebrauchsglas; **~ à pied** Stielglas *nt*; **~ à vitre** Fensterglas *nt*; **~ de sécurité** Sicherheitsglas *nt*
verrée [veʀe] *f* CH (*vin d'honneur*) Empfang *m*
verrerie [vɛʀʀi] *f* ❶ (*fabrication*) Glasherstellung *f*
❷ (*objet*) Glas *nt kein Pl*, Glaswaren *Pl*
❸ (*fabrique*) Glashütte *f*; (*artisanale*) Glasbläserei *f*
verrier [vɛʀje] **I.** *adj* **artisan ~** (*souffleur*) Glasbläser *m*
II. *m* (*peintre*) Glasmaler *m*; (*ouvrier*) Glaswerker *m*
verrière [vɛʀjɛʀ] *f* ❶ (*toit*) Glasdach *nt*
❷ (*paroi*) Glaswand *f*
verroterie [vɛʀɔtʀi] *f* Glasschmuck *m*
verrou [veʀu] *m* ❶ (*loquet*) Riegel *m*
❷ (*serrure*) Schloss *nt*
❸ MIL, FBALL Riegel *m*; POL, ECON Hürde *f*, Hindernis *nt*
▶ **sous les ~s** hinter Schloss und Riegel
verrouillage [veʀujaʒ] *m* ❶ (*fermeture*) Verriegelung *f*; *d'un ordinateur* Sperren *nt*; **~ central** [*o* **centralisé**] Zentralverriegelung *f*
❷ (*blocage*) Blockade *f*
verrouiller [veʀuje] <1> **I.** *vt* ❶ (*fermer*) verriegeln
❷ POL, FBALL (*bloquer*) blockieren; MIL abriegeln; INFORM durch Code/Kode sperren *disquette;* **~ la mémoire d'un ordinateur** den Zugang zum Speicher eines Rechners sperren
II. *vpr* **se ~ chez soi** sich zu Hause einschließen
verrue [veʀy] *f* ❶ MED Warze *f*
❷ *littér* (*bâtiment*) Schandfleck *m*
verruqueux, -euse [veʀykø, -øz] *adj* *excroissance* warzenartig; *peau* warzig
vers¹ [vɛʀ] *prép* ❶ (*en direction de*) **~ qn/qc** auf jdn/etw zu, zu jdm/etw hin; **~ le sud** nach [*o* in Richtung] Süden, südwärts; **tendre la main ~ qn** jdm die Hand hinstrecken; **se tourner ~ qn/qc** sich jdm/etw zuwenden, sich zu jdm/etw hinwenden; **~ une résolution du conflit** auf dem Weg zu einer Konfliktlösung
❷ (*aux environs de*) (*lieu*) bei; (*temps*) gegen, etwa um; **~ Montpellier** bei [*o* in der Nähe von] Montpellier; **cela s'est passé ~ 1968** das ist etwa [um das Jahr] 1968 passiert; **~ la mi-juin** etwa Mitte Juni; **~ huit ans** mit etwa acht Jahren; **vous viendrez ~ quelle heure?** wann etwa werdet ihr kommen?
vers² [vɛʀ] *m* Verszeile *f*, Vers *m*; **de cinq ~** fünfzeilig; **~ de six pieds** Hexameter *m*; **~ alternés** Kreuzreim *m*; **~ libres** freier Vers; **faire des ~** dichten; **en ~** gereimt
◆ **~** *mpl* **de circonstance** Gelegenheitsgedicht *nt*; **~** *mpl* **de mirliton** *fam* schlechte Verse
versaillais(e) [vɛʀsajɛ, ɛz] *adj* ❶ (*de Versailles*) Versailler, von Versailles
❷ HIST **l'armée ~e** die Truppen der Versailler Nationalversammlung
versant [vɛʀsɑ̃] *m* ❶ (*pente*) [Berg]hang *m*; *d'un toit* [Dach]schräge *f*; **~ nord/sud** Nord-/Südhang *m*; **le ~ italien des Alpes** die italienische Seite der Alpen
❷ (*aspect*) Aspekt *m*, Seite *f*
versatile [vɛʀsatil] *adj* *personne, caractère* wankelmütig, unbeständig; **humeur ~** Launenhaftigkeit *f*
versatilité [vɛʀsatilite] *f* Wankelmut *m*, Wankelmütigkeit *f*
verse [vɛʀs] *f* **il pleut à ~** es gießt in Strömen
versé(e) [vɛʀse] *adj littér* **~(e) dans la littérature** bewandert in [*o* auf dem Gebiet] der Literatur
Verseau [vɛʀso] <x> *m* ASTROL Wassermann *m*; **être [du signe du] ~** [ein] Wassermann sein
versement [vɛʀsəmɑ̃] *m* ❶ Zahlung *f*; (*sur un compte*) Einzahlung *f*; **~s échelonnés** Ratenzahlungen; **faire un ~ par**

V

chèque per Scheck zahlen
❷ FIN (*garantie d'un prêt*) Einschuss *m* (*Fachspr.*)
◆ ~ **d'une indemnité** Abfindungszahlung *f*, Entschädigungszahlung

verser [vɛʀse] <1> **I.** *vt* ❶ ~ **de l'eau à qn** jdm Wasser eingießen [*o* einschenken]; ~ **du café à qn dans une tasse** jdm Kaffee in eine Tasse gießen; ~ **du riz dans un plat** Reis in eine Schüssel tun [*o* füllen]; ~ **de la terre dans un fossé** Erde in einen Graben schütten; **je vous verse à boire?** darf ich Ihnen etwas zu trinken einschenken?
❷ (*faire couler*) vergießen *larmes, pleurs, sang*
❸ (*payer*) zahlen; leisten *acompte;* ~ **une somme à qn** jdm einen Betrag zahlen; ~ **une indemnité à qn** eine Abfindungszahlung an jdn leisten; ~ **qc sur un compte** etw auf ein Konto einzahlen
❹ MIL (*affecter*) ~ **qn dans** [*o* **à**] **l'infanterie** jdn der Infanterie (*Dat*) zuteilen
❺ (*ajouter*) ~ **qc au dossier** etw zu den Akten legen
II. *vi* ❶ (*basculer*) *véhicule:* umkippen; ~ **dans le fossé** in den Graben kippen; **faire** ~ **qn/qc** jdn/etw zum Kippen bringen
❷ (*faire couler*) **cet arrosoir/cette cafetière verse bien** mit dieser Gieß-/Kaffekanne gießt es sich gut
❸ *péj* (*se laisser aller à*) ~ **dans le pessimisme** *personne:* in Pessimismus (*Akk*) verfallen; *chose:* in Pessimismus (*Akk*) abgleiten
❹ (*s'orienter vers*) ~ **dans la photo d'art** sich der Kunstfotografie (*Dat*) zuwenden

verset [vɛʀsɛ] *m* ❶ *de la Bible, du Coran, d'un poème* Vers *m*
❷ (*couplet*) Strophe *f*

verseur, -euse [vɛʀsœʀ, -øz] *adj* **bec** ~ Tülle *f*, Schnabel *m;* **bouchon** ~ Verschluss *m* mit Gießtülle; **sucrier** ~ Zuckerstreuer *m*

verseuse [vɛʀsøz] *f* Kaffeekanne *f*

versificateur, -trice [vɛʀsifikatœʀ, -tʀis] *m, f* Dichter(in) *m(f); péj* Versemacher(in) *m(f)* (*pej*)

versification [vɛʀsifikasjɔ̃] *f d'un poète* Verskunst *f;* (*système*) Verslehre *f*

versifier [vɛʀsifje] <1a> **I.** *vi* dichten, Verse verfassen
II. *vt* in Verse setzen

version [vɛʀsjɔ̃] *f* ❶ MUS, THEAT, CINE Version *f*, Fassung *f;* **en** ~ **originale sous-titrée** in Originalfassung mit Untertiteln
❷ (*modèle*) Version *f*, Modell *nt;* **la** ~ **cinq portes** *d'une voiture* die fünftürige Version, das fünftürige Modell
❸ (*interprétation*) Version *f;* **ma** ~ **de ce qui c'est passé** meine Version der Ereignisse
❹ SCOL Übersetzung *f* aus der Fremdsprache

verso [vɛʀso] **I.** *m* Rückseite *f;* **au** ~ auf der/die Rückseite; **signer au** ~ auf der Rückseite [*o* umseitig] unterschreiben; **voir au** ~ siehe Rückseite
II. *app inv* **côté/face** ~ Rückseite *f*

versus [vɛʀsys] *prép* versus

vert [vɛʀ] *m* ❶ Grün *nt;* ~ **foncé/pâle/tendre** Dunkel-/Blass-/Zartgrün; ~ **bouteille** Flaschengrün; ~ **olive** Olivgrün; ~ **pomme** Apfelgrün; ~ **tilleul** Lindgrün; **habillé(e)/peint(e) en** ~ grün gekleidet/gestrichen; **le feu est passé au** ~ die Ampel hat auf Grün geschaltet; **passer au** ~ *personne, voiture:* bei Grün fahren
❷ (*écologiste*) Grüne(r) *m*
▸ **se mettre au** ~ (*à la campagne*) aufs Land [*o* ins Grüne] fahren; (*prendre le large*) für eine Zeit untertauchen; **un week-end au** ~ ein Wochenende auf dem Land [*o* im Grünen]

vert(e) [vɛʀ, vɛʀt] *adj* ❶ grün; **encre** ~**e** grüne Tinte
❷ (*blême*) ~(**e**) **de peur/jalousie** blass vor Angst/Neid (*Dat*); ~(**e**) **de rage** grün vor Wut (*Dat*) (*fam*)
❸ (*écologiste*) grün
❹ (*de végétation*) **espaces** ~**s** Grünanlagen *Pl*, Grünflächen *Pl*
❺ (*à la campagne*) **classe** ~**e** [Aufenthalt *m* im] Schullandheim *nt;* **station** ~**e** Luftkurort *m;* **tourisme** ~ Urlaub *m* auf dem Lande
❻ (*opp: mûr*) *fruit* grün; *vin* sauer
❼ (*opp: sec*) *bois* grün; *légumes* frisch; **fourrage** ~ Grünfutter *nt*
❽ (*vaillant*) *vieillard* rüstig
❾ (*agricole*) **l'Europe** ~**e** der europäische Agrarmarkt

vert-de-gris [vɛʀdəgʀi] *inv* **I.** *adj* graugrün **II.** *m* Grünspan *m*

vert-de-grisé, vert-de-grisée [vɛʀdəgʀize] <vert-de-grisés> *adj* mit Grünspan überzogen

verte [vɛʀt] *f* (*écologiste*) Grüne *f*
▸ **en avoir déjà vu de[s]** ~**s et de[s] pas mûres** *fam* schon allerhand erlebt haben (*fam*); **en raconter** [*o* **en dire**] **de[s]** ~**s et de[s] pas mûres** *fam* anzügliche Geschichten erzählen

vertébral(e) [vɛʀtebʀal, o] <-aux> *adj* **colonne** ~**e** Wirbelsäule *f;* **douleurs** ~**es** Schmerzen *Pl* im Bereich der Wirbelsäule; **problèmes vertébraux** Probleme *Pl* mit der Wirbelsäule

vertèbre [vɛʀtɛbʀ] *f* Wirbel *m*

vertébré [vɛʀtebʀe] *m* Wirbeltier *nt*

vertébré(e) [vɛʀtebʀe] *adj* **animal** ~ Wirbeltier *nt*

vertement [vɛʀtəmɑ̃] *adv répliquer, rembarrer* schroff, scharf

vertical(e) [vɛʀtikal, o] <-aux> *adj* ❶ (*opp: horizontal*) senkrecht, vertikal; TECH lotrecht; **station** ~**e** aufrechte [Körper]haltung
❷ (*hiérarchique*) *organisation, structure* streng hierarchisch

verticale [vɛʀtikal] *f* Senkrechte *f*, Vertikale *f;* TECH Lot *nt;* **à la** ~ senkrecht; **des falaises à la** ~ senkrechte Klippen

verticalement [vɛʀtikalmɑ̃] *adv* senkrecht, vertikal; TECH lotrecht

verticalité [vɛʀtikalite] *f* **vérifier la** ~ **du mur** überprüfen, ob die Mauer lotrecht [*o* im Lot] ist

vertige [vɛʀtiʒ] *m* ❶ *sans pl* Schwindel[gefühl *nt*] *m;* **être sujet(te) au** ~ nicht schwindelfrei sein
❷ (*malaise*) Schwindelanfall *m;* **il a le** ~ ihm wird schwind[e]lig; **donner le** ~ **à qn** *personne, situation:* jdn schwind[e]lig machen; *précipice, hauteur:* Schwindel erregend sein
❸ (*égarement*) Taumel *m;* ~ **de la violence/du pouvoir** Gewalt-/Machtrausch *m;* ~ **de la gloire** Ruhmestaumel *m*
▸ **être pris(e) de** ~ schwind[e]lig werden, einen Schwindelanfall haben; (*en proie à l'ivresse*) von einem Taumel [*o* Rausch] ergriffen werden; (*en proie à l'égarement*) ganz schwach in den Knien werden

vertigineusement [vɛʀtiʒinøzmɑ̃] *adv a. fig* Schwindel erregend; **progresser** ~ *inflation:* in Schwindel erregendem Tempo fortschreiten

vertigineux, -euse [vɛʀtiʒinø, -øz] *adj* Schwindel erregend; **à une hauteur vertigineuse** in schwindelnder [*o* Schwindel erregender] Höhe

vertu [vɛʀty] *f* ❶ (*qualité*) Tugend *f*
❷ *sans pl* (*moralité*) Tugend[haftigkeit *f*] *f;* **de petite** ~ nicht sehr tugendhaft; **elle n'est pas un modèle de** ~ sie ist kein Muster an Tugend; **il a de la** ~ **à faire cela** *hum* man muss es ihm hoch anrechnen, dass er das tut
❸ (*pouvoir*) Wirkung *f*, Kraft *f;* (*effet bénéfique*) [positive] Wirkung; ~ **curative** heilende Wirkung; ~ **magique** Zauberkraft *f*
▸ **en** ~ **de qc** kraft [*o* aufgrund] einer S. (*Gen*); **en** ~ **de la loi** kraft Gesetzes; **en** ~ **de quoi** weshalb

vertueusement [vɛʀtɥøzmɑ̃] *adv* ❶ tugendhaft
❷ *vieilli soutenu* (*chastement*) keusch (*veraltet geh*)

vertueux, -euse [vɛʀtɥø, -øz] *adj* ❶ tugendhaft
❷ *vieilli soutenu* (*chaste*) keusch (*veraltet geh*)

verve [vɛʀv] *f* Witz *m*, Geist *m*, Esprit *m* (*geh*); **en** ~ in Form; **avec beaucoup de** ~ mitreißend, mit viel Verve (*geh*)

verveine [vɛʀvɛn] *f* Eisenkraut *nt;* (*tisane*) Eisenkrauttee *m;* (*liqueur*) Eisenkrautlikör *m*

vesce [vɛs] *f* BOT Wicke *f;* ~ **cultivée** Saatwicke; ~ **hérissée**

rauhaarige Wicke
vésicant [vezikɑ̃] *m* MED *v.* **vésicatoire II.**
vésicant(e) [vezikɑ̃, ɑ̃t] *adj* MED Blasen ziehend
vésicatoire [vezikatwaʀ] **I.** *adj* MED Blasen ziehend
II. *m* MED Zugpflaster *nt,* Vesikans *nt* (*Fachspr.*)
vésiculaire [vezikylɛʀ] *adj* ❶ (*en forme de vésicule*) bläschenförmig, Bläschen-
❷ MED (*de la vésicule biliaire*) Gallen[blasen]-
vésicule [vezikyl] *f* ❶ BOT Schwimmblase *f*
❷ ANAT Blase *f,* Bläschen *nt;* ~ [**biliaire**] Gallenblase *f*
❸ MED Bläschen *nt,* Pustel *f*
vespa® [vɛspa] *f* Vespa® *f*
vespasienne [vɛspazjɛn] *f* Pissoir *nt*
vespéral(e) [vɛspeʀal, o] <-aux> *adj littér* abendlich
vesse-de-loup [vɛsdəlu] <vesses-de-loup> *f* Flaschenbovist *m*
vessie [vesi] *f* [Harn]blase *f; d'un poisson* Schwimmblase *f; d'un ballon* Blase *f;* ~ **de porc** Schweinsblase *f*
▶ **faire prendre à qn des ~s pour des lanternes** *fam* jdm einen Bären aufbinden (*fam*)
vestale [vɛstal] *f* ❶ HIST (*prêtresse*) Vestalin *f*
❷ *fig littér* (*femme châste*) keusche Frau *f*
veste [vɛst] *f* Jacke *f;* (*veston*) Jackett *nt,* Sakko *m o nt;* (*gilet*) Strickjacke *f,* Strickweste *f;* (*sans manches*) Weste *f;* ~ **de pyjama** Pyjamaoberteil *nt;* ~ **d'intérieur** Hausjacke *f*
▶ **prendre** [*o* **ramasser**] **une** ~ *fam* auf die Nase fallen (*fig fam*); **retourner sa** ~ *fam* sein Mäntelchen nach dem Wind hängen; (*ponctuellement*) die Fronten wechseln; **tomber la** ~ *fam* sich ein wenig frei machen
vestiaire [vɛstjɛʀ] *m* ❶ (*pièce*) Garderobe *f; d'une salle de sport, piscine, usine* Umkleideraum *m;* **la dame du** ~ die Garderobenfrau
❷ (*vêtement*) Garderobe *f;* **récupérer son** ~ seine Sachen an der Garderobe abholen
▶ **laisser qc au** ~ *fam* etw zu Hause lassen (*fam*); **au** ~ **!** *fam* abtreten! (*fam*)
vestibule [vɛstibyl] *m* Flur *m,* Diele *f; d'une église* Vorhalle *f*
vestige [vɛstiʒ] *m souvent pl d'un passé, d'une guerre, civilisation* Spur *f; d'un bâtiment, d'une fortune* [Über]rest *m*
vestimentaire [vɛstimɑ̃tɛʀ] *adj* **dépenses ~s** Ausgaben *Pl* für Kleidung; **son élégance** ~ seine/ihre elegante Aufmachung
veston [vɛstɔ̃] *m* Jackett *nt,* Sakko *m o nt;* ~ **droit/croisé** einreihiges/zweireihiges Jackett
vêtement [vɛtmɑ̃] *m* Kleidungsstück *nt;* **industrie du** ~ Bekleidungsindustrie *f;* **des ~s** Kleidung *f;* **changer de ~s** sich umziehen; **~s pour hommes/enfants/dames** Herren-/Kinder-/Damenbekleidung *f;* **~s de travail/ville** Arbeits-/Straßenkleidung
vétéran(e) [veteʀɑ̃, an] *m(f)* ❶ MIL Veteran *m*
❷ (*personne expérimentée*) [alter] Routinier, alter Hase (*hum fam*)
❸ SPORT Senior(in) *m(f);* **les ~s** (*hommes*) die Alten Herren
vétérinaire [veteʀinɛʀ] **I.** *adj* tierärztlich; **produits ~s** Tiermedikamente *Pl;* **clinique/médecin** ~ Tierklinik *f*/-arzt *m;* **école** ~ Hochschule *f* für Veterinärmedizin
II. *mf* Tierarzt *m*/-ärztin *f*
vététiste [vetetist] *mf* Mountainbikefahrer(in) *m(f)*
vétille [vetij] *f* Kleinigkeit *f,* Lappalie *f*
vêtir [vetiʀ] <*irr*> **I.** *vpr soutenu* **se** ~ sich ankleiden (*geh*); **se** ~ **de qc** sich in etw (*Akk*) kleiden (*geh*); **se** ~ **chaudement** sich warm kleiden (*geh*)
II. *vt littér* ankleiden (*geh*)
vétiver [vetivɛʀ] *m* ❶ (*plante*) Vetivergras *nt*
❷ (*huile*) Vetiveröl *nt*
veto [veto] *m inv* Veto *nt;* **droit de** ~ Vetorecht *nt;* **mettre** [*o* **opposer**] **son** ~ **à qc** sein Veto gegen etw einlegen
vét[t]étiste [vetetist] *mf* Mountainbiker(in) *m(f)*
vêtu(e) [vety] **I.** *part passé de* **vêtir**
II. *adj* bekleidet, angezogen; ~(**e**) **de qc** in etw (*Dat*) [gekleidet], mit etw bekleidet; ~(**e**) **de blanc** weiß gekleidet
vétuste [vetyst] *adj littér installations* alt, veraltet; *bâtiment* alt, baufällig
vétusté [vetyste] *f littér des installations* Überalterung *f; des bâtiments* Baufälligkeit *f*
veuf, veuve [vœf, vœv] **I.** *adj* verwitwet; **ce soir, je suis ~/veuve** *hum fam* heute Abend bin ich Strohwitwer/-witwe (*hum fam*)
II. *m, f* Witwer *m*/Witwe *f;* **veuve de guerre** Kriegerwitwe; **~/veuve de qn** jds Witwer/Witwe
▶ **défendre la veuve et l'orphelin** den barmherzigen Samariter spielen
veuille [vœj] *subj prés de* **vouloir**
veule [vøl] *adj littér* weichlich, willenlos
veulent [vœl] *indic prés de* **vouloir**
veulerie [vølʀi] *f littér* Weichlichkeit *f,* Willenlosigkeit *f*
veut [vø] *indic prés de* **vouloir**
veuvage [vœvaʒ] *m* (*d'un veuf*) Witwerschaft *f,* Witwertum *nt;* (*d'une veuve*) Witwenschaft *f,* Witwentum *nt*
veuve [vœv] *adj, v.* **veuf**
veux [vø] *indic prés de* **vouloir**
vexant(e) [vɛksɑ̃, ɑ̃t] *adj* ❶ (*blessant*) beleidigend
❷ (*rageant*) ärgerlich
vexation [vɛksasjɔ̃] *f* Demütigung *f;* **subir** [*o* **essuyer**] **des ~s** Demütigungen hinnehmen [*o* einstecken *fam*] müssen
vexatoire [vɛksatwaʀ] *adj littér* demütigend
vexer [vɛkse] <1> **I.** *vt* kränken, demütigen
II. *vpr* **se** ~ gekränkt [*o* beleidigt] sein; **se** ~ **de qc** etw übelnehmen, sich an etw (*Dat*) stoßen; **se** ~ **d'un rien** sich an jeder Kleinigkeit stoßen; **être vexé(e)** verletzt [*o* gekränkt] sein
VF [veɛf] *f* CINE *abr de* **version française** französische Fassung *f*
V.H.F. [veaʃɛf] *abr de* **very high frequency** VHF
VHS [veaʃɛs] *m abr de* **Video Home System** VHS *nt*
via [vja] *prép* über, via (+ *Akk*)
viabiliser [vjabilize] <1> *vt* erschließen *terrain;* **être viabilisé(e)** *terrain:* erschlossen sein
viabilité [vjabilite] *f* ❶ (*état d'une route*) Befahrbarkeit *f*
❷ (*aménagement d'un terrain*) Erschließung *f*
❸ (*aptitude à vivre*) *d'un être vivant, d'une entreprise* Lebensfähigkeit *f; d'un projet* Durchführbarkeit *f*
viable [vjabl] *adj être vivant, entreprise* lebensfähig; *projet* durchführbar, realisierbar
viaduc [vjadyk] *m* Viadukt *m o nt*
viager [vjaʒe] *m* Leibrente *f;* **en** ~ auf Leibrentenbasis
viager, -ère [vjaʒe, -ɛʀ] *adj* auf Lebenszeit, lebenslänglich; **rente viagère** Leibrente *f*
viagra® [vjagʀa] *m* MED, PHARM Viagra® *nt*
viande [vjɑ̃d] *f* ❶ Fleisch *nt;* ~ **noire** Wild *nt;* ~ **froide** kalter Braten; ~ **de bœuf/mouton/veau** Rind-/Hammel-/Kalbfleisch; ~ **de cheval/porc** Pferde-/Schweinefleisch
❷ *péj fam* (*chair humaine*) **quel étalage de ~!** das ist ja die reinste Fleischbeschau! (*fam*); **amène ta ~!** los komm, beweg' deine Knochen! (*fam*)
viander [vjɑ̃de] <1> *vpr fam* **se** ~ einen Unfall bauen (*fam*)
viatique [vjatik] *m littér* ❶ (*équipement de voyage*) [Marsch]gepäck *nt;* **donner une pomme à qn pour tout** ~ jdm nur einen Apfel mit auf die Reise geben
❷ (*soutien*) **un précieux** ~ ein wertvolles Kapital
❸ REL (*communion*) letzte Kommunion, Viatikum *nt* (*Fachspr.*)
vibrage [vibʀaʒ] *m* TECH *du béton* Rütteln *nt,* Verdichten *nt*
vibrant(e) [vibʀɑ̃, ɑ̃t] *adj* ❶ *hommage, voix* leidenschaftlich; *discours* leidenschaftlich, mitreißend; ~(**e**) **de colère/d'émotion** bebend vor Wut/Ergriffenheit (*Dat*)
❷ MUS *corde, lame, membrane* schwingend, vibrierend
vibraphone [vibʀafɔn] *m* Vibraphon *nt*
vibraphoniste [vibʀafɔnist] *mf* Vibraphonist(in) *m(f)*

V

vibrateur [vibʀatœʀ] *m* TECH ❶ (*appareil*) Vibrator *m*
❷ (*pour le vibrage du béton*) Betonrüttler *m*/-verdichter *m*
vibratile [vibʀatil] *adj* BIO **épithélium** ~ Flimmerepithel *nt;* **cils** ~**s** Flimmerhärchen *Pl*
vibration [vibʀasjɔ̃] *f* ❶ *d'une voix* Vibration *f,* Beben *nt; d'un moteur* Vibrieren *nt; d'une corde* Schwingen *nt,* Schwingung *f; de l'air* Flimmern *nt*
❷ *fig* **avoir de bonnes/mauvaises** ~**s** im Einklang/nicht im Einklang mit seiner Umwelt sein
vibrato [vibʀato] *m* Vibrato *nt*
vibratoire [vibʀatwaʀ] *adj* **mouvement/phénomène** ~ Schwingung *f,* Vibration *f;* **massage** ~ Vibrationsmassage *f*
vibrer [vibʀe] <1> **I.** *vi* ❶ (*trembler*) *mur, vitres, sol:* erzittern, beben, vibrieren; *corde:* vibrieren, schwingen; *moteur:* vibrieren; *voix:* beben, vibrieren; **faire** ~ **les vitres** die Fenster erzittern lassen; **faire** ~ **une corde** eine Saite zum Schwingen bringen
❷ (*trahir une émotion*) ~ **de colère/d'émotion** *personne, voix:* vor Zorn/Ergriffenheit (*Dat*) beben
II. *vt* rütteln *béton;* **béton vibré** Rüttelbeton *m*
vibreur [vibʀœʀ] *m d'un haut-parleur* Schwingungserzeuger *m;* ~ **sonore** Summer *m*
vibromasseur [vibʀomasœʀ] *m* MED Massagegerät *nt;* (*objet érotique*) Vibrator *m*
vicaire [vikɛʀ] *m* Kaplan *m;* ~ **général** Generalvikar *m*
vicariat [vikaʀja] *m* ECCL Vikariat *nt*
vice [vis] *m* ❶ (*défaut*) Untugend *f,* schlechte [An]gewohnheit
❷ *sans pl vieilli* (*débauche, immoralité*) Laster[haftigkeit *f*] *nt;* **c'est du** ~ *fam* das ist pervers (*fam*); (*une manie*) das ist ein richtiges Laster [*o* eine richtige Manie]
❸ *a.* JUR (*anomalie*) Mangel *m*
◆ ~ **de construction** Konstruktionsfehler *m;* ~ **de conformation** Missbildung *f;* ~ **de forme** Formfehler *m,* Formmangel *m* (*Fachspr.*)
vice-amiral [visamiʀal, o] <vice-amiraux> *m* Konteradmiral *m*
vice-consul [viskɔ̃syl] <vice-consuls> *m* Vizekonsul *m*
vicelard(e) [vislaʀ, aʀd] **I.** *adj* ❶ *fam* (*malin*) *personne* gewieft (*fam*)
❷ *fam* (*vicieux*) *histoire* schlüpfrig (*fam*); *personne* zudringlich, geil (*fam*); *air* lüstern
II. *m(f) fam* (*homme*) zudringlicher [*o* geiler *pej*] Kerl (*fam*); (*femme*) zudringliches [*o* scharfes *pej*] Weib (*fam*)
vice-présidence [vispʀezidɑ̃s] <vice-présidences> *f* Vizepräsidentschaft *f* **vice-président, vice-présidente** [vispʀezidɑ̃, vispʀezidɑ̃t] <vice-présidents> *m, f* Vizepräsident(in) *m(f)* **vice-roi, vice-reine** [visʀwa, visʀɛn] <vice-rois> *m* Vizekönig(in) *m(f)*
vice versa [vis(e)vɛʀsa] *adv* **et** ~ und umgekehrt
vichy [viʃi] **I.** *m* ❶ (*tissu*) Vichy[stoff *m*] *m*
❷ (*eau minérale*) **un** ~ ein Mineralwasser
II. *f* Mineralwasser *nt;* **une** ~ (*bouteille*) eine Flasche Mineralwasser
vicié(e) [visje] *adj* ❶ JUR ungültig
❷ (*pollué*) verschmutzt
❸ (*dévalorisé*) wertlos
vicier [visje] <1a> *vt* verderben *goût, relations;* **l'air vicié** (*d'une pièce*) die verbrauchte [*o* schlechte] Luft; (*des grandes villes*) die verschmutzte [*o* verpestete] Luft
vicieux, -euse [visjø, -jøz] **I.** *adj* ❶ (*obsédé sexuel*) *personne, regard, air* lüstern (*geh*), geil (*pej*); *geste* anzüglich; (*sexuellement pervers*) pervers, abartig
❷ *fam* (*vache, tordu*) *coup, personne* gemein, fies (*fam*); **il faut vraiment être** ~ **pour faire cela** man muss schon verrückt sein um das zu tun (*fam*)
❸ (*rétif*) *cheval* heimtückisch
❹ SPORT *balle, tir* angetäuscht
II. *m, f* ❶ (*cochon*) Perverse(r) *f(m);* **c'est une vicieuse** sie ist pervers; **je t'y prends, petit** ~ hab' ich dich erwischt, du kleiner Lustmolch
❷ *fam* (*tordu*) (*homme*) Fiesling *m* (*fam*); (*femme*) fiese Person (*fam*)
vicinal(e) [visinal, o] <-aux> *adj* **chemin** ~ Gemeindeweg *m*
vicissitudes [visisityd] *fpl littér* ❶ (*changements*) *d'une existence, vie* Wechselfälle *Pl*
❷ (*ennuis*) Ärgernisse *Pl,* Scherereien *Pl* (*fam*); **nous avons connu bien des** ~ **avec nos enfants** wir haben mit unseren Kindern viel durchgemacht
vicomte, vicomtesse [vikɔ̃t, vikɔ̃tɛs] *m, f* Vicomte *m*/Vicomtesse *f*
victime [viktim] *f* ❶ (*blessé*) Opfer *nt;* (*mort*) [Todes]opfer *nt;* ~**s de guerre** Kriegsopfer *Pl;* (*morts*) Kriegstote *Pl;* **être** ~ **d'une crise cardiaque** einen Herzanfall haben [*o* erleiden]; **être** ~ **du froid** erfrieren, der Kälte zum Opfer fallen; **être** ~ **d'un accident** Opfer eines Unfalls sein; **l'accident n'a pas fait de** ~ bei dem Unfall wurde niemand verletzt
❷ (*personne, chose qui subit*) Opfer *nt;* **les** ~**s des intempéries** die Unwettergeschädigten; **être [la]** ~ **de qn/qc** jds Opfer/[das] Opfer einer S. (*Gen*) sein; **être** ~ **de sa bonne foi** das Opfer seiner eigenen Gutgläubigkeit sein; **faire des** ~**s parmi les P.M.E./salariés** Kleinbetriebe/Arbeitnehmer schädigen [*o* in Mitleidenschaft ziehen]
❸ (*créature sacrifiée*) Opfer *nt;* (*animal*) Opfer[tier *nt*] *nt;* **aimer jouer les** ~**s** gern das Opferlamm spielen
victoire [viktwaʀ] *f* ❶ Sieg *m;* ~ **aux points/par K.-O.** Sieg nach Punkten/durch K. o.; ~ **sur qn/qc** Sieg über jdn/etw; **une** ~ **sur soi-même** ein Sieg über sich selbst; **emporter la** ~ den Sieg davontragen, siegen
❷ (*statue*) **la Victoire** die Siegesgöttin
▶ ~ **à la Pyrrhus** Pyrrhussieg *m;* **chanter** [*o* **crier**] ~ in Jubel ausbrechen, jubeln; **il ne faut jamais chanter** ~ **trop tôt** man soll den Tag nicht vor dem Abend loben (*prov*)
victorien(ne) [viktɔʀjɛ̃, jɛn] *adj* viktorianisch; **l'époque** ~**ne** das Viktorianische Zeitalter
victorieusement [viktɔʀjøzmɑ̃] *adv* ❶ (*avec succès*) siegreich
❷ (*d'un air triomphant*) triumphierend
victorieux, -euse [viktɔʀjø, -jøz] *adj* ❶ (*vainqueur*) siegreich
❷ (*fanfaron*) *personne, sourire, air* siegessicher, triumphierend; **d'un air** ~ mit Siegermiene *f*
victuailles [viktɥaj] *fpl* Esswaren *Pl,* Lebensmittel *Pl*
vidage [vidaʒ] *m* ❶ *d'une baignoire, d'un étang* Ablassen *nt,* Leeren *nt*
❷ *fam* (*expulsion*) Rausschmiss *m* (*fam*)
vidange [vidɑ̃ʒ] *f* ❶ (*action*) *d'un circuit, d'une fosse* [Ent]leerung *f;* AUT Ölwechsel *m*
❷ (*dispositif*) *d'un évier, lavabo* Abfluss *m,* Abflussrohr *nt*
❸ *pl* (*effluents*) Fäkalien *Pl*
❹ BELG (*verre consigné*) Leergut *nt;* ~**s** (*bouteilles vides*) leere Flaschen
vidanger [vidɑ̃ʒe] <2a> *vt* ❶ AUT **faire** ~ **un moteur/une voiture** bei einem Motor/Auto einen Ölwechsel machen lassen
❷ (*vider*) ~ **un circuit/tuyau** das Wasser aus einem Kreislauf/Schlauch ablassen; ~ **une fosse septique** eine Fäkaliengrube [ent]leeren
vidangeur [vidɑ̃ʒœʀ] *m* Fäkaliengrubenentleerer(in) *m(f)*
vide [vid] **I.** *adj* ❶ (*opp: plein*) leer; **j'ai l'estomac** [*o* **le ventre**]**/la tête** ~ ich habe einen leeren Magen/mein Kopf ist [ganz] leer; **avoir vraiment la tête** ~ (*être stupide*) wirklich nichts im Kopf haben (*fam*)
❷ (*opp: riche*) *discussion* sinnlos; *livre, discours* nichts sagend; *existence* unausgefüllt; ~ **de qc** ohne etw, bar einer S. (*Gen*) (*geh*)
❸ (*opp: occupé*) *chaise, siège* frei, leer; *appartement, maison* leer stehend, leer
II. *m* ❶ *sans pl* (*abîme*) Tiefe *f,* Abgrund *m,* Nichts *nt;* **tomber dans le** ~ ins Nichts fallen
❷ PHYS luftleerer Raum; ~ **absolu** absolutes Vakuum; **embal-**

lé(e) sous ~ Vakuum verpackt; **être sous** ~ *pot, bouteille:* Vakuum verschlossen sein
❸ (*espace vide*) Zwischenraum *m,* Lücke *f;* ~ **juridique** Gesetzeslücke; ~ **sanitaire** *Hohlraum zur Verlegung von Rohrleitungen bei nicht unterkellerten Häusern;* **c'est le grand** ~ [*o* **le** ~ **complet**] **dans la salle** es herrscht gähnende Leere im Saal
❹ (*néant*) Leere *f;* **le** ~ **de son existence** die Sinnlosigkeit seines/ihres Daseins; **sa mort a laissé un grand** ~ sein/ihr Tod hat eine große Leere hinterlassen
▶ **faire le** ~ (*débarrasser*) gründlich aufräumen; (*tout jeter*) alles wegwerfen; (*évacuer ses soucis*) abschalten (*fam*); **faire le** ~ **autour de soi** sich isolieren; **à** ~ (*pour rien*) ins Leere; (*sans chargement*) leer; **voyage à** ~ Leerfahrt *f;* **tourner à** ~ leer laufen; **regarder dans le** ~ ins Leere blicken; **faire une promesse dans le** ~ leere Versprechungen machen; **parler dans le** ~ (*personne n'écoute*) seine Worte verschwenden; (*sans objet*) ins Blaue [hinein]sprechen (*fam*)
vidé(e) [vide] *adj* ❶ *poisson, poulet* ausgenommen
❷ *fam personne* [völlig] übermüdet, ausgepowert (*fam*); *ressources* ausgebrannt
vidéo [video] **I.** *f* ❶ (*technique*) Videotechnik *f,* Video *nt;* **voir un film en** ~ einen Film auf [*o* als] Video ansehen
❷ (*film, émission*) Video *nt*
II. *adj inv* **caméra** ~ Videokamera *f;* **cassette** ~ Videokassette *f;* **film** ~ Videofilm *m;* **jeu** ~ Videospiel *nt*
vidéocassette [videokasɛt] *f* Videokassette *f*
vidéoclip [videoklip] *m* Videoclip *m*
vidéoclub [videoklœb] *m* Videothek *f*
vidéoconférence [videokɔ̃feʀɑ̃s] *f* Videokonferenz *f*
vidéodisque [videodisk] *m* Videoplatte *f,* Bildplatte *f*
vidéogramme [videogʀam] *m* Video[film *m*] *nt*
vidéographie [videogʀafi] *f* Videotext *m*
vidéophone [videofɔn] *m* Bildtelefon *nt*
vide-ordures [vidɔʀdyʀ] *m inv* Müllschlucker *m*
vidéosurveillance [videosyʀvɛjɑ̃s] *f* Videoüberwachung *f*
vidéotex® [videotɛks] *m* Videotext *m;* (*interactif*) Bildschirmtext *m*
vidéothèque [videotɛk] *f* Videothek *f*
vidéotransmission [videotʀɑ̃smisjɔ̃] *f* Übertragung *f* auf [eine] Videowand, Videoübertragung *f*
vide-poche [vidpɔʃ] <vide-poches> *m* ❶ AUT Ablage *f;* (*latéral*) Türtasche *f;* (*au dos du siège*) Kartentasche *f* ❷ (*récipient*) Ablageschale *f* **vide-pomme** [vidpɔm] <vide-pommes> *m* Apfelausstecher *m*
vider [vide] <1> **I.** *vt* ❶ (*retirer le contenu de*) leeren, leer machen *récipient, sac, poches;* ausräumen, leer räumen *tiroir, pièce, valise;* ~ **un bassin/un circuit de son eau** das Wasser aus einem Becken/Kreislauf ablassen; ~ **une salle** *pompiers, police:* einen Saal räumen lassen; ~ **un bassin de ses poissons** die Fische aus einem Becken herausnehmen; ~ **une maison de ses meubles** die Möbel aus einem Haus räumen; ~ **un appartement/immeuble de ses locataires** eine Wohnung/ein Haus räumen lassen; **une pièce vidée de ses meubles** ein leer geräumtes [*o* ausgeräumtes] Zimmer; **un pamplemousse vidé de sa pulpe** eine vom Fruchtfleisch befreite Grapefruit
❷ (*verser*) ausgießen, ausschütten, auskippen *bouteille, verre, seau;* ausschütten, auskippen *sac, boîte, recipient;* ~ **une bouteille dans l'évier** eine Flasche in den Ausguss leeren; ~ **un sac/une boîte par terre** den Inhalt einer Tasche/einer Schachtel auf den Boden schütten; ~ **son cœur** *fig* sein Herz ausschütten
❸ (*faire s'écouler*) ausgießen, auskippen, ausschütten *substance liquide;* ausschütten, auskippen *substance solide;* ~ **l'eau d'un bassin/d'un tuyau** das Wasser aus einem Becken/einem Schlauch ablaufen lassen; ~ **un liquide dans un récipient** eine Flüssigkeit in einen Behälter gießen
❹ (*consommer*) ~ **son verre/assiette** sein Glas/seinen Teller leeren, sein Glas leer trinken/seinen Teller leer essen
❺ (*voler le contenu de*) ausräumen (*fam*) *appartement, coffre-fort, tiroirs*
❻ *fam* (*expulser*) rausschmeißen (*fam*), vor die Tür setzen (*fam*); ~ **qn de la salle** jdn aus dem Saal werfen [*o* schmeißen] (*fam*); **se faire** ~ rausfliegen (*fam*), rausgeschmissen werden (*fam*)
❼ *fam* (*fatiguer*) ~ **qn** jdn total schaffen (*fam*); **être vidé(e)** total geschafft sein (*fam*)
❽ (*retirer les entrailles de*) ausnehmen *poisson, poulet*
❾ (*régler*) austragen *dispute, querelle*
II. *vpr* ❶ (*perdre son contenu*) **se** ~ *bouteille, réservoir, baignoire:* auslaufen; (*complètement*) leer laufen; **la valise/le sac s'est vidé(e)** der ganze Inhalt ist aus dem Koffer/der Tasche herausgefallen; **se** ~ **de son eau/son contenu** sein Wasser/seinen Inhalt verlieren; **la bouteille se vide sur le sol** der Inhalt der Flasche ergießt sich auf den Boden; **la valise se vide sur le sol** der Inhalt des Koffers fällt auf den Boden [*o* zu Boden]; **se** ~ *ville, rue, café:* sich leeren; **en été, Paris se vide de ses habitants** im Sommer verlassen die Einwohner von Paris ihre Stadt; **se** ~ **de son sang** verbluten
❷ (*s'écouler*) **se** ~ **dans le caniveau** *eaux usées ou pluviales:* in den Rinnstein abfließen
❸ *fam* (*se défoncer*) **se** ~ **les tripes** alles aus sich herausholen (*fam*)
videur, -euse [vidœʀ, -øz] *m, f* Rausschmeißer *m* (*fam*)
vie [vi] *f* ❶ Leben *nt;* **la** ~ **éternelle** das ewige Leben; **être plein(e) de** ~ voller Leben sein; **être entre la** ~ **et la mort** zwischen Leben und Tod schweben; **donner** ~ **à qc** *personne:* Leben in etw (*Akk*) bringen; *chose:* etw entstehen lassen; **donner la** ~ **à un enfant** *soutenu* einem Kind das Leben schenken (*geh*); **donner sa** ~ **pour qn/qc** sein Leben für jdn/etw opfern [*o* hingeben *geh*]; **payer qc de sa** ~ etw mit seinem Leben bezahlen; **rappeller** [*o* **ramener**] **qn à la** ~ jdn ins Leben zurückholen; **revenir à la** ~ (*reprendre conscience*) wieder zu sich kommen; (*reprendre goût à la vie*) wieder aufleben; **dans l'autre** ~ im Jenseits; **pour la** ~ fürs Leben, für immer; **jamais de la** ~**!** nie im Leben!, niemals!; **être en** ~ am Leben [*o* lebendig] sein; **être sans** ~ ohne Leben [*o* leblos] sein
❷ (*façon de vivre*) Leben *nt,* Lebensweise *f;* **la** ~ **active** das Berufsleben, das Erwerbsleben; ~ **quotidienne/courante** tägliches Leben; **avoir la** ~ **belle** sich (*Dat*) ein schönes Leben machen; **prendre la** ~ **du bon côté** dem Leben die guten Seiten abgewinnen; **c'est la belle** ~ so lässt es sich leben; **avoir** [*o* **mener**] **une double** ~ ein Doppelleben führen; **mener la grande** ~ in Saus und Braus [*o* auf großem Fuß] leben; **mener joyeuse** ~ es sich (*Dat*) gut gehen lassen; **voir la** ~ **en rose** alles durch die rosa Brille sehen; **c'est la** ~**!** so ist das Leben!; **ce n'est pas une** ~**!** das ist doch kein Leben!; **vivre sa** ~ sein [eigenes] Leben leben
❸ (*biographie*) Leben *nt,* Lebensgeschichte *f;* **raconter sa** ~ seine Lebensgeschichte erzählen; *fig fam* einen ganzen Roman erzählen (*fig fam*)
▶ **c'est triste, la** ~ **d'artiste** *hum* man hat's nicht leicht; **tant qu'il y a de la** ~**, il y a de l'espoir** *prov* es hofft der Mensch, so lang er lebt (*prov*); **à la** ~**, à la mort** fürs [ganze] Leben, auf Gedeih und Verderb; **passer de** ~ **à trépas** *soutenu* aus dem Leben scheiden (*geh*); *hum* das Zeitliche segnen (*hum*); **faire passer qn de** ~ **à trépas** *hum* jdn ins Jenseits befördern (*hum*); **avoir la** ~ **dure** nicht totzukriegen sein (*fam*); *préjugé, rumeur:* nicht auszurotten sein; **mener** [*o* **rendre**] **la** ~ **dure à qn** jdm das Leben schwer machen; **faire la** ~ *fam* das Leben genießen; **faire la** [*o* **une**] ~ **à qn** *fam* jdm eine Szene machen (*fam*); **gagner sa** ~ seinen Lebensunterhalt verdienen; **prendre la** ~ **comme elle vient** das Leben so nehmen, wie es kommt; **refaire sa** ~ **avec qn** mit jdm ein neues Leben anfangen; **à** ~

V

auf Lebenszeit; **condamné(e) à** ~ zu „lebenslänglich“ verurteilt; **jamais <u>de</u> [toute] sa** ~ noch nie in seinem/ihrem ganzen Leben

◆ ~ **de bâton de chaise** ausschweifendes Leben; ~ **de bohème** Künstlerleben *nt;* ~ **de château** fürstliches Leben; ~ **de chien** Hundeleben *nt* (*fam*); ~ **de cocagne** Leben *nt* im Überfluss; ~ **de pacha** Leben *nt* eines Paschas; ~ **de patachon** *fam* ausschweifendes Leben

vieil [vjɛj] *adj v.* **vieux**

vieillard [vjɛjaʀ] *m* alter Mann, Greis *m;* **les** ~**s** die Alten

vieille [vjɛj] **I.** *adj v.* **vieux**

II. *f* ❶ (*vieille personne*) Alte *f;* **une petite** ~ *fam* eine alte Oma (*fam*)

❷ *fam* (*mère*) Alte *f* (*sl*)

▸ **<u>ma</u> [petite]** ~**!** *fam* (*affectueux*) meine Gute! (*fam*); (*agressif*) meine Liebe! (*fam*); (*étonnement*) Mensch[enskind]! (*fam*)

vieillerie [vjɛjʀi] *f* ~**s** alter Trödel (*fam*), alter Plunder (*fam*); (*vêtements*) alte Klamotten *Pl* (*fam*)

vieillesse [vjɛjɛs] *f* ❶ Alter *nt;* **une** ~ **heureuse** ein schöner Lebensabend

❷ *sans pl* (*état*) *d'une personne, d'un vin* [hohes] Alter; **mourir de** ~ an Altersschwäche sterben

❸ *sans pl* (*personnes âgées*) **la** ~ das Alter, die Alten *Pl*

vieilli(e) [vjeji] *adj* ❶ (*marqué par l'âge*) *personne* gealtert

❷ (*dépassé*) *expression, mot* veraltet

vieillir [vjɛjiʀ] <8> **I.** *vi* ❶ (*prendre de l'âge*) *personne:* alt werden, altern; *chose:* altern; *fromage:* reifen; *vin:* ablagern, reifen, altern; **en vieillissant** mit zunehmendem Alter

❷ *péj* (*diminuer*) *personne:* altern, [sichtlich] älter werden; **avoir vieilli de dix ans** um zehn Jahre gealtert sein

❸ (*se démoder*) *expression, terme:* veralten; *auteur, œuvre, théorie:* an Aktualität verlieren; **être vieilli(e)** veraltet [*o* nicht mehr aktuell] sein

II. *vt* ❶ (*faire paraître plus vieux*) *coiffure, vêtements:* älter machen, älter erscheinen lassen; **la maladie l'a beaucoup vieilli(e)** durch die Krankheit ist er/sie sehr gealtert

❷ (*exagérer l'âge de*) älter machen; **ne me vieillissez pas!** machen Sie mich nicht älter, als ich bin!; **le peintre m'a vieilli(e) sur cette caricature** der Maler hat mich in dieser Karikatur älter gemacht

III. *vpr* **se** ~ ❶ (*se faire paraître plus vieux*) sich älter machen, sich (*Dat*) ein älteres Aussehen geben

❷ (*se dire plus vieux*) sich für älter ausgeben [als man ist]

vieillissant(e) [vjejisɑ̃, ɑ̃t] *adj personne* alternd; *population, pays* in steigendem Maße überaltert, vergreisend

vieillissement [vjejismɑ̃] *m d'une personne* Altern *nt,* Älterwerden *nt; d'un pays, d'une population* Überalterung *f,* Vergreisung *f; d'une idéologie, loi, d'un terme* Veralten *nt; d'un fromage, vin* Reifung *f; d'un vin* Alterung *f*

vieillot(te) [vjɛjo, jɔt] *adj décor, maison, habits* altmodisch; *idée* altmodisch, überholt

vielle [vjɛl] *f* [Dreh]leier *f*

viendrai [vjɛ̃dʀɛ] *fut de* **venir**

vienne [vjɛn] *subj prés de* **venir**

Vienne [vjɛn] Wien *nt*

viennent [vjɛn] *indic prés de* **venir**

viennois(e) [vjɛnwa, waz] *adj* Wiener *inv,* wienerisch

Viennois(e) [vjɛnwa, waz] *m(f)* Wiener(in) *m(f)*

viennoiserie [vjɛnwazʀi] *f* Feingebäck *nt*

viens, vient [vjɛ̃] *indic prés de* **venir**

vierge [vjɛʀʒ] *adj* ❶ (*non défloré*) *fille* unschuldig, unberührt, jungfräulich (*geh*); *garçon* unschuldig; **elle est** ~ sie ist noch Jungfrau

❷ (*intact*) *bande, disquette* leer; *page* leer, unbeschrieben; *film, pellicule* unbelichtet, leer; **avoir un casier judiciaire** ~ nicht vorbestraft sein

❸ (*inexploré*) *espace, terre, neige* unberührt, jungfräulich (*geh*); *sommet* noch nicht bezwungen; **la forêt** ~ der Urwald

❹ (*pur*) *huile, laine* rein

❺ *soutenu* (*exempt*) ~ **de qc** frei von etw

Vierge [vjɛʀʒ] *f* ❶ ASTROL Jungfrau *f;* **être [du signe de la]** ~ [eine] Jungfrau sein, im Zeichen der Jungfrau geboren sein

❷ REL **la** ~ **Marie** die Jungfrau Maria; **la Sainte** ~ die Heilige Jungfrau; **une** ~ (*peinture*) ein Marienbild; (*statue*) eine Madonna

Viêt-nam, Vietnam [vjɛtnam] *m* **le** ~ Vietnam *nt*

vietnamien [vjɛtnamjɛ̃] *m* **le** ~ Vietnamesisch *nt,* das Vietnamesische; *v. a.* **allemand**

vietnamien(ne) [vjɛtnamjɛ̃, jɛn] *adj* vietnamesisch

Vietnamien(ne) [vjɛtnamjɛ̃, jɛn] *m(f)* Vietnamese *m*/Vietnamesin *f*

vieux [vjø] **I.** *m* ❶ (*vieille personne*) Alte(r) *m;* **le respect des** ~ die Achtung vor dem Alter; **un petit** ~ *fam* ein alter Opa (*fam*)

❷ *fam* (*père*) Alte(r) *m* (*sl*); **mes** ~ meine Alten (*sl*)

❸ (*choses anciennes*) alte Sachen *Pl;* **il faut savoir faire du neuf avec du** ~ aus Alt mach Neu (*prov*)

▸ **prendre un <u>coup</u> de** ~ *fam personne:* plötzlich alt werden [*o* altern]; *chose:* von heute auf morgen nicht mehr aktuell sein; **un** ~ **<u>de</u> la vieille** einer von der alten Garde; (*qui a de l'expérience*) ein alter Routinier [*o* Hase *fam*]; **<u>mon</u> [petit]** ~**!** *fam* (*affectueux*) mein Guter! (*fam*); (*agressif*) mein Lieber! (*fam*); (*étonnement*) Mensch[enskind]! (*fam*)

II. *adv* **faire** ~ *coiffure, habits, couleur:* alt machen; **s'habiller** ~ sich wie ein alter Mann/eine alte Frau kleiden

vieux, vieil, vieille [vjø, vjɛj] *adj* ❶ *antéposé* (*d'un grand âge*) *animal, plante, chose* alt; *personne* alt, betagt (*geh*); **un couple de vieilles personnes** ein altes Ehepaar; **être** ~ **comme Mathusalem** alt wie Methusalem sein, uralt sein (*fam*); **qu'est-ce que tu es** ~**!(vieille)** *iron* was bist du schon alt! (*iron*)

❷ (*âgé*) **être** ~**(vieille) d'un mois/de deux ans** einen Monat/zwei Jahre alt sein; **elle est plus vieille que moi de quatre ans** sie ist vier Jahre älter als ich; **lequel est le plus** ~ **des deux?** wer von beiden ist älter?, wer ist der ältere von beiden?

❸ *antéposé* (*qui date, ancien*) alt; **le Vieux et le Nouveau Monde** die Alte und die Neue Welt; **la vieille ville de Heidelberg** die Altstadt von Heidelberg

❹ *antéposé* (*usagé*) *vêtement, livre, voiture* alt; **container pour récupérer les** ~ **journaux** Altpapiercontainer *m*

❺ *antéposé* (*passé*) *altercation, coutume, douleur* alt; **c'est vraiment de la vieille histoire** das ist wirklich eine alte Geschichte

❻ *antéposé* (*de longue date*) *ami, collègue, amitié* alt, langjährig; **mon vieil ami** mein alter [*o* langjähriger] Freund

❼ *antéposé péj fam* (*sale*) *baderne, con, schnock* fies, gemein (*fam*); **vieille crapule** fieser Kerl (*fam*)

▸ **se <u>faire</u> [*o* <u>devenir</u>]** ~**(vieille)** alt werden; **<u>vivre</u>** ~**(vieille)** alt werden, ein hohes Alter erreichen

vif [vif] *m* PECHE Köderfisch *m*

▸ **le** ~ **du <u>sujet</u>** der Kern der Sache; **avoir les nerfs/une sensibilité <u>à</u>** ~ überreizt/übersensibel sein; **<u>au</u>** ~ zutiefst; **toucher qn au** ~ jdn an seinem wunden Punkt treffen; **trancher [*o* couper] <u>dans</u> le** ~ radikal durchgreifen; **<u>sur</u> le** ~ (*sur place*) vor Ort; **photo [prise] sur le** ~ Schnappschuss *m;* **saisir/prendre/recueillir qc sur le** ~ etw direkt [*o* hautnah] einfangen; **des portraits sur le** ~ lebensechte Porträts; **faire un croquis sur le** ~ nach der Natur skizzieren

vif, vive [vif, viv] *adj* ❶ (*plein de vie*) *personne* lebendig, lebhaft; *style* lebendig; *œil, regard* wach; *imagination* rege; *bébé* lebhaft

❷ (*rapide*) *allure, mouvement, geste* schnell, rasch, flink; *rythme* schnell; **avoir l'esprit** ~ aufgeweckt sein; **ne pas être très** ~**(vive)** etwas schwer von Begriff sein

❸ (*intense*) *douleur, vent* heftig, stark; *soleil* intensiv, sengend;

air frisch und kalt; *couleur* kräftig, leuchtend, frisch; *éclat, lumière* hell; *papier peint* farbig; **être rouge** ~ krebsrot sein; **rouge/jaune** ~ knallrot/knallgelb (*fam*); **le soleil est particulièrement** ~ **aujourd'hui** die Sonne brennt heute besonders heiß [*o* unbarmherzig]; **il fait un froid très** ~ es ist schneidend kalt; **faire cuire à feu** ~ bei starker Hitze kochen
❹ *antéposé* (*profond*) *plaisir, surprise* groß; *désir, intérêt* groß, lebhaft; *regret* tief, lebhaft; *emotion, impression* tief, stark; *chagrin, reconnaissance, inquiétude* tief; *souvenir* lebendig, lebhaft; **avec nos** ~**s remerciements** mit herzlichem Dank; **avoir le sentiment très** ~ **que qc va se passer** das deutliche Gefühl haben, dass etw geschehen wird
❺ (*violent*) *reproche, terme, ton* heftig; *altercation* heftig, hitzig; *personne* heftig *präd,* hitzig
❻ (*vivant*) lebend; **eau vive** fließendes Wasser; **haie vive** Hecke *f,* lebender Zaun; **poids** ~ Lebendgewicht *nt;* **être brûlé** ~/**brûlée vive** (*dans un accident*) bei lebendigem Leibe verbrennen; (*par supplice*) bei lebendigem Leibe verbrannt werden; **être enterré** ~/**enterrée vive** lebend[ig] begraben werden
❼ (*coupant, nu*) *angle, arête* scharf; *joints* unverfugt; *roc, pierre* nackt; **plaie/fracture à** ~ offene Wunde/offener Bruch; **mur de pierres vives** Natursteinmauer *f*
vif-argent [vifaʀʒɑ̃] *m* **être du** ~ *vieilli* quecksilbrig sein
vigie [viʒi] *f* ❶ (*matelot, poste*) Ausguck[posten *m*] *m*
❷ (*surveillance*) Wache *f*
vigilance [viʒilɑ̃s] *f* Wachsamkeit *f;* **manquer de** ~ nicht aufmerksam [*o* wachsam] genug sein; **redoubler de** ~ doppelt wachsam sein
vigilant(e) [viʒilɑ̃, ɑ̃t] *adj personne* wachsam; **attention** ~**e** größte Wachsamkeit; **d'un œil** ~ wachsamen Blickes; **malgré des soins** ~**s** trotz umsichtiger [*o* sorgsamer] Pflege
vigile [viʒil] *mf* Wächter(in) *m(f),* Wachmann *m;* HIST Wache *f;* **les** ~**s privés** die privaten Wachleute
vigne [viɲ] *f* ❶ BOT Wein *m;* **pied de** ~ Weinstock *m,* Rebstock *m;* ~ **vierge** wilder Wein
❷ (*vignoble*) Weinberg *m;* **être dans les** ~**s** im Weinberg sein; **avoir des** ~**s en Alsace** Weinberge im Elsass haben
❸ *sans pl* (*activité viticole*) Weinbau *m;* **pays de** ~**s** Weinbaugebiet *nt*
▸ **être dans les** ~**s du Seigneur** betrunken sein
vigneron(ne) [viɲ(ə)ʀɔ̃, ɔn] **I.** *adj* **activité** ~**ne** Weinbau *m;* **village** ~ Weindorf *nt*
II. *m(f)* Weinbauer *m*/-bäuerin *f,* Winzer(in) *m(f),* Weinhauer(in) *m(f)* (A)
vignette [viɲɛt] *f* ❶ *d'une automobile* Kfz-Steuermarke *f*
❷ (*autocollant*) *d'un médicament Kontrollabschnitt für die Kostenerstattung durch die Sozialversicherung;* (*attestant un paiement*) Quittungsmarke *f*
❸ (*image*) Sammelbild *nt*
❹ ART (*petite illustration*) Vignette *f; d'une bande dessinée* Feld *nt*
vignoble [viɲɔbl] *m* ❶ (*terrain*) Weinberg *m*
❷ *sans pl* (*ensemble de vignobles*) Weinbaugebiet *nt*
vigogne [vigɔɲ] *f* Vikunja *nt;* (*tissu*) Stoff *m* aus Vikunjawolle
vigoureusement [viguʀøzmɑ̃] *adv* (*avec force*) kräftig; (*avec détermination*) energisch
vigoureux, -euse [viguʀø, -øz] *adj* ❶ (*robuste*) *corps, bras, poigne* kräftig; *plante, personne* kräftig, robust; *santé* eisern
❷ (*ferme*) *coup* kräftig, kraftvoll
❸ (*énergique*) *mesure, protestation, lutte* energisch, entschlossen; *réaction* heftig
vigousse [vigus] *adj* CH *fam* ❶ *homme d'affaires* tüchtig, währschaft (CH)
❷ *marchandise* gediegen, solide, währschaft (CH)
❸ *repas* deftig, währschaft (CH)
vigueur [vigœʀ] *f* ❶ (*robustesse*) *d'une personne* Kraft *f,* Vitalität *f;* (*énergie*) Energie *f; d'un coup* Heftigkeit *f;* **sans** ~ kraftlos; **retrouver sa** ~ wieder zu Kräften kommen
❷ (*véhémence*) *d'un argument, d'une passion* Kraft *f; d'un esprit, intellect* Schärfe *f; d'une réaction, protestation* Heftigkeit *f; d'une résistance* Nachdrücklichkeit *f;* **avec** ~ mit Nachdruck
▸ **en** ~ in Kraft, geltend, gültig; **loi en** ~ geltendes Recht; **usages en** ~ lebendige [*o* lebendig gebliebene] Sitten und Gebräuche; **entrer en** ~ in Kraft treten; **être en** ~ in Kraft sein; **être toujours en** ~ JUR fortgelten
V.I.H. [veiaʃ] *m* MED *abr de* **virus de l'immunodéficience humaine** HIV *nt*
viking [vikiŋ] *adj* wikingisch; **bateau** ~ Wikingerschiff *nt*
Viking [vikiŋ] *m* Wikinger *m*
vil(e) [vil] *adj littér personne, caractère* nichtswürdig (*geh*); *conduite, action* nichtswürdig (*geh*), schändlich (*geh*)
vilain [vilɛ̃] *m* ❶ (*grabuge*) **il va y avoir** [*o* **ça va faire**] **du** ~ das wird Ärger geben
❷ HIST (*paysan*) Freibauer *m*
❸ HIST (*roturier*) Bürgerliche(r) *m*
❹ *enfantin* böser [*o* unartiger] Junge
vilain(e) [vilɛ̃, ɛn] *adj* ❶ (*laid*) hässlich
❷ *antéposé* (*sale*) *mot, pensée, photo* hässlich, unanständig; *coup, tour* gemein; *affaire* unschön; *défaut* schlimm; **jouer un** ~ **tour à qn** jdm übel mitspielen
❸ *antéposé* (*inquiétant*) *affaire* schlimm, übel; *toux, plaie* schlimm, böse
❹ *antéposé enfantin* (*personne, animal*) böse; *fille, garçon* böse, ungezogen, unartig
❺ *antéposé* (*désagréable*) *odeur* unangenehm, übel; *temps* schlecht, ungemütlich
vilaine [vilɛn] *f enfantin* böses [*o* unartiges] Mädchen
vilainement [vilɛnmɑ̃] *adv* ❶ (*laidement*) hässlich; **il est** ~ **bâti** er ist schlecht gebaut
❷ (*désagréablement*) *parler, se conduire* frech, ungezogen
❸ (*gravement*) schlimm, böse
vilebrequin [vilbʀəkɛ̃] *m* ❶ (*outil*) (mechanischer) Handbohrer, Wendelbohrer *m*
❷ AUT Kurbelwelle *f*
vilenie [vil(ə)ni] *f,* **vilénie** [vileni] *f littér* (*caractère vil, action vile*) Gemeinheit *f,* Niedertracht *f* (*geh*)
vilipender [vilipɑ̃de] <1> *vt littér* verunglimpfen (*geh*)
villa [vi(l)la] *f* Villa *f;* **les** ~**s romaines** die römischen Villen
village [vilaʒ] *m* Dorf *nt;* ~ **de montagne** Gebirgsdorf; ~ **de vacances** Feriendorf
villageois(e) [vilaʒwa, waz] **I.** *adj vieilli mœurs, coutumes* dörflich, ländlich; **fête** ~**e** Dorffest *nt;* **danse** ~**e** Bauerntanz *m*
II. *m(f)* Dorfbewohner(in) *m(f)*
village-vacances [vilaʒvakɑ̃s] *m* Feriendorf *nt*
ville [vil] *f* ❶ Stadt *f;* ~ **jumelée** Partnerstadt *f*
❷ (*quartier*) Stadtteil *m;* ~ **basse/haute** Unter-/Oberstadt *f;* **vieille** ~ Altstadt *f*
❸ (*opp: la campagne*) **la** ~ die Stadt; **les gens de la** ~ die Städter
❹ (*municipalité*) Stadt[verwaltung *f*] *f*
▸ **à la** ~ in der/die Stadt; **chaussures/costume/tenue de** ~ Straßenschuhe *Pl/* -anzug *m/* -kleidung *f;* **en** ~ in der/die Stadt; (*au centre-ville*) in der/die [Innen]stadt
◆ ~ **d'art** Kunststadt *f;* ~ **d'eau[x]** Kurort *m,* Bad *nt;* ~ **de garnison** Garnisonsstadt *f;* ~ **de province** Provinzstadt *f*
ville-champignon [vilʃɑ̃piɲɔ̃] <villes-champignons> *f* schnell wachsende Stadt **ville-dortoir** [vildɔʀtwaʀ] <villes-dortoirs> *f* Schlafstadt *f*
villégiature [vi(l)leʒjatyʀ] *f* ❶ (*vacances*) Ferien *Pl,* Sommerfrische *f*
❷ (*lieu*) Ferienort *m;* (*maison*) Ferienhaus *nt*
ville-satellite [vilsatelit] <villes-satellites> *f* Satellitenstadt *f*
villosité [vilozite] *f souvent pl* ANAT Zotte *f;* ~**s intestinales** Darmzotten *Pl*
vin [vɛ̃] *m* Wein *m;* ~ **blanc/rosé/rouge** Weißwein/

V

Rosé[wein]/Rotwein; ~ **chaud** [**à la cannelle**] Glühwein; ~ **cuit** Aperitif-Wein; ~ **nouveau** junger Wein; ~ **primeur** Primeur *m;* ~ **de palme** Palmwein; ~ **d'appellation d'origine contrôlée** *Wein aus kontrollierter Herkunft und höchster Qualität;* ~ **délimité de qualité supérieure** *Wein höherer Qualität aus bestimmten Regionen;* **grand** ~ erlesener Wein; **petit** ~ einfacher Wein

▸ **entre deux** ~**s** [noch] betrunken; **avoir le** ~ **mauvais/gai/triste** vom Wein übellaunig/fröhlich/schwermütig werden; **quand le** ~ **est tiré, il faut le boire** *prov* wer A sagt, muss auch B sagen; **cuver son** ~ *fam* seinen Rausch ausschlafen (*fam*)

◆ ~ **de pays** Landwein *m;* ~ **de table** Tafelwein *m,* Tischwein; ~ **d'honneur** Empfang *m;* **offrir un** ~ **d'honneur** zu einem Empfang einladen

vinaigre [vinɛgʀ] *m* Essig *m;* ~ **de vin** Weinessig; ~ **à l'estragon** Estragonessig; ~ **d'alcool** Essigessenz *f*

▸ **faire** ~ *fam* schnell machen (*fam*), sich beeilen; **tourner au** ~ eine schlechte Wendung nehmen

vinaigrer [vinegʀe] <1> *vt* mit Essig abschmecken; **la salade est trop vinaigrée** am Salat ist zu viel Essig; **une mayonnaise légèrement vinaigrée** eine leicht mit Essig abgeschmeckte Majonäse

vinaigrerie [vinɛgʀəʀi] *f* ❶ (*fabrique*) Essigfabrik *f*

❷ (*fabrication*) Essigherstellung *f*

vinaigrette [vinɛgʀɛt] **I.** *f* Vinaigrette *f*

II. *app inv* **sauce** ~ Vinaigrette *f;* **avocat/tomates** ~ Avocado/Tomaten mit Vinaigrette

vinaigrier [vinɛgʀije] *m* ❶ (*ustensile*) Essigtopf *m*

❷ (*flacon*) Essigfläschchen *nt*

vinasse [vinas] *f fam* billiger Wein

vindicatif, -ive [vɛ̃dikatif, -iv] *adj* (*agressif*) *personne, ton* aggressiv, aufgebracht; (*rancunier*) rachsüchtig

vindicte [vɛ̃dikt] *f littér* **désigner qn à la** ~ **publique** [*o* **populaire**] jdn anprangern

vineux, -euse [vinø, øz] *adj couleur, teint* weinrot; **avoir un goût** ~ stark nach Wein schmecken; **haleine vineuse** [Alkohol]fahne *f* vom Wein

vingt [vɛ̃] **I.** *num* ❶ zwanzig

❷ (*dans l'indication de l'âge, la durée*) **avoir/avoir bientôt** ~ **ans** zwanzig [Jahre alt] sein/werden; **personne de** ~ **ans** Zwanzigjährige(r) *f(m);* **période de** ~ **ans** Zeitraum *m* von zwanzig Jahren

❸ (*dans l'indication de l'heure*) **à dix heures** ~ um zehn Uhr zwanzig

❹ (*dans l'indication des époques*) **les années** ~ die zwanziger Jahre

❺ (*dans l'indication de l'ordre*) **arriver** ~ **ou** ~ **et unième** als Zwanzigste(r) oder Einundzwanzigste(r) kommen

II. *m inv* ❶ Zwanzig *f*

❷ (*numéro*) Nummer *f* Zwanzig, Zwanzig *f*

❸ TRANSP **le** ~ die Linie [*o* Nummer] zwanzig, die Zwanzig (*fam*)

❹ SCOL **avoir** ~ [**sur vingt**] ≈ eine Eins haben

III. *f* (*table, chambre... numéro vingt*) Zwanzig *f*

◆ **vingt et un(e)** einundzwanzig; *v. a.* **cinq, cinquante**

vingtaine [vɛ̃tɛn] *f* ❶ **une** ~ **de personnes/pages** etwa [*o* ungefähr] zwanzig Personen/Seiten

❷ (*âge approximatif*) **avoir la** ~ [*o* **une** ~ **d'années**] ungefähr [*o* etwa] zwanzig [Jahre alt] sein; **approcher de la** ~ auf die Zwanzig zugehen; **avoir largement dépassé la** ~ weit über zwanzig [Jahre alt] sein

vingt-deux [vɛ̃tdø] **I.** *num* ❶ zweiundzwanzig

❷ (*dans l'indication de l'âge, la durée*) **avoir/avoir bientôt** ~ **ans** zweiundzwanzig [Jahre alt] sein/werden; **personne de** ~ **ans** Zweiundzwanzigjährige(r) *f(m);* **période de** ~ **ans** Zeitraum *m* von zweiundzwanzig Jahren

❸ (*dans l'indication de l'heure*) **il est** ~ **heures** es ist zweiundzwanzig [Uhr]

❹ (*dans l'indication de la date*) **le** ~ **mars** *geschrieben:* **le 22 mars** der zweiundzwanzigste März *écrit:* der 22. März

❺ (*dans l'indication de l'ordre*) **arriver** ~ **ou vingt-troisième** als Zweiundzwanzigste(r) oder Dreiundzwanzigste(r) kommen

▸ ~ **!** *fam* Achtung!

II. *m inv* ❶ Zweiundzwanzig *f*

❷ (*numéro*) Nummer *f* zweiundzwanzig, Zweiundzwanzig *f*

❸ TRANSP **le** ~ die Linie [*o* Nummer] zweiundzwanzig, die Zweiundzwanzig (*fam*)

❹ JEUX Zweiundzwanzig *f*

III. *f* (*table, chambre... numéro vingt-deux*) Zweiundzwanzig *f; v. a.* **cinq**

vingt-et-un [vɛ̃teœ̃] *m inv* CARTES Siebzehnundvier *nt,* Vingt-et-un *nt; v. a.* **cinq**

vingtième [vɛ̃tjɛm] **I.** *adj antéposé* zwanzigste(r, s)

II. *mf* **le/la** ~ der/die/das Zwanzigste

III. *m* ❶ (*fraction*) Zwanzigstel *nt*

❷ (*étage*) zwanzigster Stock, zwanzigste Etage

❸ (*arrondissement*) zwanzigstes Arrondissement

❹ (*siècle*) zwanzigstes Jahrhundert; *v. a.* **cinquième**

vinicole [vinikɔl] *adj région, établissement* Weinbau-; *production, industrie* Wein-

vinification [vinifikasjɔ̃] *f* Keltern *nt*

vinifier [vinifje] <1a> *vt, vi* keltern

vînmes [vɛ̃m], **vinrent** [vɛ̃ʀ], **vins** [vɛ̃], **vint** [vɛ̃], **vîntes** [vɛ̃t] *passé simple de* **venir**

vinyle [vinil] *m* ❶ Vinyl *nt*

❷ *vieilli* (*disque*) [Schall]platte *f*

vinylique [vinilik] *adj* Vinyl-

vioc [vjɔk] *adj, v.* **vioque**

viol [vjɔl] *m* ❶ Vergewaltigung *f*

❷ (*violation*) *d'un secret* Verrat *m;* ~ **de la loi** Übertretung *f* [*o* Verletzung *f*] des Gesetzes

◆ ~ **de sépulture** Grabschändung *f*

violacé(e) [vjɔlase] **I.** *adj rouge* ins Violett gehend; *teinte, tache, visage* bläulich; *main* blau

II. *fpl* Veilchengewächse *Pl*

violateur, -trice [vjɔlatœʀ, -tʀis] *m, f d'un secret* Verräter(in) *m(f); d'un domicile* Einbrecher(in) *m(f); d'un lieu sacré* Schänder(in) *m(f);* ~(**-trice**) **des lois** Gesetzesbrecher(in) *m(f),* Rechtsbrecher(in)

violation [vjɔlasjɔ̃] *f* ❶ *d'un secret* Verrat *m; d'un serment* Bruch *m; d'un lieu sacré* Schändung *f*

❷ JUR Verletzung *f;* ~ **d'un/du contrat** Vertragswidrigkeit *f,* Vertragsverletzung; ~ **d'une convention** Verstoß *m* gegen eine Abmachung, Missachtung *f* einer Abmachung; ~ **de la loi** Verstoß gegen das Gesetz, Missachtung des Gesetzes

◆ ~ **des correspondances** Verletzung *f* des Briefgeheimnisses; ~ **de domicile** Hausfriedensbruch *m;* ~ **de frontière** Grenzverletzung *f;* ~ **de sépulture** Grabschändung *f;* ~ **de territoire** Verletzung *f* des Hoheitsgebietes

viole [vjɔl] *f* Bratsche *f,* Viola *f*

◆ ~ **d'amour** Viola d'amore *f;* ~ **de gambe** Viola da gamba *f*

violemment [vjɔlamɑ̃] *adv* heftig; *désirer* leidenschaftlich

violence [vjɔlɑ̃s] *f* ❶ Gewalt *f;* **par la** ~ mit Gewalt; **film de** ~ brutaler Film

❷ (*acte de violence*) (*physique*) Gewalttätigkeit *f;* (*morale*) Druck *m,* Zwang *m;* **avoir subi des** ~**s** *enfant:* misshandelt worden sein; **exercer des** ~**s sur qn** an jdm Gewalttaten begehen [*o* verüben] (*geh*); ~ **à agent** tätlicher Angriff auf einen Polizisten; **faire** ~ **à qn** (*physiquement*) jdm Gewalt antun; (*moralement*) Druck auf jdn ausüben; **se faire** ~ sich zwingen

❸ (*agressivité dans le comportement*) Heftigkeit *f;* ~ **verbale** aggressive Ausdrucksweise; **parler avec** ~ aggressiv reden

❹ (*intensité*) *d'une tempête, crise* Heftigkeit *f; des éléments* Unbändigkeit *f; d'un venin* Stärke *f*

5 (*véhémence*) *d'un désir, d'une passion* Heftigkeit *f*
▶ **se faire une douce** ~ *hum* seiner Schwäche nachgeben
violent(e) [vjɔlɑ̃, ɑ̃t] **I.** *adj* 1 *personne* gewalttätig, brutal; *mort, affrontement, collision* gewaltsam; *accident, choc, coup* schwer; *univers* brutal; *sport* hart; **acte** ~ Gewalttat *f*
2 (*intense*) heftig; *effort* gewaltig; *odeur* scharf, durchdringend
3 (*véhément*) *besoin, désir* stark; *passion* wild; *propos* stürmisch
▶ [**ça**] **c'est** [**un peu**] ~**!** *fam* das ist doch ein dicker Hund [*o* wirklich ein starkes Stück]! (*fam*)
II. *m(f)* gewalttätiger [*o* brutaler] Mensch
violenter [vjɔlɑ̃te] <1> *vt* (*brutaliser*) ~ **qn** jdm Gewalt antun
violer [vjɔle] <1> **I.** *vt* 1 vergewaltigen; **se faire** ~ **par qn** von jdm vergewaltigt werden
2 (*transgresser*) verletzen *droit, tabou, traité;* brechen *promesse, serment;* verraten *secret*
3 (*profaner*) verletzen *frontière;* schänden *lieu sacré;* widerrechtlich eindringen in (+ *Akk*) *domicile, territoire*
II. *vi* vergewaltigen
violet [vjɔlɛ] *m* Violett *nt*
violet(te) [vjɔlɛ, ɛt] *adj* violett; *vapeur, mains* bläulich; **devenir** ~**(te) de fureur** puterrot vor Wut werden
violette [vjɔlɛt] *f* BOT Veilchen *nt*
violeur [vjɔlœʀ] *m* Vergewaltiger *m*
violine [vjɔlin] *adj* rötlich-violett
violon [vjɔlɔ̃] *m* 1 Violine *f,* Geige *f*
2 (*musicien*) Geige *f*
3 *fam* (*prison*) Arrestzelle *f*
▶ **accorder ses** ~**s** sich einigen, sich abstimmen; **c'est comme si on pissait dans un** ~ *fam* das ist für die Katz (*fam*)
◆ ~ **d'Ingres** Steckenpferd *nt,* [künstlerisches] Hobby *nt*
violoncelle [vjɔlɔ̃sɛl] *m* [Violon]cello *nt*
violoncelliste [vjɔlɔ̃selist] *mf* Cellist(in) *m(f)*
violoneux [vjɔlɔnø] *m* 1 HIST Dorffiedler(in) *m(f)*
2 *péj fam* Fiedelkratzer(in) *m(f)* (*pej fam*)
violoniste [vjɔlɔnist] *mf* Geiger(in) *m(f),* Violinist(in) *m(f)*
vioque [vjɔk] **I.** *adj fam* oll (*sl*)
II. *mf pop* Olle(r) *f(m)* (*sl*)
viorne [vjɔʀn] *f* Schneeball *m*
V.I.P. [veipe, viajpi] *m inv abr de* **very important person** *fam* VIP *m*
vipère [vipɛʀ] *f* 1 Viper *f*
2 (*personne*) Schlange *f,* Giftkröte *f* (*fam*)
vipérin(e) [vipeʀɛ̃, in] *adj* ZOOL **couleuvre** ~**e** Vipernatter *f*
vipérine [vipeʀin] *f* BOT Natternkopf *m*
virage [viʀaʒ] *m* 1 Kurve *f;* ~ **en épingle à cheveux** Haarnadelkurve
2 (*action*) *d'un véhicule* Kurve *f; d'un avion* Schleife *f; d'un skieur* Bogen *m; d'un coureur* Wende *f*
3 (*changement d'orientation*) *d'une personne* Umstellung *f; d'une politique* Wende *f,* Kurswechsel *m*
4 MED *d'une cutiréaction* positive Reaktion
5 PHOT Tonung *f;* ~ **à l'or** Goldtonung
6 CHIM ~ **au bleu/rouge** Blau-/Rotfärbung *f*
▶ **faire un** ~ *route:* eine Kurve machen; *homme politique:* sich wandeln; **prendre un/son** ~ die Kurve nehmen; **prendre un** ~ **décisif** *pays:* einen entscheidenden Kurswechsel durchmachen
virago [viʀago] *f* Mannweib *nt* (*pej*)
viral(e) [viʀal, o] <-aux> *adj* Virus-; **avoir une origine** ~**e** durch Viren übertragen werden
vire [viʀ] *f* [Berg]vorsprung *m*
virée [viʀe] *f fam* Spritztour *f* (*fam*), Trip *m* (*fam*); **faire une** ~ **à la foire** einen Bummel über die Kirmes machen (*fam*); **faire une** ~ **dans les boîtes/les bars** durch die Diskos/Kneipen ziehen (*fam*)
virement [viʀmɑ̃] *m* 1 FIN Überweisung *f;* (*en tant que procédé*) Überweisungsverfahren *nt*
2 NAUT Wende *f*
virer [viʀe] <1> **I.** *vi* 1 (*changer de direction*) *véhicule:* abbiegen; *avion:* abdrehen; ~ **vent devant/arrière** anluven/abfallen; **paré à** ~**!** klar zur Wende!
2 (*tourner*) sich drehen; ~ **sur soi-même** sich um sich selbst [*o* im Kreise] drehen
3 (*se modifier*) *temps:* umschlagen; *personne:* umschwenken; ~ **au catholicisme** sich dem Katholizismus zuwenden; ~ **au conformisme** [zum] Konformist werden; ~ **au rance** *beurre:* ranzig werden; *relations:* sich verschlechtern; **le temps vire au beau/froid** es wird schöner/kälter [werden]; **le temps vire à la neige/à la pluie** es wird Schnee/Regen geben
4 (*changer de couleur*) *personne, visage, couleur:* sich verfärben; *cuti-réaction:* positiv sein; ~ **au bleu/rouge** *a.* CHIM sich blau/rot [ver]färben; **faire** ~ **qc** die Farbe von etw verändern
II. *vt* 1 FIN ~ **une somme à qn/au** [*o* **sur le**] **compte de qn** [jdm] einen Betrag überweisen/einen Betrag auf jds Konto überweisen; **faire** ~ **qc** etw überweisen lassen
2 *fam* (*renvoyer*) hinauswerfen, feuern (*fam*); **se faire** ~ gefeuert werden (*fam*)
3 *fam* (*se débarrasser de*) rausschmeißen (*fam*); rausräumen (*fam*) *meubles*
4 MED **il vire sa cuti** seine Tuberkulinprobe ist positiv
vireux, -euse [viʀø, -øz] *adj soutenu plante* giftig; *odeur, saveur* widerlich
virevoltant(e) [viʀvɔltɑ̃, ɑ̃t] *adj* wirbelnd
virevolte [viʀvɔlt] *f* 1 *d'un cheval, d'une danseuse* Drehung *f*
2 (*volte-face*) Kehrtwendung *f*
virevolter [viʀvɔlte] <1> *vi* eine Drehung vollführen
Virgile [viʀʒil(ə)] *m* Vergil *m*
virginal(e) [viʀʒinal, o] <-aux> *adj soutenu* jungfräulich (*geh*); *candeur, pureté* unverdorben, jungfräulich (*geh*)
virginité [viʀʒinite] *f* Unschuld *f,* Jungfräulichkeit *f*
▶ **se refaire une** ~ einen Schlussstrich unter seine Vergangenheit ziehen
virgule [viʀgyl] *f* Komma *nt*
viril(e) [viʀil] *adj* (*mâle*) männlich; *attitude, langage, prouesse* mannhaft
virilement [viʀilmɑ̃] *adv* mannhaft
virilisant(e) [viʀilizɑ̃, ɑ̃t] *adj médicament* potenzsteigernd
viriliser [viʀilize] <1> *vt* 1 männlicher machen
2 MED ~ **qn** jds Potenz steigern
virilité [viʀilite] *f* 1 ANAT Manneskraft *f,* Potenz *f*
2 (*caractère viril*) *d'un caractère, comportement* Mannhaftigkeit *f; des traits* Männlichkeit *f;* (*intrépidité*) Unerschrockenheit *f*
virole [viʀɔl] *f d'un couteau, outil, parapluie* Zwinge *f,* [Ein]fassung *f*
virologie [viʀɔlɔʒi] *f* Virologie *f*
virologiste [viʀɔlɔʒist] *mf,* **virologue** [viʀɔlɔg] *mf* Virologe *m*/Virologin *f*
virtualité [viʀtɥalite] *f* Virtualität *f*
virtuel(le) [viʀtɥɛl] *adj* 1 virtuell; *possibilité, marché, réussite* potentiell
2 INFORM virtuell; **bureau** ~ Telearbeitsplatz *m;* **galerie marchande** ~**le** Shopping Mall *f*
virtuellement [viʀtɥɛlmɑ̃] *adv* 1 (*pratiquement*) so gut wie, praktisch
2 *littér* (*en puissance*) potentiell
virtuose [viʀtɥoz] **I.** *mf* 1 MUS Virtuose *m*/Virtuosin *f*
2 (*expert*) Könner(in) *m(f);* ~ **de l'équitation** Spitzenreiter(in) *m(f)*
II. *adj musicien* virtuos; *artiste* talentiert
virtuosité [viʀtɥozite] *f d'un pianiste, violoniste* Virtuosität *f; d'un artiste, artisan* Kunstfertigkeit *f,* Geschick *nt*
virulence [viʀylɑ̃s] *f* 1 (*véhémence*) *d'une critique* Heftigkeit *f; d'un discours* Leidenschaftlichkeit *f; d'un reproche* Bitterkeit *f*
2 MED *d'un microbe, germe* Virulenz *f; d'un poison* Stärke *f,* starke Wirkung
virulent(e) [viʀylɑ̃, ɑ̃t] *adj* 1 (*véhément*) *critique* heftig; *discours*

V

leidenschaftlich; *reproche* bitter
❷ MED *microbe, germe* virulent; *poison* stark [wirkend]

virus [viʀys] *m* ❶ Virus *m o nt*
❷ *fig* ~ **de la danse/compétition** Tanz-/Wettkampffieber *nt;* ~ **du jeu** Spieltrieb *m;* **le ~ l'a gagné(e)** [*o* **pris(e)**] er/sie hat Feuer gefangen (*fam*)
❸ INFORM Computervirus *m o nt*

vis¹ [vis] *f* Schraube *f;* ~ **à bois/métaux** Holz-/Maschinenschraube; ~ **platinée** AUT Unterbrecherkontakt *m*
▶ **serrer la ~ à qn** bei jdm härter durchgreifen
◆ ~ **à ailettes** Flügelschraube *f;* ~ **d'Archimède** archimedische Schraube; ~ **sans fin** Schneckengewinde *nt;* ~ **à tête plate** Flachkopfschraube *f*

vis² [vi] *indic prés de* **vivre**

vis³ [vi] *passé simple de* **voir**

visa [viza] *m* ❶ Visum *nt;* ~ **d'entrée/de sortie** Einreise-/Ausreisevisum
❷ (*signature*) [Genehmigungs]vermerk *m;* (*cachet*) Amtssiegel *nt,* [Amts]stempel *m; d'un passeport* Sichtvermerk *m; d'un contrôleur* Kontrollvermerk *m,* Kontrollsiegel *nt*
▶ **donner son ~** seine Zustimmung geben
◆ ~ **de censure** Freigabevermerk *m*

visage [vizaʒ] *m* ❶ Gesicht *nt*
❷ (*mine*) Miene *f,* Gesicht *nt;* **faire un ~ triste** ein trauriges Gesicht machen; **avoir le ~ plus reposé** ausgeruhter aussehen; **il change de ~** sein Gesichtsausdruck verändert sich
❸ (*personne*) Gesicht *nt;* **Visage pâle** Bleichgesicht *nt*
❹ (*personnalité*) Gesicht *nt*
❺ (*aspect*) *de la société* [Erscheinungs]bild *nt; d'une ville* [Erscheinungs]bild, Aussehen *nt; d'un bâtiment, journal* Aussehen; **à ~ humain** mit menschlichem Gesicht
▶ **faire bon ~** gute Miene zum bösen Spiel machen; **faire bon ~ à qn** freundlich zu jdm sein; **à ~ découvert** offen; **se battre à ~ découvert** mit offenem Visier kämpfen; **sans ~** anonym, gesichtslos

visagiste® [vizaʒist] *mf* Visagist(in) *m(f)*

vis-à-vis [vizavi] **I.** *prép* ❶ (*en face de*) ~ **de l'église/la gare** gegenüber der Kirche/dem Bahnhof
❷ (*envers*) ~ **de qn/qc** jdm/einer S. gegenüber
❸ (*comparé à*) ~ **de qn/qc** im Vergleich zu jdm/etw
II. *adv* **être placé(e)s/se trouver ~** *personnes:* einander gegenüber sitzen/stehen; **être/se faire ~** *maisons:* einander gegenüber stehen
III. *m inv* ❶ (*personne, immeuble*) Gegenüber *nt;* **en ~** einander gegenüber
❷ (*canapé*) *S-förmiger Doppelsitz*

viscéral(e) [viseʀal, o] <-aux> *adj* ❶ (*profond*) *attachement* innere(r, s); *haine, peur* tiefsitzend
❷ ANAT **muscle ~** Organmuskel *m;* **cavité ~e** Bauchhöhle *f*

viscéralement [viseʀalmɑ̃] *adv* zutiefst; **être ~ optimiste** ein eingefleischter Optimist sein

viscère [visɛʀ] *f* inneres Organ; **les ~s** die Eingeweide *Pl*

viscose [viskoz] *f* Viskose *f*

viscosité [viskozite] *f* ❶ *de la peau, d'un champignon* schmierige Beschaffenheit, Klebrigkeit *f*
❷ PHYS *d'un liquide* Viskosität *f,* Zähflüssigkeit *f*

visée [vize] *f* ❶ ~ **d'un appareil** Visieren *nt* mit einem Gerät; ~ **d'une arme** Zielen *nt* [*o* Visieren] mit einer Waffe
❷ *pl* (*dessein*) **~s sur qc** Streben *nt* nach etw; **~s coupables** unlautere Absichten *Pl;* **avoir des ~s sur qn/qc** ein Auge auf jdn/etw geworfen haben

viser¹ [vize] <1> **I.** *vi* ❶ (*avec une arme*) *chasseur, tireur:* zielen
❷ (*avoir pour but*) ~ **au succès** nach Erfolg streben; ~ **à réduire le chômage** darauf abzielen die Arbeitslosigkeit zu senken
❸ (*avoir des vues*) ~ **haut** hoch hinaus wollen, sein Ziel hoch stecken; ~ **bas** tief stapeln; ~ **loin** weitgesteckte Ziele verfolgen
II. *vt* ❶ (*diriger vers*) *chasseur, tireur:* zielen auf (+ *Akk*)
❷ (*ambitionner*) anstreben *but, carrière;* ~ **la fortune/l'honneur** nach Glück/Ehre (*Dat*) trachten; **être visé(e)** *but:* anvisiert [*o* angestrebt] sein
❸ (*concerner*) ~ **qn/qc** *remarque, critique:* jdm/etw gelten; *mesure, décision:* jdn/etw betreffen; **être/se sentir visé(e) par une remarque/critique** mit einer Bemerkung/Kritik gemeint sein/sich angesprochen fühlen
❹ (*chercher à atteindre*) es abgesehen haben auf (+ *Akk*)
❺ *fam* (*regarder*) **vise la nana/sa gueule!** schau [*o* guck *sl*] mal die Tussi/die Visage! (*pej*); **vise-moi ce manteau!** hast du den Mantel gesehen!

viser² [vize] <1> *vt* (*mettre un visa sur*) beglaubigen *document;* abstempeln, mit einem Sichtvermerk versehen *passeport*

viseur [vizœʀ] *m* ❶ *d'une arme à feu* Visier *nt*
❷ ASTRON, OPT Visier *nt,* Fadenkreuz *nt;* CINE, PHOT Sucher *m*

visibilité [vizibilite] *f* ❶ METEO [Fern]sicht *f;* TRANSP Sicht, Sichtverhältnisse *Pl;* **vol sans ~** Blindflug *m;* **virage sans ~** unübersichtliche Kurve
❷ (*caractère visible*) *d'un objet, phénomène* Sichtbarkeit *f*

visible [vizibl] **I.** *adj* ❶ (*qui peut être vu*) sichtbar, wahrnehmbar; *reprise* augenfällig; ~ **à l'œil nu** mit bloßem Auge erkennbar; **être ~ du... au ...** *exposition:* von ... bis ... zu besichtigen sein
❷ (*évident*) *amélioration, embarras* sichtlich, merklich; *souci* offensichtlich; ~ **sur son visage** an seinem/ihrem Gesicht ablesbar; **il est ~ qu'il va pleuvoir** es ist offensichtlich, dass es Regen geben wird
❸ (*en état de recevoir*) **être ~** zu sprechen sein
II. *m* Sichtbare(s) *nt*

visiblement [viziblәmɑ̃] *adv* offensichtlich; *fatigué, inquiet, heureux* sichtlich

visière [vizjɛʀ] *f* ❶ *d'une casquette, d'un képi* Schild *m,* Mützenschirm *m;* **mettre qc en ~** seine Augen mit etw beschatten [*o* abschirmen]
❷ HIST *d'une armure* Visier *nt*

visioconférence [vizjokɔ̃feʀɑ̃s] *f* Videokonferenz *f*

vision [vizjɔ̃] *f* ❶ (*faculté*) Sehen *nt;* ~ **déficiente** vermindertes Sehvermögen *nt*
❷ (*perception avec appareil*) Sicht *f;* **une ~ floue/nette** ein verschwommenes/klares Bild
❸ (*action de voir qc*) Anblick *m; d'un phénomène* Betrachten *nt; d'un film, spectacle* Anschauen *nt*
❹ (*conception*) [An]sicht *f; d'un avenir* Vorstellung *f; d'une Europe, éducation* Auffassung *f,* Vorstellung *f;* (*image mentale*) *de la mort, l'avenir* Vision *f;* ~ **de la vie/du monde** Lebens-/Weltanschauung *f;* **avoir une ~ optimiste/réaliste de qc** etw optimistisch/realistisch sehen; **c'est ma ~ des choses/du problème** so sehe ich die Sache/das Problem
❺ (*apparition*) Vision *f;* REL Vision, Erscheinung *f;* **avoir des ~s** *fam* Halluzinationen haben
❻ (*spectacle*) *d'horreur, de paix* Bild *nt;* **une ~ de cauchemar** eine Schreckensvision, ein Bild des Schreckens

visionnage [vizjɔnaʒ] *m d'une émission, de diapositives* Vorführung *f*

visionnaire [vizjɔnɛʀ] **I.** *adj* ❶ (*intuitif*) visionär, [hell]seherisch
❷ (*halluciné*) *personne* zu Halluzinationen neigend
II. *mf* ❶ *a.* REL (*intuitif*) Visionär(in) *m(f)*
❷ *péj* (*illuminé*) Spinner(in) *m(f)*

visionner [vizjɔne] <1> *vt* sich (*Dat*) ansehen

visionneuse [vizjɔnøz] *f* ❶ Bildbetrachter *m*
❷ INFORM Viewer *m*

visiophone [vizjɔfɔn] *m* Bildtelefon *nt*

Visitation [vizitasjɔ̃] *f* **la ~** die Heimsuchung Mariä

visite [vizit] *f* ❶ *d'une personne* Besuch *m;* **rendre ~ à qn** jdn besuchen; **avoir/recevoir de la ~** *fam* Besuch haben/bekommen; **en ~** zu Besuch; ~ **de condoléances/de courtoisie** [*o* **de politesse**] Beileids-/Höflichkeitsbesuch; ~ **d'un/du**

représentant Vertreterbesuch; **faire ses ~s** *représentant:* [seine] Kundenbesuche machen; **heures/jours de ~** Besuchszeiten *Pl*/Besuchstage *Pl*
❷ (*action de visiter*) *d'un monument, musée, d'une ville* Besichtigung *f;* ~ **guidée/organisée/commentée** Führung *f*
❸ (*inspection*) *d'une école, entreprise* Inspektion *f; des bagages, d'un navire* Durchsuchung *f,* Kontrolle *f;* ~ **de douane** Zollkontrolle; ~ **domiciliaire** JUR Hausdurchsuchung *f;* ~ **d'expert** Überprüfung *f* durch einen Fachmann
❹ (*examen médical à l'hôpital*) Visite *f;* (*à domicile*) Hausbesuch *m;* ~ **médicale** ärztliche Untersuchung; **passer une ~ [médicale], aller à la ~** sich untersuchen lassen; **l'heure de la ~** die Visite; ~ **de contrôle** Kontrolluntersuchung *f;* **faire ses ~s** (*à l'hôpital*) Visite machen; (*à domicile*) Hausbesuche [*o* Krankenbesuche] machen

visiter [vizite] <1> **I.** *vt* ❶ (*explorer*) besichtigen; **faire ~ qc à un groupe** eine Gruppe durch etw führen; **interdiction de ~** Besichtigungsverbot *nt*
❷ (*prêter assistance à*) besuchen *malades, prisonniers*
❸ COM, MED, REL ~ **qn** bei jdm einen Hausbesuch machen
❹ *vieilli* (*fouiller*) durchsuchen *boutiques, tiroir, recoins; hum* durchwühlen *appartement, coffre-fort*
II. *vpr* **se ~** zu besichtigen sein

visiteur, -euse [vizitœʀ, -øz] *m, f* ❶ Besucher(in) *m(f);* (*hôte*) Gast *m;* ~(**-euse**) **de prison/hospitalier** Häftlings-/Krankenbetreuer(in) *m(f)*
❷ (*métier*) ~ **médical/visiteuse médicale** Pharmareferent(in) *m(f);* **visiteuse sociale** [*o* **scolaire**] Sozialarbeiterin *f*
◆ ~(**-euse**) **des douanes** Zollinspektor(in) *m(f)*

vison [vizɔ̃] *m* ❶ (*animal, fourrure*) Nerz *m*
❷ (*manteau*) Nerzmantel *m*

visonnière [vizɔnjɛʀ] *f* CAN (*élevage de visons*) Nerzfarm *f*

visqueux, -euse [viskø, -øz] *adj* ❶ (*gluant*) *liquide* zähflüssig; *surface, peau* klebrig, schmierig
❷ *littér* (*mielleux*) *personne, manières* schleimig; *sourire* süßlich

vissage [visaʒ] *m d'un écrou, d'une pièce* [Fest]schrauben *nt; d'un os* [Knochen]verschraubung *f*

visser [vise] <1> **I.** *vt* ❶ TECH zuschrauben *couvercle, bouchon;* festschrauben *écrou;* anschrauben *plaque, serrure*
❷ *fam* (*ne pas bouger*) **être vissé(e) sur sa chaise/devant la télé** auf seinem Stuhl/vor dem Fernseher hocken (*fam*); **garder son chapeau vissé sur la tête** keine Anstalten machen den Hut abzunehmen
❸ *fam* (*traiter sévèrement*) [ordentlich] ran nehmen (*fam*) *élève, employé*
II. *vi* schrauben
III. *vpr* **se ~** sich schrauben lassen

visu[1] [vizy] *adv v.* **de visu**

visu[2] [vizy] *m abr de* **visuel**

visualisation [vizɥalizasjɔ̃] *f* bildliche [*o* visuelle] Darstellung; INFORM Anzeige *f;* ~ **de la page** Seitenansicht *f*

visualiser [vizɥalize] <1> *vt* bildlich [*o* visuell] darstellen; *écran:* anzeigen

visuel [vizɥɛl] *m* INFORM Display *nt*

visuel(le) [vizɥɛl] **I.** *adj mémoire* visuell; *effet* optisch; *panneau* bildhaft, anschaulich; **champ ~** Blickfeld *nt;* **acuité ~le** Sehschärfe *f;* **trouble ~** Sehstörung *f*
II. *m(f)* (*personne*) visueller Typ *m*

visuellement [vizɥɛlmɑ̃] *adv* ❶ (*quant à la vue*) optisch, für das Auge
❷ (*de visu*) *constater, se rendre compte* mit eigenen Augen

vit [vi] *indic prés et passé simple de* **vivre**

vital(e) [vital, o] <-aux> *adj* ❶ BIO, PHILOS *fonction, organe, aliment* lebenswichtig; *force, élan, principe* Lebens-
❷ (*essentiel*) *besoin, intérêt* vital; *problème, question* existenziell; *point* wesentlich; *centre* lebenswichtig; *espace, nécessité* Lebens-; *minimum* Existenz-; **être ~(e) pour qn** für jdn lebensnotwendig sein

vitalité [vitalite] *f* ❶ *d'une personne* Vitalität *f,* Lebenskraft *f,* Leistungsfähigkeit *f; d'une entreprise* Leistungsfähigkeit; *d'une plante* Lebenskraft; *de l'épiderme* Spannkraft *f*
❷ (*longévité*) Lebensenergie *f,* Lebenskraft *f*

vitamine [vitamin] *f* Vitamin *nt*

vitaminé(e) [vitamine] *adj* mit Vitaminen angereichert, vitaminhaltig

vitaminique [vitaminik] *adj* Vitamin-

vite [vit] *adv* schnell, rasch; (*sous peu*) bald; **ce sera ~ fait** es wird nicht lange dauern, das geht schnell; **faire ~** sich beeilen; **au plus ~** so schnell wie möglich, schnellstmöglich; **pas si ~!** langsam!
► **aller** un peu/trop ~ etwas/ein bisschen zu weit gehen; **elle comprend ~, mais il faut lui expliquer longtemps** *hum* sie hat eine lange Leitung (*fam*); **il faut le dire ~** na ja [, wenn du meinst/wenn Sie meinen]!; ~ **fait, bien fait** *fam* mal schnell (*fam*); **et plus ~ que ça!** *fam* aber dalli! (*fam*)

vitellus [vitelys] *m* ANAT, BIO Eidotter *m o nt,* Vitellus *m* (*Fachspr.*)

vîtes [vit] *passé simple de* **voir**

vitesse [vitɛs] *f* ❶ Geschwindigkeit *f;* ~ **de pointe/du son** Spitzen-/Schallgeschwindigkeit; **faire de la ~** schnell fahren; **prendre** [*o* **gagner**] **de la ~** beschleunigen; **à la ~ de 100 km/h** mit einer Geschwindigkeit von 100 km/h; **en grande/petite ~** CHEMDFER, POST als Expressgut [*o* Eilgut]/als Frachtgut; **courrier à deux ~s** Postsendung *f* mit unterschiedlicher Beförderungsgeschwindigkeit
❷ (*promptitude*) Schnelligkeit *f;* ~ **de réaction** Reaktionsgeschwindigkeit *f*
❸ AUT Gang *m;* **changer de ~** schalten, einen anderen Gang einlegen; **passer en deuxième ~** in den zweiten Gang schalten
► **confondre ~ et précipitation** überstürzt handeln; **société à deux ~s** Zwei-Klassen-Gesellschaft *f;* **à la ~ grand V** *fam* in Windeseile (*fam*); **prendre** [*o* **gagner**] **qn de ~** jdn überrunden; **à toute ~** (*à vive allure*) mit hoher Geschwindigkeit; (*rapidement*) in aller Eile; **en** [**quatrième**] ~ *fam* in aller Eile (*fam*)
◆ ~ **de croisière** Reisegeschwindigkeit *f;* ECON normaler Geschäftsgang

i Land & Leute

Auf Frankreichs Autobahnen beträgt die **vitesse maximale** 130 km/h, auf Stadtautobahnen 110, auf der Landstraße 90 und in Ortschaften 50 km/h.

viticole [vitikɔl] *adj* **production ~** Weinproduktion *f;* **région ~** Weinbaugegend *f;* **coopérative ~** Winzergenossenschaft *f*

viticulteur, -trice [vitikyltœʀ, -tʀis] *m, f* Winzer(in) *m(f),* Weinbauer *m*/-bäuerin *f*

viticulture [vitikyltyʀ] *f* Weinbau *m*

vitrage [vitʀaʒ] *m* Verglasung *f;* **double ~** Doppelverglasung; **fenêtre à double ~** Doppelfenster *nt*

vitrail [vitʀaj, o] <-aux> *m* buntes [Kirchen]fenster *nt*

vitre [vitʀ] *f* ❶ [Fenster]scheibe *f;* ~ **arrière** AUT Heckscheibe
❷ (*fenêtre*) Fenster *nt;* **faire les ~s** die Fenster putzen

vitré(e) [vitʀe] *adj* verglast, Glas-

vitrer [vitʀe] <1> *vt* verglasen

vitrerie [vitʀəʀi] *f* ❶ (*activité*) Glaserei *f,* Glaserhandwerk *nt*
❷ (*marchandise*) Glaserartikel *m*

vitreux, -euse [vitʀø, -øz] *adj* ❶ *yeux, regard* glasig
❷ GEOL *roche, structure, état* nichtkristallin; *porcelaine* lichtdurchlässig

vitrier [vitʀije] *m* Glaser(in) *m(f)*

vitrification [vitʀifikasjɔ̃] *f* ❶ *d'un émail, d'une substance* Verschmelzung *f* zu Glas
❷ (*revêtement*) *d'un parquet* Versiegelung *f*

V

vitrifier [vitʀifje] <1a> **I.** *vt* ❶ zu Glas verschmelzen *émail, substance*
❷ (*recouvrir*) versiegeln *parquet*
II. *vpr* **se** ~ *roche:* eine nichtkristalline Struktur annehmen; *émail:* lichtdurchlässig werden
vitrine [vitʀin] *f* ❶ Schaufenster *nt;* (*vitrage*) Schaufenster[scheibe *f*] *nt;* **faire la** ~ das Schaufenster [neu] dekorieren
❷ (*armoire vitrée*) Vitrine *f,* Glasschrank *m*
▸ **faire** [*o* **lécher**] **les** ~**s** *fam* einen Einkaufsbummel machen; (*après la fermeture des magasins*) einen Schaufensterbummel machen
vitriol [vitʀijɔl] *m* ❶ *vieilli* Vitriol *nt* (*veraltet*)
❷ *fig* **critique au** ~ ätzende Kritik; **tract/article au** ~ geharnischtes *geh* [*o* polemisches] Flugblatt/geharnischter [*o* polemischer] Artikel
vitrioler [vitʀijɔle] <1> *vt* ~ **qn** jdm Säure ins Gesicht schütten
vitro [vitʀo] *adv v.* **in vitro**
vitrocéramique [vitʀoseʀamik] *f* Glaskeramik *f;* **plaque/table de cuisson en** ~ Ceran-Kochfeld
vitupération [vitypeʀasjɔ̃] *f littér* Beschimpfung *f,* Schmähung *f* (*geh*); (*reproche violent*) heftiger Vorwurf
vitupérer [vitypeʀe] <5> *vi* ~ **contre qn** auf [*o* über] jdn schimpfen; ~ **contre le gouvernement** über [*o* auf] die Regierung schimpfen; ~ **contre une décision/un comportement** eine Entscheidung/ein Verhalten beanstanden, über eine Entscheidung/ein Verhalten schimpfen
vivable [vivabl] *adj monde* lebenswert; *situation* erträglich; *personne* angenehm, erträglich; *appartement* annehmbar, akzeptabel; **cet appartement/cette maison est** ~ in dieser Wohnung/in diesem Haus lässt es sich wohnen
vivace [vivas] *adj* ❶ *plante* mehrjährig
❷ (*tenace*) *foi* lebendig; *haine* tiefsitzend; *préjugé* unausrottbar
vivacité [vivasite] *f* ❶ (*promptitude*) *d'une personne, d'un animal, d'un mouvement* Lebhaftigkeit *f; d'un esprit* Wendigkeit *f,* Regsamkeit *f; d'une intelligence* Aufgewecktheit *f;* ~ **d'esprit** schnelle Auffassungsgabe *f*
❷ (*brusquerie*) *d'une critique, d'un langage* Heftigkeit *f; d'une humeur* Impulsivität *f*
❸ (*intensité*) *d'une couleur* Leuchtkraft *f; de la lumière* Helligkeit *f; d'une émotion, douleur, du vent* Heftigkeit *f; d'une passion* Heftigkeit, Feuer *nt; d'un plaisir* Intensität *f; du froid* Strenge *f*
vivandière [vivɑ̃djɛʀ] *f* HIST Marketenderin *f*
vivant [vivɑ̃] *m* ❶ (*personne en vie*) Lebende(r) *f(m);* **bon** ~ Genießer(in) *m(f)*
❷ REL **les** ~**s** die Lebenden *Pl*
▸ **du** ~ **de qn** zu jds Lebzeiten *Pl*
vivant(e) [vivɑ̃, ɑ̃t] *adj* ❶ (*en vie*) *personne, animal* lebend; **être encore** ~**(e)** noch am Leben sein; **elle n'en sortira pas** ~**e** sie wird nicht mit dem Leben [*o* lebend] davonkommen
❷ (*animé*) *personne, souvenir* lebhaft; *regard* wach, lebhaft; *quartier, rue* belebt
❸ (*doué de vie*) *matière, organisme* lebend; **être** ~ Lebewesen *nt;* **le Dieu** ~ der lebendige Gott
❹ (*expressif*) *image, portrait* lebendig, anschaulich; *art, récit, témoignage* lebendig
❺ (*en usage*) *langue* lebend; *vocabulaire* gebräuchlich; *croyance* landläufig; *influence* wirksam
vivarium [vivaʀjɔm] *m* Vivarium *nt*
vivat [viva] *m gén pl* Hochruf *m*
vive¹ [viv] **I.** *adj v.* **vif**
II. *interj* ~ **la mariée/la liberté!** es lebe die Braut/die Freiheit!
vive² [viv] *f* ZOOL Petermännchen *nt*
vivement [vivmɑ̃] **I.** *adv* ❶ (*intensément*) *intéresser* lebhaft; *regretter* zutiefst; *désirer, espérer* sehr, von ganzem Herzen; *remercier, féliciter* herzlich; *ressentir, affecter* tief, stark
❷ (*brusquement*) *parler, rabrouer, rétorquer* barsch; *critiquer* harsch (*geh*)
❸ (*avec éclat*) *briller, éclairer* hell; *colorer* lebhaft, kräftig
❹ *littér* (*rapidement*) schnell, rasch
II. *interj* (*souhait*) ~ **Noël/ce soir/les vacances!** wenn nur schon Weihnachten/Abend wäre/Ferien wären!
viveur [vivœʀ] *m* Lebemann *m,* Genussmensch *m*
vivier [vivje] *m* ❶ (*étang*) Fischteich *m;* (*bac*) Frischwasserbehälter *m,* Frischwasserbecken *nt*
❷ *fig* ~ **d'ingénieurs/de professeurs** Ausbildungsstätte *f* für Ingenieure/Professoren
vivifiant(e) [vivifjɑ̃, jɑ̃t] *adj air* kräftigend, stärkend; *ambiance* anregend, belebend
vivifier [vivifje] <1a> *vt* ❶ (*stimuler*) beleben; stärken, kräftigen *personne, corps, plante;* anregen *esprit*
❷ (*animer*) beleben, Leben bringen in (+ *Akk*) *région, ville*
vivipare [vivipaʀ] *adj plante* vivipar; *animal* lebend gebärend, vivipar
vivisection [vivisɛksjɔ̃] *f* Vivisektion *f*
vivo [vivo] *adv v.* **in vivo**
vivoir [vivwaʀ] *m* CAN (*living-room*) Wohnzimmer *nt*
vivoter [vivɔte] <1> *vi fam* dahin vegetieren (*fam*); (*avec des petits moyens*) sich durchschlagen (*fam*); *entreprise:* gerade so über die Runden kommen (*fam*)
vivre [vivʀ] <*irr*> **I.** *vi* ❶ (*mener sa vie, exister*) leben
❷ (*habiter*) leben; **cette espèce vit dans l'eau** diese Art kommt im Wasser vor
❸ (*subsister*) ~ **de son salaire/ses rentes** von seinem Gehalt/seiner Rente leben; ~ **de pain** sich von Brot ernähren, von Brot leben; **elle vit d'espérance** die Hoffnung hält sie am Leben; **faire** ~ **qn** jdn ernähren
❹ (*persister*) *coutume:* lebendig sein; **avoir vécu** *communisme:* sich überlebt haben; *manteau:* ausgedient haben
❺ (*rester vivant*) ~ **dans le cœur/le souvenir** *gloire, idée, paysage:* im Herzen/in der Erinnerung fortleben [*o* weiterleben]
❻ (*être plein de vie*) *portrait:* Lebendigkeit ausstrahlen; *rue:* voller Leben sein
❼ (*profiter de l'existence*) [intensiv] leben, sich des Lebens freuen
▸ **il faut bien** ~ irgendwie muss man sich die Brötchen verdienen; **savoir** ~ (*profiter des plaisirs de la vie*) zu leben wissen; (*connaître les convenances*) sich zu benehmen wissen; **qui vivra verra** *prov* kommt Zeit, kommt Rat; **ne plus** ~ keine Ruhe mehr finden
II. *vt* ❶ (*passer*) erleben *jour, moment, roman;* leben *vie*
❷ (*être mêlé à*) erleben *événement, période, difficulté;* miterleben *guerre*
❸ (*éprouver intensément*) miterleben *époque;* leben *amour, foi*
III. *mpl* Verpflegung *f,* Lebensmittel *Pl*
▸ **couper les** ~**s à qn** jdm den Unterhalt streichen
vivrier, -ière [vivʀije, -ijɛʀ] *adj* **cultures vivrières** Lebensmittelkulturen *Pl*
vizir [viziʀ] *m* Wesir *m;* **grand** ~ Großwesir *m*
v'là [vla] *prép v.* **voilà**
vlan [vlɑ̃] *interj fam* peng (*fam*)
V.O. [veo] *f abr de* **version originale** Originalfassung *f;* **en** ~ **sous-titrée** in Originalfassung mit Untertiteln
vocable [vɔkabl] *m vieilli* (*d'une langue étrangère*) Vokabel *f;* (*dans la même langue*) Bezeichnung *f*
vocabulaire [vɔkabylɛʀ] *m* ❶ (*terminologie*) Vokabular *nt*
❷ (*mots disponibles*) *d'une personne, langue* Wortschatz *m*
❸ (*dictionnaire*) *d'une langue* Minimalwörterbuch *nt,* Grundwortschatz *m; de la gastronomie, photographie* Wörterbuch *nt*
vocal(e) [vɔkal, o] <-aux> *adj* ❶ *corde, organe* Stimm-
❷ (*du chant*) **musique** ~**e** Vokalmusik *f;* **technique** ~**e** Stimmtechnik *f;* **ensemble** ~ Gesangsensemble *nt*
vocalement [vɔkalmɑ̃] *adv* mündlich; **ce passage musical est** ~ **difficile** diese Passage ist von der Stimme her schwierig
vocalique [vɔkalik] *adj* Vokal-
vocalisation [vɔkalizasjɔ̃] *f* Vokalisation *f*

vocalise [vɔkaliz] *f* Vokalise *f;* **faire des ~s** Vokalisen singen
vocaliser [vɔkalize] <1> **I.** *vi* vokalisieren
II. *vt* vokalisieren *consonne*
III. *vpr* **se ~** *consonne:* vokalisiert werden
vocatif [vɔkatif] *m* Vokativ *m*
vocation [vɔkasjɔ̃] *f* ❶ (*disposition*) Berufung *f,* Neigung *f;* **avoir une ~ artistique** künstlerische Neigungen [*o* eine künstlerische Berufung] haben; **la ~ d'artiste/pour la médecine** die Berufung zum Künstler/zum Arzt; **avoir la ~ du** [*o* **une ~ pour le**] **théâtre** zum Schauspieler berufen sein, eine Begabung für das Theater haben; **rater** [*o* **manquer**] **sa ~** seinen Beruf verfehlen; **il faut avoir la ~!** *fam* dazu muss man wirklich berufen sein!
❷ (*destination*) *d'une personne, région, d'un peuple* Aufgabe *f,* Bestimmung *f;* **la ~ de la femme/la France est de faire qc** die Frau/Frankreich ist dazu bestimmt etw zu tun; **cette région a une ~ agricole/industrielle** diese Region ist für die Landwirtschaft/Industrie prädestiniert; **l'administration a pour ~ de faire qc** Aufgabe der Verwaltung ist es etw zu tun; **avoir ~ à faire qc** JUR beauftragt [*o* beordert] sein etw zu tun
❸ REL [innere] Berufung; **avoir la ~** sich [innerlich] berufen fühlen
vociférateur, -trice [vɔsiferatœr, -tris] *m, f littér* Schreier(in) *m(f)*
vocifération [vɔsiferasjɔ̃] *f souvent pl* Geschrei *nt kein Pl,* Gebrüll *nt kein Pl,* lautstarker Protest *kein Pl*
vociférer [vɔsifere] <5> **I.** *vi* schreien, brüllen; **~ contre qn** jdn anschreien [*o* anbrüllen]; **~ contre qc** gegen etw lautstark protestieren
II. *vt* brüllen *ordre;* ausstoßen *injures, insultes*
vocodeur [vɔkɔdœr] *m* INFORM Spracherkennungs-PC *m*
vodka [vɔdka] *f* Wodka *m*
vœu [vø] <x> *m* ❶ (*désir*) Wunsch *m;* **faire un ~** sich (*Dat*) etwas wünschen
❷ *pl* (*souhaits*) [Glück]wunsch *m,* Glückwünsche *Pl;* **faire des ~x pour qn** jdm alles Gute wünschen; **faire des ~x pour qc** alles Gute für etw wünschen; **tous mes ~x de prompt rétablissement** meine besten Wünsche für eine schnelle Genesung; **réception des ~x** Neujahrsempfang *m;* **présenter ses ~x télévisés** *président:* seine Neujahrsansprache im Fernsehen halten
❸ REL Gelübde *nt;* **prononcer** [*o* **faire**] **ses ~x** seine/ihre Gelübde ablegen; **faire** [**le**] **~ de qc/faire qc** etw geloben/geloben etw zu tun
▸ **~ pieux** (*souhait illusoire*) frommer Wunsch; (*engagement fragile*) schwacher Vorsatz
vogue [vɔg] *f* ❶ *d'une chanson, danse, mode* Beliebtheit *f; d'un artiste* Beliebtheit, Erfolg *m;* **c'est la grande ~** das ist die [große] Mode; **en ~** in Mode, beliebt; **être très en ~** hoch im Kurs stehen
❷ CH (*fête*) Fest *nt*
voguer [vɔge] <1> *vi littér* ❶ NAUT *bateau, marin:* [dahin] fahren/segeln; (*dériver*) [dahin] treiben
❷ (*voyager*) *pensées:* schweben, treiben; **ses pensées voguaient bien loin** in Gedanken schwebte er ganz woanders
voici [vwasi] **I.** *adv* ❶ (*opp: voilà*) hier; **~ mon père et voilà ma mère** hier mein Vater und da [*o* dort] meine Mutter
❷ *soutenu* (*voilà*) *v.* **voilà**
II. *prép soutenu* **~ quinze ans/près d'une heure que...** vor 15 Jahren/etwa einer Stunde ..., es ist 15 Jahre/etwa eine Stunde her, dass ...; **~ bien des jours que j'attends** ich warte schon einige Tage [*o* seit einigen Tagen]
III. *interj soutenu* ❶ (*réponse*) hier!
❷ (*présentation*) bitte [sehr]!
voie [vwa] *f* ❶ (*passage*) Weg *m;* (*route*) Straße *f;* **~ d'accès** Zufahrtstraße; **~ de raccordement** Anschlussstraße
❷ (*file*) *d'une route* [Fahr]spur *f*
❸ CHEMDFER **~ ferrée** Bahngleis *nt;* **ligne à ~ unique** eingleisige Bahnlinie
❹ (*moyen de transport*) **~ aérienne/terrestre/maritime** Luft-/Land-/Seeweg *m;* **~ navigable** [Binnen]schifffahrtsweg; **~s de communication** [Haupt]verkehrswege, Verkehrsverbindungen *Pl;* **par ~ fluviale/postale** per Schiff/per Post
❺ (*filière*) Weg *m;* **par ~ diplomatique** über diplomatische Kanäle; **par ~ d'annonce** über [*o* durch] eine Anzeige; **par une ~ détournée** auf einem [*o* über einen] Umweg; **~ de la réussite/du bonheur** Weg zum Erfolg/Glück
❻ (*ligne de conduite*) Weg *m;* **suivre la ~ du bien** auf dem Pfad der Tugend wandeln (*geh*); **s'engager sur la ~ du mal** sich auf Abwege begeben
❼ ANAT (*conduit*) Weg *m,* Kanal *m;* **~s urinaires/respiratoires** Harn-/Atemwege; **~s digestives** Verdauungstrakt *m;* **~ nerveuse** Nervenbahn *f;* **être à prendre par ~ orale** [*o* **buccale**]/**rectale/intraveineuse** [oral] eingenommen/[rektal] eingeführt/intravenös gespritzt werden
❽ *littér* (*volonté*) **les ~s de la Providence/du Seigneur** die Wege der Vorsehung/des Herrn
❾ AUT Spurweite *f*
❿ ASTRON **~ lactée** Milchstraße *f*
▸ **par ~ de conséquence** als logische Folge, infolgedessen; **être en bonne ~** *affaire:* gut vorankommen; **~ royale** idealer Weg, Königsweg *m* (*geh*); **ouvrir** [*o* **frayer**] **la ~ à qn/qc** jdm den Weg ebnen/den Weg für etw bahnen [*o* bereiten]; **être en ~ de guérison** auf dem Wege der Besserung sein; **être en ~ d'achèvement** dem Ende entgegen gehen; **être en ~ d'exécution** [*o* **de réalisation**] *travaux:* im Gange sein; **être en ~ d'extinction** [*o* **de disparition**] vom Aussterben bedroht sein
◆ **~ de contournement** CH Umgehungsstraße *f,* Umfahrung *f* (CH); **~ d'eau** NAUT Leck *nt,* undichte Stelle; **~ de fait** JUR (*violence*) Gewalttat *f;* **~ de garage** Abstellgleis *nt;* **~ des ondes** Funk *m;* **~ de recours** JUR (*moyen d'attaquer une décision*) Rechtsmittel *nt,* Rechtsbehelf *m;* (*renvoi*) Instanzenzug *m* (*Fachspr.*); **utiliser une ~ de recours** einen Rechtsbehelf einlegen; **~ sans issue** Sackgasse *f*
voilà [vwala] **I.** *adv* ❶ (*opp: voici*) da, dort; **voici ma maison, et ~ le jardin** hier mein Haus und da [*o* dort] der Garten
❷ (*pour désigner, c'est* [*là*]) **~ mes amis** das sind meine Freunde; **~ pour toi** das ist für dich; **~ enfin le printemps** endlich Frühling [*o* kommt der Frühling]; **~ pourquoi/où...** deshalb also/dort[hin] also ...; **~ comment ces événements se sont produits** so haben sich die Vorfälle nämlich ereignet; **~ ce que je compte faire** das habe ich also vor; **et ~ tout** und das ist alles; **la jeune femme que ~** die junge Frau dort; **si tu veux de l'argent, en ~** falls du Geld willst, hier hast du welches; **en ~ une histoire!** das ist vielleicht eine Geschichte!; **me ~/te ~** hier bin ich/da bist du; **nous ~ maintenant dans de beaux draps** jetzt sitzen wir schön in der Klemme; **~ pour ce qui concerne les recettes** (*pour conclure*) soweit zu den Einnahmen
❸ *explétif* **~ que la pluie se met à tomber** jetzt fängt es an zu regnen; **~-t-il pas qu'il commence à pleuvoir** *fam* da fängt es doch glatt an zu regnen (*fam*); **et ~ qu'il** [*o* **et le ~ qui**] **recommence** jetzt fängt er schon wieder an (*fam*); **en ~ assez!** jetzt aber genug!; **c'était simple, mais ~, il fallait y penser** es war einfach, nur musste man draufkommen
▸ **~ ce que c'est de faire une bêtise** *fam* so geht es [*o* das hat man davon], wenn man eine Dummheit macht (*fam*); **en veux-tu, en ~** *fam* mehr als genug (*fam*); **nous y ~** das ist es also
II. *prép* **~ quinze ans/près d'une heure que...** es ist 15 Jahre/etwa eine Stunde her, dass ..., vor 15 Jahren/etwa einer Stunde ...; **~ bien une heure que j'attends** ich warte schon seit einer Stunde
III. *interj* ❶ (*réponse*) hier!
❷ (*présentation*) bitte [sehr]!
❸ (*naturellement*) **et ~!** und natürlich

voilage [vwalaʒ] *m* Store *m,* Gardine *f*
voile[1] [vwal] *m* ❶ (*foulard*) *d'une religieuse, musulmane* Schleier *m;* **prendre le ~** REL den Schleier nehmen (*geh*), Nonne werden
❷ (*tissu fin, pour cacher*) Tuch *nt*
❸ (*léger écran*) Schleier *m;* **~ de brume** Dunstschleier
❹ *fig de l'oubli, de mystère* Schleier *m*
❺ PHOT Schleier *m*
❻ MED Schatten *m;* **~ au poumon** Schatten auf der Lunge
❼ ANAT *du palais* Gaumensegel *nt,* Velum *nt* (*Fachspr.*)
❽ BOT *d'un champignon* Schleier *m*
▸ **déchirer le ~** es ans Licht bringen; **sous le ~ de la dévotion/franchise** unter dem Deckmantel der Frömmigkeit/Aufrichtigkeit; **sous le ~ de l'anonymat** unter Wahrung der Anonymität
voile[2] [vwal] *f* ❶ NAUT Segel *nt;* **bateau à ~s** Segelboot *nt*
❷ *littér* (*embarcation*) Segelboot *nt*
❸ SPORT **la ~** [das] Segeln; **faire de la ~** segeln
▸ **marcher** [*o* **être**] **à ~ et à vapeur** *fam* bisexuell sein; **mettre les ~s** (*s'en aller*) sich verziehen (*fam*), verduften (*fam*)
voilé(e)[1] [vwale] *adj* ❶ (*recouvert d'un voile*) *femme* verschleiert; *plaque commémorative, statue* verhüllt
❷ (*dissimulé*) *accusation, allusion, façon* versteckt; *terme* verhüllend
❸ (*opp: clair*) *ciel* bedeckt; *contour* verschwommen; *éclat, soleil* fahl; *voix* heiser, belegt; *regard* trüb; **un regard ~ de larmes** ein tränenverschleierter Blick
voilé(e)[2] [vwale] *adj* (*déformé*) *planche* verbogen, verzogen; **être ~** *roue:* eine Acht haben
voilement [vwalmɑ̃] *m d'une planche* Biegung *f; d'une roue* Acht *f*
voiler[1] [vwale] <1> **I.** *vpr* **se ~** ❶ (*se dissimuler*) sich verschleiern; **se ~ la face/le visage** sich (*Dat*) das Gesicht verschleiern [*o* bedecken]
❷ (*perdre sa clarté*) *ciel:* sich bedecken; *horizon:* verschwimmen; *regard:* sich trüben; *soleil:* schwächer werden; *voix:* heiser werden
II. *vt littér* (*cacher*) verhüllen, bedecken *visage;* verschleiern, vertuschen *vérité; brouillard:* einhüllen *sommets*
voiler[2] [vwale] <1> **I.** *vpr* (*se fausser*) **se ~** *étagère:* sich verziehen, sich verbiegen; *roue:* sich verbiegen
II. *vt* (*fausser*) verbiegen *roue, étagère;* **le poids a voilé l'étagère** durch das Gewicht hat sich das Regal verzogen
voilerie [vwalʀi] *f* Segelmacherwerkstatt *f*
voilette [vwalɛt] *f* [Hut]schleier *m*
voilier [vwalje] *m* ❶ Segelboot *nt,* Segeljacht *f*
❷ (*fabricant*) Segelmacher(in) *m(f)*
voilure [vwalyʀ] *f* ❶ NAUT Segelfläche *f*
❷ AVIAT Tragfläche *f*
voir [vwaʀ] <*irr*> **I.** *vt* ❶ (*percevoir par la vue*) sehen; **je l'ai vu(e) comme je vous vois** ich habe ihn/sie/es mit eigenen Augen gesehen; **tu m'en vois ravi(e)/navré(e)** das freut mich/das tut mir leid
❷ (*montrer*) **laisse-moi** [*o* **fais-moi**] **donc ~ ce que tu fais!** lass mich doch mal sehen [*o* zeig doch mal], was du machst!; **ce rideau laisse tout ~** durch den Vorhang sieht man alles
❸ (*rencontrer*) sehen; (*rendre visite à*) zusammenkommen mit *personne;* ansehen *spectacle;* besuchen *musée;* ansehen, besuchen *exposition;* **aller/venir ~ qn** jdn besuchen, nach jdm sehen; **aller ~ son médecin** zum Arzt gehen, seinen Arzt aufsuchen; **avoir plusieurs malades à ~** mehrere Krankenbesuche machen müssen; **passez me ~!** besuchen Sie mich!, schauen Sie bei mir vorbei!; **je tâcherai de vous ~ demain** morgen werde ich versuchen bei Ihnen vorbeizukommen; **un film à ~** ein sehenswerter Film
❹ (*examiner*) [sich (*Dat*)] ansehen *dossier, leçon;* **~ une question** einer Frage nachgehen; **~ ce qu'on peut faire** sehen, was man tun kann; **voyez la meilleure façon de vous y prendre** sehen Sie zu, wie Sie es am besten anpacken; **~ page 6** siehe Seite 6
❺ (*constater*) sehen; **on le voit:...** eins steht fest: ...; **~ qn/qc faire qc** erleben, wie jd/etw etw macht; **il faut que je voie si...** ich muss mich vergewissern, ob ...; **on voit bien qu'il a fait qc** man merkt wohl, dass er etw getan hat
❻ (*connaître*) sehen, erleben *drame, guerre;* **l'année prochaine verra...** im kommenden Jahr wird ... stattfinden; **elle a vu son chiffre d'affaires tripler** ihr Umsatz hat sich verdreifacht; **le pays qui l'a vu naître** das Land seiner Geburt; **en ~** [**de dures**] *fam* Schlimmes erleben, etwas mitmachen; **j'en ai vu dans ma vie** ich habe in meinem Leben einiges durchgemacht; **en avoir vu d'autres** schon ganz anderes [*o* ganz andere Dinge] mitgemacht haben
❼ (*comprendre*) sehen, begreifen *problème;* sehen, abschätzen *conséquences;* **faire ~ à qn qu'il se trompe** *personne:* jdm klar [*o* begreiflich] machen, dass er sich irrt; *expérience:* jdm zeigen, dass er sich irrt
❽ (*se représenter*) sehen *événement, problème, vie;* **~ les choses de différentes façons** die Dinge unterschiedlich betrachten; **~ déjà son fils médecin/prenant sa succession** seinen/ihren Sohn schon als Arzt/als seinen/ihren Nachfolger sehen; **~ bien qn** [**en**] **comédien** sich (*Dat*) jdn gut als Schauspieler vorstellen; **ne pas ~ comment/où/pourquoi/quand/...** nicht wissen, wie/wo/wohin/warum/wann/...; **~ ça** [**d'ici**]! *fam* sich (*Dat*) etw lebhaft vorstellen können
❾ (*trouver*) **~ une solution à qc** eine Lösung für etw sehen; **voyez-vous un inconvénient à ce qu'il fasse qc** haben Sie etwas dagegen, wenn er etw tut; **je vois encore une chose à ajouter** da muss noch etwas hinzugefügt werden
❿ (*apparaître*) **faire/laisser ~ sa colère/déception** [**à qn**] sich (*Dat*) seine/ihre Wut/Enttäuschung anmerken lassen, jdn seine/ihre Wut/Enttäuschung spüren lassen
⓫ (*sentir*) **~ venir la catastrophe/la guerre** die Katastrophe/den Krieg kommen sehen [*o* ahnen]
▸ **avoir assez vu qn** *fam* genug von jdm haben (*fam*); **je voudrais bien t'y/vous y ~** *fam* ich würde dich/Sie gerne mal sehen, du hast/Sie haben gut reden (*fam*); **on aura tout vu!** *fam* das ist nicht zu fassen! (*fam*); **avoir quelque chose/rien à ~ avec ces gens/avec** [*o* **dans**] **cette histoire** etwas/nichts mit diesen Leuten/dieser Geschichte zu tun haben; **il faut le ~ pour le** [*o* **y**] **croire** *fam* man höre und staune (*fam*); **c'est à ~!** mal sehen!, warten wir ab!; **ne pas pouvoir ~ qn** [**en peinture**] *fam* jdn nicht ausstehen können; **va te faire ~** [**ailleurs**]! *fam* zieh Leine! (*fam*); **on va ~ ce qu'on va ~** *fam* das wird interessant werden; **~ venir** abwarten; **voyez-vous ça!** sieh mal [einer] an!; **tu vois ce que je vois?** *fam* träum' ich? (*fam*); **en faire ~** [**de dures/de toutes les couleurs**] **à qn** *fam* jdm [schwer] zu schaffen machen; **tu n'as encore rien vu** das Beste/Schlimmste kommt noch
II. *vi* ❶ **tu vois** [*o* **tu y vois** *fam*] **sans tes lunettes?** kannst du ohne deine Brille sehen [*o* was sehen *fam*]?
❷ (*prévoir*) **~ grand/petit** groß/klein kalkulieren [*o* planen]; **~ large** großzügig kalkulieren [*o* bemessen]; **~ loin** weitblickend sein, weit vorausplanen; **~ juste** richtig sehen
❸ (*constater*) sehen; **on verra bien** wir werden [schon] sehen
❹ (*veiller*) **il faut ~ à ce qu'il fasse qc** man sollte darauf achten, dass er etw tut; **il faudrait ~ à obéir** *fam* du solltest/ihr solltet besser folgen
❺ *fam* (*donc*) **essaie/regarde ~!** probier/sieh mal! (*fam*)
▸ **c'est toi qui vois** *fam,* **à toi de ~** du musst es wissen, es liegt an dir; **il faudrait ~ à ~** *fam* Achtung!; [**il**] **faut ~** [**comme**]! *fam* ich kann dir/Ihnen sagen! (*fam*); **ben voyons!** *fam* sonst noch was!; **mais voyons!** also so etwas!; **pour ~** zum Ausprobieren; **vois-tu** weißt du; **voyons!** hörst du/hört ihr/hören Sie!
III. *vpr* ❶ (*être visible*) **se ~ bien la nuit** *couleur:* in der Nacht deutlich zu sehen sein; **un sentiment/mensonge se voit** man spürt ein Gefühl/eine Lüge; **ce film se voit avec plaisir**

es macht Spaß diesen Film zu sehen

2 (*se rencontrer*) **se** ~ sich sehen

3 (*se produire*) **se** ~ *phénomène:* sich ereignen; **un préjugé se voit** man trifft auf ein Vorurteil; **cela se voit** das kommt vor; **ça ne s'est jamais vu** das hat es [ja] noch nie gegeben

4 (*se trouver*) **se** ~ **contraint(e)** [*o* **dans l'obligation**] **de faire qc** sich gezwungen [*o* genötigt] sehen etw zu tun; **se** ~ **admiré(e)/exclu(e) par tous** von allen bewundert/ausgeschlossen werden; **se** ~ **majoré(e)** *essence:* erhöht werden

5 (*constater*) **se** ~ **mourir** spüren [*o* merken], dass man stirbt; **se** ~ **attribuer une récompense** eine Belohnung bekommen; **il s'est vu refuser l'entrée** man hat ihm den Eintritt verwehrt

6 (*s'imaginer*) **se** ~ **faire qc** sich (*Dat*) vorstellen können etw zu tun

► **il ne s'est pas vu!** *fam* der soll sich selber erst mal [im Spiegel] anschauen! (*fam*)

voire [vwaʀ] *adv* ja sogar

voirie [vwaʀi] *f* 1 (*routes*) [öffentliche] Straßen *Pl*

2 (*entretien des routes*) Straßenmeisterei *f;* (*service administratif*) Straßenbauamt *nt*

3 (*enlèvement des ordures*) Müllabfuhr *f;* (*dépotoir*) Müllhalde *f,* Schutthalde *f*

voisin(e) [vwazɛ̃, in] **I.** *adj* 1 *maison, village* Nachbar-; *rue* benachbart; *pièce* Neben-; **région ~e de la frontière** Grenzregion *f;* **être ~(e) de qc** angrenzend an etw (*Akk*) sein

2 (*analogue*) *sens* ähnlich; *espèce animale* verwandt; *idée, prix* vergleichbar; **être ~(e) de qc** einer S. (*Dat*) ähnlich [*o* mit etw verwandt] [*o* vergleichbar] sein

II. *m(f)* Nachbar(in) *m(f);* **~(e) de table/de palier** Tischnachbar/Flurnachbar; **~(e) de dortoir** Zimmergenosse *m*/-genossin *f;* **passe à ton ~!** weitergeben!

voisinage [vwazinaʒ] *m* 1 (*voisins*) Nachbarschaft *f;* **des relations de bon** ~ gutnachbarliche Beziehungen

2 (*proximité*) *d'une montagne, usine, flamme, du printemps* [unmittelbare] Nähe

3 (*environs*) Umgebung *f*

voisiner [vwazine] <1> *vi* ~ **avec qn/qc** neben jdm/etw stehen/sitzen/liegen

voiture [vwatyʀ] *f* 1 Auto *nt,* Wagen *m;* ~ **particulière** [*o* **de tourisme**] Personen[kraft]wagen, Pkw; ~ **de course/de sport** Renn-/Sportwagen; ~ **de location** Mietwagen, Mietauto; ~ **d'occasion** Gebrauchtwagen

2 CHEMDFER [Eisenbahn]wagen *m*

3 (*véhicule attelé*) Fuhrwerk *nt;* ~ **à cheval** Pferdewagen *m*

4 (*véhicule utilitaire*) ~ **de déménagement/de livraison** Möbelwagen/Lieferwagen *m;* ~ **de dépannage** Abschleppwagen; ~ **de pompiers** Feuerwehrauto

► **en** ~ **Simone** *fam* also nichts wie los! (*fam*); **se ranger/[s']être rangé(e) des ~s** *fam* solide werden/geworden sein; **en** ~ mit dem Auto; **en ~, s'il vous plaît!** bitte einsteigen!

◆ ~ **à bras** Handwagen *m;* ~ **d'enfant** Kinderwagen *m;* ~ **de fonction** Dienstwagen *m;* ~ **d'infirme** Rollstuhl *m;* ~ **des quatre saisons** Obst- und Gemüsestand *m* auf Rädern

voiture-balai [vwatyʀbalɛ] <voitures-balais> *f* SPORT Begleitfahrzeug *nt* ► **faire la** ~ *hum* das Schlusslicht machen **voiture-bar** [vwatyʀbaʀ] <voitures-bars> *f* CHEMDFER Büfettwagen *m* **voiture-école** [vwatyʀekɔl] <voitures-écoles> *f* Fahrschule *f* **voiture-lit** [vwatyʀli] <voiture[s]-lits> *f* Schlafwagen *m* **voiture-poste** [vwatyʀpɔst] <voitures-poste> *f* Postauto *nt*

voiturer [vwatyʀe] <1> *vt fam* herumkutschieren (*fam*)

voiture-radio [vwatyʀʀadjo] <voitures-radio> *f* Funkwagen *m* **voiture-restaurant** [vwatyʀʀɛstɔʀɑ̃] <voitures-restaurants> *f* Speisewagen *m*

voiturette [vwatyʀɛt] *f* AUT Kleinwagen *m*

voix [vwa] *f* 1 Stimme *f;* **d'une** ~ **forte/claire** mit einer lauten/hellen Stimme; **à** ~ **basse/haute/intelligible** leise/laut/deutlich; **crier à pleine** ~ lauthals schreien

2 MUS (*organe du chant*) [Sing]stimme *f;* ~ **fausse/juste** falsches/richtiges Singen; ~ **de ténor/tête** Tenor-/Kopfstimme; ~ **de gorge** Kehlstimme; **avoir de la** ~ eine kräftige Stimme haben; **à une/deux** ~ ein-/zweistimmig

3 (*son*) *d'un animal* Stimme *f; d'un oiseau* Stimme, Ruf *m; d'un instrument* Ton *m; du vent* Lied *nt*

4 POL (*suffrage*) [Wahl]stimme *f;* **d'une seule** ~ einstimmig; **mettre qc aux** ~ etw zur Wahl stellen

5 (*opinion*) *du peuple, de Dieu* Stimme *f; d'un ami* Rat *m;* (*appel*) *de la conscience, raison, du sang* Stimme *f;* **faire entendre sa** ~ sich (*Dat*) Gehör verschaffen; **faire entendre la** ~ **de qn** in jds Namen (*Dat*) sprechen; **écoute ma ~/la ~ des syndicats** hör auf mich/auf die Gewerkschaften

6 LING Form *f;* ~ **passive/active** Passiv/Aktiv *nt;* **être utilisé(e) à la** ~ **passive** *verbe:* im Passiv stehen

► **prêter sa** ~ **aux aveugles** für die Blinden lesen; **avoir** ~ **au chapitre** [ein Wort] mitzureden haben; **de la ~ et du geste** mit Händen und Füßen; **faire la grosse** ~ einen härteren Ton anschlagen; **de vive** ~ mündlich; **donner de la** ~ aufbegehren; **élever la** ~ (*hausser le ton*) seine Stimme heben, lauter werden; (*s'exprimer*) die Stimme erheben (*geh*); **sans** ~ sprachlos

◆ ~ **de crécelle avoir une** ~ **de crécelle** wie ein Rabe krächzen; ~ **de fausset** Falsett *nt,* Fistelstimme *f;* ~ **de stentor** dröhnende Stimme, Stentorstimme (*geh*)

vol¹ [vɔl] *m* 1 ZOOL Flug *m,* Fliegen *nt;* (*formation*) *de canards sauvages, moucherons* Schwarm *m; de perdrix* Kette *f*

2 AVIAT Flug *m,* Fliegen *nt;* ~ **d'essai/de nuit** Test-/Nachtflug; ~ **de bombardement** Luftangriff *m;* ~ **charter/régulier** Charter-/Linienflug; ~ **domestique** Inlandsflug

3 SPORT ~ **libre** Drachenfliegen *nt;* ~ **à voile** Segelfliegen

► **à** ~ **d'oiseau** in der Luftlinie; **de haut** ~ ORN von großer Spannweite; *fig* schweren Kalibers; **en** ~ **plané** im Gleitflug; **faire un** ~ **plané** *fam* in hohem Bogen hinfliegen (*fam*); **prendre son** ~ *oiseau:* fortfliegen; *adolescent:* flügge werden; **saisir/cueillir qc au** ~ etw im Vorbeigehen [*o* im Vorübergehen] aufschnappen (*fam*); **rattraper qc au** ~ etw im Flug fangen

◆ ~ **à voile** Segelfliegen *nt*

vol² [vɔl] *m* (*larcin*) Diebstahl *m;* (*avec violence*) Raub *m*

► **c'est du** ~ **manifeste/organisé** das ist glatter Diebstahl

◆ ~ **à l'arraché** Raubüberfall *m;* ~ **avec effraction** Einbruchsdiebstahl *m;* ~ **à l'étalage** Ladendiebstahl *m;* ~ **à main armée** bewaffneter Raubüberfall; ~ **à la roulotte** Autoaufbruch *m;* ~ **à la tire** Taschendiebstahl *m*

volage [vɔlaʒ] *adj personne* flatterhaft, leichtfertig; *époux* treulos; *humeur* wechselhaft; **être d'humeur** ~ launisch sein; **cœur** ~ unstetes Wesen *nt*

volaille [vɔlaj] *f* Geflügel *nt;* (*viande*) Geflügel[fleisch *nt*] *nt;* ~ **rôtie** gebratenes Geflügel

volailler, -ère [vɔlaje, -ɛʀ] *m, f* Geflügelhändler(in) *m(f)*

volant [vɔlɑ̃] *m* 1 AUT Lenkrad *nt,* Steuerrad *nt;* **être au** ~ am Steuer sitzen; **se mettre au** [*o* **prendre le**] ~ sich ans Steuer setzen

2 TECH Schwungrad *nt*

3 (*garniture*) *d'un rideau, d'une robe* Volant *m,* Faltenbesatz *m*

4 SPORT Federball *m*

5 (*réserve*) ~ **de main d'œuvre/d'intérimaires** Reservegruppe *f* von Arbeitskräften/Zeitarbeitskräften; ~ **d'heures supplémentaires** zusätzliches Quantum *nt* an Stunden

6 AVIAT (*personnel volant*) *pl* Flugpersonal *nt*

◆ ~ **de sécurité** Sicherheitsrücklage *f,* eiserne Reserve

volant(e) [vɔlɑ̃, ɑ̃t] *adj* 1 (*qui vole*) fliegend; **machine ~e** Luftfahrzeug *nt,* Flugmaschine *f*

2 (*mobile*) *feuille* lose; *personnel* mobil; *pont* beweglich; **douane ~e** Zollstreife *f;* **camp** ~ (*installation de gitans*) Zigeunerlager *nt,* Wanderlager *nt;* MIL (*installation*) provisorischer Stützpunkt; (*unité*) Militärstreife *f*

volatil(e) [vɔlatil] *adj* ❶ flüchtig
❷ *soutenu (qui disparaît)* *bien* vergänglich; **électorat** ~ Wechselwähler *Pl;* **mémoire** ~**e** INFORM Arbeitsspeicher *m*
volatile [vɔlatil] *m* Vogel *m,* Geflügel *nt*
volatilisation [vɔlatilizasjɔ̃] *f* ❶ Verdunstung *f*
❷ *(disparition)* spurloses Verschwinden
volatiliser [vɔlatilize] <1> **I.** *vt* verdunsten lassen
II. *vpr* **se** ~ ❶ verdunsten, sich verflüchtigen
❷ *(disparaître)* sich in Luft auflösen, spurlos verschwinden
volatilité [vɔlatilite] *f* Flüchtigkeit *f*
vol-au-vent [vɔlovɑ̃] *m inv* Blätterteigpastete *f*
volcan [vɔlkɑ̃] *m* ❶ Vulkan *m*
❷ *(personne)* [heißer] Vulkan
► **être assis(e)** [*o* **danser**] **sur un** ~ auf einem Pulverfass sitzen
volcanique [vɔlkanik] *adj* ❶ vulkanisch
❷ *(impétueux)* *tempérament* aufbrausend; *passion, personne* wild
volcanisme [vɔlkanism] *m* Vulkanismus *m*
volcanologie [vɔlkanɔlɔʒi] *f* Vulkanologie *f*
volcanologue [vɔlkanɔlɔg] *mf* Vulkanologe *m*/Vulkanologin *f*
volée [vɔle] *f* ❶ *(groupe)* **une** ~ **de moineaux** ein Schwarm *m* Spatzen; **une** ~ **d'enfants** eine Schar [*o* Horde *f*] Kinder; CH *(élèves d'une même promotion)* Jahrgang *m*
❷ *(décharge)* **une** ~ **de projectiles** ein Kugelhagel *m;* **une** ~ **de plombs** eine Ladung Blei
❸ *(raclée)* Schläge *Pl;* **une** ~ **de coups** eine Tracht Prügel
❹ SPORT Volley *m;* **jouer/monter à la** ~ am Netz spielen/ans Netz gehen; ~ **de coup droit/de revers** Schlag *m* mit der Vorhand/Rückhand
► ~ **de bois vert** *(critiques violentes)* harte [*o* herbe] Kritik; **entreprise de haute** ~ erstklassiges Unternehmen; **personnage de haute** ~ hervorragende Persönlichkeit; **prendre sa** ~ *(s'émanciper)* flügge werden; **à la** ~ *(d'un geste ample)* mit Schwung, schwungvoll; *(au passage)* im Vorübergehen, im Vorbeigehen; **à toute** ~ mit viel Schwung; **les cloches sonnent à toute** ~ alle Glocken läuten
voler¹ [vɔle] <1> *vi* ❶ *(se mouvoir dans l'air)* fliegen
❷ *(être projeté)* *feuilles, pierre:* fliegen; *information:* kursieren; ~ **au vent** *feuilles:* im Wind flattern; **faire** ~ **des feuilles/de la poussière** Blätter/Staub aufwirbeln; **des injures volaient** man schleuderte sich gegenseitig Beleidigungen an den Kopf
❸ *(courir)* eilen
❹ *littér (passer rapidement)* *temps:* verfliegen; *embarcation:* dahinschießen
voler² [vɔle] <1> **I.** *vt* ❶ *(dérober)* stehlen; wegnehmen *place;* **se faire** ~ **sa place** seinen Platz verlieren; **tâche de ne pas te faire** ~ **ton argent** lass dir dein Geld nicht stehlen
❷ *(tromper)* ~ **qn sur le poids/la quantité** jdn in Bezug auf das Gewicht/die Menge betrügen
► **il ne l'a pas volé(e)** *fam* er hat es verdient, das geschieht ihm recht *(fam)*
II. *vi* stehlen
volet [vɔlɛ] *m* ❶ *(persienne)* [Fenster]laden *m;* ~ **roulant** Rollladen *m,* Rollbalken *m* (A)
❷ *(feuillet)* *d'une pièce administrative* [Falt]blatt *nt;* *(panneau)* *d'un triptyque* Flügel *m*
❸ AVIAT, TECH, AUT Klappe *f;* *d'une roue à aubes* Schaufel *f;* ~ **de freinage/protection** Brems-/Schutzklappe *f*
❹ *(partie)* Teil *m*
► **trier des personnes/choses sur le** ~ Menschen/Dinge sorgfältig auswählen [*o* aussuchen]
◆ ~ **de protection contre l'écriture** Schreibschutzschalter *m*
voleter [vɔlte] <4> *vi* ❶ *(voltiger)* flattern
❷ *littér (flotter)* *flocons:* treiben; *pans, rubans:* flattern
voleur, -euse [vɔlœʀ, -øz] **I.** *adj* *(qui dérobe)* *personne* betrügerisch; *animal* diebisch
II. *m, f* Dieb(in) *m(f);* ~**(-euse) d'enfants** Kindesentführer(in) *m(f)*
► **au** ~! haltet den Dieb!; **partir** [*o* **filer**] **comme un** ~**/une voleuse** sich [wie ein Dieb] davonschleichen
◆ ~**(-euse) à l'étalage** Ladendieb(in) *m(f);* ~**(-euse) de grand chemin** Wegelagerer(in) *m(f);* ~**(-euse) à la tire** Taschendieb(in) *m(f)*
volière [vɔljɛʀ] *f* Vogelgehege *nt,* Voliere *f*
volige [vɔliʒ] *f* Dachlatte *f*
volley[-ball] [vɔlɛ(bol), vɔlɛ(bal)] *m sans pl* Volleyball *m*
volleyer [vɔleje] <1> *vi* Volleyball spielen
volleyeur, -euse [vɔlɛjœʀ, -jøz] *m, f* ❶ *(joueur de volley)* Volleyballspieler(in) *m(f)*
❷ TENNIS Netzspieler(in) *m(f)*
volontaire [vɔlɔ̃tɛʀ] **I.** *adj* ❶ *(voulu)* gewollt, beabsichtigt; **incendie** ~ Brandstiftung *f*
❷ *(non contraint)* freiwillig; **engagé** ~ Freiwillige(r) *f(m)*
❸ *(décidé)* energisch; *péj enfant, adulte* eigensinnig
II. *mf* ❶ Freiwillige(r) *f(m)*
❷ *péj (personne têtue)* Starrkopf *m (pej)*
volontairement [vɔlɔ̃tɛʀmɑ̃] *adv* ❶ *(exprès)* absichtlich
❷ *(de son plein gré)* *accomplir, obéir* freiwillig
❸ JUR in gegenseitigem Einvernehmen
volontariat [vɔlɔ̃taʀja] *m* ❶ Freiwilligkeit *f*
❷ MIL freiwilliger Dienst
volontarisme [vɔlɔ̃taʀism] *m* Voluntarismus *m*
volontariste [vɔlɔ̃taʀist] **I.** *adj* voluntaristisch
II. *mf* PHILOS Voluntarist(in) *m(f)*
volonté [vɔlɔ̃te] *f* ❶ *(détermination)* Wille *m*
❷ *(désir)* Wunsch *m*
❸ *(énergie)* Wille *m,* Willensstärke *f*
► **avec la meilleure** ~ **du monde** beim besten Willen; **faire ses quatre** ~**s/les quatre** ~**s de qn** *fam* seinen [Dick]kopf durchsetzen/nach jds Pfeife tanzen *(fam)*; **y mettre de la bonne/mauvaise** ~ mit gutem Willen [an eine Sache] herangehen/sich absichtlich dumm anstellen; **à** ~ nach Belieben
volontiers [vɔlɔ̃tje] *adv* ❶ *(avec plaisir)* gern[e]; **plus** ~**/le plus** ~ lieber/am liebsten
❷ *(souvent)* gern; **être** ~ **inquiet(-ète)** schnell beunruhigt sein
► **je dirais** ~ **qu'il le fait exprès** ich würde fast sagen, dass er es absichtlich macht
volt [vɔlt] *m* Volt *nt*
voltage [vɔltaʒ] *m* ELEC Spannung *f*
voltaïque [vɔltaik] *adj* ELEC galvanisch
voltaire [vɔltɛʀ] *m tiefer Armsessel mit hoher Lehne*
voltairien(ne) [vɔltɛʀjɛ̃, jɛn] **I.** *adj* *esprit, philosophie* freidenkerisch
II. *m(f)* PHILOS Anhänger(in) *m(f)* der Philosophie Voltaires
volte [vɔlt] *f* Volte *f*
volte-face [vɔltəfas] *f inv a. fig* Kehrtwendung *f (a. fig)*
voltige [vɔltiʒ] *f* ❶ *(au cirque)* **numéro de haute** ~ Trapeznummer *f*
❷ AVIAT Kunstfliegen *nt*
❸ *(équitation)* Kunstreiten *nt*
voltiger [vɔltiʒe] <2a> *vi* ❶ *(voler çà et là)* hin- und herfliegen, herumflattern
❷ *(flotter légèrement)* **faire** ~ **qc** etw durch die Luft wirbeln
voltigeur, -euse [vɔltiʒœʀ, -ʒøz] *m, f* ❶ *(acrobate au trapèze)* Trapezkünstler(in) *m(f)*
❷ *(acrobate sur un cheval)* Voltigierer(in) *m(f)*
voltmètre [vɔltmɛtʀ] *m* Spannungsmesser *m*
volubile [vɔlybil] *adj* redselig
volubilis [vɔlybilis] *m* BOT Winde[ngewächs *nt*] *f*
volubilité [vɔlybilite] *f* Redseligkeit *f*
volucompteur® [vɔlykɔ̃tœʀ] *m* TECH Zähler *m* einer Zapfsäule
volume [vɔlym] *m* ❶ Volumen *nt*
❷ ECON, COM [Gesamt]menge *f*
❸ *(intensité de la voix)* Volumen *nt;* ~ **sonore** [*o* **du son**] Lautstärke *f*

❹ (*tome*) Band *m*
❺ (*objet*) Körper *m*
◆ ~ **des échanges** Handelsvolumen *nt*

volumétrique [vɔlymetʀik] *adj* volumetrisch; **analyse** ~ Maßanalyse *f;* **compteur** ~ Volumenzähler *m*

volumineux, **-euse** [vɔlyminø, -øz] *adj dossier* umfangreich; *paquet* voluminös

volumique [vɔlymik] *adj* **masse** ~ spezifische Masse, Dichte *f*

volupté [vɔlypte] *f* ❶ (*plaisir sensuel*) Genuss *m*, Lust *f*
❷ (*plaisir sexuel*) Wollust *f* (*liter*), Lust *f*
❸ (*plaisir intellectuel*) Wonne *f*

voluptueusement [vɔlyptɥøzmɑ̃] *adv* genüsslich

voluptueux, **-euse** [vɔlyptɥø, -øz] **I.** *adj* sinnlich
II. *m, f* Sinnenmensch *m*

volute [vɔlyt] *f* ❶ (*spirale*) Windung *f*
❷ ARCHIT Volute *f*

vomi [vɔmi] *m fam* Erbrochene *nt*, Kotze *f* (*sl*)

vomique [vɔmik] *adj* BOT **noix** ~ Brechnuss *f*

vomir [vɔmiʀ] <8> **I.** *vt* ❶ (*régurgiter*) [er]brechen, speiben (A); **à** ~ Ekel erregend
❷ *littér* (*cracher*) speien (*geh*) *feu, lave*
❸ *littér* (*exécrer*) verabscheuen
II. *vi* sich übergeben

vomissement [vɔmismɑ̃] *m* ❶ (*action*) Erbrechen *nt*
❷ (*vomissure*) Erbrochene *nt*

vomissure [vɔmisyʀ] *f souvent pl* Erbrochene(s) *nt*

vomitif [vɔmitif] *m* PHARM Brechmittel *nt*

vomitif, **-ive** [vɔmitif, -iv] *adj* ❶ PHARM Brechreiz auslösend
❷ *fam* (*répugnant*) Ekel erregend, zum Kotzen (*sl*)

vont [vɔ̃] *indic prés de* **aller**

vorace [vɔʀas] *adj animal, personne* gefräßig; **appétit** ~ Heißhunger *m*

voracement [vɔʀasmɑ̃] *adv* gierig

voracité [vɔʀasite] *f* Gefräßigkeit *f*, Gier *f* (*a. fig*)

vortex [vɔʀtɛks] *m* ❶ (*dans un fluide*) Strudel *m*
❷ METEO Wirbel *m*

vos [vo] *dét poss v.* **votre**

Vosges [voʒ] *fpl* **les** ~ die Vogesen *Pl*

vosgien(ne) [voʒjɛ̃, jɛn] *adj* der Vogesen

votant(e) [vɔtɑ̃, ɑ̃t] *m(f)* ❶ (*participant au vote*) Wähler(in) *m(f)*
❷ (*électeur*) Stimmberechtigte(r) *f(m)*

votation [vɔtasjɔ̃] *f* CH (*vote*) Abstimmung *f;* ~ **populaire** Volksabstimmung *f*, Volksentscheid *m*

vote [vɔt] *m* ❶ (*adoption*) *des crédits* Bewilligung *f; d'un projet de loi, d'une motion* Annahme *f*
❷ (*action d'exprimer son avis*) Abstimmung *f;* (*procédé électoral*) Wahl *f;* ~ **direct/indirect** direkte/indirekte Wahl; ~ **à l'unanimité** einstimmiges Votum; ~ **d'une grève** Streikabstimmung; **sans droit de** ~ FIN stimmrechtslos
❸ (*voix, suffrage*) Stimme *f;* **compter les** ~**s** die Stimmen [aus]zählen
◆ ~ **de confiance** Vertrauensvotum *nt;* ~ **par correspondance** Briefwahl *f*

voter [vɔte] <1> **I.** *vi* wählen; ~ **contre/pour qn/qc** gegen/für jdn/etw stimmen; ~ **sur qc** über etw (*Akk*) abstimmen; ~ **à main levée** durch Handzeichen abstimmen; ~ **blanc/nul** einen leeren/ungültigen Stimmzettel abgeben
II. *vt* stimmen für; bewilligen *crédits;* verabschieden *loi*

votif, **-ive** [vɔtif, -iv] *adj* **messe votive** Votivmesse *f*

votre [vɔtʀ] <vos> *dét poss* ❶ (*à plusieurs personnes tutoyées*) euer/eu[e]re; ~ **chaise/vase/maison** euer Stuhl/eu[e]re Vase/euer Haus; **à** ~ **avis** eu[e]rer Meinung nach
❷ (*forme de politesse*) Ihr/Ihre; ~ **chaise/vase/maison** Ihr Stuhl/Ihre Vase/Ihr Haus; **à** ~ **avis** Ihrer Meinung nach
❸ *form* (*avec un titre*) **Votre Excellence/Majesté** Eu[e]re Exzellenz/Majestät

vôtre [votʀ] **I.** *pron poss* ❶ (*à plusieurs personnes tutoyées*) eurer/eu[e]re/eu[e]res, der/die/das eu[e]re (*geh*); **ce n'est pas notre valise, c'est la** ~ das ist nicht unser Koffer, sondern eurer; **cette maison est la** ~**?** ist dies euer Haus?, gehört dieses Haus euch?; **les** ~**s** (*ceux de votre famille*) eure Angehörigen, eure Familie, die Eu[e]ren (*geh*); (*vos partisans*) eu[e]re Anhänger, die Eu[e]ren (*geh*); **il est des** ~**s?** gehört er zu euch?, ist er einer von euch?; **j'espère être des** ~**s ce soir** ich hoffe, ich kann heute abend dabei sein
❷ (*forme de politesse*) **le/la** ~ Ihrer/Ihre/Ihres, der/die/das Ihre (*geh*); **les** ~**s** (*ceux de votre famille*) Ihre Angehörigen, Ihre Familie, die Ihren (*geh*); (*vos partisans*) Ihre Anhänger, die Ihren (*geh*); **il est des** ~**s?** gehört er zu Ihnen?, ist er einer von Ihnen?; **j'espère être des** ~**s ce soir** ich hoffe, ich kann heute Abend dabei sein
► **à la [bonne]** ~**!** *fam* auf Ihr/euer Wohl!
II. *adj poss littér* **qc est** ~ etw ist der/die/das eu[e]re [*o* eurige *veraltet geh*]; (*forme de politesse*) etw ist der/die/das Ihre [*o* Ihrige *veraltet geh*]; **cet objectif est** ~ dies Ziel ist das eurige/Ihrige; **ces principes, vous les avez faits** ~**s** Sie haben sich/ihr habt euch diese Prinzipien zu eigen gemacht

vouer [vwe] <1> **I.** *vt* ❶ (*condamner*) ~ **à qc** *personne:* zu etw verdammen; *chose:* zu etw bestimmen
❷ (*consacrer*) widmen
❸ REL ~ **qc à un saint/une sainte** etw einem/einer Heiligen weihen
❹ (*ressentir*) ~ **de la haine à qn** Hass gegen jdn hegen
II. *vpr* **se** ~ **à qn/qc** sich jdm/einer Sache widmen; **se** ~ **au célibat** sich dem Zölibat verschreiben

vouivre [vwivʀ] *f* ❶ DIAL *schlangenartiges Fabelwesen*
❷ (*figure de blason*) Schlange *f*

vouloir[1] [vulwaʀ] <*irr*> **I.** *vt* ❶ (*exiger*) wollen, fordern; ~ **un livre de qn** ein Buch von jdm verlangen; **que lui voulez-vous?** was wollen Sie von ihm/ihr?
❷ (*souhaiter*) **il veut/voudrait ce gâteau/deux kilos de pommes** er will/möchte diesen Kuchen/zwei Kilo Äpfel; **elle voudrait être médecin** sie wäre gerne Ärztin
❸ (*consentir à*) **veux-tu/voulez-vous** [*o* **veuillez**] [*o* **voudriez-vous**] **prendre place** (*poli*) würdest du/würden Sie bitte Platz nehmen; (*impératif*) nimm/nehmen Sie bitte Platz
❹ (*attendre*) erwarten *décision, réponse;* **que veux-tu/voulez-vous que je te/vous dise?** was erwartest Du/erwarten Sie von mir?
❺ (*nécessiter*) brauchen *soins, lumière;* erfordern *patience, temps*
❻ (*faire en sorte*) **le hasard a voulu qu'il parte ce jour-là** der Zufall wollte es, dass er an jenem Tag abreiste
❼ (*prétendre*) vorgeben; **la loi veut que tout délit soit puni** das Gesetz gibt vor, dass jedes Vergehen bestraft wird
► **bien** ~ **qu'on fasse qc** einverstanden sein, dass man etw tut; nichts dagegen haben, wenn man etw tut; **si tu veux/vous voulez bien m'aider** wenn du [doch] bitte so freundlich wärest/Sie [doch] bitte so freundlich wären, mir zu helfen; **il l'a voulu!** er hat es [ja] so gewollt!
II. *vi* ❶ (*être disposé*) wollen
❷ (*souhaiter*) wollen, mögen
❸ (*accepter*) ~ **de cette personne comme cadre supérieur** ein Interesse an dieser Person als leitende(n) Angestellte(n) haben; **ne plus** ~ **de qn/qc** von jdm/etw nichts mehr wissen wollen
❹ (*avoir des griefs envers*) **en** ~ **à un collègue de qc** einem Kollegen wegen etw böse sein
❺ (*avoir des visées sur*) **en** ~ **à qc/qn** es auf etw/jdn abgesehen haben
► **[moi,] je veux bien** (*volontiers*) [oh ja,] gerne; ich möchte gerne; (*concession douteuse*) [na ja,] von mir aus; **en** ~ *fam* ehrgeizig sein; **en veux-tu, en voilà!** in Hülle und Fülle
III. *vpr* **se** ~ **honnête** nett sein wollen
► **s'en** ~ **de qc** sich Vorwürfe wegen etw machen

vouloir² [vulwaʀ] *m littér* ❶ (*disposition*) Wille *m;* **dépendre du bon ~ de qn** von jds gutem Willen abhängen
❷ (*action*) Wollen *nt*

voulu(e) [vuly] **I.** *part passé de* **vouloir**
II. *adj* ❶ (*requis*) *effet* gewünscht; *formalité, somme* erforderlich; *moment* richtig; **en temps ~** rechtzeitig
❷ (*délibéré*) gewollt; **c'est ~** *fam* das ist beabsichtigt [*o* gewollt *fam*]

vous [vu] **I.** *pron pers, 2. pers. pl* ❶ *sujet* ihr; **~ êtes grands** ihr seid groß; **nous avons fini, mais pas ~** wir sind fertig, aber ihr [noch] nicht; **~ autres** ihr; **~ autres[, les] Allemands** ihr Deutsche
❷ *complément d'objet direct et indirect* euch; **je ~ aime/suis** ich liebe/folge euch; **il ~ demande le chemin** er fragt euch nach dem Weg
❸ *avec faire, laisser* euch; **il ~ laisse/fait conduire la voiture** er lässt euch das Auto fahren
❹ *avec être, devenir, sembler soutenu* **cela ~ semble bon** das erscheint euch gut; **son amitié ~ est chère** seine/ihre Freundschaft ist euch teuer (*geh*); **ça ~ est bon de rentrer au pays** es tut [euch] gut heimzukommen; **le café ~ devenait indispensable** ihr konntet nicht mehr auf den Kaffee verzichten
❺ *avec les verbes pronominaux* **~ ~ nettoyez** ihr macht euch sauber; **~ ~ nettoyez les ongles** ihr macht euch die Nägel sauber
❻ *fam* (*pour renforcer*) **~, monter une entreprise?** was, ihr wollt ein Unternehmen gründen?; **~, ~ n'avez pas ouvert la bouche** ihr habt den Mund nicht aufgemacht; **et ~ qui pensiez avoir compris!** und ihr dachtet, ihr hättet alles verstanden!; **c'est ~ qui l'avez dit** ihr habt das gesagt; **c'est ~ que j'ai entendus à la radio** euch habe ich im Radio gehört; **je veux ~ voir, ~!** euch möchte ich sehen!; **il veut ~ aider, ~?** euch möchte er helfen?
❼ (*avec un sens possessif*) **le cœur ~ battait fort** eure Herzen schlugen heftig
❽ *avec un présentatif* ihr; **~ voici** [*o* **voilà**]**!** hier [*o* da] seid ihr!; **~ voilà tout(es) propres** jetzt seid ihr [wieder] sauber
❾ *avec une préposition* **avec/sans ~** mit/ohne euch; **à ~ deux** ihr beide; **à ~ deux maintenant** jetzt seid ihr zwei dran; **la maison est à ~?** gehört das Haus euch?; **c'est à ~ de décider** ihr müsst entscheiden; **c'est à ~!** ihr seid dran!
❿ *dans une comparaison* ihr; **nous sommes comme ~** wir sind wie ihr; **plus/aussi fort(e) que ~** stärker als ihr/genauso stark wie ihr
II. *pron pers, forme de politesse* ❶ **~ habitez ici?** wohnen Sie hier?; **nous avons fini, mais pas ~** wir sind fertig, aber Sie [noch] nicht
❷ *complément d'objet direct et indirect* **je ~ aime/suis** ich liebe Sie/folge Ihnen; **il ~ demande/explique le chemin** er fragt Sie nach dem Weg/erklärt Ihnen den Weg
❸ *avec faire, laisser* Sie; **il ~ laisse/fait conduire la voiture** er lässt Sie das Auto fahren
❹ *avec être, devenir, sembler soutenu* **cela ~ semble bon** das erscheint Ihnen gut; **son amitié ~ est chère** seine/ihre Freundschaft ist Ihnen teuer (*geh*); **ça ~ est bon de rentrer au pays** es tut [Ihnen] gut heimzukommen; **le café ~ devenait indispensable** Sie konnten nicht mehr auf den Kaffee verzichten
❺ *avec les verbes pronominaux* **vous ~ nettoyez les ongles** Sie machen sich die Nägel sauber
❻ *fam* (*pour renforcer*) **~, monter une entreprise?** was, Sie wollen ein Unternehmen gründen?; **~, vous n'avez pas ouvert la bouche** Sie haben den Mund nicht aufgemacht; **et ~ qui pensiez avoir compris!** und Sie dachten, Sie hätten alles verstanden!; **c'est ~ qui l'avez dit** Sie haben das gesagt; **c'est ~ que j'ai entendu(e) à la radio** Sie habe ich im Radio gehört; **je veux ~ voir, ~!** Sie möchte ich sehen!; **il veut ~ aider, ~?** Ihnen möchte er helfen?
❼ (*avec un sens possessif*) **le cœur ~ battait fort** Ihr Herz schlug heftig
❽ *avec un présentatif* Sie; **~ voici** [*o* **voilà**]**!** hier [*o* da] sind Sie!; **~ voilà tout(e) propre** jetzt sind Sie [wieder] sauber
❾ *avec une préposition* **avec/sans ~** mit Ihnen/ohne Sie; **à ~ deux** Sie beide; **à ~ deux maintenant** und jetzt zu Ihnen [beiden]; **la maison est à ~?** gehört das Haus Ihnen?; **c'est à ~ de décider** Sie müssen entscheiden; **c'est à ~!** Sie sind dran!; **de ~ à moi** unter uns
❿ *dans une comparaison* Sie; **je suis comme ~** ich bin wie Sie; **plus/aussi fort(e) que ~** stärker als Sie/genauso stark wie Sie
III. *pron* ❶ (*on*) man; **~ ne pouvez même pas dormir** man kann nicht einmal schlafen
❷ ([*à*] *quelqu'un*) **des gens qui viennent ~ importuner** Leute, die [nur] kommen, um einen zu belästigen; **des choses qui ~ gâchent la vie** Dinge, die einem das Leben schwer machen
IV. *m* **dire ~ à qn** Sie zu jdm sagen

vous-même [vumɛm] <vous-mêmes> **I.** *pron pers, 2. pers. pl* ❶ (*toi et toi en personne*) **~s n'en saviez rien** ihr selbst wusstet nichts davon; **vous vous sentiez ~s heureux(-euses)** ihr habt euch glücklich gefühlt; **vous l'avez dit ~s, c'est ~s qui l'avez dit** ihr selbst habt es gesagt; **vous êtes venus de ~s** ihr seid von selbst [*o* von euch aus] [*o* aus eigenem Antrieb] gekommen; **commencez ~s!** fangt ihr doch an!
❷ (*toi et toi aussi*) ebenfalls, auch; **vous étiez ~s furieux(-euses)** ihr wart ebenfalls [*o* auch] sehr wütend
II. *pron pers, forme de politesse* ❶ (*toi de politesse en personne*) **~ n'en saviez rien** Sie selbst wussten nichts davon; **vous vous sentiez ~ heureux(-euse)** Sie fühlten sich glücklich; **vous l'avez dit ~, c'est ~ qui l'avez dit** Sie selbst haben es gesagt; **vous êtes venu(e) de ~** Sie sind von selbst [*o* von sich (*Dat*) aus] [*o* aus eigenem Antrieb] gekommen
❷ (*toi de politesse aussi*) ebenfalls, auch; **vous étiez ~ furieux(-euse)** Sie waren ebenfalls [*o* auch] sehr wütend

voussoir [vuswaʀ] *m* ARCHIT Wölbstein *m,* Gewölbestein *m*

voussoyer [vuswaje] *vt v.* **vouvoyer**

voussure [vusyʀ] *f* Wölbung *f;* **~ de la fenêtre/porte** Fenster-/Türbogen *m*

voûte [vut] *f* ❶ ARCHIT Gewölbe *nt*
❷ ANAT **~ crânienne** Schädeldach *nt*
❸ *littér* (*ciel*) **~ étoilée** Sternenzelt *nt* (*liter*)

voûté(e) [vute] *adj* ❶ ARCHIT (*couvert d'une voûte*) überwölbt; **cave ~** Gewölbekeller *m*
❷ *dos, personne* krumm, gebeugt

voûter [vute] <1> **I.** *vt* ❶ ARCHIT mit einem Gewölbe versehen; **être voûté(e)** mit einem Gewölbe versehen sein, gewölbt sein
❷ (*courber*) krümmen; **l'âge avait voûté son dos** sein/ihr Rücken war vom Alter [ganz] gekrümmt
II. *vpr* **se ~** sich krümmen, krumm werden

vouvoiement [vuvwamɑ̃] *m* Siezen *nt*

vouvoyer [vuvwaje] <6> **I.** *vt* siezen, mit Sie anreden
II. *vpr* **se ~** sich siezen

vox populi [vɔkspɔpyli] *f inv littér* die Stimme des Volkes

voyage [vwajaʒ] *m* ❶ (*action de voyager*) Reise *f;* **~ en Espagne/aux Pays-Bas** Reise nach Spanien/in die Niederlande; **~ en avion/train** Flug-/Bahnreise; **~ aller/retour** Hin-/Rückreise
❷ (*trajet*) Fahrt *f;* **~ aller/retour** Hin-/Rückfahrt
❸ *fam* (*trip*) Reise *f,* Trip *m* (*fam*)
► **le grand ~** *soutenu* die letzte Reise (*geh*)

voyager [vwajaʒe] <2a> *vi* ❶ (*aller en voyage*) reisen
❷ COM **~ pour une entreprise** Handelsreisende(r) *f(m)* eines Unternehmens sein
❸ (*être transporté*) befördert [*o* transportiert] werden

voyageur, -euse [vwajaʒœʀ, -ʒøz] **I.** *adj* **être d'humeur voya-**

geuse reiselustig sein
II. *m, f* ❶ Reisende(r) *f(m)*
❷ (*dans un avion*) Fluggast *m,* Passagier *m;* (*sur un bateau*) Passagier
◆ ~(-euse) **de commerce** [Handels]reisende(r) *f(m)*
voyagiste [vwajaʒist] *m* Reiseveranstalter *m*
voyais [vwajɛ] *imparf de* **voir**
voyance [vwajɑ̃s] *f* (*occultisme*) Hellsehen *nt*
voyant [vwajɑ̃] *m* ❶ (*devin*) Hellseher *m*
❷ (*opp: aveugle*) Sehende(r) *m*
❸ (*signal lumineux*) Kontrolllampe *f*
voyant(e) [vwajɑ̃, jɑ̃t] **I.** *part prés de* **voir**
II. *adj* ❶ (*qui se remarque*) auffallend
❷ (*doué de voyance*) **je ne suis pas ~!** ich bin kein Hellseher!
voyante [vwajɑ̃t] *f* ❶ (*devineresse*) Hellseherin *f*
❷ (*opp: aveugle*) Sehende *f*
voyelle [vwajɛl] *f* Vokal *m*
voyeur, -euse [vwajœʀ, -jøz] *m, f* ❶ (*amateur de scènes lubriques*) Voyeur *m*
❷ (*curieux*) Schaulustige(r) *f(m)*
voyeurisme [vwajœʀism] *m* ❶ (*perversion du voyeur*) Voyeurismus *m*
❷ (*curiosité*) Schaulust *f*
voyez [vwaje], **voyons** [vwajɔ̃] *indic prés et impératif de* **voir**
voyou [vwaju] **I.** *adj* **il/elle est un peu ~** er/sie ist ein kleiner Gauner
II. *m* ❶ (*délinquant*) Gauner *m*
❷ (*garnement*) Schlingel *m*
voyoucratie [vwajukʀasi] *f fam* ❶ (*pouvoir exercé par des personnes corrompues*) Ganovenhandel *m* (*veraltet fam*)
❷ (*népotisme*) Vetternwirtschaft *f* (*pej fam*)
V.P.C. [vepese] *f abr de* **vente par correspondance** Versandhandel *m*
vrac [vʀak] *m* Schüttgut *nt;* **en ~** nicht abgepackt, lose
vrai [vʀɛ] **I.** *m* **le ~** das Wahre; **être dans le ~** Recht haben; **il y a du ~** da ist etwas Wahres daran
▶ **au ~** *soutenu* letztlich; **pour de ~** *fam* im Ernst
II. *adv* **dire** [*o* **parler**] **~** die Wahrheit sagen; **faire ~** echt aussehen
▶ **à dire ~, à ~ dire** offen gestanden
vrai(e) [vʀɛ] *adj* ❶ (*véridique*) wahr; *événement* tatsächlich
❷ *postposé* (*conforme à la réalité*) *personnage, tableau* lebensecht
❸ *antéposé* (*authentique*) echt; *cause, délice* wahr; *nom* richtig
❹ *antéposé* (*digne de ce nom*) echt
❺ *antéposé* (*convenable*) *méthode, moyen* [einzig] richtig
▶ **un tableau ~ faux** [dieses Bild ist] eine gut gemachte Fälschung; **il n'en est pas moins ~ qu'il est trop jeune** nichtsdestoweniger [*o* trotzdem] ist er zu jung; **pas ~?** *fam* oder? (*fam*); **~ de ~** *fam* waschecht (*fam*); **~?** wirklich?, echt? (*fam*)
vraiment [vʀɛmɑ̃] *adv* wirklich
vraisemblable [vʀɛsɑ̃blabl] *adj* ❶ (*plausible*) einleuchtend
❷ (*probable*) wahrscheinlich
vraisemblablement [vʀɛsɑ̃blabləmɑ̃] *adv* wahrscheinlich
vraisemblance [vʀɛsɑ̃blɑ̃s] *f* ❶ (*crédibilité*) Glaubwürdigkeit *f*
❷ (*probabilité*) Wahrscheinlichkeit *f*
vrille [vʀij] *f* ❶ TECH Nagelbohrer *m*
❷ AVIAT Schraube *f*
❸ BOT Ranke *f*
▶ **en ~** spiralenförmig
vrillé(e) [vʀije] *adj* ❶ BOT mit Ranken
❷ (*tordu*) verdreht
vriller [vʀije] <1> **I.** *vi avion:* trudeln; *cordon, fil:* sich verdrehen
II. *vt a. fig* (*percer*) [durch]bohren
vrillette [vʀijɛt] *f* Holzwurm *m*
vrombir [vʀɔ̃biʀ] <8> *vi* brummen
vrombissement [vʀɔ̃bismɑ̃] *m* Dröhnen *nt,* Brummen *nt*
vroom, vroum [vʀum] *interj* brumm
V.R.P. [veɛʀpe] *mf abr de* **voyageur représentant placier** *inv* Handelsreisende(r) *f(m)*
vs *prép abr de* **versus** vs
V.S.O.P. [veɛsɔpe] *adj abr de* **very superior old pale** V.S.O.P.
V.T.C. [vetese] *m abr de* **vélo tout chemin** All Terrain Bike *nt,* A.T.B., Trekkingrad *nt*
V.T.T. [vetete] *m abr de* **vélo tout terrain** ❶ (*vélo*) Mountainbike *nt,* M.T.B.
❷ (*sport*) Mountainbike-Fahren *nt*
vu [vy] **I.** *prép* in Anbetracht (+ *Gen*)
II. *conj* **~ qu'il est malade...** da er krank ist, ..., in Anbetracht dessen, dass er krank ist, ...
III. *m* **c'est du déjà/jamais ~** das ist nichts Neues/völlig neu
▶ **au ~ et au su de tous** vor aller Augen
IV. *adv* **ni ~ ni connu** ohne dass jd etw bemerkt
V. *adj* (*compris*) alles klar; **c'est ~?** *fam* ist das klar? (*fam*)
vu(e) [vy] **I.** *part passé de* **voir**
II. *adj* ❶ (*d'accord*) in Ordnung
❷ *form* (*lu*) zur Kenntnis genommen
❸ (*observé*) **la remarque est bien/mal ~e** die Bemerkung ist [zu]treffend/unzutreffend
❹ (*apprécié*) **être bien/mal ~(e)** gern/nicht gern gesehen sein
▶ **c'est tout ~!** *fam* Schluss jetzt! (*fam*)
vue [vy] *f* ❶ (*sens*) Sehvermögen *nt;* **bonne ~** gute Augen *Pl;* **~ perçante** scharfe Augen *Pl;* **avoir la ~ basse** kurzsichtig sein; **organe de la ~** Sehorgan *nt*
❷ (*regard*) Blick *m;* **perdre qn/qc de ~** jdn/etw aus den Augen verlieren
❸ (*panorama*) Aussicht *f*
❹ *a.* FIN (*action de voir*) *d'une personne, du sang* Anblick *m*
❺ (*photo, peinture*) Ansicht *f*
❻ (*conception*) *des événements, de la situation* Vorstellung *f*
❼ *pl* (*opinion, avis*) Ansichten *Pl*
❽ (*visées*) **avoir des ~s sur qn/qc** jdn/etw ins Visier nehmen; **avoir qn/qc en ~** jdn/etw im Auge haben
▶ **à ~ de nez** *fam* schätzungsweise, über den Daumen gepeilt (*fam*); **à ~ d'œil** merklich; **en mettre plein la ~ à qn** *fam* bei jdm Eindruck schinden (*fam*); **changement à ~** plötzlicher Wechsel; THEAT Bühnenumbau bei offenem Vorhang; **dessiner à ~** nach Augenmaß zeichnen; **garder à ~** unter Aufsicht stellen; **payable à ~** zahlbar nach Erhalt; **à la ~ de qn** (*en voyant qn*) bei jds Anblick; (*sous le regard de qn*) vor jds Augen (*Dat*); **à la ~ de qc** beim Anblick einer S. (*Gen*); **en ~** (*visible*) im Blickfeld; (*tout proche*) in Sicht; (*envié*) begehrt; (*célèbre*) sehr bekannt; **en ~ de** [**faire**] **qc** im Hinblick auf etw
◆ **~ d'aigle** Adlerauge *nt;* **~ d'ensemble** *fig* Überblick *m;* **~ de l'esprit** weltfremde Vorstellung
vulcain [vylkɛ̃] *m* ZOOL Admiral *m*
vulcanisation [vylkanizasjɔ̃] *f* Vulkanisierung *f*
vulcaniser [vylkanize] <1> *vt* vulkanisieren
vulcanologie [vylkanɔlɔʒi] *f v.* **volcanologie**
vulcanologue [vylkanɔlɔg] *mf v.* **volcanologue**
vulgaire [vylgɛʀ] **I.** *adj* ❶ (*grossier*) ordinär, vulgär
❷ *antéposé* (*quelconque*) gewöhnlich; *employé, paysan* einfach; *réalité* banal; *problème* alltäglich
❸ *postposé* (*populaire*) volkstümlich
❹ *postposé littér* (*commun*) allgemein üblich; *esprit* einfach; *opinion* gängig
II. *m* ❶ **le ~** das Gewöhnliche; **tomber dans le ~** vulgär [*o* ordinär] werden
❷ *péj vieilli* Pöbel *m*
vulgairement [vylgɛʀmɑ̃] *adv* ❶ (*grossièrement*) vulgär, ordinär
❷ (*couramment*) *dire, se nommer* für gewöhnlich
vulgarisateur, -trice [vylgaʀizatœʀ, -tʀis] **I.** *adj* populärwissenschaftlich

V

II. *m, f* **jouer le rôle de ~ de qc** etw allgemein zugänglich machen
vulgarisation [vylgaʀizasjɔ̃] *f* allgemeine Verbreitung; *de la connaissance, de la science* Popularisierung *f* (*geh*); **revue de ~** populärwissenschaftliche Zeitschrift
vulgariser [vylgaʀize] <1> **I.** *vt* allgemein zugänglich machen, popularisieren (*geh*)
II. *vpr* **se ~** zum Allgemeingut werden
vulgarité [vylgaʀite] *f* ❶ (*grossièreté*) *d'un langage, ouvrage* vulgärer Stil; *d'une personne* vulgäre Art
❷ (*parole vulgaire*) vulgärer Ausdruck
❸ *littér* (*manque d'élévation*) Einfachheit *f*
vulgum pecus [vylgɔmpekys] *m inv hum fam* **le ~** der Normalsterbliche (*fam*)
vulnérabilité [vylneʀabilite] *f* Verletzbarkeit *f*; **la ~ de ma situation** meine prekäre Situation
vulnérable [vylneʀabl] *adj* verletzbar; *situation* prekär
vulvaire [vylvɛʀ] *adj* die äußeren Geschlechtsorgane [der Frau] betreffend
vulve [vylv] *f* **la ~** die äußeren Geschlechtsorgane *Pl* [der Frau], die Vulva (*Fachspr.*)

Ww

W, w [dubləve] *m inv* W *nt*/w *nt*
► **w comme William** W wie Wilhelm
W *abr de* **Watt** W
wagnérien(ne) [vagneʀjə, jɛn] **I.** *adj* **opéra ~** Wagneroper *f*
II. *m(f)* Wagnerianer(in) *m(f)*
wagon [vagɔ̃] *m* ❶ CHEMDFER Wagen *m*, Waggon *m*
❷ (*contenu*) Wagenladung *f*
❸ *fam* (*grosse quantité*) **des pleins ~s** ganze Waggons [voll] (*fam*)
wagon-bar [vagɔ̃baʀ] <wagons-bars> *m* CHEMDFER *vieilli* Büfettwagen *m* **wagon-citerne** [vagɔ̃sitɛʀn] <wagons-citernes> *m* Tankwagen *m* **wagon-lit** [vagɔ̃li] <wagons-lits> *m* Schlafwagen *m*
wagonnet [vagɔnɛ] *m* [Kipp]lore *f*
wagon-restaurant [vagɔ̃ʀɛstɔʀɑ̃] <wagons-restaurants> *m* Speisewagen *m*
Walhalla [valala] *m* Walhalla *f*
walkie-talkie [wokitoki, wɔlkitɔlki] *m v.* **talkie-walkie**
walkman® [wɔ(l)kman] <s> *m* Walkman *m*
walkyrie [valkiʀi] *f* Walküre *f*
wallaby [walabi] <wallabies> *m* Wallaby *nt*
Wallis-et-Futuna [walisefytyna] *französisches Territorium auf den Fidschiinseln*
wallon [walɔ̃] *m* **le ~** Wallonisch *nt*, das Wallonische; *v. a.* **allemand**
wallon(ne) [walɔ̃, ɔn] *adj* wallonisch
Wallon(ne) [walɔ̃, ɔn] *m(f)* Wallone *m*/Wallonin *f*
Wallonie [walɔni] *f* **la ~** Wallonien *nt*
waouh [wau] *interj* (*ouah*) wau
WAP [wap] *m abr de* **Wireless Application Protocol** WAP *nt*
wapiti [wapiti] *m* Wapiti *m*
wapnaute [wapnot] *mf* Handysurfer(in) *m(f)*
wargame [waʀgɛm] *m* (*jeu électronique, simulation d'un conflit*) Kriegsspiel *nt*
warning [waʀniŋ] *m* Warnblinkanlage *f*
warrant [vaʀɑ̃] *m* COM Lagerschein *m*, Warrant *m*
wassingue [vasɛ̃g] *f* NORD Scheuertuch *nt*
water-ballast [watɛʀbalast] <water-ballasts> *m d'un navire* Ballasttank *m*; *d'un sous-marin* Tauchtank *m* **water-closet(s)** [watɛʀklozɛt] *mpl v.* **W.-C.**
watergang [watɛʀgɑ̃g] *m* NORD, BELG (*canal, fossé*) Wasserlauf *m*
wateringue [watʀɛ̃g] *m ou f* BELG (*travaux de dessèchement et drainage*) Entwässerungsarbeiten *Pl*
Waterloo [watɛʀlo] *m* ❶ (*ville belge*) Waterloo *nt*
❷ (*déconfiture*) Waterloo *nt* (*fig*)
water-polo [watɛʀpɔlo] <water-polos> *m* Wasserball *m*
waterproof [watɛʀpʀuf] *adj inv* wasserfest; *montre* wasserdicht
waters [watɛʀ] *mpl* Toilette *f*
watt [wat] *m* Watt *nt*
wattheure [watœʀ] *m* Wattstunde *f*
W.-C. [vese, dubləvese] *mpl abr de* **water-closet(s)** WC *nt*
web, Web [wɛb] **I.** *m* Web *nt*
II. *adj inv* Web-; **chercheur ~** Suchmaschine *f*; **explorateur ~** Internetbrowser *m*; **page ~** Webseite *f*
webcam [wɛbkam] *f* INFORM Webcam *f*
webmagazine [wɛbmagazin] *m* Internetzeitschrift *f*, Webmagazin *nt*
webmane [wɛbman] *mf* Internetfreak *mf*
webmaster [wɛbmastɛʀ] *m*, **webmestre** [wɛbmɛstʀ] *m* INFORM Webmaster *m*
webnaute [wɛbnot] *mf* [Internet]surfer(in) *m(f)*
webzine [wɛbzin] *m* Internetzeitschrift *f*, Webmagazin *nt*
week-end [wikɛnd] <week-ends> *m* Wochenende *nt*; **bon ~** schönes Wochenende
welsch(e) [vɛlʃ] *adj* CH *iron* welsch[schweizerisch]
Welsch(e) [vɛlʃ] *m(f)* CH *iron* Welschschweizer(in) *m(f)*
welter [vɛltɛʀ, wɛltɛʀ] *m* **les [poids] ~s** das Weltergewicht
western [wɛstɛʀn] *m* Western *m*
Westphalie [vɛsfali] *f* **la ~** Westfalen *nt*
whisky [wiski] <whiskies> *m* Whisky *m*
white-spirit [wajtspiʀit] *m inv* Terpentinersatz *m*
wigwam [wigwam] *m* Wigwam *m*
williams [wiljams] *f* Williams Christbirne *f*
winch [win(t)ʃ] <[e]s> *m d'un yacht* [kleine] Handwinde *f*
wisigoth(e) [vizigo, ɔt] *adj* HIST westgotisch; **le peuple ~** die Westgoten
Wisigoth(e) [vizigo, ɔt] *m(f)* HIST Westgote *m*/Westgotin *f*
wok [wɔk] *m* GASTR Wok *m*
wolfram [vɔlfʀam] *m* MINER Wolframit *nt*
World Wide Web [wœʀldwaidwɛb] *m* World Wide Web *nt*
Wurtemberg [vyʀtɛ̃bɛʀ] *m* **le ~** Württemberg *nt*
Wurtzbourg [vyʀtsbuʀ] Würzburg *nt*
WWW [dubləvedubləvedubləve] *abr de* **World Wide Web** WWW

Xx

X, x [iks] *m inv* ❶ X *nt*/x *nt*
❷ (*forme*) **en x** in X-Form; **jambes en X** X-Beine *Pl*
❸ *fam* (*je ne sais combien*) **je te l'ai déjà dit x fois** ich habe es dir schon x-mal [*o* zigmal] gesagt (*fam*)
❹ (*Untel*) [Herr/Frau] X; **X ou Y** irgendeiner; **contre X** gegen unbekannt
❺ MATH x *nt*; **axe des x** x-Achse *f*
❻ CINE **film classé X** nicht jugendfreier Film
❼ UNIV **l'X** *Bezeichnung für die École Polytechnique in Paris*
► **x comme Xavier** X wie Xanthippe
xénon [gzenɔ̃] *m* CHIM Xenon *nt*
xénophilie [gzenɔfili] *f rare* Xenophilie *f* (*geh*)

xénophobe [gzenɔfɔb] **I.** *adj* ausländerfeindlich, xenophob (*geh*)
II. *mf* ausländerfeindliche Person
xénophobie [gzenɔfɔbi] *f* Fremdenfeindlichkeit *f,* Xenophobie *f* (*geh*)
xérès [kerɛs, gzerɛs] *m* Sherry *m*
xl [iksɛl] *adj inv abr de* **extra-large** XL
xxl [iksiksɛl] *adj inv abr de* **extra-extra-large** XXL
xylographie [ksilɔgʀafi, gzilɔgʀafi] *f* ❶ (*technique*) Holzschneidekunst *f*
❷ (*œuvre*) Holzschnitt *m*
xylophage [ksilɔfaʒ, gzilɔfaʒ] *adj* Holz fressend; **insecte** ~ Holzschädling *m*
xylophène® [ksilɔfɛn, gzilɔfɛn] *m* Holzschutzmittel *nt*
xylophone [ksilɔfɔn, gzilɔfɔn] *m* Xylophon *nt*

Yy

Y, y [igʀɛk] *m inv* ❶ Y *nt*/y *nt*
❷ MATH **axe des y** y-Achse *f*
▶ **y comme Yvonne** Ypsilon
y [i] **I.** *adv* dort; **il n'y était pas** er war nicht dort
II. *pron pers* ❶ (*à cela, sur cela*) **s'y entendre** sich damit auskennen; **n'y plus tenir** keinen Wert mehr darauf legen
❷ *pop* (*il*) er/sie/es; **regarde le dessin – c'est-y pas beau?** schau dir dieses Bild an – ist es nicht schön?
yacht [jɔt] *m* Jacht *f*
yacht-club [jɔtklœb] <yacht-clubs> *m* Jachtklub *m*
yachting [jɔtiŋ] *m* Segelsport *m*
yacht[s]man [jɔtman, -mɛn] <s *o* -men> *m* Segler *m*
ya[c]k [jak] *m* Yak *m*
yaka [jaka] *v.* **y-a-qu'à**
yang [jɑ̃g] *m* Yang *nt*
yankee [jɑ̃ki] *adj péj* **le peuple** ~ die Yankees *Pl* (*pej*)
Yankee [jɑ̃ki] *mf péj* Yankee *m* (*pej*)
yaourt [jauʀt] *m* Joghurt *m o nt*
yaourtière [jauʀtjɛʀ] *f* Joghurtbereiter *m*
y-a-qu'à [jaka] *m inv Bevormunden anderer mit besserwisserischen Vorschlägen*
yard [jaʀd] *m* Yard *nt*
yearling [jœʀliŋ] *m* SPORT Jährling *m*
Yémen [jemɛn] *m* **le** ~ Jemen *m*
yen [jɛn] *m* Yen *m*
yéti [jeti] *m* ❶ (*homme des neiges*) Yeti *m*
❷ (*glace à l'eau*) Wassereis *nt*
yeuse [jøz] *f* BOT Steineiche *f*
yeux [jø] *mpl v.* **œil**
yéyé, yé-yé [jeje] *fam* **I.** *adj inv* **musique** ~ ≈ Beatmusik *f*
II. *m inv* (*style*) *Musik- und Modestil der sechziger Jahre*
III. *mf inv* (*adepte*) ≈ Beatnik *m*
yiddish [jidiʃ] **I.** *adj inv* jiddisch
II. *m* **le** ~ Jiddisch *nt,* das Jiddische; *v. a.* **allemand**
yin [jin] *m* Yin *nt*
yoga [jɔga] *m* Joga, Yoga *m o nt*
yog[h]ourt [jɔguʀt] *m v.* **yaourt**
yogi [jɔgi] *m* Yogi, Jogi *m*
yole [jɔl] *f* Jolle *f*
yougoslave [jugɔslav] *adj* jugoslawisch
Yougoslave [jugɔslav] *mf* Jugoslawe *m*/Jugoslawin *f*
Yougoslavie [jugɔslavi] *f* **République fédérale de** ~ Bundesrepublik *f* Jugoslawien
youp [jup] *interj* hopp
youpi, youppie [jupi] *interj* hurra
yourte [juʀt] *f* Jurte *f*
youyou [juju] <s> *m* NAUT Dingi *nt*
yoyo®, yo-yo® [jojo] *m inv* Yo-Yo *nt,* Jo-Jo *nt*
ypérite [ipeʀit] *f* Senfgas *nt*
Ysengrin [izɑ̃gʀɛ̃] *m* Isegrim *m*
ytterbium [itɛʀbjɔm] *m* Ytterbium *nt*
yttrium [itʀijɔm] *m* Yttrium *nt*
yucca [juka] *m* Yucca[palme *f*] *f*
yuppie [jupi] *mf* Yuppie *m*

Zz

Z, z [zɛd] *m inv* Z *nt*/z *nt*
▶ **z comme Zoé** Z wie Zeppelin
Z.A.C. [zak] *f abr de* **zone d'aménagement concerté** *städtebauliches Erschließungsgebiet*
Z.A.D. [zad] *f abr de* **zone d'aménagement différé** *Bauerwartungsland, das der Preisbindung und Vorkaufsrechten unterliegt, um Spekulationen zu vermeiden*
Zaïre [zaiʀ] *m* HIST **le** ~ Zaire *nt*
Zambie [zɑ̃bi] *f* **la** ~ Sambia *nt*
zapper [zape] <1> *vi* zappen
zappeur, -euse [zapœʀ, -øz] *m, f* Zapper(in) *m(f)*
zapping [zapiŋ] *m* Zappen *nt*
Zarathoustra [zaʀatustʀa] *m* Zarathustra *m*
zazou(e) [zazu] *m(f) Jazzfan der 40er und frühen 50er Jahre*
zèbre [zɛbʀ] *m* ❶ ZOOL Zebra *nt*
❷ *fam* (*individu bizarre*) [komischer] Kauz (*fam*)
zébrer [zebʀe] <5> *vt* **être zébré(e)** gestreift sein, ein Streifenmuster haben
zébrure [zebʀyʀ] *f* ❶ (*rayure*) Streifen *Pl*
❷ (*marques sur la peau*) Striemen *Pl*
zébu [zeby] *m* Zebu *m o nt*
Zélande [zelɑ̃d] *f* **la** ~ Seeland *nt*
zélateur, -trice [zelatœʀ, -tʀis] *m, f littér d'une cause, personne* Jünger *m*
zèle [zɛl] *m* Eifer *m;* **faire du** ~ *péj* übereifrig sein (*pej*)
zélé(e) [zele] *adj* eifrig
zélote [zelɔt] *m* HIST Zelot *m*
zen [zɛn] **I.** *adj inv* Zen-; **le bouddhisme** ~ der Zenbuddhismus; **être** ~ *fam* [total] relaxed [*o* im Lot] sein
II. *m* Zen *nt*
zénith [zenit] *m a. fig* Zenit *m* (*a. fig*)
Z.E.P. [zɛp] *f abr de* **zone d'éducation prioritaire** *sozial problematisches Gebiet, das gezielte [Schul]bildungsmaßnahmen erfordert*
zéphyr [zefiʀ] *m littér* Zephir *m* (*geh*)
zeppelin [zɛplɛ̃] *m* Zeppelin *m*
zéro [zeʀo] **I.** *num* ❶ *antéposé* (*aucun*) null; **faire** ~ **faute à la dictée** null Fehler im Diktat haben
❷ *fam* (*nul*) **qn/qc est** ~ jd/etw ist eine Null (*fam*)
❸ (*dans l'indication de l'heure*) **il est** ~ **heure** es ist null Uhr
II. *m* ❶ *inv* (*nombre*) Null *f*
❷ METEO, PHYS *a. fig* Gefrierpunkt *m,* Nullpunkt *m* (*a. fig*)
❸ SCOL **avoir** ~ **sur dix/sur vingt** ≈ eine Sechs haben
❹ (*rien*) Nichts *nt;* **compter pour** ~ *fam* nicht[s] zählen (*fam*)
❺ (*personne incapable*) Null *f* (*fam*); *v. a.* **cinq**
zeste [zɛst] *m* ❶ (*écorce*) ~ **de citron râpé** geriebene Zitronenschale
❷ (*petite dose*) Spur *f* (*fig*)
zeugma [zøgma] *m,* **zeugme** [zøgm] *m* LITTER, LING Zeugma *nt*

zézaiement [zezɛmɑ̃] *m* Lispeln *nt*
zézayer [zezeje] <7> *vi* lispeln, zuzeln (A)
Z.I. [zɛdi] *abr de* **zone industrielle** Gewerbegebiet *nt,* Industriegebiet *nt*
zibeline [ziblin] *f* (*animal, fourrure*) Zobel *m*
zieuter [zjøte] <1> *vt fam* ansehen, anglotzen (*pej fam*)
Z.I.F. [zif] *f abr de* **zone d'intervention foncière** [*Flächennutzungs*]*gebiet, das dem Vorkaufsrecht der Gemeinden unterliegt*
zig [zig] *m fam* Kerl *m* (*fam*)
zigoto [zigɔto] *m fam* Typ[e *f*] *m* (*fam*)
zigouiller [ziguje] <1> *vt fam* (*tuer*) ~ **qn** jdn in Stücke schneiden (*fam*)
zigue [zig] *m fam v.* **zig**
zigzag [zigzag] *m* Zickzack[linie *f*] *m*
zigzaguer [zigzage] <1> *vi piéton:* im Zickzack gehen; *chauffeur, cycliste:* im Zickzack fahren; *route:* im Zickzack verlaufen
Zimbabwe [zimbabwe] *m* **le** ~ Simbabwe *nt*
zinc [zɛ̃g] *m* ❶ Zink *nt*
❷ *fam* (*comptoir*) Theke *f*
❸ *fam* (*avion*) Vogel *m* (*fam*)
zingage [zɛ̃gaʒ] *m d'une pièce* Verzinken *nt;* ~ **électrolytique** TECH galvanische Verzinkung *f*
zinguer [zɛ̃ge] <1> *vt* ❶ (*galvaniser*) verzinken
❷ (*revêtir de zinc*) mit Zinkblech decken
zinguerie [zɛ̃gʀi] *f* TECH ❶ (*pièces de zinc, travaux*) Verzinkung *f*
❷ (*fabrique*) Zinkhütte *f*
zingueur [zɛ̃gœʀ] *m* Galvaniseur *m*
zinnia [zinja] *m* Zinnie *f*
zinzin [zɛ̃zɛ̃] **I.** *adj fam* **être** ~ plemplem sein (*fam*)
II. *m fam* Ding *nt* (*fam*)
zip® [zip] *m* Reißverschluss *m*
zipper [zipe] <1> *vt* einen Reißverschluss einnähen; **être zippé(e)** *vêtement:* einen Reißverschluss haben
zircon [ziʀkɔ̃] *m* CHIM Zirkon *m*
zirconium [ziʀkɔnjɔm] *m* CHIM Zirkonium *nt*
zizanie [zizani] *f vieilli* Zwietracht *f* (*veraltet*)
zizi [zizi] *m enfantin fam* Schniedel *m* (*fam*), Pipi *nt* (*fam*)
zizique [zizik] *f fam* Musik *f,* Lala *f* (*fam*)
zloty [zlɔti] *m* Zloty *m*
zob [zɔb] *m vulg* Schwanz *m* (*sl*)
zodiacal(e) [zɔdjakal, o] <-aux> *adj* **signe** ~ Sternzeichen *nt;* **constellation** ~**e** Sternbild *nt*
zodiaque [zɔdjak] *m* Tierkreis *m;* **signe du** ~ Tierkreiszeichen *nt,* Sternzeichen *nt*
zombi[e] [zɔ̃bi] *m fam* Zombie *m* (*fam*)
zona [zona] *m* Gürtelrose *f*
zonage [zonaʒ] *m* ADMIN Flächennutzung *f*
zonard(e) [zonaʀ, aʀd] **I.** *adj fam* asozial
II. *m(f) fam* ❶ (*habitant de la zone*) *Bewohner(in) eines sozial schwachen Randbezirks*
❷ *péj* (*marginal*) Asoziale(r) *f(m)* (*pej*)
zone [zon] *f* ❶ (*secteur*) Gebiet *nt,* Zone *f;* ~ **bleue** Kurzparkzone
❷ (*zone du corps*) Bereich *m;* ~ **érogène** erogene Zone
❸ GEOG, HIST, MIL Zone *f,* Gebiet *nt;* ~ **climatique** Klimazone; ~ **côtière** Küstengebiet; ~ **pétrolière** Erdölzone; ~ **interdite** Sperrgebiet; ~ **dénucléarisée** atomwaffenfreie Zone; **la** ~ **libre** die freie Zone
❹ FIN, ECON Zone *f,* Gebiet *nt;* ~ **douanière** Zollgebiet; ~ **monétaire** Geldwirtschaftszone; ~ **euro** Eurowährungsgebiet, Eurozone
❺ *sans pl* (*banlieue mal famée*) *Vorortgürtel mit problematischer Sozialstruktur*
◆ ~ **d'aménagement concerté** *v.* **Z.A.C.**; ~ **d'aménagement différé** *v.* **Z.A.D.**; ~ **de dépression** Tiefdruckgebiet *nt,* Tief *nt;* ~ **de dialogue** INFORM Dialogbox *f;* ~ **d'éducation prioritaire** *v.* **Z.E.P.**; ~ **d'intervention foncière** *v.* **Z.I.F.**; ~ **de libre-échange** Freihandelszone *f;* ~ **d'ombre** (*secteur mal connu*) Dunkelzone *f;* ~ **à urbaniser en priorité** *v.* **Z.U.P.**
zoner [zone] <1> **I.** *vi fam in den sozial problematischen Randbezirken leben*
II. *vpr fam* **se** ~ (*se coucher*) sich aufs Ohr legen (*fam*), sich hinhauen (*sl*)
zonzon [zɔ̃zɔ̃] *f fam* Knast *m* (*fam*)
zoo [z(o)o] *m* Zoo *m,* zoologischer Garten
zoologie [zɔɔlɔʒi] *f* Zoologie *f*
zoologique [zɔɔlɔʒik] *adj* zoologisch; **jardin** ~ zoologischer Garten; **parc** ~ Tierpark *m*
zoologiste [zɔɔlɔʒist] *mf* Zoologe *m*/Zoologin *f*
zoom [zum] *m* (*effet, objectif*) Zoom *nt*
zoomer [zume] <1> *vi* zoomen
zoomorphe [zɔɔmɔʀf] *adj* in Tiergestalt
zoomorphisme [zɔɔmɔʀfism] *m* MYTH Verwandlung *f* in eine Tiergestalt
zoophile [zɔɔfil] **I.** *adj* ❶ (*qui aime les animaux*) [übertrieben] tierlieb
❷ (*qui pratique la zoophilie*) sodomitisch
II. *mf* ❶ (*qui aime les animaux*) Tierliebhaber(in) *m(f)*
❷ (*qui pratique la zoophilie*) Sodomit(in) *m(f)*
zoophilie [zɔɔfili] *f* ❶ (*amour des animaux*) Tierliebe *f*
❷ (*déviation sexuelle*) Sodomie *f*
zoophobie [zɔɔfɔbi] *f* Angst *f* vor Tieren
zootechnie [zɔɔtɛkni] *f* Tierzüchtungslehre *f*
zoreille [zɔʀɛj] *mf fam Spitzname für einen Neuankömmling in den französischen Überseeprovinzen*
zostère [zɔstɛʀ] *f* BOT Seegras *nt*
zou [zu] *interj fam* hopp [hopp]
zouave [zwav] *m* HIST, MIL Zuave *m*
zouk [zuk] *m Tanzmusik von den Kleinen Antillen und der entsprechende Tanz*
zozo [zozo] *m fam* Dummchen *nt* (*fam*)
zozoter [zɔzɔte] <1> *vi fam* lispeln
Z.U.P. [zyp] *f abr de* **zone à urbaniser en priorité** *Gebiet mit vorrangigen städtebaulichen Entwicklungsmaßnahmen*
zuper [zype] *vt in ein Gebiet mit vorrangigen städtebaulichen Entwicklungsmaßnahmen umwandeln*
Zurich [zyʀik] Zürich
zurichois(e) [zyʀikwa, waz] *adj* aus Zürich, Zürcher (CH)
zut [zyt] *interj fam* verdammt (*fam*)
zyeuter [zjøte] <1> *vt fam v.* **zieuter**
zygomatique [zigɔmatik] **I.** *adj* ANAT **os** ~ Jochbein *nt*
II. *m* Backenmuskulatur *f*

PONS

Wörterbuch für
Schule und Studium

Studienausgabe

Deutsch
Französisch

Ernst Klett Sprachen

Barcelona · Belgrad · Budapest
Ljubljana · London · Posen · Prag
Sofia · Stuttgart · Zagreb

PONS Wörterbuch für Schule und Studium Deutsch-Französisch

Studienausgabe

A

Aa

A, a [aː] <-, -> *nt* ❶ A *m*/a
❷ MUS la *m*
▶ **A wie Anton** a comme Anatole; **wer A sagt, muss auch B sagen** *Spr.* quand le vin est tiré, il faut le boire; (*man muss Versprechen halten*) il faut savoir assumer; **das A und [das] O einer S.** (*Gen*) l'essentiel *m* de qc; **von A bis Z** *fam* de A à Z
à [a] *Präp + Nom* à; **à ein Liter/drei Euro** à un litre/trois euros
Ä [ɛː], **ä** [ɛː] <-, -> *nt* A *m*/a *m* tréma
Aa [aˈʔa] <-> *nt Kinderspr.* caca *m* (*enfantin*); ~ **machen** faire caca
AA ❶ *Abk von* **Auswärtiges Amt**
❷ *Abk von* **Anonyme Alkoholiker**
Aachen [ˈaːxən] <-s> *nt* Aix-la-Chapelle
Aal [aːl] <-[e]s, -e> *m* anguille *f*
▶ **glatt wie ein** ~ glissant(e) comme une anguille; **sich [drehen und] winden wie ein** ~ se faufiler comme une anguille
aalen *r V fam* **sich** ~ se prélasser (*fam*); **sich in der Sonne** ~ se prélasser au soleil
aalglatt I. *Adj* glissant(e) comme une anguille
II. *Adv* **sich** ~ **herauswinden** s'en sortir par une pirouette
Aalsuppe *f* soupe *f* d'anguille
a.a.O. [aːʔaːˈʔoː] *Abk von* **am angegebenen Ort** ib[id].
Aargau [ˈaːɐgaʊ] <-s> *m* **der** ~ l'Argovie *f*
Aas [aːs, *Pl:* ˈaːzə] <-es, -e *o* Äser> *nt* ❶ (*Tierleiche*) charogne *f*
❷ <Äser> *sl* (*Schimpfwort*) salaud *m*/salope *f* (*pop*)
❸ *sl* (*Mensch*) **es war kein** ~ **zu sehen** il n'y avait pas un chat (*fam*)
aasen *itr V fam* **mit etw** ~ (*verschwenderisch verwenden*) gaspiller qc; **mit dem Geld** ~ balancer l'argent par les fenêtres (*fam*); **mit seiner Gesundheit** ~ ne pas ménager sa santé
Aasfliege *f* ZOOL mouche *f* à viande, calliphore *f* (*spéc*) **Aasfresser** <-s, -> *m* charognard *m* **Aasgeier** *m* vautour *m*
ab [ap] I. *Präp + Dat* ❶ (*räumlich*) ~ **der Tür** à partir de la porte; ~ **hier** à partir d'ici; **der Zug fährt** ~ **Hamburg** le train part de Hambourg
❷ (*zeitlich*) ~ **nächster Woche** à partir de la semaine prochaine; ~ **zwei Uhr/morgen** à partir de deux heures/demain; ~ **sofort** dès maintenant; ~ **sofort gelten** s'appliquer immédiatement; ~ **sofort gültig** avec effet immédiat; ~ **dem achten Lebensjahr** à partir de huit ans; **Kinder** ~ **zehn Jahre[n]** les enfants à partir de dix ans
❸ COM ~ **Grenze** à partir de la frontière; **der Preis** ~ **Werk** le prix au départ usine
II. *Adv* ❶ (*weg, fort*) **zur Post geht es links** ~ pour aller à la poste, il faut tourner à gauche; **jetzt aber** ~ **nach Hause!** allez, maintenant, on rentre!; ~ **ins Bett mit euch!** allez, au lit!; **Berlin** ~ **14.15 Uhr, Frankfurt an 19.17 Uhr** départ de Berlin [à] 14 h 15, arrivée à Francfort [à] 19 h 17
❷ *fam* (*entfernt*) **weit** ~ **sein** être très paumé(e) (*fam*); **zu weit** ~ **sein** être beaucoup trop paumé(e) (*fam*)
❸ *fam* (*abgelöst*) ~ **sein** *Haken, Knopf, Nagel:* être détaché(e), être cassé(e); **erst muss die alte Farbe** ~ il faut d'abord enlever l'ancienne peinture
❹ (*herunter*) **Helm/Gewehr** ~**!** reposez casque/arme!
▶ ~ **und zu** [*o* **an** NDEUTSCH] de temps en temps
Abakus [ˈaːbakʊs] <-, -> *m* abaque *m*
ab|ändern *tr V* ❶ remanier *Rede, Text, Programm;* amender *Gesetzentwurf;* réformer *Urteil;* **den Filmtitel in „Glückliche Tage"** ~ remplacer le titre du film par "Jours Heureux"
❷ (*umnähen*) retoucher *Mantel, Rock;* transformer *Ärmel, Kragen*
Abänderung *f* ❶ *eines Textes* modification *f; eines Gesetzentwurfs* amendement *m; eines Urteils* réformation *f;* **einige** ~**en an etw** (*Dat*) **vornehmen** apporter des retouches à qc; **in** ~ **unseres Programms** suite à une modification de notre programme
❷ (*das Umnähen*) *eines Mantels, Rocks* retouche *f; eines Ärmels, eines Kragens* transformation *f*
Abänderungsantrag *m* amendement *m;* **einen** ~ **einbringen** déposer un amendement
ab|arbeiten I. *tr V* ❶ (*tilgen*) travailler pour rembourser *Schulden*
❷ (*der Reihe nach erledigen*) exécuter
❸ (*hinter sich bringen*) **die vereinbarten drei Monate** ~ faire les trois mois prévus
II. *r V fam* **sich** ~ se crever au boulot (*fam*); *s. a.* **abgearbeitet**
Abart *f* variété *f*
abartig I. *Adj* ❶ *fam* (*pervers*) déviant(e)
❷ *sl* (*unglaublich*) dingue (*fam*)
II. *Adv* ❶ (*pervers*) de manière anormale
❷ *sl* (*sehr*) vachement (*fam*)
Abartigkeit <-, -en> *f* déviance *f*
Abb. *Abk von* **Abbildung** Ill.
Abbau <-s> *m* ❶ *eines Gerüsts, Zeltes* démontage *m*
❷ MIN (*von Erz, Kohle*) exploitation *f*
❸ (*Verringerung*) *von Arbeitskräften, Lagerbeständen, Subventionen, der Staatsverschuldung* réduction *f; von Vorurteilen* élimination *f;* **sozialer** ~ dégradation *f* des conditions sociales
❹ PHYSIOL, CHEM *von Alkohol, Kalzium, Zucker* décomposition *f; von Giftstoffen, Schadstoffen* filtrage *m*
abbaubar *Adj* CHEM, ÖKOL décomposable; **biologisch** ~ biodégradable
ab|bauen I. *tr V* ❶ (*zerlegen*) démonter *Gerüst, Zelt, Regal*
❷ MIN **Erz/Kohle** ~ exploiter du minerai/charbon
❸ (*verringern*) réduire *Produktion;* supprimer *Arbeitsstellen, Privilegien, Subventionen;* éliminer *Angst, Vorurteile;* **die Belegschaft [*o* das Personal]** ~ réduire les effectifs [*o* le personnel]
❹ PHYSIOL, CHEM **etw** ~ *Körper, Mikroorganismen:* décomposer qc; *Leber, Nieren:* filtrer qc
II. *itr V fam* connaître une baisse de régime
Abbauprodukt *nt meist Pl* ❶ BIO produit *m* des excrétions
❷ CHEM déchets *mpl*
ab|beißen *unreg* I. *tr V* couper avec les dents; **etw** ~ couper qc avec les dents; **ein Stück von einer Wurst** ~ croquer un morceau de saucisse; **sich** (*Dat*) **einen Fingernagel** ~ se ronger un ongle; **sich** (*Dat*) **die Zunge** ~ se mordre la langue
II. *itr V* croquer un morceau, mordre; **jdn von etw** (*Dat*) ~ **lassen** laisser qn croquer qc
ab|beizen *tr V* décaper *Schrank, Tür;* **Farbe/Lack** ~ enlever de la peinture/du vernis avec du décapant
Abbeizmittel *nt* décapant *m*
ab|bekommen* *tr V unreg fam* ❶ (*als Anteil erhalten*) recevoir; **ein Stück vom Kuchen** ~ recevoir une part du gâteau; **jeder bekommt etwas ab** tout le monde en aura
❷ (*getroffen werden*) recevoir *Spritzer, Prügel;* récolter *Delle, Kratzer;* **etwas** ~ *Person:* être amoché(e) (*fam*); *Auto, Vase, Gläser:* être esquinté(e) (*fam*); **nichts** ~ *Person:* avoir rien (*fam*); *Auto, Vase, Gläser:* ne pas être esquinté(e) (*fam*)
❸ (*loslösen können*) enlever; **die Tinte von den Fingern** ~ enlever l'encre des doigts
ab|berufen* *tr V unreg* rappeler
❷ REL *geh* **Gott hat ihn** ~ Dieu l'a rappelé à lui (*soutenu*)
Abberufung *f* rappel *m; von Aufsichtsratsmitgliedern, Geschworenen* révocation *f*
ab|bestellen* *tr V* décommander *Taxi, Ware;* annuler la réservation de *Hotelzimmer;* **die Zeitung** ~ résilier l'abonnement de son journal
Abbestellung *f* ~ **einer Ware/eines Taxis** annulation *f* de la commande d'une marchandise/d'un taxi; ~ **eines Hotelzimmers** annulation de la réservation d'une chambre d'hôtel; ~ **einer Zeitung** résiliation *f* de l'abonnement d'un journal
ab|bezahlen* I. *tr V* achever de payer *Schulden;* **etw** ~ payer

qc à crédit
II. *itr V* rembourser des traites
ab|biegen *unreg* **I.** *tr V + haben fam* détourner *Gespräch, Thema;* **ich konnte das/die Sache gerade noch ~** j'ai pu éviter ça/la chose de justesse
II. *itr V + sein* **nach links/rechts ~** tourner à gauche/à droite; **von der Straße ~** quitter la route; **von der Hauptstraße nach links ~** quitter la route principale et tourner à gauche
Abbiegespur *f* (*Rechtsabbiegespur*) file *f* de droite; (*Linksabbiegespur*) file de gauche
Abbiegung *f* virage *m*
Abbild *nt* ❶ *a. fig* (*Bild*) image *f*
❷ (*Plastik*) représentation *f*
ab|bilden *tr V* ❶ représenter; **auf der Titelseite abgebildet sein** être en photo en première page
❷ *geh* (*widerspiegeln*) rendre compte de *Verhältnisse*
Abbildung <-, -en> *f* ❶ illustration *f; einer Person* représentation *f*
❷ MATH projection *f*
ab|binden *unreg* **I.** *tr V* ❶ (*losbinden*) dénouer *Krawatte, Schürze;* **sich** (*Dat*) **die Krawatte ~** dénouer sa cravate
❷ MED mettre un garrot à *Arm, Bein;* ligaturer *Arterie*
❸ (*andicken*) **etw mit etw ~** lier qc avec qc; **zum Abbinden der Soße** pour lier la sauce
II. *itr V* ❶ *Beton, Gips:* prendre
❷ GASTR *Fonds, Soße:* épaissir
Abbitte *f geh* excuses *fpl*
▸ [**jdm**] **~ leisten** faire amende honorable [à qn] (*soutenu*)
ab|blasen *tr V unreg* ❶ *fam* (*absagen*) annuler
❷ (*entfernen*) **den Staub/Schmutz von etw ~** enlever la poussière/saleté de qc en soufflant dessus
ab|blättern *itr V + sein* ❶ *Pflanze:* s'effeuiller
❷ (*sich lösen*) **von etw ~** *Farbe, Lack:* s'écailler de qc
ab|bleiben *itr V unreg + sein fam* **wo ist er/sie abgeblieben?** où est-il passé/est-elle passée? (*fam*); **wo ist mein Koffer abgeblieben?** où est passée ma valise? (*fam*)
abblendbar *Adj Rückspiegel* anti-éblouissant(e)
ab|blenden **I.** *itr V* ❶ *Person, Fahrzeug:* se mettre en code[s]
❷ CINE couper
II. *tr V* **die Scheinwerfer ~** se mettre en code[s]
Abblendlicht *nt* codes *mpl;* **mit ~ fahren** rouler en code[s]
ab|blitzen *itr V + sein fam* **bei jdm mit einem Angebot/Vorschlag ~** se ramasser par qn avec une offre/proposition (*fam*); **jdn ~ lassen** envoyer balader qn (*fam*)
ab|blocken *fam* **I.** *tr V* faire barrage à; **jdn/etw mit etw ~** faire barrage à qn/qc par qc
II. *itr V* refuser la discussion
Abbrand *m* TECH (*im Kernreaktor*) combustion *f* nucléaire
ab|brausen **I.** *itr V + sein fam* (*davonfahren*) démarrer sur les chapeaux de roues (*fam*)
II. *tr V + haben* rincer *Person, Pflanze, Salat*
ab|brechen *unreg* **I.** *tr V + haben* ❶ (*lösen*) casser *Ast;* cueillir *Blüte;* **ein Stück von etw ~** couper un morceau de qc
❷ (*abbauen*) lever *Lager;* démonter *Zelt*
❸ (*niederreißen*) détruire *Gebäude*
❹ (*beenden*) interrompre *Kontakt, Behandlung, Studium, Kurs;* rompre *Beziehungen, Verhandlungen*
❺ INFORM annuler
▸ **sich** (*Dat*) **einen ~** *sl* (*viel reden, erklären*) se casser la tête (*fam*); **sich** (*Dat*) **einen ~** [**um etw zu tun**] *sl* (*sich Mühe geben*) se casser le cul [à faire qc] (*pop*); [**nun**] **brich dir** [**mal**] **keinen ab!** *sl* ne te casse pas le cul! (*pop*); (*spar dir deine Reden, Erklärungen*) te casse pas la tête! (*fam*)
II. *itr V* ❶ *+ sein* (*kaputtgehen*) se casser
❷ (*beendet werden*) *Kontakt, Verhandlungen:* s'interrompre
ab|bremsen **I.** *tr V* ❶ réduire la vitesse de *Fahrzeug*
❷ (*verlangsamen*) ralentir *Entwicklung*
II. *itr V Person:* ralentir sa vitesse
ab|brennen *unreg* **I.** *tr V + haben* ❶ brûler *Gras, Bewuchs, Böschung*
❷ (*niederbrennen*) incendier *Gehöft, Dorf*
❸ (*brennen lassen*) tirer *Feuerwerk, Rakete;* [faire] brûler *Räucherstäbchen*
II. *itr V + sein* ❶ (*niederbrennen*) *Gehöft, Dorf:* être détruit(e) par un incendie
❷ *fam* (*sein Haus verlieren*) *Person:* être victime d'un incendie
❸ (*sich aufbrauchen*) *Feuerwerkskörper, Kerze:* se consumer
▸ **abgebrannt sein** être victime d'un incendie; *fam* (*kein Geld haben*) être à sec (*fam*)
ab|bringen *tr V unreg* **jdn vom Weg/vom Thema ~** détourner qn du chemin/du sujet; **jdn vom Rauchen/Trinken ~** faire renoncer qn à fumer/boire; **jdn von einer Gewohnheit/Meinung ~** faire changer qn d'habitudes/d'avis; **jdn davon ~ etw zu tun** dissuader qn de faire qc; **sich von einer Gewohnheit/Meinung nicht ~ lassen** ne pas vouloir se défaire d'une habitude/opinion
ab|bröckeln *itr V + sein* ❶ (*sich lösen*) s'effriter; **von etw ~** s'effriter de qc
❷ BÖRSE *Kurse:* s'effriter
Abbruch *m* ❶ (*Abriss*) démolition *f*
❷ (*Beendigung*) *von Beziehungen, Verhandlungen* rupture *f; einer Reise, Therapie, eines Studiums* arrêt *m*
❸ MED *einer Schwangerschaft* interruption *f*
▸ **einer S.** (*Dat*) **keinen ~ tun** *fam* ne pas ternir qc; **etw auf ~ verkaufen** vendre qc pour la démolition
Abbrucharbeiten *Pl* travaux *mpl* de démolition **Abbruchfirma** *f* entreprise *f* de démolition **Abbruchhaus** *nt* maison *f* destinée à la démolition **abbruchreif** *Adj* ❶ (*baufällig*) bon(ne) pour la démolition ❷ CH (*schrottreif*) bon(ne) pour la casse **Abbruchunternehmen** *nt* entreprise *f* de démolition
ab|brühen *tr V* échauder *Kalbfleisch, Geflügel*
ab|brummen *tr V fam* tirer (*fam*) *Freiheitsstrafe;* **zwei Stunden ~** (*nachsitzen*) être collé(e) deux heures (*fam*)
ab|buchen *tr V* ❶ prélever; **etw vom Konto ~ lassen** faire prélever qc sur son compte; **das Abbuchen** le prélèvement
❷ COM amortir; **etw unter Verlust ~** passer qc par profits et pertes
Abbuchung *f* prélèvement *m*
Abbuchungsauftrag *m* demande *f* de prélèvement automatique
ab|bürsten **I.** *tr V* ❶ (*reinigen*) brosser
❷ (*entfernen*) **sich** (*Dat*) **den Staub vom Mantel ~** brosser la poussière de son manteau; **sich ~ lassen** *Staub, Schmutz:* s'enlever avec une brosse
II. *r V* **sich ~** brosser ses vêtements
ab|büßen *tr V* purger *Strafe;* expier *Schuld*
Abbüßung <-, -en> *f* **nach ~ der Strafe** après avoir purgé sa peine
Abc [a:be:'tse:, abe'tse:] <-, -> *nt* ❶ SCHULE alphabet *m;* **etw nach dem ~ ordnen** ranger qc par ordre alphabétique
❷ (*Grundlagen*) **das ~ der Informatik** l'a b c *m* de l'informatique
ab|checken [-tʃɛkn] *tr V fam* ❶ (*kontrollieren*) vérifier; **~, ob ...** vérifier que ... + *indic*
❷ (*prüfen*) tester
❸ (*abhaken*) vérifier
Abc-Schütze [a:be:'tse:-, abe'tse:-] *m hum* petit écolier *m*
ABC-Staaten *Pl* POL *l'Argentine, le Brésil et le Chili* **ABC-Waffen** *Pl* MIL armes *fpl* ABC
Abdampf *m* TECH vapeur *f* d'échappement
ab|dampfen *itr V fam* s'envoler
ab|danken *itr V Minister, Kanzler, Regierung:* démissionner; *Herrscher:* abdiquer
Abdankung <-, -en> *f* ❶ (*Rücktritt*) *eines Ministers, einer Regierung* démission *f; eines Herrschers* abdication *f*

❷ CH (*Trauerfeier*) obsèques *fpl*
ab|decken *tr V* ❶ débarrasser, desservir *Tisch;* retirer la couverture de *Bett*
❷ (*bedecken*) recouvrir
❸ (*von den Dachziegeln befreien*) **das Dach** ~ *Person:* démonter la toiture; *Sturm:* arracher les tuiles du toit
❹ (*ausgleichen*) combler *Defizit;* **etw durch** [*o* **mit**] **etw** ~ couvrir qc par qc
❺ (*berücksichtigen*) couvrir
Abdecker(in) <-s, -> *m(f)* équarrisseur(-euse) *m(f)*
Abdeckerei <-, -en> *f* équarrissoir *m*
Abdeckplane *f* plan *m* de revêtement **Abdeckstift** *m* stick *m* correcteur
Abdeckung *f* ❶ (*Material*) revêtement *m*
❷ *kein Pl* (*das Bedecken*) **zur** ~ **eines Beets verwendet werden** être utilisé(e) pour couvrir une plate-bande
ab|dichten *tr V* ❶ colmater *Leck, Ritzen;* étancher *Rohr*
❷ (*isolieren*) **etw gegen Feuchtigkeit** ~ isoler qc contre l'humidité
Abdichtung *f* ❶ *kein Pl* (*das Abdichten*) **zur** ~ **des Rohrs** pour refaire l'étanchéité du tuyau
❷ (*Dichtungsmaterial*) isolement *m*
Abdomen [ap'do:mən] <-s, - *o* Abdomina> *nt* ANAT abdomen *m*
abdominal [apdomi'na:l] *Adj* MED abdominal(e)
ab|drängen *tr V* repousser; **jdn vom Tor** ~ écarter qn du but; **jdn vom Ball** ~ déposséder qn de la balle
ab|drehen I. *tr V + haben* ❶ (*abstellen*) fermer *Hahn, Gas, Ventil;* éteindre *Licht, Radio*
❷ (*ablösen*) arracher *Blüte*
❸ CINE tourner *Film, Szene*
II. *itr V + haben o sein Schiff, Flugzeug:* changer de cap; **nach Nordosten** ~ virer au nord-est
Abdrift ['apdrɪft] <-, -en> *f* NAUT, AVIAT dérive *f*
ab|driften *itr V + sein* ❶ (*abgetrieben werden*) dériver
❷ *fig* (*abgleiten*) **nach rechts** ~ *Person:* virer à droite (*fig*); **in den Suff** ~ tourner à l'alcoolo (*fam*); **ins Abseits** ~ se retrouver sur la touche
ab|drosseln *tr V* ❶ étrangler *Person*
❷ TECH *a. fig* réduire *Gaszufuhr;* ralentir *Verkehr;* **den Motor** ~ (*verlangsamen*) baisser le régime du moteur; (*zum Stillstand bringen*) couper le moteur
Abdruck[1] <-drücke> *m* empreinte *f;* **einen** ~ **nehmen** [*o* **machen**] *Zahnarzt:* prendre une empreinte
Abdruck[2] <-drucke> *m* ❶ (*Veröffentlichung*) parution *f*
❷ *kein Pl* (*das Nachdrucken*) reproduction *f*
ab|drucken *tr V* faire paraître; **abgedruckt werden** *Artikel, Essay, Gedicht:* paraître
ab|drücken I. *tr V* ❶ MED comprimer
❷ *fam* (*bezahlen*) raquer (*fam*) *Summe, Betrag, Steuern*
❸ (*abfeuern*) **die Pistole** ~ tirer un coup de pistolet
❹ *fam* (*umarmen*) **jdn** ~ serrer qn dans ses bras
II. *itr V* tirer
ab|ducken *itr V* BOXEN se baisser pour esquiver
ab|dunkeln *tr V* ❶ (*abschirmen*) tamiser la lumière de *Lampe*
❷ (*dunkler machen*) obscurcir *Zimmer, Farbe;* occulter *Fenster*
ab|duschen I. *tr V* doucher; **soll ich dir den Rücken** ~**?** tu veux que je te rince le dos?
II. *r V* **sich** ~ se doucher
ab|ebben *itr V + sein Wut, Missmut:* passer; *Aufruhr, Streit:* se calmer; *Lärm, Grölen:* diminuer
abend *s.* **Abend 1.**
Abend ['a:bənd] <-s, -e> *m* ❶ (*Tageszeit*) soir *m;* **letzten** ~ hier soir; **jeden** ~ tous les soirs; **am** ~ (*heute Abend*) ce soir; (*jeden Abend*) le soir; **am frühen/späten** ~ tôt/tard dans la soirée; **heute/gestern/morgen** ~ ce/hier/demain soir; **Dienstag** ~ mardi soir; **am** ~ **des 13.** le 13 au soir; ~ **für** [*o* **um**] ~ soir après soir; **des** ~**s** *poet* le soir; **eines** [**schönen**] ~**s** un [beau] soir; **gegen** ~ vers le soir; **im Laufe des** ~**s** dans la soirée; **den ganzen** ~ **über** toute la soirée; **es wird** ~ le soir tombe; **es ist** ~ il fait nuit; **zu** ~ **essen** *geh* dîner; **guten** ~**!** bonsoir!; **jdm guten** ~ **sagen** dire bonsoir à qn
❷ (*Abendveranstaltung*) **bunter** ~ soirée *f* récréative
❸ *veraltet* (*Westen*) Occident *m*
▶ **je später der** ~**, desto schöner** [*o* **netter**] **die Gäste** *Spr.* ≈ il faut savoir se faire attendre; **am** ~ **des Lebens** *geh* au soir de la vie (*littér*); **du kannst mich** [**mal**] **am** ~ **besuchen!** *euph fam* tu peux toujours courir! (*fam*)
Abendandacht *f* complies *fpl* **Abendanzug** *m* tenue *f* de soirée; (*Frack*) habit *m;* **im** ~ **sein** être en tenue de soirée **Abendblatt** *nt* journal *m* du soir **Abendbrot** *nt repas froid du soir;* ~ **essen** dîner [froid]

i Land & Leute

La plupart des Allemands prennent le soir un **Abendbrot** en guise de dîner. En général, c'est un repas froid pris dans une ambiance assez décontractée. Il est composé de pain, d'un assortiment de charcuterie, d'un plateau de fromages et éventuellement d'un plat chaud, surtout lorsque le repas de midi a lui-même été froid.

Abenddämmerung *f* crépuscule *m*
abendelang *Adv* à longueur de soirée[s]
Abendessen *nt* dîner *m*
abendfüllend *Adj* qui occupe toute la soirée; ~ **sein** occuper toute la soirée
Abendgesellschaft *f* ❶ (*Gäste*) invités *mpl* [de la soirée] ❷ (*Feier*) soirée *f* **Abendgottesdienst** *m* REL ❶ (*katholisch*) messe *f* du soir ❷ (*evangelisch*) office *m* [religieux] du soir **Abendgymnasium** *nt* cours *mpl* secondaires du soir **Abendkasse** *f* caisse *f* **Abendkleid** *nt* robe *f* du soir; **im** ~ **sein** être en robe du soir **Abendkleidung** *f* tenue *f* de soirée **Abendkurs** *m* cours *m* du soir **Abendland** *nt kein Pl geh* **das** ~ l'Occident *m;* **das christliche** ~ l'Occident chrétien
abendländisch I. *Adj* occidental(e)
II. *Adv* ~ **geprägt sein** être imprégné(e) de culture occidentale; ~ **beeinflusst sein** subir une influence occidentale
abendlich *Adj* ❶ *Nachrichten, Stille, Stoßzeit* du soir; *Veranstaltung, Witterungsumschwung* en soirée
❷ (*festlich*) *Kleidung* de soirée; *Make-up, Parfüm* du soir
Abendmahl *nt* ❶ *kein Pl* BIBL **das** ~ la sainte Cène
❷ *kein Pl* (*Abendmahlsfeier*) **zum** ~ **gehen** communier; **das** ~ **nehmen** [*o* **empfangen** *geh*] recevoir la communion; **jdm das** ~ **reichen** [*o* **erteilen**] donner la communion à qn
Abendmahlzeit *f geh* dîner *m* **Abendprogramm** *nt* programme *m* de la soirée; **im** ~ **sehen Sie heute ...** au programme [de] ce soir, vous pourrez voir ... **Abendrot** *nt*, **Abendröte** *f geh* coucher *m* de soleil
abends ['a:bənts] *Adv* (*heute Abend*) ce soir; (*jeden Abend*) le soir
Abendschule *f* cours *mpl* du soir **Abendschüler(in)** *m(f)* participant(e) *m(f)* au cours du soir; ~ **sein** fréquenter un cours du soir **Abendsonne** *f* soleil *m* du soir **Abendstern** *m kein Pl geh* étoile *f* du berger (*soutenu*) **Abendstille** *f* calme *m* du soir; **überall herrschte** ~ tout était calme ce soir-là **Abendstunde** *f* heure *f* de la soirée; **bis in die** ~**n** jusqu'au soir; **bis in die späten** ~**n** jusqu'à une heure avancée; **in den** [**späten**] ~**n** [tard] dans la soirée **Abendverkauf** *m* CH nocturne *f* **Abendvorstellung** *f* séance *f* du soir **Abendzeit** *f geh* **zur** ~ le soir **Abendzug** *m* train *m* de nuit
Abenteuer ['a:bəntɔɪɐ] <-s, -> *nt* ❶ (*Erlebnis, sexuelle Beziehung*) aventure *f;* **auf** ~ **aus sein** être [toujours] en quête d'aventures; **sich in jedes** ~ **stürzen** être de toutes les aventures

❷ (*Wagnis*) entreprise *f* hasardeuse
Abenteuerin *s.* Abenteurer(in)
abenteuerlich I. *Adj* ❶ *Reise* riche en aventures; *Leben* aventureux(-euse); **ein ~es Erlebnis** une aventure; **eine ~e Erzählung** un récit d'aventures; **viel Abenteuerliches** de nombreuses aventures
❷ (*fantastisch*) *Geschichte, Vorfall* rocambolesque
❸ (*wildromantisch*) *Gestalt, Kleidung* extravagant(e)
❹ (*unglaublich*) *Ausrede, Forderung* loufoque; *Preis* exorbitant(e)
II. *Adv* ❶ (*fantastisch*) **sich ~ anhören, ~ klingen** sembler extravagant(e)
❷ (*wildromantisch*) *gekleidet sein* de manière extravagante
Abenteuerlichkeit <-, -en> *f* ❶ *kein Pl* (*das Spannende*) *eines Erlebnisses, einer Reise* caractère *m* aventureux
❷ (*Unglaublichkeit*) *einer Geschichte, eines Vorfalls* [côté *m*] rocambolesque; *einer Forderung, These* loufoquerie *f*
Abenteuerlust *f* attrait *m* de l'aventure; **vor ~ brennen** avoir soif d'aventure[s] **abenteuerlustig** *Adj* qui a le goût de l'aventure, qui a l'esprit aventureux **Abenteuerroman** *m* roman *m* d'aventures **Abenteuerspielplatz** *m* terrain *m* d'aventures
Abenteurer(in) ['a:bəntɔɪrɐ] <-s, -> *m(f)* aventurier(-ière) *m(f)*
aber ['a:bɐ] I. *Konj* ❶ (*jedoch*) mais; **die anderen ~** mais les autres; **~ dennoch** [*o* **trotzdem**], **...** et pourtant ...
❷ (*und zwar*) **schreib das noch mal ab, ~ sauber!** recopie-moi ça, et proprement!; **verschwinde, ~ plötzlich!** *fam* fous le camp, et plus vite que ça! (*fam*)
❸ (*wirklich*) **das ist ~ nett von Ihnen** ça, c'est sympa [de votre part]; **dann ist er ~ wütend geworden!** alors il a piqué une de ces colères!; **das ist ~ heiß!** ouh, c'est chaud!; **du hast ~ einen schönen Ball!** tu en as un beau ballon!; **bist du ~ braun!** ce que tu es bronzé(e)!, qu'est-ce que tu es bronzé(e)!; **das geht ~ zu weit!** ça alors, c'est trop fort!; **~ selbstverständlich** [*o* **gewiss**]**!** mais bien sûr!; **~ ja!** (*und ob*) et comment!; (*und ob du das tust*) c'est ce qu'on va voir!; **~ nein!** mais non!; **oder ~** ou bien [alors]
❹ (*oh*) voyons, enfin; **~, ~!** [voyons,] voyons!; **~ Hanna/Kinder!** voyons, Hanna/les enfants!; **~ ich muss doch sehr bitten!** mais enfin, je t'en/je vous en prie!
II. *Adv* ▶ **~ und abermals** *geh* à de nombreuses reprises
Aber <-s, - *o fam* -s> *nt* ❶ (*Einwand*) mais *m;* **kein ~!** il n'y a pas de mais [qui tienne]!
❷ (*Schwierigkeit, Haken*) **etw hat ein ~** il y a un hic dans qc (*fam*)
Aberglaube[n] *m* ❶ (*falscher Glaube*) superstition *f*
❷ *fam* (*Unsinn*) sornettes *fpl*
abergläubisch *Adj* superstitieux(-euse)
aberhundert *Num geh* des centaines; [**hundert und**] **~ Schaulustige** des centaines [et des centaines] de badauds
Aberhunderte *Pl geh* des centaines *fpl;* [**Hunderte und**] **~** des centaines *fpl* [et des centaines]; **zu ~n** par centaines
ab|erkennen* *tr V unreg* **jdm einen Titel ~** retirer un titre à qn; **jdm ein Recht ~** priver qn d'un droit
Aberkennung <-, -en> *f eines Titels, Ordens* dépossession *f; eines Rechts* privation *f*
abermalig *Adj attr* nouveau(-velle) *antéposé;* **eine ~e Änderung der Vorschriften** un nouveau changement des instructions
abermals ['a:bɐma:ls] *Adv* une nouvelle fois
ab|ernten *tr V* récolter *Früchte;* **die Obstbäume ~** récolter les fruits des arbres; **die Felder ~** faire la récolte dans les champs
abertausend *Num geh* des milliers [et des milliers]; **tausend und ~ Fische** des milliers [et des milliers] de poissons **Abertausende** *Pl geh* des milliers *mpl* [et des milliers]; **zu ~n** par milliers **Aberwitz** *m kein Pl geh* absurdité *f* **aberwitzig** *Adj geh* insensé(e); **~ sein** être un défi au bon sens
ab|essen *tr V unreg* manger

Abessinien [abɛ'si:niən] <-s> *nt* HIST Abyssinie *f*
Abf. *Abk von* **Abfahrt 1.**
ab|fackeln *tr V* ❶ (*abbrennen lassen*) brûler *Gase*
❷ *fam* (*niederbrennen*) incendier
abfahrbereit *s.* **abfahrtbereit**
ab|fahren *unreg* I. *itr V + sein* ❶ (*losfahren*) partir
❷ SKI descendre [à skis]
❸ *fam* (*beeindruckt sein*) **auf jdn/etw ~** craquer pour qn/qc (*fam*)
❹ *fam* (*abgewiesen werden*) **mit einem Vorschlag bei jdm ~** se faire rembarrer par qn avec une proposition (*fam*); **jdn ~ lassen** envoyer qn sur les roses (*fam*)
II. *tr V* ❶ + *haben* (*abtransportieren*) enlever *Aushub, Müll*
❷ + *haben* (*abreißen*) **ein Stück von einer Mauer ~** arracher une partie d'un mur [en rentrant dedans]
❸ + *haben o sein* (*bereisen*) écumer (*péj*) *Höfe, Ortschaften;* **ein Land ~** parcourir un pays [de long en large]
❹ + *haben o sein* (*inspizieren*) inspecter *Straße, Strecke*
❺ + *haben* user *Reifen*
III. *r V + haben* **sich ~** *Reifen:* s'user
Abfahrt *f* ❶ *einer Person, eines Zugs, Busses* départ *m*
❷ *fam* (*Autobahnabfahrt*) sortie *f*
❸ SKI descente *f;* (*Abfahrtsstrecke*) piste *f* [de ski]
abfahrtbereit I. *Adj* prêt(e) à partir
II. *Adv* **~ warten** être prêt(e) à partir; **der Zug steht ~ auf Gleis 14** quai 14, le train est prêt à partir
Abfahrtslauf *m* descente *f* **Abfahrtsstrecke** *f* SPORT (*beim Skifahren*) [piste *f* de] descente **Abfahrtszeit** *f* heure *f* de départ
Abfall <-[e]s, Abfälle> *m* ❶ (*unbrauchbare Überreste*) déchets *mpl;* (*Müll*) ordures *fpl*
❷ *kein Pl* POL sécession *f;* ECCL apostasie *f*
❸ *kein Pl* (*Neigung*) *eines Geländes, einer Straße* déclivité *f*
Abfallbeseitigung *f* ❶ collecte *f* et traitement des déchets
❷ *fam* (*Amt für Abfallbeseitigung*) poubelles *fpl* (*fam*)
Abfalleimer *m* poubelle *f*
ab|fallen *itr V unreg + sein* ❶ (*herunterfallen*) tomber; **von etw ~** tomber de qc
❷ (*abtrünnig sein*) *Gläubiger:* apostasier; *Parteimitglied, Gruppierung, Land:* faire sécession; **von einer Partei ~** quitter un parti; **vom rechten Glauben ~** renier sa foi
❸ *fam* (*entfallen, übrig bleiben*) rester; **was fällt für mich dabei ab?** qu'est-ce qu'il me reste? (*fam*)
❹ (*schwinden*) **von jdm ~** *Scheu, Unsicherheit:* disparaître de qn; **alle Furcht fiel von ihr ab** ses craintes disparurent complètement
❺ (*sich neigen*) **gegen** [*o* **zu**] **etw ~** *Gelände, Hang:* descendre vers qc; **leicht ~** descendre en pente douce; **~d** en pente
❻ (*sich vermindern*) *Druck, Temperatur:* baisser
❼ (*zurückfallen*) *Sportler:* rétrograder; **gegenüber jdm/gegen etw ~** *Schüler:* être moins bon(ne) par rapport à qn/qc
Abfallentsorgung *f* élimination *f* des déchets; (*Müllentsorgung*) élimination des ordures **Abfallexperte** *m*, **-expertin** *f* expert(e) *m(f)* en matière de traitement des déchets **Abfallhaufen** *m* tas *m* d'ordures
abfällig I. *Adj* dédaigneux(-euse)
II. *Adv* avec dédain
Abfallindustrie *f* industrie *f* de récupération et de recyclage des déchets **Abfallprodukt** *nt* ❶ CHEM résidu *m* ❷ (*Nebenprodukt*) sous-produit *m* **Abfallvermeidung** *f* **~ ist die beste Lösung** la meilleure solution est d'éviter de produire des déchets **Abfallverwertung** *f* recyclage *m* [des déchets] **Abfallwirtschaft** *f* industrie *f* des déchets
ab|fälschen *tr V* SPORT [faire] dévier
ab|fangen *tr V unreg* ❶ (*abpassen, aufhalten*) intercepter
❷ (*wieder unter Kontrolle bringen*) redresser *Fahrzeug*
❸ (*abwehren, auffangen*) amortir *Hieb, Schlag, Aufprall*
Abfangjäger *m* avion *m* d'interception

ab|färben *itr V a. fig* déteindre; **auf jdn/etw ~** déteindre sur qn/qc
ab|fassen *tr V* rédiger; **etw von jdm ~ lassen** faire rédiger qc par qn
Abfassung *f* rédaction *f;* **jdn mit der ~ einer Rede beauftragen** charger qn de rédiger un discours
ab|faulen *itr V + sein* pourrir
ab|federn I. *tr V + haben* ❶ (*dämpfen*) amortir *Sprung, Stoß;* améliorer la suspension de *Wagen*
❷ (*abmildern*) freiner *Kursverfall, Verlust;* atténuer *Härte, Arbeitslosigkeit;* adoucir *Kritik*
II. *itr V + haben o sein* SPORT ❶ (*hochfedern*) prendre de l'élan; **ein gutes Abfedern** une bonne prise d'élan
❷ (*zurückfedern*) se recevoir [au sol]; **das Abfedern** la réception
ab|feiern *tr V fam* **Überstunden ~** récupérer des heures supplémentaires en jours de congé
ab|feilen *tr V* limer
ab|fertigen I. *tr V* ❶ (*versandfertig machen*) enregistrer; **etw ~ lassen** faire enregistrer qc
❷ (*be- und entladen*) s'occuper du fret de
❸ (*bedienen*) servir *Antragsteller, Passagier;* **jdn am Zoll ~** contrôler qn à la douane
❹ (*behandeln*) **jdn barsch/kurz ~** expédier qn durement/rapidement
❺ (*abspeisen*) **jdn mit zehn Euro ~** faire l'aumône de dix euros à qn
II. *itr V Grenzbeamter:* effectuer le contrôle [de douane]
Abfertigung *f* ❶ *von Paketen, Waren, Briefsendungen* expédition *f*
❷ (*Abfertigungsstelle*) enregistrement *m*
❸ (*Bedienung*) *eines Kunden* service *m;* **sich bei** [*o* **mit**] **der ~ der Kunden Zeit lassen** servir les clients sans se presser
❹ (*Kontrolle*) *von Reisenden, Fahrzeugen* contrôle *m*
❺ A (*Abfindung*) dédommagement *m*
Abfertigungshalle *f* hall *m* d'enregistrement **Abfertigungsschalter** *m* guichet *m* d'enregistrement
ab|feuern *tr V* décharger *Schusswaffe;* tirer *Flugkörper, Salve, Schuss;* tirer un coup de *Kanone*
ab|finden *unreg* **I.** *tr V* dédommager; **jdn** [**großzügig**] **~** dédommager qn [généreusement]
II. *r V* **sich mit jdm/etw ~** s'accommoder de qn/qc; **sich damit ~, dass** s'accommoder du fait que + *subj*
Abfindung <-, -en> *f* dédommagement *m*
ab|fischen *tr V* dépeupler par la pêche; **sie haben den Teich abgefischt** ils ont pêché tous les poissons de l'étang
ab|flachen I. *itr V + sein Niveau, Angebot, Interesse:* baisser; *Kultur:* décliner; *Wachstum:* ralentir; *Diskussion:* s'effriter
II. *tr V + haben* niveler *Wall*
Abflachung <-, -en> *f* ❶ (*abgeflachte Form*) aplatissement *f*
❷ (*das Abflachen*) *eines Hangs, Erdwalls* nivellement *m*
❸ (*Sinken*) *des Niveaus, Angebots, Interesses* baisse *f; der Kultur* déclin *m*
ab|flauen ['apflaʊən] *itr V + sein* ❶ (*schwächer werden*) *Wind:* faiblir; **~d** faible
❷ (*zurückgehen*) *Interesse, Nachfrage, Empörung:* retomber; *Konjunktur:* baisser; **~d** en perte de vitesse; *Konjunktur* à la baisse
ab|fliegen *itr V unreg + sein* ❶ *Passagier:* partir; *Pilot, Flugzeug:* décoller; **mit der nächsten Maschine ~** partir par le prochain avion; **nach München ~** s'envoler pour Munich; **von Hamburg ~** décoller de Hambourg
❷ (*wegfliegen*) *Vogel:* s'envoler
ab|fließen *itr V unreg + sein* ❶ (*wegfließen*) s'écouler
❷ (*sich entleeren*) se vider
❸ TRANSP *Verkehr:* s'écouler; **der Verkehr fließt jetzt schneller ab** la circulation est devenue plus fluide
Abflug *m eines Passagiers* départ *m* [en avion]; *eines Flugzeugs* décollage *m; von Zugvögeln* migration *f;* **Passagiere nach Paris bitte zum ~!** vol pour Paris, embarquement immédiat!

abflugbereit *Adj* **~ sein** *Passagier:* être prêt(e) à s'envoler; *Flugzeug* être prêt(e) au décollage **Abflughafen** *m* aéroport *m* de départ **Abflughalle** *f* salle *f* d'embarquement **Abflugzeit** *f* AVIAT heure *f* de décollage
Abfluss[RR] *m* ❶ *kein Pl* (*das Abfließen*) écoulement *m*
❷ (*Abflussrohr*) [conduit *m* d']écoulement
❸ (*Abflussstelle*) *eines Teichs, Sees* écoulement *m*
Abflussgraben[RR] *m* rigole *f* [d'écoulement] **Abflussreiniger**[RR] *m* déboucheur *m* **Abflussrinne**[RR] *f* caniveau *m* **Abflussrohr**[RR] *nt* collecteur *m*
Abfolge *f geh* ordre *m;* **in rascher ~** l'un(e) à la suite de l'autre
ab|fordern *tr V* **jdm ein Versprechen ~** faire promettre qc à qn; **ihm wurden die Papiere abgefordert** on lui a demandé ses papiers
Abfrage *f* INFORM requête *f*
ab|fragen *tr V* ❶ interroger; **jdn** [**etw**] **~** interroger qn [sur qc]
❷ INFORM consulter *Daten, Informationen*
ab|fressen *tr V unreg* ❶ (*herunterfressen*) brouter
❷ (*abnagen*) ronger *Knochen*
ab|frieren *unreg* **I.** *itr V + sein Blumen, Blüte, Pflanzen:* geler; **mir frieren die Ohren ab** *hum* j'ai les oreilles gelées
II. *tr V + haben* ▸ **sich** (*Dat*) <u>**einen**</u> **~** *sl* se les geler (*fam*)
ab|fühlen *tr V* palper
Abfuhr ['apfuːɐ] <-, -en> *f* ❶ (*Zurückweisung*) fin *f* de non-recevoir; **jdm eine ~ erteilen** opposer une fin de non-recevoir à qn; **sich** (*Dat*) **bei jdm eine ~ holen** se faire recevoir par qn (*iron*)
❷ (*sportliche Niederlage*) **jdm eine ~ erteilen** infliger une défaite à qn; **sich** (*Dat*) **eine ~ holen** subir une défaite
❸ *kein Pl form* (*Abtransport*) ramassage *m*
ab|führen I. *tr V* ❶ (*wegbringen*) emmener *Person;* **~!** emmenez-le/emmenez-la!
❷ (*bezahlen*) **etw an jdn/etw ~** verser qc à qn/qc
❸ (*ableiten*) évacuer *Abluft, Gase*
❹ (*entfernen*) **jdn vom Thema/Ziel ~** éloigner qn d'un sujet/but
II. *itr V* ❶ MED être laxatif(-ive); **etwas zum Abführen** quelque chose contre la constipation
❷ (*wegführen*) **von der Straße/dem Weg ~** quitter la route/le chemin
❸ (*entfernen*) **vom Thema ~** s'écarter du sujet
abführend I. *Adj* MED laxatif(-ive); **eine ~e Wirkung haben** avoir un effet laxatif
II. *Adv* **~ wirken** avoir des propriétés laxatives
Abführmittel *nt* laxatif *m*
Abführung *f von Steuern* règlement *m*
Abfüllbetrieb *m* usine *f* de mise en bouteilles **Abfülldatum** *nt* date *f* de mise en bouteille
ab|füllen *tr V* ❶ (*abziehen*) tirer; **etw in Flaschen ~** mettre qc en bouteilles
❷ *sl* (*betrunken machen*) soûler la gueule à (*fam*)
Abfüllung *f* mise *f* en bouteille
ab|füttern *tr V fam* donner à bouffer à (*fam*)
Abgabe *f* ❶ *kein Pl* (*das Abgeben*) *eines Urteils* délivrance *f; eines Widerrufs* rétraction *f;* **sie wurde zur ~ einer Erklärung aufgefordert** on lui a demandé de fournir une explication
❷ *kein Pl* (*das Abliefern*) *eines Passes, einer Waffe, von Gepäck* dépôt *m*
❸ *kein Pl* (*Einreichung*) *eines Gutachtens, eines Prüfungsarbeit* remise *f*
❹ *kein Pl* (*Verteilung*) *von Prospekten, Warenproben* distribution *f*
❺ *kein Pl* (*Verkauf*) *von Alkoholika* vente *f*
❻ *kein Pl* (*Abstrahlung*) *von Wärme, Energie* rayonnement *m*
❼ *kein Pl* (*das Abspielen*) *des Balls* passe *f*
❽ *kein Pl* (*Verlust*) *von Punkten* perte *f*
❾ (*Steuer*) taxe *f;* **jährliche ~n** impôts *mpl*
abgabenfrei I. *Adj* exonéré(e) d'impôts **II.** *Adv einnehmen* sans payer d'impôts **abgabenpflichtig** *Adj* assujetti(e) à l'impôt

Abgabetermin *m* date *f* limite de remise
Abgang <-gänge> *m* ❶ *kein Pl* (*das Weggehen, Ausscheiden*) (*aus einem Amt, einer Firma*) départ *m;* (*in den Ruhestand*) départ en retraite; **sich für einen vorzeitigen ~ von der Schule entscheiden** se décider à quitter l'école prématurément
❷ *kein Pl* THEAT sortie *f;* **vor dem ~** avant de quitter la scène
❸ *kein Pl* (*Absendung*) *von Briefen, Waren* expédition *f*
❹ (*Absprung*) sortie *f*
❺ MED *form eines Embryos, Nierensteins* expulsion *f*
❻ *sl* (*das Sterben*) décès *m*
❼ A (*Fehlbetrag*) débit *m*
► **sich** (*Dat*) **einen guten/glänzenden ~ verschaffen** réussir une bonne/brillante sortie
Abgänger(in) <-s, -> *m(f) form* élève *mf* qui quitte l'école
abgängig *Adj* A *form* porté(e) disparu(e); **~ sein** être manquant(e)
Abgängige(r) *f(m) dekl wie Adj* A personne *f* portée disparue
Abgangszeugnis *nt* certificat *m* de fin de scolarité
Abgas *nt meist Pl* gaz *mpl* d'échappement
abgasarm *Adj Auto* propre; **~ sein** polluer peu **abgasfrei** **I.** *Adj* non polluant(e); **~ sein** ne pas produire de gaz d'échappement **II.** *Adv* sans polluer **Abgaskatalysator** *m* AUT pot *m* catalytique **Abgassonderuntersuchung** *f* contrôle *m* antipollution

i Land & Leute

Depuis le premier juin 1969, tous les véhicules sont régulièrement soumis à un contrôle antipollution. Les véhicules équipés d'un pot catalytique à régulation électronique doivent passer au **Abgassonderuntersuchung** tous les deux ans et les autres, non-équipés, tous les ans. Lors de ce contrôle, on mesure les émissions polluantes du véhicule. Les normes antipollution sont fixées au niveau européen.

Abgastest *m* ÖKOL test *m* antipollution **Abgasuntersuchung** *f* AUT *s.* **Abgassonderuntersuchung** **Abgaswolke** *f* nuage *m* de gaz d'échappement
ab|gaunern *tr V fam* **jdm etw ~** carotter qc à qn (*fam*); **sich** (*Dat*) **von jdm etw ~ lassen** se faire carotter qc par qn (*fam*)
abgearbeitet *Adj* vanné(e)
ab|geben *unreg* **I.** *tr V* ❶ **etw an jdn ~** (*verschenken*) donner qc à qn; (*verkaufen*) céder qc [à qn]; **jdm ein Stück vom Kuchen ~** donner un morceau du gâteau à qn
❷ (*hinterlegen*) **etw bei jdm ~** déposer qc chez qn
❸ (*äußern*) donner *Meinung;* **eine Stellungnahme zu etw ~** émettre une opinion à propos de qc
❹ PARL donner *Stimme;* **die abgegebenen Stimmen** les suffrages *mpl* [exprimés]
❺ (*einreichen*) rendre *Prüfungsarbeit, Doktorarbeit*
❻ (*überlassen, übergeben*) laisser *Arbeit, Auftrag;* **das Amt/den Vorsitz an jdn ~** laisser la fonction/la présidence à qn
❼ (*liefern*) **den Rahmen für** [*o* **zu**] **etw ~** constituer le cadre de qc; **den Stoff für** [*o* **zu**] **etw ~** fournir la matière pour qc
❽ *fam* (*darstellen, sein*) **Maria Stuart/eine gute Lehrerin ~** faire Marie Stuart/une bonne enseignante
❾ (*abfeuern*) **einen Schuss auf jdn/etw ~** tirer sur qn/qc
❿ (*ausströmen lassen*) émettre *Wärme, Energie, Strahlung*
⓫ (*abspielen*) **den Ball an jdn ~** passer la balle à qn
⓬ (*verlieren*) **Punkte/den Platz an jdn ~** *Spieler, Mannschaft:* céder des points/la place à qn
II. *r V* ❶ **sich mit seinem Hobby ~** se consacrer à son hobby; **sich nicht mit Kleinigkeiten ~** ne pas perdre son temps avec des babioles
❷ *pej* (*sich einlassen*) **sich mit jdm ~** fréquenter qn
III. *itr V Spieler:* faire une passe

abgebrannt *Adj fam* fauché(e) (*fam*)
abgebrochen *Adj* ❶ *Ausbildung, Studium* interrompu(e)
❷ *fam* (*mit abgebrochenem Studium*) **ein ~er Jurist** une personne qui a interrompu ses études de droit; **er ist ein ~er Mediziner** il a interrompu ses études de médecine
abgebrüht *Adj fam* (*skrupellos*) pourri(e); (*dreist*) culotté(e) (*fam*)
abgedankt *Adj veraltet Offizier* réformé(e); *Dienstbote* congédié(e)
abgedroschen *Adj pej fam* rebattu(e)
abgefeimt ['apgəfaɪmt] *Adj pej* retors(e)
Abgefeimtheit <-, -en> *f pej einer Person* rouerie *f*
abgefuckt ['apgəfakt] *Adj sl* (*heruntergekommen*) nase (*pop*)
abgegriffen *Adj* ❶ (*abgenutzt*) abîmé(e)
❷ *pej* (*sinnentleert*) usé(e)
abgehackt **I.** *Adj Silbe, Sprechweise* haché(e)
II. *Adv* **~ sprechen** avoir un débit haché
abgehangen *Adj Fleisch, Steak* rassis(rassie)
abgehärmt ['apgəhɛrmt] *Adj* ravagé(e) par le chagrin
abgehärtet *Adj* **gegen Schnupfen ~ sein** être résistant(e) aux rhumes; **gegen Vorwürfe/Kritik ~ sein** être vacciné(e) contre les reproches/critiques (*fam*)
ab|gehen *unreg* **I.** *itr V + sein* ❶ **von etw ~** *Farbe, Putz, Fleck:* partir de qc; *Knopf:* se détacher de qc
❷ (*abgezogen werden*) **von dieser Summe gehen fünf Prozent Rabatt ab** il faut déduire cinq pour cent de la somme totale
❸ (*verschickt werden*) partir; **die ~de Post** le courrier à expédier
❹ (*abzweigen*) **von etw ~** *Straße, Weg:* quitter qc
❺ (*Abstand nehmen*) **von einer Forderung ~** renoncer à une revendication
❻ (*abfahren*) *Zug:* partir; *Schiff:* appareiller; **~d** en partance; **die ankommenden und ~den Züge** les arrivées et les départs
❼ *fam* (*fehlen*) **jdm geht etw ab** qn manque de qc
❽ (*fortgehen*) **von der Schule ~** quitter l'école
❾ MED *Embryo, Nierenstein:* être expulsé(e)
❿ *sl* (*sterben*) claquer (*fam*)
⓫ SPORT **vom Parallelbarren ~** effectuer une sortie des barres parallèles; **das Abgehen** la sortie
⓬ (*verlaufen*) **ohne Komplikationen ~** se passer sans complications
⓭ *sl* (*passieren*) se passer; **da geht doch nichts ab!** il n'y a pas d'ambiance! (*fam*)
II. *tr V + sein* ❶ (*absuchen*) **die Straße ~** repasser dans la rue
❷ (*in Augenschein nehmen*) **eine Strecke ~** parcourir un itinéraire
abgehetzt *Adj* stressé(e)
abgehoben *Adj* ❶ *Sprache* abstrait(e); *Ansicht, Vorstellung* irréaliste
❷ (*weltfremd*) coupé(e) du réel
abgekämpft *Adj* éreinté(e)
abgekartet *Adj fam* goupillé(e) à l'avance (*fam*); **es war abgekartet, dass** c'était goupillé à l'avance que + *subj*
abgeklärt ['pgəklɛ:ɐt] **I.** *Adj* serein(e)
II. *Adv* sereinement
Abgeklärtheit <-> *f* sérénité *f*
abgelagert *Adj* ❶ GEOL déposé
❷ *Wein* qui a vieilli
abgelegen *Adj Hof, Dorf, Gegend* isolé(e)
Abgelegenheit *f kein Pl* isolement *m;* **die ~ dieses Landhauses stört mich** ce qui me dérange, c'est que cette maison de campagne soit isolée
ab|gelten *tr V unreg* acquitter *Ansprüche;* **etw bei jdm ~** s'acquitter de qc auprès de qn
abgeneigt *Adj* **jdm nicht ~ sein** ne pas être mal disposé(e) envers qn; **einer S.** (*Dat*) **~/nicht ~ sein** être/ne pas être réticent(e) à l'égard de qc; **nicht ~ sein etw zu tun** avoir bien

envie de faire qc; **ich wäre nicht ~** je n'aurais rien contre
Abgeordnete(r) *f(m) dekl wie Adj* député(e) *m(f)*
Abgeordnetenbank <-bänke> *f* banc *m* des députés **Abgeordnetenhaus** *nt* Chambre *f* des députés
abgerissen *Adj Person, Äußeres* déquenillé(e); *Kleidung* en lambeaux; *Gedanken, Sätze* décousu(e)
Abgesandte(r) *f(m) dekl wie Adj geh* émissaire *m (soutenu)*; POL ambassadeur(-drice) *m(f)*
Abgesang *m* ❶ *(im Minnesang)* épode *f*
❷ *geh (letzte Würdigung)* ~ **auf etw** *(Akk)* adieu *m* à qc
abgeschieden ['apgəʃi:dən] *geh* **I.** *Adj* loin de tout
II. *Adv* loin de tout; ~ **leben** vivre isolé(e) du monde; ~ **liegen** être à l'écart
Abgeschiedenheit <-> *f* isolement *m*
abgeschlafft *Adj fam* ❶ *(erschöpft)* flagada *(fam)*
❷ *(energielos, ideenlos)* mollasson(ne) *(fam)*; **ihr ~en Typen!** bande de nouilles! *(fam)*
abgeschlagen *Adj* ❶ *Läufer, Mannschaft* distancé(e); *Politiker, Partei* battu(e); ~ **sein** *Firma:* n'être plus compétitif(-ive)
❷ *(ermüdet)* abattu(e)
Abgeschlagenheit <-> *f* abattement *m*
abgeschlossen *Adj* ❶ *attr Appartement, Wohnung* indépendant(e)
❷ *(umgeben) Grundstück, Hof* clos(e)
abgeschmackt ['apgəʃmakt] **I.** *Adj* de mauvais goût; **etwas Abgeschmacktes** une incongruité
II. *Adv sich äußern* de manière incongrue
Abgeschmacktheit <-, -en> *f* ❶ *kein Pl (das Abgeschmacktsein)* mauvais goût *m*
❷ *(Äußerung)* incongruité *f*
abgesehen *Adv* [mis] à part; ~ **von ihm/dieser Frage** [mis] à part lui/cette question; ~ **davon, dass** mis à part [le fait] que + *indic*
abgespannt *Adj Aussehen* fatigué(e); **einen ~en Eindruck machen** donner l'impression d'être fatigué(e)
Abgespanntheit <-> *f* fatigue *f*
abgestanden ['apgəʃtandən] *Adj* ❶ *(schal) Bier, Limonade* éventé(e); *Wasser* pas frais(fraîche); ~ **schmecken** *Bier, Limonade:* être éventé(e); *Wasser:* n'être pas frais(fraîche)
❷ *(verbraucht) Luft* vicié(e); **die Luft ist ~** ça sent le renfermé
abgestumpft *Adj Person* endurci(e); *Gewissen* émoussé(e); *Gefühle* usé(e); ~ **werden** *Person:* s'endurcir
Abgestumpftheit <-> *f* insensibilité *f*
abgetakelt ['apgəta:kəlt] *Adj pej fam* sur le retour *(hum)*
abgetragen *Adj Stoff, Kleidungsstück* usé(e) jusqu'à la corde
abgetreten *Adj Teppich, Schuhe* usé(e)
abgewetzt *Adj Stoff* élimé(e)
ab|gewinnen* *tr V unreg* ❶ *(mögen)* apprécier; **einer S.** *(Dat)* **etwas/nichts ~** apprécier quelque chose/ne trouver aucun plaisir à qc; **was kannst du dem Rauchen ~?** quel plaisir trouves-tu à fumer?
❷ *(als Gewinn abnehmen)* **jdm etw ~** gagner qc à qn; **jdm etw wieder ~** reprendre qc à qn [en gagnant]
abgewogen *Adj* pondéré(e); *Entscheidung, Worte* bien pesé(e)
ab|gewöhnen* *tr V* **jdm das Rauchen/Trinken ~** faire perdre à qn l'habitude de fumer/boire; **sich** *(Dat)* **das Rauchen/Schnarchen ~** arrêter de fumer/ronfler; **jdm seine schlechte Manieren ~** faire passer les mauvaises manières de qn; **das habe ich mir abgewöhnt** j'en ai perdu l'habitude
► **zum Abgewöhnen sein** *sl* être écœurant(e) *(fam)*; **noch eins/einen zum Abgewöhnen** *hum* un petit dernier pour la route *(fam)*
abgewrackt *Adj fam Person* décrépit(e); **ein ~er Typ** une épave *(fam)*
abgezehrt *Adj* étique
ab|gießen *tr V unreg* jeter; **das Wasser vom Gemüse ~** égoutter les légumes
Abglanz *m* reflet *m;* **ein schwacher/matter ~ einer S.** *(Gen)* un faible/pâle reflet de qc
ab|gleichen *tr V unreg* comparer *Dinge;* **etw mit etw ~** comparer qc avec qc
ab|gleiten *itr V unreg + sein geh* ❶ *(abrutschen)* glisser; **von etw ~** glisser de qc
❷ *(abschweifen)* **in etw** *(Akk)* ~ tomber dans qc; **von etw** *(Akk)* ~ s'écarter de qc
❸ *(absinken)* déraper; **ins Chaos ~** sombrer dans un chaos; **das Niveau der Unterhaltung glitt ab** la conversation a dérapé
❹ *(abprallen)* **an jdm ~** *Beleidigung, Frechheit:* laisser qn indifférent(e); **etw an sich** *(Dat)* ~ **lassen** rester indifférent(e) à qc
Abgott *m,* **-göttin** *f* idole *f;* **[sich** *(Dat)***] jdn/etw zum ~ machen** vouer un culte à qn/qc
Abgötterei <-> *f* idolâtrie *f*
abgöttisch ['apgœtɪʃ] **I.** *Adj* idolâtre *(soutenu)*
II. *Adv* jusqu'à l'idolâtrie; **jdn ~ verehren** vouer un culte à qn; **jdn ~ lieben** idolâtrer qn
ab|grasen *tr V* ❶ *(abfressen) Tier:* brouter; **etw ~** *Tier:* brouter qc
❷ *fam (besuchen)* **Kunden/ein Vertriebsgebiet ~** *Vertreter:* ratisser des clients/un district de distribution
❸ *fam (bearbeiten)* épuiser *Gebiet, Thema;* **abgegrast sein** être épuisé(e)
ab|greifen *tr V unreg* ❶ MED palper
❷ *sl (einstreichen)* rafler *(fam)*
ab|grenzen **I.** *tr V* ❶ *(einfrieden)* délimiter; **den Garten gegen die Straße ~** séparer le jardin de la rue
❷ *(eingrenzen)* **Zuständigkeitsbereiche ~** délimiter les domaines de responsabilité; **einen Begriff gegen einen** [*o* **von einem**] **anderen ~** délimiter un terme par rapport à un autre
❸ FIN régulariser *Rechnungsposten*
II. *r V* **sich gegen jdn/etw ~** se démarquer de qn/qc
Abgrenzung <-, -en> *f* ❶ *kein Pl (das Einfrieden)* délimitation *f*
❷ *(Einfriedung) eines Gartens, Grundstücks* clôture *f*
❸ *(Eingrenzung) von Einflussbereichen, Begriffen* définition *f;* **die ~ einer S.** *(Gen)* **festlegen** établir les limites de qc
❹ *(das Abgrenzen)* démarcation *f;* **die ~ dieser Ansichten ist nicht leicht** il est difficile de distinguer ces points de vue
❺ *(Rechnungsabgrenzung)* régularisation *f*
Abgrund *m a. fig* abîme *m*
► **die Abgründe der menschlichen Seele** *geh* les abîmes *mpl* insondables de l'être humain *(littér)*; **vor dem ~ stehen** être au bord de l'abîme; **ein ~ tut sich auf** le monde s'écroule; **als sie das erkannte, tat sich ein ~ auf** lorsqu'elle a compris ça, elle a cru que le sol allait se dérober sous ses pieds
abgrundhässlich[RR] *Adj* laid(e) comme un pou
abgründig *Adj* insondable
abgrundtief *Adj* très profond(e)
ab|gruppieren *tr V* déclasser
ab|gucken **I.** *tr V fam* pomper; **einen Satz/eine Lösung/einen Trick von jdm ~** pomper une phrase/une solution/un truc sur qn *(fam)*
► **jdm etwas ~** *euph fam* reluquer qn *(fam)*; **ich guck dir schon nichts ab!** je vais pas me rincer l'œil! *(fam)*
II. *itr V* **bei jdm ~** *Schüler:* copier sur qn; **das Abgucken** le copiage
Abguss[RR] *m* ❶ KUNST moulage *m*
❷ DIAL *(Ausguss)* évier *m*
ab|haben *tr V unreg fam* **etw von etw ~ dürfen** [*o* **können**] pouvoir avoir qc de qc; **etw von etw ~ wollen** vouloir qc de qc; **jdn etw ~ lassen** donner qc à qn; **die anderen nichts ~ lassen** ne partager jamais avec les autres; **Schokolade! Darf ich auch was ~?** du chocolat! Je peux en avoir un morceau?; **lass mich auch was [davon] ~!** laisse-m'en un peu! *(fam)*
ab|hacken *tr V* **einen Baum/Ast ~** abattre un arbre/couper une branche [à la hache]; **jdm/sich etw ~** trancher qc à qn/se

trancher qc; *s. a.* **abgehackt**

ạb|haken *tr V* ❶ (*markieren*) cocher
❷ (*den Schlussstrich ziehen*) tirer un trait sur *Arbeitsstelle, Affäre;* classer *Sache;* **das kannst du ~!** tu peux tirer un trait dessus!; **das ist abgehakt!** c'est une affaire classée!

ạb|halftern *tr V* ❶ débrider *Pferd*
❷ *fam* (*entlassen*) jeter (*fam*)

ạb|halten *tr V unreg* ❶ (*hindern*) **jdn von einer Dummheit ~, jdn davon ~ eine Dummheit zu begehen** empêcher qn de faire une bêtise; **sich von etw ~ lassen** se laisser dissuader par qc
❷ (*am Eindringen hindern*) protéger de *Kälte, Regen, Insekten*
❸ (*durchführen*) organiser *Demonstration, Versammlung, Wahlen;* **einen Gottesdienst ~** (*katholisch*) dire une messe; (*evangelisch*) présider un office; **abgehalten werden** *Demonstration, Versammlung, Wahlen:* avoir lieu
► **lass dich nicht ~!** ne te gêne surtout pas!

ạb|handeln *tr V* ❶ (*abkaufen*) **jdm etw ~** marchander qc avec qn; **sich** (*Dat*) **etw ~ lassen** céder qc [après marchandage]
❷ (*behandeln*) traiter *Gegenstand, Thema*

abhạnden [ap'handən] *Adv* **~ kommen** disparaître; **jdm kommt etw ~** qn perd qc

Abhạndenkommen <-s> *nt kein Pl* disparition *f*

Ạbhandlung *f* ❶ (*wissenschaftliche Arbeit*) étude *f*
❷ *kein Pl* (*das Abhandeln*) **mit der ~ einer S.** (*Gen*) **befasst sein** être occupé(e) à traiter qc

Ạbhang *m* versant *m*

ạb|hängen¹ *itr V unreg* ❶ + *haben* (*abhängig sein*) dépendre; **von jdm/etw ~** dépendre de qn/qc; **es** [*o* **alles**] **hängt davon ab, ob ...** tout dépend si ... + *indic*
❷ + *sein* rassir *Fleisch, Steak; s. a.* **abgehangen**

ạb|hängen² *tr V* + *haben* ❶ (*abnehmen, abkuppeln*) décrocher; **etw von etw ~** décrocher qc de qc
❷ *fam* (*hinter sich lassen*) **jdn/etw ~** semer qn/qc

ạbhängig *Adj* ❶ (*bedingt*) **von etw ~ sein** dépendre de qc; **davon ~ sein, wie ...** dépendre de la façon dont ...
❷ (*angewiesen*) **von jdm ~ sein** être dépendant(e) de qn
❸ *euph* (*süchtig*) dépendant(e); **von etw ~ sein** être dépendant(e) de qc
❹ GRAM dépendant(e); *Satz* subordonné(e); **von etw ~ sein** dépendre de qc

Ạbhängige(r) *f(m) dekl wie Adj* ❶ (*abhängiger Mensch*) personne *f* dépendante
❷ (*Süchtiger*) toxicomane *mf*

Ạbhängigkeit <-, -en> *f* ❶ *kein Pl* (*Bedingtheit*) **in ~ von einer S. erfolgen** [*o* **geschehen**] avoir lieu en relation étroite avec qc
❷ (*Angewiesensein*) **~ von jdm** dépendance *f* à l'égard de qn; **ihre gegenseitige ~** leur interdépendance *f*
❸ *euph* (*Sucht*) dépendance *f*

Ạbhängigkeitsverhältnis *nt* rapport *m* de dépendance

ạb|härten **I.** *tr V* endurcir; **jdn gegen etw ~** endurcir qn à qc
II. *itr V* **gegen etw ~** endurcir à qc
III. *r V* **sich gegen Erkältungen/Infektionen ~** s'endurcir aux rhumes/infections

Ạbhärtung <-> *f* ❶ (*das Abhärten*) endurcissement *m*
❷ (*Widerstandsfähigkeit*) **~ gegen etw** (*Akk*) résistance *f* à qc

ạb|hauen¹ <hieb ab *o fam* haute ab, abgehauen> *tr V* **einen Baum ~** abattre un arbre [à la hache]; [**jdm**] **einen Finger ~** couper un doigt [à qn]

ạb|hauen² <haute ab, abgehauen> *itr V* ❶ + *sein fam* (*fortgehen*) se casser; **aus der Schule/mit etw ~** se casser de l'école/avec qc (*fam*); **sie ist von zu Hause abgehauen** elle s'est cassée de chez elle; **hau ab!** casse-toi! (*fam*)
❷ + *haben* (*abschlagen*) **etw mit einem Hammer ~** faire tomber qc à coups de marteau

ạb|häuten *tr V* dépouiller *Tier*

ạb|heben *unreg* **I.** *itr V* ❶ **von etw ~** *Flugzeug, Rakete:* décoller de qc; **das Abheben** le décollage
❷ (*abnehmen*) décrocher *Hörer*
❸ KARTEN couper; **du bist mit dem Abheben dran!** à toi de couper!
❹ JUR *form* (*sich beziehen*) **auf etw** (*Akk*) **~** *Gericht, Kammer:* faire référence à qc; **darauf ~, dass** prendre en considération le fait que + *indic*
❺ *sl* (*spinnen*) déconner (*fam*); (*ins Träumen kommen*) planer (*fam*)
II. *tr V unreg* ❶ **Geld vom Konto ~** retirer de l'argent de son compte
❷ KARTEN tirer *Karte*
❸ (*herunterheben*) rabattre *Masche*
III. *r V* ❶ (*sich unterscheiden*) **sich von jdm/etw ~** se distinguer de qn/qc; **sich deutlich von etw ~** *Argumente:* trancher sur qc
❷ (*sich abzeichnen*) **sich vom Himmel ~** *Silhouette, Skyline:* se détacher du ciel

ạb|heften *tr V* archiver *Papiere*

ạb|heilen *itr V* *Wunde:* guérir

ạb|helfen *itr V unreg* ❶ (*entgegenkommen*) **einer Beschwerde ~** apporter une réponse satisfaisante à une plainte
❷ (*ein Ende bereiten*) **einem Missstand ~** remédier à un inconvénient

ạb|hetzen *r V* **sich ~** se presser; *s. a.* **abgehetzt**

Ạbhilfe *f* remède *m;* **~ schaffen** trouver le remède qui s'impose; **in etw** (*Dat*) **~ schaffen** remédier à qc

ạb|hobeln *tr V* raboter; **das Abhobeln** le rabotage; **beim Abhobeln der Rinde** en rabotant l'écorce

ạbholbereit *Adj* prêt(e) à emporter

ạbhold *Adj* **jdm/einer S.** (*Dat*) **~ sein** *geh* être hostile à qn/qc; **einer S.** (*Dat*) **nicht ~ sein** *iron* ne pas détester qc

ạb|holen *tr V* ❶ (*hingehen und mitnehmen*) aller chercher; **jdn/etw bei jdm ~** aller chercher qn/qc chez qn
❷ (*kommen und mitnehmen*) **jdn/etw bei jdm ~** venir chercher qn/qc chez qn; **jdn/etw ~ lassen** faire chercher qn/qc; **er ließ sich am Bahnhof/von ihr ~** il a demandé qu'on vienne le chercher à la gare/qu'elle vienne le chercher
❸ *euph* (*verhaften*) emmener

Ạbholmarkt *m* libre-service *m* **Ạbholpreis** *m* prix *m* à emporter

Ạbholung <-, -en> *f* **der Preis gilt nur bei ~** notre prix n'est valable que si vous emportez la marchandise; **Ihre Bestellung steht bei uns zur ~ bereit** votre commande est prête, vous pouvez venir la chercher

ạb|holzen *tr V* abattre *Bäume, Wald;* déboiser *Gebiet, Landstrich;* **das Abholzen** l'abattage *m*

Ạbholzung <-, -en> *f* ❶ *von Bäumen* abattage *m*
❷ *eines Waldgebiets* déboisement *m*

Ạbhöraffäre *f* affaire *f* des écoutes téléphoniques **Ạbhöraktion** *f* écoutes *fpl* téléphoniques **Ạbhöranlage** *f* table *f* d'écoute

ạb|horchen *tr V* MED ausculter; **das Abhorchen** l'auscultation *f*

Ạbhöreinrichtung *s.* **Abhöranlage**

ạb|hören *tr V* ❶ (*belauschen*) écouter *Gespräch, Telefonat;* **das Abhören** l'écoute *f;* **zum Abhören der Gespräche dienen** servir à écouter les conversations
❷ (*überwachen*) **von jdm abgehört werden** être mis(e) sur écoute par qn
❸ (*abfragen*) interroger *Schüler*
❹ MED ausculter *Patienten*
❺ (*heimlich hören*) écouter *Rundfunksender*

Ạbhörgerät *nt* micro *m*

ạbhörsicher *Adj* antiécoute *inv*

ạb|hungern *r V* ❶ *fam* (*durch Hungern verlieren*) **sich** (*Dat*) **fünf Kilo ~** suivre un régime pour perdre cinq kilos (*fam*)

A

❷ (*mühselig absparen*) **sich** (*Dat*) **ein Geschenk** ~ se serrer la ceinture pour acheter un cadeau; **sich** (*Dat*) **einen Betrag** ~ se saigner aux quatre veines pour économiser une somme

Abi ['abi:] <-s, -s> *nt fam Abk von* **Abitur** bac *m* (*fam*)

i Land & Leute

Après l'examen du bac, les élèves allemands fêtent la fin de leur scolarité en organisant un **Abiball** qui réunit les bacheliers, leurs familles, leurs enseignants, leurs amis et certains anciens bacheliers. La tenue de soirée y est obligatoire. Les élèves organisent cette fête eux-mêmes.
Ils y invitent souvent un groupe de musique afin de pouvoir danser. Les élèves jouent des sketches sur leurs professeurs et les professeurs font un discours sur leurs élèves. La fête peut durer toute la nuit.

ab|irren *itr V + sein geh Person, Redner:* s'égarer; **vom Thema** ~ s'écarter du sujet

Abitur [abi'tu:ɐ] <-s, *selten* -e> *nt* baccalauréat *m;* **das** ~ **machen** [*o* **ablegen** *form*] passer le baccalauréat; [**das**] ~ **haben** avoir le baccalauréat

i Land & Leute

L'**Abitur** est le diplôme que l'on obtient si l'on réussit les examens de la dernière année du *Gymnasium*. C'est l'équivalent du baccalauréat en France qui sanctionne 12 ans de scolarité au lieu de 13 pour l'**Abitur** en Allemagne. On parle aussi de *Hochschulreife* mais les élèves préfèrent utiliser l'abréviation *Abi*.

Abiturfeier *f fête des bacheliers*

Abiturient(in) [abituri'ɛnt] <-en, -en> *m(f)* bachelier(-ière) *m(f)*

Abiturklasse *f* [classe *f* de] terminale **Abiturzeugnis** *nt* [diplôme *m* du] baccalauréat

ab|jagen *tr V fam* **jdm etw** ~ piquer qc à qn (*fam*)

Abk. *Abk von* **Abkürzung** abrév.

ab|kämmen *tr V* ratisser; **ein Gebiet nach jdm/etw** ~ ratisser un terrain pour retrouver qn/qc, passer un terrain au peigne fin pour retrouver qn/qc

ab|kämpfen *r V* ❶ (*sich verausgaben*) **sich** ~ s'échiner; *s. a.* **abgekämpft**
❷ *fam* (*sich abmühen*) **sich mit etw** ~ se battre avec qc

ab|kanten *tr V* TECH chanfreiner *Holz, Stein, Metall;* biseauter *Spiegel*

ab|kanzeln *tr V fam* engueuler; **jdn für etw** ~ engueuler qn à cause de qc (*fam*); **sich nicht einfach** ~ **lassen** ne pas se laisser engueuler comme ça (*fam*)

ab|kapseln *r V* **sich** ~ ❶ (*sich isolieren*) s'isoler du monde; **sich von jdm/etw** ~ s'isoler de qn/qc
❷ MED s'enkyster

Abkaps[e]lung <-, -en> *f* ❶ (*Isolierung*) isolement *m*
❷ MED enkystement *m*

ab|karren *tr V* brouetter, évacuer à la brouette *Sand, Steine*

ab|kassieren* **I.** *tr V* ❶ **jdn/etw** ~ *Bedienung, Ober:* encaisser qn/qc
❷ *fam* (*einnehmen*) empocher
II. *itr V* ❶ (*abrechnen*) **bei jdm** ~ *Bedienung, Ober:* encaisser l'addition de qn; **kann ich bei Ihnen** ~**?** je peux encaisser [l'addition]?
❷ *fam* (*finanziell profitieren*) palper (*fam*); **beim Lotto ganz schön** ~ gagner un sacré paquet au loto (*fam*)

ab|kauen *tr V* ronger *Fingernagel*

ab|kaufen *tr V* ❶ (*von jdm kaufen*) **jdm etw für hundert Euro** ~ acheter qc à qn pour cent euros
❷ *fam* (*glauben*) **kauf ihm/ihr doch nicht diesen Blödsinn ab!** ne gobe pas les idioties qu'il/qu'elle te raconte! (*fam*); **ich kaufe dir das nicht ab!** tu me feras pas gober ça! (*fam*)

Abkehr ['apke:ɐ] <-> *f* ~ **von einer Methode** éloignement *m* d'une méthode; **die** ~ **von der Welt** le renoncement au monde

ab|kehren *geh* **I.** *tr V* détourner *Blick, Gesicht*
II. *r V* **sich vom Glauben/von der Kirche** ~ se détourner de la foi/de l'Église; **sich von allem Irdischen** ~ renoncer aux choses terrestres

ab|kippen *tr V* déverser

ab|klappen *tr V* ❶ (*umklappen*) rabattre vers le bas
❷ déverser *Müll*

ab|klappern *tr V fam* **alle Läden nach jdm/etw** ~ faire tous les magasins pour trouver qn/qc (*fam*); **die Gegend nach jdm/etw** ~ ratisser la région pour trouver qn/qc

ab|klären *tr V* clarifier; **mit jdm** ~**, ob ...** élucider avec qn si ...

Abklärung *f* clarification *f*

Abklatsch <-[e]s, -e> *m* (*schlechte Kopie*) pâle imitation *f*

ab|klemmen *tr V* ❶ (*abquetschen*) **sich** (*Dat*) **etw** ~ se coincer qc
❷ (*abbinden*) comprimer *Arterie*
❸ ELEC débrancher *Kabel*

Abklingbecken *nt* CHEM bassin *m* de désactivation

ab|klingen *itr V unreg + sein* ❶ (*leiser werden*) diminuer; **etw klingt ab** [l'intensité de] qc diminue
❷ (*schwinden*) *Erregung, Wut:* [re]tomber; *Erkältung, Infektion:* guérir; *Fieber:* baisser, [re]tomber

ab|klopfen *tr V* ❶ (*abschlagen*) enlever [en tapant dessus]; **etw** ~ enlever qc [en tapant dessus]; **den Putz von der Wand** ~ enlever le crépi du mur [en tapant dessus]
❷ (*reinigen*) battre *Sessel, Teppich*
❸ MED percuter *Brustkorb;* **jdn** ~ ausculter qn par percussion
❹ *fam* (*untersuchen*) **einen Bewerber/Kandidaten auf etw** (*Akk*) ~ cuisiner un candidat sur qc (*fam*); **jdn auf Eignung/Loyalität** (*Akk*) ~ cuisiner qn pour s'assurer de sa qualification/loyauté (*fam*); **etw auf Schwachstellen** (*Akk*) ~ éplucher qc au cas où il y aurait des points faibles (*fam*)

ab|knabbern *tr V fam* ronger; **sich** (*Dat*) **die Fingernägel** ~ se ronger les ongles

ab|knallen *tr V sl* descendre (*fam*)

ab|knapsen ['apknapsən] *tr V fam* **sich** (*Dat*) **hundert Euro** ~ se serrer la ceinture pour mettre cent euros de côté (*fam*)

ab|kneifen *tr V unreg* sectionner

ab|knicken **I.** *tr V + haben* ❶ (*abbrechen*) [plier et] casser *Blume, Stängel*
❷ (*falten*) plier *Papier*
II. *itr V + sein* ❶ (*umknicken und abbrechen*) *Blume, Stängel:* [plier et] casser
❷ (*abzweigen*) bifurquer; **von etw** ~ *Straße:* quitter qc

abknöpfbar *Adj* qui se déboutonne; **eine** ~**e Kapuze** une capuche amovible

ab|knöpfen *tr V* ❶ (*durch Knöpfen entfernen*) déboutonner; **etw von etw** ~ déboutonner qc de qc
❷ *fam* (*abverlangen*) **jdm etw** ~ taxer qc à qn (*fam*)

ab|knutschen *tr V pej fam* ❶ (*küssen*) rouler une pelle à; **jdn** ~ rouler une pelle à qn (*fam*); **sich** ~ se rouler des pelles
❷ (*herzlich umarmen und küssen*) **jdn** ~ donner des grosses bises à qn; **sich von jdm** ~ **lassen** se laisser embrasser par qn

ab|kochen *tr V* faire bouillir *Wasser*

ab|kommandieren* *tr V* ❶ (*woandershin kommandieren*) détacher; **jdn ins Gebirge/an die Grenze** ~ détacher qn à la montagne/à la frontière
❷ (*befehlen*) **jdn** ~ donner des ordres à qn; **jdn zum Wachdienst** ~ donner l'ordre à qn de monter la garde

ab|kommen *itr V unreg + sein* ❶ (*abweichen*) **vom Weg** ~ dévier du chemin

❷ (*aufgeben*) **von einer Gewohnheit** ~ perdre une habitude; **vom Rauchen** ~ abandonner la cigarette; **von einer Meinung/einem Plan** ~ abandonner une opinion/un plan; **davon ~ etw zu tun** perdre l'habitude de faire qc
❸ (*abschweifen*) perdre le fil; **vom Thema/Punkt** ~ s'écarter d'un sujet/point

Abkommen <-s, -> *nt* accord *m;* **mit jdm ein ~ treffen** conclure un accord avec qn; **das Münchner** ~ les accords de Munich

abkömmlich ['apkœmlɪç] *Adj* disponible; **~ sein** être disponible

Abkömmling ['apkœmlɪŋ] <-s, -e> *m* ❶ *geh* (*Nachkomme*) descendant *m*
❷ *hum fam* (*Sprössling*) rejeton *m* (*fam*)
❸ CHEM dérivé *m*

ab|können *tr V unreg fam* ❶ (*leiden können*) **jdn nicht** ~ ne pas pouvoir blairer qn (*pop*); **etw nicht** ~ ne pas supporter qc
❷ (*vertragen können*) **viel** ~ tenir l'alcool; **nichts** ~ ne pas du tout supporter l'alcool

ab|koppeln **I.** *tr V* décrocher; **etw von etw** ~ décrocher qc de qc
II. *r V fam* **sich von etw** ~ se séparer de qc

ab|kratzen **I.** *tr V + haben* gratter *Tapete;* **den Schmutz von etw** ~ gratter la saleté de qc; **sich** (*Dat*) **die Haut/den Schorf** ~ se gratter la peau/s'arracher la croûte
II. *itr V + sein sl* (*sterben*) crever (*pop*)

ab|kriegen *s.* **abbekommen**

ab|kühlen **I.** *itr V + sein* ❶ (*kälter werden*) refroidir
❷ (*an Intensität verlieren*) se refroidir
II. *tr V + haben* ❶ (*kalt stellen*) **etw** ~ mettre qc au frais
❷ (*weniger intensiv machen*) refroidir *Freundschaft, Beziehung, Leidenschaft;* faire retomber *Zorn*
III. *r V + haben* ❶ **es kühlt** [**sich**] **ab** ça se rafraîchit
❷ (*an Intensität verlieren*) **sich** ~ *Beziehungen, Kontakte:* se refroidir

Abkühlung *f* ❶ METEO rafraîchissement *m;* **eine ~ des Wetters** un rafraîchissement [du temps]
❷ (*kühlende Erfrischung*) **sich** (*Dat*) **eine** [**leichte**] **~ verschaffen** se rafraîchir [un peu]
❸ (*Verringerung der Intensität*) refroidissement *m*

Abkunft ['apkʊnft] <-> *f geh* **edler/asiatischer ~** [**sein**] [être] d'origine noble/asiatique

ab|kupfern *pej fam* **I.** *tr V* pomper (*fam*) *Text, Passage;* **etw von jdm** ~ pomper qc de qn (*fam*)
II. *itr V* **aus etw** ~ pomper des passages de qc (*fam*); **voneinander** ~ pomper les un(e)s sur les autres (*fam*)

ab|kürzen **I.** *tr V* ❶ (*verkürzt schreiben*) abréger; **etw durch etw/mit etw** ~ abréger qc en écrivant qc; **„Doktor" wird mit „Dr." abgekürzt** en abrégé, "Docteur" s'écrit "Dr"
❷ (*verkürzen*) **etw um etw** ~ écourter qc de qc
II. *itr V* ❶ (*als Abkürzung schreiben*) écrire en abrégé
❷ (*einen kürzeren Weg nehmen*) prendre un raccourci

Abkürzung *f* ❶ *eines Worts* abréviation *f; eines Wegs* raccourci *m*
❷ (*Verkürzung*) **jdn zur ~ seines Urlaubs zwingen** *Regenwetter:* pousser qn à abréger ses vacances

Abkürzungsverzeichnis *nt* tableau *m* des abréviations

ab|küssen **I.** *tr V* couvrir de baisers; **jdn** ~ couvrir qn de baisers
II. *r V* **sich** ~ s'embrasser à bouche que veux-tu

ab|laden *tr V unreg* ❶ (*deponieren*) déposer *Schutt, Traglast*
❷ (*entladen*) décharger *Anhänger, Wagen*
❸ (*absetzen*) déposer *Passagiere, Touristen*
❹ *fam* (*abwälzen*) **seinen Ärger/Frust bei jdm** ~ décharger sa colère/frustration sur qn (*fam*); **die Schuld/Verantwortung auf jdn** ~ se décharger d'une responsabilité sur qn

Ablage *f* ❶ (*Ablagemöglichkeit*) **etw als ~ für die Zeitungen benutzen** utiliser qc pour y poser les journaux
❷ (*Archiv*) archives *fpl;* (*für Akten*) classeurs *mpl* d'archivage
❸ *kein Pl* (*das Ablegen*) archivage *m;* **die ~ machen** archiver
❹ (*Ablagekorb*) corbeille *f* à courrier

Ablagekorb *m* corbeille *f* à courrier

ab|lagern **I.** *tr V + haben* ❶ GEOL déposer *Gestein, Schlamm*
❷ (*lagern*) entreposer *Müll*
II. *itr V + haben o sein Holz, Tabak:* sécher; **abgelagert** bien sec/sèche
III. *r V + haben* **sich auf/in etw** (*Dat*) ~ *Kalk, Sediment, Korallen:* se déposer sur/dans qc

Ablagerung *f* ❶ *kein Pl* (*Trocknung*) *von Holz* séchage *m*
❷ (*Sedimentbildung*) sédiment *m;* **die ~ von Fossilien** la formation de fossiles
❸ *meist Pl* MED **~en an den Gefäßwänden** dépôts *mpl* sur les parois des vaisseaux
❹ (*Inkrustierung*) dépôt *m*

Ablass[RR] <-es, -lässe>, **Ablaß** <-sses, -lässe> *m* ECCL indulgence *f*

ab|lassen *unreg* **I.** *tr V* ❶ (*abfließen lassen*) **Wasser/Luft aus etw** ~ vider l'eau/enlever l'air de qc; **den Dampf aus etw** ~ laisser la vapeur s'échapper de qc; **Öl** ~ faire la vidange
❷ (*leeren*) vidanger *Teich, Schwimmbecken*
II. *itr V* ❶ *geh* (*abgehen*) **von etw** ~ renoncer à qc
❷ (*in Ruhe lassen*) **von jdm** ~ laisser qn tranquille

Ablassventil[RR] [-vɛn-] *nt* purgeur *m*

Ablativ ['aplati:f] <-s, -e> *m* LING ablatif *m*

Ablauf *m* ❶ (*Verlauf*) déroulement *m*
❷ (*das Verstreichen*) *einer Frist, eines Ultimatums* expiration *f;* **nach ~ der drei Tage** passé le délai de trois jours
❸ LITER (*Handlungsablauf*) action *f*
❹ *form* (*das Ablaufen*) écoulement *m;* **der ~ des Wassers erfolgt langsam** l'eau s'écoule lentement
❺ (*Ablaufstelle*) *eines Sees, Teichs* déversoir *m*
❻ TECH collecteur *m* [principal]

Ablaufdiagramm *nt* diagramme *m* prévisionnel

ab|laufen **I.** *itr V unreg + sein* ❶ (*abfließen*) s'écouler; **aus etw** ~ s'écouler de qc
❷ (*sich leeren*) *Becken, Wanne:* se vider, s'écouler
❸ (*ungültig werden*) *Pass, Visum:* expirer; **abgelaufen** périmé(e)
❹ (*verstreichen*) *Frist, Ultimatum:* expirer; *Zeit:* s'achever
❺ (*auslaufen*) *Vertrag:* arriver à échéance
❻ (*vonstatten gehen*) **gut/friedlich** ~ *Demonstration, Konferenz:* se dérouler bien/sans heurts; **glimpflich** ~ tourner bien
❼ (*sich abwickeln*) **von etw** ~ *Kabel, Seil, Film:* se dérouler de qc
❽ AUDIOV *Film, Tonband, Videokassette:* passer; **einen Film/ein Tonband ~ lassen** passer un film/une bande magnétique
❾ (*abtropfen*) **vom Geschirr** ~ s'égoutter [de la vaisselle]
❿ *fam* (*unbeeindruckt lassen*) **an ihr läuft alles ab** rien ne réussit à la perturber (*fam*)
II. *tr V unreg* ❶ *+ haben* (*abnützen*) [**sich** (*Dat*)] **die Absätze/Sohlen** ~ user ses talons/semelles
❷ *+ haben o sein* (*abgehen*) **eine Strecke** ~ parcourir un trajet [à pied]
❸ *+ haben o sein* (*absuchen*) **die Stadt/die Geschäfte nach jdm/etw** ~ parcourir la ville/faire les magasins pour trouver qn/qc

Ablaut *m* apophonie *f*

Ableben *nt kein Pl form* décès *m* (*form*)

ab|lecken *tr V* lécher; **sich** (*Dat*) **die Finger/die Pfote** ~ se lécher les doigts/la patte

ab|ledern *tr V fam* (*trockenreiben*) passer à la peau de chamois; **etw** ~ passer qc à la peau de chamois

ab|legen **I.** *tr V* ❶ (*hinlegen*) déposer
❷ (*archivieren*) ranger *Akten, Korrespondenz;* **eine Rechnung unter „Erledigt"** ~ classer une facture dans les "objets réglés"
❸ (*ausziehen*) retirer *Hut, Mantel, Kleidung;* **kann ich mein Cape hier ~?** je peux laisser ma cape ici?
❹ (*nicht mehr tragen*) **die Trauerkleidung** ~ ne plus porter

le deuil; **abgelegte Sachen** des vêtements usagés
5 (*nicht mehr führen*) abandonner *Namen, Titel*
6 (*aufgeben*) se départir de *Misstrauen, Scheu;* se défaire de *Untugend, Gewohnheit*
7 (*absolvieren*) passer *Prüfung, Examen*
8 (*aussprechen, leisten*) faire *Bekenntnis, Geständnis, Gelübde;* prêter *Eid;* **den Eid auf die Verfassung** ~ prêter serment sur la constitution; **die/eine Beichte** ~ se confesser/faire une confession
9 KARTEN écarter
10 ZOOL pondre *Eier;* déposer *Laich*
II. *itr V* 1 *Schiff:* lever l'ancre; **vom Hafen** ~ quitter le port
2 *geh* (*den Mantel ausziehen*) se débarrasser; **wo kann ich bei Ihnen** ~? où puis-je me débarrasser [*o* laisser mes vêtements] chez vous?
3 KARTEN écarter

Ableger <-s, -> *m* 1 BOT bouture *f;* **sich durch** ~ **vermehren** se multiplier par rejets
2 *fam* (*Filiale*) filiale *f*
3 *hum fam* (*Sprössling*) rejeton *m* (*hum fam*)

ab|lehnen I. *tr V* 1 (*zurückweisen*) refuser *Bewerber, Hilfe, Zusammenarbeit;* rejeter *Angebot, Antrag*
2 (*sich weigern*) **es** ~ **etw zu tun** refuser de faire qc
3 (*missbilligen*) désapprouver *Ansicht, Art, Benehmen*
II. *itr V* refuser

ablehnend I. *Adj Antwort, Bescheid, Haltung* négatif(-ive); *Einstellung* de refus
II. *Adv sich äußern* négativement; **Ihr Antrag wurde** ~ **beschieden** votre demande a reçu une réponse négative; **ich stehe dieser Sache eher** ~ **gegenüber** je suis plutôt hostile à cette affaire

Ablehnung <-, -en> *f* 1 *kein Pl* (*die Zurückweisung*) *eines Bewerbers, Postens* refus *m; eines Angebots, Vorschlags* rejet *m;* **auf** ~ **stoßen** *Bewerber:* se heurter à un refus; *Vorschlag:* être rejeté(e); **mit diesem Vorschlag wirst du bei ihm auf** ~ **stoßen** tu vas te heurter à son refus à propos de cette proposition
2 (*Schreiben*) refus *m*
3 (*Missbilligung*) réprobation *f*

ab|leisten *tr V form* effectuer; **nach abgeleistetem Wehrdienst** après avoir effectué son service militaire

ab|leiten I. *tr V* 1 (*umleiten*) détourner *Bach, Fluss, Lavastrom*
2 (*ausströmen lassen*) évacuer *Gase, Abwässer;* **Auspuffgase ins Freie** ~ laisser s'échapper les gaz d'échappement à l'air libre
3 (*herleiten*) déduire *Anspruch, Recht*
4 MATH déduire *Formel;* dériver *Funktion*
5 LING dériver *Wort, Form*
II. *r V* **sich aus/von etw** ~ *Ereignis, Anspruch:* découler de qc; *Vorrecht:* provenir de qc; LING dériver de qc

Ableitung *f* 1 (*Umleitung*) *eines Wasserlaufs, Lavastroms* détournement *m*
2 (*das Ausströmenlassen*) évacuation *f*
3 LING *eines Worts, einer Form* dérivation *f;* (*abgeleitetes Wort*) dérivé *m*
4 MATH *einer Funktion* dérivée *f; einer Formel* déduction *f*

ab|lenken I. *tr V* 1 (*zerstreuen, abbringen*) distraire; **jdn von der Arbeit** ~ distraire qn de son travail; **jdn von seinen Sorgen** ~ aider qn à oublier ses soucis; **sie lässt sich von nichts** ~ rien ne peut la distraire
2 (*abwenden*) détourner *Schlag*
3 PHYS diffracter *Licht, Strahlen*
II. *itr V* 1 (*ausweichen*) dévier; **vom Thema** ~ détourner la conversation
2 (*der Zerstreuung dienen*) changer les idées
III. *r V* **sich mit Sport** ~ se changer les idées en faisant du sport

Ablenkung *f* 1 (*Zerstreuung*) distraction *f;* **sich** (*Dat*) **mit etw** ~ **verschaffen** se distraire en faisant qc; **eine** ~ **von den Alltagsproblemen** un dérivatif aux problèmes quotidiens; **zur** ~ pour se changer les idées
2 (*Störung*) diversion *f*
3 PHYS diffraction *f*

Ablenkungsmanöver *nt* manœuvre *f* de diversion

ab|lesen *unreg* **I.** *tr V* 1 relever *Strom, Gas, Zählerstand;* consulter *Barometer, Messgerät*
2 (*vorlesen*) **etw vom Blatt** ~ lire qc sur le papier
3 (*erkennen, erschließen*) **etw an bestimmten Vorkommnissen** ~ déduire qc de certains incidents; **man konnte die Enttäuschung von ihrem Gesicht** ~ on pouvait lire la déception sur son visage
II. *itr V* 1 (*den Zählerstand feststellen*) relever le(s) compteur(s)
2 (*vorlesen*) lire son texte; **vom Blatt** ~ lire sa feuille

ab|leuchten *tr V* éclairer

ab|leugnen I. *tr V* nier; **das Ableugnen** le fait de nier
II. *itr V* nier

Ableugnung *f* **durch** ~ **der Tat/jeglicher Schuld** en niant cet acte/toute culpabilité

ab|lichten *tr V* 1 *fam* (*fotografieren*) photographier
2 (*fotokopieren*) photocopier

Ablichtung <-, -en> *f* 1 *fam* (*das Fotografieren*) photo *f*
2 (*Fotokopie*) photocopie *f*

ab|liefern *tr V* 1 remettre *Schlüssel, Auto;* rendre *Diplomarbeit;* **die Schlüssel beim Nachbarn/an der Rezeption** ~ remettre les clefs au voisin/à la réception
2 (*zustellen*) livrer *Bestellung, Ware*
3 *hum fam* (*übergeben*) **sein Kind/seinen Hund bei jdm** ~ ramener son enfant/chien chez qn

Ablieferung *f* 1 (*Abgabe*) remise *f;* **bei verspäteter** ~ **der Prüfungsarbeit** si l'épreuve est rendue en retard
2 (*Zustellung*) *einer Bestellung, von Waren* livraison *f*

ab|liegen *itr V unreg + haben* **weit** ~ être très loin; **zu weit** ~ être trop éloigné(e)

ab|listen *tr V* **jdm etw** ~ escroquer qc à qn

ab|locken *tr V* 1 (*ablisten*) réussir à soutirer [*o* extorquer]; **jdm etw** ~ réussir à soutirer [*o* extorquer] qc à qn
2 (*entlocken*) arracher *Lächeln, Geheimnis*

ab|löschen GASTR **I.** *tr V* mouiller *Braten*
II. *itr V* **mit Wein** ~ déglacer avec du vin

Ablöse <-, -n> *f* 1 A (*Abstand*) reprise *f* de mobilier
2 *s.* **Ablösesumme**

ab|lösen I. *tr V* 1 relayer *Kollegen, Mitarbeiter;* relever *Wachposten*
2 (*folgen auf, ersetzen*) remplacer *Politiker, Methode, System*
3 (*abmachen*) détacher, décoller *Preisschild, Etikett, Pflaster;* **sich von etw** ~ **lassen** se détacher de qc; **beim Ablösen des Etiketts** en enlevant l'étiquette
4 (*abkratzen*) enlever *Farbschicht, Rost*
5 FIN purger *Hypothek*
II. *r V* 1 (*sich abwechseln*) **sich beim Fahren** ~ se relayer pour conduire
2 (*abgehen*) **sich** ~ *Briefmarke, Etikett, Rost:* s'enlever; *Lack:* s'écailler; *Netzhaut:* se décoller

Ablösesumme *f* [montant *m* du] transfert

Ablösung *f* 1 (*Auswechslung*) *eines Mitarbeiters, Wachpostens* relève *f*
2 (*Ersatzmann*) remplaçant(e) *m(f)*
3 (*Entlassung*) *eines Ministers* remplacement *m*
4 (*das Entfernen*) *eines Etiketts, Pflasters* décollage *m*
5 (*das Sichablösen*) *der Netzhaut, von Schorf* décollement *m*
6 FIN *einer Hypothek* purge *f*

Ablösungssumme *s.* **Ablösesumme**

ab|luchsen ['aplʊksən] *tr V fam* soutirer, extorquer; **jdm etw** ~ soutirer [*o* extorquer] qc à qn

Abluft *f eines Betriebs* rejets *mpl* dans l'atmosphère; *einer Heizung* air *m* vicié

ABM [a:be:'ʔɛm] <-> *f Abk von* **Arbeitsbeschaffungsmaßnahme** mesure *f* d'aide à l'emploi

ab|machen *tr V* ❶ *fam (entfernen)* virer; **etw von etw** ~ virer qc de qc *(fam)*
❷ *(vereinbaren)* **etw mit jdm** ~ convenir de qc avec qn; **wie abgemacht** comme convenu(e); **abgemacht!** d'accord!; **das hatten wir doch abgemacht!** c'était pourtant convenu!

Abmachung <-, -en> *f* accord *m;* **sich an die ~en halten** s'en tenir à ce qui a été convenu; **zwischenbetriebliche ~en** conventions *fpl* interentreprises

ab|magern *itr V + sein* maigrir; **[völlig] abgemagert** [complètement] amaigri(e)

Abmagerung <-> *f* amaigrissement *m*

Abmagerungskur *f* cure *f* d'amaigrissement

ab|mähen *tr V* faucher *Böschung, Wiese;* **das abgemähte Gras** l'herbe coupée

ab|mahnen *tr V* rappeler à l'ordre; **jdn** ~ rappeler qn à l'ordre

Abmahnung *f* rappel *m* à l'ordre

ab|malen *tr V* peindre; *(kopieren)* copier; **ein Bild aus einem Buch** ~ peindre un tableau d'après un livre; **das Abmalen** la reproduction [picturale]

Abmarsch *m* départ *m*

abmarschbereit *Adj, Adv* prêt(e) pour le départ

ab|marschieren* *itr V + sein* se mettre en marche

Abmeldeformular *nt (für eine Person)* [formulaire *m* de] déclaration *f* de changement de domicile; *(für ein Auto)* déclaration de non-utilisation d'un véhicule

ab|melden I. *tr V* ❶ retirer *Schüler, Kind*
❷ *(nicht mehr nutzen)* demander la résiliation de *Telefon, Fernsehgerät;* **den Wagen** ~ faire une déclaration de non-utilisation de sa voiture
❸ *fam (unten durch sein)* **der ist bei mir abgemeldet** je ne veux plus entendre parler de lui
II. *r V* ❶ *(seinen Umzug anzeigen)* **sich** ~ faire une déclaration de changement de domicile
❷ *(sein Fortgehen melden)* **sich bei jdm** ~ demander une autorisation de sortie à qn; MIL prendre congé [de qn]

Abmeldung *f* ❶ *eines Telefons, Fernsehgeräts* résiliation *f; eines Autos* déclaration *f* de non-utilisation
❷ *(Anzeige des Umzugs)* déclaration *f* de changement de domicile
❸ *s.* **Abmeldeformular**

ab|messen *tr V unreg* mesurer *Größe, Strecke;* **hundert Gramm Mehl** ~ mesurer cent grammes de farine

Abmessung *f meist Pl* dimension *f*

ab|mildern *tr V* atténuer *Aufprall, Sturz;* édulcorer *Äußerung*

ab|montieren* *tr V* démonter; **etw von der Decke** ~ démonter qc du plafond

ABM-Stelle [a:be:'ʔɛm-] *f* ÖKON *emploi créé dans le cadre des mesures d'aide à l'emploi*

ab|mühen *r V* **sich** ~ se donner du mal; **sich mit jdm/etw** ~ s'escrimer sur qn/qc; **sich** ~ **seinen Lebensunterhalt zu verdienen** s'escrimer [*o* s'évertuer] à gagner sa vie

ab|murksen ['apmʊrksən] *tr V sl* zigouiller *(fam)*

ab|mustern I. *tr V* désenrôler *Besatzung, Seemann*
II. *itr V Besatzung, Seemann:* quitter la marine nationale

ab|nabeln I. *tr V* couper le cordon ombilical de *Neugeborenes*
II. *r V fig* **sich** ~ couper le cordon [ombilical]; **sich vom Elternhaus** ~ couper le cordon avec ses parents

ab|nagen *tr V* ronger; **das Fleisch von den Knochen** ~ ronger la viande sur les os

ab|nähen *tr V* resserrer *Rock*

Abnäher <-s, -> *m* pince *f*

Abnahme <-, -n> *f* ❶ *(Rückgang) der Geburten, des Umsatzes* baisse *f; des Gewichts* perte *f; der Kräfte, des Interesses* déclin *m*
❷ COM *(Kauf)* achat *m;* **bei ~ von hundert Stück** à l'achat de cent pièces
❸ *(Prüfung) eines Neubaus* réception *f; eines Fahrzeugs* contrôle *m* technique
❹ *(das Herunternehmen, Entfernen) eines Gemäldes, einer Lampe* décrochage *m;* **nach der ~ des Verbandes** après avoir enlevé le bandage

Abnahmegarantie *f* COM garantie *f* de prise en charge

ab|nehmen *unreg* I. *itr V* ❶ *(dünner werden)* perdre du poids; **an den Hüften/im Gesicht** ~ maigrir des hanches/du visage
❷ *(zurückgehen) Anzahl, Geburten, Vorräte, Nachfrage:* baisser; *Kräfte, Interesse:* décliner
❸ TELEC décrocher
II. *tr V* ❶ *(wegnehmen)* **jdm etw** ~ retirer qc à qn
❷ *fam (rauben)* **jdm viel Geld** ~ piquer beaucoup d'argent à qn *(fam)*; *(abgewinnen)* soutirer au jeu beaucoup d'argent à qn
❸ *(herunternehmen)* décrocher *Vorhang, Bild, Wäsche, Hörer;* enlever *Kopfbedeckung*
❹ *(tragen helfen)* **jdm die Tasche/den Mantel** ~ débarrasser qn de son sac/manteau
❺ *(entgegennehmen)* prendre livraison de *Lieferung, Ware;* **jdm etw** ~ réceptionner la livraison de qc pour qn
❻ *(übernehmen)* **jdm Arbeit/Sorgen** ~ soulager qn du travail/des soucis
❼ KARTEN piocher
❽ *(amputieren)* couper
❾ *fam (glauben)* gober *(fam)*; **das nimmt dir keiner ab** tu feras gober ça à personne *(fam)*
❿ *(begutachten)* réceptionner *Gebäude, Wohnung;* **sein Auto vom TÜV** ~ **lassen** soumettre sa voiture au contrôle technique
⓫ *(durchführen)* effectuer *Inspektion;* faire passer *Prüfung*

Abnehmer(in) <-s, -> *m(f)* acheteur(-euse) *m(f);* ~ **finden** trouver preneur

Abneigung *f* aversion *f;* **seine** ~ **gegen ihn** son aversion pour lui; **seine** ~ **gegen Thunfisch** son dégoût pour le thon; **eine** ~ **dagegen haben sich unterzuordnen** éprouver de la répugnance à se soumettre

abnorm [ap'nɔrm] I. *Adj* anormal(e)
II. *Adv* ❶ MED de façon anormale
❷ *(überdurchschnittlich)* anormalement

abnormal A, CH *s.* **abnorm**

Abnormität <-, -en> *f* ❶ *kein Pl eines Verhaltens* anormalité *f*
❷ MED *(geistige Auffälligkeit)* anomalie *f; (körperliche Auffälligkeit)* malformation *f*

ab|nötigen *tr V geh* **jdm Respekt/Bewunderung** ~ ne pouvoir que susciter le respect/l'admiration de qn

ab|nutzen, ab|nützen DIAL I. *tr V* user; **abgenutzt** usé(e)
II. *r V* **sich** ~ ❶ *(verschleißen) Bezüge, Reifen, Stoffe:* s'user; *Möbel:* s'abîmer
❷ *(unwirksam werden) Worte, Argumente:* finir par être usé(e); *Drohung:* finir par tomber à plat

Abnutzung *f,* **Abnützung** <-, -en> *f* DIAL usure *f*

Abo ['abo] <-s, -s> *nt fam Abk von* **Abonnement** abonnement *m*

Abonnement [abɔn(ə)'mã:] <-s, -s> *nt* abonnement *m;* **das ~ einer Zeitung/für die Oper** l'abonnement à un journal/l'opéra; **im** ~ par abonnement

Abonnement[s]preis *m* prix *m* de l'abonnement

Abonnent(in) [abɔ'nɛnt] <-en, -en> *m(f)* abonné(e) *m(f)*

abonnieren* *tr V* s'abonner à *Zeitung, Publikation;* prendre un abonnement à *Konzerte, Theateraufführungen;* **etw seit Jahren abonniert haben** être abonné(e) depuis des années à qc
▸ **auf etw** *(Akk)* **abonniert sein** être abonné(e) à qc

ab|ordnen *tr V* envoyer en mission; **jdn** ~ envoyer qn en mission; **jdn zu einem Lehrgang** ~ envoyer qn en stage

Abordnung *f* délégation *f*

Abort[1] ['abɔrt] <-s, -e> *m veraltet* toilettes *fpl,* W.-C. *mpl*

Abort[2] <-s, -e> *m* MED *(Fehlgeburt)* fausse couche *f; (Schwangerschaftsabbruch)* avortement *m*

A

Abneigung ausdrücken

• Antipathie ausdrücken	• exprimer l'antipathie
Ich mag ihn **nicht (besonders).**	**Je ne l'aime pas (beaucoup).**
Ich finde diesen Typ **unmöglich.**	**Je trouve** que ce type **est impossible.**
Das ist ein (richtiges) Arschloch. *(vulg)*	**C'est un (sacré) connard.**
Ich kann ihn **nicht leiden/ausstehen/riechen.** *(fam)*	**Je ne peux pas** le **voir/l'encadrer/**le **sentir.**
Diese Frau **geht mir auf den Geist/Wecker/Keks.** *(fam)*	Cette femme **me tape sur le système/les nerfs.**

• Langeweile ausdrücken	• exprimer l'ennui
Wie langweilig!/Sowas von langweilig!	**Comme c'est ennuyeux!/Mais qu'est-ce que c'est ennuyeux!**
Ich schlaf gleich ein! *(fam)*/**Das ist ja zum Einschlafen!**	**Ça m'endort!/C'est soporifique!**
Der Film **ist ja zum Gähnen.** *(fam)*	Ce film **fait bâiller (d'ennui).**
Diese Disco **ist total öde.**	On **s'ennuie (à mourir)** dans cette boîte.

• Abscheu ausdrücken	• exprimer le dégoût
Igitt!	**Be(u)rk!/Quelle horreur!**
Du **widerst mich an!**	Tu **me dégoûtes!**
Das **ist geradezu widerlich!**	**C'est absolument répugnant!**
Das **ist (ja) ekelhaft!**	**C'est (vraiment) dégoûtant/dégueulasse!**
Das **ekelt mich an.**	**Ça me dégoûte.**
Ich finde das zum Kotzen. *(sl)*	**Je trouve ça dégueulasse.** *(fam)*

ab|packen *tr V* emballer; **abgepackt** préemballé(e)

ab|passen *tr V* ❶ guetter *Gelegenheit, Zeitpunkt;* **den richtigen Zeitpunkt für ein Gespräch** ~ attendre le bon moment pour un entretien
❷ *(abfangen)* **jdn** ~ guetter qn [pour l'intercepter]; *(jdm auflauern)* guetter qn [pour le coincer *fam*]

ab|pausen *tr V* décalquer

ab|perlen *itr V + sein* perler; **das Wasser perlt vom Lack ab** des gouttes d'eau coulent sur la peinture

ab|pfeifen *unreg* **I.** *tr V* siffler la fin de *Spiel;* siffler *Halbzeit*
II. *itr V (zur Halbzeit/am Spielende pfeifen)* siffler la mi-temps/la fin du match; *(das Spiel unterbrechen)* siffler [une faute]

Abpfiff *m* coup *m* de sifflet final

ab|pflücken *tr V* cueillir

ab|placken *s.* **abplagen**

ab|plagen *r V* **sich** ~ se coltiner *(fam)*; **sich mit den Kindern/einer Krankheit** ~ se coltiner les enfants/une maladie *(fam)*; **sich am Computer** ~ s'échiner à l'ordinateur

ab|platten *tr V* aplatir; **abgeplattet sein** être aplati(e)

ab|platzen *itr V + sein Gips:* s'effriter; *Knopf:* sauter

Abprall <-[e]s, *selten* -e> *m eines Balls* rebond *m; eines Geschosses, einer Kugel* ricochet *m*

ab|prallen *itr V + sein* ❶ *(zurückprallen) Ball:* rebondir; **von etw/an etw** *(Dat)* ~ *Ball:* rebondir sur qc; *Geschoss, Stein:* ricocher sur qc
❷ *(nicht treffen)* **an jdm** ~ *Beleidigung, Vorwurf:* glisser sur qn

ab|pressen *tr V* **jdm ein Versprechen** ~ extorquer une promesse à qn

ab|pumpen *tr V* **Wasser aus etw** ~ pomper de l'eau de qc

ab|putzen *tr V* ❶ *(reinigen)* nettoyer; **sich** *(Dat)* **die Hände** ~ se nettoyer les mains; **sich** *(Dat)* **die Schuhe** ~ nettoyer ses chaussures
❷ *(entfernen)* **Schmutz von etw** ~ nettoyer la saleté sur qc

ab|quälen *r V* ❶ *(sich abmühen)* **sich mit einer Arbeit** ~ s'acharner sur un travail; **sich mit Zahnschmerzen** ~ traîner un mal de dents
❷ *(sich abzwingen)* **sich** *(Dat)* **ein Lächeln/eine Entschuldigung** ~ se forcer pour [*o* se forcer à] sourire/s'excuser

ab|qualifizieren *tr V Person:* dénigrer; **jdn** ~ *Person:* dénigrer qn; *Kritik, Bemerkung:* discréditer qn

ab|rackern *r V fam* **sich** ~ se crever *(fam)*; **sich am Computer** ~ se crever à l'ordinateur; **sich für jdn/einen Hungerlohn** ~ se crever pour qn/un salaire de misère

Abraham ['a:braham] <-s> *m* Abraham *m*
▸ **[sicher] wie in ~s Schoß** *fam* [protégé(e)] comme un enfant dans le ventre de sa mère

ab|rahmen *tr V* écrémer
▸ **da hat jemand abgerahmt** il y en a un(e) qui s'est sucré(e)

Abrakadabra ['a:braka'da:bra] <-s> *nt kein Art* abracadabra

ab|rasieren* *tr V* ❶ raser; **sich** *(Dat)* **den Bart** ~ se raser la barbe; **abrasiert** rasé(e)
❷ *fam (zerstören)* raser *Gebäude; (abtrennen)* arracher *Baumwipfel, Dach*

Abrasion [abra'zio:n] <-, -en> *f* ❶ GEOL érosion *f*
❷ MED curetage *m*

ab|raten *itr V unreg* déconseiller; **[jdm] von einem Besuch** ~ déconseiller une visite [à qn]; **jdm davon** ~ **etw zu unterschreiben** dissuader qn de signer qc

Abraum *m kein Pl* MIN terril *m*

ab|räumen *tr V* débarrasser *Tisch, Frühstück;* **das Abräumen der Gläser ist deine Aufgabe** c'est à toi de débarrasser les verres

Abraumhalde *f* terril *m*

ab|rauschen *itr V + sein fam* décamper *(fam)*

ab|reagieren* **I.** *tr V* défouler, trouver un exutoire à *Aggressionen, Launen;* **seine Wut/seinen Ärger an jdm** ~ passer sa rage/sa colère sur qn
II. *r V fam* **sich** ~ se défouler *(fam)*

ab|rechnen I. *itr V* ❶ *(das Gehalt, die Entlohnung berechnen)*

faire les comptes; **mit dem Taxifahrer** ~ payer la course au chauffeur de taxi; **am Ende des Monats wird abgerechnet** on fait les comptes à la fin du mois
② (*die Zeche berechnen*) encaisser; **beim Abrechnen** en faisant la caisse
③ (*zur Rechenschaft ziehen*) **mit jdm** ~ régler ses comptes avec qn
II. *tr V* **den Rabatt von etw** ~ décompter la remise de qc

Ạbrechnung *f* ① (*Schlussrechnung*) comptes *mpl;* **die ~ machen** faire les comptes; **machen Sie mir die** ~ faites-moi mon compte
② (*Aufstellung, Auflistung*) facture *f* détaillée
③ (*Abzug*) *von Steuern* déduction *f;* **nach ~ der Kosten** après déduction des frais
④ (*Rache*) règlement *m* de comptes; **die Stunde der** ~ l'heure de régler ses comptes

Ạbrechnungszeitraum *m* période *f* comptable

Ạbrede *f* JUR *veraltet* (*Absprache*) accord *m*
▸ **etw in ~ stellen** *form* contester qc

ạb|regen *r V fam* **sich** ~ se calmer

ạb|reiben *tr V unreg* ① (*entfernen*) enlever en frottant; **etw** ~ enlever qc en frottant
② (*säubern*) **sich** (*Dat*) **die Hände an etw** (*Dat*) ~ se frotter les mains sur qc
③ (*trockenreiben*) **jdn/sich mit einem Handtuch** ~ essuyer qn/s'essuyer avec une serviette

Ạbreibung *f fam* raclée *f* (*fam*)

Ạbreise *f* départ *m*

ạb|reisen *itr V + sein* ① partir en voyage
② (*nicht länger bleiben*) s'en aller; *Hotelgast:* quitter sa chambre

ạb|reißen *unreg* I. *tr V + haben* ① (*abtrennen*) arracher; **etw von der Wand** ~ arracher qc du mur
② (*niederreißen*) raser *Gebäude*
③ *sl* (*hinter sich bringen*) tirer (*fam*) *Haftstrafe, Dienstzeit*
II. *itr V + sein* ① (*reißen*) *Seil, Schnürsenkel:* se casser; **mir ist ein Knopf abgerissen** j'ai un bouton d'arraché
② (*aufhören*) *Besuche, Kontakt:* s'interrompre; **den Kontakt nicht ~ lassen** essayer de ne pas rompre le contact
③ (*anhalten*) **nicht** ~ *Probleme, Arbeit:* ne pas en finir

Ạbreißkalender *m* éphéméride *m*

ạb|richten *tr V* dresser; **einen Hund auf jdn** ~ dresser un chien à attaquer qn

Ạbrichtung *f* dressage *m*

Ạbrieb ['apri:p] <-[e]s, -e> *m* TECH *der Reifen* usure *f*

ạb|riegeln *tr V* boucler *Straße, Gelände*

Ạbrieg[e]lung <-, -en> *f* bouclage *m*

ạb|ringen *tr V unreg* **jdm ein Versprechen/eine Zusage** ~ arracher une promesse/réponse positive à qn; **sich** (*Dat*) **ein Lächeln/eine Entschuldigung** ~ se forcer à sourire/s'excuser; **dem Meer Land** ~ arracher du terrain à la mer

Ạbriss^RR^ *m* ① *eines Gebäudes* démolition *f*
② (*Übersicht*) abrégé *m;* **ein ~ der Stadtgeschichte** un résumé de l'histoire de la ville

Ạbrissarbeiten^RR^ *Pl* travaux *mpl* de démolition **Ạbrissfirma**^RR^ *f* entreprise *f* de démolition **ạbrissreif**^RR^ *Adj* bon(ne) pour la démolition

ạb|rollen I. *itr V + sein* ① *Kabel, Schnur:* se dérouler; **von einer Spule** ~ *Kabel, Schnur:* se dérouler d'une bobine
② (*vonstatten gehen*) *Ereignisse, Programm:* se dérouler; **vor jds Augen** (*Dat*) ~ défiler devant les yeux de qn
③ SPORT faire une roulade
II. *tr V + haben* **ein Kabel von etw** ~ dérouler un câble de qc

ạb|rücken I. *itr V + sein* ① **von einem Vorhaben/Plan** ~ écarter l'idée d'un projet/plan; **von seinen Ansichten** ~ s'écarter de ses opinions
② (*abmarschieren*) se mettre en marche; **in die Kaserne** ~ partir à la caserne
③ *fam* (*weggehen*) se barrer (*fam*); **sie sind ins Kino abgerückt** ils se sont barrés au cinéma (*fam*)
④ (*wegrücken*) **von jdm/etw** ~ s'écarter de qn/qc
II. *tr V + haben* **etw von der Wand** ~ reculer qc du mur

Ạbruf *m* ① FIN *eines Kredits, einer Summe* retrait *m*
② INFORM *von Daten* consultation *f*
▸ **sich auf ~ bereithalten** se tenir prêt(e) à intervenir; **auf ~ bereitstehen** être à disposition

ạbrufbar *Adj Daten* consultable

ạbrufbereit *Adj* ① *Person* prêt(e) à intervenir; *Bestellung, Ware* disponible; **~ warten** être prêt(e) à intervenir; **~ liegen/stehen** *Ware:* être disponible [*o* à disposition]
② FIN encaissable; **~ sein** *Kredit:* pouvoir être retiré(e)

ạb|rufen *tr V unreg* ① prendre livraison de *Bestellung, Waren*
② FIN retirer *Kredit, Summe*
③ INFORM consulter *Daten*

ạb|runden *tr V* ① arrondir; **eine Zahl [nach unten]** ~ arrondir un nombre au chiffre inférieur; **einen Betrag auf zehn Euro** ~ arrondir une somme à dix euros; **abgerundet** en arrondissant
② (*vollkommen machen*) parachever, parfaire *Abend, Fest, Geschmack*
③ (*rund machen*) arrondir *Kanten, Ecken*

Ạbrundung *f* **etw ist eine schöne ~ des Abends** la soirée se termine en beauté avec qc; **zur ~ des Festes/des Geschmacks** pour parachever [*o* parfaire] la fête/le goût

ạb|rupfen *tr V* arracher *Blume, Blätter*

abrụpt [ap'rʊpt] I. *Adj* brusque
II. *Adv* brusquement

ạb|rüsten I. *itr V* réduire les armements
II. *tr V* ① réduire *Atomwaffen;* réduire les armements de *Armee*
② (*vom Gerüst befreien*) retirer l'échafaudage de *Haus, Fassade*

Ạbrüstung *f kein Pl* désarmement *m*

Ạbrüstungsbeauftragte(r) *f(m) dekl wie Adj* délégué(e) *m(f)* au désarmement **Ạbrüstungsgespräche** *Pl* discussions *fpl* pour le désarmement **Ạbrüstungskonferenz** *f* conférence *f* pour le désarmement **Ạbrüstungsverhandlungen** *Pl* négociations *fpl* pour le désarmement

ạb|rutschen *itr V + sein* ① (*abgleiten*) glisser; **an etw** (*Dat*)/**von etw** ~ glisser sur qc
② *fam* (*sich verschlechtern*) **vom ersten auf den dritten Platz** ~ glisser de la première à la troisième place

Abrụzzen [a'brʊtsən] *Pl* **die** ~ les Abruzzes *mpl*

ABS [a:be:'ʔɛs] <-> *nt Abk von* **Antiblockiersystem** A.B.S. *m*

Abs. ① *Abk von* **Absender** Exp.
② *Abk von* **Absatz 2.**

ạb|sacken *itr V + sein* ① (*einsinken*) s'affaisser; **um einen Meter** ~ s'affaisser d'un mètre
② (*an Höhe verlieren*) *Flugzeug:* perdre brusquement de l'altitude
③ *fam* (*sich verschlechtern*) **auf den vierten Platz** ~ dégringoler à la quatrième place (*fam*)
④ *fam* (*abfallen*) *Blutdruck, Blutzucker, Temperatur, Gewinne:* dégringoler (*fam*)

Ạbsage ['apza:gə] *f* ① réponse *f* négative; **jdm eine ~ erteilen** *form* donner une réponse négative à qn
② (*Zurückweisung*) **eine ~ an den Nationalismus** une condamnation du nationalisme

ạb|sagen I. *tr V* décommander *Besuch, Teilnahme;* annuler *Demonstration, Spiel*
II. *itr V* **[jdm]** ~ se décommander [auprès de qn]

ạb|sägen *tr V* ① scier *Baum, Ast*
② *fam* (*seiner Stellung entheben*) **jdn** ~ faire sauter qn (*fam*)

ạb|sahnen *fam* I. *tr V* se mettre dans les poches; **etw** ~ se mettre qc dans les poches (*fam*)
II. *itr V* **bei jdm** ~ s'en ficher plein les poches sur le dos de qn (*fam*)

ạb|satteln *tr, itr V* desseller

Ạbsatz *m* ① (*Schuhabsatz*) talon *m*

❷ (*Abschnitt*) paragraphe *m;* **einen ~ machen** aller à la ligne
❸ (*Treppenabsatz*) palier *m* [de repos]
❹ (*Verkauf*) ventes *fpl;* **guten/reißenden ~ finden** se vendre bien/comme des petits pains
▶ **auf dem ~ kehrtmachen** tourner les talons

absatzbedingt *Adj* conditionné(e) par les ventes **Absatzchance** *f* débouché *m;* **etw hat gute ~n** il y a de bons débouchés pour qc **Absatzflaute** *f* marasme *m* des ventes **Absatzförderung** *f* promotion *f* des ventes **Absatzgebiet** *nt* secteur *m* commercial [*o* de vente] **Absatzkick** *m* FBALL talonnage *m* **Absatzkrise** *f* crise *f* des ventes **Absatzrückgang** *m* baisse *f* des ventes **Absatzschwierigkeiten** *Pl* difficultés *fpl* de vente **Absatzsteigerung** *f* augmentation *f* des ventes

absatzweise *Adv* [paragraphe] par paragraphe

ab|saufen *itr V unreg + sein* ❶ *sl* (*ertrinken*) se noyer
❷ *fam* (*untergehen*) *Schiff:* couler
❸ *fam* (*nicht mehr laufen*) **hör auf, der Motor säuft ab!** arrête, tu vas noyer le moteur!
❹ (*überschwemmt werden*) *Bergwerk, Stollen:* être inondé(e)

ab|saugen *tr V* ❶ aspirer; **etw aus etw/von etw ~** aspirer qc de qc
❷ (*Staub saugen*) passer l'aspirateur sur *Teppich, Sofa*

ab|schaben *tr V* ❶ (*entfernen*) **den Putz/den Rost von etw ~** racler le crépi/la rouille sur qc
❷ (*abwetzen*) râper *Kleidungsstück, Stoff;* **abgeschabt** *Mantel, Sessel* râpé(e)

ab|schaffen *tr V* ❶ (*beseitigen*) supprimer *Zoll, Strafe;* abroger *Gesetz;* abolir *Institution, Privileg*
❷ (*fortgeben*) se débarrasser de *Auto, Haustier*

Abschaffung *f* ❶ (*Beseitigung*) *eines Gesetzes* abrogation *f; einer Institution, eines Privilegs* abolition *f*
❷ (*Weggabe*) **zur ~ seines Autos gezwungen sein** être forcé(e) à se débarrasser de sa voiture

ab|schälen I. *tr V* écorcer *Baumstamm;* **die Haut von etw ~** poncer la peau de qc
II. *r V* **sich ~** *Haut:* peler; *Rinde:* se détacher

ab|schalten I. *tr V* éteindre *Fernseher, Herd, Heizung, Maschine;* couper *Strom, Gas, Telefon;* arrêter *Motor, Reaktor*
II. *itr V fam Person:* décrocher (*fam*)
III. *r V* **sich ~** *Maschine, Strom:* se couper

Abschaltung *f des Stroms, Telefons* coupure *f; eines Reaktors* arrêt *m*

ab|schätzen *tr V* évaluer *Lage, Risiko, Zeit, Kosten;* prévoir *Reaktion*

abschätzend I. *Adj* scrutateur(-trice)
II. *Adv* **jdn ~ betrachten** jauger qn du regard

abschätzig ['apʃɛtsɪç] I. *Adj Bemerkung, Äußerung* désobligeant(e); *Blick* méprisant(e)
II. *Adv betrachten* d'un air méprisant; *sich äußern* de façon désobligeante

Abschätzung *f a.* COM évaluation *f,* estimation *f*

ab|schauen *tr V* A *fam* (*abgucken*) copier; **etw von jdm ~** copier qc sur qn

Abschaum *m kein Pl pej* rebut *m* (*péj*)

ab|scheiden *unreg* I. *tr V + haben* ❶ (*absondern*) sécréter
❷ CHEM séparer
II. *r V* CHEM **sich von etw ~** se séparer de qc

ab|scheren *tr V* **sich** (*Dat*) **den Bart ~** se tailler la barbe; **einem Schaf die Wolle ~** tondre la laine d'un mouton

Abscheu <-[e]s> *m* dégoût *m;* **vor jdm/etw ~ haben** [*o* **empfinden**] avoir [*o* éprouver] du dégoût pour qn/qc

ab|scheuern I. *tr V* ❶ (*reinigen*) récurer *Pfanne;* astiquer *Fußboden, Kacheln*
❷ (*entfernen*) **den Schmutz mit etw ~** enlever la saleté en frottant avec qc
❸ (*abwetzen*) user
❹ (*abschürfen*) **sich** (*Dat*) **die Haut am Arm ~** s'égratigner la peau au bras
II. *r V* **sich ~** ❶ (*sich abnutzen*) *Kragen, Manschetten:* s'user
❷ (*sich abschürfen*) s'égratigner

abscheulich [ap'ʃɔɪlɪç] I. *Adj* ❶ (*entsetzlich*) abominable; **wie ~!** quelle horreur!
❷ *fam* (*unerträglich*) *Schmerzen* atroce; *Kälte* épouvantable
II. *Adv* ❶ (*entsetzlich*) *sich benehmen* de façon abominable; **~ zugerichtet werden** être mis(e) dans un état épouvantable; **das schmeckt/riecht ~!** ça a un goût/une odeur abominable!
❷ *fam* (*unerträglich*) *kalt* horriblement; *weh tun* atrocement

Abscheulichkeit <-, -en> *f* abomination *f; eines Anblicks, Vorgehens* atrocité *f*

ab|schicken *tr V* expédier *Brief, Paket, Sendung;* envoyer *Boten, Kurier*

Abschiebehaft *f* maintien *m* administratif; **in ~ kommen** faire l'objet d'une mesure de rétention administrative avant l'expulsion

ab|schieben *unreg* I. *tr V + haben* ❶ (*ausweisen*) expulser; **jdn in sein Heimatland ~** expulser qn dans son pays d'origine
❷ (*abwälzen*) **die Verantwortung/Schuld auf jdn ~** faire endosser la responsabilité/culpabilité à qn
❸ *fam* (*entfernen*) **jdn in eine andere Abteilung ~** expédier qn dans un autre service (*fam*)
❹ (*wegschieben*) **den Tisch von der Wand ~** reculer la table du mur
II. *itr V + sein sl Person:* foutre le camp (*pop*)

Abschiebung *f* reconduite *f* à la frontière

Abschiebungshaft *s.* **Abschiebehaft**

Abschied ['apʃi:t] <-[e]s, *selten* -e> *m* ❶ (*Trennung*) adieu *m souvent pl;* **der ~ von jdm/etw** l'adieu à qn/qc; **von jdm ~ nehmen** faire ses adieux à qn; **von einer Stadt ~ nehmen** quitter une ville [pour toujours]; **beim ~** au moment des adieux; **zum ~** en guise d'adieu; **ein ~ für immer** un éternel adieu; **es war ein sehr trauriger ~** les adieux étaient particulièrement tristes
❷ *veraltet geh* (*Entlassung*) *eines Offiziers, Beamten* démission *f;* **seinen ~ nehmen** [*o* **einreichen**] donner sa démission

Abschiedsbesuch *m* visite *f* d'adieu **Abschiedsbrief** *m* lettre *f* d'adieu[x] **Abschiedsfeier** *f* fête *f* d'adieu[x] **Abschiedsgesuch** *nt* lettre *f* de démission **Abschiedsgruß** *m* (*Wort*) mot *m* d'adieu; (*Geste*) geste *m* d'adieu **Abschiedskuss**[RR] *m* baiser *m* d'adieu **Abschiedsrede** *f* discours *m* d'adieu[x] **Abschiedsschmerz** *m* douleur *f* de la séparation **Abschiedsszene** *f* scène *f* d'adieu[x] **Abschiedsträne** *f* larme *f* d'adieu

ab|schießen *tr V unreg* ❶ MIL, JAGD abattre *Piloten, Flugzeug, Tier;* détruire *Panzer*
❷ (*abfeuern*) tirer *Geschoss, Pfeil;* lancer *Rakete, Torpedo;* **Pfeile auf jdn ~** tirer des flèches sur qn
❸ *sl* (*erschießen*) descendre (*fam*)
❹ *fam* (*entlassen*) dégommer (*fam*)

ab|schinden *r V unreg fam* **sich ~** se décarcasser (*fam*)

Abschirmdienst *m* **militärischer ~** ≈ services *mpl* de contre-espionnage; (*in Frankreich*) D.G.S.E. *f*

ab|schirmen I. *tr V* ❶ (*isolieren, schützen*) isoler; **jdn von jdm/etw ~** isoler qn de qn/qc; **die Augen mit der Hand/gegen das Sonnenlicht ~** se protéger les yeux avec la main/contre la lumière du soleil
❷ (*dämpfen*) tamiser [la lumière de] *Lampe*
II. *r V* **sich von jdm/etw ~** s'isoler de qn/qc; **abgeschirmt** isolé(e)

Abschirmung <-, -en> *f* ❶ (*Isolierung*) *einer Person* isolement *m*
❷ (*Dämpfen*) **etw zur ~ des Lichts benutzen** se servir de qc afin de tamiser la lumière
❸ (*Schutzschirm*) écran *m* protecteur

ab|schlachten I. *tr V* massacrer

II. *r V* **sich** [**gegenseitig**] ~ se massacrer
ab|schlaffen *itr V + sein fam* avoir un coup de pompe (*fam*); **abgeschlafft sein** (*erschöpft sein*) être flagada (*fam*); (*schlapp sein*) être ramollo (*fam*)
Abschlag *m* ❶ (*Preisnachlass*) réduction *f*, rabais *m*
❷ (*Vorschuss*) **ein ~ auf etw** (*Akk*) un acompte [*o* une avance] sur qc
❸ FBALL remise *f* en jeu
ab|schlagen *unreg* **I.** *tr V* ❶ (*abtrennen*) casser *Henkel;* ébrécher *Ecke;* couper *Ast;* **jdm den Kopf ~** décapiter qn
❷ (*fällen*) abattre *Baum, Wald*
❸ (*ablehnen*) décliner *Einladung;* **jdm eine Bitte ~** repousser une demande à qn; **keinem etwas ~ können** ne rien pouvoir refuser à personne
❹ (*überflügeln*) **abgeschlagen sein** *Läufer, Schlussfeld, Partei:* être distancé(e); *Firma:* être en perte de vitesse
❺ FBALL **den Ball ~** remettre le ballon en jeu
II. *itr V Torwart:* dégager
abschlägig ['apʃlɛːgɪç] *Adj* négatif(-ive); **jdn/etw ~ bescheiden** *form* donner une réponse négative à qn/rejeter qc
Abschlagszahlung *f* acompte *m*
ab|schleifen *unreg* **I.** *tr V* ❶ (*entfernen*) éliminer par ponçage; **etw ~** éliminer qc par ponçage
❷ (*glätten*) poncer *Holz, Oberfläche*
II. *r V* **sich ~** ❶ (*sich abnutzen*) s'émousser
❷ (*nachlassen, sich verlieren*) se dégrossir
Abschleppdienst *m* service *m* de dépannage [*o* remorquage]
ab|schleppen **I.** *tr V* ❶ (*wegziehen*) remorquer; **unbefugt parkende Fahrzeuge werden abgeschleppt!** les véhicules en stationnement non autorisé seront mis à la fourrière!
❷ *fam* (*mitnehmen*) **jdn/etw ~** embarquer qn/qc (*fam*)
II. *r V fam* **sich ~** se briser les reins; **sich mit zwei Koffern ~** s'esquinter à porter [*o* trimballer] deux valises (*fam*)
Abschleppfahrzeug *nt* dépanneuse *f* **Abschleppseil** *nt* câble *m* de remorquage [*o* remorque] **Abschleppstange** *f* barre *f* de remorquage [*o* remorque] **Abschleppwagen** *m* dépanneuse *f*
ab|schließen *unreg* **I.** *tr V* ❶ (*zuschließen*) fermer à clé; **etw ~** fermer qc à clé
❷ (*verschließen*) **etw hermetisch ~** fermer qc hermétiquement
❸ (*absolvieren*) achever *Kurs, Schule, Studium;* **mit abgeschlossenem Studium** avec un diplôme en poche
❹ (*vereinbaren*) conclure *Abkommen, Geschäft, Handel;* passer *Vertrag;* souscrire *Versicherung*
❺ (*beenden*) conclure *Rede, Vortrag;* clôturer *Konferenz, Verhandlungen;* clore *Geschäftsjahr;* clôturer *Geschäftsbuch, Konto*
❻ (*einfassen*) **etw ~** *Borte, Verzierung:* border qc
II. *itr V* ❶ (*zuschließen*) fermer à clé
❷ (*Vertrag schließen*) **mit jdm ~** *Vertragspartner, Kunde:* faire affaire avec qn
❸ FIN, COM **mit Gewinn/Verlust ~** se solder par des gains/pertes
❹ (*zum Abschluss bringen*) **mit der Vergangenheit ~** tirer un trait sur le passé
❺ *geh* (*zum Schluss kommen*) *Redner:* en terminer (*soutenu*)
❻ (*eingefasst sein*) **mit einer Borte/Verzierung ~** être bordé(e) d'un galon/d'une décoration
III. *r V* **sich von jdm/etw ~** s'isoler de qn/qc
abschließend ['apʃliːsənt] **I.** *Adj Bemerkung, Worte* final(e)
II. *Adv bemerken, hinweisen* en conclusion
AbschlussRR *m* ❶ *kein Pl* (*Beendigung*) *von Verhandlungen, einer Veranstaltung* conclusion *f; eines Geschäftsjahrs* clôture *f;* **etw zum ~ bringen** conclure qc; **zum ~ kommen** *Redner:* conclure; **seinen ~ finden** trouver son épilogue; **zum ~ dieser Veranstaltung** pour conclure cette cérémonie
❷ (*Abschlussprüfung*) diplôme *m* [de fin d'études]; (*Hauptschulabschluss*) certificat *m* de fin d'études
❸ (*Zustandekommen*) *eines Geschäfts, einer Vereinbarung* conclusion *f; eines Vertrags, einer Versicherung* souscription *f;* **~ einer Wette** pari *m;* **einen Kredit zum ~ bringen** amener un crédit à terme
❹ (*Geschäft, Handel*) marché *m;* **einen ~ tätigen** conclure un marché
❺ FIN *von Geschäftsbüchern, Konten* bilan *m*, état *m* [de compte]; **~ der Bilanz** clôture *f* de bilan
▶ **der krönende ~** le clou
AbschlussballRR *m* bal *m* de clôture **Abschlussbericht**RR *m* rapport *m* final **Abschlussfeier**RR *f* grande fête *f;* SCHULE, UNIV cérémonie *f* pour la remise des diplômes **Abschlussklasse**RR *f* [classe *f* de] terminale; **in der ~ sein** être en terminale **Abschlussleiste**RR *f* ARCHIT baguette *f* [de finition] **Abschlussprüfung**RR *f* ❶ (*Abschlussexamen*) examen *m* de fin d'études ❷ JUR, FIN examen *m* final [*o* vérification *f*] des comptes **Abschlusszeugnis**RR *nt* diplôme *m* de fin d'études
ab|schmecken *tr V* vérifier l'assaisonnement de *Suppe, Gericht;* **etw mit Gewürz/Salz ~** assaisonner qc avec des épices/du sel
ab|schmelzen *unreg* **I.** *tr V + haben fam* faire fondre *Eis, Metall*
II. *itr V + sein* fondre; **auf etw** (*Akk*) **~** *Rücklage, Guthaben:* fondre pour atteindre qc
ab|schmettern *tr V fam* (*zurückweisen*) envoyer valser (*fam*) *Kandidaten, Antrag;* rejeter *Klage, Berufung, Vorschlag*
ab|schmieren **I.** *tr V + haben* ❶ TECH graisser
❷ *fam* (*abschreiben*) **etw von jdm/aus einem Buch ~** pomper vite fait qc sur qn/dans un livre (*fam*)
II. *itr V + sein fam Flugzeug:* s'abattre
ab|schminken **I.** *r V* **sich ~** se démaquiller
II. *tr V* démaquiller *Gesicht, Augen*
▶ **sich** (*Dat*) **etw ~ können** *fam* pouvoir faire une croix sur qc (*fam*)
ab|schmirgeln *tr V* **einen Tisch ~** passer une table au papier de verre; **den Rost von etw ~** enlever la rouille de qc au papier de verre
ab|schnallen **I.** *itr V sl* ❶ (*fassungslos sein*) être scié(e) (*fam*); **da schnallst du ab!** ça t'en bouche un coin! (*fam*)
❷ (*nicht folgen können*) décrocher (*fam*)
II. *tr V* [**sich** (*Dat*)] **den Rucksack ~** décrocher son sac à dos; [**sich** (*Dat*)] **die Skier ~** enlever ses skis
III. *r V* **sich ~** détacher sa ceinture
ab|schneiden *unreg* **I.** *tr V* ❶ (*abtrennen, versperren*) couper; **sich** (*Dat*) **etw ~** se couper qc
❷ (*unterbinden*) battre en brèche *Einwand;* **jdm das Wort ~** couper la parole à qn
❸ (*isolieren*) **von jdm/etw abgeschnitten sein** être coupé(e) de qn/qc
II. *itr V fam* **bei etw gut/schlecht ~** s'en tirer [*o* sortir] bien/mal avec qc (*fam*)
ab|schnippeln *tr V fam* découper *Papierfetzen;* [se] rogner *Hautstück*
Abschnitt *m* ❶ (*Passus*) *eines Textes* paragraphe *m; eines Formulars* partie *f*
❷ (*abtrennbares Stück*) *einer Bestellkarte* coupon *m; einer Eintrittskarte* partie *f* détachable
❸ (*Zeitabschnitt*) période *f*
❹ (*Teil, Bereich*) *eines Gebäudes* partie *f; einer Autobahn* tronçon *m; einer Strecke* étape *f*
❺ MIL (*Frontabschnitt, Geländeabschnitt*) secteur *m*
❻ GEOM segment *m*
ab|schnüren *tr V* garrotter *Arm, Bein;* **jdm das Blut/die Luft ~** faire un garrot à qn/asphyxier qn
ab|schöpfen *tr V* ❶ (*herunternehmen*) **das Fett ~** dégraisser; **den Schaum ~** écumer; **den Rahm von der Milch ~** écrémer le lait
❷ ÖKON résorber *Gewinn;* éponger *Kaufkraft*
ab|schotten ['apʃɔtən] **I.** *r V* **sich ~** s'isoler; **sich gegen**

äußere Einflüsse ~ se fermer aux influences externes; **abgeschottet leben** mener une vie recluse
II. *tr V* ❶ NAUT cloisonner
❷ *fig* **ein Land** ~ couper un pays du reste du monde
ạb|schrägen ['apʃrɛːgən] *tr V* biseauter *Brett;* incliner *Dach*
Ạbschrägung <-, -en> *f eines Bretts* biseau *m; eines Dachs* inclinaison *f*
ạb|schrauben *tr V* dévisser
ạb|schrecken I. *tr V* ❶ faire peur à; **jdn von etw** ~ dissuader qn de qc; **sich nicht** ~ **lassen** ne pas se laisser intimider; **sich nicht davon** ~ **lassen etw zu tun** ne pas se laisser dissuader de faire qc
❷ GASTR refroidir *Eier*
II. *itr V Armee, Waffen:* être dissuasif(-ive)
ạbschreckend I. *Adj Beispiel, Wirkung* dissuasif(-ive); *Eindruck* défavorable; *Hässlichkeit* repoussant(e)
II. *Adv* ~ **wirken** *Strafe, Drohung:* avoir un effet dissuasif; **er/sie wirkt** ~ **auf mich** il/elle me répugne
Ạbschreckung <-, -en> *f* ❶ MIL dissuasion *f*
❷ (*das Fernhalten*) **der** ~ **dienen** servir d'intimidation; **der** ~ **von Dieben dienen** servir à éloigner les voleurs
Ạbschreckungsmittel *nt* mesure *f* d'intimidation **Ạbschreckungswaffe** *f* arme *f* de dissuasion **Ạbschreckungswirkung** *f* effet *m* dissuasif
ạb|schreiben *unreg* I. *tr V* ❶ (*kopieren*) recopier
❷ (*plagiieren*) **etw bei jdm/aus etw** ~ copier qc sur qn/dans qc
❸ FISC, FIN déduire *Anlagen, Maschinen, Betrag*
❹ *fam* (*verloren geben*) **etw** ~ **können** pouvoir faire une croix sur qc; **ich hatte ihn schon abgeschrieben** j'en avais [déjà] fait mon deuil
▸ **bei jdm abgeschrieben** __**sein**__ *fam* être mort(e) et enterré(e) pour qn (*fam*)
II. *itr V* ❶ (*plagiieren*) **von jdm/etw** ~ copier sur qn/qc
❷ (*absagen*) se décommander
III. *r V* **sich** ~ *Bleistift, Filzstift:* s'user
Ạbschreiber(in) *m(f) fam* copieur(-euse) *m(f)*
Ạbschreibung *f* FISC, FIN amortissement *m*
Ạbschreibungsobjekt *nt* ÖKON bien *m* amorti
ạb|schreiten *tr V unreg geh* ❶ (*abmessen*) arpenter [en comptant ses pas]; **etw** ~ arpenter qc [en comptant ses pas]
❷ (*inspizieren*) **etw** ~ passer qc en revue
Ạbschrift *f* copie *f,* duplicata *m;* **seine Zeugnisse in** ~ **einreichen** envoyer un duplicata de ses diplômes; **notariell beglaubigte** ~ copie certifiée conforme par un notaire
ạb|schrubben *fam* I. *tr V* ❶ (*reinigen*) briquer (*fam*) *Kacheln, Fußboden*
❷ (*entfernen*) brosser *Schmutz, Dreck*
II. *r V* **sich** ~ se récurer (*fam*)
ạb|schuften *r V fam* **sich** ~ se défoncer (*fam*)
ạb|schuppen I. *r V* **sich** ~ *Haut:* peler
II. *tr V* écailler *Fisch*
ạb|schürfen *r V* **sich** (*Dat*) **die Haut/die Ellenbogen** ~ s'écorcher la peau/les coudes
Ạbschürfung <-, -en> *f* écorchure *f*
Ạbschuss^RR^ *m* ❶ (*das Abfeuern*) *eines Geschützes* tir *m; einer Rakete* lancement *m*
❷ (*Zerstörung*) *eines Panzers, Flugkörpers* destruction *f*
❸ JAGD **zehn Abschüsse erzielen** abattre dix pièces de gibier
❹ *fam* (*Entlassung, Sturz*) *eines Arbeitnehmers, Politikers* limogeage *m* (*fam*)
▸ **zum** ~ __**freigeben**__ JAGD autoriser le tir de *Tier; fig fam* lâcher les chiens [*o* la meute] sur *Politiker*
Ạbschussbasis^RR^ *f* base *f* de lancement
ạbschüssig ['apʃʏsɪç] *Adj Böschung, Straße* escarpé(e); *Hang* abrupt(e)
Ạbschussliste^RR^ *f* ▸ **auf der** ~ __**stehen**__ *fam* être sur la liste des gens à abattre (*fam*); **er** __**steht**__ **bei ihr auf der** ~ elle l'a dans le pif (*fam*) **Ạbschussrampe**^RR^ *f* rampe *f* de lancement
ạb|schütteln *tr V* ❶ **den Staub/die Krümel von etw** ~ secouer la poussière/les miettes sur qc
❷ (*sich befreien von*) semer *Verfolger;* se débarrasser de *Besatzungsmacht, Herrschaft;* secouer *Joch*
❸ (*vertreiben*) évacuer *Gedanken, Ärger, Stress*
ạb|schütten *tr V* jeter *Wasser;* vider *Eimer, Wanne;* égoutter *Gemüse, Kartoffeln*
ạb|schwächen I. *tr V* atténuer *Einfluss, Schock, Wirkung;* édulcorer *Behauptung, Formulierung, Vorwurf;* amortir *Aufprall, Aufschlag;* **in abgeschwächter Form** sous une forme édulcorée
II. *r V* **sich** ~ *Lärm:* s'atténuer; *Hoch-, Tiefdruckgebiet:* s'affaiblir; *Inflation, Tendenzen:* fléchir; *Andrang:* se calmer
Ạbschwächung *f* ❶ *des Einflusses, der Wirkung* diminution *f; der Inflation, des Andrangs* fléchissement *m;* METEO *eines Hochs, Tiefs* affaiblissement *m*
❷ (*Abfederung*) *des Aufpralls, Aufschlags* amortissement *m*
❸ (*Korrektur, Umformulierung*) **keinen Grund zur** ~ **eines Vorwurfs sehen** ne voir aucune raison d'édulcorer un reproche
ạb|schwatzen *tr V fam,* **ạb|schwätzen** *tr V* SDEUTSCH *fam* **jdm etw** ~ soutirer qc à qn en le/la baratinant (*fam*), réussir à extorquer qc à qn en le/la baratinant (*fam*); **jdm eine Unterschrift** ~ soutirer une signature à qn en le baratinant
ạb|schweifen ['apʃvaɪfən] *itr V* + *sein* faire une digression; **vom Thema** ~ s'écarter du sujet
Ạbschweifung <-, -en> *f* digression *f*
ạb|schwellen *itr V unreg* + *sein* ❶ *Entzündung:* désenfler; *Furunkel:* se résorber; *Füße, Beine:* désenfler; **etw zum Abschwellen bringen** faire désenfler qc
❷ (*sich vermindern*) *Lärm:* faiblir
ạb|schwenken I. *itr V* + *sein* ❶ (*abdrehen*) *Wanderer, Kolonne:* s'écarter; **von etw** ~ *Wanderer, Kolonne:* s'écarter de qc; *Fahrzeug:* obliquer de qc; *Kamera:* se détourner de qc
❷ (*sich umorientieren*) **von etw** ~ *Partei, Politiker:* s'écarter de qc
II. *tr V* + *haben* ❶ rincer *Gläser, Geschirr*
❷ GASTR égoutter *Kartoffeln, Gemüse*
ạb|schwindeln *tr V pej* **jdm Geld/eine Unterschrift** ~ escroquer de l'argent/extorquer sa signature à qn
ạb|schwirren *itr V* + *sein* ❶ *Vogelschwarm:* s'envoler dans un bruissement d'ailes; *Pfeil:* s'éloigner en sifflant
❷ *fam* (*weggehen*) se tirer (*fam*)
ạb|schwören *itr V unreg* **dem Glauben** ~ abjurer sa foi; **dem Teufel** ~ renoncer au diable; **dem Alkohol/Rauchen** ~ décider de renoncer à l'alcool/la cigarette
Ạbschwung *m* ❶ SPORT sortie *f*
❷ (*Konjunktur-, Kursrückgang*) récession *f*
ạb|segeln *itr V* + *sein* lever l'ancre
ạb|segnen *tr V fam* donner sa bénédiction à
ạbsehbar *Adj* prévisible; **es ist** ~**, dass** on peut s'attendre à ce que + *subj;* **das Ende des Studiums ist nicht** ~ la fin des études n'est pas en vue
ạb|sehen *unreg* I. *tr V* ❶ (*voraussehen*) **etw** ~ **können** pouvoir prévoir qc; **es ist abzusehen, dass/wie lange ...** on peut s'attendre à ce que + *subj*/peut prévoir combien de temps ...
❷ *fam* (*abgucken*) **jdm etw** ~ reluquer qc de qn (*fam*); *s. a.* **abgesehen**
▸ **es auf jdn abgesehen** __**haben**__ (*jdn schikanieren wollen*) avoir qn dans le collimateur; (*an jdm interessiert sein*) avoir jeté son dévolu sur qn; **es auf etw** (*Akk*) **abgesehen** __**haben**__ en vouloir à qc; **es darauf abgesehen** __**haben**__**, etw zu tun** avoir l'intention de faire qc
II. *itr V* **von einer Entlassung/Strafe** ~ renoncer à un licenciement/une peine; **davon** ~ **Anzeige zu erstatten** s'abstenir de [*o* renoncer à] porter plainte
ạb|seifen ['apzaɪfən] *tr V* savonner

Absicht ausdrücken

• nach einer Absicht fragen	• demander l'intention
Was bezwecken Sie damit?	Que voulez-vous faire avec cela?
Was hat das alles für einen Zweck?	À quoi ça sert, tout ça?
Was wollen Sie damit behaupten/sagen?	Que voulez-vous dire?

• Absicht ausdrücken	• exprimer l'intention
Ich **werde** diesen Monat noch das Wohnzimmer tapezieren.	Je **vais** tapisser le salon, ce mois-ci.
Ich habe für nächstes Jahr eine Reise nach Italien **vor/geplant.**	**J'envisage/Je projette de** faire un voyage en Italie l'année prochaine.
Ich beabsichtige, eine Klage gegen die Firma zu erheben.	**J'ai l'intention** de déposer une plainte contre l'entreprise.
Ich habe bei dem Menü als Dessert eine Mousse au Chocolat **ins Auge gefasst.**	Au menu, **j'ai en vue** une mousse au chocolat comme dessert.
Ich habe mir in den Kopf gesetzt, den Pilotenschein zu machen.	**Je me suis mis en tête** de passer la licence de pilote.

• Absichtslosigkeit ausdrücken	• exprimer le manque d'intention
Das war nicht von mir beabsichtigt.	Je ne l'ai pas fait exprès.
Das liegt mir fern.	Ça ne me viendrait pas à l'idée.
Ich habe nicht die Absicht, dir irgendwelche Vorschriften zu machen.	**Je n'ai pas l'intention** de te donner des ordres.
Ich habe es nicht auf Ihr Geld **abgesehen.**	**Je n'en veux pas à** votre argent.

ab|seihen *tr V* passer, filtrer

ab|seilen I. *r V* **sich** ~ ❶ (*sich hinunterlassen*) descendre avec une corde; *Bergsteiger:* descendre en rappel
❷ *fam* (*verschwinden*) reprendre ses billes (*fam*)
II. *tr V* **jdn/etw** ~ descendre qn/qc à l'aide d'une corde

ab|sein *s.* ab II.2., II.3.

abseits ['apzaɪts] I. *Adv* ❶ à l'écart; ~ **bleiben/stehen** rester/être à l'écart; **sich** ~ **halten** se tenir à l'écart
❷ SPORT ~ **sein** [*o* **stehen**] être hors-jeu
II. *Präp + Gen* ~ **des Dorfs** [**liegen**] [être] à l'écart du village

Abseits <-, -> *nt* ❶ SPORT hors-jeu *m;* **im** ~ **stehen** être [en position de] hors-jeu
❷ (*das Aus*) **im gesellschaftlichen** ~ **leben** être marginalisé(e) sur le plan social; **sich ins politische** ~ **manövrieren** se marginaliser sur le plan politique

ab|senden *tr V unreg o reg* expédier

Absender *m* expéditeur *m;* **auf dem Brief steht kein** ~ sur la lettre il n'y a pas d'expéditeur

Absender(in) <-s, -> *m(f)* expéditeur(-trice) *m(f)*

ab|sengen ['apzɛŋən] *tr V* roussir; brûler *Gras*

ab|senken I. *tr V* abaisser le niveau de *Fundament, Terrasse;* abaisser, faire baisser *Grundwasserstand*
II. *r V* **sich** ~ *Gelände, Hang:* s'incliner

Absenker <-s, -> *m* BOT marcotte *f;* (*eines Weinstockes*) provin *m*

Absenz [ap'zɛnts] <-, -en> *f* A, CH absence *f;* **bei** ~ en cas d'absence

ab|servieren* [-vi-] I. *tr V* ❶ *fam* (*kaltstellen*) balancer (*fam*)
❷ *sl* (*umbringen*) liquider (*fam*)
❸ (*abräumen*) débarrasser *Gedeck, Geschirr, Tisch*
II. *itr V Kellner:* desservir

absetzbar *Adj* ❶ *Artikel, Produkt* vendable; **schwer/nicht** ~ difficile à vendre/invendable
❷ FISC *Ausgabe, Anschaffung* déductible; **steuerlich** ~ **sein** être déductible des impôts
❸ (*kündbar, abwählbar*) ~ **sein** pouvoir être destitué(e)

ab|setzen I. *tr V* ❶ (*des Amtes entheben*) destituer
❷ (*abnehmen*) enlever *Brille, Hut, Mütze*
❸ (*hinstellen*) poser *Gepäck, Trinkgefäß*
❹ (*aussteigen lassen*) déposer *Mitfahrer, Fahrgast*
❺ MIL larguer *Fallschirmjäger, Verpflegung*
❻ COM écouler *Produkt, Waren*
❼ FISC **etw von der Steuer** ~ déduire qc des impôts
❽ (*nicht stattfinden lassen*) annuler *Film, Konzert, Veranstaltung;* **etw vom Spielplan** ~ retirer qc du programme
❾ MED arrêter *Medikament, Behandlung*
❿ (*wegnehmen*) lever *Geigenbogen, Feder, Flöte;* **trinken ohne das Glas abzusetzen** boire d'un trait
⓫ (*kontrastieren*) faire ressortir *Farben, Konturen;* **die Farben sind nicht klar voneinander abgesetzt** les couleurs ne ressortent pas nettement
II. *r V* ❶ *a.* CHEM, GEOL **sich** ~ se déposer; **in der Flasche hat sich Weinstein abgesetzt** il y a du dépôt dans la bouteille
❷ *fam* (*verschwinden*) **sich** ~ se tirer (*fam*)
❸ (*sich unterscheiden*) **sich gegen jdn/etw** [*o* **von jdm/etw**] ~ trancher sur qn/qc
III. *itr V* **trinken ohne abzusetzen** boire d'un trait

Absetzung <-, -en> *f* ❶ *eines Politikers* destitution *f*
❷ (*das Nichtzeigen*) *eines Films, einer Veranstaltung* annulation *f; eines Theaterstücks* retrait *m; einer* [*Fernseh*]*Sendung* déprogrammation *f*
❸ ÖKON, FISC amortissement *m;* **erhöhte** ~**en** amortissements exceptionnels

ab|sichern I. *r V* **sich** ~ prendre des précautions; **sich gegen etw** ~ se prémunir contre qc; **materiell/finanziell abgesichert** à l'abri de difficultés matérielles/financières
II. *tr V* (*sicher machen*) **einen Raum durch etw** ~ protéger une pièce au moyen de qc

Absicherung *f* protection *f;* (*Versicherung*) assurance *f*

Absicht <-, -en> *f* ❶ intention *f;* **die** ~ **haben zu verreisen** avoir l'intention de partir en voyage; **mit etw eine** ~ **verfolgen** poursuivre un but avec qc; **in der** ~ **ihm zu helfen** dans l'intention de l'aider; **in der besten** ~ avec les meilleures intentions [du monde]; **in betrügerischer/selbstmörderi-**

scher ~ dans l'intention d'escroquer/de se suicider
② (*Mutwillen*) **etw mit ~ tun** faire qc exprès; **mit/ohne ~** exprès/sans [le] faire exprès; **das war keine/das war ~** ce n'était pas/c'était intentionnel
▸ **ernste ~ en haben** *fam* avoir des intentions sérieuses
absichtlich I. *Adj* intentionnel(le)
II. *Adv* intentionnellement, exprès
Absichtserklärung *f* déclaration *f* d'intention
absichtslos *Adj* sans intention [particulière]
ab|singen *tr V unreg* MUS ① (*bis zu Ende singen*) chanter en entier, chanter tout(e) *Kampflied, Hymne*
② (*vom Blatt singen*) lire *Lied, Strophe;* **das Lied vom Blatt ~** lire le chant sur la partition
ab|sinken *itr V unreg + sein* ① *Wasserstand, Temperatur, Leistung:* baisser; *Boden:* s'affaisser; **um fünf Grad ~** *Temperatur:* baisser de cinq degrés
② (*tiefer sinken*) **auf den Meeresgrund ~** *Schiff, Wrack:* sombrer au fond de la mer
Absinken <-s> *nt des Wasserstands, der Temperatur* baisse *f*
Absinth [ap'zɪnt] <-[e]s, -e> *m* absinthe *f*
ab|sitzen *unreg* I. *tr V + haben* ① (*verbringen*) laisser passer *Schulstunde, Zeit*
② (*verbüßen*) purger *Haftstrafe;* **zwei Stunden Arrest ~** *Schüler:* faire deux heures de retenue
II. *itr V + sein Reiter:* mettre pied à terre; **abgesessen!** pied à terre!
absolut [apzo'lu:t] I. *Adj* ① *Verbot, Ruhe, Stillschweigen* absolu(e); *Ablehnung, Nein* catégorique
② *fam* (*völlig*) *Blödsinn, Missverständnis* total(e)
II. *Adv fam unmöglich, unverständlich* absolument; **~ betrachtet** dans l'absolu
Absolutheit <-> *f* ① (*Unbedingtheit*) *eines Dogmas, Grundsatzes* infaillibilité *f*
② (*Entschiedenheit*) détermination *f*
Absolutheitsanspruch *m* prétention *f* à l'infaillibilité; **einen ~ erheben** prétendre détenir la vérité
Absolution [apzolu'tsio:n] <-, -en> *f* ECCL absolution *f;* **[jdm] die ~ erteilen** donner l'absolution [à qn]
Absolutismus [apzolu'tɪsmʊs] <-> *m* absolutisme *m*
absolutistisch [apzolu'tɪstɪʃ] I. *Adj Herrscher* absolu(e); *Herrschaftsanspruch* absolutiste
II. *Adv regieren* en souverain absolu
Absolvent(in) [apzɔl'vɛnt] <-en, -en> *m(f)* (*Universitätsabsolvent*) diplômé(e) *m(f)*
absolvieren* [-'vi:-] *tr V* effectuer *Ausbildung, Schule, Studium;* passer *Klausur, Prüfung;* accomplir *Wehrdienst, Zivildienst, Probezeit*
Absolvierung <-> *f einer Klausur, Prüfung* passage *m;* **nach ~ des Zivildienstes** après avoir accompli son/mon/... service civil; **nach erfolgreicher ~ der Prüfung** après avoir passé l'examen avec succès
absonderlich [ap'zɔndɐlɪç] *Adj, Adv* bizarre; **~ riechen/schmecken** avoir une odeur/un goût bizarre
Absonderlichkeit <-, -en> *f* bizarrerie *f*
ab|sondern I. *tr V* ① (*isolieren*) isoler
② PHYSIOL sécréter
II. *r V* **sich von jdm ~** s'isoler de qn
Absonderung ['apzɔndərʊŋ] <-, -en> *f* ① (*Isolierung*) isolement *m*
② PHYSIOL (*das Sekretieren, Sekret*) sécrétion *f*
absorbieren* *tr V* ① (*aufnehmen*) absorber *Wirkstoffe, Schadstoffe*
② (*dämpfen*) **etw ~** *Federung, Stoßdämpfer:* absorber qc
③ *geh* (*in Anspruch nehmen*) accaparer
Absorption <-, -en> *f* absorption *f*
Absorptionsspektrum *nt* PHYS spectre *m* d'absorption
ab|spalten I. *r V* ① ECCL, POL **sich ~** faire sécession; **sich von etw ~** faire sécession de qc
② CHEM **sich von etw ~** se libérer de qc
II. *tr V* CHEM **Moleküle von etw ~** libérer des molécules de qc
Abspaltung *f* CHEM dissociation *f*
Abspann <-[e]s, -e> *m* CINE, TV générique *m*
ab|spannen I. *tr V* dételer *Zugtier, Wagen*
II. *itr V Person:* se détendre
ab|sparen *tr V* **sich** (*Dat*) **etw von seinem Taschengeld ~** économiser sur son argent de poche pour payer qc
ab|specken ['apʃpɛkən] *fam* I. *itr V* ① (*abnehmen*) perdre du lard (*fam*)
② (*verkleinert werden*) *Abteilung, Verwaltung:* dégraisser (*fam*)
II. *tr V* (*reduzieren*) alléger *Produktpalette, Angebot;* dégraisser (*fam*) *Haushalt;* **eine abgespeckte Version** une version allégée
ab|speichern *tr V* INFORM sauvegarder; **etw auf der Festplatte ~** sauvegarder qc sur le disque dur
ab|speisen *tr V* éconduire gentiment; **jdn mit wohlklingenden Worten ~** renvoyer qn après lui avoir prodigué quelques belles paroles; **ich lasse mich von Ihnen nicht einfach so ~!** vous ne vous en tirerez pas à si bon compte!
abspenstig ['apʃpɛnstɪç] *Adj* **jdm jdn/etw ~ machen** détourner qn/qc de qn
ab|sperren I. *tr V* ① (*versperren*) barrer
② (*abstellen*) couper *Gas, Strom, Wasser*
③ SDEUTSCH (*zuschließen*) **die Tür/das Zimmer ~** fermer la porte/la pièce à clé
II. *itr V* SDEUTSCH fermer à clé
Absperrgitter *nt* barrière *f* **Absperrhahn** *m* robinet *m* d'arrêt **Absperrkette** *f* chaîne *f* [pour empêcher le passage]
Absperrung *f* ① *kein Pl* (*das Absperren, Abriegeln*) barrage *m*
② (*Sperre*) barrage *m;* (*Absperrgitter*) barrière *f*
Abspiel *nt* SPORT ① (*das Abspielen*) transmission *f*
② (*abgespielter Ball*) passe *f*
ab|spielen I. *r V* **sich ~** *Szene, Unfall, Verbrechen:* se dérouler; *Bemerkenswertes, Unglaubliches:* se passer; **es spielten sich keine großartigen Aktivitäten mehr ab** il n'était plus question d'activités extraordinaires
▸ **da spielt sich nichts ab!** *fam* je marche pas! (*fam*)
II. *tr V* ① passer *Kassette, CD, Schallplatte;* **nach dem Abspielen des Videos** après avoir passé la vidéo
② SPORT passer *Ball;* **das Abspielen** la transmission; **beim Abspielen des Balls** au moment de passer le ballon
ab|splittern I. *itr V + sein Lack, Holz:* sauter, se détacher; **von etw ~** *Lack, Holz:* sauter [*o* se détacher] de qc
II. *r V + haben* **sich von etw ~** se scinder de qc
Absprache *f* accord *m;* **~n/eine ~ treffen** conclure des accords/un accord; **nach ~** après accord
absprachegemäß *Adv* comme convenu
ab|sprechen *unreg* I. *tr V* ① convenir de *Treffpunkt, Termin, Plan;* s'entendre sur *Gutachten, Aussagen;* **wir haben abgesprochen, dass** nous avons convenu que + *indic;* **das war doch so abgesprochen!** mais c'était convenu ainsi!
② (*streitig machen*) **[jdm] etw ~** contester qc [à qn]
③ (*aberkennen*) dénier *Recht*
II. *r V* **sich ~** (*eine Vereinbarung treffen*) se concerter; (*kungeln*) se donner le mot; **sich mit jdm ~** s'entendre avec qn; **sich mit jdm darüber ~, wie ...** s'entendre avec qn sur la façon dont ...
ab|springen *itr V unreg + sein* ① sauter; **vom Motorrad/aus einem Flugzeug ~** sauter de la moto/d'un avion; **vom fahrenden Zug ~** descendre [*o* sauter] du train en marche
② SPORT *Weitspringer:* sauter
③ (*sich lösen*) **von etw ~** *Farbe, Lack:* s'écailler de qc
④ (*abprallen*) **an etw** (*Dat*)**/von etw ~** *Ball:* rebondir sur [*o* contre] qc
⑤ *fam* (*sich zurückziehen*) se raviser; (*austreten*) *Parteimitglied:* déserter
ab|spritzen I. *tr V* ① (*reinigen*) **jdn mit Wasser ~** asperger qn avec de l'eau; **etw [mit dem Schlauch] ~** passer qc au jet

❷ (*entfernen*) **den Schmutz von etw** ~ retirer la saleté de qc au jet
II. *r V* **sich mit etw** ~ s'asperger avec qc
III. *itr V vulg* décharger (*fam*)
Absprung *m* ❶ (*Absprungstelle*) saut *m*
❷ (*Abgang vom Gerät*) sortie *f*
❸ *fam* (*Ausstieg*) **den** ~ **wagen** oser franchir le pas; **den** ~ **schaffen** sauter le pas; **den** ~ **verpasst haben** avoir raté le coche (*fam*)
ab|spulen *tr V fam* ❶ laisser défiler *Film;* dérouler, débobiner *Kabel*
❷ (*vorbringen, vortragen*) débiter (*fam*)
ab|spülen *tr V* ❶ (*reinigen*) rincer
❷ (*entfernen*) **den Schmutz von etw** ~ enlever la saleté sur qc à grande eau; **kannst du mir den Schaum vom Rücken ~?** tu peux me rincer le dos?
❸ SDEUTSCH (*abwaschen*) laver *Geschirr*
ab|stammen *itr V kein PP* descendre; **von jdm** ~ descendre [*o* être issu(e)] de qn
Abstammung <-, -en> *f* ascendance *f*, origine *f*; **deutscher/französischer** ~ [**sein**] [être] d'origine [*o* d'ascendance] allemande/française
Abstammungslehre *f* BIO théorie *f* de l'évolution
Abstand *m* ❶ (*räumliche Distanz*) écart *m;* ~ **halten** (*im Straßenverkehr*) garder les distances; **jdm in einem bestimmten** ~ **folgen** suivre qn à une certaine distance
❷ (*zeitliche Distanz*) intervalle *m;* **in regelmäßigen/unregelmäßigen Abständen** à intervalles réguliers/irréguliers
❸ (*innere Distanz*) recul *m;* ~ **von jdm/etw gewinnen** prendre du recul par rapport à qn/qc
❹ SPORT (*Unterschied in der Wertung*) avance *f*; (*Rückstand*) retard *m;* **mit** [**großem**] ~ **führen** mener [très] largement; **mit weitem** ~ **folgen** suivre loin derrière; **ein Punkt** ~ **zum Verfolger/zur führenden Mannschaft** un point d'avance sur le poursuivant/de retard sur le leader
❺ *s.* **Abstandssumme**
▶ **von etw** ~ **nehmen** *form* renoncer à qc; **davon** ~ **nehmen etw zu tun** *form* renoncer à faire qc; **mit** ~ de loin; **mit** ~ **die Beste in der Klasse sein** être de loin la meilleure de la classe
Abstandssumme *f* (*für eine Wohnung*) reprise *f*
ab|statten ['apʃtatən] *tr V* **jdm einen Besuch** ~ rendre visite à qn; **jdm seinen Dank** ~ faire ses remerciements à qn
ab|stauben ['apʃtaubən] I. *tr V* ❶ dépoussiérer *Möbel;* **das Abstauben** le dépoussiérage
❷ *fam* (*sich aneignen*) **etw von/bei jdm** ~ resquiller qc à qn (*fam*); **die Jacke habe ich abgestaubt** j'ai embarqué la veste (*fam*)
II. *itr V* faire la poussière
ab|stechen *unreg* I. *tr V* ❶ (*schlachten*) saigner *Tier*
❷ *sl* (*erstechen*) saigner (*fam*)
❸ (*heraustrennen*) couper *Rasen, Torf*
II. *itr V* **von jdm/etw** ~ se distinguer de qn/qc
Abstecher <-s, -> *m* ❶ (*Ausflug*) virée *f* (*fam*); (*Umweg*) crochet *m*
❷ (*Exkurs*) digression *f*; **ein** ~ **in die Philosophie** une digression philosophique [*o* dans la philosophie]
ab|stecken *tr V* ❶ (*markieren*) jalonner *Grundstück, Grenze*
❷ (*feststecken*) épingler *Saum, Hosenbein*
❸ (*umreißen*) esquisser les contours de *Programm, Position*
ab|stehen *itr V unreg* ❶ *Haare:* être hérissé(e); *Zöpfe:* être écarté(e); *Ohren:* être décollé(e); ~**de Ohren haben** avoir les oreilles décollées
❷ (*entfernt stehen*) **weit von der Wand** ~ *Möbelstück:* être loin du mur
Absteige ['apʃtaɪgə] *f fam* ❶ (*Stundenhotel*) hôtel *m* de passe
❷ (*schäbiges Hotel*) hôtel *m* borgne
ab|steigen *itr V unreg + sein* ❶ (*heruntersteigen*) *Reiter, Radfahrer:* mettre pied à terre; *Bergsteiger:* descendre; **vom Fahrrad/Pferd** ~ descendre de vélo/de cheval
❷ *fam* (*sich einquartieren*) **in einer kleinen Pension** ~ descendre dans une petite pension
❸ (*sich verschlechtern*) **in die zweite Liga** ~ descendre en deuxième division; **beruflich/sozial** ~ régresser professionnellement/socialement
Absteigequartier *nt* pied-à-terre *m*
Absteiger <-s, -> *m* SPORT relégué *m*
ab|stellen *tr V* ❶ (*hinstellen*) déposer; **etw bei jdm** ~ déposer qc chez qn
❷ (*parken*) garer *Wagen;* **unbefugt abgestellte Fahrzeuge** des véhicules en stationnement interdit
❸ (*ausschalten, abdrehen*) débrancher *Elektrogerät, Computer;* arrêter *Motor;* couper *Gas, Strom, Wasser*
❹ (*unterbinden*) mettre un terme à *Missstände, Unsitte*
❺ (*sein lassen*) **das Rauchen/Trinken** ~ arrêter de fumer/de boire
❻ (*ausrichten*) **etw auf die Bedürfnisse der Kunden** ~ adapter qc aux besoins des clients
❼ (*abrücken*) **etw von der Tür** ~ écarter qc de la porte
❽ (*abkommandieren*) détacher; **jdn für Sonderaufgaben/zu einer Einheit** ~ détacher qn pour des tâches extraordinaires/dans une unité
Abstellgleis *nt* voie *f* de garage ▶ **jdn aufs** ~ **schieben** *fam* mettre qn sur la touche [*o* sur une voie de garage] (*fam*)
Abstellkammer *f*, **Abstellraum** *m* débarras *m*
ab|stempeln *tr V* ❶ tamponner *Brief, Karte, Dokument*
❷ *pej* (*abwerten*) **jdn als Wichtigtuer** ~ cataloguer qn comme frimeur; **ich lass mich doch von dir nicht als** [*o* **zum**] **Lügner** ~**!** je ne te laisserai pas me traiter de menteur!
ab|steppen *tr V* piquer
ab|sterben *itr V unreg + sein* ❶ (*eingehen*) *Baum, Pflanze, Zweig:* mourir; **abgestorbene Äste** des branches mortes
❷ MED *Embryo, Zehe, Finger:* mourir; *Zelle, Gewebe:* se nécroser; **abgestorbenes Gewebe** des tissus nécrosés
❸ (*gefühllos werden*) *Arm, Bein, Hand:* s'engourdir; **ihm stirbt der Arm ab** il a le bras engourdi; **wie abgestorben sein** être tout engourdi(e)
Abstieg ['apʃtiːk] <-[e]s, -e> *m* ❶ (*das Hinabklettern*) descente *f*
❷ (*Verlust der sozialen Stellung*) déchéance *f*
❸ SPORT descente *f*; **vom** ~ **bedroht sein** être au bord de la relégation
ab|stillen I. *tr V* sevrer *Baby*
II. *itr V* cesser d'allaiter
ab|stimmen I. *itr V* voter; **über jdn/etw** ~ voter pour élire qn/choisir qc; ~ **lassen** faire voter; **über etw** (*Akk*) ~ **lassen** soumettre qc au vote
II. *tr V* ❶ (*in Einklang bringen*) **die Instrumente aufeinander** ~ accorder les instruments; **die Termine miteinander** ~ coordonner les rendez-vous les un(e)s avec les autres; **den Teppich und die Vorhänge aufeinander** ~ assortir le tapis et les rideaux
❷ (*einstellen*) régler *Empfänger, Gerät;* adapter *Fahrwerk, Stoßdämpfer*
III. *r V* **sich mit jdm** ~ s'entendre [*o* se mettre d'accord] avec qn
Abstimmung *f* ❶ (*Stimmabgabe*) vote *m*, scrutin *m;* **eine geheime** ~ un vote secret; **in geheimer** ~ à bulletin secret; **eine** ~ **vornehmen** recourir au scrutin; **eine** ~ **über etw** (*Akk*) **durchführen** procéder à un vote à propos de qc; **etw zur** ~ **bringen** mettre qc aux voix
❷ (*Anpassung*) *von Terminen, Plänen* coordination *f*; *von Farben* assortiment *m*
❸ (*Einstellung*) *des Radios, eines Senders* réglage *mf*
Abstimmungsergebnis *nt* résultat *m* du scrutin **Abstimmungsniederlage** *f* défaite *f* électorale **Abstimmungssieg** *m* victoire *f* électorale

abstinent [apsti'nɛnt] **I.** *Adj* ① abstinent(e)
② (*sexuell enthaltsam*) continent(e)
II. *Adv* ① dans l'abstinence
② (*sexuell enthaltsam*) *leben* dans la continence

Abstinenz [apsti'nɛnts] <-> *f* abstinence *f*; (*sexuelle Enthaltsamkeit*) continence *f*

Abstinenzler(in) <-s, -> *m(f) pej* non-buveur(-euse) *m(f)*

ab|stoppen **I.** *tr V* ① (*zum Stillstand bringen*) stopper *Kraftfahrzeug;* interrompre *Verkehr*
② (*messen*) chronométrer *Zeit, Geschwindigkeit*
II. *itr V Fahrer, Läufer:* stopper

Abstoß *m* ① poussée *f*
② FBALL dégagement *m*

ab|stoßen *unreg* **I.** *tr V* ① MED rejeter *Transplantat*
② (*anwidern*) dégoûter, répugner à
③ (*abschlagen*) écorner *Ecke, Stück;* **abgestoßen** écorné(e)
④ (*abnutzen*) user *Kragen, Manschetten;* abîmer *Möbelstück;* **die Jacke ist am Ellenbogen ganz abgestoßen** la veste est toute abîmée [*o* usée] au coude
⑤ (*verkaufen*) vendre *Wertpapiere, Beteiligung*
⑥ (*nicht eindringen lassen*) être imperméable à *Regen, Wasser*
⑦ (*wegstoßen*) **das Boot vom Ufer** ~ éloigner le bateau de la rive
II. *r V* (*sich wegbewegen*) **sich** ~ s'élancer; **sich [mit den Füßen] vom Boden** ~ s'élancer du sol
III. *itr V Aussehen, Verhalten:* être répugnant(e)

abstoßend **I.** *Adj* répugnant(e)
II. *Adv* ~ **aussehen** avoir un aspect répugnant

Abstoßung <-, -en> *f* MED rejet *m*

Abstoßungsreaktion *f* MED réaction *f* de rejet

ab|stottern *tr V fam* payer à tempérament; **etw** ~ payer qc à tempérament; **etw mit hundert Euro pro Monat** ~ payer qc à raison de cent euros par mois; **das Abstottern** le paiement à tempérament

abstrahieren* **I.** *itr V* abstraire
II. *tr V* **Normen/Prinzipien aus etw** ~ abstraire des normes/principes de qc

ab|strahlen *tr V* ① PHYS **Wärme** ~ (*wiedergeben*) dégager de la chaleur; (*abgeben*) diffuser de la chaleur
② (*sandstrahlen*) sabler *Karosserie, Fassade*

abstrakt [ap'strakt] **I.** *Adj* abstrait(e)
II. *Adv* abstraitement; ~ **denken** avoir une pensée abstraite

Abstraktion <-, -en> *f* abstraction *f*

Abstraktionsvermögen *nt* pouvoir *m* d'abstraction

ab|strampeln *r V fam* **sich** ~ ① *Fahrradfahrer:* pédaler sec (*fam*)
② *fam* (*sich abrackern*) se défoncer (*fam*)

ab|streichen *tr V unreg* ① (*entfernen*) enlever *Schmutz*
② (*reinigen*) déduire *Betrag, Summe*

ab|streifen *tr V* ① retirer *Ring, Armbanduhr;* ôter *Handschuhe*
② DIAL (*reinigen*) essuyer *Schuhe, Füße*
③ (*entfernen*) détacher *Beeren;* enlever *Asche;* **die Asche von der Zigarette** ~ faire tomber la cendre de la cigarette

ab|streiten *tr V unreg* ① nier *Tat;* dénier *Beteiligung;* ~ **etw getan zu haben** nier avoir fait qc
② (*absprechen*) contester; **das kann man nicht** ~ il faut bien le reconnaître

Abstrich *m* ① *meist Pl* (*Streichung von Mitteln*) réduction *f*; **erhebliche** ~**e an etw** (*Dat*) des coupes *fpl* sombres dans qc
② *Pl* (*Einschränkung*) ~**e machen [müssen]** (*ideell*) [devoir] en rabattre; (*finanziell*) [devoir] se restreindre
③ MED frottis *m*

abstrus [ap'stru:s] *Adj geh* abscons(e) (*soutenu*), abstrus(e) (*soutenu*)

ab|stufen *tr V* ① (*terrassieren*) étager; **abgestuft** en terrasses
② (*staffeln*) échelonner *Gehälter, Preise;* **die Steuertarife sind abgestuft** l'imposition se fait par tranches
③ (*herabstufen*) rétrograder *Mitarbeiter;* réduire *Tarif*
④ (*nuancieren*) dégrader *Farbtöne, Farbe*
⑤ (*schneiden*) **jdm die Haare** ~ couper à qn les cheveux en dégradé; **abgestuft** en dégradé

Abstufung <-, -en> *f* ① *kein Pl* (*das Abstufen*) *eines Geländes* étagement *m*
② (*Geländestufe*) terrasse *f*
③ *kein Pl* (*das Herabstufen*) *eines Mitarbeiters* rétrogradation *f*; *eines Tarifs* réduction *f*
④ (*Staffelung*) barème *m*
⑤ (*Nuance*) dégradé *m*

ab|stumpfen ['apʃtʊmpfən] **I.** *tr V + haben* abrutir *Person;* émousser *Gewissen*
II. *itr V* ① *+ sein Person:* s'abrutir; *Gewissen:* s'émousser; **gegen Gewalt** ~ être blasé(e) face à la violence
② *+ haben* (*abstumpfend wirken*) *Arbeit, Monotonie:* être abrutissant(e)

Absturz *m* ① *eines Flugzeugs* écrasement *m*; *eines Bergsteigers* chute *f*
② INFORM *eines Programms, Computers* blocage *m*, plantage *m* (*fam*); **etw zum** ~ **bringen** bloquer qc
③ *fam* (*Abstieg*) **[sozialer]** ~ dégringolade *f* (*fam*)

ab|stürzen *itr V + sein* ① *Flugzeug:* s'écraser; *Bergsteiger:* dévisser; **aus tausend Metern Höhe** ~ piquer au sol d'une altitude de mille mètres; **das** ~**de Flugzeug** l'avion en train de tomber
② INFORM *Programm, Computer:* se bloquer
③ *fam* (*einen Abstieg erleben*) **[sozial]** ~ tomber dans la dèche (*fam*)
④ *fam* (*an Wert verlieren*) *Währung:* dégringoler (*fam*)
⑤ *sl* (*betrunken sein*) se péter la gueule (*pop*)

Absturzstelle *f eines Flugzeugs* lieu *m* de l'écrasement

ab|stützen **I.** *tr V* étayer *Decke, Stollen*
II. *r V* **sich mit etw/an etw** (*Dat*) ~ s'appuyer sur qc/à qc

ab|suchen *tr V* ① ratisser *Gegend, Stadt;* fouiller *Wohnung, Haus;* scruter *Himmel, Horizont;* **den ganzen Park nach jdm/etw** ~ ratisser tout le parc à la recherche de qn/qc
② (*ableuchten*) **etw** ~ *Scheinwerfer:* balayer qc

absurd [ap'zʊrt] *Adj* absurde; ~**es Zeug** *fam* des absurdités *fpl*; **so etwas Absurdes!** quelle absurdité!

Absurdität [apzʊrdi'tɛ:t] <-, -en> *f* absurdité *f*

Abszess[RR] <-es, -e>, **Abszeß** <-sses, -sse> *m* abcès *m*

Abszisse [aps'tsɪsə] <-, -n> *f* abscisse *f*

Abt [apt] <-[e]s, ¨-e> *m* abbé *m*

Abt. *Abk von* **Abteilung 1.**

ab|takeln *tr V* NAUT dégréer *Schiff*

ab|tasten *tr V* ① *a.* MED palper
② (*durchsuchen*) **jdn nach Waffen** ~ fouiller qn à la recherche d'armes
③ (*vorsichtig kennen lernen*) **sich [gegenseitig]/jdn** ~ se jauger/jauger qn
④ INFORM **etw** ~ *Laserstrahl, Scanner:* lire qc par balayage

ab|tauchen *itr V + sein fam* (*verschwinden*) se planquer (*fam*)

ab|tauen **I.** *tr V + haben* dégivrer *Kühlschrank, Tiefkühlfach*
II. *itr V + sein Eis:* fondre

Abtei [ap'taɪ] <-, -en> *f* abbaye *f*

Abteil [ap'taɪl] *nt* compartiment *m*; ~ **für Mutter und Kind** compartiment réservé aux personnes accompagnées d'enfants

ab|teilen *tr V* délimiter *Ecke, Raum;* **von etw eine Ecke** ~ séparer un coin de qc

Abteilung *f* ① *einer Firma, eines Krankenhauses* service *m*; *eines Geschäfts* rayon *m*
② MIL détachement *m*
③ *kein Pl* (*das Abteilen*) cloisonnage *m*

Abteilungsleiter(in) *m(f) einer Firma* chef *mf* de service; *eines Geschäfts* chef de rayon

ab|telefonieren* *fam* **I.** *itr V* se décommander [par téléphone]
II. *tr V* **alle Läden nach etw** ~ faire tous les magasins par téléphone pour trouver qc (*fam*)

ab|tippen *tr V fam* taper

Äbtissin [ɛp'tɪsɪn] <-, -nen> *f* abbesse *f*
ab|tönen *tr V* nuancer *Farbe*
Abtönung *f* **etw zur ~ einer Farbe verwenden** utiliser qc pour nuancer une couleur
ab|töten *tr V* tuer *Bakterien, Nerv;* **die Gefühle in sich** (*Dat*) **~** étouffer les sentiments en soi
ab|tragen *tr V unreg* ❶ user *Kleidung*
❷ *geh* (*abbezahlen*) s'acquitter de *Schulden*
❸ *geh* (*abräumen*) enlever *Geschirr, Speisen*
❹ (*entfernen*) niveler *Gelände;* déblayer *Boden;* démolir *Haus, Mauer*
❺ GEOL éroder *Boden*
abträglich ['aptrɛ:glɪç] *Adj Bemerkung, Äußerung* préjudiciable; **jdm/einer S.** [*o* **für jdn/etw**] **~ sein** être préjudiciable à qn/qc
Abtragung <-, -en> *f* ❶ (*Abriss*) *eines Gebäudes, einer Mauer* démolition *f*
❷ FIN *eines Kredits, von Schulden* acquittement *m*
❸ (*Erosion*) érosion *f*
Abtransport *m* ❶ *von Müll, Bauschutt* enlèvement *m; von Baumaterial* transport *m*
❷ (*Evakuierung*) *von Opfern, Verletzten* évacuation *f; von Gefangenen, Deportierten* transfert *m*
ab|transportieren* *tr V* ❶ (*wegfahren*) transporter *Aushub, Bauschutt;* enlever *Müll*
❷ (*evakuieren*) évacuer *Opfer, Verletzte;* transférer *Gefangene*
ab|treiben *unreg* **I.** *tr V + haben* ❶ MED **ein Kind ~ lassen** se faire avorter d'un enfant; **das Abtreiben** l'avortement *m*
❷ (*forttreiben*) déporter *Schiff, Ballon, Flugzeug;* entraîner *Schwimmer;* **das Schiff vom Kurs/den Schwimmer vom Ufer ~** *Sturm:* entraîner le bateau loin de sa route/le nageur loin de la côte
❸ (*zu Tal treiben*) faire redescendre *Vieh;* **die Kühe von der Alm ~** ramener les vaches du pâturage
II. *itr V* ❶ *+ haben* MED **~** [**lassen**] [se faire] avorter
❷ *+ sein* (*abkommen*) *Boot, Ballon:* dériver; **vom Kurs ~** *Boot, Ballon:* dévier de sa route; **vom Land** [*o* **Ufer**] **~** être entraîné(e) au large
Abtreibung <-, -en> *f* avortement *m;* **eine ~ vornehmen lassen** avoir recours à l'avortement; **eine ~ an jdm vornehmen** pratiquer un avortement sur qn
Abtreibungsparagraph *m* article *m* sur l'avortement **Abtreibungspille** *f fam* pilule *f* contragestive **Abtreibungsversuch** *m* tentative *f* d'avortement
ab|trennen *tr V* ❶ (*abreißen*) détacher; **etw von etw ~** détacher qc de qc
❷ (*abmachen, lösen*) **die Ärmel von etw ~** découdre les manches de qc
❸ (*abteilen*) délimiter *Bereich, Raum;* **die Küche vom Wohnbereich ~** séparer la cuisine du séjour
❹ (*abschneiden*) couper; **dem Fisch den Kopf ~** trancher la tête du poisson; **abgetrennt** coupé(e)
❺ (*amputieren*) amputer
Abtrennung *f* ❶ COUT **die ~ der Knöpfe ist schwierig** il est difficile de découdre les boutons
❷ (*das Abteilen*) cloisonnage *m*
❸ (*Vorrichtung*) cloisonnement *m*
❹ (*das Abschneiden*) *eines Körperteils* amputation *f,* ablation *f*
ab|treten *unreg* **I.** *tr V + haben* ❶ JUR céder; **jdm etw** [*o* **etw an jdn**] **~** céder qc à qn
❷ *fam* (*überlassen*) [**jdm**] **etw ~** refiler qc [à qn] (*fam*)
❸ (*abnutzen*) user *Teppich, Schuhe*
❹ (*durch Treten entfernen*) secouer *Schnee;* gratter *Schmutz*
II. *itr V + sein* ❶ (*zurücktreten*) *Politiker, Regierung:* démissionner; *Monarch:* abdiquer
❷ (*abgehen*) **von der Bühne ~** sortir de scène
❸ *fam* (*sterben*) claquer (*fam*)
❹ MIL rompre les rangs
III. *r V + haben* **sich ~** *Teppich, Stufen:* s'user
Abtreter <-s, -> *m fam* (*Fußmatte*) paillasson *m;* (*Gitterrost*) décrottoir *m*
Abtretung <-, -en> *f* JUR cession *f*
Abtrieb *s.* **Almabtrieb**
ab|trinken *tr V* **einen Schluck von etw ~** boire le trop-plein de qc du bout des lèvres
Abtritt *m* ❶ (*das Abtreten*) *eines Politikers* démission *f; eines Sportlers* retrait *m*
❷ (*das Abgehen*) sortie *f*
❸ *veraltet* (*Toilette*) toilette *f*
ab|trocknen I. *tr V* essuyer; **jdm den Rücken ~** essuyer le dos à qn; **sich** (*Dat*) **die Hände ~** s'essuyer les mains
II. *itr V* essuyer [la vaisselle]; **jdm beim Abtrocknen helfen** aider qn à essuyer [la vaisselle]
III. *r V* **sich ~** s'essuyer
ab|tropfen *itr V + sein* [s']égoutter; **etw ~ lassen** laisser [s']égoutter qc
Abtropfgestell *nt* égouttoir *m*
ab|trotzen *tr V geh* **jdm etw ~** extorquer qc à qn
abtrünnig ['aptrʏnɪç] *Adj Ketzer* renégat(e); *Vasall, Provinz* dissident(e); **jdm ~ werden** se séparer de qn; **der Kirche/dem Glauben ~ werden** renier sa religion/foi
Abtrünnige(r) *f(m) dekl wie Adj* dissident(e) *m(f)*
Abtrünnigkeit <-> *f* POL dissidence *f;* REL apostasie *f*
ab|tun *tr V unreg* ❶ (*nicht beachten*) ignorer *Argument, Bemerkung, Einwand;* **etw mit einem Achselzucken ~** écarter qc d'un haussement d'épaules
❷ (*erledigen*) **die Sache war mit einem Brief abgetan** l'affaire était réglée par une lettre
ab|tupfen *tr V* ❶ (*entfernen*) éponger *Blut, Schweiß;* essuyer *Tränen;* **er hat ihr den Schweiß von der Stirn abgetupft** il lui a épongé la sueur de son front
❷ (*reinigen*) essuyer *Gesicht, Lippen;* nettoyer *Wunde;* **soll ich dir die Stirn/Wunde ~?** tu veux que je t'essuie le front/te nettoie la plaie?
ab|urteilen *tr V* condamner
Aburteilung <-, -en> *f* condamnation *f*
Abverkauf *m* SDEUTSCH, A (*Ausverkauf*) liquidation *f*
ab|verlangen* *s.* **abfordern**
ab|wägen ['apvɛ:gən] *tr V unreg* peser *Worte, Vorteile, Nachteile;* examiner avec soin *Angebot, Plan;* **zwei Möglichkeiten** [**gegeneinander**] **~** comparer avec soin deux possibilités; *s. a.* **abgewogen**
Abwägung <-, -en> *f der Vorteile, Nachteile* comparaison *f; eines Angebots, Plans* examen *m*
Abwahl *f* destitution *f*
abwählbar *Adj* **~ sein** *Person:* pouvoir se faire blackbouler; *Schulfach* être facultatif(-ive)
ab|wählen *tr V* blackbouler *Person;* abandonner *Schulfach*
ab|wälzen *tr V* se décharger de *Verantwortung;* répercuter *Kosten;* **die Schuld/Arbeit auf jdn ~** rejeter la faute/se décharger de la corvée sur qn
ab|wandeln *tr V* modifier *Melodie, Motto*
ab|wandern *itr V + sein* ❶ (*wegziehen*) déménager; **vom Land in die Stadt ~** quitter la campagne pour s'installer en ville; **aus der Stadt ins Umland ~** quitter la ville pour s'installer dans les environs
❷ *fam* (*überwechseln*) **zu jdm/etw ~** *Kunde, Sportler:* passer à qn/qc; **zu einem anderen Verein ~** quitter son club pour un autre
❸ *fig fam Kapital:* fuir; **das abgewanderte Kapital** le capital expatrié
Abwanderung *f* ❶ *der Bewohner, Fachkräfte* émigration *f*
❷ *fig des Kapitals* fuite *f*
Abwandlung *f* (*Variation*) remaniement *m;* **die ~ eines bekannten Themas sein** *Theaterstück:* être une variation sur un sujet bien connu

A

Abwärme *f* TECH chaleur *f* perdue

Abwart(in) <-s, -e> *m(f)* CH concierge *mf*, gardien(ne) *m(f)* d'un/de l'immeuble

ab|warten **I.** *tr V* attendre *Ergebnis, Ende, Zahlung;* **er kann es nicht ~ sie anzurufen** il est impatient de lui téléphoner; **ich kann es nicht ~!** je ne peux pas patienter!; **das bleibt abzuwarten** c'est à voir
II. *itr V* attendre; **sich ~d verhalten** rester dans l'expectative

abwärts ['apvɛrts] *Adv* ① (*nach unten*) *gehen, fahren* en bas; **weiter ~** plus bas; **hinter der Kurve geht es ~** ça descend après le tournant; **wir müssen wieder ~ [gehen/fahren]** nous devons redescendre
② *fig* **vom Chef ~** depuis le chef jusqu'en bas de la hiérarchie; **von hundert Euro/drei Jahren ~** cent euros/trois ans ou moins
③ (*zum Schlechten*) **es geht mit jdm/etw ~** qn/qc est sur la mauvaise pente

abwärts|gehen *s.* **abwärts 3.**

Abwärtstrend *m* tendance *f* à la baisse

Abwasch[1] ['apvaʃ] <-[e]s> *m* *fam* ① (*schmutziges Geschirr*) vaisselle *f* [sale]
② (*das Spülen*) vaisselle *f*; **den ~ machen** faire la vaisselle
▶ **das ist ein ~** tant que j'y suis/tu y es (*fam*)

Abwasch[2] <-, -en> *f* A évier *m*

abwaschbar *Adj* lavable

Abwaschbecken *nt* évier *m*

ab|waschen *unreg* **I.** *tr V* ① (*säubern*) laver; **sich** (*Dat*) **den Schmutz von etw ~** se nettoyer la saleté sur qc; **sich** (*Dat*) **die Schminke vom Gesicht ~** se démaquiller le visage à l'eau
② (*entfernen*) **die Farbe/den Fleck von etw ~** enlever la peinture/la tache sur qc; **sich nicht ~ lassen** ne pas partir au lavage
③ *geh* (*beseitigen*) laver *Schmach, Makel*
II. *r V* **sich [kalt] ~** se laver [à l'eau froide]
III. *itr V* faire la vaisselle

Abwaschlappen *m* lavette *f* **Abwaschwasser** *nt* (*Wasser zum Abwaschen*) eau *f* pour faire la vaisselle; (*Schmutzwasser*) eau de vaisselle

Abwasser <-wässer> *nt* eaux *fpl* usées; **industrielle Abwässer** eaux industrielles

Abwasseraufbereitung *f* traitement *m* des eaux usées **Abwasserentsorgung** *f* épuration *f* des eaux usées **Abwasserkanal** *m*, **Abwasserleitung** *f* égout *m* **Abwasserreinigung** *f* épuration *f* des eaux usées

ab|wechseln [-vɛks-] *r V* ① (*im Wechsel handeln*) **sich mit jdm ~** alterner avec qn; **sich beim Kochen/Spülen ~** se relayer pour faire la cuisine/vaisselle
② (*im Wechsel erfolgen*) **sich ~** *Gefühle, Witterungserscheinungen:* alterner

abwechselnd *Adv* (*einer nach dem anderen*) à tour de rôle; (*eins nach dem anderen*) tour à tour; **~ Wache halten/einkaufen** monter la garde/faire les courses à tour de rôle; **~ lachen und weinen** passer du rire aux larmes et vice versa; **es regnet und schneit ~** il pleut et il neige tour à tour

Abwechslung <-, -en> *f* (*Zerstreuung*) distraction *f*; (*Veränderung*) changement *m*; **um ein wenig ~ zu haben** pour se changer un peu les idées; **für ~ in seinem Leben sorgen** mettre de l'animation dans sa vie; **zur ~** pour changer

abwechslungshalber ['apvɛkslʊŋshalbɐ] *Adv* pour changer

abwechslungslos *Adj* immuable, monotone

abwechslungsreich *Adj* varié(e)

Abweg *m* *meist Pl* **jdn auf ~e führen** [*o* **bringen**] détourner qn du droit chemin; **auf ~e geraten** sortir du droit chemin

abwegig ['apveːgɪç] *Adj* aberrant(e)

Abwegigkeit <-, *selten* -en> *f* aberration *f*

Abwehr ['pveːɐ] *f* ① SPORT défense *f*; **jdm gelingt die ~ des gegnerischen Angriffs** qn réussit à repousser l'attaque de l'adversaire
② MIL **~ eines Angriffs** riposte *f* à une attaque; **die ~ des feindlichen Angriffs gelingt nicht** l'attaque ennemie ne peut être repoussée
③ (*Spionageabwehr*) contre-espionnage *m*
④ MED (*das Abwehren*) défense *f*; (*Abwehrsystem*) défenses *fpl*; **die ~ der Bakterien** la lutte contre les bactéries
⑤ (*Ablehnung*) résistance *f*; **bei jdm auf ~ stoßen** se heurter à la résistance chez qn

abwehrbereit *Adj* MIL prêt(e) à riposter **Abwehrdienst** *m* MIL service *m* de contre-espionnage

ab|wehren **I.** *tr V* ① *a.* MIL (*zurückschlagen, widerlegen*) repousser
② SPORT repousser *Ball, Strafstoß;* stopper *Angriff*
③ (*abblocken*) parer *Schlag, Stoß*
④ (*abwenden*) écarter *Gefahr;* enrayer *Auswirkungen*
II. *itr V* ① (*ablehnen*) refuser; **~d die Hände heben** lever les mains en signe de dénégation
② SPORT dégager

Abwehrkampf *m* combat *m* défensif **Abwehrkräfte** *Pl* MED défenses *fpl* [immunitaires] **Abwehrmechanismus** *m* ① MED mécanisme *m* immunitaire ② PSYCH mécanismes *mpl* de défense **Abwehrreaktion** *f* MED réaction *f* de défense **Abwehrspieler(in)** *m(f)* SPORT défenseur *m* **Abwehrstoff** *m* MED anticorps *m*

ab|weichen *itr V unreg + sein* ① (*nicht befolgen, abgehen von*) s'écarter; **von etw ~** s'écarter de qc
② (*sich unterscheiden*) **von etw ~** *Auffassung, Programm, Vorschlag:* s'écarter de qc; **voneinander ~** diverger; **~d** (*verschieden*) *Meinung* différent(e); (*auffällig*) *Meinung, Verhalten* déviant(e)
③ (*nicht übereinstimmen*) **in seinem Verhalten von der Norm ~** avoir un comportement hors norme
④ (*abkommen*) **vom Kurs ~** dévier de sa route

Abweichler(in) <-s, -> *m(f)* *pej* déviationniste *mf*

Abweichung <-, -en> *f* ① (*Unterschiedlichkeit*) divergence *f*; **~ von etw** divergence *f* par rapport à qc
② (*Kursabweichung*) déviation *f*
③ TECH (*Differenz*) écart *m*

ab|weiden *tr V* brouter

ab|weisen *tr V unreg* ① (*wegschicken*) renvoyer; **sich von jdm nicht ~ lassen** ne pas se laisser éconduire par qn
② (*ablehnen*) rejeter *Antrag, Bitte, Klage;* refuser, éconduire *Bewerber*

abweisend *Adj* rebutant(e); **~ zu jdm sein** être bourru(e) avec qn

Abweisung *f* ① (*das Wegschicken*) renvoi *m*
② (*das Ablehnen*) *eines Antrags, einer Bitte, Klage* rejet *m*

abwendbar *Adj Ereignis, Unglück, Unfall* évitable

ab|wenden *reg o unreg* **I.** *r V geh* ① (*sich wegdrehen*) **sich ~** se détourner; **sich von jdm/der Tür ~** tourner le dos à qn/la porte; **sich kurz von seiner Arbeit ~** quitter un instant son travail
② (*sich innerlich abkehren*) **sich von jdm/etw ~** se détourner de qn/qc
II. *tr V* ① (*verhindern*) éviter *Folgen, Katastrophe;* détourner *Unheil;* écarter *Gefahr;* **eine Gefahr von jdm/etw ~** écarter un danger de qn/qc
② *geh* (*zur Seite wenden*) détourner *Blick, Gesicht, Kopf;* **die Augen von jdm/etw ~** détourner les yeux de qn/qc; **mit abgewandtem Blick** en regardant ailleurs

ab|werben *tr V unreg* débaucher *Mitarbeiter;* racoler *Abonnenten, Kunden, Wähler;* **Kundschaft von jdm ~** détourner la clientèle de qn; **sich** (*Dat*) **gegenseitig Abonnenten ~** racoler les abonnés l'un de l'autre; **einen Spieler von einem Verein ~** débaucher un joueur d'un club

Abwerbung *f von Mitarbeitern, Arbeitskräften* débauchage *m*; *von Abonnenten, Kunden, Wählern* racolage *m*

ab|werfen *unreg* **I.** *tr V* ❶ (*aus der Luft werfen*) lâcher *Ballast;* parachuter *Hilfsgüter;* lancer *Flugblätter;* larguer *Bomben*
❷ (*zu Boden werfen*) **jdn** ~ *Reittier:* désarçonner qn
❸ (*verlieren, abstoßen*) perdre *Blätter, Nadeln, Geweih;* **abgeworfene Blätter** des feuilles mortes
❹ (*erzielen*) rapporter *Gewinn, Zinsen*
❺ *geh* (*abschütteln*) secouer *Joch;* briser *Fesseln*
❻ KARTEN se défausser de *Karte*
II. *itr V Torwart:* dégager [à la main]

ab|werten *tr V* ❶ ÖKON dévaluer *Währung;* **den Dollar um drei Prozent** ~ dévaluer le dollar de trois pour cent
❷ (*herabsetzen*) déprécier *Ideal, Tugend;* **abgewertet werden/sein** se dévaloriser/être dévalorisé(e)

abwertend **I.** *Adj* péjoratif(-ive)
II. *Adv* péjorativement; **etw ist** ~ **gemeint** qc a une connotation péjorative

Abwertung *f einer Währung* dévaluation *f; eines Ideals, einer Tugend* dévalorisation *f*

abwesend ['apve:zənt] *Adj* ❶ (*nicht vorhanden*) absent(e)
❷ (*geistesabwesend*) *Person, Gesichtsausdruck* absent(e); ~ **sein** avoir une absence

Abwesende(r) *f(m) dekl wie Adj* absent(e) *m(f)*

Abwesenheit <-, *selten* -en> *f* ❶ (*opp: Anwesenheit*) absence *f;* **bei** ~ en cas d'absence; **in** ~ **des Chefs** en l'absence du patron; **in** ~ **verurteilt werden** être condamné(e) par contumace
❷ (*Geistesabwesenheit*) absence *f*
▸ **durch** ~ **glänzen** *iron fam* briller par son absence

ab|wetzen *tr V* élimer *Kleidung, Kragen, Sofa;* **eine völlig abgewetzte Hose** un pantalon usé jusqu'à la corde

ab|wickeln **I.** *tr V* ❶ (*herunterwickeln*) défaire *Verband;* **etw von einer Rolle** ~ dérouler qc d'un rouleau; **die Wolle von der Spule** ~ débobiner la laine; **sich** (*Dat*) **den Verband** ~ défaire son bandage
❷ (*erledigen*) exécuter *Auftrag;* réaliser *Kauf, Geschäft;* régler *Konkurs*
❸ (*schließen*) liquider *Betrieb*
❹ (*entlassen*) licencier *Mitarbeiter*
II. *r V* **sich von einer Rolle** ~ se dérouler d'un rouleau; **sich von einer Spule** ~ se débobiner

Abwicklung <-, -en> *f* ❶ (*Erledigung*) *eines Auftrags* exécution *f; eines Geschäfts* réalisation *f*
❷ (*Schließung*) *eines Betriebs* liquidation *f*
❸ (*Entlassung*) licenciement *m*

ab|wiegeln ['apvi:gəln] **I.** *itr V* minimiser
II. *tr V* apaiser *Person, Menschenmenge*

ab|wiegen *tr V unreg* peser; **das Abwiegen** la pesée

ab|wimmeln *tr V fam* ❶ envoyer balader (*fam*) *Vertreter;* **sich nicht so leicht** ~ **lassen** ne pas se laisser mettre à la porte si facilement
❷ (*verweigern*) refuser *Arbeit, Auftrag*

Abwind *m* AVIAT, METEO vent *m* descendant

ab|winkeln *tr V* plier *Arm, Bein*

ab|winken **I.** *itr V* faire un geste de dénégation
▸ **bis zum Abwinken** *fam* à faire crier grâce
II. *tr V* SPORT **ein Rennen** ~ donner le signal de la fin d'une course

ab|wirtschaften *itr V fam* **abgewirtschaftet haben** être en [pleine] déconfiture (*fam*); **abgewirtschaftet** *Betrieb, Bauernhof* délabré(e); *Firma* en [pleine] déconfiture (*fam*); *Regierung* aux abois

ab|wischen *tr V* ❶ (*entfernen*) essuyer *Schmutz, Staub, Tränen;* **sich** (*Dat*) **die Tränen vom Gesicht** ~ essuyer les larmes sur son visage; **er wischte ihr den Schweiß von der Stirn ab** il lui essuya la sueur du front
❷ (*säubern*) essuyer *Augen, Hände, Tisch;* [**sich** (*Dat*)] **die Hände an etw** (*Dat*) ~ [s']essuyer les mains à qc

ab|wracken *tr V* mettre à la ferraille; **ein Auto/Schiff** ~ mettre une voiture/un bateau à la ferraille

Abwurf *m* ❶ *von Ballast* lâchage *m; von Hilfsgütern* parachutage *m; von Flugblättern* lancement *m; von Bomben* largage *m*
❷ SPORT dégagement *m* [à la main]

ab|würgen *tr V fam* ❶ caler *Motor*
❷ (*im Keim ersticken*) couper court à *Diskussion;* étouffer *Forderung*

ab|zahlen **I.** *tr V* ❶ (*zurückzahlen*) rembourser *Kredit, Schulden*
❷ (*in Raten bezahlen*) **etw** ~ payer qc à tempérament; **etw in Raten** ~ payer qc en plusieurs versements
II. *itr V* **lange an etw** (*Dat*) ~ payer longtemps les mensualités de qc

ab|zählen **I.** *tr V* compter *Betrag, Banknoten;* **zählen Sie mir das Geld in Hundertern ab!** faites-moi le compte en billets de cent euros!; **das Fahrgeld abgezählt bereithalten** préparer l'appoint du prix du billet
II. *itr V* compter; **das Abzählen** le compte; **sich beim Abzählen vertun** se tromper en comptant

Abzählreim *m* comptine *f*

Abzahlung *f eines Kredits, von Schulden* remboursement *m;* **etw auf** ~ **kaufen** acheter qc à tempérament

Abzählvers *s.* **Abzählreim**

ab|zapfen ['aptsapfən] *tr V* ❶ (*zapfen*) tirer *Bier, Wein;* **Benzin aus dem Tank** ~ syphoner de l'essence du réservoir
❷ *fam* (*abnehmen*) **jdm Blut** ~ prélever du sang à qn (*fam*); **jdm Geld** ~ soutirer de l'argent à qn (*fam*)

Abzäunung <-, -en> *f* clôture *f;* (*Polizeiabsperrung*) barrage *m*

Abzeichen *nt* insigne *m*

ab|zeichnen **I.** *tr V* ❶ (*abmalen*) reproduire *Bild, Gegenstand;* **etw aus einem Buch/von einer Vorlage** ~ reproduire qc à partir d'un livre/modèle
❷ (*signieren*) signer *Scheck, Schriftstück;* **Schriftstücke zum Abzeichnen** des lettres à signer
II. *r V* **sich** ~ ❶ (*erkennbar werden*) se profiler; **sich am Horizont** ~ se profiler à l'horizon; **dieser Konflikt hatte sich schon früh abgezeichnet** ce conflit était prévisible de longue date
❷ (*durchscheinen*) *Unterwäsche, Träger:* se dessiner

Abziehbild *nt* décalcomanie *f*

ab|ziehen *unreg* **I.** *itr V* ❶ + *sein* MIL se retirer; **aus einem Gebiet** ~ se retirer d'un secteur
❷ + *sein fam* (*weggehen*) décamper (*fam*); **zieh ab!** *fam* fiche le camp! (*fam*)
❸ + *sein* (*wegziehen*) *Rauch, Staubwolke, Nebel:* se dissiper; *Gewitter, Sturmtief:* s'éloigner; **aus einem Raum** ~ s'échapper d'un lieu
❹ + *haben* (*abdrücken*) tirer
II. *tr V* + *haben* ❶ (*einbehalten*) retenir *Sozialabgaben, Steuern;* **einen Vorschuss vom Gehalt** ~ déduire une avance du salaire
❷ (*abrechnen*) déduire *Betrag;* **ich ziehe Ihnen fünf Prozent Rabatt vom Listenpreis ab** je vous fais une remise de cinq pour cent sur le prix affiché
❸ (*subtrahieren*) retrancher *Zahlen*
❹ (*entnehmen*) retirer *Einlage, Kapital;* **sein Geld aus der Firma** ~ retirer son argent de l'entreprise
❺ (*zurückrufen*) retirer *Truppen*
❻ (*herausziehen, herunterziehen*) retirer *Schlüssel, Ring, Uhr;* **den Ring vom Finger** ~ ôter la bague du doigt
❼ (*entfernen*) **jdm die Haut** ~ écorcher qn; **einem Tier das Fell** ~ dépouiller un animal
❽ (*von den Bezügen befreien*) déhousser *Sofa, Sessel;* retirer *Bettzeug, Laken;* **die Betten/die Kissen** ~ retirer les draps [des lits]/les taies [des oreillers]
❾ (*abfüllen*) tirer *Most, Wein;* **Wein auf Flaschen** ~ mettre du vin en bouteilles
❿ (*vervielfältigen*) tirer *Text, Vorlage;* **etw fünfmal** ~ tirer qc en

A

cinq exemplaires
ab|zielen *itr V* ❶ (*treffen wollen*) **mit seiner Frage auf jdn/etw ~** viser qn/vouloir en venir à qc avec sa question; **auf jdn/etw ~** *Bemerkung, Seitenhieb:* viser qn/qc; **worauf zielst du mit deiner Bemerkung ab?** où veux-tu en venir avec ta remarque?
❷ (*zum Ziel haben*) **auf etw** (*Akk*) **~** *Person:* avoir qc en vue; *Gesetz, Maßnahme:* viser à qc
ab|zocken *tr V sl* arnaquer (*fam*)
Abzug *m* ❶ (*Einbehalt*) *von Sozialabgaben, Steuern* retenue *f*; **etw in ~ bringen** *form* déduire qc
❷ (*das Abziehen*) *eines Rabatts, Skontos* déduction *f*; **ohne ~** sans déduction
❸ (*Vervielfältigung*) copie *f*; (*Korrekturfahne*) épreuve *f*, placard *m*
❹ (*Bilderabzug*) épreuve *f*
❺ *kein Pl* MIL retrait *m*; **jdm freien ~ gewähren** accorder à qn les honneurs de la guerre
❻ FIN *von Kapital* retrait *m*
❼ (*Luftzufuhr*) *eines Kamins* tirage *m*; (*Abzugsöffnung*) conduit *m* de fumée
❽ (*Drücker*) *einer Schusswaffe* détente *f*; **den Finger am ~ haben** avoir le doigt sur la gâchette
abzüglich ['aptsy:klɪç] *Präp + Gen* déduction faite de; **~ eines Rabatts** déduction faite d'une remise
abzugsfähig *Adj Aufwendungen* déductible; **steuerlich ~/nicht ~** fiscalement déductible/non déductible **abzugsfrei** *Adj Einkünfte* exonéré(e) d'impôt **Abzugshaube** *s.* **Dunstabzugshaube** **Abzugskanal** *m* TECH conduit *m* d'évacuation **Abzugsrohr** *nt* tuyau *m* de cheminée
ab|zupfen *tr V* arracher délicatement *Beeren, Stiele;* **die Blätter von einer Blüte ~** effeuiller les pétales d'une fleur
ab|zwacken *tr V fam* rogner sur *Geld, Summe;* **sich** (*Dat*) **zehn Euro vom Taschengeld ~** rogner dix euros sur son argent de poche
Abzweig *m form* embranchement *m*
ab|zweigen **I.** *itr V + sein Weg, Gleis:* bifurquer; **von etw ~** *Weg, Gleis:* bifurquer de qc; **an etw** (*Dat*)**/von etw ~** *Kabel, Leitung:* partir de qc
II. *tr V + haben fam* **hundert Euro von etw ~** prélever cent euros sur qc
Abzweigung <-, -en> *f eines Wegs* embranchement *m*; *eines Kabels, einer Leitung* branchement *m*
ab|zwicken *tr V* couper [avec une pince]; **etw ~** couper qc [avec une pince]
Accessoire [aksɛ'soa:ɐ] <-s, -s> *nt* accessoire *m*
Acetat [atse'ta:t] <-s, -e> *nt* acétate *m*
Aceton [atse'to:n] <-s> *nt* CHEM acétone *f*
Acetylen [atsety'le:n] <-s> *nt* CHEM acétylène *m*
ach [ax] **I.** *Interj* ❶ (*Ausruf der Verärgerung*) ah; **~ was** [*o* **wo**]**!** allons donc!
❷ (*Ausruf der Überraschung*) ah; **~ nein!** *fam* allons bon! (*fam*); **~ wirklich?** ah oui?; **~ so!** (*nun gut*) bon, bon!; (*aha*) ah bon!
II. *Adv iron* **unser ~ so schlauer Kollege** notre collègue on ne peut plus malin
Ach <-s, -[s]> *nt* (*Jammern*) gémissement *m*
▶ **mit ~ und Krach** *fam* de justesse; **er hat die Prüfung mit ~ und Krach bestanden** il a dû ramer pour avoir son examen (*fam*); **~ und Weh schreien** *veraltet geh* se répandre en lamentations
Achat [a'xa:t] <-[e]s, -e> *m* agate *f*
Achillesferse [a'xɪlɛsfɛrzə] *f einer Person* talon *m* d'Achille; *einer Sache, Ware* défaut *m* de la cuirasse **Achillessehne** *f* tendon *m* d'Achille
AchlautRR *m consonne de l'allemand écrite ch, fricative postvélaire après a, o, u*
Achsabstand *m* TECH écartement *m* des essieux
Achse ['aksə] <-, -n> *f* ❶ *eines Fahrzeugs* essieu *m*
❷ PHYS, MATH axe *m*
❸ POL axe *m* [politique]; **die ~ Berlin–Rom** HIST l'Axe [Rome–Berlin]
▶ **auf ~ sein** *fam* être [toujours] sur les chemins; (*verreist sein*) être en déplacement
Achsel ['aksəl] <-, -n> *f* ❶ (*Achselhöhle*) aisselle *f*
❷ (*Schulter*) épaule *f*; **die** [*o* **mit den**] **~n zucken** hausser les épaules
Achselhaare ['aksəl-] *Pl* poils *mpl* des aisselles **Achselhöhle** *f* aisselle *f*; **in den ~n** au creux des aisselles **Achselzucken** <-s> *nt* haussement *m* d'épaules **achselzuckend** *Adv* en haussant les épaules
Achsenbruch ['aksən-] *m* rupture *f* d'essieu **Achsenkreuz** *nt* MATH système *m* d'axes **Achsenmächte** ['aksənmɛçtə] *Pl* HIST **die ~** les puissances *fpl* de l'Axe
Achslager ['aks-] *nt* TECH coussinet *m* **Achslast** ['aks-] *f* charge *f* maximale autorisée par essieu **Achsstand** *m* empattement *m*
acht[1] [axt] *Num* huit; **~** [**Jahre alt**] **sein** avoir huit ans; **sie wird bald ~** [**Jahre alt**] elle va bientôt avoir huit ans; **mit ~** [**Jahren**] à huit ans; **es ist ~** [**Uhr**] il est huit heures; **um/gegen ~** [**Uhr**] à/vers huit heures; **kurz vor ~** peu avant huit heures; **es ist noch vor ~** il n'est pas encore huit heures; **es ist schon kurz nach ~** il est déjà huit heures passées; **es ist ~** [**Minuten**] **nach/vor drei** il est trois heures huit/moins huit; **alle ~ Stunden** toutes les huit heures; **heute/**[**am**] **Montag in ~ Tagen** dans huit jours/lundi en huit; **die Linie ~ fährt zum Bahnhof** le huit va à la gare; **es steht ~ zu drei** le score est de huit à trois
acht[2] *Adv* huit; **zu ~ sein** être huit; **etw zu ~ tun** faire qc à huit
Acht[1] <-, -en> *f* ❶ (*Zahl, Spielkarte*) huit *m*
❷ *kein Pl* (*U-Bahn-, Bus-, Straßenbahnlinie*) huit *m*
❸ (*einer Acht ähnelnde Form, Linie*) **eine ~ haben/laufen** faire un huit
Acht[2] <-> *f* **~ geben** [*o* **haben**] faire attention; **auf jdn/etw ~ geben** [*o* **haben**] surveiller qn/qc; **~ geben** [*o* **haben**]**, dass die Arbeit gemacht wird** veiller à ce que le travail soit fait; **gib** [*o* **hab**] **~, wohin du trittst!** fais attention où tu marches!; **außer ~ lassen** ne pas tenir compte de; **nicht außer ~ lassen** ne pas négliger; **nimm dich in ~!** prends garde [à toi]!; **sich in ~ nehmen** se tenir sur ses gardes; **sich vor jdm/etw in ~ nehmen** se méfier de qn/qc
Acht[3] <-> *f* HIST proscription *f*
▶ **jdn in ~ und Bann tun** *Papst:* excommunier qn; (*verdammen*) mettre qn au ban de la société
achtarmig *Adj Krake* octopode; *Leuchter* à huit branches
achtbar *Adj geh* honorable
achte(**r, s**) *Adj* ❶ huitième; **jeder ~ Franzose/Haushalt** un Français/foyer sur huit
❷ (*bei Datumsangaben*) **der ~ März** *écrit:* **der 8. März** le huit mars *geschrieben:* le 8 mars; **am ~n März** le huit mars; **am Freitag, den ~n März** le vendredi huit mars; **Bonn, den ~n März** Bonn, le huit mars
❸ SCHULE **die ~ Klasse** ≈ la troisième; **in der ~n Klasse** ≈ en troisième
Achte(**r**) *f*(*m*) *dekl wie Adj* ❶ huitième *mf*; **~**(**r**) **sein** être huitième; **~**(**r**) **werden** finir huitième; **als ~**(**r**) en huitième position; **Sie sind als ~**(**r**) **dran** vous êtes le/la huitième; **jeder/jede ~** une personne/une femme sur huit; **von den Befragten antwortete jeder ~, dass** une personne interrogée sur huit a répondu que
❷ (*Namenszusatz*) **Karl der ~** *écrit:* **Karl VIII.** Charles huit *geschrieben:* Charles VIII; **Sophie die ~** *écrit:* **Sophie VIII.** Sophie huit *geschrieben:* Sophie VIII
❸ (*Datumsangabe*) **der ~/am ~n** *écrit:* **der 8./am 8.** le huit *geschrieben:* le 8

❹ (*Sinfonie*) **Beethovens** ~ la Huitième Symphonie de Beethoven

Achteck *nt* octogone *m* **achteckig** *Adj* octogonal(e) **achteinhalb** ['axtʔaɪn'halp] *Num* ~ **Meter** huit mètres et demi; ~ **Pfund** huit livres et demie

achtel *Adj* huitième; **ein** ~ **Gramm** un huitième de gramme

Achtel ['axtəl] <-s, -> *nt* ❶ *a.* MATH huitième *m*
❷ (*Achtelliter*) ballon *m;* **ein** ~ **Rotwein** un ballon de vin rouge
❸ (*achtel Pfund*) **ein** ~ **Butter** une demi-plaquette de beurre

Achtelfinale *nt* huitième *m* de finale **Achtelliter** *m* demi-quart *m* de litre **Achtelnote** *f* croche *f* **Achtelpause** *f* demi-soupir *m*

achten ['axtən] **I.** *tr V* ❶ (*wertschätzen*) estimer; **jdn als zuverlässigen Kollegen** ~ considérer qn comme un collègue fiable; **jdn hoch** ~ tenir qn en haute estime; **etw hoch** ~ estimer beaucoup qc; **geachtet** estimé(e); **hoch geachtet** *Person* tenu(e) en haute estime; **als Wissenschaftler hoch geachtet** considéré comme excellent scientifique
❷ (*respektieren*) respecter *Gesetze, Bräuche, Gefühle*
II. *itr V* ❶ (*aufpassen*) **auf jdn/etw** ~ surveiller qn/qc
❷ (*beachten*) **auf jdn/etw** ~ faire attention à qn/qc
❸ (*sehen auf*) **darauf** ~ **etw zu tun** veiller à faire qc

ächten ['ɛçtən] *tr V* ❶ (*verdammen*) frapper d'ostracisme; **jdn** ~ frapper qn d'ostracisme; **gesellschaftlich geächtet werden** être mis(e) au ban de la société
❷ HIST proscrire

achtens ['axtəns] *Adv* huitièmement

achtenswert *Adj Person* respectable; *Leistung, Erfolg* méritoire

Achter <-s, -> *m* (*Ruderboot*) huit *m*

Achterbahn *f* grand huit *m* **Achterdeck** *nt* pont *m* arrière

achterlei *Adj unv* ~ **Sorten Brot** huit sortes de pain; **in** ~ **Größen** en huit tailles; ~ **gleichzeitig tun** faire huit choses différentes à la fois

achtern *Adv* NAUT à l'arrière

achtfach, 8fach **I.** *Adj* octuple (*rare*); **eine** ~**e Vergrößerung** un agrandissement huit fois plus grand; **die** ~**e Menge nehmen** prendre huit fois cette quantité; **den** ~**en Preis verlangen** exiger huit fois le prix; **in** ~**er Ausfertigung** en huit exemplaires
II. *Adv falten* huit fois; *ausfertigen* en huit exemplaires

Achtfache(s) *nt dekl wie Adj* octuple *m* (*rare*); **das** ~ **verdienen/bezahlen** gagner/payer huit fois plus; **das** ~ **an Gehalt haben** avoir un salaire huit fois plus élevé; **um das** ~ de huit fois; **um das** ~ **höher** huit fois plus élevé(e)

Achtfüßer <-s, -> *m* ZOOL octopode *m*

acht|geben *s.* Acht[2]

achtgeschossig *Adj* de huit étages; ~ **sein** avoir huit étages

acht|haben *s.* Acht[2]

achthundert *Num* huit cents **achthundertjährig** *Adj* **das** ~**e Jubiläum** le huitième centenaire; **das** ~**e Bestehen des Dorfs** les huit cents ans d'existence du village **achthundertste(r, s)** *Adj* huit centième **achthunderttausend** *Num* huit cent mille

achtjährig ['axtjɛːrɪç], **8-jährig**[RR] *Adj Kind, Amtszeit* de huit ans

Achtjährige(r) *f(m) dekl wie Adj* garçon *m*/fille *f* de huit ans

achtjährlich *Adj* tous les huit ans; **in** ~**em Turnus** par roulement de huit ans **Achtkampf** *m* SPORT ❶ (*in der Leichtathletik*) compétition *f* (*avec huit disciplines*) ❷ (*beim Turnen*) concours *m* général (*avec huit disciplines*) **achtkantig** **I.** *Adj* à huit arêtes **II.** *Adv* ▶ **jdn** ~ **rauswerfen** *fam* ficher qn dehors (*fam*)

achtköpfig *Adj Familie* de huit [personnes]

achtlos **I.** *Adj* inattentif(-ive); **sein/ihr** ~**es Verhalten** son inattention; ~ **sein** ne pas faire attention
II. *Adv* sans faire attention

Achtlosigkeit <-> *f* inattention *f*

achtmal *Adv* huit fois; ~ **so viel** huit fois plus; ~ **so viele ...** huit fois plus de ...

achtmalig *Adj* **nach** ~**em Klingeln** au huitième coup de sonnette; **trotz** ~**er Wiederholung** bien que l'ayant répété(e) huit fois

achtmonatig *Adj* de huit mois

achträd[e]rig *Adj* à huit roues

achtsam **I.** *Adj geh* précautionneux(-euse) (*soutenu*); ~ **mit etw sein** faire attention à qc
II. *Adv geh* soigneusement

Achtsamkeit <-> *f geh* soin *m*

achtseitig *Adj* de huit pages

achtsilbig *Adj* LITER qui a huit syllabes; **ein** ~**er Vers** un [vers] octosyllabe

Achtsitzer <-s, -> *m* huit places *f*

achtsitzig *Adj Wagen* à huit places

achtstellig *Adj Zahl* de huit chiffres; *Betrag, Summe* à huit chiffres

achtstöckig *Adj* de huit étages

achtstrophig *Adj Gedicht* de huit strophes; *Lied* de huit couplets

Achtstundentag *m* journée *f* de huit heures

achtstündig ['axtʃʏndɪç] *Adj attr* de huit heures

achtstündlich **I.** *Adj Wechsel* toutes les huit heures
II. *Adv wechseln* toutes les huit heures

achttägig *Adj* de huit jours

achttäglich *Adv wiederholen* tous les huit jours **achttausend** *Num* huit mille **Achttausender** <-s, -> *m* [sommet *m* de] huit mille *m* [mètres]

Achtteiler <-s, -> *m* feuilleton *m* en huit épisodes

achtteilig *Adj Film* en huit parties; *Besteck, Satz* de huit pièces

Achttonner *m* huit tonnes *m*

Achtundsechziger(in) <-s, -> *m(f)* soixante-huitard(e) *m(f)* (*fam*)

achtundzwanzig *Num* vingt-huit

Achtung ['axtʊŋ] <-> *f* ❶ (*Wertschätzung*) respect *m;* **vor jdm/etw große** ~ **haben** avoir un grand respect pour qn/qc; **in jds** ~ (*Dat*) **steigen/sinken** monter/tomber dans l'estime de qn; **sich** (*Dat*) ~ **bei jdm verschaffen** imposer le respect à qn
❷ (*Beachtung*) *einer Person, Sache* respect *m*
❸ (*Vorsicht*) ~**!** attention!; MIL garde-à-vous!; ~[, ~], **eine Durchsage!** votre attention, s'il vous plaît!; ~, **Stufe!** attention à la marche!; ~, **fertig, los!** attention! prêts? partez!
▶ **alle** ~**!** chapeau bas!

Ächtung ['ɛçtʊŋ] <-, -en> *f* ❶ *a.* HIST proscription *f*
❷ (*Verdammung*) *von Gewalt, Kriegen* condamnation *f*

achtunggebietend *Adj geh* imposant(e); ~ **sein** imposer le respect

Achtungserfolg *m* succès *m* d'estime

achtwöchig *Adj* de huit semaines; **wir haben einen** ~**en Urlaub in Kanada verbracht** nous avons passé huit semaines de vacances au Canada

achtzehn *Num* dix-huit; *s. a.* **acht**[1] **achtzehnhundert** *Adj unv* mille huit cents; **er verdient** ~ **Euro im Monat** il gagne mille huit cents euros par mois; **im Jahre** ~ en l'an mil[le] huit cents **achtzehnte(r, s)** *Adj* dix-huitième; *s. a.* **achte(r, s)**

achtzeilig *Adj Gedicht, Strophe* de huit vers; *Text* de huit lignes

achtzig ['axtsɪç] *Num* quatre-vingts, huitante (CH), octante (BELG); ~ **[Jahre alt] sein** avoir quatre-vingts ans; **er wird bald** ~ **[Jahre alt]** il va bientôt avoir quatre-vingts ans; **mit** ~ **[Jahren]** à quatre-vingts ans; **mit** ~ **Stundenkilometern** à quatre-vingts kilomètres à l'heure
▶ **jdn mit etw auf** ~ **bringen** *fam* mettre qn en pétard avec qc (*fam*); **auf** ~ **sein** *fam* être en pétard (*fam*)

Achtzig <-, -en> *f* quatre-vingts *m*

achtziger ['axtsɪɡɐ], **80er** *Adj unv* quatre-vingts; **die** ~ **Jahre** les années *fpl* quatre-vingts; **der** ~ **Jahrgang** (*Wein*) la cuvée quatre-vingts; *fig* (*Menschen*) la promotion quatre-vingts; **ein**

~ **Bordeaux** un bordeaux de quatre-vingts
Achtziger[1] <-s, -> *m* ❶ (*Mann in den Achtzigern*) octogénaire *m*
❷ *s.* Achtzigjährige(r)
❸ (*Wein des Jahrgangs 1980*) 1980 *m*
Achtziger[2] <-, -> *f* HIST *fam* (*Briefmarke*) timbre *m* à quatre-vingts pfennigs
Achtziger[3] *Pl* ❶ *eines Jahrhunderts* **die** ~ les années *fpl* quatre-vingts
❷ (*Lebensalter*) **Mitte der** ~/**in den** ~**n sein** avoir quatre-vingts ans bien sonnés/être octogénaire
Achtzigerin <-, -nen> *f* ❶ (*Frau in den Achtzigern*) octogénaire *f*
❷ *s.* Achtzigjährige(r)
Achtzigerjahre *Pl* **die** ~ les années *fpl* quatre-vingts
achtzigjährig ['axtsɪçjɛːrɪç] *Adj attr* de quatre-vingts ans
Achtzigjährige(r) *f(m) dekl wie Adj* homme *m*/femme *f* de quatre-vingts ans; **etw als** ~(**r**) **tun** faire qc à quatre-vingts ans
achtzigmal ['axtsɪçmaːl] *Adv* quatre-vingts fois; *s. a.* **achtmal**
Achtzigpfennigmarke, 80-Pfennig-Marke *f* HIST timbre *m* à quatre-vingts pfennigs
achtzigste(r, s) *Adj* quatre-vingtième; **jdm zum** ~**n Geburtstag gratulieren** féliciter qn pour son quatre-vingtième anniversaire
Achtzimmerwohnung *f* appartement *m* de huit pièces
Achtzylinder *m fam* ❶ (*Wagen*) huit cylindres *f* (*fam*)
❷ (*Motor*) huit cylindres *m*
Achtzylindermotor *m* moteur *m* [à] huit cylindres
achtzylindrig ['axttsilɪndrɪç, 'axttsylɪndrɪç] *Adj* [à] huit cylindres
ächzen ['ɛçtsən] *itr V* ❶ gémir; **vor Schmerzen/Anstrengung** ~ gémir de douleur/sous l'effort; ~ **und stöhnen** *fam* geindre (*fam*)
❷ (*knarren*) *Baum, Haus:* grincer
Ächzer <-s, -> *m fam* (*Seufzer des Schmerzes*) gémissement *m;* (*Seufzer der Anstrengung*) ahan *m* (*littér*)
Acker ['akɐ] <-s, Äcker> *m* champ *m;* **den** ~/**die Äcker bestellen** cultiver son champ/sa terre
Ackerbau *m kein Pl* agriculture *f;* ~ **betreiben** cultiver la terre; ~ **treibend** cultivateur(-trice); ~ **und Viehzucht** l'agriculture et l'élevage **Ackerfläche** *f* surface *f* cultivable **Ackergaul** *m pej* cheval *m* de labour **Ackerkrume** *f* sol *m* végétal **Ackerland** *nt kein Pl* terre *f* arable
ackern *itr V fam* bosser (*fam*)
Ackersalat *m* DIAL mâche *f* **Ackerwinde** *f* BOT liseron *m* des champs
a conto [a 'kɔnto] *Adv* à titre d'acompte
Acryl [a'kryːl] <-s> *nt* CHEM acrylique *m*
Acrylglas [a'kryl-] *nt* verre *m* acrylique
Actinium [ak'tiːniʊm] <-s> *nt* CHEM actinium *m*
Action ['ɛktʃən] <-> *f fam* (*spannende Handlung*) action *f;* (*lebhafte Stimmung*) animation *f*
Actionfilm ['ɛkʃ(ə)n-] *m* film *m* d'action
a.D. [aː'deː] *Abk von* **außer Dienst** E.R.
A.D. ['ano'doːmini] *Abk von* **Anno Domini** apr. J.-C.
Adabei <-s, -s> *m* A *fam* (*Wichtigtuer*) cancanier(-ière) *m(f)*
ad absurdum [at ap'zʊrdʊm] *Adv* **etw** ~ **führen** *geh* prouver l'absurdité de qc
ADAC [aːdeːʔaː'tseː] <-> *m Abk von* **Allgemeiner Deutscher Automobil-Club** *club automobile allemand*
ad acta [at 'akta] *Adv* **etw** ~ **legen** *geh* classer [définitivement] qc
Adam ['aːdam] <-s> *m* Adam *m*
▸ **bei** ~ **und Eva anfangen** *fam* remonter au déluge (*fam*); **das macht nach** ~ **Riese ...** *fam* si mes comptes sont bons, ça fait ...; **der alte** ~ *hum fam* ≈ les faiblesses *fpl* typiquement humaines
Adamsapfel ['aːdamsapfəl] *m fam* pomme *f* d'Adam **Adamskostüm** *nt fam* costume d'Adam; **im** ~ *hum* en costume d'Adam
Adaptation [adapta'tsioːn] *s.* **Adaption**
Adapter [a'daptɐ] <-s, -> *m* TECH adaptateur *m*
adaptieren* *tr V* ❶ adapter; **etw fürs Fernsehen** ~ adapter qc pour la télévision
❷ A (*einrichten*) aménager *Wohnung*
Adaption <-, -en> *f* ❶ *kein Pl* (*Anpassung*) *der Augen* accommodation *f; des Organismus* adaptation *f*
❷ (*Bearbeitung*) adaptation *f*
adäquat [adɛ'kvaːt] *Adj Honorar, Stellung* convenable; *Übersetzung, Kritik* juste; *Verhalten* adéquat(e); ~ **sein** convenir; **einer S.** (*Dat*) ~ **sein** être en rapport avec qc
Adäquatheit <-> *f einer Übersetzung, Kritik* justesse *f; eines Verhaltens* adéquation *f; einer Belohnung, Stellung* rapport *m* convenable
addieren* **I.** *tr V* additionner *Zahlen;* **die Zahlen zu einem Betrag** ~ faire le total des chiffres
II. *itr V* additionner; **das Addieren** l'addition *f;* **beim Addieren** en additionnant
Addition [adi'tsioːn] <-, -en> *f* addition *f*
Additiv [adi'tiːf] <-s, -e> *nt* CHEM additif *m;* **bleihaltige** ~**e** additifs à base de plomb
Adduktion [adʊk'tsioːn] <-, -en> *f* ANAT adduction *f*
Adduktor [a'dʊktoːɐ] <-s, -en> *m* ANAT adducteur *m*
ade [a'deː] *Interj* SDEUTSCH au revoir; [**jdm**] ~ **sagen** dire au revoir [à qn]; **einer S.** (*Dat*) ~ **sagen** dire adieu à une chose
Adel ['aːdəl] <-s> *m* ❶ (*Adelsgeschlechter*) noblesse *f;* **der hohe/niedere** ~ la haute/petite noblesse; **aus altem** ~ **stammen** être de vieille noblesse; **von** ~ **sein** être noble; **eine Dame von** ~ une dame de la noblesse
❷ (*Adelstitel*) titre *m* de noblesse; **jdm den** ~ **verleihen** anoblir qn
❸ *geh* (*edle Gesinnung*) noblesse *f*
▸ ~ **verpflichtet** noblesse oblige
adelig ['aːdəlɪç] *s.* **adlig**
Adelige(r) *s.* **Adlige(r)**
adeln ['aːdəln] *tr V* ❶ (*den Adel verleihen*) anoblir
❷ *geh* (*auszeichnen*) faire honneur à
Adelstitel *m* titre *m* nobiliaire
Ader ['aːdɐ] <-, -n> *f* ❶ ANAT veine *f;* **sich die** ~**n öffnen** *geh* s'ouvrir les veines
❷ MIN veine *f,* filon *m*
❸ ELEC fil *m*
❹ BOT nervure *f*
▸ **eine künstlerische/poetische** ~ **haben** avoir un don pour l'art/la poésie; **eine soziale** ~ **haben** *fam* avoir la fibre sociale; **jdn zur** ~ **lassen** *veraltet* faire une saignée à qn; **jdn mit etw zur** ~ **lassen** *fam* ponctionner qc à qn (*fam*)
Äderchen <-s, -> *nt Dim von* **Ader** veinule *f*
Aderlass[RR] <-es, -lässe>, **Aderlaß** <-lasses, -lässe> *m* ❶ *geh* (*Verlust*) hémorragie *f*
❷ MED *veraltet* saignée *f*
Äderung <-, -en> *f* ❶ ANAT marbrure *f*
❷ BOT nervures *fpl*
Adhäsion [athɛ'zioːn] <-, -en> *f* ❶ PHYS adhésion *f*
❷ MED adhérence *f*
Adhäsionsverschluss[RR] *m* fermeture *f* autocollante
ad hoc [at hɔk] *Adv geh* ❶ (*speziell für den Fall*) dans ce cas précis
❷ (*auf der Stelle*) *entscheiden, Stellung nehmen* sur-le-champ
Ad-hoc-Maßnahme *f geh* mesure *f* ad hoc
adieu [a'djøː] *Interj s.* **ade**
Adjektiv ['atjɛktiːf] <-s, -e> *nt* adjectif *m*
adjektivisch *Adj* adjectival(e)
Adjunkt(in) [at'jʊŋkt] <-en, -en> *m(f)* A, CH adjoint(e) *m(f)*
adjustieren* *tr V* ajuster *Werkstück;* régler *Messgerät, Zielfernrohr*

Adjutant(in) [atju'tant] <-en, -en> *m(f)* aide *mf* de camp
Adler ['a:dlɐ] <-s, -> *m* aigle *m*
Adlerauge *nt* œil *m* d'aigle ▸ **~n haben** avoir un regard d'aigle **Adlerfarn** *m* BOT fougère *f* aigle **Adlerhorst** *m* aire *f* **Adlernase** *f* nez *m* aquilin
adlig ['a:dlɪç] *Adj* noble **Adlige(r)** *f(m) dekl wie Adj* noble *mf*
Administration [atminɪstra'tsio:n] <-, -en> *f* ❶ (*Verwaltung*) administration *f*
❷ (*US-Regierung*) Administration *f*
administrativ [atminɪstra'ti:f] **I.** *Adj* administratif(-ive)
II. *Adv* par la voie administrative
Admiral [atmi'ra:l] <-s, -e *o* Admiräle> *m* ❶ MIL amiral *m*
❷ <-e> ZOOL vulcain *m*
Admiralin <-, -nen> *f* MIL amiral *m*
Admiralität [atmirali'tɛ:t] <-, -en> *f* amirauté *f*
Admiralsrang *m* grade *m* d'amiral; **im ~** avec le grade d'amiral
Adoleszenz [adolɛs'tsɛnts] <-> *f* MED adolescence *f*
Adonis [a'do:nɪs] <-, -se> *m geh* Adonis *m*
adoptieren* *tr V* adopter
Adoption [adɔp'tsio:n] <-, -en> *f* adoption *f*; **ein Kind zur ~ freigeben** consentir à l'adoption d'un enfant
Adoptiveltern *Pl* parents *mpl* adoptifs **Adoptivkind** *nt* [enfant *m*] adopté; **das sind meine ~er** ce sont mes enfants adoptifs
Adrenalin [adrena'li:n] <-s> *nt* adrénaline *f*
Adrenalinstoß *m* décharge *f* d'adrénaline
Adressat(in) [adrɛ'sa:t] <-en, -en> *m(f)* ❶ *geh* (*Empfänger*) destinataire *mf*
❷ *geh* (*Ansprechpartner*) interlocuteur(-trice) *m(f)*
❸ *Pl* (*Zielgruppe*) cible *f*
Adressbuch[RR], **Adreßbuch** *nt* ❶ (*amtliches Verzeichnis*) annuaire *m*
❷ (*Notizbuch*) carnet *m* d'adresses
Adresse [a'drɛsə] <-, -n> *f* ❶ *a.* INFORM adresse *f*; **etw an jds ~** (*Akk*) **richten** *geh* adresser qc à qn
❷ (*Firma, Firmenname*) **die ersten ~n** les meilleures maisons *fpl*; **eine der besten ~n für Software** une des meilleures marques de logiciels
▸ **bei jdm mit etw an der falschen ~ sein** [*o* **an die falsche ~ geraten**] *fam* se tromper d'adresse pour qc [en s'adressant à qn]; **bei jdm mit etw an der richtigen ~ sein** *fam* avoir frappé à la bonne porte avec qc; **sich an die richtige ~ wenden** *fam* frapper à la bonne porte
Adressenliste *f* liste *f* d'adresses
adressieren* *tr V* mettre l'adresse sur; **etw an jdn/etw ~** adresser qc à qn/qc; **der Brief war falsch adressiert** l'adresse sur la lettre était fausse
Adressiermaschine *f* machine *f* à adresses
adrett [a'drɛt] **I.** *Adj* coquet(te)
II. *Adv* coquettement
Adria ['a:dria] <-> *f* **die ~** l'Adriatique *f*
Adrian <-s> *m* Adrien *m*
adriatisch *Adj* adriatique; **das Adriatische Meer** l'Adriatique *f*, la mer Adriatique
Adsorption [atzɔrp'tsio:n] <-, -en> *f* CHEM, PHYS adsorption *f*
adstringierend *Adj* MED astringent(e)
A-Dur ['a:-] *nt* la *m* majeur; **in ~** en la majeur
Advent [at'vɛnt] <-s, *selten* -e> *m* ❶ (*Zeitraum*) avent *m*; **im ~** pendant l'avent
❷ (*Sonntag im Advent*) **erster/zweiter ~** premier/deuxième dimanche de l'avent

i Land & Leute

L'**Advent** commence quatre dimanches avant les fêtes de Noël. C'est une période riche en traditions: on fait des *Plätzchen*, les enfants ouvrent chaque jour une petite porte de leur calendrier de l'avent, on fait une couronne de l'avent et on se retrouve entre amis, un verre de vin chaud à la main, au marché de Noël.

Adventist(in) <-en, -en> *m(f)* REL adventiste *mf*
Adventskalender *m* ≈ calendrier *m* de l'avent **Adventskranz** *m* ≈ couronne *f* de l'avent

i Land & Leute

On peut acheter ou faire soi-même une **Adventskranz.** On la décore avec quatre bougies (représentant chacune un dimanche de l'avent), avec des petits noeuds, des petites boules et des petites figurines. On allume la première bougie le premier dimanche, deux bougies le deuxième dimanche, trois bougies le troisième dimanche. Les quatres bougies ne sont allumées que le dernier dimanche de l'avent.

Adventssonntag *m* dimanche *m* de l'avent **Adventszeit** *f* temps *m* de l'avent
Adverb [at'vɛrp] <-s, -ien> *nt* adverbe *m*
adverbial [atvɛr'bia:l] **I.** *Adj* adverbial(e)
II. *Adv* adverbialement
Adverbialbestimmung *f* complément *m* circonstanciel; **~ der Zeit/des Ortes** complément circonstanciel de temps/de lieu **Adverbialsatz** *m* subordonnée *f* circonstancielle
Advokat(in) [atvo'ka:t] <-en, -en> *m(f)* ❶ A, CH (*Rechtsanwalt*) avocat(e) *m(f)*
❷ *geh* (*Fürsprecher*) avocat(e) *m(f)*
Advokaturbüro *nt* CH, **Advokaturskanzlei** *f* A *s.* **Anwaltskanzlei**
Aerobic [ɛə'rɔbɪk] <-s> *nt* aérobic *f*
Aerobier [ae'ro'biɐ] <-s, -> *m* BIO aérobie *m*
Aerodynamik [aerody'na:mɪk] *f* ❶ PHYS aérodynamique *f* ❷ AUT aérodynamisme *m* **aerodynamisch** [aerody'na:mɪʃ] **I.** *Adj* ❶ PHYS *Verhalten* aérodynamique; *Gesetz* de l'aérodynamique ❷ AUT, AVIAT *Form* aérodynamique **II.** *Adv* **~ geformt sein** avoir des lignes aérodynamiques
Aerosol [aero'zo:l] <-s, -e> *nt* aérosol *m*
Affäre [a'fɛ:rə] <-, -n> *f* ❶ (*Angelegenheit*) affaire *f*
❷ (*Liebesabenteuer*) aventure *f*
▸ **sich mit etw aus der ~ ziehen** *fam* se dépatouiller en faisant qc (*fam*)
Äffchen <-s, -> *nt Dim von* **Affe** petit singe *m*
Affe ['afə] <-n, -n> *m* ❶ singe *m*
❷ *sl* (*unangenehmer Mensch*) conard *m* (*pop*); **ein eingebildeter ~** un m'as-tu-vu (*fam*)
▸ **wie ein ~ auf dem Schleifstein sitzen** *sl* avoir l'air d'un crapaud sur une boîte d'allumettes (*fam*); **seinem ~n Zucker geben** *fam* enfourcher son dada (*fam*); **ich glaub'** [*o* **denk'**], **mich laust der ~!** *fam* les bras m'en tombent! (*fam*)
Affekt [a'fɛkt] <-[e]s, -e> *m* JUR [im]pulsion *f*; **im ~** sous l'empire d'une pulsion; **es war Tötung im ~** c'était un crime passionnel; **etw im ~ tun** faire qc sous le coup d'une émotion
Affekthandlung *f* acte *m* impulsif
affektiert [afɛk'ti:ɐt] *pej* **I.** *Adj Person* maniéré(e); *Benehmen, Stil* affecté(e)
II. *Adv* avec affectation
Affenarsch *m pej vulg* enculé *m* (*vulg*); **du ~!** espèce d'enculé!
affenartig *Adj* simiesque
Affenbrotbaum *m* BOT baobab *m*
affengeil *Adj sl* génial(e) (*fam*) **Affenhaus** *nt* pavillon *m* des singes **Affenhitze** *f fam* chaleur *f* à crever (*fam*) **Affenliebe** *f* amour *m* aveugle **Affenschande** *f fam* honte *f* **Affentempo** *nt fam* vitesse *f* dingue (*fam*); **in** [*o* **mit**] **einem ~** à fond la caisse (*fam*) **Affentheater** *nt fam* cirque *m* (*fam*)

Affenzahn *s.* Affentempo
Affiche [a'fɪʃə] <-, -n> *f* CH affiche *f*
affig *pej fam* I. *Adj Benehmen, Getue* chichiteux(-euse); *Eindruck* ridicule
II. *Adv* **sich ~ anstellen** faire des simagrées (*fam*); **stell dich nicht so ~ an!** arrête tes simagrées! (*fam*)
Äffin <-, -nen> *f* guenon *f*
Affinität [afini'tɛːt] <-, -en> *f geh* affinité *f*; **~ zu jdm/etw** affinité *f* avec qn/qc
affirmativ [afɪrma'tiːf] *Adj* affirmatif(-ive)
Affront [a'frõː] <-s, -s> *m geh* affront *m*; **~ gegen jdn/etw** affront à qn/outrage *m* à qc
Afghane [af'gaːnə] <-n, -n> *m*, **Afghanin** *f* Afghan(e) *m(f)*
afghanisch [af'gaːnɪʃ] I. *Adj* afghan(e)
II. *Adv* **~ miteinander sprechen** discuter en afghan; *s. a.* **deutsch**
Afghanisch <-[s]> *nt kein Art* afghan *m*; **auf ~** en afghan; *s. a.* **Deutsch**
Afghanische [af'gaːnɪʃə] *nt dekl wie Adj* **das ~** l'afghan *m*; *s. a.* **Deutsche**
Afghanistan [af'gaːnɪstaːn] <-s> *nt* l'Afghanistan *m*
Aflatoxin <-s, -e> *nt* MED aflatoxine *f*
Afrika ['a(ː)frika] <-s> *nt* l'Afrique *f*
Afrikaans [afri'kaːns] <-> *nt* afrika[a]ns *m*
Afrikaner(in) [afri'kaːnɐ] <-s, -> *m(f)* Africain(e) *m(f)*
afrikanisch *Adj* africain(e)
Afrolook^RR [-lʊk] <-s, -s> *m* coiffure *f* afro
After ['aftɐ] <-s, -> *m* anus *m*
Aftershave^RR ['aːftɐʃeɪv] <-[s], -s> *nt* après-rasage *m*
AG [aː'geː] <-, -s> *f Abk von* **Aktiengesellschaft** S.A. *f*
Ägäis [ɛ'gɛːɪs] <-> *f* **die ~** la mer Égée
Agar-Agar ['a(ː)gaːɐ'a(ː)gaːɐ] <-s> *m o nt* agar-agar *m*
Agave [a'gaːvə] <-, -n> *f* agave *m*
Agenda <-, Agenden> *f* agenda *m*
Agent(in) [a'gɛnt] <-en, -en> *m(f)* agent *m*
Agentenring *m* réseau *m* d'espionnage **Agententätigkeit** *f* activité *f* d'agent secret
Agentur <-, -en> *f* COM, MEDIA agence *f*
Agenturbericht *m* dépêche *f* d'agence **Agenturmeldung** *f* dépêche *f* d'agence
Agglomerat <-[e]s, -e> *nt* GEOL agglomérat *m*
Agglomeration [aglomera'tsioːn] <-, -en> *f geh* région *f* à forte concentration urbaine
Agglutination <-, -en> *f* MED agglutination *f*
Aggregat [agre'gaːt] <-[e]s, -e> *nt* TECH organe *m*; (*Stromaggregat*) groupe *m* électrogène
Aggregatzustand *m* CHEM état *m* physique [de la matière]; **flüssiger/fester/gasförmiger ~** état liquide/solide/gazeux
Aggression [agrɛ'sioːn] <-, -en> *f* ❶ PSYCH agressivité *f pas de pl*
❷ MIL **~ gegen jdn/etw** agression *f* contre qn/qc
Aggressionstrieb *m* instinct *m* d'agression
aggressiv I. *Adj* ❶ agressif(-ive)
❷ CHEM *Stoff* corrosif(-ive); **gegen etw ~ sein** attaquer qc
II. *Adv* agressivement
Aggressivität [-vi-] <-, -en> *f* agressivité *f*
Aggressor [a'grɛsoːɐ] <-s, -ssoren> *m form* agresseur *m*
agieren* *itr V geh* agir; **als Vermittler ~** se comporter en intermédiaire
agil [a'giːl] *Adj geh* ❶ (*beweglich*) ingambe (*soutenu*)
❷ (*geistig regsam*) alerte
Agitation [agita'tsioːn] <-, -en> *f* agitation *f*; **~ treiben** faire de l'agitation
Agitator [agi'taːtoːɐ] <-s, -toren> *m*, **Agitatorin** *f* agitateur(-trice) *m(f)*
agitatorisch [agita'toːrɪʃ] *Adj* POL d'agitation; **~e Mittel** moyens d'agitation
agitieren* *itr V geh* faire de l'agitation; **für eine Partei ~** faire de l'agitation en faveur d'un parti
Agnostiker(in) <-s, -> *m(f)* agnostique *mf*
Agnostizismus <-> *m* PHILOS agnosticisme *m*
Agonie [ago'niː] <-, -n> *f geh* agonie *f*; **in ~ liegen** *Person:* être à l'agonie; *Land:* agoniser
Agrarerzeugnis *nt* produit *m* agricole **Agrargesellschaft** *f* société *f* agricole **Agraringenieur(in)** *m(f)* ingénieur *mf* agronome **Agrarland** *nt* pays *m* agricole **Agrarmarkt** *m* marché *m* agricole **Agrarpolitik** *f* politique *f* agricole **Agrarreform** *f* réforme *f* agraire **Agrarstaat** *s.* Agrarland **Agrarsubvention** [-vɛn-] *f* subvention *f* agricole **Agrarüberschüsse** *Pl* excédents *mpl* agricoles **Agrarwirtschaft** *f kein Pl* agriculture *f pas de pl* **Agrarwissenschaft** *f* agronomie *f*
Agrochemie [agroçe'miː] *f* agrochimie *f*
Agronom(in) <-en, -en> *m(f)* agronome *mf*
Agronomie <-> *f* agronomie *f*
agronomisch *Adj* agronome
Ägypten [ɛ'gʏptən] <-s> *nt* l'Égypte *f*
Ägypter(in) <-s, -> *m(f)* Égyptien(ne) *m(f)*
ägyptisch *Adj* égyptien(ne)
Ägyptisch *nt* l'égyptien *m*
Ägyptische *nt dekl wie Adj* **das ~** l'égyptien *m*
Ägyptologie <-> *f* égyptologie *f*
ah *Interj* (*Ausruf des Erstaunens*) ah
Ah *Abk von* **Amperestunde** Ah
äh [ɛː, ɛ] *Interj* ❶ (*Pausenfüller*) euh
❷ (*pfui*) berk
aha [a'ha(ː)] *Interj* ❶ (*ach so*) ha [ha]
❷ (*sieh da*) tiens [tiens]
Aha-Erlebnis *nt* déclic *m*
ahd. *Abk von* **althochdeutsch**
Ahle ['aːlə] <-, -n> *f* alène *f*
Ahn <-[e]s *o* -en, -en> *m geh* ancêtre *m*; **unsere ~en** nos aïeux *mpl* (*soutenu*)
ahnden ['aːndən] *tr V form* sanctionner *Verstoß, Straftat;* punir *Verbrechen;* **etw mit einer Geldbuße ~** punir qc par une amende
Ahne[1] *s.* Ahn
Ahne[2] <-, -n> *f selten* ancêtre *f* (*soutenu*)
ähneln ['ɛːnəln] I. *itr V* ressembler; **jdm/einer S. ~** ressembler à qn/qc
II. *r V* **sich** (*Dat*) [*o* **einander** *geh*] **~** se ressembler; **sich im Aussehen ~** se ressembler physiquement
ahnen ['aːnən] I. *tr V* ❶ (*vermuten*) se douter de *Ereignis, Veränderung;* pressentir *Gefahr, Tod, Unheil;* **~, dass die Lage sich ändern wird/warum das passiert ist** deviner que la situation va changer/pourquoi c'est arrivé; **etwas/nichts von etw ~** se douter/ne pas se douter de qc; **ohne es zu ~** sans s'en douter; **ohne zu ~, dass** sans se douter que + *indic;* **nichts ~d** pris(e) au dépourvu; *handeln* sans se douter de rien; **das kann/konnte ich doch nicht ~!** je ne peux/pouvais pas le deviner!
❷ (*undeutlich wahrnehmen*) deviner *Lage, Umrisse*
► **[ach,] du ahnst es nicht!** *fam* tu peux pas imaginer! (*fam*)
II. *itr V geh* **ihm ahnte etwas Schreckliches** il avait un horrible pressentiment
Ahnenforschung *f* généalogie *f* **Ahnengalerie** *f* galerie *f* des ancêtres **Ahnenreihe** *f* généalogie *f* **Ahnentafel** *f* arbre *m* généalogique
Ahnfrau *f veraltet* aïeule *f* (*vieilli*) **Ahnherr** *m veraltet* aïeul *m* (*vieilli*)
Ahnin *s.* Ahne[2]
ähnlich ['ɛːnlɪç] I. *Adj* semblable; **in ~er Weise** de façon similaire; **ein dem Rokoko ~er Stil** un style ressemblant au rococo; **jdm [sehr] ~ sehen** ressembler [beaucoup] à qn; **sich** (*Dat*) [*o* **einander** *geh*] **~ sein** se ressembler; **wir sind uns da ~** sur ce point, nous sommes semblables; **etwas Ähnliches** quelque chose de semblable

II. *Adv* de la même façon; ~ **wie** de la même façon que; **sie ist ~ unverfroren wie ihr Bruder** elle est aussi effrontée que son frère

▶ **das sieht ihm/ihr [ganz] ~!** *fam* c'est bien de lui/d'elle! (*fam*)

III. *Präp + Dat* comme, de même que

Ähnlichkeit <-, -en> *f* ❶ (*ähnliches Aussehen*) ressemblance *f*; **mit jdm/etw ~ haben** ressembler à qn/qc

❷ (*Vergleichbarkeit*) *einer Tat, eines Vorfalls* similitude *f*; **mit etw ~ haben** présenter des similitudes avec qc

Ahnung <-, -en> *f* ❶ (*Vorgefühl*) pressentiment *m*; **meine ~ sagt mir, dass sie kommen wird** une intuition me dit qu'elle viendra

❷ (*Vermutung*) présomption *f*; **eine ~ [davon] haben, was geschehen ist/er gesagt hat** avoir une idée de ce qui s'est passé/qu'il a dit; **keine ~ haben, wie ...** n'avoir aucune idée comment ...; **er hatte keine ~, dass wir auf ihn warteten** il ne s'est pas douté que nous l'attendions; **ich hatte ja keine ~!** je n'étais pas du tout au courant!; **hast du eine ~, warum/woher ...?** *fam* sais-tu pourquoi/d'où ...?; **keine ~!** *fam* aucune idée! (*fam*)

❸ *fam* (*Wissen*) **~/keine ~ von EDV haben** s'y connaître/n'y rien connaître en informatique

▶ **keine blasse ~ von etw haben** *fam* (*nichts wissen*) ne pas avoir la moindre idée de qc; (*kein Fachwissen haben*) ne strictement rien connaître à qc; **hast du eine ~!** *iron fam* qu'est-ce que t'en sais! (*fam*)

ahnungslos I. *Adj* ❶ (*arglos*) inconscient(e) [du danger]; **~ sein** ne se douter de rien

❷ (*unwissend*) **~ sein** être ignorant(e)

II. *Adv* (*arglos*) sans se douter de rien

Ahnungslose(r) *f(m) dekl wie Adj* naïf(-ïve) *m(f)*; **spiel nicht die ~!** ne fais pas l'innocente!

Ahnungslosigkeit <-> *f* ❶ (*Arglosigkeit*) inconscience *f*; **in völliger ~** en toute innocence

❷ (*Unwissenheit*) ignorance *f*

ahoi [a'hɔɪ] *Interj* ohé

Ahorn ['a:hɔrn] <-s, -e> *m* érable *m*

Ahornblatt *nt* feuille *f* d'érable **Ahornsirup** *m* sirop *m* d'érable

Ähre ['ɛ:rə] <-, -n> *f* (*Samen-, Blütenstand*) épi *m*; **~n lesen** glaner des épis

Ährenfeld *nt* champ *m* d'épis

Aids [eɪts, eɪdz] <-> *nt Abk von* **Acquired Immune Deficiency Syndrome** sida *m*; **~ haben** avoir le sida

Aidsforschung ['eɪts-] *f* recherche *f* sur le sida **Aidshilfe** *f* association *f* antisida **aidsinfiziert** *Adj* séropositif(-ive) **aidskrank** *Adj* malade du sida **Aidskranke(r)** *f(m) dekl wie Adj* sidéen(ne) *m(f)* **Aidsspezialist** *m*, **-in** *f* sidologue *m* **Aidstest** *m* test *m* de dépistage du sida **Aidsvirus** [-vi-] *nt* virus *m* du sida

Aikido <-> *nt* SPORT aïkido *m*

Airbag ['ɛ:ɐbɛ:k] <-s, -s> *m* airbag *m*, coussin *m* de sécurité

Airbus ['ɛ:ɐbʊs] *m* airbus *m*

Ajatollah <-s, -s> *m* ayatollah *m*

Akademie [akade'mi:] <-, -en> *f* ≈ institut *m* universitaire de technologie; (*Kunstakademie*) école *f* des beaux-arts; **~ der Wissenschaften** académie *f* des sciences

Akademiker(in) [aka'de:mikɐ] <-s, -> *m(f)* diplômé(e) *m(f)* de l'enseignement supérieur

Akademikerschwemme *f fam* pléthore *f* de diplômés

akademisch I. *Adj* ❶ *Ausbildung, Grad, Würde* universitaire

❷ (*studentisch*) *Jugend* estudiantin(e)

❸ (*abstrakt*) *Frage, Interesse* théorique

II. *Adv* **~ gebildet sein** avoir une formation universitaire

Akazie [a'ka:tsiə] <-, -n> *f* ❶ (*Acacia*) acacia *m*

❷ (*Robinie*) [faux] acacia *m*

Akelei <-, -en> *f* BOT ancolie *f*

Akklamation [aklama'tsio:n] <-, -en> *f* acclamation *f*; **jdn per [*o* durch] ~ wählen** nommer [*o* élire] qn par acclamation

Akklimatisation [aklimatiza'tsio:n] <-, -en> *f* acclimatation *f*

akklimatisieren* *r V* **sich ~** s'acclimater

Akklimatisierung <-> *f* **~ an etw** acclimatement *m* à qc

Akkord [a'kɔrt] <-[e]s, -e> *m* ❶ MUS accord *m*

❷ (*Akkordarbeit*) travail *m* à la tâche; **im ~ arbeiten** travailler aux pièces

Akkordarbeit *f* travail *m* à la tâche **Akkordarbeiter(in)** *m(f)* ouvrier(-ière) *m(f)* aux pièces

Akkordeon [a'kɔrdeɔn] <-s, -s> *nt* accordéon *m*

Akkordlohn *m* salaire *m* à la tâche; **einen ~ bekommen [*o* erhalten]** être payé(e) à la pièce [*o* aux pièces]

akkreditieren* *tr V* POL accréditer

Akkreditierung <-, -en> *f* POL accréditation *f*

Akku ['aku:] <-s, -s> *m fam Abk von* **Akkumulator** accu *m* (*fam*)

Akkumulation [akumula'tsio:n] <-, -en> *f a.* GEOL, MED accumulation *f*

Akkumulator [akumu'la:to:ɐ] <-s, -toren> *m* accumulateur *m*

akkurat [aku'ra:t] I. *Adj Person, Vorgehen, Arbeitsweise* minutieux(-euse)

II. *Adv* ❶ (*exakt*) minutieusement

❷ DIAL (*genau, gerade*) exactement; **~ dieser Umstand hat dazu geführt, dass** justement cette circonstance a fait que

Akkusativ ['akuzati:f] <-s, -e> *m* accusatif *m*

Akkusativobjekt *nt* complément *m* à l'accusatif

Akne ['a:knə] <-, -n> *f* acné *f*

Akontozahlung [a'kɔnto-] *f* acompte *m*

akquirieren *tr V* prospecter

Akquisition <-, -en> *f von Kunden, Aufträgen* prospection *f*

Akribie [akri'bi:] <-> *f geh* méticulosité *f* (*littér*)

akribisch [a'kri:bɪʃ] I. *Adj geh* méticuleux(-euse)

II. *Adv geh* méticuleusement

Akrobat(in) [akro'ba:t] <-en, -en> *m(f)* acrobate *mf*

Akrobatik <-> *f* acrobatie *f*

akrobatisch *Adj* acrobatique

Akronym [akro'ny:m] <-s, -e> *nt* LING acronyme *m*

Akt¹ [akt] <-[e]s, -e> *m* ❶ KUNST nu *m*

❷ THEAT acte *m*

❸ (*Handlung*) acte *m*; **ein ~ der Verzweiflung** un acte désespéré

❹ (*Zeremonie*) cérémonie *f*

❺ *form* (*Geschlechtsakt*) acte *m* sexuel (*form*)

❻ (*Zirkusnummer*) numéro *m*

▶ **das ist doch kein ~!** *fam* c'est pas la mer à boire! (*fam*)

Akt² <-[e]s, -en> *m* SDEUTSCH, A *s.* **Akte**

Aktaufnahme *f* nu *m* photographique **Aktbild** *nt* KUNST nu *m*

Akte ['aktə] <-, -n> *f a.* JUR dossier *m*; **in die ~n kommen** être porté(e) au dossier; **erstinstanzliche/öffentlich-rechtliche ~** JUR dossier de première instance/droit public

▶ **etw zu den ~n legen** (*ablegen*) classer qc; (*als erledigt betrachten*) classer qc [définitivement]

Aktenanforderung *f* réclamation *f* d'un/du dossier **Aktenberg** *m fam* montagne *f* de dossiers **Akteneinsicht** *f form* accès *m* au dossier; **~ verlangen** demander à avoir accès au dossier **Aktenkoffer** *m* mallette *f* **aktenkundig** *Adj* **~ sein** *Vorfall:* être consigné(e) **Aktenmappe** *f* ❶ (*Hefter*) chemise *f*

❷ (*Aktentasche*) porte-documents *m* **Aktennotiz** *f* note *f* jointe au dossier **Aktenordner** *m* classeur *m* **Aktenschrank** *m* classeur *m* **Aktentasche** *f* serviette *f* **Aktenvermerk** *m* JUR mention *f* au dossier **Aktenzeichen** *nt* numéro *m* de dossier

Akteur(in) <-s, -e> *m(f)* ❶ *geh* (*Handelnder*) acteur *m*/actrice *f*

❷ THEAT, CINE acteur *m*/actrice *f*

❸ SPORT joueur(-euse) *m(f)*

Aktfoto *nt* photo *f* de nu **Aktfotografie** *f kein Pl* photographie *f* de nus

Aktie ['aktsiə] <-, -n> *f* action *f*
▸ **die ~n stehen gut/schlecht** les actions sont en hausse/baisse; *fig* les perspectives sont bonnes/mauvaises; **jds ~n fallen/steigen** les actions de qn baissent/montent; **wie stehen die ~n?** *hum fam* comment ça marche? (*fam*)

Aktiengesellschaft *f* société *f* anonyme [*o* par actions] **Aktienindex** *m* indice *m* boursier **Aktienkurs** *m* cours *m* **Aktienmarkt** *m* marché *m* boursier **Aktienmehrheit** *f* majorité *f* des actions

Aktion [ak'tsio:n] <-, -en> *f* ❶ *a.* MIL action *f*; **in ~ sein** être en action; **in ~ treten** *Person:* passer à l'action; *Plan, Vorschrift:* entrer en vigueur
❷ (*Verkaufsmaßnahme*) promotion *f*

Aktionär(in) <-s, -e> *m(f)* actionnaire *mf*

Aktionärsversammlung *f* assemblée *f* des actionnaires

Aktionismus <-> *m pej* activisme *m*

aktionsfähig *Adj* opérationnel(le) **Aktionskomitee** *nt* comité *m* d'action **Aktionspreis** *m* prix *m* promotionnel **Aktionsradius** *m* ❶ *eines Schiffs, Flugzeugs* rayon *m* d'action ❷ (*Wirkungsbereich*) champ *m* d'action **Aktionstag** *m* journée *f* d'action[s] **Aktionswoche** *f* semaine *f* d'action[s]

aktiv [ak'ti:f] I. *Adj* ❶ (*rührig*) actif(-ive)
❷ (*praktizierend*) *Mitglied, Sportler* actif(-ive); **in etw** (*Dat*) **~ sein** être actif(-ive) dans qc
❸ MIL *Soldat* d'active; *Laufbahn* actif(-ive)
❹ (*berufstätig*) en activité
❺ (*tätig*) *Vulkan* en activité; **~ werden** *Person:* faire quelque chose; **in einer Sache/Angelegenheit ~ werden** s'occuper d'une affaire
II. *Adv unterstützen, sich beteiligen* activement

Aktiv ['akti:f] <-s, *selten* -e> *nt* GRAM forme *f* active; **im ~** à la forme active

Aktiva [ak'ti:va] *Pl* actif *m;* **~ und Passiva** l'actif et le passif

Aktivboxen *Pl* INFORM enceintes *fpl* amplifiées

Aktive(r) [-və, -vɐ] *f(m) dekl wie Adj* SPORT sportif *m* pratiquant/sportive *f* pratiquante

aktivieren* [-'vi:-] *tr V* ❶ (*mobilisieren*) stimuler
❷ (*aktiver gestalten*) intensifier *Anstrengungen, Wahlkampf*
❸ MED activer
❹ (*auslösen*) activer, déclencher *Mechanismus*

Aktivierung <-, -en> *f a.* CHEM activation *f*

Aktivist(in) [-'vɪ-] <-en, -en> *m(f)* homme *m*/femme *f* d'action; (*politisch aktiver Mensch*) militant(e) *m(f)*

Aktivität [-vi-] <-, -en> *f* activité *f;* **eine erstaunliche ~ entfalten** déployer une activité étonnante

Aktivkohle *f kein Pl* CHEM charbon *m* actif **Aktivposten** *m* ❶ COM poste *m* de l'actif ❷ *fig* atout *m* **Aktivurlaub** *m* vacances *fpl* actives

Aktmalerei *f* académie *f*, peinture *f* de nus **Aktmodell** *nt* modèle *m* nu

aktualisieren* *tr V* ❶ [ré]actualiser
❷ INFORM mettre à jour

Aktualisierung <-, -en> *f* actualisation *f; eines Textes, von Daten* mise *f* à jour

Aktualität [aktuali'tɛ:t] <-, -en> *f* actualité *f*

Aktuar(in) [aktu'a:ɐ] <-s, -e> *m(f)* CH secrétaire *mf*

aktuell [aktu'ɛl] *Adj* actuel(le); *Buch, Film, Zeitschrift* d'actualité; **von ~em Interesse** d'actualité; **die ~sten Nachrichten** les dernières nouvelles *fpl;* **die ~ste Mode** la [toute] dernière mode; **~ sein/werden** *Thema, Frage:* être/devenir d'actualité; *Formen, Farben:* être/devenir à la mode

Aktzeichnung *f* académie *f*, dessin *m* de nus

Akupressur [akuprɛ'su:ɐ] <-, -en> *f* massage *m* par pression

Akupunkteur(in) [akupʊŋk'tø:ɐ, *Pl:* akupʊŋk'tø:rə] <-s, -e> *m(f)* acupuncteur(-trice) *m(f)*

akupunktieren* I. *tr V* faire de l'acupuncture à; **akupunktiert werden** se faire soigner par acupuncture
II. *itr V* faire de l'acupuncture

Akupunktur [akupʊŋk'tu:ɐ] <-, -en> *f* acupuncture *f*

Akustik [a'kʊstɪk] <-> *f* acoustique *f*

akustisch I. *Adj* acoustique; *Problem, Frage* d'acoustique
II. *Adv hervorragend, schlecht* du point de vue de l'acoustique; *wahrnehmen* par l'ouïe; **jdn/etw ~ nicht verstehen** mal entendre qn/qc

akut [a'ku:t] *Adj* ❶ MED aigu(ë); **~ sein** être en phase aiguë
❷ (*dringend*) *Frage, Problem* urgent(e); *Mangel* aigu(ë)

Akut <-[e]s, -e> *m* LING accent *m* aigu

AKW [a:ka:'ve:] <-s, -s> *nt Abk von* **Atomkraftwerk** centrale *f* nucléaire

Akzent [ak'tsɛnt] <-[e]s, -e> *m* ❶ accent *m;* **einen französischen ~ haben** avoir un accent français; **mit ~ sprechen** parler avec un accent
❷ (*Schwerpunkt*) accent *m;* **den ~ auf etw** (*Akk*) **legen** mettre l'accent sur qc; **~e setzen** *Jahr, Produkt:* marquer un tournant; (*Richtung weisen*) donner une nouvelle orientation

akzentfrei *Adj, Adv* sans accent

akzentuieren* *tr V* ❶ accentuer *Silbe, Wort;* **akzentuiert sprechen** parler en articulant bien
❷ *geh* (*hervorheben*) insister sur *Problem, Punkt;* souligner *Unterschied*
❸ (*herausstreichen*) **etw ~** *Mode, Designer:* souligner qc

akzeptabel [aktsɛp'ta:bəl] *Adj Angebot, Bedingungen* acceptable; *Gehalt, Umstände, Wohnung* convenable

Akzeptanz [aktsɛp'tants] <-> *f* **~ einer S.** (*Gen*) admission *f* de qc; **die hohe/geringe ~ dieses Produkts** la bonne/mauvaise acceptation de ce produit

akzeptieren* *tr, itr V a.* FIN accepter

à la [ala] *Adv* ❶ GASTR à la; **Ente ~ Chef de cuisine** canard du chef
❷ (*im Stil von*) **~ Bukowski schreiben** écrire à la Bukowski

Alabaster [ala'bastɐ] <-s, -> *m* albâtre *m*

Alarm [a'larm] <-[e]s, -e> *m* ❶ (*Warnsignal*) alarme *f*
❷ MIL (*Alarmzustand*) alerte *f;* **bei ~** en cas d'alerte; **~!** alerte!
▸ **~ schlagen** donner l'alarme; (*warnen*) tirer la sonnette d'alarme

Alarmanlage *f* système *m* d'alarme **alarmbereit** *Adj* en [état d']alerte; *Rakete, Flugzeug* prêt(e) à décoller **Alarmbereitschaft** *f* état *m* d'alerte; **in ~ sein** [*o* **stehen**] être en [état d']alerte; **jdn/etw in ~ versetzen** mettre qn/qc en alerte **Alarmglocke** *f* sonnette *f* d'alarme ▸ **bei jdm geht** [*o* **läutet**] **die ~** *fam* qn s'alarme

alarmieren* *tr V* ❶ alerter *Feuerwehr, Polizei*
❷ (*beunruhigen*) **jdn ~** *Gerücht, Nachricht:* alarmer qn

alarmierend *Adj Nachricht, Zustand* alarmant(e)

Alarmsignal *nt* signal *m* d'alarme **Alarmstufe** *f* seuil *m* d'alerte; **~ rot bedeutet höchste ~** l'alerte rouge indique un seuil d'alerte critique **Alarmübung** *f* exercice *m* d'alerte **Alarmvorrichtung** *f* système *m* d'alarme **Alarmzustand** *m* état *m* d'alerte; **jdn in [den] ~ versetzen** mettre qn en état d'alerte; **im ~ sein** être en état d'alerte

Alaska [a'laska] <-s> *nt* l'Alaska *m*

Alaun [a'laʊn] <-s, -e> *m* CHEM alun *m*

Alb[1] [alp] <-> *f* **die Schwäbische ~** le Jura souabe

Alb[RR2] *s.* **Alp**

Albaner(in) [al'ba:nɐ] <-s, -> *m(f)* Albanais(e) *m(f)*

Albanien [al'ba:niən] <-s> *nt* l'Albanie *f*

albanisch I. *Adj* albanais(e)
II. *Adv* **~ miteinander sprechen** discuter en albanais; *s. a.* **deutsch**

Albanisch <-[s]> *nt kein Art* albanais *m;* **auf ~** en albanais; *s. a.* **Deutsch**

Albanische *nt dekl wie Adj* **das ~** l'albanais *m; s. a.* **Deutsche**

Albatros ['albatrɔs] <-, -se> *m* albatros *m*

Albdruck[RR] *s.* **Alpdruck**

Alben *Pl von* **Album**

Alberei [albəˈraɪ] <-, -en> *f* clownerie *f*

albern¹ [ˈalbɐn] **I.** *Adj* ❶ (*kindisch*) un peu niais(e); ~ **werden** commencer à faire l'andouille (*fam*)
❷ (*unbedeutend*) *Vorfall, Vorschlag* ridicule; **es ist mir zu ~ dieses Formular auszufüllen** je trouve ça trop bête de devoir remplir ce formulaire
II. *Adv sich benehmen* de façon puérile

albern² *itr V* bêtifier

Albernheit <-, -en> *f* ❶ *kein Pl* (*alberne Art*) *einer Person* niaiserie *f*
❷ (*Handlung*) enfantillage *m;* (*Äußerung*) bêtise *f*

Albinismus [albiˈnɪsmʊs] <-> *m* MED albinisme *m*

Albino [alˈbiːno] <-s, -s> *m* albinos *mf*

Albtraum^RR *s.* **Alptraum**

Album [ˈalbʊm, *Pl:* ˈalbən] <-s, Alben> *nt* album *m*

Alchemie [alçeˈmiː] <-> *f* alchimie *f*

Alchemist <-en, -en> *m* alchimiste *m*

Alchimie [alçiˈmiː] *s.* **Alchemie**

Alchimist [alçiˈmɪst] *s.* **Alchemist**

Aldehyd [aldeˈhyːt] <-s, -e> *m* CHEM aldéhyde *m*

al dente [alˈdɛnte] *Adj unv Spagetti* al dente

Alemanne [aləˈmanə] <-n, -n> *m,* **Alemannin** *f* Alaman(e) *m(f),* Aléman(e) *m(f)*

alemannisch [aləˈmanɪʃ] *Adj* alémanique

Alge [ˈalgə] <-, -n> *f* algue *f*

Algebra [ˈalgebra] <-> *f* algèbre *f*

algebraisch *Adj Formel* algébrique; *Regel* d'algèbre

Algenpest *f* prolifération *f* d'algues

Algerien [alˈgeːriən] <-s> *nt* l'Algérie *f*

Algerier(in) <-s, -> *m(f)* Algérien(ne) *m(f)*

algerisch *Adj* algérien(ne)

Algier [ˈalʒiːɐ] <-s> *nt* Alger *m*

ALGOL <-[s]> *nt* INFORM *Abk von* **algorithmic language** algol *m*

Algorithmus [algoˈrɪtmʊs] <-, -men> *m* algorithme *m*

alias [ˈaːlias] *Adv* alias

Alibi [ˈaːlibi] <-s, -s> *nt* alibi *m*

Alibicharakter *m* caractère *m* d'alibi **Alibifrau** *f* femme *f* alibi **Alibifunktion** *f* fonction *f* d'alibi; [**nur**] ~ **haben** servir [seulement] d'alibi

Alien [ˈeɪliən] <-, -s> *m o nt* extraterrestre *m*

Alimente [aliˈmɛntə] *Pl* pension *f* alimentaire

Alk <-[e]s *o* -en, -e[n]> *m* ZOOL pingouin *m*

Alkali [alˈkaːli] <-s, -en> *nt* CHEM alcali *m*

alkalisch [alˈkaːlɪʃ] *Adj* CHEM alcalin(e)

Alkaloid [alkaloˈiːt] <-[e]s, -e> *nt* CHEM alcaloïde *m*

Alkohol [ˈalkohoːl] <-s, -e> *m* alcool *m;* **unter ~ stehen** être en état d'ivresse

alkoholabhängig *Adj* alcoolique **alkoholarm** *Adj* faiblement alcoolisé(e) **Alkoholeinfluss**^RR *m form* effet *m* de l'alcool; **unter ~** sous l'effet de l'alcool; **unter ~ stehen** être en état d'ébriété (*form*) **Alkoholeinwirkung** *s.* **Alkoholeinfluss** **Alkoholfahne** *f fam* haleine *f* qui sent l'alcool; **eine ~ haben** puer l'alcool (*fam*) **alkoholfrei** *Adj* sans alcool **Alkoholgegner(in)** *m(f)* adversaire *mf* de l'alcool, personne *f* antialcoolique; ~ **sein** être antialcoolique **Alkoholgehalt** *m eines Getränks* teneur *f* en alcool; *des Bluts* alcoolémie *f* **Alkoholgenuss**^RR *m form* consommation *f* d'alcool; **übermäßiger ~** excès *m* d'alcool

alkoholhaltig *Adj* alcoolisé(e)

Alkoholika [alkoˈhoːlika] *Pl* alcools *mpl*

Alkoholiker(in) [alkoˈhoːlikɐ] <-s, -> *m(f)* alcoolique *mf;* **die Anonymen ~** les alcooliques anonymes

alkoholisch *Adj* ❶ *Getränk* alcoolisé(e)
❷ CHEM, PHARM à base d'alcool

alkoholisiert **I.** *Adj Person* ivre; **in ~em Zustand** en état d'ébriété
II. *Adv* en état d'ébriété

Alkoholismus <-> *m* alcoolisme *m*

Alkoholkonsum *m* consommation *f* d'alcool **alkoholkrank** *Adj* alcoolique **Alkoholmissbrauch**^RR *m* abus *m* d'alcool **Alkoholpegel** *m hum,* **Alkoholspiegel** *m* taux *m* d'alcool dans le sang, alcoolémie *f* **Alkoholsteuer** *f* impôt *m* sur les alcools **alkoholsüchtig** *Adj* alcoolique **Alkoholsünder(in)** *m(f) fam* conducteur(-trice) *m(f)* en état d'ivresse **Alkoholtest** *m* alcootest *m* **Alkoholverbot** *nt* interdiction *f* de consommer de l'alcool **Alkoholvergiftung** *f* intoxication *f* par l'alcool

all [al] *Pron indef* ~ **die Arbeit/der Ärger** tout le travail/l'ennui; ~ **das Gerede/die Leute** tous ces racontars/gens; ~ **mein Geld/Vertrauen** tout mon argent/toute ma confiance; ~ **seine Liebe/Vorsicht** tout son amour/sa prudence; ~ **dies/das** tout ça

All <-s> *nt* cosmos *m*

allabendlich [alˈaːbəntlɪç] **I.** *Adj* du soir
II. *Adv* tous les soirs

Allah [ˈala] <-s> *m* REL Allah *m;* **zu ~ beten** prier Allah

allbekannt *Adj Phänomen* notoire

alldem *Pron s.* **alledem**

alle [ˈalə] *Adj fam* ❶ (*verzehrt*) liquidé (*fam*); **das Brot/die Milch ist ~** le pain/le lait est liquidé
❷ (*verbraucht*) **die Seife ist ~** il n'y a plus de savon (*fam*); **mein Geld ist ~** j'ai plus un rond (*fam*)
▸ **jdn ~ machen** *sl* bousiller qn (*pop*)

alle(r, s) *Pron indef* ❶ *attr* (*der/die/das gesamte ...*) **~r Fleiß/~ Mühe war umsonst** toute l'application/tout l'effort était peine perdue; **ich wünsche dir ~s Gute** je te souhaite bien des choses; **er hat ihr ~s gesagt** il lui a dit tout; **jdm in ~m zustimmen** être d'accord avec qn en tout point; **das ~s** tout ça; **~s, was du willst** tout ce que tu veux; **trotz ~m** malgré tout; **jdn über ~s lieben** aimer qn par-dessus tout; [**das**] **Geld geht ihr über ~s** elle place l'argent au-dessus de tout; **vor ~m** avant tout; **das ist/wäre ~s!** c'est/ça sera tout!
❷ (*die gesamten ...*) ~ **Kollegen/Kolleginnen** tous/toutes les collègues; ~ **Hunde/Blumen** tous les chiens/toutes les fleurs; ~ **meine/deine Bücher** tous mes/tes livres; ~ **seine/ihre Schlüssel** toutes ses clés; ~ **beide** tous/toutes les deux; ~ **über 18** tous les plus de 18 ans; **diese Städte habe ich ~ gesehen** j'ai vu toutes ces villes; ~ **die[jenigen], die interessiert sind** tous ceux/toutes celles qui s'y intéressent; ~ **auf einmal** tous/toutes à la fois
❸ (*alle Leute*) **bitte ~s aussteigen!** tout le monde descend!
❹ *fam* (*im Einzelnen und insgesamt*) **wer war ~s da?** qui donc était là?; **was hast du ~s gegessen?** qu'est-ce que tu as mangé, en fait?; **was hast du denn so ~s gemacht?** qu'est-ce que tu as fait?; **was sie ~s weiß!** incroyable tout ce qu'elle sait!
❺ (*regelmäßig jeder/jede ...*) ~ **zwei Stunden/zehn Kilometer** toutes les deux heures/tous les dix kilomètres
❻ (*jeder/jede erdenkliche ...*) **er hat ~n Grund dankbar zu sein** il a de bonnes raisons pour être reconnaissant
▸ **hast du sie noch ~?** *fam* tu es sonné(e)? (*fam*); **der hat sie** [**wohl**] **nicht mehr ~!** *fam* il déménage! (*fam*); **~s in ~m** (*zusammengerechnet*) en tout; (*insgesamt betrachtet*) tout compte fait; **~s und jedes** absolument tout; **an ~m und jedem etwas auszusetzen haben** avoir toujours quelque chose à redire [*o* à critiquer]

alledem *Pron* **trotz/von ~** malgré/de tout cela; **zu ~** en plus de tout cela

Allee [aˈleː, *Pl:* aˈleːən] <-, -n> *f* allée *f*

Allegorie [alegoˈriː] <-, -n> *f* allégorie *f*

allegorisch *Adj* LITER allégorique

Allegro [aˈleːgro] <-s, -s *o* Allegri> *nt* MUS allegro *m*

allein [aˈlaɪn] **I.** *Adj* ❶ seul(e); ~ **sein/leben** être/vivre seul(e); **jdn ~ lassen** laisser qn seul(e); **sich ~ fühlen** se sentir seul(e); **etw ~ entscheiden** décider qc en son nom propre; ~ **ste-**

hend qui vit seul(e); (*ledig*) célibataire; ~ **stehend sein** vivre seul(e); ~ **erziehend sein** être parent unique; ~ **erziehende Mutter** mère *f* qui élève seule son enfant; (*Single*) mère célibataire
❷ (*isoliert, ohne Hilfe*) [tout(e)] seul(e)
II. *Adv* ❶ (*bereits*) rien que
❷ (*ausschließlich*) uniquement; ~ **selig machend** *Lehre, Doktrin* hors duquel/de laquelle il n'est point de salut; ~ **selig machend sein** *iron* (*ausschließlich richtig*) être parole d'évangile (*iron*); **das ist ganz ~ deine Sache** c'est exclusivement ton affaire
❸ (*selbständig, selbsttätig*) **etw von ~ tun** faire qc tout(e) seul(e); (*aus eigenem Antrieb*) faire qc de soi-même; **hör mal, ich weiß von ~, was zu tun ist** écoute, je n'ai pas besoin de toi pour savoir ce qu'il faut faire; **das läuft von ~** ça roule tout seul

Alleinberechtigung *f kein Pl* JUR droit *m* exclusif

alleine [a'laɪnə] *s.* allein

Alleinerbe *m*, **-erbin** *f* unique héritier(-ière) *m(f)*

alleinerziehend *s.* allein I.1.

Alleinerziehende(r) *f(m) dekl wie Adj* parent *m* unique **Alleingang** <-gänge> *m* initiative *f* individuelle; SPORT action *f* isolée; **etw im ~ tun** faire qc en solitaire; **zu Alleingängen neigen** faire volontiers cavalier seul **Alleinherrschaft** *f einer Person* autocratie *f*; *einer Partei* hégémonie *f* **Alleinherrscher(in)** *m(f)* souverain(e) *m(f)* absolu(e)

alleinige(r, s) *Adj* unique; **der ~ Erbe/Nachkomme** l'unique héritier/descendance; **die ~ Vertretung einer S.** (*Gen*) **haben** être le représentant exclusif/la représentante exclusive de qc

Alleinsein *nt* solitude *f*

alleinseligmachend *s.* allein II.2.

alleinstehend *s.* allein I.1.

Alleinstehende(r) *f(m) dekl wie Adj* personne *f* [qui vit] seule; (*ledige Person*) célibataire *mf* **Alleinunterhalter(in)** *m(f) a. fig* artiste *mf* **Alleinverdiener(in)** *m(f)* soutien *m* [de famille] **Alleinvertretung** *f* représentation *f* exclusive; **die ~ einer S.** (*Gen*) **haben** être le représentant exclusif/la représentante exclusive de qc **Alleinvertrieb** *m* ❶ (*Vertriebsrecht*) exclusivité *f*; **etw im ~ haben** avoir qc en exclusivité ❷ (*Firma*) distributeur *m* exclusif

allemal ['alə'ma:l] *Adv fam* ❶ (*ohne Schwierigkeit*) à tous les coups (*fam*); **~!** sans problème! (*fam*)
❷ (*in jedem Falle*) de toute façon

allenfalls ['alən'fals] *Adv* ❶ (*höchstens*) tout au plus
❷ (*bestenfalls*) au mieux

allenthalben *Adv veraltet geh* de toute[s] part[s]; ~ **bekannt sein** être connu(e) un peu partout; **es wird ~ wärmer** la température va monter un peu partout

allerbeste(r, s) I. *Adj* meilleur(e); **der/die/das ~ ...** le meilleur/la meilleure ...; **Oma ist die Allerbeste!** mamie est la meilleure de toutes!; **ich wünsche dir das Allerbeste!** je t'adresse tous mes meilleurs vœux! II. *Adv* **am ~n** le mieux [du monde]; **es ist am ~n, wenn wir gehen** le mieux serait que nous partions **allerdings** ['alɐ'dɪŋs] *Adv* ❶ (*jedoch*) toutefois ❷ (*in der Tat*) en effet ❸ (*gewiss*) **~!** et comment! **allererste(r, s)** *Adj* ❶ tout(e) premier(-ière); **etw als Allererster/Allererste erfahren** être le tout premier/la toute première à apprendre qc; **als Allererstes die Fenster schließen** fermer les fenêtres avant toute chose [*o* en tout premier]; **das Allererste, was wir tun müssen** la première chose à faire ❷ (*ausgezeichnet*) ~ **Qualität** qualité *f* première **allerfrühestens** *Adv* au plus tôt

allergen [alɛr'ge:n] MED I. *Adj* allergène
II. *Adv* ~ **wirken** provoquer des allergies

Allergen <-s, -e> *nt* MED allergène *m*

Allergie [alɛr'gi:] <-, -n> *f* allergie *f*; **eine ~ gegen etw haben** avoir une allergie à qc

Allergietest *m* test *m* d'allergie

Allergiker(in) [a'lɛrgikɐ] <-s, -> *m(f)* personne *f* allergique; **~/~in sein** être allergique

allergisch I. *Adj* MED allergique; **gegen ein Tier/etw ~ sein** être allergique à un animal/à qc
▶ **gegen jdn/etw ~ sein** être allergique à qn/qc
II. *Adv* MED ~ **bedingt** d'origine allergique; **auf ein Tier/etw ~ reagieren** faire une allergie à un animal/qc
▶ **er/sie reagiert ~ auf jdn/etw** *fam* qn/qc lui donne des boutons

Allergologe [alɛrgo'lo:gə] <-n, -n> *m*, **Allergologin** *f* MED allergologiste *mf*, allergologue *mf*

Allergologie [alɛrgolo'gi:] <-> *f* MED allergologie *f*

allergrößte(r, s) *Adj* plus grand(e); **der/die/das ~ ...** le plus grand/la plus grande ...; **am ~n sein** être le plus grand/la plus grande

allerhand *Adj unv fam* ❶ (*allerlei*) ~ **Süßigkeiten** un tas de sucreries (*fam*); ~ **Auswahl** un sacré choix (*fam*)
❷ (*ziemlich viel*) *erzählen, verdrücken* pas mal de choses (*fam*); *gewinnen, transportieren* un paquet (*fam*); ~ **vertragen** [**können**] (*widerstandsfähig sein*) [pouvoir] supporter pas mal de choses; (*trinkfest sein*) [pouvoir] vraiment supporter un maximum d'alcool
▶ **das ist** [**ja**] **~!** (*das ist unverschämt*) c'est un peu fort! (*fam*); (*das ist erstaunlich*) eh ben dis donc! (*fam*)

Allerheiligen <-> *nt* Toussaint *f*; **an ~** à la Toussaint

Allerheiligste(s) *nt dekl wie Adj* ❶ *a. fig* (*Raum mit Gottesbildnis*) sanctuaire *m* ❷ (*Teil des Tempels von Jerusalem*) Saint *m* des Saints ❸ (*geweihte Hostie*) saint sacrement *m* **allerhöchste(r, s)** I. *Adj* ❶ **das ~ Gebäude** l'immeuble le plus haut [de tous]; **der ~ Turm** la tour la plus haute [de toutes]; **am ~n sein** être le plus haut/la plus haute ❷ (*allergrößte*) **der ~ Betrag** le montant le plus élevé; **die ~ Geschwindigkeit** la vitesse la plus élevée; **es ist ~ Zeit!** il est plus que grand temps! ❸ (*oberste, entscheidende*) **die ~** [**gerichtliche**] **Instanz** l'instance [juridique] suprême; **in den ~n Kreisen verkehren** fréquenter en très haut lieu **II.** *Adv* **am ~n** au plus haut **allerhöchstens** *Adv* ❶ (*allenfalls*) tout au plus ❷ (*spätestens*) **in ~ einer Stunde** dans une heure au plus tard **allerkleinste(r, s)** *Adj* plus petit(e); **der/die/das ~ ...** le plus petit/la plus petite ...; **der/die/das Allerkleinste** [*o* **am ~n**] **sein** être le plus petit/la plus petite

allerlei ['alɐ'laɪ] *Adj unv* toutes sortes de; ~ **Spielzeug** toutes sortes de jouets; ~ **erzählen/erleben** raconter/vivre toutes sortes de choses

Allerlei <-s, *selten* -s> *nt* méli-mélo *m*

allerletzte(r, s) *Adj* ❶ (*letzte, neueste*) tout(e) dernier(-ière); **der/die/das ~ ...** le tout dernier/la toute dernière ...; **das Allerletzte, was er mir sagte** la toute dernière chose qu'il m'ait dite ❷ *fam* (*äußerst schlecht, geschmacklos*) **das/er ist das Allerletzte!** c'est/il est pire que tout! **allerliebst** I. *Adj* ravissant(e) II. *Adv* d'une manière charmante; ~ **aussehen** avoir l'air charmant **allerliebste(r, s)** I. *Adj* ❶ (*Lieblings-*) favori(te), préféré(e); **der ~ von ihren Schülern** son élève préféré; **das wäre mir das Allerliebste** [*o* **am ~n**] c'est ce que je préférerais ❷ (*Anrede im Brief*) **mein ~r Martin/meine ~ Brigitte!** mon très cher Martin/ma très chère Brigitte, II. *Adv* **etw am ~n tun** préférer [de loin] faire qc **Allerliebste(r)** *f(m) dekl wie Adj* bien-aimé(e) *m(f)* **allermeiste(r, s)** I. *Adj* **die ~ Zeit/das ~ Geld** la plupart du temps/le plus d'argent; **die ~n** [**Menschen**] la très grande majorité [des gens]; **in den ~n Fällen** dans la plupart des cas; **das ~** la plus grande partie II. *Adv* **am ~n** plus que tout; **am ~n freut mich/tut mir leid, dass** ce qui me fait le plus plaisir/le plus de peine, c'est que + *indic* **allernächste(r, s)** I. *Adj* ❶ (*unmittelbar bevorstehend*) *Zeit, Zukunft* tout(e) prochain(e); **etw als Allernächstes tun** faire à présent qc ❷ (*räumlich nah*) le/la plus proche ❸ (*sehr eng, vertraut*) **die ~n Verwandten/**

Freunde les parents/amis les plus proches ❹ *fam* (*kürzeste*) der ~ Weg le chemin le plus court II. *Adv* ❶ (*räumlich nah*) dem Wald am ~n liegen être le/la plus proche de la forêt ❷ (*sehr eng, vertraut*) ihre Tante steht ihr am ~n sa tante lui est la plus proche **allerneu[e]ste(r, s)** *Adj* die ~ Ausgabe la toute dernière édition; die ~n Nachrichten les toutes dernières nouvelles; auf dem ~n Stand sein être absolument à jour; dieses Haus ist am ~n [*o* das ~] c'est cette maison la plus récente; weißt du schon das Allerneueste? tu connais la dernière? (*fam*) **allerschönste(r, s)** I. *Adj* der/die/das ~ ... le plus beau/la plus belle ...; der Allerschönste [*o* am ~n] sein être le plus beau II. *Adv* am ~n singen chanter le mieux

Allerseelen <-> *nt* jour *m* des Morts; an ~ le jour des Morts

allerseits ['alɐ'zaɪts] *Adv* guten Morgen ~! bonjour tout le monde!

allerspätestens *Adv* au plus tard

Allerweltsgesicht *nt pej fam* visage *m* commun **Allerweltsname** *m pej fam* nom *m* commun

allerwenigste(r, s) I. *Adj* ❶ (*kleinster Teil*) die ~ Zeit/das ~ Geld le minimum de temps/d'argent; die ~n [Menschen] une petite minorité [de personnes]; in den ~n Fällen dans un nombre infime des cas ❷ (*vergleichend*) das ~ Geld von allen verdienen gagner le moins d'argent de tous ❸ (*Mindeste*) das ~ la moindre des choses; das ist das ~, was man erwarten kann! c'est le moins qu'on puisse attendre! II. *Adv* etw am ~n erwarten s'attendre le moins du monde à qc; jdm am ~n gefallen plaire le moins du monde à qn; das am ~n! tout mais pas ça! **allerwenigstens** ['alɐ'veːnɪçstəns] *Adv* tout au moins **Allerwerteste(r)** *m dekl wie Adj hum* [précieux] postérieur *m* (*hum*)

alles *s.* alle(r, s)

allesamt *Adv fam* tous/toutes; ihr könnt ~ gehen vous pouvez tous/toutes partir

Allesfresser <-s, -> *m* omnivore *m* **Alleskleber** *m* colle *f* universelle **Alleswisser(in)** <-s, -> *m(f)* esprit *m* omniscient; ein ~ quelqu'un qui sait tout; dieser ~ Oliver ist unerträglich Oliver, ce Monsieur Je-sais-tout, est vraiment insupportable

allfällig ['alfɛlɪç, al'fɛlɪç] *Adj* CH éventuel(le)

allg. *Abk von* allgemein génér.

allgegenwärtig *Adj geh* omniprésent(e); Gott, der Allgegenwärtige Dieu qui est omniprésent

allgemein ['algə'maɪn] I. *Adj* ❶ (*nicht speziell, nicht detailliert*) général(e); im Allgemeinen (*normalerweise*) en général; (*insgesamt*) dans l'ensemble
❷ (*für alle gültig*) *Wahlrecht* universel(le); *Wehrpflicht* obligatoire
❸ (*öffentlich, allen gemeinsam*) général(e)
II. *Adv* ❶ (*nicht speziell, nicht detailliert*) *formulieren* de façon générale; ~ bildend *Schule* d'enseignement général; *Unterricht* général(e)
❷ (*überall, ausnahmslos*) *üblich, gültig* généralement; *verbreitet* communément; ~ gültige Aussage déclaration *f* universelle; es ist ~ bekannt, dass tout le monde sait que + *indic*
❸ (*öffentlich, für alle*) ~ zugänglich *Gebäude, Einrichtung* ouvert(e) au public; *Informationen, Daten* accessible au public; ~ verständlich intelligible à tous; *darstellen, erklären, sich ausdrücken* de manière intelligible; sich ~ verständlich machen se faire comprendre de tous

Allgemeinbefinden *nt* état *m* général

allgemeinbildend *s.* allgemein II.1.

Allgemeinbildung *f kein Pl* culture *f* générale

allgemeingültig *s.* allgemein II.2.

Allgemeingültigkeit *f* universalité *f* **Allgemeingut** *nt* ~ sein, zum ~ gehören *Wissen, Ideen:* être une chose connue de tous; *Redensart, Sprichwort:* faire partie du patrimoine culturel

Allgemeinheit <-, -en> *f* ❶ *kein Pl* (*Öffentlichkeit*) collectivité *f*; der ~ (*Dat*) zugänglich sein *Gebäude, Einrichtung:* être ouvert(e) au public; *Informationen, Daten:* être accessible au public
❷ *kein Pl* (*Unbestimmtheit*) *einer Äußerung* généralité *f*; in dieser ~ kann man das nicht sagen on ne peut pas généraliser comme cela
❸ *meist Pl* (*Allgemeinplatz*) généralité *f*

Allgemeinmedizin *f* médecine *f* générale; Arzt/Ärztin für ~ médecin *m* généraliste **Allgemeinmediziner(in)** *m(f)* MED [médecin *m*] généraliste *mf*

allgemeinverständlich *s.* allgemein II.3.

Allgemeinwissen *nt* connaissances *fpl* générales **Allgemeinwohl** *nt* intérêt *m* général **Allgemeinzustand** *m kein Pl a.* MED état *m* général *pas de pl*; ihr ~ hat sich verschlechtert son état s'est aggravé

Allheilmittel [al'haɪl-] *nt* panacée *f*

Allianz [ali'an(t)s] <-, -en> *f* alliance *f*

Alligator [ali'gaːtoːɐ] <-s, -toren> *m* alligator *m*

alliiert [ali'iːɐt] *Adj* allié(e)

Alliierte(r) *f(m) dekl wie Adj* die ~n HIST les Alliés *mpl*

Alliteration [alitera'tsioːn] <-, -en> *f* POES allitération *f*

alljährlich I. *Adj attr* annuel(le)
II. *Adv* tous les ans

Allmacht *f kein Pl* toute-puissance *f* **allmächtig** *Adj* tout(e)-puissant(e); ~er Gott! Dieu tout-puissant! **Allmächtige(r)** *m dekl wie Adj* REL *geh* der ~ le Tout-Puissant; ~r! *fam* sacrebleu!

allmählich [al'mɛːlɪç] I. *Adj attr* progressif(-ive)
II. *Adv* ~ müde/munter werden commencer à être fatigué(e)/réveillé(e); es wird ~ Zeit, dass wir ihm schreiben il sera bientôt temps que nous lui écrivions; wir sollten ~ aufbrechen nous devrions doucement y aller

allmonatlich I. *Adj attr* mensuel(le)
II. *Adv* tous les mois

allmorgendlich I. *Adj attr* de chaque matin; das ~e Aufstehen fällt ihm schwer il lui est difficile de se lever tous les matins
II. *Adv* tous les matins

allnächtlich ['al'nɛçtlɪç] I. *Adj attr* nocturne; fast ~e Hustenanfälle des accès de toux presque chaque nuit
II. *Adv* toutes les nuits

Allparteienregierung *f* gouvernement *m* regroupant tous les partis

Allradantrieb *m* quatre roues *fpl* motrices

Allroundgenie ['ɔːl'raʊndʒeniː] *nt* homme *m*/femme *f* aux talents multiples **Allroundkünstler(in)** ['ɔːl'raʊnd'kʏnstlɐ] <-s, -> *m(f)* artiste *mf* complet(-ète) **Allroundman** ['ɔːl'raʊnd-] <-s, -men> *m* homme *m* polyvalent **Allroundtalent** *s.* Allroundgenie

allseitig ['alzaɪtɪç] I. *Adj* unanime; *Zufriedenheit* général(e); *Unruhe* généralisé(e)
II. *Adv begabt* universellement; *informiert* sur tout

allseits *Adv* ❶ (*überall*) partout; *bekannt* de tous; es ist ~ bekannt, dass tout le monde sait que + *indic*
❷ (*rundum*) *informiert* sur tout; *vorbereitet* à fond; ~ gewappnet paré(e)

Alltag ['altaːk] *m* ❶ (*Werktag*) jour *m* ouvrable
❷ (*Einerlei*) *eines Berufs, einer Ehe* quotidien *m*

alltäglich *Adj* ❶ *attr* (*tagtäglich*) quotidien(ne)
❷ (*gang und gäbe*) ~ sein *Situation:* être habituel(le)
❸ (*gewöhnlich*) ordinaire

alltags *Adv* en semaine

Alltagskleidung *f* tenue *f* de tous les jours **Alltagsleben** *nt* quotidien *m* **Alltagssprache** *f* langage *m* courant

allumfassend *Adj geh* universel(le)

Allüren [a'lyːrən] *Pl* manières *fpl*

allwissend *Adj* ❶ *fam* au courant de tout; ~ tun faire celui/celle qui sait tout (*fam*); bin ich ~? est-ce que je sais, moi? (*fam*); ich bin doch nicht ~! je peux quand même pas tout savoir! (*fam*)
❷ REL omniscient(e); der Allwissende Dieu qui sait tout

Allwissenheit <-> *f* omniscience *f*

allwöchentlich **I.** *Adj* hebdomadaire
II. *Adv* toutes les semaines; ~ **einmal/zweimal** une/deux fois par semaine

allzeit ['al'tsaɪt] *Adv geh* toujours; ~ **bereit sein** être toujours prêt(e)

allzu *Adv* bien trop; ~ **früh** bien trop tôt; ~ **lang[e]** bien trop long(longue); ~ **oft** bien trop souvent; ~ **sehr** que trop; **ich mag Hummer nicht ~ sehr** je n'aime pas le homard outre mesure; **nicht ~ sehr!** pas plus que ça!; ~ **viel** trop; **sein Gesicht verrät nicht ~ viel** son visage ne trahit pas grand-chose; **das ist aber nicht ~ viel!** c'est vraiment pas grand-chose! (*fam*); **etw ~ gern tun** adorer faire qc; **das würde ich ~ gern tun** je rêve de faire ça; **etw nicht ~ gern machen** n'aimer pas trop faire qc; **etw nicht ~ gern mögen** ne pas raffoler de qc; **das weiß ich nur ~ gut** je ne le sais que trop [bien]; **nur ~ verständlich sein** n'être que trop compréhensible

allzufrüh *s.* allzu

allzugern *s.* allzu

allzugut *s.* allzu

allzulang[e] *s.* allzu

allzuoft *s.* allzu

allzusehr *s.* allzu

allzuviel *s.* allzu

Allzweckreiniger <-s, -> *m* nettoyant *m* multiusage **Allzwecktuch** *nt* chiffon *m* multiusage

Alm [alm] <-, -en> *f* alpage *m*

Almabtrieb *m* descente *f* de l'alpage

Almanach ['almanax] <-s, -e> *m* almanach *m*

Almosen ['almo:zən] <-s, -> *nt* ❶ (*Spende*) aumône *f*
❷ (*geringer Betrag*) misère *f*

Aloe ['a:loe] <-, -n> *f* aloès *m*

Alp [alp] <-[e]s, -e> *m* cauchemar *m*

Alpaka [al'paka] <-s, -s> *nt* (*Lamaart, Wolle, Gewebe*) alpaga *m*

Alpakawolle *f kein Pl* laine *f* d'alpaga *pas de pl*

Alpdruck ['alpdrʊk] <-[e]s, -drücke> *m* cauchemar *m*
▶ **wie ein ~ auf jdm lasten** poursuivre qn comme un cauchemar

Alpen ['alpən] *Pl* **die ~** les Alpes *fpl*

Alpenglühen <-s> *nt reflets du soleil couchant sur les sommets des Alpes* **Alpenland** *nt* pays *m* alpin **Alpenpass**[RR] *m* col *m* des Alpes **Alpenrepublik** *f hum fam* **die ~** la république autrichienne **Alpenrose** *f* rose *f* des Alpes **Alpenstraße** *f* (*Landstraße*) route *f* des Alpes **Alpenveilchen** *nt* cyclamen *m* **Alpenvorland** *nt* **das ~** les Préalpes *fpl*

Alpha <-[s], -s> *nt* alpha *m*

Alphabet [alfa'be:t] <-[e]s, -e> *nt* alphabet *m*; **das ~ lernen/aufsagen** apprendre/réciter l'alphabet; **nach dem ~** dans l'ordre alphabétique

alphabetisch **I.** *Adj* alphabétique
II. *Adv* par ordre alphabétique

alphabetisieren* *tr V* ❶ (*unterrichten*) alphabétiser
❷ (*ordnen*) **etw ~** classer qc par ordre alphabétique

Alphabetisierung <-, -en> *f* ❶ (*Unterricht*) alphabétisation *f*
❷ (*Anordnung*) classement *m* par ordre alphabétique

alphanumerisch [alfanu'me:rɪʃ] *Adj* alphanumérique

Alphastrahlen *Pl* PHYS rayons *mpl* alpha **Alphateilchen** *nt* PHYS particule *f* alpha

Alphorn *nt* cor *m* des Alpes

alpin [al'pi:n] *Adj* alpin(e); *Flora* (*in hohen Lagen*) alpin(e); (*in unteren Lagen*) alpestre; **die ~en Skimeisterschaften** les championnats *mpl* de ski alpin

Alpinismus [alpi'nɪsmʊs] <-> *m* SPORT alpinisme *m*

Alpinist(in) [alpi'nɪst] <-en, -en> *m(f)* alpiniste *mf*

Alptraum *m* cauchemar *m*
▶ **der reinste ~** le vrai cauchemar

Alraun [al'raʊn] <-[e]s, -e> *m*, **Alraune** [al'raʊnə] <-, -n> *f* mandragore *f*

als [als] *Konj* ❶ (*zeitlich*) quand, lorsque; (*zu der Zeit, da*) alors que; **damals, ~ ...** à l'époque où ...; **gerade, ~ ...** au moment précis où ...
❷ (*vergleichend*) **größer/schöner ~ ...** plus grand(e)/plus beau(belle) que ...
❸ (*gleichsam*) **es klang, ~ ob [*o* wenn] ein Glas zerbrach** ça a fait un bruit comme si un verre se cassait; **er sah aus, ~ ob er schliefe** il avait l'air de dormir; **es sieht aus, ~ würde es bald schneien** on dirait qu'il va bientôt neiger
❹ (*ausschließend*) **es ist zu spät, ~ dass ...** il est trop tard pour que ... + *subj*; **er ist zu jung, ~ dass er das tun könnte** il est trop jeune pour pouvoir faire cela
❺ (*zumal*) **die Arbeit war um so schwieriger, ~ ...** le travail était d'autant plus difficile que ... + *indic*
❻ (*zur Bezeichnung einer Eigenschaft*) **~ Lehrer/Bürgermeisterin** en tant que professeur/maire; **schon ~ Kind hatte er ...** déjà enfant, il avait ...; **ich ~ dein Onkel ...** moi qui suis ton oncle, je ...; **noch ~ alte Frau ...** devenue une vieille femme, ...; **~ Held gefeiert werden** être fêté en héros; **jdn ~ Blödmann bezeichnen** qualifier qn d'imbécile; **~ Beweis/Kompliment** comme preuve/compliment; **~ Warnung dienen** servir d'avertissement

alsbald *Adv veraltet geh* promptement **alsbaldig** [als'baldɪç] *Adj form* prompt(e) (*soutenu*) **alsdann** [als'dan] *Adv* DIAL eh bien

also ['alzo] **I.** *Adv* ❶ (*folglich*) donc
❷ (*nun ja*) eh bien; ~ **wie ich schon sagte** bon, comme je l'ai déjà dit
❸ (*tatsächlich*) donc; **das ist ~ dein letztes Wort?** bon alors, c'est ton dernier mot?
II. *Interj* ❶ (*aber*) enfin; ~ **Thomas!** voyons, Thomas!; ~ **nein!** tout de même!
❷ (*ach*) [ainsi] donc; ~ **so was!** non mais ça alors!; ~ **nein!** ça alors!; ~ **so ein Frechdachs!** *fam* non mais quel polisson! (*fam*); ~ **sie war das!** c'était donc elle!; ~ **doch!** donc c'était bien ça!; **na ~!** ah quand même!
❸ (*überleitender Pausenfüller*) bon; allez, c'est bon; ~ **gut** [*o* **schön**] bon d'accord; ~ **dann, ...!** bon, allez ...!, bon alors, ...!

Alsterwasser ['alste-] *nt* NDEUTSCH panaché *m*

alt [alt] <älter, älteste> *Adj* ❶ (*betagt*) vieux(vieille); **ein ~er Mann** un vieil homme; ~ **werden** vieillir; **älter werden** devenir vieux(vieille); **sie wurde älter als ihr Bruder** elle est morte plus âgée que son frère; **dafür bin ich zu ~** je suis trop vieux(vieille) pour [faire] cela; *s. a.* **älter**
❷ (*ein bestimmtes Alter habend*) **er wird zehn Jahre ~** il aura/va avoir dix ans; **zwanzig Jahre ~ sein** avoir vingt ans; **ein drei Jahre ~es Mädchen** une fille [âgée] de trois ans; **wie ~ bist du?** quel âge as-tu?; **darf ich fragen, wie ~ Sie sind?** puis-je vous demander votre âge?; **mein älterer Bruder** mon frère aîné; **meine älteste Schwester** l'aînée de mes sœurs; **sie ist älter als er** elle est plus âgée [*o* vieille] que lui; **er ist zwei Jahre älter als sie** il a deux ans de plus qu'elle; **sie ist ~ genug um allein zu verreisen** elle est assez grande pour voyager seule
❸ (*nicht neu, nicht frisch*) *Gegenstand, Kleidung, Lebensmittel* vieux(vieille) *antéposé*; **~es Brot** du pain rassis [*o* pas frais]
❹ *attr* (*langjährig*) *Freund, Freundschaft, Verbindung* vieux (vieille) *antéposé*; **eine ~e Freundin** une vieille amie
❺ (*aus früheren Zeiten*) *Kultur, Sprachstufe, Stadt* ancien(ne); **~e** [*o* **ältere**] **Geschichte** l'Antiquité *f*; **älter sein als ...** être plus ancien(ne) que ...
❻ (*abgelagert*) *Käse, Wein* vieux(vieille) *antéposé*; **einen ~en Bordeaux trinken** boire un vieux bordeaux
❼ *attr pej* (*schrecklich*) **du ~er Besserwisser** toi, le donneur de leçons invétéré
❽ *attr* (*ehemalig*) **mein ~er Kollege** mon ancien collègue;

das ~e **Paris** le Paris d'autrefois
⑨ *attr* (*unverändert*) **der/die Alte sein** être le/la même; **alles bleibt beim Alten** les choses ne changent pas
▸ **Alt und Jung** jeunes et vieux; **aus Alt mach Neu** *Spr. fam* il faut savoir faire du neuf avec du vieux; ~ **aussehen** *fam* avoir bonne mine (*iron fam*); **man ist so ~, wie man sich fühlt** on a l'âge qu'on veut bien avoir; **hier werde ich nicht** ~ *fam* je ne vais pas m'encroûter ici (*fam*)
Alt¹ <-s, -e> *m* MUS ① (*Stimme*) [contr]alto *m;* ~ **singen** chanter en [contr]alto
② (*Sängerin*) [contr]alto *f*
③ (*Gesamtheit der Stimmen*) altos *mpl*
Alt² *s.* **Altbier**
altangesehen *Adj* de vieille réputation
Altar [al'ta:ɐ, *Pl:* al'tɛ:rə] <-s, Altäre> *m* autel *m*
▸ **jdn/etw auf dem ~ der Gerechtigkeit opfern** *geh* sacrifier qn/qc sur l'autel de la justice (*soutenu*); **jdn zum ~ führen** *geh* conduire qn à l'autel (*soutenu*)
Altaraufsatz *m* retable *m* **Altarraum** *m* sanctuaire *m*
altbacken *Adj* ① *Brot, Gebäck* rassis(rassie) ② (*altmodisch*) *Person* vieux jeu *inv; Ansichten, Methoden* dépassé(e) **Altbau** <-bauten> *m* ① (*Gebäude*) construction *f* ancienne ② *s.* **Altbauwohnung**
Altbausanierung *f* rénovation *f* de bâtiments vétustes **Altbauwohnung** *f* logement *m* ancien
altbekannt *Adj Tatsache, Witz* archiconnu(e); *Lokal* de vieille réputation **altbewährt** *Adj* ① *Freundschaft, Verbindung* de vieille date; *Tradition* bien établi(e) ② (*erprobt*) *Methode, Mittel* qui a fait ses preuves; ~ **sein** avoir fait ses preuves; **die ~e Entschuldigung** la bonne vieille excuse **Altbier** *nt bière maltée à haute fermentation* **Altbundeskanzler** *m* ancien chancelier *m* fédéral **Altbürgermeister(in)** *m(f)* ancien maire *m*
altdeutsch *Adj* rustique
Alte(r) *f(m) dekl wie Adj* ① *fam* (*Mensch*) vieux *m*/vieille *f* (*fam*); **die ~n** les vieux *mpl*
② *pej fam* (*Ehemann/-frau*) bonhomme *m*/bonne femme *f* (*fam*)
③ *pej fam* (*Vater/Mutter*) vieux *m*/vieille *f* (*fam*); **meine ~n** mes vieux *mpl* (*fam*)
④ *Pl* (*Menschen der Antike*) **die ~n** les Anciens *mpl*
⑤ *Pl* (*Tiereltern*) **die ~n** les parents *mpl*
Alte(s) *nt dekl wie Adj* ① (*Traditionelles*) **das** ~ la tradition
② (*alte Dinge*) ancien *m;* **das ~ und das Neue** l'ancien et le nouveau
altehrwürdig *Adj geh* vénérable *antéposé* (*soutenu*) **alteingesessen** *Adj* bien implanté(e) **Alteisen** *nt* ferraille *f*
Altenheim *s.* **Altersheim** **Altenhilfe** *f kein Pl* aide *f* aux personnes âgées **Altenpflege** *f* assistance *f* aux personnes âgées **Altenpflegeheim** *nt* maison *f* de retraite médicalisée **Altenpfleger(in)** *m(f)* infirmier(-ière) *m(f)* en gériatrie **Altentagesstätte** *f* club *m* du troisième âge **Altenteil** *nt logement réservé au fermier ayant pris sa retraite* ▸ **sich aufs ~ setzen** [*o* **zurückziehen**] prendre sa retraite **Altenwohnheim** *nt* résidence *f* pour les personnes âgées
Alter ['altɐ] <-s, -> *nt* ① (*Lebensalter*) âge *m;* **im ~ von fünfzig Jahren** à l'âge de cinquante ans; **im zarten ~ von drei Jahren** *geh* à l'âge tendre de trois ans; **ein Mann mittleren ~s** un homme entre deux âges; **in vorgerücktem** ~ *geh* à un âge avancé; **sie ist in meinem** ~ elle a mon âge; **in deinem ~ gehört sich das nicht!** ce n'est pas de ton âge!
② (*Bejahrtheit*) vieillesse *f;* **im** ~ dans la vieillesse; **im ~ wird man weiser** on devient plus sage sur ses vieux jours; **siebzig ist doch kein ~!** on n'est pas vieux à soixante-dix ans!
▸ ~ **schützt vor Torheit nicht** *Spr.* il n'y a pas d'âge pour faire des bêtises
älter ['ɛltɐ] *Adj* ① *Komp von* **alt**
② (*nicht mehr jung*) *Person* âgé(e)
Ältere(r) *f(m) dekl wie Adj* ① *Pl* (*älterer Mensch*) **die ~n** les personnes *fpl* âgées; **die ~n unter ihnen** les plus âgés d'entre eux
② (*erstgeborenes, früher geborenes Kind*) **der/die** ~ l'ancien(ne); **der/die Älteste** le plus âgé/la plus âgée, l'aîné/l'aînée
③ (*Senior*) **Plinius der** ~ Pline l'Ancien
altern ['altɐn] *itr V + sein* vieillir; **~d** vieillissant(e); *Haut* qui vieillit; **das Altern** le vieillissement
alternativ I. *Adj* alternatif(-ive)
II. *Adv leben* de façon alternative; ~ **eingestellt sein** avoir des opinions alternatives
Alternativbewegung *f* mouvement *m* alternatif
Alternative [-və] <-, -n> *f* alternative *f;* **vor eine ~ gestellt werden** être face à une alternative
Alternative(r) [-və, -vɐ] *f(m) dekl wie Adj* ① (*Umweltschützer*) écolo *mf* (*fam*)
② POL alternatif(-ive) *m(f)*
Alternativenergie *f* l'énergie *f* alternative
alterprobt *Adj* qui a fait ses preuves; ~ **sein** avoir fait ses preuves
alters ▸ **von** [*o* **seit**] ~ [**her**] *geh* de tout temps
Altersaufbau *m* pyramide *f* des âges **altersbedingt** *Adj* dû(due) à l'âge; ~ **sein** être lié(e) à l'âge **Altersbeschwerden** *Pl* maux *mpl* liés à l'âge **Alterserscheinung** *f* signe *m* de vieillesse **Altersfleck** *m* tache *f* de vieillesse **Altersforschung** *f* gérontologie *f* **Altersgenosse** *m*, **-genossin** *f* personne *f* du même âge; **~n sein** être du même âge **Altersgrenze** *f* ① âge *m* limite ② (*für die Rente*) âge *m* de la retraite **Altersgründe** *Pl* raisons *fpl* dues à l'âge; **aus ~n** en raison de l'âge **Altersgruppe** *f* tranche *f* d'âge **Altersheim** *nt* maison *f* de retraite **Altersklasse** *f* ① SPORT catégorie *f* d'âge ② *s.* **Altersstufe** **Alterskrankheit** *f* maladie *f* sénile **Alterspyramide** *f* pyramide *f* des âges **Altersrente** *f,* **Altersruhegeld** *nt form* [pension *f* de] retraite **altersschwach** *Adj* ① *Person, Tier* diminué(e) [par l'âge] ② *fam* (*wacklig*) *Auto, Gerät* foutu(e) (*fam*); *Möbel* bien malade (*fam*) **Altersschwäche** *f kein Pl* décrépitude *f* **Alterssitz** *m* lieu *m* de retraite **altersspezifisch I.** *Adj* propre à une tranche d'âge **II.** *Adv* par âge **Altersstarrsinn** *m* entêtement *m* sénile **Altersstufe** *f* ① (*Altersgruppe*) tranche *f* d'âge ② (*Lebensabschnitt*) étape *f* de la vie **Altersübergangsgeld** *nt* allocation *f* transitoire de retraite **Altersunterschied** *m* différence *f* d'âge **Altersversicherung** *f* assurance *f* vieillesse **Altersversorgung** *f* (*Rente*) prestations *fpl* vieillesse; (*Vorsorge*) retraite *f* complémentaire; **berufliche/betriebliche** ~ prévoyance *f* vieillesse professionnelle/d'entreprise; **freiwillige** [*o* **private**] ~ prévoyance vieillesse volontaire [*o* privée] **Altersweitsichtigkeit** <-> *f* presbytie *f* **Alterswerk** *nt* œuvre *f* de vieillesse
Altertum ['altɐtu:m] <-s> *nt* Antiquité *f*
Altertümer *Pl* œuvres *fpl* d'art antiques
altertümlich ['altɐty:mlɪç] *Adj* ① (*altmodisch*) passé(e) de mode
② (*archaisch*) *Brauchtum* [très] ancien(ne); *Begriff, Wort* archaïque
Altertümlichkeit <-> *f* ① (*altmodische Art*) caractère *m* démodé
② (*archaische Art*) ancienneté *f;* **die ~ dieses Begriffs/Worts** cet archaïsme
Altertumskunde *f* archéologie *f* **Altertumswert** *m* valeur *f* d'ancienneté ▸ ~ **haben** *hum fam* être une véritable antiquité (*hum fam*)
Alterung <-, -en> *f* vieillissement *m*
Alterungsprozess[RR] *m* processus *m* de vieillissement
Altes *s.* **Alte(s)**
älteste(r, s) *Superl von* **alt** **Älteste(r)** *f(m) dekl wie Adj* plus âgé(e) *m(f);* (*bei Geschwistern*) aîné(e) *m(f);* (*in einer Gruppe*) doyen(ne) *m(f)* [d'âge]; (*Dorfältester*) doyen(ne) *m(f)*

Ältestenrat *m* POL ≈ comité *m* des sages; *eines Stammes* Conseil *m* des Anciens

Altflöte *f* flûte *f* alto

altfranzösisch *Adj Literatur, Text* en ancien français **Altfranzösisch** <-[s]> *nt kein Art* l'ancien français *m;* **auf ~** en ancien français **Altfranzösische** *nt dekl wie Adj* **das ~** l'ancien français *m* **altgedient** *Adj Soldat, Mitarbeiter* blanchi(e) sous le harnais **Altglas** *nt* verre *m* usagé **Altglascontainer** [-kɔnteːnɐ] *m* container *m* à verre **Altgold** *nt veraltet* (*Gebrauchtgold*) vieil or *m;* (*künstlich gedunkelt*) or *m* bruni **altgriechisch** *Adj Literatur, Text* en grec ancien; *Grammatik* du grec ancien **Altgriechisch** <-[s]> *nt kein Art* le grec ancien; **auf ~** en grec ancien **Altgriechische** *nt dekl wie Adj* **das ~** le grec ancien **althergebracht** *Adj,* **altherkömmlich** *Adj Art, Brauch* traditionnel(le); *Tradition* très ancien(ne) **althochdeutsch** *Adj Literatur, Text* en ancien haut allemand **Althochdeutsch** <-[s]> *nt kein Art* l'ancien haut allemand *m;* **auf ~** en ancien haut allemand **Althochdeutsche** *nt dekl wie Adj* **das ~** l'ancien haut allemand *m*

Altist(in) <-en, -en> *m(f)* MUS alto *mf*

Altkleidersammlung *f* collecte *f* de vieux vêtements **altklug** *Adj Kind, Gesicht* précoce; *Bemerkung* d'une maturité précoce **Altlast** *f meist Pl* ❶ ÖKOL déchet *m* toxique ❷ (*Überbleibsel*) vieille baderne *f* (*fam*)

ältlich ['ɛltlɪç] *Adj* plus tout(e) jeune

Altmaterial *nt* déchets *mpl* **Altmeister(in)** *m(f)* ❶ (*Könner*) maître(-esse) *m(f)* incontesté(e) ❷ SPORT ex-champion(ne) *m(f)* **Altmetall** *nt* vieux métaux *mpl* **altmodisch** I. *Adj* ❶ *Kleidung* démodé(e); *Einrichtung, Möbelstück* vieillot(te); **etwas Altmodisches** quelque chose de démodé/vieillot ❷ (*rückständig*) *Ansicht, Methode* dépassé(e); **~ sein** être vieux jeu II. *Adv gekleidet* de façon démodée; *eingerichtet* de façon vieillotte **Altöl** *nt* huile *f* usagée **Altpapier** *nt* vieux papiers *mpl*

Altpapiercontainer [-kɔnteːnɐ] *m* container *m* pour les vieux papiers **Altpapiersammlung** *f* collecte *f* de vieux papiers

Altphilologe *m,* **-philologin** *f* philologue *mf* classique

altrosa *Adj unv* vieux rose *inv;* **~ Socken** des chaussettes *fpl* vieux rose

Altruismus [altru'ɪsmʊs] <-> *m* PSYCH *geh* altruisme *m*

altruistisch [altru'ɪstɪʃ] *geh* I. *Adj* altruiste
II. *Adv* de façon altruiste

Altschnee *m* vieille neige *f* **Altsilber** *nt* ❶ vieil argent *m* ❷ (*künstlich gedunkelt*) argent *m* bruni **Altsprachler(in)** *s.* **Altphilologe** **altsprachlich** *Adj Zweig* classique; **die ~en Fächer** les langues anciennes **Altstadt** *f* vieille ville *f* **Altstadtsanierung** *f* restauration *f* de la vieille ville **Altsteinzeit** *f* paléolithique *m* **altsteinzeitlich** *Adj* paléolithique **Altstimme** *f* voix *f* d'alto

Alt-Taste *f* INFORM touche *f* Option

alttestamentarisch, alttestamentlich *Adj Name* de l'Ancien Testament; *Ort* mentionné(e) dans l'Ancien Testament; *Kenntnisse* relatif(-ive) à l'Ancien Testament **altväterlich** I. *Adj Brauch, Tradition* ancestral(e); *Auftreten, Haltung* vieillot(te); *Tonfall* patriarcal(e) II. *Adv gekleidet* de façon vieillotte **Altwarenhändler(in)** <-s, -> *m(f)* brocanteur(-euse) *m(f)* **Altweibersommer** *m* ❶ (*Nachsommer*) été *m* indien ❷ (*Spinnfäden*) filandres *fpl*

Alu ['a:lu] <-[s]> *nt Abk von* **Aluminium** alu *m*

Alufolie ['a:lufo:liə] *f fam* papier *m* [d']alu (*fam*)

Aluminium [alu'mi:niʊm] <-s> *nt* aluminium *m*

Aluminiumfolie [-liə] *f* feuille *f* d'aluminium; (*Haushaltsfolie*) papier *m* d'aluminium

Alzheimer ['altshaɪmɐ] <-s> *m* MED *fam,* **Alzheimerkrankheit** *f kein Pl* maladie *f* d'Alzheimer *pas de pl*

am [am] = **an dem** ❶ (*zur Bildung des Superlativs*) **~ schnellsten rennen** courir le plus vite; **~ lautesten lachen** rire le plus fort; **das ist ~ besten** c'est ce qu'il y a de mieux ❷ *fam* (*beim*) **~ Arbeiten/Überlegen sein** être en train de travailler/réfléchir; *s. a.* **an**

Amalgam [amal'ga:m] <-s, -e> *nt* amalgame *m*

Amaryllis [ama'rʏlɪs] <-, llen> *f* BOT amaryllis *f*

Amateur(in) [ama'tø:ɐ] <-s, -e> *m(f)* amateur *m*

Amateurfilm [ama'tø:ɐ-] *m* film *m* amateur **Amateurfunker(in)** <-s, -> *m(f)* radioamateur *m*

amateurhaft I. *Adj* d'amateur; **~ sein** faire amateur; **~ wirken** sentir l'amateurisme
II. *Adv* avec amateurisme

Amateurliga *f* championnat *m* amateur **Amateurmannschaft** *f* équipe *f* amateur **Amateursport** *m* sport *m* amateur

Amazonas [ama'tso:nas] <-> *m* Amazone *f*

Amazone [ama'tso:nə] <-, -n> *f* amazone *f*

Ambiente [am'biɛntə] <-> *nt geh* ambiance *f*

Ambition [ambi'tsio:n] <-, -en> *f meist Pl* ambition *f;* **~en haben** avoir des ambitions; **~en auf etw** (*Akk*) **haben** ambitionner qc

ambitioniert [ambitsio'ni:ɐt] *Adj* ambitieux(-euse)

ambivalent [ambiva'lɛnt] *Adj geh* ambivalent(e); *Gefühle, Beziehung* ambigu(ë)

Ambivalenz [ambiva'lɛnts] <-, -en> *f* PSYCH ambivalence *f*

Amboss[RR] <-es, -e>, **Amboß** <-sses, -sse> *m* enclume *f*

ambulant [ambu'lant] I. *Adj* ambulatoire; *Patient* en consultation externe; *Kosten, Tarif* sans hospitalisation
II. *Adv behandeln, versorgen* en ambulatoire

Ambulanz [ambu'lants] <-, -en> *f* ❶ *einer Klinik* consultation *f* externe
❷ (*Rettungswagen*) ambulance *f*

Ameise ['a:maɪzə] <-, -n> *f* fourmi *f*

Ameisenbär *m* fourmilier *m* **Ameisenhaufen** *m* fourmilière *f* **Ameisensäure** *f* acide *m* formique **Ameisenstaat** *m* ZOOL colonie *f* de fourmis

amen ['a:mən] *Interj* amen, ainsi soit-il

Amen <-s, *selten* -> *nt* amen *m*
▸ **das ist so sicher wie das ~ in der Kirche** c'est aussi sûr que deux et deux font quatre; **sein ~ zu etw geben** donner sa bénédiction à qc

Amerika [a'me:rika] <-s> *nt* l'Amérique *f;* **~ ist ein Einwanderungsland** l'Amérique est un pays d'accueil

Amerikaner [ameri'ka:nɐ] <-s, -> *m* ❶ Américain *m*
❷ GASTR ≈ palet *m* glacé

Amerikanerin <-, -nen> *f* Américaine *f*

amerikanisch *Adj* américain(e)

Amerikanistik [amerika'nɪstɪk] <-> *f* philologie *f* américaine

Amethyst [ame'tʏst] <-s, -e> *m* améthyste *f*

Ami ['ami] <-s, -s> *m fam* (*US-Bürger*) Ricain *m* (*fam*)

Aminosäure [a'minozɔɪrə] *f* CHEM acide *m* aminé

Ammann ['aman, *Pl:* 'amɛnɐ] <-[e]s, -männer> *m* CH ❶ (*Landammann*) président *m* du canton; (*Gemeindeammann*) maire *m*
❷ JUR (*Vollstreckungsbeamter*) huissier *m*

Amme ['amə] <-, -n> *f* nourrice *f*

Ammenmärchen *nt fam* histoire *f* à dormir debout (*fam*)

Ammer ['amɐ] <-, -n> *f* bruant *m*

Ammoniak [amo'niak] <-s> *nt* CHEM ammoniac *m*

Ammonit [amo'ni:t] <-en, -en> *m* ammonite *f*

Amnesie [amne'zi:] <-, -n> *f* amnésie *f*

Amnestie [amnɛs'ti:] <-, -n> *f* amnistie *f*

amnestieren* *tr V* amnistier

Amniozentese <-, -n> *f* MED amniocentèse *f*

Amöbe [a'mø:bə] <-, -n> *f* BIO amibe *f*

Amok ['a:mɔk] <-s> *m* **~ laufen** être pris(e) de folie furieuse; **~ fahren** être pris(e) de folie au volant

Amokfahrer(in) *m(f)* conducteur *m* fou/conductrice *f* folle **Amokfahrt** *f* course *f* folle **Amoklauf** *m* crise *f* de folie meurtrière **Amokläufer(in)** *m(f)* fou *m* furieux/folle *f* furieuse **Amokschütze** *m,* **-schützin** *f* tireur *m* fou/tireuse *f*

folle
a-Moll *nt* MUS la *m* mineur
Amor ['a:mo:ɐ] <-s> *m* Amour *m*
▶ **~s Pfeil** *geh* les flèches *fpl* de Cupidon (*littér*)
amoralisch ['amora:lɪʃ] *Adj* amoral(e)
amorph [a'mɔrf] *Adj* ① *a.* BIO (*formlos*) informe; **~e Masse** masse informe
② PHYS (*nicht kristallin*) amorphe
Amortisation [amɔrtiza'tsio:n] <-, -en> *f* ÖKON amortissement *m*
amortisieren* I. *tr V* amortir
II. *r V* **sich ~** être amorti(e)
amourös [amu'rø:s] *Adj geh Verwicklungen, Abenteuer* amoureux(-euse)
Ampel ['ampəl] <-, -n> *f* feu *m;* **eine rote ~** un feu rouge; **die ~ ist grün** le feu est [au] vert; **bei Rot über die ~ fahren** passer au [feu] rouge
Ampelanlage *f* feux *mpl* de signalisation **Ampelkoalition** *f fam coalition des sociaux-démocrates, des libéraux et des écologistes* **Ampelkreuzung** *f* carrefour *m* équipé de feux
Ampere [am'pe:ɐ] <-[s], -> *nt* PHYS ampère *m*
Amperemeter *nt* PHYS ampèremètre *m*
Ampfer ['ampfɐ] <-s, -> *m* oseille *f*
Amphetamin [amfeta'mi:n] <-s, -e> *nt* PHARM amphétamine *f*
Amphibie [am'fi:biə] <-, -n> *f* ZOOL amphibien *m*
Amphibienfahrzeug [-iən-] *nt* véhicule *m* amphibie
amphibisch *Adj* ZOOL, MIL amphibie
Amphitheater *nt* amphithéâtre *m*
Amphore [am'fo:rə] <-, -n> *f* amphore *f*
Amplitude [ampli'tu:də] <-, -n> *f* MATH, PHYS amplitude *f*
Ampulle [am'pʊlə] <-, -n> *f* ampoule *f*
Amputation [amputa'tsio:n] <-, -en> *f* amputation *f*
amputieren* I. *tr V* amputer; **[jdm] etw ~** amputer qc [à qn]
II. *itr V* amputer
Amputierte(r) *f(m) dekl wie Adj* amputé(e) *m(f)*
Amsel ['amzəl] <-, -n> *f* merle *m*
Amsterdam [amstɐ'dam] <-s> *nt* Amsterdam
Amt [amt, *Pl:* 'ɛmtɐ] <-[e]s, Ämter> *nt* ① (*Behörde*) administration *f;* **das Auswärtige ~** *le ministère des Affaires étrangères allemand*
② (*Abteilung einer Behörde*) service *m* [administratif]
③ (*Stellung*) fonction *f;* **jdn in sein ~ einführen** initier qn à ses fonctions; **[noch] im ~ sein** être [encore] en fonction; **jdn seines ~es entheben** relever qn de ses fonctions; **kraft meines/seines ~es** en vertu des pouvoirs qui me/lui sont conférés; **etw von ~s wegen tun** faire qc à titre officiel; (*auf behördliche Anordnung hin*) faire qc par décision administrative; (*laut amtlichem Beschluss*) faire qc officiellement
④ (*offizielle Aufgabe*) charge *f*
⑤ (*Fernamt*) central *m;* **vom ~ vermittelt werden** *Gespräch:* passer par l'opérateur(-trice)
⑥ (*Amtsleitung*) ligne *f* [avec l'extérieur]
⑦ (*Hochamt*) célébration *f*
▶ **in ~ und Würden sein** *geh* être en fonction; **seines ~es walten** *geh* remplir son office (*soutenu*)
Ämterhäufung *f* ADMIN cumul *m* de fonctions [*o* de mandats]
amtieren* *itr V* être en fonction; **als Bürgermeister ~** exercer les fonctions de maire; (*vorübergehend*) faire fonction de maire; **~d** en fonction
amtlich I. *Adj Dokument, Schreiben, Funktion* officiel(le); **~ sein** *Anordnung, Meldung:* être officiel(le); **etwas Amtliches** quelque chose d'officiel
II. *Adv* officiellement
Amtmann <-männer *o* -leute> *m,* **-männin** *o* **-frau** *f* ADMIN ≈ fonctionnaire *mf* [de catégorie A]
Amtsanmaßung *f* usurpation *f* de pouvoir **Amtsantritt** *m* entrée *f* en fonctions **Amtsarzt** *m,* **-ärztin** *f* médecin-conseil *mf* **amtsärztlich** I. *Adj Attest* délivré(e) par le/la médecin-conseil; *Untersuchung* effectué(e) par le/la médecin-conseil
II. *Adv* par le/la médecin-conseil **Amtsbereich** *m* ressort *m* **Amtsblatt** *nt* bulletin *m* municipal **Amtsdauer** *f* [durée *f* de] mandat *m* **Amtsdeutsch** *nt pej* jargon *m* administratif **Amtseid** *m* serment *m* professionnel **Amtseinführung** *f* installation *f* dans ses fonctions **Amtsenthebung** *f,* **Amtsentsetzung** <-, -en> *f* CH, A destitution *f* **Amtsführung** *f kein Pl* exercice *m* des fonctions *pas de pl* **Amtsgeheimnis** *nt* ① *kein Pl* (*Schweigepflicht*) devoir *m* de réserve ② (*vertrauliche Mitteilung*) secret *m* professionnel **Amtsgericht** *nt* tribunal *m* d'instance **Amtsgeschäfte** *Pl* fonctions *fpl* publiques **Amtshandlung** *f* acte *m* administratif **Amtshilfe** *f* entraide *f* administrative; **jdm/einer Behörde ~ leisten** prêter assistance à qn/une [autre] administration **Amtsinhaber(in)** *m(f)* titulaire *mf* d'un/du poste **Amtskollege** *m,* **-kollegin** *f* homologue *mf* **Amtsleitung** *f* TELEC ligne *f* principale **Amtsmissbrauch**[RR] *m* abus *m* de pouvoir **amtsmüde** *Adj* POL lassé(e) de ses fonctions **Amtsniederlegung** *f* démission *f* **Amtsperiode** *f* mandat *m* **Amtsrichter(in)** *m(f)* juge *m* d'instance **Amtsschimmel** ▶ **der ~ wiehert** *hum fam* c'est le règne de la paperasserie **Amtssitz** *m* résidence *f* officielle **Amtssprache** *f* ① (*Landessprache*) langue *f* officielle ② *kein Pl* (*Behördensprache*) langage *m* administratif **Amtsstunden** *Pl* heures *fpl* de bureau **Amtsträger(in)** *m(f)* agent *m* administratif **Amtsvergehen** *nt* malversation *f* **Amtsvorgänger(in)** *m(f)* prédécesseur *m* **Amtsvorsteher(in)** *m(f)* chef *mf* de service **Amtsweg** *m* voie *f* hiérarchique **Amtszeichen** *nt* tonalité *f* **Amtszeit** *f* mandat *m* **Amtszimmer** *nt* bureau *m*
Amulett [amu'lɛt] <-[e]s, -e> *nt* amulette *f*
amüsant [amy'zant] I. *Adj* (*lustig*) amusant(e); (*unterhaltsam*) divertissant(e)
II. *Adv* de façon divertissante
amüsieren* I. *r V* ① (*sich vergnügen*) **sich ~** s'amuser; **sich mit jdm ~** s'amuser avec qn
② (*komisch finden*) **sich über jdn/etw ~** trouver qn/qc amusant(e); **sich darüber ~, dass** trouver amusant que + *subj*
II. *tr V* amuser; **amüsiert zuschauen** regarder d'un air amusé
Amüsierviertel *nt* quartier *m* chaud
amusisch ['amu:zɪʃ] *Adj geh* béotien(ne) (*soutenu*)
an [an] I. *Präp + Dat* ① (*direkt bei*) **~ der Tür/am Fenster** près de la porte/fenêtre; **~ der Straße** au bord de la rue; **~ der Wand/am Fels** contre le mur/le rocher; **am Fluss/Tatort** sur le fleuve/lieu du crime; **~ dieser Stelle** à cet endroit; **am Klavier/Tisch sitzen** être [assis(e)] au piano/à la table; **am Computer arbeiten** travailler sur ordinateur
② (*in Berührung mit*) **~ der Wand stehen** *Person:* être adossé(e) au mur; *Gegenstand:* être contre le mur; **einen Ring am Finger tragen** porter au doigt une alliance; **jdn ~ der Hand nehmen** prendre qn par la main
③ (*auf, in*) **~ der Universität** à l'université; **am Institut** à l'institut
④ (*zur Zeit von*) **am Morgen/Abend** le matin/soir; **am Wochenende/Donnerstag** le week-end/jeudi; **~ Ostern/Weihnachten** à Pâques/Noël; **am Jahresende** à la fin de l'année; **~ jenem Morgen** ce matin-là; **~ sonnigen/kühlen Tagen** les jours de soleil/où il fait frais
⑤ (*nahe bei*) **am Bodensee/~ der Donau** sur le lac de Constance/sur le Danube; **Frankfurt am Main** Francfort-sur-le-Main
⑥ (*verbunden mit*) **das Schöne ~ jdm/etw** ce qu'il y a de beau chez qn/dans qc
⑦ (*nebeneinander*) **Tür ~ Tür** porte sur porte; **Haus ~ Haus wohnen** habiter l'un à côté de l'autre; **dicht ~ dicht stehen** *Personen:* être serré(e)s les un(e)s contre les autres
II. *Präp + Akk* ① (*räumlich*) **~s Telefon gehen** répondre au téléphone; **~s Meer fahren** aller au bord de la mer; **~ den**

Fels/die Wand gelehnt posé(e) contre le rocher/le mur; ~ **jdn/eine Institution schreiben** écrire à qn/une institution
② (*zeitlich*) ~ **morgen/alte Zeiten denken** penser à demain/au temps passé; **sich ~ etw erinnern** se souvenir de qc; **bis ~ mein Lebensende** jusqu'à la fin de ma vie
▶ ~ [**und für**] **sich** en soi
III. *Adv* ① (*ungefähr*) ~ **die zwanzig Personen/Gramm** dans les vingt personnes/grammes
② (*Ankunftszeit*) **Köln ~ 16 Uhr 15** arrivée à Cologne 16 h 15
③ *fam* (*eingeschaltet*) ~ **sein** *Licht, Elektrogerät, Heizung:* être allumé(e); *Gas, Strom, Wasser:* être ouvert(e) (*fam*); **Licht ~!** allume/allumez!; **auf „~" stehen** être sur "marche"
④ *fam* (*angezogen*) **ohne etwas ~** sans rien sur le dos; **beeil dich, Mantel ~ und raus!** presse-toi, enfile ton manteau et sors [de là]!
⑤ (*ab*) **von jetzt/morgen ~** à partir de maintenant/de demain

Anabolikum <-s, -ka> *nt* PHARM anabolisant *m*
Anachronismus [anakro'nɪsmʊs] <-, -nismen> *m geh* anachronisme *m*
anachronistisch [anakro'nɪstɪʃ] *Adj geh* anachronique
Anakonda [ana'kɔnda] <-, -s> *f* anaconda *m*
anal [a'na:l] I. *Adj* anal(e)
II. *Adv* ① *messen, einführen* par voie rectale
② PSYCH ~ **fixiert sein** être resté(e) au stade anal
Analgetikum [anʔal'ge:tikʊm] <-s o Analgetika> *nt* MED analgésique *m*
analog [ana'lo:k] I. *Adj* ① (*entsprechend*) analogue; ~ **zu etw** analogue à qc
② INFORM analogique
II. *Adv* ① (*entsprechend*) ~ **zu etw** par analogie avec qc
② INFORM analogiquement
Analogie [analo'gi:] <-, -n> *f* analogie *f*; **in ~ zu etw** par analogie avec qc
AnalogieschlussRR *m* conclusion *f* par analogie
Analogrechner *m* calculateur *m* analogique **Analoguhr** *f* montre *f* à affichage analogique
Analphabet(in) ['anʔalfabe:t] <-en, -en> *m(f) a. pej* analphabète *mf*
Analphabetentum [anʔalfa'be:ten-] <-s> *nt*, **Analphabetismus** [anʔalfabe'tɪsmʊs] <-> *m* analphabétisme *m*
Analverkehr *m* coït *m* anal
Analyse [ana'ly:zə] <-, -n> *f* analyse *f*
analysieren* *tr V* analyser
Analysis [a'na:lyzɪs] <-> *f* MATH analyse *f*
Analyst(in) [ana'lʏst] <-en, -en> *m(f)* FIN analyste *mf* financier(-ière)
Analytiker(in) [ana'ly:tikɐ] <-s, -> *m(f)* analyste *mf*
analytisch I. *Adj Person, Denken* analytique; *Arbeit, Fähigkeit* d'analyse
II. *Adv* de façon analytique; ~ **begabt sein** avoir l'esprit d'analyse
Anämie [anɛ'mi:] <-, -n> *f* MED anémie *f*
anämisch *Adj* MED anémique
Anamnese [anam'ne:zə] <-, -n> *f* MED anamnèse *f*
Ananas ['ananas] <-, - *o* -se> *f* ananas *m*
Anarchie [anar'çi:] <-, -n> *f* anarchie *f*
anarchisch [a'narçɪʃ] *Adj* anarchique; **hier herrschen ~e Zustände** c'est l'anarchie ici
Anarchismus [anar'çɪsmʊs] <-> *m* anarchisme *m*
Anarchist(in) <-en, -en> *m(f)* anarchiste *mf*
anarchistisch *Adj Person, Partei* anarchiste; *Auftreten* anarchique
Anarcho <-[s], -[s]> *m sl* anar *mf* (*fam*)
Anästhesie [anɛste'zi:] <-, -n> *f* anesthésie *f*
Anästhesist(in) [anɛste'zɪst] <-en, -en> *m(f)* anesthésiste *mf*
Anatolien [ana'to:liən] <-s> *nt* l'Anatolie *f*
Anatomie [anato'mi:] <-, -n> *f* ① *kein Pl* (*Wissenschaft, Aufbau des Körpers*) anatomie *f*
② (*Institut*) laboratoire *m* d'anatomie
Anatomiesaal *m* amphithéâtre *m* d'anatomie
anatomisch [ana'to:mɪʃ] *Adj* anatomique
an|backen *unreg* I. *itr V + sein Kuchen:* attacher
II. *tr V + sein* **etw ~** passer qc quelques minutes au four
an|baggern ['anbagɐn] *tr V sl* draguer (*fam*)
an|bahnen I. *tr V* ① amorcer *Gespräche, Verhandlungen, Kontakte;* **meine Aufgabe ist das Anbahnen von Kontakten** ma mission est de nouer des contacts
② *veraltet geh* (*anknüpfen*) nouer *Ehe*
II. *r V* **sich ~** *Veränderungen, Freundschaft:* s'amorcer; *Unangenehmes, Unheil:* se préparer; **bei ihm bahnt sich eine berufliche Veränderung an** il couve un changement professionnel; **zwischen ihnen bahnt sich etwas an** entre eux, il y a anguille sous roche
an|bandeln *itr V* A, SDEUTSCH *fam* (*anbaggern*) draguer; **mit jdm ~** draguer qn
an|bändeln ['anbɛndəln] *itr V fam* ① (*anbaggern*) draguer (*fam*); **er fing an, mit ihr anzubändeln** il se mit à la draguer
② (*Streit suchen*) **mit jdm ~** chercher noise [*o* des noises] à qn (*fam*)
Anbau <-bauten> *m* ① (*Gebäude*) bâtiment *m* annexe; (*freistehend*) annexe *f*
② *kein Pl* (*das Anpflanzen*) culture *f*
③ *kein Pl* (*das Errichten*) ajout *m*
an|bauen I. *tr V* ① (*anpflanzen*) cultiver
② (*bauen*) **etw an ein Gebäude ~** ajouter qc à un bâtiment
II. *itr V* [s']agrandir
anbaufähig *Adj* AGR cultivable **Anbaufläche** *f* terre *f* cultivable **Anbaugebiet** *nt* zone *f* cultivée; **die wichtigsten ~e für Wein** les principales régions viticoles
Anbaumöbel <-s, -> *nt* élément *m*
Anbeginn *m geh* origine *f*; **von ~ [an]** dès le début
an|behalten* *tr V unreg* garder [sur soi]; **etw ~** garder qc [sur soi]
anbei *Adv form* ci-joint(e)
an|beißen *unreg* I. *itr V* ① *Fisch:* mordre
② *fam* (*Interesse haben*) mordre à l'hameçon (*fam*); **bisher hat noch keiner angebissen!** j'ai pas encore fait de touche! (*fam*)
II. *tr V* entamer *Obst, Kuchen*
▶ **zum Anbeißen** *fam* à croquer (*fam*)
an|belangen* *tr V geh* concerner; **was ihn/sie anbelangt, ...** en ce qui le/la concerne, ...
an|bellen *tr V Hund:* aboyer; **jdn ~** *Hund:* aboyer après qn
an|beraumen* *tr V form* fixer
an|beten *tr V* adorer
Anbeter(in) <-s, -> *m(f)* REL adorateur(-trice) *m(f)*
Anbetracht ['anbətraxt] ▶ **in ~ der Tatsache** (*Gen*), **dass, in ~ dessen, dass** compte tenu du fait que + *indic*
an|betreffen* *s.* **anbelangen**
an|betteln *tr V* mendier; **jdn um etw ~** mendier qc auprès de qn
Anbetung <-, *selten* -en> *f* adoration *f*
an|biedern *r V pej* **sich ~** fayoter (*fam*); **sich bei jdm ~** fayoter auprès de qn; **~d** fayot(e)
Anbiederung <-, -en> *f pej* fayotage *m* (*fam*); **diese ~ hat sie nicht nötig** elle n'a pas besoin de fayoter (*fam*)
Anbiederungsversuch *m pej* tentative *f* de fayotage (*fam*)
an|bieten *unreg* I. *tr V* ① (*zur Auswahl vorschlagen*) offrir; [**jdm**] **etw ~** offrir qc [à qn]
② (*produzieren, verkaufen*) proposer
③ (*zur Verfügung stellen*) **jdm seinen Arm/Platz ~** offrir le bras/la place à qn
④ (*vorschlagen*) [**jdm**] **seinen Rücktritt ~** remettre sa démission [à qn]; [**jdm**] **seine Unterstützung ~** offrir son soutien [à qn]; **jdm das Du ~** proposer à qn de se tutoyer

anbieten

• nach Wünschen fragen, etwas anbieten	• demander un souhait, proposer quelque chose
Kann ich Ihnen helfen?/Was darf's sein?	**Puis-je vous aider?/Vous désirez?**
Haben Sie irgendeinen Wunsch?	**Vous désirez quelque chose?**
Was hättest du denn gern?	**Qu'est-ce que tu veux?**
Was möchtest/magst du essen/trinken?	**Qu'est-ce que tu aimerais/veux** manger/boire?
Wie wär's mit einer Tasse Kaffee? *(fam)*	Une tasse de café, **ça te/vous dirait**?
Darf ich Ihnen ein Glas Wein **anbieten**?	**Puis-je vous offrir** un verre de vin?
Sie können gern mein Telefon benutzen.	**Vous pouvez volontiers** utiliser mon téléphone.

• Angebote annehmen	• accepter une offre
Ja, bitte./Ja, gern.	**Oui, s'il vous/te plaît./Oui, volontiers.**
Danke, das ist nett/lieb von dir.	**Merci, c'est gentil de ta part.**
Ja, das wäre nett.	**Oui, ce serait gentil.**
Oh, das ist aber nett!	**Oh, c'est vraiment gentil!**

• Angebote ablehnen	• refuser une offre
Nein, danke!	**Non, merci!**
Aber das ist doch nicht nötig!	**Mais ce n'est vraiment pas nécessaire!**
Das kann ich doch nicht annehmen!	**Je ne peux vraiment pas accepter!**

II. *r V* ❶ (*sich zur Verfügung stellen*) **sich ~ etw zu tun** [se] proposer de faire qc; **sich jdm als Assistent ~** proposer à qn ses services comme assistant
❷ (*nahe liegen*) **sich** [**geradezu**] ~ *Lösung:* s'imposer [de toute évidence]; *Ort:* faire [parfaitement] l'affaire; **es bietet sich an einzuwilligen** il est tout indiqué de consentir

Anbieter(**in**) *m(f)* ❶ offreur(-euse) *m(f); einer Ware* fournisseur(-euse) *m(f); einer Dienstleistung* prestataire *mf*
❷ (*Firma*) entreprise *f*
❸ (*Fernsehsender*) chaîne *f*

an|binden *tr V unreg* ❶ (*festbinden*) attacher; **jdn/ein Tier/etw an etw** (*Akk o Dat*) ~ attacher qn/un animal/qc à qc
❷ (*einschränken*) accaparer; **angebunden** [**sein**] [être] pris(e); **sich angebunden fühlen** se sentir prisonnier(-ière)
❸ (*anschließen*) **etw an das Verkehrsnetz ~** raccorder qc au réseau de circulation

Anbindung *f* (*Verkehrsanbindung*) raccordement *m;* **~ an etw** (*Akk*) raccordement *m* à qc

Anblick *m* ❶ (*Bild*) spectacle *m;* **ein angenehmer ~ sein** offrir un spectacle agréable; **ihm bot sich ein fürchterlicher ~** un spectacle terrible s'offrait à lui
❷ *kein Pl* (*das Blicken, Erblicken*) vue *f;* **beim ~ des Meers** à la vue de la mer
▸ **ein ~ für Götter** un drôle de spectacle

an|blicken *tr V geh* regarder; **jdn zärtlich ~** regarder qn tendrement; **jdn kurz ~** lancer un regard à qn

an|blinken *tr V* ❶ (*mit Taschenlampe*) éblouir
❷ AUT **jdn ~** faire un appel [*o* des appels] de phares à qn

an|blinzeln *tr V* (*ansehen*) regarder en clignant des yeux; (*zublinzeln*) faire un clin d'œil; **jdn ~** (*ansehen*) regarder qn en clignant des yeux; (*zublinzeln*) faire un clin d'œil à qn

an|bohren *tr V* ❶ *Person:* [commencer à] percer [avec une perceuse]; *Holzwurm:* [commencer à] tarauder; **etw ~** *Person:* [commencer à] percer qc [avec une perceuse]; *Holzwurm:* [commencer à] tarauder qc
❷ MIN forer *Quelle, Erdgaslager*

Anbot A *s.* **Angebot**

an|braten *tr V unreg* faire revenir

an|brauchen *tr V fam* entamer

an|bräunen *tr V* faire dorer

an|brechen *unreg* **I.** *itr V + sein Tag:* se lever; *Nacht:* tomber; *Jahreszeit, Periode, Zeitalter:* commencer; **jetzt bricht der Herbst an** maintenant, c'est le début de l'automne; **der ~de Tag/die ~de Nacht** le lever du jour/la tombée de la nuit
II. *tr V + haben* ❶ entamer *Packung, Ersparnisse;* **pro angebrochener Stunde** pour chaque heure entamée
❷ (*teilweise brechen*) **angebrochen werden/sein** *Stuhlbein, Knochen:* se fêler/être fêlé(e); *Leiter:* se fendre/être fendu(e)

an|brennen *unreg* **I.** *itr V + sein* ❶ brûler; (*anhängen*) attacher; **angebrannt** [**sein**] [être] brûlé(e); **angebrannt riechen/schmecken** sentir le brûlé/avoir un goût de brûlé
❷ (*zu brennen beginnen*) *Holz:* prendre; *Papier:* prendre feu
▸ **nichts ~ lassen** *fam* [ne] faire ni une ni deux (*fam*)
II. *tr V + haben* faire prendre

an|bringen *tr V unreg* ❶ (*befestigen*) **etw an etw** (*Dat*) ~ fixer qc à qc
❷ (*montieren*) poser *Steckdose, Regal, Schalter;* installer *Telefon;* fixer *Stiel, Beschlag, Hufeisen*
❸ (*vorbringen*) **etw als Argument ~** présenter qc comme argument
❹ (*äußern*) émettre *Bemerkung, Bitte, Kritik*
❺ (*verwenden*) **seine Kenntnisse ~** mettre en œuvre ses connaissances
❻ *fam* (*herbeibringen*) [**jdm**] **etw ~** *Person, Tier:* rapporter qc [à qn]
❼ *fam* (*absetzen*) **ein Produkt bei jdm ~** refiler un produit à qn (*fam*)

Anbruch *m kein Pl geh einer Epoche* commencement *m;* **bei ~ des Tags** au lever du jour; **bei ~ der Nacht** [*o* **Dunkelheit**] à la tombée de la nuit

an|brüllen I. *tr V* ❶ *Löwe, Tiger:* rugir en direction de; **jdn ~** *Löwe, Tiger:* rugir en direction de qn
❷ *fam* (*anschreien*) **jdn ~** *Person:* gueuler après qn (*fam*); **angebrüllt werden** se faire engueuler (*fam*)
II. *itr V fam* **gegen jdn/etw ~** gueuler plus fort que qn/qc (*fam*)

Anchovis [an'ʃo:vɪs] <-, -> *f* anchois *m*
Andacht ['andaxt] <-, -en> *f* ❶ REL prière *f;* ~ **halten** être en prière
❷ *(Kontemplation)* **in ~ versunken sein** être plongé(e) dans la méditation; **etw voller ~ betrachten** regarder qc avec recueillement *(hum)*
andächtig ['andɛçtɪç] **I.** *Adj* ❶ *Gläubige, Gemeinde, Stille* recueilli(e)
❷ *(ehrfürchtig) Blick, Staunen* admiratif(-ive)
II. *Adv* ❶ *beten* avec recueillement
❷ *hum (ehrfürchtig)* avec componction *(iron)*
Andalusien [anda'lu:ziən] <-s> *nt* l'Andalousie *f*
Andante <-[s], -s> *nt* MUS andante *m*
Andauer *f kein Pl* persistance *f*
an|dauern *itr V* persister; *Gespräche, Schießereien:* se poursuivre
andauernd I. *Adj* ❶ *(anhaltend)* qui persiste; *Gespräche, Schießereien* qui se poursuit
❷ *(ständig)* continuel(le)
II. *Adv* continuellement
Anden ['andən] *Pl* **die ~** les Andes *fpl*
Andenken <-s, -> *nt* ❶ *(Gegenstand, Souvenir)* souvenir *m;* **~ an jdn/etw** souvenir *m* de qn/qc
❷ *kein Pl (Erinnerung)* **im ~ an jdn/etw** en souvenir de qn/qc
❸ *kein Pl (Gedenken an einen Verstorbenen)* mémoire *f;* **jdm ein ehrendes ~ bewahren** *geh* continuer à honorer la mémoire de qn
andere(r, s) *Pron indef* ❶ autre; **ein ~s Auto haben als ...** avoir une autre voiture que ...; **[etwas] ~s** autre chose; **ich möchte nichts ~s tun, als schlafen** je ne souhaite rien d'autre que dormir; **ein ~r/eine ~** un/une autre; **jemand ~r** quelqu'un d'autre; **niemand/kein ~r [als ...]** personne d'autre [que ...]; **die ~n** les autres; **alle ~n** tous/toutes les autres; **und ~** et autres; **etwas/nichts ~s** quelque chose/rien d'autre
❷ *(zusätzlich)* **[noch] zwei ~ Bücher lesen** lire [encore] deux autres livres; **ich habe [noch] ~** j'en ai [encore] d'autres; **und ~s mehr** et bien d'autres choses encore
▶ **alles ~ als zufrieden sein** être tout sauf content(e); **unter ~m/~n** entre autres; **und ~s** et cætera
andererseits *Adv* d'un autre côté
andermal *Adv* ▶ **ein ~** une autre fois
ändern ['ɛndɐn] **I.** *tr V* ❶ *(verändern)* changer *Lage, Umstände;* **seine Meinung ~** changer d'avis; **das lässt sich nicht ~** on ne peut rien y changer; **das ändert nichts an der Tatsache, dass** cela ne change rien au fait que + *indic*
❷ *(abändern)* changer de *Namen, Richtung;* modifier *Daten;* **der Code wurde geändert** le code a été changé [*o* modifié]
❸ *(umnähen)* retoucher *Kleidungsstück;* **ein Kleid in einen Rock ~** transformer une robe en jupe
II. *r V* **sich ~** changer; **daran hat sich nicht viel geändert** cela n'a pas beaucoup changé
andernfalls *Adv* sinon
andernorts *Adv geh* ailleurs
anders ['andɐs] *Adj, Adv* ❶ *(verschieden)* différemment; **~ denkend** *Bürger* dissident(e); *Kritiker* non-conformiste; **darüber denke ich ~ als du** j'en ai un avis différent du tien; **~ gesinnt** d'opinion différente; **~ gesinnt sein** avoir un avis différent [*o* un autre avis]; **~ lautend** *form* discordant(e); **~ sein** être différent(e); **~ schmecken** avoir un autre goût; **[ganz] ~ aussehen** avoir une [tout] autre allure; **es sich ~ überlegen** changer d'avis; **es geht nicht ~** il n'y pas moyen de faire autrement
❷ *(sonst)* sinon, autrement; **jemand/niemand ~** quelqu'un/personne d'autre; **was/wer ~?** quoi/qui d'autre; **wo ~?** où sinon?; **wo ~ könnte sie sein als im Kino?** où pourrait-elle être sinon au cinéma?
▶ **jd kann auch ~** *fam* qn peut changer de méthodes [s'il le faut]; **jd kann nicht ~** *fam* qn ne peut pas faire autrement *(fam)*; **jdm wird ganz ~** *(jdm wird schwindelig)* qn se sent mal
andersartig *Adj* différent(e)
andersdenkend *s.* **anders 1.**
Andersdenkende(r) *f(m) dekl wie Adj* dissident(e) *m(f);* **man muss ~ tolerieren** il faut tolérer ceux qui pensent différemment
anderseits *s.* **andererseits**
andersfarbig I. *Adj* de couleur différente
II. *Adv* d'une autre couleur; **ich würde die Wände lieber ~ streichen** je préférerais peindre les murs d'une autre couleur
andersgesinnt *s.* **anders 1.**
Andersgesinnte(r) *f(m) dekl wie Adj* personne *f* d'opinion différente; POL dissident(e) *m(f)* **andersgläubig** *Adj* de confession différente **Andersgläubige(r)** *f(m) dekl wie Adj* personne *f* de confession différente **andersherum I.** *Adv* ❶ *(in die andere Richtung)* dans l'autre sens; **etw ~ legen** tourner qc dans l'autre sens ❷ *(aus der anderen Richtung) hereinfahren, hereinstecken* en sens inverse ❸ *(in Bezug auf Kleidung) tragen* de l'autre côté; **etw ~ anziehen** retourner qc **II.** *Adj* ▶ **~ sein** *fam* être homo *(fam)*
anderslautend *s.* **anders 1.**
andersrum ['andɐsrʊm] *s.* **andersherum** **anderssprachig** *Adj* ❶ *Literatur, Buch* écrit(e) dans une autre langue; **deutsche und ~e Literatur** la littérature allemande et étrangère
❷ *(eine andere Sprache sprechend)* parlant une autre langue
anderswie ['andɐs'vi:] *Adv fam* autrement, d'une autre façon; **konntest du das nicht ~ regeln?** tu n'aurais pas pu régler ça autrement? **anderswo** *Adv* ailleurs; **so etwas gibt es nicht ~** cela n'existe nulle part ailleurs **anderswoher** *Adv* d'ailleurs **anderswohin** *Adv* ailleurs
anderthalb ['andɐt'halp] *Num* un(e) et demi(e); **~ Jahre** un an et demi **anderthalbfach** *Adj* une fois et demie **anderthalbmal** *Adv* une fois et demie; **~ so viele Demonstranten** une fois et demie plus de manifestants
Änderung ['ɛndərʊŋ] <-, -en> *f* ❶ *eines Entwurfs, Titels* changement *m,* modification *f; eines Gesetzes* amendement *m;* **~en an etw** *(Dat)* **vornehmen** apporter des modifications à qc; **nach ~ des Titels** après avoir modifié le titre; **~en vorbehalten** sous réserve de modification
❷ *(Schneiderarbeit)* retouche *f;* **~en an einem Mantel vornehmen** faire des retouches à un manteau
❸ *(Wandel) einer Gesellschaft, Politik* transformation *f; des Wetters* changement *m*
Änderungsantrag *m* [demande *f* d']amendement *m;* **einen ~ einbringen** déposer une demande d'amendement **Änderungsschneider(in)** *m(f)* retoucheur(-euse) *m(f)* **Änderungsschneiderei** *f* atelier *m* de retouches **Änderungsvorschlag** *m* proposition *f* de modification; *(für ein Gesetz)* proposition *f* d'amendement; **einen ~ machen** proposer un changement [*o* une modification] **Änderungswunsch** *m* demande *f* de modification; **Änderungswünsche haben** souhaiter des modifications
anderweitig I. *Adj attr* autre, supplémentaire; **einer ~en Beschäftigung nachgehen** vaquer à une autre activité
II. *Adv* ❶ *beschäftigt, hören* par ailleurs; *informiert* ailleurs
❷ *(an einen anderen) vergeben* à quelqu'un d'autre; *besetzt* par quelqu'un d'autre
❸ *(anders) verwenden, sich entscheiden* autrement
an|deuten I. *tr V* ❶ *(erwähnen)* évoquer *Angelegenheit, Problem;* **etw nicht ~** ne pas faire allusion à qc
❷ *(zu verstehen geben)* **[jdm] seine Absicht ~** laisser entendre ses intentions [à qn]; **[jdm] ~, dass** laisser entendre [à qn] que + *indic*
❸ *(skizzieren)* esquisser *Umriss, Gestalt, Thema*
II. *r V* **sich bei jdm ~** *Veränderungen:* s'esquisser chez qn
Andeutung *f* ❶ *(Hinweis)* allusion *f;* **eine ~ über jdn/etw machen** faire une insinuation à propos de qn/qc; **~en**

machen faire des allusions; **eine versteckte** ~ une allusion voilée
❷ (*Spur*) *einer Farbe* soupçon *m;* **die** ~ **eines Schattens** une ombre juste esquissée
❸ (*Anflug*) *eines Lächelns, einer Verbeugung* ébauche *f*
andeutungsweise *Adv* ❶ (*indirekt*) à mots couverts
❷ (*rudimentär*) très vaguement
an|dicken *tr V* GASTR épaissir *Soße*
an|dienen I. *tr V* **jdm etw** ~ faire pression sur qn pour qu'il accepte qc; **sich** (*Dat*) **etw von jdm** ~ **lassen** être convaincu(e) par qn d'accepter qc; **er hat mir seine Begleitung angedient** il a insisté pour m'accompagner
II. *r V* **sich jdm [als Assistent]** ~ proposer ses services à qn [comme assistant]
an|docken *itr V Raumfähre:* s'arrimer à; *Molekül, Virus:* se fixer à; **an etw** (*Akk*) ~ *Raumfähre:* s'arrimer à qc; *Molekül, Virus:* se fixer à qc
Andorra [an'dɔra] <-s> *nt* l'Andorre *f*
Andorraner(in) <-s, -> *m(f)* Andorran(e) *m(f)*
andorranisch *Adj* andorran(e)
Andrang *m kein Pl* ❶ (*Menschenmenge*) affluence *f*
❷ (*Zustrom*) *von Wassermassen, einer Flut* afflux *m*
andre(r, s) *s.* **andere(r, s)**
Andreaskreuz [an'dre:askrɔɪts] *nt a.* REL croix *f* de Saint-André
an|drehen *tr V* ❶ (*anstellen*) ouvrir *Gas, Wasser;* allumer *Licht, Heizung*
❷ (*festdrehen*) serrer *Schraube, Bolzen*
❸ *fam* (*verkaufen*) **jdm etw** ~ refiler qc à qn (*fam*); **sich** (*Dat*) **etw** ~ **lassen** se laisser refiler qc (*fam*)
andrerseits *s.* **andererseits**
Androgen [andro'ge:n] <-s, -e> *nt* MED androgène *m*
androgyn [andro'gy:n] *Adj* androgyne
an|drohen *tr V* **jdm etw** ~ menacer qn de qc
Androhung *f* menace *f;* **unter** ~ **einer Strafe** sous la menace d'une punition; **unter** ~ **eines Bußgelds** sous peine d'amende; **unter** ~ **von Gewalt** en menaçant d'utiliser la violence
Android [andro'i:t, -'i:dən] <-en, -en> *m* humanoïde *m*
Andromache [an'dro:maxe] <-s> *f* MYTH Andromaque *f*
Andromeda <-s> *f* MYTH Andromède *f*
Andruck <-drucke> *m* ❶ TYP épreuve *f*
❷ *kein Pl* PHYS accélération *f* [de la pesanteur]
an|drucken TYP **I.** *tr V* faire une épreuve de
II. *itr V* commencer le tirage
an|drücken *tr V* presser; appuyer sur *Pflaster*
an|dünsten *tr V* faire cuire [quelques minutes] à la vapeur; **etw** ~ faire cuire qc [quelques minutes] à la vapeur
an|ecken ['anʔɛkən] *itr V + sein fam* choquer; **bei jdm mit etw** ~ choquer qn par qc
an|eignen *r V* ❶ (*erwerben*) **sich** (*Dat*) **Kenntnisse/eine gewählte Ausdrucksweise** ~ acquérir des connaissances/un langage choisi; **sich** (*Dat*) **schlechte Umgangsformen** ~ attraper de mauvaises manières
❷ (*nehmen*) **sich** (*Dat*) **etw** ~ s'approprier qc
Aneignung <-, *selten* -en> *f* ❶ (*Erwerb*) *von Kenntnissen, Fertigkeiten* acquisition *f*
❷ (*Inbesitznahme*) appropriation *f;* **widerrechtliche** ~ appropriation illégale; **betrügerische** ~ usurpation *f* frauduleuse
aneinander *Adv* ❶ (*räumlich*) **die Dominosteine** ~ **fügen** mettre les dominos bout à bout, assembler les dominos; **zwei Fotos** ~ **halten** mettre deux photos l'une à côté de l'autre; **die Bücher** ~ **stellen** poser les livres l'un contre l'autre [*o* les uns contre les autres]; **Waggons** ~ **hängen** attacher des wagons l'un à l'autre; **Perlen auf einer Schnur** ~ **reihen** enfiler des perles sur un fil; ~ **hängen** être attaché(e) l'un(e) à l'autre; ~ **stoßen** s'entrechoquer; ~ **vorbeigehen** passer l'un(e) à côté de l'autre; ~ **vorbeisehen** se croiser sans se regarder; **sich** ~ **fügen** se combiner; **sich** ~ **reihen** s'aligner; **sich** ~ **schmiegen** *zwei Personen:* se serrer l'un(e) contre l'autre; *mehrere Personen:* se serrer les un(e)s contre les autres
❷ (*zeitlich*) **sich** ~ **reihen** se succéder; **die Jahre reihen sich** ~ les années succèdent aux années
❸ *fig* **mit jdm** ~ **geraten** (*sich streiten*) s'empoigner avec qn; (*sich prügeln*) en venir aux mains avec qn; **sich** ~ **gewöhnen** s'habituer l'un(e) à l'autre; ~ **vorbeireden** monologuer chacun(e) pour soi
aneinander|fügen *s.* **aneinander 1.**
aneinander|geraten* *s.* **aneinander 3.**
aneinander|halten *s.* **aneinander 1.**
aneinander|hängen *s.* **aneinander 1.**
aneinander|reihen *s.* **aneinander 1., 2.**
aneinander|schmiegen *s.* **aneinander 1.**
aneinander|stellen *s.* **aneinander 1.**
aneinander|stoßen *s.* **aneinander 1.**
Anekdötchen <-s, -> *nt Dim von* **Anekdote** *hum fam* petite histoire *f*
Anekdote [anɛk'do:tə] <-, -n> *f* anecdote *f*
an|ekeln *tr V* dégoûter; **von etw angeekelt sein** être dégoûté(e) par qc
Anemometer [anemo'me:tɐ] *nt* METEO anémomètre *m*
Anemone [ane'mo:nə] <-, -n> *f* anémone *f*
an|erbieten* *r V unreg geh* **sich** ~ s'offrir; **sich** ~ **jdm zu helfen** offrir ses services à qn
Anerbieten <-s, -> *nt geh* offre *f*
anerkannt *Adj* ❶ (*unbestritten, allgemein geschätzt*) *Buch, Kunstwerk, Tatsache* reconnu(e)
❷ (*zugelassen*) *Experte* agréé(e); *Diplom* reconnu(e); *Prüfung* validé(e); *Schule* habilité(e); **staatlich** ~ reconnu(e) par l'État
anerkanntermaßen *Adv* **diese Methode ist** ~ **besser** tout le monde s'accorde pour dire que cette méthode est meilleure
an|erkennen* *tr V unreg* ❶ (*bestätigen, würdigen*) reconnaître
❷ SPORT homologuer *Rekord, Leistung*
❸ (*akzeptieren*) accepter *Meinung, Forderung, Rechnung;* ~, **dass** reconnaître que + *indic*
anerkennend I. *Adj* approbateur(-trice)
II. *Adv* en signe d'approbation
anerkennenswert I. *Adj* méritoire
II. *Adv* de façon méritoire
Anerkenntnis <-ses, -se> *nt* JUR reconnaissance *f*
Anerkennung *f* ❶ (*Bestätigung, Würdigung*) reconnaissance *f; einer ausländischen Gerichtsentscheidung* homologation *f;* **gerichtliche/gegenseitige** ~ reconnaissance judiciaire/mutuelle; **in** ~ **Ihrer Verdienste** *form* en reconnaissance de vos mérites
❷ (*lobende Zustimmung*) approbation *f;* **jds** ~ **finden** *Leistung:* recevoir les faveurs de qn
❸ SPORT homologation *f*
❹ (*das Akzeptieren, Tolerieren*) acceptation *f*
an|erziehen* *unreg* **I.** *tr V* inculquer; **jdm etw** ~ inculquer qc à qn; **dieses Benehmen ist anerzogen** ce comportement vient de son éducation
II. *r V* **sich** (*Dat*) **etw** ~ assimiler qc
an|fachen ['anfaxən] *tr V a. fig geh* attiser
an|fahren *unreg* **I.** *itr V + sein* ❶ (*losfahren*) démarrer; **das Anfahren am Berg** le démarrage en côte; **Vorsicht beim Anfahren des Zuges!** attention au départ!
❷ (*herbeifahren*) **angefahren kommen** arriver
II. *tr V + haben* ❶ (*streifen*) accrocher *Person, Auto*
❷ (*liefern*) livrer *Ware*
❸ *fam* (*auftischen*) servir *Getränke, Speisen*
❹ NAUT mettre le cap sur *Hafen*
❺ (*schelten*) houspiller
Anfahrt *f* ❶ (*Hinfahrt, Anfahrtszeit, -weg*) trajet *m;* **eine lange** ~ **haben** avoir une longue route à faire

❷ (*das Kommen*) **zwanzig Euro für die ~ verlangen** *Taxifahrer, Handwerker:* exiger vingt euros pour la course

Anfahrtskosten *Pl* frais *mpl* d'accès

Anfall *m* ❶ (*Herzanfall, Asthmaanfall*) crise *f;* (*Schwächeanfall*) malaise *m;* (*Ohnmachtsanfall*) syncope *f;* **epileptischer ~** crise d'épilepsie; **einen ~ bekommen/haben** avoir une crise; (*ohnmächtig werden*) faire une syncope; *Epileptiker:* avoir une crise d'épilepsie
❷ (*Wutanfall*) accès *m;* **einen ~ kriegen** *fam* piquer sa crise (*fam*)
❸ (*Anwandlung*) **ein ~ von Größenwahn** un accès de folie; **in einem ~ von Leichtsinn** dans un moment d'inconscience
❹ *kein Pl* (*Aufkommen*) **der ~ an Arbeit/Müll/Kosten** (*Dat*) la production [en termes] de travail/déchets/coûts

an|fallen *unreg* **I.** *tr V + haben* (*angreifen*) attaquer
II. *itr V + sein* ❶ (*entstehen*) *Nebenprodukte, Müll:* être produit(e); **der ~de Müll** les ordures produites
❷ FIN *Gebühren, Kosten, Steuern, Zinsen:* être dû(due); **bei dieser Geldanlage fallen hohe Zinsen an** cet investissement produit des intérêts élevés
❸ (*sich anhäufen*) *Papier:* s'accumuler; **es fällt viel Arbeit an** il y a beaucoup de travail; **es fallen viele Reparaturen an** il y a de nombreuses réparations; **die ~de Arbeit** le travail à effectuer

anfällig ['anfɛlɪç] *Adj* ❶ (*kränklich*) *Person* de santé fragile; **für etw ~ sein/werden** être/devenir réceptif(-ive) [*o* sujet(te)] à qc
❷ (*störungsanfällig*) *Gerät, Motor, Wagen* fragile

Anfälligkeit *f einer Person, Maschine* fragilité *f;* **seine ~ für Infekte** sa réceptivité aux infections

Anfang ['anfaŋ] <-[e]s, Anfänge> *m* ❶ (*Beginn*) début *m,* commencement *m;* **bei etw/mit etw den ~ machen** prendre l'initiative à l'occasion de qc/pour qc; **einen neuen ~ machen** prendre un nouveau départ; **der ~ ist gemacht** le premier pas est fait; **am ~** au début; **von ~ an** dès le départ, depuis le début; **zu ~** au début, au départ; **gleich zu ~** dès le début [*o* départ]; **~ September** début septembre; **~ des Jahres** au début de l'année; **~ vierzig sein** avoir la quarantaine; **von ~ bis Ende** du début [jusqu']à la fin
❷ (*Ursprung*) *des Lebens, Universums* commencement *m; einer Firma* débuts *mpl;* **seinen ~ nehmen** *geh Universum:* prendre naissance; *Verhängnis:* commencer à se réaliser
▶ **der ~ vom Ende** le commencement de la fin (*fam*); **im ~ war das Wort** au commencement était le Verbe; **aller ~ ist schwer** *Spr.* tous les débuts sont difficiles

an|fangen *unreg* **I.** *tr V* ❶ (*beginnen*) commencer *Brief, Unterricht, Arbeit;* **etw mit einer Anekdote ~** commencer qc par une anecdote; **mit jdm ein Gespräch ~** entamer une conversation avec qn; **mit jdm ein Verhältnis ~** s'engager dans une relation avec qn; **du willst wohl Streit ~?** tu cherches la bagarre [*o* des histoires]? (*fam*)
❷ *fam* (*anbrechen*) entamer *Flasche, Packung, Tube*
❸ (*angehen*) **etw richtig/anders ~** s'y prendre bien/autrement avec qc
❹ (*machen*) **was wird sie mit all dem Geld ~?** qu'est-ce qu'elle va faire de [*o* avec] tout cet argent?; **was soll ich nur ~?** qu'est-ce que je vais faire?
▶ **mit jdm ist nichts anzufangen** il n'y a rien à tirer de qn; **nichts mit sich anzufangen wissen** ne pas savoir quoi faire de ses dix doigts
II. *itr V* ❶ **mit seinem Vortrag ~** commencer sa conférence; **fangt ihr schon mit dem Essen/mit dem Spiel an!** commencez à manger/à jouer!
❷ (*beginnen*) *Veranstaltung, Leben, Film:* commencer; *Gewitter, Sturm:* éclater; *Regen:* commencer à tomber; **es fängt an zu regnen** il commence à pleuvoir; **das Buch fängt an mich zu langweilen** le livre commence à m'ennuyer
❸ (*ins Berufsleben gehen*) [**als Vertreter**] **~** commencer [*o* débuter] [comme représentant]

Anfänger(in) <-s, -> *m(f)* débutant(e) *m(f);* **~ sein** être novice; **ein blutiger ~ sein** *fam* être novice en la matière

Anfängerkurs[us] *m* cours *m* pour débutants

anfänglich ['anfɛŋlɪç] **I.** *Adj attr Schwierigkeiten, Übelkeit* initial(e); **nach ~em Zögern** après avoir hésité au début
II. *Adv* initialement

anfangs ['anfaŋs] **I.** *Adv* au début
II. *Präp + Gen* CH **~ des Monats/der Woche** en début de mois/semaine; **~ des Jahres/des Winters** au début de l'année/de l'hiver; **~ Januar** début janvier

Anfangsbuchstabe *m* [lettre *f*] initiale **Anfangsgehalt** *nt* salaire *m* de départ [*o* d'embauche] **Anfangsgeschwindigkeit** *f* TECH, PHYS vitesse *f* initiale **Anfangsgründe** *Pl* rudiments *mpl,* premières notions *fpl* **Anfangskapital** *nt* capital *m* initial [*o* de départ] **Anfangskurs** *m* FIN cours *m* d'ouverture **Anfangsschwierigkeiten** *Pl* difficultés *fpl* initiales [*o* de départ] **Anfangsstadium** *nt einer Krankheit* premier stade *m; eines Projekts, Versuchs* phase *f* initiale **Anfangszeit** *f* premiers temps *mpl*

an|fassen **I.** *tr V* ❶ (*berühren*) toucher; **jdn am Ärmel ~** saisir [*o* prendre] qn par la manche; **jdn grob ~** empoigner qn sans ménagement
❷ (*ergreifen*) **die Flasche am Hals ~** prendre la bouteille par le goulot
❸ (*angehen*) aborder *Angelegenheit, Problem*
❹ (*behandeln*) traiter; **jdn richtig/falsch ~** s'y prendre bien/mal avec qn
❺ DIAL (*bei der Hand nehmen*) **jdn ~** prendre qn par la main
▶ **zum Anfassen** *fam* (*verständlich*) accessible [à tous]; (*volksnah*) proche des gens
II. *itr V* ❶ (*berühren*) toucher
❷ (*helfen*) [**mit**] **~** filer un coup de main (*fam*)
III. *r V* ❶ (*sich bei der Hand nehmen*) **sich** [*o* **einander** *geh*] **~** se donner la main
❷ (*sich anfühlen*) **sich weich/rau ~** être doux(douce)/rêche au toucher

an|fauchen *tr V* ❶ *Katze, Raubkatze:* feuler en direction de; **jdn ~** *Katze, Raubkatze:* feuler en direction de qn
❷ *fam* (*zurechtweisen*) engueuler (*fam*)

an|faulen *itr V + sein Früchte:* commencer à s'abîmer [*o* se gâter]; *Holz:* commencer à pourrir

anfechtbar ['anfɛçtba:ɐ] *Adj* contestable; JUR annulable

Anfechtbarkeit <-> *f* caractère *m* contestable; JUR caractère *m* attaquable

an|fechten *tr V unreg* ❶ contester *Aussage, These*
❷ JUR contester la validité de *Abkommen, Vertrag;* faire appel de *Beschluss, Urteil*

Anfechtung <-, -en> *f* ❶ (*Anzweiflung*) contestation *f; eines Beschlusses, Urteils* recours *m* en annulation; **~ wegen Irrtums/Nötigung/Täuschung** JUR recours en annulation pour erreur/contrainte/dol
❷ *geh* (*Versuchung*) tentation *f*

an|feinden ['anfaɪndən] **I.** *tr V* manifester de l'hostilité envers
II. *r V* **sich ~** s'agresser

Anfeindung <-, -en> *f* attaque *f;* **den ~en der Kollegen ausgesetzt sein** être en butte aux attaques des collègues

an|fertigen *tr V* confectionner *Kleidungsstück;* fabriquer *Kunstgegenstand, Möbelstück;* réaliser *Zeichnung;* dresser *Protokoll;* réaliser *Fälschung, Kopie;* préparer *Lotion;* **sich** (*Dat*) **von jdm einen Anzug ~ lassen** se faire faire un costume par qn

Anfertigung *f eines Kleidungsstücks* confection *f; eines Möbelstücks, Kunstgegenstands* fabrication *f; einer Zeichnung* réalisation *f; eines Protokolls, einer Kopie* rédaction *f; einer Übersetzung* exécution *f; einer Lotion* préparation *f*

an|feuchten ['anfɔɪçtən] **I.** *tr V* humidifier, humecter
II. *r V* **sich** (*Dat*) **die Lippen ~** s'humecter [*o* s'humidifier] les lèvres

an|feuern *tr V* ❶ (*anspornen*) encourager; **~de Zurufe** des cris d'encouragement
❷ (*anheizen*) allumer *Ofen, Herd*

an|fixen *tr V sl* pousser à se piquer [*o* shooter] (*fam*); **jdn ~** pousser qn à se piquer [*o* shooter]

an|flehen *tr V* implorer, supplier; **jdn ~ etw zu tun** adjurer [*o* supplier] qn de faire qc; **jdn um Hilfe ~** implorer [*o* quémander] l'aide de qn

an|fliegen *unreg* **I.** *tr V + haben* ❶ **einen Flughafen/eine Stadt ~** (*sich nähern*) approcher d'un aéroport/d'une ville; (*eine Flugverbindung unterhalten*) desservir un aéroport/une ville
❷ (*angreifen*) attaquer
II. *itr V + sein* **angeflogen kommen** *Flugzeug, Vogel:* arriver; *Geschoss, Stein:* fuser

Anflug *m* ❶ AVIAT approche *f;* **beim ~ auf Rom** à la descente sur Rome
❷ (*Spur, Andeutung*) **ein ~ von Ironie** une pointe d'ironie; **der ~ eines Lächelns** l'ébauche *f* [*o* l'esquisse *f*] d'un sourire

an|flunkern *tr V fam* raconter des bobards à (*fam*)

an|fordern *tr V* demander; **etw bei** [*o* **von**] **jdm ~** demander qc à qn

Anforderung *f* ❶ *kein Pl* (*das Anfordern*) demande *f;* **auf ~** sur demande
❷ *meist Pl* (*Anspruch*) exigences *fpl;* [**große**] **~en an jdn stellen** être [très] exigeant(e) avec qn; **den ~en genügen** [*o* **gerecht werden**] remplir les conditions; **welche ~en werden an die Bewerber gestellt?** qu'est-ce qui est exigé de la part des candidats?

Anforderungsprofil *nt* profil *m* requis

Anfrage *f* ❶ demande *f* [de renseignement]; **ich habe eine ~** j'ai un renseignement à demander; **auf ~** sur demande
❷ INFORM demande *f*
❸ PARL **kleine/große ~** question *f* orale/écrite

an|fragen *itr V* demander; (*Auskunft erfragen*) se renseigner; **bei jdm wegen etw ~** demander qc à qn

an|freunden *r V* ❶ **sich ~** se lier d'amitié; **sich mit jdm ~** se lier d'amitié avec qn; **sie haben sich angefreundet** ils/elles se sont lié(e)s d'amitié
❷ (*sich gewöhnen an*) **sich mit jdm/etw ~** se faire à qn/qc

an|fügen ['anfy:gən] *tr V* ❶ (*beilegen*) [r]ajouter
❷ (*hinzufügen*) **~, dass** ajouter que + *indic*

an|fühlen **I.** *tr V* toucher
II. *r V* **sich weich/rau ~** être doux(douce)/rêche [au toucher]; **dieses Hemd fühlt sich etwas kratzig an** cette chemise gratte un peu

Anfuhr ['anfu:ɐ] <-> *f* (*mit dem LKW*) arrivage *m*

an|führen *tr V* ❶ (*befehligen*) commander *Bande, Truppe*
❷ (*vorbringen, erwähnen*) donner *Beispiel, Tatsache, Grund;* fournir *Beweise, Ergebnisse;* mentionner *Zitat*
❸ (*benennen*) donner le nom de *Komplizen, Zeugen*
❹ *fam* (*hereinlegen*) **jdn ~** rouler qn [dans la farine] (*fam*)

Anführer(in) *m(f)* ❶ *einer Armee, Truppe* commandant *m; einer Bande* chef *mf*
❷ *pej* (*Rädelsführer*) meneur(-euse) *m(f)*

Anführung *f* ❶ *einer Bande, Truppe* commandement *m*
❷ (*das Erwähnen*) *eines Beispiels, Zitats* mention *f; eines Beweises, Grunds* production *f;* **unter ~ mehrerer Personen/Beispiele** *form* en citant [*o* mentionnant] plusieurs personnes/exemples

Anführungsstrich *m,* **Anführungszeichen** *nt meist Pl* guillemets *mpl;* **~e unten/oben** guillemets ouvrants/fermants

an|füllen *tr V* remplir; **ein Gefäß/einen Raum mit etw ~** remplir un récipient/une pièce de qc

an|funkeln *tr V* fusiller du regard; **jdn ~** fusiller qn du regard

Angabe <-, -n> *f* ❶ *meist Pl* (*Aussage*) déclaration *f;* **~n über etw** (*Akk*)/**zu etw machen** donner des indications à propos de qc/sur qc; **laut ~n** selon les indications [*o* les déclarations]; **nach den ~n der Zeugen** selon les indications [*o* les déclarations] des témoins; **~n zur Person** renseignements *mpl* sur l'identité
❷ (*Nennung*) *eines Preises, Namens, Grunds* indication *f;* **er ist ohne ~ seiner neuen Adresse verzogen** il a déménagé sans laisser d'adresse
❸ SPORT service *m*
❹ *kein Pl fam* (*Prahlerei*) frime *f* (*fam*)

an|gaffen *tr V pej* regarder bouche bée; **jdn ~** regarder qn bouche bée; **was gaffst du mich so an?** qu'est-ce que tu as à me regarder avec des yeux pareils?

an|geben *unreg* **I.** *tr V* ❶ (*nennen*) donner *Grund, Namen;* citer *Zeugen;* [**jdm**] **die Mittäter ~** donner le nom des complices [à qn]
❷ (*zitieren*) mentionner *Gewährsleute, Hintergründe*
❸ (*behaupten, vorgeben*) fournir *Gründe;* **~ etw getan zu haben** déclarer avoir fait qc
❹ (*deklarieren*) déclarer
❺ (*anzeigen*) indiquer *Kategorie, Preis, Temperatur*
❻ (*bestimmen*) [**jdm**] **das Tempo/die Richtung ~** donner la vitesse/la direction [à qn]
II. *itr V* ❶ (*prahlen*) frimer (*fam*), crâner (*fam*); **bei jdm mit jdm/etw ~** frimer [*o* crâner] avec qn/qc auprès de qn (*fam*); **gib nicht so an!** arrête de frimer [*o* de crâner]!
❷ SPORT servir, être au service

Angeber(in) <-s, -> *m(f)* frimeur(-euse) *m(f)* (*fam*), crâneur(-euse) *m(f)* (*fam*)

Angeberei <-, -en> *f fam* ❶ *kein Pl* (*das Prahlen*) frime *f* (*fam*)
❷ *meist Pl* (*Äußerung, Handlung*) fanfaronnade *f*

angeberisch **I.** *Adj* de fanfaron(ne); **wie ~!** quelle frime! (*fam*)
II. *Adv* en fanfaronnant; **sich ~ aufführen** faire son crâneur/sa crâneuse (*fam*)

Angebetete(r) *f(m) dekl wie Adj geh* bien-aimé(e) *m(f);* **seine ~** sa bien-aimée; **ihr ~r** son bien-aimé

angeblich ['ange:plɪç] **I.** *Adj* soi-disant; **der ~e Zeuge** le prétendu [*o* soi-disant] témoin; **die ~e Cousine** la prétendue [*o* soi-disant] cousine
II. *Adv* soi-disant

angeboren *Adj* ❶ *Krankheit, Behinderung* congénital(e)
❷ *fam* (*chronisch*) inné(e), congénital(e) (*péj*)

Angebot <-[e]s, -e> *nt* ❶ offre *f;* **jdm ein ~ machen** [*o* **unterbreiten** *geh*] faire une offre à qn; **ein ~ einholen** solliciter une offre; **bindendes/freibleibendes ~** offre ferme/sans engagement
❷ (*Warenangebot*) choix *m;* **ein großes ~ an Schuhen** un grand choix de chaussures; **~ und Nachfrage** l'offre et la demande; **die Preise werden durch ~ und Nachfrage geregelt** les prix sont déterminés par la loi de l'offre et de la demande
❸ (*Sonderangebot*) promotion *f;* **im ~ sein** être en promotion; **unser ~ der Woche** notre promotion de la semaine

angebracht ['angəbraxt] *Adj* ❶ (*sinnvoll*) opportun(e), indiqué(e)
❷ (*angemessen*) **für jdn/etw ~ sein** être approprié(e) [*o* convenable] pour qn/qc

angedeihen *tr V* **jdm etw ~ lassen** *a. iron geh* accorder qc à qn

Angedenken *nt geh* souvenir *m,* mémoire *f;* **im ~ an jdn/etw** en souvenir *m* [*o* mémoire *f*] de qn/qc
▶ **meine Tante seligen ~s** feu ma tante

angegammelt *Adj fam Käse, Brot* à moitié pourri(e); *Frucht* gâté(e)

angegossen ['angəgɔsən] *Adj* ▶ **wie ~ passen** [*o* **sitzen**] *fam* aller comme un gant

angegraut ['angəgraʊt] *Adj Schläfen, Haar* grisonnant(e)

ạngehaucht *Adj* POL *fam* **kommunistisch/grün ~ sein** avoir des tendances communistes/écologistes; **links/rechts ~ sein** être légèrement marqué(e) à gauche/à droite

ạngeheiratet ['angəhaɪraːtət] *Adj* par alliance; **~ sein** être parent(e) par alliance

ạngeheitert ['angəhaɪtɐt] *Adj fam* éméché(e) (*fam*)

ạn|gehen *unreg* **I.** *itr V + sein* ❶ *Licht, Fernseher, Radio:* s'allumer; *Waschmaschine, Elektrogerät:* se mettre en route [*o* en marche]
❷ (*zu brennen beginnen*) *Feuer:* prendre
❸ *fam* (*beginnen*) *Schule, Kino:* commencer; **wieder ~** recommencer
❹ (*vorgehen, ankämpfen*) **gegen jdn ~** agir contre qn; **gegen die Flammen/das Hochwasser ~** combattre le feu/l'inondation; **gegen den Drogenhandel ~** s'attaquer au trafic de drogue
❺ (*möglich, vertretbar sein*) pouvoir se faire, être possible; **es geht nicht an, dass Sie ewig zu spät kommen** il est inacceptable que vous soyez toujours en retard
❻ (*anwachsen*) *Pflanze:* pousser
II. *tr V* ❶ + *haben o* SDEUTSCH *sein* (*in Angriff nehmen*) s'attaquer à *Aufgabe, Problem, Projekt;* entamer *Verhandlungen*
❷ + *sein* (*sich nähern*) aborder *Hindernis, Hürde, Kurve*
❸ + *sein* (*vorgehen gegen*) aborder *Gegner, Konkurrenten*
❹ + *haben* (*attackieren*) attaquer; **jdn heftig ~** agresser [*o* attaquer] qn violemment
❺ + *haben* (*betreffen*) concerner; **das geht dich nichts an!** ça ne te regarde pas!; **was geht dich das an?** de quoi je me mêle? (*fam*); **was mich angeht, so würde ich zustimmen** pour ma part [*o* en ce qui me concerne], je dirais oui
❻ + *haben o* SDEUTSCH *sein* (*bitten*) **jdn um einen Rat/um Geld ~** demander un conseil/de l'argent à qn, s'adresser à qn pour obtenir un conseil/de l'argent

ạngehend *Adj* futur(e); **die ~en Studenten** les futurs étudiants; **sie ist eine ~e Abiturientin** c'est quasiment une bachelière

ạn|gehören* *itr V* faire partie de; **einer Gruppe ~** faire partie d'un groupe; **einem Verein/einer Partei ~** être membre d'une association/d'un parti; **der Vergangenheit ~** appartenir au passé

ạngehörig *Adj* membre de; **einer Organisation/Partei ~ sein** être membre d'une organisation/d'un parti

Ạngehörige(r) *f(m) dekl wie Adj* ❶ (*Familienangehöriger*) [proche] parent(e) *m(f);* **meine ~n wohnen alle in Süddeutschland** toute ma famille vit en Allemagne du Sud
❷ (*Mitglied*) membre *m*

Ạngeklagte(r) *f(m) dekl wie Adj* accusé(e) *m(f),* prévenu(e) *m(f)*

Ạngel ['aŋəl] <-, -n> *f* ❶ canne *f* à pêche; **die ~ auswerfen** jeter la ligne; **einen Fisch an der ~ haben** avoir un poisson au bout de la ligne
❷ (*Türangel, Fensterangel*) gond *m;* **die Tür aus den ~n heben** sortir la porte des gonds
▸ **aus den ~ heben** chambouler (*fam*) *Firma*

Ạngelegenheit *f* ❶ affaire *f;* **in eigener ~** pour une affaire personnelle; **sich um seine eigenen ~en kümmern** s'occuper de ses affaires; **in welcher ~ wollen Sie mich sprechen?** à quel sujet désirez-vous me voir?
❷ (*Aufgabe*) **das ist seine/ihre ~** cela lui incombe

ạngelernt *Adj* ❶ *Arbeiter, Kraft* spécialisé(e)
❷ (*oberflächlich gelernt*) *Fertigkeit, Wissen* approximatif(-ive)

Ạngelernte(r) *f(m) dekl wie Adj* ouvrier(-ière) *m(f)* spécialisé(e)

Ạngelgerät *nt* accessoires *mpl* [*o* attirail *m*] de pêche **Ạngelhaken** *m* hameçon *m* **Ạngelleine** *f* ligne *f*

ạngeln ['aŋəln] **I.** *itr V* ❶ pêcher; **~ [*o* zum Angeln] gehen** aller à la pêche; **nach [*o* auf] Forellen ~** aller à la pêche à la truite; **das Angeln** la pêche [à la ligne]
❷ (*greifen*) **nach dem Telefon/den Pantoffeln ~** essayer d'attraper le téléphone/les pantoufles
II. *tr V* ❶ (*fischen*) pêcher; **wir haben noch nichts/noch nicht viel geangelt** nous n'avons rien pris/pas pris grand-chose
❷ *fam* (*ergattern*) **sich** (*Dat*) **einen Mann/Millionär ~** mettre le grappin sur un homme/un millionnaire (*fam*)

Ạngelobung <-, -en> *f* A prestation *f* de serment

Ạngelpunkt *m* question *f* centrale **Ạngelrute** *f* canne *f* à pêche

Ạngelsachse *m,* **-sächsin** *f* Anglo-Saxon(ne) *m(f)* **ạngelsächsisch** *Adj* anglo-saxon(ne)

Ạngelschein *m* carte *f* de pêche **Ạngelschnur** *f* fil *m* à pêche, ligne *f* **Ạngelsport** *m* pêche *f* à la ligne

ạngemessen **I.** *Adj Preis* raisonnable; *Honorar* adapté(e); *Kleidung, Ansprache* approprié(e); *Verhalten* convenable; **der Leistung** (*Dat*) **~ sein** être proportionnel(le) [*o* correspondre] au rendement; **dem Anlass ~ sein** *Kleidung:* être approprié(e) à la situation
II. *Adv honorieren, würdigen* à sa/leur juste valeur; *bezahlen* en conséquence; *kleiden, sich verhalten* convenablement

ạngenehm ['angəneːm] **I.** *Adj* agréable; **ein ~es Äußeres haben** avoir un physique avantageux; **es ist mir nicht ~, dass du dorthin gehst** je n'aime pas [*o* ça ne me plaît pas] que tu y ailles; **es wäre mir ~er, wenn ...** je préférerais que + *subj;* **das Angenehme mit dem Nützlichen verbinden** joindre l'utile à l'agréable; **[sehr] ~!** enchanté(e)!
II. *Adv* **~ riechen/duften** sentir bon; **~ klingen** avoir un son agréable; **~ überrascht sein** être agréablement surpris(e)

ạngenommen *Adj* ❶ *Name* d'emprunt
❷ (*adoptiert*) adoptif(-ive); *s. a.* **annehmen**

ạngepasst[RR], **ạngepaßt** **I.** *Adj* conformiste
II. *Adv sich verhalten* selon la norme

Ạngepasstheit[RR], **Ạngepaßtheit** <-> *f* conformisme *m*

ạngeregt ['angəreːkt] **I.** *Adj Atmosphäre, Diskussion* animé(e)
II. *Adv* de façon animée

ạngerührt *Adj* A (*beleidigt*) froissé(e)

ạngesäuselt ['angəzɔɪzəlt] *Adj fam* éméché(e) (*fam*), pompette (*fam*)

ạngeschlagen *Adj fam Person* mal fichu(e) (*fam*); *Gesundheit* chancelant(e); *Nerven* en pelote (*fam*); **von etw ~ sein** *Person:* être éprouvé(e) par qc

ạngeschmutzt ['angəʃmʊtst] *Adj* un peu sale

ạngeschrieben ▸ **bei jdm gut/schlecht ~ sein** *fam* être bien/mal vu(e) de qn

ạngesehen *Adj Bürger, Kollege, Politiker* estimé(e); *Firma* de renom; **wegen etw ~ sein** *Person:* être estimé(e) pour qc; **hoch ~** très estimé(e)

Ạngesicht <-[e]s, -er> *nt geh* visage *m,* face *f;* **jdn von ~ kennen** connaître qn de vue; **von ~ zu ~** seul(e) à seul(e)
▸ **im ~ der nahenden Katastrophe** devant [*o* face à] l'imminence de la catastrophe; **im ~ des Todes** devant [*o* face à] la mort

ạngesichts *Präp + Gen* face à; **~ der Gefahr** face au danger; **~ der Tatsache, dass** du fait que + *indic*

ạngespannt ['angəʃpant] **I.** *Adj* tendu(e)
II. *Adv* [très] attentivement

ạngestammt ['angəʃtamt] *Adj Rechte, Privilegien* héréditaire; *Platz, Rolle* habituel(le); *Besitz* reçu(e) en héritage

ạngestaubt ['angəʃtaʊpt] *Adj fig fam* poussiéreux(-euse) (*fig*); **~e Ansichten** des idées poussiéreuses

Ạngestellte(r) *f(m) dekl wie Adj* employé(e) *m(f)*

Ạngestelltengewerkschaft *f* syndicat *m* d'employés **Ạngestelltenverhältnis** *nt* statut *m* d'employé(e); **im ~ stehen** être employé(e) **Ạngestelltenversicherung** *f* assurance *f* des employés

ạngestrengt ['angəʃtrɛŋt] **I.** *Adj* ❶ *Aussehen, Gesicht* fatigué(e)
❷ (*intensiv*) *Denken, Nachdenken* intense; *Arbeiten* intensif(-ive)
II. *Adv arbeiten, nachdenken* assidûment

angetan ['angəta:n] *Adj* ❶ (*erbaut*) conquis(e); **von jdm/etw** [**sehr**] ~ **sein** être [tout à fait] conquis(e) par qn/qc
❷ *geh* (*geeignet*) **danach** [*o* **dazu**] ~ **sein etw zu tun** être de nature à faire qc; *s. a.* **antun**
angetraut *Adj Ehemann, Ehefrau* légitime
Angetraute(r) *f(m) dekl wie Adj hum fam* **seine** ~ sa moitié (*fam*); **ihr** ~**r** son cher et tendre époux
angetrunken *Adj* un peu gris(e)
angewandt ['angəvant] *Adj attr Wissenschaft* appliqué(e)
angewiesen ['angəvi:zən] *Adj* **auf jdn/etw** ~ **sein** dépendre [*o* être dépendant(e)] de qn/qc; **sie sind auf jeden Euro/ganz auf ihr Gehalt** ~ ils en sont à compter chaque euro/à vivre sur son seul salaire
an|gewöhnen* **I.** *tr V* **jdm etw** ~ habituer qn à qc; **wer hat dir nur diese Ausdrucksweise angewöhnt?** qui t'a appris à parler comme ça?
II. *r V* **sich** (*Dat*) **das Joggen/Rauchen** ~ prendre l'habitude de faire du footing/de fumer; **sich** (*Dat*) ~ **früh aufzustehen** prendre l'habitude de se lever tôt
Angewohnheit *f* habitude *f*
angewurzelt *Adj* ▶ **wie** ~ **dastehen/stehen bleiben** rester planté(e) [là]
angezeigt *Adj form Maßnahme, Schritt* approprié(e), opportun(e); ~ **sein** être indiqué(e) [*o* opportun(e)]
an|giften *tr V fam* incendier (*fam*)
Angina [aŋ'gi:na] <-, Anginen> *f* angine *f*
Angina pectoris <-> *f* MED angine *f* de poitrine
an|gleichen *unreg* **I.** *tr V* harmoniser; **etw einer S.** (*Dat*) [*o* **an etw** (*Akk*)] ~ harmoniser qc avec qc; [**aneinander**] **angeglichen werden** *Systeme, Methoden:* être harmonisé(e)s [les un(e)s avec les autres]
II. *r V* **sich jdm** ~ s'adapter à qn; **sich** [**aneinander**] ~ *Kulturen, Systeme:* s'harmoniser [les uns/unes avec les autres]; **in ihren Auffassungen haben sie sich nach und nach angeglichen** ils/elles ont peu à peu harmonisé leurs conceptions
Angleichung *f von Währungen, Wettbewerbsbedingungen* nivellement *m*, harmonisation *f*; ~ **an etw** (*Akk*) harmonisation à qc
Angler(in) ['aŋlɐ] <-s, -> *m(f)* pêcheur(-euse) *m(f)* à la ligne
an|gliedern *tr V* **etw einem Staat** ~ annexer qc à un État; **etw einer Partei/einem Konzern** ~ rattacher qc à un parti/groupe
Angliederung *f eines Gebiets, Staats* annexion *f*; *einer Partei, Organisation, Firma* rattachement *m*
anglikanisch [aŋgli'ka:nɪʃ] *Adj* anglican(e)
Anglist(in) <-en, -en> *m(f)* ❶ (*Wissenschaftler*) angliciste *mf*
❷ (*Student*) étudiant(e) *m(f)* en anglais
Anglistik [aŋ'glɪstɪk] <-> *f* lettres *fpl* et civilisation anglaises
Anglizismus <-, -ismen> *m* LING anglicisme *m*
an|glotzen *tr V fam* regarder avec des yeux ronds (*fam*); **jdn** ~ regarder qn avec des yeux ronds
Angola [aŋ'go:la] <-s> *nt* l'Angola *m*
Angolaner(in) <-s, -> *m(f)* Angolais(e) *m(f)*
angolanisch *Adj* angolais
Angorakaninchen *nt* lapin *m* angora **Angorakatze** *f* chat *m* angora; (*weibliches Tier*) chatte *f* angora **Angorapullover** *m* pull *m* [en] angora **Angorawolle** *f* laine *f* angora
angreifbar *Adj Person* critiquable; *Theorie, These, Behauptung* contestable
an|greifen *unreg* **I.** *tr V* ❶ *Truppen, Sportler, Kritiker:* attaquer; **jdn/etw** ~ *Truppen, Sportler, Kritiker:* attaquer qn/qc
❷ (*schädigen*) **etw** ~ *Droge, Säure, Reinigungsmittel:* attaquer qc; **Nikotin greift das Herz an** la nicotine est mauvaise pour le cœur
❸ (*beeinträchtigen*) **jdn** ~ *Nachricht:* affecter qn; *Erkrankung, Stress:* altérer la santé de qn; **etwas angegriffen sein** *Person:* ne pas être très bien portant(e); *Gesundheit:* être un peu atteint(e)
❹ (*anbrechen*) puiser dans *Vorräte, Geld, Guthaben*
II. *itr V Truppen, Sportler, Kritiker:* attaquer
Angreifer(in) <-s, -> *m(f)* ❶ MIL assaillant(e) *m(f)*
❷ *meist Pl* SPORT attaquant(e) *m(f)*
an|grenzen *itr V Land:* être limitrophe; *Fluss, See:* être en bordure; **an etw** (*Akk*) ~ *Land:* être limitrophe de qc; *Fluss, See:* être en bordure de qc
angrenzend *Adj attr Gebäude* voisin(e); *Hecke* avoisinant(e); *Mauer, Zaun, Grundstück* attenant(e); *Land* limitrophe; **die an den Bodensee** ~**en Länder** les pays limitrophes du lac de Constance
Angriff *m* ❶ MIL, SPORT attaque *f*, offensive *f*; **im** ~ **spielen** jouer en attaque; **im** ~ **sehr stark sein** *Mannschaft:* être très fort(e) en attaque
❷ (*Kritik*) attaque *f*; **ein** ~ **auf** [*o* **gegen**] **jdn/etw** une attaque contre qn/qc
▶ ~ **ist die beste Verteidigung** *Spr.* la meilleure défense, c'est l'attaque; **zum** ~ **blasen** MIL sonner la charge; (*den Konkurrenzkampf eröffnen*) passer à l'attaque [*o* à l'offensive]; **etw in** ~ **nehmen** s'attaquer à qc; **zum** ~ **übergehen** passer à l'attaque [*o* à l'offensive]
Angriffsfläche *f* cible *f* ▶ [**jdm**] **eine** ~ **bieten** MIL offrir [à qn] une cible; (*sich der Kritik aussetzen*) donner prise [à qn] **Angriffskrieg** *m* guerre *f* d'agression **Angriffslust** *f* agressivité *f*; SPORT combativité *f* **angriffslustig** *Adj Journalist, Opposition* combatif(-ive); SPORT offensif(-ive) **Angriffspunkt** *m* MIL (*Ort des Angriffs*) point *m* d'attaque; (*Ausgangsort des Angriffs*) point *m* de départ de l'attaque **Angriffsspiel** *nt* jeu *m* offensif **Angriffsspieler(in)** *m(f)* attaquant(e) *m(f)* **Angriffswaffe** *f* arme *f* offensive
an|grinsen *tr V* regarder en ricanant; **jdn** ~ regarder qn en ricanant; **warum grinst du mich so an?** qu'est-ce que tu as à me ricaner au nez?
angst ▶ **jdm wird** ~ [**und bange**] qn prend peur
Angst [aŋst, *Pl:* 'ɛŋstə] <-, ⸚e> *f* ❶ peur *f*; **vor jdm/etw** ~ **haben** avoir peur de qn/qc; **um jdn/etw** ~ **haben** avoir peur [*o* craindre] pour qn/qc; **jdm** ~ **machen** faire peur à qn; **jdm** ~ **einjagen** [*o* **einflößen** *geh*] inspirer de la peur à qn (*soutenu*); ~ **und Schrecken verbreiten** semer la terreur; ~ **bekommen** [*o* **kriegen**] prendre peur; **aus** [*o* **vor**] ~ de peur; **aus** ~, **man könne ihn entlarven** de peur d'être démasqué; **keine** ~**!** *fam* pas de panique! (*fam*)
❷ PSYCH angoisse *f*, anxiété *f*
▶ **jdm steckt** [*o* **sitzt**] **die** ~ **noch in den Knochen** *fam* qn est encore sous le coup de la peur; **ihm/ihr sitzt die** ~ **im Nacken** la peur lui colle au ventre; **jdm** ~ [**und Bange**] **machen** faire peur à qn
angstfrei *Adj* sans crainte **Angsthase** *m fam* trouillard(e) *m(f)* (*fam*), froussard(e) *m(f)* (*fam*)
ängstigen ['ɛŋstɪgən] **I.** *tr V* (*in Furcht versetzen*) faire peur; (*in Sorge versetzen*) inquiéter; **jdn** ~ (*in Furcht versetzen*) faire peur à qn; (*in Sorge versetzen*) inquiéter qn
II. *r V* ❶ (*sich fürchten*) **sich vor jdm/etw** ~ avoir peur de qn/qc
❷ (*sich sorgen*) **sich um jdn/wegen etw** ~ s'inquiéter pour qn/de qc
Angstkauf *m le fait d'acheter des produits* (*surtout alimentaires*) *en réserve par peur d'une pénurie de marchandises*
ängstlich ['ɛŋstlɪç] **I.** *Adj* ❶ *Person, Blick* craintif(-ive)
❷ (*besorgt*) ~ **werden/sein** s'inquiéter/être inquiet(-iète)
II. *Adv hüten, verbergen* jalousement
Ängstlichkeit <-> *f* ❶ (*Furcht*) peur *f*, crainte *f*
❷ (*Besorgtheit*) inquiétude *f*
Angstneurose *f* MED, PSYCH névrose *f* phobique **Angstschrei** *m* cri *m* de frayeur **Angstschweiß** *m* sueur *f* d'angoisse **Angsttraum** *m* cauchemar *m* **angstvoll** *Adj* angoissé(e); **jdn** ~ **anblicken** lancer un regard angoissé [*o* des regards angoissés] à qn **Angstzustand** *m* état *m* d'angoisse
an|gucken *tr V fam* regarder; **sich** (*Dat*) **etw** ~ regarder qc

A

Angst/Sorge ausdrücken

• Angst/Befürchtungen ausdrücken	• exprimer la peur/les craintes
Ich habe (da) ein ungutes Gefühl.	**J'ai un mauvais pressentiment.**
Mir schwant nichts Gutes. *(fam)*	**Je ne pressens rien de bon.**
Ich rechne mit dem Schlimmsten.	**Je m'attends au pire.**
Diese Menschenmengen **machen mir Angst.**	**J'ai peur de** la foule.
Diese Rücksichtslosigkeit **beängstigt mich.**	Ce sans-gêne **m'inquiète.**
Ich habe Angst, dass du dich verletzen könntest.	**J'ai peur que** tu te blesses.
Ich habe Angst vorm Zahnarzt.	**J'ai peur du** dentiste.
Ich habe Bammel/Schiss vor der Prüfung. *(fam)*	**J'ai la frousse/trouille de** l'examen. *(fam)*

• Sorge ausdrücken	• exprimer le souci
Sein Gesundheitszustand **macht mir große Sorgen.**	Son état de santé **m'inquiète beaucoup.**
Ich mache mir Sorgen um dich.	**Je me fais du souci pour** toi.
Die steigenden Arbeitslosenzahlen **beunruhigen mich.**	L'augmentation des chiffres du chômage **m'inquiète.**
Die Sorge um ihn **bereitet mir schlaflose Nächte.**	**Je passe des nuits blanches à** me faire du souci pour lui.

ạn|gurten I. *r V* **sich** ~ mettre sa ceinture [de sécurité]; **angegurtet sein** avoir [attaché] sa ceinture [de sécurité]
II. *tr V* attacher

Anh. *Abk von* **Anhang 1.**

ạn|haben *tr V unreg* ① *fam* (*angezogen haben*) porter; **nichts** ~ être tout(e) nu(e)
② *fam* (*angeschaltet haben*) **das Radio/den Fernseher** ~ avoir la radio/la télé allumée (*fam*)
③ (*zuleide tun*) **jdm etwas** ~ **können** pouvoir faire du mal à qn; *Konkurrent, Widersacher:* pouvoir nuire à qn; **die Kälte kann mir nichts** ~ le froid n'a aucune prise sur moi

ạn|haften *itr V* ① (*kleben*) **an etw** ~ *Schnee, Schmutz:* coller à qc; *Schlamm:* s'attacher à qc; *Farbe:* adhérer à qc
② (*zugehören*) **zwei Nachteile haften dieser Sache an** deux inconvénients sont inhérents à cette chose

ạn|halten *unreg* **I.** *itr V* ① (*stehen bleiben*) s'arrêter
② (*fortdauern*) *Wetter:* continuer; *Beschwerden, Schmerzen:* persister; *Lärm:* durer
③ (*werben*) **um die Hand der Tochter** ~ demander la main de la fille
II. *tr V* ① (*stoppen*) stopper *Person, Fahrzeug;* retenir *Luft;* **den Atem** ~ retenir son souffle
② (*anleiten*) **jdn zu Ordnung und Sauberkeit** ~ éduquer qn à être ordonné(e) et propre; **zur Hilfsbereitschaft angehalten werden** être tenu(e) [*o* astreint(e)] à la serviabilité; **angehalten sein etw zu tun** être tenu(e) de [*o* astreint(e) à] faire qc
③ (*davor halten*) **jdm/sich einen Pulli** ~ tenir un pull devant qn/devant soi

ạnhaltend I. *Adj Hitze, Kälte, Beschwerden* persistant(e); *Lärm* continuel(le); **bei dem** ~**en Sturm** avec cette tempête qui persiste
II. *Adv* continuellement; **das** ~ **kühle/heiße Wetter** le temps froid/chaud persistant

Ạnhalter(in) *m(f)* auto-stoppeur(-euse) *m(f)*; **per** ~ **fahren** faire de l'auto-stop

Ạnhaltspunkt *m* indice *m*

anhạnd [an'hant] *Präp + Gen* à l'aide de; ~ **eines Fotos** à l'aide d'une photo

Ạnhang <-[e]s, Ạnhänge> *m* ① *eines Buchs* appendice *m*
② *kein Pl* (*Kinder*) enfants *mpl;* (*Ehepartner und Kinder*) famille *f;* **keinen** ~ **haben** ne pas avoir de famille
③ *kein Pl* (*Anhängerschaft*) partisans *mpl*

ạn|hängen I. *tr V* ① (*befestigen*) accrocher *Schild*
② (*ankuppeln*) accrocher, atteler *Wohnwagen*
③ (*hinzufügen*) ajouter *Aufforderung, Bemerkung, Satz*
④ *fam* (*weitergeben*) **jdm einen Ladenhüter/eine Krankheit** ~ refiler un rossignol/une maladie à qn (*fam*)
⑤ *fam* (*anlasten*) **jdm einen Diebstahl** ~ coller un vol sur le dos de qn (*fam*)
⑥ *fam* (*geben*) **jdm einen Spitznamen** ~ coller un surnom à qn (*fam*)
II. *r V* ① (*hinterherfahren*) **sich an jdn/etw** ~ *Fahrer, Wagen:* coller qn/qc (*fam*)
② (*zustimmen*) **sich an jdn** ~ se ranger à l'avis de qn; **sich an die Mehrheit** ~ se ranger à l'avis de la majorité
III. *itr V unreg* ① **jdm** ~ *Vorwurf, Makel:* coller à la peau de qn (*fam*)
② (*sich zugehörig fühlen*) **einer Überzeugung/Sekte** (*Dat*) ~ adhérer à une conviction/secte

Ạnhänger <-s, -> *m* ① (*Sportfan*) supporte[u]r *m*
② (*Gefolgsmann*) partisan *m*
③ (*Wagen*) remorque *f*
④ (*Schmuckstück*) pendentif *m*
⑤ (*Gepäckanhänger*) étiquette *f*

Ạnhängerin <-, -nen> *f* ① (*Sportfan*) supporter *m*, supportrice *f*
② (*Gefolgsfrau*) partisane *f*

Ạnhängerkupplung *f* AUT attelage *m* de remorque

Ạnhängerschaft <-> *f* ① SPORT supporte[u]rs *mpl*
② (*Gefolgsleute*) partisans *mpl*

ạnhängig *Adj* JUR ~ **sein** être en instance

ạnhänglich *Adj Partner, Kind* très attaché(e); *Haustier* familier(-ière), attaché(e)

Ạnhänglichkeit <-> *f eines Partners, Kindes* attachement *m; eines Haustiers* fidélité *f*, attachement *m*

Ạnhängsel ['anhɛŋzəl] <-s, -> *nt* (*Mensch*) fardeau *m;* (*Nachtrag*) appendice *m*

ạn|hauchen *tr V* souffler en direction de; **hauchen Sie mich mal an!** soufflez dans ma direction!; *s. a.* **angehaucht**

ạn|hauen *tr V unreg sl* aborder; **jdn um einen Euro/um Geld** ~ taper qn d'un euro/taper qn (*fam*)

ạn|häufen I. *tr V* amasser *Vorräte, Geld;* entasser *Müll*
II. *r V* **sich** ~ s'accumuler

Ạnhäufung <-, -en> *f von Müll* accumulation *f;* **durch die** ~ **eines ungeheuren Vermögens** en amassant une fortune

immense
an|heben *unreg* I. *tr V* ❶ soulever *Möbelstück;* lever *Glas*
❷ (*erhöhen*) augmenter *Abgaben, Steuer, Tarif;* élargir *Freigrenze*
II. *itr V geh* **zu sprechen** ~ commencer à parler; **sie hob** [*o* **hub** *veraltet*] **zu singen an** elle se mit à chanter
Anhebung <-, -en> *f der Abgaben, Steuern, Tarife* hausse *f; der Freigrenze* élargissement *m*
an|heften *tr V* ❶ fixer; **etw mit Heftklammern an eine Akte** ~ agrafer qc à un acte; **angeheftet** fixé(e); (*mit Heftklammern*) agrafé(e)
❷ (*anstecken*) **jdm einen Orden** ~ épingler une décoration à qn
anheim^RR *geh* **dem Staat** ~ **fallen** *Vermögen, Erbschaft:* tomber en déshérence; **der Vergessenheit** (*Dat*) ~ **fallen** tomber dans l'oubli; **einem Betrug** ~ **fallen** être victime d'une escroquerie; **jdm eine Entscheidung** ~ **stellen** laisser qn libre de prendre une décision; **es jdm** ~ **stellen etw zu tun** laisser qn libre de faire qc; **das bleibt dir** [*o* **deiner Entscheidung**] ~ **gestellt** la décision que tu prendras est à ton entière discrétion (*soutenu*)
anheimelnd ['anhaɪmәlnt] *Adj geh Klänge, Musik* familier(-ère)
anheim|fallen *s.* anheim
anheim|stellen *s.* anheim
anheischig ['anhaɪʃɪç] ▸ **sich** ~ **machen etw zu tun** *form* se faire fort de faire qc
an|heizen *tr V* ❶ allumer *Kamin, Ofen*
❷ *fam* (*verschlimmern*) renforcer *Inflation;* aggraver *Krise;* attiser *Unmut, Unruhen*
an|herrschen *tr V* réprimander
an|heuern ['anhɔɪɐn] I. *tr V* enrôler [comme second]; **jdn** [**als Steuermann**] ~ enrôler qn [comme second]
II. *itr V* **bei jdm/auf einem Schiff** ~ s'engager chez qn/sur un bateau
Anhieb ['anhi:p] ▸ **auf** ~ *fam* d'emblée; **es klappt nicht immer gleich auf** ~ ça ne marche pas toujours du premier coup
an|himmeln ['anhɪmәln] *tr V fam* (*verehren*) adorer; (*schwärmerisch ansehen*) dévorer des yeux; **jdn** ~ (*verehren*) adorer qn; (*schwärmerisch ansehen*) dévorer qn des yeux
Anhöhe *f* butte *f,* hauteur *f*
an|hören I. *tr V* ❶ (*bewusst hören*) écouter; [**sich** (*Dat*)] **etw** ~ écouter qc
❷ (*mithören*) **ein Gespräch** [**mit**] ~ entendre une conversation; **dein ewiges Lamentieren kann ich nicht mehr** [**mit**] ~**!** je ne peux plus supporter d'entendre tes lamentations!
❸ (*Gehör schenken*) écouter
❹ (*anmerken*) **jdm seine Trauer** ~ remarquer de la tristesse chez qn; **man hört ihr gleich ihre Herkunft an** on entend tout de suite d'où elle vient; **man hört ihm nicht an, dass er Däne ist** ça ne s'entend pas qu'il est Danois
II. *r V* ❶ **sich komisch/heiser** ~ *Person:* avoir une drôle de voix/la voix enrouée; **na, wie hört sich der Tenor an?** alors, comment chante le ténor?
❷ (*Klänge wiedergeben*) **sich gut/sauber** ~ *Anlage:* avoir un bon son/un son net
❸ (*klingen*) **sich gut** ~ *Angebot, Vorschlag:* avoir l'air intéressant(e); **sich nicht übel** ~ sonner pas mal [aux oreilles]
Anhörung <-, -en> *f* audition *f;* **nach** ~ **der Parteien** après audition des parties
Anhörungsverfahren *nt* procédure *f* d'audition
an|hupen I. *tr V fam* klaxonner (*fam*)
II. *r V fam* **sich** ~ se klaxonner (*fam*)
an|husten *tr V* tousser vers [*o* sur *fam*]
Anilin [ani'li:n] <-s> *nt* CHEM aniline *f*
animalisch [ani'ma:lɪʃ] *Adj pej* animal(e)
Animateur(in) [anima'tø:ɐ] <-s, -e> *m(f)* animateur(-trice) *m(f)*
Animation [anima'tsio:n] <-, -en> *f* animation *f*
Animierdame [ani'mi:ɐ-] *f* entraîneuse *f*
animieren* I. *tr V* **jdn zum Tanzen** ~ inviter qn à danser; **jdn zu einer Dummheit** ~ inciter qn à [faire] une bêtise
II. *itr V* stimuler; **zum Baden** ~ *Sonne, Wetter:* donner envie de [*o* inciter à] se baigner
animierend I. *Adj* (*anregend*) stimulant(e)
II. *Adv* ~ **auf jdn/etw wirken** avoir un effet stimulant sur qn/qc
Animierlokal *nt* boîte *f* [de nuit] à entraîneuses **Animiermädchen** *s.* **Animierdame**
Anion ['anio:n] <-s, -en> *nt* CHEM, PHYS anion *m*
Anis [a'ni:s, 'a:nɪs] <-[es], -e> *m* ❶ (*Pflanze, Gewürz*) anis *m*
❷ *s.* **Anisschnaps**
Anislikör *m,* **Anisschnaps** *m* anisette *f*
an|kämpfen *itr V* lutter; **gegen jdn/etw** ~ lutter contre qn/qc
Ankauf *m* achat *m; eines Grundstücks* acquisition *f;* **An- und Verkauf** vente *f* et achat
an|kaufen I. *tr V* acheter; acquérir *Grundstück*
II. *r V* **sich bei Berlin** ~ acheter près de Berlin
Anker ['aŋkɐ] <-s, -> *m* ❶ ancre *f;* **den** ~ **werfen/hieven** [*o* **lichten**] jeter/lever l'ancre; **vor** ~ **gehen** jeter l'ancre, mouiller; **vor** ~ **liegen** mouiller
❷ *geh* (*Halt*) planche *f* de salut
❸ CONSTR armature *f*
❹ ELEC induit *m; einer Uhr* ancre *f*
Ankerkette *f* chaîne *f* d'ancre
ankern ['aŋkɐn] *itr V* ❶ (*den Anker werfen*) jeter l'ancre
❷ (*vor Anker liegen*) mouiller
Ankerplatz *m* mouillage *m* **Ankerwicklung** <-, -en> *f* ELEC enroulement *m* [*o* bobinage *m*] d'induit **Ankerwinde** *f* guindeau *m*
an|ketten *tr V* ❶ attacher *Fahrrad;* **den Hund** ~ attacher le chien à la chaîne; **angekettet sein** *Hund:* être attaché(e); **das Fahrrad ist am Gitter angekettet** le vélo est attaché à la grille
❷ (*fesseln*) enchaîner *Sträfling*
an|kläffen *tr V* japper après
Anklage *f* ❶ JUR (*Tatvorwurf*) inculpation *f;* (*Anklagevertreter*) accusation *f;* **gegen jdn** ~ **wegen etw erheben** engager des poursuites contre qn pour qc; **jdn wegen etw unter** ~ **stellen** mettre qn en accusation pour qc; **wegen etw unter** ~ **stehen** faire l'objet de poursuites pour qc
❷ (*Vorwurf, Klage*) accusation *f*
Anklagebank <-bänke> *f* banc *m* des accusés; **jdn wegen etw auf die** ~ **bringen** traîner qn devant les tribunaux [*o* en justice] pour qc; **wegen etw auf der** ~ **sitzen** se retrouver sur le banc des accusés pour qc **Anklageerhebung** *f* demande *f* de mise en accusation
an|klagen I. *tr V* ❶ JUR inculper; **jdn der Erpressung** (*Gen*) [*o* **wegen Erpressung**] ~ inculper qn de chantage
❷ (*anprangern*) dénoncer *Missstände, Politik*
❸ (*beschuldigen*) **jdn** ~ **herzlos zu sein** accuser qn d'être sans cœur; **jdn übler Methoden** (*Gen*) ~ accuser qn d'employer des méthodes malhonnêtes
II. *itr V Person:* accuser; *Rede, Bild, Buch:* être une accusation [*o* dénonciation]; **stumm** ~ *Bild, Denkmal:* être une accusation muette
anklagend I. *Adj* accusateur(-trice)
II. *Adv ansehen* d'un air accusateur; *formulieren, gestalten* sur un ton accusateur; ~ **die Stimme erheben** prendre un ton accusateur
Anklagepunkt *m* chef *m* d'accusation
Ankläger(in) *m(f)* accusateur(-trice) *m(f);* **öffentlicher** ~ ministère *m* public
Anklageschrift *f* acte *m* d'accusation **Anklagevertretung** *f* JUR ≈ procureur *m* de la République
an|klammern I. *tr V* ❶ **ein Blatt Papier an etw** (*Akk o Dat*)

~ accrocher [*o* fixer] une feuille à qc

❷ (*mit Wäscheklammern aufhängen*) accrocher

II. *r V* **sich an jdn/etw** ~ *Kind, Ertrinkender:* s'agripper à qn/qc

Anklang *m* ❶ *kein Pl* (*Zustimmung*) accueil *m* favorable, écho *m* [favorable]; **bei jdm ~ finden** *Person:* avoir du succès auprès de qn; *Vorschlag, Plan, Film:* être bien accueilli(e) [par qn]; **wenig ~ bei den Lesern finden** avoir peu d'écho auprès des lecteurs

❷ (*Reminiszenz*) ~ **an jdn/etw** référence *f* à qn/qc

an|kleben I. *tr V + haben* coller; **etw an etw** (*Akk*) ~ coller qc sur qc

II. *itr V + sein* **am Nudelholz** ~ *Teig:* attacher au rouleau à pâtisserie

Ankleidekabine *f* (*im Schwimmbad*) cabine *f* [de bain]; (*im Kaufhaus*) cabine *f* d'essayage; (*beim Arzt*) cabine *f* [pour se changer]

an|kleiden I. *tr V geh* vêtir (*littér*)

II. *r V geh* **sich** ~ s'habiller; **können Sie mir bitte beim Ankleiden helfen?** pouvez-vous m'aider à me vêtir s'il vous plaît? (*littér*)

Ankleideraum *m eines Schwimmbads, Sportclubs* vestiaire *m; eines Geschäfts* cabine *f* d'essayage

an|klicken *tr V* INFORM cliquer sur

an|klingeln *tr V fam* appeler [*o* bigophoner *fam*] chez

an|klingen *itr V unreg + sein* ❶ (*erinnern*) rappeler; **an etw** (*Akk*) ~ rappeler qc

❷ (*spürbar werden*) **in etw** (*Dat*) ~ *Anklage, Vorwürfe, Wünsche:* transparaître dans qc; **einen Vorwurf in seinen Worten ~ lassen** laisser transparaître un reproche dans ses propos

an|klopfen *itr V* ❶ frapper; **an die** [*o* **der**] **Tür** ~ frapper à la porte

❷ *fam* (*vorfühlen*) **bei jdm** ~ tâter le terrain auprès de qn; **wegen der Wohnung beim Eigentümer** ~ aller voir le propriétaire pour l'appartement

an|knabbern *tr V fam* grignoter

an|knacksen I. *r V fam* **sich** (*Dat*) **den Arm/Fuß** ~ se faire une fêlure au bras/pied

II. *tr V fam* ébranler; **angeknackst sein** *Person:* être patraque [*o* mal fichu(e)] (*fam*); *Gesundheit:* être chancelant(e)

an|knipsen *tr V fam* allumer

an|knöpfen *tr V* boutonner; **Träger an eine** [*o* **einer**] **Hose** ~ mettre des bretelles à un pantalon

an|knoten *tr V* nouer; **ein Seil** ~ attacher une corde

an|knüpfen I. *tr V* ❶ (*befestigen*) attacher *Band, Schnur*

❷ (*aufnehmen*) nouer *Beziehung, Freundschaft*

II. *itr V* **an alte Zeiten** ~ renouer avec le passé

Anknüpfungspunkt *m* motif *m;* (*für ein Gespräch*) point *m* de départ

an|knurren *tr V* grogner après

an|kommen *unreg* **I.** *itr V + sein* ❶ (*das Ziel erreichen*) *Person, Zug, Flugzeug:* arriver

❷ (*gebracht werden*) *Brief, Paket, Sendung:* arriver [à destination]; **bei jdm** ~ parvenir à qn

❸ (*anlangen, sich vorarbeiten zu*) **bei etw** ~ [en] arriver à qc; **ich bin beim vierten Kapitel angekommen** j'en suis au quatrième chapitre

❹ *fam* (*sich nähern*) rappliquer (*fam*)

❺ *fam* (*Anklang finden*) **bei jdm** ~ *Idee, Neuerung:* être bien accueilli(e) par qn; *Mode, Witz, Schlager:* avoir du succès auprès de qn; **nicht ~/nicht gut** ~ faire un bide (*fam*); **das wird nicht ~!** ça ne prendra pas!

❻ *fam* (*Eindruck machen*) **bei jdm ~/gut** ~ avoir la cote auprès de qn (*fam*); **mit der Masche kommst du bei mir nicht an!** ça ne marche pas, ça, avec moi! (*fam*)

❼ (*sich durchsetzen, sich behaupten*) **gegen jdn ~** [**können**] [arriver à] s'imposer face à qn; (*sich verteidigen können*) [pouvoir] avoir le dessus sur qn; **gegen Vorurteile** ~ venir à bout des préjugés; **gegen eine Gewohnheit ~** [**können**] [arriver à] se défaire d'une habitude; **gegen das Rauchen ~** [**können**] [arriver à] cesser de fumer

❽ *fam* (*behelligen*) **jdm mit einem Vorschlag** ~ venir trouver qn avec une proposition; [**jdm**] **wieder mit dem alten Thema** ~ revenir à la charge [auprès de qn] avec le vieux sujet

❾ (*angenommen werden*) **bei jdm** ~ être pris(e) chez qn

II. *itr V unpers + sein* ❶ (*wichtig sein*) **es kommt darauf an, dass** il importe que + *subj;* **es kommt auf jede Sekunde an** chaque seconde importe [*o* compte]; **hierbei kommt es auf Geschicklichkeit an** ce qui importe [*o* ce qui compte] alors, c'est d'être habile; **auf eine Stunde mehr oder weniger kommt es jetzt auch nicht mehr an!** on n'en est plus à une heure près, maintenant!

❷ (*abhängig sein*) **es kommt auf jdn/etw an** cela dépend de qn/qc; **es kommt darauf an, ob ...** cela dépend si ...; **wollen Sie kaufen? – Hm, das kommt darauf an!** vous voulez acheter? – hm, il faut voir [*o* ça dépend]!

▶ **es darauf ~ lassen** *fam* risquer le coup (*fam*); **es auf etw** (*Akk*) ~ **lassen** *fam* se laisser embarquer dans qc; **lassen wir es doch mal auf einen Versuch ~!** tentons le coup!

III. *tr V + sein geh* **jdn hart** [*o* **schwer**] ~ s'avérer dur(e) [*o* difficile] pour qn; **es kommt sie hart an, keine Arbeit mehr zu haben** il est dur pour elle de ne plus avoir de travail

Ankömmling ['ankœmlɪŋ] <-s, -e> *m* arrivant(e) *m(f)*

an|koppeln I. *tr V* atteler, accrocher *Waggon*

II. *itr V* **an etw** (*Akk*) ~ *Raumfähre:* arrimer à qc

an|kotzen *tr V fam* (*anwidern*) faire gerber (*fam*)

an|kreiden ['ankraɪdən] *tr V* reprocher; **jdm etw** ~ reprocher qc à qn; **ich will dir das nicht weiter** ~ je ne vais pas continuer à t'en vouloir; **das darfst du mir nicht als Schwäche** ~ n'interprète pas cela comme [étant] de la faiblesse de ma part

an|kreuzen *tr V* cocher

an|kündigen I. *tr V* annoncer *Person, Veranstaltung, Film;* **jdm seinen Besuch** ~ annoncer sa visite à qn; **jdn als besonderen Gast** ~ annoncer qn comme étant un invité particulier; **für den 6. Mai angekündigt sein** *Konzert:* être prévu(e) pour le 6 mai

II. *r V* ❶ **sich bei jdm** ~ *Person:* s'annoncer auprès de qn

❷ (*sich andeuten*) **sich durch etw** ~ *Jahreszeit, Krankheit:* s'annoncer par qc

Ankündigung *f* ❶ *kein Pl* (*das Ankündigen*) annonce *f;* **Besucher empfängt sie nur nach vorheriger** ~ elle ne reçoit les visiteurs que s'ils se sont préalablement annoncés

❷ (*Vorzeichen*) *einer Katastrophe, Sturmflut* signe *m* avant-coureur

Ankunft ['ankʊnft] <-, Ankünfte> *f* arrivée *f;* **seine ~ am Bahnhof/in Toulouse** son arrivée à la gare/à Toulouse; **bei ~ des Zuges** lors de l'entrée [du train] en gare; **die ~ des Zuges verzögert sich um zehn Minuten** le train a un retard de dix minutes

Ankunftshalle *f* hall *m* d'arrivée **Ankunftstafel** *f* tableau *m* des arrivées **Ankunftszeit** *f* heure *f* d'arrivée

an|kuppeln *tr V* atteler; **den Anhänger an den Wagen** ~ atteler la remorque à la voiture

an|kurbeln *tr V* ❶ relancer *Wirtschaft, Konjunktur*

❷ (*in Gang setzen*) **den Motor** ~ mettre le moteur en marche

Ankurbelung <-, -en> *f der Wirtschaft, Konjunktur* relance *f*

Anl. *Abk von* Anlage

an|lächeln *tr V* sourire à

an|lachen I. *tr V* regarder en riant; *Himmel, Sonne:* sourire à; **jdn** ~ regarder qn en riant; *Himmel, Sonne:* sourire à qn

II. *r V* ❶ **sich** ~ se regarder en riant

❷ *fam* (*anbändeln mit*) **sich** (*Dat*) **eine Freundin** ~ draguer une copine (*fam*)

Anlage <-, -n> *f* ❶ (*Produktionsgebäude*) site *m,* complexe *m*

❷ *kein Pl* (*das Schaffen*) *eines Stausees* construction *f; einer Grünfläche, eines Parks* aménagement *m*

❸ (*Grünanlage*) espace *m* vert

❹ (*Sportanlage*) complexe *m* sportif, installations *fpl* sportives
❺ (*Militäreinrichtung*) site *m*
❻ (*Stereoanlage*) chaîne *f* hi-fi
❼ (*Telefonanlage*) standard *m* [téléphonique]
❽ (*technische Vorrichtung, Einrichtung*) installation *f;* **sanitäre ~n** installations sanitaires
❾ (*Kapitalanlage*) placement *m,* investissement *m*
❿ (*Briefbeilage*) annexe *f;* **als** [*o* **in der**] ~ en annexe; **als ~ erhalten Sie unsere Preisliste** recevez ci-joint nos tarifs en vigueur
⓫ *meist Pl* (*Veranlagung*) [pré]dispositions *fpl;* **das ist eine erbliche ~** c'est héréditaire, c'est congénitale; **die ~ zur Dickleibigkeit haben** avoir les dispositions pour être obèse
⓬ *kein Pl* (*Gliederung*) *eines Romans, Theaterstücks* plan *m*
Anlageberater(in) *m(f)* conseiller *m* financier/conseillère *f* financière **Anlagepapier** *nt* FIN, ÖKON titre *m* de placement
an|lagern *r V* **sich ~** se fixer; **sich an etw** (*Akk*) **~** se fixer à qc
Anlagevermögen *nt* FIN, ÖKON capital *m* investi; **bewegliches/unbewegliches ~** investissements *mpl* mobiliers/immobiliers; **~ zum Anschaffungswert** actif *m* immobilisé à sa valeur d'acquisition; **~ zum Nettobuchwert** actif immobilisé à sa valeur comptable net
an|landen I. *tr V + haben* **etw am Kai ~** débarquer qc au quai
II. *itr V + sein Flugzeug:* atterrir à l'aéroport; **am Kai ~** *Jacht:* accoster
an|langen I. *tr V + haben* ❶ (*betreffen*) concerner; **was Ihren Kollegen anlangt, ...** en ce qui concerne votre collègue, ...
❷ SDEUTSCH (*anfassen*) toucher
II. *itr V + sein geh* arriver
Anlass[RR] <-es, Anlässe>, **Anlaß** <-sses, Anlässe> *m*
❶ (*Grund*) motif *m,* raison *f;* **ein/kein ~ zur Freude sein** constituer/ne pas constituer une raison [*o* un motif] pour se réjouir; **es besteht kein ~ zur Beunruhigung** il n'y a pas lieu de s'inquiéter; **jdm ~ geben sich zu ärgern** donner à qn l'occasion de se fâcher; **einen ~/keinen ~ haben etw zu tun** avoir des raisons/ne pas avoir de raison [*o* avoir un motif/ne pas avoir de motif] de faire qc; **was für einen ~ sollte ich haben mich so zu verhalten?** quelle raison [*o* quel motif] aurais-je de me conduire ainsi?; **aus einem bestimmten ~** pour une certaine raison; **aus besonderem ~** pour une raison particulière
❷ (*Gelegenheit, Veranlassung*) occasion *f;* **aus ~ des Todestags der Dichterin** à l'occasion de la mort de la poétesse; **für jdn ein ~ sein etw zu tun** être l'occasion pour qn de faire qc; **ein Ereignis zum ~ nehmen etw zu tun** profiter d'un événement pour faire qc; **dieser Vorfall wurde zum ~ genommen ihr zu kündigen** cet incident fut pris comme motif pour la congédier; **beim geringsten ~** à tout bout de champ, pour un oui ou pour un non; **aus gegebenem ~** puisque l'occasion en est/était/... donnée
❸ (*Veranstaltung*) **ein festlicher ~ sein** être l'occasion de festivités; **ein Kleid für feierliche Anlässe** une robe pour les grandes occasions; **sich dem ~ entsprechend kleiden** s'habiller pour la circonstance
an|lassen *unreg* **I.** *tr V* ❶ [faire] démarrer *Auto;* **beim Anlassen** au démarrage
❷ *fam* (*anbehalten*) garder *Mantel, Schuhe*
❸ *fam* (*nicht abstellen, nicht ausmachen*) laisser tourner *Motor;* laisser brûler *Kerze;* **das Licht/den Fernseher ~** laisser la lumière/télé allumée
II. *r V fam* **sich gut/schlecht ~** *Geschäft, Umsatz, Tag:* s'annoncer [*o* se présenter] bien/mal
Anlasser <-s, -> *m* démarreur *m*
anlässlich[RR], **anläßlich** *Präp + Gen* à l'occasion de; **~ der Olympiade** à l'occasion des Jeux olympiques
an|lasten ['anlastən] *tr V* reprocher; **jdm etw ~** reprocher qc à qn; **sein Fehlen wurde ihm als mangelndes Interesse angelastet** son absence lui a été reprochée comme étant une marque de désintérêt
Anlauf *m* ❶ SPORT élan *m;* **~ nehmen** prendre de l'élan; **mit/ohne ~** avec/sans élan
❷ (*Versuch*) essai *m;* **im** [*o* **beim**] **ersten/zweiten ~** du premier/second coup, à la première/seconde tentative; [**noch**] **einen ~ machen** essayer encore une fois
an|laufen *unreg* **I.** *itr V + sein* ❶ (*beginnen*) *Saison, Verhandlungen:* commencer, débuter
❷ (*herauskommen*) *Film:* sortir
❸ (*Anlauf nehmen*) prendre de l'élan [*o* son élan]
❹ (*beschlagen*) *Brille, Spiegel:* s'embuer
❺ (*die Gesichtsfarbe, Hautfarbe ändern*) **rot ~** devenir rouge; **blau ~** devenir tout(e) bleue
❻ (*oxidieren*) *Metall:* s'oxyder; **schwärzlich ~** noircir
II. *tr V + haben* faire escale dans *Bucht, Hafen;* **San Francisco ~** *Schiff:* faire escale à San Francisco
Anlaufstelle *f* lieu *m* d'accueil **Anlaufzeit** *f* ❶ (*Vorbereitungszeit*) temps *m* de mise en train; **nach einigen Wochen ~** après quelques semaines de mise en train ❷ (*Warmlaufzeit*) *eines Motors* temps *m* de chauffage
Anlaut *m* son *m* initial; **im ~** en position initiale
an|läuten *tr, itr V* SDEUTSCH, CH téléphoner, passer un coup de fil; **jdn ~,** [**bei**] **jdm ~** téléphoner [*o* passer un coup de fil] à qn
Anlegebrücke *f* embarcadère *m,* appontement *m*
an|legen I. *tr V* ❶ (*erstellen*) constituer *Akte, Kartei;* établir *Liste, Statistik*
❷ aménager *Beet, Garten*
❸ (*ansammeln*) constituer *Vorräte, Vorratslager*
❹ FIN **sein Vermögen in Aktien/Gold ~** investir [*o* placer] ses biens en actions/or
❺ (*ausgeben*) **tausend Euro für etw ~** mettre mille euros dans qc; **was wollen Sie** [**dafür**] **~?** vous voulez [y] mettre combien?
❻ (*beabsichtigen*) **es auf einen Skandal ~** se fixer un scandale comme but; **es auf einen Streit ~** chercher une dispute
❼ (*anlehnen*) mettre *Leiter*
❽ (*hinlegen*) appliquer *Lineal, Wasserwaage*
❾ (*dazulegen*) [dis]poser *Karte, Dominostein*
❿ *geh* (*anziehen, antun*) mettre *Kleidungsstück, Schmuck*
⓫ (*ausrichten*) **ein Projekt auf sechs Jahre ~** concevoir un projet pour six ans; **der Roman ist auf etwa 400 Seiten angelegt** le roman doit faire environ 400 pages
II. *itr V* ❶ **im Hafen ~** faire escale dans le port; **am Kai ~** accoster le quai
❷ (*zielen*) **mit einem Gewehr auf jdn ~** mettre qn en joue avec un fusil
❸ SPIEL jouer; **kannst du ~ oder nicht?** tu peux jouer ou pas?
III. *r V* **sich mit jdm ~** entrer en conflit avec qn
Anlegeplatz *m* embarcadère *m,* débarcadère *m*
Anleger(in) <-s, -> *m(f)* investisseur(-euse) *m(f)*
Anlegestelle *f* NAUT *s.* **Anlegeplatz**
an|lehnen I. *tr V* ❶ poser; **etw an etw** (*Akk*) **~** poser qc contre qc
❷ (*offen lassen*) **das Fenster ~** laisser la fenêtre entrouverte [*o* entrebâillée]
II. *r V* ❶ **sich an jdn/etw ~** s'appuyer contre qn/qc
❷ (*sich orientieren*) **sich an etw** (*Akk*) **~** *Bearbeitung, Inszenierung:* s'inspirer de qc
Anlehnung <-, -en> *f* ❶ (*Nachahmung*) **die ~ an jdn/etw** les emprunts *mpl* à qn/qc
❷ (*Orientierung*) **in ~ an jdn/etw** en référence à qn/qc
❸ (*Halt*) **~ suchen** avoir besoin de sentir quelqu'un près de soi
Anlehnungsbedürfnis *nt* besoin *m* de se sentir entouré(e)
anlehnungsbedürftig *Adj* qui a besoin de se sentir entouré(e); **~ sein** avoir besoin de se sentir entouré(e)
an|leiern ['anlaɪɐn] *tr V fam* goupiller (*fam*)

Anleihe ['anlaɪə] <-, -n> *f* emprunt *m;* **eine ~ aufnehmen** contracter un emprunt; **~n der öffentlichen Hand** emprunts du secteur public

an|leimen *tr V* **etw an etw ~** coller qc à qc; **ein Stück Holz an etw anleimen** coller un morceau de bois à qc

an|leiten *tr V* ① (*unterweisen*) instruire; **jdn ~ etw zu tun** apprendre à qn à faire qc
② (*erziehen*) **jdn zur Selbständigkeit/Ordnung ~** apprendre à qn à être autonome/ordonné(e)

Anleitung *f* directives *fpl;* **unter [der] ~ seines Bruders** sous la direction [*o* la houlette] de son frère

Anlernberuf *m* profession *f* à formation accélérée

an|lernen *tr V* ① (*einarbeiten*) former; *s. a.* **angelernt**
② *fam* (*aneignen*) **sich** (*Dat*) **etw ~** apprendre sommairement qc

an|lesen *tr V unreg* ① lire le début de *Zeitung, Buch;* **angelesen** commencé(e)
② (*aneignen*) **sich** (*Dat*) **etw ~** assimiler qc par la lecture; **angelesenes Wissen** savoir livresque

an|leuchten *tr V* éclairer

an|liefern *tr V* livrer à domicile; **etw ~** livrer qc à domicile

Anlieferung *f* livraison *f* [à domicile]

an|liegen *itr V unreg* ① (*anstehen*) *Problem, Tagesordnungspunkt:* être à régler; **was liegt an?** qu'y a-t-il à régler?
② (*sich eng anpassen*) **eng [am Körper] ~** *Kleid, Hose:* être moulant(e); **zu eng ~** être trop moulant(e)
③ (*nicht abstehen*) *Borsten, Haare:* être plaqué(e)

Anliegen <-s, -> *nt* ① (*Bitte*) demande *f;* **ein ~ an jdn haben** avoir une requête [*o* une demande] à adresser à qn; **ich habe ein ~ an dich** j'ai quelque chose à te demander; **noch weitere ~?** d'autres souhaits?
② (*Angelegenheit*) affaire *f*

anliegend *Adj* ① (*beiliegend*) *Prospekt, Schreiben* ci-joint(e)
② (*angrenzend*) *Flurstück, Grundstück* attenant(e)
③ (*den Körper betonend*) **ein eng ~es Kleid** un robe moulante
④ (*nicht abstehend*) *Haare* plaqué(e)

Anlieger(in) <-s, -> *m(f)* riverain(e) *m(f);* **~ frei!** accès réservé aux riverains!

Anliegerverkehr *m* circulation *f* des riverains; **~ frei!** accès réservé aux riverains!

an|locken *tr V* attirer *Käufer, Touristen;* appâter *Tier*

an|löten *tr V* souder

an|lügen *tr V unreg* mentir à

Anm. *Abk von* **Anmerkung**

Anmache <-> *f sl* drague *f* (*fam*)

an|machen *tr V* ① *fam* (*befestigen*) fixer
② (*anstellen*) allumer
③ (*anzünden*) allumer *Ofen, Kamin;* **Feuer ~** faire du feu
④ (*zubereiten*) assaisonner *Salat*
⑤ *sl* (*interessieren, gefallen*) **jdn total ~** *Projekt, Film:* intéresser vachement qn (*fam*); **das macht mich nicht besonders an** ça ne m'intéresse pas des masses (*fam*)
⑥ *sl* (*flirten, ansprechen*) draguer (*fam*)
⑦ *sl* (*rüde ansprechen*) **jdn ~** prendre qn à partie

an|mahnen *tr V* réclamer *Geld, Bezahlung;* exiger *Maßnahme, Reaktion*

an|malen I. *tr V* ① (*bemalen, anstreichen*) peindre
② *fam* (*schminken*) **sich** (*Dat*) **die Nägel/Lippen ~** se foutre du vernis sur les ongles/du rouge à lèvres (*fam*); **sich** (*Dat*) **die Augenbrauen [schwarz] ~** se maquiller les sourcils [en noir]
II. *r V pej fam* **sich ~** se peinturlurer (*fam*)

Anmarsch *m kein Pl* ① MIL approche *f;* **im ~ auf eine Stadt sein** marcher sur une ville
② (*Marschweg*) marche *f;* **wir haben einen ~ von vier Stunden** nous avons quatre heures de marche
▶ **im ~ sein** MIL être en marche; *fig fam Person:* rappliquer (*fam*); *Orkan, Unwetter:* approcher

an|marschieren* *itr V + sein* être en marche

an|maßen ['anmaːsən] *r V* **sich ~** se permettre; **sich** (*Dat*) **eine Kritik/ein Urteil ~** se permettre une critique/un jugement; **sich** (*Dat*) **ein Recht ~** s'arroger un droit; **sich** (*Dat*) **~ etw zu tun** se permettre de faire qc; **was maßen Sie sich an!** quelle arrogance!

anmaßend ['anmaːsənt] *Adj* prétentieux(-euse)

Anmaßung <-, -en> *f* ① prétention *f;* **es wäre ~ so etwas zu behaupten** ce serait présomptueux [*o* prétentieux] d'affirmer une chose pareille
② JUR usurpation *f*

an|meckern *tr V fam* prendre la tête à (*fam*)

Anmeldebestätigung *f* (*beim Wechsel des Wohnorts*) certificat *m* de domicile **Anmeldeformular** *nt* formulaire *m* d'inscription **Anmeldefrist** *f* délai *m* d'inscription **Anmeldegebühr** *f* frais *mpl* d'inscription

an|melden I. *tr V* ① (*ankündigen*) annoncer *Gast, Besucher;* **seinen Besuch bei jdm ~** annoncer sa visite chez qn; **ich bin angemeldet** j'ai rendez-vous; **angemeldet** *Besuch, Besucher* annoncé(e); *Hotelgast* qui a réservé; *Kunde, Patient* qui a pris rendez-vous
② (*vormerken lassen*) inscrire; **jdn bei einer Schule/zu einem Kurs ~** inscrire qn à une école/à un cours; **den Wagen zur Reparatur ~** prendre rendez-vous pour faire réparer la voiture
③ (*polizeilich melden*) déclarer *Wohnsitz, Auto, Untermieter*
④ (*registrieren lassen*) déclarer *Fernseher, Radio;* déposer *Patent;* **ein Gewerbe beim Finanzamt ~** déclarer une activité professionnelle au fisc
⑤ (*geltend machen*) faire valoir *Anspruch, Recht;* exprimer *Bedenken, Bedürfnis, Wunsch*
II. *r V* ① (*ankündigen*) **sich ~** annoncer sa venue; **sich zu einem Besuch bei jdm ~** annoncer sa visite à qn
② (*sich eintragen lassen*) **sich zu einem Kurs ~** s'inscrire à un cours
③ (*einen Termin vereinbaren*) **sich ~** prendre rendez-vous; **sich beim Zahnarzt ~** prendre un rendez-vous chez le dentiste
④ (*sich polizeilich melden*) **sich in Stuttgart ~** déclarer son domicile à Stuttgart

Anmeldeschluss^RR *m* [date *f* de] clôture *f* des inscriptions

Anmeldung *f* ① *kein Pl* (*Ankündigung*) *eines Besuchs, der Ankunft* annonce *f*
② (*Terminvereinbarung*) **ohne ~ können Sie Herrn Braun nicht sprechen** vous ne pouvez pas rencontrer M. Braun sans avoir pris rendez-vous; **bitte lassen Sie keinen Besucher ohne ~ zu mir vor** n'introduisez aucun visiteur sans m'avoir prévenu
③ (*Einschreibung, Teilnahmeerklärung*) inscription *f;* **wie viele ~en zur Konferenz liegen vor?** combien de personnes ont déclaré vouloir assister à la conférence?
④ *a.* JUR (*Registrierung*) *eines Einwohners, Fahrzeugs* enregistrement *m; eines Fernseh-, Radiogeräts* déclaration *f; eines Patents* dépôt *m*
⑤ (*Anmelderaum*) *einer Arztpraxis* secrétariat *m; einer Klinik* [service *m* des] admissions *fpl*

an|merken *tr V* ① (*ansehen*) **jdm seine Verlegenheit/Verwirrung ~** remarquer de la gêne/du désarroi chez qn; **sich** (*Dat*) **den Ärger ~ lassen** laisser transparaître de la colère; **ich merke dir an, dass du lügst** je remarque chez toi que tu mens
② (*bemerken, äußern*) **etwas/nichts zu etw ~** faire une remarque/ne faire aucune remarque à propos de qc
③ (*notieren*) **sich** (*Dat*) **etw [rot] ~** noter qc [en rouge]; **etw im Anhang ~** citer [*o* mentionner] qc dans l'appendice

Anmerkung <-, -en> *f* ① (*Erläuterung*) commentaire *m*
② (*Fußnote*) note *f*, annotation *f*

❸ (*Kommentar*) commentaire *m*
an|mieten *tr V form* louer
an|motzen *tr V fam* **jdn** ~ traiter qn de tous les noms (*fam*)
an|mustern *s.* **anheuern**
Anmut ['anmu:t] <-> *f geh* grâce *f*
an|muten *geh* **I.** *tr V* **jdn gefährlich/wie ein Traum** ~ faire à qn l'effet d'être dangereux(-euse)/un rêve
II. *itr V* **sonderbar** ~ procurer une impression étrange; **eine bedenklich ~de Entwicklung** une évolution qui ne laisse d'inquiéter (*littér*)
anmutig *Adj geh Person, Bewegung* gracieux(-euse); *Gemälde, Detail* charmant(e)
an|nageln *tr V* clouer; **etw an die Wand** ~ clouer qc au mur
▸ **wie angenagelt** comme cloué(e) sur place
an|nagen *tr V* grignoter
an|nähen *tr V* coudre; **eine Tasche an etw** (*Akk o Dat*) ~ coudre une poche à qc; **einen Knopf wieder** ~ recoudre un bouton
an|nähern I. *r V* **sich** [**einander**] ~ se rapprocher; **sich einem Vorbild/den westlichen Staaten** ~ se rapprocher d'un modèle/des pays de l'ouest
II. *tr V* **mehrere Staaten/unterschiedliche Ansichten einander** ~ rapprocher plusieurs États/des opinions divergentes
annähernd ['annɛ:ɐnt] **I.** *Adj* approximatif(-ive)
II. *Adv* approximativement; ~ **gleich groß sein** faire approximativement la même taille; **die Qualität ist nicht ~ so hoch, wie sie sein müsste** la qualité est loin d'atteindre le niveau exigé
Annäherung <-, -en> *f* rapprochement *m*
Annäherungsversuch *m* tentative *f* de rapprochement; **~e machen** faire des avances
annäherungsweise *Adv* approximativement
Annäherungswert *m* valeur *f* approximative
Annahme ['anna:mə] <-, -n> *f* ❶ (*Vermutung*) supposition *f*, hypothèse *f*; **in der ~, dass** en supposant que; **der** ~ (*Gen*) **sein, dass** supposer que + *indic*; **Sie gehen recht in der ~, dass** vous avez raison de supposer que + *indic*
❷ *kein Pl* (*das Annehmen*) *eines Angebots, Auftrags, einer Lieferung* acceptation *f*; **niemand ist zur ~ unbestellter Sendungen verpflichtet** personne n'est obligé d'accepter des envois non commandés; ~ **verweigert!** refusé(e)!
❸ *kein Pl* JUR, POL *eines Gesetzes, einer Resolution* adoption *f*; ~ **an Kindes statt** adoption *f* [d'un enfant]
❹ (*Annahmestelle*) réception *f*, bureau *m* de dépôt
Annahmefrist *f* délai *m* de réception **Annahmeschluss**[RR] *m kein Pl* (*bei einem Wettbewerb*) clôture *f* des inscriptions; (*bei einem Gewinnspiel*) date *f* limite de participation **Annahmestelle** *f* ❶ (*für Aufträge, Filme*) bureau *m* de dépôt [*o* de prise en charge] ❷ (*Lottoannahmestelle*) bureau *m* de validation ❸ (*Anlieferstelle für Sperrmüll, Sondermüll*) point *m* de récupération [*o* de collecte] **Annahmeverweigerung** *f* refus *m* d'acceptation
Annalen [a'na:lən] *Pl* annales *fpl*; **in die ~ eingehen** rester dans les annales
annehmbar I. *Adj* ❶ (*akzeptabel*) acceptable
❷ (*nicht übel*) *Qualität, Preis* convenable; *Duft, Geschmack* correct(e)
II. *Adv* ~ **duften** ne pas sentir mauvais(e); ~ **schmecken** n'être pas mauvais(e)
an|nehmen *unreg* **I.** *tr V* ❶ (*entgegennehmen*) accepter; **da ist ein Gespräch für Sie, nehmen Sie es an?** un appel téléphonique pour vous, vous prenez?
❷ (*akzeptieren*) accepter *Angebot, Rat, Vorschlag, Wette;* relever *Herausforderung*
❸ (*voraussetzen, meinen*) supposer; **~, dass** supposer que + *indic;* **angenommen, sie hat Recht** supposons [*o* admettons] qu'elle ait raison; **er ist nicht so dumm, wie man ~ könnte** il n'est pas aussi bête qu'on pourrait le supposer; **du nimmst doch nicht etwa an, dass** tu n'imagines quand même pas que + *indic*
❹ (*billigen*) adopter *Antrag, Gesetz, Resolution*
❺ (*sich zulegen*) prendre *Angewohnheit, Namen;* adopter *Staatsangehörigkeit; s. a.* **angenommen**
❻ (*zulassen*) accepter *Schüler, Anmeldung;* admettre *Patienten*
❼ (*bekommen*) prendre *Aussehen, Farbe*
❽ *fam* (*adoptieren*) adopter; *s. a.* **angenommen**
❾ (*in sich aufnehmen*) prendre *Farbe*
II. *r V* **sich eines Menschen** ~ prendre soin [*o* s'occuper] d'une personne; **sich einer Angelegenheit** (*Gen*) ~ se charger d'une affaire
Annehmlichkeit <-, -en> *f* ❶ (*Bequemlichkeit*) agrément *m*, commodité *f*
❷ (*Vorteil*) avantage *m*
annektieren* *tr V* annexer
Annektierung <-, -en> *f* annexion *f*
Annexion [anɛ'ksio:n] <-, -en> *f* annexion *f*
anno, Anno *Adv* en; **anno 1810** en 1810; **Anno Domini 1530** en l'an de grâce 1530
▸ **von anno dazumal** [*o* **dunnemals**] [*o* **Tobak**] *fam* qui date de Mathusalem (*fam*)
Annonce [a'nõ:sə, a'nɔŋsə] <-, -n> *f* [petite] annonce *f*; **eine ~ aufgeben** mettre [*o* passer] une annonce
annoncieren* [anõ'si:rən, anɔŋ'si:rən] **I.** *itr V* passer [*o* mettre] une annonce/des annonces
II. *tr V* ❶ mettre une annonce/des annonces pour *Haus, Auto;* proposer *Angebot*
❷ *geh* (*ankündigen*) annoncer
annullieren* *tr V* annuler
Annullierung <-, -en> *f* annulation *f*
Anode [a'no:də] <-, -n> *f* anode *f*
an|öden ['anø:dən] *tr V fam* barber (*fam*), raser (*fam*); **du ödest mich an mit deinen blöden Witzen!** tu m'assommes avec tes blagues idiotes! (*fam*)
anomal ['anoma:l] *Adj* anormal(e)
Anomalie [anoma'li:] <-, -n> *f* anomalie *f*
anonym [ano'ny:m] **I.** *Adj* anonyme; **~e Anrufe bekommen** recevoir des appels anonymes; ~ **bleiben** garder l'anonymat
II. *Adv* anonymement; **jdm ~ schreiben** envoyer une lettre anonyme à qn
Anonymität <-> *f* anonymat *m*
Anorak ['anorak] <-s, -s> *m* anorak *m*
an|ordnen *tr V* ❶ (*festsetzen*) décréter *Maßnahme;* imposer *Überstunden;* **von oben angeordnet werden** être décrété(e) [*o* décidé(e)] en haut lieu
❷ (*ordnen*) **die Namen alphabetisch** ~ classer les noms par ordre alphabétique; **die Bäume symmetrisch** ~ planter les arbres symétriquement
Anordnung <-, -en> *f* ❶ (*Verfügung*) *einer Behörde* disposition *f*; *eines Vorgesetzten* ordre *m*; **~en treffen** prendre des dispositions; **auf ~ der Geschäftsleitung** sur ordre de la direction; **einer ~ (*Dat*) Folge leisten** *form* obtempérer à un ordre (*form*); **gegen die ~en des Vorgesetzten verstoßen** désobéir aux ordres de son supérieur; **wessen ~ ist das?** qui a décrété ça?
❷ JUR injonction *f*, arrêté *m*
❸ (*Ordnung*) *von Adressen, Karteikarten* classement *m*
Anorexie [anorɛ'ksi:] <-, -en> *f* MED anorexie *f*
anorganisch ['anɔrga:nɪʃ] *Adj* inorganique
anormal ['anɔrma:l] *s.* **anomal**
an|packen I. *tr V fam* ❶ (*anfassen*) empoigner
❷ (*beginnen*) se mettre à *Arbeit, Aufgabe, Projekt;* **packen wir's an!** il faut s'y mettre! (*fam*)
❸ (*behandeln*) traiter; **wir müssen ihn ganz vorsichtig ~** nous devons prendre des gants avec lui (*fam*)
II. *itr V fam* [**mit**] ~ filer un coup de main (*fam*)

an|passen I. *tr V* ❶ (*passend machen*) adapter; *Handwerker, Zahnarzt:* ajuster; **etw einer S.** (*Dat*) ~ adapter qc à qc; *Handwerker, Zahnarzt:* ajuster qc à qc
❷ (*abstimmen auf*) adapter *Produkt, Verhalten;* **etw den Gegebenheiten** ~ adapter qc aux circonstances; **die Politik der aktuellen Situation** ~ réviser la politique en fonction de la situation actuelle
❸ (*neu festsetzen*) **die Renten den Lebenshaltungskosten** ~ réajuster la retraite en fonction du coût de la vie
❹ (*anmessen, anprobieren*) **jdm etw** ~ essayer qc à qn
II. *r V* **sich [jdm]** ~ s'adapter [à qn]; **sich im Verhalten jdm** ~ adapter son comportement en fonction de qn; **sich einer S.** (*Dat*) [*o* **an etw** (*Akk*)] ~ *Person:* s'adapter à qc; *Mieten, Preise:* évoluer en fonction de qc; *s. a.* **angepasst**

Anpassung <-, *selten* -en> *f* ❶ adaptation *f;* **die** ~ **einer S.** (*Gen*) **an etw** (*Akk*) (*Abstimmung*) l'adaptation *f* de qc à qc; (*Neufestsetzung*) le réajustement de qc en fonction de qc
❷ *kein Pl* (*das Sicheinstellen*) **die** ~ **an jdn/etw** l'adaptation *f* à qn/qc

anpassungsfähig *Adj* capable de s'adapter **Anpassungsfähigkeit** *f* adaptabilité *f* **Anpassungsschwierigkeiten** *Pl* difficultés *fpl* d'adaptation

an|peilen *tr V* ❶ (*orten, den Standort bestimmen*) repérer
❷ (*ansteuern*) mettre le cap sur *Hafen*
❸ *fam* (*anstreben*) loucher sur (*fam*) *Gehalt, Position*

an|pfeifen *unreg* I. *itr V Schiedsrichter:* siffler [le coup d'envoi]
II. *tr V* ❶ siffler le coup d'envoi de *Spiel*
❷ *fam* (*zurechtweisen*) engueuler (*fam*)

Anpfiff *m* ❶ SPORT coup *m* d'envoi; **der** ~ **zur zweiten Halbzeit** le coup d'envoi de la deuxième mi-temps
❷ *fam* (*Zurechtweisung*) engueulade *f* (*fam*); **einen** ~ **bekommen** se prendre un savon (*fam*)

an|pflanzen *tr V* ❶ cultiver; **Getreide/Tabak** ~ cultiver du blé/du tabac; **das Anpflanzen von Mais/Salat** la culture du maïs/de la salade; **der frisch angepflanzte Salat** le plant de salade
❷ (*pflanzen*) planter *Baum, Busch, Blumen*

Anpflanzung *f* ❶ plantation *f*
❷ *kein Pl* (*das Pflanzen*) plantation *f;* (*das Anbauen*) culture *f*

an|pflaumen *tr V fam* mettre en boîte (*fam*); **jdn** ~ mettre qn en boîte

an|pflocken *tr V* attacher; **ein Tier** ~ attacher un animal à un picket

an|piepsen *tr V* biper (*fam*)

an|pinkeln *tr V fam* pisser sur (*fam*) *Person;* pisser contre (*fam*) *Baum, Wand*

an|pinnen *tr V fam* punaiser

an|pinseln *tr V fam* passer un coup de peinture sur (*fam*) *Wand, Zaun, Tür;* **etw blau/mit Rostschutzfarbe** ~ passer un coup de peinture bleue/antirouille sur qc (*fam*)

an|pirschen *r V* **sich** ~ ❶ *Jäger:* s'approcher [sans bruit]; **sich an das Wild** ~ s'approcher [sans bruit] du gibier
❷ *fam* (*sich nähern*) s'approcher en douce (*fam*)

an|pissen *s.* **anpinkeln**

Anpöbelei <-, -en> *f fam* prise *f* de bec (*fam*)

an|pöbeln *tr V fam* chercher des noises à (*fam*)

an|pochen *itr V* frapper; **[leise]** ~ frapper [doucement]

Anprall <-[e]s, -e> *m* collision *f;* **der** ~ **gegen die Wand** la collision avec le mur

an|prallen *itr V + sein* **an etw** (*Akk*)/**gegen etw** ~ entrer en collision avec [*o* rentrer dans] qc; **viele Bäume wurden durch** ~ **de Fahrzeuge beschädigt** beaucoup d'arbres ont été abîmés à la suite de collisions

an|prangern ['anpraŋɐn] *tr V* vilipender; **etw als Missstand** ~ dénoncer qc comme étant inacceptable

an|preisen *tr V unreg* vanter; **sich jdm als kompetent** ~ se vanter auprès de qn d'être compétent(e); **jdm etw als zuverlässig** ~ vanter la fiabilité de qc à qn

Anprobe *f* essayage *m*

an|probieren* *tr, itr V* essayer; **zum Anprobieren in die Kabine gehen** aller dans la cabine d'essayage

an|pumpen *tr V fam* taper; **jdn um zehn Euro** ~ taper dix euros à qn

an|pusten *tr V fam* souffler vers *Person;* souffler sur *Feuer*

an|quatschen *tr V fam* tenir la jambe à (*fam*); **von jdm angequatscht werden** se faire tenir la jambe par qn (*fam*); **sich nicht von jedem** ~ **lassen** ne pas se laisser baratiner par n'importe qui (*fam*)

Anrainer(in) ['anraɪnɐ] <-s, -> *m(f)* ❶ voisin(e) *m(f)*
❷ (*Anrainerland*) *eines Ozeans, Sees* pays *m* riverain; (*Nachbarland*) pays limitrophe

Anrainerstaat *m eines Ozeans, Sees* État *m* riverain; (*Nachbarstaat*) État limitrophe

an|raten *tr V unreg geh* conseiller; **jdm etw** ~ conseiller qc à qn; **auf Anraten des Anwalts** sur les conseils de l'avocat

anrechenbar *Adj* à prendre en compte; **auf etw** (*Akk*) ~ **sein** pouvoir être pris(e) en compte dans qc

an|rechnen *tr V* ❶ (*gutschreiben*) déduire *Anzahlung;* faire la reprise de *Altgerät, Gebrauchtwagen;* **[jdm] etw auf etw** (*Akk*) ~ déduire qc [à qn] de [*o* sur] qc; **jdm etw mit hundert Euro** ~ reprendre pour cent euros qc à qn
❷ (*berechnen*) **jdm etw** ~ facturer qc à qn
❸ (*bewerten*) compter *Fehler;* **etw als strafmildernd** ~ prendre qc en compte pour commuer une peine
❹ (*einschätzen, würdigen*) **jdm/sich etw als Verdienst** ~ mettre qc à l'actif de qn/s'attribuer le mérite de qc

Anrechnung *f* ❶ (*Gutschrift*) décompte *m; eines Altgeräts, Altwagens* reprise *f*
❷ (*Berechnung*) facturation *f*
❸ (*Bewertung*) prise *f* en compte
❹ (*Würdigung*) reconnaissance *f;* **unter** ~ **Ihres Einsatzes** eu égard à votre engagement

Anrecht *nt* ~ **auf etw** (*Akk*) droit *m* à qc; **ein [gesetzliches]** ~ **auf etw** (*Akk*) **haben** [*o* **besitzen**] avoir [légalement] droit à qc; **sein** ~ **geltend machen** faire valoir son droit [*o* ses droits]

Anrede *f* titre *m;* **wie lautet die richtige** ~ **für einen Bischof?** comment s'adresse-t-on officiellement à un évêque?; **die** ~ **mit „Frau Präsidentin" ist korrekt** il est correct de l'appeler "Madame la Présidente"

an|reden I. *tr V* s'adresser à; **jdn mit einem Titel** ~ appeler qn par un titre; **jdn mit „du"** ~ dire "tu" à qn; **reden Sie mich mit „Herr Professor" an** appelez-moi "Monsieur le Professeur"
II. *itr V* **gegen jdn/etw** ~ couvrir le bruit de qn/qc

an|regen I. *tr V* ❶ (*ermuntern*) stimuler; **jdn zu etw** ~ inciter qn à qc
❷ *geh* (*vorschlagen*) ~ **[etw zu tun]** suggérer [de faire qc]
❸ PHYSIOL ouvrir *Appetit; s. a.* **angeregt**
II. *itr V Kaffee, Tee, Sekt:* stimuler

anregend I. *Adj* stimulant(e); (*sexuell stimulierend*) excitant(e)
II. *Adv* ~ **wirken** avoir un effet stimulant; (*sexuell stimulierend*) avoir un effet excitant

Anregung *f* ❶ (*Vorschlag*) suggestion *f;* **auf seine/ihre** ~ **hin** à son instigation
❷ (*Impuls*) impulsion *f;* **die** ~ **zu etw** l'incitation *f* à qc; **die** ~ **etw zu tun** l'incitation à faire qc
❸ *kein Pl* PHYSIOL stimulation *f*

an|reichern ['anraɪçɐn] I. *tr V* ❶ rehausser; **etw mit Vitaminen** ~ rehausser qc avec des vitamines
❷ CHEM **etw mit etw** ~ enrichir qc avec qc
II. *r V* ❶ PHYSIOL **sich im Fettgewebe/Körper** ~ s'accumuler dans les tissus graisseux/le corps
❷ CHEM **sich mit etw** ~ s'enrichir de qc; (*zusätzlich anlagern*) s'enrichir en qc

Anreicherung <-, -en> *f a.* CHEM enrichissement *m;* ~ **mit**

Sauerstoff enrichissement *m* avec de l'oxygène
Anreise *f* ❶ (*Anfahrt*) voyage *m*
❷ (*Ankunft*) arrivée *f*
an|reisen *itr V + sein* ❶ (*ein Ziel anfahren*) voyager
❷ (*eintreffen*) arriver
an|reißen *tr V unreg* ❶ aborder *Thema, Problem*
❷ (*anbrechen*) **eine Packung an der gestrichelten Linie** ~ déchirer un emballage suivant les pointillés; **eine Tüte an der Ecke** ~ ouvrir un sachet en déchirant le coin
❸ (*entzünden*) **ein Streichholz an etw** (*Dat*) ~ frotter une allumette contre qc
Anreiz *m* invite *f;* **ein** ~ **zum Nachdenken** une invite à réfléchir; ~**e bieten etw zu tun** donner des motifs *mpl* pour faire qc
an|reizen I. *tr V* ❶ (*anspornen*) exciter l'intérêt de; **jdn dazu** ~ **etw zu tun** inciter qn à faire qc
❷ (*stimulieren*) stimuler *Potenz;* aiguiser *Appetit*
II. *itr V* **zum Kauf/zu besonderer Leistung** ~ inciter à acheter/à accomplir des performances particulières
an|rempeln ['anrɛmpəln] *tr V* bousculer
an|rennen *itr V unreg + sein* ❶ **angerannt kommen** *Person:* arriver en courant [*o* au pas de course]; *Pferd:* arriver au galop; *Hund, Katze:* arriver à toute allure
❷ (*anstürmen*) **gegen die feindlichen Stellungen** ~ se lancer contre les positions ennemies
Anrichte ['anrɪçtə] <-, -n> *f* ❶ (*Büfett*) buffet *m*
❷ (*Raum*) office *m*
an|richten *tr V* ❶ (*garnieren*) présenter *Essen*
❷ *form* (*servieren*) **es ist angerichtet** le repas est servi
❸ (*verursachen*) causer *Schaden, Unheil;* **Unfug/Verwirrung** ~ faire des bêtises/du désordre; **was hast du da wieder angerichtet!** qu'est-ce que t'as encore fabriqué! (*fam*)
Anriss[RR] *m* TECH tracé *m*
an|ritzen *tr V* égratigner
an|rollen I. *itr V + sein* ❶ (*zu rollen beginnen*) se mettre en marche
❷ (*heranrollen*) arriver
II. *tr V + haben* faire rouler *Fässer*
an|rosten *itr V + sein* rouiller
an|rösten *tr V* griller
anrüchig ['anrʏçɪç] *Adj* ❶ (*mit schlechtem Ruf*) *Lokal, Viertel* mal famé(e); *Etablissement* douteux(-euse); *Geschäft* louche
❷ (*unanständig*) *Abbildung* indécent(e)
an|rücken I. *itr V + sein* ❶ MIL avancer
❷ *fam* (*herbeikommen*) rappliquer (*fam*)
❸ *hum fam* (*gebracht werden*) *Bestellung, Essen:* rappliquer (*hum fam*)
❹ (*heranrücken*) **an jdn** ~ se serrer contre qn
II. *tr V* **das Bett an die Wand** ~ rapprocher le lit du mur
Anruf *m* ❶ TELEC coup *m* de téléphone
❷ MIL sommation *f*
Anrufbeantworter <-s, -> *m* répondeur *m* [téléphonique]
an|rufen *unreg* **I.** *tr V* ❶ TELEC téléphoner à; **jdn** ~ téléphoner à qn; **oft/selten angerufen werden** recevoir beaucoup/peu de coups de téléphone
❷ JUR **eine höhere Instanz** ~ en appeler à une plus haute instance
❸ (*appellieren*) **Gott um Gnade** ~ invoquer la grâce de Dieu
❹ MIL interpeller
II. *itr V* **bei jdm/für jdn** ~ téléphoner [*o* appeler] chez/pour qn
Anrufer(in) <-s, -> *m(f)* correspondant(e) *m(f)*
an|rühren *tr V* ❶ (*berühren*) toucher; **jdn/etw** ~ toucher qn/à qc
❷ *geh* (*innerlich bewegen*) toucher, émouvoir
❸ (*konsumieren*) **das Essen überhaupt nicht** ~ ne même pas toucher au repas; **keinen Alkohol** ~ ne pas toucher à l'alcool
❹ (*zubereiten*) préparer *Teig*
❺ (*mischen, verrühren*) mélanger *Farbe;* **Gips mit Wasser** ~ gâcher du plâtre avec de l'eau
anrührend *Adj Geschichte, Szene* touchant(e)
ans [ans] = **an das** *s.* **an**
an|säen *tr V* semer *Blumen, Getreide*
Ansage ['anza:gə] *f* ❶ *der Nachrichten* présentation *f; einer Sendung, des Programms, der Uhrzeit* annonce *f*
❷ KARTEN **jd hat die** ~ c'est à qn de parler; (*beim Skat*) qn fait les annonces
an|sagen I. *tr V* ❶ (*durchsagen*) présenter *Nachrichten;* annoncer *Sendung, Programm, Uhrzeit*
❷ KARTEN [**jdm**] **etw** ~ annoncer qc [à qn]
II. *r V* ❶ (*seinen Besuch ankündigen*) **sich bei jdm** ~ s'annoncer chez qn; **sich zum Abendessen** ~ s'inviter à dîner
❷ (*sich ankündigen*) *Frühling:* s'annoncer
III. *itr V* ❶ RADIO, TV présenter; **im Radio** ~ être présentateur/présentatrice de radio
❷ KARTEN faire les annonces; **du sagst an!** c'est à toi de parler!
an|sägen *tr V* entamer à la scie; **etw** ~ entamer qc à la scie; **das Ansägen** le sciage
Ansager(in) <-s, -> *m(f)* ❶ (*Conférencier*) animateur(-trice) *m(f)*
❷ *veraltet* (*Rundfunk-, Nachrichtensprecher*) présentateur(-trice) *m(f)*
an|sammeln I. *tr V* amasser *Dinge, Kunstgegenstände;* accumuler *Zinsen, Vermögen*
II. *r V* ❶ **sich** ~ *Personen:* se rassembler; *Vermögen, Feuchtigkeit, Staub:* s'accumuler, s'amonceler; *Gegenstände, Müll:* s'entasser
❷ (*sich aufstauen*) **sich bei jdm** ~ *Hass, Wut:* s'accumuler chez qn
Ansammlung *f* ❶ (*das Anhäufen, die Anhäufung*) *von Gegenständen, Krimskrams* amoncellement *m*
❷ (*Menschenmenge*) ~ **von Demonstranten** foule *f* de manifestants
❸ (*das Anstauen*) *von Hass, Wut* accumulation *f*
ansässig ['anzɛsɪç] *Adj form* domicilié(e); **in München** ~ **sein** résider [*o* être domicilié(e)] à Munich
Ansässige(r) *f(m) dekl wie Adj* habitant(e) *m(f)* du lieu
Ansatz *m* ❶ *des Halses, der Stirn, der Haare* base *f*
❷ (*Anzeichen*) **die ersten Ansätze zu einer Veränderung** les premiers signes *mpl* de changement
❸ (*Beginn, Anlauf*) **im** ~ **richtig/falsch sein** être juste dans les grandes lignes/faux dès le départ; **im** ~ **scheitern** échouer dès le départ; **in den** [**ersten**] **Ansätzen stecken bleiben** rester au point de départ
❹ (*Schicht, Ablagerung*) *von Kalk* dépôt *m; von Rost* couche *f*
❺ *form* (*Veranschlagung*) *von Einnahmen, Kosten* évaluation *f;* **einen Betrag für etw in** ~ **bringen** porter une somme en compte à titre de qc
Ansatzpunkt *m* point *m* de départ *pas de pl* **Ansatzstück** *nt* raccord *m* **ansatzweise** *Adv* dans les grandes lignes
an|saufen *r V unreg* ▸ **sich** (*Dat*) **einen** ~ *sl* se pinter (*pop*)
an|saugen I. *tr V* aspirer
II. *r V* **sich** ~ *Blutegel, Muschel:* s'accrocher
Ansaugluft *f kein Pl* TECH, AUT air *m* aspiré **Ansaugstutzen** *m* TECH tubulure *f* d'admission
an|schaffen I. *tr V* ❶ (*kaufen*) acheter; [**sich** (*Dat*)] **etw** ~ [s']acheter qc
❷ *fam* (*sich zulegen*) **sich Kinder** ~ avoir des enfants (*fam*)
II. *itr V sl* **für jdn** ~ **gehen** faire le tapin pour qn (*arg*)
Anschaffung <-, -en> *f* achat *m;* ~**en/eine** ~ **machen** faire des achats/un achat
Anschaffungsdarlehen *nt* prêt *m* pour l'équipement **Anschaffungskosten** *Pl* frais *mpl* d'achat
an|schalten I. *tr V* mettre en marche *Anlage, Gerät;* allumer *Fernseher, Licht, Strom*
II. *r V* **sich** ~ *Anlage:* se mettre en marche; *Licht, Strom:* s'allu-

mer

an|schauen I. *tr V* ❶ (*ansehen*) regarder; **sich** (*Dat*) **etw** ~ regarder qc
❷ (*hinnehmen*) **ich habe mir das lange genug angeschaut!** j'ai toléré [*o* supporté] cela suffisamment longtemps!
II. *itr V* ► **schau** an[, **schau an**]! *fam* ça, par exemple! (*fam*)

anschaulich I. *Adj* *Unterricht, Beschreibung, Vortrag* clair(e); *Beispiel* parlant(e); [**jdm**] **etw** ~ **machen** illustrer qc [pour qn]
II. *Adv* clairement

Anschaulichkeit <-> *f* *des Unterrichts, einer Beschreibung* clarté *f*; *eines Vortrags, Beispiels* caractère *f* explicite

Anschauung <-, -en> *f* ❶ (*Ansicht*) façon *f* de voir; **nach unserer** ~ à notre avis; **eine andere** ~ **vertreten** concevoir les choses différemment
❷ *geh* (*Vorstellung*) idée *f*
❸ *geh* (*Erfahrung*) **aus eigener** ~ de ma/sa/... propre expérience

Anschauungsmaterial *nt* documents *mpl*

Anschein *m* apparence *f*; **dem äußeren** ~ **nach** vu(e) de l'extérieur; **er erweckte den** ~, **nichts zu wissen** [*o* **als wüsste er nichts**] il fit semblant de ne rien savoir; **sich** (*Dat*) **den** ~ **geben interessiert zu sein** faire semblant de s'intéresser; **es hat den** ~, **als wäre alles in Ordnung** [*o* **als ob alles in Ordnung wäre**] on dirait que tout est pour le mieux
► **dem** [*o* **allem**] ~ **nach** selon toute apparence

anscheinend *Adv* apparemment

an|scheißen *tr V unreg sl* ❶ (*zurechtweisen*) engueuler (*fam*)
❷ (*betrügen*) enfoirer (*arg*); **angeschissen werden** se faire enfler (*arg*)

an|schicken *r V geh* **sich** ~ se disposer; **sich** ~ **etw zu tun** se disposer à faire qc

an|schieben *tr, itr V unreg* pousser; **jdm beim Anschieben helfen** aider qn à pousser

an|schießen *unreg* I. *tr V* ❶ (*verletzen*) blesser [d'un coup de fusil/revolver]; **jdn** ~ blesser qn [d'un coup de fusil/revolver]
❷ *fam* (*kritisieren*) débiner (*fam*); **schwer angeschossen werden** se faire incendier (*fam*)
II. *itr V* **angeschossen kommen** *Person, Tier, Fahrzeug:* arriver comme une flèche; **das Auto kam so schnell angeschossen, dass** la voiture est arrivée si vite que + *indic*

an|schimmeln *itr V + sein* moisir

an|schirren *tr V* atteler

AnschissRR <-es, -e>, **Anschiß** <-sses, -sse> *m sl* engueulade *f* (*fam*); **einen** ~ **bekommen** se faire engueuler (*fam*)

Anschlag *m* ❶ (*Attentat*) attentat *m*; **auf jdn/etw einen** ~ **verüben** commettre un attentat contre qn/qc
❷ (*Bekanntmachung*) avis *m*; (*Plakat*) affiche *f*
❸ (*geschriebenes Zeichen*) signe *m*; **zehn Zeilen à fünfzig Anschläge** dix lignes à cinquante signes; **250 Anschläge in der Minute schreiben** taper 250 signes à la minute
❹ MUS *eines Pianisten* toucher *m*
❺ (*Widerstand*) *eines Hebels, Knopfs, Pedals* seuil *m* de résistance; **einen leichten** ~ **haben** *Tastatur:* avoir une frappe douce; **bis zum** ~ à fond
❻ SPORT **das Foto zeigt die Schwimmerin beim** ~ la photo montre la nageuse au moment de toucher le bord
❼ (*schussbereite Stellung*) **die Pistole/das Gewehr im** ~ **haben** tenir braqué(e) le pistolet/le fusil
❽ *kein Pl* COM, FIN devis *m*; **Kosten in** ~ **bringen** *form* faire entrer les coûts en ligne de compte
► **einen** ~ **auf jdn vorhaben** *hum fam* avoir un petit service à demander à qn

Anschlagbrett *nt* panneau *m* d'affichage

an|schlagen *unreg* I. *tr V + haben* ❶ (*befestigen*) apposer *Plakat, Aushang;* fixer *Brett;* **etw am schwarzen Brett** ~ afficher qc sur le tableau d'affichage
❷ (*betätigen, drücken*) frapper *Taste*
❸ MUS jouer *Ton, Akkord;* frapper *Taste*
❹ (*beschädigen*) ébrécher *Teller, Tasse*
❺ (*anstimmen*) prendre *Ton, Tonfall;* **einen anderen Ton** ~ changer de ton
❻ (*anzapfen*) **ein Fass** ~ mettre un tonneau en perce
II. *itr V* ❶ + *sein* (*anprallen*) **mit dem Kopf an etw** (*Akk*) ~ se cogner la tête contre qc; **an die** [*o* **der**] **Kaimauer** ~ *Wellen:* se briser contre le quai
❷ + *haben* SPORT *Schwimmer:* toucher
❸ + *haben* (*bellen*) japper
❹ + *haben* (*läuten*) *Glocke, Klingel:* sonner
❺ + *haben* (*wirken*) **bei jdm** ~ *Medikament, Therapie:* agir chez qn; **nicht** ~ ne pas agir
❻ + *haben fam* (*dick machen*) **bei jdm** ~ profiter à qn
III. *r V* **sich** ~ se cogner; **sich** (*Dat*) **den Kopf/das Knie** ~ se cogner la tête/le genou; *s. a.* **angeschlagen**

an|schleichen *r V unreg* **sich** ~ s'approcher tout doucement; **sich an jdn/etw** ~ s'approcher tout doucement de qn/qc; **angeschlichen kommen** s'approcher tout doucement

an|schleppen *tr V* ❶ (*herbeibringen*) traîner *Koffer, Stuhl*
❷ *fam* (*bringen*) apporter *Getränk, Flasche, Gericht*
❸ *fam* (*mitbringen*) **jdn** ~ trimballer qn (*fam*); **seinen Freund immer** [**mit**] ~ trimballer son copain partout [avec soi] (*fam*)
❹ (*zu schleppen beginnen*) remorquer *Auto*

an|schließen *unreg* I. *tr V* ❶ brancher *Anlage, Elektrogerät, Kabel;* **etw an ein Netz** ~ raccorder qc à un secteur
❷ (*befestigen*) **das Fahrrad am Geländer** ~ attacher le vélo à la rampe
❸ (*hinzufügen*) ajouter *Bemerkung, Punkt*
II. *r V* ❶ (*sich zugesellen, mitgehen*) **sich jdm** ~ se joindre à qn; **sich einer Partei** (*Dat*) ~ s'engager dans un parti; **sich einer Demonstration/dem Kampf** ~ s'impliquer dans une manifestation/la lutte; **einer Organisation angeschlossen** [**sein**] [être] rattaché(e) à une organisation
❷ (*beipflichten*) **sich jdm/einer Theorie** ~ se rallier à qn/une théorie
❸ (*angrenzen*) **sich** ~ *Grundstück, Feld, Wald:* être contigu(ë); *Land, Staat:* être limitrophe; **sich an den Garten** ~ *Park, Acker:* toucher le jardin
❹ (*folgen*) **sich an die Preisverleihung** ~ succéder à la remise des prix
III. *itr V* **an etw** (*Akk*) ~ succéder à qc

anschließend I. *Adj* qui suit/suivait/... [immédiatement]; **ein Vortrag mit** ~**er Diskussion** une conférence suivie d'un débat
II. *Adv* ensuite

AnschlussRR *m* ❶ (*Telefonanschluss*) branchement *m* [téléphonique]; **noch keinen** ~ **haben** ne pas encore avoir de ligne
❷ (*Telefonverbindung*) **der** ~ **ist besetzt** la ligne est occupée; **kein** ~ **unter dieser Nummer!** le numéro que vous avez demandé n'est plus en service actuellement!
❸ (*Stromanschluss*) branchement *m*
❹ (*Wasseranschluss, Gasanschluss*) raccordement *m*
❺ *kein Pl* (*das Anschließen*) *eines Computers* connexion *f*
❻ (*Anschlusszug*) ~ **an einen Zug/nach Marseille haben** avoir une correspondance avec un train/pour Marseille
❼ *kein Pl* (*Kontakt*) contacts *mpl;* ~ **bekommen** [*o* **finden**] nouer des contacts
❽ POL ~ **an einen Staat** rattachement *m* à un État
❾ *kein Pl* SPORT **ihr gelang der** ~ **an die Spitze** elle a réussi à recoller au peloton de tête
► **im** ~ **an den Vortrag** après la conférence; **den** ~ **verpassen** (*beim Reisen*) rater la correspondance; (*bei einer Entwicklung*) rater le coche (*fam*)

AnschlussflugRR *m* correspondance *f* **Anschlusskabel**RR *nt* câble *m* d'alimentation **Anschlusszug**RR *m* correspondance *f*

an|schmieden *tr V* fixer par forgeage; **an etw** (*Akk*) **ange-**

schmiedet sein être fixé(e) par forgeage à qc
an|schmiegen ['anʃmiːgən] **I.** *tr V* presser; **etw an jdn/etw ~** presser qc contre qn/qc
II. *r V* ❶ (*sich anlehnen*) **sich an jdn/etw ~** se blottir contre qn/qc
❷ (*anliegen*) **sich eng dem Körper** [*o* **an den Körper**] **~** *Rock, Kleid:* épouser la forme du corps
anschmiegsam *Adj* ❶ *Person, Kind* câlin(e)
❷ (*weich*) *Material, Stoff* souple
an|schmieren I. *tr V* ❶ (*bemalen*) barbouiller (*fam*); **etw mit Farbe ~** barbouiller qc avec de la peinture
❷ *fam* (*betrügen*) **jdn mit etw ~** arnaquer qn avec qc (*fam*); **du bist ganz schön angeschmiert worden!** tu t'es bien fait arnaquer! (*fam*); **mit etw** [**ganz schön**] **angeschmiert sein** être pigeonné(e) avec qc (*fam*); **der/die Angeschmierte sein** être le pigeon dans l'affaire (*fam*)
II. *r V* **sich mit etw ~** se barbouiller de qc
an|schnallen *tr V* ❶ (*angurten*) attacher *Kind;* **sich ~** attacher [*o* boucler] sa ceinture [de sécurité]
❷ (*unterschnallen*) attacher *Schlittschuhe;* **sich** (*Dat*) **die Skier ~** chausser ses skis
Anschnallpflicht *f* port *m* obligatoire de la ceinture [de sécurité]
an|schnauzen *tr V fam* engueuler (*fam*); **von jdm angeschnauzt werden** se faire engueuler par qn (*fam*); **warum lässt du dich von ihr so ~?** pourquoi tu la laisses t'engueuler comme ça? (*fam*)
an|schneiden *tr V unreg* ❶ (*anbrechen*) entamer *Brot, Kuchen*
❷ (*ansprechen*) aborder *Problem, Thema*
Anschnitt *m* ❶ (*erstes Stück*) *eines Käselaibs, Wurstlaibs* entame *f*
❷ (*Schnittfläche*) coupe *f*
Anschovis [an'ʃoːvɪs] *s.* **Anchovis**
an|schrauben *tr V* visser; **ein Schild an etw** (*Akk o Dat*) **~** visser un écriteau à qc; **das Anschrauben** le vissage
an|schreiben *unreg* **I.** *tr V* ❶ écrire; **etw an die Tafel ~** écrire qc au tableau
❷ (*sich wenden an*) **jdn wegen etw ~** envoyer un courrier à qn à cause de qc
❸ *fam* (*auf Kredit geben*) [**jdm**] **etw ~** mettre qc sur le compte [de qn]
II. *itr V* ❶ *fam* (*Kredit gewähren*) faire crédit; **bei jdm ~ lassen** faire mettre sur sa note [*o* son compte] chez qn
❷ (*opponieren*) **gegen etw ~** dénoncer qc par écrit
an|schreien *tr V unreg* crier après; **jdn wegen etw ~** crier après qn pour qc; **von jdm angeschrien werden** se faire houspiller par qn; **warum lässt du dich von ihr so ~?** pourquoi la laisses-tu crier ainsi après toi?
Anschrift *f* adresse *f*
Anschubfinanzierung *f* rallonge *f* financière; (*für Neugründungen*) coup *m* de pouce financier
an|schuldigen ['anʃʊldɪgən] *tr V* accuser; **jdn einer S.** (*Gen*) **~** accuser qn de qc
Anschuldigung <-, -en> *f* accusation *f*
an|schwärzen ['anʃvɛrtsən] *tr V fam* ❶ (*schlecht machen*) débiner (*fam*); **jdn bei jdm ~** débiner qn auprès de qn (*fam*)
❷ (*denunzieren*) **jdn wegen etw ~** balancer qn à cause de qc (*fam*)
an|schweigen *unreg* **I.** *tr V* opposer son mutisme à; **jdn ~** opposer son mutisme à qn; **warum schweigst du mich an?** pourquoi tu ne veux rien me dire?
II. *r V* **sich** [**gegenseitig**] **~** ne plus s'adresser la parole
an|schweißen *tr V* souder; **ein Metallstück an etw** (*Dat o Akk*) **~** souder un morceau de métal à qc
an|schwellen *itr V unreg + sein* ❶ *Gelenk, Arm, Haut:* enfler; **rötlich ~** *Finger, Zeh:* enfler en prenant une couleur rougeâtre; **meine Beine schwellen an** j'ai les jambes qui enflent; **angeschwollen** [**sein**] [être] enflé(e)
❷ (*ansteigen*) *Fluss:* grossir; *Wasser:* monter
❸ (*lauter werden*) s'amplifier
Anschwellung *f* ❶ MED enflure *f*
❷ *von Lärm* amplification *f*
❸ *eines Flusses* gonflement *m*
an|schwemmen *tr V + haben Meer, Wellen:* rejeter [sur la rive]; **etw ~** *Meer, Wellen:* rejeter qc [sur la rive]; **angeschwemmt** déposé(e) par les flots
Anschwemmung <-, -en> *f* alluvions *fpl*
an|schwimmen *unreg* **I.** *itr V + sein* ❶ nager; **gegen etw ~** nager contre qc
❷ (*sich nähern*) **angeschwommen kommen** *Person:* arriver à la nage
II. *tr V + haben* nager jusqu'à *Boje*
an|schwindeln *tr V fam* raconter des bobards à (*fam*); **sich von jdm ~ lassen** se laisser mener en bateau par qn (*fam*)
an|schwitzen *tr V* GASTR faire blondir
an|segeln *tr V* faire voile sur *Insel, Ziel*
an|sehen *tr V unreg* ❶ (*anblicken, betrachten*) regarder; **jdn unschuldig/böse ~** regarder qn d'un air innocent/méchant; **jdn groß ~** regarder qn en ouvrant de grands yeux; **hübsch/schauderhaft anzusehen sein** être mignon(ne)/affreux(-euse) à regarder
❷ (*besichtigen*) **sich** (*Dat*) **etw ~** visiter qc
❸ (*Zuschauer sein*) **sich** (*Dat*) **etw ~** voir qc; (*Fernsehzuschauer sein*) regarder qc
❹ (*halten für*) **jdn als seinen Freund ~** considérer qn comme son ami; **etw als** [*o* **für**] **seine Pflicht ~** considérer qc comme [étant] son devoir
❺ (*anmerken, ablesen*) **jdm die Erleichterung/Erschöpfung ~** pouvoir lire le soulagement/la fatigue sur le visage de qn; **ihre Freude war ihr deutlich anzusehen** sa joie était visible; **man sieht ihm sein Alter nicht an** il ne paraît [*o* fait] pas son âge; **man sieht ihm an, dass er lügt** on voit à son air qu'il ment
❻ (*hinnehmen*) supporter *Streiche, Dummheiten;* **nicht** [**mit**] **~ können, wie ...** ne pas supporter de voir de quelle façon ...
▶ **jdn nicht mehr ~** *fam* ne plus voir qn; **sieh mal einer an!** *fam* eh ben, voyons! (*iron fam*)
Ansehen <-s> *nt* ❶ (*Reputation*) réputation *f*; **~ erlangen** arriver à la considération; **bei jdm großes/ein gewisses ~ genießen** jouir d'une grande/certaine estime auprès de qn; **bei seinen Kollegen ~ genießen** jouir de l'estime [*o* de la considération] de ses collègues; **bei jdm an ~ verlieren** perdre de son crédit auprès de qn
❷ *geh* (*Aussehen*) apparence *f*
▶ **ohne ~ der Person** sans considération de personne
ansehnlich ['anzeːnlɪç] *Adj* ❶ (*beträchtlich*) *Erbschaft, Informationsmaterial, Betrag* important(e); *Leistung, Bauch* beau(belle); **eine ~e Leistung erbringen** faire une belle performance
❷ (*gut aussehend*) *Person, Gebäude* beau(belle) *antéposé*
an|seilen *tr V* encorder; **jdn/sich ~** encorder qn/s'encorder
an|sein *s.* **an III.3.**
an|sengen ['anzɛŋən] *tr V + haben* roussir; **hier riecht es angesengt** ça sent le roussi ici
an|setzen I. *tr V* ❶ (*anfügen*) ajouter; **ein Verlängerungsstück an etw** (*Akk o Dat*) **~** ajouter un raccord à qc
❷ (*annähen*) mettre *Stoffstreifen, Taschen*
❸ (*positionieren*) placer *Wagenheber, Hebel, Skalpell;* **das Glas zum Trinken/die Trompete ~** porter le verre/la trompette à sa bouche; **die Leiter an die Wand ~** poser l'échelle contre le mur
❹ (*veranschlagen*) estimer; **die Kosten zu niedrig ~** sous-estimer les coûts; **den Wert auf tausend Euro ~** estimer la valeur à mille euros
❺ (*festlegen*) fixer *Besprechung, Konferenz, Termin;* **das Treffen ist für** [*o* **auf**] **Montag angesetzt** la réunion est fixée à lundi
❻ (*hetzen*) **einen Detektiv auf jdn/etw ~** mettre un détective derrière qn/sur qc; **einen Hund auf jdn ~** mettre

un chien aux trousses de qn
7 (*bilden*) faire *Blätter, Früchte, Knospen;* **Grünspan/Rost** ~ se couvrir de vert-de-gris/de rouille
8 (*zubereiten*) préparer *Bowle, Fruchtwein*
II. *itr V* 1 (*beginnen*) **zum Sprechen/Trinken/Überholen** ~ s'apprêter à parler/boire/dépasser
2 (*Blüten, Früchte bilden*) pousser
3 (*anbrennen*) **leicht** [*o* **schnell**] ~ attacher facilement
4 (*dick machen*) **bei jdm** ~ *Essen:* faire grossir qn
III. *r V* **sich** ~ *Kalk, Grünspan:* se déposer

Ansicht <-, -en> *f* 1 (*Meinung*) avis *m;* **der ~ sein, dass Reformen notwendig sind** être d'avis que des réformes sont nécessaires; **der gleichen ~ sein wie ...** être du même avis que ...; **anderer ~ sein als ...** être d'un autre avis que ...; **ich teile Ihre ~** [*o* **bin ganz Ihrer ~**] je suis tout à fait de votre avis; **nach ~ ihrer Eltern** selon [*o* d'après] ses parents; **meiner/seiner ~ nach** à mon/son avis
2 (*Abbildung*) vue *f*
3 *kein Pl* (*das Ansehen, Prüfen*) examen *m;* **zur ~** pour examen

ansichtig *Adj* **einer Person/einer S.** (*Gen*) ~ **werden** *veraltet geh* aviser une personne/qc (*vieilli littér*)

Ansichtskarte *f* carte *f* postale **Ansichtssache** *f* question *f* de point de vue; [**reine**] ~ **sein** être une question de point de vue; [**das ist**] ~! *fam* ça se discute! (*fam*) **Ansichtssendung** *f* envoi *m* pour examen

an|siedeln **I.** *tr V* 1 installer *Stamm, Volk;* introduire *Tiere, Tierart;* implanter *Industrie;* **eine Tierart** [**wieder**] **in Mitteleuropa** ~ [ré]introduire une espèce en Europe centrale; **Industriebetriebe am Stadtrand** ~ implanter des établissements industriels à la périphérie de la ville
2 *geh* (*zuordnen*) **einen Roman in den zwanziger Jahren** ~ situer l'action d'un roman dans les années vingt; **wo ist dieser Begriff anzusiedeln?** cette notion est du ressort de quel domaine?
II. *r V* **sich** ~ *Personen, Keime, Bakterien:* se fixer; *Industrie:* s'implanter; **sich in den Bergen/am Meer** ~ *Personen:* se fixer à la montagne/à la mer

Ansiedler(in) *m(f)* colon *m*

Ansiedlung *f* 1 (*Siedlung*) colonie *f*
2 *kein Pl a.* JUR (*das Ansiedeln*) *von Personen, Industriebetrieben* implantation *f; von Tieren* introduction *f;* ~ **ohne Rechtstitel** JUR implantation *f* sans titre

Ansinnen ['anzɪnən] <-s, -> *nt geh* exigence *f;* **ein ~ an jdn richten** formuler une exigence à qn

Ansitz *m* affût *m*

ansonsten [an'zɔnstən] *Adv fam* 1 (*im Übrigen*) pour le reste
2 (*sonst*) à part ça
3 (*andernfalls*) sinon

an|spannen **I.** *tr V* 1 bander *Muskel;* crisper *Nerven;* **alle Kräfte** ~ mobiliser toutes les énergies; *s. a.* **angespannt**
2 (*anschirren*) atteler *Pferd, Wagen*
II. *itr V* ~ [**lassen**] [faire] atteler; **es ist angespannt** les chevaux sont attelés

Anspannung *f* 1 (*das Anspannen*) **unter ~ aller Kräfte** en mobilisant toutes les énergies
2 (*Spannung, Konzentration*) tension *f*

Anspiel *nt* SPORT (*das Spiel beginnen*) coup *m* d'envoi; (*das Zuspielen*) passe *f*

an|spielen **I.** *itr V* 1 (*andeuten*) faire allusion; **mit einer Bemerkung auf jdn/etw** ~ faire allusion par une remarque à qn/qc
2 FBALL donner le coup d'envoi
II. *tr V* passer le ballon à *Spieler*

Anspielung <-, -en> *f* allusion *f;* **~en auf jdn/etw machen** faire des allusions à qn/qc

an|spitzen *tr V* 1 tailler *Bleistift;* appointer *Holzstock*
2 *fam* (*antreiben*) secouer les puces à (*fam*)

Ansporn ['anʃpɔrn] <-[e]s> *m* motivation *f*

an|spornen *tr V* 1 (*ermuntern*) motiver; **jdn ~ etw zu tun** inciter [*o* pousser] qn à faire qc; **jdn zu verstärktem Einsatz** ~ inciter [*o* pousser] qn à s'engager davantage
2 (*antreiben*) éperonner *Pferd*

Ansprache *f* allocution *f;* **eine ~ halten** prononcer une allocution

ansprechbar *Adj Kranker:* lucide; ~ **sein** *Kranker:* être lucide; (*nicht beschäftigt sein*) être disponible

an|sprechen *unreg* **I.** *tr V* 1 (*anreden*) adresser la parole à; **fremde Menschen auf der Straße** ~ aborder les gens dans la rue
2 (*betiteln*) **jdn mit einem Titel** ~ appeler qn par un titre; **wie soll ich Sie ~?** comment dois-je vous appeler?
3 (*sich wenden an*) **jdn auf etw** (*Akk*) ~ parler à qn de qc
4 (*bitten*) **jdn um Feuer/einen Gefallen** ~ demander du feu/un service à qn
5 (*zielen auf, meinen*) viser; **mit etw angesprochen sein** être concerné(e) par qc
6 (*erwähnen*) aborder *Problematik, Punkt, Thema*
7 (*beeindrucken*) **jdn** ~ *Person:* impressionner qn; *Kunstwerk:* interpeler qn; (*gefallen*) plaire à qn; **das spricht mich nicht an** ça ne me dit pas grand-chose
II. *itr V* 1 **auf etw** (*Akk*) ~ *Patient:* réagir à qc; **bei jdm** ~ *Medikament, Therapie:* faire de l'effet à qn; **diese Tabletten sprechen bei ihr nicht an** ces comprimés ne lui font aucun effet
2 (*reagieren*) *Bremse, Gaspedal:* répondre; **auf kleinste Veränderungen** ~ *Messgerät, Geigerzähler:* réagir aux moindres changements
3 (*Anklang finden*) *Konzert, Vorstellung:* trouver un écho, séduire

ansprechend **I.** *Adj Äußeres* charmant(e); *Angebot, Artikel, Verpackung* attrayant(e); *Umgebung* plaisant(e)
II. *Adv* de façon attrayante; ~ **wirken** être attrayant(e)

Ansprechpartner(in) *m(f)* interlocuteur(-trice) *m(f)*

an|springen *unreg* **I.** *itr V + sein* 1 *Fahrzeug:* démarrer; [**gut/schlecht/schwer**] ~ *Fahrzeug:* démarrer [bien/mal/difficilement]
2 *fam* (*reagieren*) **auf etw** (*Akk*) ~ réagir à qc; **darauf ist er nicht angesprungen** il n'a pas marché [dans la combine] (*fam*)
II. *tr V + haben* **jdn** ~ bondir sur qn; **von hinten angesprungen werden** être assailli(e) par derrière

an|spritzen *tr V Person:* asperger; *Fahrzeug:* éclabousser; **jdn/etw** ~ *Person:* asperger qn/qc; *Fahrzeug:* éclabousser qn/qc

Anspruch *m* 1 *a.* JUR (*Recht, Anrecht*) droit *m;* ~ **auf etw** (*Akk*) **haben** avoir droit à qc; **einen ~ anmelden** notifier [*o* faire connaître] un droit; **einen ~ geltend machen** notifier/faire valoir un droit; **einen ~ zurückweisen** refuser un droit
2 (*Forderung*) ~ **auf etw** (*Akk*) **erheben** *Person:* revendiquer [*o* réclamer] qc; *Konzeption, Theorie, Aufstellung:* prétendre à qc; ~ **auf eine Gehaltserhöhung haben** pouvoir prétendre à une augmentation de salaire
3 (*Gebrauch*) **ein Angebot in ~ nehmen** profiter d'une offre; **ein Recht in ~ nehmen** faire valoir un droit
4 *Pl* (*Anforderung*) exigences *fpl;* **hohe Ansprüche an jdn stellen** *Person:* être très exigeant(e) avec qn; *Aufgabe:* exiger beaucoup de qn; **den Ansprüchen gerecht werden** satisfaire aux exigences
5 *Pl* (*Wunsch*) prétentions *fpl;* **Ansprüche stellen** avoir des exigences
▶ **jdn in ~ nehmen** accaparer qn

Anspruchsdenken *nt* mentalité *f* d'enfant gâté

anspruchslos *Adj* 1 *Person, Pflanze* peu exigeant(e); ~ **sein** *Person:* ne pas avoir d'exigences; *Pflanze:* demander peu de soins; **ziemlich/völlig ~ sein** *Person:* ne pas demander grand-chose/ne demander absolument rien
2 (*trivial*) sans prétention; **etwas Anspruchsloses lesen** lire

A

quelque chose de trivial
Anspruchslosigkeit <-> *f* ❶ *einer Person* simplicité *f; eines Kindes, Angestellten* exigences *fpl* raisonnables; *einer Pflanze* manque *m* d'exigence
❷ (*Trivialität*) trivialité *f*
anspruchsvoll *Adj* ❶ *Person, Tätigkeit* exigeant(e); **etwas für Anspruchsvolle** quelque chose pour des gens exigeants
❷ (*niveauvoll*) ambitieux(-euse)
an|spucken *tr V* cracher sur
an|spülen *tr V* rejeter; **angespülte Wrackteile** des débris *mpl* d'épaves rejetés par les flots
an|stacheln ['anʃtaxəln] *tr V* aiguillonner; **jdn [dazu] ~ etw zu tun** inciter qn à faire qc; **sich durch jdn zu etw ~ lassen** être poussé(e) par qn à qc; **jdn zum Widerstand/zu höherer Leistung ~** pousser qn à la résistance/à accomplir de meilleures performances
Anstalt ['anʃtalt] <-, -en> *f* ❶ (*Heilanstalt*) établissement *m* spécialisé (*euph*)
❷ *geh* (*Einrichtung*) établissement *m;* (*Privateinrichtung*) institution *f;* **eine ~ des öffentlichen Rechts** un établissement de droit public
Anstalten *Pl* préparatifs *mpl;* **~ machen [*o* treffen] das Land zu verlassen** prendre des dispositions en vue de quitter le pays; **keine ~ machen aufzubrechen** ne pas sembler disposé(e) à partir
Anstaltsarzt *m,* **-ärztin** *f* médecin *m* de l'établissement **Anstaltsgeistliche(r)** *f(m) dekl wie Adj* aumônier *m* **Anstaltskleidung** *f* ❶ (*Klinikkleidung*) tenue *f* [réglementaire] ❷ (*Gefängniskleidung*) tenue *f* de prisonnier(-ière) **Anstaltsleiter(in)** *m(f)* directeur (-trice) *m(f)* [d'un établissement]
Anstand *m* ❶ (*gutes Benehmen*) convenances *fpl;* **etw mit [viel] ~ tun** faire qc avec [beaucoup de] courtoisie; **keinen ~ haben** n'avoir aucun sens des convenances
❷ (*Anstandsregeln*) bienséance *f;* **den ~ verletzen** être une atteinte à la bienséance
▶ **an etw** (*Dat*) **~ nehmen** se formaliser de qc; **ohne ~** *form* sans encombre
anständig ['anʃtɛndɪç] **I.** *Adj* ❶ *Person* décent(e); *Verhalten* honorable; *Lokal* convenable
❷ *fam* (*akzeptabel*) bon(ne) *antéposé* (*fam*)
II. *Adv* ❶ (*gesittet*) convenablement
❷ *fam* (*akzeptabel*) *bezahlen, essen* correctement (*fam*); **sich ~ ausschlafen** piquer un bon roupillon (*fam*)
anständigerweise *Adv* **~ vorher fragen** avoir la correction de demander au préalable
Anständigkeit <-> *f* honorabilité *f*
Anstandsbesuch *m* visite *f* de courtoisie **Anstandsdame** *f* chaperon *m*
anstandshalber *Adv* par souci des convenances
anstandslos *Adv einwilligen* sans hésitation; *bezahlen* sans difficulté; *durchkommen* sans encombre
Anstandswauwau <-s, -s> *m fam* chaperon *m*
an|starren *tr V* regarder fixement; **jdn ~** regarder qn fixement
anstatt [an'ʃtat] **I.** *Präp + Gen* à la place de; **~ der Eltern** à la place des parents; **~ eines Briefs** au lieu d'une lettre
II. *Konj* **~ zu antworten** au lieu de répondre
an|stauben *itr V + sein* **angestaubte Bücher/Hemden** des livres poussiéreux/chemises poussiéreuses
an|stauen I. *tr V* barrer *Bach, Wasserlauf;* retenir *Wasser*
II. *r V* ❶ **sich ~** *Wasser, Blut:* s'accumuler; **der Bach staut sich vor dem Wehr an** les eaux du ruisseau s'accumulent derrière le barrage
❷ (*sich aufstauen*) **sich in jdm ~** *Hass, Wut, Verlangen:* s'accumuler en qn; **angestaute Wut** colère *f* accumulée
an|staunen *tr V* regarder avec de grands yeux; **jdn/etw ~** regarder qn/qc avec de grands yeux
an|stechen *tr V unreg* ❶ piquer *Braten, Kartoffeln, Kuchen*
❷ (*beschädigen*) crever *Reifen*
❸ (*anzapfen*) mettre en perce; **ein Fass ~** mettre un tonneau en perce
an|stecken I. *tr V* ❶ épingler; **jdm/sich einen Orden ~** épingler une décoration à qn/s'épingler une décoration; **er hat ihr einen Ring angesteckt** il lui a mis une bague au doigt
❷ (*anzünden*) **sich** (*Dat*) **eine Zigarette ~** s'allumer une cigarette; **ich werde mir eine Pfeife ~** je vais fumer une [petite] pipe
❸ (*in Brand stecken*) faire brûler *Papier, Kaminholz;* incendier *Gebäude*
❹ (*infizieren*) contaminer; **jdn mit etw ~** passer qc à qn
❺ *fig* **jdn mit seiner Begeisterung ~** communiquer son enthousiasme à qn; **die anderen ~** *Lachen, Gähnen:* contaminer les autres personnes
II. *r V* **sich bei jdm ~** être contaminé(e) par qn; **sich bei jdm mit etw ~** attraper qc au contact de qn; **wo hast du dich angesteckt?** où est-ce que tu as attrapé ça?
III. *itr V a. fig Krankheit, Begeisterung, Eifer:* être contagieux(-euse)
ansteckend *Adj* ❶ *Krankheit* contagieux(-euse)
❷ *fig* **~ sein** *Begeisterung, Eifer:* être contagieux(-euse) [*o* communicatif(-ive)]
Anstecker *m* insigne *m;* (*Werbeanstecker*) pin's *m*
Anstecknadel *f* épingle *f*
Ansteckung <-, *selten* -en> *f* contamination *f*
Ansteckungsgefahr *f* risque *m* de contagion; **es besteht ~** il y a risque de contagion; **es besteht keine ~** il n'y a aucun risque de contagion
an|stehen *itr V unreg + haben o* SDEUTSCH *sein* ❶ (*Schlange stehen*) faire la queue; **nach etw ~** faire la queue pour qc
❷ (*zu erledigen sein*) *Arbeit:* rester en suspens; *Gerichtssache, Termin:* être à l'ordre du jour; **etw steht bei jdm an** qn a qc à régler; **etw ~ haben** *Gericht:* devoir juger qc; **~de Fragen/Probleme** des questions/problèmes en suspens
❸ (*bevorstehen*) **etw steht bei jdm an** qn a qc de prévu
❹ *geh* (*geziemen*) **etw steht jdm gut/schlecht an** qc sied bien/mal à qn (*littér*); **es steht jdm gut/schlecht an etw zu tun** il est séant/malséant pour qn de faire qc (*littér*)
an|steigen *itr V unreg + sein* ❶ (*sich erhöhen*) monter, grimper; **um zehn Euro/zwei Grad/fünf Prozent ~** monter [*o* grimper] de dix euros/deux degrés/cinq pour cent; **auf hundert Euro/zehn Grad ~** atteindre cent euros/dix degrés; **~de Temperaturen** des températures en hausse
❷ (*steiler werden*) *Weg, Berghang, Gelände:* monter; **leicht ~des Gelände** terrain *m* en pente douce
anstelle [an'ʃtɛlə] *Präp + Gen* à la place de; **~ eines Menschen/einer Machine** à la place d'un homme/d'une machine
an|stellen I. *tr V* ❶ allumer *Beleuchtung, Licht;* mettre *Wasser;* ouvrir *Gas;* brancher *Klingel;* **das Wasser wieder ~** remettre l'eau; **eine Maschine ~** mettre une machine en route
❷ (*beschäftigen*) **jdn [als Drucker] ~** embaucher qn [comme imprimeur]; **bei jdm als Sekretärin angestellt sein** être employé(e) chez qn comme secrétaire
❸ (*anlehnen*) **etw an eine Wand ~** mettre [*o* poser] qc contre un mur
❹ (*dazustellen*) ajouter *Tisch, Stuhl*
❺ *form* (*durchführen*) **Nachforschungen/Überlegungen ~** procéder à des recherches/se mettre à réfléchir
❻ *fam* (*bewerkstelligen*) **es geschickt/nicht geschickt ~** s'en sortir bien/mal (*fam*); **es so ~, dass** se dépatouiller pour que + *subj* (*fam*)
❼ *fam* (*anrichten*) **Blödsinn/Unfug ~** faire des conneries/bêtises; **was hast du da wieder angestellt?** qu'est-ce que t'as encore fabriqué? (*fam*); **dass ihr mir ja nichts anstellt!** tâchez de pas faire de bêtises! (*fam*)
II. *r V* ❶ **sich ~** faire la queue; **sich hinten ~** se mettre à la

queue
❷ *fam* (*sich verhalten*) **sich geschickt/dumm** ~ s'y prendre bien/comme un âne (*fam*); **stell dich nicht [so] an!** *fam* fais pas tant de chichis! (*fam*)

anstellig I. *Adj* adroit(e)
II. *Adv* habilement

Anstellung *f* emploi *m*

Anstellungsvertrag *m* contrat *m* de travail

an|steuern *tr V* ❶ *Schiff:* mettre le cap sur; **etw** ~ *Schiff:* mettre le cap sur qc
❷ (*anvisieren*) viser *Wachstum, Fortschritt;* poursuivre *Zweck;* vouloir aborder *Thema*

Anstich *m eines Fasses* mise *f* en perce

Anstieg ['anʃti:k] <-[e]s, -e> *m* ❶ *kein Pl* (*das Ansteigen*) *der Kosten, Preise, Temperaturen* hausse *f;* **rascher ~ der Preise** flambée *f* des prix
❷ (*Aufstieg*) **der ~ zum Gipfel** l'ascension *f* du sommet
❸ *kein Pl* (*Steigung*) *einer Straße* pente *f*

an|stieren *tr V pej* lorgner; (*mit Begierde*) reluquer (*fam*)

an|stiften *tr V* ❶ entraîner; **jdn zu einer Straftat** ~ entraîner qn à commettre un délit; **jdn [dazu] ~ Unfug zu machen** inciter qn à faire des bêtises (*fam*)
❷ (*anzetteln*) fomenter *Komplott, Verschwörung*
❸ *fam* (*anrichten*) **Unfug** ~ faire des bêtises (*fam*)

Anstifter(in) *m(f)* instigateur(-trice) *m(f)*

Anstiftung *f* ~ **zu einer Straftat** incitation *f* à un délit

an|stimmen *tr V* ❶ entonner *Lied, Melodie;* **einen Marsch** ~ *Kapelle:* attaquer une marche
❷ (*erheben*) pousser *Geheul, Geschrei;* émettre *Klagen, Lamento;* lancer *Proteste;* **ein großes Lamento** ~ se répandre en lamentations

an|stinken *fam* **I.** *tr V* emmerder (*fam*); **jdn** ~ emmerder qn (*fam*)
II. *itr V* **gegen jdn/etw nicht ~ können** être impuissant(e) face à qn/qc; **dagegen können wir leider nicht ~!** on ne peut malheureusement rien y faire!

Anstoß *m* ❶ (*Ansporn*) impulsion *f;* **den [ersten] ~ zu etw geben** *Person:* donner la première impulsion à qc; *Ereignis:* être le prélude à qc; **der ~ zu diesem Projekt ging von ihr aus** c'est elle qui a impulsé ce projet
❷ *geh* (*Ärgernis*) ~ **erregen** susciter la réprobation; **bei jdm ~ erregen** scandaliser qn; **an etw** (*Dat*) ~ **nehmen** être choqué(e) par qc
❸ FBALL coup *m* d'envoi
❹ CH (*Angrenzung*) **mit ~ an etw** (*Akk*) en bordure de qc

an|stoßen *unreg* **I.** *itr V* ❶ + *sein* (*dagegen stoßen*) se cogner; **mit dem Ellenbogen an etw** (*Akk*) ~ se cogner le coude contre qc; **mit dem Koffer an etw** (*Akk*) ~ cogner la valise contre qc; **[ein wenig] mit der Zunge** ~ zézayer [légèrement]
❷ + *haben* (*prosten*) **auf jdn/etw** ~ trinquer à la santé de qn/à qc
❸ + *sein* (*angrenzen*) **an ein Grundstück** ~ être en bordure d'un terrain; **an ein Land** ~ toucher un pays
II. *tr V* + *haben* ❶ (*berühren*) **jdn mit dem Fuß** ~ pousser qn du pied; **jdn freundschaftlich mit der Schulter** ~ donner une bourrade amicale à qn
❷ (*verletzen*) **sich** (*Dat*) **das Knie** ~ se cogner le genou
❸ (*in Bewegung setzen*) frapper *Ball, Kugel*
❹ (*in Gang setzen*) déclencher *Entwicklung, Diskussion*
III. *r V* + *haben* **sich an etw** (*Dat*) ~ se cogner contre qc

Anstößer(in) ['anʃtø:sɐ] <-s, -> *m(f)* CH riverain(e) *m(f)*

anstößig ['anʃtø:sɪç] **I.** *Adj* choquant(e); **das ist doch nichts Anstößiges!** ça n'a rien de choquant!
II. *Adv* de façon choquante

Anstößigkeit <-, -en> *f* ❶ *kein Pl einer Bemerkung, eines Witzes* inconvenance *f; eines Kleidungsstücks* indécence *f; einer Szene, eines Films* obscénité *f*
❷ (*Bemerkung, Handlung*) obscénité *f*

an|strahlen *tr V* ❶ (*anleuchten*) illuminer, éclairer
❷ (*strahlend ansehen*) **jdn** ~ regarder qn d'un air rayonnant; **seine Augen strahlten sie an** il porta sur elle un regard rayonnant

an|streben *tr V* aspirer à; ambitionner *Stelle*

an|streichen *tr V unreg* ❶ (*streichen*) peindre; **etw neu [o frisch]** ~ repeindre qc; **etw lila/rot** ~ peindre qc en mauve/en rouge
❷ (*markieren*) marquer *Fehler, Textstelle;* **etw dick/rot** ~ marquer qc en gros/en rouge

Anstreicher(in) <-s, -> *m(f)* peintre *mf*

an|strengen ['anʃtrɛŋən] **I.** *r V* ❶ (*sich einsetzen*) **sich** ~ se fatiguer; **sich übermäßig** ~ fournir des efforts démesurés
❷ (*sich Mühe geben*) **sich mit dem Essen** ~ se donner du mal pour le repas; **sich in der Schule mehr** ~ se donner plus de peine à l'école; **sich sehr ~ pünktlich zu sein** se donner beaucoup de mal pour être ponctuel(le)
II. *tr V* ❶ (*strapazieren*) fatiguer
❷ (*beanspruchen*) concentrer *Geist, Kräfte, Muskeln;* **sein Gehör/seine Augen** ~ tendre l'oreille/écarquiller les yeux; *s. a.* **angestrengt**
❸ JUR (*einleiten*) intenter *Prozess*

anstrengend *Adj* fatigant(e)

Anstrengung <-, -en> *f* ❶ (*Kraftaufwand*) dépense *f* physique; **vermeiden Sie körperliche ~!** évitez les efforts physiques!
❷ (*Bemühung*) effort *m;* **mit äußerster [o letzter]** ~ dans un suprême [*o* ultime] effort; **~en machen etw zu tun** faire des efforts pour faire qc

Anstrich *m* ❶ *kein Pl* (*das Anstreichen*) *eines Gebäudes, einer Wand* peinture *f*
❷ (*Farbüberzug*) couche *f* [de peinture]
❸ *kein Pl* (*Note*) **ein künstlerischer** ~ une touche artistique

Ansturm *m* ❶ (*Andrang*) ruée *f;* ~ **auf die Geschäfte/Banken** ruée *f* sur les magasins/banques
❷ MIL assaut *m*
❸ *fig geh* ~ **der Gefühle** flot *m* d'émotions (*soutenu*)

an|stürmen *itr V* + *sein* ❶ MIL **gegen jdn/etw** ~ donner l'assaut contre qn/qc
❷ (*angelaufen kommen*) **angestürmt kommen** arriver en trombe
❸ *geh* (*peitschen gegen*) **gegen etw** ~ *Brecher, Flut:* venir battre qc

an|suchen *itr V* A *veraltet* solliciter; **um etw** ~ solliciter qc

Ansuchen <-s, -> *nt form* requête *f;* ~ **um etw** requête *f* pour obtenir qc; **auf sein** ~ à sa requête

Antagonismus [antago'nɪsmʊs] <-, -ismen> *m* antagonisme *m*

Antagonist(in) [antago'nɪst] <-en, -en> *m(f)* antagoniste *mf*

an|tanzen *itr V* + *sein fam* se pointer (*fam*); **bei jdm** ~ se pointer chez qn; **jdn bei sich ~ lassen** convoquer qn illico (*fam*)

Antarktis [ant'arktɪs] <-> *f* **die** ~ l'Antarctique *m*

antarktisch *Adj* antarctique

an|tasten *tr V* ❶ (*beeinträchtigen*) porter atteinte à *Würde, Ehre, Recht*
❷ (*anbrechen*) entamer *Ersparnisse, Vorrat*
❸ (*leicht berühren*) **etw [nur leicht]** ~ [juste] effleurer qc

an|tauen I. *itr V* + *sein* commencer à [se] décongeler; **angetaut** *Tiefkühlartikel* [partiellement] décongelé(e)
II. *tr V* décongeler

Anteil *m* ❶ (*Teil*) part *f;* ~ **an etw** (*Dat*) part *f* de qc; ~ **an etw** (*Dat*) **haben** prendre une part active à qc; **welchen ~ hat er an diesem Werk?** de quelle partie du travail est-il responsable?
❷ (*Kapitalbeteiligung*) ~ **an etw** (*Dat*) participation *f* dans qc
❸ (*Anteilnahme*) **an etw** (*Dat*) ~ **nehmen** prendre part [*o* compatir] à qc

anteilig ['antaɪlɪç], **anteilmäßig I.** *Adj* proportionnel(le)

II. *Adv* proportionnellement
Anteilnahme ['antaɪlna:mə] <-> *f* ❶ (*Beileid*) condoléances *fpl;* **seine ~ an dem Unglück** sa sympathie à l'occasion de l'accident; **jdm seine ~ aussprechen** exprimer sa profonde sympathie [*o* ses sincères condoléances] à qn
❷ (*Interesse*) intérêt *m*
❸ (*Beteiligung*) participation *f;* **unter großer ~ der Bevölkerung** avec la participation massive de la population
Anteilschein *m* titre *m* de participation
an|telefonieren* *tr V fam* passer [*o* donner] un coup de fil à (*fam*); **antelefoniert werden** recevoir un coup de fil (*fam*)
Antenne [an'tɛnə] <-, -n> *f* antenne *f*
► **eine ~ für etw haben** *fam* avoir un feeling [*o* sixième sens] pour qc (*fam*)
Anthologie [antolo'gi:] <-, -n> *f* anthologie *f*
Anthrax *m* MED anthrax *m*
Anthrazit [antra'tsi:t] <-s, *selten* -e> *m* anthracite *m*
anthrazitfarben, anthrazitfarbig *Adj* anthracite *inv*
Anthropologe [antropo'lo:gə] <-n, -n> *m,* **Anthropologin** *f* anthropologue *mf*
Anthropologie [antropolo'gi:] <-> *f* anthropologie *f*
anthropologisch [antropo'lo:gɪʃ] *Adj* anthropologique
Anthroposoph(in) [antropo'zo:f] <-en, -en> *m(f)* anthroposophe *mf*
Anthroposophie [antropozo'fi:] <-> *f* anthroposophie *f*
anthroposophisch I. *Adj* anthroposophique
II. *Adv erziehen* conformément à l'anthroposophie; **~ angehaucht sein** être teinté(e) d'anthroposophie
Antialkoholiker(in) [antiʔalko'ho:likɐ] *m(f)* antialcoolique *mf* **antiautoritär** I. *Adj* antiautoritaire II. *Adv* de façon antiautoritaire; **~ eingestellt sein** avoir une attitude antiautoritaire **Antibabypille** *f fam* pilule *f* (*fam*) **antibakteriell** *Adj* antibactérien(ne)
Antibiotikum [anti'bio:tikʊm] <-s, -biotika> *nt* MED, PHARM antibiotique *m*
Antiblockiersystem *nt* système *m* antiblocage
antichristlich I. *Adj* antichrétien(ne)
II. *Adv* de façon antichrétienne; **~ eingestellt sein** être antichrétien(ne)
Antidepressivum [antideprɛ'si:vʊm] <-s, -va> *nt* MED, PHARM antidépresseur *m*
Antifa [anti'fa] <-> *f sl Abk von* **Antifaschismus**
Antifaltencreme *f* crème anti-âge *f*
Antifaschismus *m* antifascisme *m* **Antifaschist(in)** *m(f)* antifasciste *mf* **antifaschistisch** *Adj* antifasciste
Antigen ['antige:n, anti'ge:n] <-s, -e> *nt* MED antigène *m*
Antigone [an'ti:gone] <-s> *f* MYTH Antigone *f*
antihaftbeschichtet *Adj Kochtopf, Pfanne* anti-adhésif(-ive)
Antihistamin *nt* MED antihistaminique *m*
antik [an'ti:k] I. *Adj* ❶ (*aus der Antike stammend*) antique
❷ (*als Antiquität anzusehen*) ancien(ne)
II. *Adv* **~ eingerichtet sein** être meublé(e) [en] ancien
Antike [an'ti:kə] <-> *f* Antiquité *f*
antiklerikal I. *Adj* anticlérical(e)
II. *Adv* de façon anticléricale; **~ eingestellt sein** avoir des idées anticléricales
Antiklopfmittel *nt* AUT, CHEM antidétonant *m*
Antikommunismus *m* anticommunisme *m* **Antikommunist(in)** *m(f)* anticommuniste *mf* **antikommunistisch** I. *Adj* anticommuniste II. *Adv* de façon anticommuniste; **[streng] ~ eingestellt sein** être [littéralement] anticommuniste **Antikörper** *m* MED anticorps *m*
Antillen [an'tɪlən] *Pl* **die ~** les Antilles *fpl*
Antilope [anti'lo:pə] <-, -n> *f* antilope *f*
Antimaterie *f kein Pl* PHYS antimatière *f pas de pl*
Antimon [anti'mo:n] <-s> *nt* CHEM antimoine *m*
Antipathie [antipa'ti:] <-, -n> *f* antipathie *f;* **~ gegen jdn** antipathie *f* envers qn; **gegenseitige ~** antipathie réciproque
Antipode [anti'po:də] <-n, -n> *m a.* GEOG antipode *m*
an|tippen *tr V* ❶ tapoter *Person, Taste;* effleurer *Bremse, Bildschirm*
❷ (*streifen*) effleurer *Problem, Punkt, Thema*
Antiqua [an'ti:kva] <-> *f* TYP caractères *mpl* romains
Antiquar(in) [anti'kva:ɐ, *Pl:* anti'kva:rə] <-s, -e> *m(f)* bouquiniste *mf*
Antiquariat [antikvari'a:t] <-[e]s, -e> *nt* (*Geschäft*) librairie *f* d'occasion; (*Abteilung*) section *f* de livres d'occasion; **modernes ~** librairie *f* de livres soldés
antiquarisch *Adj, Adv* d'occasion
antiquiert *Adj geh* suranné(e) (*soutenu*)
Antiquität <-, -en> *f* antiquité *f*
Antiquitätengeschäft *nt* magasin *m* d'antiquités **Antiquitätenhandel** *m* commerce *m* d'antiquités **Antiquitätenhändler(in)** *m(f)* antiquaire *mf*
Antisemit(in) *m(f)* antisémite *mf* **antisemitisch** I. *Adj* antisémite II. *Adv* de façon antisémite; **~ eingestellt sein** être antisémite **Antisemitismus** [antizemi'tɪsmʊs] <-> *m* antisémitisme *m* **Antisepsis** [anti'zɛpsɪs] <-> *f* MED antisepsie *f* **Antiseptikum** [anti'zɛptikʊm] <-s, -septika> *nt* MED antiseptique *m* **antiseptisch** [anti'zɛptɪʃ] I. *Adj* antiseptique II. *Adv* **~ wirken** avoir un effet antiseptique **Antispastikum** <-s, -ka> *nt* MED, PHARM antispasmodique *m* **antistatisch** I. *Adj* antistatique II. *Adv behandeln* avec un [produit] antistatique **Antiteilchen** *nt* antiparticule *f* **Antiterroreinheit** *f* brigade *f* antiterroriste **Antithese** *f* antithèse *f* **Antivirenprogramm** [anti'vi:rən-] *nt* INFORM antivirus *m*
Antlitz ['antlɪts] <-es, -e> *nt poet* visage *m*
Anton <-s> *m* Antoine *m*
► **blauer ~** bleu *m* [de travail]
an|tönen A, CH *s.* **andeuten**
an|törnen ['antœrnən] I. *tr V sl Droge:* speeder (*arg*); *Musik:* faire vibrer (*arg*); **jdn ~** *Droge:* speeder qn (*arg*); *Musik:* faire vibrer qn (*arg*); **angetörnt sein** être speedé(e) (*arg*)
II. *itr V sl* speeder (*arg*)
Antrag ['antra:k, *Pl:* 'antrɛ:gə] <-[e]s, Anträge> *m* ❶ demande *f;* **einen ~ auf etw** (*Akk*) **stellen** faire une demande de qc; **auf ~ von ...** à la demande de ...
❷ (*Antragsformular*) [formulaire *m* de] demande *f*
❸ JUR requête *f;* **einen ~ auf etw** (*Akk*) **stellen** présenter une requête en vue de qc; **auf ~ von ...** à la requête de..., sur la réquisition de...
❹ PARL motion *f*
❺ (*Heiratsantrag*) demande *f* en mariage; **jdm einen ~ machen** demander qn en mariage
an|tragen *tr V unreg geh* proposer; **jdm etw ~** proposer qc à qn; **jdm [seine] Hilfe ~** proposer son aide à qn
Antragsformular *nt* formulaire *m* de demande
Antragsteller(in) <-s, -> *m(f) form* demandeur(-euse) *m(f);* JUR requérant(e) *m(f)*
an|trainieren [-trɛ'ni:rən, trɛ:'ni:rən] *tr V* **sich** (*Dat*) **Muskeln/Geduld ~** développer des muscles/apprendre à être patient(e); **einem Hund ein Kunststück ~** apprendre un tour à un chien
an|treffen *tr V unreg* ❶ rencontrer; **jdn im Büro/zu Hause ~** rencontrer qn au bureau/à la maison; **um diese Zeit bin ich immer anzutreffen** à cette heure-là, on peut toujours me trouver
❷ (*vorfinden*) **jdn beim Essen ~** trouver qn en train de manger; **jdn bei bester Gesundheit ~** trouver qn en parfaite santé
an|treiben *unreg* I. *tr V + haben* ❶ faire avancer *Person, Tier*
❷ (*drängen*) pousser *Mitarbeiter;* **jdn zur Eile ~** presser qn
❸ (*anschwemmen*) charrier; **etw an den Strand/ans Ufer ~** rejeter qc sur la plage/sur le rivage; **angetrieben werden** être charrié(e) par les flots
❹ (*in Bewegung setzen*) faire avancer *Rad, Fahrzeug;* entraîner

A

Antwort verweigern

• **Antwort verweigern**	• **refuser de répondre**
Sag ich nicht! *(fam)*	Je ne le dirai pas!
Das kann ich dir (leider) nicht sagen.	(Je regrette, mais) je ne peux pas te le dire.
Dazu möchte ich nichts sagen.	Je n'ai rien à dire à ce sujet.
Ich möchte mich zu dieser Angelegenheit nicht äußern. *(form)*	Je me défends de tout commentaire sur cette affaire.

Achse, Turbine
❺ (*veranlassen*) **jdn ~ etw zu tun** *Liebe, Neugier, Sehnsucht:* pousser qn à faire qc
II. *itr V + sein Treibholz:* flotter vers le rivage; *Wolken:* arriver; **dieses Wrack ist heute Nacht angetrieben** cette épave a été rejetée cette nuit
Antreiber(in) *m(f) pej* négrier(-ière) *m(f)* (*péj*)
an|treten *unreg* **I.** *tr V + haben* ❶ (*beginnen*) commencer *Ausbildung, Lehre;* **eine Reise ~** partir en voyage; **eine Strafe ~** commencer à purger une peine
❷ (*übernehmen*) prendre *Stellung;* entrer en possession de *Erbe;* **sein Amt/seinen Dienst ~** prendre ses fonctions/son service
❸ (*festtreten*) tasser *Erde*
❹ (*starten*) démarrer *Motorrad*
II. *itr V + sein* ❶ (*sich aufstellen*) *Soldaten, Truppen:* se rassembler; **im Hof ~** *Schüler, Häftlinge:* se placer dans la cour; **in Reihen ~** se mettre en rang[s]; **Kompanie ~ zum Appell!** compagnie, rassemblement pour l'appel!
❷ (*erscheinen*) **zum Wettkampf ~** se présenter en compétition; **gegen jdn ~** *Sportler, Mannschaft:* affronter qn; **zur Arbeit/zum Dienst ~** se présenter au travail/pour le service
❸ (*eine Stellung beginnen*) débuter
Antrieb *m* ❶ (*Antriebskraft*) propulsion *f;* [**elektrischer**] **~** propulsion *f* [électrique]; **den ~ drosseln** réduire la transmission
❷ (*Impuls*) motivation *f;* **etw aus eigenem ~ tun** faire qc de sa propre initiative; **jdm** [**neuen**] **~ geben** donner un nouvel élan à qn
Antriebsachse [-aksə] *f* arbre *m* de commande **Antriebsaggregat** *nt* groupe *m* motopropulseur **Antriebskraft** *f* force *f* motrice **Antriebsrad** *nt* TECH roue *f* motrice **Antriebsschwäche** *f* PSYCH indolence *f* **Antriebswelle** *f* arbre *m* de transmission
an|trinken *tr V unreg fam* ❶ entamer *Flasche;* **den Rotwein ~** boire un peu du vin rouge
❷ (*sich verschaffen*) **sich** (*Dat*) **Mut ~** se donner du courage en buvant un verre; **sich** (*Dat*) **einen Rausch ~** se cuiter (*fam*)
▸ **sich** (*Dat*) **einen ~** se prendre une cuite (*fam*)
Antritt *m kein Pl* ❶ *einer Fahrt, Reise* début *m*
❷ (*Übernahme*) *eines Amtes, einer Stellung* prise *f* en charge; *einer Erbschaft* entrée *f* en possession; **vor ~ seiner neuen Stellung** avant de prendre son nouveau poste; **nach ~ seines neuen Amtes** après avoir pris ses nouvelles fonctions
Antrittsbesuch *m* première visite *f* officielle **Antrittsrede** *f* discours *m* inaugural **Antrittsvorlesung** *f* conférence *f* inaugurale
an|trocknen *itr V + sein* ❶ sécher; **an etw** (*Dat*) **~** sécher sur qc
❷ (*ein wenig trocknen*) commencer à sécher; **angetrocknet sein** *Wäsche:* être à peine sec(sèche)
an|tun *tr V unreg* faire; **jdm ein Leid ~** faire du mal à qn; **sich** (*Dat*) **etwas ~** *euph* attenter à ses jours; **tu mir das nicht an!** *fam* pitié, pas ça! (*fam*)
▸ **das hat es ihm/ihr angetan** cela l'a séduit(e); *s. a.* **angetan**
an|turnen ['antœrnən] *s.* **antörnen**
Antwerpen [ant'vɛrpən] <-s> *nt* Anvers
Antwort ['antvɔrt] <-, -en> *f* ❶ réponse *f;* **~ auf etw** (*Akk*) réponse *f* à qc; **jdm eine ~ geben** donner une réponse à qn; **jdm zur ~ geben, dass** donner à qn pour [toute] réponse que; **als ~ auf Ihre Frage schlage ich vor, ...** en réponse à votre question, je propose ...; **um ~ wird gebeten!** répondez s'il vous plaît!
❷ *fig* **die deutsche/französische ~ auf jdn/etw** la réplique allemande/française à qn/qc
▸ **nie um eine ~ verlegen sein** ne jamais être à court de réponses; **keine ~ ist auch eine ~** *Spr.* certains silences en disent long
Antwortbrief *m* lettre *f* de réponse
antworten ['antvɔrtən] **I.** *itr V* ❶ répondre; [**jdm**] **~** répondre [à qn]; **auf etw** (*Akk*) **~** répondre à qc; **jdm auf seine Frage/seinen Brief ~** répondre à la question/lettre de qn; **mit einem Zitat ~** répondre par une citation
❷ (*reagieren*) **mit einem Lächeln ~** répondre par un sourire
II. *tr V* **~, dass** répondre que + *indic;* **was hat sie geantwortet?** qu'est-ce qu'elle a répondu?
Antwortkarte *f* carte-réponse *f;* **frankierte** [*o* **freigemachte**] **~** carte-réponse affranchie **Antwortschein** *m* **internationaler ~** coupon-réponse *m* international **Antwortschreiben** *nt form* [lettre-]réponse *f*
an|vertrauen* **I.** *tr V* confier; **er hat ihr ein Geheimnis/viel Geld anvertraut** il lui a confié un secret/beaucoup d'argent
II. *r V* **sich jdm ~** se confier à qn; **sich der Obhut** (*Dat*) **eines Onkels ~** s'en remettre à la protection d'un oncle
an|visieren* [-vi-] *tr V* ❶ (*ins Visier nehmen*) viser
❷ (*anstreben*) envisager
an|wachsen [-ks-] *itr V unreg + sein* ❶ (*festwachsen*) *Pflanze:* prendre racine, s'enraciner; *Transplantat:* s'implanter; **angewachsene Ohrläppchen** des lobes *mpl* [de l'oreille] collés
❷ (*zunehmen*) *Bevölkerung:* augmenter; *Lärm, Lautstärke:* s'intensifier; **um ein Vielfaches ~** s'accroître de manière exponentielle; **auf über drei Millionen ~** accroître pour dépasser les trois millions
Anwachsen *nt* ❶ *einer Pflanze* enracinement *m; eines Transplantats* implantation *f*
❷ (*Zunahme*) augmentation *f;* **im ~** [**begriffen**] **sein** être en augmentation
an|wählen *tr V* appeler *Gesprächspartner;* composer *Telefonnummer, Telefonanschluss*
Anwalt ['anvalt, *Pl:* 'anvɛltə] <-[e]s, Anwälte> *m,* **Anwältin** *f* ❶ avocat(e) *m(f);* **sich** (*Dat*) **einen ~ nehmen** prendre un avocat; **~/Anwältin der Gegenpartei** avocat(e) de la partie adverse
❷ *geh* (*Fürsprecher*) défenseur *m*
Anwaltsbüro *nt* ❶ (*Anwaltssozietät*) cabinet *m* d'avocats
❷ (*Büro*) étude *f*
Anwaltschaft <-, *selten* -en> *f* ❶ *kein Pl* (*das Verteidigen, Vertreten*) défense *f*
❷ (*Gesamtheit der Anwälte*) ordre *m* des avocats; (*in einer*

Stadt) barreau *m*
Anwaltskammer *f* Conseil *m* de l'ordre des avocats **Anwaltskanzlei** *f* ❶ (*Anwaltssozietät*) cabinet *m* d'avocats ❷ (*Büro*) étude *f* **Anwaltskosten** *Pl* frais *mpl* d'avocat
an|wandeln *tr V geh* **ihn/sie wandelt eine Laune/Lust an** il est pris/elle est prise d'une humeur/envie; **was wandelt dich auf einmal an?** qu'est-ce qu'il te prend subitement?
Anwandlung *f* lubie *f;* **etw in einer ~ von Misstrauen/Großzügigkeit tun** faire qc dans un moment de défiance/un [soudain] accès de générosité; **merkwürdige ~en bekommen/haben** changer complètement/avoir complètement changé
an|wärmen *tr V* réchauffer *Soße, Milch;* chauffer *Bett, Sitzmöbel*
Anwärter(in) *m(f)* ❶ (*Kandidat*) candidat(e) *m(f)*
❷ SPORT favorit(e) *m(f);* **die ~in auf die Goldmedaille** la favorite pour la médaille d'or
Anwartschaft <-, *selten* -en> *f* ❶ candidature *f;* **~ auf einen Posten** candidature *f* à un poste; **~ auf ein Erbe/den Thron** prétention *f* à un héritage/au trône
❷ SPORT **~ auf einen Titel** position *f* de favorit(e) pour un titre
an|weisen *tr V unreg* ❶ (*beauftragen*) donner des instructions [*o* des directives]; **jdn ~ [etw zu tun]** donner des instructions [*o* des directives] à qn [pour qu'il fasse qc]; **sie ist angewiesen uns zu informieren** elle a reçu l'instruction de nous informer
❷ (*anleiten*) donner des instructions [*o* des indications] à *Auszubildenden, Schüler;* **jdn bei einer Arbeit ~** instruire qn dans un travail; **von jdm angewiesen werden** être mis(e) au courant par qn
❸ (*zuweisen*) **jdm einen Platz/ein Zimmer ~** assigner une place/une chambre à qn
❹ (*überweisen*) **[jdm] Geld ~** verser de l'argent [sur le compte de qn]; *s. a.* **angewiesen**
❺ (*auszahlen lassen*) **einen Betrag zur Zahlung ~** affecter une somme au paiement
Anweisung *f* ❶ (*Anordnung*) directive *f,* instruction *f;* **~ haben etw zu tun** avoir l'ordre de faire qc; **auf ~ der Geschäftsleitung** sur ordre de la direction; **ich habe meine ~en!** j'ai des instructions!
❷ (*Anleitung*) information *f;* **zur ~ der Schüler** pour informer les élèves
❸ (*Gebrauchsanweisung*) mode *m* d'emploi
❹ (*Zuweisung*) *eines Platzes, Zimmers* affectation *f*
❺ (*Überweisung*) *eines Betrags* versement *m*
❻ (*Überweisungsformular*) ordre *m* de virement
anwendbar *Adj* applicable; **auf etw** (*Akk*)**/in der Praxis ~ sein** être applicable à qc/dans la réalité
Anwendbarkeit <-> *f* possibilités *fpl* d'application; **die ~ einer Theorie auf etw** (*Akk*) **prüfen** examiner la possibilité d'appliquer une théorie à qc
an|wenden *tr V reg o unreg* employer *Mittel, Methode, Technologie;* se servir de *Programm, Gelerntes;* appliquer *Theorie, Urteil, Paragraphen, Regel;* **ein neues Verfahren bei einem Patienten/einer Behandlung ~** employer [*o* utiliser] une nouvelle méthode avec un patient/pour un traitement; **sich auf etw** (*Akk*) **~ lassen** être applicable dans [*o* à] qc; *s. a.* **angewandt**
Anwender(in) <-s, -> *m(f)* INFORM utilisateur(-trice) *m(f)*
Anwendung *f* ❶ *kein Pl* (*der Gebrauch*) utilisation *f; einer Theorie, Regel, eines Gesetzes* application *f;* **~ von Gewalt** recours *m* à la force; **~ fremden Rechts** application du droit étranger; **die ~ dieser Theorie auf die Praxis** la mise en pratique de cette théorie; **etw zur ~ bringen** *form* avoir recours à qc; **zur ~ kommen, ~ finden** *form* être utilisé(e)
❷ INFORM application *f*
❸ (*Therapiemaßnahme*) séance *f* de soins
Anwendungsbereich *m,* **Anwendungsgebiet** *nt eines Gesetzes, Vertrages* champ *m* d'application **Anwendungsvorschrift** *f* conseils *mpl* d'utilisation
an|werben *tr V unreg a.* MIL recruter
Anwerbung *f a.* MIL recrutement *m*
an|werfen *unreg* **I.** *tr V* ❶ lancer *Motor, Propeller;* **ein Aggregat ~** mettre un groupe en route
❷ *fam* (*anstellen*) allumer *Elektrogerät*
II. *itr V* SPORT engager
Anwesen ['anveːzən] <-s, -> *nt geh* propriété *f*
anwesend *Adj* présent(e); **bei einer Besprechung/auf einem Fest ~ sein** être présent(e) à une discussion/une fête
▶ **nicht ganz ~ sein** *fam* être dans la lune (*fam*)
Anwesende(r) *f(m) dekl wie Adj* personne *f* présente; **ist Professor Schwarz unter den ~n?** le professeur Schwarz est-il dans l'assistance?; **~ ausgenommen** je ne parle pas pour vous
Anwesenheit <-> *f* présence *f;* **~ bei einer Sitzung/auf einer Veranstaltung** présence *f* à une réunion/à une manifestation; **in seiner/ihrer ~** en sa présence; **in ~ des Bundeskanzlers** en présence du chancelier fédéral
Anwesenheitsliste *f* feuille *f* de présence **Anwesenheitspflicht** *f* présence *f* obligatoire
an|widern ['anviːdɐn] *tr V* dégoûter; **jdm angewidert zusehen** regarder qn avec dégoût
an|winkeln *tr V* [re]plier
Anwohner(in) <-s, -> *m(f)* riverain(e) *m(f)*
Anwurf *m* ❶ (*Anschuldigung*) insulte *f*
❷ *kein Pl* SPORT engagement *m*
an|wurzeln *itr V* ▶ **wie angewurzelt dastehen** [*o* **stehen bleiben**] rester figé(e) [*o* cloué(e)] sur place
Anzahl *f kein Pl* nombre *m;* **eine große ~** un grand nombre; **erforderliche/beschlussfähige ~** (*bei Abstimmungen, Wahlen*) quorum *m*
an|zahlen *tr V* verser un acompte sur le prix de *Auto, Waschmaschine, Wohnung;* **zehn Prozent/tausend Euro ~** verser un acompte de dix pour cent/mille euros; **der angezahlte Wagen** la voiture réglée partiellement par acompte; **die angezahlten fünf Prozent** les cinq pour cent versés comme acompte
Anzahlung *f* acompte *m;* **eine ~ machen** [*o* **leisten** *form*] verser un acompte
an|zapfen *tr V* ❶ gemmer *Baum;* **ein Fass ~** mettre un tonneau en perce
❷ *fam* (*technisch manipulieren*) se brancher clandestinement sur *Leitung, Stromnetz;* **das Telefon ~** mettre le téléphone sur écoute
❸ *fam* (*aushorchen*) soutirer des informations à
Anzeichen *nt* ❶ (*Indiz*) signe *m*
❷ MED symptôme *m*
an|zeichnen *tr V* ❶ (*markieren*) marquer
❷ (*zeichnen*) **etw an die Wand/die Tafel ~** dessiner qc sur le mur/au tableau
Anzeige ['antsaɪgə] <-, -n> *f* ❶ JUR plainte *f;* **~ erstatten** porter plainte; **~ gegen unbekannt** plainte *f* contre X; **jdn/etw zur ~ bringen** *form* engager des poursuites contre qn/qc
❷ (*Inserat*) annonce *f*
❸ (*Bekanntgabe*) *einer Geburt, Heirat, eines Todesfalls* faire-part *m*
❹ *kein Pl* (*das Anzeigen*) *der Geschwindigkeit, eines Messwerts* indication *f; des Spielstands* affichage *m*
❺ (*angezeigte Information*) affichage *m*
❻ (*Anzeigeinstrument, -anlage*) indicateur *m*
an|zeigen **I.** *tr V* ❶ JUR signaler *Straftat;* **jdn wegen etw ~** porter plainte contre qn pour qc
❷ (*angeben*) indiquer *Abfahrtszeit, Geschwindigkeit, Messwert;* signaler *Richtung, Richtungswechsel*
❸ (*bekannt geben*) annoncer *Verlobung;* **jdm seinen Besuch ~** faire part à qn de sa visite
❹ (*hinweisen auf*) indiquer *Veränderungen*
II. *r V* **sich [selbst] ~** se dénoncer
Anzeigenblatt *nt* journal *m* de petites annonces **Anzeigenteil** *m* rubrique *f* des petites annonces
Anzeigepflicht *f* (*bei Straftaten*) devoir *m* de dénonciation;

(*bei Geburten, Todesfällen*) obligation *f* de déclarer **anzeigepflichtig** *Adj Straftat* qui doit faire l'objet d'une dénonciation; *Geburt, Todesfall, Krankheit* qui doit être déclaré(e); ~ **sein** *Straftat:* devoir faire l'objet d'une dénonciation; *Geburt, Todesfall, Krankheit:* devoir être déclaré(e)
Anzeiger *m* (*Amtsanzeiger*) bulletin; (*in Zeitungsnamen*) courrier *m*, journal *m*
Anzeigetafel *f* panneau *m* d'affichage; SPORT tableau *m* d'affichage; (*mit Leuchtziffern*) panneau lumineux
an|zetteln *tr V* fomenter *Aufruhr, Verschwörung;* déclencher *Schlägerei, Streit*
an|ziehen *unreg* **I.** *tr V* ❶ mettre *Kleid, Hose, Schuhe;* **sich** (*Dat*) **etw** ~ mettre qc; **jdm etw** ~ mettre qc à qn; **die Kinder warm** ~ habiller les enfants chaudement
❷ (*straffen*) tirer *Schlinge, Seil, Zügel;* tendre *Saite*
❸ (*festziehen*) serrer *Handbremse, Schraube*
❹ (*an den Körper ziehen*) ramener *Arm, Bein*
❺ (*anlocken*) attirer *Besucher, Neugierige*
❻ PHYS **Eisenspäne** ~ *Magnet:* attirer des copeaux de fer
II. *itr V* ❶ (*sich in Bewegung setzen*) *Zug, Zugtier:* se mettre en route
❷ (*beschleunigen*) accélérer
❸ (*ansteigen*) *Preise, Kurse, Inflation:* augmenter
III. *r V* ❶ **sich** ~ s'habiller; **sich sportlich/modisch** ~ s'habiller sport/[à la] mode
❷ (*sich attraktiv finden*) **sich** [**gegenseitig**] ~ *Verliebte:* se sentir attiré(e)s l'un vers l'autre
anziehend *Adj Person, Äußeres* attirant(e); *Anblick* engageant(e); *Werbung* attrayant(e)
Anziehung *f* ❶ (*Reiz*) attrait *m*
❷ PHYS attraction *f*
Anziehungskraft *f* ❶ (*Attraktivität*) attrait *m*
❷ PHYS attraction *f*
Anzug *m* ❶ costume *m;* **im** ~ en costume
❷ (*Hosenanzug*) tailleur-pantalon *m*
❸ *kein Pl* (*Beschleunigungsvermögen*) reprises *fpl*
▶ **aus dem** ~ **kippen** *fam* tomber dans les pommes (*fam*); **im** ~ **sein** *Truppe, Armee:* être en marche; *Gewitter:* se préparer; *Gefahr:* être imminent(e); **bei mir ist ein Schnupfen im** ~ je couve un rhume
anzüglich ['antsy:klɪç] **I.** *Adj* ❶ (*verletzend, unangenehm*) *Bemerkung, Äußerung* désobligeant(e), déplaisant(e); ~ **werden** être désobligeant(e)
❷ (*zweideutig*) *Witz* scabreux(-euse), grivois(e); *Geste* obscène
II. *Adv* ❶ (*verletzend, unangenehm*) de manière déplaisante
❷ (*zweideutig*) de manière équivoque
Anzüglichkeit <-, -en> *f* ❶ *kein Pl* (*unangenehme Art*) *einer Bemerkung, eines Lächelns* aspect *m* désobligeant
❷ *kein Pl* (*zweideutige Art*) *eines Witzes* grivoiserie *f; einer Geste* caractère *m* équivoque
❸ (*unangenehme Bemerkung*) remarque *f* désobligeante
❹ (*zweideutige Bemerkung*) grivoiserie *f*, obscénité *f*
an|zünden *tr V* ❶ allumer; **ein Feuer im Kamin** ~ allumer [*o* faire] du feu dans la cheminée; **sich** (*Dat*) **eine Zigarette** ~ s'allumer une cigarette
❷ (*in Brand stecken*) mettre le feu à, incendier *Gebäude, Müll*
Anzünder *m* (*für Gasherde*) allume-gaz *m;* (*für Kohle, Grillkohle*) allume-feu *m*
an|zweifeln *tr V* mettre en doute, douter de; **etw** ~ mettre qc en doute, douter de qc
an|zwinkern *tr V* **jdn** ~ faire un clin d'œil à qn
an|zwitschern *r V fam* **sich** (*Dat*) **einen** ~ boire un coup de trop (*fam*)
AOK [a:ʔo:'ka:] <-, -s> *f Abk von* **Allgemeine Ortskrankenkasse** *caisses d'assurance-maladie allemande*
Äolus <-> *m* MYTH Éole *m*
Aorta [a'ɔrta] <-, Aorten> *f* aorte *f*
Aostatal *nt* **das** ~ le Val-d'Aoste
Apache <-n, -n> *m*, **Apachin** *f* Apache *mf*
apart [a'part] **I.** *Adj Frau, Gesicht, Kleid, Einrichtung* qui a du cachet; ~ **aussehen** avoir de la classe
II. *Adv sich kleiden, sich einrichten* avec recherche
Apartheid [a'pa:ɐthaɪt] <-> *f* apartheid *m*
Apartheidpolitik *f* politique *f* d'apartheid
Apartment [a'partmənt] <-s, -s> *nt* studio *m*, F 1 *m*
Apartmenthaus *nt* résidence *f*
Apathie [apa'ti:] <-, -n> *f* apathie *f*
apathisch [a'pa:tɪʃ] **I.** *Adj* apathique
II. *Adv* avec apathie
Apenninen *Pl* **die** ~ les Apennins *mpl*
aper ['a:pɐ] *Adj* CH, A, SDEUTSCH *Hang* sans neige; *Straße* déneigé(e)
Aperitif [aperi'ti:f] <-s, -s *o* -e> *m* apéritif *m*
Apfel ['apfəl, *Pl:* 'ɛpfəl] <-s, ⸚> *m* pomme *f*
▶ **der** ~ **fällt nicht weit vom Stamm** *Spr.* tel père, tel fils; **in den sauren** ~ **beißen** *fam* avaler la pilule (*fam*)
Apfelbaum *m* pommier *m* **Apfelblüte** *f* ❶ fleur *f* de pommier
❷ *kein Pl* (*das Blühen*) floraison *f* des pommiers
Äpfelchen <-s, -> *nt Dim von* **Apfel** petite pomme *f*
Apfelernte *f* récolte *f* des pommes **Apfelkompott** *nt* compote *f* de pommes **Apfelkuchen** *m* tarte *f* aux pommes **Apfelmost** *m* ❶ *s.* **Apfelsaft** ❷ SDEUTSCH *s.* **Apfelwein** **Apfelmus** *nt* compote *f* de pommes **Apfelsaft** *m* jus *m* de pomme **Apfelsaftschorle** *f mélange de jus de pomme et d'eau minérale gazeuse* **Apfelschimmel** *m* cheval *m* pommelé **Apfelschorle** *s.* **Apfelsaftschorle**
Apfelsine [apfəl'zi:nə] <-, -n> *f* orange *f*
Apfelsorte *f* variété *f* de pommes **Apfelstrudel** *m sorte de chausson aux pommes avec des morceaux de pommes à l'intérieur et qui se consomme avec une crème à la vanille* **Apfeltasche** *f* ≈ chausson *m* aux pommes **Apfelwein** *m* ≈ cidre *m*
Aphorismus [afo'rɪsmʊs] <-, -rismen> *m geh* aphorisme *m*
Aphrodisiakum [afrodi'zi:akʊm] <-s, -disiaka> *nt geh* aphrodisiaque *m*
Apo, APO <-> *f Abk von* **Außerparlamentarische Opposition** HIST *mouvement de protestation universitaire, qui se manifesta en mai 1968*
apodiktisch *geh* **I.** *Adj* apodictique
II. *Adv* apodictiquement
Apokalypse [apoka'lʏpsə] <-, -n> *f* ❶ BIBL **die** ~ L'Apocalypse *f*
❷ *kein Pl fig geh* apocalypse *f*
apokalyptisch *Adj* ❶ BIBL apocalyptique
❷ *fig geh Vision* apocalyptique
apolitisch ['apoli:tɪʃ] *Adj geh* apolitique
Apoll <-s>, **Apollo** <-s> *m* MYTH Apollon *m*
Apoplexie [apoplɛ'ksi:] <-, -n> *f* MED apoplexie *f*
Apostel [a'pɔstəl] <-s, -> *m* BIBL *a. fig geh* (*Verfechter*) apôtre *m*
Apostelbrief *m* épître *f* des apôtres **Apostelgeschichte** *f* **die** ~ les Actes *mpl* des apôtres
apostolisch *Adj* apostolique
Apostroph [apo'stro:f] <-s, -e> *m* apostrophe *f*
Apotheke [apo'te:kə] <-, -n> *f* pharmacie *f*
Apothekenhelferin *f* préparatrice *f* en pharmacie
apothekenpflichtig *Adj* vendu(e) uniquement en pharmacie
Apotheker(in) <-s, -> *m(f)* pharmacien(ne) *m(f)*
Apothekerwaage *f* trébuchet *m*
Apotheose <-, -n> *f* REL apothéose *f*
App. *Abk von* **Appartement** Apt.
Apparat [apa'ra:t] <-[e]s, -e> *m* ❶ (*elektrisches Gerät, Fotoapparat*) appareil *m*
❷ (*Radioapparat, Fernsehapparat*) poste *m*
❸ (*Rasierapparat*) rasoir *m*
❹ (*Telefon*) appareil *m;* **bleiben Sie am** ~! ne quittez pas!; **wer ist am** ~? qui est à l'appareil?; **kann ich bitte Herrn Braun/Frau Weiß sprechen? – Am** ~! puis-je parler à M. Braun/Mme Weiß, s'il vous plaît? – C'est lui-même/elle-

-même!
5 (*Nebenstelle*) poste *m;* **geben Sie mir bitte ~ 23!** veuillez me passer le poste 23!
6 *Pl selten* (*Verwaltungsapparat*) appareil *m*
7 *fam* (*großer Gegenstand*) sacré engin *m* (*fam*)
8 LITER, HIST **kritischer ~** appareil *m* critique
Apparatebau *m kein Pl* construction *f* mécanique **Apparatemedizin** *f pej* mécanothérapie *f*
Apparatschik <-s, -s> *m pej* apparatchik *m* (*péj*)
Apparatur [apara'tu:ɐ] <-, -en> *f* appareillage *m*
Appartement [apartə'mã:] <-s, -s *o* CH -e> *nt* 1 *s.* **Apartment**
2 (*Hotelsuite*) suite *f*
Appel ▶ **für 'nen ~ und 'n Ei** *fam* pour une bouchée de pain, pour trois fois rien (*fam*)
Appell [a'pɛl] <-s, -e> *m* 1 (*Aufruf*) appel *m;* **~ an die Vernunft/zur Sparsamkeit** appel *m* à la raison/l'économie; **einen ~ an jdn richten** lancer un appel à qn
2 MIL appel *m;* **zum ~ antreten** se présenter à l'appel
Appellation [apɛla'tsio:n] <-, -en> *f* CH appel *m*
appellieren* *itr V* 1 (*sich wenden*) exhorter; **an jdn ~ [etw zu tun]** exhorter qn [à faire qc]
2 (*ansprechen*) **an etw** (*Akk*) **~** en appeler à qc; **ich muss an Ihre Großzügigkeit ~** il faut que j'en appelle [*o* je fasse appel] à votre générosité
3 CH **gegen ein Urteil ~** faire appel d'un jugement
Appendix [a'pɛndɪks] <-, Appendizes> *m geh* 1 ANAT, MED appendice *m* [vermiculaire]
2 (*Anhang*) appendice *m*
Appenzell ['apəntsɛl] <-s> *nt* 1 (*Stadt*) Appenzell
2 (*Kanton*) [canton *m* d']Appenzell
Appenzeller <-s, -> *m* (*Käse*) Appenzell *m;* **~ [Käse]** [fromage *m* d']Appenzell
Appetit [ape'ti:t] <-[e]s> *m* appétit *m;* **~ auf etw** (*Akk*) **haben** avoir envie de qc; **jdm den ~ verderben** couper l'appétit à qn; **da bekomme ich ~** cela me donne de l'appétit, cela me met en appétit; **guten ~!** bon appétit!
▶ **der ~ kommt beim [*o* mit dem] Essen** *Spr.* l'appétit vient en mangeant
appetitanregend *Adj* qui ouvre l'appétit; *Speise* appétissant(e); **~ sein** mettre en appétit **Appetithappen** *m* amuse-gueule *m* (*fam*) **appetithemmend** *Adj Tablette, Mittel* qui coupe la faim, anorexigène (*spéc*)
appetitlich I. *Adj* 1 *Duft, Speise, Aussehen* appétissant(e)
2 *fam* (*ansehnlich*) *Frau, Mädchen* appétissant(e)
II. *Adv* de manière appétissante
appetitlos *Adj* sans appétit; **~ sein** ne pas avoir d'appétit
Appetitlosigkeit <-> *f* manque *m* d'appétit
Appetitzügler [ape'ti:ttsy:glɐ] <-s, -> *m* coupe-faim *m,* anorexigène *m* (*spéc*)
applaudieren* *itr V* applaudir; **[jdm] ~** applaudir [qn]
Applaus [a'plaʊs] <-es> *m* applaudissements *mpl;* **stürmischer ~** tempête *f* d'applaudissements; **~ bekommen** être applaudi(e)
Applikation [aplika'tsio:n] <-, -en> *f a.* MED application *f*
apportieren* *tr, itr V Hund:* rapporter
Apposition [apozi'tsio:n] <-, -en> *f* LING apposition *f*
appretieren* *tr V* apprêter, traiter
Appretur [apre'tu:ɐ] <-, -en> *f* apprêt *m*
Approbation [aproba'tsio:n] <-, -en> *f* (*ärztliche/pharmazeutische Zulassung*) inscription *f* à l'ordre des médecins/pharmaciens
approbiert *Adj* inscrit(e) à l'ordre des médecins/pharmaciens
Après-Ski [aprɛ'ʃi:] <-> *nt* sortie *f* [sympa] au ski
Aprikose [apri'ko:zə] <-, -n> *f* abricot *m*
April [a'prɪl] <-[s], *selten* -e> *m* 1 avril *m;* **der ~ hat 30 Tage** le mois d'avril a 30 jours
2 (*bei Angaben eines Zeitpunkts, Zeitraums*) **im ~** en avril, au mois d'avril; **Anfang/Ende ~** début/fin avril; **den ganzen ~ über** pendant tout le mois d'avril; **ab [dem] ersten ~** à partir du premier avril; **sie ist am 10. ~ 1963 geboren** elle est née le 10 avril 1963; **er/sie hat am 5. ~ Geburtstag** son anniversaire est le 5 avril; **es ist ~** c'est le mois d'avril, on est en avril; **Berlin, den 9. ~ 1998** Berlin, le 9 avril 1998; **Freitag, den 6. ~ 1998** vendredi 6 avril 1998
▶ **~, ~!** *fam* poisson d'avril!; **jdn in den ~ schicken** faire un poisson d'avril à qn
Aprilscherz *m* poisson *m* d'avril ▶ **soll das ein ~ sein?** *fam* c'est une blague? **Aprilwetter** *nt* giboulées *fpl* de mars
a priori [apri'o:ri] *Adv a.* PHILOS *geh* a priori
apropos [apro'po:] *Adv geh* au fait, à propos; **~ Kino, da fällt mir ein, dass** à propos [*o* en parlant de] cinéma, ça me fait penser que + *indic*
Apsis ['apsɪs] <-, Apsiden> *f* abside *f*
Aquädukt [akvɛ'dʊkt] <-[e]s, -e> *m o nt* aqueduc *m*
Aquamarin [akvama'ri:n] <-s, -e> *m* aigue-marine *f*
aquamarinblau *Adj* bleu-vert *inv,* aigue-marine *inv*
Aquaplaning [akva'pla:nɪŋ] <-s> *nt* aquaplaning *m*
Aquarell [akva'rɛl] <-s, -e> *nt* aquarelle *f*
Aquarellfarbe *f* aquarelle *f* **Aquarellmaler(in)** *m(f)* aquarelliste *mf* **Aquarellmalerei** *f* aquarelle *f*
Aquarium [a'kva:riʊm] <-s, -rien> *nt* aquarium *m*
Aquatinta [akva'tɪnta] <-, -tinten> *f* aquatinte *f*
Äquator [ɛ'kva:to:ɐ] <-s, -toren> *m* équateur *m*
äquatorial *Adj* GEOG équatorial(e)
Äquatorialguinea <-s> *nt* la Guinée-Équatoriale
Äquatortaufe *f* baptême *m* de la ligne d'équateur
Aquavit [akva'vi:t] <-s, -e> *m* aquavit *m*
Aquitanien [akvi'ta:niən] <-s> HIST l'Aquitaine *f*
äquivalent [ɛkviva'lɛnt] *Adj geh* équivalent(e)
Äquivalent [ɛkviva'lɛnt] <-s, -e> *nt* équivalent *m;* **das französische ~ für dieses deutsche Wort** l'équivalent en français de ce mot allemand
Äquivalenz <-, -en> *f a.* MATH, LING *geh* équivalence *f*
Ar [a:ɐ] <-s, -e> *nt o m* are *m;* **zehn ~** dix ares
Ära ['ɛ:ra] <-, Ären> *f geh* ère *f*
Ara ['a:ra] <-, -s> *m* ZOOL ara *m*
Araber ['arabɐ] <-s, -> *m* (*Pferd*) cheval *m* arabe
Araber(in) <-, -nen> *m(f)* Arabe *mf*
Arabeske [ara'bɛskə] <-, -n> *f* arabesque *f*
Arabien [a'ra:biən] <-s> *nt* l'Arabie *f*
arabisch I. *Adj* arabe; *Klima, Wüste* d'Arabie
II. *Adv* **~ miteinander sprechen** discuter en arabe; *s. a.* **deutsch**
Arabisch <-[s]> *nt kein Art* (*Sprache, Schulfach*) arabe *m;* **auf ~** en arabe; *s. a.* **Deutsch**
Arabische *nt dekl wie Adj* **das ~** l'arabe *m; s. a.* **Deutsche**
Arabistik [ara'bɪstɪk] <-> *f* langue *f* et civilisation *f* arabes
aramäisch [ara'mɛ:ɪʃ] I. *Adj* araméen(ne)
II. *Adv* **~ miteinander sprechen** discuter en araméen; *s. a.* **deutsch**
Aramäisch <-[s]> *nt kein Art* araméen *m;* **auf ~** en araméen; *s. a.* **Deutsch**
Aramäische *nt dekl wie Adj* **das ~** l'araméen *m; s. a.* **Deutsche**
Ärar [ɛ'ra:ɐ] <-s, -e> *m* JUR A (*Staatseigentum*) biens *mpl* d'État
Ararat <-[s]> *m* **der [Berg] ~** le mont Ararat
Arbeit ['arbaɪt] <-, -en> *f* 1 (*Tätigkeit*) travail *m;* **sich an die ~ machen, an die ~ gehen** se mettre au travail; **an [*o* bei] der ~ sein** être au travail; **an die ~!** au travail!
2 (*Arbeitsplatz, Anstellung*) travail *m,* boulot *m* (*fam*); **~ haben** avoir du travail; **ohne ~ sein** être sans travail; **~ suchend** à la recherche d'un emploi; **einer geregelten ~ nachgehen** *geh* avoir un travail régulier
3 (*Produkt, Leistung*) travail *m;* **gute ~ leisten** faire du bon travail
4 (*Werk, Kunstwerk*) travail *m,* ouvrage *m*

❺ SCHULE (*Klassenarbeit*) contrôle *m;* (*Hausarbeit*) devoir *m;* **eine ~ schreiben** avoir un contrôle
❻ UNIV mémoire *m*
❼ *kein Pl* (*Mühe*) travail *m;* **jdm ~/viel ~ machen** donner du travail [*o* du mal]/beaucoup de travail à qn; **sich** (*Dat*) **mit etw ~ machen** se donner du mal pour faire qc
❽ *kein Pl* (*Bearbeitung*) **etw bei jdm in ~ geben** confier qc à qn; **etw in ~ haben** travailler à qc; (*reparieren*) avoir qc en chantier; **in ~ sein** *Anzug, Brille:* être en cours de fabrication; *Aufsatz, Kunstwerk:* être en chantier; **Ihre Bestellung/Ihr Antrag ist in ~** on s'occupe de votre commande/votre demande
▸ **erst die ~, dann das Vergnügen** *Spr.* le travail passe avant le plaisir; **ganze ~ leisten** (*alles erledigen*) faire les choses à fond; *iron* (*radikal vorgehen*) ne pas faire les choses à moitié; **die ~ läuft uns nicht davon!** *hum* le travail peut attendre!

arbeiten ['arbaɪtən] **I.** *itr V* ❶ (*tätig sein*) travailler; **an etw** (*Dat*) **~** travailler à qc; **das Arbeiten** le travail; **jdn beim Arbeiten stören** déranger qn dans son travail
❷ (*berufstätig sein*) **~** [**gehen**] travailler; **an der Universität ~** travailler à l'université; **als Maurer/Lehrer ~** travailler comme maçon/professeur; **bei** [**der Firma**] **Müller & Schulze ~** travailler pour l'entreprise Müller & Schulze; **mit Kindern ~** travailler avec les enfants; **die ~de Bevölkerung** la population active
❸ (*forschen, schreiben*) **über eine Epoche/ein Thema ~** travailler sur une époque/un sujet
❹ *fig* **an sich** (*Dat*) **~** faire un travail sur soi
❺ (*funktionieren*) **mit Sonnenenergie ~** *Maschine, Anlage:* fonctionner à l'énergie solaire; **gut/schlecht arbeiten** *Organ, Immunsystem:* fonctionner bien/mal
❻ (*sich chemisch, physikalisch verändern*) travailler
❼ (*Unruhe bewirken*) **in ihr arbeitet es** ça travaille dans sa tête (*fam*)
❽ (*Zinsen bringen*) **sein Geld ~ lassen** faire travailler son argent
II. *r V* ❶ **sich durch das Gestein ~** se frayer un chemin dans la roche; **sich durch die Akten ~** venir à bout des dossiers
❷ (*vorwärts bewegen*) **sich durch die Menge/das Gebüsch ~** se frayer un chemin dans la foule/les buissons
❸ (*sich durchsetzen*) **sich nach oben ~** arriver à la force du poignet
❹ (*sich schädigen*) **sich krank ~** se rendre malade à force de travailler
III. *r V unpers* **mit diesem Programm arbeitet es sich gut** ce programme est un excellent outil de travail
IV. *tr V* ❶ (*herstellen*) **etw aus Holz/aus Silber ~** fabriquer qc en bois/argent; **von Hand gearbeitet** fait(e) [*o* fabriqué(e)] main
❷ (*schneidern*) **ein Kleidungsstück auf Taille ~** cintrer un vêtement; **wo lassen Sie ~?** où est-ce que vous faites faire vos vêtements?
❸ (*beruflich tun*) **etwas/nichts ~** faire quelque chose/ne rien faire; **was ~ Sie?** que faites-vous?

Arbeiter(**in**) ['arbaɪtɐ] <-s, -> *m(f)* ❶ (*Industriearbeiter*) ouvrier(-ière) *m(f);* **ungelernter ~** manœuvre *m*
❷ (*tätiger Mensch*) **ein gewissenhafter ~** un travailleur consciencieux

Arbeiterbewegung *f* mouvement *m* ouvrier **Arbeiterfamilie** [-liə] *f* famille *f* ouvrière **Arbeiterführer**(**in**) *m(f)* leader *m* ouvrier **Arbeitergewerkschaft** *f* syndicat *m* ouvrier **Arbeiterkind** *nt* enfant *mf* d'ouvrier[s] **Arbeiterklasse** *f* classe *f* ouvrière **Arbeiterpartei** *f* POL parti *m* ouvrier; **Sozialistische ~** parti ouvrier socialiste

Arbeiterschaft <-> *f* ouvriers *mpl,* travailleurs *mpl*

Arbeitersiedlung *f* cité *f* ouvrière

Arbeiter-und-Bauern-Staat *m* HIST État *m* ouvrier et paysan **Arbeiterviertel** *nt* quartier *m* ouvrier **Arbeiterwohlfahrt** *f* association comparable à une mutualité ouvrière

Arbeitgeber(**in**) ['arbaɪtge:bɐ] <-s, -> *m(f)* employeur(-euse) *m(f)*

Arbeitgeberanteil *m* cotisation *f* patronale **Arbeitgeberseite** *f* patronat *m* **Arbeitgeberverband** *m* syndicat *m* patronal

Arbeitnehmer(**in**) ['arbaɪtne:mɐ] *m(f)* salarié(e) *m(f)*

Arbeitnehmeranteil *m* cotisation *f* salariale **arbeitnehmerfeindlich** *Adj Politik* hostile aux intérêts des salariés

Arbeitnehmerschaft <-, -en> *f* salariés *mpl*

Arbeitnehmerseite *f* salariat *m,* salariés *mpl;* **die ~** le salariat, les salariés *mpl* **Arbeitnehmervertretung** *f* représentants *mpl* des salariés

Arbeitsablauf *m* processus *m* de fabrication

arbeitsam ['arbaɪtsa:m] *Adj geh* travailleur(-euse)

Arbeitsamt *nt* agence *f* pour l'emploi **Arbeitsanleitung** *f* ❶ (*mündliche Anweisung*) consignes *fpl* de travail ❷ (*schriftliche Anweisung*) instructions *fpl* **Arbeitsantritt** *m* ❶ (*Antritt einer neuen Stelle*) entrée *f* en fonctions; **Ihr ~ ist am kommenden Montag** vous commencez lundi prochain ❷ (*täglicher Arbeitsbeginn*) début *m* de la journée de travail **Arbeitsanweisung** *f* directive *f souvent pl,* instructions *fpl* **Arbeitsanzug** *m* vêtements *mpl* [*o* combinaison *f*] de travail **Arbeitsatmosphäre** *f* ambiance *f* de travail **Arbeitsauffassung** *f* idée *f* du travail **Arbeitsaufwand** *m* somme *f* de travail; **der ~ für die Reparatur** le temps de travail nécessaire à la réparation **arbeitsaufwendig** *Adj* qui demande beaucoup de travail **Arbeitsausfall** *m* perte *f* de travail **Arbeitsbedingungen** *Pl* conditions *fpl* de travail **Arbeitsbeginn** *m* ❶ (*Beginn der Arbeiten*) début *m* du travail ❷ (*täglicher Arbeitsantritt*) début *m* de la journée de travail **Arbeitsbelastung** *f* surmenage *m* professionnel **Arbeitsbereich** *m* ❶ (*Ort*) poste *m* de travail ❷ (*Arbeitsgebiet*) domaine *m* d'activité **Arbeitsbericht** *m* rapport *m* d'activité **Arbeitsbeschaffung** *f* ❶ (*Arbeitsplatzbeschaffung*) création *f* d'emplois ❷ (*Auftragsbeschaffung*) **der ~ dienen** servir à entretenir l'activité; **eine der Aufgaben eines Chefs ist die ~** une des tâches du patron, c'est de procurer du travail à ses employés **Arbeitsbeschaffungsmaßnahme** *f* mesure *f* d'aide à l'emploi **Arbeitsbescheinigung** *f* certificat *m* de travail **Arbeitsbiene** *f* ❶ ZOOL [abeille *f*] ouvrière ❷ *a. pej fam* (*fleißige Person*) bourreau *m* de travail **Arbeitsdienst** *m* NS service *m* du travail obligatoire **Arbeitsdirektor**(**in**) *m(f)* représentant(e) *m(f)* du personnel **Arbeitseifer** *m* zèle *m,* ardeur *f* au travail **Arbeitseinstellung** *f* ❶ (*Arbeitsmoral*) attitude *f* vis-à-vis du travail ❷ (*Einstellung der Arbeit*) débrayage *m,* arrêt *m* du travail **Arbeitseinteilung** *f* organisation *f* du travail **Arbeitsende** *nt* (*Ende des Arbeitstags*) fin *f* de la journée de travail **Arbeitsentgelt** *nt form* rémunération *f* du travail **Arbeitserlaubnis** *f* ❶ (*Recht*) autorisation *f* de travail ❷ (*Bescheinigung*) carte *f* de travail **Arbeitserleichterung** *f* allégement *m* du travail; **zur ~** afin d'alléger le [*o* les conditions de] travail **Arbeitsessen** *nt* repas *m* d'affaires **Arbeitsexemplar** *nt* exemplaire *m* de travail **arbeitsfähig** *Adj* ❶ *Person* apte au travail; **Personen im ~en Alter** les personnes aptes au travail; **wieder ~ geschrieben werden** obtenir un certificat d'aptitude au travail ❷ (*funktionsfähig*) qui peut travailler, en état de travailler **Arbeitsfähige**(**r**) *f(m) dekl wie Adj* personne *f* apte au travail **Arbeitsfähigkeit** *f* ❶ *einer Person* aptitude *f* au travail; **wieder seine volle ~ erreichen** retrouver la pleine possession de ses moyens ❷ (*Funktionsfähigkeit*) fonctionnement *m* normal **Arbeitsfeld** *nt geh* domaine *m* [professionnel] **Arbeitsfläche** *f* plan *m* de travail **Arbeitsförderung** *f* promotion *f* du travail **Arbeitsförderungsgesetz** *nt loi favorisant la création d'emplois* **Arbeitsfriede**[**n**] *m* paix *f* sociale **Arbeitsgang** <-gänge> *m* ❶ (*Produktionsabschnitt*) phase *f* de fabrication ❷ (*Bearbeitungsabschnitt*) phase *f* [de travail]; **zwei Dinge in einem ~ erledigen** faire deux choses en une même opération **Arbeitsgebiet** *nt* champ *m* d'activité **Arbeitsgemeinschaft** *f* (*Projektgruppe*) groupe *m* d'études [*o* de travail] **Arbeitsgericht** *nt* ≈ conseil *m* des prud'hommes (*constitué par des juges professionnels en Allemagne*) **Arbeitsgerichtsbarkeit** <-, -en> *f* JUR juridiction *f* prud'hommale **Arbeitsgruppe** *f* groupe *m* de travail **Arbeitshilfe** *f meist Pl* aide *f* au travail **arbeitsintensiv** *Adj Herstellung, Verfahren* qui exige un travail intensif **Arbeitskampf** *m* conflit *m* social **Arbeitskleidung** *f* tenue *f* de travail **Arbeitsklima** *nt* ambiance *f* de travail **Arbeitskollege** *m*, **-kollegin** *f* collègue *mf* de travail **Arbeitskraft** *f* ① *kein Pl* (*Leistungskraft*) puissance *f* de travail; **die menschliche ~** la main-d'œuvre humaine ② (*Mitarbeiter*) travailleur(-euse) *m(f)*; **dort sind Arbeitskräfte billig** la main-d'œuvre y est bon marché **Arbeitskreis** *m* ① (*ständige Institution*) commission *f* ② (*Arbeitsgruppe bei Konferenzen*) groupe *m* de travail **Arbeitslager** *nt* camp *m* de travail **Arbeitsleben** *nt kein Pl* vie *f* professionnelle **Arbeitsleistung** *f einer Person, Maschine* rendement *m* **Arbeitslohn** *m* salaire *m*

arbeitslos *Adj* au chômage, chômeur(-euse); **~ werden/sein** se retrouver/être au chômage; **sich ~ melden** s'inscrire au chômage

Arbeitslose(r) *f(m) dekl wie Adj* chômeur(-euse) *m(f)*

Arbeitslosengeld *nt* allocation *f* [de] chômage (*accordée pendant les 18 premiers mois de chômage*) **Arbeitslosenhilfe** *f allocation [de] chômage accordée aux chômeurs de longue durée dans le besoin* **Arbeitslosenquote** *f* taux *m* de chômage **Arbeitslosenunterstützung** *f s.* Arbeitslosengeld **Arbeitslosenversicherung** *f* assurance *f* chômage **Arbeitslosenzahl** *f* nombre *m* des chômeurs **Arbeitslosenziffer** *f* chiffres *mpl* du chômage

Arbeitslosigkeit <-> *f* chômage *m*

Arbeitsmangel *m* pénurie *f* de travail **Arbeitsmarkt** *m* marché *m* de l'emploi [*o* du travail] **Arbeitsmaterial** *nt* (*Werkzeug, Ausrüstung*) équipement *m* [professionnel] **Arbeitsmedizin** *f* médecine *f* du travail **Arbeitsminister(in)** *m(f)* ministre *mf* du Travail **Arbeitsministerium** *nt* ministère *m* du Travail **Arbeitsmittel** *Pl* matériaux *mpl* et outils servant aux besoins de la profession **Arbeitsmoral** *f* conscience *f* professionnelle; **was ist denn das für eine ~?** qu'est-ce que c'est que cette conception du travail? **Arbeitsniederlegung** *f* débrayage *m*, arrêt *m* du travail **Arbeitsordnung** *f kein Pl* règlementation *f* du travail; (*eines Betriebes*) règlement *m* intérieur **Arbeitsort** *m* lieu *m* de travail **Arbeitspapier** *nt* ① (*Entwurf*) document *m* de travail ② *Pl* (*Dokument*) **die ~e** le dossier **Arbeitspause** *f* pause *f* **Arbeitspensum** *nt* tâche *f* **Arbeitsplan** *m* planning *m* [de travail] **Arbeitsplatz** *m* ① (*Platz*) poste *m* de travail; **am ~** sur le lieu de travail ② (*Anstellung*) emploi *m*; **den ~ wechseln** changer de poste; **Arbeitsplätze sichern/abbauen** garantir/supprimer des emplois

Arbeitsplatzabbau *m* réduction *f* des emplois **Arbeitsplatzgarantie** *f* garantie *f* de l'emploi **Arbeitsplatzsicherung** *f* sécurité *f* de l'emploi **Arbeitsplatzverlust** *m* perte *f* de l'emploi **Arbeitsplatzwechsel** *m* changement *m* de poste

Arbeitsprobe *f* échantillon *m* de travail; **seine/ihre ~** l'échantillon de son travail **Arbeitspsychologie** *f* psychologie *f* du travail **Arbeitsraum** *m* bureau *m* **Arbeitsrecht** *nt* droit *m* [*o* législation *f*] du travail **arbeitsrechtlich** *Adj* qui relève du droit du travail **arbeitsreich** *Adj Leben, Zeit, Jahr* bien rempli(e) **Arbeitsrhythmus** *m* rythme *m* de travail **Arbeitsrichter(in)** *m(f)* ≈ prud'homme *m* (*juge professionnel en Allemagne*) **Arbeitsruhe** *f* arrêt *m* du travail; **um 19 Uhr ist ~** le travail cesse à 19 heures **arbeitsscheu** *Adj pej* réfractaire au travail **Arbeitsschluss**[RR] *m* fin *f* du travail **Arbeitsschritt** *m* étape *f* de travail **Arbeitsschutz** *m* protection *f* contre les maladies et les accidents du travail; **aus Gründen des ~es** pour raison de sécurité **Arbeitsschutzbestimmungen** *Pl* mesures *fpl* de protection contre les accidents du travail **Arbeitsspeicher** *m* INFORM mémoire *f* vive **Arbeitssprache** *f* langue *f* utilisée dans le travail **Arbeitsstätte** *f geh* lieu *m* de travail **Arbeitsstelle** *f* ① (*Anstellung*) situation *f* ② (*Arbeitsort*) lieu *m* de travail **Arbeitsstunde** *f* heure *f* de travail **Arbeitssuche** *f* recherche *f* d'un emploi; **auf ~ sein** être à la recherche d'un emploi **Arbeitssuchende(r)** *f(m) s.* **Arbeitsuchende(r)** **Arbeitstag** *m* ① journée *f* de travail; **ein achtstündiger ~** une journée de huit heures de travail ② (*Werktag*) jour *m* ouvrable **Arbeitstagung** *f* séance *f* de travail

arbeitsteilig I. *Adj Produktion, Wirtschaft* basé(e) sur la division [*o* répartition] du travail
II. *Adv vorgehen, produzieren* en se répartissant le travail

Arbeitsteilung *f* division *f* [*o* répartition *f*] du travail **Arbeitstempo** *nt* cadence *f* de travail **Arbeitstier** *nt* ① (*Zugtier*) bête *f* de trait; (*Lasttier*) bête de somme ② *fig fam* (*Mensch*) bourreau *m* de travail **Arbeitstisch** *m* table *f* de travail **Arbeitstitel** *m* titre *m* provisoire **Arbeitsüberlastung** *f* surcharge *f* de travail

arbeitsuchend *s.* **Arbeit 2.**

Arbeitsuchende(r) *f(m) dekl wie Adj* demandeur(-euse) *m(f)* d'emploi

arbeitsunfähig *Adj* en incapacité de travail; **jdn für eine Woche ~ schreiben** donner une semaine d'arrêt de travail à qn **Arbeitsunfähigkeit** *f* incapacité *f* de travail **Arbeitsunfähigkeitsbescheinigung** *f* certificat *m* d'incapacité de travail **Arbeitsunfall** *m* accident *m* du travail **Arbeitsunterlagen** *Pl* documents *mpl* de travail **Arbeitsverhältnis** *nt* contrat *m* de travail; **ein ~ eingehen** signer un contrat de travail; **das ~ lösen** *Arbeitgeber:* résilier le contrat de travail; *Arbeitnehmer:* donner sa démission **Arbeitsvermittlung** *f* ① (*das Vermitteln*) recrutement *m* ② (*Abteilung im Arbeitsamt*) agence *f* pour l'emploi ③ (*private Agentur*) bureau *m* de placement **Arbeitsvertrag** *m* contrat *m* de travail **Arbeitsverweigerung** *f* refus *m* d'effectuer un travail **Arbeitsweise** *f* ① (*Vorgehensweise*) méthode *f* de travail ② (*Funktionsweise*) *eines Geräts, einer Maschine* mode *m* de fonctionnement **Arbeitswelt** *f* monde *m* du travail **arbeitswillig** *Adj* désireux(-euse) de travailler; **~ sein** être prêt(e) à travailler **Arbeitswoche** *f* semaine *f* de travail **Arbeitswut** *f hum fam* frénésie *f* de travail **arbeitswütig** *Adj hum fam* acharné(e) au travail **Arbeitszeit** *f* ① (*tägliche Arbeitszeit*) temps *m* [*o* heures *fpl*] de travail; **gleitende ~** horaire *m* flexible ② (*benötigte Zeit*) temps *m* de travail

Arbeitszeitermittlung *f* détermination *f* de la durée de travail **Arbeitszeitverkürzung** *f* réduction *f* du temps de travail

Arbeitszeugnis *nt* certificat *m* de travail **Arbeitszimmer** *nt* bureau *m*

archaisch [ar'ça:ɪʃ] *Adj* archaïque

Archäologe [arçɛo'lo:gə] <-n, -n> *m*, **Archäologin** *f* archéologue *mf*

Archäologie [arçɛolo'gi:] <-> *f* archéologie *f*

archäologisch I. *Adj* archéologique
II. *Adv* sur le plan archéologique

Arche ['arçə] <-, -n> *f* arche *f*; **die ~ Noah** l'Arche de Noé

Archetyp [arçe'ty:p] <-s, -en> *m geh* archétype *m*

Archimedes [arçi'me:dɛs] <-> *m* HIST Archimède *m*

Archipel [arçi'pe:l] <-s, -e> *m* GEOG archipel *m*

Architekt(in) [arçi'tɛkt] <-en, -en> *m(f)* architecte *mf*

Architektenbüro *nt* ① (*Arbeitsraum*) bureau *m* d'architecte ② (*Firma*) cabinet *m* d'architecte

architektonisch [arçitɛk'to:nɪʃ] I. *Adj Gestaltung, Leistung* architectural(e)
II. *Adv gelungen, interessant* sur le plan architectural

Architektur <-, -en> *f* architecture *f*; **~ studieren** faire des études d'architecture

Architekturbüro *nt s.* **Architektenbüro**

A

Ärger ausdrücken

• Unzufriedenheit ausdrücken	• exprimer l'insatisfaction
Das entspricht nicht meinen Erwartungen.	Cela ne répond pas à mes attentes.
Ich hätte erwartet, dass Sie sich nun mehr Mühe geben.	J'aurais espéré que vous vous donniez plus de mal.
So hatten wir es nicht vereinbart.	Nous n'en avions pas convenu ainsi.
• Verärgerung ausdrücken	**• exprimer l'irritation**
Das ist (ja) unerhört!	C'est incroyable/inouï!
Eine Unverschämtheit ist das!/So eine Frechheit!	Mais c'est une honte!/Quel culot!/Quelle impertinence!
Das ist doch wohl die Höhe!	Alors là, c'est le bouquet/le comble!
Das darf doch wohl nicht wahr sein!	Mais ce n'est pas vrai/possible!
Das nervt! *(fam)*	C'est énervant!/Ça commence à m'énerver!
Das ist ja nicht mehr zum Aushalten! *(fam)*	Ça devient/C'est insupportable!

Archiv [ar'çi:f] <-s, -e> *nt* archives *fpl*
Archivar(in) [arçi'va:ɐ] <-s, -e> *m(f)* archiviste *mf*
Archivbild *nt* photo *f* d'archives **Archivexemplar** *nt* exemplaire *m* d'archives
archivieren* [-'vi:-] *tr V* archiver
Archivierung <-, -en> *f a.* INFORM archivage *m*
ARD [a:ʔɛr'de:] <-> *f Abk von* **Arbeitsgemeinschaft der Rundfunkanstalten Deutschlands** *première chaîne publique de radio et de télévision allemande*
Ardennen [ar'dɛnən] *Pl* **die** ~ les Ardennes *fpl*
Are ['a:rə] <-, -n> *f* CH *s.* **Ar**
Areal [are'a:l] <-s, -e> *nt* ❶ *(Fläche)* superficie *f*
❷ *(Gelände) eines Unternehmens, Schlosses* terrain *m*
Ären *Pl von* **Ära**
Arena [a're:na, *Pl:* a're:nən] <-, Arenen> *f* ❶ *eines Stadions* terrain *m*
❷ *(Stierkampfarena)* arène *f*
❸ *(Zirkusarena)* piste *f*
▶ **in die ~ steigen** *Matador, Torero:* combattre dans l'arène; *Politiker:* descendre dans l'arène
arg [ark] <ärger, ärgste> SDEUTSCH **I.** *Adj* ❶ *(schlimm)* grave; *Schicksal* cruel(le); *Enttäuschung* grand(e) *antéposé; Schmerzen, Gestank* horrible; **unser ärgster Feind** notre pire ennemi; **jdm aus einer ~en Verlegenheit helfen** enlever à qn une épine du pied; **das Ärgste befürchten** craindre le pire; **das macht alles nur noch ärger!** cela ne fait qu'aggraver la situation!
❷ *attr fam (groß) Freude, Liebenswürdigkeit* grand(e) *antéposé*
▶ **das ist mir ~** cela m'est douloureux; **im Argen liegen** *geh* être en mauvaise posture
II. *Adv* ❶ *(schlimm, übel)* **jdm ~ mitspielen** être dur(e) avec qn; **~ in der Klemme stecken** être dans un sacré pétrin *(fam)*; **es [zu] ~ treiben** exagérer
❷ *(sehr) jung, müde* très
Argentinien [argɛn'ti:niən] <-s> *nt* l'Argentine *f*
Argentinier(in) <-s, -> *m(f)* Argentin(e) *m(f)*
argentinisch *Adj* argentin(e)
Ärger ['ɛrgɐ] <-s> *m* ❶ *(Unmut)* colère *f;* **vor ~ außer sich sein** être dans une colère terrible; **zum großen ~ der Anwesenden** au grand mécontentement des personnes présentes
❷ *(Unannehmlichkeiten)* ennuis *mpl;* **~ bekommen** [*o* **kriegen** *fam*] avoir des ennuis *(fam)*; **mit jdm ~ haben** avoir des ennuis avec qn; **[jdm] ~ machen** [*o* **bereiten** *geh*] causer des ennuis [à qn]; **jetzt gibt es ~** maintenant ça va aller mal; **wegen ihm/dem Auto gibt es ständig ~** il y a sans arrêt des ennuis à cause de lui/la voiture; **mach [mir] keinen ~!** *fam* [ne] me fais pas d'histoires! *(fam)*; **so ein ~!** *fam* comme c'est embêtant!
▶ **seinem ~ Luft machen** laisser exploser sa colère
ärger *Adj Komp von* **arg**
ärgerlich I. *Adj* ❶ *(verärgert) Blick, Stimme, Ton* irrité(e); **über** [*o* **auf**] **jdn ~ sein** être fâché(e) contre qn; **jdn ~ machen** irriter qn, agacer qn; **~ klingen** *Stimme, Antwort:* trahir l'agacement; **werd' doch nicht gleich ~!** *fam* ne te fâche pas pour un rien!
❷ *(unangenehm) Angelegenheit, Entwicklung, Entscheidung* fâcheux(-euse), ennuyeux(-euse); **wie ~!** comme c'est ennuyeux!
II. *Adv reagieren* avec agacement, avec irritation
ärgern ['ɛrgɐn] **I.** *tr V* ❶ *Person, Verhalten, Kritik:* énerver; **jdn ~** *Person, Verhalten, Kritik:* énerver qn; **jdn mit einer Bemerkung ~** énerver qn en faisant une remarque; **es ärgert mich, dass er nie pünktlich ist** cela m'énerve qu'il ne soit jamais à l'heure
❷ *(mutwillig reizen, necken)* agacer, embêter *Person, Tier*
II. *r V* **sich ~** se mettre en colère, s'énerver; **sich über jdn/etw ~** se mettre en colère [*o* s'énerver] contre qn/à cause de qc; **ärgere dich nicht!** ne t'énerve pas!
▶ **nicht ~, nur wundern!** *fam* garde ton calme!
Ärgernis <-ses, -se> *nt* ❶ *(ärgerliche Sache)* [objet *m* de] scandale; **zum ständigen ~ werden** être un [objet de] scandale permanent
❷ *kein Pl (Verärgerung)* scandale *m;* **~ erregen** *geh* faire scandale; **bei jdm ~ erregen** *geh* scandaliser qn
❸ *meist Pl (Unannehmlichkeit)* contrariété *f*
Arglist <-> *f geh* perfidie *f (littér)*, malignité *f;* JUR dol *m*
arglistig *geh* **I.** *Adj* perfide *(littér)*
II. *Adv* perfidement *(littér)*
arglos I. *Adj Person* confiant(e); *Frage, Bemerkung* innocent(e)
II. *Adv* **sich völlig ~ verhalten** *(vertrauensselig)* agir en toute confiance; *(ohne böse Absicht)* agir en toute innocence
Arglosigkeit <-> *f* candeur *f*, innocence *f*
Argon ['argɔn, ar'go:n] <-s> *nt* CHEM argon *m*
ärgste(r, s) *Adj Superl von* **arg**
Argument [argu'mɛnt] <-[e]s, -e> *nt* argument *m;* **stichhaltige ~e vorbringen** fournir [*o* apporter] des arguments pertinents; **ein ~ für/gegen etw** un argument à l'appui de/contre qc; **das ist doch kein ~!** ce n'est pas un argument!
Argumentation [argumɛnta'tsio:n] <-, -en> *f* argumentation *f*
argumentativ *geh* **I.** *Adj Beweisführung, Begründung* argumenté(e); *Überzeugung* basé(e) sur des arguments
II. *Adv überzeugend, schwach* sur le plan de l'argumentation; *standhalten, widerlegen* en argumentant, par des arguments

argumentieren* *itr V* argumenter; [**geschickt**] ~ [bien] argumenter; **für/gegen etw** ~ invoquer des arguments à l'appui de/contre qc; **mit etw** ~ argumenter de qc
Argusaugen ▶ **jdn mit ~ beobachten** *geh* examiner qn à la loupe; **mit ~ über jdn/etw wachen** *geh* surveiller qn/qc avec vigilance
Argwohn ['arkvo:n] <-s> *m geh* défiance *f*, suspicion *f*; **jds ~ erregen** éveiller la défiance de qn; **~ gegen jdn hegen** éprouver de la défiance pour [*o* à l'égard de] qn; **mit** [*o* **voller**] ~ avec défiance
argwöhnen ['arkvø:nən] *tr V geh* soupçonner
argwöhnisch *geh* **I.** *Adj* soupçonneux(-euse)
II. *Adv beobachten* d'un air soupçonneux
Ariadne [ari'adnə] <-s> *f* MYTH Ariane *f*
Ariadnefaden *m* fil *m* d'Ariane
Arie ['a:riə] <-, -n> *f* aria *f*; (*Opernarie*) air *m* d'opéra
Arier(in) ['a:riɐ] <-s, -> *m(f)* Aryen(ne) *m(f)*
arisch ['a:rɪʃ] *Adj* aryen(ne)
Aristokrat(in) [arɪsto'kra:t] <-en, -en> *m(f)* aristocrate *mf*
Aristokratie [arɪstokra'ti:] <-, -n> *f* aristocratie *f*
aristokratisch *Adj* aristocratique
Aristoteles [arɪs'to:telɛs] <-> *m* HIST Aristote *m*
Arithmetik [arɪt'me:tɪk] <-> *f* arithmétique *f*
arithmetisch *Adj* arithmétique
Arkade [ar'ka:də] <-, -n> *f* arcade *f*
Arktis ['arktɪs] <-> *f* **die** ~ l'Arctique *m*
arktisch *Adj* ❶ GEOG arctique
❷ *fig Kälte, Temperaturen* polaire
arm [arm] <¨er, ¨ste> **I.** *Adj* ❶ (*mittellos*) pauvre; **jdn ~ machen** ruiner qn; **du machst mich noch mal ~!** *hum fam* tu veux me ruiner!
❷ (*bedauernswert*) *Person* pauvre *antéposé*; **das ~e Kind!** le pauvre enfant!; **meine ~en Hände!** *fam* mes pauvres mains!
❸ (*karg*) *Boden* pauvre; **~ an Nährstoffen sein** *Erde, Boden:* être pauvre en substances nutritives
▶ **Arm und Reich** pauvres *mpl* et riches; **um jdn/eine Illusion ärmer werden** perdre qn/une illusion
II. *Adv* ▶ **~ dran sein** *fam* être à plaindre
Arm <-[e]s, -e> *m* ❶ bras *m*; **jdm den ~ reichen** *geh* offrir le bras à qn; **jdn am ~ führen** donner le bras à qn; **~ in ~** bras dessus, bras dessous; **ein Kind im ~** [*o* **in den ~en**] **halten** tenir un enfant dans ses bras; **jdn in die ~e** [*o* **in den ~**] **nehmen** prendre qn dans ses bras; **jdn in die ~e schließen** *geh* serrer qn dans ses bras; **sich** (*Dat*) **in die ~e sinken** tomber dans les bras l'un de l'autre; **sich** (*Dat*) **in den ~en liegen** être enlacé(e)s; **jdm den ~ umdrehen** tordre le bras à qn
❷ *kein Pl* (*Zugriff, Machtinstrument*) bras *m*; **der ~ des Gesetzes** *geh* le bras de la justice (*soutenu*); **den längeren ~ haben** avoir le bras long; **der verlängerte ~ der Mafia** le bras armé de la mafia
❸ (*Flussarm*) bras *m*; **ein toter ~ der Donau** un bras mort du Danube
❹ (*Ärmel*) manche *f*; **ein Hemd mit kurzem ~** une chemise à manches courtes
❺ (*armähnlicher Teil*) *eines Krans* bras *m*; *eines Leuchters* branche *f*
▶ **ein ~ voll** une brassée; **jdn am langen** [*o* **steifen**] **~ verhungern lassen** *fam* faire cuire qn à petit feu (*fam*); **jdn mit offenen ~en empfangen** recevoir qn à bras ouverts; **jdm in den ~ fallen** empêcher qn d'agir; **jdm unter die ~e greifen** donner un coup de main à qn, tirer qn d'affaire; **jdm in die ~e laufen** *fam* rencontrer qn fortuitement, se fourrer dans les pattes de qn (*fam*); **jdn auf den ~ nehmen** faire marcher qn (*fam*), se payer la tête de qn (*fam*); **jdn dem Feind in die ~e treiben** pousser qn dans les bras de son ennemi
Armada [ar'ma:da] <-, -s *o* Armaden> *f* MIL, HIST armada *f*
armamputiert *Adj* amputé(e) du bras, manchot(e)
Armatur <-, -en> *f meist Pl* ❶ (*Schalt- und Messgerät*) (*im Auto*) commande *f*; (*im Flugzeug*) instrument *m* de bord
❷ (*Badarmatur*) **die ~en** la robinetterie
Armaturenbrett *nt* tableau *m* de bord
Armband <-bänder> *nt* bracelet *m* **Armbanduhr** *f* montre-bracelet *f* **Armbeuge** ['armbɔɪgə] *f* ANAT saignée *f* du bras **Armbinde** *f* ❶ *eines Blinden, Ordners* brassard *m* ❷ (*Armschlinge*) écharpe *f* **Armbruch** *m* fracture *f* du bras **Armbrust** *f* arbalète *f*
Ärmchen <-s, -> *nt Dim von* **Arm** petit bras *m*
armdick *Adj* de la grosseur d'un bras
Arme(r) *f(m) dekl wie Adj* ❶ (*mittelloser Mensch*) pauvre(-esse) *m(f)*; **die ~n** les pauvres; **die Ärmsten der ~n** les plus pauvres parmi les pauvres
❷ (*bedauernswerter Mensch*) **du ~r/~!** mon/ma pauvre [petit(e)]!
▶ **es trifft keinen ~n** *hum fam* ça touche pas vraiment un sans-le-sou (*hum fam*)
Armee [ar'me:, *Pl:* ar'me:ən] <-, -n> *f* ❶ MIL armée *f*; **die Rote ~** HIST l'armée rouge
❷ (*riesige Menge*) **eine ~ von Arbeitslosen** une armée [*o* multitude] de chômeurs; **eine ~ von Heuschrecken** une armée de sauterelles
Ärmel ['ɛrməl] <-s, -> *m* manche *f*
▶ [**sich** (*Dat*)] **die ~ hochkrempeln** [*o* **aufkrempeln**] retrousser ses manches; **etw aus dem ~ schütteln** *fam* sortir qc de son chapeau
Ärmelaufschlag *m* revers *m*, parement *m*
Armeleuteessen *nt pej* nourriture *f* de pauvre
Ärmelkanal *m* **der ~** la Manche
ärmellos *Adj* sans manches
Armenhaus *nt* ❶ HIST asile *m*
❷ *fig* région *f* déshéritée; **das ~ Asiens** le parent pauvre de l'Asie
Armenien [ar'me:niən] <-s> *nt* l'Arménie *f*
Armenier(in) <-s, -> *m(f)* Arménien(ne) *m(f)*
armenisch **I.** *Adj* arménien(ne)
II. *Adv* **~ miteinander sprechen** discuter en arménien; *s. a.* **deutsch**
Armenisch <-[s]> *nt kein Art* arménien *m*; *s. a.* **Deutsch**
Armenische *nt dekl wie Adj* **das ~** l'arménien *m*; *s. a.* **Deutsche**
Armenviertel *nt* quartier *m* pauvre
ärmer *Adj Komp von* **arm**
Armeslänge *f* coudée *f*
armieren* *tr V* armer
armlang *Adj* long(longue) comme le bras **Armlänge** *f* longueur *f* des bras; **ein Vorsprung von einer ~** une avance d'une coudée **Armlehne** *f* accoudoir *m* **Armleuchter** *m* ❶ (*Leuchter*) candélabre *m* ❷ *pej sl* (*Dummkopf*) andouille *f* (*fam*)
ärmlich ['ɛrmlɪç] **I.** *Adj* ❶ *Kleidung, Verhältnisse, Wohnung* misérable, pauvre; **~ wirken** donner une impression de pauvreté
❷ (*dürftig*) *Essen, Mahlzeit* maigre *antéposé*
II. *Adv gekleidet, wohnen* pauvrement
Ärmlichkeit <-> *f* pauvreté *f*
Armloch *nt* emmanchure *f* **Armprothese** *f* prothèse *f* du bras **Armreif** *m* bracelet *m*
armselig ['armse:lɪç] *Adj* ❶ (*sehr arm*) misérable, miteux(-euse)
❷ (*dürftig*) pauvre, maigre *antéposé*
❸ (*erbärmlich*) *Feigling, Lügner* misérable *antéposé; Ausrede* minable; *Summe* misérable
Armseligkeit *f* ❶ (*Armut*) misère *f*
❷ (*Dürftigkeit*) pauvreté *f*
Armsessel *m* fauteuil *m* [à accoudoirs]
ärmste(r, s) *Adj Superl von* **arm**
Armstumpf *m* moignon *m* **Armstütze** *f* accoudoir *m*
Armut ['armu:t] <-> *f* ❶ (*Bedürftigkeit, Mangel*) pauvreté *f*; **in**

A

bitterer ~ leben vivre dans une pauvreté extrême; **die neue ~** les nouveaux pauvres *mpl;* **~ an Bodenschätzen** pauvreté en matières premières
❷ (*Dürftigkeit*) *des Stils, Ausdrucks* indigence *f;* **geistige ~** pauvreté *f* intellectuelle
Armutsgrenze *f* seuil *m* de pauvreté; **unterhalb der ~ leben** vivre au-dessous du seuil de pauvreté **Armutszeugnis** ▶ **sich** (*Dat*) **mit einer Bemerkung ein ~ ausstellen** démontrer son incapacité en faisant une remarque; **ein ~ für jdn sein** prouver l'incapacité de qn
Armvoll <-, -> *m s.* **Arm** ▶
Arnika ['arnika] <-> *f* arnica *f*
Aroma [a'ro:ma, *Pl:* a'ro:mən, a'ro:mas, a'ro:mata] <-s, Aromen *o* -s *o* -ta> *nt* arôme *m*
Aromaforschung *f* aromacologie *f*
aromatisch [aro'ma:tɪʃ] *Adj* ❶ (*angenehm*) *Geruch, Duft* aromatique; **~ duften/riechen** avoir un parfum/une odeur aromatique
❷ (*wohlschmeckend*) savoureux(-euse); **~ schmecken** avoir un goût savoureux
aromatisieren* *tr V* aromatiser
Arrak ['arak] <-s, -s *o* -e> *m* arak *m*
Arrangement [arãʒə'mã:] <-s, -s> *nt* ❶ *geh* (*Übereinkunft*) disposition *f,* arrangement *m;* **mit jdm ein ~ treffen** prendre des arrangements avec qn
❷ (*Bearbeitung*) *eines Musikstücks* arrangement *m*
❸ (*Organisation*) *einer Veranstaltung* organisation *f*
❹ *geh* (*Blumenarrangement*) composition *f*
arrangieren* [arã'ʒi:rən] **I.** *tr V* ❶ (*organisieren*) organiser
❷ (*gestalten*) arranger
II. *r V* ❶ (*übereinkommen*) **sich mit jdm ~** s'arranger avec qn
❷ (*sich abfinden*) **sich ~** se faire une raison; **sich mit etw ~** s'arranger de qc
Arrest [a'rɛst] <-[e]s, -e> *m* ❶ (*Freiheitsentzug*) détention *f;* JUR emprisonnement *m*
❷ (*Schularrest*) consigne *f,* retenue *f*
❸ MIL arrêts *mpl*
Arrestzelle *f* cellule *f*
arretieren* *tr V* bloquer *Hebel, Räder, Waage*
Arretierung <-, -en> *f* ❶ (*das Arretieren*) réglage *m,* positionnement *m*
❷ (*Mechanismus*) dispositif *m* de réglage
Arrhythmie [arʏt'mi:] <-, -n> *f* MED arythmie *f;* **ventrikuläre ~n** arythmies ventriculaires
arriviert [-'vi:-] *Adj geh Künstler, Rechtsanwalt* arrivé(e)
arrogant [aro'gant] **I.** *Adj* arrogant(e)
II. *Adv* de manière arrogante
Arroganz <-> *f* arrogance *f*
Arsch [arʃ, *Pl:* 'ɛrʃə] <-[e]s, ¨-e> *m vulg* ❶ (*Gesäß*) cul *m* (*fam*)
❷ (*blöder Mensch*) conard *m* (*vulg*); **so ein ~!** quel conard! (*vulg*)
▶ **jdm geht der ~ auf** [*o* **mit**] **Grundeis** qn fait dans son froc (*fam*); **am ~ der Welt** en pleine cambrousse (*fam*); **den ~ voll kriegen** se faire botter le cul (*vulg*); **sich** (*Dat*) **den ~ abfrieren** se geler le cul (*vulg*); **sich** (*Dat*) **den ~ aufreißen** se casser le cul (*vulg*); **jdm in den ~ kriechen** lécher le cul à qn (*vulg*); **leck mich** [**doch**] **am ~!** va te faire foutre! (*vulg*); **sich auf den** [*o* **seinen**] **~ setzen** se casser le cul (*vulg*); **jdn** [*o* **jdm**] **in den ~ treten** botter le cul à qn (*vulg*); (*jdn antreiben*) pousser qn au cul (*vulg*); **jdm geht etw am ~ vorbei** qn n'a rien à cirer de qc; **am** [*o* **im**] **~ sein** être foutu(e) (*fam*)
Arschbacke *f vulg* fesse *f* **Arschficker** <-s, -> *m vulg* ❶ *pej* (*Homosexueller*) enculé *m* (*vulg*), pédé *m* (*fam*) ❷ (*Schimpfwort*) [espèce *f* d']enculé *m* **Arschkriecher(in)** *m(f) sl* lèche-cul *mf* (*vulg*), lèche-bottes *mf* (*fam*) **Arschloch** *nt vulg* ❶ (*After*) trou *m* du cul (*vulg*) ❷ (*Schimpfwort*) trou *m* du cul (*vulg*); **dieses ~ von Chef** ce conard [*o* cet enfoiré] de patron (*vulg*); **du ~!** pauvre conard!
Arsen [ar'ze:n] <-s> *nt* CHEM arsenic *m*
Arsenal [arze'na:l] <-s, -e> *nt* ❶ (*Waffenlager*) arsenal *m*
❷ (*Vielzahl*) **ein ~ von Werkzeugen/Schimpfwörtern** une collection d'outils/de jurons
Arsenik [ar'ze:nɪk] <-s> *nt* CHEM arsenic *m* [blanc]
Art. *Abk von* **Artikel** art.
Art <-, -en> *f* ❶ (*Spezies*) espèce *f;* **eine vom Aussterben bedrohte ~** une espèce en voie de disparition; **geschützte ~en** des espèces protégées
❷ (*Sorte*) genre *m,* sorte *f;* **eine/diese ~** [**von**] **Musik** un/ce genre de musique, une/cette sorte de musique; **jede ~ von Gewalt ablehnen** refuser toute forme de violence; **einzig in seiner ~ sein** être unique en son genre; **ein Bursche der übelsten ~** un type de la pire espèce
❸ (*Methode, Weise*) façon *f,* manière *f;* **auf natürliche/seltsame ~** d'une [*o* de] manière naturelle/étrange; **nach ~ der Franzosen, nach französischer ~** à la [manière] française
❹ *kein Pl* (*Wesensart*) nature *f;* **das ist meine ~** c'est ma façon d'être
❺ *kein Pl* (*Benehmen*) manières *fpl,* façons *fpl;* **das ist doch keine ~!** *fam* c'est pas des manières! (*fam*)
▶ **etw nach ~ des Hauses zubereiten** préparer qc maison; **auf diese ~ und Weise** de cette façon [*o* manière]; **aus der ~ schlagen** ne ressembler à personne de la famille
arteigen *Adj* spécifique
artenreich *Adj* riche en espèces **Artenreichtum** <-s> *m* BIO grande variété *f* **Artenschutz** *m* protection *f* des espèces **Artenschutzabkommen** *nt* Convention *f* sur la protection des espèces **Artensterben** *nt* disparition *f* des espèces **Artenvielfalt** *f* variété *f* [*o* diversité *f*] des espèces
Arterhaltung *f* conservation *f* de l'espèce
Arterie [ar'te:riə] <-, -n> *f* ANAT artère *f*
arteriell [arteri'ɛl] *Adj* MED artériel(le)
Arterienverkalkung [-riən-] *f,* **Arteriosklerose** [arterio-] <-, -n> *f* MED artériosclérose *f*
artfremd *Adj* atypique **artgemäß** *s.* **artgerecht** **Artgenosse** *m,* **-genossin** *f* congénère *mf* **artgerecht** **I.** *Adj Tierhaltung* qui respecte les besoins des animaux **II.** *Adv halten* en respectant les besoins des animaux **artgleich** *Adj* de nature identique
Arthritis [ar'tri:tɪs] <-> *f* MED arthrite *f*
arthritisch [ar'tri:tɪʃ] *Adj* MED arthritique
Arthrose [ar'tro:zə] <-, -n> *f* MED arthrose *f*
Arthur <-s> *m* Arthur *m*
artifiziell [artifi'tsiɛl] *Adj* artificiel(le)
artig ['artɪç] **I.** *Adj Kind, Haustier* gentil(le), sage
II. *Adv* de manière sage
Artigkeit <-> *f* (*Wohlerzogenheit*) sagesse *f,* gentillesse *f*
Artikel [ar'ti:kəl, ar'tɪkəl] <-s, -> *m* article *m;* **sich auf einen ~ berufen** JUR se fonder sur un article
Artikulation [artikula'tsio:n] <-, -en> *f* (*Aussprache*) articulation *f*
artikulieren* **I.** *tr V* ❶ (*aussprechen*) articuler, prononcer
❷ *geh* (*zum Ausdruck bringen*) articuler, formuler
II. *r V geh* **sich in etw** (*Dat*) **~** s'exprimer dans qc
Artillerie [artɪlə'ri:] <-> *f* artillerie *f*
ArtilleriebeschussRR *m* tir *m* d'artillerie **Artilleriefeuer** *nt* feu *m* d'artillerie
Artillerist ['artɪlərɪst, artɪlə'rɪst] <-en, -en> *m* artilleur *m*
Artischocke [arti'ʃɔkə] <-, -n> *f* artichaut *m*
Artischockenboden *m* fond *m* d'artichaut **Artischockenherz** *nt* cœur *m* d'artichaut
Artist(in) [ar'tɪst] <-en, -en> *m(f)* ❶ (*Zirkusartist*) artiste *mf* de cirque; (*Zirkusakrobat*) acrobate *mf*
❷ (*Könner*) artiste *mf*
artistisch *Adj* ❶ *Kunststück, Vorführung* artistique
❷ (*geschickt*) acrobatique
Artur *s.* **Arthur**

Artus <-> *m* MYTH, HIST **König** ~ le roi Arthur
artverschieden *Adj* de nature différente **artverwandt** *Adj* d'espèce voisine
Arznei [arts'naɪ] <-, -en> *f* médicament *m*
▸ **eine bittere** ~ *geh* une potion amère
Arzneibuch *nt* codex *m*, pharmacopée *f* **Arzneikunde** *f kein Pl* pharmacologie *f* **Arzneimittel** *nt* médicament *m;* **Vorsicht,** ~! ceci est un médicament!
Arzneimittelforschung *f* recherche *f* pharmaceutique **Arzneimittelgesetz** *nt* loi *f* sur les produits pharmaceutiques **Arzneimittelhersteller** *m* fabricant *m* de produits pharmaceutiques **Arzneimittelmissbrauch**[RR] *m* abus *m* de médicaments **Arzneimittelsucht** *f* dépendance *f* aux médicaments, pharmacodépendance *f*
Arzneipflanze *f* plante *f* médicinale **Arzneischränkchen** *nt* armoire *f* à pharmacie
Arzt [artst, *Pl:* 'ɛrtstə] <-es, ⁼e> *m*, **Ärztin** *f* médecin *m*, docteur *m;* **zum** ~ **gehen** aller chez le médecin; **praktischer** ~/**praktische Ärztin** *veraltet* médecin généraliste
Arztberuf *m* profession *f* de médecin **Arztbesuch** *m* visite *f* du médecin
Ärztekammer *f* conseil *m* de l'ordre des médecins **Ärztekongress**[RR] *m* congrès *m* de médecins **Ärztemuster** *nt* MED échantillon *m* médical
Ärzteschaft <-> *f* corps *m* médical
Ärzteschwemme *f fam* pléthore *f* de médecins
Arztfrau *f* femme *f* de médecin **Arzthelfer(in)** *m(f)* auxiliaire *mf* médical(e)
Ärztin ['ɛrtstɪn] *s.* **Arzt**
Arztkosten *Pl* frais *mpl* de consultation [médicale]
ärztlich I. *Adj Attest, Rat, Behandlung* médical(e)
II. *Adv* **sich** ~ **untersuchen lassen** passer un examen médical; **sich** ~ **behandeln lassen** suivre un traitement médical; ~ **empfohlen** recommandé(e) par le corps médical
Arztpraxis *f* cabinet *m* médical **Arzttermin** *m* rendez-vous *m* chez le médecin
As[1] [as] *s.* **Ass**
As[2] <-, -> *nt* MUS la *m* bémol
Asbest [as'bɛst] <-[e]s, -e> *m* amiante *m;* ~ **ist feuerfest** l'amiante résiste au feu
Asbestsanierung *f* désamiantage *m* **Asbeststaub** *m* poussière *f* d'amiante **asbestverseucht** *Adj* contaminé(e) par l'amiante **Asbestzement** *m* fibrociment® *m*
Aschantinuss[RR] *f* A cacahuète *f*
aschblond ['aʃblɔnt] *Adj* blond cendré *inv*
Asche ['aʃə] <-, *selten* -n> *f* cendre *f souvent pl;* **glühende** ~ des cendres rouges; **die** ~ **des Verstorbenen** les cendres du défunt
▸ **sich** (*Dat*) ~ **aufs Haupt streuen** *geh* battre sa coulpe (*soutenu*); ~ **zu** ~, **Staub zu Staub** BIBL souviens-toi que tu es poussière et que tu retourneras en poussière
Äsche ['ɛʃə] <-, -n> *f* ZOOL ombre *m*
Ascheimer ['aʃaɪmɐ] *m s.* **Ascheneimer**
Aschenbahn *f* [piste *f*] cendrée **Aschenbecher** *m* cendrier *m*
Aschenbrödel ['aʃənbrø:dəl] <-s> *nt* Cendrillon *f* **Ascheneimer** *m* seau *m* à cendres **Aschenplatz** *m* TENNIS [court *m* en] terre *f* battue **Aschenputtel** ['aʃənpʊtəl] <-s> *nt* Cendrillon *f*
Aschenregen *m* pluie *f* de cendres
Ascher ['aʃɐ] <-s, -> *m fam* cendrier *m*
Aschermittwoch *m* mercredi *m* des Cendres
aschfahl *Adj Gesicht* livide, cendreux(-euse) **aschgrau** *Adj Haar* cendré(e); *Kleidung* [d'un] gris cendré *inv;* ~**e Socken** des chaussettes gris cendré
ASCII-Code ['askiko:t] *m* INFORM code *m* ASCII
äsen ['ɛ:zən] *itr V Wild:* brouter, viander (*spéc*)
Asepsis [a'zɛpsɪs] <-> *f* MED asepsie *f*
aseptisch [a'zɛptɪʃ] *Adj* aseptique, stérile; **etw** ~ **machen** aseptiser qc, stériliser qc

Äser *Pl von* **Aas**
Aserbaidschan [azɛrbaɪ'dʒa:n] <-s> *nt* l'Azerbaïdjan *f*
asexuell ['aseksuɛl] *Adj* asexué(e)
Asiat(in) <-en, -en> *m(f)* Asiatique *mf*
asiatisch *Adj* asiatique
Asien ['a:ziən] <-s> *nt* l'Asie *f*
Askese [as'ke:zə] <-> *f* ascèse *f*
Asket(in) [as'ke:t] <-en, -en> *m(f)* ascète *mf*
asketisch I. *Adj* ascétique
II. *Adv* de manière ascétique; ~ **leben** mener une vie ascétique
Askorbinsäure [askɔr'bi:nzɔɪrə] *f* CHEM acide *m* ascorbique
Äskulapstab [ɛsku'la:pʃta:p] *m* bâton *m* d'Esculape
asozial ['azotsia:l] I. *Adj* asocial(e)
II. *Adv* de manière asociale
Asoziale(r) *f(m) dekl wie Adj pej* asocial(e) *m(f)*
Aspekt [as'pɛkt] <-[e]s, -e> *m* aspect *m*
Asphalt [as'falt] <-[e]s, -e> *m* asphalte *m*, bitume *m*
Asphaltdecke *f* revêtement *m* en asphalte
asphaltieren* *tr V* asphalter, goudronner
Asphaltstraße *f* (*in Ortschaften*) rue *f* asphaltée [*o* goudronnée]; (*außerhalb von Ortschaften*) route *f* asphaltée [*o* goudronnée]
Aspik [as'pi:k, 'aspɪk] <-s, -e> *m o* A *nt* aspic *m;* **Fisch in** ~ un aspic de poisson, du poisson en gelée
Aspirant(in) [aspi'rant] <-en, -en> *m(f) geh* candidat(e) *m(f)*
Aspirin® <-s> *nt* aspirine *f*
Ass[RR] <-es, -e> *nt* ❶ (*Spielkarte*) as *m*
❷ (*fähiger Mensch*) as *m;* **ein** ~ **in Physik sein** être un as de la physique
❸ TENNIS ace *m*
▸ **[noch] ein** ~ **im Ärmel haben** avoir encore un atout dans sa manche
aß [a:s] *Imp von* **essen**
Assel ['asəl] <-, -n> *f* cloporte *m*
Assembler [ɛ'sɛmblɐ] <-s, -> *m* INFORM assembleur *m*
Assessor [a'sɛso:ɐ] <-s, -ssoren> *m*, **Assessorin** *f* ❶ JUR *magistrat débutant dans le métier*
❷ SCHULE professeur *m* débutant
Assimilation <-, -en> *f* ❶ BIO assimilation *f*
❷ *geh* (*Anpassung*) ~ **an die Verhältnisse/die Umgebung** assimilation *f* à la situation/l'environnement
assimilieren* I. *r V geh* **sich** ~ s'assimiler; **sich an die Verhältnisse/die Umgebung** ~ s'assimiler à la situation/l'environnement
II. *tr V* ❶ BIO assimiler
❷ *geh* (*integrieren*) assimiler, absorber
III. *itr V Blatt, Pflanze:* assimiler
Assimilierung <-, -en> *f a.* BIO *geh* assimilation *f*
Assistent(in) [asɪs'tɛnt] <-en, -en> *m(f)* assistant(e) *m(f);* **medizinisch-technische** ~**in** assistante de laboratoire; **wissenschaftlicher** ~ assistant
Assistenz [asɪs'tɛnts] <-> *f geh* (*Mithilfe*) concours *m;* **unter** ~ **von Kollegen** avec le concours de collègues
Assistenzarzt *m*, **-ärztin** *f* ≈ interne *mf* des hôpitaux **Assistenzprofessor(in)** *m(f)* ≈ maître *m* de conférences
assistieren* *itr V* assister; **jdm bei etw** ~ assister qn dans qc
Assoziation [asotsia'tsio:n] <-, -en> *f geh* (*Gedankenverbindung, Zusammenschluss*) association *f;* ~**en auslösen** évoquer des associations
assoziativ *Adj* associatif(-ive)
assoziieren* I. *tr V geh* associer; **etw mit etw** ~ associer qc à qc
II. *r V* **sich an etw** (*Akk*)/**mit etw** ~ s'associer à qc/avec qc
assoziiert *Adj Mitglied, Staat* associé(e); **[mit] einer Organisation** ~ **sein** être membre associé d'une organisation
Ast [ast, *Pl:* 'ɛstə] <-[e]s, ⁼e> *m* ❶ (*Zweig*) branche *f*
❷ (*Astknoten*) nœud *m*
❸ *meist Pl* (*Verzweigung*) *eines Blutgefäßes* branche *f*, ramifica-

tion *f*

▸ **auf dem absteigenden ~ sein** *fam* être en perte de vitesse (*fam*); **den ~ absägen, auf dem man sitzt** *fam* scier la branche sur laquelle on est assis; **sich** (*Dat*) **einen ~ lachen** *fam* se rouler par terre de rire (*fam*)

AStA ['asta] <-[s], -[s] *o* Asten> *m Abk von* **Allgemeiner Studentenausschuss** *comité général des étudiants d'une université*

Aster ['astɐ] <-, -n> *f* aster *m*

Asteroid [astero'i:t, -'i:dən] <-en, -en> *m* ASTRON astéroïde *m*

Astgabel *f* fourche *f*

Ästhet(in) [ɛs'te:t] <-en, -en> *m(f)* esthète *mf*

Ästhetik <-, -en> *f* ❶ (*Wissenschaft*) esthétique *f*

❷ *kein Pl* (*Schönheit*) caractère *m* esthétique

ästhetisch *Adj* esthétique

Asthma ['astma] <-s> *nt* MED asthme *m*

Asthmatiker(in) <-s, -> *m(f)* MED asthmatique *mf*

asthmatisch [ast'ma:tɪʃ] MED **I.** *Adj Patient, Beschwerden, Röcheln* asthmatique; *Anfall* d'asthme

II. *Adv keuchen* comme un/une asthmatique; ~ **bedingt** d'origine asthmatique

Astloch *nt* trou *m* laissé par un nœud **astrein I.** *Adj* ❶ *Holz* sans nœud ❷ *fam* (*hervorragend*) impec (*fam*) ❸ *fam* (*moralisch einwandfrei*) **nicht ganz ~ sein** *Sache:* ne pas être clair(e); **der Typ ist nicht ganz ~** il n'est pas net, ce type (*fam*) **II.** *Adv fam sich verhalten* super bien (*fam*)

Astrologe [astro'lo:gə] <-n, -n> *m*, **Astrologin** *f* astrologue *mf*

Astrologie <-> *f* astrologie *f*

astrologisch I. *Adj Buch, Zeitschrift* d'astrologie; *Gutachten* astrologique

II. *Adv interessiert* à l'astrologie; *bewandert* en astrologie

Astronaut(in) [astro'naʊt] <-en, -en> *m(f)* astronaute *mf*

Astronom(in) [astro'no:m] <-en, -en> *m(f)* astronome *mf*

Astronomie <-> *f* astronomie *f*

astronomisch *Adj* ❶ *Instrument* astronomique; *Studium, Werk* d'astronomie; *Kenntnisse* en astronomie

❷ *fam* (*riesig*) astronomique

Astrophysik [astrofy'zi:k] *f* astrophysique *f* **Astrophysiker(in)** [astro'fy:zikɐ] *m(f)* astrophysicien(ne) *m(f)*

Astwerk *nt* branchage *m*, ramure *f* (*soutenu*)

ASU <-, -s> *f Abk von* **Abgassonderuntersuchung** HIST contrôle *m* antipollution

Asyl [a'zy:l] <-s, -e> *nt* ❶ *Pl selten* (*Zuflucht*) asile *m*; **um** [**politisches**] **~ bitten** demander l'asile [politique]; **jdm ~ gewähren** *Staat, Land:* accorder le droit d'asile à qn; *Privatperson:* offrir un asile à qn

❷ (*Obdachlosenheim*) asile *m* de nuit [pour les sans-abri]

Asylant(in) [azy'lant] *m(f)* demandeur(-euse) *m(f)* d'asile

Asylantenwohnheim *nt* établissement *m* pour les demandeurs d'asile

Asylantrag *m* demande *f* d'asile **Asylbewerber(in)** *m(f)* demandeur(-euse) *m(f)* d'asile **Asylrecht** *nt* ❶ (*Recht auf Asyl*) droit *m* d'asile ❷ (*Asylgesetze*) droit *m* d'asile diplomatique **Asylsuchende(r)** *f(m) dekl wie Adj* demandeur(-euse) *m(f)* d'asile **Asylverfahren** *nt* procédure *f* de demande d'asile

Asymmetrie [azʏme'tri:] *f* asymétrie *f*

asymmetrisch ['azʏme:trɪʃ] **I.** *Adj* asymétrique

II. *Adv* de façon asymétrique

asynchron ['azʏnkro:n] *geh* **I.** *Adj* asynchrone

II. *Adv* de façon asynchrone

Aszendent [astsɛn'dɛnt] <-en, -en> *m* ASTRON, ASTROL ascendant *m*

at [æt] *nt* INFORM ar[r]obas *m*

A.T. *nt Abk von* **Altes Testament** Ancien Testament *m*

Atavismus [ata'vɪsmʊs] <-, -ismen> *m* BIO atavisme *m*

atavistisch [ata'vɪstɪʃ] *Adj* BIO atavique

Atelier [atə'lie:] <-s, -s> *nt* ❶ (*Künstlerwerkstatt*) atelier *m*

❷ (*Filmatelier*) studio *m* [de production]

Atelieraufnahme [ate'lie:-, atə'lie:-] *f* prise *f* de vue en studio

Atem ['a:təm] <-s> *m* ❶ (*Atemluft*) souffle *m*; **nach ~ ringen** respirer difficilement, suffoquer; **außer ~ sein** être hors d'haleine, être à bout de souffle; **wieder zu ~ kommen** reprendre son souffle

❷ (*Atemgeruch*) haleine *f*; **ein frischer ~** une haleine fraîche; **ein schlechter ~** une mauvaise haleine

❸ (*das Atmen*) respiration *f*; **ihr ~ ging stoßweise** elle avait un souffle saccadé et court

▸ **mit angehaltenem ~** en retenant sa respiration; (*sehr gespannt*) en retenant son souffle; **den längeren ~ haben** tenir le coup (*fam*); **den ~ anhalten** retenir sa respiration; (*sehr gespannt sein*) retenir son souffle; **jdn in ~ halten** (*jdn auf Trab halten*) tenir qn en mouvement; (*jdn in Spannung halten*) tenir qn en haleine; **~ holen** (*einatmen*) respirer; (*sich erholen*) reprendre son souffle; **das/es verschlägt einem** [**glatt**] **den ~!** c'est à en avoir le souffle coupé!

atemberaubend I. *Adj Tempo, Entwicklung, Schönheit* vertigineux(-euse)

II. *Adv* à donner le vertige

Atembeschwerden *Pl* troubles *mpl* respiratoires **Atemgerät** *nt* appareil *m* respiratoire **Atemgeräusch** *nt* bruit *m* de respiration **Atemholen** <-s> *nt* **Schmerzen beim ~ haben** avoir des douleurs en respirant

atemlos *Adj* ❶ (*außer Atem*) essoufflé(e); **~ ankommen** arriver tout essoufflé(e)

❷ (*gespannt*) *Stille* absolu(e); **~ lauschen** écouter en retenant son souffle

Atemlosigkeit <-> *f* essoufflement *m*

Atemluft *f* air *m* [respirable] **Atemmaske** *f* masque *m* **Atemnot** *f* crise *f* d'étouffements **Atempause** *f* pause *f* pour respirer **Atemschutzgerät** *nt* appareil *m* respiratoire **Atemschutzmaske** *s.* Atemmaske **Atemstillstand** *m* arrêt *m* respiratoire **Atemwege** *Pl* voies *fpl* respiratoires **Atemwegserkrankung** *f* MED affection *f* des voies respiratoires **Atemzug** *m* inspiration *f*; **einen tiefen ~ machen** inspirer profondément ▸ **in einem ~**, **im selben ~** en même temps

Äthanol [ɛta'no:l] <-s> *nt* CHEM alcool *m* éthylique

Atheismus [ate'ɪsmʊs] <-> *m* athéisme *m*

Atheist(in) [ate'ɪst] <-en, -en> *m(f)* athée *mf*

atheistisch [ate'ɪstɪʃ] *Adj* athée

Athen [a'te:n] <-s> *nt* Athènes

Äther ['ɛ:tɐ] <-s> *m* ❶ CHEM éther *m*

❷ (*Medium*) **etw in** [*o* **durch**] **den ~ schicken** faire passer qc sur les ondes

❸ *poet* (*Himmel*) éther *m* (*poét*)

ätherisch [ɛ'te:rɪʃ] *Adj* ❶ CHEM *Öl* essentiel(le)

❷ *poet* (*zart*) éthéré(e) (*littér*); **~ wirken** avoir quelque chose d'éthéré (*littér*)

Äthiopien [ɛti'o:piən] <-s> *nt* l'Éthiopie *f*

Äthiopier(in) <-s, -> *m(f)* Éthiopien(ne) *m(f)*

äthiopisch *Adj* éthiopien(ne)

Athlet(in) [at'le:t] <-en, -en> *m(f)* (*Sportler, kräftiger Mensch*) athlète *mf*

athletisch I. *Adj Körperbau, Übung* athlétique

II. *Adv* **~ gebaut sein** être taillé(e) en athlète

Äthylalkohol [ɛ'ty:lalkoho:l] *m* CHEM alcool *m* éthylique

Atlanten *Pl von* **Atlas**

Atlantik [at'lantɪk] <-s> *m* **der ~** l'Atlantique *m*

atlantisch *Adj* atlantique

Atlas¹ ['atlas, *Pl:* at'lantən] <- *o* -ses, Atlanten *o* -se> *m* (*Kartenwerk*) atlas *m*

Atlas² <- *o* -ses, -se> *m* (*Gewebe*) satin *m*

Atlas³ <-> *m* GEOG **der ~** l'Atlas *m*

atmen ['a:tmən] **I.** *itr V* respirer; **frei/schwer ~** respirer librement/difficilement; **ihm fällt das Atmen schwer** il a du mal

à respirer
II. *tr V* ❶ respirer
❷ *poet* (*ausstrahlen*) **den Geist vergangener Zeiten** ~ respirer l'esprit des temps passés

Atmosphäre [atmo'sfɛ:rə] <-, -n> *f* ❶ *a.* PHYS (*Lufthülle, Druck*) atmosphère *f*
❷ (*Stimmung*) atmosphère *f*, ambiance *f*; **in entspannter** ~ dans une atmosphère détendue

Atmosphärendruck <-drücke> *m* PHYS pression *f* atmosphérique **Atmosphärenüberdruck** <-drücke> *m* PHYS ≈ bar *m*

atmosphärisch *Adj* atmosphérique

Atmung ['a:tmʊŋ] <-> *f* respiration *f*

atmungsaktiv *Adj* thermoactif(-ive)

Atmungsorgane *Pl* organes *mpl* de la respiration

Ätna ['ɛtna] <-[s]> *m* **der** ~ l'Etna *m*

Atoll [a'tɔl] <-s, -e> *nt* atoll *m*

Atom [a'to:m] <-s, -e> *nt* atome *m*

Atomangriff *m* attaque *f* nucléaire **Atomantrieb** *m* propulsion *f* nucléaire [*o* atomique]

atomar [ato'ma:ɐ] I. *Adj* ❶ PHYS atomique
❷ MIL *Bedrohung, Sprengkopf* nucléaire
II. *Adv* ❶ MIL *bedrohen, vernichten* au moyen d'armes nucléaires; *bewaffnet* d'armes nucléaires
❷ TECH *angetrieben* à l'énergie nucléaire

Atombombe *f* bombe *f* atomique **Atombombenversuch** *m* essai *m* nucléaire **Atombunker** *m* abri *m* antiatomique **Atomenergie** *f* énergie *f* nucléaire [*o* atomique] **Atomexplosion** *f* explosion *f* nucléaire **Atomforschung** *f kein Pl* PHYS recherche *f* nucléaire *pas de pl* **Atomgegner(in)** *m(f)* antinucléaire *mf* **atomgetrieben** *Adj* à propulsion nucléaire **Atomgewicht** *nt* masse *f* atomique **Atomindustrie** *f kein Pl* ÖKON industrie *f* nucléaire

atomisieren* *tr V* pulvériser

Atomkern *m* noyau *m* [de l'atome] **Atomkraft** *f kein Pl* énergie *f* nucléaire [*o* atomique] **Atomkraftwerk** *nt* centrale *f* nucléaire [*o* atomique] **Atomkrieg** *m* guerre *f* nucléaire [*o* atomique] **Atomlobby** [-lɔbi] *f* lobby *m* du nucléaire [*o* atomique] **Atommacht** *f* puissance *f* nucléaire **Atommeiler** *m* réacteur *m* nucléaire **Atommodell** *nt* modèle *m* atomique **Atommüll** *m* déchets *mpl* nucléaires **Atomphysik** *f* physique *f* nucléaire **Atomphysiker(in)** *m(f)* spécialiste *mf* de physique nucléaire **Atompilz** *m* champignon *m* atomique **Atomrakete** *f* fusée *f* nucléaire [*o* atomique] **Atomreaktor** *m* réacteur *m* nucléaire **Atomschutzbunker** *m* abri *m* antiatomique **Atomsperrvertrag** *m* traité *m* de non-prolifération [des armes nucléaires] **Atomsprengkopf** *m* ogive *f* [*o* tête *f*] nucléaire **Atomstreitmacht** *f* puissance *f* atomique [*o* nucléaire] **Atomstrom** *m kein Pl fam* énergie *f* nucléaire *pas de pl* **Atomtest** *m* essai *m* nucléaire **Atomteststoppabkommen** *nt* accord *m* sur l'arrêt des essais nucléaires **Atomtransport** *m* transport *m* de déchets nucléaires **Atomuhr** *f* horloge *f* atomique **Atomversuch** *m* essai *m* nucléaire **Atomwaffe** *f* arme *f* nucléaire [*o* atomique]

atomwaffenfrei *Adj Zone* dénucléarisé(e) **Atomwaffensperrvertrag** *m* traité *m* de non-prolifération [des armes nucléaires]

Atomzeitalter *nt kein Pl* ère *f* atomique; **das** ~ l'ère *f* [*o* l'époque *f*] atomique (*fam*) **Atomzerfall** *m* désintégration *f*

atonal ['atona:l] *Adj* MUS atonal(e)

Atonie [ato'ni:] <-, -n> *f* MED atonie *f*; **gastrische** ~ atonie gastrique

atoxisch ['atɔksɪʃ] *Adj* MED, CHEM non[-]toxique

Atrium ['a:triʊm] <-s, Atrien> *nt* ❶ patio *m*
❷ HIST atrium *m*

Atriumhaus *nt* maison *f* avec patio; HIST maison *f* avec atrium

Atrophie [atro'fi:, *Pl:* atro'fi:ən] <-, -n> *f* MED atrophie *f*

Atropin [atro'pi:n] <-s> *nt* BIO, MED atropine *f*

ätsch [ɛ:tʃ] *Interj fam* bien fait (*fam*)

Attaché [ata'ʃe:] <-s, -s> *m* attaché(e) *m(f)*

Attachment [a'tatʃmənt] <-s, -s> *nt* INFORM pièce *f* jointe, fichier *m* joint

Attacke [a'takə] <-, -n> *f* ❶ MIL (*Reiterangriff*) charge *f* de cavalerie
❷ SPORT, MED *a. fig* attaque *f*
► **zur** ~ **blasen** MIL sonner la charge; *fig* déclencher l'offensive; **eine** ~ **gegen jdn/etw reiten** déclencher une offensive contre qn/qc

attackieren* *tr V* ❶ *geh* (*verbal angreifen*) attaquer
❷ MIL, SPORT attaquer

Attentat ['atənta:t] <-[e]s, -e> *nt* attentat *m*; **ein** ~ **auf jdn verüben** commettre un attentat contre qn
► **ein** ~ **auf jdn vorhaben** *hum fam* avoir une faveur à demander à qn

Attentäter(in) ['atəntɛ:tɐ] *m(f)* auteur *m* de l'attentat

Attest [a'tɛst] <-[e]s, -e> *nt* certificat *m* [médical]

attestieren* *tr V geh* attester; **jdm gute Arbeit** ~ attester à qn qu'il fait du bon travail; **einer S.** (*Dat*) **Qualität** ~ attester la qualité de qc

Attila ['atila] <-s> *m* HIST Attila *m*

Attitüde [ati'ty:də] <-, -n> *f geh* ❶ (*Körperhaltung*) pose *f*
❷ (*Gebaren*) **die** ~ **einer Filmdiva** les poses *fpl* d'une star de cinéma

Attraktion [atrak'tsio:n] <-, -en> *f* ❶ *kein Pl* (*Anziehungskraft*) attrait *m*
❷ (*Glanznummer*) attraction *f*

attraktiv [atrak'ti:f] *Adj* ❶ *Mann, Frau* séduisant(e), attirant(e)
❷ (*verlockend*) *Stadt, Region* attrayant(e); *Angebot, Gehalt, Stellung* intéressant(e)

Attraktivität [atraktivi'tɛ:t] <-> *f* ❶ *einer Person* pouvoir *m* de séduction
❷ (*Anreiz*) *einer Stadt, Region* caractère *m* attrayant; *eines Angebots, Gehalts, einer Stellung* caractère intéressant

Attrappe [a'trapə] <-, -n> *f* ❶ (*Nachbildung*) objet *m* factice
❷ (*gemalte optische Täuschung*) trompe-l'œil *m*
❸ MIL leurre *m*; (*Feindattrappe*) poupée *f* mannequin
► **das ist nur** ~ c'est une vaste fumisterie (*fam*); (*ist nur Schein*) ce n'est que de la poudre aux yeux

Attribut [atri'bu:t] <-[e]s, -e> *nt* ❶ *geh* (*Eigenschaft*) particularité *f*
❷ *geh* (*Kennzeichen*) attribut *m*; **die** ~**e der Macht** les marques *fpl* du pouvoir
❸ GRAM *eines Substantivs* épithète *f*

attributiv [atribu'ti:f] I. *Adj Adjektiv* épithète; ~**er Gebrauch** emploi *m* comme épithète
II. *Adv* ~ **gebraucht** employé(e) comme épithète

atü [a'ty:] *Abk von* **Atmosphärenüberdruck** ≈ bar *m*

atypisch ['aty:pɪʃ] *Adj* atypique

ätzen ['ɛtsən] I. *itr V Säure:* corroder, attaquer
II. *tr V* **etw in etw** (*Akk*) ~ graver qc dans qc

ätzend I. *Adj* ❶ CHEM corrosif(-ive)
❷ (*beißend*) *Geruch, Schwaden* délétère
❸ *fig Kritik, Spott* corrosif(-ive), caustique
❹ *sl* (*sehr schlecht*) chiant(e) (*fam*)
II. *Adv sl* (*furchtbar*) à chier (*vulg*)

Ätznatron *nt* CHEM soude *f* caustique

Ätzung <-, -en> *f* ❶ MED (*Verätzung*) brûlure *f*
❷ KUNST morsure *f*

au [aʊ] *Interj* ❶ (*Ausruf des Schmerzes*) aïe, ouille
❷ (*Ausruf der Freude*) ~ **ja/klasse!** *fam* ouah super! (*fam*)

Au SDEUTSCH, A *s.* **Aue**

AU [a:'ʔu:] <-, -s> *f Abk von* **Abgasuntersuchung** contrôle *m* antipollution

aua ['aʊa] *Interj fam* aïe, ouille

Aubergine [obɛr'ʒi:nə] <-, -n> *f* aubergine *f*

auberginefarben [obɛr'ʒi:nə-] *Adj* aubergine *inv*; ~**e Socken** des chaussettes aubergine

auch [aʊx] *Adv* ① (*ebenfalls*) aussi; **ich möchte ~ mitkommen** j'aimerais aussi venir; moi aussi, j'aimerais venir; **~ die Regierung** le gouvernement [lui] aussi; **nicht nur ich, sondern ~ er** non seulement moi, mais lui aussi; **ich ~ nicht** moi non plus; **Gewalt ist aber ~ keine Lösung!** la violence n'est pas non plus une solution!
② (*sogar*) même; **~ wenn** même si; **~ dann, wenn du nicht magst** même si tu n'as pas envie; **~ wenn du noch so brüllst** tu auras beau hurler
③ (*verstärkend*) effectivement; **wozu** [**denn**] **~?** de toute façon, à quoi bon?; **so was Ärgerliches aber ~!** il ne manquait plus que ça!; **Mist aber ~!** *fam* mince alors! (*fam*); **ich habe das nicht nur gesagt, ich meine das ~!** je ne l'ai pas seulement dit, je le pense [effectivement]!
④ (*immer*) **was er ~ sagen wird** quoi qu'il dise, il aura beau dire; **so schnell sie ~ laufen mag** elle aura beau courir vite; **wie dem ~ sei** quoi qu'il en soit
► **~ gut!** [eh bien] tant pis!; **~ das noch!** il ne manquait plus que ça!

Audienz [audiˈɛnts] <-, -en> *f* audience *f*

Audimax [audiˈmaks] <-> *nt fam Abk von* **Auditorium maximum** grand amphi *m* (*fam*)

audiovisuell [audiovizuˈɛl] *Adj* audiovisuel(le)

Auditorium [audiˈtoːriʊm] <-s, -rien> *nt* ① *geh* (*Zuhörerschaft*) auditoire *m*
② (*Hörsaal*) amphithéâtre *m;* **~ maximum** grand amphithéâtre *m*

Aue [ˈaʊə] <-, -n> *f* DIAL *poet* prairie *f*

Auerhahn [ˈaʊɐhaːn] *m* coq *m* de bruyère **Auerhenne** *f* poule *f* de bruyère **Auerhuhn** *nt* ZOOL [grand] tétras *m* **Auerochse** [-ɔksə] *m* aurochs *m*

auf [aʊf] **I.** *Präp + Dat* ① sur; **~ dem Tisch/dem Teller** sur la table/dans l'assiette; **~ dem Boden** par terre; **~ der Straße** dans la rue; **~ dem Meeresgrund** au fond de la mer; **~ dem Land** à la campagne; **~ einer Insel** sur une île; **auf Mallorca/Korsika** à Majorque/en Corse
② (*in, bei*) à; **~ der Schule/Post/Bank** à l'école/la poste/la banque; **~ einem Sparkonto** sur un compte [d']épargne
③ (*während*) pendant, au cours de; **~ der Fahrt** pendant le [*o* au cours du] trajet; **~ dem Weg** en chemin; **~ der Feier** à la fête
④ (*für*) **~ einen Tee/eine Zigarette bleiben** rester le temps de boire un thé/fumer une cigarette
II. *Präp + Akk* ① sur; **~ den Tisch/den Teller** sur la table/dans l'assiette; **~ den Boden** par terre; **~ die Straße gehen** sortir dans la rue; **~s Land fahren** aller à la campagne; **~ eine Leiter/einen Berg steigen** monter sur une échelle/escalader une montagne
② (*zu*) à; **~ die Schule/Post/Bank** à l'école/la poste/la banque; **~ das Fest gehen** aller à la fête
③ (*bei Zeitangaben*) **~ einen Dienstag fallen** tomber un mardi; **etw ~ die nächste Woche verschieben** repousser qc à la semaine prochaine; **es geht ~ Ostern zu** Pâques approche; **in der Nacht ~ Dienstag** dans la nuit de lundi [à mardi]
④ (*bei Maß- und Mengenangaben*) à; **etw ~ zwei Meter kürzen** raccourcir qc à deux mètres; **sich ~ zehn Meter nähern** s'approcher à dix mètres; **~ die Sekunde/den Pfennig genau** à la seconde/au centime près
⑤ (*pro*) pour; **fünf Liter ~ hundert Kilometer verbrauchen** consommer cinq litres aux cent [kilomètres]
⑥ (*nach, über*) **Sieg ~ Sieg erringen** remporter victoire sur victoire
⑦ (*aufgrund, infolge*) sur, à, suite à; **~ Wunsch des Chefs** sur [*o* à] la demande du chef; **~ den Rat des Arztes** [**hin**] suite au conseil du médecin; **~ seine Bewerbung/ihren Vorschlag** [**hin**] suite à sa candidature/proposition
⑧ (*mittels*) **~ diese Art** de cette manière [*o* façon]; **es ~ die freundliche Art versuchen** essayer la manière aimable
⑨ (*in Trinksprüchen*) **~ dein Wohl!** à la tienne!; **~ unser Projekt!** à notre projet!
⑩ (*mit Superlativen*) **jdn ~ das herzlichste begrüßen** saluer qn de la manière la plus cordiale; **~ das grausamste** de la façon la plus cruelle
III. *Adv* ① (*los*) **~ geht's!** on y va!; **~ nach Kalifornien!** en route pour la Californie!
② *fam* (*setz/setzt auf*) **Helm ~!** mets ton/mettez votre casque!
③ *fam* (*offen*) **~ sein** être ouvert(e); **Mund ~!** ouvre/ouvrez la bouche!; **Fenster ~!** ouvre/ouvrez la fenêtre!
④ *fam* (*aufgestanden*) **~ sein** être debout
⑤ (*nach oben*) **~ und ab fahren** *Aufzug:* monter et descendre; **~ und ab tanzen** *Boot:* tanguer
► **~ und ab gehen** faire les cent pas, marcher de long en large; **mit etw geht es ~ und ab** qc a des hauts et des bas; **~ und davon sein** avoir filé [*o* déguerpi]
IV. *Konj* **~ dass** *geh* souhaitons que + *subj;* **~ dass wir uns in Zukunft vertragen mögen!** *geh* puissions-nous nous entendre à l'avenir! (*soutenu*)

Auf *nt* **das ~ und Ab** (*Schaukelbewegung*) le tangage; (*Höhen und Tiefen*) les hauts *mpl* et les bas

auf|arbeiten *tr V* ① traiter *Akten;* **alles, was liegen geblieben ist, ~** mettre à jour tout ce qui est resté en attente
② (*auswerten*) exploiter *Belege, Literatur*
③ (*verarbeiten, bewältigen*) assumer *Vergangenheit*
④ (*renovieren*) **ein Möbelstück ~** (*reparieren/herrichten*) remettre un meuble en état/à neuf

Aufarbeitung <-, -en> *f* ① (*Erledigung*) mise *f* à jour
② (*Erneuerung*) remise *f* à neuf
③ PSYCH (*Bewältigung*) assimilation *f*

auf|atmen *itr V* ① respirer profondément [*o* à pleins poumons]
② (*erleichtert sein*) respirer; **ein Aufatmen ging durch die Menge** la foule a respiré

auf|backen *tr V unreg* passer [quelques minutes] au four; **etw ~** passer qc [quelques minutes] au four; **etw noch einmal ~** repasser qc au four

auf|bahren [ˈaʊfbaːrən] *tr V* exposer *Toten, Sarg*

Aufbau <-bauten> *m* ① *kein Pl* (*Zusammenbauen*) *eines Regals, Gerüsts, Zelts* montage *m; einer Stereoanlage* installation *f*
② *kein Pl* (*Wiederaufbau*) *eines Landes, Gebäudes, einer Stadt* reconstruction *f;* **~ Ost** reconstruction de l'Est
③ *kein Pl* (*Errichtung, Schaffung*) *einer Wirtschaftsordnung* instauration *f; eines Unternehmens, einer Organisation* mise *f* sur pied
④ *kein Pl* (*das Herstellen*) *von Kontakten, Beziehungen* établissement *m*
⑤ *kein Pl* (*Struktur*) *eines Landes, einer Organisation* organisation *f; eines Geräts* agencement *m; eines Romans, Kunstwerks* composition *f; einer Zelle, eines Atoms* structure *f*
⑥ (*Teil eines Gebäudes, Schiffs*) superstructure *f*
⑦ (*Karosserie*) carrosserie *f*

auf|bauen **I.** *tr V* ① monter *Regal, Gerüst, Zelt;* installer *Stereoanlage*
② (*errichten*) [**wieder**] **~** reconstruire *Land, Gebäude, Stadt*
③ (*schaffen*) instaurer *Wirtschaftsordnung;* **ein Unternehmen/eine Organisation ~** mettre une entreprise/une organisation sur pied; **sich** (*Dat*) **eine Firma ~** mettre sa propre firme sur pied; **sich** (*Dat*) **eine Existenz ~** organiser sa vie
④ (*herstellen*) établir *Kontakt, Beziehung*
⑤ (*arrangieren*) installer *Exponate, Spielfiguren;* dresser *Büfett*
⑥ (*basieren*) **etw auf einer Voraussetzung ~** fonder qc sur une prémisse; **etw auf der Vermutung ~, dass** fonder qc en supposant que + *indic*
⑦ (*vorbereiten*) **jdn zu einem Star ~** faire une star de qn; **jdn zu seinem Nachfolger ~** préparer qn à devenir [*o* pour en faire] son successeur
⑧ ELEC, PHYS, TELEC établir *Druck, Spannung*

❾ PHYS, CHEM **symmetrisch aufgebaut sein** avoir une structure symétrique
II. *itr V* **auf etw** (*Dat*) ~ *Planung, Theorie:* se fonder sur qc
III. *r V* ❶ *fam* (*sich postieren*) **sich vor jdm/etw** ~ se planter devant qn/qc
❷ (*sich bilden*) **sich** ~ *Wolken, Gewitterfront:* se former
❸ INFORM **sich** ~ *Homepage, Grafik:* s'afficher

Aufbaukurs *m* cours *m* de perfectionnement

auf|bäumen ['aʊfbɔɪmən] *r V* ❶ **sich** ~ *Person:* se redresser d'un bond; *Tier:* se cabrer
❷ *fig* (*sich widersetzen*) **sich gegen jdn/etw** ~ se cabrer contre qn/qc; **das Aufbäumen** la rébellion

Aufbaupräparat *nt* reconstituant *m*

auf|bauschen ['aʊfbaʊʃən] *tr V* ❶ gonfler *Segel, Stoff*
❷ (*übertreiben*) gonfler *Sache, Kleinigkeit;* **etw zu einem Skandal** ~ faire tout un scandale de qc

Aufbaustudium *nt* complément *m* de formation [universitaire]

auf|begehren* *itr V geh* se soulever; **gegen jdn/etw** ~ se soulever contre qn/qc; **das Aufbegehren** la rébellion

auf|behalten* *tr V unreg* garder *Brille, Hut*

auf|beißen *unreg* I. *tr V* **eine Nuss/Packung** ~ casser une noix/ouvrir un paquet avec les dents
II. *r V* **sich** (*Dat*) **die Lippe** ~ se mordre la lèvre

auf|bekommen* *tr V unreg fam* ❶ SCHULE avoir [à faire]; **eine Aufgabe/Hausaufgaben** ~ avoir un exercice/des devoirs [à faire]; **für morgen bekommt ihr nichts auf** je ne vous donne rien [à faire] pour demain
❷ (*öffnen können*) arriver à ouvrir

auf|bereiten* *tr V* ❶ ÖKOL traiter *Wasser, Erze;* [**wieder**] ~ retraiter *Brennelemente*
❷ (*vorbereiten*) remanier *Manuskript, Textvorlage*

Aufbereitung <-, -en> *f* ❶ *von Wasser, Erzen* traitement *m*
❷ (*Wiederaufbereitung*) *von Brennelementen* retraitement *m*
❸ (*Vorbereitung*) *eines Manuskripts, einer Textvorlage* remaniement *m*

Aufbereitungsanlage *f* usine *f* de retraitement

auf|bessern *tr V* ❶ (*erhöhen*) augmenter *Gehalt;* arrondir *Taschengeld*
❷ (*auffrischen*) améliorer *Kenntnisse*

Aufbesserung <-, -en> *f* ❶ (*Erhöhung*) augmentation *f;* **zur** ~ **seines Taschengeldes** pour arrondir son argent de poche
❷ (*Auffrischung*) amélioration *f;* **zur** ~ **meiner Englischkenntnisse** pour améliorer mes connaissances d'anglais

auf|bewahren* *tr V* ❶ conserver, garder *Lebensmittel, Zeitschriften;* **kühl/trocken** ~**!** à conserver au frais/au sec!
❷ (*verwahren, nicht wegwerfen*) garder

Aufbewahrung <-, -en> *f* ❶ (*Verwahrung*) dépôt *m;* **jdn um** ~ **der Akten bitten** prier qn de conserver les dossiers; **jdm etw zur** ~ **geben** confier la garde de qc à qn; **ein Testament/einen Wertgegenstand in** ~ **geben** déposer un testament/un objet de valeur
❷ (*Ort der Gepäckaufbewahrung*) consigne *f*

Aufbewahrungsort *m* **der** ~ **des Gemäldes** l'endroit *m* où est déposé le tableau; **etw an einen sicheren** ~ **bringen** déposer qc en lieu sûr

auf|bieten *tr V unreg* ❶ mobiliser *Polizei, Fähigkeiten, Mittel*
❷ (*Eheschließungsabsichten veröffentlichen*) publier les bans du mariage de

Aufbietung <-> *f der Polizei, Fähigkeiten, Mittel* mise *f* en œuvre; **unter** ~ **aller meiner Kräfte** en mobilisant toute mon énergie

auf|binden *tr V unreg* ❶ défaire *Knoten, Schleife, Krawatte;* délacer *Schuh;* **sich** (*Dat*) **die Schürze** ~ défaire son tablier
❷ (*hochbinden*) **Zweige** ~ attacher des branches en hauteur
❸ (*befestigen*) **jdm etw** ~ attacher qc sur le dos de qn; **sich** (*Dat*) **etw** ~ s'attacher qc sur le dos
❹ *fam* (*weismachen*) **jdm eine Lüge** ~ faire gober un mensonge à qn (*fam*)

auf|blähen I. *tr V* ❶ gonfler *Ballon, Hülle;* ballonner *Bauch, Darm*
❷ *fig* **aufgebläht** *Verwaltungsapparat* hypertrophié(e)
II. *r V* **sich** ~ ❶ *Ballon, Hülle:* [se] gonfler; *Bauch, Darm:* ballonner
❷ *s.* **aufblasen 2.**

aufblasbar *Adj* gonflable

auf|blasen *unreg* I. *tr V* gonfler *Luftballon, Luftmatratze;* **soll ich dir den/einen Luftballon** ~**?** veux-tu que je te gonfle ton/un ballon?; **zum Aufblasen** *Ball* gonflable
II. *r V* ❶ **sich** [**automatisch**] ~ se gonfler [automatiquement]
❷ *pej fam* (*sich wichtig machen*) **sich** ~ se rengorger; **aufgeblasen** bouffi(e) d'orgueil; **aufgeblasen sein** se croire sorti(e) de la cuisse de Jupiter (*fam*)

auf|bleiben *itr V unreg + sein fam* ❶ (*geöffnet bleiben*) rester ouvert(e)
❷ (*nicht zu Bett gehen*) rester debout; **wie lange bleibst du abends auf?** à quelle heure vas-tu te coucher le soir?

auf|blenden I. *itr V* ❶ (*das Fernlicht einschalten*) se mettre en pleins phares; (*die Lichthupe betätigen*) faire un appel de phares; **mit aufgeblendeten Scheinwerfern** en pleins phares
❷ PHOT ouvrir le diaphragme
II. *tr V* **die Scheinwerfer** ~ se mettre en pleins phares

auf|blicken *itr V* ❶ lever les yeux; **zu jdm/etw** ~ lever les yeux en direction de qn/qc
❷ *fig* (*als Vorbild verehren*) **zu jdm** ~ admirer qn

auf|blinken *itr V* ❶ AUT *fam* faire un appel de phares
❷ (*kurz blinken*) *Lämpchen, Warnlampe:* clignoter

auf|blitzen *itr V* ❶ + *haben* (*aufleuchten*) *Lichtreflex, Leuchtturm:* jeter un éclair de lumière
❷ + *sein fig* **in jdm** ~ *Erinnerung, Gedanke:* jaillir dans l'esprit de qn

auf|blühen *itr V + sein* ❶ (*sich öffnen*) *Blume, Knospe:* s'épanouir; **aufgeblüht** épanoui(e)
❷ (*aufleben*) *Person:* s'épanouir
❸ (*sich entwickeln*) *Kultur, Kunst, Handel:* fleurir

auf|bocken *tr V* **ein Auto** ~ soulever une voiture avec un cric; **ein Motorrad** ~ mettre une moto sur [sa] béquille

auf|bohren *tr V* ouvrir à la perceuse; **etw** ~ ouvrir qc à la perceuse

auf|brauchen *tr V* épuiser *Vorräte, Kräfte, Geld;* finir *Packung;* **meine Geduld ist aufgebraucht** ma patience est à bout

auf|brausen *itr V + sein* ❶ *Beifall, Jubel:* éclater
❷ (*wütend werden*) *Person:* monter comme une soupe au lait

aufbrausend *Adj Person* soupe au lait *inv;* **er/sie ist sehr** ~ il/elle est très soupe au lait

auf|brechen *unreg* I. *tr V + haben* forcer *Deckel, Verschluss;* forcer, fracturer *Pkw, Schloss, Tresor*
II. *itr V + sein* ❶ *Knospe:* éclore; *Erde, Asphalt, Eisdecke:* se fendre; *Wunde:* s'ouvrir
❷ (*aufflackern*) *Konflikt, Hass:* se raviver
❸ (*sich auf den Weg machen*) **zu einer Reise/nach Prag** ~ partir en voyage/à Prague

auf|brezeln *r V fam* se bichonner

auf|bringen *tr V unreg* ❶ (*bezahlen*) réunir *Summe;* régler *Miete, Raten*
❷ (*mobilisieren*) trouver *Energie, Geduld, Mut*
❸ (*erzürnen*) **jdn gegen jdn/etw** ~ monter [la tête à] qn contre qn/qc; *s. a.* **aufgebracht**
❹ (*ins Leben rufen*) faire circuler *Gerücht, Unsinn;* lancer *Mode, Sitte*
❺ NAUT dérouter *Schiff*
❻ *fam* (*aufbekommen*) arriver à ouvrir *Tür, Schublade*
❼ (*auftragen*) **Farbe auf etw** (*Akk*) ~ appliquer de la couleur sur qc

Aufbruch *m kein Pl* ❶ (*das Fortgehen*) départ *m;* **sich zum** ~ **fertig machen** se préparer au départ; **das Zeichen zum** ~ **geben** donner le signal du départ
❷ *geh* (*Erneuerung*) renouveau *m* (*soutenu*); **ein Kontinent im** ~ un continent en mutation

Aufbruchstimmung *f* ❶ **in ~ sein** *Gäste:* avoir envie de partir; **es herrscht ~** tout le monde semble vouloir partir
❷ (*reformfreudige Stimmung*) atmosphère *f* de renouveau
auf|brühen *tr V* préparer; **sich** (*Dat*) **einen Tee ~** se faire un thé
auf|brummen *tr V fam* coller (*fam*); **jdm eine Strafe/Arbeit ~** coller une punition/un travail à qn
auf|bürden ['aʊfbʏrdən] *tr V geh* **jdm eine Last/Arbeit ~** accabler qn d'un fardeau/travail; **jdm die ganze Verantwortung ~** imputer toute la responsabilité à qn
auf|decken I. *tr V* ❶ découvrir *Liegenden, Schlafenden;* défaire *Bett*
❷ (*enthüllen*) découvrir *Wahrheit, Hintergründe;* élucider *Zusammenhänge, Verbrechen;* démasquer *Komplott, Verschwörung;* **einen Fehler ~** mettre une faute à jour
❸ KARTEN retourner *Spielkarte*
❹ (*auf den Tisch legen*) mettre *Tischtuch, Geschirr;* servir *Gericht*
II. *itr V* mettre la table [*o* le couvert]
Aufdeckung <-, -en> *f* (*Enthüllung*) découverte *f;* (*Aufklärung*) élucidation *f*
auf|donnern *r V pej sl* **sich ~** se faire un look d'allumeuse (*péj fam*); **aufgedonnert** avec un look d'allumeuse (*péj fam*)
auf|drängen I. *tr V* forcer à prendre; **jdm etw ~** forcer qn à prendre qc
II. *r V* **sich jdm ~** *Person:* imposer sa présence à qn; *Gedanke, Verdacht:* s'imposer à [l'esprit de] qn; **sich jdm als Berater ~** s'imposer à qn comme conseiller
auf|drehen I. *tr V* ❶ ouvrir *Hahn, Ventil, Wasser*
❷ *fam* (*lauter stellen*) pousser le son de *Verstärker;* **das Radio voll ~** mettre la radio à plein[s] tube[s] (*fam*)
❸ (*aufziehen*) remonter *Spieluhr, Uhrwerk*
❹ (*aufrollen*) **sich** (*Dat*) **die Haare ~** mettre des bigoudis
II. *itr V fam* ❶ (*loslegen*) *Person:* s'éclater (*fam*); **aufgedreht sein** être remonté(e) (*fam*)
❷ (*Gas geben*) appuyer sur le champignon (*fam*)
aufdringlich ['aʊfdrɪŋlɪç] *Adj* ❶ *Person* envahissant(e); **~ werden** *Person:* se faire pressant(e); **ich möchte nicht ~ sein** je ne voudrais pas être importun(e)
❷ (*unangenehm, auffällig*) *Geruch, Parfüm* pénétrant(e); *Farbe, Kleidung* voyant(e)
Aufdringlichkeit <-, -en> *f* ❶ *kein Pl einer Person* caractère *m* importun
❷ (*aufdringliches Verhalten*) **sich der ~ eines Verehrers erwehren** *geh* se défendre contre un soupirant pressant
❸ (*Penetranz, Auffälligkeit*) *einer Farbe, eines Kleidungsstücks* côté *m* tape-à-l'œil; **die ~ dieses Geruchs/Parfüms** cette odeur très pénétrante/ce parfum très pénétrant
auf|dröseln *tr V fam* défaire *Knoten;* démêler *Fadengewirr*
Aufdruck <-drucke> *m* ❶ (*Zeichen*) inscription *f;* (*Text*) impression *f*
❷ (*Überdruck*) *einer Briefmarke* surcharge *f*
auf|drucken *tr V* imprimer; **etw auf etw** (*Akk*) **~** imprimer qc sur qc
auf|drücken I. *tr V* ❶ (*öffnen*) ouvrir en poussant dessus; **etw ~** ouvrir qc en poussant dessus
❷ (*drücken auf*) apposer *Siegel, Stempel*
❸ (*fest aufsetzen*) **den Stift/Kuli ~** appuyer le crayon/stylo-bille
II. *itr V* **mit einem Stift beim Schreiben ~** appuyer en écrivant avec un crayon
aufeinander [aʊfaɪ'nandɐ] *Adv* ❶ (*räumlich*) l'un sur l'autre; **zwei Scheiben Brot ~ legen** mettre deux tartines de pain l'une sur l'autre; **~ liegen** *Personen, Tiere:* être couché(e)s l'un sur l'autre/les uns sur les autres; *Gegenstände:* être empilé(e)s; **~ schichten** [*o* **stellen**] empiler; **sich ~ stellen** grimper l'un(e) sur l'autre
❷ (*zeitlich*) **~ folgen** se succéder; **~ folgend** *Ereignisse* successif(-ive); *Tage, Wochen* de suite
❸ (*gegen*) **~ losgehen** *zwei Personen:* s'élancer l'un(e) sur l'autre; *mehrere Personen:* s'élancer les un(e)s sur les autres; **~ prallen** *Fahrzeuge:* se télescoper; *Kontrahenten, Truppen:* se heurter; *Gegensätze, Meinungen:* s'affronter; **~ stoßen** [*o* **treffen**] *Truppen, Kontrahenten, Meinungen:* s'affronter
❹ (*gegenseitig*) **~ angewiesen sein** *zwei Personen:* être tributaires l'un(e) de l'autre; *mehrere Personen:* être tributaires les un(e)s des autres; **sich ~ verlassen können** *zwei Personen:* pouvoir compter l'un(e) sur l'autre; *mehrere Personen:* pouvoir compter les un(e)s sur les autres
aufeinander|folgen *s.* aufeinander 2.
aufeinanderfolgend *s.* aufeinander 2.
aufeinander|legen *s.* aufeinander 1.
aufeinander|liegen *s.* aufeinander 1.
aufeinander|prallen *s.* aufeinander 3.
aufeinander|schichten *s.* aufeinander 1.
aufeinander|stellen *s.* aufeinander 1.
aufeinander|stoßen *s.* aufeinander 3.
aufeinander|treffen *s.* aufeinander 3.
Aufenthalt ['aʊfənthalt] <-[e]s, -e> *m* ❶ séjour *m;* **der ~ ist hier verboten** il est interdit de rester ici
❷ (*Halt eines Zugs*) arrêt *m;* **zehn Minuten ~ haben** avoir dix minutes d'arrêt
❸ *geh* (*Aufenthaltsort*) lieu *m* de résidence
Aufenthalter(in) <-s, -> *m(f)* CH résident(e) *m(f)* [temporaire]
Aufenthaltsberechtigung *f* régularité *f* du séjour **Aufenthaltsbewilligung** *f* permis *m* de séjour (*limité, pour des études, par ex.*) **Aufenthaltsdauer** *f* durée *f* du séjour **Aufenthaltserlaubnis** *f* permis *m* de séjour (*pour les membres de l'Union Européenne, par ex.*); (*Dokument*) carte *f* de séjour; **befristete Aufenthalts- und Arbeitserlaubnis** carte de séjour temporaire **Aufenthaltsgenehmigung** *f* permis *m* de séjour **Aufenthaltsort** *m* lieu *m* de résidence **Aufenthaltsraum** *m* salle *f* de détente
auf|erlegen* *tr V geh* imposer; **jdm eine Prüfung/Strafe ~** imposer un examen/infliger une punition à qn; **jdm ~ etw zu tun** imposer à qn de faire qc
auf|erstehen* *itr V unreg + sein* ressusciter; **der Auferstandene** le Christ ressuscité
Auferstehung <-, -en> *f* résurrection *f*
▶ **~ feiern** *hum* revenir [à la mode]
auf|essen *unreg* **I.** *tr V* terminer *Essen;* **den Kuchen** [**ganz**] **~** manger tout le gâteau
II. *itr V* finir son assiette
auf|fädeln *tr V* enfiler
auf|fahren *unreg* **I.** *itr V + sein* ❶ monter; **auf eine Rampe/Fähre ~** monter sur une rampe/un ferry; **auf die Autobahn ~** prendre l'autoroute; **beim Auffahren auf die Autobahn** sur la bretelle d'accès à l'autoroute
❷ (*kollidieren mit*) **auf jdn/ein Fahrzeug ~** emboutir qn/un véhicule; **auf ein Hindernis ~** heurter un obstacle
❸ (*näher heranfahren*) **auf jdn/etw ~** [venir] serrer qn/qc; **dicht auf seinen Vordermann ~** talonner le véhicule qui précède
❹ (*hochschrecken*) sursauter; **aus dem Schlaf ~** s'éveiller en sursaut
II. *tr V + haben* ❶ (*herfahren*) apporter *Dünger, Erde*
❷ MIL (*in Stellung bringen*) **Panzer/Geschütze ~** mettre des chars/des pièces d'artillerie en batterie [*o* en position de tir]
❸ (*ins Feld führen*) avancer *Argumente, Beweise*
❹ *sl* (*herbeischaffen*) sortir (*fam*) *Getränke, Speisen*
Auffahrt *f* ❶ *kein Pl* (*das Hinauffahren*) montée *f*
❷ (*Zufahrt*) accès *m;* (*Autobahnauffahrt*) bretelle *f* d'accès [à l'autoroute]
Auffahrunfall ['aʊffa:ɐʔʊnfal] *m* carambolage *m*
auf|fallen *itr V unreg + sein* ❶ (*ins Auge springen*) *Person:* ne pas passer inaperçu(e); *Sache:* se remarquer; **jdm ~** *Person:* attirer l'attention de qn; *Sache:* frapper qn; **an einem Namen/**

auffordern

• jemanden auffordern	• demander à quelqu'un de faire quelque chose
Kannst du gerade mal kommen?	**Pourrais-tu** venir **une minute?**
Besuch mich **doch mal.**	**Passe** donc me voir.
Denk daran, mich heute Abend anzurufen.	**N'oublie pas de** me téléphoner ce soir.
Ich muss Sie bitten, den Raum zu verlassen. *(form)*	**Je dois vous prier** de quitter la pièce. *(form)*
• zu gemeinsamem Handeln auffordern	**• inviter quelqu'un à une action commune**
Auf geht's! *(fam)*	**Allons-y!**
An die Arbeit!/Fangen wir mit der Arbeit **an!**	**(Allez,) au travail!/Mettons-nous au** travail!
Lasst uns mal in Ruhe darüber reden.	**Parlons**-en tranquillement.
Wollen wir jetzt nicht endlich mal damit anfangen?	**Et si nous** commencions/**nous nous y** mettions (à la fin)?
• verlangen	**• exiger**
Ich will/bestehe darauf, dass du gehst.	**Je veux que/j'insiste pour que** tu partes.
Ich verlange eine Erklärung von Ihnen.	**J'exige** des explications de votre part.
Das ist das Mindeste, was man verlangen kann.	**C'est le minimum qu'on puisse demander.**

Foto fällt jdm etw auf qn remarque qc dans un nom/sur une photo; **mir fällt auf, dass** je remarque que + *indic*
❷ (*auf angenehme/unangenehme Weise bemerkt werden*) *Person:* se distinguer/se faire remarquer; **angenehm/unangenehm** ~ produire une impression agréable/désagréable; **als unzuverlässig** ~ se révéler être peu fiable; **als Radikaler** ~ se signaler comme extrémiste

auffallend I. *Adj Farbe, Kleidungsstück* voyant(e); *Ähnlichkeit* frappant(e); *Eleganz, Intelligenz* remarquable; **das ist** ~ c'est frappant
II. *Adv ruhig, zurückhaltend* étonnamment; **stimmt** ~**!** *fam* tout juste, Auguste! (*fam*)

auffällig ['aʊffɛlɪç] I. *Adj Benehmen, Aussehen, Kleidung* qui ne passe pas inaperçu(e); *Farbe* voyant(e); *Narbe* visible; **an jdm/etw nichts Auffälliges bemerken** ne rien remarquer de particulier chez qn/sur qc
II. *Adv nervös* visiblement; *sich verhalten* étrangement; ~ **gefärbt sein** être d'une couleur voyante

auf|falten I. *tr V* déplier
II. *r V* **sich** ~ ❶ *Fallschirm:* s'ouvrir
❷ GEOL *Gesteinsschichten:* se plisser

Auffangbecken *nt* ❶ (*Becken*) collecteur *m*
❷ (*Sammlungsbewegung*) creuset *m*

auf|fangen *tr V unreg* ❶ attraper *Ball;* **fang [den Ball] auf!** attrape [la balle]!
❷ (*sammeln*) recueillir *Regenwasser, Flüssigkeit*
❸ (*zufällig hören*) intercepter *Funkspruch;* saisir [au vol] *Gesprächsfetzen, Worte*
❹ (*kompensieren*) compenser *Verluste*
❺ (*dämpfen*) amortir *Aufprall, Stoß*

Auffanggesellschaft *f* ÖKON holding *m* **Auffanglager** *nt* centre *m* d'accueil

auf|fassen *tr V* concevoir; **etw als Einladung/Beleidigung** ~ concevoir qc comme une invitation/offense; **etw richtig/falsch/anders** ~ comprendre qc comme il faut/de travers/autrement

Auffassung *f* ❶ (*Vorstellung*) conception *f;* (*Meinung*) avis *m;* **nach seiner/meiner** ~, **seiner/meiner** ~ **nach** à son/mon avis; **nach allgemeiner** ~ de l'avis de tous; **nach katholischer** ~ selon la conception catholique
❷ *s.* **Auffassungsgabe**

Auffassungsgabe *f kein Pl* intelligence *f;* **eine rasche** ~ **haben** avoir l'esprit vif

auffindbar *Adj* ~ **sein** pouvoir être retrouvé(e); **nicht** ~ **sein** être introuvable

auf|finden *tr V unreg* retrouver; **nirgends aufzufinden sein** être introuvable

auf|fischen *tr V* ❶ *fam* (*aus dem Wasser ziehen*) repêcher *Person, Gegenstand*
❷ *sl* (*aufgabeln*) dégoter (*fam*) *Person*

auf|flackern *itr V + sein* ❶ *Feuer, Kerze:* se raviver
❷ (*losbrechen*) *Gefühl:* se ranimer; *Kämpfe:* se rallumer

auf|flammen ['aʊfflamən] *itr V + sein* ❶ *Feuer:* flamboyer; *Brand:* partir
❷ (*losbrechen*) *Empörung, Unruhen:* éclater

auf|fliegen *itr V unreg + sein* ❶ (*hochfliegen*) *Vogel, Schwarm:* prendre son envol
❷ (*sich öffnen*) *Fenster, Tür:* s'ouvrir brusquement
❸ *fam* (*entdeckt werden*) *Bande, Verbrecher:* se faire pincer (*fam*); *Betrug:* être démasqué(e); **jdn/einen Betrug** ~ **lassen** faire pincer qn *fam*/démasquer une escroquerie
❹ *fam* (*gestört werden*) **einen Kongress** ~ **lassen** faire tourner court un congrès

auf|fordern *tr V* ❶ prier; **jdn zum Bleiben/Gehen** ~ prier qn de rester/partir; **jdn** ~ **zu schweigen** prier qn de se taire
❷ (*zum Tanz bitten*) **jdn** ~ inviter qn [à danser]

auffordernd I. *Adj Blick, Geste* d'invite
II. *Adv* ~ **winken** faire un signe d'invite

Aufforderung *f* ❶ (*Bitte*) demande *f* pressante; (*Bitte um einen Tanz*) invitation *f*
❷ *a.* JUR (*Anordnung*) *der Polizei* ordre *m; eines Gerichts* convocation *f;* ~ **zur Angebotsabgabe** appel *m* d'offres; **einer** ~ (*Dat*) **Folge leisten** obtempérer à un ordre/une convocation

auf|forsten ['aʊffɔrstən] *tr V* boiser *Wald, Gelände;* **etw wieder** ~ reboiser qc; **das Aufforsten** le [re]boisement

Aufforstung <-, -en> *f* [re]boisement *m*

auf|fressen *tr V unreg* ❶ dévorer
❷ *fig fam* **die Arbeit frisst mich auf** le travail me bouffe (*fam*)
► **ich fress' dich [schon] nicht auf!** *fam* je ne vais pas te bouffer! (*fam*)

auf|frischen I. *tr V + haben* ❶ rafraîchir *Kenntnisse, Erinnerungen;* renouer *Freundschaft*
❷ (*erneuern*) ravaler *Anstrich*
❸ MED faire le rappel de *Impfung*

➍ (*ergänzen*) renouveler *Vorrat*
II. *itr V + haben o sein Wind:* fraîchir
III. *itr V unpers + sein* **es frischt auf** ça se rafraîchit
Auffrischungsimpfung *f* [piqûre *f* de] rappel *m* **Auffrischungskurs** *m* SCHULE cours *m* de remise à niveau
auf|führen I. *tr V* ➊ représenter *Autor, Theaterstück;* interpréter *Komponisten;* jouer *Oper;* **was wird heute aufgeführt?** qu'est-ce qu'on joue aujourd'hui?
➋ (*auflisten*) produire *Zeugen;* énumérer *Beweise, Fakten;* citer *Beispiele*
II. *r V* **sich gut/schlecht ~** bien/mal se comporter
Aufführung *f* ➊ *eines Autors, Theaterstücks* représentation *f;* **zur ~ einer Oper gehen** aller écouter un opéra; **zur ~ kommen** [*o* **gelangen**] *form Autor, Drama:* être joué(e) [*o* représenté(e)]; *Opernkomponist, Oper:* être interprété(e); **jdn/etw zur ~ bringen** jouer [*o* représenter] qn/qc; *Orchester:* interpréter qn/qc
➋ (*Auflistung*) *von Zeugen* production *f; von Beweisen* énumération *f;* **jdn um die ~ weiterer Beispiele bitten** demander à qn de citer d'autres exemples
Aufführungsrecht *nt* (*für Theaterstücke*) droit *m* de représentation; (*für Musikstücke*) droit d'exécution
auf|füllen *tr V* ➊ remplir *Tank, Regal;* **die Gießkanne mit Wasser ~** remplir l'arrosoir d'eau
➋ (*nachfüllen*) **Benzin ~** reprendre de l'essence; **Öl ~** remettre de l'huile
➌ (*ergänzen*) ajouter; **den Inhalt der Packung mit einem Liter Wasser ~** rajouter un litre d'eau au contenu du paquet
Aufgabe ['aʊfga:bə] <-, -n> *f* ➊ tâche *f;* **die ~ haben etw zu tun** avoir pour tâche de faire qc; **sich** (*Dat*) **etw zur ~ machen** se donner qc pour tâche
➋ (*Pflicht*) devoir *m*
➌ (*Auftrag*) mission *f*
➍ SCHULE (*Übung*) exercice *m;* (*Mathematikaufgabe*) problème *m;* **seine ~n machen** faire ses devoirs *mpl*
➎ (*Zweck*) fonction *f;* **eine bestimmte ~ haben** *Gegenstand, Gerät:* remplir une certaine fonction
➏ *kein Pl* (*Übergabe, Ablieferung*) *von Gepäck* dépôt *m; eines Pakets* expédition *f*
➐ *kein Pl* (*Verzicht*) **~ eines Plans/einer Hoffnung** renoncement *m* à un plan/un espoir; **~ von Ansprüchen** renonciation *f* aux prétentions; **zur ~ seines Geschäfts gezwungen sein** être contraint(e) de fermer son magasin; **die ~ des Studiums erwägen** envisager d'abandonner ses études
➑ *kein Pl a.* SPORT (*Nichtfortführen*) *eines Wettkampfs, Kampfs, des Widerstands* abandon *m*
➒ *kein Pl* (*Kapitulation*) reddition *f*
auf|gabeln *tr V sl* dégoter (*fam*) *Person*
Aufgabenbereich *m* ressort *m* **Aufgabengebiet** *s.* Aufgabenbereich **Aufgabenheft** *nt* cahier *m* d'exercices **Aufgabenstellung** *f* ➊ (*gestellte Aufgabe*) mission *f;* **die ~en der Politik** le rôle de la politique ➋ SCHULE (*Formulierung*) **die ~ ist ziemlich unklar** l'exercice *m* n'est pas posé clairement **Aufgabenverteilung** *f* répartition *f* des tâches
Aufgang <-gänge> *m* ➊ *der Sonne, des Mondes* lever *m*
➋ (*Treppe*) escalier *m;* (*Treppenhaus*) cage *f* d'escalier
auf|geben *unreg* I. *tr V* ➊ abandonner *Studium, Arbeit, Widerstand, Hoffnung;* quitter *Freunde, Stellung, Wohnung, Wohnort;* fermer [définitivement] *Firma, Geschäft;* se défaire de *Gewohnheit;* renoncer à *Alkohol, Sucht;* **seinen Plan nicht ~** ne pas renoncer à son plan; **gib's auf!** *fam* laisse tomber! (*fam*)
➋ (*als hoffnungslos betrachten*) cesser de se battre pour *Schüler, Patienten, Vermissten*
➌ (*auftragen*) **jdm Hausaufgaben ~** donner des devoirs à qn
➍ (*zu lösen geben*) **jdm Fragen/ein Rätsel ~** poser des questions/une énigme à qn
➎ (*übergeben, abliefern*) faire enregistrer *Gepäck;* poster *Brief, Paket;* [faire] passer *Annonce*
II. *itr V Partei:* abandonner la partie; *Sportler:* abandonner

aufgeblasen *Adj fam* (*angeberisch*) bouffi(e) d'orgueil (*fam*); **~ sein** se croire sorti(e) de la cuisse de Jupiter
Aufgebot *nt* ➊ (*große Menge*) quantité *f;* **ein beängstigendes ~ von Panzern** des quantités *fpl* inquiétantes de chars; **ein großes ~ von Freiwilligen** une multitude de bénévoles
➋ (*Heiratsankündigung*) publication *f* des bans; **das ~ bestellen** faire publier les bans
➌ JUR **~ der Gläubiger** appel *m* des créanciers
aufgebracht I. *Adj* en colère; **wegen jdm/etw ~ sein** être déchaîné(e) contre qn/à cause de qc; **bist du seinetwegen/ihretwegen ~?** es-tu furieux(-euse) à cause de lui/d'elle?
II. *Adv reden, gestikulieren* sous l'emprise de la colère
aufgedreht *Adj fam* **~ sein** (*lebhaft*) être remonté(e) (*fam*)
aufgedunsen ['aʊfgədʊnzən] *Adj Person, Gesicht* bouffi(e); *Bauch, Leib* gonflé(e)
auf|gehen *itr V unreg + sein* ➊ *Sonne, Mond:* se lever
➋ (*sich öffnen*) *Tür, Verschluss, Knopf:* s'ouvrir; *Vorhang:* se lever
➌ (*sich lösen*) *Knoten, Zopf:* se défaire
➍ (*sich lösen, verwirklichen lassen*) *Rechnung:* tomber juste; *Planung, Vorhaben:* se réaliser
➎ (*klar werden*) **jdm geht etw auf** qn commence à comprendre qc; **ihm ist noch nicht aufgegangen, worum es hier geht** il n'est pas encore arrivé à comprendre de quoi il s'agit
➏ (*Erfüllung finden*) **[völlig] in etw** (*Dat*) **~** s'investir [entièrement] dans qc
➐ (*wachsen, größer werden*) *Saat, Hefeteig:* lever
aufgehoben *Adj* **bei jdm gut/schlecht ~ sein** être en de bonnes/mauvaises mains chez qn
auf|geilen *sl* I. *tr V* faire bander (*fam*) *Mann;* faire mouiller (*vulg*) *Frau*
II. *r V* **sich ~** *Mann:* bander (*fam*); *Frau:* mouiller (*vulg*); **sich an jdm/etw ~** s'exciter en regardant qn/qc
aufgeklärt ['aʊfgəklɛ:ɐt] *Adj* PHILOS *Person* éclairé(e)
aufgekratzt *Adj fam* excité(e); **~ sein** bicher (*fam*)
aufgelegt ['aʊfgəle:kt] *Adj* ➊ **gut/schlecht ~ sein** être de bonne/mauvaise humeur; **zum Blödeln ~ sein** *fam* avoir envie de déconner (*fam*); **wie bist du heute ~?** tu es de quelle humeur aujourd'hui?
➋ *attr* DIAL *pej* (*offensichtlich*) *Schwindel, Unsinn* manifeste
aufgelöst ['aʊfgəlø:st] *Adj* ➊ (*außer sich*) bouleversé(e); **[völlig] ~ sein** être [complètement] bouleversé(e)
➋ (*erschöpft*) fourbu(e); **ganz ~ sein** n'en plus pouvoir
aufgeräumt ['aʊfgərɔɪmt] *Adj geh Person* de belle humeur (*soutenu*)
aufgeregt ['aʊfgəre:kt] I. *Adj Person* excité(e); (*nervös*) énervé(e); **sie hatte ihn noch nie so ~ gesehen** elle ne l'avait encore jamais vu dans un tel état d'excitation; **ein ~es Stimmengewirr** un brouhaha d'où perce l'excitation
II. *Adv reagieren* en manifestant de l'excitation; **ganz ~ berichten** raconter tout(e) excité(e)
Aufgeregtheit <-> *f* [état *m* d'] excitation *f;* (*Nervosität*) énervement *m*
aufgeschlossen ['aʊfgəʃlɔsən] *Adj Person* ouvert(e); **für etw ~ sein, einer S.** (*Dat*) **~ gegenüberstehen** être ouvert(e) à qc
Aufgeschlossenheit <-> *f* ouverture *f* d'esprit
aufgeschmissen ['aʊfgəʃmɪsən] *Adj fam* paumé(e) (*fam*); **~ sein** être dans le potage (*fam*)
aufgesetzt I. *Adj Lächeln, Fröhlichkeit* forcé(e)
II. *Adv* **~ wirken** faire l'effet d'être forcé(e)
aufgeweckt ['aʊfgəvɛkt] *Adj* vif(vive) [d'esprit]; *Kind* dégourdi(e), éveillé(e)
Aufgewecktheit <-> *f* vivacité *f* [d'esprit]
auf|gießen *tr V unreg* ➊ verser *Kaffeewasser;* reverser *Getränk*
➋ (*aufbrühen*) **[den] Kaffee/Tee ~** verser de l'eau sur le café/thé
auf|gliedern I. *tr V* décomposer; **etw in etw** (*Akk*) **~** décomposer qc en qc

II. *r V* **sich in etw** (*Akk*) ~ se décomposer en qc
Aufgliederung *f* décomposition *f*
auf|glimmen *itr V unreg + sein geh* ❶ (*brennen*) *Lämpchen, Streichholz:* jeter une pâle lueur
❷ (*aufflackern*) *Hass, Widerstand, Leidenschaft:* se ranimer
auf|glühen *itr V + haben o sein Holzkohle, Scheit:* se mettre à rougeoyer
auf|graben *tr V unreg* creuser *Erde, Boden*
auf|greifen *tr V unreg* ❶ saisir *Vorschlag;* s'emparer de *Fall;* **eine Idee/ein Thema wieder** ~ reprendre une idée/un sujet
❷ (*festnehmen*) arrêter *Täter*
aufgrund [aʊfˈgrʊnt] *Präp + Gen* en raison de; ~ **zahlreicher Beschwerden** suite à de nombreuses plaintes
Aufguss[RR] *m* ❶ PHARM infusion *f*
❷ (*in der Sauna*) projection *f* d'eau
Aufgussbeutel[RR] *m* sachet *m* d'infusion
auf|haben *unreg fam* I. *tr V* ❶ (*geöffnet haben*) ouvrir *Geschäft;* **das Fenster/die Tür** ~ laisser la fenêtre/la porte ouverte; **seine Jacke** ~ avoir sa veste ouverte; **einen Knopf** ~ avoir un bouton défait
❷ (*aufgesetzt haben*) avoir [mis] *Brille, Hut*
❸ (*aufgemacht haben*) avoir ouvert *Paket;* avoir défait *Knoten*
❹ (*als Aufgabe bekommen haben*) avoir *Hausaufgaben;* **heute haben wir nichts/viel auf** aujourd'hui, on n'a pas/on a beaucoup de devoirs
II. *itr V Geschäft:* être ouvert(e); **ab/bis wann haben Sie auf?** à quelle heure/jusqu'à quelle heure vous ouvrez?
auf|hacken *tr V* ❶ ouvrir à coups de pioche *Boden;* **den Boden/die Straße** ~ ouvrir le sol/casser la route à coups de pioche
❷ (*mit dem Schnabel öffnen*) **etw** ~ *Vogel:* casser qc [à coups de bec]
auf|halsen [ˈaʊfhalzən] *fam* I. *tr V* coller (*fam*); **jdm eine Arbeit/eine Pflicht** ~ coller un travail/un devoir à qn
II. *r V* **sich** (*Dat*) **etw** ~ se coller qc sur le dos (*fam*); **da hast du dir ja 'was Schönes aufgehalst!** tu t'es collé un drôle de truc sur le dos! (*fam*)
auf|halten *unreg* I. *tr V* ❶ (*am Weitermachen hindern*) retenir; **jdn bei einer Arbeit** ~ retarder qn dans un travail
❷ (*am Weiterkommen hindern*) retenir *Person;* arrêter *Fahrzeug, Entwicklung;* **der Verkehr hat uns aufgehalten** le trafic nous a retardé
❸ *fam* (*offen hinhalten*) tendre *Hand, Mütze;* **seine Tasche** ~ tendre son sac ouvert
II. *r V* ❶ **sich in der Wohnung/im Garten** ~ se trouver dans l'appartement/le jardin; **sich drei Tage in Paris** ~ rester trois jours à Paris; **sich einige Jahre in Wien** ~ séjourner quelques années à Vienne
❷ (*verweilen*) **sich bei einem Punkt** ~ s'attarder sur un point
❸ *fam* (*sich weiterhin befassen*) **sich mit jdm/etw** ~ passer du temps avec qn/à faire qc
auf|hängen I. *tr V* ❶ [sus]pendre, accrocher *Bild, Mantel;* pendre, étendre *Wäsche;* raccrocher *Hörer*
❷ (*erhängen*) **jdn am Galgen** ~ pendre qc à la potence
❸ (*anknüpfen, festmachen*) **etw an einer Frage/einem Thema** ~ développer qc à partir d'une question/d'un thème
❹ *fam* (*aufhalsen*) **jdm etw** ~ coller qc à qn (*fam*)
II. *r V* ❶ **sich an etw** (*Dat*) ~ se pendre à qc
❷ *hum fam* (*ablegen*) **wo kann ich mich ~?** où est-ce que je peux pendre mes affaires?
Aufhänger <-s, -> *m* ❶ COUT bride *f*
❷ *fam* (*Anknüpfungspunkt*) **als [geeigneter]** ~ **für etw dienen** servir de point de départ [adéquat] pour qc
Aufhängung <-, -en> *f* TECH suspension *f*
auf|hauen I. *tr V + haben reg o unreg fam* casser
II. *itr V + sein fam* **mit dem Kopf auf etw** (*Akk o Dat*) ~ se cogner la tête sur qc

auf|häufen I. *tr V* amasser
II. *r V* **sich** ~ s'amasser
auf|heben *unreg* I. *tr V* ❶ ramasser; **etw von der Erde** ~ ramasser qc à terre; **etw vom Boden/Teppich** ~ ramasser qc sur le sol/tapis
❷ (*hochheben, aufrichten*) relever *Person*
❸ (*aufbewahren*) garder; **jdm etw** [*o* **etw für jdn**] ~ garder qc pour qn; **hebt mir ein Stück Kuchen auf!** gardez-moi un morceau de gâteau [de côté]!
❹ (*abschaffen*) abroger *Gesetz, Verfügung;* casser *Urteil*
❺ (*beenden*) lever *Sitzung, Embargo, Belagerung;* **aufgehoben werden** *Naturgesetze, Schwerkraft:* être aboli(e)
II. *r V* **sich** ~ s'annuler
Aufheben ▶ **viel/nicht viel** ~[s] **machen** *geh* faire/ne pas faire toute une histoire; **viel/nicht viel** ~[s] **von jdm/etw machen** *geh* faire/ne pas faire grand cas de qn/qc; **ohne** [**großes**] ~ *geh* discrètement
Aufhebung <-, -en> *f* ❶ *eines Gesetzes, einer Verfügung* abrogation *f; eines Urteils* invalidation *f*
❷ (*Beendigung*) levée *f*
auf|heitern [ˈaʊfhaɪtɐn] I. *tr V* dérider *Person;* détendre *Stimmung*
II. *r V* **sich** ~ ❶ *Gesicht:* s'éclairer
❷ METEO *Himmel:* se dégager; **es heitert sich auf** le temps s'éclaircit
Aufheiterung <-, -en> *f* ❶ **zur allgemeinen** ~ pour détendre l'atmosphère
❷ METEO éclaircie *f;* **gelegentliche ~en** quelques éclaircies
auf|heizen I. *tr V* ❶ chauffer *Wasser, Zimmer;* faire chauffer *Backofen*
❷ (*emotional aufladen*) [é]chauffer *Person, Stimmung;* réchauffer *Atmosphäre;* **aufgeheizt** *Atmosphäre, Klima* enfiévré(e)
II. *r V* **sich** ~ ❶ *Luft, Wohnung:* se réchauffer; *Herdplatte:* chauffer
❷ (*sich emotional aufladen*) *Atmosphäre, Stimmung:* s'enfiévrer
Aufheizung *f* [r]échauffement *m;* ~ **des Klimas** réchauffement du climat
auf|helfen *itr V unreg* aider à se mettre debout; **jdm** ~ aider qn à se mettre debout
auf|hellen I. *tr V* ❶ éclaircir *Haare, Haarfarbe*
❷ (*erhellen, aufklären*) éclaircir *Sachverhalt*
II. *r V* **sich** ~ *Gesicht, Miene:* s'éclairer; *Himmel, Wetter:* s'éclaircir
Aufheller <-s, -> *m* ❶ (*Waschsubstanz*) agent *m* blanchissant; **optischer** ~ azurant *m* optique
❷ (*Haarfärbemittel*) produit *m* éclaircissant
Aufhellung <-, -en> *f* ❶ *kein Pl* (*Aufklärung*) **zur** ~ **eines Sachverhalts beitragen** contribuer à éclaircir des faits
❷ METEO éclaircie *f*
auf|hetzen *tr V* exciter à la révolte; **jdn** ~ exciter qn à la révolte; **jdn gegen jdn/etw** ~ exciter qn contre qn/qc; **jdn zu Gewalttaten** ~ pousser qn à des actes de violence; **jdn dazu** ~ **etw zu tun** exciter qn à faire qc
Aufhetzung <-, -en> *f* instigation *f;* ~ **zum Rassenhass** incitation *f* à la haine raciale
auf|heulen *itr V* ❶ *Person, Tier:* pousser un hurlement; **vor Wut/Schmerz** ~ pousser un hurlement de rage/de douleur
❷ *fam* (*zu weinen beginnen*) éclater en sanglots
❸ (*laut tönen*) *Sirene:* se mettre à mugir; *Sturm:* se mettre à rugir; *Motor:* s'emballer; **seinen Motor** ~ **lassen** faire rugir son moteur
auf|holen I. *tr V* rattraper *Rückstand, Zeit*
II. *itr V* rattraper son retard
auf|horchen *itr V* dresser l'oreille
auf|hören *itr V* ❶ *Straße, Linie, Musik:* s'arrêter; *Zustand, Vorgang:* cesser; *Freundschaft, Korrespondenz:* s'interrompre
❷ (*nicht weitermachen*) arrêter, cesser; ~ **zu lachen** arrêter [*o* cesser] de rire; **mit dem Rudern** ~ arrêter l'aviron

❸ (*kündigen*) **bei jdm/einer Firma** ~ quitter son emploi chez qn/dans une firme
▶ **da hört sich doch alles auf!** *fam* là, c'est le bouquet! (*fam*)
auf|hussen ['aʊfhʊsən] *tr V* A *fam* (*aufwiegeln*) exciter
Aufkauf *m* (*Kauf der restlichen Waren*) accaparement *m;* (*Kauf großer Mengen*) achat *m* en masse [*o* en grandes quantités]
auf|kaufen *tr V* accaparer; **eine Sammlung/die Restbestände** ~ accaparer une collection/les restes, acheter toute une collection/tous les restes; **Immobilien** ~ acheter des biens immobiliers en grande quantité
Aufkäufer(in) *m(f)* COM [r]acheteur(-euse) *m(f);* ÖKON accapareur(-euse) *m(f); von Firmen* repreneur *m*
auf|keimen *itr V + sein* ❶ *Saat, Getreide:* germer
❷ (*sich entwickeln*) **in jdm** ~ *Hoffnung, Zweifel:* naître en qn; ~**d** naissant(e)
auf|klaffen *itr V* bâiller
aufklappbar *Adj Deckel, Fenster, Verdeck* rabattable; ~ **sein** *Deckel, Fenster, Verdeck:* pouvoir s'ouvrir [*o* être rabattu(e)]
auf|klappen I. *tr V + haben* ❶ soulever *Deckel;* ouvrir *Buch, Verdeck, Taschenmesser;* déplier *Liegestuhl;* **beim Aufklappen** en soulevant/ouvrant/dépliant
❷ (*hochschlagen*) relever *Kragen*
II. *itr V + sein Deckel:* se soulever; *Buch, Verdeck:* s'ouvrir; *Liegestuhl:* se déplier
auf|klaren ['aʊfkla:rən] *itr V Himmel, Wetter:* se dégager; **es klart auf** le temps s'éclaircit
auf|klären I. *tr V* ❶ (*aufdecken*) tirer au clair; **ein Rätsel/Verbrechen** ~ tirer une énigme/un crime au clair
❷ (*erklären*) expliquer *Irrtum, Missverständnis;* **das lässt sich** ~ ça s'explique
❸ (*informieren*) **jdn über etw** (*Akk*) ~ mettre qn au courant de qc; **über etw** (*Akk*) **aufgeklärt sein** être au courant de qc
❹ (*über Sexuelles unterrichten*) **jdn** ~ faire l'éducation sexuelle de qn; **aufgeklärt sein** avoir reçu une éducation sexuelle
❺ MIL reconnaître *Lage*
II. *r V* **sich** ~ ❶ *Rätsel, Himmel:* s'éclaircir; *Missverständnis:* s'expliquer
❷ (*sich aufheitern*) *Gesicht, Miene:* s'éclairer
Aufklärer <-s, -> *m* ❶ PHILOS esprit *m* éclairé; **dieser Philosoph war ein** ~ c'était un philosophe des lumières
❷ (*Aufklärungsflugzeug*) avion *m* de reconnaissance
aufklärerisch *Adj* ❶ PHILOS qui appartient au Siècle des Lumières
❷ (*belehrend*) instructif(-ive)
❸ (*freigeistig*) éclairé(e)
Aufklärung *f* ❶ (*Lösung, Aufdeckung*) élucidation *f*
❷ (*Klärung*) *eines Irrtums, einer Angelegenheit* explication *f;* **zur** ~ **einer S.** (*Gen*) **beitragen** permettre de tirer qc au clair
❸ (*Information*) ~ **über etw** (*Akk*) éclaircissements *mpl* sur qc; **um** ~ **über etw** (*Akk*) **bitten** demander à être informé(e) de qc
❹ (*sexuelle Aufklärung*) éducation *f* sexuelle
❺ MIL reconnaissance *f*
❻ *kein Pl* PHILOS **die** ~ les lumières *fpl*
Aufklärungsarbeit *f* travail *m* d'information; **sehr viel** ~ **leisten** fournir un très gros travail d'information **Aufklärungsbuch** *nt* ouvrage *m* d'éducation sexuelle **Aufklärungsfilm** *m* film *m* d'éducation sexuelle **Aufklärungsflugzeug** *s.* Aufklärer 2. **Aufklärungskampagne** [-kampanjə] *f* campagne *f* de sensibilisation **Aufklärungspflicht** *f kein Pl eines Arztes, Herstellers* devoir *m* d'information; *eines Richters* devoir de s'informer **Aufklärungsquote** *f* ~ **bei Steuervergehen** pourcentage *m* de délits fiscaux élucidés **Aufklärungssatellit** *m* satellite *m* d'observation
auf|klauben *tr V* SDEUTSCH, A *fam* ramasser *Kastanien, Äpfel*
auf|kleben *tr V* coller; **etw auf etw** (*Akk*) ~ coller qc sur qc
Aufkleber *m* autocollant *m*
auf|knacken *tr V* ❶ casser *Nuss*
❷ *fam* (*aufbrechen*) fracturer *Auto, Tresor*
auf|knöpfen *tr V* ❶ déboutonner *Bluse, Hemd;* défaire *Knopf;* **sich** (*Dat*) **das Hemd** ~ déboutonner sa chemise; **kannst du ihm das Hemd** ~**?** peux-tu lui déboutonner sa chemise?; **aufgeknöpft** *Bluse, Hemd* ouvert(e); *Knopf* défait(e)
❷ (*befestigen*) **einen Kragen/eine Kapuze auf etw** (*Akk*) ~ boutonner un col/une capuche sur qc
auf|knoten *tr V* dénouer *Schnürsenkel, Tuch;* défaire *Knoten*
auf|knüpfen *tr V* ❶ (*aufhängen*) pendre; **jdn/sich an etw** (*Dat*) ~ pendre qn/se pendre à qc
❷ *s.* **aufknoten**
auf|kochen I. *tr V + haben* ❶ porter à ébullition; **die Milch/Suppe** ~ porter le lait/la soupe à ébullition
❷ (*aufwärmen*) réchauffer *Gemüse, Suppe*
II. *itr V + sein Milch, Suppe, Wasser:* commencer à bouillir; **etw** ~ **lassen** porter qc à ébullition
auf|kommen *itr V unreg + sein* ❶ (*finanzieren*) **für jdn** [*o* **jds Unterhalt**] ~ subvenir aux besoins de qn; **für die Kosten/den Schaden** ~ prendre les coûts/les dégâts en charge
❷ (*entstehen*) *Kritik, Zweifel:* se faire jour; *Gerücht:* commencer à circuler; **Zweifel** ~ **lassen** faire naître des doutes; **Kritik gar nicht erst** ~ **lassen** étouffer toute critique dans l'œuf; ~**d** *Zweifel, Kritik* naissant(e)
❸ METEO *Nebel, Wind:* se lever; *Regen:* se mettre à tomber; ~**der Nebel** brouillard *m* qui se lève
❹ (*sich durchsetzen*) **gegen jdn nicht** ~ ne pas pouvoir s'affirmer contre qn; **jdn nicht** ~ **lassen** ne laisser aucune place à qn
❺ (*landen*) **hart/weich auf dem** [*o* **den**] **Boden** ~ *Person:* se recevoir rudement/en douceur au sol; **beim Aufkommen** à la réception
Aufkommen <-s, -> *nt* ❶ (*Gesamtmenge*) ~ **an Steuern** produit *m* des impôts; **das** ~ **an Verkehr/Müll** le trafic routier/la quantité de déchets produits
❷ *kein Pl* (*das Entstehen*) *einer Methode, Mode* apparition *f; von Zweifeln* naisssance *f*
auf|kratzen *tr V* gratter *Oberfläche, Schicht;* **eine Wunde/die Haut** ~ gratter une plaie/la peau jusqu'au sang
auf|kreischen *itr V* pousser des cris; **vor Freude/Schreck** ~ pousser des cris de joie/d'épouvante
auf|krempeln *tr V* retrousser *Ärmel, Hosenbeine;* **sich** (*Dat*) **die Ärmel** ~ retrousser ses manches; **etw mit aufgekrempelten Ärmeln tun** faire qc les manches retroussées
auf|kreuzen *itr V* ❶ + *sein fam* (*erscheinen*) se pointer (*fam*); **bei jdm** ~ se pointer chez qn
❷ + *haben o sein* NAUT **gegen den Nordwind** ~ louvoyer au plus près du vent du nord
auf|kriegen *tr V fam* ❶ arriver à ouvrir *Tür, Flasche, Deckel*
❷ (*aufgetragen bekommen*) **Hausaufgaben** ~ avoir des devoirs [à faire]
auf|kündigen *tr V* résilier *Dienstverhältnis, Vertrag;* quitter *Stellung;* **jdm die Freundschaft/den Gehorsam** ~ retirer son amitié/refuser d'obéir à qn
Aufkündigung *f eines Dienstverhältnisses, Vertrags* résiliation *f; des Gehorsams* refus *m;* **jdm mit der** ~ **der Freundschaft drohen** menacer qn de lui retirer son amitié
Aufl. *Abk von* **Auflage 1.** éd.
auf|lachen *itr V* éclater de rire
auf|laden *unreg* **I.** *tr V* ❶ charger; **etw auf etw** (*Akk*) ~ charger qc sur qc; **jdm/einem Tier etw** ~ charger qc sur le dos de qn/d'un animal
❷ *fam* (*aufbürden*) **jdm die ganze Arbeit/Verantwortung** ~ mettre tout le travail/toute la responsabilité sur le dos de qn; **sich** (*Dat*) **etw** ~ se mettre qc sur le dos
❸ ELEC [re]charger *Batterie*
❹ (*aufheizen*) **die Stimmung** ~ rendre l'atmosphère tendue
II. *r V* **sich** ~ *Batterie:* se charger d'électricité

Aufladung *f* charge *f;* **elektrostatische** ~ charge électrostatique
Auflage <-, -n> *f* ❶ édition *f;* **dritte, durchgesehene** ~ troisième édition revue [et corrigée]
❷ (*Auflagenhöhe, Auflagenzahl*) tirage *m;* **hohe ~n erreichen** atteindre un tirage élevé
❸ (*Bedingung, Verpflichtung*) condition *f;* **jdm eine ~/~n machen** imposer un cahier des charges à qn; **die ~ haben etw zu tun** avoir l'obligation de faire qc; *Beamter:* avoir pour consigne de faire qc; **mit der ~ etw zu tun** à condition de faire qc
❹ (*Überzug, Beschichtung*) couche *f*
❺ (*Polster*) coussin *m*
Auflage[n]höhe *f* tirage *m* **auflagenschwach** *Adj* à faible tirage; ~ **sein** avoir un faible tirage **auflagenstark** *Adj* à grand tirage; ~ **sein** avoir un grand tirage
Auflager *nt* ARCHIT support *m,* appui *m*
auf|lassen *tr V unreg* ❶ *fam* (*geöffnet lassen*) laisser ouvert(e); (*hochgeklappt lassen*) laisser soulevé(e); **etw** ~ laisser qc ouvert(e); (*hochgeklappt lassen*) laisser qc soulevé(e)
❷ *fam* (*aufbehalten*) garder *Hut, Mütze*
❸ *fam* (*aufbleiben lassen*) laisser debout *Kind*
❹ JUR transférer *Grundstück*
❺ (*stilllegen*) fermer *Bergwerk*
❻ A, SDEUTSCH (*schließen*) fermer *Betrieb, Geschäft*
Auflassung <-, -en> *f* ❶ JUR transfert *m*
❷ (*Stilllegung*) *eines Bergwerks* fermeture *f*
❸ A, SDEUTSCH (*Schließung*) fermeture *f*
auf|lauern *itr V* guetter; **jdm** ~ guetter qn
Auflauf *m* ❶ (*Speise*) soufflé *m*
❷ (*Menschenauflauf*) attroupement *m*
auf|laufen *itr V unreg + sein* ❶ *Person:* rentrer; *Schiff:* s'échouer; **auf etw** (*Akk o Dat*) ~ *Person:* rentrer dans qc; *Schiff:* s'échouer sur qc
❷ (*scheitern*) échouer; **einen Antragsteller ~ lassen** faire lanterner un demandeur; **einen Antrag ~ lassen** laisser une demande s'enliser
❸ (*sich ansammeln*) *Zinsen, Schulden:* s'accumuler
❹ (*ansteigen*) *Wasser, Flut:* monter
Auflaufform *f* moule *m* à soufflé
auf|leben *itr V + sein* ❶ *Person:* s'animer; (*neuen Lebensmut bekommen*) se sentir revivre
❷ (*wiederbelebt werden*) *Erinnerungen, Debatte, Hass:* se ranimer
auf|lecken *tr V* lécher
auf|legen I. *tr V* ❶ mettre *Gedeck, Tischdecke, Schallplatte;* reposer *Telefonhörer;* [re]mettre *Holz, Kohle*
❷ (*veröffentlichen*) éditer *Buch, Titel;* **neu** [*o* **wieder**] **aufgelegt werden** être réédité(e)
❸ (*produzieren*) sortir *Modell, Serie*
❹ BÖRSE, FIN émettre *Aktien, Anleihen*
❺ NAUT **ein Schiff** ~ mettre un bateau en cale
II. *itr V Person:* raccrocher
auf|lehnen *r V* **sich** ~ se rebeller; **sich gegen jdn/etw** ~ se rebeller contre qn/qc
Auflehnung <-, -en> *f* rébellion *f*
auf|lesen *tr V unreg* ❶ ramasser; **etw vom Boden/von der Straße** ~ ramasser qc sur le sol/dans la rue
❷ *pej fam* (*zufällig finden und mitnehmen*) dégoter (*fam*) *Person;* pêcher (*fam*) *Wort, Ausdruck;* **jdn von der Straße** ~ ramasser qn dans la rue (*péj*)
auf|leuchten *itr V + haben o sein Augen, Sterne:* se mettre à briller; *Lampe, Licht:* s'allumer; *Blitz:* déchirer le ciel
auf|liegen *unreg* **I.** *itr V* ❶ reposer; **auf etw** (*Dat*) ~ reposer sur qc; **richtig auf etw** (*Dat*) ~ être bien mis(e) sur qc
❷ (*ausliegen*) *Zeitung, Zeitschrift:* être à la disposition du public
II. *r V* **sich** (*Dat*) **den Rücken** ~ attraper des escarres au dos; **aufgelegen** couvert(e) d'escarres
auf|listen ['aʊflɪstən] *tr V* faire la liste de; **aufgelistet sein** être sur la liste
Auflistung <-, -en> *f* ❶ *kein Pl* (*das Auflisten*) listage *m*
❷ (*Liste*) liste *f*
auf|lockern I. *tr V* ❶ (*lockerer machen*) ameublir *Erdboden*
❷ SPORT détendre *Muskeln, Muskulatur*
❸ (*ansprechender machen*) détendre *Atmosphäre, Stimmung;* adoucir *Frisur, Muster;* **den Unterricht/einen Vortrag** ~ rendre le cours plus attrayant/une conférence plus attrayante
II. *r V* **sich** ~ ❶ SPORT *Person:* se détendre
❷ METEO *Bewölkung:* se dissiper; **aufgelockerte Bewölkung** des nuages *mpl* épars
Auflockerung *f* ❶ *des Erdreichs* ameublissement *m*
❷ SPORT *der Muskeln* assouplissement *m*
❸ (*ansprechendere Gestaltung*) **zur ~ des Unterrichts/der Fassade** pour rendre plus attrayant le cours/plus attrayante la façade; **der ~ der Stimmung dienen** servir à détendre l'atmosphère; **zur ~ eines Musters beitragen** contribuer à adoucir un motif
❹ METEO *der Bewölkung* dissipation *f*
auf|lodern ['aʊflo:dɐn] *itr V + sein* ❶ *Flammen:* jaillir [en flamboyant]
❷ (*beginnen*) *Hass, Kämpfe:* se déchaîner; **neu** ~ se ranimer
auflösbar *Adj a.* CHEM soluble; *Gleichung* résoluble
auf|lösen I. *tr V* ❶ *Person:* [faire] dissoudre; *Säure:* décomposer; **etw** ~ *Person:* [faire] dissoudre qc; *Säure:* décomposer qc; **etw in einer Flüssigkeit** ~ [faire] dissoudre qc dans un liquide
❷ (*aufheben, beenden*) disperser *Demonstration, Versammlung;* dissoudre *Parlament, Partei, Bündnis;* fermer *Konto;* liquider *Haushalt, Wohnung*
❸ MATH, MUS résoudre *Klammern, Vorzeichen*
❹ (*aufklären*) expliquer *Widerspruch;* dissiper *Missverständnis*
❺ OPT, PHOT rendre *Bildpunkte, Details*
II. *r V* **sich** ~ ❶ (*sich zersetzen*) se décomposer; *Salz, Zucker, Pulver, Tablette:* se dissoudre; *Nebel, Wolken:* se dissiper; **sich in einzelne Nebelfelder** ~ se dissiper en nappes isolées
❷ (*sich klären*) *Probleme, Schwierigkeiten:* se résoudre; *Widerspruch:* s'expliquer; *Missverständnis:* se dissiper
❸ (*nicht mehr existieren, vorhanden sein*) *Partei, Verein:* se dissoudre; **sich in Luft** ~ se volatiliser; **sich in nichts** ~ s'évanouir; *Problem:* finir par se dissiper
Auflösung *f* ❶ *kein Pl* (*Zersetzung*) dissolution *f; von Wolken, Nebel* dissipation *f*
❷ *kein Pl* (*Klärung*) **zur ~ der Missverständnisse** pour dissiper les malentendus
❸ *kein Pl* (*Beendigung der Existenz, Schließung*) *eines Parlaments, Unternehmens, einer Partei* dissolution *f; einer Demonstration, Versammlung* dispersion *f; einer Wohnung, eines Haushalts* liquidation *f; eines Kontos* fermeture *f; eines Vertrags* résolution *f;* **zwangsweise ~ eines Unternehmens** dissolution forcée d'une entreprise; **~ durch Gerichtsentscheid** dissolution par décision judiciaire
❹ (*Bildauflösung*) définition *f;* INFORM résolution *f*
❺ (*Verstörtheit*) désarroi *m*
Auflösungszeichen *nt* MUS bécarre *m*
auf|machen I. *tr V* ❶ *fam* ouvrir; défaire *Mantel, Knöpfe, Schnürsenkel;* **sich** (*Dat*) **den Reißverschluss** ~ ouvrir sa fermeture éclair
❷ (*eröffnen*) monter *Firma, Unternehmen*
❸ (*präsentieren*) présenter *Buch, Zeitung;* **einen Bericht spannend** ~ présenter un reportage de façon captivante; **eine groß aufgemachte Reportage** un reportage monté en épingle; **ansprechend aufgemacht sein** avoir une présentation attrayante
❹ *sl* (*operieren*) ouvrir
II. *itr V* [**jdm**] ~ ouvrir [à qn]; **mach auf!** ouvre!; **täglich um zehn Uhr** ~ *Geschäft:* ouvrir à dix heures tous les jours; **in wenigen Tagen** ~ *Geschäft, Büro:* ouvrir dans quelques jours

III. *r V* ❶ (*aufbrechen*) **sich in die Stadt ~** partir en ville; **sich zu einer Wanderung/einem Spaziergang ~** partir en randonnée/promenade
❷ (*beginnen*) **sich [dazu] ~ etw zu tun** s'apprêter à faire qc
Aufmacher *m* PRESSE [article *m*] leader
Aufmachung <-, -en> *f einer Person* tenue *f*; *einer Ware, Zeitschrift, Titelseite* présentation *f*; **über etw in großer ~ berichten** monter qc en épingle
auf|malen *tr V* (*mit einem Pinsel*) peindre; (*mit einem Stift*) dessiner; **etw auf etw** (*Akk*) **~** (*mit einem Pinsel*) peindre qc sur qc; (*mit einem Stift*) dessiner qc sur qc
Aufmarsch *m* ❶ (*das Aufmarschieren*) défilé *m*
❷ MIL (*Beziehen der Stellungen*) déploiement *m*
auf|marschieren* *itr V + sein* ❶ (*herankommen*) défiler
❷ MIL se déployer; **die Truppen ~ lassen** faire se déployer les troupes
Aufmaß *nt* ARCHIT métré *m*
aufmeißeln *tr V* ❶ percer *Wand, Mauer*
❷ MED **einen Knochen ~** percer un os [avec un trépan]
auf|merken *itr V* ❶ dresser l'oreille
❷ *geh* (*Acht geben*) faire attention
aufmerksam [ˈaʊfmɛrkzaːm] **I.** *Adj* ❶ attentif(-ive); **~ werden** faire attention; **auf jdn/etw ~ werden** remarquer qn/qc; **jdn auf etw** (*Akk*) **~ machen** faire remarquer qc à qn
❷ (*zuvorkommend*) attentionné(e); **[das ist] sehr ~ [von Ihnen]!** c'est très aimable [à vous]!
II. *Adv zuhören, zusehen* attentivement, avec attention; **sich ~ am Unterricht beteiligen** participer activement à la classe
Aufmerksamkeit <-, -en> *f* ❶ *kein Pl* (*Wachsamkeit*) attention *f*; **der ~ der Wächter entgehen** *Vorfall:* échapper à l'attention des gardiens
❷ *kein Pl* (*Zuvorkommenheit*) attentions *fpl*
❸ (*Geschenk*) **[kleine] ~** [gentille] attention *f*
auf|möbeln *tr V fam* ❶ retaper (*fam*); **etw [wieder] ~** retaper qc
❷ (*aufmuntern*) requinquer (*fam*) *Person*
auf|montieren* *tr V* monter; **etw auf etw** (*Akk*) **~** monter qc sur qc
auf|motzen *tr V fam* relooker (*fam*) *Kleidung, Äußeres;* trafiquer (*fam*) *Auto, Motorrad*
auf|mucken *itr V fam* râler (*fam*); **gegen jdn/etw ~** râler contre qn/qc
auf|muntern [ˈaʊfmʊntɐn] *tr V* ❶ *Person:* remonter [le moral à]; *Kaffee, Dusche:* ragaillardir; **jdn ~** *Person:* remonter [le moral à] qn; *Kaffee, Dusche:* ragaillardir qn
❷ (*ermutigen*) **jdn zu etw ~** encourager qn à [faire] qc
aufmunternd I. *Adj Lächeln, Zurufe* d'encouragement
II. *Adv* **jdm ~ zulächeln** sourire à qn pour l'encourager; **~ gemeint sein** se vouloir encourageant(e)
Aufmunterung <-, -en> *f* ❶ (*Belebung*) **eine Tasse Kaffee zur ~ trinken** boire une tasse de café pour se donner un coup de fouet
❷ (*Ermutigung*) encouragement *m*
aufmüpfig [ˈaʊfmʏpfɪç] *Adj fam Schüler* récalcitrant(e); **sei nicht so ~!** fais pas ta mauvaise tête! (*fam*)
auf|nähen *tr V* coudre; **etw auf etw** (*Akk*) **~** coudre qc sur qc; **aufgenäht** cousu(e) sur le vêtement/les vêtements
Aufnahme [ˈaʊfnaːmə] <-, -n> *f* ❶ *kein Pl* (*Empfang*) accueil *m*; *von Gästen* réception *f*; **bei jdm/in einem Land ~ finden** être accueilli(e) chez qn/hébergé(e) par un pays
❷ *kein Pl* (*Rezeption*) **~ eines Theaterstücks durch das Publikum** accueil *m* réservé à une pièce de théâtre par le public
❸ *kein Pl* (*das Aufnehmen*) **~ in ein Krankenhaus/einen Verein** admission *f* dans un hôpital/une association; **~ von Namen in eine Liste** insertion *f* de noms dans une liste
❹ (*Aufnahmeraum einer Klinik*) accueil *m*
❺ (*aufgenommener Patient*) entrée *f*
❻ *kein Pl* (*Beginn*) *von Gesprächen, einer Tätigkeit* début *m*; **es kommt zur ~ von Verhandlungen** des négociations s'engagent
❼ *kein Pl* (*Einverleibung*) *von Nahrung* prise *f*; *von Nährstoffen, Vitaminen* absorption *f*
❽ *kein Pl* (*das Fotografieren, Filmen*) **~ einer Szene** prise *f* de vue[s]; **Achtung, ~!** silence, on tourne!
❾ (*Fotografie*) photo[graphie] *f*; **Film mit 24 ~n** pellicule de 24 poses; **~n machen** faire des photos; **von jdm/etw eine ~ machen** prendre qn/qc en photo
❿ (*Tonbandaufnahme, Videoaufnahme*) enregistrement *m*; **~n machen** faire des enregistrements
⓫ *kein Pl* (*das Feststellen, Protokollieren*) *eines Unfalls* constat *m*; **~ der Personalien** contrôle *m* d'identité
⓬ *kein Pl* (*das Leihen, Aufnehmen*) **die ~ eines Kredits/von Kapital** le recours à un crédit/à des capitaux
Aufnahmeantrag *m* demande *f* d'admission **Aufnahmebedingung** *f* condition *f* d'admission **aufnahmefähig** *Adj Person* réceptif(-ive); **für etw ~ sein** *Person:* être réceptif(-ive) à qc **Aufnahmefähigkeit** *f kein Pl einer Person* réceptivité *f pas de pl*, attention *f pas de pl* **Aufnahmegebühr** *f* droits *mpl* d'admission **Aufnahmelager** *nt* centre *m* d'accueil **Aufnahmeland** *nt* POL pays *m* d'accueil **Aufnahmeleiter(in)** *m(f)* responsable *mf* des prises de vue[s] **Aufnahmeprüfung** *f* examen *m* [*o* concours *m*] d'entrée **Aufnahmestudio** *nt* studio *m* d'enregistrement **Aufnahmetaste** *f* touche *f* d'enregistrement **Aufnahmewagen** *m* car *m* de reportage
Aufnahmsprüfung A *s.* **Aufnahmeprüfung**
auf|nehmen *tr V unreg* ❶ (*empfangen*) accueillir *Gast*
❷ (*beherbergen*) héberger *Gäste;* accueillir *Asylbewerber, Flüchtlinge;* **jdn bei sich ~** héberger/accueillir qn chez soi
❸ (*rezipieren*) prendre *Nachricht, Auftrag;* accueillir *Buch, Kunstwerk*
❹ (*zulassen*) **jdn ~** *Schule, Internat, Akademie:* admettre qn; **jdn in einen Verein/Orden ~** admettre qn dans une association/un ordre
❺ (*beginnen*) entamer *Studium, Tätigkeit;* prendre *Kontakt;* nouer *Beziehung;* **Verbindung zu jdm ~** entrer en relation avec qn; **wieder ~** reprendre
❻ (*sich einverleiben*) prendre *Nahrung;* absorber *Nährstoffe, Vitamine*
❼ (*fotografieren*) **jdn/etw ~** prendre qn/qc en photo; (*filmen*) filmer qn/qc
❽ (*auf Tonband, Video festhalten*) enregistrer
❾ (*feststellen, erfassen*) prendre *Personalien, Protokoll;* enregistrer *Antrag, Wunsch;* **etw in eine Liste ~** insérer qc dans une liste
❿ (*eindringen lassen*) **etw ~** *Haut, Oberfläche:* absorber qc; *Blut, Darm, Magen:* assimiler qc
⓫ (*geistig verarbeiten*) enregistrer
⓬ (*fassen*) **zehn Liter ~ [können]** [pouvoir] contenir dix litres; **tausend Personen ~ [können]** [pouvoir] recevoir mille personnes
⓭ (*aufheben*) ramasser; **etw von der Erde/vom Boden ~** ramasser qc [à terre]/sur le sol
⓮ (*aufwischen*) éponger
⓯ FIN prendre *Kredit, Hypothek;* emprunter *Gelder;* **einen Kredit auf etw** (*Akk*) **~** prendre un crédit sur qc
► **es mit jdm/etw ~ können** pouvoir se mesurer avec [*o* à] qn/qc
Aufnehmer <-s, -> *m* ❶ NDEUTSCH serpillière *f*
❷ (*Kehrichtschaufel*) pelle *f*
äufnen [ˈɔɪfnən] *tr V* CH faire fructifier *Geld;* réunir *Fonds*
auf|nötigen *tr V* **jdm einen Nachtisch ~** forcer qn à prendre un dessert; **jdm seine Meinung ~** imposer son opinion à qn
auf|opfern *r V* **sich ~** se sacrifier; **sich für jdn/etw ~** se sacrifier pour qn/qc
aufopfernd *s.* **aufopferungsvoll**

Aufopferung *f* dévouement *m*
aufopferungsvoll I. *Adj Person, Haltung* dévoué(e); *Tätigkeit* qui requiert du dévouement
II. *Adv* avec dévouement
auf|packen *tr V* ❶ charger; [**jdm/einem Tier**] **etw** ~ charger qc [sur le dos de qn/sur un animal]; **sich** (*Dat*) **etw** ~ charger qc sur son dos
❷ *fam* (*aufbürden*) **jdm eine Arbeit/Aufgabe** ~ coller un travail/un devoir à qn (*fam*)
auf|päppeln ['aʊfpɛpəln] *tr V fam* retaper (*fam*)
auf|passen *itr V* ❶ faire attention; **im Unterricht** ~ être attentif(-ive) en cours; ~**, was geschieht** faire attention à ce qui se passe; ~**, dass das nicht wieder geschieht** veiller à ce que cela n'arrive plus; **kannst du denn nicht** ~**?** tu ne peux pas faire attention?; **pass auf!** [*o* **aufgepasst!**] attention!
❷ (*beaufsichtigen*) **auf jdn** ~ surveiller qn; **auf einen Hund/eine Wohnung** ~ garder un chien/un appartement
Aufpasser(in) <-s, -> *m(f) pej* ❶ surveillant(e) *m(f)*; SCHULE pion(ne) *m(f)* (*fam*)
❷ (*Spitzel*) indicateur(-trice) *m(f)* (*péj*)
auf|peitschen *tr V* ❶ fouetter *Meer, Wellen;* **aufgepeitscht** déchaîné(e)
❷ (*in Erregung versetzen*) exciter *Menschenmenge, Sinne, Begierde*
auf|peppen ['aʊfpɛpən] *tr V fam* relooker (*fam*)
auf|pflanzen I. *tr V* planter *Fahne;* **das Bajonett** ~ mettre [la] baïonnette au canon
II. *r V fam* **sich vor jdm/etw** ~ se planter devant qn/qc (*fam*)
auf|pfropfen ['aʊfpfrɔpfən] *tr V* ❶ HORT greffer; **etw auf etw** (*Akk*) ~ greffer qc sur qc
❷ *fig* **jdm etw** ~ greffer qc à qn
auf|picken *tr V* ❶ (*aufnehmen*) picorer *Körner, Futter*
❷ (*mit dem Schnabel öffnen*) **etw** ~ ouvrir qc [à coups de bec]
auf|platzen *itr V + sein Frucht, Schote:* éclater; *Naht:* craquer; *Wunde:* s'ouvrir
auf|plustern ['aʊfplu:stɐn] I. *tr V* gonfler *Federn, Gefieder;* **aufgeplustert** *Vogel* aux plumes gonflées
II. *r V* **sich** ~ ❶ *Vogel:* gonfler ses plumes
❷ *pej fam* (*sich wichtig machen*) faire de l'esbroufe (*fam*)
auf|polieren* *tr V* ❶ [re]polir *Möbelstück, Oberfläche*
❷ *fig fam* rafraîchir *Kenntnisse, Wissen;* redorer *Image*
auf|prägen *tr V* ❶ graver; **etw auf etw** (*Akk*) ~ graver qc sur qc
❷ *fig* **jdm/einer Sache seinen Stempel** ~ marquer qn/une chose de son empreinte
Aufprall ['aʊfpral] <-[e]s, -e> *m* choc *m; eines Geschosses* impact *m;* **vor dem** ~ **auf das Hindernis** avant de s'écraser contre l'obstacle
auf|prallen *itr V + sein* s'écraser; **auf etw** (*Akk o Dat*) ~ s'écraser contre qc
Aufpreis *m* supplément *m;* **gegen** ~ **erhältlich sein** être disponible moyennant [le paiement d']un supplément
auf|probieren* *tr V* essayer
auf|pumpen *tr V* gonfler *Ballon, Reifen*
auf|putschen I. *tr V* ❶ doper; ~**d** dopant(e); ~**de Mittel** des dopants *mpl*
❷ (*aufwiegeln*) **jdn/etw gegen jdn/etw** ~ exciter qn/qc contre qn/qc
II. *r V* **sich** ~ se doper; **sich mit Drogen/Medikamenten** ~ prendre des drogues/médicaments pour se doper
Aufputschmittel *nt* dopant *m*
Aufputz <-es, -e> *m* A (*Verzierung*) décoration
auf|putzen *tr V* ❶ (*schmücken*) parer; **jdn/etw** [**festlich**] ~ parer qn/qc [pour la fête]
❷ *pej* (*zurechtmachen*) **seltsam aufgeputzt sein** être drôlement accoutré(e) (*péj*)
❸ DIAL *s.* **aufwischen**
auf|quellen *itr V unreg + sein* gonfler
auf|raffen I. *r V* ❶ se relever; **sich von seinem Lager** ~ se soulever de sa couche; **sich** [**wieder**] **vom Boden** ~ se [re]lever péniblement du sol
❷ (*sich entschließen*) **sich zu einem Brief/Spaziergang** ~ [parvenir à] se décider à écrire une lettre/à faire une promenade
II. *tr V* ❶ (*aufheben*) **etw** ~ ramasser qc [d'un geste vif]
❷ (*raffen*) retrousser *Rock*
auf|ragen ['aʊfra:gən] *itr V Berg, Turm:* se dresser
auf|rappeln ['aʊfrapəln] *r V fam* ❶ (*sich aufraffen*) **sich** [**wieder**] ~ se ramasser (*fam*); (*zu Kräften kommen*) se retaper (*fam*)
❷ (*sich entschließen*) **sich** [**endlich**] ~ **etw zu tun** se décider [enfin] à faire qc
auf|rauenRR, **auf|rauhen** *tr V* gratter [légèrement] *Oberfläche, Stoff;* **die Hände/Haut** ~ rendre les mains rugueuses/la peau rugueuse; **aufgerauter Stoff** tissu rêche
auf|räumen I. *tr V* ranger *Zimmer, Schrank, Sachen*
II. *itr V* ❶ (*Ordnung schaffen*) ranger
❷ *fam* (*beseitigen*) **mit etw** ~ mettre fin à qc
Aufräumungsarbeiten *Pl* travaux *mpl* de déblaiement
auf|rechnen *tr V* ❶ (*in Rechnung stellen*) décompter; **jdm etw** ~ décompter qc à qn
❷ (*verrechnen*) **etw gegen etw** ~ défalquer qc de qc
❸ *fig* **die Schuld beider Länder gegeneinander** ~ faire la part des responsabilités réciproques des deux pays
aufrecht ['aʊfrɛçt] I. *Adj Gang* en position verticale; *Körperhaltung* le dos droit
II. *Adv sich halten, sitzen* le dos droit; **geh** ~**!** marche le dos droit!; **etw** ~ **hinstellen** mettre qc debout
aufrecht|erhalten* *tr V unreg* ❶ maintenir *Beziehung, Kontakt, These;* persister dans *Anklage, Behauptung, Entschluss*
❷ (*moralisch stützen*) **jdn** ~ *Hoffnung, Hilfe:* permettre à qn de tenir
Aufrechterhaltung *f der Freundschaft, des Kontakts, eines Anspruchs* maintien *m;* ~ **wohlerworbener Rechte** JUR maintien des droits acquis
auf|regen I. *tr V* énerver; **das regt mich nicht weiter auf** ça ne m'émeut pas plus que ça
II. *r V* **sich über jdn/etw** ~ s'énerver à cause de qn/qc
aufregend *Adj* passionnant(e); **wie** ~**!** *fam* comme c'est palpitant!
Aufregung *f* ❶ (*aufgeregte Stimmung*) excitation *f;* (*Beunruhigung*) énervement *m;* **jdn/etw in** ~ **versetzen** mettre qn/qc en émoi; **nur keine** ~**!** ne nous énervons pas!; **in seiner** ~ dans son émoi; **in heller** ~ **sein** être dans tous ses états; **in helle** ~ **geraten** être bouleversé(e)
❷ (*Durcheinander*) agitation *f*
auf|reiben *unreg* I. *tr V* ❶ (*zermürben*) user *Person*
❷ (*wund reiben*) écorcher
❸ MIL anéantir *Truppen*
II. *r V* ❶ (*sich zermürben*) **sich** ~ s'user
❷ (*sich wund reiben*) **sich** (*Dat*) **etw** ~ s'écorcher qc; **er reibt sich** (*Dat*) **die Fersen in** [*o* **an**] **den Schuhen auf** il a des chaussures qui lui écorchent les talons
aufreibend *Adj Arbeit* usant(e)
auf|reihen I. *tr V* ❶ enfiler *Perlen*
❷ (*aufstellen*) aligner *Bücher, Gegenstände*
❸ (*aufzählen*) répertorier *Fakten, Daten*
II. *r V* **sich** ~ *Personen:* s'aligner; **aufgereiht** en rangs; **aufgereiht vor jdm stehen** être [debout] aligné(e)s devant qn
auf|reißen *unreg* I. *tr V + haben* ❶ ouvrir *Brief, Straße, Bürgersteig;* déchirer *Umschlag, Karton, Packung;* **das Fenster/die Tür** ~ ouvrir la fenêtre/la porte d'un geste brusque; **die Augen/den Mund** ~ ouvrir de grands yeux/rester bouche bée
❷ (*beschädigen, verletzen*) déchirer *Kleid, Rock;* égratigner *Haut;* **sich** (*Dat*) **den Mantel an etw** (*Dat*) ~ faire un accroc à son manteau à qc; **sich** (*Dat*) **die Haut an etw** (*Dat*) ~ s'égratigner la peau à qc

❸ *sl* (*kennen lernen*) lever (*fam*)
❹ (*im Aufriss zeichnen*) **etw** ~ projeter qc sur un plan vertical
II. *itr V + sein Naht:* craquer; *Narbe, Wunde:* s'ouvrir; *Wolkendecke:* se déchirer

auf|reizen *tr V* ❶ (*sexuell erregen*) exciter
❷ (*provozieren*) **jdn zu etw** ~ exciter qn à qc

aufreizend **I.** *Adj* excitant(e)
II. *Adv* **sich** ~ **anziehen** mettre des vêtements excitants

auf|richten **I.** *tr V* ❶ remettre debout, relever; **den Oberkörper** ~ redresser le buste
❷ (*aufbauen, aufrecht hinstellen*) monter *Zelt;* dresser *Weihnachtsbaum, Maibaum*
❸ *geh* (*ermutigen*) **jdn wieder** ~ redonner courage à qn
II. *r V* ❶ **sich** ~ se redresser
❷ *geh* (*Mut fassen*) **sich an jdm/etw** ~ retrouver courage au contact de qn/qc

aufrichtig **I.** *Adj Gefühl, Liebe* sincère; *Person* sincère, franc(franche); ~ **zu jdm sein** être franc(franche) avec qn
II. *Adv* sincèrement

Aufrichtigkeit <-> *f* sincérité *f*

Aufriss[RR] *m* ARCHIT élévation *f;* **etw im** ~ **zeichnen/darstellen** dessiner/représenter l'élévation de qc

auf|ritzen *tr V* ❶ **jdm die Haut** ~ égratigner [*o* érafler] la peau à qn; **sich** (*Dat*) **die Hand** ~ s'égratigner [*o* s'érafler] la main
❷ (*öffnen*) ouvrir *Packung*

auf|rollen **I.** *tr V* ❶ rouler *Teppich;* enrouler *Kabel, Seil, Toilettenpapier*
❷ (*entrollen*) dérouler *Fahne, Poster, Dokument*
❸ (*erneut aufgreifen*) **wieder** ~ rouvrir *Fall, Prozess*
❹ *fam* (*aufdrehen*) **jdm die Haare** ~ faire une mise en plis à qn
❺ MIL (*angreifen*) **die Flanke** ~ attaquer de flanc
II. *r V* **sich** [**automatisch**] ~ *Kabel, Bandmaß:* se rembobiner [automatiquement]

auf|rücken *itr V + sein* ❶ (*weiterrücken*) se pousser
❷ (*aufsteigen*) être promu(e), monter en grade; **zum Abteilungsleiter** ~ accéder [*o* être promu(e)] au poste de chef de service

Aufruf *m* ❶ appel *m;* **ein** ~ **zum Streik** un appel à la grève; **einen** ~ **an jdn richten** lancer un appel à qn
❷ *kein Pl* (*das Aufrufen*) *einer Person, Namens* appel *m; eines Flugs* annonce *f;* **letzter** ~**!** dernier appel!
❸ *kein Pl* INFORM *eines Programms* appel *m*

auf|rufen *unreg* **I.** *tr V* ❶ appeler; **jdn zum Streik/zur Hilfe** ~ appeler qn à la grève/l'aide; **jdn** ~ **etw zu tun** appeler qn à faire qc
❷ (*rufen*) faire l'appel de *Teilnehmer, Namen*
❸ (*auffordern*) appeler *Passagier, Patienten, Zeugen;* désigner *Schüler*
❹ (*bekannt geben*) annoncer *Flug*
❺ INFORM appeler *Programm*
II. *itr V* **zum Streik/Widerstand** ~ appeler à la grève/résistance

Aufruhr ['aʊfruːɐ] <-[e]s, *selten* -e> *m* ❶ (*Aufstand*) émeute *f;* **der** ~ **der Armen** le soulèvement des pauvres
❷ *kein Pl geh* (*Unruhe, Erregung*) *der Bevölkerung* [vive] agitation *f; der Gefühle* bouillonnement *m;* **in** [*o* **im**] ~ **sein** être en effervescence; **jdn in** ~ **versetzen** mettre qn en ébullition; (*nervös machen*) mettre qn dans tous ses états; **für** ~ **sorgen** susciter l'émoi (*littér*)

auf|rühren *tr V* ❶ (*nach oben bringen*) faire remonter; **gedankenverloren rührte sie den Bodensatz ihres Kaffees auf** perdue dans ses pensées, elle remuait le fond de son café
❷ (*in Erinnerung rufen*) réveiller
❸ (*in Aufruhr versetzen*) soulever; **er versteht es, die Massen aufzurühren** il sait s'y prendre pour soulever les masses
❹ *geh* (*aufwühlen*) émouvoir

Aufrührer(in) ['aʊfryːrɐ] <-s, -> *m(f)* rebelle *mf,* émeutier(-ière) *m(f)*

aufrührerisch **I.** *Adj* ❶ *attr Bevölkerung, Menge, Soldaten* rebelle; *Stimmung* insurrectionnel(le)
❷ (*aufwiegelnd*) *Flugblatt, Parole, Rede* séditieux(-euse)
II. *Adv sich betätigen* de façon [*o* manière] rebelle; *sich äußern* séditieusement

auf|runden *tr V* arrondir; **etw auf hundert Euro** ~ arrondir qc à cent euros; **ein aufgerundeter Betrag** un compte rond

auf|rüsten **I.** *itr V* s'armer
II. *tr V* ❶ armer *Land, Streitkräfte*
❷ INFORM augmenter la capacité de *Rechner*
❸ (*aufmuntern*) **jdn moralisch** ~ remonter le moral à qn

Aufrüstung *f* ❶ armement *m;* **konventionelle/atomare** ~ armement conventionnel/nucléaire
❷ INFORM *eines Rechners* augmentation *f* de la capacité
❸ (*Aufmunterung*) **moralische** ~ réconfort *m* moral

auf|rütteln *tr V* ❶ **jdn** ~ réveiller qn en le secouant; **jdn aus dem Schlaf** ~ tirer qn du sommeil
❷ (*aufstören*) provoquer un choc parmi *Bevölkerung;* provoquer un choc chez *Person;* réveiller *Gewissen;* **jdn aus der Lethargie/Untätigkeit** ~ sortir qn de [*o* arracher qn à] sa léthargie/passivité

aufs [aʊfs] = **auf das** ❶ *fam s.* **auf**
❷ *bei Superl* ~ **Äußerste** à l'extrême; ~ **Beste** au mieux; ~ **Entschiedenste** de la façon [*o* manière] la plus déterminée

auf|sagen *tr V* réciter *Gedicht, Spruch*

auf|sammeln *tr V* ramasser

aufsässig ['aʊfzɛsɪç] **I.** *Adj* récalcitrant(e); *Bevölkerung, Mitarbeiter* insoumis(e)
II. *Adv* de façon [*o* manière] récalcitrante

Aufsässigkeit <-> *f eines Kinds, Schülers* indiscipline *f; eines Mitarbeiters, der Bevölkerung* insoumission *f*

Aufsatz *m* ❶ (*Schulaufsatz*) rédaction *f;* (*in der Oberstufe*) dissertation *f*
❷ (*Essay*) essai *m*
❸ (*aufgesetzter Teil*) *eines Möbelstücks* corniche *f*

Aufsatzthema *nt* sujet *m* de rédaction; (*in der Oberstufe*) sujet *m* de dissertation

auf|saugen *tr V reg o unreg* ❶ éponger *Flüssigkeit;* absorber *Tintenklecks;* aspirer *Krümel, Staub*
❷ *fig geh* (*aufnehmen*) **jds Worte** [**in sich** (*Akk*)] ~ boire les paroles de qn

auf|schauen *s.* **aufblicken**

auf|schäumen **I.** *itr V + sein Getränk:* mousser; *Meer, Wogen:* écumer
II. *tr V + haben* faire bouillir *Kunststoff;* faire mousser *Milch*

auf|scheuchen *tr V* ❶ effaroucher *Reh, Vogel;* **einen Vogel von seinem Nistplatz** ~ chasser [*o* débusquer] un oiseau de son nid
❷ *fam* (*stören*) embêter (*fam*) *Person;* **jdn aus seiner Ruhe** ~ arracher qn à sa tranquilité; **ganz aufgescheucht sein** être dans tous ses états

auf|scheuern **I.** *tr V* écorcher *Haut;* **sich** (*Dat*) **die Knie** ~ s'écorcher les genoux
II. *r V* **seine Hände haben sich aufgescheuert** il s'est écorché les mains

auf|schichten *tr V* empiler

auf|schieben *tr V unreg* ❶ (*öffnen*) ouvrir *Schiebetür*
❷ (*zurückschieben*) tirer *Riegel*
❸ (*verschieben*) **etw auf den nächsten Tag** ~ remettre qc au lendemain
▶ **aufgeschoben ist nicht aufgehoben** *Spr.* ce n'est que partie remise

auf|schießen *unreg* **I.** *itr V + sein* ❶ *Flammen, Fontäne:* jaillir
❷ (*wachsen*) *Saat:* pousser à vue d'œil; *Jugendlicher:* monter en graine
II. *tr V + haben* faire sauter *Tür, Schloss*

Aufschlag *m* ❶ (*Aufprall*) impact *m*

❷ SPORT service *m;* ~ **haben** être au service
❸ (*Aufpreis*) majoration *f*
❹ (*an Kleidungsstücken*) revers *m*

auf|schlagen *unreg* **I.** *itr V* ❶ + *sein* (*auftreffen*) s'écraser, s'abattre; **auf etw** (*Akk o Dat*) ~ s'écraser [*o* s'abattre] sur qc; *Meteorit:* tomber sur qc; **mit dem Kopf auf den** [*o* **dem**] **Boden** ~ se cogner la tête par terre
❷ + *sein* (*auflodern*) **hoch** ~ *Flammen:* s'élever en jaillissant
❸ + *haben* (*teurer werden, die Preise anheben*) augmenter
❹ + *haben* SPORT servir
II. *tr V* + *haben* ❶ ouvrir *Buch, Zeitschrift*
❷ (*aufbrechen*) casser *Nuss, Ei;* briser *Eis*
❸ (*öffnen*) ouvrir *Augen*
❹ (*aufbauen*) monter *Zelt*
❺ (*einrichten*) installer *Quartier, Lager*
❻ (*zusätzlich berechnen*) **hundert Euro auf etw** (*Akk*) ~ majorer [*o* augmenter] le prix de qc de cent euros
❼ (*verteuern*) majorer *Preise*
❽ (*umlegen*) remonter *Ärmel, Kragen*

Aufschläger(in) *m(f)* SPORT serveur(-euse) *m(f)*

auf|schließen *unreg* **I.** *tr V* ouvrir *Tür, Zimmer, Schrank*
II. *itr V* ❶ [**jdm**] ~ ouvrir [à qn]
❷ SPORT **zu jdm/etw** ~ remonter qn/qc; **wieder zur Spitze** ~ recoller au peloton de tête

auf|schlitzen ['aʊfʃlɪtsən] *tr V* ❶ décacheter *Briefumschlag*
❷ (*beschädigen*) taillader; **einen Waggon/ein Schiff** ~ couper un wagon/bateau en deux
❸ (*verletzen*) **sich** (*Dat*) **die Pulsadern** ~ s'ouvrir les veines; **jdm/einem Tier den Bauch** ~ éventrer qn/un animal

Aufschluss[RR] *m* (*Aufklärung*) [**jdm**] ~ **über jdn/etw geben** donner des éclaircissements [*o* explications] [à qn] sur qn/qc

auf|schlüsseln ['aʊfʃlʏsəln] *tr V* ❶ (*zuordnen*) établir un calcul détaillé de *Zahlen, Kosten*
❷ (*analysieren*) **etw nach Altersgruppen** ~ analyser qc par tranches d'âge

aufschlussreich[RR] *Adj* instructif(-ive); *Information* révélateur(-trice)

auf|schnappen *tr V* ❶ *fam* (*mitbekommen*) saisir au vol; **einen Namen** ~ saisir un nom au vol; **wo hast du denn dieses Wort aufgeschnappt?** où as-tu été pêcher ce mot-là? (*fam*)
❷ *fam* (*fangen*) **etw** ~ *Tier:* choper qc (*fam*)

auf|schneiden *unreg* **I.** *tr V* ❶ (*tranchieren*) découper *Gans, Hähnchen, Kuchen;* **den Braten/Schinken** ~ découper le rôti/jambon [en tranches]
❷ (*auseinander schneiden*) couper *Knoten, Kordel, Seiten*
❸ MED inciser *Geschwür, Karbunkel*
II. *itr V fam* (*prahlen*) frimer (*fam*)

Aufschneider(in) *m(f) fam* frimeur(-euse) *m(f)* (*fam*)

Aufschneiderei *f* (*Handlung, Äußerung*) frime *f*

Aufschnitt *m kein Pl* (*Wurstaufschnitt*) charcuterie *f* en tranches; (*Käseaufschnitt*) fromage *m* en tranches

auf|schnüren *tr V* défaire *Paket;* délacer *Schuh;* défaire, dénouer *Schnürsenkel*

auf|schrammen *s.* **aufschürfen**

auf|schrauben *tr V* ❶ (*öffnen*) ouvrir *Marmeladenglas;* dévisser *Deckel*
❷ (*schraubend schließen*) visser *Verschluss;* **den Deckel auf das Glas** ~ visser le couvercle sur le bocal
❸ (*befestigen*) fixer *Schild, Brett*

auf|schrecken[1] <schreckte auf, aufgeschreckt> *tr V* + *haben*
❶ (*wecken*) réveiller en sursaut; **jdn** ~ réveiller qn en sursaut; **jdn aus seinen Gedanken/dem Schlaf** ~ arracher qn à ses pensées/à son sommeil
❷ (*aufrütteln*) faire sursauter; **das Erdbeben hatte die Bevölkerung aufgeschreckt** le tremblement de terre a effrayé la population

auf|schrecken[2] <schreckte *o* schrak auf, aufgeschreckt> *itr V* + *sein Person:* sursauter; (*aus dem Schlaf*) se réveiller en sursaut; **aus seinen Gedanken** ~ être brutalement tiré(e) de ses pensées

Aufschrei *m* ❶ (*Schrei*) cri *m* strident
❷ (*Lamento*) **ein** ~ [**der Empörung**] un tollé

auf|schreiben *unreg* **I.** *tr V* ❶ (*niederschreiben*) noter, inscrire; **sich** (*Dat*) **etw** ~ noter qc
❷ *fam* (*polizeilich notieren*) coller un p.-v. à (*fam*)
❸ MED (*verordnen*) [**jdm**] **etw** ~ prescrire qc [à qn]
❹ *fam* (*anschreiben*) [**jdm**] **etw** ~ noter qc [sur le compte de qn]
II. *itr V* **beim Metzger** ~ **lassen** avoir une ardoise chez le charcutier

auf|schreien *itr V unreg* pousser un cri

Aufschrift *f* inscription *f*

Aufschub *m* ❶ (*Verzögerung*) report *m;* **keinen** ~ **dulden** ne souffrir aucun délai
❷ FIN (*Stundung*) délai *m;* **jdm** ~ **gewähren** accorder un délai à qn

auf|schürfen *tr V* **sich** (*Dat*) **die Haut/das Knie** ~ s'écorcher [*o* s'égratigner] la peau/le genou

auf|schütteln *tr V* secouer *Kissen, Bettdecke, Saft*

auf|schütten *tr V* ❶ (*aufgießen*) **Wasser** ~ rajouter de l'eau
❷ (*nachfüllen*) remettre *Kohlen*
❸ (*aufhäufen*) déverser *Steine, Sand*
❹ (*errichten*) remblayer *Deich*

Aufschüttung <-, -en> *f* remblai *m*

auf|schwatzen *tr V fam,* **auf|schwätzen** *tr V* DIAL *fam* **jdm etw** ~ fourguer qc à qn (*fam*); **sich** (*Dat*) **etw von jdm** ~ **lassen** se faire refiler qc par qn (*fam*)

auf|schwemmen **I.** *tr V* rendre [tout(e)] boursouflé(e) [*o* bouffi(e)]; **jdn/etw** ~ rendre qn/qc [tout(e)] boursouflé(e) [*o* bouffi(e)]
II. *itr V* rendre boursouflé(e) [*o* bouffi(e)]

auf|schwingen *unreg r V* + *haben* ❶ (*sich aufraffen*) **sich** ~ prendre son courage à deux mains; **sich zu einem Spaziergang** ~ avoir le courage de faire une promenade; **na, kannst du dich jetzt** ~ **mitzukommen?** alors, tu vas enfin te décider à venir avec nous?
❷ *geh* (*hochfliegen*) **sich** ~ *Vogel:* prendre son essor (*soutenu*)

Aufschwung *m* ❶ (*Auftrieb*) élan *m*
❷ ÖKON essor *m;* **wirtschaftlicher** ~ boom *m* économique; **sich im** ~ **befinden** être en plein essor
❸ SPORT rétablissement *m*

auf|sehen *itr V unreg* lever les yeux; **von etw** ~ lever les yeux de qc; **zu jdm** ~ lever les yeux vers qn; (*bewundern*) vénérer qn

Aufsehen *nt* remue-ménage *m;* ~ **erregen** faire sensation; **mit etw** [**großes**] ~ **erregen** faire [véritablement] sensation avec qc; ~ **erregend** *Neuigkeit* sensationnel(le); *Modell* qui fait sensation; *Bericht, Veränderung* qui fait du bruit; **um etw viel** ~ **machen** faire toute une histoire pour [*o* de] qc; **ohne** [**großes/jedes**] ~ sans tapage; **das wird für** ~ **sorgen** ça va faire du bruit

aufsehenerregend *s.* **Aufsehen**

Aufseher(in) <-s, -> *m(f)* gardien(ne) *m(f)*

auf|sein *s.* **auf III.3., III.4.**

aufseiten[RR] *Adv* du côté de; ~ **der Schwächeren** du côté des plus faibles

auf|setzen **I.** *tr V* ❶ mettre *Kopfbedeckung, Brille;* **sich** (*Dat*) **einen Hut/die Brille** ~ mettre un chapeau/ses lunettes
❷ (*auf den Herd stellen*) **etw** ~ mettre qc sur le feu [*o* à cuire]; **aufgesetzt sein** être sur le feu
❸ (*auf den Boden*) poser *Fuß, Gegenstand, Möbelstück*
❹ (*verfassen*) rédiger *Antrag, Entwurf, Schreiben*
❺ (*zur Schau tragen*) prendre *Miene;* afficher *Lächeln, Grinsen;* **ein aufgesetztes Lächeln/eine aufgesetzte Freundlichkeit** un sourire/une amabilité de façade

❻ (*aufrichten*) redresser *Kranken*
II. *r V* **sich** ~ se redresser
III. *itr V* **auf der Piste** ~ *Flugzeug:* se poser sur la piste
auf|seufzen *itr V* soupirer
Aufsicht <-, -en> *f* ❶ *kein Pl* (*Überwachung*) surveillance *f;* ~ **über jdn** surveillance *f* de qn; [**die**] ~ **führen** [*o* **haben**] surveiller; **unter ärztlicher/polizeilicher** ~ sous surveillance médicale/policière; ~ **führend** [chargé(e)] de [la] surveillance
❷ (*Person*) personne *f* [chargée] de [la] surveillance
aufsichtführend *s.* **Aufsicht 1.**
Aufsichtführende(r) *f(m) dekl wie Adj form eines Museums* surveillant(e) *m(f); eines Gartens* gardien(ne) *m(f)*
Aufsichtsbehörde *f* autorité *f* de contrôle [*o* de tutelle] **Aufsichtspersonal** *nt* personnel *m* de surveillance [*o* de gardiennage] **Aufsichtspflicht** *f* devoir *m* [*o* obligation *f*] de surveillance **Aufsichtsrat** *m* ❶ (*Mitglied des Aufsichtsrats*) membre *m* du conseil de surveillance ❷ (*Gremium*) conseil *m* de surveillance **Aufsichtsrätin** *f* membre *m* du conseil de surveillance **Aufsichtsratsvorsitzende(r)** *f(m) dekl wie Adj* président(e) *m(f)* du conseil de surveillance
auf|sitzen *itr V unreg* ❶ + *sein Reiter:* monter en selle; **aufgesessen!** en selle!
❷ + *haben fam* (*aufgerichtet sitzen*) **im Bett** ~ être assis(e) dans le lit
❸ + *haben* NAUT **auf einer Sandbank** ~ *Schiff, Wrack:* être échoué(e) sur un banc de sable
❹ + *sein fam* (*hereinfallen*) **jdm** ~ se faire avoir par qn (*fam*); **ich bin einem Betrug aufgesessen** je me suis fait avoir par une escroquerie (*fam*)
auf|spalten I. *tr V* ❶ (*teilen*) diviser; **etw in etw** (*Akk*) ~ diviser qc en qc
❷ CHEM **etw in etw** (*Akk*) ~ décomposer qc en qc
II. *r V* **sich in etw** (*Akk*) ~ se diviser en qc
Aufspaltung *f* CHEM décomposition *f*
auf|spannen *tr V* ❶ (*ausbreiten*) tendre *Netz*
❷ (*öffnen*) ouvrir *Schirm, Trockenständer*
❸ (*aufziehen*) **eine Leinwand auf etw** (*Akk*) ~ tendre une toile sur qc
auf|sparen *tr V* économiser *Energie, Kräfte;* [**sich** (*Dat*)] **etwas Käse** ~ [se] mettre un peu de fromage de côté
auf|sperren *tr V* ❶ (*aufreißen*) **den Schnabel** ~ ouvrir le bec en grand
❷ SDEUTSCH, A (*aufschließen*) ouvrir *Tür, Wohnung*
auf|spielen I. *r V fam* **sich** ~ faire de l'esbroufe (*fam*); **sich als Held** ~ jouer au héros
II. *itr V veraltet* jouer un air
auf|spießen *tr V* piquer; (*mit einem Spieß*) embrocher; (*mit einer Nadel*) épingler; **jdn/etw mit dem Degen** ~ transpercer qn/qc avec une épée
auf|springen *itr V unreg* + *sein* ❶ (*hochspringen*) bondir
❷ (*auf etw springen*) **auf den Zug** ~ sauter dans le train [en marche]
❸ (*sich öffnen*) s'ouvrir d'un seul coup
❹ (*aufplatzen*) *Haut:* se crevasser; *Lippen:* [se] gercer; **aufgesprungen** *Haut* crevassé(e); *Lippen* gercé(e)
❺ (*auftreffen*) *Ball:* rebondir
auf|sprühen *tr V* bomber (*fam*) *Parolen, Graffiti;* **Farbe/Lack auf etw** (*Akk*) ~ appliquer de la peinture/laque au pistolet sur qc
auf|spulen ['aʊfʃpu:lən] *tr V* embobiner
auf|spüren *tr V Person:* dépister; *Tier:* flairer; **jdn/ein Tier** ~ *Person:* dépister qn/un animal; *Tier:* flairer qn/un animal
auf|stacheln ['aʊfʃtaxəln] *tr V* exciter; **jdn zum Widerstand** ~ exciter qn à la résistance; **jdn gegen jdn** ~ monter qn contre qn
auf|stampfen *itr V* trépigner; [**mit dem Fuß**] ~ trépigner
Aufstand *m* ❶ soulèvement *m,* insurrection *f*
❷ *fig* **das gibt einen** ~ *fam* c'est la révolution (*fam*); **mach nicht so einen** ~! *fam* n'en fais pas tout un foin! (*fam*)
aufständisch ['aʊfʃtɛndɪʃ] *Adj* insurgé(e), révolté(e)
Aufständische(r) *f(m) dekl wie Adj* insurgé(e) *m(f)*
auf|stapeln *tr V* empiler
auf|stauen I. *tr V* retenir *Wasserlauf, Wasser*
II. *r V* **sich** ~ *Wasser, Ärger:* s'accumuler
auf|stechen *tr V unreg* percer
auf|stecken I. *tr V* ❶ (*darauf stecken*) mettre *Kerze;* **Fahnen** ~ pavoiser
❷ (*hochstecken*) relever *Haare*
❸ *fam* (*aufgeben*) laisser tomber (*fam*)
II. *itr V fam* (*aufgeben*) laisser tomber (*fam*)
auf|stehen *itr V unreg* + *sein* ❶ (*sich erheben*) se lever; **vom Stuhl** ~ se lever de sa chaise; **vom Tisch** ~ se lever de table; **jdm beim Aufstehen helfen** aider qn à se lever
❷ (*das Bett verlassen*) se lever; **das Aufstehen** le lever; **jdm fällt das Aufstehen schwer** qn a du mal à se lever
❸ (*offen sein*) être [grand(e)] ouvert(e)
❹ *veraltet geh* (*sich auflehnen*) **gegen jdn/etw** ~ se soulever [*o* s'insurger] contre qn/qc
▶ **da musst du früher** [*o* **eher**] ~! *fam* il faudra te lever de bonne heure! (*fam*)
auf|steigen *itr V unreg* + *sein* ❶ (*in die Luft steigen*) s'élever [dans les airs]; **in einem Ballon** ~ faire une ascension en ballon
❷ (*besteigen*) **auf ein Pferd** ~ monter sur un cheval
❸ (*befördert werden*) monter en grade; **zum Abteilungsleiter/zur Abteilungsleiterin** ~ être promu(e) chef de service
❹ SPORT **in die Bundesliga** ~ ≈ monter en première division
❺ (*hochsteigen*) *Rauch, Nebel:* monter
❻ ALPIN **zum Gipfel** ~ grimper jusqu'au sommet; **an der Steilküste** ~ escalader la falaise
❼ *geh* (*aufragen*) **aus etw** ~ *Berge, Gipfel, Klippen:* se dresser au-dessus de qc
❽ (*entstehen*) **in jdm** ~ *Erinnerung, Gefühl, Hass:* monter en qn
aufsteigend *Adj* croissant(e)
Aufsteiger <-s, -> *m* ❶ (*erfolgreicher Mensch*) homme *m* [*o* personne *f*] qui gravit [tous] les échelons
❷ SPORT promu *m*
Aufsteigerin <-, -nen> *m fam* femme *f* [*o* personne *f*] qui gravit [tous] les échelons
auf|stellen I. *tr V* ❶ (*aufbauen*) installer *Gerät, Schild;* ériger *Denkmal;* dresser *Mast;* poser *Falle*
❷ (*äußern*) poser *Behauptung, Forderung;* avancer *Vermutung*
❸ (*ausarbeiten*) établir *Programm;* échafauder *Theorie*
❹ (*erstellen*) dresser *Liste;* établir *Rechnung, Tabelle*
❺ (*postieren*) poster *Wachposten*
❻ (*nominieren*) désigner *Kandidaten;* sélectionner *Spieler;* composer *Mannschaft;* lever *Truppen*
❼ (*auf den Herd stellen*) **etw** ~ mettre qc sur le feu
❽ (*erzielen*) établir *Rekord*
❾ (*aufrecht hinstellen*) remettre debout *Gegenstand*
❿ (*aufrichten*) dresser *Ohren, Stacheln*
⓫ CH (*aufmuntern*) requinquer (*fam*)
II. *r V* **sich** ~ ❶ (*sich hinstellen*) *Schüler, Sportler, Wache:* se placer
❷ (*sich hochstellen*) *Haare, Nackenhaare, Ohren:* se dresser
Aufstellung *f* ❶ *kein Pl* (*das Aufstellen*) *eines Geräts, Plakats, Schilds* installation *f; eines Denkmals* érection *f*
❷ *kein Pl* (*Äußerung*) *einer Behauptung, Forderung* formulation *f*
❸ *kein Pl* (*Ausarbeitung*) *eines Programms, einer Theorie* élaboration *f*
❹ *kein Pl* (*Erstellung*) *einer Liste, Rechnung, Tabelle* établissement *m*
❺ *kein Pl* MIL *einer Wache* mise *f* en place; *einer Truppe, Division* levée *f*
❻ (*Formation*) ~ **nehmen** se rassembler; *Soldaten:* se mettre en formation; *Fußballspieler:* s'aligner

❼ *kein Pl* (*Nominierung*) *eines Kandidaten* désignation *f; eines Spielers* sélection *f*
❽ (*Zusammenstellung*) *einer Mannschaft* composition *f*
❾ *kein Pl* SPORT *eines Rekords* établissement *m*
Aufstieg ['aʊfʃtiːk] <-[e]s, -e> *m* ascension *f;* **der berufliche ~** la promotion professionnelle; **ihr ~ zur Chefredakteurin** sa promotion au grade de rédactrice en chef; **der ~ in die Bundesliga** ≈ la montée en première division
Aufstiegschance [-ʃãːs(ə), -ʃaŋs(ə)] *f* perspective *f* de promotion [*o* d'avancement] **Aufstiegsrunde** *f* poule *f* de qualification pour la montée **Aufstiegsspiel** *nt* match *m* de barrage pour la montée
auf|stöbern ['aʊfʃtøːbɐn] *tr V* ❶ (*entdecken*) dénicher
❷ JAGD débusquer
auf|stocken ['aʊfʃtɔkən] **I.** *tr V* ❶ (*erhöhen*) augmenter; **etw auf tausend Euro/um zehn Prozent ~** augmenter qc jusqu'à mille euros/de dix pour cent
❷ ARCHIT surélever *Gebäude;* **das Aufstocken** la surélévation
II. *itr V* FIN procéder à une augmentation de capital
auf|stöhnen *itr V* pousser un gémissement
auf|stoßen *unreg* **I.** *itr V* ❶ + *haben* (*rülpsen*) avoir un renvoi; *Baby:* faire son rot
❷ + *haben o sein* (*Rülpsen verursachen*) **jdm ~** *Essen:* donner des renvois à qn
❸ + *sein fam* (*auffallen*) **jdm ~** frapper qn
II. *tr V* + *haben* ❶ (*öffnen*) **die Tür ~** ouvrir la porte d'un coup
❷ (*verletzen*) **sich** (*Dat*) **das Knie ~** se blesser au genou [en se cognant]
aufstrebend *Adj* ❶ *Stadt, Land* en plein développement [*o* essor]; *Volk* en pleine évolution
❷ (*ehrgeizig*) ambitieux(-euse)
auf|streichen *unreg* **I.** *itr V* + *sein* (*auffliegen*) prendre son envol
II. *tr V* + *haben* appliquer *Farbe*
Aufstrich *m* préparation *f* à tartiner; **was möchten Sie als ~?** vous voulez une tartine de quoi?
auf|stülpen *tr V* **sich** (*Dat*) **einen Hut ~** s'enfoncer un chapeau sur la tête; **sie stülpte ihm die Mütze auf** elle lui a enfoncé la casquette sur la tête
auf|stützen **I.** *tr V* ❶ s'appuyer sur *Arme, Ellenbogen*
❷ (*aufrichten*) **den Kranken ~** aider le malade à se redresser
II. *r V* **sich auf etw** (*Akk*) **~** s'appuyer sur qc
auf|suchen *tr V geh* ❶ (*besuchen*) aller consulter *Arzt;* rendre visite à *Freunde*
❷ (*sich begeben*) **die Toilette ~** aller aux toilettes
❸ (*suchen*) [re]chercher
auf|takeln ['aʊftaːkəln] **I.** *tr V* gréer *Segelschiff*
II. *r V pej fam* **sich ~** s'attifer (*fam*); **aufgetakelt** [**sein**] [être] drôlement attifé(e) (*fam*)
Auftakt *m* ❶ (*Beginn*) ouverture *f;* **der ~ zu etw** le début de qc; **den ~ zu etw bilden** constituer le point de départ de qc
❷ MUS anacrouse *f*
auf|tanken **I.** *tr V* faire le plein [de carburant] de *Wagen, Flugzeug;* **in der Luft aufgetankt werden** être ravitaillé(e) en vol
II. *itr V* ❶ (*volltanken*) faire le plein [de carburant]
❷ *fam* (*sich erholen*) se requinquer (*fam*)
auf|tauchen *itr V* + *sein* ❶ *Person, U-Boot, Wrack:* remonter à la surface; **aus der Tiefe ~** émerger des profondeurs
❷ (*zum Vorschein kommen*) *Person, Gegenstand, Beweisstück:* apparaître
❸ (*sichtbar werden*) **aus dem Nebel ~** apparaître dans le brouillard; (*plötzlich*) surgir du brouillard
❹ (*sich ergeben*) faire surface
auf|tauen **I.** *itr V* + *sein* ❶ (*tauen*) *Tiefkühlkost:* décongeler; *Erdreich:* dégeler
❷ *fig Person:* se dégeler
II. *tr V* + *haben* décongeler *Tiefkühlkost;* dégeler *Wasserleitung, Autoschloss*
auf|teilen *tr V* ❶ (*aufgliedern*) diviser; **etw in Bereiche/Parzellen ~** diviser qc en secteurs/parcelles
❷ (*verteilen*) **den Kuchen unter die Kinder ~** distribuer le gâteau aux enfants; **sie wollen die Kosten unter sich** (*Akk*) [*o* **untereinander**] **~** ils veulent [se] répartir les coûts entre eux
Aufteilung *f* (*Einteilung*) **~ in Teams** (*Akk*) division *f* en équipes
auf|tischen ['aʊftɪʃən] *tr V* ❶ (*servieren*) servir *Essen*
❷ *fam* (*erzählen*) **jdm etw ~** faire gober qc à qn (*fam*)
Auftrag ['aʊftraːk, *Pl:* 'aʊftrɛːgə] <-[e]s, Aufträge> *m* ❶ (*Bestellung von Produkten*) commande *f;* (*Bestellung von Leistungen*) contrat *m;* **den ~ für ein Projekt bekommen** obtenir le marché pour un projet; **im ~ und auf Rechnung von ...** d'ordre et pour le compte de ... (*form*); **etw bei einem Schreiner in ~ geben** passer commande à un menuisier de qc
❷ (*Anweisung*) ordre *m;* **den ~ haben etw zu tun** être chargé(e) de faire qc; **jdm den ~ geben etw zu tun** charger qn de faire qc; **etw im ~ von jdm tun** faire qc sur ordre de qn
❸ *kein Pl geh* (*Mission*) mission *f*
auf|tragen *unreg* **I.** *tr V* ❶ (*aufstreichen*) appliquer; **etw auf etw** (*Akk*) **~** appliquer qc sur qc
❷ *form* (*beauftragen*) **jdm ~ etw zu tun** charger qn de faire qc; **jdm eine Botschaft an jdn ~** charger qn de transmettre un message à qn
❸ *geh* (*servieren*) servir *Essen*
❹ (*abnutzen*) **einen Mantel ~** porter un manteau jusqu'au bout
II. *itr V Stoff, Mantel:* grossir
▶ **dick** [*o* **stark**] **~** *pej fam* en rajouter (*fam*)
Auftraggeber(in) *m(f)* mandant(e) *m(f); eines Lieferanten* client(e) *m(f); eines Autors, Verbrechers* commanditaire *mf* **Auftragnehmer(in)** <-s, -> *m(f)* mandataire *mf*
Auftragsarbeit *f* travail *m* sur commande **Auftragsbestätigung** *f* confirmation *f* de commande **Auftragsbuch** *nt* livre *m* de commandes **Auftragseingang** *m* entrée *f* de commandes **Auftragsflaute** *f* stagnation *f* des commandes **auftragsgemäß** **I.** *Adj* conforme à l'ordre [*o* à la commande] **II.** *Adv* conformément à l'ordre [*o* à la commande] **Auftragslage** *f* état *m* des carnets de commandes **Auftragsrückstand** *m* retard *m* dans l'exécution des commandes
auf|treffen *itr V unreg* + *sein* **auf der Linie ~** *Ball:* toucher la ligne; **mit dem Kopf auf der Stufe ~** heurter la marche avec la tête; **das Auftreffen** l'impact *m*
auf|treiben *tr V unreg* + *haben* ❶ *fam* (*ausfindig machen*) dégoter (*fam*)
❷ (*aufblähen*) **etw ~** *Backpulver, Hefe:* faire lever qc; *Krankheit, Blähungen:* ballonner qc
auf|trennen *tr V* défaire *Naht;* découdre *Saum*
auf|treten *unreg* **I.** *itr V* + *sein* ❶ (*den Fuß aufsetzen*) poser le pied; **leise ~** ne pas faire de bruit en marchant; **fest ~** avancer d'un pied ferme
❷ (*eintreten*) *Probleme, Schwierigkeiten:* apparaître; *Verzögerungen:* survenir; **das Auftreten dieses Problems** l'apparition *f* de ce problème
❸ MED *Übelkeit:* survenir; *Krankheit:* se déclarer; *Krankheitserreger, Symptom:* se manifester
❹ (*erscheinen*) *Zeuge:* être appelé(e); **als Zeuge ~** comparaître comme témoin; **jdn als Zeugen ~ lassen** faire citer qn comme témoin; **als Sachverständiger ~** se présenter comme expert
❺ THEAT (*spielen*) se produire; (*auftauchen*) entrer en scène; **in einem Stück/auf der Bühne ~** se produire dans une pièce/sur scène; **als Mephisto ~** jouer [le rôle de] Méphisto
❻ (*sich benehmen*) **arrogant/bescheiden ~** se montrer arrogant(e)/modeste
❼ (*handeln*) **als Vermittler ~** intervenir en tant que média-

teur
II. *tr V + haben* enfoncer *Tür*
Auftreten <-s> *nt* ❶ (*Benehmen*) comportement *m,* conduite *f*
❷ MED *von Krankheiten, Fieber, Übelkeit* apparition *f*
❸ (*Erscheinen*) *einer Person* apparition *f;* **das ~ in der Öffentlichkeit vermeiden** éviter d'apparaître en public
Auftrieb *m* ❶ *kein Pl* PHYS poussée *f* verticale [*o* d'Archimède]
❷ *kein Pl* (*Aufschwung*) essor *m*
❸ *kein Pl* (*frischer Schwung*) impulsion *f*
❹ (*Almauftrieb*) transhumance *f*
Auftriebskraft *f* PHYS force *f* ascensionnelle
Auftritt *m* ❶ (*Erscheinen*) apparition *f*
❷ THEAT entrée *f* en scène; **ich habe meinen ~ erst im zweiten Akt** j'entre en scène seulement au deuxième acte
❸ (*Streit*) scène *f*
auf|trumpfen *itr V* ❶ (*sich großtun*) parader; **mit etw ~** parader avec qc
❷ (*schadenfroh sein*) triompher
auf|tun *unreg* **I.** *r V* ❶ *geh* (*sich öffnen*) *Tür, Erdspalte, Abgrund:* s'ouvrir; **sich vor jdm ~** *Tür, Erdspalte, Abgrund:* s'ouvrir devant qn
❷ (*sich ergeben*) **sich ~** *Möglichkeit, Chance, Geschäft:* se présenter
II. *tr V* ❶ *sl* (*ausfindig machen*) dégoter (*fam*)
❷ *fam* (*servieren*) **jdm Kartoffeln ~** servir des pommes de terre à qn
auf|türmen ['aʊftʏrmən] **I.** *tr V* empiler
II. *r V geh* **sich ~** ❶ *Gebirge:* se dresser
❷ (*unüberschaubar sein*) *Hindernisse, Probleme:* s'accumuler
auf|wachen *itr V + sein* s'éveiller, se réveiller; **aus einem Traum ~** sortir d'un rêve
auf|wachsen [-ks-] *itr V unreg + sein* grandir
auf|wallen ['aʊfvalən] *itr V + sein* ❶ *Wasser, Brühe:* frémir
❷ *geh* (*aufsteigen*) **in jdm ~** *Leidenschaft, Wut:* monter en qn
Aufwallung *f* accès *m;* **eine ~ von Wut** un accès de colère
Aufwand ['aʊfvant] <-[e]s> *m* ❶ (*Einsatz*) investissement *m;* (*finanziell*) dépense *f;* **der zeitliche ~** le temps investi; **der ~ an Energie/Material** la dépense en énergie/matériel
❷ (*Luxus*) faste *m;* **[großen] ~ treiben** (*viel Geld ausgeben*) mener grand train; (*viel einsetzen*) investir beaucoup
aufwändigRR **I.** *Adj* ❶ (*teuer*) coûteux(-euse)
❷ (*umfangreich*) *Prozess, Verfahren, Planung* de longue haleine; **zu ~ sein** demander un trop gros investissement
II. *Adv ausstatten, sich einrichten* à grands frais; **~ ausgestattet** *Auto* luxueusement équipé(e)
Aufwandsentschädigung *f* indemnités *fpl* de représentation
auf|wärmen I. *tr V* ❶ réchauffer *Essen*
❷ *fam* (*zur Sprache bringen*) **etw [wieder] ~** remettre qc sur le tapis (*fam*)
II. *r V* **sich ~** se réchauffer; *Sportler:* s'échauffer
auf|warten *itr V geh* ❶ (*zu bieten haben*) avoir à offrir; **mit etw ~** avoir qc à offrir
❷ *veraltet* (*anbieten*) **[jdm] mit etw ~** offrir qc [à qn]
❸ (*bedienen*) **jdm ~** servir qn
aufwärts ['aʊfvɛrts] *Adv* ❶ (*nach oben*) vers le haut; **der Weg führt ~** le chemin monte; **im Fahrstuhl ~ fahren** monter en ascenseur
❷ (*ab*) **von fünf Euro ~** à partir de cinq euros; **vom Abteilungsleiter [an] ~** à partir du chef de service
❸ (*besser*) **es geht mit jdm/etw ~** (*verläuft erfreulich*) la situation de qn/qc s'améliore; **es geht mit jdm ~** (*gesundheitlich*) la santé de qn va mieux [*o* se rétablit]
Aufwärtsentwicklung *f der Inflation, Preise* hausse *f; der Konjunktur* essor *m*
aufwärts|gehen *s.* **aufwärts 3.**
Aufwärtshaken *m* BOXEN uppercut *m*
Aufwartung *f* **jdm seine ~ machen** *veraltet geh* présenter ses hommages [*o* civilités] à qn (*soutenu*)

Aufwasch *m* DIAL *s.* **Abwasch**
▶ **ich werde das in einem ~ tun** *fam* pendant que j'y suis, je vais faire ça (*fam*)
auf|wecken *tr V* réveiller
auf|weichen ['aʊfvaɪçən] **I.** *tr V + haben* ❶ (*morastig machen*) détremper *Weg*
❷ (*weich machen*) ramollir *Brot*
❸ *geh* (*lockern*) amollir (*littér*), provoquer le relâchement de *System, Fronten*
II. *itr V + sein* ❶ (*morastig werden*) *Boden, Erde:* se ramollir; **nach und nach ~** *Boden, Weg:* finir par être détrempé(e)
❷ *geh* (*sich lockern*) *System, Fronten:* se relâcher
auf|weisen ['aʊfvaɪzən] *tr V unreg* ❶ (*haben*) présenter; **Kenntnisse aufzuweisen haben** avoir des connaissances à son actif
❷ (*enthalten*) comporter *Fehler, Irrtümer*
auf|wenden *tr V reg o unreg* ❶ (*einsetzen*) déployer *Energie, Mühe;* consacrer *Zeit;* engager *Material;* **viel Mühe ~** se donner beaucoup de peine [*o* de mal]
❷ FIN engager *Mittel, Kredite;* débourser *Geld*
aufwendig *Adj, Adv s.* **aufwändig**
Aufwendung *f* ❶ *kein Pl* (*das Investieren*) *von Geld, Mitteln* dépense *f*
❷ *Pl* (*private Ausgaben*) dépenses *fpl*
❸ *Pl* (*Firmenausgaben*) charges *fpl*
❹ *kein Pl* (*das Aufbieten*) **unter ~ aller meiner Kräfte** en déployant toutes mes forces
auf|werfen *unreg* **I.** *tr V* ❶ soulever *Frage, Probleme*
❷ (*aufhäufen*) élever *Damm*
II. *r V* **sich zum Herrscher/Richter ~** s'ériger en maître/juge
auf|werten I. *tr V* ❶ ÖKON réévaluer; **etw um zwei Prozent ~** réévaluer qc de deux pour cent
❷ *fig* rehausser *Ansehen, Werte;* revaloriser *Rolle, Ideale*
II. *itr V* ÖKON *Land:* réévaluer
Aufwertung *f* ❶ ÖKON réévaluation *f*
❷ *fig des Ansehens* renforcement *m; eines Ideals, einer Rolle* revalorisation *f*
auf|wickeln *tr V* ❶ (*aufrollen*) enrouler *Garn, Stoffbahn;* **etw wieder ~** rembobiner qc
❷ (*lösen*) défaire *Verband*
auf|wiegeln ['aʊfvi:gəln] *tr V* exciter à la révolte; **jdn ~** exciter qn à la révolte; **jdn zum Streik ~** inciter qn à [faire] la grève; **Menschen gegeneinander ~** monter les gens les uns contre les autres
Aufwiegelung <-, -en> *f* incitation *f* à la révolte
auf|wiegen *tr V unreg* compenser
Aufwiegler(in) ['aʊfvi:glɐ] <-s, -> *m(f) pej* agitateur(-trice) *m(f)*
Aufwind *m* ❶ *kein Pl* (*Aufschwung*) reprise *f;* **[neuen] ~ bekommen** avoir [de nouveau] le vent en poupe
❷ METEO courant *m* ascendant
auf|wirbeln I. *itr V + sein* s'envoler en tourbillonnant
II. *tr V + haben* soulever des tourbillons de *Blätter, Staub*
auf|wischen I. *tr V* essuyer *Wasser, Schmutz;* passer la serpillière sur *Fußboden;* passer la serpillière dans *Bad, Küche*
II. *itr V* passer la serpillière
auf|wühlen *tr V* ❶ (*aufwerfen*) *Tier:* retourner; *Orkan:* soulever; **etw ~** *Tier:* retourner qc; *Orkan:* soulever qc; **aufgewühlt [sein]** *Meer:* [être] démonté(e) [*o* déchaîné(e)]; *Wasser:* [être] très agité(e)
❷ *geh* (*stark bewegen*) **jdn ~** *Eindrücke, Erlebnisse:* bouleverser qn
auf|zählen *tr V* énumérer
Aufzahlung *s.* **Aufpreis**
Aufzählung *f* énumération *f*
auf|zäumen ['aʊftsɔʏmən] *tr V* brider
▶ **etw von hinten [*o* verkehrt herum] ~** *fam* prendre qc par le

mauvais bout

auf|zehren *tr V geh* grignoter *Vorrat, Ersparnisse;* épuiser *Kräfte*

auf|zeichnen *tr V* ❶ enregistrer *Sendung*
❷ (*aufmalen*) **etw auf etw** (*Akk*) ~ dessiner qc sur qc; (*erklärend*) faire un croquis de qc [sur qc]; **jdm ~, wie die Straße verläuft** faire à qn un croquis de la route
❸ (*aufschreiben*) noter

Aufzeichnung *f* ❶ *einer Sendung* enregistrement *m*
❷ (*Zeichnung*) dessin *m*
❸ *meist Pl* (*Notizen*) notes *fpl*

auf|zeigen *tr V* démontrer

auf|ziehen *unreg* **I.** *tr V + haben* ❶ (*öffnen*) ouvrir *Reißverschluss, Vorhang;* défaire *Schleife, Schnürsenkel*
❷ (*herausziehen*) tirer *Schublade*
❸ (*aufkleben*) **etw** ~ coller qc sur un support; **Fotos auf Pappe** ~ coller des photos sur du carton
❹ (*befestigen*) monter *Saite, Reifen*
❺ (*spannen*) remonter *Feder, Uhr*
❻ (*großziehen*) élever *Kind, Tier*
❼ HORT faire pousser *Pflanze*
❽ *fam* (*verspotten*) **jdn mit etw** ~ charrier [*o* se ficher de] qn à cause de qc (*fam*)
❾ (*veranstalten*) organiser *Fest, Veranstaltung;* **dieses Jubiläum wird ganz groß aufgezogen** pour l'organisation de ce jubilé, on fait bien les choses
❿ *fam* (*gründen*) monter *Firma, Unternehmen*
⓫ (*hochziehen*) hisser *Flagge, Segel*
⓬ (*einsaugen*) remplir *Spritze;* remplir une seringue de *Serum, Flüssigkeit*
II. *itr V + sein* ❶ *Gewitter, Wolken:* s'approcher
❷ (*aufmarschieren*) venir prendre position

Aufzucht *f kein Pl* ❶ (*das Großziehen*) élevage *m*
❷ (*Jungtiere*) jeunes animaux *mpl*

Aufzug *m* ❶ (*Fahrstuhl*) ascenseur *m;* (*Lastenaufzug*) monte-charge *m;* (*Speisenaufzug*) monte-plat *m*
❷ (*Festzug*) défilé *m*
❸ *kein Pl* (*das Herannahen*) *eines Gewitters, von Wolken* arrivée *f*
❹ THEAT acte *m*
❺ *kein Pl pej fam* (*Kleidung*) accoutrement *m;* **was ist denn das für ein ~?** tu as vu comment tu es attifé(e)? (*fam*)

Aufzugsschacht *m* ARCHIT cage *f* d'ascenseur

auf|zwingen *unreg* **I.** *tr V* ❶ (*gewaltsam auferlegen*) imposer; **jdm etw** ~ imposer qc à qn
❷ (*aufdrängen*) **jdm ein Trinkgeld** ~ forcer qn à accepter un pourboire; **jdm ein Stück Kuchen** ~ forcer qn à manger un morceau de gâteau
II. *r V* **sich jdm** ~ *Gedanke, Vorstellung:* s'imposer à qn

Augapfel *m* ANAT globe *m* oculaire
▸ **jdn/etw wie seinen ~ hüten** surveiller qn/qc comme la prunelle de ses yeux

Auge ['aʊgə] <-s, -n> *nt* ❶ œil *m;* **grüne/braune ~n haben** avoir les yeux verts/marron; **jdm in die ~n sehen** [*o* **schauen**] regarder qn dans les yeux; **sich tief in die ~n sehen** se regarder les yeux dans les yeux; **mit den ~n blinzeln** [*o* **zwinkern**] cligner des yeux; **mit den ~n rollen** rouler les yeux; **[die] ~n rechts/links!** tête à droite/gauche!
❷ (*Sehfähigkeit*) **gute/schlechte ~n [haben]** [avoir] une bonne/mauvaise vue; **meine ~n werden immer schlechter** ma vue est de plus en plus mauvaise
❸ (*Punkt beim Würfeln*) point *m;* **sechs ~n werfen** faire un six
❹ BOT *einer Kartoffel* œil *m*
❺ (*Fettauge*) œil *m*
▸ **das ~ des Gesetzes** *hum* les forces *fpl* de l'ordre; **ich habe doch ~n im Kopf!** *fam* j'ai les yeux en face des trous! (*fam*); **keine ~n im Kopf haben** *fam* avoir de la merde dans les yeux (*fam*), ne pas avoir les yeux en face des trous (*fam*); **sich** (*Dat*) **die ~n aus dem Kopf gucken** *fam* ouvrir des yeux comme des soucoupes; **~n wie ein Luchs haben** (*gut sehen*) avoir des yeux de lynx; (*alles merken*) ne pas avoir les yeux dans sa poche; **die** [*o* **seine**] **~n sind größer als der Magen** *fam* il a les yeux plus grands que le ventre; **aus den ~n, aus dem Sinn** *Spr.* loin des yeux, loin du cœur; **~ um ~, Zahn um Zahn** BIBL œil pour œil, dent pour dent; **jdn/etw mit anderen ~n [an]sehen** voir qn/qc d'un autre œil; **mit einem blauen ~ davonkommen** *fam* s'en tirer à bon compte; **etw nicht nur [um] jds schöner blauer ~n willen tun** ne pas faire qc simplement pour les beaux yeux de qn; **mit bloßem** [*o* **nacktem**] **~** à l'œil nu; **etw mit [seinen] eigenen ~n gesehen haben** avoir vu qc de ses propres yeux; **vor seinem/ihrem geistigen** [*o* **inneren**] **~** mentalement; **jdn mit großen ~n ansehen** [*o* **anschauen**] regarder qn en ouvrant de grands yeux; **ich hab' doch hinten keine ~n!** *fam* j'ai pas des yeux dans le dos [*o* derrière la tête]! (*fam*); **mit einem lachenden und einem weinenden ~** pleurant d'un œil et riant de l'autre; mi-figue, mi-raisin; **ich würde ihm am liebsten die ~n auskratzen** *fam* j'aimerais lui arracher les yeux; **die ~n offen halten** ouvrir l'œil; **mit offenen ~n schlafen** avoir les yeux ailleurs [*o* dans le vague]; **jdm schöne ~n machen** faire les yeux doux à qn; **jdm wird schwarz vor ~n** tout se brouille devant les yeux de qn; **sehenden ~s** *geh* sciemment; **ein sicheres ~ für etw haben** avoir l'œil pour qc; **da bleibt kein ~ trocken** *hum fam* (*vor Lachen*) tout le monde est écroulé (*fam*); (*vor Rührung*) tout le monde a la larme à l'œil; **seine ~n überall** [*o* **hinten und vorn**] **haben müssen** *fam* devoir avoir l'œil à tout; **seine ~n nicht überall haben können** *fam* ne pas pouvoir être au four et au moulin; **mit verbundenen Augen** (*mit einer Binde vor den Augen*) les yeux bandés; (*mit absoluter Sicherheit*) les yeux fermés; **unter vier ~n** entre quat'z'yeux (*fam*); **so weit das ~ reicht** à perte de vue; **jdm etw an** [*o* **von**] **den ~n ablesen** lire qc dans les yeux de qn; **die ~n aufmachen** [*o* **aufsperren**] [*o* **auftun**] *fam* (*genau hinschauen*) ouvrir les yeux; (*sich Mühe geben*) se donner la peine de regarder autour de soi; **sich** (*Dat*) **die ~n nach jdm/etw ausgucken** *fam* chercher qn/qc à s'en abîmer les yeux; **jdn/etw im ~ behalten** (*beobachten*) ne pas quitter qn/qc des yeux; (*sich vormerken*) marquer qn/qc sur ses tablettes; **jdm etw aufs ~ drücken** *fam* imposer qc à qn; **ins ~ fassen** avoir en vue *Projekt;* envisager *Möglichkeit, Investition;* **ins ~ fassen etw zu tun** envisager de faire qc; **jdm etw vor ~n führen** montrer qc à qn; **geh mir aus den ~n!** hors de ma vue!; **jdm gehen die ~n auf** qn commence à y voir clair; **jdm gehen die ~n über** qn est subjugué(e); **ins ~ gehen** *fam* foirer (*fam*); **ein ~ auf jdn/etw geworfen haben** lorgner qn/qc; **jdn/etw im ~ haben** (*ausersehen haben*) avoir des vues [*o* visées] sur qn/qc; **ein ~ auf jdn/etw haben** (*aufpassen*) avoir l'œil sur qn/qc; **etw noch [deutlich/lebhaft] vor ~n haben** avoir encore qc [précisément] en tête; **nur ~n für jdn haben** n'avoir d'yeux que pour qn; **jdn nicht aus den ~n lassen** ne pas quitter qn des yeux, ne pas perdre qn de vue; **[große] ~n machen** *fam* ouvrir de grands yeux; **jdm die ~n öffnen** ouvrir les yeux à qn; **sich** (*Dat*) **die ~n reiben** se frotter les yeux; **ein ~ riskieren** *fam* risquer un œil, jeter un coup d'œil; **die ~ schließen** *geh* fermer les yeux à jamais (*soutenu*); **jdm schwimmt alles vor den ~n** tout se brouille devant les yeux de qn; **kaum aus den ~n sehen** [*o* **gucken**] **können** avoir les yeux qui ne tiennent plus ouverts; **jdm aus den ~n sehen** *Dummheit, Verschmitztheit:* se lire dans le regard de qn; **ins ~ springen** [*o* **fallen**] [*o* **stechen**] sauter aux [*o* crever les] yeux; **seinen ~n nicht trauen** n'en pas croire ses yeux; **sich aus den ~n verlieren** se perdre de vue; **etw aus den ~n verlieren** perdre de vue qc; **die ~n vor etw** (*Dat*) **verschließen** se boucher les yeux devant qc; **ein ~/beide ~n zudrücken** *fam* fermer un œil/les yeux; **kein ~ zutun** *fam* ne pas fermer l'œil; **auf einem ~** d'un œil; **in jds ~n** (*Dat*) aux yeux de qn; **~ in ~** face à face; **unter jds ~n** (*Dat*) sous les yeux de qn; **vor aller ~n** aux yeux de tous; **~n**

zu und durch! *fam* foncer tête baissée! (*fam*)

äugen *itr V fam* zieuter (*fam*)

Augenarzt *m*, **-ärztin** *f* oculiste *mf* **augenärztlich I.** *Adj attr Behandlung, Beratung, Leistung* d'ophtalmologie **II.** *Adv sich untersuchen lassen* par un(e) oculiste **Augenaufschlag** *m* œillade *f*; **mit einem unschuldigen ~** en levant les yeux innocemment

Augenblick *m* instant *m*, moment *m*; **im ersten ~** dans un premier temps; **im letzten ~** au dernier moment; **im nächsten ~** l'instant d'après; **der passende** [*o* **richtige**] **~** le moment favorable, le bon moment; **im passenden** [*o* **richtigen**] **~** au bon moment; **im ~** pour le moment; **in diesem ~** à cet instant; **in einem schöpferischen ~** dans un moment d'inspiration; **in einem schwachen ~** dans un moment de faiblesse; **alle ~e** à tout bout de champ, à chaque instant; **einen ~**[**, bitte**] un instant [*o* un moment][, s'il vous plaît]; **jeden ~** à tout moment [*o* instant]; **keinen ~** à aucun moment; **~ mal!** (*he*) eh! un moment!; (*ach ja*) attends/attendez voir!

augenblicklich I. *Adj* ❶ (*sofortig*) *Entscheidung, Rücknahme* immédiat(e), instantané(e)
❷ (*derzeitig*) actuel(le)
❸ (*vorübergehend*) *Besserung* momentané(e); *Modeerscheinung* passager(-ère)
II. *Adv* ❶ (*sofort*) immédiatement
❷ (*zur Zeit*) pour le moment

Augenbraue ['aʊgənbraʊə] *f* sourcil *m*; **die ~n hochziehen** froncer les sourcils

Augenbrauenstift *m* crayon *m* à sourcils

Augenentzündung *f* MED ophtalmie *f* (*spéc*)

augenfällig ['aʊgənfɛlɪç] *Adj Abweichen* évident(e); *Unterschied* qui saute aux yeux

Augenfarbe *f* couleur *f* des yeux/d'yeux **Augengläser** *Pl* A *fam* (*Brille*) lunettes *fpl* **Augenheilkunde** ['aʊgənhaɪlkʊndə] *f* ophtalmologie *f* **Augenhöhe** *f* niveau *m* des yeux; **in ~** au niveau des yeux **Augenhöhle** *f* orbite *f* **Augenklappe** *f* cache-œil *m* **Augenklinik** *f* MED clinique *f* ophtalmologique **Augenkrankheit** *f* maladie *f* des yeux **Augenlicht** *nt kein Pl geh* vue *f* **Augenlid** *nt* paupière *f* **Augen-Make-up** <-s, -s> *nt* maquillage *m* pour les yeux **Augenmaß** *nt kein Pl* ❶ (*für Entfernungen*) [**ein gutes**] **~** le coup d'œil; **ein gutes/schlechtes ~ haben** avoir/ne pas avoir le compas dans l'œil; **nach ~** à vue d'œil ❷ *fig* juste vision *f* des choses; **das ~ verlieren** perdre le sens de la mesure

Augenmerk ['aʊgənmɛrk] <-s> *nt kein Pl* attention *f*; **sein ~ auf etw** (*Akk*) **lenken** [*o* **richten**] fixer son attention sur qc; **jds ~ auf etw** (*Akk*) **lenken** [*o* **richten**] attirer l'attention de qn sur qc

Augenoperation *f* opération *f* des yeux/de l'œil **Augenoptiker** *s.* **Optiker(in)** **Augenringe** *Pl*, **Augenschatten** *Pl* cernes *mpl* **Augenschein** *m kein Pl* ❶ (*Anschein*) apparence *f*; **dem ~ nach** en apparence ❷ JUR **richterlicher ~** descente *f* judiciaire sur les lieux ❸ CH *s.* **Lokaltermin** ▶ **jdn/etw in ~ nehmen** examiner qn/qc

augenscheinlich I. *Adj* évident(e)
II. *Adv* manifestement

Augentropfen *Pl* gouttes *fpl* pour les yeux, collyre *m* **Augenweide** *f* régal *m* pour les yeux **Augenwimper** *f* cil *m*; **künstliche ~n** faux cils **Augenwinkel** *m* coin *m* de l'œil; **aus dem** [*o* **einem**] **~** du coin de l'œil **Augenwischerei** [aʊgənvɪʃə'raɪ] <-, -en> *f pej* poudre *f* aux yeux **Augenzeuge** *m*, **-zeugin** *f* témoin *m* oculaire; **~ bei etw sein** être témoin de qc

Augenzeugenbericht *m* récit *m* d'un témoin oculaire

Augenzwinkern <-s> *nt* clignement *m* d'œil **augenzwinkernd** *Adv* en clignant de l'œil

Augiasstall [aʊ'gi:as-] *m kein Pl pej geh* écuries *fpl* d'Augias

Augur ['aʊgʊr] <-s *o* -guren, -guren> *m* augure *m*

August¹ [aʊ'gʊst] <-[e]s, -e> *m* août *m*; *s. a.* **April**

August² <-s> *m* Auguste *m*

▶ **den dummen ~ spielen** faire le pitre [*o* le guignol]

Augustfeier *f* CH fête *f* du premier d'août

Augustiner(in) [aʊgʊs'ti:nɐ] <-s, -> *m(f)*, **Augustinermönch** *m*, **-nonne** *f* augustin(e) *m(f)*

Augustinus <-> *m* HIST Saint Augustin

Auktion [aʊk'tsio:n] <-, -en> *f* vente *f* aux enchères

Auktionator [aʊktsio'na:to:ɐ] <-s, -toren> *m*, **Auktionatorin** *f* commissaire-priseur *m*

Aula ['aʊla] <-, Aulen> *f* salle *f* des fêtes

Aupairmädchen[RR], **Au-pair-Mädchen** [o'pɛ:r-] *nt* [jeune] fille *f* au pair **Aupairstelle**[RR], **Au-pair-Stelle** *f* place *f* de jeune fille au pair

Aura ['aʊra] <-> *f geh* aura *f* (*soutenu*)

Aureole [aʊre'o:lə] <-, -n> *f* auréole *f*

aus [aʊs] **I.** *Präp + Dat* ❶ (*räumlich*) de; **~ dem Zimmer gehen** sortir de la chambre; **~ dem Fenster sehen** regarder par la fenêtre; **einen Artikel ~ der Zeitung ausschneiden** découper un article dans le journal; **Zigaretten ~ dem Automaten ziehen** prendre des cigarettes au distributeur; **~ der Flasche trinken** boire à la bouteille
❷ (*zur Angabe der Ursache*) par; **~ Angst/Liebe** par peur/amour; **~ einer Eingebung heraus** pris(e) d'une inspiration subite
❸ (*zur Angabe der Herkunft*) de; **~ Hamburg/Frankreich** d'Hambourg/de France; **~ vornehmer Familie stammen** descendre d'une famille aristocratique; **~ einem Gedicht/~ dem Französischen** d'un poème/du français; **~ dem letzten Jahrhundert stammen** dater du siècle dernier
❹ (*zur Angabe der Beschaffenheit*) en; **~ Gold/Wolle** en or/laine; **Bier wird ~ Hopfen und Malz hergestellt** la bière est faite avec du houblon et du malt
II. *Adv fam* ❶ (*beendet*) **~ sein** *Schule:* être fini(e); *Konzert, Film, Krieg:* être fini(e) [*o* terminé(e)]; **in einer halben Stunde ist das Stück ~** la pièce va se terminer dans une demi-heure; **wenn der Film ~ ist ...** quand le film sera fini ...; **damit ist es ~** c'en est fini de cela; **mit** [*o* **zwischen**] **ihnen ist es ~** c'est fini entre eux; **mit ihm ist es ~** *euph* il peut faire sa prière (*fam*)
❷ (*nicht an*) **~ sein** *Gerät, Feuer:* être éteint(e); *Motor:* être arrêté(e); **Licht ~!** éteins/éteignez la lumière!; **Musik ~!** arrête/arrêtez la musique!; **auf „~" drücken** appuyer sur "arrêt"; **den Schalter auf „~" stellen** mettre le commutateur sur "arrêt"
❸ SPORT **~ sein** *Ball:* être hors jeu
❹ (*ausgerichtet*) **auf jdn ~ sein** avoir jeté son dévolu sur qn; **auf etw** (*Akk*) **~ sein** ne viser [*o* rechercher] que qc
❺ (*ausgegangen*) **mit jdm ~ sein** être sorti(e) avec qn

Aus <-> *nt* ❶ SPORT sortie *f*; **ins ~ gehen** *Ball:* sortir
❷ (*Spielende*) **das ~** la fin du match
❸ (*Ende*) fin *f*; **das soziale ~** la mort sociale; [**das ist**] **das ~ für die Verhandlungen** [cela signifie] la rupture des négociations

aus|arbeiten *tr V* élaborer, mettre au point; **etw ~** élaborer qc, mettre qc au point

Ausarbeitung <-, -en> *f* élaboration *f*, mise *f* au point

aus|arten ['aʊsartən] *itr V + sein* [**in einen Streit**] **~** dégénérer en dispute

aus|atmen I. *itr V* expirer
II. *tr V* expirer; **den Rauch durch die Nase ~** rejeter la fumée par le nez

aus|backen *unreg tr V* GASTR (*in der Pfanne*) faire frire; (*im Backofen*) faire cuire

aus|baden *tr V fam* trinquer pour (*fam*); **das musst du alleine ~** c'est à toi de payer seul les pots cassés

aus|baggern *tr V* ❶ (*vertiefen*) draguer *Fahrrinne, Fluss, Teich;* creuser *Graben*
❷ (*herausholen*) draguer *Sand, Schlamm;* extraire *Erdreich*

aus|balancieren* [-balãsi:rən] *tr V a. fig* équilibrer

Ausbau *m kein Pl* ① *(das Ausbauen) eines Dachgeschosses* aménagement *m*
② *(das Herausmontieren) eines Geräteteils, einer Maschine* démontage *m*
③ *(das Verbessern) von Beziehungen, einer Verbindung* renforcement *m; einer Freundschaft* consolidation *f*
④ *(das Vergrößern) einer Position, eines Vorsprungs* renforcement *m,* consolidation *f*
aus|bauen *tr V* ① *(baulich erweitern)* aménager; **etw zu einem Studio** ~ aménager qc en studio
② *(herausmontieren)* **etw aus etw** ~ démonter qc de qc
③ *(verbessern)* renforcer *Kontakte, Verbindungen;* consolider *Freundschaft*
④ *(konsolidieren)* consolider, renforcer *Position, Vorsprung, Markt*
ausbaufähig *Adj* ① *fam (viel versprechend) Leistung* très prometteur(-euse)
② *fam (verbesserungsfähig) Idee, Aufsatz, Artikel* perfectible
③ COM *Absatz, Markt* qui peut être consolidé(e)
④ *(viel versprechend) Beziehungen, Verbindungen* qui peut être renforcé(e)
aus|bedingen* *tr V unreg* **sich** *(Dat)* **von jdm ein Recht/eine Freiheit** ~ se réserver un droit/une liberté de la part de qn
aus|beißen *tr V unreg* **sich** *(Dat)* **einen Zahn** ~ se casser une dent
aus|bessern *tr V* raccommoder *Kleidungsstück;* réparer *Dach, Bruchstelle*
Ausbesserung <-, -en> *f eines Kleidungsstücks* raccommodage *m; eines Dachs, einer Bruchstelle* réparation *f*
Ausbesserungsarbeiten *Pl* travaux *mpl* de réparation
aus|beulen I. *tr V* ① déformer *Kleidungsstück, Tasche*
② *(reparieren)* redresser *Beule, Kotflügel*
II. *r V* **sich** ~ se déformer
Ausbeute *f* ① MIN rendement *m;* **die** ~ **an Erz/Kohle** le rendement en minerai/charbon
② *(Gewinn)* gain *m;* **die** ~ **eines Monats/der Anstrengungen** le gain d'un mois/le bénéfice des efforts
aus|beuteln *tr V* A *(ausschütteln)* secouer *Teppich, Staubtuch*
aus|beuten *tr V a.* MIN exploiter
Ausbeuter(in) <-s, -> *m(f) pej* exploiteur(-euse) *m(f)*
Ausbeutung <-, -en> *f* MIN, ÖKON, JUR exploitation *f;* ~ **fremder Leistung** JUR exploitation de la prestation d'un tiers
aus|bezahlen* *tr V* ① verser *Geld, Gehalt;* payer *Arbeitnehmer, Überstunden, Urlaub*
② *(abfinden)* racheter les parts de *Geschäftspartner;* **einen Erben** ~ racheter à un héritier sa part
aus|bilden I. *tr V* ① *(beruflich unterweisen)* former *Azubi, Rekruten;* entraîner *Nachwuchssportler;* **jdn zum Arzt/Sänger** ~ former qn à la médecine/au chant; **ausgebildet** de formation, diplômé(e)
② *(entwickeln)* développer *Fähigkeiten, Stimme;* **eine ausgebildete Stimme** une voix qui a été travaillée
③ *(hervorbringen)* former *Knospe, Blatt*
II. *r V* ① *(sich schulen)* **sich als Pianist** [*o* **zum Pianisten**] ~ se former au piano
② BOT **sich** ~ *Knospe, Blatt:* se former
Ausbilder(in) <-s, -> *m(f)* ① *(in einem Betrieb)* formateur(-trice) *m(f)*
② MIL instructeur(-trice) *m(f)*
Ausbildner ['aʊsbɪltnɐ] A, CH *s.* **Ausbilder(in)**
Ausbildung *f* ① *(Schulung) von Auszubildenden, Akademikern* formation *f; von Rekruten* instruction *f; von Nachwuchssportlern* entraînement *m;* **die** ~ **zum Lehrer** la formation des professeurs
② *(Entwicklung) von Fähigkeiten, Fertigkeiten* développement *m; der Stimme* travail *m*
③ BOT *einer Knospe, eines Blatts* formation *f*
Ausbildungsbeihilfe *f* allocation *f* de formation professionnelle **Ausbildungsberuf** *m* profession *f* à formation professionnelle **Ausbildungsförderung** *f* bourse *f* d'études **Ausbildungsplatz** *m* place *f* d'apprenti [*o* en apprentissage] **Ausbildungsverhältnis** *nt* **im** ~ **stehen** [*o* **sein**] être en apprentissage **Ausbildungsvertrag** *m* contrat *m* d'apprentissage [*o* de formation]
aus|bitten *r V unreg geh* **sich** *(Dat)* **von jdm Ruhe** ~ exiger le silence de la part de qn
▸ **das möchte ich mir [auch] ausgebeten haben!** je l'espère pour vous/pour toi! *(soutenu)*
aus|blasen *unreg tr V* souffler *Kerze*
aus|bleiben *itr V unreg + sein* ① *Besucher, Gäste:* ne pas venir
② *(nicht erfolgen, nicht passieren)* ne pas venir; *Symptome:* ne pas se déclarer [*o* manifester]; *Puls, Atmung:* s'arrêter; *Bericht, Meldung, Nachricht:* ne pas arriver; *Sturm, Orkan:* ne pas éclater; **die erwarteten Schneefälle sind ausgeblieben** la neige attendue n'est pas tombée; **es konnte [ja] nicht ~, dass** ça ne pouvait pas manquer que + *subj*
Ausbleiben <-s> *nt a.* MED, PHYSIOL absence *f*
aus|blenden I. *tr V* ① *(herausnehmen)* couper *Bild, Szene;* **es wird ausgeblendet** il y a une coupure
② *(ausklingen lassen)* **den Ton [langsam]** ~ éteindre le son en fondu; **es wird [langsam] ausgeblendet** il y a une fermeture en fondu
II. *r V* **wir müssen uns leider** ~ nous sommes malheureusement obligés de rendre l'antenne
Ausblendung <-, -en> *f* ① TV, RADIO *des Bildes* fermeture *f* en fondu; *des Tons* fondu *m*
② INFORM mode *m* réduction
Ausblick *m* ① *(Aussicht)* vue *f;* **der** ~ **auf etw** *(Akk)* la vue sur qc; **von hier aus hat man einen tollen** ~ d'ici on a une superbe vue
② *(Zukunftsvision)* perspective *f;* **einen** ~ **auf etw** *(Akk)* **geben** donner une vue d'ensemble à qc; **der** ~ **auf die nahe Zukunft** les proches perspectives d'avenir
aus|bluten I. *itr V + sein Person, Tier:* perdre son sang; **[völlig]** ~ *Person, Tier:* perdre [tout] son sang; **ein Tier** ~ **lassen** saigner un animal
II. *tr V* **ein Land** ~ saigner un pays à blanc
aus|bohren *tr V* ① *(bohren)* creuser; *(erweitern)* agrandir; **einen Brunnen** ~ creuser un puits
② *(entfernen)* **einen Ast aus dem Holz** ~ enlever une branche en forant le bois
aus|bomben *tr V* **ausgebombt werden** être sinistré(e) suite à un bombardement
aus|booten ['aʊsbo:tən] *tr V fam* débarquer *(fam) Teilhaber, Konkurrenten*
aus|borgen *tr V fam* ① *(verleihen)* filer *(fam);* **[jdm] etw** ~ filer qc [à qn]
② *(sich ausleihen)* **[sich** *(Dat)***] etw von jdm** ~ piquer qc à qn *(fam)*
aus|brechen *unreg* **I.** *itr V + sein* ① s'évader; **aus dem Gefängnis** ~ s'évader de prison; **aus dem Käfig** ~ s'échapper de la cage; **ausgebrochen** *Häftling* évadé(e); *Tier* échappé(e)
② MIL *Truppen:* rompre l'encerclement; **aus einem Kessel** ~ se dégager d'un encerclement
③ *fig* **aus der Ehe/einer Beziehung** ~ rompre avec le mariage/une relation; **aus dem Trott** ~ rompre avec le train-train
④ *(zur Eruption gelangen) Vulkan:* entrer en éruption; **das Ausbrechen** l'éruption
⑤ *(losbrechen) Jubel, Krieg:* éclater; *Hass, Wut:* se déchaîner; *Brand, Seuche:* se déclarer
⑥ *(verfallen in)* **in Jubel** ~ laisser éclater sa joie; **in Tränen** ~ fondre en larmes; **in Gelächter** ~ éclater de rire
⑦ *(außer Kontrolle geraten)* **vor einem Hindernis** ~ *Tier:* se dérober devant un obstacle; **in der Kurve** ~ *Pkw:* faire une

embardée [dans un virage]
❽ (*austreten*) **jdm bricht der Schweiß/Angstschweiß aus** qn se met à suer/à avoir des sueurs froides
II. *tr V + haben* abattre *Wand;* percer *Fenster;* **Steine aus der Mauer ~** détacher des pierres du mur; **sich** (*Dat*) **einen Zahn ~** se casser une dent

Ausbrecher(in) <-s, -> *m(f)* évadé(e) *m(f)*

aus|breiten I. *tr V* ❶ (*hinlegen*) étaler; **etw vor jdm ~** étaler qc devant qn
❷ (*ausstrecken*) déployer *Flügel;* **die Arme ~** ouvrir [grand] les bras
❸ (*darlegen*) **seine Pläne vor jdm ~** exposer ses plans à qn
II. *r V* ❶ (*sich erstrecken*) **sich ~** *Klimazone, Wüste:* s'étendre
❷ (*übergreifen*) **sich auf etw** (*Akk o Dat*)**/über etw** (*Akk o Dat*) **~** *Brand, Seuche:* se propager à/sur qc; *Krieg:* s'étendre à qc; *Hoch, Tief, Regengebiet:* s'installer sur qc
❸ (*überhand nehmen*) **sich ~** progresser, se propager
❹ *fam* (*sich breit machen*) **sich auf dem Sofa ~** s'étaler sur le canapé (*fam*)

Ausbreitung <-, -en> *f* ❶ *eines Brands, einer Seuche* propagation *f; eines Kriegs* extension *f; eines Hochs, Tiefs* installation *f*
❷ (*das Überhandnehmen*) *des Hasses, Rassismus* propagation *f*

ausbrennen *unreg* **I.** *itr V + sein* ❶ *Haus, Auto:* brûler
❷ (*herunterbrennen*) *Feuer, Kerze, Petroleumlampe:* s'éteindre
❸ *sl* (*energielos sein*) **ausgebrannt sein** être nase (*fam*)
II. *tr V + haben* cautériser *Schlangenbiss, Wunde*

aus|bringen *tr V unreg* ❶ (*ausrufen*) **ein Hoch auf jdn ~** pousser un hourra en l'honneur de qn; **einen Toast auf jdn ~** porter un toast à/en l'honneur de qn
❷ NAUT mouiller *Anker;* **ein Boot ~** mettre un bateau à l'eau

Ausbruch *m* ❶ (*das Ausbrechen*) évasion *f;* **~ aus etw** évasion *f* de qc; **jdm gelingt der ~** qn réussit à s'évader
❷ MIL percée *f*
❸ (*Beginn*) déclenchement *m*
❹ (*Eruption*) éruption *f; eines Geysirs* jaillissement *m*
❺ (*Entladung*) **~ von Hass/Wut** explosion *f* de haine/colère

Ausbruchsversuch *m* ❶ *eines Häftlings* tentative *f* d'évasion
❷ MIL tentative *f* de sortie [*o* de percée]

aus|brüten *tr V* ❶ *Vogel:* couver [jusqu'à éclosion]; **etw ~** *Vogel:* couver qc [jusqu'à éclosion]; **ausgebrütet** arrivé(e) à éclosion
❷ *fam* (*aushecken*) mijoter (*fam*)
❸ *fam* (*entwickeln*) couver *Erkältung, Grippe*

aus|buchen *tr V* FIN, ÖKON sortir d'un compte, biffer

aus|buchten *itr V Küste:* former une échancrure/des échancrures; **die Straße buchtet aus** il y a un renfoncement dans la rue; **ein ausgebuchtetes Ufer** une rive échancrée

Ausbuchtung ['aʊsbʊxtʊŋ] <-, -en> *f* échancrure *f*

aus|buddeln ['aʊsbʊdəln] *tr V fam* ❶ (*ausgraben*) déterrer
❷ (*ausfindig machen*) dégoter (*fam*)

aus|bügeln *tr V* ❶ (*durch Bügeln glätten*) défroisser au fer *Falte*
❷ *fam* (*bereinigen*) arranger *Angelegenheit, Missverständnis*

aus|buhen ['aʊsbu:ən] *tr V fam* huer; **ausgebuht werden** se faire conspuer [*o* huer]

Ausbund *m kein Pl* modèle *m* (*soutenu*); **ein ~ an** [*o* **von**] **Frömmigkeit/Tugend** un modèle de piété/vertu

aus|bürgern ['aʊsbʏrgɐn] *tr V* déclarer déchu(e) de sa nationalité; **jdn ~** déclarer qn déchu(e) de sa nationalité; **aus Deutschland ausgebürgert werden** être déchu(e) de la nationalité allemande

Ausbürgerung <-, -en> *f* déchéance *f* [*o* privation *f*] de la nationalité

aus|bürsten *tr V* brosser *Anzug, Mantel;* **einen Fleck ~** enlever une tache à la brosse

aus|checken [-'tʃɛkn] *itr V Fluggast:* passer les contrôles; *Hotelgast:* régler sa note

Ausdauer *f kein Pl* persévérance *f,* ténacité *f;* (*körperlich*) endurance *f,* résistance *f*

ausdauernd I. *Adj Mitarbeiter, Arbeiter* persévérant(e); *Arbeiten, Bemühungen* constant(e); *Sportler* résistant(e)
II. *Adv* avec persévérance

ausdehnbar *Adj* extensible

aus|dehnen I. *r V* ❶ **sich ~** *Ballonhülle:* se gonfler; *Metall, Gas:* se dilater; **ausgedehnt** *Fläche, Park* étendu(e)
❷ (*sich ausbreiten*) **sich auf/über ein Land ~** *Brand, Krieg, Seuche:* s'étendre à/sur un pays
❸ (*dauern*) **sich ~** *Prüfung, Verhandlungen, Wartezeit:* se prolonger; **ausgedehnt** *Erholungspause, Spaziergang* prolongé(e)
II. *tr V* ❶ (*verlängern*) prolonger *Aufenthalt, Urlaub*
❷ (*erweitern*) **etw auf das Nachbarland ~** étendre qc au pays voisin

Ausdehnung *f* ❶ (*Verlängerung*) *eines Aufenthalts* prolongation *f*
❷ (*Ausbreitung*) *eines Kriegs* extension *f; eines Brands, einer Seuche* propagation *f*
❸ (*Vergrößerung*) *des Einflussbereichs, Universums* extension *f*
❹ (*Fläche*) étendue *f*

aus|denken *tr V unreg* ❶ inventer; **sich** (*Dat*) **eine Ausrede/Geschichte ~** inventer une excuse/histoire; **sich** (*Dat*) **einen Plan ~** imaginer un plan; **wer hat sich das bloß ausgedacht?** qui a encore été inventer ça?
❷ (*sich vorstellen*) **ich hatte mir dieses Abendessen so schön ausgedacht!** j'étais si content à l'idée de ce dîner!; **etw ist nicht auszudenken** qc est inimaginable; **es ist nicht auszudenken!** c'est pas pensable!
► **da musst du dir schon etwas anderes ~!** *fam* il va falloir inventer autre chose!; **das hast du dir so** [*o* **fein**] **ausgedacht!** *fam* ça c'est ce que tu crois!

aus|dienen *itr V fam* **ausgedient haben** pouvoir être mis(e) au rancart (*fam*); **ausgedient** *Möbel* vieux(vieille); *Brennstäbe* usagé(e)

aus|diskutieren* *tr V* discuter [*o* débattre] [à fond]; **etw ~** discuter [*o* débattre] qc [à fond]

aus|dörren I. *tr V + haben* (*austrocknen*) déshydrater *Person;* dessécher *Land, Boden;* **ausgedörrt** *Person, Kehle* déshydraté(e); *Boden, Gebiet* aride
II. *itr V + sein* se dessécher

aus|drehen *tr V fam* fermer (*fam*)

Ausdruck[1] <-drücke> *m* ❶ (*Bezeichnung*) expression *f*
❷ *kein Pl* (*Gesichtsausdruck*) expression *f*
❸ *kein Pl* (*Bekundung*) **der ~ einer S.** (*Gen*) l'expression *f* de qc; **in etw** (*Dat*) **zum ~ kommen** s'exprimer à travers qc; **etw zum ~ bringen, einer S.** (*Dat*) **~ geben** [*o* **verleihen**] *form* exprimer qc; **als ~ meiner Dankbarkeit** en témoignage de ma gratitude; **mit dem ~ des Bedauerns** *form* avec l'expression de mes/ses/... regrets (*form*); **mit dem ~ der Hochachtung** *form* avec l'expression de ma/sa/... plus haute considération (*form*)
❹ *kein Pl* (*Ausdrucksweise*) façon *f* de s'exprimer; **gewandt im ~ sein** s'exprimer avec aisance

Ausdruck[2] <-drucke> *m* (*ausgedruckter Text*) imprimé *m*

aus|drucken *tr V* lister *Statistik, Tabelle;* imprimer *Brief, Text*

aus|drücken I. *tr V* ❶ (*bekunden, zeigen*) exprimer; **Enttäuschung/Hilflosigkeit ~** *Gesicht, Blick:* exprimer de la déception/détresse; **[jdm] seine Dankbarkeit/sein Mitgefühl ~** exprimer sa reconnaissance/sympathie [à qn]
❷ (*formulieren*) exprimer *Meinung, Unzufriedenheit;* **und das ist noch milde ausgedrückt** et c'est peu dire; **anders ausgedrückt** en d'autres termes; **vorsichtig ausgedrückt** et je pèse mes termes
❸ (*auspressen*) presser *Schwamm, Tube, Orange;* **[sich** (*Dat*)**] einen Pickel ~** [se] percer un bouton
❹ (*löschen*) écraser *Zigarette*
II. *r V* ❶ (*formulieren*) **sich ~** s'exprimer
❷ (*sich widerspiegeln*) **sich in etw** (*Dat*) **~** s'exprimer dans qc; **sich in jds Gesicht** (*Dat*) **~** *Enttäuschung:* se lire sur le

visage de qn
ausdrücklich ['aʊsdrʏklɪç] **I.** *Adj attr Erlaubnis, Genehmigung* exprès(-esse); *Zuwiderhandlung* caractérisé(e); **auf ~ en Wunsch der Eltern** suivant le vœu exprès des parents
II. *Adv* expressément
ausdruckslos *Adj* inexpressif(-ive)
ausdrucksstark *Adj* expressif(-ive) **Ausdruckstanz** *m* danse *f* d'expression **ausdrucksvoll** *Adj* expressif(-ive) **Ausdrucksweise** *f* façon *f* de s'exprimer
aus|dünnen ['aʊsdʏnən] *tr V* ❶ (*reduzieren*) réduire *Bestand, Team, Angebot*
❷ HORT éclaircir *Obstbaum*
❸ (*herausschneiden*) désépaissir *Haare*
aus|dünsten *tr V* dégager
Ausdünstung <-, -en> *f einer Person, eines Tiers* transpiration *f; von Farbe* émanation *f;* **giftige/übel riechende ~en** des émanations toxiques/malodorantes
auseinander [aʊsaɪ'nandɐ] *Adv* ❶ (*räumlich entfernt*) **[weit] ~ sein** *Personen, Zähne:* être [très] écarté(e)s; **weit ~ liegen** *Ortschaften, Gehöfte:* être [très] loin les un(e)s des autres; **sich ~ setzen** se mettre/placer séparément; **zwei Schüler ~ setzen** séparer deux élèves
❷ (*zeitlich entfernt*) **drei Jahre ~ sein** *Personen:* avoir trois ans de différence; **[zeitlich] weit ~ liegen** *Ereignisse:* être éloigné(e)s [dans le temps]
❸ (*separat*) **etw ~ schreiben** écrire qc séparément
❹ *fam* (*getrennt*) **~ sein** *Paar:* être séparé(e)s
auseinander|bekommen* *s.* **bekommen I.11.**
auseinander|biegen *s.* **biegen I.1.**
auseinander|brechen I. *tr V s.* **brechen I.2.**
II. *itr V s.* **brechen II.1.**
auseinander|bringen *s.* **bringen 15.**
auseinander|dividieren *s.* **dividieren 2.**
auseinander|falten *s.* **falten 1.**
auseinander|gehen *s.* **gehen I.13., I.17.**
auseinander|halten *s.* **halten I.12.**
auseinander|klaffen *s.* **klaffen**
auseinander|laufen *s.* **laufen I.1.**
auseinander|leben *s.* **leben II.**
auseinander|machen *s.* **machen I.7.**
auseinander|nehmen *s.* **nehmen 8.**
auseinander|reißen *s.* **reißen II.7.**
auseinander|rücken I. *itr V s.* **rücken I.1.**
II. *tr V s.* **rücken II.**
auseinander|schneiden *s.* **schneiden I.1.**
auseinander|setzen I. *tr V s.* **setzen I.7.**
II. *r V s.* **setzen II.3.**
Auseinandersetzung <-, -en> *f* ❶ (*Streit*) explication *f;* **mit jdm eine ~ haben** avoir une explication avec qn; **es kommt wegen etw zu einer ~/zu ~en** il y a une explication/des explications à cause de qc
❷ (*Beschäftigung*) **die ~ mit etw** la prise en compte de qc
❸ JUR (*Besitzaufteilung*) **gerichtliche/außergerichtliche ~** partage *m* judiciaire/amiable
auseinander|streben *s.* **streben 2.**
auseinander|treiben I. *tr V s.* **treiben I.1.**
II. *itr V s.* **treiben II.1.**
auserkoren ['aʊsɛɐko:rən] *Adj geh* élu(e) (*littér*); **dazu ~ sein, etw zu tun** être appelé(e) à faire qc
auserlesen ['aʊsɛɐle:zən] **I.** *Adj* de choix
II. *Adv* particulièrement
aus|ersehen* *tr V unreg geh* élire; **jdn zu etw ~** élire qn comme qc; **zur Nachfolgerin ~ sein** être élue comme successeur
aus|erwählen* *tr V geh* élire; **jdn zu etw ~** élire qn pour qc; **jdn ~ etw zu tun** choisir qn pour faire qc
Auserwählte(r) *f(m) dekl wie Adj* ❶ *geh* élu(e) *m(f)*
❷ *hum* **der/die ~** l'heureux élu/l'heureuse élue; **ihr ~r** l'élu de son cœur
ausfahrbar ['aʊsfa:ɐba:ɐ] *Adj Fahrgestell, Kopfstütze* escamotable; *Antenne* télescopique
aus|fahren *unreg* **I.** *tr V + haben* ❶ (*spazieren fahren*) sortir [*o* emmener] en voiture; **ein Baby ~** sortir un bébé dans son landau; **jdn ~** sortir [*o* emmener] qn en voiture
❷ (*ausliefern*) livrer *Waren*
❸ (*auf Höchstgeschwindigkeit bringen*) **seinen Wagen [voll] ~** pousser sa voiture [à fond]
❹ (*herauslassen*) sortir *Antenne, Fahrwerk*
❺ (*nicht schneiden*) **eine Kurve ~** bien prendre un virage
II. *itr V + sein* ❶ (*spazieren fahren*) sortir [en voiture]
❷ (*sich nach außen bewegen*) *Antenne, Fahrwerk:* sortir
❸ REL **aus jdm ~** *Geist, Dämon:* sortir de qn
Ausfahrt *f* ❶ (*Garagenausfahrt, Hofausfahrt, Autobahnausfahrt*) sortie *f;* **vor einer ~ parken** être garé(e) en bloquant une sortie; **~ freihalten!** sortie de voitures!
❷ (*Spazierfahrt*) sortie *f* [*o* promenade *f*] en voiture
❸ *kein Pl* (*Erlaubnis zur Abfahrt*) **die ~ freigeben** donner la voie; **keine ~ haben** *Zug:* attendre que la voie soit libre
Ausfahrt[s]schild *nt* panneau *m* de sortie d'autoroute
Ausfall *m* ❶ (*Fehlbetrag*) déficit *m*, baisse *f;* (*Verlust*) perte *f*
❷ (*Versagen*) panne *f*, défaillance *f; der Atmung, eines Organs* arrêt *m*
❸ *kein Pl* (*das Nichtstattfinden*) annulation *f*
❹ *kein Pl* (*Fehlen*) *von Lehrern, Mitarbeitern* absence *f*
❺ LING (*Wegfall*) chute *f*
❻ *geh* (*Beleidigung*) invective *f* (*littér*)
❼ MIL sortie *f*
❽ (*Attacke beim Fechten*) botte *f*
aus|fallen *itr V unreg + sein* ❶ (*herausfallen*) *Haare, Zähne:* tomber; **ihr fallen die Haare aus** elle perd ses cheveux
❷ (*nicht stattfinden*) être supprimé(e) [*o* annulé(e)]; **~ lassen** laisser tomber (*fam*) *Termin;* faire sauter *Unterrichtsstunde;* sauter *Mahlzeit, Essen*
❸ (*nicht funktionieren*) *Apparat, Anlage, Motor:* tomber en panne; *Atmung:* s'arrêter; *Organ:* cesser de fonctionner
❹ (*entfallen*) *Einnahmen, Verdienst:* disparaître
❺ (*nicht zur Verfügung stehen*) *Person:* manquer; *Maschine, Triebwerk:* lâcher; **aus Krankheitsgründen ~** *Person:* être absent(e) pour raison de santé
❻ LING *Endung, Konsonant, Vokal:* tomber
❼ (*beschaffen sein*) **groß/klein/eng ~** *Kleidungsstück:* tailler grand/petit/étroit; **gut/schlecht ~** *Prüfung, Klassenarbeit:* être bon/mauvais; **[zu] lang ~** *Artikel, Rede:* être [trop] long(longue); *s. a.* **ausgefallen**
aus|fällen *tr V* CHEM précipiter dans une solution; **etw aus einer Lösung ~** précipiter qc dans une solution
ausfallend I. *Adj* offensant(e); **~ werden** se faire insultant(e)
II. *Adv* de [*o* d'une] manière insultante
ausfällig *s.* **ausfallend**
Ausfallstraße *f* route *f* de sortie de ville, voie *f* de dégagement
aus|fechten *tr V unreg* vider *Streit;* **einen Kampf ~** livrer bataille jusqu'au bout; **einen Prozess ~** poursuivre un procès jusqu'au bout; **ich werde das mit ihm ~ müssen** il va falloir que je me batte avec lui sur ce point
aus|fegen *tr V* balayer
aus|feilen *tr V* ❶ (*zurechtfeilen*) limer *Grat, Unebenheit*
❷ *fig* peaufiner (*littér*) *Aufsatz, Artikel, Rede*
aus|fertigen *tr V form* établir, délivrer *Pass, Dokument*
Ausfertigung *f form* ❶ *kein Pl eines Dokuments* établissement *m*
❷ (*Abschrift*) exemplaire *m;* **in einfacher/dreifacher ~** en un/triple exemplaire; **in mehrfacher ~** en plusieurs exemplaires
ausfindig ['aʊsfɪndɪç] *Adj* **jdn/etw ~ machen** trouver qn/qc
aus|fliegen *unreg* **I.** *itr V + sein* ❶ *Vogel:* s'envoler, quitter le nid

❷ *fam* (*weggehen*) s'envoler (*fam*); **sie ist ausgeflogen** elle s'est envolée (*fam*)
II. *tr V + haben* **jdn/etw aus einer Stadt ~** évacuer qn/qc d'une ville par avion
aus|fließen *itr V unreg + sein Öl, Gift:* s'écouler; *Container, Fass:* fuir
aus|flippen ['aʊsflɪpən] *itr V + sein fam* ❶ (*wütend werden*) piquer une [*o* sa] crise (*fam*); **völlig ~** péter les plombs (*fam*); **flipp nicht aus!** du calme! (*fam*)
❷ (*sich freuen*) ne plus se sentir (*fam*)
❸ (*durchdrehen*) débloquer (*fam*); (*aufgrund von Drogen, Alkohol*) être défoncé(e) (*fam*); **[total] ausgeflippt sein** être [complètement] cinglé(e) (*fam*)
Ausflucht ['aʊsflʊxt, *Pl:* 'aʊsflʏçtə] <-, -flüchte> *f* prétexte *m*, faux-fuyant *m;* **Ausflüchte machen** tergiverser (*littér*)
Ausflug *m* ❶ (*Betriebsausflug, Schulausflug*) excursion *f;* (*Wanderung*) randonnée *f;* **einen ~ machen** faire une [*o* partir en] excursion
❷ (*Exkurs*) **einen [kurzen] ~ in die Theorie machen** faire une [brève] digression sur la théorie
Ausflügler(in) ['aʊsfly:klɐ] <-s, -> *m(f)* excursionniste *mf*
Ausflugsdampfer *m* bateau *m* de plaisance **Ausflugslokal** *nt* restaurant *m* touristique **Ausflugsort** *m* lieu *m* d'excursion **Ausflugsziel** *nt* but *m* d'excursion
Ausfluss[RR] *m* ❶ (*Abflussstelle*) *eines Beckens* écoulement *m; eines Teichs* décharge *f*
❷ *kein Pl* MED pertes *fpl* [blanches]
aus|folgen *tr V* A *form* (*aushändigen*) remettre *Dokument, Waren*
aus|forschen *tr V* sonder
aus|fragen *tr V* interroger en détail; **jdn ~** interroger qn en détail
aus|fransen ['aʊsfranzən] *itr V + sein Stoffrand:* s'effilocher
aus|fressen *tr V unreg fam* **etwas ausgefressen haben** avoir quelque chose sur la conscience (*fam*); **hast du wieder was ausgefressen?** tu as encore fait quelque chose de travers? (*fam*)
Ausfuhr ['aʊsfu:ɐ] <-, -en> *f* ❶ *kein Pl* (*Export*) exportation *f; von Technologie* transfert *m*
❷ *Pl* (*Waren*) exportations *fpl*
Ausfuhrartikel *m* article *m* d'exportation
ausführbar *Adj* réalisable
Ausfuhrbeschränkung *f* restriction *f* à l'exportation **Ausfuhrbestimmungen** *Pl* dispositions *fpl* réglementant les exportations
aus|führen *tr V* ❶ (*durchführen*) exécuter *Anweisung, Beschluss, Befehl;* remplir *Auftrag;* réaliser *Entwurf, Plan;* réaliser, mener *Bauarbeiten;* faire *Operation*
❷ SPORT tirer *Elfmeter, Strafstoß*
❸ (*exportieren*) exporter
❹ (*darlegen, erläutern*) **[jdm] etw ~** exposer qc [à qn]
❺ (*spazieren führen*) sortir
❻ *hum* (*öffentlich zeigen*) montrer *Kleid*
Ausführende(r) *f(m) dekl wie Adj* THEAT, MUS interprète *mf*
Ausfuhrgüter *Pl* ÖKON biens *mpl* d'exportation **Ausfuhrhafen** *m* ÖKON port *m* d'exportation **Ausfuhrkontrolle** *f* contrôle *m* des exportations **Ausfuhrland** *nt* ❶ (*exportierendes Land*) pays *m* exportateur ❷ (*importierendes Land*) pays *m* importateur
ausführlich ['aʊsfy:ɐlɪç] I. *Adj* détaillé(e), circonstancié(e)
II. *Adv* en détail
Ausführlichkeit <-> *f* présentation *f* détaillée; **in aller ~** dans les moindres détails
Ausfuhrsperre *f* embargo *m* **Ausfuhrstopp** *m* gel *m* des exportations **Ausfuhrüberschuss**[RR] *m* excédent *m* des exportations
Ausführung *f* ❶ *kein Pl* (*Durchführung*) exécution *f; einer Anweisung, eines Beschlusses* application *f; eines Entwurfs, der Bauarbeiten, einer Erfindung* réalisation *f; eines Elfmeters, Strafstoßes* tir *m;* **zur ~ gelangen [*o* kommen]** *form* être exécuté(e)
❷ (*Qualität*) *eines Produkts* qualité *f*
❸ (*Modell*) modèle *m;* **einfache/elegante ~** version *f* ordinaire/de luxe
❹ *meist Pl* (*Darlegung*) exposé *m*
Ausfuhrverbot *nt* interdiction *f* d'exporter **Ausfuhrzoll** *m* COM droit *m* de douane à l'exportation
aus|füllen *tr V* ❶ remplir *Antrag, Formular, Liste*
❷ (*gerecht werden*) **einen Posten unzureichend ~** mal remplir ses fonctions
❸ (*befriedigen*) **jdn [ganz] ~** *Beschäftigung:* satisfaire [parfaitement] qn
❹ (*in Anspruch nehmen*) occuper *Zeit*
❺ (*verbringen*) **sein Leben/die Zeit mit etw ~** passer sa vie/son temps à faire qc
❻ (*stopfen*) boucher *Spalt, Loch*
aus|füttern *tr V* ❶ (*mit Innenfutter versehen*) doubler; **eine Jacke mit Seide ~** doubler une veste de soie; **einen Mantel mit Pelz ~** fourrer un manteau
❷ (*auskleiden*) **mit Stoff** (*Dat*) **ausgefüttert** tapissé(e) [*o* garni(e)] de tissu
❸ ARCHIT (*ausfüllen*) colmater
Ausgabe *f* ❶ *kein Pl* (*das Austeilen, Verkaufen*) *von Proviant, Hilfsgütern* distribution *f; von Fahrkarten, Dokumenten* délivrance *f*
❷ *kein Pl* FIN, BÖRSE *von Aktien, Anleihen* émission *f*
❸ INFORM *einer Datei, von Daten* édition *f*
❹ (*Schalter*) (*Bücher~*) guichet *m;* (*Essensausgabe*) comptoir *m*
❺ (*Edition*) *eines Buchs, einer Zeitung* édition *f;* (*Version*) version *f*
❻ *Pl* (*Kosten*) dépenses *fpl*
Ausgabegerät *nt* INFORM périphérique *m* de sortie
Ausgabenbeleg *m* facture *f*, ticket *m* de caisse
Ausgabeschalter *m* guichet *m* **Ausgabestelle** *f* bureau *m* de distribution; FIN bureau *m* d'émission
Ausgang <-gänge> *m* ❶ *eines Gebäudes, einer Ortschaft* sortie *f; eines Waldes* lisière *f*
❷ AVIAT porte *f*
❸ MED *eines Organs* orifice *m*
❹ (*Ausgeherlaubnis*) **~ haben** pouvoir sortir; *Personal:* avoir son jour de sortie; MIL avoir une permission
❺ *kein Pl* (*Ende*) *einer Epoche, Geschichte* fin *f*
❻ *kein Pl* (*Ergebnis*) issue *f;* **einen traurigen/glücklichen ~ nehmen** connaître un triste/heureux dénouement; **ein Unfall mit tödlichem ~** un accident mortel
❼ *Pl* (*Post*) courrier *m* à expédier; (*Waren*) envois *mpl*
ausgangs *Präp + Gen* ❶ (*räumlich*) à la sortie de
❷ (*zeitlich*) à la fin de
Ausgangsbasis *f* base *f* de départ; **wir haben die gleiche ~** nous démarrons sur la même base **Ausgangshafen** *m* port *m* d'embarquement **Ausgangslage** *f* situation *f* initiale **Ausgangsposition** *f* position *f* initiale **Ausgangsprodukt** *nt* produit *m* de base **Ausgangspunkt** *m* point *m* de départ
Ausgangssperre *f* (*für Zivilisten*) couvre-feu *m;* (*für Soldaten*) consigne *f;* **~ haben** *Soldaten:* être consigné(e)
Ausgangssprache *f* langue-source *f* **Ausgangsstellung** *f* SPORT position *f* initiale
ausgebaut *Adj Infrastruktur, Verkehrssystem* organisé(e); *Straße* aménagé(e); **[gut] ~** *Infrastruktur, Verkehrssystem* [bien] organisé(e); *Straße* [bien] aménagé(e)
aus|geben *unreg* I. *tr V* ❶ (*austeilen, verteilen*) distribuer; **Essen/Medikamente an jdn ~** distribuer des repas/médicaments à qn
❷ (*aushändigen, verkaufen*) délivrer *Ausweise, Dokumente, Fahrkarten;* donner *Karten*
❸ (*erteilen*) donner *Befehle*
❹ INFORM **etw ~** *Drucker:* sortir qc

5 FIN émettre *Aktie, Geldschein, Scheckkarte*
6 (*aufwenden*) **hundert Euro für etw** ~ dépenser cent euros pour qc; **was hast du für die Tasche ausgegeben?** combien as-tu payé ton sac?
7 *fam* (*spendieren*) **eine Runde/ein Bier** ~ payer une tournée/bière (*fam*); **[jdm] einen** ~ *fam* payer un coup [*o* pot] [à qn] (*fam*)
8 (*darstellen*) **jdn als** [*o* **für**] **die eigene Schwester** ~ faire passer qn pour sa propre sœur; **etw als eigene Erfindung** ~ présenter qc comme sa propre invention
II. *r V* **sich jdm gegenüber als Arzt/Ärztin** ~ se faire passer pour un/une médecin aux yeux de qn
ausgebrannt ['aʊsgəbrant] *Adj* vanné(e) (*fam*); (*körperlich*) sur les genoux [*o* rotules] (*fam*); (*geistig*) vidé(e) (*fam*)
ausgebucht ['aʊsgəbu:xt] *Adj* 1 *Hotel, Ferienort* complet(-ète); *Reise, Angebot* complètement réservé(e)
2 *fig fam* **ich bin** ~ je suis pris(e); **meine Abende sind auf Monate hin** ~ mes soirées sont déjà prises pour plusieurs mois
ausgebufft ['aʊsgəbʊft] *Adj fam Person* roublard(e) (*fam*), rusé(e); *Methode* pas très catholique (*fam*)
Ausgeburt *f* 1 *der Phantasie* produit *m*, création *f*
2 *pej* (*Geschöpf*) **eine** ~ **der Faulheit sein** être la paresse incarnée
ausgedehnt *Adj* 1 (*zeitlich*) prolongé(e)
2 (*räumlich*) vaste, étendu(e)
Ausgedinge <-s, -> *nt* A (*Altenteil*) retraite *f*
ausgefallen *Adj Person* original(e); *Hobby, Speise* peu ordinaire
ausgeglichen ['aʊsgəglɪçən] *Adj Person* pondéré(e)
Ausgeglichenheit <-> *f einer Person* pondération *f*
aus|gehen *itr V unreg + sein* 1 (*aus dem Haus gehen*) sortir; (*spazieren gehen*) aller faire un tour; **mit jdm** ~ sortir avec qn
2 (*ausfallen*) *Haare, Federn:* tomber; **ihm gehen die Haare aus** il perd ses cheveux
3 (*zugrunde legen*) **von einem geringen Umsatz** ~ escompter un chiffre d'affaire modeste; **von jds Verschwiegenheit** ~ compter sur la discrétion de qn; **davon** ~**, dass es so ist** partir du principe [*o* supposer] que c'est ainsi
4 (*herrühren*) **von jdm** ~ *Idee, Anregung, Vorschlag:* être de qn
5 (*seinen Ursprung haben*) **von etw** ~ *Kabel, Straße:* partir de qc; *Strahlung, Wärme:* se dégager de qc
6 (*erlöschen*) *Streichholz, Feuer, Ofen:* s'éteindre
7 (*enden*) **gut/schlecht** ~ *Spiel, Match, Verhandlungen:* bien/mal se terminer; *Film, Buch:* bien/mal finir
8 (*schwinden*) *Vorräte:* s'épuiser; **uns geht der Gesprächsstoff/das Geld aus** nous manquons de sujets de conversation/d'argent; **mir geht die Geduld/Puste aus** *fam* je suis à bout de patience/de souffle (*fam*)
ausgehend *Adj attr* **das** ~**e Mittelalter** le Moyen Âge finissant; **im** ~**en 19. Jahrhundert** à la fin du 19e siècle
ausgehungert *Adj* 1 *fam* (*sehr hungrig*) affamé(e); ~ **sein** avoir les crocs (*fam*)
2 (*ausgezehrt*) famélique
Ausgehuniform ['aʊsge:uni'fɔrm] *f* tenue *f* de sortie
ausgekocht *Adj pej fam* (*durchtrieben*) roublard(e) (*fam*)
ausgelassen I. *Adj Kind* turbulent(e); *Stimmung, Party, Gesellschaft* débridé(e)
II. *Adv* avec entrain
Ausgelassenheit <-> *f* (*ausgelassene Stimmung*) exubérance *f;* (*auf einer Party*) ambiance *f* du tonnerre (*fam*); *von Kindern* turbulence *f*
ausgemacht *Adj* 1 **es ist** ~**, dass du hier bleibst** il est convenu que tu resteras ici; **es ist eine** ~**e Sache, dass** c'est une affaire entendue que + *indic*
2 *attr fam Witzbold, Schlitzohr* sacré(e) *antéposé* (*fam*); *Lügner, Schwindler* fieffé(e) *antéposé* (*fam*)
ausgemergelt ['aʊsgəmɛrgəlt] *Adj* décharné(e)
ausgenommen ['aʊsgənɔmən] *Präp + Akk* à l'exception de, sauf; **ihn/sie** ~ excepté [*o* sauf] lui/elle; **Kranke nicht** ~ y compris les malades
ausgepowert [aʊsgə'paʊɐt] *Adj fam Person* vidé(e) (*fam*)
ausgeprägt *Adj* 1 prononcé(e); *Stolz* grand(e)
2 (*markant*) *Gesichtszüge* accusé(e); *Nase, Kinn, Adamsapfel* proéminent(e)
ausgerechnet *Adv* juste; ~ **jetzt/heute** juste maintenant/aujourd'hui; ~ **mir muss das passieren!** c'est justement à moi que ça arrive!; ~ **du musst mir das erzählen!** et c'est toi qui viens me dire cela!
ausgeschlafen I. *PP von* **ausschlafen**
II. *Adj* bien reposé(e)
ausgeschlossen ['aʊsgəʃlɔsən] I. *PP von* **ausschließen**
II. *Adj* **[völlig]** ~**!** c'est [absolument] hors de question!
ausgeschnitten ['aʊsgəʃnɪtən] *Adj Bluse, Kleid* décolleté(e)
ausgesorgt ▶ ~ **haben** avoir assuré ses vieux jours
ausgesprochen ['aʊsgəʃprɔxən] I. *Adj* 1 (*besonders*) extrême, particulier(-ière); *Begabung* affirmé(e); *Ähnlichkeit* grand(e)
2 (*ausgeprägt*) *Bierbauch, O-Beine* prononcé(e); **ein** ~**er Geizkragen/eine** ~**e Schönheit sein** être un sacré avare/une vraie beauté (*fam*); **du hast wirklich** ~**es Pech!** tu n'as vraiment pas de chance!
II. *Adv* vraiment, extrêmement
aus|gestalten* *tr V* aménager, décorer *Zimmer, Haus;* développer *Theorie, Methode*
Ausgestaltung *f* 1 *einer Feier* organisation *f*
2 *eines Raums* agencement *m*
ausgestorben ['aʊsgəʃtɔrbən] *Adj* 1 *Tierart* disparu(e)
2 (*verlassen*) **[wie]** ~ **sein** *Gegend* être désert(e)
Ausgestoßene(r) *f(m) dekl wie Adj* exclu(e) *m(f),* paria *m*
ausgesucht ['aʊsgəzu:xt] *Adj* 1 *Wein* fin(e); *Frucht, Güte, Qualität* choisi(e)
2 (*gewählt*) *Worte* choisi(e); (*erlesen*) *Gesellschaft* trié(e) sur le volet
3 (*besonders groß*) **mit** ~**er Freundlichkeit** avec une particulière amabilité
ausgewachsen [-vaks-] *Adj* 1 *Tier* adulte
2 *fam* (*ausgesprochen*) *Blödsinn, Schwachsinn* achevé(e); *Skandal* parfait(e)
ausgewählt *Adj* 1 *Gedichte, Lyrik, Werke* choisi(e)
2 (*erlesen*) sélectionné(e); *Publikum, Mannschaft, Kreise* d'élite; *Weine* fin(e)
ausgewiesen *Adj* CH *Kenner, Fachmann* expert(e)
ausgewogen ['aʊsgəvo:gən] *Adj Kräfteverhältnis, Politik, Ernährung* équilibré(e); *Programm* bien réparti(e)
Ausgewogenheit <-> *f* équilibre *m,* mesure *f;* **eine Politik der** ~ une politique du juste milieu
ausgezeichnet I. *Adj* excellent(e)
II. *Adv* [très] bien; ~ **schmecken** être excellent(e)
ausgiebig ['aʊsgi:bɪç] I. *Adj Mahlzeit* copieux(-euse); *Mittagsschlaf* réparateur(-trice); *Bericht, Informationen* détaillé(e); *Gebrauch* abondant(e)
II. *Adv schlafen, frühstücken, schwimmen* bien; *berichten* par le menu; *gebrauchen* abondamment; ~ **duschen** prendre une bonne douche; ~ **Ski laufen** skier tout son soûl
aus|gießen *tr V unreg* 1 (*weggießen*) jeter *Wasser, Kaffee*
2 (*leeren*) vider *Behälter, Krug, Topf*
3 (*füllen*) **etw mit etw** ~ remplir qc de qc; (*abdichten*) colmater qc avec qc
4 *geh* (*überschütten*) **Hohn/Spott über jdn** ~ abreuver qn de sarcasmes
Ausgleich ['aʊsglaɪç] <-[e]s, *selten* -e> *m* 1 (*Kompensierung*) compensation *f;* **zum** ~ **etwas Sport treiben** faire un peu de sport pour compenser
2 *kein Pl* SPORT égalisation *f;* **den** ~ **erzielen** égaliser [le score]
3 FIN *der Schuld* remboursement *m;* **zum** ~ **des Kontos** pour balancer le compte
4 (*das Wettmachen*) *des Schadens, Fehlers* compensation *f*

⑤ (*das Korrigieren*) *von Ungleichheiten, Gegensätzlichkeiten* compensation *f; von Konflikten, Spannungen* règlement *m*
aus|gleichen *unreg* **I.** *tr V* ① (*wettmachen, korrigieren*) compenser
② FIN balancer *Konto;* rembourser *Schulden;* régler *Rechnung*
③ (*ausbalancieren*) régler, aplanir *Konflikte, Spannungen*
II. *itr V* SPORT **zum 1:1** ~ égaliser 1 à 1
III. *r V* **sich durch etw** ~ *Konflikte, Spannungen:* s'équilibrer avec qc; *Ungleichheiten, Gegensätzlichkeiten:* être compensé(e) [par qc]; *s. a.* **ausgeglichen**
Ausgleichsabgabe *f* FIN indemnité *f* compensatoire **Ausgleichsgetriebe** *nt* TECH [engrenage *m*] différentiel **Ausgleichskasse** *f* CH caisse *f* d'allocations familiales **Ausgleichssport** *m* sport *m* de compensation **Ausgleichstor** *nt,* **Ausgleichstreffer** *m* but *m* égalisateur
ausgleichungspflichtig *Adj* JUR tenu(e) au rapport
aus|gleiten *itr V unreg + sein geh* glisser; **auf etw** (*Dat*) ~ glisser sur qc
aus|gliedern *tr V* détacher
aus|graben *tr V unreg* ① (*aus der Erde herausholen*) exhumer *Leiche;* déterrer *Pflanzen;* mettre à jour *Altertümer, Ruinen*
② (*hervorholen*) ressortir *Anekdote, Gegenstände*
Ausgrabung *f* ① *eines Schatzes, einer Leiche* exhumation *f*
② ARCHÄOL (*Grabungsarbeiten*) fouilles *fpl;* (*Grabungsfund*) trouvaille *f* due aux fouilles
aus|greifen *itr V unreg Redner:* s'étendre
ausgreifend *Adj Schritte* grand(e); *Bewegung* ample; [**weit**] ~ *Schritte* [très] grand(e); *Bewegung* [extrêmement] ample; **mit weit ~en Schritten** à grandes enjambées
aus|grenzen *tr V* exclure; **jdn/etw aus einem Bereich** ~ exclure qn/qc d'un domaine
Ausgrenzung <-> *f* ~ **aus einem Bereich** exclusion *f* d'un domaine; **die ~ durch die Kollegen** la mise à l'écart par les collègues
Ausguck ['aʊsgʊk] <-[e]s, -e> *m* NAUT vigie *f;* ~ **halten** être en vigie
aus|gucken *r V fam* **sich** (*Dat*) **jdn/etw** ~ repérer qn/qc (*fam*)
AusgussRR *m* ① (*Spüle*) évier *m*
② DIAL (*Schnabel*) *einer Kanne* bec *m* [verseur]
aus|haben *unreg* **I.** *tr V fam* ① (*beendet haben*) avoir fini [de lire] *Buch;* **Schule** ~ quitter l'école, sortir de l'école
② (*ausgezogen haben*) avoir enlevé *Kleidungsstück, Schuhe*
II. *itr V fam Schüler:* sortir [de l'école]
aus|hacken *tr V* ① enlever à la pioche; **das Unkraut** ~ enlever la mauvaise herbe à la pioche
② (*mit dem Schnabel herauspicken*) crever *Augen;* arracher *Federn*
aus|haken ['aʊsha:kən] **I.** *tr V* décrocher *Fensterladen, Kette*
II. *itr V unpers* ► **bei jdm hakt es aus** *fam* (*jd versteht nichts mehr*) qn patauge (*fam*); (*jd wird wütend*) qn pique une [*o* sa] crise (*fam*)
aus|halten *unreg* **I.** *tr V* ① (*ertragen können*) supporter; **hältst du es [noch] aus?** tiendras-tu le coup?; **das ist ja nicht zum Aushalten!** c'est insupportable!; **mit ihr lässt es sich** ~ elle est facile à vivre; **hier lässt es sich** ~ on n'est pas [trop] mal ici
② (*standhalten*) supporter *Belastungen, Gewicht, Druck*
③ *pej fam* (*unterhalten*) entretenir; **sich von jdm ~ lassen** se faire entretenir par qn
II. *itr V* **bei jdm** ~ tenir bon auprès de qn
aus|handeln *tr V* négocier; **etw mit jdm** ~ négocier qc avec qn
aus|händigen ['aʊshɛndɪgən] *tr V* remettre; **jdm etw** ~ remettre qc à qn
Aushändigung <-, -en> *f* remise *f*
Aushang *m* affiche *f*
aus|hängen I. *tr V* ① (*bekannt machen*) afficher *Nachricht, Plakat*
② (*aus den Angeln heben*) décrocher *Tür, Fenster;* faire sauter *Haken*
II. *itr V unreg Ankündigung, Nachricht:* être affiché(e)
III. *r V* **sich** ~ ① (*sich lösen*) *Tür, Fensterflügel, Kette:* se déboîter
② (*sich glätten*) *Kleid:* se défroisser
Aushängeschild *nt* ① (*Reklametafel*) enseigne *f*
② (*Renommierstück*) figure *f* de proue
aus|harren ['aʊsharən] *itr V* (*geduldig/mutig sein*) persévérer patiemment/courageusement
aus|härten *tr, itr V* TECH durcir
aus|hauchen *tr V geh* expirer *Luft, Atem;* rejeter *Rauch;* **sein Leben** [*o* **seine Seele**] ~ rendre l'âme
aus|hebeln *tr V* (*zunichte machen*) faire sauter
aus|heben *tr V unreg* ① (*ausschaufeln*) déblayer *Erde;* creuser *Graben, Grab;* **die ausgehobene Erde** les déblais *mpl*
② (*ausrauben, rauben*) dénicher *Vogelnest, Vögel*
③ (*hochgehen lassen*) débusquer *Bande, Hehler;* neutraliser *Schlupfwinkel, Drogenlabor*
Aushebung <-, -en> *f* MIL CH recrutement *m*
aus|hecken ['aʊshɛkən] *tr V fam* manigancer (*fam*)
aus|heilen I. *tr V* guérir [complètement]
II. *itr V + sein* guérir [complètement]
aus|helfen *itr V unreg* donner un coup de main; [**jdm**] ~ donner un coup de main [à qn]; **jdm mit etw** ~ dépanner qn en lui prêtant qc
aus|heulen I. *itr V fam* **ausgeheult haben** avoir fini de pleurer
II. *r V fam* **sich bei jdm** ~ aller pleurer chez qn
Aushilfe *f* ① (*Hilfe*) intérim *m;* **jdn zur ~ einstellen** embaucher qn temporairement; **Putzfrau zur ~ gesucht** cherche femme de ménage intérimaire
② (*Hilfskraft*) intérimaire *mf;* **als ~ arbeiten** faire de l'intérim
Aushilfsarbeit *f* travail *m* occasionnel **Aushilfskellner(in)** *m(f)* extra *mf* **Aushilfskraft** *f* intérimaire *mf* **Aushilfspersonal** *nt* personnel *m* intérimaire **aushilfsweise** *Adv* **in einer Firma ~ tätig sein** être intérimaire [*o* faire de l'intérim] dans une entreprise
aus|höhlen *tr V* ① évider *Kürbis, Brötchen, Baumstamm;* éroder, affouiller *Ufer, Steilküste*
② (*schwächen*) saper *Autorität, Position;* affaiblir *Abwehrkraft, Gesundheit*
Aushöhlung <-, -en> *f* ① (*Höhle*) caverne *f;* (*unterspülte Steilküste*) formation *f* de cavités
② *kein Pl* (*das Unterspülen*) affouillement *m*
③ *kein Pl* (*das Schwächen*) **zur ~ der Gesundheit führen** ruiner la santé; **zur ~ der Autorität/Position führen** saper l'autorité/la position
aus|holen *itr V* ① *Boxer, Schläger:* lever la main/le bras [pour frapper]; *Tennisspieler, Speerwerfer:* prendre son élan; **mit dem Hammer/dem Schläger/der Stange** ~ brandir le marteau/la raquette/la barre; **zum Schlag** ~ lever le bras pour frapper; **mit weit ~den Schritten** à grandes enjambées
② (*ausschweifen*) **weit** ~ *Redner:* se perdre dans les détails
aus|horchen *tr V fam* cuisiner (*fam*); **jdn über jdn/etw** ~ cuisiner qn sur qn/qc
Aushub <-[e]s> *m* ARCHIT creusage *m,* creusement *m*
aus|hungern *tr V* réduiren par la famine; **jdn** ~ réduire qn par la famine; **einen Staat politisch/wirtschaftlich** ~ étrangler un Etat sur le plan politique/économique; *s. a.* **ausgehungert**
aus|husten I. *tr V* expectorer *Schleim;* **eine Gräte** ~ recracher une arête [en toussant]
II. *itr, r V* [**sich**] ~ tousser un bon coup; [**sich**] **ausgehustet haben** avoir fini de tousser
aus|kämmen *tr V* ① (*entfernen*) enlever avec le peigne; **Grashalme** ~ enlever des brins d'herbe avec le peigne
② (*gründlich kämmen*) peigner avec soin
aus|kehren *tr, itr V* balayer
aus|keimen *itr V + sein* germer; **ausgekeimt** dégermé(e)
aus|kennen *r V unreg* **sich** ~ s'y connaître; **sich in Paris** ~

bien connaître Paris; **sich mit Kindern** ~ savoir s'y prendre avec les enfants; **sich mit Computern/in der Steuerpolitik** ~ s'y connaître en ordinateurs/politique fiscale; **mit solchen Problemen kenne ich mich aus!** ce genre de problèmes, ça me connaît!

aus|kippen *tr V fam* vider

aus|klammern *tr V* éluder, mettre entre parenthèses; **etw** ~ éluder qc, mettre qc entre parenthèses

Ausklang *m geh kein Pl* fin *f;* **den** ~ **einer Fete bilden** terminer une fête

ausklappbar *Adj* escamotable

aus|klappen *tr V* sortir; tirer *Tischplatte*

aus|kleiden I. *tr V* ❶ (*beziehen*) recouvrir; **etw mit einer Tapete** ~ recouvrir qc de papier peint; **etw mit feuerfesten Steinen** ~ habiller qc de briques réfractaires
❷ *geh* (*entkleiden*) dévêtir (*soutenu*)
II. *r V geh* **sich** ~ se dévêtir (*soutenu*)

Auskleidung *f* ARCHIT revêtement *m*

aus|klingen *itr V unreg + sein geh Tag:* décliner (*soutenu*); **mit etw** ~ *Veranstaltung:* s'achever par/sur qc; **etw mit einem Lied** ~ **lassen** terminer qc en chantant

aus|klinken I. *tr V* larguer, lâcher
II. *itr V Bombe, Container:* se décrocher
III. *r V* ❶ **sich** ~ *Pilot:* se décrocher
❷ *fam* (*nicht mehr mitmachen*) **sich** [**aus etw**] ~ tirer son épingle du jeu (*fam*)

aus|klopfen *tr V* battre *Teppich, Kleidungsstück;* débourrer *Pfeife*

aus|klügeln ['aʊskly:gəln] *tr V fam* goupiller (*fam*) *System, Verfahren;* **ausgeklügelt** ingénieux(-euse), astucieux(-euse)

aus|kneifen *itr V unreg + sein fam* (*weglaufen*) se débiner (*fam*)

aus|knipsen *tr V fam* éteindre *Licht, Lampe*

aus|knobeln *tr V fam* concocter (*fam*)

ausknöpfbar *Adj Futter* amovible

aus|kochen *tr V* ❶ faire bouillir *Knochen*
❷ (*säubern*) faire bouillir *Wäsche, Spritzen, Instrumente*
❸ *fam* (*ausdenken*) mijoter (*fam*); *s. a.* **ausgekocht**

aus|kommen *itr V unreg + sein* ❶ (*zurechtkommen*) **mit dem Geld** ~ s'en sortir avec l'argent; **mit einer Mahlzeit am Tag** ~ tenir le coup avec un repas par jour; **ohne Kollegen/Auto** ~ pouvoir se passer de collègues/voiture
❷ (*sich vertragen*) **mit jdm gut/nicht gut** ~ s'entendre bien/mal avec qn
❸ A (*entkommen*) s'échapper; **jdm** ~ échapper à qn

Auskommen <-s> *nt* revenu *m,* ressources *fpl;* **sein** ~ **haben/finden** [bien] s'en sortir
▶ **mit jdm ist kein** ~ aucune entente n'est possible avec qn

auskömmlich ['aʊskœmlɪç] I. *Adj* ❶ (*ausreichend*) *Gehalt, Gewinn, Verhältnisse* suffisant(e), confortable; *Preis* modéré(e), raisonnable
❷ (*verträglich*) *Mensch* facile à vivre; *Verhältnis* facile, aisé(e)
II. *Adv* (*bequem*) confortablement

aus|kosten *tr V* (*genießen*) savourer; profiter [*o* jouir] de *Leben*

aus|kotzen *tr, r V sl* [**sich**] ~ dégueuler (*pop*)

aus|kramen *tr V fam* ❶ (*hervorkramen*) ressortir *alte Briefe, Fotos*
❷ (*leeren*) vider en fouillant *Schublade, Kiste*
❸ (*ausplaudern*) déballer (*fam*) *Geheimnisse*

aus|kratzen *tr V* gratter, récurer *Bratpfanne*

aus|kriegen *tr V fam* arriver à enlever *Jacke, Schuhe*

aus|kristallisieren* I. *itr V + sein Honig, Salze:* cristalliser
II. *r V + haben* **sich** ~ se cristalliser

aus|kugeln *tr V* **sich** (*Dat*) **den Arm/das Gelenk** ~ se démettre le bras/l'articulation; **ausgekugelt** démis(e)

aus|kühlen I. *tr V + haben* geler *Person, Körper*
II. *itr V + sein Person:* prendre froid; *Raum:* se refroidir; *Speise:* refroidir

Auskühlung *f einer Person* hypothermie *f;* **an** ~ **sterben** mourir de froid

Auskultation [aʊskʊlta'tsio:n] <-, -en> *f* MED auscultation *f*

aus|kundschaften ['aʊskʊntʃaftən] *tr V* reconnaître *Weg;* explorer *Lage;* découvrir *Versteck;* espionner *feindliche Stellungen;* ~, **ob/wann ...** se renseigner [*o* partir en reconnaissance] pour savoir si/quand ...

Auskunft ['aʊskʊnft, *Pl:* 'aʊskʏnftə] <-, -künfte> *f* ❶ (*Information*) renseignement *m;* **bei jdm eine** ~ **über jdn/etw einholen** se renseigner sur qn/qc auprès de qn; **jdm eine** ~ **über jdn/etw geben** [*o* **erteilen**] donner un renseignement à qn sur qn/qc
❷ (*Auskunftsschalter*) information *f*
❸ (*Fernsprechauskunft*) renseignements *mpl*

Auskunftei [aʊskʊnf'taɪ] <-, -en> *f* agence *f* de renseignements

aus|kuppeln *itr V* débrayer

aus|kurieren* I. *tr V fam* soigner jusqu'à complète guérison; **etw** ~ soigner qc jusqu'à complète guérison
II. *r V fam* **sich** ~ bien se soigner

aus|lachen I. *tr V* se moquer de
II. *itr V* **ausgelacht haben** avoir fini de rire; **he, hast du bald ausgelacht?** *fam* c'est pas bientôt fini de rire, oui? (*fam*)

aus|laden *tr V unreg* ❶ (*entladen*) décharger
❷ (*Einladung zurücknehmen*) décommander *Gast*

ausladend *Adj Baum* aux rameaux retombants; *Äste* retombant(e); *Dach* débordant(e); *Hüften, Becken* large; *Bewegung* ample

Auslage *f* ❶ (*Schaufenster, Schaukasten*) vitrine *f*
❷ (*ausgestellte Ware*) étalage *m,* choix *m*
❸ *meist Pl* FIN frais *mpl*

Auslagefläche *f* étalage *m*

aus|lagern *tr V* ❶ (*verlagern*) transférer; délocaliser *Produktion*
❷ COM déstocker *Lagerbestände*
❸ (*sicherstellen*) **Kunstgegenstände** ~ mettre des objets d'art en lieu sûr

Auslagerung *f* transfert *m*

Ausland *nt kein Pl* étranger *m;* **aus dem** ~ en provenance de l'étranger; **ins/im** ~ à l'étranger; **das westliche** ~ les autres pays occidentaux

Ausländer(in) <-s, -> *m(f)* étranger(-ère) *m(f)*

Ausländerbeauftragte(r) *f(m)* délégué(e) *m(f)* des étrangers **Ausländerbeirat** *m commission communale chargée des problèmes propres aux étrangers* **ausländerfeindlich** *Adj* xénophobe; ~ **eingestellt sein** avoir des opinions xénophobes **Ausländerfeindlichkeit** *f* xénophobie *f* **ausländerfreundlich** *Adj* xénophile **Ausländerfreundlichkeit** *f* xénophilie *f* **Ausländerhass**RR *m* xénophobie *f* **Ausländerwahlrecht** *nt* droit *m* de vote des étrangers **Ausländerwohnheim** *nt* foyer *m* pour étrangers

ausländisch *Adj* ❶ *attr* (*aus dem Ausland stammend*) *Freunde, Erzeugnisse* étranger(-ère); *Pflanze* exotique
❷ (*fremdländisch*) étranger(-ère)

Auslandsabteilung *f* service *m* des relations avec l'étranger **Auslandsanleihe** *f* emprunt *m* à l'étranger **Auslandsaufenthalt** *m* séjour *m* à l'étranger **Auslandsbericht** *m* rapport *m* de l'étranger **Auslandsbeziehungen** *Pl* relations *fpl* avec l'étranger **Auslandsbrief** *m* lettre *f* pour l'étranger **Auslandserfahrung** *f* expérience *f* de l'étranger **Auslandsgeschäft** *nt* affaire *f* [*o* affaires *fpl*] avec l'étranger **Auslandsgespräch** *nt* communication *f* avec l'étranger **Auslandsguthaben** *nt* avoir *m* à l'étranger **Auslandsinvestition** *f* investissement *m* à l'étranger **Auslandskorrespondent(in)** *m(f)* correspondant(e) *m(f)* à l'étranger **Auslandsnachfrage** *f* demande *f* de l'étranger **Auslandsnachrichten** *Pl* nouvelles *fpl* de l'étranger **Auslandspresse** *f* presse *f* étrangère **Auslandsreise** *f* voyage *m* à l'étranger **Auslandsschutzbrief** *m* contrat *m* d'assistance [pour l'étranger] **Auslandssemester** *nt* semestre *m* [d'études] à l'étranger **Auslandstournee** *f* tournée *f* à l'étranger **Auslandsvertretung** *f* ❶ POL légation *f* ❷ COM comptoir *m*, représentation *f* [à l'étranger]

Auslaß <-sses, -lässe> *m*, **Auslass**RR <-es, -lässe> *m* déversoir *m*

aus|lassen *unreg* **I.** *tr V* ❶ (*weglassen*) omettre; oublier *Satz, Wort*
❷ (*verpassen*) laisser passer *Chance, Gelegenheit*
❸ (*abreagieren*) **seine Wut/Launen an jdm** ~ passer sa colère/mauvaise humeur sur qn
❹ GASTR faire fondre *Butter, Fett;* faire revenir *Speck*
❺ *fam* (*ausgeschaltet lassen*) ne pas allumer *Radio, Licht*
❻ (*nicht anziehen*) ne pas mettre *Jacke, Pullover*
❼ A (*freilassen*) lâcher
II. *r V* **sich über jdn/etw** ~ se prononcer sur qn/qc; **sich nicht weiter** [*o* **näher**] **über jdn/etw** ~ ne pas s'étendre sur qn/qc
III. *itr V* A lâcher; **lass aus, das ist mein Ball/Auto!** laisse ça, c'est mon ballon/ma voiture!; *s. a.* **ausgelassen**

Auslassung <-, -en> *f* ❶ *kein Pl* (*das Weglassen*) omission *f*
❷ (*weggelassene Stelle*) omission *f* volontaire
❸ *Pl* (*Äußerung*) remarques *fpl*

Auslassungspunkte *Pl* points *mpl* de suspension **Auslassungszeichen** *nt* apostrophe *f*

aus|lasten *tr V* ❶ (*voll beanspruchen*) utiliser à plein rendement; **etw** ~ utiliser qc à plein rendement
❷ (*voll fordern*) **jdn** ~ *Arbeit, Betätigung:* occuper [*o* solliciter] qn à plein temps; **ausgelastet** [**sein**] [être] très occupé(e)

Auslauf *m* ❶ *kein Pl* (*Bewegungsfreiheit*) espace *m* [pour se dépenser]
❷ (*Ausfluss*) *des Sees, Teichs* écoulement *m*

aus|laufen *unreg* **I.** *itr V* + *sein* ❶ (*herauslaufen*) *Flüssigkeit:* [s'é]couler; *Behälter:* fuir
❷ NAUT appareiller
❸ (*nicht fortgeführt werden*) *Modell, Serie:* être en fin de série
❹ (*enden*) *Straße, Weg:* s'arrêter; *Vertrag:* expirer
❺ (*zum Stillstand kommen*) *Läufer, Rad, Förderband:* terminer sa course sur sa lancée
❻ (*übergehen in*) **in etw** (*Akk*) [*o* **zu etw**] ~ *Straße, Weg:* se prolonger par qc; **in eine weite Ebene** ~ *Tal:* se transformer en une vaste plaine
II. *r V* + *haben* **sich** ~ *Kind:* se dépenser

Ausläufer <-s, -> *m* ❶ METEO prolongement *m*
❷ *meist Pl* GEOG contreforts *mpl*
❸ BOT rejet[on] *m*

Auslaufmodell *nt* ÖKON fin *f* de série

aus|laugen *tr V* ❶ (*Nährstoffe entziehen*) épuiser *Boden*
❷ (*austrocknen*) dessécher *Haut*
❸ (*erschöpfen*) épuiser *Person*

Auslaut *m* son *m* final

aus|lauten *itr V* se terminer; **auf etw** (*Akk*) ~ se terminer par [*o* en] qc; ~**d** *Konsonant, Silbe* final(e)

aus|leben I. *r V* **sich** ~ ❶ (*das Leben auskosten*) profiter de la vie
❷ (*sich verwirklichen*) *Phantasie, Gelüste, Hass:* se manifester, s'exprimer
II. *tr V geh* objectiver (*soutenu*) *Gelüste, Neigungen*

aus|lecken *tr V* lécher

aus|leeren *tr V* vider *Eimer, Glas;* **etw ins Meer/in den Abfluss** ~ déverser qc dans la mer/canalisation; **einen Eimer Wasser über jdn** [*o* **jdm**] ~ jeter un seau d'eau sur qn

aus|legen *tr V* ❶ (*ausbreiten*) étaler *Waren, Einzelteile, Saatgut*
❷ (*hinlegen*) placer *Köder*
❸ (*bedecken*) **etw mit Stoff/Papier/Fliesen** ~ revêtir qc de tissu/papier/carreaux; **einen Raum mit Teppichboden** ~ moqueter une pièce
❹ (*deuten*) interpréter *Text, Gesetz;* **etw richtig/unterschiedlich** ~ interpréter qc bien/différemment; **ein Gesetz falsch** ~ interpréter une loi de manière erronée; **ein Gesetz eng** ~ interpréter strictement une loi
❺ (*vorstrecken*) **jdm zehn Euro** ~ avancer dix euros à qn
❻ (*konzipieren*) **auf 200 km/h ausgelegt sein** *Motor:* être prévu(e) pour faire 200 km/h; **weich ausgelegt sein** *Federung, Fahrgestell:* être conçu(e) pour être souple

Ausleger <-s, -> *m* ❶ TECH *des Krans* flèche *f*
❷ NAUT balancier *m*

Auslegeware *f kein Pl* COM moquette *f*

Auslegung <-, -en> *f a.* JUR (*Deutung*) interprétation *f;* **falsche** ~ interprétation erronée

Auslegungssache *f* affaire *f* d'interprétation

aus|leiern I. *itr V* + *sein* se détendre
II. *r V* + *haben* **sich** ~ se détendre
III. *tr V* + *haben* détendre *Gummizug, Feder, Uhrwerk*

Ausleihe ['aʊslaɪə] <-, -n> *f* ❶ *kein Pl* (*das Ausleihen*) prêt *m*
❷ (*Schalter*) guichet *m* de prêt

aus|leihen *tr V unreg* **jdm etw** ~, **etw an jdn** ~ prêter qc à qn; **sich** (*Dat*) **etw bei/von jdm** ~ emprunter qc à qn

aus|lernen *itr V* **ausgelernt haben** *Auszubildender:* avoir terminé son apprentissage; **ausgelernt** diplômé(e)
▸ **man lernt nie aus** *Spr.* on apprend à tout âge

Auslese ['aʊsle:zə] <-, -n> *f* ❶ (*Elite*) élite *f*
❷ (*Wein*) grand cru *m*
❸ *kein Pl* (*Auswahl*) sélection *f;* **natürliche** ~ sélection naturelle; **eine** ~ **treffen** [*o* **vornehmen**] faire un choix

aus|lesen *unreg* **I.** *tr V* ❶ lire jusqu'au bout; **ein Buch** ~ lire un livre jusqu'au bout
❷ (*aussondern*) trier
II. *itr V fam* **ausgelesen haben** avoir fini de lire

AusleseprozessRR *m* [processus *m* de] sélection *f* **Ausleseprüfung** *f* examen *m* de sélection **Ausleseverfahren** *nt* [système *m* de] sélection *f*

aus|leuchten *tr V* ❶ éclairer *Raum, Bühne*
❷ (*die Hintergründe klären*) faire la lumière sur *Angelegenheit, Frage*

aus|lichten *tr V* élaguer

aus|liefern *tr V* ❶ (*liefern*) livrer *Waren, Bestellung*
❷ (*überstellen*) **jdn an ein Land** ~ extrader qn dans un pays
❸ (*preisgeben*) **jdm/einer S. ausgeliefert sein** être livré(e) à qn/qc

Auslieferung *f* ❶ (*Lieferung*) *einer Ware, Bestellung* livraison *f*
❷ (*Überstellung*) *einer Person* extradition *f*

Auslieferungsantrag *m* POL, JUR demande *f* d'extradition

aus|liegen *itr V unreg* ❶ (*bereitliegen*) être étalé(e); *Prospekte, Zeitschriften:* être à disposition; **im Schaufenster** ~ être exposé(e) en vitrine
❷ (*als Fangvorrichtung daliegen*) *Schlinge, Reuse:* être posé(e)

Auslinie [-li:niə] *f* (*beim Fußball*) ligne *f* de touche; (*beim Tennis, Hockey*) limite *f*

aus|loben *tr V* offrir une récompense; **1.000 Euro für etw** ~ offrir une récompense de 1000 euros pour qc

aus|löffeln *tr V* vider [à la cuillère]; **das Honigglas** ~ vider le pot de miel [à la cuillère]; **die Suppe** ~ manger la soupe [à la cuillère]
▸ **etw** ~ **müssen** *fam* trinquer pour qc (*fam*)

aus|loggen *r V* INFORM **sich** ~ clôturer une [*o* la] session

aus|löschen *tr V* ❶ (*löschen, ausschalten*) éteindre *Feuer;* souffler *Kerze;* éteindre *Licht*
❷ (*beseitigen, tilgen*) effacer *Inschriften, Spuren, Erinnerung*
❸ (*vernichten*) éliminer *Volk;* détruire *Existenz, Leben*

aus|losen ['aʊslo:zən] *tr, itr V* tirer au sort; **jdn/etw** ~ tirer qn/qc au sort

aus|lösen *tr V* ❶ (*in Gang setzen*) déclencher *Mechanismus, Alarmanlage*
❷ (*bewirken, hervorrufen*) déclencher
❸ *veraltet* (*einlösen*) dégager *Pfand*
❹ *veraltet* (*freikaufen*) racheter *Gefangenen*

Auslöser <-s, -> *m* ❶ PHOT déclencheur *m*

❷ (*Anlass*) motif *m*, raison *f*; PSYCH déclencheur *m*; **der ~ für etw sein** provoquer qc
Auslosung <-, -en> *f* tirage *m* au sort
Auslösung *f* ❶ *eines Mechanismus, Alarms* déclenchement *m*
❷ (*das Hervorrufen*) *einer Reaktion, eines Aufstands* déclenchement *m*
❸ *veraltet* (*Einlösung*) *eines Pfands* dégagement *m*
❹ *veraltet* (*Freikauf*) *eines Gefangenen* rachat *m*
❺ (*Aufwandsentschädigung*) indemnité *f*
aus|loten ['aʊslo:tən] *tr V* ❶ NAUT sonder *Wassertiefe*
❷ *geh* (*ergründen*) sonder
❸ TECH prendre l'aplomb de *Wände, Mauern*
aus|machen *tr V* ❶ *fam* (*löschen, ausschalten*) éteindre
❷ (*entdecken*) apercevoir *Gestalt, Gegenstand;* (*ermitteln*) repérer *Position*
❸ (*vereinbaren*) fixer *Termin, Zeitpunkt, Treffpunkt;* **etw mit jdm ~** convenir de qc avec qn; **mit jdm ~, dass** convenir avec qn que + *indic*
❹ (*regeln, klären*) **etw mit sich [selbst] ~** décider qc [en son for intérieur]; **das müsst ihr unter euch** (*Dat*) **~** il vous faut régler ça entre vous
❺ (*darstellen*) **den Zauber einer Landschaft ~** faire le charme d'un paysage; **ein paar Brocken Englisch machen noch keinen Dolmetscher aus** quelques rudiments d'anglais ne font pas [pour autant] un interprète
❻ *fam* (*Wirkung haben*) **etwas/viel/nichts ~** faire de l'effet/beaucoup d'effet/ne faire aucun effet
❼ (*betragen*) **zehn Euro ~** *Rabatt, Unterschied:* être de dix euros; **die Verspätung macht schon zwei Stunden aus** ça fait déjà deux heures de retard
❽ (*stören*) **jdm etwas/nichts ~** déranger/ne pas déranger qn
aus|malen I. *r V* **sich** (*Dat*) **etw ~** s'imaginer qc, se figurer qc
II. *tr V* ❶ (*kolorieren*) colorier
❷ (*schildern*) **[jdm etw] ~** décrire [qc à qn]
aus|manövrieren* [-øvri:-] *tr V* évincer
Ausmaß *nt* ❶ (*Ausdehnung*) étendue *f*; (*Größe*) dimensions *fpl*
❷ (*Umfang*) *des Schadens, der Verwüstung* ampleur *f*; **immer größere ~e annehmen** prendre des proportions de plus en plus grandes
aus|merzen ['aʊsmɛrtsən] *tr V* ❶ (*ausrotten*) éliminer
❷ (*beseitigen*) supprimer *Nachlässigkeiten, Fehler*
aus|messen *tr V unreg* mesurer
Ausmessung *f* ❶ *kein Pl* (*das Ausmessen*) *eines Raums, einer Fläche* mesurage *m*
❷ *Pl* (*Abmessungen*) mesures *fpl*
aus|misten I. *tr V* ❶ nettoyer *Stall*
❷ *fam* (*ausräumen*) faire le tri dans *Schrank, Schublade, Zimmer*
II. *itr V fam* faire le nettoyage par le vide (*fam*)
aus|mustern *tr V* ❶ (*aussortieren*) éliminer *Maschine, Fahrzeug, Möbel;* abandonner *Artikel*
❷ MIL réformer
Ausnahme <-, -n> *f* exception *f*; **bei jdm/etw eine/keine ~ machen** faire une/ne pas faire d'exception pour qn/qc; **bei etw die ~ sein** faire exception dans qc; **mit ~ von ein paar Zuschauern** excepté quelques spectateurs; **mit einer ~** à une exception près; **ohne [jede] ~** sans [aucune] exception
► **~n bestätigen die Regel** *Spr.* l'exception confirme la règle
Ausnahmebestimmung *f* mesure *f* d'exception **Ausnahmeerscheinung** *f* cas *m* exceptionnel **Ausnahmefall** *m* cas *m* d'exception **Ausnahmegenehmigung** *f* autorisation *f* exceptionnelle **Ausnahmeregelung** *f* règlement *m* d'exception **Ausnahmesituation** *f* situation *f* exceptionnelle **Ausnahmezustand** *m* état *m* d'urgence; **über etw** (*Akk*) **den ~ verhängen** proclamer l'état d'urgence dans qc
ausnahmslos *Adj, Adv* sans exception
ausnahmsweise *Adv* exceptionnellement
aus|nehmen *unreg* I. *tr V* ❶ (*ausweiden*) éviscérer *Fisch, Geflügel, Schlachtvieh*
❷ (*aus dem Nest nehmen*) dénicher *Jungvögel, Eier*
❸ (*leeren*) vider *Nest*
❹ (*ausschließen*) **jdn von einer Regelung/Maßnahme ~** excepter qn d'une règle/mesure
❺ (*befreien*) **jdn von einer Pflicht ~** dispenser qn d'une obligation
❻ *fam* (*um Geld erleichtern*) (*beim Glücksspiel*) plumer (*fam*); (*bei einem Handel*) arnaquer (*fam*)
❼ A (*erkennen*) apercevoir *Passanten, Auto*
II. *r V geh* **sich gut/nicht gut ~** faire/ne pas faire bel effet; **sich neben jdm wie ein Riese ~** faire l'effet d'un géant comparé à qn; *s. a.* **ausgenommen**
ausnehmend *geh* I. *Adj Erscheinung, Schönheit, Eleganz* exceptionnel(le)
II. *Adv* extraordinairement
aus|nüchtern I. *tr V + haben* dégriser
II. *itr V + sein* dessoûler
Ausnüchterung <-, -en> *f* dégrisement *m*
Ausnüchterungszelle *f* cellule *f* de dégrisement
aus|nutzen *tr V* ❶ (*ausbeuten*) exploiter
❷ (*sich zunutze machen*) profiter de
aus|nützen ['aʊsnʏtsən] *bes.* SDEUTSCH, A *s.* **ausnutzen**
Ausnutzung <-> *f* ❶ (*Ausbeutung*) *einer Person* exploitation *f*; **unter ~ seiner Unerfahrenheit** en profitant de son inexpérience
❷ (*das Wahrnehmen*) *einer Gelegenheit, Chance* mise *f* à profit
Ausnützung *bes.* SDEUTSCH, A *s.* **Ausnutzung**
aus|packen I. *tr V* défaire *Koffer, Reisetasche;* ouvrir *Paket, Geschenk;* déballer *Ware*
II. *itr V fam* (*gestehen*) se mettre à table (*fam*); (*seine Meinung sagen*) vider son sac (*fam*)
aus|peitschen *tr V* fouetter; **das Auspeitschen** le supplice du fouet
aus|pfeifen *tr V unreg* siffler
aus|pflanzen *tr V* transplanter
aus|plaudern *tr V* rapporter
aus|plündern *tr V* ❶ (*ausrauben*) dévaliser *Person;* piller *Ortschaft, Laden*
❷ *hum* (*leer räumen*) dévaliser (*fam*) *Kühlschrank*
aus|posaunen* *tr V fam* crier sur les toits (*fam*); **etw ~** crier qc sur les toits
aus|prägen *r V* ❶ (*sich darstellen*) **sich in etw** (*Dat*) **~** s'exprimer dans qc
❷ (*sich entwickeln*) **sich ~** se manifester; *s. a.* **ausgeprägt**
Ausprägung <-> *f* ❶ *einer Begabung, Eigenschaft* manifestation *f*
❷ (*Ausgeprägtheit*) accentuation *f*
aus|pressen *tr V* ❶ (*herauspressen*) presser *Frucht, Saft, Schwamm*
❷ (*ausbeuten*) pressurer *Land, Person*
❸ (*brutal ausfragen*) **jdn ~** harceler qn de questions
aus|probieren* *tr V* essayer; **~, ob/wie ...** faire un essai pour voir si/comment ...; **etw an jdm ~** tester qc sur qn; **es mit jdm ~** faire un essai avec qn
Auspuff ['aʊspʊf] <-[e]s, -e> *m* pot *m* d'échappement
Auspuffgase *Pl* gaz *mpl* d'échappement **Auspuffrohr** *nt* tuyau *m* d'échappement **Auspufftopf** *m* pot *m* d'échappement, silencieux *m*
aus|pumpen *tr V* ❶ (*leer pumpen*) vider [avec une pompe]; **einen Behälter/den Keller ~** vider un récipient/la cave [avec une pompe]; **jdm den Magen ~** faire un lavage d'estomac à qn
❷ *fam* (*erschöpfen*) **ausgepumpt sein** être pompé(e) (*fam*)
aus|pusten *tr V fam* souffler
aus|putzen *tr V* nettoyer
aus|quartieren* *tr V* déloger; **jdn in ein anderes Zimmer ~** loger qn [provisoirement] dans une autre pièce
aus|quetschen *tr V* ❶ (*auspressen*) presser *Saft, Südfrüchte*

❷ *fam* (*ausfragen*) **jdn über jdn/etw** ~ cuisiner qn sur qn/qc (*fam*)

aus|radieren* *tr V* ❶ (*wegradieren*) gommer
❷ *fam* (*vernichten*) exterminer *Menschheit, Volk;* **eine Stadt** ~ rayer une ville de la carte

aus|rangieren* [-raŋʒiːrən, -rãʒiːrən] *tr V fam* mettre au rancart (*fam*); **etw** ~ mettre qc au rancart

aus|rasieren* *tr V* **sich** (*Dat*) **die Achselhöhlen** ~ se raser les aisselles; **er hat ihm den Nacken ausrasiert** il lui a rasé la nuque

aus|rasten I. *itr V + sein* ❶ TECH se débloquer
❷ *fam* (*durchdrehen*) craquer (*fam*)
II. *itr V unpers + haben fam* **bei ihm hat es ausgerastet** il a piqué sa crise (*fam*)

aus|rauben *tr V* dévaliser; piller *Grabstätte*

aus|rauchen *tr V* finir [de fumer]

aus|räuchern *tr V* enfumer; **Ungeziefer/einen Raum** ~ enfumer la vermine/une pièce

aus|raufen *r V selten* **sich** (*Dat*) **die Haare** ~ s'arracher les cheveux

aus|räumen *tr V* ❶ vider *Schrank, Schublade*
❷ (*herausschaffen*) sortir *Möbel*
❸ *fam* (*ausrauben*) vider *Kasse, Tresor, Wohnung*
❹ (*beseitigen*) régler *Missverständnis, Konflikt;* balayer *Zweifel, Bedenken*

aus|rechnen *tr V* ❶ (*ermitteln*) évaluer, calculer *Gewicht, Länge, Summe;* ~**, wie viel/ob ...** calculer combien/pour voir si ...
❷ (*lösen*) résoudre *Mathematikaufgabe*
❸ (*vermuten*) **sich** (*Dat*) **Chancen** ~ compter sur ses chances
❹ (*sich vorstellen*) **sich** (*Dat*) **etw** ~ **können** pouvoir estimer qc; **das kannst du dir leicht** ~ tu peux bien le penser; *s. a.* **ausgerechnet**

Ausrede *f* prétexte *m;* **faule** ~ *fam* faux prétexte; **keine** ~**n!** pas d'excuses!
▸ **nie um eine** ~ **verlegen sein** ne jamais être à court d'excuses

aus|reden I. *itr V* finir de parler; **jdn** ~ **lassen** laisser qn terminer
II. *tr V* **jdm etw** ~ dissuader qn de [faire] qc
III. *r V bes.* A (*sich aussprechen*) **sich** ~ [en] discuter

aus|reiben *tr V unreg* ❶ (*entfernen*) frotter *Flecken*
❷ (*trockenreiben*) essuyer *Geschirr, Gläser*

aus|reichen *itr V Geld, Platz, Essen:* suffire; **für jdn/etw** ~ *Geld, Platz, Essen:* suffire pour qn/qc; **reicht deine Phantasie dafür aus?** peux-tu t'imaginer cela?

ausreichend I. *Adj* ❶ (*genügend*) suffisant(e)
❷ (*Schulnote*) ≈ passable; (*in Frankreich*) neuf/dix sur vingt
II. *Adv* suffisamment

aus|reifen *itr V + sein* ❶ *Frucht, Wein:* mûrir
❷ (*sich entwickeln*) **ausgereift sein** *Technik, Idee:* être au point

Ausreise *f* sortie *f* [du territoire]

Ausreiseantrag *m* demande *f* [d'autorisation] de sortie du territoire **Ausreiseerlaubnis** *f,* **Ausreisegenehmigung** *f* autorisation *f* de sortie du territoire, visa *m*

aus|reisen *itr V + sein* quitter le territoire [*o* pays]

Ausreisevisum [-viː-] *nt* visa *m* de sortie **Ausreisewillige(r)** *f(m) dekl wie Adj* volontaire *mf* pour quitter le territoire [*o* pays]

aus|reißen *unreg* I. *tr V + haben* arracher *Haare, Unkraut*
II. *itr V + sein* ❶ (*abreißen*) *Ärmel, Kragen:* s'arracher
❷ (*einreißen*) *Naht:* lâcher; *Knopfloch:* se découdre
❸ *fam* (*davonlaufen*) se sauver

Ausreißer(in) <-s, -> *m(f)* ❶ (*Person, Tier*) fugueur(-euse) *m(f)*
❷ *fam* (*Ausnahme, Abweichung*) exception *f*

aus|reiten *unreg* I. *itr V + sein* sortir à cheval
II. *tr V + haben* sortir *Pferd;* **sein Pferd voll** ~ faire galoper son cheval à fond

aus|reizen *tr V* ❶ KARTEN **seine Karten** ~ *annoncer l'enchère maximum en fonction de ses cartes*
❷ (*ausschöpfen*) épuiser *Möglichkeiten*

aus|renken [ˈaʊsrɛŋkən] *tr V* **sich** (*Dat*) **den Arm** ~ se déboîter [*o* démettre] le bras; **er hat ihm den Arm ausgerenkt** il lui a déboîté [*o* démis] le bras

aus|richten I. *tr V* ❶ (*übermitteln*) transmettre *Gruß;* **jdm** ~**, dass die Probe ausfällt** dire à qn que la répétition est annulée; **bitte richten Sie ihm einen Gruß von mir aus!** donnez-lui, je vous prie, le bonjour de ma part!
❷ (*bewirken*) **etwas** ~ [**können**] [réussir à] obtenir quelque chose; **nichts** ~ [**können**] ne rien [pouvoir] obtenir
❸ (*aufstellen*) faire s'aligner *Rekruten, Schüler;* disposer *Schachfiguren*
❹ (*einstellen*) orienter; **das Teleskop auf etw** (*Akk*) ~ orienter le téléscope sur qc
❺ (*konzipieren*) **die Produkte auf den Markt** ~ adapter les produits en fonction du marché
❻ (*veranstalten*) organiser *Hochzeit, Fest, Essen*
❼ A (*schlecht machen*) **jdn** ~ dire du mal de qn, critiquer qn
❽ CH (*zahlen*) **jdm sein Gehalt/eine Entschädigung** ~ payer son salaire/un dédommagement à qn
II. *r V* **sich an etw** (*Dat*) ~ se ranger à qc; **sich an den Menschenrechten** ~ *Politik:* être axé(e) sur les droits de l'homme

Ausrichter(in) <-s, -> *m(f)* organisateur(-trice) *m(f)*

Ausrichtung *f kein Pl* ❶ (*Einstellung*) *einer Antenne* orientation *f; eines Teleskops* mise *f* au point; **die** ~ **des Teleskops auf etw** (*Akk*) l'orientation du téléscope sur qc
❷ (*Orientierung*) *einer Person* orientation *f;* **die** ~ **der Jugendlichen auf bestimmte Vorbilder** l'orientation des adolescents vers certains modèles
❸ (*Veranstaltung*) *eines Fests, einer Hochzeit* organisation *f*

Ausritt *m* sortie *f* à cheval

aus|rollen I. *tr V + haben* ❶ (*entrollen*) dérouler *Teppich, Kabel*
❷ (*rollen*) **den Teig** ~ étendre la pâte [au rouleau]
II. *itr V + sein Flugzeug, Fahrzeug:* terminer sa course

aus|rotten [ˈaʊsrɔtən] *tr V* exterminer *Personen, Volk;* éliminer *Schädlinge, Ideen*

Ausrottung <-, -en> *f* extermination *f*

aus|rücken *itr V + sein* ❶ *Truppen, Panzer:* se mettre en marche; *Polizei, Feuerwehr:* sortir
❷ *fam* (*ausreißen*) fuguer (*fam*); *Sträfling, Heiminsasse:* faire le mur (*fam*)

Ausruf *m* ❶ exclamation *f*
❷ *kein Pl* (*das Ausrufen*) **etw durch** ~ **bekannt machen** proclamer qc

aus|rufen *tr V unreg* ❶ (*laut rufen*) s'exclamer
❷ (*feilbieten*) **etw** ~ annoncer qc [à haute voix]
❸ (*bekannt geben*) annoncer *Haltestelle*
❹ (*über Lautsprecher suchen*) **jdn** ~ [**lassen**] [faire] appeler qn
❺ (*proklamieren*) proclamer *Streik, Krieg;* **jdn zum König** ~ proclamer qn roi

Ausrufer(in) <-s, -> *m(f)* HIST héraut *m*

Ausrufezeichen *nt* point *m* d'exclamation

Ausrufung <-, -en> *f des Streiks, Kriegs* proclamation *f*

Ausrufungszeichen *nt,* **Ausrufzeichen** *nt* CH point *m* d'exclamation

aus|ruhen I. *itr, r V* se reposer; **sich** ~ se reposer; **ausgeruht** [**sein**] [être] bien reposé(e)
II. *tr V* reposer *Füße*

aus|rupfen *tr V* arracher *Federn, Unkraut*

aus|rüsten *tr V* armer *Armee, Schiff;* équiper *Fahrzeug, Expedition, Mannschaft*

Ausrüstung *f* ❶ *kein Pl* (*das Ausrüsten*) *eines Fahrzeugs, einer Mannschaft, Expedition* équipement *m; einer Armee, eines Schiffs*

armement *m*
② (*Ausrüstungsgegenstände*) *eines Schiffs, Expeditionstrupps* équipement *m; einer Armee* armement *m*
③ (*Kleidung*) équipement *m*
Ausrüstungsgegenstand *m* [pièce *f* d']équipement *m*
aus|rutschen *itr V + sein* ① (*ausgleiten*) glisser; **auf etw** (*Dat*) ~ glisser sur qc
② (*entgleiten*) **ihr ist das Messer ausgerutscht** le couteau lui a glissé des mains
Ausrutscher <-s, -> *m fam* (*Fehlleistung*) faux pas *m;* (*Fehltritt*) gaffe *f* (*fam*)
Aussaat *f* ① *kein Pl* (*das Säen*) semis *mpl; des Getreides* semailles *fpl*
② (*Saat*) semence *f*
aus|säen *tr V* semer; **das Aussäen** les semis
Aussage ['aʊsza:gə] *f* ① (*Darstellung*) déclaration *f;* (*Zeugenaussage*) déposition *f;* **eine schriftliche** ~ une déclaration écrite/déposition par écrit; **eine eidliche** ~ une déposition sous serment; **es steht** ~ **gegen** ~ les [*o* leurs] déclarations sont contradictoires
② (*Sinngehalt*) *eines Artikels, Romans* message *m*
Aussagekraft *f kein Pl* force *f* d'expression
aussagekräftig *Adj* expressif(-ive)
aus|sagen I. *tr V* ① JUR déclarer
② (*deutlich machen*) **viel/wenig über jdn/etw** ~ *Buch, Foto, Film:* en dire long/peu sur qn/qc; **was willst du mit diesem Gedicht** ~? que veux-tu exprimer dans ce poème?
II. *itr V* JUR **vor Gericht** (*Dat*) ~ *Angeklagter:* déposer en justice; *Zeuge:* témoigner en justice; **für/gegen jdn** ~ déposer en faveur de/contre qn; **unter Eid** ~ faire une déclaration sous [la foi du] serment
aus|sägen *tr V* découper [à la scie]; **etw** ~ découper qc [à la scie]
Aussagesatz *m* GRAM proposition *f* énonciative **Aussageverweigerung** *f* refus *m* de déposer [*o* témoigner]
Aussatz <-es> *m veraltet* lèpre *f*
aussätzig *Adj veraltet* lépreux(-euse)
Aussätzige(r) *f(m) dekl wie Adj veraltet* lépreux(-euse) *m(f)*
aus|saufen *tr V unreg* ① boire tout(e); **das** [**ganze**] **Wasser/den** [**ganzen**] **Eimer** ~ boire toute l'eau/tout le seau
② *sl* (*austrinken*) siffler (*fam*) *Flasche, Wein*
aus|saugen *tr V* ① (*leer saugen*) sucer
② (*ausbeuten*) **jdn/etw** ~ saigner qn/qc à blanc
aus|schaben *tr V* ① (*säubern*) récurer *Pfanne, Essensreste*
② (*aushöhlen*) épépiner *Frucht*
③ MED cureter *Gebärmutter*
Ausschabung <-, -en> *f* MED curetage *m*
aus|schachten ['aʊsʃaxtən] *tr, itr V* creuser
Ausschachtung <-, -en> *f* ① *kein Pl* (*das Ausschachten*) creusement *m*
② (*Baugrube*) excavation *f*
Ausschachtungsarbeiten *Pl* travaux *mpl* d'excavation
aus|schaffen *tr V* CH reconduire à la frontière; **jdn** ~ reconduire qn à la frontière
Ausschaffung *f* CH reconduite *f* à la frontière
aus|schalten I. *tr V* ① (*abstellen*) éteindre *Gerät, Licht;* couper *Strom*
② *fig* faire taire *Gefühl*
③ (*eliminieren*) éliminer *Gegner, Konkurrenz*
II. *r V* **sich** [**automatisch**] ~ s'arrêter [automatiquement]
Ausschaltung *f* (*Eliminierung*) élimination *f*
Ausschank ['aʊsʃaŋk] <-[e]s, -schänke> *m* ① (*Schankraum*) débit *m* de boissons; (*Schanktisch*) comptoir *m*
② *kein Pl* (*das Ausschenken*) ~ **von 18 bis 24 Uhr** service *m* de 18 à 24 heures; **der** ~ **von Alkohol ist verboten** il est interdit de servir de l'alcool
Ausschankerlaubnis *f* licence *f*
Ausschau <-> *f* **nach jdm/etw** ~ **halten** regarder pour trouver qn/qc; **halte** ~, **ob das Taxi kommt!** regarde [pour voir] si le taxi arrive!
aus|schauen *itr V* ① (*entgegensehen*) **nach jdm/etw** ~ chercher qn/qc des yeux
② DIAL (*aussehen, anmuten*) **gut/krank** ~ avoir l'air en bonne forme/l'air malade; **es** [*o* **die Sache**] **schaut nicht gut aus** cela ne promet rien de bon; **es schaut aus, als würde es klappen** on dirait que ça va marcher; **wie schaut's aus?** *fam* qu'est-ce que ça donne? (*fam*)
③ DIAL (*sich umtun*) **nach etw** ~ être à l'affût de qc
aus|schaufeln *tr V* déblayer *Erde;* **einen Graben** ~ creuser un fossé [à la pelle]
aus|schäumen *tr V* garnir de mousse; **etw** ~ garnir qc de mousse
aus|scheiden *unreg* I. *itr V + sein* ① (*nicht weitermachen*) quitter; **aus seinem Amt** ~ quitter ses fonctions; **aus einem Wettkampf/Rennen** ~ se retirer d'une compétition/course
② (*nicht in Betracht kommen*) *Plan, Möglichkeit:* ne pas être retenu(e); *Bewerber, Kandidat, Verdächtige:* être éliminé(e)
II. *tr V + haben* éliminer *Giftstoffe*
Ausscheidung <-, -en> *f* ① *kein Pl von Kot* élimination *f*
② *Pl* (*Exkrement*) excréments *mpl*
③ SPORT match *m* [*o* épreuve *f*] éliminatoire
Ausscheidungskampf *m* match *m* [*o* épreuve *f*] éliminatoire **Ausscheidungsorgan** *nt* organe *m* excréteur **Ausscheidungsprodukt** *nt* excrétion *f* **Ausscheidungsspiel** *nt* SPORT match *m* [*o* épreuve *f*] éliminatoire
aus|schenken *tr V* ① (*verkaufen*) servir; **Wein an jdn** ~ servir du vin à qn
② (*ausgießen*) verser *Tee, Wein*
aus|scheren ['aʊsʃe:rən] *itr V + sein* ① (*abschwenken*) **nach links/rechts** ~ *Soldat:* sortir du rang; *Fahrzeug, Schiff:* déboîter à gauche/droite; *Flugzeug:* quitter la formation vers la gauche/la droite
② (*abweichen*) *Person, Kolonie:* partir; **aus einem Bündnis** ~ sortir d'une alliance
aus|schicken *tr V* envoyer
aus|schießen *unreg* I. *tr V + haben* ① **ihm wurde ein Auge ausgeschossen** une balle lui a crevé un œil
② TYP imposer *Seiten*
II. *itr V + sein* SDEUTSCH, A *Stoff, Farben:* se décolorer
aus|schiffen I. *tr V* débarquer *Waren, Passagiere*
II. *r V* **sich** ~ débarquer; **die Matrosen durften sich** ~ les marins eurent la permission de débarquer
aus|schildern *tr V* signaler [par un panneau indicateur]; **etw** ~ signaler qc [par un panneau indicateur/ par des panneaux indicateurs]; **ausgeschildert** indiqué(e)
aus|schimpfen *tr V* gronder; **jdn wegen etw** ~ gronder qn à cause de qc
aus|schirren *tr V* dételer
aus|schlachten *tr V* ① *fam* (*verwerten*) mettre en pièces; **ein altes Auto** ~ mettre une vieille auto en pièces; **ein Buch** ~ exploiter un livre [à fond]
② *fam* (*ausnutzen*) **einen Skandal/ein Ereignis** ~ mettre un scandale/événement à profit
aus|schlafen *unreg* I. *tr V* **seinen Rausch** ~ cuver son vin/sa bière (*fam*)
II. *itr, r V* [**sich**] ~ dormir tout son soûl; (*spät aufstehen*) faire la grasse matinée; *s. a.* **ausgeschlafen**
Ausschlag *m* ① *einer Kompassnadel, eines Zeigers* déviation *f*
② MED éruption *f* [cutanée]; **einen** ~ **bekommen/haben** attraper/avoir des boutons
▸ **bei etw den** ~ **geben** être déterminant(e) [*o* décisif(-ive)] pour/dans qc
aus|schlagen *unreg* I. *tr V + haben* ① (*herausschlagen*) casser; **jdm einen Zahn** ~ casser une dent à qn
② (*auskleiden*) **etw mit Stoff** ~ tendre qc de tissu
③ (*ablehnen*) décliner *Einladung*

A

❹ (*löschen*) **das Feuer mit etw ~** éteindre le feu avec qc
❺ DIAL (*ausschütteln*) secouer *Fußmatte, Staubtuch*
II. *itr V* ❶ + *haben* (*treten*) *Pferd:* ruer
❷ + *haben o sein* (*sich bewegen*) *Kompassnadel, Zeiger:* osciller; *Wünschelrute:* vibrer
❸ + *haben o sein* (*sprießen*) *Baum, Strauch:* bourgeonner
❹ (*zu schlagen aufhören*) **die Turmuhr hat ausgeschlagen** l'horloge a fini de sonner
ausschlaggebend *Adj Faktor, Umstand, Grund* déterminant(e), décisif(-ive); *Stimme* prépondérant(e); **für etw ~ sein** faire pencher la balance en faveur de qc
aus|schließen *tr V unreg* ❶ (*aussperren*) enfermer dehors; **jdn/sich** [**aus der Wohnung**] **~** enfermer qn/s'enfermer dehors; *s. a.* **ausgeschlossen**
❷ (*entfernen*) **jdn aus einer Gemeinschaft/von den Verhandlungen ~** exclure qn d'une communauté/des négociations
❸ (*für unmöglich halten*) exclure *Fehler, Möglichkeit*
ausschließlich I. *Adj attr Vertretung* exclusif(-ive); **das ~e Recht** le droit exclusif
II. *Adv* exclusivement; **das ist ~ unsere Angelegenheit** ça ne regarde que nous
III. *Präp + Gen* **alle Bundesländer ~ Bayerns** tous les Länder sauf la Bavière
aus|schlüpfen *itr V + sein Küken, Insekt:* éclore
Ausschluss[RR] *m* exclusion *f;* **unter ~ der Öffentlichkeit** à huis clos
aus|schmücken *tr V* (*dekorieren*) décorer; (*ausgestalten*) enjoliver; **etw mit etw ~** (*dekorieren*) décorer qc avec qc; (*ausgestalten*) enjoliver qc avec qc
Ausschmückung <-, -en> *f* (*Dekoration*) décoration *f;* (*Ausgestaltung*) enjolivement *m*
Ausschneidebogen *m* découpages *mpl*
aus|schneiden *tr V unreg* découper; **etw aus einer Zeitung ~** découper qc dans un journal; *s. a.* **ausgeschnitten**
Ausschnitt *m* ❶ (*Zeitungsausschnitt*) coupure *f* [de presse]
❷ MATH (*Sektor*) secteur *m*
❸ (*Dekolleté*) décolleté *m*
❹ (*kleiner Auszug*) **ein ~ aus einem Foto/Film** un détail d'une photo/un extrait d'un film
aus|schöpfen *tr V* ❶ (*herausschöpfen*) puiser *Wasser*
❷ (*leeren*) vider *Fass, Gefäß;* écoper *Boot*
❸ (*Gebrauch machen von*) user de *Befugnisse, Kompetenzen, Vollmachten;* exploiter à fond *Möglichkeiten, Angebot, Thema;* épuiser *Kreditrahmen, Reserven*
aus|schreiben *tr V unreg* ❶ (*ungekürzt schreiben*) écrire en toutes lettres *Namen, Wort*
❷ (*ausstellen*) établir *Rechnung;* libeller *Scheck;* rédiger *Rezept*
❸ (*bekannt machen*) annoncer *Wahlen;* **ein Projekt ~** mettre un projet en adjudication; **eine Stelle ~** mettre un poste au concours
Ausschreibung <-, -en> *f eines Projekts, einer Arbeit* mise *f* en adjudication, appel *m* d'offres; *einer Stelle* mise au concours; *von Wahlen* annonce *f*
aus|schreiten *itr V unreg + sein geh* marcher à grands pas
Ausschreitung <-, -en> *f meist Pl* (*Gewalttaten*) acte *m* de violence
Ausschuss[RR] *m* ❶ (*Komitee*) comité *m,* commission *f;* **~ der Regionen** Comité des régions
❷ *kein Pl* (*Fehlproduktion*) rebut *m*
❸ (*opp: Einschuss*) point *m* de sortie
Ausschussmitglied[RR] *nt* membre *m* du comité [*o* de la commission] **Ausschusssitzung**[RR] *f* réunion *f* du comité
Ausschussware[RR] *f* marchandise *f* de rebut
aus|schütteln *tr V* secouer *Tischtuch, Staubtuch*
aus|schütten *tr V* ❶ (*ausleeren*) vider
❷ (*verschütten*) renverser
❸ (*absondern*) sécréter *Hormon*
❹ FIN distribuer, verser *Prämie, Dividende*
Ausschüttung <-, -en> *f* ❶ *kein Pl* (*das Absondern*) *eines Hormons* sécrétion *f*
❷ FIN *einer Dividende* distribution *f*
aus|schwärmen *itr V + sein Urlauber:* migrer; *Soldaten:* se déployer [en tirailleurs]; *Bienen:* essaimer
aus|schweifen *itr V + sein Fantasie:* vagabonder
ausschweifend ['aʊsʃvaɪfənt] *Adj Fantasie* débordant(e); *Leben* de débauche
Ausschweifung <-, -en> *f* excès *mpl*
aus|schweigen *r V unreg* **sich ~** garder le silence; **sich über jdn ~** ne pas se prononcer au sujet de qn; **sich über etw** (*Akk*) **~** ne rien dire au sujet de [*o* sur] qc
aus|schwemmen *tr V* ❶ éliminer *Giftstoffe, Schwermetalle*
❷ (*reinigen*) nettoyer *Wunde;* tamiser *Sand*
❸ (*aushöhlen, auswaschen*) creuser *Ufer;* balayer *Boden*
aus|schwenken I. *tr V + haben* ❶ (*ausspülen*) rincer *Geschirr, Wäsche*
❷ (*zur Seite schwenken*) faire pivoter *Kran, Beiboot*
II. *itr V + sein* **zur Seite ~** *Kolonne, Anhänger:* se déporter sur le côté
aus|schwitzen *tr V* ❶ éliminer en transpirant; **Giftstoffe ~** éliminer des toxines en transpirant; **eine Erkältung ~** guérir un rhume en transpirant
❷ (*absondern*) **die Wand schwitzt Feuchtigkeit aus** le mur suinte, l'humidité suinte du mur
❸ GASTR **Mehl ~** faire suer de la farine
aus|sehen *unreg* I. *itr V* ❶ **gut/schlecht ~** avoir bonne/mauvaise mine; **jung/sportlich ~** faire jeune/sportif(-ive); **krank/müde ~** avoir l'air malade/fatigué(e); **in diesem Kleid siehst du wirklich gut aus** cette robe te va à merveille; **wie siehst du denn** [**bloß**] **aus!** mais de quoi as-tu l'air!; **es sieht bei ihm unordentlich aus** ce n'est pas rangé chez lui; **es sieht sehr trübe/regnerisch aus** le temps est très maussade/pluvieux; **wie sieht ein Leguan aus?** à quoi ressemble un iguane?; **gut ~d** beau(belle)
❷ (*den Anschein haben*) **sie sieht** [**ganz so**] **aus, als ...** on dirait qu'elle ... + *indic;* **es sieht ganz so aus, als ...** on dirait que ... + *indic;* **nach etwas/nichts ~** *Haus, Mantel:* faire de l'effet/ne ressembler à rien; **es sieht nach Schnee/Regen aus** on dirait qu'il va neiger/pleuvoir; **das sieht nach einem Konflikt aus** ça a tout l'air d'un conflit; **das sieht** [**mir**] **sehr nach Bestechung aus** ça [m']a tout l'air d'être de la corruption
▶ **so siehst du** [**gerade**] **aus!** *fam* à d'autres! (*fam*); **sehe ich so aus?** *fam* est-ce que j'en ai l'air?
II. *itr V unpers + haben* **es sieht gut/schlimm mit ihm aus** il est en bonne/mauvaise voie; **mit dem Urlaub sieht es gut/schlecht aus** ça marche/ne marche pas avec les vacances; **heute sieht es bei mir nicht gut aus** ça ne va pas aujourd'hui en ce qui me concerne; [**na,**] **wie sieht's aus?** *fam* alors, qu'est-ce que tu en dis/vous en dites? (*fam*)
Aussehen <-s, -> *nt* aspect *m;* **ein gesundes ~ haben** avoir l'air en bonne santé; **jdn nach dem** [*o* **seinem**] **~ beurteilen** juger qn sur les apparences; **dem ~ nach ist er Sportler** d'après son apparence, c'est un sportif
aus|sein *s.* **aus II.**
außen ['aʊsən] *Adv* à l'extérieur; **~ an der Windschutzscheibe** sur la surface extérieure du pare-brise; **von ~** de l'extérieur; **nach ~ aufgehen** *Tür, Fenster:* s'ouvrir sur l'extérieur; **nach ~** [**hin**] (*äußerlich*) de l'extérieur; (*auf den ersten Blick*) à première vue
▶ **~ vor bleiben** *Person:* être laissé(e) à l'écart; *Angelegenheit:* être laissé(e) de côté; **jdn ~ vor lassen** mettre qn sur la touche [*o* à l'écart]; **etw ~ vor lassen** laisser qc de côté; **~ vor sein** être mis(e) sur la touche [*o* à l'écart]
Außenansicht *f eines Gebäudes* vue *f* extérieure **Außenantenne** *f* antenne *f* extérieure **Außenaufnahme** *f* (*Fotogra-*

fie) prise *f* de vue en extérieur; (*Filmaufnahme*) [prise de vue en] extérieur *m* **Außenbahn** *f* SPORT *eines Stadions, Schwimmbeckens* couloir *m* extérieur **Außenbeleuchtung** *f eines Gebäudes, Parks* éclairage *m* extérieur **Außenbezirk** *m* quartier *m* périphérique **Außenborder** <-s, -> *m* NAUT *fam* hors-bord *m inv* **Außenbordmotor** *m* NAUT moteur *m* hors-bord

aus|senden *tr V unreg geh* ❶ (*ausschicken*) envoyer *Boten, Expedition*
❷ (*ausstrahlen*) émettre *Strahlung, Signal*

Außendienst *m* visites *fpl* à la clientèle; **im ~ arbeiten** [*o* **sein**] rendre visite à la clientèle, être représentant(e)

Außendienstler(in) <-s, -> *m(f)* représentant(e) *m(f)* de commerce

Außendienstmitarbeiter(in) *m(f)* représentant(e) *m(f)* de commerce

Außenhandel *m* commerce *m* extérieur

Außenhandelsgesetz *nt* loi *f* régissant le commerce extérieur **Außenhandelslizenz** *f* licence *f* pour le commerce extérieur **Außenhandelspolitik** *f* politique *f* en matière de commerce extérieur **Außenhandelsquote** *f* part *f* du commerce extérieur au PNB

Außenhaut *f eines Schiffs* bordé *m; eines Flugzeugs* revêtement *m* du fuselage **Außenkurve** [-və] *f* extérieur *m* du virage **Außenminister(in)** *m(f)* ministre *mf* des Affaires étrangères **Außenministerium** *nt* ministère *m* des Affaires étrangères **Außenpolitik** *f* politique *f* extérieure **Außenpolitiker(in)** *m(f)* homme *m*/femme *f* chargé(e) de la politique extérieure **außenpolitisch** I. *Adj Berater, Erfahrung* en matière de politique extérieure; *Debatte, Frage, Ereignis* concernant la politique extérieure; *Kurs* de la politique extérieure II. *Adv* en politique extérieure **Außenquartier** *nt* CH quartier *m* de banlieue **Außenseite** *f* ❶ *eines Kleidungsstücks, Stoffs* endroit *m; eines Gebäudes* façade *f* extérieure ❷ *fig einer Person* aspect *m* extérieur ❸ (*Rand*) *eines Spielfelds* aile *f*

Außenseiter(in) <-s, -> *m(f)* marginal(e) *m(f);* SPORT outsider *m*

Außenseiterrolle *f* rôle *m* [de] marginal(e); SPORT rôle d'outsider

Außenspiegel *m* rétroviseur *m* extérieur **Außenstände** *Pl* dettes *fpl* actives; **nicht einziehbare ~** créances *fpl* irrécouvrables **Außenstehende(r)** *f(m) dekl wie Adj* personne *f* extérieure **Außenstelle** *f* filiale *f* **Außenstürmer(in)** *m(f)* ailier(-ière) *m(f)* **Außentasche** *f* poche *f* extérieure **Außentemperatur** *f* température extérieure *f* **Außenwand** *f* mur *m* extérieur **Außenwelt** *f* monde *m* extérieur **Außenwinkel** *m* angle *m* externe **Außenwirtschaft** *f* commerce *m* extérieur

außer ['aʊsɐ] I. *Präp + Dat* ❶ (*ausgenommen*) sauf, excepté; **alle ~ dir** tous sauf toi, tous toi excepté; **~ den Kindern habe ich niemanden gesehen** à part les enfants, je n'ai vu personne; **man hörte nichts ~ ihrem Atem** on n'entendait rien que sa respiration; **täglich ~ montags** tous les jours, sauf le lundi
❷ (*außerhalb*) **~ Sicht/Gefahr sein** être hors de vue/danger
► **~ sich** (*Dat*) **sein** être hors de soi
II. *Präp + Akk* **etw ~ [jeden] Zweifel stellen** mettre qc hors de doute
► **~ sich geraten** sortir de ses gonds
III. *Präp + Gen selten* **~ Landes gehen** s'expatrier
IV. *Konj* **~ dass** si ce n'est que + *indic;* **~ [wenn]** sauf si

Außerachtlassung <-, -en> *f* non-respect *m*

außerberuflich *Adj* extra-professionnel(le) **außerbetrieblich** *Adj, Adv* hors entreprise

außerdem ['aʊsɐde:m] *Adv* en plus

außerdienstlich I. *Adj Gespräch, Telefonat* privé(e); *Verhalten* en privé; *Betätigung, Zeit* en dehors des heures de service [*o* de travail]
II. *Adv* privé; **~ unterwegs sein** faire un déplacement à caractère privé

äußere(r, s) *Adj* ❶ (*außerhalb gelegen*) *Rand, Schicht, Verletzung* externe; *Planet* supérieur(e)
❷ (*von außen kommend*) *Anlass, Eindruck* apparent(e); **~ Erscheinung** apparence *f*
❸ (*auswärtig*) **die ~n Angelegenheiten** les affaires étrangères

Äußere(s) *nt dekl wie Adj* apparence *f;* **ein angenehmes ~s haben** avoir un physique agréable

außerehelich ['aʊsɐʔe:əlɪç] I. *Adj Beziehung, Geschlechtsverkehr* extraconjugal(e); *Kind* illégitime II. *Adv* hors mariage **außerfahrplanmäßig** I. *Adj Zug* supplémentaire II. *Adv* en dehors des horaires prévus; **~ eingesetzter Zug/Bus** train/bus supplémentaire **außergerichtlich** I. *Adj Entscheidung* extrajudiciaire II. *Adv* extrajudiciairement **außergewöhnlich** I. *Adj Person, Begabung, Leistung* exceptionnel(le); **etwas Außergewöhnliches** quelque chose d'exceptionnel [*o* de particulier] II. *Adv* particulièrement

außerhalb I. *Adv* ❶ à l'extérieur; **~ wohnen** habiter en dehors [de la ville]; **von ~ kommen** venir de l'extérieur
❷ (*ausgegrenzt*) **~ stehen** être en marge
II. *Präp + Gen* en dehors de; **~ des Schulhofs/der Sprechzeiten** en dehors de la cour/des horaires; **~ der Stadt** à la périphérie de la ville; **~ der Legalität** en dehors de la légalité

außerirdisch *Adj* extraterrestre

Außerkraftsetzung <-, -en> *f form einer Bestimmung, eines Erlasses, Gesetzes* abrogation *f*

äußerlich ['ɔɪsɐlɪç] *Adj* ❶ *Ähnlichkeit* extérieur(e); *Verletzung* externe; **nur zur ~en Anwendung** uniquement pour usage externe
❷ (*oberflächlich*) superficiel(le); **[rein] ~ betrachtet** au premier abord

Äußerlichkeit <-, -en> *f* ❶ (*äußere Form*) superficialité *f*
❷ (*Unwesentliches*) détails *mpl* superficiels

äußerln ['ɔɪsɐln] *tr, itr V nur Infin* A *fam* sortir; **den Hund ~ [führen]** sortir le chien

äußern ['ɔɪsɐn] I. *tr V* exprimer *Meinung, Wunsch, Bedenken;* émettre *Kritik;* **Zweifel an etw** (*Dat*) **~** émettre des doutes quant à qc
II. *r V* ❶ **sich zu etw ~** (*Stellung nehmen*) se prononcer sur qc; (*seine Meinung sagen*) donner son avis sur qc; **sich wohlwollend/abfällig über jdn ~** porter un jugement positif/défavorable sur qn; **sich dahin gehend ~, dass** s'exprimer en ce sens que + *indic;* **dazu möchte ich mich nicht ~** je préfère ne rien dire à ce sujet
❷ (*in Erscheinung treten*) **sich durch etw ~** *Krankheit, Unzufriedenheit:* se manifester par qc

außerordentlich I. *Adj* ❶ (*ungewöhnlich*) exceptionnel(le)
❷ (*nicht planmäßig, nicht vorgesehen*) exceptionnel(le); *Professor* non titulaire d'une chaire; *Sitzung* extraordinaire II. *Adv* extrêmement; **das ist mir ~ angenehm** ça me convient parfaitement **außerorts** *Adv* CH, A hors agglomération **außerparlamentarisch** *Adj* extraparlementaire **außerplanmäßig** I. *Adj* ❶ *Besuch, Ausgaben* non prévu(e) ❷ (*außerhalb des Fahrplans*) (*wegen einer Veranstaltung*) spécial(e); (*in der Hochsaison*) supplémentaire II. *Adv* en dehors des horaires prévus **außerschulisch** *Adj* extrascolaire **außersinnlich** *Adj Wahrnehmung* extrasensoriel(le)

äußerst ['ɔɪsɐst] *Adv* (*höchst*) extrêmement; (*absolut*) vraiment

außerstande [aʊsɐ'ʃtandə] *Adj* **~ sein etw zu tun** être dans l'impossibilité de faire qc; (*körperlich unfähig sein*) être hors d'état de faire qc; **sich ~ sehen/erklären etw zu tun** se voir/se dire [être] dans l'impossibilité de faire qc

äußerste(r, s) *Adj* ❶ le plus éloigné; **der ~ Punkt** le point le plus éloigné; **die ~ Grenze/Schicht** la limite/la couche la plus éloignée; **am ~n Ende des Tisches** à l'extrémité de la table; **im ~n Norden/Süden** dans l'extrême Nord/Sud; **der**

A

~ **Termin** la dernière date
② (*nicht mehr steigerbar*) *Zugeständnis, Preis* dernier(-ière); **mit ~r Konzentration** en se concentrant énormément; **eine Angelegenheit von ~r Dringlichkeit** une affaire d'extrême urgence; **mit ~r Kraft** de toutes ses/mes/... forces
Äußerste(s) *nt dekl wie Adj* **auf das ~ gefasst sein** s'attendre au pire; **bis zum ~n gehen** aller jusqu'au bout; **das ~ wagen** tenter l'impossible
äußerstenfalls ['ɔɪsɐstən'fals] *Adv* [tout] au plus
außertourlich ['aʊsɐtuːɐlɪç] A, SDEUTSCH **I.** *Adj s.* **außerplanmäßig 2.**
II. *Adv* (*zusätzlich*) en plus
Äußerung ['ɔɪsərʊŋ] <-, -en> *f* ① (*Bemerkung*) observation *f;* (*Aussage*) propos *mpl*
② (*Zeichen, Ausdruck*) expression *f*
Aussetzen *s.* **Aussetzung**
aus|setzen **I.** *tr V* ① abandonner *Kind, Haustier;* lâcher *Wild, Fische*
② NAUT débarquer *Passagiere;* mettre à flot *Boot*
③ (*preisgeben*) **jdn/etw einer Gefahr/der Sonne** (*Dat*) **~** exposer qn/qc à un danger/au soleil; **heftigen Vorwürfen ausgesetzt sein** faire l'objet de reproches virulents
④ (*festsetzen*) offrir *Belohnung;* accorder *Summe;* **auf seinen Kopf sind 500 $ ausgesetzt** sa tête est mise à prix pour 500 $
⑤ (*unterbrechen*) suspendre *Debatte, Prozess, Verhandlung;* cesser *Rückzahlung, Zinsen*
⑥ JUR surseoir *Strafvollstreckung, Strafverfolgung*
⑦ (*bemängeln*) **an jdm/etw etwas auszusetzen haben** avoir quelque chose à redire à qn/qc; **daran ist nichts ~** il n'y a rien à redire [*o* critiquer] à cela
II. *r V* **sich einer Gefahr** (*Dat*) **~** s'exposer à un danger; **sich öffentlicher Kritik ~** prêter le flanc à la critique
III. *itr V* ① (*pausieren*) **bei etw ~** faire une pause au cours de qc; **eine Runde ~** passer son tour
② (*versagen*) *Atmung, Herz:* s'arrêter; *Motor:* caler; *Zündung:* avoir des ratés
③ (*unterbrechen*) **mit der Pille/der Behandlung ~** arrêter la pilule/le traitement; **ohne auszusetzen** sans interruption
Aussetzer <-s, -> *m* TECH *fam* raté *m*
Aussetzung <-, -en> *f* ① (*das Aussetzen*) *eines Kindes, Haustiers* abandon *m; von Wild, Fischen* lâcher *m*
② NAUT *von Passagieren* débarquement *m; eines Bootes* mise *f* à flot
③ (*Festsetzung*) *einer Belohnung* offre *f*
④ (*Unterbrechung*) *einer Debatte, von Zahlungen* suspension *f*
Aussicht *f* ① (*Blick*) vue *f;* **~ auf etw** (*Akk*) vue *f* sur qc
② (*Chance*) chance *f;* **gute ~en/keine ~ auf Erfolg** (*Akk*) **haben** avoir de bonnes chances/n'avoir aucune chance de réussir; **das sind ja schöne ~en!** *iron fam* ça promet! (*fam*)
③ (*Erwartung*) **die ~en auf das Wetter von morgen** les prévisions pour le temps qu'il fera demain
▸ **etw in ~ haben** avoir qc en vue; **in ~ stehen** être en vue; **jdm etw in ~ stellen** laisser entrevoir qc à qn
aussichtslos *Adj* vain(e); **[so gut wie] ~ sein** être [quasiment] impossible [*o* voué(e) à l'échec]
Aussichtslosigkeit <-> *f einer Situation* caractère *m* désespéré
Aussichtspunkt *m* point *m* de vue **aussichtsreich** *Adj* prometteur(-euse); *Kandidat, Bewerber* qui a de bonnes chances [de réussir] **Aussichtsturm** *m* belvédère *m*
aus|sieben *tr V* ① séparer à l'aide d'un tamis; **Steinchen aus dem Sand ~** séparer des cailloux du sable à l'aide d'un tamis
② *fam* (*auswählen*) **die Besten aus einer Gruppe ~** sélectionner les meilleurs d'un groupe
③ *fam* (*aussondern*) **ungeeignete Bewerber ~** trier les candidats non qualifiés
aus|siedeln *tr V* expatrier
Aussiedler(in) <-s, -> *m(f)* (*Emigrant*) émigrant(e) *m(f);* (*Zurückgekehrte*) rapatrié(e) *m(f)*
aus|sitzen *tr V unreg fam* résoudre par l'attentisme; **ein Problem ~** résoudre un problème par l'attentisme
aus|söhnen ['aʊszøːnən] **I.** *tr V* réconcilier; **jdn mit jdm/etw ~** réconcilier qn avec qn/qc
II. *r V* **sich mit jdm ~** se réconcilier avec qn; **sich mit seinem Schicksal ~** *geh* accepter son destin
Aussöhnung <-, -en> *f* réconciliation *f*
aus|sondern *tr V* (*als nicht geeignet ansehen*) trier; (*als geeignet ansehen*) sélectionner
Aussonderung <-, -en> *f* triage *m; eines Bewerbers* élimination *f*
aus|sortieren* *tr V* trier
aus|spähen **I.** *tr V* espionner
II. *itr V* **nach etw ~** guetter qc
aus|spannen **I.** *tr V* ① dételer *Pferde, Ochsen, Pflug*
② (*ausbreiten*) tendre *Leine, Netz;* déployer *Sprungtuch*
③ (*herausdrehen*) **einen Bogen aus der Schreibmaschine ~** retirer une feuille de la machine à écrire
④ *fam* (*abspenstig machen*) **er hat ihm die Freundin ausgespannt** il lui a piqué sa petite amie (*fam*)
⑤ *fam* (*sich ausborgen*) **jdm etw ~** piquer qc à qn (*fam*)
II. *itr V Person:* se détendre
Ausspannung *f kein Pl* détente *f*
aus|sparen *tr V* ① (*frei lassen*) ne pas recouvrir *Fläche, Platz*
② (*ausnehmen*) laisser de côté *Frage, Thema*
Aussparung <-, -en> *f* emplacement *m*
aus|speien *unreg geh* **I.** *tr V* ① (*ausspucken*) cracher
② (*ausstoßen*) **etw ~** *Vulkan:* vomir qc (*soutenu*); *Geysir:* projeter qc; *Schlot:* cracher qc
II. *itr V* **vor jdm ~** cracher devant qn
aus|sperren **I.** *tr V* ① enfermer dehors; **jdn ~** enfermer qn dehors
② (*von der Arbeit ausschließen*) lock-outer
II. *r V* **sich ~** s'enfermer dehors (*en laissant les clés à l'intérieur*)
Aussperrung <-, -en> *f* lock-out *m*
aus|spielen **I.** *tr V* ① jouer *Karte, Trumpf*
② (*als Preis aussetzen*) **ausgespielt werden** *Summe, Betrag:* être mis(e) en jeu
③ (*manipulativ einsetzen*) **jdn gegen jdn ~** se servir de qn contre qn; **etw gegen jdn ~** faire valoir [*o* jouer] qc [contre qn]
II. *itr V* (*das Spiel eröffnen*) ouvrir la partie [*o* le jeu]; (*eine Karte ablegen*) jouer une carte
▸ **bei jdm ausgespielt haben** ne plus avoir aucune chance auprès de qn
Ausspielung <-, -en> *f einer Gewinnsumme* tirage *m*
aus|spinnen *unreg* **I.** *tr V* développer *Gedanken, Ideen, Vorschläge*
II. *r V fam* **sich ~** se défouler (*fam*); **jetzt spinn dich aus!** arrête de faire l'idiot(e)! (*fam*)
aus|spionieren* *tr V* espionner
Aussprache *f* ① *kein Pl* (*Artikulation*) prononciation *f*
② (*Unterredung*) explication *f*
▸ **eine feuchte ~ haben** *hum* postillonner
Ausspracheangabe *f* transcription *f* phonétique **Aussprachewörterbuch** *nt* dictionnaire *m* de prononciation
aussprechbar *Adj* prononçable; **schwer ~ sein** être difficile à prononcer
aus|sprechen *unreg* **I.** *tr V* ① (*artikulieren*) prononcer *Laut, Wort;* **etw wird lang/kurz ausgesprochen** qc est long(longue)/bref(brève)
② (*äußern*) dire *Satz, Verleumdung;* exprimer *Anliegen, Meinung, Verdächtigung;* donner *Warnung*
③ (*ausdrücken*) **jdm sein Bedauern ~** exprimer son regret à qn
④ JUR prononcer *Scheidung, Strafe*
II. *r V* ① (*offen sprechen*) **sich mit jdm über etw** (*Akk*) **~**

s'expliquer à propos de qc avec qn; **sprich dich aus!** dis ce que tu as sur le cœur!
❷ *(Stellung nehmen)* **sich für/gegen jdn/etw** ~ se prononcer pour/contre qn/qc
❸ *(sich äußern)* **sich sehr anerkennend über jdn** ~ dire beaucoup de bien de qn
❹ *(sich artikulieren lassen)* **wie spricht sich dieses Wort aus?** comment prononce-t-on ce mot?
II. *itr V* finir [de parler]; **lassen Sie mich doch ~!** laissez-moi finir!

Ausspruch *m* ❶ *(Bemerkung)* remarque *f*
❷ *(geflügeltes Wort)* bon mot *m*

aus|spucken I. *tr V* ❶ *(ausspeien)* cracher
❷ *fam (hergeben)* **Geld** ~ *Person:* débourser de l'argent *(fam)*
❸ *fam (auswerfen, ausgeben)* **etw** ~ *Computer, Automat:* cracher qc *(fam)*
❹ *fam (sagen, verraten)* cracher *(fam) Namen, Versteck;* **los, spuck's aus!** alors, accouche! *(fam)*
II. *itr V* ❶ **vor jdm** ~ cracher devant qn
❷ *fam (reden)* lâcher le morceau *(fam)*

aus|spülen *tr V* rincer *Geschirr, Glas;* **sich** *(Dat)* **den Mund** ~ se rincer la bouche

Ausspülung *f des Mundes* rinçage *m*

aus|staffieren* **I.** *tr V* ❶ *(einrichten)* aménager *Raum*
❷ *(einkleiden)* **jdn mit etw** ~ affubler [*o* attifer] qn de qc *(fam)*
II. *r V* **sich [ganz] neu** ~ se faire habiller des pieds à la tête *(fam)*; **sich mächtig** ~ *iron* se mettre sur son trente-et-un *(fam)*

Ausstand *m* ❶ *(Streik)* grève *f;* **in den ~ treten** se mettre en grève; **sich im ~ befinden** être en grève
❷ CH, A, SDEUTSCH *(Abschiedsfeier)* retrait *m;* **seinen ~ geben** fêter son départ

ausständig *Adj* A, SDEUTSCH *Gebühren, Rechnung* arriéré(e)

aus|stanzen *tr V* découper; **etw aus einer Metallfolie** ~ découper qc dans une feuille de métal

aus|statten ['aʊsʃtatən] *tr V* ❶ *(versehen, ausrüsten)* équiper; **jdn mit etw** ~ équiper qn de qc; **ein Auto mit Airbags** ~ équiper une voiture de coussins gonflables de sécurité
❷ *fig* **mit Intelligenz ausgestattet sein** être doté(e) d'intelligence
❸ ADMIN **jdn mit Vollmachten** ~ investir qn de pouvoirs; **jdn mit Privilegien** ~ pourvoir [*o* doter] qn de privilèges
❹ *(einrichten)* aménager *Wohnung, Haus;* **mit Tapeten/Vorhängen ausgestattet sein** être tendu(e) de papier peint/rideaux
❺ *(gestalten)* garnir *Buch*

Ausstattung <-, -en> *f* ❶ *(Ausrüstung)* équipement *m*
❷ *(Einrichtung)* agencement *m*
❸ *(Gestaltung) eines Buchs* présentation *f; einer Inszenierung* mise *f* en scène

aus|stechen *tr V unreg* ❶ *(zerstören, entfernen)* crever *Auge;* **die Disteln/das Unkraut** ~ creuser pour arracher les chardons/la mauvaise herbe
❷ *(herstellen)* creuser *Graben;* **Plätzchen** ~ découper des biscuits à l'emporte-pièce
❸ *(übertreffen)* supplanter; **jdn im Beruf** ~ supplanter qn dans sa profession

Ausstechform *f* emporte-pièce *m*

aus|stehen *unreg* **I.** *tr V* supporter *Schmerzen, Qualen;* **große Angst um jdn** ~ avoir très peur pour qn; **viel mit jdm ~ müssen** devoir endurer bien des choses avec qn
► **das ist jetzt ausgestanden!** le plus dur est passé!; **jdn/etw nicht ~ können** *fam* ne pas pouvoir supporter qn/qc *(fam)*
II. *itr V* ❶ *(anstehen)* **[noch]** ~ *Antwort:* ne pas être encore là; *Sendung, Paket:* ne pas être encore arrivé(e); *Entscheidung, Lösung, Stellungnahme:* être attendu(e); **die Antwort steht seit drei Wochen aus** cela fait trois semaines qu'on attend la réponse
❷ COM, FIN être dû(due) [*o* impayé(e)]; **~de Forderungen** créances arriérées; **~de Zahlungen auf Aktien** créances à recouvrer sur actions

aus|steigen *itr V unreg + sein* ❶ descendre; **aus dem Bus/Zug** ~ descendre du bus/train; **Endstation, alles ~!** terminus, tout le monde descend!; **wo möchtest du ~ [*o* abgesetzt werden?]?** où veux-tu que je te dépose?
❷ *sl (abspringen) Pilot:* sauter
❸ *fam (aufgeben, sich zurückziehen)* **aus etw** ~ abandonner qc
❹ *fam (sich von der Gesellschaft zurückziehen)* tourner le dos [à l'establishment]

Aussteiger(in) <-s, -> *m(f) (Berufs-, Studienabbrecher)* personne *f* qui a décroché *(fam)*; *(sich von der Gesellschaft Abwendender)* marginal(e) *m(f); (sich vom Terrorismus Abwendender)* repenti(e) *m(f)*

aus|stellen I. *tr V* ❶ *(zur Schau stellen)* exposer *Waren, Bilder, Kollektion*
❷ *(ausfertigen)* établir *Rechnung;* délivrer *Bescheinigung, Ausweis;* **einen Scheck auf jdn** ~ émettre un chèque au nom de qn
❸ *fam (abstellen)* éteindre *Radio, Fernseher;* arrêter *Kaffeemaschine, Heizung, Motor*
II. *itr V Künstler:* exposer

Aussteller(in) <-s, -> *m(f)* ❶ exposant(e) *m(f)*
❷ *(Ausfertiger) eines Schecks* tireur(-euse) *m(f)*
❸ *(ausstellende Behörde)* bureau *m* de délivrance

Ausstellfenster *nt* AUT déflecteur *m*

Ausstellung <-, -en> *f* ❶ *(Kunstausstellung, Messe)* exposition *f*
❷ *kein Pl (Ausfertigung) einer Rechnung* établissement *m; einer Urkunde* délivrance *f; eines Schecks* émission *f*

Ausstellungsdatum *nt* date *f* de délivrance [*o* d'établissement]; *eines Visums* date d'émission **Ausstellungsfläche** *f* surface *f* d'exposition **Ausstellungsgelände** *nt* parc *m* d'exposition **Ausstellungshalle** *f* hall *m* d'exposition **Ausstellungskatalog** *m* catalogue *m* [de l'exposition] **Ausstellungspavillon** *m* pavillon *m* d'exposition **Ausstellungsraum** *m* salle *f* d'exposition **Ausstellungsstand** *m* stand *m* d'exposition **Ausstellungsstück** *nt* modèle *m* d'exposition **Ausstellungstag** *m* jour *m* d'exposition; *eines Schecks* date *f* d'émission

aus|sterben *itr V unreg + sein Familie, Geschlecht:* s'éteindre; *Tierart, Pflanzenart:* disparaître

Aussterben *nt einer Familie, eines Geschlechts* extinction *f; einer Tierart, Pflanzenart* disparition *f;* **vom ~ bedroht sein** être menacé(e) de disparition

Aussteuer <-, -n> *f* trousseau *m*

Ausstieg ['aʊsʃtiːk] <-[e]s, -e> *m* ❶ *kein Pl (das Aussteigen)* descente *f;* ~ **aus dem Bus/Zug** descente *f* du bus/train; ~ **aus einer Höhle** sortie *f* d'une grotte
❷ *(Ausgang) eines Busses, Wagens* sortie *f; eines U-Boots* sas *m*
❸ *kein Pl (das Aufgeben)* abandon *m;* **der ~ aus der Atomenergie** l'abandon de l'énergie atomique

aus|stopfen *tr V* ❶ *(präparieren)* empailler *Tier*
❷ *(ausfüllen)* bourrer *Kissen, Puppe;* calfeutrer *Ritze*

Ausstoß *m* ❶ *(Produktion)* production *f*
❷ *(Emission) von Schadstoffen, Giftgas* émission *f*

aus|stoßen *tr V unreg* ❶ **den Atem durch die Nase** ~ expirer par le nez
❷ *(von sich geben)* pousser *Laut, Schrei, Seufzer;* proférer *Drohung*
❸ *(herausstoßen)* émettre, rejeter *Staub, Gas, Rauchwolken;* expulser *Plazenta*
❹ *(abschießen)* lancer *Torpedo*
❺ *(ausschlagen)* **jdm einen Zahn** ~ casser une dent à qn
❻ *(ausschließen)* **jdn aus einer Organisation** ~ exclure qn

d'une organisation; **jdn aus einer Gemeinschaft/einem Stamm** ~ rejeter [*o* bannir] qn d'une communauté/tribu; *s. a.* **Ausgestoßene(r)**
❼ (*produzieren*) produire

Ausstoßung <-> *f* ~ **aus einer Organisation** exclusion *f* d'une organisation; ~ **aus einer Gemeinschaft/einem Stamm** bannissement *m* [*o* exclusion] d'une communauté/tribu

aus|strahlen **I.** *tr V + haben* ❶ (*abstrahlen, senden*) diffuser; **Wärme** ~ diffuser de la chaleur
❷ (*verbreiten*) exprimer *Gelassenheit, Zufriedenheit, Ruhe;* répandre *Hektik, Unruhe;* **Freude** ~ rayonner de joie
II. *itr V + sein* ❶ (*sich ausdehnen*) *Wärme:* se diffuser; *Licht:* jaillir; [**bis**] **in die Schulter** ~ *Schmerz:* irradier [jusque] dans l'épaule
❷ (*übergehen*) **auf jdn/etw** ~ gagner qn/qc

Ausstrahlung *f* ❶ (*Wirkung*) *einer Person* rayonnement *m,* aura *f* (*littér*); ~ **haben** rayonner
❷ (*das Senden, die Sendung*) diffusion *f*

aus|strecken **I.** *tr V* tendre *Arm, Bein;* sortir *Fühler;* **die Hand nach jdm/etw** ~ tendre la main vers qn/qc
II. *r V* **sich** ~ s'étirer; **ausgestreckt daliegen** être étendu(e) là de tout son long

aus|streichen *tr V unreg* ❶ (*wegstreichen*) rayer *Wörter, Zeilen*
❷ (*innen bestreichen*) enduire *Backform, Auflaufform;* **eine Backform mit Butter/Fett** ~ beurrer/graisser un moule à gâteau
❸ (*ausfüllen*) **etw mit Gips/Lehm** ~ colmater qc avec du plâtre/de l'argile
❹ (*glätten*) lisser *Knitterfalten*

aus|streuen *tr V* ❶ (*verstreuen*) répandre *Vogelfutter, Sand*
❷ (*bestreuen*) **einen Weg/eine Backform mit etw** ~ couvrir un chemin/un moule à gâteau de qc
❸ (*verbreiten*) répandre *Gerücht, Parolen*

aus|strömen **I.** *tr V + haben* ❶ (*austreten lassen*) exhaler *Duft;* dégager *Kälte, Wärme*
❷ (*verbreiten*) répandre *Behaglichkeit, Ruhe*
II. *itr V + sein* ❶ (*herauskommen*) **aus etw** ~ *Flüssigkeit, Wasser:* s'écouler de qc; *Dampf, Gas:* s'échapper de qc
❷ (*ausgehen*) **von jdm/etw** ~ *Duft, Duftwolke:* émaner de qn/qc
❸ (*ausstrahlen*) **von etw** ~ *Hitze, Wärme:* se dégager de qc; **von jdm** ~ *Gelassenheit, Ruhe, Zufriedenheit:* émaner de qn

aus|suchen *tr V* choisir *Person, Gegenstand;* **jdm** [*o* **für jdn**] **etw** ~ choisir qc pour qn; **sich** (*Dat*) **jdn/etw** ~ choisir qn/qc; *s. a.* **ausgesucht**

Austausch *m* échange *m;* **im** ~ **gegen etw** en échange de qc

austauschbar *Adj* ❶ *Teil* remplaçable; *Begriffe, Übersetzungen* interchangeable
❷ (*nicht unverwechselbar*) ~ **sein** *Person:* être permutable

aus|tauschen **I.** *tr V* ❶ (*ersetzen*) remplacer *Spieler;* échanger *Motor;* **einen Spieler gegen einen anderen** ~ remplacer un joueur par un autre
❷ (*wechselseitig geben*) échanger *Gefangene, Erfahrungen, Gedanken*
II. *r V* **sich** ~ en parler; **sich über jdn/etw** ~ parler de qn/qc

Austauschmotor *m* moteur *m* de remplacement **Austauschschüler(in)** *m(f)* élève *mf* qui participe à un échange scolaire **Austauschstoff** *m* produit *m* de substitution

aus|teilen *tr V* ❶ (*verteilen*) distribuer *Essen, Spielkarten;* **etw an die** [*o* **unter der**] **Bevölkerung** ~ distribuer qc à la population
❷ (*erteilen*) donner *Segen, Befehle, Schläge;* administrer *Sakrament*

Austeilung *f* ❶ (*Verteilung*) distribution *f*
❷ (*Erteilung*) *eines Sakraments* administration *f*

Auster ['aʊstɐ] <-, -n> *f* huître *f*

Austernbank <-bänke> *f* banc *m* d'huîtres **Austernfischer** *m* ostréiculteur(-trice) *m(f)* **Austernmesser** *nt* GASTR couteau *m* à huîtres **Austernpilz** *m* pleurote *m* **Austernschale** *f* coquille *f* d'huître **Austernzucht** *f* ostréiculture *f*

aus|testen *tr V a.* INFORM tester

aus|tilgen *tr V geh* ❶ (*vernichten*) détruire *Unkraut, Ungeziefer*
❷ (*auslöschen*) éliminer *Unterschiede, Eigenart*

aus|toben **I.** *tr V* **seinen Zorn an jdm** ~ décharger sa colère sur qn
II. *r V* **sich** ~ *Kind:* se défouler; *Erwachsener:* mener une vie de bâton de chaise; **der Orkan hat sich ausgetobt** l'ouragan a fait rage

aus|tragen *unreg* **I.** *tr V* ❶ (*zustellen*) **die Post** ~ distribuer le courrier [à domicile]
❷ (*stattfinden lassen*) régler *Konflikt, Meinungsverschiedenheit;* disputer *Wettkampf, Kampf;* **wo werden die nächsten Olympischen Spiele ausgetragen?** où se dérouleront les prochains Jeux Olympiques?
❸ (*streichen*) **etw aus dem Kalender** ~ rayer qc du calendrier
❹ (*bis zur Geburt behalten*) garder *Kind*
II. *r V* **sich aus einer Liste** ~ se rayer d'une liste

Austräger(in) *m(f)* (*Zeitungsausträger/Prospektverteiler*) distributeur(-trice) *m(f)* de journaux/prospectus

Austragung <-, -en> *f eines Wettkampfs* déroulement *m*

Austragungsort *m* lieu *m* organisateur de la compétition

Australien [aʊs'tra:liən] <-s> *nt* l'Australie *f*

Australier(in) <-s, -> *m(f)* Australien(ne) *m(f)*

australisch *Adj* australien(ne)

aus|träumen *itr V* **ausgeträumt haben** être sorti(e) de son rêve; **sein Traum vom Reichtum ist ausgeträumt** son rêve de richesse s'est envolé en fumée

aus|treiben *unreg* **I.** *tr V* ❶ (*abgewöhnen*) **jdm seine Launen** ~ faire passer ses humeurs à qn; **das werde ich ihm schon ~!** je vais lui en faire passer l'envie!
❷ *geh* (*verbannen*) exorciser *Dämon, Geist*
❸ (*auf die Weide treiben*) **das Vieh** ~ mener les bêtes au pâturage
❹ (*forttreiben*) chasser *Person*
II. *itr V* *Blätter, Knospen:* bourgeonner, se former; *Baum:* bourgeonner

Austreibung <-, -en> *f eines Dämons* exorcisation *f; von Personen* expulsion *f*

aus|treten *unreg* **I.** *itr V + sein* ❶ (*nach außen treten*) *Flüssigkeit, Öl:* s'écouler; *Gas:* s'échapper; *Blut:* couler; *Bruch:* sortir
❷ *nur Infin fam* (*zur Toilette gehen*) aller quelque part [*o* aux W.-C.]
❸ (*ausscheiden*) **aus einer Partei** ~ quitter un parti; **aus der Kirche** ~ se détourner de l'Église
II. *tr V + haben* ❶ (*auslöschen*) **das Feuer** ~ éteindre le feu avec les pieds; **eine Zigarettenkippe** ~ écraser un mégot [du pied]
❷ (*abnutzen*) élargir *Schuhe;* **ausgetreten** *Schuhe* usé(e) [à force d'être porté(e)]; *Treppen, Stufen* usé(e) [par les passages]

aus|tricksen ['aʊstrɪksən] *tr V fam* rouler (*fam*); feinter (*fam*) *Fußballspieler*

aus|trinken *unreg* **I.** *tr V* finir *Getränk;* vider *Tasse, Glas*
II. *itr V* vider son verre

Austritt *m* ❶ *kein Pl* (*das Herauskommen*) *von Wasser, Öl* fuite *f; von Gas* émission *f; von Blut* écoulement *m*
❷ (*das Ausscheiden*) démission *f;* **die ~e aus der Kirche häufen sich** de plus en plus de personnes se détournent de l'Église

Austrittserklärung *f* déclaration *f* de démission

aus|trocknen **I.** *tr V + haben* ❶ (*trockenlegen*) assécher *Moor, Sumpf*
❷ (*trocken machen*) dessécher *Haut, Kehle*
II. *itr V + sein* *Wasserlauf:* tarir; *Haut, Kehle:* se déshydrater; *Brot, Käse, Kuchen:* se dessécher; **meine Haut/Kehle ist ausge-**

trocknet j'ai la peau/gorge sèche
aus|trompeten* *s.* **ausposaunen**
aus|tüfteln ['aʊstʏftəln] *tr V fam* bricoler (*fam*) *Konstruktion, Computerprogramm;* mijoter (*fam*) *Plan*
aus|üben *tr V* ❶ (*praktizieren, innehaben*) exercer
❷ (*wirksam werden lassen*) **Einfluss auf jdn** ~ exercer une influence sur qn; **eine große Anziehungskraft auf jdn** ~ exercer une grande attraction sur qn; **auf jdn Druck** ~ faire pression sur qn
Ausübung *f eines Rechts* exercice *m;* **in** ~ **ihrer Pflicht** dans l'exercice de ses fonctions
aus|ufern *itr V + sein* ❶ dégénérer; **in eine endlose Diskussion** ~ dégénérer en une discussion interminable
❷ *selten* (*über die Ufer treten*) déborder
Ausverkauf *m* ❶ soldes *mpl;* ~ **wegen Geschäftsaufgabe** liquidation *f* pour cessation de commerce; **im** ~ en solde
❷ *pej* (*Aufgabe*) liquidation *f*
aus|verkaufen* *tr V* ❶ (*restlos verkaufen*) **die** [*o* **alle**] **Sandalen** ~ vendre toutes les sandalettes
❷ (*räumen*) **das Lager** ~ liquider totalement les stocks
ausverkauft *Adj Artikel, Sonderangebot* épuisé(e); *Konzert, Veranstaltung* complet(-ète)
aus|wachsen *unreg* **I.** *itr V + sein* ❶ (*keimen*) *Getreide:* germer sur pied
❷ (*das Wachstum beenden*) **ausgewachsen sein** *Person:* avoir terminé sa croissance
▸ **das** [*o* **es**] **ist** [**ja**] **zum Auswachsen!** DIAL *fam* c'est à s'[en] arracher les cheveux! (*fam*)
II. *r V + haben* ❶ (*verschwinden*) **sich** ~ *Narbe, Missbildung:* disparaître
❷ (*ausufern*) **sich zu einem Skandal** ~ dégénérer en scandale
Auswahl *f* ❶ (*Wahl, Sortiment*) choix *m;* **die** [**freie**] ~ **haben** avoir libre choix; **verschiedene Dinge zur** ~ **haben** avoir le choix parmi différentes choses; **eine** ~ **treffen** faire un choix; **drei Kandidaten stehen zur** ~ il y a le choix entre trois candidats; **eine reichhaltige** ~ **an** [*o* **von**] **Obst haben** *Geschäft:* avoir un grand choix de fruits; **in großer** ~ **vorhanden sein** avoir du choix en qc
❷ (*Auswahlmannschaft*) équipe *f* sélectionnée
aus|wählen **I.** *tr V* choisir; **sich** (*Dat*) **jdn/etw** ~ choisir qn/qc; **jdn unter mehreren Bewerbern** ~ choisir qn parmi plusieurs candidats; *s. a.* **ausgewählt**
II. *itr V* choisir
Auswahlmannschaft *f* équipe *f* sélectionnée **Auswahlmenü** *nt* INFORM barre *f* de sélection **Auswahlmöglichkeit** *f a.* INFORM possibilité *f* de sélectionner **Auswahlspieler(in)** *m(f)* joueur(-euse) *m(f)* sélectionné(e) **Auswahlverfahren** *nt* sélection *f*
aus|walzen *tr V* ❶ (*walzen*) laminer
❷ *pej* (*breittreten*) **ein Thema** ~ s'appesantir sur un sujet
Auswanderer *m,* **Auswanderin** *f* émigrant(e) *m(f)*
aus|wandern *itr V + sein* émigrer; **nach Australien/in die USA** ~ émigrer en Australie/aux Etats-Unis
Auswanderung *f* émigration *f*
auswärtig ['aʊsvɛrtɪç] *Adj attr* ❶ (*auswärts befindlich*) étranger(-ère)
❷ (*von auswärts stammend*) *Besucher, Gast, Kunde* [qui vient] de l'extérieur; *Schüler* [venant] d'une autre localité
❸ POL *Angelegenheiten* extérieur(e); *Vertretung* étranger(-ère); *s. a.* **Amt**
auswärts ['aʊsvɛrts] *Adv wohnen, spielen* à l'extérieur; **von** ~ **kommen** venir de l'extérieur; ~ **essen** manger en ville
Auswärtsspiel *nt* match *m* à l'extérieur
aus|waschen *unreg* **I.** *tr V* ❶ (*beseitigen*) faire partir; **die Flecken aus einem Kleid** ~ faire partir les taches d'une robe en la lavant
❷ (*säubern*) laver *Geschirr;* rincer *Pinsel, Wäsche;* laver *Wunde*
❸ GEOL éroder *Felsen, Gestein*
II. *r V* **sich** ~ *Farbe:* passer
auswechselbar [-ks-] *Adj Mitarbeiter* permutable; *Begriff* interchangeable; *Teil, Element* remplaçable
aus|wechseln *tr V* remplacer *Spieler;* changer *Zündkerzen;* **die Batterien** ~ remplacer les piles usées
▸ **wie ausgewechselt sein** être comme transformé(e)
Auswechselspieler(in) *m(f)* remplaçant(e) *m(f)*
Auswechs[e]lung <-, -en> *f einer Person* remplacement *m; einer Geschäftsleitung, eines Teils* changement *m*
Ausweg *m* issue *f;* **der letzte** ~ la dernière issue [*o* solution]; **sich** (*Dat*) **einen** ~ **offen lassen** [*o* **offen halten**] se garder une porte de sortie; **keinen** ~ **mehr wissen** ne plus savoir que faire pour s'en sortir
ausweglos *Adj Lage* sans issue; *Situation* désespéré(e)
Ausweglosigkeit <-> *f* désespoir *m;* **die** ~ **seiner Situation erkennen** se rendre compte de sa situation désespérée
aus|weichen *itr V unreg + sein* ❶ (*ein Hindernis umgehen*) faire une embardée; **nach links/rechts** ~ faire une embardée sur la gauche/droite; **jdm/einer S.** ~ éviter qn/qc; **gerade noch** ~ **können** avoir tout juste le temps de faire une embardée [*o* se déporter]
❷ *fig* **jdm/einer S.** ~ se défiler devant qn *fam*/esquiver qc; ~**de Antworten geben** répondre évasivement; **du weichst** [**mir**] **aus!** tu cherches des faux-fuyants!
❸ (*als Alternative wählen*) **auf etw** (*Akk*) ~ se rabattre sur qc
Ausweichmanöver *nt* ❶ manœuvre *f* d'évitement ❷ (*Ausflucht*) échappatoire *f* **Ausweichmöglichkeit** *f* possibilité *f* d'évitement
aus|weiden *tr V* étriper *Tier*
aus|weinen **I.** *r V* soulager son cœur; **sich bei jdm** ~ soulager son cœur auprès de qn
II. *itr V* **ausgeweint haben** avoir fini de pleurer
III. *tr V geh* **seinen Kummer** ~ se soulager de son chagrin en pleurant
Ausweis ['aʊsvaɪs] <-es, -e> *m* (*Dokument*) carte *f;* (*Personalausweis*) carte *f* d'identité; **Ihren** ~ **bitte!** vos papiers, s'il vous plaît!
aus|weisen ['aʊsvaɪzən] *unreg* **I.** *tr V* ❶ (*des Landes verweisen*) expulser
❷ (*Identität nachweisen*) **jdn als Betrüger** ~ *Papiere:* prouver que qn est un fraudeur
❸ (*vorsehen*) **etw** ~ *Bebauungsplan:* prévoir qc; **als Grünfläche ausgewiesen sein** être prévu(e) comme espace vert
II. *r V* ❶ **sich** ~ justifier son identité
❷ (*sich erweisen*) **sich als gute Geschäftsfrau** ~ se révéler [être] une bonne commerçante
Ausweishülle *f* porte-cartes *m* **Ausweiskontrolle** *f* contrôle *m* d'identité
ausweislich *Adv* (*aufgrund von*) ~ **einer S.** (*Gen*) comme l'atteste [*o* le montre] qc
Ausweispapiere *Pl* pièce *f* d'identité
Ausweisung *f* (*Abschiebung*) expulsion *f*
aus|weiten **I.** *tr V* ❶ (*weiter machen*) élargir
❷ (*verbessern*) développer *Kontakte, Handel*
II. *r V* ❶ **sich** ~ *Kleidung, Schuhe:* s'élargir; *Gummiband:* se distendre
❷ (*sich ausdehnen*) **sich zu etw** ~ *Konflikt, Streik, Unruhen:* dégénérer en qc
Ausweitung <-, -en> *f* ❶ (*Ausdehnung*) *von Kleidung, Schuhen* élargissement *m*
❷ (*das Auswachsen*) *eines Konflikts, Streiks* extension *f*
auswendig ['aʊsvɛndɪç] *Adv* **etw** ~ **lernen/können** apprendre/savoir qc par cœur
▸ **das kann ich schon** ~**!** *pej fam* je connais ça par cœur!
Auswendiglernen *nt* **ein Gedicht zum** ~ un poème à apprendre par cœur
aus|werfen *tr V unreg* ❶ jeter *Anker, Netz*

❷ (*ausstoßen*) cracher, vomir (*littér*) *Lava, Asche*
❸ INFORM sortir *Informationen*
❹ (*herausschaufeln*) creuser *Erde, Graben*
❺ (*verteilen*) allouer *Dividende, Gewinnanteile*
aus|werten *tr V* éplucher *Zeitungen, Prospekte;* dépouiller *Statistiken;* exploiter *Erfahrungen*
Auswertung *f von Zeitungen, Prospekten* épluchage *m; einer Statistik* dépouillement *m; von Erfahrungen* exploitation *f*
aus|wickeln *tr V* enlever le papier de *Geschenk, Päckchen*
aus|wiegen *tr V unreg* peser
aus|winden *tr V unreg* SDEUTSCH, CH tordre
aus|wirken *r V* **sich** ~ avoir des répercussions; **sich negativ/positiv auf etw** (*Akk*) ~ avoir des répercussions négatives/positives sur qc
Auswirkung *f* répercussion *f souvent pl*
aus|wischen *tr V* ❶ (*löschen*) effacer *Schrift, Tafel*
❷ (*säubern*) essuyer
▸ **jdm eins** ~ *fam* jouer un sale tour à qn (*fam*)
aus|wringen ['aʊsvrɪŋən] *tr V unreg* tordre
Auswuchs ['aʊsvu:ks, *Pl:* 'aʊsvy:ksə] <-es, ¨-e> *m* ❶ MED excroissance *f*
❷ (*Missstand*) excès *m;* **Auswüchse der Fantasie** aberrations *fpl* de l'imagination
aus|wuchten *tr V* équilibrer
Auswurf *m* ❶ MED expectoration *f*
❷ *kein Pl* (*das Auswerfen*) *von Asche, Lava* projection *f*
aus|zahlen **I.** *tr V* ❶ (*Betrag aushändigen*) verser, payer *Gehalt, Spesen;* rembourser *Pflichtteil;* **jdm sein Erbteil** ~ verser à qn sa part d'héritage
❷ (*abfinden*) régler *Arbeiter;* désintéresser *Gläubiger;* rembourser *Kompagnon, Miterben*
II. *r V* **sich für jdn** ~ *Unternehmung:* être payant(e) pour qn
aus|zählen *tr V* ❶ dépouiller *Stimmen*
❷ BOXEN **jdn** ~ compter qn K.-O.
Auszahlung *f* ❶ *eines Gehalts, von Spesen* versement *m; eines Erbteils* paiement *m; eines Pflichtteils* remboursement *m;* **die** ~ **der Löhne** la paie; **zur** ~ **kommen** [*o* **gelangen**] être versé(e); ~ **in voller Höhe** paiement [*o* versement] intégral
❷ (*Abfindung*) *einer Person* remboursement *m*
Auszählung *f von Stimmen* dépouillement *m*
Auszehrung <-, -en> *f* ❶ (*Kräfteverfall*) épuisement *m*
❷ *veraltet* (*Schwindsucht*) consomption *f*
aus|zeichnen **I.** *tr V* ❶ (*mit Preisschild versehen*) étiqueter *Ware, Artikel;* **etw mit einem Preis** ~ marquer [*o* indiquer] le prix sur qc
❷ (*ehren*) **jdn mit einem Preis/Orden** ~ décerner un prix/une médaille à qn
❸ (*hervorheben*) distinguer *Person;* **es zeichnet dich aus, dass du ihm verziehen hast** c'est tout à ton honneur de lui avoir pardonné
❹ TYP préparer *Manuskript;* mettre en relief *Textstelle*
II. *r V* **sich durch etw** ~ se distinguer par qc
Auszeichnung *f* ❶ *kein Pl* (*das Auszeichnen*) *eines Artikels* étiquetage *m*
❷ (*Preisetikett*) étiquette *f*
❸ TYP *eines Manuskripts* préparation *f; einer Textstelle* mise *f* en relief
❹ *kein Pl* (*das Ehren*) distinction *f* honorifique
❺ (*Orden*) décoration *f*
❻ (*Preis*) prix *m;* **etw mit** ~ **bestehen** réussir qc avec mention
Auszeit *f* SPORT temps *m* mort
ausziehbar *Adj Antenne* télescopique; *Tisch* à rallonges
aus|ziehen *unreg* **I.** *tr V + haben* ❶ (*entkleiden*) déshabiller *Person*
❷ (*ablegen*) enlever *Kleidungsstück;* **sich** (*Dat*) **die Jacke** ~ enlever [*o* retirer] sa veste; **komm, ich ziehe dir die Schuhe aus!** allez, je t'enlève tes chaussures!
❸ (*verlängern*) [r]allonger *Tisch, Ausziehleiter;* [é]tirer *Antenne*
❹ (*nachzeichnen*) tracer *Linie*
II. *itr V + sein* ❶ (*Wohnung aufgeben*) déménager; **aus einer Wohnung** ~ quitter un appartement
❷ (*ausrücken*) **auf Abenteuer/zur Jagd** ~ partir pour [*o* à] l'aventure/la chasse
III. *r V + haben* **sich** ~ se déshabiller
Ausziehleiter *f* échelle *f* coulissante **Ausziehplatte** *f eines Tisches* rallonge *f* **Ausziehtisch** *m* table *f* à rallonges
aus|zischen *tr V* siffler
Auszubildende(r) <-n, -n> *f(m) dekl wie Adj* apprenti(e) *m(f)*
Auszug <-[e]s, ¨-e> *m* ❶ (*Umzug*) déménagement *m*
❷ (*Auswanderung*) procession *f;* **der** ~ **aus Ägypten** l'Exode *m* [des Hébreux]
❸ (*Ausschnitt*) *eines Textes, einer Rede* extrait *m;* **etw in Auszügen zitieren** citer des extraits de qc
❹ (*Kontoauszug*) relevé *m*
❺ JUR extrait *m;* ~ **aus dem Grundbuch** extrait du cadastre; ~ **aus dem Handelsregister/Vereinsregister** extrait du registre du commerce/des associations
❻ (*Extrakt*) extrait *m,* essences *fpl*
auszugsweise *Adv* par extraits; **etw** ~ **lesen** lire des extraits de qc
aus|zupfen *tr V* épiler *Haare*
autark [aʊ'tark] *Adj Land* qui vit dans l'autarcie; *Wirtschaft* autosuffisant(e); **landwirtschaftlich** ~ **sein** disposer d'une agriculture autarcique
Autarkie [-ki:ən] <-, -n> *f* (*wirtschaftlich*) autosuffisance *f;* (*landwirtschaftlich*) autarcie *f*
authentisch [aʊ'tɛntɪʃ] *Adj* authentique
Authentizität [aʊtɛntitsi'tɛ:t] <-> *f* authenticité *f*
Autismus [aʊ'tɪsmʊs] <-> *m* MED autisme *m*
autistisch *Adj* MED autiste
Auto ['aʊto] <-s, -s> *nt* voiture *f;* ~ **fahren** conduire; (*mitfahren*) aller en voiture; **mit dem** ~ **fahren** prendre la voiture; (*mitfahren*) aller en voiture; **auf dieser Straße darf man nicht mit dem** ~ **fahren** on n'a pas le droit d'emprunter cette rue en voiture
▸ **wie ein** ~ **gucken** *fam* en rester comme deux ronds de flan (*fam*)
Autoantenne *f* antenne *f* de voiture **Autoatlas** *m* atlas *m* routier **Autobahn** *f* autoroute *f*
Autobahnabschnitt *m* tronçon *m* d'autoroute **Autobahnanschlussstelle**[RR] *f* bretelle *f* d'autoroute **Autobahnauffahrt** *f* bretelle *f* d'accès [à l'autoroute] **Autobahnausfahrt** *f* sortie *f* d'autoroute **Autobahnbrücke** *f* pont *m* [d'une autoroute]; (*über die Autobahn*) pont *m* [au-dessus d'une autoroute] **Autobahndreieck** *nt* échangeur *m* **Autobahngebühr** *f* péage *m*

i Land & Leute

En Autriche et en Suisse, on doit payer un **Autobahngebühr** pour l'utilisation de l'autoroute. En Suisse, il s'agit d'une vignette que l'on colle sur le pare-brise et qui reste valable un an. En Autriche, la durée de validité des vignettes, appellées *Pickerl*, varie de 10 jours à un an. En Allemagne, seuls les camions doivent payer un **Autobahngebühr** depuis 2005.

Autobahnkreuz *nt* échangeur *m* **Autobahnpolizei** *f* gendarmerie *f* **Autobahnraststätte** *f* restoroute *m* **Autobahnring** *m* périphérique *m* autoroutier **Autobahnvignette** [-vɪnjɛtə] *f* vignette *f* d'autoroute **Autobahnzubringer** *m* bretelle *f* d'accès [à l'autoroute]
Autobatterie *f* batterie *f* de voiture
Autobiografie[RR] *f* autobiographie *f* **autobiografisch**[RR] *Adj*

autobiographique **Autobiographie** *f s.* Autobiografie **autobiographisch** *Adj s.* autobiografisch
Autobombe *f* voiture *f* piégée **Autobus** ['aʊtobʊs] *m veraltet* [auto]bus *m* **Autocar** ['aʊtoka:ɐ] *m* CH car *m*
Autodidakt(in) [aʊtodi'dakt] <-en, -en> *m(f)* autodidacte *mf* **autodidaktisch** I. *Adj* autodidacte II. *Adv* en autodidacte
Autodieb(in) *m(f)* voleur(-euse) *m(f)* de voiture[s] **Autodiebstahl** *m* vol *m* de voiture **Autodrom** [aʊto'dro:m] <-s, -e> *nt* ① SPORT autodrome *m* ② A piste *f* d'autos tamponneuses **Autoelektrik** *f* installation *f* électrique [de la voiture] **Autofähre** *f* [car-]ferry *m*, transbordeur *m* **Autofahren** *nt* ~ **ist seine Lieblingsbeschäftigung** rouler en voiture est son occupation favorite; **keine Lust zum ~ haben** ne pas avoir envie de prendre la voiture **Autofahrer(in)** *m(f)* automobiliste *mf* **Autofahrt** *f* trajet *m* en voiture
Autofokus [aʊto'fo:kʊs] *m* autofocus *m*
autofrei *Adj Tag* sans voiture; *Straße, Zone* interdit(e) aux voitures **Autofriedhof** *m hum fam* cimetière *m* de voitures **Autogas** *nt* gaz *m* de pétrole liquéfié, G.P.L. *m*
autogen [aʊto'ge:n] *Adj* TECH, PSYCH autogène
Autogramm [aʊto'gram] <-s, -e> *nt* autographe *m*
Autogrammjäger(in) *m(f) fam* chasseur(-euse) *m(f)* d'autographes
Autohändler(in) *m(f)* vendeur(-euse) de voitures *m* **Autokarte** *f* carte *f* routière **Autokino** *nt* ciné-parc *m* **Autoknacker(in)** ['aʊtoknakɐ] <-s, -> *m(f) fam* cambrioleur(-euse) *m(f)* de voitures **Autokolonne** *f* file *f* de voitures
Autokrat(in) [aʊto'kra:t] <-en, -en> *m(f)* autocrate *mf*
Autokratie [aʊtokra'ti:] <-, -n> *f* autocratie *f*
autokratisch *Adj* autocratique
Autolenker(in) *bes.* CH *s.* Autofahrer(in) **Automarder** ['aʊtomardɐ] *m fam* cambrioleur *m* de voitures **Automarke** *f* marque *f* [de voiture]
Automat [aʊto'ma:t] <-en, -en> *m* ① *(Verkaufsautomat)* distributeur *m* [automatique]; *(Musikautomat)* juke-box *m*; *(Spielautomat)* machine *f* à sous
② ELEC *(Sicherung)* disjoncteur *m*
Automatenknacker(in) <-s, -> *m(f) fam* cambrioleur(-euse) *m(f)* de distributeurs **Automatenrestaurant** [-rɛstorã:] *nt* restaurant *m* à distributeurs automatiques
Automatik [aʊto'ma:tɪk] <-, -en> *f* ① *(Steuerungsautomatik)* automatisme *m*
② *(Automatikgetriebe)* embrayage *m* automatique
Automatikgetriebe *nt* AUT boîte *f* [de vitesses] automatique
Automatikgurt *m* AUT ceinture *f* de sécurité à enrouleur
Automation [aʊtoma'tsio:n] <-> *f* automatisation *f*
automatisch I. *Adj* automatique
II. *Adv* ① *(selbsttätig)* automatiquement
② *fam (unwillkürlich)* spontanément; **das geht ganz** ~ c'est automatique
automatisieren* *tr V* automatiser
Automatisierung <-, -en> *f* automatisation *f*
Automatismus [aʊtoma'tɪsmʊs] <-, -ismen> *m* MED automatisme *m*
Automechaniker(in) *m(f)* mécanicien(ne) *m(f)* [-auto] **Automobil** [aʊtomo'bi:l] <-s, -e> *nt* automobile *f (vieilli)*
Automobilausstellung *f* Salon *m* de l'automobile **Automobilbau** *m kein Pl* construction *f* automobile **Automobilclub** *m* club *m* automobile; **Allgemeiner Deutscher** ~ *club automobile allemand* **Automobilindustrie** *f* industrie *f* automobile
Automobilist(in) <-en, -en> *m(f)* CH *geh* automobiliste *mf*
Automobilklub *s.* Automobilclub **Automobilsalon** *s.* Automobilausstellung
Automodell *nt* modèle *m* de voiture
autonom [aʊto'no:m] *Adj* autonome
Autonome(r) *f(m) dekl wie Adj* autonomiste *mf*
Autonomie [aʊtono'mi:] <-, -n> *f* autonomie *f*
Autonummer *f* numéro *m* d'immatriculation **Autopapiere** *Pl* papiers *mpl* du véhicule
Autopilot *m* TECH pilotage *m* automatique
Autopsie [aʊtɔ'psi:] <-, -n> *f* autopsie *f*
Autor ['aʊto:ɐ] <-s, -toren> *m*, **Autorin** *f* auteur *mf*
Autoradio *nt* autoradio *m* **Autoreifen** *m* pneu *m* [de voiture] **Autoreisezug** *m* train *m* autos-couchettes **Autorennen** *nt* course *f* automobile **Autoreparaturwerkstatt** *f* garage *m*
autorisieren* *tr V* autoriser; **jdn ~ ein Dokument zu veröffentlichen** autoriser qn à publier un document; **autorisiert** *Personal, Übersetzung, Fachhandel* autorisé(e)
autoritär [aʊtori'tɛ:ɐ] *Adj* autoritaire
Autorität <-, -en> *f* autorité *f*
autoritätsgläubig *Adj pej Person* qui accepte aveuglément une autorité
Autoritätsgläubigkeit *f pej* reconnaissance *f* aveugle d'une autorité
Autosalon *s.* Automobilausstellung **Autoschalter** *m* guichet *m* drive-in **Autoschlange** *f* file *f* de voitures **Autoschlosser(in)** *m(f)* carrossier *m* automobile **Autoschlüssel** *m* clé *f* de voiture **Autoskooter** ['aʊtosku:tɐ] <-s, -> *m* auto *f* tamponneuse **Autostopp** *m kein Pl* auto-stop *m*; **per ~ fahren** voyager en auto-stop; ~ **machen** faire de l'auto-stop **Autostrich** *m sl* quartier *m* réservé à la prostitution en voiture **Autostunde** *f* heure *f* de voiture; **eine ~ von Köln entfernt sein** être à une heure de voiture de Cologne
Autosuggestion [aʊtozʊgɛs'tio:n] *f* autosuggestion *f*
Autotelefon *nt* radiotéléphone *m* **Autotür** *f* portière *f*
Autotypie <-, -n> *f* TYP similigravure *f*
Autounfall *m* accident *m* de voiture **Autoverkehr** *m* circulation *f* [automobile] **Autoverleih** *m*, **Autovermietung** *f* ① *(Unternehmen)* société *f* de location de voitures; *(Niederlassung)* agence *f* de location de voitures
② *kein Pl (das Vermieten)* location *f* de voitures **Autowerkstatt** *f* garage *m* **Autowrack** *nt* épave *f* [*o* carcasse *f*] de voiture
Autozoom [-zu:m] *nt* zoom *m* automatique
Autozubehör *nt* accessoires *mpl* auto **Autozug** *s.* Autoreisezug
autsch [aʊtʃ] *Interj fam* aïe *(fam)*
auweh, **auwei[a]** *Interj* oh là là
Avance [a'vã:sə] *f* ▶ **jdm ~n machen** *geh* faire des avances à qn
avancieren* [avã'si:rən] *itr V + sein* **zur Geschäftsführerin** ~ être promue gérante
Avantgarde [avã'gardə] <-, -n> *f geh* avant-garde *f*
avantgardistisch [avãgar'dɪstɪʃ] *Adj* avant-gardiste
AvD [a:faʊ'de:] <-> *m Abk von* **Automobilclub von Deutschland** *club automobile allemand*
Ave-Maria ['a:və-] <-[s], -[s]> *nt* Ave [Maria] *m*
Aversion [avɛr'zio:n] <-, -en> *f* aversion *f*; ~ **gegen jdn/etw** aversion *f* pour qn/qc; **eine ~ gegen jdn/etw haben** [*o* **hegen** *geh*] avoir qn/qc en aversion
avisieren* [-vi-] I. *tr V* aviser, prévenir; **jdm seine Ankunft/das Eintreffen der Waren** ~ aviser [*o* prévenir] qn de son arrivée/de la livraison des marchandises
II. *itr V* FIN ~ **de Bank** banque *f* notificatrice
Avocado [avo'ka:do] <-, -s> *f* avocat *m*
Axialverschiebung *f* TECH déplacement *m* axial
Axiom [aksi'o:m] <-s, -e> *nt* axiome *m*
Axt [akst, *Pl:* 'ɛkstə] <-, ¨-e> *f* hache *f*
▶ **die ~ im Haus erspart den Zimmermann** *Spr.* les bons outils font les bons artisans; **sich wie eine** [*o* **die**] **~ im Walde benehmen** *fam* ne pas faire dans la dentelle *(fam)*
AZ *Abk von* Aktenzeichen
Azalee [atsa'le:ə] <-, -n> *f Fachspr.*, **Azalie** [a'tsa:liə] <-, -n> *f* azalée *f*
Azoren [a'tso:rən] *Pl* **die** ~ les Açores *fpl*
Azteke [ats'te:kə] <-n, -n> *m*, **Aztekin** *f* Aztèque *mf*

Azubi [a'tsu:bi] <-s, -s> *m*, <-, -s> *f Abk von* **Auszubildende(r)** apprenti(e) *m(f)*
azurblau [a'tsu:ɐblaʊ] *Adj geh* bleu azur *inv;* **~e Augen** des yeux *mpl* bleu azur

Bb

B, b [be:] <-, -> *nt* ❶ *(Buchstabe)* B *m*/b *m*
❷ MUS *(Note, Ton)* si *m* bémol; *(Erniedrigungszeichen)* bémol *m*
▸ **B wie Berta** b comme Berthe
babbeln DIAL **I.** *tr V* jacasser; **Unsinn ~** raconter des âneries
II. *itr V Baby:* babiller
Babel ['ba:bl] <-s> *nt* ❶ *(Sündenbabel)* lieu *m* de perdition
❷ *(vielsprachige Stadt)* Babel *f*
Baby ['be:bi, 'beɪbi] <-s, -s> *nt* bébé *m*
Babyausstattung ['be:bi-] *f* layette *f* **Babybekleidung** *f* layette *f* **Babyboom** ['be:bibu:m] *m* baby-boom *m* **Babydoll** ['be:bidɔl, be:bi'dɔl] <-s, -s> *nt* baby-doll *m* **Babyfläschchen** ['be:bi'flɛʃçən] *nt* biberon *m* **Babyjahr** *nt fam* congé *m* parental d'éducation **Babykost** *f* alimentation *f* pour bébé
Babylon ['ba:bylɔn] <-s> *nt* HIST Babylone
Babylonier(in) [baby'lo:niɐ] <-s, -> *m(f)* HIST Babylonien(ne) *m(f)*
babylonisch [baby'lo:nɪʃ] *Adj* HIST babylonien(ne)
Babynahrung *f kein Pl* aliments *mpl* pour bébés **babysitten** ['be:bizɪtən] *itr V nur Infin* faire du baby-sitting **Babysitter(in)** ['be:bizɪtɐ] <-s, -> *m(f)* baby-sitter *mf* **Babyspeck** *m hum fam* rondeurs *fpl* de bébé *(fam)* **Babystrich** *m sl* quartier *m* réservé à la prostitution des mineur(e)s; **auf den ~ gehen** faire le trottoir **Babytragetasche** *f* porte-bébé *m* **Babywaage** *f* pèse-bébé *m* **Babywäsche** *f kein Pl* layette *f* **Babywippe** *f* baby-relax *m*
Bach [bax, *Pl:* 'bɛçə] <-[e]s, ¨-e> *m* ruisseau *m; (Gebirgsbach)* torrent *m*
▸ **den ~ runtergehen** *fam* tomber à l'eau *(fam)*
Bache ['baxə] <-, -n> *f* laie *f*
Bachforelle *f* truite *f* de rivière
Bächlein <-s, -> *nt Dim von* **Bach** ruisselet *m*
▸ **ein ~ machen** *Kinderspr.* faire un petit pipi *(enfantin)*
Bachstelze *f* bergeronnette *f*
Back[1] [bak] <-, -en> *f* NAUT gaillard *m* d'avant
Back[2] [bæk] <-s, -s> *m* SPORT CH, A défenseur *m*
Backblech *nt* plaque *f* de four
Backbord ['bakbɔrt] <-[e]s, *selten* -e> *nt* NAUT bâbord *m*
backbord[s] *Adv* NAUT à bâbord
Bäckchen <-s, -> *nt Dim von* **Backe** joue *f*
Backe ['bakə] <-, -n> *f* ❶ *(Wange)* joue *f;* **mit vollen ~n kauen** jouer des mandibules *(fam)*
❷ *fam (Pobacke)* fesse *f*
❸ TECH *eines Schraubstocks, einer Bremse* mâchoire *f*
▸ **eine Haftstrafe auf einer ~ absitzen** *sl* tirer une peine de prison vite fait bien fait *(fam)*; **au ~!** *fam* oh là là!
backen ['bakən] <backt *o* bäckt, backte *o veraltet* buk, gebacken> **I.** *tr V* ❶ faire *Brot, Kuchen;* **knusprig gebacken** bien croustillant(e); **selbst gebacken** fait(e) maison
❷ DIAL *(braten)* faire frire *Fisch, Krapfen;* faire *Pfannkuchen;* **es gibt gebackenen Fisch** on va manger du poisson frit
II. *itr V* ❶ *Brot, Kuchen:* cuire
❷ DIAL *(braten) Fisch, Krapfen:* frire
Backenbart *m* favoris *mpl* **Backenknochen** *m* pommette *f* **Backentasche** *f* abajoue *f* **Backenzahn** *m* molaire *f*

Bäcker ['bɛkɐ] <-s, -> *m* ❶ boulanger *m*
❷ *(Bäckerei)* **zum ~ gehen** aller à la boulangerie; **beim ~** chez le boulanger
Backerbse *f* A, SDEUTSCH *petites boules pour potage*
Bäckerei <-, -en> *f* ❶ *(Bäckerladen)* boulangerie *f*
❷ A *(Gebäck)* pâtisserie *f*
Bäckerin <-, -nen> *f* boulangère *f*
Bäckerladen *m* boulangerie *f* **Bäckermeister(in)** *m(f)* maître *m* boulanger
Bäckersfrau *f* femme *f* du boulanger
backfertig *Adj* prêt(e) à cuire **Backfisch** *m* ❶ poisson *m* frit
❷ *veraltet (Mädchen)* gamine *f* **Backform** *f* moule *m* à gâteau
Background ['bɛkgraʊnt, 'bækgraʊnd] <-s, -s> *m* ❶ *geh (Milieu)* milieu *m*
❷ *(Berufserfahrung)* expérience *f*
❸ CINE background *m*, contexte *m*
❹ MUS fond *m* musical
Backhähnchen *nt*, **Backhendl** *nt* SDEUTSCH, A poulet *m* rôti **Backmischung** *f* préparation *f* instantanée pour gâteaux **Backobst** *nt* fruits *mpl* secs **Backofen** *m* four *m* ▸ **es ist heiß wie in einem ~** il fait chaud comme dans un four
Backpfeife *f* DIAL gifle *f*
Backpfeifengesicht *nt pej fam* tête *f* à claque *(péj fam)*
Backpflaume *f* pruneau *m* **Backpulver** *nt* levure *f* chimique **Backrohr** *nt* A, **Backröhre** *f* four *m*
Backslash ['bɛkslɛʃ] <-s, -s> *m* INFORM barre *f* oblique inverse [*o* inversée]
Backspace-Taste ['bækspeɪs-] *f* touche *f* Retour arrière
Backstein *m* brique *f*
Backsteinbau <-bauten> *m* construction *f* en briques **Backsteingotik** *f* gothique *f* de briques
Backstube *f* fournil *m*
bäckt [bɛkt] *3. Pers Präs von* **backen**
Backtrog *m* pétrin *m*
Backup [bæk'ʔap] *nt* INFORM copie *f* de sauvegarde [*o* de secours]
Backwaren *Pl* pâtisseries *fpl* **Backzeit** *f* temps *m* de cuisson
Bad [ba:t, *Pl:* 'bɛ:dɐ] <-[e]s, ¨-er> *nt* ❶ bain *m;* **[sich *(Dat)*] ein ~ einlaufen lassen** faire couler un bain; **ein ~ nehmen** prendre un bain
❷ *(das Schwimmen)* baignade *f*
❸ *(Badezimmer)* salle *f* de bains
❹ *(Schwimmbad)* piscine *f*
❺ *(Kurort)* station *f* thermale; *(Seebad)* station balnéaire
❻ CHEM bain *m*
▸ **ein ~ in der Menge** un bain de foule
Badeanstalt *f* piscine *f* **Badeanzug** *m* maillot *m* de bain [une pièce] **Badegast** *m* ❶ *(eines Schwimmbads)* baigneur(-euse) *m(f)* ❷ *(Kurgast)* curiste *mf* **Badehandtuch** *nt* drap *m* de bain **Badehose** *f* maillot *m* [*o* slip *m*] de bain **Badekappe** *f* bonnet *m* de bain **Badekur** *f* MED cure *f* thermale **Badelatschen** *m fam* tongs *fpl* **Bademantel** *m* peignoir *m* **Badematte** *f* tapis *m* de bain **Bademeister(in)** *m(f)* maître-nageur *m* **Bademütze** *s.* **Badekappe**
baden ['ba:dən] **I.** *itr V* ❶ prendre un bain; **[warm/heiß] ~** prendre un bain [chaud/bouillant]
❷ *(schwimmen)* **in einem See ~** se baigner dans un lac; **~ gehen** aller se baigner
▸ **mit etw ~ gehen** *fam* se casser le nez avec qc *(fam)*; *(durch eigenes Verschulden scheitern)* se planter dans qc *(fam)*
II. *tr V* ❶ donner un bain à *Kind*
❷ MED baigner *Augen, Wunde*
III. *r V* **sich ~** prendre un bain
Baden <-s> *nt* le Bade
Badenixe *f hum* sirène *f*
Baden-Württemberg <-s> *nt* le Bade-Wurtemberg
Badeofen *m* chauffe-bain *m* **Badeort** *s.* **Bad 5.** **Badesaison**

[-zɛzõ:, -zɛzɔŋ] *f* saison *f* balnéaire **Badesalz** *nt* sels *mpl* de bain **Badeschuh** *m* sandale *f* de bain **Badestrand** *m* plage *f* **Badetuch** *s.* Badehandtuch **Badewanne** *f* baignoire *f* **Badewasser** *nt* eau *f* du bain **Badewetter** *nt* temps *m* idéal pour se baigner **Badezeit** *f* ❶ (*Saison*) saison *f* balnéaire ❷ *Pl* (*Öffnungszeiten*) heures *fpl* d'ouverture de la piscine **Badezeug** *nt* affaires *fpl* de bain [*o* de piscine] **Badezimmer** *nt* salle *f* de bains **Badezusatz** *m* (*Salz/Öl*) sels *mpl*/huile *f* de bain

badisch *Adj* badois(e); **im Badischen** en badois

Badminton ['bætmɪntən] <-> *nt* badminton *m*

baff [baf] *Adj fam* ▸ ~ **sein** rester bouche bée (*fam*); **da bist du ~, was?** ça t'en bouche un coin, hein? (*fam*)

Bafög ['ba:føːk], **BAFöG** <-> *nt Abk von* **Bundesausbildungsförderungsgesetz** *fam* (*Stipendium*) ≈ bourse *f* d'études (*en partie à titre de prêt*); ~ **bekommen** recevoir une bourse

Bagage [ba'ga:ʒə] <-> *f pej fam* smala *f* (*fam*)

Bagatelldelikt *nt* affaire *f* mineure

Bagatelle [baga'tɛlə] <-, -n> *f* bagatelle *f*

bagatellisieren* **I.** *tr V* minimiser
II. *itr V* minimiser l'affaire

Bagatellschaden *m* dommage *m* minime

Bagger ['bagɐ] <-s, -> *m* excavatrice *f*; (*Flussbagger*) drague *f*

Baggerführer(in) *m(f)* conducteur(-trice) *m(f)* de pelle

baggern **I.** *tr V* creuser *Baugrube, Graben;* **Kies/Sand** ~ excaver du gravier/sable
II. *itr V* creuser

Baggersee *m* lac *m* artificiel (*ancienne gravière remplie d'eau*)

Baguette [ba'gɛt] <-s, -s> *nt* (*Brot*) baguette *f*

bäh [bɛ:] *Interj* ❶ (*Ausdruck des Ekels*) be[u]rk, pouah; **das ist** ~ *Kinderspr.* c'est caca (*enfantin*)
❷ (*Ausdruck der Schadenfreude*) tralalalalère
❸ (*Laut eines Schafs*) mê; ~ **machen** *Kinderspr.* faire mê (*enfantin*)

Bahamaer(in) [baha'ma:ɐ] <-s, -> *m(f)* Bahamien(ne) *m(f)*

bahamaisch [baha'ma:ɪʃ] *Adj* bahamien(ne)

Bahamas [ba'ha:mas] *Pl* **die** ~ les Bahamas *fpl*

Bahn [ba:n] <-, -en> *f* ❶ (*Eisenbahn*) train *m*; **mit der** ~ par le train; **per** ~ par rail [*o* voie ferrée]
❷ (*Verkehrsnetz, Verwaltung der Eisenbahn*) chemins *mpl* de fer; **bei der ~ arbeiten** [*o* **sein** *fam*] travailler aux chemins de fer; (*in Frankreich*) travailler à la S.N.C.F.
❸ (*Straßenbahn*) tram *m*
❹ SPORT (*Rennbahn, Kegelbahn, Schlittenbahn*) piste *f*; *eines Schwimmbeckens* couloir *m*
❺ (*zurückzulegende Strecke*) *eines Geschosses, einer Rakete* trajectoire *f*; *eines Himmelskörpers* orbite *f*
❻ (*Stoffbahn*) lé *m*; (*Tapetenbahn*) panneau *m*; (*Papierbahn*) bande *f*
❼ (*Weg*) *eines Flusses* cours *m*; **sich** (*Dat*) **eine ~ durch etw schlagen** [*o* **schaffen**] se frayer un passage dans qc
❽ (*Fahrbahn*) voie *f*
▸ ~ **frei!** cédez le passage!; **freie ~ haben** avoir le champ libre; **in geregelten ~en verlaufen** être bien réglé(e); **etw in die richtige ~ lenken** mettre qc sur la bonne voie; **auf die schiefe ~ geraten** [*o* **kommen**] être sur la mauvaise pente; **sich** (*Dat*) ~ **brechen** faire son chemin; **einer S.** (*Dat*) ~ **brechen** ouvrir la voie à qc; **jdn aus der ~ werfen** déboussoler qn; **aus der ~!** barrez-vous! (*fam*)

Bahnanschluss^RR^ *m* raccordement *m* au réseau ferroviaire **Bahnarbeiter(in)** *m(f)* cheminot(e) *m(f)* **Bahnbeamte(r)** *m dekl wie Adj*, **Bahnbeamtin** *f* employé(e) *m(f)* des chemins de fer **bahnbrechend** **I.** *Adj* révolutionnaire **II.** *Adv* ~ **auf etw** (*Akk*) **wirken** révolutionner qc **Bahnbrecher(in)** *m(f)* (*Vorreiter*) pionnier(-ière) *m(f)* **Bahnbus** *m* autobus *m* des chemins de fer

Bähnchen <-s, -> *nt Dim von* **Bahn 1.**

Bahndamm *m* remblai *m*

bahnen ['ba:nən] *tr V* **sich** (*Dat*) **einen Weg** ~ *Person:* se frayer un chemin; *Fluss:* se creuser un passage

Bahnfahrt *f* voyage *m* en train **Bahnfracht** *f* fret *m* ferroviaire **bahnfrei** *Adj* COM franco de fret **Bahngelände** *nt* zone *f* ferroviaire **Bahngleis** *nt* voie *f* ferrée **Bahnhof** *m* gare *f* ▸ [**ein**] **großer** ~ *fam* [un] tralala (*fam*); [**immer**] **nur ~ verstehen** ne pas comprendre un mot [de tout ça]

Bahnhofsbuchhandlung *f* librairie *f* de la gare **Bahnhofsgaststätte** *f* restaurant *m* de la gare **Bahnhofshalle** *f* hall *m* de la gare **Bahnhofsmission** *f* centre *m* d'accueil de la gare **Bahnhofsplatz** *m* place *f* de la gare **Bahnhofsuhr** *f* horloge *f* de la gare **Bahnhofsvorstand** *m* A, CH, **Bahnhofsvorsteher(in)** *m(f)* chef *mf* de gare

Bahnkörper *m* plate-forme *f* de la voie ferrée **bahnlagernd** *Adj Frachtgut* gare restante; **etw ~ versenden** expédier qc en gare restante **Bahnlinie** [-li:niə] *f* ligne *f* de chemin de fer **Bahnpolizei** *f* ❶ *service de police chargé du maintien de l'ordre dans les gares* ❷ (*Polizeistation*) commissariat *m* [de police] de la gare **Bahnpost** *f* bureau *m* de poste ambulant **Bahnreise** *f* voyage *m* en train **Bahnschranke** *f*, **Bahnschranken** *m* A barrière *f* de passage à niveau **Bahnstation** *f* station *f* de chemin de fer **Bahnsteig** ['ba:nʃtaɪk] *m* quai *m* de gare; **auf ~ drei** [au] quai trois **Bahnstrecke** *f* (*Anlage*) ligne *f* [de chemin de fer] **Bahntransport** *m* transport *m* par voie ferrée **Bahnüberführung** *f* pont *m* de chemin de fer; (*Fußgängerbrücke*) passerelle *f* **Bahnübergang** *m* passage *m* à niveau; **beschrankter/unbeschrankter** ~ passage *m* à niveau muni de barrières/sans barrières **Bahnunterführung** *f* passage *m* inférieur; (*Tunnel*) passage *m* souterrain **Bahnverbindung** *f* liaison *f* ferroviaire **Bahnwärter(in)** *m(f)* garde-barrière *mf* **Bahnwärterhäuschen** [-hɔɪsçən] *nt* maison *f* du garde-barrière

Bahre ['ba:rə] <-, -n> *f* (*Krankenbahre*) civière *f*; (*Totenbahre*) catafalque *m*

Baiser [bɛ'ze:] <-s, -s> *nt* meringue *f*

Baisse ['bɛ:s(ə)] <-, -n> *f* BÖRSE baisse *f*; **auf ~ spekulieren** spéculer à la baisse

Bajonett [bajo'nɛt] <-[e]s, -e> *nt* baïonnette *f*

Bajonettverschluss^RR^ *m* fermeture *f* à baïonnette

Bajuware [baju'va:rə] *s.* **Bayer(in)**

Bake <-, -n> *f* TRANSP, AVIAT, NAUT balise *f*

Bakelit® <-s> *nt* CHEM bakélit® *m*

Bakkarat ['bakara] <-s, -> *nt* baccara *m*

Bakschisch ['bakʃɪʃ] <-s, -e *o* -s> *nt* bakchich *m*

Bakterie [bak'te:riə] <-, -n> *f meist Pl* bactérie *f*, microbe *m*

bakteriell **I.** *Adj* bactérien(ne), microbien(ne)
II. *Adv* par des bactéries [*o* microbes]; ~ **bedingt sein** être d'origine bactérienne [*o* microbienne]

Bakterienkultur [-riən-] *f* culture *f* bactérienne [*o* microbienne] **Bakterienträger(in)** *m(f)* porteur(-euse) *m(f)* de bactéries [*o* microbes]

Bakteriologe [bakterio'lo:gə] <-n, -n> *m*, **Bakteriologin** *f* bactériologiste *mf*

Bakteriologie <-> *f* bactériologie *f*

bakteriologisch *Adj* bactériologique

bakterizid [bakteri'tsi:t] **I.** *Adj* bactéricide
II. *Adv* ~ **wirken** être bactéricide

Balalaika <-, -s *o* Balalaiken> *f* balalaïka *f*

Balance [ba'lã:s(ə)] <-, -n> *f* équilibre *m*; **die ~ halten/verlieren** garder/perdre l'équilibre
▸ **jdn aus der ~ bringen** faire perdre l'équilibre à qn; *fig* déséquilibrer qn, déstabiliser qn

Balanceakt [ba'lã:s(ə)-] *m eines Artisten* numéro *m* d'équilibre

balancieren* [balã'si:rən] **I.** *tr V + haben* tenir en équilibre; **etw auf dem Kopf** ~ tenir qc en équilibre sur sa tête
II. *itr V + sein* (*sich bewegen*) **über etw** (*Akk*) ~ se tenir en équilibre sur qc

Balancierstange [balã'siːɐ-] *f* balancier *m*

bald [balt] <eher *o* DIAL *fam* ⁼er, am ehesten> **I.** *Adv* ❶ (*in Kürze*) bientôt; **so ~ wie** [*o* **als**] **möglich** le plus tôt possible; **nicht so ~** pas de si tôt; **komm ~ wieder!** (*bleib nicht lange fort*) reviens vite!; (*besuch mich/uns wieder*) reviens bientôt me/nous voir; **auf** [*o* **bis**] **~!** à bientôt!
❷ (*schnell*) vite; **~ darauf** peu après; **er hatte ~ begriffen, dass** il eut vite compris que + *indic*
❸ (*fast*) presque; **~ wäre ich hingefallen** j'ai failli tomber
❹ *fam* (*endlich*) enfin; **er/sie wird ~ einsehen, dass** il/elle finira par comprendre que + *indic*
▶ **wird's ~?** *fam* alors, ça vient? (*fam*); **verschwinde! Wird's ~?** fiche le camp! Et plus vite que ça! (*fam*)
II. *Konj geh* **~ regnet es, ~ schneit es** tantôt il pleut, tantôt il neige

Baldachin ['baldaxiːn] <-s, -e> *m* baldaquin *m*

Bälde ['bɛldə] ▶ **in ~** bientôt

baldig ['baldɪç] *Adj attr Antwort* rapide; *Besuch, Wiedersehen* prochain(e); *Genesung* prompt(e)

baldigst ['baldɪkst] *Adv* aussi tôt que possible

baldmöglichst *Adj form* dans les plus brefs délais

Baldrian ['baldriaːn] <-s, -e> *m* valériane *f*

Baldriantropfen *Pl* teinture *f* de valériane

Balearen [bale'aːrən] *Pl* **die ~** les Baléares *fpl*

Balg[1] [balk, *Pl:* 'bɛlgə] <-[e]s, ⁼e> *m* ❶ *eines Akkordeons* soufflet *m*
❷ (*Blasebalg*) soufflet *m*
❸ (*Tierhaut*) peau *f*

Balg[2] [balk, *Pl:* 'bɛlgɐ] <-[e]s, ⁼er> *m o nt pej fam* (*Kind*) mioche *m* (*fam*)

balgen ['balgən] *r V Kinder:* se chamailler, se bagarrer; *Hunde:* se battre; **sich um etw ~** *Kinder:* se chamailler [*o* se bagarrer] pour qc; *Hunde:* se battre pour qc

Balgerei <-, -en> *f* bagarre *f*

Balkan ['balkaːn] <-s> *m* **der ~** les Balkans *mpl;* (*das Gebirge*) le [mont] Balkan; **auf dem ~** dans les Balkans

Balkanhalbinsel *f* péninsule *f* balkanique

Balkanisierung <-> *f* balkanisation *f*

Balkanstaaten *Pl* États *mpl* balkaniques [*o* des Balkans]

Balken ['balkən] <-s, -> *m* ❶ (*Holzbalken*) poutre *f*
❷ (*Stützbalken*) pilier *m*
❸ SPORT (*Schwebebalken*) poutre *f*
❹ TYP barre *f*
▶ **lügen, dass sich die ~ biegen** *fam* mentir comme un arracheur de dents (*fam*)

Balkendecke *f* plafond *m* en solives **Balkendiagramm** *nt* diagramme *m* en bâtons **Balkenkonstruktion** *f* assemblage *m* de poutres **Balkenüberschrift** *f* manchette *f* **Balkenwaage** *f* balance *f* à fléau

Balkon [bal'kɔŋ, bal'koːn] <-s, -s> *m* balcon *m*

Balkonpflanze [bal'kɔŋ-, bal'kõː-] *f* plante *f* de balcon **Balkontür** *f* porte *f* du balcon **Balkonzimmer** *nt* chambre *f* avec balcon

Ball [bal, *Pl:* 'bɛlə] <-[e]s, ⁼e> *m* ❶ balle *f;* (*in der Größe eines Fußballs*) ballon *m;* **~ spielen** jouer à la balle/au ballon; **den ~ an jdn abspielen** passer le ballon à qn
❷ (*runder Gegenstand*) boule *f*
❸ (*Tanzfest*) bal *m;* **auf dem ~** au bal
▶ **am ~ bleiben** [*o* **sein**] *Spieler:* avoir la balle; *fig* s'accrocher (*fam*); **bei jdm am ~ bleiben** ne pas lâcher qn; **sich** (*Dat*) **gegenseitig die Bälle zuspielen** [*o* **zuwerfen**] se renvoyer la balle

Ballade [ba'laːdə] <-, -n> *f* ballade *f*

Ballast ['balast] <-[e]s, *selten* -e> *m* ❶ NAUT, AVIAT lest *m*
❷ (*Unnützes*) poids *m* mort
❸ (*lästiger Mensch*) charge *f*
▶ **~ abwerfen** jeter du lest; *fig* laisser tomber le superflu

Ballaststoffe *Pl* fibres *fpl* [alimentaires]

ballen ['balən] **I.** *tr V* **die Faust ~, die Hand zur Faust ~** serrer le poing; *s. a.* **geballt**
II. *r V* **sich ~** ❶ *Menschenmenge:* se presser; *Wolken:* s'amonceler; *Verkehr:* se concentrer
❷ (*gehäuft auftreten*) *Probleme:* s'accumuler

Ballen <-s, -> *m* ❶ (*Packen*) balle *f;* (*klein*) ballot *m;* **ein ~ Stoff** une balle/un ballot d'étoffes
❷ (*Daumenballen*) éminence *f* thénar (*spéc*); **sich** (*Akk o Dat*) **aus Versehen in den ~ schneiden** se couper accidentellement dans le gras du pouce
❸ (*Muskelpolster am Fuß*) éminence *f* du gros orteil
❹ (*Teil der Pfote*) coussinet *m*

Ballerei <-, -en> *f fam* pétarade *f* (*fam*)

Ballerina[1] [balə'riːna] <-, Ballerinen> *f* ballerine *f*

Ballerina[2] <-s, Ballerinas> *m* (*Schuh*) ballerine *f*

Ballermann ['balɐman] <-[e]s, -männer> *m sl* flingue *m* (*pop*)

ballern ['balɐn] *fam* **I.** *itr V* ❶ (*schießen*) tirailler; **mit etw ~** tirailler avec qc
❷ (*Knallkörper zünden*) faire du boucan avec des pétards (*fam*); **Silvester wurde wieder viel geballert** à la Saint-Sylvestre, on a encore tiré beaucoup de pétards
❸ (*krachen*) *Schuss:* éclater
❹ (*hämmern*) **gegen** [*o* **an**] **die Tür ~** tambouriner contre la porte
II. *tr V* ❶ (*werfen*) **die Tür ins Schloss ~** claquer la porte
❷ (*schießen*) **das Leder ins Tor ~** shooter dans les buts
▶ **jdm eine ~** en mettre une à qn (*fam*)

Ballett [ba'lɛt] <-[e]s, -e> *nt* ❶ (*klassischer/moderner Tanz*) danse *f* classique/moderne
❷ (*Werk*) ballet *m*
❸ (*Tanzgruppe*) troupe *f* de danseurs; *eines Opernhauses* corps *m* de ballet; **zum ~ gehen/beim ~ sein** devenir/être danseur(-euse)

Ballettänzer(in) *s.* **Balletttänzer(in)**

Ballettaufführung *f* spectacle *m* de danse

Balletteuse [balɛ'tøːzə] <-, -n> *f geh* ballerine *f*

Ballettkorps *nt* corps *m* de ballet **Ballettmeister(in)** *m(f)* maître(-esse) *m(f)* de ballet **Ballettröckchen** *nt* tutu *m* **Balletttänzer(in)**[RR] *m(f)* danseur(-euse) *m(f)* **Balletttruppe** *f* troupe *f* de danseurs

Ballistik [ba'lɪstɪk] <-> *f* PHYS balistique *f*

ballistisch [ba'lɪstɪʃ] *Adj* balistique

Balljunge *m* ramasseur *m* de balles **Ballkleid** *nt* robe *f* de bal **Ballmädchen** *nt* ramasseuse *f* de balles

Ballon [ba'lɔŋ, ba'loːn] <-s, -s>, **Ballon** <-s, -e> *m* ❶ (*Luftballon, Fesselballon*) ballon *m;* (*Heißluftballon*) montgolfière *f,* ballon *m;* **im ~ fahren** voyager en ballon
❷ *fam* (*Kopf*) bouille *f* (*fam*)
▶ **so einen ~ bekommen** [*o* **kriegen**] *fam* piquer un fard (*fam*)

Ballondilatation [ba'lɔŋ-, ba'lõː-, ba'loːn-] <-, -en> *f* MED angioplastie *f* transluminale **Ballonfahrer(in)** *m(f)* pilote *mf* de ballon, aérostier(-ière) *m(f)* **Ballonfahrt** *f* voyage *m* en ballon **Ballonmütze** *f* casquette *f* à la Gavroche **Ballonreifen** *m* pneu *m* ballon

Ballsaal *m* salle *f* de bal **Ballspiel** *nt* jeu *m* de ballon **Ballspielen** <-s> *nt* **beim ~** en jouant au ballon; **~ verboten!** défense de jouer au ballon!

Ballung ['balʊŋ] <-, -en> *f* concentration *f*

Ballungsgebiet *nt,* **Ballungsraum** *m* région *f* à forte concentration urbaine **Ballungszentrum** *nt* zone *f* à forte concentration urbaine

Ballwechsel *m* échange *m* [de balles]

Balsam ['balzaːm] <-s, Balsame> *m* baume *m*

Balte ['baltə] <-n, -n> *m,* **Baltin** *f* Balte *mf*

Baltikum ['baltikʊm] <-s> *nt* **das ~** les pays *mpl* baltes

baltisch *Adj* balte

Balustrade [balʊs'traːdə] <-, -n> *f* balustrade *f*

Balz [balts] <-> *f* ❶ parade *f* nuptiale
❷ (*Balzzeit*) pariade *f*
balzen ['baltsən] *itr V* ❶ *Vogel:* effectuer une parade nuptiale
❷ *hum Mann:* se pavaner
Balzzeit *f* pariade *f*
Bambus ['bambʊs] <-[ses], -se> *m* bambou *m*
Bambushütte *f* case *f* de [*o* en] bambou **Bambusrohr** *nt* bambou *m* **Bambussprossen** *Pl* pousses *fpl* de bambou
Bammel ['baməl] <-s> *m fam* avoir la trouille (*fam*); **vor jdm/etw ~ haben** avoir la trouille de qn/qc
bamstig *Adj* A *fam* (*aufgedunsen*) boursoufflé(e)
banal [ba'na:l] *Adj* banal(e); **~ klingen** avoir l'air banal
banalisieren* *tr V geh* banaliser
Banalität [banali'tɛ:t] <-, -en> *f* banalité *f;* **das ist doch eine ~!** mais, c'est d'une banalité!
Banane [ba'na:nə] <-, -n> *f* banane *f*
Bananendampfer *m* bananier *m* **Bananenrepublik** *f pej* république *f* bananière (*péj*) **Bananenschale** *f* peau *f* de banane **Bananensplit** <-s, -s> *nt* banana split *m inv* **Bananenstaude** *f* bananier *m* **Bananenstecker** *m veraltet* [fiche-]banane *f*
Banause [ba'naʊzə] <-n, -n> *m*, **Banausin** *f pej* ignare *mf;* **du ~!** espèce d'ignare!
band [bant] *Imp von* **binden**
Band¹ [bant, *Pl:* 'bɛndɐ] <-[e]s, ¨-er> *nt* ❶ (*aus Stoff, Kunststoff*) ruban *m;* (*Absperrband an Baustellen*) bande *f*
❷ *fig* **einem ~ ähneln** *Fluss, Straße:* ressembler à un ruban
❸ (*Maßband, Farbband*) ruban *m*
❹ (*Tonband*) bande *f* [magnétique]; **auf ~ aufnehmen/diktieren** enregistrer/dicter sur bande magnétique
❺ (*Fließband, Montageband*) chaîne *f;* (*Förderband*) tapis *m;* **am ~ arbeiten** [*o* **stehen**] travailler à la chaîne; **vom ~ laufen** sortir des chaînes de montage
❻ *meist Pl* ANAT ligament *m*
❼ (*Sägeband*) ruban *m*
▸ **am laufenden ~** *fam* sans arrêt; *produzieren* en série; **durchs ~ [weg]** CH sans exception
Band² [bant, *Pl:* bandə] <-[e]s, -e> *nt geh* lien *m*
▸ **zarte ~e knüpfen** nouer une idylle (*soutenu*)
Band³ [bant, *Pl:* 'bɛndə] <-[e]s, ¨-e> *m* volume *m;* **in zwei Bänden** en deux volumes
▸ **darüber könnte man Bände schreiben** on pourrait écrire un roman là-dessus; **etw spricht Bände** qc en dit long
Band⁴ [bænd, bɛnt] <-, -s> *f* groupe *m;* (*Jazzband*) orchestre *m*
Bandage [ban'da:ʒə] <-, -n> *f* bandage *m*
▸ **dort wird mit harten ~n gekämpft** là, on ne se fait pas de cadeaux
bandagieren* [banda'ʒi:rən] *tr V* bander
Bandaufnahme *f* enregistrement *m* sur bande magnétique **Bandbreite** *f von Gehältern* échelle *f; von Meinungen* éventail *m; von Wechselkursen* marge *f* de fluctuation; **die große ~ des Warenangebots** l'immense choix des produits; **die moderne Malerei in ihrer ganzen ~** la peinture moderne dans toute sa diversité
Bändchen <-s, -> *nt Dim von* **Band¹ 1., Band³**
Bande¹ ['bandə] <-, -n> *f* ❶ (*Verbrecherbande*) gang *m*
❷ *fam* (*Kinder*) bande *f;* **so eine freche ~!** quelle bande de voyous! (*fam*)
Bande² <-, -n> *f* SPORT bande *f; einer Eis-, Reitbahn* bordure *f*
Bändel^RR ['bɛndl] *m* lacet *m*
Bandenchef(in) [-ʃɛf] *m(f)*, **Bandenführer(in)** *m(f)* chef *mf* de [la] bande **Bandenkriminalität** *f* délinquance *f* de groupe
Bandenwerbung *f* affichage *m* publicitaire des stades
Banderole [bandə'ro:lə] <-, -n> *f* bande *f* fiscale
Bänderriss^RR ['bɛndərɪs] *m* MED déchirure *f* des ligaments **Bänderzerrung** *f* MED claquage *m* **Bandgeschwindigkeit** *f* AUDIOV vitesse *f* de défilement
bändigen ['bɛndɪgən] *tr V* ❶ dompter *Tobsüchtigen, Tier, Feuer, Temperament*
❷ (*beruhigen*) en venir à bout avec *Kind;* **die Kinder ließen sich kaum ~** il était presque impossible de venir à bout des enfants
❸ (*in Form bringen*) discipliner *Haare*
Bändigung <-, -en> *f* ❶ (*Zähmung*) domptage *m*
❷ (*Bezwingung*) *einer Person* neutralisation *f*
❸ (*Eindämmung*) *eines Feuers* enraiement *f*
Bandit(in) [ban'di:t] <-en, -en> *m(f)* bandit *m*
▸ **einarmiger ~** machine *f* à sous
Bandmaß *nt* mètre *m* souple; (*aus Metall*) mètre à ruban
Bandnudeln *Pl* tagliatelles *fpl*
Bandoneon [ban'do:neɔn] <-s, -s> *nt* bandonéon *m*
Bandsäge *f* scie *f* à ruban **Bandsalat** *m fam* bande *f* magnétique emmêlée; **Achtung, sonst gibt's ~!** attention, sinon la bande va s'emmêler! **Bandscheibe** *f* disque *m* [intervertébral]
Bandscheibenschaden *m* MED altération *f* des disques intervertébraux **Bandscheibenvorfall** *m* MED hernie *f* discale
Bandwurm *m* ver *m* solitaire
bang[e] <-er *o* ¨-er, -ste *o* ¨-ste> *Adj Augenblick* angoissant(e); *Schweigen* plein(e) d'inquiétude; **in ~er Erwartung etw tun** faire qc plein(e) d'inquiétude; **jdm ist ~/wird ~ [zumute]** qn a/prend peur; (*aus Besorgnis*) qn est inquiet(-ète)/s'inquiète; **jdm ist ~ vor jdm/etw** qn a peur de qn/qc
▸ **~e machen gilt nicht!** *fam* faut pas s'en faire! (*fam*)
Bange *f* **[nur] keine ~!** *fam* pas de panique! (*fam*)
bangen ['baŋən] *itr V geh* trembler; **um jdn/etw ~** trembler pour qn/qc; **jdm bangt [es] vor etw** qn s'inquiète pour qc
Bangkok ['baŋkɔk] <-s> *nt* Bangkok
Bangladesch [baŋgla'dɛʃ] <-> *nt* le Bangladesh
Bangladescher(in) [baŋgla'dɛʃɐ] <-s, -> *m(f)* Bangladais(e) *m(f)*
bangladeschisch [baŋgla'dɛʃɪʃ] *Adj* bangladais(e)
Banjo ['bændʒo] <-s, -s> *nt* banjo *m*
Bank¹ [baŋk, *Pl:* 'bɛŋkə] <-, ¨-e> *f* ❶ banc *m;* **in der ersten/letzten ~ sitzen** être [assis(e)] au premier/dernier rang
❷ (*Werkbank*) établi *m*
❸ (*Sandbank, Nebelbank, Wolkenbank, Austernbank*) banc *m*
▸ **etw auf die lange ~ schieben** *fam* remettre qc aux calendes grecques; **[alle] durch die ~** *fam* [tous/toutes] sans exception; **ihr seid alle durch die ~ Lügner!** vous êtes des menteurs, tous autant que vous êtes!
Bank² [baŋk, *Pl:* 'baŋkən] <-, -en> *f* (*Geldinstitut, Spielbank*) banque *f;* **die ~ halten/sprengen** tenir/faire sauter la banque
Bankangestellte(r) *f(m) dekl wie Adj* employé(e) *m(f)* de banque **Bankanweisung** *f* mandat *m* bancaire **Bankautomat** *m* distributeur *m* automatique de billets **Bankbürgschaft** *f* garantie *f* bancaire
Bänkchen <-s, -> *nt Dim von* **Bank¹ 1.**
Bankdirektor(in) *m(f)* directeur(-trice) *m(f)* de banque
Bänkellied ['bɛŋkəlli:t, *Pl:* 'bɛŋkəlli:dɐ] *nt* HIST chanson *f* des rues **Bänkelsänger** *m* HIST chanteur *m* des rues
Bankenaufsicht *f* contrôle étatique *m* exercé sur les banques **Bankenkrach** *m* krach *m* financier **Bankenviertel** *nt* quartier *m* des banques
Banker(in) ['bɛŋkɐ] <-s, -> *m(f) fam* banquier(-ière) *m(f)*
Bankett [baŋ'kɛt] <-[e]s, -e> *nt* banquet *m*
Bankette [baŋ'kɛtə] <-, -n> *f* accotement *m*
Bankfach *nt* ❶ (*Schließfach*) coffre[-fort] *m* ❷ (*Bankgewerbe*) secteur *m* bancaire **Bankfiliale** *f* FIN succursale *f* **Bankgebühren** *Pl* frais *mpl* bancaires **Bankgeheimnis** *nt* secret *m* bancaire **Bankguthaben** *nt* avoir *m* en banque **Bankhalter(in)** *m(f)* banquier(-ière) *m(f)* **Bankhaus** *nt geh* banque *f*
Bankier [baŋ'kie:] <-s, -s> *m* banquier *m*
Banking ['bɛŋkɪŋ] *nt* **elektronisches ~** FIN services *mpl* télébancaires
Bankkaufmann *m*, **-kauffrau** *f* employé(e) *m(f)* de banque diplômé(e) **Bankkonto** *nt* compte *m* en banque **Bankkredit**

m crédit *m* bancaire **Banklehre** *f* apprentissage *m* dans une banque **Bankleitzahl** *f* code *m* banque **Banknote** *f* billet *m* [de banque]

Bankomat <-en, -en> *m* distributeur *m* automatique de billets

Bankraub *m* hold-up *m* **Bankräuber(in)** *m(f)* cambrioleur(-euse) *m(f)* de banque

bankrott [baŋk'rɔt] *Adj Person, Firma* en faillite; **jdn ~ machen** mettre qn en faillite

Bankrott <-[e]s, -e> *m* faillite *f;* **~ machen** [*o* **gehen**] faire faillite

Bankrotterklärung *f* déclaration *f* de faillite

Bankrotteur(in) [baŋkrɔ'tø:ɐ] <-s, -e> *m(f) form* banqueroutier(-ière) *m(f)*

Bankschließfach *nt* coffre[-fort] *m* **Banküberfall** *m* hold-up *m* **Banküberweisung** *f* virement *m* [bancaire] **banküblich** *Adj* conforme aux usages bancaires **Bankverbindung** *f* coordonnées *fpl* bancaires; **jdm seine ~ mitteilen** communiquer ses coordonnées *fpl* bancaires à qn; (*in Frankreich*) donner son RIB à qn **Bankverkehr** *m* FIN transactions *fpl* bancaires **Bankvollmacht** *f* procuration *f* bancaire **Bankwesen** *nt* ÖKON système *m* bancaire

Bann [ban] <-[e]s> *m* ① *geh* (*Einfluss*) envoûtement *m;* **in den ~ einer Person/Sache geraten** se laisser envoûter par qn/qc; **in jds ~ (*Dat*) stehen** être sous le charme de qn; **ganz im ~e der Musik sein** être totalement sous le charme de la musique

② HIST bannissement *m;* REL anathème *m;* **jdn mit dem ~ belegen** frapper qn d'anathème; **jdn vom ~ lösen** annuler le bannissement de qn

▸ **jdn in seinen ~ schlagen** [*o* **ziehen**] fasciner qn

Bannbulle *f* HIST bulle *f* d'excommunication

bannen ['banən] *tr V* ① *geh* (*faszinieren*) fasciner *Zuschauer; s. a.* **gebannt**

② (*abwenden*) conjurer *Gefahr, Unheil, Geister*

③ (*darstellen*) **jdn/etw auf die Leinwand ~** (*malen*) fixer qn/qc sur la toile; (*filmen*) fixer qn/qc sur la pellicule

④ (*exkommunizieren*) anathématiser

Banner ['banɐ] <-s, -> *nt* étendard *m*

Bannerträger(in) *m(f) a. fig* porte-drapeau *m*

Bannfluch *m* REL anathème *m* **Bannkreis** *m* sphère *f* d'influence **Bannmeile** *f* périmètre *m* de sécurité **Bannwald** *m* A, CH forêt *f* de protection

Bantamgewicht ['bantam-] *nt* SPORT poids *m* coq **Bantamgewichtler(in)** <-s, -> *m(f)* SPORT poids *m* coq

Bantu[1] ['bantu] <-[s]> *nt kein Art* (*Sprache*) le bantou; *s. a.* **Deutsch**

Bantu[2] <-[s], -[s]> *m* (*Person*) Bantou *m*

Baptist(in) [bap'tɪst] <-en, -en> *m(f)* baptiste *mf*

bar [ba:ɐ] **I.** *Adj* ① en liquide; **~es Geld** de l'argent liquide; **gegen ~** [au] comptant; **in ~** en espèces

② (*rein*) *Zufall, Unsinn* pur(e); **das ist doch ~er Unsinn!** c'est de la pure sottise!

③ *geh* (*ohne*) **~ jeder Grundlage** (*Gen*) dépourvu(e) de tout fondement

II. *Adv* **~ zahlen** payer en espèces

bar, Bar <-s, -s> *nt* PHYS bar *m;* **zwei ~** deux bar

Bar <-, -s> *f* ① (*Nachtlokal*) boîte *f* de nuit

② (*Theke*) bar *m*

Bär <-en, -en> *m* ① ours *m*

② ASTRON **der Große/Kleine ~** la Grande/Petite Ourse

▸ **stark wie ein ~ sein** *fam* être fort(e) comme un bœuf; **jdm einen ~en aufbinden** *fam* mener qn en bateau (*fam*); **schlafen wie ein ~** *fam* dormir comme un loir (*fam*)

Baracke [ba'rakə] <-, -n> *f* baraque *f*

Barauszahlung *f* paiement *m* en espèces

Barbadier(in) [bar'ba:diɐ] <-s, -> *m(f)* Barbadien(ne) *m(f)*

barbadisch [bar'ba:dɪʃ] *Adj* barbadien(ne)

Barbados [bar'ba:dɔs, 'barbadɔs] <-> *nt* la Barbade

Barbar(in) [bar'ba:ɐ] <-en, -en> *m(f)* barbare *mf*

▸ **sich wie die ~en benehmen** se comporter comme des sauvages

Barbarei [barba'raɪ] <-, -en> *f* barbarie *f*

barbarisch I. *Adj* ① *a.* HIST barbare

② *fam* (*gewaltig*) **~en Hunger haben** avoir une faim atroce

II. *Adv* ① sauvagement

② *fam* (*sehr*) *heiß, kalt* atrocement (*fam*)

Barbarossa <-s> *m* HIST Barberousse *m*

Barbe ['barbə] <-, -n> *f* ZOOL barbeau *m*

bärbeißig *Adj fam Ton* grincheux(-euse); *Miene* renfrogné(e); **ein ~er Mensch** un ours [mal léché]

Barbier [bar'bi:ɐ] <-s, -e> *m veraltet* barbier *m* (*vieilli*)

Barbiturat [barbitu'ra:t] <-[e]s, -e> *nt* PHARM barbiturique *m*

Barbitursäure [barbi'tu:ɐ-] *f* PHARM acide *m* barbiturique

barbusig I. *Adj* avec les seins nus; **~ sein** être seins nus

II. *Adv* seins nus

Bardame *f* barmaid *f*

Barde ['bardə] <-n, -n> *m* barde *m*

Bärendienst ['bɛ:rən-] ▸ **jdm/einer S. einen ~ erweisen** rendre un mauvais service à qn/qc **Bärendreck** *m* SDEUTSCH, CH réglisse *m o f* **Bärenhaut** ▸ **auf der ~ liegen** *pej fam* flemmarder (*fam*) **Bärenhunger** *m fam* faim *f* de loup; **einen ~ haben** avoir une faim de loup **Bärenjagd** *f* chasse *f* à l'ours **Bärenkräfte** *Pl* force *f* de colosse **Bärennatur** ▸ **eine ~ haben** *fam* avoir une santé de fer **bärenstark** *Adj fam* ① fort(e) comme un bœuf ② (*ausgezeichnet*) *Typ, Mode, Musik* génial(e) (*fam*)

Barett [ba'rɛt] <-[e]s, -e *o* -s> *nt* ① MIL béret *m*

② UNIV, JUR toque *f*

③ ECCL barrette *f*

barfuß *Adj* pieds nus; **~ sein/gehen** être/marcher pieds nus

barfüßig *Adj* pieds nus; **ein ~es Kind** un enfant aux pieds nus

barg [bark] *Imp von* **bergen**

Bargeld *nt* argent *m* liquide

bargeldlos I. *Adj* par virement; **der ~e Zahlungsverkehr** la transaction par virement

II. *Adv* (*per Überweisung*) par virement; (*mit Scheck/Kreditkarte*) par chèque/carte

barhäuptig *Adj geh* nu-tête; **~ sein** être nu-tête

Barhocker *m* tabouret *m* de bar

Bärin ['bɛ:rɪn] *f* ourse *f*

Bariton ['ba:ritɔn, *Pl:* 'ba:rito:nə] <-s, -e> *m* baryton *m*

Barium ['ba:riʊm] <-s> *nt* CHEM baryum *m*

Barkasse [bar'kasə] <-, -n> *f* barcasse *f*

Barkauf *m* achat *m* au comptant

Barke ['barkə] <-, -n> *f* barque *f*

Barkeeper ['ba:ɐki:pɐ] <-s, -> *m* barman *m*

Bärlapp ['bɛ:ɐlap] <-s, -e> *m* BOT lycopode *m*

Barmann <-männer> *s.* **Barkeeper**

barmherzig [barm'hɛrtsɪç] *Adj* charitable; **der ~e Gott** le Dieu de Miséricorde; **~ sein** être charitable; *Gott:* être miséricordieux(-euse)

Barmherzigkeit <-> *f* charité *f; Gottes* miséricorde *f;* **~ an jdm üben** *geh* faire la charité à qn

Barmixer *s.* **Barkeeper**

barock *Adj* ① baroque

② (*üppig*) opulent(e); **eine Frau mit ~en Formen** une femme aux formes opulentes

③ (*pompös*) *Lebensstil* pompeux(-euse)

Barock [ba'rɔk] <-[s]> *nt o m* baroque *m*

Barockkirche *f* église *f* baroque **Barockzeit** *f* baroque *m*

Barometer [baro'me:tɐ] <-s, -> *nt a. fig* baromètre *m;* **das ~ fällt/steigt** le baromètre baisse/[re]monte

▸ **das ~ steht auf Sturm** il y a de l'orage dans l'air

Barometerstand *m* hauteur *f* barométrique

Baron(in) [ba'ro:n] <-s, -e> *m(f)* baron(ne) *m(f)*

Baroness[RR] <-, -en>, **Baroneß** <-, -essen>, **Baronesse**

[baro'nɛsə] <-, -n> *f veraltet* baronne *f*
Barrel ['bɛrəl] <-s, -s> *nt* baril *m;* **hundert ~ Öl** cent barils de pétrole
Barren ['barən] <-s, -> *m* ❶ barres *fpl* parallèles; (*Stufenbarren*) barre *f* fixe
❷ (*Goldbarren, Silberbarren*) lingot *m;* **drei ~ Gold** trois lingots d'or
Barrengold *nt or m* en lingot
Barriere [ba'rie:rə] <-, -n> *f* ❶ (*Hindernis, Schlagbaum*) barrière *f*
❷ (*psychische Blockade*) blocage *m*
❸ CH (*Bahnschranke*) barrière *f* de passage à niveau
Barrikade [bari'ka:də] <-, -n> *f* barricade *f*
▸ **für etw auf die ~n gehen** [*o* **steigen**] monter sur les barricades pour qc
barsch [barʃ] I. *Adj* brusque; **in einem ~en Ton** d'un ton brusque
II. *Adv* brutalement; **~ antworten** répondre sèchement
Barsch <-[e]s, -e> *m* perche *f*
Barschaft <-> *f geh* argent *m* liquide; **das ist meine ganze ~** c'est tout ce que j'ai comme argent liquide
Barscheck *m* chèque *m* de retrait **Barsortiment** *nt* (*Buchhandel*) centre *m* de distribution (*de livres*)
barst [barst] *Imp von* **bersten**
Bart [ba:ɐt, *Pl:* 'bɛrtə] <-[e]s, ⸚e> *m* ❶ (*Vollbart*) barbe *f;* (*Schnurrbart*) moustache *f;* (*Kinnbart*) bouc *m,* barbiche *f;* **einen ~ haben/tragen** avoir une/porter la barbe; **sich** (*Dat*) **einen ~ wachsen lassen** se laisser pousser la barbe; **mit ~** barbu(e); **ohne ~** sans barbe
❷ (*Tasthaare*) *einer Katze* moustaches *fpl; einer Robbe* vibrisses *fpl*
❸ (*Teil eines Schlüssels*) panneton *m*
▸ **beim ~e des Propheten** par la barbe du prophète; **etw in seinen ~ brummeln** *fam* marmonner qc entre ses dents; **jdm um den ~ gehen** [*o* **streichen**] *fam* passer de la pommade à qn; **etw hat** [**so**] **einen ~** *fam* qc est vieux(vieille) comme le monde [*o* comme Hérode]; **der ~ ist ab!** *fam* ça suffit!
Bärtchen <-s, -> *nt* (*Schnurrbart*) moustache *f;* (*Kinnbart*) bouc *m*
Barte ['bartə] <-, -n> *f* ZOOL fanon *m*
Bartel <-, -n> *f* ZOOL barbillon *m*
Bartenwal *m* baleine *f*
Bartflechte *f* ❶ MED sycosis *f* ❷ BOT lichen *m* **Barthaar** *nt* ❶ poil *m* de barbe ❷ *Pl* (*Schnurrhaare*) moustaches *fpl*
Bartholomäusnacht *f* HIST **die ~** le massacre de la Saint-Barthélemy
bärtig ['bɛrtɪç, 'bɛ:ɐtɪç] *Adj* barbu(e)
bartlos *Adj* imberbe **Bartstoppeln** *Pl* barbe *f* piquante **Bartwisch** *m* A balayette *f* **Bartwuchs** *m eines Mannes* barbe *f; einer Frau* pilosité *f* (*spéc*)
Barverkauf *m* vente *f* au comptant **Barvermögen** *nt* valeurs *fpl* disponibles
Baryt [ba'ry:t] <-[e]s, -e> *m* CHEM baryte *f*
Barzahlung *f* paiement *m* en espèces; **sofortige ~** paiement comptant immédiat
Basalt [ba'zalt] <-[e]s, -e> *m* MINER basalte *m*
Basar [ba'za:ɐ] <-s, -e> *m* ❶ (*Markt*) bazar *m*
❷ (*Wohltätigkeitsbasar*) vente *f* de charité
Base ['ba:zə] <-, -n> *f* ❶ CHEM base *f*
❷ *veraltet* (*Cousine*) cousine *f*
Baseball ['beɪsbo:l] <-s> *m* base-ball *m*
Baseballschläger ['beɪsbo:l-] *m* batte *f* de base-ball
Basedow ['ba:zədo] *m,* **basedowsche Krankheit**[RR] *f* MED maladie *f* de Basedow
Basel ['ba:zəl] <-s> *nt* Bâle
Basen *Pl von* **Basis, Base**
BASIC ['be:sɪk, 'beɪsɪk] <-[s]> *nt Abk von* **Beginner's All-purpose Symbolic Instruction Code** INFORM basic *m*
basieren* I. *itr V* **auf einer S. ~** s'appuyer sur qc
II. *tr V* **eine Vermutung auf etw** (*Akk o Dat*) **~** fonder une supposition sur qc
Basilika [ba'zi:lika, *Pl:* ba'zi:likən] <-, Basiliken> *f* basilique *f*
Basilikum [ba'zi:likʊm] <-s> *nt* basilic *m*
Basilisk [bazi'lɪsk] <-en, -en> *m* MYTH, BOT basilic *m*
Basis ['ba:zɪs] <-, Basen> *f a.* POL, ARCHIT, MIL base *f*
Basisarbeit *f* travail *m* à la base **Basiscamp** ['ba:zɪskɛmp] *nt* camp *m* de base
basisch CHEM I. *Adj* basique
II. *Adv* **~ reagieren** avoir une réaction basique
Basisdemokratie *f* démocratie *f* directe **basisdemokratisch** I. *Adj Organisation* à démocratie directe; *Arbeit, Forderung* de démocratie directe II. *Adv* sous forme de démocratie directe
Basisgruppe *f* groupe *m* de base **Basislager** *nt* camp *m* de base
Baske ['baskə] <-n, -n> *m,* **Baskin** *f* Basque *mf*
Baskenland *nt* **das ~** le Pays basque **Baskenmütze** *f* béret *m* basque
Basketball ['ba:skətbal] *m* basket[-ball] *m*
baskisch *Adj* basque
Basrelief ['bareliɛf] *nt* bas-relief *m*
bass[RR] [bas], **baß** *Adv hum fam* ▸ **~ erstaunt** [*o* **verwundert**] sein être fort surpris(e)
Bass[RR] <-es, ⸚sse>, **Baß** <-sses, ⸚sse> *m* ❶ MUS (*Stimme, Sänger*) basse *f*
❷ RADIO, TV basses *fpl*
baß *s.* **bass**
Baß <-sses, ⸚sse> *s.* **Bass**
Bassbariton[RR] *m* baryton-basse *m*
Bassena [ba'se:na] <-, -s> *f* A lavabo *m* à l'étage
Bassgeige[RR] *f fam* contrebasse *f*
Bassin [ba'sɛ̃:] <-s, -s> *nt* ❶ (*Schwimmbecken*) bassin *m*
❷ (*Behälter*) citerne *f*
Bassist(in) [ba'sɪst] <-en, -en> *m(f)* ❶ (*Sänger*) basse *f*
❷ (*Streicher*) [contre]bassiste *mf*
Bassschlüssel[RR] *m* clé *f* de fa **Bassstimme**[RR] *f* [voix *f* de] basse *f*
Bast [bast] <-[e]s, *selten* -e> *m* (*Pflanzenfaser*) raphia *m*
basta ['basta] *Interj fam* ça suffit
Bastard ['bastart] <-[e]s, -e> *m* ❶ *pej sl* (*Schimpfwort*) fils *m* de pute (*péj pop*); **du ~!** fils de pute!
❷ HIST bâtard(e) *m(f)*
❸ BOT hybride *m*
Bastei [bas'taɪ] <-, -en> *f* bastion *m*
Bastelarbeit *f* ❶ (*das Basteln*) bricolage *m*
❷ (*gebastelter Gegenstand*) travail *m* manuel; **das ist eine ~ von mir** c'est moi qui ai bricolé cela; **die ~en seiner Kinder** les travaux manuels de ses enfants
❸ (*knifflige Arbeit*) travail *m* minutieux
Bastelei <-, -en> *f* ❶ *pej fam* (*knifflige Arbeit*) travail *m* fastidieux
❷ (*gebastelter Gegenstand*) bricolage *m*
basteln ['bastəln] I. *itr V* ❶ bricoler à; **an etw** (*Dat*) **~** bricoler à qc
❷ *fig* **an einem Text ~** travailler à un texte
II. *tr V* [**jdm**] **etw ~** bricoler qc [pour qn]; **sich** (*Dat*) **etw ~** se bricoler qc; **ist das gekauft oder gebastelt?** tu l'as acheté(e) ou tu l'as fait(e) toi-même?
Basteln <-s> *nt* bricolage *m;* **das ~ eines Drachens** la fabrication d'un cerf-volant; **stör' mich nicht beim ~!** ne me dérange pas quand je bricole!
Bastion [bas'tio:n] <-, -en> *f* bastion *m*
Bastler(in) ['bastlɐ] <-s, -> *m(f)* bricoleur(-euse) *m(f)*
Bastmatte *f* natte *f* en [*o* de] raphia
bat [ba:t] *Imp von* **bitten**
BAT [be:ʔa:'te:] <-> *m Abk von* **Bundesangestelltentarif** *grille des salaires des agents non-fonctionnarisés de la fonction*

publique

Bataillon [bataľjo:n] <-s, -e> *nt* bataillon *m*

Bataillonskommandeur(in) [bataľjo:nskɔmandø:ɐ] *m(f)* commandant(e) *m(f)* de bataillon

Batik ['ba:tɪk] <-, -en> *f* batik *m*

batiken ['ba:tɪkən] **I.** *itr V* faire du batik
II. *tr V* **etw ~** teindre qc en batik; **gebatikt** teint(e) en batik

Batist [ba'tɪst] <-[e]s, -e> *m* batiste *f*

Batterie [batə'ri:] <-, -n> *f* ❶ pile *f;* (*Autobatterie*) batterie *f;* **die ~ ist leer** la pile est usée; (*in Bezug auf die Autobatterie*) la batterie est à plat
❷ (*Mischbatterie*) mélangeur *m*
❸ *fam* (*Ansammlung*) **eine ganze ~ von Parfümflaschen** tout un stock de flacons de parfum (*fam*)
❹ MIL batterie *f*

Batteriebetrieb *m* alimentation *f* sur piles **batteriebetrieben** *Adj* [qui fonctionne] à piles **Batteriegerät** *nt* ELEC appareil *m* à piles **Batteriehuhn** *nt* poulet *m* de batterie **Batterieladegerät** *nt* chargeur *m* de batterie

Batzen ['batsən] <-s, -> *m* ❶ (*Klumpen*) motte *f*
❷ HIST (*Münze*) sou *m*
▸ **ein ganzer** [*o* **schöner**] **~ [Geld]** *fam* un joli magot (*fam*)

Bau [baʊ] <-[e]s, -ten> *m* ❶ *kein Pl* (*das Bauen*) construction *f;* **im ~ befindlich** en [cours de] construction; **im** [*o* **in**] **~ sein** être en construction
❷ (*Gebäude*) bâtiment *m*
❸ (*Bauwerk*) édifice *m*
❹ *kein Pl fam* (*Baustelle*) chantier *m;* **auf dem ~ arbeiten** travailler sur des chantiers
❺ *kein Pl fam* (*Wohnung*) **nicht aus dem ~ herauskommen** ne pas mettre le nez dehors (*fam*)
❻ <Baue> (*Fuchsbau, Dachsbau, Kaninchenbau*) terrier *m;* (*Biberbau*) hutte *f*
❼ *kein Pl fam* (*Arrestzelle*) trou *m* (*fam*); **in den ~ kommen** aller au trou (*fam*)

Bauabschnitt *m* tranche *f* de travaux [*o* construction] **Bauamt** *nt* office *m* d'urbanisme **Bauarbeiten** *Pl* travaux *mpl* **Bauarbeiter(in)** *m(f)* ouvrier(-ière) *m(f)* du bâtiment **Bauart** *f* ❶ ARCHIT [style *m* d']architecture *f;* **offene/geschlossene ~** architecture composite/uniforme; **diese ~ gleicht derjenigen von Hundertwasser** ce style ressemble à celui de Hundertwasser ❷ TECH modèle *m*

Bauaufsichtsbehörde *f* ADMIN service *m* de surveillance des travaux

Baubeginn *m* mise *f* en chantier **Bauboom** *m* ÖKON boom *m* de la construction **Baubude** *f* baraque *f* de chantier

Bauch [baʊx, *Pl:* 'bɔɪçə] <-[e]s, Bäuche> *m* ❶ *von Personen, Tieren* ventre *m;* **auf dem ~ liegen/schlafen** coucher/dormir sur le ventre; **einen ~ bekommen** [*o* **kriegen**] prendre du ventre; **den ~ einziehen** rentrer son ventre
❷ (*Magen*) **[noch] nichts im ~ haben** *fam* n'avoir rien dans le ventre; **sich** (*Dat*) **mit etw den ~ voll schlagen** *fam* s'empiffrer de qc (*fam*)
❸ *fig eines Schiffs* coque *f; eines Flugzeugs* soute *f; einer Flasche, Vase* ventre *m*
▸ **einen dicken ~ haben** *sl* avoir un gros ventre; (*schwanger sein*) être en cloque (*arg*); **aus dem hohlen ~** *fam* de but en blanc; **ein voller ~ studiert nicht gern** *Spr.* à ventre plein, esprit vide; **mit etw auf den ~ fallen** *fam* se casser la figure avec qc (*fam*); **sich** (*Dat*) **[vor Lachen] den ~ halten** *fam* se bidonner (*fam*); **vor jdm auf dem ~ kriechen** [*o* **liegen**] *fam* se mettre à plat ventre devant qn; **aus dem ~ [heraus]** *entscheiden, antworten* instinctivement; *spielen, darstellen* avec ses tripes (*fam*)

Bauchansatz *m* brioche *f* (*fam*); **zum ~ neigen** avoir tendance à prendre du ventre **Bauchbinde** *f* ❶ MED ceinture *f* abdominale ❷ (*Banderole*) *einer Zigarre* bague *f; eines Buchs* bandeau *m* **Bauchdecke** *f* ANAT paroi *f* abdominale **Bauchfell** *nt* ANAT péritoine *m* **Bauchfellentzündung** *f* MED péritonite *f* **Bauchfleck** A *s.* Bauchklatscher **Bauchfleisch** *nt* lard *m* non fumé **Bauchhöhle** *f* cavité *f* abdominale **Bauchhöhlenschwangerschaft** *f* MED grossesse *f* extra-utérine

bauchig ['baʊxɪç] *Adj* bombé(e)

Bauchklatscher <-s, -> *m fam* plat *m* **Bauchladen** *m* éventaire *m* **Bauchlandung** *f eines Flugzeugs* atterrissage *m* sur le ventre ▸ **eine ~ mit etw machen** *fam* se planter avec qc (*fam*)

Bäuchlein <-s, -> *nt hum* bedon *m* (*fam*); *eines Babys* petit ventre *m;* **ein ~ bekommen** *fam* prendre du ventre

bäuchlings *Adv* à plat ventre

Bauchmuskeln *Pl* abdominaux *mpl* **Bauchnabel** *m* nombril *m* **bauchreden** *itr V nur Infin und PP* **~ können** pouvoir faire le ventriloque **Bauchredner(in)** *m(f)* ventriloque *mf* **Bauchschmerzen** *Pl* mal *m* au ventre; **~ kriegen/haben** attraper/avoir mal au ventre ▸ **das verursacht mir ~** *fam* ça m'inquiète **Bauchschuss**^RR^ *m* blessure *f* au ventre par balle; **einen ~ haben** avoir reçu une balle dans le ventre **Bauchspeck** *m* ❶ *fam* (*Fettansatz*) ventre *m,* brioche *f* (*pop*) ❷ GASTR lard *m* maigre **Bauchspeicheldrüse** *f* ANAT pancréas *m* **Bauchtanz** *m* danse *f* du ventre **Bauchtänzerin** *f* danseuse *f* du ventre **Bauchweh** *s.* Bauchschmerzen

Baud [bɔ:t] <-[s], -> *nt* TELEC baud *m*

Baudenkmal *nt* construction *f* à caractère historique **Bauelement** *nt eines Gebäudes* élément *m* [préfabriqué]; *einer Maschine* composant *m,* module *m*

bauen ['baʊən] **I.** *tr V* ❶ construire *Gebäude, Straße, Tunnel;* faire *Nest, Höhle*
❷ (*herstellen*) fabriquer *Möbel;* construire *Maschine, Flugzeug*
❸ *fam* (*verursachen*) provoquer *Unfall*
❹ *fam* (*schaffen*) réussir *Examen; s. a.* **gebaut**
II. *itr V* ❶ (*ein Haus bauen*) [faire] construire; **billig ~** faire construire pour un prix avantageux; **solide ~** faire construire de manière solide; **an etw** (*Dat*) **~** travailler à [la construction de] qc
❷ (*vertrauen*) **auf jdn/etw ~** compter sur qn/qc; **darauf ~, dass** compter sur le fait que + *indic*

Bauentwurf *m* esquisse *f* architecturale

Bauer[1] ['baʊɐ] <-n *o selten* -s, -n> *m* ❶ paysan *m;* (*Landwirt*) agriculteur *m*
❷ *pej fam* plouc *m* (*fam*); **ein richtiger ~ sein** être un vrai plouc (*fam*)
❸ SCHACH pion *m*
▸ **die dümmsten ~n haben die größten** [*o* **dicksten**] **Kartoffeln** *Spr.* aux innocents les mains pleines; **was der ~ nicht kennt, frisst er nicht** *Spr.* ≈ on ne mange que ce qu'on connaît

Bauer[2] <-s, -> *nt o selten m* (*Vogelkäfig*) cage *f*

Bäuerchen ['bɔɪɐçən] <-s, -> *nt* ❶ *Dim von* **Bauer**[1]
❷ *Kinderspr.* (*das Aufstoßen*) **[ein] ~ machen** faire son rot (*fam*)

Bäuerin ['bɔɪərɪn] *f* paysanne *f;* (*Landwirtin*) agricultrice *f*

bäuerisch *s.* **bäurisch**

bäuerlich **I.** *Adj* (*ländlich*) agricole
II. *Adv* **~ geprägt sein** *Gegend:* avoir un caractère agricole

Bauernaufstand *m* révolte *f* des paysans **Bauernbrot** *nt* pain *m* de campagne **Bauernbub** SDEUTSCH, A, CH *s.* **Bauernjunge** **Bauernfang** ▸ **auf ~ gehen** *pej fam* chercher un pigeon (*fam*) **Bauernfänger(in)** *m(f) pej fam* arnaqueur(-euse) *m(f)* (*fam*) **Bauernfängerei** <-> *f pej fam* arnaque *f* (*fam*) **Bauernfrühstück** *nt plat composé de pommes de terre rôties, d'œufs brouillés et de lard* **Bauernhaus** *nt* ferme *f* **Bauernhochzeit** *f* noce *f* villageoise **Bauernhof** *m* ferme *f* **Bauernjunge** *m* fils *m* de paysan **Bauernkrieg** *m* guerre *f* des paysans **Bauernmöbel** *nt* meuble *m* rustique; **das Esszimmer ist mit ~n eingerichtet** la salle à manger a un ameublement rustique **Bauernopfer** *nt fig* sacrifice *m* d'un pion **Bauernregel** *f* dicton *m* paysan **Bauernschaft** <-> *f* paysans *mpl* **bauernschlau** *Adj* finaud(e) **Bauern-**

schläue *f* ruse *f* **Bauerntölpel** *m pej* balourd *m* (*péj*)
Bauersfrau *f* fermière *f* **Bauersleute** *Pl* paysans *mpl*
Bauerwartungsland ['baʊɐ'vartʊŋslant] *nt* zone *f* urbanisable **baufällig** *Adj* délabré(e) **Baufälligkeit** *f* délabrement *m* **Baufinanzierung** *f* financement *m* de la construction **Baufirma** *f* entreprise *f* de construction **Baugeld** *nt* [fonds *m* d']aide *f* à la construction **Baugenehmigung** *f* permis *m* de construire **Baugenossenschaft** *f* ÖKON coopérative *f* de construction **Baugerüst** *nt* échafaudage *m* **Baugesellschaft** *f* société *f* de construction **Baugewerbe** *nt* [industrie *f* du] bâtiment *m* **Baugrube** *f* fouille *f* de construction **Baugrundstück** *nt* terrain *m* à bâtir **Bauhandwerker(in)** *m(f)* artisan(e) *m(f)* du bâtiment **Bauhaus** *nt* KUNST **das** ~ le Bauhaus **Bauherr(in)** *m(f)* maître *m* d'ouvrage **Bauherrenmodell** *nt investissement immobilier bénéficiant d'avantages fiscaux* **Bauholz** *nt* bois *m* de charpente **Bauindustrie** *f* industrie *f* du bâtiment **Bauingenieur(in)** [-ɪnʒeniøːɐ] *m(f)* ingénieur *mf* du bâtiment **Baujahr** *nt eines Gebäudes* année *f* de construction; *eines Autos* année *f* de fabrication; **ein älteres ~ sein** *Haus:* être une construction ancienne; *Auto:* être un vieux modèle **Baukasten** *m* jeu *m* de construction **Baukastensystem** *nt* système *m* modulaire; **im ~** par éléments modulaires **Bauklotz** *m* pièce *f* de jeu de construction ▶ **Bauklötze[r] staunen** *fam* ne pas en revenir **Baukonjunktur** *f* conjoncture *f* dans le bâtiment **Baukosten** *Pl* coûts *mpl* de [la] construction **Baukostenzuschuss**[RR] *m* FIN participation *f* aux frais de construction **Baukran** *m* TECH grue *f* de chantier **Baukunst** *f geh* architecture *f* **Bauland** *nt* terrain *m* constructible **Baulärm** *m kein Pl* bruit *m* de[s] travaux [de construction] **Bauleiter(in)** *m(f)* chef *mf* de chantier **Bauleitung** *f* direction *f* des travaux
baulich I. *Adj* **~e Veränderungen vornehmen** faire des transformations
II. *Adv* en ce qui concerne le gros œuvre
Baulichkeit <-, -en> *f meist Pl form* édifice *m*
Baulöwe *m fam* gros promoteur *m* **Baulücke** *f* terrain *m* vague
Baum [baʊm, *Pl:* 'bɔɪmə] <-[e]s, Bäume> *m* ❶ arbre *m;* **auf einen ~ klettern** grimper à un arbre; **auf einem ~ sitzen** être [perché(e)] dans un arbre; **auf dem/den ~** dans l'arbre
❷ *fam* (*Weihnachtsbaum*) sapin *m*
❸ INFORM arbre *m*
▶ **der ~ der Erkenntnis** l'arbre de la science du bien et du mal; **die Bäume wachsen nicht in den Himmel** *Spr.* ≈ tout a des limites; **einen alten ~ soll man nicht verpflanzen** *Spr.* ≈ on ne transplante pas un vieil arbre; **stark wie ein ~ sein** être fort(e) comme un chêne; **Bäume ausreißen können** *fam* pouvoir soulever des montagnes
Baumarkt *m* ❶ (*Geschäft*) hypermarché *m* de l'outillage et des matériaux ❷ (*Baugewerbe*) [industrie *f* du] bâtiment *m* **Baumaschine** *f* machine *f* de chantier **Baumaßnahme** *f* mesures *fpl* en vue de la construction **Baumaterial** *nt* matériaux *mpl* de construction
Baumbestand *m* peuplement *m* forestier; **ein Grundstück mit altem ~** un terrain avec plantation de vieux arbres
Bäumchen <-s, -> *nt Dim von* **Baum** arbuste *m*
▶ **~-wechsle-dich spielen** *hum* papillonner de l'un(e) à l'autre
Baumeister(in) *m(f)* ❶ HIST maître *m* d'œuvre
❷ *geh* (*Architekt*) architecte *mf*
baumeln ['baʊməln] *itr V fam* ❶ *Gegenstand:* pendiller; **an etw** (*Dat*) **~** *Gegenstand:* pendiller à qc; **an einem Seil ~** *Person:* se balancer à une corde; **mit den Beinen ~** laisser balancer ses jambes; **die Arme/Beine ~ lassen** laisser pendre les bras/les jambes
❷ *sl* (*erhängt werden*) se balancer au bout d'une corde
bäumen *s.* **aufbäumen**
Baumfarn *m* fougère *f* arborescente **Baumgrenze** *f* limite *f* [de pousse] des arbres **Baumgruppe** *f* bouquet *m* d'arbres **baumhoch** *Adj* très haut(e) **Baumkrone** *f* cime *f* de l'arbre **baumlang** *Adj fam* immense; **ein ~er Kerl** un grand gaillard **baumlos** *Adj* dépourvu(e) d'arbres **Baumnuss**[RR] *f* CH noix *f* **Baumriese** *m geh* arbre *m* géant **Baumrinde** *f* écorce *f* d'arbre **Baumschere** *f* sécateur *m* **Baumschule** *f* pépinière *f* **Baumstamm** *m* tronc *m* d'arbre **baumstark** *Adj Kerl* fort(e) comme un chêne **Baumsterben** *nt* dépérissement *m* des arbres **Baumstruktur** *f* INFORM structure *f* arborescente **Baumstumpf** *m* souche *f* [d'arbre] **Baumwipfel** *m* cime *f* de l'arbre **Baumwolle** *f* coton *m* **baumwollen** *Adj attr* en coton
Baumwollernte *f* cueillette *f* du coton **Baumwollpflücker(in)** *m(f)* cueilleur *m*/cueilleuse *f* de coton
Bauordnung *f* législation *f* sur les constructions **Bauplan** *m* ❶ (*Planzeichnung*) plan *m* de construction ❷ *fig* **genetischer ~** structure *f* génétique ❸ *Pl* (*Bauvorhaben*) projets *mpl* de construction **Bauplanung** *f* projet *m* de construction **Bauplatz** *m* terrain *m* à bâtir **Baupolizei** *f* service *m* de contrôle du bâtiment **Baupreis** *m meist Pl* prix *m* du bâtiment **Baurecht** *nt* droit *m* relatif aux constructions **Baureihe** *f* série *f* [de fabrication]
bäurisch *Adj pej* grossier(-ière)
Bauruine *f* construction *f* inachevée **Bausatz** *m* kit *m*
Bausch [baʊʃ] <-es, Bäusche *o* -e> *m* ❶ (*Wattebausch, Tupfer*) tampon *m*
❷ COUT bouffant *m*
▶ **in ~ und Bogen** en bloc
bauschen ['baʊʃən] I. *r V* **sich ~** *Kleidungsstück, Vorhang:* bouffer
II. *tr V* ❶ (*blähen*) **die Segel ~** *Wind:* gonfler les voiles
❷ COUT **gebauschte Ärmel** des manches bouffantes
bauschig *Adj* bouffant(e)
Bauschlosser(in) *m(f)* serrurier(-ière) *m(f)* en bâtiment **Bauschutt** *m* gravats *mpl* **bausparen** *itr V nur Infin* souscrire une épargne-logement; **das Bausparen** l'épargne-logement *f* **Bausparer(in)** *m(f)* titulaire *mf* d'un plan d'épargne-logement **Bausparkasse** *f* caisse *f* d'épargne-logement **Bausparvertrag** *m* plan *m* d'épargne-logement **Baustein** *m* ❶ (*Stein*) pierre *f* de construction ❷ INFORM **elektronischer ~** composant *m* électronique ❸ (*Bestandteil*) élément *m* constitutif **Baustelle** *f* chantier *m;* **Achtung, ~!** attention, travaux!; **Betreten der ~ verboten!** chantier interdit au public! **Baustil** *m* style *m* [architectural] **Baustoff** *s.* **Baumaterial** **Baustopp** *m* arrêt *m* des travaux; **einen ~ verhängen** ordonner l'arrêt des travaux **Bausubstanz** *f* état *m* du gros œuvre **Bautechniker(in)** *m(f)* technicien(ne) *m(f)* du génie civil **Bauteil** *nt* ❶ CONSTR élément *m* préfabriqué ❷ (*Maschinenbauteil*) constituant *m*
Bauten ['baʊtən] *Pl von* **Bau**
Bautischler(in) *m(f)* menuisier(-ière) *m(f)* du bâtiment **Bauträger(in)** *m(f)* promoteur *m* immobilier **Bauunternehmen** *nt* entreprise *f* de bâtiment **Bauunternehmer(in)** *m(f)* entrepreneur(-euse) *m(f)* de bâtiment **Bauvolumen** *nt* ÖKON volume *m* de construction **Bauvorhaben** *nt* projet *m* de construction **Bauweise** *f* (*Art des Bauens*) méthode *f* de construction; (*Stil*) style *m;* **offene/geschlossene ~** construction *f* individuelle/alignée **Bauwerk** *nt* construction *f;* (*Gebäude*) édifice *m* **Bauwesen** *nt* bâtiment *m* **Bauwirtschaft** *f* industrie *f* du bâtiment
Bauxit [baʊ'ksiːt] <-s, -e> *m* bauxite *f*
bauz [baʊts] *Interj Kinderspr.* boum (*enfantin*); **~ machen** faire boum (*enfantin*)
Bauzaun *m* clôture *f* de chantier **Bauzeichnung** *f* plan *m* de construction **Bauzeit** *f* durée *f* de construction
Bayer(in) ['baɪɐ] <-n, -n> *m(f)* Bavarois(e) *m(f)*
bayerisch ['baɪərɪʃ] *Adj* bavarois(e)
Bayern ['baɪɐn] <-s> *nt* la Bavière
bayrisch ['baɪrɪʃ] *s.* **bayerisch**
Bazillus [ba'tsɪlʊs] <-, Bazillen> *m* ❶ MED bacille *m*

❷ *fig geh* virus *m*
BCG-Schutzimpfung [be:tse:'ge:-] *f* B.C.G.® *m*
Bd., **Bde.** *Abk von* **Band, Bände**
BDI [be:de:'?i:] <-> *m Abk von* **Bundesverband der Deutschen Industrie** *confédération du patronat allemand*
BDÜ [be:de:'?y:] <-> *m Abk von* **Bundesverband der Dolmetscher und Übersetzer** *association fédérale des interprètes et traducteurs allemands*
B-Dur ['be:-] <-> *nt* MUS si *m* bémol majeur
BE *Abk von* **Broteinheit**
beabsichtigen* *tr V* ❶ (*planen*) envisager; ~ **etw zu tun** envisager de faire qc; **beabsichtigt** *Entlassung, Veränderung* envisagé(e); **wie beabsichtigt** comme prévu
❷ (*wollen, bezwecken*) **was beabsichtigt er mit diesem Brief?** où veut-il en venir avec cette lettre?; **das war nicht/das war beabsichtigt** ce n'était pas/c'était voulu; **beabsichtigt** *Wirkung* recherché(e)
beachten* *tr V* ❶ (*befolgen*) suivre *Anleitung, Hinweis, Ratschlag;* respecter *Vorschrift, Verkehrszeichen, Vorfahrt*
❷ (*berücksichtigen*) tenir compte de; **es ist zu ~, dass** il faut tenir compte du fait que + *indic*
❸ (*mit Aufmerksamkeit bedenken*) faire attention à
beachtenswert *Adj* remarquable; **es ist ~, wie schnell er das gelernt hat** c'est remarquable de voir avec quelle rapidité il a appris ça
beachtlich I. *Adj* ❶ (*beträchtlich*) considérable; *Leistung* remarquable; **Beachtliches leisten** faire des choses remarquables; **~!** chapeau!
❷ (*bedeutsam*) *Stellung, Position* important(e)
II. *Adv* ❶ (*deutlich*) considérablement
❷ (*bemerkenswert*) remarquablement
Beachtung <-> *f* ❶ *einer Anleitung, Gebrauchsanweisung* observation *f; einer Vorschrift, eines Verkehrszeichens* respect *m;* **bei ~ der Vorschriften** si l'on observe rigoureusement les instructions; **unter ~ dieser Zahlen** en considération de ces chiffres
❷ (*Aufmerksamkeit*) **jdm/einer S. [große] ~ schenken** prêter [une grande] attention à qn/qc; **bei jdm [große] ~ finden** retenir [beaucoup] l'attention de qn; **~ verdienen** mériter considération; **dieser Junge verdient deine ~** ce garçon mérite ta considération; **keine ~ finden** ne pas retenir l'attention; **zur geflissentlichen ~** *form* à votre aimable attention
Beachvolleyball ['bi:tʃ-] *m* ❶ *kein Pl* (*Spiel*) volley-ball *m* de plage
❷ (*Ball*) ballon *m* de volley
Beamte(r) *m dekl wie Adj,* **Beamtin** *f* fonctionnaire *mf;* (*Bahnbeamter, Beamter in öffentlichen Ämtern*) employé(e) *m(f);* **~(r)/Beamtin auf Lebenszeit** fonctionnaire titulaire; **~(r)/Beamtin auf Widerruf** agent *m* contractuel

i Land & Leute

L'État allemand employait en 2001 plus de 2 millions de **Beamte**. Ces employés de l'État sont des enseignants, des juges et avocats, des employés de la poste, de l'armée et des membres de la police. En tant que fonctionnaires, ils ne peuvent pas être licenciés mais ils n'ont pas non plus le droit de grève.

Beamtenanwärter(in) *m(f)* candidat(e) *m(f)* à la fonction publique **Beamtenbeleidigung** *f* outrage *m* à magistrat **Beamtenbesoldung** *f* JUR traitement *m* des fonctionnaires **Beamtenbestechung** *f* corruption *f* de fonctionnaire **Beamtendeutsch** *nt pej* jargon *m* administratif **Beamtenlaufbahn** *f* carrière *f* de fonctionnaire **Beamtenmentalität** *f pej* mentalité *f* de fonctionnaire **Beamtenrecht** *nt* statut *m* de la fonction publique
Beamtenschaft <-> *f* fonction *f* publique
Beamtentum <-s> *nt* ❶ (*Stand der Beamten*) fonctionnariat *m*
❷ (*Beamtenschaft*) fonction *f* publique
Beamtenverhältnis *nt* statut *m* de fonctionnaire; **ins ~ übernommen werden** être fonctionnarisé(e); *Lehrer:* être titularisé(e); **im ~ stehen** être fonctionnaire
Beamter *s.* **Beamte(r)**
beamtet *Adj* fonctionnarisé(e); *Lehrer* titulaire
Beamtin *s.* **Beamte(r)**
beängstigen* *tr V geh* inquiéter
beängstigend I. *Adj* inquiétant(e)
II. *Adv* **~ schön/schnell [sein]** [être] d'une beauté troublante/d'une rapidité inquiétante
beanspruchen* *tr V* ❶ (*fordern*) demander *Ungestörtheit, Zimmer, Schadenersatz;* **ein Territorium/einen Anteil für sich ~** revendiquer [*o* réclamer] un territoire/une part pour soi
❷ (*erfordern*) prendre *Zeit, Raum*
❸ (*in Anspruch nehmen*) accaparer *Zeit, Kraft;* **jds Gastfreundschaft ~** abuser de l'hospitalité de qn; **jds volle Aufmerksamkeit ~** réclamer l'attention totale de qn; **ich möchte Ihre Zeit/Geduld nicht übermäßig ~** je ne voudrais pas abuser de votre temps/patience
❹ (*strapazieren*) **die Bremsen stark ~** beaucoup solliciter les freins; **beruflich sehr beansprucht sein** être très pris(e) par le travail
Beanspruchung <-, -en> *f* ❶ (*das Fordern*) *eines Territoriums* revendication *f; eines Schadenersatzes, Anteils* réclamation *f*
❷ (*Inanspruchnahme*) *der Aufmerksamkeit, Kräfte* sollicitation *f;* **die ~ durch die Kinder/den Beruf** les sollicitations dues aux enfants/au travail
❸ (*Belastung*) *eines Motors, einer Maschine* sollicitation *f* excessive; *der Psyche* surmenage *m*
beanstanden* *tr V* critiquer; **etw an jdm/etw ~** critiquer qc chez qn/dans qc; **an diesem Buch habe ich zu ~, dass es zu oberflächlich ist** ce que je reproche à ce livre, c'est qu'il est [*o* soit] trop superficiel; **beanstandete Waren** des marchandises faisant/ayant fait l'objet d'une réclamation
Beanstandung <-, -en> *f* critique *f; von Waren* réclamation *f;* **bei ~ der Ware** en cas de réclamation concernant la marchandise; **Anlass zu ~en geben** donner lieu à réclamation[s]; **Grund zur ~ haben/finden** avoir/trouver quelque chose à redire; **es gibt keinen Grund zur ~** il n'y a rien à redire
beantragen* *tr V* ❶ demander *Mitarbeiter, Kredit, Sozialhilfe;* **wie Sie am 17.2. beantragt haben** comme vous l'avez sollicité le 17.2.
❷ JUR requérir *Freispruch, Strafe*
❸ PARL proposer *Abstimmung, Gesetzesänderung;* **ich beantrage, dass** je propose que + *subj*
beantworten* *tr V* répondre à *Frage;* **eine Frage mit [einem] Ja/Nein ~** répondre à une question par oui/non; **alle Bildzuschriften werden beantwortet** toutes les lettres accompagnées d'une photo recevront une réponse
Beantwortung <-, -en> *f* réponse *f;* **~ einer Frage** réponse *f* à une question; **in ~ Ihrer Frage** *form* en réponse à votre question
bearbeiten* *tr V* ❶ s'occuper de *Antrag, Fall, Bestellung*
❷ (*herrichten, gestalten*) travailler *Material, Boden, Land*
❸ (*behandeln*) **das Holz mit Wachs ~** traiter le bois avec de la cire
❹ (*überarbeiten*) remanier *Manuskript;* arranger *Musikstück;* adapter *Buch, Text, Bühnenstück;* **das Wörterbuch ist [neu] bearbeitet worden** le dictionnaire a été revu et corrigé
❺ *fam* (*traktieren*) malmener *Musikinstrument;* **jdn mit den Fäusten ~** battre qn à coups de poing; **die Tür mit Fußtritten ~** maltraiter la porte à coups de pied
❻ *fam* (*einwirken auf*) travailler (*fam*); **jdn politisch ~** influencer qn politiquement
Bearbeiter(in) *m(f)* ❶ (*Sachbearbeiter*) personne *f* compé-

B

tente; *einer Akte, Steuererklärung* personne chargée
❷ (*Autor*) rédacteur(-trice) *m(f)*; *eines Musikstücks* arrangeur(-euse) *m(f)*; *eines Bühnenstücks, Drehbuchs* adaptateur(-trice) *m(f)*
Bearbeitung <-, -en> *f* ❶ *eines Werkstoffs* travail *m*
❷ (*das Behandeln*) *eines Antrags, Falls, einer Akte, Bestellung* traitement *m*
❸ (*die Überarbeitung*) remaniement *m*; *eines Musikstücks* arrangement *m*; *eines Bühnenstücks, Drehbuchs* adaptation *f*
❹ (*bearbeitete Fassung*) *eines Buchs* nouvelle édition *f*
Bearbeitungsgebühr *f* frais *mpl* de dossier
beargwöhnen* *tr V* regarder d'un mauvais œil; **jdn/etw ~** regarder qn/qc d'un mauvais œil
Beat [biːt] <-[s]> *m* beat *m*
Beatband ['biːt'bɛnt, 'biːtbænd] <-, -bands> *f* groupe *m* pop
beatmen* *tr V* **jdn von Mund zu Mund ~** faire du bouche-à-bouche à qn; **jdn künstlich ~** pratiquer la respiration artificielle sur qn
Beatmung *f* (*Mund-zu-Mund-Beatmung*) bouche-à-bouche *m*; **künstliche ~** respiration *f* artificielle
Beatmungsgerät *nt* masque *m* à oxygène
Beatmusik ['biːtmuˈziːk] *f* musique *f* pop
Beau [boː] <-, -s> *m iron geh* beau *m* (*vieilli*)
beaufsichtigen* *tr V* surveiller
Beaufsichtigung <-, -en> *f* surveillance *f*; **staatliche ~** surveillance de l'Etat
beauftragen* *tr V* charger; **jdn mit etw ~** charger qn de qc; **jdn ~ etw zu tun** charger qn de faire qc
Beauftragte(r) *f(m) dekl wie Adj* mandataire *mf*; (*Anwalt*) chargé(e) *m(f)* d'affaires
beäugen* *tr V fam* zieuter (*fam*); **jdn misstrauisch ~** regarder qn de travers
bebauen* *tr V* ❶ construire; **dicht/locker bebaut sein** être fortement/peu urbanisé(e); **dieses Grundstück darf nicht bebaut werden** ce terrain n'est pas constructible
❷ (*für den Anbau nutzen*) cultiver *Acker, Feld*; **ein mit Mais bebautes Feld** un champ de maïs
Bebauung <-, -en> *f* ❶ (*das Bebauen*) aménagement *m*
❷ (*Bauten*) construction *f*
❸ (*das Anbauen*) culture *f*
Bebauungsplan *m* plan *m* d'occupation des sols
beben ['beːbən] *itr V* ❶ *Mauer, Erde:* trembler; **vor Wut** (*Dat*) **~** trembler de fureur
❷ *geh* (*bangen*) **um jdn/etw ~** trembler pour qn/qc
Beben <-s, -> *nt* ❶ *kein Pl* (*das Wackeln, Zittern*) tremblement *m*
❷ (*Erdbeben*) tremblement *m* de terre
bebildern* *tr V* illustrer
Bebilderung <-, -en> *f* ❶ *kein Pl* (*das Bebildern*) illustration *f*
❷ (*Illustrationen*) illustrations *fpl*
bebrillt *Adj hum fam* porteur(-euse) de lunettes; **~ sein** porter des lunettes
Béchamelsoße *f* sauce *f* béchamel
Becher ['bɛçɐ] <-s, -> *m* gobelet *m*; (*mit Henkel*) tasse *f*; (*Plastikbecher, Pappbecher, Zahnputzbecher*) verre *m*; (*Pappbecher für Eis*) pot *m*
bechern ['bɛçɐn] *itr V hum fam* picoler (*fam*)
becircen* [bəˈtsɪrtsn] *tr V fam* faire du charme à
Becken ['bɛkən] <-s, -> *nt* ❶ (*Bassin, Schwimmbecken*) bassin *m*; (*Brunnenbecken*) vasque *f*
❷ (*Spülbecken*) bac *m* [à évier]; (*Waschbecken*) lavabo *m*; (*Toilettenbecken*) cuvette *f*
❸ GEOL bassin *m*
❹ ANAT bassin *m*; **ein gebärfreudiges ~ haben** être faite pour avoir des enfants
❺ *meist Pl* MUS cymbales *fpl*
Beckenbruch *m* fracture *f* du bassin **Beckengurt** *m* ceinture *f* de sécurité (*qui ne s'ajuste qu'à la taille*) **Beckenknochen** *m* os *m* du bassin
Becquerel [bɛkəˈrɛl] <-s, -> *nt* PHYS becquerel *m*
bedachen* *tr V* mettre une toiture sur; **mit etw bedacht sein** être recouvert(e) de qc
bedacht [bəˈdaxt] **I.** *Adj* ❶ (*überlegt*) réfléchi(e)
❷ (*besorgt*) **auf etw** (*Akk*) **~ sein** être très soucieux(-euse) de qc; **darauf ~ sein, keinen Fehler zu machen** veiller à ne pas faire de fautes; **darauf ~ sein, dass jd etw tut** accorder une grande importance à ce que qn fasse qc
II. *Adv* avec circonspection
Bedacht ▸ **mit ~** *geh* (*vorsichtig*) avec circonspection; (*absichtlich*) volontairement; **ohne ~** *geh* sans réfléchir; **voll ~** *geh* (*überlegt*) avec discernement; (*absichtlich*) en connaissance de cause
Bedachte(r) *f(m) dekl wie Adj* légataire *mf*
bedächtig [bəˈdɛçtɪç] **I.** *Adj* ❶ (*gemessen*) posé(e)
❷ (*besonnen*) réfléchi(e)
II. *Adv* ❶ (*gemessen*) posément
❷ (*vorsichtig*) avec circonspection
Bedächtigkeit <-> *f* ❶ (*Langsamkeit*) lenteur *f*
❷ (*Besonnenheit*) circonspection *f*
bedachtsam *Adj geh* réfléchi(e)
Bedachung <-, -en> *f form* couverture *f*
bedanken* *r V* ❶ **sich ~** dire merci; **sich bei jdm für etw ~** remercier qn de qc
❷ *iron* (*verantwortlich machen*) **für den Ärger kannst** [*o* **darfst**] **du dich bei ihm/ihr ~!** c'est à lui/elle que tu dois ces ennuis!
Bedarf [bəˈdarf] <-[e]s> *m* besoins *mpl*; **der ~ an Vitaminen** les besoins en vitamines; **~/keinen ~ an Disketten haben** (*Dat*) avoir/ne pas avoir besoin de disquettes; **Dinge des täglichen ~s** articles *mpl* de première nécessité; **Güter des gehobenen ~s** articles *mpl* de demi-luxe; **einen ~ schaffen** créer un besoin; **bei ~** en cas de besoin; **je nach ~** selon [*o* suivant] les besoins
▸ **mein ~ ist gedeckt!** *iron fam* j'ai eu ma dose! (*fam*); [**danke,**] **kein ~!** *iron fam* merci bien! (*fam*)
Bedarfsartikel *m* article *m* de consommation courante **Bedarfsermittlung** *f* détermination *f* des besoins **Bedarfsfall** *m form* **für den/im ~** en cas de besoin **bedarfsgerecht** *Adj* adapté(e) à la demande **Bedarfsgüter** *Pl* biens *mpl* de consommation [courante] **Bedarfshaltestelle** *f* arrêt *m* facultatif
bedauerlich [bəˈdaʊɐlɪç] *Adj* regrettable; **jdm etw Bedauerliches mitteilen** annoncer quelque chose de pénible à qn
bedauerlicherweise *Adv* malheureusement
bedauern* *tr V* ❶ regretter; **er bedauert, dass sie verärgert ist** il regrette qu'elle soit fâchée
❷ (*bemitleiden*) plaindre; **er ist zu ~** il est à plaindre
❸ (*als Höflichkeitsformel*) [**ich**] **bedau[e]re, ich habe kein Kleingeld!** je regrette, je n'ai pas de monnaie!
Bedauern <-s> *nt* ❶ (*Kummer*) regret *m*; **zu meinem großen ~ muss ich absagen** à mon grand regret, je dois décommander
❷ (*Mitgefühl*) sympathie *f*; **jdm sein ~ aussprechen** témoigner sa sympathie à qn
bedauernd **I.** *Adj* compatissant(e)
II. *Adv* d'un air compatissant; *sagen* d'un ton compatissant; *absagen, ablehnen* avec regret
bedauernswert *Adj*, **bedauernswürdig** *Adj geh* malheureux(-euse) *antéposé*; **~ sein** être à plaindre
bedecken* **I.** *tr V* ❶ (*zudecken*) recouvrir *Körper*
❷ (*verhüllen*) couvrir *Möbel, Flächen, Körperteil*; **sein Gesicht mit den Händen ~** cacher son visage dans ses mains
❸ (*überhäufen*) **jdn mit Küssen ~** couvrir qn de baisers
II. *r V* **sich mit etw ~** se couvrir de qc
bedeckt *Adj Himmel* couvert(e)
▸ **sich bezüglich einer S.** (*Gen*) **~ halten** ne pas se prononcer

à propos de qc

Bedecktsamer [bəˈdɛktzaːmɐ] <-s, -> *m* BOT angiosperme *f*

Bedeckung <-, -en> *f* MIL escorte *f*

bedenken* *unreg* **I.** *tr V* ① (*in Betracht ziehen*) penser à *Folgen, Umstände*
② (*durchdenken*) réfléchir à *Plan, Maßnahmen;* **[jdm] etw zu ~ geben** *geh* soumettre qc à [la] réflexion [de qn] (*soutenu*); **[jdm] zu ~ geben, dass** faire remarquer [à qn] que + *indic;* **das will sorgfältig bedacht sein** *geh* cela demande réflexion; **wenn man es recht bedenkt** réflexion faite
③ *geh* (*beschenken*) **jdn mit Geld/Geschenken ~** léguer de l'argent/des cadeaux à qn; **mit etw bedacht werden** recevoir qc en cadeau; **er hat mich in seinem Testament bedacht** il m'a couché(e) sur son testament
④ *geh* (*zuteil werden lassen*) **jdn mit Kritik/Lob ~** abreuver qn de critiques/compliments
II. *r V geh* **sich ~** réfléchir

Bedenken <-s, -> *nt* ① *Pl* (*Zweifel*) doutes *fpl;* **~ haben** émettre des réserves; **jdm kommen ~** qn commence à avoir des doutes
② *kein Pl* (*das Überlegen*) réflexion *f;* **ohne ~** sans hésitation

bedenkenlos **I.** *Adj* (*nicht zögernd*) inconditionnel(le)
II. *Adv* ① (*ohne Überlegung*) sans hésitation
② (*skrupellos*) sans scrupules

Bedenkenlosigkeit <-> *f* ① (*Unüberlegtheit*) inconséquence *f*
② (*Skrupellosigkeit*) absence *f* de scrupules

bedenkenswert *Adj* qui mérite réflexion; **dein Vorschlag ist ~** ta proposition mérite qu'on y réfléchisse

bedenklich *Adj* ① (*fragwürdig*) *Methoden, Verhalten* douteux(-euse)
② (*Besorgnis erregend*) *Aussichten, Neuigkeiten* inquiétant(e); *Gesundheitszustand, Lage* critique
③ (*besorgt*) *Gesicht, Miene* préoccupé(e); **jdn ~ stimmen** préoccuper qn

Bedenkzeit *f* délai *m* de réflexion; **[jdn] um ~ bitten** demander un délai de réflexion [à qn]; **jdm ~ geben** donner un délai de réflexion à qn; **ich brauche etwas/einen Tag ~** il me faut un peu de temps pour réfléchir/un jour de réflexion

bedeuten* *tr V* ① (*ausdrücken*) signifier; (*meinen*) vouloir dire; (*versinnbildlichen*) symboliser; **was hat das zu ~?** qu'est-ce que ça veut dire?; **das hat nichts zu ~** ça ne veut rien dire; **das hat nicht viel zu ~** cela n'a pas grande importance
② (*ankündigen*) présager; **das kann nichts Gutes ~** ça ne présage rien de bon
③ (*gelten*) **Geld bedeutet mir viel/nichts** j'attache beaucoup/je n'attache pas du tout d'importance à l'argent; **was bedeute ich dir?** qu'est-ce que je représente pour toi?
④ *geh* (*zu verstehen geben*) **jdm ~, dass** signifier à qn que + *indic;* **jdm ~ näher zu treten** signifier [*o* intimer] à qn de s'approcher (*form*)

bedeutend **I.** *Adj* ① (*wichtig*) *Person, Film, Roman, Erkenntnis, Rolle* important(e); *Leistung* remarquable
② (*groß*) *Betrag, Summe* important(e); *Erfolg* considérable
II. *Adv* (*beträchtlich*) nettement

bedeutsam **I.** *Adj* ① (*wichtig*) important(e); *Fortschritt* considérable
② (*viel sagend*) *Blick, Lächeln, Geste* significatif(-ive)
II. *Adv* d'un air plein de signification; **jdm ~ zulächeln** adresser un sourire très significatif à qn; **jdn ~ anblicken** lancer un regard plein de signification à qn

Bedeutung <-, -en> *f* ① (*Sinn*) sens *m;* **in wörtlicher/übertragener ~** au sens propre/figuré
② (*Wichtigkeit*) importance *f;* (*Geltung*) valeur *f;* **für jdn/etw von ~ sein** être important(e) pour qn/qc; **von übergeordneter ~ sein** être de la plus haute importance; **überhaupt nicht von ~ sein** n'avoir aucune importance; **es ist von größter ~, dass** il est extrêmement important que + *subj;* **einer S.** (*Dat*) **~/große ~ beimessen** attacher de l'importance/une grande importance à qc; **nichts von ~** rien d'important

bedeutungslos *Adj* insignifiant(e)

Bedeutungslosigkeit <-> *f* insignifiance *f*

bedeutungsvoll *s.* **bedeutsam** **Bedeutungswandel** *m* changement *m* de sens

bedienen* **I.** *tr V* ① servir *Kunden, Gast;* **werden Sie schon bedient?** on s'occupe de vous?; **sind Sie gut bedient worden?** êtes-vous content(e) du service?
② (*umsorgen, versorgen*) **sich von jdm ~ lassen** se faire servir par qn
③ (*benutzen*) se servir de *Telefon, Gerät;* faire fonctionner *Computer, Steuerung;* faire marcher *Geschütz*
④ (*befahren*) desservir *Strecke*
⑤ KARTEN fournir à *Farbe;* **Trumpf ~** fournir en atout
► **mit etw gut/schlecht bedient sein** pouvoir/ne pas pouvoir être satisfait(e) de qc; **da sind Sie noch gut bedient!** *iron fam* vous vous en sortez bien!; **bedient sein** *iron fam* en avoir assez (*fam*)
II. *itr V* ① *Kellner, Verkäufer:* servir
② KARTEN fournir
III. *r V* ① **sich ~** se servir; **~ Sie sich!** servez-vous!
② *geh* (*gebrauchen*) **sich jds/einer S. ~** se servir de qn/qc

Bediener(in) *m(f)* (*Benutzer, Anwender*) utilisateur(-trice) *m(f);* (*professioneller Bediener*) opérateur(-trice) *m(f)*

bedienerfreundlich *Adj* facile d'utilisation; INFORM convivial(e); **etw ~ machen** rendre qc facile d'emploi [*o* à utiliser]; INFORM rendre qc convivial(e)

Bedienerin <-, -nen> *f* A femme *f* de ménage

bedienstet *Adj* A (*angestellt*) **~ sein** être employé(e)

Bedienstete(r) *f(m) dekl wie Adj* ① ADMIN agent *m* de la fonction publique, employé(e) *m(f)*
② *veraltet* (*Dienstbote*) domestique *mf*

Bedienung <-, -en> *f* ① *kein Pl* (*Handhabung*) utilisation *f; einer Druckmaschine, Schaltzentrale* fonctionnement *m; eines Geschützes* service *m*, utilisation *f*
② *kein Pl* (*das Bedienen*) *eines Kunden, Gastes* service *m;* **~ inbegriffen** service compris
③ (*Kellner*) garçon *m;* (*Kellnerin*) serveuse *f;* **~!** garçon/Mademoiselle!; **~ kommt gleich!** tout de suite!

Bedienungsanleitung *f* mode *m* d'emploi **Bedienungsfehler** *m* erreur *f* de manipulation **Bedienungshinweise** *Pl* conseils *mpl* d'utilisation **Bedienungskomfort** [-kɔmfoːɐ] *m* **mit hohem ~ ausgestattet sein** être très facile à utiliser **Bedienungsvorschrift** *f* notice *f* d'emploi **Bedienungszuschlag** *m* service *m*

bedingen* *tr V* ① (*verursachen*) provoquer; **durch etw bedingt sein** être dû(due) à qc
② (*verlangen*) nécessiter

bedingt **I.** *Adv* (*eingeschränkt*) partiellement; **~ gültig/richtig** partiellement valable/correct; **das ist nur ~ richtig** c'est vrai en partie
II. *Adj* ① *Erlaubnis* conditionnel(le); *Lob* réservé(e)
② JUR *Straferlass* conditionnel(le)

Bedingung <-, -en> *f* condition *f;* **~en stellen** poser des conditions; **[es] zur ~ machen, dass** poser comme condition que + *subj;* **unter der ~, dass** à [la] condition que + *subj;* **[nur] unter einer ~** à une [seule] condition; **unter keiner ~** en aucun cas; **unter diesen ~en** dans ces conditions

bedingungslos **I.** *Adj* sans condition
II. *Adv* inconditionnellement; **jdm ~ vertrauen** avoir une confiance absolue en qn

Bedingungssatz *m* GRAM proposition *f* conditionnelle

bedrängen* *tr V* ① (*bestürmen*) harceler; **jdn mit etw ~** harceler qn de qc; **jdn ~ etw zu tun** presser qn de faire qc; **hart bedrängt** réduit(e) à la dernière extrémité
② SPORT pousser; **hart bedrängt werden** être poussé(e) vio-

lemment
③ (*belasten*) tourmenter
Bedrängnis <-, -se> *f geh* détresse *f*; **jdn in ~ bringen** mettre qn en difficulté; **in [schwere] ~ geraten** se retrouver en [grande] difficulté; **in finanzieller ~ sein** être financièrement aux abois
bedrohen* *tr V* menacer; **jdn mit einer Waffe ~** menacer qn d'une arme; **von Hochwasser bedroht sein** être menacé(e) d'inondation
bedrohlich I. *Adj* menaçant(e); **~e Ausmaße annehmen** prendre des proportions menaçantes
II. *Adv* de façon menaçante; **das Hochwasser stieg ~ an** le niveau de l'eau montait de façon menaçante
Bedrohung *f* menace *f*; **eine ~ darstellen** [*o* **bedeuten**] représenter [*o* constituer] une menace
bedrucken* *tr V* imprimer; **Papier/Stoff mit Punkten ~** imprimer des pois sur du papier/tissu; **bedruckte Stoffe** des [tissus] imprimés *mpl*
bedrücken* *tr V* tourmenter
bedrückend *Adj Anblick, Nachricht* déprimant(e); *Vorstellung, Schweigen* oppressant(e)
bedrückt I. *Adj Person* abattu(e); *Schweigen* pesant(e)
II. *Adv schweigen* lugubrement
Bedrückung <-> *f* accablement *m*
Beduine [bedu'i:nə] <-n, -n> *m*, **Beduinin** *f* Bédouin(e) *m(f)*
bedürfen <bedarf, bedurfte, bedurft> *itr V geh* ① (*brauchen*) avoir besoin; **eines Freundes ~** avoir besoin d'un ami; **der Unterstützung/Hilfe ~** nécessiter le soutien/l'aide; **das bedarf einer Erklärung** ça demande une explication
② *unpers* (*vonnöten sein*) **es bedarf des Muts um so etwas zu tun** il faut du courage pour faire ce genre de choses; **es hätte nur eines Wortes bedurft** il aurait suffi d'un mot; **es bedarf keiner weiteren Fragen** il n'est pas besoin de questions supplémentaires (*littér*)
Bedürfnis <-ses, -se> *nt* besoin *m*; **~ nach Zuwendung** besoin *m* d'attention; **die ~se des täglichen Lebens** les besoins essentiels; **es ist mir ein ~ Ihnen zu danken** je ressens [*o* j'éprouve] le besoin de vous remercier
▶ **ein dringendes ~** *euph* un besoin pressant
Bedürfnisanstalt *f form* toilettes *fpl* publiques
bedürfnislos *Adj* frugal(e)
Bedürfnislosigkeit <-> *f* (*in der Lebensführung*) modération *f*; (*in Bezug auf Essen*) frugalité *f*; **in größter ~ leben** vivre dans la plus grande simplicité
bedürftig *Adj Person* dans le besoin; **die Bedürftigen** les personnes *fpl* dans le besoin; **der Ruhe/Hilfe** (*Gen*) **~ sein** *geh* avoir grand besoin de repos/d'aide
Bedürftigkeit <-> *f* dénuement *m*
Beefsteak ['bi:fste:k] *nt* ① (*Steak*) bifteck *m*
② (*Frikadelle*) **deutsches ~** steak *m* haché
beehren* I. *tr V iron geh* **jdn mit seiner Anwesenheit ~** honorer qn de sa présence; **jdn mit seinem Besuch ~** faire l'honneur de sa visite à qn; **bitte ~ Sie uns bald wieder!** au plaisir de vous revoir!
II. *r V form* **sich ~ etw zu tun** avoir l'honneur de faire qc (*form*)
beeiden* *tr V* affirmer sous serment; **etw ~** affirmer qc sous serment
beeilen* *r V* ① (*schnell machen*) **sich ~** se dépêcher; **sich mit dem Abwasch ~** se dépêcher de faire la vaisselle; **beeil dich mit der Arbeit!** dépêche-toi de finir ce travail!
② *geh* (*nicht zögern*) **sich ~ etw zu tun** s'empresser de faire qc
Beeilung <-> *f* [**los,**] **~!** *fam* grouille-toi/grouillez-vous! (*fam*)
beeindrucken* *tr V* impressionner; **jdn mit etw ~** impressionner qn par qc; **sich ~ lassen** se laisser impressionner; [**tief**] **beeindruckt sein** être très impressionné(e)
beeindruckend *Adj* impressionnant(e)
beeinflussbar[RR] [bə'ʔaɪnflʊsba:ɐ], **beeinflußbar** *Adj* influençable; *Vorgang, Entscheidung* qui peut être changé(e)
beeinflussen* *tr V* influencer; **leicht zu ~ sein** *Person:* être facilement [*o* très] influençable; **durch etw beeinflusst werden/sein** être influencé(e) par qc
Beeinflussung <-, -en> *f* influence *f*; **unzulässige ~ einer Jury** influence illégitime sur un jury; **die ~ des Spiels durch die Zuschauer/den Regen** l'influence des spectateurs/de la pluie sur le match
beeinträchtigen* *tr V* nuire à; **jdn in seiner Freiheit ~** restreindre la liberté de qn; **der Lärm beeinträchtigt meine Konzentration** le bruit m'empêche de bien me concentrer
Beeinträchtigung <-, -en> *f einer Beziehung, Freundschaft* dégradation *f*; *der Qualität* détérioration *f*; *der Arbeit, Ruhe* perturbation *f*; *der Bewegungsfreiheit* restriction *f*
Beelzebub [be'ɛltsəbu:p, 'be:ltsəbu:p] <-s> *m* Belzébuth *m*
beenden* *tr V* mettre fin à *Gespräch, Verhandlungen, Prozess;* terminer *Schule, Studium;* mettre un terme à *Streit, Beziehung;* lever *Blockade, Sitzung;* cesser *Krieg, Kampfhandlungen;* INFORM quitter *Programm*
beendigen* *s.* **beenden**
Beendigung <-> *f eines Gesprächs, von Verhandlungen* fin *f*; **~ des Arbeitsverhältnisses** cessation *f* du contrat de travail; **~ des Vertragsverhältnisses** cessation du lien juridique résultant du contrat; **nach ~ seines/ihres Studiums** une fois ses études terminées
beengen* *tr V Person, Umgebung:* étouffer; *Zimmerdecke, Möbel:* oppresser; *Kleidungsstück:* serrer; **jdn ~** *Person, Umgebung:* étouffer qn; *Zimmerdecke, Möbel:* oppresser qn; *Kleidungsstück:* serrer qn
beengt I. *Adj* étroit(e); **wir sind [sehr] ~ in unserer Wohnung** nous sommes [très] à l'étroit dans notre appartement; **in sehr ~en Verhältnissen wohnen** être logé(e) très à l'étroit
II. *Adv wohnen, leben* à l'étroit; **sich ~ fühlen** (*räumlich/seelisch eingeengt*) se sentir à l'étroit/oppressé(e)
Beengtheit <-> *f* exiguïté *f*
beerben* *tr V* ① hériter *Verstorbenen*
② (*nachfolgen*) succéder à *Politiker, Amtsinhaber*
beerdigen* *tr V* enterrer
Beerdigung <-, -en> *f* enterrement *m*
Beerdigungsfeier *f* funérailles *fpl* (*form*) **Beerdigungsinstitut** *nt* [entreprise *f* de] pompes *fpl* funèbres
Beere ['be:rə] <-, -n> *f* baie *f*; (*Weinbeere*) grain *m*
Beerenauslese *f* vin *m* liquoreux (*issu d'une sélection de grains avec pourriture noble*) **Beerenfrucht** *f* baie *f* **Beerenobst** *nt* fruits *mpl* rouges
Beet [be:t] <-[e]s, -e> *nt* plate-bande *f*; (*Blumenbeet*) parterre *m*; (*Gemüsebeet*) carré *m*
befähigen* *tr V* ① (*in die Lage versetzen*) *Körperkraft, Erziehung:* rendre capable; **jdn zu etw ~** *Körperkraft, Erziehung:* rendre qn capable de qc; **jdn dazu ~ etw zu tun** rendre qn capable de faire qc
② (*berechtigen*) **jdn zu etw ~** *Ausbildung, Examen:* qualifier qn pour qc
befähigt *Adj* (*fähig*) compétent(e); (*qualifiziert*) qualifié(e)
Befähigung <-> *f* (*Können, Kompetenz*) compétence *f*; (*naturgegebene Eignung*) aptitude *f*; (*Qualifikation*) qualification *f*; **die ~ zum Richteramt haben** avoir accès à la magistrature
Befähigungsnachweis *m* certificat *m* d'aptitude
befahl *Imp von* **befehlen**
befahrbar *Adj Straße, Strecke* praticable; *Pass* franchissable; *Wasserweg* navigable
befahren* *tr V unreg* ① emprunter *Straße, Brücke, Bahnstrecke;* naviguer sur *Wasserstraße, Schiffsroute, Seeweg;* **viel/wenig ~ sein** être peu/très fréquenté(e)
② MIN descendre dans *Schacht;* exploiter *Grube*
Befahren <-s> *nt* **das ~ der Brücke ist verboten!** défense

d'emprunter le pont!

Befall <-[e]s> *m* ~ **einer Pflanze mit Schädlingen** invasion *f* d'une plante d'insectes nuisibles; **bei ~ der inneren Organe/der Bäume** si les organes/les arbres sont attaqués

befallen*[1] *tr V unreg* ① *Virus, Pilz:* contaminer; **jdn ~** *Virus, Pilz:* contaminer qn; **eine Pflanze ~** *Schädlinge, Ungeziefer:* infester une plante
② (*überkommen*) **jdn befällt hohes Fieber/eine Krankheit** qn est pris(e) d'une forte fièvre/atteint(e) d'une maladie

befallen[2] *Adj Organ* contaminé(e); *Blatt, Pflanze* infesté(e)

befangen *Adj* ① (*gehemmt*) inhibé(e)
② (*parteiisch*) partial(e); **jdn als ~ ablehnen** récuser qn pour cause de suspicion
③ *geh* (*gefangen*) **in Vorurteilen ~ sein** être imbu(e) de préjugés; **in einem Irrtum ~ sein** persister dans l'erreur

Befangenheit <-> *f* ① (*Gehemmtheit*) inhibitions *fpl*
② (*Parteilichkeit*) partialité *f*; **jdn wegen ~ ablehnen** récuser qn pour cause de suspicion [légitime]

befassen* **I.** *r V* **sich ~** s'occuper; **sich mit jdm/etw ~** s'occuper de qn/qc; **sich mit einem Angebot/einer Frage/einem Gebiet ~** étudier une offre/une question/un domaine; **sich mit etw näher ~** examiner qc de plus près
II. *tr V form* **jdn mit etw ~** charger qn de qc; **mit etw befasst [sein]** [être] chargé(e) de qc; JUR [être] saisi(e) de qc

befehden* **I.** *tr V* ① *geh* (*bekämpfen*) combattre
② HIST **jdn/etw ~** se battre contre qn/partir en guerre contre qc
II. *r V* **sich** [*o* **einander** *geh*] **~** se faire la guerre

Befehl [bəˈfeːl] <-[e]s, -e> *m* ① ordre *m*; **der ~ zum Angriff** l'ordre d'attaquer; **[jdm] einen ~ geben** donner un ordre [à qn]; **[jdm] den ~ geben etw zu tun** donner [à qn] l'ordre de faire qc; **den ~ haben etw zu tun** avoir [l']ordre de faire qc; **auf ~ handeln** agir sur ordre; **auf ~ des Generals [hin]** sur [l']ordre du général; **einen ~ verweigern** refuser de suivre un ordre; **~ ist ~** les ordres sont les ordres; **zu ~!** à vos ordres!
② (*Befehlsgewalt*) **den ~ über etw** (*Akk*) **übernehmen/haben** prendre/avoir le commandement de qc; **unter jds ~** (*Dat*) **stehen** être sous les ordres [*o* sous le commandement] de qn
③ INFORM commande *f*
▸ **auf höheren ~** sur [l']ordre d'un supérieur; **auf ~** *fam* sur commande; MIL selon les ordres

befehlen <befiehlt, befahl, befohlen> **I.** *tr V* ① (*anordnen*) ordonner; **~, dass** ordonner que + *subj*; **jdm ~ das Haus zu verlassen** ordonner à qn de quitter la maison; **jdm Stillschweigen ~** ordonner à qn de garder le silence; **du hast mir gar nichts zu ~!** tu n'as pas d'ordres à me donner!; **von dir lasse ich mir nichts ~!** je n'ai pas d'ordres à recevoir de toi!
② MIL **jdm ~ das Feuer einzustellen** donner l'ordre de cesser le feu; **den Angriff/Rückzug ~** donner l'ordre de l'offensive/la retraite; **jdn an die Front ~** envoyer qn au front
③ (*beordern*) **jdn zur Geschäftsleitung ~** convoquer qn à la direction
④ *veraltet form* (*gebieten, verlangen*) désirer; **Herr Graf ~?** Monsieur le Comte désire?; **[jawohl,] ganz wie Sie ~!** comme il vous plaira!
II. *itr V a.* MIL **über jdn/etw ~** commander qn/qc; **[jdm] ~ sich zurückzuziehen** commander [à qn] de se retirer; **in ~dem Ton** d'un ton impérieux

befehligen* *tr V* commander

Befehlsempfänger(in) *m(f)* exécutant(e) *m(f)* **Befehlsform** *f* GRAM impératif *m*; **in der ~ stehen** être à l'impératif **befehlsgemäß I.** *Adj* conforme aux ordres [reçus] **II.** *Adv* conformément aux ordres [reçus] **Befehlsgewalt** *f* commandement *m*; **die ~ über etw** (*Akk*) **haben** avoir le commandement de [*o* sur] qc **Befehlshaber(in)** <-s, -> *m(f)* commandant(e) *m(f)* **Befehlssatz** *m* GRAM phrase *f* à l'impératif **Befehlston** *m* ton *m* impérieux [*o* de commandement] **Befehlsverweigerung** *f* MIL insubordination *f* **Befehlszeile** *f* INFORM ligne *f* de commande

befestigen* *tr V* ① (*anbringen*) fixer; **etw an etw** (*Dat*) **~** fixer qc à qc
② (*fest, haltbar machen*) stabiliser *Fahrbahn, Straße;* consolider *Böschung, Deich*
③ MIL fortifier

Befestigung <-, -en> *f* ① (*das Befestigen, die Vorrichtung*) fixation *f*; **die ~ der Lampe an der Decke** la fixation de la lampe au plafond
② MIL fortification *f*
③ (*bauliche Konsolidierung*) *einer Straße, Fahrbahn* stabilisation *f*; *eines Damms, einer Böschung* consolidation *f*

Befestigungsanlage *f* fortifications *fpl* **Befestigungslinie** *f* ligne *f* de fortifications

befeuchten* *tr V* humidifier *Luft;* **den Stoff ~** *Person:* humecter le tissu; *Regen:* mouiller le tissu; **sich** (*Dat*) **die Stirn mit einem Tuch ~** se passer de l'eau sur le front avec un mouchoir humide; **seinen Finger mit Speichel ~** mouiller son doigt de salive

befeuern* *tr V* ① *s.* **beheizen**
② (*beschießen*) mitrailler
③ NAUT, AVIAT baliser
④ *fam* (*bewerfen*) canarder (*fam*) *Person;* **jdn mit Tomaten ~** bombarder qn de tomates

Befeuerung <-, -en> *f* NAUT, AVIAT balisage *m*

Beffchen [ˈbɛfçən] <-s, -> *nt* rabat *m*

befiehlt [bəˈfiːlt] *3. Pers Präs von* **befehlen**

befinden* *unreg* **I.** *r V* ① (*sich aufhalten*) être, se trouver; **sich im Ausland/Urlaub/auf Reisen ~** être [*o* se trouver] à l'étranger/en vacances/en voyage; **sich in guter Stimmung/schlechter Laune ~** être de bonne/mauvaise humeur
② *form* (*sich fühlen*) **sich gut/schlecht ~** se porter bien/mal
II. *tr V form* **jdn für kompetent/geeignet ~** déclarer qn compétent(e)/approprié(e); **etw für nötig/angemessen ~** considérer qc comme nécessaire/convenable
III. *itr V geh* **über jdn/etw ~** se prononcer sur qn/qc

Befinden <-s> *nt* ① (*Gesundheitszustand*) état *m* [de santé]; **wie ist sein ~?** comment se porte-t-il?; **wie ist das werte ~?** *hum* comment se porte Monsieur/Madame?
② *geh* (*Meinung*) position *f*; **nach meinem/seinem/... ~** à mon/son/... avis; **jeder kann nach eigenem ~ urteilen** chacun peut juger comme bon lui semble

befindlich [bəˈfɪntlɪç] *Adj meist attr form* **die an der Macht ~e Regierung** le gouvernement [qui est/était] au pouvoir; **der im Schrank ~e Schmuck** les bijoux qui sont/étaient [*o* se trouvent/se trouvaient] dans l'armoire; **im Bau/Umlauf ~ [sein]** [être] en construction/circulation

Befindlichkeit <-, -en> *f* état *m* d'esprit

befingern* *tr V fam* tripoter (*fam*)

beflaggen* *tr V* pavoiser *Gebäude, Straßen, Schiff*

Beflaggung <-, -en> *f* ① (*das Beflaggen*) pavoisement *m*
② (*Gesamtheit der Flaggen*) drapeaux *mpl*; *eines Schiffs* pavillons *mpl*

beflecken* *tr V* ① (*schmutzig machen*) tacher; **das Tischtuch mit Wachs ~** tacher la nappe de cire; **ein beflecktes Hemd** une chemise tachée
② *geh* (*entehren*) salir *Ehre, Ruf*

befleißigen* *r V geh* s'appliquer; **sich einer gepflegten Sprache** (*Gen*) **~** s'appliquer à soigner son langage; **sich ~ etw zu tun** s'appliquer à faire qc

befliegen* *tr V unreg* **eine Strecke ~** *Fluggesellschaft:* assurer une liaison; **eine stark beflogene Strecke** une route aérienne très fréquentée

beflissen [bəˈflɪsən] **I.** *Adj Schüler* appliqué(e); *Mitarbeiter* zélé(e); *Diener* empressé(e)
II. *Adv* avec empressement

Beflissenheit <-> *f geh eines Schülers* application *f*; *eines Mitar-*

beiters zèle *m; eines Dieners* empressement *m*

beflügeln* *tr V geh* stimuler; **jdn ~** stimuler qn; *Liebe, Angst:* donner des ailes à qn; **jdn dazu ~ sich weiter anzustrengen** inciter qn à continuer de faire des efforts

befohlen [bəˈfoːlən] *PP von* **befehlen**

befolgen* *tr V* suivre; respecter *Vorschrift, Regel, Gebot;* exécuter *Befehl*

Befolgung <-, -en> *f einer Anordnung, Vorschrift* respect *m; eines Befehls* exécution *f*

befördern* *tr V* ❶ (*transportieren*) transporter; acheminer *Briefe;* **etw mit/durch etw ~ lassen** expédier qc par qc

❷ (*aufrücken lassen*) **jdn zum Abteilungsleiter ~** promouvoir qn chef de service; **befördert werden** avoir de l'avancement; *Soldat:* monter en grade

❸ *fam* (*bringen*) **jdn nach draußen** [*o* **ins Freie**]/**ins Gefängnis ~** expédier qn dehors/en prison (*fam*)

❹ (*begünstigen*) favoriser *Karriere, Projekt*

Beförderung *f* ❶ *von Personen, Waren, Gepäck* transport *m; von Postsendungen* acheminement *m*

❷ (*das Aufrücken*) *eines Mitarbeiters, Soldaten* promotion *f; eines Beamten* avancement *m;* **ihre ~ zur Leiterin der Buchhaltung** sa promotion au rang de directrice de la comptabilité

Beförderungsbedingungen *Pl* conditions *fpl* de transport **Beförderungskosten** *Pl form* frais *mpl* de transport **Beförderungsmittel** *nt* moyen *m* de transport **Beförderungspflicht** *f* (*in Bezug auf Personen, Tiere*) obligation *f* de prise en charge; (*in Bezug auf Güter*) obligation de résultat **Beförderungsweg** *m* moyen *m* de transport

befrachten* *tr V* ❶ (*beladen*) charger *Schiff*

❷ *geh* (*überladen*) **einen Artikel mit zu vielen Informationen ~** charger un article de trop d'informations; **übermäßig befrachtet sein** *Artikel, Darstellung, Rede:* être surchargé(e)

befragen* *tr V* ❶ (*ausfragen*) interroger; entendre *Zeugen;* **jdn über etw** (*Akk*)/**zu etw ~** interroger qn sur qc/au sujet de qc

❷ (*um eine Stellungnahme bitten*) **jdn nach seiner Meinung ~** demander son avis à qn

❸ (*um Rat fragen*) consulter *Karten, Orakel*

Befragte(r) *f(m) dekl wie Adj* personne *f* interrogée

Befragung <-, -en> *f* ❶ (*das Ausfragen*) interrogation *f; eines Zeugen* interrogatoire *m*

❷ (*das Deuten*) *von Karten, eines Orakels* consultation *f*

❸ (*Umfrage*) sondage *m*

befreien* **I.** *tr V* ❶ libérer *Person, Land;* **jdn aus der Gefangenschaft ~** libérer qn de sa captivité; **ein Land von der Diktatur ~** libérer un pays de la dictature

❷ (*freistellen*) **jdn von einer Pflicht ~** exempter qn d'une obligation; **jdn vom Wehrdienst/Unterricht ~** dispenser qn du service militaire/de l'école; **jdn von der Steuer ~** exonérer qn des impôts

❸ (*entlasten*) **jdn von einer Verantwortung ~** soulager [*o* délivrer] qn d'une charge

❹ (*erlösen*) **jdn von seinen Schmerzen ~** soulager qn de ses douleurs

❺ (*reinigen*) **jdn von Parasiten ~** délivrer qn des parasites; **die Straßen vom Abfall ~** débarrasser les rues des détritus

II. *r V* ❶ **sich aus einer Zelle ~** s'évader d'une cellule

❷ (*überwinden*) **sich von einer Militärdiktatur ~** se libérer d'une dictature militaire

❸ (*sich lösen*) **sich von Vorurteilen ~** se débarrasser des préjugés

befreiend **I.** *Adj Lachen* libérateur(-trice)

II. *Adv* **~ wirken** soulager

Befreier(in) <-s, -> *m(f)* libérateur(-trice) *m(f)*

befreit **I.** *Adj Person* soulagé(e); *Lächeln, Aufatmen* de soulagement

II. *Adv lächeln, aufatmen* de soulagement

Befreiung <-, -en> *f* ❶ (*das Befreien*) *einer Person, eines Volkes, Landes* libération *f; eines Tiers* délivrance *f*

❷ (*Freistellung*) dispense *f;* **~ von der Steuer** exonération *f* des impôts

❸ (*Erlösung*) soulagement *m*

Befreiungsbewegung *f* mouvement *m* de libération **Befreiungskampf** *m* lutte *f* pour l'indépendance **Befreiungskrieg** *m* guerre *f* d'indépendance **Befreiungsorganisation** *f* organisation *f* de libération **Befreiungsschlag** *m* ❶ SPORT dégagement *m* ❷ POL *a. fig* bouffée *f* d'oxygène **Befreiungsversuch** *m* tentative *f* de libération

befremden* **I.** *tr V* déconcerter

II. *itr V* paraître insolite

Befremden <-s> *nt* stupeur *f;* **zu seinem/meinem/... ~** à sa/ma/... [grande] stupeur

befremdet *Adj* stupéfait(e)

befremdlich *Adj geh* déconcertant(e)

Befremdung <-> *f* stupéfaction *f;* **der Film löste beim Publikum ~ aus** le film a provoqué la stupéfaction du public

befreunden* *r V* ❶ (*sich anfreunden*) se lier d'amitié; **sich mit jdm ~** se lier d'amitié avec qn

❷ (*sich gewöhnen*) **sich mit einem Gedanken/einer Vorstellung ~** se faire à une idée

befreundet *Adj Person* ami(e); *Staat* allié(e), ami(e); **ein mit uns ~er Journalist** un journaliste de nos amis; **das ~e Ausland** les pays *mpl* amis; **mit jdm ~ sein** être un ami/une amie de qn; **er ist mit ihm gut ~** c'est un bon ami à lui; **sie sind** [**eng**] **~** ils/elles sont [très] ami(e)s

befrieden* *tr V* POL *geh* rétablir la paix dans *Land*

befriedigen* **I.** *tr V* ❶ (*zufrieden stellen, abfinden*) satisfaire

❷ (*stillen*) satisfaire *Wünsche, Neugier;* assouvir *Gelüste*

❸ (*sexuell befriedigen*) donner du plaisir à

II. *itr V Lösung, Regelung:* être satisfaisant(e)

III. *r V* **sich** [**selbst**] **~** s'adonner au plaisir solitaire

befriedigend *Adj a.* SCHULE satisfaisant(e)

befriedigt **I.** *Adj* satisfait(e); (*sexuell erfüllt*) comblé(e) sur le plan sexuel

II. *Adv* avec satisfaction

Befriedigung <-> *f* ❶ (*das Zufriedenstellen, die Zufriedenheit*) satisfaction *f;* **mit ~ feststellen, dass** constater avec satisfaction que

❷ (*das Stillen*) assouvissement *m*

❸ (*sexuelle Befriedigung*) satisfaction *f* [sexuelle]

❹ FIN, JUR *eines Gläubigers* désintéressement *m;* **bevorzugte ~ eines Gläubigers** désintéressement préférentiel d'un créancier

befristen* *tr V* fixer un délai pour *Tätigkeit, Projekt;* **etw auf ein Jahr ~** limiter qc à un an

befristet **I.** *Adj* ❶ temporaire; *Arbeitsverhältnis* à durée déterminée; **auf zwei Jahre ~** [**sein**] [être] limité(e) à deux ans; **ein auf drei Monate ~es Visum** un visa valable trois mois

❷ FIN *Anlage* à [court/long] terme

II. *Adv* **~ gelten** avoir une durée de validité déterminée

Befristung <-, -en> *f* ❶ limitation *f* de durée; **eine ~ auf ein Jahr** une limitation de durée à un an; **eine Anstellung mit ~** un emploi à durée déterminée

❷ (*Gültigkeitsdauer*) *eines Visums, einer Genehmigung* durée *f* de validité

befruchten* *tr V* ❶ féconder; **jdn/ein Tier künstlich ~** inséminer qn/un animal artificiellement

❷ (*geistig anregen*) enrichir; **auf jdn/etw ~d wirken** être fructueux(-euse) pour qn/qc

Befruchtung <-, -en> *f* fécondation *f;* **künstliche ~** insémination *f* artificielle; (*in der Gebärmutter vorgenommen*) fivète *f*

befugen* *tr V form* autoriser, habiliter (*form*); **wer hat Sie dazu befugt?** qui vous y a autorisé?

Befugnis [bəˈfuːknɪs] <-, -se> *f form* habilitation *f;* **seine/ihre ~se** ses compétences; **dazu haben Sie keine ~** ce n'est pas de votre compétence

befugt *Adj form* avoir autorité; **~ sein etw zu tun** avoir autorité pour faire qc; **zur Kontrolle der Papiere ~ sein** avoir autorité pour le contrôle des pièces d'identité

befühlen* *tr V* tâter

befummeln* *tr V fam* tripoter (*fam*)

Befund <-[e]s, -e> *m* résultat *m;* [**ärztlicher**] ~ résultat *m* [de l'analyse médicale]; **negativer/positiver** ~ résultat d'analyse négatif/positif; **der Urin war ohne** ~ l'analyse des urines était négative; **Cholesterin: ohne** ~ cholestérol: néant

befürchten* *tr V* craindre; ~**, dass** craindre [*o* redouter] que + *subj;* **sie befürchtet, dass sie krank wird** elle craint de tomber malade; **es ist** [*o* **steht**] **zu** ~**, dass** il est à craindre que + *subj;* **es ist nicht zu** ~**, dass** il n'y a pas de danger que + *subj;* **ein Rückfall ist nicht zu** ~ une rechute n'est pas à craindre; **wie befürchtet** comme je le craignais/on le craignait/...

Befürchtung <-, -en> *f* craintes *fpl;* **die** ~ **haben** [*o* **hegen** *geh*]**, dass** craindre [*o* redouter] que + *subj;* **die schlimmsten** ~**en bei jdm wecken** inspirer les pires craintes à qn; **es soll** ~**en geben, dass** on craint, paraît-il, que + *subj*

befürworten* *tr V* appuyer *Antrag, Gesuch;* être partisan(e) de *Vorgehen, Einstellung;* **ich befürworte das sehr** j'y suis très favorable; ~**, dass** préconiser que + *subj*

befürwortend I. *Adj* favorable
II. *Adv* favorablement

Befürworter(in) <-s, -> *m(f) einer Haltung, eines Vorgehens* partisan(e) *m(f); einer Idee* avocat(e) *m(f)*

Befürwortung <-, -en> *f* recommandation *f;* **durch die** ~ **dieses Plans** en soutenant ce projet

begabt [bəˈgaːpt] *Adj* doué(e); **musikalisch** ~ **sein** être doué(e) pour la musique; **für solche Arbeiten ist er sehr** ~ il est très doué pour ce genre de travail; **die mathematisch begabteste Schülerin** l'élève la plus douée en mathématiques; **nicht** [**gerade**] **mit viel Verstand** ~ **sein** ne pas être doué(e) de beaucoup de raison; **die Begabten fördern** pousser les élèves/les étudiants doués; **hoch** ~ surdoué(e)

Begabtenförderung *f* ❶ (*Verfahren*) *attribution d'une bourse d'études aux élèves et étudiants particulièrement doués*
❷ (*Geld*) *bourse d'études attribuée aux élèves et étudiants particulièrement doués*

Begabung [bəˈgaːbʊŋ] <-, -en> *f* ❶ (*Talent*) don *m;* **eine** ~ **für Zahlen haben** avoir un don pour les chiffres; **er hat die** [**seltene**] ~**, im richtigen Moment anzurufen** *iron* il a vraiment le chic pour appeler [*o* le don d'appeler] au bon moment (*iron*)
❷ (*Mensch*) talent *m;* **sie ist eine** ~ c'est un talent

begaffen* *tr V pej fam* regarder avec des yeux ronds (*fam*); **jdn** ~ regarder qn avec des yeux ronds (*fam*)

begann [bəˈgan] *Imp von* **beginnen**

begatten* **I.** *tr V* ❶ **ein Weibchen** ~ couvrir une femelle; *Vogel:* côcher une femelle (*spéc*)
❷ *geh* (*koitieren mit*) avoir des relations sexuelles avec (*form*)
II. *r V* **sich** ~ ❶ ZOOL s'accoupler
❷ *geh* (*koitieren*) avoir des relations sexuelles (*form*), coïter (*spéc*)

Begattung <-, -en> *f* ❶ ZOOL saillie *f*
❷ *geh* (*Koitus*) coït *m,* copulation *f* (*hum*)

begeben* *r V unreg geh* ❶ (*gehen, fahren*) **sich** ~ aller, se rendre; **sich in den Garten/ins Ausland** ~ aller [*o* se rendre] dans le jardin/à l'étranger; **sich ins Haus** ~ entrer dans la maison; **sich an die Arbeit** ~ se mettre au travail
❷ *fig* **sich in eine schwierige Lage** ~ se mettre dans une situation difficile; **sich in Gefahr** ~ s'exposer au danger; **sich in Behandlung** ~ aller se faire soigner
❸ (*verzichten*) **sich eines Rechts/seines Einflusses** ~ renoncer à un droit/son influence; **sich einer Möglichkeit** (*Gen*) ~ se priver d'une possibilité

Begebenheit <-, -en> *f geh* événement *m*

begegnen* **I.** *itr V + sein* ❶ (*treffen, stoßen auf*) rencontrer; **jdm/einer S.** ~ rencontrer qn/qc
❷ *geh* (*entgegentreten*) **jdm freundlich** [*o* **mit Freundlichkeit**] ~ traiter qn aimablement [*o* avec amabilité]; **einer S.** (*Dat*) **mit Misstrauen/Zurückhaltung** ~ accueillir qc avec méfiance/réserve
❸ (*widerfahren*) **jdm begegnet etw** qc arrive à qn
II. *r V* **sich** (*Dat*) [*o* **einander** *geh*] ~ se rencontrer

Begegnung <-, -en> *f* ❶ *a.* SPORT rencontre *f;* **er vermied eine weitere** ~ **mit ihr** il évita de la rencontrer à nouveau; **ich lege auf eine** ~ **mit ihm keinen Wert** je ne tiens pas à le rencontrer
❷ (*das Kennenlernen*) ~ **mit etw** contact *m* avec qc

Begegnungsstätte *f* lieu *m* de rencontre

begehbar *Adj* praticable à pied

begehen* *tr V unreg* ❶ (*verüben*) commettre *Tat, Verbrechen;* faire *Dummheit*
❷ *geh* (*feiern*) célébrer
❸ (*betreten*) passer [*o* marcher] sur *Weg, Planken;* **die Treppe** ~ (*hinauf-/hinabgehen*) monter/descendre l'escalier; **dieser Weg wird viel begangen** ce chemin est très fréquenté

begehren* *tr V* ❶ *geh* (*Verlangen haben nach*) désirer; **jdn zum Mann/zur Frau** ~ désirer faire de qn son mari/sa femme
❷ *veraltet* (*verlangen*) **etw von jdm** ~ demander qc à qn; **er begehrt mit ihr zu sprechen** il désire [*o* aimerait] lui parler

Begehren <-s, *selten* -> *nt* ❶ *geh* (*Verlangen*) désir *m;* ~ **nach jdm/etw** envie *f* de qn/besoin *m* de qc
❷ *veraltet* (*Wunsch, Forderung*) demande *f;* **was ist Ihr** ~**?** que désirez-vous?

begehrenswert *Adj Person* désirable; *Gegenstand* tentant(e)

begehrlich *geh* **I.** *Adj* de convoitise
II. *Adv* avec convoitise

Begehrlichkeit <-, -en> *f geh* convoitise *f*

begehrt *Adj Frau, Junggeselle* courtisé(e); *Posten, Stellung* convoité(e); *Urlaubsort* prisé(e)

Begehung <-, -en> *f* JUR perpétration *f*

begeistern* **I.** *tr V* enthousiasmer; **jdn für seine Ziele** ~ rallier qn à ses visées; **sie ist für nichts zu** ~ rien ne l'enthousiasme; **eine** ~**de Rede** un discours à l'enthousiasme communicatif
II. *r V* **sich für jdn/etw** [*o* **an etw** (*Dat*)] ~ s'enthousiasmer pour qn/qc

begeistert I. *Adj* ❶ (*hingerissen*) enthousiaste; **von etw** ~ **sein** être enthousiasmé(e) par qc
❷ (*leidenschaftlich*) passionné(e) (*fam*)
II. *Adv* avec enthousiasme

Begeisterung <-> *f* enthousiasme *m;* **über etw** (*Akk*) **in** ~ **geraten** se laisser gagner par l'enthousiasme pour qc; **seine** ~ **für Sport/über das Match** son enthousiasme pour le sport/à propos du match; **etw mit** ~ **tun** faire qc avec enthousiasme

begeisterungsfähig *Adj* capable de s'enthousiasmer **Begeisterungsfähigkeit** *f* capacité *f* à s'enthousiasmer **Begeisterungssturm** *m* débordements *mpl* d'enthousiasme

Begierde [bəˈgiːɐdə] <-, -n> *f geh* ❶ soif *f;* ~ **nach Besitz/Macht** soif *f* de possession/pouvoir; **voller** ~ avec avidité
❷ (*sexuelles Verlangen*) concupiscence *f;* **voller** ~ brûlant(e) de désir (*soutenu*)
► **brennen vor** ~ **etw zu tun** brûler du désir de faire qc

begierig I. *Adj* ❶ avide; ~ **auf eine Antwort sein** être avide d'entendre [*o* d'apprendre] une réponse; ~ **sein mehr zu erfahren** être avide [*o* désireux(-euse)] d'en savoir plus; ~ [**darauf**] **sein etw zu tun** être avide de faire qc
❷ (*voll sexuellem Verlangen*) concupiscent(e) (*hum*)
II. *Adv* avidement

begießen* *tr V unreg* ❶ arroser *Pflanze*
❷ *fam* (*feiern*) arroser (*fam*); **das muss begossen werden!** *fam* il faut arroser ça! (*fam*), ça s'arrose! (*fam*)

B

Beginn [bəˈgɪn] <-[e]s> *m* (*zeitlicher Anfang*) commencement *m*, début *m*; (*räumlicher Anfang*) début; **bei** [*o* **zu**] ~ au début; **gleich zu** ~ dès le début

beginnen <begann, begonnen> **I.** *itr V* ❶ (*anfangen*) commencer; **mit der Arbeit** ~ commencer le travail; **mit der Suppe** ~ (*zunächst die Suppe essen*) commencer par la soupe; (*als Erster die Suppe essen*) commencer à manger la soupe
❷ (*eintreten, seinen Verlauf nehmen*) **mit etw** ~ *Film, Schule, Anfall:* commencer par qc; **wieder** ~ recommencer; **eine** ~**de Erkältung** un début de rhume; **bei** ~**der Dämmerung** à la tombée de la nuit
II. *tr V* ❶ (*anfangen*) **etw mit etw** ~ commencer qc par qc
❷ *geh* (*angehen*) **wir müssen die Sache anders** ~ nous devons nous y prendre autrement; **ich weiß nicht recht, wie ich es** ~ **soll** je ne sais pas par quel bout commencer [*o* comment m'y prendre]; **was soll ich damit** ~**?** qu'est-ce que je dois faire de ça?

beglaubigen* *tr V* ❶ légaliser *Unterschrift;* authentifier *Testament;* **eine Kopie** ~ **lassen** faire certifier une copie conforme; **beglaubigt** *Unterschrift* légalisé(e); *Kopie* certifié(e) conforme; **amtlich/notariell beglaubigt** authentique/notarié(e)
❷ (*akkreditieren*) **jdn als Botschafter bei einer Regierung** ~ accréditer qn auprès d'un gouvernement en qualité d'ambassadeur

Beglaubigung <-, -en> *f* ❶ *einer Kopie* attestation *f* de conformité; *einer Unterschrift* légalisation *f*; *eines Testaments* authentification *f*
❷ (*Akkreditierung*) accréditation *f*

Beglaubigungsschreiben *nt* lettres *fpl* de créance

begleichen* *tr V unreg* régler *Rechnung, Schulden*

Begleichung <-, *selten* -en> *f* règlement *m*; **zur** ~ **meiner Schulden** en règlement de mes dettes

Begleitbrief *s.* **Begleitschreiben**

begleiten* *tr V* ❶ *Person, Wünsche, Erfolg:* accompagner; **jdn** ~ *Person, Wünsche, Erfolg:* accompagner qn; **jdn ins Kino/zur Tür** ~ accompagner qn au cinéma/à la porte; **jdn nach Hause** ~ raccompagner qn
❷ (*eskortieren*) **jdn/etw** ~ escorter qn/qc; *Flugzeug, Schiff:* convoyer qn/qc
❸ MUS **jdn am Klavier/auf der Gitarre** ~ accompagner qn au piano/à la guitare

Begleiter(in) <-s, -> *m(f)* accompagnateur(-trice) *m(f)*
▸ **ständiger** ~/**ständige** ~**in** *euph* chevalier *m* servant/compagne *f* [attitrée]

Begleiterscheinung *f* effet *m* secondaire **Begleitinstrument** *nt* instrument *m* d'accompagnement **Begleitmannschaft** *f* escorte *f* **Begleitmusik** *f* ❶ *eines Films* musique *f* de/du film ❷ *sl* (*begleitende Aktionen*) toile *f* de fond **Begleitperson** *f form* accompagnateur(-trice) *m(f)*; *eines Geldtransports* convoyeur *m* **Begleitschein** *m* bordereau *m* d'expédition **Begleitschreiben** *nt* lettre *f* d'accompagnement; *einer Warensendung* notice *f* explicative **Begleitumstände** *Pl* circonstances *fpl* concomitantes

Begleitung <-, -en> *f* ❶ *kein Pl* (*das Begleiten*) compagnie *f*
❷ *kein Pl* (*Gesellschaft*) **in** ~ accompagné(e); **in** ~ **eines Freundes** en compagnie d'un ami
❸ *kein Pl* (*Begleiter*) accompagnateur(-trice) *m(f)*; (*Gefolge*) escorte *f*; **ohne** ~ non accompagné(e); **ich gehe lieber als** ~ **mit** je préfère t'accompagner/vous accompagner
❹ MUS accompagnement *m* [musical]

beglücken* *tr V Person:* combler d'aise; *Lottogewinn:* rendre heureux(-euse); **jdn** ~ *Person:* combler d'aise qn; *Lottogewinn:* rendre qn heureux(-euse); **jdn mit** [*o* **durch**] **etw** ~ combler d'aise qn avec [*o* par] qc; *iron fam* gratifier qn de qc (*hum*); ~**d** *Gefühl* de bonheur; *Erlebnis* qui rend heureux(-euse)

beglückt **I.** *Adj* heureux(-euse), ravi(e)
II. *Adv* comblé(e)

beglückwünschen* *tr V* féliciter; **jdn zu seiner Wahl** ~ féliciter qn de son choix; **du kannst dich zu deinem Mann/Vorschlag** ~ tu peux te féliciter d'avoir ton mari/d'avoir fait cette proposition

begnadet* [bəˈgnaːdət] *Adj Künstler* d'un talent exceptionnel; **er ist ein** ~**er Sänger** il chante comme un dieu; ~ **sein** avoir la grâce

begnadigen* *tr V* gracier; **jdn zu lebenslanger Haft** ~ commuer la peine [de mort] de qn en réclusion à perpétuité

Begnadigung <-, -en> *f* grâce *f*

Begnadigungsgesuch *nt* recours *m* en grâce **Begnadigungsrecht** *nt kein Pl* droit *m* de grâce

begnügen* *r V* ❶ (*sich zufrieden geben*) **sich** ~ se contenter; **sich mit etw** ~ se contenter de qc
❷ (*sich beschränken*) **sich damit** ~ **etw zu tun** se contenter de faire qc

Begonie [beˈgoːniə] <-, -n> *f* bégonia *m*

begonnen [bəˈgɔnən] *PP von* **beginnen**

begraben* *tr V unreg* ❶ (*beerdigen*) enterrer
❷ (*verschütten*) **jdn/etw unter sich** (*Dat*) ~ ensevelir qn/qc sous soi
❸ (*aufgeben, beenden*) enterrer *Hoffnung, Streit;* renoncer à *Wunsch, Feindschaft*
▸ **sich mit etw** ~ **lassen können** *fam* pouvoir aller se rhabiller avec qc (*fam*); **ich möchte dort nicht** ~ **sein** *fam* j'aimerais pas aller m'y enterrer (*fam*)

Begräbnis [bəˈgrɛːpnɪs] <-ses, -se> *nt* enterrement *m*

begradigen* *tr V* rectifier

Begradigung <-, -en> *f* rectification *f*

begreifen* *unreg* **I.** *tr V* ❶ (*verstehen*) comprendre; ~**, dass** comprendre que + *indic*
❷ (*nachvollziehen, mitempfinden*) concevoir *Verhalten, Gefühl;* comprendre *Person;* ~**, dass** comprendre que + *subj;* **nicht** ~**, wie/warum/...** ne pas comprendre comment/pourquoi/...; **es ist nicht zu** ~**, dass** il est inconcevable que + *subj*
❸ (*auffassen, interpretieren*) **etw als Herausforderung** ~ considérer qc comme un défi
II. *itr V* **schnell/langsam** ~ comprendre facilement/difficilement
III. *r V* ❶ **sich** [**selbst**] **nicht** ~ ne pas se comprendre [soi-même]
❷ (*sich betrachten*) **sich als Künstler** ~ se considérer comme artiste

begreiflich *Adj* compréhensible; **jdm etw** ~ **machen** faire comprendre qc à qn; **sich jdm** ~ **machen** se faire comprendre de qn; **das ist** ~ ça se comprend; **mir ist nicht** ~**, wie das geschehen konnte!** je n'arrive pas à comprendre comment cela a pu se passer!

begreiflicherweise *Adv* bien entendu

begrenzen* *tr V* ❶ (*die Grenze bilden*) [dé]limiter
❷ (*beschränken*) **die Zahl der Teilnehmer auf zwanzig** ~ limiter le nombre des participants à vingt

begrenzt **I.** *Adj* limité(e); *Rahmen* étroit(e)
II. *Adv* de façon limitée

Begrenztheit <-> *f* caractère *m* limité

Begrenzung <-, -en> *f* ❶ *kein Pl* (*das Begrenzen*) *einer Fläche, eines Geländes* délimitation *f*; **die** ~ **der Geschwindigkeit auf 30 km/h** la limitation de la vitesse à 30 km/h
❷ (*Grenze*) *eines Gartens, Feldes* limite *f*

Begriff <-[e]s, -e> *m* ❶ (*Wort*) terme *m*; (*Inhalt*) notion *f*
❷ (*Vorstellung*) conception *f*; **sich** (*Dat*) **einen** ~ **von etw machen** se faire une idée de qc; **du machst dir keinen** ~ **von der Armut dieser Menschen** *fam* tu n'imagines pas la misère de ces gens; **für meine/seine** ~**e** selon moi/lui; **nach menschlichen** ~**en** d'après l'expérience humaine
❸ (*Inbegriff*) symbole *m*
▸ **schwer von** ~ **sein** *fam* avoir la comprenette un peu dure (*fam*); **jd/etw ist jdm ein** ~ qn connaît qn/qc; **jd/etw ist jdm**

kein ~ qn ne connaît pas qn/qc; **ein ~ sein** être une référence; **im ~ sein etw zu tun** être sur le point de faire qc
begriffen *Adj form* **im Gehen** [*o* **Aufbruch**] **~ sein** être sur le point de partir; **im Umbau ~ sein** être en cours de modification
begrifflich I. *Adj attr* sémantique
II. *Adv* du point de vue sémantique
begriffsstutzig *Adj* borné(e); **~ sein** avoir du mal à comprendre **Begriffsstutzigkeit** <-> *f* lenteur *f* d'esprit **Begriffsvermögen** *nt* entendement *m*
begründen* *tr V* ❶ (*erläutern, rechtfertigen*) justifier; **etw mit etw ~** justifier qc par qc
❷ (*gründen*) fonder *Hausstand, Geschäft;* créer *Ruhm*
Begründer(in) *m(f) eines Staats, Reichs* fondateur(-trice) *m(f); einer Wissenschaft, Theorie* créateur(-trice) *m(f)*
begründet *Adj Hoffnung, Verdacht* fondé(e); *Beschwerde, Klage* fondé(e) [en droit]
► **in etw** (*Dat*) **~ liegen** [*o* **sein**] s'expliquer par qc
Begründung *f* ❶ (*Erläuterung, Rechtfertigung*) justification *f;* **etw als ~ für seine Entscheidung anführen** donner qc comme justification de sa décision
❷ (*Urteilsbegründung*) exposé *m* des motifs
❸ *geh s.* **Gründung 1.**
Begrünung <-, -en> *f* ❶ (*das Begrünen*) aménagement *m* d'espaces verts
❷ (*Pflanzen*) verdure *f*
begrüßen* *tr V* ❶ (*willkommen heißen*) saluer; **jdn mit etw ~** saluer qn par qc; **jdn als Befreier ~** accueillir qn comme libérateur; **es ist mir eine große Ehre Sie bei uns ~ zu dürfen** c'est un honneur pour moi de vous recevoir chez nous
❷ (*gutheißen*) saluer; **es ist zu ~, dass** il faut saluer le fait que + *subj*
begrüßenswert *Adj Vorschlag, Initiative* qui mérite d'être salué(e); **es ist ~, dass** je me félicite/nous nous félicitons de ce que + *subj*
Begrüßung <-, -en> *f* souhaits *mpl* de bienvenue; **zur ~** pour [lui/leur] souhaiter la bienvenue; **zur ~ erhielt jeder ein Glas Champagner** en guise d'accueil, on offrit un verre de champagne à chacun

i Land & Leute

En Allemagne, il n'est pas commun de se faire la bise pour se dire bonjour ou au revoir. **Zur Begrüßung**, on se serre la main même si l'on se connaît bien. Parfois, les plus jeunes préfèrent se saluer, c'est-à-dire *grüßen*, en frappant la paume de leur main contre celle de leurs amis.

Begrüßungsansprache *f* allocution *f* de bienvenue **Begrüßungscocktail** *m* cocktail *m* de bienvenue
begucken* *tr V fam* regarder; (*genau, prüfend betrachten*) examiner
begünstigen* *tr V* ❶ *Situation, Klima, Nachfrage:* favoriser; **etw ~** *Situation, Klima, Nachfrage:* favoriser qc
❷ (*vorziehen*) **jdn vor jdm/bei etw ~** favoriser [*o* avantager] qn au détriment de qn/pour qc
❸ JUR prêter assistance à
Begünstigung <-, -en> *f* ❶ *kein Pl* (*das Begünstigen*) **eine ~ des öffentlichen Verkehrs bewirken** *Maßnahme:* favoriser les transports en commun
❷ *kein Pl* (*das Bevorzugen*) **~ eines Kindes** favoritisme *m* à l'égard d'un enfant
❸ JUR **~ des Täters** assistance *f* prêtée à l'auteur du crime
begutachten* *tr V* ❶ (*fachlich prüfen*) expertiser *Gegenstand, Schaden*
❷ *fam* (*ansehen*) examiner
Begutachtung *f* expertise *f*
begütert [bəˈgyːtɐt] *Adj geh* fortuné(e)
begütigend I. *Adj* apaisant(e)
II. *Adv* de façon apaisante
behaart [bəˈhaːɐt] *Adj Person, Brust, Körper* poilu(e); **stark/schwach ~** velu(e)/peu poilu(e)
Behaarung <-, -en> *f* ❶ *einer Person, eines Körperteils* pilosité *f*
❷ ZOOL pelage *m*
behäbig [bəˈhɛːbɪç] *Adj* ❶ (*langsam*) *Person* flegmatique; *Bewegung, Hantieren* posé(e)
❷ (*breit, ausladend*) *Möbel* confortable
Behäbigkeit <-> *f* ❶ (*Langsamkeit*) *einer Person* flegme *m; von Bewegungen* allure *f* posée
❷ (*ausladende Form*) *eines Möbelstücks* confort *m*
behaftet [bəˈhaftət] *Adj* atteint(e); **mit einer Krankheit ~ sein** être atteint(e) d'une maladie; **mit einer abwertenden Bedeutung ~ sein** *Begriff, Wort:* être chargé(e) d'une connotation péjorative; **mit Fehlern/Mängeln ~ sein** être défectueux(-euse)
behagen* *itr V Person, Arbeit, Angebot:* plaire; **jdm ~** *Person, Arbeit, Angebot:* plaire à qn; **er behagt ihr nicht** il ne lui plaît pas; **an dir behagt mir vieles nicht** beaucoup de choses ne me plaisent pas chez toi; **es behagt mir [gar] nicht, dass ich das tun soll/dass er das tut** ça ne me plaît pas [du tout] de devoir faire cela/qu'il fasse cela
Behagen <-s> *nt* plaisir *m*
behaglich [bəˈhaːklɪç] I. *Adj Wohnung, Raum, Kaminfeuer* agréable; *Schnurren* de plaisir; **es sich** (*Dat*) **~ machen** s'installer confortablement
II. *Adv eingerichtet* confortablement; *warm* agréablement; *brummen, schnurren* de bien-être; **sich ~ fühlen** se sentir à l'aise
Behaglichkeit <-> *f* confort *m;* **~ ausstrahlen** créer une ambiance agréable; **eine Atmosphäre der ~** une atmosphère agréable
behalten* *tr V unreg* ❶ (*nicht hergeben, nicht forttun*) garder; **etw in der Hand/Tasche ~** garder qc dans la main/le sac
❷ (*bewahren*) garder *Fassung, Ruhe, Wert, Form;* contrôler *Nerven*
❸ (*nicht vergessen*) retenir
❹ (*sich nicht trennen von, nicht aufgeben*) garder *Mitarbeiter, Namen, Stellung;* **jdn bei sich ~** (*jdn zu Gast haben*) retenir qn à la maison; (*jdn zu sich nehmen*) recueillir qn
❺ (*zurückbehalten*) **von einem Unfall eine Narbe ~** garder une cicatrice à la suite d'un accident
► **nichts bei sich ~ [können]** ne rien pouvoir garder; **etw für sich ~** garder qc pour soi
Behälter [bəˈhɛltɐ] <-s, -> *m,* **Behältnis** <-ses, -se> *nt* récipient *m;* (*groß*) réservoir *m*
behämmert [bəˈhɛmɐt] *s.* **bescheuert**
behänd(e)[RR] *geh* I. *Adj* preste (*soutenu*)
II. *Adv* prestement (*soutenu*)
behandeln* *tr V* ❶ (*umgehen mit*) traiter; **jdn/etw gut ~** traiter bien qn/qc; **jdn/etw schlecht ~** maltraiter qn/qc; **jdn korrekt ~** traiter qn d'une façon correcte; **etw vorsichtig ~** traiter qc prudemment; **etw schonend/mit Sorgfalt ~** prendre soin de qc
❷ (*versorgen*) traiter *Patient;* soigner *Verletzung, Zahn, Krankheit;* **der ~de Arzt** le médecin traitant
❸ (*pflegen*) **etw mit Wachs ~** entretenir qc avec de la cire
❹ (*chemisch bearbeiten*) traiter *Pflanze, Lebensmittel, Holz;* **den Weizen mit Pflanzenschutzmitteln ~** traiter le blé avec des produits phytosanitaires
❺ (*abhandeln*) traiter *Thema, Frage*
Behändigkeit[RR] <-> *f geh* prestesse *f* (*littér*)
Behandlung <-, -en> *f* ❶ (*Umgang*) traitement *m*
❷ (*Versorgung*) *eines Patienten* consultation *f* [médicale]; *einer Verletzung, Krankheit, eines Zahns* soins *mpl* [médicaux]; (*Therapie*) traitement *m* [médical]; **bei jdm in ~ sein** être en traite-

ment chez qn; **in psychoanalytischer ~ sein** être en [psych]analyse
❸ (*Pflege*) entretien *m*
❹ (*chemische Bearbeitung*) traitement *m*
❺ (*Abhandlung*) **bei der ~ dieser Frage/dieses Themas** en traitant cette question/ce sujet
behandlungsbedürftig *Adj* qui nécessite des soins; **~ sein** nécessiter des soins **Behandlungskosten** *Pl* coût *m* du traitement, frais *mpl* médicaux **Behandlungsmethode** *f* méthode *f* de traitement [*o* de soins] **Behandlungsraum** *m*, **Behandlungszimmer** *nt* salle *f* de soins
Behang [bəˈhaŋ] <-[e]s, -hänge> *m* (*Schmuck*) *eines Tannenbaums* décoration *f*; (*Wandbehang*) tenture *f*
behangen *Adj* ❶ *Obstbaum, Zweig* chargé(e); **mit Früchten ~** couvert(e) de fruits
❷ *fig, pej* **mit Schmuck ~** couvert(e) de bijoux
behängen* *tr V* **die Wände mit Bildern ~** accrocher des tableaux aux murs; **jdn/sich mit Orden ~** *pej* couvrir qn/se couvrir de décorations
beharren* *itr V* ❶ s'obstiner; **auf einer Bedingung ~** s'obstiner à maintenir une condition; **auf seiner Meinung ~** ne pas démordre de son opinion; **darauf ~, dass es stimmt** s'obstiner à prétendre que c'est exact; **trotz seines Beharrens** malgré son insistance
❷ *selten* (*bleiben*) **in einem Zustand ~** demeurer dans un état
beharrlich I. *Adj Person* persévérant(e), tenace; *Schweigen* obstiné(e); *Widerstand* tenace
II. *Adv* avec ténacité; *schweigen, sich weigern* obstinément
Beharrlichkeit <-> *f einer Person* ténacité *f*; **die ~, mit der er leugnete** l'obstination avec laquelle il niait
Beharrungsvermögen *nt* ❶ (*Standhaftigkeit*) persévérance *f*
❷ PHYS force *f* d'inertie
behauen* *tr V* tailler
behaupten* I. *tr V* ❶ (*sagen*) prétendre; **~[, dass]** prétendre [que + *indic*]; **es wird behauptet, dass** on prétend que + *indic*; **von ihm wird behauptet, dass er knallhart sei** on prétend qu'il est impitoyable; **man kann von ihr nicht ~, dass sie fair sei** on ne peut pas dire qu'elle soit fair-play
❷ (*erfolgreich verteidigen*) maintenir *Tabellenplatz, Vorsprung*
II. *r V* **sich gegen jdn/etw ~** s'imposer face à qn/qc
Behauptung <-, -en> *f* ❶ (*Äußerung*) affirmation *f*; **du stellst da irgendwelche ~en auf!** tu affirmes n'importe quoi!
❷ (*das Sichbehaupten*) **die ~ eines Produkts am Markt** le maintien d'un produit sur le marché
❸ (*Verteidigung*) maintien *m*
Behausung [bəˈhaʊzʊŋ] <-, -en> *f hum geh* logis *m* (*littér*); **weitab von jeder menschlichen ~** loin de toute habitation humaine
Behaviorismus [bihɛɪvɪəˈrɪsmʊs] <-> *m* behaviorisme *m*
beheben* *tr V unreg* ❶ réparer *Fehler, Schaden*; remédier à *Störung, Fehler, Missstände*; aplanir *Schwierigkeit*
❷ A retirer *Geldbetrag*
Behebung <-, -en> *f* ❶ *kein Pl* (*Beseitigung*) *eines Fehlers, einer Störung* réparation *f*; *eines Missstands* correction *f*
❷ A (*das Abheben*) retrait *m*
beheimatet [bəˈhaɪmaːtət] *Adj* **in Berlin ~** originaire de Berlin
beheizbar *Adj Raum, Freibad* disposant d'un chauffage; *Heckscheibe* chauffant(e); **~ sein** *Raum, Freibad:* avoir un chauffage; **mit Kohle/Holz ~ sein** *Ofen:* fonctionner [*o* s'alimenter] au charbon/bois
beheizen* *tr V* chauffer *Zimmer, Wohnung*; alimenter *Heizkessel, Ofen*; **einen Ofen/ein Haus mit Öl ~** alimenter un poêle avec du/chauffer une maison au mazout; **beheizt** *Raum, Schwimmbad* chauffé(e)
Behelf [bəˈhɛlf] <-[e]s, -e> *m* moyen *m* de fortune
behelfen* *r V unreg* ❶ (*als Ersatz verwenden*) **sich mit etw ~** se contenter provisoirement de qc
❷ (*auskommen*) **sich ~** se débrouiller
Behelfsausfahrt *f* sortie *f* provisoire
behelfsmäßig I. *Adj* (*provisorisch*) provisoire; (*improvisiert*) de fortune
II. *Adv* provisoirement
behelligen* *tr V* importuner (*soutenu*)
behend[e] *s.* **behänd[e]**
Behendigkeit *s.* **Behändigkeit**
beherbergen* *tr V* héberger
Beherbergung <-, -en> *f* hébergement *m*
beherrschen* I. *tr V* ❶ (*können*) maîtriser *Instrument, Sprache*; [bien] connaître *Handwerk, Spielregeln, Tricks*
❷ (*herrschen über*) dominer
❸ (*zügeln*) maîtriser *Gefühle*; dominer *Leidenschaft, Temperament*
❹ (*Gewalt haben über*) maîtriser *Fahrzeug, Situation*
❺ (*dominieren*) dominer *Stadtbild, Landschaft, Platz*; **~d** *Eindruck, Erscheinung* dominant(e)
❻ (*verfolgen*) **von einer Idee beherrscht werden** être dominé(e) par une idée
II. *r V* **sich ~** se dominer
▶ **ich kann mich ~!** *iron fam* très peu pour moi! (*fam*)
beherrscht I. *Adj Mann* maître de lui; *Frau* maîtresse d'elle; *Auftreten, Miene* contrôlé(e); **~ bleiben** garder la maîtrise de soi
II. *Adv* avec maîtrise de soi; **sich [sehr] ~ verhalten** avoir une [très] grande maîtrise de soi
Beherrschtheit *s.* **Beherrschung 2.**
Beherrschung <-> *f* ❶ (*das Können*) *eines Instruments, einer Sprache* maîtrise *f*; *eines Handwerks, von Spielregeln, Tricks* connaissance *f*
❷ (*Kontrolle, Zügelung*) maîtrise *f* de soi, self-control *m*; **die [*o* seine] ~ verlieren** perdre la maîtrise de soi [*o* son self-control]
❸ (*das Herrschen*) domination *f*
beherzigen* *tr V* suivre *Rat*; **eine Ermahnung ~** prendre une exhortation à cœur
beherzt [bəˈhɛrtst] I. *Adj* courageux(-euse); (*entschlossen*) résolu(e)
II. *Adv* résolument
Beherztheit <-> *f* vaillance *f*
behilflich *Adj* **jdm beim Aussteigen ~ sein** aider qn à descendre; **könntest du mir mit hundert Euro ~ sein?** pourrais-tu m'aider et m'avancer cent euros?
behindern* *tr V* gêner *Person*; **jdn beim Treppensteigen ~** *Person, Kleid:* gêner qn pour monter les escaliers; *Verletzung:* handicaper qn pour monter les escaliers; **geistig/körperlich behindert** handicapé(e) mental(e)/physique; **schwer behindert** lourdement handicapé(e)
behindert *Adj* handicapé(e); **körperlich/geistig ~** handicapé(e) physique/mental(e)
Behinderte(r) *f(m) dekl wie Adj* handicapé(e) *m(f)*; **geistig/körperlich ~** handicapé(e) *m(f)* mental(e)/physique
behindertengerecht *Adj* adapté(e) aux handicapés **Behindertenolympiade** *f* Jeux *mpl* olympiques handisports **Behindertenparkplatz** *m* place *f* de parking réservée aux handicapés **Behinderten-WC** [-veːtseː] *nt* toilettes *fpl* pour handicapés
Behinderung <-, -en> *f* ❶ handicap *m*; **[geistige/körperliche] ~** handicap *m* [mental/physique]
❷ *kein Pl* (*das Behindern*) **~ eines Menschen** gêne *f* causée à une personne; **~ des Straßenverkehrs/des freien Wettbewerbs** entrave *f* à la circulation/à la libre concurrence; **unbillige ~** JUR, FIN entrave injuste
❸ (*Hindernis*) **es gibt Staus und ~en** il y a des embouteillages et des encombrements *mpl*
Behörde [bəˈhøːɐdə] <-, -n> *f* ❶ (*Dienststelle*) service *m* [administratif]; **die zuständige/vorgesetzte ~** l'autorité *f* compétente/supérieure; **die städtischen ~n** les services

municipaux
❷ (*Amtsgebäude*) bâtiment *m* public
Behördengang <-gänge> *m* démarche *f* administrative [*o* officielle] **Behördenweg** *m* voie *f* administrative
behördlich [bəˈhøːɐtlɪç] **I.** *Adj* officiel(le)
II. *Adv anordnen, genehmigen* officiellement
behüten* *tr V* ❶ (*schützend bewachen*) veiller sur
❷ (*bewahren*) **jdn vor etw** (*Dat*) ~ préserver qn de qc
▸ [**Gott**] **behüte!** et puis quoi encore!
behütet I. *Adj* protégé(e)
II. *Adv* à l'abri du monde
behutsam [bəˈhuːtzaːm] **I.** *Adj* précautionneux(-euse); **bei einer Untersuchung ~ sein** prendre des précautions en faisant un examen médical
II. *Adv* avec précaution; *beibringen* avec ménagement [*o* précaution]
Behutsamkeit <-> *f* précaution *f*; ~ **walten lassen** user de précautions
bei [baɪ] *Präp + Dat* ❶ (*räumlich*) ~ **jdm** chez qn; (*in der Nähe von jdm*) auprès de qn; ~**m Bäcker** chez le boulanger; ~ **uns zu Hause** chez nous à la maison; ~ **mir im Schrank** dans mon armoire; ~ **der Kirche warten** attendre près de l'église; **der Brief ist ~ den Akten** la lettre est dans les dossiers
❷ (*mit*) **etw ~ sich haben** avoir qc sur soi; **sie hat Geld ~ sich** elle a de l'argent sur elle; **sie hatte ihren Freund ~ sich** elle avait son ami avec elle [*o* auprès d'elle]; ~ **den Demonstranten waren auch ältere Leute** parmi les manifestants, il y avait aussi des gens âgés
❸ (*zur Angabe eines Tätigkeitsbereichs*) ~ **einer Behörde/der Post arbeiten** travailler dans une administration/à la poste; ~**m Film sein** travailler dans le domaine du cinéma; ~ **etw mitwirken** [*o* **beteiligt sein**] participer à qc
❹ (*an*) **jdn ~ der Hand fassen** prendre qn par la main
❺ (*anlässlich, während*) ~ **der Besichtigung** lors de la visite; ~ **der Vorführung/ihrer Rede** pendant la présentation/son discours; ~ **seiner Ankunft/Abreise** à son arrivée/départ; **das ist mir ~m Bügeln eingefallen** l'idée m'en est venue alors que je repassais; **störe mich nicht ~ der Arbeit!** ne me dérange pas quand je travaille!
❻ (*zur Angabe der Umstände*) ~ **Kerzenlicht** aux chandelles; ~ **einer Flasche Wein** en buvant une bouteille de vin; ~ **vierzig Grad** par quarante degrés; ~ **diesem Wetter/Lärm** par ce temps/bruit; ~ **Eis und Schnee** qu'il gèle ou qu'il neige; **Paris ~ Regen** Paris sous la pluie
❼ (*im Fall von*) ~ **Gefahr/Feuer/Nebel** en cas de danger/d'incendie/de brouillard
❽ (*zur Angabe der Herkunft, Urheberschaft*) **der Fehler lag ~ ihr** l'erreur venait d'elle; ~ **ihm finde ich kein Verständnis** je ne trouve aucune compréhension chez lui; ~ **Camus** chez Camus
❾ (*zur Angabe annähernder Größen*) **der Preis liegt ~ hundert Euro** le prix est d'environ cent euros
❿ (*trotz*) ~ **all seinen Bemühungen/aller Vorsicht** malgré tous ses efforts/toute la prudence
⓫ (*in Schwurformeln*) ~ **meiner Ehre/meinem Leben** sur mon honneur/ma vie; **ich schwöre ~ Gott** je jure devant Dieu
▸ **nicht** [**ganz**] ~ **sich sein** *fam* ne pas avoir toute sa tête à soi (*fam*)
bei|behalten* *tr V unreg* garder
Beibehaltung <-> *f* maintien *m*; *einer Tradition* conservation *f*
bei|biegen *tr V unreg sl* **sie hat uns die römische Geschichte beigebogen** elle nous a mis l'histoire romaine dans le ciboulot (*pop*)
Beiblatt *nt* feuille *f* jointe; (*mit Erklärungen*) notice *f*
Beiboot *nt* canot *m* de bord
bei|bringen *tr V unreg* ❶ (*lehren, mitteilen*) apprendre; **jdm etw ~** apprendre qc à qn; **jdm ~, dass** apprendre à qn que + *indic;* (*zu verstehen geben*) faire comprendre à qn que + *indic;* **sich** (*Dat*) **das Schwimmen selbst ~** apprendre tout(e) seul(e) à nager
❷ (*zufügen*) **jdm eine Wunde ~** faire une blessure à qn; **jdm eine Niederlage ~** faire subir une défaite à qn
❸ *s.* **herbeibringen**
Beichte [ˈbaɪçtə] <-, -n> *f* confession *f*; **zur ~ gehen** aller se confesser; **bei jdm die ~ ablegen** se confesser à qn; **jdm die ~ abnehmen** confesser qn
▸ **eine ~ ablegen** *hum* avouer
beichten I. *tr V a. fig, hum fam* (*gestehen*) confesser; [**jdm**] **etw ~** confesser qc [à qn]
II. *itr V* se confesser; ~ **gehen** aller se confesser
Beichtgeheimnis *nt* secret *m* de la confession **Beichtstuhl** *m* confessionnal *m* **Beichtvater** *m* confesseur *m*
beidarmig I. *Adj* à deux bras
II. *Adv* à deux bras
beidbeinig I. *Adj* des deux jambes
II. *Adv* SPORT des deux jambes
beide [ˈbaɪdə] *Pron, Adj* ❶ les deux; **die ~n Frauen/Häuser** les deux femmes/maisons; **für eine von ~n** [**Frauen**] pour l'une des deux [femmes]; **die Bilder gefallen mir nicht, ich möchte keins von ~n!** je n'aime pas ces tableaux, je ne veux aucun des deux!; **welches von den ~n Kleidern willst du?** laquelle des deux robes veux-tu?; [**alle**] ~ **lachten** [tous/toutes] les deux riaient; **ihr ~**[**n**] **solltet kommen** vous devriez venir tous les deux; **die ~n lieben sich** ils s'aiment tous les deux; **euch/uns ~n** vous/nous deux
❷ (*zwei Dinge*) ~**s** les deux [choses]; **eins von ~n!** c'est l'un ou [c'est] l'autre!
❸ TENNIS **fünfzehn/dreißig ~** quinze/trente partout
beidemal *s.* **Mal**[1]
beiderlei [ˈbaɪdɐlaɪ] *Adj unv, attr* **Kinder ~ Geschlechts** des enfants des deux sexes
beiderseitig *Adj* réciproque; *Gespräche* bilatéral(e); *Vertrauen* mutuel(le); *Zufriedenheit* des deux parties
beiderseits I. *Adv* ❶ (*auf beiden Seiten*) des deux côtés
❷ (*gegenseitig*) chacun(e) de son côté
II. *Präp + Gen* ~ **des Rheins** des deux côtés [*o* de part et d'autre] du Rhin
beidfüßig I. *Adj Absprung* à pieds joints
II. *Adv abspringen* à pieds joints
beidhändig I. *Adj Person* ambidextre; *Griff, Rückhand* à deux mains
II. *Adv* à deux mains
bei|drehen *itr V* NAUT ❶ (*die Fahrt verlangsamen*) ralentir, s'immobiliser
❷ (*zum Wind drehen*) virer de bord vent devant
beidseitig [ˈbaɪtzaɪtɪç] **I.** *Adj* ❶ *Beschichtung, Furnier* des deux côtés; *Lähmung* bilatéral(e)
❷ *s.* **beiderseitig**
II. *Adv* des deux côtés; ~ **gelähmt sein** avoir une paralysie bilatérale
beidseits CH, SDEUTSCH *s.* **beiderseits II.**
beieinander *Adv* l'un(e) près de l'autre/les un(e)s près des autres; **seine Familie/seine Sachen ~ haben** *fam* avoir sa famille/ses affaires au complet; ~ **sein** être réuni(e)s; **zu dicht ~ stehen** être trop près l'un(e) de l'autre; **sehr dicht ~ wohnen** (*in einer Siedlung*) habiter les un(e)s sur les autres
▸ [**noch**] **gut ~ sein** *fam* (*körperlich*) avoir [encore] la pêche (*fam*); (*geistig*) avoir [encore] toute sa tête; **sie nicht** [**mehr**] **alle ~ haben** *fam* débloquer [légèrement] (*fam*)
beieinander|haben *s.* **beieinander**
beieinander|sein *s.* **beieinander**
Beifahrer(in) *m(f)* passager(-ère) *m(f)* avant; (*bei einer Rallye*) coéquipier(-ière) *m(f)*; (*zusätzlicher Fahrer*) deuxième chauffeur *m*
Beifahrerairbag [-ɛːɐbæg] *m* airbag *m* [du] passager **Beifah-**

B

rersitz *m* siège *m* du passager avant
Beifall <-[e]s> *m* ❶ (*Applaus*) applaudissements *mpl;* ~ **klatschen** applaudir; ~ **auf offener Szene** applaudissements spontanés
❷ (*Zustimmung*) approbation *f;* **den** ~ **der Kollegen finden** avoir [*o* recevoir] l'approbation des collègues; ~ **heischend** [en] quêtant l'approbation
beifallheischend ['baɪfalhaɪʃənt] *s.* **Beifall 2.**
beifällig ['baɪfɛlɪç] I. *Adj* approbateur(-trice)
II. *Adv* *nicken, schmunzeln* d'un air approbateur; *aufnehmen* favorablement
Beifallsäußerung *f,* **Beifallsbekundung** *f* manifestation *f* d'approbation **Beifallsruf** *m* acclamation *f* **Beifallssturm** *m* tempête *f* [*o* tonnerre *m*] d'applaudissements
bei|fügen *tr V* ❶ (*mitsenden*) joindre; **etw [einem Brief]** ~ joindre qc [à une lettre]
❷ (*ergänzend sagen*) ajouter *Satz, Bemerkung*
Beifügung <-, -en> *f* ❶ *kein Pl* (*das Mitsenden*) **unter** ~ **eines Lebenslaufs** *form* en joignant un C.V.
❷ GRAM épithète *f*
Beifuß <-es> *m* BOT armoise *f*
Beigabe <-, -n> *f* ❶ *kein Pl* (*das Beigeben*) addition *f;* **unter** ~ **von etwas Pfeffer** en ajoutant un peu de poivre
❷ (*Beilage*) accompagnement *m*
beige [beːʃ] *Adj unv* beige
Beige <-, - *o fam* -s> *nt* beige *m*
bei|geben *tr V unreg* ❶ (*mitsenden, dazutun*) joindre; **etw [einem Brief]** ~ joindre qc [à une lettre]; **beigegeben** joint(e)
❷ (*hinzufügen*) **dem Püree etwas Salz** ~ ajouter un peu de sel à la purée
❸ *geh* (*mitgeben*) **jdm einen Helfer** ~ adjoindre un aide à qn
beigefarben [beːʃ-, 'beːʒə-] *Adj* [de couleur] beige
Beigeordnete(r) *f(m) dekl wie Adj* adjoint(e) *m(f)*
Beigeschmack *m* ❶ petit goût *m*
❷ *fig eines Wortes* connotation *f*
Beiheft *nt* (*beigegebenes Heft*) encart *m;* PRESSE supplément *m*
bei|heften *tr V* joindre; **etw [einer Zeitschrift** (*Dat*)**]** ~ joindre qc [à un magazine]
Beihilfe *f* ❶ (*finanzielle Unterstützung*) aide *f* financière, subside *m;* ~ **aus öffentlichen Mitteln** subventions *fpl* publiques
❷ JUR ~ **zum Diebstahl** complicité *f* de vol; ~ **leisten** agir en complicité [par aide]; **sich der** ~ (*Gen*) **schuldig machen** commettre une faute de complicité [par aide]
Beihilfeempfänger(in) *m(f)* allocataire *mf*
Beiklang *m* ❶ (*Unterton*) *einer Äußerung* résonance *f*
❷ MUS son *m* discordant
bei|kommen *itr V unreg + sein* venir à bout de; **jdm/einer S.** ~**/nicht** ~ venir/ne pas venir à bout de qn/qc
Beikost *f* complément *m* [nutritif]
Beil [baɪl] <-[e]s, -e> *nt* ❶ (*Werkzeug*) hache *f*
❷ (*Fallbeil, Hackbeil*) couperet *m*
Beilage *f* ❶ GASTR garniture *f*
❷ *kein Pl* (*das Beilegen*) **wir bitten Sie um** ~ **der Rechnung** nous vous prions de joindre la facture à votre envoi
❸ (*Publikation*) supplément *m;* (*Werbebeilage*) encart *m* publicitaire
❹ A, CH *s.* **Anlage**
beiläufig ['baɪlɔɪfɪç] I. *Adj* incident(e); **eine** ~**e Bemerkung** une remarque [faite] en passant
II. *Adv* ❶ (*nebenbei*) incidemment, en passant
❷ A (*ungefähr*) à peu près
bei|legen *tr V* ❶ (*dazulegen*) joindre; **etw einer S.** (*Dat*) ~ joindre qc à qc
❷ (*schlichten*) régler; **etw gütlich** ~ régler qc à l'amiable
beileibe [baɪ'laɪbə] *Adv* **das ist** ~ **nicht teuer** ce n'est pas cher du tout; ~ **nicht!** surtout pas!, pour rien au monde!
Beileid *nt kein Pl* condoléances *fpl;* **jdm sein** ~ **aussprechen** [*o* **ausdrücken**] présenter [*o* exprimer] ses condoléances à qn
▶ [**mein**] **herzliches** ~**!** [mes] sincères condoléances!; *fam* (*du tust mir leid*) mon pauvre [vieux]/ma pauvre [vieille]! (*fam*)
Beileidsbesuch *m* visite *f* de condoléances; **jdm einen** ~ **abstatten** rendre visite à qn pour lui présenter ses condoléances **Beileidskarte** *s.* **Kondolenzkarte**
bei|liegen *itr V unreg* être joint(e); **einer S.** (*Dat*) ~ être joint(e) à qc
beiliegend I. *Adj* joint(e)
II. *Adv* ~ **übersenden wir Ihnen ...** veuillez trouver ci-joint ...
beim [baɪm] = **bei dem** *s.* **bei**
bei|mengen *tr V* ajouter *Gewürze, Backpulver;* mélanger *Gift;* **etw einer S.** (*Dat*) ~ ajouter/mélanger qc à qc
bei|messen *tr V unreg* accorder; **einer S.** (*Dat*) **Bedeutung/großes Gewicht** ~ accorder de l'importance/une grande importance à qc
bei|mischen *s.* **beimengen**
Bein [baɪn] <-[e]s, -e> *nt* ❶ *einer Person* jambe *f; eines Tiers* patte *f;* **[ungeduldig] von einem** ~ **aufs andere treten** danser d'un pied sur l'autre; **sich** (*Dat*) **die** ~**e vertreten** se dégourdir [*o* dérouiller] les jambes
❷ (*Tischbein, Stuhlbein*) pied *m*
❸ (*Hosenbein*) jambe *f*
❹ (*Knochen*) os *m*
▶ **die** ~**e unter den Arm** [*o* **in die Hand**] **nehmen** *fam* prendre ses jambes à son cou; **sich** (*Dat*) **die** ~**e in den Bauch** [*o* **Leib**] **stehen** *fam* faire le pied de grue (*fam*); **mit einem** ~ **im Gefängnis stehen** frôler l'illégalité; **mit einem** ~ **im Grab stehen** avoir un pied dans la tombe; **mit beiden** ~**en im Leben stehen** avoir les deux pieds sur terre; **die** ~**e unter jds Tisch** (*Akk*) **strecken** *fam* vivre sous le toit de qn; **auf eigenen** ~**en stehen** voler de ses propres ailes; **noch gut auf den** ~**en sein** avoir encore bon pied bon œil; **nicht mehr so gut auf den** ~**en sein** ne plus avoir ses jambes de vingt ans; **jd ist mit dem linken** ~ **zuerst aufgestanden** *fam* qn s'est levé(e) du pied gauche (*fam*); **schwach** [*o* **unsicher**] [*o* **wacklig**] **auf den** ~**en sein** ne pas être très solide sur ses jambes; **sich** (*Dat*) **die** ~**e nach etw ablaufen** [*o* **abrennen**] *fam* faire des kilomètres pour trouver qc (*fam*); **sich** (*Dat*) **kein** ~ **ausreißen** *fam* ne pas se casser la nénette (*fam*); ~**e bekommen** *fam* se volatiliser; **sich** (*Dat*) **etw ans** ~ **binden** se mettre qc sur le dos (*fam*); **jdn wieder auf die** ~**e bringen** [*o* **stellen**] remettre qn d'aplomb [*o* sur pied]; **immer wieder auf die** ~**e fallen** *fam* retomber toujours sur ses pieds; **jdn/etw am** ~ **haben** *fam* avoir qn/qc sur le dos (*fam*); **sich kaum noch/nicht mehr auf den** ~**en halten können** tenir à peine/ne tenir plus sur ses jambes; **alles, was** ~**e hat** tous ceux qui ont des jambes pour courir; **jdm [wieder] auf die** ~**e helfen** (*jdm beim Aufstehen helfen*) aider qn à se relever; (*jdm aus einer Notlage helfen*) remettre qn à flot [*o* en selle]; **laufen, was die** ~**e hergeben** courir à toutes jambes; **wieder auf die** ~**e kommen** (*aufstehen*) se relever; (*gesunden*) se remettre; (*sich wirtschaftlich erholen*) se remettre à flot, refaire surface; **jdm** ~**e machen** *fam* (*fortjagen*) faire décamper qn (*fam*); (*antreiben*) pousser qn aux fesses (*fam*); **sich auf die** ~**e machen** *fam* se mettre en route; **auf den** ~**en sein** (*auf sein*) être debout; (*in Bewegung sein*) être sur ses jambes; **wieder auf den** ~**en sein** être de nouveau sur pied; **auf einem** ~ **kann man nicht stehen!** *fam* on ne va pas en rester là!; **etw auf die** ~**e stellen** mettre qc sur pied; **jdm ein** ~ **stellen** faire un croche-pied à qn; (*hereinlegen*) mettre des bâtons dans les roues à qn (*fam*); **es zuckt ihm/ihr in den** ~**en** il lui prend l'envie de danser
beinah[e] *Adv* presque; ~ **immer/nie** presque toujours/jamais; ~ **hätte es einen Unfall gegeben** il a failli y avoir un accident; **ich hätte** ~ **vergessen dich anzurufen** j'ai failli oublier de t'appeler
Beinahezusammenstoß *m* collision *f* évitée de justesse
Beiname *m* surnom *m;* **er hatte den** ~**n „Löwenherz"** on

l'avait surnommé "Cœur de Lion"

Beinamputation *f* amputation *f* de la jambe **beinamputiert** ['baɪnʔamputi:ɐt] *Adj* amputé(e) d'une jambe; (*beidseitig*) amputé(e) des deux jambes **Beinarbeit** *f kein Pl* jeu *m* de jambes **Beinbruch** *m* fracture *f* de la jambe ▶ **das ist kein** ~ *fam* ça vaut mieux qu'une jambe cassée (*fam*), c'est pas la mort (*fam*)

beinern ['baɪnɐn] *Adj* (*aus Knochen*) en os; (*aus Elfenbein*) en ivoire, d'ivoire

Beinfreiheit *f* espace *m* pour les jambes

beinhalten* *tr V* ❶ (*enthalten*) comporter
❷ (*bedeuten*) signifier

beinhart *fam* **I.** *Adj* impitoyable
II. *Adv* de manière impitoyable

Beinhaus *nt* ossuaire *m*

Beinprothese *f* jambe *f* artificielle **Beinschiene** *f* MED gouttière *f*, attelle *f* **Beinstumpf** *m* moignon *m*

bei|ordnen *tr V* adjoindre; **jdm einen Experten** ~ adjoindre un spécialiste [dans la matière] à qn; **jdm einen Pflichtverteidiger** ~ commettre un avocat d'office à la défense de qn

Beiordnung *f* JUR commission *f* d'office; ~ **eines Rechtsanwalts** commission d'un avocat d'office

Beipack <-[e]s> *m kein Pl* fret *m* supplémentaire

Beipackzettel *m* notice *f*

bei|pflichten ['baɪpflɪçtən] *itr V* approuver; **jdm/einer S. in allen Punkten** ~ approuver qn/qc sur tous les points

Beirat ['baɪra:t] <-[e]s, -räte> *m* conseil *m* [*o* comité *m*] consultatif; **juristischer** ~ (*Rechstberater*) avocat-conseil *m*

Beiried <-, -> *f* A (*Roastbeef*) rosbif *m*

beirren* *tr V* **sich durch etw nicht** ~ **lassen** ne pas se laisser troubler [*o* démonter] par qc; **ich lasse mich durch niemanden/nichts** ~ personne/rien ne peut me détourner

Beirut [baɪ'ru:t] <-s> *nt* Beyrouth *m*

beisammen [baɪ'zamən] *Adv* ❶ l'un(e) près de l'autre/les un(e)s près des autres; ~ **sein** être réuni(e)s; **sehr dicht** ~ **wohnen** (*in einer Siedlung*) habiter les un(e)s sur les autres; **zu dicht** ~ **stehen** être trop près l'un(e) de l'autre
❷ *fig* **körperlich/geistig** [**noch**] **gut** ~ **sein** être [encore] très alerte/avoir [encore] toute sa tête

beisammen|haben *tr V unreg fam* avoir [réuni]; **das Geld für ein Sofa** ~ avoir [réuni] de quoi acheter un canapé
▶ [**sie**] **nicht alle** ~ *fam* déménager (*fam*), débloquer (*fam*)

beisammen|sein *s.* **beisammen 2.**

Beisammensein *nt* réunion *f*; **das war ein nettes** ~ on a passé un bon moment ensemble

Beisatz *m* GRAM apposition *f*

Beischlaf *m form* coït *m* (*spéc*); **den** ~ **vollziehen** [*o* **ausüben**] accomplir l'acte sexuel

Beisein ['baɪzaɪn] ▶ **im** ~ **von Zeugen** en présence de témoins; **in seinem** ~ en sa présence; **ohne sein** ~ en son absence

beiseite [baɪ'zaɪtə] *Adv* ❶ (*räumlich*) **geh bitte etwas** ~**!** écarte-toi un peu, s'il te plaît!; **jdn/etw** ~ **schieben** pousser qn/qc de côté
❷ *fig* **etw** ~ **lassen/legen** laisser/mettre qc de côté; **jdn/etw** ~ **schaffen** supprimer [*o* liquider] qn/détourner qc

Beis[e]l <-s, -n> *nt* A *fam* bistro[t] *m* (*fam*)

bei|setzen *tr V geh* inhumer (*soutenu*) *Toten;* déposer *Urne*

Beisetzung <-, -en> *f geh eines Toten* inhumation *f* (*soutenu*); *einer Urne* dépôt *m*

Beisitzer(in) <-s, -> *m(f)* assesseur(-euse) *m(f)*

Beispiel *nt* ❶ exemple *m*; [**jdm**] **als** ~ **dienen** servir d'exemple [*o* de modèle] à qn; [**wie**] **zum** ~ [comme] par exemple
❷ (*Vorbild*) **jdm ein gutes/schlechtes** ~ **sein** montrer le bon/mauvais exemple à qn
▶ **mit gutem** ~ **vorangehen** montrer l'exemple; **sich** (*Dat*) **an jdm/etw ein** ~ **nehmen** prendre exemple sur qn/qc

beispielhaft I. *Adj* ❶ (*vorbildlich*) modèle
❷ (*veranschaulichend*) exemplaire
II. *Adv* de manière exemplaire

beispiellos *Adj* ❶ (*einzigartig gut*) unique
❷ (*einzigartig schlecht, schlimm*) sans précédent; *Frechheit* inouï(e)

Beispielsatz *m* phrase *f* modèle

beispielsweise *Adv* par exemple

bei|springen *itr V unreg + sein* (*helfen*) venir au secours; **jdm** ~ venir au secours de qn

beißen ['baɪsən] <biss, gebissen> **I.** *tr V* ❶ mordre; **nichts Hartes** ~ **können** ne rien pouvoir manger de dur
❷ (*verletzen*) **jdn** ~ *Person, Hund:* mordre qn; *Schlange, Floh:* piquer qn; **der Hund/die Schlange hat ihn ins Bein gebissen** le chien lui a mordu/le serpent lui a piqué la jambe
▶ **etwas/nichts zu** ~ **haben** *fam* avoir quelque chose/n'avoir rien à se mettre sous la dent; **er/sie wird dich schon nicht** ~ *fam* il/elle ne te mangera pas (*fam*), il/elle ne va pas te mordre
II. *itr V* ❶ (*zubeißen*) **auf/in etw** (*Akk*) ~ mordre dans qc
❷ (*bissig, gefährlich sein*) *Hund:* mordre; *Schlange, Floh:* piquer; **nach jdm/etw** ~ mordre qn/qc
❸ (*brennen*) brûler; **in die** [*o* **der**] **Nase/die** [*o* **den**] **Augen** ~ *Rauch, Geruch:* irriter le nez/les yeux
❹ (*anbeißen*) *Fisch:* mordre
▶ **an etw** (*Dat*) **zu** ~ **haben** *fam* avoir du fil à retordre avec qc (*fam*)
III. *r V* ❶ **sich** (*Akk o Dat*) **auf die Zunge/die Lippen** ~ se mordre la langue/les lèvres; **sich** [**gegenseitig**] ~ se mordre
❷ (*nicht harmonieren*) **sich mit etw** ~ jurer avec qc; **diese Farben** ~ **sich** ces couleurs jurent entre elles

beißend *Adj* ❶ *Rauch, Geruch* âcre
❷ *fig Spott, Ironie* mordant(e), caustique

Beißerchen *Pl hum fam* quenottes *fpl*

Beißring *m* anneau *m* de dentition **Beißzange** *f* tenailles *fpl*

Beistand *m kein Pl* soutien *m*; *eines Priesters* assistance *f*; **jdm** ~ **leisten** prêter assistance à qn; **jdm seelischen** ~ **leisten** soutenir qn moralement

Beistandspakt *m* pacte *m* d'assistance

bei|stehen *itr V unreg* assister; **jdm** ~ assister qn; **sich** (*Dat*) [*o* **einander** *geh*] ~ se prêter mutuellement assistance

bei|stellen *tr V* A **jdm etw** ~ mettre qc à la disposition de qn

Beistelltisch *m* table *f* d'appoint

bei|steuern *tr V* verser *Betrag, Summe;* **eine Kaffeemaschine zum Haushalt** ~ apporter une cafetière électrique dans le ménage; **seinen Teil zu etw** ~ apporter sa contribution à qc; **soll ich auch einen Witz** ~**?** voulez-vous que je raconte à mon tour une blague?

bei|stimmen *s.* **zustimmen**

Beistrich *m bes.* A virgule *f*

Beitel ['baɪtəl] <-s, -> *m* ciseau *m* à bois

Beitrag ['baɪtra:k] <-[e]s, ¨-e> *m* ❶ (*Mitgliedsbeitrag*) cotisation *f*; (*Versicherungsbeitrag*) prime *f*; **Beiträge an die Sozialversicherung entrichten** acquitter les cotisations sociales
❷ (*Artikel, Aufsatz*) article *m*
❸ (*Filmbeitrag, Radiobeitrag*) sujet *m*
❹ (*Mitwirkung*) ~ **zu etw** contribution *f* à qc; **einen** ~ **zu etw** [*o* **für etw**] **leisten** apporter sa contribution à qc
❺ CH (*Subvention*) subvention *f*

bei|tragen *unreg* **I.** *itr V* contribuer; **zum Gelingen einer S.** (*Gen*) ~ contribuer au succès de qc; **dazu** ~**, dass** contribuer à ce que + *subj*
II. *tr V* **viel zum Sieg der Mannschaft** ~ contribuer largement à la victoire de l'équipe

Beitragsbemessungsgrenze *f* plafond *m* (*de la Sécurité sociale*) **beitragsfrei I.** *Adj* gratuit(e) **II.** *Adv versichert* gratuitement **Beitragsgruppe** *f* tranche *f* de cotisation **Beitragsklasse** *f* tranche *f* de cotisation **Beitragspflicht** *f* obligation *f* de cotiser **Beitragsrückerstattung** *f* remboursement *m* de la prime **Beitragssatz** *m* taux *m* de cotisation; (*bei einer Versicherung*) tarif *m* de la prime **Beitragszahler(in)** *m(f)* cotisant(e) *m(f)* **Beitragszahlung** *f* versement *m* des cotisations

beiltreiben *tr V unreg* recouvrir

Beitreibung <-, -en> *f* JUR recouvrement *m*

beiltreten *itr V unreg + sein* adhérer; **einem Verein/einer Partei ~** adhérer à un club/un parti

Beitritt *m* adhésion *f*; **der ~ der Türkei zur EU** l'entrée *f* de la Turquie dans la Communauté européenne; **seinen ~ erklären** s'inscrire

Beitrittsantrag *m* demande *f* d'adhésion **Beitrittserklärung** *f* déclaration *f* d'adhésion **Beitrittsgesuch** *nt* demande *f* d'adhésion

Beiwagen *m* side-car *m*

Beiwagenfahrer(in) *m(f)* passager(-ère) *m(f)* du side-car

Beiwerk *nt geh* rajout *m*

beilwohnen *itr V form* 1 (*miterleben*) assister; **einer S.** (*Dat*) ~ assister à qc
2 *veraltet* (*beischlafen*) **einer Frau** (*Dat*) ~ partager la couche d'une femme (*vieilli littér*)

Beiwort <-wörter> *nt* LING 1 qualificatif *m*, épithète *f*
2 (*Adjektiv*) adjectif *m*

Beiz *f* CH, SDEUTSCH bistro[t] *m*

Beize¹ ['baɪtsə] <-, -n> *f* 1 (*Holzbeize*) teinture *f*
2 (*das Färben*) teinture *f*
3 GASTR marinade *f*
4 JAGD fauconnerie *f*

Beize² DIAL *s.* **Beiz**

beizeiten [baɪ'tsaɪtən] *Adv* (*rechtzeitig*) à temps, en temps voulu; (*früh*) assez tôt

beizen ['baɪtsən] *tr V* 1 (*mit Beize behandeln*) teinter; **etw hell/dunkel ~** teinter qc [en] clair/brun foncé
2 GASTR [faire] mariner

Beizjagd *f* fauconnerie *f* **Beizmittel** *nt* teinture *f* **Beizvogel** *m* oiseau *m* de poing

bejahen* *tr V* 1 répondre par l'affirmative à *Frage*
2 (*gutheißen*) approuver

bejahend I. *Adj* affirmatif(-ive)
II. *Adv* affirmativement

bejahrt [bə'ja:ɐt] *Adj geh Person* âgé(e); *Tier* vieux(vieille)

Bejahung <-, -en> *f* 1 acquiescement *m*; **die ~ einer Frage** la réponse affirmative à une question
2 (*Gutheißung*) approbation *f*

bejammern* *tr V* 1 se lamenter sur *Schicksal, Verlust, Tod*
2 (*bedauern*) **jdn ~** se lamenter sur [le sort de] qn, prendre qn en pitié

bejammernswert *Adj Person* pitoyable; *Anblick, Lage, Schicksal* lamentable

bejubeln* *tr V* fêter; **jdn als Retter ~** fêter qn comme un sauveur

bekakeln* *tr V* DIAL *fam* discuter [en long et en large]; **etw ~** discuter de qc [en long et en large]

bekämpfen* I. *tr V* 1 combattre
2 (*eindämmen*) lutter contre, enrayer *Krankheit, Arbeitslosigkeit, Hunger*
II. *r V* **sich [gegenseitig] ~** se combattre [mutuellement]

Bekämpfung <-, -en> *f* lutte *f*; **~ der Arbeitslosigkeit/von Krankheiten** lutte *f* contre le chômage/la maladie; **zur ~ der Kriminalität** pour combattre la criminalité

bekannt [bə'kant] *Adj* 1 (*berühmt*) célèbre; **~ werden** accéder à la notoriété; **durch etw in der Öffentlichkeit ~ werden** se faire connaître du public par qc; **jdn ~ machen** rendre qn célèbre; **~ für etw sein** être connu(e) [*o* réputé(e)] pour qc; **wohl ~** *geh Person, Stimme, Buch* bien connu(e); *Institution* réputé(e)
2 (*nicht unbekannt*) connu(e); **[jdm] ~ sein** être connu(e) [de qn]; **das war mir nicht ~** je n'étais pas au courant de cela; **das ist doch allgemein ~** tout le monde sait cela
3 (*nicht fremd*) **jdm ~ sein** être connu(e) à qn; **ein mir ~er Philosoph** un philosophe que je connais [*o* qui m'est connu]; **jdn mit jdm ~ machen** présenter qn à qn; **sich [mit jdm] ~ machen** faire la connaissance de qn; **mit jdm ~ sein** connaître qn; **ist dir dieser Name ~?** ce nom-là te dit quelque chose?; **sie/ihr Gesicht kommt mir ~ vor** j'ai l'impression de la connaître/de connaître son visage
4 (*öffentlich*) **~ geben** proclamer, annoncer *Wahlergebnis*; **jdm etw ~ geben** annoncer qc à qn; **ihre Verlobung geben ~: ...** ... font part de leurs fiançailles; **~ machen** publier *Aufruf*; révéler *Information, Nachricht*; **~ werden** être divulgué(e); **das darf nicht ~ werden** personne ne doit l'apprendre
▸ **sich mit etw ~ machen** (*vertraut*) se familiariser avec qc, s'initier à qc

Bekannte(r) *f(m) dekl wie Adj* connaissance *f*, relation *f*; (*Freund*) ami(e) *m(f)*; **wir sind alte ~** nous sommes de vieilles connaissances

Bekanntenkreis *m* relations *fpl*, connaissances *fpl*; **einen großen ~ haben** connaître beaucoup de monde

bekanntermaßen *s.* **bekanntlich**

Bekanntgabe *f einer Nachricht, Hochrechnung, eines Vorfalls* annonce *f*; *eines Wahlergebnisses* proclamation *f*

bekanntlgeben *s.* **bekannt 4.**

Bekanntheit <-> *f* notoriété *f*; **die ~ der Fakten voraussetzen** supposer que les faits sont connus

Bekanntheitsgrad *m* degré *m* de notoriété

bekanntlich *Adv* comme chacun sait

bekanntlmachen *s.* **bekannt 4.**

Bekanntmachung <-, -en> *f* 1 publication *f*; **gerichtliche ~en** annonces *fpl* judiciaires
2 (*Anschlag*) avis *m*

Bekanntschaft <-, -en> *f* 1 *kein Pl* (*das Kennenlernen*) relations *fpl*; **eine/jds ~ machen** faire une rencontre/faire la connaissance de qn; **gleich in den ersten Tagen ihrer ~** dès les premiers jours qui suivirent leur rencontre; **bei näherer ~** quand on le/la/... connaît mieux
2 *fam* (*Bekanntenkreis*) connaissances *fpl*
▸ **mit etw ~ machen** *hum* faire connaissance avec qc (*hum*)

bekanntlwerden *s.* **bekannt 4.**

Bekassine [beka'si:nə] <-, -n> *f* ZOOL bécassine *f*

bekehren* *tr, r V* [**sich**] ~ [se] convertir; **jdn/sich zu etw ~** convertir qn/se convertir à qc

Bekehrung <-, -en> *f* conversion *f*

bekennen* *unreg* I. *tr V* 1 (*eingestehen*) reconnaître; **öffentlich seine Fehler ~** reconnaître ses torts publiquement
2 REL confesser, proclamer
II. *r V* 1 **sich zu jdm ~** se prononcer pour qn; **sich schuldig ~** s'avouer coupable; **sich zu seinem Glauben ~** professer sa foi; **sich zu einem Irrtum/einer Tat ~** reconnaître une erreur/un fait; **sich zu einem Attentat ~** revendiquer un attentat
2 (*sich zeigen als*) **~der Christ/~de Christin sein** être chrétien(ne) déclaré(e)

Bekenner(in) <-s, -> *m(f)* REL confesseur *m*

Bekennerbrief *m*, **Bekennerschreiben** *nt* lettre *f* pour revendiquer une action

Bekenntnis *nt* 1 (*Eingeständnis*) aveu *m*
2 (*das Eintreten*) **~ zu etw** profession *f* de foi en faveur de qc
3 REL *des Glaubens, von Sünden* confession *f*

Bekenntnisfreiheit *s.* **Glaubensfreiheit**

bekenntnislos *Adj* sans confession

Bekenntnisschule *f* école *f* confessionnelle

beklagen* I. *tr V* déplorer; **zehn Tote sind zu ~** on déplore la mort de dix personnes
II. *r V* **sich bei jdm/über etw ~** se plaindre à qn/de qc
▸ **sich nicht ~ können** ne pas avoir à se plaindre

beklagenswert *Adj* regrettable

beklagt *Adj* JUR **die ~e Partei** le défendeur/la défenderesse

beklatschen* *tr V* applaudir

beklauen* *tr V fam* voler *Personen*; faucher dans (*fam*) *Kauf-*

haus, Supermarkt; **ich bin beklaut worden** je me suis fait(e) dévaliser

bekleben* *tr V* coller; **eine Wand mit etw ~** coller qc sur un mur; **mit Plakaten beklebt** couvert(e) d'affiches; **mit Etiketten beklebt** étiqueté(e)

bekleckern* *fam* **I.** *tr V* tacher; **die Tischdecke mit etw ~** tacher la nappe de qc, faire des taches [de qc] sur la nappe; **sich** (*Dat*) **das Kleid ~** barbouiller [*o* tacher] sa robe; **sich** (*Dat*) **das Hemd mit Farbe ~** faire des taches de peinture sur sa chemise; **bekleckert** taché(e)
II. *r V* **sich mit etw ~** se barbouiller de qc, se tacher avec qc

bekleiden* *geh* **I.** *tr V* occuper *Posten, Rang, Stellung;* exercer *Amt*
II. *r V* **sich mit etw ~** se vêtir de qc (*soutenu*)

bekleidet *Adj* vêtu(e), habillé(e); **mit etw ~ sein** être vêtu(e) [*o* habillé(e)] de qc

Bekleidung *f* ❶ vêtements *mpl;* **leichte ~ wird empfohlen** il est conseillé de s'habiller léger; **in warmer ~** chaudement vêtu(e); **ohne ~** dépouillé(e) de ses vêtements
❷ *kein Pl form* (*das Innehaben*) *eines Amtes* exercice *m*

Bekleidungsindustrie *f* industrie *f* du vêtement

beklemmend **I.** *Adj* ❶ *Enge* oppressant(e)
❷ (*beängstigend*) *Anblick, Gefühl, Schweigen* angoissant(e)
II. *Adv* **~ wirken** *Zimmer, Haus:* avoir quelque chose d'oppressant; **in dem Raum war es ~ eng** l'exiguïté de la pièce était oppressante; **es ist ~ still auf den Straßen** un silence angoissant règne dans les rues

Beklemmung <-, -en> *f* oppression *f;* **~en bekommen** être pris(e) d'angoisses

beklommen [bə'klɔmən] **I.** *Adj* angoissé(e); **mit ~er Stimme sprechen** parler d'une voix étranglée
II. *Adv* avec angoisse; **du klingst so ~** ta voix traduit une telle angoisse

Beklommenheit <-> *f* angoisse *f*

bekloppt [bə'klɔpt] *s.* **bescheuert**

beknackt *s.* **bescheuert**

beknien* *tr V fam* tanner (*fam*); **jdn so lange ~, bis ...** tanner qn jusqu'à ce que ... + *subj*

bekommen* *unreg* **I.** *tr V + haben* ❶ (*erhalten*) recevoir; percevoir *Ration, Verpflegung;* obtenir *Anschluss, Telefon;* **ein Geschenk von jdm ~** recevoir un cadeau de qn; **etw geschenkt ~** recevoir qc en cadeau; **sie hat das Buch geliehen ~** on lui a prêté ce livre; **die Mehrheit/fünf Gegenstimmen ~** obtenir la majorité des voix/cinq voix contre; **soeben ~ wir die Nachricht, dass** nous venons d'apprendre que + *indic;* **ich bekomme noch zehn Euro von dir** tu me dois encore dix euros; **was ~ Sie für die Fahrt?** combien vous dois-je pour la course?; **wann bekommt man hier etwas zu essen?** quand est-ce que l'on peut manger, ici?
❷ *fig* **etw zu tun ~** aller avoir de quoi faire; **etw an den Kopf ~** recevoir qc à la tête; **ich habe etwas ins Auge ~** j'ai quelque chose qui m'est rentré dans l'œil; **sie hat ihren Wunsch erfüllt ~** elle a eu ce qu'elle a souhaité; **der wird was zu hören ~!** celui-là, il va en entendre!; **da wirst du etwas zu sehen ~!** tu vas pouvoir t'en mettre plein la vue! (*fam*)
❸ (*sich einhandeln*) avoir *Ärger, Probleme, Strafe;* prendre (*fam*), écoper [de] (*fam*) *Gefängnisstrafe*
❹ (*erdulden, sich zuziehen*) attraper *Krankheit, Fieber;* avoir *Schlaganfall;* **ich glaube, ich bekomme einen Schnupfen** je crois que je suis en train d'attraper un rhume; **ich bekomme meine Allergie** mon allergie me reprend; **wir werden Regen ~** on va avoir de la pluie; **wir ~ anderes Wetter** le temps va changer
❺ (*entwickeln*) avoir *Angst, Skrupel, Bedenken;* **Risse ~** se fissurer; **Flecken ~** se tacher; **eine Glatze ~** se dégarnir; **einen Zahn ~** [être en train de] faire une dent; **neue Hoffnung ~** reprendre espoir; **Lust auf etw** (*Akk*) **~** avoir une envie [*o* des envies] de qc
❻ (*zur Welt bringen*) **sie hat gestern ein Mädchen ~** elle a eu une fille hier
❼ (*erwarten*) **sie ~ Nachwuchs** ils attendent une naissance [*o* un heureux événement]
❽ (*erreichen*) avoir, attraper (*fam*) *Bus, Flugzeug, Zug*
❾ (*behandelt werden mit*) **ein Kreislaufmittel ~** devoir prendre un veinotonique; **dieser Patient bekommt eine Massage/Spritze** on fait un massage/une piqûre à ce patient
❿ (*wünschen*) **was ~ Sie bitte?** (*im Restaurant*) qu'est-ce que je vous sers?; (*im Laden*) qu'est-ce que vous désirez?; **ich bekomme ein Brötchen** pour moi, ce sera un petit pain
⓫ (*bewegen können*) **jdn ins Bett/aus dem Bett ~** faire aller qn au lit/tirer qn du lit; **jdn/etw aus der Wohnung ~** arriver à faire sortir qn/qc du logement; **etw nach oben/unten ~** arriver à monter/descendre qc; **etw durch die Tür ~** arriver à faire passer qc par la porte; **etw vom Schrank ~** arriver à descendre qc du placard; **die Finger nicht auseinander ~** ne pas pouvoir écarter les doigts; **die verklebten Teile auseinander ~** réussir à décoller les pièces [l'une de l'autre]
► **jdn dazu ~ etw zu tun** *fam* arriver à faire faire qc à qn; *s. a.* **kriegen**
II. *itr V + sein* **das Essen ist ihr gut/nicht ~** elle a bien/n'a pas supporté le repas; **die frische Luft bekommt ihm gut/nicht** l'air frais lui réussit bien/ne lui réussit pas; **die Sonne bekommt mir nicht** le soleil n'est pas bon pour moi; **der Urlaub wird dir sicher gut ~!** les vacances te feront sûrement du bien!

bekömmlich [bə'kœmlɪç] *Adj Getränk, Speise* digeste; **nicht sehr ~** peu digeste

Bekömmlichkeit <-> *f* digestibilité *f;* **zur besseren ~** pour faciliter la digestion

beköstigen* *tr V* nourrir

Beköstigung <-, -en> *f* ❶ (*das Beköstigen*) alimentation *f;* **der Küchenchef plante die ~ von 200 Personen** le chef cuisinier se préparait à restaurer 200 personnes
❷ (*Kost*) nourriture *f*

bekräftigen* *tr V* confirmer *Absicht;* confirmer, corroborer *Alibi, Eindruck, Verdacht;* **jdn in etw** (*Dat*) **~** confirmer qn dans qc

Bekräftigung <-, -en> *f* confirmation *f;* **zur ~ seiner Worte** à l'appui de ses dires

bekränzen* *tr V* couronner; **jdn/etw mit etw ~** couronner qn/qc de qc; **die Touristen werden mit Blumen bekränzt** on passe des colliers de fleurs aux touristes

bekreuzigen* *r V* se signer; **sich vor jdm/etw ~** se signer [*o* faire le signe de la croix] devant qn/qc

bekriegen* **I.** *r V* **sich** [**gegenseitig**] **~** se faire la guerre
II. *tr V* faire la guerre à

bekritzeln* *tr V* griffonner sur; **bekritzelt** *Buch, Heft* griffonné(e), gribouillé(e); *Mauer, Wand* couvert(e) de graffiti[s]

bekümmert *Adj* (*sorgenvoll*) soucieux(-euse), préoccupé(e); (*traurig*) affligé(e); **über etw ~ sein** avoir de la peine à cause de qc; **über dein Verhalten bin ich zutiefst ~** ton comportement m'affecte beaucoup

bekunden* *tr V* manifester; **sein Interesse/seine Abneigung ~** manifester son intérêt/sa réprobation

Bekundung <-, -en> *f* manifestation *f*

belächeln* *tr V* sourire de; **belächelt werden** faire sourire

belachen* *tr V* faire rire; **jd belacht jdn/etw** qn/qc fait rire qn; **von allen belacht werden** faire rire tout le monde

beladen*[1] *unreg* **I.** *tr V* charger *Wagen*
II. *r V* **sich mit etw ~** transporter qc; *fig* prendre qc sur soi

beladen[2] *Adj* chargé(e); **mit Säcken ~** chargé(e) de sacs; **hoch ~** lourdement chargé(e); **schwer ~** lourdement chargé(e)

Belag [bə'la:k, *Pl:* bə'lɛ:gə] <-[e]s, ¨-e> *m* ❶ *einer Pizza, eines Kuchens* garniture *f*
❷ (*Zahnbelag*) plaque *f* dentaire; (*Zungenbelag*) dépôt *m;* **einen ~ auf der Zunge haben** avoir la langue chargée

B

③ (*Schicht*) dépôt *m*
④ (*Bremsbelag*) garniture *f*
⑤ (*Fußbodenbelag, Straßenbelag*) revêtement *m*
Belagerer [bə'la:gərɐ] <-s, -> *m*, **Belagerin** *f* assiégeant(e) *m(f)*
belagern* *tr V a. fig fam* assiéger
Belagerung <-, -en> *f* MIL siège *m*
Belagerungszustand *m* état *m* de siège; **den ~ verhängen** proclamer l'état de siège; **sich im ~ befinden** être en état de siège
belämmertRR [bə'lɛmɐt] *fam* I. *Adj* ① (*betreten*) déconfit(e)
② (*dumm*) **du bist wohl ~!** mais ça va pas, la tête! (*fam*)
II. *Adv* **sich ~ anstellen** être bête à ce point-là (*fam*)
Belang [bə'laŋ] <-[e]s, -e> *m* ① *Pl* (*Interesse, Angelegenheit*) affaires *fpl;* **er vertritt die ~e seiner Mandantin** il défend les intérêts de sa cliente
② (*Bedeutung*) **etwas/nichts von ~** quelque chose/rien d'important; **für jdn/etw ohne/von ~ sein** être sans importance/avoir de l'importance pour qn/qc
belangen* *tr V* ① JUR poursuivre [en justice]; **jdn wegen etw ~** poursuivre qn [en justice] pour qc
② *veraltet* (*betreffen*) **was mich belangt, ...** en [*o* pour] ce qui me concerne, ...
belanglos *Adj* insignifiant(e); **~ werden** *Unterhaltung:* devenir futile; **für etw ~ sein** être sans importance pour qc
Belanglosigkeit <-, -en> *f* ① *kein Pl* (*Bedeutungslosigkeit*) insignifiance *f,* futilité *f*
② (*Bemerkung, Einzelheit*) futilité *f*
belassen* *tr V unreg* ① (*bewenden lassen*) **es bei etw ~** s'en tenir à qc; **~ wir es dabei!** restons-en là!
② *form* (*bleiben lassen*) **jdn im Amt ~** maintenir qn dans ses fonctions; **ein Möbel/einen Gegenstand an seinem Platz ~** laisser un meuble/un objet à sa place
③ (*verhaftet sein lassen*) **jdn in seinem Irrtum/Wahn ~** laisser qn dans l'erreur/à sa folie; **jdn in seinem Glauben ~** laisser croire qn
belastbar *Adj* ① **ein bis zu zwei Tonnen ~er Stahlträger** une poutrelle dont la charge admissible est de deux tonnes; **eine bis zu zwanzig Tonnen ~e Brücke** un pont pouvant porter une charge allant jusqu'à vingt tonnes
② (*beanspruchbar*) **~ sein** *Person, Gedächtnis:* être performant(e); *Körper, Kreislauf, Organ:* être résistant(e) [*o* performant(e)]; **nur bis zu einem bestimmten Grad ~ sein** être performant(e)/résistant(e) jusqu'à un certain degré
③ ÖKOL **unsere Umwelt ist nur bis zu einer gewissen Grenze ~** il y a une limite aux nuisances que peut supporter l'environnement; **die Atmosphäre ist nicht unbegrenzt ~** on ne peut indéfiniment polluer l'atmosphère; **die Gewässer sind immer weniger ~** l'équilibre hydrographique est de plus en plus fragile
④ FIN **mit bis zu 2000 Euro ~ sein** pouvoir avoir un découvert jusqu'à 2000 euros; **wie hoch ist mein Konto ~?** de quel découvert puis-je disposer sur mon compte?
Belastbarkeit <-, -en> *f* ① *einer Brücke, Straße, eines Stahlträgers* charge *f* admissible; *eines Aufzugs* poids *m* autorisé
② *fig einer Person* possibilités *fpl; eines Körpers, Organs* résistance *f,* possibilités *fpl*
③ ÖKOL **die ~ der Atmosphäre ist überschritten** les limites de la pollution atmosphérique sont dépassées
④ FIN *eines Steuerzahlers* capacité *f* fiscale
belasten* I. *tr V* ① (*beschweren*) charger; **der Aufzug darf nur mit maximal 500 kg belastet werden** la charge admise dans l'ascenseur est de 500 kg maximum
② (*stark fordern*) exiger trop de *Person;* **jdn mit Arbeit/neuen Aufgaben ~** accabler qn de travail/de nouvelles tâches
③ (*bedrücken, bekümmern*) **jdn mit etw ~** encombrer qn de qc; **etw belastet sein Gewissen** [*o* **ihn**] qc pèse sur sa conscience [*o* sur lui]; **~d** *Problem, Schuld, Sorge* pesant(e)
④ ÖKOL polluer *Umwelt;* **stark belastet sein** *Gewässer, Luft:* être très pollué(e)
⑤ MED mettre à contribution, solliciter *Körper, Kreislauf*
⑥ JUR charger; **~d** *Aussage, Beweis* à charge; **~de Umstände** charges *fpl;* **~des Material** pièces *fpl* à conviction
⑦ FIN débiter *Konto;* **etw nachträglich ~** débiter qc ultérieurement; **jdn mit Steuern ~** frapper qn d'impôts; **jdn mit hohen Gebühren ~** grever qn avec des taxes élevées; **das Haus mit einer Hypothek ~** grever la maison d'une hypothèque
II. *r V* ① (*sich aufbürden*) **sich [mit etw] ~** s'encombrer de qc
② JUR **sich [selbst] ~** se charger soi-même
belästigen* *tr V Person:* incommoder; *Lärm:* gêner; **jdn ~** *Person:* incommoder qn; *Lärm:* gêner qn; **jdn mit Fragen ~** importuner qn par des questions; **jdn sexuell ~** harceler qn sexuellement
Belästigung <-, -en> *f* ① (*Störung, Nachstellung*) harcèlement *m;* **sexuelle ~** harcèlement sexuel; **ich verbitte mir solche ~en!** je ne tolérerai pas qu'on m'importune ainsi!
② (*Geruchsbelästigung*) gêne *f*
Belastung [bə'lastʊŋ] <-, -en> *f* ① (*schweres Gewicht*) charge *f;* **zulässige/höchstmögliche ~** charge admise/maximale
② (*Anstrengung*) *einer Person* charges *fpl;* (*Last*) corvée *f;* **die doppelte ~ durch Beruf und Kinder** la double corvée que représentent le métier et les enfants
③ (*Bürde*) poids *m,* fardeau *m*
④ ÖKOL pollution *f;* **eine ~ der Umwelt darstellen** représenter une nuisance pour l'environnement
⑤ (*Beanspruchung*) **eine ~ für die Nerven sein** mettre les nerfs à l'épreuve
⑥ JUR charges *fpl*
⑦ FISC (*Steuer-, Abgabenlast*) charge *f,* imposition *f;* **die steuerliche ~** la pression fiscale
⑧ FIN *eines Kontos* débit *m;* **die ~ eines Grundstücks mit einer Hypothek** la garantie hypothécaire d'un terrain
⑨ *Pl* (*Ausgaben*) dépenses *fpl*
Belastungs-EKG <-s, -s> *nt* MED électrocardiogramme *m* après effort **Belastungsfähigkeit** *f kein Pl* TECH capacité *f* de charge **Belastungsgrenze** *f* TECH limite *f* de charge **Belastungsmaterial** *nt* pièces *fpl* à conviction **Belastungsprobe** *f* ① (*Prüfung der Statik*) charge *f* d'essai ② (*medizinische Untersuchung*) test *m* d'endurance ③ ÖKON, FIN *a. fig* épreuve *f* de vérité; **~ für die Ehe/Koalition** épreuve [*o* test *m*] de vérité pour le mariage/la coalition **Belastungszeuge** *m*, **-zeugin** *f* témoin *m* à charge
belaubt [bə'laʊpt] *Adj* feuillu(e); **dunkelgrün ~er Baum** un arbre couvert de feuilles vert foncé
belauern* *tr V Person:* surveiller, épier; *Tier:* guetter, épier; **jdn/ein Tier ~** *Person:* surveiller [*o* épier] qn/un animal; *Tier:* guetter [*o* épier] qn/un animal
belaufen* *r V unreg* se monter à; **sich auf hundert Euro** (*Akk*) **~** se monter à cent euros
belauschen* *tr V* épier
beleben* I. *tr V* ① (*anregen*) ragaillardir, revigorer *Person;* activer *Kreislauf*
② (*lebendig machen*) **wieder ~** r[é]animer *Person;* faire revivre *Tradition*
③ (*lebendig gestalten*) animer *Unterhaltung;* rendre vivant(e) *Artikel, Text;* **etw neu ~** ranimer qc
④ (*ankurbeln*) stimuler *Konjunktur, Wirtschaft;* **etw neu ~** relancer qc
II. *r V* ① **sich ~** *Augen:* s'animer; *Natur:* se réveiller; **sich [wieder] ~** *Konjunktur, Wirtschaft:* connaître une reprise
② (*sich bevölkern*) *Straßen:* s'animer
III. *itr V* stimuler, donner un coup de fouet
belebend *Adj* (*anregend*) stimulant(e), revigorant(e); (*erfrischend*) *Bad, Dusche* tonifiant(e)
belebt *Adj* ① (*bevölkert*) animé(e)
② (*lebendig*) *Natur* vivant(e)

Belebtheit <-> *f* animation *f*

Belebung <-, -en> *f* ❶ (*Anregung*) stimulation *f*; **ein Mittel zur ~ des Kreislaufs** un stimulant pour la circulation
❷ (*Ankurbelung*) *der Konjunktur* relance *f*; **der ~ der Wirtschaft dienen** aider à stimuler [*o* relancer] l'économie

Beleg [bəˈleːk] <-[e]s, -e> *m* ❶ (*Kassenbon*) ticket *m* de caisse; (*Quittung*) quittance *f*
❷ (*Nachweis*) justificatif *m*, pièce *f* justificative; (*Unterlage*) document *m* [à l'appui]
❸ (*Quellennachweis*) référence *f*

Belegarzt *m*, **-ärztin** *f* médecin *m* disposant d'un secteur privé à l'hôpital

belegbar *Adj* vérifiable; **es ist ~, dass/wann ...** on peut vérifier que + *indic*/quand ...

Belegbett *nt* lit *m* d'hôpital réservé au secteur privé

belegen* *tr V* ❶ GASTR garnir *Scheibe Brot;* **etw mit etw ~** garnir qc de qc; **ein mit Schinken belegtes Brot** ≈ un sandwich au jambon
❷ (*beweisen*) prouver *Abstammung, Identität;* justifier *Behauptung, Vorwurf, Zitat*
❸ (*bestrafen*) **jdn mit einer Strafe/einem Bußgeld ~** frapper qn d'une sanction/d'une amende
❹ UNIV suivre *Kurs*
❺ (*innehaben, bewohnen*) occuper *Platz, Tabellenspitze, Wohnung; s. a.* **belegt**

Belegexemplar *nt* exemplaire *m* justificatif

Belegschaft <-, -en> *f* personnel *m*, effectif *m*
▸ **die ganze ~** *hum fam* toute la bande (*fam*)

Belegschaftsaktie [-aktsiə] *f* part *f* de capital **Belegschaftsmitglied** *nt* membre *m* du personnel

Belegstation *f* MED *service d'un hôpital se trouvant sous la responsabilité d'un praticien en activité libérale*

belegt *Adj Zunge* chargé(e); *Mandeln* blanc(blanche); *Stimme* enroué(e)

Belegung <-, -en> *f* ~ **eines Kurses/Seminars** inscription *f* à un cours/séminaire

Belegungsrecht *nt* JUR droit *m* d'occupation

belehrbar *Adj* réceptif(-ive)

belehren* **I.** *tr V* ❶ *pej* (*besserwisserisch korrigieren*) faire la leçon à
❷ (*informieren*) **jdn über etw** (*Akk*) **~** informer qn de qc; JUR renseigner qn sur qc
❸ (*von seiner Meinung abbringen*) faire entendre raison à; **sich ~ lassen** accepter d'entendre raison; **jdn eines anderen ~** ouvrir les yeux à qn
II. *itr V* instruire

belehrend *pej* **I.** *Adj* doctoral(e)
II. *Adv* doctoralement; **~ den Finger heben** lever le doigt d'un air professoral

Belehrung <-, -en> *f* ❶ *pej* (*Lehre*) conseil *m*
❷ (*Zurechtweisung*) *eines Zeugen, Angeklagten* information *f*; *eines Verkehrssünders* avertissement *m*

beleibt [bəˈlaɪpt] *Adj geh* corpulent(e); **sehr ~** de forte corpulence

Beleibtheit <-> *f geh* corpulence *f*

beleidigen* *tr V* offenser; **jdn mit einer Bemerkung ~** offenser qn en faisant une remarque; **~d** offensant(e)

beleidigt **I.** *Adj* offensé(e); **~ sein** être vexé(e); **er ist schnell ~** il se vexe pour un rien; **sei nicht gleich ~!** ne prends pas aussitôt la mouche!
II. *Adv* vexé(e); **~ tun** *fam* prendre des airs offensés

Beleidigung <-, -en> *f* ❶ (*das Beleidigen, Äußerung*) injure *f*; **die ~ dieses Menschen/dieser Institution** l'injure à cette personne/institution
❷ (*Missachtung*) **eine ~ des Geschmacks/für das Auge sein** offenser le goût/les yeux (*soutenu*)

beleihen* *tr V unreg* hypothéquer *Haus, Grundstück;* **Schmuck ~** prendre des bijoux en gage

belemmert *s.* belämmert

belesen *Adj* cultivé(e), lettré(e)

Belesenheit <-> *f* culture *f* [littéraire]

beleuchten* *tr V* ❶ (*erhellen*) éclairer
❷ (*mit Festbeleuchtung versehen*) illuminer
❸ *geh* (*betrachten*) examiner *Angelegenheit, Problem;* **eine Frage von allen Seiten ~** mettre une question en lumière sous tous ses aspects

Beleuchter(in) <-s, -> *m(f)* éclairagiste *mf*

Beleuchtung <-, -en> *f* ❶ (*das Beleuchten, Lichtquelle*) éclairage *m*
❷ (*Festbeleuchtung*) illumination *f*
❸ *geh* (*Untersuchung*) *einer Angelegenheit, eines Problems* examen *m* [attentif]

Beleuchtungsanlage *f* TECH installation *f* d'éclairage **Beleuchtungskörper** *m form* luminaire *m* **Beleuchtungstechnik** *f* éclairagisme *m*

beleumdet *Adj* **schlecht** [*o* **übel**] **~** *geh* mal famé(e)

Belgien [ˈbɛlgiən] <-s> *nt* la Belgique

Belgier(in) <-s, -> *m(f)* Belge *mf*

belgisch *Adj* belge

Belgrad [ˈbɛlgraːt] <-s> *nt* Belgrade

belichten* *tr V* exposer

Belichtung <-, -en> *f* exposition *f*

Belichtungsautomatik *f* commande *f* automatique du temps de pose **Belichtungsmesser** <-s, -> *m* posemètre *m*, cellule *f* **Belichtungszeit** *f* temps *m* de pose

belieben* *geh* **I.** *tr V iron* **~ etw zu tun** se plaire à faire qc; **Sie ~ [wohl] zu scherzen!** vous voulez rire [sans doute]!
II. *itr V* **was dir/ihm/... beliebt** *geh* ce qui te/lui/... plaît; **wie es euch beliebt** *geh* comme il vous plaira

Belieben <-s> *nt* [bon] plaisir *m*; **in jds ~** (*Dat*) **liegen** [*o* **stehen**] *geh* dépendre du bon plaisir de qn; **das steht ganz in Ihrem ~** c'est selon votre bon plaisir; **[ganz] nach ~** [tout] à sa/ma/... guise

beliebig **I.** *Adj* n'importe quel; **jedes ~e Argument/Rätsel** n'importe quel argument/quelle énigme; **einen ~en Stift/eine ~e Tasse nehmen** prendre un stylo/une tasse quelconque, prendre le stylo/la tasse que l'on veut; **in ~er Menge** en toute quantité; **alles Beliebige fragen** demander n'importe quoi
II. *Adv* à volonté; **~ viele Versuche machen** faire autant d'essais que l'on veut; **~ lange/oft** aussi longtemps/souvent que l'on veut

beliebt *Adj Person* apprécié(e), populaire; **bei jdm ~ sein** *Person:* être populaire auprès de qn; *Sache:* être apprécié(e) [de qn], être en vogue [chez qn]; **sich ~ machen** se faire bien voir; **sich bei jdm ~ machen** s'attirer les faveurs de qn

Beliebtheit <-> *f* popularité *f*; *eines Buchs, Films, Romans* audience *f*; *eines Orts* renommée *f*; **sich bei der Jugend großer ~ erfreuen** *Mode, Sport:* être très apprécié(e) chez les jeunes

beliefern *tr V* fournir; **jdn/ein Geschäft mit Getränken ~** fournir qn/un magasin en boissons

Belieferung *f* livraison *f*; **die ~ dieser Firma wurde eingestellt** cette maison n'est plus livrée

Belize [beˈliːs, beˈliθe] <-s> *nt* le Belize

Belizer(in) [beˈliːsɐ] <-s, -> *m(f)* Bélizien(ne) *m(f)*

belizisch *Adj* bélizien(ne)

Belladonna [bɛlaˈdɔna] <-, Belladonnen> *f* ❶ BOT belladone *f*
❷ PHARM atropine *f*

bellen [ˈbɛlən] **I.** *itr V Hund:* aboyer; **das Bellen** les aboiements *mpl*
II. *tr V fam* aboyer *Anweisung, Befehl*

bellend *Adj Stimme* gueulard(e); *Husten* rauque

Belletristik [bɛleˈtrɪstɪk] <-> *f* [belles-]lettres *fpl*

belletristisch *Adj* littéraire; **~e Literatur** les ouvrages littéraires

belobigen* *tr V* citer

B

Belobigung <-, -en> *f form* félicitations *fpl;* **offizielle ~** citation *f* officielle; **jdm eine ~ aussprechen** citer qn
belohnen* *tr V* récompenser; **jdn für seine Bemühungen ~** récompenser qn de ses efforts; **den Einsatz der Mitarbeiter ~** récompenser l'engagement des collaborateurs; **unsere Arbeit wurde durch Erfolg belohnt** le succès est venu récompenser notre travail
Belohnung <-, -en> *f* récompense *f;* **eine ~ für etw aussetzen** offrir une récompense pour qc; **hundert Euro ~ bekommen** recevoir cent euros de récompense; **zur** [*o* **als**] **~** en [*o* comme] récompense
Belsazar [bɛl'za:tsar] <-s> *m* BIBL Balthazar *m*
belüften* *tr V* aérer
Belüftung *f* ❶ *kein Pl* (*das Belüften*) aération *f*
❷ (*Anlage*) ventilation *f*
Beluga [be'lu:ga] <-, -s> *m* ZOOL bélouga *m,* béluga *m*
belügen* *unreg* **I.** *tr V* mentir à
II. *r V* **sich** [**selbst**] **~** se faire des illusions
belustigen* **I.** *tr V Person:* amuser, divertir; *Verhalten, Kleidung:* faire rire qn; **jdn ~** *Person:* amuser [*o* divertir] qn; *Verhalten, Kleidung:* faire rire qn; **was belustigt dich an mir?** qu'est-ce que j'ai qui te fait rire?; **~d** amusant(e)
II. *r V geh* **sich über jdn/etw ~** s'amuser de qn/qc (*soutenu*)
belustigt I. *Adj* **über etw** (*Akk*) **~ sein** être amusé(e) par qc
II. *Adv* **~ lächeln** avoir un sourire amusé
Belustigung <-, -en> *f* divertissement *m,* amusement *m;* **zu jds ~** pour amuser [*o* divertir] qn
bemächtigen* *r V geh* ❶ (*in seine Gewalt bringen*) **sich jds/einer S.** (*Gen*) **~** s'emparer [*o* se saisir] de qn/qc
❷ (*überkommen*) **sich jds ~** *Gefühl, Laune, Stimmung:* s'emparer de qn; *Gedanke:* envahir qn
bemäkeln* *tr V fam* critiquer; **etw an jdm/etw ~** critiquer qc chez qn/à qc; **stets an allem etwas zu ~ haben** trouver toujours le moyen de tout dénigrer
bemalen* **I.** *tr V* peindre; **etw mit Blumen ~** peindre des fleurs sur qc; **etw bunt ~** peindre qc en couleurs; **mit Ornamenten bemalt werden** être peint(e) avec des motifs décoratifs; **von Hand bemalt** peint(e) à la main
II. *r V pej fam* **sich ~** se peinturlurer (*fam*)
Bemalung <-, -en> *f* ❶ *kein Pl* (*das Bemalen*) ornementation *f,* décoration *f*
❷ (*Motiv*) décor *m,* ornementation *f*
bemängeln* *tr V* critiquer; **etw an jdm/einer S. ~** critiquer qc chez qn/à propos de qc; **an dem Stück gab es für die Kritik einiges zu ~** la pièce présentait selon la critique un certain nombre de défauts; **~, dass** se plaindre [de ce] que + *subj*
Bemängelung <-, -en> *f* critiques *fpl;* **~ einer S.** (*Gen*) critiques *fpl* concernant qc
bemannen* *tr V* pourvoir d'un équipage; [**ein Schiff/eine Rakete**] **~** pourvoir [un navire/une fusée] d'un équipage
bemannt [bə'mant] *Adj* ❶ habité(e); **~e Raumfahrt** navigation *f* spatiale habitée; **~ sein** *Raumschiff, U-Boot:* avoir un équipage
❷ *fam* (*liiert*) **~ sein** avoir trouvé chaussure à son pied (*hum*), avoir un mec (*pop*)
bemänteln* *tr V* camoufler
Bembel <-s, -> *m* DIAL pichet *m* (*pour servir le cidre*)
bemerkbar *Adj* perceptible; **für jdn ~ sein** être perceptible de [*o* par] qn; **sich durch etw ~ machen** *Person:* se manifester [*o* faire signe] par qc; *Störung, Krankheit:* se manifester par qc
bemerken* *tr V* ❶ (*wahrnehmen*) remarquer; **~, dass/wie ...** remarquer que ... + *indic,* s'apercevoir que ... + *indic*
❷ (*äußern*) **etwas zu etw ~** faire une remarque à propos de qc
bemerkenswert I. *Adj* remarquable; *Punkt* digne d'attention; **etwas/nichts Bemerkenswertes** quelque chose/rien qui mérite d'être noté(e)
II. *Adv* remarquablement; **~ schön/elegant** d'une beauté/élégance remarquable
Bemerkung <-, -en> *f* remarque *f;* **eine ~ über jdn/etw machen** [*o* **fallen lassen**] faire [*o* laisser échapper] une remarque à propos de qn/qc
bemessen* *unreg* **I.** *tr V* **knapp/reichlich ~ sein** *Zeit:* être calculé(e) juste/large; **tausend Euro sind etwas knapp ~** mille euros, ça fait un peu juste
II. *r V form* **sich nach etw ~** *Gehalt:* se mesurer à qc; *Steuer, Strafe, Unterstützung:* se calculer selon [*o* en fonction de] qc
Bemessung *f* évaluation *f,* calcul *m*
Bemessungsgrundlage *f* base *f* de calcul, assiette *f*
bemitleiden* **I.** *tr V* prendre en pitié; **jdn ~** prendre qn en pitié; **zu ~ sein** être à plaindre
II. *r V* **sich** [**selbst**] **~** se lamenter sur son [propre] sort
bemitleidenswert *Adj* à plaindre, pitoyable; **~ sein** être à plaindre
bemittelt *Adj geh* fortuné(e); **sehr/nicht sehr ~ sein** être fortuné(e)/n'avoir guère les moyens
bemoost [bə'mo:st] *Adj* moussu(e), couvert(e) de mousse
bemühen* **I.** *r V* ❶ (*sich Mühe geben*) **sich ~** faire des efforts; **sich gar nicht ~** ne faire aucun effort; **sich ~ keinen Lärm zu machen** s'efforcer de ne pas faire de bruit; **sosehr sie sich auch bemühte, ...** elle avait beau se donner beaucoup de mal, ...; **bitte ~ Sie sich nicht!** je vous en prie, ne vous dérangez pas!
❷ (*sich kümmern*) **sich um jdn ~** être aux petits soins avec qn; **sich um jds Freundschaft/Gunst ~** essayer de gagner [*o* rechercher] l'amitié/les faveurs de qn; **sich um eine Stelle ~** s'efforcer d'obtenir un poste
❸ *geh* (*gehen*) **sich zu jdm ~** rendre visite à qn; **sich nach nebenan ~** aller dans la pièce à côté; **würdest du dich bitte zur Tür ~?** veux-tu bien te donner la peine d'aller jusqu'à la porte?
II. *tr V geh* ❶ (*beauftragen*) faire appel à; **ich bemühe Sie ungern, aber ...** ce n'est pas dans mes habitudes de vous déranger, mais ...
❷ (*benutzen*) avoir recours à *Ausrede;* consulter *Notizbuch*
Bemühen <-s> *nt geh* efforts *mpl* (*littér*); **~ um jdn/etw** efforts *mpl* pour obtenir qn/qc
bemüht *Adj Mitarbeiter* sérieux(-euse); *Schüler* appliqué(e); **~ sein** être appliqué(e) [à la tâche]; [**darum**] **~ sein gut zu arbeiten** s'appliquer à faire du bon travail; **um Gerechtigkeit ~ sein** s'efforcer d'être juste
Bemühung <-, -en> *f* ❶ effort *m;* **danke für Ihre ~en!** merci de vous être donné tout ce mal!
❷ *Pl* (*Dienstleistung*) *eines Arztes* soins *mpl; eines Anwalts* services *mpl*
bemüßigt [bə'my:sɪçt] *Adj* **sich ~ fühlen/sehen etw zu tun** *iron geh* se croire obligé(e)/se voir dans l'obligation de faire qc (*iron*)
bemuttern* *tr V* materner, dorloter; **sich ~ lassen** se faire dorloter
benachbart [bə'naxba:ɐt] *Adj* voisin(e)
benachrichtigen* *tr V* informer; **jdn von etw ~** informer qn de qc; **davon benachrichtigt werden, dass** être informé(e) [de ce] que + *indic*
Benachrichtigung <-, -en> *f* ❶ *kein Pl* (*das Benachrichtigen*) **sich um die ~ der Eltern kümmern** se charger d'informer les parents; **ohne vorherige ~** sans avis préalable; **ich bitte um sofortige ~** je désire être mis(e) au courant immédiatement
❷ (*Nachricht*) notification *f,* avis *m*
benachteiligen* *tr V* ❶ (*zurücksetzen*) désavantager, défavoriser; **jdn wegen etw ~** désavantager [*o* défavoriser] qn en raison de qc; **sich benachteiligt fühlen** se sentir désavantagé(e) [*o* défavorisé(e)]
❷ (*behindern*) **jdn jdm gegenüber ~** *Umstand:* handicaper qn par rapport à qn

Benachteiligte(r) *f(m) dekl wie Adj* déshérité(e) *m(f)*

Benachteiligung <-, -en> *f* ❶ *kein Pl (das Benachteiligen)* **die ständige ~ von Minderheiten** le fait que les minorités sont constamment défavorisées; **die ~ eines Menschen aus religiösen Gründen ist verboten** personne ne doit être l'objet de discrimination religieuse
❷ *(Nachteil)* handicap *m,* inconvénient *m*

Bendel ['bɛndəl] *s.* **Bändel**

benebeln* *tr V fam* abrutir; **benebelt sein** être dans les vapes *(fam)*; **von etw benebelt sein** être abruti(e) par qc

Benediktiner(in) [benedɪk'tiːnɐ] <-s, -> *m(f)* bénédictin(e) *m(f)*

Benediktinerorden *m* ordre *m* bénédictin [*o* de Saint-Benoît]

Benefizkonzert *nt* concert *m* [au bénéfice d'une œuvre] de bienfaisance **Benefizvorstellung** *f* gala *m* de bienfaisance

benehmen* *r V unreg* ❶ *(sich gesittet verhalten)* **sich ~** se tenir bien; **benimm dich!** tiens-toi bien!
❷ *(sich verhalten)* **sich anständig/schlecht ~** se tenir correctement/mal; **sich wie ein Idiot ~** se comporter comme un imbécile

Benehmen <-s> *nt* comportement *m;* **jdn zu höflichem ~ erziehen** apprendre à qn les bonnes manières; **das ist kein [gutes] ~** ce n'est pas comme ça qu'on se tient; **kein ~ haben** ne savoir pas se tenir, n'avoir aucun savoir-vivre
▸ **sich mit jdm ins ~ setzen** *form* prendre langue avec qn *(littér)*

beneiden* *tr V* envier; **jdn um etw** [*o* **wegen etw**] **~** envier qc à qn; **wegen seiner Erfolge wird er von vielen beneidet** beaucoup lui envient ses succès; **er ist nicht zu ~** sa situation n'est guère enviable

beneidenswert I. *Adj* enviable; **ein ~er Mensch** une personne qu'on peut envier; **du bist wirklich ~!** il y a de quoi être jaloux de toi!
II. *Adv* **ihr habt es hier ~ ruhig** j'envie le calme dont vous bénéficiez ici

Beneluxländer, **Beneluxstaaten** *Pl* **die ~** le Benelux, les pays *mpl* du Benelux

benennen* *tr V unreg* ❶ *(mit Namen versehen)* nommer, appeler; **die Tochter nach der Großmutter ~** donner à sa fille le nom de la grand-mère
❷ *(nennen)* **jdn als Experten ~** désigner qn comme expert; **dem Gericht wurden drei Zeugen benannt** trois témoins ont été cités devant le tribunal

Benennung <-, -en> *f* ❶ *(Bezeichnung)* dénomination *f,* appellation *f*
❷ *(Ernennung) eines Sachverständigen, Kandidaten* désignation *f; eines Zeugen* citation *f*

benetzen* *tr V geh* mouiller; humecter *Lippen;* baigner *(littér) Wangen, Stirn;* **Tränen benetzten ihre Wangen** ses joues étaient baignées de larmes *(littér)*

Bengale [bɛŋ'gaːlə] <-n, -n> *m,* **Bengalin** *f* Bengali(e) *m(f),* Bengalais(e) *m(f)*

Bengel ['bɛŋəl] <-s, -[s]> *m* ❶ *(frecher Junge)* garnement *m;* **du frecher/unverschämter ~!** espèce d'effronté/de petit voyou!
❷ *fam (netter Junge)* gamin *m;* **was für ein süßer ~!** quel mignon petit bambin!

Benimm [bə'nɪm] <-s> *m fam* [bonnes] manières *fpl;* **keinen ~ haben** ne pas savoir se tenir

Benin [be'niːn] <-s> *nt* le Bénin

Beniner(in) [be'niːnɐ] <-s, -> *m(f)* Béninois(e) *m(f)*

beninisch *Adj* béninois(e)

Benjamin <-s, -e> *m* ❶ Benjamin *m*
❷ *fam (Jüngster)* **der ~** le benjamin *(fam)*

benommen [bə'nɔmən] *Adj (vom Schlaf, Lärm, durch Drogen)* hébété(e), abruti(e); *(durch einen Schlag)* sonné(e); *(durch einen Schock)* étourdi(e); **jdn ~ machen** abrutir qn

Benommenheit <-> *f* engourdissement *m,* hébétude *f*

benoten* *tr V* noter; **ihre Prüfung wurde mit „sehr gut" benotet** elle a eu son examen avec la mention "très bien"

benötigen* *tr V* avoir besoin de; **etw dringend ~** avoir un besoin urgent de qc; **wie viel Geld benötigst du?** combien d'argent te faut-il?

Benotung <-, -en> *f* ❶ *kein Pl (das Benoten)* notation *f*
❷ *(Note)* note *f*

benutzbar *Adj Gegenstand* utilisable; *Weg* praticable

benutzen* *tr V* ❶ utiliser; consulter *Literatur, Werk;* **etw als Bücherregal ~** utiliser qc comme [*o* en guise de] bibliothèque; **etw als Vorwand ~** utiliser qc comme [*o* en guise de] prétexte; **das benutzte Geschirr** la vaisselle sale; **nach dem Benutzen** après usage
❷ *(nicht ungenutzt lassen)* saisir *Gelegenheit, Anlass;* **den Nachmittag für einen Spaziergang ~** profiter de l'après-midi pour aller se promener
❸ *(fahren mit)* prendre *Bus, Straßenbahn*
❹ *(ausnutzen)* se servir de *Person;* **sich benutzt fühlen** se sentir exploité(e)

benützen* *s.* **benutzen**

Benutzer(in) <-s, -> *m(f) eines Geräts, Wörterbuchs, einer Software* utilisateur(-trice) *m(f); einer Bibliothek, eines Verkehrsmittels* usager(-ère) *m(f)*

Benützer *s.* **Benutzer**

benutzerfreundlich I. *Adj Gerät, Wörterbuch* pratique; *Computer, Programm* convivial(e) II. *Adv* de manière pratique; **~ konzipiert** d'une conception pratique **Benutzerfreundlichkeit** *f kein Pl eines Gerätes, Wörterbuchs* facilité *f* d'utilisation; *eines Computers, Programms* convivialité *f* **Benutzerhandbuch** *nt* guide *m* de l'utilisateur **Benutzername** *m* INFORM nom *m* d'utilisateur **Benutzeroberfläche** *f* INFORM interface *f* d'utilisateur **benutzerunfreundlich** I. *Adj* peu commode; *Computer* peu convivial(e) II. *Adv* **~ konzipiert** de conception peu conviviale

Benutzung, **Benützung** *f kein Pl eines Gegenstands* usage *m; eines Wegs, Eingangs, Zimmers* utilisation *f; eines Nachschlagewerks* consultation *f,* utilisation; **etw in ~ nehmen/haben** utiliser qc; **jdm etw zur ~ überlassen** laisser qc à qn pour qu'il puisse l'utiliser

Benutzungsgebühr *f* droit *m* [*o* taxe *f*] d'utilisation; *(Leihgebühr)* droit [*o* taxe] de location **Benutzungsordnung** *f* JUR réglementation *f*

Benzin [bɛn'tsiːn] <-s, -e> *nt* essence *f*

Benziner <-s, -> *m fam* voiture *f* à essence

Benzinfeuerzeug *nt* briquet *m* à essence **Benzingutschein** *m* bon *m* d'essence **Benzinkanister** *m* bidon *m* d'essence **Benzinmotor** *m* moteur *m* à essence **Benzinpreis** *m* prix *m* de l'essence **Benzinpumpe** *f* pompe *f* à essence **Benzinstand** *m kein Pl* AUT, AVIAT niveau *m* d'essence **Benzintank** *m* AUT réservoir *m* [d'essence] **Benzinuhr** *f* AUT jauge *f* **Benzinverbrauch** *m* consommation *f* d'essence

Benzoesäure ['bɛntsoe-] *f* CHEM acide *m* benzoïque

Benzol [bɛn'tsoːl] <-s, -e> *nt* CHEM benzène *m*

beobachten* *tr V* ❶ *(genau betrachten)* observer; **jdn bei der Gartenarbeit ~** observer qn occupé(e) au jardinage [*o* en train de faire le jardinage]; **sich von jdm beobachtet fühlen** avoir l'impression d'être observé(e) par qn
❷ *(observieren)* **jdn/etw ~ lassen** faire surveiller qn/qc; **beobachtet werden** être surveillé(e)
❸ *(bemerken)* **Veränderungen an jdm/etw ~** observer [*o* constater] des changements chez qn/dans qc; **gut beobachtet!** bien vu!

Beobachter(in) <-s, -> *m(f)* observateur(-trice) *m(f)*

Beobachtung <-, -en> *f* ❶ *kein Pl (das Beobachten)* observation *f*
❷ *(Observierung, Kontrolle)* surveillance *f;* **unter ~ stehen** *(observiert werden)* être sous surveillance; *(medizinisch kontrolliert werden)* être en observation

❸ (*Ergebnis des Beobachtens*) observation *f*, constatation *f*; **eine interessante ~ machen** observer quelque chose d'intéressant; **diese ~ habe ich noch nie gemacht** c'est une chose que je n'ai encore jamais remarquée

Beobachtungsgabe *f kein Pl* esprit *m* d'observation **Beobachtungsposten** *m* **auf ~ sein** *fam* être en faction **Beobachtungsstation** *f* ❶ MED station *f* d'observation ❷ ASTRON station *f* d'observation astrologique

beordern* *tr V* convoquer; **jdn nach Bonn/zu sich ~** envoyer qn à Bonn/convoquer qn; **zu jdm beordert werden** être convoqué(e) chez qn

bepacken* **I.** *tr V* charger *Person, Tier, Auto;* **schwer bepackt** lourdement chargé(e)
II. *r V* **sich mit etw ~** se charger de qc

bepflanzen* *tr V* planter *Beet*

Bepflanzung *f* ❶ *kein Pl* (*das Bepflanzen*) plantation *f*; **sich um die ~ der Beete kümmern** se charger de planter quelque chose dans les parterres
❷ (*die Pflanzen*) plantations *fpl*

bepinkeln* *fam* **I.** *tr V* pisser sur [*o* contre] (*fam*)
II. *r V* **sich ~** se pisser dessus (*fam*)

bepinseln* *tr V* ❶ badigeonner *Kuchen, Wunde;* **man hat ihr die Wunde mit Jodtinktur bepinselt** on lui a badigeonné la plaie de teinture d'iode
❷ *fam* (*voll schreiben*) **ein Blatt Papier mit etw ~** gribouiller qc sur une feuille de papier (*fam*)

bequatschen* *tr V sl* ❶ (*bereden*) discuter; **etw mit jdm ~** discuter de qc avec qn
❷ (*überreden*) **jdn [dazu] ~ einzuwilligen** baratiner qn pour qu'il consente (*fam*); **sich von jdm ~ lassen** se laisser embobiner par qn (*fam*)

bequem [bəˈkveːm] **I.** *Adj* ❶ (*angenehm*) *Sitzmöbel, Kleidungsstück* confortable; **es sich** (*Dat*) **~ machen** se mettre à l'aise; **macht es euch ~** mettez-vous à votre aise
❷ (*mühelos*) *Bedienung, Handhabung* commode
❸ (*leicht zu bedienen*) *Elektrogerät* pratique
❹ *pej* (*träge*) *Person* paresseux(-euse); **dazu ist er viel zu ~** il aime beaucoup trop ses aises pour cela
II. *Adv* ❶ **~ sitzen** *Person:* être assis(e) confortablement [*o* commodément]; *Anzug:* être confortable
❷ (*mühelos*) *bedienen, handhaben* commodément

bequemen* *r V* ❶ (*sich entschließen*) consentir à; **sich zu einer Antwort ~** consentir à répondre; **sich [dazu] ~ sich zu entschuldigen** consentir à s'excuser; **er konnte sich nicht dazu ~ aufzustehen** il ne pouvait pas se résoudre à se lever
❷ (*sich begeben*) **sich zu jdm/nach Dijon ~** consentir à se rendre chez qn/à Dijon; **könntest du dich jetzt wohl ins Bett ~?** veux-tu aller au lit?

Bequemlichkeit <-> *f* ❶ (*Behaglichkeit*) confort *m*
❷ (*Trägheit*) paresse *f*; **aus ~** par paresse

berappen* *tr V fam* payer; **viel Geld für etw ~** cracher pour [obtenir] qc (*pop*)

beraten* *unreg* **I.** *tr V* ❶ (*informieren*) conseiller; **sich von jdm ~ lassen** se faire conseiller par qn; **du bist gut/schlecht ~, wenn du diese Aktien kaufst** tu es bien/mal inspiré(e) d'acheter ces actions
❷ (*besprechen*) délibérer de [*o* sur]; discuter un amendement *Gesetzesnovelle*
II. *r V* **sich über jdn/etw ~** délibérer au sujet de qn/qc, débattre de qn/qc; **sich mit jdm über jdn/etw ~** se concerter avec qn au sujet de qn/qc

beratend I. *Adj* consultatif(-ive)
II. *Adv* **jdm ~ zur Seite stehen** assister qn à titre de conseiller(-ère)

Berater(in) <-s, -> *m(f)* conseiller(-ère) *m(f)*; COM, FIN, JUR conseil *m*

Beratertätigkeit *f* consultation *f* **Beratervertrag** *m* contrat *m* de consultant

beratschlagen* **I.** *tr V* délibérer de *Plan, Frage;* **~, wie ...** délibérer de la manière dont ...
II. *itr V* **über etw** (*Akk*) **~** délibérer de qc

Beratung <-, -en> *f* ❶ *kein Pl* (*Besprechung*) délibération *f*; *einer Gesetzesnovelle* discussion *f*; **sich zur ~ zurückziehen** se retirer pour délibérer
❷ (*das Beratenwerden*) **auf die ~ durch Experten angewiesen sein** devoir s'en remettre aux conseils des experts
❸ (*Information*) *eines Klienten, Patienten* consultation *f*

Beratungsgesetz *nt additif restrictif à la loi sur l'I.V.G., repoussé en 1989* **Beratungsstelle** *f* service *m* de consultation **Beratungszimmer** *nt* salle *f* de consultation

berauben* *tr V* ❶ (*bestehlen*) dévaliser; **jdn einer S.** (*Gen*) **~** dépouiller qn de qc
❷ *geh* (*entziehen*) **jdn seiner Freiheit/seiner Rechte ~** priver qn de sa liberté/ses droits; **jdn aller Hoffnung/Zuversicht ~** ôter tout espoir/toute confiance à qn

berauschen* *geh* **I.** *tr V* enivrer
II. *r V* ❶ (*sich betrinken*) **sich am Wein ~** s'enivrer de vin
❷ (*in Ekstase geraten*) **sich an einer Vorstellung ~** se délecter [*o* se repaître] d'une idée (*littér*)

berauschend I. *Adj Droge* euphorisant(e), enivrant(e); *Getränk, Wirkung* grisant(e)
▶ **das ist/war nicht [gerade] ~** *fam* c'est/c'était pas terrible! (*fam*)
II. *Adv* **~ wirken** *Droge:* agir comme un stupéfiant; *Getränk:* avoir un effet euphorisant

Berber [ˈbɛrbɐ] <-s, -> *m* ❶ Berbère *m*
❷ *sl* (*Obdachloser*) clodo *m* (*pop*)
❸ (*Teppich*) tapis *m* berbère

Berberin <-, -nen> *f* ❶ Berbère *f*
❷ *sl* (*Obdachlose*) clodo *f* (*pop*)

Berberitze <-, -n> *f* épine-vinette *f*

Berberteppich *m* tapis *m* berbère

berechenbar [bəˈrɛçənbaːɐ] *Adj* ❶ *Kosten, Projekt* évaluable; **~ sein** pouvoir être évalué(e) [*o* estimé(e)]
❷ (*einschätzbar*) *Person* dont on peut prévoir les réactions; *Politik* prévisible; **~er werden** *Politik:* devenir moins imprévisible; **nicht ~ sein** être imprévisible

berechnen* *tr V* ❶ (*ausrechnen*) calculer; **~, ob/wie/wie viel ...** calculer si/comment/combien ...
❷ (*in Rechnung stellen*) **[jdm] etw ~** facturer [*o* compter] [à qn]; **zu teuer berechnet werden** *Artikel, Leistung:* être facturé(e) trop cher
❸ (*veranschlagen*) **das Rezept ist für zwei Personen berechnet** la recette est prévue pour deux personnes
❹ (*im Voraus abwägen*) calculer *Effekt, Wort, Geste*

berechnend *Adj pej* calculateur(-trice)

Berechnung *f* ❶ (*das Rechnen*) calcul *m*; **seiner ~ nach, nach seiner ~** d'après ses calculs
❷ (*bewusster Einsatz*) *von Worten, Gesten* calcul *m*
❸ *pej* (*Eigennutz*) calcul *m*; **mit eiskalter ~ vorgehen** opérer avec un professionnalisme froid; **etw aus ~ tun** faire qc par calcul

Berechnungsgrundlage *f* ÖKON base *f* de calcul

berechtigen* **I.** *tr V* **jdn zu einer optimistischen Sicht ~** donner lieu à qn d'être optimiste; **berechtigt sein etw zu tun** être habilité(e) à [faire] qc, avoir le droit de faire qc; **sich zu etw berechtigt fühlen** se sentir autorisé(e) [*o* légitimé(e)] à faire qc
II. *itr V* ❶ **zur Benutzung der Busse ~** autoriser à circuler en bus
❷ (*Anlass geben*) **zu den größten Hoffnungen ~** autoriser [*o* permettre] de très grands espoirs; **zu der Annahme ~, dass** autoriser à supposer que + *indic*

berechtigt *Adj* légitime, justifié(e)

berechtigterweise *Adv form* à juste titre, de façon légitime [*o* justifiée]

Berechtigung <-, *selten* -en> *f* ① (*Befugnis*) autorisation *f*; **die/keine ~ haben etw zu tun** être/ne pas être autorisé(e) à faire qc
② (*Rechtmäßigkeit*) *eines Anspruchs, einer Forderung* légitimité *f*, bien-fondé *m*

bereden* I. *tr V* ① discuter; **etw mit jdm ~** discuter qc avec qn
② (*überreden*) **jdn ~ etw zu tun** convaincre qn de faire qc
II. *r V* **sich ~** se concerter; **sich mit jdm über etw** (*Akk*) **~** discuter avec qn de qc

beredsam [bəˈreːtzaːm] *Adj* ① (*redegewandt*) disert(e) (*littér*), éloquent(e)
② (*mitteilsam*) loquace

Beredsamkeit <-> *f geh* éloquence *f*

beredt [bəˈreːt] *Adj geh* ① (*ausdrucksvoll*) *Gestik, Mimik* expressif(-ive), suggestif(-ive)
② (*viel sagend*) *Schweigen, Miene* éloquent(e)
③ (*redegewandt*) éloquent(e)

Bereich [bəˈraɪç] <-[e]s, -e> *m* ① (*Gebiet*) zone *f*
② (*Verantwortungsbereich*) domaine *m*, secteur *m*; **der ~ „Personal“** le secteur “personnel”; **er kennt sich in diesem ~ gut aus** c'est là un domaine qui lui est familier; **das fällt in meinen ~** cela entre dans mes attributions, c'est de mon ressort
► **im ~ des Möglichen liegen** être du domaine du possible

bereichern* I. *r V* **sich ~** s'enrichir; **sich an jdm/etw ~** s'enrichir grâce à qn/avec qc
II. *tr V* ① **seine Sammlung um neue Stücke ~** enrichir sa collection de nouvelles pièces
② (*beglücken*) enrichir

Bereicherung <-, -en> *f* enrichissement *m*

Bereifung <-, -en> *f* pneumatiques *mpl*

bereinigen* I. *tr V* régler *Angelegenheit*
II. *r V* **sich von selbst ~** s'arranger de lui-même/d'elle-même

Bereinigung *f eines Konflikts* règlement *m*

bereisen* *tr V* parcourir

bereit [bəˈraɪt] *Adj* ① (*fertig, vorbereitet*) prêt(e)
② (*willens*) disposé(e); **~ sein jdm zu helfen** être disposé(e) à aider qn; **sich ~ erklären die Kosten zu übernehmen** se déclarer prêt(e) à prendre les frais à sa charge
► **allzeit ~[, immer ~]!** scouts, toujours prêts!

bereiten* *tr V* ① (*verursachen*) causer; **jdm Freude/Schwierigkeiten ~** causer [*o* apporter] de la joie/des difficultés à qn; **jdm Kopfschmerzen ~** donner mal à la tête à qn
② (*zuteil werden lassen*) **jdm eine Überraschung/einen Empfang ~** réserver une surprise/un accueil à qn
③ *geh* (*zubereiten*) **[jdm] ein Mahl/ein Bad ~** préparer un repas/un bain [à qn]

bereit|habenRR *tr V* avoir tout(e) prêt(e); **etw ~** avoir qc tout(e) prêt(e)

bereit|halten I. *tr V unreg* ① (*griffbereit haben*) préparer *Ausweis, Geld, Parkschein*; tenir prêt(e) *Gerät, Spritze, Schusswaffe*; **bitte die Pässe ~!** veuillez préparer vos passeports!
② (*in petto haben*) **für jdn eine Überraschung ~** réserver une surprise à qn
II. *r V* **sich für etw ~** se tenir prêt(e) pour qc

bereit|legen *tr V* préparer; **[jdm] etw ~** préparer qc [à qn]

bereit|liegen *itr V unreg* être prêt(e); **für jdn ~** être à la disposition de qn; **zur Abholung ~** être prêt(e) à être emporté(e)

bereit|machen *r V* se préparer; **sich für jdn/etw ~** se préparer pour qn/qc

bereits [bəˈraɪts] *Adv* déjà

Bereitschaft <-, -en> *f* ① *kein Pl* (*Bereitwilligkeit*) bonne volonté *f*; **mangelnde ~** manque *m* de bonne volonté; **seine ~ erklären etw zu tun** se déclarer prêt(e) à faire qc
② *kein Pl* (*Bereitschaftsdienst*) service *m* de garde; **~ haben** être de [service de] garde
③ (*Alarmbereitschaft*) **in ~ sein** être en alerte, être prêt(e) à intervenir
④ (*Einheit der Polizei*) unité *f* de gardes mobiles

Bereitschaftsarzt *m*, **-ärztin** *f* médecin *m* de garde **Bereitschaftsdienst** *m* service *m* de garde; **~ haben** être de garde **Bereitschaftspolizei** *f corps de police correspondant aux Compagnies Républicaines de Sécurité*

bereit|stehen *itr V unreg* être prêt(e); **für jdn ~** *Essen, Wagen, Flugzeug:* être prêt(e) pour qn; **Ihr Taxi steht [unten] für Sie bereit** votre taxi vous attend [en bas]; **zur Abholung ~** être prêt(e) à être emporté(e)

bereit|stellen *tr V* ① (*zur Verfügung stellen*) préparer; **Gelder für etw ~** débloquer des fonds pour qc; **etw für jdn ~** mettre qc à la disposition de qn
② (*einsetzen*) prévoir *Zug, Sonderzug*; **Truppen ~** mettre des troupes en place

Bereitstellung *f von Material, Fahrzeugen* mise *f* à disposition; *von Zügen, Truppen* mise en place

bereitwillig I. *Adj Helfer, Verkaufspersonal* empressé(e)
II. *Adv* avec empressement; **~ gestehen** s'empresser d'avouer

Bereitwilligkeit <-> *f* empressement *m*

bereuen* *tr V* se repentir de; **~ etw getan zu haben** se repentir d'avoir fait qc

Berg [bɛrk] <-[e]s, -e> *m* ① montagne *f*; (*Hügel*) colline *f*
② *Pl* (*Gebirge*) montagne *f*; **in die ~e fahren/in den ~en leben** aller/vivre à la montagne
③ (*große Menge*) **ein ~ von Geschirr** une montagne de vaisselle; **~e von Zeitschriften** des monceaux de revues
► **~ Heil!** *salut que s'adressent les montagnards;* **wenn der ~ nicht zum Propheten kommt, muss der Prophet zum ~ kommen** *Spr.* si la montagne ne veut pas venir à Mahomet, Mahomet ira à elle; **über ~ und Tal** par monts et par vaux; **mit etw hinterm [*o* hinter dem] ~ halten** faire mystère de qc; **über den ~/noch nicht über den ~ sein** *fam* avoir passé le cap [difficile]/ne pas être sorti(e) de l'auberge (*fam*); **über alle ~e sein** *fam* avoir pris le large (*fam*)

bergab [bɛrkˈʔap] *Adv* en descente; **~ gehen** descendre; **es geht ~** ça descend ► **mit jdm geht es ~** qn file un mauvais coton; **mit etw geht es ~** qc est sur la mauvaise pente, qc périclite **bergabwärts** *Adv* en descente **Bergakademie** *f* école *f* des mines

Bergamotte [bɛrgaˈmɔtə] <-, -n> *f* bergamote *f*

Bergamt *nt* service *m* des mines **bergan** [bɛrkˈʔan] *s.* **bergauf** **Bergarbeiter(in)** *s.* **Bergmann** **bergauf** [bɛrkˈʔaʊf] *Adv* en montant; **~ gehen** grimper, gravir la pente; **~ führen** *Weg:* monter en pente raide ► **mit jdm geht es ~** qn remonte la pente, qn reprend du poil de la bête (*fam*); **mit etw geht es ~** qc va mieux; **mit dem Umsatz geht es wieder ~** les affaires reprennent **bergaufwärts** *s.* **bergauf** **Bergbahn** *f* (*Zahnradbahn*) train *m* de montagne; (*Seilbahn*) téléphérique *m* **Bergbau** *m kein Pl* industrie *f* minière; **im ~ arbeiten** travailler à la mine **Bergbesteigung** *f* ascension *f* d'une montagne **Bergbewohner(in)** *m(f)* montagnard(e) *m(f)* **Bergdorf** *nt* village *m* de montagne

Bergelohn *m* indemnité *f* de sauvetage

bergen [ˈbɛrgən] <birgt, barg, geborgen> *tr V* ① (*retten, sicherstellen*) sauver *Personen, Kunstschätze;* remonter *Ertrunkenen;* récupérer *Giftfässer, Schiffsladung;* renflouer *Schiffswrack, Tanker;* **jdn aus dem Wasser ~** remonter qn de l'eau
② (*befreien*) dégager *Unfallopfer, Verschütteten*
③ *geh* (*enthalten*) **Kunstschätze [in sich** (*Dat*)**] ~** *Erde, Höhle:* recéler des trésors
④ (*mit sich bringen*) **eine Gefahr/Vorteile [in sich] ~** présenter [*o* comporter] un danger/des avantages
⑤ *geh* (*verstecken*) **sein Gesicht in den Händen ~** dissimuler son visage dans ses mains

Bergfahrt *f* [re]montée *f* **Bergfried** <-[e]s, -e> *m* donjon *m* **Bergführer(in)** *m(f)* guide *mf* de montagne **Berggeist** *m* esprit *m* des montagnes **Berggipfel** *m* sommet *m* **Berghang**

m versant *m* **Berghütte** *f* refuge *m*
bergig *Adj* montagneux(-euse)
Bergkamm *m* crête *f d'une montagne* **Bergkette** *f* chaîne *f* de montagnes **Bergkristall** *m* cristal *m* de roche **Bergkuppe** *f* dôme *m,* mamelon *m* **Bergland** *nt* région *f* montagneuse **Bergmann** <-leute> *m* mineur *m* **Bergmassiv** *nt* GEOG massif *m* montagneux **Bergnot** *f* **in ~ geraten/sein** se trouver en difficulté/être en détresse **Bergpredigt** *f* Sermon *m* sur la Montagne **Bergrücken** *m* arête *f* **Bergrutsch** *m* glissement *m* de terrain **Bergsee** *m* lac *m* de montagne **Bergspitze** *f* pic *m* **Bergstation** *f* station *f* supérieure, [gare *f* d']arrivée *f* du téléphérique **bergsteigen** *itr V unreg, nur Infin und PP + haben o sein* faire de l'alpinisme; ~ **gehen** partir faire de l'alpinisme; **wir waren** ~ nous avons fait de l'alpinisme; [**das**] **Bergsteigen** l'alpinisme *m;* **zum Bergsteigen** pour faire de l'alpinisme **Bergsteiger(in)** <-s, -> *m(f)* alpiniste *mf* **Bergstraße** *f* ❶ route *f* de montagne ❷ GEOG **die** ~ *région allemande à l'ouest de l'Odenwald* **Bergtour** [-tuːɐ] *f* randonnée *f* en montagne **Berg-und-Tal-Bahn** *f* montagnes *fpl* russes **Berg-und-Tal-Fahrt** *f* parcours *m* de montagnes russes
Bergung ['bɛrgʊŋ] <-, -en> *f von Verletzten* sauvetage *m; eines Schiffswracks* renflouement *m; einer Ladung* récupération *f;* **die ~ der Erdbebenopfer/Ertrunkenen war schwierig** il était difficile de dégager les victimes du séisme/de remonter les noyés
Bergungsarbeiten *Pl* ❶ (*Rettungsarbeiten*) opérations *fpl* de sauvetage; (*bei Unfällen, Erdbeben*) opérations *fpl* de dégagement; (*bei Schiffsunglücken*) opérations *fpl* de renflouement
❷ (*Sicherstellung von Ladungen*) entreprise *f* de récupération
Bergungsmannschaft *f* équipe *f* de secours [*o* sauvetage]
Bergungstrupp *m* groupe *m* de sauveteurs
Bergvolk *nt* peuple *m* montagnard **Bergwacht** *f* secours *m* en montagne **Bergwand** *f* paroi *f* rocheuse; **steile Bergwände** des parois abruptes **Bergwanderung** *f* randonnée *f* en montagne **Bergwerk** *nt* mine *f;* **im ~ arbeiten** travailler à la mine
Beriberi [beri'beːri] <-> *f* MED béribéri *m*
Bericht [bə'rɪçt] <-[e]s, -e> *m* ❶ (*Reportage, Nachricht*) reportage *m;* (*Zeitungsbericht*) compte rendu *m,* reportage; **ein ausführlicher ~ über etw** (*Akk*) un compte rendu détaillé de qc; **widersprüchliche ~e** des informations contradictoires; **ein offizieller ~** un communiqué officiel
❷ (*Report*) rapport *m;* ~ **zur Lage** compte-rendu *m* de la situation; **jdm ~ erstatten** *form* faire un rapport à qn
berichten* I. *itr V* ❶ (*mitteilen*) informer; **jdm über etw** (*Akk*) ~ informer qn de qc, rendre compte à qn de qc; **jdm darüber ~, dass** informer qn que + *indic;* **von Zeugen wurde uns berichtet, wie ...** des témoins nous ont appris comment ...; **es wird berichtet, dass** on raconte que + *indic*
❷ **aus Athen/aller Welt** ~ *Journalist:* envoyer des reportages d'Athènes/du monde entier; **für den Rundfunk** ~ travailler comme correspondant(e) pour la radio; **das Fernsehen berichtet über das Tagesgeschehen** la télévision nous informe sur les faits du jour; **wie unsere Korrespondentin aus Beirut berichtet** comme nous le communique notre envoyée spéciale à Beyrouth; **wie uns soeben berichtet wird** comme on nous le communique à l'instant
II. *tr V* **jdm etw** ~ raconter qc à qn
Berichterstatter(in) <-s, -> *m(f)* reporter *mf,* correspondant(e) *m(f)* **Berichterstattung** *f* ❶ (*Nachrichteninformation*) reportage *m* ❷ POL consultation *f*
berichtigen* I. *tr V a.* JUR corriger
II. *r V* **sich** ~ se corriger, rectifier son erreur
Berichtigung <-, -en> *f* ❶ correction *f*
❷ JUR rectification *f*
Berichtsjahr *nt* exercice *m,* année *f* de référence **Berichtszeitraum** *m* période *f* de référence
beriechen* *unreg* I. *tr V* renifler
II. *r V fam* **sich** [**gegenseitig**] ~ faire connaissance
berieseln* *tr V* ❶ (*bewässern*) arroser
❷ *fam* (*einwirken auf*) **jdn** ~ *Musik, Werbung:* inonder qn; **andauernd von Werbung berieselt werden** subir constamment l'effet insidieux de la publicité
Berieselung <-, -en> *f* AGR arrosage *m*
Berieselungsanlage *f* installation *f* [*o* dispositif *m*] d'arrosage
beringen* *tr V* baguer
beritten [bə'rɪtən] *Adj* à cheval; **~e Polizei** police *f* montée
Berkelium [bɛr'keːliʊm] <-s> *nt* CHEM berkélium *m*
Berlin [bɛr'liːn] <-s> *nt* Berlin

i Land & Leute

Les *Berliner Filmfestspiele*, également appelés **Berlinale** ont lieu tous les ans depuis 1951. Pendant le festival, on peut découvrir des films en compétition et hors compétition. De plus, on peut assister à la fête du cinéma pour les enfants et au forum international des films pour la jeunesse. Les autres parties du programme consistent en des hommages et diverses rétrospectives. Les prix remis représentent des ours, symbole de Berlin.

Berliner[1] [bɛr'liːnɐ] <-s, -> *m* ❶ Berlinois *m*
❷ DIAL (*Gebäck*) beignet *m*
Berliner[2] *Adj attr* berlinois(e); **das ~ Wappen** les armoiries de Berlin
Berlinerin <-, -nen> *f* Berlinoise *f*
berlinern* *itr V fam* baragouiner [en] berlinois
Bermudadreieck *nt* triangle *m* des Bermudes **Bermudainseln** *Pl* **die** ~ les Bermudes *fpl*
Bermudas[1] [bɛr'muːdas] *Pl* GEOG **die** ~ les Bermudes *fpl*
Bermudas[2] *Pl,* **Bermudashorts** [bɛr'muːda'ʃɔːɐts] *Pl* bermuda *m*
Bern [bɛrn] <-s> *nt* Berne
Berner *Adj attr* de Berne, bernois(e)
Berner(in) <-s, -> *m(f)* Bernois(e) *m(f)*
Bernhardiner [bɛrnhar'diːnɐ] <-s, -> *m* ❶ (*Mönch*) bernardin *m*
❷ (*Hund*) saint-bernard *m*
Bernstein ['bɛrnʃtaɪn] *m kein Pl* ambre *m* jaune
bernsteinfarben *Adj* ambré(e), ambre
Berserker [bɛr'zɛrkɐ] <-s, -> *m* ▶ **toben wie ein** ~ être [comme] fou(folle) furieux(-euse)
bersten ['bɛrstən] <birst, barst, geborsten> *itr V + sein geh*
❶ *Glasgefäß, Vase:* se fendre; *Erde, Damm:* exploser; *Ballon:* éclater; *Reifen:* crever
❷ *fig* **vor Neugierde/Ungeduld** [**fast**] ~ [faillir] crever de curiosité/d'impatience
▶ **zum Bersten voll** plein(e) à craquer
Berta <-> *f* ▶ **die dicke** ~ HIST *fam* la grosse Bertha (*fam*)
berüchtigt [bə'rʏçtɪçt] *Adj Person* tristement célèbre; *Gegend, Lokal, Gefängnis* mal famé(e); **wegen etw ~ sein** n'être que trop connu(e) pour qc; **er bekam einen seiner ~en Wutanfälle** il a eu l'un de ces fameux accès de colère
berückend *Adj geh* ravissant(e) (*soutenu*); **eine Musik von ~er Schönheit** une musique sublime
▶ **nicht gerade** [*o* **nicht sehr**] ~ **sein** *iron* ne pas être spécialement [*o* très] réjouissant(e) (*fam*)
berücksichtigen* *tr V* ❶ considérer, tenir compte de *Alter;* **~, dass** prendre en considération le fait que + *indic;* **wenn man berücksichtigt, dass** quand on considère que + *indic;* **berücksichtigt werden** être pris(e) en compte
❷ (*wohlwollend prüfen*) **bestimmte Tatsachen** ~ prendre certains faits en considération; **eine Bewerbung** ~ retenir une candidature
Berücksichtigung <-> *f* prise *f* en considération; **in** [*o* **unter**]

~ **seines Alters** compte tenu de son âge; **die ~ Ihrer Bewerbung war uns nicht möglich** il ne nous a pas été possible de retenir votre candidature

Beruf [bə'ru:f] <-[e]s, -e> *m* profession *f;* (*Handwerksberuf*) métier *m;* **freier ~** profession libérale; **einen ~ ergreifen** choisir une profession/un métier; **im ~ stehen** exercer une activité professionnelle; **einen ~ ausüben** exercer une profession; **von ~ Schreiner sein** être menuisier de métier; **was sind Sie von ~?** quelle est votre profession?

► **seinen ~ verfehlt haben** avoir raté sa vocation; **von ~s wegen** pour raison professionnelle

berufen[1] *Adj* ❶ (*kompetent*) compétent(e)

❷ (*auserwählt*) **zum Priester ~ sein** avoir la vocation de prêtre; **zu Höherem ~ sein** être destiné(e) à une tâche plus élevée; **sich für etw ~ fühlen** se sentir une vocation pour qc; **sich ~ fühlen etw zu tun** se sentir la vocation de faire qc

► **viele sind ~[, aber wenige sind auserwählt]** il y a beaucoup d'appelés [mais peu d'élus]

berufen*[2] *unreg* **I.** *tr V* nommer; **jdn in ein Amt/zum Nachfolger ~** nommer qn à une fonction/comme successeur

II. *r V* **sich auf jdn/etw ~** se référer à qn/qc

III. *itr V* JUR A faire appel

beruflich I. *Adj* professionnel(le)

II. *Adv* professionnellement; **was machen Sie ~?** quelle est votre profession?; **~ viel unterwegs sein** être souvent en déplacement; (*für Verhandlungen*) être souvent en voyage d'affaires; **~ in Frankreich sein** être en France pour affaires

Berufsausbildung *f* formation *f* professionnelle **Berufsaussichten** *Pl* débouchés *mpl* **Berufsbeamtentum** *nt* fonction *f* publique **berufsbedingt** *Adj* professionnel(le); **diese Krankheit ist ~** c'est une maladie professionnelle **Berufsberater(in)** *m(f)* conseiller(-ère) *m(f)* d'orientation **Berufsberatung** *f* orientation *f* professionnelle **Berufsbezeichnung** *f* profession *f* **berufsbezogen I.** *Adj* professionnel(le); **~er Unterricht** cours *m* d'enseignement professionnel **II.** *Adv* **~ unterrichten** faire de l'enseignement professionnel **Berufsbild** *nt* profil *m;* **das ~ der Krankenschwester** le profil de l'infirmière **Berufsboxer(in)** *m(f)* SPORT boxeur(-euse) *m(f)* professionnel(le) **Berufserfahrung** *f* expérience *f* professionnelle **Berufsethos** *nt* déontologie *f* [professionnelle] **Berufsfachschule** *f* ≈ lycée *m* d'enseignement professionnel **Berufsfeuerwehr** *f* [sapeurs-]pompiers *mpl* professionnels **berufsfremd** *Adj Tätigkeit* qui ne correspond pas à sa/ma/... formation [professionnelle] **Berufsgeheimnis** *nt* secret *m* professionnel **Berufsgenossenschaft** *f* caisse *f* de prévoyance des accidents du travail **Berufsgruppe** *f* catégorie *f* professionnelle **Berufsheer** *nt* armée *f* de métier **Berufskleidung** *f* vêtement *m* de travail **Berufskrankheit** *f* maladie *f* professionnelle **Berufsleben** *nt* vie *f* professionnelle; **im ~ stehen** exercer une activité professionnelle **berufsmäßig I.** *Adj* professionnel(le) **II.** *Adv* professionnellement; **etw ~ betreiben** pratiquer qc à titre professionnel **Berufsoffizier(in)** *m(f)* officier *m* de carrière **Berufspraxis** *f kein Pl* pratique *f* professionnelle **Berufsrisiko** *nt* risques *mpl* du métier **Berufsschule** *f* centre *m* de formation [professionnelle]

i Land & Leute

Tous les apprentis en Allemagne doivent aller une à deux fois par semaine à la **Berufsschule.** On y enseigne des matières d'enseignement général ainsi que des matières de formation professionnelle. C'est globalement l'équivalent, en France, du C.F.A. (centre de formation des apprentis).

Berufsschüler(in) *m(f)* élève *mf* d'un centre de formation [professionnelle] **Berufssoldat(in)** *m(f)* soldat(e) *m(f)* de métier **Berufsspieler(in)** *m(f)* ❶ (*Sportler*) professionnel(le) *m(f)* ❷ (*Glücksspieler*) joueur(-euse) *m(f)* professionnel(le) **Berufssportler(in)** *m(f)* sportif(-ive) *m(f)* professionnel(le) **Berufsstand** *m* corps *m* de métier; *von Ärzten, Anwälten* ordre *m* **berufstätig** *Adj* actif(-ive); **~ sein** travailler **Berufstätige(r)** *f(m) dekl wie Adj* personne *f* active **Berufstätigkeit** *f* activité *f* professionnelle **berufsunfähig** *Adj* qui ne peut plus exercer de profession; **~ sein** ne plus pouvoir exercer de profession **Berufsunfähigkeit** *f* incapacité *f* à exercer une profession **Berufsverband** *m* association *f* professionnelle **Berufsverbot** *nt* interdiction *f* professionnelle; **jdm ~ erteilen** frapper qn d'interdiction professionnelle; **~ haben** être victime d'interdiction professionnelle **Berufsverbrecher(in)** *m(f)* professionnel(le) *m(f)* du crime **Berufsvereinigung** *f* association *f* professionnelle **Berufsverkehr** *m* circulation *f* aux heures de pointe; **im ~ stecken bleiben** être coincé(e) dans les bouchons des heures de pointe **Berufswahl** *f* choix *m* d'une profession; **das Recht auf freie ~** la liberté de choisir sa profession **Berufswechsel** *m* changement *m* de métier **Berufszweig** *m* branche *f* professionnelle

Berufung [bə'ru:fʊŋ] <-, -en> *f* ❶ JUR appel *m;* (*in Frankreich*) cassation *f;* **in die ~ gehen** se pourvoir en appel; (*in Frankreich*) se pourvoir en cassation; **gegen ein Urteil ~ einlegen** faire appel d'un jugement

❷ (*Angebot für ein Amt*) **~ auf einen Lehrstuhl** nomination *f* à une chaire

❸ (*innere Bestimmung*) vocation *f;* **aus ~** par vocation; **ihre ~ zur Nonne/zu einem asketischen Leben** sa vocation de religieuse/pour une vie ascétique

❹ (*Bezugnahme*) **unter ~ auf jdn/etw** en se référant à qn/qc; **die ~ auf die Vorschriften hilft Ihnen nichts** cela ne sert à rien de vous référer au règlement

Berufungsfrist *f* délai *m* d'appel **Berufungsgericht** *nt* cour *f* d'appel **Berufungsinstanz** *f* cour *f* d'appel

beruhen* *itr V Angelegenheit, Bericht:* reposer; *Brauch, Fest:* remonter; **auf etw** (*Dat*) **~** *Angelegenheit, Bericht:* reposer sur qc; *Brauch, Fest:* remonter à qc

► **etw auf sich** (*Dat*) **~ lassen** ne pas donner suite à qc

beruhigen* **I.** *tr V* ❶ *Musik, Medikament:* calmer; *Auskunft, Nachricht:* rassurer; **jdn ~** *Musik, Medikament:* calmer qn; *Auskunft, Nachricht:* rassurer qn

❷ (*Bedenken zerstreuen*) rassurer; (*trösten*) calmer

❸ (*reduzieren, entlasten*) réduire *Verkehr;* **die Innenstadt ~** rendre le centre ville plus calme

II. *r V* **sich ~** se calmer

beruhigend I. *Adj* ❶ *Gewissheit, Nachricht, Wissen* rassurant(e); *Musik* apaisant(e)

❷ PHARM *Medikament* calmant(e)

II. *Adv* de façon rassurante; **~ wirken** *Medikament:* avoir un effet calmant; **~ auf jdn wirken** *Musik:* avoir un effet apaisant sur qn; *Worte, Stimme:* avoir un effet rassurant sur qn

beruhigt I. *Adj* rassuré(e); **~ sein** être rassuré(e)

II. *Adv* rassuré(e); **du kannst ganz ~ schlafen** tu peux dormir sur tes deux oreilles

Beruhigung <-> *f* ❶ (*das Beruhigen*) **sich um die ~ der Kinder kümmern** se charger de calmer les enfants; **zur ~ der Nerven** pour calmer les nerfs; **etwas zur ~ nehmen** prendre quelque chose pour se calmer

❷ (*das Beruhigtsein*) apaisement *m*

❸ (*Versicherung*) **zu deiner ~ [kann ich sagen]: ...** pour te rassurer, [je peux te dire]: ...

Beruhigungsmittel *nt* calmant *m* **Beruhigungsspritze** *f* piqûre pour calmer *f*

berühmt [bə'ry:mt] *Adj* célèbre; **für [o wegen] etw ~ sein** être célèbre pour qc

► **nicht gerade ~ sein** *iron fam* ne pas être fameux(-euse) (*fam*)

Berühmtheit <-, -en> *f* (*das Berühmtsein, berühmte Person*) célébrité *f;* **~ erlangen** devenir célèbre

beruhigen

• beruhigen	• calmer
Nur keine Panik/Aufregung!	Pas de panique/d'affolement!
Machen Sie sich keine Sorgen.	Ne vous faites pas de soucis.
Keine Angst, das werden wir schon hinkriegen.	Ne vous en faites pas, nous finirons bien par y arriver.
Abwarten und Tee trinken. *(fam)*	Nous verrons bien (ce qui se passera).
Es wird schon werden.	Ça va aller.
Alles halb so schlimm.	Ce n'est pas si grave.
Ganz ruhig bleiben!	Restons calme!/Ne nous affolons pas! *(fam)*

► zu traurig**er** ~ **gelangen** se rendre tristement célèbre

berühren* I. *tr V* ① toucher; **etw leicht** ~ effleurer qc; **das Berühren der Ware ist verboten** il est interdit de toucher à la marchandise
② *(seelisch bewegen)* toucher; **jdn peinlich** ~ gêner qn; **jdn schmerzlich/seltsam** ~ faire mal/un effet bizarre à qn
③ *(kurz erwähnen)* évoquer; **etw nur kurz** ~ ne faire qu'effleurer qc
II. *r V* ① **sich** ~ *Personen, Gegenstände:* se toucher
② *fig* **sich in verschiedenen Punkten** ~ *Ideen, Vorstellungen, Interessen:* se rejoindre sur différents points

berührt *Adj* touché(e); **von etw peinlich/schmerzlich ~ sein** être gêné(e)/peiné(e) par qc; **sie war davon angenehm** ~ cela lui a fait très plaisir

Berührung <-, -en> *f* ① *(Anfassen)* contact *m; (leicht, vorsichtig)* effleurement *m;* **Angst vor körperlicher ~ haben** avoir peur des contacts physiques
② *(Erwähnung) eines Themas* évocation *f*
► **jdn mit etw in ~ bringen** mettre qn en contact avec qc; **mit jdm/etw in ~ kommen** toucher qn/qc; *fig* entrer en contact avec qn/qc

Berührungsangst *f meist Pl* peur *f* de contacts physiques; *fig* peur des contacts **Berührungsbildschirm** *m* INFORM écran *m* tactile **Berührungspunkt** *m* point *m* commun; GEOM point *m* de contact

Beryllium [beˈrylium] <-s> *nt* CHEM béryllium *m*

bes. *Abk von* **besonders**

besabbern* *fam* I. *tr V* ficher de la bave sur *(fam)*
II. *r V* **sich** ~ se baver dessus *(fam)*

besagen* *tr V* vouloir dire; **~, dass** vouloir dire que + *indic;* **nicht ~, dass** ne pas vouloir dire que + *indic o subj;* **gar nichts** ~ ne vouloir absolument rien dire; **was besagt das schon?** qu'est-ce que ça prouve?

besagt *Adj attr form* ledit(ladite); **der/die ~e ...** ledit/ladite ...; **der ~e Schriftsteller/Abend** ledit écrivain/soir; **~e Frau Braun** ladite Madame Braun; **der/die Besagte** le susnommé/la susnommée

besaiten* *tr V* mettre des cordes à; **eine Gitarre neu** ~ recorder une guitare

besamen* *tr V* faire une insémination à; **jdn künstlich** ~ faire une insémination artificielle à qn; **ein Tier künstlich** ~ inséminer un animal

besammeln* *s.* **versammeln**

Besammlung *s.* **Versammlung**

Besamung <-, -en> *f* insémination *f;* **künstliche** ~ insémination artificielle

besänftigen* *tr V* calmer; **jdn/sich** ~ calmer qn/se calmer

Besänftigung <-, -en> *f* **zu seiner** ~ pour le calmer; **zur ~ ihres Zornes** pour calmer sa colère

besät *Adj* ① recouvert(e); **mit Blumen** ~ recouvert(e) de fleurs; **dicht** ~ entièrement recouvert
② *fig* **mit Sternen ~ sein** être parsemé(e) d'étoiles

Besatz <-es, ¨-e> *m (Einfassung)* garniture *f; (Borte)* bordure *f*

Besatzer(in) <-s, -> *m(f)* occupant(e) *m(f)*

Besatzung <-, -en> *f* ① *eines Schiffes, Flugzeugs, Panzers* équipage *m; einer Festung* garnison *f*
② *(Besatzungsarmee)* troupes *fpl* d'occupation

Besatzungsarmee *f* armée *f* d'occupation **Besatzungsmacht** *f* occupant *m* **Besatzungstruppen** *Pl* troupes *fpl* d'occupation **Besatzungszone** *f* zone *f* d'occupation

besaufen* *r V unreg sl* **sich** ~ se soûler la gueule *(pop)*

Besäufnis [bəˈzɔɪfnɪs] <-ses, -se> *nt sl* beuverie *f (fam)*

besäuselt *Adj fam* éméché(e) *(fam)*

beschädigen* *tr V* abîmer *Gegenstand, Lack;* endommager *Fahrzeug, Haus, Gerät;* **schwer beschädigt** *Wagen, Haus* gravement endommagé(e); *veraltet Person* lourdement handicapé(e)

Beschädigung <-, -en> *f* ① *kein Pl (das Beschädigen)* endommagement *m;* **~ eines Fahrzeugs** endommagement *m* d'un véhicule
② *(beschädigte Stelle)* dégâts *mpl*

beschaffen*[1] *tr V* procurer; **[jdm] etw** ~ procurer qc [à qn]; **sich** *(Dat)* **etw** ~ se procurer qc; **dieses Material ist schwer zu** ~ il est difficile de se procurer ce matériau

beschaffen[2] *Adj form* **so ~ sein, dass** être tel(le) que; **mit jdm/etw ist es gut/schlecht** ~ qn/qc va bien/mal

Beschaffenheit <-> *f eines Materials, Werks* texture *f*

Beschaffung <-> *f* approvisionnement *m;* **~ von Rauschgift** approvisionnement *m* en drogue(s); **jdm bei der ~ falscher Papiere helfen** aider qn de se procurer de faux papiers; **sich um die ~ einer Unterkunft/der notwendigen Papiere kümmern** s'occuper de trouver un hébergement/les papiers nécessaires

Beschaffungskriminalität *f* délits *mpl* commis pour se procurer de la drogue **Beschaffungsprostitution** *f* prostitution *f* pour se procurer de la drogue

beschäftigen* I. *r V* **sich** ~ s'occuper; **sich mit jdm** ~ s'occuper de qn; **sich mit etw** ~ s'intéresser à qc
II. *tr V* ① **jdn mit etw** ~ *Eltern, Lehrer:* occuper qn à qc
② *(interessieren)* **jdn** ~ *Frage, Problem:* préoccuper qn
③ *(an-, einstellen)* employer

beschäftigt *Adj* ① occupé(e); **mit jdm/etw ~ sein** être occupé(e) avec qn/à qc; **viel** ~ très occupé(e)
② *(angestellt)* **[als Sekretärin/bei einer Bank] ~ sein** travailler [comme secrétaire/dans une banque]

Beschäftigte(r) *f(m) dekl wie Adj* employé(e) *m(f);* **die ~n** *(Werktätige)* les employé(e)s; *(Belegschaft)* le personnel; **die ~n in den Banken** les employés de banque; **die ~n in der Textilindustrie** les salariés *mpl* de l'industrie textile

Beschäftigung <-, -en> *f* ① *(Tätigkeit)* occupation *f*
② *kein Pl (geistige Tätigkeit)* **~ mit etw** étude *f* de qc
③ *kein Pl (Beschäftigungsverhältnis)* emploi *m;* **einer/keiner ~ nachgehen** exercer une/n'exercer aucune activité; **ohne ~ sein** être sans emploi

Beschäftigungsförderungsgesetz *nt* loi *f* favorisant la créa-

tion d'emplois
beschäftigungslos *Adj* sans emploi
Beschäftigungsnachweis *m* certificat *m* délivré par l'employeur **Beschäftigungsprogramm** *nt* programme *m* pour la création d'emplois **Beschäftigungstherapeut(in)** *m(f)* ergothérapeute *mf* **Beschäftigungstherapie** *f* ergothérapie *f* ▶ **das ist [doch] die reinste** ~ *hum* c'est [vraiment] histoire de l'occuper/m'occuper/... (*fam*)
beschämen* *tr V* faire honte à
beschämend **I.** *Adj* ① (*demütigend*) humiliant(e)
② (*schändlich*) honteux(-euse); **für jdn ~ sein** être honteux(-euse) de la part de qn
II. *Adv* de honte
beschämt *Adj Person* honteux(-euse)
Beschämung <-, *selten* -en> *f* [sentiment *m* de] honte *f*; **zu meiner** ~ à ma grande honte
beschatten* *tr V* ① prendre en filature; **jdn** ~ prendre qn en filature; **jdn ~ lassen** faire suivre qn
② *geh* (*mit Schatten bedecken*) ombrager
Beschattung <-, *selten* -en> *f* (*Überwachung*) filature *f*
beschauen* *tr V* ① JUR contrôler *Fleisch*
② DIAL (*betrachten*) [**sich** (*Dat*)] **jdn/etw** ~ contempler qn/qc
beschaulich **I.** *Adj* paisible; REL contemplatif(-ive)
II. *Adv verbringen, leben* au calme; *gestalten* tranquillement
Beschaulichkeit <-> *f* calme *m*
Bescheid [bəˈʃaɪt] <-[e]s, -e> *m* ① ADMIN réponse *f*; **positiver** ~ confirmation *f*; **negativer** ~ réponse *f* négative
② (*Nachricht*) information *f*; **jdm ~ über etw** (*Akk*) **geben** informer qn de qc; **Sie erhalten von uns** ~ nous vous [en] informerons
▶ **jdm ~ sagen** dire à qn; **jdm [ordentlich] ~ sagen** [*o* **stoßen**] *fam* dire ses quatre vérités à qn (*fam*); **über etw** (*Akk*) **~ wissen** (*sich auskennen*) s'y connaître en qc; (*informiert sein*) être au courant de qc; **ich weiß ~!** oui, oui, je sais!; **sobald ich genauer ~ weiß, ...** dès que j'en saurai plus, ...
bescheiden¹ **I.** *Adj* ① (*genügsam, einfach*) modeste
② *fam* (*gering*) assez minable (*fam*)
③ (*nebensächlich*) *Frage, Bemerkung* modeste; **dürfte ich die ~e Frage stellen, wann ...** puis-je vous demander quand ... (*iron*)
④ *euph fam* (*miserabel*) *Essen* infect(e); *Gefühl, Situation* désagréable; *Wetter* sale *antéposé*; *Zustand* minable (*fam*)
II. *Adv* ① (*selbstgenügsam, einfach*) modestement
② *euph fam* (*miserabel*) **ihm geht es** ~ il est mal foutu (*pop*)
bescheiden*² *unreg* **I.** *tr V* ① *form* (*entscheiden*) statuer sur (*form*) *Gesuch, Antrag*; **etw positiv/abschlägig** ~ accepter/rejeter qc
② *geh* (*zuteil werden lassen*) **jdm beschieden sein** être donné(e) à qn; **ihm war kein Glück beschieden** il n'avait pas de chance
II. *r V geh* **sich mit etw** ~ se contenter de qc
Bescheidenheit <-> *f* ① *einer Person* modestie *f*; **aus [reiner/falscher]** ~ par [pure/fausse] modestie
② (*Einfachheit*) *einer Einrichtung, eines Lebensstils* simplicité *f*
③ (*Geringfügigkeit*) *eines Gehalts* modicité *f*; *einer Leistung* médiocrité *f*
▶ **~ ist eine Zier, doch weiter kommt man ohne ihr** *hum fam* la modestie est vertu, le monde ne s'en soucie; **[nur] keine falsche ~!** pas de fausse modestie!; (*Aufforderung zum Zugreifen*) ne fais/faites pas de manières!
bescheinen* *tr V unreg Fackel, Feuer, Mond, Sonne:* éclairer; **jdn/etw** ~ *Fackel, Feuer, Mond, Sonne:* éclairer qn/qc; **von der Sonne beschienen werden** *Person, Tier:* s'exposer au soleil; *Gebäude, Baum, Tal:* être exposé(e) au soleil
bescheinigen* *tr V* certifier; **den Empfang einer S.** (*Gen*) ~ accuser réception de qc; **jdm etw** ~ faire un certificat [*o* une attestation] de qc à qn; **jdm etw ~ können** pouvoir certifier qc à qn; **[jdm] ~, dass** certifier [à qn] que + *indic*; **sich** (*Dat*) **etw von jdm ~ lassen** se faire délivrer une attestation de qc par qn
Bescheinigung <-, -en> *f* ① *kein Pl* (*das Bescheinigen*) attestation *f*
② (*Dokument*) certificat *m*
bescheißen* *unreg sl* **I.** *tr V* **jdn um etw** ~ entuber qn de qc (*pop*); **beschissen werden** se faire entuber (*pop*)
II. *itr V* **bei etw** ~ tricher à qc
beschenken* *tr V* faire un cadeau/des cadeaux; **jdn** ~ faire un cadeau/des cadeaux à qn; **jdn mit etw** ~ faire cadeau de qc à qn; **jdn großzügig** ~ combler qn de cadeaux; **sich [gegenseitig]** ~ se faire des cadeaux
bescheren* *tr V* ① (*schenken*) offrir; **jdm etw** ~ offrir qc à qn pour Noël
② (*beschenken*) **jdn mit etw** ~ faire cadeau de qc à qn pour Noël; **die Kinder** ~ donner aux enfants leurs cadeaux de Noël
③ (*zuteil werden lassen*) **jdm etw** ~ accorder qc à qn
Bescherung <-, -en> *f* distribution *f* des cadeaux de Noël
▶ **[das ist ja] eine schöne ~!** *iron* eh bien, c'est réussi! (*iron fam*); **da [*o* jetzt] haben wir die ~!** nous voilà dans de beaux draps!

i Land & Leute

Le soir du réveillon de Noël, c'est-à-dire le 24 décembre, les cadeaux de Noël sont, très tôt et à la vue de tous, déposés autour du sapin. Lorsque le père Noël est passé (souvent beaucoup plus tôt qu'en France, vers 18 heures, ou après le repas du réveillon), vient le grand moment de la **Bescherung** pour les enfants qui déballent et découvrent ainsi leurs cadeaux.

bescheuert [bəˈʃɔɪɐt] *fam* **I.** *Adj* ① (*blöd*) débile (*fam*); **dieser ~e Kerl** ce taré (*fam*)
② (*unangenehm*) *Gefühl, Situation* emmerdant(e) (*fam*); *Wetter* dégueulasse (*fam*)
II. *Adv* **sich ~ anstellen** faire le con/la conne (*fam*); **~ aussehen** avoir l'air débile (*fam*); **~ fragen** poser des questions débiles (*fam*)
beschichten* *tr V* recouvrir; **etw mit Lack** ~ recouvrir qc de vernis
Beschichtung <-, -en> *f* TECH ① (*das Beschichten*) application *f*
② (*Schicht*) couche *f*
beschicken* *tr V* ① présenter; **eine Ausstellung mit etw** ~ présenter qc lors d'une exposition; **gut beschickt sein** *Messe:* présenter un large éventail de produits
② TECH **einen Hochofen mit Kohle** ~ alimenter un haut fourneau en charbon
beschießen* *tr V unreg* ① *Person:* tirer sur; *Geschütze:* mitrailler; *Flugzeug, Kriegsschiff:* bombarder; **jdn/etw** ~ *Person:* tirer sur qn/qc; *Geschütze:* mitrailler qn/qc; *Flugzeug, Kriegsschiff:* bombarder qn/qc; **feindliche Stellungen mit schwerer Artillerie** ~ mitrailler les camps fortifiés ennemis à la grosse artillerie
② PHYS **etw mit Neutronen** ~ bombarder qc avec des neutrons
Beschießung <-, -en> *f* bombardement *m*; (*Geschützfeuer*) mitraillage *m*
beschildern* *tr V* signaliser *Straße, Bahnübergang*; étiqueter *Pflanzen, Exponate*
Beschilderung <-, -en> *f* ① *kein Pl* (*das Aus-, Beschildern*) *von Straßen* signalisation *f*; *von Pflanzen, Exponaten* étiquetage *m*
② (*Verkehrsschilder*) signalisation *f*; (*Informationsschilder*) panneaux *mpl* indicateurs
beschimpfen* *tr V* insulter; **sich [gegenseitig]/jdn als Banausen** ~ se traiter/traiter qn de béotien
Beschimpfung <-, -en> *f* ① *kein Pl* (*das Beschimpfen*) injure *f*

B

❷ (*Schimpfworte*) insultes *fpl*

Beschiss[RR] [bəˈʃɪs] <-es>, **Beschiß** <-sses> *m sl* arnaque *f* (*fam*)

beschissen [bəˈʃɪsən] *sl* **I.** *Adj Lage, Situation, Gefühl* emmerdant(e) (*fam*); *Wetter, Bezahlung, Zustand* dégueulasse (*fam*)
II. *Adv* ~ **schmecken** être dégueulasse (*fam*); **sich** ~ **fühlen** être mal foutu(e) (*pop*); **ihm geht es** ~ il est dans la merde (*vulg*)

Beschlag <-[e]s, ⸚e> *m* ferrure *f*
► **jdn/etw mit** ~ **belegen, jdn/etw in** ~ **nehmen** monopoliser qn/qc

beschlagen*[1] *unreg* **I.** *tr V* + *haben* ferrer *Pferd, Schuhe*
II. *itr V* + *sein* (*anlaufen*) *Fenster, Spiegel, Brille:* se couvrir de buée; **die Scheibe ist** ~ la vitre est couverte de buée

beschlagen[2] *Adj* **in etw** (*Dat*) [**sehr**] ~ **sein** être [très] ferré(e) en qc

Beschlagnahme [bəˈʃlaːknaːmə] <-, -n> *f* saisie *f;* (*in Kriegszeiten*) réquisition *f*

beschlagnahmen* *tr V* ❶ JUR saisir
❷ *hum* (*in Anspruch nehmen*) **jdn** ~ *Person, Arbeit:* accaparer qn

Beschlagnahmung <-, -en> *f* JUR, ADMIN saisie *f*

beschleichen* *tr V unreg geh* envahir

beschleunigen* **I.** *tr V* accélérer; **seine Schritte** ~ presser le pas
II. *r V* **sich** ~ s'accélérer
III. *itr V* accélérer

Beschleunigung <-, -en> *f* accélération *f*

Beschleunigungsvermögen *nt* pouvoir *m* d'accélération

beschließen* *unreg* **I.** *tr V* ❶ décider; ~ **etw zu tun** décider de faire qc
❷ (*verbindlich festlegen*) adopter *Gesetz, Satzung, Plan;* **das ist** [**eine**] **beschlossene Sache** c'est une chose arrêtée
❸ *geh* (*beenden*) **eine Veranstaltung/ein Schreiben mit etw** ~ terminer une manifestation/une lettre par qc
II. *itr V* **über etw** (*Akk*) ~ décider de qc

beschlossen ► **in etw** (*Dat*) ~ **liegen** [*o* **sein**] *geh* être contenu(e) dans qc

Beschluss[RR] <-es, ⸚e>, **Beschluß** <-sses, ⸚sse> *m* ❶ (*Entscheidung*) décision *f;* **einen** ~ **fassen** prendre une décision
❷ JUR *eines Gerichts* arrêt *m;* **auf** ~ **des Gerichts** par décret du tribunal

beschlussfähig[RR] *Adj* ~ **sein** atteindre le quorum **Beschlussfähigkeit**[RR] *f* capacité *f* de statuer; **wenn die** ~ **des Ausschusses nicht gegeben ist** si le comité n'atteint pas le quorum **beschlussunfähig**[RR] *Adj* ~ **sein** ne pas atteindre le quorum

beschmeißen* *tr V unreg fam* canarder; **jdn/etw mit etw** ~ canarder qn/qc avec qc

beschmieren* **I.** *tr V* ❶ (*besudeln*) barbouiller *Grabstein, Tafel;* **die Tischdecke mit Schokolade** ~ faire des taches de chocolat sur la nappe
❷ (*bestreichen*) **etw mit Butter** ~ beurrer qc; **ein Brötchen mit Marmelade** ~ tartiner un petit pain de confiture
II. *r V* **sich** ~ se tacher

beschmutzen* **I.** *tr V* ❶ (*schmutzig machen*) salir; **sich/jdm die Hose** ~ salir son pantalon/le pantalon de qn; **beschmutzt** sale
❷ *fig* salir *Ehre, Ruf;* **beschmutzt** sali(e)
II. *r V* **sich mit etw** ~ se salir avec qc

Beschmutzung <-, -en> *f* salissures *fpl*

beschneiden* *tr V unreg* ❶ tailler *Baum, Strauch;* rogner *Bogen, Buchblock, Flügel*
❷ REL circoncire *Jungen;* exciser *Mädchen*
❸ (*beschränken*) réduire; amputer *Rechte*

Beschneidung <-, -en> *f* ❶ *von Bäumen, Sträuchern* taille *f; von Buchblöcken, Bögen, der Flügel* rognage *m*
❷ REL *eines Jungen* circoncision *f; eines Mädchens* excision *f*
❸ (*Beschränkung*) réduction *f; von Rechten* amputation *f*

beschneit *Adj* enneigé(e)

beschnitten *Adj* REL *Mann* circoncis; *Frau* excisée

beschnüffeln* **I.** *tr V* ❶ *Tier:* renifler; **jdn/etw** ~ *Tier:* renifler qn/qc
❷ *fam* (*prüfen*) sonder
❸ *pej fam* (*bespitzeln*) espionner
II. *r V* **sich** [**gegenseitig**] ~ *Tiere:* se renifler; *fig fam Personen:* se jauger

beschnuppern* **I.** *tr V* ❶ *Tier:* flairer; **jdn/etw** ~ *Tier:* flairer qn/qc
❷ *fam* (*kennen lernen*) tâter
II. *r V* **sich** [**gegenseitig**] ~ *Tiere:* se renifler; *fig fam Personen:* se jauger

beschönigen* *tr V* embellir *Angelegenheit, Vorfall;* minimiser *Machenschaften, Übergriff;* ~**d** *Bezeichnung, Darstellung, Bericht* édulcoré(e); **ein** ~**der Ausdruck** un euphémisme

Beschönigung <-, -en> *f* embellissement *m;* **ohne** ~**en** sans édulcorer

beschranken* *tr V* munir d'une barrière/de barrières; **einen Übergang** ~ munir un passage d'une barrière/de barrières

beschränken* **I.** *tr V* ❶ limiter; **die Ausgaben auf ein Minimum** ~ limiter les dépenses au minimum
❷ (*einschränken*) **jdn in seinen Rechten** ~ limiter les droits de qn
II. *r V* **sich auf etw** (*Akk*) ~ se limiter à qc; **sich darauf** ~ **etw zu tun** se contenter de faire qc

beschränkt *Adj* ❶ (*eingeschränkt*) limité(e); **räumlich** ~ **sein** être à l'étroit
❷ *pej* (*geistig*) limité(e) (*fam*); (*engstirnig*) borné(e)

Beschränktheit <-> *f* ❶ (*Begrenztheit*) *von Mitteln* insuffisance *f*
❷ (*mangelnde Intelligenz*) manque *m* d'intelligence; (*Engstirnigkeit*) étroitesse *f* d'esprit

Beschränkung <-, -en> *f von Ausgaben, Importen, Teilnehmerzahlen* limitation *f;* **jdm** ~**en auferlegen** imposer des limites à qn; (*in finanzieller Hinsicht*) imposer des restrictions à qn

beschreiben* *tr V unreg* ❶ (*darstellen*) décrire; **können Sie den Täter** ~**?** pouvez-vous donner le signalement du malfaiteur?
❷ (*voll schreiben*) remplir *Heft, Seite*
❸ (*vollführen*) décrire *Kreis, Bahn*
► [**jdm**] **etw gar nicht** ~ **können** ne pouvoir décrire [*o* expliquer] qc [à qn]; **kaum/nicht zu** ~ **sein** être indescriptible

Beschreibung *f* ❶ *a.* JUR (*das Beschreiben, Schildern*) description *f; eines Täters* signalement *m;* **vorläufige/endgültige** ~ **eines Patents** JUR description provisoire/définitive d'une invention
❷ *fam* (*Beipackzettel, Gebrauchsanweisung*) notice *f*
► **das spottet jeder** ~ cela défie toute description

beschreiten* *tr V unreg geh* ❶ emprunter *Pfad, Weg*
❷ *fig* prendre *Weg;* **ungewöhnliche/ganz neue Wege** ~ sortir des sentiers battus

Beschrieb <-s, -e> *m* CH *s.* **Beschreibung 1.**

beschriften* *tr V* mettre une adresse sur *Umschlag;* étiqueter *Schulheft, Ordner, Marmeladenglas;* **die Gedenktafel mit einem Spruch** ~ graver une inscription sur la plaque commémorative

Beschriftung <-, -en> *f* ❶ *kein Pl* (*das Beschriften*) inscription *f; eines Grabsteins, einer Gedenktafel* gravure *f; eines Schulhefts, Marmeladenglases* étiquetage *m;* **die** ~ **des Umschlags** l'inscription de l'adresse sur l'enveloppe
❷ (*Aufschrift*) inscription *f; eines Schulheftes, Marmeladenglases* étiquette *f*

beschuldigen* *tr V* accuser; **jdn einer S.** (*Gen*) ~ accuser qn de qc; JUR inculper qn de qc; **jdn** ~ **etw getan zu haben** accuser qn d'avoir fait qc

Beschuldigte(r) *f(m) dekl wie Adj* accusé(e) *m(f)*

Beschuldigung <-, -en> *f* accusation *f*

beschummeln* *fam* **I.** *tr V* rouler (*fam*); **jdn beim Kartenspiel/um zehn Euro ~** rouler qn aux cartes/de dix euros
II. *itr V* **bei etw ~** tricher à qc

beschuppt *Adj* couvert(e) d'écailles; **~ sein** avoir des écailles

BeschussRR, **Beschuß** *m* ① (*mit Handfeuerwaffen, Munition*) tir *m;* (*mit Granaten, Raketenwerfern*) bombardement *m;* (*mit automatischen Waffen*) mitraillage *m*
② PHYS (*Neutronenbeschuss*) bombardement *m*
▶ **unter ~ geraten** se trouver exposé(e) aux tirs; *fig* se faire attaquer; **etw unter ~ nehmen** (*mit Handfeuerwaffen, Munition*) tirer sur qc; (*mit Granaten, Raketenwerfern*) bombarder qc; (*mit automatischen Waffen*) mitrailler qc; *fig* (*kritisieren*) attaquer qc

beschützen* *tr V* (*behüten*) protéger; (*verteidigen*) défendre; **jdn vor jdm/etw ~** (*behüten*) protéger qn contre qn/qc; (*verteidigen*) défendre qn contre qn/qc; **er legte ~d den Arm um ihre Schultern** il l'enlaça d'une manière protectrice

Beschützer(in) <-s, -> *m(f)* protecteur(-trice) *m(f)*

beschwatzen* *tr V fam* ① (*überreden*) baratiner (*fam*)
② (*bereden*) **etw mit jdm ~** discuter avec qn de qc

beschwätzen* *s.* **beschwatzen**

Beschwerde [bəˈʃveːɐdə] <-, -n> *f* ① plainte *f;* **Grund zur ~ haben** avoir des raisons de se plaindre; **~ gegen jdn führen** déposer une plainte contre qn
② JUR recours *m;* (*gegen das Urteil einer höheren Instanz*) pourvoi *m;* **gegen etw ~ einlegen** adresser un recours contre qc
③ *Pl* MED (*Leiden, Schmerzen*) douleurs *fpl;* **~n beim Atmen/Schlucken haben** avoir des difficultés à respirer/avaler; **~n mit dem Herzen haben** avoir des troubles cardiaques; **das macht mir [immer wieder] ~** cela me fait [toujours] souffrir

Beschwerdebuch *nt* cahier *m* des doléances **beschwerdefrei** *Adj Zeit, Stadium* sans douleurs; **~ sein** ne pas avoir de douleurs **Beschwerdefrist** *f* délai *m* de recours **Beschwerdeführer(in)** *m(f) form* réclamant(e) *m(f);* JUR plaignant(e) *m(f)* **Beschwerdeschrift** *f* JUR recours *m;* (*gegen das Urteil einer höheren Instanz*) pourvoi *m* **Beschwerdeweg** *m form* procédure *f* de recours (*form*); **auf dem ~** par voie de recours

beschweren* **I.** *r V* **sich ~** se plaindre; **sich über jdn/etw ~** se plaindre de qn/qc; **sich über die laute Musik ~** se plaindre de la musique trop forte
II. *tr V* **die Briefe/Dachziegel mit etw ~** poser qc sur les lettres/tuiles pour les empêcher de bouger

beschwerlich *Adj* pénible

Beschwerlichkeit <-, -en> *f* ① *kein Pl* (*das Beschwerlichsein*) *eines Aufstiegs, einer Fahrt, Reise* difficulté *f*
② *Pl* (*Mühsal*) incommodités *fpl;* **die ~en des Alters** les désagréments *mpl* de la vieillesse

beschwichtigen* *tr V* calmer *Person, Zorn;* soulager *Gewissen*

beschwichtigend **I.** *Adj* apaisant(e)
II. *Adv* **~ auf jdn einreden** parler à qn en essayant de le calmer

Beschwichtigung <-, -en> *f* apaisement *m;* **zur ~ seines Zorns** pour apaiser sa colère

Beschwichtigungspolitik *f* politique *f* d'apaisement

beschwindeln* *tr V fam* ① (*belügen*) raconter des bobards *mpl* à (*fam*)
② (*betrügen*) rouler (*fam*)

beschwingen* *tr V* donner de l'entrain à

beschwingt [bəˈʃvɪŋt] *Adj Person* plein(e) d'entrain; *Musik* entraînant(e); *Gang* léger(-ère)

beschwipst [bəˈʃvɪpst] *Adj fam* éméché(e) (*fam*)

beschwören* *tr V unreg* ① (*beeiden*) jurer; **~[, dass]** jurer [que + *indic*]; **eine Aussage vor Gericht ~** faire une déclaration sous serment devant un tribunal
② (*anflehen*) **jdn ~ [etw zu tun]** supplier qn [de faire qc]; **ich beschwöre dich!** je t'en supplie!
③ (*magisch beeinflussen*) conjurer *Dämon, Geist, Teufel;* charmer *Schlange*
④ *geh* (*hervorrufen*) évoquer *Erinnerung, Vergangenheit*

beschwörend **I.** *Adj Blick* suppliant(e); **mit ~en Worten** par des supplications
II. *Adv* en suppliant; **er sah sie ~ an** il lui lança un regard suppliant

Beschwörung <-, -en> *f* ① (*das Anflehen*) supplication *f*
② (*das Hervorrufen*) *von Bildern, Erinnerungen* évocation *f*
③ (*magische Beeeinflussung*) *eines Dämons, Geistes, Teufels* conjuration *f*
④ (*Beschwörungsformel*) incantation *f*

beseelen* *tr V* ① (*durchdringen*) *Mut, Zuversicht:* remplir; *Geist:* animer; **jdn ~** *Mut, Zuversicht:* remplir qn; *Geist:* animer qn; **jds Gesicht ~** *Lächeln:* éclairer la figure de qn
② (*mit Leben erfüllen*) animer; **dieses Gemälde wirkt wie beseelt** on dirait que cette peinture est animée

besehen* *unreg* **I.** *tr V* examiner; **sich** (*Dat*) **etw ~** regarder qc de [plus] près
II. *r V* **sich ~** se regarder

beseitigen* *tr V* ① faire disparaître *Fleck, Spuren, Hindernisse;* enlever *Schmutz, Müll, Essensreste;* dissiper *Zweifel;* liquider *Regime, Regierung*
② *euph* (*umbringen*) supprimer

Beseitigung <-> *f* ① *von Spuren* élimination *f; von Flecken, Schmutz, Müll* enlèvement *m; eines Regimes, einer Regierung* liquidation *f; eines Zweifels* dissipation *f; eines Hindernisses* suppression *f*
② *euph* (*Tötung*) *einer Person* suppression *f* (*euph*)

Besen [ˈbeːzən] <-s, -> *m* ① balai *m*
② *pej sl* (*streitsüchtige Frau*) mégère *f* (*fam*)
▶ **mit eisernem ~ [aus]kehren** donner un [bon] coup de balai (*fam*); **neue ~ kehren gut** *Spr.* tout nouveau, tout beau; **ich fresse einen ~, wenn ...** *fam* je veux bien être pendu(e) si ... (*fam*)

Besenbinder(in) <-s, -> *m(f)* faiseur(-euse) *m(f)* de balais **Besenkammer** *f* placard *m* à balais **besenrein** *Adj* balayé(e) **Besenschrank** *m* placard *m* à balais **Besenstiel** *m* manche *m* à balai ▶ **steif wie ein ~** raide comme un manche à balai; **..., als hätte er einen ~ verschluckt** *fam* ..., comme s'il avait avalé son parapluie (*fam*)

besessen [bəˈzɛsən] *Adj* ① (*unter einem Zwang stehend*) obsédé(e); **von etw ~ sein** être obsédé(e) par qc
② REL **vom Teufel ~ sein** être possédé(e) du démon
▶ **wie ~** comme un forcené/une forcenée

Besessene(r) *f(m) dekl wie Adj* ① (*fanatischer Mensch*) fanatique *mf*
② REL possédé(e) *m(f)*
▶ **wie ein ~r/eine ~** comme un forcené/une forcenée

Besessenheit <-> *f* ① obsession *f*
② REL possession *f*

besetzen* *tr V* ① (*belegen*) réserver *Platz, Stuhl*
② (*widerrechtlich beziehen*) occuper; squatter *Haus*
③ (*ausfüllen*) pourvoir *Stelle, Amt, Posten;* distribuer *Rolle;* **eine Stelle/eine Rolle mit jdm ~** attribuer un poste/un rôle à qn
④ (*bestücken*) **etw mit Jungtieren ~** [re]peupler qc de jeunes animaux; **etw einer neuen Fischbrut ~** aleviner qc
⑤ (*verzieren*) **einen Kragen mit Pailletten/Pelz ~** garnir un col de paillettes/de fourrure

besetzt *Adj* ① (*nicht frei*) *Platz, Stuhl, WC* occupé(e); **die Leitung ist ~** la ligne est occupée
② (*gefüllt*) **bis auf den letzten Platz ~ sein** *Saal:* être comble; *Theater, Kino:* être plein(e) à craquer
③ (*bezogen*) occupé(e); **ein Haus ~ halten** squatter une maison; **ein ~es Haus** un squat

Besetztzeichen *nt* signal *m* "occupé"; **sie hörte immer nur das ~** ça sonnait sans arrêt occupé

Besetzung <-, -en> *f* ① *eines Postens, einer Stelle* attribution *f*

❷ (*Vergabe*) *einer Rolle* distribution *f*
❸ (*Mannschaftskonstellation*) formation *f*
❹ *a.* MIL (*das Okkupieren*) occupation *f; eines Hauses* squat *m*
besichtigen* *tr V* visiter
Besichtigung <-, -en> *f* ❶ (*Besuch*) visite *f*
❷ (*Prüfung*) inspection *f;* ~ **durch das Gericht** JUR inspection judiciaire
besiedeln* *tr V* ❶ peupler *Gebiet, Land, Territorium*
❷ (*kolonisieren*) **etw** ~ *Siedler:* coloniser qc; (*bewohnen*) habiter dans qc
❸ (*bewachsen*) **etw** ~ *Pflanze, Pflanzenart:* peupler qc; **mit** [*o* **von**] **Flechten besiedelt** recouvert(e) de lichen
besiedelt *Adj* peuplé(e); **schwach** ~ peu peuplé(e)
Besied[e]lung <-, -en> *f* ❶ *kein Pl* (*das Besiedeln*) *einer Landschaft* colonisation *f; eines Wirtschaftsraums* peuplement *m*
❷ (*Ansiedlung*) peuplement *m*
Besiedlungsdichte *f* densité *f* de population
besiegeln* *tr V* ❶ (*bestärken*) sceller; confirmer *Versprechen, Zusage*
❷ (*endgültig machen*) sceller *Schicksal, Untergang;* sanctionner *Scheitern*
besiegen* *tr V* vaincre *Person, Land;* battre *Mannschaft;* **sich selbst** ~ remporter une victoire sur soi-même
Besiegte(r) *f(m) dekl wie Adj* vaincu(e) *m(f)*
besingen* *tr V unreg* (*rühmen*) chanter
besinnen* *r V unreg* ❶ (*überlegen*) **sich** ~ réfléchir; **ohne sich lange zu** ~ sans hésiter; **nach kurzem Besinnen** après courte réflexion; **sich anders** [*o* **eines anderen** *geh*] ~ changer d'avis; **sich eines Besseren** ~ *geh* se raviser
❷ (*zur Vernunft kommen*) **sich** [**wieder**] ~ revenir à la raison
❸ (*sich erinnern*) **sich auf jdn/etw** ~ se souvenir de qn/qc; **wenn ich mich recht besinne** si mes souvenirs sont exacts, si je me souviens bien
besinnlich *Adj Person, Temperament, Wesen* méditatif(-ive); *Abend, Augenblick, Zeit* de méditation; **ein paar** ~**e Minuten** quelques minutes de recueillement; ~ **werden** *Person:* devenir songeur(-euse); **etwas Besinnliches** quelque chose qui incite à la méditation
Besinnung <-> *f* ❶ (*Bewusstsein*) connaissance *f;* **bei/ohne** ~ **sein** être conscient(e)/sans connaissance; **die** ~ **verlieren/wiedererlangen** perdre/reprendre connaissance
❷ (*Reflexion*) recueillement *m;* ~ **auf etw** (*Akk*) méditation *f* sur qc; (*Rückbesinnung*) retour *m* à qc
▸ **jdn wieder zur** ~ **bringen** (*zu Bewusstsein*) faire reprendre ses esprits à qn; (*zur Vernunft*) ramener qn à la raison; **wieder zur** ~ **kommen** (*zu Bewusstsein*) reprendre connaissance; (*zum Nachdenken*) pouvoir réfléchir
Besinnungsaufsatz *m* dissertation *f*
besinnungslos *Adj* ❶ sans connaissance; ~ **werden** perdre connaissance
❷ *fig Angst, Wut* aveugle
▸ **er ist** [**wie**] ~ il est hors de lui
Besinnungslosigkeit <-> *f* inconscience *f*
Besitz <-es> *m* ❶ (*Eigentum*) biens *mpl;* (*Grundbesitz*) propriété *f;* (*landwirtschaftlicher Besitz*) terres *fpl;* **allgemeiner** ~ des biens collectifs; **staatlicher** ~ propriété de l'État; **in jds** ~ (*Akk*) **übergehen/gelangen** passer/entrer en la possession de qn; **in jds** ~ (*Dat*) **sein, sich in jds** ~ (*Dat*) **befinden** *form* être en la possession de qn; **das ist mein** ~ c'est mon bien
❷ (*das Besitzen*) possession *f; einer Schusswaffe* détention *f;* **von etw** ~ **ergreifen** *geh* prendre possession de qc; **etw in** ~ **nehmen** entrer en possession de qc; **in den** ~ **einer S.** (*Gen*) **gelangen** [*o* **kommen**] entrer en possession de qc; **etw in** ~ **haben** *form* avoir qc en sa possession (*form*); **im** ~ **einer S.** (*Gen*) **sein** *form* être en possession de qc
▸ **von jdm** ~ **ergreifen** *geh Leere, Verzweiflung:* s'emparer de qn
Besitzanspruch *m* droit *m* de possession; **einen** ~ **auf etw** (*Akk*) **haben** avoir des droits sur qc; **seine Besitzansprüche auf etw** (*Akk*) **anmelden** faire valoir ses droits sur qc **besitzanzeigend** *Adj* GRAM possessif(-ive)
besitzen* *tr V unreg* ❶ (*Eigentümer sein*) posséder
❷ (*haben*) avoir; **jds Vertrauen/Zustimmung/Unterstützung** ~ avoir la confiance/l'accord/le soutien de qn
besitzend *Adj* possédant(e)
Besitzer(in) <-s, -> *m(f)* propriétaire *mf;* **der rechtmäßige** ~ le propriétaire légal; **den** ~ **wechseln** changer de propriétaire
besitzergreifend *Adj* possessif(-ive) **Besitzergreifung** *f form* appropriation *f;* (*Eroberung eines Landes*) annexion *f*
besitzlos *Adj* (*ohne Besitz*) sans biens; (*mittellos*) démuni(e)
Besitzstand *m* acquis *m*
Besitztum <-s, -tümer> *nt* (*Grundbesitz*) terres *fpl;* (*Eigentum*) propriété *f*
Besitzung <-, -en> *f* (*Land- und Grundbesitz*) propriété *f;* (*landwirtschaftlicher Besitz*) terres *fpl;* (*Kolonialbesitz, Ländereien*) possessions *fpl*
Besitzverhältnisse *Pl* répartition *f* des biens
besoffen [bəˈzɔfən] *Adj sl* bourré(e) (*fam*)
▸ **du bist wohl** ~**?** ça va pas la tête? (*fam*)
Besoffene(r) *f(m) dekl wie Adj sl* type *m* bourré/nana *f* bourrée (*fam*)
besohlen* *tr V* mettre une semelle à *Schuh;* **etw neu** ~ ressemeler qc; **Stiefel zum Besohlen bringen** donner des bottes à ressemeler
besolden* *tr V* rétribuer; **jdn/eine Stelle nach A 15** ~ rétribuer qn/un poste au tarif A 15
Besoldung <-, -en> *f* ❶ (*das Besolden*) rétribution *f*
❷ (*Gehalt*) traitement *m*
Besoldungsgruppe *f* catégorie *f* salariale **Besoldungsordnung** *f* grille *f* des salaires
besondere(r, s) [bəˈzɔndərə, -rɐ, -rəs] *Adj* ❶ (*ungewöhnlich*) particulier(-ière); (*außergewöhnlich*) *Anstrengung, Fall, Umstand* spécial(e); *Ehre, Freude* tout(e) particulier(-ière); **von** ~**r Qualität/Schönheit sein** être d'une qualité/beauté exceptionnelle
❷ (*speziell*) particulier(-ière); ~ **Gäste** des invités *mpl* spéciaux
❸ (*zusätzlich, gesondert*) *Raum, Antenne, Tür* à part; *Eiskarte, Weinkarte* séparé(e)
Besondere(s) *nt dekl wie Adj* ❶ (*Eigenschaft*) **das** ~ **an diesem Gerät** ce que cet appareil a de particulier
❷ (*Person*) **jemand/nichts** ~**s** quelqu'un de spécial/d'ordinaire
❸ (*Sache*) **etwas/nichts** ~**s** quelque chose/rien de spécial
▸ **im** ~**n** en particulier
Besonderheit <-, -en> *f* particularité *f; einer Person* signe *m* particulier
besonders [bəˈzɔndɐs] *Adv* ❶ *schön, warm, teuer* particulièrement; **nicht** ~ **warm/teuer** pas tellement chaud(e)/cher(chère); **nicht** ~ **viel** pas vraiment beaucoup
❷ (*vor allem*) surtout; ~ **du müsstest das wissen** toi le premier/la première tu devrais savoir ça
❸ (*speziell*) *anfertigen, behandeln, verpacken* spécialement
❹ (*einzeln*) *verpacken* séparément
▸ **sich nicht** ~ **fühlen** *fam* se sentir patraque (*fam*); **nicht** ~ **sein** *fam* ne pas être terrible (*fam*); [**ihm geht es**] **nicht** ~ *fam* [il ne va] pas très fort (*fam*)
besonnen [bəˈzɔnən] **I.** *Adj Person, Charakter, Vorgehen* réfléchi(e); *Art* posé(e)
II. *Adv* avec circonspection; **sich** ~ **verhalten** garder son sang-froid
Besonnenheit <-> *f* circonspection *f*
besorgen* *tr V* ❶ (*beschaffen*) procurer; **jdm/sich etw** ~ procurer qc à qn/se procurer qc
❷ (*kaufen*) acheter; **jdm/sich etw** ~ acheter qc à qn/s'acheter qc
❸ (*erledigen*) effectuer *Arbeit;* se charger de *Auftrag*
▸ **was du heute kannst** ~**, das verschiebe nicht auf morgen**

Spr. ne remets pas au lendemain ce que tu peux faire le jour même; **es** jdm ~ *fam* faire son affaire à qn (*fam*)
Besorgnis [bə'zɔrknɪs] <-, -se> *f* inquiétude *f*; **große** [*o* **tiefe**] ~ **haben** être très inquiet(-ète); **etw mit ~ betrachten/verfolgen** considérer/suivre qc avec inquiétude; **in jdm ~ erregen** inquiéter qn; ~ **erregend sein** être inquiétant(e)
besorgniserregend *s.* Besorgnis
besorgt [bə'zɔrkt] *Adj* ❶ (*voller Sorge*) *Person* inquiet(-ète); *Miene* soucieux(-euse); **wegen etw ~ sein** être inquiet(-ète) à cause de qc
❷ (*fürsorglich*) **um jdn ~ sein** être aux petits soins pour qn; **um etw ~ sein** être très soucieux(-euse) de qc
Besorgtheit <-> *f* inquiétude *f*; **seine ~ um euch** son inquiétude à votre sujet
Besorgung <-, -en> *f* ❶ (*Einkauf*) course *f*; **~en/eine ~ machen** [*o* **erledigen**] faire des courses/une course
❷ *kein Pl* (*das Kaufen*) achat *m*
bespannen* *tr V* ❶ tapisser *Wand;* recouvrir *Liegestuhl;* [re]corder *Gitarre, Tennisschläger;* **den Stuhl mit grünem Stoff ~** recouvrir la chaise d'un tissu vert
❷ (*anspannen*) atteler *Fuhrwerk, Wagen;* **die Kutsche mit vier Pferden ~** atteler le carrosse à quatre chevaux
Bespannung *f* ❶ (*Stoffbespannung*) tenture *f*; **für die ~ des Liegestuhls** pour recouvrir la chaise longue
❷ (*Saiten*) *eines Instruments* cordes *fpl; eines Tennisschlägers* cordage *m*
❸ *kein Pl* (*das Bespannen*) ~ **einer Gitarre/eines Tennisschlägers** pose *f* des cordes sur une guitarre/raquette
bespielbar *Adj* ❶ *Videokassette, Tonband* enregistrable
❷ SPORT *Rasen, Spielfeld* praticable
bespielen* *tr V* ❶ enregistrer; **eine Kassette mit etw ~** enregistrer qc sur une cassette; **bespielt** enregistré(e); **eine Kassette immer wieder neu ~** réenregistrer une cassette plusieurs fois; **womit ist die Kassette bespielt?** qu'est-ce qui est enregistré sur la cassette?
❷ SPORT jouer sur *Platz, Feld*
bespitzeln* *tr V* espionner
Bespitzelung <-, -en> *f* espionnage *m*
besprechen* *unreg* **I.** *tr V* ❶ discuter; **etw mit jdm ~** discuter de qc avec qn; **wie besprochen** comme convenu
❷ (*rezensieren*) faire la critique de *Buch, Artikel;* **in einer Zeitung positiv besprochen werden** obtenir une bonne critique dans un journal
❸ AUDIOV enregistrer un texte sur *Schallplatte, Band;* **besprochen** *Schallplatte* parlé(e)
II. *r V* **sich über etw** (*Akk*) ~ se concerter au sujet de qc; **sich mit jdm über etw** (*Akk*) ~ s'entretenir de qc avec qn
Besprechung <-, -en> *f* ❶ (*Konferenz*) réunion *f*; (*Unterredung*) entretien *m;* **eine ~ haben** être en réunion
❷ (*Rezension*) critique *f*
❸ *kein Pl* (*das Besprechen*) ~ **einer Frage** discussion *f* sur une question
Besprechungsexemplar *nt* exemplaire *m* de presse **Besprechungszimmer** *nt* salle *f* de réunion
bespritzen* **I.** *tr V* ❶ (*befeuchten*) asperger
❷ (*beschmutzen*) éclabousser; **sich** (*Dat*) **die Bluse mit Tinte ~** éclabousser son chemisier d'encre
❸ (*besprühen*) vaporiser *Pflanze*
II. *r V* **sich ~** ❶ (*sich befeuchten*) s'asperger
❷ (*sich beschmutzen*) s'éclabousser
besprühen* **I.** *tr V* ❶ (*einsprühen*) vaporiser; **etw mit Wasser ~** vaporiser de l'eau sur qc; **Pflanzen mit Pestiziden ~** vaporiser de l'insecticide sur des plantes; **die Haare mit Haarspray ~** vaporiser du spray sur les cheveux
❷ (*bemalen*) bomber *U-Bahn, Wand;* **eine mit Graffiti besprühte Wand** un mur avec des graffiti
II. *r V* **sich ~** (*sich beschmutzen*) s'éclabousser
bespucken* *tr V* cracher sur; **bespuckt** couvert(e) de crachats
besser ['bɛsɐ] **I.** *Adj Komp von* **gut** ❶ (*von höherer Qualität*) meilleur(e); **ein ~er Computer/eine ~e Armbanduhr** un ordinateur/une montre de meilleure qualité; **eine ~e Wohnung** un appartement de meilleur standing; **etwas Besseres** (*Gegenstand, Gerät, Kleidung*) quelque chose de mieux; (*Speisen, Getränke*) quelque chose de meilleur; **nichts Besseres** (*Gegenstand, Gerät, Kleidung*) rien de mieux; (*Speisen, Getränke*) rien de meilleur; ~ **sein** (*von höherer Qualität sein*) être meilleur(e); ~ **sein als das Vorgängermodell** *Auto:* être mieux que l'ancien modèle; **das Wetter wird ~** le temps s'améliore
❷ (*von höherer Qualifikation, Eignung*) ~ **sein** (*höher befähigt*) être meilleur(e); (*besser geeignet*) être mieux
❸ (*vernünftiger, angebrachter*) **es ist ~, wenn ...** il vaut mieux que ... + *subj;* **es ist ~ zuerst das hier zu machen** c'est mieux de commencer par faire ceci; **Besseres zu tun haben** avoir mieux à faire
❹ (*sozial höher gestellt*) *Kreise* supérieur(e); **das sind ~e Leute** ce sont des gens de la haute société; **er wohnt in einer ~en Gegend** il habite dans les beaux quartiers
❺ *iron fam* **er ist** [**nur**] **ein ~er Chauffeur** ce n'est guère plus qu'un chauffeur
▸ **jdn eines Besseren belehren** détromper qn; **ich lasse mich gerne eines Besseren belehren** on peut me faire changer d'avis; **sich eines Besseren besinnen** se raviser
II. *Adv Komp von* **gut, wohl** ❶ *schwimmen, tanzen, singen* mieux; **jdm/etw geht es ~** qn/qc va mieux; ~ **gestellt** aisé(e); **dieser Käse/Apfel schmeckt ~ als der andere** ce fromage est meilleur/cette pomme est meilleure que l'autre; **ich kann das ~!** je sais mieux le faire!
❷ *fam* (*lieber*) **lass das ~ bleiben** il vaut mieux que tu laisses tomber; **du solltest jetzt ~ gehen** il vaudrait mieux que tu partes maintenant; **er täte ~ daran zu schweigen** il ferait mieux de se taire
▸ **oder ~ gesagt** plus exactement; **es ~ haben** avoir une vie plus agréable; **es kommt noch ~** *iron fam* il y a encore mieux (*fam*); **immer alles ~ wissen** [**wollen**] se croire plus malin(-igne) que tout le monde; **um so ~!** *fam* tant mieux! (*fam*)
besser|gehen *s.* II.1.
bessergestellt *s.* II.1.
Bessergestellte(r) *f(m)* nanti(e) *m(f)*
bessern **I.** *r V* **sich ~** s'améliorer
II. *tr V* corriger *Person;* améliorer *Lage*
Besserung <-> *f* ❶ amélioration *f*; **ich gelobe ~!** je promets de m'améliorer!
❷ (*Gesundung*) **sich auf dem Weg der ~ befinden** être en voie de rétablissement; **gute ~!** bon rétablissement!
Besserungsanstalt *f* maison *f* de correction
Besserwisser(in) <-s, -> *m(f) pej* pédant(e) *m(f)* (*péj*); **ein ~/eine ~in sein** se croire plus malin/maligne que tout le monde
Besserwisserei <-> *f pej* pédanterie *f*
besserwisserisch **I.** *Adj* pédant(e)
II. *Adv* comme un(e) pédant(e)
bestallen* *tr V form* nommer; **jdn zum Chefredakteur ~** nommer qn rédacteur en chef; **bestallt** *Beamter, Lehrer* titularisé(e); *Vormund* désigné(e)
Bestallung <-, -en> *f form* nomination *f*; ~ **zum Chefredakteur** nomination *f* au poste de rédacteur en chef; ~ **zum Beamten** titularisation *f* comme fonctionnaire; **seine/ihre ~ zum Vormund** sa désignation comme tuteur/tutrice
Bestallungsurkunde *f form* titre *m* de nomination
Bestand [bə'ʃtant] <-[e]s, ¨-e> *m* ❶ *kein Pl* (*Fortdauer*) *einer Abmachung, eines Unternehmens* persistance *f*; *einer Regierung, Koalition* stabilité *f*; ~ **haben, von ~ sein** être durable
❷ (*vorhandene Menge*) ~ **an Medikamenten** stock *m* de médicaments; ~ **an Bäumen** peuplement *m* [forestier]
❸ (*Lagerbestand*) stock *m;* **effektiver ~** stock effectif; **den ~**

B

von etw aufnehmen faire l'inventaire de qc
❹ *kein Pl* A (*das Bestehen*) existence *f*

bestanden I. *PP von* **bestehen**
II. *Adj* SCHULE, UNIV *Prüfung* réussi(e)

beständig *Adj* ❶ (*gleich bleibend*) *Person, Verhalten* constant(e); *Wetter* stable
❷ (*dauerhaft*) *Freundschaft, Beziehung* durable
❸ (*widerstandsfähig*) ~ **gegen Korrosion sein** être résistant(e) à la corrosion
❹ *attr* (*ständig*) *Gestank, Lärm, Gejammere* continuel(le); *Regen* ininterrompu(e)

Beständigkeit <-> *f* ❶ *des Wetters, der Witterung* stabilité *f*
❷ (*Dauerhaftigkeit*) constance *f*
❸ (*Widerstandsfähigkeit*) ~ **gegen Korrosion** résistance *f* à la corrosion

Bestandsaufnahme *f* ❶ inventaire *m* ❷ *fig* bilan *m* ► ~ **machen** faire l'inventaire; *fig* faire le bilan **Bestandsvertrag** *m* JUR A (*Mietvertrag*) bail *m* **Bestandszahlen** *Pl* ÖKON données *fpl* d'encours

Bestandteil *m* composant *m;* (*Einzelteil, Bauteil*) élément *m;* **sich in seine ~e auflösen** se décomposer; *Stuhl:* se disloquer; **etw in seine ~e zerlegen** démonter qc

bestärken* *tr V* appuyer; **jdn in seinem Entschluss** ~ conforter qn dans sa décision

Bestärkung *f* ❶ (*Unterstützung*) appui *m*
❷ (*Erhärtung*) *eines Verdachts, Vorsatzes, Wunsches* renforcement *m*

bestätigen* *tr V* ❶ renforcer la certitude de *Person;* confirmer *Theorie, Aussage;* entériner *Urteil;* **jdn als Bürgermeister/in seinem Amt** ~ confirmer qn dans ses fonctions de maire/dans ses fonctions; **ich sehe mich endlich bestätigt** j'ai enfin confirmation
❷ (*zustimmen*) **..., sagte er ~d ...**, confirma-t-il
❸ (*quittieren*) attester *Anwesenheit, Teilnahme;* confirmer *Auftrag, Bestellung;* valider *Befehl, Eingabe;* **den Empfang** [*o* **Erhalt**] **eines Schreibens** ~ accuser réception d'un courrier; **hiermit wird bestätigt, dass** par la présente, nous certifions que

Bestätigung <-, -en> *f* ❶ *a.* JUR (*das Bestätigen*) confirmation *f;* **zur ~ des Urteils** pour confirmer [*o* entériner] le jugement
❷ *kein Pl* (*das Attestieren, Quittieren*) *der Anwesenheit, Teilnahme* attestation *f; eines Auftrags, einer Bestellung* confirmation *f;* INFORM *eines Befehls, einer Eingabe* validation *f;* **die ~ des Empfangs** [*o* **Erhalts**] la confirmation de réception
❸ (*Schriftstück*) *der Teilnahme* attestation *f; eines Auftrags, einer Bestellung* confirmation *f*

bestatten* *tr V geh* inhumer (*soutenu*); **wo liegt er bestattet?** où a-t-il été inhumé?

Bestatter(in) <-s, -> *m(f) geh* ordonnateur(-trice) *m(f)* de pompes funèbres

Bestattung <-, -en> *f geh* inhumation *f* (*soutenu*), obsèques *fpl* (*form*)

Bestattungsinstitut *nt,* **Bestattungsunternehmen** *nt geh* [entreprise *f* de] pompes *fpl* funèbres **Bestattungsunternehmer(in)** *m(f) geh* ordonnateur(-trice) *m(f)* de pompes funèbres

bestäuben* *tr V* ❶ *Biene:* féconder; **etw** ~ *Biene:* féconder qc
❷ GASTR saupoudrer

Bestäubung <-, -en> *f* pollinisation *f*

bestaunen* *tr V* admirer

bestbezahlt *Adj attr* **der ~e Tennisspieler** le joueur de tennis le mieux payé; **die ~e Schauspielerin** l'actrice la mieux payée

beste(r, s) ['bɛstə, -tɐ, -təs] **I.** *Adj Superl von* **gut** ❶ *attr* meilleur(e); **von ~r Qualität** de la meilleure qualité; **~r Laune sein** être d'excellente humeur; **aus ~m Hause** [*o* **~r Familie**] de très bonne famille; **das ist der ~ Witz, den ich je gehört habe!** c'est la meilleure blague que j'aie jamais entendue!; **das Beste, was es gibt** ce qu'il y a de mieux
❷ (*am besten qualifiziert, geeignet*) **der/die Beste** le meilleur/la meilleure
► **der/die/das erste Beste** le premier venu/la première venue; **sein Bestes geben** donner le maximum; **ein Lied zum Besten geben** y aller de sa chanson; **es für das Beste halten etw zu tun** croire qu'il vaut mieux faire qc; **jdn zum Besten halten** faire marcher qn; **hoffen wir das Beste!** [nous] espérons [que ce sera pour le mieux]!; **es steht mit etw nicht zum Besten** qc ne va pas pour le mieux; **sein Bestes tun** faire de son mieux; **sie wollen nur sein/dein/... Bestes** ils ne veulent que son/ton/... bien; **aufs** [*o* **auf das**] ~ au mieux; **das Beste vom Besten** le fin du fin; **zu seinem/ihrem Besten** pour son bien
II. *Adv* **er/sie singt am ~n** c'est lui/elle qui chante le mieux; **es wäre** [**wohl**] **am ~n, wenn ...** le mieux serait que ... + *subj;* **am ~n sprechen Sie nicht darüber** vous feriez mieux de ne pas en parler

bestechen* *unreg* **I.** *tr V* ❶ soudoyer; **bestochen werden etw zu tun** être payé(e) pour faire qc; **ich lasse mich nicht ~!** on ne m'achète pas!; **sie ist bestochen worden** elle a été corrompue
❷ (*für sich einnehmen*) séduire
II. *itr V Person:* fasciner; *Gemälde, Garten:* séduire; **sie besticht durch ihre Schönheit** elle fascine par sa beauté

bestechend I. *Adj* séduisant(e)
II. *Adv einfach, schön* étonnamment; *klar, logisch* admirablement

bestechlich [bə'ʃtɛçlɪç] *Adj* vénal(e)

Bestechlichkeit <-> *f* vénalité *f*

Bestechung <-, -en> *f* corruption *f; eines Zeugen* subornation *f;* **aktive/passive** ~ corruption active/passive

Bestechungsgeld *nt meist Pl* pot-de-vin *m* **Bestechungsversuch** *m* tentative *f* de corruption

Besteck [bə'ʃtɛk] <-[e]s, -e> *nt* ❶ couverts *mpl*
❷ (*medizinische Instrumente*) instruments *mpl*
❸ (*Drogenbesteck*) matériel *m* de drogué

Besteckkasten *m* ménagère *f*

bestehen* *unreg* **I.** *tr V* ❶ réussir *Prüfung*
❷ (*durchstehen*) surmonter *Gefahr, Probe, Schicksalsschlag;* sortir vainqueur de *Kampf, Phase*
II. *itr V* ❶ (*mit Erfolg absolvieren*) réussir *Prüfung*
❷ (*gegeben sein*) **es besteht die Möglichkeit, dass sie nach Italien fährt** il se peut qu'elle aille en Italie; **es besteht der Verdacht, dass er/sie das getan hat** on le/la soupçonne d'avoir fait cela; **es besteht die Gefahr, dass sie fällt** elle risque de tomber
❸ (*existieren*) ~ **lassen** conserver *Bestimmung;* **eine Einrichtung/Regelung ~ lassen** laisser une institution/une convention en place; **seit langem** ~ *Brauch, Tradition:* exister depuis longtemps; ~ **bleiben** *Hoffnung, Verdacht, Vermutung:* demeurer; *Abmachung, Bestimmung, Vorschrift:* rester valable
❹ (*sich zusammensetzen*) **aus Einzelteilen** ~ se composer d'éléments; **aus Holz/Plastik** ~ être en bois/plastique
❺ (*zum Inhalt haben*) **die Aufgabe besteht darin, ein Verzeichnis anzulegen** notre tâche consiste à créer un répertoire
❻ (*standhalten*) **vor jdm/etw ~ können** pouvoir affronter qn/qc; **neben jdm/etw ~ können** soutenir la comparaison avec qn/qc
❼ (*insistieren*) **auf etw** (*Dat*) ~ tenir à qc; **auf seinem Recht** ~ insister sur son bon droit; **er besteht darauf, dass sie auch eingeladen wird** il tient a ce qu'elle soit aussi invitée

Bestehen <-s> *nt* ❶ (*Vorhandensein*) existence *f;* **das fünfzigjährige ~ eines Unternehmens feiern** fêter les cinquantes ans d'existence d'une entreprise; **seit** [**dem**] ~ **der Schulpflicht** depuis que l'école est obligatoire
❷ (*Beharren*) insistance *f*
❸ (*erfolgreiches Absolvieren*) ~ **einer Prüfung** réussite *f* à un examen; **bei ~ der Prüfung** en cas de réussite à l'examen

bestehen|bleiben *s.* **bestehen II.3.**

bestehend *Adj* ❶ (*geltend*) *Gesetz, Vorschrift, Regelung, Zensur*

en vigueur
❷ (*existierend*) *Gesellschaftsordnung* existant(e); *Umstände, Verhältnisse* actuel(le)
bestehen|lassen *s.* bestehen II.3.
bestehlen* *tr V unreg* voler
besteigen* *tr V unreg* ❶ (*erklettern*) escalader *Berg, Gletscher;* monter au sommet de *Turm;* gravir *Hügel;* monter sur *Gerüst, Podest, Thron;* monter à *Leiter, Tribüne*
❷ (*aufsteigen*) monter sur *Pferd*
❸ (*einsteigen*) monter dans *Bus, Flugzeug, S-Bahn, Auto;* monter sur *Fahrrad, Motorrad, Fähre*
Besteigung *f eines Berges* ascension *f;* ~ **des Throns** accession *f* au trône
bestellen* **I.** *tr V* ❶ (*kaufen wollen*) commander; **etw bei jdm** ~ commander qc chez qn; **ich habe dir neue Jeans bestellt** je t'ai commandé un nouveau jean; **das Bestellte** la commande
❷ (*verzehren wollen*) **etw bei jdm** ~ commander qc à qn; [**sich** (*Dat*)] **etw** ~ [se] commander qc; **ich habe dir ein Glas Wein bestellt** je t'ai commandé un verre de vin
❸ (*reservieren*) réserver *Hotelzimmer, Tisch*
❹ (*ausrichten*) **jdm etw von jdm** ~ transmettre qc à qn de la part de qn; **bestell ihnen viele Grüße von mir!** donne-leur le bonjour de ma part; **bestell ihm, dass er mich heute Abend anrufen soll!** dis-lui de me téléphoner ce soir!; **bestell ihr, dass ich mich darum kümmern werde!** dis-lui que je vais m'en occuper!
❺ (*kommen lassen*) faire venir *Mitarbeiter;* donner un rendez-vous à *Patienten;* appeler *Taxi, Krankenwagen;* **für zehn Uhr bestellt sein** avoir [un] rendez-vous à dix heures; **zur Untersuchung ins Krankenhaus bestellt werden** être convoqué(e) pour un examen à l'hôpital
❻ (*bearbeiten*) cultiver *Acker, Land, Feld*
▸ **wie bestellt und nicht abgeholt** *hum fam* tout(e) bête (*fam*); **nichts/nicht viel zu** ~ **haben** n'avoir rien/pas grand-chose à dire; **um jdn/mit etw ist es gut bestellt** qn/qc va bien; **um jdn/mit etw ist es schlecht bestellt** qn/qc va mal
II. *itr V* **bei jdm** ~ commander à qn
Besteller(in) <-s, -> *m(f)* client(e) *m(f)*
Bestellkarte *f* bon *m* de commande **Bestellliste**[RR] *f* bulletin *m* de commande **Bestellmenge** *f* quantité *f* commandée **Bestellnummer** *f* numéro *m* de commande **Bestellschein** *m* bon *m* de commande
Bestellung <-, -en> *f* ❶ commande *f;* **eine** ~ **aufgeben** passer une commande; (*in einem Lokal*) commander; **eine** ~ **annehmen** accepter une commande
❷ (*Reservierung*) réservation *f*
❸ (*Bearbeitung*) *eines Ackers, Feldes* culture *f*
❹ (*Berufung*) *eines Gutachters, Vormundes* désignation *f*
▸ **auf** ~ sur commande
Bestellzettel *s.* Bestellschein
bestenfalls *Adv* au mieux
bestens ['bɛstəns] *Adv* ❶ très bien; *bedienen, vorbereiten, sich bewähren* parfaitement; **das hat sich** ~ **bewährt** cela s'est avéré parfait
❷ (*herzlich*) *danken, grüßen* cordialement
❸ ÖKON (*zum optimalen Preis*) **etw** ~ **kaufen/verkaufen** acheter/vendre qc au mieux
bester *s.* **beste(r, s)**
Bestes *s.* **beste(r, s)**
besteuern* *tr V* imposer *Person, Firma, Einkommen;* taxer *Verbrauchsgüter, Alkohol, Tabak;* **etw nicht** ~ ne pas soumettre qc à l'impôt
Besteuerung <-, -en> *f einer Person, Firma, von Einkünften* imposition *f; von Gütern* taxation *f*
Bestform *s.* **Höchstform**
bestialisch [bɛs'tia:lɪʃ] **I.** *Adj* ❶ (*grausam*) *Verbrechen, Grausamkeit* sauvage
❷ *fam* (*unerträglich*) *Gestank* infect(e); ~**e Schmerzen aushalten** souffrir le martyre
II. *Adv fam stinken, wehtun* vachement (*fam*)
Bestialität [bɛstjali'tɛ:t] <-, -en> *f eines Menschen, Tieres* bestialité *f; einer Tat* atrocité *f*
besticken* *tr V* broder; **ein Tischtuch mit Blumen** ~ broder des fleurs sur une nappe
Bestie ['bɛstiə] <-, -n> *f* ❶ (*Tier*) bête *f* féroce
❷ *pej* (*Mensch*) monstre *m*
bestimmbar *Adj Dauer, Kosten, Anzahl* déterminable; *Duft, Farbe* définissable
bestimmen* **I.** *tr V* ❶ (*festsetzen*) fixer *Preis, Ort, Zeit;* déterminer *Grenze*
❷ (*entscheiden*) **etw** ~ décider qc; *Gesetzgeber, Parlament, Stadtrat:* décréter qc; *Gesetz, Vorschrift:* stipuler qc; ~**, dass** décider/décréter/stipuler que + *indic*
❸ (*prägen*) caractériser *Landschaft, Epoche, Stil*
❹ (*beeinflussen*) déterminer *Preis, Wert, Konjunktur*
❺ (*wissenschaftlich einordnen*) identifier *Tier, Pflanze, Fund;* déterminer *Bedeutung, Alter, Herkunft*
❻ (*vorsehen*) **jdn zum Vorsitzenden/Nachfolger** ~ désigner qn comme président/successeur; **ein Erbteil/Geschenk für jdn** ~ destiner une part d'héritage/un cadeau à qn
❼ *geh* (*bewegen*) **jdn zum Nachgeben/Bleiben** ~ *Person:* inciter qn à céder/rester; *Umstand, Vorfall:* pousser qn à céder/rester
II. *itr V* ❶ (*befehlen*) décider
❷ (*verfügen*) **über jdn/etw** ~ disposer de qn/qc; **über etw** (*Akk*) **frei** ~ **können** pouvoir disposer librement de qc
bestimmend *Adj* ❶ (*entscheidend*) *Faktor, Einfluss* déterminant(e); **für jdn/etw** ~ **sein** être déterminant(e) pour qn/qc
❷ (*dominant*) *Person* déterminé(e); *Persönlichkeit* fort(e); **sie ist ein sehr** ~**er Mensch** elle sait s'imposer
bestimmt **I.** *Adj* ❶ (*speziell, genau genannt*) *Buch, Uhr, Vorstellung, Information* précis(e)
❷ (*festgesetzt*) *Preis, Betrag, Summe* fixé(e); **am** ~**en Tag/Ort** au jour/lieu dit; **zur** ~**en Stunde** à l'heure dite
❸ GRAM *Artikel* défini(e)
❹ (*entschieden*) *Person, Auftreten* décidé(e); *Ton* ferme
❺ (*nicht näher genannt*) *Personen, Kreise, Vorstellungen* certain(e); **aus** ~**en Gründen** pour certaines raisons
II. *Adv* ❶ (*sicher*) certainement; [**ganz**] ~ **wissen, dass** être [vraiment] sûr(e) que; **du kommst doch ganz** ~**?** es-tu vraiment sûr(e) de venir?; **ich komme ganz** ~**!** je viendrai sans faute!; **ganz** ~**!** sûr et certain!; **ist es auch** ~ **dieses Auto?** es-tu/êtes-vous sûr(e) que c'est cette voiture?
❷ (*entschieden*) *ablehnen* catégoriquement; **sehr** ~ **auftreten** être très déterminé(e)
Bestimmtheit <-> *f einer Person, eines Auftretens* détermination *f; eines Tons* fermeté *f;* **in** [*o* **mit**] **aller** ~ avec fermeté; **etw mit aller** ~ **ablehnen** refuser qc catégoriquement; **etw mit** ~ **sagen können** pouvoir dire qc avec certitude
Bestimmung <-, -en> *f* ❶ (*Vorschrift*) règlement *m;* (*Verwaltungsvorschrift*) disposition *f;* **gesetzliche** ~**en** dispositions légales; **vertragliche/zwingende** ~**en** clauses *fpl* contractuelles/impératives
❷ *kein Pl* (*Zweck*) destination *f;* **eine Straße/Brücke ihrer** ~ **übergeben** ouvrir une route/un pont à la circulation
❸ (*Schicksal*) destinée *f;* (*Berufung*) vocation *f;* **das war** ~**!** c'était écrit!
❹ (*Festsetzung, Festlegung*) fixation *f;* ~ **der Zuständigkeit** détermination de compétence
❺ (*Analyse, Ermittlung*) *eines Fundes, einer Pflanze* identification *f; des Alters* détermination *f*
❻ (*Definition*) *eines Begriffs* définition *f*
❼ GRAM **adverbiale** ~ complément *m* circonstanciel
Bestimmungsbahnhof *m* gare *f* de destination **Bestimmungshafen** *m* port *m* de destination **Bestimmungsland**

nt pays *m* de destination **Bestimmungsort** *m* [lieu *m* de] destination *f;* **am ~ ankommen** arriver à destination **Bestimmungswort** <-wörter> *nt* GRAM déterminant *m*

Bestleistung *f* meilleure performance *f*

Best.-Nr. *Abk von* **Bestellnummer** réf.

bestrafen* *tr V* ❶ punir; pénaliser *Sportler*
❷ JUR condamner; **jdn mit zehn Monaten Gefängnis ~** condamner qn à dix mois de prison

Bestrafung <-, -en> *f* punition *f; eines Missetäters* châtiment *m; eines Sportlers* pénalisation *f*

bestrahlen* *tr V* ❶ MED traiter aux rayons X; **jdn ~** traiter qn aux rayons X
❷ (*beleuchten*) illuminer *Gebäude, Bühne*

Bestrahlung *f* ❶ MED radiothérapie *f;* **~en bekommen** recevoir des rayons X
❷ (*Beleuchtung*) illumination *f*

Bestreben *nt* **im ~ etw zu tun** soucieux(-euse) de faire qc; **in seinem/ihrem ~ etw zu tun** dans son souci de faire qc; **es ist immer mein ~ gewesen den Menschen zu helfen** je me suis toujours efforcé(e) d'aider les gens

bestrebt [bəˈʃtreːpt] *Adj* **~ sein etw zu tun** s'efforcer de faire qc

Bestrebung *f meist Pl* effort *m*

bestreichen* *tr V unreg* enduire; **etw mit Salbe/Farbe ~** enduire qc de pommade/peinture; **das Brot mit Butter/Marmelade ~** beurrer le pain/tartiner le pain de confiture

bestreiken* *tr V* faire grève dans *Fabrik, Firma, Industriezweig;* **der Betrieb wird bestreikt** l'entreprise est en grève; **bestreikt** en grève

bestreitbar *Adj* **nicht ~ sein** être incontestable

bestreiten* *tr V unreg* ❶ (*leugnen*) contester; **~ etw zu tun** nier faire qc; **~ etw getan zu haben** nier avoir fait qc; **sich nicht ~ lassen** être incontestable; **es lässt sich nicht ~, dass** il est indéniable que + *indic*
❷ (*finanzieren*) payer *Kosten, Unterhalt;* financer *Studium;* **seinen Lebensunterhalt nicht ~ können** ne pas arriver à subvenir à ses besoins
❸ (*gestalten*) assurer *Veranstaltung, Gestaltung*
❹ (*streitig machen*) **jdm das Recht auf etw** (*Akk*) **~** contester à qn le droit de [*o* à] qc

bestreuen* *tr V* ❶ répandre; **etw mit Sand/Splitt ~** répandre du sable/gravillon sur qc; **den Weg mit Blumen ~** joncher le chemin de fleurs
❷ (*verzieren*) **den Kuchen mit etw ~** saupoudrer le gâteau de qc

bestricken* *tr V geh* envoûter

Bestseller [ˈbɛstsɛlɐ] <-s, -> *m* best-seller *m*

Bestsellerautor(in) [ˈbɛstzɛlɐ-] *m(f)* auteur *mf* de best-sellers **Bestsellerliste** *f* meilleures ventes *fpl*

bestsituiert A *s.* **gutsituiert**

bestücken* *tr V* équiper *Küche, Haushalt, Rakete;* remplir *Lager, Keller;* **das Regal mit Büchern ~** garnir l'étagère de livres; **das Auto mit einem Airbag ~** équiper la voiture d'un airbag

bestürmen* *tr V* assailler; **jdn mit etw ~** assailler qn de qc

bestürzen* *tr V Ereignis, Vorgang, Tod:* bouleverser; **jdn ~** *Ereignis, Vorgang, Tod:* bouleverser qn

bestürzend I. *Adj Ereignis, Nachricht* bouleversant(e); *Tod* tragique
II. *Adv* **~ gering/schlecht/hoch** extrêmement faible/mauvais(e)/haut(e)

bestürzt [bəˈʃtʏrtst] I. *Adj Person, Gesicht* bouleversé(e); *Miene* consterné(e); **über etw** (*Akk*) **~ sein** être bouleversé(e) par qc
II. *Adv* avec consternation

Bestürzung <-> *f* consternation *f;* **etw mit tiefer ~ erfahren** apprendre qc avec beaucoup de consternation

Bestzeit *f* meilleur temps *m*

Besuch [bəˈzuːx] <-[e]s, -e> *m* ❶ visite *f;* **einen ~ machen** faire une visite; **einen ~ bei jdm machen** aller voir qn; **jdm einen ~ abstatten** *geh* rendre visite à qn; **von jdm ~ bekommen** recevoir la visite de qn; **einen ~ bei den Großeltern einplanen** prévoir d'aller chez les grands-parents; **sich zu einem ~ bei jdm entschließen** décider d'aller voir qn; **bei jdm auf** [*o* **zu**] **~ sein** être en visite chez qn; **~ beim Arzt** visite chez le médecin
❷ (*Frequentieren*) *einer Schule, Veranstaltung* fréquentation *f;* **für den ~ des Gottesdienstes** pour assister à l'office religieux
❸ (*Besucher*) visiteur *m;* (*Gast*) invité(e) *m(f);* **~ erwarten/bekommen/haben** attendre/recevoir/avoir de la visite

besuchen* *tr V* ❶ aller voir *Freund, Verwandten;* **oft von seinen Angehörigen besucht werden** recevoir souvent la visite de sa famille; **besuch mich bald wieder!** reviens me voir bientôt!
❷ (*aufsuchen*) aller voir *Kunden;* visiter *Patienten;* **den Arzt ~** aller chez le médecin
❸ (*frequentieren*) aller à *Schule, Kino, Theater, Lokal, Konzert;* visiter *Ausstellung, Museum;* assister à *Gottesdienst;* suivre *Kurs*

Besucher(in) <-s, -> *m(f)* ❶ visiteur(-euse) *m(f);* (*Gast*) invité(e) *m(f)*
❷ (*Interessent, Kunde*) *einer Veranstaltung, Ausstellung, eines Museums* visiteur(-euse) *m(f); eines Lokals, Kasinos* client(e) *m(f)*
❸ (*Zuschauer*) spectateur(-trice) *m(f);* (*Zuhörer*) auditeur(-trice) *m(f)*
❹ (*Teilnehmer*) *eines Kurses* participant(e) *m(f);* **die ~ des Gottesdienstes** ceux qui assistent à la messe; (*protestantisch*) ceux qui assistent au culte

besucherfeindlich *Adj* peu accueillant(e) [pour les visiteurs] **besucherfreundlich** *Adj* agréable pour les visiteurs **Besucherparkplatz** *m* parking *m* réservé aux visiteurs **Besucherritze** *f hum fam fente située entre les deux matelas d'un lit conjugal* **Besucherzahl** *f* nombre *m* de visiteurs; (*in Bezug auf Theater, Konzerte*) nombre *m* de spectateurs; **die ~en** les visiteurs *mpl; von Theatern, Kinos* les entrées *fpl*

Besuchserlaubnis *f* droit *m* de visite; **eine ~ bekommen** obtenir une autorisation de visite **Besuchsrecht** *nt* droit *m* de visite **Besuchstag** *m* jour *m* de visite **Besuchszeit** *f* heures *fpl* de visite **Besuchszimmer** *nt eines Gefängnisses, Klosters* parloir *m*

besucht *Adj* **gut/schlecht** [*o* **schwach**] **~** *Ausstellung, Museum* beaucoup/peu visité(e); **viel ~** qui attire un grand nombre de personnes; **das Konzert/Theater war sehr gut ~** le récital/le théâtre a fait salle comble; **das Konzert/Theater war schwach ~** le récital/le théâtre n'a pas fait salle comble

besudeln* *geh* I. *tr V a. fig* souiller (*soutenu*); **sich** (*Dat*) **den Kittel mit Blut ~** souiller sa blouse de sang (*soutenu*)
II. *r V* **sich mit etw ~** se salir avec qc

Beta [ˈbeːta] <-[s], -s> *nt* (*Buchstabe*) bêta *m*

Betablocker [ˈbeːtablɔkɐ] <-s, -> *m* PHARM, MED bêtabloquant *m*

betagt [bəˈtaːkt] *Adj geh* âgé(e) (*soutenu*)

betanken* *tr V* ravitailler *Flugzeug;* remplir de carburant *Tankwagen;* **die Maschine wird betankt** l'avion est ravitaillé [en carburant]

betasten* *tr V* palper; tâter *Frucht, Käse*

Betastrahlen *Pl* PHYS rayons *mpl* bêta **Betateilchen** *nt* PHYS électron *m* bêta

betätigen* I. *tr V* actionner *Hebel;* appuyer sur *Pedal, Bremse, Schalter;* tourner *Knopf;* tirer *Wasserspülung;* **die Zündung wird betätigt, indem man den Schlüssel herumdreht** l'allumage s'effectue en tournant la clé
II. *r V* ❶ (*aktiv sein*) **sich sportlich/politisch ~** faire du sport/de la politique; **sich künstlerisch ~** avoir une activité artistique; **sich als Gärtner/im Garten ~** faire le jardinier/du jardinage
❷ *fam* (*mithelfen*) **sich ~** donner un coup de main (*fam*)

Betätigung <-, -en> *f* ❶ *kein Pl* (*das Betätigen*) **durch ~ dieses Hebels/Knopfes** en actionnant ce levier/en appuyant

sur ce bouton; **vor ~ des Schalters** avant d'actionner le commutateur
(2) (*Tätigkeit*) activité *f;* **ihm fehlt es an körperlicher ~** il manque d'exercice

Betätigungsfeld *nt* domaine *m* **Betätigungsfreiheit** *f* FIN libre choix *m* des activités; **wirtschaftliche ~** libre choix des activités économiques

betatschen* *tr V pej fam* peloter (*péj fam*); *Kind:* tripoter (*péj fam*); **etw ~** *pej fam* peloter qc; *Kind:* tripoter qc

betäuben* **I.** *tr V* (1) MED endormir
(2) (*unterdrücken*) faire taire *Skrupel, Gewissen;* **seinen Kummer mit** [*o* **durch**] **Alkohol/durch Arbeit ~** noyer son chagrin dans l'alcool/le travail
▸ [**wie**] **betäubt sein** *Person:* être [comme] assommé(e)
II. *r V* **sich mit etw ~** s'étourdir de qc

betäubend *Adj Lärm, Krach* assourdissant(e); *Duft, Parfüm* entêtant(e)

Betäubung <-, -en> *f* (1) MED anesthésie *f;* **örtliche** [*o* **lokale**] **~** anesthésie locale; **zur ~ der Schmerzen** pour calmer les douleurs
(2) (*Benommenheit*) étourdissement *m*
(3) (*Unterdrückung*) *des Kummers, Gewissens* refoulement *m*

Betäubungsmittel *nt* anesthésique *m* **Betäubungsmittelgesetz** *nt* loi *f* sur la consommation de stupéfiants

Betbruder *m,* **-schwester** *f pej fam* bigot(e) *m(f)* (*péj fam*)

Bete ['be:tə] <-, *selten* -n> *f* **Rote ~** betterave *f* rouge

beteilen* *tr V* A distribuer; **jdn mit etw ~** distribuer qc à qn

beteiligen* **I.** *tr V* faire participer; **jdn mit fünf Prozent am Umsatz/Gewinn ~** attribuer une part de cinq pour cent du chiffre d'affaires/ du bénéfice à qn; **jdn an einer Firma ~** faire participer qn aux bénéfices d'une entreprise
II. *r V* **sich an etw** (*Dat*) **~** participer à qc; **sich kaum am Unterricht ~** ne guère participer au cours; **sich mit 20 000 Euro an einer Firma ~** apporter un capital de 20 000 euros dans une entreprise

beteiligt *Adj* (1) **an etw** (*Dat*) **~ sein** (*teilnehmen, mitwirken*) être associé(e) à qc; (*verwickelt sein*) être impliqué(e) dans qc
(2) BÖRSE, COM **mit 10 000 Euro/fünf Prozent an einer Firma ~ sein** avoir une part de 10 000 euros/cinq pour cent dans une entreprise

Beteiligte(r) *f(m) dekl wie Adj* (1) (*Teilnehmer, Mitwirkender*) participant(e) *m(f)*
(2) (*Betroffener*) personne *f* concerneé; (*in ein Geschehen Verwickelter*) personne impliquée; **alle am Unfall ~n** toutes les personnes impliquées dans l'accident
(3) JUR **berufsfremde(r) ~(r)** participant(e) *m(f)* sans rapport avec la profession exercée; **die am Verfahren ~n** les parties *fpl* au procès

Beteiligung <-, -en> *f* (1) *kein Pl* (*Teilnahme*) participation *f;* **~ an etw** (*Dat*) participation *f* à qc; **unter großer ~ der Belegschaft** avec la participation massive du personnel
(2) *kein Pl* (*finanzielles Teilhaben*) **die ~ der Mitarbeiter am Gewinn** la participation des employés au bénéfice

beten ['be:tən] **I.** *itr V* prier; **zu Gott ~** prier Dieu; **vor dem Schlafengehen ~** faire sa prière du soir; **für jdn ~** prier pour qn; **für etw/um etw ~** prier pour qc; **lasset uns ~!** prions!; **das Beten** la prière
II. *tr V* dire *Vaterunser*

beteuern* *tr V* protester de (*littér*); **seine Unschuld ~** protester de son innocence; **~, dass** assurer que + *indic;* **jdm seine Liebe/Treue ~** assurer qn de son amour/sa fidélité

Beteuerung <-, -en> *f* (1) *kein Pl* (*das Beteuern*) assurance *f;* **trotz der ~ seiner Unschuld** malgré l'assurance de son innocence
(2) (*Äußerung*) serment *m*

Bethlehem ['be:tlehɛm] <-s> *nt* Bethléem *m*

betiteln* *tr V* (1) intituler *Buch, Sendung, Film;* **die Sendung ist folgendermaßen betitelt: ...** l'émission s'intitule comme suit: ...
(2) *pej* (*beschimpfen*) **jdn** [**mit**] **Lügner ~** traiter qn de menteur
(3) (*anreden*) **jdn** [**mit**] **Herr Direktor ~** appeler qn par Monsieur le Directeur; **wie soll man sie ~?** quel titre doit-on lui donner?

Beton [be'tɔŋ] <-s, *selten* -s> *m* béton *m;* **aus ~** en béton; **~ besteht aus ...** le béton est composé de ...

Betonbau <-bauten> [be'tɔŋ-, be'tõ:-, be'to:n-] *m* (1) construction *f* en béton (2) *kein Pl* (*Bauweise*) béton *m* **Betonblock** *m* (1) <-blöcke> (*Klotz*) bloc *m* de béton (2) <-blöcke *o* -blocks> (*hohes/langes Gebäude*) tour *f*/bloc *m* de béton **Betonbunker** *m* (1) bunker *m* de béton (2) *pej fam* (*Gebäude*) bunker *m* de béton (*péj fam*) **Betonburg** *f pej fam* cité *f* de béton (*péj fam*) **Betondecke** *f* (1) (*Gebäudedecke*) dalle *f* de béton (2) (*Straßendecke*) revêtement *m* en béton

betonen* *tr V* (1) PHON accentuer; **schwach betont** faiblement accentué(e)
(2) MUS soutenir, appuyer sur
(3) (*zur Geltung bringen*) souligner, mettre en valeur *Figur, Formen*
(4) (*nachdrücklich erwähnen*) insister sur; **~, dass** souligner que + *indic; s. a.* **betont**

betonieren* *tr V* bétonner

Betonklotz *s.* **Betonblock** **Betonkopf** *m pej* tête *f* de pioche (*péj fam*) **Betonmischer** <-s, -> *m* (1) *s.* **Betonmischmaschine** (2) (*Lkw*) toupie *f* **Betonmischmaschine** *f* bétonnière *f* **Betonsilo** *m pej fam* tour *f* en béton (*péj fam*)

betont [bə'to:nt] **I.** *Adj Höflichkeit, Kühle, Sachlichkeit* marqué(e); *Eleganz* prononcé(e); *Gleichgültigkeit, Lässigkeit* ostensible
II. *Adv* ostensiblement

Betonung <-, -en> *f* (1) PHON accentuation *f;* **die ~ liegt auf der ersten Silbe** la première syllabe est accentuée
(2) MUS **durch die ~ dieser Takte bekommt die Sonate mehr Ausdruckskraft** en appuyant [*o* en soulignant] ces mesures, la sonate devient plus expressive
(3) *kein Pl* (*das Hervorheben*) mise *f* en valeur
(4) *kein Pl* (*nachdrückliche Erwähnung*) **die ~ einer S.** (*Gen*) l'accent *m* mis sur qc
(5) *kein Pl* (*Nachdruck*) insistance *f;* **die ~ liegt auf etw** (*Dat*) l'accent est mis sur qc

Betonungszeichen *nt* accent *m*

Betonwüste [be'tɔŋ-, be'tõ:-, be'to:n-] *f pej* désert *m* de béton (*péj*)

betören* *tr V* envoûter

betörend **I.** *Adj* envoûtant(e)
II. *Adv* d'une façon envoûtante

Betörung <-, -en> *f* envoûtement *m*

betr. *Abk von* **betreffend, betreffs**

Betr. *Abk von* **Betreff**

Betracht [bə'traxt] <-[e]s> *m* ▸ **in ~/nicht in ~ kommen** entrer/ne pas entrer en ligne de compte; **etw außer ~ lassen** ne pas prendre qc en considération; **etw nicht außer ~ lassen** ne pas négliger qc; **in ~ ziehen, dass** envisager que + *subj*

betrachten* **I.** *tr V* (1) (*anschauen*) contempler *Person, Kunstwerk;* regarder *Foto;* **eine Pflanze/einen Gegenstand genau ~** examiner une plante/un objet
(2) (*bedenken, untersuchen*) considérer; **genau betrachtet** tout bien considéré; **sich** (*Dat*) **die Sache genauer ~** y regarder de plus près
(3) (*halten für*) **jdn als Freund/Rivalen ~** considérer qn comme un ami/rival
II. *r V* (1) (*sich anschauen*) **sich im Spiegel ~** se contempler dans le miroir
(2) (*sich halten für*) **sich als jds Rivale[n] ~** se considérer comme le rival de qn; **~ Sie sich ab sofort als entlassen!** considérez-vous comme licencié(e) sur l'heure!

Betrachter(in) <-s, -> *m(f) eines Kunstwerks, Fotos* contemplateur(-trice) *m(f)*; *eines Geschehens, Vorgangs* observateur(-trice) *m(f)*

beträchtlich [bəˈtrɛçtlɪç] I. *Adj* considérable; **um ein Beträchtliches höher/teurer sein** être sensiblement plus haut(e)/cher(chère)
II. *Adv erhöhen, steigen, zurückgehen* considérablement; *höher, niedriger* nettement

Betrachtung <-, -en> *f* ❶ *kein Pl* (*das Anschauen*) *einer Person, eines Kunstwerks* contemplation *f*; *eines Gegenstands, Fotos, einer Pflanze* observation *f*
❷ (*Untersuchung, Analyse*) étude *f*; **bei näherer** [*o* **genauerer**] ~ en y regardant de plus près; **bei oberflächlicher** ~ au simple coup d'œil
❸ *meist Pl* (*Überlegung*) réflexion *f*; ~**en über jdn/etw anstellen** se livrer à des considérations sur qn/qc

Betrachtungsweise *f* façon *f* de voir

Betrag [bəˈtraːk, *Pl:* bəˈtrɛːgə] <-[e]s, ¨-e> *m* (*Rechnungsbetrag*) montant *m*; (*Geldbetrag*) somme *f*; ~ **dankend erhalten** pour acquit

betragen* *unreg* I. *itr V* s'élever; **hundert Euro/drei Prozent** ~ s'élever à cent euros/trois pour cent; **zwei Meter/fünf Tonnen** ~ représenter deux mètres/cinq tonnes
II. *r V* **sich gut/schlecht** ~ se conduire bien/mal

Betragen <-s> *nt* conduite *f*; ~: **ungenügend** zéro de conduite

betrauen* *tr V* confier; **jdn mit etw** ~ confier qc à qn; **jdn damit** ~ **etw zu tun** confier à qn la charge de faire qc

betrauern* *tr V* pleurer *Toten, Tod;* déplorer *Verlust*

beträufeln* *tr V* **etw mit Zitronensaft/Rum** ~ mettre quelques gouttes de citron/rhum sur qc

Betreff [bəˈtrɛf] <-[e]s, -e> *m form* objet *m* (*form*)

betreffen* *tr V unreg* ❶ (*angehen*) concerner; **was mich/dich betrifft** quant à moi/toi; **was die Feier betrifft** pour ce qui est de la fête
❷ *geh* (*heimsuchen*) frapper (*soutenu*); **Japan wurde von einem Erdbeben betroffen** le Japon a été frappé par un tremblement de terre
❸ *geh* (*bestürzen*) **jdn** [**tief**] ~ affecter qn [profondément]

betreffend *Adj attr* ❶ (*besagt*) en question; **die** ~**e Zeitung** le journal en question
❷ (*zuständig*) **die** ~**e Kollegin** la collègue compétente
❸ (*bezüglich*) **den Vertrag/unser Projekt** ~ concernant le contrat/notre projet

Betreffende(r) *f(m) dekl wie Adj* (*betroffene Person*) personne *f* concernée; (*zuständige Person*) personne *f* compétente

betreffs *Präp + Gen form* concernant (*form*); ~ **Ihres Angebots** concernant votre offre

betreiben* *tr V unreg* ❶ (*ausüben, treiben*) exercer *Gewerbe, Handwerk;* effectuer *Forschung;* **eine gemäßigte Politik** ~ pratiquer une politique modérée
❷ (*unternehmerisch führen*) tenir *Geschäft, Lokal, Firma;* exploiter *Kraftwerk;* régir *Radio-, Fernsehsender*
❸ (*hinarbeiten auf*) travailler à *Stilllegung, Spaltung;* mener *Untersuchung, Prozess, Projektabschluss;* **auf Betreiben** (*Akk*) **des Ministers** [**hin**] à l'instigation du ministre
❹ TECH **elektrisch/mit Batterien/mit Dampf betrieben werden** fonctionner à l'électricité/à pile/à la vapeur

Betreiber(in) <-s, -> *m(f)* ❶ exploitant(e) *m(f)*; *einer Spielhalle, eines Restaurants* tenancier(-ière) *m(f)*; *eines Hotels, eines Geschäfts* gérant(e) *m(f)*; *eines Radio-, Fernsehsenders* administrateur *m*
❷ (*Betreiberfirma*) société *f* d'exploitation

Betreibung <-, -en> *f* ❶ conduite *f*
❷ COM exploitation *f*
❸ *eines Kraftwerks, einer Funkanlage* exploitation *f*; *eines Fernsehers, eines Radiogerätes* utilisation *f*, mise *f* en service

betreten*[1] *tr V unreg* ❶ entrer dans *Gebäude, Raum, Zimmer;* monter sur *Podium, Tribüne;* entrer en *Bühne;* **das Stadion/das Spielfeld** ~ *Spieler, Mannschaft:* entrer dans le stade/sur le terrain; **von wo aus kann man den Innenhof** ~? par où peut-on accéder à la cour intérieure?; [**das**] **Betreten der Baustelle** [**ist**] **verboten!** chantier interdit au public!; **beim Betreten einer Kirche nimmt man den Hut ab** on enlève son chapeau quand on entre dans une église
❷ (*treten auf*) marcher sur *Parkett, Teppich, Rasen;* [**das**] **Betreten des Rasens** [**ist**] **verboten!** défense de marcher sur la pelouse!
❸ *fig* **gefährliches Terrain** ~ aborder un sujet dangereux

betreten[2] I. *Adj Person* gêné(e); *Schweigen* embarrassé(e); *Gesicht, Miene* déconfit(e); ~ **sein** être gêné(e)
II. *Adv* ~ **schweigen** garder un silence gêné; ~ **dreinschauen** avoir l'air confus; **jdn** ~ **anschauen** regarder qn l'air confus

Betretenheit <-> *f einer Person* embarras *m*; **die** ~ **seiner/ihrer Miene** son air déconfit

betreuen* *tr V* prendre en charge *Kind, Patienten, Reisegruppe, Sportler;* s'occuper de *Kunden, Tier;* être responsable de *Bibliothek, Abteilung, Projekt;* **liebevoll betreut werden** *Patient:* être bienveillamment soigné(e); *Kind:* être choyé(e); *Tier:* être bien soigné(e)

Betreuer(in) <-s, -> *m(f) einer Reisegruppe* responsable *mf*; *einer Mannschaft* dirigeant(e) *m(f)*; **medizinischer** ~ soigneur *m*

Betreuung <-> *f* ❶ (*das Betreuen*) prise *f* en charge
❷ (*Betreuer*) *von Senioren, Pflegebedürftigen* aide-soignant(e) *m(f)*; *einer Mannschaft* encadrement *m*

Betrieb <-[e]s, -e> *m* ❶ (*Industriebetrieb*) entreprise *f*; **schon um sechs Uhr im** ~ **sein** être dès six heures au travail
❷ (*Belegschaft*) personnel *m*
❸ *kein Pl* (*Betriebsamkeit*) activité *f*
❹ (*Tätigkeit, Ablauf*) activité *f*; *einer Anlage, Maschine, Fabrik* fonctionnement *m*; *einer Bahn-, Buslinie* exploitation *f*; **etw in** ~ **nehmen** mettre qc en service; **etw in** ~ **setzen** mettre qc en marche; **etw außer** ~ **setzen** stopper qc; **in/außer** ~ [**sein**] (*funktionieren/nicht funktionieren*) [être] en/hors service

betrieblich I. *Adj attr* ❶ (*zur Firma gehörend, die Firma betreffend*) de l'entreprise; *Altersversorgung, Kindergarten, Leistungen* d'entreprise
❷ (*firmenintern*) interne à l'entreprise
II. *Adv regeln, beschließen* au sein de l'entreprise; ~ **bedingt** lié(e) au fonctionnement de l'entreprise

Betriebsaltersversorgung *f kein Pl* régime *m* de retraite d'entreprise

betriebsam I. *Adj* actif(-ive)
II. *Adv* activement; ~ **agieren** s'activer

Betriebsamkeit <-> *f* activité *f*

Betriebsangehörige(r) *f(m) dekl wie Adj* employé(e) *m(f)* de l'entreprise **Betriebsangelegenheit** *f* affaire *f* de la société **Betriebsanleitung** *f* notice *f* d'utilisation **Betriebsarzt** *m*, **-ärztin** *f* médecin *m* d'entreprise **Betriebsausflug** *m* sortie *f* d'entreprise **betriebsbereit** *Adj Anlage, Gerät, Maschine* prêt(e) à fonctionner; **etw** ~ **liefern** livrer qc clés en main; **ein Gerät** ~ **machen** mettre un appareil en service; **sich in** ~**em Zustand befinden** *Maschine:* être prêt(e) à être mis(e) en marche **Betriebsbesichtigung** *s.* Betriebsführung **betriebsblind** *Adj* sclérosé(e) par la routine **betriebseigen** *Adj Kindergarten* de l'entreprise **Betriebserlaubnis** *f* JUR permis *m* d'exploitation **Betriebsferien** *Pl* fermeture *f* annuelle **Betriebsfest** *nt* fête *f* d'entreprise **betriebsfremd** *Adj* étranger(-ère) à l'entreprise **Betriebsführung** *f* ❶ (*Besichtigung*) visite *f* d'entreprise ❷ *s.* Betriebsleitung **Betriebsgeheimnis** *nt* information *f* confidentielle; (*Produktionsgeheimnis*) secret *m* de fabrication **Betriebsgelände** *nt* enceinte *f* de l'entreprise **betriebsintern** *s.* betrieblich **Betriebskapital** *nt* fonds *m* de roulement **Betriebsklima** *nt* climat *m* de l'entreprise **Betriebskosten** *Pl einer Firma, Maschine* frais *mpl* d'exploitation; *eines Kraftfahrzeugs* frais fixes **Betriebskran-**

kenkasse *f* caisse *f* de maladie de l'entreprise **Betriebsleiter(in)** *m(f)* directeur(-trice) *m(f)* d'entreprise **Betriebsleitung** *f* ❶ *kein Pl* (*das Leiten*) direction *f* [d'entreprise] ❷ (*Person, Büro*) direction *f* **Betriebsnudel** *f fam* boute-en-train *m inv;* **sie ist eine echte ~!** elle est un vrai boute-en-train! **Betriebsorganisation** *f* structure *f* de l'entreprise **Betriebsprüfer(in)** *m(f)* auditeur(-trice) *m(f)* **Betriebsprüfung** *f* contrôle *m* fiscal **Betriebsrat** *m* comité *m* d'entreprise **Betriebsrat** *m*, **-rätin** *f* délégué(e) *m(f)* du personnel **Betriebsschluss**[RR] *m* fermeture *f* [de l'entreprise] **betriebssicher** *Adj* fiable **Betriebssicherheit** *f kein Pl* TECH, INFORM sécurité *f* d'exploitation **Betriebsstilllegung**[RR] *f* ÖKON fermeture *f* d'une entreprise **Betriebsstörung** *f* panne *f* **Betriebssystem** *nt* INFORM système *m* d'exploitation **Betriebstemperatur** *f* température *f* de régime **Betriebsunfall** *m* ❶ accident *m* du travail ❷ *hum fam* (*ungewollte Schwangerschaft*) accident *m* (*hum fam*) **Betriebsvereinbarung** *f* accord *m* d'entreprise **Betriebsverfassung** *f* convention *f* collective (*précisée par le règlement intérieur*)

Betriebsverfassungsgesetz *nt* législation *f* relative à la participation et à la cogestion **Betriebsverfassungsrecht** *nt* JUR législation *f* relative aux relations globales entre entrepreneurs et salariés

Betriebsvermögen *nt* capital *m* [d'entreprise] **Betriebsversammlung** *f* assemblée *f* générale [du personnel] **Betriebswirt(in)** *m(f)* diplômé(e) *m(f)* en gestion d'entreprise **Betriebswirtschaft** *f* (*Schulfach*) économie *f* d'entreprise; (*Studienfach*) gestion *f* [d'entreprise] **betriebswirtschaftlich** *Adj Kenntnisse, Überlegung* relatif(-ive) à la gestion

Betriebswirtschaftslehre *f kein Pl* gestion *f* d'entreprise **Betriebswirtschaftsplan** *m* plan *m* de gestion

Betriebszugehörigkeit *f* **nach dreijähriger ~** après trois ans de maison

betrinken* *r V unreg* **sich ~** se soûler; **sich mit etw ~** se soûler à qc

betroffen [bəˈtrɔfən] **I.** *Adj* ❶ (*beteiligt*) concerné(e); **von etw ~ sein** être concerné(e) par qc
❷ (*bestürzt*) *Gesicht, Miene, Schweigen* consterné(e); **über etw** (*Akk*) **~ sein** être consterné(e) par qc; **jdn ~ machen** consterner qn
II. *Adv* avec consternation

Betroffene(r) *f(m) dekl wie Adj* personne *f* concernée

Betroffenheit <-> *f* consternation *f*

betrüben* *tr V Person:* faire de la peine à; *Verhalten:* désoler; **jdn ~** *Person:* faire de la peine à qn; *Verhalten:* désoler qn

betrüblich [bəˈtryːplɪç] *Adj* attristant(e); **~ sein** être fâcheux(-euse); **mit meinen Finanzen sieht es ~ aus** mes finances sont en fâcheux état

betrüblicherweise *Adv* malencontreusement

Betrübnis <-, -se> *f geh* affliction *f*

betrübt *Adj Gesicht, Miene* désolé(e); **über etw** (*Akk*) **~ sein** être désolé(e) de qc

Betrug [bəˈtruːk] <-[e]s> *m* ❶ (*Straftat*) escroquerie *f*
❷ (*Schwindel*) **~ an jdm** duperie *f* de qn; **das ist ~ an den Wählern** c'est duper les électeurs

betrügen* *unreg* **I.** *tr V* ❶ (*finanziell hintergehen*) frauder; **jdn um etw ~** escroquer qc à qn [*o* qn de qc]; **betrogen** escroqué(e); **sich um etw betrogen sehen** se sentir volé(e) de qc
❷ (*beschwindeln*) duper; **sich in etw** (*Dat*) **betrogen sehen** se sentir abusé(e) dans qc
❸ (*untreu sein*) **jdn mit jdm ~** tromper qn avec qn
II. *r V* **sich [selbst] ~** s'abuser

Betrüger(in) <-s, -> *m(f)* fraudeur(-euse) *m(f);* (*beim Spielen*) tricheur(-euse) *m(f)*

Betrügerei <-, -en> *f pej* ❶ (*finanzieller Betrug*) escroquerie *f*
❷ (*Schwindel*) duperie *f;* (*beim Spielen*) tricherie *f*
❸ *meist Pl* (*Seitensprung*) infidélités *fpl*

betrügerisch *pej* **I.** *Adj* frauduleux(-euse); **in ~er Weise** de façon frauduleuse; **etw in ~er Absicht tun** faire qc à des fins frauduleuses
II. *Adv* **etw ~ erwerben** JUR acquérir qc frauduleusement

betrunken [bəˈtrʊŋkən] **I.** *Adj* ivre; **in ~em Zustand** en état d'ivresse; **völlig ~ sein** être ivre mort(e)
II. *Adv lallen, herumtorkeln* en étant complètement ivre

Betrunkene(r) *f(m) dekl wie Adj* personne *f* ivre

Betrunkenheit <-> *f* ivresse *f*

Betschwester *s.* **Betbruder**

Bett [bɛt] <-[e]s, -en> *nt* ❶ (*Möbel*) lit *m;* **französisches ~** grand lit; **ins ~ gehen** aller se coucher; **im ~ sein** être dans son lit; **im ~ liegen** être couché(e); **jdn ins ~ bringen** coucher qn; **ins ~ machen** faire [pipi] au lit; **am ~ eines Kranken wachen** veiller au chevet d'un malade
❷ (*Bettdecke*) couverture *f;* (*Daunenbett*) couette *f;* **die ~en neu beziehen** changer les draps
❸ (*Flussbett*) lit *m*
▶ **ans ~ gefesselt sein** *geh* être cloué(e) au lit; **sich ins gemachte ~ legen** n'avoir plus qu'à s'installer; **mit jdm ins ~ gehen** *euph* coucher avec qn; **jdn aus dem ~ holen** tirer qn du lit; **das ~ hüten müssen** *geh* devoir garder le lit (*soutenu*)

Bettag *m s.* **Buß- und Bettag**

Bettanzug *m* CH housse *f* de couette **Bettbank** A *s.* **Bettsofa** **Bettbezug** *m* housse *f* de couette

i Land & Leute

Les Allemands ont une manière de faire leur lit assez différente de celle des Français. Ils n'utilisent ni drap de dessus, ni couverture et ils ne connaissent pas le traversin. Ils se servent d'oreillers et de couettes qu'ils glissent dans un **Bettbezug** constitué d'une taie d'oreiller et d'une housse de couette.

Bettcouch *s.* **Bettsofa** **Bettdecke** *f* couverture *f;* (*Daunendecke*) couette *f*

Bettel [ˈbɛtəl] <-s> *m* ▶ **der ganze ~** *fam* tout ce bordel (*fam*); **den [ganzen] ~ hinschmeißen** *fam* envoyer balader [tout] le bordel (*fam*)

bettelarm *Adj* totalement démuni(e)

Bettelei <-, -en> *f pej* mendicité *f*

Bettelmönch *m* moine *m* mendiant

betteln *itr V* mendier; **bei jdm um etw ~** mendier qc auprès de qn; **Betteln verboten!** mendicité interdite!

Bettelorden *m* ordre *m* mendiant **Bettelstab** ▶ **jdn an den ~ bringen** mettre qn sur la paille; **an den ~ kommen** se retrouver sur la paille

betten **I.** *tr V* (*hinlegen*) coucher; **weich gebettet** douillettement couché(e); **den Kopf des Verletzten etwas höher ~** coucher le blessé avec la tête légèrement surélevée
II. *r V* ▶ **wie man sich bettet, so liegt man** *Spr.* comme on fait son lit, on se couche

Bettenburg *f hum* usine *f* à touristes (*hum*)

Bettfedern *Pl* ❶ (*Springfedern*) ressorts *mpl* ❷ (*Füllung*) duvet *m* **Bettflasche** *f* SDEUTSCH, CH bouillotte *f* **Bettgeschichte** *f pej* ❶ (*Verhältnis*) coucherie *f* (*fam*) ❷ PRESSE vie *f* intime **Bettgestell** *nt* bois *m* de lit **Betthimmel** *m* ciel *m* de lit **Betthupferl** [ˈbɛthʊpfɐl] <-s, -> *nt* bonbon *m* (*avant d'aller au lit*) **Bettkante** *f* [re]bord *m* du lit **Bettkasten** *m* tiroir *m* de rangement **Bettlade** SDEUTSCH, A *s.* **Bettgestell**

bettlägerig [ˈbɛtlɛːgərɪç] *Adj* (*momentan*) alité(e); (*dauernd*) grabataire

Bettlaken *nt* drap *m* **Bettlektüre** *f* livre *m* de chevet; **Zeitungen sind als ~ nicht so gut geeignet** les journeaux ne sont pas pratiques comme livres de chevet

Bettler(in) [ˈbɛtlɐ] <-s, -> *m(f)* mendiant(e) *m(f)*

Bettnässen [ˈbɛtnɛsən] <-s> *nt* incontinence *f* nocturne **Bett-**

nässer(in) <-s, -> *m(f)* incontinent(e) *m(f)*; **mein Sohn ist ~** mon fils fait pipi au lit **Bettpfanne** *f* bassin *m* **Bettpfosten** *m* montant *m* de lit **Bettrand** *s.* Bettkante **bettreif** *Adj fam* qui tombe de sommeil (*fam*); **~e Kinder** des enfants qui tombent de sommeil; **~ sein** tomber de sommeil **Bettruhe** *f* repos *m*; **der Arzt hat ihm/ihr eine Woche ~ verordnet** le médecin lui a prescrit de garder le lit une semaine **Bettschwere** *f* ▸ **die nötige ~ haben** être assez fatigué(e) pour s'endormir; **noch nicht die richtige ~ haben** ne pas être encore assez fatigué(e) pour s'endormir **Bettsofa** *nt* canapé-lit *m* **Bettszene** *f* CINE scène *f* de lit **Betttuch**[RR] ['bɛttu:x] <-[e]s, -tücher> *s.* Bettlaken **Bettvorleger** ['bɛtvo:ɐle:gɐ] *m* descente *f* de lit **Bettwäsche** *f* parure *f* de lit **Bettzeug** *nt fam* literie *f*

betucht [bə'tu:xt] *Adj fam* rupin(e) (*fam*); **~/nicht ~ sein** rouler/ne pas rouler sur l'or (*fam*)

betulich [bə'tu:lɪç] **I.** *Adj* ❶ (*gemächlich*) apathique
❷ (*besorgt*) soucieux(-ieuse)
❸ (*wenig einfallsreich*) fade
II. *Adv* (*gemächlich*) nonchalamment

betupfen* *tr V* tamponner *Wunde, Ekzem, Pickel;* moucheter *Stoff, Leinwand*

betuppen* *tr V* DIAL *fam* arnaquer, truander (*fam*); **jdn um etw ~** arnaquer [*o* truander] qn de qc

Beuge ['bɔɪgə] <-, -n> *f* ❶ *eines Arms, Knies* pliure *f*
❷ (*Rumpfbeuge*) flexion *f*

Beugehaft *f* astreinte *f* par corps

Beugel <-s, -> *m* A croissant *m*

Beugemuskel *m* muscle *m* fléchisseur

beugen ['bɔɪgən] **I.** *tr V* ❶ (*neigen*) pencher *Kopf, Rumpf, Oberkörper;* fléchir *Knie, Arm; s. a.* **gebeugt**
❷ GRAM conjuguer *Verb;* décliner *Adjektiv, Substantiv*
II. *r V* ❶ (*sich neigen*) **sich nach links/nach vorn/zur Seite ~** se pencher sur la gauche/en avant/sur le côté
❷ (*sich unterwerfen*) **sich ~** s'incliner; **sich einem Herrscher ~** s'assujettir à un souverain; **sich einer Anordnung/jds Willen ~** se plier à un règlement/la volonté de qn

Beugung <-, -en> *f* ❶ (*das Beugen*) *eines Arms, Beins* flexion *f*
❷ GRAM flexion *f*
❸ (*Brechung*) *von Licht, Strahlen* diffraction *f*

Beule ['bɔɪlə] <-, -n> *f* bosse *f;* **viele ~n haben** *Person:* avoir de nombreuses bosses; *Auto:* être tout(e) cabossé(e)

beulen *itr V* goder; **die Jacke beult am Ellenbogen** la veste gode au coude

Beulenpest *f* MED peste *f* bubonique

beunruhigen* **I.** *tr V* inquiéter; **~d** inquiétant(e)
II. *r V* **sich wegen jdm/etw ~** s'inquiéter au sujet de qn/qc

beunruhigt *Adj* inquiet(-ète); **über etw** (*Akk*) **~ sein** être inquiet(-ète) de qc; **worüber bist du so ~?** qu'est-ce qui t'inquiète tant?

Beunruhigung <-, -en> *f* inquiétude *f*

beurkunden* *tr V* authentifier

Beurkundung <-, -en> *f* ❶ *kein Pl* (*das Beurkunden*) authentification *f;* **notarielle ~** authentification d'un acte; **gerichtliche/öffentliche ~** authentification judiciaire/officielle
❷ (*Urkunde*) attestation *f*

beurlauben* *tr V* ❶ (*Urlaub geben, bewilligen*) donner un congé à; **einen Schüler vom Unterricht ~** dispenser un élève de cours; **einen Soldaten ~** donner une permission à un soldat; **jdn für drei Tage ~** donner un congé de trois jours à qn
❷ (*vom Dienst suspendieren*) **jdn ~** mettre qn en disponibilité; **von etw beurlaubt sein** être suspendu(e) de qc
❸ UNIV **sich ~ lassen** *Lehrkraft:* se mettre en disponibilité; *Student:* demander l'autorisation d'interrompre ses études; **beurlaubt sein** *Lehrkraft:* être en disponibilité

Beurlaubung <-, -en> *f* ❶ *kein Pl* (*das Beurlauben*) congé *m;* MIL permission *f;* **~ vom Unterricht** dispense *f* de cours
❷ (*Suspendierung*) suspension *f*
❸ UNIV mise *f* en disponibilité
❹ MIL *fam* (*Urlaubsschein*) perm[e] *f* (*fam*)

beurteilen* *tr V* juger; estimer *Bild, Kunstobjekt, Wertgegenstand*

Beurteilung <-, -en> *f* ❶ *kein Pl* (*das Beurteilen*) **~ einer Person** jugement *m* sur une personne; **an die rechtliche ~ gebunden sein** JUR être assujetti(e) au jugement légal
❷ (*Einschätzung*) *einer Publikation, Aufführung* critique *f; eines Kunstobjekts, Wertgegenstands* estimation *f;* **die ~ des Theaterstücks** la critique sur la pièce de théâtre
❸ (*schriftliches Urteil*) appréciation *f*

Beurteilungsmaßstab *m* (*für Mitarbeiter*) barème *m* de jugement; (*für ein Kunstobjekt, einen Wertgegenstand*) critère *m* d'estimation

Beuschel ['bɔɪʃəl] <-s, -n> *nt* A, SDEUTSCH ❶ (*Lungenhaschee*) mou *m* de veau
❷ *fam* (*Lunge*) **rauch nicht so viel, denk an dein ~!** ne fume pas autant, pense à tes poumons!

Beute ['bɔɪtə] <-> *f* ❶ (*Jagdbeute*) *eines Jägers* prise *f; eines Tiers* proie *f;* **ohne ~ heimkehren** rentrer bredouille
❷ (*Diebesbeute, Kriegsbeute*) butin *m;* **[fette/reiche] ~ machen** ramasser un [lourd/riche] butin
❸ *geh* (*Opfer*) proie *f;* **eine leichte ~ sein** être une proie facile

Beutel ['bɔɪtəl] <-s, -> *m* ❶ (*Tasche*) sac *m;* (*Tabakbeutel*) blague *f* à tabac
❷ *fam* (*Geldbeutel*) bourse *f*
❸ ZOOL poche *f*

beuteln *tr V* A, *fam* secouer; **das Leben hat sie tüchtig gebeutelt** elle en a vu de toutes les couleurs (*fam*)

Beutelratte *f* ZOOL sarigue *f* **Beuteltier** *nt* marsupial *m*

Beutestück *nt* pièce *f* de butin **Beutezug** *m* razzia *f; eines Tiers* chasse *f*

bevölkern* **I.** *tr V* ❶ (*beleben*) remplir *Platz, Straße, Innenstadt*
❷ (*besiedeln*) peupler *Gebiet, Land*
II. *r V* **sich mit Zuschauern ~** se remplir de spectateurs

bevölkert *Adj* ❶ (*belebt*) fréquenté(e); **dicht/kaum ~ sein** être très/peu fréquenté(e)
❷ (*besiedelt*) peuplé(e); **schwach ~** peu peuplé(e); **dicht ~ sein** *Land:* avoir une population dense

Bevölkerung <-, -en> *f* population *f*

Bevölkerungsabnahme *f* recul *m* démographique **Bevölkerungsdichte** *f* densité *f* de population **Bevölkerungsdruck** *m kein Pl* pression *f* démographique **Bevölkerungsentwicklung** *f* évolution *f* démographique **Bevölkerungsexplosion** *f* explosion *f* démographique **Bevölkerungsgruppe** *f* groupe *m* de population **Bevölkerungspolitik** *f kein Pl* POL politique *f* démographique **Bevölkerungsschicht** *f* couche *f* de [la] population **Bevölkerungsstatistik** *f* statistiques *fpl* démographiques **Bevölkerungsstruktur** *f* structure *f* démographique **Bevölkerungswachstum** *nt* croissance *f* démographique **Bevölkerungszahl** *f* chiffre *m* de [la] population **Bevölkerungszunahme** *f* croissance *f* démographique

bevollmächtigen* *tr V* donner pouvoir à; **jdn ~ [etw zu tun]** donner pouvoir à qn [de faire qc]; **jdn zur Abholung eines Pakets ~** donner une procuration à qn pour prendre un paquet

Bevollmächtigte(r) *f(m) dekl wie Adj* fondé(e) *m(f)* de pouvoir; POL mandataire *mf*

bevor [bə'fo:ɐ] *Konj* ❶ (*ehe*) avant que + *subj;* **~ ich abreise, möchte ich gerne ...** avant de partir en voyage, je voudrais ...
❷ (*solange*) **~ du nicht aufräumst, darfst du nicht gehen** tu ne partiras pas tant que tu n'auras pas rangé; **nein, nicht ~ du sagst ...** non, pas tant que tu n'auras pas dit ...

bevormunden* *tr V* tenir en [*o* sous sa] tutelle; **jdn ~** tenir qn en [*o* sous sa] tutelle

Bevormundung <-, -en> *f* tutelle *f;* (*durch einen Chef, Staat*) paternalisme *m*

bevorrechtigt [bə'fo:ɐrɛçtɪçt] *Adj* privilégié(e); (*vorfahrtberechtigt*) prioritaire

bevorstehen *itr V unreg* ❶ (*zu erwarten haben*) attendre; **jdm** ~ attendre qn; **uns scheint ein harter Winter bevorzustehen** il semble qu'il faille s'attendre à un rude hiver; **das Schlimmste steht uns noch bevor** on n'est pas encore au bout de nos peines
❷ (*in Kürze eintreten*) **etw steht bevor** on est à la veille de qc
bevorstehend *Adj* imminent(e)
bevorzugen* *tr V* ❶ (*begünstigen*) favoriser; **jdn vor jdm** ~ favoriser qn par rapport à qn
❷ (*lieber mögen*) préférer
bevorzugt I. *Adj* ❶ (*privilegiert*) privilégié(e)
❷ (*beliebt*) préféré(e)
II. *Adv bedienen, behandeln* avec des égards particuliers; *abfertigen, ausliefern, zustellen* en priorité
Bevorzugung <-, -en> *f* ❶ *kein Pl* (*das Bevorzugen*) préférence *f*; ~ **der Tochter vor dem Sohn** préférence *f* pour la fille par rapport au fils
❷ (*bevorzugte Behandlung*) **seine/ihre** ~ le traitement de faveur [accordé à lui/elle]
bewachen* *tr V* ❶ (*beaufsichtigen*) surveiller
❷ SPORT marquer *Spieler;* garder *Tor*
Bewacher(in) <-s, -> *m(f)* ❶ (*Wächter*) gardien(ne) *m(f); eines Geldtransports* vigile *mf*
❷ SPORT gardien *m*
bewachsen* [bəˈvaksən] I. *tr V unreg Pflanze:* recouvrir; **etw** ~ *Pflanze:* recouvrir qc
II. *Adj* **mit Moos** ~ recouvert(e) de mousse
Bewachung <-, -en> *f* ❶ *kein Pl* (*das Bewachen*) surveillance *f*; **unter** ~ sous surveillance
❷ (*Wachmannschaft*) garde *f*
bewaffnen* *tr, r V* [**sich**] ~ [s']armer; **jdn/sich mit etw** ~ armer qn/s'armer de qc
bewaffnet *Adj* armé(e); **ein** ~**er Überfall** une attaque à main armée; **mit etw** ~ armé(e) de qc; **schwer** ~ solidement armé(e)
Bewaffnete(r) *f(m) dekl wie Adj* personne *f* armée; **mehrere Zehntausend** ~ plusieurs dizaines de milliers de gens en armes
Bewaffnung <-, -en> *f* armement *m*
bewahren* *tr V* ❶ (*schützen*) préserver; **jdn vor jdm/etw** ~ préserver qn de qn/qc; **jdn davor** ~ **etw zu tun** préserver qn de faire qc; **vor etw** (*Dat*) **bewahrt bleiben** demeurer à l'abri de qc
❷ (*behalten*) préserver *Ruf, Ehre, Traditionen;* garder *Geheimnis;* **sich** (*Dat*) **etw** ~ garder qc
❸ *geh* (*aufbewahren*) **etw für jdn** ~ garder qc pour qn
▸ [**Gott**] **bewahre!** *fam* jamais de la vie!
bewähren* *r V* **sich** ~ *Person, Methode:* faire ses preuves; *Freundschaft:* résister au temps; **sich als Torwart** ~ (*Dat*) faire ses preuves comme gardien de but; **bewährt** qui a fait ses preuves
bewahrheiten* *r V* **sich** ~ se vérifier; *Befürchtung, Gerücht:* se confirmer; *Prophezeiung:* se réaliser
bewährt [bəˈvɛːɐt] *Adj* éprouvé(e), qui a fait ses preuves
Bewahrung <-, -en> *f geh* ❶ (*Erhaltung*) préservation *f*; **jdn um die** ~ **eines Geheimnisses bitten** prier qn de garder un secret
❷ *geh* (*Aufbewahrung*) garde *f*
Bewährung <-, -en> *f* JUR sursis *m*; ~ **bekommen** bénéficier d'un sursis; **mit** ~ avec sursis; **ohne** ~ ferme
Bewährungsauflage *f* JUR conditions *fpl* du sursis (*à l'exécution d'une peine*) **Bewährungsfrist** *f* période *f* de probation **Bewährungshelfer(in)** *m(f)* agent *m* de probation **Bewährungsprobe** *f* mise *f* à l'épreuve; **die** ~ **bestehen** réussir la mise à l'épreuve
bewaldet [bəˈvaldət] *Adj* boisé(e)
bewältigen* *tr V* ❶ (*meistern, verzehren*) venir à bout de
❷ (*verarbeiten*) assumer *Vergangenheit;* digérer (*fam*) *Erlebnis, Eindrücke*
Bewältigung <-, -en> *f* ❶ *kein Pl* (*das Meistern*) **jdm bei der** ~ **seiner Schwierigkeiten helfen** aider qn à surmonter ses difficultés
❷ (*Verarbeitung*) *der Vergangenheit, von Erlebnissen, Eindrücken* prise *f* en compte; **die** ~ **dieser Eindrücke wird einige Zeit dauern** il va falloir quelque temps pour digérer ces impressions (*fam*)
bewandert [bəˈvandɐt] *Adj* **in Physik/auf einem Gebiet** ~ **sein** être expert(e) en physique/dans un domaine
Bewandtnis [bəˈvantnɪs] <-, -se> *f geh* **mit jdm/etw hat es eine besondere** [*o* **eigene**] ~ qn/qc est un cas particulier; **das hat** [*o* **damit hat es**] **folgende** ~ *geh* voilà ce qui en est (*soutenu*)
bewässern* *tr V* arroser; irriguer *Feld*
Bewässerung <-, -en> *f* arrosage *m; eines Feldes* irrigation *f*
Bewässerungsanlage *f* dispositif *m* d'arrosage [*o* d'irrigation] **Bewässerungsgraben** *m* fossé *m* d'irrigation **Bewässerungskanal** *m* canal *m* d'irrigation **Bewässerungssystem** *nt* système *m* d'arrosage; **computergesteuertes** ~ arrosage *m* automatique
bewegen*¹ I. *tr V* ❶ (*rühren*) déplacer; **etw zur Tür** ~ déplacer qc vers la porte; **etw von der Stelle** ~ déplacer qc; **der schwere Safe lässt sich nicht** ~ le lourd coffre-fort est impossible à déplacer; **sein Bein lässt sich nicht** ~ il ne peut pas bouger sa jambe
❷ (*beschäftigen*) **jdn** ~ *Gedanke, Vorstellung:* occuper l'esprit de qn; (*aufwühlen*) *Ereignis, Erlebnis:* remuer qn
❸ (*bewirken*) **viel/wenig** ~ faire bouger beaucoup/peu de choses
II. *r V* ❶ **sich** ~ *Person:* bouger
❷ (*sich beeilen*) **nun beweg dich mal!** *fam* bouge-toi! (*fam*)
❸ (*verkehren*) **sich frei** ~ se déplacer librement; **sich in einflussreichen Kreisen** ~ fréquenter des personnes d'influence
❹ (*rotieren*) **sich um die Sonne** ~ se déplacer autour du soleil
❺ (*schwanken*) **sich um die hundert Euro** ~ *Preis:* tourner autour de cent euros
bewegen*² <bewog, bewogen> *tr V* **jdn zum Nachgeben/Einlenken** ~ amener qn à céder/composer; **sich** ~ **lassen etw zu tun** se laisser convaincre de faire qc
▸ **sich bewogen fühlen etw zu tun** *geh* se sentir poussé(e) à faire qc
bewegend *Adj* émouvant(e)
Beweggrund *m* mobile *m*
beweglich [bəˈveːklɪç] *Adj* ❶ *Gelenk, Griff, Feiertag* mobile
❷ (*wendig*) *Person* mobile; *Fahrzeug* maniable
❸ (*geistig beweglich*) ~ **sein** être vif(vive)
Beweglichkeit <-> *f* mobilité *f*; (*geistige Wendigkeit*) vivacité *f*
bewegt [bəˈveːkt] *Adj* ❶ *Oberfläche, Wasser, See* agité(e)
❷ (*erlebnisreich*) mouvementé(e)
❸ (*innerlich gerührt*) **von etw** ~ **sein** être touché(e) par qc
Bewegung <-, -en> *f* ❶ mouvement *m*; (*Geste*) geste *m*; (*Fortbewegung*) déplacement *m*; **sich in** ~ **setzen** se mettre en mouvement; **etw in** ~ **setzen** [*o* **bringen**] mettre qc en mouvement; **keine** [**falsche**] ~! pas un geste!
❷ (*körperliche Betätigung*) exercice *m*; **in** ~ **sein** avoir de l'exercice; **sich** (*Dat*) ~ **verschaffen** faire de l'exercice
❸ (*Ergriffenheit*) émotion *f*
❹ POL, KUNST mouvement *m*
❺ (*Dynamik, Änderung*) changement *m*; ~ **in die Sache bringen, die Sache in** ~ **bringen** faire bouger les choses
Bewegungsablauf *m* enchaînement *m* des mouvements **Bewegungsenergie** *f* énergie *f* cinétique **Bewegungsfreiheit** *f* liberté *f* de mouvement
bewegungslos *Adj, Adv* immobile
Bewegungslosigkeit <-, -en> *f* immobilité *f*
Bewegungsmangel *m kein Pl* manque *m* d'exercices **Bewe-**

B

gungsmelder *m* détecteur *m* de mouvement **Bewegungstherapie** *f* kinésithérapie *f* **bewegungsunfähig** *Adj, Adv* incapable de se mouvoir; (*unfähig herumzugehen*) incapable de se mouvoir
bewehrt *Adj* armé(e); ~ **mit etw** armé(e) de qc
beweihräuchern* I. *tr V* ❶ REL encenser
❷ *pej* (*mit Lob bedenken*) **jdn** ~ porter qn aux nues (*péj*)
II. *r V pej* **sich** [**selbst**] ~ s'envoyer des fleurs (*péj*)
beweinen* *tr V* pleurer *Verstorbenen;* déplorer *Scheitern, Verlust, Tod*
Beweis [bəˈvaɪs] <-es, -e> *m a.* JUR preuve *f;* **den** ~ **für etw erbringen/antreten** produire/faire la preuve de qc; **etw als** ~ **zulassen** admettre qc à la preuve; **mangels** ~**en** faute de preuve; **als** [*o* **zum**] ~ **seiner Freundschaft** comme preuve de son amitié
► **etw unter** ~ **stellen** prouver qc
Beweisantrag *m* demande *f* de preuve **Beweisaufnahme** *f* examen *m* des preuves
beweisbar *Adj* prouvable; **diese Anschuldigungen sind nicht** ~ ces accusations ne peuvent pas être prouvées
beweisen* *unreg* I. *tr V* ❶ (*nachweisen*) prouver; **jdm etw** ~ (*anlasten*) prouver qc contre qn
❷ (*erkennen lassen*) **Takt** ~ faire preuve de tact; **das beweist, dass/wie sehr ich dich liebe** cela prouve que/à quel point je t'aime; **das beweist, wie du wirklich über mich denkst** cela montre ce que tu penses vraiment de moi
► **was zu** ~ **war** C.Q.F.D.; **was** [**noch**] **zu** ~ **wäre** ce qui reste à démontrer
II. *r V* **sich** [**als Fachmann**] ~ faire ses preuves [en tant qu'expert]
Beweiserhebung *s.* Beweisaufnahme **Beweisführung** *f* exposé *m* des preuves **Beweisgegenstand** *m* JUR corps *m* du délit **Beweiskraft** *f* force *f* probante; ~/**keine** ~ **haben** [*o* **besitzen**] avoir force/n'avoir aucune force de preuve **beweiskräftig** *Adj* probant(e) **Beweislage** *f* preuves *fpl* rassemblées **Beweismaterial** *nt* preuves *fpl* **Beweismittel** *s.* Beweisstück **Beweisnot** *f* insuffisance *f* de preuves **Beweisstück** *nt* pièce *f* à conviction
bewenden *tr V* **es bei** [*o* **mit**] **etw** ~ **lassen** s'en tenir à qc; **es dabei** ~ **lassen etw zu tun** se contenter de faire qc
Bewenden *nt* ► **damit hat es sein** ~ les choses en restent là
Bewerb <-[e]s, -e> *m* A concours *m*
bewerben* *unreg* I. *r V* **sich** ~ poser sa candidature; **sich** (*Akk*) **bei jdm um eine Stelle** ~ poser sa candidature à un emploi auprès de qn; **sich als Redakteurin** ~ poser sa candidature en qualité de rédactrice; **sich auf eine Anzeige** ~ poser sa candidature en réponse à une annonce
II. *tr V* promouvoir *Produkt*
Bewerber(in) <-s, -> *m(f)* candidat(e) *m(f)*
Bewerbung <-, -en> *f* ❶ candidature *f;* ~ **um eine Stelle** candidature *f* à un emploi
❷ (*Werbemaßnahmen*) promotion *f*
Bewerbungsbogen *m* formulaire *m* de candidature **Bewerbungsformular** *nt* formulaire *m* de candidature **Bewerbungsgespräch** *nt* entretien *m* [d'embauche] **Bewerbungsschreiben** *nt* (*auf eine Anzeige hin*) lettre *f* de candidature; (*bei einer Initiativbewerbung*) lettre de demande d'emploi **Bewerbungsunterlagen** *Pl* dossier *m* de candidature
bewerfen* *unreg* I. *tr V* ❶ bombarder; **jdn/etw mit etw** ~ bombarder qn/qc de qc
❷ (*verputzen*) **etw mit Mörtel** ~ crépir qc au mortier
II. *r V* **sich** [**gegenseitig**] **mit etw** ~ se bombarder de qc
bewerkstelligen* *tr V* ❶ (*zuwege bringen*) réussir [à faire]
❷ *pej fam* (*anstellen*) fabriquer (*fam*)
bewerten* *tr V* ❶ (*benoten*) évaluer *Bewerber, Schüler, Arbeit;* **jdn nach** [**seiner**] **Leistung** ~ évaluer qn en fonction de son travail
❷ (*schätzen*) estimer *Besitz, Kunstobjekt, Vermögen;* **etw zu hoch/niedrig** ~ surestimer/sous-estimer qc
Bewertung *f* ❶ (*Benotung*) *einer Person, Leistung* évaluation *f*
❷ (*Schätzung*) *eines Besitzes, Vermögens* estimation *f*
❸ (*Prüfung, Einschätzung*) *von finanziellen Forderungen* évaluation *f;* ~ **von Ansprüchen** appréciation *f* de prétentions
Bewertungsmaßstab *m* SCHULE barème *m*
bewiesenermaßen [bəˈviːzənɐˈmaːsən] *Adv* **das ist** ~ **richtig/eine Lüge** il est prouvé que c'est vrai/un mensonge
bewilligen* *tr V* approuver *Geldmittel;* accorder *Summe, Betrag, Antrag*
Bewilligung <-, -en> *f* ❶ *kein Pl* (*das Bewilligen*) *eines Etats, einer Steuererhöhung, Stelle* approbation *f; von Geldmitteln* octroi *m; von Krediten* accord *m*
❷ (*schriftliche Genehmigung*) autorisation *f*
bewirken* *tr V* ❶ (*verursachen*) provoquer
❷ (*erreichen*) **bei jdm etwas/nichts** ~ obtenir quelque chose/ne rien obtenir auprès de qn
bewirten* *tr V* régaler; (*im Restaurant*) restaurer; **jdn mit etw** ~ servir qc à qn
bewirtschaften* *tr V* ❶ exploiter *Land, Betrieb, Lokal*
❷ (*staatlich kontrollieren*) réglementer; rationner *Lebensmittel*
Bewirtschaftung <-, -en> *f* ❶ *kein Pl* (*das Bewirtschaften*) exploitation *f*
❷ (*staatliche Kontrolle*) réglementation *f; von Lebensmitteln* rationnement *m*
Bewirtung <-, -en> *f* ❶ *kein Pl* (*das Bewirten*) **sich** (*Dat*) **die** ~ **seiner Freunde einiges kosten lassen** ne pas lésiner pour régaler ses amis; **danke für die** [**gute**] ~**!** merci de m'avoir si bien traité(e)/nous avoir si bien traité(e)s!
❷ (*Bedienung*) service *m;* **sich um die** ~ **der Gäste kümmern** (*im Restaurant*) s'occuper du service de la clientèle; (*privat*) servir les invités
❸ (*Speisen und Getränke*) boire *m* et manger
bewog [bəˈvoːk] *Imp von* **bewegen**[2]
bewogen [bəˈvoːgən] *PP von* **bewegen**[2]
bewohnbar *Adj* habitable; **etw** ~ **machen** rendre qc habitable
bewohnen* *tr V* habiter
Bewohner(in) <-s, -> *m(f)* habitant(e) *m(f)*
Bewohnerschaft <-, -en> *f form* habitants *mpl; eines Mietshauses* locataires *mpl; eines Ortes* résidants *mpl*
bewohnt *Adj* habité(e)
bewölken* *r V* **sich** ~ ❶ *Himmel:* se couvrir
❷ *liter Stirn:* s'assombrir
bewölkt *Adj* nuageux(-euse); **wechselnd** ~ des nuages intermittents
Bewölkung <-, -en> *f* nuages *mpl;* **zunehmende** ~ augmentation de la nébulosité; **wechselnde** ~ des nuages intermittents; **schau dir mal diese** ~ **an!** regarde un peu tous ces nuages!
Bewölkungsauflockerung *f* éclaircie *f;* **im Tagesverlauf kommt es zu** ~**en** au cours de la journée, les nuages se dissiperont **Bewölkungszunahme** *f* augmentation *f* de la nébulosité
Bewuchs [bəˈvuːks] *m* végétation *f*
Bewunderer <-s, -> *m,* **Bewunderin** *f* admirateur(-trice) *m(f)*
bewundern* *tr V* admirer; **jdn/etw wegen etw** ~ admirer qn/qc pour qc; **etw an jdm** ~ admirer qc chez qn
bewundernd I. *Adj* admiratif(-ive)
II. *Adv* d'un air admiratif; *aufblicken* avec admiration
bewundernswert, bewundernswürdig *Adj geh* admirable; **an jdm/etw** ~ **sein** être admirable chez qn/dans qc
bewundert *Adj* admiré(e)
Bewunderung <-, *selten* -en> *f* admiration *f;* **meine** ~**!** je te/vous tire mon chapeau! (*fam*)
bewunderungswürdig *Adj s.* bewundernswürdig
Bewundrer(in) *s.* Bewunderer

bewusstRR [bə'vʊst], **bewußt** I. *Adj* ❶ *attr* (*vorsätzlich*) délibéré(e)
❷ *attr* (*überlegt*) *Person, Handlung* réfléchi(e); *Ernährung* équilibré(e)
❸ *attr* (*überzeugt*) *Abstinenzler, Nichtraucher* convaincu(e); *Ablehnung, Einstellung* délibéré(e)
❹ PSYCH conscient(e); **sich** (*Dat*) **einer S.** (*Gen*) ~ **werden/sein** prendre conscience/être conscient(e) de qc; **mir wurde/ist** ~**, dass** j'ai pris conscience/je suis conscient(e) du fait que
❺ *attr* (*besagt*) fameux(-euse) *antéposé*
II. *Adv* ❶ (*überlegt*) *leben, sich ernähren* de façon équilibrée
❷ (*vorsätzlich*) délibérément
❸ (*klar*) **jdm etw** ~ **machen** faire prendre conscience de qc à qn; **sich** (*Dat*) **etw** ~ **machen** prendre conscience de qc
BewusstheitRR, **Bewußtheit** <-> *f* ❶ (*Vorsätzlichkeit*) intention *f*
❷ (*Überlegtheit*) **dank der** ~ **seines Lebens** grâce à sa vie équilibrée; **jdm größere** ~ **beim Essen empfehlen** conseiller à qn de manger de façon plus équilibrée [*o* plus sainement]
bewusstlosRR, **bewußtlos** *Adj Person* inconscient(e); *Verfassung, Zustand* d'inconscience; ~ **werden/sein** perdre connaissance/être inconscient(e) [*o* sans connaissance]; **man prügelte ihn** ~ ils l'ont frappé jusqu'à ce qu'il perde connaissance; ~ **zusammenbrechen** s'effondrer en perdant connaissance
Bewusstlose(r)RR, **Bewußtlose(r)** *f(m) dekl wie Adj* personne *f* inconsciente
BewusstlosigkeitRR, **Bewußtlosigkeit** <-, -en> *f* inconscience *f;* (*kurzfristig*) évanouissement *m;* (*Koma*) coma *m;* **in tiefer** ~ **liegen** être dans un coma profond
bewußt|machen *s.* bewusst II.3.
BewusstseinRR, **Bewußtsein** <-s> *nt* ❶ (*bewusster Zustand*) conscience *f;* **bei vollem/klarem** ~ **sein** être conscient(e)/lucide; **das** ~ **verlieren** perdre conscience; **wieder zu** ~ **kommen** reprendre conscience [*o* connaissance]; **alles bei vollem** ~ **mitbekommen** avoir pleine conscience de tout ce qui se passe
❷ PHILOS, PSYCH conscient *m;* **jdm etw ins** ~ **rufen** faire prendre conscience de qc à qn
❸ (*explizites Wissen*) conscience *f;* **das** ~**, dass er im Recht war** la conscience d'avoir raison; **im** ~ **meiner Kraft** conscient(e) de ma force physique
BewusstseinsbildungRR *f* conscientisation *f* **bewusstseinserweiternd**RR *Adj Drogen* psychédélique **Bewusstseinserweiterung**RR *f* psychédélisme *m* **Bewusstseinsspaltung**RR *f* PSYCH dédoublement *m* de la personnalité **Bewusstseinsstörung**RR *f* PSYCH troubles *mpl* de la personnalité **Bewusstseinsveränderung**RR *f* évolution *f* des esprits
bez. ❶ *Abk von* **bezahlt**
❷ *Abk von* **bezüglich**
Bez. ❶ *Abk von* **Bezirk**
❷ *Abk von* **Bezeichnung**
bezahlbar *Adj* (*erschwinglich*) abordable
bezahlen* *tr, itr V* payer; [**Herr Ober,**] [**bitte**] ~**!** [garçon,] l'addition [s'il vous plaît]!
Bezahlfernsehen *nt* chaîne *f* à péage
bezahlt *Adj* payé(e); **jd bekommt etw** ~ qc est payé(e) à qn; **ein** ~**er Mord** un meurtre commandé; **gut** ~ *Position, Stellung* bien payé(e)
► **sich für jdn** ~ **machen** être payant(e) pour qn
Bezahlung *f* ❶ *kein Pl* (*das Bezahlen*) paiement *m;* **bis zur vollständigen** ~ jusqu'à paiement complet; ~ **gegen offene Rechnung** COM moyennant paiement de la facture à recouvrer
❷ (*Entlohnung*) rémunération *f;* (*Lohn, Gehalt*) paie *f;* **gegen/ohne** ~ contre paiement/pour rien
bezähmen* *geh* I. *tr V* réfréner (*soutenu*)
II. *r V* **sich** ~ [**etw zu tun**] se retenir [de faire qc]
bezaubern* I. *tr V* charmer *Person;* **bezaubert sein** être sous le charme
II. *itr V* avoir du charme
bezaubernd *Adj* ❶ *Person, Gesang, Klang* charmant(e); *Gegenstand, Schönheit* ravissant(e)
❷ *iron* (*wenig erfreulich*) *Aussichten* charmant(e) *antéposé*
bezecht *Adj* grisé(e)
bezeichnen* I. *tr V* ❶ (*bedeuten*) *Wort:* désigner; **etw** ~ *Wort:* désigner qc
❷ (*kennzeichnen*) indiquer; **die kranken Bäume mit einem Symbol** ~ indiquer les arbres malades par un symbole
❸ (*benennen*) qualifier; **jdn als Lügner/heimtückisch** ~ qualifier qn de menteur/de sournois
II. *r V* **sich als liberal** ~ se qualifier de libéral(e); **sie bezeichnet sich mir gegenüber immer als großzügig** elle se dit toujours [être] généreuse envers moi
bezeichnend *Adj* typique; **für jdn/etw** ~ **sein** être typique pour qn/qc
bezeichnenderweise *Adv* **er hat das** ~ **verschwiegen** il est typique qu'il ait gardé le silence à ce sujet; **als man sie danach fragte, wurde sie** ~ **rot** quand on le lui demanda, elle rougit, ce qui en dit long
Bezeichnung *f* ❶ (*Ausdruck, Name, Beschreibung*) désignation *f*
❷ (*Kennzeichnung*) indication *f*
bezeugen* *tr V* ❶ (*bestätigen*) *Person:* certifier; *Äußerung, Verhalten:* attester; ~[**, dass**] *Person:* certifier [que + *indic*]; *Äußerung, Verhalten:* attester [que + *indic*]; **etw unter Eid** ~ témoigner qc sous serment
❷ *geh* (*nachweisen*) certifier *Richtigkeit, Umstand;* **durch etw bezeugt werden** être attesté(e) par qc; **es konnte bezeugt werden, wo ...** on a pu établir où ...
bezichtigen* *tr V* accuser; **jdn einer S.** (*Gen*) ~ accuser qn de qc; **jdn** ~ **gestohlen zu haben** accuser qn de vol
Bezichtigung <-, -en> *f* accusation *f*
beziehbar *Adj* ❶ (*bezugsfertig*) *Haus, Wohnung* habitable
❷ (*erhältlich*) disponible; **bei jdm** ~ **sein** être en vente chez qn
beziehen* *unreg* I. *tr V* ❶ recouvrir *Polster;* **die Betten frisch** ~ changer les draps
❷ (*einnehmen*) emménager dans *Wohnung;* prendre *Posten, Stellung, Standpunkt*
❸ COM recevoir *Lieferung, Zeitschrift*
❹ FIN percevoir *Einkommen, Rente;* CH percevoir *Steuern*
❺ *fam* (*bekommen*) [se] prendre (*fam*) *Ohrfeige, Schelte*
❻ (*in Beziehung setzen*) **etw auf jdn/etw** ~ rapporter qc à qn/qc
II. *r V* ❶ **sich** ~ *Himmel:* se couvrir
❷ (*betreffen*) **sich auf jdn/etw** ~ *Bemerkung:* se rapporter à qn/qc
❸ (*sich berufen*) **sich auf jdn/etw** ~ se référer à qn/qc
Bezieher(in) <-s, -> *m(f)* ❶ FIN bénéficiaire *mf; von Sozialleistungen* prestataire *mf*
❷ (*Abonnent*) abonné(e) *m(f)*
❸ COM *eines Artikels, einer Ware* acheteur(-euse) *m(f)*
Beziehung <-, -en> *f* ❶ (*Verhältnis*) rapport *m;* **zwei Dinge zueinander in** ~ **setzen** faire le rapprochement entre deux choses; **diese Ereignisse stehen in keiner** ~ **zueinander** ces événements n'ont aucun rapport entre eux
❷ *meist Pl* (*nützliche Bekanntschaften*) relation *f souvent pl;* **seine** ~**en für jdn spielen lassen** pistonner qn
❸ (*Verbindung, Kontakt*) relation *f;* **diplomatische/menschliche** ~**en** des relations diplomatiques/humaines; **keine** ~ **zu jdm/etw haben** n'avoir aucune relation avec qn/être imperméable à qc
❹ (*Liebesbeziehung*) relation *f;* **seine** ~ **zu ihr** sa relation avec elle; **unsere** ~ **zueinander** notre relation; **intime** ~**en** des relations sexuelles
❺ (*Hinsicht*) **in mancher/jeder** ~ **Recht haben** avoir raison à bien des égards/à tous égards; **in keiner** ~ **Recht haben**

B

n'avoir aucunement raison
Beziehungskiste *f sl* histoires *fpl* de couple (*fam*)
beziehungslos *Adj* indépendant(e)
Beziehungslosigkeit <-> *f* indépendance *f*
beziehungsweise *Konj* (*oder auch*) ou bien; (*oder vielmehr*) ou plutôt; (*respektive*) respectivement
beziffern* I. *tr V* chiffrer *Schaden, Verlust;* estimer *Anzahl;* **die Verluste wurden auf mehrere Millionen beziffert** on a estimé les pertes à plusieurs millions
II. *r V* **sich auf tausend Euro** ~ *Schaden, Verlust:* se chiffrer à mille euros; **die Zahl der Opfer beziffert sich auf hundert** le nombre des sinistrés s'élève à cent
Bezifferung <-, -en> *f* ❶ *kein Pl* (*das Beziffern*) *eines Schadens, Verlustes* chiffrage *m; einer Anzahl* évaluation *f*
❷ (*Gesamtheit der Zahlen*) chiffres *mpl*
Bezirk [bəˈtsɪrk] <-[e]s, -e> *m* ❶ (*Gebiet*) région *f*
❷ COM secteur *m*
❸ (*Verwaltungsbezirk*) district *m* administratif; A, CH district
❹ (*Stadtbezirk*) ≈ arrondissement *m*
Bezirksgericht A, CH *s.* **Amtsgericht** **Bezirkshauptmann** *m*, **-männin** *f* A *responsable administratif(-ive) d'un district* **Bezirksklasse** *f*, **Bezirksliga** *f* ligue *f* de district **Bezirksschule** *f* CH école *f* de district **Bezirksspital** *bes.* CH *s.* **Kreiskrankenhaus** **Bezirksstadt** *s.* **Kreisstadt**
bezirzen* *s.* **becircen**
bezug *s.* **Bezug**
Bezug [bəˈtsuːk] <-[e]s, -̈e> *m* ❶ (*Bettbezug*) housse *f;* (*Kissenbezug*) taie *f;* **die Bezüge wechseln** changer la literie
❷ (*Bezugsstoff*) revêtement *m*
❸ COM achat *m; von Zeitschriften* abonnement *m*
❹ (*das Erhalten*) *von Einkommen, Rente, Arbeitslosenhilfe* perception *f;* **bei ~ einer Rente** quand on perçoit une retraite
❺ *Pl* (*Einkünfte*) *eines Verwaltungsangestellten* émoluments *mpl; eines Abgeordneten* indemnités *fpl;* (*Honorar*) honoraires *mpl*
❻ (*Beziehung*) **~ zu etw** rapport *m* à qc; **keinen ~ zur Wirklichkeit haben** ne pas avoir le sens des réalités
❼ CH (*das Beziehen*) *eines Hauses* emménagement *m;* **der ~ der Wohnung** l'emménagement dans l'appartement
► **auf etw** (*Akk*) **~ nehmen** faire référence à qc; **~ nehmend auf etw** (*Akk*) en référence à qc; **in ~ auf etw** concernant qc
Bezüger(in) [bəˈtsyːgɐ] <-s, -> *m(f)* CH *von Strom, Gas, einer Zeitung* abonné(e) *m(f); von Rente, Lohn* bénéficiaire *mf*
bezüglich [bəˈtsyːklɪç] I. *Präp + Gen* concernant; **~ Ihres Angebots** *form* concernant votre offre
II. *Adj* ❶ GRAM relatif(-ive)
❷ (*betreffend*) **auf etw** (*Akk*) ~ relatif(-ive) à qc; **in unserem darauf ~en Brief** dans notre courrier se référant à cela
Bezugnahme [bəˈtsuːknaːmə] *f form* ► **unter ~ auf etw** (*Akk*) en référence à qc
bezugsberechtigt *Adj* bénéficiaire; **für etw ~ sein** être bénéficiaire de qc **Bezugsberechtigte(r)** *f(m)* bénéficiaire *mf*
Bezugsdauer *f* durée *f* de référence
bezugsfertig *Adj* habitable; **eine ~e Wohnung** un appartement tout installé
Bezugsperson *f* personne *f* d'identification [*o* de référence]
Bezugsprämie *f* prime *f* de souscription **Bezugspreis** *m* prix *m* d'achat **Bezugsquelle** *f* source *f* d'approvisionnement **Bezugsschein** *m* ticket *m* de rationnement; **auf ~** contre des tickets de rationnement
Bezugsstoff *m* tissu *m* d'ameublement
Bezugszeitraum *m* (*Referenzzeitraum*) période *f* de référence
bezuschussen *tr V* **staatlich ~** subventionner
bezwecken* *tr V* ❶ (*bewirken*) **etwas/nichts ~** servir à quelque chose/ne servir à rien
❷ (*beabsichtigen*) **etwas mit etw ~** rechercher quelque chose avec qc; **etw ~** *Bestimmung, Maßnahme, Vorschrift:* viser qc; **was bezweckst du damit?** que recherches-tu ainsi?
bezweifeln* *tr V* mettre en doute; **etw ~** mettre qc en doute; **etw ist nicht zu ~** on ne peut mettre qc en doute; **~, dass** douter que + *subj;* **es ist doch sehr zu ~, dass** on peut vraiment douter que + *subj*
bezwingen* *unreg* I. *tr V* ❶ (*besiegen*) vaincre
❷ (*überwinden*) prendre *Befestigung, Festung;* **der Mount Everest ist schon mehrmals bezwungen worden** le mont Everest a déjà été vaincu plusieurs fois
❸ (*bezähmen*) maîtriser *Neugierde, Wut*
II. *r V* **sich ~** se maîtriser
Bezwinger(in) <-s, -> *m(f)* vainqueur *m*
BfA [beːʔɛfʔaː] <-> *f Abk von* **Bundesversicherungsanstalt für Angestellte** *caisse fédérale de retraite pour employés*
BGB [beːgeːˈbeː] <-> *nt Abk von* **Bürgerliches Gesetzbuch** ≈ code *m* civil
BGH [beːgeːˈhaː] <-> *m Abk von* **Bundesgerichtshof** cour *f* suprême fédérale
BGS *Abk von* **Bundesgrenzschutz**
BH [beːˈhaː] <-[s], -[s]> *m fam Abk von* **Büstenhalter** soutif *m* (*fam*)
Bhagwan <-s, -s> *m* Bhagwan *m*
Bhf. *Abk von* **Bahnhof**
Bhutan [ˈbuːtan] <-s> *nt* le Bhoutan
Bhutaner(in) [buˈtaːnɐ] <-s, -> *m(f)* Bhoutanais(e) *m(f)*
bhutanisch *Adj* bhoutanais(e)
bi [biː] *Adj sl* **~ sein** être bi (*fam*)
Biathlon [ˈbiːatlɔn] <-s, -s> *nt* biathlon *m*
bibbern [ˈbɪbɐn] *itr V fam* trembloter (*fam*); **vor Aufregung/Angst ~** trembloter d'excitation/de froid; **vor Kälte ~** grelotter de froid
Bibel [ˈbiːbəl] <-, -n> *f* ❶ *kein Pl* **die ~** la Bible
❷ (*Exemplar der Bibel*) bible *f*
bibelfest *Adj Person* qui connaît bien sa Bible; **~ sein** bien connaître sa Bible **Bibelspruch** *m* verset *m* biblique **Bibelstelle** *f* passage *m* de la Bible **Bibeltext** *m* ❶ (*Text der Bibel*) texte *m* biblique ❷ *s.* **Bibelstelle** **Bibelvers** *s.* **Bibelspruch**
Biber [ˈbiːbɐ] <-s, -> *m* ❶ (*Tier, Fell*) castor *m*
❷ (*Baumwollflanell*) flanelle *f*
Biberbau <-baue> *m* hutte *f* de castor **Biberbetttuch**[RR] *nt* drap *m* de flanelle **Biberburg** *s.* **Biberbau** **Biberpelz** *m* fourrure *f* de castor **Biberschwanz** *m* ❶ ZOOL queue *f* de castor ❷ (*Dachziegel*) tuile *f* plate
Bibliografie[RR] [bibliograˈfiː] <-, -n> *f* bibliographie *f*
bibliografisch[RR] I. *Adj* bibliographique
II. *Adv* **etw ~ erfassen** répertorier, cataloguer
Bibliographie [bibliograˈfiː] *s.* **Bibliografie**
bibliographisch *s.* **bibliografisch**
bibliophil [biblioˈfiːl] *Adj Person* bibliophile; *Ausgabe* pour bibliophiles
Bibliothek [biblioˈteːk] <-, -en> *f* bibliothèque *f*
Bibliothekar(in) [biblioteˈkaːɐ] <-s, -e> *m(f)* bibliothécaire *mf*
bibliothekarisch *Adj* de bibliothécaire
Bibliothekskatalog *m* fichier *m* de la bibliothèque
biblisch [ˈbiːblɪs] *Adj* ❶ (*aus der Bibel*) biblique
❷ *hum* (*ungewöhnlich*) *Alter* canonique
Bickbeere [ˈbɪk-] *f* NDEUTSCH myrtille *f*
Bidet [biˈdeː] <-s, -s> *nt* bidet *m*
Bidon [biˈdõː] <-s, -s> *m o nt* CH bidon *m*
bieder [ˈbiːdɐ] *Adj* ❶ (*brav*) *Kleidung, Geschmack, Inszenierung* bien sage
❷ *pej* (*einfältig*) simplet(te)
❸ *veraltet* (*rechtschaffen*) probe (*vieilli*)
Biedermann <-männer> *m pej* homme *m* honnête; **ein braver ~** un brave homme honnête
Biedermeier [ˈbiːdɐmaɪɐ] <-s> *nt* Biedermeier *m* (*correspond au style Louis-Philippe*)
biegen [ˈbiːgən] <bog, gebogen> I. *tr V + haben* ❶ tordre; plier *Zweig, Weidengerte;* **auseinander ~** écarter; **jdm den**

Arm nach hinten ~ tordre le bras de qn en arrière; *s. a.* **gebogen**
❷ GRAM A décliner *Adjektiv, Substantiv;* conjuguer *Verb*
▶ **auf Biegen und** [*o* **oder**] **Brechen** *fam* envers et contre tout; **es geht auf Biegen und** [*o* **oder**] **Brechen** *fam* ça passe ou ça casse
II. *itr V + sein* **nach rechts/links** ~ tourner à droite/gauche; **zu schnell um die Kurve** ~ *Fahrer, Fahrzeug:* prendre son virage trop vite
III. *r V + haben* ❶ **sich nach vorne/rechts** ~ se pencher en avant/à droite; **sich mit dem Oberkörper weit nach hinten** ~ renverser le buste loin en arrière
❷ (*sich verziehen*) **sich** ~ *Baum:* plier; *Kerze, Metallstab:* se tordre; *Regalbrett:* ployer
biegsam *Adj* souple
Biegsamkeit <-> *f* souplesse *f*
Biegung <-, -en> *f* ❶ (*Kurve*) *einer Straße, eines Wegs* tournant *m; eines Flusses, Kanals* courbe *f;* **eine** ~ **machen** *Straße, Weg:* faire un virage; *Fluss:* faire une courbe
❷ (*Krümmung*) *einer Wirbelsäule* courbure *f*
❸ GRAM A flexion *f*
Biene ['bi:nə] <-, -n> *f* abeille *f*
▶ **eine flotte** [*o* **kesse**] ~ *fam* une sacrée minette [*o* nénette] (*fam*)
Bienenfleiß *m* obstination *f* de fourmi **Bienengift** *nt* venin *m* d'abeille **Bienenhaus** *nt* rucher *m* **Bienenhonig** *m* miel *m* d'abeilles **Bienenkönigin** *f* reine *f* des abeilles **Bienenkorb** *m* ruche *f* en paille **Bienenschwarm** *m* essaim *m* [d'abeilles] **Bienenstich** *m* ❶ (*Stich*) piqûre *f* d'abeille ❷ GASTR amandine *f* (*gâteau aux amandes*) **Bienenstock** *m* ruche *f* [en bois] **Bienenvolk** *nt* colonie *f* d'abeilles **Bienenwabe** *f* rayon *m*, gâteau *m* de cire **Bienenwachs** *nt* cire *f* d'abeille **Bienenzucht** *f kein Pl* apiculture *f* **Bienenzüchter(in)** *m(f)* apiculteur(-trice) *m(f)*
Biennale [biɛ'na:lə] <-, -n> *f* biennale *f*
Bier [bi:ɐ] <-[e]s, -e> *nt* bière *f;* **dunkles/helles** ~ bière brune/blonde; ~ **vom Fass** [bière] pression *f*
▶ **das ist mein** ~ *fam* c'est mes oignons (*fam*); **das ist nicht mein** ~ *fam* c'est pas mes oignons (*fam*)
Bierbauch *m fam* abdo[minaux] *mpl* Kronenbourg® (*fam*) **Bierbrauer(in)** *m(f)* brasseur(-euse) *m(f)* **Bierbrauerei** *f* brasserie *f*
Bierchen <-s, -> *nt fam* petite mousse *f* (*fam*)
Bierdeckel *m* sous-bock *m* **Bierdose** *f* canette *f* [de bière] **bierernst** *Adj fam* sérieux(-euse) comme un pape **Bierernst** *m* grand sérieux *m* **Bierfass**[RR] *nt* tonneau *m* à bière **Bierfilz** *m* sous-bock *m* (*en feutre*) **Bierflasche** *f* bouteille *f* à bière **Biergarten** *m* brasserie *f* en plein air

i Land & Leute

Le **Biergarten** est né en Bavière. C'est là, ainsi que dans le reste du sud de l'Allemagne, qu'il existe encore sous sa forme la plus ancestrale et la plus typique. Il s'agit d'une brasserie aménagée en plein air avec des bancs et des tables très simples, en bois. Plus on va vers le nord de l'Allemagne, plus les **Biergärten** ressemblent à de simples terrasses de restaurant. En principe, ils sont ouverts du premier mai à la fin du mois de septembre.

Bierglas *nt* verre *m* à bière **Bierhefe** *f kein Pl* levure *f* de bière **Bierkasten** *m* caisse *f* de bouteilles de bière **Bierkeller** *m* ❶ (*Wirtschaft*) caveau *m* (*brasserie installée dans une cave*) ❷ (*Lager*) cave *f* à bière **Bierkneipe** *f* brasserie *f* **Bierkrug** *m* chope *f* [à bière] **Bierlaune** *f fam* ▶ **aus einer** ~ **heraus** dans un élan d'euphorie **Bierleiche** *f fam personne ivre morte ayant bu trop de bière* **Bierlokal** *nt* brasserie *f* **Bierschinken** *m* saucisson *m* au jambon **Bierseidel** <-s, -> *nt* chope *f* **Bierteig** *m* ≈ pâte *f* à la bière **Bierzelt** *nt* chapiteau *m* (*grande tente où est installée une brasserie*)

i Land & Leute

Les grandes fêtes populaires allemandes, les *Volksfeste*, très nombreuses dès le printemps, sont généralement organisées en plein air sous des **Bierzelte**. Ce sont de grandes tentes sous lesquelles tout est organisé pour boire et manger des spécialités allemandes. Une scène y est souvent érigée, permettant à une fanfare ou à un groupe de jouer de la musique, au rythme de laquelle les gens dansent et chantent des chansons populaires. La boisson la plus servie sous cette **Bierzelt** est bien entendu la bière, d'où le nom de cette construction.

Biese ['bi:zə] <-, -n> *f* (*Besatz*) liseré *m;* (*Fältchen*) nervure *f;* (*an Schuhen*) piqûre *f*
Biest [bi:st] <-[e]s, -er> *nt pej fam* ❶ (*bösartiges Tier*) sale bête *f;* (*Insekt*) bestiole *f* (*fam*)
❷ (*durchtriebene Frau*) teigne *f* (*fam*)
biestig *fam* I. *Adj* hargneux(-euse) (*fam*); **ein** ~**es Weibsstück** une teigne (*fam*)
II. *Adv* hargneusement
bieten [bi:tən] <bot, geboten> I. *tr V* ❶ (*anbieten, geben*) offrir; **Anlass zur Sorge** ~ donner matière à s'inquiéter
❷ (*aufweisen*) offrir *Luxus, Platz;* présenter *Vorteil, Vorzug*
❸ (*darbieten*) offrir *Anblick, Spannung, Leistung;* procurer *Nervenkitzel;* donner *Film, Theaterstück*
❹ *pej* (*zumuten*) infliger; **sich** (*Dat*) **etw** ~/**nicht** ~ **lassen** tolérer/ne pas tolérer qc
II. *itr V* ❶ KARTEN annoncer
❷ (*ein Angebot machen*) enchérir
III. *r V* ❶ (*sich anbieten*) **sich** ~ *Chance, Lösung, Möglichkeit:* se présenter; **es bot sich ihm eine einmalige Gelegenheit** une occasion unique s'offrit à lui
❷ (*sich darbieten*) **sich jdm** ~ *Anblick, Schauspiel:* s'offrir à qn
Bieter(in) <-s, -> *m(f)* enchérisseur(-euse) *m(f)*
Bigamie [biga'mi:] <-, -n> *f* bigamie *f;* **in** ~ **leben** vivre en bigamie
Bigamist(in) <-en, -en> *m(f)* bigame *mf*
bigott [bi'gɔt] *Adj* bigot(e); **du** ~**er Heuchler!** espèce de tartuf[f]e!
Bigotterie [bigɔtə'ri:] <-, -n> *f* ❶ (*Frömmigkeit*) bigoterie *f*
❷ (*Scheinheiligkeit*) hypocrisie *f*
Bikini [bi'ki:ni] <-s, -s> *m* deux-pièces *m*
Bilanz [bi'lants] <-, -en> *f* bilan *m;* **eine** ~ **aufstellen** dresser un bilan; ~ **machen** *fam* faire le bilan
▶ ~ **ziehen** tirer [*o* faire] le bilan
Bilanzaufstellung *f* établissement *m* du bilan **Bilanzbuchhalter(in)** *m(f)* [*expert-*]*comptable chargé*(*e*) *du bilan* **Bilanzbuchhaltung** *f* comptabilité *f* du bilan
Bilanzierung <-, -en> *f* établissement *m* d'un/du bilan
Bilanzprüfer(in) *m(f)* ÖKON commissaire *mf* aux comptes **Bilanzprüfung** *f* contrôle *m* du bilan **Bilanzsumme** *f* total *m* du bilan
bilateral ['bi:latera:l] *Adj* bilatéral(e)
Bild [bɪlt] <-[e]s, -er> *nt* ❶ (*Gemälde*) tableau *m;* (*Zeichnung*) dessin *m*
❷ (*Foto*) photo *f;* **ein** ~ **machen** prendre une photo; **etw im** ~ **festhalten** fixer qc sur la pellicule
❸ TV, CINE image *f*
❹ (*Spiegelbild*) image *f*
❺ (*Anblick*) spectacle *m;* (*Aussehen*) aspect *m*
❻ (*Vorstellung, bildhafter Ausdruck*) image *f;* **du machst dir kein** ~ **davon, wie schwer das war!** tu n'a pas idée comme

c'était lourd!
▶ **ein ~ für [die] Götter** *fam* un spectacle à mourir de rire; **das ist ein schwaches ~!** *fam* c'est pas brillant! (*fam*); **über jdn/etw im ~e sein** être renseigné(e) sur qn/qc; **jetzt bin ich im ~e** maintenant je suis au courant

Bildagentur *f* agence *f* [de photos] **Bildarchiv** *nt* archives *fpl* photographiques **Bildatlas** *m* atlas *m* illustré **Bildauflösung** *f* définition *f* [d'image] **Bildausfall** *m* panne *f* d'image **Bildausschnitt** *m* TYP, PHOT détail *m* **Bildband** <-bände> *m* livre *m* illustré **Bildbearbeitung** *f* INFORM retouche *f* d'image **Bildbericht** *m* reportage *m* photographique **Bildbeschreibung** *f* description *f* de tableau **Bilddatei** *f* INFORM fichier *m* vidéo **Bilddokument** *nt* document *m* illustré

bilden ['bɪldən] **I.** *tr V* ① (*hervorbringen*) former; **sich** (*Dat*) **eine Meinung über jdn/etw ~** [se] faire une opinion sur qn/qc
② GRAM, PHON former; produire *Laut;* **viele Verben ~ kein Passiv** de nombreux verbes n'ont pas de passif
③ POL, FIN (*schaffen*) former *Kabinett, Regierung, Ausschuss;* constituer *Fonds, Überschuss, Vermögen*
④ (*darstellen*) constituer *Gruppe, Höhepunkt, Regel*
⑤ (*erziehen, ausbilden*) former; **jdn politisch/musisch ~** former qn à la politique/l'art; *s. a.* **gebildet**
⑥ KUNST (*formen*) **etw aus etw ~** modeler qc en qc
II. *r V* **sich ~** ① (*entstehen*) se former
② (*sich Bildung verschaffen*) se cultiver
III. *itr V* former

Bilderbogen ['bɪldɐ-] *m* planche *f* **Bilderbuch** *nt* livre *m* d'images ▶ **eine Landschaft wie aus dem ~!** un paysage de rêve [*o* de carte postale]! **Bildergeschichte** *f* histoire *f* en images **Bilderhaken** *m* patte *f* **Bilderrahmen** *m* cadre *m* **Bilderrätsel** *nt* rébus *m* **Bilderschrift** *f* idéographie *f* **Bildersturm** *m* HIST iconoclasme *m* **Bilderstürmer(in)** *m(f)* HIST iconoclaste *mf*

Bildfläche *f* écran *m* ▶ **auf der ~ erscheinen** *fam* faire son apparition; **von der ~ verschwinden** *fam* (*verschwinden*) s'éclipser; (*vergessen werden*) disparaître [de la circulation *fam*] **Bildfolge** *f kein Pl* (*im Film*) cadence *f* d'images **Bildfrequenz** *f* fréquence *f* d'images **Bildfunk** *m* TELEC phototélégraphie *f* [sans fil]

bildhaft I. *Adj* imagé(e)
II. *Adv* de façon imagée; **sich** (*Dat*) **etw ~ vorstellen können** pouvoir bien s'imaginer qc

Bildhauer(in) ['bɪlthaʊɐ] <-s, -> *m(f)* sculpteur *m* **Bildhauerei** <-> *f*, **Bildhauerkunst** *f geh* sculpture *f* **bildhübsch** *Adj* ravissant(e)

bildlich I. *Adj* ① *Darstellung* imagé(e)
② (*in bildhafter Sprache*) figuré(e), métaphorique; **ein ~er Ausdruck** une métaphore
II. *Adv* ① *darstellen* en images; **ich stelle mir das ~ vor** je me le représente comme si je l'avais devant moi; **stell dir das mal ~ vor!** représente-toi la scène!
② (*in bildhafter Sprache*) au [sens] figuré; **~ gesprochen** par métaphore

Bildmaterial *nt* (*Film-, Videoaufnahmen*) images *fpl;* (*Fotos*) photo[graphie]s *fpl;* (*in einer Bildstelle, Bildagentur*) iconographie *f* **Bildmischer(in)** *m(f)* TV monteur(-euse) *m(f)*

Bildnis ['bɪltnɪs] <-ses, -se> *nt geh* portrait *m;* (*auf Münzen*) effigie *f* (*soutenu*)

Bildplatte *f* vidéodisque *m* **Bildplattenspieler** *m* lecteur *m* de vidéodisques **Bildpunkt** *m* INFORM pixel *m* **Bildqualität** *f* ① TV, CINE qualité *f* de l'image ② PHOT qualité *f* d'image **Bildreportage** *f* reportage *m* photographique **Bildreporter(in)** *m(f)* reporter *mf* photographe **Bildröhre** *f* tube *m* cathodique **Bildschärfe** *f* netteté *f* de l'image **Bildschirm** *m* écran *m;* **viel Zeit vor dem ~ verbringen** (*fernsehen/am Computer sitzen*) passer beaucoup de temps devant la télévision/ son écran d'ordinateur

Bildschirmarbeit *f* travail *m* sur écran **Bildschirmarbeitsplatz** *m* poste *m* de travail sur écran **Bildschirmschoner** *m* INFORM économiseur *m* d'écran **Bildschirmseite** *f* page-écran *f* **Bildschirmtext** *m* ≈ minitel *m*

bildschön *s.* bildhübsch **Bildstelle** *f* centre *m* de documentation audiovisuelle; (*in einem Verlag*) documentation *f* iconographique **Bildstock** *m* ① REL SDEUTSCH, A calvaire *m* ② TYP cliché *m* **Bildstörung** *f* perturbation *f* de l'image; (*Bildausfall*) panne *f* d'image **Bildtafel** *f* planche *f* **Bildtelefon** *nt* visiophone *m*

Bildung ['bɪldʊŋ] <-, -en> *f* ① *kein Pl* (*Kenntnisse*) culture *f;* (*Erziehung*) formation *f;* **höhere ~** des études secondaires; **keine ~ haben** ne pas être cultivé(e)
② *kein Pl a.* BOT (*das Hervorbringen*) formation *f*
③ *kein Pl* (*das Bilden*) *einer Regierung* constitution *f; einer Meinung, Theorie* formation *f; von Fonds, Vermögen* constitution *f*
④ GRAM formation *f*
⑤ LING (*Wort*) forme *f*

Bildungsbürger(in) *m(f)* citoyen *m* cultivé/citoyenne *f* cultivée **Bildungschancen** [-ʃã:sn, -ʃaŋsn] *Pl* chances *fpl* d'accéder à une formation **Bildungseinrichtung** *f form* établissement *m* de formation **Bildungsgang** <-gänge> *m* cursus *m* de formation **Bildungsgrad** *m* niveau *m* d'instruction **Bildungsgut** *nt* bien *m* culturel **Bildungshunger** *m* soif *f* de culture **Bildungslücke** *f* lacune *f* **Bildungsniveau** [-nivo:] *nt* niveau *m* culturel **Bildungspolitik** *f* politique *f* éducative **bildungspolitisch** *Adj* relatif(-ive) à la politique de l'éducation **Bildungsreform** *f* POL réforme *f* de l'enseignement **Bildungsreise** *f* voyage *m* éducatif **Bildungsroman** *m* LITER roman *m* d'éducation **Bildungsstand** *m* niveau *m* culturel **Bildungsstätte** *f* établissement *m* d'enseignement **Bildungsurlaub** *m* congé-formation *m* **Bildungsweg** *m* formation *f;* **auf dem zweiten ~** en formation parallèle **Bildungswesen** *nt* enseignement *m*

Bildunterschrift *f* légende *f* **Bildwiederholfrequenz** *f* INFORM fréquence *f* de rafraîchissement d'image **Bildwörterbuch** *nt* dictionnaire *m* illustré **Bildzuschrift** *f* réponse *f* avec photo

bilingual ['bi:lɪngua:l] *Adj* bilingue

Billard ['bɪljart] <-s, -e *o* A -s> *nt* billard *m;* **mit jdm ~ spielen** jouer au billard avec qn

Billardkugel ['bɪljart-] *f* boule *f* de billard **Billardstock** *m* queue *f* [de billard] **Billardtisch** *m* billard *m*

Billett [bɪl'jɛt] <-[e]s, -e *o* -s> *nt* ① A (*Brief*) lettre *f*
② CH (*Fahrkarte*) billet *m*

Billetteur(in) [bɪljɛ'tø:ɐ] <-s, -e> *m(f)* A (*Platzanweiser*) placeur(-euse) *m(f)*

Billiarde [bɪ'ljardə] <-, -n> *f* mille billions *mpl*

billig ['bɪlɪç] *Adj* ① (*preisgünstig*) bon marché; **~ einkaufen** acheter à bon prix, acheter [pour] pas cher (*fam*); **nicht ganz ~ sein** ne pas être bon marché [*o* donné(e)]; **[jdm] etw ~/~er verkaufen** vendre qc [à qn] à prix réduit/moins cher; **hier kauft man sehr ~ ein** ici, ça n'est vraiment pas cher; **diese Äpfel sind ~er** ces pommes sont meilleur marché; **~ abzugeben** à vendre pas cher
② *fam* (*niedrig*) *Preis* bas(se), réduit(e)
③ *pej* (*minderwertig*) bon marché, de dernière catégorie, de pacotille; **das ist ~er Kram/~es Zeug** c'est de la pacotille
④ *pej* (*primitiv*) **eine ~e Ausrede** une pauvre excuse (*fam*); **ein ~er Trick** un truc gros[sier] (*fam*)
⑤ *veraltet* (*angemessen*) **es ist nicht mehr als ~, wenn** ce n'est que justice que + *subj*

Billiganbieter *m* discounter *m*

billigen ['bɪlɪgən] *tr V* approuver; **~, dass jd etw tut** approuver que qn fasse qc; **ich kann sein Verhalten nicht ~** je ne peux pas accepter son comportement

Billigflagge *f* NAUT pavillon *m* de complaisance **Billiglohnland** *nt* pays *m* à faibles coûts salariaux **Billigpreis** *m* prix *m*

bas **Billigtarif** *m* tarif *m* réduit

Billigung <-, -en> *f* approbation *f;* [**sogar**] **die ~ der Opposition finden** recevoir [même] l'assentiment *m* de l'opposition

Billigwaren *Pl* ÖKON marchandises *fpl* bas de gamme

Billion [bɪ'lio:n] <-, -en> *f* billion *m*

bimbam *Interj* ding, ding, dong

Bimbam ['bɪm'bam] ▶ [**ach du**] **heiliger ~!** *fam* bonté divine! (*fam*)

Bimmel ['bɪməl] <-, -n> *f fam* clochette *f*

Bimmelbahn *f fam* tortillard *m*

bimmeln *itr V fam* carillonner (*fam*); *Telefon, Wecker:* sonner

Bimsstein *m* ❶ pierre *f* ponce
❷ (*Baustein*) béton *m* ponce

bin [bɪn] *1. Pers Präs von* **sein**[1]

binär [bi'nɛ:ɐ] *Adj* binaire

Binärcode [-ko:t] *m* INFORM code *m* binaire **Binärdatei** *f* INFORM binaire *m* **Binärdaten** *Pl* INFORM données *fpl* binaires **Binärsystem** *nt kein Pl* INFORM système *m* de numération binaire

Binde ['bɪndə] <-, -n> *f* ❶ MED bande *f;* (*Schlinge*) écharpe *f*
❷ (*Monatsbinde*) serviette *f* hygiénique
❸ (*Armbinde*) brassard *m*
❹ (*Augenbinde*) bandeau *m*
▶ **sich** (*Dat*) **einen hinter die ~ gießen** [*o* **kippen**] *fam* s'en jeter un [derrière la cravate] (*fam*)

Bindegewebe *nt* tissu *m* conjonctif

Bindegewebsmassage [-masa:ʒə] *f* massage *m* fibreux

Bindeglied *nt* lien *m* **Bindehaut** *f* conjonctive *f*

Bindehautentzündung *f* conjonctivite *f*

Bindemittel *nt* agglutinant *m;* CONSTR liant *m*

binden ['bɪndən] <band, gebunden> **I.** *tr V* ❶ (*zusammenbinden*) (*durch Bündeln*) lier; (*durch Knoten*) nouer; **Blumen zu einem Strauß/Kranz ~** faire un bouquet/une couronne de fleurs; **eine** [**schöne**] **Schleife ~** faire un [beau] nœud; **die Krawatte ~** faire un nœud de cravate
❷ (*herstellen*) fabriquer *Kranz, Strauß*
❸ (*fesseln, festbinden*) ligoter *Gefangenen;* **an den Beinen gebunden sein** être attaché(e) par les pieds; **das Boot an einen Pflock ~** amarrer le bateau à un piquet
❹ (*verpflichten*) **jdn an etw** (*Akk*) **~** lier qn à qc; **an ein Unternehmen/einen Ort gebunden sein** être lié(e) à une entreprise/un lieu; *s. a.* **gebunden**
❺ (*emotional verbinden*) **jdn an sich** (*Akk*) **~** s'attacher qn
❻ CHEM fixer; **etw mit/durch etw ~** fixer qc avec qc; **Wasser bindet Staub** l'eau retient la poussière
❼ GASTR, CONSTR lier, épaissir
❽ FIN **Kapital ~** immobiliser des capitaux
❾ (*mit einem Einband versehen*) relier *Buch*
II. *itr V* (*eine Gefühlsbindung schaffen*) lier
III. *r V* ❶ (*eine Beziehung eingehen*) **sich an jdn ~** se lier avec qn
❷ (*sich verpflichten*) **sich an jdn/eine Firma ~** s'engager envers qn/une entreprise

bindend *Adj* ferme; **eine ~e Zusage** [**machen**] [faire] une promesse ferme; **für jdn ~ sein** engager qn; **für beide Seiten ~ sein** *Abmachung:* engager les deux parties; **noch nicht ~ sein** être encore sans engagement

Binder <-s, -> *m* (*Bindemittel*) émulsifiant *m*

Bindestrich *m* trait *m* d'union **Bindewort** <-wörter> *nt* conjonction *f*

Bindfaden *m* ficelle *f*
▶ **es regnet Bindfäden** *fam* il pleut des cordes (*fam*)

Bindung ['bɪndʊŋ] <-, -en> *f* ❶ (*Verbundenheit*) attachement *m;* **die ~ zum Partner/an den Geburtsort** l'attachement au partenaire/au lieu de naissance
❷ (*Verpflichtung*) engagement *m;* **vertragliche ~** engagement contractuel
❸ (*Beziehung*) liaison *f;* **keine ~ eingehen wollen** ne pas vouloir se lier; **mit jdm eine** [**neue**] **~ eingehen** avoir une [nouvelle] liaison avec qn
❹ SKI fixation *f*
❺ TEXTIL armure *f*
❻ CHEM liaison *f*
❼ PHYS combinaison *f*

binnen ['bɪnən] *Präp + Dat o Gen* dans un délai de; **~ einem Jahr** [*o* **eines Jahres** *form*] dans un délai d'un an; **~ kurzem** sous peu

Binnenfischerei *f* pêche *f* d'eau douce **Binnengewässer** *nt* eaux *fpl* continentales **Binnenhafen** *m* port *m* fluvial **Binnenhandel** *m* commerce *m* intérieur **Binnenland** *nt* intérieur *m* du pays **Binnenmarkt** *m* marché *m* intérieur; **der europäische ~** le marché intérieur européen **Binnenmeer** *nt* mer *f* intérieure

Binnenschiffahrt *s.* Binnenschifffahrt

Binnenschiffer(in) *m(f)* marinier(-ière) *m(f)*, batelier(-ière) *m(f)* **Binnenschifffahrt**[RR] *f* navigation *f* fluviale **Binnensee** *m* lac *m* intérieur **Binnenverkehr** *m* TRANSP circulation *f* intérieure; COM trafic *m* interne

binokular [binoku'la:ɐ] *Adj* binoculaire

Binom [bi'no:m] <-s, -e> *nt* MATH binôme *m*

binomisch [bi'no:mɪʃ] *Adj* MATH binomial(e)

Binse ['bɪnzə] <-, -n> *f* jonc *m*
▶ **in die ~n gehen** *fam* foirer (*fam*)

Binsenwahrheit *f*, **Binsenweisheit** *f* truisme *m*

Bio <-> *kein Art* SCHULE *fam* sci[ences] *fpl* nat (*fam*); **sie ist gut in ~** elle est bonne en bio (*fam*)

bioaktiv [bioʔak'ti:f, 'bi:o-] *Adj* à activateur biologique **Biochemie** [bioçe'mi:] *f* biochimie *f* **Biochemiker(in)** *m(f)* CHEM biochimiste *mf* **biochemisch** *Adj* CHEM biochimique **Biochip** ['bi:o-] <-s, -s> *m* biopuce *f* **biodynamisch** *Adj* biologique **Bioethik** ['bi:oʔe:tɪk] *f* bioéthique *f* **Biogas** *nt* biogaz *m* **Biogenese** <-, -n> *f* biogenèse *f* **biogenetisch** *Adj* biogénétique

Biograf(in)[RR] [bio'gra:f] <-en, -en> *m(f)* biographe *mf*

Biografie[RR] [biogra'fi:] <-, -n> *f* ❶ (*Buch*) biographie *f*
❷ (*Lebenslauf*) curriculum *m* [vitæ]

biografisch[RR] *Adj* biographique

Biograph(in) *s.* Biograf(in)

Biographie *s.* Biografie

biographisch *s.* biografisch

Bioladen *m fam* magasin *m* bio (*fam*)

Biologe [bio'lo:gə] <-n, -n> *m*, **Biologin** *f* biologiste *mf*

Biologie [biolo'gi:] <-> *f* biologie *f*

biologisch I. *Adj* biologique; **kontrolliert ~er Anbau** culture *f* biologique contrôlée
II. *Adv* biologiquement; **~ abbaubar** biodégradable; **~ anbauen** pratiquer l'agriculture biologique; **~ düngen** utiliser des engrais biologiques

Biomasse *f* biomasse *f* **Biomechanik** *f kein Pl* biomécanique *f* **Biometrie** [biome'tri:] <-> *f* biométrie *f* **Biomüll** *m* déchets *mpl* organiques **Biophysik** *f* biophysique *f*

Biopsie [biɔ'psi:] <-, -n> *f* biopsie *f;* **bei jdm eine ~ machen** faire une biopsie à qn

Biorhythmus *m* biorythme *m* **Biosphäre** *f* biosphère *f* **Biotechnik** *f*, **Biotechnologie** *f* biotechnique *f*, biotechnologie *f* **Biotonne** *f* poubelle *f* pour déchets organiques

Biotop [bio'to:p] <-s, -e> *nt* biotope *m*

Biowissenschaften *Pl* sciences *fpl* biologiques

BIP [be:ʔi:'pe:] <-> *nt Abk von* **Bruttoinlandsprodukt** P.I.B. *m*

birgt [bɪrkt] *3. Pers Präs von* **bergen**

Birke ['bɪrkə] <-, -n> *f* bouleau *m*

Birkenwald *m* boulaie *f*

Birkhahn *m* coq *m* des bouleaux **Birkhuhn** *nt* tétras-lyre *m*

Birma ['bɪrma] <-s> *nt* la Birmanie

Birmane [bɪr'ma:nə] <-n, -n> *m*, **Birmanin** *f* Birman(e) *m(f)*

birmanisch *Adj* birman(e)

Birnbaum *m* poirier *m*

Birne ['bɪrnə] <-, -n> *f* ❶ (*Frucht*) poire *f*
❷ (*Glühbirne*) ampoule *f*
❸ *fam* (*Kopf*) caboche *f* (*fam*)
▶ **eine weiche ~ haben** *sl* avoir le cerveau ramolli (*fam*)
birnenförmig *Adj* en forme de poire
birst [bɪrst] *3. Pers Präs von* **bersten**
bis [bɪs] **I.** *Präp + Akk* ❶ (*zeitlich*) jusqu'à, jusque; (*nicht später als*) d'ici; **warte ~ nächste Woche** attends jusqu'à la semaine prochaine; **~ Freitag/Weihnachten sollte es fertig sein** ça devrait être fini d'ici vendredi/Noël; **vom ersten ~ dritten März** du premier au trois mars
❷ (*räumlich*) **~ Frankfurt fahren** aller jusqu'à [*o* jusque] Francfort
II. *Präp mit Adv o Pron* ❶ (*zeitlich*) **~ jetzt** jusqu'à maintenant, jusqu'à présent; **~ dahin** [*o* **dann**] d'ici là; **~ morgen/einschließlich morgen** jusqu'à demain/demain inclus; **ich bin ~ heute Abend wieder zurück** je serai rentré(e) d'ici ce soir; **~ eben habe ich nichts davon gewusst** je n'en savais rien jusqu'à maintenant; **er hat ~ jetzt noch nicht angerufen** il n'a pas encore appelé; **~ wann habt ihr noch Ferien?** jusqu'à quand êtes-vous encore en vacances?; **~ wann soll ich das fertigmachen?** je dois finir ça d'ici combien de temps?; **von wann ~ wann dauerte der Dreißigjährige Krieg?** de quand à quand a duré la guerre de Trente Ans?; **~ bald!** à bientôt!; **~ dann!** à tout à l'heure!; **~ gleich!** à tout de suite!; **~ später!** à plus tard!; **~ auf weiteres** jusqu'à nouvel ordre
❷ (*räumlich*) **~ hierhin** jusqu'ici; **~ dorthin/nach Hause** jusque-là/jusqu'à la maison; **~ zum Dorf/auf den Gipfel** jusqu'au village/sommet; **~ Seite 35** jusqu'à la page 35; **von oben ~ unten** de haut en bas; **er hat sie ~ nach Hause/vor die Haustür begleitet** il l'a accompagnée jusque chez elle/devant la porte; **~ wohin ...?** jusqu'où ...?
❸ (*einschließlich*) **alles ~ auf den letzten Krümel aufessen** manger tout jusqu'à la dernière miette
❹ (*mit Ausnahme von*) **alle ~ auf Robert** tous sauf [*o* excepté] Robert; **alle ~ auf einen** tous à l'exception d'un seul; **alle Großstädte ~ auf London** toutes les grandes villes à l'exception de Londres
III. *Adv* **~ zum Herbst muss es fertig sein** ça doit être fini d'ici l'automne; **vom ersten ~ zum dritten März** du premier au trois mars; **ich bin ~ gegen acht Uhr noch da** je serai encore là jusque vers huit heures [*o* jusqu'à huit heures environ]; **Kinder ~ acht Jahre** les enfants jusqu'à huit ans; **~ zum 17. Lebensjahr** jusqu'à l'âge de 17 ans; **~ zu zehn Metern hoch werden** atteindre jusqu'à dix mètres de haut; **~ zu hundert Grad heiß werden** atteindre des températures de cent degrés
▶ **~ ins letzte/kleinste** jusqu'au moindre détail
IV. *Konj* ❶ (*ungefähr*) **zwei ~ drei Stunden/Meter** entre deux et trois heures/mètres; **das Wetter morgen: bewölkt ~ bedeckt** le temps de demain: de nuageux à couvert
❷ (*so lange, bis*) jusqu'à ce que + *subj;* **warte hier, ~ ich wiederkomme** attends que je revienne; **ich muss hier bleiben, ~ er angerufen hat** je dois rester ici jusqu'à ce qu'il ait téléphoné
Bisam ['bi:zam] <-s, -e *o* -s> *m* (*Bisampelz*) rat *m* musqué
Bisamratte *f* rat *m* musqué
Bischof ['bɪʃɔf, *Pl:* 'bɪʃø:fə] <-s, ¨-e> *m*, **Bischöfin** *f* évêque *m*
bischöflich *Adj* épiscopal(e)
Bischofsamt *nt* épiscopat *m* **Bischofskonferenz** *f* conférence *f* épiscopale **Bischofsmütze** *f* mitre *f* **Bischofssitz** *m* évêché *m* **Bischofsstab** *m* crosse *f*
Bisexualität [bizɛksuali'tɛ:t, 'bi:sɛksualitɛ:t] *f* bisexualité *f* **bisexuell** ['bi:zɛksuɛl, 'bi:sɛksuɛl] *Adj* bisexuel(le)
bisher [bɪs'he:ɐ] *Adv* jusqu'à présent; **~ noch nicht!** pas encore!
bisherig *Adj attr* ❶ **die ~e Personalchefin** (*gegenwärtig/ehemalig*) la chef du personnel actuelle/en poste jusqu'ici; **die ~en Erkenntnisse der Polizei** les renseignements obtenus jusqu'à présent par la police; **sein ~es Verhalten** le comportement qu'il a eu jusqu'à présent
❷ (*nicht wieder gewählt*) sortant(e)
Biskaya [bɪs'ka:ia] <-> *f* GEOG **die ~** le golfe de Gascogne
Biskotte [bɪs'kɔtə] <-, -n> *f* A (*Löffelbiskuit*) biscuit *m* à cuiller
Biskuit [bɪs'kvi:t] <-[e]s, -s *o* -e> *nt o m* génoise *f*
Biskuitgebäck [bɪs'kvi:t-, bɪs'kui:t-] *nt* biscuit *m* de Savoie **Biskuitrolle** *f* gâteau *m* roulé **Biskuitteig** *m* génoise *f*
bislang [bɪs'laŋ] *s.* **bisher**
Bismarckhering ['bɪsmark-] *m* hareng *m* mariné
Bison ['bi:zɔn] <-s, -s> *m* bison *m*
biss^{RR} [bɪs], **biß** *Imp von* **beißen**
Biss^{RR} <-es, -e>, **Biß** <-sses, -sse> *m* ❶ (*das Beißen*) **mit einem [kräftigen] ~** d'un [bon] coup de dent
❷ (*Bissverletzung, -wunde*) morsure *f*
❸ *fam* (*intellektuelle Schärfe*) mordant *m;* (*Angriffslust*) punch *m;* **~ haben** (*intellektuell*) avoir du mordant; (*sportlich*) avoir la pêche (*fam*); **ihm fehlt der [rechte] ~** il lui manque du mordant
❹ (*Bissfestigkeit*) **[noch] ~ haben** *Nudeln, Gemüse:* rester ferme(s) sous la dent, être al dente
bisschen^{RR} ['bɪsçən], **bißchen** **I.** *Pron indef, unv* **ein ~ Milch/Brot** un peu de lait/de pain; **kein ~ Geduld haben** n'avoir pas du tout de patience; **das ~ Geld** le peu d'argent; **mit dem ~ Gehalt** avec ce salaire de rien du tout; **bitte ein klein[es] ~ Ruhe!** *fam* un petit peu de silence, s'il vous plaît!; **ein ~ schnell/teuer** un peu vite/cher; **ein ~ mehr** un peu plus; **ein ~ wenig/zu wenig** pas assez/trop peu; **kein ~ besser/schlechter** pas mieux/pas pire; **kein ~ teurer** pas du tout plus cher(chère)
II. *nt kleingeschrieben* **ein ~** un peu; **wenn man nur so ein ~ verdient** si on gagne aussi peu; **das ~** le peu qu'il y a/avait; **das ~, das** [*o* **was**] le peu qui/que; **und für das ~ wollen die zehn Euro?** et pour si peu, ils demandent dix euros?
▶ **[ach] du liebes ~!** *fam* mince [alors]! (*fam*)
Bissen ['bɪsən] <-s, -> *m* ❶ (*Happen*) morceau *m;* **ein leckerer ~** un morceau de choix; **sie hat heute noch keinen ~ gegessen** [*o* **angerührt**] elle n'a encore rien avalé de la journée
❷ (*Mundvoll*) bouchée *f*
▶ **sich** (*Dat*) **jeden ~ vom Munde absparen** se priver de tout
bissig **I.** *Adj* ❶ *Hund* qui mord; **~ sein** mordre; **[Vorsicht,] ~er Hund!** [attention,] chien méchant!
❷ (*sarkastisch*) virulent(e); *Ton, Antwort, Äußerung* mordant(e)
II. *Adv antworten* d'une manière mordante; *reagieren* avec virulence
Bissigkeit <-, -en> *f* ❶ *kein Pl* (*Sarkasmus*) virulence *f*
❷ (*Bemerkung*) sarcasme *m*
Bisswunde^{RR} *f* morsure *f*
bist [bɪst] *2. Pers Präs von* **sein**[1]
Bistro ['bɪstro] <-s, -s> *nt* bistro[t] *m*
Bistum ['bɪstu:m, *Pl:* 'bɪsty:mɐ] <-s, -tümer> *nt* évêché *m*
bisweilen [bɪs'vaɪlən] *Adv geh* de temps à autre (*soutenu*)
Bit [bɪt] <-[s], -[s]> *nt* INFORM bit *m*
Bittbrief *m* requête *f*
bitte *Adv* ❶ (*Höflichkeitsformel in Bitten, Aufforderungen*) s'il vous plaît, je vous prie (*soutenu*); (*wenn man den Gesprächspartner duzt*) s'il te plaît, je t'en prie (*soutenu*); **Sie wünschen ~?, ~ schön[, was darf es sein]?** (*im Geschäft*) vous désirez?; (*im Lokal*) qu'est-ce que vous prenez?; **Herr Ober, ~ zahlen!** garçon, l'addition s'il vous plaît!; **hier entlang, ~!** par ici, je vous prie!; **hätten Sie ~ einen Moment Zeit für mich?** pourriez-vous m'accorder un instant s'il vous plaît [*o* je vous prie]?
❷ (*Höflichkeitsformel in Antworten*) **~ [schön]!** je vous en prie!; (*wenn man den Gesprächspartner duzt*) je t'en prie!; **~, gern geschehen!** il n'y a pas de quoi!, de rien!; **Entschul-**

bitten

• bitten	• demander
Kannst/Könntest du bitte mal den Müll runterbringen?	**Peux-tu/Pourrais-tu** descendre la poubelle, s'il te plaît?
Bitte sei so gut und bring mir meine Jacke.	**Sois gentil(le),** apporte-moi ma veste.
Wärst du so nett und würdest mir die Zeitung mitbringen?	**Aurais-tu la gentillesse de** me rapporter un journal?
Würden Sie bitte so freundlich sein und Ihr Gepäck etwas zur Seite rücken?	**Auriez-vous l'amabilité de** pousser votre valise sur le côté?
Darf ich Sie bitten, Ihre Musik etwas leiser zu stellen?	**Puis-je vous demander** de baisser un peu votre musique?

• um Hilfe bitten	• demander de l'aide
Kannst du mir einen Gefallen tun?	**Peux-tu me rendre un service?**
Darf/Dürfte ich Sie um einen Gefallen bitten?	**Puis-je/Pourrais-je vous demander un service?**
Könntest du mir bitte helfen?	**Pourrais-tu m'aider, s'il te plaît?**
Könnten Sie mir bitte behilflich sein?	**Pourriez-vous m'aider, s'il vous plaît?**
Ich wäre Ihnen dankbar, wenn Sie mir dabei helfen könnten.	**Je vous serais très reconnaissant(e) de** bien vouloir m'aider.

digung! – Bitte! excusez-moi! – Je vous en prie, il n'y a pas de mal!; (*wenn man den Gesprächspartner duzt*) excuse-moi! – Je t'en prie, il n'y a pas de mal!; **noch eine Tasse Kaffee? – [Ja] ~!** vous prenez encore un café? – [Oui] merci!; **darf ich Ihnen in den Mantel helfen? – [Ja] ~!** puis-je vous aider à mettre votre manteau? – Oui, c'est gentil [à vous]!; **~ nach Ihnen!** mais je vous en prie, après vous!; **[hier,] ~!** [tenez,] voilà!; (*wenn man den Gesprächspartner duzt*) [tiens,] voilà!; **~ nicht!** j'aime mieux pas! (*fam*); (*auf keinen Fall!*) surtout pas!

❸ (*in ironischen, sarkastischen Antworten*) **na ~!** ah, vous voyez [bien]!; (*wenn man den Gesprächspartner duzt*) ah, tu vois [bien]!; **~, wie Sie wollen/du willst!** c'est comme vous voudrez/tu voudras!

❹ (*Höflichkeitsformel in Nachfragen*) **[wie] ~?** comment?, pardon?

▶ **~ ~ machen** *fam Kind:* dire s'il vous plaît; *chien:* faire le beau (*fam*)

Bitte <-, -n> *f* demande *f,* prière *f;* **eine ~ an jdn richten, sich mit einer ~ an jdn wenden** *geh* adresser une requête à qn (*form*); **ich habe eine ~ an Sie** je veux vous demander une faveur; **er hat ihr diese ~ erfüllt/abgeschlagen** il lui a accordé/refusé ce qu'elle lui avait demandé

bitten ['bɪtən] <bat, gebeten> **I.** *tr V* ❶ demander; **jdn um etw ~** demander qc à qn; **jdn ~ etw zu tun** prier qn de faire qc; **jdn inständig um Hilfe ~** implorer l'aide de qn; **darf** [*o* **dürfte**] **ich Sie um das Brot ~?** pourriez-vous me passer le pain, s'il vous plaît?

❷ (*einladen*) **jdn zum Abendessen ~** inviter qn à dîner; **jdn auf ein Glas zu sich ~** inviter qn à prendre un verre chez lui

❸ (*bestellen*) **jdn zu sich ~** demander à voir qn

▶ **sich gerne ~ lassen** aimer [bien] se faire prier; **sich nicht [lange] ~ lassen** ne pas se faire prier [longtemps]; **[aber] ich bitte Sie/dich!** mais [enfin,] voyons!; (*schockiert*) je vous en/t'en prie!

II. *itr V* ❶ **darf ich um Ihre Aufmerksamkeit ~?** puis-je vous demander un peu d'attention?; **darf ich ~?** (*beim Tanzen*) puis-je me permettre?; **es wird gebeten nicht zu rauchen** *form* (*als Hinweis*) on est prié de ne pas fumer; (*als Schildinschrift*) prière de ne pas fumer

❷ (*flehen*) supplier; **um Gnade ~** demander grâce

❸ (*hereinbitten*) **ich lasse ~!** faites entrer!; **der Herr Direktor lässt ~!** Monsieur le Directeur vous prie d'entrer!

▶ **~ und betteln** *fam* supplier sur tous les tons; **wenn ich ~ darf!** (*auffordernd*) si possible!; (*befehlend*) je vous prie!; **ich muss doch [sehr] ~!** un peu de tenue, s'il vous plaît [*o* je vous en prie]!; (*wenn man den Gesprächspartner duzt*) un peu de tenue, s'il te plaît [*o* je t'en prie]!; **ich bitte [sogar] darum!** *geh* je vous en prie! (*soutenu*); **darum möchte ich auch gebeten haben!** *geh* je l'espère pour vous/pour toi! (*soutenu*)

Bitten <-s> *nt* supplications *fpl,* prières *fpl;* **sich aufs ~ verlegen** passer aux supplications

bittend I. *Adj* suppliant(e)

II. *Adv* en suppliant; **seine Augen** [*o* **seinen Blick**] **~ auf jdn richten** *geh* adresser un regard suppliant à qn

bitter ['bɪtɐ] **I.** *Adj* ❶ *Geschmack* amer(-ère); **~e Schokolade** chocolat *m* noir

❷ (*schmerzlich*) *Enttäuschung, Erfahrung* amer(-ère); *Verlust* douloureux(-euse); *Leid, Unrecht, Schicksal* cruel(le); *Kälte, Frost* rigoureux(-euse); **~es Leid erfahren** souffrir cruellement; **~e Tränen weinen** verser des larmes amères

❸ (*beißend*) *Hohn, Ironie, Spott* amer(-ère)

❹ (*verbittert*) *Klage, Lachen, Worte* amer(-ère)

II. *Adv* ❶ **~ schmecken** avoir un goût amer

❷ (*verbittert*) *lachen* avec amertume

❸ (*sehr*) *bereuen* amèrement; **etw ~ nötig haben** avoir désespérément besoin de qc; **das rächt sich** ~ cela se paie cher

bitterböse I. *Adj Person* très fâché(e); *Kommentar, Brief* très méchant(e); *Blick* mauvais(e); **~ werden** se mettre en colère **II.** *Adv antworten, sich ausdrücken* sur un ton méchant; **jdn ~ ansehen** regarder qn d'un œil mauvais **bitterernst I.** *Adj Person* très sérieux(-euse); *Lage* très grave; **eine ~e Miene** une tête d'enterrement; **ihm ist es mit etw ~** il est très sérieux en ce qui concerne qc **II.** *Adv* **es ~ meinen** être tout ce qu'il y a de plus sérieux(-euse) **bitterkalt** *Adj Tag, Nacht* glacial(e); **es ist ~** il fait un froid glacial

Bitterkeit <-> *f a. fig* amertume *f*

bitterlich I. *Adj* amer(-ère)

II. *Adv weinen* amèrement; **~ frieren** souffrir cruellement du froid

Bittermandel *f* amande *f* amère **Bittermandelöl** *nt kein Pl* huile *f* d'amandes amères

Bitternis <-, -se> *f liter* amertume *f* (*littér*)

Bittersalz *nt* CHEM sulfate *m* de magnésium **bittersüß** *Adj* (*süßsauer*) doux-amer(douce-amère); **ein ~es Gefühl** un sentiment mi-figue, mi-raisin
Bittgang ['bɪtgaŋ] <-[e]s, -gänge> *m geh* requête *f* **Bittgottesdienst** *m* messe *f* d'action de grâce[s] **Bittschrift** *f* pétition *f* **Bittsteller(in)** <-s, -> *m(f)* pétitionnaire *mf*
Bitumen [bi'tu:mən] <-s, - *o* Bitumina> *nt* CHEM bitume *m*
bivalent [-va-] *Adj* bivalent(e)
Biwak ['bi:vak] <-s, -s *o* -e> *nt* bivouac *m*
biwakieren* *itr V* bivouaquer
bizarr [bi'tsar] **I.** *Adj* bizarre
II. *Adv geformt, gestaltet* bizarrement
Bizeps ['bi:tsɛps] <-es, -e> *m* biceps *m*
BKA [be:ka:'ʔa:] <-> *nt Abk von* **Bundeskriminalamt** *direction générale de la police judiciaire*
Blabla [bla'bla:] <-s> *nt pej fam* [bla]blabla *m* (*fam*)
bla bla [**bla**] *Interj pej fam* bla[h] bla[h] bla[h] (*fam*)
Blache ['blaxə] <-, -n> *f* A, CH bâche *f*
Blackbox[RR] ['blɛkbɔks] <- -, - -es> *f* AVIAT boîte *f* noire
Blackout [blɛk'ʔaʊt], **Black-out**[RR] ['blæk'ʔaʊt, blæk'ʔaʊt] <-s, -s> *m* ① (*Bewusstseinstrübung*) perte *f* de conscience momentanée; (*in einer Prüfung*) trou *m* [noir]
② (*Stromausfall*) panne *f* de courant générale
blad *Adj* A *pej sl* (*korpulent*) obèse
blaffen ['blafən] *itr V fam* ① *Hund:* japper
② *pej* (*schimpfen*) aboyer (*péj*)
Blag <-s, -en> *nt*, **Blage** ['bla:gə] <-, -n> *f pej fam* galopin *m* (*fam*)
blähen ['blɛ:ən] **I.** *tr V* ① gonfler, faire gonfler *Segel, Vorhänge*
② (*weit öffnen*) gonfler *Nasenflügel, Nüstern*
II. *r V* **sich ~** *Segel, Vorhänge:* se gonfler
III. *itr V Hülsenfrüchte:* ballonner
blähend I. *Adj* flatulent(e)
II. *Adv* **~ wirken** provoquer des ballonnements
Blähung <-, -en> *f meist Pl* ballonnement *m*
blamabel [bla'ma:bəl] *Adj geh* honteux(-euse), humiliant(e)
Blamage [bla'ma:ʒə] <-, -n> *f geh* honte *f*; **diese Niederlage ist eine große ~** cette défaite est une véritable humiliation; **das ist wirklich eine ~!** c'est vraiment une honte!
blamieren* **I.** *tr V* ridiculiser
II. *r V* **sich durch etw ~** se couvrir de ridicule par qc
blanchieren* [blã'ʃi:rən] *tr V* blanchir
blank [blaŋk] *Adj* ① (*glänzend*) brillant(e); (*sauber*) étincelant(e) [de propreté]; (*abgescheuert*) lustré(e); **~ gewetzt** lustré(e); **~ poliert** étincelant(e), [bien] astiqué(e); **etw ~ polieren/reiben** faire briller [à fond] qc; **~ sein** (*glänzend*) briller
② (*rein, pur*) pur(e); (*total*) *Wahnsinn* à l'état pur
③ (*bloß*) nu(e); **auf dem ~en Boden** à même le sol
④ *poet* (*strahlend*) *Augen* brillant(e)
⑤ *veraltet* (*gezogen*) *Degen, Säbel* dégainé(e)
▸ **~ sein** *fam* être fauché(e) (*fam*)
Blank [blæŋk] *nt* TYP, INFORM blanc *m*, espace *m*
Blankett [blaŋ'kɛt] <-[e]s, -e> *nt* GASTR blanquette *f*
blankgewetzt *s.* **blank 1.**
blanko ['blaŋko] *Adv* en blanc
Blankokredit *m* crédit *m* en blanc **Blankoscheck** ['blaŋko-] *m* chèque *m* en blanc **Blankovollmacht** *f* blanc-seing *m*; **jdm ~ geben** [*o* **erteilen**] donner les pleins pouvoirs à qn
blankpoliert *s.* **blank 1.**
Blankvers *m* LITER vers *m* blanc
Bläschen ['blɛ:sçən] <-s, -> *nt Dim von* **Blase 2., 3.** MED bouton *m*; (*im Mund*) aphte *m*
Blase [bla:zə] <-, -n> *f* ① ANAT vessie *f*; **eine schwache ~ haben** avoir des problèmes de vessie; **sich** (*Dat*) **die ~ erkälten** attraper froid au ventre
② MED ampoule *f*; (*Brandblase*) cloque *f*; **sich** (*Dat*) **~n laufen** attraper des ampoules
③ (*Luftblase*) bulle *f*; **~n werfen** *Farbe, Teig:* faire des bulles
④ (*Sprechblase*) bulle *f*
⑤ *pej fam* (*Clique*) bande *f* (*fam*)
Blasebalg <-[e]s, -bälge> *m* soufflet *m*
blasen ['bla:zən] <bläst, blies, geblasen> **I.** *itr V* ① (*Luft ausstoßen*) souffler
② (*musizieren*) **auf einem Kamm ~** faire de la musique en soufflant sur un peigne; **einfach himmlisch ~** *Trompeter:* jouer divinement bien
③ (*wehen*) *Wind:* souffler
II. *itr V unpers fam* **es bläst ganz schön!** ça souffle pas mal! (*fam*)
III. *tr V* ① **den Staub vom Buch ~** souffler sur la poussière du livre; **er blies ihr seinen Atem ins Gesicht** il lui souffla son haleine en plein visage
② (*spielen*) jouer *Melodie, Weise;* jouer de *Trompete, Horn*
③ *sl* (*fellationieren*) **jdm einen ~** faire [*o* tailler] une pipe à qn (*vulg*)
▸ **dem/dir werde ich was ~!** *sl* il peut toujours se/tu peux toujours te toucher! (*vulg*)
Blasenentzündung *f* MED cystite *f*; **eine ~ bekommen** attraper une cystite **Blasenkatarr[h]**[RR] *m* MED cystite *f* **Blasenleiden** *nt* infection *f* urinaire **Blasenschwäche** *f* MED atonie *f* de la vessie **Blasenspiegelung** *f* MED cystoscopie *f* **Blasenstein** *m* MED calculs *mpl* vésicaux **Blasentee** *m* tisane *f* diurétique
Bläser(in) ['blɛ:zɐ] <-s, -> *m(f)* joueur(-euse) *m(f)* d'instrument à vent; **die ~ und die Streicher** les cuivres *mpl* et les cordes
Bläserquartett *nt* quatuor *m* à vent
blasiert [bla'zi:ɐt] **I.** *Adj pej geh* hautain(e)
II. *Adv sich benehmen* de manière snob; *sprechen* sur un ton hautain; **~ lächeln** faire un sourire blasé
Blasiertheit <-, -en> *f pej geh* ① *kein Pl* (*blasierte Art*) snobisme *m*
② (*Äußerung*) réflexion *f* condescendante
blasig ['bla:zɪç] *Adj Flüssigkeit, Masse, Teig* qui fait des bulles, bulleux(-euse)
Blasinstrument ['bla:s-] *nt* instrument *m* à vent **Blaskapelle** *f* fanfare *f* **Blasmusik** *f* musique *f* de fanfare **Blasorchester** *nt* orchestre *m* d'instruments à vent
Blasphemie [blasfe'mi:] <-, -n> *f geh* blasphème *m*
blasphemisch *Adj geh* blasphématoire
Blasrohr *nt* sarbacane *f*
blass[RR] [blas], **blaß** *Adj* ① (*bleich*) pâle; **vor Schreck** (*Dat*) **~ werden** pâlir de terreur; **du wirst ja ganz ~, was ist los?** tu es tout(e) pâle, qu'est-ce que tu as?
② (*hell*) *Farbton* pâle
③ *geh* (*fahl*) *Mond, Lichtschein* blafard(e) (*littér*)
④ (*schwach*) *Erinnerung, Vorstellung* vague; **eine blasse Hoffnung** un mince espoir
⑤ (*nichtssagend*) *Ausdruck, Schilderung* fade
Blässe ['blɛsə] <-, -n> *f* ① (*blasse Farbe*) pâleur *f*
② (*nichtssagende Art*) fadeur *f*
Blässhuhn[RR], **Bläßhuhn** *nt* foulque *f*
blässlich[RR], **bläßlich** *Adj* pâlot(te)
bläst [blɛ:st] *3. Pers Präs von* **blasen**
Blatt [blat, *Pl:* 'blɛtɐ] <-[e]s, -̈er> *nt* ① *einer Pflanze* feuille *f*
② (*Blatt Papier*) feuille *f*; **lose** [*o* **fliegende**] **Blätter** des feuilles volantes
③ (*Seite*) page *f*
④ (*Grafik*) feuillet *m*
⑤ (*Zeitung*) journal *m*
⑥ (*flächiger Teil*) *eines Ruders, Propellers* pale *f*
⑦ KARTEN jeu *m*
⑧ JAGD, GASTR (*Schulter*) épaule *f*
▸ **kein ~ vor den Mund nehmen** ne pas mâcher ses mots; [**noch**] **ein unbeschriebenes ~ sein** être [encore] novice [*o* inexpérimenté(e)]; **kein unbeschriebenes ~ mehr sein** ne pas être tombé(e) de la dernière pluie; **das ~ hat sich gewen-**

det le vent a tourné; **das steht auf einem anderen** ~ c'est une autre affaire; **vom** ~ **singen/spielen** chanter/jouer en suivant la partition
Blattader *f* BOT nervure *f*
Blättchen ['blɛtçən] <-s, -> *nt Dim von* Blatt ❶ *einer Pflanze* foliole *f*
❷ (*Blatt Papier*) petite feuille *f*
Blätterdach *nt* toit *m* de feuilles
blätterig *Adj Anstrich, Farbe* écaillé(e); *Teig* feuilleté(e); ~ **werden** *Anstrich, Farbe:* s'écailler
Blättermagen *m* feuillet *m*
blättern ['blɛtən] **I.** *itr V* ❶ feuilleter; (*suchend*) chercher; **in etw** (*Dat*) ~ feuilleter qc; (*suchend*) chercher dans qc
❷ INFORM dérouler; **nach oben/unten** ~ faire défiler vers le haut/le bas
II. *tr V* **etw auf den Tisch** ~ aligner qc sur la table
Blätterpilz *m* BOT champignon *m* à lamelles **Blätterteig** *m* pâte *f* feuilletée
Blätterteiggebäck *nt* feuilleté *m;* (*mit Puddingfüllung*) millefeuille *m*
Blattfeder *f* TECH ressort *m* à lames **Blattform** *f* forme *f* de feuille **Blattgemüse** *nt* légume *m* vert en branches **Blattgold** *nt* feuille *f* d'or **Blattgrün** *nt* chlorophylle *f* **Blattlaus** *f* puceron *m* **Blattpflanze** *f* plante *f* verte
blättrig *s.* blätterig
Blattsalat *m* salade *f* verte **Blattschuss**[RR] *m* JAGD balle *f* de cœur **Blattspinat** *m* épinards *mpl* en branches **Blattwerk** *nt kein Pl* feuillage *m*
blau [blaʊ] *Adj* ❶ *Farbe, Himmel, Wasser, Augen* bleu(e)
❷ (*blutunterlaufen*) bleu(e); **ein ~es Auge** un œil au beurre noir; **ein ~er Fleck** un bleu
❸ (*vor Kälte verfärbt*) **~e Lippen haben** avoir les lèvres bleues [de froid]
❹ GASTR **Forelle** ~ truite *f* au bleu
❺ *fam* (*betrunken*) ~ **sein** être soûl(e) (*fam*)
Blau <-s, - *fam* -s> *nt* bleu *m*
Blaualge *f* cyanobactérie *f*
blauäugig ['blaʊʔɔɪgɪç] *Adj* ❶ (*mit blauen Augen*) aux yeux bleus; ~ **sein** avoir les yeux bleus
❷ (*naiv*) naïf(-ïve)
Blauäugigkeit <-> *f* naïveté *f*
Blaubeere *f* myrtille *f*
blaublütig *Adj* de sang bleu
Blaue ['blaʊə] ▶ **er lügt das ~ vom Himmel [herunter]** *fam* il ment comme il respire (*fam*); **jdm das ~ vom Himmel versprechen** *fam* promettre la lune à qn (*fam*); **ins ~ [hinein]** *fam fragen, reden* au petit bonheur la chance (*fam*)
Blaue(r) *m dekl wie Adj sl* billet *m* de cent marks
Bläue ['blɔɪə] <-> *f geh* azur *m* (*littér*)
Blaufelchen *m* lavaret *m* **Blaufuchs** *m* renard *m* bleu **blaugrau** *Adj* gris bleu *inv;* **~e Socken** des chaussettes *fpl* gris bleu **blaugrün** *Adj* bleu vert *inv;* **~e Augen** des yeux *mpl* bleu vert **Blauhelm** *m* casque *m* bleu **Blaukraut** *nt* SDEUTSCH, A chou *m* rouge
bläulich ['blɔɪlɪç] *Adj* bleuté(e); (*ins Blaue spielend*) bleuâtre
Blaulicht *nt* gyrophare *m;* **mit** ~ avec le gyrophare en marche
blau|machen I. *itr V fam* (*krank feiern*) se passer d'aller au boulot (*fam*), se faire porter pâle *fam* [*o* malade] **II.** *tr V fam* **einen Tag** ~ sécher une journée de travail (*fam*); **er macht den Montag immer blau** *Schüler:* tous les lundis, il se fait porter pâle (*fam*) **Blaumann** *m fam* bleu *m* [de travail]; **im** ~ en bleu de travail **Blaumeise** *f* mésange *f* bleue **Blaupapier** *nt* papier *m* carbone **Blaupause** *f* bleu *m* **blaurot** *Adj* rouge bleu *inv;* **~e Blüten** des fleurs *fpl* rouge bleu **Blausäure** *f* CHEM acide *m* prussique **Blauschimmelkäse** *m* fromage *m* bleu **blauschwarz** *Adj* bleu nuit *inv;* **~e Socken** des chaussettes bleu nuit **Blaustich** *m* dominante *f* bleue; **einen ~ haben** tirer sur le bleu **blaustichig** *Adj* à dominante bleue; ~ **sein** avoir une dominante bleue **Blaustrumpf** *m pej veraltet* bas-bleu *m* (*vieilli*) **Blautanne** *f* sapin *m* noble; (*Fichte*) épicéa *m* glauque **Blauwal** *m* [grande] baleine *f* bleue
Blazer ['bleːzɐ, 'bleɪzɐ] <-s, -> *m* blazer *m*
Blech [blɛç] <-[e]s, -e> *nt* ❶ *kein Pl* (*Material*) tôle *f;* (*Weißblech*) fer-blanc *m*
❷ (*Stück Blech*) [morceau *m* de] tôle *f*
❸ (*Backblech*) plaque *f* [de four]
❹ *kein Pl fam* (*Unsinn*) bêtises *fpl* (*fam*); **du redest nur ~!** tu ne dis que des conneries! (*fam*)
❺ *kein Pl pej fam* (*Orden*) batterie *f* de cuisine (*fam*)
Blechbläser(in) <-s, -> *m(f)* cuivres *mpl* **Blechblasinstrument** *nt* cuivre *m* **Blechbüchse** *f,* **Blechdose** *f* boîte *f* en fer-blanc
blechen ['blɛçən] *fam* **I.** *tr V* raquer (*fam*)
II. *itr V* casquer (*fam*)
blechern ['blɛçɐn] *Adj* ❶ *attr Garagentor, Sarg* en tôle; (*aus Weißblech*) *Eimer, Verschlag* en fer-blanc
❷ (*scheppernd*) *Geräusch* creux(-euse); *Klang, Stimme* métallique; ~ **klingen/tönen** avoir [*o* rendre] un son métallique
Blechgeschirr *nt* vaisselle *f* en fer-blanc **Blechinstrument** *s.* Blechblasinstrument **Blechkanister** *m* bidon *m* en ferblanc; (*für Kraftstoff*) jerrican[e] *m* **Blechkiste** *f pej fam* (*Auto*) tas *m* de ferraille (*fam*), tape-cul *m* (*fam*) **Blechlawine** *f pej fam* longue file *f* de voitures **Blechmusik** *f pej* musique *f* de fanfare **Blechnapf** *m* gamelle *f* **Blechschaden** *m* dégâts *mpl* matériels [de tôle]; **bei dem Unfall entstand nur** ~ il n'y a eu que de la tôle froissée dans cet accident **Blechschere** *f* cisaille *f* [à tôle] *souvent pl* **Blechtrommel** *f* tambour *m* en fer-blanc
blecken ['blɛkən] *tr V* montrer *Zähne*
Blei [blaɪ] <-[e]s, -e> *nt* ❶ *kein Pl* (*Metall*) plomb *m;* ~ **ist ein Schwermetall** le plomb est un métal lourd; ~ **gießen** couler du plomb
❷ (*Lot*) fil *m* à plomb
❸ (*Kugeln*) plomb *m;* **jdn mit ~ vollpumpen** *sl* truffer qn de plomb (*fam*)
▶ **etw liegt jdm wie ~ in den Gliedern [*o* Knochen]** qn se sent des jambes de plomb suite à qc; **das liegt ihr wie ~ im Magen** (*ist schwer verdaulich*) ça lui fait comme du plomb sur l'estomac; (*bedrückt sie*) ça lui pèse sur l'estomac
Bleibe ['blaɪbə] <-, -n> *f* demeure *f;* (*vorübergehend*) abri *m;* **bei jdm eine ~ finden** trouver logis chez qn; **eine/keine ~ haben** avoir un logement/être sans logis; **die Stadtstreicher haben keine** ~ les clochards n'ont pas de toit
bleiben ['blaɪbən] <blieb, geblieben> **I.** *itr V + sein* ❶ (*verweilen*) rester; **zu Hause/bei jdm/im Büro** ~ rester à la maison/chez qn/au bureau; **am Computer/Schreibtisch** ~ rester à l'ordinateur/au bureau; **für sich** ~ rester seul(e); **sie möchten unter sich** ~ ils préfèrent rester entre eux/elles; **wo bleibst du so lange?** mais qu'est-ce que tu fais [*o* fabriques] [encore]?; **wo sie nur so lange bleibt?** où peut-elle bien être?
❷ (*weiterhin sein*) **gleich** ~ rester stable; **wach/ruhig** ~ rester éveillé(e)/tranquille; **unbeachtet** ~ passer inaperçu(e); **unvergessen/unbeantwortet** ~ rester inoubliable/sans réponse; **liegen** ~ *Person:* rester couché(e); (*nicht mehr aufstehen*) rester étendu(e); *Auftrag, Arbeit, Post:* rester en attente; *Ware:* rester en rayon; *Schnee:* rester; **offen** ~ *Tür, Geschäft:* rester ouvert(e); *Frage, Problem:* rester en suspens; **stehen** ~ *Formulierung, Satz:* rester [comme ça]; (*nicht zerstört werden*) *Gebäude:* rester; **die Arbeit bleibt immer an mir hängen** *fam* c'est encore moi qui doit faire le travail; **lass uns gute Freunde ~!** restons bons amis!; **es soll regnerisch** ~ les pluies doivent persister
❸ (*zurückbleiben*) **liegen** ~ *Gegenstände:* rester là; **in der Straßenbahn/im Zug liegen** ~ rester dans le tramway/le train; **ist hier ein Schirm liegen geblieben?** est-ce que quelqu'un aurait trouvé un parapluie?

B

④ (*übrig bleiben*) **drei Fehler sind stehen geblieben** on a oublié trois fautes
⑤ (*in der Erinnerung bleiben*) **an jdm hängen** ~ *Verdacht, Verleumdung:* peser sur qn; **etwas bleibt immer hängen** il subsiste toujours un doute
⑥ (*festsitzen*) **mit dem Ärmel an etw** (*Dat*) **hängen** ~ rester accroché(e) à qc par la manche; **an etw** (*Dat*) **kleben** ~ *Briefmarke, Zettel, Kaugummi:* rester collé(e) [à qc]; *Insekt:* rester accroché(e) [à qc]; **nicht kleben** ~ *Briefmarke:* se décoller; **stecken** ~ *Dorn, Splitter, Geschoss:* rester planté(e); **die Gräte blieb ihm im Hals stecken** l'arête est restée coincée dans sa gorge
⑦ (*nicht vorankommen*) **liegen** ~ *Fahrer, Fahrzeug:* rester immobilisé(e); **mit einer Panne liegen** ~ rester en panne; **in etw** (*Dat*) **stecken** ~ *Fahrer, Fahrzeug:* s'enliser dans qc; **ich bin mit dem Wagen im Schlamm stecken geblieben** ma voiture s'est embourbée; **in einem Gedicht/Text stecken** ~ *fig* avoir un trou [de mémoire] en récitant un poème/texte; **stehen** ~ *Person:* s'arrêter; *Uhr:* être arrêté(e); *Fahrzeug:* s'immobiliser, s'arrêter; ~ **Sie sofort stehen!** halte!; **hängen** [*o* **kleben**] ~ *fam Schüler:* redoubler
⑧ (*hinkommen, hingeraten*) **wo ist meine Brille geblieben?** où sont passées mes lunettes?
⑨ *fam* (*unterkommen*) **wo sollen die Leute alle ~?** où vont-ils tous crécher? (*fam*); **sieh zu, wo du bleibst!** débrouille-toi [tout(e) seul(e)]!
⑩ (*verharren*) **bei einer Marke/einem Getränk** ~ rester fidèle à une marque/une boisson; **es bleibt bei meiner Entscheidung** je maintiens ma décision
⑪ (*übrig bleiben*) **stehen** ~ *Getränk, Essen:* rester; **uns bleibt** [*o* **es bleibt uns**] **noch eine Möglichkeit** il nous reste encore une possibilité; **mir bleibt** [*o* **es bleibt mir**] **keine andere Wahl** je n'ai pas le choix; **was blieb ihm anderes, als nachzugeben?** que pouvait-il faire d'autre sinon abandonner?
⑫ *euph* (*umkommen*) **auf See** ~ disparaître en mer (*euph*); **im Krieg** ~ tomber à la guerre (*euph*)
► **sich** (*Dat*) **gleich** ~ *Person:* rester égal(e) à soi-même; **das bleibt sich gleich** ça revient au même; **das Schwätzen ~ lassen** *fam* cesser le bavardage; **das wirst du hübsch ~ lassen!** *fam* t'as pas intérêt! (*fam*); **das Rauchen ~ lassen** *fam* arrêter de fumer; **wo waren wir stehen geblieben?** où en étions-nous [resté(e)s]?; **das bleibt unter uns** cela reste entre nous
II. *itr V unpers* **es bleibt zu hoffen, dass** il ne reste qu'à espérer que; **es bleibt abzuwarten, ob ...** il ne reste plus qu'à attendre si ...

bleibend *Adj* ① (*beständig*) permanent(e); *Wert* durable
② (*unveränderlich*) **gleich** ~ constant(e); **gleich ~ sein** rester constant(e); **dem Patienten geht es gleich ~ schlecht** l'état du patient demeure préoccupant

bleiben|lassen *s.* bleiben I.►

Bleiberecht *nt kein Pl* POL droit *m* de séjour [pour réfugiés]

bleich [blaɪç] *Adj* ① (*blass*) *Person, Gesicht* blême; *Gesichtsfarbe, Haut* pâle; ~ **vor Wut/Zorn** blême de colère/rage; **vor Schreck ~ werden** (*Dat*) blêmir de terreur
② (*fahl*) *Licht, Schimmer* blême, blafard(e)

bleichen <bleichte *o veraltet* blich, gebleicht *o veraltet* geblichen> I. *tr V + haben* blanchir *Farbe, Wäsche;* éclaircir *Haare*
II. *itr V + sein* **diese Tapeten ~ schnell** ces papiers [peints] perdent vite leurs couleurs

Bleichgesicht *nt fam* visage *m* pâle **bleichgesichtig** *Adj fam* [qui a le visage] pâle; **~e Frauen** les femmes à la peau pâle **Bleichmittel** *nt* agent *m* blanchissant **Bleichsellerie** *m kein Pl* céleri *m* à côtes **Bleichsucht** *f kein Pl* MED anémie *f,* chlorose *f*

bleiern ['blaɪɐn] *Adj* ① *attr* (*aus Blei*) en [*o* de] plomb
② (*bleifarben*) plombé(e)
③ (*schwer lastend*) *Müdigkeit, Schwere* accablant(e); *Schlaf* de plomb

Bleierz *nt* minerai *m* de plomb **bleifrei** *Adj Benzin* sans plomb; ~ **fahren** rouler [avec du carburant] sans plomb; ~ **tanken** prendre du [carburant] sans plomb **Bleifuß** ► **mit ~ fahren** *fam* rouler avec le pied au plancher (*fam*) **Bleigießen** <-s> *nt* coulage *m* du plomb (*coutume qui consiste à lire l'avenir dans des figures de plomb obtenues en jetant du plomb fondu dans de l'eau*) **bleihaltig** *Adj* plombifère; *Benzin* contenant du plomb; ~ **sein** contenir du plomb **Bleikristall** *nt* cristal *m* de plomb **Bleikugel** *f* balle *f* de plomb **Bleisatz** *m* TYP composition *f* au plomb **bleischwer** *Adj* de plomb **Bleistift** *m* crayon *m* [à papier]; **mit ~ [geschrieben]** [écrit(e)] au crayon

Bleistiftabsatz *m* talon *m* aiguille **Bleistiftspitzer** *m* taille-crayon *m* **Bleistiftzeichnung** *f* [dessin *m* au] crayon *m*

Bleivergiftung *f* intoxication *f* par le plomb **Bleiverglasung** *f* résille *f*

Blende ['blɛndə] <-, -n> *f* ① PHOT (*Öffnung*) diaphragme *m;* (*Blendenzahl*) ouverture *f;* **die ~ öffnen/schließen** ouvrir/fermer le diaphragme; ~ **8 einstellen** régler une ouverture sur 8
② (*Lichtschutz*) écran *m*
③ ARCHIT (*blinder Bogen*) arcade *f* aveugle; (*blinde Tür*) fausse porte *f;* (*blindes Fenster*) fenêtre *f* aveugle
④ (*Stoffblende*) garniture *f*

blenden ['blɛndən] I. *tr V* ① éblouir; **jdn/ein Tier** ~ *Scheinwerfer, Licht:* éblouir qn/un animal
② (*betören*) **jdn mit etw** ~ éblouir qn par qc; **von jdm/etw wie geblendet sein** être ébloui(e) par qn/qc
③ (*täuschen*) **jdn durch etw** ~ abuser qn par qc
④ (*blind machen*) **jdn** ~ aveugler qn
II. *itr V* ① *Sonne, Scheinwerfer:* éblouir, aveugler
② (*hinters Licht führen*) chercher à impressionner [*o* à faire illusion]

Blendenautomatik *f* mise *f* au point automatique

blendend I. *Adj Laune, Stimmung* excellent(e); **eine ~e Erscheinung sein** éblouir tout le monde par son allure
II. *Adv* ① (*großartig*) merveilleusement bien; ~ **aussehen** avoir une mine resplendissante
② (*strahlend*) ~ **weiß** d'un blanc éclatant

blendendweiß *s.* blendend II.2.

Blender(in) <-s, -> *m(f)* charlatan *m*

blendfrei *Adj* ① *Glas, Bildschirm* antireflet *inv* ② (*nicht grell*) *Beleuchtung* indirect(e) **Blendschutz** *m* (*gegen Sonne*) pare-soleil *m;* INFORM dispositif *m* anti-éblouissant

Blendschutzzaun *m* barrière *f* anti-éblouissante

Blendung <-, -en> *f* aveuglement *m*

Blendwerk *nt kein Pl liter* imposture *f*

Blesse ['blɛsə] <-, -n> *f* tache *f* blanche; (*sternförmig*) étoile *f*

Blesshuhn[RR] *nt* ZOOL foulque *f*

Blessur [blɛ'suːɐ] <-, -en> *f geh* blessure *f* [légère]; (*von einer Stoßwaffe verursacht*) blessure *f* [légère]

blich *Imp von* **bleichen**

Blick [blɪk] <-[e]s, -e> *m* ① (*das Schauen*) regard *m;* (*flüchtig*) coup *m* d'œil; **einen ~ auf jdn/etw werfen** jeter un coup d'œil sur qn/qc; **~e wechseln** échanger des regards; **er wollte ihren ~ erwidern/ihrem ~ ausweichen** il avait envie de répondre à son regard/d'éviter son regard; **sich jds ~en entziehen** *geh* se soustraire aux regards de qn (*littér*); **jdn keines ~es würdigen** *geh* ne pas daigner honorer qn d'un regard (*soutenu*)
② (*Augen*) **den ~ heben/senken** lever/baisser les yeux; **den ~ auf jdn/etw heften** *geh* fixer qn/qc du regard, fixer son regard sur qn/qc; **alle ~e auf sich** (*Akk*) **ziehen** attirer tous les regards [sur soi]
③ *kein Pl* (*Augenausdruck*) regard *m*
④ *kein Pl* (*Ausblick*) vue *f;* **von hier aus fällt der ~ auf den Dom** d'ici on a vue sur la cathédrale; **mit ~ auf die Stadt** avec vue sur la ville
⑤ *kein Pl* (*Urteilskraft*) coup *m* d'œil; **mit sicherem** ~ d'un

coup d'œil sûr; **einen [guten] ~ für etw haben** avoir l'œil pour qc; **keinen ~ für etw haben** ne pas avoir le coup d'œil pour qc
❻ (*Hinblick, Hinsicht*) **mit ~ auf die kommenden Wahlen** eu égard aux prochaines élections
▶ **einen ~ hinter die Kulissen werfen** jeter un œil derrière les coulisses; **den bösen ~ haben** avoir le mauvais œil; **wenn ~e töten könnten!** *fam* si ses/tes/... yeux étaient des révolvers! (*fam*); **jdn/etw mit ~en verschlingen** dévorer qn/qc du regard; **auf den ersten ~** (*sofort*) du premier coup d'œil; (*beim ersten flüchtigen Hinsehen*) à première vue; **auf den zweiten ~** en [y] regardant de plus près; **auf einen ~, mit einem ~** d'un [seul] coup d'œil

blicken ['blɪkən] **I.** *itr V* ❶ (*sehen*) regarder; **auf jdn/etw ~** regarder qn/qc; **aus dem Fenster/zur Seite/nach hinten ~** regarder de la fenêtre/sur le côté/derrière
❷ *geh* (*dreinblicken*) **böse/erstaunt/streng ~** regarder d'un air méchant/étonné/sévère; **freudig/unschlüssig ~** avoir l'air heureux(-euse)/indécis(e)
II. *tr V* ❶ **sich ~ lassen** se montrer; **sich bei jdm ~ lassen** faire son apparition chez qn, aller voir qn; **sich bei jdm/einer Vorstellung nicht ~ lassen** ne pas aller chez qn/à une séance; **sich bei jdm/in der Schule nicht mehr ~ lassen** ne plus mettre les pieds chez qn/à l'école (*fam*); **lass dich doch mal bei uns ~!** viens donc nous voir!; **lass dich [hier] ja nicht mehr ~!** ne remets plus jamais les pieds ici! (*fam*)
❷ *sl* (*begreifen*) **etw ~** piger qc (*fam*); **sie hat das sofort geblickt** elle a tout de suite pigé (*fam*)

Blickfang *m* point *m* de mire **Blickfeld** *nt* champ *m* de vision; **in jds ~ geraten** apparaître dans le champ de vision de qn; **aus dem ~ verschwinden** disparaître du champ de vision ▶ **jdn/etw ins ~ rücken** occuper le devant de la scène, devenir le point de mire de tous **Blickkontakt** *m* contact *m* visuel; **~ haben** se regarder; **mit jdm ~ haben** regarder qn dans les yeux **Blickpunkt** *m* point *m* de vue; **vom politischen ~ aus [betrachtet]** du [*o* d'un] point de vue politique ▶ **im ~ [der Öffentlichkeit] stehen** occuper le devant de la scène, être le point de mire de tous **Blickrichtung** *f* ❶ (*beim Schauen*) direction *f* [du regard]; **in ~ [nach] Westen** direction ouest
❷ (*Richtung der Gedanken*) ligne *f* de vision **Blickwinkel** *m* angle *m*; **aus diesem [*o* unter diesem] ~** sous cet angle

blieb [bli:p] *Imp von* **bleiben**

blies [bli:s] *Imp von* **blasen**

blind [blɪnt] **I.** *Adj* ❶ aveugle; **auf einem Auge/dem rechten Auge ~ sein** être aveugle d'un œil/de l'œil droit; **von Geburt [an] ~ sein** être aveugle de naissance; **ich bin doch nicht ~!** *fam* je ne suis [quand même] pas aveugle! (*fam*); **bist du ~?** *fam* t'es aveugle ou quoi? (*fam*)
❷ (*unkritisch*) aveugle; **für etw ~ sein** être aveugle à qc
❸ (*wahllos*) *Schicksal* aveugle; **es war der ~e Zufall** c'était le pur hasard
❹ (*hemmungslos*) *Eifersucht, Hass, Wut* aveugle; **vor Wut** (*Dat*) **~ sein** être aveuglé(e) par la colère
❺ (*getrübt*) *Fenster, Metallfläche, Spiegel* mat(e), terni(e)
❻ (*ohne Ausgang*) en cul-de-sac
❼ (*ohne Sicht*) sans visibilité; **~ fliegen** AVIAT voler sans visibilité
II. *Adv* ❶ (*wahllos*) au hasard, à l'aveuglette
❷ (*unkritisch*) *folgen, glauben, gehorchen* aveuglément; **jdm ~ vertrauen** avoir une confiance aveugle en qn

Blindband <-bände> *m* maquette *f* **Blindbewerbung** *f* candidature *f* spontanée **Blinddarm** *m* ANAT appendice *m*

Blinddarmentzündung *f* appendicite *f*; **eine ~ haben/bekommen** avoir une crise d'appendicite **Blinddarmoperation** *f* appendicectomie *f*

Blinde(r) *f(m) dekl wie Adj* aveugle *mf*
▶ **unter den ~n ist der Einäugige König** *Spr.* au royaume des aveugles, les borgnes sont rois; **das sieht doch ein ~r [mit dem Krückstock]!** *fam* ça saute aux yeux! (*fam*)

Blindekuh *kein Art* colin-maillard *m*; **~ [spielen]** [jouer à] colin-maillard *m*

Blindenhund *m* chien *m* d'aveugle **Blindenschrift** *f* [écriture *f*] braille *m*; **in ~** en braille

blind|fliegen *s.* **blind I.7.**

Blindflug *m* vol *m* sans visibilité **Blindgänger** ['blɪntgɛŋɐ] <-s, -> *m* MIL engin *m* explosif non éclaté **Blindgänger(in)** <-s, -> *m(f) sl* fumiste *mf* (*fam*) **blindgläubig I.** *Adj* aveugle **II.** *Adv* aveuglément

Blindheit <-> *f kein Pl* cécité *f*
▶ **[wie] mit ~ geschlagen sein** être [comme] aveugle

Blindlandung *f* atterrissage *m* sans visibilité

blindlings ['blɪntlɪŋs] *Adv* aveuglément

Blindschleiche ['blɪntʃlaɪçə] <-, -n> *f* orvet *m*

blindwütig I. *Adj* aveuglé(e) par la colère
II. *Adv* dans une rage aveugle

blinken ['blɪŋkən] **I.** *itr V* ❶ *Edelstein, Schmuckstück:* scintiller
❷ (*blitzen*) **vor Sauberkeit ~** *Küche:* étinceler
❸ (*Zeichen geben*) *Boje, Leuchtturm:* clignoter; **[rechts/links] ~** *Autofahrer:* mettre son clignotant [à droite/gauche]
II. *tr V* **SOS ~** émettre des signaux de S.O.S.; **ein Signal ~** envoyer des signaux [lumineux]

Blinker <-s, -> *m* ❶ (*an Fahrzeugen*) clignotant *m*; **den ~ betätigen** allumer son clignotant
❷ (*Angelköder*) cuillère *f*

Blinkfeuer *nt* feu *m* clignotant **Blinklicht** *nt* ❶ (*Signal*) feu *m* clignotant ❷ *fam* (*Blinkleuchte*) clignotant *m* **Blinkzeichen** *nt* signal *m* optique; **~ geben** faire des signaux lumineux

blinzeln ['blɪntsəln] *itr V* cligner des yeux; (*zwinkern*) faire un clin d'œil

Blister *m*, **Blisterpackung** *f* blister *m*

Blitz [blɪts] <-es, -e> *m* ❶ éclair *m*; (*Blitzschlag*) foudre *f*; **vom ~ getroffen werden** être frappé(e) par la foudre; **vom ~ erschlagen werden** être foudroyé(e)
❷ (*das Aufblitzen*) éclair *m*
❸ PHOT flash *m*
▶ **wie ein ~ aus heiterem Himmel** comme un coup de tonnerre; **wie ein geölter ~** *fam* comme une flèche (*fam*); **wie vom ~ getroffen [*o* gerührt]** comme foudroyé(e), comme frappé(e) par la foudre; **wie ein ~ einschlagen** faire l'effet d'une bombe; **wie der ~** *fam* comme un éclair

Blitzableiter <-s, -> *m* ❶ paratonnerre *m* ❷ *fig* souffre-douleur *m inv* **Blitzaktion** *f* opération *f* éclair **blitzartig I.** *Adj* d'une rapidité foudroyante **II.** *Adv* en un éclair **blitzblank** *Adj fam* nickel *inv* (*fam*); **etw ~ polieren** faire briller qc; **etw ~ putzen** astiquer à fond qc

blitzen I. *itr V unpers* **es blitzt** il y a des éclairs; **hat es da nicht geblitzt?** il n'y a pas eu un éclair?
II. *itr V* ❶ (*strahlen*) étinceler, briller
❷ (*sichtbar werden*) **aus ihren Augen blitzt Zorn** ses yeux flamboient de colère
III. *tr V fam* **[jdn/etw] ~** photographier [qn/qc] au flash; **geblitzt werden** *Autofahrer:* se faire prendre par un radar

Blitzesschnelle in [*o* mit] ~ à une vitesse foudroyante; **etw in ~ erledigen** accomplir qc en un éclair

Blitzgerät *nt* radar *m* **blitzgescheit** *Adj fam* super-intelligent(e) (*fam*) **Blitzkarriere** [-karie:rə] *f* carrière *f* fulgurante **Blitzkrieg** *m* MIL guerre *f* éclair **Blitzlicht** *nt* flash *m*; **mit ~** avec un flash **Blitzlichtbirne** *f* ampoule *f* de flash **Blitzlichtgewitter** *nt fam* crépitement *m* des flash[e]s **Blitzlichtwürfel** *m* flash-cube *m* **blitzsauber** *s.* **blitz[e]blank** **Blitzschlag** *m* foudre *f*; **vom ~ getroffen** frappé(e) par la foudre **blitzschnell** *s.* **blitzartig** **Blitzstrahl** *m geh* éclair *m* **Blitzumfrage** *f* sondage *m* éclair

Blizzard ['blɪzɐt] <-s, -s> *m* blizzard *m*

Block[1] [blɔk, *Pl:* blœkə] <-[e]s, ⸚e> *m* (*Quader*) bloc *m*; (*aus

Schokolade) plaque *f*; **ein ~ aus Granit** un bloc de granit

Block² <-[e]s, ⸚e *o* -s> *m* ❶ (*Häuserblock*) pâté *m* de maisons; (*großes Mietshaus*) bloc *m*
❷ (*Schreibblock*) bloc *m*; (*Notizblock*) bloc-notes *m*; (*Fahrkartenblock*) carnet *m*
❸ POL bloc *m*
❹ (*Kernreaktorblock*) réacteur *m*

Blockade [blɔ'ka:də] <-, -n> *f* ❶ (*Absperrung, Isolierung*) blocus *m*; **die ~ brechen** forcer le blocus; **über etw** (*Akk*) **eine ~ verhängen** décréter le blocus de qc
❷ (*Ausfall*) *eines Organs, Enzyms* blocage *m*
❸ (*Denkblockade*) blocage *m*

Blockbildung *f* formation *f* de bloc **Blockbuchstabe** *m* lettre *f* en caractères d'imprimerie

blocken *tr, itr V* SPORT (*sperren*) bloquer; *Boxer:* contrer

Blockflöte *f* flûte *f* à bec **blockfrei** *Adj* non-aligné(e); **die ~en Staaten** les États non-alignés **Blockfreiheit** *f* non-alignement *m* **Blockhaus** *nt* cabane *f* en rondins

blockieren* I. *tr V* bloquer; couper *Stromzufuhr*
II. *itr V Bremsen, Lenkung, Rad:* [se] bloquer

Blockpartei *f parti appartenant à un bloc politique* **Blocksatz** *m* composition *f* en carré **Blockschokolade** *f* chocolat *m* à cuire **Blockschrift** *f* caractères *mpl* d'imprimerie **Blockunterricht** *m kein Pl* cours *mpl* regroupés **Blockwart** <-[e]s, -e> *m* HIST *gardien(ne) d'immeuble chargé(e) d'espionner ses concitoyens pendant la période nazie*

blöd[e] *fam* I. *Adj* ❶ (*dumm*) idiot(e), stupide; **so ein ~er Kerl!** quel [pauvre] idiot! (*fam*)
❷ (*unangenehm*) *Situation* embêtant(e) (*fam*); **ein ~es Gefühl** une drôle d'impression; **so ein ~es Wetter!** quel fichu temps! (*fam*); **zu ~!** c'est con! (*fam*)
II. *Adv* comme un idiot/une idiote; *gucken* bêtement; *sich verhalten* comme un manche (*fam*); **sich ~ anstellen** s'y prendre bêtement; **~ fragen** poser une question idiote/des questions idiotes

Blödelei <-, -en> *f fam* ❶ *kein Pl* (*das Blödeln*) idioties *fpl*, conneries *fpl* (*fam*)
❷ (*Bemerkung*) bêtises *fpl*; **nichts als ~en im Sinn haben** ne penser qu'à déconner (*fam*)

blödeln ['blø:dəln] *itr V fam* déconner (*fam*)

blöderweise ['blø:də'vaɪzə] *Adv fam* bêtement

Blödhammel *m fam* abruti *m* (*fam*)

Blödheit <-, -en> *f fam* connerie *f* (*fam*)

Blödian ['blø:dia:n] <-[e]s, -e> *m*, **Blödmann** <-männer> *m fam* imbécile *m* (*fam*)

Blödsinn *m kein Pl pej fam* bêtise *f*; **nichts als ~ im Kopf haben** ne penser qu'à faire des bêtises [*o* des conneries *fam*]; **das ist doch ~!** c'est complètement idiot!; **machen Sie keinen ~!** ne faites pas de bêtises [*o* de conneries *fam*]!

blödsinnig *Adj pej fam Idee, Plan, Vorschlag* stupide; **so etwas Blödsinniges!** quelle connerie! (*fam*)

blöken ['blø:kən] *itr V* bêler

blond [blɔnt] *Adj Person, Haare* blond(e); **~ gelockt** blond(e) bouclé(e); **viele ~e Menschen** beaucoup de blonds; **sich** (*Dat*) **die Haare ~ färben** se teindre les cheveux en blond

Blond <-s> *nt* blond *m*

Blonde(r) *f(m) dekl wie Adj* blond(e) *m(f)*

blondgelockt *s.* blond

blondieren* *tr V* **die Haare ~** teindre les cheveux en blond

Blondine [blɔn'di:nə] <-, -n> *f* blonde *f*

bloß [blo:s] I. *Adj* ❶ (*unbedeckt*) *Kopf, Arm, Schulter* nu(e); **etw mit ~en Armen/Händen tun** faire qc à bras nus/mains nues; **mit ~em Oberkörper/~en Füßen arbeiten** travailler torse nu/pieds nus; **etw auf der ~en Haut tragen** porter qc à même la peau; **auf der ~en Erde** à même le sol
❷ *attr* (*alleinig*) *Neid, Dummheit* pur(e); **bei der ~en Vorstellung, dass** rien qu'à la pensée que + *cond;* **schon der ~e Gedanke/Anblick war schlimm** la simple pensée/vue était terrible; **er kam mit dem ~en Schrecken davon** il en fut quitte pour la peur
II. *Adv fam* ❶ (*nur*) simplement, seulement; **nicht ~ heute, sondern auch in Zukunft** pas seulement aujourd'hui, mais aussi à l'avenir
❷ (*eine Frage oder Aufforderung verstärkend*) **was hat sie ~?** qu'est-ce qui lui prend?; **hör ~ auf damit!** arrête donc!

Blöße ['blø:sə] <-, -n> *f geh* (*Nacktheit*) nudité *f*
► **sich** (*Dat*) **eine/keine ~ geben** montrer/ne pas montrer son point faible

bloß|legen *tr V* ❶ (*ausgraben*) dégager ❷ (*enthüllen*) dévoiler

bloß|liegen *itr V unreg + sein* être mis(e) à nu; **unter der Wunde lag der Knochen bloß** dans la plaie, l'os était à vif

bloß|stellen I. *tr V* couvrir de ridicule, ridiculiser; **jdn ~** couvrir qn de ridicule, ridiculiser qn II. *r V* **sich ~** se couvrir de ridicule **bloß|strampeln** *r V* **sich ~** se découvrir [en s'agitant]

Blouson [blu'zõ:] <-[s], -s> *m o nt* blouson *m*

blubbern ['blʊbɐn] *itr V fam* gargouiller

Blücher ['blʏçɐ] ► **rangehen wie ~** *fam* ne pas y aller par quatre chemins (*fam*)

Bluejeans, Blue Jeans[RR] ['blu:dʒi:ns] *Pl* blue-jean *m*, blue-jeans *mpl*

Blues [blu:s] <-, -> *m* (*Musik*) blues *m*; (*Tanz*) slow *m*

Bluff [blʊf] <-[e]s, -s> *m* bluff *m*; **auf einen ~ hereinfallen** se faire bluffer (*fam*); **das ist doch sicher nur ein ~!** c'est sûrement du bluff!

bluffen ['blʊfən, 'blœfən] *tr, itr V fam* bluffer (*fam*)

blühen ['bly:ən] *itr V* ❶ *Pflanze:* fleurir; *Garten, Park:* être en fleurs; **rot/rosa/gelb ~** avoir des fleurs rouges/roses/jaunes; **zum Blühen kommen** fleurir; **es blüht überall** tout est en fleurs [*o* fleuri]
❷ (*florieren*) être florissant(e)
❸ *fam* (*bevorstehen*) **ihm blüht ein Prozess** un procès lui pend au nez (*fam*); **dann blüht dir aber was!** tu vas prendre quelque chose! (*fam*); **das kann mir auch noch ~!** ça me pend au nez! (*fam*)

blühend ['bly:ənt] *Adj* ❶ *Pflanze, Garten* en fleur[s]
❷ (*sehr gut*) *Gesichtsfarbe, Gesundheit* florissant(e); **ein ~es Aussehen** une mine resplendissante
❸ (*florierend*) florissant(e)
❹ (*ausufernd*) *Unsinn, Phantasie* délirant(e) (*fam*)

Blümchen <-s, -> *nt Dim von* **Blume** ❶ petite fleur *f*
❷ (*Blümchenmuster*) fleur *f*; **mit kleinen/blauen ~ gemustert** imprimé(e) à petites fleurs/à fleurs bleues

Blume ['blu:mə] <-, -n> *f* ❶ (*Blüte, Pflanze*) fleur *f*; **die ~n gießen** arroser les fleurs
❷ (*Duftnote*) *des Weins, Weinbrands* bouquet *m*
❸ (*Bierschaum*) mousse *f*
► **die blaue ~** LITER la fleur bleue; **etw durch die ~ sagen, etw durch die ~ zu verstehen geben** faire comprendre qc à demi-mot; **danke für die ~n!** *iron* merci pour les fleurs!

Blumenbank <-bänke> *f* (*Fensterbank*) rebord *m* de fenêtre garni de plantes; (*Möbelstück*) porte-fleurs *m* **Blumenbeet** *nt* parterre *m* [de fleurs] **Blumendraht** *m* fil *m* à lier les fleurs **Blumendünger** *m* engrais *m* pour fleurs **Blumenerde** *f* terreau *m* **Blumenfrau** *f* marchande *f* de fleurs **Blumengeschäft** *nt* magasin *m* de fleurs **blumengeschmückt** *Adj* fleuri(e) **Blumenhändler(in)** *m(f)* fleuriste *mf* **Blumenkasten** *m* jardinière *f* [de fleurs] **Blumenkohl** *m* chou-fleur *m* **Blumenkorso** *m* corso *m* fleuri **Blumenladen** *m* fleuriste *m* **Blumenmädchen** *nt* bouquetière *f* **Blumenmuster** *nt* motif *m* fleuri [*o* à fleurs] **Blumenständer** *m* jardinière *f* **Blumenstock** *m* plante *f* à fleurs **Blumenstrauß** <-sträuße> *m* bouquet *m* [de fleurs] **Blumentopf** *m* ❶ (*Topf*) pot *m* à fleurs ❷ (*Topfpflanze*) pot *m* de fleurs ► **damit kannst du keinen ~ gewinnen** *fam* tu ne vas pas récolter grand-chose (*fam*) **Blumenvase** [-va:-] *f* vase *m* **Blumenzwiebel** *f* bulbe *m*

blumig ['blu:mɪç] I. *Adj* ① *Parfüm, Seife* fleuri(e); *Wein* bouqueté(e)
② *(verschnörkelt) Stil, Sprache, Vergleich* fleuri(e)
II. *Adv* sich ~ ausdrücken utiliser un langage fleuri

Blunze <-, -n>, **Blunzen** <-, -> *f* A *fam* *(Blutwurst)* boudin *m* noir

Bluse ['blu:zə] <-, -n> *f* *(mit Kragen)* chemisier *m;* *(Hemdbluse)* chemise *f;* *(elegant geschnitten)* corsage *m*
▶ [ganz schön] was in der ~ haben *sl* avoir une belle paire d'amortisseurs *(arg)*

Blut [blu:t] <-[e]s> *nt* ① sang *m;* jdm ~ abnehmen faire une prise de sang à qn; ~ spenden donner son sang; ihr steigt [*o* schießt] das ~ in den Kopf le sang lui monte à la tête; es ist viel ~ geflossen le sang a coulé; es wurde viel ~ vergossen le sang a coulé abondamment
② *(Geblüt, Erbe)* sang *m*
▶ jdm stockt das ~ in den Adern le sang de qn se glace dans ses veines; ~ und Wasser schwitzen *fam* avoir des sueurs froides *(fam)*; *(sich sehr anstrengen müssen)* suer sang et eau *(fam)*; blaues ~ in den Adern haben être de sang bleu; das macht [*o* schafft] [*o* gibt] böses ~ cela crée des rancœurs; frisches ~ du sang frais; heißes [*o* feuriges] ~ haben avoir le sang chaud; kaltes ~ bewahren garder son sang-froid; [nur] ruhig ~! du calme!; das geht [einem] ins ~ cela [vous] fouette le sang; jd hat ~ geleckt qn y a pris goût; jd hat etw im ~, etw liegt jdm im ~ qn a qc dans le sang; bis aufs ~ *aussaugen, bekämpfen* jusqu'à la mort; *reizen, peinigen* à mort *(fam)*

Blutabnahme *f* prise *f* de sang **Blutalkohol[gehalt]** *m* [taux *m* d']alcoolémie *f* **Blutandrang** *m* congestion *f* **blutarm** *Adj* anémié(e), anémique **Blutarmut** *f* anémie *f* **Blutbad** *nt* bain *m* de sang; ein ~ anrichten faire un carnage **Blutbahn** *f* circuit *m* sanguin; direkt in die ~ gelangen passer directement dans le sang **Blutbank** <-banken> *f* banque *f* du sang **blutbefleckt** *Adj* taché(e) de sang **blutbeschmiert** *Adj* couvert(e) de sang **Blutbild** *nt* formule *f* sanguine; bei jdm ein ~ machen faire un examen de la formule sanguine de qn **Blutblase** *f* ampoule *f* remplie de sang **Blutbuche** *f* BOT hêtre *m* rouge **Blutdruck** *m* tension *f* [artérielle]; hoher/niedriger ~ hypertension *f*/hypotension *f;* bei jdm den ~ messen prendre la tension de qn; zu hohen/niedrigen ~ haben faire de l'hypertension/l'hypotension

Blutdruckmesser *m* tensiomètre *m*

blutdrucksenkend I. *Adj* hypotenseur(-euse); ein ~es Mittel un hypotenseur
II. *Adv* [leicht/stark] ~ wirken avoir un effet [légèrement/fortement] hypotenseur

Blüte ['bly:tə] <-, -n> *f* ① *einer Pflanze* fleur *f;* ~n treiben fleurir; die ersten ~n treiben commencer à fleurir
② *kein Pl* *(das Blühen)* floraison *f;* in [hoher/voller] ~ stehen *Baum:* être en [pleine] floraison
③ *fam* *(falsche Banknote)* faux billet *m*
④ *kein Pl geh* *(Höhepunkt)* apogée *m;* eine wirtschaftliche ~ erleben *Land:* connaître une période de prospérité
▶ in der ~ seiner/ihrer Jahre dans la fleur de l'âge; merkwürdige [*o* seltsame] ~n treiben prendre des dimensions curieuses

Blutegel ['blu:tʔe:gəl] *m* sangsue *f*

bluten ['blu:tən] *itr V* saigner; an der Hand/aus dem Mund ~ saigner à la main/de la bouche; meine Nase blutet je saigne du nez
▶ jd muss/soll ~ *fam* qn doit casquer *(fam)*; er musste ganz schön ~ *fam* il a dû casquer un max *(fam)*

Blütenblatt *nt* pétale *m* **Blütenhonig** *m* miel *m* de fleurs **Blütenkelch** *m* calice *m* **Blütenknospe** *f* bouton *m* [de fleur] **Blütenstand** *m* inflorescence *f* **Blütenstaub** *m* pollen *m*

Blutentnahme *f* prise *f* de sang

blütenweiß *Adj* d'une blancheur éclatante **Blütenzweig** *m* rameau *m* en fleurs

Bluter ['blu:tɐ] <-s, -> *m* hémophile *m*

BlutergussRR ['blu:tʔɛɐgʊs] *m* hématome *m*

Bluterkrankheit ['blu:tɐ-] *f* hémophilie *f*

Blütezeit *f* ① *(Zeit des Blühens)* floraison *f*
② *(Zeit hoher Blüte) einer Kultur, Zivilisation* prospérité *f*

Blutfarbstoff *m* hémoglobine *f* **Blutfett** *nt* cholestérol *m* **Blutfleck** *m* tache *f* de sang **Blutgefäß** *nt* vaisseau *m* sanguin **Blutgerinnsel** *nt* caillot *m* [de sang] **Blutgerinnung** *f* coagulation *f* **blutgierig** *Adj geh* sanguinaire **Blutgruppe** *f* groupe *m* sanguin; jds ~ bestimmen déterminer le groupe sanguin de qn; [die] ~ A haben être du groupe A; welche ~ haben Sie? quel est votre groupe sanguin? **Blutgruppenbestimmung** *f* détermination *f* du groupe sanguin **Bluthochdruck** *m* hypertension *f;* ~ haben faire de l'hypertension; an ~ leiden souffrir d'hypertension; Patienten mit ~ les malades qui font de l'hypertension **Bluthund** *m* limier *m* ▶ ein ~ sein être un monstre sanguinaire

blutig *Adj* ① *(blutend) Hand, Nase* en sang, ensanglanté(e)
② *(blutbefleckt) Wäschestück, Kleidungsstück* taché(e) de sang; ~ sein être plein(e) de sang
③ GASTR saignant(e)
④ *(grausam) Schlacht* sanglant(e)
⑤ *fam* *(völlig)* ein ~er Anfänger un novice complet *(fam)*; ein ~er Anfänger sein être totalement novice

blutjung *Adj* tout(e) jeune **Blutkonserve** [-və] *f* poche *m* de sang *(destinée à la transfusion)* **Blutkörperchen** ['blu:tkœrpɐçən] *nt* globule *m;* [rotes/weißes] ~ globule *m* [rouge/blanc] **Blutkrebs** *m* leucémie *f* **Blutkreislauf** *m* circulation *f* sanguine **Blutlache** *f* mare *f* de sang **blutleer** *Adj* MED *Gesicht, Kopf* exsangue **Blutorange** [-orɑ̃ʒə, -oraŋʒə] *f* sanguine *f* **Blutplasma** *nt* plasma *m* sanguin **Blutplättchen** ['blu:tplɛtçən] <-s, -> *nt* plaquette *f* [sanguine] **Blutprobe** *f* prise *f* de sang; bei jdm eine ~ machen faire une prise de sang à qn **Blutrache** *f* vendetta *f* **Blutrausch** *m* frénésie *f* meurtrière; [wie] im ~ dans un accès de folie meutrière **blutreinigend** I. *Adj* MED dépuratif(-ive) II. *Adv* MED ~ wirken avoir un effet dépuratif **blutrot** *liter Adj* rouge sang *inv;* ~e Fingernägel des ongles *mpl* rouge sang; der Abendhimmel war ~ gefärbt le soleil ensanglantait le crépuscule *(poét)*

blutrünstig ['blu:trʏnstɪç] *Adj* sanguinaire, assoiffé(e) de sang

Blutsauger *m* *(Insekt)* suceur *m* de sang

Blutsauger(in) *m(f)* suceur(-euse) *m(f)* de sang, vampire *m*

Blutsbruder *m* frère *m* de sang **Blutsbrüderschaft** *f* pacte *m* du sang

Blutschande *f* inceste *m* **Blutschuld** *f liter* faute *f* capitale; [eine] ~ auf sich *(Akk)* laden se rendre coupable d'une faute capitale **Blutschwamm** *m* MED tache de vin *f* **Blutsenkung** *f* MED sédimentation *f* du sang; eine ~ machen contrôler la vitesse de sédimentation du sang **Blutserum** *nt* sérum *m* sanguin **Blutspende** *f* don *m* du sang **Blutspenden** <-s> *nt* don *m* du sang **Blutspender(in)** *m(f)* donneur(-euse) *m(f)* de sang **Blutspur** *f* trace *f* de sang **blutstillend** I. *Adj* hémostatique; ein ~es Mittel un hémostatique II. *Adv* ~ wirken avoir un effet hémostatique

Blutstropfen *m* goutte *f* de sang

Blutstuhl *m* MED selles *fpl* sanglantes **Blutsturz** *m* MED hémorragie *f*

blutsverwandt *Adj* consanguin(e) **Blutsverwandte(r)** *f(m)* *dekl wie Adj* consanguin(e) *m(f)* **Blutsverwandtschaft** *f* consanguinité *f*

Bluttat ['blu:tta:t] *f geh* assassinat *m* **Bluttransfusion** *f* transfusion *f* sanguine; an jdm eine ~ vornehmen faire une transfusion à qn **blutüberströmt** ['blu:ty:bɐ(')strø:mt] *Adj* tout ensanglanté(e); ~ auf dem Boden liegen baigner dans son sang à même le sol **Blutübertragung** *s.* Bluttransfusion

Blutung <-, -en> *f* ① saignement *m;* innere ~en hémorragie *f* interne

2 (*Monatsblutung*) règles *fpl*
blutunterlaufen ['blu:tʊntɐ(')laʊfən] *Adj Augen* injecté(e) de sang; **eine ~e Stelle** une ecchymose **Bluntersuchung** *f* analyse *f* de sang; **eine ~ durchführen** procéder à une analyse de sang; **an jdm eine ~ vornehmen** faire une analyse de sang à qn **Blutvergießen** <-s> *nt geh* effusion *f* de sang *souvent pl* (*soutenu*) **Blutvergiftung** *f* empoisonnement *m* du sang **Blutverlust** *m* perte *f* de sang **Blutwäsche** *f* MED hémodialyse *f* **Blutwurst** *f* boudin *m* [noir] **Blutzirkulation** *f* MED circulation *f* du sang **Blutzoll** *m geh* tribut *m* en vies humaines **Blutzucker** *m* glycémie *f* **Blutzuckerspiegel** *m* taux *m* de glycémie **Blutzuckerwert** *m* MED glycémie *f* **Blutzufuhr** *f* irrigation *f*; **die ~ zum Gehirn** l'irrigation du cerveau
BLZ [be:ʔɛl'tsɛt] *Abk von* **Bankleitzahl** code *m* banque
b-Moll ['be:-] *nt* si *m* bémol mineur
BMX-Rad [be:ʔɛm'ʔɪksra:t] *nt* bicross *m*
BND [be:ʔɛn'de:] <-> *m Abk von* **Bundesnachrichtendienst** *service de renseignements fédéral allemand*
Bö [bø:] <-, -en> *f* rafale *f*
Boa ['bo:a] <-, -s> *f* ZOOL, COUT boa *m*
Bob [bɔp] <-s, -s> *m* bob[sleigh] *m*
Bobbahn *f* piste *f* de bob[sleigh] **Bobfahrer(in)** *m(f)* bobeur *m* **Bobsport** *m kein Pl* bobsleigh *m*
Boccia ['bɔtʃa] <-, -s> *nt o f* jeu *m* de boules
Bock[1] [bɔk, *Pl:* 'bœkə] <-[e]s, ⸚e> *m* 1 (*Schafbock*) bélier *m*; (*Ziegenbock*) bouc *m*; (*Rehbock*) chevreuil *m*; (*Rammler*) bouquin *m*
2 (*Untergestell*) tréteau *m*
3 (*Sportgerät*) cheval *m* de bois
4 *fam* (*Lust*) **~/keinen ~ auf eine Party haben** avoir/ne pas avoir envie de faire la fête; **~/keinen ~ haben etw zu tun** avoir/ne pas avoir envie de faire qc; **null ~ haben** n'avoir aucune envie
5 *fam* (*Schimpfwort*) **ein alter ~** un vieux bouc (*fam*); **ein geiler ~** un chaud lapin (*fam*); **so ein sturer ~!** quelle tête de mule! (*fam*)
6 (*Kutschbock*) siège *m* du cocher
▶ **den ~ zum Gärtner machen** *fam* enfermer le loup dans la bergerie; **die Böcke von den Schafen scheiden** [*o* **trennen**] *fam* mélanger les torchons et les serviettes (*fam*); **einen [kapitalen] ~ schießen** *fam* se planter [complètement] (*fam*); **stinken wie ein ~** *fam* puer comme un bouc (*fam*)
Bock[2] *s.* Bockbier
bockbeinig *Adj fam* têtu(e) comme une mule (*fam*)
Bockbier *nt* bière *f* forte
bocken *itr V fam* 1 *Person:* faire la tête (*fam*); *Tier:* refuser d'avancer; **vor etw** (*Dat*) **~** se dérober devant qc
2 *fam* (*nicht funktionieren*) *Auto:* avoir un soubresaut/des soubresauts; *Motor:* tousser (*fam*)
bockig *Adj Erwachsener* récalcitrant(e); *Tier* rétif(-ive); **ein ~es Kind** un enfant entêté, une forte tête; **~ sein** *Kind:* être entêté(e), être une forte tête; **sei nicht so ~!** arrête de faire la [*o* ta] mauvaise tête!
Bockleiter *f* échelle *f* double **Bockmist** *m sl* (*Unsinn*) conneries *fpl* (*fam*); **~ machen** faire une connerie/des conneries (*fam*)
Bocksbeutel *m* 1 (*Flasche*) *bouteille à large panse ressemblant à celle de l'armagnac* 2 (*Wein*) vin *m* de Franconie
Bockshorn ['bɔkshɔrn] ▶ **sich von jdm ins ~ jagen lassen** *fam* se laisser intimider par qn
Bockspringen *nt* SPORT saut *m* au cheval de bois **Bocksprung** *m* 1 SPORT saut *m* au cheval de bois 2 (*Sprung über einen Menschen*) saute-mouton *m* **Bockwurst** *f* saucisse *f* (*réchauffée à l'eau*)
Boden ['bo:dən, *Pl:* 'bø:dən] <-s, ⸚> *m* 1 (*Erde, Grundfläche*) sol *m*; **zu ~ fallen/sinken** *Person:* s'effondrer; **zu ~ gehen** aller au tapis; **jdn mit sich zu ~ reißen** entraîner qn au sol avec soi; **jdn zu ~ schlagen** [*o* **strecken** *geh*] envoyer qn au tapis, terrasser qn (*soutenu*)
2 (*Acker*) sol *m*; (*Erdreich*) terre *f*, sol *m*; **aus dem ~ schießen** *Pflanzen:* pousser comme un rien
3 *kein Pl* (*Grund und Boden*) terrain *m*, terres *fpl*
4 (*Territorium*) sol *m*; **auf britischem ~** sur le sol britannique; **den ~ der Heimat betreten** fouler le sol de la patrie
5 (*Fußboden*) sol *m*
6 (*Teppichboden*) moquette *f*
7 NDEUTSCH (*Dachboden*) grenier *m*
8 (*unterster Teil*) *eines Behälters, Gewässers* fond *m*; *einer Flasche* cul *m*
9 (*Tortenboden*) fond *m* de tarte
10 (*Grundlage*) base *f*, terrain *m*; **einer S.** (*Dat*) **wird der ~ entzogen** qc se retrouve dénué(e) de tout fondement
▶ **[wieder] festen ~ unter den Füßen haben** se [re]trouver sur la terre ferme; **den ~ unter den Füßen verlieren** perdre pied; **jdm den ~ unter den Füßen wegziehen** (*die Existenzgrundlage nehmen*) retirer à qn son gagne-pain; **auf dem ~ der Tatsachen bleiben** s'en tenir aux faits; **auf dem ~ der Wirklichkeit stehen** avoir les pieds sur terre; **bei jdm auf fruchtbaren ~ fallen** *Vorschlag:* trouver une oreille attentive chez qn; **ihm wird der ~ [unter den Füßen] zu heiß** *fam* ça sent le roussi pour lui; **sich auf schwankendem [*o* unsicherem] ~ bewegen** se trouver sur un terrain mouvant; **jdm/einer S. den ~ bereiten** préparer le terrain à qn/qc; **gegenüber jdm/etw an ~ gewinnen/verlieren** gagner/perdre du terrain sur qn/qc; **etw aus dem ~ stampfen** faire sortir qc de terre; **ich könnte vor Scham im ~ versinken** je voudrais disparaître sous terre; **am ~ zerstört sein** *fam* (*erschöpft sein*) être complètement claqué(e) (*fam*); (*deprimiert sein*) être complètement abattu(e)
Bodenbelag *m* revêtement *m* de sol **Bodenbelastung** *f* pollution *f* du sol **Bodenbeschaffenheit** *f* nature *f* du sol **Boden-Boden-Rakete** *f* MIL missile *m* sol-sol **Bodendecker** <-s, -> *m* plante *f* tapissante **Bodenerhebung** *f* élévation *f* de terrain **Bodenertrag** *m* rendement *m* du sol **Bodenfrost** *m* gelée *f* au sol **Bodenhaftung** *f* adhérence *f* au sol **Bodenkontrollstation** *f* RAUM station *f* au sol **Bodenkunde** *f kein Pl* GEOG pédologie *f*
bodenlos *Adj* 1 *fam* (*unerhört*) inouï(e)
2 (*sehr tief*) *Abgrund* sans fond; **ins Bodenlose fallen** être en chute libre
Boden-Luft-Rakete *f* MIL missile *m* sol-air **Bodennebel** *m* brouillard *m* [au sol] **Bodennutzung** *f* AGR exploitation *f* du sol **Bodenpersonal** *nt* AVIAT personnel *m* au sol **Bodenprobe** *f* AGR échantillon *m* du sol **Bodenreform** *f* réforme *f* agraire **Bodensatz** *m* 1 dépôt *m*; (*im Kaffee*) marc *m*; (*im Wein*) lie *f* 2 CHEM (*Sediment*) résidu *m* 3 *fig* (*Abschaum*) rebut *m* **Bodenschätze** *Pl* richesses *fpl* minières **Bodenschwelle** *f* ralentisseur *m* **Bodensee** *m* **der ~** le lac de Constance **Bodenspekulation** *f* spéculation *f* foncière
bodenständig *Adj* 1 (*lange ansässig*) autochtone
2 (*fest in einer Region verwurzelt*) *Person* attaché(e); *Firma* bien établi(e)
3 (*unkompliziert*) *Person* nature; *Methode* bon(ne) vieux (vieille)
Bodenstation *f* RAUM station *f* au sol **Bodenstreitkräfte** *Pl* MIL forces *fpl* terrestres **Bodenturnen** *nt* gymnastique *f* au sol **Bodenvase** *f* grand vase *m* (*posé par terre*) **Bodenverschmutzung** *f* pollution *f* du sol **Bodenwelle** *f* dos *m* d'âne
Body ['bɔdi] <-s, -s> *m* body *m*
Bodybuilding ['bɔdibɪldɪŋ] <-s> *nt* culturisme *m*, body-building *m* **Bodysuit** ['bɔdisju:t] <-[s], -s> *m* body *m*
Böe ['bø:ə] <-, -n> *f* bourrasque *f*
Bofist ['bo:fɪst, bo'fɪst] <-s, -e> *m* BIO vesse-de-loup *f*
bog [bo:k] *Imp von* **biegen**
Bogen ['bo:gən, *Pl:* 'bø:gən] <-s, - *o* ⸚> *m* 1 **a.** MATH (*Bogenlinie*) arc *m*; **einen ~ machen** *Straße, Fluss:* faire un coude

② (*Papierbogen*) feuille *f*
③ (*Schusswaffe*) arc *m*
④ MUS *eines Streichinstruments* archet *m;* (*Haltebogen*) [signe *m* de] liaison *f*
⑤ ARCHIT arc *m,* arceau *m*
⑥ (*Brückenbogen*) arche *f*
▶ **in hohem ~** à la volée; *hinausfliegen, hinauswerfen* à toute volée; **den ~ heraushaben** *fam* avoir trouvé le truc (*fam*); **einen [großen] ~ um jdn/etw machen** *Person:* éviter qn/qc; **den ~ überspannen** tirer trop sur la ficelle [*o* la corde]
Bogenfenster *nt* fenêtre *f* cintrée
bogenförmig ['bo:gənfœrmɪç] *Adj* arqué(e)
Bogengang <-gänge> *m* arcades *fpl* **Bogenlampe** *f* lampe *f* à arc **Bogenschießen** *nt* tir *m* à l'arc **Bogenschütze** *m,* **-schützin** *f* archer *m*/archère *f;* SPORT tireur *m*/tireuse *f* à l'arc **Bogensehne** *f* corde *f* de l'arc
Boheme [bo'e:m, bo'ɛ:m] <-> *f geh* bohème *f*
Bohemien [boe'miɛ̃:] <-s, -s> *m geh* bohème *mf* (*vieilli*)
Bohle ['bo:lə] <-, -n> *f* madrier *m;* (*Eisenbahnbohle*) traverse *f*
Böhme ['bø:mə] <-n, -n> *m,* **Böhmin** *f* Bohémien(ne) *m(f)*
Böhmen ['bø:mən] <-s> *nt* la Bohême
Böhmin <-, -nen> *f s.* **Böhme**
böhmisch ['bø:mɪʃ] *Adj* bohémien(ne)
Bohne ['bo:nə] <-, -n> *f* ① haricot *m;* **grüne/rote/weiße ~n** haricots verts/rouges/blancs; **dicke ~n** fèves *fpl*
② (*Kaffeebohne*) grain *m* [de café]
▶ **du hast wohl ~n in den Ohren!** *fam* t'as les portugaises ensablées! (*fam*); **nicht die ~!** *fam* [mais] pas du tout!; **das kümmert mich nicht die ~!** je m'en fiche comme de l'an quarante! (*fam*)
Bohneneintopf *m* potée *f* de haricots **Bohnenkaffee** *m* café *m;* (*ungemahlen*) café *m* en grains **Bohnenkraut** *nt* sarriette *f* **Bohnensalat** *m* GASTR salade *f* de haricots **Bohnenstange** *f* ① rame *f* ② *hum fam* (*großer Mensch*) grande perche *f* (*fam*) **Bohnenstroh** ▶ **dumm wie ~** *fam* bête à manger du foin (*fam*) **Bohnensuppe** *f* soupe *f* aux haricots
Bohner <-s, -> *m,* **Bohnerbesen** *m* cireuse *f*
Bohnermaschine *f* cireuse *f* [électrique]
bohnern ['bo:nɐn] I. *tr V* cirer *Parkett;* **Vorsicht, frisch gebohnert!** attention, parquet ciré!
II. *itr V* passer la cireuse; **das Bohnern** le cirage [du sol]
Bohnerwachs [-vaks] *nt* encaustique *f,* cire *f*
bohren ['bo:rən] I. *tr V* ① creuser, forer *Brunnen;* **ein Loch in etw** (*Akk*) **~** percer un trou dans qc
② TECH percer *Beton, Holz, Metall*
③ (*graben*) **einen Gang/ein Loch ~** *Wurm, Insekt:* creuser un passage/un trou
④ (*hineinstoßen*) **etw in etw** (*Akk*) **~** enfoncer qc dans qc
II. *itr V* ① (*stochern*) **in der Nase ~** se mettre les doigts dans le nez; **im Ohr ~** se gratter dans l'oreille
② MED *Zahnarzt:* passer la roulette
③ MIN **nach Bodenschätzen ~** creuser pour trouver des richesses minières
④ *fam* (*fragen*) revenir à la charge
⑤ (*quälend nagen*) **in jdm ~** *Zweifel:* ronger qn
III. *r V* **sich durch den Fels ~** *Bohrgerät:* [trans]percer le rocher; **sich in die Erde ~** *Speer, Trümmerteile:* se planter dans le sol; **sich in/durch den Körper ~** *Schwert:* s'enfoncer dans le corps
bohrend *Adj Schmerz* lancinant(e); *Zweifel, Ungewissheit* torturant(e); *Frage* pressant(e); *Blick* perçant(e)
Bohrer <-s, -> *m* ① (*Bohrmaschine*) perceuse *f;* (*Bohreinsatz*) mèche *f*
② (*Handbohrer*) chignole *f*
③ MED (*Zahnarztbohrer*) fraise *f*
Bohrfeld *nt* champ *m* pétrolifère **Bohrinsel** ['bo:ɐʔɪnzəl] *f* plate-forme *f* de forage [*o* pétrolière] **Bohrloch** *nt* ① MIN puits *m* de forage ② (*gebohrtes Loch*) trou *m* **Bohrmaschine** *f* perceuse *f* [électrique] **Bohrturm** *m* derrick *m*
Bohrung <-, -en> *f* ① *kein Pl* (*das Bohren*) forage *m;* **eine ~ nach Erdöl** un forage pour trouver du pétrole
② (*Bohrloch*) forage *m*
böig ['bø:ɪç] I. *Adj Wetter* venteux(-euse); **~er Wind** vent *m* en rafales
II. *Adv* **~ auffrischen** *Wind:* se rafraîchir en soufflant en rafales
Boiler ['bɔɪlɐ] <-s, -> *m* chauffe-eau *m;* **den ~ anstellen** allumer le chauffe-eau
Boje ['bo:jə] <-, -n> *f* bouée *f,* balise *f*
Bolero [bo'le:ro] <-s, -s> *m* MUS, COUT boléro *m*
Bolivianer(in) [boli'via:nɐ] <-s, -> *m(f)* Bolivien(ne) *m(f)*
bolivianisch *Adj* bolivien(ne)
Bolivien [bo'li:viən] <-s> *nt* la Bolivie
Böller ['bœlɐ] <-s, -> *m* ① MIL petit mortier *m,* crapouillot *m*
② (*Feuerwerkskörper*) pétard *m*
bollern *itr V* NDEUTSCH tambouriner; **gegen etw ~** tambouriner contre qc
Böllerschuss[RR] *m* salve *f* d'artillerie, coup *m* de canon
Bollwerk ['bɔlvɛrk] *nt geh* bastion *m*
Bolschewik(in) [bɔlʃe'vɪk] *s.* **Bolschewist**
Bolschewismus [bɔlʃe'vɪsmʊs] <-> *m* HIST bolchevisme *m*
Bolschewist(in) <-en, -en> *m(f)* HIST bolcheviste *mf,* bolchevik *mf*
bolschewistisch *Adj* HIST bolchevique
bolzen ['bɔltsən] *fam* I. *itr V* jouer au foot (*fam*)
II. *tr V* **den Ball an den Pfosten ~** tirer sur le poteau
Bolzen <-s, -> *m* ① TECH boulon *m*
② (*Geschoss*) flèche *f*
Bolzenschneider *m* coupe-boulon *m*
Bombardement [bɔmbardə'mã:] <-s, -s> *nt* ① MIL bombardement *m*
② *fig* **ein ~ von Fragen** un feu nourri [*o* une avalanche] de questions
bombardieren* *tr V* ① (*mit Bomben*) bombarder; (*mit Granaten*) pilonner
② (*überschütten*) **jdn mit Fragen ~** assaillir qn de questions
Bombardierung <-, -en> *f* (*mit Bomben*) bombardement *m;* (*mit Granaten*) pilonnage *m*
bombastisch [bɔm'bastɪʃ] *pej* I. *Adj* ① (*schwülstig*) ronflant(e) (*péj*); *Sprache* ampoulé(e)
② (*pompös*) pompeux(-euse)
II. *Adv* pompeusement
Bombe ['bɔmbə] <-, -n> *f* ① MIL bombe *f*
② (*Geldbombe*) sacoche *f*
③ FBALL *fam* boulet *m* de canon (*arg*)
▶ **wie eine ~ einschlagen** faire l'effet d'une bombe
Bombenalarm *m* alerte *f* à la bombe; (*Fliegeralarm*) alerte aérienne **Bombenangriff** *m* bombardement *m* **Bombenanschlag** *m,* **Bombenattentat** *nt* attentat *m* à la bombe **Bombendrohung** *f* alerte *f* à la bombe
Bombenerfolg *m fam* succès *m* fou [*o* monstre] (*fam*) **bombenfest** *Adv fam kleben, sitzen* comme du béton (*fam*) **Bombengeschäft** *nt fam* affaire *f* en or; **mit etw ein ~ machen** faire des affaires juteuses avec qc (*fam*)
bombensicher¹ I. *Adj Bunker* anti-bombe
II. *Adv lagern, unterbringen* à l'abri des bombes
bombensicher² *fam* I. *Adj Tipp* absolument sûr(e); **das ist eine ~e Sache** c'est dans la poche (*fam*)
II. *Adv* sûr(e) (*fam*)
Bombensplitter *m* éclat *m* de bombe[s]
Bombenstimmung *f kein Pl fam* ambiance *f* d'enfer (*fam*)
Bombenteppich *m* tapis *m* de bombes; **mit einem ~ belegt werden** subir un déluge de bombes **Bombentrichter** *m* cratère *m* de bombe[s]
Bomber ['bɔmbɐ] <-s, -> *m fam* bombardier *m*
bombig *Adj fam* **eine ~e Stimmung** une ambiance du tonnerre (*fam*)

Bommel ['bɔməl] <-, -n> *f*, <-s, -> *m* DIAL pompon *m*
Bon [bɔŋ, bõ:] <-s, -s> *m* ❶ (*Kassenzettel*) ticket *m* de caisse
❷ (*Gutschein*) bon *m*, avoir *m*
Bonbon [bɔŋ'bɔŋ, bõ'bõ:] <-s, -s> *nt o m* ❶ (*Süßigkeit*) bonbon *m*
❷ (*Attraktion*) gâterie *f*
bonbonfarben, **bonbonfarbig** [bɔŋ'bɔŋ-] *Adj* [de] couleur bonbon
Bonbon[n]iere[RR] [bõbɔ'nie:rə] <-, -n> *f* ❶ (*Behälter*) bonbonnière *f*
❷ (*Pralinenpackung*) boîte *f* de pralines
bongen ['bɔŋən] *tr V fam* enregistrer
▸ [**das ist**] **gebongt!** *sl* pas de problème! (*fam*)
Bonität [boni'tɛ:t] <-, -en> *f* FIN solvabilité *f*
Bonitätsprüfung *f* FIN examen *m* de solvabilité
Bonmot [bõ'mo:] <-s, -s> *nt geh* bon mot *m*, mot d'esprit
Bonn [bɔn] <-s> *nt* Bonn
Bonsai ['bɔnzaɪ] <-[s], -s> *m* bonsaï *m*
Bonus ['bo:nʊs] <- *o* -ses, - *o* -se *o* Boni> *m* ❶ (*Versicherungsrabatt*) bonus *m*
❷ (*Punktgutschrift*) bonification *f*
❸ (*Vorteil*) bonus *m*
Bonze ['bɔntsə] <-n, -n> *m* ❶ *pej* pontife *m* (*fam*)
❷ REL bonze *m*
Booklet ['bʊklɪt] <-s, -s> *nt* livret *m*
Bookmark ['bʊkma:k] <-, -s> *f* INFORM signet *m*
Boom [bu:m] <-s, -s> *m a.* BÖRSE boom *m*; **ein ~ bei Antiquitäten** un boom sur les antiquités
boomen ['bu:mən] *itr V* connaître un boom
Boot [bo:t] <-[e]s, -e> *nt* bateau *m*; (*Ruderboot*) barque *f*; (*Segelboot*) voilier *m*, bateau *m* à voiles; **~ fahren** faire du bateau
▸ **wir sitzen alle in einem** [*o* **im gleichen**] **~** nous sommes tous logés/toutes logées à la même enseigne
Bootdiskette ['bu:t-] *f* disquette *f* de démarrage
booten ['bu:tən] *tr V* INFORM amorcer; **das Booten** l'amorce *f*
Bootsbauer(in) <-s, -> *m(f)* constructeur(-trice) *m(f)* de bateaux **Bootsfahrt** *f* promenade *f* en bateau **Bootshaus** *nt* hangar *m* à bateaux **Bootslänge** *f* longueur *f* de bateau **Bootsmann** <-leute> *m* NAUT quartier-maître *m*; MIL premier-maître *m* **Bootssteg** *m* ponton *m* **Bootsverleih** *m* location *f* de bateaux **Bootsverleiher(in)** *m(f)* loueur(-euse) *m(f)* de bateaux
Bor [bo:ɐ] <-s> *nt* CHEM bore *m*
Borax ['bo:raks] <-[es]> *m* CHEM borax *m*
Bord[1] [bɔrt] <-[e]s> *m* (*Schiffsrand*) bord *m*; **an ~ gehen/kommen** monter à bord; **jdn/etw an ~ nehmen** prendre qn/qc à [son] bord; **an ~ sein** être à bord; **von ~ gehen** débarquer; **über ~ gehen** passer par-dessus bord; **frei an ~** franco à bord
▸ **etw über ~ werfen** jeter qc par-dessus bord; *fig* mettre qc au panier
Bord[2] [bɔrt, *Pl:* 'bɔrdə] <-[e]s, -e> *nt* (*Wandbrett*) tablette *f*
Bordbuch *nt* journal *m* de bord **Bordcomputer** [-kɔmpju:tɐ] *m* ordinateur *m* de bord
Bordell [bɔr'dɛl] <-s, -e> *nt* maison *f* close
Bordfunk *m* radio *f* de bord **Bordfunker(in)** *m(f)* NAUT, AVIAT radio *m* [de bord] **Bordkarte** *f* carte *f* d'embarquement **Bordpersonal** *nt* AVIAT équipage *m*
Bordstein *m* bordure *f* de trottoir ▸ **den ~ mitnehmen** *fam* se payer la bordure (*fam*) **Bordsteinkante** *f* bordure *f* de trottoir
Bordüre [bɔr'dy:rə] <-, -n> *f* bordure *f*, galon *m*
Bordwaffen *Pl* armes *fpl* de bord **Bordwand** *f eines Schiffs* bordage *m*; *eines Flugzeugs* paroi *f* latérale
Borg [bɔrk] **auf ~** à crédit
borgen ['bɔrgən] **I.** *r V* **sich** (*Dat*) **etw von jdm ~** emprunter qc à qn
II. *tr V* **jdm etw ~** prêter qc à qn
Borke ['bɔrkə] <-, -n> *f* ❶ BOT écorce *f*
❷ NDEUTSCH (*Schorf*) croûte *f*
Borkenkäfer *m* ZOOL bostryche *m*
Born [bɔrn] <-[e]s, -e> *m poet* ❶ (*Quelle*) fontaine *f*, source *f*
❷ (*Ursprung*) source *f*
borniert [bɔr'ni:ɐt] *Adj pej* borné(e)
Bor[r]etsch ['bɔrɛtʃ] <-[e]s> *m* bourrache *f*
Borsalbe *f* vaseline *f* boriquée
Börse ['bœrzə] <-, -n> *f* ❶ (*Wertpapierhandel, Gebäude*) Bourse *f*
❷ *veraltet* (*Geldbeutel*) porte-monnaie *m*
Börsenaufsicht *f* surveillance *f* des opérations de Bourse **Börsenauftrag** *m* ordre *m* de Bourse **Börsenaussichten** *Pl* perspectives *fpl* boursières **Börsenbeginn** *m* ouverture *f* de la Bourse; **bei ~** à l'ouverture **Börsenbericht** *m* bulletin *m* de la Bourse **Börseneinführung** *f* introduction *f* en Bourse **Börsengeschäft** *nt* opération *f* boursière **Börsenhandel** *m* commerce *m* boursier **Börsenkrach** *m* krach *m* boursier **Börsenkurs** *m* cours *m* de Bourse **Börsenmakler(in)** *m(f)* agent *m* de change **Börsenneuling** *m* (*Spekulant, Händler*) novice *m* en Bourse; (*Unternehmen*) entreprise *f* cotée depuis peu **Börsennotierung** *f* cotation *f* en Bourse **Börsenplatz** *m* place *f* boursière **Börsenschluss**[RR] *m* clôture *f* de la Bourse; **bei ~** à la clôture **Börsenspekulation** *f* spéculation *f* en Bourse **Börsenstart** *m* FIN introduction *f* en Bourse **Börsentendenz** *f* tendance *f* de la Bourse **Börsentip** *m fam* tuyau *m* boursier (*fam*) **Börsenverkehr** *m* échanges *mpl* boursiers, transactions *fpl* boursières **Börsenwert** *m* valeur *f* boursière **Börsenzulassung** *f* admission *f* à la Bourse
Börsianer(in) [bœr'zia:nɐ] <-s, -> *m(f) fam* ❶ (*Börsenmakler*) boursier(-ière) *m(f)*
❷ (*Spekulant*) spéculateur(-trice) *m(f)*; (*Kleinspekulant*) boursicoteur(-euse) *m(f)*
Borste ['bɔrstə] <-, -n> *f* ❶ *einer Bürste* poil *m*; (*fein*) soie *f*
❷ (*Schweineborste*) soie *f*
❸ *Pl hum fam* (*Kopfhaare*) tifs *mpl* (*fam*); (*Barthaare*) barbouze *f* (*fam*)
Borstenvieh *nt hum fam* ❶ (*einzelnes Schwein*) porc *m*
❷ (*Schweine*) **das ~** la gent porcine (*hum*)
borstig *Adj* poilu(e)
Borte ['bɔrtə] <-, -n> *f* bordure *f*, galon *m*
Borwasser *nt* eau *f* boriquée
bös [bø:s] *s.* **böse**
bösartig ['bø:sʔa:ɐtɪç] *Adj* ❶ méchant(e)
❷ MED malin(-igne)
Bösartigkeit <-, -en> *f* ❶ (*Tücke*) méchanceté *f*
❷ MED malignité *f*
Böschung ['bœʃʊŋ] <-, -en> *f einer Straße, eines Bahndamms* talus *m*; *eines Flusses, Kanals* berge *f*
böse ['bø:zə] **I.** *Adj* ❶ (*übel wollend*) *Person, Gesichtsausdruck, Grinsen* méchant(e); *Fee* méchant(e) *antéposé*; *Absicht, Geist* mauvais(e) *antéposé*; *Kräfte* maléfique
❷ *fam* (*unartig*) vilain(e); **du ~s Kind!** sale gosse! (*fam*)
❸ *attr* (*übel, unangenehm*) *Angelegenheit, Sache* sale *antéposé*; *Folgen, Konsequenzen* fâcheux(-euse); *Streich* mauvais(e) *antéposé*
❹ (*verärgert*) *Gesicht* fâché(e); **auf jdn ~ sein** être fâché(e) [*o* en colère] contre qn; **mit jdm ~ sein** *fam* être fâché(e) avec qn; **sei** [**mir**] **nicht ~, aber ...** ne m'en veux pas, mais ...
❺ *fam* (*schlimm*) méchant(e) *antéposé* (*fam*)
II. *Adv* ❶ (*übel wollend*) méchamment; **ich habe es nicht ~ gemeint!** je n'ai pas pensé à mal!
❷ (*schlimm*) **~ aussehen** *Wunde, Entzündung:* ne pas être beau(belle) [à voir]; **dein Husten hört sich ~ an** tu as une méchante toux; **das/es sieht ~ für ihn aus** ça se présente mal pour lui; **~ dran sein** être en mauvaise posture; **das wird ~ ausgehen** ça va se terminer mal

B

③ *fam* (*sehr*) *sich blamieren* méchamment (*fam*)
Böse(r) *f(m) dekl wie Adj* ① CINE, THEAT méchant(e) *m(f)*
② *geh* (*Teufel*) **der** ~ le malin
Böse(s) *nt dekl wie Adj* ① *a.* REL mal *m;* **das** ~ le mal
② (*Übles*) **[etwas]** ~**s** quelque chose de mal; **jdm etwas/nichts** ~**s antun wollen** vouloir faire du mal/ne vouloir faire rien de mal à qn; **im** ~**n [auseinandergehen]** [se quitter] fâché(e)s
Bösewicht ['bø:zəvɪçt] <-[e]s, -e *o* -er> *m* ① *hum veraltet* (*Schurke*) gredin *m* (*vieilli*)
② *hum fam* **na, du kleiner** ~**!** espèce de petit galopin! (*fam*)
boshaft ['bo:shaft] I. *Adj Person, Bemerkung, Grinsen* méchant(e)
II. *Adv* méchamment
Bosheit <-, -en> *f* méchanceté *f;* **aus [lauter]** ~ par [pure] méchanceté
Boskop ['bɔskɔp] <-s, -> *m* boskoop *f*
Bosnien ['bɔsniən] <-s> *nt* la Bosnie
Bosnien-Herzegowina ['bɔsniən-] <-s> *nt* la Bosnie-Herzégovine
Bosnier(in) ['bɔsniɐ] <-s, -> *m(f)* Bosniaque *mf*
bosnisch ['bɔsnɪʃ] *Adj* bosniaque
Bosporus ['bɔsporʊs] <-> *m* **der** ~ le Bosphore
Boss[RR] [bɔs] <-es, -e>, **Boß** <-sses, -sse> *m fam* boss *m* (*fam*)
böswillig I. *Adj* ① *Bemerkung* méchant(e); *Plan* malveillant(e)
② JUR *Absicht, Verlassen* délictueux(-euse)
II. *Adv* avec malveillance; ~ **handeln** agir dans une mauvaise intention
Böswilligkeit <-> *f* méchanceté *f,* malveillance *f*
bot [bo:t] *Imp von* **bieten**
Botanik [bo'ta:nɪk] <-> *f* botanique *f*
Botaniker(in) [bo'ta:nikɐ] <-s, -> *m(f)* botaniste *mf*
botanisch I. *Adj* botanique
II. *Adv betrachten* du point de vue botanique
Botanisiertrommel *f* boîte *f* d'herboriste
Bote ['bo:tə] <-n, -n> *m,* **Botin** *f* ① (*Kurier*) messager(-ère) *m(f)*
② (*Laufbursche*) coursier(-ière) *m(f); einer Kanzlei, Firma* commissionnaire *mf*
③ *liter* (*Anzeichen*) messager(-ère) *m(f)* (*littér*)
Botendienst *m* tâche *f* de coursier **Botengang** <-gänge> *m* commission *f,* course *f;* **für jdn einen** ~ **machen** [*o* **erledigen**] faire [*o* effectuer] une course pour qn
Botschaft ['bo:tʃaft] <-, -en> *f* ① (*Gesandtschaft*) ambassade *f*
② *geh* (*Nachricht*) annonce *f;* (*Mitteilung, Nachricht*) message *m*
③ (*Aussage*) *eines Werks* message *m*
▸ **die Frohe** ~ la bonne nouvelle
Botschafter(in) <-s, -> *m(f)* ambassadeur(-drice) *m(f)*
Botswana [bɔ'tsva:na] <-s> *nt* le Botswana
Botswaner(in) [bɔ'tsva:nɐ] <-s, -> *m(f)* Botswanais(e) *m(f),* Botswanéen(ne) *m(f)*
botswanisch *Adj* botswanais(e), botswanéen(ne)
Böttcher(in) ['bœtçɐ] <-s, -> *m(f)* tonnelier(-ière) *m(f)*
Bottich ['bɔtɪç] <-[e]s, -e> *m* baquet *m,* bac *m*
Bouclé [bu'kle:] <-s, -s> *nt* (*Garn*) bouclette *f;* (*Wolle*) laine *f* bouclette
Bouillon [bʊl'jõ:, bʊl'jɔŋ] <-, -s> *f* bouillon *m* gras
Bouillonwürfel [bʊl'jɔŋ-, bʊl'jõ:-] *m* cube *m* de bouillon
Boulevard [bulə'va:ɐ] <-s, -s> *m* boulevard *m*
Boulevardblatt [bulə'va:ɐ-] *nt pej* journal *m* à sensation **Boulevardjournalist(in)** *m(f)* journaliste *mf* people **Boulevardpresse** *f pej* presse *f* à sensation **Boulevardtheater** *nt* théâtre *m* de boulevard **Boulevardzeitung** *f* journal *m* à sensation
Bourgeois [bʊr'ʒoa] <-, -> *m pej geh* bourgeois(e) *m(f)*
Bourgeoisie [bʊrʒoa'zi:] <-, -n> *f veraltet geh* bourgeoisie *f*
Boutique [bu'ti:k] <-, -n> *f* boutique *f*
Bovist ['bo:vɪst, bo'vɪst] *s.* **Bofist**
Bowle ['bo:lə] <-, -n> *f boisson alcoolisée à base de vin ou de champagne à laquelle on ajoute du sucre et des fruits*
Bowling ['bo:lɪŋ, 'bəʊlɪŋ] <-s, -s> *nt* bowling *m*
Bowlingkugel ['bo:lɪŋ-] *f* boule *f* de bowling
Box [bɔks] <-, -en> *f* ① (*Pferdebox, Einstellplatz*) box *m*
② (*Montageplatz für Rennwagen*) stand *m*
③ (*Behälter*) mallette *f*
④ (*Lautsprecherbox*) enceinte *f*
boxen ['bɔksən] I. *itr V* boxer; **gegen jdn/um etw** ~ boxer contre qn/pour qc
II. *tr V* ① (*schlagen*) donner des coups de poing à
② BOXEN *sl* boxer
III. *r V* ① *fam* (*sich schlagen*) **sich** ~ se tabasser (*fam*)
② *fam* (*einen Weg bahnen*) **sich durch die Menge** ~ traverser la foule en jouant des coudes
Boxen <-s> *nt* boxe *f*
Boxer <-s, -> *m* ① (*Sportler*) boxeur *m*
② (*Hund*) boxer *m*
Boxerin <-, -nen> *f* boxeuse *f*
Boxermotor *m* AUT moteur *m* à cylindres opposés
Boxernase *f* nez *m* de boxeur **Boxershorts** [-ʃo:ɐts, -ʃɔrts] *Pl* boxer-short *m*
Boxhandschuh *m* gant *m* de boxe **Boxkampf** *m* ① (*Kampf, Wettkampf*) match *m* [*o* combat *m*] de boxe ② *kein Pl* (*Boxsport*) boxe *f* **Boxring** *m* ring *m* **Boxsport** *m* boxe *f*
Boy [bɔɪ] <-s, -s> *m* ① TOURISMUS groom *m,* chasseur *m;* (*Liftboy*) garçon *m* d'ascenseur, liftier *m*
② *sl* (*junger Kerl*) mec *m* (*fam*)
Boykott [bɔɪ'kɔt] <-[e]s, -e *o* -s> *m* boycott[age] *m*
Boykottaufruf [bɔɪ'kɔt-] *m* appel *m* de boycottage
boykottieren* [bɔɪkɔ'ti:rən] *tr V* boycotter
Bq *Abk von* **Becquerel** Bq
BR RADIO *Abk von* **Bayerischer Rundfunk** *radio et télévision de Bavière*
brabbeln ['brabəln] *fam* I. *tr V fam* marmonner
II. *itr V* marmonner; *Säugling:* babiller
brach [bra:x] *Imp von* **brechen**
Brachfeld *nt* jachère *f*
brachial [bra'xia:l] *Adj* ① MED brachial(e)
② *geh* brutal(e)
Brachialgewalt *f geh* violence *f* extrême; **etw mit** ~ **tun** faire qc avec une violence extrême
Brachland *nt* friche *f* **brach|legen** *tr V* laisser en friche; (*vorübergehend*) laisser [*o* mettre] en jachère; **etw** ~ (*generell*) laisser qc en friche; (*vorübergehend*) laisser [*o* mettre] qc en jachère **brach|liegen** *itr V unreg* ① AGR (*generell*) être en friche; (*vorübergehend*) être en jachère ② (*ungenutzt sein*) *Talent, Kenntnisse:* être [laissé(e)] en friche; (*vorübergehend*) être [laissé(e)] en jachère; **etw** ~ **lassen** laisser dormir qc
brachte ['braxtə] *Imp von* **bringen**
Brachvogel *m* ZOOL courlis *m*
brackig *Adj* saumâtre
Brackwasser ['brakvasɐ] *nt* eau *f* saumâtre
Brahmane [bra'ma:nə] <-n, -n> *m* brahmane *m*
brahmanisch [bra'ma:nɪʃ] *Adj* brahmanique
Braindrain[RR] ['breɪndreɪn] <-s> *m kein Pl* fuite *f* des cervaux
Brainstorming ['breɪnstɔ:mɪŋ] <-s> *nt* brainstorming *m,* remue-méninges *m*
Branche ['brã:ʃə] <-, -n> *f* (*Wirtschaftszweig, Tätigkeitsbereich*) branche *f*
Branchenbuch *nt* ≈ pages jaunes *fpl* **branchenfremd** *Adj* qui n'est pas de la branche; ~ **sein** ne pas être de la branche **Branchenführer(in)** *m(f)* leader *m* dans la branche **Branchenkenntnis** *f* connaissance *f* dans la branche **branchenkundig** *Adj* expert(e) dans la branche **branchentypisch** *Adj* propre à la/une branche **Branchenverzeichnis** *nt* annuaire *m* professionnel
Brand [brant, *Pl:* 'brɛndə] <-[e]s, =e> *m* ① (*Feuer*) incendie *m;*

etw in ~ **stecken** mettre le feu à qc; **einen ~ legen** mettre le feu; **in ~ geraten** prendre feu
❷ *fam* (*Durst*) **einen ~ haben** avoir la pépie (*fam*)
❸ MED gangrène *f*
❹ BOT rouille *f*

brandaktuell *Adj fam Thema, Frage, Buch* d'une brûlante actualité **Brandanschlag** *m* incendie *m* criminel; **einen ~ auf etw** (*Akk*) **verüben** commettre un incendie criminel contre qc **Brandbinde** *f* MED pansement *m* pour brûlure **Brandblase** *f* cloque *f* **Brandbombe** *f* bombe *f* incendiaire **brandeilig** *Adj fam* super urgent(e) (*fam*)

branden ['brandən] *itr V* déferler, se briser; **an** [*o* **gegen**] **etw** ~ déferler [*o* se briser] contre qc

Brandenburg ['brandənbʊrk] <-s> *nt* (*Bundesland*) le Brandebourg

Brandenburger(in) ['brandənbʊrgɐ] <-s, -> *m(f)* Brandebourgeois(e) *m(f)*

Brandfleck *m* [trace *f* de] brûlure *f* **Brandgefahr** *f* risque *m* d'incendie **Brandgeruch** *m* odeur *f* de brûlé [*o* de roussi] **Brandherd** *m* foyer *m* d'incendie

brandig *Adj* ❶ *Geruch, Geschmack* de brûlé; ~ **riechen** sentir le brûlé [*o* le roussi]
❷ BOT *Blatt, Pflanze* rouillé(e)
❸ MED gangreneux(-euse)

Brandkatastrophe *f* incendie *m* catastrophique **Brandleger** *bes.* A *s.* **Brandstifter Brandlegung** <-, -en> *f* A incendie *m* **Brandmal** <-s, -e> *nt geh* cicatrice *f* de brûlure

brandmarken ['brantmarkən] *tr V* ❶ (*anprangern*) dénoncer, stigmatiser; **jdn** [**als Betrüger**] ~ dénoncer [*o* stigmatiser] qn [comme étant un escroc]; **etw** [**als Verrat**] ~ dénoncer [*o* stigmatiser] qc [comme étant une trahison]
❷ HIST **jdn** ~ marquer qn au fer [rouge]

Brandmauer *f* mur *m* coupe-feu **Brandmeister(in)** *m(f)* capitaine *m* des pompiers **brandneu** *Adj fam Computer, Auto* flambant neuf(neuve); **der ~e Film von Woody Allen** le tout dernier film de Woody Allen; ~ **sein** *CD, Buch, Film:* venir de sortir **Brandopfer** *nt* ❶ (*Opfer eines Brandes*) victime *f* [de l'incendie], brûlé(e) *m(f)* ❷ REL holocauste *m* **Brandrodung** *f* défrichement *m* par le feu **Brandsalbe** *f* pommade *f* pour les brûlures **Brandschaden** *m* dégâts *mpl* [*o* dommages *mpl*] causés par le feu **brandschatzen** *tr V* HIST piller *Gebiet, Dorf* **Brandschutz** *m* protection *f* contre l'incendie **Brandsohle** *f* première *f* [semelle *f*] **Brandstelle** *f* ❶ (*Ort des Brandes*) lieu *m* de l'incendie ❷ (*verbrannte Stelle*) brûlure *f* **Brandstifter(in)** *m(f)* incendiaire *mf* **Brandstiftung** *f* incendie *m* criminel [*o* volontaire] **Brandteig** *m* pâte *f* à choux

Brandung ['brandʊŋ] <-, -en> *f* déferlement *m* des vagues; **heftige** ~ ressac *m*

Brandursache *f* causes *fpl* [*o* origine *f*] de l'incendie **Brandversicherung** *f* assurance *f* incendie **Brandwache** *f* ❶ (*das Überwachen, der Posten*) piquet *m* d'incendie ❷ CH (*Feuerwehr*) [sapeurs-]pompiers *mpl* **Brandwunde** *f* brûlure *f* **Brandzeichen** *nt eines Tiers* marque *f* au fer rouge

brannte ['brantə] *Imp von* **brennen**

Branntwein *m* eau-de-vie *f*, spiritueux *m* (*form*)

Brasilianer(in) [brazi'lia:nɐ] <-s, -> *m(f)* Brésilien(ne) *m(f)*

brasilianisch *Adj* brésilien(ne)

Brasilien [bra'zi:liən] <-s> *nt* le Brésil

brät [brɛ:t] *3. Pers Präs von* **braten**

Brät <-s> *nt* SDEUTSCH, CH chair *f* à saucisse (*très finement hachée*)

Bratapfel *m* pomme *f* [cuite] au four

braten ['bra:tən] <brät, briet, gebraten> **I.** *tr V* faire cuire; **etw in der Pfanne/im Ofen** ~ faire cuire qc à la poêle/au four; **etw am Spieß** ~ faire rôtir qc [à la broche]; **etw in Olivenöl** ~ faire cuire qc à l'huile d'olive; **sich** (*Dat*) **ein Steak** ~ se faire cuire un steak; **das Braten** (*in der Pfanne*) la cuisson; (*am Spieß*) le rôtissage
II. *itr V* ❶ (*gar werden*) cuire
❷ *fig fam* **in der Sonne** ~ [se faire] rôtir au soleil (*fam*)

Braten <-s, -> *m* rôti *m*; **kalter** ~ rôti froid
▶ **den ~ riechen** *fam* flairer la combine (*fam*)

Bratenfett *nt* graisse *f* de cuisson **Bratensaft** *m* jus *m* de rôti **Bratensoße** *f* sauce *f* de rôti **Bratenwender** <-s, -> *m* tournebroche *m*

Bräter ['brɛ:tɐ] <-s, -> *m* GASTR sauteuse *f*

Bratfett *nt* matière *f* grasse **Bratfisch** *m* ❶ (*gebratener Fisch*) poisson *m* frit ❷ (*Fisch zum Braten*) poisson *m* à frire **Brathähnchen** *nt*, **Brathendl** ['bra:thɛnd(ə)l] <-s, -[n]> *nt* A, SDEUTSCH poulet *m* rôti **Brathering** *m* hareng *m* frit puis mariné **Brathuhn** *s.* **Brathähnchen Bratkartoffeln** *Pl* pommes *fpl* de terre sautées **Bratpfanne** *f* poêle *f* [à frire] **Bratröhre** *f* DIAL four *m* **Bratrost** *m* gril *m*

Bratsche ['bra:tʃə] <-, -n> *f* alto *m*

Bratschist(in) [bra'tʃɪst] <-en, -en> *m(f)* altiste *mf*

Bratspieß *m* broche *f*; (*klein*) brochette *f* **Bratwurst** *f* ❶ (*gebratene Wurst*) saucisse *f* grillée ❷ (*Wurst zum Braten*) saucisse *f* à griller

Brauch [braʊx, *Pl:* 'brɔɪçə] <-[e]s, Bräuche> *m* coutume *f*, usage *m*; **die Sitten und Bräuche** les us et coutumes; **nach altem** ~ selon l'ancienne coutume; **das ist bei uns/ihnen so** ~ c'est la coutume chez nous/eux

brauchbar *Adj* ❶ (*geeignet*) adéquat(e); **das ist für diesen Zweck ganz** ~ c'est adapté(e) à cet usage
❷ (*verwendbar*) utilisable; **das ist nicht mehr/noch** ~ ce n'est plus/c'est encore utilisable
❸ (*gut*) valable; **er ist ein ganz ~er Koch** *fam* il est pas mauvais comme cuisinier (*fam*)

brauchen ['braʊxən] **I.** *tr V* ❶ (*nötig haben*) avoir besoin de; **jdn/etw** ~ avoir besoin de qn/qc; **für den Umzug brauche ich einen Helfer** j'ai besoin de quelqu'un pour aider à déménager
❷ (*aufwenden müssen*) **eine Stunde ~ um etw zu tun** mettre une heure pour faire qc; **ich brauche etwa eine Stunde bis zum Bahnhof** je mets [*o* il me faut] environ une heure pour aller jusqu'à la gare; **wie lange ~ Sie noch?** il vous faut encore combien de temps?; **der Kuchen braucht noch eine halbe Stunde** il faut compter encore une demi-heure [de cuisson] pour le gâteau; **alles braucht seine Zeit** il faut du temps pour tout
❸ (*gebrauchen*) **jdn gut ~ können** avoir sérieusement besoin de qn; **jdn/etw nicht ~ können** n'avoir vraiment pas besoin de qn/qc; **etw gut ~ können** pouvoir avoir besoin de qc; **ich kann dich jetzt nicht ~!** *fam* fiche-moi la paix! (*fam*); **ich kann jetzt keinen Streit ~!** j'ai pas besoin d'histoires comme ça en ce moment! (*fam*)
❹ (*verbrauchen*) consommer *Strom, Wasser, Benzin*
II. *Hilfsv modal* **du brauchst nur anzurufen** tu dois juste téléphoner; **er braucht nicht zu warten** [*o* **nicht warten** *fam*] il n'a pas besoin d'attendre, il n'est pas obligé d'attendre; **die Fenster ~ nicht geputzt zu werden** les fenêtres n'ont pas besoin d'être faites; **Sie ~ es gar nicht erst zu versuchen** ce n'est pas la peine d'essayer; **sie ~ nicht alles zu wissen** ils n'ont pas besoin de tout savoir; **ein Geschenk braucht nicht teuer zu sein** un cadeau ne doit pas forcément être cher
III. *tr V unpers* CH, SDEUTSCH **es braucht viel Personal/Geld** cela demande beaucoup de personnel/d'argent

Brauchtum <-[e]s, -tümer> *nt* coutumes *fpl*

Brauchwasser *nt* eau *f* industrielle; (*im Privathaushalt*) eau pour usages sanitaires

Braue ['braʊə] *s.* **Augenbraue**

brauen ['braʊən] *tr V* ❶ brasser *Bier*
❷ *fam* (*zubereiten*) concocter *Kaffee, Tee, Punsch;* **jdm/sich einen Grog** ~ faire un grog à qn/se faire un grog

Brauer(in) <-s, -> *m(f)* brasseur(-euse) *m(f)*

Brauerei <-, -en> *f* ❶ (*Betrieb*) brasserie *f*

② *kein Pl* (*das Brauen*) brassage *m*

Brauhaus *nt* brasserie *f* **Braumeister(in)** *m(f)* maître *m* brasseur

braun [braʊn] *Adj* ① *Haar, Haarfarbe* brun(e); *Augen, Pullover* marron *inv;* ~**e Augen** des yeux *mpl* marron; ~ **gefärbt** *Haare* coloré(s) en brun; *T-Shirt* teinté(e) en marron
② (*dunkelhäutig*) *Haut, Hautfarbe* mat(te)
③ (*sonnengebräunt*) ~ [**gebrannt**] bronzé(e); **schnell ~ werden** bronzer vite
④ *pej* (*nationalsozialistisch*) nazi(e); **die ~e Ideologie** la peste brune; **die Braunen** les nazis

Braun <-s, -> *nt* marron *m; der Haut, Augen* couleur *f* brune; *der Haare* brun *m*

braunäugig ['braʊnʔɔɪgɪç] *Adj* aux yeux marron; ~ **sein** avoir les yeux marron

Braunbär *m* ours *m* brun

Bräune ['brɔɪnə] <-> *f* couleur *f* brune; (*Sonnenbräune*) bronzage *m*

bräunen I. *tr V* ① brunir; **jdn/die Haut** ~ faire bronzer qn/brunir la peau
② GASTR faire revenir *Speck;* faire dorer [*o* roussir] *Zwiebeln, Butter;* faire brunir [*o* roussir] *Mehl;* **gebräunte Butter** beurre *m* roux
II. *itr V* ① *Sonne:* bronzer
② (*braun werden*) **in der Sonne** ~ bronzer au soleil
③ GASTR *Braten, Geflügel:* dorer; *Butter, Speck, Zwiebel:* rissoler
III. *r V* **sich** ~ *Person:* se [faire] bronzer; *Haut:* brunir

braungebrannt *s.* **braun 3.**

braunhaarig *Adj* brun(e) **Braunkohle** *f* lignite *m*

Braunkohlekraftwerk *nt* centrale *f* thermique au lignite

bräunlich *Adj* brunâtre

Braunschweig ['braʊnʃvaɪk] <-s> *nt* Brunswick

Bräunung <-> *f* (*das Braunwerden*) bronzage *m*

Bräunungscreme [-kreːm] *f* crème *f* bronzante **Bräunungsstudio** *nt* solarium *m;* **ins ~ gehen** aller [se faire] faire des U.V.

Braus *s.* **Saus**

Brause ['braʊzə] <-, -n> *f* ① DIAL *veraltet* (*Dusche*) douche *f;* **sich unter die ~ stellen** se doucher
② (*Aufsatz für Gießkannen*) pomme *f* [d'arrosoir]
③ *veraltet* (*Limonade*) limonade *f*

brausen *itr V* ① + *haben Wind, Wellen:* mugir; ~ **der Beifall** un tonnerre d'applaudissements
② + *sein fam* (*rasen*) **durch die Stadt** ~ foncer à travers la ville (*fam*)

Brausepulver [-fɐ, -vɐ] *nt* limonade *f* en poudre **Brausetablette** *f* comprimé *m* effervescent

Braut [braʊt, *Pl:* 'brɔɪtə] <-, Bräute> *f* ① mariée *f*
② *veraltet* (*Verlobte*) fiancée *f*
③ *veraltet sl* (*junge Frau*) pépée *f* (*vieilli fam*)

Brautführer *m* garçon *m* d'honneur

Bräutigam ['brɔɪtigam] <-s, -e> *m* ① marié *m*
② *veraltet* (*Verlobter*) fiancé *m*

Brautjungfer *f* demoiselle *f* d'honneur **Brautkleid** *nt* robe *f* de mariée **Brautkranz** *m* couronne *f* de mariée **Brautleute** *Pl* mariés *mpl* **Brautmutter** *f* mère *f* de la mariée **Brautpaar** *nt* [jeunes] mariés *mpl* **Brautschau** ▸ **auf ~ gehen** *hum* chercher la femme de sa vie **Brautschleier** *m* voile *m* de mariée **Brautvater** *m* père *m* de la mariée

brav [braːf] **I.** *Adj* ① (*artig*) *Kind* sage; *Haustier* brave *antéposé;* **das war ~ von dir** c'était gentil de ta part
② (*bieder*) *Person, Frisur, Kleid* sage
③ *veraltet* (*rechtschaffen*) *Bürger, Beamter* brave *antéposé*
II. *Adv* ① (*artig*) **sich ~ verhalten** *Kind:* se comporter gentiment; *Haustier:* se comporter sagement
② (*rechtschaffen*) sagement

bravo ['braːvo] *Interj* bravo

Bravoruf [-vo-] *m* bravo *m*

Bravour [bra'vuːɐ] <-> *f geh* (*Meisterschaft*) virtuosité *f;* (*Kühnheit*) bravoure *f;* **etw mit ~ tun** (*meisterhaft*) faire qc avec brio; (*mit Kühnheit*) faire qc avec entrain

Bravourleistung [bra'vuːɐ-] *f* exploit *m*, coup *m* de maître

bravourös [bravu'røːs] **I.** *Adj* ① (*meisterhaft*) magistral(e)
② (*kühn*) *Einsatz, Haltung* courageux(-euse)
II. *Adv* ① (*meisterhaft*) avec brio
② (*kühn*) courageusement

Bravourstück [bra'vuːɐ-] *nt* ① (*Glanznummer*) exploit *m*
② MUS morceau *m* de bravoure

Bravur[RR] [bra'vuːɐ] *s.* **Bravour**

Bravurleistung[RR] *s.* **Bravourleistung**

bravurös[RR] *s.* **bravourös**

Bravurstück[RR] *s.* **Bravourstück**

BRD [beːʔɛr'deː] <-> *f Abk von* **Bundesrepublik Deutschland: die ~** la R.F.A.

Breakdance ['breɪkdɛːns] <-[s]> *m* MUS smurf *m*

Brechbohnen *Pl* haricots *mpl* mange-tout

Brechdurchfall *m* gastro-entérite *f*

Brecheisen *nt* pince-monseigneur *f*

brechen ['brɛçən] <bricht, brach, gebrochen> **I.** *tr V + haben*
① casser *Knochen;* **sich/jdm den Arm ~** se casser le bras/casser le bras à qn
② (*zerbrechen*) briser *Eis;* rompre *Brot;* **auseinander ~** rompre; **den Stock/die Schokoladentafel in Stücke ~** casser le bâton/la tablette de chocolat en morceaux
③ (*herausbrechen*) **die Steine aus der Mauer ~** arracher les pierres du mur
④ (*abbauen*) **Marmor/Schiefer ~** extraire du marbre/de l'ardoise
⑤ (*nicht einhalten*) rompre *Vertrag, Gelöbnis, Schwur*
⑥ (*übertreffen*) battre *Rekord*
⑦ (*niederkämpfen*) briser *Widerstand;* **jds Willen/Persönlichkeit ~** détruire la volonté/la personnalité de qn; *s. a.* **gebrochen**
⑧ *geh* (*pflücken*) cueillir *Blume, Zweig*
⑨ (*abprallen lassen*) réfracter *Licht;* **die Wellen ~** *Klippen:* briser les vagues
⑩ (*erbrechen*) vomir; **Blut ~** vomir du sang
II. *itr V* ① + *sein Achse, Ast, Brett, Balken:* [se] casser; **auseinander ~** *Möbelstück, Familie:* se disloquer
② + *sein* (*brüchig sein*) *Leder:* se fendre; *Teppich:* se couper
③ + *sein* (*hindurchbrechen*) **durch die Wolken ~** *Sonne:* faire une percée à travers les nuages
④ + *haben* (*den Kontakt, die Gewohnheit beenden*) **mit jdm/etw ~** rompre avec qn/qc
⑤ + *haben* (*sich erbrechen*) vomir
▸ **zum Brechen voll sein** *fam* être plein(e) à craquer
III. *r V + haben* **sich an etw ~** *Wellen:* se briser contre qc; *Licht:* se réfracter sur qc; *Schall:* se répercuter sur qc

Brecher ['brɛçɐ] <-s, -> *m* lame *f* brisante

Brechmittel *nt* PHARM vomitif *m* ▸ **ein ~ für jdn sein** *fam* filer la nausée à qn (*fam*) **Brechreiz** *m* envie *f* de vomir, nausée *f*
Brechstange *f* pince-monseigneur *f*

Brechung <-, -en> *f des Lichts* réfraction *f; des Schalls* répercussion *f; der Meereswellen* déferlement *m*

Bredouille [bre'dʊljə] <-> *f* ▸ **in die ~ kommen** *fam* se fourrer dans le pétrin (*fam*); **in der ~ sein** *fam* être dans le pétrin (*fam*)

Brei [braɪ] <-[e]s, -e> *m* ① (*Speise*) bouillie *f;* (*Püree*) purée *f;* **etw zu ~ zerstampfen** réduire qc en purée
② (*dickflüssige Masse*) pâte *f*
▸ **um den [heißen] ~ herumreden** *fam* tourner autour du pot (*fam*); **jdn zu ~ schlagen** *sl* mettre qn en bouillie (*fam*)

breiig ['braɪɪç] *Adj* visqueux(-euse)

breit [braɪt] **I.** *Adj* ① (*opp: schmal*) large; *Druckspalte, Buchstabe, Schrift* étendu(e); **eine ~e Nase haben** avoir le nez plat [*o* épaté]; **drei Meter ~ sein** avoir trois mètres de large; **etw**

B

~**er machen** élargir qc
② (*breitschultrig*) large [d'épaules]
③ (*ausgedehnt*) *Bekanntenkreis, Publikum* vaste; *Zustimmung* large *antéposé;* **die ~e Öffentlichkeit** le grand public
④ (*ungeniert*) *Grinsen, Schmunzeln* large *antéposé; Lachen* gros(se) *antéposé*
⑤ (*stark ausgeprägt*) *Dialekt* prononcé(e)
⑥ DIAL *fam* (*betrunken*) **~ sein** être bourré(e) (*fam*)
II. *Adv* ① **etw ~ drücken** aplatir qc
② (*kräftig*) **~ gebaut sein** être carré(e) d'épaules
③ (*ungeniert*) **~ grinsen** arborer un large sourire; **~ lachen** éclater d'un gros rire
④ (*breitbeinig*) **sich ~ hinsetzen** s'étendre
⑤ (*viel Raum einnehmend*) **sich ~ machen** *Person:* prendre beaucoup de place [*o* toute la place]; *Stimmung:* monter; *Ansicht, Vorurteil, Ideologie:* se répandre; *Unkraut:* se propager; **sich in jds Wohnung** (*Dat*) **~ machen** s'imposer [*o* s'incruster] dans l'appartement de qn; **mach dich doch nicht so ~!** ne t'étale pas comme ça! (*fam*)
⑥ (*ausgeprägt*) **~ Schwäbisch sprechen** parler un souabe prononcé

Breitbandantibiotikum *nt* MED antibiotique *m* de spectre large

breitbeinig *Adj, Adv* les jambes écartées; **einen ~en Gang haben** marcher les jambes écartées

Breite ['braɪtə] <-, -n> *f* ① largeur *f;* **eine ~ von zwei Metern haben** avoir deux mètres de large [*o* de largeur]
② (*Ausgedehntheit*) *des Bekanntenkreises, der Zustimmung* étendue *f; der Interessen* étendue *f*
③ GEOG **auf 60° nördlicher/südlicher ~ liegen** être à 60 degrés de latitude Nord/Sud
④ *Pl* (*Gebiet*) **in unseren ~n** sous nos latitudes
⑤ (*Ausführlichkeit*) **[jdm] etw in aller ~ erklären** expliquer qc [à qn] en long et en large
▸ **in die ~ gehen** *fam* [se] faire du lard (*fam*)

breiten *geh* I. *tr V* ① (*ausbreiten*) étendre; **eine Decke über jdn/etw ~** étendre une couverture sur qn/qc
② (*spreizen*) déployer *Flügel*
II. *r V* **sich über das Tal ~** *Nebel, Nacht:* s'étendre sur la vallée

Breitenarbeit *f* travail *m* à la base **Breitengrad** *m* GEOG degré *m* de latitude **Breitenkreis** *m* GEOG parallèle *m* **Breitensport** *m* sport *m* populaire [*o* de masse] **Breitenwirkung** *f* effet *m* de masse; **die größte ~ haben** avoir le rayon d'action [*o* l'impact] le plus important

breitkrempig *Adj* à large bord

breit|machen *s.* **breit II.5.**

breitrandig *Adj Hut* à large bord; *Brille* à monture épaisse

breit|schlagen *tr V unreg fam* baratiner (*fam*); **jdn ~ [etw zu tun]** baratiner qn [pour qu'il fasse qc]; **sich von jdm ~ lassen** se laisser baratiner par qn (*fam*)

breitschult[e]rig *Adj* large d'épaules

Breitseite *f* ① NAUT bordée *f*
② (*scharfe Attacke*) attaque *f* cinglante
▸ **eine ~ abfeuern** lâcher une bordée

breitspurig *Adj* à écartement large

breit|treten *unreg,* **breit|walzen** *tr V fam* s'appesantir sur *Thema;* étaler *Geschichte, Details*

Breitwand *f* grand écran *m* **Breitwandfilm** *m* film *m* sur grand écran [*o* en cinémascope®]

Bremen ['bre:mən] <-s> *nt* Brême

Bremsanlage ['brɛms-] *s.* **Bremssystem** **Bremsbacke** *f* mâchoire *f* de frein **Bremsbelag** *m* plaquette *f* de frein[s]

Bremse[1] ['brɛmzə] <-, -n> *f* frein *m;* **auf die ~ treten** donner un coup de frein[s]; **die ~ hat versagt** les freins ont lâché

Bremse[2] <-, -n> *f* ZOOL taon *m*

bremsen I. *itr V* ① *Person, Fahrzeug:* freiner
② (*hinhaltend reagieren*) *Partei, Opposition:* faire barrage
③ (*sich mäßigen*) **mit den Ausgaben für etw ~** freiner sur les dépenses de qc
II. *tr V* ① (*abbremsen*) [faire] freiner *Fahrzeug, Zug;* **sich nicht mehr ~ lassen** *Fahrzeug:* ne plus freiner
② (*verzögern*) freiner *Entwicklung, Inflation*
③ (*dämpfen*) refréner *Begeisterung, Spontaneität*
④ *fam* (*zurückhalten*) retenir *Person, Redefluss;* **er/sie ist nicht zu ~** on ne peut plus l'arrêter
III. *r V* ▸ **ich kann mich ~!** *fam* je ne suis pas fou(folle)!

Bremser(in) <-s, -> *m(f)* EISENBAHN, SPORT serre-frein[s] *m*
▸ **den ~ spielen** *fam* freiner des quatre fers (*fam*)

Bremsfallschirm *m* parachute *m* de freinage **Bremsflüssigkeit** *f* liquide *m* de frein[s] **Bremsgummi** *nt* patin *m* de frein **Bremshebel** *m* levier *m* de frein **Bremsklappe** *f* volet *m* d'atterrissage **Bremsklotz** *m* cale *f,* sabot *m* de frein **Bremskraftverstärker** *m* servofrein *m* **Bremsleuchte** *f,* **Bremslicht** *nt* AUT feu *m* de stop **Bremspedal** *nt* pédale *f* de frein **Bremsrakete** *f* rétrofusée *f* **Bremsscheibe** *f* AUT, TECH disque *m* de frein **Bremsspur** *f* trace *f* de freins [*o* de freinage] **Bremssystem** *nt* système *m* de freinage

Bremsung <-, -en> *f* freinage *m*

Bremsvorrichtung *f form* dispositif *m* de freinage **Bremsweg** *m* distance *f* de freinage

brennbar *Adj* combustible

Brenndauer *f* TECH *einer Birne* durée *f* d'éclairage **Brennelement** *nt* PHYS élément *m* combustible

brennen ['brɛnən] <brannte, gebrannt> I. *itr V* ① (*in Flammen stehen*) brûler; **~d** en feu, en flammes
② (*angezündet sein*) brûler; *Pfeife, Zigarette, Feuerzeug:* être allumé(e); **nicht richtig ~** ne pas brûler; *Pfeife, Zigarette:* ne pas s'allumer; *Holz:* ne pas prendre; **~d** allumé(e); *Holz, Kohle, Gas, Öl* en train de brûler
③ (*sich entzünden*) **nicht ~** ne pas s'allumer; *Streichholz, Holz, Kohle:* ne pas s'enflammer
④ (*angeschaltet sein*) être allumé(e); **es brennt noch Licht** il y a encore de la lumière
⑤ (*schmerzen*) brûler; **auf der Haut ~** *Seife, Brennnessel:* piquer la peau; *Säure:* brûler la peau; **auf der Zunge ~** piquer la langue
⑥ (*inständig sinnen*) **auf Rache** (*Akk*) **~** avoir soif de vengeance
⑦ (*ungeduldig sein*) **vor Ungeduld** (*Dat*) **~** brûler d'impatience; **darauf ~ etw zu tun** brûler de faire qc
II. *itr V unpers* **es brennt im Nachbarhaus** il y a le feu chez les voisins; **es brennt!** au feu!
▸ **wo brennt's denn?** *fam* il y a le feu quelque part? (*fam*)
III. *tr V* ① (*rösten*) griller *Mandeln;* torréfier *Kaffee, Kaffeebohnen*
② (*destillieren*) distiller
③ (*härten*) cuire; **Ton ~** cuire de l'argile; **nach dem Brennen** après la cuisson [*o* la cuite]
④ (*einbrennen, aufbrennen*) **ein Loch in den Teppich ~** faire un trou sur le tapis; **den Rindern ein Zeichen auf das Fell ~** marquer les bœufs au fer [rouge]
IV. *r V* **sich an etw** (*Dat*) **~** se brûler à qc

brennend I. *Adj* ① *Hitze* torride; *Durst* ardent(e)
② (*sehr groß*) *Frage, Problem* brûlant(e); *Wichtigkeit* capital(e); *Interesse* vif(vive) *antéposé*
II. *Adv fam interessiert, sich interessieren* vivement

Brenner <-s, -> *m* ① distillateur *m*
② TECH brûleur *m*

Brennerei <-, -en> *f* distillerie *f*

Brennerin <-, -nen> *f* distillatrice *f*

Brennessel *s.* **Brennnessel**

Brennglas *nt* miroir *m* ardent **Brennholz** *nt* bois *m* de chauffage **Brennkammer** *f* chambre *f* de combustion **Brennmaterial** *nt* combustibles *mpl* **Brennnessel**[RR] ['brɛnnɛsəl] *f* ortie *f* **Brennofen** *m* four *m* à cuire; (*für Töpferware*) four céramique **Brennpunkt** *m* ① OPT foyer *m* ② MATH focale *f*
③ (*Zentrum*) *der Ereignisse* centre *m;* **im ~ des Interesses**

stehen être au centre des préoccupations **Brennschere** *f* fer *m* à friser **Brennspiegel** *m* TECH miroir *m* ardent **Brennspiritus** *m* alcool *m* à brûler **Brennstab** *m* [barre *f* de] combustible *m* nucléaire **Brennstoff** *m* combustible *m*
Brennstoffkreislauf *m* cycle *m* de retraitement du combustible
Brennweite *f* OPT distance *f* focale
brenzlig ['brɛntslɪç] *Adj* ❶ *fam* (*bedenklich*) *Situation* critique; **das ist/wird mir zu ~** ça sent le roussi (*fam*)
❷ *veraltet* (*verbrannt*) **es riecht ~** ça sent le brûlé
Bresche ['brɛʃə] <-, -n> *f* HIST brèche *f*; **eine ~ in die Mauer schlagen/schießen** ouvrir une brèche dans le mur
▸ **für jdn/etw eine ~ schlagen** prendre fait et cause pour qn/qc; **für jdn in die ~ springen** (*verteidigen*) monter au créneau pour défendre qn; (*einspringen*) monter en première ligne à la place de qn
Bretagne [bre'tanjə] <-> *f* **die ~** la Bretagne
Bretone [bre'to:nə] <-n, -n> *m*, **Bretonin** *f* Breton(ne) *m(f)*
bretonisch I. *Adj* breton(ne)
II. *Adv* **~ miteinander sprechen** discuter en breton; *s. a.* **deutsch**
Brett [brɛt] <-[e]s, -er> *nt* ❶ (*Planke*) planche *f*
❷ (*Regalbrett*) étagère *f*
❸ (*Holzplatte*) planche *f*; (*klein*) planchette *f*
❹ (*Sprungbrett*) plongeoir *m*
❺ (*Spielbrett*) plateau *m* [de jeu]; (*Schachbrett*) échiquier *m*; (*Damebrett*) damier *m*
❻ *Pl* (*Ski*) skis *mpl*
❼ *Pl* (*Boden des Boxrings*) **jdn auf die ~er schicken** envoyer qn au tapis; **auf die ~er gehen** aller au tapis
▸ **ein ~ vorm** [*o* **vor dem**] **Kopf haben** *fam* être complètement bouché(e) (*fam*); **die ~er, die die Welt bedeuten** *geh* les planches; **das schwarze ~** le tableau [*o* le panneau] d'affichage

i Land & Leute

Dans les écoles et les universités allemandes, toutes les informations adressées aux élèves/aux étudiants sont affichées sur un panneau que l'on appelle **schwarzes Brett**. Ces informations concernent la vie des élèves/étudiants: les heures et les salles de cours, les dates de différentes manifestations (manifestations sportives, concerts, etc.), les dates de stages. C'est, pour l'élève/l'étudiant, le tableau de référence dans l'enceinte de son établissement.

Brettchen <-s, -> *nt* (*im Haushalt*) planchette *f*
Bretterboden *m* plancher *m* **Bretterbude** *f* baraque *f*
brettern *itr V + sein fam* rouler à toute berzingue (*fam*); **über die Autobahn ~** rouler à toute berzingue sur l'autoroute (*fam*)
Bretterwand *f* mur *m* en bois **Bretterzaun** *m* palissade *f*
Brettspiel *nt* jeu *m* de table
Brevet [bre've:] <-s, -s> *nt* CH brevet *m*; UNIV diplôme *m*
Brevier [bre'vi:ɐ] <-s, -e> *nt* (*Leitfaden, Gebetbuch*) bréviaire *m*
Brezel ['bre:tsəl] <-, -n> *f* bretzel *m*

i Land & Leute

On fabrique cette spécialité souabe avec une pâte blanche qui, en cuisant, devient moelleuse. On obtient la coloration brune en plongeant le bretzel avant la cuisson dans de la saumure. Les **Brezeln** sont ensuite saupoudrés de sel et sont vendus natures ou beurrés dans les boulangeries ou les petits stands à **Brezel** dans la rue.

bricht [brɪçt] *3. Pers Präs von* **brechen**
Bridge [brɪtʃ, brɪdʒ] <-> *nt* bridge *m*
Brief [bri:f] <-[e]s, -e> *m* ❶ lettre *f*; **auf meinen ~ hin** en réponse à ma lettre; **mit jdm ~e wechseln** correspondre avec qn
❷ (*Versendungsart*) **etw als ~ schicken** envoyer qc comme lettre
❸ BIBL épître *f*
▸ **darauf gebe ich Ihnen ~ und Siegel!** je vous en donne ma parole!; **blauer ~** SCHULE *fam* avertissement *m*; (*Kündigung*) lettre *f* de licenciement; (*vom Vermieter*) [lettre *f* de] préavis *m*; **offener ~** lettre ouverte
Briefablage *f* ❶ (*Fach*) corbeille *f* à courrier ❷ (*das Ordnen*) classement *m* du courrier **Briefbeschwerer** ['bri:fbəʃve:rɐ] <-s, -> *m* presse-papiers *m* **Briefblock** *m* bloc *m* de correspondance **Briefbogen** *m* feuille *f* de papier à lettres **Briefbombe** *f* lettre *f* piégée
Briefchen <-s, -> *nt* ❶ *Dim von* **Brief** billet *m*
❷ (*kleines Päckchen*) **ein ~ Streichhölzer/Nähnadeln** une pochette d'allumettes/un étui à aiguilles; **ein ~ Heroin** un sachet d'héroïne
Briefdrucksache *f* imprimé-lettre *m* **Brieffreund(in)** *m(f)* correspondant(e) *m(f)* **Brieffreundschaft** *f* amitié *f* par correspondance **Briefgeheimnis** *nt* secret *m* postal
Briefing ['bri:fɪŋ] <-s, -s> *nt* briefing *m*
Briefkarte *f* carte-lettre *f* **Briefkasten** *m* boîte *f* aux lettres; **elektronischer ~** boîte aux lettres électronique ▸ **ein toter ~** une boîte aux lettres [secrète]
Briefkastenfirma *f* société *f* fictive [*o* boîte aux lettres] *f*
Briefkopf *m* en-tête *m* [de lettre] **Briefkurs** *m* BÖRSE cours *m* offert
brieflich *Adj, Adv* par écrit
Briefmarke *f* timbre[-poste] *m*
Briefmarkenalbum *nt* album *m* de timbres **Briefmarkenautomat** *m* distributeur *m* [automatique] de timbres[-poste] **Briefmarkensammler(in)** *m(f)* philatéliste *mf*, collectionneur(-euse) *m(f)* de timbres **Briefmarkensammlung** *f* collection *f* de timbres
Brieföffner *m* coupe-papier *m* **Briefpapier** *nt* papier *m* à lettres **Briefpartner(in)** *m(f)* correspondant(e) *m(f)* **Briefporto** *nt* affranchissement *m* lettres **Briefroman** *m* roman *m* épistolaire **Briefschreiber(in)** *m(f)* épistolier(-ière) *m(f)*; **ein guter ~/eine gute ~in** un bon épistolier/une bonne épistolière; **ich bin kein ~** je n'aime pas écrire [des lettres] **Brieftasche** *f* portefeuille *m* **Brieftaube** *f* pigeon *m* voyageur **Briefträger(in)** *m(f)* facteur(-trice) *m(f)* **Briefumschlag** *m* enveloppe *f* **Briefwaage** *f* pèse-lettres *m* **Briefwahl** *f* vote *m* par correspondance; **~ machen** voter par correspondance **Briefwähler(in)** *m(f)* électeur(-trice) *m(f)* votant par correspondance **Briefwechsel** [-vɛksl] *m* correspondance *f*; **mit jdm in ~ stehen** correspondre avec qn; **einen ~ mit jdm führen** entretenir une correspondance avec qn **Briefzusteller(in)** *m(f) form* préposé(e) *m(f)*
Bries [bri:s] <-es, -e> *nt* GASTR ris *m*
briet [bri:t] *Imp von* **braten**
Brigade [bri'ga:də] <-, -n> *f* brigade *f*
Brigadegeneral(in) *m(f)* général(e) *m(f)* de brigade
Brigg [brɪk] <-, -s> *f* NAUT brick *m*
Brikett [bri'kɛt] <-s, -s> *nt* briquette *f*
brillant [brɪ'liant] *Adj* brillant(e)
Brillant [brɪ'liant] <-en, -en> *m* brillant *m*
Brillantine [brɪljan'ti:nə] <-, -n> *f* brillantine *f*
Brillantkollier [brɪ'liantkɔlie:] *nt* collier *m* de diamants **Brillantring** *m* bague *f* sertie de brillants; (*mit einem Brillant*) solitaire *m* **Brillantschmuck** *m* bijou *m* de diamant[s]
Brillanz [brɪ'liants] <-> *f einer Rede, Darbietung* virtuosité *f*; *eines Einfalls* ingéniosité *f*; *des Klangs* pureté *f*; *eines Fotos* netteté *f*
Brille ['brɪlə] <-, -n> *f* ❶ lunettes *fpl*; **eine ~ tragen** porter des

Briefe

• Anrede in Briefen	• Formule de début de lettre
Liebe/r ...,	Mon cher/Ma chère ...,
Hallo, ...!/Hi, ...! *(fam)*	Salut, ...!
Liebe/r Frau/Herr ...,	Cher Monsieur/Chère Madame ...,
Sehr geehrte/r Frau/Herr ... *(form)*	Monsieur/Madame ... *(form)*
Sehr geehrte Damen und Herren ...	Madame, Monsieur/Mesdames, Messieurs

• Schlussformeln in Briefen	• Formule de fin de lettre
Tschüss! *(fam)*/Ciao! *(fam)*	Salut! *(fam)*
Alles Gute! *(fam)*	Bonne chance!
Herzliche/Liebe Grüße *(fam)*	Je vous/t'embrasse bien fort
Viele Grüße	Grosses bises
Mit (den) besten Grüßen	Je vous prie/Nous vous prions d'agréer, Madame .../ Monsieur ..., mes/nos très sincères salutations.
Mit freundlichen Grüßen *(form)*	Je vous prie/Nous vous prions de croire, Madame .../ Monsieur ..., à l'assurance de mes/nos sentiments distingués. *(form)*

lunettes; **mehrere ~n** plusieurs paires de lunettes
② *(Toilettenbrille)* lunette *f*
▶ **etw durch eine rosa[rote] ~ sehen** voir qc en rose
Brillenetui [-ɛtviː] *nt* étui *m* à lunettes **Brillengestell** *nt* monture *f* de lunettes **Brillenglas** *nt* verre *m* de lunettes **Brillenschlange** *f* ① ZOOL naja *m* ② *pej fam* *(Brillenträgerin)* serpent *m* à lunettes *(fam)* **Brillenträger(in)** *m(f)* porteur(-euse) *m(f)* de lunettes; **~ sein** porter des lunettes
brillieren* [brɪl'jiːrən] *itr V geh* briller; **mit etw ~** briller par qc
Brimborium [brɪm'boːriʊm] <-s> *nt pej fam* ① *(unnötiges Drumherum)* chichis *mpl;* **mach nicht solch ein ~!** [ne] fais pas tant de chichi!
② *(viel Aufheben)* cinéma *m;* **viel ~ um etw machen** faire tout un cinéma [*o* toute une histoire] de qc
bringen ['brɪŋən] <brachte, gebracht> *tr V* ① apporter; **[jdm] etw ~** apporter qc [à qn]
② *(servieren)* **[jdm] etw ~** servir qc [à qn]; **~ Sie mir bitte ein Bier!** apportez-moi [*o* donnez-moi] une bière, s'il vous plaît!; **sich** *(Dat)* **die Weinkarte ~ lassen** demander la carte des vins
③ *(wegbringen)* **etw zur Post ~** [ap]porter qc à la poste; **etw in den Keller ~** aller porter [*o* mettre] qc à la cave
④ *(vermitteln)* **jdm eine Nachricht ~** apporter une nouvelle à qn; **jdm einen Autor/die moderne Kunst nahe ~** faire découvrir un auteur/l'art moderne à qn; **jdm eine Theorie nahe ~** familiariser qn avec une théorie; **jdm etw näher ~** faire mieux connaître qc à qn
⑤ *(befördern)* **jdn/etw zum Bahnhof ~** amener qn/qc à la gare; *Fahrer:* conduire qn/qc à la gare; **das Auto in die Garage ~** mettre la voiture au [*o* dans le] garage
⑥ *(begleiten)* **jdn nach Hause ~** ramener qn à la maison; **das Kind zum Kindergarten ~** amener l'enfant à l'école maternelle; **jdn zur Tür ~** [r]accompagner qn à la porte; **jdn ins Bett ~** mettre qn au lit
⑦ *(darbieten, aufführen)* **etw ~** *Artist, Tänzerin, Sportler, Theater:* présenter qc; *Kino:* passer qc; *Schauspieler, Varietee:* jouer qc; *Fernsehen:* diffuser qc
⑧ *(veröffentlichen)* **etw ~** *Journalist, Zeitung:* publier qc
⑨ *(bescheren)* **viel Regen ~** apporter beaucoup de pluie; **[jdm] eine reiche Ernte ~** *Herbst, Klima:* donner [à qn] une bonne récolte; **das wird [dir] Glück/Ärger ~** ça va [t']apporter du bonheur/des ennuis; **mal sehen, was uns der Tag noch bringt!** attendons de voir ce que la journée nous réserve!
⑩ *(schicken, versetzen)* **jdn vor Gericht/ins Gefängnis ~** mener qn devant le tribunal/en prison; **jdn in Bedrängnis/in Schwierigkeiten ~** mettre qn dans l'embarras/en difficulté
⑪ *(rauben)* **jdn um den Schlaf ~** empêcher qn de dormir; **du wirst mich noch um den Verstand ~** tu me feras perdre la tête
⑫ *(lenken)* **das Gespräch auf jdn/etw ~** amener la conversation sur qn/qc
⑬ *(einbringen)* **das wird [ihm] viel Geld ~** cela [lui] rapportera beaucoup d'argent
⑭ *fam (hin-, wegbekommen)* **etw nicht von der Stelle ~** ne pas arriver à bouger qc; **den Korken nicht aus der Flasche ~** ne pas arriver à retirer le bouchon; **die Flecken aus dem Hemd ~** arriver à faire partir les taches de la chemise
⑮ *(bewegen)* **jdn dazu ~ etw zu tun** amener qn à faire qc; **jdn so weit ~, dass er kündigt/aufgibt** forcer qn à démissionner/céder; **zwei Menschen auseinander ~** bousiller un couple *(fam)*; **sie will die beiden auseinander ~** elle veut bousiller leur couple *(fam)*
⑯ *(bewerkstelligen)* **jdn zum Weinen ~** faire pleurer qn; **jdn zum Schweigen ~** réduire qn au silence; **jdn mit Fragen durcheinander ~** perturber qn avec des questions; **etw durcheinander ~** *(in Unordnung bringen)* déranger qc; *(verwechseln)* confondre qc; **etw zum Stehen ~** parvenir à immobiliser qc; **eine Maschine zum Laufen ~** parvenir à mettre en marche une machine
⑰ *(erreichen)* **sie brachte es auf 105 Jahre** elle a atteint 105 ans; **es auf eine Zwei in Deutsch ~** ≈ réussir à avoir un quinze en allemand; **das Auto bringt 200 km/h Spitze** *fam* la voiture fait du 200 km/h maxi *(fam)*
⑱ *(Erfolg haben)* **es zu etwas/nichts ~** arriver à quelque chose/n'arriver à rien; **es [bis] zum Firmenchef ~** réussir à devenir chef d'entreprise
⑲ *fam (machen)* **das kannst du doch nicht ~!** tu vas pas faire ça!
⑳ *sl (gut sein)* **es [voll] ~** assurer [un max] *(fam)*; **das bringt's [voll]!** ça tient [carrément] la route! *(fam)*; **es nicht ~** ne pas assurer *(fam)*; **das bringt's nicht** c'est nul
㉑ *fam (funktionieren)* **es nicht mehr ~** *Motor:* ne plus tenir le

coup (*fam*)
22 (*sich aneignen*) **etw an sich** (*Akk*) ~ s'approprier qc
23 (*bewältigen*) **etw hinter sich** (*Akk*) ~ en finir [*o* en terminer] avec qc
24 (*zur Folge haben*) **etw mit sich** ~ avoir qc pour conséquence; **Unannehmlichkeiten mit sich** ~ s'accompagner de désagréments
25 (*fertig bringen*) **es nicht über sich** (*Akk*) ~ **etw zu tun** ne pas pouvoir se résoudre à faire qc
▶ **das bringt nichts** *fam* c'est pas la peine (*fam*), ça sert à rien (*fam*)
brisant [bri'zant] *Adj* 1 *geh* (*heikel*) brûlant(e), explosif(-ive)
2 (*explosiv*) *Sprengstoff* explosif(-ive)
Brisanz [bri'zants] <-> *f geh eines Problems, Themas* caractère *m* explosif [*o* brûlant]
Brise ['bri:zə] <-, -n> *f* brise *f*; **eine kräftige** ~ une forte brise; **es weht eine steife** ~ il vente grand frais
Britannien [bri'taniən] <-s> *nt* HIST les îles *fpl* Britanniques
britannisch [bri'tanɪʃ] *Adj* HIST britannique
Brite ['brɪtə, 'bri:tə] <-n, -n> *m*, **Britin** *f* Britannique *mf*
britisch ['brɪtɪʃ] *Adj* britannique
bröckelig *Adj Brot, Gestein, Mauer* friable; ~ **werden** *Gestein, Mauer:* s'effriter
bröckeln ['brœkəln] *itr V* 1 + *haben* (*zerfallen*) *Gestein, Mauer:* s'effriter; *Brot:* s'émietter
2 + *sein* **von etw** ~ *Putz:* s'effriter de qc; *Farbe:* se détacher de qc; *Stuck:* tomber en morceaux de qc
Brocken ['brɔkən] <-s, -> *m* 1 (*Erdbrocken*) motte *f*
2 (*Steinbrocken*) bloc *m* [de pierre]
3 *Pl fig* **ein paar** ~ **Französisch** quelques bribes *fpl* de français
4 *fam* (*massiger Mensch*) costaud *m* (*fam*)
▶ **ein harter** ~ **sein** *fam Gegner, Aufgabe:* être un gros morceau (*fam*)
brockenweise *Adv* par [petits] morceaux
bröcklig *Adj s.* **bröckelig**
brodeln ['bro:dəln] *itr V* 1 *Wasser, Brei, Lava:* bouillonner
2 *liter* (*wallen*) *Dämpfe, Nebelschwaden:* flotter
Brodem ['bro:dəm] <-s, -> *m liter* (*Dunst*) émanations *fpl* pestilentielles
Broiler ['brɔɪlɐ] <-s, -> *m* DIAL poulet *m* rôti
Brokat [bro'ka:t] <-[e]s, -e> *m* brocart *m*
Broker(in) ['bro:kɐ] <-s, -> *m(f)* courtier *m* en bourse, agent *m* de change
Brokkoli ['brɔkoli] *Pl* brocoli *m*
Brom [bro:m] <-s> *nt* CHEM brome *m*
Brombeere ['brɔmbe:rə] *f* 1 (*Frucht*) mûre *f*
2 (*Strauch*) ronce *f*
Brombeerstrauch *m* ronce *f*, roncier *m*
bronchial [brɔnçi'a:l] *Adj* bronchique
Bronchialasthma [brɔn'çia:l?astma] *nt* asthme *m* bronchique
Bronchialkatarrh *m* bronchite *f*
Bronchie ['brɔnçiə] <-, -n> *f meist Pl* bronche *f*
Bronchitis [brɔn'çi:tɪs] <-, -tiden> *f* bronchite *f*
Bronchoskopie [brɔnçosko'pi:] <-, -n> *f* MED bronchoscopie *f*
Bronze ['brõ:sə] <-, -n> *f* bronze *m*
bronzefarben *Adj* couleur bronze *inv*
Bronzemedaille ['brõ:səmedaliə] *f* médaille *f* de bronze
bronzen ['brõ:sn] *Adj* 1 (*aus Bronze*) en [*o* de] bronze
2 (*von bronzener Farbe*) [de] couleur bronze
Bronzezeit ['brõ:sə-] *f* âge *m* du bronze
Brosche ['brɔʃə] <-, -n> *f* broche *f*
broschiert [brɔ'ʃi:ɐt] *Adj Ausgabe, Buch* broché(e)
Broschüre [brɔ'ʃy:rə] <-, -n> *f* brochure *f*
Brösel ['brø:zəl] <-s, -> *m bes.* A (*Krümel*) miette *f*
bröselig *Adj* friable
bröseln ['brø:zəln] *itr V* 1 *Kuchen, Brot:* s'émietter; *Gestein:* s'effriter
2 (*Brösel machen*) *Person:* faire des miettes
bröslig *s.* **bröselig**
Brot [bro:t] <-[e]s, -e> *nt* 1 pain *m*; **ein halbes/ganzes** ~ un demi-pain/pain entier; **unser täglich** ~ **gib uns heute!** REL donne-nous aujourd'hui notre pain de ce jour [*o* quotidien *vieilli*]!
2 (*Schnitte*) tranche *f* de pain; (*Butterbrot*) tartine *f*; **belegtes** ~ sandwich *m*
3 (*Lebensunterhalt*) **sich** (*Dat*) **sein** ~ **als Taxifahrer verdienen** gagner son pain comme chauffeur de taxi
▶ **wes** ~ **ich ess', des Lied ich sing'** *Spr.* les payeurs ont toujours raison; **ein hartes** [*o* **schweres**] ~ un dur labeur; **das ist unser täglich[es]** ~ c'est notre pain [*o* lot] quotidien

i Land & Leute

On trouve dans les boulangeries différentes sortes de **Brot** et *Brötchen*. Si on en faisait l'inventaire, on en trouverait certainement plus de cent. Le pain noir est le pain favori de la plupart des Allemands. Ces dernières années, le pain complet est devenu le pain le plus consommé car jugé particulièrement bon pour la santé.

Brotaufstrich *m* préparation *f* [*o* pâte *f*] à tartiner; **was willst du als** ~**?** qu'est-ce que tu veux sur ton pain? **Brotbelag** *m* garniture *f* sur le pain; **was willst du als** ~**?** qu'est-ce que tu veux sur ton pain? **Brotbeutel** *m* musette *f*
Brötchen ['brø:tçən] <-s, -> *nt* petit pain *m*
▶ **kleinere/kleine** ~ **backen** *fam* viser moins haut/plus petit; **sich** (*Dat*) **seine** ~ **verdienen** *fam* gagner sa croûte (*fam*)
Brötchengeber(in) *m(f) hum fam* employeur(-euse) *m(f)*
Broteinheit *f* unité *f* pain **Broterwerb** *m* gagne-pain *m*; **etw zum** ~ **betreiben** faire qc pour gagner sa vie **Brotkasten** *m* boîte *f* à pain **Brotkorb** *m* corbeille *f* à pain ▶ **jdm den** ~ **höher hängen** *fam* serrer les cordons de la bourse à qn (*fam*) **Brotkrume** *f*, **Brotkrümel** *m* miette *f* de pain **Brotkruste** *f* croûte *f* du pain **brotlos** *Adj* (*stellungslos*) sans emploi [*o* travail]; **jdn** ~ **machen** faire perdre son gagne-pain à qn **Brotmaschine** *s.* **Brotschneidemaschine** **Brotmesser** *nt* couteau *m* à pain **Brotrinde** *f* croûte *f* du pain **Brotröster** <-s, -> *m* grille-pain *m* **Brotschneidemaschine** *f* trancheuse *f* à pain **Brotschnitte** *f* tranche *f* de pain **Brotsuppe** *f* panade *f* **Brotteig** *m* pâte *f* à pain **Brotzeit** *f* DIAL 1 (*Pause*) heure *f* du casse-croûte 2 (*Essen*) casse-croûte *m* 3 **eine** ~ **machen** faire une pause casse-croûte
Browsen [brauzən] <-s> *nt* INFORM exploration *f*
Browser ['brauzɐ] *m* INFORM explorateur *m*, logiciel *m* de navigation; (*für das Internet*) navigateur *m* Web, explorateur de réseau
brr [br] *Interj* (*Befehl an ein Zugtier*) ho; (*Ausruf bei Kälte*) brr
BRT *Abk von* **Bruttoregistertonne**
Bruch[1] [brʊx, *Pl:* 'brʏçə] <-[e]s, ¨-e> *m* 1 (*das Brechen*) *einer Achse, eines Damms* rupture *f*
2 (*Nichteinhaltung*) *eines Eids, Vertrags, einer Abmachung* rupture *f*; *eines Gesetzes, einer Bestimmung* violation *f*
3 MED (*Knochenbruch*) fracture *f*; (*Eingeweidebruch*) hernie *f*; **eingeklemmter** ~ hernie étranglée; **sich** (*Dat*) **einen** ~ **heben** attraper une hernie
4 *fig* **der** ~ **in einer Entwicklung/Partei** la cassure dans un développement/parti; **der** ~ **mit der Tradition** la rupture avec la tradition
5 (*Zerwürfnis, Entzweiung*) rupture *f*
6 MATH fraction *f*
7 *kein Pl* (*zerbrochene Ware*) débris *mpl*
8 *sl* (*Einbruch*) casse *m* (*arg*); **einen** ~ **machen** faire un casse (*arg*)
▶ **zu** ~ **gehen** *Geschirr, Vase:* se casser, se briser; **bei dem**

Umzug ging einiges zu ~ dans le déménagement, il y a eu un peu de casse; **in die Brüche gehen** *Beziehung, Ehe:* se solder par un échec
Bruch² <-[e]s, ⸚e> *m o nt* GEOG marécage *m*
Bruchband *nt* MED bandage *m* herniaire **Bruchbude** *f pej fam* taudis *m* **bruchfest** *Adj* robuste **Bruchfestigkeit** *f* TECH robustesse *f*
brüchig ['brʏçɪç] *Adj* ❶ *Gestein, Mauerwerk* friable; *Leder, Pergament, Papyrus* cassant(e)
❷ (*rau*) *Stimme* cassé(e)
❸ (*überholt, hinfällig*) fragile
Bruchlandung *f* atterrissage *m* forcé; **eine ~ machen** atterrir [*o* faire un atterrissage] en catastrophe **Bruchrechnen** *nt*, **Bruchrechnung** *f* calcul *m* de fractions **bruchsicher** *Adj* incassable **Bruchstelle** *f* (*in einem Gegenstand*) cassure *f*; (*in einem Knochen*) fracture *f* **Bruchstrich** *m* barre *f* de fraction **Bruchstück** *nt* ❶ (*Scherbe*) fragment *m*, morceau *m* ❷ (*Ausschnitt*) *eines Lieds* fragment *m*; *einer Rede* bribes *fpl* **bruchstückhaft** I. *Adj* fragmentaire, morcelé(e); *Beweis* incomplet(-ète) II. *Adv* partiellement; *mitbekommen* par bribes **Bruchteil** *m* fraction *f*; **im ~ einer Sekunde** en une fraction de seconde **Bruchzahl** *f* nombre *m* fractionnaire
Brücke ['brʏkə] <-, -n> *f* ❶ *a. fig* pont *m*; **eine ~ über den Fluss bauen** construire un pont sur la rivière; **eine ~ zwischen den Völkern schlagen** établir un pont entre les peuples
❷ NAUT passerelle *f*
❸ (*Zahnersatz*) bridge *m*
❹ (*Teppich*) carpette *f*
❺ SPORT pont *m*
▸ **jdm goldene ~n/eine goldene ~ bauen** tendre la perche à qn; **alle ~n hinter sich** (*Dat*) **abbrechen** couper les ponts [derrière soi]
Brückenbau <-bauten> *m* ❶ *kein Pl* (*das Bauen*) construction *f* de ponts ❷ (*Brücke*) pont *m* **Brückenbogen** *m* arche *f* de pont **Brückengeländer** *nt* parapet *m*, garde-fou *m* **Brückenkopf** *m* MIL tête *f* de pont; **einen ~ bilden** [*o* **errichten**] créer [*o* constituer] une tête de pont **Brückenpfeiler** *m* pilier *m* du pont **Brückenschlag** *m fig* rapprochement *m* **Brückentag** *m* pont *m*; **einen ~ machen** faire le pont
Bruder ['bru:dɐ, *Pl:* 'bry:dɐ] <-s, ⸚> *m* ❶ frère *m*; **mein jüngerer ~** mon petit frère; **mein jüngster ~** le plus jeune de mes frères
❷ (*Mönch*) frère *m*
❸ *pej fam* (*Kerl*) lascar *m* (*fam*); **euch Brüder kenne ich!** vous, mes lascars, je vous connais!
▸ **der große ~** le grand frère; (*Überwachungsstaat*) le big brother; **unter Brüdern** *fam* entre potes (*fam*)
Brüderchen <-s, -> *nt* ❶ (*kleiner Bruder*) petit frère *m*
❷ (*als Anrede*) frérot *m* (*fam*), frangin *m* (*fam*)
Bruderherz *nt hum* cher frangin *m* (*fam*) **Bruderkrieg** *m* guerre *f* fratricide
Brüderlein *s.* Brüderchen
brüderlich I. *Adj* fraternel(le)
II. *Adv* fraternellement
Brüderlichkeit <-> *f* fraternité *f*
Brudermord *m* fratricide *m* **Brudermörder(in)** *m(f)* fratricide *mf*
Bruderschaft <-, -en> *f* REL confrérie *f*
Brüderschaft <-, -en> *f* **mit jdm ~ trinken** trinquer avec qn (*pour marquer le début du tutoiement*)
Brügge ['brʏgə] <-s> *nt* Bruges
Brühe ['bry:ə] <-, -n> *f* ❶ (*Suppe*) bouillon *m*; **eine kräftige ~** un consommé
❷ *pej fam* (*dünner Kaffee, Tee*) lavasse *f* (*fam*)
❸ *pej fam* (*Schmutzwasser*) eau *f* cradingue (*fam*); (*Abwasser*) eau d'égout
❹ *sl* (*Schweiß*) **jdm läuft die ~ herunter** qn sue comme une bête (*fam*)
brühen *tr V* se faire; [**sich** (*Dat*)] **einen Kaffee/Tee ~** se faire un café/un thé
Brühkartoffeln *Pl* pommes de terre *fpl* bouillies (*dans un bouillon gras*) **brühwarm** *fam* I. *Adj* tout(e) chaud(e) II. *Adv weitererzählen* illico (*fam*) **Brühwürfel** *m* cube *m* de bouillon **Brühwurst** *f* (*heiße Wurst*) saucisse *f* bouillie
Brüllaffe *m* ZOOL [singe *m*] hurleur *m*
brüllen ['brʏlən] I. *itr V* ❶ *Person:* crier; (*lang und heftig*) hurler; **vor Lachen/Schmerzen ~** hurler de rire/douleur; **brüll doch nicht so!** ce n'est pas la peine de crier comme ça!
❷ (*Laute von sich geben*) *Affe:* hurler; *Raubtier:* rugir; *Stier, Vieh:* mugir [*o* beugler]
▸ **zum Brüllen** *fam* à hurler de rire (*fam*)
II. *tr V* **er brüllte mir etwas ins Ohr** il m'a crié quelque chose à l'oreille
Brummbär *m* ❶ *Kinderspr.* nounours *m* ❷ *fam* (*brummiger Mensch*) râleur(-euse) *m(f)* **Brummbass**^RR *m fam* basse *f* profonde
brummeln I. *itr V* grommeler
II. *tr V* **etw** [**vor sich hin**] **~** grommeler qc, marmonner qc
brummen ['brʊmən] I. *itr V* ❶ *Insekt, Kreisel:* bourdonner; *Bär:* grogner; *Motor:* ronfler; *Propeller, Triebwerk:* vrombir
❷ (*singen*) chanter d'une voix caverneuse
❸ *fam* (*in Haft sein*) être en cabane (*fam*)
❹ (*murren*) ronchonner
II. *tr V* grommeler *Antwort, Namen*
Brummer <-s, -> *m fam* ❶ (*Insekt*) espèce *f* de bourdon
❷ (*Lastwagen*) gros-cul *m* (*fam*), bahut *m* (*fam*)
Brummi ['brʊmi] <-s, -s> *m hum fam* bahut *m* (*fam*)
brummig *fam* I. *Adj* grognon, grincheux(-euse)
II. *Adv* en maronnant (*fam*)
Brummkreisel *m* toupie *f* bourdonnante **Brummschädel** *m fam* mal *m* de crâne (*fam*); (*nach Alkoholgenuss*) gueule *f* de bois (*fam*); **einen ~ haben** avoir mal aux cheveux (*fam*); (*verkatert sein*) avoir la gueule de bois (*fam*)
Brunch [brantʃ] <-[e]s, -[e]s *o* -e> *nt* brunch *m*
brunchen ['brantʃən] *itr V* prendre un brunch
Brunei ['bru:naɪ] <-s> *nt* le Brunei
brünett [bry'nɛt] *Adj* brun(e)
Brünette [bry'nɛtə, bry'nɛte] *f dekl wie Adj* brune *f*
Brunft [brʊnft] <-, ⸚e> *f* [période *f* du] rut *m*; **in der ~ sein** être en rut [*o* en chaleur]
brunftig *Adj Wild* en rut, en chaleur
Brunftplatz *m* place *f* de rut **Brunftschrei** *m* brame[ment] *m* **Brunftzeit** *f* période *f* du rut
Brunnen ['brʊnən] <-s, -> *m* ❶ (*Ziehbrunnen*) puits *m*; **artesischer ~** puits artésien
❷ (*Zierbrunnen*) fontaine *f*
▸ **den ~ erst zudecken, wenn das Kind hineingefallen ist** *Spr.* ≈ prendre des mesures après coup
Brunnenbauer(in) <-s, -> *m(f)* puisatier *m* **Brunnenbecken** *nt* vasque *f* **Brunnenfigur** *f* statue *f* de fontaine **Brunnenhaus** *nt* fontaine *f* couverte **Brunnenkresse** *f* cresson *m* de fontaine **Brunnenkur** *f* cure *f* d'eau minérale **Brunnenschacht** *m* puits *m* **Brunnenvergifter(in)** <-s, -> *m(f) fig* semeur(-euse) *m(f)* de zizanie [*o* de zizanie] **Brunnenvergiftung** *f* ❶ empoisonnement *m* de puits ❷ *fig, pej* calomnie *f*; **~ betreiben** semer la zizanie **Brunnenwasser** *nt* eau *f* de la fontaine
Brünnlein <-s, -> *nt poet Dim von* **Brunnen** petite fontaine *f*
Brunst [brʊnst, *Pl:* 'brʏnstə] *s.* **Brunft**
brünstig ['brʏnstɪç] *Adj* ❶ *Tier* en rut, en chaleur
❷ *hum* (*lüstern*) *Person* lubrique, concupiscent(e); *Schrei* de plaisir
Brunstschrei *s.* **Brunftschrei** **Brunstzeit** *s.* **Brunftzeit**
brüsk [brʏsk] I. *Adj* brutal(e)
II. *Adv sich abwenden* brusquement; *sagen, abfertigen* brutale-

ment
brüskieren* *tr V* brusquer; **jdn mit etw/durch etw** ~ brusquer qn [avec qc/par qc]; **er fühlt sich brüskiert** il a l'impression qu'on le presse
Brüskierung <-, -en> *f* ❶ *kein Pl* (*das Brüskieren*) brusquerie *f;* **die** ~ **dieses wichtigen Kunden** la brusquerie avec laquelle on traite ce client important
❷ (*brüskierende Handlung, Äußerung*) **etw als** ~ **empfinden** ressentir qc comme de la brusquerie
Brüssel ['brʏsəl] <-s> *nt* Bruxelles
Brüsseler *Adj* de Bruxelles, bruxellois(e); ~ **Spitzen** des dentelles de Bruxelles
Brüsseler(in) <-s, -> *m(f)* Bruxellois(e) *m(f)*
Brust [brʊst, *Pl:* 'brʏstə] <-, ¨e> *f* ❶ (*Brustkasten*) thorax *m;* **die** ~ **herausdrücken** bomber le torse
❷ (*weibliche Brust*) sein *m;* (*Büste*) poitrine *f,* seins *mpl;* **die rechte** ~ le sein droit; **eine flache** ~ une poitrine plate; **dem Kind die** ~ **geben** donner le sein à l'enfant
❸ GASTR poitrine *f; von Geflügel* blanc *m*
❹ (*Brustschwimmen*) **die 200 Meter** ~ **gewinnen** gagner le 200 mètres brasse *f*
▶ **schwach auf der** ~ **sein** *hum fam* (*schwach sein*) avoir les pectoraux un peu faiblards (*fam*); (*an Geldmangel leiden*) être fauché(e) (*fam*); **sich an jds** ~ (*Dat*) **ausweinen** s'épancher dans les bras de qn; **einen zur** ~ **nehmen** *fam* s'en jeter un derrière la cravate (*fam*); **sich** (*Dat*) **jdn zur** ~ **nehmen** *fam* prendre qn entre quat'z'yeux (*fam*)
Brustbein *nt* ANAT sternum *m* **Brustbeutel** *m* pochette *f* de sécurité (*portée sur la poitrine autour du cou*) **Brustbild** *nt* KUNST, PHOT portrait *m* (*de la tête et du buste*) **Brustdrüse** *f* ANAT glande *f* mammaire
brüsten ['brʏstən] *r V* **sich** ~ se vanter; **sich mit etw** ~ se vanter de qc
Brustfell *nt* ANAT plèvre *f* **Brustfellentzündung** *f* MED pleurésie *f* **Brustflosse** *f* nageoire *f* pectorale **Brustgegend** *f* poitrine *f;* **Schmerzen in der** ~ **haben** avoir mal dans la poitrine **Brusthöhe** *f* hauteur *f* de [la] poitrine; **in** ~ à hauteur de [la] poitrine **Brusthöhle** *f* ANAT cavité *f* thoracique **Brustkasten** *m fam* coffre *m* (*fam*) **Brustkorb** *m* cage *f* thoracique **Brustkrebs** *m* cancer *m* du sein **Brustmuskel** *m* [muscle *m*] pectoral *m* **Brustschwimmen** *nt* brasse *f;* **gut im** ~ **sein** être bon(ne) en brasse **Brustschwimmer(in)** *m(f)* nageur(-euse) *m(f)* de brasse **Bruststimme** *f* voix *f* de poitrine **Bruststück** *nt* GASTR morceau *m* de poitrine **Brusttasche** *f* (*außen*) poche *f* de poitrine; (*innen*) poche intérieure **Brustton** *m* MUS son *m* émis avec une voix de poitrine ▶ **im** ~ **der Überzeugung** d'un [*o* sur un] ton profondément convaincu **Brustumfang** *m* tour *m* de poitrine
Brüstung ['brʏstʊŋ] <-, -en> *f* ❶ (*Balkonbrüstung*) balustrade *f*
❷ (*Fensterbrüstung*) appui *m* de fenêtre
Brustwarze *f* mamelon *m* **Brustwehr** *f* ❶ MIL parapet *m*
❷ HIST créneaux *mpl* **Brustweite** *f* tour *m* de poitrine **Brustwirbel** *m* ANAT vertèbre *f* dorsale
Brut ['bru:t] <-, -en> *f* ❶ *kein Pl* (*das Brüten*) couvaison *f*
❷ (*die Jungtiere*) *von Hühnern, Vögeln* couvée *f; von Bienen* couvain *m*
❸ *pej fam* (*Gesindel*) racaille *f* (*péj*)
brutal [bru'ta:l] **I.** *Adj* ❶ (*grausam*) *Person, Vorgehen, Misshandlung* brutal(e); **ein** ~**er Kerl** une brute
❷ (*Grausamkeit ausdrückend*) *Gesicht* de brute
❸ *sl* (*schlimm*) *Kopfschmerzen* pas possible (*fam*); *Ungerechtigkeit* énorme; **eine** ~**e Niederlage** une raclée (*fam*)
II. *Adv* ❶ (*grausam*) brutalement
❷ (*ohne Rücksicht*) *aussprechen, sagen, zeigen* sans ménagement, brutalement
❸ *sl* (*sehr*) vachement (*fam*); ~ **viel** vachement (*fam*); **der weiß echt** ~ **wenig!** il sait que dalle! (*fam*)
brutalisieren* *tr V* rendre brutal(e) [*o* bestial(e)]; **jdn** ~ rendre qn brutal(e) [*o* bestial(e)]
Brutalisierung <-> *f* déshumanisation *f*
Brutalität [brutali'tɛ:t] <-, -en> *f* brutalité *f*
Brutapparat *m* incubateur *m*
brüten ['bry:tən] *itr V* ❶ *Vogel:* couver
❷ (*grübeln*) **über etw** (*Dat*) ~ cogiter sur qc
brütendheiß *s.* **heiß I.1.**
Brüter <-s, -> *m* **schneller** ~ sur[ré]générateur *m*
Bruthitze *f fam* chaleur *f* d'étuve **Brutkasten** *m* MED couveuse *f* **Brutpflege** *f* élevage *m* de la portée; (*bei Vögeln*) élevage de la couvée; ~ **betreiben** élever sa portée; *Vogel:* élever sa couvée **Brutplatz** *m* nichoir *m;* AGR couvoir *m* **Brutreaktor** *m* sur[ré]générateur *m* **Brutstätte** *f* ❶ (*Nistplatz*) nid *m*
❷ *fig* **eine** ~ **des Lasters** un lieu de perdition
brutto ['brʊto] *Adv* brut
Bruttoeinkommen *nt* revenu *m* brut **Bruttogehalt** *nt* salaire *m* brut **Bruttogewicht** *nt kein Pl* poids *m* brut **Bruttoinlandsprodukt** *nt* produit *m* intérieur brut, P.I.B. *m* **Bruttolohn** *m* salaire *m* brut **Bruttopreis** *m* prix *m* brut **Bruttoregistertonne** *f* NAUT tonneau *m* de jauge brut **Bruttosozialprodukt** *nt* produit *m* national brut, P.N.B. *m* **Bruttoumsatz** *m* chiffre *m* d'affaires brut **Bruttowert** *m* valeur *f* brute
brutzeln ['brʊtsəln] **I.** *itr V* cuire; **in der Pfanne** ~ cuire à la poêle
II. *tr V fam* **sich etw** ~ [se] faire cuire [*o* griller] qc
BSE [be:ʔɛs'ʔe:] <-> *f Abk von* **bovine spongiforme Enzephalopathie** encéphalophatie *f* spongiforme
Btx [be:te:'ʔɪks] *Abk von* **Bildschirmtext** HIST ≈ minitel® *m*
Btx-Anschluss[RR] [be:te:'ʔɪks-] *m* ≈ branchement *m* minitel®
Btx-Nummer *f* ≈ code *m* minitel®
Bub [bu:p] <-en, -en> *m* SDEUTSCH, A, CH gamin *m*
Bube ['bu:bə] <-n, -n> *m* KARTEN valet *m*
Bubikopf ['bu:bi-] *m veraltet* coiffure *f* à la garçonne; **sich** (*Dat*) **einen** ~ **schneiden lassen** se faire coiffer à la garçonne
Buch [bu:x, *Pl:* 'by:çɐ] <-[e]s, ¨er> *nt* ❶ livre *m,* bouquin *m* (*fam*); **ein schlaues** ~ *fam* un livre réponse à tout (*fam*); **über seinen Büchern sitzen** être plongé(e) dans ses livres
❷ *meist Pl* (*Geschäftsbuch*) livre *m* de comptes; **über etw** (*Akk*) ~ **führen** tenir un inventaire de qc, noter qc; **[jdm] die Bücher führen** tenir la comptabilité [de qn]
❸ REL livre *m,* écriture *f;* **die Bücher Mose** le Pentateuque
▶ **jdm ein** ~ **mit sieben Siegeln sein** *Person* être un mystère pour qn; *Wissenschaft* être de l'hébreu [*o* du chinois] pour qn; **das Goldene** ~ **der Stadt** le livre d'or de la ville; **wie ein** ~ **reden** *fam* être un vrai moulin à paroles (*fam*); *Vertreter:* avoir du bagou[t]; **zu** ~**e schlagen** (*das Budget belasten*) peser dans le budget; (*ins Gewicht fallen*) entrer en ligne de compte; **mit tausend Euro zu** ~**e schlagen** peser de mille euros dans le budget; **..., wie er/sie/es im** ~**e steht ...,** tel(le) qu'on se l'imagine; **das** ~ **der Bücher** *geh* la Sainte Écriture, l'Écriture *f*
Buchausstattung *f* présentation *f* du livre **Buchbesprechung** *f* compte *m* rendu **Buchbinder(in)** <-s, -> *m(f)* relieur(-euse) *m(f)* **Buchbinderei** <-, -en> *f* ❶ (*Betrieb*) atelier *m* de relieur ❷ *kein Pl* (*das Binden*) reliure *f* **Buchblock** <-blöcke> *m* TYP corps *m* du livre **Buchdeckel** *m* plat *m;* **der vordere/hintere** ~ le plat supérieur/inférieur **Buchdruck** *m kein Pl* typographie *f* **Buchdrucker(in)** *m(f)* typographe *mf* **Buchdruckerei** *f* ❶ (*Betrieb*) atelier *m* de typographie ❷ *kein Pl* (*das Drucken*) typographie *f* **Buchdruckerkunst** *f* art *m* typographique
Buche ['bu:xə] <-, -n> *f* hêtre *m*
Buchecker ['bu:xʔɛkɐ] <-, -n> *f* faine *f*
Bucheinband *m* couverture *f*
buchen ['bu:xən] *tr V* ❶ (*vorbestellen*) réserver *Fahrt, Flug, Hotelzimmer;* s'inscrire à *Reise;* **etw bei jdm** ~ réserver qc/s'inscrire à qc auprès de qn

② COM (*verbuchen*) **etw** ~ *Person:* comptabiliser qc; *Registrierkasse:* enregistrer qc
Buchenholz *nt* [bois *m* de] hêtre *m*
Bücherbord <-borde> *nt* (*Brett*) tablette *f;* (*Regal*) étagères *fpl* **Bücherbrett** *nt* tablette *f* **Bücherbus** *m* bibliobus *m*
Bücherei <-, -en> *f* bibliothèque *f*
Büchereinsicht *f* JUR examen *m* des livres **Bücherfreund** *m* bibliophile *m* **Büchernarr** *m* bibliomane *m* **Bücherregal** *nt* étagères *fpl;* (*in einer Bibliothek*) rayon *m* de bibliothèque **Bücherschrank** *m* bibliothèque *f* **Büchersendung** *f* colis *m* de livres **Büchertisch** *m* présentoir *m* de livres **Bücherverbrennung** *f* autodafé *m* de livres **Bücherwand** *f* bibliothèque *f* murale **Bücherweisheit** *f* sagesse *f* livresque; **sein Wissen ist nur** ~ sa science est purement livresque **Bücherwurm** *m hum* rat *m* de bibliothèque (*fam*)
Buchfink *m* pinson *m*
Buchform *f* **in** ~ sous forme de volume [*o* de livre] **Buchformat** *nt* format *m* **Buchführung** *f* comptabilité *f;* **einfache/doppelte** ~ comptabilité en partie simple/double; **außerhalb der** ~ FIN en dehors de la comptabilité **Buchgemeinschaft** *f* club *m* du livre **Buchhalter(in)** *m(f)* comptable *mf* **buchhalterisch** I. *Adj Pflichten, Tätigkeit* de comptable; *Arbeit* de comptabilité II. *Adv betrachtet* du point de vue comptable **Buchhaltung** *f* ① (*Rechnungsabteilung*) [service *m* de la] comptabilité *f* ② (*Buchführung*) comptabilité *f* **Buchhandel** *m* ① (*Handel*) commerce *m* du livre; **im** ~ **erhältlich** disponible en librairie ② (*Gesamtheit der Buchhändler*) libraires *mpl* **Buchhändler(in)** *m(f)* libraire *mf* **buchhändlerisch** I. *Adj* de libraire II. *Adv* **sich** ~ **betätigen** avoir une activité de libraire **Buchhandlung** *f* librairie *f* **Buchhülle** *f* jaquette *f* **Buchklub** *m* club *m* de presse [*o* du livre] **Buchladen** *m* librairie *f* **Buchmacher(in)** *m(f)* bookmaker *m* **Buchmalerei** *f* enluminure *f* **Buchmesse** *f* foire *f* du livre **Buchprüfer(in)** *m(f)* expert-comptable *m* **Buchprüfung** *f* vérification *f* des livres, expertise *f* comptable **Buchrücken** *m* dos *m* du livre
Buchs [bʊks] <-es, -e> *m s.* Buchsbaum
Buchsbaum ['bʊksbaʊm] *m* buis *m*
Buchse ['bʊksə] <-, -n> *f* ① ELEC douille *f*
② TECH manchon *m*
Büchse ['bʏksə] <-, -n> *f* ① (*Behälter, Konserve*) boîte *f*
② (*Sammelbüchse*) tronc *m*
③ (*Jagdgewehr*) carabine *f*
Büchsenfleisch *nt* viande *f* en boîte **Büchsenmilch** *f* lait *m* concentré (*en boîte*) **Büchsenöffner** *m* ouvre-boîte *m*
Buchstabe ['bu:xʃta:bə] <-n[s], -n> *m* lettre *f;* (*Druckbuchstabe*) caractère *m* [d'imprimerie]; **großer/kleiner** ~ majuscule *f*/minuscule *f;* **in** ~**n** en lettres
► **nach dem** ~**n des Gesetzes** aux termes de la loi; **sich auf seine vier** ~**n setzen** *hum fam* poser ses fesses (*fam*)
buchstabengetreu *Adj, Adv* à la lettre **Buchstabenrätsel** *nt* logogriphe *m* **Buchstabenschloss**[RR] *nt* serrure *f* à combinaison [de lettres] **Buchstabenschrift** *f* écriture *f* alphabétique
buchstabieren* *tr V* épeler
buchstäblich ['bu:xʃtɛ:plɪç] *Adv* littéralement
Buchstütze *f* serre-livres *m*
Bucht [bʊxt] <-, -en> *f* ① (*Meeresbucht*) baie *f;* (*klein*) crique *f;* **die Deutsche** ~ la baie allemande
② (*Parkbucht*) place *f* [de parking]
Buchtel ['bʊxtəl] <-, -n> *f* A beignet *m*
buchtenreich *Adj* découpé(e)
Buchtitel *m* titre *m* du livre **Buchumschlag** *m* jaquette *f*
Buchung ['bu:xʊŋ] <-, -en> *f* ① TOURISMUS réservation *f*
② (*Verbuchung*) écriture *f*
Buchungsbeleg *m* FIN document *m* [*o* pièce *f*] comptable **Buchungsfehler** *m* erreur *f* comptable **Buchungsgebühr** *f* frais *mpl* d'enregistrement **Buchungssystem** *nt* système *m* de réservation **buchungstechnisch** *Adj* comptable

Buchweizen *m* sarrasin *m*
Buckel ['bʊkəl] <-s, -> *m* ① (*Verwachsung*) bosse *f*
② *fig* **einen** ~ **machen** *Katze:* faire le gros dos
③ *fam* (*Rücken*) dos *m*
④ *fam* (*Bergkuppe*) mamelon *m*
⑤ (*Wölbung*) bosse *f*
► **den** ~ **voll kriegen** *fam* se faire chatouiller les côtes (*fam*); **rutsch mir [doch] den** ~ **runter!** *fam* lâche-moi les baskets! (*fam*)
buckelig *s.* bucklig
Buckelige(r) *s.* Bucklige(r)
buckeln *itr V fam* ① *Katze:* faire le gros dos
② *pej* (*devot sein*) **vor jdm** ~ courber l'échine devant qn
Buckelpiste *f* piste *f* bosselée **Buckelrind** *nt* ZOOL zébu *m*
bücken ['bʏkən] *r V* se pencher; **sich nach etw** ~ se pencher pour ramasser qc; *s. a.* **gebückt**
bucklig *Adj fam* ① *Person* bossu(e)
② (*uneben*) *Straße, Fläche* bosselé(e)
Bucklige(r) *f(m) dekl wie Adj* bossu(e) *m(f)*
Bückling <-s, -e> *m* ① (*Hering*) hareng *m* saur
② *hum fam* (*Verbeugung*) courbette *f;* **[vor jdm] einen** ~ **machen** faire une courbette à qn
Budapest ['bu:dapɛst] <-s> *nt* Budapest
Buddel ['bʊdəl] <-, -n> *f fam* bouteille *f*
buddeln ['bʊdəln] *fam* I. *itr V* faire un trou/des trous
II. *tr V* creuser *Loch*
Buddha ['bʊda] <-s, -s> *m* ① REL Bouddha *m*
② (*Buddhastatue*) bouddha *m*
Buddhismus [bʊ'dɪsmʊs] <-> *m* bouddhisme *m*
Buddhist(in) [bʊ'dɪst] <-en, -en> *m(f)* bouddhiste *mf*
buddhistisch [bʊ'dɪstɪʃ] I. *Adj* bouddhiste
II. *Adv* selon le rite bouddhiste
Bude ['bu:də] <-, -n> *f* ① (*Hütte*) cabane *f*
② (*Baubude*) cabane *f* de chantier
③ (*Kiosk*) stand *m*
④ *fam* (*Zimmer, kleine Wohnung*) piaule *f* (*fam*)
► **die** ~ **auf den Kopf stellen** *fam* mettre la maison sens dessus dessous; **sturmfreie** ~ **haben** *fam avoir le champ libre à la maison;* **jdm die** ~ **einrennen** *fam* rappliquer chez qn (*fam*); **jdm auf die** ~ **rücken** se pointer chez qn (*fam*)
Budget [bʏ'dʒe:] <-s, -s> *nt* budget *m*
Budgetberatung *f* discussion *f* budgétaire **Budgetentwurf** *m* projet *m* budgétaire
Budgetierung [bʏdʒe'ti:rʊŋ] *f* établissement *m* du budget
Budgetüberwachung *f* suivi *m* budgétaire
Büfett [bʏ'fɛt, bʏ'fe:] <-[e]s, -e *o* -s> *nt* ① (*Anrichte*) buffet *m*
② (*angerichtete Speisen*) **kaltes** ~ buffet *m* froid
③ (*Schanktisch*) comptoir *m*
Büffel ['bʏfəl] <-s, -> *m* buffle *m*
Büffelei [bʏfə'laɪ] <-, -en> *f fam* bachotage *m* (*fam*)
Büffelherde *f* troupeau *m* de buffles **Büffelleder** *nt* peau *f* de buffle
büffeln ['bʏfəln] *itr, tr V fam* bosser (*fam*), bûcher (*fam*)
Buffet [bʏ'fe:] <-s, -s> *nt,* **Büffet** <-s, -s> *nt* ① A, CH *s.* **Büfett**
② CH (*Bahnhofsgaststätte*) buffet *m*
Buffo ['bʊfo, *Pl:* 'bʊfi] <-s, Buffi *o* -s> *m* MUS chanteur *m* bouffe
Bug [bu:k] <-[e]s, -e> *m* ① *eines Schiffs* proue *f; eines Flugzeugs* nez *m*
② <Büge> GASTR épaule *f*
Bügel ['by:gəl] <-s, -> *m* ① (*Kleiderbügel*) cintre *m*
② (*Brillenbügel*) branche *f*
③ (*Steigbügel*) étrier *m*
④ (*Einfassung*) *einer Geldbörse, Handtasche* monture *f*
⑤ (*Schlepplifibügel*) perche *f*
⑥ (*Handtaschengriff*) poignée *f*
Bügelbrett *nt* table *f* à repasser, planche *f* à repasser **Bügeleisen** *nt* fer *m* à repasser **Bügelfalte** *f* pli *m* [de pantalon]
bügelfrei *Adj* infroissable; ~ **sein** ne pas se repasser **Bügel-**

maschine *f* machine *f* à repasser
bügeln *itr, tr V* repasser; **etw glatt** ~ repasser qc [pour enlever les faux plis]; **das Bügeln** le repassage
Buggy ['bagi] <-s, -s> *m* (*Kinderwagen*) poussette-canne *f*
Bugrad *nt* AVIAT train *m* [d'atterrissage] avant
bugsieren* **I.** *tr V* ① remorquer *Schiff*
② *fam* (*bewegen*) **etw über den Flur** ~ transbahuter qc par le couloir (*fam*)
③ *fam* (*drängen*) **jdn aus dem Zimmer** ~ pousser qn hors de la pièce
II. *itr V* NAUT effectuer un remorquage/des remorquages
Bugwelle *f* vague *f* d'étrave
buh [bu:] *Interj* [h]ou
buhen ['bu:ən] *itr V fam* pousser des huées de mécontentement
buhlen ['bu:lən] *itr V pej geh* chercher à s'attirer; **um etw** ~ chercher à s'attirer qc
Buhmann ['bu:man] <-[e]s, -männer> *m fam* bouc *m* émissaire; **jdn zum** ~ **machen** prendre qn comme bouc émissaire
Bühne ['by:nə] <-, -n> *f* ① *eines Theaters* scène *f*; **auf der** ~ **stehen** se produire [sur scène]
② (*Theater*) théâtre *m*; **zur** ~ **gehen** monter sur les planches
③ (*Tribüne*) *eines Konzertsaals, einer Aula* estrade *f*
④ (*Hebebühne*) pont *m* élévateur
⑤ DIAL (*Dachboden*) grenier *m*
▶ **von der** ~ **abtreten** quitter le devant de la scène; **etw über die** ~ **bringen** *fam* en finir avec qc; **hinter der** ~ dans la coulisse, dans les coulisses
Buhne ['bu:nə] <-, -n> *f* brise-lames *m*
Bühnenanweisung *f* indication *f* scénique **Bühnenarbeiter(in)** *m(f)* machiniste *mf* **Bühnenaussprache** *f* prononciation *f* adoptée au théâtre **Bühnenausstattung** *f* décors *mpl* **Bühnenautor(in)** *m(f)* auteur *mf* dramatique **Bühnenbearbeitung** *f* version *f* pour la scène **Bühnenbeleuchtung** *f* éclairage *m* scénique **Bühnenbild** *nt* décors *mpl* **Bühnenbildner(in)** ['by:nənbɪltnɐ] <-s, -> *m(f)* scénographe *mf* **Bühnenerfahrung** *f* expérience *f* de la scène [*o* du théâtre] **Bühnenraum** *m* espace *m* scénique **bühnenreif** *Adj* ① *Stück* prêt(e) [à être représenté(e)] ② *iron Auftritt, Szene* théâtral(e); **dein Blick war wirklich** ~**!** quand tu as lancé ce regard, on se serait cru au théâtre! **Bühnenstück** *nt* pièce *f* de théâtre **Bühnentechnik** *f* technique *f* du théâtre **bühnenwirksam** **I.** *Adj* scéniquement approprié(e) **II.** *Adv* pour la scène
Buhruf ['bu:ru:f] *m* huées *fpl*; **laute** ~**e** des huées
buk *Imp von* **backen**
Bukarest ['bu:karɛst] <-s> *nt* Bucarest
Bukett [bu'kɛt] <-s, -s *o* -e> *nt* (*Strauß, Duft*) bouquet *m*
bukolisch [bu'ko:lɪʃ] *Adj geh* bucolique
Bulette [bu'lɛtə] <-, -n> *f* DIAL boulette *f* [de viande]
▶ **ran an die** ~**n!** *fam* faut y aller! (*fam*)
Bulgare [bʊl'ga:rə] <-n, -n> *m*, **Bulgarin** *f* Bulgare *mf*
Bulgarien [bʊl'ga:riən] <-s> *nt* la Bulgarie
bulgarisch **I.** *Adj* bulgare
II. *Adv* ~ **miteinander sprechen** discuter en bulgare; *s. a.* **deutsch**
Bulgarisch <-[s]> *nt kein Art* (*Sprache, Schulfach*) bulgare *m*; **auf** ~ en bulgare; *s. a.* **Deutsch**
Bulgarische *nt dekl wie Adj* **das** ~ le bulgare; *s. a.* **Deutsche**
Bulimie [buli'mi:] <-> *f* MED boulimie *f*
bulimisch [bu'li:mɪʃ] *Adj* MED boulimique
Bullauge ['bʊlʔaʊgə] *nt* hublot *m* **Bulldogge** <-, -n> *f* ZOOL bouledogue *m*
Bulldozer ['bʊldo:zɐ] <-s, -> *m* bulldozer *m*
Bulle¹ ['bʊlə] <-n, -n> *m* ① (*Rind*) taureau *m*
② (*männliches Tier*) mâle *m*
③ *fam* (*starker Mann*) gros balèze *m* (*fam*)
④ *sl* (*Polizist*) flic *m* (*fam*)
Bulle² <-, -n> *f* HIST bulle *f*
Bullenhitze *f fam* chaleur *f* à crever (*fam*)
Bulletin [bʏl'tɛ̃:] <-s, -s> *nt* communiqué *m*
bullig *Adj fam* ① (*massig*) *Kerl, Mann* balèze (*fam*)
② (*sehr groß*) ~**e Hitze** chaleur *f* à crever (*fam*)
bum [bʊm] *Interj* boum; [**es machte**] ~ [ça a fait] boum
Bumerang ['bʊməraŋ, 'bu:məraŋ] <-s, -s *o* -e> *m* boomerang *m*
▶ **sich als** ~ **erweisen** revenir en boomerang
Bummel ['bʊməl] <-s, -> *m* balade *f*
Bummelant(in) [bʊmə'lant] <-en, -en> *m(f) pej fam* glandeur(-euse) *m(f)* (*fam*)
Bummelei <-, -en> *f pej fam* **Schluss mit der** ~**!** arrête/arrêtez de traînasser!
bummelig *Adj a. pej fam* lambin(e); ~ **sein** lambiner
bummeln *itr V* ① + *sein* (*schlendern, spazieren*) se balader; ~ **gehen** aller se balader
② + *haben fam* (*trödeln*) traînasser
Bummelstreik *m* grève *f* du zèle **Bummelzug** *m fam* tortillard *m* (*fam*)
Bummler(in) <-s, -> *m(f) fam* traînard(e) *m(f)*
bums [bʊms] *Interj s.* **bum**
bumsen ['bʊmzən] **I.** *itr V unpers* + *haben fam* **es bumst** (*es kracht*) ça fait boum; (*ein Unfall passiert*) ça cartonne (*fam*)
II. *itr V* ① + *haben fam* (*schlagen*) **gegen die Tür** ~ tambouriner à la porte [en faisant un boucan pas possible] (*fam*)
② + *sein* (*prallen*) **auf/gegen etw** ~ rentrer dans qc; **sie ist mit dem Kopf gegen die Wand gebumst** sa tête a tapé dans le mur
③ + *haben sl* (*koitieren*) baiser (*fam*); **mit jdm** ~ coucher avec qn (*fam*); **das Bumsen** la baise (*fam*)
III. *tr V* + *haben sl* **jdn** ~ baiser qn (*fam*)
Bumslokal *nt pej fam* boui-boui *m* (*fam*)
Bund¹ [bʊnt, *Pl:* 'bʏndə] <-[e]s, ¨-e> *m* ① (*Vereinigung, Verband*) association *f*
② (*Konföderation*) fédération *f*
③ (*Bündnis*) alliance *f*
④ POL [**der**] ~ **und** [**die**] **Länder** le Bund et les Länder
⑤ *fam* (*Bundeswehr*) **der** ~ l'armée [allemande]; **zum** ~ **gehen** aller à l'armée
⑥ (*Rockbund, Hosenbund*) ceinture *f*
⑦ MUS *eines Zupfinstruments* touche *f*
▶ **den** ~ **der Ehe eingehen, den** ~ **fürs Leben schließen** *geh* contracter mariage (*soutenu*); **mit dem Teufel im** ~**e stehen** avoir conclu un pacte [*o* avoir pactisé] avec le diable; **mit jdm im** ~**e sein** [*o* **stehen**] être le/la complice de qn
Bund² [bʊnt, *Pl:* 'bʊndə] <-[e]s, -e> *nt* botte *f*; **zwei** ~ **Radieschen/Spargel** deux bottes de radis/d'asperges
BUND [be:ʔu:ʔɛn'de:] <-> *m* ÖKOL *Abk von* **Bund für Umwelt und Naturschutz Deutschland** *association pour l'environnement et la protection de la nature en Allemagne*
Bündchen ['bʏntçən] <-s, -> *nt* ① (*am Hals*) col *m*
② (*am Ärmel*) poignet *m*
Bündel ['bʏndəl] <-s, -> *nt* ① **ein** ~ **Wäsche/Kleidung** un paquet de linge/vêtements; **ein** ~ **Banknoten** une liasse de billets de banque; **ein** ~ **Stroh** une botte de paille; **ein** ~ **Reisig** un fagot de bois mort
② (*große Menge*) **ein ganzes** ~ **von Fragen** tout un tas de questions
▶ **sein** ~ **schnüren** *hum fam* faire ses valises; **jeder hat sein** ~ **zu tragen** chacun doit porter sa croix
bündeln *tr V* ① (*zusammenschnüren*) faire un paquet/des paquets avec *Zeitungen, Altpapier*; faire une liasse/des liasses avec *Banknoten*; faire une botte/des bottes avec *Radieschen, Karotten, Stroh*
② OPT focaliser *Strahlen*
bündelweise *Adv verkaufen* en bottes
Bundesamt *nt* office *m* fédéral **Bundesangestelltentarif** *m*

grille des salaires des agents non-fonctionnarisés de la fonction publique **Bundesanleihe** *f* emprunt *m* fédéral **Bundesanstalt** *f* office *m* fédéral **Bundesanwalt** *m*, **-anwältin** *f* procureur *m* fédéral **Bundesanwaltschaft** *f* parquet *m* fédéral **Bundesarbeitsgericht** *nt* JUR tribunal *m* fédéral du travail **Bundesausbildungsförderungsgesetz** *nt loi fédérale visant à promouvoir la formation et déterminant les bourses d'études* **Bundesautobahn** *f* autoroute *f* fédérale **Bundesbahn** *f* **die Deutsche ~** HIST les chemins *mpl* de fer allemands; **die Östereichischen/Schweizerischen ~en** les chemins de fer autrichiens/suisses **Bundesbank** *f* **die [Deutsche] ~** la banque fédérale [allemande] **Bundesbehörde** *f* administration *f* [d'un Land]; **oberste ~** administration fédérale **Bundesbürger(in)** *m(f)* citoyen(ne) *m(f)* de la République fédérale d'Allemagne **bundesdeutsch** *Adj* de la République fédérale d'Allemagne **Bundesdeutsche(r)** *f(m) dekl wie Adj* ressortissant *m* allemand/ressortissante *f* allemande **Bundesebene** *f* **auf ~** à l'échelon fédéral **bundeseigen** *Adj* fédéral(e) **Bundesfeier** *f* CH fête *f* nationale [du 1er août] **Bundesfinanzhof** *m* Cour *f* fédérale des finances **Bundesgebiet** *nt* territoire *m* fédéral **Bundesgenosse** *m*, **-genossin** *f* allié(e) *m(f)* **Bundesgericht** *nt* CH Tribunal *m* fédéral [suprême] **Bundesgerichtshof** *m* cour *f* suprême fédérale **Bundesgesetz** *nt* loi *f* fédérale **Bundesgrenzschutz** *m police fédérale allemande pour la protection des frontières* **Bundeshauptstadt** *f* capitale *f* fédérale **Bundeshaus** *nt* ❶ siège *m* du Parlement fédéral ❷ CH siège *m* du Parlement de la Confédération **Bundeshaushalt** *m* budget *m* fédéral **Bundesheer** *nt* A armée *f* autrichienne **Bundeskabinett** *nt* cabinet *m* fédéral **Bundeskanzler(in)** *m(f)* chancelier *m* fédéral; CH chancelier *m* de la Confédération

i Land & Leute

En Allemagne, le **Bundeskanzler** est élu par le parlement fédéral et ensuite nommé par le président de la République fédérale. Il est le chef du gouvernement. En Autriche, le parti ayant le plus de représentants au Conseil national propose un candidat pour la fonction de chancelier que le président de la République fédérale nomme par la suite. Il est le président du gouvernement et dirige la chancellerie fédérale. En Suisse, le chancelier de la Confédération dirige la chancellerie qui est placée sous la tutelle du président de la Confédération.

Bundeskanzleramt *nt* chancellerie *f* fédérale
Bundeskriminalamt *nt direction générale de la police judiciaire* **Bundeslade** *f* BIBL arche *f* d'alliance **Bundesland** *nt* Land *m*

i Land & Leute

La République fédérale d'Allemagne est constituée depuis la réunification de 16 **Bundesländer** et l'Autriche de 9 Länder. Il y a une capitale par Land où se trouve le siège du gouvernement du Land.

Bundesliga ['bʊndəsli:ga] *f* SPORT ≈ première division *f* **Bundesminister(in)** *m(f)* ministre *mf* fédéral **Bundesministerium** *nt* ministère *m* fédéral **Bundesnachrichtendienst** *m service de renseignements fédéral allemand* **Bundespost** *f* **die Deutsche ~** HIST la poste fédérale allemande; **die Österreichische ~** la poste fédérale autrichienne **Bundespräsident(in)** *m(f)* président(e) *m(f)* de la République fédérale; CH président(e) *m(f)* de la Confédération

i Land & Leute

Le **Bundespräsident** est en Allemagne et en Autriche le chef de l'État. Il exerce principalement des fonctions représentatives. En Suisse, en revanche, il fait partie du gouvernement qui est composé de sept personnes et que l'on appelle le Conseil fédéral. Celui-ci élit tous les ans un **Bundespräsident** parmi ses membres. Toutefois, il fait seulement fonction de représentant.

Bundesrat *m* Bundesrat *m*, Conseil *m* fédéral; A, CH Conseil *m* fédéral

i Land & Leute

En Allemagne, les membres des gouvernements des Länder forment le **Bundesrat**. Le nombre de députés dépend de la grandeur du Land. Le **Bundesrat** joue un rôle au niveau législatif. En Autriche, le **Bundesrat** est une partie du parlement. Le nombre d'habitants des Länder décide de la représentation de ces derniers au **Bundesrat**. En revanche, en Suisse, le **Bundesrat** est en fait le gouvernement. Il est constitué de sept membres élus pour quatre ans et dont le président n'est autre que le président de la Confédération.

Bundesrat *m*, **-rätin** *f* CH, A conseiller *m* fédéral/conseillère *f* fédérale **Bundesrechnungshof** *m* Cour *f* fédérale des comptes **Bundesregierung** *f* gouvernement *m* fédéral **Bundesrepublik** *f* **die ~ [Deutschland]** la République fédérale [d'Allemagne] **bundesrepublikanisch** *Adj* de la République fédérale [d'Allemagne] **Bundesschatzbrief** *m* bon *m* du Trésor fédéral **Bundesstaat** *m* ❶ (*Staatenbund*) fédération *f* d'États, État *m* fédéral ❷ (*Gliedstaat*) État *m* fédéré **Bundesstraße** *f* ≈ route *f* nationale **Bundestag** *m* Bundestag *m*, Parlement *m* fédéral

i Land & Leute

Les membres de la représentation nationale de la République fédérale d'Allemagne sont élus pour quatre ans lors d'élections libres à bulletins secrets. Le **Bundestag** élit le chancelier, discute et adopte les projets de lois.

Bundestagsabgeordnete(r) *f(m) dekl wie Adj* député(e) *m(f)* au Bundestag **Bundestagsdebatte** *f* débat *m* au Bundestag **Bundestagsfraktion** *f* POL groupe *m* parlementaire [du Bundestag] **Bundestagspräsident(in)** *m(f)* président(e) *m(f)* du Bundestag **Bundestagswahl** *f* élections *fpl* au Bundestag
Bundestrainer(in) [-trɛ:nɐ] *m(f)* entraîneur *m*/entraîneuse *f* de l'équipe nationale **Bundesverdienstkreuz** *nt* croix *f* fédérale du Mérite **Bundesverfassung** *f* constitution *f* fédérale **Bundesverfassungsgericht** *nt* tribunal *m* constitutionnel suprême **Bundesversammlung** *f* Assemblée *f* fédérale **Bundesversicherungsanstalt** *f* **~ für Angestellte** *caisse fédérale de retraite pour employés* **Bundesverwaltungsgericht** *nt* tribunal *m* administratif de la République fédérale [d'Allemagne] **Bundeswehr** *f* armée *f* fédérale, Bundeswehr *f* **bundesweit** *Adj, Adv* dans l'ensemble du territoire fédéral
Bundfalte *f* pince *f*
Bundfaltenhose *f* pantalon *m* à pinces
Bundhose *f* knickers *mpl*
bündig ['bʏndɪç] **I.** *Adj* ❶ *Antwort, Auskunft* concis(e) ❷ (*auf gleicher Ebene*) plan(e); **die Bücher ~ ins Regal stellen** aligner les livres sur l'étagère
II. *Adv antworten* de manière concise
Bündigkeit <-> *f* concision *f*; (*Bestimmtheit*) netteté *f*

Bündnis [ˈbʏntnɪs] <-ses, -se> *nt* alliance *f*, pacte *m*; ~ **90/Die Grünen** POL *parti allemand écologiste et alternatif*
Bündnisblock <-blöcke> *m* bloc *m* des alliés **Bündnisgrüne(r)** *f(m) dekl wie Adj membre du parti écologiste et alternatif* **Bündnispartner(in)** *m(f)* partenaire *mf* de l'alliance **Bündnispolitik** *f kein Pl* politique *f* de l'alliance **Bündnissystem** *nt* système *m* d'alliance **Bündnistreue** *f* fidélité *f* à l'alliance
Bundweite *f* taille *f*
Bungalow [ˈbʊŋgalo] <-s, -s> *m* bungalow *m*
Bungeejumping [ˈbandʒidʒampɪŋ] <-s> *nt*, **Bungeespringen** *nt* saut *m* à l'élastique
Bunker [ˈbʊnkɐ] <-s, -> *m* ❶ MIL bunker *m*
❷ (*Luftschutzbunker*) abri *m* antiaérien
❸ SPORT bunker *m*
❹ *sl* (*Gefängnis*) trou *m* (*fam*)
bunkern *tr V* ❶ (*einlagern*) entreposer *Kohle, Erz*
❷ NAUT **die Schiffe können in diesem Hafen Brennstoffe ~** les bateaux peuvent s'avitailler en combustible dans ce port
❸ *fam* (*verstecken*) planquer (*fam*)
Bunsenbrenner [ˈbʊnzənbrɛnɐ] *m* bec *m* Bunsen
bunt [bʊnt] **I.** *Adj* ❶ de toutes les couleurs; *Stoff, Vorhang* multicolore, bariolé(e); **sehr ~ sein** être très coloré(e)
❷ (*ungeordnet*) *Durcheinander, Reihenfolge* disparate
❸ (*vielgestaltig*) *Menge, Gewirr* bigarré(e); *Mischung, Auswahl* varié(e)
II. *Adv* ❶ *anstreichen, anmalen* de toutes les couleurs; ~ **bemalt** peint(e) [de multiples couleurs]; ~ **gefleckt** tacheté(e); ~ **gestreift** avec des rayures de toutes les couleurs; ~ **getupft** tacheté(e) de pois multicolores; ~ **kariert** avec des carreaux de toutes les couleurs; ~ **schillernd** aux reflets irisés; **sich ~ färben** *Laub:* devenir multicolore
❷ (*ungeordnet*) ~ **verstreut im Zimmer liegen** être posé(e) pêle-mêle dans la pièce
❸ (*abwechslungsreich*) ~ **gemischt** varié(e)
▶ **es zu ~ treiben** *fam* y aller trop [*o* un peu] fort (*fam*); **jdm wird es zu ~** *fam* qn en a marre (*fam*)
buntbemalt *s.* **bunt II.1.**
buntgefleckt *s.* **bunt II.1.**
buntgemischt *s.* **bunt II.3.**
buntgestreift *s.* **bunt II.1.**
Buntheit <-> *f* variété *f* de couleurs
buntkariert *s.* **bunt II.1.**
Buntmetall *nt* métal *m* lourd non ferreux **Buntpapier** *nt* papier *m* [gommé] de couleur **Buntsandstein** *m* grès *m* bigarré **buntscheckig** *Adj attr* bigarré(e)
buntschillernd *s.* **bunt II.1.**
Buntspecht *m* pic *m* épeiche **Buntstift** *m* crayon *m* de couleur **Buntwäsche** *f* linge *m* de couleur
Bürde [ˈbʏrdə] <-, -n> *f geh* fardeau *m*
Bure [ˈbuːrə] <-n, -n> *m*, **Burin** *f* Boer *m*/[femme *f*] Boer *f*
Burenwurst *f* A (*Bockwurst*) saucisse *f* (*rechauffée à l'eau bouillante*)
Bürette [byˈrɛtə] <-, -n> *f* CHEM burette *f*
Burg [bʊrk] <-, -en> *f* ❶ HIST château *m* fort
❷ (*Sandburg*) château *m* de sable
Bürge [ˈbʏrgə] <-n, -n> *m*, **Bürgin** *f* JUR garant(e) *m(f)*, caution *f*; **[jdm] einen ~n stellen** [*o* **bringen** *fam*] fournir [*o* donner] une caution [à qn]
bürgen *itr V* ❶ JUR se porter garant; **für jdn ~** se porter garant pour qn; **für einen Kredit ~** se porter garant d'un crédit
❷ (*garantieren*) **für die Qualität einer S.** (*Gen*) ~ garantir la qualité de qc
Burgenland *nt* **das ~** le Burgenland
Bürger(in) [ˈbʏrgɐ] <-s, -> *m(f)* citoyen(ne) *m(f)*
Bürgerbeauftragte(r) *f(m) dekl wie Adj* **der/die Europäische ~** le Médiateur européen **Bürgerbeteiligung** *f* participation *f* des citoyens **Bürgerentscheid** <-[e]s, -e> *m* référendum *m* **bürgerfern** *Adj* éloigné(e) des préoccupations des citoyens **bürgerfreundlich** *Adj* attentif(-ive) aux préoccupations des citoyens **Bürgerhaus** *nt* ❶ (*Gemeindezentrum*) centre *m* social et culturel ❷ ARCHIT maison *f* bourgeoise **Bürgerinitiative** [-və] *f* comité *m* de défense **Bürgerkrieg** *m* guerre *f* civile **bürgerkriegsähnlich** *Adj* comparable à une guerre civile; ~**e Zustände** un climat de guerre civile
bürgerlich *Adj* ❶ *attr Recht* civil(e)
❷ (*dem Bürgertum entsprechend*) bourgeois(e)
Bürgerliche(r) *f(m) dekl wie Adj* roturier(-ière) *m(f)*
Bürgermeister(in) *m(f)* maire *m* **bürgernah** *Adj* proche des préoccupations des citoyens **Bürgernähe** *f* prévenance *f* à l'égard des citoyens; **sich um [mehr] ~ bemühen** s'efforcer d'être [davantage] à l'écoute des citoyens **Bürgerpflicht** *f* devoir *m* civique **Bürgerrecht** *nt meist Pl* droit *m* civique; **das Schweizer ~** la citoyenneté suisse **Bürgerrechtler(in)** <-s, -> *m(f)* défenseur *m* des droits du citoyen
Bürgerrechtsbewegung *f* mouvement *m* de défense des droits du citoyen **Bürgerrechtsgesuch** *nt* CH demande *f* de naturalisation
Bürgerschaft <-, *selten* -en> *f* ❶ (*die Bürger*) citoyens *mpl*
❷ (*Bürgervertretung*) municipalité *f*
Bürgerschaftswahl *f* élections *fpl* municipales
Bürgerschreck *m* terreur *f* des bourgeois **Bürgersinn** *m* esprit *m* civique **Bürgersteig** [ˈbʏrgɐʃtaɪk] <-[e]s, -e> *m* trottoir *m*
Bürgertum <-[e]s> *nt* bourgeoisie *f*
Burgfriede[n] *m* trêve *f* **Burggraben** *m einer Festung* fossé *m*; *eines Schlosses* douve *f* **Burgherr(in)** *m(f)* HIST châtelain(e) *m(f)*
Bürgin [ˈbʏrgɪn] *s.* **Bürge**
Burgruine *f* ruines *fpl* d'un château
Bürgschaft [ˈbʏrkʃaft] <-, -en> *f* caution *f*; **für jdn/etw ~ leisten** se porter garant pour qn/de qc; **für jdn die ~ übernehmen** se porter caution pour qn
Burgund [bʊrˈgʊnt] <-[s]> *nt* la Bourgogne
Burgunder <-s, -> *m* (*Wein*) bourgogne *m*
Burgverlies *nt* oubliettes *fpl*
Burin [ˈbuːrɪn] <-, -nen> *f s.* **Bure**
Burkina Faso [bʊrˈkiːna ˈfaːzo] <- -s> *nt* le Burkina Faso
burlesk [bʊrˈlɛsk] *Adj* burlesque
Burleske <-, -n> *f* pièce *f* burlesque
Burma [ˈbʊrma] <-s> *nt* la Birmanie
Burnout [ˈbəːnʔaʊt] <-s, -s> *m* épuisement *m* physique et moral
Burnus [ˈbʊrnʊs, *Pl:* ˈbʊrnʊsə] <- *o* -ses, -se> *m* burnous *m*
Büro [byˈroː] <-s, -s> *nt* bureau *m*
Büroangestellte(r) *f(m) dekl wie Adj* employé(e) *m(f)* de bureau **Büroarbeit** *f* travail *m* de bureau **Büroausstattung** *f* (*Büromaterialien, -geräte*) matériel *m* de bureau **Bürobedarf** *m* fournitures *fpl* de bureau **Bürogebäude** *nt* immeuble *m* de bureaux **Bürogehilfe** *m*, **-gehilfin** *f* auxiliaire *mf* de bureau **Bürohaus** *nt* immeuble *m* de bureaux **Bürohengst** *m pej* rond-de-cuir *m* (*péj*) **Bürokaufmann** *m*, **-kauffrau** *f* secrétaire *mf* commercial(e) **Büroklammer** *f* trombone *m* **Bürokommunikation** *f* bureautique® *f* **Bürokraft** *f* employé(e) *m(f)* de bureau
Bürokrat(in) [byroˈkraːt] <-en, -en> *m(f) pej* bureaucrate *mf*
Bürokratie [byrokraˈtiː] <-, -n> *f* bureaucratie *f*
bürokratisch **I.** *Adj* bureaucratique
II. *Adv* de façon bureaucratique
Bürokratismus <-> *m pej* bureaucratie *f*
Büromaschine *f* machine *f* de bureau **Büromaterial** *nt* matériel *m* de bureau **Büromensch** *m fam* gratte-papier *m* (*péj*) **Büroschluss**RR *m* fermeture *f* des bureaux **Bürostunden** *Pl* heures *fpl* de bureau **Büroturm** *m* tour *f* de bureaux **Bürozeiten** *Pl* heures *fpl* de bureau
Bursche [ˈbʊrʃə] <-n, -n> *m* ❶ (*Halbwüchsiger*) jeune *m*; **na warte, ~!** attends un peu, mon gaillard [*o* mon coco *fam*]!
❷ *fam* (*Kerl*) **ein [ganz] übler ~** un sale type
❸ *fam* (*Exemplar*) engin *m* (*fam*)

B

Burschenschaft <-, -en> *f* corporation *f* d'étudiants
Burschenschafter <-s, -> *m* membre *m* d'une corporation d'étudiants
burschikos [bʊrʃi'ko:s] I. *Adj Mädchen* sans façons; *Art, Benehmen* décontracté(e) (*fam*); *Ausdrucksweise* relâché(e)
II. *Adv sich benehmen* d'une façon décontractée (*fam*); *sich ausdrücken* d'une façon relâchée
Bürste ['bʏrstə] <-, -n> *f* brosse *f*
bürsten *tr V* brosser *Mantel, Schuhe;* **jdm/sich die Haare ~** brosser les cheveux à qn/se brosser les cheveux; **sich** (*Dat*) **den Rücken ~** se frotter le dos [avec une brosse]
Bürstenmacher(in) *m(f)* fabricant(e) *m(f)* de brosses **Bürstenmassage** [-masa:ʒə] *f* friction *f* à la [*o* avec une] brosse
Bürstenschnitt *m* coupe *f* en brosse
Burundi [bu'rʊndi] <-s> *nt* le Burundi
Burundier(in) [bu'rʊndiɐ] <-s, -> *m(f)* Burundais(e) *m(f)*
burundisch *Adj* burundais(e)
Bürzel ['bʏrtsəl] <-s -> *m* croupion *m*
Bus [bʊs] <-ses, -se> *m* ❶ bus *m;* (*Reisebus*) car *m*
❷ INFORM bus *m*
Busbahnhof *m* gare *f* routière **Busbucht** *f arrêt d'autobus encastré dans le trottoir*
Busch [bʊʃ, *Pl:* 'bʏʃə] <-[e]s, Büsche> *m* ❶ (*Strauch*) buisson *m*
❷ (*Buschwald*) brousse *f*
❸ *selten* (*Strauß*) bouquet *m;* **ein ~ [von] Federn** une touffe de plumes
► **mit etw hinterm ~ halten** *fam* cacher qc; **[irgend]etwas ist im ~** *fam* il y a anguille sous roche; **bei jdm auf den ~ klopfen** *fam* tâter le terrain [auprès de qn]; **sich [seitwärts] in die Büsche schlagen** *fam* prendre la tangente (*fam*)
Buschbohne *f* haricot *m* nain
Büschel ['bʏʃəl] <-s, -> *nt* touffe *f;* **ein ~ Gras/Haare** une touffe d'herbe/de cheveux
büschelweise *Adv* par touffes
Buschenschenke A *s.* Straußenwirtschaft
Buschfeuer *nt* feu *m* de brousse
buschig I. *Adj* touffu(e); *Augenbrauen* en broussaille
II. *Adv wachsen* en buisson
Buschmann <-männer> *m* Bochiman *m*
Buschmannfrau *f* femme *f* Bochiman
Buschmesser *nt* machette *f* **Buschwerk** *nt kein Pl* broussailles *fpl* **Buschwindröschen** [-rø:sçən] *nt* anémone *f*
Busen ['bu:zən] <-s, -> *m* ❶ poitrine *f*, seins *mpl;* **viel ~ zeigen** *Kleid:* dégager bien la gorge
❷ *geh* (*Innerstes*) **etw in seinem ~ bewahren** garder qc au fond de son cœur
Busenfreund(in) *m(f)* ami(e) *m(f)* intime
Busfahrer(in) *m(f)* conducteur *m*/conductrice *f* de bus **Bushaltestelle** *f* arrêt *m* de bus
Businessclass[RR], **Business Class**[RR] ['bɪznɪskla:s] <-> *f* classe *f* affaires
Buslinie [-li:niə] *f* ligne *f* de bus
Bussard ['bʊsart] <-s, -e> *m* buse *f*
Buße ['bu:sə] <-, -n> *f* ❶ *kein Pl* REL pénitence *f;* **~ tun** faire pénitence
❷ (*Schadenersatz*) amende *f;* **jdn zu einer ~ verurteilen** condamner qn à une amende
❸ CH (*Geldbuße*) amende *f*
büßen ['by:sən] I. *tr V* ❶ **er hat seinen Leichtsinn mit dem Leben gebüßt** son inconscience lui a coûté la vie; **das wirst [*o* sollst] du mir ~!** tu vas me le payer!
❷ CH (*mit einer Geldbuße belegen*) **jdn ~** frapper qn d'une amende
II. *itr V* **für etw ~** subir les conséquences de qc; **dafür wird er mir ~!** il me le paiera!
Büßer(in) <-s, -> *m(f)* pénitent(e) *m(f)*
Büßergewand *nt* habit *m* de pénitent
► **nicht im ~ umherlaufen** rester la tête haute
Busserl ['bʊsɐl] <-s, -[n]> *nt* SDEUTSCH, A *fam* bisou *m* (*fam*)
bußfertig *Adj Sünder* repentant(e) **Bußgang** <-gänge> *m geh* **einen ~ antreten** faire acte de pénitence [*o* de contrition] (*soutenu*) **Bußgebet** *nt* prière *f* de pénitence **Bußgeld** ['bu:s-] *nt* amende *f;* **ein ~ verhängen** infliger une amende
Bußgeldbescheid *m* contravention *f* **Bußgeldkatalog** *m* liste *f* de tarification des amendes
Bussi ['bʊsi] <-s, -s> *nt fam* bisou *m* (*fam*)
Bußpredigt *f* sermon *m* sur la pénitence **Bußtag** *m* REL jour *m* de pénitence [et de jeûne] **Buß- und Bettag** *m jour férié protestant consacré à la pénitence et au recueillement*
Büste ['bʏstə] <-, -n> *f* ❶ *a.* KUNST buste *m*
❷ (*Schneiderpuppe*) mannequin *m*
Büstenhalter *m* soutien-gorge *m*
Busverbindung *f* correspondance *f* [de bus]
Butan [bu'ta:n] <-s, -e> *nt* CHEM butane *m*
Butangas *nt* butane *m*
Butt [bʊt] <-[e]s, -e> *m* turbot *m*
Bütt [bʏt] <-, -en> *f* DIAL tribune *f* de carnaval (*en forme de tonneau qui sert aux discours de carnaval*)
Büttel ['bʏtəl] <-s, -> *m* ❶ *pej geh* (*Handlanger*) larbin *m*
❷ *veraltet* (*Gerichtsbote*) huissier *m*
Bütten ['bʏtən] <-s> *nt* papier *m* [à la] cuve
Büttenpapier *nt kein Pl* papier *m* [à la] cuve **Büttenrede** *f* DIAL discours *m* de carnaval
Butter ['bʊtɐ] <-> *f* beurre *m;* **braune/zerlassene ~** beurre noir/fondu
► **jdm nicht die ~ auf dem Brot gönnen** *fam* ne pas accepter que qn mette du beurre dans ses épinards; **sich** (*Dat*) **von jdm nicht die ~ vom Brot nehmen lassen** *fam* ne pas se laisser manger la laine sur le dos par qn; **weich wie ~** mou(molle) comme du beurre; **alles [ist] in ~** *fam* ça baigne [dans l'huile] (*fam*)
Butterberg *m hum* montagne *f* de beurre **Butterblume** *f fam* bouton *m* d'or **Butterbrot** *nt* tartine *f* [de beurre] ► **jdm etw aufs ~ schmieren** *fam* ressasser qc à qn (*fam*); **für ein ~** *fam* pour une bouchée de pain **Butterbrotpapier** *nt* papier *m* sulfurisé **Buttercreme** [-kre:m] *f* crème *f* au beurre **Buttercremetorte** *f* gâteau *m* garni de crème au beurre **Butterdose** *f* beurrier *m* **Butterfahrt** *f excursion en bateau au cours de laquelle les passagers ont la possibilité d'acheter des marchandises hors taxes* **Butterfass**[RR] *nt* ❶ *veraltet* (*zur Herstellung*) baratte *f* (*vieilli*) ❷ (*zur Aufbewahrung*) tinette *f*
Butterflystil *s.* Schmetterlingsstil
Butterkäse *m* fromage *m* gras à pâte pressée **Butterkeks** *m* petit-beurre *m;* **ein paar ~e essen** manger quelques petits-beurre **Butterkuchen** *m gâteau au levain garni de flocons de beurre et de sucre* **Buttermilch** *f* petit-lait *m*
buttern I. *tr V* ❶ (*bestreichen*) beurrer *Toast*
❷ *fam* (*investieren*) **viel Geld in etw** (*Akk*) **~** fourrer beaucoup d'argent dans qc (*fam*)
II. *itr V* faire [*o* battre] le beurre
Butterpilz *m* bolet *m* jaune **Buttersäure** *f* CHEM acide *m* butyrique **Butterschmalz** *nt* beurre *m* fondu **butterweich** I. *Adj* ❶ *Frucht* fondant(e); *Metall, Plastik* mou(molle) ❷ (*sanft*) *Landung* en douceur II. *Adv aufsetzen, landen* en douceur
Button ['batən] <-s, -s> *m* badge *m*
Button-down-Kragen [batən'daʊnkra:gən] *m* col *m* à boutons
Butzenscheibe *f* vitre *f* en cul de bouteille
b.w. *Abk von* **bitte wenden** T.S.V.P.
BWL [be:ve:'ʔɛl] *Abk von* **Betriebswirtschaftslehre** sciences *fpl* éco
Bypass ['baɪpas] <-es, Bypässe> *m* pontage *m*
Bypassoperation ['baɪpas-] *f* pontage *m*
Byte [baɪt] <-s, -s> *nt* INFORM octet *m*
byzantinisch [bytsan'ti:nɪʃ] *Adj* byzantin(e)
Byzanz [by'tsants] <-> *nt* Byzance
bzgl. *Abk von* **bezüglich**
bzw. *Abk von* **beziehungsweise**

C c

C, c [tse:] <-, -> *nt* ① (*Buchstabe*) C *m*/c *m*
② MUS do *m*, ut *m*; **das hohe ~** le contre-ut
▸ **C wie Cäsar** c comme Célestin; *s. a.* **K, Z, SCH**
C *Abk von* **Celsius** C
ca. *Abk von* **circa** env.
Cabrio ['ka:brio] <-[s], -s> *nt*, **Cabriolet** [kabrio'le:] <-s, -s> *nt* cabriolet *m*
CAD [tse:ʔa:'de:] <-> *nt Abk von* **computer-aided design** C.A.O. *f*
Caddie ['kɛdi] <-s, -> *m* SPORT ① (*Mensch*) caddie *m*
② (*Wagen*) chariot *m* de golf
Cadmium ['katmiʊm] <-s> *nt* CHEM cadmium *m*; **~ ist ein Metall** le cadmium est un métal
Café [ka'fe:] <-s, -s> *nt* ≈ salon *m* de thé
Cafeteria [kafete'ri:a] <-, -s> *f* cafétéria *f*
cal *Abk von* **[Gramm]kalorie** cal.
Calcium ['kaltsiʊm] *s.* **Kalzium**
Californium [kali'fɔrniʊm] <-s> *nt* CHEM californium *m*
Callboy ['kɔ:lbɔɪ] <-s, -s> *m* call-boy *m* **Callgirl** ['kɔ:lgœ:l] <-s, -s> *nt* call-girl *f*
CAM [tse:ʔa:'ɛm] <-> *nt Abk von* **computer-aided manufacturing** fabrication *f* assistée par ordinateur
Camcorder ['kɛmkɔrdɐ] <-s, -> *m* caméscope *m*
Camembert ['kamãbɛ:ɐ, 'kamɘmbe:ɐ] <-s, -s> *m* camembert *m*
Camion [ka'miõ:] <-s, -s> *m* CH camion *m*
Camp [kɛmp] <-s, -s> *nt* ① (*Lager*) camp *m*
② (*Gefangenenlager*) camp *m* [de prisonniers]
campen ['kɛmpən] *itr V* faire du camping; **an einem See ~** faire du camping [*o* camper] au bord d'un lac; **das Campen** le camping
Camper(in) ['kɛmpɐ] <-s, -> *m(f)* campeur(-euse) *m(f)*
campieren* [kam'pi:rən] *itr V* A, CH *s.* **campen**
Camping ['kɛmpɪŋ] <-s> *nt* camping *m*
Campingartikel ['kɛmpɪŋ-] *m*, **Campingausrüstung** *f* matériel *m* de camping **Campingbus** *m* camping-car *m* **Campingführer** *m* guide *m* de camping et de caravaning **Campingplatz** *m* terrain *m* de camping
Campus ['kampʊs] <-, -> *m* campus *m*
Canasta [ka'nasta] <-s> *nt* canasta *f*
Cancan [kã'kã:] <-s, -s> *m* [french] cancan *m*
Cannabis ['kanabɪs] <-> *m* cannabis *m*
Cannelloni *Pl* cannelloni[s] *mpl*
Cañon ['kanjɔn] <-s, -s> *m* canyon *m*
Cape [keɪp] <-s, -s> *nt* cape *f*
CapsLock-Taste ['kæpslɔk-] *f* INFORM touche *f* verrouillage majuscule
Car [ka:ɐ] <-s, -s> *m* CH car *m*
Caravan ['karavan] <-s, -s> *m* (*Wohnwagen*) caravane *f*
Carepaket ['kɛ:ɐpake:t] *nt* HIST colis *m* de ravitaillement
Carport ['ka:ɐpɔɐ:t] <-s, -s> *m auvent servant d'abri à une voiture* **Carsharing**[RR] ['ka:ɐʃɛ:rɪŋ, 'ka:(r)ʃæ:rɪŋ] <-s> *m* covoiturage *m*
Cartoon [kar'tu:n] <-s, -s> *m o nt* dessin *m* [humoristique]; (*Bildgeschichte*) B.D. *f*, bédé *f*
Casanova [kaza'no:va] <-s, -s> *m* don Juan *m*
Cäsar[1] ['tsɛ:zar] <-s> *m* César *m*
Cäsar[2] <-saren, -saren> *m* (*Titel*) césar *m*
Cashewnuss[RR] ['kɛʃunʊs] *f* noix *f* de cajou
Cashflow[RR] ['kɛʃflɔʊ] <-s, -s> *m* cash-flow *m*
Cäsium ['tsɛ:ziʊm] <-s> *nt* CHEM césium *m*; **~ zählt zu den Metallen** le césium fait partie des métaux
catchen ['kɛtʃn] *itr V* catcher; **gegen jdn ~** catcher contre qn
Catcher(in) ['kɛtʃɐ] <-s, -> *m(f)* catcheur(-euse) *m(f)*
Cateringservice ['keɪtərɪŋsø:ɐvis] *m* traiteur *m*
Cayennepfeffer [ka'jɛn-] *m* poivre *m* de Cayenne
CB-Funk [tse:'be:-] *m* C.B. *f* **CB-Funker(in)** *m(f)* cibiste *mf*
cbm *veraltet Abk von* **Kubikmeter** m^3
CD [tse:'de:] <-, -s> *f Abk von* **Compact Disc** C.D. *m*, compact *m*
CD-Brenner [tse:'de:-] *m* graveur *m* de CD **CD-Player** [-pleɪɐ] <-s, -> *m* lecteur *m* [*o* platine *f*] laser **CD-ROM** [tse:de:'rɔm] <-, -s> *f* INFORM CD-ROM *m*; **eine ~ in das Laufwerk legen** introduire un CD-ROM dans le lecteur; **etw auf eine ~ brennen** graver qc sur un CD-ROM
CD-ROM-Brenner *m* INFORM graveur *m* de CD-ROM **CD-ROM--Laufwerk** *nt* INFORM lecteur *m* de CD-ROM
CD-Spieler *s.* **CD-Player**
CDU [tse:de:'ʔu:] <-> *f Abk von* **Christlich-Demokratische Union** *parti chrétien-démocrate d'Allemagne*
C-Dur ['tse:-] <-> *nt* do *m* majeur, ut *m* majeur; **in ~** en do [*o* ut] majeur
CD-Wechsler [tse:'de:-] *m* changeur *m* de disques compacts
Cellist(in) [tʃɛ'lɪst] <-en, -en> *m(f)* violoncelliste *mf*
Cello ['tʃɛlo, *Pl:* 'tʃɛlos, 'tʃɛli] <-s, -s *o* Celli> *nt* violoncelle *m*
Cellophan® [tsɛlo'fa:n] <-s> *nt* cellophane® *f*
Celsius ['tsɛlziʊs] *kein Art, unv* Celsius
Cembalo ['tʃɛmbalo, *Pl:* tʃɛmbalos, 'tʃɛmbali] <-s, -s *o* Cembali> *nt* clavecin *m*
Cent [sɛnt] *m* cent *m*, euro centime *m*
Cer [tseɐ] <-s> *nt* CHEM cérium *m*; **~ ist ein Metall** le cérium est un métal
ces, Ces [tsɛs] <-, -> *nt* do *m* bémol
Ceylon ['tsaɪlɔn] <-s> *nt* HIST le Ceylan
cf. *Abk von* **confer** cf.
Cha-Cha-Cha ['tʃa'tʃa'tʃa] <-[s], -s> *m* cha-cha-cha *m*
Chagrinleder [ʃa'grɛ̃:-] *nt* chagrin *m*
Chalet [ʃa'le:, ʃa'lɛ] <-s, -s> *nt* CH chalet *m*
Chamäleon [ka'mɛ:leɔn] <-s, -s> *nt* caméléon *m*
▸ **ein ~ sein** *pej* être un caméléon [*o* une girouette]
Champagner [ʃam'panjɐ] <-s, -> *m* champagne *m*
Champignon ['ʃampɪnjɔŋ] <-s, -s> *m* champignon *m* de couche [*o* de Paris]
Champion ['tʃɛmpiən] <-s, -s> *m* champion(ne) *m(f)*
Chance ['ʃã:s(ə)] <-, -n> *f* ① (*Möglichkeit*) chance *f*; **die ~, dass es gelingt, ist groß** il y a de fortes chances que cela réussisse; **wir haben kaum eine ~ es zu schaffen** nous avons peu de chance de réussir; **eine/keine ~ ungenutzt lassen** laisser/ne pas laisser passer sa chance; **jdm eine [letzte] ~ geben** donner une [dernière] chance à qn; **gegen jdn keine ~ haben** n'avoir aucune chance face à [*o* contre] qn
② (*Torchance*) occasion *f*
③ *Pl* (*Aussichten*) chances *fpl*; **die ~n auf einen Erfolg** les chances de succès; **es bestehen kaum ~n, dass** il y a peu de chances que + *subj*; **die ~n stehen gut, dass wir den Prozess gewinnen** nos chances de gagner le procès sont bonnes; **die ~n, dass diese Mannschaft gewinnt, stehen 100:1** il y a 99 chances sur 100 [pour] que cette équipe gagne; **wie stehen die ~n?** *fam* comment ça se présente?
▸ **bei jdm keine ~n haben** *fam* ne pas avoir du succès auprès de qn
Chancengleichheit ['ʃã:sn-] *f kein Pl* égalité *f* des chances
chancenlos *Adj* malchanceux(-euse); **~ sein** n'avoir aucune chance
changieren* [ʃã'ʒi:rən, ʃaŋ'ʒi:rən] *itr V Seide, Moiré:* chatoyer
Chanson [ʃã'sõ:] <-s, -s> *nt* chanson *f* (*à texte*)
Chanson[n]ette [ʃãsɔ'nɛt] <-, -n> *f* chanteuse *f* de variétés
Chansonsänger(in) [ʃã'sõ:-] *m(f)* chanteur(-euse) *m(f)* (*à texte*)
Chaos ['ka:ɔs] <-> *nt* chaos *m*; **in der Wohnung herrscht [ein einziges] ~** c'est le chaos [total] dans l'appartement
Chaostheorie ['ka:ɔs-] *f* théorie *f* du chaos

Chaot(in) [ka'o:t] <-en, -en> *m(f) pej* personne *f* bordélique (*fam*); **ein ~/eine ~ in sein** être bordélique (*fam*)
chaotisch [ka'o:tɪʃ] I. *Adj Person* bordélique (*fam*); *Durcheinander* chaotique (*fam*)
II. *Adv* **bei den Nachbarn geht es ~ zu** c'est le bordel [*o* le foutoir] chez les voisins (*fam*); **ziemlich ~ klingen** avoir l'air bien confus(e)
Charakter [ka'raktɐ, *Pl:* karak'te:rə] <-s, -tere> *m* ❶ (*Wesen*) caractère *m;* **den ~ prägen** [*o* **formen**] former le caractère
❷ (*Eigenart*) caractère *m;* **den ~ einer Drohung haben** avoir tout d'une menace
❸ (*Mensch*) personnalité *f;* **sie sind ganz gegensätzliche ~e** ils ont des personnalités opposées
❹ *Pl* (*Gestalt*) caractère *m;* **die typischen ~e in den Komödien Molières** les personnages typiques des comédies de Molière
► **~ haben** avoir du caractère; **ein Mann/eine Frau von ~** un homme/une femme de caractère
Charakteranlage [ka'raktɐ-] *f* disposition *f* de caractère **Charakterdarsteller(in)** *m(f)* acteur *m*/actrice *f* qui joue des rôles de caractère **Charaktereigenschaft** *f* trait *m* de caractère **Charakterfehler** *m* défaut *m* de caractère **charakterfest** *Adj* de caractère; **~ sein** avoir du caractère **Charakterfestigkeit** *f* fermeté *f* de caractère
charakterisieren* [ka-] *tr V* ❶ (*schildern*) décrire; **jdn als verschlossen ~** décrire [*o* dépeindre] qn comme quelqu'un de renfermé(e); **die Lage als verworren ~** décrire [*o* dépeindre] la situation comme étant confuse
❷ (*kennzeichnen*) caractériser
Charakterisierung <-, -en> *f* description *f*
Charakteristik [karaktə'rɪstɪk] <-, -en> *f* ❶ (*Schilderung*) portrait *m*
❷ TECH (*Eigenschaft*) caractéristique *f*
Charakteristikum [karakte'rɪstɪkʊm] <-s, Charakteristika> *nt geh* caractéristique *f*
charakteristisch [karaktə'rɪstɪʃ] *Adj* caractéristique; **für jdn/etw ~ sein** être caractéristique chez qn/de qc
Charakterkopf [ka-] *m* tête *f* [*o* physionomie *f*] expressive
charakterlich I. *Adj* de caractère; **das ist eine seiner ~en Stärken** c'est une des forces de son caractère
II. *Adv sich verändern* en ce qui concerne le caractère
charakterlos I. *Adj Person* sans caractère; *Verhalten* méprisable; **~ sein** *Person:* ne pas avoir de caractère
II. *Adv* de façon méprisable
Charakterlosigkeit <-, -en> *f* bassesse *f*
Charakterologie [karakterolo'gi:] <-> *f* PSYCH caractérologie *f*
Charakterrolle *f* rôle *m* de caractère **Charakterschwäche** *f* faiblesse *f* de caractère **Charakterschwein** *nt sl* salaud *m* (*fam*) **Charakterstärke** *f* force *f* de caractère **charaktervoll** I. *Adj* ❶ (*anständig*) *Verhalten* droit(e), loyal(e) ❷ (*ausdrucksstark*) *Gesichtszüge, Kinn, Nase, Stirn* qui a du caractère II. *Adv* loyalement **Charakterzug** *m* trait *m* de caractère
Charge ['ʃarʒə] <-, -n> *f* ❶ **die höheren/unteren ~n** les personnes haut placées/les sous-fifres
❷ THEAT rôle *m* de composition
❸ PHARM lot *m*
Charisma ['ça:rɪsma, ça:'rɪsma] <-s, Charismen *o* Charismata> *nt geh* charisme *m*
charismatisch [çarɪs'ma:tɪʃ] *Adj* charismatique
Charleston ['tʃarlstn] <-, -s> *m* charleston *m*
charmant [ʃar'mant] I. *Adj* charmant(e), gentil(le); **sehr ~ von dir!** très gentil de ta part!
II. *Adv* de façon charmante, aimablement
Charme [ʃarm] <-s> *m* charme *m;* **~ haben** avoir du charme
Charmeur [ʃar'mø:ɐ] <-s, -e> *m* charmeur *m*
Charta ['karta] <-, -s> *f* charte *f;* **die Magna ~** HIST la Grande Charte [d'Angleterre]
Charterflug ['tʃa:ɐtɐ-] *m* [vol *m*] charter *m* **Charterfluggesellschaft** *f* compagnie *f* de charters [*o* charter] **Charterflugzeug** *s.* Chartermaschine **Chartergesellschaft** *s.* Charterfluggesellschaft **Chartermaschine** *f* [avion *m*] charter *m*
chartern ['tʃa:ɐtɐn] *tr V* affréter, chartériser *Flugzeug, Schiff*
Charts [tʃa:(r)ts] *Pl* hit-parade *m,* Top 50 *m;* **in den ~** au hit-parade
Chassis [ʃa'si:] <-, -> *nt* châssis *m*
Chat [tʃɛt, 'tʃæt] <-s, -s> *m* INFORM chat *m*
chatten ['tʃɛtən, 'tʃætən] *itr V* INFORM chatter (*fam*)
Chauffeur(in) [ʃɔ'fø:ɐ] <-s, -e> *m(f)* chauffeur *m*
chauffieren* [ʃɔ'fi:rən] I. *tr V veraltet geh* conduire; **jdn zum Bahnhof/Friseur ~** conduire qn à la gare/chez le coiffeur
II. *itr V veraltet geh* conduire
Chaussee [ʃo'se:, ʃɔ'se:, -'se:ən] <-, -n> *f veraltet* route *f* de campagne
Chauvi ['ʃo:vi] <-s, -s> *m sl* macho *m* (*fam*)
Chauvinismus [ʃovi'nɪsmʊs] <-> *m pej* ❶ POL chauvinisme *m*
❷ (*männlicher Chauvinismus*) machisme *m,* phallocratie *f*
Chauvinist [ʃovi'nɪst] <-en, -en> *m pej* ❶ POL chauvin(e) *m(f)*
❷ (*Sexist*) machiste *m,* phallocrate *m*
Chauvinistin [ʃovi'nɪstɪn] <-, -nen> *f* POL *pej* chauvine *f*
chauvinistisch [ʃovi'nɪstɪʃ] I. *Adj pej* ❶ POL chauvin(e)
❷ (*sexistisch*) machiste, phallocrate
II. *Adv pej* (*sexistisch*) comme un machiste/phallocrate
checken ['tʃɛkən] *tr V* ❶ (*überprüfen*) vérifier; **~, wer/ob ...** vérifier qui/si ...
❷ *sl* (*begreifen*) piger (*fam*)
❸ SPORT contrer *Mitspieler*
Check-in ['tʃɛk-] <-s, -s> *m* enregistrement *m*
Checkliste *f* ❶ (*Passagierliste*) liste *f* des passagers
❷ (*Kontrollliste des Piloten*) liste *f* de vérification
❸ (*allgemeine Aufstellung*) liste *f*
Check-up ['tʃɛkap] <-s, -s> *m* ❶ MED bilan *m* de santé
❷ TECH révision *f*
Chef [ʃɛf] <-s, -s> *m einer Firma* patron *m,* chef *m; einer Behörde, Abteilung* chef *m* (*fam*)
Chefarzt ['ʃɛf-] *m,* **-ärztin** *f* médecin-chef *mf* **Chefetage** [-eta:ʒə] *f* bureaux *mpl* de la direction **Chefideologe** *m,* **-ideologin** *f* idéologue *mf* principal(e)
Chefin ['ʃefɪn, 'ʃɛfɪn] <-, -nen> *f* ❶ *einer Firma* patronne *f; einer Behörde, Abteilung* chef *f* (*fam*); *einer Delegation, eines Kabinetts* directrice *f*
❷ *fam* (*Frau des Chefs*) patronne *f* (*fam*)
Chefkoch ['ʃɛf-] *m,* **-köchin** *f* chef *mf* [de cuisine] **Chefredakteur(in)** [-redaktø:ɐ] *m(f)* rédacteur(-trice) *m(f)* en chef **Chefsekretär(in)** *m(f)* secrétaire *mf* de direction
chem. *Adj Abk von* **chemisch**
Chemie [çe'mi:] <-> *f* ❶ chimie *f*
❷ *fam* (*Chemikalie*) produit *m* chimique
► **zwischen den beiden stimmt die ~** il y a entre eux des atomes crochus
Chemiearbeiter(in) [çe'mi:-] *m(f)* ouvrier(-ière) *m(f)* de l'industrie chimique **Chemiefaser** *f* fibre *f* synthétique **Chemiegigant** *m* géant *m* de l'industrie chimique **Chemieingenieur(in)** *m(f)* ingénieur *mf* chimiste **Chemielaborant(in)** *m(f)* laborantin(e) *m(f)* chimiste **Chemielehrer(in)** *m(f)* professeur *m* de chimie **Chemieunterricht** *m* cours *m* de chimie
Chemikalie [çemi'ka:liə] <-, -n> *f meist Pl* produit *m* chimique
Chemiker(in) ['çe:mikɐ] <-s, -> *m(f)* chimiste *mf*
Cheminée ['ʃmine:] <-s, -s> *nt* CH cheminée *f*
chemisch ['çe:mɪʃ] I. *Adj* chimique; *Labor* de chimie
II. *Adv* chimiquement; **~ behandelt sein** avoir subi un traitement chimique; *Frucht, Gemüse:* être traité(e); **etw ~ untersuchen** faire une analyse chimique de qc; **etw ~ reinigen lassen** porter qc au nettoyage
Chemotechnik [çemo-] *f kein Pl* technologie *f* chimique **Che-**

motechniker(in) *m(f)* technicien(ne)-chimiste *m* **Chemotherapeutikum** <-s, -ka> *nt* médicament *m* chimique **Chemotherapie** [çemotera'pi:] *f* chimiothérapie *f*
Cherub ['çe:rʊp, 'ke:rʊp, *Pl:* 'ke:rubi:m, çeru'bi:nən] <-s, -im *o* -binen> *m* chérubin *m*
Chiasmus <-, -men> *m* LING chiasme *m*
chic [ʃɪk] *Adj s.* **schick**
Chicorée ['ʃikore:, ʃiko're:] <-> *f*, <-s> *m* endive *f*
Chiffon ['ʃɪfɔŋ, ʃɪ'fõ:] <-s, -s> *m* gaze *f*
Chiffre ['ʃɪfrə] <-, -n> *f* ❶ *einer Annonce* numéro *m* [d'identification]
❷ (*Zeichen*) code *m* secret
chiffrieren* [ʃɪ'fri:rən] *tr V* coder
Chiffriermaschine [ʃɪ'fri:r-] *f* dispositif *m* de cryptage
Chile ['çi:le, 'tʃi:le] <-s> *nt* le Chili
Chilene [çi'le:nə] <-n, -n> *m*, **Chilenin** *f* Chilien(ne) *m(f)*
chilenisch *Adj* chilien(ne)
Chili ['tʃi:li] <-s> *m* ❶ (*Schote*) piment *m* fort
❷ (*Soße*) chili *m*
Chimäre <-, -n> *f a.* BIO chimère *f*
China ['çi:na] <-s> *nt* la Chine
Chinakohl ['çi:na-] *m* chou *m* de Chine
Chinchilla¹ [tʃɪn'tʃɪla] <-, -s> *f* (*Tier*) chinchilla *m*
Chinchilla² <-s, -s> *nt* (*Pelz*) chinchilla *m*
Chinese [çi'ne:zə] <-n, -n> *m*, **Chinesin** *f* Chinois(e) *m(f)*
chinesisch [çi'ne:zɪʃ] **I.** *Adj* chinois(e)
▸ **das ist ~ für mich** *fam* pour moi, c'est du chinois
II. *Adv* ~ **miteinander sprechen** discuter en chinois; *s. a.* **deutsch**
Chinesisch <-[s]> *nt kein Art* (*Sprache, Schulfach*) chinois *m*; **auf ~** en chinois; *s. a.* **Deutsch**
Chinesische [çi'ne:zɪʃə] *nt dekl wie Adj* **das ~** le chinois; *s. a.* **Deutsche**
Chinin [çi'ni:n] <-s> *nt* PHARM quinine *f*; **~ ist ein Mittel gegen Malaria** la quinine est un médicament contre le paludisme
Chip [tʃɪp] <-s, -s> *m* ❶ INFORM puce *f*
❷ *meist Pl* (*Kartoffelchip*) chips *f*
❸ (*runde Spielmarke*) jeton *m*; (*rechteckige Spielmarke*) plaque *f*
Chipkarte *f* INFORM carte *f* à puce
Chiropraktik [çiro'praktɪk] *f* chiropractie *f* **Chiropraktiker(in)** [çiro'praktikɐ] *m(f)* chiropracticien(ne) *m(f)*
Chirurg(in) [çi'rʊrk] <-en, -en> *m(f)* chirurgien(ne) *m(f)*
Chirurgie [çirʊr'gi:] <-, -n> *f* (*Fachgebiet, Klinikabteilung*) chirurgie *f*
chirurgisch [çi'rʊrgɪʃ] **I.** *Adj* chirurgical(e); *Ausbildung* en chirurgie; **~e Abteilung** service *m* de chirurgie
II. *Adv einpflanzen, entfernen* chirurgicalement
Chitin [çi'ti:n] <-s> *nt* ZOOL chitine *f*
Chlodwig ['klo:tvɪç] <-s> *m* HIST Clovis *m*
Chlor [klo:ɐ] <-s> *nt* CHEM chlore *m*; **~ ist ein Desinfektionsmittel** le chlore est un désinfectant
chloren ['klo:rən] *tr V* chlorer
chlorfrei *Adj* sans chlore
chlorhaltig *Adj* CHEM chloré(e); **das Wasser ist stark ~** il y a beaucoup de chlore dans l'eau
Chlorid <-[e]s, -e> *nt* CHEM chlorure *m*
chlorieren* [klo'ri:rən] *tr V* chlorer
chlorig ['klo:rɪç] *Adj Wasser* chloré(e), javellisé(e)
Chlorkalk [klo:ɐ-] *m* chlorure *m* de chaux
Chloroform [kloro'fɔrm] <-s> *nt* chloroforme *m*
chloroformieren* *tr V* chloroformer
Chlorophyll [kloro'fʏl] <-s> *nt* chlorophylle *f*
Choke [tʃo:k] <-s, -s> *m* starter *m*
Cholera ['ko:lera, 'kɔləra] <-> *f* MED choléra *m*
Choleriker(in) [ko'le:rikɐ] <-s, -> *m(f)* homme *m* coléreux/femme *f* coléreuse
cholerisch [ko'le:rɪʃ] *Adj* colérique
Cholesterin [çolɛste'ri:n, kolɛste'ri:n] <-s> *nt* cholestérol *m*; **~ kommt in allen tierischen Geweben vor** le cholestérol se trouve dans tous les tissus animaux
Cholesterinspiegel [çolɛste'ri:n-, kolɛste'ri:n-] *m* taux *m* de cholestérol
Chor [ko:ɐ, *Pl:* 'kø:rə] <-[e]s, ¨-e> *m* ❶ (*Gruppe von Sängern*) chorale *f*; (*in der Kirche, Armee*) chœur *m*; (*Opernchor*) chœurs *mpl*; **im ~ singen/rufen** chanter/crier en chœur
❷ (*Komposition, Altarraum*) chœur *m*
❸ (*Chorempore*) tribune *f*
❹ HIST, LITER chœur *m*
Choral [ko'ra:l, *Pl:* ko'rɛ:lə] <-s, Choräle> *m* choral *m*
Choreograf(in)^RR [koreo'gra:f] <-en, -en> *m(f)* chorégraphe *mf*
Choreografie^RR [koreogra'fi:] <-, -n> *f* chorégraphie *f*
choreografisch^RR **I.** *Adj* chorégraphique
II. *Adv betrachtet* du point de vue chorégraphique
Choreograph(in) *s.* **Choreograf(in)**
Choreographie *s.* **Choreografie**
choreographisch [koreo'gra:fɪʃ] *s.* **choreografisch**
Chorgesang ['ko:ɐ-] *m* chœur *m* **Chorgestühl** ['ko:ɐgəʃty:l] *nt* stalles *fpl* **Chorknabe** *m* petit chanteur *m* **Chorleiter(in)** *m(f)* chef *mf* de chorale **Chorsänger(in)** *m(f)* choriste *mf*
Chose ['ʃo:zə] <-, -n> *f fam* ❶ (*Angelegenheit*) truc *m* (*fam*)
❷ (*Dinge*) **die ganze ~** tout le bazar (*fam*)
Chr. J.C.; *Abk von* **Christus, Christi**
Christ(in) [krɪst] <-en, -en> *m(f)* chrétien(ne) *m(f)*
Christbaum ['krɪst-] *m* DIAL arbre *m* de Noël
Christbaumschmuck *m* décorations *fpl* de l'arbre de Noël
Christdemokrat(in) *m(f)* chrétien(ne)-démocrate *m(f)*
christdemokratisch *Adj* chrétien(ne)-démocrate
Christenheit ['krɪstn-] <-> *f* chrétienté *f*
Christenpflicht *f* devoir *m* chrétien
Christentum <-[e]s> *nt* christianisme *m*
Christenverfolgung *f* persécution *f* des chrétiens
Christfest ['krɪst-] *nt* DIAL jour *m* de Noël
Christi *Gen von* **Christus**
christianisieren* [krɪstiani'zi:rən] *tr V* évangéliser
Christianisierung [krɪstiani'zi:rʊŋ] <-, -en> *f* évangélisation *f*
Christin *s.* **Christ**
Christkind ['krɪst-] *nt* ❶ enfant *m* Jésus
❷ (*Symbolfigur für Weihnachten*) petit Jésus *m*
christlich **I.** *Adj* chrétien(ne)
II. *Adv* dans la foi chrétienne, chrétiennement
Christmesse, **Christmette** ['krɪstmɛtə] *f* messe *f* de minuit
Christnacht *f* nuit *f* de Noël
Christo *Dat von* **Christus**
Christoph ['krɪstɔf] <-s> *m* ❶ Christophe *m*
❷ HIST ~ **Kolumbus** Christophe Colomb
Christrose ['krɪst-] *f* rose *f* de Noël **Christstolle[n]** *m* GASTR *gâteau brioché consommé principalement pendant la période de Noël*
Christum *Akk von* **Christus**
Christus ['krɪstʊs] <Christi> *m* REL le Christ; KUNST christ *m*; **vor/nach Christi [Geburt]** avant/après Jésus-Christ, avant/après J-C; **Christi Himmelfahrt** l'Ascension *f*
Chrom [kro:m] <-s> *nt* CHEM chrome *m*; **~ ist ein silberfarbenes Metall** le chrome est un métal argenté
Chromatik [kro'ma:tɪk] <-> *f* MUS, OPT chromatisme *m*
chromatisch [kro'ma:tɪʃ] *Adj* chromatique
chromblitzend ['kro:m-] *Adj Auto* aux chromes étincelants
Chromnickelstahl *m* acier *m* chromé au nickel
Chromosom [kromo'zo:m] <-s, -en> *nt* chromosome *m*
Chromstahl *m* TECH acier *m* chromé
Chronik ['kro:nɪk] <-, -en> *f* chronique *f*
chronisch ['kro:nɪʃ] **I.** *Adj Krankheit, Beschwerden, Unzufriedenheit* chronique; **bei jdm ~ sein/werden** être/devenir chronique chez qn

C

II. *Adv* ~ **kranke Menschen** des malades chroniques
Chronist(in) [kro'nɪst] <-en, -en> *m(f)* chroniqueur(-euse) *m(f)*
Chronologie [kronolo'giː] <-, -n> *f* chronologie *f*
chronologisch [krono'loːgɪʃ] I. *Adj* chronologique
II. *Adv* dans l'ordre chronologique
Chronometer [krono-] <-s, -> *nt* montre *f* de précision
Chrysantheme [kryzan'teːmə] <-, -n> *f* chrysanthème *m*
Chuzpe ['xʊtspə] <-> *f pej sl* culot *m* (*fam*)
CIA ['siːʔaɪ'ʔeː] <-> *f o m Abk von* **Central Intelligence Agency** CIA *f*
Cicero ['tsiːtsero] <-s> *m* HIST Cicéron *m*
Cineast(in) [sine'ast] <-en, -en> *m(f) geh* ❶ (*Filmschaffender*) cinéaste *mf*
❷ (*Filmkenner*) cinéphile *mf*
cineastisch [sine'astɪʃ] *Adj* cinématographique
circa ['tsɪrka] *s.* **zirka**
Circulus vitiosus ['tsɪrkulʊsvi'tsioːzʊs] <- -, Circuli vitiosi> *m geh* cercle *m* vicieux
cis, Cis [tsɪs] <-, -> *nt* do *m* dièse
City ['sɪti] <-, -s> *f* centre-ville *m*
cl *Abk von* **Zentiliter** cl
Clan [klaːn, klɛn] <-s, -e *o* -s> *m a. fig, pej* clan *m*
Claqueur [kla'køːɐ] <-s, -e> *m pej geh* personne *f* qui fait partie de la claque; **die ~e** la claque
Clavicembalo [klavi'tʃɛmbalo] *nt* clavecin *m*
clean [kliːn] *Adj sl* clean (*arg*); **~ sein** *Person:* être clean
Clearingstelle *f* ÖKON office *m* de clearing
Clementine *s.* **Klementine**
clever ['klɛvɐ] I. *Adj fam* ❶ (*gewitzt, geschickt*) futé(e); **nicht ~ genug sein** ne pas être assez fute-fute (*fam*)
❷ *pej* (*raffiniert*) *Schachzug* habile (*péj*)
II. *Adv fam* ❶ (*geschickt*) astucieusement
❷ *pej* (*raffiniert*) sournoisement (*péj*)
Cleverness^RR^, **Cleverneß** ['klɛvɐnɛs] <-> *f* ❶ (*Aufgewecktheit*) astuce *f*
❷ *pej* (*Raffinesse*) roublardise *f* (*fam*)
Clinch [klɪn(t)ʃ] <-[e]s> *m* ❶ BOXEN corps à corps *m*; **mit jdm in den ~ gehen** aller au corps à corps avec qn
❷ *fam* (*Auseinandersetzung*) partie *f* de bras de fer; **mit jdm im ~ sein** [*o* **liegen**] être en désaccord avec qn
Clip <-s, -s> *m* ❶ (*Videoclip*) clip *m* [vidéo]
❷ (*Ohrclip*) clip *m*
❸ (*Spange*) *eines Füllers, Kugelschreibers* agrafe *f*
Clique ['klɪkə, 'kliːkə] <-, -n> *f* ❶ (*Freundeskreis*) bande *f*
❷ *pej* clique *f*
Cliquenwesen ['klɪkn-] *nt*, **Cliquenwirtschaft** *f pej fam* esprit *m* de coterie, copinage *m* (*fam*)
Clochard [klɔ'ʃaːɐ] <-s, -s> *m* clochard *m*
Clou [kluː] <-s, -s> *m* ❶ (*Glanzpunkt*) clou *m*
❷ (*Kernpunkt*) *einer Geschichte* nœud *m*
Clown(in) [klaʊn] <-s, -s> *m(f)* clown *m*
▸ **sich/jdn zum ~ machen** se ridiculiser/ridiculiser qn; **den ~ spielen** faire le clown
Club *s.* **Klub**
cm *Abk von* **Zentimeter** cm
c-Moll ['tseː-] <-> *nt* do *m* mineur, ut *m* mineur; **in ~** en do [*o* ut] mineur
Co. *Abk von* **Kompagnon, Kompanie** Co
Coach [koːtʃ] <-[s], -s> *m* entraîneur *m*
COBOL ['koːbɔl] <-s> *nt* INFORM *Abk von* **common business oriented language** cobol *m*
Coca-Cola® <-, -[s]> *f*, <-[s], -[s]> *nt* coca-cola *m inv*
Cockerspaniel ['kɔkɐʃpaːniəl] <-s, -s> *m* cocker *m*
Cockpit ['kɔkpɪt] <-s, -s> *nt* cockpit *m*
Cocktail ['kɔkteɪl] <-s, -s> *m* cocktail *m*
Cocktailkleid ['kɔkteɪl-] *nt* robe *f* de cocktail **Cocktailparty** ['kɔkteɪlpaːɐti] *f* cocktail *m*
Code [koːt] *s.* **Kode**
Codein [kode'iːn] <-s> *nt* BIO codéine *f*
Codex ['koːdɛks] *s.* **Kodex**
Coffein [kɔfe'iːn] <-s> *nt* BIO caféine *f*
Cognac® ['kɔniak] <-s, -s> *m* cognac *m*
Coiffeur [koa'føːɐ] <-s, -e> *m*, **Coiffeuse** *f* CH coiffeur(-euse) *m(f)*
Coiffeursalon [koa'føːɐzalõː, -zalɔŋ] *m* CH salon *m* de coiffure
Coitus ['koːitʊs] <-, -> *m* coït *m*; **~ interruptus** coït interrompu
Cola ['koːla] <-, -[s]> *f*, <-[s], -[s]> *nt fam* coca *m*
Collage [kɔ'laːʒə] <-, -n> *f* KUNST, MUS collage *m*
Collie ['kɔli] <-s, -s> *m* colley *m*
Collier [kɔ'lieː] <-s, -s> *nt* collier *m*
Colt® [kɔlt] <-s, -s> *m* colt *m*
Combo ['kɔmbo] <-, -s> *f* combo *m*
Comeback [kam'bɛk], **Come-back**^RR^ [kam'bæk] <-[s], -s> *nt* come-back *m*, rentrée *f*; **ein** [*o* **sein**] **~ feiern** faire son come-back
Comecon, COMECON ['kɔmekɔn] <-> *m o nt Abk von* **Council for Mutual Economic Assistance/Aid** HIST Comecon *m*
Comic ['kɔmɪk] *m*, **Comicheft** *nt* bande *f* dessinée, B.D. *f* (*fam*)
Coming-out [kamɪŋ'ʔaʊt] <-[s], -s> *nt eines Homosexuellen* aveu *m* public de son homosexualité; **sein ~ haben** avouer ouvertement son homosexualité
Compactdisc^RR^ [kɔm'paktdɪsk], **Compact Disc** [kɔm'pakt'disk] <- -, - -s> *f* disque *m* compact, C.D. *m*
Compiler [kɔm'paɪlɐ] <-s, -> *m* INFORM compilateur *m*
Computer [kɔm'pjuːtɐ] <-s, -> *m* ordinateur *m*; **den ~ einschalten** mettre l'ordinateur en marche; **den ~ ausschalten** éteindre l'ordinateur; **etw auf ~ umstellen** informatiser qc; **sie werden auf ~ umstellen** ils vont s'informatiser
Computerarbeitsplatz *m* poste *m* de travail informatisé **Computerausdruck** *m* listing *m* **Computerdiagnostik** *f* diagnostic *m* informatisé **Computerfehler** *m* erreur *f* informatique **Computerfreak** [-friːk] *m fam* mordu(e) *m(f)* d'ordinateur (*fam*) **computergesteuert** I. *Adj Fertigung* informatisé(e); *Ampel, Verkehrsregelung* commandé(e) par ordinateur II. *Adv* par ordinateur **Computergrafik** *f* graphique *m* sur ordinateur **Computergrafiker(in)** *m(f)* infographiste *mf*
computerisieren* [kɔmpjutəri'ziːrən] *tr V* informatiser
Computerkasse [kɔm'pjuːtɐ-] *f* caisse *f* informatisée **Computerkriminalität** *f* délinquance *f* informatique **Computerkurs** *m* cours *m* d'informatique **computerlesbar** *Adj* lisible informatiquement **Computerlinguistik** *f* linguistique *f* informatique **Computersimulation** *f* simulation *f* par ordinateur **Computerspiel** *nt* jeu *m* vidéo **Computertechnik** *f* technique *f* informatique **Computertisch** *m* desserte *f* informatique, bureau *m* multimédia **Computertomograf**^RR^ *s.* **Computertomograph** **Computertomografie**^RR^ *s.* **Computertomographie** **Computertomograph** *m* MED scanner *m* **Computertomographie** *f* MED scanographie *f* **computerunterstützt** *Adj* assisté(e) par ordinateur; **~es Entwerfen** conception assistée par ordinateur; **~er Unterricht** enseignement assisté par ordinateur **Computervirus** [-viː-] *m* virus *m* [informatique] **Computerzeitalter** *nt* époque *f* de l'informatique
Conditio sine qua non [kɔn'diːtsio-] <- - - -> *f geh* condition *f* sine qua non
Conférencier [kõferã'sieː] <-s, -s> *m* animateur *m*, présentateur *m*
Confiserie [kõfizə'riː, kɔnfizə'riː, -'riːən] <-, -n> *f* CH confiserie *f*
Container [kɔn'teːnɐ, kɔn'teɪnɐ] <-s, -> *m* ❶ COM conteneur *m*
❷ (*Müllcontainer*) benne *f* [à ordures]
Containerbahnhof [kɔn'teɪnɐ-] *m* gare *f* [à] conteneurs **Containerhafen** *m* port *m* de conteneurs **Containerschiff** *nt* porte-conteneurs *m* **Containerterminal** [-tøːɐminl] *m o nt* terminal *m* pour conteneurs **Containerverkehr** *m* trafic-con-

tainer *m*
Containment [kɔn'teɪnmənt] <-s, -s> *nt* TECH *eines Kernkraftwerks* enceinte *f* de confinement
Contenance [kõtə'nã:s] <-> *f geh* calme *m;* **die ~ bewahren** garder son calme [*o* sang-froid]
Contergan® [kɔntɛr'ga:n] *nt* PHARM thalidomide *f*
Contergankind *nt fam* enfant *m* victime de la thalidomide
Controller(in) [kɔn'trɔʊlɐ] <-s, -> *m(f)* contrôleur(-euse) *m(f)* de gestion
cool [ku:l] *Adj sl* ❶ (*gefasst*) *Art, Person* cool (*fam*) ❷ (*sehr gut*) *Job, Typ, CD, Musik* sympa (*fam*)
Copilot(in) ['ko:-] *m(f)* copilote *mf*
Copyright ['kɔpiraɪt] <-s, -s> *nt* copyright *m* **Copyshop** ['kɔpiʃɔp] <-s, -s> *m* magasin *m* de reprographie
coram publico *Adv geh* en public
Cord [kɔrt] <-s> *m* velours *m* [côtelé]
Cordanzug *m* costume *m* en velours [côtelé] **Cordhose** *f* pantalon *m* en velours [côtelé] **Cordjeans** ['kɔrtdʒi:ns] *Pl* jean *m* velours
Cordon bleu [kɔrdõ'blø:] <- -, -s -s> *nt* cordon *m* bleu
Corner ['kɔ:nɐ] <-s, -> *m* A, CH corner *m*
CornflakesRR ['kɔ:nfleɪks], **Corn-flakes** ['ko:ɐnfleɪks] *Pl* corn-flakes *mpl*
Cornichon [kɔrni'ʃõ:] <-s, -s> *nt* cornichon *m* [au vinaigre]
Corps *s.* **Korps**
Corpus ['kɔrpʊs] <-, Corpora> *nt* ❶ ANAT corps *m* ❷ LING corpus *m*
Corpus DelictiRR ['kɔrpʊs de'lɪkti] <- -, Corpora -> *nt* corps *m* du délit
Cortison [kɔrti'zo:n] <-s, -e> *nt* PHARM, MED *Fachspr.* cortisone *f*
cos *Abk von* **Kosinus** cos
Costa Rica ['kɔsta 'ri:ka] <- -s> *nt* Costa Rica *m*
Costa[-]Ricaner(in)RR [kɔstari'ka:nɐ] <-s, -> *m(f)* Costaricain(e) *m(f)*
costa-ricanischRR *Adj* costaricien(ne), costaricain(e)
Couch [kaʊtʃ] <-, -es *o* -en> *f o* CH *m* canapé *m*
Couchgarnitur ['kaʊtʃ-] *f* salon *m* **Couchtisch** *m* table *f* de salon
Couleur [ku'lø:ɐ] <-, -s> *f geh* couleur *f;* **Journalisten verschiedener/jeder ~** des journalistes de différentes/toutes couleurs politiques
Coulomb [ku'lõ:] <-s, -> *nt* PHYS Coulomb *m*
Countdown ['kaʊnt'daʊn], **Count-down**RR <-s, -s> *m o nt* compte *m* à rebours
Coup [ku:] <-s, -s> *m* coup *m;* **einen ~ landen** réussir un coup [de maître]
Coupé [ku'pe:] <-s, -s> *nt* ❶ (*Limousine*) coupé *m* ❷ A (*Zugabteil*) compartiment *m*
Coupon [ku'põ:] <-s, -s> *m* ❶ ticket *m* détachable ❷ (*Antwortschein*) coupon-réponse *m* ❸ FIN coupon *m* [d'action]
Courage [ku'ra:ʒə] <-> *f fam* courage *m*
couragiert [kura'ʒi:ɐt] **I.** *Adj* courageux(-euse)
II. *Adv* courageusement; **sich ~ verhalten** avoir une attitude courageuse
Courtage [kʊr'ta:ʒə] <-, -n> *f* courtage *m*
Cousin [ku'zɛ̃:] <-s, -s> *m* cousin *m*
Cousine [ku'zi:nə] <-, -n> *f* cousine *f*
Cover ['kavɐ] <-s, -[s]> *nt* ❶ (*Titelseite*) couverture *f* ❷ (*Plattenhülle*) pochette *f*
Covergirl ['kavɐgœrl] <-s, -s> *nt* cover-girl *f* **Coverversion** *f* nouvelle version *f*
Cowboy ['kaʊbɔɪ] <-s, -s> *m* cow-boy *m*
Crack[1] [krɛk, kræk] <-s, -s> *m* SPORT crack *m*
Crack[2] [krɛk, kræk] <-s> *nt* (*Rauschgift*) crack *m*
Cracker ['krɛkɐ] <-s, -[s]> *m* cracker *m*
Crashkurs ['krɛʃkʊrs, 'kræʃ-] *m* cours *m* accéléré **Crashtest** ['krɛʃtɛst, 'kræʃ-] *m* essai *m* de collision
Credo ['kre:do] <-s, -s> *nt* REL *a. fig* credo *m inv*
Creme [kre:m, krɛ:m] <-, -s> *f* crème *f*
Crème [krɛ:m] *f* ▸ **die ~ de la Crème** *geh* la fine fleur
cremefarben [kre:m-, krɛ:m-] *Adj* [de couleur] crème
Cremetorte *f* gâteau *m* à la crème
cremig ['kre:mɪç] **I.** *Adj* crémeux(-euse)
II. *Adv rühren, schlagen* jusqu'à consistance crémeuse
Crêpe [krɛp] <-, -s> *f* GASTR crêpe *f*
Crescendo [krɛ'ʃɛndo] <-s, -s *o* Crescendi> *nt* crescendo *m*
Crew [kru:] <-, -s> *f* ❶ AVIAT, NAUT équipage *m* ❷ (*Arbeitsgruppe*) équipe *f*
Croissant [kroa'sã:] <-[s], -s> *nt* croissant *m*
Cromargan® [kromar'ga:n] <-s> *nt* inox® *m*
Croupier [kru'pie:] <-s, -s> *m* croupier *m*
Crux [krʊks] <-> *f* ❶ (*Schwierigkeit*) problème *m;* **die ~ bei der Sache ist ...** le problème dans l'histoire c'est ... ❷ (*Kummer*) **man hat seine** [*o* **es ist eine**] **~ mit ihm/ihr** on n'est pas gâté(e) avec lui/elle
C-Schlüssel ['tse:-] *m* clé *f* d'ut
CSU [tse:ʔɛs'ʔu:] <-> *f Abk von* **Christlich-Soziale Union** *aile bavaroise du parti chrétien-démocrate*
c.t. [tse:'te:] *Adv Abk von* **cum tempore** *en tenant compte du quart d'heure académique;* **um acht Uhr ~** à huit heures et quart
cum laude *Adv* avec mention honorable
cum tempore *Adv en tenant compte du quart d'heure académique*
Cunnilingus [kuni'lɪŋgʊs] <-, -lingi> *m geh* cunnilingus *m*
Cup [kap] <-s, -s> *m* ❶ SPORT coupe *f* ❷ (*BH-Körbchen*) bonnet *m*
Cupido [ku'pi:do] <-s> *m* Cupidon *m*
Curie [ky'ri:] <-, -> *nt* PHYS curie *m*
Curium ['ku:riʊm] <-s> *nt* CHEM curium *m;* **~ ist ein Metall** le curium est un métal
Curling ['kə:lɪŋ] <-s> *nt* SPORT curling *m*
Curriculum [kʊ'ri:kulʊm] <-s, Curricula> *nt geh* (*Lehrplan*) programme *m* scolaire
Curry ['kœri] <-s, -s> *m o nt* curry *m*
Currywurst ['kœrivʊrst] *f* saucisse *f* au curry
Cursor ['kø:ɐzɐ, 'kœrzɐ] <-s, -> *m* INFORM curseur *m*
Cut [kat] <-s, -s> *m* CINE coupe *f*
cutten ['katn] **I.** *itr V* faire un [*o* le] montage; **das Cutten** le montage
II. *tr V* faire le montage de *Filmszene, Tonbandaufnahme*
Cutter(in) ['katɐ] <-s, -> *m(f)* monteur(-euse) *m(f)*
CVJM [tse:vaʊjɔt'ʔɛm] *m Abk von* **Christlicher Verein Junger Menschen** Union *f* des jeunes chrétiens
CVP [tse:faʊ'pe:] *f* POL *Abk von* **Christlich-Demokratische Volkspartei** PDC *m* (*parti démocrate-chrétien de la Suisse*)
C-Waffe ['tse:-] *f* arme *f* chimique
Cybercafé ['saɪbɐ-] *nt* cybercafé *m* **Cybersex** ['saɪbɐsɛks] *m* cybersexe *m* **Cyberspace** ['saɪbɐspeɪs] *m* cyberespace *m*

Dd

D, d [de:] <-, -> *nt* ❶ (*Buchstabe*) D *m*/d *m* ❷ MUS ré *m*
▸ **D wie Dora** D comme Désiré
d.Ä. *Abk von* **der Ältere** l'Ancien
da **I.** *Adv* ❶ (*dort, an dieser Stelle*) là; **~ ist ein Bach** voici [*o* voilà] un ruisseau; **~ drüben/vorne/draußen** là-bas/là devant/là dehors; **~, wo ...** là où ...; **schau mal, ~!** regarde

voir!; **diese Frau/dieses Haus** ~ cette femme/cette maison[-là]; ~ **kommt sie/kommst du** [**ja**]! la/te voilà!; **ach,** ~ **steckst du also!** ah te voilà!
❷ (*hier*) ~**!** tiens/tenez!, le/la/les voilà!; ~ **hast du dein Buch!** voilà ton livre!; **gib her! – Also gut,** ~**!** donne-le-moi! – D'accord, voilà!; **wo ist denn nur meine Brille? – Da!** où sont passées mes lunettes? – [Tiens,] les voilà!
❸ *fam* (*anwesend*) ~ **sein** être là; **so, ich bin wieder** ~**!** me revoilà! (*fam*); **ich bin gleich** [**wieder**] ~**!** je reviens tout de suite!
❹ (*gekommen*) **da ist jemand für dich** ~ il y a [là] quelqu'un qui te demande; **ist Post für mich** ~**?** il y a du courrier pour moi?; **war der Postbote schon** ~**?** le facteur est passé?; **ist die Überweisung inzwischen** ~**?** est-ce que mon virement est arrivé?
❺ (*vorhanden*) **ist noch Bier** ~**?** est-ce qu'il y a encore [*o* qu'il reste] de la bière?
❻ (*verfügbar*) **für jdn** ~ **sein** être là pour qn; **jetzt bin ich ganz für dich** ~ maintenant, je suis à toi [*o* je peux m'occuper de toi]
❼ *fam* (*geistig anwesend*) **nur halb** ~ **sein** avoir la tête ailleurs; **noch nicht ganz** ~ **sein** être encore un peu ailleurs [*o* à côté de ses pompes *fam*]; **wieder ganz** [*o* **voll**] ~ **sein** être de nouveau frais(fraîche) et dispos(e)
❽ (*in diesem Augenblick*) **ich ging aus dem Haus,** ~ **schlug es zwei** je sortis de chez moi, [juste] à ce moment deux heures sonnaient
❾ *liter* (*damals*) **vor vielen Jahren,** ~ **lebte eine Königin** il y a longtemps, bien longtemps, vivait une reine
❿ (*daraufhin*) alors; ~ **lachte sie nur** [mais] elle s'est contentée de rire
⓫ *fam* (*in diesem Fall*) ~ **hast du Glück gehabt!** tu as eu de la chance!; **was gibt's denn** ~ **zu lachen?** il n'y a pas de quoi rire!; **und** ~ **wunderst du dich noch?** et ça t'étonne?; ~ **siehst du, was du angerichtet hast!** tu vois ce que tu as fait!; ~ **sieht man's mal wieder!** on le constate une fois de plus!; ~ **fällt mir gerade ein, ...** tiens, au fait, ...; ~ **kann man nichts machen** on n'y peut rien
► [**es ist**] **alles schon mal** ~ **gewesen** rien de nouveau sous le soleil; **so etwas ist noch nie** ~ **gewesen** on n'a encore jamais vu ça [*o* une chose pareille]; ~ **und dort** ici et là
II. *Konj* ❶ (*weil*) comme, étant donné que + *indic;* ~ **er nicht nach Hause gehen wollte** comme il ne voulait pas rentrer chez lui
❷ *geh* (*als, wenn*) où; **die Stunde,** ~ **...** l'heure où ...

DAAD ['de:?a?a'de:] *m Abk von* **Deutscher Akademischer Austauschdienst** DAAD *m*

da|behalten* *tr V unreg* ❶ garder
❷ (*in Haft halten*) incarcérer

dabei [da'baɪ, 'da:baɪ] *Adv* ❶ (*daneben*) avec; (*in der Nähe*) à côté; **ich stand direkt** ~ je me trouvais [juste] à côté
❷ (*währenddessen*) en même temps; (*bei dieser Gelegenheit, diesem Ereignis*) à cette occasion; **sie aß und arbeitete** ~ **weiter** elle mangeait tout en continuant de travailler; **der Wagen kam ins Schleudern und streifte** ~ **eine Mauer** la voiture en dérapant frôla un mur
❸ (*im Begriff*) [**gerade**] ~ **sein etw zu tun** être en train de faire qc; **ich bin schon eine Weile** ~ ça fait un bon moment que j'y suis
❹ (*bei dieser Handlung, in diesem Zusammenhang*) **er wusch ab, und sie sah ihm** ~ **zu** elle le regardait en train de faire la vaisselle; ~ **wurde er leider beobachtet/erwischt** malheureusement, on l'a observé/surpris en train de faire cela; **kauf diesen Wagen, aber denk** ~ **daran, dass** tu peux acheter cette voiture, mais n'oublie pas que + *indic;* **ein wenig Angst/Neid war schon** [**mit**] ~ ce n'était pas sans une certaine crainte/jalousie; **das Dumme** ~ **ist, dass** ce qui est bête [dans cette affaire], c'est que + *indic;* **ich habe** ~ **nicht viel gelernt** je n'y ai pas appris grand-chose; **es kommt nichts** ~ **heraus** il n'en sortira rien; **ich habe mir nichts** ~ **gedacht** j'ai dit ça comme ça; **was hast du dir denn** ~ **gedacht?** qu'est-ce qui t'a pris?
❺ (*bei einer Veranstaltung, Unternehmung*) **bei etw** ~ **sein** participer à qc; **ich war** ~ j'y étais; **ich bin** [**mit**] ~ je suis partant(e); **ich bin mit zehn Euro** ~ je veux bien mettre dix euros; ~ **sein ist alles** l'essentiel, c'est de participer
❻ (*obgleich*) et pourtant, alors que + *indic;* **sie hat ihn geschlagen,** ~ **hatte er doch gar nichts getan** elle l'a frappé et pourtant il n'avait rien fait [*o* alors qu'il n'avait rien fait]
❼ (*wie es gesagt, vereinbart ist*) **wir sollten es** ~ **belassen** nous devrions en rester là; **es bleibt** ~**, dass ihr morgen alle mitkommt** c'est toujours d'accord, vous venez tous demain; **ich bleibe** ~**, dass das alles gelogen ist** je maintiens ma déclaration, tout cela n'est que mensonge; **...,** **und** ~ **bleibt es!** ..., un point, c'est tout!
► **nichts** ~ **finden**[**, wenn jd etw tut**] ne pas voir ce qu'il y a de mal [à ce que qn fasse qc]; **es ist nichts** ~[**, wenn jd etw tut**] il n'y a pas de mal [à ce que qn fasse qc]; **da ist** [**doch**] **nichts** ~**!** (*das ist nicht schwierig*) ça n'est pas sorcier!; (*das ist nicht schlimm*) ça n'a pas d'importance!; **was ist schon** ~**?** qu'est-ce que ça peut faire?, et après?

dabei|bleiben *itr V unreg + sein* rester **dabei|haben** *tr V unreg* avoir avec/sur soi; **jdn** ~ avoir qn avec soi; **etw** ~ avoir qc sur soi

dabei|sein *s.* **dabei 3., 4., 5.,** ►

dabei|sitzen *itr V unreg* être là; **mit** ~ être là; **bei etw** [**mit**] ~ être présent(e) à qc **dabei|stehen** *itr V unreg* être là; **mit** ~ être là; **bei etw** [**mit**] ~ être présent(e) à qc

da|bleiben *itr V unreg + sein* (*hier*) rester [ici]; (*dort*) rester [là]; **sie bat ihn dazubleiben** elle l'a prié de rester; **bleibst du über Nacht da?** (*hier*) tu restes ici cette nuit?; (*dort*) tu y passes la nuit?

da capo [da 'ka:po] *Adv* ❶ MUS da capo
❷ (*Zuruf*) ~**!** bis!

Dach [dax, *Pl:* 'dɛçɐ] <-[e]s, ¨-er> *nt* ❶ toit *m;* **flaches/steiles** ~ toit plat/en pente; **unterm** ~ **wohnen** habiter sous les combles
❷ (*Schutzdach*) auvent *m,* avant-toit *m*
► **etw unter** ~ **und Fach bringen** (*in Sicherheit bringen*) mettre qc à l'abri, rentrer qc; (*zum Abschluss bringen*) conclure qc; **ein/kein** ~ **über dem Kopf haben** *fam* posséder un toit/être sans abri; **das** ~ **der Welt** le toit du monde; **eins aufs** ~ **bekommen** [*o* **kriegen**] *fam* se faire sonner les cloches (*fam*); **jdm aufs** ~ **steigen** *fam* sonner les cloches à qn (*fam*)

Dachantenne *f* antenne *f* extérieure **Dacharbeiten** *Pl* réparations *fpl* de toiture **Dachbalken** *m* entrait *m* **Dachboden** *m* grenier *m,* combles *mpl;* **auf dem** ~ au grenier, sous les combles **Dachdecker(in)** <-s, -> *m(f)* couvreur *m* ► **das kannst du halten wie ein** ~ *fam* tu fais comme tu veux **Dachfenster** *nt* ❶ fenêtre *f* mansardée ❷ (*Luke*) lucarne *f* **Dachfirst** *m* faîte *m,* faîtage *m* **Dachgarten** *m* ❶ HORT jardin-terrasse *m,* jardin suspendu ❷ DIAL (*Dachterrasse*) toit *m* en terrasse **Dachgepäckträger** *m* galerie *f* **Dachgeschoss**[RR] *nt* étage *m* mansardé **Dachgesellschaft** *f* ÖKON holding *m* **Dachgesims** *nt* corniche *f* du toit **Dachgleiche**[**nfeier**] A *s.* Richtfest **Dachkammer** *f* mansarde *f* **Dachkännel** ['daxkɛnəl] CH *s.* Dachrinne **Dachlatte** *f* volige *f* **Dachlawine** *f* chute *f* de neige (*du toit*) **Dachluke** *f* lucarne *f* **Dachorganisation** *f* centrale *f* **Dachpappe** *f* carton *m* bitumé [*o* goudronné] **Dachpfanne** *f* tuile *f* flamande **Dachrinne** *f* gouttière *f,* chéneau *m*

Dachs [daks] <-es, -e> *m* blaireau *m*

Dachsbau <-baue> *m* terrier *m* de blaireau

Dachschaden *m* dégât *m* de toiture ► **einen** ~ **haben** *fam* avoir une araignée au plafond (*fam*), travailler du chapeau (*fam*) **Dachschräge** *f* pente *f* de comble; **ein Raum mit** ~

une pièce mansardée

Dächsin ['dɛksɪn] *f* blaireau *m* femelle

Dachsparren *m* chevron *m* **Dachstube** *f* DIAL mansarde *f* **Dachstuhl** *m* charpente *f*, comble *m*, combles *mpl*

dachte ['daxtə] *Imp von* **denken**

Dachterrasse *f* toit *m* en terrasse **Dachträger** *m* (*für Fahrräder*) porte-vélos *m;* (*für Skier*) porte-skis *m* **Dachtraufe** *f* DIAL gouttière *f* **Dachverband** *m* confédération *f* **Dachwohnung** *f* appartement *m* mansardé **Dachziegel** *m* tuile *f* **Dachzimmer** *nt* mansarde *f*

Dackel ['dakəl] <-s, -> *m* ❶ teckel *m*
❷ DIAL *fam* (*Schimpfwort*) idiot *m*

Dadaismus [dada'ɪsmʊs] <-> *m* dadaïsme *m*

Dadaist(in) [dada'ɪst] <-en, -en> *m(f)* dadaïste *mf*

Dädalus ['dɛːdalʊs] <-> *m* MYTH Dédale *m*

Daddelautomat ['dadəl-] *m fam* machine *f* à sous **Daddelhalle** *f fam* salle *f* de jeux

daddeln ['dadəln] *itr V fam* jouer aux machines à sous

dadurch [da'dʊrç, 'daːdʊrç] *Adv* ❶ (*da hindurch*) par-là
❷ (*aus diesem Grund*) de ce fait, ainsi; (*auf diese Weise*) de cette façon; ~**, dass** du fait que + *indic*

dafür [da'fyːɐ, 'daːfyːɐ] *Adv* ❶ (*für das*) pour cela [*o* ça]; **was wohl der Grund ~ sein mag?** quelle peut bien en être la raison?; **das ist kein Beweis ~, dass er es war** cela ne prouve pas que c'était lui
❷ (*deswegen*) pour ça; ~ **bin ich ja da** je suis là pour ça; **ich bezahle Sie nicht ~, dass** je ne vous paie pas pour que + *subj;* **er ist ~ ausgeschimpft worden, dass** il s'est fait disputer parce que + *indic*
❸ (*als Gegenleistung*) en échange; **er packte aus, ~ ließ man ihn laufen** il a parlé, c'est pour cela qu'on l'a relâché
❹ (*andererseits*) en revanche, par contre
❺ (*im Hinblick darauf*) ~**, dass du angeblich nichts weißt, bist du aber erstaunlich gut informiert** pour quelqu'un qui prétend ne rien savoir, tu es étonnamment bien informé(e); ~**, dass er erst sechs Jahre ist, ist er [schon] sehr groß** pour un enfant de six ans seulement, il est vraiment [déjà] grand
❻ (*für das, für dieses*) **ich kann nichts ~, dass ...** je n'y suis pour [*o* je n'y peux] rien, moi, si ...; **kann ich vielleicht etwas ~, dass es so regnet?** c'est pas ma faute, s'il pleut des cordes! (*fam*); **was kann ich denn ~?** que veux-tu/voulez-vous que j'y fasse?; **ich interessiere mich nicht ~** ça ne m'intéresse pas; **ich kann mich nicht ~ begeistern** ça me laisse froid, ça ne me passione pas; **ich werde ~ sorgen, dass** je vais faire en sorte que + *subj;* **sie opfert ihre ganze Freizeit ~** elle y consacre tous ses loisirs; **es ist zwar kein Silber, man könnte es aber ~ halten** ce n'est pas de l'argent, mais on pourrait croire que c'en est
❼ (*befürwortend*) ~ **sein** être pour [*o* d'accord]; **ich bin ~, dass ...** je suis d'avis [*o* serais pour] que ... + *subj;* **wer ist ~, dass ...?** qui serait pour que ...? + *subj*

dafür|können *s.* **dafür 6.**

dafür|stehen *itr V unreg* A valoir la peine [*o* le coup *fam*]

DAG [deː?aː'geː] <-> *f Abk von* **Deutsche Angestellten-Gewerkschaft** *syndicat des employés et cadres*

dagegen [da'geːgən, 'daːgeːgən] **I.** *Adv* ❶ (*örtlich*) là contre, contre (*fam*); **er setzte sich an den Baumstamm und lehnte sich ~** il s'assit au pied de l'arbre et s'appuya contre
❷ (*gegen das, gegen dieses*) contre cela; ~ **sein** être contre; ~ **sein, dass** être contre le fait que + *subj,* voir une objection à ce que + *subj;* **nichts ~ haben, dass** n'avoir rien contre le fait que + *subj;* **sie kann doch nichts ~ haben** elle ne peut pas ne pas être d'accord; **haben Sie etwas ~, wenn ich rauche?** ça vous dérange si je fume?; **sollen wir ausgehen? – Ich hätte nichts ~!** on sort? – Je veux bien!; **ich kann nichts ~ machen** je n'y peux rien; ~ **hilft nichts** il n'y a rien à y faire; **die Beweise sprechen ~** les preuves parlent contre lui/elle/vous/...
❸ (*im Vergleich dazu*) en comparaison
II. *Konj* en revanche, par contre

dagegen|halten *tr V unreg* ❶ (*einwenden*) **etw ~** [y] opposer qc; ~**, dass** [y] objecter que + *indic* ❷ (*vergleichend hinhalten*) **etw ~** mettre qc à côté **dagegen|setzen** *tr V* y opposer; **etwas ~** y opposer quelque chose **dagegen|stellen** *r V* **sich ~** s'y opposer **dagegen|stemmen** *r V* **sich ~** s'y opposer [avec force]

da|haben *tr V unreg, Zusammenschreibung nur bei Infin und PP fam* ❶ (*vorrätig haben*) avoir [en réserve]; (*zur Hand haben*) avoir [sous la main]; **etw ~** avoir qc [en réserve/sous la main]
❷ (*zu Besuch haben*) **jdn ~** avoir la visite de qn

daheim [da'haɪm] *Adv* SDEUTSCH, A, CH ❶ (*in Bezug auf die Wohnung*) chez moi/soi/...; ~ **ist es am gemütlichsten** c'est chez soi qu'on est le mieux; **bei ihm ~** chez lui; **ich bin für niemanden ~** je ne suis là pour personne
❷ (*in Bezug auf den Wohnort*) **wie jetzt wohl das Wetter ~ sein mag?** quel temps peut-il bien faire chez nous?
❸ (*in Bezug auf die Heimat*) **von ~ fortgehen** quitter sa région natale/son pays natal; **in Augsburg ~ sein** être d'Augsbourg; **wo bist du ~?** d'où es-tu?

Daheim <-s> *nt* SDEUTSCH, A, CH chez-soi *m;* **mein/unser ~** mon chez-moi/notre chez-nous

Daheimgebliebene(r) *f(m)* **die ~n** ceux qui sont restés chez eux/celles qui sont restées chez elles

daher [da'heːɐ, 'daːheːɐ] *Adv* ❶ (*von dort*) de là, en; **ich komme gerade ~** j'en viens; **er kommt aus Hessen, und sie stammt auch ~** il est originaire de Hesse, et elle aussi
❷ (*aus diesem Grund*) [**von**] ~ c'est pourquoi + *indic,* c'est pour ça que + *indic;* ~ **kommt es, dass** c'est pourquoi + *indic,* c'est la raison pour laquelle; **... ~ war sie verärgert** ... de là [*o* ce qui explique] son énervement; ~ **also die ganze Aufregung!** c'est ce qui explique tout ce remue-ménage!

daher|bringen *tr V unreg* A apporter **dahergelaufen** *Adj pej* venu(e) d'on ne sait où; **ein ~er Kerl** un pas grand-chose (*péj fam*); **jeder ~e Wichtigtuer** n'importe quel frimeur (*péj*) **daher|kommen** *itr V unreg + sein* ❶ (*herankommen*) arriver ❷ *fam* (*sich zeigen*) **schick ~** être bien habillé(e); **wie kommst du denn wieder daher!** qu'est-ce que c'est que cette allure! (*fam*) ❸ (*auftreten*) **dezent/arrogant ~** *Person:* avoir des manières discrètes/arrogantes **daher|reden I.** *itr V* parler sans réfléchir; **dumm ~** parler sans réfléchir, dire n'importe quoi **II.** *tr V* **etw ~** dire qc [sans réfléchir]; **das war nur so [von mir] dahergeredet** j'ai dit ça comme ça (*fam*); **was der wieder daherredet!** [il dit] n'importe quoi! (*fam*)

dahin [da'hɪn, 'daːhɪn] **I.** *Adv* ❶ (*an diesen Ort*) y, là-bas; **ich will nicht ~** je ne veux pas y aller; **kommst du auch mit ~?** tu viens avec moi/nous?; **er ist schon auf dem Weg ~** il est déjà en route; **ist es noch weit bis ~?** c'est encore loin?
❷ (*in dem Sinne*) ~ **gehend** en ce sens; **sie haben sich ~ gehend geeinigt, dass** ils se sont mis d'accord pour que + *subj;* **all unsere Bestrebungen gehen ~, dass** tous nos efforts tendent à ce que + *subj*
▶ **er brachte es ~, dass** tout ce qu'il a réussi à faire, c'est que + *indic;* **du bringst mich noch ~, dass ich mich vergesse** tu finiras par me faire sortir de mes gonds; **es kommt [noch] ~, dass** on va en arriver à ce que + *subj;* **bis ~** (*solange*) d'ici là; (*inzwischen*) entre-temps
II. *Adj* ~ **sein** *Vase, Kanne:* être irréparable; *Teppich:* être irrécupérable; **all meine Hoffnungen sind ~** tous mes espoirs se sont évanouis

dahinab [dahɪ'nap, *hinweisend:* 'daːhɪnap] *s.* **dorthinunter** **dahinauf** [dahɪ'naʊf, *hinweisend:* 'daːhɪnaʊf] *s.* **dorthinauf** **dahinaus** [dahɪ'naʊs, *hinweisend:* 'daːhɪnaʊs] *s.* **dorthinaus** **dahin|dämmern** *itr V + haben o sein* somnoler **dahinein** [dahɪ'naɪn, *hinweisend:* 'daːhɪnaɪn] *s.* **dorthinein** **dahin|fliegen** *itr V unreg + sein* ❶ *geh Landschaft:* défiler; *Zug:*

D

filer à toute allure; *Tage, Stunden, Jahre:* s'envoler, défiler, fuir (*littér*)
❷ *liter* (*fliegen*) *Enten, Zugvögel:* s'envoler

dahingegen [dahɪnˈgeːgən, ˈdaːhɪngeːgən] *Adv geh* en revanche

dahin|gehen *itr V unreg + sein geh* ❶ (*vergehen*) *Zeit, Jahre:* passer; **schnell** ~ fuir (*littér*) ❷ *euph* (*sterben*) disparaître, s'en aller (*littér*) **dahingestellt** *Adj* ▶ **das bleibt** [*o* **sei**] [**mal**] ~ la question reste posée; **es ~ sein lassen** laisser cela en suspens **dahin|raffen** *tr V liter* emporter; **jdn** ~ *Seuche, Krankheit:* emporter qn; *Tod:* faucher qn **dahin|sagen** *tr V* dire sans réfléchir; **etw** [**nur so**] ~ dire qc sans réfléchir; **das war nur so dahingesagt** j'ai/il a/... dit ça comme ça (*fam*) **dahin|schleppen** *r V* ❶ (*mit Mühe gehen*) **sich** ~ se traîner
❷ (*sich hinziehen*) **sich** ~ *Verhandlungen:* traîner [en longueur]; *Zeit, Stunden, Tage:* s'étirer en longueur **dahin|schwinden** *itr V unreg + sein geh* ❶ (*weniger werden*) *Vorräte, Ersparnisse:* diminuer, fondre; *Kräfte, Interesse:* diminuer, s'amoindrir ❷ (*vergehen*) *Tage, Stunden:* s'écouler, fuir (*littér*) **dahin|siechen** *itr V + sein geh* dépérir, aller en dépérissant **dahin|stehen** *itr V unreg* **das steht** [**noch**] **dahin** cela demeure en suspens; **ob etw passiert, steht noch dahin** on ne sait pas encore si qc va se passer

dahinten [daˈhɪntən, ˈdaːhɪntən] *Adv* là-bas

dahinter [daˈhɪntɐ] *Adv* ❶ (*räumlich*) [là] derrière
❷ (*zeitlich*) après
❸ *fig fam* **sich ~ klemmen** [*o* **knien**][**, dass**] mettre le turbo *fam* [*o* se démener] [pour que + *subj*]; **~ kommen**[**, wie/warum ...**] arriver à comprendre [*o* piger *fam*] [comment/pourquoi ...]; **zum Glück ist keiner ~ gekommen** heureusement que personne n'a découvert le pot aux roses; **da steckt dein Bruder** ~ derrière tout ça, il y a ton frère; **vielleicht steckt jemand von der Konkurrenz ~?** peut-être que c'est un concurrent qui est derrière tout ça [*o* qui tire les ficelles]?; **da steckt** [**doch**] **was ~!** ça cache quelque chose!, il y a anguille sous roche!; **wenn ich nur wüsste, was ~ steckt** si seulement je savais ce qui se cache là-dessous; **da steckt doch nichts ~!** (*das sind leere Versprechungen*) c'est du vent!; **voll/mit ganzer Kraft ~ stehen** apporter pleinement/à fond son soutien; **wir können das nur erreichen, wenn alle ~ stehen** nous n'atteindrons nos objectifs que si tous, nous soutenons à fond le projet
▶ **da ist etwas** ~ ça cache quelque chose, il y a anguille sous roche; **da ist nichts** ~ il n'y a rien là-dessous

dahinterher [dahɪntɐˈheːɐ] *Adj fam* derrière; **~ sein**[**, dass**] être derrière [pour faire attention que + *subj*]; **er ist schon lange ~ die Wohnung zu bekommen** ça fait longtemps qu'il se démène pour avoir l'appartement; **sind die Lieferungen eingetroffen? – Noch nicht, aber ich bin ~!** est-ce qu'on a été livré? – Pas encore, mais je m'en occupe!

dahinter|klemmen *s.* **dahinter 3.**

dahinter|knien *s.* **dahinter 3.**

dahinter|kommen *s.* **dahinter 3.**

dahinter|stecken *s.* **dahinter 3.**

dahinter|stehen *s.* **dahinter 3.**

dahinunter [dahɪˈnʊntɐ, *hinweisend:* ˈdaːhɪnʊntɐ] *s.* **dorthinunter**

dahin|vegetieren* [-ve-] *itr V + sein* végéter; **ein Dahinvegetieren** une vie végétative

Dahlie [ˈdaːliə] <-, -n> *f* dahlia *m*

Dakapo [daˈkaːpo] <-s, -s> *nt* bis *m*

da|lassen *tr V unreg* ❶ (*an Ort und Stelle lassen*) laisser; **jdn** ~ laisser qn; **etw** ~ laisser qc là
❷ (*überlassen*) **jdm etw** ~ laisser qc à qn

da|liegen *itr V unreg* ❶ (*liegen*) *Person:* être étendu(e) là; *Gegenstand:* être là; **bewegungslos** ~ gésir inanimé(e); **man sah viele Opfer** ~ de nombreuses victimes étaient étendues [*o* gisaient] par terre; **seine Geldbörse lag offen da** son porte-monnaie était posé en évidence
❷ (*sein*) **der See lag ruhig da** rien ne troublait le calme du lac

dalli [ˈdali] *Adv fam* ▶ [**nun**] **mach mal ~!** [allez,] magne-toi! (*fam*); **~, ~!** et que ça saute! (*fam*)

Dalmatien [dalˈmaːtsiən] <-s> *nt* la Dalmatie

Dalmatiner [dalmaˈtiːnɐ] <-s, -> *m* (*Hund*) dalmatien(ne) *m(f)*

Dalmatiner(in) <-s, -> *m(f)* Dalmate *mf*

dalmatinisch, **dalmatisch** *Adj* dalmate

damalig *Adj attr* d'alors, de ce temps-là

damals [ˈdaːmaːls] *Adv* à cette époque-là, à l'époque; **seit** ~ depuis lors, depuis ce temps-là; **von** ~ de l'époque, de cette époque-là; **von ~, als ...** de l'époque où ..., du temps où ...

Damaskus [daˈmaskʊs] <-> *nt* Damas *m*

Damast [daˈmast] <-[e]s, -e> *m* damas *m*

Dämchen <-s, -> *nt Dim von* **Dame 1.** petite dame *f*

Dame [ˈdaːmə] <-, -n> *f* ❶ (*Frau*) dame *f*; **eine ältere** ~ une dame d'un certain âge; **die ~ des Hauses** la maîtresse de maison; **guten Abend, die ~n!** bonsoir, mesdames!; **womit kann ich dienen, meine ~?** que puis-je faire pour vous, madame?; **meine** [**sehr verehrten**] **~n und Herren!** *form* Mesdames et Messieurs!
❷ (*Begleiterin*) **die Herren können ihre ~n mitbringen** les messieurs peuvent venir accompagnés
❸ (*Tanzpartnerin*) cavalière *f*
❹ *Pl* SPORT dames *fpl*; **unsere ~n** notre équipe féminine, nos féminines (*fam*)
❺ *kein Pl* (*Spiel*) dames *fpl*, jeu *m* de dames; **~ spielen** jouer aux dames
❻ (*Schach, Karten*) dame *f*

i Land & Leute

Lorsque l'on s'adresse à quelqu'un dans une lettre on dit “Sehr geehrte Damen und Herren”. Dans un discours, on dit “Meine Damen und Herren”, cependant, lorsqu'on s'adresse à une femme directement, on emploie *Frau* accompagné de son nom de famille, comme dans *Frau Schneider*, mais jamais *Frau* tout seul.
On trouve le mot **Dame** dans les composés suivants: *Damenbegleitung, Damenbesuch, Damendoppel, Damenfahrrad, Damenfußball, Damentoilette, Damenwahl*, mais on parle de *Karrierefrau, Frauenbewegung* ou de *Frauenarzt*.

Damebrett *nt* damier *m*

Damenbart *m* moustache *f* (*chez une femme*) **Damenbegleitung** *f* partenaire *f*; **er war in** ~ il était en galante compagnie **Damenbekanntschaft** *f* connaissance *f* [féminine]; **~en haben** avoir des amies; **eine ~ machen** faire une rencontre [féminine], rencontrer une femme **Damenbesuch** *m* visite *f* féminine; **~ haben** avoir la visite d'une dame **Damenbinde** *f* serviette *f* périodique **Damendoppel** *nt* double *m* dames **Dameneinzel** *nt* simple *m* dames **Damenfahrrad** *nt* vélo *m* de femme **Damenfriseur** *m* coiffeur *m* pour dames **Damenfußball** *m* football *m* féminin **Damengesellschaft** *f* ❶ (*Damenrunde*) cercle *m* féminin ❷ (*Damenbegleitung*) **in ~ sein** être en galante compagnie

damenhaft I. *Adj Kleidungsstück* féminin(e); **ein sehr ~es Aussehen/Auftreten haben** avoir vraiment l'air d'une dame
II. *Adv sich verhalten, sich kleiden* comme une dame

Damenmannschaft *f* SPORT équipe *f* féminine **Damenmode** *f* mode *f* féminine **Damenoberbekleidung** *f kein Pl* vêtements *mpl* pour dames **Damenrad** *nt s.* **Damenfahrrad** **Damensattel** *m* selle *f* de femme; **im ~ reiten** monter en amazone **Damensitz** *m kein Pl* **im ~ reiten** monter en amazone **Damentoilette** [-toalɛtə] *f* toilettes *fpl* pour dames **Damenwahl** *f* quart *m* d'heure américain

Damespiel *nt* jeu *m* de dames **Damestein** *m* pion *m*
Damhirsch ['damhɪrʃ] *m* daim *m*
damisch ['da:mɪʃ] *fam* **I.** *Adj* SDEUTSCH, A ❶ (*dämlich*) idiot(e); **dieser ~e Kerl!** quel idiot!
❷ (*schwindlig*) **mir ist ~** j'ai la tête qui tourne, j'ai le tournis (*fam*); **jdn ~ machen** donner le tournis à qn (*fam*)
II. *Adv* SDEUTSCH, A (*sehr*) drôlement (*fam*)
damit [da'mɪt, 'da:mɪt] **I.** *Adv* ❶ (*mit diesem Gegenstand*) avec; **~ kann man Wasser erhitzen** on peut chauffer de l'eau avec; **womit soll ich essen, etwa ~?** avec quoi est-ce que je vais manger, avec ça? (*fam*); **was soll ich ~?** que veux tu/voulez vous que j'en fasse?
❷ (*mit dieser Angelegenheit*) **nichts ~ zu tun haben** n'avoir rien à voir là-dedans; **~ fing alles an** c'est ainsi que tout a commencé; **~ ist noch bis Oktober Zeit** ça peut attendre octobre; **ich habe keine Ahnung, was es ~ auf sich hat** je n'ai aucune idée de ce que ça veut dire; **musst du denn immer wieder ~ anfangen?** est-il vraiment nécessaire de revenir sans arrêt là-dessus?; **jetzt fängst du schon wieder ~ an!** et voilà que tu recommences avec ça!
❸ (*mit diesen Worten, diesem Verhalten*) **~ hatte ich nicht gerechnet** je ne m'y attendais pas, je n'avais pas prévu ça; **was willst du ~ sagen?** qu'entends-tu [*o* que veux-tu dire] par là?; **weißt du, was er ~ meint?** tu sais ce qu'il entend par là?; **sind Sie ~ einverstanden?** vous êtes d'accord?; **du sollst ~ aufhören!** arrête!
❹ (*in Befehlen*) **weg ~!** enlève-moi/enlevez-moi ça!; **Schluss ~!** ça suffit!, arrête/arrêtez!; **her ~, das ist mein Geld!** par ici [*o* donne-moi/donnez-moi ça], c'est mon argent!
❺ (*somit*) ainsi
❻ (*nun, jetzt*) **~ ist unser Programm beendet** ainsi se termine notre programme; *s. a.* **mit**
II. *Konj* afin que + *subj*, pour + *infin;* **sie gab ihm einen Stift, ~ er mitschreiben konnte** elle lui donna un stylo afin qu'il [*o* pour qu'il] puisse prendre des notes; **halt dich fest, ~ du nicht fällst!** tiens-toi bien pour [*o* afin de] ne pas tomber!; **~ er zuvorkommend bedient wird, gibt er immer Trinkgeld** pour être [*o* afin d'être] bien servi, il donne toujours un pourboire
dämlich ['dɛ:mlɪç] *pej fam* **I.** *Adj* ❶ (*dumm*) stupide; **ein ~es Gesicht machen** prendre un air stupide [*o* ahuri]; **dieser ~e Kerl** cet abruti [*o* imbécile] (*fam*), cette espèce d'abruti
❷ (*ungeschickt*) **zu ~!** c'est trop bête [*o* trop con *fam*]!
II. *Adv* **sich ~ anstellen** s'y prendre comme un manche (*fam*); **guck nicht so ~!** ne prends pas cet air idiot!; **du fragst vielleicht ~!** tu en poses des questions [idiotes]!
Dämlichkeit <-, -en> *f pej fam* ❶ *kein Pl* (*dummes Verhalten*) bêtise *f*, connerie *f* (*fam*)
❷ (*dumme Handlung*) bêtise *f*, connerie *f* (*fam*)
Damm [dam, *Pl:* 'dɛmə] <-[e]s, Dämme> *m* ❶ (*Staudamm*) barrage *m;* (*Deich*) digue *f*
❷ (*Schutzwall*) digue *f*
❸ ANAT périnée *m*
▶ **wieder auf dem ~ sein** *fam* être de nouveau d'attaque (*fam*); **nicht [ganz] auf dem ~ sein** *fam* ne pas se sentir [vraiment] dans son assiette (*fam*)
Dammbruch *m* rupture *f* de la digue
dämmen *tr V* amortir *Trittschall, Schall;* isoler *Rohr, Wand*
dämmerig *Adj* ❶ commencé(e) à faire nuit; **es wird/ist ~** la nuit tombe, il commence à faire nuit
❷ (*düster*) *Licht, Kerzenschein* faible *antéposé*
Dämmerlicht ['dɛmɐ-] *nt* ❶ (*Halbdunkel*) pénombre *f*
❷ (*nach Sonnenuntergang*) crépuscule *m*
dämmern ['dɛmɐn] **I.** *itr V* ❶ *geh Tag:* se lever, poindre (*littér*); *Abend:* tomber; **der Morgen dämmert** l'aube point (*littér*)
❷ *fam* (*klar werden*) **so langsam dämmert es mir, was er meinte** je commence à piger ce qu'il a voulu dire (*fam*); **ihr dämmerte die Erkenntnis/Vermutung, dass** elle commença à se rendre compte/croire que; **[na,] dämmert es [dir] jetzt?** *fam* [ça y est,] tu piges? (*fam*)
❸ (*im Dämmerzustand sein*) **vor sich hin ~** somnoler
II. *itr V unpers* **es dämmert** (*morgens*) il commence à faire jour; (*abends*) la nuit tombe, il commence à faire nuit
Dämmerschlaf *m* état *m* de somnolence; **im ~** dans un demi-sommeil **Dämmerstunde** *f* crépuscule *m;* **in der ~** au crépuscule, entre chien et loup
Dämmerung ['dɛmərʊŋ] <-, -en> *f* ❶ (*Abenddämmerung*) crépuscule *m;* **die ~ bricht an** [*o* **herein**] le soir tombe; **in der ~** au crépuscule
❷ (*Morgendämmerung*) aube *f;* **die ~ bricht an** le jour se lève; **bei ~** à l'aube
Dämmerzustand *m* ❶ (*Halbschlaf*) demi-sommeil *m;* **im ~** dans un demi-sommeil
❷ MED trouble *m* momentané de la conscience
dämmrig *s.* **dämmerig**
Dammriss[RR] *m* MED déchirure *f* périnéale **Dammschnitt** *m* MED épisiotomie *f*
Dämmstoff *m* (*gegen Kälte*) matériau *m* isolant; (*zur Schalldämmung*) matériau insonorisant
Dämmung <-> *f* amortissement *m;* **~ des Schalls** insonorisation *f;* **~ der Geräusche/des Trittschalls** amortissement des bruits/du bruit des pas
Damoklesschwert ['da:moklɛsʃve:ɐt] *nt geh* épée *f* de Damoclès
▶ **wie ein ~ über jdm** [*o* **jds Haupt**] **hängen** être suspendu(e) au-dessus de qn [*o* de la tête de qn] comme une épée de Damoclès
Dämon ['dɛ:mɔn, *Pl:* dɛ'mo:nən] <-s, Dämonen> *m* démon *m*
dämonisch **I.** *Adj* démoniaque
II. *Adv* d'une façon démoniaque
Dampf [dampf, *Pl:* 'dɛmpfə] <-[e]s, Dämpfe> *m* ❶ (*Wasserdampf*) vapeur *f* [d'eau]
❷ *Pl* CHEM émanation *f*, vapeur *f*
▶ **~ dahinter machen** activer le mouvement, pousser les feux; **~ ablassen** *fam* se défouler, décompresser (*fam*); **jdm ~ machen** *fam* secouer les puces à qn (*fam*)
Dampfbad *nt* ❶ bain *m* de vapeur ❷ (*Gebäude*) hammam *m* ❸ (*Raum*) étuve *f* humide **Dampfbügeleisen** *nt* fer *m* [à] vapeur **Dampfdruck** *m* pression *f* de la vapeur
dampfen ['dampfən] *itr V* ❶ + *haben Speise, Schüssel:* fumer; *Badewasser, Kochtopf:* dégager de la vapeur; *Badezimmer:* être plein(e) de vapeur; *Pferd:* être fumant(e)
❷ + *sein fam* (*fahren*) **in den Bahnhof ~** entrer en gare; **aus dem Hafen ~** sortir du port
dämpfen ['dɛmpfən] *tr V* ❶ (*abschwächen*) étouffer, assourdir *Geräusch, Schall;* baisser *Stimme;* **gedämpft** *Geräusch, Musik* assourdi(e); *Stimme* assourdi(e), étouffé(e); *Farben* estompé(e); *Licht* tamisé(e)
❷ (*mindern*) amortir *Aufprall, Stoß, Wucht*
❸ (*mäßigen, verlangsamen*) freiner *Person;* tempérer *Freude, Begeisterung;* apaiser *Wut, Ärger;* **dieser Vorfall hat die Stimmung gedämpft** cet incident a jeté un froid; **gedämpft** *Freude* tempéré(e); *Stimmung* morose
❹ (*mit Dampf glätten*) **ein Kleid/eine Hose ~** repasser une robe/un pantalon à la vapeur
❺ GASTR **etw ~** cuire qc à l'étuvée [*o* à l'étouffée], étuver qc
Dampfer ['dampfɐ] <-s, -> *m* vapeur *m*
▶ **auf dem falschen ~ sein** *fam* se mettre le doigt dans l'œil (*fam*)
Dämpfer ['dɛmpfɐ] <-s, -> *m einer Trompete, eines Saxophons* sourdine *f; eines Klaviers* étouffoir *m*
▶ **jdm/etw einen ~ aufsetzen** freiner qn/qc; **einen ~ bekommen** être refroidi(e); *Zuversicht:* être ébranlé(e)
Dampfheizung *f* chauffage *m* central à vapeur
dampfig *Adj Badezimmer, Waschküche* plein(e) de vapeur; *Luft* saturé(e) de vapeur; *Niederung* voilé(e) de vapeur, vapo-

reux(-euse) (*littér*)
Dampfkessel *m* chaudière *f* à vapeur **Dampfkochtopf** *m* autocuiseur *m*, cocotte-minute® *f* **Dampfkraft** *f* force *f* motrice à vapeur **Dampfkraftwerk** *nt* centrale *f* thermique **Dampflok** *f*, **Dampflokomotive** [-ti:və] *f* locomotive *f* à vapeur **Dampfmaschine** *f* machine à vapeur *f* **Dampfnudel** *f* SDEUTSCH *boule au levain cuite à l'étuvée* **Dampfschiff** *s.* Dampfer **Dampfschifffahrt**RR *f* NAUT navigation *f* à vapeur **Dampfturbine** *f* turbine *f* à vapeur
Dämpfung <-, -en> *f* ❶ (*Abschwächung*) *von Schall, Geräuschen* amortissement *m*, étouffement *m*
❷ (*Verlangsamung*) *der Inflation, Konjunktur* ralentissement *m*
Dampfwalze *f* rouleau *m* compresseur
Damwild ['damvɪlt] *nt* daims *mpl*
Dan [da:n] <-> *m* SPORT dan *m*
danach [da'na:x, 'da:na:x] *Adv* ❶ (*zeitlich, örtlich*) après
❷ (*zielgerichtet*) **das Kind sah den Ball und wollte ~ greifen** l'enfant a aperçu le ballon et a voulu l'attraper; **er ging an dem Motorrad vorbei und drehte sich mehrmals ~ um** il a passé devant la moto et s'est retourné plusieurs fois pour la regarder
❸ (*demnach*) **es liegen Zeugenaussagen vor; ~ war er in der fraglichen Zeit dort** il y a des témoignages, selon [*o* d'après] lesquels il était à cet endroit pendant le laps de temps en question
❹ (*hiernach*) **ich sehne mich so ~** j'en aurais tellement envie; **bitte richten Sie sich ~!** veuillez vous y conformer!; **ich habe mein Auto seit Monaten nicht gewaschen – Danach sieht es auch aus!** je n'ai pas lavé ma voiture depuis des mois – Ça se voit!
❺ *fam* (*zumute*) **ein Spaziergang? Irgendwie ist mir [gerade] ~!** une promenade? J'en ai [justement] bien envie!; **mir ist im Moment nicht [so] ~** ça ne me dit rien pour l'instant; *s. a.* **nach**
Danaergeschenk ['da:naɐ-] *nt geh* cadeau *m* empoisonné
Dandy ['dɛndi, 'dændi] <-s, -s> *m* dandy *m*
Däne ['dɛ:nə] <-n, -n> *m*, **Dänin** *f* Danois(e) *m(f)*
daneben [da'ne:bən, 'da:ne:bən] *Adv* ❶ *legen, stellen* à côté; **rechts ~** à sa/leur/... droite; **links ~** à sa/leur/... gauche
❷ (*verglichen damit*) à côté
❸ (*außerdem*) **tagsüber ist sie im Büro, ~ muss sie sich noch um den Haushalt kümmern** pendant la journée, elle est au bureau, et il faut [en plus] qu'elle s'occupe des tâches ménagères
daneben|benehmen* *r V unreg fam* **sich ~** se comporter mal; **benimm dich nicht wieder daneben!** ne recommence pas à te conduire comme un(e) mal élevé(e)! **daneben|gehen** *itr V unreg + sein* ❶ *Ball, Schuss:* manquer son but ❷ *fig fam Experiment:* rater; *Plan, Versuch:* foirer (*fam*) **daneben|greifen** *itr V unreg* ❶ manquer son coup; (*auf Musikinstrumenten*) faire une fausse note ❷ *fam* (*sich irren*) **mit etw ~** se planter dans qc (*fam*) **daneben|hauen** *itr V unreg* ❶ (*vorbeihauen*) frapper à côté; **mit der Faust ~** frapper du poing à côté ❷ *fam* (*sich irren*) se planter (*fam*) **daneben|liegen** *itr V unreg fam* être à côté de la plaque (*fam*); **mit etw ~** être à côté de la plaque [*o* se planter] [en faisant qc] (*fam*) **daneben|schießen** *itr V unreg* ❶ (*das Ziel verfehlen*) rater son coup, tirer à côté ❷ *fam* (*sich irren*) être à côté de la plaque (*fam*) **daneben|sein** *itr V unreg + sein fam Person:* être à côté de la plaque (*fam*), être à la masse (*fam*) **daneben|treffen** *itr V unreg* ❶ (*vorbeitreffen*) *Person:* manquer son coup; *Pfeil, Schuss:* manquer son but; **mit dem Hammer ~** taper à côté avec son marteau; **danebengetroffen!** raté! ❷ (*sich täuschen*) se tromper; **danebengetroffen!** faux!
Dänemark ['dɛ:nəmark] <-s> *nt* le Danemark
dang [daŋ] *veraltet Imp von* **dingen**
danieder|liegen *itr V unreg* ❶ *geh* être alité(e); **mit etw ~** être alité(e) pour cause de qc
❷ (*nicht leistungsfähig sein*) *Firma, Wirtschaft:* être mal en point, être malade
Dänin *s.* **Däne, Dänin**
dänisch I. *Adj* danois(e)
II. *Adv* **~ miteinander sprechen** discuter en danois; *s. a.* **deutsch**
Dänisch <-[s]> *nt kein Art* danois *m*; *s. a.* **Deutsch**
Dänische *nt dekl wie Adj* **das ~** le danois; *s. a.* **Deutsche**
dank [daŋk] *Präp + Gen o Dat* grâce à; **~ deiner Hilfe** grâce à ton aide
Dank <-[e]s> *m* ❶ (*Anerkennung*) remerciement *m*; **jdm für etw ~ sagen** *geh* remercier qn pour [*o* de] qc; **als ~ für etw** en remerciement pour [*o* de] qc; **nimm dieses Geschenk als ~** reçois ce cadeau comme remerciement; **vielen ~** merci beaucoup; **herzlichen ~** je te/vous remercie de tout cœur; **tausend ~** merci mille fois; **mit bestem ~ zurück!** [je te le/la rends] avec tous mes remerciements!; **das war ein schlechter ~** curieuse façon de me/le remercier!
❷ *iron* (*Undank*) **zum ~** pour tout remerciement (*iron*); **zum ~ dafür, dass ich ihn abschreiben ließ, bekam ich eine Fünf** je l'ai laissé copier et, pour tout remerciement, j'ai eu un huit [sur vingt]; **[das ist] der [ganze] ~ dafür** voilà le remerciement (*iron*)
❸ (*Dankbarkeit*) gratitude *f*, reconnaissance *f*
Dankadresse *f form* remerciements *mpl* officiels
dankbar I. *Adj* ❶ *Person, Blick* reconnaissant(e); **jdm für etw ~ sein** être reconnaissant(e) à [*o* envers] qn de qc; **sich jdm gegenüber ~ erweisen** se montrer reconnaissant(e) envers qn; **ich wäre dir/Ihnen ~, wenn ...** je te/vous serais reconnaissant(e) de ... + *infin*
❷ (*lohnend*) *Arbeit, Aufgabe, Rolle* gratifiant(e); (*finanziell*) lucratif(-ive)
❸ (*anspruchslos*) *Zuhörer* facile; *Publikum* facile, bon(ne) *antéposé*
II. *Adv* avec gratitude; **jdn ~ anlächeln** adresser un sourire reconnaissant à qn
Dankbarkeit <-> *f* gratitude *f*, reconnaissance *f*; **jdm seine ~ für etw beweisen** témoigner sa gratitude [*o* sa reconnaissance] à qn qui a fait qc; **aus ~ schenkte sie ihm eine CD** reconnaissante [*o* en signe de reconnaissance], elle lui offrit un CD
danke *Adv* merci; **~ schön** [*o* **sehr**] merci bien [*o* beaucoup]; **jdm für etw ~ sagen** dire merci à qn pour qc; **~ ja, ja, ~** oui, merci; **~ nein, nein, ~** non, merci; **~ vielmals** merci bien
► **mir geht's ~** *fam* ça va bien, merci; **sonst geht's dir [wohl] ~!** *iron* ça va pas la tête? (*fam*)
danken I. *itr V* remercier; **jdm für seine Hilfe/sein Geschenk ~** remercier qn de son aide/pour son cadeau; **sage ihm, ich lasse für die Rosen ~** dis-lui que je le remercie pour ses roses; **man dankt** *fam* merci; **nichts zu ~!** de rien!, [il n'y a] pas de quoi!
II. *tr V* **jdm etw ~** dire merci à qn pour qc; **wie kann ich Ihnen das nur ~?** comment pourrai-je vous remercier?
dankend *Adv* **~ annehmen** accepter avec joie; **~ ablehnen** refuser poliment; *iron* (*verärgert zurückweisen*) opposer une fin de non-recevoir; **Betrag ~ erhalten** pour acquit
dankenswert *Adj* méritoire, digne de reconnaissance; **es ist ~, dass Sie sich für eine Mitarbeit zur Verfügung stellen wollen** nous vous savons gré d'avoir proposé votre collaboration
dankenswerterweise *Adv* obligeamment, d'une façon méritoire
Dankeschön <-s> *nt* ❶ (*Dank*) remerciement *m*; **jdm ein herzliches ~ sagen** dire à qn merci de tout cœur
❷ (*Aufmerksamkeit*) attention *f*, cadeau *m* de remerciement; **als kleines ~** en signe de remerciement
Dankesworte *Pl geh* mots *mpl* de remerciement
Dankgottesdienst *m* action *f* de grâce **Danksagung**

Dank sagen / sich bedanken

• sich bedanken	• remercier
Danke!	Merci!
Danke sehr/schön!/Vielen Dank!	Merci beaucoup!/Un grand merci!
Tausend Dank!	Mille fois merci!
Danke, das ist sehr lieb von dir!	Merci, c'est très gentil de ta part!
Vielen (herzlichen) Dank!	Merci bien!
Ich bedanke mich (recht herzlich)!	Je vous remercie (beaucoup)!

• auf Dank reagieren	• répondre à un remerciement
Bitte!	Je t'en/vous en prie!
Bitte schön!/Gern geschehen!/Keine Ursache!	Je t'en/vous en prie!/Il n'y a pas de quoi!/De rien!
Bitte, bitte!/Aber bitte, das ist doch nicht der Rede wert!	De rien!/Mais il n'y a pas de quoi!
(Aber) das hab ich doch gern getan!/Das war doch selbstverständlich!	Tout le plaisir est pour moi!/C'était tout naturel!

• dankend anerkennen	• remercier avec reconnaissance
Vielen Dank, du hast mir sehr geholfen.	Merci bien, tu m'as beaucoup aidé(e).
Wo wären wir ohne dich!	Que ferions-nous sans toi!
Ohne deine Hilfe hätten wir es nicht geschafft.	Nous n'y serions pas arrivé(e)s sans ton aide.
Sie waren uns eine große Hilfe.	Vous nous avez été d'une très grande aide.
Ich weiß Ihr Engagement sehr zu schätzen.	J'apprécie beaucoup votre engagement.

<-, -en> *f* remerciement *m souvent pl* **Dankschreiben** *nt* lettre *f* de remerciement

dann [dan] *Adv* ❶ (*danach*) ensuite, puis; **noch drei Tage, ~ habe ich Geburtstag** encore trois jours et c'est mon anniversaire
❷ (*irgendwann später*) tout à l'heure, un peu plus tard; **bis ~!** à tout à l'heure!
❸ (*zu dem Zeitpunkt*) **~, wenn ...** au moment où ...
❹ (*unter diesen Umständen*) à ce moment-là, alors; **ich fahre nur ~, wenn du mitkommst** je ne partirai qu'à condition que tu m'accompagnes; **~ eben nicht!** comme tu veux/vous voulez!; **~ erst recht nicht** à plus forte raison
❺ (*sonst*) **wenn nicht du, wer ~?** si ce n'est pas toi, qui est-ce?; **falls das so nicht geht, wie ~?** si ce n'est pas comme ça qu'on fait, comment doit-on faire?
❻ (*außerdem*) **erst zu spät kommen und ~ [auch] noch stören** non seulement il/elle arrive en retard, mais en plus il/elle dérange tout le monde
▸ **~ und wann** de temps en temps

dannen ['danən] *Adv veraltet* ▸ von **~** parti; **er war bereits von ~** il était déjà parti; **die Zigeuner zogen wieder von ~** les bohémiens se remettaient en route

daran [da'ran, 'da:ran] *Adv* ❶ (*örtlich*) *befestigen, sich anlehnen* y; *vorbeigehen, vorbeischießen* à côté; **der Behälter ist warm, halt mal deine Hand ~** le flacon est chaud, mets ta main contre
❷ (*zeitlich*) ensuite; **~ knüpfte sich eine lebhafte Diskussion** il s'ensuivit une vive discussion
❸ (*an dieser Sache*) **noch ~ sitzen/arbeiten** être encore en train de le faire/d'y travailler; **erinnerst du dich noch ~?** tu t'en souviens?; **~ denken** y penser; **bist du ~ interessiert?** ça t'intéresse?; **~ stirbt man nicht!** on n'en meurt pas!; **~ sieht man wieder mal, dass** ça montre bien que + *indic;* **das ändert nichts ~** ça n'y change rien; **~ ist nichts/kein Wort wahr** il n'y a rien/pas un mot de vrai dans tout ça [*o* là-dedans]; **das Dumme/Gute/Schöne ~ ist, dass** ce qui est bête/bien/agréable [là-dedans], c'est que + *indic; s. a.* **an**

daran|geben *tr V unreg geh* donner; **ich würde einiges/viel ~, wenn ich mich noch einmal anders entscheiden könnte** je donnerais beaucoup pour pouvoir revenir sur ma décision **daran|gehen** *itr V unreg + sein* se mettre; **~ etw zu tun** se mettre à faire qc **daran|machen** *r V fam* **sich ~** s'y mettre; **sich ~ etw zu tun** se mettre à faire qc **daran|setzen I.** *tr V* mettre en œuvre; **alles ~ etw zu tun** mettre tout en œuvre pour faire qc; **er hat viel Zeit und Geld darangesetzt** il y a investi beaucoup de temps et d'argent; **er setzte einiges ~ ihn umzustimmen** il a fait des pieds et des mains pour le faire changer d'avis **II.** *r V* **sich ~** s'y mettre

darauf [da'raʊf, 'da:raʊf] *Adv* ❶ (*örtlich*) dessus; **ein Hut mit einer Feder ~** un chapeau avec une plume [dessus]; **ein hohes Gebäude mit sechs Schornsteinen ~** un haut bâtiment surmonté de six cheminées; **als sie das Geschäft entdeckt hatte, ging sie ~ zu** ayant découvert le magasin, elle se dirigea droit dessus
❷ (*danach*) puis; **bald [*o* kurz] ~** peu [de temps] après; **~ folgend** suivant(e); **am ~ folgenden Tag, am Tag ~** le lendemain; **im Jahr/am Abend ~** l'année suivante/le soir suivant; **ein Jahr/einen Monat ~** un an/un mois après; **die Tage, die ~ folgten** les jours qui suivirent
❸ (*auf einen Bezugspunkt zurückführend*) **~ basieren/fußen** se fonder/reposer là dessus; **sich ~ beziehen** s'y référer; **~ zurückkommen** y revenir; **sich ~ stützen, dass** s'appuyer sur le fait que + *indic;* **~ zurückzuführen sein, dass** venir du [*o* s'expliquer par le] fait que + *indic*
❹ (*als Reaktion*) *sagen, schreiben* là-dessus, à ce sujet; **was wollen Sie ~ antworten?** que voulez-vous répondre [à cela]?; **wie sie wohl ~ reagieren wird?** comment va-t-elle réagir [à cela]?; **~ wollen wir jetzt trinken!** levons nos verres!

❺ (*auf eine Sache*) y, en; **sich ~ vorbereiten** s'y préparer; **sich ~ verlassen** compter dessus; **wir freuen uns sehr ~** nous nous en réjouissons beaucoup; **ich wette ~, dass** je parie que + *indic;* **~ Rücksicht nehmen, dass** prendre en considération le fait que + *indic;* **ein Recht ~ haben** y avoir droit; **~ kannst du stolz sein** tu peux [en] être fier(fière); **ich bestehe ~, dass du mir antwortest** j'exige [*o* je tiens à ce] que tu me répondes; **~ also wolltest du die ganze Zeit hinaus!** c'est là que tu voulais en venir!; *s. a.* **auf**

darauffolgend *s.* darauf 2.

daraufhin *Adv* ❶ (*infolgedessen*) dans la suite; **sie hatte inseriert und ~ viele Zuschriften bekommen** elle avait fait passer une annonce et reçu dans la suite de nombreuses lettres
❷ (*im Hinblick darauf*) **etw ~ untersuchen/prüfen, ob ...** inspecter/examiner qc pour voir si ...

daraus ['da:raʊs, da'raʊs] *Adv* ❶ (*aus diesem Material*) en; **~ kann man etwas schnitzen/Marmelade machen** on peut tailler quelque chose là-dedans/en faire de la confiture
❷ (*aus diesem Gefäß*) **~ kann man essen/trinken** on peut manger/boire dedans
❸ (*aus dieser Sache, Angelegenheit*) **~ ergibt sich ...** il en résulte ...; **wie Sie ~ ersehen, ...** comme vous pouvez le voir, ...; **~ folgt/ergibt sich, dass** il s'ensuit/il en résulte que + *indic;* **was ist ~ eigentlich geworden?** qu'est-ce que ça a donné?

darben ['darbən] *itr V geh* être dans le besoin; **die Leute mussten sehr ~** les gens ont dû se priver

dar|bieten ['da:ɐbi:tən] *unreg* **I.** *tr V geh* ❶ (*vorführen*) présenter *Tanz, Schauspiel;* réciter, dire *Gedicht*
❷ (*anbieten*) offrir *Getränke, Speisen;* tendre *Hand, Rechte*
II. *r V* **sich jdm ~** *Anblick, Gelegenheit:* se présenter à qn, s'offrir à qn

Darbietung <-, -en> *f* ❶ (*das Vorführen*) représentation *f*
❷ (*Nummer*) numéro *m*

dar|bringen *tr V unreg geh* ❶ féliciter; **jdm Glückwünsche ~** féliciter qn; **jdm Ovationen ~** ovationner qn
❷ (*hingeben, schenken*) faire *Opfer;* **jdm etw zum Opfer ~** offrir qc en sacrifice à qn

darein [da'raɪn, *hinweisend:* 'da:raɪn] *Adv veraltet* ❶ (*in etw hinein*) dedans, y; **steck den Brief ~** mets la lettre dedans, mets-y la lettre
❷ (*in diesen Umstand*) **sich ~ fügen** en prendre votre parti, s'en accommoder; **sich ~ ergeben** s'y résigner

darein|finden *r V unreg geh* **sich ~** s'y résigner; **sich ~ etw zu tun** se résigner à faire qc **darein|setzen** *tr V geh* y mettre *Ehrgeiz;* y déployer, y employer *Energie*

darf [darf] *3. Pers Präs von* **dürfen**

darin ['da:rɪn, da'rɪn] *Adv* ❶ (*in dem/der*) dedans, à l'intérieur; **eine Schachtel mit köstlichem Konfekt ~** une boîte remplie de délicieux bonbons
❷ (*in dieser Hinsicht*) **es gibt einen Punkt, ~ unterscheiden sie sich** il y a un point sur lequel ils/elles se distinguent; **~ ist sie unübertroffen** pour ça elle est inégalée; **~ war sie jedem überlegen** dans ce domaine, elle surpassait tout le monde; **sie stimmen ~ überein, dass** ils/elles sont d'accord sur le fait que + *indic;* **der Unterschied besteht ~, dass** la différence réside dans le fait que + *indic;* **~ irrst du dich!** là, tu te trompes!

dar|legen ['da:ɐle:gən] *tr V* exposer, expliquer

Darlegung <-, -en> *f* exposé *m*, explication *f*

Darlehen ['da:ɐle:ən] <-s, -> *nt* (*aus Sicht der Bank*) prêt *m;* (*aus Sicht des Kunden*) emprunt *m;* **ein ~ in Höhe von ...** un prêt/emprunt d'un montant de ...; **ein ~ gewähren/aufnehmen** consentir un prêt/faire un emprunt; **ein ~ sichern** garantir un prêt/emprunt; **ungesichertes ~** prêt/emprunt non garanti; **eingefrorenes ~** prêt/emprunt gelé

Darlehensgeber(in) <-s, -> *m(f)* prêteur(-euse) *m(f)* **Darlehensnehmer(in)** <-s, -> *m(f)* emprunteur(-euse) *m(f)* **Darlehensschuld** *f* somme *f* empruntée **Darlehenssumme** *f* somme *f* prêtée; **eine höhere ~ vereinbaren** (*aus Sicht der Bank*) convenir d'un prêt plus élevé; (*aus Sicht des Kunden*) contracter un emprunt plus important **Darlehenszins** *m* FIN intérêts *mpl*

Darm [darm, *Pl:* 'dɛrmə] <-[e]s, ¨-e> *m* ❶ ANAT intestin *m*
❷ (*von Schlachttieren*) boyau *m*

Darmausgang *m* anus *m;* **künstlicher ~** anus artificiel **Darmblutung** *f* MED hémorragie *f* intestinale **Darmentleerung** *f* défécation *f* **Darmflora** *f* flore *f* intestinale **Darmgrippe** *f* grippe *f* intestinale **Darminfektion** *f* entérite *f* **Darmkrebs** *m* MED cancer *m* de l'intestin **Darmsaite** *f* corde *f* de boyau **Darmschleimhaut** *f* muqueuse *f* intestinale **Darmspülung** *f* lavement *m* **Darmtätigkeit** *f* transit *m* intestinal **Darmträgheit** *f* paresse *f* intestinale **Darmverschlingung** *f* volvulus *m* intestinal **Darmverschluss**[RR] *m* occlusion *f* intestinale

Darre ['darə] <-, -n> *f* ❶ (*Trockengestell*) séchoir *m*
❷ (*in der Brauerei*) touraille *f*, four *m* à sécher

dar|reichen ['da:ɐraɪçən] *s.* **darbieten 2.**

darren ['darən] *tr V* sécher, torréfier

darstellbar *Adj* ❶ (*zu berichten*) qui peut être exposé(e); **nicht leicht ~ sein** ne pas être facile à exposer
❷ (*wiederzugeben*) représentable; **zeichnerisch nicht ~ sein** ne pas pouvoir être représenté(e) par un dessin

dar|stellen ['da:ɐʃtɛlən] **I.** *tr V* ❶ (*wiedergeben*) représenter; **blau dargestellt sein** être représenté(e) en bleu
❷ (*verkörpern*) jouer, interpréter
❸ (*beschreiben*) exposer *Theorie, Sachverhalt;* établir *Verlauf;* **jds Verdienste vorteilhaft ~** souligner les mérites de qn en termes avantageux
❹ (*bedeuten*) représenter, constituer *Fortschritt, Höhepunkt*
II. *r V* ❶ **sich als schwierig ~** s'avérer difficile; **die Arbeit stellte sich als nicht einfach dar** il s'est avéré que la tâche n'était pas facile
❷ (*sich ausgeben als*) **er stellt sich [immer] als großzügig dar** il raconte [toujours] qu'il est généreux

Darsteller(in) <-s, -> *m(f)* interprète *mf*

darstellerisch **I.** *Adj* **das ~e Können** le talent d'interprétation; **eine ~e Leistung** une prestation de comédien
II. *Adv* **der Film ist ~ hervorragend** dans ce film, l'interprétation est excellente; **das Stück war ~ hervorragend besetzt** la pièce était remarquablement interprétée

Darstellung <-, -en> *f* ❶ *kein Pl* (*das Darstellen*) représentation *f*
❷ *kein Pl* THEAT *einer Rolle* interprétation *f; eines Stoffes* représentation *f*
❸ (*objektive/subjektive Wiedergabe*) *von Ereignissen, Fakten* description *f*/présentation *f*

Darstellungsform *f* mise *f* en scène **Darstellungsmittel** *nt* moyens *mpl* d'expression **Darstellungsweise** *f* manière *f* de décrire [*o* de représenter], style *m*

Darts [da:ɐts] <-> *nt* fléchettes *fpl*

dar|tun *tr V unreg geh s.* **darlegen**

darüber ['da:rybɐ, da'ry:bɐ] *Adv* ❶ (*örtlich*) *legen, hängen, gehen, fahren* dessus; *anhaben, liegen* par-dessus; **er hängte den Mantel auf den Bügel und die Jacke ~** il a pendu son manteau sur le ceintre et sa veste par-dessus; **das ist Herr Martin vom Stockwerk ~** c'est monsieur Martin de l'étage au-dessus; **fahr mal mit der Hand/dem Tuch ~!** passe ta main/le chiffon dessus!
❷ (*höher, weiter oben*) au-dessus; **~ liegen** se situer au-dessus; *Nebel, Schwaden:* recouvrir; **er lag mit seinem Angebot/seinen Forderungen noch ~** il proposait/exigeait davantage
❸ (*über ... hinweg*) par-dessus; **die Mauer war so hoch, dass man nicht ~ schauen konnte** le mur était si haut qu'on ne pouvait regarder par-dessus; **der Graben ist nicht breit, man kann ~ springen** le fossé n'est pas large, on peut l'en-

jamber d'un saut
❹ (*mehr*) **die Teilnehmer waren 50 Jahre alt und** ~ les participants avaient 50 ans et plus; **ich biete tausend Euro und keinen Cent** ~ j'offre mille euros et pas un cent de plus; **es war nicht 8.15 Uhr, sondern schon eine halbe Stunde** ~ il n'était pas 8 h 15, mais déjà une demi-heure plus tard
❺ (*währenddessen*) pendant ce temps; **der Film war so spannend, dass sie** ~ **vergessen hat, ...** le film était si passionnant qu'elle en a oublié ...; **Jahre vergingen** ~ les années passèrent; **es wurde** ~ **immer später** et il se fit de plus en plus tard; **sie hatte gelesen und war** ~ **eingeschlafen** elle s'était endormie en lisant
❻ (*über eine Angelegenheit*) à ce sujet; ~ **reden** en parler; ~ **nachdenken** y réfléchir; ~ **stehen** être au-dessus de ça; **du musst einfach** ~ **stehen!** dis-toi que tu es au-dessus de ça!; **sie war sehr erfreut** ~ elle s'en était beaucoup réjouie; **ich muss mich doch sehr** ~ **wundern, was du dir wieder für Sachen ausdenkst** je suis très surpris(e) de ce que tu peux inventer; **sie beklagte sich** ~**, dass sie es im Leben so schwer habe** elle se plaignait d'avoir une vie difficile; ~ **kann man ja nur lachen** on ne peut qu'en rire; ~ **spricht man nicht** on ne parle pas de ces choses-là
▸ ~ **hinweg sein** (*über den Ärger*) avoir dépassé ce stade; (*über einen Verlust*) en avoir fait son deuil; **jdm** ~ **hinweghelfen** aider qn à passer le cap; ~ **hinaus** au delà, au-delà; **seine Forderungen gehen noch** ~ **hinaus** ses exigences vont encore au delà [*o* au-delà]; *s. a.* **über**
darüber|fahren *s.* **darüber 1.**
darüber|liegen *s.* **darüber 2.**
darüber|stehen *s.* **darüber 6.**
darum ['da:rʊm, da'rʊm] *Adv* ❶ (*deshalb*) c'est pourquoi; **sie ist zwar klein, aber** ~ **nicht schwach** elle est petite, mais pas faible pour autant; **sie hat das** ~ **gesagt, weil ...** si elle a dit ça, c'est parce que ...; **warum? – Darum!** pourquoi? – Parce que!; **ach,** ~**!** ah bon, c'est pour ça!
❷ (*örtlich*) ~ [**herum**] tout autour; *s. a.* **um**
❸ (*um diese Angelegenheit*) **jdn** ~ **bitten etw zu tun** demander à qn de faire qc; **es geht** ~**, wer am schnellsten laufen kann** il s'agit de savoir qui court le plus vite; **wir kommen nicht** ~ **herum** nous ne pouvons pas faire autrement; **rede nicht lange** ~ **herum** ne tourne pas autour du pot
darunter ['da:rʊntɐ, da'rʊntɐ] *Adv* ❶ (*unter diesem/diesen Gegenstand*) en dessous; ~ **hervorsehen** *Person:* apparaître; *Gegenstand:* dépasser; **der Koffer geht** ~ on peut y mettre la valise [*o* mettre la valise dessous]; **gehe ich noch** ~**?** est-ce que je passe [dessous]?; **Wasser sprudelte** ~ **hervor** de l'eau jaillit; **seine Unterschrift** ~ **setzen** y apposer sa signature
❷ (*unter dieser Etage*) en dessous, plus bas; **das Stockwerk** [*o* **der Stock**] ~ l'étage en dessous
❸ (*unter diesem/diesen Preis, unter dieser/diese Grenze*) ~ **gehen** (*unterschreiten*) *Verkäufer:* descendre en dessous; *Temperatur:* descendre plus bas; ~ **liegen** *Werte, Leistung:* être inférieur(e) [*o* plus bas(se)]; **die Leistung der Mitbewerber lag** ~ les autres concurrents ont fait de moins bonnes prestations; **Kinder im Alter von zwölf Jahren und** ~ des enfants de douze ans et moins; **ich kann die Ware nicht** ~ **abgeben** je ne peux pas vendre la marchandise à moindre prix
❹ (*mitten unter diesen*) parmi eux/elles; **es waren auch einige angefaulte Äpfel** ~ il y avait quelques pommes pourries dans le lot; **einige Länder der EU,** ~ **Dänemark, Frankreich, ...** quelques pays de la Communauté européenne, dont [*o* parmi lesquels] le Danemark, la France, ...
❺ (*unter dieser Angelegenheit*) [**sehr**] ~ **leiden** en souffrir [beaucoup]; **was verstehst du denn** ~**?** qu'est-ce que tu veux dire [*o* tu entends] par là?; ~ **kann ich mir nichts/nicht viel vorstellen** ça ne me dit rien/pas grand-chose
❻ (*dazwischen*) **etw** ~ **mischen** y mélanger qc; **noch etwas Mehl** ~ **mischen** [r]ajouter un peu de farine; **bei Demonstrationen mischen sich immer einige Provokateure** ~ dans les manifestations, il y a toujours des provocateurs qui se fondent dans la masse
▸ ~ **fallen** (*zu einer Kategorie gehören*) entrer dans cette catégorie, en faire partie; (*davon betroffen sein*) être concerné(e); **es nicht** ~ **machen** [*o* **tun**] *fam* ne pas descendre en dessous; *s. a.* **unter**
darunter|fallen *s.* **darunter** ▸
darunter|gehen *s.* **darunter 1., 3.**
darunter|liegen *s.* **darunter 3.**
darunter|mischen *s.* **darunter 6.**
darunter|setzen *s.* **darunter 1.**
Darwinismus [darvi'nɪsmʊs] <-> *m* BIO darwinisme *m*
das[1] [das] *Art def, Neutrum, Nom und Akk Sing* le/la; ~ **kleine Mädchen** la petite fille; ~ **Haus/Buch** la maison/le livre; ~ **Florenz der Renaissance** Florence à l'époque de la Renaissance; ~ **Arbeiten** le travail; ~ **Schöne** le beau
das[2] **I.** *Pron dem, Neutrum, Nom und Akk Sing* ce(t)/cette; ~ **Baby/Kind** [**da**] ce bébé[-là]/cet enfant[-là]; ~ **Auto** [**da**] cette voiture[-là]; **was ist denn** ~ **da?** qu'est-ce que c'est que ça?
II. *Pron rel, Neutrum, Nom Sing* **ein Mädchen/Kind,** ~ **gut Klavier spielt** une fille/un enfant qui joue bien du piano; **ein Pferd,** ~ **nicht gehorcht** un cheval qui n'obéit pas
III. *Pron rel, Neutrum, Akk Sing* **ein Mädchen/Kind,** ~ **alle mögen** une fille/un enfant que tous apprécient; **ein Huhn,** ~ **man schlachten wird** un poulet que l'on va abattre
da|sein ['da:zaɪn] *s.* **da I.3, I.4., I.5., I.6., I.7., I.**▸
Dasein <-s> *nt* ❶ *a.* PHILOS existence *f;* **ein jämmerliches** ~ **führen** traîner une existence misérable; **ein kümmerliches** ~ **fristen** vivoter
❷ (*Anwesenheit*) présence *f*
Daseinsberechtigung *f* ❶ (*Recht zu existieren*) droit *m* à l'existence ❷ (*Zweck*) raison *f* d'être **Daseinsfreude** *f geh* joie *f* de vivre **Daseinskampf** *s.* **Existenzkampf**
daselbst [da'zɛlpst] *Adv veraltet* au même endroit
da|sitzen *itr V unreg* ❶ être assis(e); **untätig** ~ rester [assis(e)] sans rien faire; **er saß traurig/zitternd da** il était assis, triste/tremblant
❷ *fam* (*zurechtkommen müssen*) **ohne Hilfe/einen Pfennig** ~ se retrouver sans aide/un sou
dasjenige ['dasie:nɪgə] *Pron dem* ce(t)/cette; ~ **Baby/Mädchen, das ...** ce bébé/cette fille qui ...; ~**, was dir gefällt** ce qui te plaît; ~**, was du dir ausgesucht hast** ce que tu as choisi; **unser Haus ist kleiner als** ~ **unserer Freunde** notre maison est plus petite que celle de nos amis
dass[RR] [das], **daß** *Konj* ❶ (*im Subjektsatz*) que + *subj;* **schade,** ~ **du schon gehen musst** dommage que tu sois obligé(e) de partir; **es ist schon lange her,** ~ **ich ihn gesehen habe** voilà longtemps que je ne l'ai vu; **die Hauptsache ist,** ~ **dir nichts passiert ist** le principal, c'est qu'il ne te soit rien arrivé
❷ (*im Objektsatz*) que + *subj o indic;* **ich möchte,** ~ **ihr geht** je veux que vous partiez; **ich nehme es ihr übel,** ~ **sie mir davon nichts erzählt hat** je lui en veux de ne pas m'en avoir parlé
❸ (*im Attributivsatz*) que + *subj o indic;* **ich bin dagegen,** ~ je ne suis pas d'accord que + *subj;* **ich bin fest davon überzeugt,** ~ **er kommen wird** je suis absolument sûr(e) qu'il viendra; **vorausgesetzt,** ~ à supposer que + *subj*
❹ (*zur Angabe des Grundes, des Mittels*) que + *subj o indic;* **das liegt daran,** ~ cela vient de ce [*o* du fait] que + *indic;* **ich freue mich,** ~ **wir uns wieder sehen** je me réjouis que nous nous revoyions; **dadurch,** ~ **es so lange nicht geregnet hat, ...** ... du fait qu'il n'a pas plu depuis longtemps; **sie bestreitet ihren Lebensunterhalt damit,** ~ **sie schreibt** elle gagne sa vie en écrivant
❺ (*zur Angabe der Folge*) que + *indic;* **er hupte so laut,** ~

alle wach wurden il a klaxonné si fort que tous se sont réveillés

❻ *geh* (*wenn nur*) si seulement, pourvu que + *subj;* ~ **du doch Recht hättest!** si seulement tu avais raison!; ~ **das nur hält!** pourvu que ça dure!

❼ (*als Einleitung einer Aufforderung*) surtout; **und** ~ **du pünktlich zurückkommst!** et tâche de rentrer à l'heure!

dasselbe [das'zɛlbə] *Pron dem, Nom und Akk Sing* le/la même; ~ **Baby/Kind** le même bébé/enfant; **das ist** ~ **Geräusch wie vorhin** c'est le même bruit que tout à l'heure; **sie hat** ~ **Kleid wie neulich an** elle porte la même robe que l'autre jour; **er sagt immer** ~ il dit toujours la même chose

da|stehen *itr V unreg* ❶ être là; **ratlos** ~ rester là perplexe; **hilflos** ~ rester là ne sachant que faire; **einfach nur** ~ rester planté(e) là; **er stand ganz geduldig da und wartete** il attendait debout, patiemment

❷ (*erscheinen*) **gut/schlecht** ~ faire bonne/mauvaise figure; **allein** ~ se retrouver seul(e); **als Lügner** ~ faire figure de menteur; **ohne Geld** ~ se retrouver sans argent; **wie stehe ich jetzt da!** (*welche Blamage!*) de quoi j'ai l'air[, maintenant]?

DAT [dat, de:ʔa:'te:] <-s, -s> *nt Abk von* **digital audio tape** D.A.T. *m*

Datei [da'taɪ] <-, -n> *f* INFORM fichier *m;* **eine** ~ **öffnen/sichern** ouvrir/sauvegarder un fichier

Dateianhang *m* fichier *m* attaché [*o* annexe] **Dateimanager** *m* INFORM gestionnaire *m* de fichiers **Dateiname** *m* nom *m* de fichier **Dateiverwaltungstools** [-tu:ls] *Pl* INFORM outils *mpl* de manipulation de fichiers

Daten¹ ['da:tən] *Pl von* **Datum**

Daten² *Pl* ❶ *a.* INFORM (*Angaben*) données *fpl*

❷ TECH informations *fpl;* **technische** ~ caractéristiques *fpl*

Datenabgleich *m* comparaison *f* de données **Datenaustausch** *m* échange *m* de données **Datenautobahn** *f* autoroute *f* de l'information **Datenbank** <-banken> *f* banque *f* [*o* base *f*] de données

Datenbanksystem *nt* système *m* de gestion de banques de données **Datenbankverwaltung** *f* gestion *f* de banques de données

Datenbestand *m* stock *m* de données **Datenerfassung** *f* saisie *f* de données **Datenfeld** *nt* zone *f* de données **Datenfernübertragung** *f* télétransmission *f* **Datenfernverarbeitung** *f* télétraitement *m* **Datenflut** *f* masse *f* d'informations **Datenformat** *nt* format *m* de données **Datenfunkgerät** *nt* terminal *m* radio **Datenhandschuh** *m* gant *m* de données **Datenklau** <-s> *m kein Pl fam* piratage *m* de données **Datenkomprimierung** *f* compression *f* de données **Datenmenge** *f* masse *f* de données **Datenmissbrauch**^RR *m* utilisation *f* abusive [*o* non autorisée] de données **Datennetz** *nt* INFORM réseau *m* de données **Datenschrott** *m fam* données *fpl* non exploitables **Datenschutz** *m* protection *f* des données

Datenschutzbeauftragte(r) *f(m) dekl wie Adj* commissaire *mf* à la protection des données

Datenschützer(in) <-s, -> *m(f) fam* contrôleur(-euse) *m(f)* de l'utilisation des données informatiques

Datenschutzgesetz *nt* JUR loi *f* informatique et liberté[s]

Datensicherung *f* sauvegarde *f* des données **Datensichtgerät** *nt* écran *m* d'affichage, console *f* de visualisation; **Passkontrolle mit** ~ contrôle de passeports avec lecteur *m* **Datensperre** *f* système *m* de verrouillage d'accès [aux données] **Datenträger** *m* support *m* de données **Datentypist(in)** <-en, -en> *m(f)* opérateur(-trice) *m(f)* de saisie **Datenübernahme** *f* réception *f* de données **Datenübertragung** *f* transmission *f* [*o* transfert *m*] de données **Datenverarbeitung** *f* traitement *m* des données; **elektronische** ~ traitement électronique des données

Datenverarbeitungsanlage *f* système *m* informatique **Datenverarbeitungssystem** *nt* système *m* de traitement [de données]

Datenverbund *m* intercommunication *f* informatique **Datenvergleich** *m* comparaison *f* de fichiers **Datenzentrum** *nt* serveur *m* de réseau **Datenzwischenspeicher** *m* INFORM mémoire *f* cache

datieren* I. *tr V* (*mit Datum versehen*) dater; **etw auf den 5. Mai** ~ dater qc du 5 mai

II. *itr V* ❶ (*stammen*) **aus der Steinzeit** ~ dater de l'âge de pierre

❷ (*mit Datum versehen sein*) **vom 30. April** ~ être daté(e) du 30 avril; **von wann datiert der Brief?** de quand la lettre est-elle datée?

❸ (*bestehen*) **seit letzten Sommer** ~ *Beziehung, Freundschaft:* dater de l'été dernier

Datierung <-, -en> *f* datation *f*

Dativ ['da:ti:f] <-s, -e> *m* datif *m;* **im** ~ **stehen** être au datif

Dativobjekt *nt* complément *m* au datif

DAT-Kassette *f* cassette *f* D.A.T.

dato ['da:to] *Adv geh* ▸ **bis** ~ jusqu'à ce jour

Datscha ['datʃa] <-, Datschen> *f* datcha *f*

Dattel ['datəl] <-, -n> *f* datte *f*

Dattelpalme *f* [palmier *m*] dattier *m*

Datum ['da:tʊm] <-s, Daten> *nt* date *f;* **das heutige/gestrige/morgige** ~ la date d'aujourd'hui/d'hier/de demain; **älteren** ~**s** d'une époque déjà ancienne; **neueren** ~**s** récent(e), de fraîche date; **es gilt das** ~ **des Poststempels** le cachet de la poste faisant foi; **alle Briefe müssen mit** ~ **versehen werden** toutes les lettres doivent être datées; **was für ein** ~ **haben wir heute?** quel jour [*o* le combien] sommes-nous aujourd'hui?

Datumsanzeige *f einer Uhr, eines PC* affichage *m* de la date **Datumsgrenze** *f* ligne *f* de changement de date **Datumsstempel** *m* ❶ (*Stempel*) dateur *m* ❷ (*Aufdruck*) cachet *m;* **der** ~ **vom 15.7.1998** le cachet à date du 15-7-1998

Daube ['daʊbə] <-, -n> *f* (*Fassdaube*) douve *f*

Dauer ['daʊɐ] <-> *f* durée *f;* **von kurzer/langer** ~ **sein** être de courte/longue durée; **für die** ~ **von drei Tagen/ihres Aufenthaltes** pour une durée de trois jours/la durée de son séjour

▸ **keine** ~ **haben** ne pas durer; **von** ~ **sein** durer; **auf die** ~ à la longue; **auf** ~ pour une durée illimitée; *Anstellung* à durée indéterminée; **auf** ~ **kannst du nicht hier bleiben** tu ne peux pas rester ici éternellement

Dauerarbeitslose(r) *f(m) dekl wie Adj* chômeur(-euse) *m(f)* de longue durée **Dauerarbeitslosigkeit** *f* chômage *m* de longue durée **Dauerauftrag** *m* FIN virement *m* permanent; **per** ~ par virement permanent **Dauerbeanspruchung** *f* sollicitation *f* continuelle **Dauerbehandlung** *f* traitement *m* à long terme **Dauerbelastung** *f* charge *f* permanente **Dauerbeschäftigung** *f* emploi *m* à durée indéterminée **Dauerbeziehung** *f* relation *f* durable **Dauerbrenner** <-s, -> *m fam* ❶ (*Thema*) question *f* qui reste d'actualité ❷ *fam* (*Erfolg*) succès *m;* **der Film/das Stück war ein** ~ le film/la pièce a fait un tabac ❸ *fam* (*Kuss*) baiser *m* interminable **Dauereinrichtung** *f* ❶ (*ständige Institution*) installation *f* permanente; **zu einer** ~ **werden** devenir définitif(-ive) ❷ (*Gewohnheit*) habitude *f,* institution *f* (*iron*) **Dauerfrost** *m* gel *m* permanent **Dauergast** *m* ❶ *in Kneipe, Nachtlokal* habitué(e) *m(f)* ❷ (*in Hotel, Pension*) pensionnaire *mf*

dauerhaft I. *Adj* ❶ *Farbe, Material* résistant(e)

❷ *Bündnis, Frieden, Partnerschaft* durable; *Einrichtung* permanent(e)

II. *Adv* durablement; **das Gehirn wurde** ~ **geschädigt** le cerveau a subi des lésions irréversibles

Dauerhaftigkeit <-> *f* ❶ *einer Farbe, eines Materials* résistance *f* ❷ *eines Bündnisses, Friedens, einer Partnerschaft* stabilité *f,* durabilité *f; des Wetters* persistance *f*

Dauerkarte *f* carte *f* d'abonnement **Dauerlauf** *m* jogging *m;* **einen** ~ **machen** faire un jogging; **im** ~ au pas de course **Dauerlutscher** *m* sucette *f*

dauern ['daʊɐn] *itr V* ① *(andauern)* durer; **das dauert mir zu lange** je trouve que ça dure trop longtemps
② *(Zeit benötigen)* **es dauerte lange, bis er den Weg gefunden hatte** il a mis longtemps à trouver le chemin; **warum dauert das Schminken bei ihr immer so lange?** pourquoi est-elle si longue à se maquiller?; **dauert es noch lange[, bis du endlich fertig bist]?** tu en as encore pour longtemps?
③ *geh (dauerhaft sein)* être durable, durer
▶ **das dauert und dauert!** *fam* [mon Dieu] que c'est long!

dauernd ['daʊɐnt] **I.** *Adj Frieden, Regelung, Partnerschaft* durable; *Ausstellung* permanent(e); *Anstellung* stable; *Wohnsitz* fixe; *Ärger, Nörgelei* continuel(le), perpétuel(le)
II. *Adv* ① *(für immer)* définitivement
② *(immer wieder)* sans arrêt, tout le temps; **musst du ~ so blöd fragen?** tu n'arrêteras donc jamais de poser des questions idiotes?

Dauernörgler(in) *m(f)* ronchonneur(-euse) *m(f)* invétéré(e) **Dauerobst** *nt* fruits *mpl* qui se gardent longtemps **Dauerparker(in)** <-s, -> *m(f)* abonné(e) *m(f)* [au parking]; **~ zahlen pro Monat hundert Euro in diesem Parkhaus** dans ce parking, les abonnés paient cent euros par mois **Dauerregen** *m* pluie *f* persistante, pluies *fpl* continuelles **Dauerstellung** *f* emploi *m* stable; **in ~ [beschäftigt]** employé(e) pour une durée indéterminée **Dauerstress**[RR] *m* stress *m* permanent **Dauerthema** *nt* thème *m* qui reste d'actualité **Dauerton** *m* tonalité *f* continue **Dauervertrag** *m* contrat *m* à durée indéterminée **Dauerwelle** *f* permanente *f*; **sich** *(Dat)* **eine ~ machen lassen** se faire faire une permanente **Dauerwurst** *f* saucisson *m* sec **Dauerzustand** *m* état *m* permanent; **ein ~ werden** devenir la règle [*o* une habitude]; **das kann kein ~ sein** cet état de choses ne saurait durer

Däumchen ['dɔɪmçən] <-s, -> *nt Dim von* Daumen
▶ **~ drehen** *fam* se tourner les pouces

Daumen ['daʊmən] <-s, -> *m* pouce *m*; **am ~ lutschen** sucer son pouce
▶ **jdm die ~ drücken** [*o* **halten**] croiser les doigts pour porter chance à qn; **über den ~ gepeilt** grosso modo, à vue de nez; **etw über den ~ peilen** estimer qc grosso modo [*o* à vue de nez]

Daumenlutscher(in) *m(f) pej* enfant *m* qui suce son pouce; **ihr Sohn ist noch ein ~** son fils suce encore son pouce **Daumennagel** *m* ongle *m* du pouce **Daumenregister** *nt* index *m* à encoches **Daumenschraube** *f meist Pl* poucettes *fpl* ▶ **jdm die ~n anlegen** HIST mettre les poucettes à qn; *fam (unter Druck setzen)* mettre le couteau sous la gorge à qn

Däumling ['dɔɪmlɪŋ] <-s, -e> *m* ① *(Schutzkappe)* poucier *m*
② *(Märchengestalt)* **der ~** le Petit Poucet

Daune ['daʊnə] <-, -n> *f* plumule *f*; **~n** du duvet

Daunendecke *f* couette *f* en duvet **Daunenjacke** *f* doudoune *f* **Daunenmantel** *m* manteau *m* en duvet matelassé **Daunenschlafsack** *m* duvet *m* **daunenweich** *Adj* moelleux(-euse)

David[s]stern ['da:fɪd-, 'da:vɪd-] *m* étoile *f* de David

Daviscup[RR] ['deɪvɪskap] <-[s]> *m* coupe *f* Davis

davon [da'fɔn, 'da:fɔn] *Adv* ① *(von diesem Ort, dieser Stelle)* de là; **nicht weit ~** un peu plus loin, non loin de là; **zehn Meter ~ weg stehen** se trouver à dix mètres [de l'endroit]; **du stehst/sitzt/bist zu weit weg** ~ tu es trop loin; **der Weg geht [rechts] ~ ab** un chemin bifurque [sur la droite]; **hier bin ich auf dem Foto, links ~ meine Tante** c'est moi sur la photo, et à ma gauche ma tante
② *(von diesem)* **~ essen/nehmen** en manger/prendre; **möchten Sie mehr ~?** vous en voulez plus?; **geben Sie mir das Doppelte ~!** donnez-m'en le double!; **nichts ist ihm ~ geblieben** il ne lui [en] est rien resté; **das ist nicht alles, sondern nur ein Teil ~** ce n'est pas tout mais seulement une partie
③ *(von dieser Sache, diesem Gegenstand)* **sich kaum ~ unterscheiden** ne s'en distinguer que par un petit détail
④ *(dadurch)* **~ wird man müde/dick** ça fatigue/fait grossir; **~ stirbst du nicht!** tu n'en mourras pas!; **sie wachte ~ auf** ça la réveilla; **~ sind Sie nicht betroffen** ça ne vous concerne pas
⑤ *(mittels dieser Sache)* **sich ~ ernähren** se nourrir de ça; **ich lebe doch ~!** j'en vis!, c'est mon gagne-pain!; **~ kannst du einen Pullover stricken** avec ça, tu peux tricoter un pull-over
⑥ *(hinsichtlich dieser Sache)* **was halten Sie ~?** qu'en pensez-vous?; **reden/sprechen wir nicht mehr ~!** n'en parlons plus!; **wissen Sie etwas ~?** vous êtes au courant?; **genug ~!** assez!, ça suffit [comme ça]!
▶ **nichts ~ haben** ne rien y gagner; **ich habe nichts ~!** je n'en ai que faire!; **das hast du nun ~!** voilà ce qui arrive!; **was hast du denn ~?** qu'est-ce que tu y gagnes?; **hast du etwas ~?** ça t'avance à quelque chose?; **das kommt ~!** voilà ce qui arrive!

davon|brausen *itr V + sein* partir sur les chapeaux de roue **davon|eilen** *itr V + sein geh* partir en hâte, s'en aller rapidement **davon|fahren** *itr V unreg + sein* ① *geh (wegfahren) Person:* s'en aller; *Auto, Bus:* démarrer, partir ② *(hinter sich lassen)* **jdm ~** distancer qn **davon|fliegen** *itr V unreg + sein geh* s'envoler **davon|gehen** *itr V unreg + sein geh* s'en aller, partir **davon|jagen** **I.** *tr V + haben* chasser, faire déguerpir **II.** *itr V + sein Person:* s'enfuir [à toutes jambes]; *Auto:* s'éloigner à toute allure **davon|kommen** *itr V unreg + sein* s'en sortir; **mit einer Geldstrafe ~** s'en tirer [*o* sortir] avec une amende; **er kommt mir nicht so einfach davon** il ne m'échappera pas; **nicht ungeschoren ~** y laisser des plumes; **sie kam mit dem Schrecken davon** elle en a été quitte pour la peur **davon|laufen** *itr V unreg + sein* ① *(weglaufen)* se sauver; *(von zu Hause fortlaufen)* fuguer, faire une fugue ② *(hinter sich lassen)* **jdm ~** distancer qn ③ *fam (verlassen)* **jdm ~** laisser qn en plan, lâcher qn *(fam)*; **sie ist ihrem Mann davongelaufen** elle a plaqué son mari *(fam)* ④ *(eskalieren) Kosten, Preise:* s'envoler; **die Kosten laufen den Einkommen davon** les prix augmentent plus vite que les salaires **davon|machen** *r V* **sich ~** *fam* se casser *(fam)*, se tirer *(fam)* **davon|rennen** *itr V unreg* partir en courant **davon|schleichen** *unreg* **I.** *itr V + sein* s'esquiver, s'éclipser **II.** *r V* **sich ~** s'esquiver, s'éclipser **davon|stehlen** *s.* davonschleichen II. **davon|tragen** *tr V unreg* ① *(wegtragen)* emporter ② *(erringen)* remporter *Sieg, Preis;* retirer *Ruhm* ③ *(erleiden)* subir *Schaden, Verletzung;* recevoir *Prellung, Stoß* **davon|ziehen** *itr V unreg + sein* ① *geh (sich weiterbewegen)* continuer son chemin ② SPORT *fam* prendre de l'avance; **jdm ~** distancer qn, lâcher qn, semer qn ③ TECH *Technologie:* progresser

davor[1] [da'fo:ɐ] *Adv* ① *(räumlich)* devant; **jd/etw steht ~** il y a qn/qc devant; **sich/etw ~ stellen** se mettre/mettre qc devant; **ein Baumstamm liegt ~** il y a un tronc d'arbre devant
② *(zeitlich)* avant
③ *(in Bezug auf eine Sache)* **jdn ~ warnen etw zu tun** avertir [*o* prévenir] qn de ne pas faire qc; **jdn ~ bewahren etw zu tun** éviter à qn de faire qc; **Angst ~ haben etw zu tun** avoir peur de faire qc; **ich habe dich ~ gewarnt!** je t'avais prévenu(e) d'avance!; **wieso ekelst du dich ~?** pourquoi est-ce que ça te dégoûte?; *s. a.* **vor**

davor[2] ['da:fo:ɐ] *Adv* ① *(räumlich)* devant; **dort ist das Rathaus, und ~ befindet sich ...** la mairie est là-bas, et juste devant se trouve ...
② *(zeitlich)* **ich muss zur Post gehen und ~ noch zum Bäcker** il faut que j'aille à la poste et avant chez le boulanger
③ *(vor dieser Person, Sache)* **[genau] ~ fürchtet er sich** c'est [justement] ça qu'il craint; **~ habe ich dich gewarnt** je t'avais prévenu(e) d'avance!

davor|liegen *s.* davor[1] 1.

davor|stehen *s.* davor[1] 1.
davor|stellen *s.* davor[1] 1.
DAX [daks] <-> *m* FIN *Abk von* **Deutscher Aktienindex** *indice boursier allemand*
dazu[1] [da'tsu:] *Adv* ❶ *(gleichzeitig)* en même temps; **sie singt, und ~ spielt sie Harfe** elle chante tout en jouant de la harpe
❷ *(außerdem)* par-dessus le marché
❸ *(zu dem Gegenstand)* **dies ist die Tischdecke, und dies sind die Servietten ~** voici la nappe, et voici les serviettes qui vont avec
❹ *(zu der Konsequenz)* **das führte ~, dass** ça a eu pour résultat que + *indic*
❺ *(zu dem Zweck, der Sache)* **die Bereitschaft ~ hat nachgelassen** maintenant, on est beaucoup moins disposé; **gibst du mir die Erlaubnis ~?** tu me donnes la permission?; **du musst mir helfen! – Wie komme ich ~!** *fam* il faut que tu m'aides! – Tu veux rire ou quoi! *(fam)*; **ich würde gern etwas ~ sagen** je voudrais dire quelques mots à ce propos; **was meinst du ~?** qu'en penses-tu?
dazu[2] ['da:tsu] *Adv* ❶ *(zu dieser Sache)* avec cela; **wozu gehört dieses Teil? – Dazu!** avec quoi va cette pièce? – Avec ça!
❷ *(zu dieser Konsequenz)* **wie konnte es nur ~ kommen?** comment a-t-on pu en arriver là?
❸ *(dafür)* **~ ist er zu unerfahren** pour ça, il n'a pas assez d'expérience; **Urlaub? Dazu reicht mein Geld nicht!** des vacances? Je n'ai pas assez d'argent pour ça!; **~ habe ich dich nicht studieren lassen, dass** je ne t'ai pas laissé faire des études pour que + *subj;* **~ habe ich keine Lust/Zeit!** je n'[en] ai pas envie/le temps!
dazu|geben *tr V unreg* ❶ *(zusätzlich geben)* donner en plus; **jdm etw ~** donner à qn qc en plus ❷ *(dazutun)* ajouter *Salz, Backpulver* **dazu|gehören*** *itr V* ❶ *Gast, Freund:* être à sa place; *Zubehör:* aller avec; **du bist mein Freund und gehörst dazu!** tu es mon ami et tu as ta place ici [*o* parmi nous]!; **du gehörst nicht dazu!** tu n'as rien à faire là! *(fam)* ❷ *(erforderlich sein)* **es gehört schon einiges dazu das zu tun** il faut une certaine dose de courage pour oser faire ça
dazugehörig *Adj attr* qui va avec
dazu|kommen *itr V unreg + sein* ❶ *(unangemeldet/plötzlich hinzukommen)* arriver en plus/surgir; **ständig kommen neue Gäste dazu!** il arrive toujours de nouveaux invités! ❷ *(hinzugefügt werden)* venir s'ajouter; **kommt noch etwas dazu?** et avec ça [*o* ceci]?; **diese Zeitschrift kommt auch noch dazu!** et vous me mettrez encore cette revue! **dazu|legen I.** *tr V* ❶ *(dazutun)* ajouter; **jdm etw ~** mettre [*o* ajouter] qc à qn ❷ *(dazugeben)* **ich lege noch hundert Euro dazu** j'ajoute [*o* je rajoute] cent euros **II.** *r V komm,* **leg dich dazu!** viens te coucher avec moi/nous! **dazu|lernen** *tr V* apprendre
dazumal ['da:tsuma:l] *Adv veraltet* dans le temps
dazu|rechnen *tr V* ajouter en plus; **etw ~** *(hinzurechnen)* ajouter qc en plus; *(in Betracht ziehen)* prendre aussi qc en compte **dazu|setzen I.** *tr V* ❶ *(dazuschreiben)* ajouter *Gruß, Namen* ❷ *(platzieren)* asseoir *Person* **II.** *r V* **sich ~** s'asseoir; **komm, setz dich doch dazu!** viens donc t'asseoir avec nous! **dazu|tun** *tr V unreg fam* ajouter; **Salz/etwas Essig ~** ajouter du sel/un peu de vinaigre; **zehn Euro ~** [r]ajouter dix euros **Dazutun** *nt* ▶ **ohne ~ der Eltern** sans l'aide des parents; **ohne sein ~** sans son aide
dazwischen [da'tsvɪʃən, 'da:tsvɪʃən] *Adv* ❶ *(zwischen zwei Dingen)* entre les deux; *(zwischen mehreren Dingen)* y; **ich habe die Post durchgesehen, aber der Brief war nicht ~** j'ai épluché le courrier, mais la lettre ne s'y trouvait pas
❷ *(in der Zwischenzeit)* entre-temps
dazwischen|fahren *itr V unreg + sein* ❶ *(eingreifen)* intervenir ❷ *(unterbrechen)* intervenir dans la conversation; **jdm ~** interrompre qn **dazwischen|funken** *itr V fam* y mettre son grain de sel *(fam)*; **jdm ~** venir enquiquiner qn *(fam)* **dazwischen|kommen** *itr V unreg + sein* ❶ *(dazwischengeraten)* [se] coincer; **mit dem Finger/Fuß ~** s'y coincer le doigt/pied; **mit dem Ärmel ~** coincer sa manche ❷ *(als Störung eintreten)* **leider ist [mir] etwas dazwischengekommen** j'ai malheureusement eu un contretemps [*o* un empêchement]; **wenn nichts dazwischenkommt, ...** sauf imprévu, ...; **falls dir etwas ~ sollte, ruf mich kurz an!** en cas d'empêchement, passe-moi un coup de fil! **dazwischen|reden** *itr V* couper la parole; **jdm ~** couper la parole à qn **dazwischen|rufen** *unreg* **I.** *itr V* s'exclamer **II.** *tr V* crier **dazwischen|schlagen** *itr V unreg* taper dans le tas *(fam)* **dazwischen|stehen** *itr V unreg* ❶ *(zwischen zwei Personen stehen)* être entre les deux ❷ *fig politisch* **~** se trouver entre deux chaises sur le plan politique ❸ *geh (trennend sein)* *Missverständnis, Problem:* faire obstacle **dazwischen|treten** *itr V unreg + sein* ❶ *(schlichtend eingreifen)* s'interposer; **das Dazwischentreten** l'intervention *f* ❷ *geh (störend auftreten)* s'immiscer *(soutenu)*
dB [de:'be:] *Abk von* **Dezibel** dB
DB <-> *f Abk von* **Deutsche Bahn** *société des chemins de fer allemands*
DBB *Abk von* **Deutscher Beamtenbund** *fédération des fonctionnaires allemands*
DBP *f* HIST *Abk von* **Deutsche Bundespost** *poste fédérale allemande*
DCC [de:tse:'tse:] <-> *f Abk von* **digital compact cassette** DCC *f*
DD-Diskette [de:'de:-] *f* disquette *f* double densité
DDR [de:de:'ʔɛr] <-> *f Abk von* **Deutsche Demokratische Republik** HIST R.D.A. *f;* **die ~** la R.D.A.; **die ehemalige ~** l'ex-R.D.A.
DDR-Bürger(in) [de:de:'ʔɛr-] *m(f)* HIST citoyen(ne) *m(f)* de [la] R.D.A.
DDT [de:de:'te:] <-> *nt Abk von* **Dichlordiphenyltrichloräthan** D.D.T. *m*
D-Dur *nt* MUS ré *m* majeur
Deal [di:l] <-s, -s> *m sl* deal *m (arg)*; **mit jdm einen ~ machen** passer un marché avec qn
dealen ['di:lən] *itr V sl* dealer *(arg)*; **mit etw ~** dealer qc
Dealer(in) ['di:lɐ] <-s, -> *m(f) fam* dealer *m*
Debakel [de'ba:kəl] <-s, -> *nt geh* échec *m* [total]; **mit etw ein ~ erleiden** essuyer un échec [total] avec qc *(soutenu)*
Debatte [de'batə] <-, -n> *f* ❶ *(Streitgespräch)* débat *m;* **etw zur ~ stellen** soumettre qc au débat; **zur ~ stehen** être à l'ordre du jour; **sich auf keine ~ einlassen** refuser la discussion; **sich auf eine/keine ~ über etw** *(Akk)* **einlassen** accepter/refuser de discuter qc; **etw in die ~ werfen** jeter qc dans le débat
❷ PARL débats *mpl*
debattieren* **I.** *tr V* debattre; **etw ~** débattre [de] qc **II.** *itr V* débattre; **mit jdm über etw** *(Akk)* **~** débattre qc avec qn
Debet ['de:bɛt] <-s, -s> *nt* FIN débit *m;* **mit tausend Euro im ~ stehen** [*o* **sein**] avoir un débit de mille euros
debil [de'bi:l] *Adj* débile [mental(e)]
Debilität <-> *f* MED débilité *f* [mentale]
Debüt [de'by:] <-s, -s> *nt* débuts *mpl;* **mit etw sein ~ liefern** faire ses débuts avec qc; **sein ~ als Sänger geben** faire ses débuts de chanteur
Debütant(in) [deby'tant] <-en, -en> *m(f)* débutant(e) *m(f)*
debütieren* *itr V a. fig* débuter; **als Antigone ~** débuter dans le rôle d'Antigone; **mit einem Werk ~** faire ses débuts avec une œuvre
Dechant(in) [dɛ'çant, 'dɛçant, *Pl:* dɛ'çantən] <-en, -en> *m(f)* doyen(ne) *m(f)*
dechiffrieren* [deʃɪ'fri:rən] *tr V* déchiffrer
Dechiffrierung [deʃɪ'fri:rʊŋ] <-, -en> *f* décodage *m*
Deck [dɛk] <-[e]s, -s> *nt* ❶ *(Schiffsdeck)* pont *m;* **an ~** sur le pont; **an ~ gehen** monter sur le pont

❷ (*Parkdeck*) niveau *m*
Deckadresse *f* boîte *f* aux lettres **Deckaufbauten** *Pl* superstructure *f* **Deckbett** *nt* couette *f* **Deckblatt** *nt* ❶ *einer Zigarre* cape *f* ❷ BOT bractée *f* ❸ KARTEN carte *f* du dessus ❹ (*Blatt Papier*) *eines Schreibblocks, einer Abhandlung* couverture *f*
Deckchen <-s, -> *nt Dim von* **Decke** napperon *m*
Decke ['dɛkə] <-, -n> *f* ❶ (*Zimmerdecke*) plafond *m*
❷ (*Wolldecke*) couverture *f*
❸ (*Bettdecke*) couette *f*
❹ (*Tischdecke*) nappe *f*
❺ (*Straßendecke*) tapis *m*
❻ (*Mantel*) *eines Reifens* enveloppe *f*
▶ **jdm fällt die ~ auf den Kopf** *fam* qn a l'impression d'avoir la tête dans un bocal (*fam*); **an die ~ gehen** *fam* exploser (*fam*); **vor Freude an die ~ springen** *fam* sauter de joie au plafond (*fam*); **mit jdm unter einer ~ stecken** *fam* être de mèche avec qn (*fam*); **sich nach der ~ strecken müssen** *fam* s'y faire (*fam*)
Deckel ['dɛkəl] <-s, -> *m* ❶ (*Verschluss, verschließbarer Teil*) couvercle *m*
❷ (*Buchdeckel*) couverture *f*
▶ **jdm eins auf den ~ geben** *fam* remonter les bretelles à qn (*fam*); **von jdm eins auf den ~ kriegen** *fam* se faire remonter les bretelles par qn (*fam*)
decken ['dɛkən] **I.** *tr V* ❶ (*breiten*) couvrir; **ein Tuch über jdn/etw ~** [re]couvrir qn/qc d'un drap
❷ *geh* (*herrichten*) **den Tisch ~** dresser le couvert (*soutenu*)
❸ (*bedecken, bedachen*) couvrir *Dach, Haus*
❹ (*abschirmen*) couvrir *Komplizen, Tat;* SPORT marquer *Gegner*
❺ (*ausgleichen*) couvrir *Bedarf, Kosten, Defizit;* **der Scheck ist gedeckt/nicht gedeckt** le chèque est approvisionné/sans provision
❻ (*begatten*) couvrir
II. *itr V* ❶ (*überdecken*) couvrir; **eine ~de Farbe** une peinture couvrante
❷ SPORT marquer l'adversaire
❸ (*den Tisch herrichten*) **es ist gedeckt!** la table est mise!
III. *r V* **sich ~** ❶ *Ansichten, Aussagen:* coïncider, se recouper
❷ GEOM *Figuren:* coïncider
❸ (*sich schützen*) *Boxer:* se couvrir
Deckenbalken *m* ARCHIT solive *f* **Deckenbeleuchtung** *f* éclairage *m* au plafond **Deckengemälde** *nt* peinture *f* du plafond **Deckenlampe** *f* plafonnier *m;* (*Hängelampe*) suspension *f* **Deckenstrahler** *m* spot *m*
Deckfarbe *f* peinture *f* couvrante **Deckflügel** *m* élytre *m* **Deckhaar** *nt kein Pl* pelage *m* **Deckhengst** *m* étalon *m* **Deckmantel** *m* prétexte *m;* **unter dem ~ der Nächstenliebe** sous couvert de l'altruisme **Deckname** *m* pseudonyme *m*
Deckung ['dɛkʊŋ] <-, *selten* -en> *f* ❶ SPORT (*das Decken*) marquage *m;* (*Verteidigung, schützende Boxhaltung*) défense *f*
❷ (*Feuerschutz*) couverture *f;* **jdm ~ geben** couvrir qn
❸ MIL abri *m;* **in ~ gehen** se mettre à couvert [*o* à l'abri]; **volle ~!** à couvert!
❹ (*das Verheimlichen*) *einer Tat* dissimulation *f*
❺ COM, FIN *eines Schecks, Wechsels* provision *f;* **zur ~ der Schulden** pour couvrir les dettes
❻ (*Übereinstimmung*) **unterschiedliche Interessen zur ~ bringen** faire coïncider des intérêts différents
Deckungsauflage *f* tirage *m* de couverture **deckungsgleich** *Adj* ❶ GEOM coïncident(e) ❷ (*übereinstimmend*) *Ansicht, Aussage* concordant(e); **~ sein** coïncider **Deckungsgleichheit** *f* ❶ GEOM coïncidence *f* ❷ (*Übereinstimmung*) *von Ansichten, Aussagen* concordance *f* **Deckungskapital** *nt* capital *m* de couverture **Deckungszusage** *f* FIN promesse *f* de garantie
Deckweiß *nt* blanc *m* couvrant **Deckwort** <-wörter> *nt* nom *m* de code
Decoder [de'ko:dɐ] <-s, -> *m* décodeur *m*
decodieren* *tr V* décoder
Décolleté [de'kɔlte:] *s.* **Dekolleté**
Decrescendo [dekrɛ'ʃɛndo, *Pl:* dekrɛ'ʃɛndi] <-s, -s *o* Decrescendi> *nt* decrescendo *m*
deduktiv [dedʊk'ti:f] *Adj* déductif(-ive)
Deern [de:ɐn] <-, -s> *f* NDEUTSCH fille *f*
Deeskalation [deʔɛskala'tsio:n] *f* désescalade *f*
de facto [de: 'fakto] *Adv* de facto
De-facto-Anerkennung *f* JUR reconnaissance *f* de facto
Defätismus [defɛ'tɪsmʊs] <-> *m geh* défaitisme *m*
Defätist(in) [defɛ'tɪst] <-en, -en> *m(f) geh* défaitiste *mf*
defätistisch *Adj geh* défaitiste
defekt [de'fɛkt] *Adj* défectueux(-euse)
Defekt <-[e]s, -e> *m* ❶ TECH panne *f;* **einen ~ haben** avoir un problème
❷ MED (*Missbildung*) malformation *f;* (*psychische Störung*) troubles *mpl*
defensiv [defɛn'zi:f] **I.** *Adj* ❶ (*auf Abwehr bedacht*) *Maßnahmen, Taktik* défensif(-ive)
❷ (*auf Sicherheit bedacht*) *Fahrweise* prudent(e); *Spielweise* défensif(-ive)
II. *Adv fahren* prudemment; *spielen* défensivement
Defensive [defɛn'zi:və] <-, -n> *f* MIL défensive *f;* SPORT défense *f;* **jdn in die ~ drängen** contraindre qn à la défensive; **in der ~ bleiben** rester sur la défensive
Defensivkrieg *m* guerre *f* défensive **Defensivspiel** *nt* jeu *m* défensif
defilieren* *itr V + haben o sein* défiler; **vor jdm/etw ~** défiler devant qn/qc
definierbar [defi'ni:ɐba:ɐ] *Adj* définissable; **leicht/schwer ~ sein** être facile/difficile à définir
definieren* *tr V* définir
Definition [defini'tsio:n] <-, -en> *f* définition *f*
definitiv [defini'ti:f] **I.** *Adj* précis(e)
II. *Adv sich entscheiden* définitivement; **das ist ~ das letzte Mal** c'est bien la dernière fois
Defizit ['de:fitsɪt] <-s, -e> *nt* ❶ FIN, COM déficit *m;* **mit etw ein ~ machen** être en déficit avec qc
❷ (*Mangel*) **~ an Liebe/Zuwendung** (*Dat*) manque *m* d'amour/d'attention; **ein ~ an etw haben** manquer de qc
defizitär [defitsi'tɛ:ɐ] **I.** *Adj Haushalt, Politik, Betrieb* déficitaire
II. *Adv sich entwickeln* en générant un déficit
Defizithaushalt *m* budget *m* déficitaire
Deflation [defla'tsio:n] <-, -en> *f* ÖKON déflation *f*
deflationär *Adj,* **deflationistisch** *Adj* ÖKON déflationniste
Defloration [deflora'tsio:n] <-, -en> *f* MED défloration *f*
deflorieren* *tr V* MED déflorer
Deformation <-, -en> *f* ❶ MED difformité *f;* *einer Nase, Wirbelsäule* déformation *f*
❷ PHYS déformation *f*
deformieren* *tr V* déformer
Deformierung <-, -en> *f* ❶ MED (*Verunstaltung*) déformation *f;* (*das Deformieren*) difformité *f*
❷ PHYS déformation *f*
Defroster [de'frɔstɐ] <-s, -> *m* dégivrant *m*
deftig ['dɛftɪç] **I.** *Adj* ❶ *Mahlzeit* consistant(e); **etwas Deftiges** quelque chose de consistant
❷ (*anständig*) *Ohrfeige, Prügel* bon(ne) *antéposé*
❸ (*derb*) *Humor, Witz* cru(e)
❹ (*beträchtlich*) *Preis, Gebührenerhöhung* sacré(e) *antéposé* (*fam*)
II. *Adv* **~ kochen** cuisiner de manière rustique
Deftigkeit <-, -en> *f* ❶ *kein Pl* GASTR consistance *f*
❷ (*Derbheit*) *eines Witzes* grivoiserie *f*
Degen ['de:gən] <-s, -> *m* épée *f*
Degeneration [degenera'tsio:n] <-, -en> *f a.* MED dégénérescence *f*

D

Degenerationserscheinung *f* signe *m* de dégénérescence
degeneriert *Adj* dégénéré(e)
Degenfechten *nt* [escrime *f* à l']épée *f*
degradieren* *tr V* dégrader; **jdn zum Gefreiten ~** dégrader qn au rang de caporal
Degradierung <-, -en> *f* dégradation *f*
Degression [degrɛ'sio:n] <-, -en> *f* POL, ÖKON régression *f*
degressiv [degrɛ'si:f] *Adj* dégressif(-ive)
Degustation [degʊsta'tsio:n] <-, -en> *f* CH dégustation *f*
degustieren* *tr V* CH déguster
dehnbar ['de:nba:ɐ] *Adj a. fig* élastique
Dehnbarkeit <-> *f a. fig* élasticité *f*
dehnen ['de:nən] **I.** *tr V* ① détendre *Gummizug;* étirer *Bänder, Glieder*
② *(gedehnt aussprechen)* allonger
II. *r V* **sich ~** ① *Zeit, Vorgang:* se dilater
② *(sich strecken) Person:* s'étirer
Dehnung <-, -en> *f* ① *(das Dehnen) eines Gummizugs* tension *f*
② *(gedehnte Aussprache)* allongement *m*
Dehnungsfuge *f* CONSTR joint *m* de dilatation
dehydrieren* *tr V* déshydrogéner
Dehydrierung <-, -en> *f* déshydrogénation *f*
Deibel ['daɪbəl] <-s, -> *m* NDEUTSCH *fam* ▶ **pfui ~!** beurk, quelle horreur! *(fam)*
Deich [daɪç] <-[e]s, -e> *m* digue *f*
Deichbruch *m* effondrement *m* de la digue **Deichkrone** *f* niveau *m* de la digue
Deichsel ['daɪksəl] <-, -n> *f* timon *m*
deichseln *tr V fam* goupiller *(fam)*
dein¹ [daɪn] *Pron pers, Gen von* **du** *veraltet poet* de toi; **ich werde ~ gedenken** je me souviendrai de toi
dein² *Pron poss* ① ton(ta); **~ Bruder** ton frère; **~e Schwester/Freundin** ta sœur/ton amie; **~e Eltern** tes parents; **~ Auto** ta voiture; **~e Wohnung** ton appartement; **dieses Buch ist ~[e]s** ce livre est à toi; **das ist alles ~s** tout est à toi; **ist das sein Pullover oder ~er?** c'est son pullover ou c'est le tien?; **ich bin ~** *poet* je suis à toi
② *substantivisch* **der/die/das ~e** le tien/la tienne; **das sind die Deinen** ce sont les tiens/tiennes; **du hast das Deine bekommen** tu as eu ta part; **du hast das Deine getan** tu as fait ce que tu avais à faire; **der/die Deine** *geh* ton époux/épouse; **die Deinen** les tiens; **stets der Deine, .../die Deine, ...** *geh* à toi pour toujours, ...
③ *(gewohnt, üblich)* **willst du jetzt ~ Nickerchen machen?** tu veux faire ta petite sièste habituelle?
deiner *Pron pers, Gen von* **du** *geh* de toi; **ich werde ~ gedenken** je me souviendrai de toi; **hat sich niemand ~ erbarmt?** personne n'a eu pitié de toi?
deinerseits ['daɪnɐzaɪts] *Adv* ① *(du wiederum)* de ton côté
② *(was dich betrifft)* pour ta part
deines *s.* **dein**
deinesgleichen ['daɪnəs'glaɪçən] *Pron unv* ① *pej (Menschen deines Schlags)* tes semblables; **du und ~** toi et tes semblables *mpl*
② *(Menschen wie du)* **du verkehrst nur mit ~** tu ne fréquentes que les gens de ta sorte; **ich kenne niemanden ~** *geh* je ne connais personne qui t'égale [*o* de ta trempe] *(soutenu)*
deinethalben ['daɪnət'halbən] *Adv veraltet,* **deinetwegen** *Adv* ① *(wegen dir)* à cause de toi
② *(dir zuliebe)* pour toi; **ich bin nur ~ gekommen** je suis venu(e) rien que pour toi
③ *(wenn es nach dir ginge)* s'il ne tient/tenait qu'à toi
deinetwillen ['daɪnət'vɪlən] **um ~** pour te faire plaisir, pour ton bien
deinige ['daɪnɪgə] *Pron poss veraltet geh* **der/die/das ~** le tien/la tienne; **das sind die ~n** ce sont les tiens/tiennes; **du hast das Deinige getan** tu as fait ce que tu avais à faire; **der/die Deinige** *geh* ton époux/épouse; **die Deinigen** les tiens

Deismus [de'ɪsmʊs] <-> *m* déisme *m*
deistisch *Adj* PHILOS déiste
Déjà-vu-Erlebnis [deʒa'vy:-] *nt* impression *f* de déjà-vu
de jure [de:'ju:rə] *Adv* de jure
De-jure-Anerkennung *f* reconnaissance *f* de jure
Deka ['dɛka] A *s.* **Dekagramm**
Dekade [de'ka:də] <-, -n> *f (zehn Tage)* décade *f; (zehn Jahre)* décennie *f*
dekadent [deka'dɛnt] *Adj* décadent(e)
Dekadenz <-> *f* décadence *f*
Dekaeder [deka'e:dɐ] <-s, -> *m* décaèdre *m*
Dekagramm [deka'gram] *nt* A décagramme *m*
Dekalog [deka'lo:k, *Gen:* deka'lo:gəs] <-[e]s> *m* décalogue *m*
Dekan(in) <-s, -e> *m(f)* doyen(ne) *m(f)*
Dekanat [deka'na:t] <-[e]s, -e> *nt* décanat *m*
Deklamation <-, -en> *f* déclamation *f*
deklamatorisch [deklama'to:rɪʃ] *Adj* déclamatoire
deklamieren* **I.** *tr V geh* déclamer
II. *itr V geh* réciter des vers
Deklaration [deklara'tsio:n] <-, -en> *f* déclaration *f*
deklarieren* *tr V* déclarer
Deklarierung <-, -en> *f* déclaration *f*
deklassieren* *tr V* ① *(sozial benachteiligen)* dégrader
② *(im ökonomischen Wettbewerb, im Sport überflügeln)* surpasser, surclasser
Deklassierung <-, -en> *f* déclassement *m*
Deklination [deklina'tsio:n] <-, -en> *f* GRAM déclinaison *f*
deklinierbar *Adj* GRAM déclinable
deklinieren* *tr V* GRAM décliner
dekodieren* *s.* **decodieren**
Dekolleté, Dekolletee[RR] [dekɔl'te:] <-s, -s> *nt* décolleté *m*
dekolletiert [dekɔl'ti:ɐt] *Adj* décolleté(e)
Dekompression [dekɔmprɛ'sio:n] *f* décompression *f*
Dekompressionskammer *f* chambre *f* de décompression
Dekomprimierung <-, -en> *f* INFORM décompression *f*
Dekontamination [dekɔntamina'tsio:n] *f* décontamination *f*
dekontaminieren* *tr V* décontaminer
Dekonzentration *f,* **Dekonzentrierung** <-, -en> *f* déconcentration *m*
Dekor [de'ko:ɐ] <-s, -s *o* -e> *m o nt* ① *(Muster)* motif *m*
② THEAT, CINE décor *m*
Dekorateur(in) [dekora'tø:ɐ] <-s, -e> *m(f)* décorateur(-trice) *m(f)*
Dekoration [dekora'tsio:n] <-, -en> *f* ① *kein Pl (Ausschmückung)* décoration *f*
② *(Schaufensterdekoration)* vitrine *f*
③ THEAT, CINE décors *mpl*
dekorativ [dekora'ti:f] *Adj* décoratif(-ive); **~ aussehen** être décoratif(-ive); **~ wirken** avoir un effet décoratif
dekorieren* *tr V* ① *(ausgestalten)* décorer
② *(auszeichnen)* **jdn mit etw ~** décorer qn de qc
Dekostoff ['de:koʃtɔf] *m* tissu *m* d'ameublement
Dekret [de'kre:t] <-[e]s, -e> *nt* décret *m*
Deleatur[zeichen] <-s, -> *nt* TYP deleatur *m*
Delegation [delega'tsio:n] <-, -en> *f (Abordnung, Abtretung)* délégation *f*
Delegationsleiter(in) *m(f)* chef *mf* de délégation
delegieren* *tr V* déléguer; **etw an jdn ~** déléguer qc à qn
Delegierte(r) [dele'gi:ɐtɐ] *f(m) dekl wie Adj* délégué(e) *m(f)*
Delfin[RR] *s.* **Delphin**
Delfinschwimmen[RR] *s.* **Delphinschwimmen**
delikat [deli'ka:t] *Adj* ① *(wohlschmeckend)* délicieux(-euse); **sehr ~** succulent(e)
② *(behutsam)* subtil(e)
③ *(heikel)* délicat(e)
④ *geh (empfindlich)* sensible
Delikatesse [delika'tɛsə] <-, -n> *f* ① *(Leckerbissen)* mets *m* de choix

❷ *geh* (*Außergewöhnliches*) régal *m*
❸ *kein Pl geh* (*Feingefühl*) tact *m*
Delikatessengeschäft *nt* épicerie *f* fine
Delikt [de'lɪkt] <-[e]s, -e> *nt* délit *m*
Delinquent(in) [delɪŋ'kvɛnt] <-en, -en> *m(f) geh* délinquant(e) *m(f)*
delirieren* *itr V geh* délirer
Delirium [de'li:riʊm] <-s, -rien> *nt* délire *m*; **im ~ sein** délirer; **im ~ randalieren** chahuter dans son délire
Delirium tremens <- -> *nt* MED delirium *m* [tremens]
Delkredererhaftung *f* JUR responsabilité *f* ducroire
Delle ['dɛlə] <-, -n> *f fam* bosse *f*
delogieren* [delo'ʒi:rən] *tr V* A déloger
Delphin¹ [dɛl'fi:n] <-s, -e> *m* dauphin *m*
Delphin² *s.* **Delphinschwimmen**
Delphinschwimmen *nt* [brasse *f*] papillon *m*
Delta ['dɛlta] <-s, -s *o* Delten> *nt* delta *m*
Deltagleiter <-s, -> *m* deltaplane *m* **Deltamündung** *f* [embouchure *f* de] delta *m* **Deltastrahlen** *Pl* PHYS rayons *mpl* delta
De-Luxe-Ausführung [də'lyks-] *f* haut *m* de gamme
dem¹ [de(:)m] **I.** *Art def, maskulin, Dat Sg von* **der¹**, **I.** ❶ **von/mit ~ Nachbarn sprechen** parler du/avec le voisin; **an ~ [*o* am] Balken hängen** être suspendu(e) à la poutre; **sie folgte ~ Mann/Demonstrationszug** elle suivit l'homme/le cortège des manifestants; **er gab ~ Großvater den Brief** il donna la lettre à son grand-père; **sag das ~ Friseur** dis-le au coiffeur
❷ *fam* (*in Verbindung mit Eigennamen*) **ich werde es ~ Frank sagen** je le dirai à Frank
II. *Art def, Neutrum, Dat Sg von* **das¹**: **mit/von ~ Kind sprechen** parler avec/de l'enfant; **~ Baby den Schnuller geben** donner sa sucette au bébé; **sie folgte ~ kleinen Mädchen** elle suivit la petite fille; **an ~ [*o* am] Fenster klopfen** frapper à la fenêtre; **die Frau auf ~ Foto** la femme sur la photo; **man sieht ~ Gerät seinen Preis an** le prix de cet appareil se voit à l'œil nu
dem² **I.** *Pron dem, maskulin, Dat Sg von* **der²**, **I.** ❶ **zeig deine Eintrittskarte ~ Mann da!** présente ton billet d'entrée à ce monsieur[-là]!; **das Fahrrad gehört ~ Jungen [da]** c'est le vélo de ce garçon[-là]
❷ (*allgemein auf ein Tier, eine Sache bezogen*) ce/cette; **gib ~ Hund/Wellensittich [da] zu fressen!** donne à manger à ce chien[-là]/cette perruche[-là]!
II. *Pron dem, Neutrum, Dat Sg von* **das²**: **das gehört ~ Baby/Kind/Mädchen [da]** c'est à ce bébé[-là]/cet enfant[-là]/cette petite fille[-là]; **möchtest du mit ~ Plüschtier [hier] spielen?** veux-tu jouer avec cette peluche[-là] ?
III. *Pron rel, maskulin, Dat Sing von* **der²**, **I.**: **der Kollege, ~ ich den Brief geben soll** le collègue à qui je dois donner la lettre; **der Freund, mit ~ ich mich gut verstehe** l'ami avec qui je m'entends bien; **der Hund, ~ er zu fressen gibt** le chien à qui il donne à manger; **der Druck, unter ~ sie stehen** la pression qu'ils subissent
IV. *Pron rel, Neutrum, Dat Sing von* **das²**, **II.**: **das Kind/Mädchen, ~ dieses Spielzeug gehört** l'enfant/la petite fille à qui appartient ce jouet; **das Plüschtier, mit ~ du so gerne spielst** la peluche avec laquelle tu aimes tellement jouer
Demagoge [dema'go:gə] <-n, -n> *m*, **Demagogin** *f pej* démagogue *mf*
Demagogie [demago'gi:] <-, -n> *f pej* démagogie *f*
demagogisch *pej* **I.** *Adj* démagogique
II. *Adv* avec démagogie
Demarche [de'marʃ(ə)] <-, -n> *f* démarche *f*; **eine ~ unternehmen** entreprendre une démarche
Demarkationslinie [-li:niə] *f* ligne *f* de démarcation
demaskieren* **I.** *tr V geh* démasquer; **jdn als Verräter ~** démasquer qn comme traitre
II. *r V geh* **sich als Lügner ~** se démasquer comme étant un menteur
Dementi [de'mɛnti] <-s, -s> *nt* démenti *m*
dementieren* **I.** *tr V* démentir
II. *itr V* donner un démenti
Dementierung <-, -en> *f* démenti *m*
dementsprechend ['de:mʔɛnt'ʃprɛçənt] **I.** *Adj Entlohnung, Anordnung* en conséquence; *Bemerkung* dans ce sens; **~ sein** être à l'avenant **II.** *Adv entlohnen, handeln* en conséquence; *sich äußern* dans ce sens **demgegenüber** *Adv* en revanche **demgemäß** ['de:mgə'mɛ:s] *s.* **dementsprechend**
demilitarisieren* *tr V* démilitariser
Demilitarisierung <-, -en> *f* démilitarisation *f*
Demission [demɪ'sio:n] <-, -en> *f* démission *f*
demissionieren* *itr V* démissionner
demnach *Adv* ❶ (*danach*) il [en] ressort que + *indic*
❷ (*folglich*) en conséquence
demnächst ['de:m'nɛ:kst] *Adv* d'ici peu; **~ in diesem Kino!** prochainement dans cette salle
Demo ['de:mo] <-, -s> *f fam Abk von* **Demonstration** manif *f* (*fam*)
demobilisieren* *tr V* démobiliser
Demodulation [demodula'tsio:n] <-, -en> *f* INFORM, TELEC démodulation *f*
Demographie <-, -en> *f* (*Wissenschaft*) démographie *f*
demographisch *Adj* démographique
Demokrat(in) [demo'kra:t] <-en, -en> *m(f)* démocrate *mf*
Demokratie [demokra'ti:] <-, -n> *f* démocratie *f*; **parlamentarische ~** démocratie parlementaire
demokratisch [demo'kra:tɪʃ] **I.** *Adj* ❶ *Partei, Wahlen, Verfassung* démocratique
❷ (*den US-Demokraten angehörend*) démocrate
II. *Adv sich verhalten* démocratiquement
demokratisieren* *tr V* démocratiser
Demokratisierung <-, -en> *f* démocratisation *f*
demolieren* *tr V* ❶ (*zerstören*) démolir
❷ (*beschädigen*) endommager *Fahrzeug*; **[völlig] demoliert** [complètement] défoncé(e)
Demonstrant(in) [demɔn'strant] <-en, -en> *m(f)* manifestant(e) *m(f)*
Demonstration [demɔnstra'tsio:n] <-, -en> *f* ❶ (*Protestkundgebung*) manifestation *f*
❷ (*Bekundung, Veranschaulichung*) démonstration *f*; **eine ~ des guten Willens** une marque de bonne volonté
Demonstrationsrecht *nt kein Pl* droit *m* de manifester **Demonstrationsverbot** *nt* interdiction *f* d'une manifestation **Demonstrationszug** *m* cortège *m* de manifestants
demonstrativ [demɔnstra'ti:f] **I.** *Adj* ostensible
II. *Adv* ostensiblement
Demonstrativpronomen *nt* (*adjektivisches/substantivisches Pronomen*) adjectif *m*/pronom *m* démonstratif
demonstrieren* **I.** *itr V* manifester
II. *tr V* ❶ (*bekunden*) manifester; **Entschlossenheit ~** faire preuve de détermination
❷ (*veranschaulichen*) démontrer
Demontage [demɔn'ta:ʒə] <-, -n> *f* ❶ (*das Demontieren*) démontage *m*; *einer Anlage, Fabrik* démantèlement *m*
❷ *geh* (*Abbau*) *von Sozialleistungen* effondrement *m*
demontieren* *tr V* ❶ (*abmontieren*) démanteler *Anlage, Fabrik*
❷ *geh* (*abbauen*) briser *Person*; anéantir *Ruhm, Vertrauen*
demoralisieren* *tr V* ❶ (*entmutigen*) démoraliser
❷ (*moralisch untergraben*) avilir *Bevölkerung*
Demoskop(in) [demo'sko:p] <-en -en> *m(f)* sondeur(-euse) *m(f)* d'opinion
Demoskopie [demosko'pi:] <-, -n> *f* ❶ *kein Pl* (*Meinungsforschung*) étude *f* des courants d'opinion
❷ (*Meinungsumfrage*) sondage *m* d'opinion
demoskopisch *Adj Institut* de sondage; *Erhebung, Zahlen* des

D

instituts de sondage; ~**e Untersuchungen** des enquêtes par des instituts de sondage

demotivieren* *tr V* PSYCH *geh* démotiver

demselben I. *Pron dem, Dat Sing von* **derselbe**: ~ **Bettler Geld geben** donner de l'argent au même mendiant; ~ **Mann helfen/nachgehen** aider/suivre le même homme; **mit ~ Verkäufer sprechen** parler au même vendeur
II. *Pron dem, Dat Sing von* **dasselbe**: ~ **Mädchen/Kind ein Geschenk geben** donner un cadeau à la même fille/au même enfant

Demut ['de:mu:t] <-> *f* humilité *f*; **in** ~ humblement

demütig ['de:my:tɪç] I. *Adj* humble
II. *Adv* humblement

demütigen ['de:my:tɪgən] I. *tr V* humilier
II. *r V* **sich vor jdm** ~ s'humilier devant qn

Demütigung <-, -en> *f* humiliation *f*

demzufolge *Adv* ❶ (*wonach*) il en ressort que + *indic*
❷ (*folglich*) donc

den[1] I. *Art def, maskulin, Akk Sg von* **der**[1] ❶ (*auf eine Person, ein männliches Tier bezogen*) le; **sie begrüßt ~ Nachbarn/Freund** elle salue le voisin/l'ami; ~ **Hengst fotografieren** photographier l'étalon
❷ (*allgemein auf ein Tier, eine Sache bezogen*) le/la; ~ **Hund/Wellensittich rufen** appeler le chien/la perruche; ~ **Käse/Salat essen** manger le fromage/la salade; ~ **Tisch/Spiegel putzen** nettoyer la table/le miroir; ~ **Wunsch haben zu verreisen** avoir le désir de partir en voyage
❸ (*bei verallgemeinernden Aussagen*) ~ **Franzosen interessiert Sport** les Français s'intéressent au sport
❹ *fam* (*in Verbindung mit Eigennamen*) ~ **Papa anrufen** téléphoner à papa; ~ **Andreas grüßen lassen** dire bonjour à Andreas
II. *Art def, Dat Pl von* **die**[1], **II.**: **mit ~ Freundinnen sprechen** parler avec les copines; **von ~ Kolleginnen sprechen** parler des collègues; **sie folgte ~ Frauen** elle suivit les femmes; **er gab ~ beiden Großmüttern den Brief** il donna la lettre aux deux grand-mères; **an ~ Türen klopfen** frapper aux portes; **an ~ Wänden hängen** être pendu(e) aux murs
III. *Art def, Dat Pl von* **das**[1]: **von/mit ~ Kindern sprechen** parler des/avec les enfants; ~ **Babys den Schnuller geben** donner la sucette aux bébés; **sie folgte ~ kleinen Mädchen** elle suivit les petites filles; **an ~ Toren klopfen** frapper aux portails; **die Frau auf ~ Fotos** la femme sur les photos; **man sieht ~ Geräten ihren Preis an** le prix de ces appareils se voit à l'œil nu
IV. *Art def, Dat Pl von* **die**[1], **II.**: ~ **Eltern/Kindern etwas schenken** offrir quelque chose aux parents/enfants; ~ **Freunden helfen** aider les amis; ~ **Demonstranten folgen** suivre les manifestants; **von/mit ~ Kollegen sprechen** parler des/avec les collègues

den[2] I. *Pron dem, maskulin, Akk Sg von* **der**[2], **I.** ❶ (*auf eine Person, ein männliches Tier bezogen*) ce; **kennst du ~ Mann/Jungen [da]?** connais-tu cet homme[-là]/ce garçon[-là]?; **ich möchte ~ Hengst [da] fotografieren** j'aimerais photographier cet étalon[-là]; ~ **Angeber kann ich nicht leiden!** je ne supporte pas ce frimeur!; **siehst du ~ nicht?** ne le vois-tu pas celui-là!
❷ (*allgemein auf ein Tier, eine Sache bezogen*) **er möchte ~ Hund/Wellensittich [da] kaufen** il veut acheter ce chien[-là]/cette perruche[-là]; **darf ich ~ streicheln?** je peux le caresser, celui-là?; **ich hätte gern ~ Pulli [da]** je voudrais ce pull[-là]; **sie werden ~ Baum [da] fällen** ils vont abattre cet arbre[-là]
II. *Pron rel, Akk Sing von* **der**[2], **II.** que; **der Mann, ~ sie kennt** l'homme qu'elle connaît; **der Film, ~ du sehen möchtest** le film que tu veux voir; **der Kandidat, ~ man gewählt hat** le candidat qu'on a élu

denaturieren* *tr V* dénaturer

denen I. *Pron dem, Dat Pl von* **die**[2], **II.**: **ich glaube ~ kein Wort** je ne crois pas un mot de ce qu'ils disent; **er will mit ~ nichts zu tun haben** il ne veut rien avoir affaire à ceux-là; **dieser Hund gehört ~ da** ce chien est à ceux-là
II. *Pron rel, Dat Pl von* **die**[2]: **die Kollegen, ~ ich den Brief geben soll** les collègues à qui je dois donner la lettre; **die Freunde, mit ~ ich mich gut verstehe** les amis avec qui [*o* lesquels] je m'entends bien; **die Hunde, ~ er zu fressen gibt** les chiens à qui [*o* auxquels] il donne à manger; **die Ängste, unter ~ er leidet** les angoisses dont il souffre

dengeln ['dɛŋəln] *tr V* battre *Sense*

Den Haag <-s> *m* La Haye *f*

Denim <-s, -s> *m o nt* denim *m*

Denkansatz *m* point *m* [*o* idée *f*] de départ **Denkanstoß** *m* piste *f* de réflexion; **jdm einen ~ geben** fournir une piste de réflexion à qn **Denkaufgabe** *f* énigme *f*

denkbar I. *Adj* concevable; **sich** (*Dat*) **alle nur ~e Mühe geben** se donner toutes les peines possibles et imaginables; **es ist durchaus ~, dass** il n'est pas impensable que + *subj*
II. *Adv* *schlecht, günstig* très; **der ~ beste Eindruck** le meilleur effet possible

denken ['dɛŋkən] <dachte, gedacht> I. *itr V* ❶ (*überlegen*) **logisch/schnell/klar ~** penser [*o* réfléchir] logiquement/rapidement/clairement; **in die richtige/falsche Richtung ~** réfléchir dans la bonne/mauvaise direction
❷ (*meinen*) ~[**, dass**] penser que + *indic*; **ich dachte bei mir, dass** je pensais [*o* me disais] en moi-même que + *indic*; **ich denke nicht** [*o* **nein**] je ne pense pas; **ich denke ja** [*o* **schon**] je pense que oui
❸ (*urteilen*) **gut/schlecht von jdm/etw ~** penser du bien/du mal de qn/qc; **anders über jdn/etw ~** avoir un jugement différent à propos de qn/qc; **inzwischen denke ich anders über ihn/diese Sache** j'ai changé d'avis à propos de lui/cette affaire; **wie ~ Sie darüber?** qu'en pensez-vous?
❹ (*eingestellt sein*) **positiv ~** penser de façon positive; **eine liberal ~de Frau** une femme libérale
❺ (*sich vorstellen*) **denk nur, Eva heiratet!** imagine, Eva se marie!
❻ (*sich erinnern*) **an jdn/etw ~** penser à qn/qc; **die wird noch an mich ~!** elle va voir comment je m'appelle!
❼ (*erwägen*) **an größere Veränderungen ~** penser à de plus grands changements; **daran ~ etw zu tun** penser faire qc; **[gar] nicht daran ~ etw zu tun** ne pas avoir l'intention de faire qc; **daran ist gar nicht zu ~!** ce n'est même pas la peine d'y penser!
❽ (*im Sinn haben*) **nur an sich/seinen Vorteil ~** ne penser qu'à soi/son intérêt
▶ **ich denke [gar] nicht daran!** je n'en ai pas la moindre intention!; **jdm zu ~ geben** donner [matière] à réfléchir à qn; **wo denkst du/~ Sie hin!** qu'est-ce que tu crois/vous croyez!
II. *tr V* ❶ (*annehmen, glauben*) **nur das Beste/Schlechteste von jdm ~** penser tout le bien/mal possible de qn; **was denkst du, wird sie zustimmen?** qu'en penses-tu? Va-t-elle consentir?
❷ (*ahnen*) **das habe ich mir fast gedacht** j'en étais à peu près sûr(e); **dachte ich mir's doch!, das habe ich mir doch gedacht!** c'est bien ce que je pensais!
❸ (*sich vorstellen*) **sich** (*Dat*) **etw ~** s'imaginer qc; **ich habe mir das so gedacht: ...** je vois les choses comme ça: ...; **das kann ich mir ~, dass euch das so passen würde** j'imagine aisément que ça vous arrangerait; **denk dir nur, sie lassen sich scheiden!** tu te rends compte, ils divorcent!; **das hast du dir [so] gedacht!** *fam* c'est ce que tu crois! (*fam*); **was denkst du gerade?** à quoi est-ce que tu penses, en ce moment?; **wie denkst du dir das [eigentlich]?** mais [en fait] qu'est-ce que tu t'imagines?; **gedacht** MATH imaginaire
❹ (*bestimmen*) **für jdn/etw gedacht sein** être pour qn/qc; **so war das nicht gedacht** ce n'était pas prévu comme ça

⑤ (*beabsichtigen*) **sich** (*Dat*) **nichts Böses** ~ ne pas penser à mal; **was hast du dir dabei gedacht?** mais qu'est-ce qui t'as pris?
▶ **denkste!** *fam* en voilà une idée! (*fam*)

Denken <-s> *nt* ① (*das Überlegen*) action *f* de penser; **jdn am ~ hindern** empêcher qn de penser [*o* de réfléchir]; **bei diesem Lärm fällt mir das ~ schwer** j'ai du mal à réfléchir dans ce vacarme
② (*Denkweise*) pensée *f;* **logisches/positives ~** esprit *m* logique/positif; **abstraktes ~** pensée abstraite; **vernetztes ~** pensée rhizomatique
③ (*Gedanken*) pensées *fpl;* **ihr ganzes ~ kreiste nur um diesen Mann** toutes ses pensées étaient tournées vers cet homme
④ (*Denkvermögen*) pensée *f;* **Alkoholgenuss beeinträchtigt das ~** l'alcool empêche de pouvoir penser clairement

Denker(in) <-s, -> *m(f)* penseur(-euse) *m(f)*

Denkerfalte *f meist Pl hum* ride *f* du front **Denkerstirn** *f hum* front *m* dégagé

Denkfabrik *f* usine *f* à concepts **denkfaul** *Adj* paresseux(-euse) d'esprit **Denkfaulheit** *f* paresse *f* d'esprit **Denkfehler** *m* erreur *f* de raisonnement **Denkfigur** *f geh* figure *f* de pensée

Denkmal <-s, ⸚er *o liter* -e> ['dɛŋkmaːl] *nt* monument *m;* **jdm ein ~ errichten** élever [*o* ériger] un monument à [la gloire de] qn; **sich** (*Dat*) **[selbst] mit etw ein ~ errichten** [*o* **setzen**] passer à la postérité avec qc

Denkmal[s]pflege *f* conservation *f* et restauration des monuments historiques **Denkmal[s]schutz** *m* protection *f* des monuments historiques; **etw unter ~ stellen** classer qc [monument historique]; **unter ~ stehen** être classé(e) [monument historique]

Denkmodell *nt* modèle *m* théorique **Denkpause** *f* pause *f* [de réflexion]; **eine ~ einlegen** faire une pause [pour réfléchir] **Denkprozess**[RR] *m* évolution *f* des mentalités **Denkschema** *nt* schéma *m* de pensée **Denkschrift** *f* mémorandum *m* **Denksport** *m* gymnastique *f* de l'esprit **Denksportaufgabe** *s.* **Denkaufgabe** **Denkübung** *f* exercice *m* de réflexion **Denkvermögen** *nt kein Pl* capacité *f* de réflexion [*o* de penser] **Denkweise** *f* façon *f* de penser **denkwürdig** *Adj* mémorable **Denkwürdigkeit** *f* importance *f* **Denkzettel** *m fam* leçon *f;* **jdm einen ~ geben** [*o* **verpassen**] flanquer une bonne leçon à qn (*fam*)

denn [dɛn] **I.** *Konj* ① (*weil*) car; **ich glaube ihm nicht, ~ er lügt oft** je ne le crois pas car il ment souvent
② (*vorausgesetzt*) **es sei ~, ihr wartet auf mich** à moins que vous m'attendiez
③ *geh* (*als*) **besser/schöner ~ je** mieux/plus beau(belle) que jamais
II. *Adv* ① (*eigentlich*) donc; **wie geht's ~ so?** alors, comment ça va?; **he, was soll das ~?** holà, qu'est-ce qui se passe?; **wer/wie/wo ~?** qui/comment/où ça?; **was/wo ~ sonst?** quoi/où d'autre?
② NDEUTSCH *fam* (*dann*) alors; **na, ~ beeilt euch mal!** bon, alors dépêchez-vous!; **so kam es ~ auch** c'est ce qui s'est passé

dennoch ['dɛnɔx] *Adv* malgré tout; **und ~** et pourtant

denselben I. *Pron dem, Akk von* **derselbe** ① (*auf eine Person, ein männliches Tier bezogen*) le même; **~ Lieblingsautor haben** avoir le même auteur préféré; **für ~ Sänger schwärmen** raffoler du même chanteur; **immer auf ~ Wallach setzen** miser toujours sur le même hongre
② (*allgemein auf ein Tier, eine Sache bezogen*) le/la même; **ich habe ~ Hund/Wellensittich gesehen wie neulich** j'ai vu le même chien/la même perruche que l'autre jour; **für ~ Drucker hundert Euros weniger bezahlen** payer cent euros moins cher pour la même imprimante
II. *Pron dem, Dat von* **dieselben: er schreibt immer ~ Leuten Ansichtskarten** il envoie ses cartes postales toujours aux mêmes personnes; **sie haben ~ Musikern applaudiert, die tags zuvor ausgebuht worden waren** ils ont applaudi les mêmes musiciens qui s'étaient fait huer la veille

dental [dɛn'taːl] *Adj* ① MED dentaire
② PHON dental(e)

Dental <-s, -e> *m* PHON dentale *f*

Dentallabor *nt* laboratoire *m* d'orthodontie

Denunziant(in) [denʊn'tsiant] <-en, -en> *m(f) pej* délateur(-trice) *m(f)*

Denunziantentum <-s> *nt pej* délation *f*

Denunziation <-, -en> *f pej* dénonciation *f*

denunzieren* *tr V* ① *pej* (*anzeigen*) dénoncer; **jdn bei jdm ~** dénoncer qn à qn; **jdn als Staatsfeind ~** dénoncer qn comme étant un ennemi de l'État
② *geh* (*brandmarken*) **etw als nationalistisch ~** dénoncer le caractère nationaliste de qc

Deo ['deːo] <-s, -s> *nt fam* déodorant *m*

Deodorant [deodo'rant] <-s, -s *o* -e> *nt* déodorant *m*

deodorierend I. *Adj* déodorant(e)
II. *Adv* **~ wirken** avoir un effet déodorant

Deoroller *m* déodorant *m* à bille **Deospray** [-ʃpreː, -spreː] *nt o m* déodorant *m;* (*Behälter*) bombe *f* de déodorant **Deostift** *m* déodorant *m* en stick

Departement [departə'mãː] <-s, -s> *nt* département *m*

Dependance [depã'dãːs] <-, -n> *f* ① (*Nebengebäude*) dépendances *fpl*
② *geh* (*Zweigstelle*) succursale *f*

Depesche [de'pɛʃə] <-, -n> *f veraltet* dépêche *f*

deplaciert [-'siːɐt], **deplatziert**[RR] [depla'tsiːɐt], **deplaziert** incongru(e); **in einer Gruppe ~ sein** détonner [*o* ne pas être à sa place] dans un groupe

Depolarisation [depolariza'tsioːn] <-, -en> *f* MED, PHYS dépolarisation *f*

Deponie [depo'niː] <-, -n> *f* décharge *f*

deponieren* *tr V* ① (*hinterlegen*) mettre en dépôt; **etw bei jdm/bei der Bank ~** mettre qc en dépôt chez qn/à la banque
② (*hinstellen*) **etw auf der Terrasse/im Keller ~** mettre qc sur la terrasse/dans la cave

Deportation [depɔrta'tsioːn] <-, -en> *f* déportation *f*

deportieren* *tr V* déporter

Deportierte(r) *f(m) dekl wie Adj* déporté(e) *m(f)*

Depositar, Depositär <-s, -e> *m* JUR dépositaire *mf*

Depositen [depo'ziːtən] *Pl* dépôts *mpl* à court terme

Depot [de'poː] <-s, -s> *nt* ① (*Lager*) entrepôt *m*
② FIN coffre-fort *m*
③ TRANSP dépôt *m*
④ (*Bodensatz*) *von Wein* dépôt *m*
⑤ CH (*Flaschenpfand*) consigne *f*

Depotbesitz *m* FIN possession *f* de dépôt

Depp [dɛp] <-en *o* -s, -e[n]> *m* SDEUTSCH, A, CH *fam* andouille *f* (*fam*)

deppert ['dɛpɐt] SDEUTSCH, A **I.** *Adj fam* con(ne) (*fam*); **dieser ~e Kerl!** ce con! (*fam*)
II. *Adv fam* **sich ~ anstellen** se débrouiller comme un manche (*fam*)

Depression [deprɛ'sioːn] <-, -en> *f* dépression *f;* **an ~en leiden** souffrir de dépression

depressiv I. *Adj* dépressif(-ive)
II. *Adv* **~ veranlagt sein** avoir des tendances dépressives; **~ gestimmt sein** être dépressif(-ive)

deprimieren* *tr V* déprimer; **~d** déprimant(e)

Deputat [depu'taːt] <-[e]s, -e> *nt* nombre *m* d'heures d'enseignement dues

Deputation <-, -en> *f veraltet* députation *f*

Deputierte(r) [depu'tiːɐtɐ] *f(m) dekl wie Adj* député(e) *m(f)*

der[1] [deːɐ] **I.** *Art def, maskulin, Nom Sing* ① (*auf eine Person, ein männliches Tier bezogen*) le; **~ Nachbar/Freund** le voisin/l'ami; **~ Eber/Hengst** le verrat/l'étalon

D

❷ (*allgemein auf ein Tier, eine Sache bezogen*) le/la; ~ **Hund/Wellensittich** le chien/la perruche; ~ **Käse/Salat** le fromage/la salade; ~ **Tisch/Schlüssel** la table/clé; ~ **Mai** [le mois de] mai
❸ (*bei verallgemeinernden Aussagen*) ~ **Franzose isst gern gut** les Français aiment la bonne cuisine
❹ *fam* (*in Verbindung mit Eigennamen*) ~ **Papa hat's erlaubt** papa l'a permis; ~ **Andreas lässt dich grüßen** Andreas te donne le bonjour
II. *Art def, feminin, Gen Sing von* **die**[1], **I.** ❶ (*auf eine Person, ein weibliches Tier bezogen*) de la; **die Hände** ~ **Frau/Freundin** les mains de la femme/de l'amie; **das Fell** ~ **Kuh/Bärin** le poil de la vache/de l'ourse
❷ (*allgemein auf ein Tier, eine Sache bezogen*) de la/du; **die Augen** ~ **Maus/Katze** les yeux de la souris/du chat; **die Form** ~ **Tasse/Schüssel** la forme de la tasse/du saladier; **eine Frage** ~ **Ethik** une question d'éthique
❸ (*bei verallgemeinernden Aussagen*) **die politische Einstellung** ~ **Engländerin** la position politique des Anglaises
❹ *fam* (*in Verbindung mit Eigennamen*) **die Eltern/Schuhe** ~ **Barbara** les parents/chaussures de Barbara
III. *Art def, feminin, Dat Sing von* **die**[1], **I.** ❶ **mit/von** ~ **Nachbarin sprechen** parler avec/de la voisine; **an** ~ **Tür klopfen** frapper à la porte; **an** ~ **Decke hängen** être suspendu(e) au plafond; **sie folgte** ~ **Frau/Menge** elle suivit la femme/foule; **er gab** ~ **Großmutter den Brief** il donna la lettre à sa grand-mère
❷ *fam* (*in Verbindung mit Eigennamen*) **ich werde es** ~ **Brigitte sagen** je le dirai à Brigitte
IV. *Art def, Gen Pl von* **die**[1], **II.** des; **die Wohnung** ~ **Eltern** l'appartement des parents; **das Ende** ~ **Ferien** la fin des vacances

der[2] **I.** *Pron dem, maskulin, Nom Sing* ❶ (*auf eine Person, ein männliches Tier bezogen*) ce; ~ **Mann/Junge** [**da**] cet homme[-là]/ce garçon[-là]; ~ **Hengst** [**da**] cet étalon[-là]; ~ **weiß das doch nicht!** lui, il ne le sait pas!; ~ **Angeber!** quel frimeur, celui-là!
❷ (*allgemein auf ein Tier, eine Sache bezogen*) ce/cette; ~ **Hund/Wellensittich** [**da**] ce chien[-là]/cette perruche[-là]; ~ **Pullover/Tisch** [**da**] **gefällt mir** ce pull[-là]/cette table[-là] me plaît; ~ **Baum** [**da**] cet arbre[-là]; **beißt** ~**?** est-ce qu'il mord?
II. *Pron rel, maskulin, Nom Sing* qui; **ein Mann,** ~ **es eilig hatte** un homme qui était pressé; **ein Film,** ~ **gut ankommt** un film qui a du succès; **ein Kandidat,** ~ **gewählt wurde** un candidat qui a été élu; **ein Roman,** ~ **von Millionen gelesen wurde** un roman qui a été lu par des millions de personnes
III. *Pron dem, feminin, Gen Sing von* **die**[2], **I.** ❶ (*auf eine Person, ein weibliches Tier bezogen*) **die Hände** ~ **Frau** [**da**] les mains de cette femme[-là]; **das Fell** ~ **Kuh** [**da**] le poil de cette vache[-là]
❷ (*allgemein auf ein Tier, eine Sache bezogen*) **die Augen** ~ **Katze** [**da**] les yeux de ce chat[-là]; **die Form** ~ **Tasse** [**da**] la forme de cette tasse[-là]
IV. *Pron dem, feminin, Dat Sing von* **die**[2], **I.**: **das Fahrrad gehört** ~ **Kollegin** [**da**] la bicyclette est à cette collègue[-ci]; **man muss** ~ **Frau** [**da**] **die Eintrittskarte vorzeigen** il faut présenter son billet d'entrée à cette dame[-là]; **mit** ~ **Freundin verstehe ich mich gut** je m'entends bien avec cette copine; **glaub** ~ **bloß nicht!** ne la crois surtout pas, celle-là!
V. *Pron dem, Gen Pl von* **die**[1], **II.**: **das Verhalten** ~ **Leute/Nachbarn** [**da**] le comportement de ces gens[-là]/voisins[-là]; **die Farben** ~ **Blüten** [**da**] les couleurs de ces fleurs[-là]
VI. *Pron dem o rel, maskulin, Nom Sing* celui qui; ~ **dieses Amt anstrebt** celui qui brigue ce fauteuil; ~ **mir das erzählt hat, hat gelogen** celui qui m'a raconté ça a menti
VII. *Pron rel, feminin, Dat Sing von* **die**[2], **III.**: **die Kollegin,** ~ **ich den Brief geben soll** la collègue à laquelle je dois donner la lettre; **die Freundin, mit** ~ **ich mich gut verstehe** l'amie avec qui je m'entends bien; **die Katze,** ~ **er zu fressen gibt** le chat à qui il donne à manger; **die Hitze/Kälte, unter** ~ **sie leiden** la chaleur/le froid dont ils souffrent

derart *Adv* de telle manière; ~ **reizen/provozieren, dass** provoquer à tel point que + *indic;* **dein Benehmen ist** ~**, dass** ton comportement est tel que + *indic;* **es ist** ~ **heiß, dass** il fait si [*o* tellement] chaud que + *indic*

derartig I. *Adj* tel(le); **etwas Derartiges habe ich noch nie gesehen** je n'ai encore rien vu de tel
II. *Adv* si

derb [dɛrp] **I.** *Adj* ❶ (*grob*) *Manieren, Witz, Sprache* grossier(-ère)
❷ (*fest*) *Stoff, Leder, Schuhe* solide
II. *Adv* ❶ (*heftig*) *anfahren* brutalement
❷ (*grob*) *sich ausdrücken* grossièrement

Derbheit <-, -en> *f* ❶ (*Grobheit*) grossièreté *f*
❷ *kein Pl* (*derbe Beschaffenheit*) solidité *f*

Derby ['dɛrbi] <-s, -s> *nt* derby *m*

deregulieren* *tr V* POL, ÖKON déréguler

Deregulierung [de-] *f* dérégulation *f*

dereinst [deːɐ'ʔaɪnst] *Adv geh* un jour

deren ['deːrən] **I.** *Pron dem, Gen Sing von* **die**[2], **II.**: **seine Mutter, seine Schwester und** ~ **Hund** sa mère, sa sœur et le chien de cette dernière
II. *Pron dem, Gen Pl von* **die**[2], **III.**: **ein Ehepaar mit seinen Freunden und** ~ **Kindern** un couple avec ses amis et les enfants de ces derniers
III. *Pron rel, Gen Sg von* **die**[2], **III.** ❶ (*auf eine Person, ein weibliches Tier bezogen*) dont; **die Frau,** ~ **Namen ich vergessen habe** la femme dont j'ai oublié le nom; **die Freundin, mit** ~ **Hilfe ich eine Wohnung gefunden habe** l'amie avec l'aide de qui j'ai trouvé un logement
❷ (*allgemein auf ein Tier, eine Sache bezogen*) dont, duquel/de laquelle; **die Kirche,** ~ **Turm zu sehen ist** l'église dont on aperçoit le clocher
IV. *Pron rel, Gen Pl von* **die**[2], **V.** ❶ (*auf Personen bezogen*) dont, de qui
❷ (*auf Tiere, Sachen bezogen*) dont, duquel/de laquelle; **eine Politik,** ~ **Folgen unabsehbar sind** une politique dont les conséquences sont incalculables

derenthalben ['deːrənt'halbən], **derentwegen** ['deːrənt'veːgən] *Adv veraltet* ❶ (*wegen welcher*) (*auf eine Person bezogen*) pour qui; (*auf ein Tier, eine Sache bezogen*) pour lequel/laquelle; **die Prominente,** ~ **die Fotografen sich drängten** la star pour laquelle les photographes se bousculaient; **die Reise,** ~ **er sparte** le voyage pour lequel il économisait
❷ (*wegen welchen*) (*auf Personen bezogen*) pour qui; (*auf Tiere, Sachen bezogen*) pour lesquels/lesquelles
❸ (*wegen dieser*) (*auf eine Person bezogen*) pour celle-là; (*auf Tiere, Sachen bezogen*) pour celui-là/celle-là; **gräm dich doch** ~ **nicht!** ne t'afflige pas à propos de celle-là!
❹ (*wegen diesen*) pour ceux-là/celles-là

derentwillen ['deːrənt'vɪlən] *Adv* ❶ (*wegen welcher*) **um** ~ (*auf eine Person bezogen*) pour qui, pour lequel/laquelle; (*auf ein Tier, eine Sache bezogen*) pour lequel/laquelle
❷ (*wegen welchen*) **um** ~ (*auf Personen bezogen*) pour qui; (*auf Tiere, Sachen bezogen*) pour lesquels/lesquelles
❸ (*wegen dieser*) **um** ~ (*auf eine Person bezogen*) pour celle-là; (*auf ein Tier, eine Sache bezogen*) pour celui-là/celle-là
❹ (*wegen diesen*) **um** ~ (*auf eine Person bezogen*) pour celle-là; (*auf Tiere, Sachen bezogen*) pour celui-là/celle-là

derer ['deːrɐ] *Pron dem, Gen Pl von* **die**[2], **II.** ❶ **die Zahl** ~**, die unzufrieden sind** le nombre de ceux qui sont mécontents; **das Schicksal** ~**, die vermisst werden** le sort de ceux qui sont portés disparus
❷ *geh* (*der Herren*) **die Wälder** ~ **von Bismarck** les forêts des seigneurs de Bismarck

dergestalt *Adv geh* ainsi; ~, **dass** à tel point que + *indic*
dergleichen *Pron dem, unv* ce genre; ~ **Fälle/Fragen sind selten** ce genre de cas/questions est rare; ~ **ist ihnen unbekannt** ils ne connaissent pas ce genre de choses, ce genre de choses leur est inconnu; **ich will nichts** ~ **hören!** je ne veux rien entendre de pareil!; **und** ~ [**mehr**] et cetera
Derivat [-'va:t] <-[e]s, -e> *nt* dérivé *m*
derivativ *Adj* ❶ LING dérivé(e)
❷ JUR ~**er Anspruch** droit *m* dérivé
derjenige ['de:ɐie:nɪgə] *Pron dem, maskulin, Nom Sing* ❶ (*auf eine Person, ein männliches Tier bezogen*) ce; ~ **Kollege/Mann, der ...** le collègue/l'homme qui ...; ~ **Stier, der ...** le taureau qui ...; ~, **der das gesagt hat** celui qui a dit cela
❷ (*allgemein auf ein Tier, eine Sache bezogen*) ce/cette; ~ **Hund/Papagei, der ...** le chien/la perruche qui ...; ~ **Garten/Salat, der ...** le jardin/la salade qui ...; **ihr Drucker ist schneller als** ~ **ihres Vaters** son imprimante est plus rapide que celle de son père
▶ **das ist** ~, **welcher** *fam* (*der, auf den es ankommt*) c'est lui notre homme!; (*der, über den man redet*) c'est bien lui (*fam*)
derlei ['de:ɐ'laɪ] *Pron dem, unv* ce genre; ~ **Probleme/Anspielungen kennt sie gut** elle connaît bien ce genre de problèmes/d'allusions; ~ **gibt es nur in Paris** ce genre de choses existe uniquement à Paris
dermaßen ['de:ɐ'ma:sən] *s.* **derart**
Dermatologe [dɛrmato'lo:gə] <-n, -n> *m*, **Dermatologin** *f* dermatologue *mf*
Dermatologie [dɛrmatolo'gi:] <-> *f* dermatologie *f*
derselbe [de:ɐ'zɛlbə] *Pron dem, Nom Sing* ❶ (*auf eine Person bezogen*) le même; **diese beiden Filme hat** ~ **Regisseur gemacht** c'est le même metteur en scène qui a fait ces deux films
❷ (*allgemein auf ein Tier, eine Sache bezogen*) le/la même; **das war** ~ **Hund/Wellensittich wie neulich** c'était le même chien/la même perruche que l'autre jour; ~ **Mantel/Drucker kostet dort hundert Euro weniger** là-bas, le même manteau/la même imprimante coûte cent euros moins cher
derweil[**en**] **I.** *Adv veraltet* (*inzwischen*) pendant ce temps
II. *Konj veraltet* (*während*) pendant que + *indic*
Derwisch ['dɛrvɪʃ] <-es, -e> *m* derviche *m*
derzeit *Adv* actuellement
derzeitig *Adj attr* actuel(le); **mein** ~**es Befinden ist ausgezeichnet** je suis en excellente forme actuellement
des[1] [dɛs] **I.** *Art def, maskulin, Gen Sing von* **der**[1], **I.** ❶ (*auf eine Person, ein männliches Tier bezogen*) du; **die Wohnung** ~ **Nachbarn/Freundes** l'appartement du voisin/de l'ami; **das Fell** ~ **Ebers/Hengstes** le poil du verrat/de l'étalon
❷ (*allgemein auf ein Tier, eine Sache bezogen*) du/de la; **der Name** ~ **Hundes/Wellensittichs** le nom du chien/de la perruche; **der Preis** ~ **Käses/Salats** le prix du fromage/de la salade; **die Form** ~ **Tischs/Schlüssels** la forme de la table/clé
II. *Art def, Neutrum, Gen Sing von* **das**, **I.** du/de la; **die Schuhe** ~ **Kindes/**[**kleinen**] **Mädchens** les chaussures de l'enfant/de la [petite] fille; **die Augen** ~ **Kalbs/Eichhörnchens** les yeux du veau/de l'écureuil; **das Ende** ~ **Jahres/Jahrhunderts** la fin de l'année/du siècle
III. *Pron dem, maskulin, Gen Sing von* **der**[2], **I.** ❶ (*auf eine Person, ein männliches Tier bezogen*) de ce; **die Stimme** ~ **Mannes/Jungen** [**da**] la voix de cet homme[-là]/de ce garçon[-là]
❷ (*allgemein auf ein Tier, eine Sache bezogen*) de ce/de cette; **der Name** ~ **Hundes** [**da**]/~ **Wellensittichs** [**da**] le nom de ce chien[-là]/de cette perruche-[là]; **die Farbe** ~ **Wagens** [**da**] la couleur de cette voiture[-là]
IV. *Pron dem, Neutrum, Gen Sing von* **das II.** de ce/de cette; **der Name** ~ **Kindes** [**da**] le nom de cet enfant[-là]; **die Augen** ~ **Kalbs** [**da**] les yeux de ce veau[-là]
des[2], **Des** <-> *nt* MUS ré *m* bémol
Desaster [de'zastɐ] <-s, -> *nt* désastre *m*
desensibilisieren* *tr V* désensibiliser; **jdn gegen etw** ~ désensibiliser qn à qc
Desensibilisierung <-, -en> *f* MED désensibilisation *f*
Deserteur(**in**) [dezɛr'tø:ɐ] <-s, -e> *m(f)* déserteur *m*
desertieren* *itr V + sein o selten haben* déserter; **von der Truppe** ~ déserter des rangs; **zum Feind/zu den Engländern** ~ passer à l'ennemi/chez les Anglais
Desertion [dezɛr'tsio:n] <-, -en> *f* désertion *f*
desgleichen [dɛs'glaɪçən] *Adv* également
deshalb *Adv* pour cela; ~ **ist das nicht möglich** c'est la raison pour laquelle cela n'est pas possible; **ich bin** ~ **gekommen, weil ...** si je suis venu, c'est parce que ...; **also** ~ [*o* ~ **also**] **war er so verlegen!** c'est pour ça qu'il était tellement embarrassé! + *indic;* ~ **müssen Sie sich nicht gleich aufregen!** ce n'est pas une raison pour vous énerver!
Design [di'zaɪn] <-s, -s> *nt* design *m; eines Kleidungsstücks* style *m*
Designer(**in**) [di'zaɪnɐ] <-s, -> *m(f)* designer *mf;* (*Modeschöpfer*) styliste *mf*
Designerdroge [di'zaɪnɐ-] *f* drogue *f* de synthèse **Designerkleid** *nt* robe *f* créée par des stylistes **Designerlampe** *f* lampe *f* design **Designermöbel** *Pl* meubles *mpl* design **Designermode** *f* mode *f* de créateurs
designiert [dezi'gni:ɐt] *Adj attr* désigné(e)
desillusionieren* [dɛsʔɪluzio'ni:rən, dezɪlu-] *tr V* désillusionner; ~**de Erfahrungen machen** perdre ses illusions
Desillusionierung [dɛsʔɪ-, dezɪlu-] <-, -en> *f* désillusion *f*
Desinfektion [dezɪnfɛk'tsio:n, dɛsʔɪnfɛk'tsio:n] <-, -en> *f* désinfection *f*
Desinfektionsmittel [dɛsʔɪ-, dezɪ-] *nt* [produit *m*] désinfectant *m*
desinfizieren* [dɛsʔɪnfi'tsi:rən, dezɪ-] *tr V* désinfecter
Desinfizierung [dɛsʔɪ-, dezɪ-] <-, -en> *s.* **Desinfektion**
Desinformation [dɛsʔɪnfɔrma'tsio:n, dezɪ-] *f* ❶ (*Verfahrensweise*) désinformation *f*
❷ (*falsche Information*) fausse information *f*
Desintegration [dɛsʔɪntegra'tsio:n, dezɪ-] *f geh* dissolution *f*
Desinteresse ['dɛsʔɪntərɛsə, 'dezɪ-] *nt* manque d'intérêt; ~ **an jdm/etw** manque *m* d'intérêt pour qn/qc; **sein** ~ **an etw** (*Dat*) **bekunden** [*o* **zeigen**] manifester [*o* montrer] son manque d'intérêt pour qc
desinteressiert ['dɛsʔɪntərɛsi:ɐt] *Adj Zuhörer, Zuschauer* peu intéressé(e); **er machte ein** ~**es Gesicht** le manque d'intérêt se lisait sur son visage; **an jdm/etw** ~ **sein** ne pas être intéressé(e) par qn/qc
Desktop ['dɛsktɔp] <-s, -s> *m* INFORM ordinateur *m* de table
Desktoppublishing[RR], **Desktop-Publishing**[RR] **Desktop publishing**, ['dɛsktɔppablɪʃɪŋ] <-> *nt* publication *f* assistée par ordinateur
desolat [dezo'la:t] *Adj geh Anblick, Zustand* piteux(-euse) *antéposé; Wirtschaft* en piteux état
desorientiert [dɛsʔoriɛn'ti:ɐt, dezoriɛn'ti:ɐt] *Adj* désorienté(e)
Desorientierung ['dɛsʔoriɛnti:rʊŋ] *f* ❶ (*Verwirrung*) désarroi *m*
❷ (*Störung der Orientierungsfähigkeit*) désorientation *f* [spatio-temporelle]
Desoxidation [dɛsʔɔksida'tsio:n] <-, -en> *f* CHEM désoxydation *f*
Desoxyribonukleinsäure [dɛsʔɔksyribonukle'ʔi:n-] *f* acide *m* désoxyribonucléique
despektierlich [dɛspɛk'ti:ɐlɪç] *geh* **I.** *Adj* irrévérencieux(-euse) (*littér*)
II. *Adv* irrévérencieusement (*littér*)
Desperado [dɛspe'ra:do] <-s, -s> *m geh* desperado *m*
Despot(**in**) [dɛs'po:t] <-en, -en> *m(f)* despote *mf*
despotisch I. *Adj* despotique

II. *Adv* en despote
desselben I. *Pron dem, Gen Sing von* **derselbe** ❶ (*auf eine Person, ein männliches Tier bezogen*) du même; **mehrere Romane ~ Autors lesen** lire plusieurs romans du même écrivain
❷ (*allgemein auf ein Tier, eine Sache bezogen*) du même/de la même
II. *Pron dem, Gen Sing von* **dasselbe** du même/de la même; **zwei Exemplare ~ Buchs haben** avoir deux exemplaires du même livre
dessen ['dɛsən] I. *Pron dem, Gen Sing von* **der**², **I.**: **mein Vater, mein Onkel und ~ Haus** mon père, mon oncle et la maison de ce dernier
II. *Pron dem, Gen Sing von* **das**², **I.**: **mein Onkel, sein Kind und ~ Spielzeug** mon oncle, son gosse et les jouets de ce dernier
III. *Pron rel, Gen Sing von* **der**², **II.** ❶ (*auf eine Person, ein männliches Tier bezogen*) dont; **der Mann, ~ Namen ich vergessen habe** l'homme dont [*o* de qui] j'ai oublié le nom; **der Freund, mit ~ Hilfe ich das Auto repariert habe** l'ami avec l'aide de qui [*o* duquel] j'ai réparé la voiture
❷ (*allgemein auf ein Tier, eine Sache bezogen*) dont, duquel/de laquelle; **der Fluss, ~ Mündung ein Delta bildet** le fleuve dont l'embouchure constitue un delta
IV. *Pron rel, Gen Sing von* **das**², **II.** dont; **das Kind, ~ Namen ich vergessen habe** l'enfant dont [*o* duquel] j'ai oublié le nom; **das Mädchen, dank ~ Hilfe ich die Apotheke gefunden habe** la fille grâce à l'aide de qui [*o* de laquelle] j'ai trouvé la pharmacie; **das Haus, ~ Dach gerade repariert wird** la maison la toiture de laquelle est en train d'être réparée; **das Pferd, ~ Fell schwarz ist** le cheval dont les poils sont noirs
dessentwillen ['dɛsənt'vɪlən] *Adv* pour lui/elle; **das Kind/Mädchen, um ~ sie sich gesorgt hatten** l'enfant/la fille pour qui ils s'étaient fait des soucis; **der Frieden, um ~ sie zu Verhandlungen bereit waren** la paix pour laquelle ils étaient prêts à entâmer des négociations
dessenungeachtet ['dɛsənʔʊngə'ʔaxtət] *s.* **ungeachtet**
Dessert [dɛ'sɛːɐ] <-s, -s> *nt* dessert *m*
Dessertteller *m* assiette *f* à dessert
Dessin [dɛ'sɛ̃ː] <-s, -s> *nt* motif *m*
Dessous [dɛ'suː, *Pl:* dɛ'suːs] <-, -> *nt meist Pl* dessous *mpl*
destabilisieren *tr V* déstabiliser
Destabilisierung <-, -en> *f geh* déstabilisation *f*
Destillat [dɛstɪ'laːt] <-[e]s, -e> *nt* distillat *m*
Destillation [dɛstɪla'tsioːn] <-, -en> *f* distillation *f*
destillieren* *tr V* distiller
Destillierkolben [dɛstɪ'liːɐ-] *m* alambic *m*
desto ['dɛsto] *Konj* d'autant plus; **je eher du dich daranmachst, ~ schneller bist du fertig** plus vite tu t'y mettras, plus vite tu auras terminé; **je länger ich darüber nachdenke, ~ fragwürdiger finde ich dieses Angebot** plus je réfléchis, plus cette offre me paraît louche
destruktiv [destrʊk'tiːf] *Adj* négatif(-ive)
deswegen ['dɛsveːgən] *s.* **deshalb**
Deszendent <-en, -en> *m* descendant *m*
Detail [de'taɪ, de'taːj] <-s, -s> *nt* détail *m;* **im ~/in allen ~s** dans le détail/les moindres détails; **ins ~ gehen** entrer dans les détails; **die Schwierigkeit liegt im ~** la difficulté est une affaire de détails
Detailfrage [de'taɪ-, de'taːj-] *f* question *f* [*o* point *m*] de détail
Detailkenntnisse *Pl* connaissances *fpl* détaillées
detaillieren* [deta'jiːrən] *tr V a.* COM détailler; [**jdm**] **etw ~** détailler qc [à qn], expliquer qc en détail [à qn]
detailliert [deta'jiːɐt] I. *Adj* ❶ (*genau*) *Angaben* détaillé(e); *Vorstellung* précis(e)
❷ COM détaillé(e)
II. *Adv* en détail
Detaillist(in) [deta'jɪst] <-en, -en> *m(f)* CH commerçant(e) *m(f)* au détail
Detektei *s.* **Detektivbüro**
Detektiv(in) [detɛk'tiːf] <-s, -e> *m(f)* ❶ (*Privatdetektiv*) détective *m* [privé]
❷ (*Zivilfahnder*) inspecteur(-trice) *m(f)*
Detektivbüro *nt* agence *f* de détectives [privés]
detektivisch [-vɪʃ] I. *Adj* de détective; *Kleinarbeit* de fourmi
II. *Adv* à la manière d'un détective
Detektivroman *m* roman *m* policier
Detektor [de'tɛktoɐ] <-s, -en> *m* détecteur *m*
Determinante [detɛrmi'nantə] <-, -n> *f* MATH, MED déterminant *m*
determinieren* *tr V geh* déterminer
Determinismus [detɛrmi'nɪsmʊs] <-> *m* déterminisme *m*
deterministisch *Adj* déterministe
Detonation [detona'tsioːn] <-, -en> *f* détonation *f;* **etw zur ~ bringen** faire exploser qc
detonieren* *itr V + sein* exploser
Deubel ['dɔɪbəl] DIAL *s.* **Deibel**
deucht *3. Pers Präs von* **dünken**
deuchte *Imp von* **dünken**
Deus ex Machina[RR] <- - -, Dei - -> *m geh* deus ex machina *m*
Deut [dɔɪt] ▶ **du bist** [**um**] **keinen ~ besser als er** tu ne vaux pas mieux que lui; **keinen** [*o* **nicht einen**] **~ wert sein** ne pas valoir un sou; **er kümmert sich keinen ~ um seine Familie** il ne s'occupe pas d'un pouce de sa famille
deuteln ['dɔɪtəln] *itr V* ergoter; **an etw** (*Dat*) **~** ergoter à propos de qc; **daran gibt es nichts zu ~!** il n'y a pas à tortiller là-dessus! (*fam*)
deuten ['dɔɪtən] I. *tr V* interpréter *Erscheinung, Traum, Text;* **jdm die Zukunft ~** prédire l'avenir à qn
II. *itr V* ❶ (*zeigen*) **mit etw auf jdn/etw ~** montrer qn/qc de qc
❷ (*hinweisen*) **auf jdn/etw ~** faire penser à qn/qc; **alles deutet darauf, dass** tout laisse à penser que + *indic*
deutlich ['dɔɪtlɪç] I. *Adj* ❶ (*klar*) *Konturen, Muster* net(te); *Aussprache* distinct(e); *Skizze* clair(e); *Schrift* lisible
❷ (*eindeutig*) clair(e); **eine ~e Sprache sprechen** *Vorfälle, Beweise:* le dire clairement; **~/~er werden** *Person:* mettre les points sur les i; **..., oder muss ich ~er werden?** (*muss ich handgreiflich werden?*) ..., ou faut-il que j'emploie les grands moyens?; **das war ~!** c'est on ne peut plus clair!
II. *Adv* ❶ (*klar*) distinctement; *zeichnen* avec précision; *schreiben* lisiblement
❷ (*eindeutig*) *sagen, fühlen, sich ausdrücken* clairement; *merken* sans le moindre doute
Deutlichkeit <-, -en> *f* clarté; **ihre Ablehnung ließ an ~ nichts zu wünschen übrig** son refus clair et net ne laissait pas de place au moindre doute; **etw in** [*o* **mit**] **aller ~ sagen** dire qc sans la moindre ambiguïté
deutsch [dɔɪtʃ] I. *Adj* allemand(e); **die ~e Nordseeküste** la côte allemande da la mer du Nord; **die ~e Staatsangehörigkeit** la nationalité allemande
II. *Adv* ❶ (*in der Art der Deutschen*) *denken, fühlen* en allemand
❷ (*in deutscher Sprache*) **~ schreiben** écrire en allemand; **~ miteinander sprechen** discuter en allemand
Deutsch <-[s]> *nt kein Art* ❶ (*Sprache*) l'allemand *m;* **~ lernen/verstehen** apprendre/comprendre l'allemand; **~ können** savoir parler l'allemand; **~ sprechen** parler allemand; **fließend ~ sprechen** parler couramment l'allemand; **sprechen Sie ~?** parlez-vous allemand?; **~ sprechend** germanophone; **sein/ihr ~ ist fehlerlos** son allemand est irréprochable; **~ für Ausländer unterrichten** donner des cours d'allemand pour étrangers; **sich auf ~ unterhalten** discuter en allemand; **wie heißt „arrivederci" auf ~?** comment dit-on "arrivederci" en allemand?
❷ (*Unterrichtsfach*) **der Unterricht in ~** l'enseignement de

l'allemand; [**nicht**] **gut in ~ sein** [ne pas] être bon(ne) en allemand; **eine Eins in ~ haben** ≈ avoir vingt sur vingt en allemand
▶ **auf gut ~** *fam* en bon français (*fam*)

Deutsche *nt dekl wie Adj* **das ~** l'allemand *m;* **das Futur im ~n** le futur en allemand; **etw aus dem ~n übersetzen** traduire qc de l'allemand; **etw aus dem Französischen ins ~ übersetzen** traduire qc du français en allemand

Deutsche(**r**) *f(m) dekl wie Adj* Allemand(e) *m(f)*; **~**(**r**) **sein** être Allemand(e)

Deutschenfeind(**in**) *m(f)* germanophobe *mf;* **ein ~ sein** ne pas aimer les Allemands **Deutschenfreund**(**in**) *m(f)* germanophile *mf;* **ein ~ sein** aimer les Allemands **Deutschenhass**[RR] *m* germanophobie *f* **Deutschenhasser**(**in**) <-s, -> *m(f)* germanophobe *mf;* **ein ~ sein** haïr les Allemands

deutschfeindlich *Adj* germanophobe **Deutschfeindlichkeit** *f* germanophobie *f* **deutsch-französisch** *Adj* franco-allemand(e); **ein ~es Wörterbuch** un dictionnaire allemand-français; **die ~e Freundschaft** l'amitié franco-allemande **deutschfreundlich** *Adj* germanophile **Deutschfreundlichkeit** *f* germanophilie *f* **deutsch-italienisch** *Adj Koproduktion* germano-italien(ne)

Deutschland *nt* l'Allemagne *f;* **in ~** en Allemagne; **das** [**wieder**]**vereinte ~** l'Allemagne [ré]unifiée

Deutschlandfrage *f* question *f* allemande **Deutschlandlied** *nt* l'hymne *m* national allemand **Deutschlandpolitik** *f* politique *f* allemande

Deutschlehrer(**in**) *m(f)* professeur *m* d'allemand **deutschnational** *Adj* national(e)-allemand(e) **Deutschordensritter** *m* HIST chevalier *m* de l'Ordre teutonique **Deutschritterorden** *m* HIST Ordre *m* teutonique **Deutschschweiz** *f* CH **die ~** la Suisse alémanique **Deutschschweizer**(**in**) *m(f)* Suisse *m*/Suissesse *f* alémanique **deutschschweizerisch** *Adj* suisse alémanique

deutschsprachig ['dɔɪtʃʃpra:xɪç] *Adj Bevölkerung, Gebiet* germanophone, de langue [*o* d'expression] allemande; *Literatur, Zeitung* en langue allemande

deutschsprachlich *Adj Unterricht* de l'allemand

deutschsprechend *s.* **Deutsch 1.**

deutschstämmig ['dɔɪtʃʃtɛmɪç] *Adj* d'origine allemande

Deutschstämmige(**r**) *f(m) dekl wie Adj* Allemand(e) *m(f)* d'origine [*o* de souche]

Deutschstunde *f* cours *m* d'allemand

Deutschtum <-s> *nt* culture *f* allemande

Deutung <-, -en> *f* interprétation *f;* **die ~ der Zukunft** la prédiction de l'avenir

Devise [de'vi:zə] <-, -n> *f* devise *f*

Devisen *Pl* FIN devises *fpl;* **freie/blockierte ~** devises convertibles/non convertibles

Devisenbeschränkungen *Pl* restrictions *fpl* en matière de devises **Devisenbestimmungen** *Pl* réglementation *f* des changes **Devisenbringer** <-s, -> *m fam* source *f* de devises **Devisengeschäft** *nt* opération *f* en devises [*o* de change] **Devisenhandel** *m* marché *m* des changes **Devisenknappheit** *f* pénurie *f* de devises **Devisenkurs** *m* taux *m* de change; **zum gegenwärtigen ~** au cours du change actuel **Devisenmarkt** *m* marché *m* des devises **Devisenreserven** *Pl* réserves *fpl* en devises **Devisenschmuggel** *m* contrebande *f* de devises **Devisenspekulation** *f* FIN spéculation *f* sur les devises **Devisenvergehen** *nt* infraction *f* à la réglementation des changes **Devisenwert** *m* valeur *f* des devises

devot [de'vo:t] *pej* **I.** *Adj* soumis(e)
II. *Adv* dans une attitude servile

Devotionalien [devotsio'na:liən] *Pl* objets *mpl* de piété

Dextrose [dɛks'tro:zə] <-> *f* CHEM dextrose *m*

Dezember [de'tsɛmbɐ] <-s, -> *m* décembre *m; s. a.* **April**

dezent [de'tsɛnt] **I.** *Adj Farbe, Parfüm, Hinweis, Lächeln* discret(-ète)
II. *Adv andeuten, sich verhalten* discrètement; *gekleidet, geschminkt* avec discrétion; **~ lächeln** arborer un sourire discret

dezentral **I.** *Adj* décentralisé(e)
II. *Adv* de façon [*o* manière] décentralisée

dezentralisieren* *tr V* décentraliser

Dezentralisierung <-, -en> *f* décentralisation *f*

Dezernat [detsɛr'na:t] <-[e]s, -e> *nt* service *m*

Dezernent(**in**) [detsɛr'nɛnt] <-en, -en> *m(f)* chef *mf* de service

Dezibel ['de:tsibɛl, detsi'bɛl] <-s, -> *nt* décibel *m*

dezidiert [detsi'di:ɐt] *geh* **I.** *Adj Befürworter, Gegner* déterminé(e); *Haltung* résolu(e); *Forderung* ferme; *Ablehnung* catégorique
II. *Adv befürworten* fermement; *ablehnen* catégoriquement

Dezigramm [detsi'gram, 'de:tsigram] *nt* décigramme *m* **Deziliter** ['de:tsili:tɐ, detsi'li:tɐ] *m o nt* décilitre *m*

dezimal [detsi'ma:l] *Adj* décimal(e)

Dezimalbruch *m* MATH fraction *f* décimale **Dezimalrechnung** *f kein Pl* MATH calcul *m* décimal **Dezimalstelle** *f* décimale *f* **Dezimalsystem** *nt* système *m* décimal **Dezimalzahl** *f* nombre *m* décimal

Dezime ['de:tsimə, de'tsi:mə] <-, -n> *f* MUS dixième *f*

Dezimeter ['de:tsime:tɐ, detsi'me:tɐ] *m o nt* décimètre *m*

dezimieren* *tr V* décimer

Dezimierung <-, -en> *f* décimation *f* (*rare*); **die ~ der feindlichen Truppen anstreben** chercher à décimer les troupes ennemies

DFB [de:ʔɛf'be:] <-> *m* SPORT *Abk von* **Deutscher Fußball-Bund** *fédération allemande de football*

DFÜ [de:ʔɛf'ʔy:] <-> *f Abk von* **Datenfernübertragung** télétransmission *f* des données

DGB [de:ge:'be:] <-> *m Abk von* **Deutscher Gewerkschaftsbund** *confédération des syndicats allemands*

dgl. *Abk von* **dergleichen, desgleichen** de même

d. Gr. *Abk von* **der/die Große** le Grand/la Grande

d.h. *Abk von* **das heißt** c.-à-d.

Dia ['di:a] <-s, -s> *nt* diapo *f* (*fam*)

Diabetes [dia'be:tɛs] <-> *m* MED diabète *m*

Diabetiker(**in**) [dia'be:tikɐ] <-s, -> *m(f)* diabétique *mf*

Diabetikerschokolade *f* chocolat *m* pour diabétiques

diabetisch [dia'be:tɪʃ] **I.** *Adj* diabétique; *Beschwerden* dû(due) au diabète
II. *Adv* **~ bedingt** dû(due) au diabète

diabolisch [dia'bo:lɪʃ] *geh* **I.** *Adj* diabolique
II. *Adv* **~ lächeln/grinsen** avoir un ricanement/sourire diabolique

diachron[**isch**] [-'kro:-] *Adj* diachronique

Diadem [dia'de:m] <-s, -e> *nt* diadème *m*

Diadochen [dia'dɔxən] *Pl* diadoques *mpl*

Diagnose [dia'gno:zə] <-, -n> *f* MED diagnostic *m;* **eine ~ stellen** faire un diagnostic

Diagnosezentrum *nt* centre *m* de médecine préventive

Diagnostik [dia'gnɔstɪk] <-> *f* science *f* du diagnostic

diagnostisch [dia'gnɔstɪʃ] *Adj* diagnostique

diagnostizieren* *tr V* diagnostiquer; **etw bei jdm ~** diagnostiquer qc chez qn

diagonal [diago'na:l] **I.** *Adj* diagonal(e)
II. *Adv* en diagonale

Diagonale <-, -n> *f* diagonale *f*

Diagramm [dia'gram] <-s, -e> *nt* diagramme *m*

Diakon(**in**) [dia'ko:n] <-s *o* -en, -e[n]> *m(f)* diacre *m*

Diakonie [diako'ni:] <-> *f* diaconat *m*

diakonisch *Adj* diaconal(e)

Diakonisse [diako'nɪsə] <-, -n> *f,* **Diakonissin** <-, -nen> *f* diaconesse *f*

diakritisch [dia'kri:tɪʃ] *Adj* diacritique

Dialekt [dia'lɛkt] <-[e]s, -e> *m* dialecte *m*

D

i Land & Leute

En Allemagne, en Autriche et en Suisse, chaque région, voire chaque ville, possède son propre **Dialekt**. Certains dialectes sont tellement différents les uns des autres que les habitants d'un même pays ont parfois du mal à se comprendre entre eux. Voici quelques dialectes existant en Allemagne: *Berlinerisch, Plattdeutsch, Sächsisch, Fränkisch, Bairisch, Alemannisch* et *Schwäbisch*.

dialektal *Adj* dialectal(e)
Dialektausdruck *m* expression *f* dialectale
Dialektik [dia'lɛktɪk] <-> *f* PHILOS dialectique *f*
dialektisch [dia'lɛktɪʃ] *Adj* PHILOS dialectique
Dialog [dia'lo:k] <-[e]s, -e> *m* dialogue *m;* **in [einen] ~ treten** entamer un dialogue
Dialogbereitschaft *f* volonté *f* de dialoguer **Dialogbetrieb** *m* INFORM mode *m* conversationnel **Dialogfähigkeit** *f* ouverture *f* au dialogue **Dialogfeld** *nt* INFORM boîte *f* de dialogue **Dialogfenster** *nt* INFORM fenêtre *f* de dialogue conversationnel
Dialyse [dia'ly:zə] <-, -n> *f a.* MED dialyse *f*
Dialysepatient(in) *m(f)* dialysé(e) *m(f)*
Diamant [dia'mant] <-en, -en> *m* diamant *m*
diamanten [dia'mantən] *Adj attr Ring, Schmuck* [orné(e)] de diamants
Diamantring *m* bague *f* de diamants **Diamantschleifer(in)** <-s, -> *m(f)* diamantaire *mf* **Diamantstaub** *m* poudre *f* de diamant
diametral [diame'tra:l] *Adv geh* diamétralement; **~ entgegengesetzt** diamétralement opposé(e)
Diaphragma [dia'fragma] <-s, -men> *nt* MED diaphragme *m*
Diapositiv [diapozi'ti:f, 'di:apoziti:f] *nt* diapositive *f* **Diaprojektor** *m* projecteur *m* de diapositives **Diarahmen** *m* cadre-cache *m*
Diarrhö [dia'rø:, -'rø:ən] <-, -en> *f* MED diarrhée *f*
Diaspora [di'aspora] <-> *f* diaspora *f;* **in der ~ leben** être en minorité
Diastole [di'astole, dia'sto:lə, *Pl:* dia'sto:lən] <-, -n> *f* MED diastole *f*
diastolisch [dia'sto:lɪʃ] *Adj* MED diastolique
diät *s.* Diät
Diät [di'ɛ:t] <-, -en> *f* ❶ régime *m* [alimentaire]; **fettarme ~** régime hypocalorique; **jdn auf ~ setzen** *fam* mettre qn au régime; **streng ~ leben** suivre un régime stricte
Diätassistent(in) *m(f)* diététicien(ne) *m(f)*
Diäten *Pl* indemnité *f* parlementaire
Diätetik [diɛ'te:tɪk] <-, -en> *f* diététique *f*
diätetisch *Adj a.* MED diététique
Diätfahrplan *s.* Diätplan **Diätkost** *f* aliments *mpl* diététiques **Diätkur** *f* cure *f* diététique
diatonisch [dia'to:nɪʃ] *Adj* MUS diatonique
Diätplan *m* programme *m* de régime
dich [dɪç] I. *Pron pers, Akk von* **du: ich habe ~ gesehen** je t'ai vu(e); **er hat ~ gemeint** c'est de toi qu'il parlait; **ich werde ~ dafür vorschlagen** je vais te proposer; **ohne/für ~** sans/pour toi
II. *Pron refl* **du hast ~ verändert** tu as changé; **du darfst ~ nicht wundern, wenn ...** ne t'étonne pas si ...; **betrachte ~ mal im Spiegel** regarde-toi dans le miroir; **wie fühlst du ~?** comment te sens-tu?; **hast du ~ entschuldigt?** tu t'es excusé(e)?
Dichotomie [dɪçoto'mi:] <-, -n> *f* MED dichotomie *f*
dicht [dɪçt] I. *Adj* ❶ épais(se); *Gedränge, Menschenmenge, Verkehr* dense; *Reihe* serré(e)
❷ *(undurchdringlich) Nebel* épais(se); *Schneetreiben, Regen* dru(e)
❸ *(undurchlässig)* étanche; *Fenster, Tür* hermétique; *Stoff, Schuh* imperméable; *Rollläden, Vorhänge* épais(se)
❹ *(fest) Gewebe, Stoff* serré(e)
► **nicht ganz ~ sein** *sl* déconner *(fam)*
II. *Adv* ❶ *(nah)* **~ beieinander stehen** être près les uns/unes des autres; **~ auffahren** coller au pare-chocs; **~ gefolgt von ...** suivi de près par ...; **~ hinter jdm/etw stehen** être juste derrière qn/qc; **~ hinter jdm sein** *Verfolger:* être sur les talons de qn; **~ an der Straße** tout au bord de la route
❷ *(unmittelbar)* **~ bevorstehen** être imminent(e)
❸ *(stark)* **~ bevölkert [*o* besiedelt] sein** être très peuplé(e); **~ bewölkt sein** être très nuageux(-euse); **~ belaubt sein** être [très] feuillu(e); **~ mit Blumen übersät** jonché(e) de fleurs; **~ behaart sein** *Mann, Brust:* être tout(e) velu(e) [*o* poilu(e)]; **~ gedrängt** *Menschenmenge* [très] dense; **~ gedrängt auf dem Platz stehen** s'entasser sur la place
❹ *(fest) schließen, verhängen* hermétiquement; *weben* serré
► **~ an ~ stehen** *Personen:* être les uns/unes contre les autres; *Bäume:* pousser en rangs serrés
dichtauf *Adv folgen* de près; *liegen* juste derrière; *bleiben* près l'un de l'autre/les uns des autres
dichtbehaart *s.* **dicht II.3.**
dichtbelaubt *s.* **dicht II.3.**
dichtbesiedelt *s.* **dicht II.3.**
dichtbevölkert *s.* **dicht II.3.**
dichtbewölkt *s.* **dicht II.3.**
Dichte <-, -n> *f a.* PHYS densité *f; eines Gebüsches, Waldes* épaisseur *f*
dichten ['dɪçtən] I. *tr V* composer *Ode, Ballade*
II. *itr V* faire de la poésie
Dichter(in) <-s, -> *m(f)* poète *m*/poétesse *f*
dichterisch I. *Adj* poétique
II. *Adv darstellen, wiedergeben* poétiquement; **~ begabt** doué(e) pour la poésie
Dichterlesung *f* LITER lecture *f* de poèmes; **eine ~ halten** faire une lecture de ses propres poèmes **Dichterwort** <-worte> *nt* citation *f* [de poète/d'écrivain]
dichtgedrängt *s.* **dicht II.3.**
dicht|halten *itr V unreg sl* ne pas lâcher le morceau *(fam)*
Dichtkunst *f* art *m* poétique
dicht|machen *tr, itr V fam* fermer *Laden, Fabrik, Grenze*
Dichtung[1] <-, -en> *f* ❶ *kein Pl (Dichtkunst)* poésie *f*
❷ *kein Pl (Fiktion)* fiction *f*
❸ *(Gedicht)* poème *m*
Dichtung[2] <-, -en> *f* TECH joint *m*
Dichtungsmasse *f* mastic *m* [pour joints] **Dichtungsring** *m*, **Dichtungsscheibe** *f* joint *m* [d'étanchéité]
dick [dɪk] I. *Adj* ❶ gros(se) *antéposé;* **~ werden** grossir; **~ machen** *Süßigkeiten:* faire grossir
❷ *(stark)* **ein zwei Zentimenter ~es Brett** une planche de deux centimètres d'épaisseur; **einen Meter ~ sein** avoir un mètre d'épaisseur
❸ *fam (beträchtlich) Gehalt, Belohnung, Geschäft* gros(se) *antéposé*
❹ *fam (schwer) Fehler* gros(se) *antéposé; Lob, Kompliment* grand(e) *antéposé*
❺ *(geschwollen)* gros(se) *antéposé*
❻ *(dickflüssig) Flüssigkeit, Sauce* épais(se); *Milch* caillé(e); **~ werden** *Soße:* épaissir; *Milch:* cailler
❼ *fam (dicht) Schwaden, Nebel* épais(se); *Verkehr, Gewühl* grand(e) *antéposé*
❽ *fam (eng) Freundschaft* grand(e) *antéposé*
❾ *fam (breit)* **sich ~ machen** s'étaler *(fam)*
► **mit jdm durch ~ und dünn gehen** suivre qn jusqu'en enfer
II. *Adv* ❶ *(warm)* **sich ~ anziehen** bien se couvrir
❷ *(deutlich) anstreichen, unterstreichen* en gros
❸ *(reichlich)* **etw ~ auftragen** étaler une grosse couche de qc

4 *fam* (*sehr gut*) ~ **befreundet sein** être comme cul et chemise (*fam*); ~ **im Geschäft sein** faire son beurre (*fam*)
▶ ~ **auftragen** *pej fam* en rajouter (*fam*); **es** ~[**e**] **haben** *fam* être plein(e) aux as (*fam*); **es nicht so** ~[**e**] **haben** *fam* ne pas rouler sur l'or (*fam*); **jdn/etw** ~[**e**] **haben** *fam* en avoir ras le bol de qn/qc (*fam*); **es kommt** ~[**e**] *fam* ça n'arrête pas (*fam*)

dickbauchig *Adj Krug, Vase* ventru(e), pansu(e)

dickbäuchig ['dɪkbɔɪçɪç] *Adj Person* ventru(e)

Dickdarm *m* gros intestin *m*

Dicke ['dɪkə] <-, -n> *f* grosseur *f*; *einer Schicht, Eisdecke* épaisseur *f*; **eine** ~ **von einem Meter haben** avoir un mètre d'épaisseur

Dicke(r) *f(m) dekl wie Adj fam* gros(se) *m(f)* (*fam*); **sie ist so eine kleine** ~ c'est une [petite] boulotte (*fam*); **he,** ~**r!** hé, gros! (*fam*)

Dickerchen ['dɪkɐçən] <-s, -> *nt hum fam* petit gros *m*/petite grosse *f*; **mein** ~**!** mon petit gros! (*fam*)

dickfellig ['dɪkfɛlɪç] *Adj pej fam* buté(e) (*fam*)

Dickfelligkeit <-> *f pej fam* entêtement *m*

dickflüssig *Adj* visqueux(-euse); *Sauce* épais(se); ~ **werden** devenir visqueux(-euse); *Sauce:* épaissir

Dickhäuter ['dɪkhɔɪtɐ] <-s, -> *m hum fam* pachyderme *m*
▶ **ein** ~ **sein** avoir la peau dure

Dickicht ['dɪkɪçt] <-[e]s, -e> *nt* 1 (*Gebüsch*) fourré *m*
2 (*Unübersichtlichkeit*) maquis *m*

Dickkopf *m fam* 1 (*Starrsinn*) entêtement *m*; **einen** ~ **haben** être tête de mule (*fam*); **seinen** ~ **durchsetzen** faire ses quatre volontés (*fam*)
2 (*Mensch*) tête *f* de mule; **sei kein** ~**!** ne fais pas ta tête de mule! (*fam*)

dickköpfig *Adj fam* têtu(e) (*fam*)

dickleibig *Adj geh Person* corpulent(e); *Band, Wälzer* volumineux(-euse) (*soutenu*)

Dickleibigkeit <-> *f geh* embonpoint *m*

dicklich *Adj* 1 *Person* grassouillet(te)
2 (*dickflüssig*) épais(se); ~ **werden** épaissir

Dickmilch *f* lait *m* caillé **Dickschädel** *s.* Dickkopf

dickschalig *Adj Orange* à écorce [*o* peau] épaisse; *Nuss* à coque épaisse; ~ **sein** avoir une écorce/coque épaisse

dickwandig *Adj Gefäß* en verre/en grès/... épais; *Gebäude, Keller* aux murs épais; ~ **sein** *Gebäude:* avoir des murs épais

Dickwanst *m pej fam* gros *m* plein de soupe (*péj*)

Didaktik [di'daktɪk] <-, -en> *f* didactique *f*

didaktisch I. *Adj* didactique
II. *Adv* au niveau didactique

die[1] [di(:)] I. *Art def, feminin, Nom und Akk Sing* 1 (*auf eine Person, ein weibliches Tier bezogen*) la; ~ **Nachbarin/Freundin geht** la voisine/l'amie part; ~ **Kollegin begleiten** accompagner la collègue; ~ **Großmutter anrufen** téléphoner à la grand-mère; **für** ~ **Dietrich schwärmen** raffoler de la Dietrich; ~ **Kuh streicheln** caresser la vache
2 (*allgemein auf ein Tier, eine Sache bezogen*) le/la; ~ **Katze frisst** le chat mange; ~ **Uhr ist kaputt** la montre est cassée; **vergiss** ~ **Tasche nicht!** n'oublie pas ton sac!; **das ist** ~ **Donau auf diesem Foto** sur cette photo, c'est le Danube
II. *Art def, Nom und Akk Pl von* **der**[1], **die**[1] **I., das**[1] les; ~ **Kinder singen** les enfants chantent; ~ **neuen Nachbarn einladen** inviter les nouveaux voisins; ~ **Kollegen anrufen** téléphoner aux collègues; **hier sind** ~ **Schlüssel** voici les clés

die[2] I. *Pron dem, feminin, Nom und Akk Sing* 1 (*auf eine Person, ein weibliches Tier bezogen*) cette; ~ **Frau/Verkäuferin** [**da**] cette femme[-là]/vendeuse[-là]; ~ **Stute** [**da**] cette jument[-là]; ~ **weiß das doch nicht!** celle-là, elle ne le sait pas!; ~ **Angeberin!** cette frimeuse!
2 (*allgemein auf ein Tier, auf eine Sache bezogen*) ce/cette; ~ **Katze/Kuh** [**da**] ce chat[-là]/cette vache[-là]; ~ **Pflanze** [**da**] cette plante[-là]; **ich hätte gern** ~ **Jeans/Tischdecke** [**da**] je voudrais ce jean[-là]/cette nappe[-là]
II. *Pron dem, Nomin und Akk Pl von* **der**[2] **I., die**[2] **I., das**[2] **I.** ces; ~ **Männer/Frauen** [**da**] ces hommes[-là]/femmes[-là]; ~ **wissen das doch nicht!** ils ne la savent pas, eux!
III. *Pron rel, feminin, Nom Sing* qui; **eine Frau,** ~ **es eilig hatte** une femme, qui était pressée; **eine Kandidatin,** ~ **gewählt wird** une candidate qui va être élue; **eine Geschichte,** ~ **von Millionen gelesen wurde** une histoire qui a été lue par des millions de personnes
IV. *Pron rel, feminin, Akk Sing* que; **eine Frau,** ~ **man schätzt** une femme qu'on apprécie; **eine Kandidatin,** ~ **wir wählen** une candidate que nous élisons; **eine Geschichte,** ~ **Millionen gelesen haben** une histoire que des millions de personnes ont lu
V. *Pron rel, Nom Pl* qui; **Menschen,** ~ **es eilig hatten** des gens qui étaient pressés; **mehrere Bücher,** ~ **mich interessieren** plusieurs livres qui m'intéressent
VI. *Pron rel, Akk Pl* que; **einige Personen,** ~ **er kennt** plusieurs personnes qu'il connaît; **drei Städte,** ~ **wir besichtigen werden** trois villes que nous allons visiter
VII. *Pron dem o rel, feminin, Nom Sing* celle qui; ~ **dieses Amt anstrebt** celle qui brigue ce fauteuil; ~ **mir das erzählt hat, hat gelogen** celle qui m'a raconté ça a menti

Dieb(in) [di:p, 'di:bɪn] <-[e]s, -e> *m(f)* voleur(-euse) *m(f)*; **haltet den** ~**!** au voleur!
▶ **die kleinen** ~**e hängt man, die großen lässt man laufen** *Spr.* c'est toujours le petit qui trinque

Dieberei <-, -en> *f fam meist Pl* **kleine** ~**en** des chapardages *mpl* (*fam*)

Diebesbande *f* bande *f* de voleurs **Diebesgesindel** *s.* Diebespack **Diebesgut** ['di:bəsgu:t] *nt kein Pl* butin *m* **Diebespack** *nt pej* racaille *f* (*péj*)

diebisch I. *Adj* 1 *Person* voleur(-euse)
2 (*heimlich*) *Freude, Vergnügen* furtif(-ive)
II. *Adv* **sich** ~ **freuen** bicher dans son coin (*fam*)

Diebstahl <-[e]s, -̈e> *m* vol *m*; **schwerer** ~ vol qualifié; **geistiger** ~ plagiat *m*

Diebstahlsicherung *f* assurance *f* contre le vol **Diebstahlversicherung** *f* assurance *f* contre le vol

diejenige *Pron dem, feminin, Nom und Akk Sing* (*auf eine Person, ein weibliches Tier bezogen*) cette; ~ **Kollegin, die ...** cette collègue qui ...; **für** ~ **Schülerin mit den besten Noten** pour l'élève ayant obtenu les meilleurs résultats; ~ **Stute, die ...** cette jument qui ...; ~**, die das gesagt hat** celle qui a dit cela; **unsere Garage ist kleiner als** ~ **unserer Nachbarn** notre garage est plus petit que celui de nos voisins
▶ ~**, welche** *fam* notre vieille connaissance (*fam*)

diejenigen *Pron dem, Nom und Akk Pl von* **derjenige, diejenige, dasjenige** ~ **Schüler/Schülerinnen, die teilnehmen wollen** ceux parmi les élèves qui souhaitent participer; **eine Überraschung für** ~**n unter Ihnen, die ...** une surprise pour ceux d'entre vous qui ...; **für meine Schuhe und** ~ **meiner Kinder** pour mes chaussures à moi et celles de mes enfants
▶ ~**, welche** *fam* notre vieille connaissance (*fam*)

Diele ['di:lə] <-, -n> *f* 1 (*Flur*) vestibule *m*
2 (*Dielenbrett*) lame *f* [de parquet]

dienen ['di:nən] *itr V* 1 (*nützlich sein*) servir; **der Verteidigung** (*Dat*) ~ servir à la défense; **wozu soll das alles** ~**?** ça sert à quoi, tout ça?
2 (*helfen*) **mit etw** ~ [**können**] [pouvoir] être utile en qc; **womit kann ich** ~**?** en quoi puis-je être utile?; **mit dieser Auskunft ist mir wenig gedient** ce renseignement ne m'avance pas beaucoup; **ist dir mit einem Schraubenzieher gedient?** est-ce qu'un tournevis t'irait?
3 (*verwendet werden*) **als Brieföffner** ~ servir de coupe-papier

D

❹ MIL **bei der Marine** ~ servir [*o* faire son service] dans la marine; *s. a.* **gedient**

❺ *veraltet* (*beschäftigt sein*) **als Kutscher** ~ servir comme cocher

Diener <-s, -> *m* ❶ *a. fig geh* serviteur *m* (*vieilli*); **ein ~ Gottes** un serviteur de Dieu (*soutenu*); **Ihr [sehr] ergebener ~** *veraltet* votre très humble serviteur (*vieilli*)

❷ *fam* (*Verbeugung*) **einen ~ machen** s'incliner; **mit einem tiefen ~** en s'inclinant profondément

Dienerin <-, -nen> *f* servante *f* (*vieilli*)

dienern ['di:nɐn] *itr V pej* faire des courbettes; **vor jdm ~** faire des courbettes à qn

Dienerschaft <-, -en> *f* domestiques *mpl*

dienlich *Adj* utile; **jdm/einer S. ~ sein** être utile à qn/qc

Dienst [di:nst] <-[e]s, -e> *m* ❶ service *m;* **im ~ sein** être de service; **bei jdm ~ tun** travailler chez qn; **~ nach Vorschrift machen** faire la grève du zèle; **jdn vom ~ befreien/beurlauben** [*o* **suspendieren**] donner un congé à qn/suspendre qn; **den ~ quittieren** quitter le service; **im ~** pendant le service; **nach ~** après le service; **außer ~** (*in der Freizeit*) en congé; (*im Ruhestand*) en retraite; **ich bin im ~!** je suis en service!

❷ (*Bereitschaftsdienst*) service *m;* **~ haben** être de service; **~ habend** [*o* **tuend**] de garde

❸ (*Betrieb*) **etw in ~ stellen** mettre qc en service

❹ *meist Pl* (*Unterstützung, Gefallen*) services *mpl;* **jdm einen [guten/schlechten] ~ erweisen** rendre [un bon/mauvais] service à qn; **jdm gute ~e leisten** rendre bien service à qn; **sich in den ~ einer S. stellen** se mettre au service de qc

❺ (*öffentlicher Sektor*) service *m;* **öffentlicher ~** fonction *f* publique; **der mittlere/gehobene** [*o* **höhere**] **~** le corps des moyens/hauts fonctionnaires; **diplomatischer** [*o* **auswärtiger**] **~** corps *m* diplomatique

❻ *veraltet* (*Dienstverhältnis*) **in jds ~[en] sein** [*o* **stehen**] être au service de qn; **in jds ~[e] treten** entrer au service de qn; **jdn in [seinen] ~** [*o* **in seine ~e**] **nehmen** prendre qn à son service; **jdm zu ~en stehen** être au service de qn

► **~ ist ~, und Schnaps ist Schnaps** *fam* le travail est une chose, le plaisir en est une autre; **jdm den ~ versagen** *Beine:* se dérober à qn

Dienstabteil *nt* compartiment *m* de service

Dienstag ['di:nsta:k] *m* mardi *m;* **am ~** (*dienstags*) le mardi; (*kommenden Dienstag*) mardi prochain; (*letzten Dienstag*) mardi dernier; **heute ist schon ~** on est déjà mardi [aujourd'hui]; **~ vormittags/abends/nachts** le mardi matin/soir/dans la nuit; **jeden ~** tous les mardis; **[am] letzten ~** mardi dernier; **seit letztem ~** depuis mardi dernier; **am nächsten ~** mardi prochain; **ab nächstem ~** à partir de mardi prochain; **an einem ~** un mardi; **hast du diesen** [*o* **an diesem**] **~ Zeit?** tu as le temps mardi?; **eines ~** un mardi; **~ in einer Woche** [*o* **acht Tagen**] mardi en huit [jours]; **~ vor einer Woche** [*o* **acht Tagen**] mardi il y a une semaine; **~, der 18. März** le mardi 18 mars; **am ~, dem** [*o* **den**] **2. August** le mardi 2 août; **heute ist ~, der 31. Mai** aujourd'hui nous sommes le mardi 31 mai

Dienstagabend *m* mardi *m* soir; **am ~** le mardi soir **Dienstagmorgen** *m* mardi *m* matin; **am ~** le mardi matin **Dienstagnachmittag** *m* mardi *m* après-midi; **am ~** le mardi après-midi

dienstags *Adv* le mardi

Dienstalter *nt* années *fpl* de service **Dienstälteste(r)** *f(m) dekl wie Adj* **der/die ~** le doyen/la doyenne **Dienstantritt** *m* prise *f* de service; **vor ~** avant la prise de service **Dienstanweisung** *f* instruction *f* de service **Dienstauffassung** *f* déontologie *f* **Dienstaufsicht** *f* inspection *f;* **die ~ über etw** (*Akk*) **haben** inspecter qc **Dienstausweis** *m* carte *f* d'identité de service

dienstbar *Adj* serviable; **sich** (*Dat*) **jdn/etw ~ machen** mettre qn/qc à profit; **sich jdm ~ erweisen** se montrer serviable envers qn

Dienstbarkeit <-, -en> *f* JUR servitude *f*

dienstbeflissen *Adj* zélé(e) **dienstbereit** *Adj* ❶ *Apotheke* de garde ❷ *veraltet* (*hilfsbereit*) serviable **Dienstbereitschaft** *f* (*Notbereitschaft*) garde *f* **Dienstbezüge** *Pl* traitements *mpl* **Dienstbote** *m*, **-botin** *f veraltet* domestique *mf* **Dienstboteneingang** *m veraltet* entrée *f* de service **Diensteid** *m* serment *m* professionnel **Diensteifer** *m* zèle *m* **diensteifrig** *s.* **dienstbeflissen** **Dienstenthebung** *f* suspension *f,* mise *f* à pied; **vorläufige ~** mise à pied provisoire **dienstfrei** *Adj Tag* de libre; **jeden zweiten Sonntag ~ haben** avoir un dimanche sur deux de libre **Dienstgebrauch** *m* **nur für den ~** réservé(e) au service **Dienstgeheimnis** *nt* secret *m* professionnel **Dienstgespräch** *nt* communication *f* de service [*o* professionnelle] **Dienstgrad** *m* ❶ (*Rangstufe*) grade *m* ❷ (*Person*) gradé *m*

Dienstgradabzeichen *nt* insigne *m* de grade

diensthabend ['di:nstha:bənt] *s.* **Dienst 2.**

Dienstherr *m* ❶ (*Arbeitgeber*) employeur *m;* **öffentlichrechtlicher ~** employeur public ❷ (*vorgesetzte Dienstbehörde*) autorité *f* supérieure **Dienstjahr** *nt meist Pl* année *f* de service **Dienstjubiläum** *nt* **20-jähriges ~** jubilé *m* des 20 années de service **Dienstkleidung** *f* tenue *f* [de service] **Dienstleister** *m* prestataire *m* de services **Dienstleistung** *f* ❶ *meist Pl* prestation *f* de service; **industrielle ~en** prestations de service industrielles ❷ (*Gefälligkeit*) service *m*

Dienstleistungsbereich *m* secteur *m* de services **Dienstleistungsberuf** *m* métier *m* du [secteur] tertiaire **Dienstleistungsbetrieb** *m* entreprise *f* du [secteur] tertiaire **Dienstleistungssektor** *m* secteur *m* tertiaire **Dienstleistungsunternehmen** *nt* entreprise *f* de services **Dienstleistungsverkehr** *m* JUR échange *m* des services

dienstlich I. *Adj* ❶ *Angelegenheit* professionnel(le); *Schreiben* officiel(le)

❷ (*offiziell, streng*) *Befehl* officiel(le); **~ werden** *fam* prendre un ton officiel

II. *Adv verreisen* à titre professionnel; *sprechen* pour affaires

Dienstmädchen *nt veraltet* bonne *f* (*vieilli*) **Dienstmütze** *f* casquette *f* [d'uniforme] **Dienstpersonal** *nt* personnel *m* de services **Dienstpflicht** *f* obligations *fpl* professionnelles; (*Staatsbürgerpflicht*) devoir *m* civique **Dienstplan** *m* tableau *m* de service **Dienstrang** *s.* **Dienstgrad** **Dienstreise** *f* déplacement *m* professionnel; **auf ~ gehen** partir en déplacement **Dienstsache** *f* ❶ (*Angelegenheit*) affaire *f* officielle ❷ (*Schreiben*) pli *m* de service **Dienstschluss**[RR] *m* fermeture *f;* **nach ~** après la fermeture; **jetzt ist ~!** c'est l'heure de la fermeture! **Dienstsiegel** *nt* sceau *m* officiel **Dienststelle** *f* bureau *m;* **die höhere ~** l'autorité *f* [hiérarchique] supérieure **Dienststempel** *m* cachet *m* officiel **Dienststunden** *Pl* (*Zeiten für Publikumsverkehr*) heures *fpl* d'ouverture [au public] **diensttauglich** *Adj* apte au service [militaire]

diensttuend *s.* **Dienst 2.**

dienstunfähig *Adj Beamter* en incapacité de travail **dienstuntauglich** *Adj* inapte au service [militaire] **Dienstvergehen** *nt* faute *f* de service **dienstverpflichten*** *tr V* mobiliser; **dienstverpflichtet werden** être mobilisé(e) **Dienstvertrag** *m* convention *f* **Dienstvorschrift** *f* règlement *m* [intérieur]; MIL consigne *f* **Dienstwagen** *m* voiture *f* de fonction **Dienstweg** *m* voie *f* hiérarchique **Dienstwohnung** *f* logement *m* de fonction **Dienstzeit** *f* ❶ (*Arbeitszeit*) horaire *m* de travail; **während der ~** pendant les heures de bureau ❷ (*Dienstjahre*) années *fpl* de service **Dienstzeugnis** *nt* certificat *m* de travail

dies [di:s] *Pron dem, unv* ❶ (*das hier*) voici; **~ ist meine Tante** voici ma tante; **~ sind meine Kinder/Schuhe** voici mes enfants/ce sont mes chaussures; **~ ist der Freund, der bei uns wohnt** c'est l'ami qui habite chez nous; **~ ist eine Lüge** c'est un mensonge; **~ alles gehört mir** tout ceci [*o* ça]

est à moi; **ich hätte gerne** ~ [**da**]! j'aimerais bien celui-ci/celle-ci!
❷ (*dieses*) ~ **Paar/Haus** ce couple-là/cette maison-ci
▸ **über ~ und das sprechen** parler de choses et d'autres
diesbezüglich *Adj, Adv form* à ce sujet (*soutenu*)
diese(**r, s**) ['di:zə, -zɐ, -zəs] *Pron dem* ce(t)/cette; **~r Stift/Baum** ce stylo/cet arbre; ~ **Geschichte/Vase** cette histoire/ce vase; **~s Kind/Buch** cet enfant/ce livre; ~ **Bäume/Geschichten/Bücher** ces livres/arbres/histoires; **jenes Haus dort und ~s** [**hier**] cette maison là-bas et celle-ci; **der rote Pulli gefällt mir besser als ~r** [**hier**] je préfère le pull rouge à celui-ci; **nimm nicht die grünen Bananen, sondern** ~ [**da**]! ne prends pas ces bananes vertes mais celles-là!; **in ~n Jahren** ces années-là
▸ **~s und jenes** différentes choses *fpl;* **sich über ~s und jenes unterhalten** parler de choses et d'autres
Diesel[1] ['di:zəl] <-s> *nt fam* (*Kraftstoff*) gazole *m*, gasoil *m*
Diesel[2] <-s, -> *m* ❶ (*Wagen*) diesel *m*
❷ *s.* **Dieselmotor**
dieselbe *Pron dem, Nom und Akk Sg von* **derselbe** ❶ (*auf eine Person, ein weibliches Tier bezogen*) la même; **diese beiden Bücher hat ~ Journalistin geschrieben** c'est la même journaliste qui a écrit ces deux livres; **für ~ Schauspielerin schwärmen** raffoler de la même actrice; **immer auf ~ Stute setzen** miser toujours sur la même jument
❷ (*allgemein auf ein Tier, eine Sache bezogen*) le/la même; **das war ~ Katze/Frisur wie neulich** c'était le même chat/la même coiffure que l'autre jour
dieselben *Pron dem, Nom und Akk Pl von* **derselbe, dieselbe, dasselbe** les mêmes
Dieselkraftstoff *m* diesel *m* **Diesellok**[**omotive**] [-və] *f* locomotive *f* diesel **Dieselmotor** *m* [moteur *m*] diesel *m* **Dieselöl** *s.* **Diesel**[1]
dieser, dieses *s.* **diese**(**r, s**)
diesig ['di:zɪç] *Adj* brumeux(-euse); **es ist** ~ il y a de la brume
diesjährig *Adj attr* de cette année
diesmal *Adv* cette fois-ci; **für** ~ pour cette fois[-ci]
diesseitig *Adj* ❶ (*auf dieser Seite*) de ce côté-ci
❷ *geh* (*irdisch*) *Existenz, Freuden, Leben* d'ici-bas; *Denken* temporel(le)
diesseits ['di:szaɪts] *Präp + Gen* de ce côté-ci; ~ **des Flusses** de ce côté-ci du fleuve
Diesseits <-> *nt* vie *f* ici-bas; **das** ~ (*die Welt*) les choses *fpl* d'ici-bas; (*das Leben*) la vie ici-bas; **im** ~ dans ce bas monde
Dietrich ['di:trɪç] <-s, -e> *m* rossignol *m;* **eine Tür mit einem ~ öffnen** crocheter une porte
dieweil [di:'vaɪl] *veraltet* **I.** *Adv* pendant ce temps-là
II. *Konj* ❶ (*während*) pendant que + *indic*
❷ (*da, weil*) puisque + *indic*, parce que + *indic*
diffamieren* *tr V* diffamer; **jdn als Verrückten** ~ diffamer qn en l'accusant d'être fou; **etw als Schwindel** ~ diffamer qc en l'accusant d'être de l'imposture
diffamierend I. *Adj* diffamatoire
II. *Adv* de façon diffamatoire
Diffamierung <-, -en> *f* diffamation *f*
Differential [dɪfərɛn'tsia:l] *s.* **Differenzial**
Differentialgetriebe *s.* **Differenzialgetriebe** **Differentialrechnung** *s.* **Differenzialrechnung**
Differenz [dɪfə'rɛnts] <-, -en> *f* ❶ différence *f;* **eine ~ von hundert Euro aufweisen** montrer une différence de cent euros
❷ (*zeitlicher Abstand*) écart *m*
❸ *meist Pl* (*Meinungsverschiedenheit*) différend *m*
Differenzbetrag *m* différence *f*
Differenzial[RR] [dɪfərɛn'tsia:l] <-s, -e> *nt* ❶ (*Differenzialgetriebe*) différentiel *m*
❷ MATH différentielle *f*
Differenzialgetriebe[RR] *nt* [engrenage *m*] différentiel *m* **Differenzialgleichung**[RR] *f* MATH équation *f* différentielle; **Poisson'sche** ~ CHEM équation *f* de Poisson **Differenzialrechnung**[RR] *f* MATH calcul *m* différentiel
differenzieren* *geh* **I.** *itr V* différencier; **zwischen zwei Phänomenen** ~ faire la distinction entre deux phénomènes; **hier muss man** ~ il faut considérer cette question sous différents aspects
II. *tr V* nuancer *Aussage, Behauptung, Urteil;* modifier *Angebot, Vorschlag*
III. *r V* **sich** ~ se différencier
differenziert *geh* **I.** *Adj* nuancé(e); *Denken, Methode, Werbung* subtil(e)
II. *Adv* de façon nuancée
Differenzierung <-, -en> *f geh* ❶ *kein Pl* (*das Differenzieren*) jugement *m* nuancé (*soutenu*)
❷ BIO différenciation *f*
differieren* *itr V geh* différer; **stark** ~ *Angaben, Aussagen:* différer grandement; **um zehn Grad** ~ *Temperaturen:* différer de dix degrés; **unsere Einschätzungen ~ etwas** nos estimations diffèrent quelque peu
diffizil [dɪfi'tsi:l] *Adj geh* compliqué(e)
diffus [dɪ'fu:s] **I.** *Adj* ❶ *Beleuchtung, Licht* diffus(e)
❷ (*verworren*) confus(e)
II. *Adv* ❶ *leuchten* diffusément
❷ (*verworren*) confusément
Diffusion [dɪfu'zio:n] <-, -en> *f* CHEM, PHYS diffusion *f*
digital [digi'ta:l] **I.** *Adj Daten, Anzeige, Übertragung, Steuerung* numérique; *Technik* digital(e); *Kassette* audionumérique
II. *Adv* ~ **erfolgen** s'effectuer par numérisation; **etw ~ darstellen** digitaliser qc
Digitalanzeige *f* affichage *m* numérique **Digitalband** *nt* bande *f* audionumérique **Digitalbaustein** *m* unité *f* logique **Digitalfernsehen** *nt* télévision *f* numérique
digitalisieren* *tr V* ❶ numériser *Daten, Anzeige, Übertragung, Steuerung*
❷ (*digital darstellen*) digitaliser
Digitalisierung <-, -en> *f* numérisation *f*
Digitalkamera *f* appareil *m* photo numérique **Digitalrechner** *m veraltet* calculateur *m* numérique (*vieilli*) **Digitaltechnik** *f* technique *f* digitale **Digitaluhr** *f* montre *f* digitale
Diktat [dɪk'ta:t] <-[e]s, -e> *nt* ❶ (*Schreibübung*) dictée *f*
❷ (*das Diktieren*) [**kommen Sie**] **bitte zum ~!** s'il vous plaît, j'ai quelque chose à [vous] dicter!
❸ (*diktierter Text*) **~e tippen** taper des lettres dictées; **das ~ auf Band sprechen** dicter le courrier sur cassette
❹ (*Zwang, Willkür*) diktat *m*
❺ *geh* (*Gebot*) **das ~ der Vernunft/der Mode** les diktats *mpl* de la raison/les impératifs *mpl* de la mode
Diktator [dɪk'ta:to:ɐ] <-s, -toren> *m*, **Diktatorin** *f pej* dictateur(-trice) *m(f)*
diktatorisch *pej* **I.** *Adj* dictatorial(e)
II. *Adv* en dictateur
Diktatur [dɪkta'tu:ɐ] <-, -en> *f pej* dictature *f;* **in** [*o* **unter**] **einer ~ leben** vivre sous une dictature
diktieren* *tr V* dicter; **jdm etw** ~ dicter qc à qn
Diktiergerät *nt* dictaphone *m*
Diktion [dɪk'tsio:n] <-, -en> *f geh* diction *f*
dilatorisch [dila'to:rɪʃ] JUR **I.** *Adj* dilatoire
II. *Adv* de manière dilatoire
Dildo ['dɪldo] <-s, -s> *m* godemiché *m*
Dilemma [di'lɛma] <-s, -s *o* -ta> *nt geh* dilemme *m;* **in ein ~ geraten** se trouver confronté(e) à un dilemme; **sich in einem ~ befinden** être [enfermé(e)] dans un dilemme
Dilettant(**in**) [dilɛ'tant] <-en, -en> *m(f)* dilettante *mf*
dilettantisch *pej* **I.** *Adj* de dilettante; **auf ~e Weise** en dilettante; **mit Ihrem ~en Verhalten** par votre dilettantisme
II. *Adv* en dilettante
Dilettantismus [dilɛtan'tɪsmʊs] <-> *m* dilettantisme *m*

D

Dill [dɪl] <-[e]s, -e> *m* aneth *m*
Dimension [dimɛn'zio:n] <-, -en> *f* dimension *f*; **ungeahnte/immer größere ~en annehmen** prendre des dimensions insoupçonnées/de plus en plus grandes
Diminutivform [diminu'ti:f-] *f* diminutif *m*
Dimmer ['dɪmɐ] <-s, -> *m* variateur *m*
DIN [di:n, dɪn] <-> *f Abk von* **Deutsche Industrie-Norm[en]** *norme industrielle allemande;* **im Format ~ A4** ≈ de format A4
Dinar [di'na:ɐ] <-s, -e> *m* dinar *m*
Diner [di'ne:] <-s, -s> *nt geh* dîner *m* (*soutenu*)
DIN-Format *nt* format *m* standard (*aux normes allemandes*)
Ding <-[e]s, -e *o fam* -er> [dɪŋ] *nt* ❶ (*Gegenstand, Sache*) chose *f*, machin *m* (*fam*); **räum diese ~er weg!** enlève ces machins! (*fam*)
❷ (*Eigentum*) **persönliche ~e** des affaires *fpl* personnelles; **ein paar ~e einpacken** mettre quelques affaires dans sa valise/son sac
❸ *fam* (*Vorfall, Nachricht*) **[das ist] ein tolles ~!** c'est super, ce truc! (*fam*)
❹ *Pl* (*Angelegenheit, Frage*) **so, wie die ~e liegen** au point où en sont les choses; **wie ich die ~e sehe, wird das nicht einfach sein** il me semble que cela ne sera pas facile + *indic;* **in ~en der Kunst/des Steuerrechts** en matière d'art/de fiscalité
❺ PHILOS chose *f*
❻ *fam* (*Mädchen, Frau*) **ein junges ~** une jeunesse (*fam*); **die jungen ~er** les [petites] jeunottes (*fam*)
❼ *sl* (*Unerlaubtes*) **ein [krummes] ~/[krumme] ~er drehen** faire un mauvais coup/des magouilles (*fam*)
❽ *sl* (*Schlag*) **jdm ein ~ verpassen** filer un pain à qn (*pop*)
► **die ~e beim [rechten] Namen nennen** appeler les choses par leur nom; **jedes ~ hat zwei Seiten** *Spr.* toute médaille a son revers; **das ist ein ~ der Unmöglichkeit** cela relève de l'impossible; **gut ~ will Weile haben** *Spr.* Paris ne s'est pas fait en un jour; **vor allen ~en** avant toute chose; **aller guten ~e sind drei** *Spr.* jamais deux sans trois; **guter ~e sein** *geh* être de bonne humeur; **nicht mit rechten ~en zugehen** il y a quelque chose de pas catholique (*fam*); **unverrichteter ~e zurückkommen** revenir bredouille; **der ~e harren, die da kommen [sollen]** attendre la suite des événements; **über den ~en stehen** être au-dessus de ça
Dingelchen ['dɪŋəlçən] <-s, -> *nt pej fam* babiole *f*
dingen <dang *o* dingte, gedungen> *tr V pej geh* soudoyer *Mörder, Schläger;* **gedungener Mörder** tueur *m* à gages
Dingens ['dɪŋəns] *s.* **Dings**[1]
dingfest *Adj* en état d'arrestation; **jdn ~ machen** appréhender [*o* arrêter] qn
Dingi ['dɪŋgi] <-s, -s> *nt* dinghy *m*
Dings[bums][1] ['dɪŋsbʊms] <-> *nt fam* (*Gegenstand*) truc *m* (*fam*), bidule *m* (*fam*)
Dings[bums][2] <-> *mf fam* machin(e) *m(f)*; **hat der/die ~ angerufen?** est-ce que Machin/Machine [Chouette] a téléphoné? (*fam*)
Dingsda[1] ['dɪŋsda:] <-> *nt fam s.* **Dings[bums]**[1]
Dingsda[2] <-> *mf fam s.* **Dings[bums]**[2]
dinieren* *itr V geh* dîner; **bei/mit jdm ~** dîner chez/avec qn (*soutenu*)
Dinkel <-s> *m* BOT épeautre *m*
Dinosaurier [dino'zaʊriɐ] *m* dinosaure *m*
Diode [di'o:də] <-, -n> *f* diode *f*
Diogenes [di'o:genɛs] <-> *m* HIST Diogène *m*
Dioptrie [diɔp'tri:, *Pl:* diɔp'tri:ən] <-, -n> *f* dioptrie *f*
Dioxid ['di:ʔɔksi:t, diʔɔ'ksi:t] <-s, -e> *nt* CHEM dioxyde *m*
Dioxin [diɔ'ksi:n] <-s, -e> *nt* CHEM dioxine *f*; **~ ist giftig** la dioxine est toxique
Dioxyd ['di:ʔɔksy:t, diʔɔ'ksy:t] <-s, -e> *nt s.* **Dioxid**
Diözese [diø'tse:zə] <-, -n> *f* diocèse *m*
Diphtherie [dɪfte'ri:] <-, -n> *f* MED diphtérie *f*; **gegen ~ geimpft sein** être vacciné(e) contre la diphtérie
Diphthong [dɪf'tɔŋ] <-s, -e> *m* PHON diphtongue *f*
Dipl. *Abk von* **Diplom** diplôme
Dipl.-Ing. *Abk von* **Diplomingenieur**
Dipl.-Kfm. *Abk von* **Diplomkaufmann**
diploid [diplo'i:t] *Adj* BIO, MED diploïde
Diplom [di'plo:m] <-s, -e> *nt* diplôme *m*; **ein ~ als Chemiker haben** avoir un diplôme de chimie; **das ~ in Biologie machen** (*studieren*) préparer son diplôme de biologie; (*den Abschluss machen*) passer son diplôme de biologie
Diplomarbeit *f* mémoire *m*
Diplomat(in) [diplo'ma:t] <-en, -en> *m(f)* diplomate *mf*
Diplomatenausweis *m* laisser-passer *m* diplomatique **Diplomatenkoffer** *m* attaché-case *m* **Diplomatenlaufbahn** *f* carrière *f* diplomatique; **die ~ einschlagen** embrasser la carrière diplomatique
Diplomatie [diploma'ti:] <-> *f* diplomatie *f*
diplomatisch I. *Adj* diplomatique; **~ sein** être diplomate
II. *Adv sich verhalten* avec diplomatie; **einen Staat ~ anerkennen** accorder la reconnaissance diplomatique à un État
Diplombibliothekar(in) *m(f)* bibliothécaire *mf* diplômé(e)
diplomieren* *itr V* CH **in etw ~** (*Dat*) passer son diplôme de qc
diplomiert *Adj* diplômé(e)
Diplomingenieur(in) [-ɪnʒeniø:ɐ] *m(f)* ingénieur *mf* diplômé(e) **Diplomkaufmann** *m*, **-kauffrau** *f* diplômé(e) *m(f)* d'études commerciales **Diplomlandwirt(in)** *m(f)* ingénieur *mf* agronome **Diplomprüfung** *f* examen *m* [pour l'obtention d'un/du diplôme] **Diplompsychologe** *m*, **-psychologin** *f* psychologue *mf* diplômé(e)
Dipol ['di:po:l] <-s, -e> *m* PHYS dipôle *m*
Dippel ['dɪpəl] <-s, -n> *m* A *fam* (*Schwellung*) enflure *f*
dir [di:ɐ] I. *Pron pers, Dat von* **du: das wird ~ gut tun** ça te fera du bien; **ich werde ~ helfen/folgen** je vais t'aider/te suivre; **ich habe ~ etwas mitgebracht** je t'ai apporté quelque chose; **gehört das Fahrrad ~?** c'est à toi, ce vélo?; **~ verrate ich es nicht!** ce n'est pas à toi que je vais le dire; **geht es ~ heute besser?** tu vas mieux aujourd'hui?; **hinter/vor ~** derrière/devant toi; **bitte nach ~!** après toi!
II. *Pron refl* **stell ~ vor, es klappt!** figure-toi, ça marche!; **was hast du ~ dabei gedacht?** qu'est-ce que tu avais en tête?; **wasch ~ die Hände!** lave-toi les mains!
direkt [di'rɛkt] I. *Adj* direct(e)
II. *Adv* ❶ (*auf kürzestem Wege*) directement
❷ (*unverblümt*) *antworten, fragen* sans détour
❸ *fam* (*eindeutig*) franchement
❹ (*ohne Aufzeichnung*) **etw ~ übertragen** retransmettre qc en direct
Direktabbuchung *f* prélèvement *m* direct **Direktabnehmer** *m* acheteur *m* direct **Direktbank** *f* banque *f* directe **Direktflug** *m* AVIAT vol *m* direct
Direktion [dirɛk'tsio:n] <-, -en> *f* ❶ (*Geschäftsleitung, Büro*) direction *f*
❷ CH (*Ressort*) ministère *m* cantonal
Direktive [dirɛk'ti:və] <-, -n> *f geh* directive *f*
Direktmandat *nt* mandat *m* direct (*obtenu dans une circonscription*)
Direktor <-s, -toren> *m*, **Direktorin** *f* directeur(-trice) *m(f)*; *eines Gymnasiums* proviseur *m*; *einer Realschule* principal(e) *m(f)*
Direktorat <-[e]s, -e> *nt* SCHULE *geh* (*Funktion, Büro*) direction *f*
Direktorium [dirɛk'to:riʊm, *Pl:* dirɛk'to:riən] <-s, -rien> *nt* ❶ (*Gremium*) directoire *m*
❷ HIST **das ~** le Directoire
Direktrice [dirɛk'tri:sə] <-, -n> *f* styliste *f*
Direktsendung *f*, **Direktübertragung** *f* retransmission *f* en direct **Direktverbindung** *f* liaison *f* directe **Direktverkauf**

m vente *f* directe **Direktversicherer** *m* assureur *m* direct **Direktzugriff** *m* INFORM accès *m* direct; **im ~** directement
Dirigent(in) [diri'gɛnt] <-en, -en> *m(f)* chef *mf* d'orchestre
Dirigentenstab *m* baguette *f* [de chef d'orchestre]
dirigieren* I. *tr V* ❶ diriger *Orchester, Aufführung;* diriger l'exécution de *Musikstück*
❷ *(leiten)* diriger *Firma, Wirtschaft;* régler *Verkehr;* **die Touristen durchs Schloss ~** guider les touristes dans le château; **das Auto in die Parklücke ~** guider quelqu'un qui se gare
II. *itr V* diriger [un orchestre]
Dirigismus [diri'gɪsmʊs] <-> *m* dirigisme *m*
dirigistisch *Adj* dirigiste
Dirndl ['dɪrnd(ə)l] <-s, -> *nt* ❶ *s.* **Dirndlkleid**
❷ SDEUTSCH, A *(Mädchen)* fille *f*
Dirndlkleid *nt* dirndl *m (costume bavarois ou autrichien)*
Dirne ['dɪrnə] <-, -n> *f* prostituée *f*
Dirnenmilieu [-miliø:] *nt* milieu *m* [de la prostitution]
dis, Dis [dɪs] <-, -> *nt* ré *m* dièse
Disagio [dɪs'ʔa:dʒo] <-s, -s> *nt* FIN *(zwischen Nennwert und Ausgabekurs)* prime *f* d'émission; *(zwischen Nennwert und Tageskurs)* décote *f*
Disco *s.* **Disko**
Discountgeschäft [dɪs'kaʊnt-] *nt* magasin *m* discount **Discounthändler(in)** *m(f)* discounter *m* **Discountladen** *s.* **Discountgeschäft** **Discountpreis** *m* prix *m* choc
Disharmonie [dɪsharmo'ni:, *Pl:* dɪsharmo'ni:ən] *f* ❶ MUS discordance *f*
❷ *geh (Unstimmigkeit)* discorde *f (soutenu)*
disharmonisch [dɪshar'mo:nɪʃ] *Adj* ❶ MUS discordant(e)
❷ *(unpassend) Farbgebung, Zusammenstellung* discordant(e)
❸ *(unharmonisch) Ehe* en proie à la discorde *(soutenu)*; *Atmosphäre* de discorde *(soutenu)*
Diskant [dɪs'kant] <-s, -e> *m (Singstimme, Tonlage)* soprano *m; (Klaviaturhälfte)* aigu *m*
Diskette [dɪs'kɛtə] <-, -n> *f* disquette *f;* **eine ~ in das Laufwerk schieben** introduire une disquette dans le lecteur
Diskettenbox *f* boîte *f* à disquettes **Diskettenlaufwerk** *nt* lecteur *m* de disquettes
Diskjockey ['dɪskdʒɔki] *m* disque-jockey *m*
Disko ['dɪsko] <-, -s> *f fam* boîte *f (fam)*; **in die ~ gehen** aller en boîte *(fam)*
Diskont [dɪs'kɔnt] <-s, -e> *m* ❶ escompte *m*
❷ *(Diskontsatz)* taux *m* d'escompte
diskontinuierlich [dɪs-] *Adj* discontinu(e)
Diskontsatz *m* taux *m* d'escompte
Diskothek [dɪsko'te:k] <-, -en> *f* discothèque *f*
diskreditieren* *tr V geh* discréditer
Diskrepanz [dɪskre'pants] <-, -en> *f* divergence *f*
diskret [dɪs'kre:t] *geh* I. *Adj Person* discret(-ète); *Angelegenheit, Thema* confidentiel(le)
II. *Adv* avec discrétion
Diskretion [dɪskre'tsio:n] <-> *f* discrétion *f;* **[äußerste] ~ wahren** faire preuve de [la plus grande] discrétion; **~ [ist] Ehrensache!** discrétion assurée!
diskriminieren* *tr V geh* ❶ *(benachteiligen)* discriminer; **durch jdn/etw diskriminiert werden** être discriminé(e) par qn/qc
❷ *(herabwürdigen)* jeter le discrédit sur; **sich diskriminiert fühlen** se sentir atteint(e) dans son honneur
diskriminierend *Adj geh* ❶ *(benachteiligend)* discriminatoire
❷ *(herabwürdigend)* infamant(e)
Diskriminierung <-, -en> *f geh* ❶ *(Benachteiligung)* discrimination *f;* **~ am Arbeitsplatz** discrimination sur le lieu de travail; **umgekehrte ~** discrimination inversée
❷ *(Herabwürdigung)* diffamation *f*
Diskurs [dɪs'kʊrs] <-es, -e> *m geh* débat *m*
Diskus ['dɪskʊs] <-, -se *o* Disken> *m* ❶ *(Scheibe)* disque *m*
❷ *fam (das Diskuswerfen)* lancer *m* du disque
Diskussion [dɪskʊ'sio:n] <-, -en> *f* ❶ *(Streitgespräch)* débat *m;* **keine weitere ~!** le débat est clos!
❷ *(geistige Auseinandersetzung)* **etw zur ~ stellen** proposer de discuter qc; **zur ~ stehen** être à l'ordre du jour; **das steht außer** [*o* **nicht zur**] **~** là n'est pas la question
Diskussionsbeitrag *m* contribution *f* à la discussion; **Diskussionsbeiträge liefern** apporter sa contribution à la discussion **Diskussionsforum** *nt* forum *m* de discussion **Diskussionsleiter(in)** *m(f)* personne *f* qui mène les débats **Diskussionsteilnehmer(in)** *m(f)* intervenant(e) *m(f)*
Diskuswerfen <-s> *nt* lancer *m* du disque; **im ~** au lancer du disque **Diskuswerfer(in)** *m(f)* lanceur(-euse) *m(f)* de disque
diskutabel [dɪsku'ta:bəl] *Adj geh* intéressant(e); **etw nicht für ~ halten** considérer qc comme inacceptable
diskutieren* I. *tr V* discuter; débattre de *Frage*
II. *itr V* **mit jdm über etw** *(Akk)* **~** discuter avec qn de qc; **ein viel diskutierter Film** un film très dicuté
disparat [dɪspa'ra:t] *Adj geh* disparate
dispensieren* *tr V geh* dispenser; **jdn vom Dienst ~** dispenser qn de service
Dispersion [dɪspɛr'zio:n] <-, -en> *f* dispersion *f*
Dispersionsfarbe *f* peinture *f* à dispersion
Display [dɪs'pleɪ] <-s, -s> *nt* INFORM écran *m* de visualisation
Dispokredit *s.* **Dispositionskredit**
disponieren* *itr V geh* ❶ *(verfügen)* disposer; **[frei] über sein Geld ~** disposer [librement] de son argent
❷ *(planen)* prendre des dispositions
Disposition <-, -en> *f geh* ❶ disposition *f;* **etw zu seiner ~ haben** avoir qc à sa disposition; **jdm zur ~ stehen** être disponible à qn
❷ *(Vorbereitung)* **~en treffen** prendre des dispositions
► **zur ~ stehen** être remis(e) en question
Dispositionskredit *m* découvert *m* autorisé
Disput <-[e]s, -e> *m geh* discussion *f (soutenu)*
disputieren* *itr V geh* discuter; **mit jdm über etw** *(Akk)* **~** discuter avec qn de qc
Disqualifikation <-, -en> *f* disqualification *f*
disqualifizieren* I. *tr V* ❶ SPORT disqualifier
❷ *geh (als ungeeignet erweisen)* **jdn für etw ~** *Verhalten, Äußerung:* disqualifier qn pour qc
II. *r V geh* **se ~** se disqualifier; **sich mit etw ~** se disqualifier en faisant qc
Disqualifizierung *s.* **Disqualifikation**
Dissens [dɪ'sɛns] <-es, -e> *m geh* désaccord *m*
Dissertation <-, -en> *f* thèse *f* [de troisième cycle]
Dissident(in) <-en, -en> *m(f)* dissident(e) *m(f)*
dissonant [dɪso'nant] *Adj* MUS dissonant(e)
Dissonanz <-, -en> *f* ❶ MUS dissonance *f*
❷ *geh s.* **Disharmonie**
Distanz <-, -en> *f a. fig* distance *f;* **~ halten** [*o* **wahren**] garder ses distances; **zu jdm/etw auf ~ gehen** prendre ses distances par rapport à qn/qc; **aus der ~ betrachtet** avec du recul
distanzieren* *r V* prendre ses distances; **sich von jdm/etw ~** prendre ses distances par rapport à qn/qc
distanziert *geh* I. *Adj* distant(e); **~ wirken** sembler distant(e)
II. *Adv sich verhalten* de façon distante
Distel <-, -n> *f* chardon *m*
Distelfink *m* chardonneret *m*
distinguiert [dɪstɪŋ'gi:ɐt] *geh* I. *Adj* distingué(e) *(soutenu)*
II. *Adv* avec distinction *(soutenu)*
Distribution [dɪstribu'tsio:n] <-, -en> *f* ÖKON, COM distribution *f*
Distrikt <-[e]s, -e> *m* district *m*
Disziplin <-, -en> *f* discipline *f;* **~ üben** faire preuve de discipline
disziplinarisch I. *Adj* disciplinaire
II. *Adv bestrafen* de façon draconienne; **gegen jdn ~ vorgehen** prendre des mesures disciplinaires à l'égard de qn

D

Disziplinarstrafe *f* sanction *f* disciplinaire **Disziplinarverfahren** *nt* procédure *f* disciplinaire
disziplinieren* *geh* I. *tr V* discipliner (*soutenu*)
II. *r V* **sich** ~ s'astreindre à une discipline
diszipliniert *geh* I. *Adj* discipliné(e)
II. *Adv* de façon disciplinée
disziplinlos I. *Adj* indiscipliné(e)
II. *Adv* de façon indisciplinée
Disziplinlosigkeit <-, -en> *f* ❶ *kein Pl* (*Einstellung*) indiscipline *f*
❷ (*Handlung*) acte *m* d'indiscipline
dito *Adv* de même
Diva ['di:va, 'di:vən] <-, -s *o* Diven> *f* (*Sängerin*) diva *f*; (*Filmschauspielerin*) star *f*
Divergenz <-, -en> *f a.* MATH divergence *f*
divergieren* [-vɛr-] *itr V geh* diverger; **stark** ~ *Ansichten, Interessen:* diverger totalement; **~de Überzeugungen** des convictions *fpl* divergentes
divers [-'vɛrs] *Adj attr geh* divers(e); **~e Fragen** diverses questions; **Diverses besprechen** discuter de diverses choses
Diversifikation [-vɛr-] <-, -en> *f* diversification *f*
Dividend [-vi-] <-en, -en> *m* MATH dividende *m*
Dividende <-, -n> *f* dividende *m*
Dividendenausschüttung *f* distribution *f* des dividendes
dividieren* [-vi-] *itr, tr V* ❶ diviser; **eine Zahl durch drei** ~ diviser un nombre par trois; **30 dividiert durch 6 ist** [*o* **gibt**] **5** 30 divisés par 6 font 5
❷ *fig* **auseinander** ~ créer la division entre *Freunde, Eheleute*
Divis [di'vi:s] <-es, -e> *nt* TYP division *f*
Division [-vi-] <-, -en> *f* MATH, MIL division *f*
Divisionskommandeur(in) *m(f)* commandant(e) *m(f)* de division **Divisionsstab** *m* état-major *m* divisionnaire **Divisionsstärke** *f* force *f* divisionnaire
Divisor [-'vi:-] <-s, -en> *m* MATH *eines Bruchs* dénominateur *m*; (*Teiler*) diviseur *m*
Diwan <-s, -e> *m veraltet* divan *m*
d.J. ❶ *Abk von* **dieses Jahres** de l'année courante
❷ *Abk von* **der Jüngere** le Jeune
DJH [de:jɔt'ha:] <-[s]> *nt Abk von* **Deutsches Jugendherbergswerk** fédération *f* des auberges de jeunesse allemandes
DKP [de:ka:'pe:] <-> *f Abk von* **Deutsche Kommunistische Partei** *parti communiste ouest-allemand*
dl *Abk von* **Deziliter** dl
DLRG <-> *f Abk von* **Deutsche Lebens-Rettungs-Gesellschaft** *fédération allemande de sauvetage aquatique*
dm *Abk von* **Dezimeter** dm
DM *Abk von* **Deutsche Mark** DM
d.M. *Abk von* **dieses Monats** courant
D-Mark ['de:-] <-> *f* HIST mark *m*
d-Moll *nt* MUS ré *m* mineur
D-Netz *nt* réseau *m* de radiotéléphone à couverture européenne
DNS [de:ʔɛn'ʔɛs] <-> *f Abk von* **Desoxyribonukleinsäure** A.D.N. *m*
do. *Abk von* **dito** id.
doch I. *Konj* mais
II. *Adv* ❶ (*dennoch*) quand même; **höflich, ~ bestimmt absagen** annuler poliment mais fermement; **du weißt ja ~ immer alles besser!** tu sais toujours tout mieux que les autres!; **kommen Sie ~ morgen wieder** revenez donc demain; **zeigen Sie ~ mal her!** montrez voir!
❷ (*wirklich*) tout de même; **das war ~ gar nicht schlimm** tu vois/vous voyez bien que ça n'était pas grand-chose; **es wäre ~ schön, wenn du mir schreiben würdest** j'aimerais bien que tu m'écrives
❸ (*Widerspruch ausdrückend*) si; **~, ~!** mais si!; **das stimmt nicht! – Doch!** c'est pas vrai! – Mais si!; **das ist ~ gar nicht wahr!** mais ce n'est pas vrai du tout!
❹ (*bloß, nur*) donc; **wie war das ~?** c'était quoi donc?; **wie war ~ [gleich] Ihr Name?** quel était votre nom[, déjà]?; **wäre es ~ schon Sommer!** si seulement c'était l'été!
❺ (*hoffentlich*) **du hast dich ~ bei ihr bedankt?** j'espère bien que tu l'as remerciée?; **du hast mir ~ die Wahrheit gesagt, oder?** tu m'as bien dit la vérité, n'est-ce pas?
❻ (*zweifellos*) **du weißt ~, wie das ist** tu sais bien comment c'est; **Sie kennen sich hier ~ aus** vous connaissez certainement l'endroit; **das haben Sie ~ gewusst, oder?** vous le saviez bien, non?
Docht <-[e]s, -e> *m* mèche *f*
Dock <-s, -s *o* -e> *nt* dock *m*
Dockarbeiter(in) *m(f)*, **Docker(in)** <-s, -> *m(f)* docker *m*
Doge ['do:ʒə] <-n, -n> *m* doge *m*
Dogge ['dɔgə] <-, -n> *f* dogue *m*
Dogma <-s, Dogmen> *nt* dogme *m*; **etw zum ~ erheben** ériger qc en dogme
dogmatisch *Adj pej* dogmatique (*péj*)
Dogmatismus <-s> *m* dogmatisme *m*
Dohle <-, -n> *f* choucas *m*
Doktor <-s, -toren> *m*, **Doktorin** *f* ❶ (*Arzt*) docteur *m*; **guten Tag, Frau/Herr ~!** bonjour, docteur!; **Frau ~ Müller kommt gleich** [Mme le] docteur Müller arrive dans un instant
❷ (*akademischer Grad*) docteur *m*; **~ der Theologie/Rechte** docteur en théologie/droit; **~ der Philosophie** docteur ès lettres; **den ~ haben** *fam* avoir obtenu le doctorat
Doktorand(in) <-en, -en> *m(f)* doctorant(e) *m(f)*
Doktorarbeit *f* thèse *f* [de troisième cycle] **Doktorgrad** *m* doctorat *m*, grade *m* de docteur; **den ~ erwerben** obtenir le doctorat **Doktorhut** *m* bonnet *m* [de docteur]
Doktorin *s.* Doktor(in)
Doktortitel *m* titre *m* de docteur; **jdm den ~ verleihen** conférer à qn le titre de docteur; **den ~ haben/führen** posséder/porter le titre de docteur **Doktorvater** *m* patron *m* de thèse **Doktorwürde** *s.* Doktortitel
Doktrin <-, -en> *f* ❶ (*Programm*) principe *m*
❷ *geh* (*Lehre*) doctrine *f*
doktrinär *Adj pej geh* doctrinal(e); **~ sein** être doctrinaire
Dokument <-[e]s, -e> *nt* ❶ (*Schriftstück*) document *m*
❷ (*Zeugnis*) témoignage *m*
Dokumentar(in) <-s, -e> *m(f)* documentaliste *mf*
Dokumentarfilm *m* [film *m*] documentaire *m*
dokumentarisch I. *Adj* documentaire
II. *Adv beweisen* par des documents; **etw ~ belegen** documenter qc
Dokumentation <-, -en> *f* ❶ (*Nachweissammlung*) dossier *m*
❷ (*Beschreibung*) documentation *f*
❸ *geh* (*Zeugnis*) témoignage *m*
dokumentieren* I. *tr V* ❶ (*aufzeigen*) manifester; **etw ~** *Person:* manifester qc; *Schriftstück, Bericht:* témoigner de qc
❷ (*belegen*) justifier; justifier de *Identität, Tätigkeit*
II. *r V geh* **sich in etw** (*Dat*) ~ se manifester dans qc
Dolce Vita[RR] ['dɔltʃə'vi:ta] <-> *nt o f* dolce vita *f*
Dolch <-[e]s, -e> *m* poignard *m*
Dolchstoß *m* coup *m* de poignard
Dolchstoßlegende *f* HIST légende *f* du coup de poignard dans le dos
Dolde <-, -n> *f* BOT ombelle *f*
Doldenblütler <-s, -> *m* BOT fleur *f* en ombelle
doll *fam* I. *Adj* ❶ (*schlimm*) *Wunde, Beule, Foul* méchant(e) *antéposé; Gestank, Lärm* sacré(e) *antéposé*
❷ (*großartig*) super (*fam*); **eine ~e Überraschung** une super surprise (*fam*)
❸ (*unerhört*) dingue (*fam*); **das Dollste** la meilleure (*fam*)
II. *Adv* DIAL *sich freuen* drôlement (*fam*); **so ~, dass** tellement que + *indic*; **es regnet immer ~er** ça dégringole de plus en plus fort (*fam*)

Dollar <-[s], -s> *m* dollar *m*
Dollarkurs *m* cours *m* du dollar **Dollarzeichen** *nt* symbole *m* du dollar
Dolle ['dɔlə] <-, -n> *f* NAUT tolet *m*
dolmetschen I. *itr V* servir d'interprète; **für jdn ~** servir d'interprète à qn; **simultan ~** faire de l'interprétation simultanée
II. *tr V* traduire [oralement] *Gespräch*
Dolmetscher(in) <-s, -> *m(f)* interprète *mf*
Dolmetscherinstitut *nt,* **Dolmetscherschule** *f* école *f* d'interprétariat
Dolomit [dolo'miːt] <-s, -e> *m* GEOL ❶ (*Stein*) dolomite *f*
❷ (*Gestein*) dolomie *f*
Dolomiten *Pl* **die ~** les Dolomites *fpl*
Dom <-[e]s, -e> *m* cathédrale *f*
Domäne <-, -n> *f* domaine *m*
Domestikation <-, -en> *f* domestication *f*
Domherr *s.* **Domkapitular**
Domina <-, -s> *f* prostituée *f* sadomasochiste
dominant *Adj* ❶ *Person* dominateur(-trice); **eine ~e Persönlichkeit** une forte personnalité
❷ BIO dominant(e); **~ vererbt werden** être un caractère héréditaire dominant
Dominante <-, -n> *f* MUS dominante *f*
Dominanz <-, -en> *f* ❶ autorité *f*
❷ BIO dominance *f*
Dominica [dɔ'miːnika] <-s> *nt* la Dominique
dominieren* **I.** *itr V* ❶ (*vorherrschen*) commander
❷ (*überwiegen*) **in etw** (*Dat*) **~** [pré]dominer dans qc
II. *tr V* dominer
dominierend *Adj geh Ereignis, Stellung* dominant(e); *Rolle, Einfluss* prépondérant(e)
Dominikaner(in) <-s, -> *m(f)* dominicain(e) *m(f)*
Dominikanerkloster *nt* monastère *m* dominicain **Dominikanerorden** *m* ordre *m* des dominicains
dominikanisch *Adj* dominicain(e)
Domino¹ <-s, -s> *m* (*Maskenkostüm*) domino *m*
Domino² <-s, -s> *nt,* **Dominospiel** *nt* dominos *mpl*
Dominostein *m* ❶ (*Spielstein*) domino *m*
❷ GASTR *bouchée de pain d'épice fourré nappé de chocolat*
Domizil <-s, -e> *nt geh* domicile *m*
Domkapitel *nt* chapitre *m* de la cathédrale **Domkapitular** <-s, -e> *m* chanoine *m* **Dompfaff** <-en *o* -s, -en> *m* bouvreuil *m*
Dompteur [dɔmp'tøːɐ] <-s, -e> *m* dompteur *m*
Dompteurin [dɔmp'tøːrɪn] <-, -nen>, **Dompteuse** [dɔmp'tøːzə] <-, -n> *f* dompteuse *f*
Domschatz *m* trésor *m* de la cathédrale
Donau <-> *f* Danube *m*
donauabwärts *Adv* en descendant le Danube; **~ fahren** descendre le Danube **donauaufwärts** *Adv* en remontant le Danube; **~ fahren** remonter le Danube **Donaumonarchie** *f* monarchie *f* austro-hongroise **Donauraum** *m* région *f* danubienne **Donaustaaten** *Pl* États *mpl* danubiens
Dönerkebab <-s, -s> *m* kebab *m*
Donner <-s, *selten* -> *m* tonnerre *m*
► **wie vom ~ gerührt** *fam* comme frappé(e) par la foudre
Donnerbalken *m hum sl* gogues *mpl* (*fam*) **Donnergott** *m* dieu *m* du tonnerre **Donnergrollen** <-s> *nt geh* grondement *m* de tonnerre **Donnerkeil** *m* bélemnite *f;* (*durch Blitzschlag erzeugt*) fulgurite *f*
donnern I. *itr V unpers* + *haben* tonner; **es donnert** il tonne
II. *itr V fam* ❶ + *haben* (*poltern*) **mit etw an etw** (*Akk*) [*o* **gegen etw**] **~** taper comme un sourd avec qc à [*o* sur] qc
❷ + *sein* (*prallen*) **auf das Dach ~** s'abattre à grand fracas sur le toit; **mit dem Auto gegen den Baum ~** s'écraser avec fracas contre un arbre en voiture
❸ + *sein* (*sich bewegen*) **durch den Bahnhof ~** *Zug:* traverser la gare dans un bruit fracassant
III. *tr V* + *haben fam* **etw in die Ecke/gegen die Wand ~** claquer qc dans un coin/contre le mur
► **jdm eine ~** *sl* coller un pain à qn (*fam*)
donnernd *Adj* avec un bruit de tonnerre; **ein ~er Applaus/Jubel** un tonnerre d'applaudissements/d'acclamations; **die ~e Brandung** le grondement du ressac
Donnerschlag *m* coup *m* de tonnerre
► **jdn wie ein ~ treffen** frapper qn de stupeur; **~!** *veraltet fam* tonnerre de Brest!
Donnerstag *m* jeudi *m; s. a.* **Dienstag**
Donnerstagabend *m* jeudi *m* soir; **am ~** jeudi soir **Donnerstagmorgen** *m* jeudi *m* matin; **am ~** jeudi matin **Donnerstagnachmittag** *m* jeudi *m* après-midi; **am ~** jeudi après-midi
donnerstags *Adv* le jeudi
Donnerwetter *nt* ❶ *veraltet* (*Gewitter*) orage *m*
❷ *fam* (*Schelte*) tempête *f;* **ein ~ über sich** (*Akk*) **ergehen lassen müssen** devoir laisser passer l'orage (*fam*); **das wird ein ~ geben!** ça va barder! (*fam*)
► **~!** *fam* chapeau! (*fam*); [**zum**] **~!** *fam* mille tonnerres! (*fam*)
doof <doofer *o* döfer, doofste *o* döfste> *Adj fam* ❶ (*unsinnig*) débile (*fam*); **das wird mir jetzt zu ~!** je commence à trouver ça trop débile! (*fam*)
❷ (*geistig beschränkt*) **~ sein** *Person:* être un crétin/une crétine (*fam*); **unser ~er Nachbar** notre crétin de voisin (*fam*); **hau ab, du ~er Kerl!** fous le camp, pauvre débile! (*fam*)
❸ (*ärgerlich*) **eine ~e Sache** une affaire à la con (*fam*); **so etwas Doofes!** quelle connerie! (*fam*); **zu ~** [**aber auch**]! c'est vraiment trop bête! (*fam*)
Doofheit <-, -en> *f fam* connerie *f* (*fam*)
Doofi <-[s], -s> *m fam* bêta *m*/bêtasse *f* (*fam*)
Doofkopp <-s, -köppe> *m sl,* **Doofmann** <-männer> *m sl* con[n]ard *m* (*pop*); **du ~!** espèce de con[n]ard! (*pop*)
Dopamin [dopa'miːn] <-s, -e> *nt* BIO dopamine *f*
Dope [doːp] <-s, -s> *nt sl* dope *f* (*arg*)
dopen I. *tr V* doper
II. *itr, r V* [**sich**] **~** se doper
Doping <-s, -s> *nt* dopage *m*
Dopingkontrolle *f* contrôle *m* antidopage **Dopingmittel** *nt* [produit *m*] dopant *m* **Dopingskandal** *m* scandale *m* de dopage **Dopingsünder(in)** *m(f)* sportif(-ive) *m(f)* convaincu(e) de dopage
Doppel <-s, -> *nt* ❶ (*Duplikat*) double *m*
❷ TENNIS (*Spiel*) double *m;* (*Mannschaft*) équipe *f* de double; **im ~ spielen** jouer en double
Doppeladler *m* aigle *f* à deux têtes **Doppelagent(in)** *m(f)* agent *m* double **Doppelband** <-bände> *m* ❶ (*doppelt umfängliches Werk*) volume *m* double ❷ (*zweibändiges Werk*) ouvrage *m* en deux volumes; **als ~ herauskommen** sortir en deux volumes **Doppelbelastung** *f* double charge *f* **Doppelbelichtung** <-, -en> *f* PHOT, CINE double exposition *f* **Doppelbeschluss**^RR^ *m* double décision *f* **Doppelbesteuerung** *f* double imposition *f* **Doppelbett** *nt* lit *m* à deux places **Doppelbock** *nt o m* double bière *f* **Doppelbuchstabe** *m* lettre *f* double **Doppeldecker** <-s, -> *m* ❶ *fam* (*Bus*) autobus *m* à impériale ❷ (*Flugzeug*) biplan *m*
doppeldeutig *Adj* à double sens
Doppeldeutigkeit <-, -en> *f* ambiguïté *f*
Doppelfehler *m* double faute *f* **Doppelfenster** *nt* double fenêtre *f*
Doppelgänger(in) <-s, -> *m(f)* sosie *m;* **einen ~/eine ~in haben** avoir un sosie
Doppelglasfenster *nt* fenêtre *f* à double vitrage
doppelgleisig I. *Adj Strecke* à double voie
II. *Adv* **etw ~ ausbauen** élargir qc à deux voies
► **~ fahren** jouer sur [les] deux tableaux
Doppelhaus *nt* maisons *fpl* jumelées
Doppelhaushälfte *f* maison *f* jumelée
Doppelkinn *nt* double menton *m;* **ein ~ bekommen/haben**

attraper/avoir un double menton **Doppelklick** <-s, -s> *m* INFORM double-clic *m;* **per ~** en cliquant deux fois **doppelklicken** <*PP* doppelgeklickt, *Infin* doppelzuklicken> *itr V* cliquer deux fois **Doppelkonsonant** *m* consonne *f* double **Doppelkopf** *m jeu de cartes pour 4 joueurs avec deux jeux de 24 cartes* **Doppelkorn** *m* double eau-de-vie *f* **Doppellaut** *m* ❶ (*Diphthong*) diphtongue *f* ❷ *s.* Doppelkonsonant, Doppelvokal **Doppelleben** *nt* double vie *f* **Doppelmoral** *f* double morale *f* **Doppelmord** *m* double meurtre *m*

doppeln *tr V* A ressemeler *Schuhe, Stiefel*

Doppelname *m* (*Nachname*) nom *m* double; (*Vorname*) prénom *m* double **Doppelpass**^RR *m* SPORT une-deux *m* **Doppelpunkt** *m* deux-points *mpl;* **hier steht ein ~** ici il y a deux-points **Doppelrolle** *f* double rôle *m* ▸ **eine ~ spielen** *Schauspieler:* jouer un double rôle; *fig* remplir un double rôle **Doppelsanktion** *f* JUR double sanction *f* **Doppelseite** *f* TYP double page *f* **doppelseitig** I. *Adj* ❶ *Lungenentzündung* double; *Lähmung* bilatéral(e) ❷ (*zweiseitig*) sur une double page II. *Adv* **~ gelähmt sein** avoir une paralysie bilatérale **Doppelsinn** *m* double sens *m* **doppelsinnig** *s.* doppeldeutig **Doppelspiel** *nt pej* double jeu *m;* **mit jdm ein ~ treiben** jouer [un] double jeu avec qn **Doppelstecker** *m* prise *f* multiple **doppelstöckig** *Adj Haus, Bett, Bus* à deux étages; **~ sein** avoir deux étages **Doppelstunde** *f* heure *f* double

doppelt I. *Adj* ❶ (*zweifach*) double; **das ~e Gehalt** le double salaire; **der ~e Umfang/die ~e Menge** deux fois le périmètre/la quantité; **~ so viel Geld/Zeit** deux fois plus d'argent/de temps; **etw ~ haben** avoir qc en double
❷ (*verdoppelt*) *Einsatz, Enthusiasmus* redoublé(e)
II. *Adv* ❶ **~ so groß/alt/teuer [wie ...]** deux fois plus grand/vieux/cher [que ...]
❷ (*zweifach*) *prüfen, versichern, bezahlen* deux fois; **~ sehen** voir double
❸ (*um so mehr*) *vorsichtig, zählen, sich freuen* doublement
▸ **~ und dreifach** plutôt deux fois qu'une; **das ist ~ gemoppelt** *fam* c'est une redondance; **~ genäht hält besser!** deux précautions valent mieux qu'une

Doppelte(r) *m dekl wie Adj fam* (*Schnaps*) double *m*

Doppelte(s) *nt dekl wie Adj* double *m;* **das ~** le double; **auf das ~ steigen** *Kosten:* doubler

Doppeltür *f* contre-porte *f* **Doppelverdiener(in)** *m(f)* ❶ *Pl* (*Paar*) couple *m* avec deux salaires ❷ (*Einzelperson*) **~ sein** cumuler deux salaires **Doppelvokal** *m* voyelle *f* double **Doppelwährungsphase** *f* (*in der EU*) période *f* de double circulation **Doppelzentner** *m* quintal *m* **Doppelzimmer** *nt* chambre *f* double **doppelzüngig** *pej* I. *Adj* hypocrite II. *Adv* **~ reden** tenir un double langage **Doppelzüngigkeit** <-, -en> *f pej* hypocrisie *f*

Dopplereffekt *m* PHYS effet *m* Doppler

Dorado *s.* Eldorado

Dorf <-[e]s, ¨-er> *nt* village *m;* **auf dem ~[e]** dans le village; **er ist vom ~** il est de la campagne; **die Leute vom ~** les villageois *mpl*
▸ **das sind für ihn/mich böhmische Dörfer** c'est de l'hébreu pour lui/moi; **potemkinsche Dörfer** *geh* des installations *fpl* en trompe-l'œil

Dorfälteste(r) *f(m) dekl wie Adj* ❶ (*ältester Bewohner*) doyen(ne) *m(f)* du village ❷ (*Vorsteher*) chef *mf* du village

Dorfbewohner(in) *m(f)* villageois(e) *m(f)*

Dörfchen <-s, -> *nt Dim von* Dorf petit village *m;* (*Weiler*) hameau *m*

Dorfjugend *f* jeunesse *f* du village **Dorfkirche** *f* église *f* du village **Dorfkrug** *m* auberge *f* du village

dörflich *Adj* rural(e)

Dorfmusikant *m veraltet* ménétrier *m* **Dorfplatz** *m* place *f* du village **Dorfpolizist** *m* garde *m* champêtre

Dorfschaft <-, -en> *f* CH petite commune *f*

Dorfschule *f* école *f* de village **Dorfschullehrer(in)** *m(f) veraltet* instituteur(-trice) *m(f)* du village **Dorfschulze** <-n, -n> *m* HIST maire *m* du village **Dorftrottel** *m fam* idiot *m* du village

dorisch *Adj* ❶ ARCHIT, KUNST dorique
❷ MUS dorien(ne)

Dorn <-[e]s, -en> *m* ❶ (*Stachel*) épine *f*
❷ <Dorne> (*Metallstift*) *einer Gürtelschnalle* ardillon *m;* (*Werkzeug*) mandrin *m*
▸ **jdm ein ~ im Auge sein** *Person:* hérisser qn; *Gegenstand, Angelegenheit:* être une insulte permanente pour qn

Dornbusch *m* buisson *m* épineux; **der brennende ~** BIBL le buisson ardent

Dornengestrüpp *nt* broussailles *fpl* [épineuses], roncier *m* **Dornenhecke** *f* haie *f* d'épines **Dornenkrone** *f* couronne *f* d'épines

Dornfortsatz *m* ANAT apophyse *f* épineuse

dornig *Adj* ❶ *Gestrüpp, Hecke* épineux(-euse)
❷ *geh* **ein ~er Weg** un chemin de croix (*soutenu*)

Dornröschen [-ˈrøːsçən] *nt* la Belle au bois dormant **Dornröschenschlaf** *m* [douce] torpeur *f;* **in einen ~ versinken** tomber en léthargie

dorren [ˈdɔrən] *itr V geh* se dessécher

dörren I. *tr V + haben* [des]sécher; **etw ~** *Person:* sécher qc; *Hitze, Sonne:* dessécher qc
II. *itr V + sein Obst, Fisch:* sécher

Dörrfisch *m* poisson *m* séché **Dörrfleisch** *nt* DIAL viande *f* séchée **Dörrobst** *nt* fruits *mpl* secs [*o* séchés] **Dörrpflaume** *f* pruneau *m*

dorsal [dɔrˈzaːl] *Adj* ANAT, LING dorsal(e)

Dorsch <-[e]s, -e> *m* morue *f*

dort *Adv* là-bas; **~ drüben** là-bas [en face]; **~ oben** là-haut; **~ unten** là en bas; **von ~ [aus]** de là[-bas]; **~ bleiben** rester là-bas; **jdn ~ behalten** garder qn [sur place]; **ich komme gerade von ~** j'en [re]viens juste; **von ~ sind es noch drei Kilometer** il y a encore trois kilomètres de là-bas; **hallo, wer ist [*o* spricht] ~?** allô, qui est à l'appareil [*o* au bout du fil]?

dort|behalten* *s.* dort

dort|bleiben *s.* dort

dorther *Adv* de-là; **ich komme doch gerade ~!** mais je viens juste d'en revenir! **dorthin** *Adv* là-bas; **~ gehen** aller là-bas, y aller; **bis ~** jusque là-bas; **wie komme ich ~?** comment je peux y aller? **dorthinab** *s.* dorthinunter **dorthinauf** *Adv* là-haut **dorthinaus** *Adv* là[-bas]; **~ bitte!** la sortie est là-bas!; **schau ~!** regarde par là[-bas]! ▸ **frech bis ~ sein** *fam* être insolent(e) à un point pas possible (*fam*); **sich bis ~ ärgern** se fâcher un max (*fam*) **dorthinein** *Adv* là-dedans **dorthinunter** *Adv* là; **~ gehen** descendre par là

dortig *Adj attr Einrichtungen* sur place; *Gepflogenheiten* de là-bas

DOS® [dɔs] <-> *nt* INFORM *Abk von* **Disc Operating System** DOS *m*

Döschen [ˈdøːsçən] <-s, -> *nt Dim von* **Dose** petite boîte *f*

Dose <-, -n> *f* ❶ (*Büchse*) boîte *f;* **in ~n** en boîte
❷ (*Steckdose*) prise *f;* (*Verteilerdose*) boîtier *m* de distribution

Dosen *Pl von* **Dosis**

dösen *itr V fam* somnoler; **vor sich hin ~** somnoler

Dosenbier *nt* bière *f* en canette **Dosenfleisch** *nt* viande *f* en boîte **Dosenmilch** *f* lait *m* en boîte **Dosenöffner** *m* ouvre-boîte *m*

dosierbar *Adj* dosable; **leicht ~ sein** être facile à doser

dosieren* *tr V* doser; **etw genau/sparsam ~** doser qc juste/avec parcimonie

Dosierung <-, -en> *f* ❶ (*Dosis*) dose *f,* posologie *f*
❷ *kein Pl* (*das Dosieren*) dosage *m*

dösig *fam* I. *Adj* ❶ (*dösend*) dans les vapes (*fam*)
❷ (*blöd*) abruti(e) (*fam*)
II. *Adv* **sich ~ anstellen** jouer les abrutis (*fam*)

Dosimeter <-s, -> *nt* dosimètre *m*

Dosis <-, Dosen> *f* dose *f;* **in kleinen Dosen** à petite[s] dose[s]

Döskopp <-s, -köppe> *m* NDEUTSCH *fam* ① (*Dummkopf*) abruti(e) *m(f)* (*fam*)
② (*unaufmerksamer Mensch*) ahuri(e) *m(f)* (*fam*)
Dossier [dɔ'sie:] <-s, -s> *nt* dossier *m*
Dotation <-, -en> *f geh* donation *f* (*soutenu*)
Dotcom-Unternehmen *nt* [entreprise *f*] dotcom *f*
dotieren* *tr V* rémunérer; **eine Stelle mit ... Euro ~** rémunérer un emploi à hauteur de ... euros; **mit ... Euro dotiert sein** *Preis:* être doté(e) d'une récompense de ... euros; **gut dotiert** lucratif(-ive); **hoch dotiert** très bien payé(e)
Dotter <-s, -> *m o nt* jaune *m* d'œuf
Dotterblume *s.* **Sumpfdotterblume**
doubeln ['du:bln] **I.** *tr V* doubler *Schauspieler, Szene*
II. *itr V* faire des doublages
Double ['du:bl] <-s, -s> *nt* doublure *f*
Doublé [du'ble:] <-s, -s> *nt* doublé *m*
Douglastanne ['du(:)glas-] *f* sapin *m* Douglas
Dow-Jones-Index ['daʊ'dʒo:nz-] *m* indice *m* Dow-Jones
down [daʊn] *Adj sl* à plat (*fam*); **~ sein** être à plat
Download ['daʊnlɔʊd] <-s, -s> *m o nt* INFORM téléchargement *m*
downloaden ['daʊnlɔʊdən] *tr V* INFORM télécharger *Text*
Dozent(in) <-en, -en> *m(f)* (*Universitätsdozent*) maître *m* de conférences; (*Volkshochschuldozent*) formateur(-trice) *m(f)*; **~ für Linguistik sein** être chargé(e) de cours de linguistique
Dozentur <-, -en> *f* charge *f* d'enseignement [dans une faculté]
dozieren* *itr V geh* ① (*lehren*) donner un cours/des cours; **über etw** (*Akk*) **~** donner un cours/des cours sur qc
② (*belehren*) pontifier; **~d** doctoral(e)
dpa [de:pe:'ʔa:] <-> *f Abk von* **Deutsche Presse-Agentur** agence *f* dpa
dpt *Abk von* **Dioptrie** dioptrie
Dr. *Abk von* **Doktor** Dr; **guten Tag, Herr/Frau ~ Bauer!** bonjour Monsieur/Madame Bauer!
Drache <-n, -n> *m* MYTH dragon *m*
Drachen <-s, -> *m* ① (*Papierdrachen*) cerf-volant *m*; **einen ~ steigen lassen** lancer un cerf-volant
② (*Flugdrachen*) deltaplane *m*
③ *pej fam* (*zänkische Frau*) dragon *m* (*péj fam*)
Drachenfliegen *nt* deltaplane *m* **Drachenflieger(in)** *m(f)* libériste *mf*
Drachme <-, -n> *f* HIST (*ehemalige Währung*) drachme *f*
Dragee, Dragée [dra'ʒe:] <-s, -s> *nt* dragée *f*
Dragoner <-s, -> *m* dragon *m*
Draht <-[e]s, ¨-e> *m* fil *m* métallique
▶ **zu jdm einen guten ~ haben** être bien avec qn; **der heiße ~** le téléphone rouge; **[schwer] auf ~ sein** *fam* (*aufpassen*) être dans le coup (*fam*); (*clever sein*) ne pas être né(e) de la dernière pluie (*fam*)
Drahtbürste *f* brosse *f* métallique **Drahtesel** *m fam* bécane *f* (*fam*) **Drahtgeflecht** *nt* treillis *m* métallique **Drahtgestell** *nt* support *m* en treillis métallique **Drahtgitter** *nt* grillage *m* métallique **Drahtglas** *nt* ARCHIT verre *m* armé
drahtig *Adj* ① *Person, Figur* nerveux(-euse)
② (*rau*) *Bart, Haar* dur(e)
Drahtkorb *m* panier *m* en fil métallique
drahtlos *Adj* sans fil; **~e Telegrafie** radiotélégraphie *f*
Drahtrolle *f* rouleau *m* de fil de fer **Drahtschere** *f* cisaille *f*
Drahtseil *nt* câble *m* métallique
Drahtseilakt *m* numéro *m* de haute voltige ▶ **ein [echter] ~ sein** être très risqué(e) **Drahtseilbahn** *f* (*Schwebebahn*) téléphérique *m*; (*Schienenbahn*) funiculaire *m*
Drahtverhau *m* [réseau *m* de] fils *mpl* de fer **Drahtzaun** *m* grillage *m*
Drahtzieher(in) <-s, -> *m(f)* instigateur(-trice) *m(f)*; **er soll der ~ sein** on dit qu'il tire les ficelles
Drainage *s.* **Dränage**
drainieren* [drɛ'ni:rən] *tr V s.* **dränieren**
Draisine [drɛ'zi:nə] <-, -n> *f* draisine *f*
drakonisch **I.** *Adj* draconien(ne)
II. *Adv* de façon draconienne
drall *Adj Frau, Busen* plantureux(-euse); *Backen* rebondi(e); *Arme, Beine* bien en chair
Drall <-[e]s, -e> *m* ① *eines Geschosses* dérivation *f*; *eines Balls, einer Billardkugel* effet *m*; *eines Rohrlaufs* pas *m* de rayure
② (*Tendenz*) **~ nach links** penchant *m* pour la gauche
Dralon® <-[s]> *nt* dralon® *m*
Drama <-s, Dramen> *nt* drame *m*
▶ **ein/kein ~ aus etw machen** faire/ne pas faire un drame de qc
Dramatik <-> *f* intensité *f* dramatique; (*Dichtkunst*) dramaturgie *f*
Dramatiker(in) <-s, -> *m(f)* dramaturge *mf*
dramatisch **I.** *Adj* dramatique
II. *Adv* de façon dramatique
dramatisieren* *tr, itr V* dramatiser
Dramatisierung <-, -en> *f* dramatisation *f*
Dramaturg(in) <-en, -en> *m(f)* conseiller(-ère) *m(f)* artistique
Dramaturgie [-'gi:ən] <-, -en> *f* ① (*Lehre*) dramaturgie *f*
② (*Gestaltung*) adaptation *f*
③ (*Abteilung*) réalisation *f*
dramaturgisch *Adj Geschick* d'adaptation; **~e Gestaltung** adaptation *f*
dran *Adv fam* ▶ **[zu] früh/spät ~ sein** être en avance/en retard; **gut/schlecht ~ sein** *fam* être bien loti(e)/en mauvaise posture (*fam*); **ich bin/er ist ~** c'est à moi/lui; **an ihm/ihr ist nichts ~** (*er/sie ist mager*) il/elle n'a que la peau et les os; **an etw ist nichts/etwas ~** il n'y a rien de vrai/il y a quelque chose de vrai dans qc (*fam*); *s. a.* **daran**
Dränage [drɛ'na:ʒə] <-, -n> *f* drainage *m*
dran|bleiben *itr V unreg + sein fam* ① *Anrufer:* ne pas quitter
② SPORT **an jdm ~** s'accrocher à qn
drang *Imp von* **dringen**
Drang <-[e]s, ¨-e> *m* besoin *m*; **sein/ihr ~ nach Anerkennung** son besoin d'approbation; **der ~ nach Osten** la poussée vers l'Est
dran|geben *tr V unreg fam* ① donner; **sein Leben für etw ~** donner sa vie pour qc ② *s.* **darangeben** **dran|gehen** *itr V unreg + sein fam* ① (*berühren*) toucher; **an etw** (*Akk*) **~** toucher à qc ② *s.* **darangehen**
Drängelei <-, -en> *f fam* ① (*Gedränge*) bousculade *f*
② *kein Pl* (*das Drängeln*) harcèlement *m*
drängeln **I.** *itr V Kunden, Wartende:* pousser, se bousculer; **bitte nicht ~!** ne bousculez pas, s'il vous plaît!
II. *tr V* **jdn ~** harceler qn; **das Drängeln** le harcèlement
III. *r V* **sich ~** jouer des coudes; **sich an der Kasse ~** jouer des coudes à la caisse
drängen **I.** *itr V* ① pousser; **zum Ausgang ~** pousser vers la sortie; **in den Bus ~** se bousculer pour entrer dans le bus
② (*fordern*) **zum Aufbruch ~** vouloir hâter le départ; **bei jdm auf eine Antwort ~** insister auprès de qn pour obtenir une réponse; **darauf ~, dass jd sich entscheidet** insister pour que qn prenne une décision; **warum drängst du so zur Eile?** pourquoi nous presses-tu ainsi?
③ (*eilig sein*) **die Zeit drängt** le temps presse
II. *tr V* ① (*drücken*) **jdn ans Fenster/zur Seite ~** pousser qn vers la fenêtre/sur le côté
② (*auffordern*) **jdn ~ etw zu tun** presser qn de faire qc; **jdn zur Unterschrift ~** pousser qn à signer; **sich von jdm nicht ~ lassen** ne pas se laisser stresser par qn
③ (*treiben*) **jdn ~ etw zu tun** *Umstände, Unruhe:* pousser qn à faire qc; **meine Termine ~ mich zur Eile** mes rendez-vous m'obligent à me dépêcher; **es drängt mich Ihnen zu sagen ...** il faut que je vous dise ...
III. *r V* ① **sich zum Eingang ~** se bousculer vers l'entrée; **sich**

D

durch die Menge ~ se frayer un chemin dans la foule
② *(sich häufen)* *Termine:* s'accumuler
③ *(unbedingt wollen)* **sich nach etw** ~ courir après qc

Drängen <-s> *nt* insistance *f;* **auf sein/ihr** ~ **[hin]** sur son insistance

drängend *Adj* pressant(e)

Drangsal ['draŋza:l] <-, -e> *f geh* tourment *m*

drangsalieren* *tr V* harceler; **jdn** ~ *Person:* harceler qn; *Insekten:* tourmenter qn

dran|hängen *fam* **I.** *tr V* ① *(befestigen)* accrocher; **etw** ~ [y] accrocher qc
② *(erübrigen)* **an eine Sendung noch eine halbe Stunde** ~ prolonger une émission d'une demi-heure
II. *r V* **sich an jdn** ~ ne pas lâcher qn d'une semelle *(fam)*

dränieren* *tr V* drainer

dran|kommen *itr V unreg + sein fam* ① *(erreichen)* attraper; **an etw** *(Akk)* ~ arriver à attraper qc; **kommst du dran?** tu peux l'attraper/les attraper? ② *(an die Reihe kommen)* **du kommst/er kommt dran** c'est ton/son tour ③ *(aufgerufen werden)* se faire interroger ④ *(durchgenommen werden)* être traité(e); **was kommt im Unterricht dran?** quel est le sujet du cours? ⑤ *(bearbeitet, erledigt werden)* **zuerst kommt das Bad dran** on commence [le ménage] par la salle de bains **dran|kriegen** *tr V fam (hereinlegen)* entuber *(fam)* **dran|lassen** *tr V unreg fam* ① *(hängen lassen)* laisser; **etw an der Wand** ~ laisser qc au mur ② *s.* **ranlassen dran|machen** *fam* **I.** *r V* **sich** ~ s'y mettre *(fam)* **II.** *tr V* **du kannst das Plakat da** ~ tu peux mettre l'affiche là *(fam)* **dran|nehmen** *tr V unreg fam* interroger *Schüler;* prendre *(fam) Patienten* **dran|setzen** **I.** *tr V* ① mettre en œuvre; **alles/seine ganze Kraft** ~ **um zu ...** mettre tout en œuvre pour ... ② *fam (beauftragen)* **jdn** ~ mettre qn sur le coup *(fam)* **II.** *r V fam* **sich** ~ s'y mettre *(fam)*

drapieren* *tr V* ① *(falten)* draper; **ein Tuch/einen Schleier um etw** ~ draper une étoffe/un voile autour de qc
② *(dekorieren)* **das Fenster mit etw** ~ draper la fenêtre de qc

Drapierung <-, -en> *f* ① *kein Pl (das Drapieren)* action *f* de draper; **die** ~ **des Festsaals dauerte Stunden** on mettait des heures à draper la salle des fêtes
② *(Dekoration)* drapé *m*

drastisch **I.** *Adj* ① *(einschneidend)* draconien(ne)
② *(überdeutlich)* radical(e)
II. *Adv* ① *(einschneidend)* de façon draconienne
② *(überdeutlich)* **um es** ~ **auszudrücken** pour le dire tout à fait clairement

drauf *Adv fam* dessus
▸ **gut/nicht gut** ~ **sein** *fam* avoir/[ne] pas avoir la pêche *(fam);* ~ **und dran sein etw zu tun** être à deux doigts de faire qc *(fam)*

drauf|bekommen* *unreg fam* ▸ **eins** ~ *(geschlagen werden)* en prendre une *(fam); (ausgeschimpft werden)* se faire passer un savon *(fam)* **Draufgabe** *f* ① cadeau *m* gratuit; **etw als** ~ **bekommen** *Käufer:* recevoir qc en cadeau gratuit ② A *(Zugabe)* rappel *m*

Draufgänger(in) <-s, -> *m(f)* fonceur(-euse) *m(f) (fam)*

draufgängerisch *Adj Person* fonceur(-euse); **seine/ihre** ~**e Art** sa nature de fonceur/fonceuse; **ein** ~**er Typ sein** être un fonceur

drauf|gehen *itr V unreg + sein fam* ① *(sterben)* rester *(fam);* **bei einem Unfall** ~ y rester lors d'un accident ② *(ausgegeben werden)* **beim Pokern** ~ *Geld:* y passer dans une partie de poker *(fam)* ③ *(beschädigt werden)* **bei etw** ~ *Anzug, Geschirr:* être bousillé(e) au cours de qc *(fam)* **drauf|haben** *tr V unreg fam* ① *(wissen, kennen)* connaître; **seinen Text** ~ connaître son texte sur le bout du doigt *(fam);* **viele Witze** ~ être un sacré déconneur *(fam);* **etwas** ~ être calé(e) *(fam);* **nichts** ~ être un nullard/une nullarde *(fam)* ② *(fahren)* **ein hohes Tempo** ~ tracer *(fam);* **gut hundert Sachen** ~ faire bien du cent *(fam)* **drauf|halten** *fam* **I.** *tr V unreg* mettre dessus; **halt den Finger da drauf!** mets le doigt là-dessus! **II.** *itr V* **mit dem Gewehr** ~ viser avec le fusil **drauf|hauen** *itr V unreg fam* cogner dessus *(fam)* **drauf|knallen** *fam* **I.** *tr V* carotter de plus; **jdm hundert Euro auf die Miete** ~ carotter qn de cent euros de plus pour le loyer *(fam)* **II.** *itr V* **er ist mir draufgeknallt** il a défoncé l'arrière de ma voiture *(fam)* **drauf|kommen** *itr V unreg + sein fam* démasquer *(fig fam);* **jdm** ~ démasquer qn **drauf|kriegen** *s.* **draufbekommen** **drauf|legen** *tr V fam* y mettre de plus *(fam);* **hundert Euro** ~ y mettre cent euros de plus

drauflos *Adv* droit au but; **immer [munter]** ~! allez, du nerf! *(fam)*

drauflos|arbeiten *itr V fam* se lancer tête baissée dans le travail *(fam)* **drauflos|fahren** *itr V fam* partir à l'aventure *(fam)* **drauflos|gehen** *itr V unreg + sein fam* ① partir carrément à l'aventure *(fam)* ② *(zielstrebig gehen)* y aller carrément *(fam)* **drauflos|reden** *itr V fam* se mettre à causer à tort et à travers *(fam)* **drauflos|schreiben** *itr V fam* écrire comme ça vient *(fam)*

drauf|machen *tr V* ▸ **einen** ~ faire la java *(fam)* **drauf|satteln** *tr V fam* ① *(gewähren)* refiler *(fam);* **ein Prozent Tariferhöhung** ~ refiler une rallonge d'un pourcent sur les tarifs ② *(vorbringen)* revenir à la charge avec *(fam) Forderung*

drauf|sein *s.* **drauf**

drauf|setzen **I.** *tr V fam* mettre dessus; **jdn** ~ mettre qn dessus *(fam);* **das Kind auf das Pony** ~ mettre l'enfant sur le poney
▸ **[noch] eins** [*o* **einen**] ~ *fam* en rajouter *(fam)* **II.** *r V* **sich** ~ s'asseoir dessus; *(aufsteigen)* monter dessus **Draufsicht** *f Fachspr.* vue *f* plongeante **drauf|stehen** *itr V unreg fam* être écrit(e) dessus *(fam);* **auf der Liste** ~ être sur la liste **drauf|stoßen** *tr V unreg fam* mettre dessus; **jdn mit der Nase** ~ mettre à qn le nez dessus *(fam)* **drauf|zahlen** *fam* **I.** *tr V* payer en surplus; **hundert Euro** ~ *(zusätzlich bezahlen)* mettre une rallonge de cent euros *(fam); (zu viel bezahlen)* se faire carotter de cent euros *(fam)* **II.** *itr V* ~ **[müssen]** [devoir] y laisser des plumes *(fam)*

draus *Adv s.* **daraus**

draußen *Adv* ① dehors; **nach** ~ dehors; **von** ~ de [*o* du] dehors
② *(nicht im Hafen)* en mer; ~ **auf dem Meer** en pleine mer

Drechselbank [-ks-] <-, -bänke> *f* tour *m*

drechseln **I.** *tr V* façonner au tour; **etw** ~ façonner qc au tour
II. *itr V* travailler au tour

Drechsler(in) <-s, -> *m(f)* tourneur(-euse) *m(f)* sur bois

Drechslerbank *s.* **Drechselbank**

Drechslerei <-, -en> *f* atelier *m* de tourneur

Dreck <-[e]s> *m* ① *fam (Schlamm)* gadoue *f (fam); (Schmutz)* saloperie *f (fam);* ~ **machen** faire des cochonneries *(fam);* **vor** ~ **starren** être dégueulasse *(fam)*
② *pej sl (Schund)* merde *f (péj pop)*
③ *pej sl (nichts)* **einen** ~ **[davon] verstehen** y piger que dalle *(fam);* **einen** ~ **wert sein** valoir des clopinettes *(fam);* **sich einen** ~ **um jdn/etw kümmern** *sl* en avoir rien à branler de qn/qc *(vulg);* **das geht Sie einen [feuchten]** ~ **an!** occupez-vous de votre cul! *(vulg)*
▸ ~ **am Stecken haben** *fam* traîner une casserole *(fam);* **der letzte** ~ **sein** *sl* n'être qu'une merde *(vulg);* **jdn wie den letzten** ~ **behandeln** *sl* traiter qn comme s'il/si elle était de la merde *(vulg);* **mach deinen** ~ **alleine!** *fam* démerde-toi tout(e) seule(e) *(fam);* **im** ~ **sitzen** [*o* **stecken**] *fam* être dans la merde *(fam);* **jdn/etw in** [*o* **durch**] **den** ~ **ziehen** *fam* traîner qn/qc dans la boue

Dreckarbeit *f fam* ① *(Schmutzarbeit)* travail *m* salissant ② *pej (niedere Arbeit)* sale boulot *m (fam)* **Dreckfink** *m fam* porc *m (fam)*

dreckig **I.** *Adj* ① *(schmutzig)* sale; **sich an etw** *(Dat)* ~ **machen** se salir en se frottant à qc

② *fam* (*gemein*) sale *antéposé* (*fam*)
II. *Adv fam* ① (*abstoßend*) ~ **lachen** avoir un sale rire (*fam*)
② (*miserabel*) **es geht ihr** ~ elle est mal foutue (*fam*); (*finanziell*) elle est dans la mouise (*fam*)

Dreckloch *nt pej sl* cambuse *f* (*péj fam*) **Drecksack** *m sl* saligaud *m* (*pop*) **Drecksau** *f pej vulg* (*Frau*) salope *f* (*péj vulg*); (*Mann*) salaud *m* (*péj vulg*) **Dreckschleuder** *f pej fam* ① (*Person*) fouteur(-euse) *m(f)* de merde (*fam*) ② (*umweltbelastendes Auto/Unternehmen*) voiture *f*/entreprise *f* qui empeste; **eine ~ sein** empester (*fam*) **Dreckschwein** *s.* **Drecksau**

Dreckskerl *s.* **Drecksack**

Dreckspatz *m fam* [petit] cochon *m* (*fam*)

Dreh <-s, -s *o* -e> *m fam* truc *m* (*fam*); **den [richtigen] ~ heraushaben** *fam* avoir trouvé le [bon] truc (*fam*)
► **[so] um den ~** *fam* à quelque chose près (*fam*)

Dreharbeit *f meist Pl* tournage *m pas de pl*; **bei den ~en zu seinem neuen Film** sur le tournage de son dernier film **Drehbank** <-bänke> *f* tour *m*

drehbar I. *Adj* pivotant(e)
II. *Adv* ~ **gelagert** pivotant(e)

Drehbewegung *f* rotation *f* **Drehbleistift** *m* portemine *m* **Drehbrücke** *f* pont *m* tournant **Drehbuch** *nt* scénario *m*

Drehbuchautor(in) *m(f)* scénariste *mf*

Drehbühne *f* scène *f* tournante

drehen I. *tr V* ① (*herumdrehen*) bouger *Hand, Bein;* tourner *Kopf, Schlüssel, Knopf, Monitor;* faire tourner *Kreisel;* **nach links/rechts ~** tourner à gauche/droite
② (*rollen*) rouler *Zigarette;* faire *Pillen*
③ CINE tourner
④ (*stellen*) **etw leise/leiser ~** baisser [le son de] qc; **etw laut/lauter ~** monter [le son de] qc; **die Heizung kleiner/höher ~** baisser/monter le chauffage
⑤ *sl* (*hinkriegen*) goupiller (*fam*)
► **wie man es auch dreht und wendet** qu'on prenne le problème par n'importe quel bout (*fam*)
II. *itr V* ① **an einem Knopf ~** tourner un bouton; **am Radio/an der Heizung ~** toucher à la radio/au chauffage
② (*umdrehen*) *Fahrer:* faire demi-tour; *Wind:* tourner; **auf West ~** tourner à l'ouest
③ (*Filmaufnahmen machen*) tourner
► **daran ist nichts zu ~ und zu deuteln** il n'y a pas à épiloguer là-dessus
III. *r V* ① (*rotieren*) **sich um die Sonne ~** tourner autour du soleil
② (*sich umdrehen*) **sich nach rechts/links ~** se tourner à droite/gauche
③ (*betreffen*) **sich um Politik ~** traiter de politique; **es dreht sich darum, dass** ce qu'il y a, c'est que + *indic;* **es dreht sich um jdn/etw** il s'agit de qn/qc; **alles dreht sich um ihn** il est le centre du monde
► **sich ~ und winden** tergiverser; **jdm dreht sich alles** qn a la tête qui tourne

Dreher(in) <-s, -> *m(f)* tourneur(-euse) *m(f)*

Drehfeld *nt* ELEC champ *m* tournant **Drehkran** *m* grue *f* tournante **Drehkreuz** *nt* tourniquet *m* **Drehleiter** *f* échelle *f* orientable **Drehmoment** *nt* PHYS moment *m* de rotation **Drehorgel** *f* orgue *m* de Barbarie **Drehpause** *f* pause *f* [entre les prises] **Drehpunkt** *m* centre *m* de rotation; **der Dreh- und Angelpunkt von etw sein** *fig* être le pivot et le centre de qc **Drehrestaurant** [-rɛstorɑ̃:] *nt* restaurant *m* panoramique **Drehschalter** *m* commutateur *m* rotatif **Drehscheibe** *f a. fig* plaque *f* tournante **Drehstrom** *m* ELEC [courant *m*] triphasé *m* **Drehstuhl** *m* chaise *f* pivotante **Drehtag** *m* CINE journée *f* de tournage **Drehtür** *f* porte *f* à tambour

Drehung <-, -en> *f* rotation *f;* (*Kreis*) tour *m;* **eine ~ zur Seite machen** pivoter sur le côté

Drehwurm ► **den ~ kriegen/haben** *fam* avoir/attraper le tournis (*fam*) **Drehzahl** *f* nombre *m* de tours

Drehzahlbereich *m* régime *m;* **im oberen/unteren ~** à régime accéléré/ralenti **Drehzahlmesser** <-s, -> *m* compte-tours *m*

drei *Num* trois; *s. a.* **acht**[1]
► **für ~ essen** *fam* manger comme quatre (*fam*); **er sieht aus, als könne er nicht bis ~ zählen** il a un air de ne pas y toucher

Drei <-, -en> *f* ① (*Zahl, Spielkarte, Augenzahl*) trois *m*
② *kein Pl* (*Bus-, Straßenbahnlinie, U-Bahn-Linie*) trois *m*
③ (*Schulnote*) *note située entre onze et treize sur vingt; s. a.* **Acht**[1]

dreiachsig [-aksɪç] *Adj* à trois essieux; ~ **sein** avoir trois essieux

Dreiachteltakt *m* [mesure *f* à] trois-huit *m*

dreibändig *Adj* en trois volumes

dreibeinig *Adj Hocker, Tisch* à trois pieds

Dreibettzimmer *nt* chambre *f* pour trois

dreiblätt[e]rig *Adj* à trois feuilles

Drei-D-Effekt [draɪ'de:-] *m* effet *m* de relief **Drei-D-Film** *m* film *m* en 3D

dreidimensional I. *Adj* tridimensionnel(le); *Raum* à trois dimensions II. *Adv darstellen, wiedergeben* en trois dimensions **Dreieck** *nt* triangle *m* **dreieckig** *Adj* triangulaire

Dreieckstuch *nt* COUT foulard *m;* (*groß*) châle *m;* MED écharpe *f* **Dreiecksverhältnis** *nt* ménage *m* à trois; **ein ~ haben** faire ménage à trois

dreieinhalb *Num* trois et demi; ~ **Meter** trois mètres et demi

dreieinig *s.* **dreifaltig** **Dreieinigkeit** *s.* **Dreifaltigkeit**

Dreier <-s, -> *m fam* ① (*Schulnote*) *note convenable située entre onze et treize sur vingt*
② (*kleinster Lottogewinn*) trois bons numéros *mpl*
► **ein flotter ~** *sl* une partouze à trois (*fam*)

dreierlei *Adj unv* de trois sortes; ~ **Sorten Brot** trois sortes de pain; *s. a.* **achterlei**

Dreierreihe *f* rangée *f* de trois; **in ~n** en rangs par trois

dreifach, 3fach I. *Adj* triple; **die ~e Menge nehmen** en prendre trois fois plus
II. *Adv falten* trois fois; *s. a.* **achtfach**

Dreifache(s) *nt dekl wie Adj* triple *m;* **das ~ verdienen** gagner trois fois plus; *s. a.* **Achtfache(s)**

Dreifachstecker *m* ELEC fiche *f* triple

dreifaltig *Adj* en trois personnes; **der Dreifaltige** le Dieu en trois personnes

Dreifaltigkeit <-> *f* REL Trinité *f;* **die Heilige ~** la sainte Trinité

Dreifaltigkeitssonntag *m* [le dimanche de] la Trinité

Dreifarbendruck <-drucke> *m* ① *kein Pl* (*Verfahren*) trichromie *f*
② (*Gedrucktes*) image *f* trichrome

dreifarbig *Adj* tricolore

Dreifelderwirtschaft *f kein Pl* assolement *m* triennal

Dreifuß *m* trépied *m*

dreifüßig *Adj* à trois pieds; ~ **sein** avoir trois pieds

Dreigangschaltung *f* dérailleur *m* à trois vitesses

Dreigespann *nt* troïka *f* **Dreigestirn** *nt* ① ASTRON trois étoiles *fpl* ② (*Dreiergruppe*) trio *m*

Dreigroschenheft[chen] *nt pej* brochure *f* à quatre sous (*péj*) **Dreigroschenoper** *f a. pej* opéra *m* de quatre sous (*fam*)

dreihundert *Num* trois cents

dreijährig *Adj Kind, Amtszeit* de trois ans

Dreijährige(r) *f(m) dekl wie Adj* garçon *m*/fille *f* de trois ans

Dreikampf *m* triathlon *m*

Dreikäsehoch <-s, -s> *m hum fam* demi-portion *f* (*hum fam*)

Dreiklang *m* triple accord *m*

Dreikönige *Pl,* **Dreikönigsfest** *nt* Épiphanie *f;* **das ~** Épiphanie

Dreikönigstag *m* jour *m* des Rois

dreiköpfig *Adj Familie* de trois [personnes]

Dreiländereck *nt* triangle *m* de trois pays

dreimal *Adv* trois fois
▸ ~ **darfst du raten!** *fam* je te le donne en mille!; *s. a.* **achtmal**

dreimalig *Adj* trois fois; **nach ~em Klingeln** après avoir sonné trois fois; *s. a.* **achtmalig**

Dreimaster <-s, -> *m* trois-mâts *m*

Dreimeilenzone *f* zone *f* des eaux territoriales [de trois milles marins]; **außerhalb/innerhalb der ~** hors des/dans les eaux territoriales [de trois milles marins]

Dreimeterbrett *nt* plongeoir *m* de trois mètres

dreimonatig *Adj Kündigungsfrist* de trois mois

Dreimonatsgeld *nt* FIN placement *m* bancaire à trois mois

drein *s.* darein

drein|blicken *itr V* avoir le regard ...; **glücklich/traurig ~** avoir l'air heureux/triste **drein|finden** *r V* **sich ~** s'y faire **drein|reden** *itr V fam* ❶ (*belehren*) se mêler; **er/sie lässt sich** (*Dat*) **nicht ~** il/elle fait comme bon lui semble; **lass dir nicht ~!** n'écoute pas les autres! ❷ (*unterbrechen*) **jdm ~** couper la parole à qn (*fam*) **drein|schauen** *s.* **dreinblicken** **drein|schlagen** *itr V unreg fam* taper dans le tas (*fam*)

Dreipunktgurt *m* ceinture *f* [de sécurité] trois points

Dreirad *nt* ❶ (*Spielzeug*) tricycle *m*
❷ (*Lieferfahrzeug*) triporteur *m*

Dreisatz *m kein Pl* règle *f* de trois

Dreisatzrechnung *f* calcul *m* par la règle de trois

dreiseitig *Adj Brief* de trois pages

dreispaltig *Adj* sur trois colonnes; **~ sein** faire trois colonnes

Dreispitz <-es, -e> *m* tricorne *m*

Dreisprung *m kein Pl* triple saut *m*

dreispurig *Adj, Adv* à trois voies

dreißig *Num* trente; *s. a.* **achtzig**

Dreißig <-, -en> *f* trente *m*

dreißiger, 30er *Adj unv* **die ~ [Jahre]** les années trente; *s. a.* **achtziger**

Dreißiger[1] <-s, -> *m* ❶ (*Mann in den Dreißigern*) homme *m* qui a la trentaine
❷ *s.* **Dreißigjährige(r)**

Dreißiger[2] <-, -> *f* HIST *fam* (*Briefmarke*) timbre *m* à trente pfennigs

Dreißiger[3] *Pl* ❶ **die ~** *eines Jahrhunderts* les années *fpl* trente
❷ (*Lebensalter*) **in den ~n sein** avoir la trentaine

Dreißigerin <-, -nen> *f* ❶ (*Frau in den Dreißigern*) femme *f* qui a la trentaine
❷ *s.* **Dreißigjährige(r)**

Dreißigerjahre *Pl* **die ~** les années *fpl* trente

dreißigjährig *Adj attr* de trente ans; *s. a.* **achtzigjährig**

Dreißigjährige(r) *f(m) dekl wie Adj* homme *m*/femme *f* de trente ans; **etw als ~(r) tun** faire qc à trente ans

dreißigste(r, s) *Adj* trentième; *s. a.* **achtzigste(r, s)**

Dreißigstel <-s, -> *nt* trentième *m*

dreist *Adj* impudent(e); **immer ~er werden** avoir de plus en plus d'aplomb

dreistellig *Adj Betrag* à trois chiffres; *Zahl* de trois chiffres

Dreistigkeit <-, -en> *f einer Person, eines Verhaltens* impudence *f; eines Einbruchs* audace *f;* **die ~ besitzen [*o* haben] etw zu tun** avoir l'impudence de faire qc

dreistufig *Adj* à trois couches

Dreitagebart *m* barbe *f* de trois jours **Dreitagefieber** *nt* MED exanthème *m* subit

dreitägig *Adj attr* [d'une durée] de trois jours

dreitausend *Num* trois mille **Dreitausender** <-s, -> *m fam* [sommet *m* de plus de] trois mille mètres *m*

dreiteilig *Adj* en trois parties; **ein ~er Anzug** un costume trois-pièces

Dreiteilung *f* division *f* en trois parties

Dreitürer <-s, -> *m fam* trois portes *f*

dreitürig *Adj* [à] trois portes; **~ sein** avoir trois portes

dreiviertel [-ˈfɪrtl] *s.* **viertel**

dreiviertellang *Adj Jacke, Mantel* trois-quarts; *Rock* aux mollets **Dreiviertelliterflasche** *f* bouteille *f* de 75 cl **Dreiviertelmehrheit** *f* majorité *f* aux trois quarts **Dreiviertelstunde** *f* trois quarts *mpl* d'heure **Dreivierteltakt** *m* mesure *f* à trois temps; **im ~** à trois temps

Dreiwegekatalysator *m* AUT pot *m* catalytique à trois voies

dreiwertig *Adj* trivalent(e)

Dreizack <-s, -e> *m* trident *m*

dreizehn *Num* treize; *s. a.* **acht**[1] ▸ **jetzt schlägt's aber ~** *fam* [alors là,] c'est le bouquet! (*fam*) **dreizehnte(r, s)** *Adj* treizième; *s. a.* **achte(r, s)**

Dreizeiler <-s, -> *m* tercet *m*

dreizeilig *Adj Gedicht, Strophe* de trois vers; *Mitteilung* de trois lignes; **~ sein** *Gedicht, Strophe:* faire trois vers; *Mitteilung:* faire trois lignes

Dreizimmerwohnung *f* trois-pièces *m*

Dresche <-> *f fam* dérouillée *f* (*fam*); **~ bekommen [*o* kriegen]** se prendre une dérouillée (*fam*)

dreschen <drischt, drosch, gedroschen> **I.** *tr V* ❶ battre *Getreide*
❷ *fam* (*prügeln*) **jdn windelweich ~** flanquer une bonne dérouillée à qn (*fam*)
II. *itr V* ❶ battre le blé
❷ *fam* (*schlagen*) **wild um sich ~** filer des coups dans tous les sens (*fam*)
III. *r V fam* **sich ~** se tabasser (*fam*)

Drescher(in) <-s, -> *m(f)* AGR batteur *m*

Dreschflegel *m* fléau *m* **Dreschmaschine** *f* batteuse *f*

Dresden <-s> *nt* Dresde

Dress[RR] <-es, -e> *m,* <-, -en> *f* A, **Dreß** <-sses, -sse> *m,* <-, -ssen> *f* A tenue *f* [de sport]

dressieren* *tr V* ❶ (*abrichten*) dresser; **ein Tier darauf ~ etw zu tun** apprendre à un animal à faire qc; **ein dressierter Hund** un chien savant; **dieser Wachhund ist auf den Mann dressiert** ce chien de garde a été dressé à l'attaque
❷ *pej* (*erziehen*) dresser *Person*

Dressing <-s, -s> *nt* sauce *f* de salade

Dressman [ˈdrɛsmən] <-s, -men> *m* mannequin *m* [homme]

Dressur <-, -en> *f* dressage *m*

Dressurpferd *nt* cheval *m* de dressage **Dressurreiten** <-s> *nt* dressage *m*

dribbeln *itr V* dribbler

Dribbling [ˈdrɪblɪŋ] <-s, -s> *nt* SPORT dribble *m*

Drift [drɪft] <-, -en> *f* dérive *f*

driften *itr V + sein* ❶ (*auf dem Wasser treiben*) dériver
❷ (*hintreiben*) **zur Mitte ~** *Partei:* dériver vers le centre; **in die Isolation ~** *Staat:* s'isoler de plus en plus

Drill <-[e]s> *m* ❶ MIL mise *f* au pas
❷ SCHULE *pej* rabâchage *m* (*fam*)

Drillbohrer *m* chignole *f*

drillen *tr V* ❶ MIL mettre au pas; **jdn ~** mettre qn au pas
❷ (*erziehen*) **jdn aufs Auswendiglernen ~** faire travailler qn à la baguette à l'apprentissage par cœur; **auf absoluten Gehorsam gedrillt sein** *Schüler, Kind:* être dressé(e) à obéir au doigt et à l'œil

Drillich <-s, -e> *m* coutil *m*

Drillichanzug *m* treillis *m*

Drilling <-s, -e> *m* ❶ triplé *m;* **~e bekommen** avoir des triplés *mpl*
❷ (*Jagdgewehr*) drilling *m,* fusil *m* à triple canon

drin *Adv fam* ❶ dans; **in der Vase ist noch Wasser ~** il y a encore de l'eau dans le vase; *s. a.* **darin**
❷ (*möglich*) **~ sein** pouvoir se faire; **das ist nicht ~** c'est pas possible (*fam*); **für sie ist noch alles ~** elle a encore toutes ses chances

dringen <drang, gedrungen> *itr V* ❶ *+ sein* (*stoßen*) traverser; **durch etw ~** *Person, Tier:* pénétrer dans qc; *Speer, Strahlen,*

Regen: traverser qc; *Sonne, Licht:* percer qc; **in etw** (*Akk*) ~ *Geschoss:* traverser qc
❷ + *sein* (*vordringen*) **zu jdm/an die Öffentlichkeit** ~ *Nachricht, Skandal:* arriver jusqu'à qn/être connu(e) du grand public
❸ *geh* (*einwirken*) **mit Bitten/Fragen in jdn** ~ presser qn de prières/questions (*soutenu*); **in jdn ~ etw zu tun** presser qn de faire qc (*soutenu*)
❹ + *haben* (*fordern*) **auf etw** (*Akk*) ~ exiger qc; **darauf ~, etw zu tun/dass etw getan wird** insister pour faire qc/que qc soit fait(e); *s. a.* **gedrungen**

dringend I. *Adj Anruf, Verabredung* urgent(e); *Operation* d'urgence; *Bitte, Warnung* pressant(e)
II. *Adv benötigen* de toute urgence; *operieren* d'urgence; *warnen, bitten, abraten* avec insistance; *erforderlich, notwendig* absolument

dringlich *s.* **dringend**

Dringlichkeit <-> *f* urgence *f;* **von großer ~ sein** être très urgent(e)

Dringlichkeitsantrag *m* demande *f* d'urgence

Drink <-s, -s> *m* boisson *f;* (*mit Alkohol*) drink *m*

drinnen *Adv* ❶ (*im Haus, im Innern*) à l'intérieur; **von ~** de l'intérieur
❷ (*ins Haus, ins Innere*) à l'intérieur; **nach ~ gehen** rentrer à l'intérieur

drin|sein *s.* **drin**

drin|sitzen *itr V unreg fam* ❶ (*im Haus sein, bleiben*) rester enfermé(e) (*fam*) ❷ (*in Schwierigkeiten sein*) **ganz schön ~** être dans le pétrin (*fam*) **drin|stecken** *itr V fam* ❶ **in etw** (*Dat*) ~ *Schlüssel:* être dans qc ❷ (*verwickelt sein*) **in etw** (*Dat*) [**mit**] ~ être dans le coup (*fam*); **in was steckst du da wieder drin?** dans quoi tu t'es encore embarqué(e)? (*fam*)
❸ *s.* **drinsitzen 2.** ❹ (*investiert sein*) **in diesem Haus steckt viel Arbeit/Geld drin** on a mis beaucoup de travail/d'argent dans cette maison (*fam*) ▶ **da steckt man nicht drin** on n'y est pour rien (*fam*) **drin|stehen** *itr V unreg fam* ❶ (*im Innern stehen*) être dedans; **im Haus ~** être dans la maison
❷ (*verzeichnet sein*) **in der Zeitung/einem Buch ~** se trouver dans le journal/un livre

drischt *3. Pers Präs von* **dreschen**

dritt *Adv* **zu ~ sein** être à trois; *s. a.* **acht**[2]

dritte(r, s) *Adj* ❶ troisième
❷ (*bei Datumsangaben*) **der ~ Mai** *écrit:* **der 3. Mai** le trois mai *geschrieben:* le 3 mai
❸ SCHULE **die ~ Klasse** *classe qui correspond au CE2 en France; s. a.* **achte(r, s)**

Dritte(r) *f(m) dekl wie Adj* ❶ troisième *mf*
❷ (*bei Datumsangaben*) **der ~/am ~n** *écrit:* **der 3./am 3.** le trois *geschrieben:* le 3
❸ (*Namenszusatz*) **Karl der ~** *écrit:* **Karl III.** Charles trois *geschrieben:* Charles III; **Sophie die ~** *écrit:* **Sophie III.** Sophie trois *geschrieben:* Sophie III
❹ JUR tiers *m*
❺ (*Symphonie*) **Beethovens ~** la Troisième Symphonie de Beethoven
▶ **der ~ im Bunde** le troisième de la bande; **der lachende ~** le troisième larron; **wenn zwei sich streiten, freut sich der ~** *Spr.* les disputes des uns font le bonheur des autres; *s. a.* **Achte(r, s)**

drittel *Adj* troisième; *s. a.* **achtel**

Drittel <-s, -> *nt* ❶ *a.* MATH tiers *m*
❷ (*Teil der Spielzeit*) période *f*

dritteln *tr V* partager en trois; **etw ~** partager qc en trois

drittens *Adv* troisièmement

Dritte-Welt-Laden *m* magasin *m* [spécialisé dans la vente] de produits du tiers-monde

drittgrößte(r, s) *Adj* troisième par ordre de grandeur; **der ~ Schüler** le troisième élève par ordre de taille; **das ~e Haus** la troisième maison par ordre de grandeur **dritthöchste(r, s)** *Adj* troisième en ce qui concerne la hauteur; **der ~ Berg** la troisième montagne [en ce qui concerne la hauteur]

drittklassig *Adj pej* miteux(-euse) (*péj fam*)

Drittland *nt* pays *m* tiers **drittletzte(r, s)** *Adj* qui précède l'avant-dernier(dernière); **der ~ Besucher** l'avant-avant dernier visiteur **Drittmittel** *Pl* fonds *mpl* fournis par un tiers

DRK [de:ʔɛrˈka:] <-> *nt Abk von* **Deutsches Rotes Kreuz** Croix-Rouge *f* allemande

droben *Adv geh* là-haut

Droge <-, -n> *f* drogue *f;* **~n nehmen** prendre de la drogue; **harte/weiche ~n** des drogues dures/douces; **unter ~n stehen** être drogué(e)

Drögeler(in) <-s, -> *m(f)* CH drogué(e) *m(f)*

drogenabhängig *Adj* toxicomane; **jdn ~ machen** faire de qn un/une toxicomane **Drogenabhängige(r)** *f(m) dekl wie Adj* toxicomane *mf* **Drogenabhängigkeit** *f* toxicomanie *f* **Drogenbaron** *m fam* gros bonnet *m* de la drogue (*fam*) **Drogenbekämpfung** *f* lutte *f* antidrogue **Drogenberatung[sstelle]** *f* association *f* d'aide pour les drogués **Drogeneinfluss**[RR] *m* effet *m* de la drogue; **unter ~ stehen** être sous l'effet de la drogue **Drogenhandel** *m* trafic *m* de drogue **Drogenkonsum** *m* consommation *f* de drogue **Drogenkriminalität** *f* criminalité *f* due à la toxicomanie **Drogenmissbrauch**[RR] *m* consommation *f* abusive de stupéfiants **Drogensucht** *s.* **Drogenabhängigkeit drogensüchtig** *s.* **drogenabhängig Drogensüchtige(r)** *s.* **Drogenabhängige(r) Drogenszene** *f* milieu *m* de la drogue **Drogentote(r)** *f(m) dekl wie Adj* mort(e) *m(f)* d'une [*o* par] overdose

Drogerie [-ˈri:ən] <-, -n> *f* droguerie-herboristerie *f*

Drogist(in) <-en, -en> *m(f)* droguiste-herboriste *mf*

Drohbrief *m* lettre *f* de menace

drohen *itr V* ❶ menacer; **jdm mit etw ~** menacer qn de qc; **jdm ~ etw zu tun** menacer qn de faire qc
❷ (*bevorstehen*) *Gewitter, Gefahr:* menacer; **ihnen droht die Verurteilung** leur condamnation semble inévitable
❸ (*im Begriff sein*) **zu verlieren/einzustürzen ~** menacer de perdre/de s'écrouler

drohend I. *Adj Haltung, Blick, Wolken* menaçant(e); *Krieg, Unheil, Gefahr* imminent(e)
II. *Adv* **~ die Hand heben** lever la main en signe de menace

Drohgebärde *f* (*Geste*) geste *m* de menace; *fig* manœuvre *f* d'intimidation

Drohne <-, -n> *f* ❶ ZOOL faux bourdon *m*
❷ *pej* (*Schmarotzer*) parasite *m* (*péj*)

dröhnen I. *itr V* ❶ (*dumpf klingen*) *Stimme, Musik, Lautsprecher:* résonner; *Donner:* gronder
❷ (*dumpf widerhallen*) *Boden, Wand:* résonner; **ihm dröhnt der Schädel** il a la tête qui bourdonne
II. *r V* **sich voll ~** *sl* (*sich betrinken*) se bourrer (*pop*); (*Drogen nehmen*) se défoncer (*fam*)

dröhnend *Adj Stimme* de stentor; *Gelächter* sonore; *Applaus* vibrant(e); **ein ~er Lärm** un grondement

Drohung <-, -en> *f* menace *f;* **eine versteckte/offene/leere ~** une menace déguisée/à peine voilée/en l'air

drollig *Adj* ❶ (*belustigend*) *Art, Anekdote* drôle
❷ (*niedlich*) mignon(ne)

Dromedar <-s, -e> *nt* dromadaire *m*

Drops <-, - *o* -e> *m o nt* bonbon *m* [aux fruits]; **saure ~** des bonbons acidulés

drosch *Imp von* **dreschen**

Droschke <-, -n> *f veraltet* ❶ (*Pferdedroschke*) fiacre *m*
❷ (*Taxi*) taxi *m*

Drossel <-, -n> *f* grive *f*

Drosselklappe *f* TECH clapet *m* d'étranglement

drosseln *tr V* réduire *Heizung, Leerlauf;* **das Tempo auf 30 km/h ~** réduire la vitesse à 30 km/h

Drosselung <-, -en> *f s.* **Drosslung**

Drosselventil *nt* TECH soupape *f* d'étranglement

DrosslungRR, **Droßlung** <-, -en> *f* réduction *f*
drüben *Adv* en face, de l'autre côté
drüber *Adv s.* **darüber**
Druck[1] <-[e]s, =e> *m* ❶ PHYS pression *f*
❷ (*drückendes Gefühl*) (*in der Brust*) oppression *f;* (*im Magen, Kopf*) lourdeur *f;* [**einen**] ~ **auf der Blase haben** avoir une envie pressante
❸ *kein Pl* (*das Drücken*) **mit einem ~ auf diesen Knopf/diese Taste** par simple pression sur ce bouton/cette touche
❹ *kein Pl* (*Zwang, Zeitnot*) contrainte *f;* **in** [*o* **im**] ~ **sein** être pressé par le temps; **unter ~ stehen** être sous pression; (*in Zeitnot sein*) être pressé par le temps; **auf jdn ~ ausüben** faire pression sur qn; **jdn unter ~ setzen** presser qn; **hinter etw** (*Akk*) ~ **machen** *fam* faire accélérer qc
❺ *sl* (*Drogeninjektion*) shoot *m* (*arg*)
Druck[2] <-[e]s, -e> *m* ❶ *kein Pl* (*das Drucken*) impression *f;* **etw in ~ geben** faire imprimer qc; **in ~ gehen** partir à l'impression; **im ~ sein** être sous presse
❷ (*gedrucktes Werk*) imprimé *m*
Druckabfall *m* chute *f* de la pression **Druckanstieg** *m* hausse *f* de la pression **Druckanzug** *m* combinaison *f* pressurisée **Druckausgleich** *m* PHYS compensation *f* de pression **Druckbehälter** *m* récipient *m* sous pression, autoclave *m* **Druckbleistift** *m* portemine *m* **Druckbogen** *m* feuille *f* d'impression **Druckbuchstabe** *m* caractère *m* d'imprimerie; **in ~n** en caractères d'imprimerie
Drückeberger(in) <-s, -> *m(f) pej fam* ❶ (*Faulenzer*) tire-au-cul *m* (*fam*)
❷ (*Feigling*) dégonflé(e) *m(f)* (*fam*)
druckempfindlich *Adj Körperregion, Stelle* sensible; *Obst* fragile
drucken *tr, itr V* (*vervielfältigen, aufdrucken*) imprimer; **etw auf buntem Papier ~** imprimer qc sur papier coloré; *s. a.* **gedruckt**
drücken I. *tr V* ❶ appuyer sur *Klinke, Knopf, Taste*
❷ (*pressen*) **jdn an sich** (*Akk*) ~ étreindre qn; **jdm einen Kuss auf die Stirn ~** déposer un baiser sur le front de qn; **jdm einen Stift in die Hand ~** mettre un stylo dans la main de qn
❸ (*schieben*) **jdn/etw beiseite ~** pousser qn/qc à côté; **jdn/etw nach vorne ~** pousser qn/qc en avant; **den Hut in die Stirn ~** enfoncer le chapeau jusqu'aux oreilles
❹ (*behindern, schmerzen*) **jdn ~** *Schuhe, Gürtel:* serrer qn; *Rucksack, Last:* peser sur qn
❺ (*herabsetzen*) faire baisser *Leistung, Niveau*
❻ (*bedrücken*) **jdn ~** *Kummer, Sorgen, Schulden:* oppresser qn; *s. a.* **gedrückt**
❼ *sl* (*Rauschgift spritzen*) **sich** (*Dat*) **Heroin ~** se shooter à l'héroïne (*arg*)
II. *itr V* ❶ (*ein Druckgefühl verursachen*) *Brille, Schuhe:* serrer; **im Magen ~** *Essen:* peser sur l'estomac
❷ (*pressen*) **auf einen Knopf ~** appuyer sur un bouton; [**bitte**] **~!** Poussez [S.V.P.]!
❸ (*bedrückend sein*) *Kummer, Sorgen, Verantwortung:* être oppressant(e)
❹ *sl* (*Rauschgift spritzen*) se shooter (*arg*)
III. *r V* ❶ **sich an die Wand ~** se plaquer contre le mur; **sich in eine Ecke ~** se blottir dans un coin
❷ *fam* (*sich entziehen*) **sich ~** se défiler (*fam*); **sich vor einem Problem ~** essayer de couper à un problème (*fam*); **sich um eine Entscheidung ~** se défiler pour ne pas devoir prendre de décision (*fam*)
drückend *Adj* ❶ (*lastend*) *Bürde, Last, Steuern* lourd(e); *Armut, Sorgen, Verantwortung* accablant(e)
❷ (*schwül*) lourd(e)
Drucker <-s, -> *m* ❶ (*Person*) imprimeur *m*
❷ (*Gerät*) imprimante *f*
Drücker <-s, -> *m* ❶ ELEC (*Knopf*) bouton *m;* (*Türöffner*) loquet *m*
❷ (*Gewehrabzug*) détente *f*
❸ *fam* (*Zeitschriftenwerber*) vendeur *m* de journaux au porte-à-porte
▸ **auf den letzten ~** *fam* à la dernière minute; **am ~ sein** [*o* **sitzen**] *fam* être aux commandes
Druckerei <-, -en> *f* imprimerie *f*
Druckerin <-, -nen> *f* imprimeuse *f*
Drückerin <-, -nen> *f fam* vendeuse *f* de journaux au porte-à-porte
Druckerlaubnis *f* imprimatur *m*
Druckerpresse *f* presse *f* [à imprimer] **Druckerschwärze** *f* encre *f* d'imprimerie **Druckertreiber** *m* INFORM driver *m*
Druckerzeugnis *nt* imprimé *m*
Druckfahne *f* placard *m* **Druckfarbe** *f* encre *f* d'imprimerie **Druckfehler** *m* faute *f* d'impression **druckfertig** *s.* **druckreif** **druckfrisch** *Adj* tout juste sorti(e) des presses; **~ sein** venir de sortir des presses
Druckkabine *f* cabine *f* pressurisée **Druckknopf** *m* bouton-pression *m*
Druckkosten *Pl* frais *mpl* d'impression **Drucklegung** <-, -en> *f* mise *f* à l'impression
Druckluft *f kein Pl* air *m* comprimé
Druckluftbremse *f* frein *m* à air comprimé
Druckmaschine *f* presse *f*
Druckmesser <-s, -> *m* manomètre *m*
Druckmittel *nt* moyen *m* de pression
Druckplatte *f* forme *f* imprimante
Druckpumpe *f* TECH pompe *f* [re]foulante **Druckregler** *m* TECH régulateur *m* de pression
druckreif *Adj* prêt(e) à imprimer **Drucksache** *f* imprimé *m;* **als ~** comme imprimé **Druckschrift** *f* ❶ (*Schriftart*) [écriture *f* en] lettres *fpl* d'imprimerie; **in ~** en lettres d'imprimerie
❷ MEDIA imprimé *m*
drucksen ['drʊksən] *itr V fam* bafouiller (*fam*) **Drucksorte** *f* A (*Formblatt*) formulaire *m*
Druckstelle *f* meurtrissure *f;* **Äpfel mit ~n** des pommes talées
Drucktaste *f* touche *f* **druckunempfindlich** *Adj Körperregion* insensible à la pression **Druckventil** *nt* TECH soupape *f* de compression **Druckverband** *m* bandage *m* compressif
Druckverfahren *nt* procédé *m* d'impression **Druckvorlage** *f* original *m*
Druckwasserreaktor *m* réacteur *m* à eau sous pression
Druckwelle *f* onde *f* de choc
Druckwerk *nt* ouvrage *m* [imprimé] **Druckzylinder** *m* TYP rouleau *m* d'imprimerie
Drudenfuß *m* pentacle *m*
Druide <-n, -n> *m* druide *m*
drum *Adv fam* ❶ (*um den, die, das*) **~ herum** tout autour
❷ (*deswegen*) **~ sagt er nichts** c'est pour ça qu'il ne dit rien (*fam*)
▸ **das Drum und Dran** l'accessoire *m;* **mit allem Drum und Dran** avec tout le tralala (*fam*); **sei's ~!** soit!; *s. a.* **darum**
Drumherum <-s> *nt fam* tralala *m* (*fam*); **das** [**ganze**] **~** le tralala; **das ganze ~ weglassen** laisse tomber toutes les broutilles (*fam*)
drunten *Adv* DIAL en bas
drunter *Adv* ▸ **alles** [*o* **es**] **geht ~ und drüber** c'est la pagaille (*fam*); **das Drunter und Drüber** le remue-ménage; *s. a.* **darunter**
Druse ['dru:zə] <-n, -n> *m* REL Druze, Druse *m*
Drüse <-, -n> *f* glande *f;* **etwas mit den ~n haben** avoir un dysfonctionnement des glandes
DSB [de:ʔɛs'be:] <-s> *m Abk von* **Deutscher Sportbund** *fédération allemande de sport*
Dschibuti [dʒi'bu:ti] <-s> *nt* le Djibouti
Dschibutier(in) [dʒi'bu:tiɐ] <-s, -> *m(f)* Djiboutien(ne) *m(f)*
dschibutisch *Adj* djiboutien(ne)
Dschihad [dʒi'ha:t] <-> *m* REL djihad *m*
Dschingis Khan ['dʒɪŋgɪs 'ka:n] <-s> *m* HIST Gengis Kahn *m*

Dschungel <-s, -> *m* jungle *f*
▸ **der ~ der Großstadt** *geh* la jungle de la grande ville (*soutenu*)
Dschunke <-, -n> *f* jonque *f*
DSG [de:ʔɛs'ge:] <-> *f Abk von* **Deutsche Schlafwagen- und Speisewagen-Gesellschaft** Compagnie *f* allemande des wagons-lits [et des wagons-restaurants]
dt. *Adj, Adv Abk von* **deutsch** alld.
DTP [de:te:'pe:] <-> *nt Abk von* **Desktop publishing** P.A.O. *f*
Dtzd. *Abk von* **Dutzend**
du *Pron pers, 2. Pers, Sing* ❶ tu; **hast ~ Zeit?** as-tu le temps?; **das bist/warst ~** c'est/c'était toi; **~ selbst hast das gesagt** c'est toi qui l'as dit; **~ nicht!** pas toi!; **wenn ich ~ wäre** si j'étais toi; **~, die ~ keine Mühe scheust** toi qui ne recules devant aucune peine
❷ (*als Anrede*) toi; **zu jdm ~ sagen** dire tu à qn; **sie sagen ~ zueinander** ils/elles se disent tu; **he, ~ da!** dis donc, toi!; **~ Arme!** ma pauvre!; **~ Dummkopf!** [espèce d'] idiot(e)!; **~ Glücklicher!** [oh le] veinard! (*fam*); **~ [Mutti], kannst ~ mir mal helfen?** dis, [maman], est-ce que tu peux m'aider?
▸ **mit jdm per ~ sein** tutoyer qn
Du <-[s]> *nt* tutoiement *m;* **sie hat ihm das ~ angeboten** elle lui a proposé de la tutoyer; **in Studentenkreisen ist das ~ üblich** chez les étudiants, le tutoiement est de règle
▸ **mit jdm auf ~ und ~ stehen** être à tu et toi avec qn (*fam*)
dual *Adj Fachspr.* dual(e)
Dualismus [dua'lɪsmʊs] <-> *m* PHILOS dualisme *m*
Dualsystem *nt* système *m* binaire
Dübel <-s, -> *m* cheville *f*
dübeln *tr V* cheviller; **etw ~** cheviller qc
dubios [du'bio:s] *Adj geh Vergangenheit* douteux(-euse)
Dublee <-s, -s> *nt* plaqué *m*
Dublette <-, -n> *f* ❶ (*doppeltes Exemplar*) doublet *m,* [exemplaire *m*] double *m*
❷ (*Edelsteinimitat*) imitation *f*
Dublin ['dablɪn] <-s> *nt* Dublin
ducken I. *r V* ❶ (*sich bücken*) **sich ~** se baisser; **sich vor etw** (*Dat*) **~** se baisser pour éviter qc; **sich [ängstlich] in eine Ecke ~** se tapir [apeuré] dans un coin; *s. a.* **geduckt**
❷ *pej* (*unterwürfig sein*) **sich ~** plier l'échine (*péj*)
II. *tr V* ❶ (*unterdrücken*) **jdn ~** faire plier l'échine à qn
❷ *selten* (*einziehen*) baisser *Kopf*
Duckmäuser(in) <-s, -> *m(f) pej* dégonflé(e) *m(f)* (*fam*)
duckmäuserisch I. *Adj pej Verhalten, Art* de dégonflé (*fam*); **~ sein** être un dégonflé/une dégonflée (*fam*)
II. *Adv pej* comme un dégonflé/une dégonflée (*fam*)
Dudelei <-, -en> *f pej fam* rengaine *f* (*péj fam*)
dudeln I. *itr V pej fam Radio:* seriner la même rengaine (*péj fam*); **das Dudeln der Drehorgel** les rengaines *fpl* de l'orgue de Barbarie (*péj fam*)
II. *tr V pej fam* seriner (*péj fam*)
Dudelsack *m* cornemuse *f*
Dudelsackspieler(in) *m(f)* MUS joueur(-euse) *m(f)* de cornemuse
Duell <-s, -e> *nt* duel *m;* **jdn zum ~ [heraus]fordern** provoquer qn en duel; **mit jdm ein ~ austragen** se battre en duel avec qn
Duellant(in) [duɛ'lant] <-en, -en> *m(f)* duelliste *mf*
duellieren* [duɛ'li:rən] *r V* **sich ~** se battre en duel; **sich mit jdm ~** se battre en duel avec qn
Duett <-[e]s, -e> *nt* duo *m;* **etw im ~ singen** chanter qc en duo
Duft <-[e]s, Düfte> *m von Blumen, Gewürzen* parfum *m; eines Essens, Kaffees, Parfüms* arôme *m; eines Bratens* fumet *m*
dufte *Adj* DIAL *sl* d'enfer (*fam*); **etw ~ finden** trouver qc d'enfer (*fam*), trouver que qc est d'enfer (*fam*)
duften I. *itr V* sentir bon; **gut ~** sentir très bon; **[intensiv] nach Harz ~** sentir [fort] la résine
II. *itr V unpers* **es duftet** ça sent bon; **es duftet nach Veilchen** ça sent [bon] la violette
duftend *Adj attr* odorant(e)
duftig *Adj Kleid, Stoff* vaporeux(-euse)
Duftmarke *f* marque *f* odorante [laissée par un animal] **Duftnote** *f* ❶ *des Parfüms* note *f* parfumée ❷ *pej* (*Ausdünstung*) odeur *f* [corporelle] **Duftstoff** *m* CHEM substance *f* aromatique; BIO substance *f* odorante **Duftwolke** *f* bouffée *f* de parfum
Dukaten <-s, -> *m* ducat *m*
dulden I. *tr V* tolérer; supporter [le poids de] *Leid, Entbehrungen*
II. *itr V geh* **klaglos ~** porter sa croix sans se plaindre (*fig soutenu*)
Dulder(in) <-s, -> *m(f) geh* martyr(e) *m(f)*
duldsam I. *Adj* tolérant(e); **jdm/einer S. gegenüber ~ sein** être tolérant(e) à l'égard de qn/face à qc
II. *Adv* d'une façon tolérante
Duldsamkeit <-> *f* tolérance *f*
Duldung <-, *selten* -en> *f eines Verhaltens, einer Kleidung* acceptation *f;* **die ~ durch die Polizei** l'assentiment *m* de la police; **mit [*o* unter] stillschweigender ~ der Behörden** avec l'accord *m* implicite de l'administration
Duma ['du:ma] <-, -s> *f* douma *f*
Dumdumgeschoss[RR] [dʊm'dʊm-] *nt* balle *f* dum-dum
dumm <dümmer, dümmste> I. *Adj* ❶ (*geistig beschränkt*) bête
❷ (*albern, unsinnig*) stupide; **~es Zeug reden** dire des bêtises; **das wird mir jetzt zu ~!** je perds mon temps avec ces sottises! (*fam*)
❸ (*unklug*) bête; **es wäre ~ etw zu tun** ce serait bête de faire qc; **etwas Dummes tun** faire une bêtise
❹ *fam* (*unangenehm, ärgerlich*) *Sache, Geschichte* sale *antéposé;* **ein ~es Gefühl** une drôle d'impression; **ich habe das ~e Gefühl, dass** j'ai le sentiment désagréable que + *indic;* **[es ist] zu ~, dass es schon so spät ist** c'est bête qu'il soit déjà si tard (*fam*); **mir ist etwas Dummes passiert** il m'est arrivé une chose idiote
▸ **~ geboren, nichts dazugelernt** *Spr.* ≈ tu es/il est/... aussi bête qu'il en a l'air
II. *Adv* **~ fragen** poser des questions idiotes; **~ dastehen** se retrouver comme un idiot; **sich ~ anstellen [*o* verhalten]** faire l'idiot(e)
▸ **sich** (*Akk*) **~ und dämlich suchen** *fam* chercher à en devenir chèvre (*fam*); **sich** (*Akk*) **~ und dämlich zahlen** *fam* dépenser un pognon fou (*fam*); **jdm ~ kommen** *fam* marcher sur les pieds de qn; **jdn für ~ verkaufen** *fam* prendre qn pour une andouille (*fam*)
Dummchen *s.* **Dummerchen**
dummdreist I. *Adj* bête et méchant(e)
II. *Adv* de façon bête et méchante; **~ fragen** poser des questions bêtes et méchantes; **~ grinsen** avoir un sourire d'abruti(e)
Dumme(r) *f(m) dekl wie Adj fam* gros bêta *m*/grosse bêtasse *f* (*fam*); **der ~ sein** être le dindon [de la farce]; **einen ~n finden** trouver une bonne poire (*fam*)
Dummejungenstreich *m fam* blague *f* de gamin
Dummenfang *m kein Pl pej* attrape-nigaud *m;* **auf ~ ausgehen [*o* sein]** n'attendre que la bonne poire (*fam*)
Dummerchen <-s, -> *nt fam* nunuche *f* (*fam*)
dummerweise *Adv* ❶ (*leider*) malheureusement; **~ habe ich kein Geld dabei** c'est bête, je n'ai pas d'argent sur moi
❷ (*unklugerweise*) bêtement
Dummheit <-, -en> *f* bêtise *f;* **eine ~ machen [*o* begehen]** faire une bêtise; **[mach bloß] keine ~en!** *fam* [ne fais] pas de bêtises!
Dummkopf *m pej fam* andouille *f* (*fam*); **sei kein ~!** ne fais pas le con! (*fam*)
dümmlich I. *Adj* niais(e)
II. *Adv* niaisement
Dummy ['dami] <-, -s> *m* mannequin *m*

D

dümpeln *itr V* tanguer
dumpf I. *Adj* ❶ (*hohl klingend*) sourd(e); *Ton* grave
❷ (*feucht, muffig*) *Atmosphäre, Luft* moite; *Geruch* de renfermé
❸ (*unbestimmt*) *Gefühl, Ahnung, Erinnerung* vague; *Schmerz* diffus(e)
❹ (*stumpfsinnig*) *Geist, Sinn* obtus(e)
II. *Adv* ❶ (*hohl*) *klingen* sourdement; *aufprallen* avec un son sourd
❷ (*stumpfsinnig*) *starren* d'un air stupide
Dumpfbacke *f pej, fig* tache *f*
Dumping ['dampɪŋ] <-s> *nt* dumping *m*
Düne <-, -n> *f* dune *f*
Dung <-[e]s> *m* fumier *m*
Düngemittel *nt* engrais *m*
düngen I. *tr V* mettre de l'engrais dans *Acker, Garten;* mettre de l'engrais à *Beet, Pflanzen;* **die Pflanzen mit Kompost ~** composter les plantes
II. *itr V* ❶ mettre de l'engrais; **mit etw ~** mettre qc comme engrais; **organisch ~** mettre de l'engrais organique
❷ (*düngende Wirkung haben*) **gut/schlecht ~** être un bon/mauvais engrais
Dünger <-s, -> *m* engrais *m*
Düngung <-, -en> *f* fertilisation *f;* **es reicht eine einmalige ~ pro Jahr** il suffit de mettre de l'engrais une fois par an
dunkel *Adj* ❶ *Zimmer, Nacht* sombre; **es ist/wird ~** il fait sombre/de plus en plus sombre; **im Dunkeln** dans l'obscurité
❷ (*von düsterer Farbe*) *Kleidung, Hautfarbe, Wolke* sombre; *Haare* foncé(e); *Brot* bis(e); **sich ~ kleiden** s'habiller de couleurs sombres; **etw ~ streichen** peindre qc de couleur sombre; **ein Dunkles, bitte!** une brune, s'il vous plaît!
❸ (*tief*) *Stimme, Klang* grave
❹ (*unklar*) *Andeutung, Erinnerung* confus(e); *Ursprung* obscur(e); *Verdacht* vague *antéposé*
❺ *pej* (*zwielichtig*) *Punkt, Vergangenheit* obscur(e); *Geschäfte* louche
► **jdn im Dunkeln lassen** laisser qn dans le vague; **im Dunkeln liegen** être dans l'incertitude; **im Dunkeln ist gut munkeln** *Spr.* l'obscurité est propice aux confidences; **im Dunkeln tappen** être dans le brouillard
Dunkel <-s> *nt geh* ❶ (*Dunkelheit*) obscurité *f;* **das ~ der Nacht** l'obscurité de la nuit
❷ (*Undurchschaubarkeit*) mystère *m;* **in ~ gehüllt sein** être nimbé(e) de mystère
Dünkel <-s> *m pej* suffisance *f*
dunkeläugig *Adj* aux yeux foncés; **~ sein** avoir les yeux foncés **dunkelblau** *Adj* bleu foncé *inv;* **ein ~er Rock** une jupe bleu foncé **dunkelblond** *Adj* blond foncé *inv;* **sich** (*Dat*) **die Haare ~ färben** se teindre les cheveux en blond foncé **dunkelgrün** *Adj* vert foncé *inv;* **~ Decken** des couvertures vert foncé **dunkelhaarig** *Adj* aux cheveux bruns, brun(e); **~ sein** avoir les cheveux bruns, être brun(e)
dünkelhaft I. *Adj pej* prétentieux(-euse); **~ sein** être imbu(e) de sa personne
II. *Adv pej* avec suffisance
dunkelhäutig *Adj* à la peau brune; **~ sein** être brun(e) de peau
Dunkelheit <-> *f* obscurité *f;* **die ~ bricht herein** *geh* la nuit tombe; **bei einbrechender ~** à la nuit tombante
Dunkelkammer *f* chambre *f* noire **Dunkelmann** <-männer> *m pej* individu *m* agissant dans l'ombre (*péj*)
dunkeln I. *itr V* ❶ *unpers + haben geh* (*Abend werden*) commencer à faire sombre; **es dunkelt** le soir tombe
❷ *+ sein* (*nachdunkeln*) foncer
II. *tr V + haben selten* foncer; **gedunkelt** patiné(e)
dunkelrot *Adj Kleidungsstück, Stoff* rouge foncé *inv; Gesicht* cramoisi(e); **eine ~e Krawatte** une cravatte rouge foncé
Dunkelziffer *f* chiffres *mpl* non connus
dünken <dünkte *o veraltet* deuchte, gedünkt *o veraltet* gedeucht> **I.** *tr, itr V unpers veraltet geh* **jdn** [*o selten* **jdm**] **merkwürdig ~** sembler étrange à qn; **jdn dünkt** [*o* **es dünkt jdm**], **dass** qn a le sentiment étrange que + *indic*
II. *r V veraltet geh* **sich schlau/eine Schönheit ~** se croire rusé(e)/une beauté
Dünkirchen <-s> *nt* Dunkerque
dünn I. *Adj* ❶ (*schlank*) mince; (*mager*) maigre; **~er werden** maigrir; **sich ~ machen** *sl* rentrer son ventre
❷ (*nicht konzentriert*) *Brei* liquide; *Kaffee, Tee* léger(-ère); *Suppe* clair(e)
❸ (*fein, leicht*) *Stoff, Tuch, Bluse* fin(e)
❹ (*spärlich*) *Haarwuchs, Besiedlung* clairsemé(e)
II. *Adv* **~ besiedelt/bevölkert sein** être peu peuplé(e)
► **~ gesät sein** ne pas courir les rues
dünnbesiedelt *s.* **dünn II.**
dünnbevölkert *s.* **dünn II.**
Dünndarm *m* ANAT intestin *m* grêle
Dünndruckausgabe *f* édition *f* sur papier bible **Dünndruckpapier** *nt* papier *m* bible
dünnflüssig *Adj* liquide
dünngesät *Adj s.* **dünn**►
dünnhäutig *Adj* ❶ *Insektenflügel* fin(e)
❷ (*zart besaitet*) sensible
dünn|machen *r V sl* **sich ~** se casser (*pop*) **Dünnpfiff** *m fam* courante *f* (*fam*) **Dünnsäure** *f* CHEM déchets *mpl* industriels de sulfates acides
dünnschalig *Adj Nuss, Ei* qui a la coquille fine; *Frucht* qui a la peau fine
Dünnschiss[RR] *m sl* chiasse *f* (*pop*)
dünnwandig *Adj Glas* fin(e); *Rohr* aux parois fines; *Haus* aux murs minces; **~ sein** *Glas:* être fin(e); *Rohr:* avoir des parois fines; **das Haus ist ~** les murs de la maison sont minces
Dunst <-[e]s, ¨-e> *m* ❶ (*Nebel*) brume *f*
❷ (*Dampf*) vapeur *f*
❸ (*Geruch*) odeur *f;* (*Ausdünstung*) émanation *f*
► **keinen blassen ~ von etw haben** *fam* y connaître que dalle à qc (*fam*); **jdm blauen ~ vormachen** *fam* jeter de la poudre aux yeux à qn
Dunstabzugshaube *f* hotte *f* [aspirante]
dünsten *tr V* [faire] cuire à la vapeur; **etw ~** faire cuire qc à la vapeur; **gedünstet** cuit(e) à la vapeur
Dunstglocke *f* napp *f* de pollution
dunstig *Adj* ❶ (*neblig*) brumeux(-euse)
❷ (*verraucht*) *Kneipe, Wartesaal* enfumé(e)
Dunstkreis *m geh einer Persönlichkeit* entourage *m* **Dunstschleier** *m* voile *m* de brume **Dunstwolke** *f* nuage *m* de fumée
Dünung <-, -en> *f* houle *f*
Duo <-s, -s> *nt* ❶ MUS duo *m*
❷ (*Paar*) tandem *m;* **ihr zwei seid mir ein feines ~!** vous deux, vous me faites une sacrée paire!
Duodezimalsystem *nt* système *m* duodécimal
düpieren* *tr V geh* abuser (*soutenu*)
Duplikat <-[e]s, -e> *nt* double *m;* ADMIN duplicata *m*
Dur <-> *nt* mode *m* majeur
durch I. *Präp + Akk* ❶ (*hindurch*) par; **~ die Tür/das Fenster** par la porte/la fenêtre; **~ die Stadt bummeln** faire un tour en ville; **~ den Wald streifen** se promener dans les bois; **~ den Fluss waten** passer une rivière à gué; **~ einen Schlauch atmen** respirer par un tuyau; **quer ~ das Tal gehen/verlaufen** *Weg, Strecke:* traverser/couper la vallée; **mitten ~s Herz** en plein cœur; **~ sein** (*passiert haben*) *Person, Bus, Zug:* être passé(e)
❷ (*mit Hilfe*) **etw ~ einen Boten/~ Lautsprecher bekannt geben** faire savoir qc par un messager/dans les haut-parleurs
❸ (*aufgrund, infolge*) **~ [einen] Zufall/ein Versehen** par hasard/erreur; **~ Fragen** à force de demander; **~ Üben** en s'entraînant; **~ den Unfall das Bewusstsein verlieren** per-

dre conscience à la suite de l'accident
4 (*dank*) ~ **jdn/etw** grâce à qn/qc
5 (*während*) **das ganze Jahr ~ arbeiten** travailler pendant toute l'année; ~ **den Winter kommen** tenir tout l'hiver
6 MATH **vier [geteilt] ~ zwei** quatre divisé par deux
II. *Adv* 1 *fam* (*vorbei*) **es ist Mittag** ~ il est midi passé(e)
2 *fam* (*fertig*) **durch** [*o* **mit**] **etw ~ sein** avoir fini [de lire] qc
3 *fam* (*kaputt*) ~ **sein** *Seil, Sohlen, Hose:* être nase (*fam*)
4 *fam* (*genehmigt*) ~ **sein** *Gesetz:* être passé(e); *Antrag:* être accordé(e)
5 *fam* (*gar*) ~ **sein** être bien cuit(e); **nicht ganz ~ sein** n'être pas cuit
6 *fam* (*reif*) ~ **sein** *Käse:* être bien fait(e)
▶ ~ **und ~ ehrlich sein** être on ne peut plus intègre; ~ **und ~ nass sein** être mouillé(e) jusqu'aux os; ~ **und ~ verlogen sein** être menteur(-euse) comme un arracheur de dents; **das geht ihm ~ und ~** ça lui donne la chair de poule

durch|ackern I. *tr V fam* potasser (*fam*) *Lehrbuch;* éplucher (*fam*) *Akten*
II. *r V fam* **sich** ~ s'en sortir; **sich durch etw** ~ se farcir qc (*fam*)

durch|arbeiten I. *tr V* 1 étudier [à fond]; **ein Buch** ~ étudier un livre [à fond]
2 (*durchkneten*) travailler *Teig, Knetmasse*
II. *itr V* travailler sans interruption; (*keine Mittagspause machen*) faire la journée continue
III. *r V* 1 **sich durch die Post/ein Buch** ~ venir à bout du courrier/d'un livre
2 (*sich durchkämpfen*) **sich durch ein Dickicht** ~ se frayer un passage à travers le fourré

durcharbeitet *Adj Nacht, Wochenende* passé(e) à travailler

durch|atmen *itr V* respirer profondément [*o* à fond]
▶ **[wieder] ~ können** [pouvoir] respirer à nouveau

durchaus *Adv,* **durchaus** *Adv* 1 (*unbedingt*) absolument
2 (*völlig, sehr wohl*) *zufrieden, akzeptabel, vernünftig* tout à fait; **eine ~ unerfreuliche Nachricht** une très très mauvaise nouvelle
3 (*überhaupt*) ~ **nicht schlecht sein** être loin d'être mauvais(e); ~ **kein schlechter Spieler sein** n'être pas du tout un mauvais joueur

durch|beißen *unreg* **I.** *tr V* couper avec ses dents; **etw** ~ couper qc avec ses dents
II. *r V fam* **sich** ~ s'en sortir à force de persévérance (*fam*)

durch|bekommen* *tr V unreg fam* 1 (*durchtrennen*) arriver à couper
2 *s.* **durchbringen**

durch|biegen *unreg* **I.** *tr V* courber; **den Rücken ganz** ~ courber complètement le dos
II. *r V* **sich** ~ se courber

durch|blasen *unreg* **I.** *tr V* déboucher; **ein Rohr/die Ohren** ~ déboucher un tuyau/les oreilles en insufflant de l'air
II. *itr V* (*wehen durch*) souffler; **es bläst überall durch** il y a des courants d'air partout

durch|blättern *tr V,* **durchblättern*** *tr V* feuilleter

Durchblick *m* 1 (*Ausblick*) vue *f;* **der ~ auf das Tal** la vue sur la vallée
2 *fam* (*Überblick*) **den ~ bei etw haben** assurer dans qc (*fam*); **[überhaupt] keinen ~ haben** n'y piger rien [du tout] (*fam*); **den ~ verlieren** n'y piger plus rien (*fam*)

durch|blicken *itr V* 1 (*hindurchsehen*) regarder à travers; **durch ein Fernglas** ~ regarder à travers des jumelles; **durch eine Scheibe** ~ regarder à travers une vitre
2 *fam* (*den Überblick haben*) **ich blicke da nicht mehr durch** j'y pige plus rien (*fam*)
3 (*erkennbar werden*) **etw ~ lassen** laisser [trans]paraître qc; ~ **lassen, dass** laisser entendre que + *indic*

durchbluten*[1] *tr V* irriguer; **gut durchblutet sein** être bien irrigué(e); **schlecht durchblutete Hände haben** avoir des problèmes de circulation dans les mains

durch|bluten[2] *itr V* 1 *Wunde:* saigner à travers le pansement; **es blutet durch** ça saigne beaucoup
2 (*voll bluten*) **den Verband** ~ *Wunde:* saigner à travers le pansement; **durchgeblutet sein** *Verband, Hemd:* être [tout] imbibé(e) de sang

Durchblutung *f* irrigation *f* [sanguine]; **eine gute/schlechte ~ haben** avoir une bonne/mauvaise circulation

Durchblutungsstörung *f* problème *m* de circulation

durchbohren*[1] *tr V* 1 (*durchdringen*) *Kugel, Granatsplitter:* transpercer
2 *fig* **jdn mit Blicken** ~ fusiller qn du regard

durch|bohren[2] I. *tr V* percer; **ein Loch/einen Tunnel durch etw** ~ percer un trou/un tunnel dans qc
II. *r V* **sich durch etw** ~ *Speer, Pfeil:* s'enfoncer dans qc; *Insekt, Larve:* creuser des galeries dans qc

durch|boxen I. *tr V fam* catapulter; **jdn bei einer Wahl** ~ catapulter qn dans une élection; **ein Gesetz** ~ faire passer une loi au forceps; **bei jdm eine Gehaltserhöhung** ~ obtenir une augmentation de salaire de qn au forcing (*fam*)
II. *r V fam* 1 (*sich durchzwängen*) **sich zur Bühne** ~ forcer le passage jusqu'à la scène
2 (*sich durchkämpfen*) **sich** ~ se battre, s'en sortir à force de persévérance

durch|braten *unreg* **I.** *tr V + haben* faire [bien] rôtir; **durchgebratenes Fleisch** de la viande [bien] cuite
II. *itr V + sein* rôtir

durch|brechen[1] *unreg* **I.** *tr V + haben* casser; **etw** ~ casser qc en deux
II. *itr V + sein* 1 *Brett:* se casser; **durch die Eisdecke** ~ *Person:* passer à travers la glace
2 (*hervorkommen*) *Sonne, Zahn:* percer; *Knospen, Keimling:* sortir
3 (*sich zeigen*) *Eifersucht, Jähzorn:* transparaître
4 MED *Blinddarm:* se perforer

durchbrechen*[2] *tr V unreg* 1 (*gewaltsam passieren*) enfoncer *Grenzzaun, Mauer*
2 (*überwinden*) franchir *Schallmauer;* forcer *Blockade*

durch|brennen *itr V unreg* 1 + *haben* (*ununterbrochen brennen*) *Ofen, Feuer:* continuer de brûler; *Lampe:* brûler
2 + *sein* (*entzweigehen*) *Glühbirne:* griller; *Sicherung:* sauter
3 + *sein fam* (*davonlaufen*) **jdm** ~ *Kind:* fuguer de chez qn (*fam*); **mit jdm** ~ *Ehepartner:* se barrer avec qn (*fam*)

durch|bringen *unreg* **I.** *tr V* 1 (*durchsetzen*) réussir à faire passer *Gesetz, Antrag, Kandidaten;* **jdn bei einer Wahl** ~ réussir à faire passer qn dans une élection
2 (*mit Unterhalt versorgen*) **jdn** ~ subvenir aux besoins de qn
3 (*ausgeben*) dilapider *Vermögen*
II. *r V* **sich** ~ réussir à s'en sortir

durchbrochen *Adj Stoff, Stickerei* ajouré(e)

Durchbruch *m* 1 (*Erfolg*) percée *f;* **sein ~ zur Spitzenklasse** son pas décisif vers la tête; **jdm zum ~ verhelfen** aider qn à percer; **einer S.** (*Dat*) **zum ~ verhelfen** permettre à qc de percer
2 MIL percée *f*
3 *kein Pl* (*das Hindurchkommen*) *eines Zahnes* percée *f;* **zum ~ kommen** *Naturell, Eifersucht:* se faire jour
4 MED *des Blinddarms* perforation *f*
5 (*Öffnung*) brèche *f*

durch|checken [-tʃɛkn] *tr V fam* 1 examiner; **jdn** ~ *Arzt:* examiner qn; **sich ~ lassen** se faire examiner
2 (*überprüfen*) **die Passagierliste** ~ passer la liste des passagers en revue

durchdacht *Adj* bien pensé(e); **wohl** ~ mûrement réfléchi(e)

durch|denken *tr V unreg,* **durchdenken*** *tr V unreg* réfléchir mûrement; **etw** ~ réfléchir mûrement à qc

durch|diskutieren* *tr V* discuter à fond; **etw mit jdm** ~ discuter à fond de qc avec qn; **einen Plan wieder und wieder**

~ tourner un projet dans tous les sens
durch|drehen I. *itr V* ❶ *+ haben Räder:* tourner dans le vide
❷ *+ haben o sein fam* (*die Nerven verlieren*) disjoncter (*fam*); **durchgedreht sein** *fam* avoir pété les plombs (*fam*)
II. *tr V + haben* GASTR mouliner *Gemüse, Kartoffeln;* hacher *Fleisch*
durch|dringen[1] *itr V unreg + sein* ❶ (*eindringen*) passer à travers; **durch etw** ~ *Regen, Kälte:* passer à travers qc
❷ (*hindurchdringen*) *Stimme, Geräusch:* passer à travers; **bis zu jdm** ~ parvenir jusqu'à qn; **durch die Wand dringt Musik durch** on entend de la musique à travers le mur
❸ (*durchsetzen*) **mit einem Vorschlag** ~ faire passer une proposition; **bei jdm mit einer neuen Idee** ~ arriver à imposer une nouvelle idée auprès de qn
durchdringen*[2] *tr V unreg* ❶ (*durch etw dringen*) passer à travers *Material;* percer *Dunkelheit*
❷ *geh* (*erfüllen*) **jdn** ~ *Idee, Gefühl:* s'emparer de qn (*fam*)
durchdringend *Adj Kälte, Wind* mordant(e); *Schmerz* aigu(ë); *Schrei, Blick* perçant(e); *Geruch, Schwaden* pénétrant(e)
Durchdringung <-> *f* ❶ (*das Durchdringen*) pénétration *f*
❷ (*geistige Erfassung*) compréhension *f*
durch|drücken *tr V* ❶ tendre *Knie, Ellbogen*
❷ *fam* (*durchsetzen*) faire passer *Vorhaben, Änderungen;* **bei jdm ~, dass** réussir à obtenir de qn que + *subj*
durcheinander I. *Adj fam* ❶ (*unordentlich*) pêle-mêle; ~ **sein** *Wohnung, Schreibtisch:* être en pagaille (*fam*); *Karteikarten, Unterlagen:* être tout(e) mélangé(e) (*fam*); **hier ist alles** ~ c'est le foutoir ici (*fam*)
❷ (*verwirrt*) ~ **sein** être tourneboulé(e) (*fam*)
II. *Adv* **viel** ~ **essen/trinken** manger/boire beaucoup et n'importe comment (*fam*)
Durcheinander <-s> *nt* ❶ (*Unordnung*) désordre *m*
❷ (*Wirrwarr*) confusion *f*
durcheinander|bringen *s.* **bringen 16.**
durcheinander|geraten* *s.* **geraten[1] 3.**
durcheinander|reden *s.* **reden I.1.**
durcheinander|wirbeln *s.* **wirbeln II.1., II.2.**
durch|exerzieren* *tr V fam* ❶ (*üben*) réviser; **mit jdm Vokabeln** ~ réviser du vocabulaire avec qn
❷ (*durchspielen*) **einige Möglichkeiten mit jdm** ~ répéter quelques possibilités avec qn
durch|fahren[1] *itr V unreg + sein* ❶ (*fahren*) passer; **durch etw** ~ passer par qc; **unter der Brücke/zwischen den Häusern** ~ passer sous le pont/entre les maisons
❷ (*nicht anhalten*) **bei Rot** ~ passer au [feu] rouge; **bis Frankfurt** ~ *Zug:* ne pas s'arrêter avant Francfort
❸ (*ununterbrochen fahren*) *Person:* rouler sans arrêt; **die ganze Nacht** ~ rouler toute la nuit
durchfahren*[2] *tr V unreg* ❶ (*fahrend durchqueren*) traverser *Gegend, Land;* parcourir *Strecke*
❷ (*durchzucken*) **jdn** ~ *Schreck:* s'emparer de qn; **ein Gedanke durchfuhr sie** une idée lui traversa l'esprit
Durchfahrt *f* ❶ (*Öffnung*) passage *m;* ~ **bitte freihalten!** ne pas stationner!
❷ *kein Pl* (*das Durchfahren*) passage *m;* ~ **verboten!** passage interdit!
❸ *kein Pl* (*das Fahren im Transitverkehr*) **auf der** ~ **sein** être en transit
Durchfahrtsstraße *f* grand axe *m*
Durchfall *m* ❶ MED diarrhée *f;* ~ **haben** avoir la diarrhée
❷ *fam* (*Misserfolg*) échec *m*
durch|fallen *itr V unreg + sein* ❶ (*fallen*) passer [à travers]; **durch ein Sieb** ~ passer à travers un passoir
❷ *fam* (*nicht bestehen*) **bei etw** [*o* **in etw** (*Dat*)] ~ se faire étendre à qc (*fam*)
❸ (*einen Misserfolg haben*) **bei jdm/etw** ~ *Autor, Aufführung, Film:* être un fiasco auprès de qn/qc
durch|faulen *itr V + sein* pourrir [complètement]
durch|fechten *tr V unreg* mener à terme; **etw** ~ mener qc à terme
durch|feiern[1] *itr V fam* (*ohne Pause feiern*) faire la java (*fam*)
durchfeiern*[2] *tr V* faire la fête; **die ganze Nacht** ~ faire la fête toute la nuit; **eine durchfeierte Nacht** une nuit passée à faire la fête
durch|feilen *tr V* limer *Gitter*
durchfeuchten* *tr V* tremper *Watte;* **durchfeuchtet sein** être trempé(e)
durch|finden *itr, r V unreg* [**sich**] ~ s'y retrouver; [**sich**] **durch etw/in etw** (*Dat*) ~ se retrouver dans qc
durch|fliegen[1] *itr V unreg + sein* ❶ (*fliegen*) passer [en volant]; **durch etw** ~ passer [en volant] par qc; **unter dem Zaun/zwischen den Büschen** ~ passer [en volant] sous la clôture/entre les buissons
❷ (*ohne Zwischenstopp fliegen*) voler sans escale
❸ *fam* (*durchfallen*) se faire étendre (*fam*)
durchfliegen*[2] *tr V unreg* traverser *Wolken, Gewitter*
durch|fließen[1] *itr V unreg + sein* s'écouler; **durch etw** ~ *Wasser:* s'écouler à travers qc
durchfließen*[2] *tr V unreg* traverser, arroser *Tal, Aue*
Durchfluss[RR] *m* ❶ *kein Pl* (*das Durchfließen*) écoulement *m*
❷ (*Öffnung*) chenal *m*
Durchflussmenge[RR] *f* débit *m*
durchfluten* *tr V geh* ❶ (*erhellen*) baigner; **etw** ~ *Licht, Sonne:* baigner qc (*littér*)
❷ (*durchströmen*) **jdn** ~ *Wärme, Gefühl:* submerger qn
durchforschen* *tr V* ❶ (*durchstreifen*) explorer *Gegend, Land*
❷ (*durchsuchen*) **Bücher nach etw** ~ consulter des livres à la recherche de qc
durchforsten* *tr V fam* éplucher; **etw nach etw** ~ éplucher qc à la recherche de qc (*fam*)
durch|fragen *r V* **sich** ~ finir par trouver [à force de poser des questions]
durch|fressen *unreg* I. *r V* ❶ (*korrodieren*) **sich** ~ *Säure, Rost:* finir par traverser; **sich durch etw** ~ ronger complètement qc
❷ (*nagen*) **sich** ~ *Tier:* se frayer un passage; **sich durch die Hecke** ~ faire un trou dans la haie [en la rongeant]
❸ *pej fam* (*schmarotzen*) **sich bei jdm** ~ jouer les pique-assiettes chez qn (*fam*)
II. *tr V* **das Metall** ~ *Säure, Rost:* corroder le métal; **das Gewebe** ~ *Motten:* ronger l'étoffe
durchfroren *Adj* [complètement] gelé(e)
Durchfuhr *f* transit *m*
durchführbar *Adj* réalisable
durch|führen I. *tr V* ❶ faire *Messung, Reform, Haussuchung;* **einen Plan/Beschluss** ~ mettre un plan/une décision à exécution
❷ (*hindurchführen*) **jdn durch etw** ~ *Führer, Verkäufer:* guider qn à travers qc
❸ (*durchleiten*) **eine Straße unter einer Brücke** ~ faire passer une rue sous un pont; **ein Kabel durch eine Mauer/unter einer Mauer** ~ faire passer un câble à travers/sous un mur
II. *itr V* (*verlaufen*) **durch etw** ~ traverser qc
Durchfuhrrecht *nt* droit *m* de transit
durch|füttern *tr V fam* entretenir; **sich von jdm** ~ **lassen** vivre aux crochets de qn (*péj fam*)
Durchgang *m* ❶ passage *m;* **kein** ~**!** passage interdit!
❷ (*Phase*) *einer Wahl, eines Wettkampfs, Verfahrens* tour *m*
durchgängig I. *Adj* (*allgemein feststellbar*) général(e)
II. *Adv ablehnen, befürworten* à l'unanimité; *feststellen* de manière constante
Durchgangsbahnhof *m* gare *f* de transit **Durchgangslager** *nt* camp *m* de transit **Durchgangsstraße** *f* grand axe *m* **Durchgangsverkehr** *m* trafic *m* de transit; [**Straße**] **für den** ~ **gesperrt** passage interdit sauf riverains
durch|geben *tr V unreg* (*über Radio, Fernsehen*) communi-

quer; **jdm etw** ~ donner [*o* communiquer] qc à qn; **jdm ~, dass** communiquer [*o* faire savoir] à qn que + *indic*
durchgefroren *Adj* [complètement] gelé(e)
durch|gehen *unreg* **I.** *itr V + sein* ❶ *Person:* avancer; **durch den Zoll** ~ passer la douane
❷ *fam* (*durchpassen*) **durch die/unter der Tür** ~ passer à travers/sous la porte
❸ (*keinen Zwischenhalt machen*) *Flug, Zug:* être direct(e)
❹ *fam* (*ohne Unterbrechung andauern*) être non-stop (*fam*); **von morgens bis abends** ~ *Verhandlungen, Kongress:* durer non-stop du matin au soir (*fam*)
❺ (*durchdringen*) **durch jdn/etw** ~ *Strahlung, Regen:* traverser qn/qc
❻ (*angenommen werden*) *Antrag, Gesetz:* être adopté(e)
❼ *fam* (*weglaufen*) **mit jdm/etw** ~ *Person:* se tirer avec qn/qc (*fam*)
❽ (*außer Kontrolle geraten*) **mit jdm/etw** ~ *Pferd:* s'emballer et s'enfuir avec qn/qc; **ihr Temperament ist mit ihr durchgegangen** elle n'a pas pu contenir son tempérament; **seine Nerven gingen ihm durch** ses nerfs le lâchèrent
❾ (*eingeschätzt werden*) **für zwanzig** ~ faire vingt ans; **für einen Mann** ~ passer pour un homme
▸ **etw** ~ **lassen** laisser passer qc; **jdm etw** ~ **lassen** passer qc à qn
II. *tr V + sein* (*prüfend durchlesen*) revoir, reviser *Text, Liste;* **die Vokabeln mit jdm** ~ revoir le vocabulaire avec qn
durchgehend I. *Adj* ❶ *Öffnungszeiten* sans interruption
❷ (*ohne Zwischenhalt fahrend*) *Zug* direct(e)
II. *Adv* (*ständig*) en permanence; ~ **geöffnet** ouvert(e) sans interruption
durchgeistigt *Adj geh Person* d'une intellectualité supérieure (*littér*); *Wesen* empreint(e) de sagesse (*littér*)
durchgeknallt *Adj fam Person* à la masse (*fam*); ~ **sein** être [complètement] à la masse (*fam*)
durch|gießen *tr V unreg* passer; **etw durch ein Sieb** ~ passer qc avec une passoire
durch|graben *unreg* **I.** *tr V* creuser; **einen Tunnel durch etw** ~ creuser un tunnel dans qc
II. *r V* **sich durch etw/unter etw** (*Dat*) ~ se creuser un passage à travers/sous qc
durch|greifen *itr V unreg* ❶ (*eingreifen*) prendre des mesures énergiques; **hart/streng** ~ sévir; **zu wenig** ~ ne pas avoir assez de poigne, ne pas être assez énergique
❷ (*hindurchfassen*) **durch etw** ~ passer la main à travers qc
durchgreifend I. *Adj Maßnahme* énergique; *Änderung, Verbesserung* radical(e)
II. *Adv sich ändern, sich verbessern* fondamentalement
durch|gucken *s.* **durchblicken 1.**
durch|haben *tr V unreg fam* ❶ avoir fini de lire *Buch, Artikel;* avoir révisé *Vokabeln, Prüfungsstoff*
❷ (*durchtrennt haben*) **etw** ~ avoir coupé qc en deux
durch|hacken *tr V* découper à la hache; **ein Brett/einen Ast** ~ découper une planche/branche à la hache
durch|halten *unreg* **I.** *tr V* ❶ (*ertragen*) supporter
❷ (*weiterhin durchführen*) poursuivre *Ausstand, Streik*
❸ (*beibehalten*) tenir *Tempo;* aller jusqu'au bout de *Strecke*
❹ (*aushalten*) résister à *Beanspruchung*
II. *itr V* (*standhalten, funktionieren*) tenir bon
Durchhalteparole *f pej* paroles *fpl* d'encouragement; (*im Krieg*) mot *m* d'ordre jusqu'au-boutiste **Durchhaltevermögen** *nt* endurance *f*
durch|hängen *itr V unreg + haben o sein* ❶ (*nach unten hängen*) être arqué(e); [**nach unten**] ~ *Hängebrücke:* être arqué(e); *Seil:* être lâche
❷ *fam* (*abgespannt sein*) être à plat (*fam*); (*deprimiert sein*) avoir le blues (*fam*); **lass dich nicht so ~!** ne te laisse pas aller comme ça!
Durchhänger <-s, -> *m* ▸ **einen** ~ **haben** *fam* (*körperlich*) être mal fichu(e) (*fam*); (*moralisch*) déprimer (*fam*)
durch|hauen *unreg* **I.** *tr V* ❶ (*zerteilen*) couper en deux; **etw mit etw** ~ couper qc en deux avec qc
❷ *fam* (*verprügeln*) tabasser (*fam*)
II. *r V* **sich durch etw** ~ se frayer un chemin à travers qc
durch|hecheln *tr V pej fam* se régaler des histoires sur *Nachbarn, Verwandte, Affäre;* **in der Presse durchgehechelt werden** être livré(e) en pâture à la presse
durch|heizen I. *itr V* (*ohne Unterbrechung heizen*) chauffer jour et nuit; (*gründlich heizen*) chauffer à fond
II. *tr V* ❶ (*gründlich heizen*) **die Wohnung** ~ chauffer l'appartement à fond; *Kamin, Heizung:* réchauffer l'appartement
❷ (*ohne Unterbrechung heizen*) **etw** ~ chauffer qc sans arrêt
durch|helfen *unreg* **I.** *itr V* aider à passer/traverser; **jdm durch einen Spalt/eine Öffnung** ~ aider qn à passer par une fente/ouverture; **jdm durch eine schwierige Zeit** ~ aider qn à traverser des moments difficiles
II. *r V* **sich** ~ se débrouiller; **sich selbst** ~ se débrouiller soi-même
durch|hören *tr V* ❶ entendre à travers; **etw durch etw** ~ entendre qc à travers qc
❷ (*heraushören*) **bei jdm Enttäuschung/Unsicherheit** ~ percevoir de la déception/de l'incertitude chez qn
durch|ixen *tr V fam* barrer
durch|kämmen[1] *tr V* peigner; (*durchbürsten*) coiffer
durchkämmen*[2] *tr V* (*durchsuchen*) passer au peigne fin; **etw nach jdm** ~ passer qc au peigne fin pour trouver qn
durch|kämpfen I. *r V* ❶ (*sich einen Weg bahnen*) se frayer un chemin; **sich durch etw** ~ se frayer un chemin à travers qc
❷ (*durcharbeiten*) **sich** ~ en venir à bout; **sich durch etw** ~ venir à bout de qc
❸ (*sich behaupten*) **sich** [**hart/mühsam**] ~ se battre [beaucoup/péniblement] pour s'imposer
❹ (*sich durchringen*) **sich dazu** ~ **etw zu tun** se résoudre à faire qc; **sich zu einer Entscheidung** ~ se résoudre à prendre une décision
II. *tr V* (*erkämpfen*) réussir à imposer *Recht, Verbesserung;* **etw ~ müssen** devoir se battre pour imposer qc
III. *itr V Soldaten, Armee:* continuer les combats
durch|kauen *tr V* ❶ [bien] mâcher *Essen, Fleisch;* [**gut**] **durchgekaut** [bien] mâché(e)
❷ *fam* (*behandeln*) **etw mit jdm** ~ rabâcher qc avec qn (*fam*)
durch|klettern *itr V + sein* passer à travers; **durch etw** ~ passer à travers qc
durch|klingen *itr V unreg* ❶ *+ haben* (*mitschwingen*) *Ärger, Gereiztheit:* transparaître; ~ **lassen, dass** laisser entendre que + *indic*
❷ *+ sein* (*hörbar sein*) [**durch etw**] ~ *Stimme, Instrument:* être audible
durch|kneten *tr V* ❶ GASTR [bien] pétrir *Teig*
❷ *fam* (*massieren*) **jdn/jds Muskeln** ~ masser [vigoureusement] qn/les muscles de qn
durch|kommen *itr V unreg + sein* ❶ (*durchfahren*) passer; **durch ein Dorf** ~ traverser un village
❷ (*vorbeikommen, passieren*) **durch etw** ~ *Person, Fahrzeug:* pouvoir passer à travers qc
❸ (*durchdringen*) **durch etw** ~ *Feuchtigkeit, Wasser:* s'infiltrer à travers qc
❹ (*sichtbar werden*) **durch etw** ~ *Farbe, Untergrund:* se voir au travers de qc; *Sonne:* percer qc
❺ (*in Erscheinung treten*) **bei jdm** ~ *Eifersucht, Neid:* se faire sentir chez qn; **bei ihm kommt** [**immer wieder**] **der Psychologe durch** on sent le psychologue chez lui
❻ (*Erfolg haben*) **bei jdm mit etw** ~ avoir du succès avec qc auprès de qn; **mit Englisch kommt man überall durch** avec l'anglais on passe partout; **damit kommen Sie bei mir nicht durch!** ça ne prend pas avec moi!
❼ (*durch etw gelangen*) **durch etw** ~ arriver à passer par qc;

D

(*hineinkommen*) arriver à passer dans qc; **mit der Hand durch das Loch** ~ arriver à passer la main par [*o* dans] dans le trou
❽ (*Prüfung bestehen*) réussir; **in Mathe** ~ réussir en maths
❾ *fam* (*überleben*) s'en tirer (*fam*)
❿ (*durchgesagt werden*) **im Radio** ~ *Meldung, Nachricht:* passer à la radio

durch|können *itr V unreg fam* pouvoir passer; **durch etw** ~ pouvoir passer par qc

durchkreuzen*[1] *tr V geh* ❶ (*vereiteln*) contrarier *Pläne, Vorhaben*
❷ (*durchqueren*) parcourir

durch|kreuzen[2] *tr V* (*durchstreichen*) barrer

durch|kriechen *itr V unreg + sein* ramper; **durch etw/unter etw** (*Dat*) ~ ramper dans qc/sous qc

durch|kriegen *s.* **durchbekommen**

durch|langen *fam* **I.** *itr V* passer la main; **durch etw** ~ passer la main à travers qc
II. *tr V* (*durchreichen*) **jdm etw** ~ filer qc à qn (*fam*)

Durchlass[RR] <-es, -lässe>, **Durchlaß** <-sses, -lässe> *m*
❶ (*Durchgang*) passage *m*
❷ *kein Pl geh* (*Zugang, Einlass*) **jdm** ~ **verschaffen/gewähren** frayer un passage/accorder le droit de passage à qn; **sich** ~ **verschaffen** se frayer un passage

durch|lassen *tr V unreg* ❶ laisser passer *Person, Licht*
❷ *fam* (*durchgehen lassen*) **jdm etw** ~ passer qc à qn

durchlässig ['dʊrçlɛsɪç] *Adj* ❶ (*porös*) perméable
❷ *fig* ~ **sein** *System:* être souple; *Grenze:* être facile à passer

Durchlässigkeit <-> *f* ❶ (*Porosität*) perméabilité *f*
❷ *fig eines Systems* souplesse *f;* **die** ~ **einer Grenze** la facilité à passer une frontière

Durchlaucht ['dʊrçlaʊxt] <-, -en> *f* HIST Altesse *f* sérénissime; **Euer** ~ votre Altesse

Durchlauf *m* ❶ INFORM exécution *f*
❷ SKI manche *m*

durch|laufen[1] *unreg* **I.** *itr V + sein* ❶ (*rinnen*) passer; **durch etw** ~ *Kaffee, Saft:* passer dans qc
❷ (*passieren*) passer
❸ (*ohne Unterbrechung laufen*) **drei Stunden/ohne Pause** ~ marcher trois heures/sans s'arrêter
II. *tr V + haben* user *Schuhe, Sohlen*

durchlaufen*[2] *tr V unreg* ❶ (*durchqueren*) traverser *Gebiet, Stadt*
❷ SPORT parcourir *Strecke*
❸ (*absolvieren*) faire *Ausbildung;* traverser *Phase;* **die Schule [problemlos]** ~ effectuer sa scolarité [sans problème]
❹ (*erfassen*) **jdn** ~ *Schauder, Frösteln:* parcourir qn; **es durchlief mich siedend heiß** j'en ai eu des bouffées de chaleur

durchlaufend *Adj Geländer, Fries, Sims* continu(e)

Durchlauferhitzer <-s, -> *m* chauffe-eau *m*

durch|lavieren* [-vi:-] *r V fam* donner le change; **sich durch etw** ~ donner le change dans qc

durchleben* *tr V* ❶ (*erleben*) vivre *Jugend, Kindheit, Zeit*
❷ (*durchmachen*) passer par *Angst, Tiefen, Höhen*

durchleiden* *tr V unreg* endurer *Qualen, Entbehrungen*

durch|lesen *tr V unreg* lire; **sich** (*Dat*) **etw** ~ lire qc; (*bis zum Ende*) lire qc en entier; **[sich** (*Dat*)**] etw auf Fehler/Ungenauigkeiten** ~ relire qc pour trouver des fautes/inexactitudes; **das Durchlesen** la lecture; **beim Durchlesen** en lisant

durchleuchten*[1] *tr V* ❶ MED radiographier *Patienten, Lunge;* **das Durchleuchten** la radio[graphie]
❷ *fam* (*überprüfen*) éplucher *Geschäfte, Angelegenheit, Vorleben;* **einen Bewerber** ~ examiner un candidat à la loupe

durch|leuchten[2] *itr V* passer; **durch etw** ~ *Licht, Sonne:* passer à travers qc

Durchleuchtung <-, -en> *f* ❶ MED radio[graphie] *f*
❷ (*Überprüfung*) examen *m* approfondi

durch|liegen *unreg* **I.** *tr V* user *Matratze, Bett;* **durchgelegen** usé(e)
II. *r V* **sich** ~ avoir des escarres [à force d'être alité(e)]; **mit durchgelegenem Rücken** meurtri(e) par des escarres au dos

durchlöchern* *tr V* ❶ perforer *Karosserie;* transpercer *Opfer;* **durchlöchert** *Karosserie:* perforé(e); *Kleidung:* troué(e); **[von Kugeln] durchlöchert** criblé(e) de balles
❷ (*schwächen*) miner *Gesetzeswerk, Verfassung*

durch|lotsen *tr V fam* piloter; **jdn durch etw** ~ piloter qn à travers qc

durch|lüften *tr, itr V* aérer [à fond]

durch|machen **I.** *tr V* ❶ (*mitmachen*) avoir *Krankheit;* traverser *schwere Zeiten;* vivre *Unangenehmes, Schreckliches;* **Schweres/viel durchgemacht haben** en avoir vu de dures/de toutes les couleurs (*fam*)
❷ (*durchlaufen*) faire *Ausbildung, Lehre;* passer par *Phase, Wandlung*
II. *itr V fam* ❶ (*durchfeiern*) faire la bringue jusqu'au petit matin (*fam*)
❷ (*durcharbeiten*) travailler en non-stop

Durchmarsch *m* ❶ *von Truppen, von Soldaten* passage *m;* **der** ~ **durch die Stadt** le passage dans la ville; **auf dem** ~ **sein** être de passage
❷ *fam* (*Sieg*) victoire *f*
❸ *kein Pl sl* (*Durchfall*) chiasse *f* (*vulg*); ~ **haben** *sl* avoir la chiasse (*vulg*)

durch|marschieren* *itr V + sein* défiler; **durch die Stadt** ~ défiler dans la ville; **bis zum Ziel** ~ marcher jusqu'au but

durchmessen* *tr V unreg geh* parcourir *Zimmer, Hof*

Durchmesser <-s, -> *m* diamètre *m;* TECH calibre *m;* **im** ~ de diamètre/calibre

durch|mischen[1] *tr V* (*gut mischen*) [bien] mélanger

durchmischen*[2] *tr V* ❶ mélanger; **etw mit Sand** ~ mélanger [*o* mêler] du sable à qc
❷ *fig* **ein gut durchmischtes Team** une équipe hétérogène

durch|mogeln **I.** *r V fam* **sich** ~ se débrouiller; **sich durch die Kontrolle** ~ se débrouiller pour passer le contrôle (*fam*); **sich durch die Schule** ~ ne pas être très catholique à l'école (*fam*)
II. *tr V fam* **jdn/etw durch etw** ~ faire passer qn/qc à travers qc

durch|müssen *itr V unreg fam* ❶ (*durchgehen müssen*) devoir passer; **durch etw** ~ devoir passer à travers qc
❷ (*durchmachen müssen*) **durch etw** ~ devoir passer par qc

durch|nagen *tr V* couper [en deux] à force de ronger; **etw** ~ couper qc [en deux] à force de ronger

durchnässen* *tr V* tremper; **völlig durchnässt [sein]** [être] complètement trempé(e)

durch|nehmen *tr V unreg* faire

durch|numerieren* *tr V* numéroter

durch|organisieren* *tr V* organiser [dans le détail]; **[gut] durchorganisiert sein** être [bien] organisé(e)

durch|pauken *tr V fam* ❶ SCHULE bûcher; **etw mit jdm** ~ bûcher qc avec qn
❷ (*durchsetzen*) imposer *Kandidaten, Gesetz, Änderungen*
❸ (*durch Schwierigkeiten bringen*) **einen Mandanten/Schüler** ~ tirer un mandant/un élève d'affaire

durch|pausen ['dʊrçpaʊzən] *tr V* calquer

durch|peitschen *tr V* ❶ *fam* (*durchbringen*) faire passer à la va-vite; **etw** ~ faire passer qc à la va-vite
❷ (*auspeitschen*) fouetter

durch|plumpsen *itr V + sein fam* ❶ se ramasser (*fam*)
❷ *s.* **durchfallen 2.**

durch|probieren* *tr V* ❶ (*testen, ausprobieren*) essayer
❷ *fam* (*schlafen mit*) **die Kollegen/Kolleginnen alle** ~ coucher avec tous/toutes ses collègues

durch|prügeln *tr V fam* flanquer une bonne raclée; **jdn** ~ flanquer une bonne raclée à qn (*fam*); **von jdm durchgeprügelt werden** recevoir une bonne raclée par qn (*fam*)

durch|pusten *s.* **durchblasen**

durchqueren* *tr V* traverser
durch|quetschen **I.** *r V fam* **sich** ~ se faufiler; **sich durch eine Öffnung** ~ se faufiler par une ouverture; **sich durch eine Menschenmenge** ~ se frayer un passage à travers la foule
II. *tr V fam* (*durchpressen*) écrabouiller (*fam*)
durch|rasen *itr V + sein fam* passer à toute berzingue (*fam*); **durch die Radarkontrolle** ~ passer à toute berzingue au contrôle radar
durch|rasseln *s.* **durchfallen 2.**
durch|rechnen *tr V* (*vollständig rechnen*) calculer; [**noch einmal**] ~ (*prüfen*) recompter [encore une fois]
durch|regnen *itr V unpers* ❶ (*Regen durchlassen*) passer; **es regnet durch etw durch** la pluie passe à travers qc
❷ (*weiterregnen*) **es regnet durch** il n'arrête pas de pleuvoir; **es regnet stundenlang/tagelang durch** il pleut pendant des heures/jours
Durchreiche ['dʊrçraɪçə] <-, -n> *f* passe-plat *m*
durch|reichen *tr V* passer; **etw durch etw** ~ passer qc par qc
Durchreise *f* ❶ (*das Durchreisen*) traversée *f*; **die** ~ **durch ein Land** la traversée d'un pays
❷ (*Durchfahrt*) **auf der** ~ **sein** être de passage; **auf der** ~ **nach Berlin** lors de mon passage à Berlin
durch|reisen[1] *itr V + sein* ❶ voyager sans s'arrêter; **die Nacht/bis nach Hamburg** ~ voyager toute la nuit/jusqu'à Hambourg
❷ (*durchqueren*) **durch etw** ~ traverser qc
durchreisen*[2] *tr V* parcourir *Gegend, Land, Welt*
Durchreisende(r) *f(m) dekl wie Adj* (*Transitreisende*) voyageur(-euse) *m(f)* en transit; (*im Hotelgewerbe*) client(e) *m(f)* de passage; ~ **nach Bangkok** les passagers pour Bangkok
Durchreisevisum [-viː-] *nt* visa *m* de transit
durch|reißen *unreg* **I.** *tr V + haben* déchirer; **etw mitten** [*o* **in der Mitte**] ~ déchirer qc en son milieu [*o* en deux]; **durchgerissen** [**sein**] [être] déchiré(e) en deux
II. *itr V + sein Seil:* se casser; *Tuch, Stoff:* se déchirer
durch|rieseln[1] *itr V + sein* passer; **durch etw** ~ *Sand, Steinchen:* passer à travers qc
durchrieseln*[2] *tr V geh Schauder:* parcourir; *Wonne:* inonder
durch|ringen *r V unreg* **sich** ~ se resoudre; **sich zu einer Entscheidung** ~ se résoudre à prendre une décision; **sich zu einer Zustimmung** ~ se décider à donner son assentiment; **sich dazu** ~ **etw zu tun** se résoudre à faire qc
durch|rosten *itr V + sein* rouiller [complètement]
Durchrostung <-, -en> *f* AUT corrosion *f*
durch|rufen *itr V unreg fam* passer un coup de fil (*fam*)
durch|rühren *tr V* remuer
durch|rutschen *itr V + sein fam* ❶ glisser; **durch etw** ~ *Gegenstand:* glisser à travers qc; **unter etw** (*Dat*) ~ *Person:* se glisser sous qc
❷ (*durchkommen*) **bei der Prüfung gerade noch** ~ être reçu(e) de peu à un examen
durch|rütteln *tr V* secouer
durchs [dʊrçs] = **durch das** *s.* **durch**
durch|sacken *itr V + sein* AVIAT *Flugzeug:* faire une abattée
Durchsage ['dʊrçzaːgə] *f* communiqué *m*; (*Verkehrsdurchsage*) point *m* sur la circulation routière; (*Wetterdurchsage*) bulletin *m* météo
durch|sagen *tr V* ❶ RADIO, TV communiquer; **die Zeit im Radio** ~ donner l'heure à la radio
❷ (*mündlich weitergeben*) **nach vorne/hinten** ~ transmettre *Parole, Anweisung;* **nach vorne/hinten** ~**!** fais/faites passer devant/derrière!
durch|sägen *tr V* scier [en deux]; **etw** ~ scier qc [en deux]
durch|saufen *unreg* **I.** *itr V sl* picoler (*fam*)
II. *r V sl* **sich** ~ se rincer la gueule (*fam*); **sich bei jdm** ~ se rincer la gueule sur le compte de qn
durch|sausen *itr V + sein fam* ❶ *s.* **durchrasen**
❷ *s.* **durchfallen 2.**
durchschaubar *Adj* ❶ clair(e); **leicht/schwer** ~ clair(e)/peu clair(e)
❷ *Charakter, Person* transparent(e); **ein schwer** ~**er Mensch** une personne impénétrable; **nicht leicht** ~ très énigmatique
durchschauen*[1] *tr V* voir clair dans *Lüge, Intrige;* deviner *Absichten;* [**leicht**] **zu** ~ **sein** être facile à déceler; **jdn** ~ voir clair dans le jeu de qn; **leicht/schwer zu** ~ **sein** *Person:* être transparent(e)/impénétrable; **ich habe ihn gleich durchschaut** j'ai vu tout de suite clair dans son jeu; **du bist durchschaut!** tu es découvert(e)!
durch|schauen[2] *s.* **durchsehen**
durch|scheinen *itr V unreg* ❶ (*scheinen*) luire; **durch etw** ~ *Licht, Sonne:* luire à travers qc
❷ (*sichtbar sein*) **etw scheint unter etw** (*Dat*)**/durch etw durch** *Farbe, Muster, Unterrock:* on voit qc à travers qc
durchscheinend *Adj* transparent(e)
durch|scheuern **I.** *tr V* user; **am Ärmel durchgescheuert sein** être élimé(e) à la manche
II. *r V* (*sich verschleißen*) **sich** ~ s'user
durch|schieben *tr V unreg* glisser; **etw durch etw** ~ glisser qc à travers qc; **etw unter etw** (*Dat*) ~ glisser qc sous qc
durch|schießen[1] *itr V unreg* tirer; **durch etw** ~ tirer à travers qc
durchschießen*[2] *tr V unreg* ❶ (*mit Kugeln*) tirer dans *Arm;* tirer sur *Person, Zielscheibe;* **durchschossen** [**sein**] [être] atteint(e) d'une balle; **mit durchschossener Hand** atteint(e) d'une balle à la main
❷ (*einfallen*) **jdn** ~ *Gedanke, Einfall:* traverser d'un coup l'esprit de qn
❸ TYP espacer *Zeilen, Seite*
durch|schimmern *itr V* luire; **durch etw** ~ luire à travers qc
durch|schlafen *itr V unreg* dormir d'une traite
Durchschlag *m* ❶ (*Kopie*) copie *f*
❷ (*Sieb*) passoire *f*
durch|schlagen[1] *unreg* **I.** *tr V + haben* ❶ (*durchbrechen*) fendre *Ziegelstein;* enfoncer *Wand;* **ein Brett** ~ couper une planche en deux
❷ (*einschlagen*) **einen Nagel durch etw** ~ enfoncer un clou à travers qc
II. *itr V* ❶ *+ sein* (*sich bemerkbar machen*) **bei/in jdm** ~ *Charakter, Eigenschaft:* ressortir chez qn; **in ihm schlägt der Vater durch** c'est tout son père
❷ *+ sein* (*durchdringen*) **durch etw** ~ *Geschoss, Meteorit:* passer à travers qc; *Feuchtigkeit:* s'infiltrer dans qc
❸ *+ haben fam* (*abführend wirken*) **bei jdm** ~ faire effet chez qn
❹ *+ sein* (*sich auswirken*) **auf etw** (*Akk*) ~ avoir des répercussions sur qc
III. *r V + haben* (*sich durchbringen*) **er muss sich** ~ il doit se débrouiller comme il peut (*fam*); **sich mit Mühe** ~ tirer le diable par la queue
durchschlagen*[2] *tr V unreg* (*durchdringen*) *Geschoss, Kugel:* traverser
durchschlagend *Adj Erfolg, Sieg* éclatant(e); *Wirkung, Beweis, Argument* décisif(-ive)
Durchschlagpapier *nt* ❶ (*dünnes Papier*) papier *m* pelure
❷ (*Kohlepapier*) [papier *m*] carbone *m*
Durchschlagskraft *f* ❶ *eines Geschosses* force *f* de pénétration
❷ (*überzeugende Wirkung*) impact *m* **durchschlagskräftig** *Adj Beweis* concluant(e); *Argument* percutant(e)
durch|schlängeln ['dʊrçʃlɛŋəln] *r V* **sich** ~ se faufiler; **sich zu jdm/etw** ~ se faufiler jusqu'à qn/qc; **sich durch etw** ~ *Bach:* serpenter à travers qc
durch|schleppen *tr V fam* [**mit**] ~ (*helfen*) soutenir *Kollegen, Mitschüler;* (*versorgen*) faire vivre *Bedürftige, Verwandte*
durch|schleusen *tr V* ❶ NAUT écluser *Schiff*
❷ *fam* faire passer; **jdn durch den Nebeneingang** ~ faire

passer qn par l'entrée latérale; **jdn durch eine Kontrolle/Grenze** ~ faire passer un contrôle/une frontière à qn
Durchschlupf <-[e]s, -schlüpfe> *m* passage *m* [étroit]
durch|schlüpfen *itr V + sein* ❶ (*schlüpfen*) se faufiler; **durch etw/unter etw** (*Dat*) ~ se faufiler par/sous qc
❷ (*sich durchmogeln*) **durch eine Kontrolle** ~ passer à travers un contrôle
durch|schmecken *tr V* (*herausschmecken*) sentir *Gewürz, Zutat*
durch|schmuggeln *tr V* passer en fraude; **etw durch die Grenze** ~ passer qc en fraude [*o* en contrebande] à la frontière; **etw durch die Kontrolle** ~ passer le contrôle avec qc
durch|schneiden[1] *tr V unreg* couper *Brot, Draht;* **etw in der Mitte** ~ couper qc au milieu; **jdm die Kehle** ~ trancher la gorge à qn
durchschneiden*[2] *tr V unreg* ❶ *geh* (*entzweischneiden*) couper *Band, Seil*
❷ *geh* (*durchziehen*) **ein Gebiet/einen Wald** ~ *Graben, Kanal, Bahnlinie:* traverser une région/une forêt
❸ *geh* (*durchpflügen*) **das Meer** ~ *Bug, Schiff:* sillonner les mers
Durchschnitt ['dʊrçʃnɪt] *m* ❶ (*Mittelwert*) moyenne *f;* ~ **sein** être moyen(ne); **guter** ~ **sein** être dans la bonne moyenne; **über/unter dem** ~ au-dessus/en dessous de la moyenne; **im** ~ en moyenne
❷ (*die Mehrzahl*) **der** ~ **der Kunden/Leser** la majorité des clients/lecteurs
durchschnittlich ['dʊrçʃnɪtlɪç] **I.** *Adj* moyen(ne)
II. *Adv* ❶ (*im Durchschnitt*) en moyenne
❷ (*mäßig*) moyennement
Durchschnittsalter *nt* âge *m* moyen **Durchschnittsbürger** *m* citoyen *m* moyen **Durchschnittsehe** *f* couple *m* normal; **eine** ~ **führen** mener une vie de couple normal **Durchschnittseinkommen** *nt* revenu *m* moyen **Durchschnittsgeschwindigkeit** *f* vitesse *f* moyenne **Durchschnittsgesicht** *nt* visage *m* quelconque **Durchschnittskosten** *Pl* coût *m* moyen **Durchschnittsmensch** *m* Monsieur *m*/Madame *f* Tout-le-monde; **kein** ~ **sein** ne pas être une personne ordinaire **Durchschnittspreis** *m* prix *m* moyen **Durchschnittsschüler(in)** *m(f)* élève *mf* moyen(ne) **Durchschnittstemperatur** *f* température *f* moyenne **Durchschnittsverbrauch** *m* consommation *f* moyenne **Durchschnittsware** *f* marchandise *f* de catégorie moyenne **Durchschnittswert** *m* valeur *f* moyenne
durchschnüffeln* *tr V,* **durch|schnüffeln** *tr V pej fam* fourrer son nez dans (*fam*) *Korrespondenz, Handtasche;* fouiner dans (*fam*) *Wohnung, Zimmer*
Durchschreibeblock *m* bloc *m* à calquer
durch|schreiben *tr V unreg* calquer *Formular*
Durchschreibepapier *nt* papier *m* pelure
durchschreiten* *tr V unreg geh* franchir *Halle, Saal;* parcourir *Park*
Durchschrift *f* double *m*
DurchschussRR *m* ❶ (*Schuss*) perforation *f* par balle; **es war ein glatter** ~ la balle est ressortie
❷ TYP interligne *m*
durch|schütteln *tr V* secouer
durchschweifen* *tr V poet* parcourir *Gegend*
durch|schwimmen[1] *itr V unreg + sein* ❶ (*hindurchschwimmen*) passer à la nage; **durch etw/zwischen/unter etw** (*Dat*) ~ passer à travers/entre/sous qc à la nage
❷ (*ohne Pause schwimmen*) nager sans s'arrêter
durchschwimmen*[2] *tr V unreg* nager *Strecke;* **eine Meerenge/einen Kanal** ~ traverser un détroit/un canal à la nage
durch|schwitzen *tr V* tremper de sueur; **etw** ~ tremper qc de sueur
durch|segeln *itr V + sein* ❶ NAUT **zwischen den Felsen** ~ naviguer entre les rochers
❷ *s.* **durchfallen 2.**
durch|sehen *unreg* **I.** *tr V* ❶ (*überprüfen*) vérifier; **etw auf Fehler** (*Akk*) ~ relire qc pour corriger
❷ (*durchblättern*) feuilleter *Zeitschrift, Katalog*
II. *itr V* (*hindurchsehen*) **durch etw** ~ regarder à travers qc; **zwischen etw** (*Dat*) ~ regarder à travers qc; **durch das Kleid kann man** ~ on peut voir à travers la robe
durch|seihen *tr V* filtrer; **etw durch etw** ~ filtrer qc à travers qc
durch|sein *s.* **durch I.1., II.2., II.3., II.4., II.5., II.6.**
durch|setzen[1] **I.** *tr V* ❶ (*erzwingen*) imposer
❷ (*verwirklichen*) imposer *Plan, Vorschlag, Willen;* faire aboutir *Forderung*
❸ (*bewilligt bekommen*) **etw bei jdm** ~ faire accepter qc par qn; **bei jdm** ~**, dass** obtenir de qn que + *subj*
II. *r V* ❶ (*sich Geltung verschaffen*) **sich** ~ s'imposer; **sich bei jdm/gegen jdn** ~ s'imposer auprès de/face à qn; **sich mit etw** ~ arriver à imposer qc; **sich mit etw nicht** ~ **können** n'avoir pas beaucoup de succès avec qc
❷ (*sich verbreiten*) **sich** ~ *Idee, Meinung, Mode:* s'imposer
durchsetzen*[2] *tr V* (*infiltrieren*) noyauter; **eine Organisation mit jdm/etw** ~ noyauter une organisation avec qn/qc; **mit** [*o* **von**] **jdm durchsetzt sein** être noyauté(e) par qn
Durchsetzung <-> *f von Ansprüchen, Forderungen* satisfaction *f; von Reformen* adoption *f;* **bei der** ~ **ihrer Forderungen** pour faire aboutir ses/leurs revendications; **zur** ~ **seines Willens** pour imposer sa volonté
Durchsetzungsvermögen *nt* capacité *f* de s'imposer
Durchseuchung <-, -en> *f* contamination *f*
Durchsicht *f* examen *m; einer Rechnung* vérification *f;* **bei/nach** ~ **der Rechnungen** en vérifiant/après avoir vérifié les factures; **jdm etw zur** ~ **geben/vorlegen** donner/présenter pour examen qc à qn; **die Post zur** ~ le courrier à dépouiller
durchsichtig *Adj* ❶ transparent(e)
❷ (*offensichtlich*) évident(e)
Durchsichtigkeit *f* transparence *f*
durch|sickern *itr V + sein* ❶ (*bekannt werden*) filtrer; **zu jdm** ~ filtrer jusqu'à qn; **es ist durchgesickert, dass** on a divulgué que + *indic;* **es darf auf keinen Fall** ~**, dass** ça ne doit absolument pas filtrer le fait que + *subj;* **etw** ~ **lassen** laisser filtrer qc; ~ **lassen, dass** laisser filtrer l'information selon laquelle
❷ (*durchdringen*) **in/durch etw** (*Akk*) ~ *Flüssigkeit:* s'infiltrer dans/à travers qc; **durch etw** ~ *Blut:* traverser qc
durch|sieben[1] *tr V* ❶ tamiser *Sand, Mehl*
❷ (*ausmustern*) **die Kandidaten** ~ passer les candidats au crible
durchsieben*[2] *tr V fam* (*durchlöchern*) cribler; **jdn/etw mit etw** ~ cribler qn/qc de qc
durch|spielen *tr V* envisager
durch|sprechen *tr V unreg* discuter; **etw mit jdm** ~ discuter de qc avec qn
durch|spülen *tr V* [bien] rincer *Wäsche*
durch|starten *itr V Fahrer:* démarrer; *Pilot, Flugzeug:* remettre les gaz
durch|stechen[1] *tr V unreg* piquer à travers; **mit einer Nadel durch etw** ~ piquer une aiguille à travers qc
durchstechen*[2] *tr V unreg* ❶ (*durchdringen*) percer; **etw mit einer Nadel** ~ percer qc avec une aiguille; **sich** (*Dat*) **die Ohrläppchen** ~ **lassen** se faire percer les oreilles
❷ (*durchbohren*) **jdn mit etw** ~ transpercer qn avec qc
durch|stecken *tr V* faire passer; **eine Hand [durch etw]** ~ passer une main à travers [qc]; **einen Brief [durch etw]** ~ glisser une lettre [dans qc]
durch|stehen *tr V unreg* ❶ (*ertragen*) surmonter *harte Zeiten;* endurer *Entbehrungen, Unangenehmes*
❷ (*standhalten*) résister *Beanspruchung;* réussir *Test;* tenir *Tempo*
durch|steigen *itr V unreg + sein* ❶ (*steigen*) passer; **durch etw** ~ passer par qc; **steigen Sie hier durch!** passez par ici!

② *sl* (*verstehen*) y piger quelque chose (*fam*); **nicht** ~ y piger que dalle (*fam*)

durch|stellen I. *tr V* passer *Gespräch;* **ich stelle Sie [zu ihm/ihr] durch!** je vous le/la passe!
II. *itr V* **einen Moment, ich stelle durch!** un moment, je vous mets en communication!

Durchstieg <-[e]s, -e> *m* passage *m*

durchstöbern* *tr V,* **durch|stöbern** *tr V fam* farfouiller (*fam*); **einen Schrank nach etw** ~ farfouiller dans une armoire pour trouver qc

Durchstoß *m* MIL percée *f*

durchstoßen*¹ *tr V unreg* ① (*durchbohren*) transpercer
② MIL percer

durch|stoßen² *unreg* **I.** *itr V + sein* ① (*durchdringen*) s'enfoncer; **durch etw** ~ s'enfoncer dans qc
② MIL (*vorstoßen*) **bis zu etw** ~ faire une percée jusqu'à qc
II. *tr V + haben* **eine Stange durch etw** ~ enfoncer une barre dans qc

durch|streichen *tr V unreg* (*ausstreichen*) rayer

durchstreifen* *tr V geh* parcourir *Gegend*

durch|strömen¹ *itr V + sein* se jeter; **durch/zwischen etw** ~ *Fluss:* se jeter dans/entre qc; *Menschenmenge:* affluer par/entre qc

durchströmen*² *tr V geh* ① (*fließen*) traverser; **ein Gebiet** ~ traverser une région
② (*durchdringen*) **jdn** ~ *Kraft, Energie:* envahir qn

durch|stylen [-staɪlən] *tr V sl* arranger *Inneneinrichtung, Haus;* **durchgestylt sein** *Person:* avoir une de ces touches (*fam*); *Büro, Ambiente:* être super design *inv* (*fam*)

durchsuchen* *tr V* fouiller *Person, Wohnung;* explorer *Gegend;* **jdn nach etw** ~ fouiller qn pour trouver qc; **eine Wohnung nach etw** ~ fouiller un appartement à la recherche de qc; *Polizei:* perquisitionner un appartement à la recherche de qc; **eine Gegend nach jdm** ~ explorer une région à la recherche de qn

Durchsuchung <-, -en> *f* ① fouille *f*
② (*durch die Polizei*) *eines Zimmers, einer Wohnung* perquisition *f; einer Stadt, Gegend* exploration *f*

Durchsuchungsbefehl *m* mandat *m* de perquisition

durch|tanzen I. *itr V* danser sans arrêt; **die ganze Nacht** ~ danser toute la nuit
II. *tr V* (*abnutzen*) **Schuhe/Sohlen** ~ user ses chaussures/semelles à force de danser

durch|trainieren* [-treniːrən, -trɛ-] *tr V* muscler *Körper;* **seine Muskeln** ~ faire de la musculation; **[gut] durchtrainiert** *Muskeln* [bien] entretenu(e); *Körper* [bien] musclé(e); *Sportler* en bonne forme physique

durchtränken* *tr V* imprégner; **mit [*o* von] etw durchtränkt [sein]** [être] imprégné(e) de qc

durch|trennen *tr V,* **durchtrennen*** *tr V* sectionner

durch|treten *unreg* **I.** *tr V + haben* ① (*betätigen*) appuyer à fond sur *Pedal*
② (*abnutzen*) user *Teppich, Schuhe, Sohle*
II. *itr V + sein* ① *fam* (*durchgehen*) entrer
② (*durchsickern*) **[durch etw]** ~ passer à travers [qc], traverser [qc]

durchtrieben [dʊrç'triːbən] *Adj pej* rusé(e)

Durchtriebenheit <-> *f pej* ruse *f*

durch|tropfen *itr V + sein* goutter; **durch etw** ~ goutter de qc

durchwachen* *tr V* passer à veiller; **die Nacht** ~ passer la nuit à veiller; **eine durchwachte Nacht** une nuit de veille

durch|wachsen¹ ['dʊrçvaksən] *itr V unreg + sein* pousser à travers; **durch etw** ~ pousser à travers qc

durchwachsen² [dʊrç'vaksən] *Adj* ① *Speck* maigre
② *hum fam* (*mittelmäßig*) ~ **sein** être couci-couça (*fam*)

Durchwahl *f* ① ligne *f* directe
② *fam* (*Durchwahlnummer*) numéro *m* de poste

durch|wählen I. *itr V* appeler directement; **nach Paris/in die USA** ~ appeler Paris/les USA directement
II. *tr V* **einen Apparat/eine Nummer** ~ obtenir un poste/numéro directement

Durchwahlnummer *f* numéro *m* de poste

durch|wandern¹ *itr V + sein* marcher; **fünf Stunden** ~ marcher pendant cinq heures; **bis zur Brücke** ~ continuer à marcher jusqu'au pont

durchwandern*² *tr V* parcourir à pied; **eine Gegend** ~ parcourir une région à pied

durch|waschen *tr V unreg fam* laver *Wäsche*

durch|waten¹ *itr V + sein* passer à gué; **durch etw** ~ passer qc à gué; **durch eine Furt** ~ passer à gué

durchwaten*² *tr V* passer *Furt;* **einen Bach** ~ passer un ruisseau à gué

durchweben* *tr V unreg* ① TEXTIL entrelacer *Gewebe, Stoff;* **ein mit Goldfäden durchwebter Stoff** un tissu entrelacé de fils d'or
② *geh* (*durchziehen*) **mit [*o* von] etw durchwoben sein** *Rede, Erzählung:* être tissé(e) de qc (*littér*)

durchweg *Adv,* **durchwegs** *Adv* A entièrement; **sie sind** ~ **zufrieden** ils sont tous contents/elles sont toutes contentes

durchwehen* *tr V geh* souffler dans *Haar, Haus, Zimmer*

durch|weichen¹ *itr V + sein* s'imbiber; **durchgeweicht sein** être détrempé(e)

durchweichen² *tr V* [dé]tremper

durch|wetzen *tr V* user *Ärmel, Kragen;* **durchgewetzt [sein]** [être] usé(e)

durch|winden *r V unreg* ① (*sich winden*) **sich** ~ serpenter; **sich durch etw** ~ *Fluss:* serpenter à travers qc; **sich zwischen etw** (*Dat*) ~ *Person:* se faufiler entre qc
② (*sich durchschlängeln*) **sich durch die Vorschriften** ~ s'y retrouver au milieu des instructions

durchwirken* *s.* **durchweben**

durch|wollen *itr V fam* vouloir passer; **zwischen/unter etw** (*Dat*)/**durch etw** ~ vouloir passer entre/sous/par qc

durch|wühlen¹ I. *tr V* fouiller; **etw nach etw** ~ fouiller qc à la recherche de qc
II. *r V* ① (*sich durcharbeiten*) **sich** ~ voir le bout; **sich durch etw** ~ venir à bout de qc
② (*durch Wühlen gelangen*) **sich durch etw/unter etw** (*Dat*) ~ *Maulwurf, Wühlmaus:* se creuser un passage dans/sous qc

durchwühlen*² *tr V* ① (*durchstöbern*) retourner *Schrank, Zimmer*
② (*aufwühlen*) **die Erde nach etw** ~ fouiller la terre à la recherche de qc; **den Boden** ~ *Granaten:* ravager le sol

durch|wurschteln *r V,* **durch|wursteln** *r V sl* **sich** ~ se démerder (*fam*)

durch|zählen *tr, itr V* compter

durchzechen* *tr V fam* passer à picoler (*fam*); **die Nacht** ~ passer la nuit à picoler

durch|ziehen¹ *unreg* **I.** *tr V + haben* ① (*hindurchziehen*) faire passer; **einen Faden durch etw** ~ faire passer un fil par qc
② *fam* (*zu Ende führen*) **einen Plan/seine Arbeit** ~ mener à bien un plan/son travail; **etw bis zum Schluss** ~ mener qc à bien jusqu'au bout
II. *itr V + sein* ① (*durchkommen*) **durch die Stadt** ~ traverser la ville
② GASTR (*marinieren*) macérer
III. *r V + haben* **sich durch etw** ~ *Motiv, Thema:* se retrouver tout au long de qc

durchziehen*² *tr V unreg* ① (*durchqueren, durchwandern*) parcourir
② (*enthalten sein*) **ein Buch/Werk** ~ *Thema, Motiv:* traverser un livre/une œuvre
③ (*durch etw verlaufen*) *Graben, Fluss, Verkehrswege:* traverser; **von Flüssen/Schluchten durchzogenen [sein]** [être] traver-

sé(e) de fleuves/ravins

durchzucken* *tr V* ❶ *geh Blitz:* sillonner

❷ *(einfallen) Einfall, Gedanke:* traverser

Durchzug *m* ❶ *kein Pl (Luftzug)* courant *m* d'air; ~ **machen** faire courant d'air

❷ *(das Durchziehen) von Truppen, eines Hochdruckgebiets* passage *m*

► **auf ~ schalten** *fam* faire la sourde oreille

dürfen¹ ['dʏrfən] <darf, durfte, dürfen> *Hilfsv modal* ❶ avoir la permission; **etw tun ~** pouvoir faire qc; *(Erlaubnis haben)* avoir la permission [*o* le droit] de faire qc; **etw nicht tun ~** ne pas avoir le droit de faire qc; **Sie ~ hier nicht rauchen/halten** vous ne pouvez pas fumer/vous arrêter ici

❷ *(Anlass haben, können)* **ich darf annehmen, dass** je peux supposer que + *indic;* **wir freuen uns Ihnen mitteilen zu ~ ...** nous sommes heureux de pouvoir vous annoncer ...; **wir ~ uns nicht beklagen** on n'a pas à se plaindre; **ich darf wohl sagen, dass** je dois dire que + *indic;* **Sie ~ mir [das] ruhig glauben** vous pouvez me croire; **man wird doch wohl noch fragen ~!** on a tout de même le droit de poser la question!

❸ *(sollen, müssen)* **wir ~ den Bus nicht verpassen** il ne faut pas que nous rations notre bus; **wir ~ uns nichts anmerken lassen** nous ne devons rien laisser transparaître; **du darfst nicht voreilig urteilen** tu n'as pas à juger hâtivement; **das hätte er nicht tun ~** il n'aurait pas dû faire ça; **das darf nicht wieder vorkommen!** que cela ne se reproduise plus!; **das durfte einfach nicht passieren!** ça n'aurait pas dû arriver!; **du darfst ihm das nicht übel nehmen** il ne faut pas lui en vouloir; **ihr dürft euch nichts vormachen** il ne faut pas vous faire d'illusions; **es darf nicht sein, dass** il est inadmissible que + *subj*

❹ *(in Höflichkeitsformeln)* **darf/dürfte ich noch ein Stück Kuchen haben?** puis-je/pourrais-je avoir encore un morceau de gâteau?; **darf/dürfte ich um Ruhe/um Ihre Aufmerksamkeit bitten!** puis-je/pourrais-je avoir le silence/votre attention s'il vous plaît!; **darf ich [um den nächsten Tanz] bitten?** m'accorderez-vous la prochaine danse?; **was darf es denn sein?** vous désirez?, qu'est-ce que ce sera?; **darf es etwas mehr sein?** il y en a un peu plus, ça va comme ça?

❺ *(zum Ausdruck der Wahrscheinlichkeit)* **es dürfte genügen, wenn ...** cela [*o* ça] devrait suffire si ...; **es dürfte wohl das Beste sein, wenn** le mieux serait de + *infin* [*o* que + *subj*]; **es klingelt, das dürfte Christina sein** ça sonne, ça doit être Christina

dürfen² <darf, durfte, gedurft> **I.** *itr V* pouvoir; *(Erlaubnis haben)* avoir la permission; **darf ich? – Ja, du darfst** je peux? – Oui, tu peux; **darf er mit ins Kino?** a-t-il la permission d'aller au cinéma avec moi/toi/...; **sie hat nicht gedurft** elle n'a pas eu la permission

II. *tr V* **er darf alles** il peut faire tout ce qu'il veut; **darf sie das wirklich?** elle a vraiment la permission?; **das hätten Sie nicht ~!** vous n'auriez pas dû faire ça!

dürftig ['dʏrftɪç] **I.** *Adj* ❶ *(kärglich) Essen, Verpflegung* frugal(e); *Unterkunft* rudimentaire; *Bekleidung* miteux(-euse); **in ~er Bekleidung** *(unzureichend)* en tenue légère

❷ *pej (kümmerlich) Einkommen, Gehalt* dérisoire; **sehr ~** vraiment dérisoire

❸ *(nicht ausreichend) Ergebnis* piètre *antéposé*

❹ *(spärlich) Haarwuchs, Vegetation* clairsemé(e)

II. *Adv (kümmerlich) beleuchtet sein* faiblement; **~ bekleidet [sein]** *(ärmlich)* [être] habillé(e) misérablement; *(unzureichend)* [être] en tenue légère

Dürftigkeit <-> *f der Verpflegung* frugalité *f; einer Unterkunft* caractère *m* rudimentaire; *eines Einkommens, Gehalts* insuffisance *f; der Vegetation* pauvreté *f*

dürr [dʏr] *Adj* ❶ *(trocken) Ast, Laub, Unterholz* mort(e); *Boden* sec(sèche)

❷ *pej (dünn)* maigre

❸ *(knapp)* succinct(e)

Dürre ['dʏrə] <-, -n> *f* sécheresse *f*

Dürrejahr *nt* année *f* de sécheresse **Dürrekatastrophe** *f* sécheresse *f* catastrophique **Dürreperiode** *f* période *f* de sécheresse

Durst [dʊrst] <-[e]s> *m* soif *f;* **[großen] ~ haben** avoir [très] soif; **~ auf etw** *(Akk)* **haben** avoir envie de boire qc; **[langsam] ~ bekommen** [commencer à] avoir soif; **seinen ~ mit etw löschen** étancher sa soif avec qc; **~ machen** *Essen:* donner soif

► **einen [*o* ein Glas] über den ~ getrunken haben** *fam* avoir bu un coup [*o* verre] de trop *(fam)*

dursten *itr V* ❶ *geh (Durst haben)* être assoiffé(e); **er muss ~** il doit rester sans boire

❷ *s.* **dürsten II.**

dürsten ['dʏrstən] **I.** *tr V unpers geh* ❶ *(Durst haben)* avoir soif; **jdn dürstet, es dürstet jdn** qn a soif

❷ *(verlangen)* **es dürstet ihn [*o* ihn dürstet] nach Erfolg** qn a soif de succès

II. *itr V geh* **nach etw ~** avoir soif de qc; **sein/ihr Dürsten nach Freiheit** sa soif de liberté

Durstgefühl *nt* soif *f*

durstig *Adj Person* assoiffé(e); **jdn ~ machen** donner soif à qn

durstlöschend *Adj,* **durststillend** *Adj* désaltérant(e) **Durststrecke** *f* période *f* difficile **Durststreik** *m* grève *f* de la soif

Dusche ['du:ʃə, 'dʊʃə] <-, -n> *f* douche *f;* **eine kalte/heiße ~** une douche froide/chaude; **unter die ~ gehen** aller sous la douche; **unter der ~ sein [*o* stehen]** être sous la douche; **eine ~ nehmen** prendre une douche

► **eine kalte ~ für jdn sein** être une douche froide pour qn; **wie eine kalte ~ auf jdn wirken** faire l'effet d'une douche froide à qn

duschen ['du:ʃən, 'dʊʃən] **I.** *itr, r V* **[sich] ~** se doucher; **[sich] heiß/kalt ~** prendre une douche chaude/froide

II. *tr V* doucher

Duschgel ['du:ʃge:l] *nt* gel *m* douche **Duschkabine** *f* cabine *f* de douche **Duschraum** *m* douches *fpl* **Duschvorhang** *m* rideau *m* de douche

Düse ['dy:zə] <-, -n> *f a.* AVIAT tuyère *f*

Dusel ['du:zəl] <-s> *m* ❶ *(Glück)* pot *m;* **~ haben** *fam* avoir du pot *(fam);* **das ist [reiner] ~** *fam* c'est un coup de pot *(fam);* **so ein ~!** *fam* quel pot! *(fam)*

❷ *(Benommenheit)* **im ~ [sein]** *fam* [être] dans les vapes *(fam)*

duselig *Adj fam* dans les vapes; **~ sein** *(benommen)* être dans les vapes *(fam);* **jdm wird ~** qn se sent vaseux(-euse) *(fam)*

düsen *itr V + sein fam* filer *(fam);* **nach München ~** *(fliegen)* filer en avion à Munich; *(fahren)* filer à Munich; **um die Ecke/zum Bäcker ~** *(schnell gehen)* foncer au coin/chez le boulanger *(fam)*

Düsenantrieb *m* propulsion *f* par réaction; **mit ~** à réaction **Düsenflugzeug** *nt* avion *m* à réaction **Düsenjäger** *m* MIL chasseur *m* à réaction **Düsentriebwerk** *nt* propulseur *m* à réaction

duslig *s.* **duselig**

Dussel ['dʊsəl] <-s, -> *m fam* andouille *f (fam)*

dusselig ['dʊsəlɪç] **I.** *Adj fam* con(ne) *(fam)*

II. *Adv fam (dämlich)* **sich ~ anstellen** faire le con/la conne *(fam);* **~ herumstehen** rester debout comme un con/une conne *(fam)*

Dusseligkeit <-, -en> *f fam* connerie *f (fam)*

dussligRR, **dußlig** *s.* **dusselig**

DussligkeitRR, **Dußligkeit** *s.* **Dusseligkeit**

düster ['dy:stɐ] *Adj* ❶ *(finster) Himmel, Wetter, Tag* sombre; **es ist ~ draußen** il fait sombre dehors; **mir ist es im Haus zu ~** je trouve qu'il fait trop sombre dans la maison

❷ *(bedrückend)* sombre *antéposé; Gestalten* sinistre; **damit/mit der Prüfung sieht es ~ aus** ça/l'examen ne s'annonce

pas très bien
3 (*niedergedrückt*) *Miene, Gedanken* sombre
Düsterkeit <-> *f des Himmels* obscurité *f; des Wetters* grisaille *f; der Gedanken* mélancolie *f;* **die ~ seiner Miene** son air sombre
Dutt [dʊt] <-[e]s, -s *o* -e> *m* DIAL chignon *m*
Dutyfreeshop[RR], **Duty-free-Shop** ['dju:ti'fri:ʃɔp] <-s, -s> *m* duty-free *m*
Dutzend ['dʊtsənt] <-s, -e> *nt* 1 (*zwölf Stück*) douzaine *f;* **ein halbes ~** une demi-douzaine; **ein rundes ~** une bonne douzaine; **im ~ billiger** *fam* moins cher(chère) à la douzaine
2 *Pl fam* (*jede Menge*) douzaines *fpl;* **~e von Schülern kamen angelaufen** des douzaines d'élèves sont arrivés en courant; **sie kamen in/zu ~en** ils sont venus par douzaines
dutzendfach I. *Adj* (*sehr häufig*) mille et un(e) *antéposé;* **in ~en Varianten** sous de multiples variantes
II. *Adv zeigen, erklären* x fois; *sich melden* par dizaines; **es gibt ~ Belege** il y a des dizaines de références
Dutzendgesicht *nt pej* visage *m* quelconque **dutzendmal** *Adv fam* des dizaines de fois (*fam*) **Dutzendware** *f pej* produit *m* bas de gamme; **das ist reine ~** c'est du bas de gamme
dutzendweise *Adv* 1 (*im Dutzend*) *kaufen, verkaufen* à la douzaine
2 *fam* (*in großen Mengen*) par douzaines
duzen ['du:tsən] I. *tr V* tutoyer; **sich von jdm ~ lassen** se faire tutoyer par qn
II. *r V* **sich ~** se tutoyer
Duzfreund(in) *m(f)* ami(e) *m(f)* intime; **sie sind alte ~e** ils sont à tu et à toi depuis longtemps
DV [de:'faʊ] <-> *f* INFORM *Abk von* **Datenverarbeitung** informatique *f*
DVD [de:faʊ'de:] <-, -s> *f* 1 *Abk von* **digital videodisc** DVD *m*
2 *Abk von* **digital versatile disc** DVD *m*
DVD-Player [-pleɪɐ] <-s, -> *m* lecteur *m* DVD
DV-Fachmann [de:'faʊ-] *m*, **-frau** *f* informaticien(ne) *m(f)*
Dynamik [dy'na:mɪk] <-> *f* 1 PHYS dynamique *f*
2 (*Triebkraft*) *einer Idee, Entwicklung* dynamique *f; einer Person* dynamisme *m*
dynamisch I. *Adj* 1 *Person, Entwicklung, Politik* dynamique
2 (*regelmäßig angepasst*) *Lebensversicherung, Rente* indexé(e)
II. *Adv* avec dynamisme
dynamisieren* *tr V* indexer
Dynamisierung <-, -en> *f* indexation *f*
Dynamit [dyna'mi:t, dyna'mɪt] <-s> *nt a. fig* dynamite *f*
Dynamo ['dy:namo] <-s, -s> *m* dynamo *f*
Dynastie [dynas'ti:] <-, -n> *f* dynastie *f*
Dysprosium [dʏs'pro:ziʊm] <-s> *nt* CHEM dysprosium *m*
dz *Abk von* **Doppelzentner** q
D-Zug ['de:-] *m veraltet* express *m*
▸ **ich bin [doch] kein ~!** *hum fam* je ne suis pas aux pièces! (*fam*)
D-Zug-Tempo *nt* ▸ **im ~** *fam* en quatrième vitesse (*fam*)

Ee

E, e [e:] <-, -> *nt* 1 E *m*/e *m*
2 MUS mi *m*
▸ **E wie Emil** e comme Eugène
Eau de Cologne [o:dəko'lɔnjə] <- - -> *nt* Eau *f* de Cologne
Ebbe ['ɛbə] <-, -n> *f* marée *f* basse; **~ und Flut** le flux et le reflux; **es ist ~** c'est [la] marée basse; **bei ~** à marée basse; **mit der ~** à marée descendante
▸ **bei mir/in meiner Kasse ist [*o* herrscht] ~** *fam* je suis dans la dèche *fam*/c'est la dèche *fam*
eben[1] ['e:bən] I. *Adj* (*flach, glatt*) plat(e); **zu ~er Erde** (*im Erdgeschoss*) au rez-de-chaussée; (*auf dem Erdboden*) à même le sol
II. *Adv verlaufen* sur le plat
eben[2] *Adv* 1 (*gerade*) **was hast du ~ gesagt?** qu'est-ce que tu viens de dire?; **der Zug ist ~ [erst] abgefahren** le train vient [juste] de partir; **dein Bruder war ~ noch hier/da** ton frère était encore ici/là à l'instant
2 (*kurz*) **kommst du ~ mal [*o* mal ~] mit?** tiens, tu viens avec moi?; **kann ich Sie ~ mal [*o* mal ~] sprechen?** tenez, puis-je vous parler?
3 (*nämlich*) justement; **das ist es ja ~** eh bien, [c'est] justement [ça]; **nein, das ~ nicht** non, justement pas; **~ das wollte ich sagen** c'est justement ce que je voulais dire; **[na] ~!** [alors,] tu vois/vous voyez!
4 (*nun einmal*) tout simplement; **dann wartest du ~ auf ihn** eh bien, tu n'as qu'à l'attendre; **es ist ~ so** c'est comme ça
5 (*gerade noch*) (*mengenmäßig*) [tout] juste; (*zeitlich*) de justesse; **das Geld wird ~ reichen** l'argent suffira bien; **er hat den Bus [so] ~ noch erreicht** il a eu le bus de justesse
6 (*direkt*) **nicht ~ schön/billig** pas vraiment beau(belle)/bon marché
Ebenbild *nt* portrait *m;* **[ganz] sein/dein ~** [tout] son/ton portrait; **sie ist [ganz] das ~ ihrer Mutter** elle est [tout] le portrait de sa mère
ebenbürtig ['e:bənbʏrtɪç] *Adj Gegner, Partner* de même valeur; **jdm an Kraft/Geschicklichkeit ~ sein** égaler qn en force/habilité; **jdm an Kenntnissen/Wissen ~ sein** avoir le même niveau de connaissances/savoir que qn; **sich [*o* einander] ~ sein** être du même niveau
Ebenbürtigkeit <-> *f* valeur *f* égale
ebenda ['e:bən'da:] *Adv* (*genau dort*) là-même; (*in Verweisen*) ibidem **ebendahin** ['e:bənda'hɪn] *Adv* là-bas; **~ fahre ich ja** c'est justement là que je vais **ebendarum** ['e:bənda'rʊm] *Adv* voilà justement pourquoi; **nein, ~ frage ich ja!** non, c'est [justement] pour ça que je demande! **ebender, ebendie, ebendas** *Pron dem* **~ Ramses befahl, dass** c'était justement ce Ramsès-là qui a ordonné que + *subj;* **mit ebendem Feuerzeug** c'est/c'était justement avec ce briquet-là que; **ebendas wollte ich dir sagen!** c'était justement cela que je voulais te dire! **ebendeshalb, ebendeswegen** *s.* **ebendarum ebendiese(r, s)** *Pron dem, geh* **~r Verkäufer/~ Kellnerin behauptete, dass** c'était justement ce vendeur-là/cette serveuse-là qui a prétendu que + *indic*
Ebene ['e:bənə] <-, -n> *f* 1 (*ebene Gegend*) plaine *f*
2 GEOM, PHYS plan *m;* **schiefe ~** plan *m* incliné
3 (*Stufe*) échelon *m*, niveau *m;* **auf sozialer/politischer ~** au niveau [*o* sur le plan] social/politique; **auf höchster/gleicher ~ verhandeln** négocier au plus haut/même niveau; **dafür ist die ~ der Geschäftsleitung zuständig** ceci est de la compétence de la direction
▸ **auf die schiefe ~ kommen** tomber bien bas
ebenerdig ['e:bənʔe:ɐdɪç] *Adj* de plain-pied
ebenfalls *Adv* aussi, également; **ich ~** moi aussi; **ich war ~ nicht eingeladen** moi non plus, je n'étais pas invité(e); **danke, ~!** merci, pareillement!
Ebenholz ['e:bən-] *nt* [bois *m* d'] ébène *m;* **schwarz wie ~** noir(e) comme l'ébène
ebenjene(r, s) *Pron geh* **~r Kunde sagte, dass** c'était justement ce client-là qui a dit que; **~n Rock habe ich mir gekauft** c'est justement cette jupe-là que je me suis achetée
Ebenmaß *nt kein Pl geh* harmonie *f*
ebenmäßig I. *Adj Proportionen, Wuchs, Gesichtszüge* harmonieux(-euse); *Gestalt, Körperteil* bien proportionné(e)
II. *Adv* **~ geformt [sein]** [être] bien proportionné(e)
ebenso *Adv* 1 (*genauso*) tout aussi; **~ gern** tout aussi bien; **~ gut** tout aussi bien; **~ lang[e]** [tout] aussi longtemps; **~ oft**

[tout] aussi souvent; ~ **sehr** tout autant; ~ **viel** tout autant; ~ **wenig** tout aussi peu; **sich** ~ **anstrengen/freuen** se fatiguer/réjouir tout autant; ~ **intelligent/reich wie ...** tout aussi intelligent/riche que ...; **er ist** ~ **Lehrer wie ich** il est professeur tout comme moi; **sie hat** ~ **Jura studiert wie ich** elle a étudié le droit tout comme moi
❷ (*desgleichen*) également

ebensogern *s.* ebenso 1.
ebensogut *s.* ebenso 1.
ebensolang[e] *s.* ebenso 1.
ebensooft [-zoʔɔft] *s.* ebenso 1.
ebensosehr *s.* ebenso 1.
ebensoviel *s.* ebenso 1.
ebensowenig *s.* ebenso 1.
Eber ['e:bɐ] <-s, -> *m* verrat *m;* (*wilder Eber*) sanglier *m*
Eberesche *f* sorbier *m*
ebnen ['e:bnən] *tr V* aplanir *Boden*
▶ **jdm den Weg** ~ frayer le chemin à qn
E-Business ['i:'bɪznɪs] <-> *f kein Pl* e-commerce *m*
EC [e:'tse:] <-s, -s> *m* ❶ *Abk von* **Eurocity[zug]** Eurocity *m*
❷ FIN *Abk von* **Euroscheck** eurochèque *m*
echauffieren* [eʃɔ'fi:rən] *r V veraltet* **sich** ~ s'échauffer (*vieilli*); **sich über jdn/etw** ~ s'échauffer au sujet de qn/qc
Echo ['ɛço] <-s, -s> *nt* ❶ (*Widerhall, Reaktion*) écho *m;* **wenig/ein begeistertes** ~ **finden** rencontrer peu d'écho/un écho enthousiaste
❷ (*Nachbeter*) réplique *f*
Echolot *nt* sonde *f* acoustique
Echse ['ɛksə] <-, -n> *f* saurien *m*
echt [ɛçt] **I.** *Adj* ❶ (*nicht künstlich*) véritable; *Haar, Haarfarbe, Bräunung* naturel(le); (*nicht gefälscht*) *Unterschrift, Gemälde* authentique; **ein ~er Geldschein** un vrai billet; **ist der Stein ~?** c'est une vraie pierre?
❷ (*aufrichtig*) *Liebe, Zuneigung* sincère; *Schmerz* vrai(e)
❸ (*typisch*) vrai(e) *antéposé*
❹ (*beständig*) *Farbe* grand teint *inv*
❺ (*wirklich*) *Manko, Problem, Reinfall* véritable *antéposé*
II. *Adv* ❶ (*typisch*) typique; **das ist** ~ **van Gogh** c'est typique de Van Gogh; **das ist wieder mal** ~ **deine Mutter!** je reconnais bien là ta mère!
❷ (*rein*) ~ **Gold/Silber [sein]** [être] de l'or/l'argent véritable
❸ *fam* (*wirklich*) vraiment
Echtheit <-> *f* (*echte Beschaffenheit*) authenticité *f;* (*Aufrichtigkeit*) sincérité *f*
Echtzeit *f* temps *m* réel
Eck [ɛk] <-[e]s, -e> *nt* ❶ A, SDEUTSCH (*Ecke*) coin *m*
❷ SPORT (*Ecke des Tores*) coin *m;* **das kurze/lange** ~ l'angle *m* fermé/opposé; **das linke/rechte** ~ le coin gauche/droit; **das linke/rechte obere** ~ la lucarne gauche/droite
▶ **über** ~ (*diagonal*) en diagonale
Eckball *m* corner *m;* **einen** ~ **geben/schießen** accorder/tirer un corner; **einen** ~ **verwandeln** marquer un but sur corner **Eckbank** <-bänke> *f* banquette *f* d'angle **Eckbrett** *nt* encoignure *f* **Eckdaten** *s.* Eckwert
Ecke ['ɛkə] <-, -n> *f* ❶ *eines Zimmers, Tisches, Buches* coin *m; eines Kragens* pointe *f;* GEOM *einer Fläche, eines Körpers* angle *m;* **jdn in die** ~ **stellen** mettre qn au coin; **in die ~!** au coin!
❷ (*Straßenecke*) coin *m;* **gleich um die** ~ juste au coin; **Goethestraße,** ~ **Mandlstraße** au coin [*o* à l'angle] de la rue Goethe et de la rue Mandl; **an der nächsten** ~ **biegen Sie rechts ab** au prochain coin de rue, vous tournez à droite
❸ (*Käseecke*) portion *f*
❹ *fam* (*Gegend*) coin *m*
❺ *fam* (*Strecke*) bout *m* de chemin; **eine ganz schöne** ~ un sacré bout de chemin (*fam*)
❻ FBALL corner *m;* **eine kurze** ~ un petit corner; **eine lange** ~ un corner devant le but
❼ BOXEN coin *m*
▶ **es fehlt an allen ~n und Enden** tout manque; **an allen ~n und Enden sparen** économiser sur tout [et n'importe quoi]; **mit ~n und Kanten** carré(e); **eine ganze** ~ **teurer** *fam* bien plus cher(chère); **um ein paar ~n [herum] verwandt sein** *fam* être vaguement parent; **jdn um die** ~ **bringen** *fam* faire la peau à qn (*fam*); **jdn in eine bestimmte** ~ **stellen** coller à qn une certaine étiquette
Ecker ['ɛkɐ] <-, -n> *f* faîne *f*
Eckfenster *nt* fenêtre *f* d'angle **Eckgebäude** *nt* bâtiment *m* qui fait l'angle **Eckgrundstück** *nt* terrain *m* qui fait l'angle **Eckhaus** *nt* maison *f* qui fait l'angle
eckig *Adj* ❶ *Tisch* carré(e); *Skulptur, Gesicht* anguleux(-euse)
❷ (*ungelenk*) raide
Ecklohn *m* salaire *m* de référence **Eckpfeiler** *m* ❶ ARCHIT pilier *m* d'angle ❷ (*wichtige Stütze*) *einer Ideologie, Theorie* pierre *f* angulaire **Eckpfosten** *m* poteau *m* cornier **Eckplatz** *m* place *f* de coin **Eckregal** *nt* étagère *f* d'angle **Eckschrank** *m* armoire *f* d'angle **Eckstein** *m* ❶ CONSTR pierre *f* angulaire ❷ *s.* Eckpfeiler 2. **Eckstoß** *s.* Eckball **Ecktisch** *m* table *f* du coin **Eckwert** *m meist Pl* valeur *f* de référence **Eckzahn** *m* canine *f*
E-Commerce ['i:kɔmø:ɐs] *m* commerce *m* électronique, vente *f* par Internet
Economyklasse *f kein Pl* AVIAT classe *f* économique
Ecstasy ['ɛkstəsi] <-s> *nt* (*Droge*) ecstasy *f*
Ecu [e'ky:] <-[s], -[s]> *m,* <-, -> *f Abk von* **European currency unit** écu *m*
Ecuador [ekua'do:ɐ] <-s> *nt* l'Équateur *m*
Ecuadorianer(in) [ekuadori'a:ne] <-s, -> *m(f)* Équatorien(ne) *m(f)*
ecuadorianisch *Adj* équatorien(ne)
Edamer <-s, -> *m* édam *m*
Edda <-> *f* Edda *f*
edel **I.** *Adj* ❶ *geh* noble
❷ (*hochwertig*) *Hölzer* précieux(-euse); *Rose* sélectionné(e); *Wein* noble
❸ (*reinrassig*) *Katze, Pferd* de race
❹ *geh* (*schön geformt*) *Nase, Profil* aristocratique
❺ *attr veraltet* (*vornehm, adlig*) noble; **verzeiht, edler Herr** pardon, Monseigneur
II. *Adv handeln* noblement; *verarbeitet, gestylt* élégamment; ~ **denken** avoir des pensées nobles; ~ **geformte Züge** des traits harmonieux
Edelboutique *f* boutique *f* de luxe **Edelfaser** *f* fibre *f* précieuse **Edelfrau** *f* dame *f* de la noblesse **Edelgas** *nt* gaz *m* rare **Edelholz** *nt* bois *m* précieux **Edelkastanie** [-kasta:niə] *f* châtaignier *m* **Edelkitsch** *m iron* kitsch *m* pompier **Edelmann** <-leute> *m* gentilhomme *m* **Edelmetall** *nt* métal *m* précieux **Edelmut** *m kein Pl geh* noblesse *f* d'âme
edelmütig **I.** *Adj geh* noble
II. *Adv* avec magnanimité; ~ **handeln** se montrer magnanime; ~ **denken** faire preuve de noblesse de caractère
Edelpilzkäse *m* fromage *m* à moisissure noble
Edelrestaurant *nt* restaurant *m* de luxe **Edelrose** *f* rose *f* sélectionnée **Edelschnulze** *f iron* (*Film*) film *m* à l'eau de rose; (*Roman*) roman *m* à l'eau de rose **Edelstahl** *m* acier *m* affiné **Edelstein** *m* pierre *f* précieuse **Edeltanne** *f* sapin *m* argenté **Edelweiß** <-[es], -e> *nt* edelweiss *m*
Eden <-s> *nt geh* éden *m* (*littér*); **der Garten** ~ le jardin d'éden
edieren* *tr V form* éditer
Edikt <-[e]s, -e> *nt* édit *m*
editieren* *tr V* INFORM éditer *Datei, Text*
Edition <-, -en> *f* ❶ (*Ausgabe*) édition *f*
❷ (*Verlag*) maison *f* d'édition
Editor <-s, -toren> *m* ❶ *geh* (*Herausgeber*) éditeur *m*
❷ INFORM éditeur *m* [de textes]
Editorial [edito'ria:l, ɛdi'tɔ:rɪəl] <-s, -s> *nt* éditorial *m*
Editorin <-, -nen> *f geh* éditrice *m*

editorisch *Adj* au niveau de l'édition

EDV [e:de:ˈfaʊ] <-> *f kein Pl* INFORM *Abk von* **elektronische Datenverarbeitung** informatique *f*

EDV-Anlage [e:de:ˈfaʊ-] *f* installation *f* informatique **EDV-Ausbildung** *f* formation *f* en informatique **EDV-Fachmann** *m*, **-frau** *f* informaticien(ne) *m(f)* **EDV-Lehrgang** *m* stage *m* d'informatique **EDV-Spezialist(in)** *m(f)* spécialiste *mf* en informatique

EEG [e:ʔe:ˈge:] <-s, -s> *nt* MED *Abk von* **Elektroenzephalogramm** électro-encéphalogramme *m*

Efeu <-s> *m* lierre *m*

Effeff ▶ **aus dem** ~ *fam* sur le bout des doigts

Effekt <-[e]s, -e> *m* ① (*Wirkung*) effet *m*; **keinen** ~ **zeigen** ne pas produire d'effet; **mit welchem** ~**?** pour quel résultat?
② (*besondere Wirkung*) [**optischer/akustischer**] ~ effet *m* [optique/acoustique]

Effekten *Pl* BÖRSE effets *mpl*

Effektenbörse *f* Bourse *f* des valeurs **Effektenhandel** *m* opérations *fpl* sur titres

Effekthascherei <-, -en> *f pej* fla[-]fla *m* (*fam*)

effektiv I. *Adj* ① (*wirksam*) *Maßnahme, Schutz* efficace
② (*tatsächlich*) *Verbesserung, Gewinn* effectif(-ive); *Rendite, Zinsen* réel(le)
II. *Adv* ① (*wirksam*) *gestalten, kooperieren* efficacement; **sich als sehr/wenig** ~ **herausstellen** se révéler très/peu efficace
② (*tatsächlich*) *betragen, verdienen* réellement

Effektivität [-vi-] <-> *f* efficacité *f*

Effektivzins *m* taux *m* réel

effektvoll *Adj* qui fait de l'effet; ~ **sein** faire de l'effet

effizient I. *Adj geh* performant(e)
II. *Adv geh* avec efficience

Effizienz <-, -en> *f geh* efficacité *f*, efficience *f* (*spéc*)

Efta [ˈɛfta] <-> *f Abk von* **European Free Trade Association** A.E.L.E. *f*

eG, e. G. *Abk von* **eingetragene Genossenschaft**

EG[1] [e:ˈge:] <-> *f Abk von* **Europäische Gemeinschaft** HIST C.E. *f*

EG[2] <-s> *nt Abk von* **Erdgeschoss**

egal I. *Adj fam* ① (*gleichgültig*) [**jdm**] ~ **sein** n'avoir pas d'importance [pour qn]; ~**, was ...** quoi que ... + *subj*; ~**, wie/wo/warum ...** peu importe comment/où/pourquoi ...; **das ist mir** ~ ça m'est égal; **das kann dir doch** ~ **sein!** qu'est-ce que ça peut bien te faire!
② (*gleich aussehend*) identique
II. *Adv fam* (*gleich*) pareillement; ~ **lange/dicke Schrauben** des vis de même taille/grosseur

EG-Binnenmarkt *m kein Pl* marché *m* intérieur européen

Egel <-s, -> *m* sangsue *f*

Egge <-, -n> *f* herse *f*

eggen *tr, itr V* herser; **das Eggen** le hersage

EG-Kommission *f kein Pl* Commission *f* européenne **EG-Ministerrat** *m kein Pl* Conseil *m* des ministres européen

Ego <-s, -s> *nt* ego *m*

Egoismus <-, -ismen> *m* égoïsme *m*

Egoist(in) <-en, -en> *m(f)* égoïste *mf*

egoistisch I. *Adj* égoïste
II. *Adv* d'une manière égoïste

Egomane <-n, -n> *m*, **Egomanin** *f geh* égoïste *mf* forcené(e)

Egomanie <-> *f geh* égoïsme *m* forcené

Egotrip <-s, -s> *m fam* nombrilisme *m* (*fam*); **auf dem** ~ **sein** *fam* ne penser qu'à sa pomme (*fam*)

Egozentriker(in) <-s, -> *m(f) geh* égocentriste *mf*

egozentrisch *Adj geh* égocentriste

eh[1] *Interj sl* ① (*he*) eh
② (*wie bitte*) hein (*fam*)

eh[2] *Adv bes.* SDEUTSCH, A *fam* de toutes façons
▶ **seit/wie** ~ **und je** depuis/comme toujours

ehe *Konj* (*bevor*) avant que [ne] + *subj*; ~ **es zu spät ist** avant qu'il ne soit trop tard; **sie verabschiedet sich,** ~ **sie fährt** elle dit au revoir avant de partir; ~ **ihr nicht aufhört zu streiten, ...** tant que vous ne cesserez pas de vous disputer ...

Ehe <-, -n> *f* mariage *m*; **die** ~ **eingehen** [*o* **schließen**] *form Paar:* contracter mariage (*form*); **die** ~ **schließen** *Standesbeamter:* procéder au mariage; **jdm die** ~ **versprechen** promettre le mariage à qn; **mit jdm die** ~ **schließen** s'unir à qn par les liens du mariage; **die** ~ **brechen** commettre un adultère; **eine glückliche/unglückliche** ~ **führen** former un couple heureux/malheureux; **in zweiter** ~ **mit jdm verheiratet sein** être marié(e) une deuxième fois avec qn *fpl*; **aus erster/zweiter** ~ d'un premier/second mariage; ~ **ohne Trauschein** union *f* libre; **offene** ~ couple *m* pratiquant l'amour libre; **wilde** ~ *veraltet* union *f* libre

eheähnlich *Adj* **mit jdm in einer** ~**en Gemeinschaft leben** vivre maritalement avec qn **Eheberater(in)** *m(f)* conseiller(-ère) *m(f)* conjugal(e) **Eheberatung** *f* ① (*das Beraten*) consultation *f* conjugale ② (*Stelle*) cabinet *m* de consultation conjugale **Ehebett** *nt* lit *m* conjugal

ehebrechen *itr V nur Infin veraltet geh* commettre un adultère

Ehebrecher(in) <-s, -> *m(f)* homme *m*/femme *f* adultère

ehebrecherisch *Adj* adultère

Ehebruch *m* adultère *m*; ~ **begehen** commettre un adultère

ehedem *Adv* ▶ **von** ~ *geh* de jadis (*soutenu*); **wie** ~ *geh* comme jadis

Ehefrau *f* femme *f* **Ehegatte** *m* ① *form* époux *m* ② *Pl* JUR **die** ~**n** les époux

Ehegattensplitting [-ʃp-, -sp-] *nt* FISC imposition *f* séparée des époux

Ehegattin *f form* épouse *f* **Eheglück** *nt* bonheur *m* conjugal **Ehehindernis** *nt* empêchement *m* au mariage **Ehekrach** *m fam* scène *f* de ménage **Ehekrise** *f* crise *f* conjugale **Eheleben** *nt kein Pl* vie *f* conjugale **Eheleute** *Pl form* conjoints *mpl* (*form*); **die jungen** ~ les jeunes mariés

ehelich I. *Adj* conjugal(e); *Kind* légitime; *Rechte* matrimonial(e)
II. *Adv* **ein** ~ **geborenes Kind** un enfant légitime

ehelichen *tr V hum* convoler avec (*hum*)

ehelos *Adv bleiben* célibataire; *leben* dans le célibat

Ehelosigkeit <-> *f* célibat *m*

ehemalig *Adj attr* (*früher*) ancien(ne) *antéposé*; **die Ehemaligen** (*Schüler*) les anciens élèves; **mein Ehemaliger/meine Ehemalige** *hum fam* mon ex (*fam*)

ehemals *Adv form* jadis (*soutenu*)

Ehemann <-männer> *m* mari *m* **Ehemündigkeit** <-> *f* JUR majorité *f* matrimoniale **Ehepaar** *nt* couple *m* **Ehepartner(in)** *m(f)* conjoint(e) *m(f)*

eher *Adv* ① (*früher*) *kommen, gehen* plus tôt; **je** ~**, desto besser** plus tôt ce sera, mieux ce sera; **ich gehe nicht** ~**, bis Sie** [**nicht**] ... je ne partirai pas avant que vous + *subj* [*o* tant que vous + *indic*] ...
② (*wahrscheinlicher*) plutôt; **das ist** ~ **möglich/wahrscheinlich** c'est plus probable/vraisemblable; **um so** ~**, als** d'autant plus que + *indic*
③ (*lieber, mehr*) plutôt

Eherecht *nt kein Pl* droit *m* matrimonial **Ehering** *m* alliance *f*

ehern *Adj geh* d'airain (*littér*)

Ehescheidung *f* divorce *m* **Eheschließung** *f* mariage *m*

ehest *Adv* A [très] bientôt

Ehestand *m kein Pl geh* vie *f* conjugale; **in den** ~ **treten** se marier

eheste(r, s) I. *Adj* **der** ~ **Termin** le prochain rendez-vous possible; **bei** ~**r Gelegenheit** à la première occasion
II. *Adv* **am** ~**n** (*am wahrscheinlichsten*) très vraisemblablement; (*am liebsten*) de préférence; **das scheint am** ~ **möglich** cela semble le plus probable

ehestens *Adv* ① (*frühestens*) au plus tôt
② A *s.* **ehest**

Eheverkündigung *f* CH publication *f* des bans **Ehevermitt-**

lung *f* ❶ *kein Pl* (*das Vermitteln*) conseil *m* matrimonial ❷ (*Büro*) agence *f* matrimoniale **Eheversprechen** *nt* promesse *f* de mariage **Ehevertrag** *m* contrat *m* de mariage **Eheweib** *nt hum fam* moitié *f* (*fam*)

Ehrabschneider(in) <-s, -> *m(f) pej form* diffamateur(-trice) *m(f)*

ehrbar *Adj* respectable

Ehrbegriff *m* conception *f* de l'honneur

Ehre <-, -n> *f* honneur *m;* **zu ~n kommen** être à l'honneur; **jdm zu ~n** en l'honneur de qn; **jdm ~/wenig ~ machen** faire honneur/peu honneur à qn; **jdm zur ~ gereichen** *geh Tat, Verhalten:* être tout à son/ton/... honneur; **in ~n halten** respecter *Andenken;* **ein Geschenk in ~n halten** garder un cadeau avec soin; **jdn in seiner ~ kränken** blesser qn dans son honneur; **wir geben uns** (*Dat*) **die ~, ...** *form* nous avons l'honneur de ...; **es ist/war mir eine [große] ~** c'est/c'était un [grand] honneur pour moi; **es ist mir eine besondere ~** c'est un grand honneur pour moi; **jdm die letzte ~ erweisen** *geh* rendre les derniers honneurs à qn (*soutenu*); **mit militärischen ~n** avec les honneurs militaires; **~ sei Gott in der Höhe** Gloire à Dieu au plus haut des cieux
▸ **auf ~ und Gewissen** en son/ton/... âme et conscience; **~/keine ~ im Leib haben** avoir/ne pas avoir le sens de l'honneur; **in ~n ergraut sein** *geh* être honorablement connu(e); **~, wem ~ gebührt** *Spr.* à tout seigneur, tout honneur; **habe die ~!** A, SDEUTSCH mes hommages!; **mit wem habe ich die ~?** *iron form* à qui ai-je l'honneur? (*form*); **jdn bei seiner ~ packen** en appeler à l'honneur de qn; **was verschafft mir die ~?** *iron form* qu'est-ce qui me vaut l'honneur?; **deine Meinung/dein Wort in allen ~n, aber ...** sauf le respect que j'ai pour ton avis/ta parole, mais ...

ehren *tr V* ❶ (*würdigen*) honorer; **jdn durch/mit etw ~** honorer qn de qc; **hoch geehrt** très honoré(e) *antéposé* ❷ (*Ehre machen*) honorer; **sich durch etw geehrt fühlen** être honoré(e) de qc; *s. a.* **geehrt**

Ehrenamt *nt* fonction *f* honorifique **ehrenamtlich** I. *Adj Mitarbeiter, Tätigkeit* bénévole; *Vorsitzender* honoraire II. *Adv* bénévolement **Ehrenbürger(in)** *m(f)* citoyen(ne) *m(f)* d'honneur **Ehrenbürgerrecht** *nt* droit *m* de cité honoris causa **Ehrendoktor** *m* ❶ (*Titel*) titre *m* de docteur honoris causa ❷ (*Inhaber*) docteur *m* honoris causa **Ehrendoktorwürde** *f* titre *m* de docteur honoris causa **Ehrenerklärung** *f* ❶ JUR réparation *f* d'honneur ❷ (*Ausspruch des Vertrauens*) déclaration *f* de confiance **Ehrenformation** *f* MIL garde *f* d'honneur **Ehrengast** *m* invité(e) *m(f)* d'honneur **Ehrengericht** *nt* JUR cour *f* d'honneur

ehrenhaft I. *Adj* honorable
II. *Adv* honorablement

Ehrenhaftigkeit <-> *f* honorabilité *f*

ehrenhalber *Adv* ❶ (*als Ehrung*) à titre honorifique ❷ (*ohne Bezahlung*) bénévolement

Ehrenlegion *f* légion *f* d'honneur **Ehrenloge** *f* loge *f* d'honneur **Ehrenmal** *nt* monument *m* aux morts **Ehrenmann** <-männer> *m* homme *m* d'honneur **Ehrenmitglied** *nt* membre *m* d'honneur **Ehrenplatz** *m* place *f* d'honneur

Ehrenpreis[1] <-es, -e> *m* (*Auszeichnung*) prix *m* d'honneur

Ehrenpreis[2] <-es, -> *nt* BOT véronique *f*

Ehrenrechte *Pl* **bürgerliche ~** droits *mpl* civiques **Ehrenrettung** *f* réhabilitation *f;* **zu seiner/ihrer ~** pour son réhabilitation **Ehrenrunde** *f* ❶ SPORT tour *m* d'honneur; **eine ~ drehen** [*o* **laufen**] faire un tour d'honneur ❷ SCHULE *iron* redoublement *m* **Ehrensache** *f* affaire *f* d'honneur; **~!** *fam* parole d'honneur! **Ehrensalve** [-və] *f* salve *f* d'honneur **Ehrentag** *m geh* grand jour *m;* **zum heutigen ~** en ce jour solennel **Ehrentor** *nt* SPORT but *m* de consolation **Ehrentribüne** *f* tribune *f* d'honneur **Ehrenurkunde** *f* diplôme *m* d'honneur **ehrenvoll** *Adj Auftrag, Aufgabe, Friede* honorable; *Begräbnis* solennel(le); **etw als ~ betrachten** considérer qc comme un honneur; **ich habe die ~e Aufgabe, ...** j'ai le grand honneur de ... **Ehrenvorsitzende(r)** *f(m) dekl wie Adj* président(e) *m(f)* d'honneur **Ehrenwache** *f* garde *f* d'honneur; **die ~ halten** monter la garde **ehrenwert** *s.* **ehrbar** **Ehrenwort** <-worte> *nt* parole *f* d'honneur; **sein ~ brechen** manquer à sa parole; **[jdm] sein ~ geben** donner sa parole d'honneur [à qn]; **sein ~ halten** tenir parole; **[großes] ~!** *fam* c'est juré! (*fam*)

ehrerbietig *geh* I. *Adj* déférent(e)
II. *Adv* avec déférence

Ehrerbietung <-> *f geh* déférence *f*

Ehrfurcht *f* respect *m;* **die ~ vor jdm/etw** le respect pour [*o* envers] qn/de qc; **~ vor jdm/etw haben** respecter qn/qc; **sich voller ~ verneigen** se prosterner avec respect; **in ~ erstarren** s'immobiliser dans une attitude révérencieuse (*littér*); **~ gebietend** qui inspire le respect

ehrfurchtgebietend *s.* Ehrfurcht

ehrfürchtig, ehrfurchtsvoll I. *Adj* respectueux(-euse)
II. *Adv* avec respect

Ehrgefühl *nt kein Pl* sens *m* de l'honneur; **etw aus falschem ~ [heraus] tun** faire qc à cause d'un sens de l'honneur mal placé **Ehrgeiz** *m* ambition *f* **ehrgeizig** *Adj* ambitieux(-euse)

ehrlich I. *Adj* ❶ (*aufrichtig*) sincère; *Absicht, Angebot* honnête; **es ~ mit jdm meinen** être sincère avec qn
❷ (*verlässlich*) *Mitarbeiter, Finder* honnête
▸ **~ währt am längsten** *Spr.* l'honnêteté finit toujours par être récompensée
II. *Adv* ❶ *teilen, verdienen, spielen* honnêtement
❷ (*aufrichtig, offen*) **~ gesagt, ...** franchement ..., à vrai dire, ...; **um ~ zu sein, ...** pour parler franchement, ...
❸ *fam* (*wirklich*) **ich kann nichts dafür, ~!** je n'y peux rien, vraiment!; **~?** c'est vrai?

ehrlicherweise *Adv* honnêtement, en toute honnêteté

Ehrlichkeit <-> *f* ❶ (*Aufrichtigkeit*) sincérité *f*
❷ (*Verlässlichkeit*) honnêteté *f*

ehrlos I. *Adj Person* sans honneur
II. *Adv* de façon infâme

Ehrlosigkeit <-> *f* infamie *f* (*littér*)

Ehrung <-, -en> *f* ❶ *kein Pl* (*das Ehren*) hommage *m;* **die ~ der Sieger** l'hommage aux vainqueurs
❷ (*Beweis der Wertschätzung*) distinction *f;* **mit ~en überhäuft werden** être comblé(e) d'honneurs

Ehrverletzung *f* atteinte *f* à l'honneur

Ehrwürden Euer ~! Votre Révérence!

ehrwürdig *Adj* ❶ *Gebäude, Alter, Vergangenheit* vénérable
❷ ECCL révérend(e)

ei *Interj* ❶ (*Ausdruck der Verwunderung*) et bien, tiens
❷ (*Ausdruck von Zärtlichkeit*) là; **bei der Mieze ~ [~] machen** *Kinderspr.* faire des mimis au minou

Ei <-[e]s, -er> *nt* ❶ œuf *m;* **hartes [*o* hart gekochtes]/weiches [*o* weich gekochtes] ~** œuf dur/à la coque; **faules ~** œuf pourri; **russische/verlorene ~er** œufs à la russe/pochés; **ein ~ legen** pondre un œuf; **aus dem ~ kriechen** sortir de l'œuf
❷ PHYSIOL ovule *m*
❸ *Pl vulg* (*Hoden*) couilles *fpl* (*vulg*); **sie trat ihm [kräftig] in die ~er** elle lui a donné un [bon] coup dans les parties (*fam*)
❹ *Pl sl* (*Euro*) balles *fpl* (*fam*)
▸ **das ~ will klüger sein als die Henne** on n'apprend pas à un vieux singe à faire la grimace; **das ist das ~ des Kolumbus** c'est [comme] l'œuf de [Christophe] Colomb; **das ist ein dickes ~!** *fam* c'est un peu fort! (*fam*); **ach, du dickes ~!** *fam* bon sang [de bonsoir]! (*fam*); **wie aus dem ~ gepellt** *fam* tiré(e) à quatre épingles (*fam*); **jdn wie ein rohes ~ behandeln** prendre des gants avec qn; **das sind ungelegte ~er** *fam* on n'y est pas encore!; **wie auf ~ern gehen** *fam* marcher sur des œufs; **sich** (*Dat*) [*o* **einander**] **gleichen wie ein ~ dem anderen** se ressembler comme deux gouttes d'eau

Eibe <-, -n> *f* if *m*
Eibisch ['aɪbɪʃ] <-[e]s, -e> *m* BOT guimauve *f*
Eichamt *nt* service *m* des poids et mesures
Eiche <-, -n> *f* (*Baum, Holz*) chêne *m*
Eichel <-, -n> *f* ❶ BOT, ANAT gland *m*
❷ *Pl* KARTEN trèfle *m*
Eichelhäher *m* geai *m*
eichen¹ *Adj Schrank, Tisch* de [*o* en] chêne
eichen² *tr V* étalonner *Messgerät, Maß, Gewicht;* jauger *Gefäß*
▶ **auf etw** (*Akk*) **geeicht sein** *fam* être calé(e) [*o* incollable] en qc (*fam*); **darauf bin ich geeicht** je suis expert(e) en la matière
Eichenholz *nt* chêne *m* **Eichenlaub** *nt* feuilles *fpl* de chêne **Eichensarg** *m* cercueil *m* de chêne **Eichenwald** *m* forêt *f* de chênes
Eichhörnchen, **Eichkätzchen** *nt* DIAL écureuil *m*
Eichmaß *nt* étalon *m;* (*Hohlmaß*) jauge *f* **Eichstrich** *m* trait *m* repère
Eichung <-, -en> *f* étalonnage *m; eines Gefäßes* jaugeage *m*
Eid <-[e]s, -e> *m* JUR serment *m;* **einen ~ auf jdn/etw ablegen** [*o* **leisten**] prêter serment sur qn/qc; **einen falschen ~ schwören** faire un faux serment; **jdm einen ~ abnehmen** faire prêter serment à qn; **etw auf seinen ~ nehmen** être prêt(e) à jurer qc; **unter ~ stehen** être assermenté(e); **an ~es statt** sur l'honneur
▶ **jeden ~ schwören, dass** jurer que + *indic*
Eidbruch *m* parjure *m*
eidbrüchig *Adj* parjure; **~ werden** se parjurer (*soutenu*)
Eidechse [-ɛksə] *f* lézard *m*
Eiderente *f* eider *m*
Eidesformel *f* formule *f* de prestation de serment; **jdm die ~ vorsprechen/nachsprechen** dicter à qn/répéter après qn la formule de prestation de serment **eidesstattlich** I. *Adj Erklärung* sur l'honneur II. *Adv* **etw ~ erklären** déclarer qc sur l'honneur
Eidgenosse *m*, **-genossin** *f* citoyen(ne) *m(f)* helvétique **Eidgenossenschaft** *f* **die Schweizerische ~** la Confédération helvétique **eidgenössisch** *Adj* helvétique, suisse; (*im Gegensatz zu kantonal*) confédéral(e)
eidlich I. *Adj Abmachung* passé(e) sous serment; *Versicherung* sous serment; **eine ~e Erklärung abgeben** faire une déclaration sous serment
II. *Adv gebunden, verpflichtet* par serment
Eidotter *m o nt* jaune *m* d'œuf
Eierbecher *m* coquetier *m* **Eierbrikett** *nt* boulet *m* **Eierhandgranate** *f* grenade *f* à main [ovale] défensive **Eierkocher** *m* œufrier *m* **Eierkohle** *f* boulet *m* de charbon **Eierkopf** *m pej sl* (*Kopf*) grosse tête *f* (*fam*); (*Person*) intello *mf* (*fam*) **Eierkuchen** *m* ≈ crêpe *f* **Eierlikör** *m* liqueur *f* au jaune d'œuf **Eierlöffel** *m* cuillère *f* à œufs
eiern *itr V fam Rad, Reifen:* être voilé(e); *Schallplatte:* être gondolé(e)
Eierpfannkuchen *m* ≈ crêpe *f* **Eierschale** *f* coquille *f* d'œuf **Eierschneider** *m* découpe-œufs *m* **Eierschwamm** *m*, **Eierschwammerl** <-s, -e> *nt* A *fam* chanterelle *f*, girolle *f* **Eierspeise** *f* ❶ (*Gericht aus Eiern*) ≈ plat *m* à base d'œufs ❷ A (*Rührei*) œufs *mpl* brouillés **Eierstock** *m* ANAT ovaire *m* **Eierstockentzündung** *f* MED infection *f* des ovaires **Eiertanz** *m fam* ▶ **einen ~ um etw aufführen** louvoyer au sujet de qc
Eieruhr *f* sablier *m*
Eifer <-s> *m* ❶ zèle *m;* **mit** [**großem**] **~** avec [beaucoup de] zèle, avec ardeur; **mit ~ bei der Sache sein** se donner à fond
❷ (*Eile, Aufregung*) **er hat im ~ die Schlüssel vergessen** dans son agitation, il a oublié les clés
▶ **im ~ des Gefechts** *fam* dans le feu de l'action; **blinder ~ schadet nur** *Spr.* rien ne sert de courir, il suffit de partir à point
Eiferer <-s, -> *m* zélateur(-trice) *m(f)*
eifern *itr V geh* **gegen etw ~** fulminer contre qc
Eifersucht *f kein Pl* jalousie *f;* **aus ~ auf seinen Rivalen** par jalousie envers son rival
Eifersüchtelei <-, -en> *f pej* perpétuelle jalousie *f*
eifersüchtig *Adj* jaloux(-ouse); **auf jdn/etw ~ sein** être jaloux(-ouse) de qn/qc; **jdn ~ machen** rendre qn jaloux(-ouse)
Eifersuchtsszene *f* scène *f* de jalousie
Eiffelturm *m* tour *f* Eiffel
eiförmig *Adj* ovale, ovoïde (*spéc*)
eifrig I. *Adj Schüler* studieux(-euse), assidu(e); *Leser, Sammler* fervent(e); *Theater-, Museumsbesucher* assidu(e); *Bemühen* empressé(e); *Suche* intensif(-ive)
II. *Adv lernen, üben* avec assiduité; **~ bemüht sein etw zu tun** s'efforcer avec zèle de faire qc; **sich ~ an etw** (*Dat*) **beteiligen** participer activement à qc
Eigelb <-s> *nt* jaune *m* d'œuf
eigen *Adj* ❶ *Zimmer, Haus, Auto* propre *antéposé;* **sie hat ein ~es Auto** elle a sa [propre] voiture; **er besitzt kein ~es Land** il n'a pas de terrain à lui
❷ (*ganz persönlich*) *Meinung* personnel(le); **seine ~en Worte** ses propres paroles
❸ (*separat*) *Bad, Eingang* particulier(-ière)
❹ (*typisch*) **jdm ~ sein** être propre à qn; **mit dem ihr ~en Optimismus/Charme** avec l'optimisme qui lui est propre/son charme habituel
❺ (*eigenartig*) *Reiz, Schönheit* particulier(-ière)
❻ DIAL (*pingelig*) **in etw** (*Dat*) **~ sein** être pointilleux(-euse) sur qc
▶ **sich** (*Dat*) **etw zu Eigen machen** s'approprier qc; **etw sein Eigen nennen** *geh* détenir [*o* posséder] qc
Eigenarbeit *f* travail *m* personnel **Eigenart** *f einer Person* particularité *f; einer Landschaft, Stadt* caractère *m* particulier; **das ist eine seiner/ihrer ~en** c'est une de ses spécialités
eigenartig I. *Adj* particulier(-ière); *Aussehen, Kleidung* bizarre; **das ist aber ~!** c'est vraiment bizarre!
II. *Adv sich benehmen* bizarrement; **~ riechen** sentir une drôle d'odeur; **~ aussehen** être bizarre
Eigenbau *m kein Pl* (*eigene Konstruktion*) œuvre *f* de ma/sa/... fabrication **Eigenbedarf** *m* ❶ besoins *mpl* personnels, autoconsommation *f;* **Gemüse für den ~ anbauen** cultiver les légumes dont on a besoin [pour sa consommation] ❷ JUR **eine Wohnung wegen ~s kündigen** résilier un bail pour usage personnel **Eigenbericht** *m* communiqué *m* rédactionnel **Eigenbewegung** *f* mouvement *m* propre
Eigenblutbehandlung *f* traitement *m* par autotransfusion **Eigenblutinjektion** *f* autotransfusion *f*
Eigenbrötler(in) <-s, -> *m(f)* individualiste *mf*, original(e) *m(f)*
eigenbrötlerisch *Adj Person, Verhaltensweise* original(e); **ein ~er Mensch** un(e) original(e)
Eigendynamik *f* dynamique *f* interne; **eine ~ entwickeln** développer sa propre dynamique **Eigenfinanzierung** *f* autofinancement *m* **Eigengewicht** *nt eines Fahrzeugs* poids *m* à vide; *einer Ware* poids *m* net
eigenhändig I. *Adj Testament* [h]olographe; **Ihre ~e Unterschrift** votre propre signature; **eine ~e Widmung des Autors** une dédicace de la main de l'auteur
II. *Adv* de mes/ses/... propres mains, moi-même/lui-même/...; **er hat diesen Brief ~ geschrieben** il a écrit cette lettre lui-même [*o* de sa propre main]
Eigenheim *nt* maison *f* individuelle
Eigenheit *s.* Eigenart
Eigeninitiative [-initsiati:və] *f* initiative *f* individuelle; **auf seine/unsere ~** [**hin**] suite à son/notre initiative personnelle; **in ~** de sa/leur/... propre initiative **Eigenkapital** *nt einer Person* apport *m* personnel; *einer Firma* capital *m* propre **Eigenleben** *nt kein Pl* ❶ (*Privatsphäre*) vie *f* personnelle ❷ (*opp: Arbeitsleben*) vie *f* privée ❸ (*selbstständige Existenz*) **ein ~**

E

führen *Person, Institution, Tier:* mener une existence propre **Eigenleistung** *f* ❶ (*eigene Schöpfung*) œuvre *f* personnelle ❷ (*eigene Arbeit*) travail *m* personnel; **etw in ~ erstellen/errichten** faire qc soi-même **Eigenliebe** *f kein Pl* amour-propre *m* **Eigenlob** *nt* éloge *m* de soi ▸ **~ stinkt!** *fam* qu'il est laid de se vanter! **eigenmächtig** I. *Adj Entscheidung* pris(e) sans concertation préalable; **~es Vorgehen** initiative *f* individualiste et non concertée II. *Adv anordnen, handeln* de son/mon/... propre chef **Eigenmächtigkeit** <-, -en> *f* ❶ *kein Pl* (*Selbstherrlichkeit*) individualisme *m;* **die ~ seines Vorgehens** sa façon d'agir individualiste ❷ (*Handlung*) initiative *f* individualiste **Eigenmittel** *Pl form* apport *m* personnel; **aus ~n** avec mes/ses/... propres ressources **Eigenname** *m* nom *m* propre

Eigennutz <-es> *m* intérêt *m* personnel; **aus ~** par intérêt personnel

eigennützig I. *Adj* intéressé(e)
II. *Adv* par intérêt [personnel]; **~ denken** penser à son intérêt personnel

eigens *Adv* ❶ (*extra*) spécialement
❷ (*ausschließlich*) tout exprès, spécialement

Eigenschaft <-, -en> *f* ❶ (*Charaktereigenschaft*) trait *m* de caractère; **gute und schlechte ~en** des qualités et des défauts
❷ CHEM, PHYS propriété *f*
❸ (*Funktion*) qualité *f;* **in amtlicher/geschäftlicher ~** en mission officielle/d'affaires; **in meiner/seiner/... ~ als Wähler** en ma/sa/... qualité d'électeur, en tant qu'électeur

Eigenschaftswort <-wörter> *nt* adjectif *m*

Eigensinn *m kein Pl* obstination *f;* **aus ~** par entêtement **eigensinnig** I. *Adj* obstiné(e) II. *Adv* obstinément **eigenstaatlich** *Adj* indépendant(e) **Eigenstaatlichkeit** <-> *f* indépendance *f*

eigenständig I. *Adj* autonome
II. *Adv* de façon autonome

Eigenständigkeit <-> *f* autonomie *f; eines Kunstwerks* originalité *f*

eigentlich I. *Adj* ❶ (*wirklich*) *Name, Wesen, Zweck* véritable; *Tatsache, Wert* réel(le)
❷ (*ursprünglich*) d'origine
II. *Adv* ❶ (*normalerweise*) en principe
❷ (*überhaupt*) au juste; **wie reden Sie ~ mit mir?** qu'est-ce que c'est, cette façon de [me] parler?
❸ (*wirklich*) en fait, à proprement parler, à vrai dire; **wie alt bist du ~?** mais quel âge as-tu au fait?

Eigentor *nt* but *m* contre son camp
▸ **ein ~ schießen** marquer un but contre son camp; (*sich selbst schaden*) se faire du tort à soi-même

Eigentum <-s> *nt* propriété *f;* (*Besitzgüter*) biens *mpl;* **dieser Sportwagen ist mein ~** cette voiture de sport est à moi [*o* m'appartient]; **das ~ an etw** (*Dat*) **erwerben** devenir propriétaire de qc

Eigentümer(in) <-s, -> *m(f)* propriétaire *mf*

eigentümlich I. *Adj* ❶ (*merkwürdig*) particulier(-ière); *Verhalten* singulier(-ière), curieux(-euse)
❷ *geh* (*typisch*) **jdm/einer S. ~ sein** être caractéristique de qn/qc; **mit der ihm ~en Gelassenheit** avec le calme qui le caractérise
❸ (*übel*) **mir ist/wird** [**ganz**] **~** je me sens/commence à me sentir [tout(e)] drôle
II. *Adv sich verhalten* bizarrement; **~ aussehen** avoir un drôle d'aspect

Eigentümlichkeit <-, -en> *f* ❶ *einer Person* particularité *f; eines Minerals, einer Pflanze* propriété *f*
❷ *kein Pl* (*Merkwürdigkeit*) bizarrerie *f;* **die ~ seines Verhaltens** son comportement bizarre

Eigentumsdelikt *nt* atteinte *f* à la propriété **Eigentumserwerb** *m* JUR acquisition *f* de la propriété **Eigentumsrecht** *nt* droit *m* de propriété; **~ an etw** (*Dat*) droit *m* de propriété sur qc **Eigentumswohnung** *f* appartement *m* en copropriété

eigenverantwortlich I. *Adj Handeln* autonome II. *Adv* de son/mon/... propre chef, en prenant la responsabilité sur soi **Eigenwerbung** *f* autopublicité *f* **eigenwillig** *Adj* ❶ (*eigensinnig*) obstiné(e) ❷ (*unkonventionell*) original(e) **Eigenwilligkeit** <-, -en> *f* ❶ *kein Pl* (*Eigensinn*) obstination *f;* (*unkonventionelle Art*) originalité *f* ❷ (*Handlung*) **ich habe genug von deinen ~en!** j'en ai assez de subir tes quatre volontés!

eignen *r V* **sich ~** être apte; **sich für eine bestimmte Arbeit ~** être apte à faire un certain travail; **sich zum Lehrer ~** être apte à être enseignant(e); **sich als Illustration ~** pouvoir servir d'illustration; **die CD eignet sich** [**sehr gut**] **zum Verschenken** le CD fera [sûrement] un beau cadeau; *s. a.* **geeignet**

Eigner(in) <-s, -> *m(f) form* propriétaire *mf*

Eignung <-> *f* aptitude *f;* **seine ~ für diese** [*o* **zu dieser**] **Arbeit** son aptitude *f* à faire ce travail; **die ~ zum Lehrer** l'aptitude pour être enseignant

Eignungsprüfung *f,* **Eignungstest** *m* examen *m* [*o* test *m*] d'aptitude

Eihäute *Pl* ANAT membranes *fpl* fœtales **Eiklar** <-s> *nt* A, SDEUTSCH blanc *m* d'œuf

Eiland <-lande> *nt liter* île *f*

Eilbote *m,* **-botin** *f* porteur(-euse) *m(f)* spécial(e); **durch ~n** par porteur(-euse) spécial(e) **Eilbrief** *m* lettre *f* [par] exprès; **als ~** en exprès

Eile <-> *f* hâte *f;* **in ~ sein** être pressé(e); **etw in aller ~ tun** faire qc en toute hâte; **jdn zur ~ antreiben** inciter qn à se dépêcher [davantage]; **keine** [**große**] **~ haben** *Person:* ne pas être [très] pressé(e); *Angelegenheit:* ne pas être [très] urgent(e); **nur keine ~!** doucement!, pas de précipitation!

Eileiter *m* trompe *f* de Fallope; (*bei Tieren*) oviducte *m*

Eileiterschwangerschaft *f* grossesse *f* tubaire [*o* extra-utérine]

eilen I. *itr V* ❶ + *sein* se dépêcher; **nach Hause ~** se dépêcher de rentrer; **zum Briefkasten ~** se dépêcher d'aller à la boîte aux lettres; **durch die Straßen ~** courir dans les rues; **ich eile!** je me dépêche!
❷ + *sein fig* **von Erfolg zu Erfolg ~** accumuler les succès
❸ + *haben* (*dringlich sein*) *Angelegenheit:* être urgent(e); **Eilt!** urgent!
II. *itr V unpers* + *haben* **es eilt** c'est urgent; **es eilt nicht** il n'y a pas urgence, cela ne presse pas; **damit eilt es!** c'est urgent!
III. *r V fam* **sich ~** se dépêcher

eilends *Adv* d'urgence

eilfertig I. *Adj geh* empressé(e), diligent(e) (*littér*)
II. *Adv geh* avec empressement

Eilfertigkeit *f geh* empressement *m*

Eilgut *nt* envoi *m* exprès

eilig I. *Adj* ❶ (*dringend*) urgent(e); **es mit etw ~ haben** être pressé(e) de faire qc; **wir haben es damit nicht so ~** ça ne presse pas; **er hatte nichts Eiligeres zu tun als dieses Fax zu schreiben** *iron* il n'a rien eu de plus pressé que d'envoyer ce fax-là
❷ (*schnell*) pressé(e); **mit ~en Schritten** à pas pressés
II. *Adv* rapidement, à toute vitesse; **nur nicht so ~!** doucement!

eiligst *Adv* le plus vite possible

Eilmarsch *m a.* MIL marche *f* forcée **Eilsendung** *f* envoi *m* [par] exprès **Eiltempo** *nt* **im ~** *fam* à toute vitesse, en quatrième vitesse (*fam*) **Eilzug** *m veraltet* express *m* **Eilzustellung** *f* distribution *f* exprès

Eimer <-s, -> *m* seau *m*
▸ **es gießt wie mit** [*o* **aus**] **~n** *fam* il pleut à seaux; **im ~ sein** *sl* être foutu(e) (*pop*)

eimerweise *Adv* par seaux entiers; (*in Eimern*) par seaux

ein *Adv* marche; **auf „~" drücken** appuyer sur "marche"; **den Schalter auf „~" stellen** mettre le commutateur sur "mar-

che"
▸ **weder ~ noch aus wissen, weder aus noch ~ wissen** ne savoir plus quoi faire
ein, eine, ein I. *Num* un/une; **es ist ~ Uhr** il est une heure; **~e Stunde/~en Tag dauern** durer une heure/une journée; **~ Pfund/Kilo wiegen** peser une livre/un kilo; **sie hat nicht ~ Wort gesagt** elle n'a pas dit un seul mot; *s. a.* **eins**
▸ **mein/sein/ihr Ein und Alles** tout ce que j'ai/qu'il/qu'elle a de plus cher; **das ist doch ~ und dasselbe** c'est du pareil au même (*fam*); **immer ~ und dasselbe Kleid tragen** porter toujours la même robe; **~ und derselbe/dieselbe** (*dieselbe Person*) une seule et même personne; **~ und derselbe Kollege/dieselbe Kollegin** ce/cette même collègue
II. *Art indef* ❶ un/une; **~ Buch/Tisch** un livre/une table; **~e Tür/Vase** une porte/un vase; **als Tochter ~er Lehrerin** en tant que fille d'enseignante; **~e Hitze ist das hier!** il fait une de ces chaleurs ici!; **so ~e Frechheit!** quelle insolence!; *s. a.* **eine(r, s)**
❷ (*jeder*) **~ Wal ist ein Säugetier** les baleines sont des mammifères
einachsig [-aksɪç] *Adj* à un essieu; **~ sein** avoir un [seul] essieu
Einakter <-s, -> *m* pièce *f* en un acte
einander *Pron geh* se/nous/vous; **sie gleichen ~** ils se ressemblent; **wir respektieren ~** nous nous respectons mutuellement; **reicht ~ die Hände** donnez-vous la main
ein|arbeiten I. *r V* **sich ~** (*am Arbeitsplatz*) s'adapter; **sich in etw** (*Akk*) **~** se mettre au courant de qc
II. *tr V* ❶ (*einweisen*) former; **jdn in etw** (*Akk*) **~** initier qn à qc
❷ (*einfügen*) insérer *Ergänzung, Zitat;* coudre *Futter, Polster*
Einarbeitungszeit *f* période *f* de formation
einarmig I. *Adj Person* manchot(e)
II. *Adv* avec un [seul] bras
ein|äschern *tr V* ❶ incinérer *Toten*
❷ (*durch Feuer vernichten*) **etw ~** réduire qc en cendres
Einäscherung <-, -en> *f* incinération *f*
ein|atmen I. *tr V* respirer; inhaler *Gas, Dämpfe*
II. *itr V* inspirer
einäugig *Adj* borgne
Einbahnstraße *f* [rue *f* à] sens *m* unique
ein|balsamieren* **I.** *tr V* embaumer
▸ **sich** (*Dat*) **~ lassen können** *hum fam* pouvoir prendre sa retraite (*hum*)
II. *r V hum fam* **sich mit etw ~** s'enduire le corps de qc
Einbalsamierung <-, -en> *f* embaumement *m*
Einband <-bände> *m* reliure *f*
einbändig *Adj* en un volume
Einbau <-bauten> *m* ❶ *kein Pl* (*das Einbauen*) installation *f; eines Getriebes, Motors* montage *m*
❷ *meist Pl* (*eingebautes Teil*) équipement *m*
ein|bauen *tr V* ❶ (*montieren*) installer *Küchenmöbel, Schrank;* poser, monter *Motor, Geräteteil;* **eingebaut** *Küche, Blitzlicht, Netzteil* intégré(e); **eingebauter Schrank** placard *m*
❷ (*einfügen*) insérer *Hinweis, Zitat;* intégrer *Theorie*
Einbauküche *f* cuisine *f* intégrée
Einbaum *m* pirogue *f*
Einbaumöbel *Pl* mobilier *m* encastrable **Einbauschrank** *m* placard *m*
ein|behalten* *tr V unreg* retenir
einbeinig *Adj Person* unijambiste; *Hocker, Tisch* à un pied
ein|berufen* *tr V unreg* ❶ (*zusammenkommen lassen*) convoquer
❷ MIL incorporer
Einberufene(r) *f(m) dekl wie Adj* appelé(e) *m(f)*
Einberufung *f* ❶ *kein Pl* convocation *f;* MIL incorporation *f*
❷ *s.* **Einberufungsbescheid**
Einberufungsbescheid *m* avis *m* d'incorporation
ein|betonieren* *tr V* sceller dans du béton; **einen Pfeiler ~** sceller un pilier dans du béton
ein|betten *tr V* implanter *Fundament;* insérer *Implantat*
Einbettzimmer *nt* chambre *f* à un lit; (*im Krankenhaus*) chambre privée
ein|beulen I. *tr V* cabosser
II. *r V* **sich ~** se déformer
ein|beziehen* *tr V unreg* ❶ (*mitreden lassen*) impliquer; (*mitwirken lassen*) associer; **jdn in etw** (*Akk*) **[mit] ~** (*mitreden lassen*) impliquer qn dans qc; (*mitwirken lassen*) associer qn à qc
❷ (*berücksichtigen*) **etw in etw** (*Akk*) **[mit] ~** prendre en compte qc pour [*o* dans] qc
Einbeziehung *f* ❶ *kein Pl* (*das Beteiligen*) implication *f*
❷ *kein Pl* (*das Berücksichtigen*) prise *f* en compte; **unter ~ von ...** eu égard à ..., compte tenu de ...
ein|biegen *itr V unreg + sein* tourner; **in eine Straße ~** tourner dans une rue; **nach links ~** tourner à gauche
ein|bilden *r V* ❶ (*phantasieren*) **sich ~** s'imaginer; **sich** (*Dat*) **etw ~** s'imaginer qc; **sich** (*Dat*) **~, dass** s'imaginer que + *indic;* **das hast du dir nur eingebildet** tu as rêvé
❷ (*stolz sein*) **sich** (*Dat*) **etwas/einiges auf seine Leistungen ~** être fier(fière)/n'être pas peu fier(fière) de ses performances; **darauf brauchst du dir nichts einzubilden** tu n'as pas de quoi en être fier(fière); **was bildest du dir eigentlich ein?** *fam* pour qui tu te prends? (*fam*)
Einbildung *f* ❶ *kein Pl* (*Phantasie*) imagination *f;* **das ist reine ~!** c'est de l'imagination pure et simple!
❷ *kein Pl* (*Arroganz*) prétention *f*
▸ **~ ist auch eine Bildung!** *fam* tu peux/il peut/... toujours courir! (*fam*), tu rêves/il rêve/..., ou quoi! (*fam*); **an ~ leiden** *iron* être imbu(e) de sa personne
Einbildungskraft *f kein Pl* imagination *f*
ein|binden *tr V unreg* ❶ (*mit Einband versehen*) relier; **ein Buch in Leder** (*Akk*) **~** relier un livre en cuir
❷ (*einbeziehen*) engager *Kollegen, Freund;* intégrer *Gebiet, Land;* **jdn in die Verantwortung ~** impliquer qn sur le plan de la responsabilité; **sich in etw** (*Akk*) **~ lassen** s'engager dans qc; **einen Außenseiter in etw** (*Akk*) **~** intégrer un marginal dans qc
Einbindung *f* intégration *f;* **die ~ der Jugend in die Politik** l'intégration des jeunes dans la politique
ein|bläuen[RR] ['aɪnblɔɪən] *tr V fam* ❶ (*einschärfen*) rabâcher (*fam*); **jdm etw ~** rabâcher qc à qn
❷ (*einprügeln*) **ihnen wurden die Grammatikregeln eingebläut** on leur a fait rentrer les règles de grammaire à coups de trique
ein|blenden I. *tr V* CINE, TV insérer; RADIO intercaler; **etw in etw** (*Akk*) **~** CINE, TV insérer qc dans qc; RADIO intercaler qc dans qc
II. *r V* TV, RADIO **sich [in etw** (*Akk*)**] ~** passer [*o* donner] l'antenne à qc; **sich wieder in die Übertragung des Spiels ~** reprendre la retransmission en direct du match
Einblendung *f einer Werbung, Telefonnummer* insertion *f*
ein|bleuen *tr V fam s.* **einbläuen**
Einblick *m* ❶ (*Einsichtnahme*) aperçu *m;* **~ in etw** (*Akk*) aperçu *m* de qc; **jdm ~ in etw** (*Akk*) **gewähren** (*betrachten lassen*) laisser qn regarder dans qc; (*kennen lernen lassen*) laisser qn recueillir des informations sur qc; **~ in etw** (*Akk*) **gewinnen** pouvoir se faire une idée de qc; **~ in die Unterlagen haben/nehmen** avoir/prendre connaissance des documents
❷ *Pl* (*Kenntnisse*) **jdm [interessante] ~e eröffnen** ouvrir des perspectives [intéressantes] à qn
❸ (*Sicht*) **[einen] ~ in den Garten haben** avoir vue sur le jardin
ein|brechen *unreg* **I.** *itr V* ❶ + *haben o sein* (*einen Einbruch verüben*) cambrioler; **bei jdm/in etw** (*Akk o Dat*) **~** cambrioler qn/qc; **bei mir ist eingebrochen worden** j'ai été cam-

briolé(e)
❷ + *sein* (*eindringen*) **in ein Land** ~ envahir un pays
❸ + *sein* (*einsinken*) **auf dem Eis** ~ passer au travers de la glace
❹ + *sein* (*einstürzen*) *Decke:* s'effondrer; *Stollen, Tunnel:* s'ébouler, s'écrouler
❺ + *sein fam* (*Misserfolg haben*) s'effondrer (*fam*)
II. *tr V* + *haben* enfoncer *Tür, Wand*
Einbrecher(in) *m(f)* cambrioleur(-euse) *m(f)*
Einbrenn[e] <-, -en> *f* A roux *m*
ein|brennen *unreg* I. *tr V* ❶ marquer au fer rouge *Brandzeichen*
❷ INFORM graver *CD*
❸ GASTR cuire; roussir *Mehl*
II. *r V* ► **sich ins Gedächtnis** ~ se graver dans la mémoire
ein|bringen *unreg* I. *tr V* ❶ (*eintragen*) rapporter; **[jdm] etw** ~ rapporter qc [à qn]
❷ (*beitragen*) apporter *Kapital, Know-how*
❸ (*einfahren*) rentrer *Ernte*
❹ (*vorschlagen*) présenter *Gesetzesvorlage;* **etw im Parlament** ~ déposer qc au Parlement
II. *r V* **sich bei etw/in etw** (*Akk*) ~ s'investir dans qc
ein|brocken *fam* I. *tr V* **jdm etwas [Schönes]** ~ mettre qn dans le pétrin (*fam*); **da hast du uns wieder was eingebrockt!** tu nous as encore mis dans de beaux draps!
II. *r V* **sich** (*Dat*) **etw** ~ chercher qc (*fam*); **das hast du dir selber eingebrockt!** tu t'es mis tout seul/toute seule dans ce pétrin! (*fam*)
Einbruch *m* ❶ cambriolage *m;* ~ **in etw** (*Akk*) cambriolage *m* de qc; **einen ~ in etw** (*Akk*) **verüben** cambrioler qc
❷ *kein Pl* (*das Eindringen*) *von Polarluft* poussée *f*
❸ *kein Pl* (*Einsturz*) effondrement *m*
❹ *kein Pl* (*dramatischer Abschwung*) *des Kurses, der Preise* chute *f*
❺ (*Verluste, Misserfolg*) échec *m*
❻ (*Beginn*) *des Winters* irruption *f;* **vor ~ der Dunkelheit/Nacht** avant la tombée de la nuit
Einbruch[s]diebstahl *m* vol *m* avec effraction **einbruch[s]sicher** *Adj Fenster, Tür* antivol *inv; Gebäude* protégé(e) contre le vol **Einbruch[s]werkzeug** *nt* attirail *m* de cambrioleur
ein|buchten *tr V sl* coffrer (*fam*), mettre en taule (*arg*); **jdn** ~ coffrer qn (*fam*), mettre qn en taule (*arg*)
Einbuchtung <-, -en> *f* ❶ (*Delle*) trace *f* d'enfoncement
❷ (*Bucht*) anse *f*
ein|buddeln I. *tr V fam* enterrer, enfouir
II. *r V fam* **sich** ~ s'enterrer
ein|bürgern I. *tr V* ❶ ADMIN naturaliser; **sich in der** [*o* **die**] **Schweiz ~ lassen** se faire naturaliser Suisse
❷ (*heimisch machen*) **ein Tier/eine Pflanze in etw** (*Akk o Dat*) ~ acclimater un animal/une plante dans qc
❸ (*verbreiten*) importer, assimiler *Fremdwort, Brauch*
II. *r V* ❶ (*übernommen werden*) **sich** ~ *Fremdwort, Brauch:* s'implanter
❷ (*üblich werden*) **das hat sich bei uns/in der Firma so eingebürgert** c'est devenu une habitude chez nous/dans l'entreprise
Einbürgerung <-, -en> *f* ❶ ADMIN naturalisation *f*
❷ *kein Pl* (*das Heimischmachen*) *einer Pflanze, eines Tieres* acclimatation *f*
❸ *kein Pl* (*die Verbreitung*) *eines Fremdwort[e]s, Brauchs* importation *f*
Einbuße *f* perte *f;* **mit etw finanzielle ~n erleiden** subir des pertes financières par suite de qc; **eine ~ an Prestige** une perte de prestige
ein|büßen I. *tr V* perdre; **sein Leben/ein Bein** ~ perdre la vie/une jambe
II. *itr V* **[sehr] an Ansehen/Macht** ~ perdre [beaucoup de] son crédit/pouvoir
ein|checken [-tʃɛkn] I. *itr V* ❶ *Fluggast:* se faire enregistrer; **nach dem Einchecken** après l'enregistrement
❷ (*absteigen*) **im Hotel** ~ descendre dans l'hôtel; (*sich anmelden*) se présenter à l'hôtel
II. *tr V* enregistrer *Fluggast;* faire enregistrer *Gepäck*
ein|cremen I. *tr V* mettre de la crème; **er cremt ihr den Rücken ein** il lui met de la crème sur le dos
II. *r V* **sich [mit Feuchtigkeitscreme]** ~ se mettre de la crème [hydratante]; **sich** (*Dat*) **das Gesicht** ~ se mettre de la crème sur le visage
ein|dämmen *tr V a. fig* endiguer; enrayer *Seuche;* circonscrire *Brand*
ein|dämmern *itr V* s'assoupir
Eindämmung *f a. fig* endiguement *m; einer Seuche, der Inflation* enraiement *m*
ein|decken I. *r V* **sich** ~ s'approvisionner; **sich mit Gemüse/Fleisch** ~ s'approvisionner en légumes/viande; **sich mit Holz/Kohle** ~ faire des provisions de bois/charbon
II. *tr V* ❶ **das Dach mit etw** ~ couvrir le toit de qc
❷ *fam* (*überhäufen*) **jdn mit etw** ~ submerger qn de qc; **mit Arbeit eingedeckt sein** crouler sous le travail, être submergé(e) de travail
Eindecker <-s, -> *m* AVIAT monoplan *m*
ein|deichen *tr V* endiguer
ein|dellen *tr V fam* enfoncer *Kotflügel, Tür;* **er hat mir den Kotflügel eingedellt** il m'a enfoncé l'aile
eindeutig I. *Adj* ❶ (*unmissverständlich*) clair(e); *Absage, Weigerung, Bitte* explicite
❷ (*unzweifelhaft*) *Beweis, Niederlage, Sieg* indiscutable, incontestable
II. *Adv* ❶ (*unmissverständlich*) clairement
❷ (*ohne jeden Zweifel*) manifestement; **ganz** ~ de toute évidence
Eindeutigkeit <-> *f* ❶ (*Unmissverständlichkeit*) clarté *f*
❷ (*Unzweifelhaftigkeit*) netteté *f,* évidence *f; eines Beweises* caractère *m* indiscutable
ein|deutschen *tr V* LING, POL germaniser
ein|dicken I. *tr V* + *haben* épaissir, lier *Soße*
II. *itr V* + *sein Farbe:* durcir; *Soße:* épaissir
eindimensional *Adj* ❶ MATH unidimensionnel(le)
❷ (*phantasielos*) *Denkweise* monolithique
ein|dosen *tr V* mettre en conserve; **etw** ~ mettre qc en conserve
ein|dösen *itr V* + *sein fam* s'assoupir
ein|drängen *itr V* + *sein* harceler; **auf jdn** ~ harceler qn; *Fans:* assiéger qn; *Erinnerungen, Bilder:* se bousculer dans la tête de qn
ein|drecken *fam* I. *itr V* + *sein Schuhe, Kleidung:* s'encrasser
II. *r V* + *haben* **sich** ~ se dégueulasser (*fam*)
ein|drehen *tr V* ❶ (*schrauben*) visser
❷ (*aufdrehen*) **sich** (*Dat*) **die Haare** ~ se mettre des bigoudis
ein|dreschen *itr V unreg fam* flanquer une raclée (*fam*); **auf jdn** ~ flanquer une raclée à qn
ein|dringen *itr V unreg* + *sein* ❶ *Einbrecher:* s'introduire; *Truppen, Armee:* pénétrer; **in etw** (*Akk*) ~ *Einbrecher:* s'introduire dans qc; *Truppen, Armee:* pénétrer dans qc
❷ (*hineindringen, hineinsickern*) **in etw** (*Akk*) ~ pénétrer dans qc
❸ (*sich einarbeiten*) **in die Materie** ~ étudier plus à fond le sujet
❹ (*sich verbreiten*) **in die Sprache** ~ passer dans la langue
❺ (*bestürmen*) **mit etw auf jdn** ~ harceler qn de qc
eindringlich I. *Adj Bitte, Stimme, Warnung* pressant(e); *Rede* suppliant(e)
II. *Adv bitten, warnen* avec insistance; **~st** avec beaucoup d'insistance
Eindringlichkeit *f einer Bitte, Warnung* insistance *f*
Eindringling <-s, -e> *m* intrus(e) *m(f)*
Eindruck <-drücke> *m* ❶ impression *f;* **den ~ haben, dass** avoir l'impression que + *indic;* **von jdm/etw den ~ gewin-**

nen, dass avoir peu à peu le sentiment à propos de qn/qc que + *indic;* **sich des ~s nicht erwehren können, dass** *geh* ne pas arriver à se défaire de l'impression que + *indic;* **den ~ erwecken, als sei alles in Ordnung** donner l'impression que tout va bien; **einen gefassten/nervösen ~ auf jdn machen** donner à qn l'impression d'être calme/nerveux(-euse); **Eindrücke sammeln** emmagasiner des impressions
2 (*Wirkung, Effekt*) **großen/keinen ~ auf jdn machen** faire [grande]/ne faire aucune impression sur qn; **unter dem ~ einer S. stehen** être sous le coup de qc; **seinen ~ auf jdn nicht verfehlen** ne pas rater son effet sur qn
3 *s.* **Abdruck**[1]
▶ **~ schinden wollen** *fam* vouloir épater la galerie (*fam*)
ein|drücken I. *tr V* 1 (*beschädigen*) *Person, Wassermassen:* enfoncer; *Sturm, Explosion:* défoncer, démolir; **etw ~** *Person, Wassermassen:* enfoncer qc; *Sturm, Explosion:* défoncer qc, démolir qc
2 (*verletzen*) **das Lenkrad hat ihm den Brustkorb eingedrückt** le volant lui a écrasé la cage thoracique
II. *r V* **sich in etw** (*Akk*) **~** *Tischbeine, Reifen:* laisser des marques sur qc
eindrücklich *Adj* CH *s.* **eindrucksvoll**
eindrucksvoll I. *Adj* impressionnant(e)
II. *Adv* de façon saisissante
eine(r, s) *Pron indef* 1 (*jemand*) quelqu'un; **~ aus der Nachbarschaft** une voisine, une personne du voisinage; **~s der Kinder** un des enfants; **der ~ von diesen Männern** [l']un de ces hommes; **die ~n sagen so** il y en a qui disent ça; **du bist mir ~(r)!** *fam* [non mais,] toi alors!; **das ist ~r!** c'est quelqu'un!; *s. a.* **ein**
2 *fam* (*man*) **und das soll ~r glauben?** laisse-moi rire! (*fam*); **dieser Film macht ~n traurig** ce film [vous] rend triste
3 (*eine Sache*) **~s** [*o* **eins**] **gefällt mir nicht an ihm** il y a une chose qui me déplaît en lui; *s. a.* **eins**
▶ **~r für alle, alle für ~n** *Spr.* un pour tous, tous pour un
ein|ebnen *tr V* aplanir, niveler
Einehe *f* monogamie *f*
eineiig *Adj* **~e Zwillinge** de vrais jumeaux, des jumeaux univitellins
eineinhalb *Num* un(e) ... et demi(e); **~ Jahre** un an et demi
eineinhalbmal *Adv* une fois et demie
Einelternfamilie [-liə] *f* famille *f* monoparentale
einem *Pron indef, Dat von* **man** on; **solch ein Entschluss fällt ~ schwer** on a du mal à prendre une telle décision; **wenn ~ das nicht gefällt** si on n'aime pas cela
einen[1] *tr V geh Person:* unir; **Menschen/ein Volk ~** *Person:* unir des gens/un peuple; *äußere Gefahr, Gedanke:* souder [*o* unir] des gens/un peuple
einen[2] *Pron indef, Akk von* **man** on; **das freut ~** on s'en réjouit; **er grüßt ~ nie** il ne vous dit jamais bonjour
ein|engen *tr V* 1 (*bedrängen*) étouffer
2 (*beschränken*) **jdn in etw** (*Dat*) **~** restreindre qn dans qc
3 (*beengen*) *Kleidungsstück:* serrer; **sich in etw** (*Dat*) **eingeengt fühlen** être [*o* se sentir] étriqué(e) dans qc
4 (*begrenzen*) **einen Begriff auf etw** (*Akk*) **~** circonscrire [*o* limiter] une notion à qc
Einengung <-, -en> *f* 1 (*Gefühl der Bedrängung*) sensation *f* d'étouffement
2 (*Beschränkung*) limitation *f*
einer *Pron s.* **eine(r, s)**
Einer <-s, -> *m* 1 MATH unité *f*
2 SPORT skif[f] *m*
einerlei *Adj unv* **~ sein** être égal(e); **das ist mir/ihm ~** ça m'est/lui est égal
Einerlei <-s> *nt* monotonie *f*
einerseits *Adv* d'un côté; **~ ... andererseits ...** d'un côté ..., de l'autre [côté] [*o* d'un autre côté] ...
Einerzimmer *nt* CH chambre *f* individuelle [*o* particulière]
eines *Pron s.* **eine**
einesteils *Adv* d'une part; **~ ... ander[e]nteils ...** d'une part ..., d'autre part ...
einfach I. *Adj* 1 (*nicht schwierig, nicht kompliziert*) simple, facile; *Grund, Maschine* simple; **eine ganz ~e Konstruktion** une construction élémentaire; **es sich** (*Dat*) **mit etw zu ~ machen** s'en tirer un peu vite avec qc
2 (*gewöhnlich*) *Person, Kleidung, Essen* simple
3 (*nicht doppelt*) *Knoten, Faden* simple; *Ausfertigung* en un exemplaire; *Buchführung* en partie simple
4 (*nicht hin und zurück*) **eine ~e Fahrkarte** un aller simple; **einmal ~ nach München** un aller simple [pour] Munich
▶ **warum ~, wenn's auch umständlich geht?** *iron* pourquoi faire simple quand on peut faire compliqué?
II. *Adv* 1 (*leicht*) *erklären* simplement; **~ zu verstehen sein** être facile à comprendre
2 (*schlicht*) simplement
3 (*einmal*) *zusammenfalten, zusammenlegen* en deux
4 (*geradezu*) *lächerlich, zu dumm, grotesk* vraiment, tout simplement; *herrlich, toll* vraiment
5 (*ohne Umstände*) *weggehen, ohrfeigen, hinunterschlingen* tout bonnement; **du kannst doch nicht ~ verschwinden!** tu ne peux tout de même pas t'en aller comme ça!
6 (*verstärkend*) **er will ~ nicht hören!** il ne veut rien entendre, c'est simple!; **es will ~ nichts werden** ça ne veut pas marcher
Einfachheit <-> *f* simplicité *f;* **der ~ halber** pour plus de simplicité, pour simplifier
ein|fädeln I. *tr V* 1 enfiler; **einen Faden/einen Film in etw** (*Akk*) **~** faire passer un fil/engager une pellicule dans qc
2 *fam* (*einleiten*) combiner *Geschäft;* manigancer (*fam*) *Intrige*
II. *r V* **sich in etw** (*Akk*) **~** *Autofahrer:* s'insérer dans qc
ein|fahren *unreg* **I.** *itr V + sein* 1 entrer; **in den Bahnhof/Hafen ~** entrer en gare/dans le port; **in etw** (*Akk*) **~** *Rennfahrer:* faire son entrée dans/sur qc
2 MIN **in etw** (*Akk*) **~** descendre dans qc
II. *tr V + haben* 1 (*kaputtfahren*) défoncer *Mauer, Tor*
2 (*einziehen*) rentrer *Antenne, Fahrgestell, Sehrohr*
3 (*zu benutzen beginnen*) roder
4 *fam* (*erzielen*) enregistrer *Verlust, Gewinn*
5 (*einbringen*) rentrer *Ernte*
Einfahrt *f* 1 *kein Pl des Zuges* entrée *f* en gare; *des Schiffes* arrivée *f* au port; **~ haben** *Zug:* entrer en gare
2 (*Zufahrt*) voie *f* d'accès; **~ freihalten!** sortie de véhicules
Einfall *m* 1 (*Idee*) idée *f;* **du hast manchmal Einfälle!** tu as parfois de ces idées!; **plötzlich kam sie auf den ~ sich zu verkleiden** soudain, il lui vint l'idée de se déguiser
2 MIL **der ~ des Feindes in unser Land** l'invasion de notre pays par l'ennemi
3 *kein Pl* (*das Einfallen*) *des Lichtes, der Strahlen* pénétration *f*
ein|fallen *itr V unreg + sein* 1 (*in den Sinn kommen*) venir à l'esprit; **jdm ~** venir à l'esprit de qn; **mir wird schon was ~** je vais bien trouver quelque chose; **sich** (*Dat*) **etwas ~ lassen** trouver quelque chose; **sie haben sich etwas ganz Besonderes ~ lassen** ils ont fait preuve d'une imagination débordante; **da musst du dir etwas anderes/Besseres ~ lassen** trouve autre chose! (*fam*); **was fällt Ihnen ein!** qu'est-ce qui vous prend? (*fam*)
2 (*in Erinnerung kommen*) **jdm fällt etw [wieder] ein** qn retrouve qc
3 (*einstürzen*) s'écrouler
4 (*eindringen*) **in etw** (*Akk*) **~** envahir qc
5 (*hereinströmen*) **in etw** (*Akk*) **~** *Licht:* rentrer dans qc
6 (*einsetzen*) *Chor, Singstimmen:* commencer à chanter; *Instrument:* commencer à jouer; **in den Gesang ~** se joindre au chant

E

7 (*einsinken*) *Gesicht, Wangen:* se creuser; *s. a.* **eingefallen**
einfallslos *Adj, Adv* sans imagination
Einfallslosigkeit <-> *f einer Person* absence *f* [*o* manque *m*] d'imagination; *eines Entwurfs, einer Gestaltung* manque *m* d'originalité
einfallsreich I. *Adj* qui fait preuve d'imagination, ingénieux(-euse) II. *Adv* de façon ingénieuse; (*originell*) de manière originale **Einfallsreichtum** *m kein Pl einer Person* ingéniosité *f*
Einfallswinkel *m* angle *m* d'incidence
Einfalt <-> *f* naïveté *f;* **in seiner ~** dans sa naïveté
einfältig I. *Adj Person, Frage* naïf(-ïve); *Gemüt* candide
II. *Adv fragen* naïvement
Einfaltspinsel *m pej fam* gogo *m* (*fam*), nigaud(e) *m(f)* (*fam*)
Einfamilienhaus [-liən-] *nt* maison *f* individuelle
ein|fangen *unreg* I. *tr V* 1 prendre *Person;* capturer *Tier;* **wieder ~** reprendre *Person;* capturer à nouveau *Tier*
2 (*wiedergeben*) **die Stimmung/Atmosphäre in einem Bild ~** rendre l'ambiance/atmosphère dans un tableau
II. *r V fam* **sich** (*Dat*) **eine Erkältung/einen Schnupfen ~** attraper froid/un rhume
ein|färben *tr V* 1 teindre; **die Haare/einen Stoff schwarz ~** teindre ses cheveux/un tissu en noir
2 TYP **etw mit Druckfarbe ~** encrer qc avec de l'encre d'imprimerie
einfarbig I. *Adj* d'une seule couleur, unicolore; *Stoff* uni(e)
II. *Adv streichen* d'une seule couleur
ein|fassen *tr V* 1 border *Beet, Grab, Quelle;* entourer *Garten;* **ein Grundstück mit einer Hecke ~** entourer une propriété avec une haie
2 (*umsäumen*) (*mit einer Borte*) galonner; (*mit einem Saum*) ourler
3 (*fassen*) sertir, enchâsser *Edelstein;* **etw in Gold ~** sertir qc dans de l'or
Einfassung <-, -en> *f* 1 (*Umrandung*) encadrement *m;* (*Rand*) bord *m*
2 (*Zaun*) clôture *f*
3 (*Saum*) ourlet *m*
ein|fetten *tr V* graisser; **Leder/eine Backform mit etw ~** graisser le cuir/un moule à gâteau avec qc; [**sich** (*Dat*)] **die Haut mit etw ~** [s']enduire la peau de qc
ein|finden *r V unreg form* **sich ~** *Besucher, Gäste:* arriver; **Sie werden gebeten, sich beim Chef einzufinden** vous êtes prié de vous présenter chez le directeur
ein|flechten *tr V unreg* 1 tresser *Band, Muster;* entrelacer *Bänder;* **Blumen in einen Kranz ~** tresser des fleurs dans une couronne
2 (*einfließen lassen*) **Kommentare in seine Rede ~** glisser des commentaires dans son discours; **~, dass** glisser [*o* signaler] que
ein|fliegen *unreg* I. *tr V + haben* 1 (*transportieren*) acheminer par avion; **jdn/etw in ein Gebiet ~** acheminer qn/qc par avion dans une région
2 (*erzielen*) engranger *Gewinn;* essuyer *Verlust*
II. *itr V + sein* arriver par avion
ein|fließen *itr V unreg + sein* 1 (*einen Zuschuss darstellen*) être alloué(e); **in etw** (*Akk*) **~** être alloué(e) à qc
2 METEO **ein Hoch lässt Warmluft nach Mitteleuropa ~** un anticyclone amène de l'air chaud vers l'Europe centrale
3 (*nebenbei bemerken*) **etw ~ lassen** mentionner [incidemment] qc; **~ lassen, dass** mentionner [incidemment] que + *indic*
ein|flößen *tr V* 1 (*geben*) faire prendre; **jdm Arznei ~** faire prendre des médicaments à qn
2 (*erwecken*) **jdm Ehrfurcht/Vertrauen ~** inspirer du respect/[de la] confiance à qn; **du flößt ihm Angst ein** tu lui fais peur
Einflugschneise *f* axe *m* d'atterrissage
EinflussRR *m* 1 (*Einwirkung*) *einer Person* influence *f; der Witterung, des Windes* action *f;* **ihr ~ auf ihn** son/leur influence sur lui; **unter jds ~** (*Akk*) **geraten** tomber sous l'influence de qn; **auf jdn/etw ~ haben** [*o* **ausüben**] avoir [*o* exercer] une influence sur qn/qc; **auf etw** (*Akk*) **~ nehmen** peser sur qc; **unter dem ~ von jdm/etw** [**stehen**] [être [*o* se trouver]] sous l'influence de qn/qc
2 (*Wirkung*) **unter** [**dem**] **~ von Drogen** sous l'effet *m* [*o* l'influence *f*] de la drogue
3 (*Beziehungen*) influence *f,* crédit *m;* **~ besitzen** [*o* **haben**] posséder de l'influence; **seinen ~ geltend machen** faire jouer son crédit
EinflussbereichRR *m* 1 POL sphère *f* d'influence 2 METEO zone *f* d'influence **Einflussnahme**RR <-, *selten* -n> *f* influence *f;* **seine ~ auf ihn/die Politik** son influence *f* sur lui/la politique **einflussreich**RR *Adj* influent(e)
ein|flüstern *tr V pej* souffler; **jdm etw ~** souffler qc à [l'oreille de] qn
ein|fordern *tr V geh* exiger; **etw von jdm ~** exiger qc de qn
einförmig I. *Adj* uniforme
II. *Adv verlaufen* de façon uniforme
Einförmigkeit <-, -en> *f* uniformité *f*
ein|frieden *tr V geh* enclore (*soutenu*); **ein Grundstück mit etw ~** enclore une propriété avec qc
Einfriedung <-, -en> *f geh* (*Umzäunung*) enclos *m* (*soutenu*)
ein|frieren *unreg* I. *itr V + sein Wasserleitung:* geler; **im See ~** *Boot, Pflanzen:* être pris(e) dans les glaces du lac
II. *tr V + haben* 1 (*konservieren*) congeler *Lebensmittel*
2 (*suspendieren*) geler *Projekt, Beziehungen, Gehälter, Geld*
ein|fügen I. *tr V* 1 rajouter; **Steine in ein Mosaik/Mauerwerk ~** rajouter des pierres à une mosaïque/sur un mur
2 (*einfließen lassen, ergänzen*) **einen Satz/ein Zitat in einen Brief ~** rajouter une phrase/introduire une citation dans une lettre; **darf ich kurz ~, dass ...?** puis-je signaler brièvement que ... + *indic*?
II. *r V* 1 (*sich anpassen*) **sich in eine Gemeinschaft ~** s'adapter à une communauté
2 (*hineinpassen*) **sich** [**gut**] **in die Landschaft ~** *Bauwerk:* [bien] s'intégrer à [*o* dans] l'environnement
Einfügetaste *f* touche *f* Insertion
ein|fühlen *r V* **sich ~** se mettre à la place; **sich in jdn ~** se mettre à la place de qn; **ein Schauspieler sollte sich in jede Rolle ~** un bon acteur devrait se mettre dans la peau de chaque personnage
einfühlsam I. *Adj Person, Verhalten, Worte* compréhensif(-ive)
II. *Adv vorgehen, sich verhalten* avec tact; *schildern* avec beaucoup de sensibilité
Einfühlungsvermögen *nt* (*gegenüber Menschen*) faculté *f* d'identification; (*gegenüber Werken*) sensibilité *f*
Einfuhr <-, -en> *f* importation *f;* **freie ~** entrée *f* en franchise
Einfuhrbeschränkung *f* limitation *f* des importations
ein|führen I. *tr V* 1 (*importieren*) importer
2 (*bekannt machen*) introduire; établir *Sitte;* **einen Artikel in den Markt/in ein Land ~** lancer un article sur le marché/importer un article dans un pays
3 (*einweisen*) **jdn in seine Arbeit/ein Wissensgebiet einführen** initier qn à son travail/une discipline
4 (*hineinschieben*) **etw in etw** (*Akk*) **~** introduire qc dans qc
II. *r V* **sich gut/hervorragend ~** *Person:* faire bonne/très bonne impression
III. *itr V* **in etw** (*Akk*) **~** *Person, Vortrag:* initier à qc; **in die Philosophie Sartres ~** *Buch:* constituer une initiation à la philosophie de Sartre; **~de Worte** paroles d'introduction
Einfuhrgenehmigung *f* licence *f* d'importation **Einfuhrhafen** *m* port *m* d'importation **Einfuhrland** *nt* pays *m* importateur **Einfuhrsperre** *f* arrêt *m* des importations
Einführung *f* 1 (*das Einführen*) introduction *f; eines Brauchs* établissement *m*

(2) (*Import*) importation *f*
(3) (*Markteinführung*) lancement *m*
(4) (*Einweisung*) **die ~ in eine Tätigkeit/neue Aufgabe** l'initiation *f* à une activité/une nouvelle tâche; **die ~ in ein Amt** l'installation *f* dans une fonction
(5) (*Einleitung*) **die ~ in etw** (*Akk*) l'introduction *f* à qc

Einführungskurs *m* (1) (*Lehrveranstaltung*) cours *m* d'initiation (2) FIN *von Wertpapieren* cours *m* initial **Einführungspreis** *m* prix *m* de lancement

Einfuhrverbot *s.* Einfuhrsperre **Einfuhrzoll** *m* taxe *f* à l'importation

ein|füllen *tr V* verser; **etw in einen Behälter ~** verser qc dans un récipient

Einfüllstutzen *m* tubulure *f* de remplissage

Eingabe *f* (1) ADMIN pétition *f*; **eine ~ an jdn machen** adresser une pétition à qn
(2) INFORM entrée *f*

Eingabegerät *nt* INFORM périphérique *m* [*o* unité *f*] d'entrée-sortie **Eingabetaste** *f* INFORM touche *f* Entrée

Eingang <-gänge> *m* (1) entrée *f*; **kein ~!** entrée interdite!
(2) (*Zugang, Anfang*) *einer Ortschaft, Schonung* entrée *f*; *eines Waldes* lisière *f*
(3) *Pl* (*Eingangspost im Büro*) courrier *m*
(4) *kein Pl* (*Erhalt*) réception *f*; **nach ~** après réception
(5) *kein Pl* (*Aufnahme*) **~ in die Annalen finden** faire son entrée dans les annales
(6) *kein Pl geh* (*Beginn*) **am ~ der Vorlesung** au début du cours

eingängig I. *Adj* (1) (*einprägsam*) *Spruch, Slogan* évocateur(-trice), frappant(e); **~e Melodie** rengaine *f*
(2) (*einleuchtend*) *Erklärung, Theorie* limpide
II. *Adv* d'une façon limpide

eingangs I. *Adv* au début; **gleich ~ auf etw** (*Akk*) **hinweisen** indiquer qc dès le début
II. *Präp + Gen* au début de; **~ der Kurve** en début de virage

Eingangsbestätigung *f* accusé *m* de réception **Eingangsdatum** *nt* date *f* de réception **Eingangshalle** *f* hall *m* d'entrée **Eingangsstempel** *m* cachet *m* de réception **Eingangstür** *f* porte *f* d'entrée

ein|geben *tr V unreg* (1) (*verabreichen*) administrer, faire prendre; **jdm etw ~** administrer [*o* faire prendre] qc à qn
(2) INFORM **etw in den Computer ~** entrer qc dans l'ordinateur
(3) *geh* (*inspirieren*) **jdm einen Gedanken/eine Idee ~** inspirer une pensée/idée à qn

eingebildet *Adj* (1) *pej* (*hochmütig*) prétentieux(-euse), imbu(e) de sa personne; **auf etw** (*Akk*) **~ sein** être très fier(fière) de qc
(2) (*imaginär*) imaginaire

eingeboren *Adj* (1) (*einheimisch*) indigène, autochtone
(2) REL **Gottes ~er Sohn** le fils unique de Dieu

Eingeborene(r) *f(m) dekl wie Adj* indigène *mf*

Eingebung <-, -en> *f* inspiration *f*; **göttliche ~** inspiration divine

eingedenk *Adj geh* **~ einer S.** (*Gen*) eu égard à qc; **einer S.** (*Gen*) **~ sein/bleiben** avoir/garder souvenance de qc (*littér*)

eingefahren *Adj Verhaltensweise, Denkmuster* conventionnel(le); **die ~en Bahnen verlassen** sortir des sentiers battus

eingefallen *Adj Gesicht* émacié(e); *Wangen* creux(-euse)

eingefleischt *Adj attr Junggeselle, Optimist* endurci(e); *Demokrat* convaincu(e); *Vorurteil* enraciné(e)

ein|gehen *unreg* I. *itr V + sein* (1) (*ankommen*) *Post, Meldung, Bewerbung:* arriver, parvenir; **im Sekretariat ~** *Post, Meldung, Bewerbung:* arriver [*o* parvenir] au secrétariat; **~d** *Post, Bestellung* arrivé(e)
(2) FIN **auf dem Konto ~** être viré(e) sur le compte
(3) (*sterben*) **an etw** (*Dat*) **~** *Tier, Pflanze:* mourir de qc
(4) *fam* (*kaputtgehen*) *Person:* crever (*fam*)
(5) *fam* (*Pleite gehen*) *Laden, Firma, Zeitschrift:* faire la culbute (*fam*)
(6) (*einlaufen*) **beim Waschen ~** *Kleidung:* rétrécir au lavage
(7) (*sich auseinander setzen*) **auf jdn/etw ~** s'occuper de qn/aborder qc
(8) (*zustimmen*) **auf einen Plan/Vorschlag ~** souscrire à un projet/une proposition; **auf ein Angebot ~** accepter une offre
(9) (*Aufnahme finden*) **in die Geschichte/Annalen ~** entrer dans l'histoire/les annales
(10) *fam* (*aufgenommen werden*) **der Slogan geht mir leicht ein** je retiens facilement le slogan
(11) *fam* (*einleuchten*) **diese Argumente gehen einem leicht ein** ces arguments sont faciles à comprendre; **es will mir nicht ~, dass** je n'arrive pas à comprendre que + *indic*
II. *tr V + sein* accepter *Kompromiss;* courir *Risiko;* prendre *Verpflichtung;* faire *Wette;* contracter *Ehe;* **ein Bündnis mit jdm ~** conclure un pacte avec qn

eingehend I. *Adj* détaillé(e)
II. *Adv* à fond

eingekeilt *Adj Person, Auto* coincé(e)

Eingemachte(s) *nt dekl wie Adj* conserves *fpl*
▶ **es geht ans ~** *fam* on touche à l'essentiel

ein|gemeinden* *tr V* rattacher [administrativement]; **einen Ort in die Stadt Köln** [*o* **nach Köln**] **~** rattacher une commune [administrativement] à Cologne

Eingemeindung <-, -en> *f* rattachement *m*

eingenommen *Adj* **von jdm/etw ~ sein** estimer [beaucoup] qn/qc; **gegen jdn/etw ~ sein** avoir des préjugés contre qn/qc
▶ **von sich** (*Dat*) **~ sein** *pej* être imbu(e) de soi-même

eingeschlechtig *Adj* unisexué(e), dicline (*spéc*)

eingeschnappt *Adj pej fam* vexé(e); **gleich ~ sein** prendre la mouche

eingeschossig *Adj* à un étage

eingeschränkt *Adj Möglichkeiten* limité(e); **in seinen Bewegungen/Rechten ~ sein** être limité(e) dans ses mouvements/droits; **in ~en Verhältnissen leben** (*finanziell bescheiden*) vivre en se restreignant; (*eingeengt*) vivre dans un espace exigu

eingeschrieben I. *Adj Mitglied* inscrit(e); *Brief* recommandé(e)
II. *Adv* en recommandé

eingeschworen *Adj* **auf etw** (*Akk*) **~ sein** *Konsument:* ne jurer que par qc; *Politiker, Fraktion:* être attaché(e) à qc

eingesessen *Adj* installé(e) de longue date

eingespannt *Adj* **[sehr] ~ sein** être [très] pris(e)

eingespielt *Adj* bien rodé(e); **gut aufeinander ~ sein** former une bonne équipe

Eingeständnis *nt* aveu *m*

ein|gestehen* *unreg* I. *tr V* admettre, avouer *Irrtum, Schwäche;* **jdm einen Fehler ~** avouer une erreur à qn
II. *r V* **sich** (*Dat*) **~, dass** s'avouer que + *indic;* **sich** (*Dat*) **etw nicht ~ wollen** ne pas vouloir reconnaître [*o* admettre] qc

eingestellt *Adj* (1) (*gesinnt*) **konservativ/links ~ sein** être conservateur(-trice)/de gauche; **fortschrittlich/modern ~e Menschen** des partisans du progrès/de la modernité
(2) (*vorbereitet*) **auf Besuch ~ sein** s'attendre à [recevoir] de la visite
(3) (*ausgerichtet*) **sie war auf einen ruhigen Sonntag ~** elle pensait passer un dimanche tranquille

eingetragen *Adj Mitglied* inscrit(e); *Verein* déclaré(e); *Warenzeichen* déposé(e); **amtlich/gerichtlich/handelsgerichtlich ~** enregistré(e) officiellement [*o* publiquement]/par voie judiciaire /par une chambre des affaires commerciales; **amtlich/gerichtlich/handelsgerichtlich nicht ~** non enregistré(e) officiellement [*o* publiquement]/par voie judiciaire /par une chambre des affaires commerciales

Eingeweide <-s, -> *nt meist Pl* viscères *mpl*

Eingeweihte(r) *f(m) dekl wie Adj* (*Experte*) initié(e) *m(f)*

ein|gewöhnen* *r V* **sich ~** (*Akk*) s'acclimater; **sich in etw** (*Akk*) ~ s'acclimater à qc
Eingewöhnung *f* acclimatation *f*
ein|gießen *tr V unreg* verser; **etw in ein Glas** ~ verser qc dans un verre; [**jdm**] **Saft** ~ servir du jus [à qn]; **sich** (*Dat*) **noch etwas** ~ se reverser [quelque chose] à boire
ein|gipsen *tr V* ❶ MED plâtrer; **man hat ihm den Fuß ~ müssen** il a fallu lui plâtrer le pied
❷ CONSTR **etw in die Wand** ~ celler qc [avec du plâtre] dans le mur
eingleisig I. *Adj Strecke* à voie unique; **diese Strecke ist nur** ~ cette section n'est qu'à une voie
II. *Adv* ❶ *fahren, verkehren* sur une voie
❷ *fig* **völlig ~ denken** suivre toujours le même schéma de pensée
ein|gliedern I. *tr V* ❶ (*integrieren*) réinsérer; **jdn** [**wieder**] **in etw** (*Akk*) ~ réinsérer qn dans qc
❷ ADMIN, POL **etw in ein Unternehmen** ~ incorporer qc dans une entreprise
II. *r V* **sich in etw** (*Akk*) ~ s'intégrer [*o* s'insérer] dans qc
Eingliederung *f* réinsertion *f; eines Ausländers* intégration *f; einer Behörde, eines Territoriums* incorporation *f*
ein|graben *unreg* I. *tr V* enterrer
II. *r V* ❶ **sich** ~ *Tier:* s'enfouir; *Fluss:* s'enfoncer
❷ (*sich einprägen*) **sich tief in das Gedächtnis** ~ se graver profondément dans la mémoire
ein|gravieren* [-vi:-] *tr V* graver; **etw in etw** (*Akk*) ~ graver qc dans qc
ein|greifen *itr V unreg* ❶ (*einschreiten*) *Behörde, Polizei:* intervenir
❷ (*sich einschalten*) **in etw** (*Akk*) ~ intervenir dans qc; **helfend/hinweisend** ~ donner un coup de main/ajouter une remarque
❸ (*beschneiden*) **in etw** (*Akk*) ~ *Gesetz, Maßnahme:* empiéter sur qc
❹ TECH **in etw** (*Akk*) ~ *Zahnrad:* s'engrener dans qc
Eingreifen <-s> *nt* **durch das ~ der Polizei** grâce à l'intervention de la police
ein|grenzen *tr V* ❶ délimiter *Grundstück, Gebiet*
❷ *fig* circonscrire, délimiter *Problem, Thema;* **etw auf die wichtigsten Punkte** ~ limiter qc aux points essentiels
Eingriff *m* ❶ MED, JUR intervention *f;* **sich einem ~ unterziehen** subir une intervention
❷ (*Übergriff*) **ein ~ in etw** (*Akk*) une atteinte à qc
ein|gruppieren* *tr V* classer; **jdn in eine Tarifgruppe** ~ classer qn dans une catégorie tarifaire
Eingruppierung *f* classification *f*
ein|haken I. *tr V* accrocher; **etw in etw** (*Akk*) ~ accrocher qc dans qc
II. *itr V fam* **bei einem Thema/an einem Punkt** ~ intervenir [*o* réagir aussitôt] à propos d'un sujet/sur un point
III. *r V* **sich bei jdm** ~ prendre le bras à qn; **eingehakt gehen** marcher bras dessus, bras dessous [*o* en se donnant le bras]
Einhalt *m geh* **jdm/einer S. ~ gebieten** arrêter qn/qc
ein|halten *unreg* I. *tr V* ❶ (*beachten*) respecter, observer *Abmachung, Termin, Vorschrift;* observer, suivre *Diät;* remplir *Verpflichtung*
❷ (*beibehalten*) garder, maintenir *Geschwindigkeit, Kurs*
II. *itr V geh* s'interrompre; **in etw** (*Dat*) [*o* **mit etw**] ~ s'interrompre dans qc; **halt ein mit deinen Vorwürfen!** cesse donc tes reproches! (*soutenu*)
Einhaltung *f* ❶ (*das Beachten*) respect *m; einer Diät* observation *f*
❷ (*Beibehaltung*) *der Geschwindigkeit, des Kurses* maintien *m*
ein|hämmern I. *tr V* rabâcher; **jdm Formeln/Vokabeln** ~ rabâcher des formules/du vocabulaire à qn; **jdm ~, dass** *Werbung, Propaganda:* rabâcher à qn que + *indic*
II. *itr V* ❶ (*einschlagen*) **mit etw auf einen Gegenstand** ~ taper avec qc sur un objet; **mit den Fäusten auf jdn** ~ bourrer qn de coups de poing
❷ (*eindröhnen*) **der Lärm/die Musik hämmerte auf ihn ein** le bruit/la musique lui résonnait dans la tête
III. *r V* **sich** (*Dat*) **~, dass** se mettre [bien] dans la tête que + *indic*
ein|handeln *tr V fam* (*hinnehmen müssen*) s'attirer (*fam*) *Probleme/Ärger;* **sich** (*Dat*) **Probleme/Ärger** ~ s'attirer des problèmes/des ennuis (*fam*); **sich** (*Dat*) **Prügel/eine Krankheit** ~ attraper une raclée/maladie (*fam*)
einhändig I. *Adj* manchot(e)
II. *Adv* d'une [seule] main
ein|händigen *tr V form* remettre; **jdm Unterlagen/einen Schlüssel** ~ remettre des documents/une clé à qn
ein|hängen I. *tr V* ❶ (*montieren*) accrocher *Tür, Fenster*
❷ (*auflegen*) raccrocher *Hörer*
II. *itr V* raccrocher
III. *r V* **sich bei jdm** ~ prendre le bras à qn; **komm, häng dich** [**bei mir**] **ein!** allez, donne-moi le bras!
ein|hauchen *tr V geh* **jdm/einer S. neues Leben** ~ faire revivre qn/donner un second souffle à qc
ein|hauen *unreg* I. *tr V* démolir *Tür;* briser *Fensterscheibe;* **jemand hat ihm die Zähne/den Schädel eingehauen** on lui a cassé les dents/fracassé le crâne
II. *itr V* **auf jdn/etw** ~ taper sur qn/qc
ein|heben *tr V unreg* A encaisser *Geld, Steuern*
ein|heften *tr V* classer; **etw in einen Ordner** ~ classer qc dans un classeur
einheimisch *Adj* ❶ (*ortsansässig*) *Bevölkerung* local(e); (*in dem Land, der Gegend ansässig*) indigène
❷ (*opp: ausländisch*) *Produkt, Industrie* national(e); *Mannschaft* local(e)
❸ BOT, ZOOL local(e), du pays
Einheimische(r) *f(m) dekl wie Adj* (*Ortsansässiger*) habitant(e) *m(f);* (*Inländer*) personne *f* du pays; **die ~n** (*Ortsbewohner*) les gens *mpl* du coin; (*Inländer*) les gens *mpl* du pays
ein|heimsen *tr V fam* récolter *Betrag, Gewinn;* remporter *Erfolg*
Einheirat *f* entrée *f* par alliance; **die ~ in eine Familie/einen Betrieb** l'entrée *f* par alliance dans une famille/entreprise
ein|heiraten *itr V* entrer par alliance; **in eine Familie/einen Betrieb** ~ entrer par alliance dans une famille/entreprise
Einheit <-, -en> *f* ❶ *a.* MIL, PHARM, JUR unité *f;* **eine** [**geschlossene**] **~ bilden** former un tout; **~ der Rechtsordnung** unité du système juridique; **untrennbare rechtliche** ~ unité juridique indivisible
❷ (*Einigkeit*) union *f*
❸ (*Telefoneinheit*) unité *f*
einheitlich I. *Adj* ❶ (*gleich*) *Farbe, Kleidung* uniforme
❷ (*in sich geschlossen*) *Gestaltung, Werk* homogène; *Front* unitaire
II. *Adv handeln, vorgehen* de façon unitaire; *gestalten* de façon homogène; *sich kleiden* de façon uniforme
Einheitlichkeit <-> *f* ❶ (*Gleichheit*) *der Farbe, Kleidung* uniformité *f*
❷ (*Geschlossenheit*) *des Vorgehens, der Gestaltung* homogénéité *f*
Einheitskleidung *f* uniforme *m* **Einheitsliste** *f* POL liste *f* unique **Einheitspartei** *f* parti *m* unique **Einheitspreis** *m* prix *m* unique **Einheitstarif** *m* tarif *m* unique **Einheitsvertrag** *m* contrat *m* type **Einheitswährung** *f* monnaie unique *f;* **europäische** ~ monnaie unique européenne
ein|heizen *itr V* ❶ mettre le chauffage; **tüchtig** ~ bien chauffer
❷ *fam* **jdm ~** (*die Meinung sagen*) secouer les puces à qn (*fam*); (*zu schaffen machen*) donner du fil à retordre à qn
einhellig I. *Adj* unanime
II. *Adv* unanimement
Einhelligkeit *f* unanimité *f*
einher|gehen *itr V unreg + sein geh* **mit etw** ~ s'accompa-

gner de qc
ein|holen I. *tr V* ❶ (*einziehen*) [r]amener *Netz;* haler *Tau, Halteleine;* amener *Fahne, Segel*
❷ (*anfordern*) demander *Gutachten, Genehmigung, Rat*
❸ (*erreichen*) rattraper
❹ ([*wieder*] *einholen*) rattraper *Versäumtes, Zeit*
II. *tr, itr V fam* ~ [**gehen**] [aller] faire les commissions [*o* les courses]; **Getränke** ~ acheter des boissons
Einholung <-, -en> *f eines Rates, Gutachtens* demande *f*
Einhorn *nt* licorne *f*
ein|hüllen I. *tr V geh* envelopper *Person, Bild*
II. *r V geh* **sich in eine Decke/einen Pelz** ~ s'envelopper dans une couverture/s'emmitoufler dans une fourrure
einhundert *Num* cent
einig *Adj* ❶ (*geeint*) uni(e)
❷ (*einer Meinung*) **sich** (*Dat*) **über etw** (*Akk*) ~ **sein/werden** être/se mettre d'accord sur qc; **sich** (*Dat*) [**darüber**] ~ **sein, dass** être d'accord pour que + *subj;* **mit jdm in etw** (*Dat*) ~ **gehen** être d'accord avec qn sur qc; **mit jdm darin** ~ **gehen, dass** être d'accord avec qn sur le fait que + *indic*
einige(r, s) *Pron indef* ❶ (*ziemlich viel, ziemlich groß*) pas mal de; ~**s Geld/**~ **Zeit** pas mal d'argent/de temps; **es gab** ~**n Ärger** il y a eu pas mal d'ennuis; **in** ~**r Entfernung** à une certaine distance; **mit** ~**r Sicherheit/Überzeugungskraft** avec une quasi-certitude/certaine force de persuasion; **er/sie hat** ~**s gelernt** il/elle a appris pas mal de choses; ~**s an Mut** une certaine dose de courage; **das kostet aber** ~**s!** ça n'est pas donné!
❷ (*mehrere*) plusieurs; ~ **Kunden** plusieurs clients; ~ **tausend Teilnehmer** plusieurs milliers de participants; **in/vor** ~**n Tagen** dans/il y a quelques jours; ~ **Mal** plusieurs fois; ~ **von euch** quelques-uns [*o* certains] d'entre vous; [**nur**] ~ **wenige** [seuls] quelques-uns; **mit Ausnahme** ~**r weniger** à l'exception d'un petit nombre de gens; [**nur**] ~ **wenige Schüler** [seul] un petit nombre d'élèves; ~ **sind dagegen** quelques-uns(-unes) sont contre; ~ **andere** certains autres; ~ [**der Äpfel**] **haben Druckstellen** quelques-unes [des pommes] sont talées
ein|igeln *r V* **sich** ~ ❶ (*sich zusammenrollen*) se rouler en boule
❷ (*sich zurückziehen*) rentrer dans sa coquille; **sich in seinen vier Wänden** ~ se calfeutrer dans ses quatre murs
❸ MIL se disposer en hérisson
einigemal *s.* einige(r, s) 2.
einigen I. *r V* **sich** ~ se mettre d'accord; **sich auf/über etw** (*Akk*) ~ tomber [*o* se mettre] d'accord sur qc; **sich dahin gehend** ~, **dass** se mettre d'accord sur le fait que + *indic*
II. *tr V* **Menschen/ein Volk** ~ unifier des personnes/un peuple
einiger *Pron s.* einige(**r, s**)
einigermaßen I. *Adv* ❶ (*ziemlich*) relativement; **darin kenne ich mich** ~ **aus** je m'y connais relativement bien; **ich bin** ~ **überrascht, dass** je suis relativement surpris(e) que + *subj*
❷ (*leidlich*) moyennement; **er hat sich wieder** ~ **erholt** il s'est à peu près remis
II. *Adj fam* **der Film/der Nachtisch war** ~ le film/le dessert n'était pas trop mal (*fam*)
einiges *s.* einige(**r, s**)
einig|gehen *s.* einig 2.
Einigkeit <-> *f* ❶ (*Eintracht*) *einer Nation, eines Volkes* union *f*
❷ (*Übereinstimmung*) entente *f;* **in diesem Punkt herrscht** ~ tous les avis sont unanimes sur ce point; **es herrscht** ~ **darüber, dass** tout le monde est d'accord [sur le fait] que + *indic*
► ~ **macht stark** *Spr.* l'union fait la force
Einigung <-, -en> *f* ❶ *kein Pl* (*das Vereinen*) *von Staaten* unification *f;* **die** ~ **Europas** l'union *f* de l'Europe
❷ (*Übereinstimmung, Vereinbarung*) accord *m;* **eine einvernehmliche** ~ un arrangement à l'amiable; **über etw** (*Akk*) [**eine**] ~ **erzielen** parvenir à un accord sur qc
Einigungsvertrag *m* POL traité *f* d'union
ein|impfen *tr V* inoculer; **jdm etw** ~ inoculer qc à qn + *indic;* **jdm** ~, **dass** inoculer à qn que + *indic*
ein|jagen *tr V* **jdm Furcht/Schrecken** ~ effrayer qn; **jdm Angst** ~ faire peur à qn; **hast du mir einen Schrecken eingejagt!** tu m'as fait une de ces peurs!
einjährig *Adj* ❶ *Kind, Tier* [âgé(e)] d'un an
❷ BOT annuel(le)
❸ (*ein Jahr dauernd*) d'un an
ein|kalkulieren* *tr V* ❶ (*mit bedenken*) prendre en compte; **etw in seine Überlegungen** [**mit**] ~ prendre qc en compte dans son raisonnement; [**mit**] ~, **dass** tenir compte du fait que + *indic*
❷ (*mit einrechnen*) **etw in seine Berechnungen** [**mit**] ~ inclure qc dans ses calculs
Einkammersystem *nt* POL monocamérisme *m*
ein|kapseln I. *tr V* PHARM mettre en gélules; **etw** ~ mettre qc en gélules
II. *r V* **sich in etw** (*Dat*) ~ *Gewebe:* s'enkyster dans qc
ein|kassieren* *tr V* ❶ (*kassieren*) encaisser; **einen Betrag von jdm** ~ encaisser une somme auprès de qn
❷ *fam* (*wegnehmen*) embarquer (*fam*)
Einkauf *m* ❶ (*das Einkaufen*) achat *m;* **Einkäufe machen** [*o* **tätigen** *form*] faire [*o* effectuer *form*] des courses
❷ (*eingekaufter Artikel*) achat *m*
❸ *kein Pl* (*Einkaufsabteilung*) achats *mpl*
ein|kaufen I. *tr V* acheter; **etw** [**billig/teuer**] ~ acheter qc [bon marché/cher]
II. *itr V* **beim Bäcker/in der Bäckerei** ~ faire des courses chez le boulanger/dans la boulangerie; ~ **gehen** aller faire des/les courses
III. *r V* (*einen Anteil erwerben*) **sich in etw** (*Akk*) ~ acheter des parts dans qc
Einkäufer(in) *m(f)* acheteur(-euse) *m(f)*
Einkaufsabteilung *f* service *m* des achats **Einkaufsbummel** *m* lèche-vitrines *m;* **mit jdm einen** ~ **machen** faire du lèche-vitrines avec qn **Einkaufscenter** *s.* Einkaufszentrum **Einkaufsmeile** *f* rue *f* commerçante **Einkaufsmöglichkeiten** *Pl* possibilités *fpl* pour faire ses courses **Einkaufsnetz** *nt* filet *m* à provisions **Einkaufspassage** *f* passage *m* commercial **Einkaufspreis** *m* prix *m* coûtant; [**zum**] ~ [à] prix *m* coûtant **Einkaufstasche** *f* sac *m* à provisions **Einkaufswagen** *m* chariot *m*, caddie® *m* **Einkaufszeile** *f* alignement *m* de boutiques; (*Haupteinkaufsstraße*) rue *f* commerçante **Einkaufszentrum** *nt* centre *m* commercial **Einkaufszettel** *m* liste *f* des commissions
Einkehr <-> *f* ❶ *geh* (*Besinnung*) méditation *f;* ~ **halten** se recueillir
❷ *veraltet* (*Gaststättenbesuch*) **in einem Gasthof** ~ **halten** s'arrêter dans une auberge pour se restaurer
ein|kehren *itr V + sein* ❶ *veraltet* s'arrêter pour se restaurer; **in einem Gasthaus** ~ s'arrêter dans une auberge pour se restaurer
❷ *geh* (*sich einstellen*) **bei jdm** [**wieder**] ~ *Ruhe, Friede, Not:* s'installer chez qn; **der Frühling ist eingekehrt** le printemps est arrivé
ein|keilen *tr V* coincer, caler
einkeimblättrig *Adj* BOT monocotylédone
ein|kellern *tr V* entreposer [dans la/sa cave]; **etw** ~ entreposer qc [dans la/sa cave]
ein|kerben *tr V* graver; **Zeichen/Linien in etw** (*Akk*) ~ graver des signes/lignes dans qc
Einkerbung <-, -en> *f* ❶ *kein Pl* (*das Einkerben*) gravure *f*
❷ (*Eingekerbtes*) inscription *f*
ein|kerkern *tr V geh* incarcérer, emprisonner

E

einladen

• einladen	• inviter
Besuch mich doch, ich würde mich sehr freuen.	**Viens me voir,** ça me ferait très plaisir.
Nächsten Samstag mache ich eine Party. **Kommst du auch?**	Je fais une fête samedi prochain. **Tu viens aussi?**
Darf ich Sie zu einem Arbeitsessen **einladen**?	**Puis-je vous inviter** à un repas/dîner d'affaires?
Ich würde Sie gern zum Abendessen **einladen.**	**J'aimerais vous inviter** à dîner.

ein|kesseln *tr V* encercler

einklagbar *Adj* exigible par voie de justice; *Schulden* recouvrable par une action en justice

ein|klagen *tr V* opposer juridiquement *Anspruch, Zusage;* réclamer juridiquement [*o* poursuivre] le recouvrement de *Schulden*

ein|klammern *tr V* mettre entre parenthèses; **etw ~** (*mit runden/eckigen Klammern*) mettre qc entre parenthèses/crochets

Einklang *m geh* accord *m,* harmonie *f;* **verschiedene Tendenzen [miteinander] in ~ bringen** concilier des tendances diverses; **den Körper mit der Seele in ~ bringen** concilier le corps avec l'âme; **in [*o* im] ~ mit etw stehen** être conforme à qc; **seine Worte stehen nicht in [*o* im] ~ mit seinen Taten** ses paroles ne sont pas en conformité [*o* harmonie] avec ses actes

ein|kleben *tr V* coller; **etw in ein Album ~** coller qc dans un album

ein|kleiden I. *tr V* ❶ habiller *Rekruten, Novizen;* **sich von jdm neu ~ lassen** se faire renouveler sa garde-robe par qn
❷ *geh* (*fassen*) **einen Gedanken/Wunsch in etw** (*Akk*) ~ envelopper une idée/un souhait de qc
II. *r V* **sich neu ~** renouveler sa garde-robe

Einkleidung *f eines Rekruten* habillement *m; einer Novizin* prise *f* de voile

ein|klemmen *tr V* ❶ (*quetschen*) *Lenkrad, Baum:* coincer; **jdn ~** *Lenkrad, Baum:* coincer qn; **sich** (*Dat*) **etw ~** se coincer qc; **ich habe ihm den Finger ~** je lui ai coincé le doigt
❷ (*festdrücken*) **etw in den Schraubstock ~** serrer qc dans l'étau

ein|klinken I. *tr V* ❶ (*schließen*) enclencher *Tür*
❷ (*einrasten lassen*) enclencher, accrocher *Sicherheitsgurt;* **ein Seil in etw** (*Akk*) ~ accrocher une corde dans qc
II. *itr V Tür:* s'enclencher
III. *r V fam* **sich in etw** (*Akk*) ~ se mêler à qc

ein|knicken I. *itr V + sein* ❶ *Person:* se tordre le pied; **in [*o* mit] den Knien ~** se tordre les genoux; **mein Fuß knickt dauernd ein** je me tords continuellement le pied
❷ (*geknickt werden*) *Papier, Bild:* se plier; **am Rand/an der Ecke eingeknickt** écorné(e)
II. *tr V + haben* plier *Papier;* casser *Streichholz, Zweig*

einknöpfbar *Adj* qui se boutonne; **~ sein** *Futter:* se boutonner

ein|knöpfen *tr V* boutonner; **etw in etw** (*Akk*) **~** boutonner qc dans qc

ein|knüppeln *itr V* **mit etw auf jdn ~** frapper qn avec qc

ein|kochen I. *tr V + haben* mettre en conserve; **etw ~** mettre qc en conserve
II. *itr V + sein* réduire

ein|kommen *itr V unreg + sein form* **bei jdm um etw ~** solliciter qc auprès de qn

Einkommen <-s, -> *nt* revenu *m;* **festes/steuerpflichtiges ~** revenu fixe/imposable

Einkommenseinbuße *f* perte *m* de revenu **Einkommensgrenze** *f* (*obere Grenze*) plafond *m* de ressources; (*untere Grenze*) seuil *m* de revenus **einkommensschwach** *Adj* à faibles revenus, défavorisé(e) **einkommensstark** *Adj* à revenus élevés, favorisé(e) **Einkommenssteuer** *s.* Einkommensteuer **Einkommensstufe** *f* catégorie *f* de revenus

Einkommensteuer *f* impôt *m* sur le revenu

Einkommensteuererklärung *f* déclaration *f* d'impôts [sur le revenu] **einkommensteuerpflichtig** *Adj* imposable, assujetti(e) à l'impôt sur le revenu

Einkommensverhältnisse *Pl* revenus *mpl*

ein|kreisen *tr V* ❶ (*kennzeichnen*) encercler, entourer *Zahl, Wort, Stelle*
❷ (*umschließen*) encercler *Person, Tier*
❸ (*eingrenzen*) cerner

Einkreisung <-, -en> *f einer Person, Truppe, von Wild* encerclement *m*

ein|kriegen *r V fam* **sich [wieder] ~** se reprendre; **sich nicht mehr ~ können** ne plus en pouvoir; (*vor Freude außer sich sein*) ne plus se sentir

Einkünfte *Pl* revenus *mpl;* **~ aus Vermietung und Verpachtung** revenus fonciers

ein|kuppeln *itr V* embrayer

ein|laden¹ *unreg* I. *tr V* ❶ inviter; **jdn zum Abendessen/in ein Restaurant ~** inviter qn à dîner/au restaurant; **jdn zu sich ~** inviter qn chez soi; **bei jdm eingeladen sein** être invité(e) chez qn
❷ (*freihalten*) **jdn zu einem Bier/zum Essen ~** inviter qn à boire une bière/à manger; **eingeladen sein** être invité(e)
❸ CH (*auffordern*) **jdn ~ etw zu tun** inviter qn à faire qc
II. *itr V geh* **zum Rasten/Verweilen ~** *Landschaft, Ort:* inviter à faire une halte/s'attarder

ein|laden² *tr V unreg* charger; **etw in einen Wagen ~** charger qc dans une voiture

einladend I. *Adj* ❶ (*auffordernd*) *Geste* engageant(e); *Blick, Lächeln* enjôleur(-euse)
❷ (*appetitlich*) *Essen* appétissant(e); *Lokal* attrayant(e); **dieses Lokal sieht nicht gerade ~ aus** ce restaurant n'a vraiment rien de ragoûtant
II. *Adv dekorieren, Tisch decken* de façon charmante

Einladung *f* invitation *f;* **einer ~ Folge leisten** *form* donner suite à une invitation (*form*)

> **i Land & Leute**
>
> Si vous êtes invité(s) à dîner, il est bien vu d'offrir un bouquet de fleurs à la maîtresse de maison et une bouteille de vin au maître de maison. Ne sachant pas si ce vin ira avec le repas déjà préparé, ils ne le dégusteront très probablement pas avec vous, ce qui est tout à fait normal en Allemagne.

Einladungskarte *f* carte *f* [*o* carton *m*] d'invitation **Einladungsschreiben** *nt* lettre *f* d'invitation

Einlage <-, -n> *f* ❶ (*Schuheinlage*) semelle *f* [intérieure]
❷ THEAT intermède *m*
❸ (*Intarsie*) incrustation *f*
❹ GASTR **Brühe mit ~** *bouillon enrichi de vermicelles, de légumes ou de petits morceaux de viande*
❺ FIN (*Spareinlage*) dépôt *m;* (*Beteiligung*) apport *m*

ein|lagern *tr V* faire [sa] provision de *Vorräte, Kartoffeln, Kohlen;*

entreposer *Brennstäbe, Raketen;* **eingelagert** stocké(e)
Einlagerung *f* ① *(das Einlagern)* stockage *m;* **bei der ~ der Vorräte** au stockage des provisions
② MINER incrustation *f*
ein|langen *itr V* A arriver
EinlassRR <-es, -̈e>, **Einlaß** <-sses, -̈sse> *m* ① *kein Pl (Zutritt)* entrée *f,* accès *m;* ~ **ab 19 Uhr** ouverture *f* des portes à partir de 19 heures; **um ~ bitten** demander à entrer; **jdm ~ in etw** *(Akk)* **gewähren** laisser entrer qn dans qc; ~ **finden** être admis(e); **sich** *(Dat)* ~ **in etw** *(Akk)* **verschaffen** [réussir à] s'introduire dans qc
② TECH admission *f*
ein|lassen *unreg* I. *tr V* ① *(eintreten lassen)* faire entrer; **jdn nicht ~** ne pas laisser entrer qn
② *(einlaufen lassen)* [**sich** *(Dat)*] **ein Bad ~** [se] faire couler un bain
③ *(einarbeiten)* **etw in Holz/Metall ~** incruster qc dans du bois/métal; **Edelsteine in Gold ~** enchâsser [*o* sertir] des pierres précieuses [dans de l'or]
④ A *(bohnern)* cirer *Boden*
II. *r V* ① *(eingehen auf)* **sich auf ein Abenteuer/eine Diskussion ~** s'embarquer dans une aventure/une discussion; **sich auf einen Kompromiss ~** consentir à un compromis; **er weiß, worauf er sich da einlässt** il sait à quoi il s'engage dans cette histoire; **darauf lasse ich mich nicht ein!** c'est hors de question [pour moi]!
② *pej (Kontakt aufnehmen)* **sich mit jdm ~** s'acoquiner avec qn
③ JUR **sich zu etw ~** déposer des conclusions concernant qc
Einlassung <-, -en> *f* JUR déclaration *f*
Einlauf *m* ① *kein Pl (das Betreten)* entrée *f;* ~ **ins Stadion** entrée *f* dans le stade
② *kein Pl (das Hineinlaufen)* ~ **ins Ziel** franchissement *m* de la ligne d'arrivée; **beim ~ in die Zielgerade** au moment d'aborder la [dernière] ligne droite
③ MED lavement *m;* **jdm einen ~ machen** faire [*o* administrer] un lavement à qn
ein|laufen *unreg* I. *itr V + sein* ① *(kleiner werden) Pullover, T-Shirt:* rétrécir
② *(hineinströmen) Badewasser:* couler
③ *(eingehen)* **bei jdm/einer Firma ~** *Bewerbungen, Bestellungen:* affluer chez qn/dans une entreprise
④ *(hineinlaufen, betreten)* **aufs Spielfeld/ins Stadion ~** faire son entrée sur le terrain de jeu/dans le stade; **in die Zielgerade ~** aborder la dernière ligne droite
⑤ *(einfahren)* **in den Hafen ~** entrer dans le port
II. *tr V + haben* **Schuhe/Stiefel ~** faire des chaussures/bottes [à son pied]
III. *r V* **sich ~** *Sprinter:* [courir pour] s'échauffer; *Maschine:* se roder
ein|läuten *tr V* ① *Glocken:* sonner [pour annoncer]; **den Sonntag ~** *Glocken:* sonner [pour annoncer] dimanche
② SPORT **eine neue Runde ~** sonner le début d'un nouveau round
③ *fig* **den Wahlkampf ~** ouvrir la campagne électorale
ein|leben *r V* **sich ~** s'intégrer, s'acclimater; **sich bei jdm/in etw** *(Akk o Dat)* ~ s'intégrer chez qn/s'acclimater à qc
Einlegearbeit *f* ① *(Intarsie)* incrustations *fpl,* marqueterie *f*
② *(Möbelstück)* ouvrage *m* de marqueterie
ein|legen *tr V* ① *(hineintun)* introduire *Film, Kassette;* mettre *Sohlen*
② *(die Gangschaltung betätigen)* enclencher, passer *Gang*
③ GASTR faire mariner *Gurken, Heringe*
④ *(machen)* faire *Pause, Sonderschicht*
⑤ *(geltend machen)* **Protest gegen etw ~** émettre une protestation contre qc
⑥ *(einzahlen)* déposer *Gelder*
⑦ *(einarbeiten)* incruster *Intarsien, Ornamente*
Einlegesohle *f* semelle *f* [intérieure]
ein|leiten *tr V* ① ouvrir *Untersuchung;* engager *Verfahren;* **gegen jdn Maßnahmen/Schritte ~** prendre des mesures/entamer une action contre qn
② MED provoquer, déclencher *Geburt*
③ *(eröffnen)* **eine Veranstaltung mit Musik ~** ouvrir une manifestation par de la musique
④ *(den Beginn darstellen)* marquer le début de *Zeitalter, Kunstrichtung*
⑤ *(den Auftakt bilden)* **ein Buch ~** *Text:* introduire un livre
⑥ *(hineinleiten)* **Abwässer in einen See ~** déverser des eaux usées dans un lac
einleitend I. *Adj* préliminaire, introductif(-ive)
II. *Adv* en [guise d']introduction
Einleitung *f* ① *(Beginn)* introduction *f,* préface *f*
② *kein Pl (die Inangriffnahme) einer Untersuchung* ouverture *f; eines Verfahrens* engagement *m; von Maßnahmen* prise *f; von Schritten* mise *f* en œuvre
③ *kein Pl (das Einleiten) von Abwasser* déversement *m*
ein|lenken *itr V* ① *(einbiegen)* bifurquer; **in eine Querstraße ~** bifurquer dans une rue transversale
② *(sich versöhnlich zeigen)* lâcher du lest; **das Einlenken** attitude *f* plus conciliante; **jdn zum Einlenken bringen** amener qn à faire des concessions
ein|lesen *unreg* I. *tr V* INFORM entrer; **etw in den Rechner ~** entrer qc dans l'ordinateur par lecture directe
II. *r V* **sich in ein Buch/Sachgebiet ~** se familiariser avec un livre/un domaine
ein|leuchten *itr V Argument, Grund, Erklärung:* être clair(e); **das leuchtet mir ein** cela me paraît évident; **es leuchtet** [**ihr**] **ein, dass sie nicht kommen können** il est clair [pour elle] qu'ils ne pourront pas venir; **es leuchtet mir nicht ein, wieso ...** je ne vois pas bien pourquoi ...
einleuchtend I. *Adj Erklärung* clair(e); *Argument, Grund* convaincant(e)
II. *Adv erklären* clairement; *begründen* de façon convaincante
ein|liefern *tr V* hospitaliser; **jdn** [**ins Krankenhaus/Gefängnis**] ~ hospitaliser/incarcérer qn; **der eben eingelieferte Patient** le malade qui vient d'être admis; **ein neu eingelieferter Häftling** un nouvel arrivant à la prison; **etw beim Postamt ~** déposer qc à la poste
Einlieferung *f eines Patienten* hospitalisation *f; eines Häftlings* incarcération *f; von Briefen, Paketen* dépôt *m*
Einlieferungsschein *m* POST récépissé *m*
ein|lochen *tr V* ① *fam (inhaftieren)* coffrer *(fam);* **jdn wegen etw ~** coffrer qn pour qc
② *(ins Loch befördern)* **den Ball/die Kugel ~** rentrer la balle/la boule [dans le trou]
ein|loggen *r V* INFORM se connecter; **sich ins Netz/ins Internet ~** se connecter au réseau/sur Internet; **beim Einloggen** lors de la connexion
einlösbar *Adj Scheck* remboursable
ein|lösen *tr V* ① FIN honorer *Scheck, Wechsel*
② *(auslösen)* retirer *Pfand*
③ *(wahr machen)* honorer *Versprechen, Wort*
Einlösung *f* ① *eines Schecks* paiement *m*
② *(Auslösung) eines Pfands* retrait *m*
③ *(das Wahrmachen) eines Versprechens* accomplissement *m; einer Zusage* respect *m*
ein|lullen *tr V a. fig fam* endormir; **jdn mit Versprechungen ~** endormir qn par des promesses
ein|machen *tr V* mettre en bocaux *Obst, Gemüse;* **Obst/Gemüse ~** mettre des fruits/légumes en bocaux; **eingemachtes Obst** des fruits en bocaux
Einmachglas *nt (für Obst, Gemüse)* bocal *m; (für Marmelade)* pot *m* [à confitures] **Einmachring** *m* caoutchouc *m* [pour bocaux]
einmal *Adv* ① *(ein einziges Mal)* une fois; **wieder ~** encore

E

une fois; ~ **mehr** une fois de plus; ~ **vier ist vier** une fois quatre quatre
❷ (*mal*) un jour, une fois; ~ **sagt er dies,** ~ [*o* **ein andermal**] **das** il dit tantôt blanc, tantôt noir; **nicht** ~ [ne] ... même pas
❸ (*irgendwann in der Vergangenheit*) autrefois; **es war** ~ il était une fois; **das war** ~**!** c'est du passé!; **das mag ich ja** ~ **gesagt haben, aber ...** peut-être que j'ai dit ça [un jour], mais ...
❹ (*irgendwann in der Zukunft*) un jour; **ich will** ~ **Pilot werden** plus tard, je veux être pilote; **besuchen Sie mich doch** ~ venez me voir un de ces jours
❺ *fam* (*eben*) **so ist es nun** ~ c'est comme ça [et pas autrement] (*fam*); **sag** ~ dis voir (*fam*); **alle** ~ **herhören!** écoutez voir un peu! (*fam*)
▶ ~ **ist keinmal** *Spr.* une fois n'est pas coutume; ~ **und nicht** [*o* **nie**] **wieder** plus jamais ça!; **auf** ~ (*plötzlich*) tout d'un coup; (*an einem Stück*) d'un seul coup, en une seule fois
Einmaleins <-> *nt* ❶ table *f* de multiplication; **das kleine/große** ~ la table de multiplication jusqu'à dix/vingt ❷ (*die Grundzüge*) b.a.-ba *m*, a b c *m* **Einmalhandschuh** *m* gant *m* jetable **Einmalhandtuch** *nt* essuie-mains *m* jetable
einmalig I. *Adj* unique
II. *Adv schön, gut* extraordinairement
Einmaligkeit <-> *f* caractère *m* exceptionnel
Einmalspritze *f* seringue *f* jetable
Einmannbetrieb *m* ❶ (*Unternehmen*) entreprise *f* unipersonnelle
❷ *kein Pl* (*das Betreiben durch eine Person*) (*bei Bussen, Straßenbahnen*) *service effectué par un seul agent*
Einmarkstück *nt* pièce *f* d'un mark
Einmarsch *m* ❶ MIL invasion *f;* ~ **in ein Land** invasion *f* d'un pays
❷ (*Einzug*) ~ **ins Stadion** entrée *f* dans le stade
ein|marschieren* *itr V + sein* ❶ MIL envahir le pays; **in ein Gebiet/Land** ~ envahir un territoire/pays
❷ (*einziehen*) **ins Stadion/Festzelt** ~ faire son entrée dans le stade/sous le chapiteau
ein|massieren* *tr V* appliquer en massant légèrement; [**jdm**] **etw** ~ appliquer qc [à qn] en massant légèrement
ein|mauern *tr V* ❶ (*einfügen*) sceller; **etw in eine Wand/ein Fundament** ~ sceller qc dans un mur/des fondations
❷ (*ummauern*) emmurer *Person;* sceller *Schatztruhe, Dokumente*
Ein-Megabit-Chip [-tʃɪp] *m* INFORM puce *f* de 128 Ko
ein|meißeln *tr V* graver; **eine Inschrift in etw** (*Akk*) ~ graver une épitaphe dans qc
Einmeterbrett *nt* tremplin *m* d'un mètre
ein|mieten *r V* **sich** ~ louer un logement; **sich bei jdm/in etw** (*Dat*) ~ louer un logement chez qn/dans qc
ein|mischen *r V* **sich** ~ s'immiscer; **sich in etw** (*Akk*) ~ s'immiscer dans qc; **misch dich da nicht ein!** ne te mêle pas de ça!; **er muss sich immer in alles** ~**!** il faut toujours qu'il mette son grain de sel partout!
Einmischung *f* ingérence *f;* ~ **in fremde Angelegenheiten** ingérence *f* [*o* immixtion *f*] dans les affaires des autres
einmonatig *Adj attr* d'un mois
einmonatlich *Adj* mensuel(le)
ein|montieren* *tr V* monter; **ein Ersatzteil in etw** (*Akk*) ~ monter une pièce de rechange dans qc
einmotorig *Adj* monomoteur
ein|motten *tr V* ❶ ranger avec de l'antimite; **Kleider** ~ ranger des vêtements avec de l'antimite
❷ *fig* **ein Kriegsschiff/Kernkraftwerk** ~ mettre un navire de guerre hors service/mettre une centrale nucléaire en sommeil
ein|mumme[l]n *fam* I. *tr V* emmitoufler dans une couverture; **jdn in eine Decke** ~ emmitoufler qn dans une couverture
II. *r V* **sich** ~ s'emmitoufler
ein|münden *itr V + sein Straße, Weg:* déboucher; *Fluss, Kanal, Rohr:* se jeter; **in etw** (*Akk*) ~ *Straße, Weg:* déboucher sur qc; *Fluss, Kanal, Rohr:* se jeter dans qc
Einmündung *f* ❶ *einer Straße* débouché *m;* **an der** ~ **dieser Straße in die Sackgasse** au débouché de cette rue sur le cul-de-sac
❷ (*Mündung*) *eines Flusses* confluent *m; eines Stromes* embouchure *f; eines Kanals, Rohrs* arrivée *f,* sortie *f*
einmütig I. *Adj* unanime
II. *Adv befürworten, verurteilen* unanimement, d'une seule voix; ~ **zusammenstehen** faire bloc
Einmütigkeit <-> *f* unanimité *f*
ein|nähen *tr V* ❶ (*nähen*) coudre; **etw in einen Rock** ~ coudre qc à une jupe; **eingenäht** cousu(e)
❷ (*enger machen*) reprendre *Kleid, Jacke*
Einnahme <-, -n> *f* ❶ (*eingenommenes Geld*) recette *f,* rentrée *f* [d'argent]; ~**n und Ausgaben** les recettes et [les] dépenses
❷ *Pl* (*Einkünfte*) revenus *mpl*
❸ *kein Pl* (*das Einnehmen*) *eines Medikaments* prise *f*
❹ *kein Pl* (*das Erobern*) *einer Stellung, Stadt* prise *f*
Einnahmequelle *f* source *f* de revenus, ressources *fpl;* [**sich** (*Dat*)] **neue** ~**n erschließen** se procurer de nouvelles sources de revenus
ein|nehmen *tr V unreg* ❶ (*verdienen*) encaisser *Geld, Summe;* **eine größere Summe** ~ avoir une rentrée [d'argent] assez importante
❷ (*einziehen*) percevoir *Steuern*
❸ (*zu sich nehmen*) prendre *Medikament*
❹ (*besetzen*) occuper *Sitz, Position, Stellung, Tabellenplatz;* **seinen Platz** ~ prendre place
❺ (*vertreten*) adopter *Haltung, Standpunkt*
❻ MIL prendre, s'emparer de; **eingenommen** conquis(e)
❼ (*gewinnen*) **jdn für sich** ~ conquérir qn; **jdn gegen sich** ~ donner une mauvaise image de soi à qn; **jdn für etw** ~ gagner qn à qc
▶ **von sich eingenommen sein** *pej* être imbu(e) de sa personne [*o* de soi-même]
einnehmend *Adj* plein(e) de séduction
ein|nicken *itr V + sein fam* piquer du nez (*fam*)
ein|nisten *r V* ❶ *pej* (*sich niederlassen*) **sich** ~ *Person:* s'incruster (*fam*); *Ungeziefer:* s'installer; **sich bei jdm** ~ *Person:* s'incruster chez qn; *Ungeziefer:* s'installer chez qn
❷ (*nisten*) **sich** ~ *Vogel:* nicher
❸ PHYSIOL **sich in der Gebärmutter** ~ *Ei:* s'implanter dans l'utérus
Einöde *f* étendue *f* déserte
Einödhof *m* ferme *f* isolée
ein|ölen I. *tr V* ❶ mettre [*o* passer] de l'huile sur le corps; **jdn** ~ mettre [*o* passer] de l'huile sur le corps de qn; **sich** (*Dat*) **den Körper** ~ s'enduire le corps d'huile
❷ (*ölen*) huiler *Holzboden, Fahrradkette*
II. *r V* **sich** ~ se mettre [*o* se passer] de l'huile [sur le corps]; **sich mit Kokosöl** ~ s'enduire [le corps] d'huile de noix de coco
ein|ordnen I. *tr V* ❶ (*einsortieren*) classer; **etw in eine Kartei** ~ classer qc dans un fichier
❷ (*klassifizieren*) **jdn/etw in eine Kategorie** ~ classer qn/qc dans une catégorie; **ein Kunstwerk zeitlich** ~ déterminer l'époque d'une œuvre
II. *r V* ❶ (*sich einfügen*) **sich in etw** (*Akk*) ~ s'intégrer dans qc
❷ (*Fahrspur wählen*) **sich** [**richtig**] ~ se mettre dans la bonne file; **sich links/rechts** ~ prendre [*o* se mettre dans] la file de gauche/droite
ein|packen I. *tr V* ❶ (*verpacken*) emballer; **etw in Papier** ~ emballer qc dans du papier; **etw** ~ **lassen** faire emballer qc
❷ (*einstecken*) **jdm einen Pulli für die Reise** ~ mettre un pull dans le sac de voyage de qn; **dem Kind ein Butterbrot**

[**für die Schule**] ~ mettre une tartine dans le cartable de l'enfant; **sich** (*Dat*) **warme Sachen** ~ mettre des vêtements chauds [dans son sac/sa valise]; **hast du unsere Pässe eingepackt?** tu as pris nos passeports?; **hast du alles eingepackt?** as-tu tout préparé?
3 *fam* (*einmummeln*) **jdn in etw** (*Akk*) ~ emmitoufler qn dans qc; **dick eingepackt** bien emmitouflé(e)
II. *itr V* faire sa valise [*o* ses valises]
▸ ~ **können** *sl* pouvoir remballer ses gaules (*pop*)
III. *r V fam* **sich in etw** (*Akk*) ~ s'emmitoufler dans qc; **packt euch warm ein!** tâchez de bien vous emmitoufler!
ein|parken I. *itr V Fahrer:* se garer; **vorwärts** ~ se garer en marche avant; **rückwärts** ~ se garer en marche arrière, faire un créneau; **das Einparken** le stationnement
II. *tr V* garer *Auto*
Einparteiensystem *nt* système *m* à parti unique
ein|passen I. *tr V* ajuster; **ein Bord in ein Regal** ~ ajuster une planche dans une étagère
II. *r V* **sich in etw** (*Akk*) ~ s'intégrer dans qc, s'adapter à qc
ein|pauken *tr V fam* faire potasser (*fam*); **den Schülern etw** ~ faire potasser qc aux élèves
ein|pendeln *r V* **sich** ~ se stabiliser; **sich auf etw** (*Akk*) ~ se stabiliser à qc
ein|pennen *itr V* + *sein sl* se mettre à roupiller [*o* pioncer] (*fam*)
Einpersonenhaushalt *m* ménage *m* d'une personne **Einpersonenstück** *nt* pièce *f* à un personnage
Einpfennigstück *nt* pièce *f* d'un pfennig
ein|pferchen *tr V* parquer, entasser
ein|pflanzen *tr V* 1 planter; **etw in einen Topf/die Erde** ~ planter qc dans un pot/la terre; **frisch eingepflanzte Büsche** des buissons fraîchement plantés [*o* qui viennent d'être plantés]
2 MED [**jdm**] **etw** ~ implanter qc [à qn]
ein|pinseln *tr V* 1 badigeonner; **einen Kuchen mit etw** ~ badigeonner un gâteau avec qc
2 MED **eine Wunde mit etw** ~ badigeonner une plaie de qc
ein|planen *tr V* prévoir; **etw** [**mit**] ~ prévoir qc
ein|pökeln *tr V* mettre dans la saumure; **etw** ~ mettre qc dans la saumure
ein|prägen I. *r V* **sich jdm** ~ *Namen, Bild, Zahlen, Melodie:* rester gravé(e) dans la mémoire de qn; **sich leicht** ~ être facile à retenir
II. *tr V* 1 (*einschärfen*) **sich** (*Dat*) **einen Namen** ~ retenir un nom; **sich** (*Dat*) **den genauen Wortlaut** ~ retenir les termes exacts; **jdm etw** ~ inculquer qc à qn
2 (*prägen*) **etw in Metall/in Papier** ~ graver qc dans du métal/sur du papier
einprägsam *Adj* facile à retenir
ein|programmieren* *tr V* INFORM installer
ein|prügeln I. *tr V fam* **jdm Ordnung** ~ apprendre l'ordre à qn à coups de pied aux fesses (*fam*)
II. *itr V* **mit Gummiknüppeln auf jdn** ~ rosser qn de coups de matraque
ein|pudern I. *r V* **sich** ~ se poudrer
II. *tr V* [**sich** (*Dat*)] **die Hände** ~ [se] poudrer les mains; **dem Baby den Po** ~ talquer le derrière du bébé
ein|quartieren* I. *tr V* loger; MIL cantonner; **jdn bei jdm** ~ loger qn chez qn; MIL cantonner qn chez qn
II. *r V* **sich bei jdm** ~ *Gast:* s'installer chez qn
ein|rahmen *tr V a. fig* encadrer
▸ **das kann er sich/kannst du dir** ~ **lassen** *fam* il peut/tu peux en faire des confettis (*fam*)
ein|rammen *tr V* défoncer *Tür;* **einen Pfahl in die Erde** ~ enfoncer un pieu dans la terre
ein|rasten *itr V* + *sein* s'enclencher; **in etw** (*Akk*) ~ s'enclencher dans qc
ein|räumen *tr V* 1 (*hineinstellen*) ranger; **etw in den Schrank** ~ ranger qc dans l'armoire; **Möbel ins Zimmer** ~ [re]mettre des meubles en place dans une pièce; **das Einräumen** le rangement
2 (*füllen*) ranger *Schrank, Regal*
3 (*mit Möbeln füllen*) installer *Wohnung, Zimmer*
4 (*zugeben*) admettre; **jdm gegenüber** ~**, dass man sich getäuscht hat** admettre devant qn qu'on s'est trompé(e)
5 (*gewähren*) accorder, consentir *Frist, Kredit*
6 (*zugestehen*) reconnaître, accorder *Freiheiten, Rechte*
Einräumung *f kein Pl* (*das Zugestehen*) *eines Rechts* reconnaissance *f*
ein|rechnen *tr V* (*mit einbeziehen, berechnen*) inclure; **jdn/etw** [**mit**] ~ inclure qn/qc; **dich mit eingerechnet** toi compris(e), y compris toi; **Bedienung mit eingerechnet** service compris
ein|reden I. *tr V* faire croire; **jdm etw** ~ faire croire qc à qn; **jdm** ~**, dass** répéter à qn que + *indic;* **sich** (*Dat*) ~**, dass** se persuader que + *indic;* **das redest du dir** [**nur**] **ein!** c'est toi qui t'es mis ça dans la tête!
II. *itr V* **auf jdn** ~ harceler qn [de paroles]
ein|regnen *r V unpers* **es regnet sich ein** la pluie s'installe
ein|reiben *unreg* I. *tr V* 1 (*reiben*) frictionner; **etw in die Haut/Haare** ~ frictionner la peau/les cheveux avec qc
2 (*massieren*) **jdn mit etw** ~ frictionner qn avec qc; **jdm den Rücken** ~ frictionner le dos de qn
II. *r V* **sich mit etw** ~ se frictionner avec qc
ein|reichen *tr V* 1 (*übersenden*) déposer *Bewerbungen, Unterlagen*
2 (*beantragen*) remettre *Demissionierung, Entlassung;* déposer une demande de *Versetzung, Pensionierung*
Einreichung <-, *selten* -en> *f* 1 (*das Einreichen, Übersenden*) dépôt *m*
2 JUR *einer Klage* dépôt *m; eines Urteils* production *f*
3 (*die Beantragung*) *der Pensionierung, Versetzung* demande *f*
ein|reihen I. *tr V* classer; **jdn in eine Gruppe/eine Kategorie** ~ classer qn dans un groupe/une catégorie; **jdn unter die Künstler** ~ classer qn parmi les artistes
II. *r V* **sich in eine Schlange** ~ prendre place dans une file d'attente
Einreiher <-s, -> *m* costume *m* droit
einreihig ['aɪnraɪɪç] *Adj* à un seul rang; *Jacke* droit(e)
Einreise *f* entrée *f;* **die** ~ **in die USA/nach Großbritannien** l'entrée aux États-Unis/en Grande-Bretagne
Einreisebestimmungen *Pl* dispositions *fpl* d'entrée **Einreiseerlaubnis** *f,* **Einreisegenehmigung** *f* autorisation *f* d'entrée
ein|reisen *itr V* + *sein form* entrer; **in die USA/nach Großbritannien** ~ entrer aux États-Unis/en Grande-Bretagne
Einreiseverbot *nt* interdiction *f* d'entrée; ~ **haben** être interdit(e) d'entrée **Einreisevisum** [-vi-] *nt* visa *m* d'entrée
ein|reißen *unreg* I. *itr V* + *sein* 1 (*einen Riss bekommen*) *Haut:* se fendiller; *Stoff, Papier, Seite:* se déchirer
2 *fam* (*zur Gewohnheit werden*) devenir une [mauvaise] habitude; **das wollen wir nicht** ~ **lassen** nous n'allons pas tolérer que cette mauvaise habitude s'installe
II. *tr V* + *haben* 1 (*niederreißen*) abattre *Mauer, Barrikade*
2 (*mit einem Riss versehen*) déchirer *Stoff, Papier, Seite*
3 (*sich verletzen*) **sich** (*Dat*) **einen Dorn** ~ s'enfoncer une épine dans la peau
ein|reiten *unreg* I. *tr V* + *haben* débourrer *Pferd*
II. *itr V* + *sein* faire son entrée [à cheval]; **in die Manege/Reithalle** ~ faire son entrée [à cheval] sur la piste/dans la salle de manège
III. *r V* **sich** ~ s'échauffer à cheval
ein|renken I. *tr V* 1 MED remboîter *Arm, Schulter;* **sie hat mir den Arm** [**wieder**] **eingerenkt** elle m'a remboîté le bras
2 *fam* (*in Ordnung bringen*) **etw** [**wieder**] ~ aider à recoller les morceaux (*fam*)

E

II. *r V fam* **sich wieder ~** se tasser (*fam*)
ein|rennen *unreg* I. *r V fam* **sich** (*Dat*) **das Knie/den Kopf an etw** (*Dat*) **~** se défoncer le genou/la tête contre qc (*fam*)
II. *tr V* enfoncer *Tor*
ein|richten I. *tr V* ❶ (*möblieren*) aménager *Wohnung;* **modern eingerichtet sein** être meublé(e) en [*o* avoir un intérieur] moderne; **fertig eingerichtet** entièrement meublé(e)
❷ (*ausstatten*) aménager *Hobbyraum, Sauna;* installer *Labor, Praxis;* **sich** (*Dat*) **einen Partykeller ~** aménager [une pièce dans] sa cave pour faire des boums
❸ (*schaffen*) créer *Dienststelle, Lehrstuhl, Buslinie*
❹ (*eröffnen*) ouvrir *Konto*
❺ (*arrangieren*) **es so ~, dass alle dabei sein können** s'arranger pour [*o* faire en sorte] que tous soient là; **das lässt sich ~** ça peut se faire
❻ MED réduire *Bruch;* **man muss ihr das gebrochene Bein ~** il faut qu'on lui remette la jambe cassée
II. *r V* ❶ (*sich möblieren*) **sich neu ~** se meubler de neuf
❷ (*sich der Lage anpassen*) **sich ~** s'adapter
❸ (*sich einstellen*) **sich auf lange Wartezeiten ~** se préparer mentalement à une longue attente
Einrichtung <-, -en> *f* ❶ (*Wohnungseinrichtung*) mobilier *m*
❷ (*Ausstattung*) *eines Labors, einer Praxis* aménagement *m* [intérieur]
❸ *kein Pl* (*das Möblieren*) *einer Wohnung, eines Zimmers* ameublement *m;* (*das Ausstatten*) *eines Labors, einer Praxis* équipement *m*
❹ *kein Pl* (*das Installieren*) *eines Hobbyraums, einer Sauna* installation *f,* aménagement *m*
❺ *kein Pl* (*das Schaffen*) *einer Dienststelle, eines Lehrstuhls* création *f; einer Behörde* installation *f*
❻ *kein Pl* (*das Eröffnen*) *eines Kontos* ouverture *f; einer Verkehrslinie* création *f,* ouverture *f*
❼ *Pl* (*Anlage*) installation *f;* **sanitäre ~en** installations sanitaires
❽ (*Institution*) organisation *f*
Einrichtungsgegenstand *m* meuble *m* **Einrichtungshaus** *nt* magasin *m* de meubles
ein|ritzen *tr V* graver; **seinen Namen in etw** (*Akk*) **~** graver son nom dans qc
ein|rollen I. *tr V* rouler *Teppich, Plakat;* **sich** (*Dat*) **die Haare ~** se mettre des bigoudis [*o* rouleaux] dans les cheveux
II. *r V + haben* **sich ~** *Person:* se pelotonner; *Igel, Katze, Hund:* se rouler en boule; *Schlange:* se lover
III. *itr V + sein Zug:* entrer en gare
ein|rosten *itr V + sein* ❶ (*rostig werden*) [se] rouiller
❷ *fam* (*ungelenkig werden*) *Person, Gelenke:* se rouiller; **seine Gelenke ~ lassen** laisser ses articulations se rouiller
❸ *fam* (*vergessen werden*) *Kenntnisse:* se rouiller
ein|rücken I. *itr V + sein* ❶ (*eindringen*) pénétrer; **in ein Land ~** pénétrer dans un pays
❷ (*eingezogen werden*) *Soldat:* être incorporé(e); **zum Militär ~** partir au service [militaire] [*o* à l'armée]
❸ (*zurückkehren*) *Feuerwehr, Truppen:* **[wieder] ~** réintégrer ses quartiers
II. *tr V + haben* TYP **etw ~** mettre qc en retrait
ein|rühren *tr V* brouiller *Ei;* **das Farbpulver langsam in das Wasser ~** délayer peu à peu le colorant dans l'eau
ein|rüsten *tr V* dresser un échafaudage contre *Haus*
eins I. *Num* un; **es ist ~** il est une heure; *s. a.* **acht**[1]
▸ **~ a** *fam* extra (*fam*); **~, zwei, drei** *fam* (*im Nu*) en moins de deux (*fam*); **es kommt ~ zum anderen** une chose en entraîne une autre; **das kommt** [*o* **läuft**] **auf ~ hinaus** *fam* ça revient au même (*fam*); *s. a.* **eine(r, s)**
II. *Adj* ❶ (*eine Einheit*) **~ sein** être une seule et même chose; **Denken und Handeln sollten ~ sein** la réflexion et l'action devraient aller de pair; **das ist alles ~** *fam* c'est du pareil au même (*fam*)
❷ *fam* (*egal*) **das ist mir ~** je m'en balance (*fam*)
❸ (*einig*) **mit jdm/etw ~ sein** être en harmonie avec qn/qc; **sich mit jdm ~ wissen/fühlen** se savoir/se sentir en harmonie avec qn
Eins <-, -en> *f* ❶ (*Zahl, Augenzahl*) un *m*
❷ (*Schulnote*) *excellente note entre dix-huit et vingt*
❸ *kein Pl* (*Bus-, Straßenbahnlinie*) un *m*
ein|sacken[1] *tr V fam* ❶ (*an sich bringen*) empocher; **Geld ~** empocher de l'argent
❷ (*einheimsen*) ramasser (*fam*) *Prämien, Preise*
ein|sacken[2] *itr V + sein fam* s'affaisser; **in etw** (*Akk*) **~** s'affaisser dans qc
ein|sagen *tr V* A *fam* (*vorsagen*) souffler; **jdm etw ~** souffler qc à qn
ein|salben *tr V* enduire; **jdn/sich mit etw ~** enduire qn/s'enduire de qc
ein|salzen *tr V* mettre dans la saumure; **etw ~** mettre qc dans la saumure; **eingesalzt** passé(e) à la saumure
einsam I. *Adj* ❶ (*verlassen*) *Person* seul(e); *Leben* solitaire; **es ist ~ um ihn geworden** le vide s'est fait autour de lui
❷ (*abgelegen, menschenleer*) *Dorf, Alm, Strand* solitaire
❸ (*vereinzelt*) *Boot, Fasan* isolé(e), solitaire
❹ (*allein getroffen*) *Entschluss, Entscheidung* unilatéral(e)
▸ **~ und verlassen sein** être abandonné(e) de tous
II. *Adv leben, liegen* à l'écart
Einsamkeit <-, *selten* -en> *f* solitude *f*
ein|sammeln *tr V* ❶ ramasser *Pässe, Schulhefte;* collecter *Spenden;* **die Kollekte ~** faire la quête
❷ (*aufsammeln*) ramasser *Gegenstände, Fallobst*
ein|sargen *tr V* mettre en bière; **das Einsargen** la mise en bière
▸ **damit kann er sich/kannst du dich ~ lassen** *sl* avec ça il peut aller se/tu peux aller te rhabiller (*fam*)
Einsatz <-es, -̈e> *m* ❶ (*Leistungsbereitschaft*) engagement *m;* **~ zeigen** *Spieler:* faire preuve d'engagement; *Mitarbeiter:* mettre du cœur à l'ouvrage [*o* de l'énergie au travail]
❷ SPIEL mise *f*
❸ BÖRSE mise *f* de fonds
❹ *kein Pl* (*die Aufbietung, Verwendung*) *eines Spielers* entrée *f* en jeu; *von Truppen* engagement *m;* **der ~ von Atomwaffen** le recours aux armes nucléaires; **unter ~ von Artillerie** en recourant à l'artillerie; **zum ~ kommen** [*o* **gelangen**] *Spieler:* entrer en jeu; *Wasserwerfer, Polizei:* entrer en action; **unter ~ seines Lebens/aller Kräfte** au péril de sa vie/en y mettant toutes ses forces
❺ (*Aktion*) *der Polizei, Feuerwehr* intervention *f; von Truppen* opération *f;* **im ~ sein** *Feuerwehr:* être en action; *Soldaten:* être en opération
❻ MUS départ *m;* **den ~ geben** donner le départ
❼ (*Teil eines Kochtopfs*) panier *m*
❽ (*Teil eines Kleidungsstücks*) motif *m* incrusté, incrustation *f*
Einsatzbefehl *m der Polizei, Sicherheitskräfte* ordre *m* d'intervention; *der Truppen* ordre *m* d'engagement [*o* de mission]; **den ~ geben** donner l'ordre d'intervenir **einsatzbereit** *Adj Truppen, Panzer, Geschütze* opérationnel(le); *Feuerwehr, Wasserwerfer* prêt(e) à entrer en action [*o* intervenir] **Einsatzbereitschaft** *f* **in ~ sein, sich in ~ befinden** être à pied d'œuvre [*o* prêt(e) à intervenir] **einsatzfähig** *Adj* ❶ *Sportler* disponible, opérationnel(le); *Spieler* prêt(e) à jouer; **voll ~** en pleine possession de ses moyens ❷ (*verwendungsfähig*) *Truppen, Panzer, Geschütze* opérationnel(le) **Einsatzkommando** *nt* **mobiles ~** groupe *m* d'intervention rapide; (*in Frankreich*) G.I.G.N. *m* **Einsatzleiter(in)** *m(f)* chef *mf* des secours **Einsatzwagen** *m* ❶ (*Polizeifahrzeug*) véhicule *m* d'intervention ❷ (*zusätzlicher Bus*) véhicule *m* supplémentaire
ein|saugen *tr V* aspirer *Luft, Duft*
ein|scannen [-skænən] *tr V* scanner; **das Einscannen** le scannage

ein|schalten I. *tr V* ❶ (*in Betrieb setzen*) allumer; **das Einschalten** *eines Radios, Fernsehers* l'allumage *m; einer Alarmanlage* la mise en marche
❷ (*hinzuziehen*) **jdn in die Ermittlungen** ~ avoir recours à qn pour l'enquête
II. *r V* **sich in etw** (*Akk*) ~ intervenir dans qc
Einschaltquote *f* audimat *m,* taux *m* d'écoute
Einschaltung *f* ❶ *eines Geräts* allumage *m; einer Alarmanlage* mise *f* en marche
❷ (*Hinzuziehung*) **die** ~ **eines Experten** le recours à un expert
ein|schärfen *tr V* bien recommander; **jdm etw** ~ bien recommander qc à qn; **jdm** ~ **etw zu tun** bien recommander à qn de faire qc; **sich** (*Dat*) **etw** ~ se mettre qc dans la tête
ein|schätzen *tr V* estimer; **jdn/etw richtig** ~ estimer qn/qc à sa juste valeur; **jdn/etw falsch** ~ se tromper sur qn/qc
Einschätzung *f* **die** ~ **einer S.** (*Gen*) le jugement porté sur qc; **nach meiner** ~ à mon point de vue; **nach allgemeiner** ~ de l'avis de tous
ein|schenken *tr V* verser; **[jdm] etw** ~ verser qc [à qn]
Einschicht *f* A (*Einöde*) désert *m*
ein|schicken *tr V* envoyer; **etw an jdn/etw** ~ envoyer qc à qn/qc
ein|schieben *tr V unreg* ❶ (*hineinschieben*) introduire; **eine CD-ROM in das Laufwerk** ~ introduire [*o* glisser] un CD-ROM dans le lecteur
❷ (*zusätzlich einsetzen*) ajouter *Sonderzug*
❸ *fam* (*zwischendurch drannehmen*) **einen Patienten** ~ prendre un patient en plus (*fam*)
❹ (*einfügen*) se ménager *Pause, Unterbrechung*
Einschienenbahn *f* monorail *m*
ein|schießen *unreg* I. *tr V + haben* ❶ (*kaputtschießen*) briser; (*mit einer Schusswaffe*) faire sauter; **etw** ~ (*mit einem Ball*) briser qc; (*mit einer Schusswaffe*) faire sauter qc
❷ (*gebrauchsfähig machen*) faire des essais de tir avec *Schusswaffe*
❸ TYP intercaler *Bogen*
II. *r V + haben* ❶ (*Schießübungen abhalten*) **sich** ~ s'exercer au tir; **sich auf jdn/etw** ~ régler son tir sur qn/qc
❷ *fig* **sich auf jdn/etw** ~ *Kritiker, Presse:* prendre qn/qc pour cible
III. *itr V* ❶ *+ haben* SPORT **zum 3:0** ~ marquer le but du 3:0
❷ *+ sein* (*hineinströmen*) **in die Schleusen** ~ *Wasser:* s'engouffrer dans les écluses; **sie spürte, wie die Milch in ihre Brüste einschoss** elle a perçu la montée du lait
ein|schiffen I. *tr V* embarquer
II. *r V* **sich in Hamburg/nach Australien** ~ [s']embarquer à Hambourg/pour l'Australie
Einschiffung <-, -en> *f* NAUT embarquement *m*
ein|schirren *tr V* harnacher *Pferd*
ein|schlafen *itr V unreg + sein* ❶ (*in Schlaf fallen*) s'endormir; **bei/über etw** (*Dat*) ~ s'endormir pendant/sur qc; **schlecht** ~ **können** avoir du mal à s'endormir
❷ *euph* (*sterben*) s'endormir (*littér*); **friedlich** ~ s'éteindre dans la paix (*soutenu*)
❸ (*gefühllos werden*) s'engourdir; **mir schläft der Arm ein** j'ai le bras qui s'engourdit; **mein Bein ist eingeschlafen** j'ai la jambe engourdie
❹ (*nachlassen*) *Beziehung, Briefwechsel:* s'espacer puis s'interrompre; *Freundschaft:* ne plus être entretenu(e)
ein|schläfern *tr V* ❶ endormir *Kind*
❷ (*schläfrig machen*) **jdn** ~ *Hitze, Geräusch:* endormir qn
❸ *euph* (*töten*) piquer *Tier;* **ein Tier** ~ **lassen** faire piquer un animal
einschläfernd *Adj a.* MED soporifique; **ein** ~**es Mittel** un somnifère
Einschlafstörungen *Pl* MED troubles *mpl* du sommeil
Einschlag *m* ❶ **der** ~ **des Blitzes** la foudre
❷ MIL *eines Geschosses* impact *m*
❸ (*Schussloch*) [point *m* d']impact *m*
❹ (*Anteil*) **ein leichter asiatischer** ~ un petit air asiatique
❺ AUT braquage *m*
ein|schlagen *unreg* I. *tr V + haben* ❶ planter *Nagel, Pfahl;* **einen Nagel/Pfahl in etw** (*Akk*) ~ planter un clou/un pieu dans qc
❷ (*aufbrechen*) défoncer *Tür;* fracasser *Fenster*
❸ (*zerschmettern*) **jdm den Schädel/die Zähne** ~ fracasser le crâne/les dents de qn
❹ (*einwickeln*) **etw in Zeitungspapier** (*Akk*) ~ emballer qc dans du papier journal
❺ (*wählen*) prendre *Weg, Richtung;* entrer dans *Laufbahn;* **den eingeschlagenen Kurs ändern** *Boot:* changer sa route [*o* de cap]
❻ AUT braquer *Räder, Lenkrad*
II. *itr V* ❶ *+ haben o sein* **in etw** (*Akk*) ~ *Blitz:* tomber sur qc; **der Blitz muss irgendwo eingeschlagen haben** la foudre a dû tomber quelque part
❷ *+ sein* MIL (*auftreffen*) **in etw** (*Akk*) ~ *Geschoss:* tomber sur qc
❸ *+ haben o sein fam* (*für Aufsehen sorgen*) *Nachricht:* faire grand bruit
❹ *+ haben* (*einprügeln*) **auf jdn/etw** ~ taper comme un sourd sur qn/qc
❺ *+ haben* (*seinen Handschlag geben*) toper; **schlag ein!** tope là!
einschlägig I. *Adj Literatur, Paragraph* s'y rapportant
II. *Adv* JUR à ce titre
ein|schleichen *r V unreg* ❶ (*hineinschleichen*) se glisser; **sich in ein Haus** ~ se glisser dans une maison
❷ *fig* **sich** ~ *Verdacht:* s'insinuer; *Fehler, Irrtum:* se glisser
ein|schleppen *tr V* introduire; **etw in ein Land/nach Frankreich** ~ introduire qc dans un pays/en France
ein|schleusen *tr V* introduire clandestinement; **jdn in die Schweiz/nach Europa** ~ introduire qn clandestinement en Suisse/en Europe
ein|schließen *tr V unreg* ❶ (*einsperren*) enfermer; **jdn/sich in einen** [*o* **einem**] **Raum** ~ enfermer qn/s'enfermer dans une pièce
❷ (*wegschließen*) **etw in einen Schrank** ~ enfermer qc dans une armoire; **eingeschlossen** mis(e) sous clé
❸ (*inbegriffen sein*) **im Preis eingeschlossen sein** être compris(e) [*o* inclus(e)] dans le prix
❹ MIL (*einkesseln*) encercler
❺ (*einbeziehen*) **jdn in sein Gebet** ~ associer qn à sa prière
einschließlich I. *Präp + Gen* y compris; ~ **aller Ausgaben** y compris toutes les dépenses, toutes les dépenses comprises
II. *Adv* inclus(e), inclusivement; **bis Seite 25** ~ jusqu'à la page 25 incluse [*o* inclusivement]
ein|schlummern *itr V + sein geh* ❶ (*einschlafen*) s'assoupir
❷ *euph* (*sterben*) s'en aller (*euph*)
Einschluss[RR] *m* ❶ GEOL inclusion *f*
❷ (*Einbeziehung, Einberechnung*) **alle Fahrzeuge mit** [*o* **unter**] ~ **der Fahrräder** *form* tous les véhicules, y compris les bicyclettes
ein|schmeicheln *r V* **sich** ~ s'insinuer; **sich bei jdm** ~ s'insinuer dans les bonnes grâces de qn
einschmeichelnd *Adj Stimme* enjôleur(-euse), langoureux(-euse); *Musik* langoureux(-euse)
ein|schmeißen *tr V unreg fam* péter [à coups de pierres] (*fam*) *Fenster;* **ein Fenster** ~ péter une fenêtre [à coups de pierres]
ein|schmelzen *tr V unreg* [re]fondre *Altmetall, Münzen*
ein|schmieren I. *tr V fam* ❶ (*einölen*) graisser, lubrifier *Metallteil*
❷ (*eincremen*) **[jdm] den Rücken mit etw** ~ enduire le dos [de qn] de qc
II. *r V fam* **sich mit Sonnenöl** ~ s'enduire le corps d'huile

solaire

ein|schmuggeln I. *tr V* ❶ (*einschleusen*) introduire clandestinement; **jdn in ein Land** ~ introduire qn clandestinement dans un pays
❷ (*hineinschaffen*) **etw** ~ glisser qc subrepticement; **Drogen/Devisen in ein Land** ~ introduire de la drogue/des devises en fraude dans un pays
II. *r V* **sich** ~ s'infiltrer, s'insinuer

ein|schnappen *itr V + sein* ❶ *Tür, Türschloss:* se [re]fermer
❷ *fam* (*beleidigt sein*) **eingeschnappt sein** faire la gueule (*fam*)

ein|schneiden *unreg* I. *tr V* ❶ (*einen Schnitt machen*) entailler *Papier, Stoff*
❷ (*hineinschneiden*) **einen Namen/ein Zeichen in etw** (*Akk*) ~ graver un nom/un signe dans qc
❸ (*dazutun*) **Gemüse in den Eintopf** ~ couper des légumes directement dans la potée
❹ GEOG **in den Fels eingeschnitten [sein]** *Tal, Flussbett:* [être] entaillé(e) dans la roche
II. *itr V* **[in die Haut]** ~ rentrer dans la peau

einschneidend *Adj Bedeutung* décisif(ive); *Veränderung, Wirkung* radical(e)

ein|schneien *itr V + sein Auto, Haus:* se couvrir de neige; **eingeschneit [sein]** *Person:* [être] bloqué(e) par la neige; *Haus, Landschaft:* [être] recouvert(e) de neige

Einschnitt *m* ❶ GEOG entaille *f;* **ein** ~ **im Fels** une entaille dans la roche
❷ (*Schnitt*) coupure *f* [accidentelle]; (*in eine Baumrinde*) entaille *f*
❸ MED incision *f;* **einen** ~ **in etw** (*Akk*) **machen** faire une incision dans qc
❹ (*Zäsur*) **das ist ein** ~ **in seinem Leben** cela marque une coupure [*o* un tournant] dans sa vie

ein|schnüren *tr V* serrer, comprimer; **jdm die Taille** ~ serrer [*o* comprimer] la taille de qn

ein|schränken I. *tr V* ❶ (*reduzieren*) restreindre *Ausgaben, Alkoholkonsum;* **das Essen** ~ se restreindre sur la nourriture
❷ (*beschränken*) restreindre *Rechte, Vollmachten;* **jdn in seiner Freiheit/seinen Befugnissen** ~ restreindre la liberté/l'autorité de qn
II. *r V* **sich** ~ se restreindre, restreindre son train de vie

einschränkend I. *Adj* restrictif(-ive)
II. *Adv* à titre restrictif

Einschränkung <-, -en> *f* ❶ (*Beschränkung*) restriction *f;* ~**en machen** apporter des restrictions; **mit** ~**[en]** avec des réserves; **mit der** ~**, dass** sous réserve que + *subj;* **ohne** ~**[en]** sans restriction
❷ *kein Pl* (*das Reduzieren*) *des Alkoholkonsums* réduction *f*

ein|schrauben *tr V* visser

Einschreib[e]brief *m* lettre *f* recommandée; **als** ~ en recommandé **Einschreib[e]gebühr** *f* ❶ POST taxe *f* de recommandation ❷ UNIV droits *mpl* d'inscription

ein|schreiben *unreg* I. *tr V* **etw** ~ **lassen** envoyer qc en recommandé; **eingeschrieben** *Brief, Päckchen* recommandé(e)
II. *r V* ❶ **sich in eine Liste/für einen Kurs** ~ s'inscrire sur une liste/pour un cours
❷ (*sich immatrikulieren*) **sich für etw** ~ s'inscrire en qc

Einschreiben *nt* [envoi *m*] recommandé *m;* ~ **mit Rückschein** [envoi *m*] recommandé *m* avec accusé de réception; **etw als** [*o* **per**] ~ **schicken** envoyer qc en recommandé

Einschreibung *f* inscription *f*

ein|schreien *itr V unreg* incendier (*fam*); **auf jdn** ~ incendier qn

ein|schreiten *itr V unreg + sein* intervenir; **gegen jdn** ~ intervenir contre qn; **gegen etw** ~ prendre des mesures contre qc

Einschreiten <-s> *nt* intervention *f;* **das** ~ **gegen jdn** l'intervention *f* contre qn; **das** ~ **gegen etw** les mesures *fpl* prises contre qc

ein|schrumpeln *itr V + sein fam Frucht:* se ratatiner; *Haut:* se rider

ein|schrumpfen *itr V + sein Wäschestück:* rétrécir; *Frucht:* se ratatiner

Einschub *m* rajout *m*

ein|schüchtern *tr V* intimider; **jdn durch Drohungen/mit einer Waffe** ~ intimider qn par des menaces/avec une arme

Einschüchterung <-, -en> *f* intimidation *f*

Einschüchterungsversuch *m* manœuvre *f* d'intimidation

ein|schulen *tr V* scolariser; **eingeschult werden** être scolarisé(e)

Einschulung *f* scolarisation *f;* **der Tag der** ~ le premier jour d'école

Einschuss[RR] *m* (*in einem Gebäude*) [point *m* d']impact *m;* (*im Körper*) [marque *f* de] blessure *f* par balle

Einschussloch[RR] *nt,* **Einschussstelle**[RR] *f* [point *m* d']impact *m* [d'une balle]

ein|schütten I. *tr V* **[jdm] etw** ~ verser qc [à qn]
II. *r V* **sich** (*Dat*) **etw** ~ se verser qc; **sich noch einmal** ~**/sich noch Tee** ~ se resservir/reprendre du thé

ein|schweißen *tr V* ❶ emballer sous vide *Nahrungsmittel;* **Nahrungsmittel** ~ emballer des aliments sous vide; **ein Buch** ~ emballer un livre sous plastique; **Gewürze in Plastikfolie** ~ emballer des épices sous film plastique
❷ TECH souder *Rohrstück, Blechstück*

Einschweißfolie [-liə] *f* plastique *m* transparent (*pour conditionner des denrées sous vide*)

ein|schwören *tr V unreg* imposer; **jdn auf etw** (*Akk*) ~ imposer qc à qn

ein|segnen *tr V* ❶ consacrer *Kirche;* bénir *Haus*
❷ (*konfirmieren*) confirmer

Einsegnung *f* ❶ *einer Kirche* consécration *f; eines Hauses* bénédiction *f*
❷ (*Konfirmation*) confirmation *f*

einsehbar *Adj Gelände, Raum* visible

ein|sehen *tr V unreg* ❶ (*begreifen*) reconnaître; ~**, dass man sich geirrt hat** admettre [*o* reconnaître] qu'on s'est trompé(e); ~ **einen Fehler gemacht zu haben** reconnaître avoir fait une erreur; **das sehe ich nicht ein!** je ne suis pas d'accord!; **ich sehe nicht ein, warum ...** je ne vois pas pourquoi ...
❷ (*prüfen*) (*eingehend*) examiner; (*flüchtig*) prendre connaissance de
❸ (*hineinsehen*) avoir vue sur *Garten, Gelände;* **der Innenhof kann nicht eingesehen werden** on ne peut pas voir la cour intérieure

Einsehen <-> *nt* **ein** ~ **haben** se montrer compréhensif(-ive); **kein** ~ **haben** ne rien vouloir entendre; **so haben Sie doch ein** ~**!** faites donc preuve de compréhension!

ein|seifen *tr V* ❶ savonner; **jdn/sich** ~ savonner qn/se savonner; **sich** (*Dat*) **das Gesicht** ~ se savonner le visage; (*mit Rasierseife*) se savonner la barbe [*o* le visage]
❷ *fam* (*mit Schnee einreiben*) **jdn mit Schnee** ~ frictionner qn de neige
❸ *fam* (*hintergehen*) rouler (*fam*)

einseitig I. *Adj* ❶ *Liebe, Zuneigung* non partagé(e); *Willenserklärung, Absicht* unilatéral(e)
❷ MED localisé(e) d'un côté
❸ (*unausgewogen*) *Ausbildung, Studium* trop spécialisé(e); *Begabung* limité(e) [à un seul domaine]; *Ernährung* peu varié(e), peu équilibré(e)
❹ (*voreingenommen*) partial(e)
II. *Adv* ❶ (*auf einer Seite*) d'un [seul] côté; *s. a.* **halbseitig**
❷ (*unausgewogen*) **sich** ~ **ernähren** avoir une alimentation peu variée [*o* déséquilibrée]
❸ (*parteiisch*) avec partialité

Einseitigkeit <-, *selten* -en> *f* ❶ (*Voreingenommenheit*) partialité *f*
❷ (*Unausgewogenheit*) *der Ausbildung* manque *m* de diversité;

der Ernährung déséquilibre *m*

ein|senden *tr V unreg* envoyer; **etw an jdn/etw ~** envoyer qc à qn/qc

Einsender(in) *m(f)* expéditeur(-trice) *m(f)*

Einsendeschluss^RR *m* date *f* limite d'envoi; **der ~ für etw** la date limite d'envoi de qc; **am 31. Mai ist ~** la date limite est fixée au 31 mai

Einsendung *f* ❶ *kein Pl* (*das Einsenden*) envoi *m*
❷ (*Zuschrift*) réponse *f*

Einser <-s, -> *m fam* (*Schulnote*) *excellente note entre dix-huit et vingt*

ein|setzen I. *tr V* ❶ (*einfügen*) poser *Fensterscheibe, Ersatzteil*
❷ (*einnähen*) mettre *Flicken, Innentasche;* monter *Ärmel;* **den Kragen in das Hemd ~** poser le col sur la chemise
❸ (*hineinschreiben*) inscrire *Lösungswort, Ziffer*
❹ (*ernennen*) instituer *Komitee, Gremium;* **jdn zum** [*o* **als**] **Erben ~** instituer qn héritier
❺ (*zum Einsatz bringen*) faire appel à *Truppen, Polizei;* avoir recours à *Waffen;* **Tränengas gegen jdn ~** avoir recours au gaz lacrymogène contre qn; **einen Sonderzug ~** mettre un train supplémentaire en service
❻ (*aufbieten*) déployer *Kraft;* **Mittel ~** mettre des moyens en œuvre; **sein Leben ~** mettre sa vie en jeu
❼ SPIEL jouer *Spielfigur, Los;* miser *Geldbetrag, Jeton*
II. *itr V* ❶ (*beginnen*) *Musik, Krach, Wehen:* commencer; *Sturm:* se mettre à souffler; *Regen:* se mettre à tomber; **die Ebbe/Flut setzt ein** la marée commence à descendre/monter; **bei jdm ~** *Fieber, Beschwerden, Leichenstarre:* survenir chez qn; **verstärkt ~** *Lärm, Sturm, Regen:* reprendre de plus belle
❷ MUS *Musiker:* attaquer
III. *r V* ❶ (*sich engagieren*) **sich ~** s'investir; **sich voll ~** se donner à fond
❷ (*sich verwenden für*) **sich für jdn/etw ~** intervenir en faveur de qn/œuvrer pour qc; **sich bei jdm dafür ~, dass die Haftbedingungen erleichtert werden** intervenir auprès de qn pour que les conditions de détention soient adoucies

Einsetzung <-, -en> *f* ❶ *einer Kommission* institution *f;* **ihre ~ in dieses Amt** son installation dans ces fonctions
❷ JUR (*persönliche Surrogation*) désignation *f*

Einsicht *f* ❶ (*Vernunft*) raison *f;* **jdn zur ~ bringen** faire entendre raison à qn; **zur ~ kommen** [*o* **gelangen**] se rendre à la raison, [finir par] devenir raisonnable
❷ (*Erkenntnis*) révélation *f;* **jdn zur ~ bringen, dass es so besser ist** faire comprendre à qn que c'est préférable ainsi; **zu der ~ kommen, dass eine Veränderung notwendig ist** en arriver à la conclusion qu'un changement est nécessaire
❸ (*Durchsicht*) **~ in die Akten/Unterlagen** consultation *f* des dossiers/documents; **jdm etw zur ~ vorlegen** présenter qc à qn pour examen; **~ in die Akten nehmen** prendre connaissance des [*o* consulter les] dossiers; **jdm die ~ in etw** (*Akk*) **verwehren** refuser à qn le droit de consulter qc
❹ (*Blick, Einblick*) **~ in das Zimmer/den Garten** vue *f* sur la pièce/le jardin

einsichtig *Adj* ❶ (*vernünftig*) sensé(e); **~ sein** se montrer raisonnable
❷ (*verständlich*) plausible; **es ist nicht ~, warum ...** la raison pour laquelle ... n'est pas évidente; **ist das ~ für dich?** c'est clair pour toi?

Einsichtnahme <-, -n> *f form* prise *f* de connaissance, consultation *f*

ein|sieden <sott *o* siedete ein, eingesotten> *tr V* A *fam* conserver *Früchte*

Einsiedler(in) *m(f)* ❶ REL ermite *m*
❷ *fig* ermite *m*, sauvage *m*

Einsiedlerkrebs *m* ZOOL bernard-l'ermite *m inv*

einsilbig *Adj* ❶ *Wort* monosyllabique
❷ (*wortkarg*) *Person* laconique, peu loquace; *Antwort* laconique

Einsilbigkeit <-> *f einer Person* caractère *m* peu loquace

ein|sinken *itr V unreg + sein* [s']enfoncer; **in etw** (*Akk o Dat*) **~** [s']enfoncer dans qc

ein|sitzen *itr V unreg form Sträfling:* purger une peine de prison (*form*)

ein|sortieren* *tr V* classer *Dias, Papiere, Karteikarten;* **etw in die Fächer der Schublade ~** ranger qc dans les compartiments du tiroir

einspaltig *Adj* d'une colonne; **~ sein** être sur une colonne; **etw ~ setzen** composer qc sur une colonne

ein|spannen *tr V* ❶ atteler *Ochsen, Pferd*
❷ (*hineinspannen*) serrer *Werkstück;* placer *Briefbogen*
❸ *fam* (*heranziehen*) **jdn für etw ~** mettre qn à contribution pour qc; **sich für etw ~ lassen** se laisser embrigader dans qc; *s. a.* **eingespannt**

Einspänner <-s, -> *m* ❶ (*Kutsche*) cabriolet *m*
❷ A (*Kaffee*) cappucino *m*

einspännig I. *Adj* à [*o* tiré(e) par] un cheval
II. *Adv* **~ fahren** se promener attelé(e) un seul cheval

ein|sparen *tr V* ❶ ÖKOL économiser, faire des économies de *Energie, Strom, Wasser*
❷ FIN économiser sur *Ausgaben, Geld, Löhne*

Einsparung <-, -en> *f* ❶ ÖKOL *von Energie, Strom, Wasser* économie *f*
❷ FIN compression *f;* **der Zwang zur ~ unnötiger Kosten** l'obligation d'éviter des frais inutiles

ein|speichern *tr V* INFORM entrer; **Daten in den Rechner ~** entrer des données dans l'ordinateur

ein|speisen *tr V* ❶ alimenter *Strom;* **Strom in das Netz ~** alimenter le réseau en courant [électrique]; **Programme in das Kabelnetz ~** diffuser des programmes sur le réseau câblé
❷ INFORM entrer *Daten, Programme*

ein|sperren *tr V* ❶ enfermer; **jdn in einen** [*o* **einem**] **Raum ~** enfermer qn dans une pièce
❷ *fam* (*inhaftieren*) coffrer (*fam*); **der/die gehört eingesperrt!** il faudrait le/la coffrer! (*fam*)

ein|spielen I. *r V* ❶ **sich ~** *Regelung, Zusammenarbeit:* se roder
❷ (*sich aneinander gewöhnen*) **sich aufeinander ~** *Beziehungspartner:* apprendre à se connaître; *Kollegen:* apprendre à travailler ensemble; *s. a.* **eingespielt**
❸ SPORT **sich ~** *Spieler:* s'échauffer; *Mannschaft:* trouver ses automatismes
II. *tr V* ❶ (*einbringen*) couvrir *Kosten*
❷ (*senden*) diffuser *Beitrag*

Einsprache CH *s.* **Einspruch**

einsprachig *Adj Wörterbuch* unilingue, monolingue

ein|sprechen *itr V unreg* **auf jdn ~** essayer de convaincre qn

ein|sprengen *tr V* humecter *Wäschestück*

ein|springen *itr V unreg + sein* ❶ (*vertreten*) venir à la rescousse; **für jdn ~** remplacer qn au pied levé
❷ (*finanziell aushelfen*) mettre la main au porte-monnaie; **mit hundert Euro ~** mettre cent euros de sa poche

Einspritzanlage *f* dispositif *m* à injection **Einspritzdüse** *f* injecteur *m*

ein|spritzen *tr V* ❶ MED injecter; **jdm etw ~** injecter qc à qn
❷ AUT injecter

Einspritzer <-s, -> *m*, **Einspritzmotor** *m* moteur *m* à injection

Einspritzpumpe *f* pompe *f* d'injection

Einspruch *m* ❶ (*Einwand*) objection *f;* **gegen etw ~ erheben** élever une protestation contre qc
❷ (*Rechtsmittel*) recours *m;* **gegen etw ~ einlegen** [*o* **erheben**] déposer un recours contre qc

einspurig I. *Adj* ❶ *Strecke* à une voie
❷ *pej Denken* sectaire
II. *Adv* ❶ *befahrbar* sur une [seule] voie
❷ *pej denken* de façon sectaire

einst *Adv* ❶ (*früher*) autrefois; **Russland ~ und heute** la Russie d'hier et d'aujourd'hui

E

② *geh* (*in Zukunft*) un jour
ein|stampfen *tr V* ① fouler *Trauben, Kohl*
② (*vernichten*) **Bücher** ~ mettre des livres au pilon
Einstand *m* ① (*Arbeitsanfang*) entrée *f* en fonction; **seinen** ~ **geben** [*o* **feiern**] arroser son entrée en fonction[s]
② *kein Pl* TENNIS égalité *f*
ein|stechen *itr V unreg* larder de coups; **mit einem Messer auf jdn/etw** ~ larder qn/qc de coups de couteau
ein|stecken *tr V* ① (*in die Tasche tun*) mettre dans sa poche; **etw** ~ mettre qc dans sa poche
② (*mitnehmen*) **ich habe vergessen Geld einzustecken** j'ai oublié de prendre de l'argent [avec moi]
③ *fam* (*in die eigene Tasche stecken*) rafler (*fam*)
④ *fam* (*einwerfen*) **einen Brief** ~ mettre une lettre à la boîte
⑤ *fam* (*hinnehmen, erleiden*) encaisser (*fam*)
⑥ (*anschließen*) brancher *Stecker*
Einstecktuch *nt* pochette *f*
ein|stehen *itr V unreg + sein* ① (*sich verbürgen*) répondre; **für jdn/etw** ~ répondre de qn/qc; **dafür ~, dass es klappen wird** garantir que ça va marcher; **mit seinem Wort dafür ~, dass** donner sa parole que + *indic*
② (*aufkommen*) **für einen Schaden** ~ répondre d'un dommage
ein|steigen *itr V unreg + sein* ① (*besteigen*) monter; **in ein Auto/einen Zug** ~ monter en voiture/dans un train; **bitte ~!** en voiture, s'il vous plaît!
② *fam* (*hineinklettern*) **durch das Fenster/über den Balkon in eine Wohnung** ~ pénétrer dans un appartement en passant par la fenêtre/en escaladant le balcon
③ *fam* (*sich beteiligen*) **in ein Geschäft** ~ entrer dans une affaire; **in die Politik** ~ se lancer dans la politique
einstellbar *Adj* réglable; **auf etw** (*Akk*) ~ réglable en fonction de qc
ein|stellen **I.** *tr V* ① embaucher; **jdn** [**als Buchhalter**] ~ embaucher qn [comme comptable]
② (*beenden*) cesser *Arbeit, Erscheinen, Kampfhandlungen;* stopper *Projekt;* suspendre *Prozess;* **ein Verfahren** ~ rendre un non-lieu
③ (*regulieren, justieren*) régler; **das Fernglas auf die richtige Entfernung** ~ régler les jumelles à la bonne distance
④ (*hineinstellen*) ranger *Buch;* garer *Auto*
⑤ (*egalisieren*) égaler *Rekord*
II. *r V* ① (*auftreten*) **sich** ~ *Zweifel:* se manifester; *Beschwerden, Fieber, Übelkeit:* survenir; *Schmerzen:* se faire sentir; **ernsthafte Bedenken stellten sich bei ihr ein** de sérieuses réserves se sont manifestées chez elle
② (*sich anpassen*) **sich auf jdn/etw** ~ se mettre au diapason de qn/qc
③ (*sich vorbereiten*) **sich auf etw** (*Akk*) ~ se préparer mentalement à qc; **ich hatte mich auf deinen Besuch eingestellt** j'attendais ta visite
④ (*sich einfinden*) **sich** ~ *Person:* paraître
III. *itr V Firma:* embaucher
einstellig *Adj* à un chiffre; ~ **sein** avoir un seul chiffre
Einstellknopf *m* bouton *m* de réglage **Einstellplatz** *m* place *m* [*o* emplacement *m*] de parking **Einstellschraube** *f* molette *f* [de mise au point]
Einstellung *f* ① *von Mitarbeitern* embauche *f*
② (*Beendigung*) *einer Arbeit, Suche, eines Projekts* interruption *f; des Geschäftsbetriebs, Verfahrens* suspension *f;* **Antrag auf ~ des Verfahrens** demande *f* de suspension [*o* d'interruption]
③ (*Regulierung, Justierung*) réglage *m; der Blende, Entfernung* réglage *m,* mise *f* au point
④ (*Kameraeinstellung*) plan *m;* **eine lange** ~ un plan-séquence
⑤ *meist Pl* INFORM paramètre *m*
⑥ (*Haltung, Meinung*) **ihre ~ zu dieser Frage** sa position au sujet de cette question; **seine ~ zum Leben** sa conception de la vie; **eine kritische ~ zu etw haben** [*o* **vertreten**] être critique vis-à-vis de qc; **die richtige ~ mitbringen** faire preuve du bon état d'esprit; **das ist die falsche** ~ c'est la mauvaise attitude
Einstellungsbedingung *f* condition *f* d'embauche **Einstellungsbescheid** *m* avis *m* d'embauche **Einstellungsgespräch** *nt* entretien *m* d'embauche **Einstellungsstopp** *m* gel *m* de l'embauche; **einen ~ beschließen** décider de geler l'embauche **Einstellungstermin** *m* date *f* d'embauche
Einstich *m* piqûre *f*
Einstieg <-[e]s, -e> *m* ① (*Tür, Öffnung*) porte *f,* portière *f*
② *kein Pl* (*das Einsteigen*) **der ~ ist hinten** la montée se fait à l'arrière; ~ **nur mit Fahrausweis** accès réservé aux personnes munies d'un titre de transport; [**hier**] **kein ~!** montée interdite!
③ (*Zugang*) **der ~ in die Materie** l'initiation *f* à cette matière; **für den ~ in die EDV** pour s'initier à l'informatique
④ *kein Pl* (*Übernahme, Anwendung*) ~ **in die Marktwirtschaft/Kernenergie** entrée *f* dans l'économie de marché/adoption *f* de l'énergie nucléaire
⑤ ALPIN **der ~ in die Bergwand** l'ascension *f* de la paroi rocheuse
Einstiegsdroge *f* drogue *f* douce (*favorisant l'escalade vers les substances dures*)
einstig *Adj attr* ancien(ne) *antéposé*
ein|stimmen **I.** *itr V* ① (*mitsingen*) se mettre également à chanter; **in einen Kanon** [**mit**] ~ reprendre un canon
② (*sich anschließen*) faire chorus; **in etw** (*Akk*) ~ s'associer à qc
II. *tr V* **jdn/sich auf ein Fest** ~ mettre qn/se mettre dans l'ambiance de la fête
einstimmig **I.** *Adj* ① *Lied* à une [seule] voix
② (*einmütig*) *Beschluss, Wahl* unanime; ~**es Votum** vote *f* à l'unanimité
II. *Adv* ① *singen* à l'unisson
② (*einmütig*) *wählen* à l'unanimité; *erklären* unanimement; **etw ~ beschließen** adopter qc à l'unanimité
Einstimmigkeit <-> *f* unanimité *f*
Einstimmung *f kein Pl* **zur ~ auf die Veranstaltung** comme prélude à la manifestation
einstmals *s.* **einst**
einstöckig *Adj* à un [*o* d'un] étage; ~ **sein** avoir un [seul] étage
ein|stöpseln *tr V fam* brancher
ein|stoßen *tr V unreg* enfoncer
Einstrahlung <-, -en> *f* METEO irradiation *f*
ein|streichen *tr V unreg* ① *fam* (*einheimsen*) empocher
② (*bestreichen*) **etw mit Kleister** ~ passer une couche de colle sur qc
ein|streuen *tr V* ① (*einflechten*) glisser *Bemerkung;* **eine Bemerkung in etw** (*Akk*) ~ glisser une remarque dans qc; **einige Zitate in etw** (*Akk*) ~ parsemer qc de quelques citations
② (*ganz bestreuen*) **etw mit Streusalz** ~ saler qc
ein|strömen *itr V + sein* ① *Luft, Wind:* arriver; **nach Süddeutschland** ~ *Luft, Wind:* arriver sur l'Allemagne du sud; ~**de Kaltluft** un flux d'air froid
② (*hineindringen*) *Gas:* se répandre; *Wasser:* s'engouffrer; **in den Raum war Gas eingeströmt** le gaz s'était répandu dans la pièce
einstrophig *Adj* à un [seul] couplet; ~ **sein** avoir un [seul] couplet
ein|studieren* *tr V* répéter, étudier *Lied, Gedicht, Rolle;* étudier *Antwort, Grimasse;* **einstudiert** *Antwort* préparé(e), tout(e) prêt(e); *Gebärde* étudié(e), calculé(e)
ein|stufen *tr V* [re]classer *Person;* classer *Produkt;* **etw in eine Güteklasse** ~ classer qc dans une catégorie
einstufig *Adj* à un étage
Einstufung <-, -en> *f* classification *f;* (*Umstufung*) [re]classement *m;* **die ~ in eine höhere Gehaltsklasse** le [re]classe-

ment à un échelon [salarial] supérieur; ~ **nach der Leistungsfähigkeit** classification axée sur la performance

einstündig *Adj attr* d'une heure; ~ **sein** durer une heure

ein|stürmen *itr V + sein* **auf jdn** ~ *Journalisten, Fans:* se précipiter sur qn; *Eindrücke, Gerüche:* assaillir qn; **mit Bitten/Fragen auf jdn** ~ assaillir qn de demandes/questions

Einsturz *m eines Gebäudes* écroulement *m; einer Decke* effondrement *m; einer Mauer* éboulement *m;* **etw zum ~ bringen** faire s'écrouler/s'effondrer/s'ébouler qc

ein|stürzen *itr V + sein* ❶ *(zusammenbrechen) Gebäude:* s'écrouler; *Decke:* s'effondrer; *Mauer:* s'ébouler
❷ *(eindringen)* **auf jdn** ~ *Ereignisse:* s'abattre sur qn

Einsturzgefahr *f* risque *m* d'écroulement/d'effondrement/d'éboulement; [**es besteht**] ~ [il y a] risque *m* d'écroulement/d'effondrement/d'éboulement

einstweilen *Adv* ❶ *(vorläufig)* momentanément
❷ *(in der Zwischenzeit)* entre-temps

einstweilig *Adj attr Schließung, Sperrung* temporaire; *Anordnung* provisoire

ein|suggerieren* *tr V* souffler; **jdm etw** ~ souffler qc à qn; **jdm ~, dass** faire croire à qn que + *indic*

eintägig *Adj attr* d'une [seule] journée

Eintagsfliege *f* ❶ ZOOL éphémère *m o f*
❷ *fig* chose *f* éphémère

ein|tätowieren* *tr V* tatouer; **sich** *(Dat)* **etw ~ lassen** se faire tatouer qc; **eintätowiert** tatoué(e)

ein|tauchen I. *tr V + haben* tremper; **etw in den Kaffee/die Farbe** ~ tremper qc dans le café/la couleur
II. *itr V + sein* **in etw** *(Akk)* ~ *Person:* plonger dans qc; *U-Boot:* s'enfoncer dans qc

Eintausch *m eines Gutscheins* échange *m; von Banknoten* change *m*

ein|tauschen *tr V* ❶ *(tauschen)* échanger, troquer; **etw gegen etw** ~ échanger [*o* troquer] qc contre qc
❷ *(umtauschen)* changer *Devisen*

eintausend *Num form* mille

ein|teilen *tr V* ❶ *(aufteilen)* répartir *Vorräte, Urlaub;* **sich** *(Dat)* **die Arbeit/die Zeit** ~ répartir son travail/son temps; **ich habe mir das so eingeteilt, dass** je me suis organisé(e) de telle sorte que + *indic o subj*
❷ *(verpflichten)* **jdn zu etw** ~ affecter qn à qc
❸ *(unterteilen)* subdiviser *Skala;* **etw in Abschnitte** ~ [sub]diviser qc en segments; **etw in Unterarten** ~ classer qc en sous-espèces

Einteiler <-s, -> *m* SPORT maillot *m* une pièce

einteilig *Adj* une pièce; **ein ~er Badeanzug** un [maillot] une pièce

Einteilung *f* ❶ *(Aufteilung) der Vorräte, Zeit, des Geldes* répartition *f*
❷ *(Verpflichtung)* ~ **zum Wachdienst** affectation *f* au service de garde

ein|tippen *tr V* saisir *Daten, Text;* **etw in den Computer** ~ entrer qc dans l'ordinateur

eintönig I. *Adj Musik, Arbeit* monotone; *Landschaft, Leben* uniforme, monotone; *Stimme* monocorde
II. *Adv vortragen* de façon monocorde; ~ **klingen** rendre un son monotone

Eintönigkeit <-> *f der Musik, Stimme, Arbeit* monotonie *f; der Landschaft, des Lebens* uniformité *f,* monotonie *f*

Eintopf *m,* **Eintopfgericht** *nt* potée *f*

Eintracht <-> *f* concorde *f (soutenu);* **in** ~ dans la concorde *(soutenu)*

einträchtig I. *Adj Atmosphäre, Stimmung* cordial(e); **ein ~es Zusammenleben** une vie partagée dans la concorde *(soutenu)*
II. *Adv* dans la concorde *(soutenu)*

Eintrag <-[e]s, -̈e> *m* ❶ *(Vermerk)* note *f*
❷ JUR inscription *f*
❸ SCHULE avertissement *m*
❹ *(Artikel in einem Wörterbuch, Lexikon)* article *m*
❺ *form (Einleiten) von Schadstoffen, Abwässern* émission *f*

ein|tragen *tr V unreg* ❶ *(einschreiben)* inscrire; **jdn/sich in eine Liste** ~ inscrire qn/s'inscrire sur une liste
❷ JUR **jdn/etw ins Handelsregister** ~ inscrire qn/qc au régistre du commerce; **etw amtlich** ~ enregistrer qc; *s. a.* **eingetragen**
❸ *(einzeichnen)* **etw auf einer Karte** ~ inscrire [*o* porter] qc sur une carte
❹ *geh (einbringen)* **jdm Neid/Anerkennung** ~ valoir des jalousies/de la considération à qn

einträglich *Adj* lucratif(-ive)

Eintragung <-, -en> *f (Vermerk)* note *f*

ein|träufeln *tr V* instiller *(form);* **jdm etw** ~ instiller qc à qn *(form);* **sich** *(Dat)* **Tropfen ins Ohr** ~ se mettre des gouttes dans l'oreille

ein|treffen *itr V unreg + sein* ❶ *(ankommen)* arriver; **am Ziel/in Frankfurt/bei jdm** ~ arriver au but/à Francfort/chez qn
❷ *(in Erfüllung gehen) Prophezeiung:* s'accomplir; *Vorhersage:* se vérifier; *Katastrophe:* se produire

ein|treiben *tr V unreg* ❶ rentrer *Vieh, Herde*
❷ *(einziehen)* recouvrer *Geld, Steuern*

Eintreibung <-, -en> *f von Geld, Steuern* recouvrement *m*

ein|treten *unreg* **I.** *itr V* ❶ *+ sein (betreten)* entrer; **in den Raum** ~ entrer dans la pièce
❷ *+ sein (beitreten)* **in eine Partei/einen Club** ~ entrer dans un parti/un club
❸ *+ sein (beginnen)* **mit jdm in Verhandlungen/eine Diskussion** ~ entrer en négociations/discussion avec qn
❹ *+ sein (sich ereignen) Fall, Besserung:* se produire; *Verschlechterung, Übelkeit:* se manifester; *Bewusstlosigkeit, Tod:* intervenir; **das Eintreten** l'apparition *f*
❺ *+ sein (auftreten) Stille:* se faire; *Tauwetter, Schneeschmelze:* arriver
❻ *+ sein (gelangen)* **in die Umlaufbahn** ~ se mettre sur orbite; [**wieder**] **in die Erdatmosphäre** ~ rentrer dans l'atmosphère terrestre
❼ *+ sein (sich einsetzen)* **für jdn/etw** ~ prendre fait et cause pour qn/défendre qc
❽ *+ haben (treten)* **auf jdn** ~ donner des coups de pied à qn
II. *tr V + haben* ❶ *(zerstören)* **die Tür** ~ défoncer la porte [à coups de pied]
❷ *(sich eindrücken)* **sich** *(Dat)* **einen Dorn** ~ s'enfoncer une épine dans le pied

ein|trichtern *tr V fam* seriner *(fam);* **jdm etw** ~ seriner qc à qn *(fam)*

Eintritt *m* ❶ *(das Betreten)* entrée *f;* ~ **in den Raum** entrée *f* dans la pièce; ~ **verboten!** entrée interdite!, défense d'entrer!
❷ *(Beitritt)* ~ **in einen Club** entrée *f* dans un club; **sich zum ~ in eine Partei entschließen** se décider d'entrer à un parti
❸ *(Eintrittsgeld)* entrée *f*
❹ *(Einlass)* ~ **in ein Museum** entrée *f* dans un musée; ~ **frei** entrée libre; *(bei Besichtigungen)* entrée gratuite
❺ JUR ~ **in ein Vertragsverhältnis** adhésion *f* au rapport contractuel; ~ **in ein Rechtsverhältnis** ouverture *f* d'un rapport de droit
❻ *(Beginn) des Winters* arrivée *f;* **bei ~ der Dunkelheit** à la tombée de la nuit; **der ~ des Todes** *form* le décès *(form)*

Eintrittsgeld *nt* prix *m* d'entrée **Eintrittskarte** *f* ticket *m* d'entrée **Eintrittspreis** *m* prix *m* d'entrée

ein|trocknen *itr V + sein* ❶ *(trocknen) Blut, Farbe, Sauce:* sécher; **eingetrocknet** séché(e)
❷ *(verdunsten) Bach, Teich:* s'assécher; **eingetrocknet** asséché(e), tari(e)
❸ *(trocken werden) Frucht, Käse:* sécher, se dessécher

ein|trüben *r V unpers* **sich** ~ se brouiller

Eintrübung *f* détérioration *f* du temps
ein|trudeln *itr V + sein fam* se pointer (*fam*)
ein|tunken *tr V* DIAL tremper; **Brot in etw** (*Akk*) ~ tremper du pain dans qc
ein|üben *tr V* répéter *Rolle, Stück*
ein|verleiben* *tr V* ❶ (*eingliedern*) annexer *Gebiet;* absorber *Firma;* **einem Land ein Gebiet** ~ annexer un territoire à un pays; **einem Konzern eine Firma** ~ absorber une firme dans un groupe
❷ (*hinzufügen*) **etw einer Ausstellung** ~ s'approprier qc pour enrichir une exposition
❸ *hum fam* (*verzehren*) **sich** (*Dat*) **etw** ~ engouffrer qc (*fam*)
Einverleibung <-, -en> *f eines Gebietes* annexion *f; einer Firma* absorption *f*
Einvernahme A, CH *s.* **Vernehmung**
ein|vernehmen* A, CH *s.* **vernehmen**
Einvernehmen <-s> *nt* accord *m;* **im** ~ **mit jdm** en accord avec qn; **in gegenseitigem** [*o* **beiderseitigem**] ~ d'un commun accord; **in gutem** [*o* **bestem**] ~ en bonne intelligence
einvernehmlich *form* **I.** *Adj* consensuel(le)
II. *Adv* à l'amiable
einverstanden *Adj* d'accord; **mit jdm/etw** ~ **sein** être d'accord avec qn/sur qc; **sich mit etw** ~ **erklären** donner son accord pour qc; **damit** ~ **sein, dass es so gemacht wird** être d'accord pour que cela soit fait ainsi; ~**!** d'accord!
Einverständnis *s.* **Einvernehmen**
Einverständniserklärung *f* accord *m* écrit
Einwaage <-> *f* (*Reingewicht*) poids *m* net
ein|wachsen[1] [-ks-] *tr V* cirer *Boden;* farter *Skier*
ein|wachsen*[2] *itr V unreg + sein Nagel:* s'incarner
Einwand <-[e]s, ⸚e> *m* objection *f;* **einen** ~ **gegen etw haben/vorbringen** avoir/formuler une objection à qc
Einwanderer *m,* **Einwanderin** *f* immigrant(e) *m(f)*
ein|wandern *itr V + sein* immigrer; **nach Neuseeland/in die USA** ~ immigrer en Nouvelle Zélande/aux États-Unis
Einwanderung *f* immigration *f*
Einwanderungsbehörde *f* office *m* d'immigration **Einwanderungsland** *nt* pays *m* d'immigration **Einwanderungspolitik** *f kein Pl* politique *f* de l'immigration
einwandfrei **I.** *Adj* ❶ (*tadellos*) impeccable; *Benehmen, Leumund* irréprochable; *Lebensmittel* [de qualité] irréprochable
❷ (*unzweifelhaft*) *Beweis, Tatsache* irréfutable, incontestable
II. *Adv* ❶ (*tadellos*) impeccablement
❷ (*unzweifelhaft*) *zeigen* formellement; *beweisen, feststehen* de façon irréfutable; *erlogen* incontestablement
Einwandrerin ['aɪnvandrərɪn] <-, -nen> *f s.* **Einwanderin**
einwärts *Adv* vers l'intérieur
ein|weben *tr V unreg* tisser; **etw in einen Stoff** ~ tisser qc dans une étoffe; **eingewebt** tissé(e)
ein|wechseln [-ks-] *tr V* ❶ changer *Geldschein;* **Euro in** [*o* **gegen**] **Dollar** ~ changer des euros en [*o* contre] dollars
❷ SPORT **jdn** ~ faire jouer qn en remplacement
ein|wecken *tr V* DIAL mettre en conserve; **Obst/Gemüse** ~ mettre des fruits/légumes en conserve; **eingeweckt** en conserve
Einwegfeuerzeug *nt* briquet *m* jetable **Einwegflasche** *f* bouteille *f* non consignée **Einwegglas** *nt* verre *m* perdu **Einwegspritze** *f* seringue *f* à usage unique **Einwegverpackung** *f* emballage *m* jetable [*o* perdu]
ein|weichen *tr V* ramollir *Brötchen, Zwieback;* faire tremper *Linsen, Wäsche*
ein|weihen *tr V* ❶ (*eröffnen*) inaugurer
❷ (*vertraut machen*) **jdn in etw** (*Akk*) ~ mettre qn au courant de qc
Einweihung <-, -en> *f* inauguration *f*
Einweihungsfeier *f* cérémonie *f* inaugurale [*o* d'inauguration]
ein|weisen *tr V unreg* ❶ MED hospitaliser; **jdn** [**in ein Krankenhaus**] ~ hospitaliser qn; **jdn in eine psychiatrische Klinik** ~ interner qn dans une clinique psychiatrique; **jdn** ~ **lassen** faire hospitaliser/interner qn
❷ (*unterweisen*) **jdn in seine Aufgaben** ~ mettre qn au courant en ce qui concerne ses tâches; **sie hat mich in meine neue Arbeit eingewiesen** elle m'a expliqué en quoi consistait mon travail
❸ (*Zeichen machen*) guider, diriger
Einweisung *f* ❶ MED hospitalisation *f;* ~ [**in ein Krankenhaus**] hospitalisation *f;* ~ **in eine psychiatrische Klinik** internement *m* dans une clinique psychiatrique
❷ (*Unterweisung*) ~ **in neue Aufgaben** mise *f* au courant en ce qui concerne de nouvelles tâches
ein|wenden *tr V unreg* objecter; **etwas gegen ein Vorhaben** ~ objecter quelque chose à un projet; **etwas/nichts gegen etw einzuwenden haben** avoir quelque chose/n'avoir rien à objecter à qc; **etwas gegen jdn** ~ reprocher quelque chose à qn; **etwas/nichts gegen jdn einzuwenden haben** avoir quelque chose/n'avoir rien contre qn; **er hat immer etwas einzuwenden** il a toujours quelque chose à redire; **dagegen lässt sich nichts** ~ il n'y a rien à y redire; ~**, dass die Kosten zu hoch sind** objecter [à cela] que les coûts sont trop élevés
Einwendung *f* ❶ objection *f;* **gegen etw** ~ **en machen** contester qc
❷ JUR contestation *f;* **eine** ~ **erheben** opposer une exception; *s. a.* **Einwand**
ein|werfen *unreg* **I.** *tr V* ❶ poster *Brief, Umschlag;* glisser *Münze;* **etw in den Postkasten/Automaten** ~ mettre qc à la boîte aux lettres/dans le distributeur
❷ (*zerschlagen*) [fra]casser *Fensterscheibe*
❸ SPORT **den Ball** ~ remettre le ballon en jeu
❹ (*bemerken*) **eine Bemerkung in die Debatte** ~ glisser une remarque dans le débat; ~**, dass** faire remarquer que + *indic*
II. *itr V Spieler:* faire la remise en jeu
einwertig *Adj* CHEM monovalent(e)
ein|wickeln **I.** *tr V* ❶ envelopper; **jdn in eine Decke** ~ envelopper qn dans une couverture
❷ *fam* (*überlisten*) embobiner (*fam*)
II. *r V* **sich in etw** (*Akk*) ~ s'enrouler dans qc; **sich warm** ~ se couvrir chaudement
ein|willigen *itr V* donner son accord; **in etw** (*Akk*) ~ donner son accord pour qc
Einwilligung <-, -en> *f* accord *m;* **seine** ~ **zu etw geben** donner son accord à qc; **jdn zur** ~ **in einen Vertrag zwingen** obliger qn à accepter un contrat
ein|wirken *itr V* ❶ (*beeinflussen*) exercer une influence; **auf jdn/etw** ~ exercer une influence sur qn/qc
❷ (*Wirkung haben*) **auf etw** (*Akk*) ~ *Kraft:* exercer une action sur qc; *Salbe, Tinktur:* agir sur qc; **etw** ~ **lassen** laisser agir qc
Einwirkung *f* ❶ (*Einfluss*) influence *f;* ~ **auf jdn/etw** influence *f* sur qn/qc; **die Möglichkeit der** ~ **auf jdn/etw** la possibilité d'influencer qn/qc
❷ (*Wirkung*) *einer Kraft* effet *m; einer Salbe, eines Mittels* action *f*
einwöchig *Adj Lehrgang, Urlaub* d'une semaine
Einwohner(in) <-s, -> *m(f)* habitant(e) *m(f)*
Einwohnermeldeamt *nt administration locale où chaque changement de domicile doit être déclaré*
Einwohnerschaft <-, *selten* -en> *f* population *f*
Einwohnerzahl *f* nombre *m* d'habitants
Einwurf *m* ❶ *kein Pl* (*das Einwerfen*) *eines Briefs, Umschlags* postage *m; einer Münze, Altglasflasche* introduction *f;* ~ **hier** introduire ici; ~ **zwei Euro** introduire deux euros
❷ (*Einwurföffnung*) *eines Briefkastens* fente *f; eines Automaten, Containers* ouverture *f*
❸ SPORT [re]mise *f* en jeu; **den** ~ **ausführen** effectuer la touche [*o* la remise en jeu]
❹ (*Bemerkung*) remarque *f*
ein|wurzeln **I.** *itr V + sein* prendre racine

einwilligen

• einwilligen	• donner son accord
Einverstanden!/Okay!/Abgemacht!	D'accord!/O.k.!/Marché conclu!
Kein Problem!	Pas de problème!
Geht in Ordnung!	D'accord!/Ça marche!
Wird gemacht!/Mach ich!	Ce sera fait! Je le fais!

II. *r V* **sich** ~ s'enraciner

Einzahl *f kein Pl* GRAM singulier *m*

ein|zahlen *tr V* verser; **Geld auf ein Konto** ~ verser de l'argent sur un compte

Einzahlung *f* versement *m;* **eine** ~ **vornehmen** faire un versement

Einzahlungsbeleg *s.* Einzahlungsschein 1. **Einzahlungsformular** *nt* (*für Bareinzahlung*) bordereau *m* de versement en espèces; (*bei Scheckeinreichung*) bordereau *m* remise de chèques **Einzahlungsschalter** *m* guichet *m* de dépôt **Einzahlungsschein** *m* ① (*für Bareinzahlung*) reçu *m* de versement en espèces; (*bei Scheckeinreichung*) reçu *m* de remise de chèques ② CH *s.* **Zahlkarte**

ein|zäunen *tr V* clôturer

Einzäunung <-, -en> *f* ① (*Zaun*) clôture *f*
② *kein Pl* (*das Einzäunen*) **jdn mit der** ~ **des Gartens beauftragen** charger qn de clôturer le jardin

ein|zeichnen *tr V* faire figurer; **etw auf etw** (*Dat*) ~ faire figurer qc sur qc; **auf einer Karte eingezeichnet sein** figurer sur une carte

einzeilig *Adj Notiz* d'une ligne

Einzel <-s, -> *nt* SPORT simple *m;* **im** ~/**das** ~ **gewinnen** gagner en simple/le simple

Einzelanfertigung *f* modèle *m* unique [*o* sur mesure] **Einzelausgabe** *f* édition *f* séparée **Einzelband** <-bände> *m* tome *m* unique **Einzelbett** *nt* lit *m* pour une personne **Einzelblatteinzug** *m* alimentation *f* feuille à feuille **Einzelfahrschein** *m* ticket *m* à l'unité **Einzelfall** *m* cas *m* isolé **Einzelfrage** *f meist Pl* question *f* particulière **Einzelgänger(in)** <-s, -> *m(f)* ① solitaire *mf* ② ZOOL animal *m* solitaire **einzelgängerisch** I. *Adj* solitaire II. *Adv* de façon solitaire **Einzelhaft** *f* isolement *m* cellulaire; **in** ~ (*Dat*) **sitzen** être en isolement cellulaire **Einzelhandel** *m* commerce *m* de détail

Einzelhandelsgeschäft *nt* magasin *m* de détail **Einzelhandelskaufmann** *m*, **-kauffrau** *f* détaillant(e) *m(f)* **Einzelhandelspreis** *m* prix *m* de détail

Einzelhändler(in) *m(f)* détaillant(e) *m(f)* **Einzelhaus** *nt* maison *f* individuelle

Einzelheit <-, -en> *f* détail *m;* **nähere** ~**en** des détails plus précis; **in allen** ~**en, bis in die kleinsten** ~**en** [jusque] dans les moindres détails

Einzelkabine *f* (*Schiffskabine*) cabine *f* individuelle; (*Umkleidekabine*) cabine de déshabillage **Einzelkampf** *m* SPORT rencontre *f* individuelle **Einzelkämpfer(in)** *m(f) fig* combattant(e) *m(f)* solitaire **Einzelkind** *nt* enfant *m* unique; **ein** ~ **sein** être fils/fille unique

Einzeller <-s, -> *m* BIO [organisme *m*] unicellulaire *m*

einzellig *Adj* BIO unicellulaire

einzeln I. *Adj* ① (*separat*) seul(e); **der** ~**e** [*o* **ein** ~**er**] **Teller kostet ...** une assiette seule coûte ...; **die** ~**en Teile des Regals** les différentes parties de l'étagère
② (*individuell*) **ein** ~**er Mensch** un individu seul; **jeder** ~**e Bürger** chaque citoyen à lui tout seul
③ (*gesondert, einsam*) isolé(e)
④ (*einige wenige*) ~**e Gäste/Autos** quelques rares invité(e)s/voitures; ~**e Fragen/Schauer** des questions/des averses isolées; **Einzelne waren unzufrieden** quelques-un(e)s n'étaient pas satisfait(e)s
⑤ *substantivisch* (*Mensch*) **der Einzelne** l'individu *m;* **ein Einzelner/eine Einzelne** une personne seule; **jeder/jede Einzelne** chacun/chacune en particulier
⑥ *substantivisch* (*manches*) **Einzelnes habe ich nicht verstanden** je n'ai pas compris certaines choses
▶ **bis ins Einzelne** jusque dans le moindre détail; **im Einzelnen** en détail
II. *Adv abgeben, verkaufen, kaufen* séparément; **bitte** ~ **eintreten!** une seule personne à la fois, s'il vous plaît!; **mehrere Dinge** ~ **aufführen** (*nennen*) énumérer plusieurs choses en détail; (*verbuchen*) établir une écriture séparée pour plusieurs choses

Einzelperson *f* personne *f* seule **Einzelpreis** *m* prix *m* à l'unité **Einzelradaufhängung** *f* suspension *f* à roues indépendantes **Einzelschicksal** *nt* destin *m* individuel **Einzelstück** *nt* pièce *f* unique **Einzeltäter(in)** *m(f)* malfaiteur(-trice) *m(f)* isolé(e) **Einzelteil** *nt* pièce *f;* **etw in** ~**e zerlegen** mettre qc en pièces détachées ▶ **etw in seine** ~**e zerlegen** *hum fam* démonter qc complètement **Einzeltherapie** *f* thérapie *f* individuelle **Einzelunterricht** *m* cours *m* particulier **Einzelwertung** *f* SPORT classement *m* individuel **Einzelzelle** *f* cellule *f* individuelle **Einzelzimmer** *nt* chambre *f* individuelle

ein|zementieren* *tr V* cimenter

ein|ziehen *unreg* I. *tr V + haben* ① rentrer; **automatisch eingezogen werden** [se] rentrer automatiquement
② (*nach innen ziehen*) accepter *Geldschein;* **das Papier** [**automatisch**] ~ tirer le papier [automatiquement]
③ (*kassieren*) prélever *Steuern, Gebühren*
④ (*beschlagnahmen*) confisquer
⑤ (*aus dem Umlauf nehmen*) **etw** ~ retirer qc de la circulation
⑥ (*einberufen*) **jdn zum Militärdienst** ~ incorporer qn au service militaire
⑦ (*hineinnähen, -tun*) **etw in etw** (*Akk*) ~ enfiler qc dans qc
⑧ (*einbauen*) monter *Wand;* poser *Zwischendecke*
⑨ (*einsaugen*) aspirer *Flüssigkeit;* inspirer *Luft;* inhaler *Rauch*
⑩ (*einholen*) prendre *Erkundigungen*
II. *itr V + sein* ① (*in eine Wohnung ziehen*) **in etw** (*Akk*)/**bei jdm** ~ emménager dans qc/chez qn
② (*aufgesogen werden*) **in etw** (*Akk*) ~ pénétrer dans qc
③ (*einmarschieren*) **in etw** (*Akk*) ~ *Sportler, Truppen:* entrer dans qc
④ (*gewählt werden*) **ins Parlament** ~ faire son entrée au parlement
⑤ (*einkehren*) *Gemütlichkeit, Frühling:* s'installer

Einziehung *f von Gebühren, Steuern* prélèvement *m; eines Führerscheins, Vermögens* confiscation *f; von Banknoten* retrait *m* de la circulation

einzig I. *Adj* ① (*alleinig*) seul(e); **eine** ~**e Frage** une seule question; **etw als Einziger/Einzige tun** être le seul/la seule à faire qc; **kein** [*o* **nicht ein**] **Einziger** pas un/une; **kein** [*o* **nicht ein**] ~**er Schüler** pas le moindre/la moindre élève; **das Einzige, was bleibt** la seule chose qui reste

E

❷ *substantivisch* (*einziges Kind*) **unser Einziger/unsere Einzige** notre fils/fille unique
❸ (*unvergleichlich*) ~ **in seiner Art sein** être unique en son genre
❹ (*völlig*) **eine ~e Qual** une vraie torture
II. *Adv* uniquement; **die ~ mögliche Lösung** la seule et unique solution possible; **das ~ Richtige** la seule chose de correcte
▶ ~ **und allein** uniquement; **es liegt ~ und allein an Ihnen** il n'en tient uniquement à vous
einzigartig I. *Adj* unique en son genre
II. *Adv* extraordinairement; ~ **schön sein** être d'une beauté sans nom
Einzigartigkeit <-> *f* caractère *m* unique
Einzimmerwohnung *f* studio *m*
Einzug *m* ❶ (*Bezug einer Wohnung*) emménagement *m;* **seinen ~ feiern** pendre la crémaillère
❷ (*Einmarsch*) *von Sportlern, Truppen* entrée *f*
❸ (*Wahlerfolg*) ~ **ins Parlament** entrée *f* au parlement
❹ *geh* (*Beginn*) ~ **halten** *Frühling, Winter:* commencer
❺ (*das Kassieren*) *von Gebühren, Steuern* prélèvement *m*
❻ TYP retrait *m*
Einzugsbereich *m einer Stadt, eines Senders* zone *f* d'influence; *eines Geschäftszentrums* zone de chalandise; *einer Schule* circonscription *f* scolaire **Einzugsermächtigung** *f* autorisation *f* de prélèvement automatique **Einzugsverfahren** *nt* FIN système *m* de prélèvement automatique
ein|zwängen *tr V* serrer *Person, Hals, Taille;* **das Gepäck in den Kofferraum ~** coincer les bagages dans le coffre; **zwischen Koffern eingezwängt sitzen** être coincé(e) entre des valises; **in etw** (*Akk*) **eingezwängt sein** (*unbequem gekleidet sein*) être à l'étroit dans qc; (*unfrei sein*) être coincé(e) dans qc
Einzylinder *m* monocylindre *m*
Einzylindermotor *m* moteur *m* monocylindrique
Eis <-es> *nt* ❶ glace *f;* **zu ~ werden** [*o* **gefrieren**] se transformer en glace; **aufs ~ gehen** marcher sur la glace; (*mit Schlittschuhen*) faire du patin à glace; ~ **führen** *Fluss:* charrier des blocs de glace; **Champagner auf ~ legen** mettre du champagne au frais
❷ (*Eiswürfel*) glaçon *m*
❸ (*Speiseeis*) glace *f;* **zwei Kugeln ~** deux boules de glace; ~ **am Stiel** esquimau® *m*
▶ **das ewige ~** les glaces éternelles; **das ~ brechen** briser la glace; **jdn/etw auf ~ legen** *fam* mettre qn/qc au placard (*fam*); **auf ~ liegen** *fam* être au point mort (*fam*)
Eisbahn *f* patinoire *f* **Eisbär** *m* ours *m* blanc **Eisbecher** *m* ❶ (*Gefäß*) coupe *f* à glace; (*Pappbecher*) petit pot *m* à glace ❷ (*Portion*) coupe *f* de glace; (*in einem Pappbecher*) petit pot *m* de glace **Eisbein** *nt* ❶ jambonneau *m* ❷ *Pl hum fam* (*kalte Füße*) **~e bekommen/haben** avoir les pieds qui commencent à geler/les pieds gelés (*fam*) **Eisberg** *m* iceberg *m* **Eisbeutel** *m* sachet *m* rempli de glace **Eisblock** <-blöcke> *m* bloc *m* de glace **Eisblume** *f* fleur *f* de givre **Eisbombe** *f* bombe *f* glacée **Eisbrecher** *m* brise-glace *m* **Eiscafé** *s.* **Eisdiele**
Eischnee *m* (*von einem Ei/mehreren Eiern*) blanc *m* [battu]/blancs [battus] en neige
Eiscreme [-kreːm] *f* crème *f* glacée **Eisdecke** *f* couche *f* de glace **Eisdiele** *f* glacier *m*
Eisen <-s, -> *nt* ❶ *kein Pl a.* MED fer *m;* ~ **ist ein Schwermetall** le fer est un métal lourd; **aus ~** en fer
❷ (*Eisenbeschlag*) ferrure *f*
▶ **mehrere/noch ein ~ im Feuer haben** *fam* avoir plus d'une corde à son arc; **zum alten ~ gehören** [*o* **zählen**] *fam* être bon(ne) à mettre au rancart (*fam*); **man muß das ~ schmieden, solange es heiß ist** *Spr.* il faut battre le fer pendant qu'il est chaud; **ein heißes ~** un sujet brûlant; **voll in die ~ steigen** [*o* **treten**] *fam* freiner à mort (*fam*)

Eisenbahn *f* ❶ (*Zug*) train *m;* **mit der ~ fahren** prendre le train; (*reisen*) voyager en train; **mit der ~ transportiert werden** être acheminé(e) par le rail
❷ (*Spielzeugeisenbahn*) train *m* [électrique]
▶ **es ist [aller]höchste ~!** *fam* on est à la bourre! (*fam*)
Eisenbahnabteil *nt* compartiment *m* de train **Eisenbahnbeamte(r)** *m,* **-beamtin** *f* employé(e) *m(f)* des chemins de fer **Eisenbahnbrücke** *f* pont *m* de chemin de fer
Eisenbahner(in) <-s, -> *m(f) fam* cheminot(e) *m(f)*
Eisenbahnfähre *f* ferry-boat *m* **Eisenbahnfahrkarte** *f* billet *m* [de train] **Eisenbahnfahrplan** *m* horaire *m* des trains **Eisenbahngesellschaft** *f* compagnie *f* ferroviaire **Eisenbahngleis** *nt* voie *f* ferroviaire **Eisenbahnknotenpunkt** *m* nœud *m* ferroviaire **Eisenbahnlinie** *f* ligne *f* de chemin de fer **Eisenbahnnetz** *nt* réseau *m* ferroviaire **Eisenbahnschaffner(in)** *m(f)* contrôleur(-euse) *m(f)* des chemins de fer **Eisenbahnschiene** *f* rail *m* **Eisenbahnschranke** *f* barrière *f* de passage à niveau **Eisenbahnschwelle** *f* traverse *f* [de chemin de fer] **Eisenbahnstation** *f* station *f* **Eisenbahnstrecke** *f* ligne *f* de chemin de fer **Eisenbahntunnel** *m* tunnel *m* de chemin de fer **Eisenbahnüberführung** *f* passage *m* supérieur du chemin de fer **Eisenbahnunglück** *nt* accident *m* de chemin de fer **Eisenbahnunterführung** *f* passage *m* souterrain du chemin de fer **Eisenbahnverbindung** *f s.* **Zugverbindung Eisenbahnverkehr** *m* liaison *f* [ferroviaire] **Eisenbahnwagen** *m* wagon *m* **Eisenbahnzug** *m* train *m*
Eisenbeschlag *m* ferrure *f* **eisenbeschlagen** *Adj* avec des ferrures **Eisendraht** *m* fil *m* de fer **Eisenerz** *nt* minerai *m* de fer **Eisengehalt** *m* teneur *f* en fer **Eisengießerei** *f* fonderie *f* **Eisengitter** *nt* grille *f* en fer **eisenhaltig** *Adj Erz* ferreux(-euse); *Nahrungsmittel, Wasser, Gestein* riche en fer **Eisenhut** *m* BOT **blauer ~** aconit *m* **Eisenhüttenwerk** *nt* usine *f* sidérurgique **Eisenindustrie** *s.* **Eisen- und Stahlindustrie Eisenmangel** *m* carence *f* en fer **Eisenoxid** *nt* oxyde *m* de fer **Eisenpräparat** *nt* préparation *f* à base de fer **Eisenspan** *m* copeau *m* de fer **Eisenstange** *f* barre *f* de fer **Eisenträger** *m* ARCHIT poutre *f* en fer **Eisen- und Stahlindustrie** *f* sidérurgie *f* **Eisenverbindung** *f* liaison *f* ferreuse **Eisenwaren** *Pl* articles *mpl* de quincaillerie
Eisenwarenhändler(in) *m(f)* quincaillier(-ière) *m(f)* **Eisenwarenhandlung** *f* quincaillerie *f*
Eisenzeit *f kein Pl* âge *m* du fer
eisern I. *Adj a. fig* de fer; ~ **sein** [*o* **bleiben**] *fam* rester de fer (*fam*)
II. *Adv* ❶ (*unerschütterlich*) *schweigen* obstinément; *sparen, trainieren* inlassablement; *einhalten* résolument; ~ **entschlossen sein** être d'une résolution inébranlable
❷ (*hart*) *durchgreifen* d'une façon implacable
Eiseskälte *f geh* froid *m* sibérien
Eisfach *nt* compartiment *m* à glace **Eisfläche** *f* surface *f* gelée **eisfrei** *Adj* ❶ *Straße* sans verglas; ~ **bleiben** ne pas verglacer ❷ (*schiffbar*) qui n'est pas pris(e) dans les glaces **Eisgang** <-[e]s> *m* débâcle *f* **eisgekühlt** *Adj* glacé(e); ~ **servieren!** servir glacé! **eisglatt** *Adj Straße* verglacé(e) **Eisglätte** *f* verglas *m* **Eisheilige** *Pl* **die ~n** les saints *mpl* de glace **Eishockey** [-hɔki, -hɔke] *nt* hockey *m* sur glace
eisig I. *Adj* ❶ (*kalt*) glacial(e)
❷ *fig* glacial(e); *Schrecken, Grauen* glaçant(e)
II. *Adv empfangen* de manière glaciale
Eiskaffee *m glace à la vanille avec du café froid et de la chantilly* **eiskalt** I. *Adj* ❶ glacé(e); *Zimmer, Wohnung* glacial(e) ❷ *fig* glacé(e); *Mörder* implacable II. *Adv handeln, vorgehen* de sang froid; ~ **reagieren** rester de glace; **jdn ~ anblicken** jeter un regard glacé à qn **Eiskanal** *m* SPORT piste *f* de bob[sleigh] **Eiskasten** *m* A *fam* réfrigérateur *m* **Eiskristall** *nt* cristal *m* de glace **Eiskübel** *m* seau *m* à glace
Eiskunstlauf *m,* **Eiskunstlaufen** <-s> *nt* patinage *m* artis-

tique **Eiskunstläufer(in)** *m(f)* patineur(-euse) *m(f)* artistique **Eisläufer(in)** *m(f)* patineur(-euse) *m(f)* **Eismaschine** *f* sorbetière *f* **Eismeer** *nt* mer *f* de glace; **Nördliches/Südliches ~** océan *m* Glacial Arctique/Antarctique **Eispickel** *m* piolet *m* **Eisprung** *m* ovulation *f*

Eisregen *m* grésil *m;* (*gefrierender Regen*) pluie *f* verglaçante **Eisrevue** [-rəvy:] *f* spectacle *m* sur glace **Eissalat** *m kein Pl* laitue *f* (*à feuilles épaisses*) **Eissalon** [-zalõ:, -zalo:n] *m* A café *m* glacier **Eisschießen** <-s> *nt* curling *m*

Eisschnellauf *s.* Eisschnelllauf

Eisschnelläufer(in) *s.* Eisschnellläufer(in)

Eisschnelllauf[RR] *m* patinage *m* de vitesse **Eisschnellläufer(in)**[RR] *m(f)* patineur(-euse) *m(f)* de vitesse **Eisscholle** *f* bloc *m* de glace **Eisschrank** *s.* Kühlschrank **Eissport** *m* sports *mpl* de glace **Eisstadion** *nt* patinoire *f* **Eistanz** *m* danse *f* sur glace **Eistorte** *f* gâteau *m* glacé, ≈ vacherin *m* **Eisverkäufer(in)** *m(f)* marchand(e) *m(f)* de glaces **Eisvogel** *m* martin-pêcheur *m* **Eiswaffel** *f* cornet *m* de glace **Eiswasser** *nt* (*Wasser mit Eiswürfeln*) eau *f* glacée **Eiswein** *m vin de raisins récoltés après les premières gelées* **Eiswürfel** *m* glaçon *m* **Eiszapfen** *m* stalactite *f* de glace **Eiszeit** *f* ① période *f* glaciaire ② *fig* période *f* de refroidissement **eiszeitlich** *Adj* [de l'époque] glaciaire

eitel *pej* I. *Adj* (*selbstgefällig*) vaniteux(-euse); (*in Bezug auf das Äußere*) coquet(te)
II. *Adv* (*selbstgefällig*) de manière vaniteuse; (*in Bezug auf das Äußere*) coquettement

Eitelkeit <-> *f pej* (*Selbstgefälligkeit*) vanité *f;* (*in Bezug auf das Äußere*) coquetterie *f*

Eiter <-s> *m* pus *m*

Eiterbeule *f* MED furoncle *m* **Eiterbläschen** [-blɛ:sçən] *nt* pustule *f* **Eiterherd** *m* foyer *m* purulent

eiterig *s.* eitrig

eitern *itr V* suppurer; **~de Wunde** plaie *f* purulente

Eiterpickel *m* bouton *m* purulent

eitrig *Adj* ① (*Eiter aufweisend, eiternd*) purulent(e)
② (*mit Eiter getränkt*) *Binde, Verband* plein(e) de pus

Eiweiß *nt* ① protéine *f*
② GASTR blanc *m* d'œuf; **~ zu Schnee schlagen** batttre des blancs en neige

eiweißarm I. *Adj* pauvre en protéines
II. *Adv* **sich [zu] ~ ernähren** avoir une nourriture [trop] pauvre en protéines

eiweißhaltig *Adj* qui contient des protéines

Eiweißmangel *m kein Pl* carence *f* en protéines **eiweißreich** *Adj* riche en protéines

Eizelle *f* ovule *m*

Ejakulat <-[e]s, -e> *nt* sperme *m*

Ejakulation <-, -en> *f* éjaculation *f*

ejakulieren* *itr V* éjaculer

EKD [e:ka:'de:] <-> *f Abk von* **Evangelische Kirche in Deutschland** Église *f* réformée [*o* protestante] d'Allemagne

Ekel[1] <-s> *m* (*Abscheu*) dégoût *m;* (*Überdruss*) nausée *f;* **~ erregend** répugnant(e); **vor jdm/etw [einen] ~ haben** [*o* **empfinden**] avoir [*o* éprouver] de la répulsion pour qn/qc; **vor ~** de dégoût

Ekel[2] <-s, -> *nt pej fam* (*ekelhafter Mensch*) salaud *m*/salope *f* (*fam*); **du ~!** espèce de dégueulasse! (*fam*)

ekelerregend *s.* Ekel[1]

ekelhaft I. *Adj* ① répugnant(e), infect(e); **~ zu jdm sein** *fam* être dégueulasse *fam* avec qn
② *fam* (*heftig*) *Schmerzen* affreux(-euse)
II. *Adv* ① *stinken, sich benehmen* de façon dégoûtante (*fam*); **~ riechen** puer; **~ schmecken** avoir un goût dégoûtant
② *fam* (*unangenehm*) *jucken* affreusement

ekelig *s.* ekelhaft

ekeln I. *tr V* ① écœurer, dégoûter
② *fam* (*vertreiben*) **jdn aus der Wohnung/Firma ~** dégoûter qn de son appartement/entreprise
II. *tr V unpers* **mich [*o* mir] ekelt es vor jdm/etw** je suis dégoûté(e) par qn/qc
III. *r V* **sich vor jdm/etw ~** éprouver de la répulsion pour qn/qc

EKG [e:ka:'ge:] <-s, -s> *nt Abk von* **Elektrokardiogramm** électrocardiogramme *m*

Eklat [e'kla(:)] <-s, -s> *m geh* éclat *m* (*soutenu*); **es kommt zum ~** cela fait un éclat

eklatant *Adj geh* flagrant(e)

eklig *s.* ekelhaft

Eklipse <-, -n> *f* éclipse *f*

Ekstase <-, -n> *f* extase *f;* **in ~ geraten** s'extasier

ekstatisch *Adj geh Person, Tanz* exalté(e); *Blick* d'extase

Ekzem <-s, -e> *nt* eczéma *m*

Elaborat <-[e]s, -e> *nt pej geh* élucubration *f* (*péj*)

Elan <-s> *m geh* entrain *m;* **mit viel ~** avec beaucoup d'entrain

elastisch *Adj* élastique; *Gelenk* mobile

Elastizität <-, *selten* -en> *f a. fig* élasticité *f*

Elbe <-> *f* **die ~** l'Elbe *f*

Elch <-[e]s, -e> *m* élan *m*

Elchtest *m* test *m* de la baïonnette; **den ~ bestehen** passer le test de la baïonnette avec succès

Eldorado <-s, -s> *nt* eldorado *m;* **ein ~ für Bergsteiger** un paradis pour alpinistes

Electronic Banking [elɛk'trɔnɪk'bɛŋkɪŋ] <- -s> *nt* règlement *m* électronique des opérations bancaires **Electronic Cash-Service** [-'kɛʃsø:ɐvɪs] <- -> *m* paiement *m* par carte

Elefant <-en, -en> *m* éléphant *m*
▶ **wie ein ~ im Porzellanladen** *fam* comme un éléphant dans un magasin de porcelaine (*fam*)

Elefantenbaby [-be:bi] *nt* ① éléphanteau *m* ② *pej fam* (*schwerfälliger Mensch*) [gros(se)] lourdaud(e) *m* (*fam*) **Elefantenbulle** *m* éléphant *m* mâle **Elefantenhochzeit** *f* ÖKON *fam* mariage *m* de géants **Elefantenkuh** *f* éléphant *m* femelle **Elefantenrüssel** *m* trompe *f* d'éléphant

Elefantiasis <-, -tiasen> *f* MED éléphantiasis *m*

elegant I. *Adj* élégant(e)
II. *Adv* avec élégance

Eleganz <-> *f* élégance *f*

Elegie [-'gi:ən] <-, -n> *f* élégie *f*

elegisch *Adj Dichtung, Stimmung* élégiaque

elektrifizieren* *tr V* électrifier

Elektrifizierung <-, -en> *f* électrification *f*

Elektrik <-, -en> *f* installation *f* électrique

Elektriker(in) <-s, -> *m(f)* électricien(ne) *m(f)*

elektrisch I. *Adj* électrique; **einen ~en Schlag bekommen** recevoir une décharge électrique
II. *Adv heizen, kochen, funktionieren* à l'électricité; *sich rasieren* au rasoir électrique; **~ geladen** *Zaun* électrifié(e)

elektrisieren* *tr V Musik, Idee:* électriser; **jdn [förmlich] ~** *Musik, Idee:* électriser qn
▶ **wie elektrisiert** comme électrisé(e)

Elektrizität <-> *f* électricité *f*

Elektrizitätsgesellschaft *f* compagnie *f* d'électricité **Elektrizitätsversorgung** *f* alimentation *f* en électricité **Elektrizitätswerk** *nt* centrale *f* électrique

Elektroantrieb *m* propulsion *f* électrique **Elektroartikel** *m* appareil *m* électrique; **ein Fachgeschäft für ~** un magasin spécialisé dans l'électroménager **Elektroauto** *nt* voiture *f* électrique **Elektrochemie** [-çe-] *f* électrochimie *f* **elektrochemisch** *Adj* électrochimique **Elektrochirurgie** *f kein Pl* MED électrochirurgie *f*

Elektrode <-, -n> *f* électrode *f*

Elektrodynamik *f* PHYS électrodynamique *f* **Elektroenzephalogramm** *nt* électro-encéphalogramme *m* **Elektrofahrzeug** *nt* véhicule *m* électrique **Elektrogerät** *nt* appareil *m* électrique **Elektrogeschäft** *nt* magasin *m* d'électroménager

Elektroherd *m* cuisinière *f* électrique **Elektroindustrie** *f* industrie *f* électrotechnique **Elektroingenieur(in)** [-ɪnʒeniøːɐ] *m(f)* ingénieur *mf* électricien **Elektroinstallateur(in)** *m(f)* électricien(ne) *m(f)* **Elektrokardiogramm** *nt* MED électrocardiogramme *m*

Elektrolyse <-, -n> *f* électrolyse *f*

Elektrolyt [elɛktroˈlyːt] <-en, -en> *m* CHEM électrolyte *m*

elektrolytisch *Adj* électrolytique

Elektromagnet *m* électroaimant *m* **elektromagnetisch** I. *Adj* électromagnétique II. *Adv* par électromagnétisme **Elektromagnetismus** *m* électromagnétisme *m*

Elektrometer *nt* électromètre *m*

Elektromobil <-s, -e> *nt* voiture *f* électrique **Elektromotor** *m* moteur *m* électrique

Elektron [ˈeːlɛktrɔn, eˈlɛktrɔn] <-s, -tronen> *nt* électron *m*

Elektronenbeschleuniger *m* accélérateur *m* d'électrons **Elektronenblitz** *m* flash *m* électronique **Elektronenblitzgerät** *nt veraltet* flash *m* électronique **Elektronenhülle** *f* nuage *m* électronique **Elektronenmikroskop** *nt* microscope *m* électronique **Elektronenrechner** *m* INFORM calculatrice *f* électronique **Elektronenröhre** *f* tube *m* électronique **Elektronenstrahl** *m* faisceau *m* électronique **Elektronenvolt** *nt* PHYS électron-volt *m*

Elektronik <-> *f* électronique *f*

Elektronikschrott *m* déchets *mpl* électroniques

elektronisch I. *Adj* électronique
II. *Adv* électroniquement

Elektrophorese [elɛktrofoˈreːzə] <-, -n> *f* MED électrophorèse *f*

Elektrorasierer *m* rasoir *m* électrique **Elektroschock** *m* électrochoc *m*

Elektroskop <-s, -e> *nt* PHYS électroscope *m*

Elektrosmog *m* pollution *f* électromagnétique **Elektrostatik** *f* électrostatique *f* **elektrostatisch** I. *Adj* électrostatique II. *Adv* d'électricité statique; **sich ~ aufladen** se charger en électricité statique **Elektrotechnik** *f kein Pl* électrotechnique *f* **Elektrotechniker(in)** *m(f)* ❶ électrotechnicien(ne) *m(f)* ❷ *s.* Elektriker(in) **elektrotechnisch** *Adj Gerät, Industrie* électrotechnique **Elektrotherapie** *f* MED électrothérapie *f*

Element <-[e]s, -e> *nt* élément *m*; **die einzelnen/vorgefertigten ~e** les éléments isolés/préfabriqués; **chemisches/radioaktives ~** élément chimique/radioactif; **das nasse ~** l'élément liquide; **~e des Jugendstils enthalten** contenir des éléments du style Art Nouveau; **ein belebendes ~** un élément vivifiant; **dunkle/kriminelle ~e** *pej fam* des éléments louches/criminels
▸ **in seinem ~ sein** *Person:* être dans son élément

elementar *Adj* ❶ élémentaire; **nur über die ~sten Kenntnisse verfügen** n'avoir que des connaissances les plus élémentaires
❷ (*urwüchsig, mächtig*) primaire; **mit ~er Wucht** avec une force primaire

Elementarbegriff *m* notion *f* fondamentale **Elementargewalt** *f geh* forces *fpl* élémentaires **Elementarladung** *f* PHYS charge *f* élémentaire **Elementarstufe** *f* SCHULE cours *m* élémentaire **Elementarteilchen** *nt* particule *f* élémentaire **Elementarunterricht** *m* cours *m* élémentaire

elend I. *Adj* ❶ *Leben, Verhältnisse, Hütte* misérable; **die Elenden** les malheureux *mpl*
❷ (*krank*) *Aussehen* pitoyable; **~ aussehen** avoir une allure pitoyable; **sich ~ fühlen** se sentir mal, être mal fichu(e) (*fam*)
❸ *pej fam* (*gemein*) misérable; **dieser ~e Betrüger!** ce misérable escroc!
❹ *fam* (*unangenehm*) **eine ~e Hitze** une sacrée chaleur (*fam*); **~en Hunger haben** crever la dalle (*fam*)
II. *Adv* ❶ *fam* (*sehr*) vachement (*fam*)
❷ (*jämmerlich*) *leben, dahinvegetieren* misérablement

Elend <-[e]s> *nt* ❶ (*Armut*) misère *f*; **ins ~ geraten** tomber dans la misère; **jdn ins ~ stürzen** causer la misère de qn
❷ (*Leid, Kummer*) misère *f*; **viel ~ erlebt haben** avoir vécu beaucoup de misères; **es ist schon ein ~!** *fam* c'est quand même malheureux! (*fam*); **es ist ein ~ mit dir!** *fam* c'est lamentable de te voir dans cet état! (*fam*)
▸ **das heulende ~ kriegen** *fam* attraper le blues (*fam*); **langes ~** *fam* grande perche *f* (*fam*)

elendig DIAL *s.* **elend**

elendiglich *Adv geh* ignominieusement (*littér*)

Elendsquartier *nt* taudis *m* **Elendsviertel** [-fɪrtl] *nt* quartier *m* miséreux

Eleve [eˈleːvə] <-n, -n> *m*, **Elevin** *f geh* élève *mf*

elf *Num* onze; *s. a.* **acht** [1]

Elf[1] <-, -en> *f* ❶ (*Zahl*) onze *m*
❷ *kein Pl* (*U-Bahn-Linie, Bus-, Straßenbahnlinie*) onze *m*
❸ (*Fußballmannschaft*) onze *m*; **die französische ~** le onze tricolore

Elf[2] <-en, -en> *m* elfe *m*

Elfe <-, -n> *f* sylphide *f*

Elfenbein *nt* ivoire *m*; **aus ~** en ivoire

elfenbeinfarben *Adj* couleur d'ivoire **Elfenbeinküste** *f* **die [Republik] ~** la [République de] Côte-d'Ivoire **Elfenbeinturm** *m* tour *f* d'ivoire

Elferrat *m conseil de onze personnes, chargé de préparer les fêtes de Carnaval*

Elfmeter *m* penalty *m*; **einen ~ geben/schießen** accorder/tirer un penalty

Elfmetermarke *f*, **Elfmeterpunkt** *m* point *m* de penalty **Elfmeterschießen** <-s> *nt* tir *m* au but **Elfmeterschütze** *m* tireur *m* de penalty

elfte(r, s) *Adj* ❶ onzième
❷ (*bei Datumsangaben*) **der ~ März** *écrit:* **der 11. März** le onze mars *geschrieben:* le 11 mars; *s. a.* **achte(r, s)**

Elfte(r) *f(m) dekl wie Adj* ❶ onzième
❷ (*bei Datumsangaben*) **der ~/am ~n** *écrit:* **der 11./am 11.** le onze *geschrieben:* le 11
❸ (*als Namenszusatz*) **Karl der ~** *écrit:* **Karl XI.** Charles onze *geschrieben:* Charles XI; *s. a.* **Achte(r)**

eliminieren* *tr V* éliminer *Gegner, Konkurrenten;* supprimer *Fehler*

Eliminierung <-, -en> *f* (*geh*) *eines Gegners* élimination *f*; *eines Fehlers, einer Unklarheit* suppression *f*

elitär I. *Adj Person, Einstellung* élitiste; *Gruppe, Schicht* élitaire
II. *Adv denken, handeln* de façon élitiste

Elite <-, -n> *f* élite *f*

Elitebildung *f* formation *f* des élites **Elitedenken** *nt* pensée *f* élitaire **Eliteschule** *f* école *f* prestigieuse **Elitetruppe** *f* troupe *f* d'élite

Elixier <-s, -e> *nt* élixir *m*

Ellbogen <-bogen> *m* coude *m*
▸ **die [o seine] ~ gebrauchen** jouer des coudes

Ellbogenfreiheit *f kein Pl* liberté *f* d'action; **genügend ~ haben** avoir les coudées assez franches **Ellbogengesellschaft** *f* société *f* d'arrivistes **Ellbogenmensch** *m pej* arriviste *mf*

Elle <-, -n> *f* ❶ ANAT cubitus *m*
❷ (*Maßstock*) aune *f*
❸ (*altes Längenmaß*) coudée *f*
▸ **alles mit der gleichen [o mit gleicher] ~ messen** mesurer tout à la même aune

Ellenbogen *s.* **Ellbogen**

ellenlang *Adj fam Liste, Roman* interminable; **ein ~er Kerl** une grande perche (*fam*)

Ellipse <-, -n> *f* ellipse *f*

elliptisch *Adj* elliptique

E-Lok [ˈeːlɔk] <-, -s> *f Abk von* **elektrische Lokomotive** locomotive *f* électrique

eloquent *geh* I. *Adj* éloquent(e) (*soutenu*)
II. *Adv* avec éloquence (*soutenu*)

Eloquenz <-> *f geh* éloquence *f* (*soutenu*)
El Salvador [ɛlzalva'doːɐ] <-s> *nt* le Salvador
Elsass[RR] <- *o* -es>, **Elsaß** <- *o* -sses> *nt* **das** ~ l'Alsace *f*
Elsässer(in) <-s, -> *m(f)* Alsacien(ne) *m(f)*
elsässisch *Adj* alsacien(ne); **die** ~**e Hauptstadt** la capitale de l'Alsace
Elsässisch <-[s]> *nt* l'alsacien *m;* **auf** ~ en alsacien
Elsässische *nt dekl wie Adj* **das** ~ l'alsacien *m*
Elsass-Lothringen[RR] *nt* HIST l'Alsace-Lorraine *f*
Elster <-, -n> *f* pie *f*
▸ **sie ist eine diebische** ~ elle est voleuse comme une pie
elterlich *Adj Fürsorge, Liebe* des parents; ~**e Sorge** autorité *f* parentale; **noch in der** ~**en Wohnung leben** vivre encore sous le toit de ses parents
Eltern *Pl* parents *mpl*
▸ **nicht von schlechten** ~ **sein** *fam Antwort:* n'être pas piqué(e) des vers (*fam*); *Ohrfeige:* n'être pas volé(e) (*fam*)
Elternabend *m* réunion *f* parents-professeurs **Elternbeirat** *m* conseil *m* des parents **Elternhaus** *nt* ❶ (*Gebäude*) maison *f* familiale ❷ (*familiäres Umfeld*) milieu *m* familial; **aus gutem** ~ **kommen** être de bonne famille **Elternliebe** *f* amour *m* des parents
elternlos I. *Adj* orphelin(e); ~ **werden** perdre ses parents
II. *Adv aufwachsen* sans avoir de parents
Elternrecht *nt* JUR droit *m* parental
Elternschaft <-, -en> *f* ❶ (*Gesamtheit der Eltern*) parents *mpl* [d'élèves]
❷ *kein Pl* (*das Elternsein*) fait *m* d'être parent
Elternsprechstunde *f* heures *fpl* de rendez-vous avec les parents **Elternsprechtag** *m* journée *f* de rencontre parents-enseignants **Elternteil** *m* **einen** ~ **verlieren** perdre l'un de ses deux parents **Elternvertreter(in)** *m(f)* délégué(e) *m(f)* des parents
EM [eː'ʔɛm] <-, -s> *f Abk von* **Europameisterschaft** championnat *m* d'Europe; (*Fußball-EM*) coupe *f* d'Europe
Email [e'maɪ, e'maːj] <-s, -s> *nt* émail *m*
E-Mail ['iːmeɪl] <-, -s> *f o nt* (*Nachricht*) courrier *m* électronique, mél *m;* **ein[e]** ~ **empfangen/verschicken** recevoir/envoyer un mél
E-Mail-Adresse ['iːmeɪl-] *f* adresse *f* électronique
Emaille [e'maljə, e'maɪ] <-, -n> *s.* **Email**
emaillieren* [ema'jiːrən, emal'jiːrən] *tr V* émailler
Emanze [e'mantsə] <-, -n> *f pej fam* féministe *f*
Emanzipation [emantsipa'tsioːn] <-, -en> *f* émancipation *f*
Emanzipationsbewegung *f* mouvement *m* d'émancipation
emanzipatorisch *Adj* émancipateur(-trice)
emanzipieren* *r V* **sich** ~ s'émanciper; **sich von etw** ~ s'émanciper de qc
emanzipiert *Adj* émancipé(e)
Embargo [ɛm'bargo] <-s, -s> *nt* embargo *m;* **ein** ~ **über ein Land verhängen** décréter un embargo sur un pays
Emblem [ɛm'bleːm, ã'bleːm] <-[e]s, -e> *nt* ❶ (*Hoheitszeichen*) emblème *m*
❷ (*Sinnbild*) symbole *m*
Embolie [ɛmbo'liː] <-, -n> *f* MED embolie *f*
Embryo ['ɛmbryo] <-s, -s *o* Embryonen> *m o A nt* MED embryon *m*
embryonal [ɛmbryo'naːl] *Adj* MED embryonal(e)
Embryonalentwicklung *f* MED développement *m* embryonnaire
Embryonenforschung *f* MED recherche *f* sur les embryons
emeritieren* *tr V* accorder des droits à la retraite; **einen Professor/eine Professorin** ~ accorder à un/une professeur d'université ses droits à la retraite; **emeritierter Professor/emeritierte Professorin** professeur *m* honoraire
Emigrant(in) [emi'grant] <-en, -en> *m(f)* émigré(e) *m(f)*
Emigration [emigra'tsioːn] <-, -en> *f* émigration *f;* **in die** ~ **gehen** émigrer; **in der** ~ **leben** vivre en exil
▸ **die innere** ~ *geh* l'émigration *f* intérieure (*soutenu*)
emigrieren* *itr V + sein* émigrer; **nach Frankreich/in die USA** ~ émigrer en France/aux Etats-Unis
eminent [emi'nɛnt] *geh* I. *Adj Bedeutung, Unterschied* primordial(e)
II. *Adv* éminemment; ~ **wichtig** éminemment important
Eminenz <-, -en> *f* éminence *f;* **Seine/Eure** ~ Son/Votre Éminence
▸ **graue** ~ éminence *f* grise
Emir [e'miːɐ] <-s, -e> *m* émir *m*
Emirat [emi'raːt] <-[e]s, -e> *nt* émirat *m;* **die Vereinigten Arabischen** ~**e** les Émirats arabes unis
Emission [emɪ'sioːn] <-, -en> *f* ÖKOL, FIN émission *f*
Emissionskurs *m* FIN cours *m* d'émission **Emissionswert** *m* FIN, ÖKON valeur *f* d'émission
emittieren* *tr V* ÖKOL dégager *Abgase, Schadstoffe*
Emmentaler ['ɛməntaːlɐ] <-s, -> *m* (*Käsesorte*) emmenthal *m*
e-Moll <-> *nt* MUS mi *m* mineur
Emoticon [e'moːtikon, ɪ'məʊtɪkən] <-s, -s> *nt* INFORM émoticone *m*
Emotion [emo'tsioːn] <-, -en> *f* émotion *f*
emotional [emotsio'naːl] I. *Adj* émotif(-ive)
II. *Adv* émotivement
emotionell [emotsio'ɛl] *s.* **emotional**
emotionsfrei *Adj* sans émotion **emotionsgeladen** *Adj* chargé(e) d'émotion
emotionslos *Adj* qui n'éprouve aucune émotion
empfahl [ɛm'pfaːl] *Imp von* **empfehlen**
empfand [ɛm'pfant] *Imp von* **empfinden**
Empfang [ɛm'pfaŋ, *Pl:* ɛm'pfɛŋə] <-[e]s, ⸚e> *m* ❶ *kein Pl* (*das Entgegennehmen*) réception *f;* **zahlbar bei/nach** ~ payable à/après réception; **etw in** ~ **nehmen** réceptionner qc; **jdn in** ~ **nehmen** *fam* accueillir qn
❷ *kein Pl* TV, RADIO réception *f;* **etw auf** ~ **schalten** mettre qc sur la position d'écoute
❸ (*Rezeption*) réception *f;* **bitte warten Sie am** ~ veuillez attendre à la réception, s'il vous plaît
❹ *kein Pl* (*Begrüßung*) accueil *m;* **jdm einen stürmischen** ~ **bereiten** réserver un accueil enthousiaste à qn
❺ (*Festveranstaltung*) réception *f;* **einen** ~ **geben** donner une réception
empfangen <empfängt, empfing, empfangen> *tr V* ❶ *geh* (*erhalten*) recevoir *Post, Auftrag*
❷ *geh* (*begrüßen*) accueillir *Gäste, Freunde;* **jdn mit Blumen** ~ accueillir qn avec des fleurs; **von einem Regenguss** ~ **werden** être accueilli(e) par une averse
❸ TV, RADIO **einen Sender über Satellit** ~ capter une chaîne par satellite; **einen Sender gut/schlecht** ~ capter bien/mal une chaîne
❹ *geh* (*schwanger werden*) concevoir *Kind*
Empfänger [ɛm'pfɛŋɐ] <-s, -> *m* ❶ *eines Briefs, Pakets* destinataire *m;* *einer Zahlung, Überweisung* bénéficiaire *m;* ~ **unbekannt** destinataire inconnu; ~ **verzogen** n'habite plus à l'adresse indiquée
❷ MED *eines Organs, einer Blutspende* receveur *m*
❸ (*Empfangsgerät*) récepteur *m*
Empfängerin <-, -nen> *f* ❶ *eines Briefs, Pakets* destinataire *f;* *einer Zahlung, Überweisung* bénéficiaire *f*
❷ MED *eines Organs, einer Blutspende* receveuse *f*
Empfängerland *nt* pays *m* destinataire
empfänglich *Adj* ❶ (*anfällig*) sensible; **für bestimmte Krankheiten** ~ **sein** être sensible à certaines maladies
❷ (*offen, aufgeschlossen*) réceptif(-ive)
Empfängnis <-> *f* conception *f;* **die** ~ **verhüten** éviter une conception
▸ **die Unbefleckte** ~ l'Immaculée Conception
empfängnisverhütend I. *Adj Mittel, Maßnahmen* contraceptif(-ive) II. *Adv* ~ **wirken** avoir une action contraceptive **Emp-**

fängnisverhütung *f* contraception *f* **Empfängnisverhütungsmittel** *nt* [moyen *m*] contraceptif *m*
empfangsberechtigt *Adj* mandaté(e) **Empfangsberechtigte(r)** *f(m) dekl wie Adj* mandataire *mf* **Empfangsbereich** *m* TELEC zone *f* de réception **Empfangsbescheinigung** *f* accusé *m* de réception **Empfangsbestätigung** *f* accusé *m* de réception **Empfangschef(in)** [-ʃɛf] *m(f)* chef *mf* de la réception **Empfangsdame** *s.* Empfangschef(in) **Empfangsgerät** *s.* Empfänger 3. **Empfangskomitee** *nt* comité *m* d'accueil **Empfangsstation** *f* ① TV, RADIO station *f* réceptrice ② ÖKON destination *f* **Empfangszimmer** *nt* salle *f* [de réception]
empfängt [ɛm'pfɛŋt] *3. Pers Präs von* **empfangen**
empfehlen [ɛm'pfe:lən] <empfiehlt, empfahl, empfohlen> I. *tr V* ① recommander; **[jdm] etw ~** recommander qc [à qn]; **jdm ~ etw zu tun** recommander à qn de faire qc; **das ist sehr zu ~** c'est vraiment à conseiller; **dieses Medikament wird sehr [***o* **besonders] empfohlen** ce médicament est particulièrement recommandé
② *veraltet geh (anvertrauen)* **ich empfehle mein Kind deiner Obhut** je te confie mon enfant; **er empfahl seine Seele Gott** il recommanda son âme à Dieu
③ *veraltet form (grüßen)* **empfehlen Sie mich/uns Ihrer werten Gattin!** présentez mes/nos hommages à madame votre épouse! *(form)*
II. *r V unpers (ratsam sein)* **es empfiehlt sich etw zu tun** il est recommandé de faire qc
III. *r V* ① **sich [jdm] als Sachverständiger/als zuverlässig ~** se présenter [à qn] comme expert/comme personne de confiance
② *hum geh (sich verabschieden)* **sich ~** tirer sa révérence *(hum)*
empfehlenswert *Adj* ① *(ratsam)* recommandé(e); **es ist ~ jetzt umzukehren** il est préférable de faire demi-tour maintenant; **etw für ~er halten** considérer qc comme préférable
② *(gut) Lokal, Hotel* recommandable
Empfehlung <-, -en> *f* ① *(Rat, Referenz)* recommandation *f*; **die ~en der Freunde beherzigen** prendre à cœur les recommandations des amis; **auf ~ seines Anwalts** sur recommandation de son avocat; **erstklassige ~en vorweisen können** pouvoir présenter des références de première classe
② *meist Pl form (höflicher Gruß)* **meine/unsere ~ an die Frau Gemahlin!** mes/nos hommages à madame votre épouse! *(form)*; **... verbleibe ich mit den besten ~en, Ihr/Ihre ...** ... avec mes sentiments les plus dévoués ... *(form)*
Empfehlungsschreiben *nt* lettre *f* de recommandation
empfiehlt [ɛm'pfi:lt] *3. Pers Präs von* **empfehlen**
empfinden [ɛm'pfɪndən] <empfand, empfunden> *tr V* ① éprouver *Gefühl, Schmerzen;* ressentir *Lust, Befriedigung, Hunger;* **etwas für jdn ~** éprouver quelque chose pour qn
② *(auffassen)* ressentir; **jdn als unangenehm/Eindringling ~** ressentir qn comme désagréable/intrus(e); **etw als störend/Beleidigung ~** ressentir qc comme dérangeant(e)/une vexation
Empfinden <-s> *nt* impression *f*; **meinem ~ nach, für mein ~** à mon sens
empfindlich [ɛm'pfɪntlɪç] I. *Adj* ① *(leicht reizbar)* susceptible; **sie ist sehr ~ in dieser Angelegenheit** elle est très susceptible sur ce point-là; **sei doch nicht immer so ~!** ne sois donc pas toujours aussi susceptible!
② *(leicht zu beschädigen)* fragile; **gegen Sonnenlicht/Kälte ~ sein** craindre la lumière du soleil/le froid; **hoch ~** *Material, Stoff* très fragile
③ *(anfällig, wenig robust) Person* sensible; *Pflanze* fragile; **gegen Zugluft ~ sein** *Person:* être sensible aux courants d'air
④ *(spürbar)* sévère; *Kälte* vif(vive)
⑤ *(fein reagierend) Messgerät, Film* sensible; **hoch ~** *Sensor, System* très sensible; *Film* ultrasensible
II. *Adv* ① *(heftig)* **von der Kritik ~ getroffen werden** être touché(e) au vif par la critique
② *(unangenehm)* **es ist ~ kalt** il fait un froid saisissant
③ *(sensibel)* **~ auf etw** *(Akk)* **reagieren** réagir vivement à qc
Empfindlichkeit <-, -en> *f* ① *(Reizbarkeit)* susceptibilité *f*
② *kein Pl (Beschaffenheit) eines Materials, Stoffs* fragilité *f;* PHOT, TECH sensibilité *f*
③ *kein Pl* MED **~ gegen eine Krankheit** sensibilité *f* à une maladie
empfindsam [ɛm'pfɪntza:m] *Adj* sensible
Empfindsamkeit <-> *f* sensibilité *f*
Empfindung <-, -en> *f* ① *(Gefühlsregung)* sentiment *m*; **jds ~en erwidern** partager les sentiments de qn
② *(sinnliche Wahrnehmung)* sensation *f*
③ *(Eindruck)* impression *f*
empfindungslos *Adj* insensible
Empfindungsvermögen *nt geh* [faculté *f* de] sensation *f*
empfing [ɛm'pfɪŋ] *Imp von* **empfangen**
empfunden [ɛm'pfʊndən] *PP von* **empfinden**
Emphase [ɛm'fa:zə] <-, -n> *f geh* emphase *f*
emphatisch [ɛm'fa:tɪʃ] *geh* I. *Adj* emphatique
II. *Adv* avec emphase
Empire[1] [ã'pi:r] <-[s]> *nt* KUNST style *m* Empire; **im Stil des ~** de style Empire
Empire[2] ['ɛmpaɪə] <-[s]> *nt* **das [britische] ~** l'Empire *m* [britannique]
Empirestil [ã'pi:r-] *s.* **Empire** [1]
Empirie [ɛmpi'ri:] <-> *f geh* empirisme *m*
empirisch [ɛm'pi:rɪʃ] I. *Adj* empirique
II. *Adv* empiriquement
empor [ɛm'po:ɐ] *Adv geh* en haut
empor|arbeiten *r V geh* **sich ~** parvenir par son travail; **sich zu etw ~** parvenir par son travail à devenir qc **empor|blicken** *itr V* lever les yeux; **zu jdm/etw ~** lever les yeux vers qn/qc
Empore [ɛm'po:rə] <-, -n> *f* galerie *f;* *(Orgelempore)* tribune *f*
empören* I. *tr V* indigner
II. *r V* ① *(sich entrüsten)* **sich über jdn/etw ~** s'indigner contre qn/de qc
② *(rebellieren)* **sich gegen jdn/etw ~** se révolter contre qn/qc
empörend *Adj* révoltant(e)
empor|heben *tr V unreg geh* lever **empor|kommen** *itr V unreg + sein geh* ① *(nach oben kommen)* monter [à la surface] ② *(erfolgreich sein)* faire son chemin; **im Beruf ~** réussir professionnellement
Emporkömmling [ɛm'po:ɐkœmlɪŋ] <-s, -e> *m pej* parvenu(e) *m(f) (péj)*
empor|lodern *itr V + sein geh Feuer:* s'élever en flamboyant; *Flammen:* s'élever **empor|ragen** *itr V geh* se dresser; **über etw** *(Akk)* **~** se dresser au dessus de qc **empor|schwingen** *unreg* I. *tr V geh* brandir *Fahne* II. *r V a. fig geh* **sich ~** prendre son essor **empor|steigen** *unreg geh* I. *itr V + sein* ① *Rauch, Gebete, Nebel:* s'élever ② *fig* **in jdm ~** *Angst, Zweifel:* monter en qn II. *tr V + sein* monter *Stufen, Treppe;* gravir *Berg*
empört [ɛm'pø:ɐt] I. *Adj* indigné(e); **über jdn/etw ~ sein** être indigné(e) contre qn/de qc
II. *Adv* avec indignation
Empörung [ɛm'pø:rʊŋ] <-, -en> *f* ① *kein Pl (Entrüstung)* indignation *f*; **~ über jdn/etw** indignation *f* contre qn/à propos de qc
② *(Rebellion)* révolte *f*
emsig ['ɛmzɪç] I. *Adj Person* travailleur(-euse); *Ameise, Biene* laborieux(-euse); *Tätigkeit* intense
II. *Adv arbeiten* avec ardeur; *lernen* avec assiduité; *sammeln* infatigablement
Emsigkeit <-> *f* ardeur *f*
Emu ['e:mu] <-s, -s> *m* émeu *m*

Emulgator [emʊl'ga:to:ɐ] *m* émulsifiant *m*
emulgieren* *tr V* émulsionner
Emulsion [emʊl'zio:n] <-, -en> *f* émulsion *f*
E-Musik ['e:-] *f kein Pl* musique *f* classique
en bloc [ã'blɔk] *Adv* en bloc
Endabnehmer(in) *m(f)* ÖKON client(e) *m(f)* en bout de chaîne
Endabrechnung *f* facture *f* définitive **Endausscheidung** *f a.* SPORT épreuve *f* éliminatoire; **in die ~ gelangen** franchir le cap des éliminatoires **Endbahnhof** *m* terminus *m* **Endbetrag** *m* montant *m* définitif **Enddarm** *m* ANAT côlon *m* **Enddreißiger(in)** *m(f)* homme *m*/femme *f* proche de la quarantaine
Ende ['ɛndə] <-s, -n> *nt* ❶ *kein Pl* (*zeitlicher Abschluss*) fin *f; eines Projekts* aboutissement *m;* **zu ~ gehen** *Urlaub, Vertrag:* se terminer; *Vorräte:* s'épuiser; **zu ~ sein** être terminé(e); **etw zu ~ bringen** [*o* **führen** *geh*] mener qc à son terme; **einer S.** (*Dat*) **ein ~ machen** [*o* **bereiten**] mettre un terme à qc; **kein ~ finden** *fam Person:* n'en finir pas; **ein böses ~ nehmen** finir mal
❷ *kein Pl* (*bei Zeit-, Altersangaben*) **~ Januar** fin janvier; **~ 1950** à la fin de l'année 1950; **er ist ~ zwanzig** il approche de la trentaine
❸ (*räumlicher Abschluss*) bout *m;* **das vordere/hintere ~ des Zugs** la tête/la queue du train; **am vorderen/hinteren ~ des Tisches** à l'extrémité de la table
❹ *kein Pl geh* (*Tod*) fin *f* (*soutenu*); **sein ~ nahen fühlen** sentir venir sa fin; **bis an sein seliges ~** jusqu'à la fin de ses jours
❺ DIAL (*Stückchen*) bout *m;* **ein ~ Draht** un bout de fil de fer
❻ *kein Pl fam* (*Strecke*) **ein ganzes** [*o* **schönes**] **~** un bon bout de chemin
❼ JAGD (*Geweihende*) époi *m*
► **das ~ der Fahnenstange** *fam* le grand maximum (*fam*); **das ~ vom Lied** *fam* le résultat des courses (*fam*); **lieber ein ~ mit Schrecken als ein Schrecken ohne ~** *Spr.* mieux vaut une fin effroyable qu'une frayeur sans fin; **das ~ der Welt** (*Weltuntergang*) la fin du monde; **am ~ der Welt wohnen** *fam* vivre au bout du monde; **das dicke ~** *fam* le pire; **~ gut, alles gut** *Spr.* tout est bien qui finit bien; **letzten ~s** au bout du compte; (*schließlich*) en fin de compte; (*sogar, vielleicht*) des fois (*fam*); **am ~ sein** *fam* (*erschöpft sein*) être vidé(e) (*fam*); (*ruiniert, mittellos sein*) être raide (*fam*)
Endeffekt *m* résultat *m;* **im ~** en fin de compte **Endeinkommen** *nt* ÖKON revenu *m* final
Endemarke *f* INFORM marque *f* de fin
endemisch [ɛn'de:mɪʃ] *Adj* MED, BIO endémique
enden ['ɛndən] *itr V* ❶ (*zu Ende gehen*) *Jahr, Urlaub:* se terminer; **mit einer Feier ~** se terminer avec une fête; **nicht ~ wollender Beifall** des applaudissements à n'en plus finir; **wie wird das noch ~?** comment ça va finir?
❷ (*ablaufen*) *Frist, Ultimatum:* expirer
❸ (*räumlich*) *Rock, Stange, Leitung, Weg:* s'arrêter; **d[ies]er Zug endet hier!** terminus [du train]!
Endergebnis *nt* résultat *m* définitif; **im ~** en fin de compte
Endgerät *nt* INFORM périphérique *m* **Endgeschwindigkeit** *f* vitesse *f* maximale **endgültig** I. *Adj* définitif(-ive) II. *Adv* définitivement **Endgültigkeit** *f* irrévocabilité *f* **Endhaltestelle** *f* terminus *m* **Endhersteller** *m* fabricant *m* final
Endivie [ɛn'di:viə] <-, -n> *f* chicorée *f*
Endkampf *m* finale *f* **Endkontrolle** *f* contrôle *m* final **Endlager** *nt* **atomares ~** lieu *m* de stockage définitif de déchets nucléaires **endlagern** *tr V* stocker définitivement; **etw ~** stocker qc définitivement **Endlagerung** *f* stockage *m* définitif
endlich ['ɛntlɪç] I. *Adv* à la fin, enfin; **sie haben jetzt ~ zugestimmt** ils/elles ont enfin donné leur accord; **lass mich ~ in Ruhe!** laisse-moi tranquille à la fin!; **na ~!** *fam* c'est pas trop tôt! (*fam*)
II. *Adj* MATH, PHILOS fini(e)

endlos I. *Adj* ❶ (*ständig*) *Ärger, Streitereien* sans fin
❷ (*sehr lang, ausgedehnt*) interminable; *Weite* infini(e)
II. *Adv* (*sehr lange*) indéfiniment
Endlosformular *nt* imprimé *m* en continu
Endlosigkeit <-> *f* infinité *f*
Endlospapier *nt* papier *m* en continu
Endlösung *f* NS solution *f* finale **Endmontage** *f* montage *m* définitif **Endmoräne** *f* GEOL moraine *f* frontale
endogen [ɛndo'ge:n] *Adj* MED, PSYCH endogène
Endorphin [ɛndɔr'fi:n] <-s, -e> *nt* MED endorphine *f*
Endoskop [ɛndo'sko:p] <-s, -e> *nt* MED endoscope *m*
Endphase *f* phase *f* finale **Endprodukt** *nt* produit *m* final **Endpunkt** *m einer Reise* point *m* d'arrivée; *einer Strecke* terminus *m* **Endreim** *m* rime *f* finale **Endresultat** *s.* **Endergebnis** **Endrunde** *f* SPORT finale *f;* **in die ~ kommen** arriver en finale **Endsieg** *m a.* NS victoire *f* finale **Endsilbe** *f* syllabe *f* finale **Endspiel** *nt* SPORT finale *f* **Endspurt** *m* SPORT sprint *m;* **zum ~ ansetzen** entamer le sprint **Endstadium** *nt einer Krankheit* stade *m* terminal; **Krebs im ~** cancer au stade terminal **Endstation** *f* TRANSP *a. fig* terminus *m* **Endsumme** *f* somme *f* totale
Endung <-, -en> *f* terminaison *f*
Endverbraucher(in) *m(f)* consommateur *m* final/consommatrice *f* finale **Endverbraucherpreis** *m* ÖKON prix *m* public **Endvierziger(in)** *m(f)* homme *m*/femme *f* proche de la cinquantaine **Endzeit** *f* fin *f* des temps **Endzeitstimmung** *f* atmosphère *f* de fin du monde **Endziel** *nt einer Reise, Wanderung* destination *f* finale; *von Bestrebungen, Aktivitäten* objectif *m* final **Endziffer** *f* dernier chiffre *m* **Endzustand** *m* résultat *m* final, état *m* définitif **Endzweck** *m* objectif *m* final
Energetik <-> *f* PHYS énergétique *f*
energetisch *Adj* PHYS énergétique
Energie [enɛr'gi:] <-, -n> *f* ❶ PHYS énergie *f;* **alternative ~n** énergies alternatives; **~ freisetzen/sparen** libérer/économiser l'énergie
❷ *kein Pl* (*Tatkraft*) énergie *f;* **viel/wenig ~ haben** être très/peu dynamique; **kriminelle ~** énergie criminelle
Energieaufwand *m* dépenses *fpl* en énergie **Energiebedarf** *m* besoins *mpl* énergétiques **energiebewusst**[RR] I. *Adj* économe en énergie II. *Adv* de façon économe en énergie **Energieform** *f* forme *f* d'énergie **Energiehaushalt** *m* PHYSIOL, ÖKON bilan *m* énergétique **Energiekrise** *f* crise *f* de l'énergie **Energiepolitik** *f* politique *f* énergétique **energiepolitisch** *Adj Maßnahme, Wende* en matière d'énergie **Energiequelle** *f* source *f* d'énergie **Energiesektor** *m* secteur *m* énergétique **Energiesparen** *nt* économies *fpl* d'énergie **energiesparend** *Adj* à faible consommation d'énergie **Energiesparlampe** *f* ampoule *f* à faible consommation [d'énergie] **Energiesparmaßnahme** *f* mesure *f* d'économie d'énergie **Energieträger** *m* source *f* d'énergie **Energieverbrauch** *m* consommation *f* d'énergie **Energieverlust** *m* perte *f* d'énergie **Energieverschwendung** *f* gaspillage *m* d'énergie **Energieversorgung** *f* approvisionnement *m* en énergie **Energievorrat** *m* ressources *fpl* énergétiques **Energiewirtschaft** *f* secteur *m* de l'énergie **Energiezufuhr** *f* approvisionnement *m* en énergie
energisch [e'nɛrgɪʃ] I. *Adj* énergique
II. *Adv* énergiquement
Enfant terrible [ãfãtɛ'ribl] <- -, -s -s> *nt geh* enfant *m* terrible
eng [ɛŋ] I. *Adj* ❶ *Öffnung, Straße, Kurve* étroit(e)
❷ (*beengt*) *Raum, Wohnung* exigu(ë)
❸ (*knapp sitzend*) *Kleidung* étroit(e); **[jdm] zu ~ sein** serrer trop [qn]
❹ (*dicht gedrängt*) *Pflanzung* rapproché(e)
❺ (*beschränkt*) étroit(e); *Horizont* limité(e); *Rahmen, Sinn* strict(e)
❻ (*eingeschränkt*) **im ~eren Sinne** dans un sens plus strict; **in die ~ere Wahl kommen** être parmi les premiers choix

E

❼ *(nah, vertraut) Beziehung, Freundschaft* étroit(e); *Verwandtschaft* proche; **etw im ~sten Kreis feiern** fêter qc dans l'intimité
❽ *fam (schwierig)* **das wird ~** *fam* ça va être dur *(fam)*; **der Markt ist ~ geworden** le marché s'est rétréci
II. *Adv* ❶ *(knapp)* **~ anliegen** *Kleidung:* être moulant(e); **~ anliegend** moulant(e); **einen Rock ~er machen** ajuster une jupe; **deine Jeans sitzt zu ~** ton jean est trop moulant
❷ *(dicht)* **~ beschrieben/bedruckt** écrit(e)/imprimé(e) serré; **~ nebeneinander sitzen/stehen** être serré(e)s l'un(e) contre l'autre; **sehr ~ tanzen** danser étroitement enlacé(e)s
❸ *(beschränkt)* **~ begrenzt** bien délimité(e)
❹ *(nah, vertraut) liiert* étroitement; **~ befreundet** étroitement lié(e); **~ befreundet sein** avoir des liens d'amitié étroits
❺ *fam (kleinlich, intolerant)* **etw [zu] ~ sehen** être trop à cheval sur qc; **etw nicht so ~ sehen** n'être pas trop pointilleux(-euse) sur qc
Engagement [ãgaʒə'mã:] <-s, -s> *nt* ❶ *geh* engagement *m*; **ihr ~ für die Umwelt** son engagement pour l'environnement; **das militärische ~ der Amerikaner** l'engagement militaire des Américains
❷ *(Verpflichtung) eines Künstlers* engagement *m*
engagieren* [ãga'ʒi:rən] I. *tr V* engager; **an der Oper engagiert sein** être engagé(e) à l'opéra
II. *r V* **sich für jdn/etw ~** s'engager pour qn/qc
engagiert [ãga'ʒi:ɐt] *Adj geh Person, Kunstwerk* engagé(e)
enganliegend ['ɛŋʔanli:gənt] *s.* **eng II.1.**
engbefreundet *s.* **eng II.4.**
engbegrenzt *s.* **eng II.3.**
Enge ['ɛŋə] <-> *f* ❶ *einer Straße, Kurve* étroitesse *f*; *eines Raums, einer Wohnung* exiguïté *f*
❷ *fig* **die geistige ~ einer Kleinstadt** l'étroitesse *f* d'âme d'une petite ville
► **jdn in die ~ treiben** pousser qn dans ses derniers retranchements
Engel ['ɛŋəl] <-s, -> *m* ❶ ange *m*
❷ *fam (guter Mensch)* **du bist ein ~!** tu es un ange! *(fam)*
► **die ~ im Himmel singen hören** *fam* en voir trente-six chandelles *(fam)*
Engelchen *nt* ❶ *Dim von* **Engel** petit ange *m*
❷ *fam (liebes Kind)* petit(e) *m(f)* adorable *(fam)*
Engelmacherin *f euph fam* faiseuse *f* d'anges
Engelsgeduld *f* patience *f* angélique **Engelszungen** *Pl*
► **[wie] mit ~ reden** parler en étant tout miel
Engerling ['ɛŋəlɪŋ] <-s, -e> *m* ver *m* blanc
engherzig *Adj* mesquin(e)
Engherzigkeit <-> *f* mesquinerie *f*
engl. *Adj Abk von* **englisch** angl.
England ['ɛŋlant] *nt* l'Angleterre *f*
Engländer(in) ['ɛŋlɛndɐ] <-s, -> *m(f)* Anglais(e) *m(f)*
englisch ['ɛŋlɪʃ] I. *Adj* anglais(e)
II. *Adv* ❶ **~ miteinander sprechen** discuter en anglais; *s. a.* **deutsch**
❷ *(auf britische Art)* **das Fleisch ~ braten** faire griller la viande de façon saignante
Englisch <-[s]> *nt kein Art (Sprache, Schulfach)* anglais *m*; **auf ~** en anglais; *s. a.* **Deutsch**
Englische *nt dekl wie Adj* **das ~** l'anglais *m*; *s. a.* **Deutsche**
Englischunterricht *m* cours *m* d'anglais
engmaschig *Adj* ❶ *Netz* à mailles serrées
❷ *fig Überwachung* très étroit(e)
EngpassRR *m* ❶ GEOG défilé *m*
❷ *(Fahrbahnverengung)* rétrécissement *m*
❸ *(finanziell schwierige Situation)* goulot *m* d'étranglement
en gros [ã'gro:] *Adv* en gros
engstirnig *pej* I. *Adj Person* borné(e); *Denken, Entscheidung* étroit(e)
II. *Adv handeln* à courte vue; **~ denken** faire preuve d'étroitesse d'esprit
Engstirnigkeit <-> *f* étroitesse *f* d'esprit
Enjambement [ãʒãbə'mã:] <-s, -s> *nt* POES enjambement *m*
Enkel(in) ['ɛŋkəl] <-s, -> *m(f)* ❶ petit-fils *m*/petite-fille *f*; **die ~** les petits-enfants *mpl*
❷ *(Nachfahre)* descendant(e) *m(f)*
❸ *fig* **der politische ~/die politische ~in von ...** l'héritier(-ière) *m(f)* politique de ...
Enkelkind *s.* **Enkel(in) Enkelsohn** *m* petit-fils *m* **Enkeltochter** *f* petite-fille *f*
Enklave [ɛn'kla:və] <-, -n> *f* enclave *f*
en masse [ã'mas] *Adv fam* en masse; **Kartoffeln gab es ~** il y avait des pommes de terre en masse [*o* à la pelle] *(fam)*
enorm [e'nɔrm] I. *Adj* ❶ *(sehr groß) Belastung* énorme; *Hitze, Kälte* terrible; *Kraft, Geschwindigkeit* inouï(e); *Summe* exorbitant(e)
❷ *fam (beeindruckend, sehr gut)* **das ist ja ~!** ça, c'est vraiment super! *(fam)*
II. *Adv fam (sehr) günstig, praktisch* drôlement *(fam)*, vachement *(fam)*; **das ist aber ~ viel!** ça fait vachement!
en passant [ãpa'sã:] *Adv* en passant
Enquete [ã'ke:t(ə), ã'kɛ:t(ə)] <-, -n> *f* ❶ *(Umfrage)* enquête *f*
❷ A *form (Arbeitstagung)* séance *f* de travail
Enquetekommission [ã'ke:t(ə)-, ã'kɛ:t(ə)-] *f* commission *f* parlementaire
Ensemble [ã'sã:bəl] <-s, -s> *nt* ❶ THEAT troupe *f*
❷ MUS, COUT ensemble *m*
entarten* *itr V + sein* dégénérer; **das Fest entartete zu einer Orgie** la fête a dégénéré en orgie
Entartung <-, -en> *f* dégénération *f*
entäußern* *r V geh* **sich ~** se défaire; **sich einer S.** *(Gen)* **~** *(auf etw verzichten)* renoncer à qc; *(etw weggeben)* se défaire de qc
entbehren* I. *tr V* ❶ *(verzichten auf)* **jdn/etw ~/nicht ~ können** pouvoir/ne pouvoir pas se passer de qn/qc; **nicht zu ~ sein** être indispensable; **kannst du mich für eine Weile ~?** peux-tu te passer de moi un instant?
❷ *geh (vermissen)* **jdn/etw ~** être privé(e) de qn/qc
II. *itr V geh* **einer S.** *(Gen)* **~** être dépourvu(e) de qc
entbehrlich [ɛnt'be:ɐlɪç] *Adj* superflu(e)
Entbehrung <-, -en> *f* privation *f*; **~en auf sich** *(Akk)* **nehmen** supporter des privations
entbehrungsreich *Adj Jahre* de vaches maigres; *Leben* de grande[s] privation[s]; **~e Jahre** des années de vaches maigres; **ein ~es Leben** une vie de grande[s] privation[s]
entbieten* *tr V unreg geh* **jdm seinen Gruß ~** présenter ses salutations à qn; **jdm ein Willkommen ~** souhaiter la bienvenue à qn *(soutenu)*
entbinden* *unreg* I. *tr V* ❶ MED accoucher; **eine Frau von einem Kind ~** accoucher une femme d'un enfant
❷ *(dispensieren)* **jdn von seinem Versprechen/seinen Aufgaben ~** délier qn de sa promesse/ses fonctions
II. *itr V* MED accoucher
Entbindung *f* ❶ MED accouchement *m*
❷ *kein Pl (Dispensierung)* déliement *m*; **um ~ von seinen Aufgaben bitten** demander à être délié de ses fonctions
Entbindungsklinik *f* maternité *f* **Entbindungsstation** *f* maternité *f*
entblättern* I. *r V* ❶ **sich ~** *Bäume:* perdre ses feuilles
❷ *hum fam* **sich vor jdm ~** faire un strip-tease devant qn
II. *tr V* **die Bäume ~** *Sturm:* faire tomber les feuilles des arbres
entblöden* *r V* ► **sich nicht ~ etw zu tun** *pej geh* avoir le front de faire qc *(soutenu)*, ne pas avoir honte de faire qc
entblößen* *geh* I. *tr V* ❶ dénuder *Arme, Beine, Oberkörper;* **sein Haupt ~** se découvrir
❷ MIL, SPORT découvrir; **die Deckung ~** découvrir la défense
II. *r V* **sich ~** se découvrir; *Exhibitionist:* s'exhiber
entblößt *geh Adj Person, Haupt* nu(e); *Schultern, Brüste* dénu-

dé(e); **mit ~em Oberkörper arbeiten** travailler torse nu; **eine Kirche mit ~em Haupt betreten** entrer dans une église tête nue

entboten *PP von* **entbieten**

entbrennen* *itr V unreg + sein geh* ❶ *Kampf, Streit:* éclater
❷ *fig* **für jdn/etw ~** s'enflammer pour qn/qc; **in Leidenschaft** (*Dat*) ~ s'enflammer de passion

entbunden *PP von* **entbinden**

Entchen <-s, -> *nt Dim von* **Ente** caneton *m*

entdecken* **I.** *tr V* ❶ dénicher *Person, Gegenstand;* trouver *Fehler, Versteck*
❷ (*herausfinden, bemerken*) **wieder ~** redécouvrir
❸ (*durch Forschung finden*) découvrir *Virus, Kontinent*
❹ *veraltet* (*offenbaren*) **jdm etw ~** révéler qc à qn
II. *r V veraltet* **sich jdm ~** se confier à qn

Entdecker(in) <-s, -> *m(f)* explorateur(-trice) *m(f);* **Kolumbus ist der ~ Amerikas** Christophe Colomb a découvert l'Amérique

Entdeckung *f* (*das Entdecken, das Entdeckte*) découverte *f;* (*talentierter Mensch*) révélation *f*

Entdeckungsreise *f* voyage *m* d'exploration
▸ **auf ~ gehen** *hum fam Kind, Tourist:* partir à la découverte

Ente ['ɛntə] <-, -n> *f* ❶ canard *m;* (*weibliches Tier*) cane *f;* **~ mit Orange** canard à l'orange
❷ *fam* (*Falschmeldung*) bobard *m* (*fam*)
❸ *fam* (*Auto*) deuche *f* (*fam*)
❹ *fam* (*Uringefäß*) urinal *m*
▸ **wie eine bleierne ~ schwimmen** *hum fam* nager comme un fer à repasser (*fam*); **lahme ~** *fam* lourdingue *mf* (*fam*)

entehren* *tr V* déshonorer; **~de Anschuldigungen** des accusations déshonorantes

Entehrung <-, -en> *f* déshonneur *m*

enteignen* *tr V* exproprier

Enteignung <-, -en> *f* expropriation *f;* **direkte/indirekte ~** expropriation directe/indirecte

enteilen* *itr V + sein geh Zeit:* s'enfuire

enteisen* *tr V* dégivrer *Fensterscheibe*

Entenbraten *m* canard *m* rôti **Entenei** *nt* œuf *m* de cane **Entengrütze** *f kein Pl* lentilles *fpl* d'eau **Entenküken** *nt* caneton *m*

Entente [ã'tã:t(ə), *Pl:* ã'tã:tən] <-, -n> *f* entente *f*

enterben* *tr V* déshériter

Enterbung <-, -en> *f* exclusion *f* de la succession, déshéritement *m*

Enterhaken *m* HIST grappin *m*

Enterich ['ɛntərɪç] <-s, -e> *m* canard *m* [mâle]

entern ['ɛntɐn] **I.** *tr V + haben* prendre à l'abordage; **ein Schiff ~** prendre un bateau à l'abordage
II. *itr V + sein* monter à l'abordage; **das Entern** l'abordage *m*

Entertainer(in) ['ɛntɐte:nɐ, 'ɛntɐteɪnɐ] <-s, -> *m(f)* animateur(-trice) *m(f)*

Enter-Taste *f* INFORM touche *f* Entrée

entfachen* *tr V geh* ❶ déclencher *Brand, Feuer*
❷ (*entfesseln*) attiser *Leidenschaft;* déclencher *Streit*

entfahren* *itr V unreg + sein Seufzer, Schrei, Fluch:* échapper; **jdm ~** *Seufzer, Schrei, Fluch:* échapper à qn

entfallen* *itr V unreg + sein* ❶ (*aus dem Gedächtnis kommen*) sortir de l'esprit, échapper; **jdm ~** sortir de l'esprit à qn, échapper à qn; **das ist mir ganz ~** ça m'a complètement échappé
❷ (*wegfallen, nicht stattfinden*) *Punkt:* être laissé(e) de côté; *Konferenz, Veranstaltung:* être annulé(e)
❸ (*zukommen*) **auf jdn ~** *Anteil:* revenir à qn; **auf jeden ~ hundert Euro** ça revient à cent euros par personne
❹ *geh* (*entgleiten*) **die Vase entfiel ihr** le vase lui tomba des mains

entfalten* **I.** *tr V* ❶ déplier *Zeitung, Brief;* épanouir *Blüte, Blatt, Knospe*
❷ (*entwickeln*) déployer *Aktivität, Betriebsamkeit;* épanouir *Fähigkeiten, Kräfte, Talente*
❸ (*zur Geltung bringen*) déployer *Pracht*
II. *r V* **sich ~** ❶ *Knospe, Blüte:* s'épanouir; *Fallschirm:* s'ouvrir
❷ (*sich entwickeln*) *Persönlichkeit, Talent:* s'épanouir

Entfaltung <-, *selten* -en> *f* ❶ *einer Blüte* épanouissement *m; eines Fallschirms* ouverture *f*
❷ (*Entwicklung*) *von Aktivitäten, Tätigkeiten* déploiement *m; eines Talents, der Persönlichkeit* épanouissement *m;* **etw zur ~ bringen** permettre à qc de s'épanouir; **zur ~ kommen** [*o* **gelangen**] s'épanouir
❸ (*Demonstration*) *von Pracht* déploiement *m*

entfärben* *tr, r V* [**sich**] **~** [se] décolorer

Entfärber <-s, -> *m,* **Entfärbungsmittel** *nt* décolorant *m*

entfernen* **I.** *tr V* ❶ enlever *Fleck, Aufkleber, Hindernis;* **das Preisschild von der Verpackung ~** enlever l'étiquette de l'emballage; **jdm den Blinddarm ~** enlever l'appendice à qn
❷ (*forttun, fortbringen*) **jdn von** [*o* **aus**] **der Schule ~** exclure qn de l'école; **jdn aus seinem Amt ~** écarter qn de ses fonctions; **jdn vom Thema ~** *Frage, Diskussion:* éloigner qn du sujet
II. *r V* ❶ (*weggehen*) **sich von/aus etw ~** s'éloigner de qc; **Sie können sich jetzt ~** vous pouvez vous en aller maintenant
❷ (*abweichen*) **sich vom Thema/von der Wahrheit ~** s'éloigner du sujet/de la vérité

Entfernen-Taste *f* touche *f* Effacement

entfernt [ɛnt'fɛrnt] **I.** *Adj* ❶ reculé(e); **die ~en Teile des Landes** les parties reculées du pays; **von jdm/etw ~ sein** être loin de qn/qc; **fünf Kilometer/drei Stunden ~ von etw ~ sein** [*o* **liegen**] être [*o* se trouver] à cinq kilomètres/trois heures de qc
❷ (*weitläufig*) *Verwandter, Verwandtschaft* éloigné(e)
❸ (*gering*) *Ähnlichkeit* vague *antéposé*
▸ **weit davon ~ sein etw zu tun** être bien loin de faire qc
II. *Adv* ❶ (*geringfügig*) de loin; *erinnern* vaguement
❷ (*weitläufig*) **mit jdm ~ verwandt sein** être parent(e) éloigné(e) de qn
▸ **nicht im Entferntesten** ne pas le moins du monde; **er ist nicht im Entferntesten so frech wie sein Bruder** il n'est en aucune manière aussi impertinent que son frère

Entfernung <-, -en> *f* ❶ distance *f;* **in einer ~ von drei Metern, in drei Metern ~** à une distance de trois mètres; **auf eine ~ von zwölf Metern, auf zwölf Meter ~** à une distance de douze mètres; **aus der ~** de loin
❷ *kein Pl* (*das Entfernen*) *eines Flecks, Hindernisses* élimination *f;* **seine ~ aus dem Amt** sa révocation de ses fonctions
❸ *kein Pl* (*das Weggehen*) **unerlaubte ~ von der Truppe** absence *f* illégale de la troupe

Entfernungsmesser <-s, -> *m* OPT télémètre *m*

entfesseln* *tr V* déclencher *Begeisterung, Krieg*

entfesselt *Adj* déchaîné(e)

entfetten* *tr V* dégraisser *Haut, Haar;* dessuinter *Wolle*

Entfettungskur *f fam* cure *f* d'amaigrissement

entflammbar [ɛnt'flamba:ɐ] *Adj* ❶ inflammable
❷ *hum fam* (*begeisterungsfähig*) **leicht ~ sein** s'enflammer facilement (*fam*)

entflammen* *geh* **I.** *tr V + haben* ❶ (*entfachen*) enflammer *Begierde, Leidenschaft, Hass*
❷ (*begeistern*) **jdn für etw ~** enflammer qn pour qc
❸ (*verliebt machen*) conquérir; **er hat sie gleich für sich entflammt** il l'a tout de suite conquise
II. *itr V + sein* ❶ *Zorn, Streit:* éclater; *Leidenschaft, Liebe:* s'enflammer; **eine neu entflammte Leidenschaft** une passion à nouveau ravivée
❷ (*verliebt sein*) **für jdn entflammt sein** être épris(e) de qn (*soutenu*)

entflechten* *tr V unreg* ❶ ÖKON scinder *Großkonzern, Kartell*

E

❷ (*entwirren*) dénouer *Durcheinander*

entfliegen* *itr V unreg + sein* s'échapper; **aus einem Käfig ~** s'échapper d'une cage; **ein entflogener Wellensittich** une perruche échappée

entfliehen* *itr V unreg + sein* ❶ (*fliehen*) s'enfuir; **aus der Haft ~** s'évader de la prison
❷ *geh* (*entkommen*) **dem Lärm/der Hektik ~** échapper au bruit/à l'agitation
❸ *geh* (*schnell vergehen*) s'envoler (*soutenu*)

entflogen *PP von* **entfliegen**

entflohen *PP von* **entfliehen**

entfremden* **I.** *tr V* ❶ (*fremd machen*) rendre étrangers(-ères) l'un(e) à l'autre; **zwei Menschen einander ~** rendre deux personnes étrangères l'une à l'autre; **die Kinder einander ~** rendre les enfants étrangers l'un à l'autre; **jdn seiner Heimat** (*Dat*) **~** *Exil:* rendre qn étranger(-ère) par rapport à son propre pays
❷ (*zweckentfremden*) **etw seinem Zweck/seiner Bestimmung ~** détourner qc de son usage/de sa destination première
II. *r V* **sich jdm ~** se détacher de qn

Entfremdung <-, -en> *f* détachement *m;* **seine zunehmende ~ von jdm/etw** son détachement croissant vis-à-vis de qn/qc

entfrosten* *tr V* dégivrer

Entfroster <-s, -> *m* dégivreur *m*

entführen* *tr V* ❶ enlever, kidnapper *Kind, Geisel;* détourner *Flugzeug*
❷ *hum fam* (*wegnehmen*) **jdm jdn/etw ~** emprunter qn/qc à qn; **kann ich dir mal kurz deinen Mann ~?** je peux t'emprunter ton mari un moment? (*fam*)

Entführer(in) *m(f)* ravisseur(-euse) *m(f);* (*Luftpirat*) pirate *mf* de l'air

Entführung *f eines Kindes, einer Geisel* rapt *m,* enlèvement *m; eines Flugzeugs* détournement *m*

entgangen *PP von* **entgehen**

entgegen [ɛnt'ge:gən] **I.** *Adv* au devant de; **dem Ziel ~** au devant du but; **dem Morgen/Sommer ~** vers le matin/l'été
II. *Präp + Dat* ❶ (*zuwider*) **~ unserer Abmachung** contrairement à notre accord
❷ (*im Gegensatz zu*) **~ allen Erwartungen** contre toute attente

entgegen|bringen *tr V unreg* faire preuve de; **jdm Vertrauen/Achtung ~** faire preuve de confiance/respect à l'égard de qn; **einer S.** (*Dat*) **Interesse/Verständnis ~** manifester de l'intérêt/de la compréhension pour qc **entgegen|eilen** *itr V + sein* courir à la rencontre; **jdm ~** courir à la rencontre de qn; **jdm entgegengeeilt kommen** venir en courant à la rencontre de qn; **dem Ziel ~** *Läufer:* voler vers le but **entgegen|fahren** *itr V unreg + sein* aller à la rencontre; **jdm ~** aller à la rencontre de qn **entgegen|fiebern** *itr V* attendre avec impatience; **einer S.** (*Dat*) **~** attendre qc avec impatience **entgegen|gehen** *itr V unreg + sein* ❶ aller à la rencontre; **jdm ~** aller à la rencontre de qn ❷ (*zu erwarten haben*) **einer Gefahr/dem Tod ~** aller au devant d'un danger/de la mort; **seinem Untergang ~** courir à sa perte; **dem** [*o* **seinem**] **Ende ~** toucher à sa fin **entgegengesetzt** **I.** *Adj Ende, Richtung, Interessen, Meinungen* opposé(e); **an der ~en Seite des Tisches sitzen** être assis(e) de l'autre côté de la table; **diametral ~e Auffassungen** des conceptions diamétralement opposées **II.** *Adv* **~ handeln** faire le contraire; **genau ~ reagieren** réagir de façon exactement inverse **entgegen|halten** *tr V unreg* ❶ (*hinhalten*) tendre; **jdm etw ~** tendre qc à qn; **sein Gesicht der Sonne ~** tendre son visage vers le soleil ❷ (*als Gegenargument anführen*) présenter *Einwand, Beweis* **entgegen|kommen** *itr V unreg + sein* ❶ venir à la rencontre; (*fahrend*) arriver en sens inverse; **jdm ~** venir à la rencontre de qn; (*fahrend*) arriver en sens inverse de qn; **der ~de Verkehr** la circulation en sens inverse ❷ (*Zugeständnisse machen*) **jdm ~** faire une concession à qn; **dem Wunsch/der Bitte der Bürger ~** répondre au souhait/à la demande des citoyens ❸ (*entsprechen*) **jds Interessen** (*Dat*) **~** aller dans le sens des intérêts de qc; **jdm sehr ~** *Vorschlag, Angebot:* aller tout à fait à qn **Entgegenkommen** <-s> *nt* ❶ (*gefällige Haltung*) compréhension *f* ❷ (*Zugeständnis*) concession *f* **entgegenkommend** *Adj* bienveillant(e) **entgegen|laufen** *itr V unreg + sein* ❶ courir à la rencontre; **jdm ~** courir à la rencontre de qn ❷ (*zuwiderlaufen*) **einer S.** (*Dat*) **~** être contraire à qc

Entgegennahme <-, -n> *f einer Bestellung, Lieferung, Ware* réception *f; einer Zahlung* encaissement *m*

entgegen|nehmen *tr V unreg* accepter *Brief, Ware;* encaisser *Geldbetrag* **entgegen|schlagen** *itr V unreg + sein Hitze, Kälte, Geruch:* assaillir; *Flammen:* jaillir en direction; *Jubel, Hass, Ablehnung:* accueillir; **jdm ~** *Hitze, Kälte, Geruch:* assaillir qn; *Flammen:* jaillir en direction de qn; *Jubel, Hass, Ablehnung:* accueillir qn **entgegen|sehen** *itr V unreg* ❶ (*in die Richtung sehen*) regarder dans la direction; **jdm/einem ankommenden Zug ~** regarder dans la direction de qn/d'un train qui arrive ❷ *geh* (*erwarten*) **einer Antwort/Entscheidung** (*Dat*) **~** être dans l'attente d'une réponse/décision (*soutenu*) **entgegen|setzen** **I.** *tr V* opposer; **einer S.** (*Dat*) **Widerstand ~** opposer une résistance à qc; **nichts entgegenzusetzen haben** n'avoir rien à redire à qc **II.** *r V* **sich jdm/einer S. ~** s'opposer à qn/qc **entgegen|stehen** *itr V unreg* s'opposer à; **einer S.** (*Dat*) **~** s'opposer à qc; **dem steht nichts entgegen** rien ne s'y oppose **entgegen|stellen** *r V* ❶ (*ablehnen*) **sich jdm/einer S. ~** s'opposer à qn/qc ❷ MIL **sich den Angreifern ~** faire face aux agresseurs **entgegen|steuern** *itr V* combattre; **einem Trend ~** combattre une tendance **entgegen|strecken** *tr V* tendre; **jdm etw ~** tendre qc à qn **entgegen|treten** *itr V unreg + sein* ❶ (*in den Weg treten*) faire front à; **jdm ~** faire front à qn ❷ (*sich zur Wehr setzen*) **jdm/einer S. ~** lutter contre qn/qc **entgegen|wirken** *itr V* agir contre; **einer S.** (*Dat*) **~** agir contre qc

entgegnen* *tr V* répliquer, rétorquer; **„Sei still!" entgegnete sie** "Tais-toi!" rétorqua-t-elle; **was hätte man ihm** [**darauf**] **~ sollen?** qu'aurait-on dû lui répondre [à cela]?

Entgegnung <-, -en> *f* réplique *f*

entgehen* *itr V unreg + sein* ❶ (*nicht bemerkt werden*) *Bemerkung, Pointe, Fehler:* échapper à; **jdm ~** *Bemerkung, Pointe, Fehler:* échapper à qn; **es entgeht jdm nicht, dass** il n'échappe pas à qn que + *indic*
❷ (*entrinnen, entkommen*) **dem Schicksal/der Strafe ~** échapper au destin/à la punition
❸ (*ungenutzt bleiben*) **sich** (*Dat*) **etw ~ lassen** laisser passer qc

entgeistert [ɛnt'gaɪstɐt] **I.** *Adj* hébété(e)
II. *Adv anstarren* l'air hébété

Entgelt [ɛnt'gɛlt] <-[e]s, -e> *nt form* rétribution *f;* **als** [*o* **zum**] **~ für etw** en contrepartie de qc; **für ein geringes ~** moyennant une faible rémunération; **gegen ~** moyennant finances; **ohne ~** sans contrepartie financière

entgelten* *tr V unreg geh* dédommager; **jdm etw ~** dédommager qn de qc

entgiften* *tr V* ÖKOL, MED épurer

Entgiftung <-, -en> *f* ÖKOL, MED épuration *f*

entgleisen* *itr V + sein* ❶ *Zug, Straßenbahn:* dérailler; **einen Zug zum Entgleisen bringen** faire dérailler un train
❷ (*ausfallend werden*) commettre un impair

Entgleisung <-, -en> *f* ❶ déraillement *m*
❷ (*Taktlosigkeit*) impair *m*

entgleiten* *itr V unreg + sein* ❶ glisser [*o* échapper] des mains; **jdm** [*o* **jds Händen**] **~** glisser [*o* échapper] des mains de qn
❷ (*verloren gehen*) **jdm ~** *Kontrolle, Leitung:* échapper à qn

entgolten *PP von* **entgelten**

entgräten* *tr V* enlever les arêtes de; **entgrätet** sans arêtes

enthaaren* *tr V* épiler
Enthaarung <-, -en> *f* épilation *f*
Enthaarungscreme *f* crème *f* dépilatoire **Enthaarungsmittel** *nt* [d]épilatoire *m*
enthalten* *unreg* **I.** *tr V* ❶ contenir; **Kohlensäure/Alkohol ~** contenir du gaz carbonique/de l'alcool
❷ (*einschließen*) **im Preis [mit] ~ sein** être compris(e) dans le prix
II. *r V* ❶ (*nicht abstimmen*) **sich [der Stimme] ~** s'abstenir
❷ *geh* (*verzichten*) **sich eines Kommentars/des Weines ~** s'abstenir de faire un commentaire/boire du vin
enthaltsam [ɛnt'haltza:m] **I.** *Adj Person* modéré(e); *Leben* d'abstinence
II. *Adv* **~ leben** vivre dans l'abstinence
Enthaltsamkeit <-> *f* abstinence *f*; (*sexuelle Abstinenz*) chasteté *f*
Enthaltung *f* (*Stimmenthaltung*) abstention *f*
enthärten* *tr V* adoucir *Wasser*
enthaupten* *tr V* décapiter
Enthauptung <-, -en> *f* décapitation *f*
enthäuten* *tr V* ❶ GASTR enlever la peau de
❷ JAGD dépouiller
entheben* *tr V unreg geh* ❶ (*entlassen*) relever (*form*); **jdn seines Amtes/Dienstes ~** relever qn de ses fonctions/destituer qn de son poste
❷ (*entbinden*) **jdn aller Verpflichtungen ~** dégager qn de toute obligation
enthemmen* **I.** *tr V* désinhiber *Person*
II. *itr V Alkohol, Drogen:* avoir un effet désinhibant, lever les inhibitions
Enthemmung *f kein Pl* désinhibition *f*, levée *f* des inhibitions
enthoben *PP von* **entheben**
enthüllen* **I.** *tr V* ❶ dévoiler *Denkmal, Gesicht*
❷ *geh* (*aufdecken*) **[jdm] ein Geheimnis/einen Plan ~** dévoiler un secret/projet [à qn]
II. *r V* **sich jdm ~** se révéler à qn
Enthüllung <-, -en> *f* ❶ *eines Denkmals, Gesichts* dévoilement *m*
❷ (*Aufdeckung, enthüllter Sachverhalt*) révélation *f*
Enthüllungsjournalismus *m* journalisme *m* de révélations
Enthusiasmus [ɛntuzi'asmʊs] <-> *m* enthousiasme *m*; **jds ~ bremsen [*o* zügeln]** freiner l'enthousiasme de qn
Enthusiast(in) <-en, -en> *m(f)* enthousiaste *mf*
enthusiastisch **I.** *Adj* enthousiaste, plein(e) d'enthousiasme
II. *Adv* avec enthousiasme
entjungfern* *tr V* dépuceler
Entjungferung <-, -en> *f* dépucelage *m*
entkalken* *tr V* détartrer *Wasserkessel, Kaffeemaschine;* adoucir *Wasser*
entkeimen* *tr V* débarrasser, désinfecter; **etw ~** débarrasser qc de ses germes, désinfecter qc
entkernen* *tr V* dénoyauter *Kirsche, Pfirsich, Olive;* épépiner *Apfel, Birne, Orange*
entkleiden* *geh tr V* **[sich] ~** [se] dévêtir (*soutenu*)
entknoten* *tr V* dénouer
entkolonialisieren* *tr V* décoloniser; **entkolonialisiert werden** être décolonisé(e)
Entkolonialisierung *f* décolonisation *f*
entkommen* *itr V unreg + sein* s'échapper; **jdm ~** échapper à qn; **über die Grenze ~** s'échapper en passant la frontière
Entkommen <-> *nt* évasion *f*; **es gibt für ihn/sie kein ~** il n'y a pas moyen pour lui/elle de s'évader
entkorken* *tr V* déboucher
entkräften* *tr V* ❶ (*schwächen*) épuiser; **entkräftet sein** être épuisé(e), ne plus avoir de forces
❷ (*widerlegen*) réfuter *Behauptung, Verdacht, Einwand*
Entkräftung <-, -en> *f* ❶ (*Erschöpfung*) épuisement *m*
❷ (*Widerlegung*) infirmation *f*
entkrampfen* **I.** *tr V* ❶ (*lockern*) décontracter *Muskeln, Körper*
❷ (*entspannen*) décrisper *Atmosphäre, Lage*
II. *r V* **sich ~** ❶ (*sich lockern*) *Muskulatur, Körper:* se décontracter
❷ (*sich entspannen*) *Atmosphäre, Lage:* se décrisper
Entkrampfung <-, -en> *f* ❶ (*Lockerung*) décontraction *f*
❷ (*Entspannung*) décrispation *f*; **zur ~ der Lage beitragen** contribuer à détendre la situation
entladen* *unreg* **I.** *tr V* décharger; **das Entladen** le déchargement
II. *r V* ❶ **sich über jdm/etw ~** *Gewitter:* éclater au-dessus de qn/qc
❷ ELEC **sich ~** se décharger
❸ (*ausbrechen*) **sich ~** *Begeisterung, Emotionen:* éclater; **sich über jdm ~** *Zorn:* éclater contre qn
Entladung *f* déchargement *m*
entlang [ɛnt'laŋ] **I.** *Präp + Dat o Gen* le long de; **~ dem Kanal [*o* des Kanals]/der Straße** le long du canal/de la route
II. *Präp + Akk* **den Kanal/die Straße ~** le long du canal/de la route
III. *Adv* **hier ~** par ici; **wir müssen die Grenze ~** nous devons longer la frontière; **am Zaun ~ standen Schaulustige** le long de la clotûre il y avait des badauds
entlang|blicken *itr V* **die [*o* an den] Baumreihen ~** regarder tout du long les arbres alignés **entlang|fahren** *itr V unreg* ❶ longer; **den Kanal ~** (*mit dem Auto/Fahrrad*) longer le canal [en voiture/à vélo] ❷ (*entlangstreichen, deuten*) **mit dem Finger die Grenze ~** suivre du doigt le long de la frontière **entlang|gehen** *unreg itr V + sein* longer; **eine Straße ~** longer une route; **an einem Park ~** longer un parc **entlang|laufen** *itr V + sein* ❶ (*laufen*) courir le long de; **eine Gasse ~** courir le long d'une ruelle; **an einem Garten ~** courir le long d'un jardin ❷ (*verlaufen*) **am Kanal ~** *Weg:* longer le canal
entlarven* **I.** *tr V* ❶ (*enttarnen*) démasquer; **jdn [als Spion] ~** démasquer qn [comme étant un espion]
❷ (*aufdecken*) **ein Angebot als Falle ~** découvrir qu'une offre est un piège
II. *r V* **sich selbst [als Lügner] ~** se démasquer soi-même [comme étant un menteur]
Entlarvung <-, -en> *f* **ihm/ihr gelang die ~ des Agenten** il/elle a réussi à démasquer l'agent
entlassen* *tr V unreg* ❶ licencier *Mitarbeiter*
❷ (*gehen lassen*) laisser sortir *Patienten;* libérer *Häftling;* **jdn aus dem Krankenhaus ~** laisser sortir qn de l'hôpital; **jdn aus der Haft ~** libérer qn de prison; **aus der Schule ~ werden** quitter l'école; **aus der Haft ~ werden** sortir de prison
❸ *geh* (*verabschieden*) congédier *Besucher, Bittsteller*
❹ *geh* (*entbinden*) **jdn aus einer Verpflichtung/Verantwortung ~** dégager qn d'une obligation/responsabilité
Entlassung <-, -en> *f* (*Kündigung*) licenciement *m*, renvoi *m*; **sofortige/grundlose ~** licenciement [*o* renvoi] immédiat/sans motif
Entlassungsgesuch *nt* lettre *f* de démission **Entlassungsschreiben** *nt* lettre *f* de licenciement **Entlassungszeugnis** *nt* dossier *m* scolaire
entlasten* *tr V* ❶ JUR décharger; **jdn völlig ~** laver qn de tout soupçon, innocenter complètement qn; **~d** à décharge
❷ (*von einer Belastung befreien*) décharger, soulager *Person;* délester *Verkehr;* **jdn steuerlich ~** dégrever qn
❸ (*ausgleichen*) créditer *Konto*
❹ (*bestätigen*) donner quitus à *Vorstand, Hausverwaltung*
Entlastung <-, -en> *f* ❶ JUR décharge *f*; **zu seiner/ihrer ~** à sa décharge
❷ (*Hilfe, Erleichterung*) soulagement *m*; **es wäre eine große ~ [für mich], wenn ...** ça me déchargerait beaucoup si ...; **zu deiner ~** pour te décharger
❸ (*Bestätigung*) *eines Geschäftsführers* quitus *m*; **~ des Vor-**

stands quitus donné au directoire
Entlastungsmaterial *nt* documents *mpl* à décharge **Entlastungszeuge** *m*, **-zeugin** *f* témoin *m* à décharge **Entlastungszug** *m* train *m* supplémentaire
entlauben* I. *tr V* défolier; **entlaubt** sans feuilles, nu(e)
II. *r V* **sich** ~ perdre ses feuilles
Entlaubungsmittel *nt* défoliant *m*
entlaufen* *itr V unreg + sein* ❶ (*fliehen*) *Häftling, Insasse, Sklave:* s'évader; *Heimkind:* faire une fugue; **entlaufen** évadé(e); *Heimkind* fugueur(-euse)
❷ (*fortlaufen*) **jdm** ~ *Tier:* se sauver et échapper à qn; **unser Hund ist** ~ nous avons perdu notre chien; **Hund/Katze** ~! perdu chien/chat!; **entlaufen** qui s'est sauvé(e)
entledigen* *r V geh* ❶ (*aus dem Wege räumen*) **sich eines Komplizen** ~ se débarrasser d'un complice
❷ (*erfüllen*) **sich einer Verpflichtung/eines Auftrags** ~ s'acquitter d'une obligation/mission
❸ (*ablegen*) **sich seines Mantels** ~ se débarrasser de son mateau
entleeren* *tr V* vider *Behälter, Darm, Blase;* vidanger *Grube, Becken*
Entleerung *f eines Behälters* vidage *m; einer Grube, eines Beckens* vidange *f;* **zur** ~ **der Blase** pour vider la vessie
entlegen [ɛnt'le:gən] *Adj* ❶ (*abgelegen*) isolé(e)
❷ (*abwegig*) *Gedanke, Vorstellung* saugrenu(e)
entlehnen* *tr V* emprunter; **ein Wort aus einer fremden Sprache** ~ emprunter un mot à une langue étrangère
Entlehnung <-, -en> *f* LING emprunt *m*
Entleiher(in) <-s, -> *m(f)* emprunteur(-euse) *m(f)*
Entlein <-s, -> *nt* caneton *m,* petit canard *m*
entloben* *r V* **sich** ~ rompre ses fiançailles
Entlobung <-, -en> *f* rupture *f* des fiançailles
entlocken* *tr V* soutirer; **jdm etw** ~ soutirer qc à qn; **einem Instrument Töne** ~ tirer des sons d'un instrument
entlohnen*, **entlöhnen** *tr V* CH **jdn für etw** ~ rétribuer qn pour qc
Entlohnung <-, -en> *f,* **Entlöhnung** <-, -en> *f* CH (*das Entlohnen*) rétribution *f*
entlüften* *tr V* ❶ aérer, ventiler *Raum*
❷ TECH purger *Bremsen, Heizung*
Entlüftung <-, -en> *f* ❶ (*das Entlüften, Entlüftungsanlage*) *eines Raums* ventilation *f*
❷ TECH *von Bremsen, einer Heizung* purge *f*
Entlüftungsventil *nt* TECH ventouse *f*
entmachten* *tr V* renverser
Entmachtung <-, -en> *f eines Diktators, Regimes* renversement *m; eines Gegenspielers* mise *f* sur la touche
entmannen* *geh tr V* [**sich**] ~ [se] châtrer
entmenscht [ɛnt'mɛnʃt] *Adj* inhumain(e), barbare
entmilitarisieren* *tr V* démilitariser; **entmilitarisierte Zone** zone *f* démilitarisée
Entmilitarisierung *f* démilitarisation *f*
entmündigen* *tr V* mettre sous tutelle; **jdn wegen etw** ~ mettre qn sous tutelle pour qc; **jdn** ~ **lassen** faire mettre qn sous tutelle
Entmündigung <-, -en> *f* ❶ JUR mise *f* sous tutelle
❷ (*Bevormundung*) déresponsabilisation *f*
entmutigen* *tr V* décourager; **sich** ~ **lassen** se décourager
Entmutigung <-, -en> *f* découragement *m*
Entnahme [ɛnt'na:mə] <-, -n> *f* prélèvement *m*
Entnazifizierung [ɛntnatsifi'tsi:rʊŋ] <-, -en> *f* HIST, POL dénazification *f*
entnehmen* *tr V unreg* ❶ (*herausnehmen*) retirer; **etw** [**aus**] **der Schublade/Kasse** ~ retirer qc du tiroir/de la caisse
❷ MED **jdm Blut** ~ prélever du sang à qn
❸ (*schlussfolgern*) **einer Rede** (*Dat*) **etw** ~ déduire qc d'un discours; **einem Artikel** ~, **dass** déduire d'un article que + *indic*
entnerven* *tr V* énerver, metre à bout [de nerfs]; ~**d** énervant(e), nerveusement épuisant(e)
entnervt *Adj, Adv* excédé(e), à bout [de nerfs]
Entomologie [ɛntomolo'gi:] <-> *f* entomologie *f*
entpuppen* *r V* **sich als Betrüger** ~ se révéler être un escroc
entrahmen* *tr V* écrémer
enträtseln* *tr V* déchiffrer *Schrift;* **ein Geheimnis** ~ percer un secret à jour; **den Sinn von etw** ~ élucider qc
entrechten* *tr V* priver de ses droits; **jdn** ~ priver qn de ses droits
Entrechtete(r) *f(m) dekl wie Adj, meist Pl* opprimé(e) *m(f)*
Entrechtung <-, -en> *f* privation *f* des droits
entreißen* *tr V unreg* ❶ (*wegreißen*) arracher; **jdm etw** ~ arracher qc à qn
❷ *fig* **jdn dem Tod/den Flammen** ~ arracher qn à la mort/aux flammes
entrichten* *tr V form* régler, payer; acquitter *Gebühr*
Entrichtung *f form* règlement *m,* paiement *m*
entringen* *tr V unreg geh* arracher de force; **jdm etw** ~ arracher de force qc à qn
entrinnen* *itr V unreg + sein geh* échapper; **jdm/einer S.** ~ échapper à qn/qc
Entrinnen <-s> *nt* ► **es gibt kein** ~ on ne peut y échapper
entrissen *PP von* **entreißen**
entrollen* I. *tr V* déployer *Segel*
II. *r V geh* **sich** ~ *Geschehnisse, Bilder:* défiler
Entropie [ɛntro'pi:] <-, -n> *f* entropie *f*
entrosten* *tr V* dérouiller; **entrostet werden** être débarrassé(e) de sa rouille
entrücken* *tr V geh* **jdn einer S.** (*Dat*) ~ retrancher qn de qc
entrückt [ɛnt'rʏkt] *Adj geh* absent(e); **der Wirklichkeit** (*Dat*) ~ **sein** être détaché(e) de la réalité
entrümpeln* *tr V* débarrasser
Entrümp[e]lung <-, -en> *f* ❶ (*das Entrümpeln*) **die** ~ **des Kellers dauerte Tage** il a fallu des jours pour débarrasser la cave
❷ (*Befreiung von Unnützem*) lifting *m*
entrüsten* *r V* **sich über jdn** ~ être scandalisé(e) par qn; **sich über etw** ~ s'indigner de qc
entrüstet I. *Adj* indigné(e), outré(e); **über jdn/etw** ~ **sein** être scandalisé(e) par qn/qc
II. *Adv* d'un air outré; *rufen, sagen* d'un ton outré
Entrüstung *f* indignation *f;* ~ **über jdn/etw** indignation *f* contre qn/qc; **voller** ~ plein(e) d'indignation
entsaften* *tr V* ❶ (*auspressen*) presser le jus de
❷ (*auskochen*) extraire le jus de
Entsafter <-s, -> *m* (*Presse*) centrifugeuse *f;* (*mit Hitze*) extracteur *m* de jus de fruit
entsagen* *itr V geh* renoncer à; **einer S.** (*Dat*) ~ renoncer à qc
Entsagung <-, -en> *f geh* renoncement *m*
entsagungsvoll *Adj geh Leben* tout(e) de renoncement; *Blick* plein(e) de renoncement; *Geste* en signe de renoncement
entsalzen* *tr V* dessaler
Entsalzung <-, -en> *f* dessalement *m*
entsandt *PP von* **entsenden**
entschädigen* *tr V a.* JUR dédommager; **jdn für etw** ~ dédommager qn de qc; **einen Schaden/Verlust durch/mit etw** ~ compenser un dommage/une perte par qc
Entschädigung *f* ❶ (*das Entschädigen*) dédommagement *m;* **etw als** ~ **bekommen** [*o* **erhalten**] recevoir qc en dédommagement
❷ (*Entschädigungsleistung*) indemnité *f;* **jdm eine** ~ **zahlen** verser une indemnité à qn
Entschädigungsanspruch *m* droit *m* à indemnisation **Entschädigungssumme** *f* indemnité *f*
entschärfen* *tr V* ❶ désamorcer *Bombe, Mine;* **das Entschärfen** le désamorçage
❷ (*säubern*) expurger *Buch, Film*

sich entscheiden

• nach Entschlossenheit fragen	• s'assurer d'une décision
Sind Sie sicher, dass Sie das wollen?	**Êtes-vous sûr(e)** de vouloir cela?
Haben Sie sich das gut überlegt?	**Y avez-vous bien réfléchi?**
Wollen Sie nicht lieber dieses Modell?	**Ne préféreriez-vous pas plutôt** ce modèle?

• Entschlossenheit ausdrücken	• exprimer sa détermination
Ich habe mich entschieden: Ich werde an der Feier nicht teilnehmen.	**Je me suis décidé(e):** je ne participerai pas à la cérémonie.
Ich habe mich dazu durchgerungen, ihr alles zu sagen.	**Je me suis résolu(e) à** tout lui dire.
Wir sind (fest) entschlossen, nach Australien auszuwandern.	**Nous sommes (fermement) décidé(e)s** à émigrer en Australie.
Ich lasse mich von nichts/niemandem davon abbringen, es zu tun.	**Rien/Personne ne me dissuadera de** le faire.
Ich werde auf keinen Fall kündigen.	**Il est hors de question que je** démissionne.

• Unentschlossenheit ausdrücken	• exprimer son hésitation
Ich weiß immer noch nicht, was ich tun soll.	**Je ne sais toujours pas quoi faire.**
Wir sind uns noch im Unklaren darüber, was wir tun werden.	**Nous ne savons pas encore ce que** nous ferons.
Ich bin mir noch unschlüssig, ob ich die Wohnung mieten soll oder nicht.	**J'hésite encore si** je prends l'appartement ou non.
Ich habe mich noch nicht entschieden.	**Je ne me suis pas encore décidé(e).**
Ich bin noch zu keinem Entschluss darüber gekommen.	**Je n'ai pas encore pris de décision.**

③ (*entspannen*) décrisper *Debatte, Lage, Konflikt*

Entscheid [ɛntˈʃaɪt] *s.* **Entscheidung**

entscheiden* *unreg* **I.** *tr V* ① (*beschließen*) décider; ~, **dass/ob/wann ...** décider que + *indic*/si/quand ...
② (*klären*) trancher *Fall, Streit, Frage;* **entschieden sein** être décidé(e); **noch ist nichts entschieden** les jeux ne sont pas encore faits
③ (*ausschlaggebend sein*) **etw** ~ *Umstand, Faktor:* avoir une influence décisive sur qc
④ (*gewinnen*) **etw [für sich]** ~ avoir une influence décisive sur qc; **das Spiel ist entschieden** le match est joué
II. *itr V* **über etw** (*Akk*) ~ décider de qc; **für jdn/etw** ~ se prononcer en faveur de qn/qc; **gegen jdn/etw** ~ se prononcer contre qn/qc
III. *r V* ① (*beschließen*) **sich** ~ se décider, prendre une décision; **sich** ~ **etw zu tun** se décider à faire qc, prendre la décision de faire qc; **sich für jdn/etw** ~ se prononcer en faveur de qn/qc; **sich gegen jdn/etw** ~ se prononcer contre qn/qc
② (*sich herausstellen*) **es entscheidet sich, ob/wann/wie ...** on va voir si/quand/comment ...; *s. a.* **entschieden**

entscheidend **I.** *Adj* (*ausschlaggebend*) décisif(-ive); *Fehler, Irrtum* grave; **von ~er Bedeutung** d'une importance capitale; **für jdn/etw ~ sein** être décisif(-ive) pour qn/qc
II. *Adv* de manière décisive

Entscheidung *f* ① (*Beschluss*) décision *f;* **finanzielle/personelle ~en** des décisions concernant les finances/le personnel; **vor einer ~ stehen** devoir prendre une décision; **jdn vor eine ~ stellen** mettre qn au pied du mur; **zu einer ~ kommen** [*o* **gelangen**] parvenir à une décision; **eine ~ treffen** prendre une décision; **die ~ liegt bei ihr** la décision lui appartient
② JUR verdict *m;* **eine ~ anfechten/aufheben** attaquer/casser une décision
③ SPORT résultat *m;* **um die ~ spielen** jouer pour emporter la décision

Entscheidungsbefugnis *f* pouvoir *m* de décision **Entscheidungsfreiheit** *f* liberté *f* de décision; **völlige ~ haben** avoir toute liberté de décision **entscheidungsfreudig** *Adj* avec un esprit de décision; ~ **sein** avoir l'esprit de décision **entscheidungsreif** *Adj Projekt* en attente de décision **Entscheidungsschlacht** *f* bataille *f* décisive, combat *m* décisif **entscheidungsschwach** *Adj* sans esprit de décision; ~ **sein** manquer d'esprit de décision **Entscheidungsspiel** *nt* match *m* décisif

entschieden [ɛntˈʃiːdən] **I.** *PP von* **entscheiden**
II. *Adj* ① (*entschlossen*) *Befürworter, Gegner* résolu(e)
② (*eindeutig*) *Ablehnung, Gegnerschaft* catégorique; *Befürwortung* total(e); *Stellungnahme* clair(e) [et net(te)]
III. *Adv* ① (*entschlossen*) *ablehnen, bekämpfen* catégoriquement
② (*eindeutig*) incontestablement, sans conteste

Entschiedenheit <-> *f* détermination *f;* **mit [aller]** ~ catégoriquement, avec [la plus extrême] fermeté

entschlacken* **I.** *tr V* désintoxiquer
II. *itr V* avoir un effet dépuratif

Entschlackung <-, -en> *f* **der ~** (*Dat*) **des Blutes dienen** servir à libérer le sang de ses toxines

entschlafen* *itr V unreg + sein geh* rendre le dernier soupir (*soutenu*)

Entschlafene(r) *f(m) dekl wie Adj geh* défunt(e) *m(f)* (*littér*)

entschleiern* *tr V geh* dévoiler, percer *Geheimnis*

entschließen* *r V unreg* **sich ~** se décider, prendre une décision; **sich ~ etw zu tun** se décider à faire qc, prendre la décision de faire qc; **sich für/zu etw ~** opter pour qc; **sich zu nichts ~ können** ne pas arriver à se décider; *s. a.* **entschlossen**

entschlossen [ɛntˈʃlɔsən] **I.** *PP von* **entschließen**

sich entschuldigen

• zugeben, eingestehen	• admettre, avouer
Ich bin Schuld daran.	C'est de ma faute.
Ja, es war mein Fehler.	Oui, c'était de ma faute.
Da habe ich Mist gebaut. *(sl)*	Là, j'ai fait une connerie. *(fam)*
Ich gebe es ja zu: Ich habe zu vorschnell gehandelt.	**Je l'admets:** j'ai agi trop vite.
Sie haben Recht, ich hätte mir die Sache gründlicher überlegen **sollen.**	**Vous avez raison, j'aurais dû** mieux réfléchir à la question.
• sich entschuldigen	**• s'excuser**
(Oh,) das hab ich nicht gewollt!	(Oh,) je ne l'ai pas fait exprès!
Das tut mir Leid!	Je suis désolé(e)!
Entschuldigung!/Verzeihung!/Pardon!	Excuse-moi!/Excusez-moi!/Pardon!/Je te/vous demande pardon!
Entschuldigen Sie bitte!	Excusez-moi!/Je suis désolé(e)!
Das war nicht meine Absicht.	Ce n'était pas dans mes intentions.
Ich muss mich dafür wirklich entschuldigen.	Excusez-moi, je suis vraiment désolé(e).
• auf Entschuldigungen reagieren	**• accepter des excuses**
Schon okay! *(fam)*/Das macht doch nichts!	Ça va!/Ça ne fait rien!
Keine Ursache!/Macht nichts!	Ce n'est pas grave!/Ça ne fait rien!/ Ne t'en fais pas!
Machen Sie sich darüber keine Gedanken.	Ne vous faites pas de soucis!
Lassen Sie sich darüber keine grauen Haare wachsen. *(fam)*	Ne vous faites pas de cheveux blancs pour ça!

II. *Adj* décidé(e); **fest** ~ déterminé(e); **fest** ~ **sein** [**etw zu tun**] être bien décidé(e) [à faire qc]; **wild** ~ *fam* remonté(e) à bloc (*fam*); **zu allem** ~ prêt(e) à tout
III. *Adv* avec détermination; **etw kurz** ~ **tun** ne pas y aller par quatre chemins et faire qc
Entschlossenheit <-> *f* détermination *f*
entschlummern* *itr V + sein geh* ❶ *euph* (*sterben*) décéder (*soutenu*)
❷ *veraltet* (*einschlafen*) s'assoupir
entschlüpfen* *itr V + sein* ❶ (*entkommen*) se sauver; **jdm** ~ échapper à qn
❷ (*entfahren*) **jdm** ~ *Äußerung, Name, Wort:* échapper à qn
EntschlussRR *m* décision *f;* **einen** ~ **fassen** prendre une décision; **zu einem/keinem** ~ **kommen** arriver/ne pas arriver à prendre une décision; **aus eigenem** ~ **handeln** agir de son propre chef; **es ist sein fester** ~ **zu heiraten** il a la ferme intention de se marier
entschlüsseln* *tr V* décoder
Entschlüsselung <-, -en> *f* décodage *m*
entschlussfreudigRR *Adj* avec un esprit de décision; ~ **sein** avoir l'esprit de décision **Entschlussfreudigkeit**RR <-> *f* esprit *m* de décision **Entschlusskraft**RR *f kein Pl* esprit *m* de décision **entschlusslos**RR I. *Adj* irrésolu(e) II. *Adv* sans pouvoir se décider
entschuldbar *Adj* excusable
entschuldigen* I. *itr V* ~ **Sie, können Sie mir sagen, ...** s'il vous plaît [*o* excusez-moi], pouvez-vous me dire ...; **entschuldige, ich tu das nicht wieder!** excuse-moi [*o* pardon], je ne recommencerai pas!; **Sie müssen** ~, **...** je vous demande pardon, ..., excusez-moi, ...
II. *r V* ❶ **sich bei jdm** ~ s'excuser auprès de qn; **sich für sein Verhalten** ~ s'excuser de son comportement; **ich muss mich bei Ihnen wegen meines Zuspätkommens** ~ je vous prie de bien vouloir excuser mon retard
❷ (*sich abwesend melden*) **sich** ~ *Schüler:* s'excuser; **sich** ~ **lassen** se faire excuser
III. *tr V* ❶ **jdn** ~ excuser qn; **sein Verhalten mit etw** ~ excuser son comportement en invoquant qc; **durch nichts zu** ~ **sein** ne pas être excusable
❷ (*als abwesend melden*) **jdn/etw bei jdm** ~ excuser qn/qc auprès de qn; **ich möchte meine Tochter für morgen** ~ je vous prie de bien vouloir excuser l'absence de ma fille demain
❸ (*verzeihlich machen*) **etw** ~ *Umstand, Tatsache:* excuser qc
entschuldigend *Adj Ton, Tonfall, Geste* d'excuse
Entschuldigung <-, -en> *f* ❶ (*Bitte um Verzeihung*) excuses *fpl;* **sie hat ihre Eltern wegen etw um** ~ **gebeten** elle a prié [*o* demandé à] ses parents de l'excuser de qc; **er bittet um** ~**, dass/weil er zu spät gekommen ist** il s'excuse d'être arrivé en retard; **ich muss Sie um** ~ **bitten, wenn ich Sie verletzt habe** je vous prie de bien vouloir m'excuser si je vous ai offensé; **ich bitte vielmals um** ~ je vous demande mille fois pardon; ~**!** pardon!, excuse-moi/excusez-moi!; ~**, wie spät ist es bitte?** excusez-moi, vous avez l'heure s'il vous plaît?
❷ (*Rechtfertigung*) excuse *f;* **als** [*o* **zur**] ~ **für etw** pour excuser qc; **zu meiner/deiner** ~ à ma/ta décharge
❸ (*Entschuldigungsschreiben*) mot *m* d'excuse
Entschuldigungsgrund *m* JUR excuse *f*
entschweben* *itr V + sein hum geh* tirer sa révérence (*soutenu*), s'envoler vers d'autres horizons (*soutenu*)
entschwefeln* *tr V* désulfurer
Entschwefelung <-, -en> *f* désulfuration *f*
entschwinden* *itr V unreg + sein geh* ❶ (*verschwinden*) disparaître; **ins Haus** ~ disparaître dans la maison; **den Blicken der Menge** ~ se dérober aux regards de la foule

❷ (*vergehen*) *Zeit, Stunden:* fuir (*littér*)
entseelt [ɛnt'ze:lt] *Adj, Adv geh Körper* inanimé(e), sans vie
entsenden* *tr V unreg o reg geh* ❶ (*offiziell*) déléguer; **jdn zu einer Tagung ~** déléguer qn à une conférence
❷ (*schicken*) **jdn zu jdm ~** envoyer qn auprès de qn
Entsendung *f eines Botschafters* envoi *m*
entsetzen* **I.** *tr V Umstand, Tatsache:* effarer; **jdn ~** *Umstand, Tatsache:* effarer qn
II. *r V* **sich über jdn/etw ~** être horrifié(e) par qn/qc; (*fassungslos sein*) être effaré(e) par qc
Entsetzen <-s> *nt* horreur *f;* **voller** [*o* **mit**] **~** avec horreur; **vor ~** d'horreur; **zu seinem/ihrem großen** [*o* **größten**] **~** à sa grande frayeur
Entsetzensschrei *m* cri *m* d'horreur
entsetzlich [ɛnt'zɛtslɪç] **I.** *Adj* horrible, épouvantable; **~ aussehen** être affreux(-se); **wie ~!** quelle horreur!
II. *Adv* affreusement, horriblement
entsetzt [ɛnt'zɛtst] **I.** *Adj* horrifié(e); (*fassungslos*) effaré(e); **über jdn/etw ~ sein** être horrifié(e) par qn/qc; (*fassungslos*) être effaré(e) par qn/qc
II. *Adv* l'air épouvanté; **~ aufschreien** pousser un cri d'épouvante
entseuchen* *tr V* décontaminer
entsichern* *tr V* enlever le cran de sûreté de *Pistole*
entsinnen* *r V unreg geh* se souvenir; **sich eines Freundes/Vorfalls ~** se souvenir d'un ami/incident; **wenn ich mich recht entsinne** si mes souvenirs sont exacts; **entsinnst du dich noch?** t'en souvient-il? (*littér*)
entsorgen* *tr V* ❶ (*wegschaffen*) évacuer
❷ (*von Abfallstoffen befreien*) éliminer les déchets de *Stadt, Fabrik*
Entsorgung [ɛnt'zɔrgʊŋ] <-, -en> *f von Müll* évacuation *f*
Entsorgungsbetrieb *m* usine *f* de traitement des déchets
entspannen* **I.** *r V* **sich ~** *Person, Lage, Verhältnis:* se détendre; **entspannt** détendu(e)
II. *tr V* ❶ (*lockern*) détendre *Muskeln, Nerven*
❷ (*beruhigen*) détendre, décrisper *Lage, Verhältnis*
Entspannung *f* détente *f;* **zur ~** pour se détendre
Entspannungspolitik *f* politique *f* de détente **Entspannungsübung** *f* exercice *m* de relaxation
entspinnen* *r V unreg* **sich ~** se tisser; **sich aus etw ~** se tisser à partir de qc
entsprechen* *itr V unreg* ❶ (*übereinstimmen mit*) correspondre à; **einer S.** (*Dat*) **~** correspondre à qc
❷ (*genügen*) **den Anforderungen/Bedingungen ~** satisfaire aux exigences/conditions
❸ *geh* (*nachkommen*) **einer Bitte/einem Wunsch ~** accéder à une demande/un souhait
entsprechend **I.** *Adj* ❶ (*angemessen*) *Entschädigung, Gehalt, Vergütung* correspondant(e)
❷ (*gemäß*) *Benehmen, Kleidung* approprié(e)
❸ (*zuständig*) *Sachbearbeiter* compétent(e)
❹ (*dementsprechend*) **~ sein** être à l'avenant
II. *Adv bezahlen, sich benehmen, handeln* en conséquence
III. *Präp + Dat* **~ Ihrem Vorschlag/unserer Abmachung** conformément à votre proposition/notre accord
Entsprechung <-, -en> *f* ❶ (*Gegenstück*) pendant *m*
❷ (*Übereinstimmung*) point *m* commun
entspringen* *itr V unreg + sein* ❶ *Fluss:* prendre sa source; **in den Bergen ~** *Fluss:* prendre sa source dans les montagnes
❷ (*seinen Ursprung haben*) **einer S.** (*Dat*) **~** sortir [*o* être le fruit] de qc
entstammen* *itr V + sein* ❶ être issu(e) de; **einer armen Familie** (*Dat*) **~** être issu(e) d'une famille pauvre
❷ (*herrühren*) **dem Russischen ~** *Begriff:* venir du russe; **einer berühmten Sammlung** (*Dat*) **~** *Gemälde, Skulptur:* provenir d'une collection célèbre
entstauben* *tr V* dépoussiérer
entstehen* *itr V unreg + sein* ❶ (*zu existieren beginnen*) se constituer; *Kunstwerk, Gebäude, Stadtteil:* naître; **das Haus ist in acht Monaten entstanden** la maison a été construite en l'espace de huit mois; **im Entstehen begriffen sein** *geh* être en cours de réalisation (*soutenu*)
❷ (*verursacht werden*) *Brand, Streit, Unruhe:* se déclencher
❸ CHEM se former, se constituer
❹ (*sich ergeben*) **ihm ~ durch den Unfall Kosten/Nachteile** l'accident lui a occasionné des frais/inconvénients; **für den entstandenen Schaden aufkommen** prendre en charge les frais du dommage occasionné
Entstehung <-, -en> *f* ❶ (*das Werden*) *des Lebens* origine *f; eines Kunstwerkes* création *f; eines Gebäudes* construction *f*
❷ (*Verursachung*) *eines Streits, Brandes* origine *f*
❸ CHEM formation *f*
Entstehungsgeschichte *f einer Kultur, eines Werks* genèse *f*
Entstehungsort *m* lieu *m* de création
entsteigen* *itr V unreg + sein geh* sortir; **dem Bad/Wasser ~** sortir du bain/de l'eau; **einem Fahrzeug ~** descendre d'un véhicule
entsteinen* *tr V* dénoyauter
entstellen* *tr V* ❶ (*verunstalten*) défigurer *Person, Gesicht*
❷ (*verzerren*) **etw ~** *Hass, Schmerz:* déformer qc
❸ (*verzerrt wiedergeben*) déformer *Vorfall, Wahrheit;* **einen Vorfall entstellt wiedergeben** rendre compte d'un incident en le déformant
Entstellung *f* ❶ (*Verunstaltung*) défiguration *f;* **zur völligen ~** [**des Gesichts**] **führen** *Krankheit:* défigurer complètement
❷ (*Verzerrung*) déformation *f*
entstören* *tr V* déparasiter
Entstörung *f* déparasitage *m*
Entstörungsstelle *s.* **Störungsstelle**
entströmen* *itr V + sein geh Flüssigkeit:* s'écouler, couler; *Gas:* se dégager; **einem Rohr ~** *Flüssigkeit:* s'écouler [*o* couler] d'un tuyau; *Gas:* se dégager d'un tuyau
enttabuisieren* *tr V* lever les tabous; **etw ~** lever les tabous qui pèsent sur qc
enttarnen* *tr V* démasquer; **jdn** [**als Spion**] **~** démasquer qn [comme étant un espion]
enttäuschen* **I.** *tr V* décevoir
II. *itr V Sportler, Mannschaft:* décevoir, être décevant(e); *Auto, Elektrogerät:* se révéler décevant(e)
enttäuschend **I.** *Adj* décevant(e)
II. *Adv schlecht, kurz* étonnamment; **~ spielen** *Mannschaft:* être décevant(e); **unser Gespräch ist ~ verlaufen** notre entretien a été décevant
enttäuscht **I.** *Adj* déçu(e); **über jdn/etw** [*o* **von jdm/etw**] **~ sein** être déçu(e) par qn/qc
II. *Adv dreinschauen* d'un air déçu; *sagen* d'un ton déçu; **~ aussehen** avoir l'air déçu; **du klingst ~** à t'entendre, on sent que tu es déçu(e)
Enttäuschung *f* déception *f;* **jdm eine ~ bereiten** décevoir [les espérances de] qn; **zu seiner/ihrer** [**großen**] **~** à sa grande déception
entthronen* *tr V geh* détrôner
entvölkern* *tr V* dépeupler
Entvölkerung <-> *f* dépeuplement *m*
entwachsen* [-ks-] *itr V unreg + sein geh* dépasser; **einer S.** (*Dat*) **~** dépasser qc
entwaffnen* *tr V a. fig* désarmer
entwaffnend **I.** *Adj* désarmant(e)
II. *Adv* **~ lächeln** avoir un sourire désarmant
Entwaffnung <-, -en> *f* désarmement *m*
Entwaldung <-, -en> *f* ÖKOL déforestation *f*
entwarnen* *itr V* donner le signal de fin d'alerte; **es wird entwarnt** le signal de fin d'alerte est donné
Entwarnung *f* signal *m* de fin d'alerte; **~ geben** donner le signal de fin d'alerte

E

entwässern* *tr V* drainer
Entwässerung <-, -en> *f* ① (*Entwässern*) dessèchement *m; eines Moores, Geländes* drainage *m*
② MED (*Dehydratation*) déshydratation *f*
Entwässerungsgraben *m* drain *m*, fossé *m* de drainage **Entwässerungssystem** *nt* système *m* de drainage
entweder ['ɛntveːdɐ] *Konj* ~ **..., oder ...** ou [bien] ..., ou [bien] ...
► ~ **oder!** [c'est] l'un ou l'autre!
Entweder-oder^RR <-, -> *nt* alternative *f*
entweichen* *itr V unreg + sein* ① (*austreten*) *Gas, Luft:* fuir; **aus etw** ~ *Gas, Luft:* fuir de qc
② *geh* (*fliehen*) **aus etw** ~ s'enfuir [*o* s'échapper] de qc
entweihen* *tr V* profaner
Entweihung <-, -en> *f* profanation *f*
entwenden* *tr V geh* dérober; **Geld aus der Kasse** ~ dérober de l'argent de la caisse; [**jdm**] **etw** ~ dérober qc [à qn] (*littér*)
entwerfen* *tr V unreg* ① (*zeichnerisch*) concevoir; faire les plans de *Gartenanlage, Gebäude*
② (*ausarbeiten*) élaborer
entwerten* *tr V* ① (*abstempeln*) composter, valider *Fahrschein, Eintrittskarte;* oblitérer *Briefmarke*
② (*im Wert mindern*) dévaluer *Banknoten, Münzen*
③ *fig* déprécier *Aussage, Argument*
Entwerter <-s, -> *m* composteur *m*
Entwertung *f* ① (*das Abstempeln*) compostage *m*, validation *f; von Briefmarken* oblitération *f*
② (*Wertminderung*) *von Banknoten, Münzen* dévaluation *f*
③ *fig* **zur** ~ **eines Alibis führen** avoir pour effet de diminuer la crédibilité d'un alibi
entwichen *PP von* **entweichen**
entwickeln* **I.** *tr V* ① (*erfinden*) développer
② (*am Bildschirm entwerfen*) concevoir
③ (*ausarbeiten*) élaborer; **hoch entwickelt** (*technisch fortschrittlich*) ultraperfectionné(e)
④ (*entfalten*) développer *Talent, Fähigkeit;* déployer *Kräfte, Energie*
⑤ PHOT développer
⑥ (*entstehen lassen*) dégager *Gas, Hitze*
II. *r V* **sich** ~ ① (*sich entfalten*) se développer; **aus der Raupe entwickelt sich der Schmetterling** la chenille se transforme en papillon; **hoch entwickelt** *Volk, Kultur, Reich* très développé(e)
② (*vorankommen*) *Projekt, Verhandlungen:* évoluer; **sich erstaunlich/positiv** ~ évoluer de façon remarquable/positive
③ CHEM *Gase, Wärme:* se former
Entwickler <-s, -> *m* révélateur *m*
Entwicklung <-, -en> *f* ① (*das Entwickeln*) mise *f* au point; *eines Präparats, Verfahrens* développement *m;* [**noch**] **in der** ~ **sein** *Automodell, Gerät:* en être [encore] au stade de la conception
② (*das Entwerfen*) élaboration *f*
③ (*Entfaltung*) développement *m; von Kräften, Energie* déploiement *m;* [**noch**] **in der** ~ **sein** *Person:* être en période de croissance; **die rückläufige** ~ **der Zinsen** la régression [*o* l'évolution à la baisse] des intérêts
④ PHOT développement *m*
⑤ (*das Vorankommen*) *eines Projektes, von Verhandlungen* évolution *f*
⑥ CHEM formation *f*
Entwicklungsdienst *m organisme chargé des coopérants et de l'aide aux pays en voie de développement;* **in den** ~ **gehen** partir en coopération **entwicklungsfähig** *Adj Mitarbeiter* capable de progresser; *Design, Konzept, Text* évolutif(-ive) **Entwicklungsgeschichte** *f* génétique *f* **entwicklungsgeschichtlich** *Adj* BIO ontogénétique **Entwicklungshelfer(in)** *m(f)* coopérant(e) *m(f)* **Entwicklungshilfe** *f* ① POL aide *f* au[x pays en voie de] développement, coopération *f;* **in die** ~ **gehen** partir en coopération ② FIN fonds *m* d'aide au développement **Entwicklungsjahre** *Pl* **in den** ~**n sein, sich in den** ~**n befinden** être en pleine puberté **Entwicklungsland** *nt* pays *m* en voie de développement **Entwicklungspolitik** *f* politique *f* de développement **Entwicklungsstadium** *nt* stade *m* de développement **Entwicklungsstufe** *f* stade *m* de développement **Entwicklungszeit** *f* ① *eines Jugendlichen* puberté *f* ② PHOT temps *m* de développement
entwinden* *unreg geh* **I.** *tr V* (*gewaltsam wegnehmen*) arracher; **jdm etw** ~ arracher qc à [*o* des mains de] qn
II. *r V* **sich jdm/einer S.** ~ échapper à l'étreinte de qn/se dégager de qc (*soutenu*)
entwirren* *tr V* démêler, débrouiller
entwischen* *itr V + sein* se sauver; **aus etw** ~ se sauver de qc; **jdm** ~ échapper à qn
entwöhnen* *tr V* ① sevrer *Säugling*
② *fig* **einer S.** (*Dat*) **entwöhnt sein** avoir perdu l'habitude de qc
Entwöhnung <-> *f* sevrage *m*
entworfen *PP von* **entwerfen**
entwürdigend *Adj* dégradant(e); **es ist** ~**, wie ...** la façon dont ... est dégradante
Entwürdigung *f* avilissement *m*
Entwurf *m* ① (*Skizze*) projet *m;* (*eines Modemachers*) croquis *m*, dessin *m;* **im** ~ à l'état de projet; (*als Skizze*) sur plan
② (*Konzept*) ébauche *f;* **das neue Gesetz ist im** ~ **fertig** le projet de nouvelle loi est terminé; **das ist nur ein erster** ~ cela n'est qu'un premier jet
entwurzeln* *tr V* déraciner
Entwurzelte(r) *f(m) dekl wie Adj* déraciné(e) *m(f)*
Entwurzelung <-, -en> *f* déracinement *m*
entzaubern* *tr V geh* ① (*den Glanz nehmen*) faire descendre de son piédestal *Person;* faire tomber de haut *Sache;* **jdn** ~ faire descendre qn de son piédestal; **etw** ~ faire tomber de haut qc
② (*von einem Zauber befreien*) désenvoûter
entzerren* *tr V* ① (*zeitlich*) étaler
② TECH égaliser, corriger la distorsion de
Entzerrung *f des Verkehrs* étalement *m*
entziehen* *unreg* **I.** *tr V* ① (*wegziehen*) retirer; **sie entzog ihm die** [*o* **ihre**] **Hand** elle retira sa main qu'il tenait
② (*wegnehmen*) **jdm den Führerschein/die Erlaubnis** ~ retirer le permis de conduire/la permission à qn; **jdm die Unterstützung/das Vertrauen** ~ retirer son aide/sa confiance à qn
③ (*fern halten*) **jdn der Kontrolle/den Blicken der Schaulustigen** ~ soustraire qn au contrôle/à la vue des badauds
④ (*entnehmen*) **einer S.** (*Dat*) **die Feuchtigkeit/Nährstoffe** ~ absorber l'humidité/les éléments nutritifs de qc; **einer S.** (*Dat*) **den Schwefel/das Wasser** ~ extraire le soufre/l'eau de qc
II. *r V* **sich jdm/einer S.** ~ se dérober à qn/qc
Entziehung *f* ① *a.* ADMIN retrait *m*
② (*Entziehungskur*) cure *f* de désintoxication
Entziehungskur *f* cure *f* de désintoxication; **eine** ~ **machen** suivre une cure de désintoxication
entzifferbar *Adj* déchiffrable
entziffern* *tr V* déchiffrer
Entzifferung <-, -en> *f* déchiffrement *m*
entzogen *PP von* **entziehen**
entzücken* *tr V* ravir; **von jdm entzückt sein** être sous le charme de qn; **über etw** (*Akk*) **entzückt sein** être ravi(e) de qc; **von etw wenig entzückt sein** être loin d'être ravi(e) de qc
Entzücken [ɛn'tsʏkən] <-s> *nt* ravissement *m;* **zu seinem/ihrem größten** ~ à son grand plaisir
entzückend *Adj* ravissant(e)
► **das ist ja** ~**!** *iron* [voilà qui est] charmant!
Entzug <-[e]s> *m* ① ADMIN *eines Führerscheins, einer Lizenz*

retrait *m*
❷ MED désaccoutumance *f;* **kalter ~** sevrage *m*
❸ *fam* (*Entziehungskur*) cure *f* de désintoxication; **auf ~ sein** être en cure de désintoxication
Entzugserscheinung *f* syndrome *m* de manque
entzündbar [ɛnt'tsʏntbaːɐ] *Adj* inflammable
entzünden* I. *tr V geh* allumer; [faire] craquer *Streichholz*
II. *r V* ❶ (*erkranken, in Brand geraten*) **sich ~** s'enflammer; **entzündet** enflammé(e)
❷ *fig* **die Begeisterung/der Streit entzündet sich an etw** (*Dat*) qc fait s'enflammer l'enthousiasme/éclater la dispute
entzündlich *Adj* ❶ *Erkrankung, Prozess* inflammatoire; **ein leicht ~es Organ** un organe qui s'infecte facilement
❷ (*brennbar*) *Gas, Brennstoff* inflammable; **leicht ~** *Material* facilement [*o* très] inflammable
Entzündung *f* inflammation *f;* **akute/chronische ~** infection aiguë/chronique
entzündungshemmend *Adj* anti-inflammatoire
Entzündungsherd *m* foyer *m* infectieux
entzwei [ɛnt'tsvaɪ] *Adj* cassé(e); **~ sein** être cassé(e)
entzwei|brechen *unreg* I. *itr V + sein* se casser
II. *tr V + haben* casser *Stock;* **Brot ~** rompre le pain; **ein Brötchen ~** couper un petit pain en deux
entzweien* *geh* I. *tr V* diviser *Freunde*
II. *r V* **sich mit jdm wegen etw ~** se brouiller avec qn à cause de qc
entzwei|gehen *itr V unreg + sein* se casser
Entzweiung <-, -en> *f geh* brouille *f,* différend *m*
en vogue [ã'voːk] *Adj geh* en vogue; **~ sein** être en vogue
Enzephalogramm [ɛntsefalo'gram] <-s, -e> *nt* encéphalogramme *m*
Enzian ['ɛntsiaːn] <-s, -e> *m* (*Blume, Schnaps*) gentiane *f*
Enzyklika [ɛn'tsyːklika] <-, Enzykliken> *f* encyclique *f*
Enzyklopädie [ɛntsyklopɛ'diː] <-, -n> *f* encyclopédie *f*
enzyklopädisch [ɛntsyklo'pɛːdɪʃ] I. *Adj* encyclopédique
II. *Adv* **~ gebildet sein** avoir des connaissances encyclopédiques
Enzym [ɛn'tsyːm] <-s, -e> *nt* MED, BIO enzyme *f*
Epen *Pl von* **Epos**
ephemer [efe'meːɐ] *Adj a.* BOT, ZOOL éphémère
Epidemie [epide'miː] <-, -n> *f* MED épidémie *f*
epidemisch [epi'deːmɪʃ] *Adj* MED épidémique
Epidermis [epi'dɛrmɪs] <-, Epidermen> *f* ANAT épiderme *m*
Epigone [epi'goːnə] <-n, -n> *m geh* épigone *m* (*littér*)
Epigramm [epi'gram] <-s, -e> *nt* épigramme *f*
Epik ['eːpɪk] <-> *f* littérature *f* [*o* genre *m*] épique
Epikureer(in) [epiku'reːɐ] <-s, -> *m(f)* PHILOS épicurien(ne) *m(f)*
Epilepsie [epilɛ'psiː] <-, -n> *f* MED épilepsie *f*
Epileptiker(in) [epi'lɛptikɐ] <-s, -> *m(f)* MED épileptique *mf*
epileptisch [epi'lɛptɪʃ] MED I. *Adj* épileptique
II. *Adv* **~ veranlagt sein** être prédisposé(e) à l'épilepsie
Epilog [epi'loːk] <-s, -e> *m* épilogue *m*
Epiphanias [epi'faːnias] <-> *nt* REL Épiphanie *f*
episch ['eːpɪʃ] *Adj* ❶ *Gedicht* épique
❷ *geh* (*endlos ausschmückend*) prolixe
Episkopat [epɪsko'paːt] <-[e]s, -e> *m o nt* épiscopat *m*
Episode [epi'zoːdə] <-, -n> *f* épisode *m*
Epistel [e'pɪstəl] <-, -n> *f* épître *f*
Epitaph [epi'taːf] <-s, -e> *nt geh* ❶ (*Gedenktafel*) ex-voto *m*
❷ (*Grabinschrift*) épitaphe *f*
Epithel [epi'teːl] <-s, -e *o* Epithelien> *nt* BIO, ANAT épithélium *m*
Epizentrum [epi'tsɛntrʊm] *nt* GEOL épicentre *m*
epochal *Adj* qui fait date
Epoche [e'pɔxə] <-, -n> *f* époque *f*
▸ **~ machen** faire date; **~ machend** qui fait date
epochemachend *s.* **Epoche** ▸
Epos ['eːpɔs] <-, Epen> *nt* épopée *f*
Equipe [e'kɪp, e'kiːp, *Pl:* e'kɪpən, e'kiːpən] <-, -n> *f* équipe *f*
er [eːɐ] *Pron pers, 3. Pers Sing, Nom* ❶ (*auf eine Person, ein männliches Tier bezogen*) il; (*betont*) lui; **~ ist nicht da** il n'est pas là; **sie ist größer als ~** elle est plus grande que lui; **da kommt ~!** le voilà qui arrive!; **~ ist es [wirklich]!** c'est bien lui!
❷ (*allgemein auf ein Tier, eine Sache bezogen*) **einem Storch/Hubschrauber zuschauen, wie ~ fliegt** regarder voler une cigogne/un hélicoptère
Er <-, -s> *m fam* ❶ **ein ~** un homme; **Sie, 31, sucht sportlichen ~** femme, 31 ans, cherche homme sportif; **ein ~ und eine Sie** *hum fam* un mâle et une femelle (*hum fam*)
❷ (*männliches Tier*) **unsere Katze ist ein ~** notre chat est un mâle
erachten* *tr V geh* considérer; **etw als [*o* für] notwendig ~** considérer que qc est nécessaire; **es als seine Pflicht ~ etw zu tun** considérer de son devoir de faire qc; **das erachte ich als meine Pflicht** je considère que c'est mon devoir
Erachten <-s> *nt* **meines ~s** à mon avis
erahnen* *tr V geh* entrevoir (*soutenu*); **etw ~ lassen** laisser entrevoir qc (*soutenu*)
erarbeiten* *tr V* ❶ (*durch Arbeit erwerben*) acquérir à la sueur de son front; **sich** (*Dat*) **sein Wissen/Vermögen hart ~** acquérir ses connaissances/sa fortune à la sueur de son front
❷ (*ausarbeiten*) réaliser *Entwurf, Plan, Vorschlag*
Erarbeitung <-, -en> *f* ❶ (*Ausarbeitung*) élaboration *f*
❷ (*Erwerb*) acquisition *f*
Erasmus [e'rasmʊs] *m* HIST Érasme *m*
Erbadel ['ɛrpʔaːdəl] *m* noblesse *f* héréditaire **Erbanlage** *f meist Pl* caractère *m* héréditaire
erbarmen* I. *tr V* faire pitié à
II. *r V* ❶ (*Mitleid haben*) **sich eines Bettlers/einer S. ~** avoir pitié d'un mendiant/de qc; **Herr, erbarme dich unser!** Seigneur, prends pitié de nous!
❷ *hum fam* (*sich annehmen*) **sich ~** se dévouer (*fam*)
Erbarmen [ɛɐ'barmən] <-s> *nt* pitié *f;* **~ mit jdm/etw haben** avoir de la pitié pour qn/qc; **kein ~ kennen** n'avoir aucune [*o* ne pas avoir de] pitié; **voller ~** pris(e) de pitié; **aus/ohne ~** par/sans pitié; **~!** pitié!
▸ **zum ~ aussehen** *fam* faire pitié; **zum ~ singen** *fam* chanter d'une façon pitoyable; **die Musik ist zum ~!** c'est pitié que d'entendre cette horrible musique!
erbarmenswert *Adj geh* pitoyable; **~ sein** être pitoyable, faire pitié
erbärmlich [ɛɐ'bɛrmlɪç] I. *Adj* ❶ (*gemein*) *Kerl, Schuft* infâme
❷ (*furchtbar*) *Angst, Hunger, Kälte* terrible
❸ (*jämmerlich*) lamentable; *Hütte, Unterkunft* misérable
II. *Adv pej* ❶ (*gemein*) **sich ~ verhalten** se conduire de façon déplorable
❷ (*furchtbar*) *kalt, frieren, wehtun* terriblement
❸ (*jämmerlich*) *schluchzen* à fendre l'âme; **in etw** (*Dat*)**/mit etw ~ aussehen** avoir l'air pitoyable dans qc
Erbärmlichkeit <-> *f* ❶ (*Gemeinheit*) bassesse *f*
❷ (*Dürftigkeit*) médiocrité *f*
❸ (*Elend, Jämmerlichkeit*) misère *f*
erbarmungslos I. *Adj* impitoyable, sans pitié
II. *Adv* impitoyablement, sans pitié
erbauen* I. *tr V* ❶ (*errichten*) bâtir, construire *Gebäude, Ortschaft*
❷ *geh* (*seelisch bereichern*) **jdn ~** *Kunstwerk, Musik:* enrichir spirituellement qn
❸ (*begeistern*) **über etw** (*Akk*) **erbaut sein** être enthousiasmé(e) par qc
II. *r V geh* **sich an etw** (*Dat*) **~** savourer spirituellement qc
Erbauer(in) <-s, -> *m(f)* bâtisseur(-euse) *m(f)*
erbaulich *Adj* édifiant(e)
▸ **nicht gerade [*o* sehr] ~** pas très réjouissant(e)
Erbauung <-, -en> *f* ❶ *eines Gebäudes* construction *f,* édifica-

E

tion *f*
❷ (*seelische Bereicherung*) **etw zur ~ lesen/hören** lire/écouter qc pour sa propre édification
erbberechtigt *Adj* successible **Erbbiologie** *f* génétique *f* **erbbiologisch** *Adj* du patrimoine héréditaire
Erbe ['ɛrbə] <-s> *nt* JUR *a. fig* héritage *m;* **das ~ annehmen/ausschlagen** accepter/refuser l'héritage; **kulturelles/geistiges ~** héritage culturel/spirituel
Erbe <-n, -n> *m,* **Erbin** *f* héritier(-ière) *m(f);* **direkter/gesetzlicher ~** héritier direct/légitime; **jdn als ~n/Erbin einsetzen** instituer qn comme héritier(-ière)
► **die lachenden ~n** *hum* les héritiers qui se frottent les mains
erbeben* *itr V + sein geh* ❶ (*beben*) *Erde, Gebäude:* trembler
❷ (*zittern*) **vor Angst/Wut** (*Dat*) **~** trembler de peur/colère
erben ['ɛrbən] **I.** *tr V* ❶ JUR hériter; **etw von jdm ~** hériter qc de qn
❷ *hum fam* (*geschenkt bekommen*) **etw von jdm ~** récupérer qc de qn (*fam*)
❸ BIO **etw von jdm ~** hériter de qc de qn
II. *itr V* hériter
Erbengemeinschaft *f* communauté *f* des héritiers
erbeten *PP von* **erbitten**
erbetteln* *tr, r V* quémander; [**sich** (*Dat*)] **etw ~** quémander qc; [**sich** (*Dat*)] **etw erbettelt haben** avoir obtenu [*o* arraché] qc
erbeuten* *tr V. Tier:* capturer; *Verbrecher, Soldat:* s'emparer de; **etw ~** *Tier:* capturer qc; *Verbrecher, Soldat:* s'emparer de qc
Erbfaktor *m* MED facteur *m* héréditaire **Erbfehler** *m* BIO défaut *m* héréditaire **Erbfeind(in)** *m(f)* ennemi(e) *m(f)* héréditaire **Erbfolge** *f* [ordre *m* de] succession *f;* **gesetzliche ~** ordre *m* de succession légal **Erbgut** *nt kein Pl* MED patrimoine *m* héréditaire, génotype *m* **erbgutschädigend** *Adj* MED dangereux(-euse) sur le plan génétique, qui détériore le patrimoine héréditaire
erbieten* *r V unreg geh* **sich ~ etw zu tun** se proposer pour faire qc
Erbin ['ɛrbɪn] *s.* **Erbe**
Erbinformation *f* MED information *f* génétique
erbitten* *r V unreg* demander; **etw von jdm ~** demander qc à qn
erbittern* *tr V* ulcérer
erbittert **I.** *Adj* acharné(e)
II. *Adv* avec acharnement
Erbitterung <-> *f* acharnement *m*
Erbium ['ɛrbiʊm] <-s> *nt* CHEM erbium *m*
Erbkrankheit *f* MED maladie *f* héréditaire
erblassen* *itr V + sein* pâlir, blêmir; **vor Schreck/Neid ~** pâlir [*o* blêmir] de frayeur/d'envie
Erblasser(in) ['ɛrplasɐ] <-s, -> *m(f)* testateur(-trice) *m(f)*
Erblast *f* passif *m*
erbleichen* *itr V + sein geh* pâlir, blêmir; **vor Angst ~** pâlir [*o* blêmir] de peur
erblich ['ɛrplɪç] **I.** *Adj* héréditaire
II. *Adv* héréditairement; **~ belastet** [**sein**] (*gesundheitlich*) [être] porteur(-euse) d'une maladie héréditaire; *hum* (*charakterlich*) avoir une prédisposition héréditaire
Erblichkeit <-> *f* hérédité *f*
erblicken* *tr V geh* ❶ (*sehen*) apercevoir
❷ (*erkennen*) **in jdm/einer S. eine Gefahr ~** voir en qn/dans qc un danger, considérer qn/qc comme un danger
erblinden* *itr V + sein* perdre la vue, devenir aveugle
Erblindung <-, -en> *f* cécité *f*
erblühen* *itr V + sein geh* fleurir
Erbmasse ['ɛrpmasə] *f* MED patrimoine *m* génétique, génotype *m* **Erbonkel** *m fam* oncle *m* à héritage
erbosen* **I.** *tr V* fâcher; **über jdn/etw erbost sein** être fâché(e) [*o* en colère] contre qn/qc
II. *r V geh* **sich über jdn/etw ~** se fâcher [*o* se mettre en colère] contre qn/qc
erboten *PP von* **erbieten**
erbrechen *unreg* **I.** *tr V* ❶ (*ausspucken*) vomir
❷ *veraltet* (*aufbrechen*) **das Amtssiegel ~** briser les scellés
II. *itr V* vomir
► **bis zum Erbrechen** *fam* jusqu'à la nausée
III. *r V* **sich ~** vomir
Erbrecht *nt* droit *m* de succession
erbringen* *tr V unreg* ❶ (*aufbringen*) régler *Summe, Ratenzahlung;* verser *Kaution;* réaliser *Leistung*
❷ (*einbringen*) rapporter *Gewinn*
❸ (*ergeben*) aboutir à *Kenntnisse, Ergebnisse*
❹ JUR apporter *Beweis;* produire *Alibi*
Erbrochene(s) *nt dekl wie Adj* vomi *m*
Erbschaft <-, -en> *f* héritage *m*
Erbschaft[s]steuer *f* droits *mpl* de succession
Erbschein *m* certificat *m* d'hérédité **Erbschleicher(in)** <-s, -> *m(f)* captateur(-trice) *m(f)* [de testament] **Erbschleicherei** <-> *f* JUR captation *f* d'héritage
Erbse ['ɛrpsə] <-, -n> *f* pois *m;* [**grüne**] **~n** petits pois
erbsengroß *Adj* de la taille d'un pois
Erbsensuppe *f* soupe *f* aux pois
Erbstück *nt* bien *m* reçu en héritage; **ein ~ der Großmutter** un héritage de la grand-mère **Erbsünde** *f* péché *m* originel **Erbtante** *f fam* tante *f* à héritage **Erbteil** *nt* ❶ JUR part *f* d'héritage ❷ (*Veranlagung*) **das ist ihr väterliches/mütterliches ~** elle tient cela de son père/sa mère
Erdachse ['e:ɐtʔaksə] *f* axe *m* terrestre
erdacht *Adj* inventé(e)
Erdaltertum *nt* GEOG ère *f* primaire **Erdanziehung** *f kein Pl* attraction *f* terrestre **Erdapfel** *m* A, SDEUTSCH pomme *f* de terre **Erdarbeiten** *Pl* travaux *mpl* de terrassement **Erdarbeiter(in)** *m(f)* terrassier(-ière) *m(f)* **Erdatmosphäre** *f* atmosphère *f* terrestre **Erdbahn** *f kein Pl* ASTROL orbite *f* terrestre **Erdball** *s.* **Erdkugel** **Erdbeben** *nt* tremblement *m* de terre, séisme *m*
Erdbebeneinsatz *m* intervention *f* sur les lieux du séisme **Erdbebenherd** *m* hypocentre *m* **erdbebensicher** *Adj* antisismique **Erdbebenwarte** *f* observatoire *m* sismologique **Erdbebenwelle** *f* onde *f* sismique
Erdbeere *f* ❶ (*Frucht*) fraise *f* ❷ (*Pflanze*) fraisier *m* **Erdbeschleunigung** *f kein Pl* PHYS accélération *f* de la gravité **Erdbestattung** *f* enterrement *m* **Erdbevölkerung** *f* population *f* terrestre **Erdbewohner(in)** *m(f)* terrien(ne) *m(f)* **Erdboden** *m* sol *m* ► **etw dem ~ gleichmachen** raser qc; **als hätte ihn der ~ verschluckt** comme s'il s'était volatilisé
Erde ['e:ɐdə] <-, -n> *f* ❶ *kein Pl* (*Welt*) terre *f;* **auf der ganzen ~** sur terre, au monde; **auf der ~** sur terre; **auf ~n** *geh* en ce monde (*soutenu*)
❷ (*Planet*) Terre *f*
❸ (*Erdboden, Erdreich*) terre *f;* **auf der ~** par terre; **über/unter der ~** au dessus du niveau du sol/sous terre; **zu ebener ~** au niveau du sol, à ras de terre
❹ CHEM **seltene ~n** terres *fpl* rares
❺ ELEC terre *f*
► **in fremder/heimatlicher ~ ruhen** *geh* reposer en terre étrangère/dans sa terre natale (*soutenu*); **jdn unter die ~ bringen** *fam* faire mourir qn; **etw aus der ~ stampfen** *fam* faire sortir qc de terre; **~ zu ~** terre, tu seras terre
erden *tr V* mettre à la terre; **etw ~** mettre qc à la terre
Erdenbürger(in) *m(f)* *hum* terrien(ne) *m(f);* **ein kleiner** [*o* **neuer**] **~** un nouveau-né
erdenken* *tr V unreg* imaginer
erdenklich *Adj attr* imaginable; **alles ~ Gute/Schlechte** tout le bien/mal possible; **alles Erdenkliche tun** faire tout ce qu'on puisse imaginer
Erderwärmung *f* ÖKOL réchauffement *f* de la terre
erdfarben ['e:ɐtfarbən] *Adj* kaki

Erdgas *nt* gaz *m* naturel
Erdgasversorgung *f* approvisionnement *m* en gaz naturel
Erdgeist *m* esprit *m* de la terre **Erdgeschichte** *f kein Pl* géologie *f* **erdgeschichtlich** I. *Adj attr* géologique II. *Adv* géologiquement **Erdgeschoss**RR *nt* rez-de-chaussée *m;* **im ~** au rez-de-chaussée **Erdhaufen** *m* tas *m* de terre
erdichten* *tr V geh* inventer
erdig ['e:ɐdɪç] I. *Adj* terreux(-euse)
II. *Adv* **~ schmecken** *Wein:* avoir un goût de terroir
Erdinnere(s) *nt dekl wie Adj* profondeurs *fpl* de la Terre **Erdkabel** *nt* TECH câble *m* souterrain **Erdkern** *m* noyau *m* terrestre **Erdklumpen** *m* motte *f* de terre **Erdkreis** *m* **der ~** la Terre **Erdkröte** *f* crapaud *m* vulgaire **Erdkruste** *f* croûte *f* [*o* écorce *f*] terrestre **Erdkugel** *f* globe *m* terrestre **Erdkunde** *f* géographie *f*
erdkundlich *Adj Kenntnisse* en géographie; *Werk* de géographie
Erdmagnetismus *m* GEOG magnétisme *m* terrestre **Erdmittelalter** *nt kein Pl* [ère *f*] secondaire *m* **Erdmittelpunkt** *m kein Pl* GEOG centre *m* de la terre **erdnah** I. *Adj* proche de la terre II. *Adv* près de la terre; **~ stationierter Satellit** satellite circumterrestre **Erdnuss**RR *f* ❶ (*Frucht*) cacah[o]uète *f*
❷ (*Pflanze*) arachide *f*
ErdnussbutterRR *f* beurre *m* de cacah[o]uète **Erdnussöl**RR *nt* huile *f* d'arachide
Erdoberfläche *f* surface *f* terrestre **Erdöl** *nt* pétrole *m*
erdolchen* *tr V geh* poignarder
Erdölgewinnung *f* production *f* de pétrole **Erdölleitung** *f* oléoduc *m* **Erdölpreis** *m* prix *m* du pétrole **Erdölprospektion** *f* prospection *f* pétrolière **Erdölraffinerie** *f* raffinerie *f* de pétrole **Erdölverbrauch** *m* consommation *f* de pétrole **Erdölversorgung** *f* approvisionnement *m* en pétrole **Erdölvorkommen** *nt* gisement *m* de pétrole
Erdreich *nt* terre *f*
erdreisten* *r V* **sich ~** ne pas se gêner; **sich ~ etw zu tun** ne pas se gêner pour faire qc, avoir l'audace de faire qc
Erdrinde *s.* Erdkruste
erdröhnen* *itr V + sein* ❶ (*widerhallen*) *Gebäude, Raum:* résonner; **von Musik/Gehämmer ~** *Gebäude, Raum:* résonner de musique/coups de marteau
❷ (*dröhnen*) *Lautsprecher, Wand, Decke:* vibrer
erdrosseln* *tr V* étrangler
Erdrosselte(r) *f(m) dekl wie Adj* victime *f* [qui a été] étranglée
erdrücken* *tr V* ❶ (*zermalmen*) écraser; *Schlange:* étouffer; **jdn ~** écraser qn; *Schlange:* étouffer qn
❷ *fig* **jdn mit etw ~** étouffer qn avec qc
❸ *fig* (*überwältigen*) **jdn ~** *Last, Sorgen:* étouffer qn; *Schulden:* prendre qn à la gorge
erdrückend *Adj Beweise, Beweismaterial* accablant(e); *Übermacht* écrasant(e)
Erdrutsch ['e:ɐtrʊtʃ] *m* ❶ (*Erdbewegung*) glissement *m* de terrain
❷ (*überwältigender Wahlsieg*) raz *m* de marée
erdrutschartig *Adj* **ein ~er Wahlausgang/Wahlsieg** un raz de marée électoral
Erdsatellit *m* satellite *m* terrestre **Erdschatten** *m kein Pl* ombre *f* de la terre **Erdschicht** *f* ❶ (*Schicht Erde*) couche *f* de terre ❷ GEOL strate *f* **Erdscholle** *f* motte *f* de terre **Erdspalte** *f* crevasse *f* **Erdstoß** *m* secousse *f* sismique **Erdteil** *m* continent *m;* **der Schwarze ~** le continent africain
erdulden* *tr V* endurer
Erdumdrehung *f* rotation *f* de la Terre [sur elle-même] **Erdumfang** *m* circonférence *f* terrestre **Erdumkreisung** *f* rotation *f* autour de la Terre **Erdumlaufbahn** *f* orbite *f* terrestre **Erdumsegelung** *f* SPORT circumnavigation *f* de la terre
Erdung ['e:ɐdʊŋ] <-, -en> *f* ❶ (*das Erden*) mise *f* à la terre
❷ (*Verbindung*) prise *f* de terre
Erdwall *m* levée *f* de terre **Erdwärme** *f* géothermie *f* **Erdzeitalter** *nt* ère *f* géologique

ereifern* *r V* **sich ~** s'emporter; **sich über etw** (*Akk*) **~** s'emporter au sujet de qc
ereignen* *r V* **sich ~** se produire
Ereignis <-ses, -se> *nt* événement *m;* **ein freudiges ~** un heureux événement
ereignislos I. *Adj* calme, sans incident II. *Adv* **~ verlaufen** se dérouler sans incident **ereignisreich** *Adj* mouvementé(e)
ereilen* *tr V geh Schicksal, Tod:* rattraper; *Nachricht:* parvenir à; **jdn ~** *Schicksal, Tod:* rattraper qn; *Nachricht:* parvenir à qn
Erektion [erɛk'tsio:n] <-, -en> *f* érection *f;* **eine ~ haben** avoir une érection, être en érection
Eremit(in) [ere'mi:t] <-en, -en> *m(f)* ermite *m*
ererbt *Adj* hérité(e)
erfahren[1] *unreg* I. *tr V* ❶ (*zu hören bekommen*) apprendre *Neuigkeit;* être informé(e) de *Plan, Absichten;* **etw über jdn/etw ~** apprendre qc au sujet de qn/qc; **eine Neuigkeit aus der Zeitung ~** apprendre une nouvelle du journal
❷ (*erleben*) **Glück/Leid/Liebe ~** faire l'expérience du bonheur/malheur/de l'amour
❸ *fig form* **eine Veränderung ~** faire l'objet d'un changement
II. *itr V* **von etw/über etw** (*Akk*) **~** être informé(e) [*o* mis(e) au courant] de qc
erfahren[2] *Adj* (*kundig*) expérimenté(e); **auf einem Gebiet ~ sein** avoir de l'expérience dans un domaine
Erfahrenheit <-> *f geh* expérience *f*
Erfahrung <-, -en> *f* expérience *f;* **~ haben** avoir de l'expérience; **~en machen** [*o* **sammeln**] faire ses propres expériences; **damit habe ich gute/schlechte ~en gemacht** ça m'a bien/mal réussi; **[nur] gute ~en mit jdm/etw machen** n'avoir qu'à se féliciter de qn/qc; **[nur] schlechte ~en [mit jdm/etw] machen** [n']avoir [que] des déconvenues [avec qn/qc]; **aus [eigener] ~** par expérience; **ihre ~en mit jdm/etw** son expérience avec qn/qc; **eine heilsame ~** une expérience salutaire; **eine Kollegin mit ~** une collègue expérimentée [*o* avec de l'expérience]; **ein Mann mit ~** un homme d'expérience; **die ~ machen, dass** faire l'expérience que + *indic;* **du wirst auch noch die ~ machen, dass** tu vas te rendre compte que + *indic;* **hast du schon mal die ~ gemacht, dass ...?** est-ce que ça t'est déjà arrivé que ... + *subj*?; **diese ~ habe ich nie gemacht** ce genre de choses ne m'est jamais arrivé; **die ~ zeigt, dass** l'expérience montre que + *indic;* **wie die ~ zeigt, ...** comme le montre l'expérience, ...; **nach meiner ~** d'après ce que j'ai pu constater
▶ **etw in ~ bringen** apprendre qc
Erfahrungsaustausch *m* échange *m* d'expériences **erfahrungsgemäß** *Adv* comme l'expérience le prouve
erfassbarRR *Adj* ❶ (*begreifbar*) concevable
❷ (*zu ermitteln*) **~ sein** *Naturerscheinung, Wahlverhalten:* pouvoir être enregistré(e)
erfassen* *tr V* ❶ (*mitreißen*) *Auto, Strömung:* happer; **jdn/etw ~** *Auto, Strömung:* happer qn/qc
❷ (*befallen*) **jdn ~** *Traurigkeit, Furcht, Verlangen:* saisir qn
❸ (*begreifen*) saisir, comprendre
❹ (*registrieren*) recenser
❺ INFORM saisir *Daten, Text*
Erfassung *f* ❶ STATIST recensement *m*
❷ INFORM saisie *f*
erfinden* *tr V unreg* ❶ (*neu hervorbringen*) inventer
❷ (*erdichten*) inventer *Ausrede, Geschichte;* **frei erfunden sein** *Behauptung, Vorwurf:* être inventé(e) de toutes pièces; *Namen, Personen:* être imaginaire
Erfinder(in) *m(f)* inventeur(-trice) *m(f)*
Erfindergeist *m kein Pl* esprit *m* d'invention
erfinderisch I. *Adj* inventif(-ive), ingénieux(-euse)
II. *Adv* **~ tätig werden** se lancer dans l'activité d'invention
Erfindung <-, -en> *f* invention *f;* **eine ~ machen** inventer quelque chose

Erfindungsgabe *f*, **Erfindungsgeist** *m* inventivité *f;* (*Fantasie*) imagination *f*
erflehen* *tr V geh* implorer; **etw von jdm ~** implorer qc auprès de qn
Erfolg [ɛɐˈfɔlk] <-[e]s, -e> *m* ❶ succès *m;* **~ haben** réussir; **mit etw/bei jdm keinen ~ haben** ne pas avoir de succès avec qc/auprès de qn; **sie hat ~ mit ihrer Arbeit** elle réussit bien dans son travail; **~ bei Frauen/Männern haben** avoir du succès avec les femmes/les hommes; **ein voller ~ sein** être un succès total; **~ versprechend** prometteur(-euse); **~ versprechend aussehen** avoir l'air prometteur(-euse); **mit/ohne ~** avec/sans succès; **viel ~!** bonne chance!
❷ (*Folge*) résultat *m;* **mit dem ~, dass** avec pour conséquence [*o* résultat] que + *indic*
erfolgen* *itr V + sein form* avoir lieu; **alle Bewerbungen haben schriftlich zu ~** toutes les candidatures doivent être présentées [*o* se faire] par écrit
erfolglos I. *Adj* ❶ *Person* malchanceux(-euse); **~ sein** ne pas avoir de succès
❷ (*vergeblich*) *Bestrebungen, Versuch* infructueux(-euse); **~ bleiben** rester vain(e)
II. *Adv* sans succès, en vain
Erfolglosigkeit <-> *f* ❶ *eines Autors, Künstlers* insuccès *m*
❷ (*Vergeblichkeit*) inutilité *f*
erfolgreich I. *Adj* couronné(e) de succès; **~ sein** réussir
II. *Adv* avec succès
Erfolgsautor(in) *m(f)* auteur *mf* à succès **Erfolgsbuch** *nt* livre *m* à succès **Erfolgsdenken** *nt* manière *f* positive de penser **Erfolgserlebnis** *nt* réussite *f;* **ein ~ haben** faire une expérience valorisante **Erfolgsfilm** *m* film *m* à succès **Erfolgshonorar** *nt* rémunération *f* au prorata **Erfolgsmeldung** *f* annonce *f* d'un succès **Erfolgsmensch** *m* personne *f* à qui tout réussit professionnellement **Erfolgsrezept** *nt* recette *f* du succès **Erfolgsstück** *nt* pièce *f* à succès **erfolgsträchtig** *Adj* prometteur(-euse) de succès **Erfolgszwang** *m* obligation *f* de réussir; **unter ~ stehen** être obligé(e) de réussir
erfolgversprechend I. *Adj* prometteur(-euse)
II. *Adv* de façon prometteuse; **~ aussehen** avoir l'air prometteur(-euse)
erforderlich [ɛɐˈfɔrdɐlɪç] *Adj* nécessaire; **es ist ~, dass** il est nécessaire que + *subj;* **für etw ~ sein** être nécessaire pour qc; **etw ~ machen** rendre qc nécessaire; **alles Erforderliche veranlassen** faire le nécessaire
erfordern* *tr V* exiger, nécessiter; demander *Zeit*
Erfordernis <-ses, -se> *nt* ❶ (*Voraussetzung*) exigence *f*, nécessité *f;* **zwingendes ~** impératif *m*
❷ (*Anspruch*) exigence *f*
erforschen* *tr V* explorer; étudier *Verhalten, Zusammenhänge;* rechercher *Hintergründe, Wahrheit;* **sein Gewissen ~** interroger sa conscience, faire un examen de conscience
Erforschung *f einer Gegend, des Weltraums* exploration *f; eines Zusammenhangs, Verhaltens* étude *f; von Hintergründen, der Wahrheit* recherche *f;* **~ des Gewissens** examen *m* de conscience
erfragen* *tr V* demander; **etw von jdm ~** demander qc à qn
erfreuen* I. *tr V* faire plaisir à; **jdn mit etw ~** faire plaisir à qn avec qc
II. *r V* ❶ (*Freude haben*) **er hat sich an ihrem Geschenk erfreut** son cadeau lui a fait plaisir; **sie erfreut sich an der Schönheit der Natur** la beauté de la nature lui procure du plaisir
❷ *geh* (*genießen*) **sich großer Beliebtheit/zunehmenden Interesses ~** jouir d'une grande popularité/d'un intérêt croissant
erfreulich I. *Adj* réjouissant(e), qui fait plaisir; **[sehr] ~ sein** faire [très] plaisir; **es wäre ~, wenn Sie mir ...** cela me ferait plaisir si vous ..., je serais heureux(-euse) que ... + *subj;* **alles andere als ~ sein** être tout sauf réjouissant(e); **alles andere als ~ verlaufen** se dérouler d'une façon qui n'a rien de réjouissant
II. *Adv* remarquablement
erfreulicherweise *Adv* heureusement, par bonheur
erfreut I. *Adj* content(e); **über jdn/etw ~ sein** être content(e) de qn/qc; **sehr ~!** *geh* enchanté(e)!
II. *Adv antworten* l'air réjoui
erfrieren* *itr V unreg + sein* ❶ (*eingehen*) *Obst, Pflanze, Blüte:* geler
❷ (*absterben*) **ihm sind die Finger/Zehen erfroren** il a les doigts/orteils gelés
❸ (*sterben*) mourir de froid; **erfroren** gelé(e)
Erfrierung <-, -en> *f meist Pl* gelure *f*
erfrischen* I. *tr V* ❶ (*abkühlen*) *Dusche, Getränk:* rafraîchir; **jdn ~** *Dusche, Getränk:* rafraîchir qn
❷ (*beleben*) **jdn ~** *Kaffee, Ruhepause:* faire du bien à qn; **wieder erfrischt sein** être de nouveau en forme
II. *itr V* rafraîchir
III. *r V* **sich ~** se rafraîchir
erfrischend I. *Adj Getränk, Dusche, Humor* rafraîchissant(e)
II. *Adv* **~ wirken** *Getränk, Dusche:* avoir un effet rafraîchissant; **~ kühl** rafraîchissant(e); **~ unkompliziert/jugendlich** d'une simplicité/juvénilité rafraîchissante
Erfrischung <-, -en> *f* ❶ (*Getränk*) rafraîchissement *m;* **zur ~** comme rafraîchissement
❷ (*Abkühlung*) **eine ~ brauchen** avoir besoin de se rafraîchir; **zur ~** pour se rafraîchir
Erfrischungsgetränk *nt* boisson *f* rafraîchissante **Erfrischungsraum** *m* cafétéria *f* **Erfrischungstuch** *nt* serviette *f* rafraîchissante
erfroren *PP von* **erfrieren**
erfüllen* I. *tr V* ❶ remplir *Funktion, Zweck;* satisfaire *Erwartung, Forderung, Bitte, Wunsch;* accomplir *Aufgabe, Pflicht;* **sich** (*Dat*) **einen Wunsch ~** se faire [un petit] plaisir
❷ (*anfüllen*) **den Raum ~** *Duft, Klänge, Rauch:* emplir la pièce
❸ (*durchdringen*) **jdn ~** *Gefühl, Freude, Ekel:* envahir qn
II. *r V* **sich ~** *Wunsch, Traum:* se réaliser, s'accomplir
Erfüllung *f* ❶ satisfaction *f; einer Pflicht* respect *m;* **in ~ gehen** se réaliser, s'accomplir
❷ (*Befriedigung*) épanouissement *m;* **in etw** (*Dat*) **keine ~ finden** ne pas pouvoir s'épanouir dans qc
❸ JUR exécution *f*
Erfüllungsgehilfe *m*, **-gehilfin** *f* JUR auxiliaire *mf* d'exécution; **sich zum ~n einer Person/einer S. machen** *pej* devenir l'exécutant(e) d'une personne/de qc
erfunden *PP von* **erfinden**
Erg [ɛrk] <-s, -> *nt* erg *m*
ergangen *PP von* **ergehen**
ergänzen* I. *tr V* (*vervollständigen*) compléter; **etw durch etw ~** compléter qc avec qc; **etw um etw ~** augmenter qc de qc
II. *r V* **sich** [*o* **einander** *geh*] **~** se compléter, être complémentaire
ergänzend I. *Adj* complémentaire
II. *Adv* pour compléter
Ergänzung <-, -en> *f* ❶ (*das Vervollständigen*) [r]ajout *m*
❷ (*das Auffüllen*) *eines Lagers, von Vorräten* [ré]approvisionnement *m; einer Sammlung* enrichissement *m;* **der ~ einer S.** (*Gen*) **dienen** servir à compléter qc
❸ (*Zusatz*) [r]ajout *m*
❹ GRAM complément *m*
Ergänzungsabgabe *f* impôt *m* supplémentaire **Ergänzungsband** <-bände> *m* supplément *m* **Ergänzungshaushalt** *m* budget *m* de report
ergattern* *tr V fam* dégot[t]er (*fam*)
ergaunern* *tr, r V fam* escroquer; **[sich** (*Dat*)**] etw ~** escroquer qc
ergeben*[1] *unreg* I. *tr V* ❶ (*als Resultat haben*) montrer; **die**

Untersuchungen haben ~, dass les examens ont montré que + *indic*
❷ (*reichen für*) correspondre à
❸ MATH donner *Betrag, Summe, Prozentsatz*
II. *r V* ❶ MIL **sich** [**jdm**] ~ se rendre [à qn]
❷ (*sich fügen*) **sich in sein Schicksal** ~ se résigner à son sort
❸ (*sich hingeben*) **sich dem Alkohol/Spiel** ~ s'adonner à l'alcool/au jeu; **einer S.** (*Dat*) ~ **sein** être dépendant(e) de qc
❹ (*folgen*) **sich aus etw** ~ résulter de qc
III. *r V unpers* **es ergibt sich, dass** il s'avère que + *indic*

ergeben² *Adj* ❶ *Gesicht, Blick* résigné(e)
❷ (*treu*) *Person* dévoué(e)

Ergebenheit <-> *f* ❶ (*Demut*) résignation *f*
❷ (*Treue*) dévouement *m*

Ergebnis [ɛɐ'ge:pnɪs] <-ses, -se> *nt* résultat *m;* **zu keinem ~ führen** n'aboutir à rien; **zu dem ~ führen, dass** avoir pour conséquence [*o* pour résultat] que + *indic;* **zu einem/keinem ~ kommen** parvenir à un résultat/ne parvenir à aucun résultat; **im ~** au bout du compte; **ohne ~** sans résultat

ergebnislos I. *Adj* sans résultat; **~ bleiben** ne pas aboutir, aboutir à rien
II. *Adv* sans [qu'on parvienne à un] résultat

ergehen* *unreg* I. *itr V + sein form* **an jdn ~** *Bescheid, Aufforderung, Einladung:* être adressé(e) à qn; **es erging der Befehl, dass** on ordonna que + *subj,* l'ordre fut donné que + *subj* (*form*)
▶ **etw über sich** (*Akk*) ~ **lassen** supporter qc
II. *itr V unpers + sein* **es ergeht jdm gut/schlecht** ça va bien/mal pour qn; **es ist mir immer gut ergangen** ça s'est toujours bien passé pour moi; **wie ist es euch im Urlaub ergangen?** comment se sont passées vos vacances?
III. *r V + haben* ❶ (*sich auslassen*) **sich in Schmähungen gegen jdn/etw** ~ se répandre en invectives contre qn/qc
❷ *geh* (*spazieren gehen*) **sich im Freien** ~ se promener en plein air

ergiebig [ɛɐ'gi:bɪç] *Adj* ❶ (*sparsam*) *Waschmittel, Shampoo* économique
❷ (*fruchtbar*) *Diskussion, Gesprächsthema* fructueux(-euse), fertile

Ergiebigkeit <-> *f eines Waschmittels, Shampoos* pouvoir *m* concentré

erglänzen* *itr V + sein geh* scintiller, briller de tous ses feux (*soutenu*)

erglühen* *itr V + sein geh* rougir; **vor Scham/Zorn** (*Dat*) ~ rougir de honte/colère

ergo ['ɛrgo] *Konj* donc

Ergometer [ɛrgo'me:tɐ] <-s, -> *nt* MED appareil *m* ergométrique

Ergonomie [ɛrgono'mi:] <-> *f* ergonomie *f*

ergonomisch [ɛrgo'no:mɪʃ] I. *Adj* ergonomique
II. *Adv* dans un souci d'ergonomie

ergötzen* *geh* I. *tr V* divertir; **zu seinem/ihrem Ergötzen** à son grand divertissement
II. *r V* **sich an etw** (*Dat*) ~ se délecter de qc (*soutenu*)

ergrauen* *itr V + sein* grisonner; **ergraut** grisonnant(e)

ergreifen* *tr V unreg* ❶ (*fassen*) saisir *Hand, Gegenstand*
❷ (*dingfest machen*) arrêter *Flüchtigen, Verbrecher*
❸ (*übergreifen*) **von den Flammen ergriffen werden** être pris(e) dans les flammes
❹ (*wahrnehmen*) saisir *Chance, Gelegenheit*
❺ (*in die Wege leiten*) prendre *Maßnahmen*
❻ (*bewegen*) **jdn** ~ *Angst, Sehnsucht:* saisir qn

ergreifend I. *Adj* émouvant(e), bouleversant(e)
II. *Adv schildern, berichten* de façon bouleversante

Ergreifung <-, -en> *f* prise *f*

ergriffen [ɛɐ'grɪfən] *Adj* ému(e), bouleversé(e)

Ergriffenheit <-> *f* émotion *f,* bouleversement *m*

ergründen* *tr V* étudier; élucider *Geheimnis, Phänomen;* pénétrer *Sinn*

Erguss^RR^ [ɛɐ'gʊs, *Pl:* ɛɐ'gʏsə] *m* ❶ (*Bluterguss*) hématome *m*
❷ (*Samenerguss*) éjaculation *f*
❸ GEOL *von Lava* coulée *f*
❹ *pej* (*Gefühlsausbruch*) épanchement *m*

erhaben [ɛɐ'ha:bən] *Adj* ❶ (*feierlich stimmend*) sublime, grandiose; *Gedanke* noble
❷ (*würdevoll*) *Fürst, Herrscher* auguste *antéposé* (*littér*)
❸ (*überlegen*) **über etw** (*Akk*) ~ **sein** être au-dessus de qc

Erhabenheit <-> *f* majesté *f; eines Augenblicks* solennité *f; eines Gedankens* noblesse *f*

Erhalt *m kein Pl* ❶ *form* (*Empfang*) *einer Lieferung, Zahlung* réception *f;* **den ~ einer S.** (*Gen*) **bestätigen** accuser réception de qc
❷ (*das Bewahren*) ~ **der Macht** maintien *m* au pouvoir

erhalten* *unreg* I. *tr V* ❶ (*bekommen*) recevoir; obtenir *Erlaubnis, Urlaub, Preis*
❷ (*bewahren*) sauvegarder, préserver *Bauwerk, Fassade;* maintenir *Arbeitskraft, Leistungsfähigkeit;* conserver *Gesundheit, Vitamine;* **sich** (*Dat*) **seinen Optimismus** ~ garder son optimisme; ~ **bleiben** *Bausubstanz, Wirkstoffe:* être préservé(e); **gut/vollständig ~ sein** *Altstadt, Kirche:* être bien/parfaitement conservé(e)
❸ *fam* (*treu*) **jdm ~ bleiben** *Person:* rester aux côtés de qn
II. *r V* **sich** ~ *Brauch:* se maintenir

erhältlich [ɛɐ'hɛltlɪç] *Adj* disponible, en vente; **kaum noch ~** pratiquement introuvable

Erhaltung *f kein Pl einer Fassade, eines Kunstwerks* sauvegarde *f,* conservation *f; der Arbeitskraft, Gesundheit* protection *f,* préservation *f; des Friedens, Einvernehmens* maintien *m*

erhängen* I. *tr V* pendre; **Tod durch Erhängen** mort *f* par pendaison
II. *r V* **sich** ~ se pendre

erhärten* I. *tr V Zeuge:* confirmer, corroborer; *Aussage, Beweis:* étayer, renforcer; **etw** ~ *Zeuge:* confirmer qc, corroborer qc; *Aussage, Beweis:* étayer qc, renforcer qc
II. *r V* **sich** ~ *Verdacht:* se confirmer

Erhärtung <-, -en> *f* confirmation *f,* renforcement *m*

erhaschen* *tr V geh* ❶ (*ergreifen*) attraper, se saisir de
❷ (*wahrnehmen*) percevoir furtivement *Bild;* **Wortfetzen** ~ saisir des morceaux de conversation au passage

erheben* *unreg* I. *tr V* ❶ (*hochheben*) lever *Glas, Waffe;* **die Hand zum Gruß** ~ faire un geste de la main pour saluer; **hoch erhoben** *Kopf* droit(e); *Arm, Zeigefinger* levé(e); **hoch erhobenen Hauptes** la tête haute
❷ (*einfordern*) **eine Steuer/Gebühr auf etw** (*Akk*) ~ percevoir un impôt/une taxe sur qc
❸ (*ermitteln, zusammentragen*) relever, rassembler *Fakten, Daten*
❹ (*deklarieren*) **etw zum Prinzip** ~ ériger qc en principe
II. *r V* ❶ (*aufstehen*) **sich von seinem Platz** ~ se lever de son siège
❷ (*sich auflehnen*) **sich gegen jdn/etw** ~ se soulever [*o* se révolter] contre qn/qc
❸ (*aufragen*) **sich über etw** (*Akk*) ~ s'élever au-dessus de qc
❹ (*herabblicken auf*) **sich über jdn** ~ s'élever au-dessus de qn
❺ (*aufkommen*) **sich** ~ *Frage:* se poser; *Bedenken, Zweifel:* se faire jour; *Geschrei, Wehklagen:* s'élever; *Brise, Wind:* se lever

erhebend *Adj geh* exaltant(e)

erheblich [ɛɐ'he:plɪç] I. *Adj Belastung, Verspätung, Summe* considérable, important(e); *Vorteil* substantiel(le); *Nachteil* grave, sérieux(-euse)
II. *Adv* ❶ *stören* considérablement; *beeinträchtigen* sérieusement
❷ (*deutlich*) *teurer, besser, weniger, mehr* nettement

Erhebung *f* ❶ (*Einforderung*) *von Gebühren, Abgaben* perception *f*
❷ (*Aufstand*) soulèvement *m,* insurrection *f*
❸ (*Ermittlung*) *von Daten, Zahlen* relevé *m;* ~**en/eine ~ über etw** (*Akk*) **durchführen** mener des enquêtes/une enquête

sur qc
❹ GEOG éminence *f,* hauteur *f*
erheitern* *tr V* dérider
Erheiterung <-, *selten* -en> *f* gaieté *f,* hilarité *f;* **zur ~ der Gäste** pour la plus grande joie des invités
erhellen* **I.** *tr V* ❶ (*hell machen*) éclairer
❷ (*klären*) **ein Geheimnis/eine Affäre ~** *Person:* élucider un secret/une affaire; *Hinweis, Aussage:* permettre d'élucider un secret/une affaire; **die Hintergründe einer S.** (*Gen*) **~** *Person:* lever le voile sur les dessous de qc; *Hinweis, Aussage:* permettre de lever le voile sur les dessous de qc
II. *r V* **sich ~** *Himmel:* s'éclaircir
Erhellung <-, *selten* -en> *f* ❶ (*das Erhellen*) éclaircissement *m*
❷ (*das Aufklären*) *von Hintergründen* élucidation *f*
erhitzen* **I.** *tr V* ❶ (*heiß machen*) faire chauffer; **etw auf 70 °C ~** faire chauffer qc à 70° C; **erhitzt werden** être chauffé(e)
❷ (*zum Schwitzen bringen*) **jdn ~** donner chaud à qn; **erhitzt** en sueur, en nage; **vom Laufen erhitzt sein** avoir chaud d'avoir couru
II. *r V* **sich an etw** (*Dat*) **~** s'échauffer à propos de qc
Erhitzung <-, *selten* -en> *f* ❶ (*das Heißmachen*) **bei ~ auf 100 °C** en faisant chauffer à 100°
❷ (*Erregung*) énervement *m*
erhoben *PP von* **erheben**
erhoffen* *r V* **sich ~** espérer; **sich** (*Dat*) **etw von jdm/etw ~** espérer qc de qn/qc; **was erhoffst du dir davon?** qu'est-ce que tu espères [*o* attends]?
erhöhen* **I.** *tr V* ❶ rehausser; **etw um einen Meter ~** rehausser qc d'un mètre
❷ FIN, FISC accroître *Zahl*
❸ (*verstärken*) accroître, renforcer *Wirkung;* faire monter *Spannung*
❹ MUS hausser, diéser (*spéc*) *Note*
II. *r V* ❶ FIN, FISC **sich um drei Prozent ~** augmenter de trois pour cent; **sich auf hundert Euro ~** s'élever [*o* se monter] à cent euros
❷ (*sich verstärken*) **sich ~** *Blutdruck:* augmenter; *Wirkung:* s'intensifier
erhöht *Adj* ❶ MED *Blutdruck* élevé(e); *Wert* en augmentation; *Herzschlag, Puls* accéléré(e); **bei ~em Blutdruck** en cas d'hypertension
❷ (*gesteigert*) *Aufmerksamkeit* accru(e)
Erhöhung <-, -en> *f* ❶ (*Anhebung*) *von Gehältern, Gebühren, Steuern* augmentation *f,* hausse *f; von Zahlen* accroissement *m,* augmentation *f*
❷ (*Zunahme*) *einer Spannung* accroissement *m,* renforcement *m; einer Wirkung* intensification *f; des Blutdrucks, der Geschwindigkeit, Produktion* augmentation *f; der Frequenz* accélération *f*
Erhöhungszeichen *nt* dièse *m*
erholen* *r V* ❶ (*von einer Krankheit genesen*) **sich ~** se remettre, se rétablir; **sich von einer Krankheit/Operation ~** se remettre [*o* se rétablir] d'une maladie/opération; **sich von einem Schrecken/Rückschlag ~** se remettre d'une peur/rechute
❷ (*ausspannen*) **sich ~** se reposer
❸ *fig* **sich ~** *Pflanze:* reprendre, retrouver de la vigueur; *Preise, Aktien, Kurse:* se redresser, se raffermir
erholsam [ɛɐ'ho:lza:m] *Adj Urlaub* reposant(e); *Schlaf* réparateur(-trice)
Erholung <-> *f* ❶ *einer Person* repos *m,* détente *f;* **gute ~!** repose-toi/reposez-vous bien!; **zur ~** pour me/se/... reposer
❷ (*Aufwärtsentwicklung*) *von Preisen* relance *f; von Aktien, Kursen* redressement *m,* reprise *f*
Erholungsaufenthalt *m* séjour *m* de repos **erholungsbedürftig** *Adj* qui a besoin de repos [*o* de se reposer] **Erholungsgebiet** *nt* région *f* de détente **Erholungsheim** *nt* maison *f* de repos **Erholungskur** *f* cure *f* de repos **Erholungsort** *m* lieu *m* de repos, villégiature *f* **Erholungspause** *f* récréation *f,* pause *f* [détente]; **eine ~ machen** [*o* **einlegen**] s'accorder un moment de détente, faire une pause **Erholungsurlaub** *m* vacances *fpl,* congé *m* pour se détendre **Erholungswert** *m* valeur *f* récréative
erhören* *tr V geh* ❶ exaucer *Bitte, Gebet;* accéder à *Flehen*
❷ (*sich erweichen lassen*) **jdn ~** céder à qn
erigieren* *itr V* entrer en érection; **erigiert** en érection
Erika ['e:rika] <-, Eriken> *f* BOT bruyère *f*
erinnerlich *Adj form* présent(e) à la mémoire; **jdm ~ sein** être présent(e) à la mémoire de qn
erinnern* **I.** *tr V* rappeler; **jdn an etw** (*Akk*) **~** rappeler qc à qn, faire penser qn à qc; **jdn daran ~ etw zu tun** rappeler à qn de faire qc
II. *r V* **sich an jdn/etw ~** se souvenir de qn/qc, se rappeler qn/qc; **wenn ich mich recht erinnere** si je me souviens bien, si mes souvenirs sont bons; **soweit ich mich ~ kann** autant que je me souvienne
III. *itr V* ❶ (*hinweisen auf*) **daran ~, dass** rappeler que + *indic*
❷ (*denken lassen an*) **an jdn/etw ~** rappeler qn/qc, faire penser à qn/qc
Erinnerung <-, -en> *f* ❶ (*Gedächtnis*) mémoire *f;* **jds ~** (*Dat*) **nachhelfen** rafraîchir la mémoire de qn; **sich in ~ bringen** redonner signe de vie
❷ *meist Pl* (*Eindruck*) **~ an etw** (*Akk*) souvenir *m* de qc; **eine/keine ~ an jdn/etw haben** se souvenir/n'avoir aucun souvenir de qn/qc; **jdn in guter/schlechter ~ haben** garder un bon/mauvais souvenir de qn; **nur noch eine vage ~ an etw** (*Akk*) **haben** ne plus avoir qu'un vague souvenir de qc; **~en austauschen** échanger des souvenirs; **zur ~ an die schönen Jahre** en souvenir des belles années
❸ *Pl* (*Memoiren*) souvenirs *mpl,* mémoires *fpl*
❹ *form* (*Zahlungserinnerung*) rappel *m*
Erinnerungslücke *f* trou *m* de mémoire **Erinnerungsstück** *nt* souvenir *m;* **~ an jdn/etw** souvenir *m* de qn/qc **Erinnerungsvermögen** *nt kein Pl* mémoire *f*
Eritrea [eri'tre:a] <-s> *nt* l'Érythrée *f*
Eritreer(in) <-s, -> *m(f)* Érythréen(ne) *m(f)*
eritreisch *Adj* érythréen(ne)
erkalten* *itr V + sein* ❶ (*kalt werden*) *Toter, Hände, Füße:* se refroidir; **der Leichnam ist schon erkaltet** le cadavre est déjà froid
❷ (*abkühlen*) *Pudding, Lava:* refroidir
❸ *geh* (*nachlassen*) *Gefühl, Begeisterung:* se refroidir
erkälten* **I.** *r V* **sich ~** s'enrhumer, prendre froid
II. *tr V* **sich** (*Dat*) **etw ~** prendre froid à qc
erkältet *Adj* enrhumé(e); **stark ~** très enrhumé(e); **~ klingen** avoir une voix enrhumée
Erkältung <-, -en> *f* refroidissement *m,* rhume *m;* **eine ~ bekommen/haben** attraper/avoir un rhume; **sich** (*Dat*) **eine ~ zuziehen** *form* contracter un refroidissement (*form*)
Erkältungskrankheit *f* refroidissement *m*
erkämpfen* *tr V* ❶ conquérir, obtenir de haute lutte; [**sich** (*Dat*)] **etw ~** conquérir qc, obtenir qc de haute lutte
❷ SPORT arracher *Platz, Sieg;* décrocher *Medaille;* **ein hart erkämpfter zweiter Platz** une seconde place remportée de haute lutte
erkaufen* *tr V* ❶ (*sich mit Geld verschaffen*) acheter
❷ *fig* (*durch Opfer erreichen*) **etw teuer ~** payer cher qc
erkennbar *Adj* ❶ (*sichtbar*) visible
❷ (*wahrnehmbar*) **für jdn/etw ~ sein** être perceptible pour qn/qc; **an diesem Trend ist ~, dass** cette tendance laisse entrevoir que + *indic*
erkennen* *unreg* **I.** *tr V* ❶ (*wahrnehmen*) distinguer *Einzelheiten, Details;* se rendre compte de, s'apercevoir de *Fehler;* **etw als falsch/richtig/gut ~** se rendre compte que qc est faux(fausse)/juste/bien; **~, dass/wie ...** s'apercevoir que + *indic*/à quel point ...; **jdm zu ~ geben, dass** faire com-

prendre à qn que + *indic;* ~ **lassen, dass** indiquer que + *indic;* **Unsicherheiten/Schwächen** ~ **lassen** révéler des incertitudes/faiblesses
❷ (*identifizieren*) reconnaître *Person, Stimme;* déceler *Krankheit, Motorschaden;* **jdn an etw** (*Dat*) ~ reconnaître qn à qc; **wieder** ~ reconnaître; **nicht wieder zu** ~ **sein** être méconnaissable
❸ (*entlarven*) **du bist erkannt!** tu es démasqué(e)!
II. *itr V* ❶ JUR **auf Freispruch/eine Haftstrafe** ~ prononcer un non-lieu/une peine de prison
❷ SPORT **auf Elfmeter/Freistoß** (*Akk*) ~ accorder un penalty/coup franc
III. *r V* **erkenne dich selbst!** connais-toi toi-même!; **sich jdm** [**als Verbündeter**] **zu** ~ **geben** se faire connaître à qn [comme étant un allié]

erkenntlich [ɛɐˈkɛntlɪç] *Adj* **sich** [**jdm**] **für etw** ~ **zeigen** témoigner [à qn] sa reconnaissance pour qc

Erkenntlichkeit <-, -en> *f* ❶ *kein Pl* (*Dankbarkeit*) reconnaissance *f,* gratitude *f*
❷ (*Geschenk*) témoignage *m* de reconnaissance

Erkenntnis *f a.* PHILOS, PSYCH connaissance *f;* **zu der** ~ **kommen** [*o* **gelangen**], **dass** arriver [*o* parvenir] à la conclusion que + *indic*

Erkenntnisstand *m kein Pl form* état *m* des connaissances

Erkennungsdienst *m* service *m* anthropométrique **erkennungsdienstlich** **I.** *Adj Beamte* de l'anthropométrie [judiciaire]; *Arbeit, Behandlung* anthropométrique **II.** *Adv behandeln* selon les méthodes anthropométriques **Erkennungsmarke** *f* plaque *f* d'identité **Erkennungsmelodie** *f* MUS indicatif *m* **Erkennungszeichen** *nt* signe *m* de reconnaissance

Erker [ˈɛrkɐ] <-s, -> *m* encorbellement *m*

Erkerfenster *nt* fenêtre *f* en encorbellement, oriel *m* **Erkerzimmer** *nt* pièce *f* avec une fenêtre en encorbellement

erklärbar [ɛɐˈklɛːɐbaːɐ] *Adj* explicable; **nicht** ~ inexplicable

erklären* **I.** *tr V* ❶ (*erläutern*) expliquer; **jdm etw an einem Beispiel** ~ expliquer qc à qn à l'aide d'un exemple; **jdm** ~, **dass/warum ...** expliquer à qn que + *indic*/pourquoi ...; **sich** (*Dat*) **etw** ~ s'expliquer qc; **das lässt sich nur schwer** ~ c'est difficile à expliquer; **das erklärt alles** cela explique tout
❷ KUNST, LITER expliquer, interpréter *Bild, Gemälde;* commenter, analyser *Gedicht, Text*
❸ (*bekannt geben*) annoncer *Rücktritt;* exprimer *Einverständnis;* déclarer *Krieg;* **etw für eröffnet/gescheitert** ~ déclarer qc d'ouvert/d'échoué; **hiermit erkläre ich die Sitzung für beendet!** la séance est close!
❹ (*deklarieren*) **jdn für tot/schuldig/vermisst** ~ déclarer qn mort(e)/coupable/disparu(e); **etw für gültig/gefälscht** ~ déclarer qc valable/falsifié(e); **hiermit erkläre ich Sie für Mann und Frau** je vous déclare unis par les liens du mariage
II. *r V* ❶ (*sich aufklären*) **sich** ~ *Vorfall, Umstand:* s'expliquer; **so erklärt es sich, dass** c'est ainsi que + *indic*
❷ (*sich bezeichnen*) **sich mit jdm solidarisch** ~ se déclarer solidaire de qn; **sich mit etw einverstanden** ~ exprimer son accord avec qc
❸ (*sich offenbaren*) **sich jdm** ~ dévoiler son amour à qn

erklärend **I.** *Adj* explicatif(-ive)
II. *Adv bemerken, hinzufügen* à titre explicatif

erklärlich *Adj* explicable, compréhensible

erklärt *Adj attr Gegner, Liebling* déclaré(e); *Ziel* avoué(e); **der** ~**e Favorit dieses Rennens** le super-favori de cette course; **sein** ~**es Ziel ist es anderen zu helfen** son but avoué, c'est d'aider les autres

Erklärung *f* ❶ (*Darlegung*) explication *f;* **eine/keine** ~ **für etw haben** avoir une explication/ne pas avoir d'explication à qc; **für alles eine** ~ **haben** avoir réponse à tout; **dafür gibt es eine/keine** ~ il y a une/il n'y a aucune explication à cela
❷ (*Presseerklärung, öffentliche Stellungnahme*) déclaration *f;* **eine** ~ **zu etw abgeben** faire une déclaration au sujet de qc

erklimmen* [ɛɐˈklɪmən] *tr V unreg geh* ❶ (*ersteigen*) grimper à *Baum, Leiter;* escalader, gravir (*soutenu*) *Bergwand*
❷ *fig* (*erreichen*) accéder à *Spitze, Stufe*

erklingen* *itr V unreg* + *sein geh* retentir

erkor *Imp von* **erküren**

erkoren *PP von* **erküren**

erkranken* *itr V* + *sein Person, Tier:* tomber malade; *Pflanze:* attraper une maladie; **an etw** (*Dat*) ~ attraper qc; **an Krebs** (*Dat*) **erkrankt sein** être atteint(e) du cancer; **der erkrankte Freund** l'ami malade

Erkrankung <-, -en> *f* maladie *f;* **die Zahl der** ~**en ist gering** le nombre de malades est faible

erkühnen* *r V geh* **sich** ~ **etw zu tun** avoir le front [*o* l'outrecuidance *littér*] de faire qc

erkunden* *tr V* ❶ MIL reconnaître
❷ (*sondieren*) sonder

erkundigen* *r V* ❶ (*fragen nach*) **sich** ~ se renseigner; **sich bei jdm nach jdm/etw** ~ se renseigner auprès de qn sur qn/qc
❷ (*Informationen einholen*) **sich bei jdm über jdn/etw** ~ prendre des renseignements sur qn/qc auprès de qn; **sich** ~, **was der Flug kostet** se renseigner sur le prix du billet d'avion

Erkundigung <-, -en> *f* recherche *f,* investigation *f;* ~**en über jdn/etw einholen** [*o* **einziehen** *form*] prendre des renseignements [*o* des informations] sur qn/qc

Erkundung <-, -en> *f* MIL reconnaissance *f*

erküren* <erkor, erkoren> *tr V* ❶ *veraltet geh* (*erwählen*) ériger (*littér*); **jdn zum Retter** ~ ériger qn en sauveur; *Schicksal:* désigner qn comme sauveur
❷ *hum* (*wählen*) **jdn zum Vorsitzenden** ~ sacrer qn président (*hum*); **mich also habt ihr zum Sündenbock erkoren?** c'est donc à moi qu'a été dévolu le rôle de bouc émissaire?

Erlagschein [ɛɐˈlaːkʃaɪn] *m* A (*Einzahlungsschein*) reçu *m* de versement

erlahmen* *itr V* + *sein* ❶ (*kraftlos werden*) *Arme:* s'engourdir, s'ankyloser
❷ (*nachlassen*) *Arbeitseifer, Interesse:* s'émousser; **seine Kräfte erlahmten** ses forces l'ont abandonné

erlangen* *tr V geh* obtenir

ErlassRR <-es, -e *o* A -̈e> [ɛɐˈlas], **Erlaß** <-sses, -sse *o* A -̈sse> *m* ❶ (*Verordnung*) décret *m,* arrêté *m*
❷ *kein Pl* (*das Erlassen*) *einer Strafe, von Schulden* remise *f; von Sünden* rémission *f*

erlassen* *tr V unreg* ❶ exonérer *Gebühren;* faire grâce *Strafe;* remettre *Schulden/Sünden;* **jdm die Gebühren** ~ exonérer qn des taxes; **jdm seine Strafe** ~ faire grâce à qn de sa peine; **jdm die Schulden/Sünden** ~ remettre les dettes/péchés à qn
❷ (*verkünden*) édicter *Befehl;* promulguer *Verfügung*

erlauben* **I.** *tr V* ❶ (*gestatten*) permettre; **jdm etw** ~ permettre qc à qn; **jdm** ~ **etw zu tun** permettre à qn de faire qc, autoriser qn à faire qc; **keine Ausnahme** ~ *Vorschriften:* ne pas souffrir d'exception; ~ **Sie/erlaubst du, dass** vous permettez/tu permets que + *subj;* ~ **Sie, dass ich mich vorstelle!** permettez-moi de me présenter!; ~ **Sie?, Sie** ~ **doch?** *form* vous permettez?
❷ *form* (*ermöglichen*) [**jdm**] **etw** ~ *Finanzen, Mittel:* permettre qc [à qn]; **ihr Vermögen erlaubt es ihnen oft zu verreisen** leur fortune leur permet de partir souvent en voyage
► ~ **Sie mal!** permettez!
II. *r V* ❶ (*sich leisten*) **sich** (*Dat*) **etw** ~ s'offrir qc; **ich kann mir kein Auto mehr** ~ je ne peux plus me permettre d'avoir une voiture
❷ (*wagen*) **sich** (*Dat*) **eine Bemerkung** ~ se permettre [de faire] une remarque; **sich** (*Dat*) ~ **etw zu tun** se permettre de faire qc; **was sich die Jugend heutzutage alles erlaubt!** la jeunesse se croit tout permis aujourd'hui!; **was** ~ **Sie sich** [**eigentlich**]! pour qui vous prenez-vous?

E

erlauben

• um Erlaubnis bitten	• demander la permission
Darf ich Sie kurz stören/unterbrechen?	**Puis-je** vous déranger/interrompre un instant?
Haben/Hätten Sie was dagegen, wenn ich das Fenster aufmache?	**Cela vous dérange si** j'ouvre la fenêtre?
Sind Sie damit einverstanden, wenn ich im Juli Urlaub nehme?	**Êtes-vous d'accord pour que** je prenne mes vacances en juillet?

• erlauben	• permettre
Wenn du mit deinen Hausaufgaben fertig bist, **darfst du** raus spielen.	**Tu pourras** aller jouer quand tu auras fini tes devoirs.
Sie dürfen gern hereinkommen.	**Entrez (donc), je vous prie.**
In diesem Bereich **dürfen** Sie rauchen.	**Vous avez le droit de** fumer dans cette zone.
Wenn Sie möchten, können Sie hier parken.	Vous pouvez vous garer ici, **si vous voulez.**

Erlaubnis <-, *selten* -se> *f* ❶ (*Genehmigung*) autorisation *f*, permission *f*; [**jdn**] **um** ~ **bitten** [*o* **fragen**] demander la permission [à qn]; **jdm die** ~ **geben** [*o* **erteilen** *form*] **etw zu tun** donner [*o* accorder] la permission à qn de faire qc; **die** ~ **der Eltern haben etw zu tun** avoir la permission de ses parents de faire qc; **mit Ihrer** [**freundlichen/gütigen**] ~ *form* avec votre [aimable] permission
❷ (*Schriftstück*) autorisation *f*

erlaucht [ɛɐ'laʊxt] *Adj Gäste* éminent(e), honorable *antéposé; Gesellschaft* distingué(e), illustre

erläutern* *tr V* expliquer; [**jdm**] **etw** ~ expliquer qc [à qn]

erläuternd I. *Adj* explicatif(-ive)
II. *Adv bemerken, hinzufügen* en guise d'explication

Erläuterung <-, -en> *f* explication *f*; ~**en zum Text** des explications relatives au texte; **zur** ~ **dieses Vorschlags** pour expliquer cette proposition; **etw zur** ~ **sagen** dire qc dans un but explicatif

Erle ['ɛrlə] <-, -n> *f* (*Baum, Holz*) aulne *m*

erleben* *tr V* ❶ vivre *Ereignis, Geburtstag, Angenehmes;* passer *Urlaub;* **du wirst wieder bessere Zeiten** ~ tu retrouveras des temps meilleurs
❷ (*durchmachen*) endurer *Schlimmes, Leid;* connaître *Enttäuschung;* essuyer, subir *Misserfolg, Niederlage;* **er hat mehrere Kriege erlebt** il a traversé plusieurs guerres; **dass ich das** [**noch**] ~ **muss!** il aura fallu que je voie ça!; **der/die kann was** ~**!** *fam* ça va barder pour lui/elle! (*fam*)
❸ (*Zeitzeuge sein von*) connaître *Herrscher*
❹ (*kennen lernen, mit ansehen*) entendre *Redner, Musiker;* voir *Schauspieler;* **jdn wütend/gelassen** ~ voir qn en colère/calme; [**et**]**was** ~ **wollen** avoir envie de faire quelque chose d'intéressant; **wir haben viel/wenig erlebt** nous avons vu beaucoup de choses/n'avons pas vu grand-chose; ~**, wie die Leute sterben** voir les gens mourir; **es** ~**, wie** [*o* **dass**] voir que + *indic;* **du wirst es noch** ~**, wie er uns um Verzeihung bittet!** tu vas voir qu'il va nous demander pardon!; **das möchte ich** ~**!** *fam* je voudrais bien voir ça! (*fam*); **hat man so** [**et**]**was schon erlebt!** *fam* qu'est-ce qu'il faut pas voir/entendre! (*fam*); **das muss man erlebt haben!** c'est vraiment quelque chose!

Erlebensfall *m* JUR **im** ~ en cas de survie

Erlebnis <-ses, -se> *nt* expérience *f* [vécue]; **diese Reise wird zu einem großen** ~ ce voyage sera une expérience mémorable; **das war ein wundervolles/schreckliches** ~ ça a été un moment magnifique/terrible; **sie hat einmal ein ähnliches** ~ **gehabt** elle a vécu quelque chose d'analogue

Erlebnisaufsatz *m* ≈ narration *f*

erlebnishungrig *Adj* avide d'aventures

erledigen* I. *tr V* ❶ (*ausführen*) accomplir *Aufgabe, Auftrag, Formalitäten;* régler, effectuer *Besorgung;* **ich muss noch schnell etwas** ~ j'ai encore quelque chose à finir en vitesse; [**das**] **wird erledigt!** *fam* ça roule! (*fam*)
❷ *fam* (*erschöpfen*) **jdn** ~ *Arbeit:* crever qn (*fam*)
❸ *sl* (*umbringen*) liquider (*fam*)
❹ (*k.o. schlagen*) **jdn mit ein paar gut platzierten Schlägen** ~ étendre qn pour le compte en lui balançant quelques coups bien appliqués (*fam*)
▶ **das ist erledigt!** c'est achevé!; *fam* (*Schwamm drüber*) c'est réglé!
II. *r V* **sich von selbst** ~ s'arranger tout(e) seul(e); [**das**] **hat sich schon erledigt!** c'est une affaire réglée!

erledigt [ɛɐ'le:dɪçt] I. *PP von* **erledigen**
II. *Adj* ❶ *fam* (*erschöpft*) crevé(e) (*fam*)
❷ *sl* (*verloren, am Ende*) ~ **sein** être foutu(e) (*pop*)
❸ (*nicht mehr interessant*) **für jdn** ~ **sein** *Person:* ne plus exister pour qn; *Angelegenheit, Fall:* être réglé(e) pour qn

Erledigung <-, -en> *f* ❶ (*Ausführung*) exécution *f*; **für die** ~ **der Korrespondenz zuständig sein** être responsable de la correspondance
❷ (*Besorgung*) ~**en machen müssen** avoir des choses à faire

erlegen* *tr V* ❶ abattre *Tier*
❷ A (*bezahlen*) acquitter, verser *Geldbetrag*

erleichtern* I. *tr V* ❶ (*einfacher machen*) faciliter, simplifier *Arbeit, Aufgabe;* adoucir, soulager *Los, Schicksal;* **sie hat uns die Arbeit erleichtert** elle nous a facilité le travail
❷ (*beruhigen*) **jdn** ~ *Nachricht, Umstand:* soulager qn
❸ (*leichter machen*) alléger *Tasche, Rucksack*
❹ *hum fam* (*bestehlen*) **jdn um hundert Euro** ~ soulager qn de cent euros
II. *r V euph geh* **sich** ~ se soulager

erleichtert I. *Adj Person, Blick* soulagé(e); **ein** ~**es Aufatmen** un soupir de soulagement
II. *Adv* ~ **aufatmen** pousser un soupir de soulagement

Erleichterung <-, -en> *f* ❶ soulagement *m;* **mit** [*o* **voller**] ~ avec soulagement; **zu seiner/ihrer großen** ~ à son grand soulagement; **zu deiner** ~ **kann ich dir sagen, dass** pour te rassurer, je peux te dire que + *indic*
❷ MED **jdm** ~ **verschaffen** procurer [*o* apporter] un soulagement à qn

erleiden* *tr V unreg* subir *Niederlage, Verluste, Schaden;* endurer *Schmerzen, Qualen*

erlernbar *Adj* qui s'apprend; [**leicht/schnell/schwer**] ~ **sein** s'apprendre [facilement/vite/difficilement]

Erleichterung ausdrücken

• Erleichterung ausdrücken	• exprimer le soulagement
Bin ich froh, dass es so gekommen ist!	Heureusement que ça s'est passé comme ça!
Mir fällt ein Stein vom Herzen!	Ça me libère d'un gros poids!
Ein Glück, dass du gekommen bist!	Quelle chance que tu sois venu(e)!
Gott sei Dank!	Dieu merci!
Geschafft!	Ça y est!
Endlich!	Enfin!

erlernen* *tr V* apprendre
erlesen *Adj Geschmack* délicat(e), raffiné(e); *Kunstwerk, Teppich* de qualité; *Wein* de choix; ~ **sein** *Kunstwerk, Marmor:* être recherché(e)
erleuchten* *tr V* ❶ (*erhellen*) éclairer; **hell erleuchtet** *Raum, Fenster* brillament éclairé(e) [*o* illuminé(e)]
❷ (*inspirieren*) **jdn** ~ *Gott:* éclairer qn; *Eingebung:* illuminer qn; **erleuchtet** *Person* éclairé(e)
Erleuchtung <-, -en> *f* (*Inspiration*) illumination *f*, révélation *f*
erliegen* *itr V unreg + sein* ❶ succomber; **der Krankheit/seinen Verletzungen** ~ succomber à la maladie/ses blessures; **einem Irrtum** ~ être dans l'erreur
❷ (*stillstehen*) **zum Erliegen bringen** bloquer; **zum Erliegen kommen** *Aktivitäten, Verkehr:* être bloqué(e) [*o* paralysé(e)]; *Atmung, Herztätigkeit:* s'arrêter
erlischt *3. Pers Präs von* **erlöschen**
erlitten *PP von* **erleiden**
Erlös [ɛɐ'lø:s] <-es, -e> *m* recette *f*, produit *m*; ~ **aus Kapitalvermögen** revenus du capital
erlöschen <erlischt, erlosch, erloschen> *itr V + sein* ❶ *Kerze, Feuer, Leidenschaft:* s'éteindre
❷ JUR expirer, prendre fin
Erlöschen *nt einer Firma* dissolution *f*
erlösen* *tr V* ❶ (*befreien*) délivrer; **jdn aus/von etw** ~ délivrer qn de qc
❷ REL racheter; **erlöse uns von dem Übel** délivre-nous du mal
❸ (*Gewinn machen*) **aus etw hundert Euro** ~ retirer cent euros de qc
erlösend I. *Adj Wort* libérateur(-trice)
II. *Adv* ~ **wirken** apporter un soulagement
Erlöser(in) <-s, -> *m(f)* ❶ rédempteur *m*
❷ REL **der** ~ le Rédempteur, le Sauveur
Erlösung *f* ❶ (*Erleichterung*) soulagement *m*; **der Tod war für ihn eine** ~ la mort fut pour lui une délivrance
❷ REL Rédemption *f*
ermächtigen* *tr V* autoriser; **jdn dazu** ~ **etw zu tun** autoriser qn à faire qc; **jdn [zu etw]** ~ habiliter qn [à faire qc]
Ermächtigung <-, -en> *f* autorisation *f*
Ermächtigungsgesetz *nt kein Pl* POL, HIST loi *f* sur les pleins pouvoirs
ermahnen* *tr V* ❶ (*warnend mahnen*) avertir, rappeler à l'ordre; **jdn** ~ avertir qn, rappeler qn à l'ordre
❷ (*anhalten zu*) **jdn zu etw** ~ exhorter [*o* inviter] qn à qc; **jdn** ~ **etw zu tun** demander à qn de faire qc
Ermahnung *f* rappel *m* à l'ordre
Ermang[e]lung <-> *f geh* **in** ~ **eines Hammers** à défaut d'un marteau; **in** ~ **eines Besseren** faute de mieux
ermannen* *r V geh* **sich** ~ prendre son courage à deux mains; **sich zu etw** ~ se décider [*o* se résoudre] à qc
ermäßigen* I. *tr V* faire une réduction sur; **etw um fünf Euro/drei Prozent** ~ faire une réduction sur qc de cinq euros/trois pour cent; **etw um ein Viertel** ~ ramener qc d'un quart; **ermäßigt** réduit(e)
II. *r V* **sich um sieben Prozent** ~ être réduit(e) de sept pour cent
Ermäßigung <-, -en> *f* réduction *f*
ermatten* *geh* I. *tr V + haben* épuiser; **von etw ermattet sein** être harassé(e) par qc (*soutenu*)
II. *itr V + sein* faiblir
ermessen* *tr V unreg* concevoir
Ermessen <-s> *nt* appréciation *f*; **nach meinem** ~ à mon sens; **nach eigenem** ~ en son/mon/... âme et conscience; **nach menschlichem/freiem** ~ pour autant qu'on puisse juger/en toute liberté; **in jds** ~ (*Dat*) **liegen** [*o* **stehen**] être laissé(e) à l'appréciation de qn; **das stelle ich in Ihr** ~ je laisse cela à votre appréciation
Ermessensentscheidung *f* JUR décision *f* discrétionnaire **Ermessensspielraum** *m* JUR pouvoirs *mpl* discrétionnaires
ermitteln* I. *tr V* ❶ (*herausfinden*) identifier *Täter;* retrouver *Gesuchten;* découvrir *Versteck;* établir *Identität*
❷ (*feststellen*) déterminer; désigner *Gewinner, Sieger*
❸ (*errechnen*) calculer *Wert, Summe*
II. *itr V* JUR **gegen jdn wegen etw** ~ enquêter sur qn pour qc; **es wurde gegen unbekannt ermittelt** une enquête a été menée pour identifier le coupable
Ermittler <-s, -> *m* enquêteur *m*
Ermittlung <-, -en> *f* ❶ *kein Pl* (*das Feststellen*) *eines Gewinners, Siegers* désignation *f*
❷ JUR ~**en durchführen** [*o* **anstellen**] mener une enquête
Ermittlungsrichter(in) *m(f)* juge *mf* d'instruction **Ermittlungsverfahren** *nt* information *f* judiciaire; **ein** ~ **einleiten** ouvrir une information judiciaire
ermöglichen* *tr V* permettre; **jdm etw** ~ permettre qc à qn; **es jdm** ~ **etw zu tun** permettre à qn de faire qc
ermorden* *tr V* assassiner
Ermordete(r) *f(m) dekl wie Adj* victime *f* [de meurtre]
Ermordung <-, -en> *f* assassinat *m*
ermüden* I. *tr V + haben* fatiguer *Person*
II. *itr V + sein* ❶ (*müde werden*) se fatiguer
❷ TECH fatiguer
ermüdend *Adj* fatigant(e)
Ermüdung <-, *selten* -en> *f* ❶ (*das Ermüden*) fatigue *f*; **vor** ~ de fatigue
❷ TECH usure *f*
Ermüdungserscheinung *f* signe *m* de fatigue
ermuntern* *tr V* ❶ (*ermutigen*) encourager; **jdn zu einer Ansprache** ~ encourager qn à faire une allocution; **jdn** ~ **etw zu tun** encourager qn à faire qc
❷ (*beleben*) revigorer
Ermunterung <-, -en> *f* encouragement *m*; **zu seiner/ihrer** ~ pour le/la réconforter
ermutigen* *tr V* encourager; **jdn zu einer Bewerbung** ~ encourager qn à poser sa candidature
ermutigend I. *Adj Nachricht, Tatsache* encourageant(e); *Worte*

d'encouragement; ~ **sein** être encourageant(e)
II. *Adv zunicken* en guise d'encouragement
Ermutigung <-, -en> *f* encouragement *m*
ernähren* I. *tr V* ❶ (*mit Nahrung versorgen*) nourrir *Person;* donner à manger à *Tier*
❷ (*unterhalten*) **jdn** ~ *Person:* entretenir [*o* nourrir] qn; *Beruf, Tätigkeit:* faire vivre qn
II. *r V* ❶ **sich von etw** ~ se nourrir de qc; **sich einseitig/ungesund** ~ se nourrir de manière peu équilibrée/peu variée
❷ (*seinen Unterhalt bestreiten*) **sich** ~ assurer sa subsistance; **sich von etw** ~ vivre de qc
Ernährer(in) <-s, -> *m(f)* soutien *m;* **der ~/die ~in sein** être celui/celle qui entretient la famille
Ernährung <-> *f* ❶ (*Art des Ernährens*) alimentation *f;* **richtige** ~ alimentation saine [*o* équilibrée]; **falsche** ~ mauvaise alimentation
❷ (*Unterhalt*) entretien *m*
❸ (*Nahrung*) [**pflanzliche**] ~ nourriture *f* [végétarienne]
ernährungsbedingt *Adj* dû(due) à l'alimentation **Ernährungsgewohnheit** *f* habitude *f* alimentaire **Ernährungslehre** *f* science *f* de la nutrition, diététique *f* **Ernährungsstörung** *f* dysfonctionnement *m* alimentaire **Ernährungsweise** *f* alimentation *f* **Ernährungswissenschaft** *f* diététique *f* **Ernährungswissenschaftler(in)** *m(f)* nutritionniste *mf*
ernennen* *tr V unreg* nommer; **selbst ernannt** autoproclamé(e)
Ernennung *f* nomination *f;* **ihre ~ zur Ministerin** sa nomination en qualité de ministre
Ernennungsurkunde *f* acte *m* de nomination
erneuerbar [ɛɐ'nɔɪɐba:ɐ] *Adj* ❶ (*austauschbar*) *Teil, Material* remplaçable
❷ ÖKOL, BIO renouvelable
Erneuerer <-s, -> *m,* **Erneuerin** *f* rénovateur(-trice) *m(f)*
erneuern* *tr V* ❶ changer *Bettwäsche, Reifen;* renouveler *Verband, Ausweis, Pass*
❷ (*renovieren*) renover; **etw ~ lassen** faire rénover qc
Erneuerung *f* ❶ *von Bettwäsche, Reifen* changement *m; eines Verbands, Ausweises, Passes* renouvellement *m*
❷ (*Renovierung*) rénovation *f*
❸ (*Wandel*) renouvellement *m*
erneut [ɛɐ'nɔɪt] I. *Adj attr* nouveau(-velle) *antéposé;* **erst auf ~es Klopfen wurde ihr aufgemacht** il a fallu qu'elle frappe de nouveau pour qu'on lui ouvre
II. *Adv* de nouveau
erniedrigen* I. *tr V* ❶ (*demütigen*) humilier; **~d** humiliant(e)
❷ MUS [a]baisser
II. *r V* **sich** ~ s'abaisser, s'avilir
Erniedrigung <-, -en> *f* ❶ (*Demütigung*) humiliation *f*
❷ MUS **ein b bedeutet die ~ um eine halbe Note** un bémol abaisse la note d'un demi-ton
Erniedrigungszeichen *nt* bémol *m*
ernst [ɛrnst] *Adj* ❶ (*gravierend*) *Krankheit, Lage* grave; *Zustand* sérieux(-euse); **etwas/nichts Ernstes** quelque chose/rien de sérieux; **es steht ~ um ihn** son état est sérieux [*o* grave]
❷ (*nicht heiter*) *Person* grave, sérieux(-euse); *Stimmung* de gravité; *Miene, Blick* austère; **sich bemühen ~ zu bleiben** s'efforcer de garder son sérieux; **ich muss mal ein ~es Wort mit ihr reden** il faut que je lui parle sérieusement
❸ (*aufrichtig*) *Absicht* réel(le); **es ~ meinen** être sérieux(-euse); **die ~e Absicht haben etw zu tun** avoir sérieusement l'intention de faire qc; **ich weiß nicht, ob er es ~ mit ihr meint** je ne sais pas si ses intentions sont sérieuses; **damit ist es ihr ~** cela lui tient à cœur; **~ gemeint** sérieux(-euse); **bitte nur ~ gemeinte Zuschriften!** pas sérieux s'abstenir!
❹ (*wichtig*) *Anlass* grave; *Anliegen* important(e); **jdn/etw ~ nehmen** prendre qn/qc au sérieux
Ernst <-[e]s> *m* ❶ (*Ernsthaftigkeit*) *eines Blicks, einer Stimme* gravité *f; von Worten* sérieux *m;* **feierlicher** ~ ferme résolution *f;* **mit feierlichem ~ in der Stimme** d'une voix grave et solennelle; **im ~, allen ~es** sérieusement; **das ist sein ~** c'est sérieux; **das ist mein voller ~** je suis catégorique là-dessus; **ist das dein ~?** tu es sérieux(-euse)?; **das kann doch nicht Ihr ~ sein!** vous ne parlez pas sérieusement!
❷ (*Bedrohlichkeit*) *einer Situation, Lage* gravité *f*
❸ (*Entschlossenheit*) détermination *f;* **mit ~ bei der Sache sein** être tout entier(-ière) à sa tâche
▸ **der ~ des Lebens** la dure réalité de la vie; **etw mit tierischem ~ tun** *pej* faire qc vachement sérieusement; **~ machen** passer aux actes; **mit etw ~ machen** mettre qc à exécution
Ernstfall *m* situation *f* de crise; **im ~** en cas de coup dur; **für den ~** pour parer à toute éventualité; **den ~ proben** procéder à des exercices d'alerte simulée
ernstgemeint *s.* **ernst 3.**
ernsthaft I. *Adj* ❶ *Person, Angebot, Vorschlag* sérieux(-euse)
❷ (*eindringlich*) *Ton, Worte* grave; *Blick, Miene* sévère
❸ MED grave
II. *Adv* ❶ (*wirklich*) *glauben, wollen, verliebt* sérieusement, pour de bon
❷ (*ernstlich, gravierend*) *erkranken, krank* gravement, sérieusement
❸ (*eindringlich*) *ermahnen, warnen* sérieusement, avec insistance
Ernsthaftigkeit <-> *f* (*Aufrichtigkeit*) sérieux *m*
ernstlich I. *Adj attr Absicht* ferme *antéposé; Bedenken* sérieux(-euse)
II. *Adv s.* **ernsthaft II.**
Ernte ['ɛrntə] <-, -n> *f* ❶ (*Ertrag*) récolte *f;* **die ~ einbringen** rentrer la récolte
❷ *kein Pl* (*Getreideernte*) moisson *f;* (*Obsternte*) cueillette *f;* (*Kartoffelernte*) récolte *f*
Erntedankfest *nt* jour *f* d'action de grâce (*pour les moissons et les récoltes*) **Ernteeinsatz** *m* engagement *m* pour les moissons **Ernteertrag** *m* produit *m* de la récolte
ernten ['ɛrntən] *tr V* ❶ récolter; moissonner *Getreide;* cueillir *Obst*
❷ (*erlangen*) **etw für etw ~** récolter [*o* recueillir] qc pour qc
ernüchtern* *tr V Alltag:* ramener à la réalité; *Wirklichkeit:* faire retomber sur terre; **jdn ~** *Alltag:* ramener qn à la réalité; *Wirklichkeit:* faire retomber qn sur terre; **~d** *Erlebnis, Vorfall* qui fait l'effet d'une douche froide; *Gespräch* qui ramène à la réalité; **für jdn ~d sein** ramener qn à la réalité
Ernüchterung <-, -en> *f* désillusion *f,* désenchantement *m*
Eroberer [ɛɐ'ʔo:bərɐ] <-s, -> *m,* **Eroberin** *f* conquérant(e) *m(f)*
erobern* *tr V* MIL *a. fig* conquérir
Eroberung <-, -en> *f* conquête *f*
▸ **eine ~ machen** *fam* faire une conquête (*fam*)
Eroberungskrieg *m* guerre *f* de conquête
eröffnen* I. *tr V* ❶ ouvrir *Geschäft, Praxis;* inaugurer *Ausstellung, Museum;* **wieder ~** rouvrir
❷ JUR ouvrir, engager *Verfahren, Vergleich*
❸ (*beginnen*) ouvrir *Diskussion, Sitzung, Schachpartie, Feuer;* **etw für eröffnet erklären** *form* déclarer qc ouvert(e)
❹ (*mitteilen*) **jdm etw ~** révéler qc à qn
❺ (*bieten*) **jdm gute Aussichten/Möglichkeiten ~** ouvrir de bonnes perspectives/possibilités à qn
II. *r V* **sich jdm durch etw ~** *Möglichkeiten, Wege:* s'ouvrir à qn grâce à qc
III. *itr V* FIN **ruhig/hektisch ~** démarrer [*o* débuter] calmement/très vite; **mit etw ~** ouvrir à qc
Eröffnung *f* ❶ *eines Geschäfts, einer Praxis* ouverture *f; einer Ausstellung, eines Museums* inauguration *f*
❷ *a.* JUR, MIL (*Beginn*) ouverture *f*
❸ *geh* (*Mitteilung*) **jdm eine ~ machen** faire part à qn d'une

information
Eröffnungsansprache *f* discours *m* d'ouverture **Eröffnungsgebot** *nt* ÖKON offre *f* d'ouverture
erogen [ero'ge:n] *Adj* érogène
erörtern* *tr V* discuter, débattre [de]; **der erörterte Plan** le projet en discussion
Erörterung <-, -en> *f* ❶ (*Erörterungsaufsatz*) dissertation *f*
❷ *kein Pl* (*das Erörtern*) ~ **einer Frage** discussion *f* [*o* débat *m*] sur une question
Eros ['e:rɔs] <-> *m* Éros *m*
EroscenterRR ['e:rɔssɛntɐ] <-s, -> *nt euph* éros-center *m*
Erosion [ero'zio:n] <-, -en> *f* érosion *f*
Erotik [e'ro:tɪk] <-> *f* érotisme *m*
Erotika *Pl* littérature *f* érotique
erotisch *Adj* érotique
Erpel ['ɛrpəl] <-s, -> *m* canard *m* [mâle]
erpicht [ɛɐ'pɪçt] *Adj* **auf Geld** (*Akk*) ~ **sein** en vouloir à l'argent; **auf Schmeicheleien/Klatsch ~ sein** être friand(e) de flatteries/ragots; **darauf/nicht darauf ~ sein etw zu tun** brûler d'envie/n'avoir aucune envie de faire qc
erpressen* *tr V* ❶ (*nötigen*) faire chanter
❷ (*abpressen*) **Geld/eine Information von jdm ~** extorquer de l'argent/une information à qn
Erpresser(in) <-s, -> *m(f)* maître *m* chanteur
Erpresserbrief *m* lettre *f* de chantage
erpresserisch I. *Adj* *Verhalten, Maßnahme* de maître chanteur; **ein ~es Vorgehen** un chantage; **dein Verhalten ist ~** ton comportement est du chantage
II. *Adv* en maître chanteur
Erpressung <-, -en> *f* ❶ (*das Erpressen*) *einer Person* chantage *m;* **räuberische ~** extorsion *f* sous la menace, racket *m* avec violence
❷ (*das Abpressen*) *von Geld, eines Zugeständnisses* extorsion *f*
Erpressungsversuch *m* tentative *f* de chantage
erproben* *tr V* tester *Gerät, Verfahren;* **ein Medikament an jdm ~** tester [*o* expérimenter] un médicament sur qn
erprobt *Adj* ❶ (*erfahren*) *Person* expérimenté(e), chevronné(e)
❷ (*zuverlässig*) *Gerät* fiable; *Verfahren* éprouvé(e)
Erprobung <-, -en> *f* essai *m*
erquicken* *tr V* *Quelle, Getränk:* rafraîchir; *Schlaf:* revigorer; **jdn ~** *Quelle, Getränk:* rafraîchir qn; *Schlaf:* revigorer qn; **sich erquickt fühlen** se sentir revigoré(e) [*o* ragaillardi(e)]
erquicklich *Adj iron* *Aussichten, Nachricht* réjouissant(e)
Erquickung <-, -en> *f* rafraîchissement *m;* **zur ~** en guise de rafraîchissement; **zu seiner/meiner/... ~** pour se/me/... rafraîchir
Errata [ɛ'ra:ta] *Pl* errata *mpl*
erraten* *tr V unreg* deviner; [**du hast es**] **~!** *fam* tout juste[, Auguste *fam*]!
errechnen* *tr V* calculer
erregbar [ɛɐ're:kba:ɐ] *Adj* ❶ (*leicht aufzuregen*) irritable, susceptible; **leicht ~ sein** être hypersusceptible
❷ (*sexuell erregbar*) excitable
Erregbarkeit <-> *f* susceptibilité *f*
erregen* I. *tr V* ❶ (*aufregen*) *Ärger, Vorwurf, Streit:* irriter, énerver; **jdn ~** *Ärger, Vorwurf, Streit:* irriter [*o* énerver] qn
❷ (*sexuell anregen*) exciter, émoustiller
❸ (*hervorrufen*) susciter *Missfallen, Neid, Heiterkeit;* éveiller, faire naitre *Zweifel;* **Aufsehen/Anstoß ~** faire sensation/scandale
II. *r V* **sich über jdn/etw ~** être énervé(e) par qn/qc; **darüber erregte sie sich sehr** cela l'a exaspérée
Erreger <-s, -> *m* agent *m* pathogène
erregt I. *Adj* ❶ *Wortwechsel, Debatte* orageux(-euse)
❷ (*aufgeregt*) énervé(e), agité(e); (*aufgebracht*) en colère
II. *Adv* (*aufgeregt*) en proie à l'agitation; (*aufgebracht*) en proie à la colère
Erregung *f* ❶ (*Aufgewühltsein*) énervement *m*, agitation *f;* **die ~ der Gemüter** l'agitation des esprits
❷ (*Aufgebrachtsein*) irritation *f;* **in ~ geraten** se mettre dans tous ses états; **jdn in ~ versetzen** mettre qn dans tous ses états
❸ (*sexuelle Erregung*) excitation *f*
❹ *kein Pl* (*Erzeugung*) *von Missfallen, Zweifel* naissance *f*, apparition *f;* **~ öffentlichen Ärgernisses** outrage *m* à la pudeur publique
erreichbar *Adj* ❶ *Person:* joignable; *Ort:* accessible; **~ sein** *Person:* être joignable; *Ort:* être accessible; **leicht/schwer ~ sein** *Person:* être facilement/difficilement joignable; *Ort:* être facile/difficile d'accès
❷ (*nicht abgelegen*) **der Bahnhof ist zu Fuß/in zehn Minuten ~** on peut rejoindre la gare à pied/en dix minutes
erreichen* *tr V* ❶ (*reichen an*) (*in der Entfernung*) attraper; (*in der Höhe*) atteindre; **etw mit der Hand ~** (*in der Entfernung/Höhe*) attraper/atteindre qc avec la main
❷ (*erlangen*) atteindre *Ziel, Zweck, Alter*
❸ (*bewirken*) **etw bei jdm ~** obtenir qc de qn; **damit erreichst du nur, dass sie ärgerlich wird** [comme ça,] tu ne vas réussir qu'à l'énerver
❹ (*antreffen*) **jdn ~** *Person:* joindre [*o* toucher] qn; *Brief, Nachricht:* parvenir à qn; **wann bist du telefonisch zu ~?** quand puis-je t'appeler?
❺ (*nicht verpassen*) avoir *Zug, Flugzeug, Fähre*
❻ (*eintreffen*) **den Bahnhof/Hafen ~** *Zug, Schiff:* atteindre la gare/le port; **sein Ziel/seinen Bestimmungsort ~** arriver à destination
❼ (*hingelangen*) arriver à, rejoindre *Amt, Gebäude*
Erreichung <-> *f form* **bei/nach ~ der gesetzlichen Altersgrenze** la limite d'âge légale une fois atteinte; **bei ~ des 60. Lebensjahres** une fois 60 ans
erretten* *tr V geh* ❶ (*retten*) sauver; **jdn vor dem Tod/Ertrinken ~** sauver qn de la mort/noyade
❷ (*befreien*) **jdn aus schwerer Not ~** délivrer qn d'une grande détresse
Erretter(in) *m(f) geh* sauveur *m; eines Landes* libérateur(-trice) *m(f)*
Errettung *f kein Pl geh* libération *f*, délivrance *f*
errichten* *tr V* ❶ (*erbauen*) construire *Haus;* élever, ériger *Denkmal, Gebäude, Bauwerk;* **etw ~ lassen** faire construire qc
❷ (*aufstellen*) dresser, élever *Barrikaden;* dresser, monter *Podium, Plakatwand*
❸ (*begründen*) installer, instaurer *Herrschaft, Tyrannei;* fonder, établir *Reich*
Errichtung *f* ❶ *eines Gebäudes, Bauwerks* construction *f; eines Denkmals* édification *f*
❷ (*Aufstellung*) *von Barrikaden* construction *f; eines Podiums, einer Plakatwand* installation *f*
❸ (*Begründung*) *einer Herrschaft* instauration *f*, avènement *m*
erringen* *tr V unreg* ❶ (*erkämpfen*) remporter *Sieg*
❷ (*erlangen*) gagner *Vertrauen*
erröten* *itr V + sein* rougir; **vor Freude/Scham ~** rougir de plaisir/honte; **jdn zum Erröten bringen** faire rougir qn
errungen *PP von* **erringen**
Errungenschaft [ɛɐ'rʊŋənʃaft] <-, -en> *f* ❶ (*Erfolg*) conquête *f;* **die neuesten ~en der Technik** les toutes dernières nouveautés *fpl* techniques; **geistige ~** JUR acquisition *f* intellectuelle
❷ *hum* (*Anschaffung*) acquisition *f*
Ersatz [ɛɐ'zats] <-es> *m* ❶ (*Mensch*) remplaçant(e) *m(f);* (*Gerät*) appareil *m* de remplacement [*o* de rechange]; (*Stoff, Ware*) produit *m* de remplacement [*o* de rechange]; **als** [*o* **zum**] **~ für jdn/etw** en remplacement de qn/qc
❷ (*Entschädigung*) dédommagement *m;* **für etw ~ leisten** verser une indemnité pour qc
Ersatzbefriedigung *f* compensation *f* **Ersatzbrille** *f* lunettes *fpl* de rechange **Ersatzdienst** *m* service *m* civil **Ersatzkasse** *f* caisse *f* complémentaire d'assurance maladie

ersatzlos *Adv* sans être remplacé
Ersatzmann <-männer *o* -leute> *m* ❶ suppléant(e) *m(f)*, remplaçant(e) *m(f)* ❷ SPORT *s.* **Ersatzspieler(in)** **Ersatzreifen** *m* pneu *m* de rechange **Ersatzschlüssel** *m* double *m* **Ersatzspieler(in)** *m(f)* remplaçant(e) *m(f)* **Ersatzteil** *nt* pièce *f* de rechange
ersatzweise [ɛɐ'zatsvaɪzə] *Adv* en remplacement; ~ **für etw** en remplacement de qc
ersaufen* *itr V unreg + sein sl* boire le bouillon (*hum fam*)
ersäufen* *tr V* ❶ (*ertränken*) noyer
❷ *fam* (*betäuben*) **seine Sorgen im Alkohol** ~ noyer ses soucis dans l'alcool
erschaffen *tr V unreg a.* REL créer
Erschaffung *f a.* REL création *f*
erschallen <erscholl *o* erschallte, erschollen *o* erschallt> *itr V + sein Stimme, Lachen:* résonner; *Fanfare:* retentir; *Posaune, Trompete:* sonner
erschaudern* *itr V + sein geh* frémir (*soutenu*)
erschauern* *itr V + sein geh* frissonner; **vor Entsetzen** ~ frissonner d'épouvante; **jdn** ~ **lassen** donner le frisson à qn
erscheinen* *itr V unreg + sein* ❶ (*sichtbar werden*) apparaître
❷ (*veröffentlicht werden*) *Buch, Zeitschrift:* paraître, sortir
❸ (*scheinen, vorkommen*) **jdm ruhig/aufgeregt** ~ sembler [*o* paraître] calme/énervé(e) [à qn]; **jdm unglaubwürdig/zweifelhaft** ~ paraître [*o* sembler] peu crédible/douteux(-euse) à qn; **jdm wie ein Traum** ~ faire à qn l'effet d'un rêve [*o* d'être un rêve]
❹ (*sich einfinden*) **beim Chef** ~ se présenter au chef; **zum Dienst** ~ prendre son service; **[wieder] auf der Bildfläche** ~ *hum* [ré]apparaître
❺ (*sich als Vision zeigen*) **jdm** ~ *Geist, Verstorbener:* apparaître à qn
Erscheinen <-s> *nt* ❶ (*das Auftreten*) *von Gästen, Besuchern* venue *f*, arrivée *f*; **beim** ~ **des Präsidenten** à l'arrivée du président; **um rechtzeitiges** ~ **wird gebeten** prière d'arriver à l'heure; **um zahlreiches** ~ **wird gebeten** venez nombreux; **das persönliche** ~ **der Parteien** JUR la comparution personnelle des parties
❷ (*Veröffentlichung*) parution *f*, sortie *f*; **sein** ~ **einstellen** suspendre sa parution, cesser de paraître
❸ (*Vision*) *von Verstorbenen, Geistern* apparition *f*
Erscheinung <-, -en> *f* ❶ (*Phänomen*) phénomène *m*; **in** ~ **treten** se montrer, se manifester; **persönlich in** ~ **treten** apparaître en personne
❷ (*Persönlichkeit*) **eine elegante/seltsame** ~ une figure élégante/étrange
❸ (*Vision*) apparition *f*, vision *f*; **eine** ~ **haben** avoir une vision
Erscheinungsbild *nt einer Person* apparence *f* [extérieure]; *einer Stadt, eines Gebäudes* aspect *m* extérieur **Erscheinungsform** *f* manifestation *f* **Erscheinungsjahr** *nt* année *f* de parution **Erscheinungsort** *m* lieu *m* de parution **Erscheinungstermin** *m* date *f* de parution **Erscheinungsweise** *f* mode *m* de parution
erschießen* *unreg* **I.** *tr V* abattre; **standrechtlich erschossen werden** être fusillé(e), être passé(e) par les armes
II. *r V* **sich** ~ se tuer [d'un coup d'une arme à feu]
Erschießung <-, -en> *f* exécution *f*; **standrechtliche** ~ exécution militaire; **mit der** ~ **der Geiseln drohen** menacer d'abattre les otages
Erschießungskommando *nt* peloton *m* d'exécution
erschlaffen* *itr V + sein* ❶ *Muskeln:* se relâcher, mollir; *Arme, Penis:* mollir; *Haut:* se ramollir, devenir flasque; **etw** ~ **lassen** relâcher qc
❷ (*nicht mehr gespannt sein*) *Seil:* se détendre
erschlagen*[1] *tr V unreg* ❶ (*töten*) tuer; **von einem Baum** ~ **werden** être écrasé(e) par un arbre; **von einem Blitz** ~ **werden** être touché(e) mortellement par l'éclair
❷ *fig* **von den Informationen/dem riesigen Angebot** ~ **werden** être submergé(e) d'informations/par l'immense offre; **von der Pracht** ~ **werden** se sentir écrasé(e) par la splendeur; **von den Farben eines Bildes** ~ **werden** être agressé(e) par les couleurs d'un tableau
erschlagen[2] *Adj fam* crevé(e), vanné(e) (*fam*); ~ **sein** être crevé(e) [*o* vanné(e)]
erschleichen* *r V unreg* **sich** (*Dat*) **einen Posten/eine Vergünstigung** ~ s'arroger un poste/un privilège; **sich** (*Dat*) **jds Vertrauen/Gunst** ~ s'arroger la confiance/bienveillance de qn
erschließen* *unreg* **I.** *tr V* ❶ viabiliser *Grundstück, Baugebiet*
❷ (*sich zugänglich machen*) ouvrir *Gebiet, Absatzmarkt;* gagner, conquérir *Käuferschicht, Wählerschicht;* dégager *Einnahmequelle;* **Bodenschätze** ~ mettre des ressources minières en exploitation
❸ (*zugänglich werden*) **sich jdm** ~ *Gedicht:* se révéler à qn; *Wunderwelt:* s'ouvrir à qn
❹ LING **die Bedeutung eines Worts aus etw** ~ retrouver la signification d'un mot à partir de qc
II. *r V geh* ❶ **sich** ~ *Blüte, Knospe:* éclore
❷ (*sich anvertrauen*) **sich jdm** ~ se confier à qn
Erschließung <-, -en> *f* mise *f* en valeur
erscholl [ɛɐ'ʃɔl] *Imp von* **erschallen**
erschollen [ɛɐ'ʃɔlən] *PP von* **erschallen**
erschöpfen* **I.** *tr V* ❶ (*ermüden*) épuiser
❷ (*aufbrauchen*) épuiser *Kräfte, Geduld;* absorber *Mittel;* **meine Geduld ist erschöpft!** ma patience est à bout!
II. *r V* ❶ (*zu Ende gehen*) **sich** ~ s'épuiser; *Geduld, Langmut:* s'user, s'épuiser; *Interesse:* s'émousser
❷ (*sich beschränken auf*) **sich in Phrasen** (*Dat*) ~ se réduire [*o* se résumer] aux belles paroles
erschöpfend **I.** *Adj* ❶ (*zur Erschöpfung führend*) épuisant(e), éreintant(e)
❷ (*ausführlich*) complet(-ète), exhaustif(-ive)
II. *Adv berichten, kommentieren* de façon complète [*o* exhaustive], par le menu
Erschöpfung <-, *selten* -en> *f* épuisement *m*; **vor** ~ d'épuisement; **bis zur [völligen]** ~ **arbeiten** travailler jusqu'à l'épuisement [total]
Erschöpfungszustand *m* état *m* d'épuisement
erschossen **I.** *PP von* **erschießen**
II. *Adj fam* **[völlig]** ~ **sein** être [complètement] crevé(e) [*o* vidé(e)] (*fam*)
Erschossene(r) *f(m) dekl wie Adj* mort(e) *m(f)* par balle
erschrak *Imp von* **erschrecken**[2]
erschrecken[1] <erschreckte, erschreckt> *tr V + haben* ❶ (*in Schrecken versetzen*) faire peur à
❷ (*bestürzen*) **das erschreckt mich** je suis effrayé(e) par cela; **es erschreckt einen wirklich zu sehen, wie …** c'est vraiment effrayant de voir comment …; **es hat mich erschreckt, wie schlecht er aussah** j'ai été effrayé(e) de voir à quel point il avait mauvaise mine
erschrecken[2] <erschrickt, erschrak, erschrocken> *itr V + sein* avoir peur, être effrayé(e); **vor jdm/etw** ~ avoir peur de qn/qc, être effrayé(e) [par qn/qc]; **er erschrak bei dem Gedanken, dass** il a été effrayé à l'idée que + *subj;* ~ **Sie nicht, ich bin's nur!** n'ayez pas peur, ce n'est que moi!
erschrecken[3] <erschrickt, erschreckte *o* erschrak, erschreckt *o* erschrocken> *r V + haben fam* **sich** ~ être effrayé(e); **sich über eine Nachricht** ~ être effrayé(e) par un message
Erschrecken *nt kein Pl* terreur *f*, épouvante *f*
erschreckend **I.** *Adj* effrayant(e)
II. *Adv* ❶ (*schrecklich*) de façon épouvantable; ~ **aussehen** avoir un aspect effrayant
❷ (*unglaublich*) *wenig, wenige* vraiment; ~ **viel Material/viele Bürger** vraiment beaucoup de matériel/citoyens

erschreckt I. *PP von* **erschrecken**[1], **erschrecken**[3]
II. *Adv* avec effroi
erschrickt *3. Pers Präs von* **erschrecken**
erschrocken [ɛɐ'ʃrɔkən] I. *PP von* **erschrecken**[2], **erschrecken**[3]
II. *Adj* effrayé(e)
erschüttern* *tr V* ❶ (*zum Beben bringen*) *Erdstoß, Explosion:* ébranler, secouer; **etw ~** *Erdstoß, Explosion:* ébranler qc, secouer qc
❷ (*infrage stellen*) ébranler, entamer *Glaubwürdigkeit, Vertrauen*
❸ (*tief bewegen*) **jdn ~** *Nachricht, Vorfall:* bouleverser qn; **das hat mich sehr erschüttert** ça m'a beaucoup frappé(e); **sie kann nichts [mehr] ~** [plus] rien ne peut l'atteindre; **mich kann nichts mehr ~!** j'en ai vu d'autres!
erschütternd *Adj Nachricht, Szene* bouleversant(e); *Umstand, Vorfall* dramatique
erschüttert *Adj Person* bouleversé(e); *Gesicht, Gesichtsausdruck* décomposé(e), bouleversé(e); **über etw** (*Akk*) **~ sein** être atterré(e) [*o* consterné(e)] par qc
Erschütterung <-, -en> *f* ❶ (*Stoß, Bewegung*) ébranlement *m,* secousse *f;* **schwere ~en des Bodens** d'importantes secousses sismiques
❷ *fig eines Staates, Preisgefüges* déstabilisation *f pas de pl;* **schwere ~en der Konjunktur** de graves secousses *fpl* qui ébranlent la conjoncture
❸ (*Beeinträchtigung*) affaiblissement *m*
❹ (*Ergriffenheit*) consternation *f*
erschweren* *tr V* compliquer; [**jdm**] **etw ~** compliquer qc [à qn]; [**es**] **jdm ~ etw zu tun** rendre plus difficile pour qn [*o* augmenter pour qn la difficulté] de faire qc
erschwerend I. *Adj Umstand* qui complique les choses; JUR aggravant(e)
II. *Adv* **sich ~ auswirken** venir compliquer les choses; **~ kommt hinzu, dass** ce qui complique les choses, c'est que + *indic*
Erschwernis [ɛɐ'ʃveːɐnɪs] <-, -se> *f* complication *f*
Erschwerung <-, -en> *f* complication *f;* **eine zusätzliche ~** une difficulté supplémentaire; **eine ~ der Prüfung/Bergungsarbeiten** un surcroît de difficulté dans l'examen/les opérations de sauvetage
erschwindeln* *tr V* escroquer; [**sich** (*Dat*)] **etw von jdm ~** escroquer qc à qn
erschwinglich [ɛɐ'ʃvɪŋlɪç] *Adj Anschaffung, Preis* abordable; *Lebensstandard* accessible; **kaum noch ~e Mieten** des loyers presque inabordable
ersehen* *tr V unreg* voir; **etw aus etw ~** voir qc d'après qc; **aus etw ~, dass** voir d'après qc que + *indic*
ersehnen* *tr V geh* désirer ardemment; **heiß ersehnt** tant attendu(e)
ersetzbar *Adj Mitarbeiter, Ring, Brille* remplaçable; *Schaden, Verlust* réparable; **ein kaum ~er Verlust** une perte quasiment irréparable
ersetzen* *tr V* ❶ (*erstatten*) rembourser *Unkosten, Schaden*
❷ (*austauschen*) **etw durch etw ~** remplacer [*o* changer] qc par qc
❸ (*vertreten*) **den Kindern die Mutter ~** remplacer [*o* suppléer] la mère auprès des enfants
ersichtlich [ɛɐ'zɪçtlɪç] *Adj Grund, Ursache* apparent(e), visible; **aus etw ist ~, dass** il ressort de qc que + *indic*
ersinnen* *tr V unreg geh* imaginer, échafauder
erspähen* *tr V* repérer
ersparen* *tr V* ❶ épargner, éviter; **jdm etw ~** épargner [*o* éviter] qc à qn; **sich** (*Dat*) **Ärger ~** s'épargner des ennuis; **jdm bleibt nichts erspart** rien n'est épargné(e) à qn
❷ FIN [**sich** (*Dat*)] **ein Vermögen ~** mettre une fortune de côté; [**sich** (*Dat*)] **ein Haus ~** acquérir une maison à force d'économies
Ersparnis <-, -se> *f,* <-ses, -se> *nt* A ❶ *kein Pl* (*Einsparung*) économie *f;* **eine ~ an Arbeitskräften/Kosten** une économie de main d'œuvre/frais; **eine ~ von einer Stunde** un gain d'une heure
❷ *meist Pl* FIN économies *fpl;* **~se der privaten Haushalte** épargne *f* des ménages
Ersparte(s) *nt dekl wie Adj* économies *fpl*
ersprießlich *Adj geh* fructueux(-euse)
erst [eːɐst] *Adv* ❶ (*zuerst*) d'abord; **mach ~ mal die Arbeit fertig!** finis d'abord ton travail!; **~ sagst du ja, dann wieder nein!** tu commences par dire oui, et ensuite tu dis non!; **wenn du das ~ einmal hinter dir hast, ...** quand tu en auras terminé, ...
❷ (*nicht früher, jünger als*) **~ jetzt** seulement maintenant; **~ um zwei Uhr anfangen** commencer seulement à deux heures, ne commencer qu'à deux heures; **der nächste Flug geht ~ um fünf Uhr** le prochain vol ne partira qu'à cinq heures; **~ als ich dich sah** ce n'est que lorsque je t'ai vu(e) + *indic;* **~ wenn alle da sind** c'est seulement quand tous seront là que + *indic;* **er ist ~ zwölf** il a seulement [*o* n'a que] douze ans
❸ (*gar*) alors, pour le coup; **sie ist ja schon langsam, aber ihre Schwester ~!** elle est déjà lente, mais alors [que dire de] sa sœur!
❹ (*nur*) **wie wird das ~, wenn du älter bist?** qu'est-ce que cela sera quand tu seras plus grand?
❺ (*schon*) seulement; **wären wir nur ~ am Strand!** si seulement nous étions déjà à la plage!
❻ (*gerade, unlängst*) **eben** [*o* **gerade**] **~** à l'instant; **er hat eben ~ das Büro verlassen** il vient de quitter son travail; **~ gestern/heute** pas plus tard qu'hier/seulement aujourd'hui; **~ vor kurzem** tout récemment seulement
▸ **jetzt ~ recht** eh bien, raison de plus; **jetzt ~ recht nicht** si c'est comme ça, d'autant moins!
erstarken* *itr V + sein geh* se renforcer; *Glaube:* s'affermir
erstarren* *itr V + sein* ❶ (*fest werden*) se solidifier; **bei 0° C erstarrt Wasser zu Eis** l'eau gèle à 0° C
❷ (*steif werden*) **vor Kälte** (*Dat*) **~** *Person:* être transi(e) de froid; *Finger, Hände:* s'engourdir [de froid]; **meine Füße sind halb erstarrt** j'ai les pieds transis [*o* tout engourdis]
❸ *fig* se figer; **vor Schrecken** (*Dat*) **~** être paralysé(e) par la peur; **das Blut erstarrte ihr in den Adern** son sang s'est glacé dans ses veines; **das Lächeln erstarrte ihm auf den Lippen** son sourire s'est figé sur ses lèvres
Erstarrung <-> *f* raideur *f;* (*durch Kälte*) engourdissement *m; von Lava* solidification *f*
erstatten* *tr V* ❶ rembourser *Unkosten, Auslagen*
❷ *form* (*mitteilen*) signaliser qc; [**jdm**] **Bericht über etw** (*Akk*) **~** faire un rapport [à qn] sur qc (*form*); **gegen jdn Anzeige ~** déposer plainte contre qn (*form*)
Erstattung <-, -en> *f* (*Vergütung*) remboursement *m*
erstaufführen *tr V nur Infin und PP* [re]présenter pour la première fois; **etw ~** [re]présenter qc pour la première fois **Erstaufführung** *f* première *f* **Erstauflage** *f* première édition *f,* édition originale
erstaunen* I. *tr V + haben* étonner, surprendre; **jdn ~** étonner [*o* surprendre] qn
II. *itr V + sein* **über etw** (*Akk*) **erstaunt sein** être étonné(e) par qc, s'étonner de qc; **ich bin immer wieder über dich erstaunt** tu m'étonneras toujours
Erstaunen *nt* étonnement *m;* **voller ~** rempli(e) d'étonnement; **jdn in ~ versetzen** remplir qn d'étonnement, étonner [*o* surprendre] qn; **zu seinem/meinem großen ~** à sa/ma grande surprise, à son/mon grand étonnement
erstaunlich I. *Adj* étonnant(e), surprenant(e); **es ist ~, dass/wie ...** c'est étonnant que + *subj*/de voir comment ...; **nichts Erstaunliches** rien d'extraordinaire
II. *Adv gut, billig, wenig* étonnamment; **für sein Alter kann er schon ~ viel** c'est étonnant tout ce qu'il sait déjà faire pour

E

son âge
erstaunlicherweise *Adv* étonnamment
erstaunt I. *PP von* **erstaunen**
II. *Adj* étonné(e)
III. *Adv* avec étonnement; **du schaust so ~!** tu en as un air étonné!
Erstausgabe *f* ❶ *(erste Veröffentlichung)* première édition *f* ❷ *(Buch)* édition *f* originale **Erstausstattung** <-, -en> *f* équipement *m* initial **Erstausstrahlung** *f* première diffusion *f* **erstbeste(r, s)** *Adj attr* **der ~ Mann** le premier homme venu; **das ~ Auto** la première voiture venue **Erstbesteigung** *f* ALPIN première *f*
erste(r, s) ['e:ɐstə, -tɐ, -təs] *Adj* ❶ premier(-ière) *antéposé;* **die ~n drei Häuser** les trois premières maisons; **das ~ Mal** la première fois; **es ist das ~ Mal, dass** c'est la première fois que + *indic;* **beim ~n Mal** la première fois; **zum ~n Mal** pour la première fois; **ich höre davon zum ~n Mal** c'est la première fois que j'en entends parler; **das Erste, was ich tat** la première chose que j'ai faite; **das ist das Erste, was ich höre!** première nouvelle!
❷ *(bei Datumsangaben)* **am ~n September** le premier septembre
❸ SCHULE **die ~ Klasse** [*o* **die ~** *fam*] ≈ le cours préparatoire, ≈ le C.P. *(fam)*
❹ *(führend)* **das ~ Hotel am Ort** le premier hôtel de la ville
▸ **der/die/das ~ beste ...** le premier ... venu/la première ... venue; **fürs Erste, als Erstes** pour commencer, dans un premier temps; **zum Ersten, zum Zweiten, zum Dritten!** une fois, deux fois, trois fois!
Erste(r) *f(m) dekl wie Adj* ❶ premier(-ière) *m(f);* **~r/~ werden** terminer premier(-ière); **~r/~ sein** être premier(-ière); **als ~r/~ kommen** être le premier/la première à arriver; **als ~r/~ durchs Ziel gehen** franchir la ligne d'arrivée en tête; **sie ist die ~ in der Klasse** elle est [la] première de la classe; **welcher Wagen wurde ~r?** quelle voiture est arrivée première?
❷ *(bei Datumsangaben)* **der ~** le premier; **vor dem jeweiligen ~n** avant le premier du mois; **vom nächsten ~n an** à partir du premier du mois prochain
❸ *(Namenszusatz)* **Friedrich der ~** *écrit:* **Friedrich I.** Frédéric premier *geschrieben:* Frédéric Ier; **Elisabeth die ~** *écrit:* **Elisabeth I.** Élisabeth première *geschrieben:* Élisabeth Ière
❹ *(Sinfonie)* **Beethovens ~** la Première Symphonie de Beethoven
▸ **der ~ unter Gleichen** le premier entre ses égaux [*o* parmi ses pairs]
erstechen* *tr V unreg* poignarder; **jdn mit etw ~** poignarder qn avec qc
erstehen* *unreg* I. *tr V + haben* acheter
II. *itr V + sein* ❶ *(entstehen)* naître; **wieder ~** *Gebäude, Stadt:* renaître de ses cendres *(soutenu)*
❷ *(erwachsen)* **daraus würden Ihnen nur Unannehmlichkeiten ~** cela ne vous attirerait [*o* procurerait] que des désagréments
Erste-Hilfe-Kurs *m* cours *m* de secourisme **Erste-Hilfe-Leistung** *f* premiers soins *mpl*
ersteigen* *tr V unreg a.* ALPIN escalader
ersteigern* *tr V* ÖKON acquérir aux enchères
Ersteigung *f* ascension *f*
Erste-Klasse-Abteil *nt* compartiment *m* de première classe **Erste-Klasse-Wagen** *m* voiture *f* de première classe
erstellen* *tr V* ❶ *(bauen)* construire; **etw in Beton/Sandstein** *(Dat)* **~** construire qc en béton/en grès; **dieses Haus wurde in Leichtbauweise erstellt** cette maison est de construction légère
❷ *(anfertigen)* dresser, établir *Gutachten, Liste, Abrechnung;* **sich** *(Dat)* **von jdm eine Liste ~ lassen** se faire dresser une liste par qn
Erstellung *f* ❶ *(Erbauung)* construction *f*
❷ *(Anfertigung) eines Gutachtens* établissement *m*
erstemal ['e:ɐstəma:l] *s.* **erste(r, s) 1.**
erstenmal ['e:ɐstən'ma:l] *s.* **erste(r, s) 1.**
erstens ['e:ɐstəns] *Adv* premièrement, primo
erster ['e:ɐstɐ] *Adj s.* **erste(r, s)**
erstere(r, s) ['e:ɐstərə, -rɐ, -rəs] *Adj* **der/die/das Erstere** le premier/la première; **sie traf Paul und Daniel, Ersterer war erkältet** elle a croisé Paul et Daniel, le premier était enrhumé
erstes *Adj s.* **erste(r, s)**
Erstgebärende *f dekl wie Adj* [femme *f*] primipare *f* **erstgeboren** ['e:ɐstgəbo:rən] *Adj attr* aîné(e); **das ~e Kind** l'aîné(e) *m(f);* **der/die Erstgeborene** l'aîné(e) *m(f)* **Erstgeburtsrecht** *nt* JUR droit *m* de primogéniture **erstgenannt** ['e:ɐstgənant] *Adj attr Person, Gegenstand* nommé(e) en premier; *Name* cité(e) en premier
ersticken* I. *itr V + sein* ❶ *(sterben)* s'étouffer; **am Rauch/Gas ~** s'étouffer avec de la fumée/asphyxier par le gaz; **an einer Fischgräte ~** s'étrangler avec une arête; **zum Ersticken sein** *fam* être irrespirable
❷ *(erlöschen) Feuer:* s'éteindre, s'étouffer
❸ *fig* **im Geld ~** crouler sous l'or; **in Arbeit ~** être submergé(e) de travail; **im Verkehr ~** *Stadt:* être complètement engorgé(e) par la circulation
II. *tr V + haben* étouffer
erstickt *Adj Stimme, Röcheln* étouffé(e)
Erstickung <-> *f* étouffement *m*
Erstickungsanfall *m* crise *f* d'étouffement
erstiegen *PP von* **ersteigen**
erstklassig ['e:ɐstklasɪç] I. *Adj* ❶ excellent(e); *Service, Stoff* de première qualité; *Essen, Wein, Ware* de premier choix
❷ *(sehr kompetent) Chirurg, Anwalt* de premier plan
II. *Adv* à la perfection; *sich kleiden* impeccablement; **~ schmecken** être excellent(e)
Erstklässler(in)RR, **Erstkläßler(in)** ['e:ɐstklɛslɐ] <-s, -> *m(f) bes.* SDEUTSCH, CH ≈ élève *mf* du cours préparatoire, ≈ C.P. *mf* *(fam)*
Erstkommunion *f* ECCL première communion *f*
Erstling ['e:ɐstlɪŋ] <-s, -e> *m* ❶ *(erstes Werk)* première œuvre *f* ❷ *(erstes Kind)* premier-né *m*/première-née *f*
Erstlingswerk *nt* LITER première œuvre *f*
erstmalig ['e:ɐstma:lɪç] I. *Adj* premier(-ière) *antéposé*
II. *Adv form* pour la première fois
erstmals ['e:ɐstma:ls] *Adv* pour la première fois
erstrahlen* *itr V + sein geh* resplendir; **in weihnachtlichem Glanz ~** resplendir de l'éclat des lumières de Noël
erstrangig ['e:ɐstraŋɪç] *Adj* ❶ *(wichtig)* primordial(e)
❷ FIN de premier rang
erstreben* *tr V geh* aspirer à
erstrebenswert *Adj* enviable, tentant(e); **nicht unbedingt ~ sein** *Stelle, Posten:* n'avoir rien de particulièrement enviable; **etwas Erstrebenswertes** quelque chose d'enviable
erstrecken* I. *r V* ❶ *(sich ausdehnen)* **sich ~** s'étendre; **sich in beide Richtungen/über große Weiten ~** s'étendre des deux côtés/sur de grandes étendues
❷ *(beziehen)* **sich auf Details ~** s'étendre aux détails
II. *tr V* CH **eine Frist/einen Abgabetermin um eine Woche ~** prolonger un délai/une date limite de remise d'une semaine
Erstschlag *m* MIL attaque *f* préventive **Erststimme** *f* première voix *f* *(vote exprimé par l'électeur pour un candidat de sa circonscription lors des élections au Parlement fédéral à l'opposition de la deuxième voix qui vise un parti)* **Ersttagsbrief** *m* FIN enveloppe *f* premier jour
erstunken [ɛɐ'ʃtʊŋkən] *Adj* ▸ **das ist ~ und erlogen** *fam* tout ça, c'est des bobards *(fam)*
Erstveröffentlichung *f* ❶ *(erstmalige Veröffentlichung)* parution *f,* sortie *f* ❷ *(Werk)* nouvelle publication *f* **Erstwähler** *m* nouvel électeur *m* **Erstzulassung** *f* première admission *f*

ersuchen* *tr V form* ❶ (*auffordern*) **jdn um etw ~** requérir qc de qn (*form*); **jdn ~ etw zu tun** demander [*o* enjoindre *littér*] à qn de faire qc; **Sie werden ersucht sich zur Verfügung zu halten** vous êtes invité(e) à vous tenir à la disposition
❷ (*bitten*) **[jdn] um etw ~** solliciter qc [de la part de qn]
Ersuchen <-s, -> *nt form* requête *f;* **auf ~ des/von ...** à la requête [*o* sur demande [expresse]] du ...
ertappen* **I.** *tr V* prendre sur le fait; **jdn ~** prendre qn sur le fait; **jdn beim Lügen/Stehlen ~** surprendre qn en train de mentir/voler
II. *r V* **sich bei dem Gedanken an jdn/etw ~** se surprendre à penser à qn/qc; **ich habe mich dabei ertappt, dass ich an ihn dachte** je me suis surpris(e) à penser à lui
erteilen* *tr V form* ❶ (*zukommen lassen*) donner *Auftrag;* accorder *Genehmigung, Lizenz;* décerner *Lob;* **jdm einen Rat ~** prodiguer un conseil à qn
❷ SCHULE **[jdm] Unterricht ~** donner un cours [à qn]
ertönen* *itr V + sein* se faire entendre; **seine Stimme ~ lassen** faire retentir sa voix; **ein Lied ~ lassen** entonner une chanson
Ertrag [ɛɐ'tra:k, *Pl:* ɛɐ'trɛ:gə] <-[e]s, ‑̈e> *m* ❶ (*Ernteertrag*) rendement *m;* **gute Erträge bringen** [*o* **abwerfen**] être d'un bon rendement, rendre bien
❷ FIN bénéfice *m;* **gute Erträge bringen** [*o* **abwerfen**] assurer des bénéfices, être d'un bon rapport
ertragen* *tr V unreg* supporter; endurer *Schmerzen;* subir *Launen;* **nicht mehr/nicht zu ~ sein** ne plus être supportable/être insupportable [*o* intolérable]
Ertragfähigkeit *f kein Pl* rentabilité *f*
erträglich [ɛɐ'trɛ:klɪç] *Adj* supportable
ertragreich *Adj* ayant un bon rendement
ertragsarm *Adj* ayant peu de rendement **Ertragseinbruch** *m* effondrement *m* du rendement **Ertragssteigerung** *f* ÖKON augmentation *f* du rendement
ertränken* **I.** *tr V* ❶ (*ersäufen*) noyer
❷ (*betäuben*) **seine Sorgen in Alkohol ~** noyer ses soucis dans l'alcool
II. *r V* **sich ~** se noyer
erträumen* *r V* **sich** (*Dat*) **jdn/etw ~** rêver de qn/qc; **das Haus, das er sich schon immer erträumt hatte** la maison de ses rêves [*o* dont il rêvait depuis toujours]
ertrinken* *itr V unreg + sein* se noyer; **in etw** (*Dat*) **~** se noyer dans qc
Ertrinken <-s> *nt* noyade *f;* **Tod durch ~** mort *f* par noyade
ertrotzen* *r V geh* **sich** (*Dat*) **etw ~** arracher qc
ertrunken *PP von* **ertrinken**
Ertrunkene(r) *f(m) dekl wie Adj* noyé(e) *m(f)*
ertüchtigen* *geh* **I.** *tr V* endurcir
II. *r V* **sich ~** s'endurcir, s'aguerrir
Ertüchtigung <-, -en> *f geh* entraînement *m;* **[körperliche] ~** entraînement *m* [physique]
erübrigen* **I.** *r V* **sich ~** être superflu(e) [*o* inutile]; **es erübrigt sich, ihnen zu schreiben/dass wir ihnen schreiben** il est inutile de leur écrire/que nous leur écrivions; **da erübrigt sich jeder Kommentar!** ça se passe de commentaire!
II. *tr V* **etw ~ können** ne plus avoir besoin de qc; **Geld für jdn/etw ~ können** arriver à mettre de l'argent de côté pour qn/qc; **etwas Zeit für jdn ~ können** s'arranger pour accorder un peu de temps à qn
eruieren* *tr V form* ❶ (*in Erfahrung bringen*) élucider, tirer au clair
❷ A, CH (*ausfindig machen*) identifier *Person*
Eruption [erʊp'tsio:n] <-, -en> *f* éruption *f*
Eruptivgestein [erʊp'ti:f-] *nt* GEOG roches *fpl* éruptives
erwachen* *itr V + sein geh* ❶ (*aufwachen*) se réveiller; **aus einem Traum/der Narkose ~** s'éveiller d'un rêve/de l'anesthésie; **vom Lärm ~** être réveillé(e) par le bruit
❷ (*sich regen*) *Gefühle, Interesse:* s'éveiller
Erwachen <-s> *nt geh* réveil *m;* **beim ~** au réveil
► **ein böses ~** un réveil douloureux
erwachsen*¹ [ɛɐ'vaksən] *itr V unreg + sein geh* *Probleme:* retomber; *Kosten:* incomber; *Vorteile:* revenir; **jdm ~** *Probleme:* retomber sur qn; *Kosten:* incomber à qn; *Vorteile:* revenir à qn; **daraus können dir nur Unannehmlichkeiten ~** il ne peut en résulter pour toi que des ennuis
erwachsen² *Adj Person* adulte; **als ~er Mensch** en tant qu'adulte; **eine ~e Tochter haben** avoir une grande fille
Erwachsene(r) *f(m) dekl wie Adj* adulte *mf;* **nur für ~** réservé aux adultes
Erwachsenenbildung *f* formation *f* pour adultes **Erwachsenentaufe** *f* baptême *m* d'adultes
erwägen* [ɛɐ'vɛ:gən] *tr V unreg* étudier *Angebot, Vorschlag;* envisager *Möglichkeit;* réfléchir *Schritt;* **~ etw zu tun** envisager de faire qc
Erwägung <-, -en> *f* réflexion *f;* **etw in ~ ziehen** envisager qc; **in ~ ziehen etw zu tun** envisager de faire qc
erwähnen* *tr V* ❶ (*nennen*) citer *Person, Namen;* mentionner *Vorschlag, Angebot*
❷ (*bemerken*) **jdm gegenüber ~, dass** évoquer devant qn le fait que + *indic*
erwähnenswert *Adj* digne d'être mentionné(e) [*o* signalé(e)]; **das ist nicht weiter ~** ça ne vaut pas la peine d'en parler; **nichts Erwähnenswertes** ne ... rien qui mérite d'être signalé
Erwähnung <-, -en> *f* mention *f*
erwärmen* **I.** *tr V* ❶ (*warm machen*) faire chauffer *Suppe, Essen;* réchauffer *Luft, Zimmer;* **auf 30 °C erwärmt werden** être chauffé(e) à 30° C; **etw wieder ~** [faire] réchauffer qc
❷ (*begeistern*) **jdn für etw ~** gagner qn à qc; **dafür kann ich mich kaum ~** ça ne me dit pas grand-chose
II. *r V* ❶ **sich ~** se réchauffer; **sich auf 30 °C ~** atteindre 30° C [en se réchauffant]
❷ (*sich begeistern*) **sich für etw ~** se passionner pour qc; **dafür kann ich mich nicht ~** ça ne me passionne pas
Erwärmung <-, -en> *f* réchauffement *m*
erwarten* *tr V* ❶ (*entgegensehen*) attendre *Kind, Besuch, Post*
❷ (*voraussetzen*) **[sich** (*Dat*)**] etw von jdm ~** attendre qc [de la part] de qn; **von jdm ~, dass** attendre [de qn] que + *subj;* **ich hätte mehr Verständnis von dir erwartet** j'espérais [*o* j'attendais] plus de compréhension de ta part; **du erwartest doch nicht von mir, dass ich dir das glaube?** tu n'espères tout de même pas que je vais croire cela?
❸ (*rechnen mit*) attendre *Unheil;* **es ist** [*o* **steht** *form*] **zu ~, dass** on peut [*o* il faut] s'attendre à ce que + *subj;* **das war zu ~** il fallait s'y attendre; **wider Erwarten** contre toute attente
Erwartung <-, -en> *f* ❶ *Pl* (*Hoffnung*) espoirs *mpl,* attentes *fpl;* **den ~en entsprechen** *Person:* répondre aux espoirs; *Leistung, Ergebnis:* être conforme aux espérances; **alle ~en übertreffen** dépasser toutes les espérances; **den ~en der Eltern gerecht werden** répondre à l'attente des parents; **die ~en der Zuschauer enttäuschen** décevoir les attentes des spectateurs; **seine ~en zu hoch spannen** nourrir des espoirs excessifs; **große ~en an etw** (*Akk*) **knüpfen** fonder de grands espoirs sur qc
❷ *kein Pl* (*Anspannung*) **voller ~** rendu(e) fébrile par l'attente; **in gespannter ~** dans l'expectative et l'anxiété; **in ~ Ihres Briefs** *form* dans l'attente de votre lettre
erwartungsgemäß *Adv* comme prévu **Erwartungshaltung** *f* attentes *fpl* **Erwartungshorizont** *m kein Pl* degré *m* des attentes *fpl* **erwartungsvoll** **I.** *Adj* plein(e) d'espoir; **zu ~ sein** en attendre trop **II.** *Adv* plein(e) d'espoir
erwecken* *tr V* ❶ (*hervorrufen*) susciter *Hoffnung, Interesse, Zweifel;* donner *Eindruck*
❷ *geh* (*aufwecken*) réveiller; **jdn aus dem Schlaf/der Lethargie ~** tirer qn de son sommeil/sa léthargie
erwehren* *r V geh* **sich eines Angreifers ~** faire face à [*o* se défendre contre] un agresseur; **sich eines Eindrucks kaum/**

nicht ~ **können** pouvoir difficilement/ne pas pouvoir se défaire d'une impression; **sich kaum der Tränen ~ können** avoir peine à contenir ses larmes

erweichen* *tr V* ❶ (*umstimmen*) fléchir; **sich ~ lassen** se laisser fléchir
❷ (*weich machen*) ramollir *Wachs, Asphalt*

erweisen* *unreg* **I.** *tr V* ❶ **jdm einen Dienst/Gefallen ~** rendre un service [à qn]; **erwiesen** *Anteilnahme, Vertrauen* manifesté(e), témoigné(e)
❷ (*nachweisen*) établir, mettre en évidence *Schuld, Täterschaft;* **erwiesen** *Behauptung* avéré(e), démontré(e); *Beteiligung, Unschuld* reconnu(e); **es ist erwiesen, dass** il est prouvé que + *indic*
II. *r V* ❶ **sich als richtig/falsch ~** se révéler [être] juste/faux(fausse); **es wird sich bald ~, dass** l'avenir ne tardera pas à prouver que + *indic*
❷ (*sich zeigen*) **sich jdm gegenüber dankbar ~** se montrer reconnaissant(e) envers [*o* vis-à-vis de] qn

erweitern* **I.** *tr V* ❶ (*verbreitern*) élargir *Öffnung, Durchfahrt*
❷ (*umbauen*) agrandir, étendre *Gebäude, Flughafen, Gelände;* **der Parkplatz wurde um hundert Stellplätze erweitert** la capacité du parking a été augmentée de cent places
❸ (*vergrößern*) élargir *Angebot;* augmenter *Kapazität;* enrichir *Produktpalette, Katalog*
II. *r V* ❶ **sich auf etw** (*Akk*)/**um etw ~** *Straße, Tunnel:* s'élargir à/de qc
❷ PHYSIOL **sich ~** *Gefäß, Herz, Pupille:* se dilater

Erweiterung <-, -en> *f* ❶ (*Verbreiterung*) *einer Durchfahrt, Öffnung, Straße* élargissement *m*
❷ (*Umbau*) *eines Flughafens, Parkplatzes* agrandissement *m*, extension *f;* **die ~ des Parkplatzes um das Dreifache** le triplement de la taille [*o* des capacités] du parking
❸ (*Vergrößerung*) *eines Angebots* élargissement *m; eines Katalogs* enrichissement *m; der Kapazität* accroissement *m*, extension *f;* **eine ~ auf das Doppelte** un doublement
❹ MED, PHYSIOL dilatation *f*

Erwerb [ɛɐˈvɛrp] <-[e]s, -e> *m form* ❶ *kein Pl* (*Kauf*) acquisition *f*
❷ (*Erwerbstätigkeit*) gagne-pain *m;* **einem/keinem ~ nachgehen** s'adonner à une/ne s'adonner à aucune activité professionnelle (*form*)

erwerben* *tr V unreg* ❶ (*erlangen*) acquérir; obtenir *Besitz, Titel, Würde;* conquérir *Achtung;* gagner *Vertrauen*
❷ (*kaufen*) faire l'acquisition de; **etw günstig/für wenig Geld ~** acheter qc bon marché/pour pas grand chose

erwerbsfähig *Adj form* apte à exercer un emploi **Erwerbsgrundlage** *f* source *f* de revenus **Erwerbsleben** *nt form* **im ~ stehen** être dans la vie active (*form*)

erwerbslos *Adj form* sans-emploi

Erwerbslosigkeit <-> *f* chômage *m*

erwerbstätig [ˈeːɐpstɛːtɪç] *Adj* actif(-ive) **erwerbsunfähig** *Adj form* inapte à exercer un emploi; **~ sein** être en incapacité de travail **Erwerbszweig** *m* branche *f* d'activité professionnelle

Erwerbung *f* acquisition *f*

erwidern* *tr V* ❶ (*antworten*) répondre, répliquer; **sie hat ihm auf seine Frage etwas/nichts erwidert** elle lui a répondu [*o* répliqué] quelque chose/ne lui a répondu rien à sa question; **er erwiderte, dass er nichts davon wüsste** il répondit qu'il n'en savait rien
❷ (*zurückgeben*) rendre *Gruß, Kuss, Zärtlichkeit;* retourner *Kompliment*

Erwiderung <-, -en> *f* réponse *f;* **die ~ seiner Liebe** la réponse à son amour; **~ des Klägers** JUR réponse *f* du demandeur

erwiesen *PP von* **erweisen**

erwiesenermaßen [ɛɐˈviːzənɐˈmaːsən] *Adv* **das ist ~ richtig/falsch** il est avéré que c'est juste/faux

erwirken* *tr V* JUR **etw gegen jdn ~** obtenir qc à l'encontre de qn

erwirtschaften* *tr V* réaliser, dégager *Gewinn;* enregistrer *Verlust*

erwischen* *tr V fam* ❶ (*ertappen*) pincer (*fam*); **jdn beim Lügen/Stehlen ~** pincer qn en train de mentir/voler; **man darf sich nicht ~ lassen** il [ne] faut pas se faire pincer [*o* piquer] (*fam*)
❷ (*zu fassen bekommen*) choper (*fam*) *Person, Tier*
❸ (*erreichen*) réussir à avoir *Bus, Bahn;* **jdn [gerade noch] ~** trouver qn [encore]
❹ (*treffen*) **die Kugel hat ihn am Arm erwischt** il s'est pris une balle dans le bras (*fam*)
▶ **jdn hat's erwischt** *sl* (*ist verliebt*) qn est vachement mordu(e) (*fam*); (*ist erkrankt*) qn tient quelque chose (*fam*); (*ist umgekommen*) qn y est passé(e) (*fam*)

erwog [ɛɐˈvoːk] *3. Pers Imp von* **erwägen**

erworben [ɛɐˈvɔrbən] *Adj* MED acquis(e)

erwünscht [ɛɐˈvʏnʃt] *Adj* ❶ (*gewünscht*) *Effekt, Wirkung* espéré(e), escompté(e); *Eigenschaft, Kenntnisse* souhaité(e)
❷ (*willkommen*) *Gelegenheit* attendu(e), opportun(e); *Anwesenheit* souhaité(e), bienvenu(e); **nicht ~ sein** *Person:* être indésirable; **Rauchen nicht ~!** prière de ne pas fumer!

erwürgen* *tr V* étrangler

Erwürgte(r) *f(m) dekl wie Adj* mort(e) *m(f)* par strangulation

Erz [eːɐts, ɛrts] <-es, -e> *nt* minerai *m*

Erzader [ˈɛrtsʔaːdɐ] *f* MIN filon *m* métallifère

erzählen* **I.** *tr V* raconter; **[jdm] etw ~** raconter qc [à qn]; **[jdm] ~, was passiert ist** raconter [à qn] ce qui s'est passé; **es wird erzählt, dass** on raconte que + *indic,* il paraît que + *indic*
▶ **das kannst du sonst wem [*o* einem anderen] ~!** *fam* à d'autres! (*fam*); **mir kannst du viel ~!** *fam* cause toujours! (*fam*); **dem/der werd' ich was ~!** *fam* je vais lui dire deux mots! (*fam*), il/elle va m'entendre! (*fam*); **wem ~ Sie/erzählst du das!** *fam* à qui le dites-vous/dis-tu! (*fam*), et comment! (*fam*)
II. *itr V* raconter

Erzähler(in) *m(f)* ❶ (*Novellist*) conteur(-euse) *m(f)*
❷ LITER (*im Roman*) narrateur(-trice) *m(f)*
❸ (*Geschichtenerzähler*) conteur(-euse) *m(f)*

erzählerisch *Adj* narratif(-ive)

Erzählung *f* ❶ (*Prosawerk*) conte *m*
❷ *kein Pl* (*das Erzählen*) récit *m*

Erzbergwerk *nt* MIN mine *f*

Erzbischof [ˈɛrts-] *m*, **-bischöfin** *f* archevêque *m* **erzbischöflich** *Adj attr* archiépiscopal(e) **Erzbistum** [ˈɛrtsbɪstuːm] *nt* archevêché *m* **Erzdiözese** *f* archidiocèse *m* **Erzengel** *m* archange *m*

erzeugen* *tr V* ❶ (*produzieren, hervorbringen*) produire
❷ (*hervorrufen*) provoquer, faire naître *Ärger, Misstrauen, Unbehagen;* **Langeweile bei jdm ~** provoquer de l'ennui chez qn; **es verstehen Spannung zu ~** s'y entendre pour créer le suspense

Erzeuger(in) <-s, -> *m(f)* ❶ *landwirtschaftlicher Produkte* producteur(-trice) *m(f)*
❷ *hum fam* (*Vater*) géniteur *m*, paternel *m* (*fam*)

Erzeugnis <-ses, -se> *nt* produit *m;* **dieser Wein ist unser eigenes ~** ce vin est de notre propre production

Erzeugung <-, -en> *f* production *f*

Erzfeind(in) [ˈɛrts-] *m(f)* ennemi(e) juré(e) *m* **Erzgauner** *m* escroc *m* consommé

Erzgebirge [ˈeːɐts-, ˈɛrts-] *nt* **das ~** les monts Métallifères **Erzgewinnung** *f* MIN extraction *f* de minerai

Erzherzog(in) [ˈɛrts-] *m(f)* archiduc *m*/archiduchesse *f*

erziehbar *Adj* **leicht/schwer ~ sein** s'élever [*o* s'éduquer] facilement/difficilement; **schwer ~** inadapté(e)

erziehen* *tr V unreg* ❶ élever, éduquer *Kind;* **gut/schlecht**

erzogen sein être bien/mal élevé(e); **jdn streng katholisch** ~ donner une éducation strictement catholique à qn
❷ (*anleiten*) **jdn zu einem kritischen Menschen** ~ faire de qn un être critique; **jdn zur Ordnung/Selbständigkeit** ~ enseigner [*o* apprendre] l'ordre/l'indépendance à qn
❸ *hum* (*zu verändern versuchen*) faire l'éducation de *Ehepartner, Freund*

Erzieher(in) <-s, -> *m(f)* éducateur(-trice) *m(f)*

erzieherisch *Adj* éducatif(-ive)

Erziehung *f kein Pl* ❶ (*das Erziehen*) éducation *f;* **eine autoritäre/antiautoritäre** ~ une éducation autoritaire/antiautoritaire; **die** ~ **zur Selbständigkeit/Sauberkeit** l'éducation à l'indépendance/la propreté; **die Aufgaben der** ~ les tâches éducatives
❷ (*das Anerzogene*) éducation *f,* savoir-vivre *m;* **keine** ~ **haben** n'avoir aucune éducation [*o* aucun savoir-vivre]; **was ist denn das für eine** ~**!** en voilà une éducation!

erziehungsberechtigt *Adj* investi(e) de l'autorité parentale **Erziehungsberechtigte(r)** *f(m) dekl wie Adj* responsable *mf* légal(e) **Erziehungsgeld** *nt* allocation *f* parentale d'éducation **Erziehungsheim** *nt* centre *m* d'éducation surveillée **Erziehungsjahr** *nt* année *f* de congé parental **Erziehungsmethode** *f* méthode *f* éducative [*o* d'éducation] **Erziehungsurlaub** *m* congé *m* parental d'éducation **Erziehungswesen** *nt kein Pl* système *m* éducatif, éducation *f* **Erziehungswissenschaft** *f kein Pl* pédagogie *f,* sciences *fpl* de l'éducation

erzielen* *tr V* ❶ (*erreichen*) aboutir à, parvenir à *Einigung, Erfolg, Kompromiss;* obtenir *Ergebnis, Wirkung;* remporter, gagner *Gewinn, Preis;* tirer *Treffer;* atteindre *Geschwindigkeit*
❷ SPORT établir *Rekord;* réaliser *Jahresbestzeit;* marquer *Tor, Punkt*

erzittern* *itr V + sein* se mettre à trembler; **etw** ~ **lassen** faire trembler qc

erzkonservativ [-va-] *Adj* ultraconservateur(-trice)

erzogen *PP von* **erziehen**

erzürnen* *geh* **I.** *tr V* mettre en colère; **jdn** ~ mettre qn en colère; **über jdn/etw erzürnt sein** être en colère contre qn/à propos de qc
II. *r V* **sich über jdn/etw** ~ se mettre en colère contre qn/à propos de qc

erzwingen* *tr V unreg* forcer *Entscheidung;* **das Einverständnis der Eltern** ~ arracher le consentement des parents; **von jdm ein Zugeständnis/eine Genehmigung** ~ obtenir par la force une concession/une autorisation de qn; **Liebe lässt sich nicht** ~ l'amour ne se commande pas; **ein erzwungenes Geständnis** un aveu obtenu sous la contrainte

es [ɛs] **I.** *Pron pers, 3. Pers Sing, Nom* ❶ (*auf eine Person bezogen*) il/elle; **das Kind/kleine Mädchen ist müde,** ~ **gähnt pausenlos** l'enfant est fatigué/la petite fille est fatiguée, il/elle n'arrête pas de bâiller
❷ (*allgemein auf ein Tier, eine Sache bezogen*) il/elle; **das Eichhörnchen war zutraulich,** ~ **kam ganz nah heran** l'écureuil n'était pas farouche, il est venu tout près; **wo ist mein Buch/Hemd? – Es liegt auf dem Bett!** où est mon livre/ma chemise? – Il/Elle est sur le lit!
❸ (*das*) ~ **ist Onkel Paul/Tante Inge** c'est l'oncle Paul/la tante Inge; **ich bin** ~ c'est moi; ~ **sind meine Kinder/Bücher** ce sont mes enfants/livres; ~ **ist mein Koffer** c'est ma valise; **hoffentlich macht** ~ **Ihnen nichts aus** j'espère que cela [*o* ça *fam*] ne vous gêne pas; ~ **ist wirklich ein Skandal!** c'est vraiment un scandale!; ~ **ist zu dumm** c'est trop bête
❹ (*einem Subjektsatz vorausgehend*) ~ **gefällt ihr, dass** ça lui plaît que + *subj;* ~ **freut mich, dass es dir gut geht** je suis content(e) que tu ailles bien; ~ **interessiert ihn sehr, wer/was/wo ...** cela [*o* ça *fam*] l'intéresse beaucoup de savoir ce qui/ce que/où ...; ~ **ist noch fraglich, ob ich mitkommen kann** il n'est pas encore sûr que je puisse venir
❺ (*in unpersönlichen Ausdrücken*) ~ **regnet/schneit** il pleut/neige; ~ **ist warm** il fait chaud; ~ **klopft** on frappe; ~ **geht ihr/ihnen gut** elle va/ils vont bien; ~ **ist schon drei Uhr** il est déjà trois heures; **hier stinkt** ~ ça pue ici (*fam*); **jetzt reicht** ~**!** cela [*o* ça *fam*] suffit maintenant!; **hat** ~ **nicht eben geklingelt?** est-ce que quelqu'un ne vient pas de sonner?
❻ (*in passivischen Ausdrücken*) ~ **wurde gearbeitet/getanzt** on travaillait/dansait
❼ (*in reflexiven Ausdrücken*) **hier lebt** ~ **sich angenehm** ici, la vie est agréable
❽ (*als Einleitewort mit folgendem Subjekt*) ~ **meldete sich niemand** personne ne se manifesta; ~ **fehlen zehn Euro** il manque dix euros
II. *Pron pers, 3. Pers Sing, Akk* ❶ (*auf eine Person bezogen*) le/la; **ich hob das Kind/kleine Mädchen auf den Arm und wiegte** ~ je pris l'enfant/la petite fille sur mes bras et le/la berçai
❷ (*allgemein auf ein Tier, eine Sache bezogen*) le/la; **dort drüben ist ein Eichhörnchen/Huhn, siehst du** ~**?** il y a un écureuil/une poule là-bas, est-ce que tu le/la vois?; **möchtest du dieses Brötchen/Stück Kuchen oder kann ich** ~ **nehmen?** veux-tu ce petit pain/cette partie du gâteau ou puis-je le/la prendre?
❸ (*das*) le; **ich glaube** ~ **nicht** je ne le crois pas
❹ (*einem Objektsatz vorausgehend*) ~ **nicht mögen, dass/wenn ...** ne pas aimer que + *subj*

Es[1] <-, -> *nt* MUS mi *m* bémol

Es[2] <-, -> *nt* PSYCH ça *m*

ESA ['e:za:] <-> *f Abk von* **European Space Agency** ASE *f*

Escape-Taste [ɪ'skeɪp-] *f* touche *f* Echappement

Esche ['ɛʃə] <-, -n> *f* (*Baum, Holz*) frêne *m*

Eschenholz *nt* bois *m* de frêne

Escudo [ɛs'ku:do] <-[s], -[s]> *m* HIST (*ehemalige portugiesische Währung*) escudo *m*

Es-Dur <-> *nt* MUS mi *m* bémol majeur

Esel ['e:zəl] <-s, -> *m* ❶ âne *m*
❷ *fam* (*Dummkopf*) **du** ~**!** espèce d'andouille [*o* d'âne]! (*fam*); **ich** ~**!** ce que je suis bête!

Eselin <-, -nen> *f* ânesse *f*

Eselsbrücke *f fam* moyen *m* mnémotechnique ▶ **jdm eine** ~ **bauen** donner un pense-bête à qn **Eselsohr** *nt fam* corne *f*

Eskalation [ɛskala'tsio:n] <-, -en> *f eines Konflikts, von Spannungen* aggravation *f; von Gewalt* escalade *f*

eskalieren* **I.** *itr V* dégénérer; **zu etw** ~ dégénérer en qc
II. *tr V* accroître *Spannungen, Krieg;* envenimer *Konflikt*

Eskapade [ɛska'pa:də] <-, -n> *f geh* ❶ incartade *f*
❷ (*Seitensprung*) frasque *f*

Eskimo ['ɛskimo] <-s, -s> *m,* **-frau** *f* Esquimau(de) *m(f)*

Eskorte [ɛs'kɔrtə] <-, -n> *f* escorte *f*

eskortieren* *tr V* escorter

es-Moll <-> *nt* MUS mi *m* bémol mineur

Esoterik [ezo'te:rɪk] <-> *f* ésotérisme *m*

esoterisch *Adj* ésotérique

Espe ['ɛspe] <-, -n> *f* tremble *m*

Espenlaub *nt* ▶ **wie** ~ **zittern** *fam* trembler comme une feuille

Esperanto [ɛspe'ranto] <-s> *nt* espéranto *m*

Espresso [ɛs'prɛso] <-[s], -s *o* Espressi> *m* [café *m*] express *m*

Espressomaschine *f* [cafetière *f*] expresso *f*

Esprit [ɛs'pri:] <-s> *m geh* esprit *m;* **eine Frau mit** ~ une femme d'esprit

Essay ['ɛse, 'ɛseɪ] <-s, -s> *m o nt* essai *m*

Essayist(in) [ɛse'ɪst] <-en, -en> *m(f)* essayiste *mf*

essbar[RR] ['ɛsba:ɐ], **eßbar** *Adj Pilz, Beeren* comestible; **etwas/nichts Essbares im Haus haben** *fam* avoir quelque chose/n'avoir rien à manger à la maison

Essbesteck[RR], **Eßbesteck** *nt* couverts *mpl;* (*Garnitur*) ménagère *f*

Esse ['ɛsə] <-, -n> *f* ❶ (*Rauchfang*) hotte *f*
❷ DIAL (*Schornstein*) cheminée *f*

EsseckeRR, **Eßecke** *f* coin *m* repas

essen ['ɛsən] <isst, aß, gegessen> **I.** *tr V* manger; **gern Obst** ~ aimer les fruits
▸ **das** [*o* **der Fall**] **ist gegessen** *fam* c'est classé
II. *itr V* ❶ manger; **gut/warm** ~ manger bien/chaud; [**chinesisch**] ~ **gehen** aller manger [chinois]; **gern chinesisch** ~ aimer la cuisine chinoise; **von einem Teller** ~ manger dans une assiette; [**gerade**] **beim Essen sein** être [juste] en train de manger
❷ (*probieren*) **von etw** ~ manger [*o* prendre] de qc

Essen <-s, -> *nt* ❶ (*Mahlzeit, Speise*) repas *m;* **das** ~ **kochen** faire à manger [*o* la cuisine]; **zum** ~ **kommen** venir manger; **jdn zum** ~ **einladen** inviter qn à manger; **bleib doch zum** ~**!** reste donc manger!
❷ (*Festessen*) banquet *m;* **ein** ~ **geben** donner un [grand] repas [*o* un banquet]
❸ (*Nahrung*) nourriture *f*
❹ (*Portion, Ration*) ration *f*
▸ ~ **auf Rädern** repas à domicile

Essen[s]ausgabe *f* ❶ (*Schalter*) guichet *m* de distribution ❷ *kein Pl* (*Verteilung*) distribution *f* de la nourriture **Essen[s]marke** *f* ticket *m* [de] repas **Essenszeit** *f* heure *f* du repas

essentiell [ɛsɛn'tsjɛl] *Adj s.* **essenziell**

Essenz [ɛ'sɛnts] <-, -en> *f a. fig* essence *f*

essenziellRR [ɛsɛn'tsjɛl] *Adj* essentiel(le)

Esser(in) ['ɛsɐ] <-s, -> *m(f)* mangeur(-euse) *m(f);* **ein guter/schlechter** ~ [**sein**] [être] un gros/petit mangeur

EssgeschirrRR, **Eßgeschirr** *nt* service *m* de table; MIL gamelle *f*

EssgewohnheitenRR, **Eßgewohnheiten** *Pl* habitudes *fpl* alimentaires

Essig ['ɛsɪç] <-s, -e> *m* vinaigre *m;* **milder/scharfer** ~ vinaigre doux/fort
▸ **mit etw ist es** ~ *fam* qc tombe à l'eau

Essigessenz *f* essence *f* de vinaigre **Essiggurke** *f* cornichon *m* à la russe **essigsauer** *Adj* **essigsaures Salz** acétate *m;* **essigsaure Tonerde** acétate *m* d'aluminium **Essigsäure** *f* acide *m* acétique

EsskastanieRR, **Eßkastanie** [-kasta:niə] *f* châtaigne *f,* marron *m*

EsskulturRR, **Eßkultur** *f* culture *f* gastronomique

EsslöffelRR, **Eßlöffel** *m* ❶ cuillère *f* [*o* cuiller *f*] à soupe
❷ (*Menge*) cuillérée *f* à soupe; **ein** ~ **Zucker** une cuillérée à soupe de sucre

EssstörungRR, **Eßstörung** *f* troubles *mpl* du comportement alimentaire

EsstischRR, **Eßtisch** *m* table *f* [de salle à manger]

EsswarenRR, **Eßwaren** *Pl* denrées *fpl* alimentaires

EsszimmerRR, **Eßzimmer** *nt* salle *f* à manger

Establishment [ɪs'tɛblɪʃmənt] <-s, -s> *nt* ❶ (*Oberschicht*) bonne société *f*
❷ *pej* (*etablierte Gesellschaft*) establishment *m*

Este ['e:stə] <-n, -n> *m,* **Estin** *f* Estonien(ne) *m(f)*

Ester ['ɛstɐ] <-s, -> *m* CHEM ester *m*

Estland ['ɛstlant] *nt* l'Estonie *f*

estländisch *Adj* estonien(ne)

estnisch ['ɛstnɪʃ] **I.** *Adj* estonien
II. *Adv* ~ **miteinander sprechen** discuter en estonien; *s. a.* **deutsch**

Estnisch <-[s]> *nt kein Art* (*Sprache, Schulfach*) l'estonien *m;* **auf** ~ en estonien; *s. a.* **Deutsch**

Estnische *nt dekl wie Adj* **das** ~ l'estonien *m; s. a.* **Deutsche**

Estragon ['ɛstragɔn] <-s> *m* estragon *m;* ~ **duftet stark** l'estragon sent fort

Estrich ['ɛstrɪç] <-s, -e> *m* ❶ chape *f* de ciment
❷ CH (*Dachboden*) grenier *m*

ESZB [e:ʔɛstsɛt'be:] <-> *nt Abk von* **Europäisches System der Zentralbanken** SEBC *m*

Eszett [ɛs'tsɛt] <-, -> *nt* s *m* tsett

etablieren* **I.** *tr V* établir
II. *r V* **sich** [**als Arzt**] ~ s'établir [comme médecin]; **sich in einer Wohnung/in Frankfurt** ~ s'installer dans un appartement/à Francfort

etabliert *Adj geh* établi(e)

Etablissement [etablɪsə'mã:] <-s, -s> *nt geh* ❶ (*Lokal*) établissement *m*
❷ *euph* (*Bordell*) maison *f* [de tolérance]

Etage [e'ta:ʒə] <-, -n> *f* étage *m;* **in** [*o* **auf**] **der fünften/obersten** ~ au cinquième/dernier étage

Etagenbett [e'ta:ʒən-] *nt* lits *mpl* superposés **Etagenheizung** *f* chauffage *m* central par étage **Etagenwohnung** *f* appartement *m* [en étage]

Etappe [e'tapə] <-, -n> *f* ❶ *a.* SPORT étape *f;* **in** ~**n** par étapes
❷ MIL arrière *m;* **in der** ~ à l'arrière

Etappensieg *m* victoire *f* d'étape **Etappensieger(in)** *m(f)* vainqueur *m* d'étape

Etat [e'ta:] <-s, -s> *m a.* POL budget *m;* **Eingriffe in den** ~ ponctions *fpl* budgétaires; **das übersteigt meinen** ~ ce n'est plus à la portée de mon budget

Etatjahr *nt* année *f* budgétaire

etc. [ɛt'tse:tera] *Abk von* **et cetera** etc.

etepetete ['e:təpə'te:tə] *Adj fam* ~ **sein** être chichiteux(-euse) (*fam*)

Eternit® [etɛr'ni:t] <-s> *m o nt* fibrociment *m*

Ethik ['e:tɪk] <-> *f* éthique *f*

Ethikunterricht *m* SCHULE cours *m* d'éthique

ethisch *Adj* éthique

ethnisch ['ɛtnɪʃ] *Adj* ethnique

EthnografieRR, **Ethnographie** [ɛtnogra'fi:] <-, -n> *f* ethnographie *f*

Ethnologie [ɛtnolo'gi:] <-, -n> *f* ethnologie *f*

Ethos ['e:tɔs] <-> *nt* éthique *f*

Etikett [eti'kɛt] <-[e]s, -e[n]> *nt* étiquette *f*

Etikette [eti'kɛtə] <-> *f* (*Verhaltensregeln*) étiquette *f*

Etikettenschwindel *m* tromperie *f* sur la marchandise

etikettieren* *tr V* étiqueter

etliche(r, s) ['ɛtlɪçə, -çɐ, -çəs] *Pron indef* ❶ *attr* pas mal de; ~ **neue Gesichter** pas mal de nouvelles têtes
❷ (*zahlreiche Personen*) ~ **waren zum ersten Mal da** [un] bon nombre d'entre eux étaient là pour la première fois
❸ (*einiges*) ~**s** pas mal de choses; **um** ~**s älter sein** avoir pas mal d'années de plus; **um** ~**s größer sein** être bien plus grand(e); **um** ~**s geschrumpft sein** avoir rapetissé de beaucoup

etlichemal *Adv* plus d'une fois, à plusieurs reprises

Etrusker(in) [e'trʊskɐ] <-s, -> *m(f)* Étrusque *mf*

etruskisch [e'trʊskɪʃ] *Adj* étrusque

Etüde [e'ty:də] <-, -n> *f* MUS étude *f*

Etui [ɛt'vi:, ety'i:] <-s, -s> *nt* étui *m*

etwa ['ɛtva] *Adv* ❶ (*ungefähr*) à peu près; [**in**] ~ à peu près
❷ (*zum Beispiel*) par exemple
❸ (*womöglich*) par hasard; **willst du** ~ **hier bleiben?** tu veux vraiment rester ici?; **oder** ~ **doch?** ou est-ce que je me trompe?; **oder** ~ **nicht?** ou [bien] non?; **du wirst doch nicht** ~ **absagen?** tu ne vas quand même pas annuler?

etwaige(r, s) ['ɛtvaɪgə] *Adj attr* éventuel(le)

etwas ['ɛtvas] *Pron indef* ❶ quelque chose; ~**/nichts sagen** dire quelque chose/ne rien dire; **kannst du mir** ~ **davon abgeben?** peux-tu m'en donner?; **hast du** ~ **von ihr gehört?** as-tu eu de ses nouvelles?; **hast du** ~**?** il y a quelque chose qui ne va pas?
❷ *attr* ~ **Interessantes/Nettes/Neues** quelque chose d'intéressant/de gentil/de nouveau; ~ **anderes wäre es, wenn ...** ce serait [tout] autre chose si ... + *indic;* ~ **Schöneres habe**

ich noch nie gesehen! je n'ai encore jamais rien vu de plus beau!; **so ~ Dummes!** que c'est bête!
③ (*ein wenig*) un peu; ~ **Kaffee** un peu de café; ~ **arbeiten** travailler un peu; ~ **frech sein** être un peu insolent(e); **das ist ~ wenig!** ce n'est pas beaucoup!

Etwas <-> *nt* **ein kleines** [*o* **winziges**] ~ quelque chose de petit [*o* de minuscule]
▸ **das gewisse** ~ un je ne sais quoi

Etymologie [etymolo'gi:] <-, -n> *f* étymologie *f*

etymologisch [etymo'lo:gɪʃ] *Adj* étymologique

Etzel ['ɛtsl] <-s> *m* HIST Attila *m*

EU [e:'ʔu:] <-> *f Abk von* **Europäische Union** UE *f*

EU-Beitrittsvertrag [e:'ʔu:-] *m* traité *m* d'adhésion à l'UE **EU-Binnenmarkt** *m* marché *m* unique européen

euch [ɔɪç] **I.** *Pron pers, Dat von* **ihr**[1] ① vous; **mit** ~ avec vous; **alle außer** ~ tous excepté vous; **eine Bekannte von** ~ une de vos connaissances; **er wird es ~ sagen/geben** il vous le dira/donnera; **sie werden ~ helfen** ils vont vous aider; **weg mit ~!** allez-vous-en!
② *refl* vous; **stellt ~ vor, sie heiraten!** figurez-vous, ils vont se marier!
II. *Pron pers, Akk von* **ihr**[1] ① vous; **er beobachtet** ~ il vous regarde; **eine Karte, die an ~ gerichtet ist** une carte qui vous est adressée
② *refl* **beeeilt ~!** dépêchez-vous!

Eucharistie [ɔɪçarɪs'ti:] <-> *f* eucharistie *f*

euer[1] ['ɔɪɐ] *Pron pers, Gen von* **ihr**[1] *veraltet poet* **wir werden ~ gedenken** nous garderons votre souvenir

euer[2] *Pron poss* ① (*bei Singular*) votre; (*bei Plural*) vos; ~ **Bruder** votre frère; **eure Schwester** votre sœur; **eure Bücher** vos livres; **dieser Koffer ist eurer** cette valise est à vous; **das ist alles eures** tout est à vous; **ist das mein Schlüssel oder eurer?** est-ce ma clé ou la vôtre?; **alles Liebe, eure Petra/Eltern** affectueusement, Petra/vos parents
② *substantivisch geh* **der/die/das eure** le/la vôtre; **sind das unsere Schlüssel oder die euren?** est-ce que ce sont nos clés ou les vôtres?; **tut ihr das Eure!** faites ce que vous avez à faire!; **die Euren** les vôtres *mpl* (*soutenu*)
③ (*gewohnt, üblich*) **wollt ihr jetzt ~ Nickerchen machen?** vous voulez faire votre petite sièste habituelle?

Eugenik [ɔɪ'ge:nɪk] <-> *f* MED eugénisme *m*, eugénique *f*

eugenisch [ɔɪ'ge:nɪʃ] *Adj* eugénique

EU-Haushalt [e:'ʔu:-] *m* budget *m* communautaire

Eukalyptus [ɔɪka'lʏptʊs] <-, Eukalypten> *m* eucalyptus *m*

Eukalyptusbonbon [-bɔŋbɔŋ, -bõbõ:] *m o nt* bonbon *m* à l'eucalyptus

EU-Kartellrecht [e:'ʔu:-] *nt* JUR droit *m* applicable aux cartels dans la communauté européenne **EU-Kommissar(in)** [e:'ʔu:-] *m(f)* commissaire *mf* européen(ne) **EU-Kommission** [e:'ʔu:-] *f* Commission *f* européenne **EU-Land** [e:'ʔu:-] *nt* pays *m* de l'UE; **die EU-Länder** les pays membres de l'UE

Eule ['ɔɪlə] <-, -n> *f* chouette *f*; (*mit Ohrfedern*) hibou *m*
▸ **~n nach Athen tragen** *Spr.* porter de l'eau à la rivière

Eulenspiegel *m* espiègle *mf*

EU-Ministerrat [e:'ʔu:-] *m* Conseil *m* européen **EU-Mitgliedstaat** *m* Etat *m* membre de l'UE **EU-Norm** *f* norme *f* européenne

Eunuch [ɔɪ'nu:x] <-en, -en> *m* eunuque *m*

Euphemismus [ɔɪfe'mɪsmʊs] <-, -mismen> *m* euphémisme *m*

euphemistisch **I.** *Adj* euphémique
II. *Adv* euphémiquement; *sich ausdrücken* par euphémisme

Euphorie [ɔɪfo'ri:] <-, -n> *f* euphorie *f*

euphorisch [ɔɪ'fo:rɪʃ] *Adj* euphorique

EUR *Abk von* **Euro** EUR

Euratom [ɔɪra'to:m] <-> *f Abk von* **Europäische Atomgemeinschaft** Euratom *m*

EU-Recht [e:'ʔu:-] *nt* droit *m* de la communauté européenne

Eureka [juə'ri:kɐ] <-> *f Abk von* **European Research Coordination Agency** EUREKA

euerseits ['ɔɪrɐzaɪts] *Adv* ① (*ihr wiederum*) de votre côté
② (*was euch betrifft*) pour votre part

eures ['ɔɪrəs] *s.* **euer**

euresgleichen *Pron unv* ① *pej* (*Menschen eures Schlags*) vos semblables *mpl*; [**ihr und**] ~ [vous et] vos semblables *mpl*
② (*Menschen wie ihr*) **ihr verkehrt nur mit** ~ vous ne fréquentez que les gens de votre sorte; **ich kenne niemanden ~** *geh* je ne connais personne qui vous égale (*soutenu*)

euretwegen ['ɔɪrətve:gən] *Adv* (*wegen euch*) à cause de vous; (*euch zuliebe*) pour vous

euretwillen ['ɔɪrətvɪlən] *Adv* **um** ~ pour [l'amour de] vous

Eurhythmie [ɔɪrʏt'mi:] <-> *f* eurythmie *f*

EU-Richtlinie [e:'ʔu:-] *f* directive *f* communautaire

Euro ['ɔɪro] <-[s], -[s]> *m* euro *m*; **der Übergang zum ~** le passage à l'euro; **auf ~ lauten** être libellé(e) en euros; **eine Währung an den ~ binden** relier une monnaie à l'euro; **am ~ teilnehmen** participer au passage à l'euro

Eurobanknoten *Pl* billets *mpl* [en] euro **Eurocent** *m* eurocent[ime] *m*, centime *m* d'euro **Eurocheque** [-ʃɛk] *s.* **Euroscheck** **Eurocity** [-sɪti] <-s, -s> *m* Eurocity *m* **Eurocityzug** [ɔɪro'sɪtitsu:k] *m* train *m* Eurocity **Eurodollars** *Pl* eurodollars *mpl* **Eurokommunismus** *m* HIST eurocommunisme *m*

Eurokrat(in) <-en, -en> *m(f)* eurocrate *mf* (*péj fam*)

Euroland *nt* zone *f* euro, pays *m* de l'UE **Euromarkt** *m* marché *m* européen **Euromünzen** *Pl* pièces *fpl* [en] euro

Europa [ɔɪ'ro:pa] <-s> *nt* l'Europe *f*

Europaabgeordnete(r) *f(m) dekl wie Adj* eurodéputé(e) *m(f)*, député(e) *m(f)* européen(ne) **Europacup** [ɔɪ'ro:pakap] *m* coupe *f* d'Europe

Europäer(in) [ɔɪro'pɛ:ɐ] <-s, -> *m(f)* Européen(ne) *m(f)*

europäisch *Adj* européen(ne)

Europäisierung <-> *f* européisation *f*

Europameister(in) *m(f)* champion(ne) *m(f)* d'Europe **Europameisterschaft** *f* championnat *m* d'Europe **Europaparlament** *nt kein Pl* Parlement *m* européen **Europapass**[RR] *m* passeport *m* européen **Europapokal** *m* coupe *f* d'Europe **Europapolitik** *f kein Pl* politique *f* européenne **Europarat** *m kein Pl* Conseil *m* de l'Europe **Europastraße** *f* route *f* européenne **Europawahl** *f* élections *fpl* européennes **europaweit** **I.** *Adj* à l'échelle européenne **II.** *Adv* dans l'Europe entière

Europol ['ɔɪropo:l] <-> *f* POL Europol *m* **Euroscheck** *m* eurochèque *m* **Euroscheckkarte** *f* carte *f* européenne de crédit; (*für Geldautomaten*) carte interbancaire **Euroscheine** *Pl* billets *mpl* [en] euro **Eurosignal** *nt* eurosignal *m* **Euroskeptiker(in)** *m(f)* POL eurosceptique *mf* **Eurotunnel** *m* tunnel *m* sous la Manche **Eurovision** [-vi-] *f* eurovision *f* **Eurovisionssendung** *f* [émission *f* en] eurovision *f* **Eurowährung** *f* eurodevise *f* **Eurowährungsgebiet** *nt* zone *f* euro **Eurozone** *s.* **Eurowährungsgebiet**

Euter ['ɔɪtɐ] <-s, -> *nt o m* pis *m*

Euthanasie [ɔɪtana'zi:] <-> *f* euthanasie *f*

EU-Vertrag [e:'ʔu:-] *m* traité *m* [sur l']UE **EU-Wettbewerbsrecht** *nt* droit *m* de la concurrence de la Communauté européenne

ev. *Abk von* **evangelisch** protestant(e)

e.V. [e:'faʊ], **E.V.** *Abk von* **eingetragener Verein** association *f* déclarée

Eva[1] ['e:fa, 'e:va] <-s> *f* Ève *f*

Eva[2] <-, -s> *f hum fam* (*Frau*) fille *f* d'Ève

Evakostüm ['e:fa-] *s.* **Evaskostüm**

evakuieren* [-va-] *tr V* évacuer *Bewohner, Stadt, Region*

Evakuierung <-, -en> *f* évacuation *f*

evangelisch [evaŋ'ge:lɪʃ] *Adj* protestant(e)

i Land & Leute

Né de la Réforme au seizième siècle, le protestantisme ou la **evangelische Religion** comme l'appellent les Allemands, est la conséquence directe de l'opposition de Luther au pape, dont il refusait l'autorité. La **evangelische Kirche** rassemble, en Allemagne, près de 30 millions de fidèles qui se trouvent majoritairement dans le nord du pays.

evangelisch-lutherisch [evaŋ'ge:lɪʃ-] *Adj* protestant(e)-luthérien(ne)
Evangelist [evaŋge'lɪst] <-en, -en> *m* évangéliste *m*
Evangelium [evaŋ'ge:liʊm] <-s, -lien> *nt* évangile *m*
❷ *fig* **das ist für ihn/sie [ein] ~** c'est pour lui/elle parole d'évangile
Evaskostüm ['e:fas-] ▶ **im ~** *hum* en tenue d'Ève
Eventualfall [-vɛn-] *m* éventualité *f;* **im/für den ~** le cas échéant, en cas de malheur
Eventualität [evɛntuali'tɛ:t] <-, -en> *f* éventualité *f;* **auf alle ~en vorbereitet sein** être prêt(e) à parer à toute éventualité
eventuell [evɛntu'ɛl] **I.** *Adj* éventuel(le)
II. *Adv* éventuellement
Evergreen ['ɛvɐgri:n] <-s, -s> *m* succès *m* de toujours
evident [evi'dɛnt] *Adj geh* évident(e); **es ist ~, dass** il est évident que + *indic*
ev.-luth. *Abk von* **evangelisch-lutherisch**
Evolution [evolu'tsio:n] <-, -en> *f* évolution *f*
Evolutionstheorie *f* BIO théorie *f* de l'évolution
evtl. *Adj, Adv Abk von* **eventuell**
E-Werk ['e:-] *nt Abk von* **Elektrizitätswerk** centrale *f* électrique
EWG [e:ve:'ge:] <-> *f* HIST *Abk von* **Europäische Wirtschaftsgemeinschaft** C.E.E. *f*
EWI [e:ve:'ʔi:] <-> *nt Abk von* **Europäisches Währungsinstitut** IME *m*
ewig ['e:vɪç] **I.** *Adj* ❶ (*immer während*) éternel(le); **~er Schnee** neiges *fpl* éternelles
❷ *pej fam* (*ständig*) perpétuel(le); **der ~e Ärger mit den Nachbarn** ces éternelles histoires avec les voisins
II. *Adv* ❶ (*seit jeher*) *bestehen, existieren* de toute éternité
❷ (*für immer*) **er schwor ihr ~ treu zu sein** il jura qu'il lui serait éternellement fidèle; **auf ~** pour toujours
❸ *fam* (*ständig*) éternellement; **in der Kantine gibt es ~ das Gleiche** à la cantine, il y a toujours la même chose
❹ *fam* (*eine lange Zeit*) une éternité; (*seit langem*) depuis une éternité; **das dauert ja ~[, bis ...]!** ça dure une éternité [avant que ... + *subj*]!; **den habe ich schon ~ nicht mehr gesehen** ça fait une éternité que je ne l'ai pas vu
▶ **drum prüfe, wer sich ~ bindet** ≈ il faut bien réfléchir avant de se lier à quelqu'un
Ewiggestrige(r) ['e:vɪçgɛstrɪgɐ] *f(m) dekl wie Adj pej* passéiste *mf* incurable
Ewigkeit <-, -en> *f* ❶ *kein Pl* éternité *f*
❷ *fam* (*lange Zeit*) éternité *f;* **es dauert eine [halbe] ~ [, bis ...]** ça dure une éternité [avant que ... + *subj*]; **seit ~en** [*o* **einer ~**] depuis une éternité; **wir haben uns ja seit ~en** [*o* **seit einer ~**] **nicht gesehen!** ça fait une éternité [*o* une paye *fam*] qu'on ne s'est pas vu(e)s!
▶ **bis in alle ~** pour l'éternité; (*wer weiß wie lange*) indéfiniment; **in die ~ eingehen** *geh* entrer dans la vie éternelle
EWS [e:ve:'ʔɛs] <-> *nt Abk von* **Europäisches Währungssystem** S.M.E. *m*
EWU [e:ve:'ʔu:] <-> *f Abk von* **Europäische Währungsunion** U.M.E. *f*
ex [ɛks] *Adv fam* ▶ **~ und hopp!** et on n'en parle plus! (*fam*); **mit etw ist es ~** c'est râpé pour qc (*fam*); **etw [auf] ~ trinken** boire qc cul sec (*fam*)
exakt [ɛ'ksakt] **I.** *Adj* exact(e)
II. *Adv* exactement; *arbeiten* avec [beaucoup de] précision; **das ist ~ das, was ich gesagt habe** c'est exactement ce que j'ai dit
Exaktheit <-> *f* exactitude *f*
exaltiert [ɛksal'ti:ɐt] *Adj Benehmen* excentrique; **ein ~er Mensch** un(e) exalté(e)
Examen [ɛ'ksa:mən, *Pl:* ɛ'ksa:mina] <-s, - *o* Examina> *nt* examen *m;* **das mündliche/schriftliche ~** l'examen oral/écrit; **~ machen** passer ses examens; **das ~ mit gut bestehen** réussir l'examen avec mention bien; **durch das ~ fallen** échouer à l'examen, être recalé(e) [à l'examen] (*fam*)
Examensangst *f* anxiété *f* due à l'examen **Examensarbeit** *f* épreuve *f* d'examen **Examenskandidat(in)** *m(f)* candidat(e) *m(f)* à un examen
examinieren* *tr V geh* ❶ (*prüfen*) examiner; **jdn in Mathematik** (*Dat*)**/über etw** (*Akk*) **~** examiner qn en mathématique/sur qc
❷ (*ausforschen*) **jdn ~** soumettre qn à un interrogatoire
Exegese [ɛkse'ge:zə] <-, -n> *f Fachspr.* exégèse *f*
exekutieren* *tr V form* exécuter
Exekution [ɛkseku'tsio:n] <-, -en> *f* ❶ exécution *f*
❷ A (*Pfändung*) saisie *f*
Exekutionskommando *nt* peloton *m* d'exécution
Exekutive [ɛkseku'ti:və] <-, -n> *f* exécutif *m*
Exekutivgewalt *f* POL pouvoir *m* exécutif **Exekutivorgan** *nt* POL organe *m* exécutif
Exekutor(in) [ɛkse'ku:tɔr] <-s, -en> *m(f)* A (*Gerichtsvollzieher*) huissier *m*
Exempel [ɛ'ksɛmpəl] <-s, -> *nt geh* ❶ (*Beispiel*) exemple *m* typique; **an/mit jdm ein ~ statuieren** faire un exemple de qn
❷ *veraltet* (*Rechenaufgabe*) calcul *m*
Exemplar [ɛksɛm'pla:ɐ] <-s, -e> *nt* exemplaire *m;* **ein seltenes ~** un spécimen rare
exemplarisch [ɛksɛm'pla:rɪʃ] **I.** *Adj* ❶ (*beispielhaft*) exemplaire
❷ (*typisch*) **für etw ~ sein** être typique de qc
II. *Adv vormachen, zeigen, bestrafen* de façon exemplaire
exerzieren* **I.** *itr V* MIL faire l'exercice; **das Exerzieren** l'exercice *m*
II. *tr V* ❶ répéter
❷ *geh* (*praktizieren*) pratiquer
Exerzierplatz [ɛksɛr'tsi:ɐ-] *m* terrain *m* d'exercices
Exerzitien [ɛksɛr'tsi:tsiən] *Pl* exercices *mpl* spirituels
Ex-Frau *f fam* ex-femme *f* **Ex-Freund(in)** *m(f) fam* ex-ami(e) *m(f)*
Exhibitionismus [ɛkshibitsio'nɪsmʊs] <-> *m* exhibitionnisme *m*
Exhibitionist(in) <-en, -en> *m(f)* exhibitionniste *mf*
exhumieren* *tr V* exhumer
Exhumierung <-, -en> *f* exhumation *f*
Exil [ɛ'ksi:l] <-s, -e> *nt* exil *m;* **ins ~ nach Südamerika gehen** s'exiler en Amérique du Sud; **im ~ leben** vivre en exil
Exilliteratur *f* littérature *f* d'exil **Exilregierung** *f* gouvernement *m* en exil
existent [ɛksɪs'tɛnt] *Adj geh* existant(e); **für jdn nicht mehr ~ sein** ne plus exister pour qn
Existentialismus [ɛksɪstɛntsja'lɪsmʊs] *s.* **Existenzialismus**
Existentialist(in) [ɛksɪstɛntsja'lɪst] *s.* **Existenzialist(in)**
existentialistisch *s.* **existenzialistisch**
existentiell [ɛksɪstɛn'tsjɛl] *s.* **existenziell**
Existenz [ɛksɪs'tɛnts] <-, -en> *f* ❶ *kein Pl* (*das Existieren*) existence *f;* **von der ~ einer S.** (*Gen*) **wissen** connaître l'existence de qc
❷ (*Leben*) **eine kärgliche ~ fristen** mener une existence misérable
❸ (*Lebensgrundlage*) moyens *mpl* d'existence
❹ *pej* (*Mensch*) **eine gescheiterte** [*o* **verkrachte** *fam*] **~** un(e) raté(e) (*fam*), un loser (*fam*)
Existenzangst *f* angoisse *f* existentielle **Existenzberechtigung** *f kein Pl einer Person* droit *m* à l'existence; *einer Sache* raison *f* d'être **Existenzgrundlage** *f* moyens *mpl* d'existence

Existenzgründung *f* création *f* d'entreprise
ExistenzialismusRR [ɛksɪstɛntsja'lɪsmʊs] <-> *m* existentialisme *m*
Existenzialist(in)RR [ɛksɪstɛntsja'lɪst] <-en, -en> *m(f)* existentialiste *mf*
existenzialistischRR *Adj* existentialiste
existenziellRR [ɛksɪstɛn'tsjɛl] *Adj* vital(e)
Existenzkampf *m* lutte *f* pour l'existence **Existenzminimum** *nt* minimum *m* vital **Existenzsicherung** *f* assurance *f* de l'existence
existieren* *itr V* ❶ (*vorhanden sein*) exister
❷ (*leben*) **von etw** ~ vivre de qc
Exitus ['ɛksitʊs] <-> *m* MED décès *m*
Exklave [ɛks'kla:və] <-, -n> *f* enclave *f*
exklusiv [ɛksklu'zi:f] *Adj* raffiné(e); *Restaurant* raffiné(e), sélect(e) (*fam*)
Exklusivbericht *m* reportage *m* exclusif
exklusive [ɛksklu'zi:və] **I.** *Präp + Gen* non compris(e); **Preis: tausend Euro ~ Mehrwertsteuer** prix: mille euros, non compris la T.V.A. [*o* T.V.A. non comprise]
II. *Adv geh* **bis zum Ersten** ~ jusqu'au premier exclu
Exklusivität [-vi-] <-> *f geh eines Gegenstands, Designs* classe *f*; *einer Einrichtung* grand standing *m*; *des Geschmacks* raffinement *m*
Exklusivrecht *nt* droit *m* exclusif
Exkommunikation *f* excommunication *f*
exkommunizieren* *tr V* excommunier
Exkrement <-[e]s, -e> *nt meist Pl geh* excrément *m*
Exkurs [ɛks'kʊrs] <-es, -e> *m* digression *f*
Exkursion [ɛkskʊr'zio:n] <-, -en> *f* excursion *f*
Exlibris [ɛks'li:bri:s] <-, -> *nt* ex-libris *m*
Ex-Mann *m fam* ex-mari *m*
Exmatrikulation [ɛksmatrikula'tsio:n] <-, -en> *f radiation de la liste des étudiants inscrits à l'université*
exmatrikulieren* *tr V* radier; **jdn/sich** ~ radier qn/se faire radier de la liste des étudiants
Exodus ['ɛksodʊs] <-, -se> *m geh der Bevölkerung, von Firmen* exode *f*; *von Besuchern, Abgeordneten* départ *m* en masse
exogen [ɛkso'ge:n] *Adj* BOT, MED, PSYCH exogène
exorbitant [ɛksɔrbi'tant] *Adj geh* exorbitant(e); *Erfolg* énorme, extraordinaire
Exorzist(in) [ɛksɔr'tsɪst] <-en, -en> *m(f)* exorciste *mf*
Exot(in) [ɛ'kso:t] <-en, -en> *m(f)* ❶ (*Mensch*) habitant(e) *m(f)* d'un pays lointain; *fam* (*ausgefallene Person*) drôle *m* de spécimen (*fam*)
❷ (*Pflanze*) plante *f* exotique; (*Tier*) animal *m* exotique; *fam* (*ausgefallenes Exemplar*) modèle *m* rare
exotisch [ɛ'kso:tɪʃ] *Adj* ❶ (*fremdländisch*) *Person* d'un pays lointain; *Gewächs, Pflanze, Aussehen* exotique
❷ *fam* (*ausgefallen*) *Person* farfelu(e) (*fam*); *Exemplar, Modell* extravagant(e); *Hobby, Beruf* insolite
Expander <-s, -> *m* extenseur *m*
expandieren* *itr V* ❶ (*sich vergrößern*) *Firma, Branche:* prendre de l'extension; **ein stark ~der Konzern** un groupe industriel en pleine expansion
❷ PHYS *Gas, Wasserdampf:* se dilater; *Universum:* être en expansion
Expansion [ɛkspan'zio:n] <-, -en> *f* POL, COM expansion *f*
Expansionspolitik *f* politique *f* expansionniste, expansionnisme *m* **Expansionsrate** *f* taux *m* d'expansion
expansiv *Adj a.* ÖKON d'expansion
Expedition [ɛkspedi'tsio:n] <-, -en> *f* ❶ (*Forschungsreise*) expédition *f*
❷ (*Versandabteilung*) [service *m* d']expédition *f*
Experiment [ɛksperi'mɛnt] <-[e]s, -e> *nt* expérience *f*; (*wissenschaftlicher Versuch*) expérimentation *f*; **sich auf keine ~e einlassen** ne pas expérimenter [*o* tenter d'expériences]
experimentell [ɛksperimen'tɛl] **I.** *Adj* expérimental(e); **auf ~e Weise** expérimentalement
II. *Adv* expérimentalement; ~ **vorgehen** expérimenter
experimentieren* *itr V* faire des expériences; **mit etw/an Tieren** ~ faire des expériences avec qc/sur des animaux; **das Experimentieren** l'expérimentation *f*
experimentierfreudig *Adj* expérimentateur(-trice)
Experte [ɛks'pɛrtə] <-n, -n> *m*, **Expertin** *f* expert(e) *m(f)*
Expertensystem *nt* INFORM système *m* expert
Expertise [ɛkspɛr'ti:zə] <-, -n> *f* expertise *f*; **Antiquitäten mit ~** des antiquités expertisées
explizit [ɛkspli'tsi:t] *geh* **I.** *Adj Anordnung, Verbot* explicite
II. *Adv* explicitement
explodieren* *itr V + sein a. fig* exploser
Explorer [ɛks'plo:rɐ, ɪk'splɔ:rɐ] <-s, -> *m* INFORM explorateur *m*
Explosion [ɛksplo'zio:n] <-, -en> *f a. fig* explosion *f*; **etw zur ~ bringen** faire exploser qc
explosionsartig **I.** *Adj* ❶ **ein ~es Geräusch** un bruit d'explosion, une détonation
❷ (*rasant*) *Zunahme* explosif(-ive)
II. *Adv* à une vitesse [*o* de façon] fulgurante
Explosionsgefahr *f* danger *m* d'explosion
explosiv [ɛksplo'zi:f] *Adj* explosif(-ive)
Explosiv <-s, -e> *m*, **Explosivlaut** *m* LING occlusive *f*
Exponat [ɛkspo'na:t] <-[e]s, -e> *nt* pièce *f* d'exposition
Exponent [ɛkspo'nɛnt] <-en, -en> *m* ❶ représentant *m*
❷ MATH exposant *m*
Exponentialfunktion *f* fonction *f* exponentielle
Exponentin <-, -nen> *f* représentante *f*
exponiert *Adj* ❶ *Ort, Lage* exposé(e)
❷ *fig* en vue
Export [ɛks'pɔrt] <-[e]s, -e> *m* exportation *f*
Exportabteilung *f* service *m* des exportations **Exportartikel** *m* produit *m* d'exportation **Exportausführung** *f* version *f* exportation **Exportbeschränkung** *f* limitation *f* des exportations
Exporteur(in) [ɛkspɔr'tø:ɐ, *Pl:* ɛkspɔr'tø:rə] <-s, -e> *m(f)* exportateur(-trice) *m(f)*
Exportfirma *f* entreprise *f* d'exportation **exportfreudig** *Adj* exportateur(-trice) **Exporthandel** *m* commerce *m* d'exportation
exportieren* *tr V* ❶ exporter; **etw ins Ausland/nach Australien** ~ exporter qc à l'étranger/vers l'Australie
❷ *fig* exporter *Arbeitslosigkeit, Inflation;* transmettre *Krankheit, Virus*
Exportkaufmann *m*, **-kauffrau** *f* exportateur(-trice) *m(f)*
Exportkontingent *nt* contingent *m* d'exportation **Exportmarkt** *f* marché *m* des exportations
Exposé, ExposeeRR [ɛkspo'ze:] <-s, -s> *nt* exposé *m* écrit
Exposition [ɛkspozi'tsio:n] <-, -en> *f a.* MUS exposition *f*
ExpressRR [ɛks'prɛs] <-es>, **Expreß** <-sses> *m* **per ~** par exprès
ExpressgutRR *nt* [envoi *m*] exprès *m*
Expressionismus [ɛksprɛsio'nɪsmʊs] <-> *m* expressionnisme *m*
Expressionist(in) [ɛksprɛsio'nɪst] <-en, -en> *m(f)* expressionniste *mf*
expressionistisch *Adj* expressionniste
expressis verbis [ɛks'prɛsi:s'vɛrbi:s] *Adv geh* expressément
expressiv [ɛksprɛ'si:f] *Adj* expressif(-ive)
exquisit [ɛkskvi'zi:t] **I.** *Adj Essen, Wein* exquis(e); *Lokal* excellent(e)
II. *Adv* ~ **schmecken** être exquis(e); **das Essen war ~ zubereitet** la cuisine était raffinée; **in diesem Restaurant isst man ~** dans ce restaurant, la cuisine est [très] raffinée
Extension [ɛkstɛn'zio:n] <-, -en> *f a.* INFORM, MED extension *f*
extensiv [ɛkstɛn'zi:f] *Adj Landwirtschaft* extensif(-ive)
extern [ɛks'tɛrn] *Adj Schüler* externe; *Kandidat* venu(e) de l'extérieur; *Prüfung* subi(e) à l'extérieur

Externe(r) *f(m) dekl wie Adj* (*Schüler*) externe *mf*
exterritorial *Adj* qui bénéficie de l'exterritorialité; ~**er Status** statut *m* d'exterritorialité
extra ['ɛkstra] *Adv* ① (*besonders*) extra[-]; ~ **dünne Scheiben** des tranches *fpl* extrafines
② (*zusätzlich*) en plus
③ (*eigens*) exprès
④ (*gesondert*) à part
⑤ *fam* (*absichtlich*) exprès
Extra <-s, -s> *nt* accessoire *m* [optionnel]
Extraausgabe *f* ① édition *f* spéciale ② (*Geldausgabe*) dépense *f* supplémentaire **Extraausstattung** *f* équipement *m* optionnel **Extrablatt** *nt* édition *f* spéciale **Extrafahrt** *f* CH trajet *m* spécial **extrafein** *Adj fam* très fin(e) **Extraklasse** *f* première catégorie *f*; **ein Sportler/Wagen der** ~ un sportif/une voiture d'exception
Extrakt [ɛks'trakt] <-[e]s, -e> *m* extrait *m*
Extraktion [ɛkstrak'tsio:n] <-, -en> *f a.* CHEM extraction *f*
Extraration *f* ration *f* supplémentaire **Extratour** *f fam* lubie *f* (*fam*)
extravagant ['ɛkstravagant] I. *Adj* extravagant(e)
II. *Adv* de façon extravagante
Extravaganz ['ɛkstravagants] <-, -en> *f* extravagance *f*
extravertiert ['ɛkstravɛrti:ɐt] *Adj* extraverti(e)
Extrawurst *f fam* régime *m* spécial ▸ **jdm eine** ~ **braten** faire une fleur à qn (*fam*); **immer eine** ~ [**gebraten haben**] **wollen** vouloir qu'on fasse toujours ses quatre volontés (*fam*) **Extrazug** *m* CH train *m* spécial
extrem [ɛks'tre:m] I. *Adj* extrême
II. *Adv* ① *mit Adj* (*äußerst*) ~ **gefährlich** extrêmement dangereux(-euse); ~ **links/rechts stehen** *Politiker:* être d'extrême gauche/droite
② *mit Verb* (*in hohem Maße*) **sich** ~ **konzentrieren** se concentrer énormément
Extrem <-s, -e> *nt* extrême *m*; **das entgegengesetzte** ~ l'extrême opposé
▸ **von einem** ~ **ins andere fallen** tomber d'un extrême dans l'autre
Extremfall *m* cas *m* extrême; **im** ~ au grand maximum; (*bestenfalls*) dans le meilleur des cas; (*schlimmstenfalls*) dans le pire des cas
Extremismus [ɛkstre'mɪsmʊs] <-, -mismen> *m* extrémisme *m*
Extremist(in) <-en, -en> *m(f)* extrémiste *mf*
extremistisch *Adj* extrémiste
Extremitäten [ɛkstremi'tɛ:tən] *Pl* extrémités *fpl*
Extremwert *m* MATH valeur *f* extrême
extrovertiert [ɛkstrovɛr'ti:ɐt] *Adj* extraverti(e)
exzellent [ɛkstsɛ'lɛnt] I. *Adj* excellent(e)
II. *Adv sich fühlen* en excellente forme; *speisen* extrêmement bien; ~ **schmecken** être excellent(e)
Exzellenz [ɛkstsɛ'lɛnts] <-, -en> *f* Excellence *f*; **Eure** ~**!** Votre Excellence!; **Seine** ~**, der Herr Botschafter!** Son Excellence Monsieur l'ambassadeur!
Exzenterwelle *f* TECH onde *f* excentrique
exzentrisch [ɛks'tsɛntrɪʃ] *Adj* excentrique
exzerpieren* *tr V geh* extraire; **etw aus etw** ~ extraire qc de qc
Exzerpt [ɛks'tsɛrpt] <-[e]s, -e> *nt geh* extrait *m*
Exzess[RR] [ɛks'tsɛs] <-es, -e>, **Exzeß** <-sses, -sse> *m meist Pl* excès *m*; **etw bis zum** ~ **treiben** pousser qc [jusqu']à l'extrême
exzessiv *Adj* excessif(-ive); ~**es Rauchen** abus *m* de tabac; **bei deiner** ~**en Lebensweise** avec tous tes excès
Eyeliner ['aɪlaɪnɐ] <-s, -> *m* eye-liner *m*
EZB [e:tsɛt'be:] <-> *f Abk von* **Europäische Zentralbank** BCE *f*

Ff

F, f [ɛf] <-, -> *nt* ① (*Buchstabe*) F *m*/f *m*
② MUS fa *m*
▸ **F wie Friedrich** f comme François
f. ① *Abk von* **folgende** [**Seite**] et la page qui suit, sq.; **die Erläuterungen stehen auf S. 17**~ les explications se trouvent p. 17 sq.
② *Abk von* **für** pour
Fa. *Abk von* **Firma** Sté
Fabel ['fa:bəl] <-, -n> *f* ① *a. fig* fable *f*
② LITER *einer Erzählung* affabulation *f*
fabelhaft I. *Adj Person, Aussehen, Wetter* merveilleux(-euse); *Qualität, Angebot* fabuleux(-euse); **das ist ja** ~**!** c'est vraiment sensationnel!
II. *Adv* merveilleusement [bien]; ~ **aussehen** avoir une mine splendide
fabeln *itr V* [af]fabuler; **von etw** ~ raconter des histoires de qc; **was fabelst du da?** qu'est-ce que tu inventes?
Fabeltier *nt* animal *m* fabuleux **Fabelwesen** *nt* être *m* fabuleux
Fabrik [fa'bri:k] <-, -en> *f* usine *f*; **in der** ~ **arbeiten** travailler à l'usine
Fabrikanlage *f* installation *f* industrielle
Fabrikant(in) [fabri'kant] <-en, -en> *m(f)* ① (*Fabrikbesitzer*) industriel(le) *m(f)*
② (*Hersteller*) fabricant(e) *m(f)*
Fabrikarbeit *f* travail *m* en usine **Fabrikarbeiter(in)** *m(f)* ouvrier(-ière) *m(f)* d'usine
Fabrikat [fabri'ka:t] <-[e]s, -e> *nt* ① (*Produkt*) produit *m*
② (*Markenprodukt*) marque *f*
Fabrikation [fabrika'tsio:n] <-, -en> *f* fabrication *f*
Fabrikationsfehler *m* défaut *m* [*o* vice *m*] de fabrication
Fabrikbesitzer(in) *m(f)* industriel(le) *m(f)* **Fabrikerzeugnis** *nt* produit *m* manufacturé **Fabrikgebäude** *nt* bâtiment *m* industriel **Fabrikgelände** *nt* terrain *m* industriel **Fabrikhalle** *f* atelier *m* de production **fabrikmäßig** *Adj* de série; ~ **hergestellt** manufacturé(e) **fabrikneu** *Adj* fraîchement sorti(e) d'usine; *Wagen* flambant neuf(neuve) **Fabrikschiff** *nt* bateau *m* usine **Fabrikware** *f* article *m* de série
fabrizieren* *tr V a. fig* fabriquer; **da hast du ja wieder was Schönes fabriziert!** *fam* tu en as encore fait de belles! (*fam*)
Facelifting ['feɪslɪftɪŋ] <-s, -s> *nt* lifting *m*
Facette [fa'sɛtə] <-, -n> *f* facette *f*
Facettenauge [fa'sɛtn-] *nt* ZOOL œil *m* à facettes
Fach [fax, *Pl:* 'fɛçɐ] <-[e]s, ¨er> *nt* ① *einer Tasche, Brieftasche* compartiment *m*; *eines Schranks, Regals* rayon *m*
② (*Schubfach*) tiroir *m*
③ (*Schulfach*) matière *f*
④ (*Sachgebiet*) domaine *m*; **sein** ~ **verstehen** s'y connaître [dans son domaine]; **vom** ~/**nicht vom** ~ **sein** être/ne pas être du métier
Facharbeiter(in) *m(f)* ouvrier *m* qualifié/ouvrière *f* qualifiée **Facharbeiterbrief** *m* brevet *m* d'ouvrier(-ière) qualifié(e) **Facharzt** *m*, **-ärztin** *f* [médecin *m*] spécialiste *mf*; ~ **für Gynäkologie/innere Krankheiten** spécialiste en gynécologie/des maladies internes **fachärztlich** I. *Adj Behandlung, Untersuchung* par un(e) spécialiste; *Attest, Gutachten* d'un(e) spécialiste II. *Adv* par un(e) spécialiste **Fachausdruck** <-ausdrücke> *m* expression *f* [*o* terme *m*] technique; **ein juristischer** ~ une expression du vocabulaire juridique **Fachberatung** *f* conseil *m* technique **Fachbereich** *m* ① *einer Universität, Hochschule* ≈ unité *f* de formation et de recherche ② (*Sachgebiet*) spécialité *f* **Fachbesucher(in)** *m(f) einer Messe* visiteur *m* professionnel/visiteuse *f* professionnelle

fachbezogen *Adj* technique **Fachbibliothek** *f* bibliothèque *f* spécialisée **Fachblatt** *nt* journal *m* spécialisé **Fachbuch** *nt* ouvrage *m* spécialisé [*o* technique] **Fachbuchhandlung** *f* librairie *f* spécialisée

fächeln ['fɛçəln] **I.** *itr V* **mit etw** ~ agiter qc pour produire un courant d'air
II. *tr V* **jdn/sich mit etw** ~ éventer qn/s'éventer avec qc; **sich** (*Dat*) **das Gesicht** ~ s'éventer

Fächer ['fɛçɐ] <-s, -> *m* éventail *m*

Fächerpalme *f* palmier *m* en éventail

fächerübergreifend *Adj s.* **fachübergreifend**

Fachfrau *f* spécialiste *f* **fachfremd** **I.** *Adj* non spécialisé(e); **sich mit ~en Aufgaben beschäftigen** s'occuper de tâches qui ne sont pas de sa compétence **II.** *Adv* [en de]hors de sa compétence; ~ **unterrichten** enseigner dans des disciplines étrangères à sa spécialité **Fachgebiet** *nt* spécialité *f* **fachgebunden** ['faxgəbʊndən] *Adj Studium* spécialisé(e) **fachgerecht** **I.** *Adj* approprié(e); *Ausbildung* spécialisé(e) **II.** *Adv* selon [*o* dans] les règles de l'art **Fachgeschäft** *nt* magasin *m* spécialisé **Fachgruppe** *f* commission *f* spécialisée, groupe *m* de travail **Fachhandel** *m* commerce *m* spécialisé **Fachhändler(in)** *m(f)* spécialiste *mf* **Fachhochschule** *f école supérieure spécialisée où on peut faire des études techniques ou artistiques*

i Land & Leute

Les **Fachhochschulen** sont des universités d'enseignement technique ou artistique qui correspondent globalement aux I.U.T. (Instituts Universitaires Techniques) en France. L'enseignement, particulièrement axé sur la pratique, dure trois ans au lieu de deux dans les I.U.T. Pour pouvoir accéder à une **Fachhochschule**, il faut posséder un baccalauréat d'enseignement général ou d'enseignement professionnel.

Fachhochschulreife *f* ≈ brevet *m* d'études professionnelles **Fachidiot(in)** *m(f) pej fam* spécialiste *mf* borné(e) **Fachjargon** [-ʒargõ:, -ʒargɔŋ] *m* jargon *m* de spécialiste **Fachkenntnisse** *Pl* connaissances *fpl* professionnelles **Fachkonferenz** *f* (*an einer Schule*) conseil *m* d'enseignement **Fachkraft** *f* spécialiste *mf;* **Fachkräfte** personnel *m* qualifié **Fachkreise** *Pl* milieux *mpl* spécialisés; **die medizinischen** ~ les milieux médicaux; **in ~n** dans les milieux spécialisés **fachkundig** ['faxkʊndɪç] **I.** *Adj* compétent(e); *Publikum* averti(e); **sich ~ machen** se familiariser avec le sujet; ~ **sein** être expert(e) en la matière **II.** *Adv* avec compétence **fachkundlich** *Adj* spécialisé(e) **Fachlehrer(in)** *m(f)* enseignant(e) *m(f)* qualifié(e) **Fachleiter(in)** *m(f)* (*am Gymnasium*) professeur *m* responsable de la discipline; (*am Studienseminar*) ≈ conseiller(-ère) *m(f)* pédagogique **Fachleute** *Pl von* **Fachmann**

fachlich **I.** *Adj Ausbildung, Qualifikation* professionnel(le); *Beratung, Betreuung, Rat* compétent(e)
II. *Adv* sur le plan professionnel

Fachliteratur *f* littérature *f* spécialisée **Fachmann** <-leute *o selten* -männer> *m* spécialiste *m* **fachmännisch** ['faxmɛnɪʃ] **I.** *Adj* de spécialiste **II.** *Adv betrachten, prüfen* en connaisseur; *beraten, erledigen* avec compétence **Fachmesse** *f* salon *m* professionnel **Fachpresse** *f* presse *f* spécialisée **Fachpublikation** *f* publication *f* spécialisée **Fachrichtung** *f* branche *f*

Fachschaft <-, -en> *f* étudiants *mpl* de la discipline; **die** ~ **Romanistik** la section romaniste

Fachschule *f* école *f* professionnelle **Fachschulreife** *s.* **Fachhochschulreife**

Fachsimpelei [faxzɪmpə'laɪ] <-, -en> *f fam* discussion *f* entre gens du métier

fachsimpeln ['-zɪmpəln] *itr V fam* parler boutique (*fam*); **mit jdm** ~ parler boutique avec qn (*fam*)

fachspezifisch **I.** *Adj Arbeit, Ausbildung, Aufgabe* spécifique; *Literatur, Unterricht* spécialisé(e) **II.** *Adv* de façon spécifique **Fachsprache** *f* jargon *m* **fachübergreifend** *Adj* interdisciplinaire **Fachverband** *m* association *f* professionnelle **Fachwelt** *f* ensemble *m* des spécialistes **Fachwerk** *nt kein Pl* colombage *m* **Fachwerkhaus** *nt* maison *f* à colombages **Fachwissen** *nt* savoir *m* technique **Fachwort** *nt* terme *m* spécialisé [*o* technique] **Fachwörterbuch** *nt* dictionnaire *m* spécialisé **Fachzeitschrift** *f* revue *f* spécialisée

Fackel ['fakəl] <-, -n> *f* torche *f,* flambeau *m*

fackeln *itr V fam* **nicht** [**lange**] ~ ne faire ni une ni deux (*fam*)

Fackelschein *m* lueur *f* des torches [*o* flambeaux] **Fackelzug** *m* retraite *f* aux flambeaux

Factoring ['fɛktərɪŋ, 'fæktərɪŋ] <-s> *nt* COM factoring *m,* affacturage *m;* **echtes** ~ affacturage avec garantie de bonne fin; **verdecktes** ~ affacturage masqué

fad *s.* **fade**

Fädchen <-s, -> *nt Dim von* **Faden** [bout *m* de] fil *m*

fade ['fa:də] **I.** *Adj* ❶ *Geschmack, Essen* fade
❷ (*langweilig*) *Person* insipide
II. *Adv* ~ **schmecken** avoir un goût fade, être fade

fädeln ['fɛ:dln] *s.* **auffädeln, einfädeln**

Faden ['fa:dən, *Pl:* 'fɛ:dən] <-s, ⸚> *m a.* MED fil *m;* **die Fäden ziehen** *Arzt:* retirer les fils; **Fäden ziehen** *Käse:* filer
▸ **alle Fäden** [**fest**] **in der Hand halten/behalten** tenir les rênes/garder les choses [bien] en main; **keinen trockenen ~ am Leib haben** *fam* ne plus avoir un poil de sec (*fam*); **keinen guten ~ an jdm/etw lassen** *fam* descendre qn/qc en flammes (*fam*); **der rote** ~ le fil conducteur; **alle Fäden laufen bei ihm/dort zusammen** c'est lui qui/c'est là qu'on tire [toutes] les ficelles; **den ~ verlieren** perdre le fil

Fadenkreuz *nt* OPT réticule *m* ▸ **ins ~ geraten** tomber dans le collimateur; **jdn im ~ haben** avoir qn dans le collimateur [*o* à l'œil]; **etw im ~ haben** avoir l'œil sur qc **Fadennudeln** *Pl* vermicelles *mpl*

fadenscheinig ['fa:dənʃaɪnɪç] *Adj* ❶ *pej Argument, Ausrede* cousu(e) de fil blanc
❷ (*abgewetzt*) usé(e) jusqu'à la corde

Fadenwurm *m* nématode *m*

Fadheit <-> *f* fadeur *f*

fadisieren* *tr, r V* A *fam* (*langweilen*) [**sich**] ~ [s']ennuyer

Fagott [fa'gɔt] <-[e]s, -e> *nt* basson *m*

Fagottbläser(in) *m(f),* **Fagottist(in)** [fagɔ'tɪst] <-en, -en> *m(f)* basson *m*

fähig ['fɛ:ɪç] *Adj* capable; ~ **sein etw zu tun** être capable de faire qc; **zu einem Verrat/zu allem** ~ [**sein**] [être] capable d'une trahison/de tout

Fähigkeit <-, -en> *f* ❶ *kein Pl* (*das Imstandesein*) faculté *f,* capacité *f;* **die ~ haben etw zu tun** avoir la faculté [*o* être capable] de faire qc
❷ (*Begabung*) aptitude *f;* **hellseherische ~en besitzen** posséder des dons de voyance; **bei seinen/ihren ~en** étant donné ses capacités

fahl [fa:l] *Adj* blafard(e), blême

Fähnchen <-s, -> *nt* ❶ *Dim von* **Fahne** petit drapeau *m*
❷ (*Wimpel*) fanion *m*
❸ *pej fam* (*Kleid*) bout *m* de tissu (*fam*)
▸ **sein ~ nach dem Wind hängen** *fam* être une vraie girouette

fahnden ['fa:ndən] *itr V* rechercher; **nach jdm/etw** ~ rechercher qn/qc

Fahndung <-, -en> *f* recherches *fpl;* **die ~ nach den Tätern** les recherches entreprises pour retrouver les malfaiteurs; **jdn zur ~ ausschreiben** lancer un avis de recherche à l'encontre de qn

Fahndungserfolg *m* succès *m* des recherches **Fahndungsliste** *f* liste *f* des personnes recherchées; **auf der ~ stehen** figurer sur la liste des personnes recherchées

Fahne ['fa:nə] <-, -n> *f* ❶ (*Banner*) drapeau *m*
❷ *fam* (*Alkoholfahne*) haleine *f* qui pue l'alcool; **eine** ~

haben *fam* puer l'alcool
❸ (*Fahnenabzug*) placard *m*
▸ **mit fliegenden ~n** drapeaux au vent; **etw auf seine ~n schreiben** se fixer qc comme objectif
Fahnenabzug *m* placard *m* **Fahneneid** *m* serment *m* de fidélité au drapeau **Fahnenflucht** *f kein Pl* désertion *f;* **~ begehen** déserter **fahnenflüchtig** *Adj* **~ er Soldat** déserteur *m;* **~ werden** déserter **Fahnenflüchtige(r)** *f(m) dekl wie Adj* déserteur *m* **Fahnenmast** *m* mât *m* **Fahnenstange** *f* hampe *f* **Fahnenträger(in)** *m(f)* porte-drapeau *m*
Fähnlein <-s, -> *nt* ❶ *Dim von* Fahne petit drapeau *m*
❷ (*Wimpel*) fanion *m*
❸ HIST (*Truppeneinheit*) compagnie *f*
Fähnrich ['fɛ:nrɪç] <-s, -e> *m* aspirant *m;* **~ zur See** enseigne *m* de vaisseau
Fahrausweis *m* ❶ titre *m* de transport ❷ CH (*Führerschein*) permis *m* de conduire **Fahrbahn** *f* ❶ (*Straße*) chaussée *f* ❷ (*Fahrspur*) voie *f* [de circulation]
fahrbar *Adj* *Serviertisch, Teewagen* roulant(e); *Garderobenständer* mobile
fahrbereit *Adj* en état de marche **Fahrbereitschaft** *f* parc *m* des véhicules de fonction **Fahrdamm** *m* chaussée *f* **Fahrdienstleiter(in)** *m(f)* chef *mf* de section
Fähre ['fɛ:rə] <-, -n> *f* bac *m;* (*Autofähre*) [car-]ferry *m*
Fahreigenschaften *Pl* AUT caractéristiques *fpl* de conduite
fahren ['fa:rən] <fährt, fuhr, gefahren> **I.** *itr V* ❶ + *sein* (*sich fortbewegen, Fahrgast sein*) aller; **nach Hamburg/Frankreich ~** aller à Hambourg/en France; **mit dem Zug/Taxi ~** prendre le train/le taxi; **auf der Autobahn/Landstraße ~** rouler sur l'autoroute/la route secondaire; **erster Klasse ~** voyager en première classe; **wollen wir ~ oder zu Fuß gehen?** nous y allons en voiture ou à pied?; **wie lange fährt man von hier nach Basel?** combien de temps faut-il pour aller d'ici à Bâle?; **das Fahren** les trajets *mpl*
❷ + *sein* (*sich bewegen*) *Fahrzeug:* rouler; **durch einen Tunnel ~** passer dans un tunnel; **nach oben/unten ~** *Fahrstuhl, Rolltreppe:* monter/descendre
❸ + *sein* (*ein Fahrzeug lenken*) conduire; **links ~** rouler à gauche; **gegen etw ~** rentrer dans qc; **das Fahren** la conduite
❹ + *sein* (*losfahren*) partir; **der Bus fährt/wir ~ in fünf Minuten** le bus/on part dans cinq minutes
❺ + *sein* (*verkehren*) passer; **alle zehn Minuten ~** *Straßenbahn, Bus:* passer toutes les dix minutes; **~ heute keine Busse?** les bus ne circulent pas aujourd'hui?; **welche Linie fährt zum Odeonsplatz?** quelle ligne va jusqu'à la place de l'Odéon?; **sonntags ~ keine Züge nach Wustrow** le dimanche il n'y a aucun train pour Wustrow
❻ + *sein* (*reisen*) **mit der Bahn ~** voyager en train; **in Urlaub/nach Spanien ~** partir en vacances/en Espagne
❼ + *sein* (*zucken*) **jdm durch den Kopf ~** venir à l'esprit de qn; **der Schreck fuhr ihr in die Glieder** la peur lui a coupé les jambes; **was ist [denn] in dich gefahren?** qu'est-ce qui t'a pris?
❽ + *haben o sein* (*streichen*) **sich** (*Dat*) **mit der Hand über die Stirn ~** se passer la main sur le front
❾ + *sein* (*verfahren*) **mit jdm/etw gut ~** être satisfait(e) de qn/qc
❿ + *haben* (*loslassen*) **jdn/etw ~ lassen** lâcher qn/qc; (*aufgeben*) laisser tomber qn/abandonner qc
▸ **einen ~ lassen** *fam* lâcher un pet (*fam*)
II. *tr V* ❶ + *haben* (*lenken*) conduire, piloter *Auto, Motorrad;* rouler sur *Fahrrad*
❷ + *haben* (*befördern*) **jdn ins Büro ~** conduire qn au bureau; **etw zu jdm ~** transporter qc chez qn; **ich fahre dich nach Hause!** je te ramène chez toi!
❸ + *sein* (*nehmen, benutzen*) **Autobahn/Landstraße ~** *Person:* prendre l'autoroute/la route secondaire; **die Strecke Kehl – Paris ~** *Bahn:* emprunter la ligne Kehl – Paris; **welche Strecke fährt die Linie zwölf?** quel est le parcours de la ligne douze?
❹ + *haben o sein* (*verwenden*) **bleifrei ~** rouler à l'essence sans plomb; **mit Winterrreifen ~** rouler avec des pneus neige
❺ + *sein* (*als Geschwindigkeit haben*) **90 km/h ~** rouler à 90 km/h; **was [o wie viel] fährt der Wagen?** quelle est la vitesse de cette voiture?
❻ + *haben o sein* SPORT effectuer *Rennen, Runde;* réaliser *Zeit;* établir *Rekord*
❼ + *haben* (*durchführen*) faire *Sonderschicht, Überstunden;* (*betreiben*) faire marcher *Kernkraftwerk;* **die Produktion nach oben/unten ~** augmenter/réduire la production; **die Produktion wird vorübergehend mit fünfzig Prozent gefahren** la production est provisoirement assurée à cinquante pour cent
III. *r V* + *haben* **sich leicht/angenehm ~ lassen** *Auto, Motorrad:* se conduire facilement/agréablement; *Fahrrad:* rouler facilement/agréablement
fahrend *Adj Musikant* ambulant(e); *Volk* nomade
Fahrenheit ['fa:rənhaɪt] Fahrenheit
fahren|lassen* *s.* **fahren I.10., I.▸**
Fahrensmann <-leute *o* -männer> *m* DIAL marin *m*
Fahrer(in) ['fa:rɐ] <-s, -> *m(f)* ❶ (*Autofahrer*) conducteur(-trice) *m(f);* (*Radfahrer*) cycliste *mf;* (*Motorradfahrer*) motard(e) *m(f)*, pilote *mf;* (*Rennfahrer*) pilote *mf*
❷ (*Chauffeur*) chauffeur *m*
Fahrerei [fa:rə'raɪ] <-, -en> *f pej* allées *fpl* et venues en voiture
Fahrerflucht *f* délit *m* de fuite; **~ begehen** commettre un délit de fuite **Fahrerhaus** *nt* cabine *f*
Fahrerlaubnis *f form* permis *m* de conduire
Fahrersitz *m* siège *m* du conducteur
Fahrgast *m* passager(-ère) *m(f)*, voyageur(-euse) *m(f)* **Fahrgeld** *nt* (*für den Bus, die U-Bahn*) argent *m* pour le ticket; (*für den Zug*) argent pour le billet; **das ~ bitte passend [o abgezählt] bereithalten!** pour votre règlement, prière de faire l'appoint! **Fahrgelegenheit** *f* moyen *m* de transport **Fahrgemeinschaft** *f* covoiturage *m* **Fahrgeschwindigkeit** *f* vitesse *f* au volant **Fahrgestell** *nt eines Autos* châssis *m; eines Flugzeugs* train *m* d'atterrissage

> **i Land & Leute**
>
> Afin de réduire les déplacements en voiture, par souci écologique, certains Allemands – souvent des collègues de travail mais aussi des étudiants, se regroupent pour faire le même trajet dans un seul véhicule. Ils forment ainsi une **Fahrgemeinschaft**. Au lieu d'utiliser chacun son propre véhicule pour aller au travail, les automobilistes se donnent rendez-vous et montent tous dans la même voiture dont ils changent éventuellement à tour de rôle.

fahrig ['fa:rɪç] *Adj Person* surexcité(e), agité(e); *Bewegung* nerveux(-euse)
Fahrkarte *f* (*für den Bus, die U-Bahn*) ticket *m;* (*für den Zug*) billet *m*
Fahrkartenausgabe *s.* **Fahrkartenschalter** **Fahrkartenautomat** *m* billetterie *f*, distributeur *m* [automatique] de tickets **Fahrkartenkontrolleur(in)** *m(f)* contrôleur(-euse) *m(f)* [de billets] **Fahrkartenschalter** *m* guichet *m* [de vente] des billets
Fahrkosten *Pl s.* **Fahrtkosten**
fahrlässig ['fa:ɐlɛsɪç] **I.** *Adj Person, Handlung* imprudent(e); *Körperverletzung, Tötung* par imprudence
II. *Adv* imprudemment; **~ handeln** agir par imprudence; **grob ~ handeln** commettre une faute lourde
Fahrlässigkeit <-, -en> *f einer Person, Handlung* imprudence *f;* **leichte ~** légère imprudence; **grobe ~** faute *f* lourde; **schuld-**

hafte/strafbare ~ négligence *f* fautive/punissable
Fahrlehrer(in) *m(f)* moniteur(-trice) *m(f)* d'auto-école **Fahrleistung** *f* AUT performance *f*
Fährmann ['fɛːɐ-] <-[e]s, -männer *o* -leute> *m* passeur *m*
Fahrnis <-, -se> *f* JUR biens *mpl* mobiliers
Fahrpersonal *nt* EISENBAHN personnel *m* des chemins de fer **Fahrplan** *m* ❶ [indicateur *m*] horaire *m* ❷ *fam* (*Programm*) planning *m*
Fahrplanauszug *m* fiche-horaire *f* des trains **fahrplanmäßig** I. *Adj* prévu(e) [selon l'horaire] II. *Adv* selon l'horaire prévu
Fahrpraxis *f kein Pl* pratique *f* de la conduite **Fahrpreis** *m* prix *m* du transport
Fahrpreisermäßigung *f* réduction *f* de tarif
Fahrprüfung *f* examen *m* du permis de conduire **Fahrrad** ['faːɐraːt] *nt* vélo *m*, bicyclette *f*; **[mit dem]** ~ **fahren** rouler en vélo [*o* à bicyclette]; **mit dem** ~ **in die Stadt/zur Arbeit** ~ aller en vélo [*o* à bicyclette] en ville/au travail
Fahrradcomputer *m* mini-ordinateur *m* de vélo **Fahrradfahrer(in)** *m(f)* cycliste *mf* **Fahrradhändler(in)** *m(f)* marchand(e) *m(f)* de vélos **Fahrradkette** *f* chaîne *f* de vélo **Fahrradkurier** *m* coursier(-ière) *m(f)* à bicyclette **Fahrradpumpe** *f* pompe *f* à vélo **Fahrradrikscha** *f* vélo-pousse *m* **Fahrradständer** *m* (*am Fahrrad*) béquille *f*; (*Gestell für Fahrräder*) support *m* pour vélos **Fahrradweg** *m* piste *f* cyclable
Fahrrichtung CH *s.* Fahrtrichtung **Fahrrinne** *f* chenal *m*
Fahrschein *m* (*für den Bus, die U-Bahn*) ticket *m*; (*für den Zug*) billet *m*
Fahrscheinautomat *m* billetterie *f*, distributeur *m* automatique [de tickets] **Fahrscheinentwerter** *m* composteur *m*
Fährschiff *s.* Fähre
Fahrschule *f* auto-école *f* **Fahrschüler(in)** *m(f)* élève *mf* d'auto-école **Fahrspur** *f* voie *f* [de circulation]; **die rechte/linke** ~ la voie de droite/gauche; **die** ~ **wechseln** changer de voie **Fahrstil** *m* façon *f* de conduire; **einen nervösen** ~ **haben** avoir une conduite [*o* une façon de conduire] nerveuse **Fahrstrecke** *f* ❶ (*zurückgelegter Weg*) trajet *m* ❷ (*zu fahrende Strecke*) distance *f* [à parcourir] ❸ (*vorgegebener Weg*) itinéraire *m* **Fahrstreifen** A *s.* Fahrspur **Fahrstuhl** *m* ascenseur *m*
Fahrstuhlführer(in) *m(f)* liftier(-ière) *m(f)* **Fahrstuhlschacht** *m* cage *f* d'ascenseur
Fahrstunde *f* leçon *f* de conduite
Fahrt [faːɐt] <-, -en> *f* ❶ (*das Fahren*) trajet *m*; **die** ~ **mit dem Auto bevorzugen** préférer aller en voiture; **freie** ~ circulation *f* fluide; (*für Züge*) voie *f* libre; **gute** ~**!** bonne route!
❷ (*Geschwindigkeit*) allure *f*, vitesse *f*; **mit voller** ~ à pleine vitesse; **volle** ~ **voraus!** NAUT en avant toute!
❸ (*Reise*) voyage *m*; **eine** ~ **machen** faire un tour [en voiture]; **hattet ihr eine angenehme** ~**?** vous avez fait bon voyage?; **was kostet eine einfache** ~ **nach London?** combien coûte un aller simple pour Londres?
❹ (*Kamerafahrt*) travelling *m*
▸ **eine** ~ **ins Blaue** une excursion surprise; **freie** ~ **haben** (*ungehindert handeln können*) avoir les coudées franches; **jdm freie** ~ **geben** (*ungehindert handeln lassen*) laisser à qn les coudées franches; **jdn in** ~ **bringen** *fam* mettre qn en rogne (*fam*); **in** ~ **kommen/sein** *fam* (*wütend werden/sein*) se mettre/être en rogne (*fam*); (*in Schwung kommen/sein*) se mettre/être en train, trouver la forme/être en forme
fährt [fɛːɐt] *3. Pers Präs von* fahren
Fahrtantritt *m* départ *m*
fahrtauglich *Adj* en état de [*o* apte à] conduire **Fahrtauglichkeit** *f* aptitude *f* à conduire
Fahrtdauer *f* durée *f* du trajet [*o* du voyage]
Fährte ['fɛːɐtə] <-, -n> *f* trace *f*, piste *f*; **eine** ~ **verfolgen** suivre une piste
▸ **jdn auf eine falsche** ~ **locken** attirer [*o* entraîner] qn sur une fausse piste; **auf der falschen** ~ **sein** être sur la mauvaise piste; **jdn auf die richtige** ~ **bringen** mettre qn sur la bonne piste; **auf der richtigen** ~ **sein** être sur la bonne piste
Fahrtechnik *f* technique *f* de conduite
Fahrtenbuch *nt* AUT carnet *m* de route; (*Tagebuch*) journal *m* (*tenu pendant un voyage*) **Fahrtenmesser** *nt* poignard *m* scout **Fahrtenschreiber** *m* tachygraphe *m*
Fahrtkosten *Pl* frais *mpl* de transport **Fahrtrichtung** *f* destination *f*; **in** ~ dans le sens de la marche; **entgegen der** ~ dans le sens contraire; **in beiden** ~**en** dans les deux sens **Fahrtrichtungsanzeiger** *m* AUT indicateur *m* de direction **Fahrtschreiber** *m s.* Fahrtenschreiber
fahrtüchtig *Adj Person* en état de conduire; *Kraftfahrzeug* en [bon] état de marche **Fahrtüchtigkeit** *f einer Person* aptitude *f* à conduire; *eines Kraftfahrzeugs* [bon] état *m* de marche
Fahrtunterbrechung *f* interruption *f* de trajet **Fahrtwind** *m* courant *m* [*o* déplacement *m*] d'air
fahruntüchtig ['faːɐʔʊntʏçtɪç] *Adj Person* inapte à conduire; *Kraftfahrzeug* qui n'est pas en état de marche **Fahrverbot** *nt* interdiction *f* de circuler; **gegen jdn ein** ~ **verhängen** prononcer une suspension de permis contre qn **Fahrverhalten** *nt* AUT conduite *f* **Fahrwasser** *nt* chenal *m* ▸ **in ein politisches** ~ **geraten** *Diskussion:* glisser sur un terrain politique; **im richtigen** ~ **sein** *fam* enfourcher son dada (*fam*); **in jds** ~ (*Dat*) **segeln** [*o* **schwimmen**] *fam* naviguer dans les eaux de qn **Fahrweise** *f* façon *f* de conduire, conduite *f* **Fahrwerk** *nt eines Autos* châssis *m*; *eines Flugzeugs* train *m* d'atterrissage
Fahrzeit *s.* Fahrtdauer
Fahrzeug <-, -e> *nt* véhicule *m*
Fahrzeugbrief *m titre de propriété du véhicule* **Fahrzeughalter(in)** *m(f)* propriétaire *mf* du véhicule **Fahrzeugkolonne** *f* convoi *m* de véhicules **Fahrzeuglenker(in)** *m(f)* CH conducteur(-trice) *m(f)* **Fahrzeugnummer** *f* numéro *m* de série **Fahrzeugpapiere** *Pl* papiers *mpl* du véhicule **Fahrzeugpark** *m form* parc *m* automobile [*o* de véhicules] **Fahrzeugschein** *m* ≈ carte *f* grise **Fahrzeugzulassung** *f* immatriculation *f* d'un/du véhicule
Faible ['feːbəl, 'fɛːbl] <-s, -s> *nt* faible *m*, penchant *m*
fair [fɛːɐ] I. *Adj Person* fair-play; *Angebot, Spiel, Entscheidung* correct(e); **jdm gegenüber** ~ **sein** être correct(e) [*o* régulier(-ière)] avec qn; **das ist nicht** ~**!** ce n'est pas juste!
II. *Adv spielen* avec fair-play; *boxen, kämpfen* loyalement, avec fair-play; *behandeln, sich verhalten* de façon correcte
Fairness[RR] ['fɛːɐnɛs], **Fairneß** <-> *f* fair-play *m*
Fäkalien [fɛ'kaːliən] *Pl* matières *fpl* fécales
Fakir [fa'kiːɐ] <-s, -e> *m* fakir *m*
Faksimile [fak'ziːmile] <-s, -s> *nt* fac-similé *m*
Faksimileausgabe *f* réédition *f* en fac-similé
Fakt [fakt] <-[e]s, -en> *m o nt* fait *m*; ~ **ist, dass ...** le fait est que ... + *indic*
faktisch ['faktɪʃ] I. *Adj attr* effectif(-ive)
II. *Adv* en fait
Faktor ['faktoːɐ] <-s, -toren> *m* facteur *m*
Faktotum [fak'toːtʊm] <-s, -s *o* Faktoten> *nt geh* ❶ (*Arbeitskraft*) factotum *m*
❷ *fam* (*schrulliger Mensch*) drôle *m* de personnage
Faktum ['faktʊm] <-s, Fakten> *nt geh* fait *m*
fakturieren* *tr V* facturer
Fakultas [fa'kʊltas, *Pl:* fakʊl'tɛːtn] <-, Fakultäten> *f* ≈ licence *f* [d'enseignement]; **die** ~ **für etw haben** ≈ être licencié(e) de qc
Fakultät [fakʊl'tɛːt] <-, -en> *f* faculté *f*; **philosophische/naturwissenschaftliche** ~ faculté de philosophie/des sciences
▸ **von der anderen** ~ **sein** *hum* (*homosexuell sein*) être de la pédale (*fam*)
fakultativ [fakʊlta'tiːf] *Adj geh* facultatif(-ive)
Falbe ['falbə] <-n, -n> *m* aubère *m*

Falke ['falkə] <-n, -n> *m a.* POL faucon *m*
Falklandinseln ['fɔːklənd-] *Pl* **die** ~ les îles *fpl* Malouines
Falkner(in) ['falknɐ] <-s, -> *m(f)* fauconnier(-ière) *m(f)*
Fall [fal] <-[e]s, ¨-e> *m* ❶ *a.* GRAM cas *m;* **in diesem** ~ dans ce cas, s'il en est ainsi; **im anderen/äußersten** ~**[e]** dans le cas contraire/tout au plus; **im günstigsten/schlimmsten** ~**[e]** dans le meilleur/le pire des cas; **für den** ~**, dass** au cas où ... + *cond;* **das ist nicht der** ~ ce n'est pas le cas; **gesetzt den** ~ à supposer que + *subj;* **auf jeden** ~ en tout cas, de toute façon; **auf keinen** ~ en aucun cas; **für alle Fälle** pour tous les cas; **für solche Fälle** pour ce genre de cas
❷ JUR cas *m;* (*polizeiliche Angelegenheit*) affaire *f;* (*Akte*) dossier *m;* **schwebender** ~ affaire en cours; **einen** ~ **verhandeln** siéger une cause; **einen** ~ **wieder aufrollen** rouvrir un dossier
❸ MED cas *m;* **er ist ein hoffnungsloser** ~ on ne peut plus rien faire pour lui
❹ *kein Pl a. fig* (*das Fallen*) chute *f;* **der freie** ~ la chute libre
▶ **auf alle Fälle** (*sicherheitshalber*) pour tous les cas; (*unbedingt*) en tout cas; **klarer** ~**!** *fam* évidemment! (*fam*); **etw zu** ~ **bringen** *geh* faire échouer qc; **zu** ~ **kommen** *geh* (*hinfallen*) faire une chute; (*scheitern*) échouer; **sein/mein/...** ~ **sein** *fam Person:* être son/mon/... genre (*fam*); *Sache:* être son/mon/... truc (*fam*); **nicht sein/mein/...** ~ **sein** *fam Person:* ne pas être son/mon/... genre (*fam*); *Sache:* ne pas être son/mon/... truc (*fam*); **im** ~**e eines** ~**es** en cas [de nécessité]; **von** ~ **zu** ~ cas par cas
Fallbeil *nt* guillotine *f*
Falle ['falə] <-, -n> *f* ❶ (*Fanggerät*) piège *m;* ~**n stellen** [*o* **legen**] tendre des pièges; **in die** ~ **gehen** se prendre au piège
❷ *fig* piège *m,* traquenard *m;* **jdm eine** ~ **stellen** tendre un piège à qn; **jdn in eine** ~ **locken** attirer qn dans un piège; **in eine** ~ **geraten** tomber dans un piège [*o* un traquenard]; **jdm in die** ~ **gehen** tomber dans le piège de qn; **in der** ~ **sitzen** être pris(e) au piège
❸ *sl* (*Bett*) pieu *m* (*fam*); **sich in die** ~ **hauen** aller au pieu (*fam*); **in der** ~**e liegen** être au pieu (*fam*)
fallen ['falən] <fällt, fiel, gefallen> *itr V + sein* ❶ (*hinabfallen, umfallen*) tomber; **auf den Boden/ins Wasser** ~ tomber par terre/dans l'eau; **etw** ~ **lassen** laisser tomber qc; **sich im Fallen verletzen** se blesser en tombant
❷ (*niedersinken*) *Schnee, Vorhang, Hüllen:* tomber; *Fallbeil, Hammer:* s'abattre
❸ (*stolpern*) **über etw** (*Akk*) ~ trébucher [*o* buter] sur qc
❹ *fam* (*nicht bestehen*) **durch die Prüfung** ~ être recalé(e) à l'examen (*fam*)
❺ (*sinken*) *Wert, Wasser, Thermometer, Fieber:* baisser; **die Aktien sind deutlich/stark gefallen** les actions ont connu une baisse sensible/ont chuté
❻ MIL *Soldat:* tomber à la guerre; *Festung, Stadt:* tomber
❼ (*treffen*) **auf jdn** ~ *Wahl, Verdacht:* se porter sur qn
❽ (*dringen*) **auf/durch/in etw** (*Akk*) ~ *Licht, Schein, Strahl:* tomber sur/passer par/pénétrer dans qc
❾ (*in Bezug auf Datumsangaben*) **auf einen Dienstag/den Zehnten** ~ tomber un mardi/le dix
❿ JUR **an den Erben/die Siegermacht** ~ revenir à l'héritier/au vainqueur; **in die Konkursmasse/das gemeinschaftliche Vermögen** ~ tomber dans l'actif de la faillite/les biens communs
⓫ (*ergehen*) *Beschluss, Entscheidung:* être pris(e); *Urteil:* tomber
⓬ SPORT *Tor, Ausgleichstreffer:* être marqué(e)
⓭ (*abgegeben werden*) *Schuss:* être tiré(e)
⓮ (*geäußert werden*) *Name, Wort:* être prononcé(e); *Bemerkung:* être fait(e)
⓯ (*sein, sich erweisen*) **jdm leicht** ~ être facile pour qn; **Mathe fällt mir leicht/nicht leicht** je n'ai pas de difficulté[s]/j'ai du mal en maths; **jdm fällt das Lügen leicht** qn ment facilement; **es fällt ihm/ihr leicht Entscheidungen zu treffen** il est facile pour lui/elle de prendre des décisions; **es fällt mir nicht leicht dir das zu sagen** ça me coûte de te dire ça; **es fällt mir schwer das zu sagen** j'ai du mal [*o* de la difficulté] à dire ça; **der Abschied fällt ihm/ihr schwer** le départ lui coûte; **die Entscheidung fällt mir schwer** j'ai du mal à prendre la décision; **das Treppensteigen fällt ihr schwer** elle a du mal à monter les escaliers
▶ ~ **lassen** abandonner *Absicht, Plan;* laisser tomber *Mitarbeiter;* laisser échapper *Bemerkung*
fällen ['fɛlən] *tr V* ❶ (*umhauen*) abattre *Baum, Wald*
❷ JUR prendre *Entscheidung;* rendre *Urteil*
fallen|lassen* *s.* **fallen** ▶
Fallensteller(in) <-s, -> *m(f)* piégeur(-euse) *m(f)*
Fallgeschwindigkeit *f* PHYS vitesse *f* de chute **Fallgesetz** *nt* PHYS loi *f* sur la chute des corps **Fallgrube** *f* trappe *f*
fällig ['fɛlɪç] *Adj* ❶ FIN parvenu(e) à échéance; *Steuer, Betrag* parvenu(e) à échéance; *Forderung* dû(due); ~ **werden** arriver à échéance; ~ **sein** être exigible; **der Betrag ist bis zum 23./innerhalb von zehn Tagen** ~ la somme est payable avant le 23/dans les dix jours
❷ (*anstehend*) *Entschuldigung* dû(e); *Reform* en suspens, attendu(e); ~ **sein** *fam* être [tout] indiqué(e)
❸ *fam* (*geliefert*) ~ **sein** ne pas y couper (*fam*); **wenn ich den erwische, der ist** ~**!** si je le pince, ça va être sa fête! (*fam*)
Fälligkeit <-, -en> *f* échéance *f;* **bei** ~ à l'échéance; **nach/vor** ~ après/avant [l']échéance
Fallobst *nt* fruits *mpl* tombés
Fallout ['fɔːlʔaʊt], **Fall-out**[RR] ['fɔːlʔaʊt] <-s, -s> *m* retombées *fpl* [radioactives]
Fallreep ['falreːp] *nt* NAUT échelle *f* de coupée
falls [fals] *Konj* au cas où + *cond;* ~ **möglich/nötig** si possible/nécessaire
Fallschirm *m* parachute *m;* **mit dem** ~ **abspringen** sauter en parachute
Fallschirmabsprung *m* saut *m* en parachute **Fallschirmjäger(in)** *m(f)* MIL parachutiste *mf,* para *mf* (*fam*) **Fallschirmspringen** *nt* parachutisme *m;* **beim** ~ en faisant du parachutisme **Fallschirmspringer(in)** *m(f)* parachutiste *mf*
Fallstrick *m* piège *m* ▶ **jdm** ~**e legen** tendre des embûches à qn **Fallstudie** *f* étude *f* de cas
fällt [fɛlt] *3. Pers Präs von* **fallen**
Falltür *f* trappe *f*
fallweise *Adv* au cas par cas
Fallwind *m* vent *m* rabattant
falsch [falʃ] **I.** *Adj* ❶ (*nicht richtig*) faux(fausse); *Schlüssel, Zeitpunkt, Zug* mauvais(e); *Verdacht* non fondé(e); **sie sah, dass es der** ~**e Mann war** elle vit que cet homme n'était pas le bon; **hier sind Sie** ~ vous n'êtes pas où il faut [*o* à la bonne adresse]
❷ (*nicht aufrichtig*) *Versprechung* mensonger(-ère); *Pathos* affecté(e)
❸ (*nachgemacht, gefälscht*) *Schmuck, Ausweis, Banknote* faux(fausse); *Würfel* truqué(e)
❹ *pej* (*hinterhältig*) faux(fausse); **er ist ein** ~**er Hund** c'est un faux jeton
❺ (*unangebracht*) *Scham, Zurückhaltung* faux(fausse)
▶ **an den Falschen/die Falsche geraten** ne pas avoir choisi la bonne adresse; **bei jdm/mit etw** ~ **liegen** *fam* se fourrer le doigt dans l'œil en ce qui concerne qn/à propos de qc (*fam*); **wie man's macht, ist es** ~ *fam* quoi qu'on fasse, on se plante (*fam*)
II. *Adv* ❶ *singen* faux
❷ (*nicht ehrlich*) ~ **spielen** tricher
Falschaussage *f* JUR faux témoignage *m;* **uneidliche** ~ faux témoignage non fait sous serment **Falschbuchung** *f* erreur *f* comptable **Falscheid** *m* JUR faux serment *m*
fälschen ['fɛlʃən] *tr V* contrefaire *Banknoten, Unterschrift;* falsifier *Ausweis, Urkunde*

Fälscher(in) <-s, -> *m(f)* faussaire *mf*
Falschfahrer(in) *m(f)* automobiliste *mf* circulant à contresens [sur une autoroute] **Falschgeld** *nt* fausse monnaie *f*
Falschheit <-> *f* fausseté *f*
fälschlich ['fɛlʃlɪç] **I.** *Adj* ❶ (*irrtümlich*) *Annahme, Glaube* erroné(e)
❷ (*falsch*) *Behauptung, Beschuldigung* faux(fausse)
II. *Adv s.* **fälschlicherweise**
fälschlicherweise *Adv* ❶ (*irrtümlicherweise*) de façon erronée
❷ (*zu Unrecht*) à tort
Falschmeldung *f* fausse nouvelle *f* **Falschmünzer(in)** ['falʃmʏntsɐ] <-s, -> *m(f)* faux-monnayeur *m*/fausse-monnayeuse *f*
Falschmünzerei <-, -en> *f* fabrication *f* de fausse-monnaie
Falschparker(in) ['falʃparkɐ] *m(f)* automobiliste *mf* mal garé(e)
falsch|spielen *s.* **falsch II.2.**
Falschspieler(in) *m(f)* tricheur(-euse) *m(f)*
Fälschung ['fɛlʃʊŋ] <-, -en> *f* ❶ *kein Pl* (*das Fälschen*) falsification *f; von Banknoten, Unterschriften* contrefaçon *f,* falsification *f*
❷ (*das Gefälschte*) faux *m*
fälschungssicher *Adj* infalsifiable
Falsett [fal'zɛt] <-[e]s, -e> *nt* voix *f* de tête [*o* de fausset]; ~ **singen** chanter en voix de tête [*o* de fausset]
Faltblatt *nt* dépliant *m* **Faltboot** *nt* canot *m* pliant
Fältchen <-s, -> *nt* (*Hautfältchen*) ridule *f*
Falte ['faltə] <-, -n> *f* ❶ *eines Kleidungsstücks, Papiers* pli *m; eines Stoffs, Vorhangs* fronce *f;* ~**n werfen** faire des plis
❷ (*Hautfalte*) ride *f;* **die Stirn in** ~**n legen** [*o* **ziehen**] plisser le front
falten ['faltən] *tr V* ❶ plier *Papierbogen, Wäschestück;* joindre *Hände;* **auseinander** ~ déplier
❷ (*in Falten legen*) plisser *Stirn*
Faltengebirge *nt* GEOG montagne *f* formée par plissement
faltenlos *Adj Gesicht, Haut* sans rides
Faltenrock *m* jupe *f* plissée **Faltenwurf** *m kein Pl eines Stoffes* draperie *f*
Falter ['faltɐ] <-s, -> *m* papillon *m*
faltig *Adj* ❶ (*zerknittert*) froissé(e)
❷ (*runzelig*) *Gesicht, Haut* ridé(e); ~ **werden** se rider
Faltkarton [-kartɔŋ, -kartõ:, -karto:n] *m* carton *m* pliant **Faltprospekt** *m* dépliant *m*
Falz [falts] <-es, -e> *m* ❶ *eines Papiers* pli *m*
❷ TECH rainure *f*
falzen ['faltsən] *tr V* plier *Seite, Papierbogen*
Fam. *Abk von* **Familie** famille *f*
familiär [fami'ljɛ:ɐ] **I.** *Adj* ❶ (*die Familie betreffend*) familial(e)
❷ (*zwanglos*) *Atmosphäre* décontracté(e); *Umgangston* familier(-ière)
II. *Adv* (*zwanglos*) familièrement; **da geht es** ~ **zu** tout se passe sans façon
Familie [fa'mi:liə] <-, -n> *f* famille *f;* **kinderreiche** ~**n** familles nombreuses; **eine vierköpfige** ~ une famille de quatre personnes; **aus guter** ~ **sein** être [issu(e)] de bonne famille; **zur** ~ **gehören** faire partie de la famille; **eine** ~ **gründen** fonder une famille; ~ **haben** *fam* avoir de la famille (*fam*)
▸ **das kommt in den besten** ~**n vor** ça peut arriver à tout le monde; **in der** ~ **bleiben** ne pas sortir de la famille; **in der** ~ **liegen** être de famille
Familienangehörige(r) *f(m) dekl wie Adj* membre *m* de la famille **Familienanzeige** *f* faire-part *m inv* **Familienbeihilfe** *f* A ≈ allocations *fpl* familiales **Familienbesitz** *m* propriété *f* familiale [*o* de famille]; **in** ~ **sein** être propriété familiale **Familienbetrieb** *m* entreprise *f* familiale **Familienbild** *nt* photo *f* de famille **Familienbuch** *nt* livret *m* de famille **Familienchronik** *f* chronique *f* familiale **Familienfeier** *f* réunion *f* familiale **familienfreundlich** *Adj Politik* en faveur des familles; *Hotel* favorable aux familles **Familienglück** *nt* bonheur *m* familial **Familiengrab** *nt* caveau *m* de famille **Familienkreis** *m* **im engsten** ~ dans la plus stricte intimité **Familienleben** *nt* vie *f* familiale [*o* de famille] **Familienmitglied** *s.* **Familienangehörige(r) Familienname** *m* nom *m* de famille, patronyme *m* (*littér*); **mit** ~**n heißt er Braun** son nom de famille est Braun **Familienoberhaupt** *nt* chef *m* de famille **Familienpackung** *f* paquet *m* familial [*o* géant] **Familienplanung** *f* planning *m* familial **Familienpolitik** *f* politique *f* familiale **Familienrecht** *nt* droit *m* familial **Familiensitz** *m* domaine *m* familial **Familienstand** *m* situation *f* de famille **Familienunternehmen** *s.* **Familienbetrieb Familienvater** *m* père *m* de famille **Familienverhältnisse** *Pl* situation *f* familiale **Familienvorstand** *s.* **Familienoberhaupt Familienwappen** *nt* armoiries *fpl* familiales **Familienzulage** *f complément familial aux assurances chômage* **Familienzusammenführung** *f* regroupement *m* familial **Familienzuwachs** *m* agrandissement *m* de la famille; **die Duponts erwarten** ~ les Dupont attendent une naissance
famos [fa'mo:s] *Adj veraltet fam Person* épatant(e) (*fam*); *Idee, Sache, Vorschlag* bath (*vieilli fam*)
Fan [fɛn, fæn] <-s, -s> *m* fan *mf*
Fanal [fa'na:l] <-s, -e> *nt geh* signal *m;* **mit einem Streik ein** ~ **setzen** lancer un signal important par une grève
Fanatiker(in) [fa'na:tikɐ] <-s, -> *m(f)* fanatique *mf*
fanatisch [fa'na:tɪʃ] **I.** *Adj Person* fanatique; *Schrei* excité(e)
II. *Adv* fanatiquement
Fanatismus [fana'tɪsmʊs] <-> *m* fanatisme *m*
Fanclub ['fænklʊb] *m* fan-club *m*
fand [fant] *Imp von* **finden**
Fanfare [fan'fa:rə] <-, -n> *f* ❶ (*Instrument*) clairon *m*
❷ (*Signal*) fanfare *f*
Fang [faŋ] <-[e]s, ¨-e> *m* ❶ *kein Pl* (*das Fischen*) ~ **von Schollen** pêche *f* aux plies; **zum** ~ **auslaufen** sortir en mer
❷ *kein Pl* (*das Fangen*) ~ **von Füchsen** chasse *f* aux renards
❸ (*Beute*) *einer Person* prise *f; eines Tiers* proie *f*
❹ *Pl* (*Fangzähne*) crocs *mpl;* (*Klauen*) serres *fpl*
▸ **einen guten** ~ **machen** *Polizei:* réussir un beau coup de filet; **mit jdm/etw einen guten** ~ **machen** faire une belle prise avec qn/qc; **jdn/etw in den Fängen haben** *fam* avoir qn/qc en son pouvoir
Fangarm *m* tentacule *m*
fangen ['faŋən] <fängt, fing, gefangen> **I.** *tr V* ❶ attraper *Ball*
❷ (*festnehmen*) arrêter
❸ (*als Jäger erbeuten*) attraper *Tier;* capturer *Pelztier;* prendre *Fisch*
❹ (*als Tier erbeuten*) attraper
▸ **eine** ~ *fam* en attraper une
II. *itr V* attraper
III. *r V* ❶ (*nicht stürzen*) **sich** ~ reprendre l'équilibre
❷ (*sich seelisch beruhigen*) **sich wieder** ~ se ressaisir
❸ (*in eine Falle gehen*) **sich in etw** (*Dat*) ~ être pris(e) à qc
Fangen <-s> *nt* ~ **spielen** jouer au chat
Fangflotte *f* flotte *f* de pêche **Fangfrage** *f* question *f* piège; [**jdm**] **eine** ~ **stellen** poser une question piège [à qn] **Fanggründe** *Pl* zone *f* poissonneuse **Fangnetz** *nt* filet *m*
Fango ['faŋgo] <-s> *m* boue *f* minérale
Fangopackung ['faŋgo-] *f* cataplasme *m* [chaud] de boue minérale
Fangquote *f* quota *m* de pêche **Fangschaltung** *f* système *m* de détection de la provenance des appels; **eine** ~ **legen** installer un détecteur d'appels téléphoniques **Fangschiff** *nt* bateau *m* de pêche **Fangschuss**[RR] *m* coup *m* de grâce
fängt [fɛŋt] *3. Pers Präs von* **fangen**
Fangzahn *m* croc *m*
Fanklub ['fæn-] *s.* **Fanclub Fanpost** *f* lettres *fpl* de fans
Fantasie [fanta'zi:] <-, -n> *f* ❶ *kein Pl* (*Vorstellungskraft*) imagination *f;* **eine lebhafte** [*o* **rege**] ~ **haben** avoir une imagination débordante; **eine schmutzige** ~ **haben** avoir l'esprit mal

tourné
2 *meist Pl* (*Träumerei*) fantasme *m;* **das sind doch nur ~n** ce ne sont que des mensonges
3 MUS fantaisie *f*
fantasiebegabt *Adj Person* qui a beaucoup d'imagination **Fantasiegebilde** *nt* créature *f* imaginaire
fantasielos *Adj Person* dépourvu(e) d'imagination; *Sache* banal(e)
Fantasielosigkeit <-> *f* absence *f* d'imagination
fantasieren* I. *itr V* 1 [af]fabuler; **von jdm/etw ~** [af]fabuler à propos de qn/qc
2 MED délirer
II. *tr V* inventer *Szene, Erlebnis*
fantasievoll I. *Adj Person* imaginatif(-ive); *Darstellung* plein(e) d'imagination
II. *Adv gestalten* avec beaucoup d'imagination
Fantast(in) [fan'tast] <-en, -en> *m(f) pej* utopiste *mf,* rêveur(-euse) *m(f)*
Fantasterei <-, -en> *f pej* fantasme *m*
fantastisch I. *Adj* 1 *fam* (*großartig*) formidable; *Figur, Stimme* fantastique
2 *fam* (*erstaunlich*) *Geschwindigkeit, Höhe* incroyable
3 *geh* (*illusionär*) *Vorstellung, Geschichte* fantastique
II. *Adv fam* 1 (*großartig*) merveilleusement [bien]; **~ duften** sentir vachement bon (*fam*); **~ schmecken** avoir vachement bon goût (*fam*)
2 (*erstaunlich*) de façon fantastique; **das mag ~ klingen, aber ...** ça peut sembler extraordinaire, mais ...
Fantasy ['fæntəzi] *f* fantastique *m*
Faradaykäfig ['faradeɪ-, 'farade:-] *m* PHYS cage *f* de Faraday
Farbband <-bänder> *nt* ruban *m* **Farbbeutel** *m* sachet *m* de peinture **Farbbild** *nt* photo *f* en couleurs **Farbdruck** *m* 1 *kein Pl* impression *f* en couleurs 2 (*Erzeugnis*) imprimé *m* en couleurs **Farbdrucker** *m* imprimante *f* couleur
Farbe ['farbə] <-, -n> *f* 1 (*Farbton*) couleur *f; eines Stoffs, Kleidungsstücks* coloris *m;* **in ~** en couleurs
2 (*Gesichtsfarbe*) teint *m;* **~ bekommen** prendre des couleurs
3 (*Druckfarbe, Färbemittel*) couleur *f;* (*Malfarbe, Anstrich*) peinture *f*
4 (*symbolische Farbe*) *eines Landes, Vereins, von Spielkarten* couleur *f*
► **etw in den schwärzesten ~n malen** [*o* **schildern**] peindre qc en noir; **~ bekennen** annoncer la couleur
farbecht *Adj* grand teint *inv*
Färbemittel *nt* teinture *f*
färben ['fɛrbən] I. *tr V* 1 teindre; **sich** (*Dat*) **die Haare** [**blond/rot**] **~** se teindre les cheveux [en blond/en roux]
2 *fig* **etw ironisch ~** mettre une note ironique dans qc; **ein patriotisch gefärbter Film** un film aux connotations patriotiques
II. *itr V fam* (*abfärben*) déteindre
III. *r V* **sich ~** *Laub:* se colorer; **sich gelb/rot ~** *Laub, Äpfel:* jaunir/rougir; **sich orange ~** prendre des teintes orangées
farbenblind *Adj* daltonien(ne) **Farbenblindheit** *f kein Pl* daltonisme *m* **Farbendruck** *m* impression *f* en couleurs **farbenfreudig** *Adj* aux couleurs vives **farbenfroh** *Adj* très coloré(e) **Farbengeschäft** *nt* droguerie *f* **Farbenholzschnitt** *m* gravure *f* en couleurs **Farbenindustrie** *f* industrie *f* des colorants **Farbenkasten** *m* boîte *f* de couleurs **Farbenlehre** *f* théorie *f* des couleurs **Farbenpalette** *f* palette *f* de couleurs **Farbenpracht** *f* couleurs *fpl* somptueuses **farbenprächtig** *Adj* aux couleurs somptueuses **Farbenreichtum** *m kein Pl* richesse *f* de couleurs **Farbenspiel** *nt* jeu *m* des couleurs **Farbensymbolik** *f* symbolique *f* des couleurs
Färber(in) ['fɛrbɐ] <-s, -> *m(f)* teinturier(-ière) *m(f)*
Färberei <-, -en> *f* teinturerie *f*
Farbfernsehen *nt* télévision *f* en couleur **Farbfernseher** *m fam* télé *f* couleur (*fam*) **Farbfernsehgerät** *nt* téléviseur *m* couleur **Farbfilm** *m* film *m* couleur **Farbfilter** *m* filtre *m* coloré **Farbfoto** *s.* **Farbbild Farbfotografie** *f* (*Bild, Verfahren*) photographie *f* en couleurs **Farbgebung** <-, -en> *f* teinte *f*
farbig ['farbɪç] I. *Adj* 1 (*mehrfarbig*) coloré(e); (*einfarbig*) de couleur
2 (*nicht schwarzweiß*) en couleur
3 (*nicht von weißer Hautfarbe*) de couleur
4 (*anschaulich*) coloré(e)
II. *Adv* 1 *streichen, anstreichen* en couleur
2 (*anschaulich*) d'une manière colorée
färbig A *s.* **farbig 1.**
Farbige(r) ['farbɪgɐ] *f(m) dekl wie Adj* homme *m*/femme *f* de couleur
Farbkasten *m* boîte *f* de couleurs **Farbkopierer** *m* photocopieuse *f* [*o* [photo]copieur *m*] couleur
farblich I. *Adj* de couleurs; **die ~e Qualität dieser Fotos** la définition des couleurs de ces photos
II. *Adv gelungen, einwandfrei* sur le plan des couleurs; **Schuhe und Gürtel ~ aufeinander abstimmen** coordonner les couleurs des chaussures et de la ceinture
farblos *Adj* 1 incolore
2 (*unauffällig*) terne
3 (*nicht anschaulich*) insipide
Farbmonitor *m* moniteur *m* couleur **Farbscanner** [-skænɐ] *m* scanne[u]r *m* couleur **Farbskala** *f* gamme *f* des couleurs **Farbstift** *m* (*Bunt-/Filzstift*) crayon *m*/feutre *m* de couleur **Farbstoff** *m* 1 (*Färbemittel*) colorant *m* 2 (*Pigment*) pigment *m* **Farbton** <-töne> *m* 1 (*Farbe*) ton *m* 2 (*Tönung, Nuance*) teinte *f* **Farbtupfen** *m,* **Farbtupfer** *m* 1 tache *f* de couleur
2 (*etwas Buntes*) note *f* de couleur [*o* de gaieté]
Färbung ['fɛrbʊŋ] <-, -en> *f* 1 *kein Pl* (*das Färben*) *von Textilien* teinture *f*
2 (*Tönung*) *der Haut, des Wassers* couleur *f*
3 (*Einschlag*) tonalité *f*
Farbwalze *f* TYP rouleur *m* encreur
Farce [fars] <-, -n> *f* farce *f;* **zur ~ werden** devenir ridicule
Farm [farm] <-, -en> *f* 1 ranch *m*
2 (*Hühnerfarm, Pelztierfarm*) ferme *f* d'élevage intensif
Farmer(in) <-s, -> *m(f)* exploitant(e) *m(f)* agricole
Farn [farn] <-[e]s, -e> *m,* **Farnkraut** *nt* fougère *f*
Färse ['fɛrzə] <-, -n> *f* ZOOL génisse *f,* taure *f*
Fasan [fa'za:n] <-s, -e[n]> *m* faisan *m*
Fasanerie [fazanə'ri:] <-, -n> *f* faisanderie *f*
faschieren* *tr V* A hacher
Faschiermaschine *f* A (*Fleischwolf*) hache-viande *m*
Faschierte(s) *nt dekl wie Adj* A viande *f* hachée
Fasching ['faʃɪŋ] <-s, -e *o* -s> *m* SDEUTSCH carnaval *m*
Faschingsball *m* SDEUTSCH bal *m* de carnaval **Faschingsdienstag** ['faʃɪŋs-] *m* SDEUTSCH mardi *m* gras **Faschingskostüm** *nt* SDEUTSCH déguisement *m* de carnaval **Faschingskrapfen** *m* SDEUTSCH beignet *m* **Faschingsumzug** *m* SDEUTSCH défilé *m* de carnaval **Faschingszeit** *f* SDEUTSCH carnaval *m*
Faschismus [fa'ʃɪsmʊs] <-> *m* fascisme *m*
Faschist(in) [fa'ʃɪst] <-en, -en> *m(f)* fasciste *mf*
faschistisch *Adj* fasciste
Faselei [fa:zə'laɪ] <-, -en> *f pej fam* histoires *fpl,* sornettes *fpl*
faseln ['fa:zəln] *pej fam* I. *itr V* débloquer (*fam*)
II. *tr V* radoter (*fam*); **er faselte etwas von einem Unfall** il a mentionné un accident dans ses propos décousus
Faser ['fa:zɐ] <-, -n> *f* fibre *f*
faserig *Adj* fibreux(-euse); *Fleisch* filandreux(-euse)
fasern ['fa:zɐn] *itr V Gewebe, Stoff:* s'effilocher
Faserschreiber *m* crayon *m* feutre **Faserstoff** *m kein Pl* fibre *f*
Fasnacht ['fasnaxt] SDEUTSCH, CH *s.* **Fastnacht**
fasrig *s.* **faserig**

Fass[RR] [fas, *Pl:* 'fɛsɐ] <-es, Fässer>, **Faß** <-sses, Fässer> *nt*
❶ (*Holzfass*) tonneau *m*
❷ (*Weinfass*) fût *m*, tonneau *m;* (*klein*) baril *m;* (*200-Liter-Fass*) barrique *f;* (*Kognakfass, Schnapsfass*) fût *m;* **Wein/Schnaps in Fässer füllen** mettre du vin/schnaps en tonneaux [*o* fûts]; **Wein vom ~** (*im Geschäft/Restaurant*) du vin en tonneau/au tonneau; **Bier vom ~** bière *f* [à la] pression
❸ (*Metallfass*) (*Bierfass*) fût *m* métallique; (*Ölfass*) bidon *m;* (*Giftmüllfass*) fût *m*
▶ **ein ~ ohne Boden** un vrai gouffre; **das schlägt dem ~ den Boden aus!** *fam* c'est le bouquet! (*fam*); **das bringt das ~ zum Überlaufen** c'est la goutte qui fait déborder le vase

Fassade [fa'sa:də] <-, -n> *f a. fig* façade *f;* **die ~ aufrechterhalten** sauver les apparences; **das ist nur ~** ce n'est que pure [*o* qu'une] façade

fassbar[RR], **faßbar** *Adj* ❶ (*konkret, benennbar*) concret(-ète)
❷ (*verständlich*) **es ist nicht/kaum ~, dass** ce n'est pas croyable/à peine croyable que + *subj*

Fassbier[RR] *nt* bière *f* [à la] pression

Fässchen[RR], **Fäßchen** <-s, -> *nt Dim von* Fass (*klein*) baril *m;* (*sehr klein*) tonnelet *m*

fassen ['fasən] **I.** *tr V* ❶ (*ergreifen*) saisir; prendre *Hand, Arm;* **das Glas am Stiel ~** saisir le verre par le pied; **jdn am Arm/an** [*o* **bei**] **der Hand ~** prendre qn par le bras/par la main; **etw zu ~ bekommen** attraper qc
❷ (*festnehmen*) arrêter
❸ (*schnappen*) **fass!** mords!
❹ (*zu etw gelangen*) prendre *Beschluss, Entschluss, Vorsatz;* **keinen klaren Gedanken ~ können** ne pas arriver à se concentrer
❺ (*begreifen*) réaliser; **nicht ~ können, dass** ne pas arriver à croire que + *subj;* **ich kann es nicht ~!** je n'arrive pas à y croire!; **das ist [doch] nicht zu ~!** ça alors!
❻ (*ausdrücken*) **etw in Worte/Verse ~** formuler qc par des mots/vers
❼ (*enthalten können*) pouvoir contenir
❽ (*einfassen*) monter *Edelstein;* **etw in Gold** (*Akk*) **~ [lassen]** [faire] sertir qc dans une monture en or
II. *itr V* ❶ (*greifen*) *Reifen:* adhérer; *Schraube:* mordre
❷ (*berühren*) **an etw** (*Akk*) **~** toucher qc avec la main/les mains; **in etw** (*Akk*) **~** mettre la main/les mains dans qc; **ins Leere ~** toucher le vide
III. *r V* **sich [wieder] ~** se ressaisir

fässerweise *Adv* ❶ en tonneau[x]
❷ (*in großen Mengen*) par tonneaux [entiers]

Fassette[RR] *f* facette *f*

fasslich[RR] *Adj* compréhensible

Fasson [fa'sõ:, fa'sɔŋ] <-, -s> *f eines Huts, Pullovers* forme *f*
▶ **jeder soll/kann nach seiner ~ selig werden** *Spr.* chacun mène/peut mener sa vie comme il l'entend

Fassreif[en][RR] *m* cerceau *m*

Fassung ['fasʊŋ] <-, -en> *f* ❶ *einer Glühbirne, Sicherung* douille *f*
❷ (*Einfassung*) *eines Edelsteins, einer Brille* monture *f*
❸ (*Version*) version *f; eines Gesetzes* termes *mpl*
❹ *kein Pl* (*Selbstbeherrschung*) maîtrise *f* de soi/de lui-même/d'elle-même/...; **die ~ bewahren/verlieren** garder/perdre son sang-froid; **jdn aus der ~ bringen** faire perdre son sang-froid à qn; **etw mit ~ tragen** prendre qc avec stoïcisme

Fassungskraft <-> *f* compréhension *f*

fassungslos I. *Adj Blick, Gesicht, Person* décontenancé(e); **~ sein** être stupéfait(e)
II. *Adv* avec stupeur

Fassungslosigkeit <-> *f* stupeur *f*

Fassungsvermögen *nt eines Beckens, Glases, Tanks* contenance *f*

Fasswein[RR] *m* vin *m* en fût

fassweise[RR] *Adv* en tonneau[x]

fast [fast] *Adv* presque; **~ immer/nie** presque toujours/jamais; **er wäre ~ gestürzt** il a failli tomber; **~ hätte ich's vergessen** pour un peu, je l'aurais oublié; j'ai failli l'oublier; **es ist ~ drei Uhr morgens** il est presque trois heures du matin

fasten ['fastən] *itr V* être à la diète; REL jeûner; **das Fasten** la diète; REL le jeûne

Fastenkur *f* cure *f* d'amaigrissement; **eine ~ machen** suivre une cure d'amaigrissement **Fastenzeit** *f* carême *m*

Fastfood[RR], **Fast Food**[RR] ['fa:stfu:d] <-[s]> *nt* restauration *f* rapide; **sich nur von ~ ernähren** ne manger que dans les fast-foods

Fastfoodkette ['fa:stfu:d-] *f* chaîne *f* de fast-foods **Fastfoodrestaurant** *nt* fast-food *m*

Fastnacht *f kein Pl* DIAL carnaval *m*

i Land & Leute

Cette tradition de fêter avec exubérance la **Fastnacht**, n'existe presque plus que dans les régions catholiques du sud et de l'ouest de l'Allemagne, en Autriche et dans les cantons suisses catholiques. Seule Bâle, ville suisse à majorité protestante, fait exception avec sa célèbre **Basler Fastnacht**, la nuit du carnaval de Bâle.

Fastnachtsball *m* DIAL bal *m* de carnaval **Fastnachtsdienstag** *m* mardi *m* gras

Fasttag *m* jour *m* de diète; REL jour *m* de jeûne; **einen ~ einlegen** faire une diète d'une journée

Faszination [fatsina'tsio:n] <-, -en> *f* fascination *f*

faszinieren* *tr V* fasciner; **von jdm/etw fasziniert sein** être fasciné(e) par qn/qc

faszinierend *Adj* fascinant(e); **ihre ~e Ausstrahlung** la fascination qui émane d'elle

fatal [fa'ta:l] **I.** *Adj geh* ❶ (*verhängnisvoll*) fatal(e)
❷ (*peinlich*) *Fauxpas, Gefühl, Irrtum* affreux(-euse); **das ist ~!** c'est une catastrophe!
II. *Adv* **sich ~ auswirken** avoir des répercussions fatales

Fatalismus [fata'lɪsmʊs] <-> *m geh* fatalisme *m*

Fatalist(in) [fata'lɪst] <-en, -en> *m(f)* fataliste *mf*

fatalistisch [fata'lɪstɪʃ] *Adj* fataliste

Fata Morgana ['fa:tamɔr'ga:na] <- -, - Morganen *o* -s> *f* mirage *m*

Fatzke ['fatskə] <-n *o* -s, -n *o* -s> *m pej fam* bêcheur *m* (*fam*)

fauchen ['faʊxən] *itr V Tier:* feuler; *Lokomotive:* chuinter; *Person:* grogner

faul [faʊl] *Adj* ❶ (*nicht fleißig*) paresseux(-euse)
❷ (*verfault*) *Lebensmittel* avarié(e); *Wasser* putride; *Holz, Blätter, Laub* pourri(e); *Zahn* gâté(e); **ein ~er Geschmack/Geruch** un goût/une odeur de pourri; **~ schmecken/riechen** avoir un goût de pourri/sentir le pourri
❸ *fam* (*zweifelhaft, unsauber*) *Kompromiss* boiteux(-euse); *Ausrede* mauvais(e) *antéposé; Witz* douteux(-euse); **an der Sache ist etwas ~** il y a quelque chose de pas net dans cette affaire (*fam*)
▶ **nicht ~** aussi sec (*fam*)

Faulbaum *m* BOT bourdaine *f*

Fäule ['fɔɪlə] <-> *f geh* pourriture *f*

faulen ['faʊlən] *itr V + haben o sein* pourrir; *Wasser:* croupir; **~des Gemüse** des légumes pourris

faulenzen ['faʊlɛntsən] *itr V* fainéanter; **langes Faulenzen macht träge** rester à ne rien faire rend indolent

Faulenzer(in) <-s, -> *m(f) pej* fainéant(e) *m(f)*

Faulenzerei <-, *selten* -en> *f pej* fainéantise *f*

Faulheit <-> *f* paresse *f*
▶ **vor ~ stinken** *pej fam* être un(e) sale feignant(e) (*péj fam*)

faulig *Adj Obst* pourri(e); *Wasser* putride; **~ riechen/schmecken** *Wasser:* dégager une odeur fétide/avoir un goût fétide

Fäulnis ['fɔɪlnɪs] <-> *f von Getreide, Holz* pourriture *f; von Fleisch* décomposition *f*

Faulpelz *m pej fam* feignant(e) *m(f)* (*fam*) **Faultier** *nt* ❶ ZOOL paresseux *m* ❷ *fam s.* **Faulpelz**
Faun <-[e]s, -e> *m* faune *m*
Fauna ['faʊna] <-, Faunen> *f* faune *f*
Faust [faʊst, *Pl:* 'fɔɪstə] <-, Fäuste> *f* poing *m;* **die ~** [*o* **die Hand zur ~**] **ballen** serrer le poing
▸ **das passt zu ihm wie die ~ aufs Auge** *fam* (*passt nicht*) ça lui va comme un tablier à une vache; (*passt gut*) ça lui va comme un gant; **diese Bemerkung passt wie die ~ aufs Auge** (*ist treffend*) cette remarque est appropriée; (*ist unangebracht*) cette remarque vient comme un cheveu sur la soupe (*fam*); **die ~/Fäuste in der Tasche ballen** faire le poing dans la poche; **mit der ~ auf den Tisch hauen** [*o* **schlagen**] taper du poing sur la table; **auf eigene ~** *vorgehen, fahren* de sa/ma/... propre initiative; *handeln, genehmigen, unternehmen* de son/mon/... propre chef; *reisen* par ses/mes/... propres moyens; **mit eiserner ~** avec une extrême fermeté; *regieren* avec une poigne de fer
Faustball <-[e]s> *m kein Pl* SPORT *forme de volley-ball*
Fäustchen ['fɔɪstçən] <-s, -> *nt Dim von* **Faust** petit poing *m*
▸ **sich** (*Dat*) **ins ~ lachen** rire dans sa barbe (*fam*)
faustdick *Adj* ❶ *s.* **faustgroß**
❷ *fam Lüge* grossier(-ière)
Fäustel ['fɔɪstl] <-s, -> *m* (*Hammer*) massette *f*
fausten *tr V* dégager du poing; **etw ~** dégager qc du poing
faustgroß *Adj* gros(se) comme le poing **Fausthandschuh** *m* moufle *f* **Faustkeil** *m* coup-de-poing *m*
Fäustling ['fɔɪstlɪŋ] <-s, -e> *s.* **Fausthandschuh**
Faustpfand *nt* gage *m* **Faustrecht** *nt kein Pl* droit *m* du plus fort **Faustregel** *f* règle *f* générale; **als ~ gilt: 45 m^2 pro Person** en règle générale, on compte 45 m^2 par personne **Faustschlag** *m* coup *m* de poing; **jdm einen ~ versetzen** donner [*o* assener] un coup de poing à qn
Fauxpas [fo'pa] <-, -> *m geh* manque *m* de savoir-vivre; **einen ~ begehen** commettre un impair
favorisieren* [-vo-] *tr V geh* favoriser
Favorit(in) [favo'ri:t] <-en, -en> *m(f)* favori(te) *m(f)*
Fax ['faks] <-, -e> *nt* fax *m;* (*Gerät*) [télé]fax *m;* **etw per ~ schicken** envoyer qc par fax
Faxanschluss[RR] *m* prise *f* [de] fax; **ein Computer mit ~** un ordinateur avec carte fax
faxen I. *itr V* envoyer un fax
II. *tr V* faxer
Faxen *Pl fam* ❶ (*Grimassen*) grimaces *fpl*
❷ (*Albereien*) gamineries *fpl;* **~ machen** *sl* faire le con (*fam*)
▸ **die ~ dicke haben** *sl* en avoir ras le bol (*fam*); **keine ~ Hände hoch und keine ~!** haut les mains et ne fais pas le malin/ne faites pas les malins!
Faxgerät *nt* [télé]fax *m* **Faxnummer** *f* numéro *m* de fax
Fayence [fa'jã:s, *Pl:* fa'jã:sən] <-, -n> *f* faïence *f*
Fazit ['fa:tsɪt] <-s, -s *o* -e> *nt* bilan *m;* *von Bemühungen* résultat *m;* **das ~ aus etw ziehen** dresser le bilan de qc; **~: zu teuer** conclusion: trop cher
FC [ɛf'tse:] <-[s]> *m* SPORT *Abk von* **Fußballclub** FC *m*
FCKW [ɛftse:ka:'ve:] <-s, -s> *m Abk von* **Fluorchlorkohlenwasserstoff** C.F.C. *m*
FCKW-frei [ɛftse:ka:'ve:-] *Adj* sans C.F.C.
FDGB *m* HIST (*in der DDR*) *Abk von* **Freier Deutscher Gewerkschaftsbund** *confédération syndicale de l'ex-RDA*
FDJ [ɛfde:'jɔt] <-> *f* HIST *Abk von* **Freie Deutsche Jugend** *organisation d'État pour la jeunesse de l'ex-RDA*
F.D.P. [ɛfde:'pe:] <-> *f Abk von* **Freie Demokratische Partei** *parti libéral allemand*
F-Dur ['ɛf-] <-> *nt* fa *m* majeur
Feature ['fi:tʃɐ] <-s, -s> *nt* document *m* exclusif
Feber ['fe:bɐ] <-s, -> *m* A, **Februar** ['fe:brua:ɐ] <-[s], *selten* -e> *m* février *m; s. a.* **April**
fechten ['fɛçtən] <ficht, focht, gefochten> *itr V* ❶ faire de l'escrime; **gegen jdn** [*o* **mit jdm**] **~** se battre à l'épée contre qn; SPORT tirer contre qn
❷ (*sich einsetzen*) **für etw ~** combattre pour qc
Fechten <-s> *nt* escrime *f*
Fechter(in) <-s, -> *m(f)* escrimeur(-euse) *m(f)*
Fechtmeister(in) *m(f)* SPORT maître(-esse) *m(f)* d'armes
Fechtsaal *m* salle *f* d'escrime **Fechtsport** *m kein Pl* escrime *f*
Feder ['fe:dɐ] <-, -n> *f* ❶ (*Vogelfeder*) plume *f;* (*Hutfeder*) plumet *m;* **leicht wie eine ~** léger(-ère) comme une plume
❷ *Pl* (*Federfüllung*) plumes *fpl*
❸ *Pl fam* (*Bett*) [**noch**] **in den ~n liegen** être [encore] au plumard (*fam*); **raus aus den ~n!** fini de roupiller! (*fam*)
❹ TECH ressort *m*
❺ (*Schreibfeder*) plume *f;* **aus jds ~ stammen** être de la plume de qn
▸ **sich mit fremden ~n schmücken** se parer des plumes du paon; **jd muss ~n lassen** *fam* qn y laisse des plumes (*fam*)
Federball *m* ❶ (*Ball*) volant *m*
❷ *kein Pl* (*Spiel*) badminton *m;* **~ spielen** jouer au badminton
Federballschläger *m* SPORT raquette *f* de badminton
Federbett *nt* couette *f* **Federbusch** *m eines Vogels* aigrette *f;* (*am Helm*) panache *m;* (*am Hut*) plumet *m*
Federfuchser(in) [-fʊksɐ] <-s, -> *m(f) pej* gratte-papier *m inv* (*péj*)
federführend I. *Adj* responsable; **bei/in etw** (*Dat*) **~ sein** être compétent(e) pour qc II. *Adv* **an etw** (*Dat*) **~ beteiligt sein** prendre une part prépondérante à qc **Federführung** *f* responsabilité *f;* **bei einem Projekt/in einer Angelegenheit die ~ haben** avoir la responsabilité d'un projet/d'une affaire; **unter der ~ dieser Behörde** sous la responsabilité de cette administration **Federgewicht** *nt* poids *m* plume
Federgewichtler(in) <-s, -> *m(f)* poids *mf* plume
Federhalter *m* porte-plume *m;* (*Füllfederhalter*) stylo *m* plume [*o* à encre]
Federkernmatratze *f* matelas *m* à ressorts
Federkiel *m* ❶ tuyau *m* de plume ❷ *veraltet* (*Schreibgerät*) plume *f* **Federkissen** *nt* oreiller *m* de plumes; (*Sofakissen*) coussin *m* de plumes **federleicht** *Adj* *Decke, Material, Stoff* ultra-léger(-ère); *Person* léger(-ère) comme une plume **Federlesen** *nt* ▸ **ohne langes ~, ohne viel ~[s]** purement et simplement; **nicht viel ~[s] mit jdm/etw machen** régler très vite le problème de qn/qc **Federmäppchen** *s.* **Mäppchen**
federn I. *itr V* *Boden, Material, Sessel:* faire ressort; *Waldboden:* amortir les pas; **in den Knien ~** *Turner:* se recevoir en souplesse
II. *tr V* **ein Kraftfahrzeug ~** munir un véhicule d'une suspension; **einen Sessel ~** pourvoir un fauteuil de ressorts; **gut/schlecht gefedert sein** avoir une bonne/mauvaise suspension
federnd *Adj* *Gang, Schritt* souple
Federstrich *m* trait *m* de plume
▸ **mit einem ~** d'un trait de plume
Federung <-, -en> *f* suspension *f*
Federvieh *nt fam* volailles *fpl*
Federweiße(r) *m dekl wie Adj* vin *m* nouveau
Federwild *nt* gibier *m* à plumes **Federwolke** *f* METEO cirrus *m* **Federzeichnung** *f* dessin *m* à la plume
Fee [fe:, *Pl:* 'fe:ən] <-, -n> *f* fée *f;* **die gute/böse ~** la bonne/méchante fée
Feedback, Feed-back[RR] ['fi:dbæk] <-s, -s> *nt* réactions *fpl;* **er erwartet hierzu ein ~ von mir** il attend une réaction de ma part sur ce point
Feeling ['fi:lɪŋ] <-s> *nt* ❶ (*gutes Gefühl*) sensation *f* formidable; **das ist ein tolles ~!** c'est une sensation indicible!
❷ (*Feinfühligkeit, Expressivität*) feeling *m;* **sie hat ein ~ für solche Sachen** elle a un certain feeling pour ce genre de choses (*fam*)
feenhaft ['fe:ənhaft] *Adj* LITER féerique

Fegefeuer ['fe:gə-] *nt* purgatoire *m*

fegen ['fe:gən] **I.** *tr V + haben* ❶ balayer *Straße, Hof;* ramoner *Schornstein;* **die Scherben von der Straße ~** balayer les débris de la chaussée

❷ CH *(feucht wischen)* laver

❸ *(fortschieben)* **etw vom Tisch ~** envoyer valser qc qui est sur la table *(fam)*

II. *itr V* ❶ *+ haben (ausfegen)* balayer

❷ *+ haben* CH *(feucht wischen)* passer la serpillière

❸ *+ sein fam (jagen)* **um die Ecke ~** *Person:* tourner en sprintant au coin de la rue *(fam)*; **über die Dächer ~** *Wind:* balayer les toits

Fehde ['fe:də] <-, -n> *f geh* querelle *f;* **eine ~ mit jdm austragen** [*o* **ausfechten**] se quereller avec qn

Fehdehandschuh *m* ▸ **den ~ aufnehmen** *geh* relever le gant; **jdm den ~ hinwerfen** *geh* jeter le gant à qn

fehl [fe:l] *s.* **Platz**

Fehl *m* ▸ **ohne ~** [**und Tadel**] *geh* irréprochable

Fehlanzeige *f* **~!** *fam* le bide complet! *(fam)* **fehlbar** *Adj selten* faillible; **wir alle sind ~** personne n'est infaillible **Fehlbedienung** *f* erreur *f* de manipulation [*o* d'utilisation] **Fehlberechnung** *f* erreur *f* de calcul **Fehlbesetzung** *f* mauvaise attribution *f* de poste; CINE, THEAT mauvaise distribution *f* **Fehlbestand** *m* stock *m* déficitaire **Fehlbetrag** *m* déficit *m;* *(in einer Kasse)* trou *m* *(fam)*; **den ~ aus der eigenen Tasche bezahlen müssen** devoir payer la somme manquante de sa poche; **die Kasse weist einen ~ von hundert Euro auf** il y a un trou de cent euros dans la caisse *(fam)* **Fehlbildung** *f* BIO, MED malformation *f* **Fehldiagnose** *f* erreur *f* de diagnostic **Fehldruck** *m* erreur *f* d'impression **Fehleinschätzung** *f* erreur *f* d'appréciation

fehlen ['fe:lən] **I.** *itr V* ❶ manquer; **mir fehlen hundert Euro** il me manque cent euros; **er/seine Hilfe fehlt mir** il/son aide me manque

❷ *(abwesend sein)* **im Unterricht/bei der Arbeit ~** être absent(e) du cours/de son travail; **entschuldigt/unentschuldigt ~** avoir une excuse/ne pas avoir d'excuse pour son absence/ses absences

❸ *(krank sein)* **fehlt dir etwas?** tu ne vas pas bien?; **mir fehlt nichts** je vais bien

▸ **das durfte nicht ~!** *fam* il fallait s'y attendre!; **der/die/das hat** [**mir/uns**] **gerade noch gefehlt!** *fam* il ne [me/nous] manquait plus que lui/qu'elle/que ça!

II. *itr V unpers* **es fehlt etw** il manque qc; **es fehlt an Personal/Material** [c'est] le personnel/matériel [qui] manque; **es fehlt jdm an etw** *(Dat)* qn manque de qc; **ihm fehlt es an nichts** *(Dat)* il ne manque de rien; **wo fehlt es?** qu'est-ce qui ne va pas?; **es fehlte nicht viel und er hätte gewonnen** il a bien failli gagner

Fehlentscheidung *f* mauvaise décision *f* **Fehlentwicklung** *f* évolution *f* négative; *(wirtschaftlich)* dérapage *f*

Fehler ['fe:lɐ] <-s, -> *m* ❶ *a.* SCHULE, SPORT faute *f;* **einen ~ machen** [*o* **begehen**] faire [*o* commettre] une faute; **jdm unterläuft ein ~** une faute échappe à qn; **das ist mein ~** c'est [de] ma faute

❷ *(schlechte Eigenschaft) einer Person* défaut *m;* **den ~ haben etw zu tun** avoir la mauvaise habitude de faire qc

❸ *(Herstellungsfehler)* vice *m*

fehlerfrei *s.* **fehlerlos**

fehlerhaft **I.** *Adj* ❶ *(mangelhaft) Klassenarbeit* plein(e) de fautes; *Übersetzung, Aussprache* incorrect(e); *Artikel, Ware* défectueux(-euse); **~e Lieferung** livraison *f* endommagée

❷ *(beschädigt)* endommagé(e)

❸ *(falsch) Messung, Rechnung* erroné(e)

II. *Adv* mal

fehlerlos **I.** *Adj Arbeit, Übersetzung, Aussprache* impeccable

II. *Adv übersetzen* impeccablement

Fehlermeldung *f* information *f* d'une faute **Fehlerquelle** *f* source *f* d'erreur **Fehlerquote** *f* pourcentage *m* d'erreurs **Fehlersuche** *f a.* INFORM recherche *f* d'erreur[s] **Fehlersuchprogramm** *nt* INFORM programme *m* de dépistage

Fehlfarbe *f* KARTEN renonce *f* **Fehlgeburt** *f* ❶ *(Abgang)* fausse couche *f* ❷ *(Fötus)* fœtus *m* [non viable] **fehl|gehen** *itr V unreg + sein geh* ❶ *(sich irren)* faire erreur; **Sie gehen fehl in der Annahme, dass** vous faites erreur si vous supposez que *+ indic* ❷ *(sich verlaufen)* faire fausse route ❸ *(das Ziel verfehlen)* manquer sa cible **Fehlgriff** *m* erreur *f* **Fehlinformation** *f* fausse information *f* **Fehlinvestition** [-vɛst-] *f* mauvais placement *m* **Fehlkalkulation** *f* erreur *f* de calcul **Fehlkonstruktion** *f* **eine ~ sein** être mal conçu(e) **Fehlleistung** *f* PSYCH acte *m* manqué; *(beim Sprechen, Schreiben)* lapsus *m;* **freudsche ~** acte *m* manqué freudien **Fehlmenge** *f* ÖKON manquant *m* **Fehlpass**[RR] *m* SPORT passe *f* manquée **Fehlplanung** *f* erreur *f* de planification **Fehlschlag** *m* échec *m* **fehl|schlagen** *itr V unreg + sein* échouer **Fehlspekulation** *f* mauvaise spéculation *f* **Fehlstart** *m eines Sportlers* faux départ *m;* *einer Rakete* lancement *m* raté **Fehltritt** *m* ❶ *geh (Ehebruch)* écart *m;* *(Verstoß gegen die Moral)* écart *m* de conduite; *(Verstoß gegen das Gesetz)* acte *m* répréhensible ❷ *(falscher Schritt)* faux pas *m* **Fehlurteil** *nt* ❶ *(falsche Beurteilung)* erreur *f* de jugement ❷ JUR erreur *f* judiciaire **Fehlverhalten** *nt* ❶ mauvais comportement *m* ❷ PSYCH comportement *m* bizarre **Fehlzündung** *f* AUT raté *m* [d'allumage]

Feier ['faɪɐ] <-, -n> *f (Fest)* fête *f;* *(Festakt)* cérémonie *f*

▸ **zur ~ des Tages** *(anlässlich einer Feier)* en cet honneur; *(um sich etwas Gutes zu tun)* pour le plaisir

Feierabend *m* ❶ *(Arbeitsschluss)* fin *f* de la journée de travail; *(Geschäftsschluss)* heure *f* de fermeture; **~ machen** *Person:* terminer; **wann hast du ~?** tu termines à quelle heure?; **nach ~** après le travail; **~!** la journée est finie!; *(in Gaststätten)* on ferme!

❷ *(Zeit nach Arbeitsschluss)* début *m* de soirée

▸ [**damit**] **ist jetzt ~!** *fam* ça suffit maintenant [*o* comme ça]! *(fam)*

Feierabendheim *nt* *(Altersheim in der DDR)* maison *f* de retraite

feierlich **I.** *Adj* solennel(le)

▸ **das ist ja** [**schon**] **nicht mehr ~!** *fam* c'est vraiment lamentable!

II. *Adv* ❶ *(würdig)* avec solennité

❷ *(nachdrücklich) erklären, beteuern* solennellement

Feierlichkeit <-, -en> *f* ❶ *kein Pl eines Anlasses, Augenblicks, einer Handlung* solennité *f*

❷ *meist Pl (Feier)* festivités *fpl*

feiern ['faɪɐn] **I.** *tr V* ❶ *(veranstalten)* fêter *Fest, Anlass, Geburtstag;* organiser *Party;* **das muss gefeiert werden!** ça se fête!

❷ *(umjubeln)* fêter *Sieger, Held*

II. *itr V* faire la fête; *(eine Fete organisieren)* faire une fête

Feierstunde *f* cérémonie *f* **Feiertag** *m* jour *m* férié; **gesetzlicher/kirchlicher ~** jour férié légal/religieux; **schöne ~e!** [passe/passez de] joyeuses fêtes! **feiertags** *Adv* les jours fériés; **sonn- und ~** les dimanches et jours fériés

feig[**e**] **I.** *Adj* lâche; **du ~es Schwein!** *pej vulg* espèce de couille molle! *(vulg)*

II. *Adv* lâchement

Feige ['faɪgə] <-, -n> *f (Frucht)* figue *f;* *(Baum)* figuier *m*

Feigenbaum *m* figuier *m* **Feigenblatt** *nt* ❶ BOT feuille *f* de figuier ❷ KUNST feuille *f* de vigne

Feigheit ['faɪkhaɪt] <-> *f* lâcheté *f*

Feigling ['faɪklɪŋ] <-s, -e> *m* lâche *mf;* **du ~!** espèce de lâche!

feil *Adj* ❶ *pej geh Mensch* vénal(e)

❷ *veraltet Gegenstand* **~ sein** être en vente

feil|bieten *tr V unreg geh* mettre en vente

Feile ['faɪlə] <-, -n> *f* lime *f*

feilen ['faɪlən] **I.** *tr V* limer

II. *itr V (vervollkommnen)* **an etw** *(Dat)* **~** peaufiner qc

F

feilschen ['faɪlʃən] *itr V pej* marchander; **mit jdm um etw ~** marchander qc avec qn

fein [faɪn] **I.** *Adj* ❶ (*nicht grob*) *Mehl, Wurst* fin(e); *Zucker* en poudre

❷ (*dünn, zart*) *Haar, Linie, Gesicht, Hände* fin(e)

❸ (*erlesen*) *Duft, Geruch, Geschmack* subtil(e); *Wein, Gericht, Gebäck* fin(e); **etwas Feines** quelque chose d'exquis; **das Feinste vom Feinsten** le fin du fin; **vom Feinsten** ce qu'il y a de plus raffiné(e); **Jazz vom Feinsten** le meilleur du jazz

❹ *fam* (*anständig*) *Person, Charakter* sympa (*fam*), sympathique; *iron Freund, Helfer, Verwandte* drôle de *antéposé*

❺ (*scharf*) *Gehör, Nase* fin(e)

❻ (*vornehm*) distingué(e); **jd ist sich** (*Dat*) **zu ~ dafür etw zu tun** ce serait trop demander à qn de faire qc

❼ (*dezent*) *Humor, Ironie* fin(e)

❽ (*sehr gut*) **~!** super! (*fam*)

▸ **~ [he]raus sein** *fam* ne pas avoir à se plaindre

II. *Adv* ❶ *Kindersp*r. **sei ~ artig** [*o* **brav**]**!** sois bien sage!

❷ (*schön*) **sich ~ machen** se faire beau(belle)

❸ (*genau*) *einstellen* d'une manière précise; *herausarbeiten* de façon détaillée

❹ *a.* GASTR *mahlen, hacken* fin; **~ gemahlen** moulu(e) fin; **~ geschnitten** *Kräuter* coupé(e) fin; *fig Gesicht* fin(e)

Feinabstimmung *f* réglage *m* **Feinarbeit** *f* fignolage *m* **Feinblech** *nt* TECH tôle *f* fine

Feind(in) [faɪnt] <-[e]s, -e> *m(f)* ennemi(e) *m(f)*; **jdn zum ~ haben** s'être fait un(e) ennemi(e) de qn; **sich** (*Dat*) **jdn zum ~ machen** se faire un(e) ennemi(e) de qn; **sich** (*Dat*) **~e schaffen** se faire des ennemi(e)s

▸ **viel ~ viel Ehr** c'est l'indifférence qui est le pire ennemi; **ran an den ~!** *fam* allez, on se secoue! (*fam*)

Feindbild *nt* spectre *m*; **die neuen ~er einer Partei** les nouvelles têtes de Turc d'un parti

feindlich **I.** *Adj* ❶ MIL ennemi(e)

❷ (*feindselig*) hostile

II. *Adv* **einer S.** (*Dat*) **gegenüber ~ eingestellt sein, einer S.** (*Dat*) **~ gegenüberstehen** être [*o* se montrer] hostile à [l'égard de] qc

Feindschaft <-, -en> *f* (*feindliche Haltung*) hostilité *f*; (*feindliches Verhältnis*) haine *f*; **mit jdm in ~ leben** être en guerre perpétuelle avec qn

feindselig ['-zeːlɪç] **I.** *Adj* hostile **II.** *Adv ansehen* de travers; **er hat sich ausgesprochen ~ verhalten** il s'est montré particulièrement hostile **Feindseligkeit** <-, -en> *f* ❶ *kein Pl* hostilité *f* ❷ *Pl* MIL hostilités *fpl*

Feineinstellung *f* TECH, RADIO réglage *m* précis

feinfühlig **I.** *Adj* ❶ (*taktvoll*) qui a du tact

❷ sensible; *Interpretation* d'une grande sensibilité

II. *Adv interpretieren, argumentieren* avec une grande sensibilité

Feingefühl *nt kein Pl* (*Fingerspitzengefühl*) tact *m*, doigté *m*; (*Feinfühligkeit*) sensibilité *f*, délicatesse *f* **Feingehalt** *m einer Legierung* titre *m*

feingemahlen *s.* **fein II.4.**

feingeschnitten *s.* **fein II.4.**

feinglied[e]rig *Adj* gracile (*littér*); *Gestalt, Wuchs* élancé(e)

Feingold *nt* or *m* fin

Feinheit <-, -en> *f* ❶ *a. fig* finesse *f*

❷ *Pl* (*Nuancen*) finesses *fpl*

feinkörnig *Adj Sand, Salz, Zucker* fin(e); *Film* à grain fin

Feinkost *f*, **Feinkostgeschäft** *nt* épicerie *f* fine

fein|machen *s.* **fein II.2.**

feinmaschig *Adj Strickwaren, Draht, Netz* aux mailles serrées; *Sieb* fin(e)

Feinmechanik *f* mécanique *f* de précision **Feinmechaniker(in)** *m(f)* mécanicien(ne) *m(f)* de précision

feinporig *Adj* microporeux(-euse)

Feinschmecker(in) <-s, -> *m(f)* gourmet *m*

Feinsilber *nt* argent *m* fin

feinsinnig ['faɪnzɪnɪç] *Adj geh* subtil(e)

Feinstruktur *f* structure *f* constitutive **Feinstrumpfhose** *f* collant *m* fin **Feinunze** *f* once *f* troy **Feinwäsche** *f* linge *m* délicat **Feinwaschmittel** *nt* lessive *f* basse température

feist [faɪst] *Adj pej* gras(se)

Feitel ['faɪtəl] <-s, -n> *m* A (*Taschenmesser*) canif *m*

feixen ['faɪksən] *itr V fam* ricaner; **das Feixen** les ricanements *mpl*

Felchen ['fɛlçən] <-s, -> *m* ZOOL corégone *m*

Feld [fɛlt] <-[e]s, -er> *nt* ❶ *kein Pl* (*offenes Gelände*) campagne *f*; **auf freies** [*o* **offenes**] **~ treten** arriver en rase campagne

❷ (*Acker*) champ *m*; **das ~/die ~er bestellen** cultiver le champ/les champs

❸ (*abgeteilte Fläche*) *eines Formulars* cadre *m*; *eines Spielbretts* case *f*; *des Wappens* champ *m*

❹ (*Spielfeld*) terrain *m*

❺ *kein Pl veraltet* (*Kriegsschauplatz*) champ *m* de bataille

❻ (*Bereich*) domaine *m*

❼ SPORT peloton *m*

❽ PHYS champ *m*

▸ **ein weites ~ sein** être un vaste sujet; **das ~ behaupten** occuper le terrain; MIL rester maître du champ de bataille; **etw ins ~ führen** *geh* avancer qc; **das ~ räumen** (*Platz machen*) libérer le terrain; (*aufgeben*) capituler; **jdn aus dem ~ schlagen** évincer qn; **jdm/einer S. das ~ überlassen** laisser le champ libre à qn/qc; **gegen jdn/etw zu ~e ziehen** *geh* faire campagne contre qn/qc

Feldahorn *m* érable *m* champêtre **Feldarbeit** *f* travail *m* des champs [*o* agricole] **Feldbett** *nt* lit *m* de camp **Feldblume** *f* fleur *f* des champs **Feldflasche** *f* gourde *f* **Feldforschung** *f* recherches *fpl* sur le terrain **Feldfrucht** *f* AGR produit *m* agricole [*o* de la terre] **Feldgeistliche(r)** <-n, -n> *f(m) dekl wie Adj* MIL aumônier *m* militaire **Feldhase** *m* lièvre *m* **Feldherr(in)** *m(f)* général(e) *m(f)* en chef **Feldheuschrecke** *f* sauterelle *f* verte **Feldhockey** *nt* SPORT hockey *m* **Feldjäger(in)** *m(f)* MIL ❶ (*Soldat*) soldat(e) *m(f)* de la police militaire ❷ *Pl* **die ~** la police militaire **Feldküche** *f* cuisine *f* roulante **Feldlazarett** *nt* hôpital *m* de campagne **Feldmarschall(in)** *m(f)* feld-maréchal(e) *m(f)* **Feldmaus** *f* campagnol *m* **Feldpost** *f* poste *f* militaire **Feldrain** *m* lisière *f* d'un champ **Feldsalat** *m* mâche *f* **Feldspat** ['fɛltʃpaːt] *m* feldspath *m* **Feldstärke** *f* intensité *f* de champ **Feldstecher** ['fɛltʃtɛçɐ] <-s, -> *m* jumelles *fpl* **Feldstudie** *f* étude *f* sur le terrain **Feldversuch** *m* essai *m* in situ **Feldwebel(in)** ['fɛltveːbəl] <-s, -> *m(f)* feldwebel *m*; (*in der französischen Armee*) adjudant(e) *m(f)* **Feldweg** *m* chemin *m* de terre **Feldweibel(in)** <-s, -> *m(f)* CH *s.* **Feldwebel** **Feldzug** *m* campagne *f*

Felge ['fɛlgə] <-, -n> *f* ❶ jante *f*

❷ SPORT tour *m* d'appui

Felgenbremse *f* frein *m* sur jante

Fell [fɛl] <-[e]s, -e> *nt* (*Tierhaut*) pelage *m*; *der Katze, des Hundes* poil *m*; *des Pferds* robe *f*; *des Schafs* toison *f*; **dem Hasen das ~ abziehen** dépouiller le lièvre

▸ **jdm das ~ über die Ohren ziehen** *fam* doubler qn (*fam*); **ein dickes ~ haben** *fam* être blindé(e) (*fam*); **jdm das ~ gerben** [*o* **versohlen**] *fam* flanquer une raclée à qn (*fam*); **jdn** [*o* **jdm**] **juckt das ~** *fam* qn cherche une raclée (*fam*); **jdm schwimmen die ~e davon** *fam* qn voit fondre ses espérances [comme neige au soleil]

Fellache [fɛ'laxə] <-n, -n> *m*, **Fellachin** *f* fellah *mf*

Fellmütze *f* toque *f* de fourrure

Fels [fɛls] <-ens, -en> *m* ❶ (*Felsen*) rocher *m*

❷ (*Gestein*) roche *f*

Felsblock <-blöcke> *m* bloc *m* de pierre **Felsbrocken** *m* fragment *m* de roche

Felsen ['fɛlzən] <-s, -> *m* rocher *m*

felsenfest **I.** *Adj* inébranlable **II.** *Adv überzeugt sein* absolument;

glauben dur comme fer; *sich verlassen* tout à fait **Felsengebirge** *nt* montagnes *fpl* rocheuses
Fels[en]riff *nt* récif *m* **Fels[en]schlucht** *f* gorge *f* taillée dans le roc
Felsgestein *nt* roche *f*
felsig ['fɛlzɪç] *Adj Küste* rocheux(-euse); *Gegend, Landschaft* couvert(e) de rochers
Felsmalerei *f* peinture *f* rupestre **Felsmassiv** *nt* massif *m* rocheux **Felsspalte** *f* crevasse *f* **Felsvorsprung** *m* saillie *f* rocheuse **Felswand** *f* paroi *f* rocheuse
Feme ['fe:mə] <-, -n> *f*, **Fem[e]gericht** *nt* HIST [Sainte-]Vehme *f*
Fememord *m* exécution *f* [sommaire] [*o* liquidation *f*] d'un(e) traître
feminin [femi'ni:n] *Adj* ① GRAM féminin(e)
② *geh* (*fraulich*) féminin(e); *pej Mann* efféminé(e)
Femininum [femi'ni:nʊm] <-s, Feminina> *nt* féminin *m*
Feminismus [femi'nɪsmʊs] <-> *m* féminisme *m*
Feminist(in) [femi'nɪst] <-en, -en> *m(f)* féministe *mf*
feministisch *Adj* féministe
Fenchel ['fɛnçəl] <-s> *m* fenouil *m*
Fenchelöl *nt kein Pl* huile *f* de fenouil
Fenster ['fɛnstɐ] <-s, -> *nt a.* INFORM fenêtre *f*
▶ **weg vom ~ sein** *fam* être hors circuit (*fam*); *Sänger, Künstler:* ne plus être dans le coup (*fam*)
Fensterbank <-bänke> *f*, **Fensterbrett** *nt* tablette *f* d'appui

i Land & Leute

Les *Fenster* des maisons allemandes sont très différentes des fenêtres telles qu'on les connaît en France: elles ont rarement des volets et si l'on ne veut pas les ouvrir en grand, il est possible de les entrebaîller en les faisant basculer. Leurs rideaux sont souvent découpés en arc de cercle afin de mieux laisser passer la lumière du jour et de ménager un espace permettant de mieux apprécier, de l'extérieur, les décorations de la **Fensterbank**, une petite planche en bois ou en marbre fixée à l'intérieur et sur laquelle on pose des plantes, des figurines ou des napperons faits main.

Fensterbriefumschlag *m* enveloppe *f* à fenêtre **Fensterbrüstung** *f* appui *m* de fenêtre **Fensterflügel** *m* battant *m* de fenêtre **Fensterfront** *f* façade *f* toute en fenêtres **Fenstergitter** *nt* barreaux *f* de fenêtre **Fensterglas** *nt* verre *m* à vitre **Fenstergriff** *m* poignée *f* de fenêtre **Fensterheber** ['fɛnstɐhe:bɐ] <-s, -> *m* lève-glace *m* **Fensterkitt** *m* mastic *m* **Fensterkreuz** *nt* croisée *f* de fenêtre **Fensterkurbel** *f* AUT manivelle *f* de lève-glace **Fensterladen** *m* volet *m* **Fensterleder** *nt* peau *f* de chamois
fensterln ['fɛnstɐln] *itr V* SDEUTSCH, A *passer par la fenêtre pour rejoindre sa bien-aimée*
fensterlos *Adj* sans fenêtre
Fensternische *f* embrasure *f* **Fensterplatz** *m* place *f* côté fenêtre **Fensterputzer(in)** <-s, -> *m(f)* laveur(-euse) *m(f)* de carreaux **Fensterrahmen** *m* châssis *m* de fenêtre **Fensterscheibe** *f* vitre *f* **Fenstersims** *m o nt* rebord *m* de fenêtre **Fensterstock** *m* A *s.* Fensterrahmen **Fenstersturz** *m* ① CONSTR linteau *m* de fenêtre ② (*Sturz aus einem Fenster*) chute *f* par la fenêtre; **der Prager ~** HIST la défenestration de Prague **Fenstertechnik** *f* INFORM système *m* de fenêtres
Ferialarbeit [feria:l-] *f* A *s.* Ferienarbeit **Ferialtag** *m* A *s.* Ferientag
Ferien ['fe:riən] *Pl* vacances *fpl; eines Werks, Geschäfts* fermeture *f* annuelle; **die großen ~** les grandes vacances; **in die ~ fahren** partir en vacances; **~ haben** être en vacances
Ferienarbeit *f* job *m* de vacances **Ferienaufenthalt** *m* séjour *m* de vacances; **ich kenne diese Stadt von einem ~** je connais cette ville pour y avoir passé des vacances **Ferienbeginn** *m* début *m* des vacances **Feriendorf** *nt* village-vacances *m* **Feriengast** *m* vacancier(-ière) *m(f)* en pension **Ferienhaus** *nt* maison *f* de vacances **Ferienjob** *m* job *m* de vacances **Ferienkurs** *m* cours *m* de vacances **Ferienlager** *nt* camp *m* de vacances **Ferienort** *m* lieu *m* de vacances [*o* de villégiature] **Ferienparadies** *nt* paradis *m* pour vacanciers **Ferienreise** *f* voyage *m* touristique [*o* de vacances] [*o* d'agrément]; **wir haben eine ~ gemacht** nous avons fait du tourisme pendant les vacances **Ferienschluss** *m* fin *f* des vacances **Ferientag** *m* jour *m* de vacances; **am ersten/letzten ~** le premier/dernier jour des vacances **Ferienwohnung** *f* appartement *m* de vacances **Ferienzeit** *f* [période *f* des] vacances *fpl*
Ferkel ['fɛrkəl] <-s, -> *nt* ① ZOOL porcelet *m*
② *pej fam* (*unsauberer Mensch*) cochon(ne) *m(f)* (*fam*); **du ~!** espèce de cochon! (*fam*); **was bist du doch für ein ~!** quel cochon tu fais! (*fam*)
Ferkelei <-, -en> *f pej fam* cochonnerie *f* (*fam*)
ferkeln *itr V* ① ZOOL *Sau:* mettre bas
② *pej fam Person:* faire des cochonneries (*fam*)
Fermate [fɛr'ma:tə] <-, -n> *f* MUS point *m* d'orgue
Ferment [fɛr'mɛnt] <-s, -e> *nt veraltet* ferment *m*
fern [fɛrn] **I.** *Adj* ① (*räumlich*) *Gegend, Land, Geräusch, Lachen* lointain(e); *Gewitter, Donnern* au loin
② (*zeitlich*) loin *attrib;* **der Tag ist nicht mehr ~, an dem ...** le jour n'est plus loin où ...; **aber in nicht [all]zu ~er Zeit** mais dans un avenir assez proche
II. *Adv* ① loin; **~ von jdm/etw** loin de qn/qc; **von ~** de loin; **von ~ betrachtet** avec du recul
② (*entfernt*) **sich von jdm/etw ~ halten** (*aus einer Gefahr heraus*) ne pas s'approcher de qn/qc; (*aus Antipathie*) éviter de fréquenter qn/qc; **jdn von jdm/von Drogen ~ halten** tenir qn éloigné(e) de qn/de la drogue; **die Tiere vom Menschen/vom Hof ~ halten** tenir les animaux à l'écart des êtres humains/de la ferme
③ *fig* **jdm ~ stehen** être étranger(-ère) à qn; **einer S.** (*Dat*) **~ stehen** ne rien avoir à voir avec qc; **etw liegt jdm ~** qc ne viendrait pas à l'esprit de qn; **es liegt jdm ~ etw zu tun** il n'est pas dans les intentions de qn de faire qc; **nichts liegt mir ~er als zu gehen** loin de moi l'idée de partir; **diese Vermutung/dieser Gedanke liegt nicht ~** cette supposition/pensée s'impose
▶ **das sei ~ von mir!** tu n'y penses pas!/vous n'y pensez pas!
Fernabfrage *f* interrogation *f* à distance; **Anrufbeantworter mit ~** répondeur *m* interrogeable à distance **Fernamt** *nt* HIST central *m* [téléphonique], commutateur *m* téléphonique manuel **Fernbedienung** *f* télécommande *f* **fern|bleiben** *itr V unreg + sein geh* ne pas venir; **[der Arbeit/dem Unterricht] ~** ne pas venir [au travail/au cours]; **einer Konferenz/Veranstaltung ~** ne pas prendre part à une conférence/une manifestation **Fernbleiben** <-s> *nt* absence *f* **Fernblick** *m* panorama *m*, vue *f* panoramique; **man hat einen ungehinderten ~** on embrasse un immense horizon
ferne *Adv veraltet poet s.* **fern**
Ferne ['fɛrnə] <-> *f* ① (*Entfernung*) lointain *m;* **in der ~** au loin; **eine Brille für die ~** des lunettes pour voir de loin; **in weiter ~ liegen** être encore très loin; **den Blick weit in die ~ schweifen lassen** promener son regard dans le lointain
② *geh* (*ferne Länder*) vaste monde *m* (*littér*); **in der ~** (*in der Fremde*) loin du pays natal
ferner ['fɛrnɐ] **I.** *Adj Komp von* **fern**
II. *Adv* encore et toujours; **es wird sich auch ~ nichts daran ändern** cela restera toujours ainsi à l'avenir
▶ **unter ~ liefen** *fam* dans la catégorie "ne fait pas le poids"
III. *Konj* de plus
fernerhin *veraltet geh s.* **ferner II., III.**
Fernexpress[zug][RR] *m* express *m* **Fernfahrer(in)** *m(f)* routier(-ière) *m(f)* **Fernfahrt** *f* trajet *m* de longue distance **Fernflug** *m* vol *m* long-courrier **Ferngas** *nt* gaz *m* de ville **Fern-**

F

gespräch *nt* communication *f* à moyenne et grande distance [*o* hors circonscription] **Fẹrnglas** *nt* [paire *f* de] jumelles *fpl* **fẹrn|gucken** *itr V fam* regarder la télé

fẹrn|halten *s.* fern II.2.

Fẹrnheizung *f* chauffage *m* à distance [*o* à distribution collective] **Fẹrnkopie** *s.* Telefax **Fẹrnkopierer** *m* TELEC télécopieur *m* **Fẹrnkurs[us]** *m* cours *m* par correspondance **Fẹrnlastverkehr** *m* camionnage *m,* transport *m* routier longue distance **Fẹrnlastzug** *m* poids *m* lourd **Fẹrnlehrgang** *m* téléenseignement *m* **Fẹrnleihe** ['fɛrnlaɪə] *f* prêt *m* inter-bibliothèque **Fẹrnleitung** *f* circuit *m* interurbain **fẹrn|lenken** *tr V* téléguider; **ferngelenkt werden** être téléguidé(e) **Fẹrnlenkung** *f* téléguidage *m;* **mit ~** téléguidé(e) **Fẹrnlicht** *nt* phares *mpl;* **mit ~ fahren** rouler en phares; **[das] ~ anhaben** être en phares

fẹrn|liegen *s.* fern II.3.

Fẹrnmeldeamt *nt* centre *m* télécoms (*fam*) **Fẹrnmeldedienst** *m* service *m* des télécommunications **Fẹrnmeldegebühren** *Pl* (*auf der Telefonrechnung*) taxe *f* téléphonique; (*Preisliste*) tarifs *mpl* télécoms **Fẹrnmeldesatellit** *m* satellite *m* de télécommunications **Fẹrnmeldetechnik** *f kein Pl* télécommunications *fpl* **Fẹrnmeldeturm** *m* tour-relais *f* de télécommunication **Fẹrnmeldewesen** *nt* TELEC télécommunications *fpl*

fẹrnmündlich I. *Adj form* téléphonique II. *Adv form* par téléphone **Fẹrnọst** [fɛrn'ʔɔst] *kein Art* **in/nach ~** en Extrême-Orient **fẹrnöstlich** *Adj* d'Extrême-Orient **Fẹrnrohr** *nt* téléscope *m* **Fẹrnruf** *m form* numéro *m* de téléphone; (*auf Briefbögen, Visitenkarten*) téléphone *m* **Fẹrnschreiben** *nt* télex *m* **Fẹrnschreiber** *m* téléscripteur *m*

Fẹrnsehabend *m* soirée *f* télé **Fẹrnsehansager(in)** *m(f)* speaker/ine *m/f,* présentateur(-trice) *m(f)* télé (*fam*) **Fẹrnsehanstalt** *f* société *f* de télévision **Fẹrnsehantenne** *f* antenne *f* de télévision **Fẹrnsehapparat** *m form* poste *m* de télévision, téléviseur *m* **Fẹrnsehauftritt** *m* passage *m* à la télévision **Fẹrnsehbild** <-[e]s> *nt* image *f* télévisée; **ein gutes/schlechtes ~ empfangen** avoir une bonne/mauvaise réception

fẹrn|sehen *itr V unreg* regarder la télévision; **die Zeit mit Fernsehen verbringen** passer son temps devant la télé **Fẹrnsehen** <-s> *nt* télévision *f;* **im ~** à la télé[vision]; **beim ~ arbeiten** [*o* **sein**] travailler à la télé[vision]; **jd/etw kommt im ~** qn passe/il y a qc à la télé[vision] **Fẹrnseher** <-s, -> *m fam* télé *f* (*fam*); **vor dem ~ sitzen** *fam* être collé(e) devant la télé (*fam*)

Fẹrnsehfilm *m* téléfilm *m* **Fẹrnsehgebühren** *Pl* redevance *f* télé (*fam*) **Fẹrnsehgerät** *nt form* téléviseur *m,* télévision *f* **Fẹrnsehgesellschaft** <-> *f* société *f* gavée de télé **Fẹrnsehjournalist(in)** [-ʒʊrnalɪst] *m(f)* journaliste *mf* de télévision **Fẹrnsehkamera** *f* caméra *f* de télévision **Fẹrnsehprogramm** *nt* ❶ (*Kanal*) chaîne *f* de télévision ❷ (*Programm im Fernsehen*) programme *m* de télévision ❸ (*Programmheft*) programme *m* de la télé **Fẹrnsehrechte** *Pl* droits *mpl* télévisuels [*o* de diffusion télévisée] **Fẹrnsehreportage** [-taːʒə] *f* reportage *m* télévisé **Fẹrnsehsatellit** *m* satellite *m* de télédiffusion **Fẹrnsehsender** *m* émetteur *m* de télévision **Fẹrnsehsendung** *f* émission *f* de télévision **Fẹrnsehserie** [-riə] *f* (*Fortsetzungsreihe*) série *f* [télévisée]; (*Fortsetzungsserie*) feuilleton *m* [télé] **Fẹrnsehspiel** *nt* téléfilm *m* **Fẹrnsehspot** *m* spot *m* [publicitaire] télévisé **Fẹrnsehstudio** *nt* studio *m* de télévision **Fẹrnsehtechniker(in)** *m(f)* technicien(ne) *m(f)* de la télévision **Fẹrnsehturm** *m* tour *f* de télévision **Fẹrnsehübertragung** *f* retransmission *f* télévisée **Fẹrnsehwerbung** *f* publicité *f* télévisée **Fẹrnsehzeitschrift** *f* programme *m* de télévision **Fẹrnsehzuschauer(in)** *m(f)* téléspectateur(-trice) *m(f)*

Fẹrnsicht *f* vue *f;* **eine gute/schlechte ~ haben** avoir une bonne/mauvaise vue; **bei guter ~** par une vue dégagée

Fẹrnsprechansagedienst *m form* kiosque *m* téléphonique **Fẹrnsprechauskunft** *f kein Pl* service *m* des renseignements téléphoniques

Fẹrnsprecher <-s, -> *m form* téléphone *m*

Fẹrnsprechgebühren *Pl* (*Preisliste*) tarifs *mpl* des communications; (*auf der Telefonrechnung*) redevance *f* [*o* taxe *f*] téléphonique **Fẹrnsprechgebührenzähler** *m* compteur *m* d'impulsions **Fẹrnsprechnetz** *nt* TELEC réseau *m* téléphonique **Fẹrnsprechteilnehmer(in)** *m(f)* abonné(e) *m(f)* du téléphone **Fẹrnsprechzelle** *f* cabine *f* téléphonique [*o* publique]

fẹrn|stehen *s.* fern II.3.

fẹrn|steuern *tr V* (*fernbedienen*) télécommander; (*fernlenken*) téléguider; **ferngesteuert werden** être télécommandé(e)/téléguidé(e) **Fẹrnsteuerung** *f* ❶ (*das Fernsteuern*) téléguidage *m* ❷ (*Gerät*) télécommande *f;* **~ haben** fonctionner avec une télécommande **Fẹrnstraße** *f* grande route *f* **Fẹrnstudium** *nt* cours *m* universitaire à distance [*o* par correspondance] **Fẹrntransport** *m* transports *mpl* longue distance **Fẹrnüberwachung** *f* télécontrôle *m* **Fẹrnuniversität** *f* institut *m* universitaire de téléenseignement **Fẹrnunterricht** *m* téléenseignement *m* **Fẹrnverkehr** *m* trafic *m* routier sur les grands axes; EISENBAHN trafic grandes lignes **Fẹrnverkehrsstraße** *f* AUT *s.* Fernstraße **Fẹrnwärme** *f* chauffage *m* urbain **Fẹrnweh** ['fɛrnveː] <-s> *nt geh* besoin *m* de courir le monde (*soutenu*) **Fẹrnwirkung** *f* effet *m* à distance **Fẹrnziel** *nt* but *m* lointain **Fẹrnzug** *m* train *m* de grande ligne

Fẹrromagnetismus ['fɛro-] <-> *m* PHYS ferromagnétisme *m*

Fẹrse ['fɛrzə] <-, -n> *f* talon *m*

▶ **sich an jds ~n heften, sich jdm an die ~n hängen** ne pas lâcher qn d'une semelle; **jdm auf den ~n sein** [*o* **bleiben**] être sur les talons de qn

Fẹrsenbein *nt* calcanéum *m* **Fẹrsengeld** ▶ **~ geben** *fam* foutre le camp (*fam*)

fẹrtig ['fɛrtɪç] I. *Adj* ❶ (*abgeschlossen*) *Arbeit, Manuskript, Bau* terminé(e); **~ werden** finir; **etw ~ haben, mit etw ~ sein** avoir fini qc; **wann bist du endlich mit dieser Arbeit ~?** mais enfin! quand auras-tu fini ce travail?

❷ (*zubereitet*) *Speise* prêt(e)

❸ (*bereit*) **~ zum Aufbruch** prêt(e) à partir

❹ (*ausgereift*) *Person* adulte

❺ (*ausgebildet*) *Jurist* diplômé(e); *Künstler* en pleine maturité

❻ *fam* (*zerstritten*) **mit dem Partner ~ sein** ne plus rien avoir à faire avec le partenaire; **mit der Familie ~ sein** être brouillé(e) avec la famille

▶ **~ sein** *fam* (*erschöpft*) être crevé(e) (*fam*); (*verblüfft*) être scié(e) (*fam*); **mit jdm ~ werden** *fam* arriver à tenir qn; **mit etw ~ werden** (*beenden*) finir qc; (*bewältigen*) venir à bout de qc

II. *Adv* ❶ (*zu Ende*) **etw ~ bekommen** [*o* **bringen**] [*o* **kriegen**] arriver à faire qc; **er hat noch nie etwas ~ bekommen** [*o* **gekriegt**] il n'est jamais arrivé à rien; **etw ~ machen** faire qc; **in einer Stunde habe ich Ihnen das ~ gemacht** vous aurez ça dans une heure; **ich mache Ihnen das bis Freitag ~** je vous fais ça pour vendredi; **etw ~ stellen** finir qc

❷ (*bereit*) **sich für etw ~ machen** se préparer pour qc

❸ (*zustande*) **es ~ bekommen** [*o* **bringen**] [*o* **kriegen**] **etw zu tun** *fam* arriver à faire qc; **der bringt es noch ~ und macht seine Drohung wahr!** il est capable, à force, de mettre sa menace à exécution!; **er brachte das Wunder ~, den Streit zu schlichten** il a réussi l'exploit de régler le différend; **der bringt das ~!** *iron fam* il le fera!

❹ *fam* (*mürbe*) **jdn ~ machen** *Person:* mettre qn dans un état effroyable [*o* épouvantable]; *Situation, Gedanke:* démolir [*o* tuer] qn; **jdn so ~ machen, dass** mettre qn dans un tel état que + *indic*

❺ *sl* (*verletzt*) **jdn ~ machen** casser la gueule à qn (*pop*)

Fẹrtigbau <-bauten> *m* ❶ *kein Pl* (*Bauweise*) préfabriqué *m*

❷ (*Gebäude*) construction *f* préfabriquée **Fertigbauweise** <-> *f* construction *f* en préfabriqué
fertig|bekommen* *s.* fertig II.1, II.3.
fertig|bringen *s.* fertig II.1, II.3.
fertigen ['fɛrtɪgən] *tr V form* fabriquer; ~ **lassen** faire fabriquer; **etw im Ausland ~ lassen** transférer la production de qc à l'étranger
Fertiggericht *nt* plat *m* préparé [*o* cuisiné] **Fertighaus** *nt* maison *f* préfabriquée
Fertigkeit <-, -en> *f* ❶ *kein Pl* (*Geschicklichkeit*) adresse *f* ❷ *Pl* (*Fähigkeiten*) aptitudes *fpl*
fertig|kriegen *s.* fertig II.1., II.3.
fertig|machen *s.* fertig II.1., II.2., II.4., II.5.
Fertignahrung *f* GASTR prêt-à-consommer *m* **Fertigprodukt** *nt* produit *m* fini
fertig|stellen *s.* fertig II.1.
Fertigstellung *f kein Pl* achèvement *m;* **bei pünktlicher ~ der Arbeit** si le travail est fini dans les délais
Fertigteil *nt* élément *m* préfabriqué
Fertigung <-, -en> *f* fabrication *f,* production *f*
Fertigungskosten *Pl* coûts *mpl* de production **Fertigungsprozess**RR *m* processus *m* de fabrication **Fertigungsstraße** *f* chaîne *f* de production **Fertigungstechnik** *f* technique *f* de production
Fes[1] [fɛs] <-, -> *nt* MUS fa *m* bémol
Fes[2] <-es, -e> *m* fez *m*
fesch[1] [fɛʃ] *Adj* SDEUTSCH *fam* chouette (*fam*)
fesch[2] *Adj* A *fam* ❶ (*hübsch*) joli(e)
❷ (*nett*) **sei ~!** sois sympa! (*fam*)
Feschak ['fɛʃak] <-s, -s> *m* A *fam* (*Schönling*) beau *m*
Fessel ['fɛsəl] <-, -n> *f* ❶ (*Band, Schnur*) lien *m;* (*Kette*) chaîne *f;* **jdn in ~n legen** [*o* **schlagen** *liter*] mettre qn aux fers (*littér*)
❷ ANAT *einer Person* attaches *fpl* (*soutenu*); *eines Pferds* paturon *m* (*soutenu*)
Fesselballon [-balɔŋ, -balo:n, -balõ:] *m* ballon *m* captif
fesseln ['fɛsəln] *tr V* ❶ (*mit Fesseln binden*) attacher; **jdn mit etw ~** attacher qn avec qc; **jdn an einen Pfahl/einen Stuhl ~** attacher qn à un piquet/une chaise; **jdn an den Händen/den Füßen ~** attacher les mains/les pieds à qn; **an den Rollstuhl/das Bett gefesselt sein** *fig* être cloué(e) à son fauteuil roulant/au lit
❷ *geh* (*binden*) **jdn an sich** (*Akk*) ~ s'attacher qn
❸ (*faszinieren*) **jdn ~** *Buch, Film, Beschäftigung:* captiver qn; *Anblick:* envoûter qn; *Stimme, Verhalten, Blick:* attirer qn; *Handlung, Darstellung:* passionner qn
fesselnd *Adj Bericht, Buch, Film* passionnant(e); *Person, Anblick* fascinant(e)
fest [fɛst] **I.** *Adj* ❶ (*hart, nicht flüssig*) solide; **~ werden** *Lava:* se solidifier
❷ (*endgültig*) *Entschluss, Entscheidung, Zusage* ferme; *Absicht* ferme *antéposé; Plan, Vorhaben* bien arrêté(e); **~ sein** être définitif(-ive)
❸ (*kräftig*) *Händedruck, Griff* ferme
❹ (*tief*) *Schlaf* profond
❺ (*nicht locker*) *Verband, Knoten* serré(e)
❻ (*ständig, dauerhaft*) *Anstellung* définitif(-ive); *Position, Stellung* stable; *Mitarbeiter, Wohnsitz* permanent(e); *Kosten, Einkommen* fixe; *Bindung, Beziehung* sérieux(-euse); **einen ~en Freund/eine ~e Freundin haben** avoir un ami/une amie avec qui c'est sérieux
II. *Adv* ❶ (*kräftig*) fort; **~ mit anpacken** donner un bon coup de main
❷ (*nicht locker*) *anziehen, zudrehen* à fond; *verschnüren, verknoten, zubinden* solidement; *verbinden* serré
❸ (*nachdrücklich*) *versprechen, zusagen* formellement; **~ davon überzeugt sein, dass** être absolument persuadé(e) que + *indic;* **ich glaube ~ daran, dass** je crois fermement que + *indic*
❹ (*klar, genau*) **~ umrissen** bien précis(e)
❺ (*dauernd*) *anlegen* à terme fixe; *anstellen, vereinbaren* définitivement; **~ angestellt** sous contrat à durée indéterminée; **~ im Tarifvertrag geregelt sein** être fixé(e) par la convention collective
❻ (*tief*) *schlafen* profondément
❼ BÖRSE **die Aktien liegen etwas ~er** le cours des actions s'est consolidé
Fest <-[e]s, -e> *nt* fête *f;* **ein ~ geben** faire une fête; **bewegliches/unbewegliches ~** fête mobile/fixe; **frohes ~!** joyeuse fête!
▶ **man soll die ~e feiern, wie sie fallen** *Spr.* ce n'est pas tous les jours qu'on peut en profiter
Festakt *m* cérémonie *f*
Festangebot *nt* offre *f* ferme
festangestellt *s.* fest II.5.
Festangestellte(r) *f(m) dekl wie Adj* employé(e) *m(f)* sous contrat à durée indéterminée
Festansprache *s.* Festrede
fest|beißen *r V unreg* ❶ **sich ~** s'accrocher; **sich an jdm/etw ~** s'accrocher avec ses dents à qn/qc
❷ *fig* **sich [an etw** (*Dat*)**] ~** *Person:* s'accrocher sur qc
Festbeleuchtung *f* éclairage *m* des grandes occasions; **was soll denn diese ~?** *hum fam* en quel honneur cet éclairage des grands jours?
fest|binden *tr V unreg* attacher; **jdn/etw an etw** (*Dat*) ~ attacher qn/qc à qc **fest|bleiben** *itr V unreg + sein* se montrer ferme
feste *Adv fam mithelfen, feiern, essen* vachement (*fam*); *arbeiten* drôlement (*fam*); **immer ~ druff!** vas-y! tape-lui dessus! (*fam*)
Feste <-, -n> *f veraltet s.* Festung
Festessen *nt* banquet *m*
fest|fahren *r V unreg* ❶ (*stecken bleiben*) **sich ~** s'enliser; **sich im Sand ~** s'enliser dans le sable ❷ (*stagnieren*) **sich ~** s'enliser **fest|frieren** *itr V unreg + sein* **etw friert an etw** (*Dat*) **fest** le froid colle qc à qc **Festgeld** *nt* dépôt *m* à terme fixe
Festgeldanlage *f* fonds *mpl* immobilisés **Festgeldkonto** *nt* compte *m* de dépôt à terme
fest|haken **I.** *tr V* accrocher; **etw an etw** (*Dat*) ~ accrocher qc à qc
II. *r V* **sich an/in etw** (*Dat*) ~ rester accroché(e) à qc
Festhalle *f* salle *f* des fêtes
fest|halten *unreg* **I.** *tr V* ❶ retenir; **jdn am Arm/an der Jacke ~** retenir qn par le bras/la veste; **sie hielt seine Hand/seinen Arm fest** elle lui retenait la main/le bras
❷ (*konstatieren*) **etw ~** mettre qc en exergue; (*schriftlich*) consigner qc par écrit; **~, dass** faire observer que + *indic*
II. *itr V* **an jdm/etw ~** être fidèle à qn/qc
III. *r V* **sich an jdm/etw ~** s'accrocher à qn/qc
festigen ['fɛstɪgən] *tr, r V* **[sich]** ~ [se] consolider; *s. a.* **gefestigt**
Festiger <-s, -> *m* fixateur *m*
Festigkeit <-> *f* ❶ (*Stabilität*) résistance *f*
❷ (*Unnachgiebigkeit*) fermeté *f*
Festigung <-, -en> *f* consolidation *f*
Festival ['fɛstivəl, 'fɛstival] <-s, -s> *nt* festival *m*
fest|klammern **I.** *tr V* fixer avec des pinces; **das Tischtuch am Tisch ~** fixer la nappe à la table avec des pinces; **die Wäsche an die Leine ~** accrocher le linge au fil avec des pinces **II.** *r V* **sich an jdm/etw ~** s'agripper à qn/qc **fest|kleben** **I.** *tr V + haben* coller **II.** *itr V + sein* **an etw** (*Dat*) ~ coller à qc **fest|klemmen** *tr V* coincer; **etw mit etw ~** coincer qc avec qc **Festkörper** *m* PHYS [corps *m*] solide *m* **Festkörperphysik** *f* PHYS physique *f* des solides **Festkosten** *Pl* coûts *mpl* fixes **fest|krallen** *r V* **sich ~** *Person:* se cramponner; *Tier:* s'accrocher avec ses griffes; *Raubvogel:* s'accrocher avec ses serres; **sich an jdm/etw ~** *Person:* se cramponner à qn/qc; *Tier:* s'accro-

F

cher avec ses griffes à qn/qc; *Raubvogel:* s'accrocher avec ses serres à qn/qc **Fẹstland** *nt* ❶ (*Landmasse*) continent *m* ❷ *kein Pl* (*opp: Wasserfläche*) continents *mpl* **Fẹstland[s]sockel** *m* socle *m* continental **fẹst|legen** **I.** *tr V* (*bestimmen*) fixer; **es wird festgelegt, dass** il est convenu que + *indic;* (*in einem Vertrag*) il est stipulé que + *indic;* **im Gesetz festgelegt sein** *Rechte:* être fixé(e) par la loi **II.** *r V* **sich auf etw** (*Akk*) ~ s'engager à propos de qc; **sich nicht ~ lassen** ne pas vouloir s'engager; **ich will mich nicht ~, aber ...** je ne voudrais pas trop m'avancer, mais ... **Fẹstlegung** <-, -en> *f eines Themas* détermination *f; einer Tagesordnung* fixation *f; eines Programms* établissement *m*

fẹstlich ['fɛstlɪç] **I.** *Adj* ❶ (*feierlich*) *Konzert, Anlass* solennel(le); *Stimmung* de fête; **ein ~er Anlass** une cérémonie; **in ~er Stimmung sein** être en veine de réjouissances
❷ (*prächtig*) *Schmuck* de fête; *Kleidung* de cérémonie; *Beleuchtung* des grands jours; **in ~er Beleuchtung erstrahlen** briller de tous ses feux
II. *Adv* ~ **gekleidet** en habit de cérémonie; ~ **geschmückt** décoré(e) de manière solennelle; **etw ~ begehen** *geh* célébrer qc

Fẹstlichkeit <-, -en> *f* ❶ (*Feier*) fête *f;* **die ~en** les festivités *fpl*
❷ *kein Pl eines Anlasses, einer Veranstaltung* caractère *m* solennel

fẹst|liegen *itr V unreg* ❶ (*festgesetzt sein*) être fixé(e) ❷ (*nicht weiterkönnen*) être bloqué(e) **fẹst|machen** **I.** *tr V* ❶ (*befestigen*) fixer; **etw am Zaun/an der Wand ~** (*Dat*) fixer qc à la clôture/au mur ❷ (*vereinbaren*) fixer *Termin;* adopter *Vereinbarung;* conclure *Geschäft;* **eine Abmachung schriftlich ~** fixer un arrangement par écrit; **was habt ihr festgemacht?** qu'est-ce que vous avez décidé? ❸ (*herleiten*) **etw an etw** (*Dat*) ~ mettre qc en rapport avec qc, lier qc à qc; **sie macht ihre Unzufriedenheit an ihrer beruflichen Situation fest** elle attribue [*o* relie] son insatisfaction à sa situation professionnelle **II.** *itr V* (*anlegen*) **an etw** (*Dat*) ~ accoster qc

Fẹstmahl *nt geh* banquet *m*

Fẹstmeter *m o nt* stère *m* **fẹst|nageln** *tr V* ❶ clouer; **etw an etw** (*Dat*) ~ clouer qc à qc ❷ *fam* (*festlegen*) **jdn auf etw** (*Akk*) ~ coincer qn sur qc (*fam*); **Sie dürfen mich nicht auf diese Aussage ~** ne me faites pas dire ce que je n'ai pas dit

Fẹstnahme ['fɛstna:mə] <-, -n> *f* arrestation *f;* **sich der ~** (*Dat*) **entziehen** échapper à l'arrestation **fẹst|nehmen** *tr V unreg* arrêter; **Sie sind festgenommen!** vous êtes en état d'arrestation! **Fẹstplatte** *f* INFORM disque *m* dur

Fẹstplatz *m* champ *m* de foire

Fẹstpreis *m* prix *m* fixe; (*gebundener Preis*) prix imposé

Fẹstrede *f* discours *m* officiel **Fẹstredner(in)** *m(f)* orateur(-trice) *m(f)* [officiel(le)] **Fẹstsaal** *m* salle *f* des fêtes

fẹst|saugen *r V Tier:* se fixer par ses ventouses; **sich an jdm/etw ~** *Tier:* se fixer à qn/qc par ses ventouses; **sich an etw** (*Dat*) ~ *Staubsauger:* coller à qc **fẹst|schnallen** *r V* **sich ~** boucler sa ceinture **fẹst|schrauben** *tr V* serrer *Schraube;* revisser *lose Schraube;* visser *Haken;* **der Haken ist nicht festgeschraubt** le crochet n'est pas bien vissé **fẹst|schreiben** *tr V unreg* programmer *Ausgaben, Beitrag, Zahlen;* fixer *Preis, Mittel;* **Abmachungen ~** mettre des conventions par écrit

Fẹstschrift *f* brochure *f* commémorative

fẹst|setzen **I.** *tr V* fixer *Preis;* déterminer *Rente, Wert* **II.** *r V* **sich ~** *Staub, Schmutz:* s'incruster **Fẹstsetzung** <-, -en> *f des Preises* fixation *f; der Rente, des Einheitswerts* liquidation *f; des Werts, Streitwerts* détermination *f*

fẹst|sitzen *itr V unreg* ❶ (*befestigt sein*) ne plus bouger; **das sitzt so fest, dass** ça tient tellement bien que + *indic* ❷ (*kleben*) *Schmutz:* être incrusté(e) ❸ (*stecken geblieben sein*) *Fahrer, Fahrzeug:* être enlisé(e); *Schiff:* être immobilisé(e) **Fẹstspeicher** *m* INFORM mémoire *f* morte

Fẹstspiele *Pl* festival *m* **Fẹstspielhaus** *nt* palais *m* des festivals

fẹst|stecken **I.** *tr V + haben* épingler *Saum;* attacher *Haare* **II.** *itr V + sein s.* **festsitzen 3.** **fẹst|stehen** *itr V unreg* ❶ (*festgelegt sein*) *Termin, Reihenfolge:* être fixé(e) ❷ (*unveränderlich sein*) *Entschluss:* être irrévocable; *Meinung:* être fait(e) ❸ (*sicher sein*) **es steht fest, dass** il est clair que + *indic;* **nach diesen Ergebnissen dürfte ~, dass** d'après ces résultats, il est à peu près sûr et certain que + *indic;* **so viel steht fest, ...** ce qui est clair, c'est que ... **fẹststehend** *Adj attr Redewendung* tout(e) fait(e); *Reihenfolge* déterminé(e) **fẹststellbar** *Adj* ❶ (*arretierbar*) doté(e) d'un dispositif de blocage ❷ (*herauszufinden*) **etw ist ~** qc peut être vérifié(e) **fẹst|stellen** *tr V* ❶ (*ermitteln*) établir *Sachverhalt, Schuld, Unschuld;* **den Namen/die Personalien der Fahrerin ~** identifier la conductrice ❷ (*konstatieren*) **eine Krankheit/Veränderung bei jdm ~** constater une maladie/un changement chez qn; **~, dass** constater que + *indic;* **jd muss zu seinem Erstaunen ~, dass** qn doit reconnaître avec étonnement que + *indic;* **es ist nicht festzustellen, ob** il n'est pas possible de savoir si + *indic* ❸ (*arretieren*) bloquer

Fẹststellschraube *f* vis *f* de blocage **Fẹststelltaste** *f* touche *f* verrouillage majuscule

Fẹststellung *f* ❶ (*Bemerkung*) remarque *f;* **dieser ~ möchte ich widersprechen** permettez-moi de contredire ces déclarations
❷ (*Ermittlung*) *eines Täters* identification *f; eines Sachverhalts, der Schuld, Unschuld* établissement *m;* **die ~ der Personalien des Fahrzeughalters** l'identification du propriétaire du véhicule
❸ (*Beobachtung*) observation *f;* (*das Bemerken*) constatation *f;* **zu der ~ kommen** [*o* **gelangen**], **dass** en conclure que + *indic;* **die ~ machen, dass** *form* arriver à la constatation que + *indic* (*form*)
❹ JUR **gerichtliche ~** constatation *f* judiciaire

Fẹststimmung *f einer Gruppe* ambiance *f* [de fête]; (*eines Einzelnen*) humeur *f* joyeuse; **[schon] in ~ sein** se réjouir [déjà]

Fẹsttafel *f geh* table *f* des convives **Fẹsttag** *m* ❶ (*Ehrentag*) grand jour *m* ❷ (*Feiertag*) jour *m* de fête; **über die ~e** pendant les fêtes; **frohe ~e!** joyeuses fêtes!

Fẹsttagsstimmung *s.* **Feststimmung**

fẹst|treten *tr, r V unreg* **[sich] ~** [se] tasser

fẹstumrissen *s.* **fest II.4.**

Fẹstung ['fɛstʊŋ] <-, -en> *f* forteresse *f*

fẹstverzinslich ['fɛstfɛɐtsɪnslɪç] *Adj Wertpapier* à revenu fixe; *Anleihe* à taux fixe

Fẹstwiese *s.* **Festplatz** **Fẹstwoche** *f* semaine *f* de festivités

Fẹstzelt *nt* chapiteau *m*

fẹst|ziehen *tr V unreg* serrer; (*strammer ziehen*) resserrer

Fẹstzug *m* cortège *m*

fẹst|zurren *tr V* arrimer *Boot, Plane;* serrer *Gurt, Schnur*

Fete ['fe:tə, 'fɛ:tə] <-, -n> *f* fête *f;* **eine ~ machen** [*o* **feiern**] faire une fête

Fetisch ['fe:tɪʃ] <-[e]s, -e> *m* fétiche *m*

Fetischịsmus <-> *m* fétichisme *m*

Fetischịst(in) <-en, -en> *m(f)* fétichiste *mf*

fẹtt **I.** *Adj* ❶ (*fetthaltig*) gras(se)
❷ *pej* (*dick*) *Person, Tier* gros(se) *antéposé,* énorme; *Brocken* bon(ne) *antéposé;* **dieser Karpfen ist ein ~er Brocken** cette carpe est un sacré morceau
❸ TYP gras(se)
❹ (*üppig*) *Boden, Weide* gras(se); *Beute, Gewinn, Jahre* gros(se) *antéposé*
❺ *sl* (*hervorragend*) d'enfer (*fam*)
II. *Adv* ❶ *kochen, essen* gras
❷ TYP ~ **gedruckt** [imprimé(e)] en caractères gras, en gras

Fẹtt <-[e]s, -e> *nt* graisse *f;* **pflanzliches/tierisches ~** graisse végétale/animale; **~ ansetzen** engraisser
► **sein ~ abbekommen** [*o* **abkriegen**] *fam* se faire remettre en place (*fam*); **sein ~ weghaben** *fam* avoir été remis(e) à sa place (*fam*)

Fettansatz *m* pli *m* de graisse **fettarm** I. *Adj* allégé(e) II. *Adv essen, kochen* léger **Fettauge** *nt* rond *m* de graisse; ~**n** yeux *mpl* de graisse **Fettbauch** *m pej fam* ❶ (*Bauch*) gros ventre *m* ❷ (*Mensch*) gros *m* plein de soupe (*fam*) **Fettcreme** [-kre:m] *f* crème *f* grasse **Fettdruck** *m* [caractères *mpl*] gras *m*

fetten I. *tr V* graisser
II. *itr V Haut, Haare:* être gras(se); *Creme:* être huileux(-euse)

Fettfilm *m* pellicule *f* de graisse **Fettfleck[en]** *m* tache *f* de graisse

fettgedruckt [ˈfɛtgədrʊkt] *s.* **fett II.2.**

Fettgehalt *m* teneur *f* en matières grasses **Fettgewebe** *nt* tissu *m* adipeux [*o* graisseux] **fetthaltig** *Adj* gras(se)

fettig *Adj* gras(se)

Fettkloß *m pej* boule *f* de graisse (*péj*) **Fettleber** *f* cirrhose *f* graisseuse **fettleibig** [ˈfɛtlaɪbɪç] *Adj geh* obèse **Fettleibigkeit** <-> *f geh* obésité *f* **fettlöslich** *Adj* lipolytique **Fettnäpfchen** [ˈfɛtnɛpfçən] <-s, -> *nt fam* ▶ **bei jdm ins ~ treten** faire une gaffe avec qn (*fam*) **Fettpolster** *nt fam* bourrelet *m* de graisse **Fettpresse** *f* TECH pompe *f* à graisse **fettreich** I. *Adj* très gras(se) II. *Adv sich ernähren* gras **Fettsack** *m sl* gros lard *m* (*pop*) **Fettsäure** *f* acide *m* gras **Fettschicht** *f* couche *f* de graisse **Fettstift** *m* (*für die Lippen*) stick *m* pour les lèvres **Fettsucht** *f kein Pl* obésité *f* **fetttriefend** *Adj* huileux(-euse) **Fettwanst** [ˈfɛtvanst] *m pej* tas *m* de graisse (*péj fam*)

Fetus [ˈfe:tʊs] <-[ses], -se *o* Feten> *m* MED fœtus *m*

fetzen [ˈfɛtsən] I. *tr V* arracher; **das Poster von der Wand ~** arracher le poster du mur
II. *itr V* ❶ + *sein fam* (*rasen*) **kurz zum Bäcker ~** foncer en quatrième vitesse chez le boulanger (*fam*)
❷ + *haben sl* (*mitreißen*) *Musik, Vorstellung, Rede:* déménager (*fam*)

Fetzen <-s, -> *m* ❶ *eines Papiers, Stoffs* lambeau *m; der Haut* morceau *m; eines Gesprächs, von Musik* bribe *f;* **etw in ~ reißen** déchirer qc en morceaux
❷ *pej sl* (*billiges Kleid*) fringue *f* de prisu (*pop*)
❸ A (*Putztuch*) serpillière *f*
▶ **dass die ~ fliegen** *fam arbeiten, loslegen, sich streiten* comme un(e) malade/des malades (*fam*)

fetzig *Adj sl Musik* qui déménage (*fam*); *Frisur, Kleidung* d'enfer (*fam*)

feucht [fɔɪçt] *Adj* humide; **noch ~ sein** *Tinte, Farbe:* n'être pas encore sec(sèche)

Feuchtbiotop *nt o m* BIO biotope *m* humide (*spéc*) **feuchtfröhlich** I. *Adj hum fam Abend* bien arrosé(e) (*fam*); *Runde, Gesellschaft* joyeux(-euse) II. *Adv hum fam* **es ging ziemlich ~ zu** ça a été drôlement arrosé **Feuchtgebiet** *nt* zones *fpl* marécageuses **feuchtheiß** *Adj* chaud(e) et humide

Feuchtigkeit <-> *f* humidité *f*

Feuchtigkeitscreme [-kre:m] *f* crème *f* hydratante **Feuchtigkeitsgehalt** *m der Luft* taux *m* d'humidité

feuchtkalt *Adj* froid(e) et humide **feuchtwarm** *Adj* chaud(e) et humide

feudal [fɔɪˈda:l] *Adj* ❶ HIST féodal(e)
❷ *fam Essen* royal(e) (*fam*); *Restaurant* de luxe; *Gegend* de riches; *Wohnung* luxueux(-euse)

Feudalherrschaft *f,* **Feudalismus** [fɔɪdaˈlɪsmʊs] <-> *m* régime *m* féodal

Feuer [ˈfɔɪɐ] <-s, -> *nt* ❶ feu *m;* **bengalisches ~** feu *m* de Bengale; **das olympische ~** la flamme olympique; **jdm ~ geben** donner du feu à qn; **~ speien** cracher du feu; **~ speiend** *Drache* qui crache du feu; *Vulkan* qui vomit du feu; **~ speiender Berg** volcan *m;* **etw vom ~ nehmen** retirer qc du feu; **etw aufs ~ stellen** mettre qc sur le feu; **am ~** près du feu; **~ an etw** (*Akk*) **legen** mettre le feu à qc
❷ (*Brand*) incendie *m;* **~!** (*es brennt!*) au feu!
❸ *kein Pl* MIL (*Beschuss*) feu *m,* tir *m;* **das ~ einstellen** *Militär:* cesser le feu; *Gangster:* arrêter de tirer; **das ~ eröffnen** ouvrir le feu; **~ [frei]!** feu!
❹ *kein Pl* (*Schwung*) *einer Frau, des Liebhabers* passion *f; eines Pferds, der Jugend* fougue *f;* **sie hat ~** c'est une passionnée
❺ *kein Pl geh* (*Glanz*) *eines Blicks* flamme *f* (*soutenu*); *eines Diamanten* éclat *m*
▶ **~ und Flamme für jdn/etw sein** *fam* être tout feu tout flamme pour qn/qc; **jdm ~ unter dem Hintern** *fam* [*o* **Arsch** *sl*] **machen** pousser qn aux fesses *fam* [*o* au cul *pop*]; **ein Gegensatz wie ~ und Wasser sein** être complètement différent(e); **wie ~ brennen** brûler comme le feu; **~ fangen** prendre feu; *fig* s'enflammer; **für jdn durchs ~ gehen** se jeter dans le feu pour qn; **mit dem ~ spielen** jouer avec le feu

Feueralarm *m* alerte *f* au feu **Feueranzünder** *m* allume-feu *m* **Feuerball** *m* boule *f* de feu **Feuerbefehl** *m* MIL ordre *m* de tirer **feuerbereit** *Adj Geschütz* prêt(e) à tirer **feuerbeständig** *Adj Stahltür, Tresor* résistant(e) au feu; *Material* ininflammable **Feuerbestattung** *f* incinération *f,* crémation *f* **Feuerbohne** *f* haricot *m* d'Espagne **Feuereifer** *m* ardeur *f;* **mit ~ spielen** avec enthousiasme; *diskutieren* avec ferveur; **mit ~ bei der Sache sein** montrer une attention zélée **Feuereinstellung** *f* MIL cessez-le-feu *m* **feuerfest** *Adj Geschirr, Glas* résistant(e) aux températures élevées; *Porzellan* à feu **Feuergefahr** *f* danger *m* d'incendie; **bei ~** en cas d'incendie **feuergefährlich** *Adj* [facilement] inflammable **Feuergefecht** *nt* fusillade *f* **Feuerhaken** *m* tisonnier *m* **Feuerherd** *m* foyer *m* d'incendie **Feuerholz** *nt kein Pl* bois *m* de chauffage **Feuerland** <-[e]s> *nt* la Terre de Feu **Feuerleiter** *f eines Gebäudes* échelle *f* de secours; *eines Feuerwehrfahrzeugs* grande échelle [des pompiers] **Feuerlöscher** *m* extincteur *m* **Feuerlöschteich** *m* bassin *m* d'extinction des incendies **Feuermelder** <-s, -> *m* avertisseur *m* d'incendie

feuern I. *itr V* ❶ (*schießen*) faire feu; **auf jdn/etw ~** faire feu sur qn/qc
❷ (*heizen*) **mit Holz ~** se chauffer au bois
II. *tr V* ❶ (*werfen*) **etw in die Ecke ~** *fam* balancer qc dans le coin (*fam*)
❷ *fam* (*entlassen*) virer (*fam*); **gefeuert werden** se faire virer (*fam*), être viré(e) (*fam*)

Feuerpause *f* MIL (*vereinbarte Pause*) trêve *f* **Feuerpolizei** *f* sécurité *f* incendie **feuerpolizeilich** I. *Adj Vorschriften, Gutachten* de la sécurité incendie II. *Adv verboten* par la sécurité incendie **Feuerprobe** *f fig* épreuve *f* du feu; **die ~ bestehen** faire ses preuves **Feuerqualle** *f* méduse *f* **feuerrot** *Adj Haare* rouge feu *inv; Kleidung, Auto* rouge vif *inv;* **~ werden** devenir écarlate **Feuersalamander** *m* salamandre *f*

Feuersbrunst [ˈfɔɪɐsbrʊnst] *f geh* incendie *m* dévastateur

Feuerschein *m* lueur *f* **Feuerschiff** *nt* bateau-feu *m* **Feuerschlucker(in)** *m(f)* cracheur(-euse) *m(f)* de feu **Feuerschutz** *m* ❶ (*Brandschutz*) protection *f* contre le feu ❷ (*Deckung*) couverture *f;* **jdm ~ geben** couvrir qn **feuersicher** *Adj* ❶ (*feuerfest*) réfractaire, ignifugé(e) ❷ (*geschützt*) ininflammable

feuerspeiend *s.* **Feuer 1.**

Feuerspritze *f* lance *f* à eau **Feuerstein** *m* ❶ *eines Feuerzeugs* pierre *f* à briquet ❷ MINER silex *m* **Feuerstelle** *f* foyer *m;* (*in einem Gebäude*) âtre *m,* foyer *m;* (*Lagerfeuerreste*) restes *mpl* d'un feu **Feuertaufe** *f* MIL baptême *m* du feu **Feuertod** *m* ❶ (*Strafe*) mort *f* sur le bûcher; **den ~ erleiden** mourir sur le bûcher ❷ *geh* (*Flammentod*) mort *f* par le feu **Feuertreppe** *f* escalier *m* de secours **Feuertür** *f* porte *f* anti-feu

Feuerung <-, -en> *f* ❶ *kein Pl* (*Brennstoff*) combustible *m*
❷ (*Heizvorrichtung*) chaudière *f*

Feuerversicherung *f* assurance *f* incendie **feuerverzinkt** *Adj* zingué(e) à chaud **Feuerwache** *f* caserne *f* de pompiers **Feuerwaffe** *f* arme *f* à feu **Feuerwasser** *nt fam* gnôle *f* (*fam*) **Feuerwehr** [ˈfɔɪɐve:ɐ] <-, -en> *f* ❶ [sapeurs-]pompiers *mpl;* **die freiwillige ~** les pompiers volontaires ❷ *fam* (*Nothelfer*) **~ spielen** venir à la recousse ▶ **fahren wie die ~** *fam* rouler à fond la caisse [*o* à toute berzingue] (*fam*)

Feuerwehrauto *nt* camion *m* de pompiers **Feuerwehrfrau** *f* femme *f* pompier **Feuerwehrleiter** *f* échelle *f* de pompiers **Feuerwehrmann** <-leute *o* -männer> *m* [sapeur-]pompier *m* **Feuerwehrübung** *f* exercice *m* d'alerte au feu

Feuerwerk *nt* feu *m* d'artifice

Feuerwerker(in) <-s, -> *m(f)* artificier *m*

Feuerwerkskörper *m* pièce *f* d'artifice

Feuerzange *f* pincettes *fpl*

Feuerzangenbowle [-bo:lə] *f boisson chaude à base de rhum, de vin rouge et de jus de fruit qu'on fait flamber*

Feuerzeug <-[e]s, -e> *nt* briquet *m*

Feuilleton [fœjəˈtõ:, ˈfœjətõ] <-s, -s> *nt* pages *fpl* culturelles

Feuilletonist(in) <-en, -en> *m(f)* feuilletoniste *mf*

feurig [ˈfɔɪrɪç] *Adj* ① (*temperamentvoll*) *Liebhaber* ardent(e); *Blick* enflammé(e); *Pferd* fougueux(-euse)
② *veraltet* (*rot glühend*) ardent(e)

Fez[1] [fe:ts, fe:s] <-[es], -[e]> *m* (*Kopfbedeckung*) fez *m*

Fez[2] [fe:ts] <-es> *m fam* blagues *fpl;* ~ **machen** faire des blagues

ff. *Abk von* **folgende Seiten** ss.

FH [ɛfˈha:] *f Abk von* **Fachhochschule** *école supérieure technique*

Fiaker [ˈfjakɐ] <-s, -> *m* A (*Kutsche*) fiacre *m*

Fiasko [ˈfjasko] <-s, -s> *nt* fiasco *m;* **mit etw ein ~ erleben** faire fiasco avec qc

Fibel[1] [ˈfi:bəl] <-, -n> *f* ① *veraltet* (*Lesebuch*) abécédaire *m*
② (*Handbuch*) manuel *m*

Fibel[2] <-, -n> *f* ARCHÄOL fibule *f*

Fiber [ˈfi:bɐ] <-, -n> *f* MED, BIO fibre *f*

Fibrille [fiˈbrɪlə] *f* ANAT fibrille *f*

Fibrin [fiˈbri:n] <-s> *nt* MED fibrine *f*

Fiche [fi:ʃ] <-s, -s> *m o nt* microfiche *f*

ficht [fɪçt] *3. Pers Präs von* **fechten**

Fichte [ˈfɪçtə] <-, -n> *f* épicéa *m;* (*Holz*) sapin *m*

fichten *Adj attr* en [*o* de] sapin

Fichtenholz *nt* [bois *m* de] sapin *m* **Fichtennadel** *f* aiguille *f* de sapin **Fichtennadelextrakt** *m* extrait *m* d'aiguilles de sapin [*o* d'épicéa] **Fichtenwald** *m* sapinière *f* **Fichtenzapfen** *m* pomme *f* de pin

Fick [fɪk] <-s, -s> *m vulg* coup *m* (*vulg*)

ficken [ˈfɪkən] *vulg* I. *itr V* baiser (*vulg*); **mit jdm ~** baiser qn; **das Ficken** la baise (*vulg*)
II. *tr V* baiser (*vulg*); **gefickt werden** se faire sauter (*vulg*)

fick[e]rig DIAL I. *Adj* excité(e); **[ganz] ~ sein** être [complètement] excité(e); (*gespannt sein*) être [complètement] fébrile
II. *Adv* ~ **hin und her rutschen** se trémousser

fidel [fiˈde:l] *fam* I. *Adj Person* joyeux(-euse), gai(e)
II. *Adv* joyeusement

Fidschi [ˈfɪtʃi] <-s> *nt* **die ~inseln** les [îles] Fidji *fpl*

Fidschianer(in) <-s, -> *m(f)* Fidjien(ne) *m(f)*

fidschianisch *Adj* fidjien(ne)

Fieber [ˈfi:bɐ] <-s> *nt a. fig* fièvre *f;* ~ **haben** avoir de la fièvre; **hohes/schwaches ~ haben** avoir beaucoup/un peu de fièvre; **bei jdm ~ messen** prendre la température de qn

Fieberanfall *m* accès *m* de fièvre **Fieberbläschen** *nt* bouton *m* de fièvre **fieberfrei** *Adj* **~/wieder ~ sein** ne pas/ne plus avoir de fièvre **fieberglänzend** *Adj* brillant(e) de fièvre

fieberhaft I. *Adj* ① *Aktivität, Suche* fébrile
② MED accompagné(e) de fièvre
II. *Adv arbeiten, suchen* fébrilement

fieberig *s.* **fiebrig**

fieberkrank *Adj* fiévreux(-euse) **Fieberkurve** [-və] *f* courbe *f* de température **Fiebermittel** *nt* MED fébrifuge *m*

fiebern *itr V* ① avoir de la fièvre, être fiévreux(-euse)
② (*aufgeregt sein*) **vor Aufregung** (*Dat*) ~ trembler d'excitation; **vor Erregung** (*Dat*) ~ être en proie à une agitation fébrile
③ (*sich sehnen*) **danach ~ jdn wieder zu sehen** attendre fébrilement de revoir qn

Fieberphantasien [-zi:ən] *Pl* hallucinations *fpl* [dues à la fièvre] **fiebersenkend** I. *Adj* **~es Mittel** [médicament *m*] fébrifuge *m* II. *Adv* ~ **wirken** faire baisser la température **Fieberthermometer** *nt* thermomètre *m* médical **Fiebertraum** *m* sommeil *m* fébrile **Fieberwahn** *m* délire *m* **Fieberzäpfchen** *nt* suppositoire *m* contre la fièvre

fiebrig I. *Adj* ① MED fiévreux(-euse), fébrile
② (*aufgeregt*) fébrile
II. *Adv glänzend, gerötet* de fièvre

Fiedel [ˈfi:dəl] <-, -n> *f veraltet* violon *m*

fiedeln *tr, itr V hum* violoner (*fam*)

fiel [fi:l] *Imp von* **fallen**

fiepen [ˈfi:pən] *itr V Hund:* gémir; *Vogel:* piailler

Fierant(in) [fiəˈrant] <-en, -en> *m(f)* A (*Markthändler*) marchand(e) *m(f)* ambulant(e)

fies [fi:s] *fam* I. *Adj* ① (*widerwärtig*) *Geruch, Geschmack, Essen* dégoûtant(e), infect(e); **ein ~es Gesicht** une sale gueule (*fam*)
② (*gemein*) *Methoden, Verhalten* vache (*fam*), dégueulasse (*fam*); *Lachen* sardonique; **ein ~er Kerl** un type infect; **einen ~en Charakter haben** être une peau de vache (*fam*); **der Typ ist ~!** ce type est un beau salaud! (*fam*)
II. *Adv* ① (*widerwärtig*) ~ **aussehen** avoir une sale gueule (*fam*); ~ **schmecken/riechen** être infect(e)/dégager une odeur répugnante
② (*gemein*) *reagieren, sich benehmen* d'une manière dégueulasse (*fam*); *lachen* d'une manière satanique

Fiesling [ˈfi:slɪŋ] <-s, -e> *m pej fam* ordure *f* (*vulg*), fumier *m* (*fam*)

Fifa, **FIFA** <-> *f Abk von* **Fédération Internationale de Football Association** F.I.F.A. *f*

FIFO-Speicher *m* INFORM mémoire *f* FIFO

fifty-fifty [ˈfɪftɪˈfɪftɪ] *Adv fam* fifty-fifty (*fam*); **mit jdm ~ machen** partager fifty-fifty avec qn; **es steht/die Chancen stehen ~** il y a une chance sur deux

Figur [fiˈgu:ɐ] <-, -en> *f* ① (*Skulptur, Zeichnung*) figure *f;* (*Strichmännchen*) bonhomme *m*
② (*Schachfigur*) pièce *f*
③ LITER personnage *m*
④ (*Körperbau*) silhouette *f;* **sie/er hat eine gute ~** elle est bien faite/il est bien bâti; **auf seine ~ achten** faire attention à sa ligne; **etwas für seine ~ tun** faire quelque chose pour sa ligne
⑤ *pej sl* (*Mensch*) individu *m* (*péj*), type *m* (*fam*); **eine komische ~** un drôle de type [*o* d'individu] (*péj fam*)
⑥ SPORT, LING figure *f*
▸ **eine gute/schlechte ~ abgeben [*o* machen]** faire une bonne/mauvaise impression

figurativ [figuraˈti:f] *geh* I. *Adj* ① figuratif(-ive)
② LING figuré(e)
II. *Adv* ① de manière figurative
② LING au sens figuré

Figürchen <-s, -> *nt Dim von* **Figur** ① (*Skulptur*) figurine *f*
② (*Spielfigur*) petite pièce *f*
③ *fam* (*Körperbau*) **sie hat ein hübsches ~** elle est bien foutue (*fam*)
④ (*Zeichnung*) petit dessin *m*

figürlich [fiˈgy:ɐlɪç] I. *Adj Darstellung* figuré(e)
II. *Adv darstellen* de manière figurative

Fiktion [fɪkˈtsio:n] <-, -en> *f a.* JUR *geh* fiction *f;* **gesetzliche/juristische ~** JUR fiction légale/juridique; ~ **des Zugangs** JUR fiction de l'entrée

fiktiv [fɪkˈti:f] *Adj geh* fictif(-ive)

Filet [fiˈle:] <-s, -s> *nt* filet *m*

Filetbraten *m* rôti *m* de filet **Filetsteak** [fiˈle:ste:k, -ʃte:k] *nt* steak *m* dans le filet

Filiale [fiˈlia:lə] <-, -n> *f* succursale *f; einer Bank, Versicherung*

agence *f*
Filialleiter(in) *m(f)* gérant(e) *m(f)* de succursale; *einer Bank, Versicherung* responsable *mf* d'agence
filigran I. *Adj* filigrane
II. *Adv* finement
Filigran <-s, -e> *nt* filigrane *m*
Filigranarbeit *f* ouvrage *m* de [*o* en] filigrane
Filipino [fili'pi:no] <-s, -s> *m*, **Filipina** *f* Philippin(e) *m(f)*
Filius <-, -se> *m hum* fiston *m* (*fam*)
Film [fɪlm] <-[e]s, -e> *m* ❶ (*Kinofilm, Fernsehfilm*) film *m*; **in einen ~ gehen** *fam* aller voir un film
❷ PHOT pellicule *f*, film *m*
❸ (*Branche*) cinéma *m*; **zum ~ gehen** *fam* se lancer dans le cinéma
❹ (*dünne Schicht*) *von Öl, Ruß* pellicule *f*; *einer Creme, Lotion* film *m*
► **bei jdm reißt der ~** *fam* qn disjoncte (*fam*)
Filmamateur(in) *m(f)* cinéaste *mf* amateur **Filmarchiv** *nt* (*für Spielfilme*) cinémathèque *f*; (*für Dokumentarfilme*) filmothèque *f* **Filmatelier** *nt* studio *m* **Filmaufnahme** *f* prise *f* de vue **Filmbericht** *m* reportage *m* [en images] **Filmbranche** *f* cinéma *m* **Filmdiva** [-va] *f* diva *f* du cinéma
Filmemacher(in) *m(f)* cinéaste *mf*
filmen ['fɪlmən] I. *tr V* filmer
II. *itr V* tourner; **das Filmen ist seine große Leidenschaft** filmer/tourner est sa grande passion
Filmentwicklung *f* développement *m* [d'une pellicule] **Filmfan** *m* fan *mf* de ciné (*fam*) **Filmfestival** *nt*, **Filmfestspiele** *Pl* festival *m* du film [*o* du cinéma] **Filmgesellschaft** *f* société *f* cinématographique **Filmhandlung** *f* intrigue *f* [d'un film] **Filmheld(in)** *m(f)* héros *m*/héroïne *f* de cinéma **Filmindustrie** *f* industrie *f* cinématographique [*o* du cinéma]
filmisch I. *Adj* cinématographique
II. *Adv* sur le plan cinématographique
Filmkamera *f* caméra *f* **Filmkarriere** *f* carrière *f* cinématographique **Filmkassette** *f* chargeur *m* **Filmkomiker(in)** *m(f)* comique *mf* de cinéma **Filmkomponist(in)** *m(f)* compositeur(-trice) *m(f)* de musiques de films **Filmkritiker(in)** *m(f)* critique *mf* de cinéma **Filmkulisse** *f* décor *m* de cinéma **Filmkunst** *f kein Pl* art *m* cinématographique **Filmmaterial** *nt* matériel *m* cinématographique **Filmmusik** *f* musique *f* de film
Filmothek *s.* **Kinemathek**
Filmpreis *m* prix *m* cinématographique **Filmpremiere** *f* première *f* cinématographique **Filmproduzent(in)** *m(f)* producteur(-trice) *m(f)* de cinéma **Filmprojektor** *m* projecteur *m* de film **Filmregie** *f* (*Spielfilmregie*) mise *f* en scène; (*Fernsehfilmregie*) régie *f* **Filmregisseur(in)** [-reʒɪsøːɐ] *m(f)* metteur(-euse) *m(f)* en scène, réalisateur(-trice) *m(f)* **Filmreportage** *f* reportage *m* **Filmriss**[RR] *m* ► **einen ~ haben** *fam* avoir un trou [de mémoire] (*fam*) **Filmrolle** *f* ❶ rôle *m* [au cinéma] ❷ (*Spule*) bobine *f* de film **Filmschaffende(r)** *f(m) dekl wie Adj* **jd ist ~(r)** qn travaille dans l'industrie du cinéma; **die ~n** les gens du cinéma **Filmschauspieler(in)** *m(f)* acteur(-trice) *m(f)* de cinéma **Filmspule** *f* bobine *f* de film **Filmstar** [-ʃtaːɐ, -staːɐ] *m* vedette *f* de cinéma **Filmstudio** *nt* studio *m* de cinéma **Filmszene** *f* scène *f* du/d'un film **Filmtheater** *nt form* grand cinéma *m* **Filmverleih** *m* société *f* de distribution de films **Filmvorführer(in)** *m(f)* projectionniste *mf* **Filmvorführgerät** *nt form* projecteur *m* de films **Filmvorführung** *f* projection *f* de film **Filmvorschau** *f* bande-annonce *f* **Filmvorstellung** *f* ❶ (*das Vorführen*) projection *f* de film ❷ (*Kinovorstellung*) séance *f* de cinéma **Filmzensur** *f kein Pl* CINE censure *f*
Filou [fi'luː] <-s, -s> *m fam* filou *m*, canaille *f*
Filter ['fɪltɐ] <-s, -> *nt o m* filtre *m*
Filtereinsatz *m* TECH cartouche *f* filtrante **Filterkaffee** *m* café-filtre *m* **Filtermundstück** *nt* bout *m* filtre
filtern *tr V* filtrer
Filterpapier *nt* papier-filtre *m* **Filtertüte** *f* filtre *m* **Filterzigarette** *f* cigarette *f* [à bout] filtre
Filtrat [fɪl'traːt] <-[e]s, -e> *nt* filtrat *m*
Filtration [fɪltra'tsioːn] <-, -en> *f* filtration *f*
filtrieren* *tr V* filtrer
Filz [fɪlts] <-es, -e> *m* ❶ (*Wollmaterial*) feutre *m*
❷ *fam* (*Bierdeckel*) rond *m* de bière, sous-bock *m*
❸ POL *pej* magouille *f* (*péj fam*)
filzen ['fɪltsən] I. *itr V Wolle:* feutrer
II. *tr V fam* fouiller *Person*
Filzhut *m* feutre *m*
filzig *Adj Wolle* feutré(e); *Haare* rêche; *Stoff, Blatt* velouté(e)
Filzlaus *f* ZOOL pou *m* du pubis, morpion *m* (*fam*) **Filzpantoffel** *m* charentaise *f* **Filzschreiber** *m* [stylo-]feutre *m* **Filzstift** *m* [crayon-]feutre *m*
Fimmel ['fɪməl] <-s, -> *m fam* manie *f*, marotte *f* (*fam*); **einen ~ haben** avoir un grain (*fam*); **das ist so ein ~ von ihr/ihm** c'est une de ses marottes
final *Adj* ❶ *geh Phase* final(e)
❷ GRAM, PHILOS *Konjunktion, Aussage* de but, de finalité
Finale [fi'naːlə] <-s, - *o* -s> *nt* ❶ SPORT finale *f*
❷ MUS finale *m*
Finalist(in) *m(f)* finaliste *mf*
Finalsatz *m* GRAM proposition *f* subordonnée de but
Finanzakrobat(in) *m(f) pej* acrobate *mf* de la finance (*péj*) **Finanzamt** [fi'nants-] *nt* fisc *m*; (*Gebäude*) perception *f* **Finanzaristokratie** *f* aristocratie *f* de la finance **Finanzausgleich** *m* péréquation *f* financière **Finanzbeamte(r)** *m dekl wie Adj*, **Finanzbeamtin** *f* fonctionnaire *mf* aux finances **Finanzberater(in)** *m(f)* conseiller(-ère) *m(f)* financier(-ière) **Finanzbericht** *m* rapport *m* financier **Finanzbuchhalter(in)** *m(f)* comptable *mf* **Finanzbuchhaltung** *f* comptabilité *f* générale **Finanzdecke** *f* enveloppe *f* budgétaire **Finanzdienstleistung** *f* prestation *f* de services financiers **Finanzdirektor** *m* directeur *m* des finances
Finanzen [fi'nantsən] *Pl* finances *fpl*
Finanzexperte *m*, **-expertin** *f* expert(e) *m(f)* financier(-ière) **Finanzgenie** [-ʒeniː] *nt* virtuose *mf* de la finance **Finanzgericht** *nt* tribunal *m* statuant sur les délits fiscaux **Finanzgruppe** *f* groupe *m* financier **Finanzhoheit** *f* souveraineté *f* fiscale
finanziell [finan'tsjɛl] I. *Adj* financier(-ière); **~e Schwierigkeiten** difficultés *fpl* pécuniaires; **das Finanzielle** le côté financier
II. *Adv* sur le plan financier
Finanzier [finan'tsieː] <-s, -s> *m geh* financier *m*
finanzierbar *Adj* financièrement réalisable
finanzieren* *tr V* financer; **frei finanziert** financé(e) par le secteur privé
Finanzierung <-, -en> *f* financement *m*
Finanzierungsform *f* mode *m* de financement **Finanzierungskosten** *Pl* frais *mpl* de financement **Finanzierungsplan** *m* plan *m* de financement
Finanzjahr *nt* exercice *m* financier **Finanzjongleur** *m* jongleur *m* de la finance **Finanzkontrolle** *f* contrôle *m* budgétaire **finanzkräftig** *Adj Unternehmen* qui dispose de ressources solides **Finanzkrise** *f* crise *f* budgétaire **Finanzlage** *f* situation *f* financière **Finanzlücke** *f* trou *m* financier [*o* budgétaire] **Finanzmakler(in)** *m(f)* courtier(-ière) *m(f)* en prêt **Finanzminister(in)** *m(f)* ministre *mf* des Finances **Finanzministerium** *nt* ministère *m* des Finances **Finanzmisere** *f* situation *f* financière désastreuse **Finanzoase** *f* paradis *m* fiscal **Finanzplatz** *m* place *f* financière; **internationaler ~** place financière internationale **Finanzpolitik** *f* politique *f* budgétaire **Finanzpolster** *nt* réserves *fpl* financières [*o* budgétaires] **Finanzprüfer(in)** *m(f)* contrôleur(-euse) *m(f)* des finances **finanzschwach** *Adj Person, Familie* aux revenus fai-

F

bles; *Bevölkerungskreise* économiquement faible; *Bundesland, Region* économiquement défavorisé(e) **Finanzspritze** *f* ❶ ÖKON injection *f* de capitaux ❷ *hum* (*im privaten Bereich*) aide *f* financière **finanzstark** *s.* **finanzkräftig** **Finanzverwaltung** *f* gestion *f* financière [*o* du budget] **Finanzvolumen** *m* volume *m* budgétaire **Finanzwesen** *nt* finances *fpl* **Finanzwirtschaft** *f kein Pl* ÖKON régime *m* financier

Findelkind ['fɪndəlkɪnt] *nt veraltet* enfant *mf* trouvé(e)

finden ['fɪndən] <fand, gefunden> **I.** *tr V* ❶ (*entdecken*) trouver; **es lässt sich niemand ~, der ...** il n'y a personne pour ...; **nirgends zu ~ sein** être introuvable; **wieder ~** retrouver; **sich wieder ~** *Schlüssel, Brille:* refaire surface
❷ (*herausfinden, bemerken*) trouver *Vorwand, Ursache;* **nichts Merkwürdiges an jdm ~** ne rien trouver de bizarre à qn
❸ (*vorfinden*) **jdn bewusstlos ~** trouver qn sans connaissance; **etw durchwühlt/verlassen ~** trouver qc sens dessus dessous/déserté(e)
❹ (*erhalten*) **bei jdm Hilfe/Ruhe ~** trouver de l'aide/du repos auprès de qn; **Zustimmung bei jdm ~** être approuvé(e) par qn
❺ (*aufbringen*) **den Mut/die Kraft ~ etw zu tun** trouver le courage/la force de faire qc
❻ (*ansehen, betrachten*) **jdn nett/dumm ~** trouver qn gentil(le)/stupide; **etw billig/gut ~** trouver qc bon marché/bon(ne); **es klug/unmöglich ~ etw zu tun** trouver que c'est intelligent/impossible de faire qc; **das finde ich nicht/auch!** je ne trouve pas/je trouve aussi!
► **nichts an etw** (*Dat*) **~** ne rien trouver d'extraordinaire à qc; **nichts dabei ~ etw zu tun** ne rien voir de mal à faire qc
II. *itr V* ❶ **nach Hause ~** trouver son chemin pour rentrer chez soi; **zu sich selbst ~** se retrouver
❷ (*meinen*) **~, [dass]** trouver que + *indic*
III. *r V* ❶ (*wieder auftauchen*) **sich [wieder] ~** refaire surface, réapparaître
❷ (*sich ausfindig machen lassen*) **es findet sich jd/keiner, der ...** il y a qn/il n'y a personne pour ...
❸ (*sich abfinden*) **sich in sein Schicksal ~** s'accommoder de son sort
❹ (*sich begegnen*) **sich ~** se trouver; **da haben sich zwei gefunden!** *iron* les deux font bien la paire!
► **das/es wird sich alles ~!** tout va s'arranger!

Finder <-s, -> *m* **der [ehrliche] ~ bekommt eine Belohnung** la personne qui le/la rapportera, recevra une récompense

Finderlohn *m* récompense *f*

Fin de siècle [fɛ̃d'sjɛkl] <- - -> *nt* fin *f* de siècle

findig *Adj* futé(e)

Findigkeit <-> *f* esprit *m* futé

Findling ['fɪntlɪŋ] <-s, -e> *m* ❶ GEOL bloc *m* erratique
❷ (*Findelkind*) enfant *mf* trouvé(e)

Finesse [fi'nɛsə] <-, -n> *f geh* ❶ *Pl* (*Trick*) finesses *fpl;* **mit allen ~n kämpfen** lutter en déployant un trésor d'adresse
❷ (*Kunstgriff*) **alle ~n des Fotografierens** toutes les astuces *fpl* de la photographie
❸ *Pl* (*Detail*) détails *mpl* sophistiqués; **ein Computer mit allen ~n** un ordinateur avec toutes les fonctions les plus sophistiquées
❹ *kein Pl* (*Schlauheit*) ruse *f*

fing [fɪŋ] *Imp von* **fangen**

Finger ['fɪŋɐ] <-s, -> *m* doigt *m;* **der kleine ~** le petit doigt, l'auriculaire *m;* **den ~ heben** lever le doigt; **mit dem ~ auf jdn/etw zeigen** montrer qn/qc du doigt; **nimm die [*o* deine] ~ weg!** *fam* bas les pattes! (*fam*)
► **wenn man ihm den kleinen ~ gibt, [dann] nimmt er [gleich] die ganze Hand** *Spr.* si on lui donne le petit doigt, il prend le bras; **die ~ im Spiel haben** *fam* tremper dans [*o* être mêlé(e) à] une affaire; **keinen ~ krumm machen** *fam* (*nicht helfen*) ne pas remuer le petit doigt; (*faul sein*) ne rien foutre de ses dix doigts (*fam*); **krumme** [*o* **lange**] **~ machen** *hum fam* faucher (*fam*); **sich** (*Dat*) **nicht die ~ schmutzig machen** ne pas se salir les mains; **etw mit spitzen ~n anfassen** toucher qc du bout des doigts; **sich** (*Dat*) **die ~ wund schreiben** s'écorcher les doigts à écrire; **sich** (*Dat*) **etw an den fünf ~n abzählen können** *fam* pouvoir [bien] se douter de qc; **das hättest du dir [doch] an den fünf ~n abzählen können!** *fam* tu aurais pu t'en douter!; **jdn in die ~ bekommen** [*o* **kriegen** *fam*] attraper qn (*fam*); **jd bekommt** [*o* **kriegt** *fam*] **etw in die ~** qc tombe entre les mains de qn; **jdm was** [*o* **eins**] **auf die ~ geben** *fam* taper sur les doigts à qn; **jdm in die ~ geraten** tomber entre les mains de qn; **an jedem ~ eine(n)** [*o* **zehn**] **haben** *hum fam* en avoir un(e) à chaque bras (*fam*), ne plus les compter (*fam*); **mir/ihm juckt** [*o* **kribbelt**] **es in den ~n [etw zu tun]** *fam* les doigts me/lui démangent [de faire qc] (*fam*); **jdm auf die ~ klopfen** *fam* taper sur les doigts à qn (*fam*); **dem werde ich auf die ~ klopfen!** il va se faire taper sur les doigts!; **die ~ von jdm/etw lassen** *fam* (*sich nicht vergreifen*) ne pas toucher à qn/qc; (*sich nicht damit abgeben*) laisser tomber qn/qc (*fam*); **sich** (*Dat*) **die** [*o* **alle zehn**] **~ nach etw lecken** *fam* faire [*o* donner] n'importe quoi pour avoir qc (*fam*); **für jdn keinen ~ rühren** ne pas remuer le petit doigt pour qn; **sich** (*Dat*) **etw aus den ~n saugen** *fam* inventer qc [de toutes pièces]; **jdm [scharf] auf die ~ sehen** [*o* **gucken**] *fam* avoir qn à l'œil (*fam*); **sich** (*Dat*) **bei** [*o* **an**] **etw** (*Dat*) **die ~ verbrennen** *fam* se brûler les ailes dans qc (*fam*); **jdn um den [kleinen] ~ wickeln** *fam* mener qn par le bout du nez (*fam*); **mit ~n auf jdn zeigen** montrer qn du doigt; **man wird mit ~n auf dich zeigen!** tu vas te faire montrer du doigt!

Fingerabdruck <-abdrücke> *m* empreinte *f* digitale; **genetischer ~** empreinte génétique; **jdm Fingerabdrücke abnehmen** prendre les empreintes de qn **Fingerbreit** <-, -> *m* pouce *m* (*vieilli*); **[um] einen ~ zu lang/hoch sein** être trop long/haut d'un doigt ► **keinen ~ nachgeben** ne pas céder d'un pouce **fingerdick** **I.** *Adj Scheibe* gros(se) [*o* épais(se)] comme le doigt **II.** *Adv* **etw ~ auftragen** mettre une épaisse couche de qc **Fingerfarbe** *f* peinture *f* au doigt **fingerfertig** *Adj* habile de ses doigts **Fingerfertigkeit** *f* dextérité *f* **Fingergelenk** *nt* articulation *f* interphalangienne **Fingerglied** *nt* phalange *f* **Fingerhakeln** <-s> *nt* jeu *m* du doigt de fer **Fingerhandschuh** *m* gant *m* **Fingerhut** *m* ❶ (*Nähutensil*) dé *m* [à coudre] ❷ BOT digitale *f* [pourprée] ► **ein ~ [voll] Rum** un doigt de rhum **Fingerknöchel** *m* articulation *f* du doigt **Fingerknochen** *m* phalange *f* **Fingerkuppe** *f* bout *m* du doigt

Fingerling ['fɪŋəlɪŋ] <-s, -e> *m* ❶ *eines Handschuhs* doigt *m*
❷ MED doigtier *m*

fingern **I.** *itr V* tripoter (*fam*); **an etw** (*Dat*) **~** tripoter qc; **in der Tasche nach etw ~** fouiller dans sa poche pour trouver qc
II. *tr V* ❶ (*hervorholen*) **etw aus der Schublade ~** sortir qc du tiroir
❷ *fam* (*bewerkstelligen*) goupiller, combiner (*fam*)

Fingernagel *m* ongle *m;* **an den Fingernägeln kauen** se ronger les ongles **Fingerspitze** *f* bout *m* du doigt ► **das muss man in den ~n haben** c'est une question de feeling (*fam*); **ihm/ihr juckt** [*o* **kribbelt**] **es in den ~n [etw zu tun]** *fam* ça le/la démange [de faire qc] (*fam*) **Fingerspitzengefühl** *nt kein Pl* doigté *m;* (*Takt*) tact *m;* **~ haben** avoir du doigté/tact; **kein ~ haben** ne pas avoir de tact **Fingerübung** *f* MUS exercice *m* de doigté **Fingerzeig** ['fɪŋɐtsaɪk] <-s, -e> *m* indication *f; Gottes, des Schicksals* signe *m;* **von jdm einen ~ bekommen** [*o* **erhalten**] recevoir une indication de qn

fingieren* [fɪŋ'giːrən] *tr V* simuler; **fingiert** simulé(e); **eine fingierte Rechnung** une fausse facture

Finish ['fɪnɪʃ] <-s, -s> *nt* finish *m*

Fink [fɪŋk] <-en, -en> *m* pinson *m*

Finne ['fɪnə] <-, -n> *f* ❶ (*Larve*) cysticerque *m*
❷ (*Mitesser*) comédon *m*

③ (*Rückenflosse*) aileron *m* dorsal; *eines Wals* nageoire *f* dorsale
Finne <-n, -n> *m*, **Finnin** *f* Finlandais(e) *m(f)*
finnisch I. *Adj* finlandais(e); *Kultur, Literatur, Sprache* finnois(e)
II. *Adv* ~ **miteinander sprechen** discuter en finnois; *s. a.* **deutsch**
Finnisch <-[s]> *nt kein Art* le finnois; *s. a.* **Deutsch**
Finnische *nt dekl wie Adj* **das** ~ le finnois; *s. a.* **Deutsche**
Finnland ['fɪnlant] *nt* la Finlande
Finnwal *m* rorqual *m*
finster ['fɪnstɐ] I. *Adj* ① (*dunkel*) sombre; *Nacht* noir(e); **im Finstern** dans le noir
② (*düster, mürrisch*) *Person, Blick, Miene* sinistre
③ (*schrecklich*) *Zeit* sombre, obscur(e)
④ (*unheimlich*) *Gestalt, Kerl* lugubre; *Gedanken* sinistre, noir(e)
► **im Finstern tappen** être dans le brouillard
II. *Adv* ① (*mürrisch*) d'un air sombre [*o* lugubre]
② (*unheimlich*) ~ **aussehen** avoir une mine patibulaire
► **mit etw sieht es** ~ **aus** qc est mal parti(e)
Finsternis <-, -se> *f* ① *kein Pl* (*Dunkelheit*) obscurité *f*
② ASTRON éclipse *f*; **partielle/totale** ~ éclipse partielle/totale
Finte ['fɪntə] <-, -n> *f* feinte *f*
fintenreich I. *Adj* retors(e)
II. *Adv* de façon retorse
Firlefanz ['fɪrləfants] <-es> *m fam* ① (*wertlose Dinge*) fatras *m*; (*überflüssige Dinge*) gadgets *mpl*
② (*Unsinn, Gerede*) idioties *fpl*
firm [fɪrm] *Adj veraltet* fort(e); **in Physik** ~ **sein** être fort(e) en physique
Firma ['fɪrma, *Pl:* 'fɪrmən] <-, Firmen> *f* ① (*Unternehmen*) entreprise *f*, firme *f*; **eine eigene** ~ **gründen** fonder sa propre entreprise
② (*Geschäfts-, Handelsname*) société *f*; **unter der** ~ **...** sous la raison sociale ...
Firmament [fɪrma'mɛnt] <-s> *nt poet* firmament *m* (*littér*)
firmen ['fɪrmən] *tr V* confirmer
Firmen *Pl von* **Firma**
Firmenaufdruck *m* en-tête *m* (*avec mention de la raison sociale*) **Firmenchef(in)** [-ʃɛf] *m(f)* chef *mf* d'entreprise **firmeneigen** *Adj Wagen* appartenant à l'entreprise **Firmeninhaber(in)** *m(f)* propriétaire *mf* d'une/de l'entreprise **firmenintern** *Adj* interne à l'entreprise **Firmenkopf** *s.* **Firmenaufdruck** **Firmenname** *m* raison *f* sociale **Firmenpleite** *f* faillite *f* **Firmenregister** *nt* registre *m* du commerce **Firmenschild** *nt* enseigne *f* (*portant la raison sociale*) **Firmensitz** *m* siège *m* social **Firmenstempel** *m* tampon *m* de l'entreprise **Firmenwagen** *m* voiture *f* d'entreprise; (*Limousine*) voiture de fonction **Firmenzeichen** *nt* emblème *m* de l'entreprise
firmieren* *itr V* **als ...** ~ avoir comme raison sociale ...
Firmling ['fɪrmlɪŋ] <-s, -e> *m* confirmand(e) *m(f)*
Firmung ['fɪrmʊŋ] <-, -en> *f* confirmation *f*
Firn [fɪrn] <-[e]s, -e> *m* névé *m*
Firnis ['fɪrnɪs] <-ses, -se> *m* vernis *m*
firnissen ['fɪrnɪsn] *tr V* vernir
First [fɪrst] <-[e]s, -e> *m* faîte *m*
Fis [fɪs] <-, -> *nt* fa *m* dièse
Fisch [fɪʃ] <-[e]s, -e> *m* ① poisson *m*; **fliegender** ~ poisson volant; ~ **verarbeitende Industrie** industrie *f* de la conservation de poisson
② ASTROL **die** ~**e** les Poissons *mpl*; **er/sie ist** [**ein**] ~ il/elle est Poissons
► **weder** ~ **noch Fleisch sein** *fam* être ni chair ni poisson; **munter wie ein** ~ **im Wasser** *fam* [heureux(-euse)] comme un poisson dans l'eau (*fam*); **ein großer** [*o* **dicker**] ~ *fam* (*gesuchter Verbrecher*) un gros bonnet du milieu (*fam*); (*gefasster Verbrecher*) une belle prise (*fam*); **das sind kleine** ~**e** *fam* (*kleine Ganoven*) c'est du menu fretin (*fam*); (*unwichtige Dinge*) ce sont des broutilles; **stumm wie ein** ~ *fam* muet(te) comme une carpe
Fischabteilung *f* rayon *m* poissonnerie **Fischadler** *m* aigle *m* pêcheur **fischarm** *Adj* peu poissonneux(-euse) **Fischauge** *nt* ① ZOOL œil *m* de poisson ② PHOT objectif *m* à très grand angle **Fischbein** *nt kein Pl* [fanon *m* de] baleine *f* **Fischbestand** *m* réserves *fpl* en poissons **Fischbesteck** *nt* couvert *m* à poisson **Fischdampfer** *m* bateau *m* de pêche
fischen I. *itr V* pêcher; **das Fischen** la pêche
II. *tr V* ① (*fangen*) pêcher
② *fam* (*herausnehmen*) **etw aus der Dose/Tasche** ~ piquer qc dans la boîte/extirper qc de sa poche
③ *fam* (*suchen*) **in der Tasche nach etw** ~ chercher qc dans sa poche
Fischer(in) <-s, -> *m(f)* pêcheur(-euse) *m(f)*
Fischerboot *nt* bateau *m* de pêche **Fischerdorf** *nt* village *m* de pêcheurs
Fischerei <-> *f kein Pl* pêche *f*
Fischereihafen *m* port *m* de pêche **Fischereiwesen** *nt* pêche *f*
Fischernetz *nt* filet *m* de pêche
Fischfabrik *f* conserverie *f* de poisson **Fischfang** *m kein Pl* pêche *f*; **auf** ~ **gehen** aller à la pêche; **vom** ~ **leben** vivre de la pêche
Fischfangflotte *f* flottille *f* de pêche **Fischfanggebiet** *nt* zone *f* de pêche
Fischfilet [-file:] *nt* filet *m* de poisson **Fischfutter** *nt* nourriture *f* pour poissons **Fischgeruch** *m* odeur *f* de poisson **Fischgeschäft** *nt* poissonnerie *f* **Fischgräte** *f* arête *f* de poisson **Fischgrät[en]muster** *nt* chevrons *mpl*; **mit** ~ à chevrons **Fischgründe** *Pl* fonds *mpl* de pêche **Fischhändler(in)** *m(f)* poissonnier(-ière) *m(f)*, marchand(e) *m(f)* de poisson **Fischkonserve** *f* conserve *f* de poisson **Fischkutter** *m* chalutier *m* **Fischladen** *s.* **Fischgeschäft** **Fischlaich** *m* frai *m* **Fischmarkt** *m* marché *m* aux poissons **Fischmehl** *nt* farine *f* de poisson **Fischmesser** *nt* couteau *m* à poisson **Fischnetz** *nt* filet *m* de pêche **Fischotter** *m* loutre *f* **fischreich** *Adj* poissonneux(-euse) **Fischreichtum** *m* richesse *f* [*o* abondance *f*] en poissons **Fischreiher** *m* héron *m* cendré **Fischreuse** *f* nasse *f* **Fischschwarm** *m* banc *m* de poissons **Fischstäbchen** ['fɪʃʃtɛ:pçən] *nt* [tranche *f* de] poisson *m* pané **Fischsterben** *nt* hécatombe *f* de poissons **Fischsuppe** *f* soupe *f* de poissons **Fischteich** *m* bassin *m* de pisciculture
fischverarbeitend *s.* **Fisch 1.**
Fischvergiftung *f* MED intoxication *f* par le poisson **Fischverkäufer(in)** *m(f)* poissonnier(-ière) *m(f)* **Fischzucht** *f* ① *kein Pl* (*Tätigkeit*) pisciculture *f* ② (*Anlage*) élevage *m* de poissons **Fischzug** *m* ► **einen großen** [*o* **guten**] ~ **machen** réaliser un beau coup de filet
Fisimatenten [fizima'tɛntən] *Pl fam* manières *fpl*, simagrées *fpl*; ~ **machen** faire des simagrées
fiskalisch [fɪs'ka:lɪʃ] *Adj* fiscal(e)
Fiskus ['fɪskʊs] <-, -se *o* Fisken> *m* fisc *m*
Fisole <-, -n> *f* A haricot *m* vert
Fissur [fɪ'su:ɐ] <-, -en> *f* MED gerçure *f*
Fistel ['fɪstəl] <-, -n> *f* fistule *f*
Fistelstimme *f* voix *f* de fausset
fit [fɪt] *Adj* en forme; ~ **sein** être en forme; **sich** ~ **halten** entretenir sa forme
Fitness[RR] ['fɪtnɛs], **Fitneß** <-> *f* forme *f*, [bonne] condition *f* physique
Fitnesscenter[RR] ['fɪtnɛssɛntɐ] *nt* centre *m* de culturisme **Fitnessraum**[RR] *m* salle *f* de musculation **Fitnessstudio**[RR] *s.* **Fitnesscenter** **Fitnesstraining**[RR] [-tre:nɪŋ, -trɛ:-] *nt* culturisme *m*, musculation *f*
Fittich ['fɪtɪç] <-[e]s, -e> *m liter* aile *f*
► **jdn unter die** [*o* **seine**] ~**e nehmen** *hum* prendre qn sous son aile

Fitzel <-s, -> *m o nt*, **Fitzelchen** <-s, -> *nt* DIAL petit bout *m*
fix [fɪks] I. *Adj* ❶ (*feststehend*) fixe
❷ *fam* (*flink*) rapide
▸ **jdn ~ und fertig machen** *fam* (*demütigen*) passer un savon à qn (*fam*); (*erschöpfen*) crever qn (*fam*); **~ und fertig** [*o* **foxi** *fam*] **sein** *Person:* être claqué(e) [*o* lessivé(e)] (*fam*); **~ und fertig sein** *Arbeit, Sache:* être terminé(e)
II. *Adv fam* **etw ~ erledigen** exécuter qc en deux temps, trois mouvements (*fam*); **das geht ganz ~** *fam* ça va vite; **los, macht ~!** *fam* allez, magnez-vous! (*fam*)
Fixa *Pl von* **Fixum**
fixen ['fɪksən] *itr V sl* se shooter (*arg*)
Fixer(in) <-s, -> *m(f) sl* (*Drogensüchtiger*) toxico *mf* (*fam*), camé(e) *m(f)* (*arg*)
Fixerbesteck *nt* ustensiles *mpl* de drogué
Fixierbad *nt* PHOT bain *m* de fixage
fixieren* *tr V* ❶ (*anstarren*) fixer; **jdn ~** fixer qn [du regard]
❷ PSYCH **auf jdn/etw fixiert sein** faire une fixation sur qn/qc
❸ PHOT fixer
❹ *geh* (*festlegen*) fixer
❺ CH (*befestigen*) fixer
Fixiermittel [fɪ'ksiːɐ-] *nt* ❶ PHOT fixateur *m*
❷ KUNST fixatif *m*
Fixierung [fɪ'ksiːrʊŋ] <-, -en> *f a.* PSYCH fixation *f*
Fixing ['fɪksɪŋ] <-s, -s> *nt* BÖRSE fixage *m*, fixing *m*
Fixkosten *Pl* ÖKON coûts *mpl* fixes **Fixpunkt** *m* point *m* fixe **Fixstern** *m* étoile *f* fixe
Fixum ['fɪksʊm, *Pl:* 'fɪksa] <-s, Fixa> *nt* fixe *m*
Fjord [fjɔrt] <-[e]s, -e> *m* fjord *m*, fiord *m*
FKK [ɛfka:'ka:] <-> *Abk von* **Freikörperkultur** naturisme *m*, nudisme *m;* **~ machen** *fam* faire du nudisme
FKK-Anhänger(in) [ɛfka'ka:-] *m(f)* adepte *mf* du naturisme; **~ sein** être un adepte du naturisme **FKK-Strand** *m* plage *f* de nudistes
flach [flax] I. *Adj* ❶ (*eben, platt*) *Land, Gelände, Stirn* plat(e); *Dach* en terrasse
❷ (*niedrig*) *Gebäude, Hügel* peu élevé(e); *Absatz* plat(e); *Schuhe* à talons plats
❸ (*nicht steil*) *Abhang, Küste, Hang* peu escarpé(e)
❹ (*nicht tief*) *Gewässer* peu profond(e); *Teller* plat(e)
❺ (*oberflächlich*) *Gespräch, Unterhaltung* plat(e), superficiel(le)
II. *Adv* ❶ *liegen, schlafen, sich hinlegen* à plat
❷ (*nicht tief*) *atmen* faiblement
Flachbau *m* construction *f* basse **Flachbettscanner** *m* INFORM scanne[u]r *m* à plat **Flachbildschirm** *m* INFORM, TV écran *m* plat **flachbrüstig** *Adj Mann* sans pectoraux; *Frau* à la poitrine plate **Flachdach** *nt* toit *m* en terrasse **Flachdruck** <-drucke> *m* ❶ *kein Pl* (*Verfahren*) [procédé *m*] offset *m* ❷ (*Produkt*) impression *f* à plat
Fläche ['flɛçə] <-, -n> *f* ❶ (*Außenseite, Oberfläche, Ebene*) surface *f; eines Quaders, Würfels* face *f*
❷ (*messbare Oberfläche*) superficie *f*
Flacheisen *nt* ❶ CONSTR fer *m* plat
❷ (*Werkzeug*) ciseau *m* plat
Flächenbrand *m* incendie *m* gigantesque ▸ **sich zu einem ~ ausweiten** *Feuer:* se transformer en incendie; *Aufstand:* se propager comme un feu de paille **flächendeckend** *Adj* généralisé(e); *Netz* vaste; *Maßnahmen* sur une grande échelle **flächengleich** *Adj* GEOM de surface identique **Flächeninhalt** *m* GEOM superficie *f*, surface *f* **Flächenland** *nt* (*Bundesland*) Land *m* étendu à faible densité de population **Flächenmaß** *nt* mesure *f* de superficie [*o* surface] **Flächennutzungsplan** *m* plan *m* d'occupation des sols **Flächenstilllegung**[RR] *f* AGR mise *f* en jachère
flach|fallen *itr V unreg + sein fam* tomber à l'eau (*fam*) **Flachglas** *nt* verre *m* plat **Flachhang** *m* pente *f* douce
Flachheit <-, -en> *f* ❶ *kein Pl* (*flache Beschaffenheit*) planéité *f*, caractère *m* plat
❷ *kein Pl pej* (*Geistlosigkeit*) platitude *f*
❸ *pej* (*geistlose Äußerung*) platitude *f*
Flachheizkörper *m* radiateur *m* panneau
flächig ['flɛçɪç] *Adj Gesicht* plein(e)
Flachkopfschraube *f* vis *f* à tête plate
Flachküste *f* côte *f* peu escarpée **Flachland** *nt* pays *m* plat
flach|legen I. *tr V fam* mettre sur le carreau (*fam*); **jdn ~** mettre qn sur le carreau II. *r V fam* **sich ~** s'étendre, s'allonger
flach|liegen *itr V unreg fam* (*krank sein*) être sur le flanc (*fam*); (*im Bett bleiben*) garder le lit **Flachmann** <-männer> *m fam* flasque *f*
Flachs [flaks] <-es> *m* ❶ BOT, TEXTIL lin *m*
❷ *fam* (*Witzelei*) blague *f;* **ohne ~!** *fam* sans déconner! (*fam*)
flachsblond *Adj Person* aux cheveux filasse; *Haare* blond filasse
flachsen ['flaksən] *itr V fam* déconner (*fam*); **mit jdm ~** déconner avec qn
flachsig *Adj* (*sehnig*) filandreux(-euse)
Flachzange *f* pince *f* plate
flackern ['flakɐn] *itr V Feuer, Flamme:* vaciller; *Leuchtröhre:* clignoter
Fladen ['fla:dən] <-s, -> *m* ❶ GASTR galette *f*
❷ (*Kuhfladen*) bouse *f*
Fladenbrot *nt pain plat en forme de galette*
fladern ['fla:dɐn] *tr V* A *fam* (*stehlen*) voler
Flagge ['flagə] <-, -n> *f* drapeau *m;* NAUT pavillon *m;* **unter französischer/deutscher ~ fahren** battre [*o* naviguer sous] pavillon français/allemand; **unter fremder ~ fahren** battre pavillon étranger
▸ **~ zeigen** annoncer la couleur
flaggen *itr V* hisser le drapeau
Flaggenalphabet *nt* alphabet *m* par pavillons **Flaggensignal** *nt* signal *m* optique par pavillon
Flaggschiff ['flak-] *nt* ❶ vaisseau *m* amiral
❷ (*Vorzeigeexemplar*) produit *m* de prestige, fleuron *m*
flagrant [fla'grant] *Adj geh* flagrant(e)
Flair [flɛːɐ] <-s> *nt o selten m geh* ❶ (*Ausstrahlung*) aura *f*
❷ (*Atmosphäre*) *eines Gebäudes* ambiance *f; einer Stadt* charme *m*
Flak [flak] <-, - *o* -s> *f Abk von* **Flug[zeug]abwehrkanone**
❶ (*Kanone*) canon *m* antiaérien, batterie *f* antiaérienne
❷ (*Einheit*) D.C.A. *f*, défense *f* antiaérienne
Flakon [fla'kõː] <-s, -s> *nt o m* flacon *m*
flambieren* *tr V* flamber, faire flamber
Flame ['fla:mə] <-n, -n> *m*, **Flamin** *o* **Flämin** *f* Flamand(e) *m(f)*
Flamingo [fla'mɪŋgo] <-s, -s> *m* flamant *m* rose
flämisch ['flɛːmɪʃ] I. *Adj* flamand(e)
II. *Adv* **~ miteinander sprechen** discuter en flamand; *s. a.* **deutsch**
Flämisch <-[s]> *nt kein Art* le flamand; *s. a.* **Deutsch**
Flämische *nt dekl wie Adj* **das ~** le flamand; *s. a.* **Deutsche**
Flamme ['flamə] <-, -n> *f* ❶ flamme *f;* **mit ruhiger/flackernder ~ brennen** brûler d'une belle flamme/d'une flamme vacillante; **etw auf großer/kleiner ~ kochen** cuire qc à [*o* sur] feu vif/doux; **in ~n aufgehen** prendre feu; **in ~n stehen** être en flammes
❷ *veraltet fam* (*Freundin*) bonne amie *f* (*vieilli fam*)
flammend *Adj* ❶ **ein ~es Inferno** un brasier
❷ (*leuchtend*) **ein ~es Rot** un roux ardent
❸ (*leidenschaftlich*) *Rede* enflammé(e), ardent(e)
Flammenmeer *nt geh* mer *f* de feu; **ein einziges/riesiges ~ sein** n'être qu'un immense brasier **Flammentod** *m geh* mort *f* par le feu **Flammenwerfer** <-s, -> *m* lance-flammes *m*
Flandern ['flandɐn] <-s> *nt* la Flandre, les Flandres
flandrisch ['flandrɪʃ] *Adj* flamand(e)
Flanell [fla'nɛl] <-s, -e> *m* flanelle *f*
Flanellanzug *m* costume *m* de [*o* en] flanelle
flanieren* *itr V + haben o sein* flâner

Flanke ['flaŋkə] <-, -n> *f* ❶ *a.* MIL flanc *m;* **die offene ~** le flanc découvert
❷ FBALL tir *m* au centre, centre *m;* **eine ~ schlagen** passer au centre
flanken *itr V* FBALL centrer, passer au centre
Flankenschutz *m* MIL couverture *f* du flanc; **jdm ~ geben** couvrir qn
Flankerl ['flaŋkəɐl] <-s, -n> *nt* A *fam* (*Flöckchen*) [petit] flocon *m*
flankieren* *tr V* ❶ (*begleiten*) **von jdm flankiert werden** être encadré(e) par qn
❷ (*einrahmen*) **zwei Säulen ~ den Eingang** l'entrée est encadrée par deux colonnes
❸ *fig* **~ de Maßnahmen** des mesures complémentaires
Flansch [flanʃ] <-[e]s, -e> *m* collet *m,* embout *m*
Flappe ['flapə] <-, -n> *f* DIAL moue *f;* **eine ~ ziehen** faire la moue
flapsig ['flapsɪç] *fam* **I.** *Adj Benehmen, Antwort* désinvolte; **ein ~er Kerl** un impertinent
II. *Adv sich benehmen, antworten* avec impertinence
Fläschchen <-s, -> *nt Dim von* **Flasche** flacon *m,* petite bouteille *f; eines Säuglings* biberon *m*
Fläschchenwärmer <-s, -> *m* chauffe-biberon *m*
Flasche ['flaʃə] <-, -n> *f* ❶ bouteille *f;* **eine ~ Wasser** une bouteille d'eau; **aus der ~ trinken** boire à la bouteille; **etw auf ~n ziehen** mettre qc en bouteilles
❷ (*Säuglingsflasche*) biberon *m;* **dem Baby die ~ geben** donner le biberon au bébé; **die ~ bekommen** (*generell*) être nourri(e) au biberon; (*momentan*) prendre son biberon
❸ *fam* (*Versager*) minable *mf* (*fam*); [**du**] **~!** espèce de cloche! (*fam*)
▸ **zur ~ greifen** se mettre à boire
Flaschenbier *nt* bière *f* en bouteille **Flaschenbürste** *f* goupillon *m* **Flaschengärung** *f* fermentation *f* en bouteilles **Flaschengas** *nt* gaz *m* en bouteilles **Flaschengestell** *nt* casier *m* à bouteilles **flaschengrün** *Adj* vert bouteille *inv* **Flaschenhals** *m* ❶ goulot *m* [de bouteille] ❷ (*Engpass*) goulot *m* d'étranglement **Flaschenkind** *nt* enfant *mf* élevé(e) au biberon **Flaschenkürbis** *m* calebasse *f* **Flaschenmilch** *f* lait *f* en bouteille **Flaschennahrung** *f* nourriture *f* de bébé spéciale biberon; **~ bekommen** être nourri(e) au biberon **Flaschenöffner** *m* ouvre-bouteille[s] *m,* décapsuleur *m* **Flaschenpfand** *nt* consigne *f* [pour bouteilles] **Flaschenpost** *f* bouteille *f* à la mer **Flaschentomate** *f* tomate *f* roma **Flaschenverschluss**[RR] *m* capsule *f* **Flaschenwein** *m* vin *m* bouché **flaschenweise** *Adv verkaufen* à la bouteille; *trinken* par bouteilles entières **Flaschenzug** *m* palan *m*
Flaschner(in) ['flaʃnɐ] <-s, -> *m(f)* SDEUTSCH, CH plombier *m*
Flatter ['flatɐ] <-> *f fam* ▸ **die ~ machen** se casser (*fam*)
flatterhaft *Adj pej* inconstant(e), versatile
Flatterhaftigkeit <-> *f pej* inconstance *f*
Flattermann <-männer> *m hum fam* (*Hähnchen*) poulet *m*
flattern ['flatɐn] *itr V* ❶ + *sein* (*fliegen*) *Schmetterling:* papillonner; *Vogel:* voleter
❷ + *haben* (*mit den Flügeln schlagen*) battre des ailes
❸ + *haben* (*sich bewegen*) **im Wind ~** *Wäsche, Fahne, Haare:* flotter au vent
❹ + *haben* (*sich unruhig bewegen*) *Hände:* trembler; *Augenlider:* être agité(e) de palpitations; *Herz, Puls:* palpiter
❺ + *sein* (*fallen, gelangen*) **zu Boden/vom Schreibtisch ~** *Geldschein, Blatt Papier:* s'envoler sur le sol/du bureau; **ins Haus/auf den Tisch ~** *Rechnung, Brief:* atterrir dans la maison/sur la table
❻ + *haben fam* (*vibrieren*) *Rad:* vibrer; **die Lenkung flattert** il y a du jeu dans la direction
Flattersatz *m* composition *f* en drapeau
flau [flaʊ] *Adj* ❶ (*unwohl*) **ein ~es Gefühl haben** ne pas se sentir très bien; **mir ist ~** je me sens mal
❷ (*nicht gut*) *Geschäft, Börse* morose
Flaum [flaʊm] <-[e]s> *m* duvet *m*
Flaumfeder *f* plumule *f*
flaumig ['flaʊmɪç] *Adj Gefieder, Haut* duveté(e)
Flausch [flaʊʃ] <-[e]s, -e> *m* molleton *m*
flauschig *Adj Handtuch, Pullover* moelleux(-euse)
Flausen *Pl fam* ❶ (*unsinnige Einfälle*) sottises *fpl,* conneries *fpl* (*fam*); **nichts als ~ im Kopf haben** ne penser qu'à faire des conneries (*fam*); **dir werde ich die ~ austreiben!** je vais te remettre les idées en place!
❷ (*Ausflüchte*) balivernes *fpl;* **mach keine ~!** raconte pas d'histoires! (*fam*)
Flaute ['flaʊtə] <-, -n> *f* ❶ METEO calme *m*
❷ COM marasme *m;* (*nicht sehr betriebsame Zeit*) période *f* creuse
fläzen ['flɛ:tsn] *r V pej fam* **sich ~** se vautrer; **sich in den Sessel ~** se vautrer dans le fauteuil; **sich auf dem Bett ~** être vautré(e) sur le lit
Flechte ['flɛçtə] <-, -n> *f* ❶ BOT lichen *m*
❷ MED dartre *m*
flechten ['flɛçtən] <flicht, flocht, geflochten> *tr V* tresser *Haare, Korb, Kranz;* **aus etw einen Kranz ~** tresser une couronne avec qc; **Blumen zu einem Kranz ~** faire une couronne de fleurs; **sich** (*Dat*) **die Haare zu einem Zopf ~** se faire une natte; **geflochten** tressé(e)
Flechtwerk *nt* treillis *m*
Fleck [flɛk] <-[e]s, -e *o* -en> *m* ❶ (*Schmutzfleck, Farbfleck*) tache *f*
❷ (*verfärbte Stelle auf der Haut*) ecchymose *f;* **blauer ~** bleu *m*
❸ (*dunkle Stelle auf Obst*) tavelure *f;* (*Druckstelle*) meurtrissure *f*
❹ (*Stelle*) endroit *m;* (*Stück Land*) bout *m* de terrain
❺ ANAT **der blinde ~** la tache aveugle
▸ **er hat einen ~ auf der** [**weißen**] **Weste** sa réputation n'est pas sans tache; **einen blinden ~ haben** voir la paille dans l'œil du voisin et ne pas voir la poutre dans le sien; **mit etw nicht vom ~ kommen** ne pas avancer dans qc; **sich nicht vom ~ rühren** ne pas bouger [d'un pouce]; **vom ~ weg** sur-le-champ
Fleckchen <-s, -> *nt* (*Gegend*) endroit *m;* **ein schönes ~** [**Erde**] un joli petit coin [de terre]
Flecken ['flɛkən] <-s, -> *m* ❶ (*Fleck*) tache *f*
❷ *veraltet* (*Marktflecken*) bourg *m* (*vieilli*)
Fleckenentferner *m* détachant *m*
fleckenlos **I.** *Adj* sans tache
II. *Adv sauber, rein* parfaitement
Fleckentferner <-s, -> *m* détachant *m*
Fleckenwasser *nt* détachant *m* liquide
Fleckerlteppich *m* SDEUTSCH, A tapis *m* multicolore *tissé à partir de chutes de tissu*
Fleckfieber *nt* MED typhus *m* [exanthématique]
fleckig ['flɛkɪç] *Adj* ❶ (*unsauber*) *Tuch, Kleidungsstück* taché(e)
❷ (*voller dunkler Stellen*) *Gesicht, Haut, Frucht* tacheté(e)
fleddern ['flɛdɐn] *tr V pej fam* dévaliser
Fledermaus ['fle:dɐmaʊs] *f* chauve-souris *f*
Fledermausärmel *m* manche *f* chauve-souris
Fleece [fli:s] <-> *nt* TEXTIL polaire *m*
Fleet [fle:t] <-[e]s, -e> *nt* NDEUTSCH canal *m*
Flegel ['fle:gəl] <-s, -> *m pej* (*Kind*) garnement *m;* (*Mann*) mufle *m* (*péj*), goujat *m*
Flegelalter *nt* âge *m* ingrat
Flegelei <-, -en> *f pej* sans-gêne *m,* grossièreté *f*
flegelhaft *Adj pej Person, Bemerkung* sans-gêne, grossier(-ière); *Benehmen* sans-gêne
Flegeljahre *Pl* âge *m* ingrat
flegeln *r V fam* **sich ~** se vautrer; **sich auf das Sofa ~** se vautrer sur le canapé
flehen ['fle:ən] *itr V geh* supplier; **um Gnade/Hilfe ~** deman-

der grâce/implorer de l'aide; **zu Gott** ~ implorer Dieu

flehentlich ['fle:əntlɪç] *geh* I. *Adj Blick, Stimme, Bitte* implorant(e)
II. *Adv* en suppliant, en implorant; *bitten* instamment

Fleisch [flaɪʃ] <-[e]s> *nt* ❶ (*Nahrungsmittel*) viande *f;* ~ **fressend** *Pflanze* carnivore; *Tier* carnassier(-ière), carnivore
❷ ANAT chair *f*
❸ (*Fruchtfleisch*) chair *f,* pulpe *f*
▶ **mein/sein/... eigen[es]** ~ **und Blut** *geh* la chair de ma/sa/... chair (*vieilli*); **jdm in** ~ **und Blut übergehen** devenir naturel(le) [*o* une habitude] pour qn; **sich** (*Akk o Dat*) **mit etw ins eigene** ~ **schneiden** se nuire à soi-même par qc, se causer du tort [par qc]; **vom** ~**[e] fallen** *fam* fondre

fleischarm *Adj* pauvre en viande **Fleischbeschau** *f* ❶ ADMIN *inspection sanitaire de la viande par les services vétérinaires* ❷ *hum fam* étalage *m* de viande (*fam*) **Fleischbeschauer(in)** <-s, -> *m(f)* inspecteur(-trice) *m(f)* des services vétérinaires **Fleischbrühe** *f* (*Bouillon*) bouillon *m* de viande; (*Kraftbrühe*) consommé *m* **Fleischeinlage** *f* morceaux *mpl* de viande

Fleischer(in) <-s, -> *m(f)* boucher(-ère) *m(f)*

Fleischerbeil *nt* hachette *f* de boucher

Fleischerei <-, -en> *f* boucherie *f*

Fleischermesser *nt* couteau *m* de boucherie

Fleischesser(in) *m(f)* carnassier(-ière) *m(f)* **Fleischextrakt** *m* extrait *m* de viande **fleischfarben** *Adj* [de] couleur chair **Fleischfondue** *nt* fondue *f* bourguignonne

fleischfressend *s.* Fleisch 1.

Fleischfresser <-s, -> *m* ZOOL carnassier *m,* carnivore *m* **Fleischfüllung** *f* farce *f* [à base de viande]; **mit** ~ farci(e) **Fleischgericht** *nt* plat *m* de viande **Fleischhauer(in)** *m(f)* A boucher(-ère) *m(f)* **Fleischhauerei** <-, -en> *f* A boucherie *f*

fleischig *Adj Person, Tier* dodu(e); *Blatt, Frucht, Lippen* charnu(e)

Fleischkäse *m préparation de viande hachée, d'œufs et d'épices, traditionnelle dans le Sud de l'Allemagne* **Fleischklopfer** *m* attendrisseur *m* **Fleischkloß** *m* ❶ GASTR boulette *f* de viande ❷ *pej fam* (*Mensch*) tas *m* de graisse (*péj fam*) **Fleischklößchen** ['flaɪʃklø:sçən] *nt* petite boulette *f* de viande

fleischlich *Adj attr* ❶ *Kost* à base de viande
❷ *liter Begierden* charnel(le)

fleischlos I. *Adj Ernährung, Kost* sans viande
II. *Adv kochen* sans viande; **sich** ~ **ernähren** ne pas manger de viande

Fleischpastete *f* pâté *m* **Fleischsalat** *m lanières de cervelas préparées avec des cornichons et de la mayonnaise* **Fleischspieß** *m* brochette *f* de viande **Fleischstück** *nt* bout *m* de viande **Fleischtomate** *f* tomate *f* charnue [à farcir] **Fleischtopf** *m* cocotte *f,* faitout *m* **fleischverarbeitend** *Adj* ~**e Industrie** industrie *f* charcutière **Fleischvergiftung** *f* intoxication *f* alimentaire causée par de la viande avariée **Fleischwaren** *Pl* produits *mpl* de boucherie; (*Schweinefleischwaren*) charcuterie *f* **Fleischwolf** *m* hache-viande *m;* **etw durch den** ~ **drehen** passer qc au hachoir ▶ **jdn durch den** ~ **drehen** passer qn à la moulinette (*fam*) **Fleischwunde** *f* lésion *f* profonde **Fleischwurst** *f sorte de cervelas*

Fleiß [flaɪs] <-[e]s> *m kein Pl* zèle *m,* application *f*
▶ **ohne** ~ **kein Preis** *Spr.* on n'a rien sans peine; **mit** ~ SDEUTSCH exprès

Fleißarbeit *f* ❶ travail *m* assidu
❷ *pej* (*uninspirierte Arbeit*) **[reine]** ~ travail *m* de gratte-papier

fleißig I. *Adj* ❶ *Mitarbeiter* travailleur(-euse); *Schüler* studieux(-euse), appliqué(e)
❷ (*durch Fleiß erreicht*) *Arbeit, Leistung* assidu(e)
❸ *fam* (*eifrig*) *Theaterbesucher, Sammler* assidu(e)
II. *Adv* ❶ *arbeiten* avec application; ~ **studieren** être très studieux(-euse)
❷ *fam* (*mit Appetit*) *essen, trinken, zugreifen* pas mal (*iron*)

flektieren* I. *tr V* décliner *Substantiv, Adjektiv;* conjuguer *Verb*
II. *itr V* **schwach/stark** ~ suivre la conjugaison faible/forte

flennen ['flɛnən] *itr V pej fam* pleurnicher

fletschen ['flɛtʃən] *tr V* **die Zähne** [*o* **mit den Zähnen**] ~ montrer les dents

fleucht *veraltet 3. Pers Präs von* **fliegen**

Fleurop® ['flɔɪrɔp] <-> *f* ≈ Interflora® *m*

flexibel [flɛ'ksi:bəl] *Adj* flexible, souple; *Material* souple; **flexible Arbeitszeiten** horaires *fpl* flexibles

Flexibilisierung <-, -en> *f der Arbeitszeit* aménagement *m; der Ladenschlusszeiten* assouplissement *m; der Altersgrenze* modulation *f*

Flexibilität [flɛksibili'tɛ:t] <-> *f* ❶ (*Anpassungsfähigkeit*) flexibilité *f*
❷ (*Elastizität*) souplesse *f*

Flexion [flɛ'ksio:n] <-, -en> *f eines Substantivs, Adjektivs* déclinaison *f; eines Verbs* conjugaison *f*

Flexionsendung *f* terminaison *f,* désinence *f*

flicht [flɪçt] *3. Pers Präs von* **flechten**

Flickarbeit *f* raccommodage *m*

flicken ['flɪkən] *tr V* ❶ (*nähen*) rapiécer
❷ (*reparieren*) réparer *Fahrradschlauch, Netz, Schuhe;* rafistoler (*fam*) *Dach*

Flicken <-s, -> *m* (*Stück Stoff*) pièce *f;* (*Stück Gummi*) rustine *f*

Flickschuster(in) *m(f) pej fam* (*Stümper*) rafistoleur(-euse) *m(f)* (*fam*) **Flickschusterei** *f fam* rapiéçage *m;* ~ **betreiben** faire du rafistolage (*fam*) **Flickwerk** *nt kein Pl pej* rafistolage *m* (*fam*) **Flickzeug** <-[e]s, -e> *nt* nécessaire *m* pour réparer les chambres à air

Flieder ['fli:dɐ] <-s, -> *m* lilas *m*

Fliederbusch *m* buisson *m* de lilas

fliederfarben *Adj* [de couleur] lilas

Fliege ['fli:gə] <-, -n> *f* ❶ ZOOL mouche *f*
❷ COUT nœud *m* papillon
▶ **zwei** ~**n mit einer Klappe schlagen** *fam* faire d'une pierre deux coups; **ihn/sie stört die** ~ **an der Wand** un rien le/la dérange; **er/sie tut keiner** ~ **etwas zuleide** il/elle ne ferait pas de mal à une mouche (*fam*); **die** [*o* **'ne** *sl*] ~ **machen** *fam* se casser (*fam*); **wie die** ~**n sterben** mourir comme des mouches

fliegen ['fli:gən] <flog, geflogen> I. *itr V + sein* ❶ *Vogel, Flugzeug:* voler; **auf einen Baum** ~ se poser sur un arbre; **nach Paris/Madagaskar** ~ *Flugzeug:* voler vers Paris/Madagascar; *Fluggesellschaft:* desservir Paris/Madagascar; **wann fliegt die nächste Maschine nach Paris?** quand décolle le prochain avion pour Paris?
❷ (*reisen*) **nach Berlin** ~ aller à Berlin en avion; **mit [der] Air France** ~ voler sur Air France; **gern/ungern** ~ aimer/ne pas aimer prendre l'avion; **wie lange fliegt man nach Lyon?** combien de temps dure le vol jusqu'à Lyon?; **zum Mond** ~ *Person:* aller sur la Lune; *Rakete:* faire route vers la Lune
❸ (*geworfen werden*) *Ball, Stein, Speer:* voler; **auf den Boden/gegen die Wand** ~ voler sur le sol/contre le mur; **in den Papierkorb** ~ aller au panier; **ein Buch flog ihm an den Kopf** il a reçu un livre dans la figure; **durchs Fenster geflogen kommen** arriver par la fenêtre
❹ *fam* (*fallen*) **vom Stuhl/auf den Boden** ~ dégringoler de sa chaise/sur le sol (*fam*); **ihr flog die Gabel aus der Hand** la fourchette lui a échappé [de la main]; **der Hut flog ihm vom Kopf** son chapeau s'est envolé [de sa tête]
❺ *sl* (*hinausgeworfen werden*) **aus der Firma/von der Schule** ~ se faire virer de son travail/de l'école (*fam*)
❻ *sl* (*durchfallen*) **durch eine Prüfung** ~ se ramasser [*o* se planter] à un examen (*fam*)
❼ (*flattern*) **im Wind** ~ *Fahne, Haare, Wäsche:* voler au vent
❽ (*eilen*) voler; **durch das Haus/die Halle** ~ traverser la maison au pas de course/le hall d'un bond; **jdm um den Hals** ~ sauter au cou de qn; **ich kann doch nicht** ~**!** *fam* je ne peux pas aller plus vite que la musique! (*fam*)
❾ *fam* (*angezogen werden*) **auf jdn/etw** ~ craquer pour qn/

qc *(fam)*
II. *tr V* ❶ *+ haben o sein (steuern)* piloter *Flugzeug*
❷ *+ haben (befördern)* **Passagiere/Hilfsgüter ~** transporter des passagers/des colis humanitaires par avion
❸ *+ haben o sein (zurücklegen)* parcourir, faire *Route, Strecke*
fliegend *Adj attr* ❶ volant(e)
❷ *(nicht stationär) Händler* ambulant(e)
Fliegendreck *m* chiure *f* de mouche **Fliegenfänger** <-s, -> *m* papier *m* tue-mouche **Fliegenfenster** *nt* moustiquaire *f* **Fliegengewicht** *nt* ❶ SPORT poids *m* mouche ❷ *fam (leichter Mensch)* poids *m* plume **Fliegengewichtler(in)** <-s, -> *m(f)* poids *m* mouche **Fliegengitter** *nt* moustiquaire *f* **Fliegenklatsche** ['fli:gənklatʃə] <-, -n> *f* tapette *f* **Fliegenpilz** *m* amanite *f* tue-mouche
Flieger ['fli:gɐ] <-s, -> *m* ❶ *a.* MIL *(Pilot)* aviateur *m*; **die ~** *fam (die Luftwaffe)* l'armée *f* de l'air
❷ *fam (Flugzeug)* avion *m*
Fliegeralarm *m* alerte *f* aérienne **Fliegerangriff** *m* attaque *f* aérienne
Fliegerei <-> *f* aviation *f*
Fliegerhorst *m* base *f* aérienne
Fliegerin <-, -nen> *f* aviatrice *f*
fliegerisch *Adj attr Können, Leistung* en matière d'aviation
Fliegerstaffel *f* MIL escadrille *f* d'avions
fliehen ['fli:ən] <floh, geflohen> I. *itr V + sein* ❶ *(entkommen)* s'enfuir; **aus dem Gefängnis ~** s'évader de la prison; **ins Ausland/nach Kanada ~** s'enfuir [*o* se réfugier] à l'étranger/au Canada; **zu jdm ~** se réfugier chez qn
❷ *(davoneilen)* **vor dem Feind/einem Gewitter ~** fuir devant l'ennemi/un orage
II. *tr V + haben liter (meiden)* fuir *Gesellschaft, Lärm*
fliehend *Adj Kinn, Stirn* fuyant(e)
Fliehkraft *f* force *f* centrifuge
Fliese ['fli:zə] <-, -n> *f* carreau *m* [de céramique]; **blaue ~n** carrelage *m* bleu; **~n legen** poser un [*o* du] carrelage; **etw mit ~n auslegen** carreler qc
fliesen ['fli:zn] *tr V* carreler
Fliesen[fuß]boden *m* sol *m* carrelé **Fliesenleger(in)** <-s, -> *m(f)* carreleur(-euse) *m(f)*
Fließband <-bänder> *nt* chaîne *f* [de montage]; **am ~ arbeiten** [*o* **stehen** *fam*] travailler [*o* être] à la chaîne
Fließbandarbeit *f* travail *m* à la chaîne
fließen ['fli:sən] <floss, geflossen> *itr V + sein* ❶ *(strömen) Wasser, Blut, Tränen:* couler; **durch Paris/nach Norden ~** *Fluss:* traverser Paris/couler vers le nord; **in die Seine/ins Mittelmeer ~** se jeter dans la Seine/la Méditerranée
❷ *(sich dahinbewegen) Verkehr:* être fluide; *Luft, Luftmassen:* affluer; *elektrischer Strom:* circuler, passer; **~der Verkehr** circulation *f* fluide
❸ *(hervorsprudeln) Ideen, Redestrom:* jaillir; **die Worte ~ ihr aus der Feder** les mots jaillissent de sa plume
❹ *(eingehen) Kredite, Mittel, Nachrichten:* affluer
▶ **alles fließt** PHILOS tout passe [et rien ne demeure]
fließend I. *Adj* ❶ *Rede, Vortrag* prononcé(e) d'une traite [*o* avec aisance]
❷ *(nicht scharf umrissen) Grenze, Übergang* flou(e)
II. *Adv sprechen, lesen* couramment, aisément; **~ Französisch sprechen** parler le français couramment
Fließheck *nt* arrière *m* liftback
flimmerfrei *Adj Bildschirm* avec une stabilité parfaite de l'image; *Bild* qui ne tremble pas
Flimmerhärchen *Pl* ANAT cils *mpl* vibratiles
Flimmerkiste *f fam* télé *f (fam)*
flimmern ['flɪmɐn] *itr V* ❶ *Fernsehbild, Bildschirm* trembler; **über den Bildschirm/die Leinwand ~** passer à la télé/au ciné *(fam)*
❷ *(flirren) Luft, Hitze:* vibrer; **es flimmert ihr vor den Augen** elle a un éblouissement

flink [flɪŋk] I. *Adj Person* agile, rapide; *Bewegung* vif(vive), rapide; *Finger, Griff* agile
II. *Adv sich bewegen* avec agilité; *arbeiten* avec adresse; **ein bisschen ~!** *fam* et que ça saute! *(fam)*
Flinserl ['flɪnzɐl] <-s, -n> *nt* A *(Ohrschmuck)* boucle *f* d'oreille
Flinte ['flɪntə] <-, -n> *f* ❶ *(Schrotflinte)* fusil *m* [de chasse]
❷ *veraltet (Gewehr)* carabine *f*
▶ **die ~ ins Korn werfen** *fam* jeter le manche après la cognée
Flipchart[RR] ['flɪptʃa:ɐt] <-, -s> *f* paperboard *m*
Flipper ['flɪpɐ] <-s, -> *m*, **Flipperautomat** *m* flipper *m*
flippern *itr V* jouer au flipper
flippig ['flɪpɪç] I. *Adj fam* farfelu(e) *(fam)*, loufoque *(fam)*
II. *Adv herumlaufen, sich kleiden* de manière farfelue [*o* loufoque] *(fam)*; **~ aussehen** avoir l'air farfelu [*o* loufoque] *(fam)*
flirren ['flɪrən] *itr V Luft:* trembloter, vaciller
Flirt [flœrt, flø:ɐt] <-s, -s> *m* flirt *m*
flirten ['flœrtən, 'flø:ɐtən] *itr V* flirter; **mit jdm ~** flirter avec qn
Flitscherl ['fli:tʃɐl] <-s, -n> *nt* A *pej fam (Flittchen)* trainée *f (fam)*
Flittchen ['flɪtçən] <-s, -> *nt pej fam* traînée *f (fam)*
Flitter ['flɪtɐ] <-s, -> *m* ❶ *(Pailletten)* paillettes *fpl*
❷ *kein Pl pej (Tand)* clinquant *m*
Flittergold *nt* oripeau *m* **Flitterwochen** *Pl* lune *f* de miel; **in die ~ fahren/in den ~ sein** partir/être en voyage de noces
Flitz[e]bogen ['flɪtsə-] *m fam* arc *m*
▶ **gespannt sein wie ein ~** crever de curiosité *(fam)*
flitzen ['flɪtsən] *itr V + sein fam* filer *(fam)*
Flitzer <-s, -> *m fam* bolide *m*
floaten ['flɔʊtn] *itr V* FIN flotter
Floating ['flɔʊtɪŋ] <-s> *nt* FIN flottement *m*
flocht [flɔxt] *Imp von* **flechten**
Flöckchen <-s, -> *nt* ❶ *Dim von* **Flocke** petit flocon *m*
❷ *(kleines Stück)* **ein ~ Butter** une noix de beurre; **ein ~ Eischnee** un flocon de blancs en neige
Flocke ['flɔkə] <-, -n> *f* ❶ *(Schneeflocke, Getreideflocke)* flocon *m*
❷ *(Staubflocke)* mouton *m*
flockig *Adj Schaum* floconneux(-euse)
flog [flo:k] *Imp von* **fliegen**
floh [flo:] *Imp von* **fliehen**
Floh [flo:, *Pl:* 'flø:ə] <-[e]s, ¨-e> *m* ❶ ZOOL puce *f*
❷ *Pl sl (Geld)* fric *m (fam)*
▶ **jdm einen ~ ins Ohr setzen** *fam* fourrer une idée dans le crâne de qn *(fam)*; **die Flöhe husten hören** *fam* fabuler, avoir des visions *(fam)*
Flohmarkt *m* marché *m* aux puces **Flohzirkus** *m numéro de puces savantes*
Flokati [flo'ka:ti] <-s, -s> *m* flokatis *m*
Flom[en] ['flo:mən] <-s> *m* panne *f* de porc
Flop [flɔp] <-s, -s> *m fam* bide *m (fam)*, flop *m (arg)*; **mit etw einen ~ landen** faire un bide avec qc *(fam)*
Floppydisk[RR] ['flɔpidɪsk] <-, -s> *f* INFORM disquette *f*
Flor <-s, -e *o selten* ¨-e> [flo:ɐ] *m* ❶ *(dünnes Gewebe)* voile *m*, crêpe *m*
❷ *(Teppichflor, Samtflor)* poil *m*
Flora ['flo:ra, *Pl:* 'flo:rən] <-, Floren> *f* flore *f*
Florentiner[1] <-s, -> *m* ❶ Florentin *m*
❷ GASTR florentin *m*
❸ *(Strohhut) chapeau de paille à larges bords*
Florentiner[2] *Adj* florentin(e), de Florence
Florentinerin <-, -nen> *f* Florentine *f*
florentinisch I. *Adj* florentin(e), de Florence
II. *Adv* **~ sprechen** parler florentin
Florenz [flo'rɛnts] <-> *nt* Florence
Florett [flo'rɛt] <-[e]s, -e> *nt* ❶ *(Waffe)* fleuret *m*
❷ *kein Pl (Fechtdisziplin)* escrime *f* au fleuret
Florettfechten *nt* SPORT escrime *m* au fleuret
florieren* *itr V Geschäft, Laden:* prospérer, être prospère; *Wirt-*

schaft: être florissant(e); ~**d** *Praxis, Wirtschaftszweig* prospère

Florist(in) [flo'rɪst] <-en, -en> *m(f)* fleuriste *mf*

Floskel ['flɔskəl] <-, -n> *f* figure *f* de rhétorique; **eine höfliche/abgedroschene** ~ une formule de politesse/toute faite

flossRR [flɔs], **floß** *Imp von* **fließen**

Floß [flo:s, *Pl:* 'flø:sə] <-es, Flöße> *nt* radeau *m*

Flosse ['flɔsə] <-, -n> *f* ① ZOOL nageoire *f; eines Haifischs* aileron *m*
② (*Schwimmflosse*) palme *f*
③ *sl* (*Hand*) paluche *f* (*fam*), patte *f* (*fam*)

flößen ['flø:sn] *tr V* ① transporter par flottage; **Waren/Holz** ~ transporter des marchandises/du bois par flottage
② (*einflößen*) **jdm Hustensaft in den Mund** ~ faire avaler son sirop contre la toux à qn

Flößer(in) <-s, -> *m(f)* flotteur(-euse) *m(f)*

Flöte ['flø:tə] <-, -n> *f* ① (*Instrument*) flûte *f;* ~ **spielen** jouer de la flûte
② (*Kelchglas*) flûte *f* [à champagne]
③ (*Pfeife*) *eines Wasserkessels* sifflet *m*

flöten I. *itr V* ① MUS jouer de la flûte
② (*zwitschern*) siffler
③ *hum fam* (*süßlich sprechen*) susurrer
II. *tr V* ① **etw** ~ jouer qc à la flûte
② DIAL (*pfeifen*) siffler

flöten|gehen *itr V unreg + sein sl* ① (*verloren gehen*) s'envoler en fumée ② (*kaputtgehen*) se casser **Flötenkessel** *m* bouilloire *f* à sifflet **Flötenspiel** *nt* petit concert *m* de flûte **Flötenspieler(in)** *m(f)* joueur(-euse) *m(f)* de flûte **Flötenton** <-töne> *m* son *m* de flûte ► **jdm [die] Flötentöne beibringen** *fam* apprendre les bonnes manières à qn (*fam*)

Flötist(in) [flø'tɪst] <-en, -en> *m(f)* flûtiste *mf*

flott [flɔt] *fam* I. *Adj* ① (*zügig*) *Arbeiter* rapide; *Bedienung* dégourdi(e); **ein ~es Tempo draufhaben** aller à une sacrée allure
② (*schwungvoll*) *Musik, Schlager, Titel* entraînant(e)
③ (*schick*) *Kerl, Frau* smart(e) (*fam*); *Auto, Motorrad, Kleidung* fringant(e)
④ (*unbeschwert*) *Lebensstil* dépensier(-ière); **ein [ganz] ~es Leben führen** mener la belle vie
⑤ (*manövrierfähig*) **[wieder] ~ sein** *Schiff:* être [de nouveau] à flot; *Auto, Motorrad:* rouler [de nouveau] impec (*fam*)
⑥ (*flüssig*) *Stil* aisé(e)
II. *Adv* ① (*zügig*) vite, rapidement; **aber ein bisschen ~!** *fam* plus vite que ça! (*fam*)
② (*schick*) *sich anziehen* chic; ~ **aussehen** être [*o* avoir l'air] drôlement chic (*fam*)

flott|bekommen* *tr V unreg* mettre à flot *Schiff;* **ein Schiff [wieder]** ~ [re]mettre un bateau à flot; **ein Auto/Motorrad [wieder]** ~ *fam* [re]mettre une voiture/moto en état

Flotte ['flɔtə] <-, -n> *f* MIL flotte *f*

Flottenstützpunkt *m* base *f* navale **Flottenverband** *m* flotte *f*

Flottille [flɔ'tɪl(j)ə] <-, -n> *f* ① MIL flottille *f* de guerre
② NAUT flottille *f* de pêche

flott|kriegen *s.* **flottbekommen** **flott|machen** *tr V* mettre à flot *Schiff;* **ein Schiff [wieder]** ~ [re]mettre un bateau à flot; **ein Auto/Motorrad [wieder]** ~ *fam* [re]mettre une voiture/moto en état **flottweg** *Adv fam* ~ **arbeiten** [*o* **schaffen**] en mettre un coup

Flöz [flø:ts] <-es, -e> *nt* filon *m*, couche *f* [sédimentaire]

Fluch [flu:x, *Pl:* 'fly:çə] <-[e]s, Flüche> *m* ① (*Schimpfwort*) juron *m*
② *kein Pl* (*Verwünschung*) malédiction *f;* **ein ~ lastet auf seiner Familie** une malédiction pèse sur sa famille
► **das [eben] ist der ~ der bösen Tat** *Spr.* il/elle/... n'a que ce qu'il/elle/... mérite

fluchbeladen *Adj geh* maudit(e)

fluchen ['flu:xən] *itr V* ① jurer; **auf** [*o* **über**] **jdn/etw** ~ jurer contre [*o* après] qn/qc, pester contre qn/qc; **wild ~d** en jurant comme un fou/une folle
② *geh* (*verwünschen*) **jdm/einer S.** ~ maudire qn/qc

Flucht [flʊxt] <-, -en> *f* ① fuite *f;* (*Ausbruch aus dem Gefängnis*) évasion *f;* **auf der ~ sein** être en fuite; **die ~ ergreifen** *geh* prendre la fuite; **jdm zur ~ verhelfen** aider qn à prendre la fuite [*o* à fuir]; (*zum Ausbruch verhelfen*) aider qn à s'évader; **jdn in die ~ schlagen** faire fuir qn; **in wilder ~** dans une course folle
② *fig* fuite *f;* **die ~ nach vorn/vor der Realität** la fuite en avant/face à la réalité; **durch die ~ in die Arbeit** en se réfugiant dans le travail
③ CONSTR alignement *m*
④ *geh* (*Zimmerflucht*) enfilade *f*

fluchtartig I. *Adj* précipité(e)
II. *Adv* précipitamment, avec précipitation

Fluchtauto *nt* voiture *f* utilisée par le[s] fugitif[s]

flüchten ['flʏçtən] I. *itr V + sein* [s'en]fuir; **vor der Polizei/dem Feind** ~ fuir devant la police/l'ennemi; **ins Ausland/über die Grenze** ~ [s'en]fuir [*o* se réfugier] à l'étranger; **aus der Wohnung** ~ s'échapper [*o* s'enfuir] de l'appartement
II. *r V + haben* ① (*Schutz suchen*) **sich in das Haus** ~ se réfugier dans la maison; **er flüchtete in ihre Arme** il s'est réfugié dans ses bras
② (*Zuflucht nehmen*) **sich in Arbeit/Alkohol/Lügen** ~ se réfugier dans le travail/l'alcool/le mensonge

Fluchtfahrzeug *nt* véhicule *m* utilisé par le[s] fugitif[s] [*o* pour la fuite] **Fluchtgefahr** *f* risque *m* de fuite; (*Ausbruchsgefahr*) risque *m* d'évasion; **es besteht** ~ il y a risque de fuite/d'évasion **Fluchthelfer(in)** *m(f)* (*Schleuser*) passeur(-euse) *m(f);* (*Helfer beim Ausbruch*) complice *mf* [de l'évasion] **Fluchthilfe** *f* complicité *f* de fuite; (*Hilfe beim Ausbruch*) complicité d'évasion

flüchtig ['flʏçtɪç] I. *Adj* ① *Person* en fuite, fugitif(-ive); ~ **sein** être en fuite
② (*oberflächlich, kurz*) *Berührung, Gruß, Kuss* rapide, fugitif(-ive); *Blick, Erscheinung* furtif(-ive); *Arbeit, Erwähnung, Lektüre* superficiel(le); *Bekanntschaft* vague
③ CHEM *Flüssigkeit, Substanz* volatil(e)
II. *Adv aufsehen, grüßen, küssen* rapidement, fugitivement; *erwähnen* brièvement; *arbeiten, kennen, lesen* superficiellement; **jdn/etw ~ berühren** effleurer qn/qc

Flüchtigkeit <-, en> *f* ① *kein Pl* (*kurze Dauer*) caractère *m* éphémère
② *kein Pl* (*Oberflächlichkeit*) *einer Bekanntschaft, Lektüre, Arbeit* caractère *m* superficiel
③ (*Unachtsamkeit*) inattention *f*
④ *kein Pl* CHEM *einer Substanz* volatilité *f*

Flüchtigkeitsfehler *m* faute *f* d'inattention; ~ **machen** faire des fautes d'inattention

Flüchtling <-s, -e> *m* réfugié(e) *m(f)*

Flüchtlingsausweis *m* attestation délivrée aux réfugiés **Flüchtlingslager** *nt* camp *m* de réfugiés **Flüchtlingsstrom** *m* afflux *m* de réfugiés

Fluchtpunkt *m* point *m* de fuite **Fluchtverdacht** *m* JUR présomption *f* de fuite **Fluchtversuch** *m* tentative *f* de fuite; (*Ausbruchsversuch*) tentative *f* d'évasion **Fluchtweg** *m* ① *eines Flüchtlings* chemin *m* emprunté pour la fuite; *eines Häftlings* chemin d'évasion ② (*Weg in Gebäuden*) issue *f* de secours

Flug [flu:k, *Pl:* 'fly:gə] <-[e]s, Flüge> *m* ① *eines Vogels, Flugzeugs* vol *m; eines Skispringers, Balls* trajectoire *f;* **im** ~ en plein vol
② (*Flugreise*) vol *m;* **einen ~ buchen** réserver un billet sur un vol; **einen ~ stornieren** *Passagier:* annuler sa réservation sur un vol; **der ~ zum Mond** le voyage vers la Lune; **guten ~!** bon vol!
► **wie im ~[e] vergehen** *Tage, Stunden:* filer à toute allure

Flugabwehr *f* défense *f* antiaérienne, D.C.A. *f*

Flugabwehrkanone *f* canon *m* antiaérien **Flugabwehrrakete** *f* MIL fusée *f* antiaérienne

Flugangst *f* peur *f* de monter en avion **Flugasche** *f* escarbille *f* **Flugbahn** *f* trajectoire *f* **Flugbegleiter(in)** *m(f)* AVIAT steward *m*/hôtesse *f* de l'air **Flugbenzin** *nt* kérosène *m* **flugbereit** *Adj* prêt(e) à décoller **Flugbetrieb** *m kein Pl* trafic *m* aérien **Flugblatt** *nt* tract *m* **Flugboot** *nt* hydravion *m* **Flugdatenschreiber** *s.* Flugschreiber **Flugdauer** *f* durée *f* de vol **Flugdienst** *m* service *m* aérien **Flugdrachen** *m* SPORT cerf-volant *m* **Flugechse** *f* ptésaurien *m*

Flügel ['fly:gəl] <-s, -> *m* ① aile *f*; **mit den ~n schlagen** battre des ailes
② (*Fensterflügel, Türflügel*) battant *m*; (*Altarflügel*) volet *m*
③ (*Tragflügel, Windmühlenflügel, Gebäudeflügel, Parteiflügel*) aile *f*
④ (*Teil eines Propellers, Ventilators*) pale *f*
⑤ (*Lungenflügel*) lobe *m* [du poumon]
⑥ MIL flanc *m*; SPORT aile *f*
⑦ MUS piano *m* à queue; **am ~: ...** au piano: ...
▶ **jdm die ~ beschneiden** [*o* **stutzen**] rogner les ailes à qn; **die ~ hängen lassen** *fam* baisser les bras; **jdm ~ verleihen** *geh* donner des ailes à qn

Flügelaltar *m* retable *m* à volets **Flügelfenster** *nt* fenêtre *f* à battants **Flügelhorn** *nt* bugle *m*, cornet *m* **Flügelkämpfe** *Pl* luttes *fpl* intestines **flügellahm** *Adj* ① *Vogel* blessé(e) à l'aile ② *fig Person:* abattu(e) **Flügelmann** <-männer *o* -leute> *m* ① FBALL ailier *m* ② MIL chef *m* de file **Flügelmutter** <-muttern> *f* papillon *m* **Flügelschlag** *m* coup *m* d'aile **Flügelschraube** *f* vis *f* à ailettes **Flügelspannweite** *f* envergure *f* **Flügeltür** *f* porte *f* à deux battants

Flugerfahrung *f* expérience *f* en matière de pilotage **flugfähig** *Adj* capable de voler **Flugfeld** *nt* champ *m* [*o* terrain *m*] d'aviation **Fluggast** *m* passager(-ère) *m(f)*

flügge ['flʏgə] *Adj* **~/noch nicht ~ sein** *Vogel:* savoir/ne pas savoir voler; *Kind:* voler/ne pas encore voler de ses propres ailes

Fluggeschwindigkeit *f* vitesse *f* de vol **Fluggesellschaft** *f* compagnie *f* aérienne **Flughafen** *m* aéroport *m* **Flughafengebühr** *f* taxe *f* d'aéroport **Flughaut** *f* membrane *f* alaire **Flughöhe** *f* altitude *f* [de vol] **Flughund** *m* ZOOL roussette *f* **Flugingenieur(in)** [-ɪnʒeniøːɐ] *m(f)* ingénieur *mf* des constructions aéronautiques **Flugkapitän(in)** *m(f)* commandant(e) *m(f)* de bord **Flugkilometer** *m* distance *f* de vol **Flugkörper** *m* engin *m* volant **Fluglärm** *m* bruit *m* [du trafic] aérien **Fluglehrer(in)** *m(f)* moniteur(-trice) *m(f)* d'aviation **Fluglinie** *f* ligne *f* aérienne **Fluglotse** *m*, **-lotsin** *f* contrôleur(-euse) *m(f)* de la navigation aérienne **Flugmotor** *m* moteur *m* d'avion **Flugnummer** *f* numéro *m* de vol **Flugobjekt** *nt* objet *m* volant; **unbekanntes ~** objet volant non identifié **Flugpersonal** *nt* personnel *m* volant [*o* navigant] **Flugplan** *m* horaire *m* des vols **Flugplatz** *m* aérodrome *m* **Flugpreis** *m* tarif *m* aérien **Flugreise** *f* voyage *m* en avion **Flugroute** *f* route *f* aérienne

flugs [flu:ks] *Adv veraltet* incontinent (*vieilli*)

Flugsand *m* sables *mpl* mouvants **Flugsaurier** *m* ptérosaurien *m* **Flugschein** *m* ① (*Pilotenschein*) brevet *m* de pilote ② (*Flugticket*) billet *m* d'avion **Flugschneise** *f* couloir *m* aérien **Flugschreiber** *m* boîte *f* noire **Flugschrift** *f s.* Flugblatt **Flugschüler(in)** *m(f)* élève-pilote *mf* **Flugsicherheit** *f kein Pl* sécurité *f* aérienne **Flugsicherung** *f* sécurité *f* aérienne **Flugsicherungsdienst** *m* AVIAT service *m* de sécurité aérienne **Flugsimulator** *m* simulateur *m* de vol **Flugsteig** <-s, -e> *m* porte *f* d'embarquement **Flugstunde** *f* ① (*Flugzeit*) heure *f* de vol ② (*Flugunterricht*) **bei jdm ~n nehmen** prendre des cours de pilotage avec qn **flugtauglich** *Adj* apte à voler **Flugtechnik** *f* AVIAT aérotechnique *f*; (*Technik des Fliegens*) technique *f* de vol **flugtechnisch** *Adj* aérotechnique **Flugticket** *nt* billet *m* d'avion **Flugverbindung** *f* liaison *f* aérienne **Flugverbot** *nt* interdiction *f* de vol **Flugverkehr** *m* trafic *m* aérien **Flugwaffe** *f* CH armée *f* de l'air **Flugwesen** <-s> *nt* aviation *f* **Flugzeit** *f* durée *f* de vol; **nach einer ~ von drei Stunden** après un vol de trois heures **Flugzettel** *m* A tract *m* **Flugzeug** ['flu:ktsɔɪk] <-[e]s, -e> *nt* avion *m*; **mit dem ~ fliegen** [*o* **reisen**] voyager en avion; **per ~** par avion; **ein-/zwei-/viermotoriges ~** mono-/bi-/quadrimoteur *m*

Flugzeugabsturz *m* crash *m* **Flugzeugbau** *m kein Pl* construction *f* aéronautique [*o* d'avions] **Flugzeugbesatzung** *f* équipage *m* de l'avion **Flugzeugentführer(in)** *m(f)* pirate *mf* de l'air **Flugzeugentführung** *f* détournement *m* d'avion **Flugzeughalle** *f* hangar *m* **Flugzeugindustrie** *f* industrie *f* aéronautique **Flugzeugkatastrophe** *f* catastrophe *f* aérienne **Flugzeugkonstrukteur(in)** *m(f)* constructeur *m* aéronautique **Flugzeugmodell** *nt* modèle *m* d'avion **Flugzeugmotor** *m* moteur *m* d'avion **Flugzeugträger** *m* porte-avions *m* **Flugzeugtyp** *m* type *m* d'avion **Flugzeugunglück** *nt* accident *m* d'avion **Flugzeugwrack** *nt* carcasse *f* d'avion

Flugziel *nt* destination *f*

Fluidum ['flu:idʊm] <-s, Fluida> *nt* fluide *m*

Fluktuation [flʊktua'tsio:n] <-, -en> *f geh* fluctuations *fpl*

fluktuieren* *itr V geh Preise, Zahlen:* fluctuer

Flunder ['flʊndɐ] <-, -n> *f* flétan *m*
▶ **platt wie eine ~ sein** *fam* [en] être [*o* rester] baba (*fam*)

Flunkerei [flʊŋkə'raɪ] <-, -en> *f fam* ① (*Lüge*) bobard *m* (*fam*) ② *kein Pl* (*das Flunkern*) fanfaronnade *f*

flunkern ['flʊŋkɐn] *itr V fam* raconter des bobards (*fam*)

Flunsch [flʊnʃ] <-[e]s, -e> *m fam* moue *f*; **einen ~ machen** [*o* **ziehen**] faire la moue

Fluor ['flu:oɐ] <-s> *nt* CHEM fluor *m*

Fluorchlorkohlenwasserstoff [-klo:ɐ-] *m* CHEM chlorofluoro-carbone *m*

Fluoreszenz [fluorɛs'tsɛnts] <-> *f* fluorescence *f*

fluoreszieren* *itr V* être fluorescent(e); **das Fluoreszieren** la fluorescence

fluoreszierend *Adj* CHEM fluorescent(e)

Fluorid [fluo'ri:t] <-[e]s, -e> *nt* CHEM fluorure *m*

Flur[1] [flu:ɐ] <-[e]s, -e> *m* (*Korridor*) couloir *m*; (*Diele*) vestibule *m*

Flur[2] <-, -en> *f geh* (*freies Land*) campagne *f*
▶ **allein auf weiter ~ sein** [*o* **stehen**] (*allein sein*) être seul(e) à perte de vue; (*ohne Gleichgesinnte sein*) rester à l'écart

Flurbereinigung *f* remembrement *m* **Flurname** *m* toponyme *m* **Flurschaden** *m* ① AGR dégâts *mpl* causés aux cultures ② *fig* dégâts *mpl*

Fluse ['flu:zə] <-, -n> *f* peluche *f*

Fluss[RR] [flʊs, *Pl:* 'flʏsə] <-es, ⸚sse>, **Fluß** <-sses, ⸚sse> *m* ① (*ins Meer mündend*) fleuve *m*; (*Nebenfluss*) rivière *f*; **am ~** au bord du fleuve/de la rivière; **den ~ aufwärts fahren** remonter le fleuve/la rivière; **den ~ abwärts fahren** descendre le fleuve/la rivière; **jdn/etw über den ~ setzen** faire passer le fleuve/la rivière à qn/qc
② (*Verlauf*) *des Verkehrs, der Rede, Erzählung* flot *m*
▶ **etw [wieder] in ~ bringen** [ré]amorcer qc; **etw ist** [*o* **befindet sich**] **im ~** qc est en cours; **in ~ kommen** [*o* **geraten**] s'engager

flussabwärts[RR] *Adv* en aval; **~ fahren** descendre le cours de la rivière **Flussarm**[RR] *m* bras *m* [de rivière] **flussaufwärts**[RR] *Adv* en amont; **~ fahren** remonter le cours de la rivière **Flussbarsch**[RR] *m* ZOOL perche *f* **Flussbett**[RR] *nt* lit *m* du fleuve/de la rivière

Flüsschen[RR] <-s, -> *nt Dim von* **Fluss** petite rivière *f*

Flussdampfer[RR] *m* vapeur *m* de rivière **Flussdiagramm**[RR] *nt* INFORM ordinogramme *m* **Flussfisch**[RR] *m* ZOOL poisson *m* de rivière **Flusshafen**[RR] *m* port *m* fluvial

flüssig ['flʏsɪç] **I.** *Adj* ① (*opp: fest*) *Honig, Lack* liquide; *Glas, Metall, Wachs, Fett* fondu(e); **~ werden** *Honig, Soße:* devenir liquide; *Wachs, Metall, Stickstoff:* se liquéfier; **~ machen** faire fondre *Honig, Wachs, Fett*

❷ (*fließend*) *Spiel, Verkehr, Stil* fluide
❸ (*verfügbar*) *Geld* disponible; **Geld ~ machen** débloquer des fonds
▶ **~/nicht ~ sein** *fam* être en fonds/à sec (*fam*)
II. *Adv lesen, sprechen* aisément; *schreiben, spielen* avec aisance

Flüssigei *nt* œuf *m* liquide (*employé dans la fabrication de pâtes alimentaires*) **Flüssiggas** *nt* gaz *m* liquide

Flüssigkeit <-, -en> *f* ❶ liquide *m*
❷ *kein Pl* (*Geschmeidigkeit*) *des Stils* aisance *f*

Flüssigkeitsmaß *nt* mesure *f* de capacité **Flüssigkeitsmenge** *f* quantité *f* de liquide **Flüssigkeitszufuhr** *f* (*Ernährung mit Flüssigkeit*) apport *m* en eau

Flüssigkristall *m* cristal *m* liquide **Flüssigkristallanzeige** *f* écran *m* à cristaux liquides

flüssig|machen *s.* **flüssig I.3.**

Flüssigseife *f* savon *m* liquide

FlusskrebsRR *m* écrevisse *f* **Flusslandschaft**RR *f* ❶ bassin *m* fluvial ❷ (*Gemälde*) paysage *m* de rivière **Flusslauf**RR *m* cours *m* du fleuve/de la rivière **Flussmittel**RR *nt* TECH fondant *m* **Flussmündung**RR *f* embouchure *f* du fleuve **Flusspferd**RR *nt* hippopotame *m* **Flussregulierung**RR *f* régularisation *f* d'une rivière **Flussschifffahrt**RR *f* navigation *f* fluviale **Flussspat**RR *m* MINER spath *m* **Flussufer**RR *nt* rive *f*

flüstern ['flʏstɐn] **I.** *itr V* ❶ *Person:* chuchoter; **[geheimnisvoll] miteinander ~** faire des cachotteries; **leises Flüstern** chuchotement *m*
❷ (*rauschen*) *Wind:* murmurer
II. *tr V* chuchoter; **jdm etwas ins Ohr ~** chuchoter quelque chose à l'oreille de qn
▶ **das kann ich dir ~!** *fam* ça, fais-moi confiance!; **dem/der habe ich [et]was geflüstert!** celui-là/celle-là, elle va m'entendre! (*fam*)

Flüsterpropaganda *f* bouche à oreille *m* **Flüsterstimme** *f* voix *f* chuchotante **Flüsterton** <-töne> *m* chuchotement *m*; **im ~** à voix basse **Flüstertüte** *f hum fam* gueulard *m* (*fam*)

Flut [flu:t] <-, -en> *f* ❶ *kein Pl* (*ansteigender/angestiegener Wasserstand*) marée *f* montante/haute; **die ~ kommt** [*o* **steigt**] la marée monte; **die ~ geht zurück** la marée se retire; **bei ~** (*bei ansteigendem Wasser*) à [la] marée montante; (*bei Höchststand*) à marée haute; **mit der ~** avec la marrée montante
❷ *meist Pl geh* (*Wassermassen*) flots *mpl*; **sich in die [kühlen] ~en stürzen** *hum* se jeter à la baille (*fam*)
❸ (*große Menge*) **eine ~ von Briefen/Fragen** un déferlement de lettres/de questions

fluten **I.** *itr V + sein geh Hochwasser:* couler à flots; *Menschenmenge, Verkehr:* déferler; **in die Keller ~** *Hochwasser:* couler à flots dans la cave; **durch die Stadt/die Straßen ~** *Menschenmenge, Verkehr:* déferler dans la ville/les rues; **helles Sonnenlicht flutet ins Zimmer** le soleil inonde la pièce
II. *tr V + haben* **etw ~** (*voll laufen lassen*) remplir qc d'eau; (*unter Wasser setzen*) submerger qc, innonder qc

Flutkatastrophe *f* inondation *f* catastrophique **Flutlicht** *nt kein Pl* projecteurs *mpl*; **bei ~** en nocturne **Flutlichtanlage** *f* [rampe *f* de] projecteurs *mpl*

flutschen ['flʊtʃən] **I.** *itr V + sein fam* glisser; **die Seife ist mir aus der Hand/ins Wasser geflutscht** le savon m'a glissé des mains/dans l'eau
II. *itr V + haben fam Arbeit, Zusammenarbeit:* marcher comme sur des roulettes (*fam*); **das flutscht nicht** ça roule pas rond (*fam*)

Flutwelle *f* raz *m* de marée

f-Moll <-> *nt* MUS fa *m* mineur

focht [fɔxt] *Imp von* **fechten**

Fock [fɔk] <-, -en> *f* NAUT [voile *f* de] misaine *f*

Fockmast *m* NAUT mât *m* de misaine **Focksegel** *nt* NAUT [voile *f*] de misaine *f*

föderal *Adj* fédéral(e)

Föderalismus [føderaˈlɪsmʊs] <-> *m* fédéralisme *m*

föderalistisch *Adj Staat, Verfassung* fédéral(e); *Tendenzen* fédéraliste

Föderation [føderaˈtsio:n] <-, -en> *f* fédération *f*

föderativ [føderaˈti:f] *Adj* ADMIN, POL fédératif(-ive)

fohlen [ˈfo:lən] *itr V* pouliner

Fohlen <-s, -> *nt eines Pferds* poulain *m*

Föhn [fø:n] <-[e]s, -e> *m* ❶ METEO fœhn *m*, föhn *m*; **bei ~** quand le fœhn souffle
❷ (*Haartrockner*) sèche-cheveux *m*

föhnenRR [ˈfø:nən] *tr V* **sich** (*Dat*) **die Haare ~** se sécher les cheveux au séchoir; **das Föhnen** le brushing

FöhnfestigerRR *m* lotion *f* coiffante pour brushing **Föhnfrisur**RR *f* brushing *m*

föhnig [ˈfø:nɪç] *Adj Wetter* de fœhn

Föhre [ˈfø:rə] <-, -n> *f* DIAL pin *m* sylvestre

Fokus [ˈfo:kʊs] <-, -se> *m* OPT, MED foyer *m*

Folge [ˈfɔlgə] <-, -n> *f* ❶ (*Auswirkung*) conséquence *f*; **die ~n** *einer Affäre, eines Skandals, Unfalls* les suites *fpl*; *einer Krankheit* les séquelles *fpl*; *einer Tat* les conséquences *fpl*; **ohne/nicht ohne ~n bleiben** rester sans/avoir des conséquences; **zur ~ haben, dass** avoir pour conséquence que + *indic*; **das wird für Sie ~n haben!** vous en subirez les conséquences!; **unangenehme ~n nach sich ziehen** avoir des conséquences fâcheuses; **als ~ der Wahlen** suite aux élections
❷ (*Reihe*) *von Bildern, Eindrücken, Zahlen* série *f*; INFORM *von Befehlen* séquence *f*; **in alphabetischer/chronologischer ~** dans un ordre [*o* l'ordre] alphabétique/chronologique; **in rascher ~** à la suite les uns des autres; **in ~** de suite
❸ (*Teil einer TV- oder Radioserie*) épisode *m*
▶ **in bunter ~** pêle-mêle; **in der** [*o* **für die**] **~** (*anschließend, danach*) par la suite; (*künftig*) à l'avenir

Folgeerscheinung *f* effet *m* **Folgeinvestition** *f* investissement *m* secondaire **Folgekosten** *Pl* frais *mpl* consécutifs

folgen [ˈfɔlgən] *itr V* ❶ *+ sein* (*nachgehen*) suivre; **jdm/einer S. ~** suivre qn/qc
❷ *+ sein* (*als Nächster, Nächstes kommen*) venir ensuite; **auf jdn/etw ~** succéder à qn/qc; **es folgt ...** voici maintenant ...; **wie folgt** comme suit; **jdm im Amt ~** suppléer qn
❸ *+ haben* (*gehorchen*) **[jdm] ~** obéir [à qn]; **einem Befehl ~** suivre un ordre
❹ *+ sein* (*verstehen, zuhören*) **[jdm/einer S.] ~** suivre [qn/qc]; **können Sie mir ~?** vous me suivez?
❺ *+ sein* (*sich richten nach*) **einem Beispiel/der Mode ~** suivre un exemple/la mode; **seinem Herzen ~** écouter son cœur
❻ *+ sein* (*befolgen*) **einer S.** (*Dat*) **~** suivre qc
❼ *+ sein* (*hervorgehen, sich ergeben*) **aus etw ~** résulter de qc; **daraus folgt, dass** il en résulte que

folgend *Adj* ❶ *Seite, Bild* suivant(e); **am ~en Tag/Abend** le lendemain/le lendemain soir
❷ (*nachstehend*) **bitte beachten Sie die ~en Erklärungen** lisez attentivement les explications ci-après
❸ *pronominal verwendet* **Folgendes** ceci; **es handelt sich um Folgendes** voici de quoi il s'agit; **ich möchte noch auf Folgendes hinweisen** je voudrais encore vous faire remarquer la chose suivante; **er schreibt das Folgende** il écrit ce qui suit; **im Folgenden** comme suit

folgendermaßen [ˈfɔlgəndɐ(ˈ)ma:sən] *Adv* de la manière suivante

folgenlos *Adj* **~/nicht ~ bleiben** tirer à/ne pas tirer à conséquence

folgenreich *Adj*, **folgenschwer** *Adj* lourd(e) de conséquences; *Entscheidung* important(e)

folgerichtig **I.** *Adj* logique **II.** *Adv* de façon logique **Folgerichtigkeit** *f* [conséquence *f*] logique *f*

folgern [ˈfɔlgɐn] **I.** *tr V* conclure; **aus etw ~, dass** conclure d'après qc que + *indic*; **daraus kann man ~, dass** on peut en

conclure que + *indic*
II. *itr V* **richtig/logisch** ~ déduire bien/logiquement
Folgerung <-, -en> *f* conclusion *f;* **eine ~ aus etw ziehen** tirer une conclusion de qc
Folgesatz *m* GRAM [proposition *f*] consécutive *f* **Folgevertrag** *m* JUR contrat *m* d'enchaînement **folgewidrig** *Adj* inconséquent(e) **Folgezeit** *f* avenir *m;* (*darauf folgende Zeit*) suite *f;* **für die ~, in der ~** par la suite; (*in der Zukunft*) à l'avenir
folglich ['fɔlklɪç] *Adv* par conséquent
folgsam ['fɔlkza:m] I. *Adj* docile
II. *Adv* bravement
Folgsamkeit <-> *f* docilité *f*
Foliant [fo'liant] <-en, -en> *m* in-folio *m*
Folie ['fo:liə] <-, -n> *f* ❶ (*Plastikfolie*) film *m* plastique; (*Aluminiumfolie*) feuille *f* d'alu[minium]; **~n für Gartenteiche** bâches *fpl* en plastique pour les étangs de jardin; **in ~ eingeschweißt** conditionné(e) sous plastique; **ein in der ~ gegarter Fisch** un poisson [cuit] en papillotes
❷ (*durchsichtiges Blatt, Projektorfolie*) transparent *m*
❸ *fig* (*Hintergrund*) toile *f* de fond
Folienschweißgerät [-liən-] *nt* soude-sacs *m*
Folio <-s, -s *o* Folien> *nt* format *m* in-folio
Folklore [fɔlk'lo:rə] <-> *f* folklore *m*
folkloristisch [fɔlklo'rɪstɪʃ] *Adj* folklorique
Folksänger(in) ['fɔʊk-] *m(f)* chanteur(-euse) *m(f)* [de] folk **Folksong** ['fɔʊksɔŋ] *m* folk[song] *m*
Follikel [fɔ'li:kəl] <-s, -> *m* BIO, MED (*Eihülle*) follicule *m* [ovarien]
Follikelsprung *m* BIO, MED ovulation *f*
Folter ['fɔltɐ] <-, -n> *f* torture *f*
▶ **die reinste ~ sein** être une vraie torture; **jdn auf die ~ spannen** faire languir qn
Folterbank <-bänke> *f* chevalet *m* de torture
Folterer *m*, **Folterin** *f* tortionnaire *m*
Folterinstrument *nt* instrument *m* de torture **Folterkammer** *f* chambre *f* de torture **Folterknecht** *m* bourreau *m*
foltern I. *tr V* torturer *Häftling*
II. *itr V* employer la torture
Folteropfer *nt* victime *f* de la torture
Folterung <-, -en> *f* torture *f*
Folterwerkzeug *nt* instrument *m* de torture
Fon[RR] *s.* Phon
Fön® <-[e]s, -e> *m* sèche-cheveux *m*
Fond [fõ:] <-s, -s> *m* ❶ (*Hintergrund*) *eines Stoffs, Gemäldes, der Bühne* fond *m*
❷ (*Rücksitz*) arrière *m*
❸ (*Fleischsaft*) jus *m* de viande [*o* de cuisson]
Fonds [fõ:(s)] <-, -> *m* FIN, ÖKON fonds *m*
Fondsmanager(in) *m(f)* manageur(-euse) *m(f)* de fonds **Fondssparer(in)** *m(f)* épargnant(e) *m(f)* en fonds d'État
Fondue [fõ'dy:] <-s, -s> *nt*, <-, -s> *f* fondue *f*
Fonduetopf [fõ'dy:-] *m* caquelon *m*
fönen *s.* föhnen
Fönfestiger *s.* Föhnfestiger
Fönfrisur *s.* Föhnfrisur
Fonotypist(in)[RR] *s.* Phonotypist(in)
Fontäne <-, -n> *f* jet *m* [d'eau]
Fontanelle <-, -n> *f* ANAT fontanelle *f*
foppen *tr V fam* faire marcher (*fam*); **jdn mit etw ~** faire marcher qn avec qc
Fora *Pl von* **Forum**
forcieren* [-'si:-] *tr V geh* accélérer *Arbeiten, Entwicklung, Produktion;* redoubler *Anstrengungen*
forciert *Adj geh Lächeln* forcé(e); *Höflichkeit* affecté(e)
Förde <-, -n> *f longue baie de la mer du Nord et de la mer baltique qui s'étend à l'intérieur des terres*
Förderanlage *f* équipements *mpl* d'extraction **Förderband** <-bänder> *nt* tapis *m* roulant; MIN convoyeur *m* **Förderbetrieb** *m* exploitation *f*
Förderer <-s, -> *m*, **Förderin** *f* protecteur(-trice) *m(f); eines Künstlers* mécène *m*
förderfähig *Adj* ÖKON subventionnable **Fördergelder** *Pl* ADMIN subvention *f* **Förderkorb** *m* monte-charge *m* **Förderkreis** *m* groupe *m* de soutien **Förderkurs[us]** *m* cours *m* de soutien
förderlich *Adj* utile; **einer S.** (*Dat*) **~ sein** être utile à qc
Fördermenge *f* MIN débit *m* d'extraction
fordern I. *tr V* ❶ (*verlangen*) revendiquer; **etw von jdm ~** *Person, Gewerkschaft:* revendiquer qc auprès de qn
❷ (*erfordern*) **etw von jdm ~** *Amt, Beruf, Zusammenarbeit:* exiger qc de qn
❸ (*kosten*) **zehn Menschenleben ~** coûter la vie à dix personnes
❹ (*erwarten, abverlangen*) **viel von jdm ~** *Person:* exiger beaucoup de qn; *Sache:* demander beaucoup de qn; **beruflich stark gefordert sein** être très pris(e) par son travail; **er ist noch nie richtig gefordert worden** il n'a encore jamais été vraiment mis à l'épreuve
❺ (*herausfordern*) **jdn zum Duell ~** provoquer qn en duel
II. *itr V* **~[, dass]** exiger [que + *subj*]
fördern *tr V* ❶ (*unterstützen*) aider *Personen;* favoriser *Karriere;* encourager *Entwicklung, Neigung, Begabung;* **das Talent einer Geigerin ~** encourager le talent d'une violoniste; **ein Projekt durch etw ~** encourager un projet par qc
❷ (*finanzieren*) financer *Projekt;* **etw durch eine Spende/mit einer Million ~** financer qc grâce à un don/à concurrence d'un million
❸ (*steigern*) favoriser; MED activer
❹ MIN, TECH extraire; **Kohle/Öl ~** extraire du charbon/du pétrol
fordernd I. *Adj* exigeant(e)
II. *Adv* de manière exigeante
Förderschacht *m* puits *m* d'extraction **Förderseil** *nt* câble *m* d'extraction **Förderstufe** *f classes transitoires au cours desquelles l'élève peut préparer, à l'âge de dix et onze ans, son orientation vers l'un ou l'autre type d'école* **Förderturm** *m* tour *f* d'extraction
Forderung <-, -en> *f* ❶ *einer Partei, Gewerkschaft* revendication *f;* **die ~ der Gewerkschaft erfüllen** satisfaire à la revendication du syndicat
❷ (*Erwartung*) exigence *f;* **~en an jdn stellen** poser des exigences à qn; **die ~en der Entführer erfüllen** satisfaire aux exigences des ravisseurs
❸ (*Geldforderung*) créance *f;* **ausstehende ~** créance non recouvrée; **eine ~ anmelden/regulieren/zurückweisen** produire/régler/ne pas reconnaître une créance; **eine ~ einklagen/eintreiben** recouvrer/percevoir une créance
❹ (*Erfordernis*) nécessité *f*
❺ (*Herausforderung*) défi *m*
Förderung <-, -en> *f* ❶ (*Unterstützung*) encouragement *m; von Künstlern, Sportlern* aide *f*
❷ (*finanzielle Hilfe*) aide *f* financière
❸ (*das Voranbringen*) **die ~ der Regionen** la promotion des régions; **zur ~ des Friedens beitragen** contribuer à encourager [*o* à favoriser] la paix
❹ MED *des Kreislaufs, Stoffwechsels* stimulation *f*
❺ MIN, TECH extraction *f*
Förderungsmittel *s.* Fördermittel
förderungswürdig *Adj* qui mérite d'être encouragé(e); (*finanzierungswürdig*) qui mérite d'être subventionné(e)
Förderunterricht *m* cours *m* de rattrapage [*o* de soutien] **Förderwagen** *m* (*klein*) wagonnet *m;* (*groß*) berline *f*
Forelle <-, -n> *f* truite *f*
Forellenzucht *f* ❶ *kein Pl* (*das Züchten*) truiticulture *f*
❷ (*Zuchtteich*) élevage *m* de truites
Foren *Pl von* **Forum**

forensisch *Adj Medizin, Gutachten* légal(e)
Forke <-, -n> *f* NDEUTSCH fourche *f*
Form <-, -en> *f* ❶ (*Gestalt, Ausgestaltung*) forme *f*; **eine Satire in ~ von Briefen** une satire sous une forme épistolaire; **~ der Geltendmachung/der Klage** JUR forme de l'exercice/de l'assignation
❷ *kein Pl form* (*Weise*) **in mündlicher/schriftlicher ~** oralement/par écrit; **etw in höflicher ~ ablehnen** refuser qc en y mettant la forme
❸ *Pl* (*Rundungen*) formes *fpl*
❹ *Pl* (*Umgangsform*) manières *fpl;* **die ~ wahren** *geh* observer les convenances (*soutenu*); **der ~ wegen** [*o* **halber**] pour la forme
❺ *kein Pl* (*Kondition*) forme *f;* **in ~ kommen/bleiben** acquérir une bonne/garder sa forme; **wieder in ~ kommen** retrouver sa forme; **gut/nicht gut in ~ sein** être en [pleine]/ne pas être en forme
❻ (*Back-, Gussform*) moule *m*
▸ **in aller ~** en bonne et due forme; **deutliche/feste ~en annehmen** prendre une forme précise/concrète; **hässliche ~en annehmen** prendre une tournure [*o* un caractère] détestable; **~ annehmen** prendre forme
formal I. *Adj* formel(le)
II. *Adv* ❶ (*die Form betreffend*) d'un point de vue formel
❷ (*die Vorschriften betreffend*) du point de vue formel
Formaldehyd <-s> *m* CHEM formaldéhyde *m*
Formalie [-liə] <-, -n> *f meist Pl* formalité *f*
Formalin® [fɔrma'li:n] <-s> *nt* MED formol *m*
Formalismus [fɔrma'lɪsmʊs] <-, -lismen> *m* formalisme *m*
Formalität <-, -en> *f* formalité *f;* **die/alle ~en erledigen** remplir les/toutes les formalités
Format <-[e]s, -e> *nt* ❶ (*Größe*) format *m*
❷ (*Bedeutung*) *einer Person* carrure *f;* **~ haben** *Person:* avoir de l'envergure; **eine Pianistin von ~** une pianiste qui a de la classe
❸ (*künstlerisches Niveau*) *eines Werks* [haut] niveau *m;* **~ haben** avoir un certain niveau; **künstlerisches ~ haben** avoir une certaine valeur artistique
formatieren* *tr V* INFORM formater
Formatierung <-, -en> *f* formatage *m*
Formation <-, -en> *f* formation *f;* **in geschlossener ~ fliegen** voler en formation serrée
formbar *Adj* malléable
Formbarkeit <-> *f* malléabilité *f*
formbeständig *Adj* indéformable
Formblatt *nt* formulaire *m* **Formbrief** *m* imprimé *m*
Formel <-, -n> *f* formule *f;* **eine ~ für etw aufstellen** rédiger une formule de qc
▸ **etw auf eine einfache/überzeugende ~ bringen** résumer qc à une formule simple/convaincante
Formel-1-Pilot(in) [-'ʔaɪns-] *m(f)* pilote *mf* de formule 1 **Formel-1-Rennen** *nt* course *f* de formule 1 **Formel-1-Wagen** *m* [voiture *f* de] formule 1 *f*
formelhaft I. *Adj* protocolaire
II. *Adv* de manière protocolaire
Formelkram *m pej fam* formules *fpl* abstraites
formell I. *Adj* ❶ (*offiziell*) *Stellungnahme, Einigung* officiel(le)
❷ (*förmlich*) *Person* formaliste; *Höflichkeit, Antrittsbesuch* protocolaire
II. *Adv* ❶ (*offiziell*) officiellement
❷ *s.* **formal II.**
Formelsammlung *f* recueil *m* de formules
formen I. *tr V* ❶ (*modellieren*) former, modeler; **etw aus etw ~** former [*o* modeler] qc en qc; **hübsch geformt** *Nase, Büste* bien fait(e); **wie von Künstlerhand geformt** comme modelé(e) par la main d'un artiste
❷ (*bilden*) former *Laut, Wort*
❸ (*prägen*) marquer
II. *r V* **sich ~** se former; **sich zu etw ~** prendre la forme de qc
Formenlehre *f* ❶ GRAM morphologie *f* ❷ MUS théorie *f* des formes musicales **formenreich** *Adj* aux formes multiples **Formenreichtum** *m* variété *f* des formes
Former(in) <-s, -> *m(f)* IND mouleur *m*
Formerei <-, -en> *f* IND atelier *m* de moulage
Formfehler *m* (*in Bezug auf ein Verfahren*) vice *m* de forme; (*in Bezug auf das Benehmen*) inconvenance *f* **Formgebung** <-, -en> *f* façonnage *m* **formgerecht** *Adj, Adv* JUR en bonne [et due] forme
formieren* I. *r V* **sich ~** se former; **sich zu einem Demonstrationszug ~** former un cortège de manifestants
II. *tr V* former *Mannschaft*
Formierung <-, -en> *f* formation *f*
Formkrise *f* SPORT perte *f* de forme
förmlich I. *Adj* ❶ (*formell*) *Bitte, Entschuldigung, Ersuchen* dans les formes
❷ (*steif, unpersönlich*) *Person* formaliste; *Begrüßung, Veranstaltung* cérémonieux(-euse)
II. *Adv* ❶ (*steif, unpersönlich*) cérémonieusement
❷ (*geradezu*) vraiment
Förmlichkeit <-, -en> *f* ❶ *kein Pl* (*Steifheit*) *einer Person, einer Begrüßung* formalisme *m*
❷ *meist Pl* formes *fpl;* **ohne ~en** sans cérémonie
formlos I. *Adj* ❶ (*gestaltlos*) informe
❷ (*zwanglos*) sans cérémonie
❸ ADMIN **einen ~en Antrag stellen** faire une demande sur papier libre
II. *Adv* **sich ~ verabschieden** prendre congé sans [faire de] façons
Formlosigkeit <-> *f* ❶ (*Gestaltlosigkeit*) absence *f* de forme[s]
❷ (*Zwanglosigkeit*) simplicité *f*
Formsache *f* formalité *f;* **eine [reine] ~ sein** n'être qu'une simple formalité **formschön** *Adj* esthétique; **~ sein** être esthétique **Formschwäche** *f* SPORT baisse *f* de forme **Formtief** *nt* SPORT méforme *f*
Formular <-s, -e> *nt* formulaire *m*
formulieren* I. *tr V* formuler
II. *itr V* s'exprimer; **gut ~ können** savoir bien s'exprimer
Formulierung <-, -en> *f* ❶ *kein Pl* (*das Formulieren*) formulation *f*
❷ (*Begriff, Ausdruck, Text*) formule *f* consacrée; **eine gelungene/treffende ~** une expression réussie/juste
Formung <-> *f des Charakters, der Persönlichkeit* formation *f*
formvollendet I. *Adj Gegenstand, Design* de [*o* à la] finition parfaite; *Gedicht, Musikstück* de forme parfaite; *Handkuss, Hofknicks* dans les règles de l'art II. *Adv sich verneigen* dans les règles de l'art **formwidrig** *Adj* JUR contraire à la bonne et due forme, avec un vice de forme
forsch I. *Adj Person* résolu(e); *Tonfall* énergique; *Auftreten* fringant(e); *Vorgehen* dynamique; **einen ~en Eindruck machen** avoir un air bravache
II. *Adv vorgehen, angehen* avec dynamisme; *sich verhalten* avec assurance
forschen *itr V* ❶ (*suchen*) chercher; *Polizei:* rechercher; **nach jdm/etw ~** chercher qn/qc; *Polizei:* rechercher qn/qc; **nach seinen Vorfahren ~** effectuer des recherches généalogiques
❷ (*Forschung betreiben*) faire de la recherche [*o* des recherches]; **in alten Urkunden nach etw ~** fouiller de vieux documents à la recherche de qc
forschend I. *Adj Blick* scrutateur(-trice) (*littér*)
II. *Adv ansehen, betrachten* avec curiosité
Forscher(in) <-s, -> *m(f)* (*Wissenschaftler*) chercheur(-euse) *m(f)*; (*Wirtschaftsforscher*) expert *mf;* (*Forschungsreisender*) explorateur(-trice) *m(f)*
Forscherdrang *m* goût *m* pour la recherche **Forscherteam** [-ti:m] *nt* équipe *f* de chercheurs
Forschheit <-> *f* mordant *m*

Forschung <-, -en> *f* ❶ *kein Pl* (*Wissenschaft*) recherche *f* scientifique; ~ **und Entwicklung fördern** encourager la recherche et le développement; ~ **und Lehre** la recherche et l'enseignement
❷ *meist Pl* (*Untersuchung*) recherches *fpl;* ~**en betreiben** faire de la recherche
Forschungsabteilung *f* département *m* de recherche **Forschungsanstalt** *f* institut *m* de recherche **Forschungsarbeit** *f* travail *m* de recherche **Forschungsauftrag** *m* mission *f* scientifique [*o* de recherche]; ÖKON, SOZIOL mission *f* d'études **Forschungsbericht** *m* bilan *m* des recherches scientifiques **Forschungsergebnis** *nt* résultat *m* de la recherche scientifique **Forschungsgebiet** *nt* domaine *m* de recherche **Forschungsinstitut** *nt* institut *m* de recherche **Forschungslabor** *nt* laboratoire *m* de recherche **Forschungsprojekt** *nt* projet *m* de recherche **Forschungsreaktor** *m* réacteur *m* de recherche **Forschungsreise** *f* voyage *m* d'exploration **Forschungsreisende(r)** *f(m) dekl wie Adj* explorateur(-trice) *m(f)* **Forschungssatellit** *m* satellite *m* d'observation **Forschungssemester** *nt* congé *m* sabbatique **Forschungszentrum** *nt* centre *m* de recherches **Forschungszweig** *m* branche *f* de recherche
Forst <-[e]s, -e[n]> *m* bois *f*
Forstamt *nt* ≈ administration *f* des bois et forêts; (*in Frankreich*) Eaux et Forêts *fpl* **Forstbeamte(r)** *m dekl wie Adj,* **Forstbeamtin** *f* ≈ agent *m* [de l'administration] des bois et forêts; (*in Frankreich*) agent des Eaux et Forêts
Förster(in) <-s, -> *m(f)* garde *m* forestier
Försterei <-, -en> *f s.* **Forsthaus**
Forstfrevel *m* délit *m* forestier **Forsthaus** *nt* maison *f* forestière **Forstrecht** *nt* code *m* forestier **Forstrevier** [-viːɐ] *nt* secteur *m* forestier **Forstschaden** *m* dégât *m* forestier **Forstschädling** *m* parasite *m* des forêts **Forstverwaltung** *f* ≈ administration *f* des bois et forêts; (*in Frankreich*) [administration des] Eaux et Forêts *fpl* **Forstwesen** *nt* ≈ domaine *m* des forêts; (*in Frankreich*) Eaux et Forêts *fpl* **Forstwirt(in)** *m(f)* ≈ titulaire *m* du diplôme d'une école supérieure des forêts; (*in Frankreich*) ingénieur *mf* des Eaux et Forêts **Forstwirtschaft** *f* exploitation *f* forestière **Forstwissenschaft** *f* sylviculture *f*
Forsythie [fɔrˈzyːtsiə] <-, -n> *f* forsythia *m*
fort *Adv* ❶ (*weg*) ~ **mit dir/euch!** va-t-en/allez-vous-en!; **schnell ~!** déguerpissons!; ~ **damit!** à la poubelle!
❷ *fam* (*weggegangen*) ~ **sein** être parti(e); (*nicht zu Hause sein*) n'être pas là; **noch nicht ~ sein** ne pas encore être parti(e)
❸ *fam* (*verschwunden, gestohlen*) ~ **sein** *Geld, Brille, Schlüssel:* avoir disparu; (*verspielt sein*) avoir été claqué (*fam*)
▶ **in einem** ~ sans arrêt; **und so** ~ et ainsi de suite
Fort [foːɐ] <-s, -s> *nt* fort *m;* **ein kleines** ~ un fortin
fortan *Adv geh* dorénavant
fort|begeben* *r V unreg geh* **sich** ~ partir; **sich aus dem Ort** ~ quitter le lieu
Fortbestand *m kein Pl eines Staates, einer Institution* maintien *m; einer Tierart* subsistance *f*
fort|bestehen* *itr V unreg Staat, Institution:* se maintenir; *Tradition:* persister; *Zustand, Verhältnisse:* continuer
fort|bewegen* I. *tr V* déplacer
II. *r V* **sich in etw** (*Dat*) ~ se déplacer en qc
Fortbewegung *f kein Pl* locomotion *f*
Fortbewegungsmittel *nt* moyen *m* de locomotion
fort|bilden I. *r V* **sich** ~ se perfectionner
II. *tr V* donner des cours de formation [continue] à
Fortbildung *f kein Pl* [**berufliche**] ~ formation *f* continue **Fortbildungskurs(us)** *m,* **Fortbildungslehrgang** *m* cours *m* de formation continue [*o* de perfectionnement]
fort|bleiben *itr V unreg + sein* ne pas revenir; **nicht lange** ~ ne pas être parti(e) longtemps
Fortbleiben <-s> *nt* absence *f;* (*Verspätung*) retard *m*
fort|bringen *tr V unreg* enlever *Kiste;* emmener *Person*
Fortdauer *f* persistance *f*
fort|dauern *itr V* persister
fortdauernd I. *Adj* persistant(e)
II. *Adv* en permanence
forte *Adv* MUS forte; PHARM suractivé(e)
fort|entwickeln* I. *tr V* perfectionner *Modell, Produkt*
II. *r V* **sich** ~ *Person, Partei:* se développer
Fortentwicklung *f kein Pl* ❶ *einer Person* évolution *f;* **geistige** ~ développement *m* intellectuel
❷ (*Verbesserung*) *einer Maschine, eines Autos* développement *m* permanent
fort|fahren I. *itr V* ❶ + *sein* (*wegfahren*) partir
❷ + *haben o sein* (*weiterreden*) poursuivre; **in seiner Rede** ~ poursuivre son discours
❸ + *haben o sein* (*weitermachen*) ~ **etw zu tun** continuer à faire qc
II. *tr V + haben* emmener *Person;* emporter *Gegenstand;* enlever *Müll*
Fortfall *m kein Pl* suppression *f*
fort|fallen *s.* **wegfallen**
fort|fliegen *itr V + sein* s'envoler; **ihm ist der Hut fortgeflogen** son chapeau s'est envolé
fort|führen *tr V* ❶ (*fortsetzen*) continuer
❷ (*wegführen*) emmener
Fortführung *f* continuation *f*
Fortgang *m kein Pl* ❶ (*Weggang*) départ *m*
❷ (*weiterer Verlauf*) poursuite *f*
fort|geben *s.* **weggeben**
fort|gehen *itr V + sein* partir; **von jdm/aus einer Stadt** ~ quitter qn/une ville
fortgeschritten *Adj* avancé(e)
Fortgeschrittene(r) *f(m) dekl wie Adj* personne *f* au niveau perfectionnement
Fortgeschrittenenkurs(us) *m* cours *m* de niveau supérieur
fortgesetzt I. *Adj* permanent(e)
II. *Adv* continuellement
fort|jagen I. *tr V + haben* ❶ chasser
❷ *fam* (*entlassen*) **jdn** ~ flanquer qn à la porte (*fam*)
II. *itr V + sein Reiter, Pferd:* partir au grand galop
fort|kommen *itr V + sein* ❶ (*sich entfernen*) partir; **von jdm/von zu Hause nicht** ~ (*nicht aufbrechen können*) ne pas arriver à partir de chez qn/de la maison; (*sich nicht trennen können*) ne pas arriver à se séparer de qn/à quitter la maison; **mach, dass du fortkommst!** *fam* dégage! (*fam*)
❷ (*Erfolg haben*) avancer
❸ (*abhanden kommen*) **mir sind zehn Euro fortgekommen** mes dix euros ont disparu
Fortkommen <-> *nt* (*Karriere*) avancement *m;* **jdn an seinem ~ hindern** entraver la carrière de qn
fort|können *itr V unreg* (*weggehen können*) pouvoir partir [*o* s'en aller]; (*abkömmlich sein*) pouvoir s'absenter
fort|lassen *s.* **weglassen**
fort|laufen *itr V unreg + sein* ❶ (*weglaufen*) *Person:* s'échapper; *Tier:* se sauver; **von zu Hause** ~ faire une fugue
❷ (*verlassen*) **jdm** ~ quitter qn
fortlaufend I. *Adj* continu(e)
II. *Adv erscheinen* régulièrement; *kennzeichnen, nummerieren* dans l'ordre
fort|leben *itr V liter* **in jdm/etw** ~ se survivre dans qn/qc
fort|loben *s.* **wegloben**
fort|müssen *s.* **wegmüssen**
fort|nehmen *s.* **wegnehmen 2.**
fort|pflanzen *r V* **sich** ~ ❶ (*sich vermehren*) se reproduire
❷ (*sich verbreiten*) *Schall, Wellen, Licht:* se propager
Fortpflanzung *f kein Pl* (*Vermehrung*) reproduction *f*
fortpflanzungsfähig *Adj* capable de se reproduire **Fort-**

F

pflanzungsorgan *nt* ANAT, ZOOL organe *m* de reproduction [*o* reproducteur] **Fortpflanzungstrieb** *m* instinct *m* de reproduction
fort|räumen *tr V* débarrasser
fort|reißen *tr V unreg Menge, Flut, Strom:* emporter; **jdn/etw mit sich** ~ *Menge, Flut, Strom:* emporter qn/qc avec soi
fort|rennen *itr V unreg + sein* s'enfuir à toutes jambes
Fortsatz *m* appendice *m; eines Knochens* apophyse *f*
fort|schaffen *s.* **wegschaffen**
fort|scheren *r V fam* **sich** ~ ficher le camp (*fam*); **scher dich fort!** fiche-moi le camp! (*fam*)
fort|schicken *tr V* renvoyer
fort|schreiben *tr V unreg* actualiser *Statistik, Wert, Zahlen;* reprendre *Planung, Programm, Trend;* poursuivre *Politik;* **diese Entwicklung wird fortgeschrieben** cette tendance se poursuit
Fortschreibung *f einer Statistik, von Zahlen* actualisation *f; einer Planung, eines Programms* continuation *f; einer Strategie, Politik* poursuite *f*
fort|schreiten *itr V unreg + sein* progresser
fortschreitend *Adj* croissant(e); *Umweltverschmutzung* progressif(-ive)
Fortschritt *m* progrès *m;* ~**e erzielen** progresser; [**gute**] ~**e machen** faire des progrès [sensibles]
fortschrittlich **I.** *Adj Person, Idee, Einstellung* progressiste; *Methode* avancé(e); ~ **eingestellt sein** avoir des idées progressistes
II. *Adv* de façon progressiste
fortschrittsfeindlich *Adj* réactionnaire; ~ **sein** être ennemi(e) du progrès **Fortschrittsglaube** *m* confiance *f* dans le progrès **fortschrittsgläubig** *Adj* révolutionnaire; ~ **sein** croire au progrès
fort|setzen **I.** *tr V* poursuivre; **fortgesetzt werden** continuer
II. *r V* **sich** ~ (*andauern*) se poursuivre; (*sich erstrecken*) s'étendre
Fortsetzung <-, -en> *f* ❶ *kein Pl* (*das Fortsetzen*) *von Gesprächen, Verhandlungen* poursuite *f*
❷ (*folgender Teil*) *eines Romans, Films* suite *f;* ~ **folgt** à suivre
Fortsetzungsroman *m* roman-feuilleton *m*
fort|stehlen *r V unreg* **sich** ~ s'en aller à pas de loup
fort|tragen *s.* **wegtragen**
fort|treiben *unreg* **I.** *tr V + haben* ❶ (*verjagen*) chasser; **die Schafe von etw** ~ chasser les moutons de qc
❷ (*mit sich tragen*) **jdn/etw** ~ *Sturm, Strömung, Wellen:* emporter qn/qc
II. *itr V + sein Boot:* dériver
Fortuna <-> *f* MYTH Fortune *f*
► ~ **ist ihm/ihr hold** la fortune lui sourit
Fortüne <-> *f kein Pl geh* fortune *f* (*littér*); ~**/keine** ~ **haben** avoir bonne/mauvaise fortune; **ohne** ~ **sein** être infortuné(e)
fortwährend **I.** *Adj attr* perpétuel(le)
II. *Adv* perpétuellement
fort|werfen *tr V unreg* jeter
fort|wirken *itr V Gedanken, Ideen:* être toujours vivant; *Folgen, Vorfall:* se faire [toujours] sentir; *Fluch:* continuer d'agir
fort|wollen *itr V* vouloir partir [*o* s'en aller]; **von zu Hause** ~ vouloir quitter la maison
fort|ziehen *s.* **wegziehen**
Forum <-s, Foren> *nt* ❶ forum *m*
❷ (*Personenkreis*) cercle *m;* **ein** ~ **von Sachverständigen** un cercle d'experts
❸ <Foren *o* Fora> HIST forum *m;* **das** ~ **Romanum** le forum romain
Forumsdiskussion *f,* **Forumsgespräch** *nt* débat *m*
fossil *Adj* fossile
Fossil [-liən] <-s, -ien> *nt* fossile *m*
Föten *Pl von* **Fötus**
Foto <-s, -s> *nt* photo[graphie] *f;* **ein** ~ **von jdm/etw machen** prendre une photo de qn/qc
Fotoalbum *nt* album *m* de photos **Fotoamateur(in)** *m(f)* photographe *mf* amateur **Fotoapparat** *m* appareil *m* photo[graphique] **Fotoarchiv** *nt* archives *fpl* photographique **Fotoatelier** [-lie:] *nt* atelier *m* [*o* studio *m*] de photographie **fotochemisch** *Adj* photochimique **Fotoecke** *f* coin-photo *m* [auto-]adhésif **Fotofinish** [-fɪnɪʃ] *nt* SPORT photo-finish *m*
fotogen *Adj* photogénique
Fotograf(in) <-en, -en> *m(f)* photographe *mf*
Fotografie [-'fi:ən] <-, -n> *f* (*Bild, Verfahren*) photo[graphie] *f*
fotografieren* **I.** *tr V* prendre [*o* faire] une photo de; **sich von jdm** ~ **lassen** se faire photographier par qn; (*für Geld*) se laisser photographier par qn
II. *itr V* prendre des photos
fotografisch **I.** *Adj* photographique
II. *Adv* par un procédé photographique
Fotoindustrie *f* industrie *f* de la photo **Fotojournalist(in)** [-ʒʊrnalɪst] *m(f)* journaliste-photographe *mf* **Fotokopie** *f* photocopie *f* **fotokopieren*** *tr V* photocopier; [**jdm**] **etw** ~ photocopier qc [pour qn] **Fotokopierer** <-s, -> *m fam,* **Fotokopiergerät** *nt* photocopieur *m,* photocopieuse *f* **Fotolabor** *nt* laboratoire *m* photo **fotomechanisch** *Adj* photomécanique **Fotomodell** *nt* modèle *m* **Fotomontage** [-ta:ʒə] *f* montage-photos *m* **Fotopapier** *nt* papier *m* photographique **Fotoreporter(in)** *m(f)* reporter *mf* photographe **Fotoroman** *m* roman-photo *m* **Fotosafari** *f* safari-photo *m* **Fotosatz** *m* photocomposition *f* **Fototermin** *m* séance *f* [de] photos
Fotothek <-, -en> *f* photothèque *f*
Fotovoltaik[RR] [-vɔl-] <-> *f* conversion *f* photovoltaïque
Fotozelle[RR] *f* cellule *f* photoélectrique
Fötus <-[ses], Föten *o* -se> *m* MED fœtus *m*
Fotze <-, -n> *f vulg* ❶ (*Schimpfwort*) salope *f* (*vulg*)
❷ (*Vulva*) con *m* (*arg*)
Foul [faʊl] <-s, -s> *nt* SPORT faute *f;* **ein** ~ **begehen** faire une faute
Foulelfmeter ['faʊl-] *m* SPORT penalty *m*
foulen ['faʊlən] SPORT **I.** *tr V* commettre une faute sur *Spieler*
II. *itr V* commettre une faute
Foxtrott ['fɔkstrɔt] <-s, -e *o* -s> *m* fox-trot *m*
Foyer [foa'je:] <-s, -s> *nt* foyer *m*
FPÖ ['ɛfpe:ʔø:] *f Abk von* **Freiheitliche Partei Österreichs** *parti libéral de droite autrichien à tendance nationaliste*
Fr. *Abk von* **Frau** Mme
Fr CHEM *Abk von* **Francium** Fr.
Fracht [fraxt] <-, -en> *f* ❶ (*Ladung*) *eines Schiffs* cargaison *f; eines Lastwagens* chargement *m; eines Flugzeugs* fret *m* aérien
❷ (*Beförderungspreis*) fret *m*
Frachtbrief *m* COM connaissement *m;* (*beim Straßentransport*) lettre *f* de voiture **Frachtdampfer** *m* cargo *m*
Frachtenbahnhof A *s.* **Güterbahnhof**
Frachter <-s, -> *m* cargo *m*
Frächter(in) <-s, -> *m(f)* A transporteur(-euse) *m(f)*
Frachtflugzeug *nt* avion-cargo *m;* ~**e** des avions-cargos **frachtfrei** *Adj, Adv* COM franco de port **Frachtgeld** *nt kein Pl* frais *mpl* de transport **Frachtgut** *nt* marchandise *f* en petite vitesse **Frachtraum** *m eines Schiffs* cale *f; eines Flugzeugs* soute *f* **Frachtschiff** *nt* cargo *m* **Frachtstück** *nt* colis *m* **Frachttarif** *m* ÖKON taux *m* de fret **Frachtverkehr** *m* trafic *m* de marchandises **Frachtvertrag** *m* contrat *m* de transport
Frack [frak, *Pl:* 'frɛkə] <-[e]s, ¨-e *o fam* -s> *m* frac *m;* **im** ~ en frac
Fracksausen ► ~ **bekommen/haben** *fam* avoir la frousse (*fam*) **Frackzwang** *m* tenue *f* de soirée obligatoire
Frage ['fra:gə] <-, -n> *f* ❶ question *f;* **jdm eine** ~ **stellen** poser une question à qn; [**jdm**] **eine** ~ **beantworten** répondre à une question [de qn]; **eine** ~ **bejahen/verneinen** répondre par l'affirmative/la négative; **eine** ~ **zu etw haben** avoir une question au sujet de qc; **eine gute** ~**!** c'est une bonne question!; [**was für eine**] **dumme** ~**!** quelle question!
❷ (*Problem*) question *f;* **eine strittige** ~ une question contro-

versée; **die europäische/soziale** ~ la question européenne/sociale; **politische** ~**n** les problèmes politiques; **das ist nur eine** ~ **des Geldes** ce n'est qu'une question d'argent
► **auf eine dumme** ~ [**bekommt man**] **eine dumme Antwort** *Spr.* à question idiote, réponse idiote; **das ist die** [**große**] ~ c'est là toute la question; **in** ~ **kommen** entrer en ligne de compte; **das kommt für mich nicht in** ~ il n'en est pas question pour moi; **außer** ~ **stehen** [*o* **sein**] être évident(e); **es steht** [*o* **ist**] **außer** ~**, dass** il ne fait aucun doute que + *indic;* **etw in** ~ **stellen** remettre qc en question; [**das ist**] **gar keine** ~**!** la question ne se pose même pas!; **ohne** ~ sans aucun doute
Fragebogen *m* questionnaire *m* **Fragefürwort** <-wörter> *nt* pronom *m* interrogatif
fragen ['fra:gən] **I.** *itr V* ❶ (*Fragen/eine Frage stellen*) poser des questions/une question; **warum fragst du?** pourquoi poses-tu cette question?; **... wenn ich** [**mal**] ~ **darf ...** si je peux me permettre cette question; **frag nicht so dumm** [*o* **blöd** *fam*]**!** ne pose pas de questions idiotes!
❷ (*sich erkundigen*) **nach jdm** ~ (*verlangen, sprechen wollen*) demander [à parler à] qn; (*das Befinden erfragen*) demander comment qn va; **nach etw** ~ demander qc; **nicht nach etw** ~ ne pas chercher à savoir qc; **ohne** [**lange**] **zu** ~ sans demander
► **da fragst du noch?** et tu me poses encore la question?
II. *r V* **sich** ~**, ob/wann/wie ...** se demander si/quand/comment ...
► **es fragt sich, ob ...** reste à savoir si ...
III. *tr V* [**jdn**] **etw** ~ demander qc [à qn]; **jdn um Rat** ~ demander conseil à qn; **das dürfen Sie mich nicht** ~**!** ce n'est pas à moi qu'il faut le demander!; **da fragst du mich zu viel** tu m'en demandes trop; *s. a.* **gefragt**
fragend I. *Adj* interrogateur(-trice)
II. *Adv* d'une manière interrogative
Fragerei [fra:gə'raɪ] <-, -en> *f pej* interrogatoire *m*
Fragesatz *m* phrase *f* interrogative **Fragestellung** *f* ❶ (*Formulierung*) façon *f* de formuler une question ❷ (*Problem*) problème *m;* **daraus ergeben sich neue** ~**en** il en ressort de nouvelles questions **Fragestunde** *f* questions *fpl* orales **Fragewort** <-wörter> *nt* [pronom *m*] interrogatif *m* **Fragezeichen** *nt* point *m* d'interrogation ► **etw mit einem dicken** ~ **versehen** [*o* **großen**] noter qc d'un point d'interrogation
fragil [fra'gi:l] *Adj geh* fragile
fraglich ['fra:klɪç] *Adj* ❶ (*unsicher*) *Angelegenheit* douteux(-euse); **es ist** ~**, ob ...** il est à se demander si ...
❷ *attr* (*betreffend*) *Person, Angelegenheit, Zeit* en question
fraglos *Adv* incontestablement
Fragment [fra'gmɛnt] <-[e]s, -e> *nt* fragment *m*
fragmentarisch [fragmɛn'ta:rɪʃ] **I.** *Adj* fragmentaire
II. *Adv* de manière fragmentaire
fragwürdig *Adj* (*zweifelhaft*) douteux(-euse); *pej* (*anrüchig*) louche
Fragwürdigkeit <-, -en> *f pej* caractère *m* louche
Fraktion [frak'tsio:n] <-, -en> *f* ❶ PARL groupe *m* parlementaire
❷ (*Sondergruppe*) formation *f*
Fraktionsführer(in) *m(f)* président(e) *m(f)* du groupe parlementaire **fraktionslos** *Adj* non-inscrit(e); **die** ~**en Abgeordneten** les députés non-inscrits **Fraktionssitzung** *f* séance *f* du groupe parlementaire **Fraktionsvorsitzende(r)** *f(m) dekl wie Adj* président(e) *m(f)* du groupe parlementaire **Fraktionszwang** *m* discipline *f* de vote
Fraktur [frak'tu:ɐ] <-, -en> *f* ❶ *kein Pl* TYP gothique *f*
❷ MED fracture *f*
► **ich muss mit ihm** ~ **reden** *fam* il faut que je lui dise ses quatre vérités
Franc [frã:] <-, -s> *m* HIST (*ehemalige Währung*) franc *m*
Franchise ['fræntʃaɪz] *s.* **Franchising**
Franchise-Basis ['fræntʃaɪz-] *f* **auf** ~ en franchise **Franchise-Konzept** *nt* concept *m* de franchise
Franchising ['frɛntʃaɪzɪŋ, 'fræntʃaɪzɪŋ] <-s> *nt* ÖKON franchisage *m*
frank [fraŋk] ► ~ **und frei** en toute franchise
Franke ['fraŋkə] <-n, -n> *m,* **Fränkin** *f* ❶ GEOG Franconien(ne) *m(f)*
❷ HIST Franc *m*/Franque *f*
Franken ['fraŋkən] <-s> *nt* GEOG Franconie *f*
Franken <-s, -> *m* franc *m* suisse
Frankfurt ['fraŋkfʊrt] <-s> *nt* Francfort; ~ **am Main** Francfort-sur-le-Main; ~ **an der Oder** Francfort-sur-l'Oder
Frankfurter <-, -> *f* GASTR saucisse *f* de Francfort
frankieren* *tr V* affranchir; **nicht frankiert** non affranchi(e)
Frankiermaschine [fraŋ'ki:ɐ-] *f* machine *f* à affranchir
Frankierung <-, -en> *f* affranchissement *m*
Fränkin <-, -nen> *f s.* **Franke**
fränkisch ['frɛŋkɪʃ] *Adj* franconien(ne)
franko ['fraŋko] *Adv unv* franco
Frankokanadier(in) [-diɐ] *m(f)* Franco-Canadien(ne) *m(f)* **frankokanadisch** *Adj* franco-canadien(ne)
frankophil [fraŋko'fi:l] *Adj geh* francophile
Frankophilie <-> *f geh* francophilie *f*
frankophon [fraŋko'fo:n] *Adj geh* francophone
Frankreich ['fraŋkraɪç] <-s> *nt* la France; **in/nach** ~ en France
Franse ['franzə] <-, -n> *f* frange *f*
fransen *itr V* s'effranger
fransig *Adj* effrangé(e)
Franz <-> *m* ❶ François *m*
❷ HIST ~ **I.** François Ier
Franzbranntwein ['frants-] *m* baume *m* camphré
Franziskaner(in) [frantsɪs'ka:nɐ] <-s, -> *m(f)* franciscain(e) *m(f)*
Franziskanerorden *m* ordre *m* des franciscains
Franziskus <-> *m* REL Saint François
Franzose [fran'tso:zə] <-n, -n> *m* ❶ Français *m;* **die** ~**n** les Français; ~ **sein** être Français
❷ TECH clé *f* anglaise
Franzosenkrankheit *f veraltet* vérole *f* (*pop*)
Französin <-, -nen> *f* Française *f*
französisch [fran'tsø:zɪʃ] **I.** *Adj* français(e)
II. *Adv* ❶ (*in der Art der Franzosen*) *kochen* à la française
❷ (*in französischer Sprache*) ~ **miteinander sprechen** discuter en français; *s. a.* **deutsch**
❸ *sl* (*mit Oralverkehr*) **es** ~ **machen** tailler une pipe (*vulg*)
Französisch <-[s]> *nt kein Art* (*Sprache, Schulfach*) français *m;* **auf** ~ en français; *s. a.* **Deutsch**
► **sich auf** ~ **empfehlen** [*o* **verabschieden**] filer à l'anglaise
Französische *nt dekl wie Adj* **das** ~ le français; *s. a.* **Deutsche**
französischsprachig *Adj,* **französischsprechend** *Adj* francophone
frappant [fra'pant] *Adj geh* surprenant(e); *Ähnlichkeit, Übereinstimmung* frappant(e)
Frappé, Frappee[RR] [fra'pe:] <-s, -s> *nt* CH, A milk-shake *m*
frappieren* *tr V geh* surprendre
frappierend *geh s.* **frappant**
Fräse ['frɛ:zə] <-, -n> *f* (*Fräsmaschine*) fraiseuse *f*
fräsen ['frɛ:zən] *tr V* fraiser
Fräser(in) ['frɛ:zɐ] <-s, -> *m(f)* fraiseur(-euse) *m(f)*
Fräsmaschine *f* fraiseuse *f*
fraß [fra:s] *Imp von* **fressen**
Fraß <-es, -e> *m* ❶ *pej fam* (*schlechtes Essen*) tambouille *f* (*fam*)
❷ (*Nahrung*) **einem Tier etw zum** ~ **vorwerfen** jeter qc en pâture à un animal
❸ (*Schäden an Pflanzen*) ravages *mpl* (*causés par des ravageurs*)
fraternisieren* *itr V geh* fraterniser; **mit jdm** ~ fraterniser avec qn

Fraternisierung <-> *f geh* fraternisation *f*
Fratz [frats] <-es, -e *o* A -en, -en> *m fam* petit chou *m*/petite choute *f* (*fam*)
Fratze ['fratsə] <-, -n> *f* ❶ (*hässliches Gesicht*) face *f* hideuse
❷ (*Grimasse*) [**jdm**] **eine ~ schneiden** faire une grimace [à qn]
❸ *pej sl* (*Gesicht*) gueule *f* (*fam*)
frau [fraʊ] *Pron* on (*formation féministe par opposition au "man" soi-disant masculin*)
Frau <-, -en> *f* ❶ femme *f*; **zur ~ werden** devenir [une] femme
❷ (*Ehefrau*) **seine** [**zukünftige**] **~** sa [future] femme; **die ~ eines Künstlers werden** devenir la femme d'un artiste; **er hat eine Ärztin zur ~** il a une médecin pour femme; **seine geschiedene ~** son ex-femme
❸ (*in der Anrede*) **guten Tag, ~ Müller!** bonjour, madame Müller!; **~ Ministerin/Präsidentin** Madame la Ministre/Présidente; **~ Dr. Müller** Madame Müller; **~ Doktor** Madame le docteur; **Ihre ~ Mutter** *form* Madame votre mère (*soutenu*); **gnädige ~** *veraltet* chère Madame
▸ **Unsere Liebe ~** Notre-Dame; **selbst ist die ~!** *fam* ≈ on n'est jamais si bien servi que par soi-même!
Frauchen ['fraʊçən] <-s, -> *nt fam Dim von* **Frau** ❶ (*Kosename*) **mein kleines ~** ma petite femme chérie
❷ (*Haustierbesitzerin*) maîtresse *f*
❸ (*kleine alte Frau*) une petite mamie
Frauenarbeit *f* ❶ (*Arbeit für Frauen*) travail *m* de femme; (*Arbeit von Frauen*) travail des femmes [*o* féminin] ❷ (*Arbeit zugunsten der Frau*) travail *m* pour la femme **Frauenarzt** *m*, **-ärztin** *f* gynécologue *mf* **Frauenbeauftragte(r)** *f(m) dekl wie Adj* délégué(e) *m(f)* à la condition féminine **Frauenberuf** *m* métier *m* de femme **Frauenbewegung** *f kein Pl* mouvement *m* féministe **Frauenfeind** *m* misogyne *m* **frauenfeindlich** *Adj* misogyne **Frauenfrage** *f* questions *fpl* relatives à la condition féminine **Frauengeschichten** *Pl* histoires *fpl* de femmes **Frauenhaar** *nt* ❶ cheveu *m* de femme ❷ BOT cheveu-de-Vénus *m* **Frauenhaus** *nt* foyer *m* pour femmes **Frauenheilkunde** *f* gynécologie *f* **Frauenheld** *m* tombeur *m* **Frauenkenner** *m* connaisseur *m* de la gent féminine **Frauenklinik** *f* clinique *f* gynécologique; (*für Entbindungen*) maternité *f* **Frauenleiden** *nt* maladie *f* propre à la femme **Frauenquote** *f* quota *m* féminin **Frauenrechtler(in)** ['fraʊənrɛçtlɐ] <-s, -> *m(f)* combattant(e) pour les droits de la femme *m* **Frauenschuh** *m kein Pl* BOT sabot *m* de Vénus **Frauenstimme** *f* ❶ voix *f* de femme ❷ *meist Pl* PARL suffrage *m* féminin **Frauentaxi** *nt* taxi *m* pour femmes **Frauenüberschuss**[RR] *m* excédent *m* de femmes **Frauenverband** *m* association *f* féminine **Frauenwahlrecht** *nt* [droit *m* de] vote *m* des femmes **Frauenzeitschrift** *f* magazine *m* pour femmes **Frauenzimmer** *nt pej* bonne femme *f* (*péj fam*)
Fräulein ['frɔɪlaɪn] <-s, - *o* -s> *nt* ❶ (*unverheiratete Frau*) demoiselle *f*
❷ *veraltet* (*in der Anrede*) **guten Tag, ~ Schmidt!** bonjour, mademoiselle Schmidt!; **~, bitte bezahlen!** Mademoiselle, l'addition s'il vous plaît!
▸ **das** [*o* **Ihr**] **~ Tochter** *veraltet* Mademoiselle votre fille (*vieilli*)

i Land & Leute

Autrefois, on s'adressait à une femme non mariée en utilisant le terme de **Fräulein** qui signifie littéralement "petite femme". Mais, à partir des années 70, le mouvement féministe a lutté contre cette appellation qu'il jugeait discriminatoire et, alors qu'en France le terme de "Mademoiselle" est toujours en usage pour s'adresser à une jeune fille ou à une femme non mariée, il a été remplacé en Allemagne par *Frau*, c'est-à-dire "Madame".

fraulich *Adj* féminin(e)
Fraulichkeit <-> *f* féminité *f*
Freak [fri:k] <-s, -s> *m fam* mordu(e) *m(f)* (*fam*)
frech [frɛç] **I.** *Adj* ❶ (*dreist*) *Person, Antwort* effronté(e); *Lüge* éhonté(e); **~ sein** (*in den Äußerungen*) être insolent(e); (*im Benehmen*) être impudent(e)
❷ (*herausfordernd*) *Kleidung, Frisur* osé(e)
II. *Adv lachen, sich benehmen* effrontément; *lügen* de manière éhontée
Frechdachs *m fam* galopin(e) *m(f)* (*fam*)
Frechheit <-, -en> *f* effronterie *f*; **die ~ haben** [*o* **besitzen**] **etw zu tun** avoir l'audace de faire qc
Freesie ['fre:ziə] <-, -n> *f* freesia *m*
Freeware ['fri:wɛ:ɐ, 'fri:wæə] <-, -s> *f* INFORM logiciel *m* libre [*o* gratuit], gratuitiel *m* (CAN)
Fregatte [fre'gatə] <-, -n> *f* NAUT frégate *f*
Fregattenkapitän *m* capitaine *m* de frégate
frei [fraɪ] **I.** *Adj* ❶ libre
❷ (*ungezwungen*) *Auffassung, Einstellung* libéral(e)
❸ (*nicht gebunden, nicht fest angestellt*) *Autor* indépendant(e); *Beruf* libéral(e); **~er Mitarbeiter** collaborateur *m* indépendant; (*mit festgelegten Arbeitszeiten*) vacataire *mf*
❹ (*unbelastet*) **~ von Vorurteilen/Fehlern** libre de tout jugement/de toute faute; **~ von Verpflichtungen** libéré(e) de toute obligation; **~ von Schuld** innocent(e); **~ von Konservierungsstoffen** sans conservateur; **sich von etw ~ machen** s'affranchir de qc
❺ (*nicht besetzt*) libre; *Hotelzimmer, Wohnung* [de] libre; *Stelle, Posten* vacant(e); **einen Platz ~ lassen** laisser une place [libre]
❻ (*kostenlos*) gratuit(e)
❼ (*verfügbar*) *Mittel, Geld* disponible; **für jdn ~ sein** être libre pour qn; **einen Wunsch ~ haben** pouvoir faire un vœu; **~ ab zwölf** [**Jahren**] interdit aux moins de douze ans
❽ (*arbeits-, unterrichtsfrei*) *Zeit, Stunde* [de] libre; *Tag* de congé; **~ haben** être en congé; *Schüler:* ne pas avoir cours; **zwei Tage ~ haben** avoir deux jours de congé; [**sich** (*Dat*)] **einen Tag ~ nehmen** prendre un jour de congé
❾ (*nicht liiert*) **noch/nicht mehr ~ sein** être encore/ne plus être libre
❿ (*leer*) *Seite* blanche; **eine Seite/den Rand ~ lassen** laisser une page/une marge
⓫ (*offen*) *Gelände, Land, Feld, Natur* plein(e)
⓬ (*improvisiert*) *Rede* sans notes; *Übersetzung* libre
⓭ CHEM, PHYS libre; **~ werden** se libérer
⓮ (*unbekleidet*) **den Rücken ~ lassen** *Kleid:* être décolleté(e) dans le dos
▸ **~ und ungebunden sein** être libre comme l'air; **ich bin so ~!** *form* si vous [me] permettez!; *s. a.* **Freie**
II. *Adv* ❶ (*unbeeinträchtigt*) librement; **~ laufend** *Huhn* en liberté; **~ lebend** *Tier* élevé(e) en liberté; **das Haus steht ganz ~** c'est une maison isolée
❷ (*ungezwungen*) de manière décontractée
❸ (*improvisiert*) librement; **~ nach Goethe** en citant très librement Goethe
❹ (*völlig*) **~ erfunden** inventé(e) de toutes pièces
III. *Präp + Akk* COM **~ Haus** franco domicile
Freibad *nt* piscine *f* en plein air
frei|bekommen* *unreg* **I.** *itr V fam* avoir un jour (*fam*); *Schüler:* avoir un jour de libre; **zwei Tage ~** avoir deux jours de libre; **wir haben von unserer Chefin/Lehrerin ~** notre chef/maîtresse nous a donné un jour de libre
II. *tr V* faire libérer *Entführten, Häftling*
Freiberufler(in) <-s, -> *m(f)* travailleur *m* indépendant/travailleuse *f* indépendante
freiberuflich **I.** *Adj* (*selbständig*) *Person, Tätigkeit* indépendant(e) **II.** *Adv arbeiten* à son compte; **sie ist ~ tätig** elle est à son compte **Freibetrag** *m* montant *m* exonéré
Freibeuter(in) <-s, -> *m(f)* *veraltet* (*Seeräuber*) flibus-

tier(-ière) *m(f)* (*vieilli*)

Freibeuterei <-> *f* (*Seeräuberei*) flibuste *f*

Freibier *nt* bière *f* gratuite **Freibrief** ▸ **jdm einen ~ für etw ausstellen** donner carte blanche à qn pour qc; **ein/kein ~ für etw sein** être/ne pas être un passe-droit [*o* une lettre de franchise] pour qc

Freiburg ['fraɪbʊrk] <-s> *nt* Fribourg *f*

Freidemokrat(in) *m(f)* démocrate *mf* libéral(e) **Freidenker(in)** *m(f)* libre penseur *m*/libre penseuse *f*

Freie(r) ['fraɪə] *f(m) dekl wie Adj* HIST affranchi(e) *m(f)*

Freie(s) *nt dekl wie Adj* **ins ~ gehen** aller dehors; **jdn ins ~ befördern** jeter qn dehors; **im ~n** *stattfinden* en plein air; *übernachten* à la belle étoile

freien I. *tr V veraltet* épouser

II. *itr V veraltet* **um jdn ~** demander qn en mariage

Freier ['fraɪɐ] <-s, -> *m* ❶ (*Kunde einer Prostituierten*) client *m* ❷ *veraltet* (*Bewerber*) prétendant *m*

Freiersfüße ▸ **auf ~n gehen** [*o* **wandeln**] *hum* chercher pointure à son pied (*hum*)

Freiexemplar *nt* exemplaire *m* gratuit **Freifahrt** *f* trajet *f* gratuit **freifinanziert** *Adj* financé(e) par des capitaux privés **Freifläche** *f* ❶ (*Grünfläche*) espace *m* vert ❷ (*ungebautes Grundstück*) terrain *m* vague **Freifrau** *f* baronne *f* **Freigabe** *f* ❶ *des Aktienkurses, Wechselkurses* libération *f* ❷ (*Herausgabe*) main *f* levée **Freigang** <-gänge> *m eines Strafgefangenen* sortie *f*

Freigänger(in) ['fraɪgɛŋɐ] <-s, -> *m(f)* détenu(e) *m(f)* qui a un droit de sortie

frei|geben *unreg* I. *tr V* libérer *Gefangenen, Aktienkurs;* débloquer *Mieten, Preise;* autoriser la sortie de *Film;* **etw für den Verkehr ~** ouvrir qc à la circulation

II. *itr V* **jdm zwei Stunden/Tage ~** donner deux heures de libre/deux jours de congé à qn

freigebig ['fraɪge:bɪç] *Adj* généreux(-euse)

Freigebigkeit <-> *f* générosité *f*

Freigehege *nt* réserve *f* d'animaux **Freigeist** *s.* **Freidenker(in) Freigepäck** *nt* bagages *mpl* en franchise **Freigrenze** *f* FISC plafond *m* d'exonération **frei|haben** *itr V unreg fam* être en congé; *Schüler:* ne pas avoir cours; **wir haben morgen die letzte Stunde frei** demain nous n'avons pas cours en dernière heure **Freihafen** *m* port *m* franc **frei|halten** *tr V unreg* ❶ (*nicht versperren*) ne pas stationner devant *Einfahrt, Zufahrt, Tor;* **Einfahrt ~!** sortie de voitures [*o* de garage]! ❷ (*reservieren*) **ich werde dir einen Platz ~** je vais te garder une place ❸ (*Zeche begleichen*) payer pour *Gast;* **sich von jdm ~ lassen** se faire inviter par qn **Freihandel** *m* libre-échange *m*

Freihandelszone *f* zone *f* de libre-échange

freihändig ['fraɪhɛndɪç] I. *Adj Zeichnen* à main levée; **das ~e Radfahren üben** apprendre à faire du vélo sans les mains

II. *Adv zeichnen* à main levée; *Rad fahren* sans les mains

Freiheit ['fraɪhaɪt] <-, -en> *f* ❶ *kein Pl* liberté *f;* **persönliche/politische ~** liberté individuelle/politique

❷ (*opp: Gefangenschaft*) liberté *f;* **in ~ sein/leben** être/vivre en liberté; **jdm/einem Tier die ~ schenken** rendre la liberté à qn/un animal

❸ (*Vorrecht*) [certaine] liberté *f;* **dichterische ~** licence *f* poétique; **sich** (*Dat*) **~en erlauben** se permettre des libertés

▸ **~, Gleichheit, Brüderlichkeit** liberté, égalité, fraternité; **sich** (*Dat*) **die ~ nehmen etw zu tun** prendre la liberté de faire qc

freiheitlich I. *Adj* libéral(e)

II. *Adv eingestellt, gesinnt* de tendance libérale

Freiheitsberaubung *f* atteinte *f* à la liberté [individuelle] **Freiheitsdrang** *m* besoin *m* de liberté **Freiheitsentzug** *m* réclusion *f;* **zu sieben Jahren ~ verurteilt werden** être condamné(e) à sept ans de réclusion **Freiheitskampf** *m* lutte *f* pour la liberté **Freiheitskämpfer(in)** *m(f)* combattant(e) *m(f)* pour la liberté **Freiheitskrieg** *m* ❶ guerre *f* de libération ❷ *Pl* HIST guerres *fpl* d'indépendance **Freiheitsliebe** *f* amour *m* de la liberté **freiheitsliebend** *Adj* amoureux(-euse) de la liberté; **~ sein** être un amoureux/une amoureuse de la liberté **Freiheitsstatue** *f* statue *f* de la Liberté; **die [amerikanische] ~** la statue [américaine] de la Liberté **Freiheitsstrafe** *f* peine *f* de prison

freiheraus *Adv* franchement **Freiherr** *m* baron *m* **Freikarte** *f* place *f* gratuite **frei|kaufen** I. *tr V* racheter II. *r V* ❶ **sich ~** *Sklave:* s'affranchir ❷ (*sich entledigen*) **sich von einer Schuld/Verpflichtung ~** s'acquitter de ses dettes/redevances **Freikirche** *f* église *f* libre **Freiklettern** *nt* escalade *f* libre **frei|kommen** *itr V unreg + sein* être remis(e) en liberté; **aus der Gewalt der Entführer ~** être délivré(e) des ravisseurs

Freikörperkultur *f kein Pl* nudisme *m*

Freikorps [-ko:ɐ] *nt* HIST corps *m* franc **Freiland** *nt kein Pl* pleine terre *f*

Freilandgemüse *nt* légume *m* cultivé en pleine terre

frei|lassen *tr V unreg* relaxer *Verhafteten;* relâcher *Geisel;* affranchir *Sklaven*

Freilassung <-, -en> *f eines Verhafteten* relaxe *f; einer Geisel* libération *f; eines Sklaven* affranchissement *m*

Freilauf *m* roue *f* libre

freilaufend *s.* **frei II.1.**

freilebend *s.* **frei II.1.**

frei|legen *tr V* dégager *Gemäuer*

Freilegung *f* mise *f* au jour

Freileitung *f* ELEC ligne *f* aérienne

freilich ['fraɪlɪç] *Adv* ❶ (*allerdings*) toutefois ❷ *bes.* SDEUTSCH (*natürlich*) bien sûr

Freilichtbühne *f,* **Freilichttheater** *nt* théâtre *m* de plein air

Freilos *nt* billet *m* de loterie gratuit **frei|machen** I. *tr V* ❶ POST affranchir *Brief, Karte* ❷ (*entkleiden*) dénuder *Brust, Brustkorb;* **den Oberkörper ~** enlever le haut II. *itr V fam* prendre un repos (*fam*); **eine Woche ~** prendre une semaine (*fam*) III. *r V* **sich ~** se déshabiller **Freimaurer** *m* franc-maçon *m*

Freimaurerei *f kein Pl* franc-maçonnerie *f*

Freimaurerloge *f* loge *f* maçonnique

Freimut *m kein Pl* franchise *f*

freimütig ['fraɪmy:tɪç] I. *Adj* franc(franche)

II. *Adv* franchement

Freimütigkeit <-> *f* franchise *f*

frei|nehmen *tr, itr V unreg* prendre des congés; **[sich** (*Dat*)**] eine Woche ~** [se] prendre une semaine de congé **frei|pressen** *tr V* faire relâcher grâce au chantage; **jdn ~** faire relâcher qn grâce au chantage **Freiraum** *m* liberté *f* d'action; **ich brauche mehr [persönlichen] ~** j'ai besoin de davantage de liberté d'action **freischaffend** *Adj attr Künstler, Wissenschaftler* indépendant(e)

Freischaffende(r) *f(m) dekl wie Adj* free-lance *mf*

Freischärler(in) <-s, -> *m(f)* milicien(ne) *m(f)*

frei|schaufeln *tr V* déblayer à la pelle; **etw ~** déblayer qc à la pelle **frei|schießen** *tr V unreg* **sich** (*Dat*) **den Weg ~** protéger sa fuite en se couvrant [par des coups de feu] **frei|schwimmen** *r V unreg* ▸ **sich ~** passer son brevet de natation premier degré; (*selbständig werden*) voler de ses propres ailes **Freischwimmer(in)** *m(f)* breveté(e) *m(f)* de natation premier degré

Freischwimmerzeugnis *nt* brevet *m* de natation premier degré; **das ~ machen/haben** passer/avoir le brevet de natation premier degré

frei|setzen *tr V* ❶ *a.* CHEM, FIN libérer; **etw bei jdm ~** libérer qc chez qn

❷ *euph* (*entlassen*) remercier (*euph*)

Freisetzung <-, -en> *f* ❶ *a.* CHEM libération *f*

❷ *euph* (*Entlassung*) congédiement *m* (*euph*)

freisinnig ['fraɪzɪnɪç] *Adj veraltet* (*liberal*) libéral(e)

Freisprechanlage *f,* **Freisprecheinrichtung** *f* TELEC kit *m* main-libre

frei|sprechen *tr V unreg* ❶ JUR déclarer non coupable; **jdn wegen etw** ~ déclarer qn non coupable pour qc
❷ (*lossprechen*) **jdn von etw** ~ absoudre qn de qc
❸ (*prüfen*) **die Auszubildenden** ~ certifier [*o* reconnaître] l'aptitude professionnelle des apprentis
FreisprechmikrofonRR *nt* TECH micro[phone] *m* mains-libres
Freispruch *m* JUR non-lieu *m;* ~ **für jdn beantragen, auf** ~ **für jdn plädieren** plaider non-coupable pour qn **Freistaat** *m veraltet* république *f;* **der** ~ **Bayern/Sachsen** la Bavière/Saxe **Freistatt** *f,* **Freistätte** *f geh* lieu *m* d'asile **frei|stehen** *unreg* **I.** *itr V unpers* **es steht dir/ihr frei, das zu tun** tu es/elle est libre de faire cela **II.** *itr V Haus, Gebäude:* être inoccupé(e) **frei|stellen** *tr V* ❶ **jdm eine Entscheidung** ~ laisser à qn le choix de la décision; **es jdm** ~**, ob/wie ...** laisser à qn le choix de décider si/comment ...; **das bleibt Ihnen [völlig] freigestellt** libre à vous ❷ *euph* (*entlassen*) remercier (*euph*) ❸ (*beurlauben*) **jdn** ~ suspendre qn de ses fonctions ❹ (*befreien*) **jdn vom Unterricht** ~ dispenser qn du cours; **jdn vom Wehrdienst** [*o* **Militärdienst**] ~ exempter qn du service militaire **Freistellung** *f a.* JUR exonération *f;* ~ **vom Wehrdienst** exemption *f* du service militaire
Freistellungsbescheid *m* (*Steuerfreistellungsbescheid*) avis *m* de non-imposition
Freistempel *m* cachet *m* d'oblitération **Freistil** *m kein Pl* SPORT style *m* libre
Freistilringen *nt* lutte *f* libre **Freistilschwimmen** *nt* nage *f* libre
Freistoß *m* coup *m* franc; **direkter/indirekter** ~ coup *m* franc direct/indirect; **auf** ~ **entscheiden, einen** ~ **verhängen** ordonner un coup franc **Freistunde** *f* heure *f* de libre; ~**n/eine** ~ **haben** avoir des heures de libres/une heure de libre
Freitag ['fraɪta:k] *m* vendredi *m; s. a.* **Dienstag**
freitags *Adv* le vendredi
Freitod *m euph* suicide *m;* **den** ~ **wählen** se donner la mort **freitragend** *Adj Brücke* suspendu(e); *Konstruktion, Treppe* en porte-à-faux **Freitreppe** *f* perron *m* **Freiübung** *f meist Pl* exercice *m* d'assouplissement **Freiumschlag** *m* enveloppe *f* affranchie [*o* timbrée] **freiweg** *Adv fam* franco (*fam*) **Freiwild** *nt* ❶ gibier *m* ❷ *fig* proie *f* facile **freiwillig I.** *Adj* ❶ *Dienst, Helfer, Einsatz* bénévole ❷ (*freigestellt*) *Versicherung, Teilnahme* facultatif(-ive) **II.** *Adv* de son plein gré; **er steht** ~ **früh auf** il se lève tôt de lui-même
Freiwillige(r) ['fraɪvɪlɪge] *f(m) dekl wie Adj a.* MIL volontaire *mf* ▶ ~**e vor!** MIL que les volontaires fassent un pas en avant!; *fig* y a-t-il des volontaires? (*fig*)
Freiwilligkeit <-> *f* volontariat *m*
Freiwurf *m* coup *m* franc **Freizeichen** *nt* tonalité *f* **Freizeit** *f* ❶ *kein Pl* loisirs *mpl;* **in seiner/ihrer** ~ pendant ses loisirs
❷ (*Ausflug*) excursion *f*
Freizeitangebot *nt* liste *f* des loisirs **Freizeitausgleich** *m* compensation *f* du temps de travail **Freizeitbeschäftigung** *f* occupation *f* **Freizeitgesellschaft** <-> *f* SOZIOL société *f* de loisirs **Freizeitgestaltung** *f* organisation *f* des loisirs **Freizeithemd** *nt* chemise *f* de sport **Freizeitindustrie** *f* industrie *f* des loisirs **Freizeitkleidung** *f* tenue *f* décontractée **Freizeitpark** *m* parc *m* de loisirs [*o* d'attractions] **Freizeitstress**RR *m hum* surmenage *m* de loisirs (*hum*) **Freizeitvergnügen** *nt* hobby *m* **Freizeitverhalten** *nt* manière *f* de concevoir les loisirs; **sein/ihr** ~ sa manière de concevoir les loisirs; **die Franzosen haben ein anderes** ~ **als die Deutschen** les Français conçoivent les loisirs différemment des Allemands **Freizeitwert** *m* **einen hohen/geringen** ~ **haben** *Stadt, Region:* offrir un large éventail/un éventail réduit de loisirs
Freizone *f* ÖKON zone *f* franche
freizügig ['fraɪtsy:gɪç] *Adj* ❶ *Person* libre; *Auffassung, Moral* libéral(e); *Kleidung, Ausschnitt* audacieux(-euse)
❷ (*großzügig*) *Gebrauch, Anwendung* abondant(e)
Freizügigkeit <-, -en> *f* ❶ *einer Person* largeur *f* d'esprit; *der Moral, Sitten* liberté *f; von Kleidung* audace *f*
❷ (*freie Wahl des Wohnorts*) liberté *f* de circulation
fremd [frɛmt] *Adj* ❶ (*fremdländisch*) étranger(-ère)
❷ (*nicht einheimisch*) **ich bin hier/in Hannover** ~ je ne suis pas d'ici/ne connais pas Hanovre
❸ (*opp: eigen*) de quelqu'un d'autre; *Bank, Firma, Kinder, Leute* autre; *Wagen* inconnu(e); *Eigentum, Wohnung* d'autrui; **ich musste in einem** ~**en Bett übernachten** j'ai dû passer la nuit dans un lit qui n'était pas le mien; **in** ~**em Namen und für** ~**e Rechnung** ÖKON au nom et pour le compte d'un tiers
❹ (*unbekannt*) *Anblick, Gefühl, Gesicht, Person* étranger(-ère), inconnu(e); **das ist mir/ihm** ~ cela m'est/lui est étranger(-ère); **jdm** ~ **werden** devenir étranger(-ère) à qn; **sich** (*Dat*) ~ **werden** s'éloigner l'un(e) de l'autre
fremdartig ['frɛmta:ɐtɪç] **I.** *Adj* ❶ *Musik, Brauch, Aussehen* étrange
❷ (*exotisch*) exotique
II. *Adv aussehen, klingen* étrange
Fremdartigkeit <-> *f* ❶ étrangeté *f*
❷ (*exotische Art*) caractère *m* exotique
fremdbestimmt *Adj* dépendant(e)
Fremde ['frɛmdə] <-> *f geh* étranger *m;* **in die/der** ~ à l'étranger *m*
Fremde(r) *f(m) dekl wie Adj* (*Unbekannter*) inconnu(e) *m(f);* (*Ortsfremder, Ausländer*) étranger(-ère) *m(f)*
Fremdeinwirkung *f* influence *f* extérieure
fremdeln *itr V,* **fremden** ['frɛmdən] *itr V* CH *Kind:* être un peu sauvage
fremdenfeindlich *Adj* xénophobe **Fremdenführer(in)** *m(f)* guide *mf* **Fremdenhass**RR *m* xénophobie *f* **Fremdenlegion** *f* Légion *f* [étrangère] **Fremdenlegionär** *m* légionnaire *m*
Fremdenverkehr *m* tourisme *m*
Fremdenverkehrsamt *nt* syndicat *m* d'initiative **Fremdenverkehrsverein** *m* syndicat *m* d'initiative
Fremdenzimmer *nt* chambre *f* d'hôte
Fremderregung *f* ELEC excitation *f* indépendante **fremdfinanziert** *Adj* ÖKON financé(e) sur capitaux empruntés **Fremdfinanzierung** *f* financement *m* extérieur **fremd|gehen** *itr V unreg + sein fam* être infidèle
Fremdheit <-> *f* étrangeté *f*
Fremdherrschaft *f kein Pl* domination *f* étrangère **Fremdkapital** *nt* capitaux *mpl* étrangers **Fremdkörper** *m* ❶ MED corps *m* étranger ❷ *fig* (*Mensch*) étranger(-ère) *m(f);* (*Gebäude*) bâtiment *m* qui détonne; **sich als** ~ **fühlen** détonner **fremdländisch** ['frɛmtlɛndɪʃ] *Adj* exotique
Fremdling <-s, -e> *m veraltet geh* étranger(-ère) *m(f)*
Fremdsprache *f* langue *f* étrangère
Fremdsprachenkorrespondent(in) *m(f)* secrétaire *mf* bilingue/trilingue **Fremdsprachenunterricht** *m* enseignement *m* des langues [étrangères]
fremdsprachig *Adj Literatur, Unterricht* en langue étrangère; *Besucher, Tourist* parlant une langue étrangère
fremdsprachlich *Adj Unterricht* de langues étrangères **Fremdstoff** *m* corps *m* étranger **Fremdverschulden** *nt* faute *f* incombant à un tiers **Fremdwort** <-wörter> *nt* mot *m* étranger ▶ **Urlaub ist für mich ein** ~ je ne sais pas ce que sont les vacances **Fremdwörterbuch** *nt* dictionnaire *m* des mots étrangers
frenetisch [fre'ne:tɪʃ] **I.** *Adj* frénétique
II. *Adv* frénétiquement
frequentieren* *tr V geh* fréquenter
Frequenz [fre'kvɛnts] <-, -en> *f a.* PHYS, MED fréquence *f*
Frequenzmodulation *f* RADIO modulation *f* de fréquence
Fresko ['frɛsko] <-s, Fresken> *nt* KUNST fresque *f*
Freskomalerei *f* KUNST peinture *f* à fresque
Fressalien [frɛ'sa:liən] *Pl fam* bouffe *f* (*fam*); **ein paar** ~ un peu

de bouffe (*fam*)
Fresse ['frɛsə] <-, -n> *f vulg* ❶ (*Mund*) gueule *f* (*fam*); **die ~ halten** fermer sa gueule (*pop*)
❷ (*Gesicht*) gueule *f* (*pop*); **jdm eins** [*o* **eine**] **in die ~ hauen** casser la gueule à qn (*pop*)
▸ **jdm die ~ polieren** *vulg* casser la gueule à qn (*pop*); [**ach du**] **meine ~!** *sl* [eh] putain de merde ! (*vulg*)
fressen ['frɛsən] <frisst, fraß, gefressen> **I.** *itr V* ❶ *Tier:* manger; **aus/von etw ~** *Tier:* manger dans qc
❷ *pej sl* (*essen*) bouffer (*fam*)
❸ (*beschädigen*) **an etw** (*Dat*) **~** *Rost, Säure, Salz:* ronger qc
II. *tr V* ❶ *Tier:* manger
❷ *pej sl* (*essen*) bouffer; **der/die wird dich schon nicht ~** *fig* il/elle ne va pas te bouffer
❸ *fam* (*verschlingen*) bouffer (*fam*) *Kilometer, Benzin*
▸ **jdn zum Fressen gern haben** *fam* adorer qn; **jdn/etw gefressen haben** *fam* ne pas pouvoir sentir qn/qc (*fam*)
III. *r V* ❶ (*eindringen, zerfressen*) **sich in etw** (*Akk*)/**durch etw ~** *Bohrer, Säge:* s'enfoncer dans/à travers qc; *Rost, Säure, Lauge:* ronger qc; **sich durch die Erde ~** *Wurm:* se frayer un chemin dans la terre
❷ (*übermäßig fressen*) **sich voll ~** *Tier:* manger à sa faim; *pej sl Person:* s'empiffrer (*fam*)
Fressen <-s> *nt* ❶ (*Futter*) nourriture *f*
❷ *pej sl* (*Essen, Gelage*) bouffe *f* (*fam*)
▸ **ein gefundenes ~ für jdn sein** *fam* être une bonne aubaine pour qn
Fresser(in) <-s, -> *m(f) sl* morfal(e) *m(f)* (*arg*)
Fresserei <-, -en> *f pej sl* (*Gelage*) bouffe *f* (*fam*)
FressgelageRR ['frɛs-], **Freßgelage** *nt pej fam* bouffe *f* (*fam*)
FressgierRR, **Freßgier** *f pej* goinfrerie *f*
FresskorbRR, **Freßkorb** *m fam* panier *m* de bouffe (*fam*)
FresslustRR, **Freßlust** *f fam* envie *f* de se goinfrer (*fam*)
FressnapfRR, **Freßnapf** *m* gamelle *f*
FresspaketRR, **Freßpaket** *nt fam* colis *m* de bouffe (*fam*)
FresssackRR, **Freßsack** *m pej fam* goinfre *mf*
FresssuchtRR *f*, **Freßsucht** *f kein Pl* boulimie *f*
FresswerkzeugeRR, **Freßwerkzeuge** *Pl* mandibules *fpl*
FresszelleRR, **Freßzelle** *f* MED, ZOOL phagocyte *m*
Frettchen ['frɛtçən] <-s, -> *nt* furet *m*
fretten ['frɛtn] *r V* A, SDEUTSCH *fam* (*sich abmühen*) se crever (*fam*); **sich ~** [**etw zu tun**] se crever à faire qc (*fam*)
Freude ['frɔɪdə] <-, -n> *f* ❶ *kein Pl* joie *f*; **es macht jdm ~ etw zu tun** cela fait plaisir à qn de faire qc; **jdm viel ~ machen** *Beruf, Sport, Hobby:* faire très plaisir à qn; *Kind, Tier:* procurer beaucoup de joie à qn; **meine einzige ~ ist der Sport** le sport est toute ma joie; **jdm eine ~ machen** [*o* **bereiten**] faire plaisir à qn; **er hat ~ an jdm/etw** qn/qc lui procure de la joie; **jd hat an jdm/etw seine helle ~** qn/qc procure un grand plaisir à qn; **keine ~ mehr am Leben/an der Arbeit haben** ne plus avoir goût à la vie/au travail; **seine ~ über das Geschenk/an der Musik** la joie que lui procure le cadeau/la musique; **es ist eine wahre ~ die beiden zu beobachten** c'est un [vrai] plaisir de les regarder; **es ist mir eine ~ Ihnen mitzuteilen, dass** c'est une joie pour moi de vous annoncer que + *indic*; **vor ~** (*Dat*) **jubeln** exulter de joie; **zu meiner ~** à ma grande joie; **zu meiner größten ~** pour ma plus grande joie
❷ *Pl* (*Wonnen*) *der Liebe, Mutterschaft* joies *fpl*; **die kleinen ~n des Alltags** les petites joies de la vie
▸ **Freud und Leid** *geh* les joies et les peines; **in Freud und Leid** *geh* dans les bons comme dans les mauvais jours; **herrlich und in ~n leben** *geh* mener la vie de château; **da kommt ~ auf!** *iron* ça fait [vraiment] plaisir!
Freudenbotschaft *f geh* heureuse nouvelle *f* **Freudenfest** *nt* joyeuse fête *f* **Freudengeschrei** *nt* cris *mpl* de joie; **in ein ~ ausbrechen** pousser des cris de joie **Freudenhaus** *nt* maison *f* close **Freudenmädchen** *nt euph* fille *f* de joie (*euph*) **Freudenschrei** *m* cri *m* de joie; **~e ausstoßen** laisser éclater sa joie **Freudensprung** *m* saut *m* de joie; **einen ~ machen** sauter de joie **Freudentag** *m* jour *m* de joie **Freudentanz** *m* ▸ **einen** [**wahren/wilden**] **~ aufführen** [*o* **vollführen**] danser de joie **Freudentaumel** *m* joie *f* folle; **im ~ sein** *Personen, Stadt:* être transporté(e) de joie **Freudentränen** *Pl* larmes *fpl* de joie; **~ vergießen** verser des larmes de joie
freudestrahlend I. *Adj* rayonnant(e) [de joie]
II. *Adv* le visage rayonnant [de joie]
freudig ['frɔɪdɪç] **I.** *Adj* ❶ (*voller Freude*) joyeux(-euse)
❷ (*erfreulich*) heureux(-euse)
II. *Adv* joyeusement; **~ erregt** excité(e) de joie
freudlos ['frɔɪtlo:s] *Adj* sans joie
Freudlosigkeit <-> *f* tristesse *f*
freuen ['frɔɪən] **I.** *r V* ❶ être content(e); **sich über jdn/etw ~** être content(e) de qn/qc; **sich für jdn/mit jdm ~** se réjouir pour qn/avec qn; **sich ~ jdn zu sehen** être content(e) de voir qn; **wir ~ uns Ihnen mitteilen zu können, dass** nous sommes heureux(-euses) de vous annoncer que + *indic*
❷ (*erwarten*) **sich auf jdn/etw ~** se réjouir [d'avance] de qn/qc
II. *tr V* **jdn ~** *Geschenk, Nachricht, Lob:* réjouir qn; **es freut mich, dass** je me réjouis que + *subj*
Freund(in) [frɔɪnt] <-[e]s, -e> *m(f)* ❶ ami(e) *m(f)*; (*intimer Freund*) [petit] ami/[petite] amie; **jdn zum ~/zur ~in haben** avoir qn pour ami(e); **jdn zum ~/zur ~in gewinnen** gagner l'amitié de qn; **mit jdm gut ~ sein** être en bons termes avec qn; **unter ~en** *fam* entre amis
❷ (*Anhänger*) amateur *m*
▸ **~ und Feind** amis et ennemis; **ein/kein ~ einer S.** (*Gen*) **sein** être/ne pas être amateur de qc; **kein ~ von vielen Worten sein** ne pas aimer les longs discours; **mein lieber ~!** *iron* mon petit ami!; **du bist mir ein schöner ~/eine schöne ~in** *iron fam* tu parles d'un ami/d'une amie! (*fam*); [**unser**] **~ ...** *iron* notre [bon] ami ...
Freundchen ['frɔɪntçən] <-s, -> *nt fam* (*Bürschchen*) mon petit ami! (*fam*)
▸ **~! ~!** mon petit ami!
Freundeskreis ['frɔɪndəs-] *m* cercle *m* d'amis; **im engsten ~ feiern** fêter dans la plus stricte intimité
Freund-Feind-Denken *nt* pensée *f* manichéenne
freundlich ['frɔɪntlɪç] **I.** *Adj* ❶ (*liebenswürdig*) aimable; **~ zu jdm sein** être aimable envers qn; **es war sehr ~ von Ihnen** c'était très aimable à vous; **so ~ sein und etw tun** avoir l'amabilité de faire qc; **bitte recht ~!** souriez!
❷ (*ansprechend, heiter*) *Himmel* serein(e); *Wetter* agréable; *Ambiente* sympathique; *Einrichtung, Zimmer* accueillant(e); *Farben* attrayant(e)
❸ (*wohlwollend*) *Gesinnung, Haltung, Einstellung* bienveillant(e)
II. *Adv* de façon amicale
freundlicherweise *Adv* aimablement; **könnten Sie mir ~ sagen, wo ...?** auriez-vous l'amabilité de me dire où ...?
Freundlichkeit <-, -en> *f* ❶ *kein Pl* (*Liebenswürdigkeit*) amabilité *f*; **die ~ haben etw zu tun** avoir l'amabilité de faire qc
❷ (*Handlung*) aimable attention *f*
❸ (*Bemerkung*) parole *f* aimable
Freundschaft <-, -en> *f kein Pl* amitié *f*; **jdm die** [*o* **seine**] **~ anbieten** offrir son amitié à qn; **mit jdm ~ schließen** se lier d'amitié avec qn; **jdm die ~ kündigen** se brouiller avec qn; **in aller ~** en toute amitié; **wir werden das Problem in aller ~ regeln** nous allons régler ce problème entre amis; **da hört die ~ auf!** il y a des limites! (*fam*); **auf gute ~!** à notre amitié!
freundschaftlich I. *Adj* amical(e)
II. *Adv* amicalement; **~ miteinander verkehren** avoir des relations très amicales; **mit jdm ~ verbunden sein** être lié(e) d'amitié avec qn
Freundschaftsbesuch *m* visite *f* amicale **Freundschaftsdienst** *m* service *m* d'ami; **jdm einen ~ erweisen** rendre un

F

service d'ami à qn **Freundschaftspreis** *m* prix *m* d'ami **Freundschaftsspiel** *nt* rencontre *f* amicale **Freundschaftsvertrag** *m* traité *m* d'amitié

Frevel ['fre:fəl] <-s, -> *m geh* ignominie *f* (*littér*); REL sacrilège *m*

frevelhaft *Adj geh* ignominieux(-euse) (*littér*); *Tat* criminel(le)

freveln *itr V geh* commettre un outrage; **gegen jdn/etw ~** outrager qn/qc

Freveltat *f geh* ignominie *f* (*littér*); REL sacrilège *m*; **eine ~ begehen** commettre un forfait (*soutenu*)

Frevler(in) ['fre:flɐ] <-s, -> *m(f) geh* scélérat(e) *m(f)* (*littér*), criminel(le) *m(f)*; REL sacrilège *mf*

frevlerisch ['fre:flərɪʃ] *Adj veraltet s.* **frevelhaft**

Friede <-ns, -n> *m veraltet* paix *f*; **~!** la paix!; **~ sei mit euch!** la paix soit avec vous!; **~ seiner/ihrer Asche** paix à ses cendres

▶ **~, Freude, Eierkuchen** *hum* tout le monde il est beau, tout le monde il est gentil (*fam*)

Frieden <-s, -> *m* ❶ paix *f*; **es herrscht ~** la paix règne; **mit jdm ~ schließen** faire la paix avec qn; **seinen ~ mit jdm machen** *geh* faire la paix avec qn; **der Westfälische ~** HIST la paix de Westphalie; **im ~** en temps de paix

❷ (*Harmonie*) paix *f*; **sozialer ~** paix sociale; **der häusliche ~** la paix des ménages; **~ stiften** faire régner la paix; **in ~ und Freundschaft leben** vivre en bonne harmonie; **um des lieben ~s willen** pour qu'on ait [au moins] la paix

❸ (*Ruhe*) **jdn mit etw in ~ lassen** laisser qn en paix avec qc; **dem ~ nicht trauen** *fam* rester sur ses gardes; **ich habe endlich wieder meinen ~!** j'ai enfin la paix!

❹ REL **in den ewigen ~ eingehen** entrer dans la paix éternelle; **[er/sie] ruhe in ~** qu'il/qu'elle repose en paix

Friedensangebot *nt* proposition *f* de paix **Friedensbedingungen** *Pl* conditions *fpl* de paix **Friedensbemühungen** *Pl* POL efforts *mpl* en faveur de la paix **Friedensbewegung** *f* mouvement *m* pacifiste **Friedensbruch** *m* violation *f* de la paix **Friedensdemonstration** *f* manifestation *f* pacifiste **Friedensinitiative** *f* initiative *f* pour la paix **Friedenskonferenz** *f* conférence *f* de paix **Friedensnobelpreis** *m* prix *m* Nobel de la paix **Friedenspfeife** *f* calumet *m* de la paix ▶ **mit jdm die ~ rauchen** *hum fam* fumer le calumet de la paix avec qn **Friedenspflicht** *f* IND trêve *f* sociale (*stipulée dans une convention collective*) **Friedensplan** *m* plan *m* de paix **Friedenspolitik** *f* politique *f* de paix **Friedensprozess**[RR] *m* processus *m* de paix **Friedensrichter(in)** *m(f)* ❶ juge *m* de paix ❷ CH (*Laienrichter*) arbitre *m* **Friedensschluss**[RR] *m* accord *m* de paix **Friedenssicherung** *f* maintien *m* de la paix **friedensstiftend** *Adj Maßnahme* pacifique **Friedensstifter(in)** *m(f)* pacificateur(-trice) *m(f)* **Friedenstaube** *f* colombe *f* de la paix **Friedenstruppe** *f* force *f* d'interposition **Friedensverhandlungen** *Pl* négociations *fpl* de paix **Friedensvertrag** *m* traité *m* de paix; **mit jdm einen ~ schließen** conclure un traité de paix avec qn **Friedenszeit** *f* période *f* de paix; **in ~en** en temps de paix

friedfertig ['fri:tfɛrtɪç] *Adj* pacifique

Friedfertigkeit *f* caractère *m* conciliant; **er ist die ~ in Person** c'est l'homme conciliant par excellence

Friedhof ['fri:tho:f] *m* cimetière *m*; **auf dem ~ liegen** reposer au cimetière

Friedhofskapelle *f* chapelle *f* du cimetière **Friedhofsruhe** *f* calme *m* du cimetière; **hier herrscht ~** *fig* il règne ici un silence de cimetière

friedlich I. *Adj* ❶ (*gewaltlos, zufrieden*) pacifique; **wirst du wohl ~ sein?** vas-tu te tenir tranquille?; **nun sei doch endlich ~!** *fam* fiche-nous la paix!

❷ (*ruhig*) *Anblick, Gegend* paisible

II. *Adv* ❶ (*gewaltlos*) pacifiquement

❷ *sterben* en paix

friedliebend ['fri:tli:bənt] *Adj Person, Bevölkerung, Bewohner* pacifique

Friedrich ['fri:drɪç] <-s> *m* Frédéric *m*; **~ der Große** Frédéric le Grand

▶ **seinen ~ Wilhelm unter etw** (*Akk*) **setzen** apposer sa griffe à qc

frieren [fri:rən] <fror, gefroren> I. *itr V* ❶ + *haben* avoir froid; **an den Füßen/Händen ~** avoir froid aux pieds/mains

❷ + *sein* (*gefrieren*) geler

II. *itr V unpers* + *haben* **es friert** il gèle

III. *tr V unpers* + *haben* **es friert mich** je suis gelé(e); **es friert mich an den Füßen/Händen** j'ai les pieds gelés/les mains gelées

Fries [fri:s] <-es, -e> *m* ARCHIT frise *f*

Friese ['fri:zə] <-n, -n> *m*, **Friesin** *f* Frison(ne) *m(f)*

friesisch *Adj* frison(ne)

Friesland ['fri:slant] <-s> *nt* la Frise

frigid[e] *Adj* frigide

Frigidität [frigidi'tɛ:t] <-> *f* frigidité *f*

Frikadelle [frika'dɛlə] <-, -n> *f* boulette *f* [de viande]

Frikassee [frika'se:] <-s, -s> *nt* fricassée *f*

Frikativ <-s, -e> *m*, **Frikativlaut** *m* fricative *f*

Friktion <-, -en> *f* friction *f*

Frisbee® ['frɪzbi:] <-, -s> *nt* frisbee® *m*

Frisbee-Scheibe ['frɪzbi:-] *f* [disque *m* de] frisbee® *m*

frisch [frɪʃ] I. *Adj* ❶ frais(fraîche); **~e Brötchen** petits pains frais; **ein Bier ~ vom Fass** une bière qui sort tout juste du tonneau

❷ (*sauber*) propre; **ein ~es Hemd anziehen** changer de chemise; **sich ~ machen** faire un brin de toilette

❸ (*gesund*) *Gesichtsfarbe* frais(fraîche); **~ und munter sein** *fam* être frais(fraîche) et dispos(e)

❹ (*kühl*) frais(fraîche); **es ist ~** il fait frais

❺ (*unverbraucht*) *Kräfte, Mut* nouveau(-velle)

II. *Adv* fraîchement; **~ gestrichen!** peinture fraîche!; **die Betten ~ beziehen** changer les draps; **~ gewaschen sein** être propre

▶ **~ gebacken** *Brot* frais(fraîche); *hum fam Ehemann, Ehefrau* [tout(e)] jeune; *Lehrer, Arzt, Rechtsanwalt* frais(fraîche) émoulu(e); **~ gewagt ist halb gewonnen** *Spr.* la fortune sourit aux audacieux

Frische ['frɪʃə] <-> *f* fraîcheur *f*; **in geistiger/körperlicher ~** l'esprit vif/le corps alerte

▶ **in alter ~** *fam* plus frais(fraîche) que jamais

Frischfleisch *nt* viande *f* fraîche

frischgebacken *s.* **frisch II.**▶

Frischgemüse *nt* légumes *mpl* frais

Frischhaltebeutel *m* sachet *m* plastique **Frischhaltefolie** [-liə] *f* cellophane® *f* **Frischhaltepackung** *f* emballage *m* fraîcheur

Frischkäse *m* fromage *m* frais

Frischling <-s, -e> *m* marcassin *m*

Frischluft *f* air *m* frais **Frischmilch** *f* lait *m* frais **Frischwasser** *nt* eau *f* fraîche **frischweg** *Adv* de bon cœur

Friseur [fri'zøːɐ] <-s, -e> *m* coiffeur *m*; **zum ~ gehen** aller chez le coiffeur

Friseurin [fri'zøːrɪn] <-, -nen> *f* coiffeuse *m*

Friseursalon [fri'zøːɐzalõ:, -zalɔŋ] *m* salon *m* de coiffure

Friseuse [fri'zøːzə] <-, -n> *f* coiffeuse *f*

frisieren* *tr V* ❶ coiffer; **jdm/sich die Haare ~** coiffer qn/se coiffer; **gut frisiert sein** être bien coiffé(e)

❷ *fam* (*manipulieren*) trafiquer (*fam*) *Abrechnung, Auto;* truquer *Bilanz*

Frisierkommode *f* coiffeuse *f* **Frisiersalon** *m veraltet* salon *m* de coiffure **Frisierspiegel** *m* glace *f* de coiffeuse

Frisör *s.* **Friseur**

Frisöse *s.* **Friseuse**

frisst[RR] [frɪst], **frißt** *3. Pers Präs von* **fressen**

Frist <-, -en> *f* délai *m*; **letzte ~** dernier délai; **eine ~ einhalten** observer un délai; **eine ~ verstreichen lassen** laisser

expirer un délai; **innerhalb einer [gesetzlich festgelegten] ~ von ...** dans un délai [légal] de ...; **innerhalb kürzester ~** *form* dans les plus brefs délais
fristen ['frɪstən] *tr V* **sein Dasein ~** mener sa vie; **kümmerlich sein Leben ~** vivoter
Fristenlösung *f*, **Fristenregelung** *f* loi *f* sur l'interruption volontaire de grossesse [*o* l'I.V.G.]
fristgemäß, **fristgerecht** *Adj, Adv* dans les délais [impartis], dans le délai fixé; *Kündigung, kündigen* en respectant le préavis; **nicht ~** en dehors des délais
fristlos *Adj, Adv* sans préavis
Fristverlängerung *f* prorogation *f* [de délai]
Frisur [fri'zu:ɐ] <-, -en> *f* coiffure *f*
Friteuse [fri'tø:zə] <-, -n> *f s.* **Fritteuse**
fritieren* *tr V s.* **frittieren**
Fritten ['frɪtən] *Pl fam* frites *fpl*
Frittenbude *f fam* baraque *f* à frites (*fam*)
FritteuseRR [fri'tø:zə] <-, -n> *f* friteuse *f*
frittierenRR *tr V* faire frire
frivol [fri'vo:l] *Adj* déplacé(e)
Frivolität [-vo-] <-, -en> *f* (*Anzüglichkeit*) incongruité *f*
Frl. *Abk von* **Fräulein** Mlle
froh [fro:] **I.** *Adj* ① *Blick, Gesicht, Person* joyeux(-euse); **über etw** (*Akk*) **~ sein** être content(e) de qc; **er ist ~ [darüber], dass** il se réjouit que + *subj*
② *fam* (*zufrieden*) **wir können noch ~ sein, dass** nous pouvons nous estimer heureux(-euses) que + *subj;* **sei ~, dass du das nicht miterlebt hast!** estime-toi heureux(-euse) de ne pas avoir vécu cela!
③ (*erfreulich*) *Botschaft, Kunde* heureux(-euse); *Nachricht* bon(ne)
II. *Adv* **~ gelaunt** [*o* **gestimmt** *geh*] de bonne humeur
frohgelaunt <froher gelaunt, am froh[e]sten gelaunt>, **frohgestimmt** <froher gestimmt, am froh[e]sten gestimmt> *s.* **froh II.**
fröhlich ['frø:lɪç] **I.** *Adj* joyeux(-euse)
II. *Adv* ① allègrement
② *fam* (*unbekümmert*) sans m'en/s'en faire (*fam*)
Fröhlichkeit <-> *f* gaieté *f*
frohlocken* *itr V geh* ① (*Schadenfreude empfinden*) jubiler; **über jds Misserfolg** (*Akk*) **~** exulter d'apprendre l'échec de qn ② (*jubeln*) exulter de joie **Frohnatur** *f geh* ① *kein Pl* (*Naturell*) heureuse nature *f*, heureux caractère *m* ② (*Mensch*) heureuse nature *f* **Frohsinn** *s.* **Frohnatur 1.**
fromm [frɔm] <-̈er *o* -er, -̈ste *o* -ste> *Adj* ① *Person, Lieder, Christ* pieux(-euse); *Institution, Konvikt* religieux(-euse)
② *iron Wunsch* pieux(-euse); *Lüge, Betrug* pieux(-euse) *antéposé*
Frömmelei [frœmə'laɪ] <-, -en> *f pej* bigoterie *f*
frömmeln ['frœməln] *itr V pej* être confit(e) en dévotion
Frömmigkeit ['frœmɪçkaɪt] <-> *f* piété *f*
Frömmler(in) <-s, -> *m(f)* dévot(e) *m(f)*
Fron [fro:n] <-, -en> *f geh* corvée *f*
Fronarbeit *f* ① CH travail *m* d'intérêt général (*bénévole*)
② *s.* **Frondienst**
Fronde ['frõ:də] <-, -n> *f* POL fronde *f*
Frondienst *m* corvée *f*
frönen ['frø:nən] *itr V geh* **einer S.** (*Dat*) **~** s'adonner à qc
Fronleichnam [fro:n'laɪçna:m] *kein Pl, kein Art* la Fête-Dieu
Fronleichnamsfest *nt* la Fête-Dieu **Fronleichnamsprozession** *f* procession *f* de la Fête-Dieu
Front [frɔnt] <-, -en> *f* ① devant *m*
② MIL, POL, METEO front *m*
▶ **auf breiter ~** MIL sur un large front; *fig* globalement; **klare ~en schaffen** mettre les choses [clairement] au point; **in vorderster ~ stehen** être en première ligne; **in ~ gehen/liegen** prendre la tête/être en tête; **~ gegen jdn/etw machen** faire bloc contre qn/qc
Frontabschnitt *m* secteur *m* du front
frontal [frɔn'ta:l] **I.** *Adj attr* frontal(e)
II. *Adv* de front; *darstellen* de face
Frontalangriff *m* MIL attaque *f* frontale **Frontalunterricht** *m* SCHULE cours *m* magistral **Frontalzusammenstoß** *m* collision *f* frontale
Frontantrieb *m* traction *f* avant **Frontmotor** *m* moteur *m* à l'avant **Frontsoldat(in)** *m(f)* soldat *m* au front **Frontspoiler** [-spɔɪlɐ, -ʃpɔɪlɐ] *m* spoiler *m* avant **Fronturlaub** *m* permission *f* (*d'un soldat au front*) **Frontwand** *f* façade *f* **Frontwechsel** [-vɛksl] *m* POL volte-face *f*, revirement *m*
fror [fro:ɐ] *Imp von* **frieren**
Frosch [frɔʃ, *Pl:* 'frœʃə] <-[e]s, -̈e> *m* ① ZOOL grenouille *f*
② (*Feuerwerkskörper*) ≈ pétard *m* mitraillette
▶ **einen ~ im Hals [*o* in der Kehle] haben** *fam* avoir un chat dans la gorge; **sei kein ~!** *fam* ne te fais pas prier!
Froschgoscherl [-gɔʃeɐl] <-s, -n> *nt* A (*Löwenmäulchen*) gueule-de-loup *f* **Froschlaich** *m* frai *m* de grenouille **Froschmann** <-männer> *m* homme-grenouille *m* **Froschperspektive** [-pɛrspɛk'ti:və] *f* contre-plongée *f*; **aus der ~** en contre-plongée **Froschschenkel** *m* cuisse *f* de grenouille
Frost [frɔst, *Pl:* 'frœstə] <-[e]s, -̈e> *m* gel *m;* **es herrscht strenger ~** il gèle à pierre fendre; **bei eisigem ~** par forte gelée
Frostbeule *f* engelure *f*
fröst[e]lig *Adj fam* frileux(-euse)
frösteln ['frœstəln] **I.** *itr V* grelotter; **vor Kälte/Angst** (*Dat*) **~** grelotter de froid/peur
II. *tr V unpers* **es fröstelt ihn** il a des frissons
frostfrei *Adj* sans gelée
Frostgefahr *f* risque *m* de gelée; **bei ~** en cas de risque de gelée
frostig **I.** *Adj a. fig* glacial(e)
II. *Adv* avec froideur; *klingen* glacial(e)
Frostigkeit <-> *f* ① METEO **die ~ des Wetters/Winds** le temps/vent glacial
② *fig einer Person, eines Blicks* froideur *f*
frostklar *Adj* glacial(e) (*par nuit claire*) **Frostsalbe** *f* pommade *f* contre les engelures **Frostschaden** *m* dégât *m* causé par le gel **Frostschutzmittel** *nt* antigel *m* **Frostwetter** *nt* temps *m* de gel
Frotté, **Frottee** [frɔ'te:] <-[s], -s> *nt o m* tissu *m* éponge
Frotteebademantel *m* peignoir *m* en tissu éponge **Frotteebettwäsche** *f* draps *mpl* éponge **Frotteehandtuch** *nt* serviette *f* éponge
frottieren* **I.** *tr V* frictionner; **jdn/etw mit etw ~** frictionner qn/qc avec qc
II. *r V* **sich mit etw ~** se frictionner avec qc
Frotzelei <-, -en> *f fam* ① *kein Pl* moqueries *fpl*
② (*frotzelnde Bemerkung*) sarcasme *m;* **deine ~en kannst du dir sparen!** arrête de me charrier! (*fam*)
frotzeln ['frɔtsəln] *itr V fam* se moquer; **über jdn/etw ~** se moquer de qn/qc
Frucht [frʊxt, *Pl:* 'frʏçtə] <-, -̈e> *f* ① fruit *m;* SDEUTSCH, CH (*Getreide*) céréales *fpl;* **kandierte Früchte** des fruits confits
② *geh* (*Ergebnis*) fruit *m*
▶ **verbotene Früchte** des fruits défendus; **Früchte tragen** *Obstbaum:* donner des fruits; *fig* porter ses fruits
fruchtbar *Adj* ① *Person, Tier* fécond(e); **seid ~ und mehret euch** BIBL croissez et multipliez-vous
② (*ertragreich*) *Erde* fertile, fécond(e) (*littér*)
③ (*produktiv*) *Autor, Künstler* fécond(e)
④ (*nutzbringend*) *Gespräch* fructueux(-euse); **etw für jdn ~ machen** rendre qc accessible à qn
Fruchtbarkeit <-> *f* fécondité *f*
Fruchtblase *f* poche *f* des eaux **Fruchtbonbon** *nt o m* bonbon *m* aux fruits
Früchtchen ['frʏçtçən] <-s, -> *nt fam* chenapan *m;* **du bist mir ein sauberes [*o* nettes] ~** *iron* tu es un sacré loustic (*fam*)

F

Früchtebrot *nt* GASTR pain *m* aux fruits secs (*aux raisins secs, figues, noisettes, amandes et citron confit*)
Fruchteis *nt* glace *f* aux fruits
fruchten ['frʊxtən] *itr V* porter ses fruits; **bei jdm ~** *Ermahnung:* avoir de l'effet sur qn; **nichts/wenig ~** ne servir à rien/ne pas servir à grand-chose
Früchtetee *m* thé *m* aux fruits
Fruchtfleisch *nt* pulpe *f* **Fruchtfliege** *f* mouche *f* du vinaigre **Fruchtgeschmack** *m* goût *m* de fruit; **mit ~** fruité(e) **Fruchtgummi** *nt* bonbon *m* gélifié aux fruits
fruchtig I. *Adj* fruité(e)
II. *Adv* **~ schmecken** avoir un goût fruité
Fruchtjoghurt *m o nt* yahourt *m* aux fruits **Fruchtkapsel** *f* BOT capsule *f* **Fruchtknoten** *m* BOT ovaire *m*
fruchtlos *Adj Anstrengungen, Bemühungen* infructueux(-euse), stérile; *Ermahnungen* sans effet
Fruchtlosigkeit <-> *f* stérilité *f*
Fruchtmark *nt* pulpe *f* **Fruchtpresse** *f* presse-agrumes *m* **Fruchtsaft** *m* jus *m* de fruit **Fruchtsäure** *f* acide *m* des fruits **Fruchtsirup** *m* sirop *m* de fruit **Fruchtstand** *m* BOT infrutescence *f* **fruchttragend** *Adj* fructifère **Fruchtwasser** *nt* liquide *m* amniotique **Fruchtwasseruntersuchung** *f* amniocentèse *f* **Fruchtzucker** *m* fructose *m*
frugal [fru'ga:l] **I.** *Adj geh* frugal(e)
II. *Adv geh* de façon frugale
früh [fry:] **I.** *Adj* ❶ (*Tageszeit betreffend*) tôt; **am ~en Vormittag/Nachmittag/Abend** tôt dans la matinée/l'après-midi/la soirée; **am ~en Morgen** de bon matin; **am ~en Mittag** autour de midi; **in den ~en Morgenstunden** dans les premières heures de la matinée; **es ist [noch] ~** il est [encore] tôt; **es ist [noch] ~ am Morgen/Abend** il est [encore] tôt le matin/c'est [encore] le début de soirée; **es ist noch ~ am Tag** il est encore de bonne heure
❷ (*Zeitpunkt betreffend*) *Ereignis, Eintritt, Winter* précoce; *Tod* prématuré(e); **der ~este Zug/Flug nach Paris** le [tout] premier train/vol pour Paris; **einen ~eren Bus nehmen** prendre un bus qui part plus tôt; **das ist mir zu ~** c'est trop tôt pour moi; **auf einen ~en Termin fallen** *Ereignis:* tomber de bonne heure
❸ (*Zeitabschnitt betreffend*) *Kindheit* petit(e); **seine ~e Kindheit/Jugend** sa prime enfance/jeunesse (*soutenu*); **im/aus dem ~en 19. Jahrhundert** au/du début du 19ème siècle
❹ KUNST, LITER, MUS jeune; **ein ~er Picasso** une œuvre de jeunesse de Picasso
II. *Adv* ❶ (*Zeitpunkt*) tôt; *losgehen, aufbrechen* tôt, de bonne heure; **~ dran sein** être en avance; **sich zu ~ freuen** se réjouir trop tôt; **von ~ bis spät** du matin au soir; **~er als sechs Uhr kann ich nicht kommen** je ne peux pas venir avant six heures; **so ~?** si tôt?; **Montag ~** lundi matin; **heute/morgen/gestern ~** ce/demain/hier matin; **~ am Morgen/Abend** tôt le matin/dans la soirée
❷ (*Zeitabschnitt*) **von ~ auf** dès l'enfance
► **~er oder später** tôt ou tard
frühauf *s.* **früh II.2.**
Frühaufsteher(in) <-s,-> *m(f)* lève-tôt *mf* (*fam*); **~(in) sein** être matinal(e) **Frühbeet** *nt* couche *f* **Frühbehandlung** *f* traitement *m* précoce
Frühchen ['fry:çən] <-s, -> *nt fam* prématuré(e) *m(f)*
frühchristlich *Adj Kunst* de l'Église primitive; **die ~e Zeit** les premiers temps du christianisme **Frühdiagnose** *f* diagnostic *m* précoce **Frühdienst** *m* service *m* du matin; **~ haben** être du [service du] matin
Frühe ['fry:ə] <-> *f* matin *m*; **in der ~** tôt le matin; **in aller ~** de bon matin
früher ['fry:ɐ] **I.** *Adj* ❶ (*vergangen*) passé(e)
❷ (*ehemalig*) ancien(ne)
II. *Adv* (*ehemals*) autrefois; **von ~** d'autrefois; **ich kenne diese Stadt von ~** j'ai bien connu cette ville autrefois; **ich kenne ihn/sie noch von ~** nous nous sommes connu(e)s autrefois
Früherkennung *f* dépistage *m* précoce
frühestens ['fry:əstəns] *Adv* au plus tôt
frühestmöglich ['fry:əstmø:klɪç] *Adj attr* **der ~e Termin** la date la plus proche possible; **zum ~en Zeitpunkt** le plus tôt possible
Frühgeburt *f* ❶ naissance *f* avant terme; **eine ~ haben** accoucher avant terme ❷ (*Kind*) prématuré(e) *m(f)*; **eine ~ sein** être prématuré(e) **Frühgemüse** *nt* primeurs *mpl* **Frühgeschichte** *f* ❶ *kein Pl* protohistoire *f* ❷ (*frühe Phase*) *einer Bewegung* origines *fpl* **Frühgotik** *f* premier gothique *m* **Frühgottesdienst** *m* premier service *m* religieux **Frühgymnastik** *f* gymnastique *f* matinale **Frühherbst** *m* début *m* de l'automne; **im ~** au début de l'automne **frühherbstlich** *Adj* de début d'automne **Frühinvalidität** *f* invalidité *f* précoce **Frühjahr** *nt* printemps *m*; **im ~** au printemps; **im späten ~** à la fin du printemps **Frühjahrskatalog** *m* catalogue *m* printemps-été **Frühjahrskollektion** *f* collection *f* de printemps **Frühjahrsmüdigkeit** *f fatigue intervenant au printemps* **Frühjahrsputz** *m* nettoyage *m* de printemps **Frühkartoffeln** *Pl* pommes *fpl* de terre nouvelles **frühkindlich** *Adj* infantile **Frühkultur** *f* culture *f* primitive
Frühling ['fry:lɪŋ] <-s, -e> *m* printemps *m*; **es wird ~** le printemps arrive; **wir haben ~** c'est le printemps; **im ~** au printemps
► **seinen zweiten ~ erleben** *hum* vivre une nouvelle jeunesse
Frühlingsanfang *m* début *m* du printemps **Frühlingsblume** *f* fleur *f* printanière **frühlingshaft** *Adj* printanier(-ière) **Frühlingsrolle** *f* GASTR rouleau *m* de printemps **Frühlingssuppe** *f* GASTR soupe *f* printanière **Frühlingstag** *m* journée *f* printanière **Frühlingswetter** *nt* temps *m* printanier **Frühlingszeit** *f kein Pl geh* saison *f* printanière
Frühmesse *f* première messe *f* **Frühmittelalter** *nt* haut Moyen Âge *m* **frühmorgens** [fry:'mɔrgəns] *Adv* de bon matin **Frühnachrichten** *Pl* nouvelles *fpl* du matin **Frühnebel** *m* brume *f* matinale **Frühobst** *nt* primeurs *fpl* **frühreif** *Adj* précoce **Frührenaissance** *f* première Renaissance *f* **Frührente** *f* préretraite *f* **Frührentner(in)** *m(f)* préretraité(e) *m(f)* **Frühromantik** *f* préromantisme *m* **Frühschicht** *f* équipe *f* du matin; **~ haben** être [de l'équipe] du matin **Frühschoppen** *m réunion le dimanche matin dans le bistrot du coin* **Frühsommer** *m* début *m* de l'été; **wir haben ~** c'est le début de l'été; **im ~** au début de l'été **frühsommerlich** *Adj* presque estival(e) **Frühsport** *m* gymnastique *f* matinale; **~ treiben** faire sa gymnastique matinale **Frühstadium** *nt* stade *m* précoce; **im ~** à un stade précoce **Frühstart** *m* SPORT faux départ *m*
Frühstück <-stücke> *nt* petit-déjeuner *m*; **beim ~ sitzen** être en train de prendre son petit-déjeuner; **um acht Uhr ist ~** le petit-déjeuner est à huit heures; **was isst du immer zum ~?** que prends-tu au petit-déjeuner?; **möchten Sie Kaffee oder Tee zum ~?** désirez-vous du café ou du thé pour votre petit-déjeuner?; **inklusive ~** petit-déjeuner compris, avec petit-déjeuner; **zweites ~** pause *f* de dix heures

i Land & Leute

Le **Frühstück** allemand est généralement copieux, et plus encore si vous le prenez à l'hôtel. Les Allemands boivent du thé, du café au lait ou du chocolat dans une tasse et non pas dans un bol. Ils mangent de la charcuterie et du fromage, *Wurst und Käse,* avec des petits pains, *Brötchen,* accompagnés parfois d'un verre de jus de fruits. Les Allemands posent rarement leur pain sur la table mais dans une petite assiette à côté de leur tasse.

frühstücken I. *itr V* prendre son petit-déjeuner
II. *tr V* **etw** ~ manger qc au petit-déjeuner
Frühstücksbrett *nt* planchette *f* **Frühstücksbrot** *nt* casse-croûte *m* (*pour la pause de dix heures*) **Frühstücksbüfett** *nt* petit-déjeuner *m* buffet **Frühstücksei** *nt* œuf *m* à la coque **Frühstücksfernsehen** *nt* émissions *fpl* [de télé] matinales **Frühstückspause** *f* pause *f* petit-déjeuner (*fam*); ~ **machen** faire la pause petit-déjeuner (*fam*) **Frühstücksraum** *m* salle *f* des petits-déjeuners
Frühverrentung *f* (*vorzeitig*) préretraite *f* **Frühwarnsystem** *nt* système *m* de surveillance électronique **Frühwerk** *nt* œuvre *f* de jeunesse **Frühzeit** *f* premiers temps *mpl* **frühzeitig** I. *Adj* précoce; *Tod* prématuré(e); *Operation* effectué(e) à temps II. *Adv* ❶ (*früh genug*) suffisamment tôt; **möglichst** ~ le plus tôt possible ❷ (*vorzeitig*) prématurément **Frühzug** *m* train *m* du matin
Fruktose [frʊk'to:zə] <-> *f* BIO fructose *m*
Frust [frʊst] <-[e]s> *m fam* frustration *f*
frusten *tr V fam* frustrer; **das frustet** c'est frustrant
Frustration [frʊstra'tsio:n] <-, -en> *f* frustration *f*
frustrieren* *tr V fam* frustrer
frustrierend *Adj* frustrant(e)
frz. *Abk von* **französisch** fr.
F-Schlüssel ['ɛf-] *m* MUS clé *f* de fa
Fuchs [fʊks, *Pl:* 'fʏksə] <-es, ⸚e> *m* ❶ (*Tier, Pelz*) renard *m*
❷ (*Pferd*) alezan *m*
❸ *fam* (*Mensch*) [fin] renard *m*; **ein alter** [*o* **schlauer**] ~ un vieux renard
▸ **wo sich ~ und Hase gute Nacht sagen** *hum* en pleine cambrousse (*fam*)
Fuchsbau <-baue> *m* renardière *f*
fuchsen ['fʊksən] *tr V fam* foutre en rogne (*fam*); **jdn** ~ foutre qn en rogne (*fam*)
Fuchsie ['fʊksiə] <-, -n> *f* fuchsia *m*
fuchsig ['fʊksɪç] I. *Adj fam* ~ **sein/werden** être/se foutre en rogne (*fam*)
II. *Adv fam* en rogne (*fam*)
Füchsin ['fʏksɪn] <-, -nen> *f* ZOOL renarde *f*
Fuchsjagd *f* chasse *f* au renard **Fuchspelz** *m* fourrure *f* de renard **fuchsrot** *Adj* roux(rousse) **Fuchsschwanz** *m* ❶ JAGD queue *f* de renard ❷ (*Säge*) [scie *f*] égoïne *f* **fuchsteufelswild** *Adj fam* furax (*fam*); ~ **werden** devenir furax (*fam*); **jdn** ~ **machen** rendre qn furax (*fam*)
Fuchtel ['fʊxtəl] <-, -n> *f fam* A, SDEUTSCH (*zänkische Frau*) mégère *f*
▸ **unter jds** ~ (*Dat*) sous la coupe de qn; **im Internat hat man ihn unter der** ~ à l'internat, on le mène à la baguette
fuchteln *itr V fam* gesticuler; **mit etw** ~ agiter qc
fuchtig ['fʊxtɪç] *Adj fam s.* **fuchsig**
Fuder ['fu:dɐ] <-s, -> *nt* ❶ (*Wagenladung*) charretée *f*
❷ (*Hohlmaß für Wein*) ≈ foudre *m* (*de 10 à 18 hl*)
Fuffziger <-s, -> *m* DIAL pièce *f* de cinquante pfennigs
▸ **ein falscher ~ sein** *pej fam* être [un] faux jeton (*fam*)
Fug [fu:k] ▸ **mit ~ und Recht** *geh* à bon droit (*soutenu*)
Fuge ['fu:gə] <-, -n> *f* ❶ (*Ritze*) *eines Holzfußbodens* rainure *f*; *eines Fliesenbodens, einer Klinkermauer* joint *m*
❷ MUS fugue *f*
▸ **aus den ~n gehen** *geh* se disloquer; **aus den ~n geraten** *geh* s'en aller à vau-l'eau; **in allen ~n krachen** craquer de partout
fügen ['fy:gən] I. *r V* ❶ (*sich unterordnen*) se soumettre; **sich** [**jdm/einer S.**] ~ se soumettre [à qn/qc]
❷ *geh* (*sich dareinfinden*) **sich in etw** (*Akk*) ~ se résigner à qc
❸ (*passen*) **sich gut in die Umgebung** ~ *Möbelstück:* bien s'intégrer dans l'ambiance
❹ *geh* (*sich ergeben*) **es hat sich alles aufs Beste gefügt** tout s'est arrangé; **es wird sich schon alles** ~ tout va s'arranger; **es hat sich nun mal so gefügt** ainsi en a décidé le destin (*littér*)
II. *tr V* ❶ *geh* (*ansetzen*) **etw an/auf etw** (*Akk*) ~ ajouter qc à/sur qc; **Stein an/auf Stein** ~ assembler/empiler des pierres; **Wort an Wort/Satz an Satz** ~ assembler les mots/les phrases bout à bout; **etw in den Boden/in die Wand** ~ insérer qc dans le sol/dans le mur
❷ *geh* (*bewirken*) **etw** ~ disposer de qc (*littér*); **der Zufall fügte es, dass** le hasard a voulu que + *subj;* **Gott hat es nun mal so gefügt** Dieu en a décidé ainsi
fugenlos I. *Adj Verlegung* bord à bord; *Fläche* uni(e)
II. *Adv verlegen* bord à bord; *schließen* hermétiquement
fügsam *Adj geh* docile
Fügsamkeit <-> *f* docilité *f*
Fügung <-, -en> *f* ❶ (*Bestimmung*) effet *m* de la Providence; **göttliche** ~ intervention divine; **eine glückliche** ~ un hasard providentiel; **eine ~ Gottes/des Schicksals** un décret divin/un arrêt du destin
❷ GRAM locution *f*
fühlbar *Adj* ❶ (*merklich*) sensible
❷ (*tastbar*) ~ **sein** être palpable
fühlen ['fy:lən] I. *tr V* ❶ (*empfinden*) sentir; (*spüren*) ressentir *Kälte, Gefühl, Schmerz;* **nichts in der linken Hand** ~ ne pas sentir sa main gauche; **sie ließ ihn ihre ganze Verachtung** ~ elle lui faisait sentir tout son mépris; **er fühlt, dass** il sent que + *indic*
❷ (*ertasten*) toucher *Arm, Hand;* prendre *Puls*
II. *itr V* (*tasten*) **nach etw** ~ porter la main à qc; **durch Fühlen** par tâtonnement; **fühl mal!** touche [voir]!
III. *r V* ❶ **sich schlecht** ~ se sentir mal; **sich betrogen/benachteiligt** ~ se considérer comme trahi(e)/défavorisé(e); **wie ~ Sie sich?** comment vous sentez-vous?; **wie fühlst du dich jetzt als Direktor?** comment te sens-tu maintenant que tu es directeur?
❷ (*sich einschätzen*) **sich als Sieger** ~ se considérer comme vainqueur
Fühler <-s, -> *m* ❶ *eines Insekts* antenne *f*; *einer Schnecke* corne *f*; **die ~ ausstrecken/einziehen** allonger/rentrer ses antennes
❷ TECH (*Temperaturfühler*) sonde *f*; (*Sensor*) capteur *m*
▸ **seine** [*o* **die**] ~ **nach etw ausstrecken** *fam* tâter le terrain en vue de qc
Fühlung <-, -en> *f* ▸ **mit jdm in ~ bleiben/stehen** rester/être en contact avec qn; **mit jdm ~ aufnehmen** prendre contact avec qn
fuhr [fu:ɐ] *Imp von* **fahren**
Fuhre ['fu:rə] <-, -n> *f* ❶ (*Wagenladung*) chargement *m*
❷ (*Transportfahrt*) course *f*
führen ['fy:rən] I. *tr V* ❶ (*geleiten*) guider; (*anführen*) conduire; **jdn zu jdm** ~ conduire qn à qn; **sich von jdm ~ lassen** se laisser conduire par qn; **jdn durch den Wald/über die Straße** ~ faire traverser le bois/la rue à qn; **jdn auf die andere Seite der Grenze** ~ faire passer qn [de l'autre côté de] la frontière; **folgen Sie mir, ich führe Sie** suivez-moi, je vais vous conduire
❷ (*herumführen*) **jdn durch eine Stadt/ein Museum** ~ guider qn à travers une ville/un musée
❸ (*leiten*) diriger *Betrieb, Abteilung, Truppe*
❹ (*bringen*) **jdn auf ein Thema** ~ amener qn sur un sujet; **jdn auf jds Spur** ~ mettre qn sur la trace de qn; **jdn auf Abwege** ~ détourner qn du bon chemin; **was führt Sie zu mir?** *form* qu'est-ce qui vous amène?
❺ (*registriert haben*) **eine Person/einen Namen in einer Liste** ~ avoir une personne/un nom sur une liste
❻ (*handhaben*) manier *Pinsel, Bogen;* manipuler *Kamera;* **den Löffel/das Glas zum Mund** ~ porter la cuillère/le verre à ses lèvres
❼ (*anlegen*) **eine Leitung durch den Tunnel/am Boden**

F

entlang ~ faire passer une conduite à travers le tunnel/le long du sol
❽ *form* (*steuern*) conduire *Kraftfahrzeug, Zug*
❾ *form* (*tragen*) porter *Namen, Titel;* **die Familie führt ein Pferd im Wappen** la famille porte un cheval sur ses armoiries
❿ *form* (*haben*) **Gepäck/Waffen/die Papiere bei sich ~** avoir ses bagages/des armes/ses papiers avec soi
⓫ COM vendre *Artikel;* **~ Sie auch Lebensmittel? – nein, wir ~ keine** avez-vous également des produits alimentaires? – non, nous n'en faisons pas
II. *itr V* ❶ (*in Führung liegen*) **mit einer halben Runde Vorsprung ~** mener d'un demi-tour; **2:0 ~** mener 2 à 0
❷ (*verlaufen*) **durch den Tunnel/über die Brücke ~** traverser le tunnel/le pont; **um das Gebirge ~** contourner la montagne; **ins nächste Dorf/nach Kassel ~** mener au prochain village/à Kassel
❸ (*als Ergebnis haben*) **zu etw ~** conduire à qc; **das führt dazu, dass** cela conduit à ce que + *subj;* **seine Aktivitäten führten zu dem Ergebnis, dass er entlassen wurde** ses activités ont eu pour résultat qu'il a été licencié; **das führt zu nichts** ça ne mène à rien
III. *r V form* (*sich benehmen*) **sich gut ~** se conduire bien
führend *Adj* de premier plan; **in etw** (*Dat*) **~ sein** être leader dans qc
Führer(in) ['fy:rɐ] <-s, -> *m(f)* ❶ (*Leiter*) dirigeant(e) *m(f)*
❷ (*Reiseführer, Bergführer*) guide *mf*
❸ CH (*Lenker*) conducteur(-trice) *m(f)*
▶ **der ~** NS le führer
Führerausweis *m* CH *s.* Führerschein **Führerflucht** *f* CH *s.* Fahrerflucht **Führerhaus** *nt* cabine *f*
führerlos *Adj* ❶ (*ohne Führung*) privé(e) de dirigeant(e)
❷ *form Kraftfahrzeug* privé(e) de conducteur(-trice); *Boot* privé(e) de pilote
Führerschein *m* permis *m* [de conduire]; **den ~ machen** passer le permis [de conduire]

i Land & Leute

En Allemagne, en cas de dépassement de la vitesse autorisée, du non respect d'un feu rouge et d'autres fautes de conduite graves, le conducteur reçoit en plus d'une contravention un certain nombre de points représentant l'infraction commise et enregistrés dans un fichier national à Flensburg. Dans certains cas, le **Führerschein** peut être retiré sur-le-champ. Lorsqu'une personne atteint un certain nombre de points, elle doit rendre son permis de conduire et le repasser.

Führerscheinentzug *m* retrait *m* du permis [de conduire]
Fuhrmann <-leute> *m* ❶ (*Lenker*) charretier *m* ❷ ASTRON **der ~** le Cocher **Fuhrpark** *m* parc *m* automobile
Führung ['fy:rʊŋ] <-, -en> *f* ❶ (*Besichtigung*) visite *f* guidée; **~ durch ein Museum** visite *f* guidée d'un musée
❷ *kein Pl* (*Betragen*) conduite *f;* **bei/wegen guter ~** en cas de/pour bonne conduite
❸ *kein Pl form* (*Lenkung*) *eines Fahrzeugs* conduite *f*
❹ *kein Pl* (*leitende Gruppe*) direction *f;* MIL commandement *m;* **unter jds ~** (*Dat*) sous la direction de qn; MIL sous le commandement de qn
❺ *kein Pl* (*das Führen*) *von Geschäftsbüchern, eines Haushalts* tenue *f*
❻ *kein Pl* SPORT avance *f;* **in ~ gehen, die ~ übernehmen** prendre la tête; **in ~ liegen** être en tête; **mit zwei Punkten vor dem Gegner in ~ liegen** être en tête avec deux points d'avance sur le concurrent
❼ TECH (*Schiene*) glissière *f*
❽ *kein Pl einer Auszeichnung, eines Ordens, Titels* port *m*

Führungsanspruch *m* leadership *m* **Führungsaufgabe** *f* poste *m* de direction **Führungsebene** *f* **auf ~** au niveau de la direction **Führungsetage** *f* étage *m* de la direction **Führungsfehler** *m* erreur *f* de la direction **Führungsgruppe** *f* SPORT groupe *m* de tête **Führungskraft** *f* cadre *m* dirigeant [*o* supérieur] **Führungskrise** *f* crise *f* de management **Führungsmacht** *f* pouvoir *m* dirigeant **Führungsmächte** *Pl* dirigeants *mpl* **Führungsnachwuchs** *m* nouveaux cadres *mpl* dirigeants; *einer Partei* nouvelles têtes *fpl* dirigeantes **Führungsriege** *f* direction *f* **Führungsrolle** *f* rôle *m* dirigeant; **in etw** (*Dat*) **eine ~ spielen** jouer un rôle dirigeant au sein de qc; **eine ~ übernehmen** prendre la direction **Führungsschicht** *f* classe *f* dirigeante **Führungsschiene** *f* TECH contre-rail *m* **Führungsschwäche** *f* manque *m* d'autorité **Führungsspitze** *f eines Unternehmens* direction *f; einer Partei* comité *m* directeur **Führungsstab** *m* état-major *m* **Führungsstärke** *f* autorité *f* dans la conduite des affaires **Führungsstil** *m* style *m* de direction **Führungstreffer** *m* SPORT but *m* qui donne l'avantage **Führungswechsel** *m* changement *m* de direction **Führungszeugnis** *nt* certificat *m* de bonne conduite
Fuhrunternehmen *nt* société *f* de transports **Fuhrunternehmer(in)** *m(f)* transporteur(-euse) *m(f)* **Fuhrwerk** *nt* charrette *f* **fuhrwerken** *itr V fam* s'agiter; **mit etw ~** agiter qc [dans tous les sens]; **was fuhrwerkst du da in der Küche?** qu'est-ce que c'est que ce cirque que tu nous fais dans la cuisine? (*fam*)
Fülle ['fylə] <-> *f* ❶ *eines Klanges, einer Stimme, von Haar* volume *m*
❷ (*Körperfülle*) embonpoint *m*
❸ (*Menge*) **eine ~ von etw** une foule de qc; **in ~** en abondance
füllen ['fylən] I. *tr V* ❶ (*voll machen*) remplir; **etw mit etw ~** remplir qc de qc; **etw voll ~** remplir complètement qc; **die Kleider füllen zwei Schränke/Kisten** les vêtements remplissent deux armoires/caisses
❷ GASTR **Paprika/eine Gans mit etw ~** farcir un poivron/une oie avec qc; *s. a.* **gefüllt**
❸ (*einfüllen*) **etw in einen Behälter/eine Flasche ~** verser qc dans un récipient/une bouteille
II. *r V* **sich mit Menschen ~** se remplir de personnes
Füllen <-s, -> *nt veraltet s.* **Fohlen**
Füller ['fylɐ] <-s, -> *m* stylo *m*
Füllfederhalter *m* stylo-plume *m*, stylo *m* à encre **Füllgewicht** *nt* ❶ COM poids *m* net ❷ *einer Waschmaschine* capacité *f* **Füllhorn** *nt* corne *f* d'abondance
füllig *Adj* ❶ *Figur, Person* enveloppé(e)
❷ (*voluminös*) *Haar* volumineux(-euse)
Füllung <-, -en> *f* ❶ *eines Polsters, Stofftiers* rembourrage *m; eines Zahns* plombage *m*
❷ GASTR farce *f*
❸ (*Türfüllung*) panneau *m*
Füllwort <-wörter> *nt* [terme *m*] explétif *m*
fulminant [fʊlmi'nant] I. *Adj geh* fulgurant(e)
II. *Adv geh* de façon fulgurante
Fummel ['fʊməl] <-s, -> *m sl* fringues *fpl* (*fam*); **zieh doch endlich diesen ~ aus!** enlève-moi donc ces frusques! (*fam*)
Fummelei <-, -en> *f fam* ❶ (*Hantieren*) tripatouillage *m* (*fam*); **es ist eine furchtbare ~** ça prend la tête (*fam*)
❷ (*sexuell*) pelotage *m* (*fam*)
fummeln ['fʊməln] *itr V fam* ❶ (*hantieren*) tripatouiller (*fam*); **an etw** (*Dat*) **~** tripatouiller qc
❷ (*sexuell*) **mit jdm ~** peloter qn (*fam*); **sie ~** ils se pelotent (*fam*)
Fund [fʊnt] <-[e]s, -e> *m* ❶ *kein Pl form* (*das Entdecken*) découverte *f;* **der ~ einer S.** (*Gen*) la découverte de qc; **einen ~ machen** *geh* faire une découverte
❷ (*etwas Gefundenes*) trouvaille *f*

Fundament [fʊnda'mɛnt] <-[e]s, -e> *nt* ① *eines Gebäudes* fondations *fpl*
② (*Grundlage*) **das ~ für etw** la base [*o* le fondement] de qc; **das ~ zu etw legen** [*o* **für etw schaffen**] jeter les bases de qc

fundamental I. *Adj* fondamental(e)
II. *Adv* fondamentalement

Fundamentalismus [fʊndamɛnta'lɪsmʊs] <-> *m* fondamentalisme *m;* REL intégrisme *m*

Fundamentalist(in) <-en, -en> *m(f)* intégriste *mf*

fundamentalistisch *Adj* fondamentaliste; REL intégriste

fundamentieren* *tr V* jeter les fondations de

Fundamt *nt* A, **Fundbüro** *nt* bureau *m* des objets trouvés

Fundgrube *f* mine *f*

Fundi ['fʊndi] <-s, -s> *m,* <-, -s> *f* POL *fam* pur(e) *m(f)* et dur(e) (*s'oppose chez les Verts au "Realo", partisan du compromis*)

fundiert *Adj Analyse, Beurteilung, Stellungnahme* fondé(e); *Untersuchung* approfondi(e); **durch etw ~ sein** être fondé(e) sur qc

fündig ['fʏndɪç] *Adj* **~ werden** trouver quelque chose; **er wird nicht ~** il ne trouve rien

Fundort *m* lieu *m* de la découverte; **der ~ einer S.** (*Gen*) le lieu où a été découvert(e) qc **Fundsache** *f* objet *m* trouvé **Fundstätte** *f geh s.* **Fundort Fundunterschlagung** *f* JUR détournement *m* d'objets trouvés

Fundus ['fʊndʊs] <-, -> *m* ① fonds *m;* **ein ~ an etw** (*Dat*) un fonds de qc
② CINE, THEAT magasin *m* des accessoires

fünf [fʏnf] *Num* cinq
▶ **es ist ~ [Minuten] vor zwölf** il est grand temps [d'agir]; **~[e] gerade sein lassen** *fam* fermer un œil; *s. a.* **acht**[1]

Fünf <-, -en> *f* ① (*Zahl, Spielkarte, Augenzahl*) cinq *m;* **lauter ~en würfeln** ne faire que des cinq
② (*Schulnote*) ≈ huit *m* [sur vingt]
③ *kein Pl* (*U-Bahn-Linie, Bus-, Straßenbahnlinie*) cinq *m*

fünfbändig *Adj* en cinq volumes

fünfdimensional *Adj* à cinq dimensions **Fünfdollarnote** *f* billet *m* de cinq dollars **Fünfeck** *nt* pentagone *m* **fünfeckig** *Adj* pentagonal(e) **fünfeinhalb** *Num* cinq et demi; **~ Meter** cinq mètres et demi; *s. a.* **achteinhalb**

Fünfer ['fʏnvɐ] <-s, -> *m fam* ① (*Fünfpfennigstück*) pièce *f* de cinq pfennigs
② (*Lottogewinn*) cinq bons numéros *mpl*
③ (*Schulnote*) ≈ huit *m* [sur vingt]

fünferlei ['fʏnvɐlaɪ] *Adj unv attr* **~ Sorten Brot** cinq sortes de pain; *s. a.* **achterlei**

Fünfeuroschein *m* billet *m* de cinq euros

fünffach, 5fach I. *Adj* cinq fois; **die ~e Menge nehmen** prendre cinq fois la dose
II. *Adv falten* cinq fois; *s. a.* **achtfach**

Fünffache(s) *nt dekl wie Adj* quintuple *m;* **das ~ verdienen** gagner cinq fois plus; *s. a.* **Achtfache(s)**

fünffüßig *Adj* POES *Jambus* de cinq pieds; **~er Vers** pentamètre *m*

Fünfganggetriebe *nt* AUT boîte *f* cinq vitesses

fünfhundert *Num* cinq cents **fünfhundertjährig** *Adj* de cinq cents ans **Fünfjahresplan** *m* plan *m* quinquennal

fünfjährig *Adj Kind, Amtszeit* de cinq ans

Fünfjährige(r) *f(m) dekl wie Adj* enfant *mf*/garçon *m*/fille *f* de cinq ans

Fünfkampf *m* pentathlon *m* **Fünfkämpfer(in)** *m(f)* pentathlonien(ne) *m(f)*

fünfköpfig *Adj Familie* de cinq [personnes]

Fünfling <-s, -e> *m* quintuplé(e) *m(f)*

fünfmal *Adv* cinq fois; *s. a.* **achtmal**

fünfmalig *Adj* cinq fois; **nach ~em Klingeln** après avoir sonné cinq fois; *s. a.* **achtmalig**

Fünfmarkstück *nt* HIST pièce *f* de cinq marks **Fünfmeterabstand** *m* écart *m* de cinq mètres **Fünfpfennigstück** *nt* HIST pièce *f* de cinq pfennigs **Fünfprozenthürde** *f* barre *f* des cinq pour cent **Fünfprozentklausel** *f* **die ~** la clause des cinq pour cent

fünfreihig *Adj* de cinq rangées

fünfseitig *Adj* ① (*fünf Seiten umfassend*) de cinq pages
② GEOM à cinq côtés

fünfspaltig *Adj* de cinq colonnes

fünfstellig *Adj Zahl* de cinq chiffres

Fünftagewoche *f* semaine *f* de cinq jours

fünftägig *Adj* de cinq jours

fünftausend *Num* cinq mille **Fünftausender** *m* montagne *f* de cinq mille mètres

fünfte(r, s) *Adj* ① cinquième
② (*bei Datumsangabe*) **der ~ Mai** *écrit:* **der 5. Mai** le cinq mai *geschrieben:* le 5 mai
③ SCHULE **die ~ Klasse, die ~** *fam* ≈ sixième *f; s. a.* **achte(r, s)**

Fünfte(r) *f(m) dekl wie Adj* ① cinquième *mf*
② (*Datumsangabe*) **der ~/am ~n** *écrit:* **der 5./am 5.** le cinq *geschrieben:* le 5
③ (*Namenszusatz*) **Karl der ~** *écrit:* **Karl V.** Charles cinq *geschrieben:* Charles V
④ (*Symphonie*) **Beethovens ~** la Cinquième Symphonie de Beethoven; *s. a.* **Achte(r)**

fünftel *Adj* cinquième; *s. a.* **achtel**

Fünftel ['fʏnftəl] <-s, -> *nt a.* MATH cinquième *m*

fünftens ['fʏnftəns] *Adv* cinquièmement

fünftürig *Adj* à cinq portes; **ein ~es Auto** une cinq portes

Fünfunddreißigstundenwoche *f* semaine *f* de trente-cinq heures

fünfzehn *Num* quinze; *s. a.* **acht**[1] **fünfzehnte(r, s)** *Adj* quinzième; *s. a.* **achte(r, s) Fünfzehntel** *nt a.* MATH quinzième *m*

Fünfzeiler <-s, -> *m* (*Gedicht*) poème *m* de cinq vers; (*Strophe*) strophe *f* de cinq vers

fünfzeilig *Adj* de cinq lignes; *Gedicht, Strophe* de cinq vers

fünfzig ['fʏnftsɪç] *Num* cinquante; *s. a.* **achtzig**

Fünfzig <-, -en> *f* cinquante *m*

fünfziger *Adj,* **50er** *Adj unv* **die ~ Jahre** les années *fpl* cinquante; *s. a.* **achtziger**

Fünfziger[1] ['fʏnftsɪgɐ] <-s, -> *m* ① (*Mann in den Fünfzigern*) quinquagénaire *m*
② *s.* **Fünfzigjährige(r)**
③ HIST *fam* (*Fünfzigpfennigstück*) pièce *f* de cinquante pfennigs
④ (*Wein des Jahrgangs 1950*) 1950 *m*

Fünfziger[2] <-, -> *f* HIST *fam* (*Briefmarke*) timbre *m* à cinquante pfennigs

Fünfziger[3] *Pl* ① **die ~** *eines Jahrhunderts* les années *fpl* cinquante
② (*Lebensalter*) **in den ~n sein** être quinquagénaire

Fünfzigerin <-, -nen> *f* ① (*Frau in den Fünfzigern*) quinquagénaire *f*
② *s.* **Fünfzigjährige(r)**

Fünfzigerjahre *Pl* **die ~** les années *fpl* cinquante

Fünfzigeuroschein *m* billet *m* de cinquante euros

fünfzigjährig *Adj attr* de cinquante ans; *s. a.* **achtzigjährig**

Fünfzigjährige(r) *f(m) dekl wie Adj* homme *m*/femme *f* de cinquante ans; **etw als ~(r) tun** faire qc à cinquante ans

fünfzigmal *Adv* cinquante fois **Fünfzigpfennigmarke, 50-Pfennig-Marke** *f* HIST timbre *m* à cinquante pfennigs **Fünfzigpfennigstück** *nt* HIST pièce *f* de cinquante pfennigs

fünfzigste(r, s) *Adj* cinquantième; *s. a.* **achtzigste(r, s)**

Fünfzigstel <-s, -> *nt* cinquantième *m;* **ein ~ einer S.** (*Gen*) un cinquantième de qc

Fünfzimmerwohnung *f* appartement *m* de cinq pièces

fungieren* [fʊŋ'giːrən] *itr V* (*walten*) **als etw ~** *Person:* faire fonction de qc; *Gegenstand:* faire office de qc

Fungizid [fʊŋgi'tsiːt] <-s, -e> *nt* fongicide *m*

Funk [fʊŋk] <-s> *m* radio *f;* **über** [*o* **per**] **~** par radio

Funkamateur(in) [-amatøːɐ] *m(f)* radioamateur *m* **Funkan-**

tenne *f* antenne *f* radio **Funkausstellung** *f* salon *m* de la radio **Funkbeeinträchtigung** *f* brouillage *m*
Fünkchen <-s, -> *nt Dim von* **Funke** [petite] étincelle *f*
▸ **kein ~ Ehrgefühl haben** ne pas avoir le moindre sens de l'honneur; **ein/kein ~ Hoffnung** une/pas une lueur d'espoir
Funke ['fʊŋkə] <-ns, -n> *m* ❶ étincelle *f*; **~n schlagen** produire [*o* faire] des étincelles; **~n sprühend** projetant des étincelles
❷ *fig* **der ~ des Aufruhrs/der Rebellion** l'étincelle *f* qui déclenche le soulèvement/la rébellion; **der ~ der Begeisterung sprang auf sie über** l'enthousiasme s'empara d'eux
▸ **keinen ~n Ehrgefühl haben** ne pas avoir le moindre sens de l'honneur; **ein/kein ~ Hoffnung** une lueur/aucune lueur d'espoir; **der zündende ~** le détonateur; **dass die ~n flogen** *fam* en y allant de bon cœur; **der ~ springt zwischen ihnen über** *fam* ils ont le coup de foudre l'un pour l'autre; **~n sprühen** *Augen:* jeter des étincelles
funkeln ['fʊŋkəln] *itr V* étinceler
funkelnagelneu *Adj fam* flambant neuf(neuve)
funken ['fʊŋkən] **I.** *tr V* transmettre par radio *Nachricht;* lancer par radio *Signal, SOS;* **eine Nachricht ~** transmettre une nouvelle par radio; **ein Signal/SOS ~** lancer un signal/un SOS par radio
II. *itr V* ❶ (*senden*) lancer un message; **um Hilfe/Unterstützung ~** lancer un message de détresse/de secours par radio
❷ (*Funken sprühen*) faire [*o* produire] des étincelles
III. *itr V unpers fam* ❶ (*Prügel geben*) **es funkt** ça va péter (*fam*)
❷ (*verstehen*) **jetzt hat es bei ihm gefunkt** il a enfin pigé (*fam*)
❸ (*sich verlieben*) **es hat bei [*o* zwischen] ihnen gefunkt** ils ont eu le coup de foudre
Funken *s.* **Funke**
Funkenflug *m* projection *f* d'étincelles
funkensprühend *Adj s.* **Funke 1.**
funkentstört *Adj* antiparasité(e)
Funker(in) <-s, -> *m(f)* [opérateur(-trice) *m(f)*] radio *m*
Funkfeuer *nt* balise *f* [radio] **Funkgerät** *nt* appareil *m* de radio; (*Sprechfunkgerät*) talkie-walkie *m* **Funkhaus** *nt* studios *mpl* **Funkkolleg** *nt* cours *m* radiodiffusé **Funkmikrophon** *nt* micro[phone] *m* **Funknavigation** *f* radionavigation *f* **Funkortung** *f* radiolocalisation *f* **Funkpeilgerät** *nt* radiogoniomètre *m* **Funkpeilung** *f* radiogoniométrie *f* **Funksignal** *nt* signal *m* radio **Funksprechgerät** *nt* talkie-walkie *m* **Funksprechverkehr** *m* communications *fpl* radiotéléphoniques **Funkspruch** *m* message *m* radio **Funkstation** *f* ❶ (*Sendestation*) poste *m* émetteur ❷ (*Empfangsstation*) station *f* radio **Funkstille** *f* TELEC silence *m* radio ▸ **es herrscht [*o* ist] bei jdm ~** *fam* c'est le grand silence chez qn **Funkstreife** *f* ronde *f* de police [en voiture radio] **Funkstreifenwagen** *m veraltet* voiture *f* radio [de la police] **Funktaxi** *nt* radio-taxi *m* **Funktechnik** *f kein Pl* radiotechnique *f* **Funktelefon** *nt* radiotéléphone *m*
Funktion [fʊŋk'tsio:n] <-, -en> *f* fonction *f*; **eine bestimmte ~ haben** avoir une fonction précise; **eine Brille hat die ~ Sehschwächen zu korrigieren** les lunettes ont pour fonction de corriger les troubles de la vision; **etw außer/in ~ setzen** interrompre le fonctionnement de qc/mettre en marche qc; **in ~ treten** entrer en fonction; **außer ~ sein** être hors service; **in meiner/seiner ~ als** en ma/sa qualité de
funktional [fʊŋktsio'na:l] *s.* **funktionell**
Funktionalismus <-> *m* PHILOS fonctionnalisme *m*
Funktionär(in) [fʊŋktsio'nɛ:ɐ] <-s, -e> *m(f)* permanent(e) *m(f)*; **der leitende ~/die leitende ~in** le/la dirigeant(e)
funktionell *Adj a.* MED fonctionnel(le)
funktionieren* *itr V* fonctionner
funktionsfähig *Adj* en état de marche **funktionsgerecht** *Adj* TECH fonctionnel(le) **Funktionsstörung** *f* MED trouble *m* fonctionnel **Funktionstaste** *f* INFORM touche *f* [de] Fonction **Funktionsträger(in)** *m(f)* chargé(e) *m(f)* de fonction **funktionstüchtig** *s.* **funktionsfähig**
Funkturm *m* tour *f* hertzienne **Funkuhr** *f* horloge *f* radio-pilotée; (*Armbanduhr*) montre *f* radio-pilotée **Funkverbindung** *f* liaison *f* radio; **mit jdm/etw in ~ stehen** être en liaison radio avec qn/qc **Funkverkehr** *m* radiocommunication *f* **Funkwagen** *m* voiture *f* radio
Funzel ['fʊntsəl] <-, -n> *f pej fam* loupiote *f* (*fam*)
für [fy:ɐ] *Präp + Akk* ❶ pour; **ein Buch ~ Kinder** un livre pour enfants; **~ jdn bestimmt sein** être destiné à qn; **ich halte sie ~ intelligent** je la juge intelligente; **ich hätte Sie ~ klüger eingeschätzt** je vous aurais cru plus malin(-igne) [que ça]
❷ (*wiederholend*) **Tag ~ Tag** jour après jour
❸ *mit Fragepronomen* **was ~ ...** quel(le)s ...; **was ~ komische Ideen!** quelles drôles d'idées!; **was ~ ein ...** quel(le) ...; **was ~ ein Pilz ist das?** quelle sorte de champignon est-ce?; **~ was ist das gut/soll das gut sein?** à quoi ça sert/à quoi cela peut-il servir?; **~ was brauchst du so viel Geld?** qu'est-ce que tu veux faire de tout cet argent?
▸ **~ sich** (*allein*) seul(e); **jeder ~ sich** chacun pour soi; **ich kann hier nur ~ mich sprechen** je ne peux parler ici qu'en mon nom propre; **etw ~ sich [allein] entscheiden** décider de qc à titre personnel; **~ sich [genommen]** pris(e) séparément
Für <-> *nt* ▸ **das ~ und Wider** le pour et le contre; **jede Möglichkeit hat ihr ~ und Wider** chaque possibilité a ses avantages et ses inconvénients
Furan <-s, -e> *nt* CHEM furan[n]e *m*
Fürbitte *f* prière *f* [d'intercession]; **bei jdm ~ für jdn einlegen** intercéder pour qn auprès de qn
Furche ['fʊrçə] <-, -n> *f* ❶ (*Ackerfurche*) sillon *m*
❷ (*Wagenspur*) ornière *f*
❸ (*Gesichtsfalte*) ride *f*
furchen *tr V geh* ❶ tracer des sillons dans *Acker;* creuser des ornières dans *Weg*
❷ *fig* rider *Gesicht, Stirn*
Furcht [fʊrçt] <-> *f* peur *f*; **~ vor jdm/etw haben [*o* empfinden *geh*]** avoir peur de qn/qc; **jdn in ~ versetzen, jdm ~ einflößen** faire peur à qn; **aus ~ vor jdm/etw** par peur de qn/qc; **~ einflößend [*o* erregend]** effrayant(e); **sei ohne ~!** n'aie pas peur!
▸ **ihm/ihr sitzt die ~ im Nacken** il/elle a la peur au ventre
furchtbar **I.** *Adj* terrible; **das ist ja ~!** mais c'est affreux!
II. *Adv mit Adj* terriblement; *mit Verb* affreusement; **es war ~ kalt** il faisait terriblement froid; **mit dieser Frisur siehst du ja ~ aus!** tu es vraiment affreuse avec cette coiffure!
furchteinflößend *s.* **Furcht**
fürchten ['fʏrçtən] **I.** *tr V* ❶ (*sich ängstigen*) redouter; **von allen gefürchtet sein** être redouté(e) [de tous]
❷ (*befürchten*) craindre; **bei mir hast du nichts zu ~** avec moi tu n'as rien à craindre; **er fürchtet, dass** il craint que + *subj*
II. *r V* **sich vor jdm/etw ~** avoir peur de qn/qc
III. *itr V* **um [*o* für *geh*] jdn/etw ~** craindre pour qn/qc; **zum Fürchten sein** faire peur; **er fährt zum Fürchten** il a une façon de conduire à faire peur
▸ **jdn das Fürchten lehren wir werden ihn das Fürchten schon lehren** nous allons lui apprendre ce que c'est que d'avoir peur
fürchterlich ['fʏrçtɐlɪç] *s.* **furchtbar**
furchterregend *s.* **Furcht**
furchtlos **I.** *Adj Blick, Person, Miene* hardi(e); *Kommentar, Artikel* courageux(-euse)
II. *Adv* courageusement
Furchtlosigkeit <-> *f* audace *f*
furchtsam *Adj geh* craintif(-ive)
Furchtsamkeit <-, *selten* -en> *f geh* crainte *f*
füreinander [fy:ɐʔaɪ'nandɐ] *Adv* l'un(e) pour l'autre/les un(e)s

pour les autres; ~ **bestimmt sein** être faits l'un pour l'autre

Furie ['fuːriə] <-, -n> *f* ① *pej* (*Frau*) furie *f*
② MYTH Furie *f*
▶ **wie von ~n gejagt** [*o* **gehetzt**] comme s'il/si elle avait le diable à ses trousses

furios *Adj veraltet geh* passioné(e); (*mitreißend*) enthousiasmant(e)

Furnier [fʊr'niːɐ] <-s, -e> *nt* placage *m*

furnieren* *tr V* plaquer; **mit Walnussholz furniert** plaqué(e) noyer

Furore [fu'roːrə] <-> *f*, <-s> *nt* ▶ **mit etw ~ machen** *fam* faire un malheur avec qc (*fam*); **mit etw für ~ sorgen** *fam* faire sensation avec qc

Fürsorge *f kein Pl* ① (*Betreuung*) soins *mpl*; *einer Kirche* assistance *f*
② *fam* (*Sozialamt*) assistance *f* publique
③ *fam* (*Sozialhilfe*) aide *f* sociale; **von der ~ leben** vivre de l'aide sociale

Fürsorgeamt *nt* CH bureau *m* d'aide sociale

Fürsorger(in) <-s, -> *m(f) veraltet* assistant social *m*/assistante sociale *f*

fürsorglich I. *Adj* attentionné(e)
II. *Adv* avec soin

Fürsorglichkeit <-> *f* attention *f*

Fürsprache *f* intervention *f*; **bei jdm ~ für jdn einlegen** intercéder auprès de qn en faveur de qn; **auf jds ~** (*Akk*) **hin** grâce à l'intervention de qn

Fürsprecher(in) *m(f)* avocat(e) *m(f)*

Fürst(in) <-en, -en> *m(f)* ① (*Herrscher*) souverain(e) *m(f)*; **geistlicher ~** prince *m* de l'Église
② (*Adliger*) prince(-esse) *m(f)*
▶ **der ~ der Finsternis** [*o* **dieser Welt**] *geh* le prince des ténèbres; **wie ein ~ leben** vivre comme un prince

Fürstengeschlecht *nt*, **Fürstenhaus** *nt* maison *f* princière, dynastie *f*

Fürstentum <-[e]s, -tümer> *nt* principauté *f*; **das ~ Liechtenstein/Monaco** la principauté du Liechtenstein/de Monaco

Fürstin *f s.* **Fürst(in)**

fürstlich I. *Adj* princier(-ière); *Trinkgeld* royal(e)
II. *Adv* de façon princière

Furt <-, -en> *f* gué *m*

Furunkel <-s, -> *nt o m* furoncle *m*

fürwahr *Adv veraltet* véritablement

Fürwort <-wörter> *nt* pronom *m*

Furz <-es, ¨-e> *m sl* pet *m* (*fam*); **einen ~ lassen** lâcher un pet (*fam*)

furzen *itr V sl* péter (*fam*)

Fusel <-s, -> *m pej* tord-boyaux *m* (*fam*)

Fusion <-, -en> *f* ÖKON, PHYS fusion *f*

fusionieren* *itr V* fusionner; **mit etw ~** fusionner avec qc; **zu etw ~** fusionner en qc

Fusionsreaktor *m* réacteur *m* nucléaire

Fuß [fuːs] <-es, ¨-e> *m* ① pied *m*; SDEUTSCH, A (*Bein*) jambe *f*; **gut/schlecht zu ~ sein** avoir de bonnes/mauvaises jambes; **den ~ in die Tür setzen** mettre le pied dans l'entrebâillement de la porte; **den ~ auf den Mond setzen** poser le pied sur la lune; **jdm zu Füßen fallen** [*o* **sinken**] s'agenouiller devant qn; **sich jdm zu Füßen werfen** se jeter aux pieds de qn; **zu ~** à pied; **bei ~!** au pied!
② *kein Pl* (*Längenmaß*) pied *m*
▶ **mit einem ~ im Grabe stehen** avoir déjà un pied dans la tombe; **keinen ~ mehr über jds Schwelle** (*Akk*) **setzen** ne plus mettre les pieds chez qn; **die Füße unter jds Tisch** (*Akk*) **strecken** vivre aux crochets de qn; **auf eigenen Füßen stehen** voler de ses propres ailes; **wie eingeschlafene Füße schmecken** *sl* être fadasse (*fam*); **jdn auf dem falschen ~ erwischen** TENNIS prendre qn à contre-pied; *fig* prendre qn au dépourvu; **sich auf freiem ~ befinden** être en liberté; **jdn auf freien ~ setzen** remettre qn en liberté; **auf großem ~ leben** mener grand train; **mit jdm auf gutem ~ stehen** être en bons termes avec qn; **kalte Füße bekommen** *fam* se défiler (*fam*); **auf schwachen** [*o* **tönernen**] **Füßen stehen** manquer de solidité, reposer sur des bases fragiles; **stehenden ~es** *geh* séance tenante; **trockenen ~es** à pied sec; **irgendwo [festen] ~ fassen** prendre pied quelque part; **jdm/einer S. auf dem ~e folgen** emboîter le pas à qn/succéder [immédiatement] à qc; **jdm zu Füßen liegen** être aux pieds de qn; **über seine [eigenen] Füße stolpern** s'emmêler les pieds; **jdn/etw mit Füßen treten** traîner qn dans la boue/fouler aux pieds qc; **so schnell/weit ihn seine Füße trugen** de toute la vitesse de ses jambes/aussi loin que ses jambes pouvaient le porter; **er lief, so schnell ihn seine Füße trugen** il prit ses jambes à son cou; **sich** (*Dat*) **die Füße vertreten** se dégourdir les jambes; **jdm etw vor die Füße werfen** [*o* **schmeißen** *fam*] balancer qc à [la figure de] qn (*fam*); **sich** (*Dat*) **die Füße nach etw wund laufen** *fam* faire des kilomètres pour trouver qc

Fußabdruck <-abdrücke> *m* empreinte *f* de pied **Fußabstreifer** <-s, -> *m*, **Fußabtreter** <-s, -> *m* DIAL décrottoir *m* **Fußangel** *f a. fig* piège *m* **Fußbad** *nt* bain *m* de pieds **Fußball** *m* ① *kein Pl* (*Spiel*) football *m*; **~ spielen** jouer au foot-ball ② (*Ball*) ballon *m* [de football]

Fußballer(in) <-s, -> *m(f) fam* footballeur(-euse) *m(f)*

Fußballfan *m* fan *mf* de foot **Fußballklub** *m* club *m* de foot **Fußballmannschaft** *f* équipe *f* de football **Fußballmeisterschaft** *f* championnat *m* de football **Fußballnation** *f* pays *m* amateur de football **Fußballplatz** *m* terrain *m* de football **Fußballprofi** *m* footballeur *m* professionnel **Fußballrowdy** *m* hooligan *m* **Fußballspiel** *nt* match *m* de foot-ball **Fußballspieler(in)** *m(f)* joueur(-euse) *m(f)* de football **Fußballtoto** *m o nt* loto *m* sportif; **~ spielen** jouer au loto sportif **Fußballverein** *m* club *m* de football

Fußbank <-bänke> *f* petit banc *m* **Fußboden** *m* sol *m* **Fußbodenbelag** *m* revêtement *m* de sol **Fußbodenheizung** *f* chauffage *m* par le sol **Fußbreit** <-> *m kein Pl* pied *m*; **um jeden ~ Boden kämpfen** combattre pour chaque pouce de terrain; **keinen ~** pas d'une semelle **Fußbremse** *f* pédale *f* de frein

Fussel <-, -n> *f*, <-s, -> *m* peluche *f*

fusselig *Adj* qui peluche

fusseln *itr V* pelucher

fußen ['fuːsən] *itr V* reposer; **auf etw** (*Dat*) **~** reposer sur qc

Fußende *nt* pied *m* **Fußfesseln** *Pl* liens *mpl*; (*Ketten*) fers *mpl*

Fußgänger(in) ['fuːsgɛŋɐ] <-s, -> *m(f)* piéton(ne) *m(f)*

Fußgängerampel *f* feu *m* pour piétons **Fußgängerbrücke** *f* passerelle *f* **Fußgängerstreifen** *m* CH, **Fußgängerüberweg** *m* passage *m* pour piétons **Fußgängerzone** *f* zone *f* piétonne

Fußgelenk *nt* cheville *f* **fußhoch I.** *Adj* **der Schnee war kaum ~** la neige arrivait à peine aux chevilles; **im Keller stand fußhohes Wasser** dans la cave, on avait de l'eau jusqu'aux chevilles **II.** *Adv* **das Wasser stand ~** l'eau arrivait aux chevilles **fußkalt** *Adj* froid(e) au niveau des pieds **Fußkettchen** *nt* bracelet *m* de cheville **fußläufig** *Adj* à pied **Fußleiste** *f* plinthe *f*

fusslig[RR], **fußlig** *s.* fusselig

Fußmarsch *m* marche *f* à pied **Fußmatte** *f* paillasson *m* **Fußnagel** *m* ongle *m* du pied **Fußnote** *f* note *f* [de bas de page] **Fußpfad** *m* sentier *m* **Fußpflege** *f* soins *mpl* des pieds **Fußpfleger(in)** *m(f)* pédicure *mf* **Fußpilz** *m* mycose *f* [du pied] **Fußpuder** *m* poudre *f* pour les pieds **Fußschalter** *m* interrupteur *m* à pied **Fußschaltung** *f* AUT commande *f* par pédale **Fußschweiß** *m* transpiration *f* des pieds; **~ haben** transpirer des pieds **Fußsohle** *f* plante *f* du pied; **an den ~n** sur la plante des pieds **Fußspitze** *f* ANAT pointe *f* du pied **Fußspur** *f* trace *f* de pas **Fußstapfen** *m* empreinte *f* de pas ▶ **in jds ~** (*Akk*) **treten** marcher sur les traces de qn **Fußstütze** *f* ① repose-pied *m* ❷ *eines Schuhs* semelle *f* orthopédique **Fußtritt** *m* coup *m* de pied; **einen ~ bekommen/kriegen** *fam* recevoir/prendre un coup de pied (*fam*); **jdm einen ~ geben** [*o* **versetzen** *geh*] donner [*o* envoyer] un coup de pied à qn **Fußvolk** *nt* ❶ MIL *veraltet* piétaille *f* (*vieilli*) ❷ *pej* **das ~** le petit peuple (*péj*) **Fußweg** *m* (*Pfad*) sentier *m* **Fußwurzel** *f* ANAT tarse *m* **Fußzeile** *f* pied *m* de page

Futon ['fu:tɔn] <-s, -s> *m* futon *m*

futsch [fʊtʃ] *Adj fam* (*weg*) fichu(e) (*fam*); **~ sein** être fichu(e)

Futter ['fʊtɐ] <-s, -> *nt* ❶ *kein Pl* (*Nahrung*) nourriture *f*
❷ *eines Mantels, Umschlags* doublure *f*
❸ TECH mandrin *m*
▶ **gut im ~ sein** *Tier:* être bien nourri(e); *fam Person:* être bien en chair

Futteral [fʊtə'ra:l] <-s, -e> *nt* étui *m*

Futtergetreide *nt* céréales *fpl* fourragères **Futterkrippe** *f* mangeoire *f* ▶ **an der ~ sitzen** *fam* avoir [trouvé] un bon plan (*fam*) **Futtermittel** *nt* produits *mpl* de fourrage

futtern ['fʊtɐn] *tr, itr V fam* bouffer (*fam*)

füttern *tr V* ❶ (*zu essen geben*) nourrir *Säugling, Tier;* **Klee ~** donner des trèfles à manger [à un animal]; **Füttern verboten!** défense de donner à manger aux animaux!
❷ INFORM *fam* **einen Computer mit Daten ~** alimenter un ordinateur en données
❸ (*mit einem Futter ausstatten*) doubler *Mantel;* **mit Seide gefüttert** doublé(e) de soie

Futternapf *m* écuelle *f* **Futterneid** *m* ≈ peur *f* d'en avoir moins que les autres **Futterpflanze** *f* plante *f* fourragère **Futterrübe** *f* AGR betterave *f* fourragère **Futtersack** *m* musette *f*

Futterstoff *m* doublure *f*

Futtertrog *m* auge *f*

Fütterung ['fʏtərʊŋ] <-, -en> *f* alimentation *f;* **etw zur ~ der Pferde verwenden** utiliser qc pour nourrir les chevaux; **auf die ~ der Robben warten** attendre qu'on donne à manger aux phoques

Futterzusatz *m* AGR complément *m* alimentaire

Futur [fu'tu:ɐ] <-s, -e> *nt* GRAM futur *m*

Futurismus [futu'rɪsmʊs] <-> *m* LITER, KUNST futurisme *m*

futuristisch *Adj* futuriste; *Roman* d'anticipation

Futurologe [futuro'lo:gə] <-n, -n> *m,* **Futurologin** *f* futurologue *mf*

Futurologie [futurolo'gi:] <-> *f* futurologie *f*

Futurologin <-, -nen> *f s.* **Futurologe**

G g

G, g [ge:] <-, -> *nt* ❶ G *m*/g *m*
❷ MUS sol *m*
▶ **G wie Gustav** g comme Gaston

g *Abk von* **Gramm** g

gab [ga:p] *Imp von* **geben**

Gabardine ['gabardi:n, gabar'di:n(ə)] <-s> *m,* <-> *f* gabardine *f*

Gabe ['ga:bə] <-, -n> *f* ❶ *geh* (*Geschenk*) présent *m* (*soutenu*); (*Schenkung*) don *m*
❷ (*Spende*) **eine milde ~** une aumône; **um eine milde ~ bitten** demander l'aumône
❸ (*Begabung*) don *m;* **die ~ haben etw zu tun** avoir le don de faire qc; *iron* avoir le chic pour faire qc (*iron*)
❹ *kein Pl* (*das Verabreichen*) administration *f*

Gabel ['ga:bəl] <-, -n> *f* ❶ fourchette *f;* **mit Messer und ~** avec un couteau et une fourchette
❷ (*Heugabel, Mistgabel*) fourche *f*
❸ (*Gabeldeichsel*) brancard *m;* (*Radgabel*) fourche *f*
❹ (*Telefongabel*) support *m;* **den Hörer auf die ~ legen** reposer le combiné

Gabelbissen *m* rollmops *m* sauce piquante **Gabelfrühstück** *nt* brunch *m*

gabeln ['ga:bəln] *r V* **sich ~** *Straße:* bifurquer; *Ast, Stamm:* se ramifier

Gabelschlüssel *m* clé *f* à fourches **Gabelstapler** <-s, -> *m* chariot *m* élévateur [à fourche]

Gabelung <-, -en> *f* bifurcation *f*

Gabentisch *m table où sont disposés les cadeaux à Noël ou pour un anniversaire*

Gabun [ga'bu:n] <-s> *nt* le Gabon

Gabuner(in) [ga'bu:nɐ] <-s, -> *m(f)* Gabonais(e) *m(f)*

gabunisch [ga'bu:nɪʃ] *Adj* gabonais(e)

gackern ['gakɐn] *itr V a. fig, pej* glousser (*péj*)

gaffen ['gafən] *itr V pej* reluquer (*péj fam*); **nach jdm/etw ~** reluquer qn/qc

Gaffer(in) <-s, -> *m(f) pej* badaud(e) *m(f)* (*péj*)

Gag [gɛk] <-s, -s> *m* gag *m*

Gage ['ga:ʒə] <-, -n> *f* cachet *m;* **eine hohe ~** un gros cachet

gähnen ['gɛ:nən] *itr V* ❶ bâiller; **ein Gähnen unterdrücken** retenir un bâillement
❷ *geh* (*sich auftun*) béer; **ein ~der Abgrund** un gouffre béant
▶ **zum Gähnen** [**langweilig**] **sein** faire bâiller [d'ennui]

Gala ['ga:la] <-, -s> *f* ❶ *s.* **Galavorstellung**
❷ *kein Pl* (*Kleidung*) tenue *f* de gala; **sich in ~ werfen** *fam* se mettre sur son trente et un (*fam*)

Galaabend *m* soirée *f* de gala **Galadiner** [-dine:] *nt* dîner *m* de gala **Galaempfang** *m* soirée *f* de gala

galaktisch [ga'laktɪʃ] *Adj Nebel* galactique

galant [ga'lant] *veraltet* **I.** *Adj* galant(e)
II. *Adv* galamment

Galapagosinseln *Pl* **die ~** les îles *fpl* Galapagos

Galauniform *f* uniforme *m* de cérémonie; **in ~** en grand uniforme **Galavorstellung** *f* représentation *f* de gala

Galaxie [gala'ksi:] <-, -n> *f* ASTRON galaxie *f*

Galaxis [ga'laksɪs] <-, Galaxien> *f* ASTRON ❶ *kein Pl* (*Milchstraße*) galaxie *f*
❷ (*Galaxie*) galaxie *f*

Galeere [ga'le:rə] <-, -n> *f* galère *f*

Galeerensklave *m,* **Galeerensträfling** *m* galérien *m*

Galeone [gale'o:nə] <-, -n> *f* NAUT galion *m*

Galerie [galə'ri:] <-, -n> *f* ❶ (*Kunstgalerie*) galerie *f* [d'art]
❷ ARCHIT galerie *f*
❸ CH, A (*Tunnel*) tunnel *m*

Galerist(in) [galə'rɪst] <-en, -en> *m(f)* galeriste *mf*

Galgen ['galgən] <-s, -> *m* ❶ potence *f*
❷ TECH girafe *f*

Galgenfrist *f fam* ultime délai *m;* **jdm eine ~ geben** [*o* **einräumen**] accorder un ultime délai à qn **Galgenhumor** *m* humour *m* noir **Galgenvogel** *m pej fam* gibier *m* de potence

Galiläa [gali'lɛ:a] <-s> *nt* HIST la Galilée

Galilei [gali'le:i] <-s> *m* HIST Galilée *m*

Galionsfigur [ga'lio:nsfigu:ɐ] *f a. fig* figure *f* de proue

Gallapfel *m* BOT noix *f* de galle

Galle ['galə] <-, -n> *f* ❶ (*Organ*) vésicule *f* biliaire; **an der ~ operiert werden** être opéré(e) de la vésicule
❷ (*Sekret*) bile *f*
▶ **bitter wie ~** amer(-ère) comme du fiel; **ihm/ihr kommt die ~ hoch** la moutarde lui monte au nez (*fam*)

galle[n]bitter *Adj* ❶ *Arznei, Geschmack* affreusement amer(-ère)
❷ *Humor, Sarkasmus* fielleux(-euse)

Gallenblase *f* vésicule *f* biliaire **Gallenkolik** *f* colique *f* hépatique **Gallenleiden** *nt* affection *f* de la vésicule [biliaire] **Gallenoperation** *f* opération *f* de la vésicule biliaire **Gallen-**

stein *m* calcul *m* biliaire
Gallert ['galɐt, ga'lɛrt] <-[e]s, -e> *nt* gelée *f*
gallertartig ['galɐtʔa:ɐtɪç] *Adj* gélatineux(-euse)
Gallerte [ga'lɛrtə] <-, -n> *f* CHEM, BIO gélatine *f*
Gallien ['galiən] <-s> *nt* Gaule *f*
Gallier(in) ['galiɐ] <-s, -> *m(f)* Gaulois(e) *m(f)*
gallig ['galɪç] *Adj Person, Bemerkung* acerbe; *Humor* grinçant(e)
gallisch ['galɪʃ] *Adj* gaulois(e)
Gallium ['galiʊm] <-s> *nt* CHEM gallium *m*
Gallone [ga'lo:nə] <-, -n> *f* gallon *m*
Galopp [ga'lɔp] <-s, -s *o* -e> *m* galop *m;* **im ~** au galop; **in gestrecktem ~** au grand galop; **in ~ fallen** se mettre au galop
galoppieren* *itr V* ❶ + *haben o sein* galoper
❷ + *sein* (*mit Richtungsangabe*) **über das Feld ~** traverser le champ au galop
galt [galt] *Imp von* **gelten**
galvanisch [gal'va:nɪʃ] *Adj* TECH galvanique
Galvaniseur(in) [galvani'zø:ɐ] <-s, -e> *m(f)* galvaniseur(-euse) *m(f)*
galvanisieren* [-va-] *tr V* TECH galvaniser
Galvanometer [galvano'me:tɐ] <-s, -> *nt* TECH galvanomètre *m*
Gamasche [ga'maʃə] <-, -n> *f* guêtre *f*
Gambe ['gambə] <-, -n> *f* viole *f* de gambe
Gambia ['gambia] <-s> *nt* la Gambie
Gambier(in) ['gambiɐ] <-s, -> *m(f)* Gambien(ne) *m(f)*
gambisch ['gambɪʃ] *Adj* gambien(ne)
Gameboy® ['geɪmbɔɪ] <-s, -s> *m* gameboy *m* **Gameshow** ['geɪ:mʃɔʊ] <-, -s> *f* jeu *m* télévisé
Gamet [ga'me:t] <-en, -en> *m* ANAT gamète *m*
Gamma ['gama] <-[s], -s> *nt* gamma *m*
Gammaglobulin [-globuli:n] <-s, -e> *nt* BIO gammaglobulines *fpl* **Gammastrahlen** *Pl* PHYS rayons *mpl* gamma
gammelig *Adj fam* ❶ *Wurst, Käse, Obst* pourri(e) (*fam*)
❷ *pej* (*ungepflegt*) *Kleidung, Aussehen* débraillé(e) (*péj fam*)
gammeln ['gaməln] *itr V pej fam* (*faulenzen*) gland[ouill]er (*péj fam*); (*ziellos leben*) zoner (*péj fam*); (*als Gammler leben*) vivre comme un beatnik
Gammler(in) ['gamlɐ] <-s, -> *m(f) veraltet fam* ≈ beatnik *mf* (*fam*)
Gams [gams] A, SDEUTSCH *s.* **Gämse**
Gamsbart *m houppe de poils de chamois* **Gamsbock**, **GämsbockRR** *m* chamois *m* mâle
GämseRR <-, -n> *f* chamois *m*
gang [gaŋ] ► **~ und gäbe sein** être monnaie courante
Gang[1] [gaŋ, *Pl:* 'gɛŋə] <-[e]s, ⸚e> *m* ❶ *kein Pl* (*Gangart*) démarche *f;* **ein federnder ~** une allure souple; **seinen ~ beschleunigen** accélérer le pas [*o* l'allure]
❷ (*Besorgung, Besuch*) course *f;* (*Behördengang*) démarche *f;* **jdm einen ~ abnehmen** faire une commission pour qn; **den ~ zum Zahnarzt hinausschieben** ajourner sa visite chez le dentiste
❸ (*Ablauf*) *der Ereignisse, Geschäfte* cours *m*
❹ GASTR plat *m;* **ein Menü mit vier Gängen** un menu composé de quatre plats
❺ TECH vitesse *f;* **im ersten/dritten ~** en première/troisième; **den zweiten ~ einlegen** passer la [*o* en] seconde [vitesse]
❻ (*Korridor*) couloir *m*
► **alles geht seinen gewohnten ~** les choses vont leur cours habituel; **in vollem ~e sein** *Vorbereitungen, Party:* battre son plein; **in ~ bringen** mettre en marche *Maschine, Motor;* entamer *Verhandlungen, Entwicklung;* **in ~ halten** maintenir en marche *Maschine, Motor;* poursuivre *Verhandlungen, Entwicklung;* **da ist etwas im ~[e]** il y a anguille sous roche; **in ~ kommen** *Arbeiten, Vorbereitungen:* démarrer; *Gespräche, Verhandlungen:* s'engager
Gang[2] [gɛŋ, gæŋ] <-, -s> *f* gang *m*
Gangart *f eines Pferdes* allure *f;* **in eine andere ~ fallen** changer d'allure
► **eine schnellere ~ anschlagen** accélérer le pas
gangbar *Adj* **ein ~er Weg** un chemin praticable; *fig* une voie envisageable (*fig*)
Gängelband ► **jdn am ~ führen** *pej* tenir qn en laisse (*péj*)
Gängelei <-, -en> *f pej* emprise *f*
gängeln ['gɛŋəln] *tr V pej* tenir en laisse (*péj*)
gängig ['gɛŋɪç] *Adj* ❶ (*üblich*) courant(e)
❷ COM *Artikel* demandé(e); *Größe* courant(e); **die ~ste Version** le modèle le plus demandé
❸ (*gültig*) *Münze* ayant cours
Ganglion ['gaŋ(g)liɔn] <-s, Ganglien> *nt* MED ganglion *m*
Gangschaltung *f* (*beim Auto*) changement *m* de vitesse; (*beim Fahrrad*) dérailleur *m*
Gangster ['gɛŋstɐ] <-s, -> *m pej* gangster *m* (*péj*)
GangsterbossRR ['gæŋstɐ-] *m pej* chef *m* de gang (*péj*)
Gangway ['gæŋve:] <-, -s> *f* passerelle *f* [d'embarquement]
Ganove [ga'no:və] <-n, -n> *m* ❶ *pej fam* (*Verbrecher*) truand *m* (*péj fam*)
❷ *hum fam* (*Kerl*) lascar *m* (*hum fam*)
Gans [gans, *Pl:* 'gɛnzə] <-, ⸚e> *f* ❶ oie *f*
❷ *pej fam* (*Schimpfwort*) **du dumme** [*o* **blöde**] **~!** espèce d'âne! (*péj fam*); **das ist eine dumme** [*o* **blöde**] **~!** elle est bête comme une oie! (*péj fam*)
Gänschen ['gɛnsçən] <-s, -> *nt Dim von* **Gans** oison *m*
Gänseblümchen ['gɛnzəbly:mçən] *nt* pâquerette *f* **Gänsebraten** *m* oie *f* rôtie **Gänsebrust** *f* poitrine *f* d'oie [fumée] **Gänsefüßchen** ['gɛnzəfy:sçən] *Pl fam* guillemets *mpl* **Gänsehaut** *f* chair *f* de poule; **eine ~ haben** avoir la chair de poule ► **davon bekomme** [*o* **kriege** *fam*] **ich eine ~** ça me donne la chair de poule **Gänsekiel** *m* plume *f* d'oie **Gänseklein** <-s> *nt* abattis *mpl* d'oie **Gänseleberpastete** *f* foie *m* gras [d'oie] **Gänsemarsch** *m* **im ~** à la queue leu leu
Gänserich ['gɛnzərɪç] <-s, -e> *m* jars *m*
Gänseschmalz *nt* graisse *f* d'oie **Gänsewein** *m hum* flotte *f* (*hum fam*)
Ganter NDEUTSCH *s.* **Gänserich**
ganz [gants] **I.** *Adj* ❶ (*gesamt, vollzählig*) complet(-ète); **das ~e Service** le service complet; **die ~e Sammlung** la collection complète; **die ~e Nachbarschaft** tous les voisins; **die ~e Wahrheit** toute la vérité; **das ~e Geld** tout l'argent; **~ Paris/Frankreich** tout Paris/toute la France
❷ (*vollständig, nicht geteilt*) *Drehung, Runde* complet(-ète); *Zahl* entier(-ière); **eine ~e Note** une ronde *f;* **den ~en Tag** [**über**] toute la journée; **zwei ~e Flaschen Wein** deux bouteilles entières de vin
❸ *fam* (*alle*) **die ~en Möbel/Autos** tous les meubles/toutes les voitures; **meine ~en Schuhe** toutes mes chaussures
❹ *fam* (*all der/die/das …*) **der ~e Papierkram** toute cette paperasserie (*fam*); **dieses ~e Gerede** tous ces discours (*fam*)
❺ *fam* (*unbeschädigt*) intact(e); **etw** [**wieder**] **~ machen** rafistoler qc (*fam*)
❻ *fam* (*nur*) **~e zehn Euro spenden** donner tout juste dix euros
❼ *fam* (*recht groß*) **das ist eine ~e Menge Geld!** c'est une sacrée somme [d'argent]! (*fam*)
❽ *fam* (*echt, richtig*) **ein ~er Kerl** [c'est] un homme, un vrai (*fam*)
II. *Adv* ❶ (*sehr, überaus, völlig*) *kalt, hoch* très; *fürchterlich, schön* vraiment; *begeistert, überrascht* totalement; *allein* tout; *egal, gleich, heiter, ruhig* parfaitement; **~ besonders** tout particulièrement; **~ gleich, was passiert** quoi qu'il arrive; **~ gleich, wie spät es ist** peu importe l'heure; **~ gleich, was es kostet** quel que soit le prix; **~ recht!** très juste!
❷ *fam* (*ziemlich*) assez; **ein ~ gutes Gehalt** un assez bon salaire
❸ (*an der äußersten Stelle*) *vorne, unten, an der Seite, links* tout [à fait]; **~ am Anfang** tout au [*o* au tout] début
❹ (*vollständig*) *überarbeiten* complètement

▸ ~ **und gar** totalement; ~ **und gar nicht** pas du tout
Ganzaufnahme *f* prise *f* en pied
Ganze(s) *nt dekl wie Adj* ① (*Ganzheit*) **ein ~s bilden** former un ensemble; **etw als ~s betrachten** regarder qc dans son ensemble
② (*alle Sachen*) **das** ~ le tout; (*die ganze Angelegenheit*) tout cela
▸ **aufs ~ gehen** *fam* risquer le tout (*fam*); **es geht ums** ~ risquer le tout pour le tout; **im ~n** (*insgesamt*) en tout; (*alles in allem*) dans l'ensemble
Gänze ['gɛntsə] <-> *f* **in seiner/ihrer** ~ *geh* dans toute son ampleur, dans son intégralité
Ganzheit <-> *f* **in seiner/ihrer** ~ dans toute son étendue
ganzheitlich I. *Adj* global(e)
II. *Adv betrachten* globalement
Ganzheitsmedizin *f* médecine *f* globale **Ganzheitsmethode** *f* méthode *f* globale
ganzjährig *Adj, Adv* [durant] toute l'année
Ganzkörpermassage *f* massage *m* intégral
Ganzlederband *m* reliure *f* pleine peau **Ganzleinenband** *m* reliure *f* pleine toile
gänzlich ['gɛntslɪç] I. *Adj Fehlen, Mangel* total(e)
II. *Adv* totalement
ganzseitig *Adj* qui occupe une pleine page
ganztägig ['gantstɛːgɪç] I. *Adj Arbeit, Stelle* à temps complet; *Ausflug* d'une journée
II. *Adv* toute la journée; *arbeiten, beschäftigt sein* à plein temps; ~ **geöffnet sein** être ouvert(e) en continu
Ganztagsschule *f type d'école et de scolarité où les cours ont lieu toute la journée*
gar[1] [gaːɐ] *Adv* ① (*überhaupt*) ~ **nichts/niemand** absolument rien/personne; ~ **nicht teuer** pas cher(chère) du tout; **das finde ich ~ nicht lustig** je [ne] trouve pas ça drôle du tout
② (*erst*) **er ist sehr sportlich, und seine Frau ~!** il est très sportif et sa femme d'autant plus!
③ (*geschweige*) **100 oder ~ 200 Euro sind einfach zu viel** 100 euros voire 200 euros sont bien trop
gar[2] *Adj* ~ **sein** être bien cuit(e) [*o* à point]; **etw ~ kochen** cuire qc à point; **das Gemüse darf nicht ganz ~ sein** les légumes ne doivent pas être trop cuits
Garage [ga'raːʒə] <-, -n> *f* garage *m;* **in die/der ~** au garage
garagieren* [gara'ʒiːrən] *tr V* A, CH mettre au garage *voiture*
Garagist(in) [gara'ʒɪst, 'garaʒɪst] <-en, -en> *m(f)* CH garagiste *mf*
Garant(in) [ga'rant] <-en, -en> *m(f)* garant(e) *m(f)*
Garantie [garan'tiː] <-, -n> *f* ① garantie *f;* **ein Jahr ~ haben** être garanti(e) un an; **[noch] ~ haben** être [encore] sous garantie; **die ~ für das Radio ist abgelaufen** la radio n'est plus sous garantie
② *fig* (*Sicherheit*) **jdm eine/die ~ geben, dass** garantir à qn que + *indic;* **eine ~ für eine glückliche Ehe** la garantie d'un mariage heureux
Garantiegeber(in) <-s, -> *m(f)* garant(e) *m(f)*
garantieren* I. *tr V* garantir; **können Sie mir ~, dass ...?** pouvez-vouz me garantir que ... + *indic*?
II. *itr V* **für etw** ~ *Person:* se porter garant(e) pour qc; **unser Name garantiert für Qualität** notre nom est une marque de garantie
garantiert *Adv fam* **ich komme ~!** je viens, [c'est] sûr! (*fam*); **er hat das ~ vergessen!** à coup sûr, il l'a oublié! (*fam*)
Garantieschein *m* bon *m* de garantie **Garantieverpflichtung** *f* obligation *f* de garantie
Garaus ['gaːɐʔaʊs] ▸ **jdm/einem Tier den ~ machen** *fam* achever qn/un animal (*fam*)
Garbe ['garbə] <-, -n> *f* ① (*Bündel*) gerbe *f*
② (*Geschossgarbe*) rafale *f*
Garçonnière [garsɔ'nieːrə] <-, -n> *f* A (*Einzimmerwohnung*) studio *m*
Gardasee ['gardazeː] *m* **der** ~ le lac de Garde
Garde ['gardə] <-, -n> *f* garde *f*
▸ **die alte** ~ la vieille garde
Gardemaß ▸ ~ **haben** *fam* être taillé(e) comme un(e) basketteur(-euse) (*hum*) **Garderegiment** *nt* régiment *m* de la garde
Garderobe [gardə'roːbə] <-, -n> *f* ① (*Ständer*) portemanteau *m*
② (*Aufbewahrungsraum*) vestiaire *m;* **etw an der ~ abgeben** déposer qc au vestiaire
③ *geh* (*Kleiderbestand*) garde-robe *f*
④ (*Umkleideraum*) *eines Schauspielers* loge *f*
Garderobenfrau *f* dame *f* du vestiaire **Garderobenhaken** *m* patère *f* **Garderobenmarke** *f* numéro *m* de vestiaire **Garderobenständer** *m* portemanteau *m*
Garderobier [gardəro'bieː] <-s, -s> *m,* **Garderobiere** *f* THEAT habilleur(-euse) *m(f)*
Gardine [gar'diːnə] <-, -n> *f* rideau *m*
▸ **hinter schwedischen ~n sitzen** *hum fam* être à l'ombre (*fam*)
Gardinenleiste *f* tringle *f* de rideau **Gardinenpredigt** ▸ **jdm eine ~ halten** *hum fam* sonner les cloches à qn (*hum fam*)
Gardinenstange *f* tringle *f* à rideau
Gardist <-en, -en> *m* garde *m*
garen ['gaːrən] I. *tr V* [faire] cuire *Fleisch, Gemüse*
II. *itr V* mijoter
gären ['gɛːrən] <gärte *o* gor, gegärt *o* gegoren> *itr V* ① + *haben o sein* fermenter
② + *haben fig* **in ihr gärt es, die Wut gärt in ihr** elle bouillonne de colère; **es gärt im Volk** le peuple s'agite
Garn [garn] <-[e]s, -e> *nt* fil *m*
▸ **jdm ins ~ gehen** tomber dans les filets de qn
Garnele [gar'neːlə] <-, -n> *f* crevette *f* [rose]
garni [gar'niː] *s.* **Hotel**
garnieren* *tr V* ① garnir *Braten;* décorer *Kuchen;* **einen Braten/Kuchen mit etw ~** garnir un rôti de qc/décorer un gâteau avec qc
② *fig* **eine Rede mit etw ~** agrémenter un discours de qc
Garnierung <-, -en> *f* garniture *f*
Garnison [garni'zoːn] <-, -en> *f* garnison *f*
Garnison[s]stadt *f* ville *f* de garnison
Garnitur [garni'tuːɐ] <-, -en> *f* ① **eine ~ [Bettwäsche/Unterwäsche]** une parure [de draps/de linge]
② (*Schreibtischgarnitur*) nécessaire *m* de bureau
▸ **zur ersten ~ gehören** faire partie des meilleurs [*o* du gratin]; **zur zweiten ~ gehören** *Schauspieler:* être de second rôle
Garnknäuel *m o nt* pelote *f* de fil **Garnrolle** *f* bobine *f* de fil
garstig ['garstɪç] *Adj veraltet* ① (*ungezogen*) vilain(e)
② (*abscheulich*) répugnant(e); *Kröte* affreux(-euse)
Garten ['gartən, *Pl:* 'gɛrtən] <-s, => *m* jardin *m;* **botanischer ~** jardin *m* botanique; **zoologischer ~** jardin *m* [*o* parc *m*] zoologique
▸ **der ~ Eden** le jardin d'Éden
Gartenarbeit *f* jardinage *m* **Gartenarchitekt(in)** *m(f)* [architecte *mf*] paysagiste *mf* **Gartenbau** *m kein Pl* horticulture *f;* ~ **betreiben** faire de l'horticulture, **Gartenbaubetrieb** *m* établissement *m* horticole **Gartenblume** *f* fleur *f* ornementale [*o* de jardin] **Gartenfest** *nt* garden-party *f* **Gartengerät** *nt* outil *m* de jardin **Gartenhaus** *nt* ① (*Geräteschuppen*) abri *m* de jardin, resserre *f* ② (*Hinterhaus*) pavillon *m* **Gartenlaube** *f* gloriette *f* **Gartenlokal** *nt* café-restaurant *m* avec terrasse **Gartenmöbel** *Pl* mobilier *m* [*o* meubles *mpl*] de jardin **Gartenschau** *f* exposition *f* horticole **Gartenschere** *f* sécateur *m* **Gartenschlauch** *m* tuyau *m* d'arrosage **Gartensitzplatz** *m* CH terrasse *f* couverte **Gartenstadt** *f* cité-jardin *f;* **Gartenstädte** des cités-jardins **Gartentor** *nt* porte *f* du/de jardin **Gartenzaun** *m* clôture *f* de jardin **Gartenzwerg** *m* ① nain *m* de jardin ② *pej fam* (*Schimpfwort*) nabot *m*

i Land & Leute

Si vous jetez un coup d'œil dans les jardins allemands, vous découvrirez ici et là des **Gartenzwerge.** Ce sont des figurines en céramique ou en plastique représentant des nains de différentes tailles que l'on place sur les pelouses, au pied des arbres ou le long des haies afin de décorer les jardins. Certains Allemands en sont très amateurs, d'autres trouvent ces figurines très kitsch.

Gärtner(in) ['gɛrtnɐ] <-s, -> *m(f)* jardinier(-ière) *m(f);* (*Gemüsegärtner*) maraîcher(-ère) *m(f);* (*Gärtnereiangestellter*) horticulteur(-trice) *m(f)*

Gärtnerei [gɛrtnə'raɪ] <-, -en> *f* ❶ établissement *m* horticole; (*Gemüsegärtnerei*) entreprise *f* maraîchère; (*mit Baumschule*) pépinière *f;* **Gemüse direkt von der ~ beziehen** se fournir en légumes directement chez l'horticulteur [*o* le maraîcher]
❷ *kein Pl fam* (*Arbeit*) jardinage *m*

gärtnerisch I. *Adj attr Ausbildung, Kenntnisse, Können* horticole; *Geschick* de jardinier; *Betätigung* de jardinage
II. *Adv begabt* pour le jardinage

gärtnern *itr V* jardiner

Gärung ['gɛːrʊŋ] <-, -en> *f* fermentation *f;* **in ~ übergehen** commencer à fermenter

Gas [gaːs] <-es, -e> *nt* ❶ gaz *m;* **es riecht nach ~** ça sent le gaz; **im Darm bilden sich ~e** dans l'intestin, il se forme des gaz
❷ *fam* (*Gaspedal*) accélérateur *m;* **voll aufs ~ treten** appuyer à fond sur le champignon (*fam*)
❸ (*Treibstoff*) **~ geben** accélérer; **[das] ~ wegnehmen** lever le pied

Gasanschluss[RR] *m* raccordement *m* [*o* branchement *m*] au gaz **Gasaustausch** *m kein Pl* BIO échange *m* de gaz **Gasbehälter** *m* réservoir *m* de gaz **Gasbeleuchtung** *f* éclairage *m* au gaz **Gasbrenner** *m* brûleur *m* à gaz **Gasfeuerzeug** *nt* briquet *m* à gaz **Gasflamme** *f* flamme *f* du gaz **Gasflasche** *f* bouteille *f* de gaz

gasförmig *Adj* gazeux(-euse)

Gashahn *m* robinet *m* du gaz ▸ **den ~ aufdrehen** *euph fam* ouvrir le gaz (*euph fam*)

Gashebel *m* TECH accélérateur *m*

Gasheizung *f* chauffage *m* au gaz **Gasherd** *m* cuisinière *f* à gaz **Gashülle** *f* couche *f* gazeuse **Gaskammer** *f* NS chambre *f* à gaz **Gaskocher** *m* réchaud *m* à gaz **Gaslampe** *f* lampe *f* à gaz **Gaslaterne** *f* bec *m* de gaz **Gasleitung** *f* conduite *f* de gaz; (*Fernleitung*) gazoduc *m* **Gas-Luft-Gemisch** *nt* mélange *m* d'air et de gaz **Gasmann** <-männer> *m fam* releveur *m* du compteur de gaz, gazier *m* **Gasmaske** *f* masque *m* à gaz **Gasofen** *m* radiateur *m* à gaz

Gasolin [gazo'liːn] <-s> *nt* gazoline *f*

Gasometer *m veraltet* gazomètre *m*

Gaspedal *nt* pédale *f* d'accélérateur

Gaspistole *f* pistolet *m* à gaz [lacrymogène] **Gasrohr** *nt* tuyau *m* à gaz

Gässchen[RR], **Gäßchen** <-s, -> *nt Dim von* **Gasse** [petite] ruelle *f*

Gasse ['gasə] <-, -n> *f* ❶ ruelle *f*
❷ *fig* (*Weg, Spalier*) **sich** (*Dat*) **eine ~ bahnen** se frayer un chemin; **eine ~ bilden** frayer un passage
❸ A (*Straße*) rue *f;* **auf der ~** dans la rue

Gassenhauer *m veraltet fam* rengaine *f* (*fam*) **Gassenjunge** *m* polisson *m*

Gassi ['gasi] ▸ **mit dem Hund ~ gehen** *fam* faire sortir le chien (*fam*)

Gast [gast, *Pl:* 'gɛstə] <-es, ¨-e> *m* ❶ **[geladener] ~** invité(e) *m(f);* **ungeladener ~** intrus(e) *m(f);* **ein gern gesehener ~ sein** être toujours [le/la] bienvenu(e)
❷ (*Tischgast*) convive *mf* (*soutenu*)
❸ (*Hotelgast*) pensionnaire *mf*
❹ (*Besucher*) hôte *m;* **ich bin hier nur ~** je ne suis là qu'à titre d'hôte; **zahlender ~** hôte *m* payant; **bei jdm zu ~ sein** *geh* être l'hôte de qn

Gastarbeiter(in) *m(f)* travailleur immigré *m*/travailleuse immigrée *f* **Gastdozent(in)** *m(f)* professeur *m* associé(e)

Gästebuch *nt* livre *m* d'hôtes **Gästehaus** *nt* maison *f* d'hôtes **Gästezimmer** *nt* chambre *f* d'amis

gastfreundlich I. *Adj* hospitalier(-ière) **II.** *Adv* **jdn äußerst ~ aufnehmen** réserver un excellent accueil à qn **Gastfreundschaft** *f* hospitalité *f* **Gastgeber(in)** *m(f)* hôte(-esse) *m(f)* **Gastgeschenk** *nt* cadeau *m* **Gastgewerbe** *nt* industrie *f* hôtelière **Gasthaus** *nt,* **Gasthof** *m* auberge *f* **Gasthörer(in)** *m(f)* auditeur(-trice) *m(f)* libre

gastieren* *itr V* se produire en tournée; **in Berlin ~** se produire en tournée à Berlin

Gastland *nt* pays *m* d'accueil

gastlich I. *Adj geh Haus* hospitalier(-ière); *Bewirtung* prévenant(e)
II. *Adv geh* chaleureusement; **sehr ~ bewirtet werden** être traité(e) avec la plus grande prévenance

Gastmannschaft *f* équipe *f* des visiteurs **Gastprofessor(in)** *m(f)* professeur *m* associé(e) **Gastrecht** *nt kein Pl* lois *fpl* [*o* code *m*] de l'hospitalité; **das ~ missbrauchen** abuser du droit d'hospitalité

Gastritis [gas'triːtɪs] <-, Gastritiden> *f* MED gastrite *f*

Gastrolle *f* rôle *m* [à titre] exceptionnel; **eine ~ spielen** jouer un rôle à titre exceptionnel

Gastronom(in) <-en, -en> *m(f)* restaurateur(-trice) *m(f)*

Gastronomie [gastrono'miː] <-, -n> *f* ❶ *form* (*Branche*) restauration *f;* **die gehobene ~** la haute restauration
❷ *geh* (*Kochkunst*) gastronomie *f*

gastronomisch [gastro'noːmɪʃ] *Adj* gastronomique

Gastspiel *nt* ❶ *représentation donnée par un artiste/des artistes d'une autre troupe;* **ein ~ geben** se produire en [*o* au cours d'une] tournée ❷ SPORT match *m* [à l'] extérieur **Gaststätte** *f* café-restaurant *m*

Gaststättengewerbe *nt* restauration *f*

Gaststube *f* salle *f* de restaurant

Gasturbine *f* turbine *f* à gaz

Gastvorlesung *f* conférence *f* d'un(e) professeur invité(e) **Gastwirt(in)** *m(f)* cafetier-restaurateur *m*/cafetière-restauratrice *f* **Gastwirtschaft** *s.* Gaststätte

Gasuhr *s.* Gaszähler **Gasverbrauch** *m* consommation *f* de gaz **Gasvergiftung** *f* intoxication *f* au [*o* par le] gaz **Gasversorgung** *f* approvisionnement *m* en gaz **Gaswerk** *nt* usine *f* à gaz **Gaswolke** *f* nuage *m* toxique **Gaszähler** *m* compteur *m* à gaz

Gatsch <-es, -> *m* A (*Schlamm*) boue *f*

GATT [gat] <-> *nt Abk von* **General Agreement on Tariffs and Trade** GATT *m*

Gatte ['gatə] <-n, -n> *m,* **Gattin** *f form* époux *m*/épouse *f* (*soutenu*); **die [beiden] ~n** les [deux] époux

Gatter ['gatɐ] <-s, -> *nt* barrière *f*

Gattung ['gatʊŋ] <-, -en> *f* ❶ BIO ordre *m*
❷ (*Kunstgattung*) genre *m*

Gattungsbegriff *m* ❶ (*Oberbegriff*) hyperonyme *m* ❷ *s.* Gattungsname **Gattungsname** *m* ❶ BIO, ZOOL nom *m* générique
❷ LING terme *m* générique

Gau [gaʊ] <-[e]s, -e> *m o nt* HIST (*Landschaft*) ≈ région *f;* (*Bezirk*) ≈ secteur *m;* (*im Nationalsozialismus*) ≈ province *f*

GAU <-s, -s> *m Abk von* **größter anzunehmender Unfall** accident *m* maximal hypothétique

Gaube *f* lucarne *f*

Gaucho ['gaʊtʃo] <-[s], -s> *m* gaucho *m*

Gaudi ['gaʊdi] <-> *f* SDEUTSCH, A *fam* **das war vielleicht eine ~!** ce qu'on a pu se marrer! (*fam*)

Gaukler(in) ['gaʊklɐ] <-s, -> *m(f)* HIST bateleur(-euse) *m(f)* [de foire] (*vieilli*)
Gaul [gaʊl, *Pl:* 'gɔɪlə] <-[e]s, Gäule> *m pej* canasson *m* (*péj fam*)
▶ **einem geschenkten ~ schaut man nicht ins Maul** *Spr.* ≈ il ne faut pas faire le/la difficile
Gaullismus [go'lɪsmʊs] <-> *m* gaullisme *m*
Gaullist(in) [go'lɪst] <-en, -en> *m(f)* gaulliste *mf*
Gaumen ['gaʊmən] <-s, -> *m* ❶ palais *m;* **der harte/weiche ~** le palais dur/mou
❷ *geh* (*Geschmack*) **einen feinen ~ haben** avoir le palais fin
Gaumenfreude *f* régal *m;* **das Essen war eine wahre ~** le repas était un vrai délice **Gaumenkitzel** *m fam* régal *m;* **ein ~ sein** flatter le palais **Gaumenlaut** *m* PHON palatale *f* **Gaumenmandel** *f* ANAT amygdale *f* palatine **Gaumensegel** *nt* voile *m* du palais **Gaumenzäpfchen** *nt* luette *f*
Gauner(in) ['gaʊnɐ] <-s, -> *m(f) pej* ❶ (*Betrüger*) escroc *m*
❷ *fam* (*schlaue Person*) filou *m* (*fam*)
Gaunerei <-, -en> *f pej* escroquerie *f*
Gaunersprache *f* argot *m*
Gazastreifen ['ga:za-] *m* bande *f* de Gaza
Gaze ['ga:zə] <-, -n> *f* gaze *f*
Gazelle [ga'tsɛlə] <-, -n> *f* gazelle *f*
G-Dur ['ge:-] <-> *nt* sol *m* majeur; **in ~** en sol majeur
Geächtete(r) *f(m) dekl wie Adj* proscrit(e) *m(f)*
geädert [gə'ʔɛ:dɐt] *Adj Hand* veiné(e); *Blatt* nervuré(e)
geartet [gə'ʔa:ɐtət] *Adj* ❶ (*veranlagt*) **freundlich ~** d'un naturel aimable; **ganz anders ~ sein** être d'un caractère tout à fait différent; **manche Menschen sind so, manche so ~** certains ont tel caractère, d'autres tel autre
❷ (*beschaffen*) **ein anders ~er Fall** un cas d'[une] autre nature
Geäst [gə'ʔɛst] <-[e]s> *nt kein Pl* branchage *m*
geb. *Abk von* **geborene(r)** né(e)
Gebäck [gə'bɛk] <-[e]s> *nt* ❶ pâtisseries *fpl;* (*Kleingebäck*) petits gâteaux *mpl;* (*Kekse*) gâteaux *mpl* secs
❷ A (*Brötchen*) [petit] pain *m*
gebacken [gə'bakən] *PP von* **backen**
Gebäckzange *f* pince *f* à gâteaux
Gebälk [gə'bɛlk] <-[e]s> *nt* charpente *f*
▶ **es knistert im ~** *fam* ça sent le roussi (*fam*)
geballt [gə'balt] *Adj Energie* concentré(e); **mit ~er Kraft** de toutes mes/ses/... forces
gebannt [gə'bant] *Adj* fasciné(e)
gebar [gə'ba:ɐ] *Imp von* **gebären**
Gebärde [gə'bɛ:ɐdə] <-, -n> *f* geste *m;* **eine beschwichtigende ~ machen** faire un geste apaisant
gebärden* *r V* se comporter; **sich sonderbar ~** se comporter curieusement, se conduire bizarrement; **sich wie ein Verrückter ~** se démener comme un fou
Gebärdensprache *f* langage *m* gestuel
Gebaren [gə'ba:rən] <-s> *nt* comportement *m*
gebären [gə'bɛ:rən] <gebiert, gebar, geboren> **I.** *tr V* ❶ mettre au monde *Kind;* **in Italien geboren sein** être né(e) en Italie
❷ *fig* **zum Dichter/zur Dichterin geboren sein** être né(e) [pour être] poète/poétesse; **zum Kommandieren geboren sein** être né(e) pour donner des ordres; *s. a.* **geboren**
II. *itr V* accoucher; **die Gebärende** la parturiente (*spéc*)
gebärfähig [gə'bɛ:ɐ-] *Adj* fécond(e); **im ~en Alter sein** être en âge de procréer [*o* de procréation] **Gebärmutter** <-mütter> *f* utérus *m* **Gebärmutterhals** *m* col *m* de l'utérus **Gebärmutterkrebs** *m* MED cancer *m* de l'utérus **Gebärmuttermund** *m* orifice *m* de l'utérus
gebauchpinselt ▶ **sich ~ fühlen** *hum fam* se sentir flatté(e)
Gebäude [gə'bɔɪdə] <-s, -> *nt* bâtiment *m,* immeuble *m*
Gebäudekomplex *m* [grand] ensemble *m* **Gebäudereinigung** *f* ❶ *kein Pl* (*das Reinigen*) nettoyage *m* industriel
❷ (*Betrieb*) entreprise *f* de nettoyage industriel **Gebäudeteil** *m* corps *m* de bâtiment, aile *f* **Gebäudeversicherung** *f* assurance-habitation *f*
gebaut *Adj* **gut ~ [sein]** [être] bien bâti(e); **muskulös ~ [sein]** [être] tout en muscles
▶ **so wie du ~ bist** *fam* tel(le) que je te connais (*fam*)
gebefreudig *Adj* généreux(-euse)
Gebeine [gə'baɪnə] *Pl geh* ossements *mpl* (*soutenu*)
Gebell[e] <-s> *nt pej* aboiements *mpl* [continuels]
geben ['ge:bən] <gibt, gab, gegeben> **I.** *tr V* ❶ (*aushändigen, reichen, schenken*) donner; **jdm Geld/ein Trinkgeld ~** donner de l'argent/un pourboire à qn; **gibst du mir mal das Salz?** tu peux me passer le sel?
❷ (*mitteilen*) donner *Antwort, Befehl;* **jdm ein Zeichen ~** faire signe à qn
❸ (*veranstalten*) donner *Empfang, Konzert, Interview;* jouer *Theaterstück*
❹ (*produzieren*) **Milch ~** donner du lait
❺ (*gewähren*) faire *Rabatt, Skonto*
❻ (*verleihen*) donner *Kraft, Mut, Hoffnung;* **jdm wieder Selbstvertrauen ~** redonner de la confiance à qn
❼ (*machen, ergeben*) faire *Flecken;* **7 mal 7 gibt 49** 7 fois 7 font 49
❽ (*erteilen*) donner *Unterricht, Nachhilfestunden;* **Deutsch/Mathe ~** enseigner l'allemand/les maths
❾ (*spenden*) donner, procurer *Schatten, Schutz*
❿ (*verbinden mit*) passer; **ich möchte dir lieber die Chefin ~** je préfère te passer la chef en personne
⓫ (*verhängen*) donner *Elfmeter, Freistoß*
⓬ (*einräumen, prognostizieren*) donner *Frist, Termin;* **jdm zwei Tage Zeit ~** donner un délai de deux jours à qn; **jdm noch ein Jahr ~** *Arzt:* donner encore un an [à vivre] à qn
⓭ (*äußern*) **von sich ~** émettre *Laute, Worte*
⓮ *fam* (*erbrechen*) **alles [wieder] von sich ~** tout rendre (*fam*)
▶ **was soll das ~?** qu'est-ce que ça va [pouvoir] donner?; **sie würde viel darum ~ dabei zu sein** elle donnerait cher pour y assister [*o* pour y être]; **viel/nichts auf etw** (*Akk*) **~** faire cas/ne faire aucun cas de qc
II. *itr V a.* KARTEN donner; **wer gibt?** c'est à qui de donner?
▶ **jdm zu denken ~** donner à penser à qn
III. *tr V unpers* ❶ (*existieren, vorhanden sein*) **es gibt ...** il y a ...; **dieses Kleid gibt es in drei Farbtönen** cette robe existe en trois coloris
❷ (*sein, sich ereignen*) **was gibt's?** qu'est-ce qu'il y a?; **was gibt es Neues?** quoi de neuf?; **heute gibt's noch Regen** aujourd'hui on va encore avoir de la pluie; **wann gibt es Essen?** quand est-ce qu'on mange?; **gleich gibt's Haue!** attention, gare à tes fesses!
▶ **das gibt's doch nicht!** *fam* (*freudig überrascht*) [c'est] pas possible! (*fam*); (*unangenehm überrascht*) c'est pas vrai! (*fam*); **was es nicht alles gibt!** *fam* on aura tout vu! (*fam*); **da gibt's nichts!** *fam* (*zweifellos*) y a pas à dire! (*fam*); (*keine Widerrede*) y a rien à dire! (*fam*)
IV. *r V* ❶ (*nachlassen*) **sich ~** se calmer; **das wird sich [bald] ~** ça s'arrangera [bientôt]
❷ (*sich zeigen*) **sich überrascht ~** faire celui/celle qui n'est pas au courant; **sich gelassen ~** faire semblant d'être calme
Geberlaune *f* ▶ **in ~ sein** être en veine de générosité, être d'humeur généreuse
Gebet [gə'be:t] <-[e]s, -e> *nt* prière *f;* **ein ~ sprechen** dire une prière; **sein ~ verrichten** dire [*o* faire] sa prière
▶ **jdn ins ~ nehmen** *fam* prendre qn entre quat'z'yeux (*fam*)
Gebetbuch *nt* livre *m* de prières [*o* de messe]
gebeten [gə'be:tən] *PP von* **bitten**
Gebetsmühle *f* moulin *m* à prières **Gebetsteppich** *m* tapis *m* de prière
gebeugt **I.** *Adj Haltung, Kopf* courbé(e); *Schultern* voûté(e); **von**

der Last der Jahre ~ courbé(e) sous le poids des ans
II. *Adv* voûté(e); **nach vorne ~ dastehen** être debout, penché(e) en avant
gebiert [gəˈbiːɐt] *3. Pers Präs von* **gebären**
Gebiet [gəˈbiːt] <-[e]s, -e> *nt* ❶ *(Fläche)* territoire *m;* *(Region)* région *f*
❷ *(Sachgebiet)* domaine *m*
gebieten* *unreg geh* **I.** *tr V* ❶ *(befehlen)* ordonner, imposer
❷ *(verlangen)* **[es] ~, dass** *Umstände:* exiger que + *subj;* **die Höflichkeit gebietet mir zu schweigen** la politesse exige que je me taise; *s. a.* **geboten**
II. *itr V* ❶ *(herrschen)* **über jdn/etw ~** régner sur qn/qc
❷ *(verfügen)* **über etw** *(Akk)* ~ disposer de qc
Gebieter(in) <-s, -> *m(f) veraltet geh* maître(-esse) *m(f)*
gebieterisch *geh* **I.** *Adj* impérieux(-euse)
II. *Adv* d'un air [*o* ton] impérieux
Gebietsanspruch *m* revendication *f* territoriale; **einen ~ erheben** émettre [*o* formuler] une revendication territoriale **Gebietskörperschaft** *f* JUR collectivité *f* locale [*o* territoriale] **Gebietskrankenkasse** *f* A caisse *f* locale d'assurance maladie **Gebietsreform** *f* réforme *f* territoriale
gebietsweise *Adv* par endroits
Gebilde [gəˈbɪldə] <-s, -> *nt* ❶ *(Ding)* chose *f;* *(Formation)* formation *f;* **ein komisches ~, diese Vase!** quelle création bizarre que ce vase-là!
❷ *(Staatsgebilde)* formation *f*
gebildet [gəˈbɪldət] *Adj* cultivé(e); **umfassend ~ sein** posséder une vaste culture générale
Gebildete(r) *f(m) dekl wie Adj* personne *f* cultivée, érudit(e) *m(f)*
Gebimmel [gəˈbɪməl] <-s> *nt pej fam* sonnerie *f* [incessante]
Gebinde [gəˈbɪndə] <-s, -> *nt geh* *(Blumengebinde)* gerbe *f*
Gebirge [gəˈbɪrgə] <-s, -> *nt* montagnes *fpl;* **im/ins ~** à la montagne
gebirgig *Adj* montagneux(-euse)
Gebirgsbach *m* torrent *m* **Gebirgsbahn** *f* chemin *m* de fer de montagne **Gebirgsdorf** *nt* village *m* de montagne **Gebirgsjäger(in)** *m(f)* MIL ❶ chasseur *m* alpin ❷ *Pl* *(Truppe)* chasseurs *mpl* alpins **Gebirgslandschaft** *f* ❶ *(Gegend)* paysage *m* montagneux [*o* de montagne] ❷ *(Gemälde)* paysage *m* de montagnes **Gebirgsmassiv** *nt* massif *m* montagneux **Gebirgspass**RR *m* col *m* **Gebirgsstraße** *f* route *f* de montagne **Gebirgszug** *m* chaîne *f* de montagnes
GebissRR <-es, -e>, **Gebiß** <-sses, -sse> *nt* ❶ *(Zähne)* dentition *f;* **[noch] ein vollständiges ~ haben** avoir [encore] toutes ses dents
❷ *(Zahnprothese)* **[künstliches]** ~ dentier *m*
gebissen [gəˈbɪsən] *PP von* **beißen**
Gebläse [gəˈblɛːzə] <-s, -> *nt* ventilateur *m*
geblasen [gəˈblaːzən] *PP von* **blasen**
geblichen *PP von* **bleichen**
geblieben [gəˈbliːbən] *PP von* **bleiben**
Geblödel <-s> *nt fam* âneries *fpl* *(fam)*
geblümt [gəˈblyːmt] *Adj Stoff, Kleid, Geschirr* à fleurs
Geblüt <-[e]s> *nt geh* **von [edlem] ~** de sang noble
gebogen [gəˈboːgən] **I.** *PP von* **biegen**
II. *Adj Nase, Schnabel* recourbé(e)
geboren [gəˈboːrən] **I.** *PP von* **gebären**
II. *Adj* ❶ **Anne Lauer, ~e Klein** Anne Lauer, née Klein; **sie ist eine ~e Ziegler** elle est née Ziegler
❷ *(gebürtig)* de naissance
❸ *(perfekt)* **die ~e Schauspielerin sein** être la parfaite actrice [*o* comédienne]
geborgen [gəˈbɔrgən] **I.** *PP von* **bergen**
II. *Adj* ~ **sein** être en sécurité [*o* à l'abri]; **sich ~ fühlen** se sentir en sécurité
Geborgenheit <-> *f* [sentiment *m* de] sécurité *f*
geborsten [gəˈbɔrstən] *PP von* **bersten**
Gebot [gəˈboːt] <-[e]s, -e> *nt* ❶ *(Befehl, Anweisung)* règle *f;* **ein ~ erlassen** décréter [de sa propre autorité]; **~e und Verbote** le droit et l'ordre
❷ *geh* *(Erfordernis)* exigence *f,* nécessité *f;* **ein ~ der Höflichkeit** une règle de politesse; **ein ~ der Vernunft** un impératif de la raison
❸ *(bei Auktionen)* enchère *f*
❹ BIBL commandement *m;* **die Zehn ~e** les dix commandements
▶ **ein/das ~ der Stunde** une/la nécessité actuelle; **jdm zu ~e stehen** *Talent:* être à la disposition de qn
geboten [gəˈboːtən] **I.** *PP von* **gebieten, bieten**
II. *Adj geh Vorsicht, Respekt* requis(e); **jetzt ist besondere Vorsicht ~** maintenant, une prudence extrême s'impose
Gebr. *Abk von* **Gebrüder: ~ Lang** Lang frères *mpl*
Gebrabbel <-s> *nt pej fam* bredouillage *m* *(péj fam);* *eines Babys* balbutiements *mpl*
gebracht [gəˈbraxt] *PP von* **bringen**
gebrannt [gəˈbrant] *PP von* **brennen**
gebraten [gəˈbraːtən] *PP von* **braten**
Gebratene(s) *nt dekl wie Adj* **alles ~ meiden** éviter tout ce qui est frit
Gebräu [gəˈbrɔɪ] <-[e]s, -e> *nt pej* breuvage *m* infâme *(péj)*
Gebrauch [gəˈbraʊx] <-[e]s, Gebräuche> *m* ❶ *kein Pl* *(das Verwenden)* usage *m;* *eines Worts* emploi *m;* **zum äußerlichen ~** à usage externe; **falscher ~** mauvaise utilisation *f;* **sparsam im ~ sein** être économique; **etw in ~ haben** se servir de qc; **von etw ~ machen** faire usage de qc, user de qc; **vor ~ schütteln!** agiter avant usage!
❷ *meist Pl* *(Brauch)* usage *m*
gebrauchen* *tr V* utiliser *Werkzeug, Mittel;* employer *Ausdruck, Wort;* **das ist nicht mehr zu ~** c'est [devenu(e)] inutilisable; **er könnte einen Schal ~** *fam* il pourrait avoir besoin d'une écharpe *(fam)*
▶ **zu nichts zu ~ sein** *Gegenstand:* ne servir à rien; *fam Person:* n'être bon(ne) à rien *(fam)*
gebräuchlich [gəˈbrɔɪçlɪç] *Adj Verfahren* courant(e), en usage; *Präparat, Mittel* utilisé(e); *Ausdruck, Wort* usité(e)
Gebrauchsanleitung *f,* **Gebrauchsanweisung** *f* notice *f* d'utilisation, mode *m* d'emploi **Gebrauchsartikel** *m* article *m* d'usage courant **Gebrauchsgegenstand** *m* objet *m* d'usage courant **Gebrauchsgrafik** *f* graphique *m* publicitaire **Gebrauchsinformation** *f* notice *f* d'utilisation **Gebrauchsmuster** *nt* JUR modèle *m* d'utilité
gebraucht [gəˈbraʊxt] **I.** *Adj* d'occasion
II. *Adv* d'occasion
Gebrauchtwagen *m* voiture *f* d'occasion
Gebrauchtwagenhändler(in) *m(f)* AUT marchand(e) *m(f)* de voitures d'occasion
gebrechen* *itr V unpers, unreg liter* **es gebricht ihm an Mut** *(Dat)* le courage lui fait défaut
Gebrechen <-s, -> *nt geh* déficience *f* [fonctionnelle]
gebrechlich [gəˈbrɛçlɪç] *Adj* sénile
Gebrechlichkeit <-> *f* sénilité *f*
gebrochen [gəˈbrɔxən] **I.** *PP von* **brechen**
II. *Adj* ❶ *Person* brisé(e); *Verhältnis* ambigu(ë)
❷ *(fehlerhaft)* **in ~em Deutsch** en mauvais allemand
III. *Adv* **~ Französisch sprechen** parler un mauvais français
Gebrüder [gəˈbryːdɐ] *Pl* frères *mpl;* **die ~ Grimm** les frères Grimm
Gebrüll [gəˈbrʏl] <-[e]s> *nt* ❶ *eines Rindes* mugissements *mpl,* beuglements *mpl;* *eines Löwen* rugissements *mpl*
❷ *(Geschrei)* hurlements *mpl;* **unter grässlichem ~** en poussant des hurlements affreux
Gebrumm[e] <-[e]s> *nt eines Bären, einer Maschine* grondement *m;* *einer Hummel* bourdonnement *m*
gebückt **I.** *Adj* voûté(e); **in ~er Haltung** penché(e)
II. *Adv* le dos courbé

Gebühr [gəˈbyːɐ] <-, -en> *f* taxe *f;* (*Telefongebühr*) tarif *m;* (*Kontoführungsgebühr*) frais *mpl;* (*Teilnahmegebühr*) droits *mpl;* (*Rundfunk-, Fernsehgebühr*) redevance *f;* **ermäßigte ~** tarif réduit; **eine ~ erheben** prélever une taxe; **~ bezahlt Empfänger** port dû [par le destinataire]
▸ **etw über ~ tun** faire qc plus que de raison

gebühren* *geh* **I.** *itr V* mériter; **ihrer Leistung/ihr gebührt Respekt** elle mérite le respect (*fam*)
II. *r V* **wie es sich für einen Sportler gebührt** comme il convient en tant que sportif (*fam*)

gebührend **I.** *Adj* ❶ (*zustehend*) *Honorar* dû(due); **er wurde mit der ihm ~en Reverenz empfangen** on le reçut avec le respect qui lui était dû
❷ (*angemessen*) *Abstand* approprié(e); *Höflichkeit* requis(e)
II. *Adv* dûment; **sein Erfolg wurde ~ gefeiert** son succès fut dûment fêté

Gebühreneinheit *f* unité *f* **Gebührenerhöhung** *f* hausse *f* des taxes **Gebührenermäßigung** *f* baisse *f* de taxes **gebührenfrei** **I.** *Adj Anruf* gratuit(e); **~e Beförderung** expédition *f* en franchise **II.** *Adv* gratuitement; *befördern* en franchise **Gebührenfreiheit** *f kein Pl* JUR exemption *f* de taxes **Gebührenmarke** *f* timbre *m* [fiscal] **Gebührenordnung** *f* tarifs *mpl,* tarification *f* impérative; *eines Freiberuflers* barème *m* d'honoraires

gebührenpflichtig **I.** *Adj Anruf, Auskunft* payant(e); *Autobahnbenutzung* à péage; **~e Verwarnung** avertissement *m* taxable **II.** *Adv* **jdn ~ verwarnen** dresser une contravention à qn

Gebührenzähler *m* compteur *m* d'impulsions

gebunden [gəˈbʊndən] **I.** *PP von* **binden**
II. *Adj* ❶ *Preise* imposé(e)
❷ (*verpflichtet*) **vertraglich ~ sein** être lié(e) par contrat; **zeitlich ~ sein** être tenu(e) par le temps

Geburt [gəˈbuːɐt] <-, -en> *f* ❶ *kein Pl* (*das Geborenwerden*) naissance *f;* **er war von ~ an kränklich** il était frêle de naissance
❷ (*Entbindung*) accouchement *m;* **bei der ~** lors de l'accouchement
❸ (*Herkunft*) **er ist von ~ Amerikaner** il est Américain de naissance
▸ **das war eine schwere ~!** *fam* c'était laborieux! (*fam*)

Geburtenbeschränkung *f* limitation *f* des naissances **Geburtenkontrolle** *f kein Pl* contrôle *m* des naissances **Geburtenregelung** *f kein Pl* régulation *f* des naissances **Geburtenrückgang** *m* baisse *f* de la natalité, dénatalité *f* **geburtenschwach** *Adj* **~er Jahrgang** classe *f* d'âge creuse **geburtenstark** *Adj* **~er Jahrgang** année *f* à forte natalité **Geburtenüberschuss**[RR] *m* excédent *m* des naissances **Geburtenzahl** *f* [taux *m* de] natalité *f* **Geburtenziffer** *f* taux *m* de natalité

gebürtig [gəˈbʏrtɪç] *Adj* de naissance, d'origine; **sie ist ~e Münchnerin** elle est munichoise de naissance; **aus Ulm ~ sein** être [originaire] d'Ulm

Geburtsanzeige *f* (*in der Zeitung*) annonce *f* de naissance **Geburtsdatum** *nt* date *f* de naissance **Geburtsfehler** *m* malformation *f* congénitale **Geburtsgewicht** *nt kein Pl* poids *m* à la naissance **Geburtshaus** *nt* maison *f* natale **Geburtshelfer(in)** *m(f)* obstétricien(ne) *m(f)* **Geburtshilfe** *f kein Pl* obstétrique *f;* **~ leisten** aider à l'accouchement **Geburtsjahr** *nt* année *f* de naissance **Geburtsland** *nt* pays *m* natal **Geburtsort** *m* lieu *m* de naissance **Geburtsschein** *m* JUR certificat *m* de naissance **Geburtsstadt** *f* ville *f* natale **Geburtsstunde** *f* heure *f* de naissance **Geburtstag** *m* ❶ anniversaire *m;* **sie hat ~** c'est son anniversaire; **[seinen] ~ feiern** fêter son anniversaire; **jdm zum ~ gratulieren** souhaiter un bon anniversaire à qn; **an meinem ~** le jour de mon anniversaire ❷ (*Geburtsdatum*) date *f* de naissance

> **i Land & Leute**
>
> A l'occasion d'un **Geburtstag**, on souhaite à la personne concernée "Alles Gute zum Geburtstag" – "Bon Anniversaire" ou "Herzlichen Glückwunsch zum Geburtstag" – "Joyeux Anniversaire" et on chante "Happy Birthday to you" qui, traduit en allemand et chanté sur la même mélodie, donne "Zum Geburtstag viel Glück".

Geburtstagsfeier *f* fête *f* d'anniversaire **Geburtstagsgeschenk** *nt* cadeau *m* d'anniversaire **Geburtstagskarte** *f* carte *f* d'anniversaire **Geburtstagskind** *nt hum* **das ~** ≈ celui/celle qui est à l'honneur du jour

Geburtstrauma *nt* MED traumatisme *m* de la naissance **Geburtsurkunde** *f* acte *m* [*o* extrait *m*] de naissance **Geburtswehen** *Pl* MED travail *m* **Geburtszange** *f* MED forceps *m*

Gebüsch [gəˈbʏʃ] <-[e]s, -e> *nt* buissons *mpl*

Geck [gɛk] <-en, -en> *m pej* dandy *m* (*vieilli*)

Gecko [ˈgɛko] <-s, -s> *m* ZOOL gecko *m*

gedacht [gəˈdaxt] *PP von* **denken, gedenken**

Gedächtnis [gəˈdɛçtnɪs] <-ses, -se> *nt* ❶ mémoire *f;* **ein gutes/schlechtes ~ haben** avoir une bonne/mauvaise mémoire; **ein/kein gutes ~ für Namen haben** avoir/ne pas avoir la mémoire des noms; **jdn/etw im ~ behalten** garder qn/qc en mémoire; **sich** (*Dat*) **etw ins ~ zurückrufen** se remettre qc en mémoire; **wenn mich mein ~ nicht täuscht** si j'ai bonne mémoire; **aus dem ~** *zitieren, rezitieren, aufsagen* de mémoire
❷ (*Andenken*) souvenir *m*
▸ **er hat ein ~ wie ein Sieb** *fam* sa mémoire est une vraie passoire (*fam*)

Gedächtnishilfe *f* moyen *m* mnémotechnique **Gedächtnislücke** *f* trou *m* de mémoire **Gedächtnisschwund** *m* MED perte *f* de la mémoire ▸ **an ~ leiden** MED souffrir d'amnésie; *iron fam* perdre la mémoire (*iron fam*) **Gedächtnisstütze** *f* moyen *m* mnémotechnique

Gedanke [gəˈdaŋkə] <-ns, -n> *m* ❶ (*Überlegung*) pensée *f;* (*Einfall*) idée *f;* **jds ~n erraten** deviner les pensées de qn; **mit dem ~n spielen** [*o* **sich mit dem ~n tragen**] **etw zu tun** caresser l'idée de faire qc (*soutenu*)
❷ (*Vorstellung*) idée *f;* **einen ~n in die Tat umsetzen** mettre une idée en pratique; **sich mit dem ~n vertraut machen, dass** s'habituer [*o* se faire] à l'idée que
▸ **jdn auf andere ~n bringen** changer les idées à qn; **der bloße ~ daran** rien que d'y penser; **auf dumme ~n kommen** *fam* faire des bêtises; **der rettende ~** le trait de génie; **wo hast du nur deine ~n?** où donc as-tu la tête?; **mach dir keine ~n [darüber]!** n'y pense pas!; **sich** (*Dat*) **über etw** (*Akk*) **~n machen** réfléchir à qc; (*sich Sorgen machen*) s'inquiéter de qc; **ganz in ~n sein** être absorbé(e) dans ses pensées; **etw ganz in ~n tun** faire qc l'esprit ailleurs

Gedankenaustausch *m* échange *m* de points de vue [*o* d'opinions] **Gedankenblitz** *m fam* idée *f* subite **Gedankenfreiheit** *f kein Pl* liberté *f* de pensée **Gedankengang** <-gänge> *m* raisonnement *m* **Gedankengebäude** *nt geh* édifice *m* intellectuel (*soutenu*) **Gedankengut** *nt kein Pl* idéologie *f*

gedankenlos **I.** *Adj Handlung, Vorgehen* inconsidéré(e) **II.** *Adv* sans réfléchir

Gedankenlosigkeit <-, -en> *f* ❶ *kein Pl* (*Unüberlegtheit*) manque *m* de réflexion, étourderie *f;* (*Zerstreutheit*) distraction *f*
❷ (*Äußerung*) étourderie *f*

Gedankensprung *m* saute *f* d'idées; **Gedankensprünge/einen ~ machen** passer du coq à l'âne **Gedankenstrich** *m* tiret *m* **Gedankenübertragung** *f* transmission *f* de pensée **gedankenverloren** *geh* **I.** *Adj Blick, Person* absent(e) **II.** *Adv*

d'un air absent **gedankenvoll** *Adj* pensif(-ive) **Gedankenwelt** *f* monde *m* des idées; **er lebt in seiner eigenen ~** il vit dans son propre monde
gedanklich I. *Adj* intellectuel(le)
II. *Adv* intellectuellement
Gedärm [gəˈdɛrm] <-[e]s, -e> *nt einer Person* intestins *mpl; eines Tieres* boyaux *mpl*
Gedeck [gəˈdɛk] <-[e]s, -e> *nt* ❶ (*Tischgedeck*) couvert *m;* **noch ein ~ auflegen** mettre un couvert de plus
❷ (*Tagesmenü*) menu *m* du jour
gedeckt [gəˈdɛkt] I. *PP von* **decken**
II. *Adj* ❶ *Farben* neutre; **ein ~es Grün** un vert atténué
❷ FIN *Scheck* approvisionné(e)
Gedeih [gəˈdaɪ] ▸ **jdm auf ~ und Verderb ausgeliefert sein** être entièrement livré(e) à qn; **auf ~ und Verderb zusammenhalten** être unis pour le meilleur et pour le pire
gedeihen [gəˈdaɪən] <gedieh, gediehen> *itr V + sein* ❶ (*sich entwickeln*) bien pousser
❷ (*vorankommen*) *Verhandlungen, Pläne:* prendre une bonne tournure
gedeihlich *Adj geh Zusammenarbeit* fructueux(-euse) (*soutenu*)
gedenken* *itr V unreg* ❶ *geh* (*ehren*) **jds/einer S. ~** commémorer qn/qc; (*erwähnen*) rappeler [solennellement] le souvenir de qn/qc
❷ (*beabsichtigen*) **~ etw zu tun** avoir l'intention de faire qc
Gedenken <-s> *nt* souvenir *m;* **zum** [*o* **im**] **~ an jdn/etw** à la mémoire de qn/en souvenir de qc
Gedenkfeier *f* fête *f* commémorative **Gedenkmarke** *f* timbre *m* commémoratif **Gedenkminute** *f* minute *f* de silence **Gedenkmünze** *f* médaille *f* commémorative **Gedenkrede** *f* discours *m* commémoratif **Gedenkstätte** *f* mémorial *m;* **sein Geburtshaus ist jetzt eine ~** sa maison de naissance a été classée monument historique **Gedenkstein** *m* monument *m* commémoratif **Gedenkstunde** *f* cérémonie *f* commémorative [*o* du souvenir] **Gedenktafel** *f* plaque *f* commémorative **Gedenktag** *m* journée *f* commémorative [*o* du souvenir]
Gedicht [gəˈdɪçt] <-[e]s, -e> *nt* poème *m;* **die ~e Verlaines** les poèmes de Verlaine; **~e schreiben** écrire des poèmes
▸ **ein ~ sein** *fam* être une merveille [*o* tout un poème]
Gedichtband *m* recueil *m* de poésies [*o* de poèmes] **Gedichtinterpretation** *f* interprétation *f* d'un poème **Gedichtsammlung** *f* recueil *m* de poèmes
gediegen [gəˈdiːgən] *Adj* ❶ (*rein*) pur(e); *Gold, Silber* pur(e)
❷ (*sehr gut*) *Einrichtung, Kleidung* de bonne qualité
❸ (*solide*) solide
Gediegenheit <-> *f* (*gute Qualität*) bonne qualité *f;* (*Solidität*) solidité *f*
gedieh [gəˈdiː] *Imp von* **gedeihen**
gediehen [gəˈdiːən] *PP von* **gedeihen**
gedient *Adj* **ein ~er Soldat** un ancien militaire
Gedöns [gəˈdœːns] <-es> *nt fam* **viel ~ um etw machen** faire tout un cinéma pour qc (*fam*)
Gedränge [gəˈdrɛŋə] <-s> *nt* cohue *f;* **es herrschte ein schreckliches ~** c'était la cohue
Gedrängel <-s> *nt fam* bousculade *f* (*fam*)
gedrängt [gəˈdrɛŋt] *Adj* (*knapp*) succinct(e)
Gedröhn[**e**] <-[e]s> *nt* vacarme *m*
gedroschen [gəˈdrɔʃən] *PP von* **dreschen**
gedruckt *Adj* imprimé(e); **klein ~** *Text* écrit(e) en petits caractères
▸ **er/sie lügt wie ~** il/elle ment comme il/elle respire
gedrückt [gəˈdrʏkt] *Adj Person* abattu(e); *Stimmung* morose
Gedrücktheit *f* abattement *m*
gedrungen [gəˈdrʊŋən] I. *PP von* **dringen**
II. *Adj Körper, Gestalt* trapu(e)
Gedrungenheit <-> *f* apparence *f* trapue
geduckt I. *Adj* baissé(e); **in ~er Haltung** penché(e) en avant
II. *Adv* **~ dasitzen/dastehen** être assis(e)/être là, la tête dans les épaules
Gedudel <-s> *nt pej fam eines Radios* ritournelle *f* (*péj fam*)
Geduld [gəˈdʊlt] <-> *f* patience *f;* **meine ~ ist erschöpft** [*o* **am Ende**] ma patience est à bout; **mit jdm/etw ~ haben** être patient(e) [*o* avoir de la patience] avec qn/qc; **keine ~ haben** n'avoir aucune patience; **die ~ verlieren** perdre patience; **~!** [un peu de] patience!
▸ **jdm reißt die ~** qn est à bout de patience; **sich mit ~ wappnen** *geh* s'armer de patience (*soutenu*)
gedulden* *r V* **sich ~** patienter
geduldig I. *Adj* patient(e)
II. *Adv* patiemment
Geduldsfaden ▸ **ihm/ihr reißt der ~** *fam* il/elle est à bout de patience (*fam*) **Geduldsprobe** *f* **für jdn eine harte ~ sein** mettre la patience de qn à rude épreuve **Geduldsspiel** *nt* jeu *m* de patience
gedungen *PP von* **dingen**
gedunsen [gəˈdʊnzən] *Adj Gesicht, Wangen* boursouflé(e)
gedurft [gəˈdʊrft] *PP von* **dürfen**
geehrt [gəˈʔeːɐt] *Adj* ❶ (*bei mündlicher Anrede*) **Sehr ~e Damen und Herren!** Mesdames et Messieurs!; **Sehr ~er Herr Professor Lang!** Monsieur le professeur!
❷ (*bei schriftlicher Anrede*) **Sehr ~e Damen und Herren, ...** Madame, Monsieur, ...; **Sehr ~er Herr Lang/Herr Professor Lang, ...** Monsieur, ...
geeignet [gəˈʔaɪgnət] *Adj Bewerber, Kandidat* qui convient; *Maßnahme, Schritt* adéquat(e); *Moment* approprié(e); **für eine Arbeit ~ sein** convenir pour un travail [*o* un poste]; **als Geschenk ~ sein** être un cadeau convenable
Geest [geːst] <-, -en> *f,* **Geestland** [ˈgeːstlant] *nt* lande *f* (*région plate et pauvre au bord de la mer du Nord*)
Gefahr [gəˈfaːɐ] <-, -en> *f* ❶ danger *m;* **sich in ~ begeben** s'exposer au danger; **sich einer ~** (*Dat*) **aussetzen** courir un risque; **jdn in ~ bringen** mettre qn en danger; **außer/in ~ sein** être hors de/en danger; **bei ~** en cas de danger
❷ (*Risiko*) **es besteht die ~, dass** il y a le risque que + *subj;* **die ~ eines Krieges bannen** conjurer le risque de guerre; **auf die ~ hin, dass jd etw tut** quitte à ce que qn fasse qc; **etw auf eigene ~ tun** faire qc à ses risques et périls
▸ **es ist ~ im Verzug** ça sent le roussi; **~ laufen etw zu tun** encourir le risque de faire qc
gefährden* I. *tr V* ❶ mettre en danger [la vie de], nuire à *Person, Tier, Pflanze;* **Rauchen gefährdet die Gesundheit** le tabac nuit à la santé
❷ (*in Frage stellen*) compromettre
II. *r V* **sich ~** risquer sa vie
gefährdet *Adj* menacé(e); [**stark**] **~ sein** être en [grand] danger
Gefährdung <-, -en> *f* **~ anderer Verkehrsteilnehmer** tort *m* occasionné aux autres véhicules; **~ der öffentlichen Sicherheit** atteinte *f* à la sécurité publique
gefahren [gəˈfaːrən] *PP von* **fahren**
Gefahrenherd *m* foyer *m* de troubles **Gefahrenmoment** *nt* facteur *m* de risque **Gefahrenquelle** *f* source *f* de dangers **Gefahrenzone** *f* zone *f* dangereuse **Gefahrenzulage** *f* prime *f* de risque
Gefahrgut *nt* matières *fpl* dangereuses
Gefahrguttransport *m* transport *m* de matières dangereuses
gefährlich [gəfɛːɐlɪç] I. *Adj* dangereux(-euse)
▸ **der könnte mir ~ werden!** *fam* il pourrait me faire craquer! (*fam*)
II. *Adv* ❶ (*riskant*) dangereusement
❷ (*bedrohlich*) *aussehen* menaçant(e); *erkrankt* gravement; *schnell* dangereusement
Gefährlichkeit <-> *f* ❶ *einer Aktion, Sportart* caractère *m* dangereux
❷ (*Bedrohlichkeit*) dangerosité *f; einer Krankheit* gravité *f*
gefahrlos *Adj, Adv* sans danger
Gefährt [gəˈfɛːɐt] <-[e]s, -e> *nt hum geh* engin *m* (*hum fam*),

véhicule *m* (*soutenu*)

Gefährte [gə'fɛːɐtə] <-n, -n> *m*, **Gefährtin** *f geh* compagnon *m*/compagne *f* (*soutenu*)

gefahrvoll *Adj geh* périlleux(-euse) (*littér*)

Gefälle [gə'fɛlə] <-s, -> *nt* ❶ (*Neigungsgrad*) pente *f*; **ein starkes ~ haben** *Straße:* avoir une forte déclivité; **starkes ~!** descente dangereuse!
❷ (*Unterschied*) écart *m*

gefallen¹ [gə'falən] <gefällt, gefiel, gefallen> **I.** *itr V* ❶ plaire; **jdm [gut] ~** plaire à qn; **das hat mir nicht ~** ça ne m'a pas plu; **es gefällt ihr Leute zu provozieren** cela l'amuse de provoquer les gens
❷ *fam* (*zu Sorgen, Bedenken Anlass geben*) **er gefällt mir [gar] nicht** il a un air [*o* une mine] qui ne me plaît pas [du tout] (*fam*); **die Sache gefällt mir [überhaupt] nicht** ça ne me plaît pas [du tout] (*fam*)
► **das gefällt mir schon besser** [*o* **eher**] *fam* j'aime [déjà] mieux ça! (*fam*); **das könnte dir so ~!** ça t'arrangerait bien!
II. *r V* ❶ **sich** (*Dat*) **in Jeans/dunklen Farben ~** se plaire en jean/en couleurs sombres
❷ *fig* **sich** (*Dat*) **in der Rolle des Opfers ~** se complaire dans le rôle de la victime
► **sich** (*Dat*) **etw ~ lassen** (*hinnehmen*) tolérer qc; (*sehr gut finden*) trouver qc à son goût; **das lasse ich mir ~!** ça me convient tout à fait!; **sich** (*Dat*) **nichts gefallen lassen** ne pas se laisser faire

gefallen² *PP von* **fallen**

Gefallen¹ <-s> *nt geh* plaisir *m*; **an etw** (*Dat*) **~ finden** trouver du plaisir à qc; **sie findet großes ~ an ihm** il lui plaît beaucoup; **aneinander ~ finden** se plaire mutuellement

Gefallen² <-s, -> *m* service *m*; **jdn um einen ~ bitten** demander un service à qn; **jdm einen ~ tun** [*o* **erweisen** *geh*] rendre un service à qn
► **tun Sie mir einen ~ und gehen Sie!** faites-moi le plaisir de partir!

Gefallene(r) *f(m) dekl wie Adj* soldat *m* mort à la guerre; **die ~n der beiden Weltkriege** les soldats tombés pendant les deux guerres mondiales

Gefallenendenkmal *nt* monument *m* aux morts

gefällig [gə'fɛlɪç] *Adj* ❶ *Person* serviable
❷ (*ansprechend*) charmant(e)
❸ *fam* (*erwünscht*) **[ein] Schnaps ~?** vous prendrez un schnaps? (*fam*)
► **sonst noch was ~?** désirez-vous [encore] autre chose?; *iron* (*sonst nichts?*) et puis quoi encore? (*iron*)

Gefälligkeit <-, -en> *f* ❶ (*Gefallen*) service *m*; **jdm eine ~ erweisen** rendre [un] service à qn
❷ *kein Pl* (*das Entgegenkommen*) complaisance *f*; **etw aus ~ tun** faire qc par complaisance

gefälligst [gə'fɛlɪçst, gə'fɛlɪkst] *Adv fam* **sei ~ still!** tu vas me faire le plaisir de te taire! (*fam*); **lassen Sie mich ~ ausreden!** vous allez me faire le plaisir de ne pas m'interrompre! (*fam*); **das soll er ~ selbst machen!** il n'a qu'à le faire lui-même! (*fam*)

gefangen [gə'faŋən] **I.** *PP von* **fangen**
II. *Adj* **jdn ~ halten** retenir prisonnier(-ière) qn; **jdn** [*o* **jds Aufmerksamkeit**] **~ halten** captiver qn [*o* l'attention de qn]; **jdn ~ nehmen** faire qn prisonnier(-ère)

Gefangene(r) *f(m) dekl wie Adj* ❶ (*Häftling*) détenu(e) *m(f)*
❷ (*Kriegsgefangener*) prisonnier(-ière) *m(f)*; **~ machen** faire des prisonniers

Gefangenenaustausch *m* échange *m* de prisonniers **Gefangenenlager** *nt* camp *m* de prisonniers

gefangen|halten *s.* gefangen II.

Gefangennahme [gə'faŋənnaːmə] <-, -n> *f eines Soldaten* capture *f*

gefangen|nehmen *s.* gefangen II.

Gefangenschaft <-, -en> *f* captivité *f*; **in ~** en captivité; **in ~ geraten** [*o* **kommen**] être fait(e) prisonnier(-ière); **sein Vater war in russischer ~** son père a été fait prisonnier par les Russes

Gefängnis [gə'fɛŋnɪs] <-ses, -se> *nt* ❶ prison *f*; **ins ~ kommen** aller en prison; **im ~ sein** [*o* **sitzen** *fam*] être en prison [*o* assis(e) à l'ombre *fam*]; **aus dem ~ entlassen werden** être libéré(e) de prison
❷ (*Gefängnisstrafe*) **jdn zu zwei Jahren ~ verurteilen** condamner qn à deux ans de prison; **darauf steht ~** *fam* ça risque l'emprisonnement (*fam*)

Gefängnisaufseher(in) *m(f)* gardien(ne) *m(f)* de [la] prison, maton(ne) *m(f)* (*fam*) **Gefängnisdirektor** *m*, **-direktorin** *f* directeur(-trice) *m(f)* de [la] prison **Gefängnisinsasse** *m*, **-insassin** *f* détenu(e) *m(f)* **Gefängnisrevolte** *f* révolte *f* des prisonniers **Gefängnisstrafe** *f* peine *f* de prison **Gefängniswärter(in)** *m(f)* gardien(ne) *m(f)* de [la] prison **Gefängniszelle** *f* cellule *f*

Gefasel [gə'faːzəl] <-s> *nt pej* radotage *m*

Gefäß [gə'fɛːs] <-es, -e> *nt* ❶ (*Behälter*) récipient *m*
❷ ANAT vaisseau *m*

Gefäßchirurgie *f* MED chirurgie *f* vasculaire **gefäßerweiternd** **I.** *Adj* vasodilatateur(-trice) **II.** *Adv* **~ wirken** avoir un effet vasodilatateur **Gefäßerweiterung** *f* vasodilatation *f* **Gefäßkrankheit** *f* maladie *f* vasculaire

gefasst[RR], **gefaßt** **I.** *Adj* ❶ *Person* calme; **einen ~en Eindruck machen** donner l'impression de se maîtriser
❷ (*eingestellt*) **auf etw** (*Akk*) **~ sein/sich auf etw** (*Akk*) **~ machen** s'attendre à qc; **sich darauf ~ machen, dass** s'attendre à ce que + *subj*; **du kannst dich auf was ~ machen!** *fam* tu peux numéroter tes abattis! (*fam*)
II. *Adv* avec calme; **~ wirken** donner une impression de calme; **~ aussehen** avoir l'air calme

Gefasstheit[RR], **Gefaßtheit** <-> *f* calme *m*

gefäßverengend **I.** *Adj* vasoconstricteur **II.** *Adv* **~ wirken** avoir un effet vasoconstricteur **Gefäßverkalkung** *f* MED artériosclérose *f*

Gefecht [gə'fɛçt] <-[e]s, -e> *nt* combat *m*; **sich** (*Dat*) **ein ~ liefern** se livrer [un] combat
► **etw ins ~ führen** *geh* mettre qc en avant; **jdn außer ~ setzen** (*kampfunfähig machen*) mettre qn hors de combat; (*handlungsunfähig machen*) mettre qn sur la touche

Gefechtsausbildung *f* entraînement *m* au combat **gefechtsbereit** *Adj* prêt(e) au combat **gefechtsklar** *Adj* paré(e) au combat; **ein Schiff ~ machen** mettre un bateau en [état d']alerte **Gefechtskopf** *m* ogive *f* **Gefechtsstand** *m* poste *m* de commandement **Gefechtsverlauf** *m* déroulement *m* du combat

gefeiert *Adj* très populaire

gefeit [gə'faɪt] *Adj geh* **gegen etw ~ sein** être à l'abri de qc

gefestigt *Adj Person, Charakter* solide

Gefieder [gə'fiːdɐ] <-s, -> *nt* plumage *m*

gefiedert *Adj* (*mit Federn*) à plumes

gefiel *Imp von* **gefallen**

Gefilde [gə'fɪldə] <-s, -> *nt geh* contrée *f* (*soutenu*); **die heimatlichen ~** *hum* le pays natal

Geflecht [gə'flɛçt] <-[e]s, -e> *nt* ❶ (*Flechtwerk*) lacis *m*; (*Stuhlgeflecht*) cannage *m*
❷ (*Gewirr*) entrelacs *m*

gefleckt [gə'flɛkt] *Adj* tacheté(e)

Geflimmer <-s> *nt* ❶ (*schlechte Bildqualität*) tremblement *m* des images
❷ (*flimmernde Luft*) vibration *f* de la lumière

geflissentlich [gə'flɪsəntlɪç] *Adv geh* à dessein (*soutenu*)

geflochten [gə'flɔxtən] *PP von* **flechten**

geflogen [gə'floːgən] *PP von* **fliegen**

geflohen [gə'floːən] *PP von* **fliehen**

geflossen [gə'flɔsən] *PP von* **fließen**

Geflügel <-s> *nt* volaille *f*

Geflügelfleisch *nt* volaille *f* **Geflügelhaltung** *f* élevage *m* de volailles **Geflügelkrankheit** *f* maladie *f* aviaire **Geflügelsalat** *m* salade *f* de volaille **Geflügelschere** *f* cisailles *fpl* à volaille

geflügelt *Adj* ailé(e)

Geflügelzucht *f* élevage *m* de volailles

Geflunker [gəˈflʊŋkɐ] <-s> *nt pej fam* craques *fpl* (*fam*)

Geflüster [gəˈflʏstɐ] <-s> *nt* chuchotements *mpl*

gefochten [gəˈfɔxtən] *PP von* **fechten**

Gefolge <-s, -> *nt* cortège *m*

▶ **etw im ~ haben** avoir qc pour conséquence; **im ~ der Untersuchungen** à la suite des analyses

Gefolgschaft <-, -en> *f* ❶ (*Anhängerschaft*) partisans *mpl; eines Sektenführers* disciples *mpl*

❷ (*Gehorsam*) **jdm die ~ verweigern** refuser de suivre qn

❸ HIST (*Gefolge*) cortège *m*

Gefolgsmann <-leute> *m*, **-frau** *f* ❶ (*Anhänger*) partisan(e) *m(f)*

❷ HIST membre *m* de la suite; **seine Gefolgsleute** les gens *mpl* de sa suite

gefragt [gəˈfraːkt] *Adj* ❶ *Künstler* en vogue; *Artikel, Produkt* demandé(e)

❷ (*erwünscht*) **nicht ~ sein** *Person, Verhalten:* ne pas être le bienvenu/la bienvenue; **dein Typ ist hier nicht ~!** *fam* tu n'es pas le bienvenu/la bienvenue ici!

gefräßig [gəˈfrɛːsɪç] *Adj pej Tier* vorace; *Person* glouton(ne); **er ist ein ~er Mensch** c'est un véritable goinfre

Gefräßigkeit <-> *f einer Person* gloutonnerie *f; eines Tiers* voracité *f*

Gefreite(r) *f(m) dekl wie Adj* caporal *m;* (*in der Artillerie, Kavallerie*) brigadier *m*

gefressen [gəˈfrɛsən] *PP von* **fressen**

Gefrieranlage [gəˈfriːɐ-] *f* installation *f* de congélation **Gefrierbeutel** *m* sachet *m* de congélation

gefrieren* *itr V unreg + sein* geler; **gefroren** gelé(e)

Gefrierfach *nt* freezer *m* **Gefrierfleisch** *nt* viande *f* surgelée **gefriergetrocknet** *Adj* lyophilisé(e) **Gefrierpunkt** *m* point *m* de congélation; **über dem ~** au-dessus de 0°; **um den ~** autour de 0° **Gefrierschrank** *m* congélateur *m* armoire **Gefriertrocknung** *f* lyophilisation *f* **Gefriertruhe** *f* congélateur *m* [coffre]

gefroren [gəˈfroːrən] I. *PP von* **frieren, gefrieren**

II. *Adj* **hart ~** complètement gelé(e)

Gefuchtel <-s> *nt pej* moulinets *mpl;* **wildes ~** des grands moulinets

Gefüge [gəˈfyːgə] <-s, -> *nt geh* structure *f;* **das soziale ~** le tissu social

gefügig *Adj* docile; *Untergebener* soumis(e); **[sich** (*Dat*)**] jdn ~ machen** soumettre qn à sa volonté

Gefügigkeit <-> *f* docilité *f*

Gefühl [gəˈfyːl] <-[e]s, -e> *nt* ❶ (*Sinneswahrnehmung*) sensation *f;* **kein ~ für warm und kalt haben** ne pas avoir de sensation de chaud et de froid; **kein ~ mehr in den Fingern haben** ne plus sentir ses doigts

❷ (*seelische Empfindung*) sentiment *m;* **ein beglückendes ~** un sentiment de joie [*o* de bonheur]; **ein ~ der Reue** un sentiment de regret; **mit widerstrebenden/gemischten ~en** à contrecœur/avec des sentiments mitigés; **ein Mensch ohne jedes ~** un individu dénué de tout sentiment; **jds ~e verletzen** froisser qn

❸ (*Gespür*) intuition *f;* **ein ~ für etw haben** avoir un sens pour qc; **ein ~ dafür haben, wer/ob ...** sentir d'instinct qui/si ...; **etw im ~ haben** sentir qc

❹ (*Ahnung, Eindruck*) pressentiment *m;* **das dunkle ~ haben, dass** avoir l'obscur pressentiment que + *indic;* **das bestimmte/unbestimmte ~ haben, dass/als ob ...** avoir nettement/confusément le sentiment que + *indic;* **das ~ nicht loswerden, dass** ne pas arriver à se sortir de la tête que + *indic*

▶ **[das ist] ein ~ wie Weihnachten** *hum fam* c'est vraiment super (*fam*); **seinen ~en keinen Zwang antun** *fam* ne pas se gêner (*fam*); **tu deinen ~en keinen Zwang an!** [il] faut [surtout] pas te gêner! (*fam*); **das ist das höchste der ~e** *fam* (*das äußerste Zugeständnis*) c'est mon/notre/... dernier mot; **mit ~** (*vorsichtig*) avec doigté; (*feinfühlig*) avec sensibilité

gefühllos I. *Adj* ❶ *Finger, Hand, Bein* insensible; (*vor Kälte taub*) engourdi(e)

❷ (*ohne Gespür*) *Person* insensible

II. *Adv behandeln, sich verhalten* durement

Gefühllosigkeit <-> *f* insensibilité *f*

Gefühlsausbruch *m* réaction *f* passionnée; (*Zornesausbruch*) explosion *f* **gefühlsbetont** *Adj* émotionnel(le); *Rede* passionné(e) **Gefühlsduselei** [gəfyːlsduːzəˈlaɪ] <-, -en> *f pej fam* sensiblerie *f* (*péj*) **gefühlskalt** *Adj* ❶ (*herzlos*) de glace ❷ (*frigide*) frigide **Gefühlskälte** *f* ❶ (*Gefühllosigkeit*) insensibilité *f* ❷ (*Frigidität*) frigidité *f* **Gefühlsleben** *nt* vie *f* affective **gefühlsmäßig** *Adv* intuitivement **Gefühlsmensch** *m* émotif(-ive) *m(f)* **Gefühlsregung** *f* émotion *f* **Gefühlssache** *f* ▶ **das ist reine ~** c'est une question de feeling (*fam*)

gefühlvoll I. *Adj Person* sensible; *Geigenspiel, Vers* plein(e) de sensibilité

II. *Adv* avec beaucoup de sensibilité

gefüllt *Adj* ❶ *Tomate, Paprikaschote* farci(e); *Keks, Praline* fourré(e); **mit Hackfleisch/Likör ~** farci(e) de viande hachée/fourré(e) à la liqueur

❷ (*voll*) *Brieftasche, Spendenbüchse* rempli(e)

Gefummel <-s> *nt fam* (*an einer Person*) pelotage *m* (*fam*); **hör mit dem ~ auf!** arrête de me peloter! (*fam*); (*fass das nicht an*) arrête de [tout] tripoter!

gefunden [gəˈfʊndən] *PP von* **finden**

Gegacker [gəˈgakɐ] <-s> *nt* caquetages *mpl*

gegangen [gəˈgaŋən] *PP von* **gehen**

gegeben [gəˈgeːbən] I. *PP von* **geben**

II. *Adj* ❶ (*vorhanden*) présent(e); **aus ~em Anlass** puisque l'occasion en est donnée; **unter den ~en Umständen** étant donné les circonstances; **etw als ~ annehmen** (*als vorhanden ansehen*) postuler qc; (*als naturgegeben ansehen*) considérer qc comme allant de soi

❷ (*geeignet*) **zu ~er Zeit** en temps voulu

gegebenenfalls [gəˈgeːbənənfals] *Adv* le cas échéant

Gegebenheit <-, -en> *f meist Pl* réalité *f*

gegen [ˈgeːgən] I. *Präp + Akk* ❶ contre; **~ eine starke Mannschaft spielen** jouer contre une équipe forte; **ein Medikament ~ Heuschnupfen** un médicament contre le rhume des foins

❷ (*ablehnend eingestellt*) **~ jdn/etw sein** être contre qn/qc

❸ (*wider*) **~ jds Anordnung handeln** agir en dépit de l'ordre de qn; **das ist ~ unsere Abmachung** c'est contraire à notre accord

❹ (*an*) **~ eine Wand/einen Baum prallen** *Auto:* heurter un mur/un arbre; *Ball:* ricocher contre un mur/un arbre

❺ (*für*) **~ Quittung** contre accusé de réception; **~ Devisen** contre des devises; **~ Kaution** moyennant une caution; **~ bar** [*o* **Barzahlung**] [au] comptant

❻ (*verglichen mit*) comparé(e) à; **~ sie ist er langsam** il est lent par rapport à elle

❼ (*ungefähr*) **~ acht Uhr/Mittag** vers huit heures/midi

II. *Adv* **~ tausend Euro** environ mille euros; **~ zehn Personen** une dizaine de personnes

Gegenangebot *nt* contre-offre *f* **Gegenangriff** *m* contre-attaque *f;* **zum ~ übergehen** passer à la contre-attaque **Gegenanspruch** *m* ❶ ÖKON contre-prétention *f* ❷ JUR demande *f* reconventionnelle **Gegenantrag** *m* contre-proposition *f* **Gegenanzeige** *f* contre-indication *f* **Gegenargument** *nt* objection *f* **Gegenbehauptung** *f* affirmation *f* contraire; **eine ~ aufstellen** prétendre le contraire **Gegenbeispiel** *nt* contre-exemple *m* **Gegenbesuch** *m* **jdm einen ~ abstatten** rendre sa visite à qn **Gegenbewegung** *f* réaction *f* **Gegenbeweis** *m* preuve *f* du contraire; **den ~ antreten** [*o* **erbringen**] apporter [*o* fournir] la preuve du contraire **Gegenbuchung** *f* contre-passation *f* **Gegencheck** [-tʃɛk] *m fam* vérif *f* (*fam*)

Gegend ['ge:gənt] <-, -en> *f* ❶ *a.* ANAT région *f;* **die ~ von Paris** la région parisienne; **in der ~ von Hamburg leben** vivre du côté de Hambourg; **in dieser ~ bin ich schon gewesen** je suis déjà venu(e) dans le coin

❷ (*nähere Umgebung*) **das muss** [**hier**] **in der ~ sein** ça ne doit pas être loin [d'ici]

❸ (*Wohngegend*) quartier *m*

▶ **die ~ unsicher machen** faire régner l'insécurité dans le quartier/la région; *hum fam* (*sich amüsieren*) faire la tournée des grands-ducs (*fam*); **in der ~ herumfahren** aller ça et là; **etw in die ~ werfen** jeter qc par terre; **in der ~ um Pfingsten** *fam* aux alentours de la Pentecôte; **in der ~ um hundert Euro liegen** *fam Preis:* coûter dans les cent euros

Gegendarstellung *f* ❶ version *f* contradictoire ❷ (*Presseartikel*) réponse *f* **Gegendemonstration** *f* contre-manifestation *f* **Gegendienst** *m* service *m* en retour; **jdm einen ~ erweisen** rendre la pareille à qn, renvoyer l'ascenseur à qn (*fam*); **ich erwarte einen ~ von dir** j'attends que tu me rendes la pareille **Gegendruck** *m* pression *f* en retour

gegeneinander [ge:gənʔaɪ'nandɐ] *Adv* ❶ (*einer gegen den anderen*) **zwei/zehn Gefangene ~ austauschen** échanger deux/dix prisonniers; **zum ersten Mal ~ spielen** *Mannschaften, Sportler:* entrer en lice pour la première fois [l'un(e) contre l'autre]; **sie haben etwas ~** *fam* ils/elles peuvent pas se blairer (*fam*)

❷ (*nebeneinander*) **zwei Fotos ~ halten** mettre deux photos en regard

❸ (*aufeinander*) **~ prallen** *Personen:* se heurter; *Fahrzeuge:* se tamponner; **~ stoßen** *Gläser, Kugeln:* se heurter; *Fahrzeuge:* se tamponner

❹ (*im Widerspruch*) **~ stehen** *Aussagen, Behauptungen:* être en contradiction

Gegeneinander <-s> *nt* confrontation *f*

gegeneinander|halten *s.* gegeneinander 2.

gegeneinander|prallen *s.* gegeneinander 3.

gegeneinander|stehen *s.* gegeneinander 4.

gegeneinander|stoßen *s.* gegeneinander 3.

Gegeneinladung *f* invitation *f* de politesse **Gegenfahrbahn** *f* voie *f* opposée **Gegenfrage** *f* question *f* en réponse à une question; **mit einer ~ antworten** répondre à une question par une autre **Gegengebot** *nt* surenchère *f* **Gegengerade** *f* ligne *f* droite opposée **Gegengeschenk** *nt* cadeau *m* en retour **Gegengewalt** *f* riposte *f* violente; **Gewalt mit ~ beantworten** répondre à la violence par la violence **Gegengewicht** *nt* ❶ (*Gewicht*) contrepoids *m* ❷ *fig* **ein ~ zu etw schaffen** faire contrepoids à qc **Gegengift** *nt* contrepoison *m;* **ein ~ gegen etw** un contrepoison à qc **gegen|halten** *itr V unreg fam* riposter **Gegenkandidat(in)** *m(f)* challenge[u]r *m,* adversaire *m* **Gegenklage** *f* demande *f* reconventionnelle **Gegenkurs** *m* direction *f* inverse; **auf ~ gehen** aller à contre-courant **gegenläufig** *Adj Bewegung, Kolben* opposé(e); *Entwicklung, Tendenz* contraire **Gegenleistung** *f* contrepartie *f;* **als ~ für etw** en contrepartie de qc **gegen|lenken** *itr V* contrebraquer **gegen|lesen** *tr V unreg* faire une relecture de **Gegenlicht** *nt* contre-jour *m;* **bei ~** à contre-jour **Gegenlichtaufnahme** *f* PHOT photo *f* à contre-jour **Gegenliebe** *f* **auf wenig ~ stoßen** ne pas avoir beaucoup de succès **Gegenmacht** *f* forces *fpl* adverses **Gegenmaßnahme** *f* (*vorbeugende Maßnahme*) mesure *f* préventive; (*Maßnahme zur Bekämpfung*) mesure énergique **Gegenmeinung** *f* opinion *f* inverse **Gegenmittel** *nt* antidote *m* **Gegenoffensive** *s.* Gegenangriff **Gegenpapst** *m* antipape *m* **Gegenpartei** *f* POL opposition *f;* JUR partie *f* adverse; SPORT adversaire *m* **Gegenpol** *m fig* **jds ~ sein, der ~ zu jdm sein** être l'antithèse *f* de qn **Gegenposition** *f* point *m* de vue opposé **Gegenprobe** *f* ❶ contre-épreuve *f;* **die ~ machen** procéder à la contre-épreuve ❷ MATH vérification *f* **Gegenreaktion** *f* riposte *f* **Gegenrechnung** *f* **eine ~ für etw aufmachen** [*o* **aufstellen**] faire le décompte de qc **Gegenrede** *f* (*Widerrede*) réplique *f;* **er ging ohne ~ mit uns ins Kino** il est venu avec nous au cinéma sans contester **Gegenreformation** *f* contre-réforme *f* **Gegenregierung** *f* contre-gouvernement *m* **Gegenrichtung** *f* direction *f* opposée **Gegensatz** *m* ❶ (*Gegenteil*) contraire *m;* **im ~ zu seiner Behauptung** contrairement à son affirmation; **in einem krassen ~ zu etw stehen, einen krassen ~ zu etw bilden** être en contradiction totale avec qc ❷ *Pl* (*Unterschiedlichkeit*) différences *fpl;* **unüberbrückbare Gegensätze** des différences insurmontables ▶ **Gegensätze ziehen sich an** *Spr.* les extrêmes s'attirent

gegensätzlich [-zɛtslɪç] I. *Adj* opposé(e)

II. *Adv* d'une façon différente; **sie sind sehr ~ veranlagt** tout les oppose, ils/elles ont deux caractères totalement opposés; **~ beurteilt werden** *Arbeit, Leistung:* recevoir un accueil mitigé

Gegensätzlichkeit <-, -en> *f* incompatibilité *f*

Gegenschlag *m* riposte *f;* **zum ~ ausholen** préparer la riposte **Gegenseite** *f* ❶ (*gegenüberliegende Seite*) autre côté *m* ❷ JUR partie *f* adverse ❸ POL camp *m* adverse

gegenseitig ['ge:gənzaɪtɪç] I. *Adj* mutuel(le)

II. *Adv* mutuellement; **sich ~ helfen** s'entraider

Gegenseitigkeit <-> *f* **auf ~ beruhen** être [tout à fait] réciproque; **ein Vertrag auf ~** un accord de réciprocité

Gegensinn *m* **im ~** à l'envers **Gegenspieler(in)** *m(f)* adversaire *mf* **Gegenspionage** [-ʃpiona:ʒə] *f* contre-espionnage *m* **Gegensprechanlage** *f* interphone *m*

Gegenstand <-[e]s, ⸚e> *m* ❶ (*Ding*) objet *m;* **die Gegenstände des täglichen Bedarfs** les objets d'usage courant

❷ (*Thema*) *einer Abhandlung, Diskussion* sujet *m*

❸ (*Objekt, Ziel*) objet *m;* **der ~ der Bewunderung/Kritik sein** être l'objet d'admiration/de critiques; **~ der Klage/des Vertrags** objet du recours/du contrat

gegenständlich ['ge:gənʃtɛntlɪç] I. *Adj Darstellung, Kunst, Malerei* figuratif(-ive)

II. *Adv darstellen* d'une manière figurative; **~ malen** faire de la peinture figurative

gegenstandslos *Adj* sans objet

gegen|steuern *s.* gegenlenken **Gegenstimme** *f* ❶ PARL voix *f* contre ❷ (*abweichende Ansicht*) **kritische ~n** des voix *fpl* discordantes **Gegenstoß** *m* (*Gegenangriff*) contre-offensive *f;* **einen ~ führen** mener une contre-offensive **Gegenströmung** *f* contre-courant *m* **Gegenstück** *nt* pendant *m;* **das ~ zu etw** le pendant de qc **Gegenteil** *nt* contraire *m;* [**genau**] **das ~ bewirken** obtenir [exactement] le résultat inverse; **ins ~ umschlagen** *Stimmung:* changer du tout au tout; [**ganz**] **im ~!** [bien] au contraire!

gegenteilig I. *Adj* contraire; **die ~e Meinung vertreten** défendre l'avis contraire [*o* opposé]; **wenn nichts Gegenteiliges entschieden wird** en l'absence de disposition contraire

II. *Adv sich entscheiden* autrement

Gegentor *nt* SPORT but *m* contre son camp **Gegentreffer** *m* but *m* adverse; **einen ~ erzielen** marquer un but d'égalisation; **es fiel kein ~** il n'y a pas eu de but d'égalisation

gegenüber [gegən'ʔy:bɐ] I. *Präp + Dat* ❶ **~ dem Bahnhof, dem Bahnhof ~** en face de la gare

❷ (*zu, in Bezug auf*) **jdm/einer S. ~** à l'égard de qn/qc; **jdm/einer S. ~ eine kritische Haltung einnehmen** être critique à l'égard de qn/qc; **mir ~ hat er das nicht geäußert** il ne me l'a pas dit en face; **dir ~ hat sie keine Vorbehalte** elle n'a pas de réserve à ton égard

❸ (*im Vergleich zu*) **jdm ~ im Vorteil sein** avoir un avantage par rapport à qn

II. *Adv wohnen, sich befinden* en face; **die Nachbarn von ~** les voisins d'en face; **Mainz liegt ~ von Wiesbaden** Mayence est située en face de Wiesbaden

Gegenüber <-s, *selten* -> *nt* vis-à-vis *m*

gegenüber|liegen *itr V unreg* **jdm/einer S. ~** se trouver en face de qn/qc; **sich** (*Dat*) **~** se trouver face à face **gegenüberliegend** *Adj attr* d'en face **gegenüber|sehen** *r V unreg* **sich jdm/einer S. ~** se retrouver face à qn/qc **gegenüber|sitzen** *itr V unreg* **jdm ~** être assis(e) en face de qn; **sich** (*Dat*) **~** être assis(e)s l'un/l'une en face de l'autre **gegenüber|stehen** *itr V unreg* ① (*sich befinden*) **jdm ~** être en face de qn; **sich** (*Dat*) **~** être face à face, être l'un(e) en face de l'autre ② (*eingestellt sein*) **jdm/einer S. wohlwollend ~** être favorable à qn/qc; **jdm/einer S. misstrauisch ~** être méfiant(e) à l'égard de qn/qc; **sich** (*Dat*) [*o* **einander** *geh*] **feindlich ~** s'affronter hostilement ③ (*einen Gegensatz bilden*) **sich** (*Dat*) **~** *Ansichten, Standpunkte:* s'affronter **gegenüber|stellen** *tr V* **jdn einem Zeugen ~** confronter qn avec un témoin

Gegenüberstellung *f* confrontation *f*

gegenüber|treten *itr V unreg + sein* **jdm ~** se présenter devant qn

Gegenverkehr *m* circulation *f* en sens inverse **Gegenversprechen** *nt* contre-promesse *f* **Gegenvorschlag** *m* contre-proposition *f*

Gegenwart ['ge:gənvart] <-> *f* ① *a.* GRAM présent *m*
② (*heutige Zeit*) époque *f* actuelle; **die Kunst der ~** l'art contemporain; **die Probleme der ~** les problèmes actuels; **noch bis in die ~** encore aujourd'hui
③ (*Anwesenheit*) présence *f*; **in seiner ~** en sa présence

gegenwärtig ['ge:gənvɛrtɪç] I. *Adj* ① *attr Angebot, Lage* actuel(le); **zum ~en Zeitpunkt** à l'heure actuelle; **die ~en Baupreise betragen ...** actuellement, les prix de la construction se situent à ...
② *geh* (*erinnerlich*) **etw ist jdm ~** qn a qc présent à l'esprit
③ (*lebendig, unvergessen*) **~ sein** *Ereignisse, Vergangenheit:* être présent(e)
II. *Adv* à l'heure actuelle

gegenwartsbezogen *Adj Person* tourné(e) vers le présent; *Roman, Thema* très actuel(le) **Gegenwartsform** *f* présent *m* **gegenwartsnah** I. *Adj geh* [très] actuel(le) II. *Adv geh* en étant branché(e) sur l'actualité (*fam*)

Gegenwehr *f* résistance *f*; **~/keine ~ leisten** opposer une/ne pas opposer de résistance **Gegenwert** *m* contre-valeur *f*; **im ~ von tausend Euro** d'une valeur de mille euros **Gegenwind** *m* vent *m* contraire; **~ haben** *Läufer:* courir contre le vent; *Radfahrer:* rouler contre le vent **gegen|zeichnen** *tr V* contresigner **Gegenzeichnung** *f* contreseing *m* **Gegenzug** *m* ① (*Spielzug*) réponse *f* ② (*Reaktion*) riposte *f*; **im ~** (*als Antwort*) en guise de riposte; (*als Ausgleich*) en contrepartie

gegessen [gə'gɛsən] *PP von* **essen**

geglichen [gə'glɪçən] *PP von* **gleichen**

geglitten [gə'glɪtən] *PP von* **gleiten**

geglommen [gə'glɔmən] *PP von* **glimmen**

Gegner(in) ['ge:gnɐ] <-s, -> *m(f)* ① MIL ennemi(e) *m(f)*
② SPORT adversaire *mf*
③ (*opp: Befürworter*) opposant(e) *m(f)*
④ JUR partie *f* adverse

gegnerisch *Adj attr* ① MIL ennemi(e)
② SPORT, JUR adverse; **die ~e Partei** la partie adverse

Gegnerschaft <-, -en> *f* ① (*ablehnende Einstellung*) **~ gegen etw** opposition *f* à qc
② *kein Pl* (*die Gegner*) adversaires *mpl*

gegolten [gə'gɔltən] *PP von* **gelten**

gegoren [gə'go:rən] *PP von* **gären**

gegossen [gə'gɔsən] *PP von* **gießen**

gegr. *Abk von* **gegründet** fondé(e)

gegraben [gə'gra:bən] *PP von* **graben**

gegriffen [gə'grɪfən] *PP von* **greifen**

Gegröle [gə'grø:lə] <-s> *m pej fam* braillements *mpl* (*fam*)

Gehabe [gə'ha:bə] <-s> *nt pej fam* (*Aufheben*) chichis *mpl* (*fam*); (*affektiertes Verhalten*) manières *fpl*

gehabt I. *PP von* **haben**
II. *Adj* ▸ **wie gehabt** comme toujours

Gehackte(s) *nt dekl wie Adj* viande *f* hachée

Gehalt[1] [gə'halt, *Pl:* gə'hɛltɐ] <-[e]s, ¨er> *nt o* A *m* (*Monatsgehalt*) salaire *m*; **festes ~** salaire fixe

Gehalt[2] [gə'halt] <-[e]s, -e> *m* ① (*Anteil*) teneur *f*; **~ an Kalzium** teneur *f* en calcium
② (*gedanklicher Inhalt*) contenu *m*

gehalten [gə'haltən] I. *PP von* **halten**
II. *Adj form* **~ sein etw zu tun** être tenu(e) de faire qc

gehaltlos *Adj* ① (*nährstoffarm*) peu nutritif(-ive)
② (*nichts sagend*) inconsistant(e)

Gehaltsabrechnung *f* bulletin *m* de paye **Gehaltsabzug** *m* retenue *f* sur le salaire **Gehaltsanspruch** *m meist Pl* (*Forderung*) revendication *f* salariale; (*Recht*) droit *m* au paiement d'un salaire; **Gehaltsansprüche geltend machen** faire valoir des revendications salariales **Gehaltsbescheinigung** *f* attestation *f* de salaire **Gehaltsempfänger(in)** *m(f)* salarié(e) *m(f)* **Gehaltsentwicklung** *f* évolution *f* des salaires **Gehaltserhöhung** *f* augmentation *f* de salaire **Gehaltsforderung** *f* ① revendication *f* salariale ② (*Gehaltsvorstellung*) prétentions *fpl* salariales **Gehaltsgefüge** *nt* grille *f* des salaires **Gehaltsgruppe** *f* échelon *m* **Gehaltshöhe** *f* montant *m* du salaire **Gehaltskonto** *nt* compte *m* où est viré le salaire [*o* traitement] **Gehaltskürzung** *f* diminution *f* de salaire **Gehaltsliste** *f* livre *m* de paie; **auf der ~ eines Unternehmens stehen** travailler pour une entreprise **Gehaltsnachzahlung** *f* rappel *m* de traitement [*o* salaire] **Gehaltsstufe** *f s.* Gehaltsgruppe **Gehaltsvorrückung** *f* A augmentation *f* de salaire **Gehaltsvorstellung** *f meist Pl* prétentions *fpl* salariales **Gehaltswunsch** *m meist Pl* prétentions *fpl* salariales **Gehaltszahlung** *f* versement *m* du salaire; **ist die ~ schon auf meinem Konto [eingegangen]?** mon salaire a-t-il déjà été viré sur mon compte? **Gehaltszulage** *f* supplément *m* de salaire

gehaltvoll *Adj* ① (*nahrhaft*) nutritif(-ive)
② (*geistvoll*) *Buch, Film* riche

Gehämmer [gə'hɛmɐ] <-s> *nt pej* martèlement *m*

gehandikapt [gə'hɛndikɛpt] *Adj fam* handicapé(e)

Gehänge [gə'hɛŋə] <-s, -> *nt* ① A (*Abhang*) pente *f*
② (*Ohrring*) pendentif *m*
③ *sl* (*männliche Geschlechtsteile*) couilles *fpl* (*vulg*)

gehangen [gə'haŋən] *PP von* **hängen**

Gehängte(r) *f(m) dekl wie Adj* pendu(e) *m(f)*

geharnischt [gə'harnɪʃt] *Adj Antwort, Brief* virulent(e)

gehässig [gə'hɛsɪç] I. *Adj* venimeux(-euse)
II. *Adv* avec malveillance

Gehässigkeit <-, -en> *f* ① *kein Pl* (*Boshaftigkeit*) hargne *f*
② (*Bemerkung*) méchanceté *f*

gehauen [gə'haʊən] *PP von* **hauen**

gehäuft [gə'hɔɪft] I. *Adj* ① *Löffel* bon(ne); **ein ~er Esslöffel Mehl** une bonne cuillerée de farine
② (*wiederholt*) *Auftreten* répété(e)
II. *Adv* fréquemment

Gehäuse [gə'hɔɪzə] <-s, -> *nt* ① *eines Geräts, Apparats* boîtier *m*
② (*Schneckengehäuse*) coquille *f*
③ (*Kerngehäuse*) trognon *m*

gehbehindert ['ge:bəhɪndɐt] *Adj* qui se déplace avec difficulté (*form*), à mobilité réduite (*form*); **~ sein** avoir du mal à se déplacer

Gehege [gə'he:gə] <-s, -> *nt* (*Wildgehege, Zoogehege*) enclos *m*; (*für Besucher zugängliches Freigehege*) parc *m*
▸ **jdm ins ~ kommen** *fam* marcher sur les plates-bandes de qn (*fam*)

G

geheiligt *Adj Brauch, Tradition, Recht* sacré(e)
geheim [gə'haɪm] **I.** *Adj* secret(-ète); **streng ~** strictement confidentiel(le); **im Geheimen** en secret
II. *Adv abstimmen* à bulletins secrets; **etw vor jdm ~ halten** cacher qc à qn; **etw vor der Öffentlichkeit ~ halten** ne pas divulguer qc au grand jour; **die Ergebnisse werden ~ gehalten** les résultats sont tenus secrets
Geheimagent(in) *m(f)* agent *m* secret **Geheimbund** <-bünde> *m* société *f* secrète **Geheimdienst** *m* services *mpl* secrets **Geheimfach** *nt* compartiment *m* secret
geheim|halten *s.* geheim II.
Geheimhaltung *f* **~ einer S.** (*Gen*) secret *m* sur qc; **zur ~ verpflichtet sein** être tenu(e) au secret; **strikte ~ anordnen** décréter la plus grande discrétion; **ich muss Sie um ~ bitten** je vous prie de garder le secret
Geheimhaltungspflicht *f* obligation *f* de confidentialité
Geheimkonto *nt* compte *m* secret
Geheimnis <-ses, -se> *nt* ❶ secret *m;* **keine ~se vor jdm haben** ne pas avoir de secret pour qn; **aus etw ein/kein ~ machen** faire/ne pas faire mystère de qc
❷ *Pl hum* (*Kunst*) **jdn in die ~se der EDV/des Kochens einweihen** initier qn aux secrets *mpl* de l'informatique/la cuisine
► **das ist das ganze ~** *fam* c'est pas plus sorcier que ça (*fam*); **ein offenes ~** un secret de Polichinelle
Geheimniskrämer(in) *m(f) pej* cachottier(-ière) *m(f)* **Geheimniskrämerei** <-> *f pej fam* cachotterie *f* **Geheimnisträger(in)** *m(f)* détenteur(-trice) *m(f)* de secrets d'État **Geheimnistuerei** [-tu:ə'raɪ] *f pej fam* cachotteries *fpl* **geheimnisumwittert** *Adj geh* enveloppé(e) [*o* entouré(e)] de mystère **Geheimnisverrat** *m* divulgation *f* de secret **geheimnisvoll** *Adj* mystérieux(-euse); **~ tun** faire des mystères
Geheimnummer *f* ❶ (*Telefonnummer*) numéro *m* sur la liste rouge; **eine ~ haben** être sur [la] liste rouge ❷ (*Geheimzahl*) *eines Kontos* code *m* confidentiel; *eines Safes* combinaison *f* **Geheimpolizei** *f* police *f* secrète **Geheimpolizist(in)** *m(f)* agent *m* de la police secrète **Geheimrat** *m*, **-rätin** *f* HIST conseiller(-ère) *m(f)* privé(e) **Geheimratsecken** *Pl hum fam* tempes *fpl* dégarnies **Geheimrezept** *nt* secret *m* **Geheimsache** *f* affaire *f* confidentielle **Geheimschrift** *f* caractères *mpl* secrets; **in ~ geschrieben** crypté(e) **Geheimsender** *m* émetteur *m* clandestin **Geheimtipp**[RR] *m* tuyau *m* (*fam*) **Geheimtür** *f* porte *f* dérobée **Geheimwaffe** *f* ❶ arme *f* secrète ❷ *fig* botte *f* secrète **Geheimzahl** *f* code *m* confidentiel; **geben Sie Ihre ~ ein** faites votre code
Geheiß [gə'haɪs] <-es> *nt geh* **auf sein/ihr ~** sur son ordre; **auf ~ der Eltern** sur [l'] ordre des parents
geheißen *PP von* **heißen**
gehemmt **I.** *Adj Person* inhibé(e); **einen ~en Eindruck machen** avoir l'air inhibé(e) (*fam*)
II. *Adv* **sich ~ benehmen** avoir des inhibitions
gehen ['ge:ən] <ging, gegangen> **I.** *itr V + sein* ❶ (*sich fortbewegen*) aller; **zu jdm/zur Post ~** aller chez qn/à la poste; **ans Telefon/an die Tür ~** aller au téléphone/à la porte; **in die Stadt/den Wald ~** aller en ville/dans la forêt; **ins Haus/in ein Zimmer ~** entrer dans la maison/dans une pièce; **über die Straße ~** traverser la rue
❷ (*zu Fuß gehen*) marcher; **~ wir oder nehmen wir das Auto?** on marche ou on prend la voiture?; **wie lange geht man bis zur Post?** combien de temps faut-il pour aller à la poste à pied?
❸ (*besuchen*) **ins Kino/zu einem Vortrag/an die Uni ~** aller au cinéma/à une conférence/à la fac; **schwimmen/einkaufen/tanzen ~** aller nager/faire des courses/danser
❹ (*weggehen*) partir, s'en aller; **ich muss jetzt ~** maintenant, il faut que j'y aille
❺ (*ausscheiden*) s'en aller
❻ (*abfahren*) *Bus, Zug, Schiff:* partir; **wann geht der nächste Zug nach Kiel?** quand part le prochain train pour Kiel?
❼ (*eine Tätigkeit aufnehmen*) **in die Industrie/die Politik/eine Partei ~** entrer dans l'industrie/la politique/un parti; **zum Theater ~** se lancer dans le théâtre; **unter die Künstler ~** *hum* rejoindre le club des artistes
❽ (*zeigen nach*) **auf den Garten ~** *Balkon, Fenster:* donner sur le jardin; **die Küche geht nach Norden** la cuisine est orientée au nord
❾ (*führen*) **zu einem Vorort/über einen Hügel ~** *Weg, Straße:* conduire à un faubourg/passer par une colline; **über den Fluss ~** *Brücke:* enjamber le fleuve; **auf den Hof ~** *Tür:* donner sur la cour; **nach Rom ~** *Reise:* mener à Rome
❿ (*überwechseln*) rejoindre; **zur Konkurrenz ~** passer à la concurrence
⓫ (*funktionieren, florieren*) *Uhr, Maschine, Geschäft:* marcher; **sehr gut ~** *Artikel, Ware:* fonctionner très bien; **gut ~d** *Geschäft:* prospère
⓬ *fam* (*verlaufen*) **glatt ~** marcher comme sur des roulettes (*fam*); **gut ~** bien se passer; **nicht gut ~** ne pas bien se passer; **hoffentlich geht alles gut** espérons que tout se passera bien; **na, wenn das mal gut geht!** ça m'étonnerait que ça se passe bien!; **das geht auf die Dauer nicht gut** à la longue, cela va mal se passer; **das kann/konnte ja nicht gut ~** ça finira mal/ça devait mal finir; **alles/die Sache geht gut** tout/l'affaire va bien
⓭ (*sich entwickeln, bewegen*) **auseinander ~** *Paar:* se séparer; *Beziehung, Ehe, Freundschaft:* se briser; *Menschenmenge, Demonstranten:* se disperser; *Ansichten, Überzeugungen:* diverger; *fam Möbelstück:* se déglinguer (*fam*)
⓮ (*sich unterbringen lassen*) **durch/nicht durch die Tür ~** *Schrank:* passer/ne pas passer par la porte; **in diesen Saal ~ 500 Personen** cette salle peut accueillir 500 personnes; **geht diese Kiste in den Kofferraum?** est-ce que cette caisse rentre dans le coffre?
⓯ (*dauern*) durer
⓰ (*reichen*) **bis über die Knie ~** *Stiefel:* aller au-dessus du genou; **der Rock geht ihr bis zum/bis übers Knie** la jupe lui va jusqu'au genou/jusqu'en-dessous du genou; **das Wasser geht ihm bis zur Hüfte** l'eau lui monte jusqu'aux hanches; **in die Hunderte ~** *Zahl der Opfer:* s'élever à des centaines; **der Schaden geht in die Millionen** les dommages s'élèvent à des millions
⓱ (*aufgehen*) *Teig:* lever; **auseinander ~** *fam Person:* [se] faire du lard (*fam*)
⓲ *fam* (*sich kleiden*) **in Schwarz ~** mettre du noir; **mit/ohne Pullover ~** porter un/ne pas porter de pullover; **mit/ohne Schirm ~** prendre un/ne pas prendre de parapluie
⓳ *fam* (*sich verkleiden*) **als Fee ~** se déguiser en fée
⓴ (*ertönen*) *Klingel, Telefon, Wecker:* sonner
㉑ (*möglich sein*) **Sonntag/dieser Termin geht, da habe ich den ganzen Tag frei** dimanche/ce rendez-vous, ça marche, j'ai toute la journée de libre; **ja, das geht** oui, c'est possible
㉒ (*lauten*) **die Melodie/der Text geht so: ...** l'air est/les paroles sont [ainsi]: ...; **wie ging dieses Lied doch gleich?** c'était comment déjà cette chanson?
㉓ (*dringen*) **bis ins Herz ~** *Pfeil, Messerstich:* atteindre le cœur
㉔ *fam* (*anfassen, benutzen*) **an den Fernseher/den Kühlschrank ~** toucher à la télé/au frigo (*fam*)
㉕ (*zufallen*) **an jdn ~** *Vorsitz, Erbe, Runde:* revenir à qn
㉖ (*beeinträchtigen*) **[jdm] an die Bronchien/Nieren ~** affecter [qn] aux bronches/reins
㉗ (*belasten, angreifen*) **jdm nahe ~** toucher profondément qn, affecter qn; **auf die Lunge/das Herz ~** *fam* attaquer les poumons/le cœur
㉘ (*gerichtet sein*) **gegen jdn ~** *Maßnahme:* viser qn; **das geht gegen meine Prinzipien** cela va à l'encontre de mes prin-

cipes
㉙ *fam* (*liiert sein*) **mit jdm ~** sortir avec qn
㉚ (*urteilen*) **nach dem Gefühl ~** se fier à son intuition; **nach dem Äußeren ~** se fier à l'apparence; **danach kann man nicht ~** on ne peut pas se fier à ça
㉛ (*abhängen von*) **wenn es nach mir ginge** si ça ne tenait qu'à moi; **es kann nicht immer alles nach dir ~!** tu ne peux pas toujours tout diriger!
㉜ (*geschehen*) **vor sich ~** se passer; **was geht hier vor sich?** qu'est-ce qui se passe ici?
▸ **sich ~ lassen** (*nachlässig sein*) se laisser aller; (*sich nicht beherrschen*) ne pas se contrôler; **sie/das geht ihm über alles** elle est ce/c'est ce qu'il y a de plus important pour lui; **es geht nichts über ...** il n'y a rien de tel que ...; **nichts geht mehr** rien ne va plus
II. *itr V unpers + sein* ❶ (*sich fühlen, befinden*) **jdm geht es [gesundheitlich] gut/nicht gut** qn va bien/ne vas pas bien; **jdm geht es einigermaßen** qn va bien que mal; **lass es dir/lasst es euch gut ~!** *fam* amuse-toi/amusez-vous bien! (*fam*); **wie geht es dir?** comment vas-tu?; **wie geht's?** *fam* comment ça va? (*fam*); **wie geht's denn [so]?** *fam* ça gaze? (*fam*)
❷ (*verlaufen*) **mit jdm geht es gut** ça se passe bien avec qn; **hoffentlich geht es mit den beiden gut!** espérons que ça se passera bien pour eux!
❸ (*ergehen*) **mir geht es anders/genauso** pour moi, c'est différent/la même chose
❹ (*zu schaffen sein*) **geht es, oder soll ich dir tragen helfen?** ça va, ou faut-il que je t'aide à porter?
❺ (*sich handeln um*) **es geht um eine Überraschung** il s'agit d'une surprise
❻ (*sich drehen um*) **es geht um viel Geld** beaucoup d'argent est en jeu; **es geht ihm nur ums Prestige** le prestige, c'est tout ce qui lui importe; **es geht ihr darum, schnell fertig zu werden** tout ce qui lui importe est de terminer rapidement
❼ (*sich begeben*) **es geht nach oben/unten** ça monte/descend; **jetzt geht es nach Hause/ins Wochenende!** c'est l'heure de rentrer [à la maison]/le week-end est arrivé!; **auf geht's!** allez [, on y va]!; **wohin geht es im Urlaub?** où vas-tu/allez-vous en vacances?
❽ (*erzählt werden*) **es geht das Gerücht, dass** le bruit court que + *indic*
▸ **aber sonst geht's dir gut?** *iron* et puis quoi encore?; **wie geht's, wie steht's?** ça va, ça roule?
III. *tr V + sein* prendre *Weg;* **eine Strecke ~** prendre un chemin à pied
IV. *r V unpers + haben* **auf diesem Weg/in diesen Schuhen geht es sich gut** on marche bien sur ce chemin/dans ces chaussures

Gehen <-s> *nt* ❶ *a.* SPORT marche *f;* **jdm fällt das ~ schwer** qn a de la peine à marcher; **sie stützt sich beim ~ auf einen Stock** en marchant, elle s'appuie sur une canne
❷ (*das Weggehen*) départ *m;* **im ~** en partant; **er wollte sie vom ~ abhalten** il voulait la dissuader de partir

Gehenkte(r) *s.* **Gehängte(r)**

gehen|lassen* *s.* **gehen I.**▸

Geher(in) [ˈgeːɐ] <-s, -> *m(f)* SPORT marcheur(-euse) *m(f)*

gehetzt [gəˈhɛtst] *Adj* ❶ (*verfolgt*) *Person, Wild* traqué(e); **ein von seinen Gläubigern ~er Schuldner** un débiteur poursuivi par ses créanciers
❷ (*gestresst*) stressé(e)

geheuer [gəˈhɔɪɐ] *Adj* **diese Sache ist mir nicht ganz ~** cette affaire ne me paraît pas très nette; **mir ist bei diesem Plan nicht ganz ~** ce plan me paraît louche; **hier ist es mir nicht [ganz] ~** je ne me sens pas [très] à l'aise ici

Geheul <-[e]s> *nt* ❶ (*Heulen*) *eines Wolfs* hurlements *mpl*
❷ *pej* (*ständiges Weinen*) pleurnicheries *fpl;* **hör endlich mit dem ~ auf!** arrête de pleurnicher!

Gehgips *m* plâtre *m* [de marche]

Gehilfe [gəˈhɪlfə] <-n, -n> *m,* **Gehilfin** *f* ❶ (*Helfer*) aide *mf*
❷ (*geprüfter Gehilfe*) commis *m* (*titulaire du C.A.P.*)*;* **kaufmännischer ~/kaufmännische Gehilfin** assistant *m* commercial/assistante *f* commerciale
❸ (*Komplize*) complice *mf*

Gehilfenbrief *m* ≈ [diplôme *m* de] C.A.P. *m* **Gehilfenprüfung** *f* ≈ C.A.P. *m*

Gehilfenschaft <-> *f* CH (*Beihilfe*) complicité *f*

Gehirn [gəˈhɪrn] <-[e]s, -e> *nt* ❶ cerveau *m;* (*Gehirnsubstanz*) cervelle *f*
❷ *fam* (*Verstand*) cervelle *f* (*fam*); **sein ~ anstrengen** faire travailler sa cervelle (*fam*)

gehirnamputiert *Adj sl* **~ sein** être fêlé(e) (*fam*) **Gehirnblutung** *f* hémorragie *f* cérébrale **Gehirnerschütterung** *f* commotion *f* cérébrale **Gehirnhaut** *f* ANAT méninge *f* **Gehirnhautentzündung** *f* MED méningite *f* **Gehirnschlag** *m* attaque *f* [d'apoplexie]; **einen ~ bekommen** [*o* **erleiden** *geh*] être frappé(e) d'apoplexie (*soutenu*) **Gehirnsubstanz** *f* cervelle *f* **Gehirntumor** *m* MED tumeur *f* du cerveau **Gehirnwäsche** *f* lavage *m* de cerveau

gehoben [gəˈhoːbən] **I.** *PP von* **heben**
II. *Adj Stellung, Position* élevé(e); *Ausdrucksweise* distingué(e); *Stilebene* soutenu(e); *Bedürfnisse* raffiné(e); *Geschmack* de luxe

Gehöft [gəˈhøːft] <-[e]s, -e> *nt* ferme *f*

geholfen [gəˈhɔlfən] *PP von* **helfen**

Gehölz [gəˈhœlts] <-es, -e> *nt geh* bosquet *m*

Gehör [gəˈhøːɐ] <-[e]s, *selten* -e> *nt* ❶ ouïe *f;* **ein gutes ~ haben** avoir une bonne oreille; **das ~ verlieren** perdre l'ouïe; **etw nach dem ~ spielen** jouer qc à l'oreille
❷ JUR (*Anhörung*) **Anspruch auf rechtliches ~** droit *m* d'être entendu(e) en justice
▸ **bei jdm ~/kein ~ finden** réussir/ne pas réussir à se faire entendre par qn; **jdm/einer S. ~ schenken** prêter une oreille attentive à qn/qc; **sich** (*Dat*) **~ verschaffen** arriver à se faire écouter

gehorchen* *itr V* obéir; **[jdm] ~** obéir [à qn]

gehören* **I.** *itr V* ❶ (*Eigentum sein*) appartenir [*o* être] à; **jdm ~** appartenir [*o* être] à qn; **das gehört mir** c'est à moi
❷ *fig* **jdm/einer S. ~** *Herz, Liebe:* appartenir à qn/qc; *Sympathie:* aller à qn/qc
❸ (*dazugehören*) **zur Familie/Partei ~** faire partie de la famille/du parti; **zu jds Arbeit/Pflichten ~** faire partie du travail/des tâches de qn; **nicht zur Sache** [*o* **zum Thema**] **~** être hors sujet; **zu einem Teeservice ~** *Zuckerdose:* faire partie d'un service à thé; **zu dem kleinen Topf ~** *Deckel:* aller avec la petite casserole
❹ (*hingehören*) **du gehörst ins Bett** tu devrais être au lit; **er/sie gehört bestraft** il faudrait le/la punir; **Hunde ~ nicht in einen Lebensmittelladen** les chiens n'ont rien à faire dans un magasin d'alimentation; **in welches Regal gehört dieses Buch?** sur quelle étagère était ce livre?
❺ (*nötig sein*) **dazu gehört viel Geduld/Mut** il faut beaucoup de patience/courage pour faire ça; **dazu gehört nicht viel** ce n'est vraiment pas un exploit; **dazu gehört [schon] einiges** [*o* **etwas**] il faut [déjà] le faire
II. *r V* **das gehört sich nicht** ça ne se fait pas; **wie es sich gehört** (*wie es sich schickt*) comme il faut; (*gründlich*) dans les règles de l'art

Gehörgang <-gänge> *m* conduit *m* auditif

gehörig **I.** *Adj* ❶ *attr* (*entsprechend*) *Benehmen* convenable; *Abstand* requis(e); **jdn mit dem ~en Respekt behandeln** traiter qn avec le respect qui lui est dû
❷ *geh* (*gehörend*) **zu etw ~** afférent(e) à qc (*soutenu*); **eine nicht zur Sache/zum Thema ~e Frage** une question hors sujet
❸ *attr fam* (*beträchtlich*) sacré(e) *antéposé* (*fam*), bon(ne) *antéposé*

II. *Adv fam ausschimpfen, sich verspäten* salement; *verwarnen* vertement; **da hast du dich ~ getäuscht** tu t'es mis le doigt dans l'œil
gehörlos *Adj form* sourd(e)
Gehörlose(r) *f(m) dekl wie Adj form* sourd(e) *m(f)*
Gehörlosigkeit <-> *f form* surdité *f*
Gehörnerv *m* nerf *m* auditif
gehörnt [gəˈhœrnt] *Adj* ❶ *Tier* cornu(e)
❷ *veraltet* (*betrogen*) **ein ~er Ehemann** un cocu (*fam*)
gehorsam I. *Adj* obéissant(e); **~ sein** obéir
II. *Adv* docilement
Gehorsam [gəˈhoːɐzaːm] <-s> *m* obéissance *f*; **sich** (*Dat*) **~ verschaffen** se faire obéir; [**jdm**] **den ~ verweigern** refuser d'obéir [à qn]
Gehorsamspflicht *f kein Pl* JUR devoir *m* d'obéissance
Gehörsinn *m* ouïe *f*
Gehrung [ˈgeːrʊŋ] <-, -en> *f* TECH onglet *m*
Gehsteig [ˈgeːʃtaɪk] *s.* **Gehweg**
Gehtnichtmehr ▶ **bis zum ~** *fam* jusqu'à plus soif
gehupft *PP von* **hupfen**
Gehweg *m* trottoir *m*
Geier [ˈgaɪɐ] <-s, -> *m* vautour *m*
▶ **weiß der ~!** *sl* mystère et boule de gomme! (*fam*); **weiß der ~, wo/warum/...** *sl* Dieu seul sait où/pourquoi/...
Geifer [ˈgaɪfɐ] <-s> *m* bave *f*
geifern *itr V* ❶ (*sabbern*) baver
❷ *pej* (*sich gehässig äußern*) bavasser (*fam*)
Geige [ˈgaɪgə] <-, -n> *f* violon *m*; **~ spielen** jouer du violon; **etw auf der ~ spielen** jouer qc au violon
▶ **die erste/zweite ~ spielen** (*im Orchester*) être premier/second violon; *fig fam* donner le la/jouer les deuxièmes couteaux
geigen I. *itr V* jouer du violon; (*Berufsmusiker sein*) être violoniste
II. *tr V* **etw ~** jouer qc au violon
Geigenbauer(in) <-s, -> *m(f)* luthier(-ière) *m(f)* **Geigenbogen** *m* archet *m* **Geigenkasten** *m* étui *m* à violon
Geiger(in) <-s, -> *m(f)* violoniste *mf*; (*Orchestermusiker*) violon *m*; **erster ~** premier violon
Geigerzähler [ˈgaɪgɐ-] *m* compteur *m* Geiger
geil [gaɪl] I. *Adj* ❶ (*lüstern*) *Person, Blick* vicieux(-euse)
❷ *sl* (*sehr gut*) *Idee, Vorschlag* super *inv* (*fam*), géant(e) (*fam*); *Musik, Kleider, Auto* génial(e) (*fam*), d'enfer (*fam*)
❸ *sl* (*versessen*) **auf etw** (*Akk*) **~ sein** être botté(e) par qc (*fam*)
II. *Adv* ❶ (*lüstern*) de façon lubrique
❷ *sl* (*sehr gut*) super bien (*fam*); **~ aussehen** avoir un look d'enfer (*fam*)
Geilheit <-> *f* lubricité *f*
Geisel [ˈgaɪzəl] <-, -n> *f* otage *mf*; **jdn als ~ nehmen** prendre qn en otage
Geiseldrama *nt* prise *f* d'otages **Geiselgangster** [-gæŋste] *m* preneur(-euse) *m(f)* d'otage[s] **Geiselhaft** *f* détention *f* comme otage; **in ~ sein** être détenu(e) comme otage **Geiselnahme** [-naːmə] <-, -n> *f* prise *f* d'otage[s] **Geiselnehmer(in)** <-s, -> *m(f)* preneur(-euse) *m(f)* d'otage[s]
Geisha [ˈgeːʃa] <-, -s> *f* geisha *f*
Geiß [gaɪs] <-, -en> *f* ❶ SDEUTSCH, A, CH (*Ziege*) chèvre *f*
❷ JAGD (*Gämse, weiblicher Steinbock*) chèvre *f*; (*Rehkuh*) chevrette *f*
Geißblatt *nt* chèvrefeuille *m* **Geißbock** SDEUTSCH, A, CH *s.* **Ziegenbock**
Geißel [ˈgaɪsəl] <-, -n> *f* ❶ (*Peitsche*) fouet *m*
❷ *geh* (*Plage*) fléau *m*
geißeln *tr V* ❶ (*schlagen*) flageller
❷ (*anprangern*) fustiger
Geißeltierchen *nt meist Pl* flagellé *m*
Geiß[e]lung <-, -en> *f* ❶ (*Kasteiung*) flagellation *f*
❷ (*Anprangerung*) condamnation *f*
Geist [gaɪst] <-[e]s, -er> *m* ❶ *kein Pl* (*Vernunft*) intelligence *f*
❷ *kein Pl* (*Esprit, Scharfsinn*) esprit *m*; **~ haben** avoir de l'esprit
❸ (*Mensch*) **ein herausragender ~** un des plus grands esprits; **ein unruhiger ~ sein** *fam Kind:* avoir la bougeotte (*fam*)
❹ (*Wesen, Gesinnung*) esprit *m*; **in jds ~** (*Dat*) **handeln** agir conformément à la volonté de qn; **der ~ der Zeit** l'air *m* du temps
❺ (*geistige Wesenheit*) esprit *m*; **der Heilige ~** le Saint-Esprit; **der ~ Gottes** l'Esprit de Dieu
❻ (*Gespenst*) spectre *m*
▶ **der ~ ist willig, aber das Fleisch ist schwach** l'esprit est prompt, la chair est faible; **erkennen, wes ~es Kind er/sie ist** voir le genre de personne qu'il/qu'elle est; **von allen guten ~ern verlassen sein** *fam* perdre la tête (*fam*); **jdm auf den ~ gehen** *fam* taper sur le système à qn (*fam*); **seinen ~ aufgeben** *fam* rendre l'âme
Geisterbahn *f* train *m* fantôme **Geisterbeschwörer(in)** *m(f)* ❶ (*Herbeirufer*) nécromancien(ne) *m(f)* ❷ (*Austreiber*) conjurateur(-trice) *m(f)* **Geisterfahrer(in)** *m(f) fam chauffard circulant à contresens sur l'autoroute* **Geisterglaube** *m* croyance *f* aux esprits
geisterhaft I. *Adj* fantomatique
II. *Adv aussehen, erscheinen* fantomatique
Geisterhand ▶ **wie von** [*o* **durch**] **~** comme par magie
geistern *itr V + sein* ❶ (*herumgehen*) **durchs Haus ~** déambuler dans la maison
❷ (*spuken*) **wirre Gedanken ~ durch ihren Kopf** des idées confuses hantent sa tête
Geisterstadt *f* ville *f* fantôme **Geisterstimme** *f* voix *f* spectrale **Geisterstunde** *f* douze coups *mpl* de minuit
geistesabwesend [ˈgaɪstəs-] I. *Adj* absent(e) II. *Adv antworten* l'air absent **Geistesabwesenheit** *f* absence *f* **Geistesblitz** *m fam* trait *m* de génie **Geistesgegenwart** *f* présence *f* d'esprit **geistesgegenwärtig** I. *Adj Person* qui a de la présence d'esprit; *Handlung, Tat* qui témoigne de présence d'esprit; **~ sein** *Person:* avoir de la présence d'esprit II. *Adv* **etw ~ tun** avoir la présence d'esprit de faire qc **Geistesgeschichte** *f* histoire *f* des idées **geistesgestört** *Adj* souffrant de troubles mentaux; **~ sein** avoir des troubles mentaux; (*pervers sein*) être malade ▶ **du bist wohl ~!** *fam* non mais, ça va pas la tête? (*fam*) **Geistesgestörte(r)** *f(m) dekl wie Adj* malade *mf* mental(e) **Geistesgestörtheit** *f kein Pl* troubles *mpl* mentaux **Geistesgröße** *f* ❶ *eines Menschen* génie *m* ❷ *kein Pl* (*Befähigung*) génie *m* **Geisteshaltung** *f* mentalité *f* **geisteskrank** *Adj* malade mental(e); **~ sein** souffrir de maladie mentale ▶ **bist du ~?, du bist wohl ~!** *fam* t'es cinglé(e) [ou quoi]? **Geisteskranke(r)** *f(m) dekl wie Adj* malade *mf* mental(e) ▶ **wie ein ~r/eine ~** *fam* comme un/une malade (*fam*) **Geisteskrankheit** *f* maladie *f* mentale **Geistesleben** *nt* vie *f* intellectuelle **Geistesstörung** *f* MED trouble *m* mental **geistesverwandt** *Adj* proche dans la manière de penser; **wir sind ~** nous avons des affinités de pensée **Geistesverwirrung** *f* trouble *m* mental **Geisteswissenschaften** *Pl* sciences *fpl* humaines **Geisteswissenschaftler(in)** *m(f)* spécialiste *mf* des sciences humaines; (*opp: Naturwissenschaftler*) littéraire *mf*; (*Student*) étudiant(e) *m(f)* en sciences humaines **geisteswissenschaftlich** *Adj* de sciences humaines **Geisteszustand** *m* état *m* mental; **jdn auf seinen ~ untersuchen** soumettre qn à un examen psychiatrique
geistig [ˈgaɪstɪç] I. *Adj* ❶ (*verstandesmäßig*) intellectuel(le)
❷ (*spirituell*) spirituel(le)
II. *Adv* ❶ (*verstandesmäßig*) intellectuellement; **~ anspruchsvoll/anspruchslos** très intellectuel(le)/sans aucune prétention intellectuelle
❷ MED mentalement; **~ behindert** handicapé(e) mental(e)

geistlich ['gaɪstlɪç] **I.** *Adj* religieux(-euse); *Amt* ecclésiastique; *Beistand* spirituel(le); **der ~e Stand** le clergé
II. *Adv* sur le plan spirituel
Geistliche(r) *f(m) dekl wie Adj* ecclésiastique *mf*
Geistlichkeit <-> *f* clergé *m*
geistlos *Adj* stupide
Geistlosigkeit <-, -en> *f* stupidité *f*
geistreich *Adj* ❶ *Person* spirituel(le); *Beschäftigung, Unterhaltung* enrichissant(e) ❷ *iron (dumm)* intelligent(e); **das ist [sehr] ~!** c'est [très] malin!; **eine ausgesprochen ~e Bemerkung!** c'est vraiment malin comme remarque! **geisttötend** *Adj pej* abrutissant(e) *(péj)* **geistvoll** *Adj Person, Äußerung, Bemerkung* plein(e) d'esprit; *Buch, Gespräch, Beschäftigung* enrichissant(e)
Geiz [gaɪts] <-es> *m* avarice *f*
geizen *itr V* ❶ *(knauserig sein)* **mit etw ~** lésiner sur qc
❷ *(zurückhaltend sein)* **mit Lob ~** être avare de compliments
Geizhals *m pej* grippe-sou *m (péj)*
geizig *Adj* avare
Geizkragen *s.* Geizhals
Gejammer [gə'jamɐ] <-s> *nt pej fam* jérémiades *mpl (fam)*
Gejohle [gə'jo:lə] <-s> *nt pej* clameurs *fpl*
gekannt [gə'kant] *PP von* **kennen**
Gekeife [gə'kaɪfə] <-s> *nt pej* criailleries *fpl*
Gekicher [gə'kɪçɐ] <-s> *nt pej fam* ricanements *mpl*
Geklapper [gə'klapɐ] <-s> *nt pej fam* tintamarre *m (fam)*
gekleidet *Adj* **modisch/gut ~ sein** être habillé(e) à la mode/bien habillé(e); **wie war er ~?** comment était-il habillé?
Geklimper <-s> *nt pej fam (Klaviergeklimper)* pianotage *m; (Gitarrengeklimper)* vagues accords *mpl*
Geklingel <-s> *nt pej fam* sonnerie *f* [incessante]
geklommen *PP von* **klimmen**
geklungen [gə'klʊŋən] *PP von* **klingen**
Geknatter [gə'knatɐ] <-s> *nt pej eines Motorrads* pétarades *fpl*
geknickt [gə'knɪkt] *Adj fam* déprimé(e); **einen ~en Eindruck machen, ~ aussehen** faire une gueule d'enterrement *(fam)*
gekniffen [gə'knɪfən] *PP von* **kneifen**
Geknister [gə'knɪstɐ] <-s> *nt* froissement *m;* **~ mit dem Papier** froissement *m* du papier
gekommen [gə'kɔmən] *PP von* **kommen**
gekonnt [gə'kɔnt] **I.** *PP von* **können**
II. *Adj Gesprächsführung* habile; *Griff, Hieb* techniquement parfait(e)
Gekrächze [gə'krɛçtsə] <-s> *nt eines Raben, einer Krähe* croassement *m;* **entschuldige das ~, aber ich bin erkältet** excuse ma voix éraillée, mais j'ai pris froid
Gekreuzigte(r) *f(m) dekl wie Adj* crucifié(e) *m(f)*
Gekritzel [gə'krɪtsəl] <-s> *nt pej* ❶ *(Hingekritzeltes)* pattes *fpl* de mouche
❷ *(Kritzeln)* **lass das ~!** arrête de griffonner!
gekrochen [gə'krɔxən] *PP von* **kriechen**
Gekröse [gə'krø:zə] <-s, -> *nt* mésentère *m*
gekünstelt [gə'kʏnstəlt] *pej* **I.** *Adj* affecté(e), apprêté(e)
II. *Adv* avec affectation
Gel [ge:l] <-s, -e> *nt* gel *m*
Gelaber[e] <-s> *nt pej fam (andauerndes Gerede)* bavardages *mpl; (dummes Gerede)* balivernes *fpl*
Gelächter [gə'lɛçtɐ] <-s, *selten* -> *nt* rires *mpl;* **in ~ ausbrechen** éclater de rire
gelackmeiert [gə'lakmaɪɐt] *Adj fam* **~ sein, der/die Gelackmeierte sein** se faire pigeonner *(fam)*
geladen [gə'la:dən] **I.** *PP von* **laden**
II. *Adj fam* **~ sein** être furax *(fam)*
Gelage [gə'la:gə] <-s, -> *nt* orgie *f*
gelagert *Adj* **gleich ~** *Fall* analogue; **ein ähnlich ~er Fall** un cas semblable; **ähnlich/anders ~ sein** se présenter de manière semblable/autrement
gelähmt [gə'lɛ:mt] *Adj* paralysé(e); **halbseitig ~** hémiplégique; **spastisch ~** souffrant de dyskinésie

Gelähmte(r) *f(m) dekl wie Adj* paralysé(e) *m(f)*
Gelände [gə'lɛndə] <-s, -> *nt* terrain *m;* **das freie ~** le terrain découvert; **das ~ erkunden** reconnaître le terrain
Geländeabschnitt *m* section *f* de terrain **Geländefahrt** *f* randonnée *f* en quatre-quatre [*o* 4x4] **Geländefahrzeug** *s.* Geländewagen **geländegängig** *Adj* tout-terrain; **~ sein** être à l'aise sur tous les terrains **Geländelauf** *m* cross *m*
Geländer [gə'lɛndɐ] <-s, -> *nt (Treppengeländer)* rampe *f; (Balkongeländer, Brückengeländer)* balustrade *f*
Geländeritt *m* randonnée *f* équestre **Geländeübung** *f* manœuvre *f gén pl* **Geländewagen** *m* véhicule *m* tout-terrain [*o* quatre-quatre]
gelang [gə'laŋ] *Imp von* **gelingen**
gelangen* *itr V + sein* ❶ *(hinkommen)* **ans Ziel/nach Köln ~** arriver au but/à Cologne; **an die richtige Stelle ~** *Brief, Information:* parvenir au bon endroit; **in falsche Hände ~** *Dokument:* tomber dans de mauvaises mains
❷ *fig form* **zum Abschluss/Einsatz/zur Aufführung ~** être terminé(e)/employé(e)/représenté(e)
❸ *(erwerben)* **zu Ruhm/Ehren ~** accéder à la célébrité/aux honneurs
gelangweilt [gəlaŋvaɪlt] **I.** *Adj Person* qui s'ennuie; *Blick* d'ennui; **etw mit ~er Miene tun** faire qc l'air ennuyé
II. *Adv dasitzen, zuhören* l'air ennuyé; *gähnen* d'ennui
gelassen [gə'lasən] **I.** *PP von* **lassen**
II. *Adj* placide; **[ganz] ~ bleiben** rester imperturbable
III. *Adv* placidement
Gelassenheit <-> *f* flegme *m;* **mit ~ in die Zukunft blicken** envisager sereinement l'avenir
Gelatine [ʒela'ti:nə] <-> *f* gélatine *f*
gelaufen [gə'laʊfən] *PP von* **laufen**
geläufig [gə'lɔɪfɪç] *Adj* courant(e); **jdm ~ sein** être familier(-ière) à qn
gelaunt [gə'laʊnt] *Adj* **gut/schlecht ~ sein** être de bonne/mauvaise humeur, être bien/mal disposé(e); **übel ~ sein** être mal luné(e) *(fam)*
Geläut[e] <-[e]s> *nt (das Läuten)* sonneries *fpl* de cloches
gelb [gɛlp] *Adj* jaune
Gelb <-s, - *o* -s *fam*> *nt* ❶ *(Farbe)* jaune *m;* **kräftiges ~** jaune vif
❷ *(gelbes Ampellicht)* [feu *m*] orange *m;* **bei ~ über die Ampel fahren** passer à l'orange
Gelbe(s) ▶ **das ist nicht gerade das ~ vom Ei** *fam* ça ne casse pas des briques *(fam)*
Gelbfieber *nt* MED fièvre *f* jaune **Gelbfilter** *m* filtre *m* jaune **gelbgrün** *Adj* vert(e) tirant sur le jaune **Gelbkörper** *m* MED corps *m* jaune
gelblich *Adj* jaune pâle; *Gesichtsfarbe* jaunâtre; **leicht ~ sein** tirer [légèrement] sur le jaune
Gelbsucht *f* MED jaunisse *f;* **~ haben** avoir la jaunisse **Gelbwurz[el]** <-> *f* curcuma *m,* safran *m* des Indes
Geld [gɛlt] <-[e]s, -er> *nt* ❶ *kein Pl (Zahlungsmittel)* argent *m;* **bares ~** des espèces *fpl,* du liquide; **dieses ~ ist gefälscht** c'est de la fausse monnaie; **etw für teures ~ kaufen** acheter qc au prix fort; **mit etw ~ machen** *fam* [se] faire du fric avec qc *(fam)*; **eine Idee zu ~ machen** *fam* tirer du fric d'une idée *(fam)*
❷ *Pl (Mittel)* fonds *mpl;* **öffentliche ~er** deniers *mpl* publics, fonds *mpl* de tiers, les sommes *fpl* à recouvrer
▶ **~ wie Heu haben** être plein(e) aux as; **das ~ zum Fenster hinauswerfen** jeter l'argent par les fenêtres; **jdm das ~ aus der Tasche ziehen** se jeter sur l'argent de qn; **~ regiert die Welt** *Spr.* l'argent fait tourner le monde; **nicht für ~ und gute Worte** *fam* pas pour tout l'or du monde; **das ist bares ~ wert!** ça vaut de l'argent!; **~ allein macht nicht glücklich** *Spr.* l'argent ne fait pas le bonheur; **das große ~ machen** gagner beaucoup d'argent; **nicht mit ~ zu bezahlen sein** *fam* ne pas avoir de prix; **ins ~ gehen** *fam* finir par chiffrer; **in [*o* im] ~ schwim-**

G

men *fam* être plein(e) aux as (*fam*); ~ stinkt nicht *Spr.* l'argent n'a pas d'odeur; **mit ~ um sich werfen** [*o* **schmeißen**] *fam* dépenser un fric monstre (*fam*)

Geldadel *m* haute finance *f* **Geldangelegenheit** *f* question *f* d'argent; **in ~en** en matière d'argent **Geldanlage** *f* placement *m* financier **Geldanleihe** *f* emprunt *m* d'argent **Geldaufwertung** *f* revalorisation *f* de la monnaie; (*Aufwertung durch die Zentralbanken*) réévaluation *f* **Geldautomat** *m* distributeur *m* de billets, billetterie *f* **Geldbetrag** *m* somme *f* d'argent **Geldbeutel** *m* porte-monnaie *m* **Geldbombe** *f* cartouche *f* blindée **Geldbörse** *s.* Geldbeutel **Geldbote** *m*, **-botin** *f* convoyeur(-euse) *m(f)* de fonds **Geldbriefträger(in)** *m(f)* facteur distributeur *m*/factrice distributrice *f* de mandats **Geldbuße** *f* amende *f*; **jdn zu einer ~ verurteilen** condamner qn à payer une amende **Geldempfänger** *m* remettant *m* **Geldentwertung** *f* dépréciation *f* monétaire **Gelderwerb** *m* gagne-pain *m*; **einem ~ nachgehen** exercer une activité rémunérée **Geldgeber(in)** *m(f)* bailleur(-esse) *m(f)* de fonds **Geldgeschäft** *nt* opération *f* financière **Geldgeschenk** *nt* **durch das ~ seines Onkels** grâce à l'argent offert par son oncle **Geldgier** *f* cupidité *f* **geldgierig** *Adj* cupide **Geldhahn** ▶ **jdm den ~ zudrehen** couper les vivres à qn **Geldheirat** *f pej* mariage *m* d'argent **Geldherrschaft** *f* ploutocratie *f* **Geldinstitut** *nt* établissement *m* financier **Geldknappheit** *f* ❶ (*Geldsorgen*) problèmes *mpl* d'argent ❷ (*Knappheit der Geldmenge*) pénurie *f* d'argent

geldlich *Adj* d'argent, financier(-ière)

Geldmacherei <-, -en> *f pej fam le fait de ne faire qc que dans un but lucratif* **Geldmangel** *m* manque *m* d'argent **Geldmarkt** *m* marché *m* monétaire **Geldmenge** *f* ÖKON masse *f* monétaire **Geldmittel** *Pl* capitaux *mpl*; **fehlende ~** fonds *mpl* manquants **Geldnot** *f* manque *m* d'argent **Geldpolitik** *f* politique *f* monétaire **Geldprämie** *f* prime *f* **Geldquelle** *f* source *f* de financement **Geldrolle** *f* rouleau *m* de pièces **Geldschein** *m* billet *m* de banque **Geldschrank** *m* coffre-fort *m* **Geldsorgen** *Pl* soucis *mpl* d'argent **Geldspende** *f* don *m* d'argent **Geldstrafe** *f* amende *f*; **jdn zu einer ~ verurteilen, jdn mit einer ~ belegen** condamner qn à une amende **Geldstück** *nt* pièce *f* de monnaie **Geldsumme** *f* somme *f* d'argent **Geldtasche** *f* portefeuille *m* **Geldtransporter** *m* convoyeur *m* de fonds **Geldumlauf** *m* masse *f* monétaire en circulation **Geldumtausch** *m* change *m* **Geldverkehr** *m* transactions *fpl* financières **Geldverlegenheit** *f* embarras *m*; **in ~ sein** être à court d'argent **Geldverschwendung** *f kein Pl* gaspillage *m* d'argent **Geldwaschanlage** *f* officine *f* de blanchiment de l'argent **Geldwäsche** *f* blanchiment *m* de l'argent **Geldwechsel** [-vɛksl] *m* change *m* **Geldwechsler** [-vɛkslɐ] <-s, -> *m* changeur *m* de monnaie **Geldwert** *m* pouvoir *m* d'achat de la monnaie **Geldwesen** *nt kein Pl* finance *f* **Geldwirtschaft** *f* économie *f* monétaire **Geldzuwendung** *f* allocation *f*; **sie erhält von ihren Eltern monatliche ~en** elle reçoit tous les mois une aide financière de ses parents **Geldzuwendungen** *Pl* aide *f* financière

geleckt *Adj* ▶ **wie ~ aussehen** *fam Person:* être tiré(e) à quatre épingles; *Wohnung:* être briqué(e) [du sol au plafond]

Gelee [ʒe'le:] <-s, -s> *m o nt* gelée *f*

Gelege [gə'le:gə] <-s, -> *nt* couvée *f*

gelegen [gə'le:gən] I. *PP von* **liegen**

II. *Adj* ❶ (*passend*) *Zeitpunkt* opportun(e); *Anlass* bon(ne) *antéposé;* **der Besuch kommt mir ~/nicht [sehr] ~** la visite tombe/ne tombe pas [très] à propos

❷ (*von Wichtigkeit, Interesse*) **ihm ist etwas/nichts an uns ~** il n'est pas complètement/est indifférent à nous; **wenn dir viel an ihr ~ ist** si tu tiens beaucoup à elle; **mir ist viel/nichts an diesem Treffen ~** cette réunion présente un grand intérêt/n'a aucun intérêt pour moi; **ihr ist [sehr] daran ~, dass** il lui importe [beaucoup] que + *indic*

❸ (*befindlich*) **einsam/am Waldrand ~ sein** *Haus, Ortschaft:* être isolé(e)/situé(e) à l'orée du bois; **hoch ~** situé(e) en hauteur; **der höchst ~e Ort** l'endroit le plus haut

Gelegenheit <-, -en> *f* occasion *f*; **bei ~** à l'occasion; **bei der ersten/nächsten ~** à la première occasion; **bei passender ~** le moment venu; **bei** [*o* **zu**] **allen ~en** en toute occasion

▶ **~ macht Diebe** *Spr.* l'occasion fait le larron; **die ~ beim Schopf ergreifen** [*o* **packen**] sauter sur l'occasion

Gelegenheitsarbeit *f* petit boulot *m* (*fam*) **Gelegenheitsarbeiter(in)** *m(f)* travailleur(-euse) *m(f)* occasionnel(le) **Gelegenheitsdieb(in)** *m(f)* voleur(-euse) *m(f)* occasionnel(le) **Gelegenheitskauf** *m* occasion *f*

gelegentlich I. *Adj attr* **von ~en Aufheiterungen abgesehen** à part quelques éclaircies passagères; **ihre ~en Besuche** ses visites occasionnelles

II. *Adv* ❶ (*manchmal*) de temps en temps

❷ (*bei Gelegenheit*) à l'occasion

gelehrig [gə'le:rɪç] I. *Adj* éveillé(e); *Tier* intelligent(e); **~ sein** apprendre vite

II. *Adv* **sich ~ anstellen** faire preuve de vivacité [d'esprit]

Gelehrigkeit <-> *f* facilités *fpl* d'assimilation; *eines Tieres* intelligence *f*

gelehrsam *s.* **gelehrt**

Gelehrsamkeit *s.* **Gelehrtheit**

gelehrt [gə'le:ɐt] *Adj* érudit(e); *Artikel, Werk* scientifique

Gelehrte(r) *f(m) dekl wie Adj* érudit(e) *m(f)*

▶ **darüber sind sich die ~n noch nicht einig, darüber streiten sich die ~n noch** *hum* les spécialistes en discutent encore

Gelehrtheit <-> *f* érudition *f*

Geleise [gə'laɪzə] <-s, -> *nt* A, CH *geh* voie *f*; *s. a.* **Gleis**

Geleit [gə'laɪt] <-[e]s, -e> *nt* ❶ (*Gruppe, Eskorte*) escorte *f*

❷ *kein Pl geh* (*das Geleiten*) **freies** [*o* **sicheres**] **~** JUR sauf-conduit *m*

▶ **jdm das letzte ~ geben** accompagner qn à sa dernière demeure

geleiten* *tr V geh* accompagner

Geleitschutz *m* escorte *f*; **jdm/einer S. ~ geben** escorter qn/qc **Geleitwort** *nt* préface *f* **Geleitzug** *m* MIL convoi *m*

Gelenk [gə'lɛnk] <-[e]s, -e> *nt* ❶ ANAT articulation *f*

❷ TECH joint *m*

Gelenkbus *m* bus *m* articulé **Gelenkentzündung** *f* arthrite *f* **Gelenkfahrzeug** *nt* véhicule *m* articulé

gelenkig *Adj* souple

Gelenkigkeit <-> *f* souplesse *f*

Gelenkkapsel *f* ANAT capsule *f* articulaire **Gelenkkopf** *m*, **Gelenkkugel** *f* condyle *m* **Gelenkpfanne** *f* glène *f* **Gelenkrheumatismus** *m* rhumatisme *m* articulaire **Gelenkschmiere** *f* synovie *f* **Gelenkwelle** *f* TECH arbre *m* à cardan

gelernt *Adj Bäcker, Friseurin* qualifié(e)

gelesen [gə'le:zən] *PP von* **lesen**

Gelichter [gə'lɪçtɐ] <-s> *nt pej* racaille *f* (*péj*)

geliebt *Adj* bien-aimé(e); **heiß ~** adoré(e); **viel ~** très apprécié(e)

Geliebte(r) *f(m) dekl wie Adj* amant *m*/maîtresse *f*

geliefert [gə'li:fɐt] *Adj fam* **~ sein** être fichu(e) [*o* foutu(e)] (*fam*)

geliehen [gə'li:ən] *PP von* **leihen**

gelieren* [ʒe'li:rən, ʒə'li:rən] *itr V* se gélifier

Gelierzucker *m* sucre *m* gélifiant

gelind[e] I. *Adj* ❶ *geh* (*gemäßigt*) *Klima* tempéré(e); *Frost, Regen* léger(-ère)

❷ *fam* (*nicht gering*) *Schauer, Wut, Schrecken* terrible

II. *Adv* **das war, ~ gesagt, nicht nett von ihm** ce n'était pas gentil de sa part, c'est le moins que l'on puisse dire

gelingen [gə'lɪŋən] <gelang, gelungen> *itr V + sein Werk, Kunstwerk, Coup:* réussir; **nicht gelungen sein** *Essen, Kuchen:* être raté(e); **jdm gelingt etw** qn réussit qc; **den Gefangenen gelang die Flucht** les prisonniers réussirent à prendre la fuite;

jdm gelingt es etw zu tun qn réussit à faire qc; **es will mir einfach nicht ~!** je n'y arrive pas!; *s. a.* **gelungen**

Gelingen <-s> *nt* réussite *f;* **auf [ein] gutes ~!** à votre/notre réussite!

gelitten [gəˈlɪtən] *PP von* **leiden**

gell *Interj,* **gelle** *Interj* SDEUTSCH, CH *s.* **gelt**

gellen [ˈgɛlən] *itr V* retentir; **durch die Nacht/das Haus ~** retentir dans la nuit/la maison

gellend *Adj* strident(e), perçant(e)

geloben* *tr V geh* promettre solennellement; **[jdm] etw ~** promettre solennellement qc [à qn]; **[jdm] ~ etw zu tun** promettre solennellement [à qn] de faire qc

Gelöbnis [gəˈløːpnɪs] <-ses, -se> *nt* ① *geh (Versprechen)* promesse *f* solennelle; **ein ~ ablegen** prêter serment
② MIL serment *m*

gelockt [gəˈlɔkt] *Adj Haare* bouclé(e)

gelogen [gəˈloːgən] *PP von* **lügen**

gelöst [gəˈløːst] *Adj Person, Atmosphäre, Stimmung* détendu(e)

Gelse [ˈgɛlzə] <-, -n> *f* A moustique *m*

gelt [gɛlt] *Interj* SDEUTSCH, A, CH *fam* hein *(fam)*

gelten [ˈgɛltən] <gilt, galt, gegolten> **I.** *itr V* ① *(gültig sein)* être valable; *Gesetz, Vorschrift:* être en vigueur; *Banknote, Münze:* avoir cours; **Einwände ~ lassen** admettre des objections; **die Wette gilt!** tope/topez-là!; **das gilt nicht!** ce n'est pas du jeu!
② *(bestimmt sein)* **jdm/einer S. ~** *Aufmerksamkeit, Liebe, Gedanke:* être consacré(e) à qn/qc; *Frage:* concerner qn/qc; *Applaus, Buhrufe:* s'adresser à qn/qc; *Attentat, Schuss:* être dirigé(e) contre qn/qc
③ *(sich beziehen)* **für jdn ~** *Vorschlag, Aussage:* valoir pour qn; **das gilt auch für dich** c'est aussi valable pour toi
④ *(angesehen werden)* **als [***o* **für** *selten***] zuverlässig ~** *Person:* passer pour [être] fiable; **als überholt ~** *Erkenntnisse, Theorie:* être considéré(e) comme dépassé(e); **es gilt als sicher, dass** on affirme que + *indic*
II. *tr V* **viel/wenig ~** *Person:* avoir beaucoup/peu d'importance; *Meinung:* avoir un certain poids/n'avoir aucune valeur; **was gilt's [***o* **gilt die Wette]?** qu'est-ce qu'on parie?
III. *itr V unpers* **es gilt die Ruhe zu bewahren!** il s'agit de garder son calme!
▶ **jetzt gilt's!** maintenant, c'est pour de bon!

geltend *Adj attr Preis, Bestimmung, Gesetz* en vigueur; *Meinung, Überzeugung* répandu(e)
▶ **sich ~ machen** *Einfluss:* se faire jour; **etw ~ machen** faire valoir qc

Geltung <-, -en> *f* ① *(Gültigkeit)* validité *f;* **~ haben** être valable; *Gesetz, Vorschrift:* être en vigueur; **ab sofort ~ haben** entrer immédiatement en vigueur; **unmittelbare ~** effet *m* direct; **allgemeine ~ haben** avoir valeur générale [*o* une valeur universelle]
② *(Ansehen)* considération *f; eines Autors, Künstlers* notoriété *f;* **~ haben [***o* **besitzen]** faire autorité; **sich/einer S.** *(Dat)* **~ verschaffen** s'imposer/faire respecter qc
③ *(Wirkung)* **etw zur ~ bringen** mettre qc en valeur; **zur ~ kommen** être mis(e) en valeur

Geltungsbedürfnis *nt kein Pl* besoin *m* de se faire valoir **geltungsbedürftig** *Adj* qui a besoin de se faire valoir **Geltungsbereich** *m einer Fahrkarte* secteur *m* de validité; *eines Gesetzes* domaine *m* d'application; **in den ~ eines Gesetzes fallen** tomber dans le domaine d'application d'une loi **Geltungsdauer** *f* durée *f* de validité **Geltungssucht** *f kein Pl pej* besoin *m* de se mettre en avant **Geltungstrieb** *s.* Geltungsbedürfnis

Gelübde [gəˈlʏpdə] <-s, -> *nt* vœu *m;* **ein/sein ~ ablegen** faire un vœu/prononcer ses vœux

gelungen [gəˈlʊŋən] **I.** *PP von* **gelingen**
II. *Adj attr Abend, Überraschung, Veranstaltung* [très] réussi(e); *Essen* [bien] réussi(e); **er freute sich über seinen ~en Kuchen** il était content d'avoir réussi son gâteau

Gelüst[e] <-[e]s, -e> *nt geh* envie *f;* **~e auf etw** *(Akk)* **haben** avoir des envies de qc

gelüsten* *tr V unpers geh* **jdn gelüstet es [sehr] nach etw** qn a [grande] envie de qc; **jdn gelüstet es etw zu tun** qn a [grande] envie de faire qc

Gema <-> *f Abk von* **Gesellschaft für musikalische Aufführungs- und mechanische Vervielfältigungsrechte** ≈ S.A.C.E.M. *f*

gemach [gəˈmaːx] *Interj liter* doucement

Gemach <-[e]s, ¨-er> *nt liter* chambre *f*

gemächlich [gəˈmɛ(ː)çlɪç] **I.** *Adj* tranquille, paisible
II. *Adv* tranquillement, paisiblement

Gemahl(in) [gəˈmaːl] <-s, -e> *m(f) geh* époux *m*/épouse *f (soutenu);* **Ihr Herr ~/Ihre Frau ~in** monsieur votre époux/madame votre épouse *(form)*

gemahnen* *tr V geh (zum Gedenken mahnen)* **[jdn] an jdn/etw ~** *Feier, Denkmal:* rappeler le souvenir de qn/qc [à qn]

Gemälde [gəˈmɛːldə] <-s, -> *nt* tableau *m,* peinture *f*

Gemäldegalerie *f* galerie *f* de peinture[s] **Gemäldesammlung** *f* collection *f* de tableaux

Gemarkung [gəˈmarkʊŋ] <-, -en> *f* territoire *m* communal

gemasert [gəˈmaːzɐt] *Adj Holz, Marmor* veiné(e)

gemäß [gəˈmɛːs] **I.** *Präp + Dat* conformément à; **~ Ihrem Wunsch** selon vos désirs
II. *Adj* **jdm/einer S. ~ sein** être adapté(e) à qn/qc

gemäßigt [gəˈmɛːsɪçt] *Adj* ① *Klima, Zone* tempéré(e)
② *(moderat)* modéré(e)

Gemäuer [gəˈmɔɪɐ] <-s, -> *nt* murailles *fpl*

Gemecker[e] <-s> *nt* ① *einer Ziege* bêlement *m gén pl*
② *pej fam (Nörgelei)* rouspétances *fpl (fam)*

gemein [gəˈmaɪn] **I.** *Adj* ① *(niederträchtig) Person* infâme; **du ~er Kerl!** espèce de salaud! *(fam)*
② *fam (unfair)* vache *(fam);* **das war ~ von dir!** c'est vache d'avoir fait cela! *(fam)*
③ *(böse) Lüge, Streich, Intrige* odieux(-euse); *Bemerkung* méchant(e), de mauvais goût
④ *attr* BOT, ZOOL *Ahorn, Hering* commun(e)
⑤ *(gemeinsam)* **etw mit jdm/etw ~ haben** avoir qc en commun avec qn/qc; **er hat etwas mit dir ~** il a quelque chose de commun avec toi; **das ist diesen Personen/Pflanzen ~** c'est commun à ces personnes/plantes
▶ **sich mit jdm ~ machen** *geh* se commettre avec qn *(soutenu)*
II. *Adv fam kalt, schwer, wehtun* vachement *(fam)*

Gemeinbesitz *m* propriété *f* collective; **etw in ~ überführen** collectiviser qc

Gemeinde [gəˈmaɪndə] <-, -n> *f* ① *(Kommune)* commune *f*
② *(Pfarrgemeinde)* paroisse *f; (Gläubige bei der Messe)* assistance *f;* **liebe ~!** mes [bien chers] frères!
③ *(Anhängerschaft eines Künstlers)* cercle *m*

Gemeindeabgaben *Pl* impôts *mpl* locaux *(destinés à la commune)* **Gemeindeammann** *m* CH *(Gemeindevorstand)* maire *m* **Gemeindeamt** *nt* municipalité *f* **Gemeindebeamte(r)** *m dekl wie Adj,* **Gemeindebeamtin** *f* employé(e) *m(f)* municipal(e) **Gemeindebezirk** *m* ① *(Gemeindegebiet)* territoire *m* communal ② *(Stadtteil)* arrondissement *m* **gemeindeeigen** *Adj* communal(e), municipal(e) **Gemeindehaus** *nt* maison *f* paroissiale **Gemeindehelfer(in)** *m(f)* diacre *m*/diaconesse *f* **Gemeindemitglied** *nt* paroissien(ne) *m(f)* **Gemeindeordnung** *f* statuts *mpl* communaux **Gemeindepräsident(in)** *m(f)* CH maire(-esse) *m(f) (rare)* **Gemeinderat** *m* conseil *m* municipal **Gemeinderat** *m,* **-rätin** *f* conseiller *m* municipal/conseillère *f* municipale **Gemeindesaal** *m einer Kirche* salle *f* paroissiale **Gemeindeschwester** *f* infirmière *f* à domicile *(employée par la commune)* **Gemeindesteuer** *f* taxe *f* communale **Gemeindeversammlung** *f* CH assemblée *f* municipale **Gemeindeverwaltung** *f* municipalité *f* **Gemeindevorstand** *m* ① *(Gremium)* municipalité *f*

❷ (*Bürgermeister*) maire *m* **Gemeindewahl** *f* élections *fpl* municipales **Gemeindewohnung** *f* A logement *m* social **Gemeindezentrum** *nt* foyer *m* socioculturel
Gemeineigentum *nt* propriété *f* publique **gemeingefährlich** *Adj* représentant un danger public; *Irrer, Krimineller* très dangereux(-euse) **Gemeingut** *nt* bien *m* commun; ~ **sein** faire partie du domaine public; *Volkslied:* faire partie du patrimoine
Gemeinheit <-, -en> *f* ❶ méchanceté *f*, rosserie *f*
❷ *fam* (*Ärgernis*) vacherie *f* (*fam*); **so eine ~!** merde alors! (*fam*)
gemeinhin *Adv* communément, d'ordinaire **Gemeinkosten** *Pl* frais *mpl* généraux
Gemeinnutz *m* intérêt *m* général
▸ ~ **[geht] vor Eigennutz** *Spr.* l'intérêt général passe avant l'intérêt particulier
gemeinnützig *Adj Verein* à but non lucratif; *Einrichtung, Organisation* d'utilité publique; *Arbeit* d'utilité publique [*o* collective]
Gemeinplatz *m* lieu *m* commun
gemeinsam I. *Adj* ❶ commun(e); *Haus, Wohnung* en commun; *Konto* joint(e); **wir haben eine ~e Wanderung gemacht** nous avons fait une randonnée ensemble
❷ (*verbindend*) **das Gemeinsame** le point commun; **sie haben vieles ~** ils/elles ont beaucoup de choses en commun
II. *Adv besprechen, lösen* ensemble, en commun; **mehreren Personen ~ gehören** appartenir en commun à plusieurs personnes
Gemeinsamkeit <-, -en> *f* ❶ (*das Gemeinsame*) point *m* commun
❷ *kein Pl* (*Einvernehmen*) **in ~ handeln** agir d'un commun accord
Gemeinschaft <-, -en> *f* ❶ *von Personen, Staaten* communauté *f*; **eheliche ~** communauté conjugale; **in ~ mit jdm** conjointement avec qn; **die ~ der Heiligen/Gläubigen** la communion des saints/fidèles; **die Europäische ~** la Communauté européenne; **die ~ Unabhängiger Staaten** la Communauté des États indépendants
❷ *kein Pl* (*Verbundenheit*) esprit *m* communautaire
gemeinschaftlich I. *Adj Projekt* en coopération; *Nutzung, Aktivitäten* [en] commun; *Leben* en communauté; **wegen ~en Mordes angeklagt werden** être accusé de complicité de meurtre
II. *Adv erarbeiten, nutzen* en commun; *begehen, verüben* en complicité
Gemeinschaftsantenne *f* antenne *f* collective **Gemeinschaftsarbeit** *f* travail *m* collectif; **in ~** en travail d'équipe **Gemeinschaftsgefühl** *nt kein Pl* esprit *m* d'équipe [*o* de solidarité] **Gemeinschaftsgeist** *m* esprit *m* de solidarité **Gemeinschaftskunde** *f kein Pl* instruction *f* civique **Gemeinschaftspraxis** *f* cabinet *m* de groupe **Gemeinschaftsproduktion** *f* coproduction *f* **Gemeinschaftsprojekt** *nt* projet *m* commun [*o* collectif] **Gemeinschaftsraum** *m* salle *f* commune **Gemeinschaftswährung** *f* monnaie *f* commune **Gemeinschaftszelle** *f* cellule *f* commune [*o* collective]
Gemeinsinn *m kein Pl* esprit *m* de solidarité **Gemeinsprache** *f* langue *f* commune **gemeinverständlich** *Adj* **in ~em Deutsch** dans un allemand accessible à tous **Gemeinwesen** *nt* communauté *f* **Gemeinwirtschaft** *f* FIN économie *f* collectivée et planifiée **Gemeinwohl** *nt* intérêt *m* commun, intérêt *m* général; **dem ~ dienen** servir l'intérêt général
Gemenge [gəˈmɛŋə] <-s, -> *nt* ❶ (*Gemisch*) mélange *m*; ~ **aus Sand und Blumenerde** mélange *m* de sable et de terreau
❷ (*Gewühl*) cohue *f*
❸ (*Durcheinander*) fouillis *m*
▸ **mit jdm ins ~ kommen** en venir aux mains avec qn
gemessen [gəˈmɛsən] I. *PP von* **messen**
II. *Adj Auftreten* grave; *Höflichkeit* réservé(e); **~en Schrittes** à pas mesurés; **in ~em Abstand** à bonne distance

Gemetzel [gəˈmɛtsəl] <-s, -> *nt* carnage *m*
gemieden [gəˈmiːdən] *PP von* **meiden**
Gemisch [gəˈmɪʃ] <-[e]s, -e> *nt* ❶ (*Mischung*) mélange *m*; ~ **aus Fruchtsaft und Mineralwasser** mélange *m* de jus de fruits et d'eau minérale
❷ *kein Pl* (*Durcheinander*) *von Personen, Völkern* mélange *m*, brassage *m*
❸ (*Kraftstoffgemisch*) mélange *m* [carburant]; (*für Zweitaktmotoren*) mélange *m* [deux temps]
gemischt [gəˈmɪʃt] *Adj* mélangé(e), mêlé(e); *Publikum* disparate, mélangé(e); *Kost, Gemüse* varié(e); *Chor, Schule, Klasse* mixte
gemischtsprachig *Adj* plurilingue
Gemischtwarenhandlung *f veraltet* épicerie *f*
Gemme [ˈgɛmə] <-, -n> *f* gemme *f*
gemocht [gəˈmɔxt] *PP von* **mögen**
gemolken [gəˈmɔlkən] *PP von* **melken**
gemoppelt [gəˈmɔpəlt] *Adj* ▸ **doppelt ~** *fam* redondant(e); **doppelt ~ sein** être un pléonasme
Gemsbock *s.* Gämsbock
Gemse *s.* Gämse
Gemurmel [gəˈmʊrməl] <-s> *nt* murmures *mpl*
Gemüse [gəˈmyːzə] <-s, *selten* -> *nt* légumes *mpl*; **ein ~** un légume
▸ **junges ~** *hum fam* jeunots *mpl* (*fam*)
Gemüseanbau *m* culture *f* maraîchère **Gemüsebeet** *nt* carré *m* de légumes **Gemüsebrühe** *f* bouillon *m* de légumes **Gemüsefach** *nt* bac *m* à légumes **Gemüsegarten** *m* [jardin *m*] potager *m* ▸ **quer durch den ~** *hum fam* pêle-mêle **Gemüsehändler(in)** *m(f)* marchand(e) *m(f)* de légumes **Gemüseladen** *m* magasin *m* de légumes **Gemüsepflanze** *f* plante *f* potagère **Gemüseplatte** *f* assiette *f* de légumes **Gemüsesaft** *m* jus *m* de légumes **Gemüsesorte** *f* sorte *f* de légumes **Gemüsesuppe** *f* soupe *f* de [*o* aux] légumes **Gemüsezwiebel** *f* oignon *m* jaune
gemusst[RR], **gemußt** *PP von* **müssen**
gemustert [gəˈmʊstɐt] *Adj* imprimé(e); **bunt/braun ~** en imprimé multicolore/brun
Gemüt [gəˈmyːt] <-[e]s, -er> *nt* **ein zartes/empfindliches ~** un cœur tendre/sensible; **viel ~ haben** [*o* **besitzen**] être très sentimental(e) [*o* une âme sensible]; **ein sonniges ~ haben** être une nature gaie; *iron* (*naiv*) être un cœur simple; **die ~er bewegen** [*o* **erhitzen**] émouvoir [*o* échauffer] les esprits
▸ **sich** (*Dat*) **etw zu ~e führen** (*essen, trinken*) déguster qc; (*lesen*) savourer qc; (*beherzigen*) prendre bonne note de qc; **jdm aufs ~ schlagen** saper le moral à qn; **etwas fürs ~** *hum* quelque chose de très sentimental
gemütlich I. *Adj* ❶ (*behaglich*) *Wohnung* douillet(te), confortable; *Sessel, Bett* confortable; **hier ist es richtig ~** on se sent vraiment bien ici; **es sich/jdm ~ machen** se mettre à son aise/mettre qn à son aise
❷ (*gesellig*) *Abend* agréable; *Beisammensein, Stimmung, Lokal* sympathique
II. *Adv* ❶ (*gemächlich*) tranquillement
❷ (*behaglich, gesellig*) confortablement
Gemütlichkeit <-> *f* ❶ (*Behaglichkeit*) *einer Wohnung* confort *m* [douillet]; *eines Lokals* atmosphère *f* sympathique
❷ (*Gemächlichkeit*) **etw in aller ~ tun** faire qc bien tranquillement
▸ **da hört die ~ auf!** *fam* ça commence à bien faire! (*fam*)
Gemütsart *f* tempérament *m* **Gemütsbewegung** *f* émotion *f*; **keine ~ zeigen** ne pas broncher **gemütskrank** *Adj* neurasthénique, dépressif(-ive) **Gemütskranke(r)** *f(m) dekl wie Adj* neurasthénique *mf*, personne *f* dépressive **Gemütskrankheit** *f* neurasthénie *f*, dépression *f* **Gemütslage** *f* état *m* d'âme; **je nach ~** selon mon/son /... humeur **Gemütsmensch** *m fam* bonne pâte *f* (*fam*) **Gemütsregung** *f* émotion *f* **Gemütsruhe** *f* quiétude *f*; **in aller ~** *fam* en toute quiétude **Gemütsverfassung**, **Gemütszustand** *s.* Gemütslage

gemütvoll *Adj* sensible, émotif(-ive)
gen [gɛn] *Präp + Akk veraltet* ~ **Süden** vers le sud
Gen [ge:n] <-s, -e> *nt* BIO gène *m*
genannt [gəˈnant] *PP von* **nennen**
genarbt [gəˈnarpt] *Adj* grenu(e), grené(e)
genas [gəˈna:s] *Imp von* **genesen**
genau [gəˈnaʊ] **I.** *Adj* ❶ (*exakt*) précis(e)
❷ (*gewissenhaft*) **in etw** (*Dat*) ~ **sein** être rigoureux(-euse) dans qc
II. *Adv* ❶ (*exakt*) exactement; *kennen* très bien; *passen* juste; **auf die Sekunde/den Millimeter** ~ à la seconde/au millimètre près; **es stimmt** ~ c'est tout à fait juste [*o* exact]; **etw** ~**estens** [*o* **aufs Genaueste**] **befolgen** suivre qc à la lettre; **etw** ~**/nicht** ~ **wissen** savoir parfaitement/ne pas savoir exactement qc; **wissen Sie das** ~**?** en êtes-vous absolument sûr(e)?; **so** ~ **wollte ich es** [**nun auch wieder**] **nicht wissen!** je ne voulais pas en savoir tant!
❷ (*eben, gerade*) justement; ~**!** *fam* absolument!; ~ **zur richtigen Zeit** juste au bon moment
▶ ~ **genommen** strictement parlant; **es mit etw** ~ **nehmen** prendre qc au pied de la lettre; **es nicht so** ~ **nehmen** ne pas y regarder de si près; (*in Geldangelegenheiten*) ne pas être [très] regardant(e); **wenn man es** ~ **nimmt** à proprement parler
genaugenommen *s.* **genau II.**▶
Genauigkeit <-> *f* précision *f*, exactitude *f*
genauso [gəˈnaʊzo:] *Adv* de même; ~ **gut/schlecht** [**wie**] tout aussi bien/mal [que]; **es ist** ~ **gekommen, wie ...** c'est arrivé exactement comme ...; **mir geht es ganz** ~ [pour] moi, c'est exactement la même chose; **mich hat er** ~ **betrogen wie Sie** il m'a tout autant trompé(e) que vous
genausogut *Adv s.* **genauso**
Genbank *f* BIO banque *f* d'informations génétiques
Gendarm [ʒanˈdarm, ʒãˈdarm] <-en, -en> *m* A gendarme *m*
Gendarmerie [ʒandarməˈri:] <-, -n> *f* A gendarmerie *f*
Genealoge [geneaˈlo:gə] <-n, -n> *m*, **Genealogin** *f* généalogiste *mf*
Genealogie [-ˈgi:ən] <-, -n> *f* généalogie *f*
genealogisch *Adj* généalogique
genehm [gəˈne:m] *Adj geh* **jdm** ~ **sein** *Person:* plaire à qn; *Lösung, Vorschlag, Termin:* agréer à qn (*soutenu*), convenir à qn; **wenn es** ~ **ist** si cela vous/te convient
genehmigen* **I.** *tr V* ❶ donner l'autorisation de; **jdm etw** ~ donner l'autorisation de qc à qn; *Arbeitgeber:* accorder qc à qn; **nicht genehmigt** *Demonstration* non consenti(e); **genehmigt!** approuvé!
❷ (*annehmen*) autoriser, accepter *Antrag;* approuver *Protokoll*
II. *r V* **sich** (*Dat*) **etw** ~ s'offrir qc
▶ **sich** (*Dat*) **einen** ~ *hum fam* s'en jeter un [derrière la cravate] (*fam*)
Genehmigung <-, -en> *f* ❶ (*das Genehmigen*) autorisation *f; eines Antrags* acceptation *f; eines Bauplans* agrément *m;* **mit amtlicher** ~ avec agrément officiel; **eine** ~ **beantragen/einholen/erhalten** demander/solliciter/recevoir une autorisation
❷ (*Berechtigungsschein*) autorisation *f*
Genehmigungspflicht *f* autorisation *f* préalable
genehmigungspflichtig *Adj* soumis(e) à une autorisation préalable
geneigt [gəˈnaɪkt] *Adj geh* ❶ (*wohlgesinnt*) **jdm** ~ **sein** être favorable à qn
❷ (*bereit*) ~ **sein etw zu tun** être disposé(e) à faire qc
Geneigtheit <-> *f geh* ❶ (*Wohlwollen*) bienveillance *f;* **meine** ~ **ihm gegenüber** ma bienveillance à son égard
❷ (*Bereitwilligkeit*) disposition *f*
Genera *Pl von* **Genus**
General [genəˈra:l] <-[e]s, -e *o* ¨-e> *m* général *m;* **der kommandierende** ~ le général en chef
Generalamnestie *f* amnistie *f* générale **Generalbevollmächtigte(r)** *f(m) dekl wie Adj* fondé(e) *m(f)* de pouvoir [ayant procuration générale] **Generalbundesanwalt** *m*, **-anwältin** *f* procureur *m* [général] de la République **Generaldirektor(in)** *m(f)* directeur *m* général/directrice *f* générale **Generalhandlungsvollmacht** *f* JUR procuration *f* générale commerciale
Generalin <-, -nen> *f* général *m;* (*Frau eines Generals*) générale *f*
Generalinspekteur(in) [-ɪnspɛktø:ɐ] *m(f)* inspecteur *m* général/inspectrice *f* générale [de l'armée], chef *mf* d'état-major des armées **Generalinspektion** *f* inspection *f* générale **Generalintendant(in)** *m(f)* directeur *m* général/directrice *f* générale
generalisieren* *itr V* généraliser
Generalist(in) <-en, -en> *m(f)* personne *f* polyvalente
Generalität <-, *selten* -en> *f* généraux *mpl*
Generalklausel *f* JUR clause *f* générale **Generalkommando** *nt* état-major *m* de corps d'armée **Generalkonsul(in)** *m(f)* consul *m* général **Generalkonsulat** *nt* consulat *m* général **Generalleutnant(in)** *m(f)* général *m* de corps d'armée **Generalmajor(in)** *m(f)* général *m* de division **Generalmusikdirektor(in)** *m(f)* directeur(-trice) *m(f)* de l'opéra **Generalprobe** *f* [répétition *f*] générale *f* **Generalsekretär(in)** *m(f)* secrétaire *mf* général(e) **Generalstaatsanwalt** *m*, **-anwältin** *f* procureur *m* général **Generalstab** *m* état-major *m*
Generalstabschef *m* chef *m* d'état-major général **Generalstabskarte** *f* carte *f* d'état-major **generalstabsmäßig** *Adv fam* en ne laissant rien au hasard
Generalstreik *m* grève *f* générale **generalüberholen*** *tr V nur Infin und PP* **einen Wagen** ~ **lassen** faire faire une révision complète d'une voiture; **generalüberholt** révisé(e) complètement **Generalüberholung** *f* TECH révision *f* générale **Generalüberprüfung** *f* révision *f* complète **Generalversammlung** *f* assemblée *f* générale **Generalvertreter(in)** *m(f)* représentant *m* exclusif/représentante *f* exclusive **Generalvertretung** *f* représentation *f* exclusive **Generalvollmacht** *f* procuration *f* générale; ~ **besitzen** avoir pleins pouvoirs
Generation [genəraˈtsio:n] <-, -en> *f* génération *f;* **die heranwachsende** ~ la nouvelle génération, la génération montante; **die junge/jüngere** ~ la jeune génération; **die ältere** ~ l'ancienne [*o* la vieille] génération; **seit** ~**en** depuis des générations
Generationenvertrag *m* pacte *m* de solidarité entre générations
Generationskonflikt *m* conflit *m* des générations **Generationswechsel** [-ks-] *m* ❶ (*bei Menschen*) renouvellement *m* des générations ❷ BIO génération *f* alternante
Generator [genəˈra:to:ɐ] <-s, -toren> *m* génératrice *f;* (*Dieselgenerator*) groupe *m* électrogène
generell [genəˈrɛl] **I.** *Adj* général(e)
II. *Adv* d'une manière générale
generieren* *tr V* INFORM produire
Generikum <-s, -ka> *nt* PHARM [médicament *m*] générique *m*
generös *Adj geh* généreux(-euse)
Genese <-, -n> *f eines Werks, einer Krankheit* genèse *f*
genesen [gəˈne:zən] <genas, -> *itr V + sein geh* **von einer Operation/nach einer Grippe** ~ se remettre d'une opération/se rétablir après une grippe
Genesis [ˈge:nezɪs] <-> *f* BIBL Genèse *f*
Genesung [gəˈne:zʊŋ] <-, -en> *f* guérison *f;* (*nach einem Unfall*) rétablissement *m;* **baldige** ~**!** prompt rétablissement!
Genesungsurlaub *m* congé *m* de convalescence
Genetik [geˈne:tɪk] <-> *f* génétique *f*
genetisch [geˈne:tɪʃ] *Adj* génétique
Genf [gɛnf] <-s> *nt* Genève
Genfer *Adj* genevois(e); **der** ~ **See** le lac Léman; **die** ~ **Konvention** la convention de Genève

Genforscher(in) *m(f)* généticien(ne) *m(f)* **Genforschung** *f* génétique *f*

genial [ge'nia:l] *Adj* génial(e); *Idee* de génie, génial(e)

Genialität <-> *f einer Person* génie *m; eines Entwurfs, Plans* caractère *m* génial

Genick [gə'nɪk] <-[e]s, -e> *nt* nuque *f;* **ein steifes ~** *fam* un torticolis; **sich** (*Dat*) **das ~ brechen** se briser les vertèbres cervicales

▶ **jdm das ~ brechen** briser les vertèbres cervicales à qn; (*zugrunde richten*) casser les reins à qn (*fam*)

Genickschuss[RR] *m* balle *f* dans la nuque **Genickstarre** *f* raideur *f* de la nuque; **~ haben** *fam* avoir le torticolis

Genie [ʒe'ni:] <-s, -s> *nt* génie *m;* **ein verkanntes ~** un génie méconnu

Genien ['ge:niən] *Pl von* **Genius**

genieren* [ʒe'ni:rən] *r V* **sich ~** être gêné(e); **sich vor jdm ~** être gêné(e) devant qn; **sich ~ etw zu tun** être gêné(e) de faire qc; **sich nicht ~ etw zu tun** ne pas se gêner pour faire qc; **greifen Sie zu, ~ Sie sich nicht!** servez-vous, ne vous gênez pas!

genießbar *Adj* consommable

genießen [gə'ni:sən] <genoss, genossen> *tr V* ❶ (*auskosten*) profiter de *Leben, Wetter, Urlaub*

❷ (*essen, trinken*) savourer *Speise, Getränk;* **nicht zu ~ sein** *Speise:* être immangeable; *Getränk:* être imbuvable

❸ *geh* (*erfahren*) recevoir *Ausbildung, Erziehung;* jouir de *Ansehen, Schutz, Vertrauen*

Genießer(in) <-s, -> *m(f)* bon vivant *m;* (*Feinschmecker*) gourmet *m;* **ein stiller ~** un épicurien solitaire

genießerisch I. *Adj Person* épicurien(ne); *Gesichtsausdruck, Laut* de plaisir

II. *Adv* voluptueusement

Geniestreich [ʒe'ni:-] *m* idée *f* [*o* trait *m*] de génie **Genietruppe** *f* MIL CH génie *m*

genital [geni'ta:l] *Adj* des parties génitales

Genitalbereich *m* zone *f* des parties génitales

Genitale [geni'ta:lə] <-s, Genitalien> *nt* sexe *m;* **die Genitalien** les parties génitales, l'appareil génital

Genitiv ['ge:niti:f] <-s, -e> *m* GRAM génitif *m*

Genius ['ge:niʊs, *Pl:* 'ge:niən] <-, Genien> *m* génie *m*

Genlabor *nt* laboratoire *m* de génétique **Genmanipulation** *f* manipulation *f* génétique **Genmutation** *f* mutation *f* génétique

Genom [ge'no:m] <-s, -e> *nt* BIO génome *f*

genommen [gə'nɔmən] *PP von* **nehmen**

genoss[RR], **genoß** *Imp von* **genießen**

Genosse [gə'nɔsə] <-n, -n> *m,* **Genossin** *f* camarade *mf*

genossen [gə'nɔsən] *PP von* **genießen**

Genossenschaft <-, -en> *f* coopérative *f;* [**eingetragene**] **~** coopérative *f* [inscrite au registre]

Genossenschaft[l]er(in) <-s, -> *m(f)* coopérateur(-trice) *m(f)*

genossenschaftlich I. *Adj* coopératif(-ive); **~er Betrieb** exploitation coopérative

II. *Adv* en coopérative

Genossenschaftsbank <-banken> *f* banque *f* mutualiste

Genossin *s.* **Genosse**

genötigt *Adj* **~ sein/sich ~ sehen etw zu tun** être contraint(e) [*o* forcé(e)]/se voir contraint(e) de faire qc

Genotypus [geno-] *m* BIO génotype *m*

Genozid [geno'tsi:t] <-[e]s, -e *o* -ien> *m o nt geh* génocide *m;* **~ an den Juden/Armeniern** génocide *m* des Juifs/Arméniens

Genre ['ʒã:rə] <-s, -s> *nt* KUNST genre *m*

Genrebild ['ʒã:rə-] *nt* KUNST tableau *m* de genre **Genremalerei** *f* KUNST peinture *f* de genre

Gent [gɛnt] <-s> *nt* Gand

Gentechnik *f* génétique *f* **Gentechniker(in)** *m(f)* spécialiste *mf* en génétique **gentechnisch** I. *Adj* génétique II. *Adv* génétiquement **Gentechnologie** *f* génie *m* [*o* ingénierie *f*] génétique **Gentherapie** *f* MED thérapie *f* génétique

Genua ['ge:nua] <-s> *nt* Gênes *f*

genug [gə'nu:k] *Adv* assez; **das ist ~** ça suffit; **~ Käse/Brot** assez de fromage/pain; **~ Menschen/Zeit/Geld** assez d'hommes/de temps/d'argent; **~ zu essen/trinken** assez à manger/boire; **alt/groß ~** assez vieux(vieille)/grand(e); **~ der Worte!** trêve de discussions!; **nicht ~, dass er nicht arbeitet, er trinkt auch noch** non content de ne pas travailler, en plus il boit

▶ **nicht ~ bekommen** [*o* **kriegen**] **können** n'en avoir jamais assez; **von etw ~ haben** (*satt sein*) avoir assez de qc; (*überdrüssig sein*) en avoir assez de qc; **jetzt ist['s] aber ~!** ça suffit maintenant!; **sich** (*Dat*) **selbst ~ sein** se suffire à soi-même

Genüge [gə'ny:gə] <-> *f* ▶ **einer S.** (*Dat*) **~ tun** *geh* satisfaire à qc; **zur ~** (*hinreichend*) suffisamment; (*bis zum Überdruss*) à satiété

genügen* *itr V* ❶ (*ausreichen*) suffire; [**jdm**] **~** suffire [à qn]; **für jdn ~** suffire pour qn

❷ (*gerecht werden*) **den Pflichten/Ansprüchen/Wünschen ~** satisfaire aux devoirs/exigences/désirs

genügend *Adv* suffisamment; **~ groß** suffisamment grand(e); **~ Zeit/Gründe** suffisamment de temps/raisons

genügsam I. *Adj* peu exigeant(e); **~ sein** se contenter de peu

II. *Adv leben, sich ernähren* frugalement

Genügsamkeit <-> *f einer Person* frugalité *f,* modération *f*

Genugtuung [gə'nu:ktu:ʊŋ] <-, *selten* -en> *f* ❶ (*Befriedigung*) satisfaction *f*

❷ *geh* (*Wiedergutmachung*) réparation *f*

genuin [genu'i:n] *Adj geh* véritable

Genus ['gɛnʊs, 'ge:nʊs] <-, Genera> *nt* GRAM genre *m*

Genuss[RR] <-es, ⸚sse>, **Genuß** <-sses, ⸚sse> *m* ❶ (*Köstlichkeit*) régal *m,* délice *m*

❷ (*Freude*) **es ist ein ~ etw zu tun** c'est un [vrai] plaisir de faire qc; **mit ~** avec délectation

❸ *kein Pl form* (*Einnahme, Verzehr*) consommation *f*

▶ **in den ~ einer Prämie/Rente kommen** pouvoir bénéficier d'une prime/pouvoir profiter d'une retraite

genüsslich[RR], **genüßlich** I. *Adj* de délectation

II. *Adv* avec délectation, avec délice

Genussmensch[RR] *m* épicurien(ne) *m(f)* **Genussmittel**[RR] *nt* stimulant *m;* (*aus steuerlicher Sicht*) produit *m* [de consommation] de luxe **Genussschein**[RR] *m* certificat *m* de jouissance **Genusssucht**[RR] *f pej* goût *m* immodéré du plaisir **genusssüchtig**[RR] *Adj pej* avide de plaisir[s] **genussvoll**[RR] *Adj* délicieux(-euse)

genverändert *Adj* modifié(e) génétiquement

Geobotanik *f* géobotanique *f* **Geochemie** *f* géochimie *f*

Geodäsie [geodɛ'zi:] <-> *f* géodésie *f*

Geodreieck *nt fam* équerre-rapporteur *f*

Geograf(in)[RR] *s.* **Geograph(in)**

Geografie[RR] *s.* **Geographie**

geografisch[RR] *s.* **geographisch**

Geograph(in) [geo'gra:f] <-en, -en> *m(f)* géographe *mf*

Geographie [geogra'fi:] <-> *f* géographie *f*

geographisch I. *Adj* géographique; *Studium, Unterricht* de géographie

II. *Adv* géographiquement

Geologe [geo'lo:gə] <-n, -n> *m,* **Geologin** *f* géologue *mf*

Geologie [geolo'gi:] <-> *f* géologie *f*

geologisch I. *Adj* géologique; *Studium* de géologie

II. *Adv* géologiquement

Geometrie [geome'tri:] <-> *f* géométrie *f*

geometrisch [geo'me:trɪʃ] *Adj* géométrique

Geomorphologie *f* GEOG géomorphologie *f* **Geophysik** *f* géophysique *f* **Geopolitik** *f* géopolitique *f* **geopolitisch** *Adj* géopolitique

Georgien [ge'ɔrgiən] <-s> *nt* la Géorgie

Georgier(in) <-s, -> *m(f)* Géorgien(ne) *m(f)*
georgisch *Adj* géorgien(ne)
Geowissenschaften ['ge:o-] *Pl* géographie *f pas de pl*
geozentrisch *Adj* ASTRON géocentrique
Gepäck [gə'pɛk] <-[e]s> *nt* bagages *mpl*
Gepäckabfertigung *f* ❶ *kein Pl* (*Vorgang*) enregistrement *m* des bagages ❷ (*Schalter*) guichet *m* d'enregistrement des bagages **Gepäckablage** *f* porte-bagages *m* **Gepäckanhänger** *m* étiquette *f* pour bagages **Gepäckannahme** *f* ❶ *kein Pl* (*Vorgang*) enregistrement *m* des bagages ❷ (*Schalter*) guichet *m* d'enregistrement des bagages **Gepäckaufbewahrung** *f* ❶ *kein Pl* (*das Aufbewahren*) garde *f* des bagages ❷ (*Schalter*) consigne *f*
Gepäckaufbewahrungsschein *m* bulletin *m* de consigne
Gepäckaufgabe <-, -n> *f* AVIAT, EISENBAHN ❶ (*Schalter*) [guichet *m* d']enregistrement *m* des bagages ❷ *kein Pl* (*das Aufgeben*) enregistrement *m* des bagages **Gepäckausgabe** *f* ❶ *kein Pl* (*Vorgang*) retrait *m* des bagages ❷ (*Schalter*) guichet *m* de retrait des bagages **Gepäckkarren** *m* chariot *m* à bagages **Gepäckkontrolle** *f* contrôle *m* des bagages **Gepäcknetz** *nt* filet *m* à bagages **Gepäckraum** *m* soute *f* à bagages **Gepäckschalter** *m* guichet *m* d'enregistrement/de retrait des bagages **Gepäckschein** *m* bulletin *m* de bagages **Gepäckschließfach** *nt* consigne *f* automatique **Gepäckständer** *m* porte-bagages *m* **Gepäckstück** *nt* bagage *m* **Gepäcktasche** *f* sacoche *f* **Gepäckträger** *m* ❶ (*Person*) porteur *m* ❷ (*Vorrichtung*) porte-bagages *m* **Gepäckversicherung** *f* assurance *f* bagages **Gepäckwagen** *m* fourgon *m*
Gepard ['ge:part] <-s, -e> *m* guépard *m*
gepfeffert [gə'pfɛfɐt] *Adj fam* ❶ (*sehr teuer*) salé(e) (*fam*)
❷ (*schwer*) dur(e) (*fam*)
gepfiffen [gə'pfɪfən] *PP von* **pfeifen**
gepflegt [gə'pfle:kt] **I.** *Adj* ❶ *Person, Aussehen, Hand* soigné(e); *Beet, Garten, Eindruck* bien entretenu(e)
❷ (*kultiviert, erlesen*) *Atmosphäre, Ausdrucksweise* raffiné(e); *Restaurant, Speisen, Wein* de qualité
II. *Adv* ❶ *sich ausdrücken* de façon correcte
❷ (*kultiviert*) ~ **essen gehen** aller manger dans un bon restaurant
Gepflegtheit <-> *f eines Menschen* soin *m; eines Gartens, Hauses* entretien *m*
Gepflogenheit [gə'pflo:gənhaɪt] <-, -en> *f geh* habitude *f*
gepierct [-pɪəst] *Adj* percé(e)
Geplänkel [gə'plɛŋkəl] <-s, -> *nt* escarmouche *f*
Geplapper [gə'plapɐ] <-s> *nt pej fam* bavardages *mpl; eines Kindes* babillage *m*
Geplärr[e] <-[e]s> *nt pej fam* braillements *mpl* (*fam*)
Geplätscher [gə'plɛtʃɐ] <-s> *nt* clapotis *m*
Geplauder [gə'plaʊdɐ] <-s> *nt* causeries *fpl*, discussions *fpl*
Gepolter [ge'pɔltɐ] <-s> *nt* (*Geräusch von Schritten*) vacarme *m*
Gepräge [gə'prɛ:gə] <-s> *nt geh* cachet *m*
gepriesen [gə'pri:zən] *PP von* **preisen**
gepunktet [gə'pʊŋktət] *Adj* ❶ *Linie* pointillé(e)
❷ (*gemustert*) *Stoff, Kleid* [**blau**] ~ à pois [bleus]
gequält [gə'kvɛ:lt] **I.** *Adj Grinsen, Lächeln* forcé(e); *Seufzer* contraint(e)
II. *Adv grinsen, lächeln* d'un air contraint; *stöhnen* d'un air contrarié
Gequassel <-s> *nt pej fam* bavardages *mpl*, jacassements *mpl*
Gequatsche [gə'kvatʃə] <-s> *nt pej sl* papotages *mpl* (*fam*)
gequollen [gə'kvɔlən] *PP von* **quellen**
gerade [gə'ra:də] **I.** *Adj* ❶ (*aufrecht, nicht krumm*) droit(e)
❷ (*opp: ungerade*) *Zahl* pair(e)
❸ (*aufrichtig*) *Person, Art* franc(franche), droit(e)
II. *Adv* ❶ (*aufrecht, nicht krumm*) ~ **halten** redresser *Schultern;* **den Kopf/den Oberkörper** ~ **halten** tenir la tête droite/le buste droit; **sich** ~ **halten** se tenir droit(e); ~ **sitzen** se tenir droit(e) sur sa chaise/son siège; ~ **stehen** se tenir droit(e)
❷ (*im Augenblick, soeben*) justement; ~ **vor zehn Minuten** il y a juste dix minutes; **sie arbeitet** ~ elle est en train de travailler; **er ist** ~ **angekommen** il vient d'arriver; **er hat das** ~ **erst erfahren** il vient juste de l'apprendre
❸ (*knapp*) **sie hat die Prüfung** ~ **so bestanden** elle a réussi son examen de justesse
❹ (*genau*) juste; ~ **heute habe ich an dich gedacht** j'ai justement pensé à toi aujourd'hui; ~ **deswegen habe ich das gesagt** c'est justement pour cette raison que j'ai dit ça; **so** ~ **nicht!** justement pas comme ça!
❺ (*ausgerechnet*) **nicht** ~ **hübsch/billig** pas spécialement beau/bon marché; **das sagt** ~ **er!** ça lui va bien de dire ça!, il ferait mieux de se taire!; **du kannst dich** ~ **beklagen!** c'est bien à toi de te plaindre!
▶ ~ **biegen** (*in gerade Form biegen*) redresser; *fam* (*in Ordnung bringen*) arranger
Gerade <-n, -n> *f* ❶ GEOM droite *f*
❷ SPORT ligne *f* droite
❸ BOXEN [**rechte**] ~ direct *m* [du droit]
geradeaus *Adv* tout droit
gerade|biegen *s.* gerade II.▶
gerade|halten *s.* gerade II.1.
geradeheraus *fam* **I.** *Adj* ~ **sein** être franc(franche)
II. *Adv sagen* franco (*fam*)
gerädert [gə'rɛ:dɐt] **I.** *PP von* **rädern**
II. *Adj* ▶ **sich wie** ~ **fühlen** *fam,* **wie** ~ **sein** *fam* être vanné(e) (*fam*)
gerade|sitzen *s.* gerade II.1.
geradeso *Adv* ~ **viel** tout autant; *s. a.* **ebenso**
geradesoviel *s.* geradeso
gerade|stehen *itr V unreg* **für jdn/etw** ~ répondre de qn/qc
Geradestehen *nt* **das** ~ la station debout
geradewegs *Adv fahren, führen, gehen* directement
geradezu *Adv* (*gleichsam*) tout simplement; (*fast*) pour ainsi dire
Geradheit <-> *f* rectitude *f*
geradlinig [gə'ra:tli:nɪç] **I.** *Adj* ❶ (*in gerader Richtung*) rectiligne ❷ (*aufrichtig*) droit(e) **II.** *Adv verlaufen* en ligne droite
Geradlinigkeit <-> *f a. fig* rectitude *f*
gerammelt [gə'raməlt] *Adv* ▶ ~ **voll** *fam* plein(e) à craquer
Gerangel <-s> *nt* ❶ (*Balgerei*) bousculade *f*
❷ (*Auseinandersetzung*) ~ **um etw** bagarre *f* pour qc
Geranie [ge'ra:niə] <-, -n> *f* géranium *m*
gerann [gə'ran] *Imp von* **gerinnen**
gerannt [gə'rant] *PP von* **rennen**
Gerassel [gə'rasəl] <-s> *nt fam* cliquetis *m*
Gerät [gə'rɛ:t] <-[e]s, -e> *nt* ❶ (*Haushaltsgerät, Bürogerät*) ustensile *m*
❷ (*Gartengerät*) outil *m* [de jardin]; **die** ~**e** l'outillage *m* [de jardin]
❸ (*Elektrogerät*) appareil *m;* (*Radio, Fernseher*) poste *m*, appareil *m*
❹ (*Turngerät*) agrès *mpl*
❺ *kein Pl* (*Ausrüstung*) *eines Handwerkers* outils *mpl*
geraten[1] [gə'ra:tən] <gerät, geriet, -> *itr V + sein* ❶ (*gelangen*) **in einen Sturm** ~ être surpris(e) par la tempête; **in Not/Schwierigkeiten** ~ se retrouver dans une situation de détresse/en difficulté; **an jdn** ~ tomber sur qn (*fam*)
❷ (*unbeabsichtigt kommen*) **unter einen Lastwagen/Zug** ~ passer sous un camion/train; **mit der Hand in die Maschine/eine Spalte** ~ se prendre la main dans la machine/une fente
❸ (*einen Zustand erlangen*) **in Wut** ~ se mettre en colère; **in Panik/Furcht** ~ être pris(e) de panique/peur; **in Verwirrung** ~ ne plus savoir où on en est; **durcheinander** ~ *Person:* perdre le nord; *Briefe, Unterlagen:* se mélanger; **ins Schwitzen** ~ se

G

mettre à transpirer; **über etw** (*Akk*) **ins Schwärmen** ~ s'emballer pour qc; **in Brand** ~ commencer à brûler; **ins Stocken** ~ *Gespräch:* commencer à se traîner; *Verkehr:* se ralentir

❹ (*ausfallen*) [**jdm**] **zu lang/groß** ~ être trop long/grand [pour qn]; **etw gerät jdm gut/nicht gut** qn réussit/ne réussit pas qc; **das Essen ist dir sehr gut** ~ ton repas est très réussi

❺ (*ähnlich werden*) **nach jdm** ~ ressembler à qn

▸ **außer sich** ~ sortir de ses gonds; **jd gerät über jdn/etw außer sich** qn/qc met qn hors de lui

geraten² I. *PP von* **raten**

II. *Adj geh* ▸ **es erscheint jdm** ~ **etw zu tun** il paraît opportun à qn de faire qc; **es für** ~ **halten etw zu tun** juger opportun [*o* trouver à propos] de faire qc

Geräteraum *m* SPORT local *m* pour ranger les agrès **Geräteschuppen** *m* remise *f* à outils **Geräteturnen** *nt* exercices *mpl* aux agrès [*o* aux appareils]

Geratewohl [gəˈraːtəvoːl] *nt* ▸ **aufs** ~ *fam* au petit bonheur [la chance] (*fam*)

Gerätschaften *Pl* outils *mpl*, outillage *m*

Geratter [gəˈratɐ] <-s> *nt pej fam eines Zugs* bruit *m* des tamponnements

Geräucherte(s) *nt dekl wie Adj* viande *f* fumée

geraum [gəˈraʊm] *Adj attr geh Weile, Zeitspanne* long(longue); **seit/vor** ~**er Zeit** depuis/il y a longtemps

geräumig [gəˈrɔɪmɪç] *Adj* spacieux(-euse)

Geräumigkeit <-> *f* dimensions *fpl* spacieuses

Geräusch [gəˈrɔɪʃ] <-[e]s, -e> *nt* bruit *m*

Geräuschabdeckung *f* revêtement *m* antibruit *inv* **Geräuscharchiv** *nt* sonothèque *f* **geräuscharm** *Adj* silencieux(-euse) **Geräuschbelästigung** *f*, **Geräuschbelastung** *f* nuisances *fpl* sonores **Geräuschdämmung** *f* insonorisation *f* **geräuschempfindlich** *Adj* sensible au[x] bruit[s] **Geräuschkulisse** *f* bruit *m* de fond; MEDIA bruitage *m*, fond *m* sonore

geräuschlos I. *Adj* silencieux(-euse)

II. *Adv* sans bruit

Geräuschmesser *m* sonomètre *m* **Geräuschpegel** *m* niveau *m* sonore **geräuschvoll** I. *Adj* bruyant(e) II. *Adv* bruyamment

Geräusper [gəˈrɔɪspɐ] <-s> *nt* raclement *m* de gorge *gén pl*

gerben [ˈgɛrbən] *tr V* tanner; **das Gerben** le tannage

Gerber(in) <-s, -> *m(f)* tanneur(-euse) *m(f)*

Gerberei <-, -en> *f* tannerie *f*

Gerbsäure *f* acide *m* tannique

gerecht [gəˈrɛçt] I. *Adj* ❶ (*unparteiisch*) *Person* juste, équitable; **gegen jdn** ~ **sein** être juste envers qn; **die Gerechten** les justes *mpl*

❷ (*verdient*) *Strafe, Urteil, Note* juste, équitable; *Lohn, Gehalt, Verdienst* juste, mérité(e); **es ist doch nur** ~, **wenn ...** ce n'est que justice si ...

❸ (*berechtigt*) *Zorn, Anspruch, Preis* justifié(e); *Sache* juste

▸ **einer S.** (*Dat*) ~ **werden** (*gewachsen sein*) *Person:* satisfaire à qc; *Material:* répondre à qc; **jdm/einer S.** ~ **werden** (*angemessen urteilen*) apprécier qn/qc à sa juste valeur

II. *Adv* équitablement, avec équité

gerechterweise *Adv* pour être juste [*o* équitable]

gerechtfertigt *Adj* justifié(e)

Gerechtigkeit <-> *f* justice *f*; **ausgleichende** ~ justice *f* distributive; **jdm** ~ **widerfahren lassen** *geh* rendre justice à qn

Gerechtigkeitsgefühl *nt* sens *m* de la justice **Gerechtigkeitsliebe** *f* amour *m* de la justice **gerechtigkeitsliebend** *Adj* épris(e) de justice **Gerechtigkeitssinn** *m* sens *m* de la justice

Gerede [gəˈreːdə] <-s> *nt* ❶ (*Klatsch*) racontars *mpl*; **das** ~ **der Leute** ce que les gens racontent; **jdn ins** ~ **bringen** *Person:* compromettre qn; *Skandal:* faire jaser [les gens] sur qn; **ins** ~ **kommen** faire jaser [les gens]

❷ (*leeres Gerede*) histoires *fpl*

geregelt I. *PP von* **regeln**

II. *Adj* (*regelmäßig*) régulier(-ière)

gereichen* *itr V geh* **jdm/einer S. zur Ehre** ~ faire honneur à qn/qc; **jdm/einer S. zum Nutzen/Vorteil** ~ tourner à l'avantage de qn/qc; **jdm/einer S. zum Schaden/Nachteil** ~ porter préjudice à qn/qc/tourner au désavantage de qn/qc

gereizt [gəˈraɪtst] I. *PP von* **reizen**

II. *Adj Person, Ton* agacé(e); *Atmosphäre, Stimmung* de grande nervosité

III. *Adv* avec irritation [*o* agacement]

Gereiztheit <-> *f* irritation *f*

Geriater(in) [geriˈaːtɐ] <-s, -> *m(f)* MED gériatre *mf*

Geriatrie [geriaˈtriː] <-> *f* MED gériatrie *f*

geriatrisch *Adj* MED gériatrique

Gericht¹ [gəˈrɪçt] <-[e]s, -e> *nt* GASTR plat *m*

Gericht² <-[e]s, -e> *nt* ❶ (*Institution*) tribunal *m*; **bei** ~ en justice; **jdn vor** ~ **bringen** traduire [*o* poursuivre] qn en justice; **etw vor** ~ **bringen** saisir le tribunal de qc; **über jdn** ~ **halten** [*o* **zu** ~ **sitzen**] faire le procès de qn; **vor** ~ **kommen** *Person:* passer devant les tribunaux; *Fall:* passer [*o* être porté(e)] devant les tribunaux; **vor** ~ **aussagen** déposer à la barre; **wegen etw vor** ~ **stehen** passer en jugement pour qc; **jdn vor** ~ **vertreten** représenter qn en justice

❷ (*die Richter*) cour *f*; **Hohes** ~**!** ≈ monsieur le Président

❸ (*Gebäude*) palais *m* de justice, tribunal *m*

❹ BIBL **das Jüngste** ~ le Jugement dernier; **über jdn** ~ **halten** *Gott:* juger qn

▸ **mit jdm ins** ~ **gehen** chapitrer dûment qn

gerichtlich I. *Adj attr* judiciaire; ~**e Maßnahmen ergreifen** prendre des mesures judiciaires

II. *Adv* en justice; **etw** ~ **untersuchen** mener une enquête judiciaire sur qc; **etw** ~ **einklagen** obtenir qc par voie de justice

Gerichtsakte *f* dossier *m* **Gerichtsangestellte(r)** *f(m) dekl wie Adj* employé(e) *m(f)* ministériel(le) **Gerichtsarzt** *m*, **-ärztin** *f* médecin *m* légiste **gerichtsärztlich** *Adj* JUR médico-légal(e) **Gerichtsassessor(in)** *m(f)* juge *m* assesseur

Gerichtsbarkeit *f* juridiction *f*

Gerichtsbeschluss[RR] *m* décision *f* de justice **Gerichtsbezirk** *m* juridiction *f* **Gerichtsdiener** *m* huissier *m* appariteur **Gerichtsdolmetscher(in)** *m(f)* JUR interprète *mf* assermenté(e) **Gerichtsgebäude** *nt* palais *m* de justice **Gerichtshof** *m* cour *f* de justice; **der Europäische** ~ la Cour de justice des Communautés européennes; **der Internationale** ~ la Cour internationale de justice; **der Oberste** ~ la Cour suprême **Gerichtskasse** *f* caisse *f* du trésor du palais de justice **Gerichtskosten** *Pl* frais *mpl* de justice; **jdm die** ~ **auferlegen** *form* fixer les frais de justice à la charge de qn (*form*) **Gerichtsmedizin** *f* médecine *f* légale **Gerichtsmediziner(in)** *m(f)* médecin *m* légiste **gerichtsmedizinisch** I. *Adj* médicolégal(e) II. *Adv* ~ **untersucht werden** subir un examen médicolégal **Gerichtsort** *m* siège *m* du tribunal **Gerichtsreferendar(in)** *m(f)* stagiaire *mf* de tribunal; (*in Frankreich*) auditeur *m* de justice **Gerichtssaal** *m* salle *f* d'audience, prétoire *m* **Gerichtsschreiber(in)** *m(f)* greffier(-ière) *m(f)* **Gerichtsstand** *m* tribunal *m* compétent; **fliegender/allgemeiner** ~ compétence *f* judiciaire volante/de droit commun; ~ **am Erfüllungsort** tribunal compétent au lieu d'exécution; ~ **des Vermögens** tribunal compétent du patrimoine **Gerichtstermin** *m* date *f* d'audience **Gerichtsurteil** *nt* jugement *m*; *eines Berufungsgerichts* arrêt *m* **Gerichtsverfahren** *nt* procédure *f* judiciaire; **ohne ordentliches** ~ sans autre forme de procès **Gerichtsverhandlung** *f* audience *f* **Gerichtsvollzieher(in)** <-s, -> *m(f)* huissier *m* **Gerichtswesen** <-s> *nt* justice *f*

gerieben [gəˈriːbən] I. *PP von* **reiben**

II. *Adj fam* roublard(e) (*fam*)

geriet *Imp von* **geraten¹**

gering [gəˈrɪŋ] I. *Adj* ❶ (*nicht groß*) faible; *Anzahl, Menge, Vorrat*

Geringschätzung ausdrücken

• Geringschätzung/Missfallen ausdrücken	• exprimer le dédain/mécontentement
Ich halte nicht viel von dieser Theorie.	**Je trouve que** cette théorie **n'est pas très bien.**
Davon halte ich gar/überhaupt nichts.	**Je ne trouve pas ça bien./Je n'en pense rien de bien.**
Komm mir bloß nicht mit Psychologie! *(fam)*	**Ne me parle pas de** psychologie!
(Es tut mir Leid, aber) **ich habe für** diese Typen **nichts übrig.** *(fam)*	(Je suis désolé(e) mais) ce genre de personnes **ne m'intéresse pas du tout.**
Ich kann mit moderner Kunst **nichts anfangen.** *(fam)*	L'art moderne **ne me dit rien du tout.**

petit(e); **sehr** ~ insignifiant(e); **ein** ~**er Wert** peu de valeur; **nicht die** ~**ste Ahnung haben** n'avoir pas la moindre idée; **nicht das Geringste bemerken** ne s'apercevoir de rien du tout
❷ (*niedrig*) *Temperatur, Gehalt, Kosten, Preis* bas(se)
❸ (*nicht nennenswert*) ~**e Bedeutung/Möglichkeiten haben** avoir peu d'importance/de possibilités; ~ **sein** *Möglichkeiten:* être limité(e)
❹ (*unzulänglich*) *Qualität, Kenntnisse* médiocre
▸ **das Geringste** la moindre des choses; **kein Geringerer/keine Geringere als** nul/nulle autre que; **nicht im Geringsten** pas le moins du monde
II. *Adv denken, sprechen* avec mépris; ~ **schätzen** [*o* **achten**] mépriser *Person, Leistung;* sous-estimer *Gefahr, Folgen*

gering|achten *s.* **gering II.**

geringelt *Adj Socken* à rayures horizontales; *Schlange* à anneaux

geringfügig [gəˈrɪŋfyːgɪç] **I.** *Adj* insignifiant(e), peu important(e), minime; *Vergehen, Verletzung* léger(-ère); *Einkommen* bas(se); *Betrag* petit(e)
II. *Adv* légèrement

Geringfügigkeit <-, -en> *f eines Unterschieds* caractère *m* minime; *einer Veränderung, eines Vergehens* insignifiance *f; einer Verletzung* légèreté *f;* **wegen** ~ **eingestellt werden** *Verfahren:* se terminer par un non-lieu en raison du caractère insignifiant des faits

gering|schätzen *s.* **gering II.**

geringschätzig I. *Adj* méprisant(e), dédaigneux(-euse)
II. *Adv denken, sprechen* avec mépris, avec dédain

Geringschätzung *f kein Pl* mépris *m,* dédain *m*

gerinnen <gerann, geronnen> *itr V + sein Blut:* coaguler; *Milch:* cailler

Gerinnsel [gəˈrɪnzəl] <-s, -> *nt* MED caillot *m*

Gerinnung <-, *selten* -en> *f von Blut* coagulation *f; von Milch* caillage *m,* coagulation *f*

Gerinnungsfaktor *m* BIO facteur *m* de coagulation **Gerinnungsmittel** *nt* MED coagulant *m*

Gerippe [gəˈrɪpə] <-s, -> *nt* ❶ (*Skelett, Struktur, Grundplan*) squelette *m;* **fast bis zum** ~ **abgemagert sein** n'avoir plus que la peau sur les os
❷ (*Tiergerippe*) carcasse *f,* squelette *m*

gerippt *Adj Pullover, Strickweste* à côtes; *Hose, Stoff* côtelé(e), à côtes

gerissen [gəˈrɪsən] **I.** *PP von* **reißen**
II. *Adj fam Person* roublard(e) *(fam)*
III. *Adv fam* ~ **vorgehen** se montrer très roublard(e) *(fam)*

Gerissenheit <-> *f fam* roublardise *f (fam)*

geritten [gəˈrɪtən] *PP von* **reiten**

geritzt I. *PP von* **ritzen**
II. *Adj* ▸ **die Sache ist** ~ *fam* ça marche *(fam)*, ça baigne *(fam)*

Germ [gɛrm] <-> *f* A levure *f*

Germane [gɛrˈmaːnə] <-n, -n> *m,* **Germanin** *f* Germain(e) *m(f)*

Germania <-> *f* MYTH Germania *f* (*figure de femme en armure symbolisant l'empire allemand*)

Germanien [gɛrˈmaːniən] <-s> *nt* la Germanie

Germanin *s.* **Germane**

germanisch *Adj* ❶ HIST germanique
❷ LING germanique

Germanisch *nt* le germanique

Germanische *nt dekl wie Adj* **das** ~ le germanique

Germanist(in) [gɛrmaˈnɪst] <-en, -en> *m(f)* germaniste *mf*

Germanistik [gɛrmaˈnɪstɪk] <-> *f* langue *f* et littérature *f* allemandes; ~ **studieren** faire des études de langue et de littérature allemandes

germanistisch *Adj Institut, Studium* de langue et de littérature allemandes; *Zeitschrift* pour germanistes

Germanium <-s> *nt* germanium *m;* ~ **gehört zu den Halbmetallen** le germanium fait partie des non-métaux

gern(e) <lieber, am liebsten> *Adv* ❶ (*mit Freuden*) **jdn** ~ **haben** aimer [bien] qn; **sie haben sich** ~ ils s'aiment [bien]; **etw** ~ **tun** aimer bien faire qc; **seine Arbeit** ~ **machen** aimer faire son travail; **es** ~ **haben, wenn ...** apprécier [*o* aimer bien] que + *subj;* **ich möchte** [*o* **würde**] ~ **essen gehen** je voudrais [*o* j'aimerais] bien aller au restaurant; **ich sehe es nicht** ~**, wenn ...** je n'aime pas que + *subj*/quand ...; ~ **gelesen** très lu(e); ~ **gesehen** très apprécié(e); ~ **zitiert** volontiers [*o* souvent] cité(e); ~ **geschehen!** [il n'y a] pas de quoi!; [**aber**] ~**!** [mais] je t'en/vous en prie!; **ja,** ~**!** volontiers!
❷ (*ohne weiteres*) sans problème; **das glaube ich** ~**!** je veux bien le croire!; **ich bin** ~ **bereit das zu tun** je suis tout à fait prêt(e) à faire cela
❸ (*gewöhnlich, oft*) volontiers
▸ **der kann/du kannst mich mal** ~ **haben!** *iron fam* il peut aller se/tu peux aller te faire voir! *(fam)*

Gernegroß <-, -e> *m hum fam* crâneur(-euse) *m(f) (fam)*

gerngelesen *s.* **gern(e) 1.**

gerngesehen *s.* **gern(e) 1.**

gernzitiert *s.* **gern(e) 1.**

Geröchel [gəˈrœçəl] <-s> *nt fam* râles *mpl*

gerochen [gəˈrɔxən] *PP von* **riechen**

Geröll [gəˈrœl] <-[e]s, -e> *nt* éboulis *m*

geronnen [gəˈrɔnən] *PP von* **rinnen, gerinnen**

Gerontologe [gerɔntoˈloːgə] <-n, -n> *m,* **Gerontologin** *f* MED gérontologue *mf*

Gerontologie [gerɔntoloˈgiː] <-> *f* MED gérontologie *f*

Gerste [ˈgɛrstə] <-, -n> *f* orge *f*

Gerstenfeld *nt* champ *m* d'orge **Gerstengraupe** *f* orge *f* perlée **Gerstenkorn** *nt* ❶ grain *m* d'orge ❷ MED orgelet *m* **Gerstensaft** *m kein Pl hum* bière *f* **Gerstensuppe** *f* soupe *f* à l'orge

Gerte [ˈgɛrtə] <-, -n> *f* verge *f,* baguette *f*

gertenschlank *Adj* svelte

Geruch [gəˈrʊx, *Pl:* gəˈrʏçə] <-[e]s, ¨-e> *m* ❶ (*Duft*) odeur *f*
❷ *kein Pl* (*Geruchssinn*) odorat *m;* **einen feinen** ~ **haben** *Hund:* avoir du flair
▸ **im** ~ **stehen etw zu tun** *geh* être suspecté(e) de faire qc

geruchlos *Adj* inodore
Geruchsbelästigung *f* mauvaises odeurs *fpl;* **etw stellt für jdn eine ~ dar** l'odeur de qc incommode qn **Geruchsempfindung** *f* odorat *m* **Geruchsnerv** *s.* Riechnerv **Geruchsorgan** *s.* Riechorgan **Geruchssinn** *m* odorat *m; eines Parfümtesters* nez *m; eines Hundes* flair *m* **Geruchsverschluss**RR *m* siphon *m*
Gerücht [gəˈrʏçt] <-[e]s, -e> *nt* bruit *m,* rumeur *f;* **ein ~ in die Welt setzen** répandre une rumeur; **es geht das ~, dass** le bruit court que + *indic;* **das halte ich für ein ~** *fam* pour moi, c'est bien du pipeau (*fam*)
Gerüchteküche *f* foire *f* aux ragots (*fam*)
gerufen [gəˈruːfən] *PP von* **rufen**
geruhen* *itr V form* **~ etw zu tun** daigner faire qc
geruhsam [gəˈruːzaːm] **I.** *Adj* tranquille
II. *Adv* tranquillement
Gerümpel [gəˈrʏmpəl] <-s> *nt pej* bric-à-brac *m,* vieilleries *fpl*
Gerundium [geˈrʊndiʊm, *Pl:* geˈrʊndiən] <-s, -dien> *nt* GRAM gérondif *m*
Gerundiv [-və] <-s, -e> *nt,* **Gerundivum** [gerʊnˈdiːvʊm, *Pl:* gerʊnˈdiːva] <-s, -diva> *nt* GRAM participe *m* futur passif
gerungen [gəˈrʊŋən] *PP von* **ringen**
Gerüst [gəˈrʏst] <-[e]s, -e> *nt* ❶ CONSTR échafaudage *m*
❷ (*Grundplan*) *eines Artikels, Aufsatzes* charpente *f,* squelette *m*
Gerüstbau *m kein Pl* montage *m* [*o* dressage *m*] d'un échafaudage **Gerüstbauer(in)** <-s, -> *m(f)* monteur(-euse) *m(f)* d'échafaudages
ges, Ges [gɛs] <-, -> *nt* MUS sol *m* bémol
gesalzen [gəˈzaltsən] **I.** *PP von* **salzen**
II. *Adj fam Miete, Preis* exorbitant(e); *Rechnung* salé(e) (*fam*); **diese Rechnung ist [wirklich] ~!** c'est le [vrai] coup de fusil! (*fam*)
gesammelt *Adj* ❶ *Werke* complet(-ète)
❷ (*konzentriert*) *Aufmerksamkeit* soutenu(e); **unsere ~e Kraft** toutes nos forces; **~ sein** être concentré(e)
gesamt [gəˈzamt] *Adj attr* **die ~e Familie** toute la famille; **die ~en Kosten** le total des frais; **die ~en Lehrkräfte** l'ensemble du corps enseignant
Gesamtansicht *f eines Gebäudes* vue *f* générale [*o* d'ensemble] **Gesamtarbeitsvertrag** *m* CH convention *f* collective **Gesamtauflage** *f* tirage *m* global **Gesamtausgabe** *f* [édition *f* des] œuvres *fpl* complètes **Gesamtbetrag** *m* montant *m* global [*o* total] **Gesamtbild** *nt* vue *f* d'ensemble **Gesamtdarstellung** *f* représentation *f* d'ensemble **gesamtdeutsch** *Adj* panallemand(e) **Gesamteindruck** *m* impression *f* d'ensemble [*o* générale] **Gesamteinkünfte** *Pl* revenu *m* global **Gesamtergebnis** *nt* résultat *m* global **Gesamtertrag** *m* rendement *m* total **gesamteuropäisch** *Adj* paneuropéen(ne) **Gesamtfläche** *f* superficie *f* globale **gesamtgesellschaftlich** *Adj* propre à l'ensemble de la société; *Bedürfnisse* de la société **Gesamtgewicht** *nt* poids *m* total en charge; **[zulässiges] ~** poids *m* total [autorisé] en charge
Gesamtheit <-> *f von Personen* ensemble *m; von Tieren, Pflanzen* totalité *f;* **in seiner/ihrer ~** dans son/leur ensemble
Gesamthochschule *f* université *f* polyvalente **Gesamtinteresse** *nt* intérêt *m* général **Gesamtkunstwerk** *nt* œuvre *f* [d'art] totale **Gesamtnote** *f* note *f* globale **Gesamtpreis** *m* prix *m* net **Gesamtrechnung** *f kein Pl* ÖKON comptabilité *f* **Gesamtschaden** *m* dommage *m* total **Gesamtschuld** *f* JUR dette *f* solidaire **Gesamtschule** *f* collège *m* (*regroupant les trois filières du premier et second cycle en Allemagne*); **integrierte ~** école *f* intégrée **Gesamtsieger(in)** *m(f)* vainqueur *m* final **Gesamtstrafe** *f* JUR peine *f* collective **Gesamtübersicht** *f* vue *f* d'ensemble **Gesamtumsatz** *m* chiffre *m* d'affaires *m* total **Gesamtvermögen** *nt* totalité *f* des biens **Gesamtverzeichnis** *nt* inventaire *m* complet **Gesamtwerk** *nt* œuvres *fpl* complètes **Gesamtwert** *m* valeur *f* totale [*o* globale]; **im ~ von tausend Euro** d'une valeur totale de mille euros **Gesamtwertung** *f* classement *m* général; **in der ~** au classement général **gesamtwirtschaftlich** *Adj* macroéconomique **Gesamtzahl** *f* nombre *m* total
gesandt [gəˈzant] *PP von* **senden²**
Gesandte(r) *f(m) dekl wie Adj* POL **päpstlicher ~r** nonce *m* apostolique
Gesandtschaft <-, -en> *f* légation *f*
Gesang [gəˈzaŋ] <-[e]s, ¨-e> *m* ❶ *kein Pl* (*das Singen*) *einer Person, eines Vogels* chant *m;* **~ studieren** étudier le chant
❷ (*Lied*) chant *m;* **geistliche Gesänge** chants *mpl* religieux, cantiques *mpl;* **gregorianischer ~** [chant *m*] grégorien *m*
❸ LITER chant *m*
Gesangbuch *nt* livre *m* de cantiques **Gesanglehrer(in)** *m(f)* professeur *m* de chant
gesanglich *Adj* vocal(e)
Gesangssolist(in) *m(f)* soliste *mf* **Gesangsstunde** *f* leçon *f* [*o* cours *m*] de chant **Gesangsunterricht** *m* enseignement *m* du [*o* cours *mpl* de] chant
Gesangverein *m* chorale *f*
Gesäß [gəˈzɛːs] <-es, -e> *nt* derrière *m*
Gesäßbacke *f* fesse *f* **Gesäßmuskel** *m* fessier *m* **Gesäßtasche** *f* poche *f* revolver
gesättigt **I.** *PP von* **sättigen**
II. *Adj* CHEM saturé(e)
Gesäusel [gəˈzɔɪzəl] <-s> *nt* ❶ *der Blätter* bruissement *m; des Windes* murmure *m*
❷ *iron* (*Schmeicheleien*) paroles *fpl* enjôleuses
Geschädigte(r) *f(m) dekl wie Adj* victime *f;* (*Opfer eines Betrugs*) personne *f* lésée, victime *f*
geschaffen [gəˈʃafən] *PP von* **schaffen²**
Geschäft [gəˈʃɛft] <-[e]s, -e> *nt* ❶ magasin *m;* **im ~** au magasin; **ein ~ eröffnen** ouvrir un magasin
❷ (*Unternehmen*) affaire *f;* **ein ~ führen/übernehmen** diriger/reprendre une affaire; **ins ~ gehen** *fam* aller au boulot (*fam*)
❸ (*Handel, kaufmännische Transaktion*) commerce *m;* **die ~e gehen gut** les affaires *fpl* vont bien; **das ~ mit Computern** le commerce des ordinateurs; **[mit jdm] ein ~ abschließen** conclure une affaire avec qn; **mit jdm ins ~ kommen** faire affaire avec qn; **im ~ sein** participer à l'affaire
❹ (*Geschäftsabschluss*) marché *m*
❺ *kein Pl* (*Gewinn*) **ein ~ machen** faire une affaire; **ein/kein gutes ~ sein** être/ne pas être une bonne affaire
❻ (*Aufgabe, Arbeit*) travail *m;* **sein ~ verstehen** connaître son affaire; **dringende ~e zu erledigen haben** avoir à régler des affaires urgentes; **das ist kein leichtes ~** ce n'est pas une mince affaire
❼ *Kinderspr. fam* **ein kleines/großes ~** la petite/grosse commission (*fam*); **sein ~ verrichten** faire ses besoins
▶ **das ~ mit der Angst** le marché de la peur; **~ ist ~** *Spr.* les affaires sont les affaires
Geschäftemacher(in) *m(f) pej* affairiste *mf* (*péj*)
Geschäftemacherei <-, -en> *f pej* affairisme *m* (*péj*)
geschäftig **I.** *Adj* affairé(e); **ein ~es Treiben** une grande activité
II. *Adv* de façon affairée
Geschäftigkeit <-> *f* affairement *m*
geschäftlich **I.** *Adj* ❶ *Verabredung, Gespräch* d'affaires; *Kontakt, Angebot* commercial(e); **die ~en Angelegenheiten** les affaires; **über Geschäftliches sprechen** parler d'affaires [*o* du travail]
❷ *fig Stimme, Ton* impersonnel(le)
II. *Adv* pour affaires; **~ mit jdm zu tun haben** avoir à faire avec qn pour les affaires; **~ unterwegs/in Berlin sein** être en voyage/à Berlin pour les affaires; **~ verhindert sein** être retenu(e) par les affaires
GeschäftsabschlussRR *m* conclusion *f* d'une affaire [*o* d'un marché]; **einen ~ tätigen** conclure une affaire **Geschäfts-**

adresse *f* adresse *f* du bureau [*o* du travail] **Geschäftsanteil** *m* participation *f* **Geschäftsaufgabe** *f* cessation *f* d'activité **Geschäftsbedingungen** *Pl* **allgemeine ~** conditions *fpl* générales **Geschäftsbereich** *m eines Ministeriums, Ministers* ressort *m;* **Minister ohne ~** ministre sans portefeuille **Geschäftsbericht** *m eines Unternehmens* rapport *m* d'activité **Geschäftsbeziehungen** *Pl* relations *fpl* commerciales **Geschäftsbrief** *m* lettre *f* d'affaires **Geschäftsbuch** *nt* livre *m* de commerce [*o* de comptabilité] **Geschäftseröffnung** *f* (*Ladeneröffnung*) ouverture *f* d'un magasin; (*Betriebseröffnung*) fondation *f* d'une entreprise **Geschäftsessen** *nt* repas *m* d'affaires **geschäftsfähig** *Adj* JUR capable de contracter; **unbeschränkt ~ sein** avoir la pleine capacité de droit **Geschäftsfähigkeit** *f* JUR capacité *f* d'accomplir un acte juridique **Geschäftsfrau** *f* femme *f* d'affaires **Geschäftsfreund(in)** *m(f)* relation *f* d'affaires **geschäftsführend** *Adj* ❶ **~er Direktor** directeur *m* général ❷ (*amtierend*) **die ~e Regierung/Ministerin** le gouvernement en place/la ministre en fonction **Geschäftsführer(in)** *m(f) einer Firma* gérant(e) *m(f); eines Vereins, einer Partei* secrétaire *mf* général(e) **Geschäftsführung** *f* (*Leitung, leitende Personen*) direction *f;* **die ~ übernehmen** prendre la direction **Geschäftsgang** <-gänge> *m* JUR marche *f* des affaires **Geschäftsgebaren** *nt* pratique *f* des affaires **Geschäftsgeheimnis** *nt* secret *m* d'affaires **Geschäftshaus** *nt* (*Gebäude*) centre *m* commercial **Geschäftsinhaber(in)** *m(f)* patron(ne) *m(f)* **Geschäftsinteresse** *nt* intérêts *mpl* commerciaux **Geschäftsjahr** *nt* exercice *m;* **im laufenden ~** dans le courant de l'exercice **Geschäftskonto** *nt* compte *m* réfléchi **Geschäftskosten** *Pl* **auf ~ [reisen]** [voyager] aux frais de la société [*o* de l'entreprise] **Geschäftslage** *f* ❶ (*wirtschaftliche Lage*) situation *f* commerciale ❷ (*Gegend*) **in guter/bester ~** bien/très bien situé(e) **Geschäftsleben** *nt kein Pl* vie *f* commerciale; **im ~ stehen** être dans les affaires **Geschäftsleitung** *s.* Geschäftsführung **Geschäftsleute** *Pl von* Geschäftsmann **Geschäftsliste** *f* CH (*Tagesordnung*) ordre *m* du jour **Geschäftsmann** <-leute> *m* homme *m* d'affaires **geschäftsmäßig** I. *Adj* propre aux affaires; *Unterredung, Ton* professionnel(le) II. *Adv* professionnellement **Geschäftsmethode** *f* méthode *f* commerciale **Geschäftsordnung** *f* règlement *m* intérieur **Geschäftspartner(in)** *m(f)* ❶ partenaire *mf* commercial(e) ❷ (*Kompagnon*) associé(e) *m(f)* **Geschäftsräume** *Pl* locaux *mpl* commerciaux **Geschäftsreise** *f* voyage *m* d'affaires; **auf ~ gehen** partir en voyage d'affaires **Geschäftsrückgang** *m* ralentissement *m* de l'activité commerciale [*o* des affaires] **geschäftsschädigend** I. *Adj Verhalten* préjudiciable à l'entreprise; **~e Äußerungen** déclarations *fpl* préjudiciables aux affaires II. *Adv* de manière préjudiciable à l'entreprise **Geschäftsschädigung** *f* préjudice *m* causé à l'entreprise **Geschäftsschluss**[RR] *m* fermeture *f* des magasins; (*Büroschluss*) fermeture *f* des bureaux **Geschäftssinn** *m* sens *m* des affaires **Geschäftsstelle** *f einer Partei, eines Vereins* bureau *m; einer Bank, Versicherung* agence *f* **Geschäftsstraße** *f* rue *f* commerçante **Geschäftsstunden** *Pl* heures *fpl* de bureau **Geschäftsträger(in)** *m(f)* POL chargé(e) *m(f)* d'affaires **geschäftstüchtig** *Adj* doué(e) en [*o* pour les] affaires **Geschäftsübernahme** *f* reprise *f* d'une affaire **geschäftsunfähig** *Adj* JUR n'ayant pas capacité pour contracter; **~ werden** devenir incapable de contracter; **jdn für ~ erklären** déclarer qn incapable de contracter **Geschäftsverbindung** *f* relation *f* d'affaires **Geschäftsverkehr** *m* relations *fpl* commerciales **Geschäftsviertel** *nt* quartier *m* des affaires **Geschäftswagen** *m* véhicule *m* d'entreprise **Geschäftswelt** *f kein Pl* monde *m* des affaires **Geschäftszeit** *f* heures *fpl* d'ouverture **Geschäftszimmer** *nt* bureau *m* **Geschäftszweig** *m* branche *f* commerciale

geschah [gəˈʃaː] *Imp von* **geschehen**

Geschaukel [gəˈʃaʊkəl] <-s> *nt pej fam eines Kindes* balancement *m* [incessant]; *eines Fahrzeugs* cahotement *m*

gescheckt [gəˈʃɛkt] *Adj Hund, Fell* tacheté(e)

geschehen [gəˈʃeːən] <geschieht, geschah, ~> *itr V + sein*
❶ (*passieren, sich ereignen*) se passer; *Unfall, Ereignis:* arriver; **es ~ lassen, dass jd geht** laisser qn s'en aller; **als ob nichts ~ wäre** comme si de rien n'était; **was auch geschieht** [*o* **~ mag**] quoi qu'il arrive
❷ (*getan werden, unternommen werden*) **es muss etwas ~!** il faut faire quelque chose!; **was soll damit ~?** que faut-il en faire?
❸ (*begangen werden*) *Untat, Verbrechen:* se produire
❹ (*widerfahren*) **jdm ~** *Leid, Unrecht:* arriver à qn; **Ihnen wird nichts ~** il ne vous arrivera rien; **er weiß nicht, wie ihm geschieht** il ne sait pas ce qui lui arrive
► **es ist um jdn/etw ~** c'en est fait de qn/qc

Geschehen <-s, -> *nt geh* événements *mpl;* **das weltpolitische ~** les événements de la politique mondiale

Geschehnis <-ses, -se> *nt geh* événement *m*

gescheit [gəˈʃaɪt] *Adj* ❶ (*klug, von Klugheit zeugend*) intelligent(e)
❷ (*vernünftig*) raisonnable; **du bist wohl nicht [recht] ~!** *fam* ça tourne pas rond chez toi! (*fam*); **etwas/nichts Gescheites** quelque chose/rien de sensé
► **aus etw nicht ~ werden** ne comprendre rien à qc

Geschenk [gəˈʃɛŋk] <-[e]s, -e> *nt* cadeau *m;* **jdm ein ~ machen** faire un cadeau à qn; **jdm etw zum ~ machen** faire cadeau de qc à qn
► **kleine ~e erhalten die Freundschaft** *Spr.* les petits cadeaux entretiennent l'amitié; **ein ~ des Himmels** un don du ciel

Geschenkartikel *m* article-cadeau *m* **Geschenkgutschein** *m* chèque-cadeau *m* **Geschenkpackung** *f* emballage-cadeau *m* **Geschenkpapier** *nt* papier cadeau *m*

Geschichte [gəˈʃɪçtə] <-, -n> *f* ❶ *kein Pl* (*Erzählung, Historie, Wissenschaft*) histoire *f;* **Alte/Mittlere/Neue ~** histoire ancienne/du Moyen-Âge/des temps modernes; **~ studieren** faire des études d'histoire; **in die ~ eingehen** entrer dans l'histoire
❷ *fam* (*Angelegenheit*) histoire *f;* **diese ganze ~** tout ça (*fam*); **das sind alte ~n** c'est de l'histoire ancienne (*fam*); **das sind [ja] schöne ~n!** *fam* en voilà de belles! (*fam*)
► **~ machen** faire date; **mach keine ~n!** *fam* allez, pas d'histoires!

Geschichtenerzähler(in) *m(f)* conteur(-euse) *m(f)*

geschichtlich I. *Adj* historique
II. *Adv bedeutsam* du point de vue historique; *belegen* historiquement

Geschichtsatlas *m* atlas *m* historique **Geschichtsauffassung** *f* interprétation *f* de l'histoire **Geschichtsbewusstsein**[RR] *nt* conscience *f* historique **Geschichtsbuch** *nt* livre *m* d'histoire **Geschichtsfälschung** *f* falsification *f* de l'histoire **Geschichtsforscher(in)** *m(f)* historien(ne) *m(f)* **Geschichtslehrer(in)** *m(f)* professeur *m* d'histoire **Geschichtsschreiber(in)** *m(f)* historiographe *mf* **Geschichtsschreibung** *f* historiographie *f* **Geschichtswissenschaft** *f* science *f* de l'histoire **Geschichtszahl** *f* date *f* historique

Geschick[1] [gəˈʃɪk] <-s> *nt* habileté *f;* **mit Kindern ~/kein ~ haben** savoir/ne savoir pas y faire avec les enfants

Geschick[2] <-[e]s, -e> *nt* ❶ **die ~e** les destinées *fpl;* **die ~e einer Firma lenken** [détenir] tous les fils de l'entreprise entre ses mains
❷ *geh* (*Schicksal*) destin *m*

Geschicklichkeit <-> *f* habileté *f*

Geschicklichkeitsspiel *nt* jeu *m* d'adresse

geschickt I. *Adj* adroit(e); **~e Hände haben** être habile de ses mains
II. *Adv* adroitement; **sich ~ anstellen** [savoir] bien se débrouiller

Geschicktheit *s.* Geschicklichkeit

geschieden [gəˈʃiːdən] I. *PP von* scheiden
II. *Adj* divorcé(e); **mein ~er Mann/meine ~e Frau** mon ex-mari *m*/mon ex-femme *f*
Geschiedene(r) *f(m) dekl wie Adj* divorcé(e) *m(f)*; **ihr ~r/seine ~** *fam* son ex (*fam*)
geschieht [gəˈʃiːt] *3. Pers Präs von* geschehen
geschienen [gəˈʃiːnən] *PP von* scheinen
Geschirr [gəˈʃɪr] <-[e]s, -e> *nt* ❶ vaisselle *f*; (*Service*) service *m*; **~ spülen** faire la vaisselle; **das gute ~** le beau service
❷ (*Riemenzeug*) *von Zugtieren* harnais *m*; **den Pferden das ~ anlegen** harnacher les chevaux
Geschirrschrank *m* vaisselier *m* **Geschirrspüler** <-s, -> *m fam*, **Geschirrspülmaschine** *f* lave-vaisselle *m* **Geschirrspülmittel** *nt* produit *m* [pour la] vaisselle **Geschirrtuch** <-tücher> *nt* torchon *m* **Geschirrwaschmaschine** *f* CH lave-vaisselle *m*
geschissen [gəˈʃɪsən] *PP von* scheißen
geschlafen [gəˈʃlaːfən] *PP von* schlafen
geschlagen [gəˈʃlaːgən] *PP von* schlagen
Geschlecht [gəˈʃlɛçt] <-[e]s, -er> *nt* ❶ *kein Pl* (*geschlechtliche Zugehörigkeit*) sexe *m*; **eine Person männlichen/weiblichen ~s** un individu de sexe masculin/féminin; **zahlreiche Besucher beiderlei ~s** de nombreux visiteurs des deux sexes
❷ *kein Pl* (*Geschlechtsteil*) sexe *m*
❸ GRAM genre *m*
❹ (*Sippe*) famille *f*; **das ~ der Merowinger** la dynastie mérovingienne; **aus altem ~** d'une vieille famille
❺ (*Generation*) génération *f*
▸ **das schwache** [*o* **schöne**]/**starke ~** *hum fam* le sexe faible/fort
Geschlechterrolle *f* rôle *m* sexuel
geschlechtlich I. *Adj* sexuel(le); *Fortpflanzung* sexué(e)
II. *Adv sich fortpflanzen* de manière sexuée; **mit jdm ~ verkehren** avoir des rapports sexuels avec qn
Geschlechtsakt *m* acte *m* sexuel **Geschlechtsbestimmung** *f* MED détermination *f* du sexe; **chromosomale ~** détermination chromosomique du sexe **Geschlechtschromosom** *nt* ANAT chromosome *m* sexuel **Geschlechtshormon** *nt* hormone *f* sexuelle **geschlechtskrank** *Adj* atteint(e) d'une maladie vénérienne **Geschlechtskrankheit** *f* maladie *f* vénérienne **Geschlechtsleben** *nt kein Pl* vie *f* sexuelle **geschlechtslos** *Adj* asexué(e) **Geschlechtsmerkmal** *nt* caractères *mpl* sexuels; **primäre/sekundäre ~** caractères sexuels primaires/secondaires **Geschlechtsorgan** *nt* organe *m* génital; **äußere/innere ~e** organes génitaux externes/internes **geschlechtsreif** *Adj* formé(e); *Mädchen* nubile; *Tier* adulte **Geschlechtsreife** *f* maturité *f* sexuelle **geschlechtsspezifisch** *Adj* spécifique du sexe; **~e Unterschiede** différences *fpl* sexuelles **Geschlechtsteil** *nt* sexe *m* **Geschlechtstrieb** *m* instinct *m* sexuel **Geschlechtsumwandlung** *f* changement *m* de sexe **Geschlechtsverkehr** *m* rapports *mpl* sexuels **Geschlechtswort** *nt* LING article *m*
geschlichen [gəˈʃlɪçən] *PP von* schleichen
geschliffen [gəˈʃlɪfən] I. *PP von* schleifen[2]
II. *Adj Stil, Manieren* raffiné(e)
geschlossen [gəˈʃlɔsən] I. *PP von* schließen
II. *Adj* ❶ *Front* uni(e); *Ablehnung, Widerstand* général(e); *System* fermé(e); *Konzept* global(e)
❷ (*lückenlos*) *Wolkendecke, Schneedecke, Bebauung* homogène
❸ PHON *Vokal* fermé(e)
III. *Adv befürworten, ablehnen* unanimement; *aufbrechen* tous ensemble; **~ hinter jdm stehen** faire bloc derrière qn
Geschlossenheit <-> *f* (*Einigkeit*) unité *f*
geschlungen [gəˈʃlʊŋən] *PP von* schlingen
Geschmack [gəˈʃmak] <-[e]s, ¨-e *o hum fam* ¨-er> *m* goût *m*; **einen süßen/sauren ~ haben** avoir un goût sucré/amère; **zu scharf im ~** trop fort(e) au goût; **für meinen ~ zu mild** trop doux à mon goût; **je nach ~** selon son/votre/... goût; **~ haben** avoir du goût; **einen guten/schlechten ~ haben** avoir bon/mauvais goût; **das ist nicht jedermanns ~** ce n'est pas du goût de tout le monde; **dem ~ der Zeit entsprechen** être au goût du jour
▸ **die Geschmäcker sind verschieden** *Spr. fam* il en faut pour tous les goûts (*fam*); **an etw** (*Dat*) **~ finden** prendre goût à qc; **auf den ~ kommen** y prendre goût; **über ~ lässt sich nicht streiten** *Spr.* des goûts et des couleurs on ne discute pas
geschmacklich I. *Adj* de goût; **~e Verbesserung** amélioration *f* du goût
II. *Adv* **etw ~ verbessern** améliorer le goût de qc
geschmacklos *Adj* ❶ *Speise* fade; *Gift* insipide
❷ (*unschön*) sans goût
❸ (*taktlos*) *Bemerkung, Witz* de mauvais goût; **du bist wirklich ~!** tu manques vraiment de tact!; **wie ~!** quel manque de goût!
Geschmacklosigkeit <-, -en> *f* ❶ *kein Pl* (*Hässlichkeit, Mangel an Takt*) mauvais goût *m*
❷ (*taktlose Bemerkung, Handlung*) incongruité *f*
Geschmacksfrage *f* question *f* de goût; **in ~n** pour les questions de goût **Geschmacksknospe** *f* ANAT papille *f* gustative **Geschmacksnerv** *m* nerf *m* gustatif **geschmacksneutral** *Adj* GASTR insipide **Geschmacksrichtung** *f* ❶ (*Aroma*) arôme *m* ❷ (*Stilrichtung*) style *m*; **das ist nicht meine ~** *fam* ce n'est pas mon truc (*fam*) **Geschmackssache** *f* **das ist [reine] ~** c'est [une] affaire de goût **Geschmackssinn** *m kein Pl* sens *m* du goût **Geschmacksverirrung** *f pej* faute *f* de goût ▸ **unter ~ leiden** *fam* avoir un goût de chiotte (*fam*) **Geschmacksverstärker** *m* exhausteur *m* de goût
geschmackvoll I. *Adj* de bon goût; **~ere Kleidung** des vêtements *mpl* de meilleur goût
II. *Adv* avec goût
Geschmeide [gəˈʃmaɪdə] <-s, -> *nt geh* bijou *m*
geschmeidig [gəˈʃmaɪdɪç] I. *Adj* ❶ souple; *Masse, Teig* malléable
❷ (*biegsam*) *Glieder, Körper, Bewegung* souple
II. *Adv sich bewegen* avec souplesse
Geschmeidigkeit <-> *f* ❶ souplesse *f*; *eines Teigs, einer Masse* malléabilité *f*
❷ (*Biegsamkeit*) souplesse *f*
Geschmeiß [gəˈʃmaɪs] <-es> *nt* ❶ (*Ungeziefer*) vermine *f*
❷ *pej* (*Menschen*) vermine *f*, racaille *f*
Geschmier[e] <-s> *nt pej fam* (*unsauber Geschriebenes*) gribouillage *m* (*fam*); (*schlecht Gemaltes*) barbouillage *m*; (*schlechter Text*) torchon *m* (*fam*)
geschmissen [gəˈʃmɪsən] *PP von* schmeißen
geschmolzen [gəˈʃmɔltsən] *PP von* schmelzen
Geschnatter <-s> *nt fam* ❶ *von Gänsen* cris *mpl*; *von Enten* coin-coin *m* (*fam*)
❷ *fig, pej von Personen* caquetage *m*
Geschnetzelte(s) *nt dekl wie Adj* émincé *m*; **Zürcher ~s** émincé *m* [de veau] zurichois
geschniegelt [gəˈʃniːgəlt] ▸ **~ und gebügelt** *hum fam* propre sur lui/elle/... (*hum fam*)
geschnitten [gəˈʃnɪtən] *PP von* schneiden
geschoben [gəˈʃoːbən] *PP von* schieben
gescholten [gəˈʃɔltən] *PP von* schelten
Geschöpf [gəˈʃœpf] <-[e]s, -e> *nt* ❶ (*Person, Tier*) créature *f*
❷ (*Fantasiefigur*) personnage *m*; **ein ~ seiner Fantasie** un personnage créé par son imagination
geschoren [gəˈʃoːrən] *PP von* scheren[1]
Geschoss[RR] <-es, -e>, **Geschoß** <-sses, -sse> *nt* ❶ (*Stockwerk*) étage *m*; **im ersten ~** au premier étage
❷ MIL projectile *m*
Geschossbahn[RR] *f* trajectoire *f*
geschossen [gəˈʃɔsən] *PP von* schießen
geschraubt [gəˈʃraupt] *pej* I. *Adj Stil* tarabiscoté(e)
II. *Adv reden* de manière tarabiscotée

Geschrei <-s> *nt* ❶ (*Lärm, Aufheben*) cris *mpl;* **viel ~ um nichts** beaucoup de bruit pour rien
❷ *pej fam* (*Lamentieren*) criailleries *fpl;* **mach doch nicht so ein ~!** ce n'est pas la peine de pousser les hauts cris!
geschrieben [gəˈʃriːbən] *PP von* **schreiben**
geschrie[e]n *PP von* **schreien**
geschritten [gəˈʃrɪtən] *PP von* **schreiten**
geschunden [gəˈʃʊndən] *PP von* **schinden**
Geschütz [gəˈʃʏts] <-es, -e> *nt* MIL pièce *f* d'artillerie; **die [schweren] ~e** l'artillerie *f* [lourde]
▶ **grobes/schweres** *fam* **~ auffahren** sortir la grosse artillerie (*fam*)
Geschützdonner *m* tir *m* d'artillerie **Geschützfeuer** *nt kein Pl* feu *m* d'artillerie
geschützt *Adj Standort, Art* protégé(e); *Name, Marke* déposé(e)
Geschwader [gəˈʃvaːdɐ] <-s, -> *nt von Flugzeugen* escadrille *f; von Schiffen* escadre *f*
Geschwätz [gəˈʃvɛts] <-es> *nt pej fam* ❶ (*dummes Gerede*) conneries *fpl* (*fam*); (*nichts sagendes Gerede*) blablabla *m* (*fam*)
❷ (*Klatsch*) ragots *mpl* [de bonnes femmes] (*péj fam*)
geschwätzig *Adj pej* bavard(e) (*péj*)
Geschwätzigkeit <-> *f pej* jacasserie *f* (*péj*)
geschweift [gəˈʃvaɪft] *Adj* arqué(e); **~e Klammer** TYP accolade *f*
geschweige [gəˈʃvaɪgə] *Konj* **~ [denn]** et encore [bien] moins; **~ [denn], dass** et encore [bien] moins que + *subj*
geschwiegen [gəˈʃviːgən] *PP von* **schweigen**
geschwind [gəˈʃvɪnt] SDEUTSCH **I.** *Adj* rapide
II. *Adv* rapidement; **~!** vite!
Geschwindigkeit [gəˈʃvɪndɪçkaɪt] <-, -en> *f* vitesse *f;* **überhöhte ~** excès *m* de vitesse; **mit einer ~ von 50 km/h** à une vitesse de 50 km/h
▶ **mit affenartiger ~** *fam* à toute blinde (*fam*)
Geschwindigkeitsbegrenzung *f,* **Geschwindigkeitsbeschränkung** *f* limitation *f* de vitesse **Geschwindigkeitskontrolle** *f* contrôle *m* de vitesse **Geschwindigkeitsrausch** *m* frénésie *f* de vitesse; **dem ~ verfallen** être grisé(e) par la vitesse **Geschwindigkeitsüberschreitung** *f* excès *m* de vitesse
Geschwister [gəˈʃvɪstɐ] *Pl* frères et sœurs *mpl;* **meine beiden ~ und ich** mon frère, ma sœur et moi; **wir beide sind ~** nous sommes frère et sœur
geschwisterlich I. *Adj* fraternel(le)
II. *Adv* fraternellement
Geschwisterliebe *f* amour *m* fraternel **Geschwisterpaar** *nt* **ein ~** un frère et une sœur; **das ~** le frère et la sœur
geschwollen [gəˈʃvɔlən] **I.** *PP von* **schwellen**
II. *Adj pej Ausdrucksweise* ronflant(e) (*péj*)
III. *Adv pej* d'une manière pompeuse; **~ daherreden** être pompeux(-euse)
geschwommen [gəˈʃvɔmən] *PP von* **schwimmen**
geschworen [gəˈʃvoːrən] **I.** *PP von* **schwören**
II. *Adj Feind, Gegner* juré(e)
Geschworene(r) *f(m) dekl wie Adj* juré(e) *m(f)*
Geschworenenbank <-bänke> *f* banc *m* des jurés **Geschworenengericht** *nt* [cour *f* d']assises *fpl*
Geschworne(r) *f(m) dekl wie Adj* A *s.* **Geschworene(r)**
Geschwulst [gəˈʃvʊlst] <-, -̈e> *f* tumeur *f*
geschwunden [gəˈʃvʊndən] *PP von* **schwinden**
geschwungen [gəˈʃvʊŋən] **I.** *PP von* **schwingen**
II. *Adj Linie* courbe; *Augenbraue* arrondi(e)
Geschwür [gəˈʃvyːɐ] <-s, -e> *nt* abcès *m;* (*Magengeschwür*) ulcère *m*
gesegnet *Adj geh* **~e Mahlzeit!** bon appétit!; **~e Weihnachten!** joyeux Noël!; **ein ~es neues Jahr!** bonne année!
gesehen [gəˈzeːən] *PP von* **sehen**
Geselchte(s) *nt dekl wie Adj* SDEUTSCH, A viande *f* fumée

Geselle [gəˈzɛlə] <-n, -n> *m* ❶ (*Handwerksgeselle*) compagnon *m*
❷ (*Kerl*) gaillard *m;* **ein lustiger ~** un gai luron
gesellen* *r V geh* **sich zu jdm ~** *Person, Tier:* se joindre à qn; **sich zu etw ~** *Problem, Frage:* s'ajouter à qc
Gesellenbrief *m* brevet *m* d'apprentissage **Gesellenprüfung** *f* [examen *m* du] certificat *m* d'aptitude professionnelle **Gesellenstück** *nt* ouvrage *m* de compagnon
gesellig I. *Adj* ❶ *Person, Typ* sociable; *Abend, Runde* entre amis; (*unterhaltsam*) convivial(e)
❷ ZOOL, BIO social(e)
II. *Adv* ❶ *zusammensitzen* entre amis
❷ ZOOL, BIO en communauté
Geselligkeit <-, -en> *f* ❶ *kein Pl* convivialité *f;* **die ~ lieben** aimer être en société
❷ (*Veranstaltung*) réunion *f* amicale
Gesellin <-, -nen> *f* compagnon *m*
Gesellschaft [gəˈzɛlʃaft] <-, -en> *f* ❶ (*Gemeinwesen, Firma, Vereinigung*) société *f;* **~ mit beschränkter Haftung** société à responsabilité limitée; **~ des bürgerlichen Rechts** société civile
❷ (*Fest*) réception *f;* **eine ~ geben** donner une réception; **geschlossene ~** réunion *f* privée
❸ *kein Pl* (*Begleitung, Umgang*) compagnie *f;* **jdm ~ leisten** tenir compagnie à qn; **in ~ sein** être accompagné(e); **in schlechte ~ geraten** se mettre à avoir de mauvaises fréquentations
❹ (*Gruppe, Runde*) assemblée *f;* **eine fröhliche ~** une joyeuse assemblée
❺ *kein Pl* (*Oberschicht*) haute société *f;* **die Damen der ~** les dames de la haute société
▶ **sich in guter ~ befinden** être en bonne compagnie
Gesellschafter(in) <-s, -> *m(f)* ❶ (*Teilhaber*) associé(e) *m(f);* **beherrschender ~** associé dominant
❷ (*Begleiter, Gesprächspartner*) **ein guter ~ sein** être d'un commerce agréable
gesellschaftlich I. *Adj* social(e); **die ~en Umgangsformen** les usages *mpl* mondains
II. *Adv* dans le monde
Gesellschaftsabend *m* soirée *f* **Gesellschaftsanzug** *m* habit *m* [de soirée] **gesellschaftsfähig** *Adj Person* sortable; *Benehmen* convenable; *Aussehen* présentable **Gesellschaftsform** *f* ❶ *s.* **Gesellschaftsordnung** ❷ (*Betriebsform*) forme *f* juridique [de société] **Gesellschaftskapital** *nt* JUR capital *m* social **Gesellschaftskritik** *f* critique *f* sociale **gesellschaftskritisch** *Adj Autor, Buch, Film* qui pose un regard critique sur la société **Gesellschaftsordnung** *f* ordre *m* social **gesellschaftspolitisch** *Adj* en matière de politique sociale **Gesellschaftsreise** *f* voyage *m* organisé **Gesellschaftsschicht** *f* couche *f* sociale **Gesellschaftsspiel** *nt* jeu *m* de société **Gesellschaftssystem** *nt* modèle *m* social **Gesellschaftstanz** *m* danse *f* de salon **Gesellschaftswissenschaften** *Pl* sciences *fpl* sociales
gesessen [gəˈzɛsən] *PP von* **sitzen**
Gesetz [gəˈzɛts] <-es, -e> *nt* ❶ loi *f;* **ein ~ verabschieden** voter une loi; **mit dem ~ in Konflikt geraten** entrer en conflit avec la loi; **nach dem ~** d'après la loi; **kraft ~es** de par la loi; **vor dem ~ sind alle gleich** tous sont égaux devant la loi; **das ~ der Schwerkraft/der Serie** la loi de la pesanteur/des séries; **ein ungeschriebenes ~** une loi non écrite
❷ (*Gebot*) **Menschlichkeit ist ihm oberstes ~** il se fait loi d'être humain
❸ *fam* (*Gesetzbuch*) **so steht es im ~** telle est la loi
▶ **das ~ des Dschungels** la loi de la jungle; **sich** (*Dat*) **das ~ des Handelns aufzwingen lassen** se laisser forcer la main
Gesetzblatt *nt* journal *m* officiel **Gesetzbuch** *nt* code *m;* **das Bürgerliche ~** ≈ le code civil **Gesetzentwurf** *m* projet *m* de loi

Gesetzesänderung *f* amendement *m* législatif **Gesetzesbrecher(in)** <-s, -> *m(f)* contrevenant(e) *m(f)* **Gesetzeshüter(in)** *m(f) hum* gardien(ne) *m(f)* de la paix **Gesetzeskonflikt** *m* conflit *m* de/des lois **Gesetzeslücke** *f* lacune *f* juridique **Gesetzestext** *m* texte *m* de loi **gesetzestreu** *Adj* respectueux(-euse) des lois **Gesetzesvorlage** *f* projet *m* de loi

gesetzgebend [gəˈzɛtsge:bənt] *Adj* législatif(-ive) **Gesetzgeber(in)** *m(f)* législateur(-trice) *m(f)* **Gesetzgebung** <-, -en> *f* législatif *m;* **bei der ~ zusammenwirken** coopérer pour légiférer

gesetzlich I. *Adj* légal(e)
II. *Adv anerkannt* par la loi

Gesetzlichkeit <-> *f* légalité *f*

gesetzlos *Adj Zustand* anarchique

Gesetzlosigkeit <-, -en> *f* ❶ (*Missachtung der Gesetze*) non-respect *m* de la loi
❷ *kein Pl* (*Fehlen von Gesetzen*) anarchie *f*

gesetzmäßig I. *Adj* ❶ légal(e); (*rechtmäßig*) légitime
❷ (*naturgemäß*) *Zusammenhang, Entwicklung* logique
II. *Adv* ❶ d'une manière légale
❷ (*naturgemäß*) selon des lois

Gesetzmäßigkeit <-, -en> *f* légalité *f*

gesetzt [gəˈzɛtst] *Adj* posé(e); **im Alter ~er werden** devenir plus posé(e) avec l'âge

Gesetztheit <-> *f* pondération *f*

gesetzwidrig *Adj* illégal(e)

Gesetzwidrigkeit *f* illégalité *f*

ges. gesch. *Abk von* **gesetzlich geschützt** *s.* **gesetzlich**

Gesicht [gəˈzɪçt] <-[e]s, -er> *nt* ❶ visage *m;* **jdm ins ~ schauen** regarder qn en face; **das ~ verziehen** faire la grimace; **ein hübsches ~** un joli visage; **ein fröhliches ~ machen** avoir un air gai
❷ (*Erscheinungsbild*) *einer Stadt, Landschaft* physionomie *f;* **einer S.** (*Dat*) **ein anderes ~ geben** donner une autre physionomie à qc
► **ein ~ machen wie drei Tage Regenwetter** *fam* faire une gueule d'enterrement (*fam*); **mach doch ein anderes ~!** arrête de faire la tronche!; **jdm wie aus dem ~ geschnitten sein** être le portrait tout craché de qn; **jdm im ~ geschrieben stehen** être écrit(e) sur le visage de qn; **sein wahres ~ zeigen** montrer son vrai visage; **zwei ~er haben** avoir deux visages; **etw zu ~ bekommen** [avoir l'occasion de] voir qc; **jdm ins ~ lachen** rire au nez de qn; **jdm ins ~ lügen** mentir à qn en face; **ein [langes] ~ machen** [*o* **ziehen**] faire une tête d'enterrement; **jdm etw ins ~ sagen** dire qc à qn en face; **das** [*o* **sein**] **~ verlieren/wahren** perdre/sauver la face

Gesichtsausdruck <-ausdrücke> *m* expression *f* [du visage] **Gesichtscreme** [-kre:m] *f* crème *f* pour le visage [*o* de beauté] **Gesichtsfarbe** *f* teint *m* **Gesichtsfeld** *nt* champ *m* visuel **Gesichtskontrolle** *f fam* filtrage *m* [à l'entrée] **Gesichtskreis** *m* ❶ champ *m* [visuel] ❷ (*geistiger Horizont*) horizon *m;* **seinen ~ erweitern** élargir son horizon **gesichtslos** *Adj pej Bauten* sans cachet **Gesichtsmaske** *f* ❶ masque *m; eines Verbrechers* cagoule *f* ❷ (*Kosmetikprodukt*) masque *m* pour le visage **Gesichtspartie** *f* partie *f* du visage **Gesichtspflege** *f kein Pl* soin *m* du visage **Gesichtspunkt** *m* point *m* de vue; **sicherheitspolitische ~e** des raisons politiques et de sécurité **Gesichtsverlust** *m* **den ~ fürchten** craindre de perdre la face; **etw ohne ~ tun** faire qc sans perdre la face **Gesichtswasser** *nt* lotion *f* pour le visage **Gesichtswinkel** *m fig* point *m* de vue **Gesichtszüge** *Pl* traits *mpl* [du visage]

Gesims [gəˈzɪms] <-es, -e> *nt* corniche *f*

Gesinde <-s, -> *nt veraltet* valets et filles *mpl* de ferme (*vieilli*)

Gesindel [gəˈzɪndəl] <-s> *nt pej* racaille *f*

gesinnt [gəˈzɪnt] *Adj* **gleich ~** sympathisant(e); **sozial/christlich ~ sein** avoir des tendances sociales/chrétiennes; **jdm gut/übel ~ sein** être bien/mal intentionné(e) à l'égard de qn

Gesinnung [gəˈzɪnʊŋ] <-, -en> *f* opinions *fpl;* **eine edle/niedrige ~ haben** avoir un esprit noble/bas; **seine wahre ~ zeigen** dévoiler [*o* révéler] sa véritable manière de penser

Gesinnungsgenosse *m,* **-genossin** *f einer Person* ami(e) *m(f)* politique; *einer Partei* sympathisant(e) *m(f)*

gesinnungslos *Adj, Adv pej* sans scrupule

Gesinnungstäter(in) *m(f)* personne *f* qui agit par conviction **Gesinnungswandel** *m,* **Gesinnungswechsel** *m* revirement *m* [d'opinion], volte-face *f inv*

gesittet [gəˈzɪtət] I. *Adj Person* bien élevé(e); *Benehmen* correct(e)
II. *Adv sich benehmen* correctement

Gesöff [gəˈzœf] <-[e]s, -e> *nt pej sl* pisse *f* d'âne (*péj arg*)

gesoffen [gəˈzɔfən] *PP von* **saufen**

gesogen [gəˈzo:gən] *PP von* **saugen**

gesondert [gəˈzɔndɐt] I. *Adj* séparé(e)
II. *Adv* séparément

gesonnen [gəˈzɔnən] I. *PP von* **sinnen**
II. *Adj* ❶ *s.* **gesinnt**
❷ *geh* (*gewillt*) **~ sein etw zu tun** être disposé(e) à faire qc

gesotten [gəˈzɔtən] *PP von* **sieden**

gespalten [gəˈʃpaltən] *PP von* **spalten**

Gespann [gəˈʃpan] <-[e]s, -e> *nt* ❶ (*Zugtiere*) attelage *m*
❷ (*Wagen und Zugtiere*) équipage *m*
❸ (*Paar*) paire *f;* **ein lustiges** [*o* **komisches**] **~** une sacrée paire (*fam*)

gespannt [gəˈʃpant] I. *Adj* ❶ *Zuhörer, Zuschauer* captivé(e); *Aufmerksamkeit* soutenu(e); *Erwartung* curieux(-euse); **auf das Geschenk ~ sein** être curieux(-euse) de voir le cadeau; **~ sein, was passiert** être curieux(-euse) de savoir/voir ce qui se passe
❷ (*konfliktträchtig*) *Lage, Verhältnis* tendu(e)
II. *Adv* attentivement

Gespanntheit <-> *f* ❶ (*Neugierigkeit*) curiosité *f;* (*gespannte Aufmerksamkeit*) impatience *f*
❷ (*Gereiztheit*) tension *f*

Gespenst [gəˈʃpɛnst] <-[e]s, -er> *nt* ❶ (*Geist*) fantôme *m*
❷ *fig* spectre *m;* **das ~ des Hungers** le spectre de la famine
► **wie ein ~ aussehen** *fam* avoir une mine de déterré (*fam*); **~er sehen** *fam* se faire un film (*fam*)

Gespenstergeschichte *f* histoire *f* de fantômes [*o* de revenants]

gespensterhaft *Adj* fantomatique

gespenstig, gespenstisch I. *Adj* fantomatique; *Ort, Ruhe* sinistre
II. *Adv* **~ aussehen** avoir un aspect sinistre

gespie[e]n *PP von* **speien**

Gespinst <-[e]s, -e> *nt* **ein zartes ~ sein** *Spinnennetz, Kokon:* être un réseau très fin

gesponnen [gəˈʃpɔnən] *PP von* **spinnen**

gespornt *Adj s.* **gestiefelt**

Gespött [gəˈʃpœt] <-[e]s> *nt* raillerie *f*
► **jdn/sich zum ~ [der Leute] machen** couvrir qn/se couvrir de ridicule

Gespräch [gəˈʃprɛ:ç] <-[e]s, -e> *nt* ❶ (*Unterhaltung*) conversation *f;* **mit jdm ins ~ kommen** entrer en conversation avec qn; **das ~ auf etw** (*Akk*) **bringen** amener la conversation sur qc; **sich in das ~ einmischen** s'immiscer dans la discussion
❷ (*förmliche Unterredung*) entretien *m;* **~ unter vier Augen** entretien entre quatre yeux
❸ *Pl* (*politische Verhandlung*) pourparlers *mpl*
❹ (*Kontakt*) **mit jdm im ~ sein/bleiben** être/rester en contact avec qn
❺ (*Telefongespräch*) communication *f* [téléphonique]; **ein ~ aus Paris** une communication de Paris; **ein ~ für dich!** un appel pour toi!
► **etw ist das ~ des Tages** tout le monde parle de qc; **sie ist als deine Nachfolgerin im ~** on parle d'elle comme de ton successeur

gesprächig *Adj* loquace; *pej* bavard(e)
Gesprächigkeit <-> *f* ❶ loquacité *f*
❷ *s.* Geschwätzigkeit
Gesprächsbasis *f* base *f* d'entendement; **eine gemeinsame ~ finden** trouver un terrain d'entente **gesprächsbereit** *Adj* ouvert(e) à la discussion **Gesprächsdauer** *f* TELEC durée *f* de la communication **Gesprächseinheit** *f* TELEC unité *f* **Gesprächsfetzen** *m* fragment *m* de conversation **Gesprächskreis** *m* cercle *m* de discussion **Gesprächspartner(in)** *m(f)* interlocuteur(-trice) *m(f)*; (*Diskussionspartner*) participant(e) *m(f)* **Gesprächsrunde** *f* table *f* ronde **Gesprächsstoff** *m* sujet *m* de conversation *souvent pl*; **~ liefern** fournir matière à discuter **Gesprächsteilnehmer(in)** *m(f)* participant(e) *m(f)* à une discussion **Gesprächsthema** *nt* sujet *m* de discussion **Gesprächstherapie** *f* entretiens *mpl* psychothérapeutiques
gespreizt [gəˈʃpraɪtst] *Adj, Adv s.* **affektiert**
gesprenkelt [gəˈʃprɛŋkəlt] *Adj* tacheté(e)
Gespritzte(r) *m dekl wie Adj* SDEUTSCH, A *vin coupé d'eau gazeuse*
gesprochen [gəˈʃprɔxən] *PP von* **sprechen**
gesprossen [gəˈʃprɔsən] *PP von* **sprießen**
gesprungen [gəˈʃprʊŋən] *PP von* **springen**
Gespür [gəˈʃpyːɐ] <-s> *nt* flair *m*; **ein gutes ~ für etw haben** avoir une bonne intuition pour qc
gest. *Adj Abk von* **gestorben** mort(e)
Gestade [gəˈʃtaːdə] <-s, -> *nt liter* rivages *mpl* (*littér*)
Gestagen [gɛstaˈgeːn] <-s, -e> *nt* MED progestérone *f*
Gestalt [gəˈʃtalt] <-, -en> *f* ❶ (*Mensch*) créature *f*
❷ *pej* (*fragwürdiges Individuum*) individu *m*
❸ (*Wuchs*) silhouette *f*; **groß von ~ sein** être de grande taille
❹ (*literarische, historische Figur*) personnage *m*
❺ (*äußere Form*) forme *f*; **~ annehmen** prendre corps [*o* forme]; **einer S.** (*Dat*) **~ geben** donner corps [*o* forme] à qc; **in ~ einer Schlange** sous la forme [*o* l'apparence] d'un serpent
▸ **sich in seiner wahren ~ zeigen** se montrer sous son vrai jour
gestalten* **I.** *tr V* ❶ organiser *Leben, Freizeit*; présenter *Vortrag, Unterricht, Text*; animer *Programm, Abend*
❷ *a.* ARCHIT, KUNST concevoir; (*konstruieren*) agencer; (*einrichten*) aménager; (*schmücken*) décorer; **ein Geschäft modern/kundenfreundlich ~** arranger un magasin en moderne/pour l'agrément de la clientèle
II. *r V* **sich schwierig ~** s'avérer difficile
Gestalter(in) <-s, -> *m(f)* créateur(-trice) *m(f)*
gestalterisch *Adj* de design; *Begabung, Talent* de créateur
Gestaltpsychologie *f* psychologie *f* de la forme
Gestaltung <-, -en> *f* ❶ *des Lebens, der Freizeit* organisation *f*; *des Unterrichts, eines Vortrags, Textes* présentation *f*; *eines Programms, Abends* animation *f*
❷ *a.* ARCHIT, KUNST conception *f*; (*Einrichtung*) aménagement *m*; (*Dekoration*) décoration *f*
Gestammel [gəˈʃtaməl] <-s> *nt pej* bredouillement *m gén pl*
gestand *Imp von* **gestehen**
gestanden [gəˈʃtandən] **I.** *PP von* **stehen, gestehen**
II. *Adj* (*erfahren*) chevronné(e)
geständig [gəˈʃtɛndɪç] *Adj Angeklagter* qui avoue; **~ sein** avouer
Geständnis [gəˈʃtɛntnɪs] <-ses, -se> *nt* ❶ aveu *m*; **jdm ein ~ machen** faire un aveu à qn
❷ JUR aveux *mpl*; **vor jdm ein ~ ablegen** passer aux aveux en présence de qn
Gestänge [gəˈʃtɛŋə] <-s, -> *nt eines Zelts* armature *f*; *einer Dampfmaschine* bielles *fpl*
Gestank [gəˈʃtaŋk] <-[e]s> *m* puanteur *f*
Gestapo [geˈstaːpo] <-> *f* NS *Abk von* **Geheime Staatspolizei** Gestapo *f*
gestatten* *tr V form* ❶ permettre; [**jdm**] **etw ~** permettre qc [à qn]; **jdm/sich ~ etw zu tun** permettre à qn/se permettre de faire qc; **sein Gehalt gestattet ihm keine Extravaganzen** son salaire ne lui permet pas de faire des folies; **das Fotografieren ist nicht gestattet!** il est interdit de prendre des photos!
❷ (*Höflichkeitsformel in Bitten, Aufforderungen*) **~ Sie?** vous permettez?; **~ Sie, dass ich rauche?** vous permettez que je fume?; **~, Max Müller!** si je puis me le permettre, Max Müller!
Geste [ˈgeːstə, ˈgɛstə] <-, -n> *f* (*Bewegung, Handlung*) geste *m*
Gesteck [gəˈʃtɛk] <-[e]s, -e> *nt* composition *f* florale
gestehen <gestand, gestanden> *tr V* avouer *Fehler, Tat, Verbrechen*; [**jdm**] **~ etw getan zu haben** avouer [à qn] d'avoir fait qc; **jdm seine Liebe ~** déclarer son amour à qn; **ich gestehe, ...** j'avoue ...; **offen gestanden** à vrai dire
Gestein [gəˈʃtaɪn] <-[e]s, -e> *nt* roche *f*
Gesteinsprobe *f* échantillon *m* de roche **Gesteinsschicht** *f* couche *f* rocheuse
Gestell [gəˈʃtɛl] <-[e]s, -e> *nt* ❶ (*Regalgestell*) étagère *f*
❷ (*Rahmen*) cadre *m*; *einer Brille* monture *f*
❸ TECH (*Unterbau*) châssis *m*; (*Stativ*) pied *m*; (*Stütze*) support *m*
gestern [ˈgɛstɐn] *Adv* hier; **von ~** d'hier; **~ Morgen/Mittag** hier matin/à midi; **~ vor einer Woche/acht Tagen** il y a eu une semaine/huit jours hier
▸ **die Welt von ~** le monde d'autrefois; **er ist nicht von ~** *fam* il n'est pas né de la dernière pluie (*fam*)
Gestern <-> *nt* passé *m*
gestiefelt [gəˈʃtiːfəlt] ▸ **~ und gespornt** *hum fam* fin prêt(e)
gestiegen [gəˈʃtiːgən] *PP von* **steigen**
Gestik [ˈgeːstɪk, ˈgɛstɪk] <-> *f* gestes *mpl*; *eines Schauspielers* gestuelle *f*
Gestikulation <-, -en> *f* gesticulation *f*
gestikulieren* *itr V* gesticuler
gestimmt *Adj* **fröhlich/traurig ~** d'humeur joyeuse/triste
Gestirn [gəˈʃtɪrn] <-[e]s, -e> *nt geh* constellation *f*
gestoben [gəˈʃtoːbən] *PP von* **stieben**
gestochen [gəˈʃtɔxən] *PP von* **stechen**
gestohlen [gəˈʃtoːlən] *PP von* **stehlen**
Gestöhn(e) <-s> *nt pej fam* gémissements *mpl*
gestorben [gəˈʃtɔrbən] *PP von* **sterben**
gestört [gəˈʃtøːɐt] *Adj* ❶ (*nicht harmonisch*) *Ehe, Familie* en crise; **ein ~es Verhältnis zu jdm/etw haben** avoir de mauvais rapports avec qn/qc
❷ (*verwirrt*) *Kind, Tier* caractériel(le); **geistig ~ sein** avoir l'esprit dérangé
Gestose [gɛsˈtoːzə] <-, -n> *f* MED gestose *f*
gestoßen [gəˈʃtoːsən] *PP von* **stoßen**
Gestotter <-s> *nt pej fam* bégaiements *mpl*
Gesträuch [gəˈʃtrɔɪç] <-[e]s, -e> *nt* buissons *mpl*
gestreift [gəˈʃtraɪft] *Adj* rayé(e); **längs ~** à rayures verticales; **längs ~ sein** avoir des rayures verticales; **quer ~** à rayures horizontales
gestreng *Adj veraltet* sévère
gestrichen [gəˈʃtrɪçən] **I.** *PP von* **streichen**
II. *Adj* **ein ~er Esslöffel Zucker** une cuillère rase de sucre
III. *Adv* **~ voll sein** être plein(e) à ras bord
gestriegelt *s.* **geschniegelt**
gestrig [ˈgɛstrɪç] *Adj* d'hier; **die ~e Zeitung** le journal d'hier; **vom ~en Tag** d'hier; **am ~en Abend** hier soir
gestritten [gəˈʃtrɪtən] *PP von* **streiten**
Gestrüpp [gəˈʃtrʏp] <-[e]s, -e> *nt* broussailles *fpl*
Gestühl [gəˈʃtyːl] <-s, -e> *nt* sièges *mpl*
gestunken [gəˈʃtʊŋkən] *PP von* **stinken**
Gestüt [gəˈʃtyːt] <-[e]s, -e> *nt* haras *m*
Gesuch [gəˈzuːx] <-[e]s, -e> *nt* requête *f*; **~ um Versetzung** demande *f* d'affectation; **bei jdm ein ~ einreichen** présenter une requête à qn

gesucht [gə'zu:xt] *Adj* (*begehrt*) recherché(e)

Gesülze <-s> *nt pej sl* conneries *fpl* (*fam*)

Gesumm <-[e]s> *nt von Insekten* bourdonnement *m*

gesund [gə'zʊnt] <=er *o* -er, =este *o* -este> **I.** *Adj* ❶ *a. fig Person, Firma* en bonne santé; *Haut, Zähne, Organ, Wirtschaft* sain(e); *Herz* solide; *Gesichtsfarbe* frais(fraîche); *Schlaf, Appetit* bon(ne) *antéposé;* **jdn ~ pflegen** soigner qn durant sa convalescence; **wieder ~ werden** se rétablir; **jdn ~ schreiben** faire un certificat médical de reprise du travail à qn; **bleib ~!** porte-toi bien! ❷ (*gut für die Gesundheit*) *Lebensweise, Ernährung* sain(e); *Luft, Wohnung* salubre; **Obst ist ~** les fruits sont bons pour la santé ❸ (*angemessen*) *Egoismus, Misstrauen* de bon aloi, sain(e); **ein ~es Maß an Selbstbewusstsein** juste ce qu'il faut de confiance en soi
► **~ und munter** en pleine forme; **sonst bist du ~?** *iron fam* et sinon t'es sûr(e) que ça va bien? (*iron fam*)
II. *Adv leben, sich ernähren* sainement

Gesunde(r) *f(m) dekl wie Adj* personne *f* bien portante; **die ~n** les bien portants

gesunden* *itr V + sein geh Person, Tier:* recouvrir la santé (*soutenu*); *Finanzen, Wirtschaft:* se rétablir

Gesundheit <-> *f* santé *f;* **eine gute/eiserne ~ haben** avoir une bonne santé/une santé de fer; **bei guter/bester ~** en bonne/parfaite santé; **was macht die ~?** comment va la santé?; **auf deine/Ihre ~!** à ta/votre santé!; **hatschi! – ~!** atchoum! – À tes/vos souhaits!

gesundheitlich **I.** *Adj* de santé; **aus ~en Gründen** pour raison[s] de santé; **in ~er Hinsicht** au niveau de la santé
II. *Adv* en ce qui concerne la santé; **wie geht es Ihnen ~?** comment va la santé?

Gesundheitsamt *nt* services *mpl* d'hygiène **Gesundheitsapostel** *m iron* maniaque *mf* de la santé **Gesundheitsbehörde** *f* office *m* de la santé **gesundheitsbewusst**^RR *Adj* **~ sein** surveiller sa santé **gesundheitsfördernd** *Adj* salubre **Gesundheitsfürsorge** *f* santé *f* publique **Gesundheitsminister(in)** *m(f)* ministre *m* de la Santé **Gesundheitsministerium** *nt* ministère *m* de la Santé [publique] **Gesundheitspolitik** *f kein Pl* politique *f* de santé publique **Gesundheitsreform** *f* réforme *f* de la santé publique **gesundheitsschädlich** *Adj* dangereux(-euse) pour la santé **Gesundheitswesen** *nt* santé *f* [publique] **Gesundheitszeugnis** *nt* certificat *m* médical [*o* de santé] **Gesundheitszustand** *m kein Pl* état *m* de santé

gesund|schrumpfen *fam* **I.** *tr V* assainir *Unternehmen* **II.** *r V* **sich ~** dégraisser pour assainir sa situation (*fam*) **gesund|stoßen** *r V unreg fam* **sich ~** se remplumer (*fam*)

Gesundung <-> *f geh* guérison *f;* **wirtschaftliche ~** convalescence *f* économique

gesungen [gə'zʊŋən] *PP von* **singen**

gesunken [gə'zʊŋkən] *PP von* **sinken**

getan *PP von* **tun**

Getier [gə'ti:ɐ] <-s> *nt veraltet geh* animaux *mpl*

getigert [gə'ti:gɐt] *Adj* tigré(e)

Getöse [gə'tø:zə] <-s> *nt* fracas *m; des Verkehrs* vacarme *m; eines Wasserfalls* tumulte *m;* **mit [lautem] ~** avec fracas

getragen [gə'tra:gən] **I.** *PP von* **tragen**
II. *Adj Melodie* assez lent(e); *Rhythmus* modéré(e)

Getrampel <-s> *nt pej fam* piétinement *m;* (*Beifallsgetrampel, Protestbekundung*) trépignements *mpl*

Getränk [gə'trɛŋk] <-[e]s, -e> *nt* boisson *f;* **heiße/kalte ~e** des boissons chaudes/froides; **alkoholische ~e** des boissons alcoolisées

Getränkeautomat *m* distributeur *m* de boissons **Getränkedose** *f* [boisson *f* en] boîte *f* **Getränkeindustrie** *f* industrie *f* de la boisson **Getränkekarte** *f* carte *f* des consommations; (*Weinkarte*) carte *f* des vins **Getränkemarkt** *m* magasin *m* de boissons; (*im Supermarkt*) rayon *m* des boissons **Getränkestand** *m* buvette *f* **Getränkesteuer** *f* droits *mpl* sur les boissons **Getränkeverpackung** *f* emballage *m* des boissons

Getrappel [gə'trapl] <-s> *nt kein Pl* piétinement *m;* **das ~ der Hufe** le martèlement des sabots

Getratsch[e] <-[e]s> *nt pej fam* commérages *mpl* (*fam*)

getrauen* *r V* **sich ~ etw zu tun** oser faire qc; **getraust du dich [*o* dir] das?** tu oses le faire?

Getreide [gə'traɪdə] <-s, -> *nt* céréales *fpl*

Getreide[an]bau *m kein Pl* culture *f* céréalière **Getreideart** *f* sorte *f* de céréales **Getreideernte** *f* moisson *f* **Getreidefeld** *nt* champ *m* de plantes céréalières **Getreidekorn** <-körner> *nt* grain *m* de blé; (*Samenkorn*) graine *f* **Getreideland** *nt* ❶ (*Land*) pays *m* céréalier ❷ *kein Pl* (*Boden*) terre *f* à céréales **Getreideprodukt** *nt* produit *m* céréalier **Getreidesilo** *m o nt* silo *m* à céréales **Getreidesorte** *f* céréale *f* **Getreidespeicher** *m* silo *m* à céréales

getrennt [gə'trɛnt] **I.** *Adj Haushalt, Zimmer* séparé(e)
II. *Adv leben, wohnen* séparément; *schreiben* en deux mots; **~ schlafen** faire chambre à part

Getrenntschreibung *f* écriture *f* en deux mots

getreten *PP von* **treten**

getreu [gə'trɔɪ] **I.** *Adj geh* fidèle; **sein ~er Diener** son fidèle serviteur
II. *Adv befolgen* à la lettre
III. *Präp + Dat* **~ unserer Abmachung** conformément à notre convention

Getreue(r) *f(m) dekl wie Adj geh* fidèle *mf*

Getriebe [gə'tri:bə] <-s, -> *nt* ❶ TECH boîte *f* de vitesses; **automatisches ~** boîte de vitesses automatique
❷ (*geschäftiges Treiben*) animation *f;* (*Hektik*) agitation *f*

Getriebebremse *f* frein *m* moteur

getrieben *PP von* **treiben**

Getriebeöl *nt* huile *f* de graissage **Getriebeschaden** *m* détérioration *f* de l'engrenage

getroffen *PP von* **treffen, triefen**

getrogen *PP von* **trügen**

Getrommel <-s> *nt pej fam* ❶ (*Trommelmusik*) roulement *m* de tambour[s]
❷ (*das Klopfen mit den Fingern*) tambourinement *m;* **lass das ~!** arrête de tambouriner avec tes doigts!

getrost [gə'tro:st] **I.** *Adj* **sei ~!** sois tranquille!
II. *Adv* **sich ~ auf jdn verlassen können** pouvoir compter sur qn en toute tranquillité

getrunken *PP von* **trinken**

Getto ['gɛto] <-s, -s> *nt* ghetto *m*

Getue [gə'tu:ə] <-s> *nt pej fam* chiqué *m* (*péj fam*); **dieses alberne ~** ces chichis *mpl*

Getümmel [gə'tʏməl] <-s> *nt* cohue *f;* **sich ins ~ stürzen** *hum* se jeter dans la mêlée

getüpfelt [gə'tʏpfəlt] *Adj,* **getupft** *Adj* à pois

Getuschel <-s> *nt pej fam* messes *fpl* basses (*péj fam*)

geübt [gə'ʔy:pt] *Adj Fahrer, Handwerker, Griff* expert(e); *Auge, Ohr* exercé(e); **in etw (*Dat*) ~ sein** être expert(e) dans qc

Geviert [gə'fi:ɐt] <-[e]s, -e> *nt* carré *m;* **4 Meter im ~** 4 mètres carrés

GEW [ge:ʔe:'ve:] <-> *f Abk von* **Gewerkschaft Erziehung und Wissenschaft** *syndicat des enseignants allemands*

Gewächs [gə'vɛks] <-es, -e> *nt* ❶ (*Pflanze*) plante *f*
❷ MED excroissance *f*

gewachsen [gə'vaksən] **I.** *PP von* **wachsen**[1]
II. *Adj* **jdm ~ sein** pouvoir se mesurer à qn; **einer S. (*Dat*) ~ sein** être à la hauteur de qc

Gewächshaus *nt* serre *f*

gewagt [gə'va:kt] *Adj* osé(e); (*gefährlich*) risqué(e)

gewählt [gə'vɛ:lt] **I.** *Adj Ausdrucksweise* choisi(e)
II. *Adv sich ausdrücken* en termes choisis

gewahr [gə'va:ɐ] *Adj geh* **eines [*o* einen] Passanten ~ werden** apercevoir un passant; **einer S. (*Gen*) [*o* etw] ~ werden** (*bemerken, feststellen*) s'apercevoir de qc; (*wahrnehmen*) sentir/entendre qc

Gewähr [gəˈvɛːɐ] <-> *f* garantie *f;* **für etw keine ~ übernehmen** ne pas garantir qc; **die Bekanntgabe der Lottozahlen erfolgt ohne ~** les numéros gagnants [du loto] sont annoncés sous réserve d'erreur

gewahren* *tr V liter* (*sehen*) apercevoir; (*spüren*) remarquer

gewähren* I. *tr V* ① (*einräumen*) accorder *Kredit, Rabatt*
② (*zuteil werden lassen*) apporter *Trost;* **jdm Asyl ~** accorder le droit d'asile à qn
II. *itr V geh* **jdn ~ lassen** laisser faire qn

gewährleisten* *tr V* garantir; [**jdm**] **etw ~** garantir qc [à qn]

Gewährleistung *f eines Herstellers* garantie *f;* **die ~ übernehmen** prendre la garantie à son compte; **~ wegen Sachmangels** recours *m* en garantie pour vices

Gewahrsam [gəˈvaːɐzaːm] <-s> *m* ① (*Verwahrung*) **etw in ~ geben/nehmen** donner/prendre qc en garde
② (*Haft*) garde *f;* **sich in** [**polizeilichem**] **~ befinden** être détenu(e) [*o* en détention]

Gewährsmann <-männer *o* -leute> *m* informateur(-trice) *m(f)*

Gewährung <-, *selten* -en> *f* octroi *m*

Gewalt [gəˈvalt] <-, -en> *f* ① (*Macht, Herrschaft*) pouvoir *m;* **elterliche ~** autorité *f* parentale; **die vollziehende/gesetzgebende/richterliche ~** le pouvoir exécutif/législatif/judiciaire; **jdn in seiner ~ haben** tenir qn à sa merci; **in jds ~** (*Dat*) **sein** être entre les mains de qn; **die ~ über etw** (*Akk*)/**sich verlieren** perdre le contrôle de qc/soi
② *kein Pl* (*gewaltsames Vorgehen*) violence *f;* **nackte** [*o* **rohe**] **~** de la violence pure; **etw mit ~ öffnen** forcer qc; **etw mit ~ schließen** fermer qc de force; **~ anwenden** recourir à la force; **jdm ~ antun** *geh* violenter qn
③ *kein Pl* (*Heftigkeit*) *eines Sturms, Aufpralls* violence *f*
▶ [**das ist**] **höhere ~** [c'est un] cas de force majeure; **mit sanfter ~** doucement, mais fermement; **sich in der ~ haben** être maître(-esse) de soi; **mit ~** par la force; (*unbedingt*) à tout prix

Gewaltakt *m* acte *m* de violence **Gewaltanwendung** *f* recours *m* à la violence; **etw unter ~** (*Dat*) **tun** faire qc par la force **gewaltbereit** *Adj* capable de violence **Gewaltbereitschaft** *f* propension *f* à la violence **Gewalteinwirkung** *f* violence *f;* **Spuren von ~ aufweisen** *Person, Gegenstand:* présenter des traces de violence

Gewaltenteilung *f* séparation *f* des pouvoirs

gewaltfrei *Adj* non-violent(e) **Gewaltherrschaft** *f kein Pl* despotisme *m* **Gewaltherrscher(in)** *m(f)* despote *m*

gewaltig I. *Adj* ① (*heftig*) *Explosion, Sturm* violent(e); *Überschwemmung* grande *antéposé*
② (*beeindruckend*) *Bauwerk, Menge* énorme; *Anblick* impressionnant(e); *Eindruck* très fort(e); **ein ~er Unterschied** une énorme différence
③ *geh* (*mächtig*) puissant(e); **ein ~er Herrscher** un souverain puissant
II. *Adv fam* drôlement (*fam*); **sich ~ irren** se gourer complètement (*fam*)

gewaltlos I. *Adj* non-violent(e)
II. *Adv* sans violence; *demonstrieren* pacifiquement

Gewaltlosigkeit <-> *f* non-violence *f*

Gewaltmarsch *m* marche *f* forcée **Gewaltmaßnahme** *f* mesure *f* violente

gewaltsam I. *Adj Tod, Vertreibung* violent(e)
II. *Adv vertreiben, durchsetzen* par la force; *schließen* de force; **etw ~ öffnen** forcer qc

Gewaltstreich *m* coup *m* de force **Gewalttat** *f* acte *m* de violence **Gewalttäter(in)** *m(f)* criminel(le) *m(f)* **gewalttätig** *Adj* violent(e) **Gewalttätigkeit** *f* violence *f* **Gewaltverbrechen** *nt* crime *m;* (*Mord*) crime *m* de sang **Gewaltverbrecher(in)** *m(f)* criminel(le) *m(f)* **Gewaltverzicht** *m* non-belligérance *f*

Gewand [gəˈvant, *Pl:* gəˈvɛndɐ] <-[e]s, ¨-er> *nt geh* robe *f;* **liturgisches ~** vêtement *m* liturgique
▶ **in neuem ~** sous un nouvel aspect

gewandet *Adj hum geh* vêtu(e); **in Grün/in Seide ~** vêtu(e) de vert/de soie

gewandt [gəˈvant] I. *PP von* **wenden**
II. *Adj Redner, Politiker* habile; *Auftreten, Ausdruck* aisé(e); *Bewegung* souple
III. *Adv sich ausdrücken, auftreten* avec aisance

Gewandtheit <-> *f eines Redners, Politikers* habileté *f; des Auftretens, der Ausdrucksweise* aisance *f; von Bewegungen* souplesse *f*

gewann [gəˈvan] *Imp von* **gewinnen**

gewärtig [gəˈvɛrtɪç] *Adj geh* **einer S.** (*Gen*) **~ sein** s'attendre à qc

gewärtigen* *tr V geh* **eine Strafe zu ~ haben** devoir s'attendre à une punition

Gewäsch [gəˈvɛʃ] <-[e]s> *nt pej fam* foutaises *fpl* (*fam*)

gewaschen [gəˈvaʃən] *PP von* **waschen**

Gewässer [gəˈvɛsɐ] <-s, -> *nt* eaux *fpl;* **ein fließendes/stehendes ~** une eau courante/stagnante

Gewässerkunde <-> *f* hydrographie *f* **Gewässerschutz** *m* protection *f* des eaux

Gewebe [gəˈveːbə] <-s, -> *nt a.* PHYSIOL tissu *m*

Gewebeprobe *f* prélèvement *m* de tissu organique

Gewebsflüssigkeit *f* lymphe *f*

Gewehr [gəˈveːɐ] <-[e]s, -e> *nt* fusil *m;* **an die ~e!** aux armes!; **präsentiert das ~!** présentez arme!; **das ~ über!** portez arme!; **~ ab!** reposez arme!
▶ **~ bei Fuß stehen** *fam* être sur le pied de guerre (*fam*)

Gewehrkolben *m* crosse *f* de fusil **Gewehrkugel** *f* balle *f* [de fusil] **Gewehrlauf** *m* canon *m* de fusil

Geweih [gəˈvaɪ] <-[e]s, -e> *nt* bois *mpl*

Gewerbe [gəˈvɛrbə] <-s, -> *nt* (*Tätigkeit im Handwerk*) activité *f* artisanale; (*Tätigkeit im Handel*) activité commerciale; (*Tätigkeit in der Industrie*) activité industrielle; **das ~ des Bäckers** [**betreiben**] [exercer] le métier de boulanger; **ein ~ anmelden** publier [au Bulletin d'Annonces Légales Obligatoires] une activité industrielle/commerciale/artisanale
▶ **das älteste ~ der Welt** *hum,* **das horizontale ~** *hum fam* le plus vieux métier du monde

Gewerbeaufsicht *f* inspection *f* du travail **Gewerbeaufsichtsamt** *nt* inspection *f* du Travail **Gewerbebetrieb** *m* (*Werkstätte*) entreprise *f* artisanale; (*Geschäft*) entreprise commerciale; (*Fabrik*) [petite ou moyenne] entreprise [industrielle] **Gewerbegebiet** *nt* zone *f* industrielle **Gewerbelehrer(in)** *m(f)* professeur *m* de lycée professionnel **Gewerberecht** *nt* JUR droit *m* des professions industrielles et commerciales **Gewerbeschein** *m* licence *f* **Gewerbeschule** *f* école *f* professionnelle **Gewerbesteuer** *f* taxe *f* professionnelle

gewerbetreibend *Adj* commerçant(e)

Gewerbetreibende(r) *f(m) dekl wie Adj* (*Handwerker*) artisan(e) *m(f);* (*Kaufmann*) commerçant(e) *m(f);* (*Fabrikinhaber*) [petit(e)] industriel(le) *m*

Gewerbezweig *m* branche *f* d'activité

gewerblich [gəˈvɛrplɪç] I. *Adj Ausbildung* technique; *Nutzung* - à des fins professionnelles
II. *Adv nutzen* à des fins professionnelles

gewerbsmäßig I. *Adj* professionnel(le)
II. *Adv* à titre professionnel

Gewerkschaft [gəˈvɛrkʃaft] <-, -en> *f* syndicat *m;* **in die ~ gehen** *fam* se syndiquer

Gewerkschaft[l]er(in) <-s, -> *m(f)* syndicaliste *mf*

gewerkschaftlich *Adj* syndical(e)

Gewerkschaftsbewegung *f* mouvement *m* syndical **Gewerkschaftsbund** *m* confédération *f* syndicale **gewerkschaftseigen** *Adj* appartenant au syndicat **Gewerkschaftsführer(in)** *m(f)* dirigeant(e) *m(f)* syndical(e) **Gewerkschaftsfunktionär(in)** *m(f)* représentant(e) *m(f)* syndical(e) **Gewerkschaftshaus** *nt* maison *f* syndicale **Gewerk-**

schaftskongressRR *m* congrès *m* syndical **Gewerkschaftsmitglied** *nt* syndiqué(e) *m(f)*

gewesen [gə'veːzən] I. *PP von* **sein**[1]
II. *Adj* (*ehemalig*) ancien(ne); **der ~e Bürgermeister** l'ancien maire

gewichen [gə'vɪçən] *PP von* **weichen**

Gewicht [gə'vɪçt] <-[e]s, -e> *nt* ❶ *kein Pl* (*Schwere, Körpergewicht*) poids *m;* **ein geringes/großes ~** un faible/grand poids; **etw nach ~ verkaufen** vendre qc au poids; **das spezifische ~** la masse spécifique [*o* volumique]
❷ (*Metallstück*) poids *m;* SPORT haltères *fpl;* **mit ~en üben** [*o* **trainieren**] faire des haltères
❸ (*Bedeutung*) **~ haben, von ~ sein** avoir de l'importance; **ein großes/entscheidendes ~ haben** avoir une grande importance/une importance décisive; **auf etw** (*Akk*) **~ legen, einer S.** (*Dat*) **~ beimessen** attacher de l'importance à qc
▸ **sein ganzes ~ für jdn/etw in die Waagschale werfen** jeter [tout] son poids dans la balance en faveur de qn/pour qc; **ins ~/nicht ins ~ fallen** avoir de l'importance/n'avoir aucune importance

gewichten* *tr V* évaluer *Zahlen, Fakten, Projekte;* **etw anders/neu ~** réévaluer qc; **etw höher ~** attacher plus d'importance à qc

Gewichtheben <-s> *nt* SPORT haltérophilie *f* **Gewichtheber(in)** <-s, -> *m(f)* haltérophile *mf*

gewichtig *Adj* ❶ *hum* (*schwer*) *Person* fort(e); *Koffer* lourd(e)
❷ (*bedeutsam*) solide; *Grund* important(e)

Gewichtsabnahme *f* perte *f* de poids **Gewichtsangabe** *f* indication *f* de poids **Gewichtsklasse** *f* catégorie *f* **Gewichtskontrolle** *f* contrôle *m* du poids **Gewichtsverlust** *m* perte *f* de poids **Gewichtszunahme** *f* prise *f* de poids

Gewichtung <-, -en> *f* évaluation *f;* *von Argumenten* hiérarchisation *f;* **eine andere ~** une réévaluation

gewieft [gə'viːft] *fam* I. *Adj* roublard(e) (*fam*)
II. *Adv* de manière roublarde (*fam*)

Gewieher [gə'viːɐ] <-s> *nt* ❶ (*Pferd*) hennissements *mpl*
❷ *pej* (*Gelächter*) éclats *mpl* de rire

gewiesen [gə'viːzən] *PP von* **weisen**

gewillt [gə'vɪlt] *Adj* **~ sein etw zu tun** être disposé(e) à faire qc

Gewimmel <-s> *nt* grouillement *m*

Gewimmer [gə'vɪmɐ] <-s> *nt* gémissements *mpl*

Gewinde [gə'vɪndə] <-s, -> *nt* filetage *m*

Gewindebohrer *m* taraud *m* **Gewindegang** <-gänge> *m* pas *m* de vis **Gewindeschneider** *m* filière *f*

Gewinn [gə'vɪn] <-[e]s, -e> *m* ❶ (*Profit*) bénéfice *m;* **etw mit ~ verkaufen** vendre qc avec bénéfices; **viel/einen ordentlichen ~ bringen** [*o* **abwerfen**] rapporter beaucoup/pas mal; **mit etw einen ~ erzielen** réaliser un bénéfice avec qc; **nicht ausgewiesener ~** bénéfice non affiché [*o* non déclaré]; **~ bringend** *Unternehmen* rentable
❷ (*Preis*) gain *m;* (*Treffer*) numéro *m* gagnant; **einen ~ machen** gagner [à la loterie]; **nicht jedes Los ist ein ~** tous les billets ne sont pas gagnants
❸ *kein Pl* (*Vorteil*) enrichissement *m;* **ein großer ~ für jdn/etw sein** être une aubaine pour qn/qc

Gewinnanspruch *m* droit *m* au bénéfice/aux bénéfices **Gewinnanteil** *m* part *f* de bénéfice **Gewinnausschüttung** *f* répartition *f* des bénéfices **Gewinnbeteiligung** *f* participation *f* aux bénéfices

gewinnbringend I. *Adj* *Geschäft* rentable; *Geldanlage, Spekulation* lucratif(-ive); *Verkauf* avantageux(-euse)
II. *Adv* *wirtschaften* de façon rentable; *anlegen* lucrativement; *verkaufen* avantageusement

Gewinnchance [-ʃãːs(ə), -ʃaŋs(ə)] *f* chance *f* de gagner

gewinnen [gə'vɪnən] <gewann, gewonnen> I. *tr V* ❶ gagner *Medaille, Preis, Prozess, Krieg;* remporter *Spiel, Meisterschaft*
❷ (*erreichen*) **was ist damit gewonnen?** qu'est-ce qu'on y gagne?
❸ (*überreden*) **jdn als Freund ~** gagner l'amitié de qn; **jdn als Mitarbeiter ~** gagner qn comme collaborateur; **jdn für eine Idee ~** gagner qn à une idée
❹ (*erzeugen*) **Kohle/Erz ~** extraire du charbon/du minerai; **etw aus recycelten Stoffen ~** tirer qc de matières recyclées
▸ **wie gewonnen, so zerronnen** *Spr.* argent vite gagné sera vite envolé
II. *itr V* ❶ **in einem Wettkampf ~** gagner une compétition; **beim Daviscup ~** remporter la coupe Davis
❷ (*Gewinn bringen*) *Los, Zahlen:* être gagnant(e)
❸ (*Profit machen*) **bei etw ~** gagner à qc
❹ (*zunehmen*) **an Sicherheit/Bedeutung ~** gagner en assurance/importance
❺ (*besser wirken, aussehen*) **seitdem hat er sehr gewonnen** depuis il s'est beaucoup amélioré; **sie gewinnt durch ihre neue Frisur** sa nouvelle coiffure l'avantage

gewinnend *Adj* *Art, Lächeln* engageant(e)

Gewinner(in) <-s, -> *m(f)* gagnant(e) *m(f);* MIL vainqueur *m*

Gewinnerwartungen *Pl* bénéfices *mpl* escomptés **Gewinnklasse** *f* catégorie *f* gagnante **Gewinnlos** <-es, -e> *nt* billet *m* gagnant **Gewinnnummer**RR *f* numéro *m* gagnant **Gewinnquote** *f* cote *f* gagnante **Gewinnrückgang** *m* recul *m* des bénéfices **Gewinnschwelle** *f* seuil *m* de rentabilité **Gewinnspanne** *f* marge *f* bénéficiaire **Gewinnstreben** *nt* recherche *f* du profit **Gewinnsucht** *f* cupidité *f;* **etw aus ~ tun** faire qc par cupidité **gewinnsüchtig** *Adj* cupide **gewinnträchtig** *Adj* prometteur(-euse)

Gewinnummer *s.* Gewinnnummer

Gewinnung *f* ❶ *von Rohstoffen* extraction *f*
❷ (*Erzeugung*) production *f*

Gewinnzahl *f* numéro *m* gagnant

Gewinsel <-s> *nt* *eines Tieres* gémissements *mpl;* *einer Person* geignements *mpl*

Gewirr [gə'vɪr] <-[e]s> *nt* ❶ (*Knäuel*) enchevêtrement *m*
❷ *fig* **~ von Stimmen** brouhaha *m;* **~ von Paragraphen** imbroglio *m*

Gewisper <-s> *nt* chuchotements *mpl*

gewissRR, **gewiß** I. *Adj* ❶ *attr* (*nicht näher benannt*) certain(e) *antéposé;* **~e Fragen sind noch offen** certaines questions restent encore à régler
❷ (*sicher*) sûr(e); **[sich** (*Dat*)**] einer S.** (*Gen*) **~ sein** être sûr(e) de qc
II. *Adv* certainement; **ich weiß es ganz ~** je le sais en toute certitude; **[aber] ~!** [mais] bien sûr!

Gewissen [gə'vɪsən] <-s> *nt* conscience *f;* **ein reines ~ haben** avoir la conscience tranquille; **ein schlechtes ~ haben** avoir mauvaise conscience; **etw ruhigen ~s tun** faire qc en toute bonne foi; **sein ~ erleichtern/erforschen** soulager sa/faire un examen de conscience; **kein ~ haben** n'avoir aucun sens moral
▸ **ein gutes ~ ist ein sanftes Ruhekissen** *Spr.* on dort mieux la conscience en paix; **jdn/etw auf dem ~ haben** avoir qn/qc sur la conscience; **jdm ins ~ reden** faire appel à la conscience de qn

gewissenhaft I. *Adj* consciencieux(-euse)
II. *Adv* consciencieusement

Gewissenhaftigkeit <-> *f* *einer Person* conscience *f* [professionnelle]; *einer Ausführung, Prüfung* minutie *f*

gewissenlos I. *Adj* sans scrupule
II. *Adv* sans aucun scrupule

Gewissenlosigkeit <-, -en> *f* ❶ *kein Pl* (*Skrupellosigkeit*) manque *m* de scrupules
❷ (*Handlung*) ignominie *f*

Gewissensbisse *Pl* remords *mpl;* **wegen etw ~ bekommen/haben** être pris(e) de/avoir des remords à cause de qc **Gewissensentscheidung** *f* cas *m* de conscience **Gewissenserforschung** *f* examen *m* de conscience **Gewissensfrage** *s.* Gewissensentscheidung **Gewissensfreiheit** *f* liberté *f* de conscience **Gewissensgründe** *Pl* raisons *fpl* de conscience **Gewissenskonflikt** *m* débat *m* de conscience; **in einen ~ geraten** se trouver confronté(e) à un cas de conscience

gewissermaßen *Adv* en quelque sorte

GewissheitRR, **Gewißheit** *f* certitude *f;* **~ über etw** (*Akk*) **erlangen, sich** (*Dat*) **~ über etw** (*Akk*) **verschaffen** faire toute la lumière sur qc; **~ über etw** (*Akk*) **haben** connaître avec certitude qc; **jdm die ~ geben, dass** donner à qn la certitude [*o* l'assurance] que + *indic*

Gewitter [gə'vɪtɐ] <-s, -> *nt* orage *m*
▶ **es liegt ein ~ in der Luft** le temps est à l'orage; **ein reinigendes ~** une bonne engueulade (*fam*)

Gewitterfront *f* front *m* orageux **Gewitterhimmel** *m* ciel *m* orageux

gewitterig *s.* **gewittrig**

gewittern* *itr V unpers* **es gewittert** il fait de l'orage

Gewitterregen *m,* **Gewitterschauer** *m* averse *f* orageuse **Gewitterstimmung** *f* atmosphère *f* houleuse **Gewitterwolke** *f* nuage *m* orageux

gewittrig *Adj* orageux(-euse)

gewitzigt *Adj* **durch etw ~ sein** être échaudé(e) par qc

gewitzt [gə'vɪtst] *Adj* roué(e)

Gewitztheit <-> *f* rouerie *f*

gewoben [gə'vo:bən] *PP von* **weben**

gewogen [gə'vo:gən] **I.** *PP von* **wägen, wiegen**2
II. *Adj geh* **jdm/einer S. ~ sein** être dévoué(e) à qn/qc

Gewogenheit <-> *f geh* **seine ~ ihr gegenüber** son inclination *f* pour elle (*littér*)

gewöhnen* **I.** *tr V* **jdn an etw** (*Akk*)**/an sich ~** habituer qn à qc/familiariser qn avec soi; **an jdn/etw gewöhnt sein** être habitué(e) à qn/qc
II. *r V* **sich an jdn/etw ~** s'habituer à qn/qc; **sich daran ~ etw zu tun** prendre l'habitude de faire qc

Gewohnheit [gə'vo:nhaɪt] <-, -en> *f* habitude *f;* **die ~ haben etw zu tun** avoir l'habitude de faire qc; **sich** (*Dat*) **etw zur ~ machen** prendre l'habitude de [faire] qc; **aus [lauter] ~** par [pure] habitude; **das ist ihr zur ~ geworden** ça lui est devenue une habitude

gewohnheitsmäßig **I.** *Adj* habituel(le); *Lügner* invétéré(e)
II. *Adv* par habitude **Gewohnheitsmensch** *m* routinier(-ière) *m(f)* **Gewohnheitsrecht** *nt* ❶ (*Recht*) droit *m* d'usage ❷ (*Rechtssystem*) droit *m* coutumier **Gewohnheitstier** *nt hum fam* **ein ~ sein** être esclave de ses habitudes **Gewohnheitstrinker(in)** *m(f)* buveur *m* invétéré/buveuse *f* invétérée **Gewohnheitsverbrecher(in)** *m(f)* récidiviste *mf*

gewöhnlich [gə'vø:nlɪç] **I.** *Adj* ❶ (*üblich*) habituel(le)
❷ (*durchschnittlich*) *Arbeitstag, Wochentag* ordinaire; *Pflanze* commun(e)
❸ *pej* (*ordinär*) vulgaire (*péj*)
II. *Adv* ❶ (*üblicherweise*) habituellement; **wie ~** comme d'habitude
❷ *pej* (*ordinär*) de manière ordinaire (*péj*)

gewohnt [gə'vo:nt] *Adj Stunde, Zeit* habituel(le); *Umgebung* familier(-ière); **etw ~ sein** être habitué(e) à qc; **es ~ sein, etw zu tun/, dass** avoir l'habitude de faire qc/que + *subj;* **das bin ich gewohnt** j'en ai l'habitude

gewohntermaßen *Adv* habituellement

Gewöhnung [gə'vø:nʊŋ] <-> *f* accoutumance *f;* **~ an etw** (*Akk*) accoutumance *f* à qc; **das ist eine Sache der ~** c'est une question d'habitude

gewöhnungsbedürftig *Adj* à quoi il faut s'habituer

Gewölbe [gə'vœlbə] <-s, -> *nt* ❶ (*Gewölbedecke*) voûte *f*
❷ (*Raum*) cave *f* voûtée

gewölbt [gə'vœlpt] *Adj Decke* voûté(e)

gewollt **I.** *Adj* intentionnel(le)
II. *Adv* délibérément; **~ fröhlich wirken** se donner un air joyeux

gewonnen [gə'vɔnən] *PP von* **gewinnen**

geworben [gə'vɔrbən] *PP von* **werben**

geworden [gə'vɔrdən] *PP von* **werden**

geworfen [gə'vɔrfən] *PP von* **werfen**

gewrungen [gə'vrʊŋən] *PP von* **wringen**

Gewühl [gə'vy:l] <-[e]s> *nt* (*Gedränge*) cohue *f*

gewunden [gə'vʊndən] **I.** *PP von* **winden**1
II. *Adj* ❶ *Flusslauf, Weg* sinueux(-euse)
❷ *fig Erklärung* tarabiscoté(e)

gewunken [gə'vʊŋkən] DIAL *PP von* **winken**

Gewürm [gə'vʏrm] <-[e]s, -e> *nt* vermine *f*

Gewürz [gə'vʏrts] <-es, -e> *nt* (*Würze*) assaisonnement *m;* (*Pfeffer, Curry*) épice *f;* (*Gewürzmischung, Speisezusatz*) condiment *m;* (*Gewürzkraut*) aromate *m*

Gewürzessig *m* vinaigre *m* aromatisé **Gewürzgurke** *f* cornichon *m* à la russe **Gewürzmischung** *f* mélange *m* d'aromates **Gewürznelke** *f* clou *m* de girofle **Gewürzpflanze** *f* plante *f* aromatique **Gewürzständer** *m* étagère *f* à épices

Gewusel [gə'vu:zl] DIAL *s.* **Gewimmel**

gewusstRR, **gewußt** *PP von* **wissen**

Geysir ['gaɪzi:ɐ] <-s, -e> *m* geyser *m*

gez. *Adj Abk von* **gezeichnet** *s.* **zeichnen**

gezackt [gə'tsakt] *Adj Blatt* crénelé(e); *Fels* déchiqueté(e); *Hahnenkamm* dentelé(e)

gezahnt [gə'tsa:nt] *Adj,* **gezähnt** [gə'tsɛ:nt] *Adj Blatt, Briefmarke* dentelé(e); *Maschinenrad* denté(e)

Gezänk [gə'tsɛŋk] <-s> *nt,* **Gezanke** <-s> *nt pej fam* chamailleries *fpl* (*fam*)

Gezeiten [gə'tsaɪtən] *Pl* marées *fpl*

Gezeitenkraftwerk *nt* usine *f* marémotrice **Gezeitenstrom** *m* courant *m* de marée **Gezeitenwechsel** [-ks-] *m* changement *m* de marée

Gezerre [gə'tsɛrə] <-s> *nt* ❶ (*das Zerren*) tiraillement *m*
❷ (*Streit*) **~ um etw** tiraillements *mpl* à propos de qc

Gezeter [gə'tse:tɐ] <-s> *nt fam* braillements *mpl* (*fam*)

gezielt [gə'tsi:lt] **I.** *Adj* ciblé(e)
II. *Adv* de façon ciblée

geziemen* *r V geh* **es geziemt sich für jdn etw zu tun** il sied à qn de faire qc; **ein Wort des Dankes geziemt sich** il sied d'exprimer ses remerciements (*littér*); **wie es sich für jdn geziemt** comme il sied à qn (*littér*)

geziemend *geh* **I.** *Adj* **in ~er Weise** dans les convenances (*littér*); **mit ~en Worten** avec des mots décents
II. *Adv* comme il se doit

geziert [gə'tsi:ɐt] *pej* **I.** *Adj* affecté(e)
II. *Adv* avec affectation

Gezirpe [gə'tsɪrpə] <-s> *nt* chant *m*

gezogen [gə'tso:gən] *PP von* **ziehen**

Gezwitscher [gə'tsvɪtʃɐ] <-s> *nt* gazouillement *m*

gezwungen [gə'tsvʊŋən] **I.** *PP von* **zwingen**
II. *Adj Atmosphäre, Benehmen* contraint(e); *Lachen* forcé(e)
III. *Adv* **ihr Lachen wirkt etwas ~** elle a un rire un peu forcé

gezwungenermaßen *Adv* contraint(e) et forcé(e)

ggf. *Adv Abk von* **gegebenenfalls**

Ghana ['ga:na] <-s> *nt* le Ghana

Ghanaer(in) ['ga:naɐ] <-s, -> *m(f)* Ghanéen(ne) *m(f)*

ghanaisch ['ga:naɪʃ] *Adj* ghanéen(ne)

Ghetto ['gɛto] *s.* **Getto**

Ghostwriter(in) ['gɔʊstraɪtɐ] <-s, -> *m(f)* nègre *m*

Gibbon ['gɪbɔn] <-s, -s> *m* gibbon *m*

gibt [gi:pt] *3. Pers Präs von* **geben**

Gicht [gɪçt] <-> *f* goutte *f;* **[die] ~ haben** avoir la goutte

Gichtknoten *m* MED tophus *m* **gichtkrank** *Adj* goutteux(-euse) **Gichtkranke(r)** *f(m) dekl wie Adj* goutteux(-euse) *m(f)*

Giebel ['gi:bəl] <-s, -> *m* pignon *m*

Giebeldach *nt* toit *m* à pignon **Giebelfenster** *nt* fenêtre *f* du pignon **Giebelhaus** *nt* maison *f* à pignon **Giebelseite** *f* façade *f* à pignon **Giebelwand** *f* mur *m* de pignon

Gier [giːɐ] <-> *f* ❶ (*maßloses Verlangen*) avidité *f;* (*Essgier*) voracité *f;* **die ~ nach Genuss** la soif de plaisirs
❷ (*Geldgier*) cupidité *f*
❸ (*sexuelle Begierde*) concupiscence *f*
gieren¹ ['giːrən] *itr V* **nach Käse/Schokolade ~** avoir une envie folle de fromage/chocolat; **nach Macht/Reichtum ~** être avide [*o* avoir soif] de pouvoir/richesse
gieren² *itr V* NAUT faire des embardées
gierig I. *Adj* ❶ *Person, Blick* avide; **nach etw ~ sein** être avide de qc
❷ (*sexuell begierig*) concupiscent(e)
II. *Adv essen, trinken* avec avidité
Gießbach *m geh* torrent *m*
gießen ['giːsən] <goss, gegossen> **I.** *tr V* ❶ arroser *Pflanzen, Garten*
❷ (*schütten*) **Wasser auf/über etw** (*Akk*) **~** verser de l'eau dans/sur qc; **jdm Tinte auf das Heft ~** renverser de l'encre sur le cahier de qn; **etw voll ~** remplir qc à ras bol
❸ (*herstellen, formen*) **etw in Bronze ~** couler qc en bronze
II. *itr V unpers fam* **es gießt** il tombe des cordes (*fam*)
Gießer(in) <-s, -> *m(f)* fondeur(-euse) *m(f)*
Gießerei <-, -en> *f* fonderie *f*
Gießform *f* TECH moule *m* **Gießkanne** *f* arrosoir *m*
Gießkannenprinzip *nt* ▶ **nach dem ~** *fam* selon la technique du saupoudrage (*sans tenir compte des situations particulières*)
Gift [gɪft] <-[e]s, -e> *nt* ❶ poison *m; einer Schlange* venin *m;* **~ nehmen** s'empoisonner
❷ *pej* (*Bosheit*) *eines Artikels, einer Propaganda* venin *m;* **sein ~ verspritzen** répandre [*o* cracher] son venin
▶ **~ und Galle spucken** fulminer; **darauf kannst du ~ nehmen** *fam* tu peux en être sûr(e); **für jdn [wie] ~ sein** *fam* être un véritable poison pour qn
Giftbecher *m* coupe *f* empoisonnée **Giftdrüse** *f* glande *f* à venin
giften *itr V fam* **gegen jdn/etw ~** vitupérer contre qn/qc
Giftgas *nt* gaz *m* toxique **giftgrün** *Adj* d'un vert criard **gifthaltig** *Adj,* **gifthältig** *Adj* A vénéneux(-euse)
giftig I. *Adj* ❶ *Schlange* venimeux(-euse); *Pflanze* vénéneux(-euse); *Chemikalie, Stoff* toxique
❷ *fam* (*boshaft*) *Person, Bemerkung* venimeux(-euse)
❸ (*grell*) *Farbe* criard(e)
II. *Adv pej antworten, reagieren* hargneusement
Giftigkeit <-> *f* ❶ *einer Substanz* toxicité *f*
❷ *fam einer Person* méchanceté *f*
Giftküche *f hum fam* officine *f* (*péj*) **Giftmischer(in)** <-s, -> *m(f)* empoisonneur(-euse) *m(f)* **Giftmord** *m* meurtre *m* par empoisonnement **Giftmörder(in)** *m(f)* empoisonneur(-euse) *m(f)* **Giftmüll** *m* déchets *mpl* toxiques **Giftmülldeponie** *f* décharge *f* pour [*o* de] déchets toxiques **Giftnudel** *f pej fam* poison *f* (*fam*) **Giftpfeil** *m* flèche *f* empoisonnée **Giftpflanze** *f* plante *f* vénéneuse **Giftpilz** *m* champignon *m* vénéneux **Giftschlange** *f* serpent *m* venimeux **Giftschrank** *m* MED armoire *f* aux stupéfiants **Giftspritze** *f fam* (*böse Frau*) langue *f* de vipère (*fam*) **Giftstachel** *m* dard *m* **Giftstoff** *m* substance *f* toxique **Giftwolke** *f* nuage *m* toxique **Giftzahn** *m* crochet *m* à venin **Giftzwerg(in)** *m(f) pej fam* nabot(e) *m(f)* malfaisant(e) (*fam*)
Gigabyte ['giːgabaɪt] *nt* INFORM giga-octet *m*
Gigant(in) [gi'gant] <-en, -en> *m(f)* géant(e) *m(f)*
gigantisch *Adj* ❶ gigantesque
❷ *fam* (*sehr gut*) géant(e) (*fam*)
Gigantomanie [gigantoma'niː] *f kein Pl geh* mégalomanie *f*
Gigerl ['giːgɐl] <-s, -[n]> *m o nt* A *pej* dandy *m*
Gigolo ['ʒiːgolo, 'ʒɪgolo] <-s, -s> *m* gigolo *m* (*fam*)
gilben ['gɪlbn] *itr V + sein geh* jaunir
Gilde ['gɪldə] <-, -n> *f* ❶ amicale *f*
❷ HIST guilde *f*
gilt [gɪlt] *3. Pers Präs von* **gelten**
Gimpel ['gɪmpəl] <-s, -> *m* ❶ bouvreuil *m*
❷ *fam* (*Einfaltspinsel*) serin *m* (*fam*)
Gin [dʒɪn] <-s, -s> *m* gin *m;* **ein ~ Tonic** un gin tonic
ging [gɪŋ] *Imp von* **gehen**
Ginkgo ['gɪŋko] <-s, -s> *m* BOT ginkgo *m*
Ginseng ['gɪnzɛŋ] <-s, -s> *m* ginseng *m*
Ginster ['gɪnstɐ] <-s, -> *m* genêt *m*
Gipfel ['gɪpfəl] <-s, -> *m* ❶ (*Bergspitze*) sommet *m;* **auf dem ~** au sommet
❷ (*Zenit*) *des Glücks, der Zufriedenheit* comble *m; der Macht, einer Karriere* sommet *m*
❸ (*Gipfelkonferenz*) sommet *m*
❹ DIAL *s.* **Wipfel**
▶ **das ist der ~!** *fam* c'est le comble!
Gipfelkonferenz *f* conférence *f* au sommet **Gipfelkreuz** *nt* croix *f* du sommet
gipfeln *itr V* **in etw** (*Dat*) **~** atteindre son apogée dans qc
Gipfelpunkt *m* ❶ *einer Flugbahn* sommet *m* ❷ (*Höhepunkt*) apogée *m* **Gipfeltreffen** *nt* rencontre *f* au sommet
Gips [gɪps] <-es, -e> *m* ❶ plâtre *m;* **den Fuß in ~ haben** avoir le pied dans le plâtre
❷ MINER gypse *m*
Gipsabdruck <-abdrücke> *m* empreinte *f* **Gipsabguss**^RR^ *m* moulage *m* **Gipsarm** *m fam* bras *m* plâtré [*o* dans le plâtre] **Gipsbein** *nt fam* jambe *f* plâtrée [*o* dans le plâtre]
gipsen *tr V* ❶ MED *fam* plâtrer
❷ KUNST, CONSTR replâtrer
Gipser(in) <-s, -> *m(f)* plâtrier(-ière) *m(f)*
gipsern *Adj attr* en plâtre
Gipsfigur *f* statue[tte *f*] *f* en plâtre **Gipskorsett** *nt* corset *m* de plâtre **Gipsverband** *m* plâtre *m*
Giraffe [gi'rafə] <-, -n> *f* girafe *f*
Girlande [gɪr'landə] <-, -n> *f* guirlande *f*
Girlie ['gœrli] <-s, -s> *nt* girlie *f*
Giro ['ʒiːro] <-s, -s *o* A Giri> *nt* virement *m*
Girokonto *nt* compte *m* courant **Giroverkehr** *m* FIN opérations *fpl* de virement
girren ['gɪrən] *itr V* roucouler; **das Girren** le roucoulement
Gis [gɪs] <-, -> *nt* sol *m* dièse
Gischt [gɪʃt] <-[e]s, -e> *m,* <-, -en> *f* écume *f*
Gitarre [gi'tarə] <-, -n> *f* guitare *f;* **~ spielen** jouer de la guitare; **etw auf der ~ spielen** jouer qc à la guitare
Gitarrenspieler(in) *m(f)* joueur(-euse) *m(f)* de guitare
Gitarrist(in) <-en, -en> *m(f)* guitariste *mf*
Gitsch[e] ['gitʃə] <-, -n> *f* A (*Mädchen*) fille *f*
Gitter ['gɪtɐ] <-s, -> *nt* ❶ (*Metallgitter*) grille *f*
❷ (*Holzgitter*) treillage *m; eines Betts, Laufstalls* barreaux *mpl*
❸ (*Kamingitter*) pare-feu *m*
❹ GEOG, MATH quadrillage *m*
❺ PHYS, CHEM structure *f*
▶ **hinter ~/~n** *fam* derrière les barreaux (*fam*)
Gitterfenster *nt* fenêtre *f* à barreaux **gitterförmig** *Adj* en forme de grille **Gitterrost** *m* ❶ (*am Ofen*) grille *f* ❷ (*Abdeckung*) grillage *m* **Gitterstab** *m* barreau *m* **Gittertor** *nt* grille *f* **Gitterwerk** *nt* grillage *m* **Gitterzaun** *m* clôture *f* à claire-voie
Glace [glaːs] <-, -n> *f* CH (*Speiseeis*) glace *f*
Glaceehandschuh^RR^, **Glacéhandschuh** [gla'seːhantʃuː] *m* gant *m* en chevreau glacé
▶ **jdn/etw mit ~en anfassen** *fam* prendre [*o* mettre] des gants avec qn/pour qc (*fam*)
glacieren* [gla'siːrən] *tr V* napper *Fleisch, Fisch*
Glacis [gla'siː, *Pl:* gla'siːs] <-, -> *nt* glacis *m*
Gladiator [gladi'aːtoːɐ] <-s, -toren> *m* gladiateur *m*
Gladiole [gla'dioːlə] <-, -n> *f* glaïeul *m*
Glamour ['glɛmɐ, 'glæmɐ] <-s> *m o nt* glamour *m;* **einer Sache ~ verleihen** glamouriser qc

Glamourgirl ['glɛmɐgøːɐl, 'glæmɐgœrl] *nt* pin up *f*

Glanz [glants] <-es> *m* ❶ *von Haaren, Augen, Perlen* brillant *m; einer Oberfläche, von Sternen, Schuhen* éclat *m; eines Stoffs* lustre *m*
❷ (*Pracht*) magnificence *f*
▶ **mit ~ und Gloria** *fam* (*hervorragend*) avec éclat; *iron* (*total*) royalement (*iron fam*)

Glanzabzug *m* tirage *m* sur papier glacé

glänzen ['glɛntsən] *itr V* ❶ briller; *Möbel, Schuhe:* reluire; *Sterne:* scintiller; *Wasseroberfläche:* miroiter
❷ (*sich hervortun*) **durch Erfahrung/Wissen ~** briller par son expérience/savoir

glänzend I. *Adj* ❶ brillant(e); *Möbel, Schuhe, Stiefel* reluisant(e); *Wasseroberfläche* miroitant(e)
❷ (*hervorragend*) *Vorschlag, Aussehen* superbe; *Einfall, Idee* brillant(e)
II. *Adv bestehen, spielen* superbement

Glanzleder *nt* cuir *m* verni **Glanzleistung** *f* ❶ brillante performance *f* ❷ *iron* (*schlechte Leistung*) exploit *m* (*iron*) **Glanzlicht** *nt* ▶ **einer S.** (*Dat*) **~er aufsetzen** rehausser l'éclat de qc **glanzlos** *Adj Haare* terne; *Augen* éteint(e); *Stoff, Oberfläche* mat(e) **Glanznummer** *f* clou *m* **Glanzpapier** *nt* papier *m* glacé **glanzvoll** *Adj Auftritt, Darstellung, Vorführung* brillant(e); *Fest, Atmosphäre* somptueux(-euse) **Glanzzeit** *f* **seine/ihre ~** l'époque *f* de sa splendeur

Glarus ['glaːrʊs] <-> *nt* Glaris

Glas [glaːs] <-es, ¨-er> *nt* ❶ (*Trinkgefäß*) verre *m;* **Gläser für Wasser/Wein** verres à eau/vin
❷ (*Maßangabe*) **ein ~/zwei ~ Milch** un verre/deux verres de lait
❸ (*Material*) verre *m;* **aus ~** en verre; **unter** [*o* **hinter**] **~** sous verre; **Vorsicht ~!** attention, fragile!
❹ (*Konservenglas*) (*für Karotten, Erbsen*) bocal *m;* (*für Honig, Marmelade*) pot *m*
❺ (*Brillenglas*) verre *m*
❻ (*Fernglas, Opernglas*) jumelles *fpl*
▶ **er/sie hat ein ~ über den Durst getrunken** il/elle a bu un coup de trop; **er/sie hat zu tief ins ~ geschaut** *fam* il/elle a un verre dans le nez (*fam*)

Glasauge *nt* œil *m* de verre **Glasbaustein** *m* brique *f* de verre **Glasbläser(in)** *m(f)* souffleur(-euse) *m(f)* de verre **Glasbläserei** <-, -en> *f* atelier *m* de verrerie **Glasbruch** *m kein Pl* bris *m* de glaces

Gläschen ['glɛːsçən] <-s, -> *nt Dim von* **Glas** ❶ petit verre *m*
❷ (*Mengenangabe*) **darauf sollten wir ein ~ trinken** on boirait bien un petit verre pour fêter cela

Glascontainer [-kɔnteːnɐ] *m* container *m* à verre **Glasdach** *nt* toit *m* vitré

Glaser(in) <-s, -> *m(f)* vitrier(-ière) *m(f)*

Glaserei <-, -en> *f* vitrerie *f*

gläsern ['glɛːzɐn] *Adj* ❶ (*aus Glas*) de [*o* en] verre
❷ (*starr*) *Blick* vitreux(-euse)
▶ **der ~e Mensch** l'homme transparent

Glasfabrik *f* verrerie *f* **Glasfaser** *f meist Pl* fibre *f* de verre **Glasfaserkabel** *nt* TELEC câble *m* à fibres optiques **Glasfaserleitung** *f* TELEC câble *m* à fibres optiques **Glasfenster** *nt* fenêtre *f* vitrée **Glasfiberstab** *m* perche *f* en fibre de verre **Glasfigur** *f* statuette *f* en verre **Glasglocke** *f* cloche *f* en verre **Glashaus** *nt* serre *f* ▶ **wer [selbst] im ~ sitzt, soll nicht mit Steinen werfen** *Spr.* avant d'en remontrer aux autres, il faut balayer devant sa porte **Glashütte** *f* verrerie *f*

glasieren* *tr V* ❶ émailler *Ziegel, Kacheln*
❷ (*überziehen*) napper *Kuchen*

glasig ['glaːzɪç] *Adj* ❶ *Augen, Blick* vitreux(-euse)
❷ (*durchsichtig*) **die Zwiebeln ~ dünsten** faire blondir les oignons

Glasindustrie *f* industrie *f* du verre **glasklar** I. *Adj* limpide
II. *Adv fam beweisen* [très] clairement **Glaskolben** *m* dame-jeanne *f;* (*zum Erhitzen*) cornue *f* **Glaskörper** *m* ANAT corps *m* vitré **Glaskugel** *f* boule *f* en verre, boule *f* de cristal **Glasmalerei** *f* peinture *f* sur verre

Glasnost ['glasnɔst] <-> *f* glasnost *f*

Glasnudeln *Pl* vermicelle *m* chinois **Glasperle** *f* perle *f* en verre **Glasplatte** *f* plateau *m* de verre **Glasschale** *f* coupe *f* en verre **Glasscheibe** *f* verre *m;* (*Fensterscheibe*) vitre *f* **Glasscherbe** *f* morceau *m* de verre **Glasschleifer(in)** *m(f)* graveur(-euse) *m(f)* sur verre; OPT tailleur(-euse) *m(f)* de verres d'optique **Glasschneider** *m* diamant *m* [de vitrier] **Glasschrank** *m* vitrine *f* **Glasschüssel** *f* plat *m* en verre **Glassplitter** *m* éclat *m* de verre **Glasteller** *m* assiette *f* en verre **Glastür[e]** *f* porte *f* vitrée

Glasur [gla'zuːɐ] <-, -en> *f* ❶ TECH glaçure *f*
❷ GASTR glaçage *m*

Glasversicherung *f* assurance *f* contre le bris de glaces **Glaswaren** *Pl* verrerie *f* **Glaswolle** *f* laine *f* de verre

glatt [glat] <-er *o* ¨-er, -este *o* ¨-este> I. *Adj* ❶ (*eben*) *Fläche, Wasserfläche* plan(e)
❷ (*nicht rau*) *Haut, Stoff, Oberfläche* lisse
❸ (*nicht lockig*) *Haare* raide; *Fell* lisse
❹ (*rutschig*) *Straße, Fußboden* glissant(e)
❺ (*problemlos*) *Landung* en douceur; *Ablauf, Verlauf* sans accroc
❻ *attr fam* (*eindeutig*) *Verstoß, Bruch* type (*fam*); *Betrug, Lüge, Unsinn* pur(e) *antéposé;* **ein ~er Betrag** un compte tout rond (*fam*); **sie hat eine ~e Eins bekommen** elle a eu un vingt sur vingt tout rond (*fam*)
❼ *pej* (*aalglatt*) *Person* glissant(e) comme une anguille (*péj*)
II. *Adv* ❶ (*problemlos*) sans accroc; **~ verlaufen** *Landung:* avoir lieu en douceur
❷ *fam* (*rundweg*) *abstreiten, leugnen, vergessen* carrément (*fam*)

glatt|bügeln *s.* **bügeln**

Glätte ['glɛtə] <-> *f* ❶ (*Glattheit*) *der Haut* douceur *f; der Haare* raideur *f; eines Fells* caractère *m* lisse
❷ (*Straßenglätte*) **aufgrund der ~ der Straße** en raison de la chaussée glissante
❸ (*Glatteis*) verglas *m*

Glatteis *nt* verglas *m;* **Vorsicht ~!** risque de verglas! ▶ **jdn aufs ~ führen** induire qn en erreur **Glatteisgefahr** *f* danger *m* de verglas

glätten ['glɛtən] I. *tr V* ❶ (*glatt streichen*) lisser *Haar;* défroisser *Zettel, Banknote*
❷ (*besänftigen*) apaiser *Wogen, Stimmung*
II. *r V* **sich ~** *Wogen:* s'apaiser

glatt|gehen *s.* **gehen I.12.**

glatt|hobeln *s.* **hobeln I.1.**

glatt|kämmen *s.* **kämmen**

glatt|polieren *s.* **polieren**

glattrasiert *s.* **rasieren I.**

glatt|rühren *s.* **rühren I.1.**

glatt|schleifen *s.* **schleifen² 2.**

glatt|streichen *s.* **streichen I.3.**

glatt|walzen *s.* **walzen 2.**

glattweg ['glatvɛk] *Adv fam* carrément (*fam*)

glatt|ziehen *s.* **ziehen I.15.**

Glatze ['glatsə] <-, -n> *f* calvitie *f;* **eine ~ bekommen/haben** devenir chauve/avoir une calvitie; **sich** (*Dat*) **eine ~ schneiden lassen** se faire tondre; **mit ~** [avec] le crâne chauve; (*mit rasiertem Kopf*) [avec] le crâne rasé

Glatzkopf *m fam* ❶ (*Kopf*) boule *f* de billard (*fam*)
❷ (*Mensch*) crâne *m* d'œuf (*fam*); (*mit rasiertem Kopf*) homme *m* à la boule à zéro (*fam*)

glatzköpfig ['glatskœpfɪç] *Adj* chauve; (*kahl geschoren*) à la tête rasée

Glaube ['glaʊbə] <-ns> *m* ❶ REL croyance *f;* **der christliche ~** la foi chrétienne; **der ~ an jdn/etw** la croyance en qn/qc; **vom ~n abfallen** perdre la foi; **evangelischen/jüdischen**

glauben

• Glauben ausdrücken	**• exprimer la croyance**
Ich glaube, dass sie die Prüfung bestehen wird.	**Je crois qu'**elle réussira l'examen.
Ich glaube an den Sieg unserer Mannschaft.	**Je crois que** notre équipe gagnera.
Ich halte diese Geschichte **für wahr.**	**Je pense que** cette histoire **est vraie.**
• Vermutungen ausdrücken	**• exprimer des hypothèses**
Ich vermute, sie wird nicht kommen.	**Je suppose qu'**elle ne viendra pas.
Ich nehme an, dass er mit seiner neuen Arbeit zufrieden ist.	**Je présume/suppose qu'**il est satisfait de son nouveau travail.
Ich halte einen Börsenkrach in der nächsten Zeit **für (durchaus) denkbar/möglich.**	**Je considère qu'**un krach boursier **est (tout à fait) possible** dans un avenir proche.
Ich habe da so eine Ahnung.	**J'ai comme un pressentiment.**
Es kommt mir so vor, als würde er uns irgendetwas verheimlichen.	**J'ai l'impression qu'**il nous cache quelque chose.
Ich habe da so den Verdacht, dass sie bei der Abrechnung einen Fehler gemacht hat.	**Je** la **soupçonne d'**avoir fait une erreur dans les comptes.
Ich habe das Gefühl, dass sie das nicht mehr lange mitmacht.	**J'ai le sentiment qu'**elle ne va plus tenir le coup longtemps.

~ns sein être de confession protestante/juive
❷ (*Überzeugung*) foi *f;* **sein/ihr ~ an die Zukunft** sa foi en l'avenir; **den festen ~n haben, dass** croire fermement que + *indic;* **in dem ~n sein, dass** être persuadé(e) que + *indic;* **jdn/sich in dem ~n wiegen, dass** bercer qn/se bercer de l'illusion que + *indic;* **jdn in dem ~ [be]lassen, dass** laisser croire à qn que + *indic;* **den ~n an jdn/etw verlieren** perdre la foi en qn/qc; **jdm/einer S. ~n/keinen ~n schenken** accorder un crédit/n'accorder aucun crédit à qn/qc
❸ JUR (*Absicht*) **guter/böser ~** bonne/mauvaise foi; **in gutem ~n** de bonne foi; **in gutem ~n handeln** agir de bonne foi

glauben ['glaʊbən] **I.** *tr V* ❶ croire; **[jdm] etw ~** croire qc [de qn]; **~, dass** croire [*o* penser] que + *indic;* **er glaubt ihr jedes Wort** il croit tout ce qu'elle dit; **das glaube ich dir nicht** je ne te crois pas; **ich glaube ja/nein** je crois [bien] que oui/non; **es ist nicht** [*o* **kaum**] **zu ~** c'est à peine croyable; **kaum zu ~[, dass]** à peine croyable [que + *subj*]; **jdn etw ~ machen wollen** vouloir faire croire qc à qn; **glaube es mir!** tu peux me croire!; **ob du es glaubst oder nicht, ...** que tu me croies ou non ...; **das glaubst du doch selbst nicht!** *fam* tu n'y crois pas toi-même! (*fam*)
❷ (*vermuten*) **jdn in New York/auf den Bahamas ~** croire qn à New York/aux Bahamas
II. *itr V* ❶ **jdm ~** croire qn
❷ (*vertrauen*) **an jdn/etw ~** croire en qn/à qc
❸ REL **an jdn/etw ~** croire en qn/à qc
▶ **dran ~ müssen** *fam* (*sterben*) devoir y passer (*fam*); (*ranmüssen*) être obligé(e) de s'y mettre (*fam*); **diese Flasche [Wein] muss jetzt dran ~** il va falloir que la bouteille [du vin] y passe (*fam*)
III. *r V* **sich im Recht/im Paradies ~** se croire dans son droit/le paradis; **sich unbeobachtet/überlegen ~** se croire non observé(e)/supérieur(e)

Glauben *s.* Glaube

Glaubensbekenntnis *nt* ❶ (*Konfession*) confession *f* ❷ *kein Pl* (*Gebet*) credo *m* **Glaubensfrage** *f* question *f* de foi; **in ~n** pour les questions d'ordre religieux **Glaubensfreiheit** *f* liberté *f* de religion **Glaubensgemeinschaft** *f* communauté *f* religieuse

glaubhaft I. *Adj* digne de foi
II. *Adv* de façon convaincante

Glaubhaftigkeit <-> *f* crédibilité *f*

gläubig ['glɔɪbɪç] *Adj* REL croyant(e)

Gläubige(r) *f(m) dekl wie Adj* croyant(e) *m(f);* **der Dom ist voll von ~n** la cathédrale est pleine de fidèles

Gläubiger(in) <-s, -> *m(f)* créancier(-ière) *m(f)*

glaublich *Adj* **kaum ~ sein** [*o* **klingen**][*o* **scheinen**] être [*o* sembler] à peine croyable

glaubwürdig I. *Adj Person* crédible
II. *Adv aussagen* de façon crédible; **~ auftreten** avoir une conduite crédible

Glaubwürdigkeit *f kein Pl* crédibilité *f*

Glaukom [glaʊ'ko:m] <-s, -e> *nt* MED glaucome *m*

gleich [glaɪç] **I.** *Adj* ❶ (*ähnlich, identisch*) même *antéposé;* **der ~e Kuli/Schlüssel** le même stylo à bille/la même clé; **der ~e Pulli wie der im Schaufenster** le même pull que celui [qui est] dans la vitrine; **er hat das Gleiche gesagt** il a dit la même chose; **ihr Männer seid doch alle ~!** vous, les hommes, vous êtes bien tous pareils [*o* les mêmes]!; **jdm an Mut/Schönheit ~ sein** égaler [*o* valoir] qn en courage/beauté; **die ~en Rechte** les mêmes droits
❷ MATH **zwei mal zwei [ist] ~ vier** deux fois deux [égalent] quatre
❸ (*gleichgültig*) **das ist ihm/ihr [völlig] ~** cela lui est [complètement] égal; **ganz ~, wer kommt** qui que ce soit qui vienne; **ganz ~, wer das getan hat** peu importe qui a fait cela; **ganz ~, was das bedeutet** peu importe ce que cela signifie; **ganz ~, was geschieht** quoi qu'il arrive; **ganz ~, was er sagt** quoi qu'il dise; **es ist mir ~, was er tut** peu m'importe ce qu'il fait; **ganz ~, ob/wie ...** qu'importe si/comment ...; **es ist ihr ~, ob/wie/wo ...** [savoir] si/comment/où ... la laisse indifférente
▶ **Gleich und Gleich gesellt sich gern** *Spr.* qui se ressemble s'assemble; **das kommt** [*o* **läuft**] **aufs Gleiche hinaus** cela revient au même; **Gleiches mit Gleichem vergelten** rendre la pareille
II. *Adv* ❶ *behandeln, gekleidet* de la même façon [*o* manière]; **~ groß/schwer/teuer/wertvoll sein** être de même taille/poids/prix/valeur; **~ alt/stark sein** être du même âge/de

force égale
❷ (*unmittelbar*) ~ **neben/hinter der Kirche** juste à côté/derrière l'église
❸ (*in Kürze*) tout de suite; **es ist ~ sechs Uhr** il est bientôt six heures; **du kriegst ~ eine Ohrfeige** tu vas recevoir une gifle; **jetzt ~** dès maintenant; ~ **heute/morgen** dès aujourd'hui/demain; ~ **nachdem sie gegangen war** juste après qu'elle soit partie; ~ **danach** [*o* **darauf**] aussitôt après; **bis ~!** à tout de suite!
❹ (*ohnehin*) **dann kann ich es ja ~ lassen!** je peux aussi bien baisser les bras tout de suite!; **habe ich es nicht ~ gesagt!** c'est bien ce que j'avais dit!
❺ (*eben*) **wie heißt sie [doch] ~?** comment s'appelle-t-elle déjà?
III. *Präp + Dat geh* ~ **einem Kind** semblable à un enfant; ~ **einer Statue stand er starr** il se tenait figé telle une statue
gleichaltrig ['glaɪçaltrɪç] *Adj* du même âge
gleichartig *Adj* de même nature
Gleichartigkeit <-> *f* similarité *f*
gleichauf *Adv* **mit jdm ~ sein** [*o* **liegen**] être à égalité avec qn; ~ **sein** [*o* **liegen**] *Läufer:* être au coude à coude; *Rennwagen, Rennpferde:* être sur la même ligne; (*wertungsgleich sein*) être à égalité
gleichbedeutend *Adj* **mit etw ~ sein** équivaloir à qc
Gleichbehandlung *f* égalité *f* de traitement; **die Frauen bestehen auf ~** les femmes tiennent à être traitées d'égal à égal
Gleichbehandlungsgebot *nt* JUR principe *m* de l'égalité de traitement
gleichberechtigt *Adj* égal(e) en droits
Gleichberechtigung *f* égalité *f* des droits
gleich|bleiben *s.* **bleiben I.2., I.**
gleichbleibend *s.* **bleibend 2.**
gleichen ['glaɪçən] <glịch, geglịchen> *itr V* ressembler à; **jdm/einer S. ~** ressembler à qn/qc; **sich** (*Dat*) ~ se ressembler
gleichentags *Adv* CH le même jour
gleichermaßen *Adv,* **gleicherweise** *Adv* de la même façon [*o* manière]
gleichfalls *Adv* également; **danke ~!** merci pareillement!
gleichfarbig *Adj Tier* de [la] même couleur
gleichförmig I. *Adj Verlauf, Bewegungen* uniforme; *Aufbau, Struktur* homogène
II. *Adv verlaufen* uniformément; *strukturiert, aufgebaut* de façon homogène
Gleichförmigkeit <-> *f* uniformité *f*
gleichgelagert *s.* **gelagert**
gleichgeschlechtig *Adj* de même sexe
gleichgeschlechtlich *Adj* ❶ (*homosexuell*) homosexuel(le)
❷ *s.* **gleichgeschlechtig**
gleichgesinnt *s.* **gesinnt**
Gleichgesinnte(r) *f(m) dekl wie Adj* **Ehepaar sucht ~** couple marié cherche des gens avec les mêmes goûts
gleichgestellt *Adj* POL, JUR **rechtlich ~ sein** avoir les mêmes droits
Gleichgewicht *nt kein Pl a. fig* équilibre *m;* **das ~ der Kräfte** l'équilibre des forces; **seelisches ~** équilibre psychique; **jdn aus dem ~ bringen** déséquilibrer qn; **das ~ verlieren, aus dem ~ kommen** [*o* **geraten**] perdre l'équilibre; **wieder im ~ sein** avoir retrouvé son équilibre
gleichgewichtig *Adj* ❶ (*ausgeglichen*) équilibré(e)
❷ (*gleich wichtig*) d'égale importance
Gleichgewichtsorgan *nt* organe *m* de l'équilibre **Gleichgewichtssinn** *m* sens *m* de l'équilibre **Gleichgewichtsstörung** *f* trouble *m* de l'équilibre
gleichgültig I. *Adj* ❶ *Person* indifférent(e); *Gesicht* impassible
❷ (*belanglos*) sans intérêt
❸ (*egal*) **jdm ~ sein** être indifférent(e) à qn
II. *Adv* avec détachement; *blicken* d'un air détaché [*o* indifférent]; **seine Stimme klingt ~** son ton est détaché
Gleichgültigkeit *f* indifférence *f;* **seine/ihre ~ gegenüber jdm/einer S.** son indifférence à l'égard de qn/à [*o* pour] qc
Gleichheit <-, -en> *f* ❶ (*Übereinstimmung*) similitude *f; von Werten* égalité *f*
❷ (*gleiche Stellung*) **die ~ von Mann und Frau** l'égalité *f* de l'homme et de la femme
Gleichheitszeichen *nt* signe *m* d'égalité
gleich|kommen *itr V unreg + sein* ❶ **jdm/einer S. an Wichtigkeit ~** égaler qn/qc en importance
❷ (*gleichbedeutend sein*) **einer S.** (*Dat*) ~ revenir [*o* équivaloir] à qc
Gleichlauf *m kein Pl* TV synchronisme *m*
gleichlautend *s.* **lauten 1.**
gleich|machen *tr V* niveler
Gleichmacher(in) *m(f) pej* niveleur(-euse) *m(f)* (*péj*)
Gleichmacherei <-, -en> *f pej* (*Philosophie*) égalitarisme *m;* (*Behandlung*) nivellement *m;* **die ~ der Regierung** le nivellement pratiqué par le gouvernement
Gleichmaß *nt geh* ❶ (*Ebenmaß*) harmonie *f*
❷ *s.* **Gleichmäßigkeit**
gleichmäßig I. *Adj* régulier(-ière)
II. *Adv atmen, sich bewegen, schlagen* régulièrement; *auftragen, sich verteilen* uniformément
Gleichmäßigkeit *f* (*Regelmäßigkeit*) régularité *f*
Gleichmut *m* impassibilité *f*
gleichmütig *Adj* impassible
gleichnamig ['glaɪçna:mɪç] *Adj Person* du même nom; *Literaturwerk, Buch, Film* de même titre [*o* nom]
Gleichnis <-ses, -se> *nt* parabole *f*
gleichrangig ['glaɪçraŋɪç] *Adj* de même niveau
Gleichrichter <-s, -> *m* ELEC redresseur *m*
gleichsam *Adv geh* pour ainsi dire; ~ **als ob ...** tout comme si ...
gleich|schalten *tr V pej* mettre au pas; **die Presse/die Parteien ~** mettre la presse/les partis au pas; **gleichgeschaltet** mis(e) au pas
Gleichschaltung *f pej* mise *f* au pas
Gleichschritt *m kein Pl* pas *m* cadencé; **im ~ marschieren** marcher au pas cadencé; **im ~, marsch!** [au pas cadencé] en avant, marche!
gleich|sehen *itr V unreg* ❶ (*ähnlich sehen*) ressembler à; **jdm/einer S. ~** ressembler à qn/qc
❷ *fam* (*typisch sein*) **das sieht ihm/ihr gleich** c'est tout lui/elle (*fam*)
gleichseitig *Adj Dreieck* équilatéral(e)
gleich|setzen *tr V* ❶ (*vergleichen*) **Unsicherheit mit Unwissenheit ~** confondre manque d'assurance et ignorance
❷ (*als gleichwertig ansehen*) **die Jungen mit den Alten ~** mettre les jeunes et les vieux au même rang
Gleichsetzung <-, -en> *f* ❶ (*Vergleich*) comparaison *f*
❷ (*gleichwertiger Dinge*) traitement *m* à égalité
Gleichstand *m kein Pl* égalité *f* de score; ~ **erzielen** [*o* **herstellen**] obtenir l'égalisation
gleich|stehen *itr V unreg* **jdm ~** être au même niveau que qn
gleich|stellen *tr V* **die Frauen den Männern ~** mettre les femmes et les hommes sur un pied d'égalité; **die Angestellten mit den Beamten ~** assimiler les employés aux fonctionnaires; **die Landbevölkerung mit der Stadtbevölkerung ~** mettre la population des campagnes et celle des villes au même niveau
Gleichstellung *f kein Pl* assimilation *f;* **die ~ der Arbeiter mit den Angestellten** l'assimilation des ouvriers aux employés; **die ~ der Frauen mit den Männern** l'égalité *f* des femmes par rapport aux hommes
Gleichstrom *m* courant *m* continu
Gleichstromaggregat *nt* groupe *m* électrogène à courant

continu **Gleichstrommotor** *m* moteur *m* à courant continu
gleich|tun *tr V unreg, unpers* égaler; **es jdm in etw** (*Dat*) ~ égaler qn en qc
Gleichung <-, -en> *f* équation *f;* ~ **mit einer Unbekannten** équation *f* à une inconnue
gleichviel [glaɪç'fiːl] *Adv geh* qu'importe; ~ **ob er will oder nicht** qu'il le veuille ou non
gleichwertig *Adj Artikel, Ersatz* équivalent(e); *Gegner, Armee* de force égale
Gleichwertigkeit *f kein Pl eines Artikels, Ersatzes* qualité *f* équivalente; **an der ~ der beiden Armeen sind Zweifel angebracht** on peut douter que les deux armées soient de force égale
gleichwohl *Adv geh* néanmoins (*littér*)
gleichzeitig I. *Adj Vorgänge* simultané(e); *Ereignisse* contemporain(e)
II. *Adv* ❶ (*zur gleichen Zeit*) en même temps
❷ (*ebenso*) également
Gleichzeitigkeit <-> *f kein Pl* simultanéité *f*
gleich|ziehen *itr V unreg fam* **mit jdm in etw** (*Dat*) ~ se hausser au niveau de qn pour qc
Gleis [glaɪs] <-es, -e> *nt* voie *f;* **Vorsicht auf ~ zehn!** attention, voie dix!; **der Zug fährt auf ~ zwölf ein** le train entre en gare sur la voie douze; **aus dem ~ springen** sortir des rails; **totes ~** voie désaffectée
▶ **etw wieder ins [rechte] ~ bringen** remettre qc sur les rails; **aus dem ~ kommen** être déphasé(e)
Gleisabschnitt *m* EISENBAHN section *f* de voie [ferrée] **Gleisanlage** *f* voies *fpl* **Gleisanschluss**[RR] *m* embranchement *m* **Gleisarbeiten** *Pl* travaux *mpl* sur la voie **Gleisbremse** *f* EISENBAHN frein *m* de voie
gleißen ['glaɪsən] *itr V geh* [re]luire
gleißend *Adj geh* éblouissant(e); **~es Licht** lumière brillante
Gleitboot *nt* hydroglisseur *m* **Gleitcreme** *s.* **Gleitmittel**
gleiten ['glaɪtən] <glitt, geglitten> *itr V* ❶ + *sein* (*schweben*) planer; **durch die Lüfte/über die Felder** ~ *Vogel, Flugzeug, Drachenflieger:* planer à travers les airs/au-dessus des champs
❷ + *sein fig* **über das Parkett/Wasser** ~ *Tänzer, Boot:* glisser sur le parquet/l'eau
❸ + *sein* (*huschen*) **über etw** (*Akk*) ~ *Auge, Blick, Lächeln:* glisser sur qc; *Finger, Hand:* caresser qc; **den Blick über jdn/etw ~ lassen** laisser errer son regard sur qn/qc; **seine Hand über etw ~ lassen** passer sa main sur qc
❹ + *sein* (*rutschen*) **ins Wasser/zu Boden** ~ glisser dans l'eau/par terre; **die Seife ist ihm aus der Hand geglitten** le savon lui a glissé des mains
❺ + *haben fam* (*gleitende Arbeitszeit nutzen*) travailler à la carte (*fam*)
Gleitfläche *f* TECH surface *f* de glissement **Gleitflug** *m* vol *m* plané; **im ~** en vol plané **Gleitflugzeug** *nt* planeur *m* **Gleitklausel** *f* clause *f* d'indexation [*o* de réajustement] **Gleitkufe** *f* patin *m* d'atterrissage **Gleitmittel** *nt* lubrifiant *m* **Gleitschiene** *f* glissière *f* **Gleitschirm** *m* parapente *m*
Gleitschirmfliegen *nt* parapente *m* **Gleitschirmflieger(in)** *m(f)* parapentiste *mf*
Gleitschutz *m* AUT antidérapant *m* **Gleitzeit** *f* ❶ *fam* (*gleitende Arbeitszeit*) horaire *m* à la carte (*fam*) ❷ (*opp: Kernzeit*) heures *fpl* mobiles
Glencheck ['glɛntʃɛk] <-[s], -s> *m* prince *m* de galles
Gletscher ['glɛtʃɐ] <-s, -> *m* glacier *m*
Gletscherbrand *m* derm[at]ite *f* des neiges **Gletscherspalte** *f* crevasse *f*
Glibber ['glɪbɐ] <-s> *m* NDEUTSCH *fam* glu *f*
glibberig ['glɪbərɪç] *Adj* NDEUTSCH *fam* gluant(e)
glich [glɪç] *Imp von* **gleichen**
Glied [gliːt] <-[e]s, -er> *nt* ❶ (*Körperteil*) membre *m;* **seine ~er recken** s'étirer; **etw in allen ~ern spüren** sentir qc dans tous ses membres; **an allen ~ern zittern** trembler de tous ses membres
❷ (*Teilstück*) *eines Fingers, einer Zehe* phalange *f; einer Kette* maillon *m*
❸ *fig einer Gesellschaft* membre *m*
❹ (*Penis*) membre *m* [viril]
❺ MIL **im vierten** ~ au quatrième rang *m*
▶ **das fehlende ~** le chaînon manquant
Gliederfüßer *m* ZOOL arthropode *m*
gliedern ['gliːdɐn] I. *tr V* diviser; **etw in verschiedene Abschnitte ~** diviser qc en plusieurs parties; **in kleine Abteilungen** (*Akk*) **gegliedert sein** *Unternehmen:* être structuré(e) en petits départements
II. *r V* **sich in etw** (*Akk*) ~ se diviser en qc
Gliederpuppe *f* poupée *f* articulée **Gliederschmerzen** *Pl* douleurs *fpl* dans les membres
Gliederung <-, -en> *f* ❶ *kein Pl* (*das Gliedern*) *eines Artikels, Entwurfs* division *f;* **die ~ eines Unternehmens in verschiedene Abteilungen** l'organisation d'une entreprise en différents départements
❷ (*Aufbau*) *einer Firma, Organisation* structure *f; eines Aufsatzes* plan *m*
Gliedmaßen ['gliːtmaːsən] *Pl* membres *mpl* **Gliedstaat** *m* état *m* membre
glimmen ['glɪmən] <glomm *o selten* glimmte, geglommen *o selten* geglimmt> *itr V* ❶ *Licht, Asche:* rougeoyer; *Glühwürmchen:* luire
❷ *fig* **noch glimmt ein Funken Hoffnung in ihr** il y a encore une lueur d'espoir en elle
Glimmer ['glɪmɐ] <-s, -> *m* ❶ MIN mica *m*
❷ *geh* (*Schimmer*) lueur *f*
glimmern ['glɪmɐn] *itr V* miroiter
Glimmlampe *f* ELEC lampe *f* luminescente
Glimmstängel[RR] *m hum fam* tige *f* (*fam*)
glimpflich ['glɪmpflɪç] I. *Adj Ausgang, Verlauf* bénin(-igne); *Strafe* léger(-ère); *Urteil* clément(e)
II. *Adv* ❶ (*ohne schlimme Folgen*) de façon bénigne; **du bist ~ davongekommen!** tu t'en es tiré(e) à bon compte!
❷ (*schonend*) avec ménagements; **mit jdm nicht sehr ~ umgehen** traiter qn sans grands ménagements
glitschen *itr V + sein fam* **ihm/ihr ist die Seife aus der Hand geglitscht** le savon lui a glissé [*o* échappé] de la main
glitschig ['glɪtʃɪç] *Adj fam* glissant(e); *Hände, Füße* glissant(e)
glitt [glɪt] *Imp von* **gleiten**
glitzern ['glɪtsɐn] *itr V* scintiller; **das Glitzern** le scintillement
global [glo'baːl] I. *Adj* ❶ (*weltweit*) général(e)
❷ (*ungefähr*) global(e)
II. *Adv* ❶ (*weltweit*) universellement
❷ (*ungefähr*) globalement
Globalisierung <-> *f* mondialisation *f*
Globen *Pl von* **Globus**
Globetrotter(in) ['gloːbətrɔtɐ] <-s, -> *m(f)* bourlingueur(-euse) *m(f)* (*fam*)
Globus ['gloːbʊs] <- *o* -ses, Globen *o* -se> *m* globe *m* [terrestre]
Glöckchen <-s, -> *nt Dim von* **Glocke** clochette *f*
Glocke ['glɔkə] <-, -n> *f* ❶ (*Kirchenglocke*) cloche *f*
❷ (*Läutwerk*) sonnerie *f;* (*Ladenglocke*) sonnette *f*
❸ (*Käseglocke*) cloche *f* [à fromage]
▶ **etw an die große ~ hängen** *fam* crier qc sur les toits
Glockenbalken *m* hune *f* **Glockenblume** *f* ❶ campanule *f* [des murailles] ❷ (*Blume mit glockenförmiger Blüte*) fleur *f* à clochettes **glockenförmig** *Adj Blüte* en forme de clochette; *Hut, Deckel* en forme de cloche **Glockengeläut[e]** *nt* carillon *m* **Glockengießer(in)** *m(f)* fondeur(-euse) *m(f)* de cloches **Glockenklang** *m* son *m* de cloches **Glockenläuten** *s.* **Glockengeläut[e]** **Glockenrock** *m* jupe *f* cloche **Glockenschlag** *m* ▶ **auf den [*o* mit dem] ~** à l'heure sonnante **Glockenspiel** *nt* ❶ *einer Kirche* carillon *m* ❷ (*Instrument*) glockenspiel *m* **Glockenstuhl** *m* chaise *f* de clocher **Glocken-**

turm *m* clocher *m*
glockig *s.* **glockenförmig**
Glöckner(in) ['glœknɐ] <-s, -> *m(f)* sonneur(-euse) *m(f)* [de cloches]
glomm [glɔm] *Imp von* **glimmen**
Glorie ['glo:riə] <-> *f geh* gloire *f*
Glorienschein ['glo:riən-] *m* auréole *f*
glorifizieren* *tr V* célébrer; **jdn** [**als Helden**] ~ célébrer qn [comme un héros]
Glorifizierung <-, -en> *f* glorification *f*
Gloriole [glo'rio:lə] *s.* **Heiligenschein**
glorios [glo'rio:s] *s.* **glorreich**
glorreich ['glo:ɐraɪç] **I.** *Adj* ① glorieux(-euse)
② *iron* (*dumm*) **eine ~e Idee!** une idée de génie! (*iron*)
II. *Adv* glorieusement
Glossar [glɔ'sa:ɐ] <-s, -e> *nt* glossaire *m*
Glosse ['glɔsə] <-, -n> *f* ① (*Kommentar*) commentaire *m* [succinct]
② *Pl* (*spöttische Bemerkungen*) gloses *fpl*
glossieren* *tr V* ① commenter; **etw** ~ commenter qc [succinctement]
② (*bespötteln*) gloser sur
Glotzaugen *Pl fam* yeux *mpl* en boules de loto (*fam*); ~ [**machen**] [faire des] yeux *mpl* en boules de loto
Glotze <-, -n> *f sl* téloche *f* (*arg*)
glotzen ['glɔtsən] *itr V pej fam* reluquer (*fam*)
Glück [glʏk] <-[e]s> *nt* ① (*opp: Pech*) chance *f;* **es ist wirklich ein ~, dass** c'est vraiment une chance que + *subj;* ~ **bringen** porter bonheur; **jdm ~ bringen** porter chance à qn; ~/**kein ~ haben** avoir de la/ne pas avoir de chance; **bei jdm ~/kein ~ haben** avoir du/ne pas avoir de succès auprès de qn; **jdm zum Geburtstag viel ~ wünschen** féliciter qn pour son anniversaire; **jdm viel ~ für etw wünschen** souhaiter à qn bonne chance pour qc; **viel ~ bei deiner Prüfung!** bonne chance pour tes examens!; [**da habe ich/da hast du aber**] ~ **gehabt!** *fam* j'ai eu/tu as eu du pot! (*fam*); **zum ~** par chance; [**welch**] **ein ~!** heureusement!; (*Dusel gehabt*) encore heureux!; **ein ~, dass nichts kaputtgegangen ist!** c'est une chance que rien ne se soit cassé!
② (*Freude, Zufriedenheit*) bonheur *m;* **eheliches ~** bonheur conjugal; **sie ist sein ganzes ~** elle fait tout son bonheur; **das hat mir gerade noch zu meinem ~ gefehlt!** *iron* il ne manquait plus que ça! (*iron*)
▸ **~ muß der Mensch haben!** *fam* il faut bien avoir du bol de temps en temps! (*fam*); **jeder ist seines ~es Schmied** *Spr.* chacun est l'artisan de son propre bonheur; **~ im Unglück haben** avoir de la chance dans son malheur; **mehr ~ als Verstand haben** *fam* avoir plus de chance que de raison; **auf gut ~** au petit bonheur [la chance] (*fam*); **ihm/ihr ist das ~ hold, ihm/ihr lacht das ~** la chance lui sourit; **sein ~ machen** faire fortune; **sein ~ probieren** [*o* **versuchen**] tenter sa chance; **von ~ reden** [*o* **sagen**] **können, dass** pouvoir dire qu'il a eu de la chance que + *subj;* **noch nichts von seinem ~ wissen** *iron* (*nicht wissen, was geschehen ist*) ne pas encore connaître son bonheur; (*nicht wissen, was bevorsteht*) ne pas savoir ce qui l'attend; **man kann niemanden zu seinem ~ zwingen** *Spr.* on ne peut pas faire le bonheur de quelqu'un malgré lui; **~ auf!** MIN salut!
Glucke ['glʊkə] <-, -n> *f* ① (*Henne mit Küken*) poule *f;* (*brütende Henne*) couveuse *f*
② *fam* (*besorgte Mutter*) mère *f* poule
glücken ['glʏkən] *itr V + sein Unternehmen, Plan:* réussir; **etw glückt jdm** qn réussit qc; **einigen Häftlingen glückte die Flucht** quelques détenus ont réussi à s'enfuir
gluckern ['glʊkɐn] *itr V + haben Magen, Heizung:* gargouiller; *Flüssigkeit:* glouglouter (*fam*)
glücklich **I.** *Adj* ① (*froh, zufrieden*) *Person, Familie, Zeit* heureux(-euse); *Gesicht, Lächeln* ravi(e); **mit jdm ~ sein** être heureux(-euse) avec qn; **jdn ~ machen** rendre qn heureux(-euse); **wunschlos ~ sein** être comblé(e); **über eine Entscheidung ~ sein** être satisfait(e) [*o* content(e)] d'une décision; **wir sind ~ über unser Baby** nous sommes heureux [*o* nous nous réjouissons] de la naissance de notre bébé; **sich ~ schätzen können** pouvoir s'estimer heureux(-euse)
② (*erfreulich, vom Glück begünstigt*) heureux(-euse) *antéposé;* **der ~e Gewinner** l'heureux gagnant
II. *Adv* ① (*froh, zufrieden*) *leben* heureux(-euse); ~ **verheiratet sein** être heureux(-euse) en ménage
② (*erfreulich*) bien
glücklicherweise *Adv* par chance
glücklos *Adj* malheureux(-euse)
Glücksbringer <-s, -> *m* porte-bonheur *m*
glückselig *Adj Person* pleinement heureux(-euse); *Lächeln* radieux(-euse) **Glückseligkeit** *f* ① (*Ereignis*) bonheur *m*
② (*Zustand*) ravissement *m*
glucksen *s.* **gluckern**
Glücksfall *m* coup *m* de chance **Glücksgefühl** *nt* sentiment *m* de bonheur **Glücksgöttin** *f* MYTH **die ~** la Fortune **Glücksgriff** *m* coup *m* de maître **Glückskind** *nt fam* veinard(e) *m(f)* (*fam*) **Glücksklee** *m* trèfle *m* à quatre feuilles **Glückspfennig** *m* pfennig *m* porte-bonheur **Glückspilz** *m fam* veinard(e) *m(f)* (*fam*); **du ~!** quel(le) veinard(e)! **Glücksrad** *nt* roue *f* de la fortune **Glücksritter** *m* aventurier *m* **Glückssache** *f* ▸ [**reine**] ~ **sein** être une [pure] question de chance **Glücksschwein**[**chen**] *nt* [petit] cochon *m* porte-bonheur **Glücksspiel** *nt* jeu *m* de hasard **Glücksspieler(in)** *m(f)* joueur(-euse) *m(f)* [pour de l'argent] **Glückssträhne** *f* **eine ~ haben** avoir la baraka (*fam*) **Glückstag** *m* jour *m* de chance
glückstrahlend *Adj* radieux(-euse)
Glückstreffer *m* coup *m* gagnant; **die neue Mitarbeiterin ist ein ~** avec notre nouvelle collaboratrice, on a tiré le bon numéro (*fam*) **Glückszahl** *f* chiffre *m* porte-bonheur
Glückwunsch *m* félicitation *f;* **herzlichen ~ zur bestandenen Prüfung!** toutes mes félicitations pour tes examens!; **herzlichen ~ zum Geburtstag/Namenstag!** bon anniversaire/bonne fête!
Glückwunschkarte *f* carte *f* de félicitations **Glückwunschtelegramm** *nt* télégramme *m* de félicitations
Glucose [glu'ko:zə] <-> *f* CHEM glucose *m*
Glühbirne *f* ampoule *f*
glühen ['gly:ən] *itr V* ① (*glimmen*) être incandescent(e); *Docht, Zigarette, Span:* rougeoyer; **weiß ~d** incandescent(e)
② (*sehr heiß sein*) être brûlant(e)
③ *fig* **vor Erregung/Verlangen** (*Dat*) ~ brûler d'excitation/de désir (*soutenu*)
glühend **I.** *Adj* ① (*rot leuchtend*) *Metall, Scheit* incandescent(e); *Kohle* ardent(e)
② (*sehr heiß*) *Stirn, Wangen* brûlant(e); **eine ~e Hitze** une fournaise
③ (*leidenschaftlich*) enflammé(e)
II. *Adv heiß* terriblement
Glühfaden *m* filament *m* **Glühlampe** *f* ampoule *f* électrique **Glühwein** *m* vin *m* chaud

i Land & Leute

Pendant les périodes d'hiver, on sert, et ce surtout sur les marchés de Noël et dans les refuges de montagne, du **Glühwein**, vin rouge chaud aromatisé à la canelle et aux clous de girofle.

Glühwürmchen ['-vʏrmçən] *nt fam* ver *m* luisant
Glukose [glu'ko:ze] *s.* **Glucose**
Glut [glu:t] <-, -en> *f* ① *eines Feuers* braise *f;* *einer Zigarette* cendre *f* incandescente
② *geh* (*Leidenschaftlichkeit*) *einer Person, eines Kusses* ardeur *f;*

G

die ~ **in ihren Augen** la flamme dans ses yeux

Glutamat [gluta'ma:t] <-[e]s, -e> *nt* CHEM glutamate *m;* ~ **ist ein neutrales Salz** le glutamate est un sel neutre

Glutamin [gluta'mi:n] <-s, -e> *nt* CHEM glutamine *f;* ~ **zählt zu den Aminosäuren** la glutamine fait partie des acides aminés

Glutaminsäure *f* acide *m* glutamique

glutäugig *Adj geh* aux yeux de braise

Gluthitze *f* fournaise *f* **glutrot** *Adj* rouge ardent

Glykol [gly'ko:l] <-s, -e> *nt* glycol *m;* ~ **ist ein Frostschutzmittel** le glycol est un antigel

Glyzerin [glytse'ri:n] <-s> *nt* glycérine *f;* ~ **ist ein Alkohol** la glycérine est un alcool

GmbH [ge:ʔɛmbe:'ha:] <-, -s> *f Abk von* **Gesellschaft mit beschränkter Haftung** S.A.R.L. *f;* ~ **& Co. KG** *forme allemande de société combinant la S.A.R.L. avec une société en commandite, la S.A.R.L. constituant le commandité ou gérant dans la commandite*

GmbH-Geschäftsführer(in) [ge:ʔɛmbe:'ha:-] *m(f)* JUR gérant(e) *m(f)* de S.A.R.L. **GmbH-Gesetz** *nt* JUR *loi allemande portant sur les sociétés à responsabilité limitée*

g-Moll ['ge:'mɔl] <-> *nt* MUS sol *m* mineur

Gnade ['gna:də] <-, *selten* -n> *f* ❶ (*Gunst*) faveurs *fpl;* **von jds ~ abhängig sein** dépendre du bon plaisir de qn
❷ (*Milde, Nachsicht*) grâce *f;* **um ~ bitten** demander grâce; **bei jdm um ~ für einen Freund bitten** solliciter la bienveillance de qn en faveur d'un ami; **jdm ~ gewähren** faire grâce à qn; **er fand ~ vor ihren Augen** il trouva grâce à ses yeux; **ohne** ~ sans pitié; ~**!** pitié!
▶ ~ **vor Recht ergehen lassen** faire preuve d'indulgence [*o* de clémence]; **Euer ~n!** Votre Grâce!; **von Gottes ~n** par la grâce de Dieu

Gnadenakt *m* grâce *f* **Gnadenbrot** ▶ **jdm/einem Tier das ~ gewähren** s'occuper de qn/d'un animal par pur esprit de charité; **bei jdm das ~ bekommen** vivre de la charité de qn **Gnadenfrist** *f* délai *m* de grâce; **jdm eine ~ gewähren** accorder à qn un délai de grâce **Gnadengesuch** *nt* recours *m* en grâce; **ein ~ an jdn richten** déposer un recours en grâce auprès de qn

gnadenlos I. *Adj* impitoyable
II. *Adv* impitoyablement

Gnadenschuss[RR] *m,* **Gnadenstoß** *m* coup *m* de grâce; **einem Tier den ~ geben** achever un animal **Gnadentod** *m geh* euthanasie *f* **Gnadenweg** *m* voie *f* du recours en grâce; **auf dem ~** par mesure de grâce; **die restliche Strafe wurde ihm auf dem ~ erlassen** il a été gracié du reste de sa peine

gnädig ['gnɛ:dɪç] I. *Adj* ❶ (*herablassend*) *Gesicht, Lächeln, Miene* condescendant(e)
❷ (*milde*) *Person, Verhalten* clément(e); **Gott ist** ~ Dieu est miséricordieux
❸ *veraltet* (*wert*) **die ~e Frau/das ~e Fräulein ist nicht da!** Madame/Mademoiselle est absente!; **der ~e Herr lässt bitten!** Monsieur vous prie d'entrer!; **meine Gnädigste** *hum* ma chère
II. *Adv* ❶ (*herablassend*) d'un air condescendant
❷ (*milde*) avec clémence

Gneis [gnaɪs] <-es, -e> *m* MINER gneiss *m*

Gnom [gno:m] <-en, -en> *m* ❶ (*Sagenfigur*) gnome *m*
❷ *pej fam* (*kleiner Mensch*) nabot *m* (*péj*)

Gnostik ['gnɔstɪk] <-> *f* gnosticisme *m*

Gnostiker(in) <-s, -> *m(f)* gnostique *mf*

gnostisch *Adj* gnostique

Gnu [gnu:] <-s, -s> *nt* gnou *m*

Goal [go:l] <-s, -s> *nt* A, CH but *m*

Gobelin [gobə'lɛ̃:] <-s, -s> *m* gobelin *m*

Gockel ['gɔkəl] <-s, -> *m bes.* SDEUTSCH coq *m*

Göd [gø:d] <-en, -en> *m* A (*Pate*) parrain *m*

Godel ['go:dl] <-, -n> *f* A (*Patin*) marraine *f*

Goder ['go:dɐ] <-s, -> *m* A *fam* (*Doppelkinn*) double menton *m*

Godl ['go:dl] A *s.* Godel

Gokart[RR] <-[s], -s> *m* kart *m*

Gold [gɔlt] <-[e]s> *nt* ❶ or *m;* ~ **ist ein Edelmetall** l'or fait partie des métaux précieux; **eine Münze aus ~** une pièce en or [*o* d'or]; **10 000 Euro in ~** 10 000 euros or
❷ *fam* (*Goldmedaille*) médaille *f* d'or; ~ **holen** remporter la médaille d'or
▶ **er/sie hat ~ in der Kehle** *fam* sa voix est une mine d'or (*fam*); **nicht für alles ~ der Welt** pas pour tout l'or du monde; **das schwarze ~** l'or noir; **nicht mit ~ zu bezahlen** [*o* **aufzuwiegen**] **sein** valoir son pesant d'or; **es ist nicht alles ~, was glänzt** *Spr.* tout ce qui brille n'est pas d'or

Goldader *f* filon *m* d'or **Goldammer** ['gɔltʔamɐ] *f* bruant *m* **Goldbarren** *m* lingot *m* d'or **Goldbarsch** *m* rascasse *f* du Nord **Goldbestand** *m* encaisse *f* or **goldbestickt** *Adj* brodé(e) d'or **Goldbrasse** *f* ZOOL dorade *f* **Golddeckung** *f* couverture-or *f* **Golddoublé** ['gɔltduble:] *nt,* **Golddublée** [-duble:] *nt* plaqué *m* or

golden ['gɔldən] I. *Adj attr* ❶ *Ring, Uhr* en or
❷ *poet* (*goldfarben*) d'or (*littér*)
II. *Adv glänzen, schimmern* d'un éclat doré

Golden Goal ['gɔʊldən'go:l] <- -s, - -s> *nt* FBALL but *m* en or

Goldesel *m* ❶ (*Märchenwesen*) âne *m* aux pièces d'or ❷ *fig fam* (*Geldquelle*) poule *f* aux œufs d'or **Goldfaden** *m* fil *m* doré **goldfarben, goldfarbig** *Adj* doré(e), or *inv* **Goldfasan** *m* faisan *m* doré **Goldfisch** *m* poisson *m* rouge **Goldfolie** *f* papier *m* doré **Goldgehalt** *m* teneur *f* en or **goldgelb** *Adj* jaune d'or; (*leicht gebraten*) doré(e) **Goldgewinnung** *f* extraction *f* de l'or **Goldgier** *f* soif *f* d'or **goldgierig** *Adj* avide d'or **Goldgräber(in)** [-grɛ:bɐ] *m(f)* chercheur(-euse) *m(f)* d'or **Goldgrube** *f* ❶ *fam* (*lukratives Unternehmen*) mine *f* d'or ❷ *s.* Goldmine **Goldhähnchen** *nt* ZOOL roitelet *m*

goldhaltig *Adj,* **goldhältig** *Adj* A aurifère

Goldhamster *m* hamster *m* [doré]

goldig *Adj fam* ❶ (*allerliebst*) chou(te) (*fam*)
❷ DIAL (*nett*) ~ **sein** être chic *inv* (*fam*)

Goldjunge *m fam* ❶ (*Kind*) petit trésor *m* (*fam*); **er ist ein ~, der Kleine** c'est un amour, ce petit (*fam*) ❷ (*Goldmedaillengewinner*) médaillé *m* d'or **Goldklumpen** *m* pépite *f* d'or **Goldlack** *m* giroflée *f* jaune **Goldmädchen** *nt fam* ❶ (*Kind*) petit trésor *m* (*fam*); **die Kleine ist ein ~** c'est un amour, cette petite (*fam*) ❷ (*Goldmedaillengewinnerin*) médaillée *f* d'or **Goldmark** *f* HIST mark *m* or **Goldmarkt** *m* marché *m* de l'or **Goldmedaille** [-medaljə] *f* médaille *f* d'or **Goldmedaillengewinner(in)** [-medaljən-] *m(f)* gagnant(e) *m(f)* de la médaille d'or **Goldmine** *f* mine *f* d'or **Goldmünze** *f* pièce *f* d'or **Goldpapier** *nt* papier *m* doré **Goldrahmen** *m* cadre *m* doré **Goldrand** *m einer Brille* monture *f* dorée; *eines Tellers* filet *m* doré **Goldrausch** *m* fièvre *f* de l'or; **ein ~** une fièvre d'or **Goldregen** *m* BOT cytise *m* **Goldreif** *m* bracelet *m* en or **Goldreserve** [-və] *f* réserve *f* d'or **goldrichtig** *fam* I. *Adj* ~ **sein** *Person:* être en or (*fam*); *Antwort, Entscheidung:* être impeccable (*fam*) II. *Adv entscheiden, handeln* comme un crack (*fam*) **Goldschatz** *m* ❶ (*Schatz*) trésor *m* ❷ *fam* (*Mensch*) [petit] trésor *m* (*fam*) **Goldschmied(in)** *m(f)* orfèvre *mf* **Goldschmiedearbeit** *f* [travail *m* d']orfèvrerie *f* **Goldschmiedekunst** *f* orfèvrerie *f* **Goldschmuck** *m* bijou *m* en or **Goldschnitt** *m eines Buchs* dorure *f* sur tranche; **mit ~** doré(e) sur tranche **Goldstaub** *m* poussière *f* d'or **Goldstück** *nt* ❶ *veraltet* (*Goldmünze*) pièce *f* d'or ❷ *s.* **Goldschatz 2.** **Goldsucher(in)** *m(f)* chercheur(-euse) *m(f)* d'or **Goldvorkommen** *nt* gisement *m* aurifère **Goldwaage** *f* trébuchet *m* **Goldwährung** *f* ÖKON étalon-or *m* **Goldwaren** *Pl* [pièces *fpl* d']orfèvrerie *f* **Goldwäscher(in)** *m(f)* orpailleur(-euse) *m(f)*

Golf[1] [gɔlf] <-[e]s, -e> *m* golfe *m;* **der ~ von Biskaya/Genua** le golfe de Gascogne/Gênes; **der Persische ~** le golfe Persique

Golf² <-s> *nt* golf *m;* ~ **spielen** jouer au golf
Golfclub *m* club *m* de golf
Golfer(in) <-s, -> *m(f) fam* golfeur(-euse) *m(f)*
Golfkrieg *m* **der** ~ HIST la guerre du Golfe **Golfkrise** *f* HIST **die** ~ la crise du Golfe **Golfplatz** *m* terrain *m* de golf **Golfrasen** *m* green *m* **Golfschläger** *m* club *m* **Golfspieler(in)** *m(f)* joueur(-euse) *m(f)* de golf **Golfstaat** *m* pays *m* du Golfe **Golfstrom** *m* GEOG **der** ~ le Gulf Stream
Golgatha ['gɔlgata] <-s> *nt,* **Golgota** ['gɔlgota] <-s> *nt* Golgotha *m*
Goliath ['go:liat] <-s, -s> *m* ❶ BIBL Goliath *m*
❷ *fam* (*riesiger Mensch*) grand malabar *m* (*fam*)
Gondel ['gɔndəl] <-, -n> *f* ❶ (*Schiff*) gondole *f*
❷ (*Kabine*) *einer Seilbahn* [télé]cabine *f; eines Fesselballons* nacelle *f*
❸ (*Verkaufsregal*) présentoir *m*
Gondelbahn *f* CH télécabine *f,* télébenne *f*
gondeln *itr V + sein fam* **mit dem Auto durch die Stadt** ~ vadrouiller en voiture dans la ville (*fam*)
Gondoliere [gɔndo'lie:rə, *Pl:* gɔndo'lie:ri] <-, Gondolieri> *m* gondolier *m*
Gong [gɔŋ] <-s, -s> *m* gong *m*
gongen ['gɔŋən] **I.** *itr V unpers* **es gongt** le gong retentit
II. *itr V* frapper [sur] le gong
Gongschlag *m* coup *m* de gong
gönnen ['gœnən] *tr V* ❶ (*neidlos zugestehen*) **jdm etw** ~ se réjouir pour qn de qc; **ich gönne ihm sein Haus/seine Karriere nicht** sa maison/sa carrière me fait pâlir d'envie; **diesen Misserfolg gönne ich ihm wirklich** *iron* il a échoué, [c'est] bien fait [pour lui]; **du gönnst mir auch gar nichts!** tu ne m'accordes aucun plaisir!; **man gönnt sich ja sonst nichts!** c'est mon seul luxe!
❷ (*gewähren*) **jdm etw** ~ accorder qc à qn; **sich** (*Dat*) **etw** ~ s'offrir qc; **man gönnte ihr etwas Erholung** on lui accorda un peu de repos; **das sei dir gegönnt** tu l'as bien mérité
Gönner(in) <-s, -> *m(f)* bienfaiteur(-trice) *m(f); eines Künstlers* mécène *m*
gönnerhaft *pej* **I.** *Adj* condescendant(e); **sich** ~ **geben,** ~ **tun** faire le généreux/la généreuse
II. *Adv* avec condescendance
Gönnermiene *f pej* air *m* de généreux donateur/généreuse donatrice; **mit** ~ d'un air de généreux donateur/généreuse donatrice
Gonokokkus [gono'kɔkʊs] <-, Gonokokken> *m* MED gonocoque *m*
Gonorrhö[e] [gɔno'rø:] <-, -en> *f* MED blennorragie *f*
Goodwill ['gʊdwɪl] <-s> *m* (*Wohlwollen*) bon vouloir *m*
Goodwilltour ['gʊd'wɪltu:ɐ] *f* visite *f* de bons offices
gor [go:ɐ] *Imp von* **gären**
Gör <-[e]s, -en> *nt,* **Göre** ['gø:rə] <-, -n> *f fam* (*Kind*) gosse *mf* (*fam*); (*Mädchen*) gamine *f* (*fam*)
Gorilla [go'rɪla] <-s, -s> *m a. fig fam* (*Leibwächter*) gorille *m*
goschert ['go:ʃert] *Adj* A *fam* (*vorlaut*) insolent(e)
Gospel ['gɔspəl] <-s, -s> *nt o m,* **Gospelsong** *m* gospel *m*
goss^RR^, **goß** *Imp von* **gießen**
Gosse ['gɔsə] <-, -n> *f* ❶ caniveau *m*
❷ *pej fam* (*Elend, Verwahrlosung*) **in der** ~ **enden** [*o* **landen**] finir dans le ruisseau (*fam*); **jdn aus der** ~ **holen** sortir [*o* tirer] qn du ruisseau (*fam*)
▶ **jdn** [*o* **jds Namen**] **durch die** ~ **ziehen** traîner qn [*o* le nom de qn] dans la boue (*fam*)
Gote ['go:tə] <-n, -n> *m,* **Gotin** *f* Goth(e) *m(f)*
Gotik ['go:tɪk] <-> *f* gothique *m*
gotisch *Adj* got[h]ique
Gott [gɔt] <-es, ⁼er> *m,* **Göttin** *f* ❶ dieu *m*/déesse *f*
❷ (*Gott der Christen*) Dieu *m;* **an** ~ **glauben** croire en Dieu; **zu** ~ **beten** prier Dieu; **bei** ~ **schwören** jurer devant Dieu; **der liebe** ~ le bon Dieu; ~ **der Allmächtige** Dieu Tout-Puissant; ~ **der Herr** le Seigneur notre Dieu; ~ **[der] Vater[, der Sohn und der Heilige Geist]** Dieu le père[, le Fils et le Saint-Esprit]; **im Namen** ~**es** au nom de Dieu; ~ **sei mit dir!** *veraltet* que Dieu te protège! (*vieilli*); ~ **hab' ihn/sie selig!** que Dieu ait son âme!; ~ **sei Dank!** Dieu merci!; ~ **im Himmel!** *fam* nom de Dieu! (*fam*); **großer** [*o* **gütiger**] ~**!** grand [*o* juste] Dieu!; **ach du lieber** ~**!** *fam* [oh] mon Dieu! (*fam*); ~ **bewahre!** Dieu m'en garde!; **ach** ~**!** mon Dieu!; **bei** ~**!** *fam* vingt Dieux! (*fam*); **in** ~**es Namen!** *fam* au nom de Dieu!; **bete zu** ~**, dass es klappt!** prie le ciel pour que ça marche!; **gebe** ~**, dass es gutgeht!** fasse le ciel que ça se passe bien!; **gnade dir** ~**, wenn das schief geht!** *fam* tu peux faire ta prière, si ça tourne mal! (*fam*); **grüß** ~**!** SDEUTSCH, A bonjour!; **vergelt's** ~**!** Dieu te/vous le rendra!
▶ **leben wie** ~ **in Frankreich** *fam* vivre comme un coq en pâte; **den lieben** ~ **einen guten Mann sein lassen** *fam* ne pas/plus s'en faire (*fam*); **über** ~ **und die Welt reden** *fam* parler de tout et de rien (*fam*); ~ **weiß, was/wie viel/wann** *fam* Dieu sait ce que/combien/quand (*fam*); **weiß** ~ **nicht** *fam* certainement pas; **so** ~ **will** *geh* s'il plaît à Dieu (*soutenu*); **das wissen die Götter** *fam* Dieu seul le sait (*soutenu*); **leider** ~**es** *fam* hélas (*littér*); **um** ~**es willen!** mon Dieu!; (*ich bitte Sie/dich*) pour l'amour de Dieu!
Gotterbarmen ▶ **zum** ~ **frieren/weinen** *fam* avoir horriblement froid/pleurer à fendre l'âme
Götterbild *nt* idole *f* **Götterbote** *m* messager *m* des dieux **Götterdämmerung** *f kein Pl* crépuscule *m* des dieux **Göttergatte** *m hum fam* **dein/mein** ~ ton/mon cher et tendre (*hum fam*)
gottergeben **I.** *Adj* résigné(e)
II. *Adv* avec résignation
Götterspeise *f* GASTR dessert *m* gélifié
Gottesacker *m* DIAL *geh* cimetière *m* **Gottesanbeterin** *f* ZOOL mante *f* religieuse **Gottesdienst** *m* office *m* [religieux]; **zum** ~ **gehen** aller à l'office [religieux]; *Katholik:* aller à la messe **Gottesfurcht** *f kein Pl* crainte *f* de Dieu
gottesfürchtig *Adj* pieux(-euse)
Gotteshaus *nt* maison *f* du Seigneur; (*katholisch*) église *f;* (*evangelisch*) temple *m* **Gotteslästerer** *m,* **-lästerin** *f* blasphémateur(-trice) *m(f),* sacrilège *mf* **gotteslästerlich** **I.** *Adj* blasphématoire **II.** *Adv* de façon blasphématoire **Gotteslästerung** <-, -en> *f* blasphème *m* **Gottesmutter** *f* **[Maria,] die** ~ [Marie,] la mère de Dieu **Gottessohn** *m* **[Jesus Christus,] der** ~ [Jésus-Christ,] le fils de Dieu **Gottesurteil** *nt* jugement *m* de Dieu, ordalie *f*
Gottheit <-, -en> *f* divinité *f*
Göttin ['gœtɪn] *s.* **Gott**
göttlich *Adj* ❶ divin(e)
❷ (*herrlich*) *Humor* sublime
gottlob ['gɔtlo:p] *Adv geh* Dieu merci (*soutenu*)
gottlos *Adj Person* athée; *Leben* païen(ne); *Gesinnung* irréligieux(-euse)
Gottlosigkeit <-> *f* ❶ (*Nichtachtung Gottes*) impiété *f*
❷ (*Unglaube*) athéisme *m*
gottserbärmlich *fam* **I.** *Adj* sacré(e) *antéposé* (*fam*)
II. *Adv* sacrément (*fam*)
Gottvater *m* Dieu *m* le père **gottverdammt** *Adj sl* foutu(e) (*fam*); **so ein** ~**er Mist!** quel foutu merdier! (*fam*) **gottverlassen** *Adj fam* perdu(e) **Gottvertrauen** *nt* confiance *f* en Dieu
Götze ['gœtsə] <-n, -n> *m,* **Götzenbild** *nt* idole *f*
Götzendiener(in) *m(f)* idolâtre *mf* **Götzendienst** *m,* **Götzenverehrung** *f* idolâtrie *f*
Gourmet [gʊr'me:] <-s, -s> *m* gourmet *m*
Gouvernante [guvɛr'nantə] <-, -n> *f* gouvernante *f*
Gouverneur(in) [guvɛr'nø:ɐ, guve'nø:ɐ] <-s, -e> *m(f)* gouverneur *m*
Grab [gra:p, *Pl:* 'grɛ:bɐ] <-[e]s, ⁼er> *nt* tombe *f;* **jdn zu** ~**e tra-**

gen *geh* porter qn en terre (*soutenu*); **das Heilige** ~ le Saint-Sépulcre

▶ **sein ~ in den Wellen finden** *geh* périr en mer (*soutenu*); **du bringst/das bringt mich noch ins ~!** *fam* tu me tues/ça me tue! (*fam*); **ein Geheimnis mit ins ~ nehmen** emporter un secret dans la tombe; **sich** (*Dat*) **sein eigenes ~ schaufeln** courir à sa perte; **schweigen/verschwiegen sein wie ein ~** être [muet(te) comme] une tombe; **etw zu ~e tragen** *geh* enterrer qc (*soutenu*); **sich im ~e umdrehen** *fam* se retourner dans sa tombe (*fam*)

Grabbeigabe *f* offrande *f* [funéraire]

Grabbeltisch *m fam* table *f* à farfouille

graben ['gra:bən] <gräbt, grub, gegraben> **I.** *itr V* creuser; **nach Wasser/Gold** ~ chercher de l'eau/or [en creusant]

II. *tr V* ❶ creuser *Loch, Grube, Tunnel*

❷ *geh* (*drücken, bohren*) **die Nägel/Krallen/Zähne in etw** (*Akk*) ~ planter ses ongles/griffes/dents dans qc

III. *r V* ❶ (*sich eindrücken*) **sich in die Haut/den Boden** ~ se planter dans la peau/le sol

❷ *fig* **sich [jdm] ins Gedächtnis** ~ se graver dans la mémoire de qn

Graben <-s, ¨-> *m* ❶ fossé *m*

❷ (*Schützengraben*) tranchée *f*

❸ GEOL fosse *f*

Grabenkampf *m* MIL *a. fig* guerre *f* de tranchées

Grabesruhe *f geh*, **Grabesstille** *f geh* silence *m* de mort; **im Klassenzimmer war ~** on aurait pu entendre voler une mouche dans la classe (*fam*) **Grabesstimme** *f fam* **mit ~** d'une voix d'outre-tombe (*fam*)

Grabhügel *m* tumulus *m* **Grabinschrift** *f* inscription *f* tombale **Grabkammer** *f* chambre *f* funéraire **Grabkreuz** *nt* croix *f* [funéraire] **Grabmal** <-s, -mäler *o geh* -e> *nt* tombeau *m;* **das ~ des Unbekannten Soldaten** la tombe du soldat inconnu **Grabplatte** *f* dalle *f* [funéraire] **Grabrede** *f* oraison *f* funèbre **Grabschänder(in)** [-ʃɛndɐ] *m(f)* violeur(-euse) *m(f)* de sépulture **Grabschändung** *f* violation *f* de sépulture

grabschen *s.* grapschen

Grabschmuck *m* ornements *mpl* funéraires **Grabstätte** *f geh* sépulture *f* (*soutenu*) **Grabstein** *m* pierre *f* tombale **Grabstelle** *f* concession *f* [funéraire]

gräbt [grɛ:pt] *3. Pers Präs von* **graben**

Grabung <-, -en> *f* fouilles *fpl;* **archäologische ~en** fouilles archéologiques

Gracht [graxt] <-, -en> *f* canal *m*

Grad [gra:t] <-[e]s, -e> *m* ❶ (*Wärme-, Kälte-, Winkelmaß*) degré *m;* **zwanzig ~ Wärme** [*o* **plus zwanzig ~**] vingt degrés; **zehn ~ Kälte** [*o* **minus zehn ~**] dix degrés en dessous de zéro; **ein Winkel von 60 ~** un angle de 60 degrés; **unter 32 ~ nördlicher/südlicher Breite liegen** se situer à 32 degrés de latitude nord/sud

❷ (*Stufe*) degré *m;* **Verwandte ersten ~es** des parents au premier degré; **Verbrennung ersten/zweiten ~es** brûlure *f* au premier/deuxième degré

❸ (*Rang*) grade *m;* **akademischer ~** grade universitaire

❹ (*Ausmaß*) **bis zu einem gewissen ~[e]** jusqu'à un certain point; **in hohem ~[e]** très; **im höchsten ~[e]** au plus haut point

▶ **sich um hundertachtzig ~ drehen** changer du tout au tout

Gradation [grada'tsio:n] <-, -en> *f* TYP gradation *f*

grad[e] *s.* gerade

Gradeinteilung *f* graduation *f*

Gradient [gradi'ɛnt] <-en, -en> *m* PHYS, MATH gradient *m*

Gradmesser <-s, -> *m* indicateur *m;* ~ **für etw** indicateur *m* de qc

graduell [gradu'ɛl] **I.** *Adj Unterschied* minime; *Übergang, Veränderung* progressif(-ive)

II. *Adv* (*geringfügig*) très peu; (*allmählich*) progressivement

graduiert [gradu'i:ɐt] *Adj* UNIV diplômé(e) [de grande école]

Graf [gra:f] <-en, -en> *m*, **Gräfin** *f* comte *m*/comtesse *f*

Graffiti [gra'fi:ti] *Pl* graffitis *mpl*

Grafik ['gra:fɪk] <-, -en> *f* ❶ (*Kunstwerk*) œuvre *f* graphique; **eine farbige ~** une œuvre graphique en couleur

❷ *kein Pl* (*Kunstform, Technik*) arts *mpl* graphiques

❸ (*Schaubild*) graphique *m*

Grafikchip [-tʃɪp] *m* INFORM puce *f* graphique

Grafiker(in) ['gra:fikɐ] <-s, -> *m(f)* graphiste *mf;* (*Werbegrafiker*) dessinateur(-trice) *m(f)* publicitaire

Grafikkarte *f* INFORM carte *f* graphique **Grafikmodus** *m* INFORM mode *m* graphique **Grafikprogramm** *nt* INFORM grapheur *m*

Gräfin ['grɛ:fɪn] *s.* Graf

grafisch **I.** *Adj* graphique

II. *Adv* graphiquement

GrafitRR *s.* Graphit

gräflich ['grɛ:flɪç] *Adj* du comte; **die ~en Ländereien** les propriétés du comte

GrafologeRR *s.* Graphologe

GrafologieRR *s.* Graphologie

Grafschaft <-, -en> *f* comté *m*

Grahambrot ['gra:hambro:t] *nt* pain *m* complet au froment

Gral [gra:l] <-s> *m* **der [Heilige] ~** le [Saint-]Graal

Gralshüter(in) *m(f)* ❶ LITER gardien(ne) *m(f)* du Graal

❷ *fig* **die ~ der Verfassung** les gardiens de la Constitution

gram [gra:m] *Adj geh* **jdm ~ sein** en vouloir à qn

Gram <-[e]s> *m geh* affliction *f* (*littér*)

grämen ['grɛ:mən] *geh* **I.** *r V* **sich ~** s'affliger (*littér*); **sich über jdn/etw ~** s'affliger à cause de qn/qc

II. *tr V* affliger (*littér*)

gramerfüllt *Adj* affligé(e) **gramgebeugt** *Adj* accablé(e) de chagrin

grämlich *Adj Gesicht* morose

Gramm [gram] <-s, *selten* -e> *nt* gramme *m;* **hundert ~ Tee** cent grammes de thé

Grammatik [gra'matɪk] <-, -en> *f* grammaire *f*

grammatikalisch [gramati'ka:lɪʃ] **I.** *Adj* grammatical(e); *Regel* de grammaire

II. *Adv* grammaticalement

Grammatikregel *f* règle *f* de grammaire

grammatisch *s.* **grammatikalisch**

Grammel ['gramǝl] <-, -n> *f* A lardon *m* frit

Grammofon®RR, **Grammophon**® <-s, -e> *nt* gramophone *m*

gramvoll *s.* **gramerfüllt**

Granat <-[e]s, -e *o* A -en> [gra'na:t] *m* MINER grenat *m*

Granatapfel *m* grenade *f*

Granate [gra'na:tǝ] <-, -n> *f* obus *m;* (*Handgranate*) grenade *f*

Granatsplitter *m* éclat *m* d'obus **Granatwerfer** *m* mortier *m*

Grande ['grandǝ] <-n, -n> *m* grand *m* d'Espagne

Grandhotel ['grã:hotɛl] *nt* hôtel *m* de luxe

grandios [gran'dio:s] **I.** *Adj Anblick* grandiose; *Idee, Vorschlag* génial(e); *Erfolg* triomphal(e)

II. *Adv* remarquablement bien

Grand Prix [grã'pri:] <- -, - -> *m* Grand prix *m*

Granit [gra'ni:t] <-s, -e> *m* granit[e] *m;* ~ **ist ein sehr hartes Gestein** le granit[e] est une roche très dure

▶ **bei jdm auf ~ beißen** *fam* se heurter à un mur auprès de qn (*fam*)

Granne ['granǝ] <-, -n> *f* barbe *f*

grantig ['grantɪç] *fam* **I.** *Adj* de mauvais poil (*fam*)

II. *Adv antworten* hargneusement; ~ **aussehen** avoir l'air de mauvais poil (*fam*)

Granulat [granu'la:t] <-[e]s, -e> *nt* granulés *mpl;* (*Streumaterial*) granulat *m*

granulieren* *tr V* granuler; **in granulierter Form** en [*o* sous forme de] granulés

Grapefruit ['gre:pfru:t, 'greɪpfru:t] <-, -s> *f* pamplemousse *m*

Graph [gra:f] <-en, -en> *m* MATH graphe *m*
Graphik ['gra:fɪk] *s.* Grafik
Graphit [gra'fi:t] <-s, -e> *m* graphite *m*
Graphologe <-n, -n> *m*, **Graphologin** *f* graphologue *mf*
Graphologie [grafolo'gi:] <-, -n> *f* graphologie *f*
grapschen *fam* **I.** *tr V* choper (*fam*); [**sich** (*Dat*)] **jdn/etw** ~ choper qn/qc
II. *itr V* **nach etw** ~ choper qc
Gras [gra:s, *Pl:* 'grɛ:zɐ] <-es, ¨-er> *nt* ❶ *kein Pl* (*Rasen, Wiese*) herbe *f*; **mit** ~ **bewachsen** herbeux(-euse)
❷ *meist Pl* (*Graspflanze*) graminée *f*
▶ **ins** ~ **beißen** *sl* manger les pissenlits par la racine (*pop*); **das** ~ **wachsen hören** *iron fam* faire des supputations hasardeuses; (*zu viel hineindeuten*) se faire des idées (*fam*); **über eine Sache** ~ **wachsen lassen** *fam* laisser qc tomber dans l'oubli; [**wo der hinhaut,**] **da wächst kein** ~ **mehr** *fam* [quand il cogne,] il n'y va pas de main morte [*o* il a la main lourde] (*fam*)
grasbewachsen [-ks-] *Adj* herbeux(-euse) **Grasbüschel** *nt* touffe *f* d'herbe **Grasdecke** *f* couche *f* d'herbe
grasen ['gra:zən] *itr V* brouter
Grasfrosch *m* grenouille *f* rousse **grasgrün** *Adj* vert pomme *inv* **Grashalm** *m* brin *m* d'herbe **Grashüpfer** ['gra:shʏpfɐ] <-s, -> *m fam* sauterelle *f* **Grasland** *nt kein Pl* herbage *m* **Grasmücke** *f* ORN fauvette *f* **Grasnarbe** *f* petit gazon *m* **Grasnelke** *f* statice *m* [armeria *f*]
Grass [gra:s] <-> *nt sl* herbe *f* (*fam*)
Grassamen *m* semence *f* d'herbe
grassieren* *itr V* sévir
grässlich[RR], **gräßlich** **I.** *Adj* horrible
II. *Adv* horriblement
Grässlichkeit[RR], **Gräßlichkeit** <-, -en> *f* ❶ *kein Pl* (*grässliche Art*) horreur *f*
❷ (*grässliche Tat*) atrocité *f*
Grassteppe *f* steppe *f*
Grat [gra:t] <-[e]s, -e> *m* ❶ *eines Bergs, Dachs* crête *f*
❷ TECH (*Gieß-, Stanzkante*) barbes *fpl*; (*Schleifkante*) morfil *m*
▶ **sich auf einem schmalen** ~ **bewegen** être sur le fil du rasoir
Gräte ['grɛ:tə] <-, -n> *f* ❶ arête *f*
❷ *sl* (*Knochen*) **sich** (*Dat*) **die** ~**n brechen** *sl* se casser la gueule (*pop*)
Gratifikation [gratifika'tsio:n] <-, -en> *f* gratification *f*
Gratin [gra'tɛ̃] <-s, -s> *nt* gratin *m*
gratinieren* *tr V* [faire] gratiner; **gratinierte Zwiebelsuppe** gratinée *f*
gratis ['gra:tɪs] **I.** *Adv* gratis
II. *Adj* **etw ist** ~ qc est gratuit(e)
Gratisangebot *nt* offre *f* gratuite **Gratisprobe** *f* échantillon *m* gratuit **Gratisvorstellung** *f* représentation *f* gratuite
Grätsche ['grɛ:tʃə] <-, -n> *f* grand écart *m*; (*Sprungfigur*) saut *m* écart; **in die** ~ **gehen** faire le grand écart
grätschen ['grɛ:tʃn] **I.** *itr V* + *sein* **über den Bock** ~ sauter par-dessus le cheval jambes écartées
II. *tr V* + *haben* écarter *Beine*
Grätschsprung *m* saut *m* écart
Gratulant(in) [gratu'lant] <-en, -en> *m(f)* personne *f* qui félicite
Gratulation [gratula'tsio:n] <-, -en> *f* félicitations *fpl*; **meine** ~! [toutes mes] félicitations!
gratulieren* *itr V* féliciter; **jdm zu einem Jubiläum** ~ féliciter qn à l'occasion d'un anniversaire; **ich gratuliere Ihnen zum Geburtstag** je vous souhaite un bon anniversaire; [**ich**] **gratuliere!** félicitations!; **sich** (*Dat*) [**zu jdm/etw**] ~ **können** *fam* pouvoir se féliciter de qn/qc (*fam*)
Gratwanderung *f* (*schwieriges Unterfangen*) exercice *m* sur la corde raide
Grätz[e]l ['grɛ:tsl] <-s, -n> *nt* A (*Kiez*) **im** ~ dans son/mon/... quartier *m*
grau [graʊ] *Adj* ❶ *Farbe, Socken* gris(e)
❷ (*fahl*) *Gesicht* grisâtre; ~ **sein** *Person:* être grisonnant(e); ~ **werden** *Person:* grisonner
❸ (*trostlos*) morne; **der** ~**e Alltag** la grisaille du quotidien
▶ **alles** ~ **in** ~ **malen** [*o* **sehen**] voir tout en noir
Grau <-s, - *o fam* -s> *nt* gris *m*; **ganz in** ~ [**gekleidet**] [habillé(e)] tout en gris
grauäugig ['graʊʔɔɪgɪç] *Adj Person* aux yeux gris; ~ **sein** avoir les yeux gris
Graubart *m fam* homme *m* à la barbe grise **graubärtig** *Adj Mann* à la barbe grise; ~ **sein** avoir la barbe grise **graublau** *Adj* gris ardoise *inv*; *Augen* couleur du temps **Graubrot** DIAL *s.* Mischbrot
Graubünden [graʊ'bʏndən] <-s> *nt* [canton *m* des] Grisons *mpl*
Graubündner(in) <-s, -> *m(f)* Grison(ne) *m(f)*
Gräuel[RR] <-s, -> *m geh* atrocité *f*
▶ **jdm ein** ~ **sein** faire horreur à qn
Gräuelmärchen[RR] *nt* atrocité *f* inventée **Gräueltat**[RR] *f* atrocité *f*
grauen[1] ['graʊən] *itr V geh Morgen, Tag:* poindre (*soutenu*); *Abend:* tomber (*soutenu*)
grauen[2] *itr V unpers* **mir graut** [*o* **es graut mir**] **vor jdm/etw** qn/qc m'épouvante
Grauen <-s, -> *nt* ❶ *kein Pl* (*Entsetzen*) épouvante *f*; ~ **erregend** horrible; **ihn überkam ein** ~ l'épouvante l'envahit
❷ (*Ereignis*) horreur *f*; **die** ~ **des Krieges** les horreurs de la guerre
grauenerregend *s.* Grauen 1.
grauenhaft, **grauenvoll** **I.** *Adj* ❶ (*entsetzlich*) horrible
❷ *fam* (*schrecklich*) *Durcheinander, Lärm* infernal(e) (*fam*); *Bild, Musik* horrible
II. *Adv* horriblement
Graugans *f* oie *f* cendrée **graugrün** *Adj* vert-de-gris *inv*; *Augen* gris-vert *inv* **grauhaarig** *Adj Person* aux cheveux gris; ~ **werden/sein** attraper/avoir les cheveux gris
graulen ['graʊlən] *fam* **I.** *itr V unpers* **ihm grault** [*o* **es grault ihm**] **vor jdm/etw** qn/qc lui glace le sang
II. *r V* **er grault sich vor jdm/etw** qn/qc lui donne la chair de poule (*fam*)
III. *tr V* **jdn aus dem Haus** ~ faire perdre à qn l'envie de rester à la maison
gräulich[1] ['grɔɪlɪç] *Adj* grisâtre; *Haare* grisonnant(e)
gräulich[RR2] **I.** *Adj* atroce
II. *Adv* atrocement
graumeliert *Adj Haare* poivre et sel; *Kleidungsstück, Stoff* gris moucheté [de blanc] *inv*
Graupe ['graʊpə] <-, -n> *f* (*Gerstenkorn*) orge *f* mondée; (*Weizenkorn*) blé *m* mondé
Graupel ['graʊpəl] <-, -n> *f meist Pl* grésil *m*
graupeln ['graʊpln] *itr V unpers* **es graupelt** il y a du grésil
Graupelschauer *m* giboulée *f*
Graupensuppe *f* potage *m* à l'orge mondé
Graus [graʊs] <-es> *m fam* **für jdn ein** ~ **sein** *Person, Vorschlag, Vorfall:* être un cauchemar pour qn; **es ist ein** ~ **mit ihm** c'est une vraie calamité avec lui (*fam*); **o** ~! *hum* misère! (*hum fam*)
grausam ['graʊza:m] **I.** *Adj* ❶ (*brutal*) *Person* cruel(le)
❷ (*schrecklich*) *Schmerz* atroce; *Schicksal* cruel(le)
❸ *fam* (*unangenehm*) *Hitze, Kälte* terrible (*fam*)
II. *Adv* (*brutal*) atrocement
Grausamkeit <-, -en> *f* ❶ *kein Pl* (*Verhalten*) cruauté *f*; **seelische** ~ cruauté mentale; **mit unbeschreiblicher** ~ **vorgehen** agir avec une cruauté indescriptible
❷ (*Tat*) atrocité *f*
Grauschimmel *m* cheval *m* pommelé **Grauschleier** *m* grisaille *f*; **einen** ~ **haben** *Wäsche:* grisailler
grausen ['graʊzən] *s.* grauen[2]
Grausen <-s> *nt* épouvante *f*; **mir kommt das** ~ ça me fait

froid dans le dos
▶ **da kann man das kalte ~ kriegen** *fam* ça fait froid dans le dos (*fam*)
grausig *s.* grauenhaft
grauslich *bes.* A *s.* grässlich
Grauspecht *m* grimpereau *m* **Grauzone** *f* zone *f* d'ombre; **in einer ~ operieren** opérer à la limite de la légalité [*o* de l'illégalité]
Graveur(in) [gra'vø:ɐ] <-s, -e> *m(f)* graveur(-euse) *m(f)*
Gravieranstalt *f* atelier *m* de graveur [*o* gravure] **Gravierarbeit** *f* ❶ (*das Gravieren*) gravure *f* ❷ (*Gegenstand*) objet *m* gravé
gravieren* [-'vi:-] *tr V* graver *Ring, Besteck, Metallplatte;* **ein Muster/seinen Namen in etw** (*Akk*) **~** graver un motif/son nom sur qc
gravierend I. *Adj Verlust, Unterschied* grand(e); *Fehler, Irrtum* grave
II. *Adv sich verschlechtern* gravement
Gravierung <-, -en> *f* gravure *f*
Gravimeter [gravi'me:tɐ] <-s, -> *nt* PHYS gravimètre *m*
Gravis ['gra:vɪs] <-, -> *m* LING accent *m* grave
Gravitation [gravita'tsio:n] <-> *f* gravitation *f*
Gravitationsfeld *nt* champ *m* de gravitation **Gravitationsgesetz** *nt* loi *f* de la gravitation
gravitätisch [gravi'tɛ:tɪʃ] I. *Adj* solennel(le)
II. *Adv* solennellement
Gravur [gra'vu:ɐ] <-, -en> *f* gravure *f*
Grazie ['gra:tsiə] <-, -n> *f* ❶ *kein Pl* (*Anmut*) *einer Person, Bewegung* grâce *f*
❷ *iron* (*schöne Frau*) beauté *f*
❸ MYTH **die drei ~n** les trois Grâces
grazil [gra'tsi:l] *Adj* gracile (*littér*)
graziös [gra'tsjø:s] I. *Adj* gracieux(-euse)
II. *Adv* gracieusement
Greenpeace ['gri:npi:s] *kein Art* Greenpeace
Greenwich ['grɪnɪdʒ] **~er Zeit** heure *f* de Greenwich
gregorianisch [gregori'a:nɪʃ] *Adj Gesang, Kalender* grégorien(ne)
Greif <-[e]s *o* -en, -e[n]> *m* MYTH **der [Vogel] ~** le griffon
Greifarm *m* bras *m* manipulateur **Greifbagger** *m* excavateur *m* [*o* excavatrice *f*] à grappin
greifbar I. *Adj* ❶ (*verfügbar*) disponible; **für jdn ~ sein** être à la disposition de qn; **die Unterlagen ~ haben** avoir les documents à sa disposition; **Herr Braun ist im Moment nicht ~** *fam* Monsieur Braun n'est pas disponible pour le moment (*fam*)
❷ (*konkret*) *Ergebnis, Vorteil* concret(-ète)
II. *Adv* **~ nahe** *fig* à portée de main
greifen ['graɪfən] <griff, gegriffen> I. *tr V* ❶ (*nehmen, ergreifen, fangen*) attraper
❷ *fam* (*schnappen*) **sich** (*Dat*) **jdn/etw ~** s'emparer de qn/qc (*fam*)
❸ MUS faire *Akkord*
▶ **zum Greifen nahe** à portée de main
II. *itr V* ❶ **nach etw ~** saisir qc; **in/hinter etw** (*Akk*) **~** mettre la main dans/derrière qc; **über/hinter sich** (*Akk*) **~** lever le bras au-dessus/derrière soi
❷ (*benutzen*) **zum Hammer/zu einem Buch ~** prendre le marteau/un livre; **zu neuen Methoden ~** avoir recours à de nouvelles méthodes; **zum Alkohol ~** avoir recours à l'alcool
❸ TECH *Zahnrad:* s'emboîter; *Reifen, Sohlen:* adhérer
❹ (*Wirkung haben*) **die Maßnahmen ~** les mesures prises font effet; **die Maßnahmen ~ zu kurz/~ nicht** les mesures prises font à peine/ne font pas effet
▶ **zu hoch/zu niedrig gegriffen** *Zahl* vu(e) de manière trop optimiste/pessimiste; **um sich ~** *Krankheit, Feuer, Unsitte:* se propager
Greifer <-s, -> *m* TECH grappin *m*
Greifvogel *m* rapace *m* **Greifzange** *f* pince *f*
greinen ['graɪnən] *itr V pej fam* pleurnicher (*fam*); **das Greinen** les pleurnicheries *fpl* (*fam*)
greis [graɪs] *Adj geh Person* vieux(vieille) (*soutenu*)
Greis(in) <-es, -e> *m(f)* vieillard *m*/vieille *f*
Greisenalter *nt* quatrième âge *m*
greisenhaft *Adj* **~ aussehen** avoir l'air d'un vieillard/d'une vieille
Greißler(in) ['gaɪslɐ] <-s, -> *m(f)* A épicier(-ière) *m(f)*
grell [grɛl] I. *Adj* ❶ *Sonne* éblouissant(e); *Licht, Farbe, Grün* cru(e)
❷ (*schrill*) *Ton, Stimme* perçant(e)
II. *Adv* ❶ *beleuchtet* crûment; **~ scheinen** *Sonne:* être éblouissant(e); **~ leuchten** *Farben:* être cru(e); **zu ~ gestrichen sein** être peint(e) d'une couleur trop crue
❷ (*schrill*) **~ klingen** émettre des sons perçants
grellbunt I. *Adj* aux couleurs crues
II. *Adv* en couleurs crues
Grelle <-> *f,* **Grellheit** <-> *f* ❶ *des Lichts* éclat *m; einer Farbe* crudité *f*
❷ (*Schrillheit*) **ein Ton von unangenehmer ~** un son désagréablement perçant
grellrot *Adj* rouge cru *inv;* **etw ~ streichen** peindre qc en rouge cru
Gremium ['gre:miʊm] <-s, Gremien> *nt* commission *f*
Grenzbeamte(r) *m dekl wie Adj,* **Grenzbeamtin** *f* agent *m* des douanes **Grenzbefestigung** *f* point *m* de défense frontalier **Grenzbereich** *m* ❶ *kein Pl* (*Umkreis der Landesgrenze*) secteur *m* frontalier ❷ (*Übergangsbereich zwischen zwei Fachgebieten*) limite *f* ❸ (*äußerster Punkt*) limites *fpl* **Grenzbewohner(in)** *m(f)* frontalier(-ière) *m(f)* **Grenzbezirk** *m* secteur *m* frontalier
Grenze ['grɛntsə] <-, -n> *f* ❶ (*Staatsgrenze, Landesgrenze*) frontière *f;* **die deutsche ~** la frontière allemande; **die deutsche ~ zu/mit Frankreich** la frontière allemande avec la France; **an der ~ zur Schweiz** à la frontière de la Suisse; **die ~ überqueren** passer [*o* franchir] la frontière
❷ (*Trennlinie, Abgrenzung*) limite *f;* **eine zeitliche ~** un délai [dans le temps]; **die ober[st]e/unter[st]e ~** le maximum/minimum; **die ~ des Möglichen** la limite du possible; **ihm/ihr sind ~n gesetzt** il/elle est limité(e); **seinem Engagement sind ~n gesetzt** son engagement a des bornes; **alles hat seine ~n** il y a des limites à tout; **die ~n zwischen Gewohnheit und Sucht sind fließend** les limites entre l'habitude et la dépendance sont fluides
▶ **über die grüne ~ gehen** *fam* passer la frontière en fraude; **sich in ~n halten** *Begeisterung, Freude:* être mesuré(e); *Kosten:* être raisonnable; **keine ~n kennen** ne pas savoir s'arrêter
grenzen *itr V* ❶ **an ein Land ~** confiner à [*o* avec] un pays; **an das Meer ~** être limité(e) par l'océan; **sein Garten grenzt an unseren** son jardin confine au [*o* avec le] nôtre
❷ *fig* **an ein Wunder/an Betrug ~** être à la limite du miracle/de l'escroquerie
grenzenlos I. *Adj* ❶ illimité(e); **die ~e Weite des Ozeans** l'immensité de l'océan
❷ (*sehr groß*) *Macht* illimité(e); *Naivität, Dummheit* sans borne; *Verachtung, Vertrauen* infini(e)
II. *Adv* infiniment
Grenzenlosigkeit <-> *f* immensité *f;* **die ~ seines Vertrauens** son infinie confiance
Grenzer(in) <-s, -> *m(f) fam* (*Zöllner*) douanier(-ière) *m(f);* (*Grenzsoldat*) garde-frontière *mf*
Grenzfall *m* cas *m* limite **Grenzformalität** *f meist Pl* **die ~en erledigen** remplir les formalités de douane **Grenzgänger(in)** ['-gɛŋɐ] <-s, -> *m(f)* frontalier(-ière) *m(f)* **Grenzgebiet** *nt* ❶ zone *f* frontalière ❷ (*wissenschaftlicher Grenzbereich*) domaine *m* tampon **Grenzkonflikt** *m* conflit *m* de frontière **Grenzkontrolle** *f* contrôle *m* douanier **Grenzland** *s.* Grenzgebiet 1. **Grenzlinie** [-li:niə] *f* SPORT ligne *f* **grenz-**

nah *Adj Stadt* proche de la frontière **Grenzpfahl** *m* poteau *m* frontière **Grenzposten** *m* poste *m* [-]frontière **Grenzschutz** *m fam* (*Truppe*) [unité *f* de] garde-frontière *f* **Grenzsicherung** *f* sécurité *f* de la frontière [*o* des frontières] **Grenzsituation** *f fig* situation *f* limite **Grenzsoldat(in)** *m(f)* garde-frontière *mf* **Grenzstadt** *f* ville *f* frontalière **Grenzstein** *m* borne *f* **Grenzstreit** *m* querelle *f* de frontière **Grenzstreitigkeit** *f* contentieux *m* de frontière **Grenzübergang** *m* ① (*Stelle*) poste *m* frontière ② (*Vorgang*) passage *m* de la frontière **grenzüberschreitend** I. *Adj Handel* international(e), transfrontalier(-ière); *Problem, Kapitalverkehr* international(e) II. *Adv* ~ **Handel treiben** faire du commerce avec l'étranger **Grenzübertritt** *m* passage *m* de la frontière **Grenzverkehr** *m* trafic *m* transfrontalier; **kleiner** ~ circulation *f* frontalière **Grenzverlauf** *m* tracé *m* de la frontière **Grenzverletzung** *f* violation *f* de frontière **Grenzwert** *m* valeur *f* limite; **oberer/unterer** ~ valeur limite supérieure/inférieure **Grenzzwischenfall** *m* incident *m* de frontière

Gretchenfrage ['gre:tçən-] *f geh* question *f* épineuse (*soutenu*); [**jdm**] **die** ~ **stellen** poser [à qn] la question épineuse par excellence

Greuel *s.* **Gräuel**

Greuelmärchen *s.* **Gräuelmärchen**

Greueltat *s.* **Gräueltat**

greulich *s.* **gräulich**[2]

Greyerzer ['graɪɐtsɐ] <-s, -> *m* GASTR gruyère *m*

Griebe ['gri:bə] <-, -n> *f meist Pl* petits lardons *mpl* frits

Griebenschmalz *nt* rillons *mpl*

Grieche ['gri:çə] <-n, -n> *m* ① Grec *m*
② *fam* (*griechisches Lokal*) **zum** ~**n** [**essen**] **gehen** aller [manger] au restau grec (*fam*)

Griechenland *nt* la Grèce

Griechin <-, -nen> *f* Grecque *f*

griechisch I. *Adj* grec(grecque)
II. *Adv* ~ **miteinander sprechen** discuter en grec; *s. a.* **deutsch**

Griechisch <-[s]> *nt kein Art* (*Sprache, Schulfach*) grec *m*; **auf** ~ en grec; *s. a.* **Deutsch**

Griechische *nt dekl wie Adj* **das** ~ le grec; *s. a.* **Deutsche**

griechisch-katholisch *Adj* catholique grec(grecque) **griechisch-orthodox** *Adj* orthodoxe grec(grecque) **griechisch-römisch** *Adj* ① *s.* **griechisch-katholisch** ② SPORT gréco-romain(e)

grienen ['gri:nən] *itr V* NDEUTSCH *fam* ricaner (*fam*)

Griesgram ['gri:sgra:m] <-[e]s, -e> *m pej* grincheux(-euse) *m(f)* (*péj*)

griesgrämig I. *Adj* grincheux(-euse); ~ **sein/dreinschauen** être/avoir l'air grincheux(-euse)
II. *Adv* en grinchant

Grieß [gri:s] <-es, -e> *m* semoule *f*

Grießbrei *m* [bouillie *f* de] semoule *f* **Grießklößchen** <-s, -> *nt* boulette *f* de semoule **Grießpudding** *m* gâteau *m* de semoule

griff [grɪf] *Imp von* **greifen**

Griff <-[e]s, -e> *m* ① (*Haltegriff, Tragegriff*) poignée *f*; *eines Schirms, Messers* manche *m*; *einer Pistole* crosse *f*
② (*Handbewegung, Handgriff*) geste *m*; **etw mit wenigen** ~**en erledigen** accomplir qc en quelques gestes; **einen** ~ **in die Geldbörse tun** saisir dans le porte-monnaie; **ein** ~ **unter die Bank genügt** il suffit de passer la main sous le banc; **jeder** ~ **muss sitzen** *fam* chaque geste doit être précis; **mit einem** ~ en un tournemain
③ *a.* SPORT (*Greifbewegung, Grifftechnik*) prise *f*; **mit festem** ~ d'une poigne ferme
④ (*fühlbare Beschaffenheit*) *eines Stoffs* toucher *m*
▶ **der** ~ **zur Flasche** le recours à l'alcool; **einen** ~ **in die Kasse tun** *fam* piquer dans la caisse (*fam*); **der** ~ **nach der Macht** la prise du pouvoir; **mit jdm/etw einen guten** ~ **tun** faire une bonne prise avec qn/qc (*fam*); **jdn/etw in den** ~ **bekommen** [*o* **kriegen** *fam*] venir à bout de qn/qc (*fam*); **jdn/etw im** ~ **haben** avoir qn/qc bien en main

griffbereit *Adj* à portée de [la] main; ~ **sein** [*o* **daliegen**] être à portée de [la] main **Griffbrett** *nt* MUS touche *f*

Griffel ['grɪfəl] <-s, -> *m* ① crayon *m* d'ardoise
② *meist Pl sl* (*Finger*) paluche *f* (*pop*); ~ **weg!** bas les pattes! (*fam*)

Griffelkasten *m* HIST plumier *m*

griffig *Adj* ① (*handlich*) maniable; **eine** ~**e Form haben** être bien en mains
② (*Halt bietend*) *Untergrund* qui accroche
③ (*praktikabel*) *Formel, These* pénétrant(e)
④ (*fest*) *Stoff* qui a du toucher

Griffloch *nt* trou *m*

Grill [grɪl] <-s, -s> *m* ① barbecue *m*; **Gerichte vom** ~ plats préparés au barbecue
② (*Kühlergrill*) calandre *f*

Grillanzünder *m* allume-barbecue *m*

Grille ['grɪlə] <-, -n> *f* ① ZOOL grillon *m*
② *veraltet* (*Laune*) lubie *f*; **nichts als** ~**n im Kopf haben** n'avoir que des idées saugrenues en tête

grillen ['grɪlən] I. *itr V* faire un barbecue; **Fleisch/Würste zum Grillen** de la viande/des saucisses à griller
II. *tr V* **etw** ~ faire griller qc [au barbecue]; **Gegrilltes** des grillades *fpl*
III. *r V* **sich in der Sonne** ~ [**lassen**] se [faire] dorer au soleil

Grillgericht *nt* [plat *m* à base de] grillades *fpl* **Grillkohle** *f* charbon *m* de bois **Grillparty** *f* barbecue *m* **Grillplatz** *m* emplacement *m* pour barbecue **Grillrestaurant** [-rɛstorɑ̃:] *nt* [restaurant-]grill *m*

Grimasse [gri'masə] <-, -n> *f* grimace *f*; ~**n schneiden** faire des grimaces

Grimm [grɪm] <-[e]s> *m veraltet geh* courroux *m* (*littér*)

Grimmdarm ['grɪm-] *m* ANAT côlon *m*

grimmig I. *Adj* ① furibond(e)
② (*heftig*) *Frost, Kälte, Hunger* terrible
II. *Adv* furieusement; ~ **lächeln** avoir un rictus de fureur

Grind [grɪnt] <-[e]s, -e> *m fam* ① (*Hautausschlag*) teigne *f*
② DIAL (*Schorf*) croûte *f*

grinsen ['grɪnzən] *itr V* ricaner

Grinsen <-s> *nt* ricanement *m*

grippal [grɪ'pa:l] *Adj* grippal(e)

Grippe ['grɪpə] <-, -n> *f* grippe *f*; *fam* (*fiebrige Erkältung*) rhume *m*; [**die/eine**] ~ **haben** avoir la grippe/un rhume

Grippeepidemie *f* épidémie *f* de grippe **Grippeimpfung** *f* vaccination *f* contre la grippe **Grippevirus** *nt o fam m* virus *m* grippal **Grippewelle** *f* épidémie *f* de grippe

Grips [grɪps] <-es, -e> *m fam* jugeote *f* (*fam*); **seinen** ~ **anstrengen** faire travailler sa matière grise (*fam*)

Grislibär[RR], **Grizzlybär** ['grɪsli-] *m* grizzli *m*, grizzly *m*

grob [gro:p] <=er, =ste> I. *Adj* ① *Gesichtszüge, Mehl, Kies, Stoff* grossier(-ière); *Feile, Sieb* gros(se); *Wurst* avec des morceaux; **den gröbsten Schmutz beseitigen** enlever le plus gros de la saleté
② (*ungefähr*) sommaire; *Berechnung* approximatif(-ive); **in** ~**en Zügen** en gros
③ (*barsch, unsanft*) grossier(-ière)
④ (*schwer wiegend*) *Fehler, Irrtum* grossier(-ière)
▶ **der Mann fürs Grobe** l'homme à tout faire; **aus dem Gröbsten heraus sein** avoir passé le plus dur
II. *Adv* ① *zerkleinern, sieben, sortieren, mahlen* grossièrement
② (*in etwa*) en gros
③ (*barsch, unsanft*) grossièrement

Grobheit *f* grossièreté *f*

Grobian ['gro:bia:n] <-[e]s, -e> *m pej* (*ungehobelter Mensch*) mufle *m* (*péj*)

grobkörnig *Adj* ① *Mehl, Sand* gros(se)

❷ PHOT à gros grains

gröblich ['grø:plɪç] *geh* I. *Adj Verletzung, Verstoß* grave; *Missachtung* grand(e)

II. *Adv* de façon grossière

grobmaschig *Adj Gitter, Netz, Zaun* à grosses mailles

grobschlächtig *Adj pej* mal dégrossi(e) (*péj*)

Grobskizze *f* première ébauche *f*

Grog [grɔk] <-s, -s> *m* grog *m*

groggy ['grɔgi] *Adj fam* groggy *inv* (*fam*)

grölen ['grø:lən] *pej fam* I. *itr V* brailler (*fam*); **~d** en braillant (*fam*); **das Grölen** le braillement (*fam*)

II. *tr V* brailler (*fam*) *Lieder, Parolen*

Groll [grɔl] <-[e]s> *m geh* ressentiment *m* (*soutenu*); **einen ~ gegen jdn hegen** nourrir du ressentiment contre qn

grollen *itr V* ❶ *geh* ruminer; **jdm wegen etw ~** garder rancune à qn de qc

❷ (*dröhnen*) *Donner:* gronder

Grönland ['grø:nlant] <-s> *nt* le Groenland

Grönländer(in) ['grø:nlɛndɐ] <-s, -> *m(f)* Groenlandais(e) *m(f)*

grönländisch *Adj* groenlandais(e)

Gros [gro:, *Gen, Pl:* gro:s] <-, -> *nt* gros *m*

Groschen ['grɔʃən] <-s, -> *m* ❶ A groschen *m*

❷ *fam* (*Zehnpfennigstück*) pièce *f* de dix pfennigs (*fam*)

❸ *fam* (*Geld*) **ein paar ~** quelques sous; **keinen ~ übrig haben** ne plus avoir un radis (*fam*)

▶ **bei ihr ist der ~ gefallen** *hum fam* ça a fait tilt (*fam*)

Groschenheft *nt*, **Groschenroman** *m pej* roman *m* de quatre sous (*péj*)

groß [gro:s] <-̈er, -̈te> I. *Adj* ❶ (*nicht klein*) grand(e) *antéposé;* **ein ~er Park/Fluss** un grand parc/fleuve; **hundert Quadratmeter ~ sein** mesurer cent mètres carrés

❷ (*in Bezug auf die Körpergröße*) grand(e) *antéposé;* **eine ~e Frau** une femme grande; **er ist 1,80 m ~** il mesure 1,80 m; **du bist ~ geworden** tu as grandi; **wie ~ bist du?** combien mesures-tu?; **sie ist mit der Musik/in Wien ~ geworden** elle a grandi avec la musique/à Vienne

❸ (*erheblich, beträchtlich, heftig*) grand(e) *antéposé; Summe, Erfolg, Misserfolg, Dummheit* gros(se); *Pause, Verzögerung* long(ue) *antéposé; Verspätung* important(e)

❹ (*älter*) **mein ~er Bruder/seine ~e Schwester** mon grand frère/ma grande sœur; **unser Großer/unsere Große** notre grand/notre grande; **die Großen** (*die älteren Kinder*) les grands (*fam*); (*die Erwachsenen*) les grandes personnes; **unsere Kinder sind schon ~** nos enfants sont déjà grands

❺ (*großgeschrieben*) *Buchstabe* majuscule; **ein ~es V** un V majuscule

❻ (*bedeutend*) *Dichter, Werk, Erfindung* grand(e) *antéposé;* **Großes leisten** réussir quelque chose de grand

❼ (*begeistert*) **eine ~e Kinogängerin sein** aller souvent au cinéma; **kein ~er Esser sein** ne pas être un gros mangeur

❽ (*als Namenszusatz*) **der/die Große** le Grand/la Grande; **Karl der Große** Charlemagne

▶ **im Großen und Ganzen** dans l'ensemble; **Groß und Klein** petits et grands; **das wäre das Größte** *fam* ça serait le pied (*fam*)

II. *Adv* ❶ *fam* (*besonders*) **sich nicht ~ um etw kümmern** ne pas s'occuper des masses de qc (*fam*); **was soll man da schon ~ machen/sagen?** qu'est-ce qu'on peut bien faire/dire de plus? (*fam*)

❷ (*in großem Stil, Umfang*) *ausgehen, feiern* en grande pompe; **etw ganz ~ aufmachen** faire qc à grande échelle; **~ einkaufen** *fam* faire ses grosses courses (*fam*); **~ angelegt** *Projekt* de grande envergure

❸ (*opp: klein*) *zeichnen, gestalten* en grand; *schreiben* gros

❹ *fam* (*großartig*) **mit etw ~ rauskommen** faire un tabac avec qc (*fam*); **~ daherreden** se payer de mots (*fam*)

▶ **~ und breit** *fam schildern* en long et en large; *sich entschuldigen* dans toutes les règles de l'art; **jdn ~ ansehen** regarder qn avec de grands yeux; **~ machen** *Kinderspr. fam* faire la grosse commission (*fam*); **etw ~ schreiben** *fam* accorder beaucoup d'importance à qc (*fam*)

Großabnehmer *m* gros client *m* **Großaktionär(in)** *m(f)* gros(se) *m(f)* actionnaire **Großalarm** *m* alarme *f* générale

großangelegt *s.* **groß** II.2.

Großangriff *m* MIL attaque *f* de grande envergure

großartig I. *Adj Person, Idee, Plan* génial(e) (*fam*); *Bauwerk, Naturschönheit* grandiose; **na, [das ist ja] ~!** *iron fam* génial! (*iron fam*)

II. *Adv* ❶ *funktionieren* magnifiquement

❷ *pej fam* (*großspurig*) **~ tun** jouer au crack (*péj fam*)

Großartigkeit <-> *f* magnificence *f*

Großaufnahme *f* gros plan *m* **Großbank** <-banken> *f* grande banque *f* **Großbaustelle** *f* grand chantier *m* **Großbetrieb** *m* grande entreprise *f;* **landwirtschaftlicher ~** grande exploitation *f* agricole **Großbrand** *m* grand incendie *m* **Großbritannien** [gro:sbri'taniən] <-s> *nt* la Grande-Bretagne **Großbuchstabe** *m* majuscule *f;* TYP capitale *f* **großbürgerlich** *Adj* grand(e) bourgeois(e) **Großbürgertum** *nt* haute bourgeoisie *f*

Größe ['grø:sə] <-, -n> *f* ❶ *einer Fläche* superficie *f; eines Raums* taille *f; einer Zahl, Menge* importance *f*

❷ (*Körpergröße, Höhe, Länge*) taille *f;* **in voller ~** dans toute sa grandeur; **sich zu voller ~ aufrichten** se redresser de toute sa taille

❸ (*Kleidergröße, Packungsgröße*) taille *f;* (*Schuhgröße*) pointure *f;* (*Papiergröße*) format *m;* **[die] ~ XL tragen** [*o* **haben**] mettre du XL

❹ *kein Pl* (*Erheblichkeit*) *eines Erfolgs, Misserfolgs* importance *f*

❺ MATH, PHYS (*Wert*) grandeur *f;* **unbekannte ~** inconnue *f*

❻ ASTRON magnitude *f;* **ein Stern erster/zweiter ~** une étoile de magnitude 1/2

❼ *kein Pl* (*Bedeutsamkeit*) *einer Person* grandeur *f*

❽ (*bedeutender Mensch*) personnalité *f*

Großeinkauf *m* grosses courses *fpl* (*fam*) **Großeinsatz** *m der Feuerwehr, Polizei* intervention *f* massive **großelterlich** *Adj Haus* des grands-parents **Großeltern** *Pl* grands-parents *mpl* **Großenkel(in)** *m(f)* arrière-petit-fils *m*/arrière-petite-fille *f;* **die ~** les arrière-petits-enfants *mpl*

Größenordnung *f* ordre *m* de grandeur; **ein Jahresgehalt in der ~ von ...** un revenu annuel de l'ordre de ...

großenteils ['gro:sən(')taɪls] *Adv* en grande partie

Größenunterschied *m* (*in Bezug auf die Körpergröße, den Umfang*) différence *f* de taille; (*in Bezug auf die Höhe*) différence *f* de hauteur; (*in Bezug auf die Länge*) différence *f* de longueur **Größenverhältnis** *nt* ❶ (*Maßstab*) échelle *f*

❷ (*Proportion*) proportions *fpl* **Größenwahn[sinn]** *m pej* mégalomanie *f* (*péj*) **größenwahnsinnig** *Adj* mégalomane

größer ['grø:sɐ] *Komp von* **groß**

Großfahndung *f* vastes recherches *fpl* **Großfamilie** [-liə] *f* grande famille *f* **großflächig** ['gro:sflɛçɪç] *Adj Fenster* grande(s) *antéposé; Brand, Verwüstung* très étendu(e) **Großflughafen** *m* aéroport *m* international **Großformat** *nt* grand format *m*

großformatig *Adj* en grand format; **~e Bilder** des photos grand format

Großfürst(in) *m(f)* grand-duc *m*/grande-duchesse *f* **Großgrundbesitz** *m* grande propriété *f* **Großgrundbesitzer(in)** *m(f)* grand propriétaire *m* [terrien] **Großhandel** *m* commerce *m* de [*o* en] gros; **etw im ~ kaufen** acheter qc chez un grossiste

Großhandelspreis *m* prix *m* de gros

Großhändler(in) *m(f)* grossiste *mf* **Großhandlung** *f* magasin *m* de gros

großherzig *geh* I. *Adj* magnanime (*littér*)

II. *Adv* généreusement

Großherzigkeit <-> *f geh* magnanimité *f* (*littér*)
Großherzog(in) *m(f)* grand-duc *m*/grande-duchesse *f* **Großherzogtum** *nt* grand-duché *m* **Großhirn** *nt* cerveau *m*
Großhirnrinde *f* cortex *m* [cérébral]
Großindustrie *f* industrie *f* lourde **großindustriell** *Adj* relatif(-ive) à la grande industrie **Großindustrielle(r)** *f(m) dekl wie Adj* grand(e) *m(f)* industriel(le) **Großinquisitor** *m* grand inquisiteur *m*
Grossist(in) [grɔ'sɪst] <-en, -en> *m(f)* grossiste *mf*
Großkapitalist(in) *m(f)* gros capitaliste *m* **großkariert** *Adj Stoff* à gros carreaux **Großkatze** *f* grand félin *m* **Großkind** *nt* CH petit-enfant *m* **Großkonzern** *m* cartel *m*
Großkopfe[r]te(r) *m dekl wie Adj* A, SDEUTSCH *pej fam* ponte *m* (*fam*)
großkotzig ['gro:skɔtsɪç] *pej sl* **I.** *Adj* vantard(e) (*fam*)
II. *Adv* avec vantardise
Großküche *f* cuisine *f* industrielle **Großkunde** *m*, **-kundin** *f* gros client *m* **Großkundgebung** *f* grande manifestation *f* **Großmacht** *f* grande puissance *f* **Großmama** ['gro:smama:] *f fam* grand-maman *f* (*fam*)
Großmannssucht *f pej* (*einer Person*) folie *f* des grandeurs, mégalomanie *f*
Großmarkt *m* marché *m* de gros; (*für Lebensmittel, Blumen*) marché-gare *m* **Großmast** *m* grand mât *m* **Großmaul** *nt pej fam* grande gueule *f* (*péj fam*)
großmäulig *pej fam* **I.** *Adj Person* frimeur(-euse) (*péj fam*)
II. *Adv* ~ **behaupten, dass** prétendre avec vantardise, que + *indic*
Großmeister(in) *m(f)* grand(e) *m(f)* maître(-esse) **Großmut** <-> *f geh* magnanimité *f* (*littér*)
großmütig ['gro:smy:tɪç] *s.* **großherzig**
Großmutter *f* grand-mère *f*; **sie wird** ~ elle va être grand-mère ▸ **das kannst du deiner** ~ **erzählen!** *fam* je ne suis pas tombé(e) de la dernière pluie! (*fam*) **großmütterlich** *Adj attr* ❶ *Haus, Erbe* de la [*o* sa/ma/...] grand-mère ❷ (*typisch für eine Großmutter*) [digne] d'une grand-mère **Großneffe** *m* petit-neveu *m* **Großnichte** *f* petite-nièce *f* **Großoffensive** *f* MIL, A. ÖKON offensive *f* de grande envergure **Großonkel** *m* grand-oncle *m* **Großpapa** ['gro:spapa:] *m fam* grand-papa *m* (*fam*) **großporig** *Adj Haut* aux pores dilatés **Großrat** *m*, **-rätin** *f* CH conseiller *m* cantonal/conseillère *f* cantonale **Großraum** *m* agglomération *f*; **der** ~ **Köln** l'agglomération de Cologne
Großraumabteil *nt* compartiment *m* à grande capacité **Großraumbüro** *nt* bureau *m* en espace ouvert **Großraumflugzeug** *nt* gros-porteur *m*
großräumig ['gro:srɔɪmɪç] **I.** *Adj* (*geräumig*) spacieux(-euse); (*in einem großen Gebiet*) à grande échelle
II. *Adv absperren* dans un large rayon; *umfahren* largement
Großraumlimousine *f* limousine *f* spacieuse **Großraumwagen** *m* [wagon-]salle *m*; *einer Straßenbahn* tramway *m* à soufflet
Großrechner *m* macroordinateur *m* **Großreinemachen** <-s> *nt fam* grand nettoyage *m* **Großschnauze** *f fam* grande gueule *f* **groß|schreiben**RR *tr V unreg* **etw** ~ (*mit großem Anfangsbuchstaben*) écrire qc avec une majuscule; (*mit Großbuchstaben*) écrire qc en majuscules [*o* en capitales] **Großschreibung** *f* écriture *f* majuscule **Großsegel** *nt* grand-voile *f*
großspurig ['gro:sʃpu:rɪç] *pej* **I.** *Adj* vantard(e)
II. *Adv verkünden* avec vantardise
Großstadt *f* grande ville *f* **Großstädter(in)** *m(f)* habitant(e) *m(f)* d'une grande ville **großstädtisch** *Adj Atmosphäre* de grande ville; ~ **wirken** faire grande ville
Großstadtmensch *m* citadin(e) *m(f)* **Großstadtverkehr** *m* circulation *f* urbaine
Großtante *f* grand-tante *f* **Großtat** *f* prouesse *f*
größte(r, s) *Superl von* **groß**
großtechnisch *Adj* à l'échelle industrielle **Großteil** *m* ❶ (*der größere Teil*) **der** ~ la majeure partie ❷ (*erheblicher Teil*) grande partie *f*; **zu einem** ~ en grande partie
größtenteils ['grø:stən(')taɪls] *Adv* **das Bild ist** ~ **fertig** le tableau est en majeure partie fini; **die Bilder sind** ~ **verloren gegangen** les tableaux sont pour la plupart perdus
größtmöglich *Adj* **der/die** ~**e ...** le plus grand/la plus grande ... possible; **mit** ~**er Genauigkeit** avec la plus grande précision possible
Großunternehmen *s.* **Großbetrieb** **Großvater** *m* grand-père *m*; **er wird** ~ il va être grand-père **großväterlich** *Adj attr* ❶ *Haus, Hof, Erbe* du [*o* de son/mon/...] grand-père ❷ (*typisch für einen Großvater*) [digne] d'un grand-père **Großveranstaltung** *f* grande manifestation *f* **Großverbraucher** *m* gros consommateur *m* **Großverdiener(in)** *m(f)* gros salaire *m* **Großwetterlage** *f* METEO situation *f* météorologique générale **Großwild** *nt* gros gibier *m*
Großwildjagd *f* chasse *f* au gros gibier
groß|ziehen *tr V unreg* élever *Kind, Tier*
großzügig ['gro:stsy:gɪç] **I.** *Adj* ❶ (*freigebig*) généreux(-euse); (*nachsichtig*) large d'esprit
❷ (*in großem Stil*) *Plan, Planung* de grande envergure; *Wohnung* vaste
II. *Adv* ❶ (*freigebig*) généreusement; (*nachsichtig*) *behandeln* avec largesse d'esprit
❷ (*weiträumig*) en grand; ~ **planen/bauen** voir grand dans la planification/construction
Großzügigkeit <-> *f* ❶ (*Freigebigkeit*) générosité *f*; (*Nachsichtigkeit*) largesse *f* d'esprit
❷ (*Weiträumigkeit*) grandeur *f*
grotesk [gro'tɛsk] **I.** *Adj* grotesque
II. *Adv* grotesquement; ~ **wirken** faire grotesque
Grotte ['grɔtə] <-, -n> *f* grotte *f*
grub [gru:p] *Imp von* **graben**
Grübchen ['gry:pçən] <-s, -> *nt* fossette *f*
Grube ['gru:bə] <-, -n> *f* ❶ fosse *f*; (*klein*) trou *m*
❷ (*Baugrube*) tranchée *f*
❸ (*Bergwerk*) mine *f*
▸ **wer andern eine** ~ **gräbt, fällt selbst hinein** *Spr.* tel est pris qui croyait prendre
Grübelei <-, -en> *f* ruminations *fpl*
grübeln ['gry:bəln] *itr V* ruminer; **über etw** (*Akk o Dat*) ~ ruminer qc; **ins Grübeln kommen** commencer à ruminer
Grubenarbeiter *m* mineur *m* **Grubengas** *nt* grisou *m* **Grubenlampe** *f*, **Grubenlicht** <-lichter> *nt* lampe *f* de mineur **Grubenunglück** *nt* accident *m* de mine
Grübler(in) <-s, -> *m(f)* méditatif(-ive) *m(f)*
grüblerisch ['gry:blərɪʃ] *Adj* pensif(-ive)
grüezi ['gry:ɛtsi] *Interj* CH bonjour
Gruft [grʊft, *Pl:* 'grʏftə] <-, ¨-e> *f* caveau *m*
Grufti ['grʊfti] <-s, -s> *m sl* ringard(e) *m(f)* (*fam*)
grummeln ['grʊməln] *itr V fam Person:* marmonner; *Donner:* gronder
grün [gry:n] *Adj* ❶ *Augen, Farbe, Hemd* vert(e)
❷ (*ökologisch, alternativ*) *Politiker, Wähler* vert(e); *Politik* écologiste
▸ **jdn** ~ **und blau schlagen** *fam* rouer qn de coups; **sie sind sich** (*Dat*) **nicht** ~ *fam* ils/elles ne peuvent pas se voir même en peinture (*fam*)
Grün <-s, - *o fam* -s> *nt* ❶ vert *m*; **die Ampel steht auf** ~ le feu est vert; **du hast** ~**!** c'est [*o* le feu est] vert pour toi!
❷ (*Grünfläche*) espace *m* vert; *eines Golfplatzes* green *m*
❸ (*Grünpflanzen*) verdure *f*
▸ **das ist dasselbe in** ~ *fam* c'est kif-kif (*fam*)
grün-alternativ *Adj* écologiste et alternatif(-ive)
Grünanlage *f* espace *m* vert
grünäugig ['gry:nʔɔɪgɪç] *Adj Person* aux yeux verts; ~ **sein** avoir les yeux verts
grünblau *Adj* bleu-vert *inv*
Grund [grʊnt] <-[e]s, ¨-e> *m* ❶ (*Veranlassung, Beweggrund*)

G

raison *f*; **aus diesem** ~ pour cette raison; **aus gutem** ~ avec [juste] raison; **aus gesundheitlichen Gründen** pour des raisons de santé; **aus Gründen der Sicherheit** pour des raisons de sécurité; **aus unerfindlichen Gründen** pour une raison ou pour une autre; **auf** ~ **von Hinweisen** à partir d'indications; **ohne** ~ sans raison; **jdm** ~ **zu etw geben** donner lieu à qn de faire qc; **ein/kein** ~ **zur Sorge** une raison/pas de raison de se faire du soucis

❷ (*Ursache*) cause *f*

❸ *kein Pl* (*Erdboden*) sol *m*

❹ A (*Grundbesitz*) terres *fpl*; ~ **und Boden besitzen** posséder du terrain

❺ *kein Pl* (*Boden*) *eines Gewässers, Gefäßes* fond *m*; ~/**keinen** ~ **haben** *Schwimmer:* avoir/ne pas avoir pied; **auf** ~ **laufen** *Schiff:* toucher le fond; **etw bis auf den** ~ **leeren** vider qc complètement

❻ *kein Pl* (*Untergrund, Hintergrund*) fond *m*; **ein blaues Muster auf weißem** ~ un motif bleu sur fond blanc

▶ **sich in** ~ **und Boden schämen** avoir vraiment honte; **jdn in** ~ **und Boden reden** couper le sifflet à qn (*fam*); **im** ~**e meines Herzens** au fond de mon cœur; **einer S.** (*Dat*) **auf den** ~ **gehen** aller au fond des choses; **einer S.** (*Dat*) **auf den** ~ **kommen** tirer qc au clair; **den** ~ **zu etw legen** poser les fondements de qc; **im** ~**e** [**genommen**] au fond; **von** ~ **auf** [*o* **aus**] de fond en comble; **zu** ~**e gehen** *Person:* se perdre; *Kultur, Zivilisation:* disparaître; *Reich:* s'effondrer

grundạnständig *Adj* foncièrement correct(e) **Grụndausbildung** *f* formation *f* de base; **berufliche** ~ formation professionnelle de base **Grụndausstattung** *f* équipement *m* de base **Grụndbedeutung** *f* ❶ LING sens *m* premier ❷ (*Hauptaussage*) **die** ~ l'essentiel *m* **Grụndbedingung** *f* condition *f* de base **Grụndbegriff** *m* notion *f* élémentaire; **die** ~**e der französischen Grammatik** les rudiments *mpl* de la grammaire française

Grụndbesitz *m* propriété *f* foncière; *einer Gemeinde* terrains *mpl* communaux; **landwirtschaftlicher/städtischer** ~ propriété rurale/urbaine **Grụndbesitzer(in)** *m(f)* propriétaire *mf* foncier(-ière) **Grụndbuch** *nt* cadastre *m*

Grụndbuchamt *nt* cadastre *m*

grundehrlich *Adj* foncièrement honnête

Grụndeigentümer(in) *s.* Grundbesitzer(in)

Grụndeinstellung *f* INFORM réglage *m* de base

grụ̈nden ['grʏndən] I. *tr V* ❶ (*schaffen*) fonder *Firma, Verein*

❷ (*fußen lassen*) **seine Hoffnungen auf etw** (*Akk*) ~ fonder ses espoirs sur qc

II. *itr, r V* [**sich**] **auf etw** (*Akk*) ~ [se] baser sur qc

III. *r V* **sich** ~ *Verein, Gruppe:* se fonder

Grụ̈nder(in) <-s, -> *m(f)* fondateur(-trice) *m(f)*

Grụ̈nderjahre *s.* Gründerzeit

Grụnderwerb *m* acquisition *f* de terrains **Grụnderwerb[s]steuer** *f* droits *mpl* de mutation

Grụ̈nderzeit *f* années *fpl* de fondation [du Reich] (*correspondant à une période d'expansion industrielle*)

grundfạlsch *Adj* absolument faux(fausse) **Grụndfarbe** *f* ❶ (*Primärfarbe*) couleur *f* primaire ❷ (*Farbe des Untergrunds*) couleur *f* du fond

Grụndfesten ['grʊntfɛstən] ▶ **etw in seinen** ~ [*o* **bis in die** ~] **erschüttern** ébranler qc jusque dans ses fondements; **an den** ~ **einer S.** (*Gen*) **rütteln** toucher aux fondements [mêmes] de qc

Grụndfläche *f* superficie *f*

Grụndform *f* ❶ forme *f* primitive [*o* fondamentale] ❷ GRAM forme *f* de base; *eines Verbs* infinitif *m* **Grụndfrage** *f* question *f* fondamentale **Grụndfreibetrag** *m* FISC abattement *m* à la base **Grụndgebühr** *f* taxe *f* de base **Grụndgedanke** *m* idée *f* fondamentale **Grụndgehalt** *nt* salaire *m* de base **Grụndgesetz** *nt* ❶ *der Natur, Physik* principe *m* fondamental ❷ (*Verfassung*) **das** ~ la constitution allemande

grụndgesetzwidrig *Adj* anticonstitutionnel(le)

Grụndhaltung *f* position *f*; **seine** ~ **gegenüber jdm/etw** son attitude *f* face à qn/qc

grundieren* *tr V* appliquer une sous-couche sur

Grundierfarbe *f* ARCHIT peinture *f* d'apprêt

Grundierung <-, -en> *f* ❶ *kein Pl* (*das Grundieren*) application *f* d'une sous-couche

❷ (*Grundanstrich*) sous-couche *f*

Grụndkapital *nt* capital *m* engagé; **genehmigtes** ~ capital autorisé **Grụndkenntnisse** *Pl* connaissances *fpl* de base **Grụndkonsens** *m* SOZIOL, POL concensus *m* de base **Grụndkurs** *m* SCHULE cours *m* de base; UNIV [cours d']initiation *f* **Grụndlage** *f* base *f*; **als** ~ **für etw dienen** servir de base à qc; **jeder** ~ **entbehren** être dénué(e) de tout fondement

Grụndlagenforschung *f* recherche *f* fondamentale

Grụndlast *f* ELEC charge *f* de base

grụndlegend ['grʊntle:gənt] I. *Adj Erkenntnisse, Unterschiede* essentiel(le); **für etw** ~ **sein** être essentiel(le) pour qc

II. *Adv* fondamentalement; *sich verändern* du tout au tout

grụ̈ndlich ['grʏntlɪç] I. *Adj Person, Arbeit* rigoureux(-euse); *Studien, Kenntnisse* approfondi(e)

II. *Adv* ❶ *arbeiten, recherchieren* rigoureusement

❷ *fam* (*total*) *sich irren, täuschen* lourdement; **jdn** ~ **täuschen** tromper qn à fond

Grụ̈ndlichkeit <-> *f* rigueur *f*

Grụ̈ndling ['grʏntlɪŋ] <-s, -e> *m* ZOOL goujon *m*

Grụndlinie [-li:niə] *f* ❶ GEOM base *f* ❷ SPORT ligne *f* de fond

Grụndlohn *m* salaire *m* de base

grụndlos I. *Adj* ❶ *Verdacht, Aufregung* infondé(e); *Lachen* sans raison

❷ (*ohne festen Boden*) sans fond

II. *Adv* sans raison

Grụndmauer *f* soubassement *m*; **etw bis auf die** ~**n niederreißen/zerstören** raser qc complètement

Grụndnahrungsmittel *nt* denrée *f* alimentaire de base

Grụ̈ndonnerstag *m* jeudi *m* saint

Grụndordnung *f* ordre *m*; **die freiheitlich-demokratische** ~ l'ordre démocratique libéral **Grụndpfeiler** *m* CONSTR *a. fig* pilier *m* **Grụndprinzip** *nt* principe *m* de base **Grụndrechenart** *f* opération *f* [élémentaire] **Grụndrecht** *nt* droit *m* fondamental; **die demokratischen** ~**e** les droits fondamentaux de la démocratie **Grụndregel** *f* règle *f* de base **Grụndrente** *f* ❶ [pension *f* de] retraite *f* minimum ❷ (*Rente aus Immobilienbesitz*) rente *f* foncière

GrụndrissRR *m* ❶ (*Zeichnung*) plan *m*

❷ (*Kurzfassung, Leitfaden*) abrégé *m*

Grụndsatz *m* principe *m*; **ein Mann/eine Frau mit Grundsätzen** un homme/une femme de principes; **es sich** (*Dat*) **zum** ~ **machen fair zu sein** avoir pour principe d'être régulier(-ière)

Grụndsatzdebatte *f* débat *m* de principe **Grụndsatzentscheidung** *f* décision *f* de principe **Grụndsatzerklärung** *f* déclaration *f* de principe **Grụndsatzfrage** *f* question *f* de principe

grụndsätzlich ['grʊntzɛtslɪç] I. *Adj* ❶ (*grundlegend*) *Problem, Unterschied* fondamental(e); *Zweifel* sérieux(-euse)

❷ *attr* (*prinzipiell*) *Bereitschaft, Ablehnung* de principe

II. *Adv* ❶ (*völlig*) fondamentalement

❷ (*prinzipiell*) au fond; ~ **nichts einzuwenden haben** n'avoir absolument rien à objecter

❸ (*kategorisch*) *verbieten* formellement; *ablehnen* strictement; ~ **nicht an etw interessiert sein** ne pas avoir le moindre intérêt pour qc

Grụndsatzprogramm *nt* grandes lignes *fpl* du programme **Grụndsatzreferat** *nt* déclaration *f* de principe **Grụndsatzurteil** *nt* jugement *m* de principe

Grụndschuld *f* dette *f* foncière

Grundschule *f* ≈ école *f* primaire

i Land & Leute

Les enfants, de 6 à 10 ans, vont à la **Grundschule**. C'est l'école primaire obligatoire qui compte 4 années de scolarité contre 5 en France. Ils s'y rendent du lundi au vendredi sans interruption mais, à la différence de l'école primaire française, aucun cours n'y est dispensé l'après-midi.

Grundschüler(in) *m(f)* écolier(-ière) *m(f)* **Grundschullehrer(in)** *m(f)* instituteur(-trice) *m(f)* **Grundstein** *m* première pierre *f* ► **den ~ zu etw legen** poser la première pierre de qc
Grundsteinlegung *f* pose *f* de la première pierre
Grundstellung *f* ❶ SPORT position *f* [droite]; **die ~ einnehmen** se mettre en position [droite]
❷ SCHACH disposition *f* des pièces au début de la partie
Grundsteuer *f* FISC impôt *m* foncier
Grundstock *m* base *f* **Grundstoff** *m* ❶ (*Rohstoff*) matière *f* première ❷ CHEM corps *m* simple
Grundstoffindustrie *f* industrie *f* de base
Grundstück *nt* propriété *f;* (*Baugrundstück*) terrain *m*
Grundstückseigentümer(in) *m(f)* propriétaire *mf* foncier(-ière) **Grundstückskauf** *m* achat *m* d'un terrain **Grundstücksmakler(in)** *m(f)* agent *m* immobilier
Grundstudium *nt* premier cycle *m* **Grundstufe** *f* SCHULE cours *m* moyen **Grundton** *m* ❶ MUS *eines Akkords* note *f* fondamentale; *einer Tonleiter* clé *f*, clef *f* ❷ (*Grundfarbe*) ton *m* dominant ❸ *fig* (*Stimmung*) note *f* dominante; **ein optimistischer ~** une note dominante d'optimisme **Grundübel** *nt* source *f* de tous les maux
Gründung ['grʏndʊŋ] <-, -en> *f* fondation *f*
Gründungsjahr *nt* année *f* de la fondation **Gründungsmitglied** *nt* membre *m* de la fondation
grundverschieden *Adj* radicalement différent(e) **Grundversorgung** *f kein Pl* approvisionnement *m* de base **Grundwasser** *nt* nappe *f* phréatique; **auf ~ stoßen** atteindre la nappe phréatique
Grundwasserspiegel *m* niveau *m* de la nappe phréatique
Grundwehrdienst *m* classes *fpl;* **den ~ leisten** faire ses classes **Grundwert** *m* valeur *f* fondamentale; (*Grundstückswert*) valeur *f* foncière **Grundwort** <-wörter> *nt* déterminé *m* **Grundwortschatz** *m* vocabulaire *m* de base **Grundzahl** *s.* Kardinalzahl **Grundzug** *m* ❶ (*Charakterzug*) trait *m* caractéristique ❷ (*große Linie*) **etw in seinen Grundzügen darstellen** présenter qc dans ses grandes lignes
Grüne(r) *f(m) dekl wie Adj* POL écolo *mf* (*fam*); **die ~n** les verts
Grüne(s) *nt dekl wie Adj* ❶ (*Natur*) **ins ~ fahren** [aller] se mettre au vert; **im ~n** dans la nature
❷ *fam* (*Grünpflanzen, Salat*) **~s zum Garnieren** de la verdure pour garnir (*fam*)
grünen *itr V geh* verdir; **wieder ~** *Baum:* reverdir
Grünfink *m* verdier *m* **Grünfläche** *f* espace *m* vert **Grünfutter** *nt* fourrage *m* vert **Grüngürtel** *m einer Stadt* ceinture *f* verte **Grünkern** *m* grain *m* vert d'épeautre **Grünkohl** *m* chou *m* de Milan **Grünland** *nt kein Pl* AGR pâturages *mpl*
grünlich *Adj* verdâtre
Grünling <-s, -e> *m* BOT tricholome *m* équestre
Grünpflanze *f* plante *f* verte **Grünschnabel** *m fam* blanc-bec *m* (*fam*) **Grünspan** *m* vert-de-gris *m;* **~ ansetzen** se couvrir de vert-de-gris **Grünspecht** *m* pivert *m* **Grünstich** *m* dominante *f* verte; **einen ~ haben** tirer sur le vert **grünstichig** *Adj* à dominante verte; **~ sein** avoir une dominante verte **Grünstreifen** *m* (*Mittelstreifen*) terre-plein *m* central; (*Seitenstreifen*) terre-plein [aménagé]
grunzen ['grʊntsən] I. *itr V* ❶ *Schwein:* grogner
❷ *fam* (*laut atmen*) grogner (*fam*)
II. *tr V fam* grommeler (*fam*)
Grünzeug <-s> *nt* A (*Suppengrün*) herbes *fpl* potagères
Grüppchen <-s, -> *nt Dim von* **Gruppe** petit groupe *m; pej* clan *m*
Gruppe ['grʊpə] <-, -n> *f* groupe *m;* **in ~n arbeiten** travailler en groupe
Gruppenabend *m* veillée *f* commune **Gruppenarbeit** *f kein Pl* (*in der Schule*) travail *m* de [*o* en] groupe; (*in der Arbeitswelt*) travail en équipe **Gruppenbild** *nt* photo *f* de groupe; KUNST scène *f* de mœurs **Gruppendynamik** *f* dynamique *f* de groupe **gruppendynamisch** *Adj* PSYCH de dynamique de groupe **Gruppenfoto** *nt* photo *f* de groupe **Gruppenführer(in)** *m(f)* ❶ *einer Jugendgruppe* chef *mf* de groupe [*o* de file]; *einer Pfadfindergruppe* chef scout *m*/cheftaine *f* ❷ NS *grade correspondant à général d'armée dans les S.S.* **Gruppenleiter(in)** *m(f)* (*Leiter einer Arbeitsgruppe*) chef *mf* d'équipe
Gruppenmitglied *nt* membre *m* du groupe **Gruppenreise** *f* voyage *m* organisé **Gruppensex** *m* rapports *mpl* sexuels en groupe **Gruppensieg** *m* victoire *f* dans le groupe; **den ~ erringen** terminer vainqueur du groupe **Gruppentarif** *m* tarif *m* de groupe **Gruppentherapie** *f* PSYCH, MED thérapie *f* de groupe **Gruppenunterricht** *m* enseignement *m* en groupe **Gruppenversicherung** *f* assurance *f* collective
gruppenweise *Adv* par groupes
gruppieren* I. *tr V* rassembler; **die Gäste/die Stühle um den Tisch ~** rassembler les invités/chaises autour de la table
II. *r V* **sich um jdn/etw ~** se rassembler autour de qn/qc
Gruppierung <-, -en> *f* ❶ POL groupuscule *m;* (*innerhalb einer Regierung, Partei*) fraction *f*
❷ (*Anordnung*) disposition *f*
Gruselfilm *m* film *m* d'épouvante **Gruselgeschichte** *f* récit *m* d'épouvante
gruselig *Adj* épouvantable; **nachts auf dem Friedhof ist es ~** se promener la nuit dans un cimetière, ça donne des frissons; **jdm ist ~ zumute** qn a le frisson
gruseln I. *tr, itr V unpers* **ihn** [*o* **ihm**] **gruselt es** il a le frisson; **das Gruseln** le frisson
II. *r V* **sich ~** avoir le frisson; **er gruselt sich vor dem Monster** le monstre lui donne des frissons
gruslig *s.* **gruselig**
Gruß [gru:s, *Pl:* 'gry:sə] <-es, ¨-e> *m* ❶ (*Begrüßung*) salut *m;* **zum ~** en guise de salut; **ohne ~** sans saluer
❷ (*übermittelter Gruß*) salutations *fpl;* **jdm Grüße von jdm bestellen** [*o* **sagen**] donner le bonjour à qn de la part de qn; **einen** [**schönen**] **~** [*o* **liebe Grüße**] **an die Kinder** bien le bonjour aux enfants; **ich soll dir von Egon einen ~ sagen** Egon m'a chargé(e) de te donner le bonjour
❸ (*schriftliche Grußformel*) **mit freundlichen Grüßen** reçois/recevez mes sincères salutations; **liebe Grüße** bien des choses de ma part; **viele Grüße an ...** toutes mes salutations à ...
► **~ und Kuss** grosses bises (*fam*); **der Englische ~** la salutation angélique
Grußadresse *f*, **Grußbotschaft** *f* message *m* de sympathie
grüßen ['gry:sən] I. *tr V* ❶ (*begrüßen*) saluer
❷ (*Grüße übermitteln*) **jdn von jdm ~** saluer qn de la part de qn; **jdn ~ lassen** donner le bonjour à qn; **grüß mir deine Schwester** donne le bonjour à ta sœur de ma part; **grüß mir Paris** salue Paris de ma part; **sei** [**mir**] **gegrüßt!** salut [à toi]!; **grüß dich!** *fam* salut! (*fam*)
II. *itr V* dire bonjour; **das Grüßen** le salut; **hast du das Grüßen verlernt?** tu ne sais plus dire bonjour? (*fam*); **Paul lässt ~** Paul donne le bonjour
III. *r V* **sich ~** se saluer
Grußformel *f* formule *f* de politesse **grußlos** *Adv* sans dire bonjour **Grußwort** <-worte> *nt* discours *m* de bienvenue; **ein ~ an jdn richten** adresser un discours de bienvenue à qn
Grütze ['grʏtsə] <-, -n> *f* ❶ bouillie *f* de gruau

G

❷ *fam* (*Verstand*) ~/**nicht gerade viel ~ im Kopf haben** en avoir/ne rien avoir dans la cervelle (*fam*)
▸ **rote ~** *compote refroidie de fruits rouges, épaissie avec de la fécule*
Gschaftlhuber(in) <-s, -> *m(f)* A *fam* frimeur(-euse) *m(f)*
gschamig ['kʃa:mıç] *Adj* A *fam* pudique
Gschnas ['kʃna:s] <-es, -e> *nt*, **Gschnasfest** *nt* A bal *m* costumé
Guano [gu'a:no] <-s> *m* ZOOL guano *m*
Guatemala [guate'ma:la] <-s> *nt* le Guatemala
Guatemalteke [guatemal'te:kə] <-n, -n> *m*, **Guatemaltekin** *f* Guatémaltèque *mf*
guatemaltekisch *Adj* guatémaltèque
Guave [gu'a:və] <-, -n> *f* goyave *f*
gucken ['gʊkən, 'kʊkən] *itr V fam* ❶ (*sehen*) regarder; **aus dem Fenster ~** regarder par la fenêtre
❷ (*ragen*) dépasser; **dein Hemd guckt aus der Hose** ta chemise dépasse du pantalon
❸ (*dreinsehen*) **dumm/finster/gelangweilt ~** avoir l'air bête/sombre/ennuyé
Guckloch *nt* (*in einer Wand, einem Zaun*) judas *m*; (*in einer Tür*) judas [optique]
Guerilla[1] [ge'rılia] <-, -s> *f s.* **Guerillakrieg**
Guerilla[2] <-[s], -s> *m*, <-, -s> *f*, **Guerillakämpfer(in)** *m(f)* guérillero *m*, guérilléro *m*
Guerillakrieg *m* guérilla *f*
Gugelhupf ['gu:gəlhʊpf] <-s, -e> *m* SDEUTSCH, A kouglof *m*
Güggeli ['gʏgəli] <-s, -> *nt* CH (*Brathähnchen*) poulet *m* rôti
Guillotine [gıljo'ti:nə, gijo'ti:nə] <-, -n> *f* guillotine *f*
guillotinieren* [gıljoti'ni:rən, gijoti'ni:rən] *tr V* guillotiner
Guinea [gi'ne:a] <-s> *nt* la Guinée
Guineer(in) [gi'ne:ɐ] <-s, -> *m(f)* Guinéen(ne) *m(f)*
guineisch [gi'ne:ıʃ] *Adj* guinéen(ne)
Gulasch ['gʊlaʃ] <-[e]s, -e *o* -s> *nt o m* goulache *m o f*, goulasch *m*
Gulaschkanone *f sl* roulante *f* (*fam*) **Gulaschsuppe** *f* soupe *f* de goulasch
Gulden ['gʊldən] <-s, -> *m* HIST florin *m*
gülden ['gʏldən] *Adj poet* d'or
Gülle ['gʏlə] <-> *f* lisier *m*
Gully ['gʊli] <-s, -s> *m o nt* bouche *f* d'égout
gültig ['gʏltıç] *Adj* ❶ *Fahrschein, Eintrittskarte, Fahrplan* valable; *Pass, Ausweis* valide; **ein nicht mehr ~er Personalausweis** une carte d'identité périmée; **der Sommerfahrplan ist ab dem 1. Juni ~** les horaires d'été sont valables à compter du 1er juin
❷ (*rechtswirksam*) *Urteil, Gesetz* en vigueur; **~ sein/werden** être/entrer en vigueur
❸ (*legal*) *Zahlungsmittel* légal(e); **~ sein/bleiben** avoir/continuer d'avoir cours
❹ (*anerkannt*) en vigueur; **ein allgemein ~er Verhaltenskodex** un code de conduite communément admis
Gültigkeit <-> *f* validité *f*; **~ bekommen** *Gesetz:* entrer en vigueur; **erst durch eine Wertmarke ~ erlangen** *Monatskarte:* n'être valable qu'accompagné(e) d'une vignette; **die ~ ausländischen Rechts** la validité du droit étranger; **die ~ eines Urteilsspruchs anfechten** attaquer la vigueur d'un dispositif de jugement
Gültigkeitsdauer *f eines Fahrscheins, einer Eintrittskarte* durée *f* de validité; *eines Ausweises, Passes* [durée *f* de] validité *f*
Gummi[1] ['gʊmi] <-s, -[s]> *m o nt* ❶ (*Material*) caoutchouc *m*
❷ <-s> *fam* (*Kondom*) capote *f* [anglaise] (*fam*)
Gummi[2] <-s, -s> *m fam* (*Radiergummi*) gomme *f* [à effacer]
Gummi[3] <-s, -s> *nt fam* (*Gummiband*) élastique *m*
Gummiball *m* balle *f* de caoutchouc **Gummiband** <-bänder> *nt* élastique *m* **Gummibärchen** ['gʊmibɛ:ɐçən] *nt* ourson *m* [gélifié] **Gummibaum** *m* caoutchouc *m*
gummieren* *tr V* gommer; **ein gummierter Aufkleber** un autocollant gommé
Gummierung <-, -en> *f* ❶ *kein Pl* (*das Gummieren*) gommage *m*
❷ (*Klebstoffschicht*) [couche *f* de] gomme *f*
Gummihandschuh *m* gant *m* en caoutchouc **Gummihöschen** *nt* culotte *f* en latex **Gummiknüppel** *m fam* matraque *f* [en caoutchouc] **Gummiparagraph** *m fam* clause *f* élastique **Gummiring** *m* élastique *m* **Gummisohle** *f* semelle *f* en caoutchouc **Gummistiefel** *m* botte *f* en caoutchouc **Gummistrumpf** *m* bas *m* à varices **Gummizelle** *f* cellule *f* capitonnée **Gummizug** *m* [bande *f*] élastique *m*
Gunst [gʊnst] <-> *f* ❶ (*Wohlwollen*) bienveillance *f*; **jds ~ besitzen** [*o* **genießen**] jouir de la faveur de qn; **in jds ~** (*Dat*) **stehen** être dans les bonnes grâces de qn; **sich** (*Dat*) **jds ~ verscherzen** s'aliéner la faveur de qn
❷ *fig* (*günstige Konstellation*) **die ~ des Schicksals/der Stunde** l'opportunité du destin/moment; **die ~ der Umstände** l'heureux concours de circonstances
❸ (*Vergünstigung*) faveur *f*; **jdm eine ~ erweisen** *geh* accorder une faveur à qn
▸ **zu seinen/meinen/... ~en** en sa/ma/... faveur
Gunstbeweis *m*, **Gunstbezeigung** *f geh* marque *f* de faveur
günstig ['gʏnstıç] **I.** *Adj* ❶ (*zeitlich passend*) *Zeit, Termin* favorable; *Bus-, Zugverbindung, Flug* commode; **dieser Termin wäre ~ für mich** cette date me conviendrait bien
❷ (*begünstigend*) *Verhältnisse, Gelegenheit, Wetter* favorable; *Bedingung* avantageux(-euse)
❸ (*preisgünstig*) avantageux(-euse)
II. *Adv* ❶ *kaufen* à un prix avantageux; **um zehn Prozent ~er** avec une réduction de dix pour cent
❷ (*gut, geschickt*) **das trifft sich ~** ça tombe bien; **es trifft sich ~, dass** ça tombe bien que + *subj*
günstigstenfalls *Adv* dans le meilleur des cas
Günstling ['gʏnstlıŋ] <-s, -e> *m pej* petit(e) protégé(e) *m* (*fam*); *eines Königs, Fürsten* favori(te) *m(f)*
Günstlingswirtschaft *f pej* favoritisme *m*
Gupf [gʊpf] <-[e]s, -e> *m* SDEUTSCH, A, CH *fam* (*Kuppe*) dôme *m*
Guppy ['gʊpi] <-s, -s> *m* guppy *m*
Gurgel ['gʊrgəl] <-, -n> *f* gorge *f*
▸ **sie wäre ihm am liebsten an die ~ gesprungen** *fam* elle aurait voulu lui sauter dessus (*fam*); **jdm die ~ zudrücken** *fam* serrer le kiki à qn (*fam*)
Gurgelmittel *nt* gargarisme *m*
gurgeln *itr V* ❶ (*den Rachen spülen*) faire un gargarisme/des gargarismes; **mit etw ~** faire un gargarisme/des gargarismes avec qc; **das Gurgeln** le gargarisme; **zum Gurgeln** pour les gargarismes
❷ (*gluckern*) gargouiller; **~d** en gargouillant; *Laute* rauques
Gurgelwasser *nt* gargarisme *m*
Gürkchen <-s, -> *nt Dim von* **Gurke** [petit] cornichon *m*
Gurke ['gʊrkə] <-, -n> *f* ❶ (*Salatgurke*) concombre *m*; (*eingelegt*) cornichon *m*; **saure ~n** cornichons à la russe
❷ *hum fam* (*Nase*) blair *m* (*fam*)
Gurkenhobel *m* coupe-concombres *m* **Gurkensalat** *m* salade *f* de concombre
gurren ['gʊrən] *itr V a. fig* roucouler
Gurt [gʊrt] <-[e]s, -e> *m* ❶ (*Riemen*) sangle *f*
❷ (*Sicherheitsgurt*) ceinture *f* de sécurité
❸ (*Gürtel*) ceinturon *m*
Gürtel ['gʏrtəl] <-s, -> *m* ceinture *f*
▸ **den ~ enger schnallen** *fam* se serrer la ceinture (*fam*)
Gürtellinie [-li:niə] *f* taille *f* ▸ **unter die ~ zielen** viser en dessous de la ceinture **Gürtelreifen** *m* pneu *m* à carcasse radiale **Gürtelrose** *f* MED zona *m* **Gürtelschlaufe** *f* passant *m* [de ceinture] **Gürtelschnalle** *f* boucle *f* de ceinture **Gürteltasche** *f* sac *m* banane **Gürteltier** *nt* tatou *m*
Gurtmuffel *m fam personne qui refuse de boucler la ceinture de sécurité* **Gurtpflicht** *f* port *m* obligatoire de la ceinture de sécurité **Gurtstraffer** [-ʃtrafɐ] <-s, -> *m* rétracteur *m* de cein-

ture de sécurité

Guru ['gu:ru] <-s, -s> *m* REL gourou *m*, guru *m*

GUS [gʊs, ge:ʔu:'ʔɛs] <-> *f Abk von* **Gemeinschaft Unabhängiger Staaten: die ~** la C.E.I.

Guss^RR^ <-es, Güsse>, **Guß** <Gusses, Güsse> *m* ❶ *kein Pl* METAL (*das Gießen*) fonte *f*
❷ (*Zuckerguss*) couche *f* de sucre; **die Torte mit einem ~ überziehen** glacer la tarte
❸ (*Wasserguss*) jet *m;* **kalte Güsse** MED affusions *fpl* froides
❹ *fam* (*Regenguss*) saucée *f* (*fam*)
▸ [**wie**] **aus einem ~** comme formant une unité; [**wie**] **aus einem ~ sein** former une unité

Gusseisen^RR^ *nt* fonte *f* **gusseisern**^RR^ *Adj* en fonte **Gussform**^RR^ *f* moule *m* **Gussstahl**^RR^ *m* acier *m* fondu

Gusto ['gʊsto] <-s> *m* (*Belieben*) **nach eigenem ~** à mon/son/... idée; [**ganz**] **nach ~** *geh* à ma/sa/... guise

gut [gu:t] **I.** <besser, beste> *Adj* ❶ (*opp: schlecht*) bon(ne) *antéposé;* **~e Schuhe** de bonnes chaussures, des chaussures de bonne qualité; **~e Augen/Ohren haben** avoir de bons yeux/l'oreille fine; **jdn/etw ~ finden** trouver bien qn/qc
❷ (*lieb*) *Mann, Frau* bon(ne) *postposé; Mutter, Sohn* bon(ne) *antéposé;* **ein ~er Kerl** un gars bien; **ein ~er Bekannter/Freund** une bonne connaissance/un bon copain; **er ist ein ~er Mensch** c'est quelqu'un de bien; **die ~e Tante Erna** la bonne tante Erna; **~ zu jdm sein** être gentil(le) avec qn; **sei so ~ und hilf mir mal!** sois gentil(le) de m'aider!
❸ (*körperlich wohl*) **ihm/ihr ist nicht ~** il/elle ne se sent pas bien
❹ (*gelungen*) **~ werden/sein** *Foto, Aufnahme:* être réussi(e); **sind die Fotos ~ geworden?** est-ce que les photos sont réussies?
❺ *meist attr* (*untadelig*) *Charakter, Zug, Manieren* bon(ne) *antéposé; Benehmen* correct(e)
❻ (*richtig*) **das ist ~ so** ça vaut mieux ainsi; **und/aber das ist auch ~ so** et/mais c'est tant mieux; **~ so!** c'est bien comme ça!; [**wie**] **~, dass du nichts gesagt hast!** c'est bien que tu n'aies rien dit!
❼ (*brauchbar, interessant*) *Idee, Maßnahme, Plan* bon(ne) *antéposé; Angebot, Vorschlag* intéressant(e); **das ist mal 'ne ~e Idee!** *fam* voilà enfin une bonne idée!
❽ (*leistungsstark, überdurchschnittlich*) *Schüler, Arbeit, Leistung* bon(ne) *antéposé;* **~ in Geschichte sein** être bon(ne) en histoire
❾ (*Schulnote*) *bonne note située entre quatorze et seize sur vingt*
❿ (*wirksam, nützlich*) *Mittel, Methode* bon(ne) *antéposé;* **~ gegen** [*o* **für** *fam*] **Husten sein** être bon(ne) contre [*o* pour] la toux; **wer weiß, wozu das noch ~ ist!** qui sait à quoi ça peut servir un jour!; **wozu ist das ~?** *fam* ça sert à quoi? (*fam*)
⓫ (*reichlich*) **ein ~er Liter/Kilometer** un bon litre/kilomètre; **eine ~e Stunde Zeit haben** avoir une bonne heure; **du wirst ~e tausend Euro zahlen müssen** tu vas bien payer mille euros
⓬ (*in Wunschformeln*) **~en Tag!** bonjour!; **~en Appetit!** bon appétit!; **~e Fahrt!** bonne route!; **~e Besserung!** prompt rétablissement!
▸ **Gut und Böse** le bien et le mal; **jenseits von gut und böse sein** *iron fam Person:* avoir passé l'âge de penser à ça (*fam*); **ihm/ihr ist nichts ~ genug** il/elle n'est jamais content(e); **~ und schön, aber ...** c'est bien joli, mais ... (*fam*); **du bist ~!** *iron fam* elle est bonne, celle-là! (*fam*); **es mit etw ~ sein lassen** *fam* en rester là avec qc; **lass mal ~ sein!** *fam* laisse tomber! (*fam*); **sich für etw zu ~ sein** s'estimer au-dessus de qc; **alles wird** [**wieder**] **~** tout va s'arranger; **also** [*o* **nun**] [*o* **na**] **~!** bon, d'accord!; **schon ~!** *fam* c'est bon[, c'est bon]! (*fam*)
II. <besser, am besten> *Adv* ❶ (*opp: schlecht*) bien; **~ gelaunt sein** être de bonne humeur; **sich ~ lesen/verarbeiten lassen** se lire/faire bien; **hier lässt es sich ~ leben/schlafen/arbeiten** ici on vit/dort/travaille bien; [**das hast du**] **~ gemacht!** bien joué!; **pass ~ auf!** fais bien attention!; **das trifft sich ~!** ça tombe bien!
❷ (*reichlich*) bien, largement; **das ist aber ~ eingeschenkt!** voilà qui s'appelle être bien servi!
❸ (*leicht, erfolgreich*) bien
❹ (*angenehm*) **~ riechen** sentir bon; **sich ~ anfassen** *Stoff:* être agréable au toucher; **sich ~ anhören** *Vorschlag:* avoir l'air intéressant(e); **das schmeckt ~** c'est bon
▸ **bei jdm ~ angeschrieben sein** *fam* avoir la cote avec qn; **~ beieinander sein** SDEUTSCH être bien en chair; **~ dran sein** *fam* être à envier; **~ drauf sein** *fam* (*gut gelaunt sein*) être bien luné(e) (*fam*); (*gut in Form sein*) avoir la pêche (*fam*); **~ und gern**[**e**] largement; **du hast ~ reden/lachen!** tu as beau dire/rire! (*fam*); **~ gehen** (*florieren*) bien marcher; (*sich gut verkaufen*) bien se vendre; **so ~ es geht** aussi bien que possible; **es ~ haben** avoir de la chance; **sie hatte es immer ~ bei ihren Eltern** elle a toujours été bien chez ses parents; **das kann ~ sein** ça se pourrait bien; **er kann nicht ~ abreisen/bleiben** il peut difficilement partir/rester; **mach's ~!** *fam* salut! (*fam*); **sich ~ mit jdm stellen** se mettre bien avec qn; **~ daran tun etw zu tun** avoir intérêt à faire qc; **so ~ wie ...** *fam* pratiquement ...; **seid ihr schon verheiratet? – So ~ wie!** *fam* est-ce que vous êtes déjà mariés? – C'est tout comme! (*fam*)

Gut <-[e]s, Güter> *nt* ❶ (*Ware*) bien *m;* **gefährliche Güter** produits *mpl* dangereux
❷ (*Landgut*) domaine *m*
❸ JUR **bewegliche/unbewegliche Güter** biens *mpl* meubles/immobiliers; **geistige Güter** valeurs *fpl* spirituelles; **die irdischen Güter** les biens de ce monde

Gutachten ['gu:tʔaxtən] <-s, -> *nt* expertise *f*

Gutachter(**in**) <-s, -> *m(f)* expert(e) *m(f)*

gutartig *Adj* ❶ *Person* d'un bon naturel; *Tier* inoffensif(-ive)
❷ MED bénin(-igne)

Gutartigkeit <-> *f* MED bénignité *f*

gutaussehend *s.* **aussehen I.1.**

gutbezahlt *s.* **bezahlt**

gutbürgerlich *Adj a.* GASTR bourgeois(e)

gutdotiert *s.* **dotieren**

Gutdünken ['gu:tdʏŋkən] <-s> *nt* **sie entschied nach** [**eigenem**] **~** elle a décidé comme bon lui semblait

Gute(**r**) *f(m) dekl wie Adj* **der/die ~** le bon monsieur/la bonne dame; **mein ~r/meine ~** mon très cher/ma très chère; **ach, Sie ~, ich bin Ihnen so dankbar!** ha, ma bonne dame, je ne sais comment vous remercier!
▸ **die ~n und die Bösen** les bons et les méchants

Gute(**s**) *nt dekl wie Adj* ❶ (*Schmackhaftes, qualitativ Hochwertiges*) **etwas ~s** quelque chose de bon
❷ (*Angenehmes, Positives*) **~s über jdn sagen** dire du bien à propos de qn; **das ~ daran ist, dass** l'avantage, c'est que + *indic;* **nichts ~s verheißen** [*o* **versprechen**] ne dire rien qui vaille; **sich zum ~n wenden** prendre un tour favorable; **alles ~!** bonne chance!
❸ (*gute Tat*) **~s tun** faire le bien; **jdm ~s tun** faire du bien à qn; **etwas/nichts ~s** quelque chose/rien de bon; **damit tust du mir nichts ~s** ce n'est pas comme ça que tu me rends service
▸ **an das ~ im Menschen glauben** croire en la bonté humaine; **im ~n wie im Bösen** aussi bien par la douceur que par la manière forte; **das ist des ~n zu viel** (*das ist überreichlich*) ça dépasse la mesure; (*das geht zu weit*) trop, c'est trop; **des ~n zu viel tun** en faire trop; **es hat alles sein ~s** *Spr.* toute chose a du bon; **sich im ~n trennen** se séparer à l'amiable; **ich sage es dir im ~n** je te le dis encore une fois gentiment

Güte ['gy:tə] <-> *f* ❶ *Gottes, einer Person* bonté *f*
❷ (*Freundlichkeit*) bonté *f;* **würden Sie die ~ haben meinen Koffer zu tragen?** *form* auriez-vous la bonté de porter ma valise? (*form*); **in ~** gentiment; *sich einigen* à l'amiable

G

③ (*Qualität*) *einer Ware* qualité *f*
▸ **eine Dreistigkeit/Dummheit erster ~** *fam* le comble de l'impudence/une sacrée connerie (*fam*); **es war ein Reinfall erster ~** *fam* on s'est planté comme c'est pas permis (*fam*); **ach du liebe** [*o* **meine**] **~!** *fam* c'est pas vrai! (*fam*)
Güteklasse *f* catégorie *f*
Gutenachtgeschichte *f* histoire *f* pour dormir; **ich möchte eine ~!** j'aimerais une histoire avant de m'endormir! **Gutenachtkuss**[RR] *m* bisou *m* (*fam*)
Güteprüfung *f* contrôle *m* de qualité
Güterabfertigung *f* ① *kein Pl* (*das Abfertigen*) expédition *f* des marchandises ② (*Abfertigungsstelle*) [service *m* d']expédition *f* des marchandises **Güterbahnhof** *m* gare *f* de marchandises **Güterfernverkehr** *m* transport *m* routier longue distance **Gütergemeinschaft** *f* communauté *f* de biens; **fortgesetzte ~** JUR communauté de biens continuée; **in ~ leben** vivre sous le régime de la communauté **Güternahverkehr** *m* transport *m* routier courte distance **Gütertrennung** *f* séparation *f* des biens; **in ~ leben** vivre sous le régime de la séparation des biens **Güterverkehr** *m* transport *m* [de] marchandises **Güterwagen** *m* wagon *m* de marchandises **Güterzug** *m* train *m* de marchandises
Gütesicherung *f* protection *f* de la qualité **Gütesiegel** *nt* label *m* de qualité; **etw mit einem ~ versehen** labelliser qc **Güteverhandlung** *f* JUR tentative *f* de conciliation **Gütezeichen** *nt* marque *f* de qualité
gut|gehen I. *itr V unpers s.* **gehen II.1., II.2.**
II. *itr V s.* **gehen I.12.**
gutgehend *s.* **gehen I.11.**
gutgelaunt *s.* **gelaunt**
gutgemeint *s.* **meinen I.5.**
gutgläubig I. *Adj* crédule
II. *Adv* JUR de bonne foi
Gutgläubigkeit *f* crédulité *f*
gut|haben *tr V unreg* **bei jdm etw ~** avoir qc à son crédit auprès de qn
Guthaben ['gu:tha:bən] <-s, -> *nt* avoir *m*
gut|heißen *tr V unreg* accepter, admettre
gutherzig *Adj geh* généreux(-euse); **so ~ sein, dass** avoir si bon cœur que + *indic*
gütig ['gy:tɪç] *Adj* ① bienveillant(e); *Ehemann, Chef* complaisant(e)
② (*freundlich*) **würden Sie so ~ sein ...** *geh* voudriez-vous avoir l'obligeance de ... (*soutenu*)
▸ [**danke,**] **zu ~!** *iron* [merci,] tu es/vous êtes [vraiment] trop bon(ne)!
gütlich ['gy:tlɪç] *a.* JUR I. *Adj Liquidation* à l'amiable
II. *Adv* **etw ~ regeln** régler qc à l'amiable
▸ **sich an etw** (*Dat*) **~ tun** se régaler de qc
gut|machen *tr V* ① (*in Ordnung bringen*) réparer *Fehler, Schaden, Unrecht;* [**wieder**] **~** réparer *Fehler, Schaden, Unrecht;* **einen Verlust mit etw ~** compenser une perte par qc; **etwas/viel an jdm gutzumachen haben** avoir quelque chose/beaucoup à se faire pardonner de qn
② (*sich revanchieren*) **ich mache das demnächst wieder gut** je te rendrai prochainement la pareille; **ich weiß gar nicht, wie ich das ~ soll** je ne sais pas comment rendre la pareille
③ (*gewinnen*) **tausend Euro bei etw ~** gagner mille euros à l'occasion de qc
gutmütig ['gu:tmy:tɪç] *Adj Person* d'un bon naturel; *Tier* bon(ne)
Gutmütigkeit <-> *f* complaisance *f*
Gutsbesitzer(in) *m(f)* propriétaire *mf* d'un domaine
Gutschein *m* bon *m* **gut|schreiben** *tr V unreg* **jdm etw ~** inscrire [*o* porter] qc au crédit de qn **Gutschrift** *f* ① (*gebuchter Betrag*) crédit *m* ② (*Beleg*) avis *m* de crédit ③ *kein Pl* (*das Gutschreiben*) imputation *f* [au crédit d'un compte]

Gutshaus *nt* maison *f* de maître **Gutsherr(in)** *m(f)* ① HIST seigneur(-esse) *m(f)* ② (*Gutsbesitzer*) propriétaire *mf* d'un domaine **Gutshof** *m* ferme *f* domaniale
gutsituiert *s.* **situiert**
Gutsverwalter(in) *m(f)* gérant(e) *m(f)* de propriété
gut|tun *s.* **tun III.3.**
guttural [gʊtu'ra:l] I. *Adj* guttural(e)
II. *Adv* d'une voix gutturale
gutunterrichtet *s.* **unterrichten I.3.**
gutverdienend *s.* **verdienen II.1.**
gutwillig I. *Adj* plein(e) de bonne volonté
II. *Adv* de plein gré
Guyana [gu'ja:na] <-s> *nt* la Guyane
Guyaner(in) <-s, -> *m(f)* Guyanais(e) *m(f)*
guyanisch *Adj* guyanais(e)
gymnasial [gʏmna'zia:l] *Adj attr Bildung* en lycée; *Unterricht* au lycée; **die ~e Oberstufe** *les trois dernières années avant le baccalauréat*
Gymnasiallehrer(in) *m(f)*, **Gymnasialprofessor(in)** *m(f)* A professeur *m* de Gymnasium
Gymnasiast(in) [gʏmnazi'ast] <-en, -en> *m(f)* élève *mf* de Gymnasium
Gymnasium [gʏm'na:ziʊm] <-s, -ien> *nt établissement scolaire comprenant les classes entre l'école primaire et le baccalauréat;* **mathematisch-naturwissenschaftliches/humanistisches ~** Gymnasium à dominante mathématiques et sciences naturelles/ langues anciennes

i Land & Leute

Si les résultats le permettent, les élèves peuvent rentrer au **Gymnasium** directement après l'école primaire. Il comprend 9 classes, de la cinquième à la treizième. Les trois dernières années sont appelées *Oberstufe*. A la fin de la treizième classe, les élèves passent leur *Abitur*.

Gymnastik [gʏm'nastɪk] <-> *f* gymnastique *f*
Gymnastikanzug *m* SPORT tenue *f* de gym[nastique]
gymnastisch *Adj* de gymnastique
Gynäkologe [gynɛko'lo:gə] <-n, -n> *m*, **Gynäkologin** *f* gynécologue *mf*
Gynäkologie [gynɛkolo'gi:] <-> *f* gynécologie *f*
gynäkologisch I. *Adj* gynécologique; *Abteilung, Station* de gynécologie
II. *Adv* au niveau gynécologique

H h

H, h [ha:] <-, -> *nt* ① H *m*/h *m*
② MUS si *m*
▸ **H wie Heinrich** h comme Henri
ha [ha, ha:] *Abk von* **Hektar** ha
Haar [ha:ɐ] <-[e]s, -e> *nt* ① (*einzelnes Kopfhaar*) cheveu *m;* (*gesamtes Kopfhaar*) cheveux *mpl;* **sie hat blondes ~** [*o* **blonde ~e**] elle a les cheveux blonds; **schönes, dickes ~ haben** avoir de beaux cheveux épais; **kaum ~e auf dem Kopf haben** avoir le cheveu rare; **die ~e kurz/offen tragen** avoir les cheveux courts/au vent
② (*Körperhaar, Tierhaar*) poil *m*
▸ **jdm stehen die ~e zu Berge** *fam* qn a les cheveux qui se dressent sur la tête; **er/sie frisst uns noch die ~e vom Kopf**

fam il vaut mieux l'avoir en photo qu'à table (*fam*); [**immer**] **ein ~ in der Suppe finden** *fam* chercher la petite bête (*fam*); **~e auf den Zähnen haben** *fam* ne pas avoir la langue dans sa poche (*fam*); **um kein ~ besser** du même acabit [*o* tonneau]; **graue ~e bekommen** attraper des cheveux blancs; **sich** (*Dat*) **über etw** (*Akk*) **keine grauen ~e wachsen lassen** ne pas se faire de cheveux blancs pour qc; **kein** [*o* **nicht ein**] **gutes ~ an jdm/etw lassen** déchirer qn/qc à belles dents; **sich in die ~e geraten** [*o* **kriegen** *fam*] se tomber sur le poil (*fam*); **etw an den ~en herbeiziehen** *fam* tirer qc par les cheveux; **~e lassen müssen** *fam* y laisser des plumes (*fam*); **sich** (*Dat*) **die ~e raufen** s'arracher les cheveux; **ihm sträuben sich die ~e** *fam* il en a les cheveux qui se dressent sur la tête; **aufs ~** au poil près (*fam*); **sich aufs ~ gleichen** se ressembler comme deux gouttes d'eau; **um ein** [*o* **ums**] **~** un peu plus; **ich hätte mich um ein ~ geschnitten** un peu plus j'allais me couper; **das wäre um ein ~ ein Tor geworden** il s'en est fallu d'un cheveu que le but soit marqué

Haaransatz *m* naissance *f* des cheveux **Haarausfall** *m* chute *f* des cheveux **Haarband** <-bänder> *nt* ruban *m* **Haarbreit** *nt* ▸ **nicht** [**um**] **ein ~, um kein ~** ne pas ... d'un pouce **Haarbürste** *f* brosse *f* à cheveux **Haarbüschel** *nt* touffe *f* de cheveux

haaren ['haːrən] *itr V* perdre ses poils

Haarentferner <-s, -> *m* dépilatoire *m*

Haaresbreite *f* ▸ [**nur**] **um ~** d'un cheveu

Haarfarbe *f* couleur *f* de[s] cheveux **Haarfärbemittel** *nt* teinture *f* pour les cheveux **Haarfestiger** *m* fixateur *m* [pour les cheveux] **Haargefäß** *nt* [vaisseau *m*] capillaire *m* **haargenau** **I.** *Adj Beschreibung, Erklärung* minutieux(-euse); *Übereinstimmung* parfait(e) **II.** *Adv beschreiben, erklären* par le menu; *übereinstimmen, zutreffen* parfaitement

haarig ['haːrɪç] *Adj* ❶ *Arm, Brust* poilu(e)
❷ *fam* (*heikel*) *Angelegenheit, Verhandlung* délicat(e); *Prüfung, Test* corsé(e) (*fam*)

Haarklammer *f* pince *f* [à cheveux] **haarklein** *Adv* par le menu **Haarklemme** *s.* Haarklammer **Haarknoten** *m* chignon *m* **Haarlack** *m* laque *f* pour les cheveux

haarlos *Adj Person* sans cheveux; *Arm, Brust, Tier* sans poils

Haarnadel *f* épingle *f* à cheveux

Haarnadelkurve *f* virage *m* en épingle [à cheveux]

Haarnetz *nt* résille *f* **Haarpflege** *f* soins *mpl* capillaires **Haarpracht** *f a. hum* chevelure *f* magnifique **Haarreif** *m* serre-tête *m* **Haarriss**[RR] *m* (*in einem Rohr, einer Leitung*) [fine] fissure *f* **haarscharf** *Adv* ❶ (*ganz knapp*) *daneben, vorbei* de très peu; **die Kugel ging ~ daneben** la balle le/la manqua de très peu [*o* d'extrême justesse] ❷ (*sehr exakt*) avec une précision parfaite **Haarschleife** *f* nœud *m* [dans les cheveux] **Haarschnitt** *m* (*das Schneiden, die Frisur*) coupe *f* de cheveux **Haarschopf** *m* crinière *f* (*fam*) **Haarsieb** *nt* tamis *m* en crin **Haarspalterei** <-, -en> *f pej* ergotage *m*; **das ist ~!** c'est couper les cheveux en quatre! **Haarspange** *f* grosse barrette *f* [à cheveux] **Haarspitze** *f* pointe *f* d'un [*o* du] cheveu; **meine ~n** les pointes de mes cheveux **Haarspray** [-ʃpreː, -spreː] *nt o m* laque *f* **Haarsträhne** *f* mèche *f* [de cheveux] **haarsträubend** ['haːɐʃtrɔɪbənt] **I.** *Adj* scandaleux(-euse) **II.** *Adv sich benehmen* scandaleusement **Haarteil** *nt* postiche *m* **Haartracht** *f veraltet* coiffure *f* [traditionnelle] **Haartrockner** *m* sèche-cheveux *m* **Haarwäsche** *f* (*beim Friseur*) shampooing *m* **Haarwaschmittel** *nt* shampooing *m* **Haarwasser** *nt* lotion *f* capillaire **Haarwild** *nt* gibier *m* à poil **Haarwuchs** *m* pousse *f* des cheveux/poils; **einen kräftigen/spärlichen ~ haben** avoir beaucoup/peu de cheveux **Haarwuchsmittel** *nt* produit *m* favorisant la pousse des cheveux **Haarwurzel** *f* racine *f* du cheveu

Hab [haːp] ▸ **sein/ihr ganzes** [*o* **gesamtes**] **~ und Gut** *geh* tous ses biens *mpl*

Habachtstellung *f* garde-à-vous *m*; **in ~ gehen** se mettre au garde-à-vous

Habe ['haːbə] <-> *f geh* biens *mpl*; **seine/ihre ganze** [*o* **gesamte**] **~** tous ses biens

haben ['haːbən] <hat, hatte, gehabt> **I.** *tr V* ❶ (*besitzen, verfügen über, aufweisen*) avoir; **Kinder ~** avoir des enfants; **Zeit ~** avoir le temps; **ein Haus ~** avoir une maison; **dieses Haus hat einen Garten** cette maison a un jardin; **die Augenfarbe hat er von der Mutter** il a la couleur des yeux de sa mère; **den Humor hat sie vom Vater** elle a hérité de l'humour de son père; **jdn/etw bei sich ~** avoir qn avec soi/qc sur soi; **Gäste im Wohnzimmer sitzen ~** avoir des invités [qui attendent] au salon; **ein Bild an der Wand hängen ~** avoir un tableau accroché au mur; **Bücher im Regal stehen ~** avoir des livres sur l'étagère; **hast du mir mal 'ne Zigarette?** *fam* t'as pas une clope, pour moi? (*fam*)
❷ (*führen, verkaufen*) avoir; **~ Sie Wasserkocher?** est-ce que vous avez des bouilloires électriques?
❸ (*umfassen*) **eine Größe/Fläche/einen Inhalt von ... ~** avoir une grandeur/surface/contenance de ...; **ein Meter hat hundert Zentimeter** un mètre fait cent centimètres
❹ SCHULE avoir *Lehrer, Note;* **heute ~ wir Chemie/keine Chemie** aujourd'hui nous avons chimie/n'avons pas de chimie
❺ (*empfinden, erleben*) avoir; **Lust/Angst ~** avoir envie/peur; **Sonne/schlechtes Wetter ~** avoir du soleil/du mauvais temps; **in Australien ~ sie jetzt Winter** en ce moment, c'est l'hiver en Australie; **wir hatten heute Nacht Vollmond** cette nuit, c'était la pleine lune; **es leicht/schwer ~** l'avoir/ne pas l'avoir facile; **sie hat es sehr gemütlich hier** elle est installée très confortablement ici; **ich habe es bei euch wirklich schön gehabt** j'ai passé de bons moments chez vous; **ihr habt's aber schön warm!** il fait agréablement chaud chez vous!
❻ MED **es am Herzen/im Rücken ~** *fam* être malade du cœur/avoir mal au dos
❼ (*ausstehen*) **ich kann das nicht ~** je ne le supporte pas; **ich kann es nicht ~, wenn ...** je ne supporte pas que + *subj*
▸ **haste was, biste was** *Spr. fam* si t'as rien, t'es rien, mais si t'as quelque chose, ... (*fam*); **noch/nicht mehr zu ~ sein** *fam Mann, Frau:* être encore libre/être déjà pris(e); **das hat er/sie so an sich** (*Dat*) c'est dans sa nature; **etwas** [*o* **manches**] **für sich ~** avoir du bon; **für etw zu ~/nicht zu ~ sein** être/ne pas être partant(e) pour qc (*fam*); **etwas gegen jdn/etw ~** avoir quelque chose contre qn/qc; **nichts gegen jdn/etw ~** ne rien avoir contre qn/qc; **jdn hinter sich** (*Dat*) **~** [*o* **wissen**] avoir qn derrière soi; **es in sich ~** *fam Arbeit, Aufgabe:* être plus compliqué(e) que ça en a l'air; *Wein:* faire de l'effet; **Paul hat etwas/nichts mit Brigitte** il y a quelque chose/il n'y a rien entre Paul et Brigitte; **viel/wenig von jdm/etw ~** profiter beaucoup/peu de qn/qc; **jdn vor sich ~, der ...** (*Dat*) avoir affaire à qn qui ...; **da hast du/~ Sie ...** voici ...; **da hast du's/~ wir's!** *fam* (*na bitte*) et voilà!; **das hast du jetzt davon**[**, dass ...**] *fam* voilà ce que ça te rapporte [de faire qc]; **wir ~'s ja!** *fam* nous en avons les moyens! (*fam*); *iron* on a les moyens, c'est bien connu! (*fam*); **ich hab's!** *fam* [ça y est,] j'y suis!; **hast du was?** qu'est-ce que tu as?; **was hat er denn** [**bloß**]? qu'est-ce qu'il a?; **was man hat, das hat man** *fam* un tiens vaut mieux que deux tu l'auras; **wer hat, der hat** *fam* on a les moyens ou on ne les a pas (*fam*); **wie hätten Sie es gern?** comment le/la/les désirez-vous?; **wie gehabt!** comme toujours [*o* d'habitude]!

II. *tr V unpers* DIAL *fam* **auf dem Markt hat es Erdbeeren** il y a des fraises sur le marché

III. *r V fam* **er hat sich immer so mit seinem Auto** il est drôlement maniaque avec sa voiture

IV. *r V unpers fam* **so, jetzt hat es sich** [**wieder**]! voilà, tout est arrangé! (*fam*)
▸ **und damit hat es sich!** *fam* et après basta! (*fam*)

V. *itr V modal* **du hast zu gehorchen** tu dois obéir; **du hast**

dich nicht darum zu kümmern tu n'as pas à t'occuper de ça; du weißt, was du zu tun hast tu sais ce que tu as à faire; Sie ~ hier keine Fragen zu stellen! ce n'est pas à vous de poser les questions ici!

VI. *Hilfsv* er hat/hatte den Brief geschrieben il a/avait écrit la lettre; ihr habt euch getäuscht vous vous êtes trompé(e)s; sie hätte ihm helfen können/müssen elle aurait pu/dû l'aider; sie wollen alles verstanden ~ ils/elles prétendent avoir tout compris

Haben <-s> *nt* FIN avoir *m*; **mit tausend Euro im ~ sein** avoir un crédit de mille euros

Habenichts ['ha:bənɪçts] <-[es], -e> *m fam* sans-le-sou *m* (*fam*)

Habenseite *f eines Kontos* colonne *f* [de] crédit **Habenzinsen** *Pl* FIN intérêts *mpl* créditeurs [*o* encaissés]

Haberer ['ha:bərɐ] <-s, -> *m* A *fam* (*Kumpel*) pote *m* (*fam*)

Habgier *f* rapacité *f*

habgierig *Adj* rapace

habhaft *Adj geh* **eines Menschen/einer S. ~ werden** s'emparer d'une personne/de qc

Habicht ['ha:bɪçt] <-s, -e> *m* autour *m*

habil. *Adj Abk von* **habilitatus** *qualifié(e) pour l'enseignement supérieur*

Habilitation [habilita'tsio:n] <-, -en> *f qualification pour l'enseignement supérieur*

Habilitationsschrift *f mémoire de qualification pour l'enseignement supérieur*

habilitieren* [habili'ti:rən] **I.** *r V* **sich ~** se qualifier pour l'enseignement supérieur

II. *tr V* habiliter

Habit [ha'bi:t] <-s, -e> *nt o m* ❶ (*Ordenskleid*) habit *m*

❷ *geh* (*Aufzug*) tenue *f*

Habitat [habi'ta:t] <-s, -e> *nt* BIO habitat *m*

Habitus ['ha:bitus] <-> *m a.* MED, BIO habitus *m*

Habsburger(in) ['ha:psbʊrgɐ] <-s, -> *m(f)* Habsbourg *mf*

habsburgisch ['ha:psbʊrgɪʃ] *Adj* habsbourgeois(e)

Habseligkeiten ['ha:pze:lɪçkaɪtən] *Pl* affaires *fpl*

Habsucht *s.* Habgier

habsüchtig *s.* habgierig

Hachel ['haxəl] <-, -n> *f* A râpe *f*

hacheln ['haxəln] *tr V* A râper

Hachse ['haksə] DIAL *s.* Haxe

Hackbeil *nt* couperet *m* **Hackblock** *m* billot *m* **Hackbraten** *m* rôti *m* de viande hachée **Hackbrett** *nt* ❶ (*Schneidebrett*) hachoir *m* ❷ MUS tympanon *m*

Hacke ['hakə] <-, -n> *f* ❶ (*Ferse, Absatz*) talon *m*; **die ~n zusammenschlagen** claquer les talons

❷ (*Werkzeug*) houe *f*

❸ A hache *f*

▶ **sich** (*Dat*) **die ~n nach etw ablaufen** *fam* faire des kilomètres pour trouver qc; **jdm auf den ~n bleiben** *fam* ne pas quitter [*o* ne pas lâcher] qn d'une semelle

Hackebeil *s.* Hackbeil

hacken ['hakən] **I.** *tr V* ❶ (*zerkleinern*) hacher; **etw klein ~** (*mit dem Beil*) couper qc petit; (*mit dem Messer*) hacher qc [menu]; **Holz ~** fendre du bois

❷ (*auflockern*) biner; (*von Unkraut befreien*) sarcler

❸ (*graben*) **ein Loch/eine Grube ~** creuser un trou/une fosse [en piochant]

II. *itr V* ❶ **nach jdm/etw ~** *Vogel:* donner des coups de bec à qn/dans qc

❷ (*mit dem Fuß treten*) **nach jdm/etw ~** donner des coups de pied à qn/dans qc

❸ (*den Boden bearbeiten*) sarcler

❹ INFORM *sl* pirater; **das Hacken** le piratage [informatique]

Hacken <-s, -> *m* talon *m*

Hackepeter *s.* Hackfleisch

Hacker(in) ['hakɐ, 'hɛkɐ] <-s, -> *m(f) sl* (*Computerpirat*) pirate *mf* [informatique]; (*Computerfan*) mordu(e) *m(f)* d'informatique (*fam*)

Hackfleisch *nt* viande *f* hachée ▶ **~ aus jdm machen** *sl* hacher qn menu comme chair à pâté (*fam*) **Hackklotz** *m* billot *m* **Hackordnung** *f* ordre *m* hiérarchique

Häcksel ['hɛksəl] <-s> *nt o m* fourrage *m* haché

Häcksler ['hɛkslɐ] <-s, -> *m* hache-paille *m*

Hacksteak [-ste:k, -ʃte:k] *nt* steak *m* haché **Hackstock** A *s.* Hackklotz

Hader ['ha:dɐ] <-s> *m geh* discorde *f* (*littér*); **mit jdm in ~ leben** vivre dans la discorde avec qn

Haderlump *m* A, SDEUTSCH *pej* vaurien *m*

hadern ['ha:dɐn] *itr V* se révolter; **mit Gott/etw ~** se révolter contre Dieu/qc; **mit jdm ~** en vouloir à qn

Hades ['ha:dɛs] <-> *m* MYTH **der ~** les enfers *mpl*

Hadrian ['ha:dria:n] *m* Adrien *m*

Hafen ['ha:fen, *Pl:* 'hɛ:fən] <-s, ¨-> *m* ❶ port *m*; **in den ~ einlaufen** entrer au port; **aus dem ~ auslaufen** quitter le port; **der Hamburger ~** le port de Hambourg

❷ *geh* (*Zufluchtsort*) havre *m* (*littér*)

▶ **den ~ der Ehe ansteuern** *hum* chercher à se caser (*fam*); **im ~ der Ehe landen** *hum*, **in den ~ der Ehe einlaufen** *hum* finir par se caser (*fam*)

Hafenamt *nt* administration *f* [*o* bureaux *mpl*] du port **Hafenanlagen** *Pl* installations *fpl* portuaires **Hafenarbeiter(in)** *m(f)* docker *m* **Hafenbecken** *nt* bassin *m* portuaire **Hafenbehörde** *f* autorités *fpl* portuaires **Hafeneinfahrt** *f* entrée *f* du port **Hafengebühr** *f* droits *mpl* de port **Hafenkneipe** *f fam* bar *m* [du port] **Hafenmeister(in)** *m(f)* capitaine *m* du port **Hafenpolizei** *f* police *f* du port **Hafenrundfahrt** *f* visite *f* du port en bateau **Hafenstadt** *f* ville *f* portuaire **Hafenverwaltung** *f* administration *f* portuaire **Hafenviertel** *nt* quartier *m* du port **Hafenzufahrt** *f* accès *m* au port

Hafer ['ha:fɐ] <-s, -> *m* avoine *f*

▶ **jdn sticht [wohl] der ~** *fam* qn est vraiment gonflé(e) (*fam*)

Haferbrei *m* bouillie *f* d'avoine **Haferflocken** *Pl* flocons *mpl* d'avoine **Hafergrütze** *f* bouillie *f* de gruau d'avoine **Haferkorn** <-körner> *nt* grain *m* d'avoine

Häferl ['hɛ:fəl] <-s, -n> *nt* A *fam* tasse *f*

Hafermehl *nt* farine *f* d'avoine **Haferschleim** *m* crème *f* d'avoine

Haff [haf] <-[e]s, -s *o* -e> *nt* lagune *f*

Hafner(in) ['ha:fnɐ] <-s, -> *m(f)* A (*Ofensetzer*) fumiste *m*

Haft [haft] <-> *f* détention *f*; **in ~ sein, sich in ~ befinden** être en détention; **zu fünf Jahren ~ verurteilt werden** être condamné(e) à cinq ans de prison; **aus der ~ entlassen werden** être libéré(e) [*o* mis(e) en liberté]

Haftanstalt *f* maison *f* d'arrêt **Haftaussetzung** *f* libération *f* conditionnelle

haftbar *Adj* responsable; **für etw ~ sein** être responsable de qc; **jdn für etw ~ machen** rendre qn responsable de qc

Haftbefehl *m* mandat *m* d'arrêt; **einen ~ gegen jdn ausstellen** lancer un mandat d'arrêt contre qn **Haftdauer** *f* détention *f*

Hafteinlage *f* JUR, ÖKON apport *m* de responsabilité

Haftel ['haftəl] <-s, -n> *nt* A agrafe *f*

haften ['haftən] *itr V* ❶ (*die Haftung übernehmen*) **für jdn/etw ~** *Person:* répondre de qn/qc; **jdm dafür ~, dass** garantir à qn que + *indic*; **für den Schaden nicht ~** *Versicherung:* refuser de couvrir le dommage; **für Garderobe kann nicht gehaftet werden** la maison décline toute responsabilité en cas de vol [dans les vestiaires]

❷ COM, JUR encourir la responsabilité; **für etw beschränkt/unbeschränkt ~** avoir une responsabilité limitée/illimitée de qc; **mit seinem Vermögen ~** être responsable sur son capital

❸ (*festkleben*) **an/auf etw** (*Dat*) **~** adhérer sur qc; **an/auf etw** (*Dat*) **~ bleiben** adhérer à qc

④ (*sich festsetzen*) **auf/an etw** (*Dat*) ~ [**bleiben**] *Rauch, Geruch:* rester imprégné(e) dans qc
⑤ (*hängen bleiben*) **an jdm** ~ *Makel, Verleumdung:* rester attaché(e) au nom de qn; *Verdacht:* continuer de peser sur qn
⑥ (*im Gedächtnis bleiben*) [**jdm**] ~ **bleiben** rester gravé(e) [dans la mémoire de qn]

haften|bleiben *s.* **haften 3., 4., 6.**

Haftentlassung *f* [re]mise *f* en liberté **Haftentschädigung** *f* dommages-intérêts *mpl* pour détention abusive; **eine ~ in Höhe von ...** une indemnité de ... [pour détention abusive] **haftfähig** *Adj* ① JUR apte à la détention ② (*klebend*) adhésif(-ive); ~ **sein** adhérer **Haftfähigkeit** *f* ① JUR aptitude *f* à la détention (*certifiée par un examen médical*) ② (*Haftvermögen*) *von Reifen* adhérence *f*

Häftling ['hɛftlɪŋ] <-s, -e> *m* détenu(e) *m(f)*

Haftnotiz *f* post-it® *m*

Haftpflicht *f* ① *fam* (*Haftpflichtversicherung*) assurance *f* responsabilité civile
② (*Schadenersatzpflicht*) [**gesetzliche**] ~ responsabilité *f* civile, obligation *f* légale de responsabilité civile; **die ~ der Versicherung erstreckt sich nicht auf Glas** l'assurance responsabilité civile ne couvre pas le bris de glaces

haftpflichtig *Adj* civilement responsable

haftpflichtversichert *Adj* ~ **sein** être assuré(e) en responsabilité civile **Haftpflichtversicherung** *f* assurance *f* responsabilité civile

Haftprüfung *f* JUR examen *m* de la validité de la détention

Haftreifen *m* AUT pneu *m* antidérapant

Haftrichter(in) *m(f)* juge *m* d'instruction

Haftschale *f* verre *m* de contact

haftunfähig *Adj* inapte à la détention (*sur la foi d'un examen médical*)

Haftung <-, -en> *f* ① JUR responsabilité *f; einer Versicherung* garantie *f;* ~ **für Arbeitsunfälle** responsabilité civile des accidents du travail; ~ **gegenüber Dritten/bei Mitverschulden** responsabilité civile envers un tiers/lors faute partagée; **deliktische/arbeitsrechtliche** ~ responsabilité délictuelle/quant au droit social; **Dauer der** ~ durée *f* de la responsabilité
② *kein Pl* TECH, PHYS adhérence *f*

Haftungsabgrenzung *f* JUR réduction *f* de la portée de responsabilité **Haftungsbegrenzung** *f* ÖKON limitation *f* de responsabilité

Hafturlaub *m* permission *f* de sortie **Haftverschonung** *f* JUR dispense *f* d'exécution de la peine

Hagebutte ['ha:gəbʊtə] <-, -n> *f* cynor[r]hodon *m*

Hagebuttentee *m* tisane *f* de cynor[r]hodon

Hagedorn *m* BOT NDEUTSCH aubépine *f*

Hagel ['ha:gəl] <-s> *m* ① grêle *f*
② *fig* **ein ~ von Schimpfwörtern/Vorwürfen** une grêle d'injures/de reproches

Hagelkorn <-körner> *nt* grêlon *m*

hageln ['ha:gəln] **I.** *itr V unpers* grêler; **es hagelt** il grêle
II. *tr V unpers fam* **es hagelt Geschosse/Steine** il tombe une grêle de balles/pierres

Hagelschaden *m* dégâts *mpl* dus à la grêle **Hagelschauer** *m* averse *f* de grêle **Hagelschlag** *m* [averse *f* de] grêle *f*

hager ['ha:gɐ] *Adj* maigre; *Person, Arme, Beine, Gestalt* grêle; *Hals* maigre

Hagiographie [-'fi:ən] <-, -n> *f form* hagiographie *f*

Häher ['hɛ:ɐ] <-s, -> *m* ORN geai *m*

Hahn [ha:n, *Pl:* 'hɛ:nə] <-[e]s, ⸚e> *m* ① coq *m*
② (*Wetterhahn*) coq *m* de clocher
③ <⸚e o -en> (*Wasserhahn*) robinet *m*
④ (*Zapfhahn*) chantepleure *f*
⑤ (*Teil einer Schusswaffe*) chien *m*
▶ ~ **im Korb sein** *fam* être comme le coq au milieu de la basse-cour; **der gallische** ~ le coq gaulois; **nach jdm/etw kräht kein ~ mehr** *fam* tout le monde se soucie de qn/qc comme d'une guigne (*fam*); [**jdm**] **den ~ zudrehen** *fam* couper les vivres à qn

Hähnchen ['hɛ:nçən] *nt* poulet *m;* **ein gebratenes** ~ un poulet rôti

Hähnchenkeule *f* cuisse *f* de poulet

Hahnenfuß *m* bouton-d'or *m* **Hahnenkamm** *m* ① crête *f* de coq ② (*Frisur*) crête *f* [d'un punk] **Hahnenkampf** *m* combat *m* de coqs **Hahnenschrei** *m* chant *m* du coq; **beim** [*o* **mit dem**] **ersten** ~ au premier chant du coq **Hahnentritt** *m kein Pl* ① BIO blastoderme *m* ② TEXTIL pied-de-poule *m*

Hahnentrittmuster *nt* TEXTIL pied-de-poule *m*

Hahnrei ['ha:nraɪ] <-s, -e> *m veraltet* cocu *m* (*fam*)
▶ **jdn zum ~ machen** faire qn cocu (*fam*), cocufier qn (*fam*)

Hai [haɪ] <-[e]s, -e> *m,* **Haifisch** *m* requin *m*

Haifischflossensuppe *f* soupe *f* aux ailerons de requin

Hain [haɪn] <-[e]s, -e> *m poet* bosquet *m;* **ein heiliger** ~ un bois sacré

Hainbuche *f* charme *m*

Haiti [ha'i:ti] <-s> *nt* Haïti *f*

haitianisch *Adj* haïtien(ne)

Häkchen ['hɛ:kçən] *nt Dim von* **Haken** ① (*kleiner Haken*) crochet *m*
② (*Zeichen*) coche *f;* **hinter jedem Namen machte er ein** ~ il cochait chaque nom

Häkelarbeit *f* ① *kein Pl* (*das Häkeln*) crochet *m* ② (*gehäkelter Gegenstand*) ouvrage *m* au crochet **Häkelgarn** *nt* fil *m* à crocheter

häkeln ['hɛ:kəln] **I.** *itr V* faire du crochet; **das Häkeln** le crochet
II. *tr V* **etw** ~ faire qc au crochet

Häkelnadel *f* crochet *m*

haken ['ha:kən] **I.** *itr V* être accroché(e); **im Schloss** ~ *Schlüssel:* coincer dans la serrure
II. *tr V* **etw an etw** (*Akk*) ~ accrocher qc à/sur qc

Haken <-s, -> *m* ① [clou *m* à] crochet *m;* (*Handtuchhaken*) crochet *m;* (*Kleiderhaken*) patère *f*
② (*Angelhaken*) hameçon *m*
③ BOXEN crochet *m;* **ein linker/rechter** ~ un crochet du gauche/du droit
④ (*Zeichen*) coche *f;* **hinter jedem Namen einen ~ machen** cocher chaque nom
⑤ *fam* (*Schwierigkeit*) hic *m* (*fam*)
▶ **ohne ~ und Ösen** *fam* sans la moindre embrouille (*fam*); **etw hat ~ und Ösen** *fam* qc est une affaire embrouillée (*fam*); **die Sache hat einen ~** *fam* il y a quelque chose qui cloche (*fam*); ~ **schlagen** *Hase:* faire un crochet

hakenförmig *Adj* en forme de crochet **Hakenkreuz** *nt* croix *f* gammée **Hakennase** *f* nez *m* crochu [*o* en bec d'aigle]

Halali [hala'li:] <-s, -[s]> *nt* hallali *m;* **das ~ blasen** sonner l'hallali

halb [halp] **I.** *Adj* ① **ein ~er Meter** un demi mètre; **ein ~es Pfund** une demie livre; **eine ~e Seite/Wurst** une demie page/saucisse; **ein ~es Glas Saft** un demi verre de jus; **das ~e Buch** la moitié du livre
② (*bei der Angabe der Uhrzeit*) ~ **sieben** six heures et demie; **gleich ist es** ~ il va être la demie; **es ist schon nach** ~ il est déjà la demie passée; **es ist erst drei vor** ~ il n'est que vingt-sept; **um fünf nach** ~ à moins vingt-cinq
③ *fam* (*ein Großteil von*) ~ **Köln/Frankreich** presque tout Cologne/toute la France; **die ~e Welt** presque tout le monde; **die ~en Pralinen sind ja schon weg!** la moitié des bonbons au chocolat sont déjà partis!
④ *fam* (*fast schon*) **er ist ein ~er Arzt** il est à moitié médecin; **du bist ja** [**schon**] **eine ~e Französin** tu es [déjà] à moitié française
⑤ (*halbherzig*) ~**e Reformen/Schritte** des demi-réformes/demi-mesures; **mit ~em Ohr zuhören** n'écouter que d'une oreille; **das ist nur die ~e Wahrheit** ce n'est que la demi-vé-

rité

▶ [das ist] **nichts Halbes und nichts Ganzes** *fam* [ce n'est] ni fait ni à faire (*fam*)

II. *Adv* ❶ (*zur Hälfte*) à moitié; **etw nur ~ verbrauchen** n'utiliser qc qu'à moitié; **nicht ~ so schön sein wie …** être loin d'être aussi beau(belle) que …; **~ so intelligent sein wie …** être deux fois moins intelligent que …; **~ so viel** moitié moins; **~ grün, ~ rot** moitié vert, moitié rouge; **~ lachend, ~ weinend** moitié riant, moitié pleurant; mi-riant, mi-pleurant; **~ ging er, ~ rannte er** il marchait en courant et courait en marchant

❷ (*halbwegs*) à moitié *antéposé;* **das Fleisch ist noch ~ roh** la viande est encore à moitié crue

❸ (*teilweise, nicht ganz*) **etw nur ~ verstehen** ne comprendre qc qu'à moitié; **nur ~ hinhören/zuhören** n'écouter que d'une oreille; **etw nur ~ machen** ne faire qc qu'à moitié; [**das ist nur**] **~ so schlimm** ce n'est pas si grave

▶ **~ und ~** *fam* moitié-moitié (*fam*)

Halbaffe *m* ZOOL **die ~n** les prosimiens *mpl* **halbamtlich** *Adj* semi-officiel(le) **halbautomatisch** *Adj* *Waffe* semi-automatique **Halbbildung** *f pej* culture *f* au rabais (*péj*) **halbbitter** *Adj* semi-amer(-ère); *Schokolade* fondant(e) **Halbblut** *nt kein Pl* ❶ (*Mischling*) métis(se) *m(f)* ❷ (*Pferd*) demi-sang *m* **Halbbruder** *m* demi-frère *m;* **mein ~ väterlicherseits/mütterlicherseits** mon frère consanguin/utérin **Halbdunkel** *nt* pénombre *f* **Halbedelstein** *m* pierre *f* fine

halbe-halbe ▶ **mit jdm ~ machen** *fam* faire fifty-fifty avec qn (*fam*)

halber ['halbɐ] *Präp + Gen geh* **der Form ~** pour la forme; **der Ordnung/Pflicht ~** par souci de l'ordre/du devoir; **der Sicherheit ~** par mesure de sécurité

halberwachsen [-ks-] *Adj attr* adolescent(e) **Halbfabrikat** *nt* demi-produit *m* **halbfett** I. *Adj* ❶ TYP [de]mi-gras(se) ❷ GASTR allégé(e) II. *Adv* TYP en demi-gras **Halbfinale** *nt* demi-finale *f* **halbgebildet** *Adj attr pej* avec une culture au rabais (*péj*) **Halbgeschwister** *Pl* demi-frère(s) et sœur(s) *mpl;* **sie sind ~** ils/elles sont enfants de deux lits **Halbgott** *m,* **-göttin** *f* demi-dieu *m*/demi-déesse *f*

Halbheiten *Pl pej* demi-mesures *fpl* (*péj*)

halbherzig I. *Adj* *Antwort, Zustimmung* du bout des lèvres; *Reform* timide

II. *Adv* sans conviction; *antworten, zustimmen* du bout des lèvres

Halbherzigkeit <-, -en> *f* frilosité *f*

halbieren* I. *tr V* ❶ (*teilen*) partager en deux; (*schneiden*) couper en deux; **etw ~** partager qc en deux; (*schneiden*) couper qc en deux

❷ (*um die Hälfte vermindern*) réduire de moitié

II. *r V* **sich ~** diminuer de moitié

Halbierung <-, -en> *f* (*Verminderung*) réduction *f* de moitié; (*Abnahme*) diminution *f* de moitié

Halbinsel *f* presqu'île *f;* (*groß*) péninsule *f* **Halbjahr** *nt* semestre *m*

Halbjahresbericht *m* ÖKON rapport *m* semestriel

halbjährig *Adj attr* ❶ (*ein halbes Jahr dauernd*) [d'une durée] de six mois

❷ (*ein halbes Jahr alt*) [âgé(e)] de six mois

halbjährlich I. *Adj* semestriel(le) II. *Adv* tous les six mois **Halbjude** *m,* **-jüdin** *f* NS demi-juif(-ive) *m(f)* **Halbkanton** *m* CH demi-canton *m* **Halbkreis** *m* demi-cercle *m;* **im ~** en demi-cercle **Halbkugel** *f* hémisphère *m;* **nördliche/südliche ~** hémisphère nord [*o* boréal]/sud [*o* austral] **halblang** *Adj* mi-long(-longue) ▶ [**nun**] **mach mal ~!** *fam* tu pousses un peu! (*fam*) **halblaut** I. *Adj* [prononcé(e)] à mi-voix; **mit ~er Stimme** à mi-voix II. *Adv* à mi-voix **Halbleinenband** *m* volume *m* [à] demi-reliure toile **Halbleiter** *m* TECH semi-conducteur *m*

halblinks *s.* links I.1.

halbmast *Adv* **auf ~** en berne; **~ flaggen** mettre le drapeau/les drapeaux en berne **Halbmesser** *s.* Radius **Halbmetall** *nt* non-métal *m* **Halbmond** *m* ❶ demi-lune *f;* **wir haben ~** c'est la demi-lune ❷ (*Symbol*) croissant *m;* **der rote ~** le Croissant-Rouge

halbmondförmig *Adj* en demi-lune

halbnackt *s.* nackt 1.

halboffen *s.* offen I.1.

Halbpension [-pãzio:n, -paŋzio:n, -pɛnzio:n] *f* demi-pension *f*

halbrechts *s.* rechts I.1.

halbrund *Adj* semi-circulaire **Halbschatten** *m* clair-obscur *m* **Halbschlaf** *m* demi-sommeil *m;* **im ~** [**sein**] [être] à moitié endormi(e); **im ~ hörte ich das Telefon klingeln** dans un demi-sommeil, j'entendis sonner le téléphone **Halbschuh** *m* chaussure *f* basse **Halbschwergewicht** *nt* ❶ *kein Pl* (*Gewichtsklasse*) poids *m* mi-lourd; **er boxt im ~** il boxe chez les mi-lourds [*o* en catégorie mi-lourd] ❷ (*Sportler*) mi-lourd *m* **Halbschwergewichtler(in)** *m(f)* mi-lourd(e) *m(f)*

Halbschwester *f* demi-sœur *f;* **meine ~ väterlicherseits/mütterlicherseits** ma sœur consanguine/utérine

halbseitig I. *Adj* ❶ *Anzeige* d'une demi-page

❷ MED **~e Lähmung** hémiplégie *f*

II. *Adv* ❶ *inserieren, abbilden* sur une demi-page

❷ MED **~ gelähmt** hémiplégique; **links/rechts ~ gelähmt** paralysé(e) du côté gauche/droit

Halbstarke(r) *f(m) dekl wie Adj veraltet fam* loubard(e) *m(f)* (*fam*); (*in den 60er Jahren*) blouson *m* noir (*vieilli*) **Halbstiefel** *m* mi-botte *f* **Halbstock** <-s, -e> *m* A mezzanine *f*

halbstündig ['halpʃtʏndɪç] *Adj attr* d'une demi-heure

halbstündlich ['halpʃtʏntlɪç] *Adj, Adv* toutes les demi-heures; **in ~en Intervallen** toutes les demi-heures **Halbstürmer(in)** *m(f)* milieu *m* de terrain, demi-centre *m* **halbtags** ['halpta:ks] *Adv* à mi-temps

Halbtagsarbeit *f* ❶ *kein Pl* (*Arbeit*) [travail *m* à] mi-temps *m* ❷ (*Halbtagsstelle*) [emploi *m* à] mi-temps *m* **Halbtagsbeschäftigung** *f* emploi *m* à mi-temps **Halbtagskraft** *f* salarié(e) *m(f)* à mi-temps

Halbton *m* MUS demi-ton *m*

halbtot *s.* tot 1., 4.

Halbvokal [-vo-] *m* semi-voyelle *f*

halbvoll *s.* voll I.1.

halbwach *s.* wach 1.

Halbwahrheit *f* demi-vérité *f* **Halbwaise** *f* orphelin(e) *m(f)* [de père/mère]; **~ sein** être orphelin(e) [de père/mère]

halbwegs ['halpve:ks] *Adv* ❶ (*einigermaßen*) à peu près

❷ (*nahezu*) pratiquement

Halbwelt *f kein Pl* demi-monde *m*

Halbwertszeit *f* PHYS période *f,* demi-vie *f*

Halbwissen *nt pej* semblant *m* de savoir

halbwüchsig *Adj* adolescent(e)

Halbzeit *f* mi-temps *f*

Halde ['haldə] <-, -n> *f* ❶ (*Müllhalde*) montagne *f* d'ordures ❷ MIN (*Kohlenhalde*) dépôt *m* de charbon; (*Abraumhalde*) terril *m*

❸ (*Lager, Lagerbestand*) stock *m* d'invendus; **etw auf ~ legen** [*o* **lagern**] mettre qc en réserve; **etw auf ~ fertigen** [*o* **produzieren**] réaliser des surstocks de qc

❹ SDEUTSCH (*Hang*) versant *m*

half [half] *Imp von* **helfen**

Hälfte ['hɛlftə] <-, -n> *f* moitié *f;* **eine Frucht in zwei ~n zerteilen** couper un fruit en deux; **die eine ~** l'une des [deux] moitiés; **die kleinere/größere ~** la plus petite/grosse moitié; **Kinder unter zehn Jahren zahlen die ~** les enfants de moins de dix ans paient demi-tarif; **die vordere/hintere ~** la première/deuxième moitié; *eines Gebäudes, Schädels* la partie antérieure/postérieure; **um die ~ größer als …** une fois et demie plus grand(e) que …; **etw um die ~ anheben/vermindern** augmenter/baisser qc de moitié; **um die ~ mehr/weniger** moitié plus/moins; **zur ~** à moitié *antéposé;* **die Beiträge**

werden je zur ~ vom Arbeitgeber und Arbeitnehmer bezahlt les cotisations sont payées pour moitié par l'employeur, pour moitié par le salarié
▶ **seine/ihre bessere ~** *hum fam* sa moitié (*fam*)

Halfter[1] ['halftɐ] <-s, -> *m o nt* (*Teil des Geschirrs*) licou *m*

Halfter[2] <-, -n> *f*, <-s, -> *nt* (*Holster*) gaine *f* [de revolver]

Hall [hal] <-[e]s, -e> *m* ① *geh* (*Schall*) résonance *f*; **man hörte den ~ sich entfernender Schritte** on entendit résonner des pas qui s'éloignaient
② (*Widerhall*) écho *m*

Halle ['halə] <-, -n> *f* ① (*Ankunftshalle, Ausstellungshalle*) hall *m*
② (*großer Saal*) [grande] salle *f*
③ (*Werkshalle*) atelier *m*
④ (*Sporthalle*) salle *f* [de sport]; (*Turnhalle*) gymnase *m*; (*Tennishalle*) tennis *m* couvert; **in der ~** en salle
⑤ (*Hangar*) hangar *m* [à avions]
▶ **in diesen heiligen ~n** *iron* dans ces hauts lieux

halleluja[h] *Interj* ① REL alléluia
② *fam* (*hurra*) hourra

hallen ['halən] *itr V* résonner

Hallenbad *nt* piscine *f* couverte **Hallenhandball** *m* handball *m* en salle **Hallensport** *m* sport *m* en salle

Hallig ['halɪç, *Pl:* 'halɪgən] <-, -en> *f île plate du Schleswig-Holstein recouverte en partie ou en totalité par la mer lors des grosses marées*

hallo ['halo, ha'lo:] *Interj* ① (*Begrüßung*) salut
② (*Gruß am Telefon*) allo, allô
③ (*Ausruf der Überraschung*) tiens
④ (*Anrede*) ~[, **Sie**]! hé[, vous]!

Hallo <-s, -s> *nt* salut *m*; **jdn mit lautem ~ begrüßen** saluer qn à grands saluts

Hallodri [ha'lo:dri] <-[s], -[s]> *m* A, SDEUTSCH *fam* joyeux [*o* gai] luron *m* (*fam*)

Halluzination [halutsina'tsio:n] *f* hallucination *f*
▶ **an ~en leiden** *Kranker:* souffrir d'hallucinations; *iron fam* avoir des hallucinations (*fam*)

halluzinogen *Adj* hallucinogène

Halluzinogen [halutsino'ge:n] <-s, -e> *nt* hallucinogène *m*

Halm [halm] <-[e]s, -e> *m* ① (*Grashalm*) brin *m*; (*Strohhalm*) [brin *m* de] paille *f*; (*Getreidehalm*) tige *f*; (*Stoppelhalm*) chaume *m*; (*Schilfhalm*) roseau *m*; **das Getreide auf dem ~ kaufen** acheter le blé sur pied
② (*Trinkhalm*) paille *f*

Halo ['ha:lo, *Pl:* ha'lo:nən] <-[s], -s *o* Halonen> *m* PHYS, OPT halo *m*

Halogen [halo'ge:n] <-s, -e> *nt* CHEM halogène *m*

Halogenbirne *f* ampoule *f* halogène **Halogenlampe** *f* [lampe *f* à] halogène *m* **Halogenscheinwerfer** *m* phare *m* halogène

Hals [hals, *Pl:* 'hɛlzə] <-es, ¨-e> *m* ① cou *m*; **den ~ recken** allonger le cou; **jdm um den ~ fallen** sauter au cou de qn; **sich** (*Dat*) **den ~ nach jdm/etw verrenken** *fam* se tordre le cou pour [aperce]voir qn/qc (*fam*)
② (*Rachen*) gorge *f*; **mir steckt eine Gräte im ~** j'ai une arête coincée dans la gorge
③ (*Flaschenhals*) col *m*
④ (*Geigenhals*) manche *m*
▶ **~ über Kopf** en quatrième vitesse (*fam*); **etw in den falschen ~ bekommen** *fam* comprendre qc de travers; **aus vollem ~[e]** *lachen* à gorge déployée; *schreien* à pleins poumons; **den ~ nicht voll [genug] kriegen können** *fam* en vouloir toujours plus; **jdm mit etw vom ~ bleiben** *fam* ne pas casser les pieds à qn avec qc (*fam*); **sich** (*Dat*) **den ~ brechen** *fam* se casser le cou; **jdn am ~ haben** *fam* avoir qn sur le dos (*fam*); **er/sie hängt mir zum ~ heraus** *fam* je ne peux plus le/la voir [même encadré(e)] (*fam*); **das hängt mir zum ~ heraus** *fam* j'en ai ras le bol (*fam*); **jdn [*o* jdm] den ~ kosten** coûter cher à qn; **sich etw auf den ~ laden** *fam* se coller qc sur le dos (*fam*); **sich jdn vom ~ schaffen** *fam* se débarrasser de qn; **jdm im ~ stecken bleiben** rester coincé(e) dans la gorge de qn; **sich jdm an den ~ werfen** [*o* **schmeißen**] *pej fam* se jeter sur qn (*fam*); **bis über den ~** *fam* jusqu'au cou

Halsabschneider(in) <-s, -> *m(f) pej fam* rapace *m* **Halsausschnitt** *m* encolure *f* **Halsband** <-bänder> *nt* ① (*Hundehalsband, Katzenhalsband*) collier *m* ② (*Schmuckband aus Samt*) ruban *m* [de velours]

halsbrecherisch ['halsbrɛçərɪʃ] **I.** *Adj Tempo* fou(folle); *Aktion, Fahrt, Kletterpartie* casse-cou *inv*; **in ~em Tempo** à tombeau ouvert; **ein ~es Unternehmen** une opération casse-cou
II. *Adv herumturnen, klettern* au risque de se casser le cou

Halsentzündung *f* inflammation *f* de la gorge **Halskette** *f* chaîne *f* [de cou]; (*mit Steinen besetzt*) collier *m* **Halskrause** ['-krauzə] *f* ① (*Kragen*) fraise *f* ② MED minerve *f* ③ (*Halsfedern*) collerette *f* **Hals-Nasen-Ohren-Arzt** *m*, **-Ärztin** *f* oto-rhino-laryngologiste *mf* **Halsschlagader** *f* [artère *f*] carotide *f* **Halsschmerzen** *Pl* mal *m* de gorge; **~ haben** avoir mal à la gorge **Halsschmuck** *m* collier *m*

halsstarrig *pej* **I.** *Adj* buté(e) (*fam*)
II. *Adv* avec entêtement

Halsstarrigkeit *f pej* entêtement *m*

Halstuch *nt* foulard *m* **Hals- und Beinbruch** *Interj* bonne chance **Halsweh** *s.* **Halsschmerzen** **Halsweite** *f* encolure *f*, tour *m* de cou **Halswirbel** *m* vertèbre *f* cervicale

halt [halt] *Interj* halte[-là]

Halt <-[e]s, -e *o* -s> *m* ① (*Stütze*) appui *m*; **als ~ gedacht sein** être fait pour se [re]tenir
② (*Greif-, Trittstelle beim Bergsteigen*) prise *f*
③ *fig* **dem Haar ~ geben** donner du maintien aux cheveux
④ (*Gleichgewicht*) **jdm ~ geben** être un soutien pour qn; **den ~ verlieren** perdre l'équilibre
⑤ (*inneres Gleichgewicht*) équilibre *m* [moral/psychologique]
⑥ (*Stopp*) arrêt *m*; **~ machen** s'arrêter; **ohne ~ durchfahren** *Zug:* être sans arrêt
▶ **vor nichts/niemandem ~ machen** ne reculer devant rien/personne

hält [hɛlt] *3. Pers Präs von* **halten**

haltbar *Adj* ① *Lebensmittel, Konserve* [de] longue conservation; **~ sein** se conserver; **nur begrenzt ~ sein** avoir une conservation limitée; **etw ~ machen** conserver qc; **mindestens ~ bis ...** à consommer de préférence avant le ...
② (*strapazierfähig*) résistant(e); **~ sein** faire de l'usage (*fam*); *Leder:* résister; **lange ~ sein** durer longtemps
③ (*glaubhaft*) *Behauptung, Theorie, Vorwurf* qui tient debout; **nicht länger [*o* mehr] ~ sein** ne tenir plus debout

Haltbarkeit <-, *selten* -en> *f* ① *von Konserven, Lebensmitteln* durée *f* de conservation; **Lebensmittel von kurzer ~** denrées périssables
② (*Widerstandsfähigkeit*) résistance *f*; **Gummisohlen haben eine längere ~ als Ledersohlen** les semelles en caoutchouc durent plus longtemps que les semelles de cuir

Haltbarkeitsdatum *nt* date *f* limite [de consommation]

Haltegriff *m* poignée *f* [de maintien]; (*Wannengriff*) barre *f* d'appui

halten ['haltən] <hält, hielt, gehalten> **I.** *tr V* ① (*festhalten*) tenir; **eine Leine in der Hand ~** tenir une laisse en main
② (*zum Bleiben veranlassen*) retenir; **was hält dich noch in Bonn/bei deinen Eltern?** qu'est-ce qui te retient à Bonn/chez tes parents?
③ (*strecken*) **die Beine ins Wasser ~** garder les jambes dans l'eau
④ (*tragen*) **etw ~** *Haken, Mauerhaken:* maintenir qc
⑤ (*stützen*) soutenir *Brücke*
⑥ (*zurückhalten*) **etw ~** *Isolierschicht:* maintenir qc; *Ventil:* contenir qc
⑦ SPORT arrêter *Ball*

H

⑧ (*haben*) [**sich** (*Dat*)] **ein Tier** ~ avoir un animal
⑨ (*weiterhin haben, beibehalten*) conserver *Tabellenplatz, Rekord;* maintenir *Position;* **etw offen** ~ garder qc ouvert(e); **vor Müdigkeit kaum noch die Augen offen** ~ **können** ne plus pouvoir garder les yeux ouverts à cause de la fatigue; **sich** (*Dat*) **eine Entscheidung offen** ~ se réserver le droit de prendre une décision
⑩ MIL défendre *Festung, Stadt, Gebiet*
⑪ (*aufrechterhalten*) maintenir *Behauptung, Theorie*
⑫ (*handhaben*) **es mit etw genauso/ähnlich/anders** ~ faire pareillement/analoguement/autrement avec qc; **wie hältst du's mit der Religion?** comment fais-tu avec la religion?; **das kannst du** ~, **wie du willst** tu fais comme tu veux; **auseinander** ~ distinguer
⑬ (*farblich gestalten*) **das Kinderzimmer** [**ganz**] **in Hellblau** ~ décorer la chambre d'enfant [tout] en bleu clair; **die Küche ist in bunten Farben/in Holz gehalten** la cuisine est colorée/en bois
⑭ (*abhalten*) prononcer *Rede, Ansprache;* faire *Vortrag, Diavortrag*
⑮ (*einhalten*) tenir *Versprechen, Zusage*
⑯ (*ansehen als*) **jdn für einen Journalisten/Angeber** ~ prendre qn pour un journaliste/frimeur; **etw für eine Beleidigung** ~ prendre qc pour une offense; **hältst du ihn für den Schuldigen?** crois-tu qu'il soit coupable?; **ich hätte Sie für ehrlicher gehalten** je vous aurais cru plus honnête; **du hältst mich wohl für blöd?** tu me prends pour un idiot, ou quoi?
⑰ (*denken*) **etwas/nichts von jdm/etw** ~ faire cas/aucun cas de qn/qc; **etwas/viel davon** ~ **etw zu tun** trouver bien/très bien de faire qc; **nichts davon** ~ **etw zu tun** ne pas être d'avis de faire qc [*o* qu'il faille faire qc]; **was hältst du von der neuen Kollegin?** que penses-tu de la nouvelle collègue?; *s. a.* **gehalten**
II. *itr V* ① (*festhalten*) tenir; **kannst du mal einen Moment** ~**?** tu peux tenir ça une minute?
② (*haltbar sein*) *Konserve:* se garder; *Lebensmittel:* se conserver
③ (*stehen bleiben*) *Fahrer, Fahrzeug:* s'arrêter; **abrupt** ~ s'arrêter net; **ein Fahrzeug zum Halten bringen** arrêter [*o* stopper] un véhicule
④ SPORT arrêter
⑤ (*zielen*) **nach links/oben** ~ viser à gauche/en haut; **mit dem Gewehr auf die Zielscheibe** ~ viser la cible avec le fusil; **auf die feindlichen Stellungen** ~ *Artillerie:* être pointé(e) sur les positions ennemies
⑥ (*achten*) **auf Ordnung/Anstand** (*Akk*) ~ tenir à l'ordre/la décence (*fam*)
⑦ (*stehen zu*) **zu jdm** ~ prendre le parti de qn
▶ **an sich** (*Akk*) ~ [**müssen**] [devoir] se contenir
III. *r V* ① (*sich festhalten*) **sich an etw** (*Dat*) ~ se tenir à qc
② (*nicht verderben*) **sich** ~ se garder
③ METEO **sich** ~ se maintenir; *Schnee:* tenir
④ (*eine Richtung verfolgen*) **sich rechts/nach Süden** ~ tenir sa droite/le cap sud
⑤ (*sich richten nach*) **sich an die Regeln** ~ respecter les règles; **sich an ein Versprechen** ~ tenir sa promesse; **sich an die Tatsachen** ~ s'en tenir aux faits; **sich eng an den Text** ~ rester très près du texte
⑥ (*sich orientieren an*) **sich an jdn** ~ s'en tenir à qn
⑦ (*haften*) **sich** ~ *Duft, Parfüm, Gestank:* persister; *Gas, Giftstoff:* se maintenir; **sich nur kurze Zeit** ~ *Duft:* ne tenir que peu de temps
⑧ (*sich behaupten*) **sich** ~ *Regierung:* tenir; *Truppen:* se maintenir; **sich gut** ~ *Prüfling, Sportler:* réussir
⑨ (*eine bestimmte Haltung haben*) **sich aufrecht/im Gleichgewicht** ~ se tenir droit/en équilibre
⑩ (*sich wenden an*) **sich an jdn** ~ s'adresser à qn
⑪ (*einschätzen*) **sich für einen Künstler/für klug** ~ se considérer comme artiste/intelligent(e); (*fälschlicherweise*) se prendre pour un artiste/intelligent(e); **du hältst dich wohl für unwiderstehlich?** tu te crois irrésistible?
▶ **sich gut gehalten haben** *fam* être bien conservé(e) (*fam*)

Haltepunkt *m* arrêt *m* [facultatif]

Halter <-s, -> *m* ① *eines Fahrzeugs* utilisateur *m* habituel; (*Versicherter*) assuré *m*
② (*Besitzer*) *eines Haustiers* propriétaire *m*
③ (*Haltevorrichtung*) support *m*

Halterin <-, -nen> *f* ① *eines Fahrzeugs* utilisatrice *f* habituelle; (*Versicherte*) assurée *f*
② (*Besitzerin*) *eines Haustiers* propriétaire *f*

Halterung <-, -en> *f* support *m*

Haltestelle *f von Bussen* arrêt *m; von Straßenbahnen, S-Bahnen, U-Bahnen* station *f* **Halteverbot** *nt kein Pl* ① interdiction *f* de s'arrêter; **absolutes/eingeschränktes** ~ arrêt *m*/stationnement *m* interdit ② (*Bereich*) **hier ist** ~ il est interdit de s'arrêter ici; **im** ~ **parken/stehen** se garer/être garé(e) en zone d'arrêt interdit **Halteverbotsschild** *nt* panneau *m* d'arrêt interdit

haltlos *Adj Person, Charakter, Vorwurf* inconsistant(e)

Haltlosigkeit <-> *f* inconsistance *f*

halt|machen *s.* Halt 6., ▶

Haltung <-, -en> *f* ① (*Körperhaltung*) attitude *f;* **auf gerade** ~ **achten** veiller à se tenir droit; **in lässiger** ~ **dastehen** arborer une pose nonchalante; ~ **annehmen** MIL se mettre au garde-à-vous
② SPORT style *m*
③ (*Meinung*) position *f;* **eine klare** ~ **einnehmen** avoir une position claire
④ *kein Pl* (*Verhalten*) attitude *f*
⑤ *kein Pl* (*Beherrschtheit*) contenance *f;* ~ **bewahren** faire bonne contenance
⑥ *kein Pl von Haustieren* détention *f; von Vieh* élevage *m*

Haltungsfehler *m* malformation *f* du squelette; SPORT faute *f* de style **Haltungsschaden** *m* mauvais maintien *m*

Halunke [ha'lʊŋkə] <-n, -n> *m* ① *pej* (*Gauner*) fripouille *f* (*péj fam*)
② *hum* (*Schlingel*) fripon *m* (*hum*)

Hämatit [hɛma'ti:t] <-s, -e> *m* PHYS hématite *f*

Hämatologe [hɛmato'lo:gə] <-n, -n> *m*, **Hämatologin** *f* MED hématologue *mf*

Hämatologie [hɛmatolo'gi:] <-> *f* MED hématologie *f*

Hämatom [hɛma'to:m] <-s, -e> *nt* MED hématome *m*

Hamburg ['hambʊrk] <-s> *nt* Hambourg

Hamburger[1] ['hambʊrgɐ] <-s, -> *m* ① (*Person*) Hambourgeois *m*
② GASTR hamburger *m*

Hamburger[2] *Adj attr* de Hambourg, hambourgeois(e)

Hamburgerin <-, -nen> *f* Hambourgeoise *f*

hamburgisch ['hambʊrgɪʃ] *Adj* de Hambourg

Häme ['hɛ:mə] <-> *f geh* hargne *f*

hämisch ['hɛ:mɪʃ] **I.** *Adj Bemerkung, Blick* hargneux(-euse); *Grinsen* sardonique
II. *Adv bemerken* hargneusement; *grinsen* sardoniquement

Hammel ['haməl] <-s, -> *m* ① (*Tier, Fleisch*) mouton *m*
② *pej sl* (*Dummkopf*) connard *m*

Hammelbeine ▶ **jdm die** ~ **lang ziehen** *fam* secouer les puces à qn (*fam*) **Hammelfleisch** *nt* [viande *f* de] mouton *m* **Hammelherde** *f* troupeau *m* de moutons ▶ **sich wie eine** ~ **benehmen** *pej fam* être un véritable troupeau de moutons (*fam*) **Hammelkeule** *f* gigot *m* de mouton **Hammelsprung** *m procédure de vote au cours de laquelle les parlementaires passent par trois portes différentes, signifiant accord, refus ou abstention*

Hammer ['hamɐ, *Pl:* 'hɛmɐ] <-s, => *m* ① *a.* SPORT, ANAT, MUS marteau *m;* **die Symbole** ~ **und Sichel** les symboles de la faucille et du marteau
② *sl* (*Fehler*) connerie *f* (*fam*); (*Unverschämtheit*) insolence *f;* **das ist** [**ja**] **ein** ~**!** (*das ist falsch*) quelle connerie! (*fam*);

(*das ist unverschämt*) c'est le comble! (*fam*); (*das ist unglaublich*) c'est pas croyable! (*fam*)
▸ **du hast einen ~!** *sl* t'es [complètement] marteau! (*fam*); **unter den ~ kommen** *fam* être vendu(e) [*o* mis(e)] aux enchères

Hämmerchen <-s, -> *nt Dim von* **Hammer** petit marteau *m*

Hammerhai *m* ZOOL requin marteau *m*

hämmern ['hɛmɐn] **I.** *itr V* ① *Handwerker, Bastler:* donner des coups de marteau; **das Hämmern** le martèlement
② (*klopfen*) **gegen die Wand/die Tür ~** marteler le mur/la porte
③ (*pulsieren*) *Puls, Herz:* battre très fort
II. *tr V* ① (*bearbeiten, herstellen*) [**Schmuck/Vasen**] ~ marteler [des bijoux/vases]
② *fam* (*spielen*) **ein Lied auf dem Klavier ~** massacrer un air au piano

Hammerschlag *m* coup *m* de marteau **Hammerstiel** *m* manche *m* de marteau **Hammerwerfen** <-s> *nt* lancer *m* du marteau **Hammerwerfer(in)** <-s, -> *m(f)* lanceur(-euse) *m(f)* de marteau **Hammerzehe** *f* MED orteil *m* en marteau

Hammondorgel ['hæmənd-] *f* orgue *m* [électronique] Hammond

Hämoglobin [hɛmoglo'bi:n] <-s> *nt* MED hémoglobine *f*

Hämophilie [hɛmofi'li:, *Pl:* hɛmofi'li:ən] <-, -n> *f* MED hémophilie *f*

Hämorrhoide, Hämorride[RR] *f* MED *meist Pl* hémorroïde *f*

Hampelmann ['hampəlman] <-[e]s, -männer> *m* pantin *m*
▸ **jdn zum ~ machen, einen ~ aus jdm machen** *fam* prendre qn pour un pantin

hampeln *itr V fam* gigoter (*fam*)

Hamster ['hamstɐ] <-s, -> *m* hamster *m*

Hamsterbacken *Pl fam* bajoues *fpl*

Hamsterer <-s, -> *m*, **Hamsterin** *f fam personne qui fait des provisions par crainte de l'avenir ou pour faire des affaires*

Hamsterkäufe *Pl* provisions *fpl* en masse

hamstern I. *itr V* se constituer des provisions
II. *tr V* faire des provisions de *Lebensmittel, Kohlen*

Hand [hant, *Pl:* 'hɛndə] <-, ¨-e> *f* ① main *f*; **jdm die ~ geben** [*o* **reichen** *geh*] donner [*o* tendre] la main à qn; **jdm die ~ schütteln/küssen** serrer/baiser la main à qn; **jdn an die ~ nehmen/an der ~ halten** prendre/tenir qn par la main; **die ~ zur Faust ballen** serrer le poing; **die Hände in die Seiten stemmen** mettre les [*o* ses] poings sur les hanches; **in die Hände klatschen** frapper dans ses mains; **etw zur ~ nehmen** *geh* prendre qc; **etw in Händen halten** *geh* tenir qc dans les [*o* ses] mains; **etw aus der ~ legen** poser qc; **jdm [die Zukunft] aus der ~ lesen** lire à qn [l'avenir] dans les lignes de la main; **die Hände ringen** se tordre les mains; **jdm etw in die ~ drücken** mettre qc dans la main de qn; **jdm etw aus der ~ schlagen** faire tomber qc des mains de qn; **mit der flachen ~** du plat de la main; **eine ruhige ~ haben** avoir la main sûre; **mit der ~ geschrieben** manuscrit(e); **von ~ genäht** cousu(e) à la main; **~ in ~ gehen** aller main dans la main; **Hände weg!** bas les pattes! (*fam*); **Hände hoch!** haut les mains!
② (*Längenmaß*) **eine ~/zwei ~** [*o* **Hände**] **breit sein** avoir la largeur d'une main/de deux mains
③ *kein Pl fam* (*Handspiel*) main *f*
④ (*Seite*) **linker/rechter ~** à [main] gauche/droite
⑤ *meist Pl fig* (*Mensch*) **fleißige Hände** des mains diligentes (*littér*); **von fremder ~** *geh* d'une tierce personne (*soutenu*)
⑥ (*Besitz, Obhut*) **in jds Hände übergehen** passer aux mains de qn; **in andere/fremde Hände übergehen** passer en d'autres mains/en mains étrangères; **aus** [*o* **von**] **privater ~** d'un particulier; **bei jdm in guten Händen sein** être en de bonnes mains avec qn; **etw zu treuen Händen übergeben** remettre qc en mains sûres; **zu Händen [von] Herrn Peter Braun** à l'attention de Monsieur Peter Braun
⑦ (*Gewalt, Entscheidungsgewalt*) **jdn völlig in der ~ haben** tenir qn sous sa coupe; **in der ~ von Entführern sein** être aux mains de kidnappeurs; **jdm in die Hände fallen** *Person:* tomber aux mains de qn; **in jds ~** (*Dat*) **liegen** [*o* **sein**] *geh* dépendre de qn; **es in der ~ haben, ob ...** avoir le pouvoir de décider si ...
⑧ (*zu verwaltendes Vermögen*) **die öffentliche ~, die öffentlichen Hände** les pouvoirs *mpl* publics
⑨ (*Führung, Führungsstil*) **eine starke** [*o* **feste**] **~** une main ferme; **mit sanfter ~** doucement
▸ **von seiner Hände Arbeit leben** *geh* vivre de ses mains; **man konnte die ~ nicht vor den Augen sehen** on n'y voyait goutte; **Beweise in der ~ haben** avoir [*o* détenir] des preuves entre les mains; **für jdn seine** [*o* **die**] **~ ins Feuer legen** se porter garant(e) de qn; **dafür lege ich meine** [*o* **die**] **~ ins Feuer** j'en mettrais ma main au feu; **~ und Fuß haben** tenir debout, se tenir; **sich mit Händen und Füßen wehren** *fam* se défendre de toutes ses forces; **~ aufs Herz!** *fam* paroles [d'honneur]!; **die Hände über dem Kopf zusammenschlagen** lever les bras au ciel; **von der ~ in den Mund leben** vivre au jour le jour; **die Hände in den Schoß legen** (*sich ausruhen*) ne rien faire; (*untätig sein*) se croiser les bras; **bei etw die** [*o* **seine**] **Hände im Spiel haben** tremper dans qc; **jdn um die ~ seiner Tochter bitten** *geh* demander à qn la main de sa fille (*vieilli*); **seine Hände in Unschuld waschen** s'en laver les mains; **etw aus erster ~ haben** avoir qc de première main; **in festen Händen sein** *fam* ne pas être disponible; **freie ~ haben** avoir carte blanche; **jdm freie ~ lassen** laisser les mains libres à qn; **von langer ~** de longue main; **mit leeren Händen dastehen** se retrouver les mains vides; **letzte ~ an etw** (*Akk*) **legen** *geh* mettre la dernière main à qc; **jds rechte ~ sein** être le bras droit de qn; **mit etw schnell bei der ~ sein** *fam* riposter facilement par qc; **eine ~ voll** une poignée; **eine ~ voll Zuschauer/Erdbeeren** une poignée de spectateurs/de fraises; **alle Hände voll zu tun haben** avoir du travail par-dessus la tête; **mit vollen Händen** à pleines mains; **hinter vorgehaltener ~** en confidence; **bei etw mit ~ anlegen** mettre la main à la pâte pour qc; **~ in ~ arbeiten** travailler main dans la main; **jdm/einer S. in die ~** [*o* **Hände**] **arbeiten** faire le jeu de qn/qc; **die** [*o* **seine**] **~ aufhalten** *fam* tendre la main; **jd bekommt** [*o* **kriegt** *fam*] **jdn/etw in die ~** [*o* **die Hände**] qn/qc tombe entre les doigts de qn (*fam*); **etw fällt jdm in die Hände** qc tombe entre les mains/aux mains de qn; **jdm aus der ~ fressen** *fam* manger dans la main de qn (*fam*); **jdm die ~ darauf geben** promettre [*o* jurer] qc à qn; **etw aus der ~ geben** se dessaisir de qc; (*delegieren*) déléguer qc; **jdm sind die Hände gebunden** les mains sont liées à qn; **jdm zur ~ gehen** donner un coup de main à qn; **durch jds Hände gehen** passer entre les mains de qn; **mit etw ~ in ~ gehen** aller de pair avec qc; **von ~ zu ~ gehen** passer de mains en mains; **jdn an der ~ haben** *fam* avoir qn sous la main; **etw bei der** [*o* **zur**] **~ haben** avoir qc sous la main; **~ an sich** (*Akk*) **legen** *geh* attenter à ses jours (*soutenu*); **[klar] auf der ~ liegen** être clair(e) comme de l'eau de roche; **etw in die ~ nehmen** prendre qc dans ses [*o* les] mains; (*sich befassen mit*) prendre qc en main[s]; **jdm etw aus der ~ nehmen** prendre qc des mains de qn; (*die Zuständigkeit entziehen*) retirer qc à qn; **sich** (*Dat*) **die Hände reiben** se frotter les mains; **keine ~ rühren** ne pas remuer le petit doigt; **jdm rutscht [schnell] die ~ aus** *fam* qn a la main leste; **..., sonst rutscht mir gleich die ~ aus! ...** sinon ma main va partir toute seule! (*fam*); **zur ~ sein** être à disposition, être à portée de main; **jdm etw in die ~** [*o* **Hände**] **spielen** fournir qc à qn; **in die Hände spucken** *fam* cracher dans ses mains; **jdn auf Händen tragen** porter qn aux nues; **jdm etw in die ~ versprechen** jurer à qn de faire qc; **eine ~ wäscht die andere** un bienfait n'est jamais perdu; **sich nicht von der ~ weisen lassen, nicht von der ~ zu weisen sein** ne pas se laisser écarter du revers de la main; **jdm unter**

H

den Händen zerrinnen filer entre les doigts de qn; **ihm/ihr zuckt es in den Händen** la main le/la démange; **an ~ einer S.** (*Gen*) à l'aide de qc; **tausend Euro [bar] auf die ~ bekommen** *fam* recevoir mille euros cash (*fam*); **unter der ~** *anbieten, verkaufen* sous le manteau

Handapparat *m* (*Titelauswahl*) ouvrages *mpl* de référence **Handarbeit** *f* ❶ *kein Pl* (*Arbeit mit den Händen*) travail *m* manuel; **in ~ hergestellt** fabriqué(e) à la main [*o* manuellement] ❷ (*Gegenstand*) ouvrage *m* fait à la main; (*kunstgewerblicher Gegenstand*) travail *m* [*o* produit *m*] artisanal; **etw ist ~** qc est fait(e) à la main ❸ (*Näh-, Strick-, Häkelarbeit*) travaux *mpl* d'aiguille ❹ *fam* (*Handarbeitsunterricht*) [cours *m* de] couture *f* **Handaufheben** <-s> *nt* **durch ~ abstimmen** voter à main levée **Handauflegen** <-s> *nt*, **Handauflegung** <-> *f* **durch ~** par l'imposition *f* des mains **Handball** *m* ❶ *kein Pl* (*Spiel*) handball *m*, hand *m* (*fam*); **~ spielen** faire du [*o* jouer au] handball ❷ (*Ball*) balle *f*, ballon *m* **Handballen** *m* éminence *f* thénar (*spéc*) **Handballer(in)** *m(f)* *fam* joueur(-euse) *m(f)* de hand (*fam*)

Handballspiel *nt* match *m* de handball [*o* de hand *fam*] **Handballspieler(in)** *m(f)* handballeur(-euse) *m(f)*, joueur(-euse) *m(f)* de handball

Handbedienung *f* commande *f* manuelle **Handbesen** *s.* Handfeger **Handbetrieb** *m kein Pl* fonctionnement *m* manuel; **etw per ~ bedienen** actionner qc manuellement **Handbewegung** *f* geste *m* de la main **Handbibliothek** *f* ouvrages *mpl* en accès libre **Handbohrer** *m* chignole *f* **Handbrause** *f* douchette *f* **handbreit** **I.** *Adj* large comme la main **II.** *Adv* **~ offen stehen** *Fenster, Tür:* être ouvert(e) d'une largeur de main **Handbreit** <-, -> *f* largeur *f* de main **Handbremse** *f* frein *m* à main; *eines Fahrrads* frein **Handbuch** *nt* manuel *m*

Händchen ['hɛntçən] <-s, -> *nt Dim von* **Hand** menotte *f*; **~ halten** *fam* se tenir par la main

▸ **ein ~ für Basteleien/Pflanzen haben** *fam* avoir le chic pour bricoler/avoir la main verte

Handcreme [-kreːm] *f* crème *f* pour les mains

Händedruck <-drücke> *m* poignée *f* de main **Händeklatschen** *nt* applaudissements *mpl*

Handel ['handəl] <-s> *m* ❶ commerce *m*; **freier ~** commerce libre; **der ~ mit Gebrauchtwagen** le commerce des voitures d'occasion; **~ treiben** faire du commerce; **etw in den ~ bringen** mettre qc sur le marché; **etw aus dem ~ ziehen** retirer qc du commerce [*o* de la vente]; **[nicht mehr] im ~ sein** [ne plus] être dans le commerce

❷ (*Abmachung, Geschäft*) marché *m*

Händel ['hɛndəl] *Pl geh* (*Streit*) dispute *f*; **willst du ~ anfangen?** tu cherches la bagarre? (*fam*)

handeln ['handəln] **I.** *itr V* ❶ **mit etw ~** faire le commerce de qc

❷ (*feilschen*) **um den Preis ~** marchander le prix

❸ (*tätig sein, vorgehen, verfahren*) agir; **aus Überzeugung ~** agir par conviction; **richtig/falsch/egoistisch ~** agir de manière correcte/incorrecte/égoïste; **gesetzeswidrig/sittenwidrig ~** agir contrairement à la loi/aux bonnes mœurs

❹ (*zum Thema haben*) **von jdm/etw ~** traiter de qn/qc

▸ **mit sich/nicht mit sich ~ lassen** être/ne pas être prêt(e) à discuter; (*bei Diskussionen, Verhandlungen*) se laisser/ne pas se laisser influencer

II. *r V unpers* **bei dem Bild handelt es sich um eine Fälschung** en ce qui concerne le tableau, il s'agit d'un faux; **es handelt sich darum, dass er einen Kredit braucht** il s'agit du fait qu'il a besoin d'un crédit

III. *tr V* ❶ **an der Börse/für 50 Euro das Kilo gehandelt werden** se négocier à la Bourse/pour 50 euros le kilo

❷ *fig* **als Kandidat(in) gehandelt werden** être pressenti(e) comme candidat(e)

Handeln <-s> *nt* ❶ (*Handeltreiben*) **das ~ mit Büchern** le commerce des livres

❷ (*Feilschen*) marchandage *m*

❸ (*Tätigwerden*) réaction *f*; **jetzt ist rasches ~ gefragt** maintenant, il faut agir vite

❹ (*Vorgehen*) attitude *f*

Handelsabkommen *nt* accord *m* commercial **Handelsakademie** *f* A ≈ école *f* supérieure de commerce **Handelsartikel** *s.* Handelsware **Handelsattaché** [-ataʃeː] *m* attaché *m* commercial **Handelsbank** *f* ÖKON banque *f* de commerce **Handelsbeschränkung** *f* restriction *f* commerciale; **~en verhängen** imposer des restrictions commerciales **Handelsbilanz** *f* *einer Firma* bilan *m* commercial; *eines Staates* balance *f* commerciale; **aktive/passive ~** balance commerciale excédentaire/déficitaire **handelseinig**, **handelseins** *Adj* **mit jdm ~ werden/sein** tomber/être d'accord avec qn **Handelsembargo** *nt* embargo *m* [commercial]; **ein ~ verhängen/lockern/aufheben** décréter/assouplir/lever un embargo **Handelsfirma** *f* firme *f* commerciale **Handelsflagge** *f* NAUT pavillon *m* marchand **Handelsflotte** *f* marine *f* marchande **Handelsfreiheit** *f* ÖKON liberté *f* de commerce **Handelsgesellschaft** *f* société *f* commerciale; **offene ~** société en nom collectif **Handelsgesetz** *nt* loi *f* sur le commerce **Handelsgesetzbuch** *nt* ≈ code *m* de commerce **Handelshafen** *m* port *m* de commerce **Handelshaus** *nt* ÖKON maison *f* de commerce **Handelskammer** *f* chambre *f* de commerce; **Industrie- und ~** chambre du commerce et de l'industrie **Handelsklasse** *f* [catégorie *f* de] qualité *f* **Handelsmarine** *f* marine *f* marchande **Handelsmarke** *f* marque *f* de fabrique **Handelsmesse** *f* foire *f* commerciale **Handelsminister(in)** *m(f)* ministre *mf* du commerce **Handelsmission** *f* mission *f* commerciale **Handelspartner(in)** *m(f)* partenaire *mf* commercial(e) **Handelspolitik** *f* politique *f* commerciale **Handelsregister** *nt* registre *m* du commerce **Handelsschiff** *nt* navire *m* de commerce **Handelsschranken** *Pl* barrières *fpl* commerciales **Handelsschule** *f* ≈ école *f* de commerce; **höhere ~** ≈ école supérieure de commerce **Handelsspanne** *f* marge *f* commerciale **handelsüblich** *Adj* *Erzeugnis, Produkt, Ware* d'usage; *Gepflogenheit, Preis* conforme aux usages commerciaux; *Größe, Packung* courant(e) **Handelsunternehmen** *nt* ÖKON entreprise *f* commerciale **Handelsvertreter(in)** *m(f)* représentant(e) *m(f)* de commerce **Handelsvertretung** *f* ÖKON agence *f* commerciale **Handelsvolumen** *nt* ÖKON volume *m* des échanges commerciaux **Handelsware** *f* marchandise *f* **Handelswert** *m* valeur *f* marchande **Handelszentrum** *nt* centre *m* commercial

Händeringen *nt* **hier hilft kein ~** ici, les supplications sont inutiles **händeringend** ['hɛndərɪŋənd] **I.** *Adj* désespéré(e) **II.** *Adv* ❶ *bitten, flehen* en suppliant ❷ *fam* (*dringend*) *benötigen, brauchen* absolument; *suchen* désespérément **Händeschütteln** <-s> *nt* poignée *f* de main **Händetrockner** <-s, -> *m* sèche-mains *m* **Händewaschen** <-s> *nt* **zum/für das ~** pour se laver les mains; **nach dem ~** après s'être lavé les mains

Handfeger ['-feːgɐ] *m* balayette *f* **Handfertigkeit** *f* dextérité *f* **handfest** *Adj* ❶ (*kräftig, deftig*) *Person* solide; *Essen* consistant(e) ❷ (*heftig*) *Streit, Prügelei* violent(e); **ein ~er Skandal** un beau scandale ❸ (*hieb- und stichfest*) *Beweis, Information* solide **Handfeuerlöscher** *m* extincteur *m* portable **Handfeuerwaffe** *f* arme *f* de poing **Handfläche** *f* paume *f* de la main **handgearbeitet** ['hantgəʔarbaɪtət] *Adj* fait(e)-main **handgeknüpft** *Adj* noué(e) à la main **Handgeld** *nt* (*Vorschuss, Prämie*) prime *f* d'engagement; (*Anzahlung*) arrhes *fpl* **Handgelenk** *nt* poignet *m* ▸ **ein lockeres ~ haben** *fam* avoir la main leste; **etw aus dem ~ schütteln** *fam* faire qc comme un rien (*fam*); **aus dem ~** *fam* (*ohne Mühe*) en un tour de main; (*aus dem Stegreif*) [simplement] comme ça **handgemacht** *Adj* fait(e) à la main **handgemalt** *Adj* peint(e) à la main **handgemein** *Adj* **mit jdm ~ werden** en venir aux mains avec qn **Handgemenge** *nt* bagarre *f* **Handgepäck** *nt* bagages *mpl* à main **handgeschrieben** *Adj* manuscrit(e) **handgestrickt** *Adj* ① (*von Hand gestrickt*) tricoté(e) à la main ② *pej* (*amateurhaft gemacht*) bricolé(e) (*fam*) **Handgranate** *f* grenade *f* [à main]

handgreiflich *Adj* ① **gegen jdn ~ werden** en venir aux mains avec qn
② (*offensichtlich*) *Beweis, Erfolg* tangible

Handgreiflichkeiten *Pl* empoignade *f;* JUR voie *f* de fait; **es kam zu ~** il y a eu voie de fait

Handgriff *m* ① (*Aktion*) geste *m,* opération *f;* **mit einem ~** d'un [seul] geste; **mit ein paar ~en** en deux temps trois mouvements
② (*Griff*) poignée *f*

Handhabe *f* preuve *f;* **gegen jdn eine/keine ~ haben** avoir/ne pas avoir prise sur qn

handhaben ['hantha:bən] *tr V* ① (*bedienen*) manier, manipuler *Gerät, Apparat;* se servir de *Werkzeug;* commander *Fernseher, Videorecorder*
② (*anwenden*) appliquer *Gesetz, Vorschrift*

Handhabung <-> *f* ① (*Bedienung*) *eines Geräts, einer Maschine* utilisation *m; eines Autos* maniement *m; eines Fernsehers, Videorecorders* commande *f*
② (*Anwendung*) *von Gesetzen, Vorschriften* application *f*

Handheld ['hɛndhɛlt] <-s, -s> *m* INFORM P.C. *m* de poche

Handicap ['hɛndikɛp] <-s, -s> *nt s.* **Handikap**

handicapen ['hɛndikɛpn] *tr V s.* **handikapen**

Handikap ['hɛndikɛp] <-s, -s> *nt* handicap *m*

handikapen ['hɛndikɛpən] *tr V* handicaper; **sein Gipsarm handikapt ihn sehr** son bras plâtré le gêne beaucoup

händisch ['hɛndɪʃ] *Adj* A *s.* **manuell**

Handkante *f* tranchant *m* de la main **Handkantenschlag** *m* coup *m* du tranchant de la main **Handkarren** *m* charrette *f* à bras **Handkäse** *m* DIAL *petit fromage moulé à la main et parfumé au cumin* **Handkoffer** *m* mallette *f* **handkoloriert** *Adj* colorié(e) à la main **Handkuss**^RR^ *m* baisemain *m* ▸ **etw mit ~ tun** *fam* faire qc de bon cœur **Handlanger(in)** ['-laŋɐ] <-s, -> *m(f)* ① (*ungelernter Helfer*) manœuvre *m* ② *pej* (*Erfüllungsgehilfe*) larbin *m* (*péj*)

Handlangerdienst *m* **jdm ~e leisten** être l'homme de main de qn

Handlauf *m* main *f* courante

Händler(in) ['hɛndlɐ] <-s, -> *m(f)* ① (*Fachhändler, Kleinhändler*) commerçant(e) *m(f);* (*Großhändler*) négociant(e) *m(f);* **ambulanter** [*o* **fliegender**] ~ marchand *m* ambulant
② (*Vertragshändler*) concessionnaire *mf*

Händlerrabatt *m* remise *f* accordée aux commerçants

Handlesekunst *f* chiromancie *f*

handlich ['hantlɪç] *Adj* pratique; *Auto* maniable

Handlichkeit <-> *f* maniabilité *f*

Handlinie [-li:niə] *f* ligne *f* de la main

Handliniendeutung [-li:niən-] *f* chiromancie *f*

Handlung ['handlʊŋ] <-, -en> *f* ① (*Tat, Akt*) acte *m;* **unbedachte/symbolische ~** geste *m* irréfléchi/symbolique; **feierliche ~** acte solennel; **kriegerische ~** opération *f* militaire; **strafbare ~** délit *m*
② (*Geschehen*) *eines Buchs, Films, Theaterstücks* action *f;* **wo spielt die ~?** où se passe l'action?

Handlungsablauf *m* déroulement *m* de l'action **Handlungsbedarf** *m* urgence *f;* **es besteht ~/kein ~** il y a/n'y a pas urgence **Handlungsbevollmächtigte(r)** *f(m) dekl wie Adj* JUR fondé(e) *m(f)* de pouvoir **handlungsfähig** *Adj* JUR ayant capacité **Handlungsfähigkeit** *f* JUR capacité *f* légale **Handlungsfreiheit** *f kein Pl* liberté *f* d'action **Handlungsspielraum** *m* marge *f* de manœuvre **handlungsunfähig** *Adj* JUR frappé(e) d'incapacité **Handlungsunfähigkeit** *f* JUR incapacité *f* légale **Handlungsvollmacht** *f* procuration *f* commerciale **Handlungsweise** *f* (*Art des Handelns*) manière *f* d'agir; (*Verhalten*) comportement *m*

Handmixer *m* mixeur *m* **Handorgel** *f* CH accordéon *m*

Handout <-s, -s> *nt,* **Hand-out**^RR^ <-s, -s> *nt* polycopié *m*

Handpflege *f* manucure *f* **Handpresse** *f* TYP presse *f* à bras **Handpuppe** *f* marionnette *f* **Handreichung** <-, -en> *f* ① (*Hilfeleistung*) coup *m* de main ② (*Richtlinien*) recommandations *fpl;* (*Informationsmaterial*) documentation *f* **Handrücken** *m* dos *m* de la main **Handsatz** *m kein Pl* TYP composition *f* à la main **Handscanner** [-skænɐ] *m* INFORM scanne[u]r *m* à main **Handschelle** *f meist Pl* menottes *fpl;* **jdm ~n anlegen** passer les menottes à qn **Handschlag** *m* poignée *f* de main; **mit** [*o* **per**] ~ d'une poignée de main ▸ **keinen ~ tun** *fam* ne pas bouger [*o* lever] le petit doigt **Handschrift** *f* ① (*Schrift*) écriture *f* ② (*Text*) manuscrit *m* ▸ **jds ~ tragen** [*o* **verraten**] porter [*o* trahir] la griffe de qn **Handschriftendeutung** *f* graphologie *f* **handschriftlich** I. *Adj* ① (*von Hand geschrieben*) manuscrit(e) ② (*als Handschrift überliefert*) manuscrit(e) II. *Adv* ① *sich bewerben* par écrit; **etw ~ einfügen** rajouter qc à la main ② (*in Form von Handschriften*) sous forme manuscrite **Handschuh** *m* gant *m*

Handschuhfach *nt,* **Handschuhkasten** *m* boîte *f* à gants

handsigniert *Adj* **ein vom Künstler ~es Exemplar** un exemplaire signé de la main de l'artiste **Handspiegel** *m* miroir *m* à main **Handspiel** *nt kein Pl* main *f* **Handstand** *m* poirier *m;* **kannst du einen ~ machen?** tu sais faire le poirier? **Handstandüberschlag** *m* flip[-]flap *m* **Handstreich** ▸ **durch einen** [*o* **in einem**] ~ par un coup de main **Handtasche** *f* sac *m* à main **Handteller** *m* paume *f* [de la main] **Handtuch** <-tücher> *nt* serviette *f* [de toilette]; (*Frotteehandtuch*) serviette éponge ▸ **das ~ werfen** [*o* **schmeißen**] *fam* jeter l'éponge (*fam*)

Handtuchhalter *m* porte-serviettes *m* **Handtuchspender** *m* distributeur *m* [d'essuie-mains]

Handumdrehen ▸ **im ~** en un tour de main

handverlesen *Adj* ① *Beeren, Obst* trié(e) à la main
② (*sorgfältig ausgewählt*) trié(e) sur le volet

Handvoll *s.* Hand ▸

Handwagen *m* charrette *f* à bras **handwarm** I. *Adj* tiède II. *Adv waschen* à l'eau tiède **Handwaschbecken** *nt* lavabo *m* **Handwäsche** *f* ① (*Waschvorgang*) lavage *m* à la main ② *kein Pl* (*Wäschestücke*) linge *m* à laver à la main **Handwerk** *nt* ① (*Beruf*) métier *m* [manuel] ② *kein Pl* (*Berufsstand*) artisanat *m* ▸ **jdm das ~ legen** mettre fin aux agissements de qn; **jdm ins ~ pfuschen** marcher sur les plates-bandes de qn (*fam*); **sein ~ verstehen** connaître son métier, s'y connaître **Handwerker(in)** <-s, -> *m(f)* artisan(e) *m(f)* **handwerklich** I. *Adj* artisanal(e) II. *Adv* artisanalement; **~ begabt sein** être habile de ses mains

Handwerksberuf *m* métier *m* d'artisan **Handwerksbetrieb** *m* entreprise *f* artisanale **Handwerkskammer** *f* chambre *f* des métiers **Handwerksmeister(in)** *m(f)* maître *m* artisan **Handwerksrolle** *f* JUR registre *m* des métiers **Handwerkszeug** *nt* outillage *m,* outils *mpl*

Handwurzel *f* carpe *m* **Handwurzelknochen** *m* os *m* carpien

Handy ['hɛndi, 'hændi] <-s, -s> *nt* portable *m*

Handzeichen *nt* signe *m* de la main **Handzeichnung** *f* dessin *m* à la main **Handzettel** *m* tract *m*

hanebüchen ['ha:nəby:çən] *Adj* inouï(e)

Hanf [hanf] <-[e]s> *m* ① chanvre *m*
② (*Hanfsamen*) chènevis *m*

Hänfling ['hɛnflɪŋ] <-s, -e> *m* ① linotte *f*
② *fam* (*dünner Mensch*) mauviette *f* (*péj fam*)

Hang [haŋ, *Pl:* 'hɛŋə] <-[e]s, ¨-e> *m* ① (*Abhang*) versant *m; eines Weinbergs* coteau *m*
② *kein Pl* (*Vorliebe*) penchant *m;* **einen ~ zur Bequemlichkeit haben** être enclin(e) à la paresse (*soutenu*); **sein ausgeprägter ~ zur Übertreibung** son penchant marqué pour

l'exagération

Hangar ['haŋgaːɐ, haŋ'gaːɐ] <-s, -s> *m* hangar *m*

Hängebrücke *f* pont *m* suspendu **Hängebrust** *f meist Pl* seins *mpl* qui tombent **Hängelampe** *f* lustre *m*

hangeln ['haŋəln] **I.** *itr V + haben o sein* avancer à la force des [*o* de ses] bras
II. *r V* **sich an einem Seil über einen Bach** ~ traverser un torrent suspendu(e) à une corde

Hängemappe *f* dossier *m* suspendu **Hängematte** *f* hamac *m*

hangen ['haŋən] *itr V* CH *s.* **hängen**

Hangen ▸ **mit** ~ **und Bangen** *geh* avec angoisse (*soutenu*)

hängen¹ ['hɛŋən] <hing, gehangen> **I.** *itr V* ❶ *Lampe, Bild, Vorhang:* être accroché(e), être suspendu(e); **an der Decke/über dem Tisch** ~ être suspendu(e) au plafond/au-dessus de la table; **im Schrank** ~ être pendu(e) dans l'armoire; **auf der Leine** ~ être pendu(e) sur le fil
❷ (*herunterhängen*) *Zweige:* pendre; **die Haare** ~ **ihr ins Gesicht** les cheveux lui tombent dans la figure (*fam*); **er stand mit** ~**den Schultern da** il était là, les épaules tombantes
❸ (*schweben*) **über dem Wald** ~ *Nebel:* s'étendre sur la forêt; **tief** ~ *Wolken:* être très bas; **der Zigarettenrauch hängt noch im Zimmer** la fumée de cigarettes flotte encore dans la pièce
❹ (*angebunden sein, befestigt sein*) **an etw** (*Dat*) ~ être accroché(e) à qc; (*angekoppelt sein*) être attelé(e) à qc
❺ *fam* (*angeschlossen sein*) **an Schläuchen** ~ *Patient:* être branché(e) à des tuyaux
❻ (*voll sein*) **voller Mäntel** ~ être plein(e) de manteaux; **voller Kirschen** ~ être chargé(e) de cerises
❼ (*sich verbunden fühlen*) **an jdm/etw** ~ tenir à qn/qc
❽ (*sich neigen*) **nach rechts/links** ~ pencher vers la droite/vers la gauche
❾ (*festhängen*) **mit dem Ärmel/der Tasche an etw** (*Dat*) ~ être accroché(e) à qc par sa manche/son sac
❿ (*haften*) **an etw** (*Dat*) ~ *Schmutz:* adhérer à qc; *Blicke:* être fixé(e) sur qc
⓫ *fam* (*sitzen, stehen*) **im Sessel** ~ s'avachir dans le fauteuil (*fam*); **vor dem Fernseher** ~ être collé(e) devant la télé (*fam*); **am Telefon/Fenster** ~ être pendu(e) au téléphone/à la fenêtre (*fam*)
⓬ (*abhängig sein*) **an etw** (*Dat*) ~ dépendre de qc
⓭ (*gehenkt werden*) être pendu(e)
▸ **mit Hängen und Würgen** *fam* cahin-caha (*vieilli fam*)
II. *itr V unpers* ▸ **wo[ran] hängt es denn?** *fam* mais à quoi ça tient? (*fam*)

hängen² **I.** <hängte, gehängt> *tr V* ❶ (*anbringen*) **etw an die Wand/Decke** ~ accrocher qc au mur/au plafond
❷ (*aufbewahren*) **etw auf einen Bügel/in den Schrank** ~ accrocher [*o* mettre] qc sur un cintre/dans l'armoire
❸ (*herunterhängen lassen*) **die Arme** ~ **lassen** laisser pendre les bras; **den Kopf** ~ **lassen** *Person:* baisser la tête; *Blume:* pencher la tête
❹ (*baumeln lassen*) **etw in etw** (*Akk*) ~ laisser pendre qc dans qc
❺ (*anhängen, befestigen*) **das Boot/den Wohnwagen ans Auto** ~ atteler le bateau/la caravane à la voiture
❻ (*erhängen*) pendre
II. *r V* ❶ (*sich festsetzen*) **sich an jdn/etw** ~ *Qualle, Schmutz:* s'accrocher à qn/qc; **sich ans Telefon** ~ *fam* se mettre au téléphone (*fam*)
❷ (*Verfolgung aufnehmen*) **sich an jdn/etw** ~ prendre qn/qc en filature
❸ (*sich emotional binden*) **sich an jdn/etw** ~ s'attacher à qn/qc
❹ *fam* (*sich beugen*) **sich aus dem Fenster** ~ se pencher par la fenêtre
❺ *sl* (*sich einmischen*) **sich in etw** (*Akk*) ~ fourrer son nez dans qc (*pop*)

hängen|bleiben *s.* **bleiben I.2., I.5., I.7.**

hängen|lassen <*PP* hängen[ge]lassen> *s.* **lassen I.2., I.**▸

Hängeohr *nt* oreille *f* pendante **Hängepartie** *f* ❶ SCHACH ajournement *m* ❷ *fig* [période *f* de] flottement *m*

Hänger ['hɛŋɐ] <-s, -> *m fam* ❶ (*Anhänger*) remorque *f*
❷ (*Gedächtnisschwäche*) trou *m;* **einen** ~ **haben** *Schauspieler:* avoir un trou (*fam*)

Hangerl ['haŋɐl] <-s, -n> *nt* A *fam* (*Wischtuch*) torchon *m*

Hängeschrank *m* élément *m* du haut **Hängeschultern** *Pl* épaules *fpl* tombantes

hängig *Adj* CH ❶ JUR *s.* **anhängig**
❷ *form* (*unerledigt*) en souffrance

Hanglage *f* terrain *m* en pente; **ein Haus in** ~ une maison située sur un terrain en pente

Hanna, Hanne <-s> *f* Jeanne *f*

Hannover [ha'noːfɐ] <-s> *nt* Hanovre

Hannoveraner [hanovə'raːnɐ] <-s, -> *m* ❶ (*Person*) Hanovrien *m*
❷ (*Pferd*) hanovrien *m*

Hannoveranerin <-, -nen> *f* Hanovrienne *f*

hannoversch *Adj attr* de Hanovre

Hans <- *o* -ens> *m* Jean
▸ ~ **im Glück** *fam* veinard *m* (*fam*)

Hansaplast® <-[e]s> *nt* sparadrap *m*

Hänschen ['hɛnsçən] <-s> *nt Dim von* **Hans**
▸ **was** ~ **nicht lernt, lernt Hans nimmermehr** *Spr.* ≈ ce que l'on n'apprend pas jeune, on ne l'apprend jamais

Hansdampf [hans'damf] ▸ [**ein**] ~ **in allen Gassen sein** *fam* être un touche-à-tout

Hanse ['hanzə] <-> *f* Hanse *f*

Hanseat(in) [hanze'aːt] <-en, -en> *m(f)* ❶ *habitant(e) d'une ville hanséatique*
❷ HIST hanséate *mf*

hanseatisch [hanze'aːtɪʃ] *Adj* ❶ *propre aux habitants des villes hanséatiques*
❷ HIST hanséatique

Hansel ['hanzəl] <-s, -[n]> *m* DIAL *pej fam* guignol *m* (*fam*)
▸ **ein paar** ~[**n**] *fam* quatre pelés et un tondu (*fam*)

Hänsel ['hɛnzəl] <-s> *m Dim von* **Hans** ~ **und Gretel** Hansel et Gretel

Hänselei <-, -en> *f* moqueries *fpl*

hänseln ['hɛnzəln] *tr V* se moquer de; **jdn wegen etw** ~ se moquer de qn à cause de qc

Hansestadt ['hanzə-] *f* ville *f* hanséatique

i Land & Leute

La *Hanse* était à l'origine le regroupement de villes qui se trouvaient sur les grands axes commerciaux. Le but des **Hansestädte** était de mieux réguler le commerce des marchandises. La *Hanse* allemande détint pendant 200 ans environ le monopole de l'activité commerciale sur la Baltique. De nos jours, sept villes du nord de l'Allemagne ont toujours en plus de leur nom l'appellation de ville hanséatique. Il s'agit de Brême, Hambourg, Lübeck, Rostock, Stralsund, Wismar et Greifswald.

Hanswurst <-e *o* -würste> *m* ❶ THEAT *figure comique du théâtre allemand du 18ᵉ siècle*
❷ (*dummer Mensch*) guignol *m*

Hantel ['hantəl] <-, -n> *f* haltère *m*

hantieren* *itr V* **mit einem Werkzeug an etw** (*Dat*) ~ bricoler qc avec un outil; **nach stundenlangem Hantieren** après avoir bricolé pendant des heures; **in der Küche** ~ s'affairer dans la cuisine

hantig ['hantɪç] *Adj* A, SDEUTSCH *fam* (*herb*) cassant(e)

hapern ['haːpɐn] *itr V unpers fam* ❶ (*fehlen*) **es hapert an**

etw (*Dat*) il manque qc
❷ (*nicht gut klappen*) **es hapert bei jdm mit der Rechtschreibung** ça cafouille chez qn avec l'orthographe (*fam*); **in Mathe hapert es bei dir** tu cafouilles en maths (*fam*)
haploid [haplo'i:t] *Adj* BIO haploïde
Häppchen <-s, -> *nt Dim von* **Happen** ❶ (*Kleinigkeit*) bricole *f* (*fam*); **nur ein ~ von dem Omelett essen** manger juste une bouchée de l'omelette
❷ (*Appetithäppchen*) canapé *m*
häppchenweise ['hɛpçənvaɪzə] *Adv fam* (*in Häppchen*) à petites bouchées; (*nach und nach*) petit à petit
Happen ['hapən] <-s, -> *m fam* (*Bissen, Kleinigkeit*) morceau *m* (*fam*)
▸ **ein fetter ~** *fam* une bonne affaire (*fam*)
Happening ['hɛpənɪŋ, 'hæpənɪŋ] <-s, -s> *nt* happening *m*
happig ['hapɪç] *Adj fam Preis, Rechnung* salé(e) (*fam*); **das ist ganz schön ~!** c'est vraiment salé! (*fam*)
happy ['hɛpi, 'hæpi] *Adj fam* tout(e) content(e)
Happyend[RR] <-s, -s> *nt*, **Happy End**[RR] ['hɛpi'ʔɛnt] <- -s, - -s> *nt* happy end *m* **Happyhour** <-, -s> *f*, **Happy Hour** [hɛpi'(ʔ)aʊɐ] <- -, - -s> *f* happy-hour *m*
Harakiri [hara'ki:ri] <-[s], -s> *nt* hara-kiri *m;* **~ begehen** [se] faire hara-kiri
Härchen <-s, -> *nt Dim von* **Haar** petit poil *m*
Hardcore-Porno ['ha:(r)dkɔ:ɐpɔrno] <-s, -s> *m* porno *m* hard
Hardcover[RR] ['ha:(r)d'kavə(r)] <-s, -s>, **Hard Cover**[RR] <- -s, - -s> *nt* livre *m* à couverture rigide
Hardliner(in) ['ha:ɐtlaɪnɐ, 'ha:(r)dlaɪnə(r)] <-s, -> *m(f)* pur *m* [et dur]/pure *f* [et dure]
Hardtop ['ha:ɐttɔp, 'ha:(r)dtɔp] <-s, -s> *nt* ❶ (*Dach*) capote *f* rigide
❷ (*Auto*) faux cabriolet *m*
Hardware ['ha:ɐtvɛ:ɐ, 'ha:dwæ:ə] <-, -s> *f* INFORM matériel *m*
Harem ['ha:rɛm] <-s, -s> *m* harem *m*
Häresie [hɛre'zi:] <-, -n> *f* REL hérésie *f*
Häretiker(in) [hɛ're:tikɐ] <-s, -> *m(f)* hérétique *mf*
häretisch [hɛ're:tɪʃ] *Adj* hérétique
Harfe ['harfə] <-, -n> *f* harpe *f;* **~ spielen** jouer de la harpe
Harfenist(in) [harfə'nɪst] <-en, -en> *m(f)* harpiste *mf*
Harfenspiel *nt kein Pl* jeu *m* à la harpe
Harke ['harkə] <-, -n> *f bes.* NDEUTSCH râteau *m*
▸ **jdm zeigen, was eine ~ ist** *fam* montrer à qn de quel bois on se chauffe (*fam*)
harken *tr V bes.* NDEUTSCH ratisser
Harlekin ['harleki:n] <-s, -e> *m* arlequin *m*
härmen ['hɛrmən] *r V* **sich ~** *geh* s'affliger
harmlos ['harmlo:s] **I.** *Adj* ❶ *Person, Tier* inoffensif(-ive); *Krankheit* bénin(-igne); *Droge, Wunde* anodin(e); *Kurve, Rennstrecke* sans danger
❷ (*arglos*) anodin(e)
II. *Adv* ❶ (*ungefährlich*) **~ beginnen** *Streit:* débuter de manière anodine; **~ verlaufen** *Krankheit:* évoluer de manière bénigne
❷ (*arglos*) sans penser à mal
Harmlosigkeit <-, -en> *f* ❶ *einer Person* caractère *m* inoffensif; *einer Krankheit* bénignité *f; einer Droge* innocuité *f*
❷ (*Arglosigkeit*) innocence *f;* **etw in aller ~ tun** faire qc sans penser à mal
Harmonie [harmo'ni:] <-, -n> *f* harmonie *f*
harmonieren* *itr V* ❶ MUS s'accorder
❷ (*zueinander passen*) **miteinander ~** aller bien ensemble; (*miteinander auskommen*) s'entendre bien
Harmonika [har'mo:nika] <-, -s *o* Harmoniken> *f* (*Ziehharmonika*) accordéon *m*
harmonisch [har'mo:nɪʃ] **I.** *Adj* harmonieux(-euse)
II. *Adv* harmonieusement; *verlaufen, zusammenleben* dans l'harmonie; **nicht sehr ~ klingen** *Musik:* ne pas être très harmonieux(-euse)
harmonisieren* *tr V* harmoniser; **die Preise ~** harmoniser les prix
Harmonisierung <-, -en> *f* harmonisation *f*
Harmonium [har'mo:niʊm] <-s, -nien> *nt* harmonium *m*
Harn [harn] <-[e]s, -e> *m* urine *f;* **~ lassen** *form* uriner
Harnblase *f* vessie *f* **Harndrang** *m* envie *f* d'uriner
harnen ['harnən] *itr V veraltet form* uriner
Harnisch ['harnɪʃ] <-[e]s, -e> *m* HIST armure *f*
▸ **jdn in ~ bringen** mettre [*o* jeter] qn hors de ses gonds
Harnlassen <-s> *nt form* miction *f* **Harnleiter** *m* uretère *m* **Harnröhre** *f* urètre *m* **Harnsäure** *f* acide *m* urique **Harnstoff** *m* urée *f* **harntreibend I.** *Adj* diurétique **II.** *Adv* **~ wirken** avoir un effet diurétique **Harnvergiftung** *f* urémie *f* **Harnwege** *Pl* voies *fpl* urinaires
Harpune [har'pu:nə] <-, -n> *f* harpon *m*
Harpunier(in) [harpu'ni:ɐ] <-s, -e> *m(f)* harponneur(-euse) *m(f)*
harpunieren* *tr V* harponner
harren ['harən] *itr V geh* attendre; **er harrte ihrer** (*Gen*) [*o* **auf sie**] il l'attendait
harsch [harʃ] *Adj* ❶ *Schnee* tôlé(e)
❷ *geh* (*barsch*) *Kritik* rude
Harsch <-[e]s> *m* neige *f* tôlée
harschig *Adj* tôlé(e)
hart [hart] <¨er, ¨este> **I.** *Adj* ❶ (*nicht weich*) *Brett, Brot, Apfel, Wasser* dur(e); *Matratze, Federung, Stoßdämpfer* ferme; *Kontaktlinsen* rigide
❷ (*heftig*) brutal(e)
❸ (*unmelodisch*) *Klang, Ton, Akzent* rude
❹ (*vehement*) *Auseinandersetzung, Kampf* véhément(e)
❺ (*stark*) *Droge* dur(e)
❻ (*schockierend*) *Pornografie, Film* hard
❼ (*abgehärtet*) *Person* endurci(e); **~ werden** s'endurcir
❽ (*stabil*) *Währung, Devisen* fort(e)
❾ (*streng*) *Person, Worte, Herrscher, Strafe, Urteil, Gesetz* dur(e); *Winter, Frost* rigoureux(-euse); **~ mit jdm sein** être dur(e) avec qn
❿ (*schwer zu ertragen*) *Leben, Zeiten, Schlag* dur(e); *Schicksal, Verlust, Tatsache* cruel(le); **es ist ~ für jdn, dass** c'est dur pour qn de voir que + *indic*
⓫ (*mühevoll*) *Arbeit, Anstrengung* dur(e); *Auseinandersetzung, Verhandlung* difficile
▸ **~ im Nehmen sein** [bien] encaisser (*fam*)
II. *Adv* ❶ (*nicht weich*) *schlafen* sur quelque chose de dur [*o* de ferme]
❷ (*heftig*) *fallen* brutalement; *aufprallen, zuschlagen, geraten* violemment; **~ durchgreifen** sévir; **jdn ~ treffen** *Kritik, Verlust:* toucher [*o* éprouver] durement qn
❸ (*unmelodisch*) **~ klingen** sonner rude
❹ (*streng*) durement; **jdn ~ anfassen** traiter qn durement; **in etw** (*Dat*) **~ bleiben** rester intraitable au sujet de qc
❺ (*mit Mühe*) *arbeiten* dur
❻ (*unmittelbar*) **~ an der Grenze des Erlaubten sein** être à la limite de la légalité
▸ **es geht** [*o* **kommt**] **~ auf ~** on ne se fait pas de cadeaux
hartbedrängt *s.* **bedrängen 1.**
Härte ['hɛrtə] <-, -n> *f* ❶ *eines Metalls* trempe *f*
❷ (*Kalkgehalt*) dureté *f*
❸ *kein Pl* (*Wucht*) force *f*
❹ *kein Pl* (*Stabilität*) *einer Währung* force *f*
❺ *kein Pl* (*Strenge, Unerbittlichkeit*) *eines Gesetzes, einer Maßnahme* dureté *f; von Auseinandersetzungen, Verhandlungen* véhémence *f; des Schicksals, Lebens* rigueur *f;* **soziale ~n** inégalités *fpl* sociales; **mit großer ~** sans pitié
▸ **das ist die ~!** *sl* (*das ist unerhört*) c'est le bouquet! (*fam*); (*das ist super*) c'est génial! (*fam*)
Härteausgleich *m kein Pl* JUR compensation *f* des inégalités sociales **Härtefall** *m* ❶ cas *m* social extrême ❷ *fam*

H

(*Mensch*) cas *m* difficile (*péj fam*) **Härtefonds** [-fõ:] *m* fonds *m* de solidarité **Härtegrad** *m* degré *m* de dureté
härten ['hɛrtən] **I.** *tr V* tremper *Metall*
II. *itr V* durcir
III. *r V* **sich durch Sport** ~ s'endurcir par le sport
Härter <-s, -> *m* durcisseur *m*
Härteskala *f* échelle *f* de dureté **Härtetest** *m* ① test *m* [de résistance]; **etw einem ~ unterziehen** soumettre qc à un test [de résistance] ② *fig* examen *m* de passage; **jdn einem ~ unterziehen** soumettre qn à un test
Hartfaserplatte *f* panneau *m* de fibres dur
hartgefroren *s.* **gefroren II.**
hartgekocht *s.* **kochen II.1.**
Hartgeld *nt* pièces *fpl* [de monnaie] **hartgesotten** ['hartgəzɔtən] *Adj* ① (*verstockt*) invétéré(e) ② (*gerissen*) roué(e); **ein ~er Bursche** un dur [à cuire] (*fam*) **Hartgummi** *nt* ébonite *f* **hartherzig** *Adj Person* insensible
Hartherzigkeit <-, -en> *f* ① *kein Pl* (*Gefühllosigkeit*) insensibilité *f*
② (*Tat*) acte *m* impitoyable
Hartholz *nt* bois *m* dur **Hartkäse** *m* fromage *m* à pâte dure **hartleibig** *Adj Person* intransigeant(e) **Hartmetall** *nt* métal *m* dur
hartnäckig ['hartnɛkɪç] **I.** *Adj* ① *Person* persévérant(e); *Widerstand* acharné(e); *Schweigen* têtu(e)
② (*langwierig*) *Erkältung* tenace
II. *Adv* avec persévérance [*o* acharnement]; *schweigen* avec entêtement
Hartnäckigkeit <-> *f* ① (*Beharrlichkeit*) persévérance *f; pej* entêtement *m*
② (*Langwierigkeit*) ténacité *f*
Hartplatz *m* terrain *m* à revêtement dur
Hartschalenkoffer *m* valise *f* rigide
Härtung ['hɛrtʊŋ] <-, -en> *f eines Metalls* trempe *f*
Hartweizen *m* blé *m* dur **Hartwurst** *f* saucisson *m*
Harz[1] [ha:ɐts] <-es, -e> *nt* résine *f*
Harz[2] <-es> *m* GEOG **der ~** le Harz
harzen ['ha:ɐtsən] **I.** *itr V Baum, Holz:* secréter de la résine
II. *tr V* ajouter de la résine à *Wein;* **geharzter Wein** [vin] résiné
Harzer ['ha:ɐtsɐ] <-s, -> *m* fromage *m* du Harz
harzig *Adj Holz* résineux(-euse)
Hasardeur(in) [hazar'dø:ɐ] <-s, -e> *m(f) pej geh* risque-tout *m*
Hasardspiel *nt* jeu *m* de hasard
Hasch [haʃ] <-[s]> *nt fam* hasch *m* (*fam*)
Haschee [ha'ʃe:] <-s, -s> *nt* hachis *m*
haschen ['haʃən] *itr V* ① *veraltet geh* **nach etw ~** (*greifen*) essayer d'attraper qc; (*streben*) être en quête de qc
② *fam* (*Haschisch rauchen*) fumer du hasch (*fam*)
Haschen <-s> *nt* DIAL **~ spielen** jouer au chat perché
Häschen ['hɛ:sçən] <-s, -> *nt* ① *Dim von* **Hase** levraut *m*
② *fam* (*Kosename*) **[mein] ~** [mon] lapin (*fam*)
Häscher ['hɛʃɐ] <-s, -> *m veraltet geh* sbire *m* (*péj*)
Hascherl ['haʃɐl] <-s, -[n]> *nt* A *fam* pauvre diable *m*
Haschisch ['haʃɪʃ] <-[s]> *nt o m* hachich *m*, haschisch *m*
Hase ['ha:zə] <-n, -n> *m* ① (*Tier, Fleisch*) lièvre *m;* **falscher ~** *rôti à base de viande hachée*
② DIAL (*Kaninchen*) lapin *m*
► **da liegt der ~ im Pfeffer** *fam* c'est là que gît le lièvre (*vieilli*); **ein alter ~ sein** *fam* être un vieux routier (*fam*); **sehen/wissen, wie der ~ läuft** *fam* voir/savoir ce qui va se passer
Hasel ['ha:zəl] <-, -n> *f,* **Haselbusch** *m* BOT noisetier *m* **Haselhuhn** *nt* ZOOL gelinotte *f* **Haselkätzchen** *nt* chaton *m* de noisetier **Haselmaus** *f* muscardin *m* **Haselnuss**[RR] *f* noisette *f* **Hasel[nuss]strauch**[RR] *m* noisetier *m*
Hasenbraten *m* rôti *m* de lièvre **Hasenfuß** *m fam* poule *f* mouillée (*fam*) **Hasenpanier** ► **das ~ ergreifen** *veraltet* prendre la poudre d'escampette (*fam*) **Hasenpfeffer** *m abats de lièvre marinés et mijotés dans de nombreuses épices*
Hasenscharte ['ha:zənʃartə] *f* bec-de-lièvre *m*
Häsin ['hɛ:zɪn] *f* hase *f*
Haspel ['haspəl] <-, -n> *f* TECH treuil *m;* (*für Textilien*) dévidoir *m;* (*für Fäden*) bobine *f*
haspeln **I.** *tr V* dévider *Flachs, Garn*
II. *itr V fam* bafouiller (*fam*)
Hass[RR] <-es>, **Haß** <-sses> *m* haine *f;* **sich** (*Dat*) **den ~ einer Person zuziehen, den ~ einer Person auf sich** (*Akk*) **ziehen** s'attirer la haine d'une personne
► **einen ~ auf jdn haben** *fam* en vouloir à mort à qn (*fam*); **einen ~ auf jdn kriegen** piquer une [*o* sa] crise contre qn (*fam*)
hassen ['hasən] *tr V* haïr *Person;* détester *Sache;* **jdn ~** haïr qn; **etw ~** détester qc; **es ~ etw zu tun** avoir horreur de faire qc
hassenswert *Adj* détestable
hasserfüllt[RR] **I.** *Adj* haineux(-euse)
II. *Adv* haineusement
hässlich[RR], **häßlich** **I.** *Adj* ① laid(e)
② (*gemein*) *Ausdruck, Fluch, Wort* méchant(e); **~ zu jdm sein** être méchant(e) avec qn; **das ist ~ von dir** cela n'est pas très gentil de ta part
③ (*unerfreulich*) *Vorfall* regrettable; *Streit* désagréable
II. *Adv* ① *geschminkt, angezogen* mal; **etw ~ streichen** peindre qc avec [*o* dans] une couleur horrible
② (*gemein*) mal; **~ von jdm sprechen** dire du mal de qn
Hässlichkeit[RR], **Häßlichkeit** <-> *f* laideur *f*
Hassliebe[RR] *f* mélange *m* d'amour et de haine **Hasstirade**[RR] *f pej* diatribe *f* **hassverzerrt**[RR] *Adj* déformé(e) par la haine
hast *2. Pers Präs von* **haben**
Hast [hast] <-> *f* hâte *f;* **ohne ~** tranquillement; **voller ~** à la hâte
haste = **hast du** *s.* **haben**
hasten ['hastən] *itr V + sein geh* se hâter; **zum Bus ~** courir au bus
hastig **I.** *Adj Bewegung* précipité(e); *Schritte* pressé(e); *Essen* rapide; *Befehl, Erklärung* bref(-ève); **nicht so ~!** pas si vite!
II. *Adv* précipitamment
hat [hat] *3. Pers Präs von* **haben**
hätscheln ['hɛ(:)tʃəln] *tr V* ① (*liebkosen*) dorloter
② *pej* (*verwöhnen*) chouchouter (*fam*)
hatschen ['ha:tʃən] *itr V + sein* A, SDEUTSCH *fam* (*hinken*) boiter
hatschi [ha'tʃi(:), 'hatʃi] *Interj* atchoum
hatte ['hatə] *Imp von* **haben**
Hattrick ['hɛttrɪk] <-s, -s> *m* FBALL triple but *m;* TENNIS triple victoire *f*
Hatz [hats] <-, -en> *f* ① SDEUTSCH, A *fam* (*Hetze*) précipitation *f*
② (*Hetzjagd*) **~ auf Wildschweine** chasse *f* à courre aux sangliers
Haube ['haʊbə] <-, -n> *f* ① (*Kopfbedeckung*) coiffe *f*
② (*Trockenhaube*) casque *m*
③ (*Motorhaube*) capot *m*
④ A, SDEUTSCH (*Mütze*) casquette *f*
⑤ (*Schmuckfedern*) *eines Vogels* huppe *f*
► **jdn unter die ~ bringen** *fam* caser qn (*fam*); **unter die ~ kommen** *fam* se marier; **unter der ~ sein** *fam* être casé(e) (*fam*)
Haubenlerche *f* cochevis *m* huppé **Haubenmeise** *f* mésange *f* huppée **Haubentaucher** *m* grèbe *m* huppé
Haubitze <-, -n> *f* obusier *m*
Hauch [haʊx] <-[e]s, -e> *m geh* ① (*Atem*) souffle *m*
② (*Luftzug*) souffle *m*
③ (*Duft*) **ein ~ von Flieder** des effluves de lilas
④ (*Anflug*) **ein ~ von Ironie** un soupçon d'ironie; **der ~ eines Lächelns** l'ombre d'un sourire
⑤ (*Flair*) **der ~ von Abenteuer** un parfum d'aventure
hauchdünn **I.** *Adj Scheibe* mince; *Stoff* vaporeux(-euse); *Mehrheit, Sieg* [très] juste

II. *Adv* *schneiden* en tranche[s] très fine[s]; *auftragen* en couche[s] très fine[s]

hauchen ['haʊxən] I. *itr V* **gegen/in etw** (*Akk*) ~ souffler contre/dans qc

II. *tr V* **eine Antwort** ~ murmurer une réponse dans un souffle; **jdm etw ins Ohr** ~ chuchoter qc à l'oreille de qn

Hauchlaut *m* consonne *f* aspirée

hauchzart *Adj* *Fleisch* fondant(e); *Stoff* vaporeux(-euse)

Haudegen ['haʊde:gən] *m* sabreur *m*

Haue ['haʊə] <-, -n> *f* ① *kein Pl fam* (*Prügel*) raclée *f* (*fam*); ~ **kriegen** prendre une raclée (*fam*)

② SDEUTSCH, CH, A (*Hacke*) houe *f*

hauen¹ <haute *o* hieb, gehauen *o fam* gehaut> ['haʊən] I. *tr V + haben* (*schlagen, verprügeln*) cogner (*fam*); **jdn** [*o* **jdm**] **ins Gesicht** ~ cogner qn à la figure

▶ **jdm eine** ~ en coller une à qn (*fam*)

II. *itr V + haben* cogner; **jdm mit etw auf den Kopf** ~ cogner qn sur la tête avec qc; **er hat ihm** [**anerkennend**] **auf die Schulter gehauen** il lui a tapé [avec approbation] sur l'épaule

hauen² <haute, gehauen *o* DIAL gehaut> I. *tr V + haben*

① (*schlagen*) **ein Loch/einen Nagel in die Wand** ~ faire un trou/enfoncer un clou dans le mur

② (*herstellen*) **eine Statue in** [*o* **aus**] **Marmor** ~ tailler une statue dans le marbre

③ *fam* (*werfen*) **die Bücher auf den Tisch** ~ balancer les livres sur la table (*fam*)

II. *itr V + sein fam* **mit dem Kopf gegen etw** ~ se cogner la tête contre qc

III. *r V + haben fam* ① (*sich prügeln*) **sich** ~ se tabasser (*fam*)

② (*sich werfen*) **sich aufs Sofa/in den Sessel** ~ s'écrouler sur [*o* dans] le canapé/le fauteuil (*fam*)

Hauer <-s, -> *m* ① (*Eckzahn*) défense *f*

② MIN piqueur *m*

Häufchen ['hɔɪfçən] <-s, -> *nt Dim von* **Haufen** petit tas *m*

▶ **ein** ~ **Elend** *fam* un traîne-misère; **ein** ~ **machen** *fam* *Tier:* faire une [*o* sa] crotte (*fam*)

häufeln ['hɔɪfəln] *tr V* butter *Kartoffeln, Spargel;* **Erde/Heu** ~ mettre la terre/le foin en petits tas

Haufen ['haʊfən] <-s, -> *m* ① tas *m;* **ein** ~ **Holz** un tas de bois; **alles auf einen** ~ **werfen** jeter tout en tas

② *fam* (*große Menge, Menschenschar*) tas *m* (*fam*); **ein** ~ **Arbeit** un tas de travail (*fam*); **einen** ~ **Geld kosten** coûter un tas d'argent (*fam*); **ein** ~ **Kinder** un tas d'enfants (*fam*)

③ *fam* (*Gruppe*) bande *f;* **ein wilder** ~ une bande de fripouilles

▶ **jdn/etw über den** ~ **fahren/rennen** *fam* renverser qn/qc; **jdn über den** ~ **schießen** [*o* **knallen**] *fam* flinguer qn (*fam*); **etw über den** ~ **werfen** *fam* mettre qc au panier

häufen ['hɔɪfən] I. *tr V* entasser *Vorräte;* cumuler *Ämter;* **sich** (*Dat*) **Reis auf den Teller** ~ entasser du riz sur son assiette; *s. a.* **gehäuft**

II. *r V* **sich** ~ *Abfall, Müll:* s'entasser; *Fälle, Vorkommnisse:* se répéter; *s. a.* **gehäuft**

Haufendorf *nt* village disséminé *m* **haufenweise** *Adv* ① en tas ② *fam* (*in großer Zahl*) en masse (*fam*); ~ **Comics haben** avoir des tonnes de bédés **Haufenwolke** *f* cumulus *m*

häufig ['hɔɪfɪç] I. *Adj* fréquent(e)

II. *Adv* fréquemment, souvent

Häufigkeit <-, -en> *f* fréquence *f;* **mit zunehmender** ~ avec une fréquence croissante

Häufigkeitszahl *f,* **Häufigkeitsziffer** *f* fréquence *f*

Häuflein <-s, -> *nt s.* **Häufchen**

Häufung <-, -en> *f* ① *von Vorräten* amoncèlement *m*

② (*Ansammlung*) recrudescence *f; von Ämtern* cumul *m*

Haupt [haʊpt, *Pl:* 'hɔɪptɐ] <-[e]s, Häupter> *nt geh* ① tête *f,* chef *m* (*vieilli littér*); **etw mit bloßem** ~ **tun** faire qc nu-tête [*o* [la] tête nue]; **etw gesenkten/erhobenen** ~**es tun** faire qc [la] tête baissée/haute

② (*zentrale Figur*) tête *f*

Hauptaktionär(in) [-aktsionɛ:ɐ] *m(f)* ÖKON actionnaire *mf* principal(e) **Hauptakzent** *m* LING accent *m* principal ▶ **den** ~ **auf etw legen** mettre l'accent sur qc **Hauptaltar** *m* maître-autel *m* **hauptamtlich** I. *Adj* *Mitarbeiter, Bürgermeister* titulaire, en titre; *Tätigkeit* professionnel(le) II. *Adv* ~ [**als Dozent**] **tätig sein** exercer son activité principale [en tant que formateur] **Hauptangeklagte(r)** *f(m) dekl wie Adj* principal accusé *m*/principale accusée *f* **Hauptanschluss**^RR *m* ligne *f* principale **Hauptargument** *nt* argument *m* principal **Hauptaugenmerk** *nt* attention *f* particulière; **sein** ~ **auf etw/jdn richten** accorder sa plus grande attention à qc/qn **Hauptausgang** *m* sortie *f* principale **Hauptbahnhof** *m* gare *f* centrale **Hauptbelastungszeuge** *m,* **-zeugin** *f* JUR témoin *m* principal à charge **Hauptberuf** *m* activité *f* [professionnelle] principale; **im** ~ **ist sie Anwältin** elle est avocate de métier **hauptberuflich** I. *Adj* ~**e Tätigkeit** principale activité *f* professionnelle II. *Adv* **was machen Sie** ~**?** que faites-vous comme métier? **Hauptbestandteil** *m* composant *m* essentiel; **etw in seine** ~**e zerlegen** démonter qc **Hauptdarsteller(in)** *m(f)* premier rôle *m* **Hauptdeck** *nt* pont *m* principal **Haupteingang** *m* entrée *f* principale **Haupteinnahmequelle** *f* source *f* principale de revenus

Häuptel ['hɔɪptəl] <-s, -[n]> *nt* A tête *f*

Häuptelsalat *m* A laitue *f*

Haupterzeugnis *nt* produit *m* principal

Haupteslänge *geh* ▶ **um** ~ d'une longueur de tête; *überragen* d'une tête

Hauptfach *nt* matière *f* principale; **Französisch im** ~ **studieren** faire du français en matière principale **Hauptfeldwebel** *m* adjudant-chef *m* **Hauptfigur** *f* figure *m* de proue **Hauptfilm** *m* grand film *m* **Hauptforderung** *f* JUR requête *f* principale **Hauptgang** <-gänge> *m* ① (*Speise*) plat *m* de résistance ② ARCHIT couloir *m* central **Hauptgebäude** *nt* bâtiment *m* central **Hauptgericht** *nt* plat *m* de résistance **Hauptgeschäftszeit** *f* heures *fpl* d'affluence

Hauptgewicht ▶ **das** ~ **auf etw** (*Akk*) **legen** mettre la priorité sur qc **Hauptgewinn** *m* gros lot *m* **Hauptgrund** *m* raison *f* principale

Haupthaar *nt kein Pl geh* chevelure *f*

Haupthahn *m* robinet *m* principal **Hauptlast** *f* charge *f* principale **Hauptleitung** *f* (*für Wasser, Gas*) conduite *f* principale; (*für Strom, Telefon*) ligne *f* principale **Hauptleute** *Pl von* **Hauptmann** **Hauptlieferant** *m* fournisseur *m* principal

Häuptling ['hɔɪptlɪŋ] <-s, -e> *m* chef *m* de tribu

Hauptmahlzeit *f* repas *m* principal **Hauptmann** <-leute> *m* MIL capitaine *m* **Hauptmenü** *nt* INFORM menu *m* principal **Hauptmerkmal** *nt* caractère *m* principal **Hauptmieter(in)** *m(f)* principal(e) locataire *mf* **Hauptmotiv** *nt* motif *m* principal **Hauptnenner** *m* dénominateur *m* commun **Hauptperson** *f* ① LITER, THEAT personnage *m* principal ② (*tonangebende Person*) vedette *f;* (*wichtigste Person*) personnage *m* central **Hauptplatine** *f* INFORM carte *f* mère **Hauptportal** *nt* portail *m* principal **Hauptpost** *f,* **Hauptpostamt** *nt* poste *f* centrale **Hauptprobe** *f* répétition *f* générale **Hauptproblem** *nt* problème *m* principal **Hauptquartier** *nt* quartier *m* général **Hauptreisezeit** *f* période *f* des grands départs **Hauptrolle** *f* premier rôle *m;* **in etw** (*Dat*) **die** ~ **spielen** *Schauspieler:* jouer le premier rôle dans qc ▶ **bei etw die** ~ **spielen** occuper le devant de la scène à l'occasion de qc **Hauptsache** *f* (*das Wichtigste*) **die** ~ le plus important, le principal; **in der** ~ essentiellement; ~**, du bleibst!** l'important, c'est que tu restes! **hauptsächlich** ['haʊptzɛçlɪç] I. *Adj* *Anliegen, Problem* capital(e), principal(e) II. *Adv* surtout **Hauptsaison** [-zɛzõ:, -zɛzɔŋ] *f* haute saison *f;* **in der** ~ pendant la haute saison **Hauptsatz** *m* (*übergeordneter/unabhängiger Satz*) proposition *f* principale/indépendante **Hauptschalter** *m* ① guichet *m* principal ② ELEC commutateur *m* central **Hauptschiff** *nt* nef *f* centrale **Hauptschlagader** *f* aorte *f* **Hauptschlüssel**

m passe-partout *m* **Hauptschulabschluss**[RR] *m brevet sanctionnant la Hauptschule* **Hauptschuld** *f kein Pl* responsabilité *f* principale; **ihn trifft die ~ an diesem Verbrechen** il porte la responsabilité principale de ce crime **Hauptschuldige(r)** *f(m) dekl wie Adj* principal fautif *m*/principale fautive *f* **Hauptschule** *f établissement scolaire entre l'école primaire et la formation professionnelle, surtout artisanale, qui propose des cours plus simples que la Realschule*

i Land & Leute

En Allemagne, la **Hauptschule** accueille les élèves dont la moyenne des résultats à la fin de l'école primaire ne permet pas l'entrée à la *Realschule* ou au *Gymnasium*. Sa valeur est faiblement reconnue si bien que les jeunes qui obtiennent leur *Hauptschulabschluss* n'ont souvent que très peu de chance de trouver une place d'apprenti. En Autriche, on peut, suivant ses résultats, passer de la *Hauptschule* à un *Gymnasium*.

Hauptschüler(in) *m(f) élève de Hauptschule* **Hauptschullehrer(in)** *m(f) professeur de Hauptschule* **Hauptschwierigkeit** *f* difficulté *f* majeure **Hauptseminar** *nt cours pour étudiants du deuxième cycle* **Hauptsendezeit** *f* heures *fpl* de grande écoute **Hauptsicherung** *f* ELEC coupe-circuit *m* principal **Hauptspeicher** *m* INFORM mémoire *f* centrale **Hauptspeise** *f* A plat *m* principal **Hauptstadt** *f* capitale *f* **hauptstädtisch** *Adj* métropolitain(e) **Hauptstraße** *f* rue *f* principale **Hauptstrecke** *f* (*Straße*) grand axe *m;* (*Bahnstrecke*) grande ligne *f* **Hauptstudium** *nt* UNIV études *fpl* de second cycle **Haupttäter(in)** *m(f)* auteur *m* principal **Hauptteil** *m* majeure partie *f* **Hauptthema** *nt* sujet *m* principal **Haupttreffer** *m* gros lot *m* **Hauptursache** *f* cause *f* principale **hauptverantwortlich** *Adj* JUR principalement responsable **Hauptverhandlung** *f* audience *f* principale **Hauptverkehrsstraße** *f* (*innerhalb/außerhalb einer Ortschaft*) rue *f*/route *f* à grande circulation **Hauptverkehrszeit** *f* heures *fpl* de pointe **Hauptversammlung** *f* assemblée *f* générale **Hauptverwaltung** *f* administration *f* centrale **Hauptvorstand** *m* comité *m* de direction **Hauptwache** *f* commissariat *m* central [de police] **Hauptwäsche** *f* lavage *m* **Hauptwaschgang** *m* [cycle *m* de] lavage *m* **Hauptwaschmittel** *nt* lessive *f* **Hauptwerk** *nt* KUNST, LITER chef-d'œuvre *m* **Hauptwohnsitz** *m* résidence *f* principale **Hauptwort** <-wörter> *nt* nom *m*, substantif *m* **Hauptzeuge** *m*, **-zeugin** *f* témoin *m* principal **Hauptziel** *nt* but *m* principal

hau ruck [haʊ'rʊk] *Interj* **~!** Oh! Hisse!

Hauruckverfahren *nt* **etw im ~ tun** faire qc tambour battant

Haus [haʊs, *Pl:* 'hɔɪzə] <-es, Häuser> *nt* ❶ (*Wohnhaus*) maison *f;* (*mehrstöckiges Wohnhaus*) immeuble *m;* **ins ~ gehen/kommen** aller/venir à la maison; **lass uns ins ~ gehen** rentrons [dans la maison]; **im ~** dans la maison; **sie wohnen ~ an ~** ils habitent porte à porte

❷ (*Wohnung, Zuhause*) **aus dem ~ gehen** sortir de chez soi; **nach ~e gehen/kommen** rentrer [à la maison]; **wieder nach ~e finden** retrouver le chemin de la maison; **jdn nach ~e bringen** raccompagner qn chez lui/elle; **jdn nach ~e schicken** renvoyer qn à la maison; **ich muss nach ~e** je dois rentrer [à la maison]; **zu ~e sein** être à la maison; **zu ~e arbeiten** travailler chez soi; **bei ihr zu ~e** chez elle; **zu ~e ist es doch am schönsten!** c'est encore chez soi qu'on est le mieux!; **[etw] ins ~ liefern** *fam* livrer [qc] à domicile

❸ (*Haushalt*) **ein großes ~ führen** mener grand train

❹ (*Familie*) **die Dame/die Tochter des ~es** la maîtresse de maison/la fille de la maison; **aus adligem/angesehenem ~e** de famille noble/d'une famille de renom; **aus gutem ~e** de bonne famille

❺ (*Dynastie*) **das ~ Habsburg** la maison des Habsbourg

❻ *geh* (*Firma*) maison *f;* **im ~e sein** être dans l'établissement; **außer ~[e] sein** être à l'extérieur

❼ (*Theater*) **das große/kleine ~** la grande/petite salle; **vor ausverkauftem [*o* vollem] ~ spielen** jouer à guichets fermés

❽ (*Hotel*) **das erste ~ am Platz[e]** le meilleur hôtel du coin

❾ PARL chambre *f;* **Hohes ~!** *form* Haute Assemblée!

❿ (*Schneckenhaus*) coquille *f*

⓫ ASTROL maison *f*

⓬ *fam* (*Mensch, Freund*) **na, altes ~!** *fam* alors, vieille branche! (*fam*)

▶ **das ~ Gottes** [*o* **des Herrn**] *geh* la maison du Seigneur; **~ und Hof verlieren** perdre tous ses biens; **das europäische ~** la construction européenne; **das Weiße ~** la Maison-Blanche; **jdm das ~ einlaufen** [*o* **einrennen**] *fam* envahir qn; **sich bei jdm wie zu ~e fühlen** se sentir chez qn comme chez soi; **fühl dich/fühlen Sie sich wie zu ~e!** fais comme chez toi/faites comme chez vous!; **jdm ins ~ schneien** *fam* tomber sur qn (*fam*); **aus dem ~ sein** avoir quitté la maison; **für niemanden zu ~e sein** n'être là pour personne; **in Hamburg zu ~e sein** être [originaire] de Hambourg; **jdm steht etw ins ~** qn a qc devant soi; **jdm das ~ verbieten** interdire sa maison [*o* sa porte] à qn; **von ~e aus** (*von der Familie her*) de par ses/leurs origines; (*eigentlich*) à l'origine

Hausaltar *m* autel *m* domestique **Hausangestellte(r)** *f(m)* employé(e) *m(f)* de maison **Hausanschluss**[RR] *m* ❶ ELEC branchement *m* domestique [*o* d'abonné(e)] ❷ TELEC poste *m* privé **Hausantenne** *f* antenne *f* [de toit] **Hausanzug** *m* tenue *f* d'intérieur **Hausapotheke** *f* pharmacie *f* **Hausarbeit** *f* ❶ (*Arbeit im Haushalt*) travaux *mpl* ménagers ❷ UNIV [**wissenschaftliche**] **~** mémoire *m* **Hausarrest** *m* ❶ (*Strafe für ein Kind*) privation *f* de sortie; **~ haben** être privé(e) de sortie ❷ JUR résidence *f* surveillée **Hausarzt** *m*, **-ärztin** *f* médecin *m* de famille **Hausaufgabe** *f* devoirs *mpl* [à faire à la maison] ▶ **seine ~n machen** *Schüler:* faire ses devoirs; *fig* bien apprendre sa leçon (*hum*); **die Regierung hat ihre ~n gemacht** le gouvernement a bien fait ses devoirs **Hausaufsatz** *m* rédaction *f* [à faire à la maison]

hausbacken *Adj* vieillot(te)

Hausbar *f* ❶ (*Privatbar*) coin-bar *m* ❷ (*Teil eines Wohnzimmerschranks*) élément-bar *m* ❸ (*alkoholische Getränke*) bar *m* **Hausbau** <-bauten> *m* construction *f* de la maison/de l'immeuble **Hausbesetzer(in)** *m(f)* squatte[u]r *m* **Hausbesetzung** *f* squat *m* **Hausbesitzer(in)** *m(f)* propriétaire *mf* [de la maison/de l'immeuble] **Hausbesorger(in)** A *s.* Hausmeister(in) **Hausbesuch** *m* ❶ MED visite *f* à domicile ❷ ADMIN contrôle *m* à domicile **Hausbewohner(in)** *m(f)* occupant(e) *m(f)* [de l'immeuble] **Hausboot** *nt* péniche *f* aménagée; TOURISMUS house-boat *m*

Häuschen ['hɔɪsçən] <-s, -> *nt Dim von* Haus ❶ petite maison *f*

❷ (*Gartenhäuschen*) cabane *f*

▶ **über etw** (*Akk*) **ganz aus dem ~ geraten** *fam* devenir tout fou/toute folle à la nouvelle de qc (*fam*); **ganz aus dem ~ sein** *fam* être [tout(e)] tourneboulé(e)

Hausdach *nt* toiture *f* **Hausdame** *f* (*Haushälterin*) gouvernante *f;* (*Gesellschafterin*) dame *f* de compagnie **Hausdetektiv(in)** *m(f)* détective *m* [d'un magasin] **Hausdiener** *m* ❶ (*im Privathaus*) domestique *m* ❷ (*im Hotel*) maître d'hôtel *m* **Hausdrachen** *m pej fam* mégère *f* **Hausdurchsuchung** *f* perquisition *f* **Hausdurchsuchungsbefehl** *m* mandat *m* de perquisition **hauseigen** *Adj* ❶ (*hoteleigen, firmeneigen*) *Strand, Swimmingpool, Kindergarten* privé(e); *Handtuch* appartenant à l'établissement; *Rechner* propre à l'entreprise ❷ (*hochschuleigen*) *Druckerei* propre *antéposé* **Hauseigentümer(in)** *s.* Hausbesitzer(in) **Hauseinfahrt** *f* porte *f* cochère **Hauseingang** *m* entrée *f*

hausen ['haʊzən] *itr V pej fam* ❶ (*wohnen*) **in einer Bruch-**

bude ~ crécher dans une turne (*fam*)
❷ (*wüten*) faire des ravages

Häuserblock <-blocks> *m* pâté *m* de maisons **Häuserfront** *f* alignement *m* de façades **Häusermakler(in)** *m(f)* ÖKON agent *m* immobilier **Häusermeer** *nt geh* océan *m* d'habitations (*soutenu*) **Häuserreihe** *f*, **Häuserzeile** *f* rangée *f* de maisons

Hausflur *m* vestibule *m* **Hausfrau** *f* ❶ femme *f* au foyer ❷ A, SDEUTSCH (*Zimmerwirtin*) logeuse *f* **Hausfrauenart** *f* ► **nach** ~ à l'ancienne **hausfraulich** *Adj* de [bonne] ménagère **Hausfreund** *m* ❶ (*Freund der Familie*) ami *m* de la famille ❷ *fam* (*Liebhaber*) ami *m* intime **Hausfreundin** *f* amie *f* de la famille **Hausfriede[n]** *m* (*unter Nachbarn*) bonnes relations *fpl* dans l'immeuble; (*unter Familienmitgliedern*) bonne entente *f* familiale **Hausfriedensbruch** *m* violation *f* de domicile **Hausgebrauch** *m* ► **für den** ~ (*für den privaten Gebrauch*) pour son/mon/... usage personnel; (*für durchschnittliche Ansprüche*) pour ce que qu'il veut/je veux/... en faire **Hausgeburt** *f* accouchement *m* à domicile **Hausgehilfin** *f s.* Haushaltshilfe **hausgemacht** ['haʊsgəmaxt] *Adj* ❶ *Brot, Marmelade* [fait(e)] maison ❷ (*intern begründet*) *Inflation, Rezession, Arbeitslosigkeit* d'origine interne **Hausgemeinschaft** *f* communauté *f* des occupants de l'immeuble **Haushalt** ['haʊshalt] <-[e]s, -e> *m* ❶ (*Familie, Personengruppe*) foyer *m*; **ein großer/kleiner** ~ une grande/petite famille ❷ (*das Haushalten, Wirtschaften*) tenue *f* de la maison; **[jdm] den** ~ **führen** tenir la maison [de qn] ❸ (*Etat*) budget *m* **haus|halten** *itr V unreg* ❶ (*vernünftig wirtschaften*) bien gérer le budget du ménage; **mit dem Wirtschaftsgeld/den Vorräten** ~ être économe avec l'argent du ménage/les provisions ❷ *fig* **mit seinen Kräften** ~ ménager ses forces **Haushälter(in)** <-s, -> *m(f)* intendant(e) *m(f)*; **die** ~ **in des Pfarrers** la gouvernante du curé **haushälterisch** I. *Adj* (*sparsam*) économe II. *Adv nutzen* de façon économe

Haushaltsartikel *m* article *m* ménager **Haushaltsausschuss**[RR] *m* ÖKON, POL commission *f* budgétaire **Haushaltsbeschluss**[RR] *m* décision *f* budgétaire **Haushaltsbuch** *nt* livre *m* de comptes **Haushaltsdebatte** *f* débat *m* budgétaire **Haushaltsführung** *f* tenue *f* de la maison; **doppelte** ~ frais *mpl* de double résidence **Haushaltsgeld** *nt* argent *m* du ménage **Haushaltsgerät** *nt* ustensile *m* ménager **Haushaltshilfe** *f* aide *f* familiale **Haushaltsjahr** *nt* année *f* budgétaire **Haushaltskasse** *f kein Pl* caisse *f* du ménage **Haushaltsloch** *nt* POL déficit *m* budgétaire **Haushaltsmittel** *Pl* fonds *mpl* budgétaires **Haushaltsnachtrag** *m* budget *m* supplémentaire **Haushaltspackung** *f* paquet *m* familial **Haushaltsplan** *m* état *m* prévisionnel **Haushaltspolitik** *f* politique *f* budgétaire **Haushaltsvorstand** *m* chef *m* de famille **Haushaltswaage** *f* balance *f* de ménage **Haushaltswaren** *Pl* articles *mpl* ménagers

Haushaltung *f form* (*Haushalt*) foyer *m* **Hausherr(in)** *m(f)* maître(-esse) *m(f)* de maison **haushoch** I. *Adj* ❶ (*sehr hoch*) *Mauer, Flammen* immense; *Kran, Lkw* énorme ❷ (*eindeutig*) *Favorit, Sieger* grandissime (*fam*); *Niederlage, Sieg* écrasant(e) II. *Adv* de façon écrasante; *gewinnen* haut la main

hausieren* *itr V* colporter; **mit etw** ~ colporter qc; **Hausieren verboten!** entrée interdite aux colporteurs!
► **mit etw** ~ **gehen** aller colporter qc

Hausierer(in) <-s, -> *m(f)* colporteur(-euse) *m(f)*

hausintern *Adj* interne **Hauskapelle** *f* chapelle *f* **Hauskatze** *f* chat *m* domestique **Hauskleid** *nt* robe *f* d'intérieur **Hausklingel** *f* sonnette *f* **Hauskonzert** *nt* concert *m* à domicile **Hauslehrer(in)** *m(f)* précepteur(-trice) *m(f)*

häuslich ['hɔɪslɪç] I. *Adj Person* casanier(-ière); *Frieden, Glück, Harmonie* familial(e); *Arbeiten, Pflichten* ménager(-ère); *Angelegenheiten* privé(e)
II. *Adv* ► **sich bei jdm** ~ **einrichten** [*o* **niederlassen**] s'installer chez qn

Häuslichkeit <-> *f* côté *m* casanier

Hausmacherart ['haʊsmaxəʔaːɐt] *f* ► **nach** ~ à l'ancienne

Hausmacht *f kein Pl* ❶ *eines Politikers* partisans *mpl* ❷ HIST domaine *m* de la couronne/famille **Hausmädchen** *nt* domestique *f* **Hausmann** <-männer> *m* homme *m* au foyer **Hausmantel** *m* robe *f* de chambre **Hausmarke** *f* ❶ (*Sekt*) cuvée *f* du patron ❷ (*bevorzugte Marke*) marque *f* préférée [*o* de prédilection] **Hausmaus** *f* ZOOL souris *f* domestique **Hausmeister(in)** *m(f)* concierge *mf* **Hausmitteilung** *f* ❶ note *f* de service ❷ *Pl* (*Informationsblatt*) bulletin *m* d'information (*destiné à la clientèle de l'entreprise*) **Hausmittel** *nt* remède *m* de grand-mère **Hausmüll** *m* ordures *fpl* ménagères **Hausmusik** *f* concert *m* en famille **Hausmutter** *f* ❶ *veraltet* (*Hausfrau und Mutter*) mère *f* de famille ❷ *einer Jugendherberge* mère *f* aubergiste **Hausmütterchen** *nt pej* femme *f* popote (*qui ne sort pas de ses casseroles*) (*fam*); *hum* (*Mädchen*) petite ménagère *f* **Hausnummer** *f* numéro *m* **Hausordnung** *f* règlement *m* intérieur **Hauspartei** <-, -en> *f* A *fam* occupant(e) *m(f)* **Hauspost** *f* courrier *m* interne **Hausputz** *m* grand nettoyage *m*; **gerade beim** ~ **sein** être en train de faire le ménage à fond **Hausrat** <-[e]s> *m* biens *mpl* mobiliers **Hausratversicherung** *f* assurance *f* mobilière

Hausrecht *nt* JUR droit *m* de jouissance légale; **von seinem** ~ **Gebrauch machen** faire usage de son droit de jouissance légale **Hausschlachtung** <-, -en> *f* abattage *m* familial **Hausschlüssel** *m* clé *f* de la maison **Hausschuh** *m* chausson *m* **Hausschwamm** *m* mérule *m*

Hausse ['hoːs(ə), oːs] <-, -n> *f* BÖRSE hausse *f*; **auf** ~ **spekulieren** spéculer à la hausse

Haussegen *m* ► **der** ~ **hängt bei jdm schief** *hum fam* il y a de l'eau dans le gaz chez qn (*hum fam*); **bei Ina und Max hängt der** ~ **schief** entre Ina et Max, le torchon brûle

haussieren *itr V* FIN *Markt, Börse:* être en hausse

Hausstand *m* ❶ *geh* **einen [eigenen]** ~ **gründen** fonder un foyer ❷ JUR ménage *m* **Hausstauballergie** *f* allérgie *f* à la poussière **Haussuchung** *s.* Hausdurchsuchung **Haussuchungsbefehl** *m* JUR mandat *m* de perquisition **Haustarif** *m* convention *f* d'entreprise (*non négociée avec les syndicats*) **Haustelefon** *nt* interphone *m* **Haustier** *nt* animal *m* domestique **Haustür** *f* porte *f* d'entrée ► **direkt vor der** ~ *fam* [juste] à ma/sa/... porte

Haustürgeschäft *nt* vente *f* à domicile

Haustyrann(in) *m(f) pej fam* tyran *m* domestique **Hausvater** *m* ❶ *veraltet* (*Familienvater*) père de famille ❷ *eines Heims* père *m* aubergiste **Hausverbot** *nt* interdiction *f* d'entrer; **jdm** ~ **erteilen** interdire l'entrée à qn; **bei jdm** ~ **haben** être indésirable chez qn **Hausverwalter(in)** *m(f)* gérant(e) *m(f)* de l'immeuble; (*bei Eigentumswohnungen*) syndic *m* **Hausverwaltung** *f* ❶ (*Institution*) gérance *f* de l'immeuble ❷ *kein Pl* (*das Verwalten*) gérance *f* **Hauswart(in)** *s.* Hausmeister(in) **Hauswirt(in)** *m(f)* logeur(-euse) *m(f)* **Hauswirtschaft** *f* économie *f* domestique; (*Hauswirtschaftslehre*) enseignement *m* ménager **Hauswirtschafter(in)** <-s, -> *m(f)* intendant(e) *m(f)* **hauswirtschaftlich** *Adj* d'enseignement ménager **Hauswirtschaftsschule** *f* école *f* d'enseignement ménager **Hauszelt** *nt* tente *f* familiale **Haus-zu-Haus-Verkauf** *m* porte-à-porte *m*

Haut [haʊt, *Pl:* 'hɔɪtə] <-, Häute> *f* ❶ peau *f*; **trockene/empfindliche** ~ peau sèche/sensible; **viel** ~ **zeigen** *hum* dévoiler beaucoup de choses
❷ (*Außenhaut*) *eines Flugzeugs, Schiffs* revêtement *m*; *eines Ballons, Schlauchboots* enveloppe *f*
► **mit** ~ **und Haar[en]** *fam fressen, verschlingen* tout(e) cru(e); *ergeben, verfallen* corps et âme; **nur** ~ **und Knochen sein** *fam*, **nur noch aus** ~ **und Knochen bestehen** *fam* n'avoir [plus] que la peau et les os; **für jdn/etw seine** ~ **zu Markte tragen** risquer sa peau pour qn/qc (*fam*); **eine ehrliche** ~ *fam* un brave type/une brave femme (*fam*); **sich auf die faule** ~

H

legen *fam*, **auf der faulen ~ liegen** *fam* se les rouler (*fam*); **mit heiler ~ davonkommen** *fam* (*unverletzt*) s'en tirer sans une égratignure; (*ungestraft*) s'en sortir sans dommage; **nass bis auf die ~** trempé(e) jusqu'aux os; **seine ~ so teuer wie möglich verkaufen** *fam* vendre chèrement sa peau (*fam*); **aus der ~ fahren** *fam* sortir de ses gonds; **[jdm] unter die ~ gehen** *fam* prendre [qn] aux tripes (*fam*); **nicht aus seiner ~ [heraus]können** *fam* ne pas pouvoir aller contre sa nature; **ich kann einfach nicht aus meiner ~ [heraus]!** on ne se refait pas!; **seine [eigene] ~ retten** *fam* sauver sa peau (*fam*)

Hautabschürfung *f* éraflure *f* **Hautarzt** *m*, **-ärztin** *f* dermatologue *mf* **Hautatmung** *f* respiration *f* cutanée **Hautausschlag** *m* éruption *f*

Häutchen <-s, -> *nt Dim von* **Haut** ❶ peau *f*
❷ MED squame *f*; (*Nagelhäutchen*) cuticule *f*

Hautcreme *f* crème *f*

Haute Couture [(h)o:tku'ty:ɐ] <- -> *f* haute couture *f*

häuten ['hɔɪtən] **I.** *tr V* retirer la peau de *Fisch;* écorcher *Hasen*
II. *r V* **sich ~** muer

hauteng I. *Adj* moulant(e)
II. *Adv* **~ anliegen** coller à la peau

Hautevolee [(h)o:tvo'le:] <-> *f* haute société *f*

Hautfarbe *f* couleur *f* de peau **hautfarben** *Adj* couleur chair *inv* **hautfreundlich** *Adj* doux(douce) **Hautkontakt** *m* contact *m* corporel **Hautkrankheit** *f* maladie *f* de peau; **Arzt/Ärztin für Haut- und Geschlechtskrankheiten** médecin *m* spécialiste de dermato-vénérologie **Hautkrebs** *m* cancer *m* de la peau **hautnah I.** *Adj Kontakt* corps contre corps **II.** *Adv* ❶ (*sehr nah*) collé(e)s l'un(e) à l'autre ❷ *fam* (*eindrucksvoll*) *darstellen, schildern* en collant à la réalité (*fam*); *miterleben* de tout près; *vermitteln* de façon palpable **Hautpflege** *f* soins *mpl* de peau **Hautpilz** *m* mycose *f* **Hautreizung** *f* irritation *f* cutanée **hautschonend** *Adj* qui respecte la peau **Hauttransplantation** *f* greffe *f* de peau **Hauttyp** *m* MED type *m* de peau

Häutung <-, -en> *f* mue *f*

Hautunreinheit *f* MED impureté *f* de la peau

Havanna [ha'vana] <-, -s> *f*, **Havannazigarre** *f* havane *m*

Havarie [hava'ri:] <-, -n> *f* ❶ (*Schiffsunglück*) accident *m* de navigation; (*Schaden*) avarie *f*
❷ A (*Autounfall*) accident *m* de la route

Hawaii [ha'vaɪ(i)] <-s> *nt* les îles *fpl* d'Hawaï

Haxe ['haksə] <-, -n> *f* ❶ SDEUTSCH *eines Kalbs* jarret *m*; *eines Schweins* jambonneau *m*
❷ *fam* (*Bein*) guibo[l]le *f* (*fam*)

Hbf. *Abk von* **Hauptbahnhof** gare *f* centrale

H-Bombe ['ha:-] *f* bombe *f* H

h.c. [ha:'tse:] *Abk von* **honoris causa** honoris causa

HD-Diskette [ha:'de:-] *f* INFORM disquette *f* haute densité

HDTV [ha:de:te:'faʊ] <-s> *nt Abk von* **High definition Television** TVHD *f*

H-Dur ['ha:-] <-> *nt* si *m* majeur; **in ~** en si majeur

Hearing ['hi:rɪŋ, 'hɪərɪŋ] <-[s], -s> *nt* hearing *m*

heavy ['hɛvɪ] *Adj sl* dingue (*fam*); **~ sein** être dingue

Heavymetal[RR] ['hɛvi'mɛtl] <-> *nt* heavy metal *m*

Hebamme ['he:bamə] <-, -n> *f* sage-femme *f*

Hebebühne *f* pont *m* élévateur

Hebel ['he:bəl] <-s, -> *m* ❶ (*Griffhebel, Hebelstange*) levier *m*; **einen ~ betätigen** actionner un levier
❷ (*Druckmittel*) moyen *m* de pression
▸ **alle ~ in Bewegung setzen** *fam* mettre tout en œuvre; **am längeren ~ sitzen** *fam* tenir les commandes (*fam*)

Hebelarm *m* PHYS bras *m* de levier **Hebelgriff** *m* SPORT clé *f*; **bei jdm einen ~ ansetzen** faire une clé à qn **Hebelkraft** *f* force *f* active du levier

heben ['he:bən] <hob, gehoben> **I.** *tr V* ❶ (*nach oben bewegen*) lever *Hand, Arm, Bein, Kopf;* **das Fernglas an die Augen ~** porter les jumelles à ses yeux
❷ (*hochheben*) soulever
❸ (*bergen*) mettre au jour *Schatz;* **ein Wrack ~** remonter une épave à la surface
❹ (*verbessern*) rehausser *Ansehen;* remonter *Stimmung, Selbstbewusstsein;* relever *Niveau*
❺ SDEUTSCH (*halten, festhalten*) tenir
❻ *fam* (*trinken*) **einen ~** boire un coup (*fam*); **einen auf etw** (*Akk*) **~** arroser qc (*fam*); **einen ~ gehen** aller s'en jeter un (*fam*); **gern einen ~** lever bien le coude (*fam*)
II. *r V* **sich ~** *Vorhang, Schranke:* se lever; *Brust, Deckel:* se soulever
III. *itr V* ❶ (*Lasten heben*) soulever de lourdes charges; **das kommt vom vielen Heben** c'est à force de soulever des choses lourdes
❷ SDEUTSCH (*haltbar sein*) se conserver

Heber ['he:bɐ] <-s, -> *m* CHEM pipette *f*; (*Saugheber*) siphon *m*

Hebesatz *m* FISC taux *m* de perception

Hebräer(in) [he'brɛ:ɐ] <-s, -> *m(f)* Hébreu *m*/Juive *f*

hebräisch [he'brɛ:ɪʃ] **I.** *Adj* hébraïque
II. *Adv* **~ miteinander sprechen** discuter en hébreu; *s. a.* **deutsch**

Hebräisch <-[s]> *nt kein Art* hébreu *m*; **auf ~** en hébreu; *s. a.* **Deutsch**

Hebräische *nt dekl wie Adj* **das ~** l'hébreu; *s. a.* **Deutsche**

Hebung ['he:bʊŋ] <-, -en> *f* ❶ (*Bergung*) *eines Schatzes* mise *f* au jour; *eines Wracks* remontée *f* à la surface
❷ GEOL soulèvement *m*
❸ (*Verbesserung*) *der Stimmung, des Selbstbewusstseins* amélioration *f*; *der Kaufkraft, des Lebensstandards* élévation *f*
❹ POES accent *m*

hecheln ['hɛçəln] *itr V* ❶ (*schnell atmen*) haleter
❷ *fam* (*herziehen*) **über jdn/etw ~** baver sur qn/qc (*fam*)

Hecht [hɛçt] <-[e]s, -e> *m* brochet *m*
▸ **der ~ im Karpfenteich sein** *fam* être un vrai bout-en-train (*fam*); **ein toller ~ sein** *fam* être vraiment un superman (*fam*)

hechten ['hɛçtən] *itr V + sein* **ins Wasser/über den Zaun ~** sauter dans l'eau/par dessus la barrière

Hechtsprung *m* saut *m* en extension; (*Sprung ins Wasser*) plongeon *m* **Hechtsuppe** *f* ▸ **es zieht wie ~** *fam* on est en plein courant d'air

Heck [hɛk] <-[e]s, -e *o* -s> *nt eines Autos* arrière *m*; *eines Schiffs* poupe *f*; *eines Flugzeugs* queue *f*

Heckantrieb *m* traction *f* arrière; **mit ~** à traction arrière

Hecke ['hɛkə] <-, -n> *f* haie *f*

Heckenrose *f* ❶ (*Busch*) églantier *m* ❷ (*Blüte*) églantine *f* **Heckenschere** *f* cisaille *f gén pl*; (*elektrisch*) taille-haie *m* **Heckenschütze** *m*, **-schützin** *f* franc-tireur *m*

Heckfenster *nt* lunette *f* arrière **Heckflosse** *f* aileron *m* **Heckklappe** *f* hayon *m* **hecklastig** *Adj Auto* trop chargé(e) à l'arrière

Heckmeck ['hɛkmɛk] <-s> *m fam* chichis *mpl* (*fam*)
▸ **mach keinen ~!** ne fais pas de chichis! (*fam*)

Heckmotor *m* moteur *m* [à l']arrière **Heckscheibe** *f* vitre *f* arrière

Heckscheibenheizung *f* dégivrage *m* de la vitre arrière **Heckscheibenwischer** *m* essuie-glace *m* arrière

Heckspoiler *m* spoiler *m* arrière **Hecktür** *f* porte *f* arrière

Hedonismus [hedo'nɪsmʊs] <-> *m geh* hédonisme *m*

Heer [he:ɐ] <-[e]s, -e> *nt* ❶ MIL armée *f*; (*Bodenstreitkräfte*) armée de terre; **stehendes ~** armée permanente; **beim ~** dans l'armée de terre
❷ (*große Anzahl*) **ein ~ von Touristen/Heuschrecken** une armée de touristes/une nuée de sauterelles

Heeresbericht *m* communiqué *m* de guerre **Heeresleitung** *f* MIL direction *f* de l'armée **Heereszug** *m* ❶ (*Heer*) armée *f* en marche ❷ (*Feldzug*) campagne *f*

Heerführer(in) *m(f)* chef *mf* de l'armée **Heerlager** *nt* camp *m* militaire ▸ **einem ~ gleichen** ressembler à un campement

Heerscharen *Pl* régiment *m* ► **die himmlischen** ~ les cohortes *fpl* des anges **Heerzug** *s.* Heereszug
Hefe ['he:fə] <-, -n> *f* levure *f;* (*Backhefe für Kuchen*) levure [fraîche] de boulanger; (*Trockenhefe*) levure chimique
Hefekuchen *m* gâteau *m* à la pâte levée **Hefepilz** *m* levure *f* **Hefeteig** *m* pâte *f* levée
Heft [hɛft] <-[e]s, -e> *nt* ❶ (*Schreibheft*) cahier *m*
❷ (*Zeitschrift*) revue *f;* (*einzelne Ausgabe*) numéro *m*
❸ *geh* (*Griff*) manche *m*
► **das** ~ **in der Hand haben/behalten** avoir/garder la situation bien en main; **das** ~ **aus der Hand geben** passer le flambeau; **jdm das** ~ **aus der Hand nehmen** retirer les leviers de commande à qn
Heftchen <-s, -> *nt Dim von* Heft ❶ (*Schreibheft*) carnet *m*
❷ *pej* journal *m* illustré; (*Comicheftchen*) B.D. *f;* (*Pornoheftchen*) revue *f* [porno] [*o* cochonne] (*fam*)
heften ['hɛftən] I. *tr V* ❶ (*befestigen*) **etw an die Tür/Wand** ~ fixer qc à [*o* sur] la porte/le mur; **jdm einen Orden an die Brust** ~ épingler une décoration sur la poitrine de qn
❷ (*nähen*) faufiler; (*mit Nadeln feststecken*) épingler
❸ (*klammern*) brocher *Buch, Broschüre*
II. *r V* **sich auf jdn/etw** ~ *Blick, Augen:* se fixer sur qn/qc
Hefter <-s, -> *m* ❶ (*Mappe*) classeur *m*
❷ (*Heftmaschine*) agrafeuse *f*
Heftfaden *m,* **Heftgarn** *nt* faufil *m*
heftig ['hɛftɪç] I. *Adj Person, Leidenschaft, Schmerz, Schlag* violent(e); *Erkältung, Fieber, Schneefall* fort(e); ~ **werden** *Person:* s'emporter
II. *Adv* ❶ (*vehement*) *nicken, dementieren* avec véhémence; *wettern, sich streiten* violemment; ~ **zittern** trembler de tous ses membres
❷ (*stark*) *aufprallen, schlagen* avec violence; *schneien* fortement
Heftigkeit <-> *f* ❶ (*Unbeherrschtheit*) véhémence *f; eines Tonfalls, Tons* vivacité *f*
❷ (*Stärke, Intensität*) violence *f*
Heftklammer *f* ❶ agrafe *f* ❷ (*Büroklammer*) trombone *m* **Heftmaschine** *f* agrafeuse *f;* (*für Druckwerke*) brocheuse *f* **Heftnaht** *f* TECH faufilure *f* **Heftpflaster** *nt* sparadrap *m* **Heftzwecke** <-, -n> *f* punaise *f*
Hege ['he:gə] <-> *f von Wild* protection *f*
Hegemonie [hegemo'ni:] <-, -n> *f* hégémonie *f*
hegen ['he:gən] *tr V* ❶ (*pflegen, schützen*) prendre soin de *Garten, Pflanzen;* **Wild** ~ gérer un territoire de chasse
❷ (*hüten*) **Kunstschätze/Wertgegenstände** ~ conserver des œuvres d'art/des biens de valeur précieusement
❸ *geh* (*empfinden*) avoir *Wunsch, Hoffnung, Zweifel;* **Abneigung/Groll/einen Verdacht gegen jdn** ~ nourrir une aversion/un ressentiment/un soupçon contre qn (*soutenu*)
► **jdn** ~ **und pflegen** *geh* choyer et gâter qn
Hehl [he:l] *nt o m* ► **kein[en]** ~ **aus etw machen** ne pas faire mystère de qc
Hehler(in) <-s, -> *m(f)* receleur(-euse) *m(f)*
Hehlerei <-, -en> *f* recel *m*
hehr [he:ɐ] *Adj geh* ❶ (*erhaben*) noble
❷ (*erhebend*) *Anblick, Moment* sublime
Heia ['haɪa] <-, -[s]> *f Kinderspr.* dodo *m* (*enfantin*); **jetzt geht's ab in die** ~**!** *fam* maintenant, on va faire dodo! (*fam*)
Heide ['haɪdə] <-, -n> *f* ❶ lande *f;* **die Lüneburger** ~ la lande [*o* les landes] de Lunebourg
❷ (*Heidekraut*) bruyère *f*
Heide <-n, -n> *m,* **Heidin** *f* païen(ne) *m(f)*
Heidekraut *nt* bruyère *f* **Heideland** *nt* lande *f*
Heidelbeere ['haɪdəlbe:rə] *f* myrtille *f*
Heidenangst *f kein Pl fam* peur *f* bleue (*fam*) **Heidenarbeit** *f kein Pl fam* travail *m* monstre (*fam*) **Heidenbekehrung** *f* conversion *f* des païens **Heidengeld** *nt kein Pl fam* argent *m* fou; **ein** ~ **kosten** coûter la peau des fesses (*fam*) **Heidenlärm** *m fam* boucan *m* du diable **Heidenrespekt** *m fam* respect *m* religieux **Heidenspaß** *m kein Pl fam* **jdm einen** ~ **machen** faire vachement plaisir à qn (*fam*); **das war ein** ~**!** c'était le pied! (*fam*) **Heidenspektakel** *nt fam* vacarme *m* du diable (*fam*)
Heidentum <-s> *nt* paganisme *m*
Heidin *s.* Heide
heidnisch ['haɪdnɪʃ] I. *Adj* païen(ne)
II. *Adv* en païen(ne)
Heidschnucke ['haɪtʃnʊkə] <-, -n> *f* mouton *m* (*de la lande de Lunebourg*)
heikel ['haɪkəl] *Adj* ❶ (*schwierig*) délicat(e)
❷ DIAL (*wählerisch, schwer zufrieden zu stellen*) [**in etw** (*Dat*)] ~ **sein** être pointilleux(-euse) sur qc; (*in Bezug aufs Essen*) être difficile
heil [haɪl] I. *Adj Person, Gegenstand* intact(e), en bon état; ~ **sein** *Person:* être sain(e) et sauf(sauve), être indemne; *Glieder, Knochen:* ne pas avoir souffert [*o* subi de dommage]; **wieder** ~ **sein** *Gerät:* être de nouveau en état [de marche]; **etw** ~ **machen** *fam* rafistoler qc (*fam*)
II. *Adv* (*unverletzt*) sain(e) et sauf(sauve), indemne; (*unbeschädigt*) sans dommage; **komm** ~ **wieder zurück!** tâche de revenir entier(-ière)! (*fam*); **Paul/die Vase ist** ~ **angekommen** Paul/le vase est arrivé à bon port
Heil <-s> *nt* ❶ (*Wohlergehen*) bien-être *m;* (*Glück*) bonheur *m;* (*seelisches Heil*) salut *m;* **mein/dein... seelisches** ~ le salut de mon/ton... âme; **sein** ~ **in etw** (*Dat*) **suchen** chercher [un] refuge dans qc
❷ (*in Gruß- und Wunschformeln*) ~ **dem Sieger/Kaiser!** vive le vainqueur/l'empereur!
► **sein** ~ **in der Flucht suchen** chercher son salut dans la fuite; **sein** ~ **bei jdm/mit etw versuchen** *fam* tenter sa chance avec qn/qc
Heiland ['haɪlant] <-[e]s, -e> *m* **der/unser** ~ le/notre Sauveur
Heilanstalt *f veraltet* ❶ (*Trinkerheilanstalt*) centre *m* de désintoxication ❷ (*psychiatrische Klinik*) asile *m* (*vieilli*) **Heilbad** *nt* station *f* thermale
heilbar *Adj* curable
Heilbarkeit <-> *f* curabilité *f*
Heilbutt ['haɪlbʊt] *m* flétan *m*
heilen ['haɪlən] I. *itr V + sein Wunde, Bruch:* guérir
II. *tr V* guérir *Person, Krankheit;* **jdn von einer Krankheit** ~ guérir qn d'une maladie; **jdn von einer Sucht** ~ guérir un(e) toxicodépendant(e); **geheilt** guéri(e)
► **von jdm/etw geheilt sein** *hum* être guéri(e) de qn/qc
Heilerde *f* terre *f* médicamenteuse **Heilerfolg** *m* succès *m* thérapeutique; *eines Medikaments* effets *mpl* thérapeutiques **Heilfasten** *nt* jeûne *m* **heilfroh** *Adj fam* vachement content(e) (*fam*); ~ **sein** être vachement content(e); **wir können** ~ **sein, dass** nous pouvons nous estimer heureux(-euses) que + *subj* **Heilgymnastik** *s.* Krankengymnastik
heilig ['haɪlɪç] I. *Adj* ❶ (*geweiht*) *Ort, Stätte* sacré(e); *Kommunion, Sakrament, Taufe, Messe* saint(e); **der** ~**e Benedikt** saint Benoît; **die Heilige Jungfrau Maria** la Sainte Vierge
❷ (*unantastbar*) **jdm ist etw** ~ qc est sacré(e) pour qn
❸ *geh* (*feierlich, unbedingt*) *Stille, Schauer, Scheu, Pflicht* sacré(e); *Eid* solennel(le); *Eifer* saint(e); **das ist mein** ~**er Ernst** je suis on ne peut plus sérieux(-euse)
❹ *fam* (*groß*) *Zorn* saint(e) *antéposé; Respekt* [sacro-]saint(e) *antéposé; Not* sacré(e) *antéposé* (*fam*)
► **jdm ist nichts** ~ qn n'a de respect pour rien; **bei allem, was ihm/mir/...** ~ **ist** sur ce qu'il a/que j'ai/... de plus sacré
II. *Adj* ❶ **jdn** ~ **sprechen** canoniser qn
❷ (*unangetastet*) **sie halten den Sonntag** ~ pour eux, le dimanche est sacré
Heiligabend [haɪlɪç'ʔa:bənt] *m* (*Abend des 24. Dezembers*) soir *m* de Noël; (*Feier*) réveillon *m* de Noël
Heilige(r) *f(m) dekl wie Adj* saint(e) *m(f)*

► ein sonderbarer [*o* wunderlicher] ~r *fam* un drôle de paroissien (*fam*); **jd ist nicht gerade ein ~r/eine ~** *fam* qn n'est pas un enfant de chœur (*fam*)

heiligen ['haɪlɪgən] *tr V* ❶ (*weihen*) consacrer; **geheiligt** sacré(e)
❷ (*heilig halten*) sanctifier *Feiertag, Sonntag;* **... geheiligt werde dein Name ...** que ton nom soit sanctifié; **geheiligt** consacré(e)

Heiligenbild *nt* portrait *m* de saint(e) **Heiligenbildchen** *nt* image *f* pieuse **Heiligenschein** *m* auréole *f* **Heiligenverehrung** *f* culte *m* des saints

heilig|halten *s.* heilig II.2.

Heiligkeit <-> *f kein Pl* ❶ (*das Heiligsein*) sainteté *f*
❷ (*Titel, Anrede*) **Eure/Seine ~** Votre/Sa Sainteté

heilig|sprechen *s.* heilig II.1.

Heiligsprechung *f* canonisation *f*

Heiligtum <-s, -tümer> *nt* sanctuaire *m*
► **das ist sein/ihr ~** *fam* il/elle y tient comme à la prunelle de ses yeux (*fam*)

Heilkraft *f* vertus *fpl* curatives **heilkräftig** *Adj Kräuter* médicinal(e); *Mineralwasser, Quelle* qui a des propriétés thérapeutiques **Heilkraut** *nt meist Pl* simple *f* **Heilkunde** *f kein Pl geh* médecine *f* **Heilkundige(r)** *f(m) dekl wie Adj* guérisseur(-euse) *m(f)* (*vieilli*) **heillos** I. *Adj* terrible II. *Adv* terriblement **Heilmittel** *nt* remède *m* **Heilpädagoge** *m*, **-pädagogin** *f* MED pédagogue *mf* thérapeute **Heilpflanze** *f* plante *f* officinale **Heilpraktiker(in)** *m(f)* guérisseur(-euse) *m(f)* [reconnu(e) par l'État] **Heilquelle** *f* source *f* thermale

heilsam *Adj* salutaire

Heilsarmee *f kein Pl* Armée *f* du Salut

Heilschlaf *m* MED sommeil *m* réparateur **Heilstätte** *f form* établissement *m* de cure

Heilung <-, -en> *f* ❶ (*das Kurieren*) *eines Kranken, einer Krankheit* guérison *f* ❷ (*das Verheilen*) *einer Wunde* cicatrisation *f*

Heilungsprozess[RR] *m* processus *m* de guérison; *einer Wunde* processus de cicatrisation

Heilverfahren *nt* ❶ (*Behandlungsmethode*) thérapeutique *f*
❷ (*Kur*) cure *f* **Heilwasser** *nt* MED eau *f* curative

heim [haɪm] *Adv* à la maison

Heim <-[e]s, -e> *nt* ❶ (*Zuhause*) domicile *m*
❷ (*Seniorenheim*) foyer *m* de personnes âgées
❸ (*Erziehungsheim*) foyer *m* [éducatif]
❹ (*Vereinsheim, Clubhaus*) locaux *mpl*
❺ (*Erholungsheim*) maison *f* de repos; (*Kindererholungsheim*) centre *m*

Heimarbeit *f* travail *m* à domicile; **etw in ~ herstellen** produire qc à domicile **Heimarbeiter(in)** *m(f)* travailleur(-euse) *m(f)* à domicile

Heimat ['haɪma:t] <-, -en> *f* ❶ pays *m* [natal]; **fern der ~** loin de son/mon/... pays [natal]
❷ (*Zufluchtstätte*) refuge *m*
❸ (*Herkunftsland*) *eines Tiers, einer Pflanze* pays *m* d'origine

Heimatanschrift *f* adresse *f* [à la maison] **heimatberechtigt** *Adj* CH qui a droit de cité; **~ sein** avoir droit de cité **Heimatdichter(in)** *m(f)* poète *m*/poétesse *f* du terroire **Heimatdorf** *nt* village *m* natal **Heimaterde** *f kein Pl* terre *f* natale **Heimatfilm** *m* film *m* régionaliste (*sur les mœurs villageoises*) **Heimathafen** *m* port *m* d'attache **Heimatkunde** *f kein Pl* étude *f* du patrimoine local [*o* régional] **Heimatland** *nt* pays *m* [natal]

heimatlich I. *Adj* ❶ (*zur Heimat gehörend*) du pays, de son/mon/... pays [natal]
❷ (*an die Heimat erinnernd*) *Gerüche, Düfte, Klänge* du pays
II. *Adv* **die Landschaft mutet mich ~ an** ce paysage me rappelle mon pays [natal] [*o* le pays]

heimatlos *Adj* apatride

Heimatlose(r) *f(m) dekl wie Adj* apatride *mf*

Heimatmuseum *nt* musée *m* local [*o* régional] **Heimatort** *m* lieu *m* d'origine **Heimatrecht** *nt kein Pl* droit *m* de cité **Heimatschein** *m* CH reconnaissance *f* du droit de cité **Heimatstadt** *f* ville *f* natale **heimatvertrieben** *Adj* expulsé(e) **Heimatvertriebene(r)** *f(m) dekl wie Adj* expulsé(e) *m(f)*

heim|begeben* *r V unreg geh* **sich ~** regagner son domicile (*soutenu*) **heim|bringen** *tr V unreg* **jdn ~** ramener qn chez lui/elle

Heimchen ['haɪmçən] <-s, -> *nt* grillon *m* [du foyer]
► **~ am Herd** *pej* ménagère *f* popote (*fam*)

Heimcomputer [-kɔmpju:tɐ] *m* ordinateur *m* familial

heimelig ['haɪməlɪç] *Adj* douillet(te); **in der Wohnstube ist es ~** on se sent bien dans la salle de séjour

heim|fahren *unreg* I. *itr V + sein* rentrer à la maison II. *tr V + haben* **jdn ~** reconduire qn à la maison **Heimfahrt** *f* [trajet *m* du] retour *m* **heim|finden** *itr V unreg* retrouver le chemin de la maison **heim|führen** *tr V geh* ❶ (*nach Hause geleiten*) accompagner à son domicile *Freundin* ❷ (*nach Hause ziehen*) **jdn ~** *Drang, Sehnsucht:* faire rentrer qn [chez lui/elle [*o* à la maison]] ❸ *veraltet* (*heiraten*) [**als seine Frau**] **~** prendre pour épouse **heim|gehen** *itr V unreg + sein* rentrer chez soi **Heimindustrie** *f* industrie *f* à domicile

heimisch *Adj* ❶ (*einheimisch*) local(e); *Bevölkerung* autochtone; **ein Tier/eine Pflanze auf einer Insel ~ machen** acclimater un animal/une plante sur une île
❷ (*vertraut*) **sich ~ fühlen** se sentir chez soi; **an seinem neuen Wohnort ~ werden** s'acclimater à sa nouvelle résidence
❸ (*bewandert*) **in etw** (*Dat*) **~ sein** être versé(e) dans qc

Heimkehr ['haɪmke:ɐ] <-> *f* ❶ retour *m* [à la maison]
❷ (*Rückkehr ins Heimatland*) retour *m* au pays; **jdn zur ~ in sein Land bewegen** inciter qn à retourner dans son pays

heim|kehren *itr V + sein* ❶ rentrer; **ihr seid schon heimgekehrt?** vous êtes déjà de retour?; **von einer Weltreise ~** revenir d'un voyage autour du monde ❷ (*in das Heimatland zurückkehren*) retourner dans son pays

Heimkehrer(in) <-s, -> *m(f)* ❶ (*Kriegsheimkehrer*) [soldat *m*] rapatrié *m*
❷ (*Zurückkommender*) **da kommen die ersten ~ vom Fußballspiel** voilà les premières personnes qui rentrent du match de football

Heimkind *nt* enfant *m* de la D.A.S.S.

Heimkino *nt* (*Filmvorführung*) cinéma *m* à domicile **heim|kommen** *itr V unreg + sein* rentrer [chez soi] **Heimleiter(in)** *m(f)* directeur(-trice) *m(f)* **heim|leuchten** *itr V fam* **jdm ~** remballer qn (*fam*)

heimlich ['haɪmlɪç] I. *Adj* ❶ (*geheim*) secret(-ète)
❷ (*verstohlen*) *Blick, Geste* furtif(-ive)
❸ (*inoffiziell*) occulte; **er ist immer noch der ~e Chef des Unternehmens** il continue d'être en secret le chef de l'entreprise
II. *Adv* ❶ (*unbemerkt*) en cachette; *zusagen, abmachen* en secret
❷ (*verstohlen*) *ansehen, zuwinken, zuzwinkern* furtivement
❸ (*geheimnissvoll*) **mit etw ~ tun** faire des cachotteries avec qc
► **~, still und leise** *fam* ni vu, ni connu (*fam*); **~, still und leise verschwinden** filer à l'anglaise (*fam*)

Heimlichkeit <-, -en> *f* ❶ *kein Pl* (*heimliche Art*) caractère *m* secret; **in aller ~** dans le plus grand secret
❷ (*Geheimnis*) secret *m*; **immer diese ~en** toujours ces cachotteries; **~en vor jdm haben** avoir quelque chose à cacher à qn

Heimlichtuer(in) <-s, -> *m(f) pej* cachottier(-ière) *m(f)* (*fam*)

Heimlichtuerei <-, -en> *f pej* cachotterie *f souvent pl*

heimlich|tun *s.* heimlich II.3.

heim|müssen *itr V unreg* devoir rentrer; **er/sie muss heim** il faut qu'il/qu'elle rentre [à la maison [*o* chez lui/elle]] **Heimniederlage** *f* SPORT défaite *f* à domicile **Heimreise** *f* trajet *m* du retour; **sich auf die ~ machen** prendre la route du retour **heim|reisen** *itr V + sein* prendre la route du retour **heim|schicken** *tr V* renvoyer; **jdn ~** renvoyer qn [chez lui/elle] **Heimsieg** *m* SPORT victoire *f* à domicile **Heimspiel** *nt* match *m* à domicile ▸ **das ist für ihn/sie ein ~** il/elle a l'avantage du terrain **Heimstatt** *f geh* refuge *m,* asile *m;* **eine neue ~** une nouvelle patrie **Heimstätte** *f* habitat *m* **heim|suchen** *tr V* ❶ (*überfallen*) s'abattre sur ❷ *pej fam* (*besuchen*) tomber sur (*fam*) ❸ (*bedrängen*) **jdn ~** *Alpträume, Wahnvorstellungen:* hanter qn

Heimsuchung <-, -en> *f* fléau *m;* **eine ~ Gottes** un fléau de Dieu

Heimtrainer [-trɛːnɐ] *m* home-trainer *m*

Heimtücke *f kein Pl* ❶ (*heimtückische Art*) perfidie *f* ❷ (*Gefährlichkeit*) *eines Erregers, einer Krankheit* caractère *m* insidieux **heimtückisch** I. *Adj* ❶ (*tückisch*) perfide ❷ (*gefährlich*) *Krankheit, Erreger* insidieux(-euse) II. *Adv* perfidement

Heimvorteil *m kein Pl* avantage *m* du terrain/de la salle

heimwärts ['haɪmvɛrts] *Adv* à la maison; *sich begeben, ziehen* vers son domicile [*o* sa maison]

Heimweg *m* trajet *m* du retour; **auf dem ~** sur le chemin du retour; **sich auf den ~ machen** prendre le chemin du retour, se mettre en route pour rentrer [à la maison] **Heimweh** <-[e]s> *nt* ❶ mal *m* du pays; **~ bekommen/haben** attraper/avoir le mal du pays ❷ (*Sehnsucht*) **nach jdm/etw ~ bekommen/haben** se languir de qn/qc

heimwehkrank *Adj* nostalgique; **~ sein** avoir le mal du pays

Heimwerker(in) <-s, -> *m(f)* bricoleur(-euse) *m(f)*

heim|wollen *itr V* vouloir rentrer à la maison **heim|zahlen** *tr V* **jdm etw ~** faire payer qc à qn; **das werde ich dir ~!** je te le ferai payer! **heim|ziehen** *unreg* I. *itr V + sein* s'en retourner [chez soi [*o* à la maison]] II. *tr V + haben* **jdn ~** inciter qn à s'en retourner [chez lui/elle [*o* à la maison]]; **es zieht ihn heim** il éprouve le besoin de rentrer

Heini ['haɪni] <-s, -s> *m fam* abruti *m* (*fam*)

Heinrich <-s> *m* ❶ Henri *m*
❷ HIST **~ IV.** Henri IV

Heinz <-> *m* Henri *m*

Heinzelmännchen ['haɪntsəlmɛnçən] *nt* lutin [*qui fait le travail pendant la nuit*]

Heirat ['haɪraːt] <-, -en> *f* mariage *m;* **~ aus Liebe/Vernunftgründen** mariage *m* d'amour/de raison; **unstandesgemäße ~** mésalliance *f*

heiraten ['haɪraːtən] I. *tr V* épouser *Mann, Frau*
II. *itr V* se marier; **reich ~** faire un mariage d'argent; **nach Dresden ~** partir épouser un garçon/une fille de Dresde
III. *r V* **sich ~** se marier

Heiraten <-s> *nt* mariage *m;* **du bist noch zu jung zum ~!** tu es encore trop jeune pour te marier!

Heiratsabsichten *Pl* projets *mpl* de mariage; **~ haben** avoir l'intention de se marier **Heiratsalter** *nt* ❶ (*Mindestheiratsalter*) âge *m* requis pour pouvoir contracter mariage ❷ (*heiratsfähiges Alter*) âge *m* nubile; **im besten ~ sein** *fam* avoir l'âge idéal pour se marier ❸ (*Durchschnittsalter bei Eheschließungen*) âge *m* moyen au [premier] mariage **Heiratsantrag** *m* demande *f* en mariage **Heiratsanzeige** *f* ❶ (*Mitteilung*) faire-part *m* de mariage ❷ (*Annonce zur Partnersuche*) annonce *f* matrimoniale **heiratsfähig** *Adj* en âge de se marier; JUR nubile; **im ~en Alter** en âge de se marier **Heiratskandidat(in)** *m(f)* prétendant(e) *m(f)* **Heiratsschwindler(in)** *m(f)* escroc *m* au mariage **Heiratsurkunde** *f* acte *m* de mariage **Heiratsvermittler(in)** *m(f)* conseiller(-ère) *m(f)* matrimonial(e) **Heiratsvermittlung** *f* ❶ (*Ehevermittlung*) conseil *m* matrimonial ❷ (*Institut*) agence *f* matrimoniale

heischen ['haɪʃən] *tr V geh* commander

heiser ['haɪzɐ] I. *Adj Person, Stimme* enroué(e); *Laut, Bellen* rauque; **~ werden** *Person, Stimme:* s'enrouer
II. *Adv* **sich ~ reden/schreien** parler/crier à en perdre la voix

Heiserkeit <-> *f* enrouement *m*

heiß [haɪs] I. *Adj* ❶ (*sehr warm*) [très] chaud(e); (*zu warm*) brûlant(e); *Flüssigkeit* bouillant(e); *Klima, Luft, Sonne, Tag* torride; **brütend ~** *fam* caniculaire, torride; **kochend ~** bouillant(e); **[jdm] etw ~ machen** chauffer qc [à qn]; **in der ~en Sonne** en plein soleil; **jdm wird/ist ~** qn commence à avoir/a [très] chaud; **es ist brütend ~** il fait une chaleur d'étuve; **ist das ~!** quelle chaleur!
❷ (*heftig, innig*) ardent(e)
❸ *fam* (*aufreizend*) *Musik, Rhythmus* qui chauffe (*fam*); *Bild, Film* excitant(e)
❹ *fam* (*aus kriminellen Aktionen*) *Ware, Geld, Stoff* qui brûle les doigts (*fam*)
❺ (*brisant*) *Punkt, Problem, Thema* brûlant(e)
❻ *fam* (*konfliktreich*) *Herbst, Winter* chaud(e) (*fam*)
❼ *attr fam* (*aussichtsreich*) *Favorit, Tipp* tout(e) premier(-ière) *antéposé; Spur, Fährte* très sérieux(-euse)
❽ *sl* (*großartig*) *Person, Kleidungsstück, Anlage* terrible (*fam*), du tonnerre (*fam*)
❾ *sl* (*rasant*) *Wagen, Motorrad* qui décoiffe (*fam*)
❿ *fam* (*brünstig*) *Tier* en chaleur
▸ **jdn auf etw** (*Akk*) **~ machen** *fam* donner à qn une grosse envie de faire qc (*fam*); **du hast mich [darauf] ~ gemacht** tu m'as mis l'eau à la bouche (*fam*); **auf jdn ~ sein** en pincer pour qn (*fam*); **auf etw ~ sein** *fam* brûler d'apprendre/de connaître qc; **~!** *fam* tu brûles/vous brûlez! (*fam*)
II. *Adv* ❶ (*sehr warm*) *essen, trinken, duschen, waschen* très chaud
❷ (*innig*) *ersehnen, lieben, wünschen* ardemment
❸ (*erbittert*) **eine ~ umkämpfte Stadt** une ville âprement défendue
▸ **es geht ~ her** *fam* ça chauffe (*fam*); **jdn überläuft es ~ und kalt** qn [en] a des sueurs froides (*fam*); **es wird nichts so ~ gegessen, wie es gekocht wird** *Spr.* ce n'est pas toujours aussi grave que ça en a l'air

heißblütig ['haɪsblyːtɪç] *Adj* ❶ (*impulsiv*) *Person, Temperament* fougueux(-euse)
❷ (*leidenschaftlich*) *Spanier, Tänzerin, Temperament* passionné(e)

heißen ['haɪsən] <hieß, geheißen> I. *itr V* ❶ s'appeler; **Paul/Brigitte ~** s'appeler Paul/Brigitte; **wie heißt du/~ Sie?** comment tu t'appelles/vous vous appelez?; **ich heiße Karin** je m'appelle Karin; **sie heißt Barbara, nach der Großmutter** elle s'appelle Barbara comme sa grand-mère; **wie soll das Baby ~?** quel sera le [pré]nom du bébé?; **wie heißt diese Straße/dieser Film?** comment s'appelle cette rue/ce film?
❷ (*bedeuten*) **das heißt, dass** cela veut dire que + *indic;* **das will nichts/nicht viel ~** ça ne veut rien dire/ne veut pas dire grand-chose; **was soll das ~?** qu'est-ce que ça signifie [*o* veut dire]?; **soll [*o* will] ~: ...** autrement dit ...
❸ (*lauten*) **„ja" heißt auf Japanisch „hai"** "oui" se dit "hai" en japonais; **das gesuchte Sprichwort heißt folgendermaßen: ...** le proverbe qu'il fallait trouver est le suivant: ...; **wie heißt noch gleich deine Devise?** comment c'est déjà ta devise?
▸ **dann will ich Eusebius/Esmeralda/... ~!** *fam* alors je veux [bien] être pendu(e)! (*fam*); **das heißt** (*in anderen Worten*) c'est-à-dire; (*beziehungsweise*) ou plutôt
II. *itr V unpers* ❶ (*zu lesen sein*) **in der Zeitung/bei Goethe heißt es ...** il est dit dans le journal/chez Goethe ...; **wie heißt es doch so schön, ...** comme on dit si bien, ...
❷ *geh* (*nötig sein*) **nun heißt es handeln!** maintenant, il faut agir!
❸ (*behauptet werden, verlauten*) **es heißt, dass** on dit que + *indic,* il paraît que + *indic;* **es soll nicht ~, dass** il ne sera pas dit que + *indic*
III. *tr V geh* ❶ (*schimpfen*) **jdn einen Feigling ~** traiter qn de

lâche
❷ (*auffordern*) **jdn aufstehen** ~ demander à qn de se lever
heißersehnt *s.* ersehnen
heißgeliebt *s.* geliebt
Heißhunger *m* fringale *f* (*fam*); ~ **[auf etw** (*Akk*)**] haben** avoir une fringale de qc (*fam*); **mit** ~ avec voracité **heißhungrig** I. *Adj* affamé(e) II. *Adv* voracement **heiß|laufen** *itr V unreg + sein* ❶ *Motor:* chauffer; *Achse, Lager, Kolben:* s'échauffer ❷ *fam* (*nicht stillstehen*) *Telefon:* ne pas arrêter de sonner; *Faxgerät, Fernschreiber:* tourner [*o* marcher] à fond **Heißluft** *f* air *m* chaud
Heißluftballon *m* montgolfière *f* **Heißluftheizung** *f* chauffage *m* par air pulsé **Heißluftherd** *m* four *m* à chaleur tournante **Heißlufttrockner** *m* séchoir *m* à air chaud
Heißmangel *f* ❶ (*Gerät*) repasseuse *f* ❷ (*Betrieb*) pressing *m*
Heißsporn <-sporne> *m* tête *f* brûlée, chien *m* fou
heißumkämpft *s.* umkämpft
heißumstritten *s.* umstritten
Heißwasserbereiter <-s, -> *m* chauffe-eau *m inv* **Heißwasserspeicher** *m* cumulus *m* [d'eau chaude]
heiter ['haɪtɐ] *Adj* ❶ (*fröhlich*) gai(e)
❷ (*sonnig*) *Wetter* clair(e); *Himmel* dégagé(e); *Tag* beau(belle); **es wird wieder** ~ le temps va se remettre au beau; ~ **bis wolkig** beau avec quelques passages nuageux
▶ **das kann ja** ~ **werden!** *iron* ça promet! (*iron*)
Heiterkeit <-> *f* ❶ (*heitere Stimmung*) gaieté *f*
❷ (*Belustigung*) hilarité *f;* **allgemeine** ~ **hervorrufen** provoquer un éclat de rire général
heizbar *Adj Zimmer, Haus* chauffable; *Heckscheibe* chauffant(e); ~ **sein** *Zimmer, Haus:* pouvoir être chauffé(e); **schwer** ~ **sein** être difficile à chauffer
Heizdecke *f* couverture *f* chauffante
heizen ['haɪtsən] I. *itr V* chauffer; **mit Öl** ~ se chauffer au fioul; **gut/schlecht geheizt sein** être bien/mal chauffé(e); **sie hat gut geheizt** c'est bien chauffé chez elle; **womit heizt ihr?** à quoi est-ce que vous vous chauffez?
II. *tr V* chauffer *Wohnung, Zimmer;* **den Ofen mit Öl** ~ chauffer le poêle au mazout
Heizer(in) <-s, -> *m(f)* chauffeur(-euse) *m(f)*
Heizgerät *nt* appareil *m* de chauffage **Heizkessel** *m* chaudière *f* **Heizkissen** *nt* coussin *m* chauffant [*o* électrique] **Heizkörper** *m* radiateur *m* **Heizkosten** *Pl* frais *mpl* de chauffage **Heizkraftwerk** *nt* centrale *f* thermique **Heizlüfter** <-s, -> *m* radiateur *m* soufflant **Heizmaterial** *nt* combustible *m* **Heizofen** *m* radiateur *m* d'appoint **Heizöl** *nt* mazout *m* **Heizsonne** *f* radiateur *m* parabolique **Heizstrahler** *m* radiateur *m* infrarouge
Heizung <-, -en> *f* ❶ (*Zentralheizung*) chauffage *m* [central]
❷ *fam* (*Heizkörper*) radiateur *m*
Heizungsanlage *f* installation *f* de chauffage **Heizungskeller** *m* chaufferie *f* **Heizungsmonteur(in)** [-mɔntøːɐ] *m(f)* chauffagiste *m* **Heizungsrohr** *nt* tuyau *m* de chauffage
Heizwert *m* pouvoir *m* calorifique
Hektar ['hɛktaːɐ] <-s, -e> *nt o m* hectare *m;* **hundert** ~ **Wald** cent hectares de forêt
Hektik ['hɛktɪk] <-> *f* agitation *f;* **immer diese** ~ **im Büro!** c'est toujours la bousculade au bureau!; **er/sie macht immer so eine** ~**!** *fam* il/elle s'agite toujours autant!; **nur keine** ~**!** pas d'affolement
hektisch ['hɛktɪʃ] I. *Adj Person, Alltag, Tag, Zeit, Leben* agité(e); *Atmosphäre, Stimmung* fébrile; *Geschäfte* houleux(-euse); **jdn** ~ **machen** rendre qn fébrile; **er wurde ganz** ~ il devint tout fébrile; **nur mal nicht so** ~**!** *fam* pas de panique! (*fam*)
II. *Adv leben, essen, arbeiten* avec précipitation; *reagieren, eröffnen, schließen* nerveusement; **hier geht es sehr** ~ **zu** il y a une grande agitation ici
Hektoliter ['hɛktoliːtɐ] *m o nt* hectolitre *m*
Held(in) [hɛlt] <-en, -en> *m(f)* héros *m*/héroïne *f*
▶ **die** ~**en sind müde** *hum* les héros sont fatigués; **du bist mir ein schöner/netter** ~**!** *iron fam* y a pas de quoi pavoiser! (*hum fam*); **der** ~**/die** ~ **in des Tages sein** être le héros/l'héroïne du jour; **in etw** (*Dat*) **kein** [*o* **nicht gerade ein**] ~ **sein** ne pas faire des étincelles [en qc] (*fam*); **den** ~**en spielen** *fam* jouer les héros (*fam*)
Heldendichtung *f kein Pl* poésie *f* épique **Heldenepos** *nt,* **Heldengedicht** *nt* LITER épopée *f*
heldenhaft I. *Adj* héroïque
II. *Adv* héroïquement
Heldenlied *nt* LITER poème *m* épique **Heldenmut** *m* héroïsme *m*
heldenmütig *s.* heldenhaft
Heldensage *f* légende *f* héroïque, épopée *f* **Heldentat** *f* exploit *m* **Heldentenor** *m* ténor [qui tient le premier rôle] *m*
Heldentod *m geh* mort *f* héroïque; **den** ~ **sterben** mourir en héros [*o* au champ d'honneur]
Heldentum <-s> *nt* héroïsme *m*
Heldin *s.* Held(in)
Helena <-s> *f* MYTH, HIST Hélène *f;* **die heilige** ~ Sainte Hélène
Helene <-s> *f* Hélène *f*
helfen ['hɛlfən] <hilft, half, geholfen> *itr V* ❶ (*unterstützen*) aider; **jdm** ~ aider qn; **jdm beim Spülen/bei der Arbeit** ~ aider qn à faire la vaisselle/un travail; **jdm in den Mantel/Bus** ~ aider qn à mettre son manteau/monter dans le bus; **jdm aus dem Mantel/Bus** ~ aider qn à ôter son manteau/descendre du bus; **jdm über die Straße/von der Leiter** ~ aider qn à traverser la rue/descendre de l'échelle; **jdm aus einer Geldverlegenheit/schwierigen Lage** ~ aider qn à se sortir de la gêne/d'une situation difficile; **sich** (*Dat*) **von jdm** ~ **lassen** se faire aider par qn; **kann ich Ihnen** ~**?** puis-je vous être utile?
❷ (*nützen*) **jdm** ~ rendre service à qn; **das hilft mir wenig** ça ne me sert pas à grand-chose; **das wird Ihnen nicht** ~ ça ne vous servira à rien
❸ MED **jdm** ~ *Arzt:* venir en aide à qn; *Medikament:* faire de l'effet à qn; **gegen** [*o* **bei**] **Husten** ~ agir contre [*o* sur] la toux
▶ **jdm ist mit etw geholfen/nicht geholfen** qc rend service/n'est d'aucun secours à qn; **jdm ist nicht** [**mehr**] **zu** ~ (*jd ist unheilbar krank*) il n'y a [plus] rien à faire pour qn; (*jd ist unbelehrbar*) le cas de qn est désespéré; **ich kann mir nicht** ~**, aber ...** c'est plus fort que moi, mais ...; **dir/euch werde ich** ~**!** *fam* je vais te/vous donner de l'élan! (*fam*); **man muss sich** (*Dat*) **nur zu** ~ **wissen** *Spr.* il suffit de savoir se débrouiller (*fam*)
Helfer(in) <-s, -> *m(f)* ❶ assistant(e) *m(f);* **die freiwilligen** ~ **vom Roten Kreuz** les secouristes volontaires de la Croix rouge
❷ (*Komplize*) complice *mf*
▶ **ein** ~ **in der Not** un bon Samaritain
Helfershelfer(in) *m(f) pej* acolyte *m* (*péj*)
Helferzelle *f* MED lymphocyte *m* T4
Helgoland ['hɛlgolant] <-s> Helgoland
Helikopter [heli'kɔptɐ] <-s, -> *m* hélicoptère *m*
Helium ['heːliʊm] <-s> *nt* CHEM hélium *m;* ~ **ist ein Edelgas** l'hélium est un gaz rare
hell [hɛl] I. *Adj* ❶ *Raum, Wohnung* clair(e); **es wird** ~ il commence à faire jour; **es bleibt lange/länger** ~ il fait clair longtemps/plus longtemps; **ist es dir so** ~ **genug?** est-ce que tu trouves qu'il fait assez clair?
❷ (*leuchtend*) *Licht* vif(vive); *Lampe, Beleuchtung, Glanz* lumineux(-euse); *Farbe, Rot* clair(e); **ein** ~**er Rock** une jupe claire
❸ (*hoch*) *Stimme, Gesang* clair(e)
❹ (*aufgeweckt*) futé(e) (*fam*); **ein** ~**er Junge** un petit futé (*fam*)
❺ *attr* (*rein*) total(e); ~**er Neid** pure jalousie; **das ist ja der** ~**e Wahnsinn** c'est de la folie pure
II. *Adv* ❶ ~ **glänzen** *Metall:* être d'un éclat brillant; ~ **leuchten** *Lampe:* éclairer beaucoup

❷ (*hoch*) ~ **klingen** avoir des sonorités aiguës; **ihr Gesang tönte ~ und klar** son chant résonnait haut et clair

hellauf ['hɛl'ʔaʊf] *Adv begeistert* totalement, absolument **helläugig** *Adj* aux yeux clairs; ~ **sein** avoir les yeux clairs **hellblau** *Adj* bleu clair *inv*, bleu clair; ~**e Söckchen** des socquettes bleu clair **hellblond** I. *Adj Person* aux cheveux blond clair; *Haare* blond clair *inv*; ~ **sein** avoir les cheveux bond clair; **sie ist ganz ~, sie hat ganz ~e Haare** elle est blonde comme les blés II. *Adv färben* en blond clair **hellbraun** *Adj* marron clair *inv*; *Haare* châtain clair *inv* **helldunkel** *Adj* KUNST en clair-obscur

helle *Adj* DIAL ~ **sein** être futé(e); **sie ist ganz schön ~!** *fam* c'est une petite futée!

Helle(s) ['hɛlə] *nt dekl wie Adj* [bière *f*] blonde *f*

Hellebarde [hɛlə'bardə] <-, -n> *f* hallebarde *f*

Hellene [hɛ'le:nə] <-n, -n> *m*, **Hellenin** *f* HIST Hellène *mf*

hellenisch *Adj* HIST hellénique

Hellenismus [hɛle'nɪsmʊs] <-> *m* HIST Hellénisme *m*

hellenistisch *Adj* HIST *Kunst, Zeit* hellénistique

Heller ['hɛlɐ] <-s, -> *m* HIST ≈ denier *m*, ≈ liard *m* (*ancienne pièce de monnaie allemande*)

▸ **auf ~ und Pfennig** *fam abrechnen* au centime près; *zurückgeben, zurückzahlen* jusqu'au dernier centime; *bezahlen* rubis sur l'ongle; **bis auf den letzten ~** *fam ausplündern, zurückgeben* jusqu'au dernier centime; **keinen roten** [*o* **lumpigen**] ~ **wert sein, nicht einen ~ wert sein** *fam* ne pas valoir un clou (*fam*); **keinen roten** [*o* **lumpigen**] ~ **haben** *fam* ne pas avoir un radis [*o* un rond] (*fam*)

hellgrün *Adj* vert clair *inv* **hellhaarig** *Adj* aux cheveux clairs; ~ **sein** avoir les cheveux clairs **hellhäutig** ['-hɔɪtɪç] *Adj* clair(e) de peau **hellhörig** *Adj Haus, Wohnung* sonore ▸ ~ **werden** dresser l'oreille; **jdn ~ machen** mettre la puce à l'oreille à qn

hellicht *Adj s.* **helllicht**

Helligkeit <-, -en> *f* ❶ *kein Pl eines Raumes, einer Wohnung* clarté *f*

❷ (*Lichtstärke*) clarté *f*; *eines Sterns* luminosité *f*

Helligkeitsregler *m* réglage *m* de luminosité; *einer Lampe* variateur *m* d'intensité

helllicht[RR] ['hɛlɪçt] *Adj* **am ~en Tag** en plein jour

Hellraumprojektor CH *s.* **Tageslichtprojektor**

hellsehen *itr V nur Infin* ~ **können** avoir le don de double vue

▸ **ich kann doch nicht ~!** *iron fam* je ne suis pas devin! (*fam*)

Hellseher(in) *m(f)* voyant(e) *m(f)* **hellseherisch** *Adj attr Fähigkeiten* de voyant(e)

hellsichtig *Adj* ❶ (*vorausahnend*) clairvoyant(e)

❷ (*scharfsinnig*) perspicace

hellwach *Adj* ~ **sein** être bien réveillé(e)

Helm [hɛlm] <-[e]s, -e> *m* casque *m*; *eines Ritters* heaume *m*

Helmbusch *m* HIST panache *m* **Helmpflicht** *f* port *m* du casque obligatoire

Helsinki ['hɛlzɪŋki] <-s> *nt* Helsinki

Hemd [hɛmt] <-[e]s, -en> *nt* chemise *f*; **etw mit offenem ~ tun** faire qc la chemise ouverte

▸ **das ~ ist ihm/mir/... näher als der Rock** *Spr.* charité bien ordonnée commence par soi-même; **nass bis aufs ~** trempé(e) jusqu'aux os; **jdn bis aufs ~ ausziehen, jdm das letzte ~ ausziehen** *fam* prendre tout à qn jusqu'à sa dernière chemise; **sich ins ~ machen** *sl* se faire dans son froc (*fam*); **jdn/etw wie das** [*o* **sein**] ~ **wechseln** changer de qn/qc comme de chemise

Hemdbluse *f* chemisier *m* **Hemdblusenkleid** *nt* robe *f* chemisier **Hemdbrust** *f* plastron *m* [de chemise]

Hemdenknopf *m* bouton *m* de chemise **Hemdenmatz** <-es, -̈e> *m hum fam* poupon *m* **Hemdenstoff** *m* tissu *m* pour chemise

Hemdkragen *m* col *m* de chemise

Hemdsärmel *m* manche *f* de chemise

▸ **in ~n** *fam* en bras de chemise

hemdsärmelig *Adj fam* familier(-ière)

Hemisphäre [hemi'sfɛ:rə] *f* GEOG, MED hémisphère *m*; **die nördliche/südliche ~** l'hémisphère nord/sud; **die linke/rechte ~** l'hémisphère gauche/droit

hemmen ['hɛmən] *tr V* ❶ (*ein Hemmnis sein*) entraver

❷ (*bremsen*) freiner *Maschine, Rad*

❸ PSYCH inhiber *Person*; **sehr gehemmt sein** être très complexé(e)

Hemmnis <-ses, -se> *nt* ❶ obstacle *m*

❷ JUR entrave *f*; **rechtliches ~** entrave légale

Hemmschuh *m* ❶ TECH sabot *m* d'arrêt [*o* d'enrayage] ❷ *s.* **Hemmnis Hemmschwelle** *f* blocage *m*; ~**n/eine ~ abbauen** vaincre des blocages/un blocage

Hemmung <-, -en> *f* ❶ *meist Pl* PSYCH inhibition *f*; ~**en haben** avoir des scrupules; **keine ~en kennen** n'avoir aucun scrupule

❷ *kein Pl* (*das Hemmen*) ralentissement *m*; **die ~ der Wissenschaft durch die Kirche** le frein mis par l'Église à la science

❸ *kein Pl* JUR ~ **der Verjährung** interruption *f* de la prescription

▸ **nur keine ~en!** ne te gêne/vous gênez pas!

hemmungslos I. *Adj* ❶ (*zügellos*) dépourvu(e) de retenue; ~ **sein** n'avoir aucune retenue

❷ (*skrupellos*) sans scrupules; ~ **sein** ne pas avoir d'états d'âme; **er/sie ist völlig ~** rien ne l'arrête

II. *Adv* ❶ (*zügellos*) sans aucune retenue

❷ (*skrupellos*) sans scrupules

Hemmungslosigkeit <-> *f* ❶ (*Zügellosigkeit*) perte *f* de retenue; **völlige ~** la perte de toute retenue

❷ (*Skrupellosigkeit*) absence *f* de scrupules

Hendl ['hɛnd(ə)l] <-s, -[n]> *nt* A poulet *m* rôti

Hengst [hɛŋst] <-[e]s, -e> *m* ❶ (*Pferd*) étalon *m*

❷ (*männlicher Esel*) baudet *m*; (*männliches Kamel*) chameau *m* mâle

Henkel ['hɛŋkəl] <-s, -> *m* anse *f*

Henkelglas *nt* chope *f* **Henkelkorb** *m* panier *m* à anse **Henkelkrug** *m* cruche *f* **Henkelmann** <-männer> *m fam* gamelle *f* **Henkeltopf** *m* marmite *f*

Henker ['hɛnkɐ] <-s, -> *m* bourreau *m*

▸ **scher dich** [*o* **geh**] **zum ~!** *fam* va te faire pendre ailleurs! (*fam*); **weiß der ~** *fam* Dieu seul le sait; **was zum ~ ...** *fam* que diable ...; **zum ~!** *fam* bon Dieu! (*fam*)

Henkersmahlzeit *f* ❶ dernier repas *m* du condamné (*offert avant l'exécution*)

❷ *hum fam* repas *m* du condamné (*hum*)

Henna ['hɛna] <-> *f*, <-[s]> *nt* henné *m*

Henne ['hɛnə] <-, -n> *f* ❶ (*Haushuhn*) [poule *f*] pondeuse *f*

❷ (*weiblicher Hühnervogel*) poule *f*; **ein Strauß mit seiner ~** une autruche mâle avec sa femelle

Hepatitis [hepa'ti:tɪs, *Pl:* hepati'ti:dən] <-, -titiden> *f* MED hépatite *f*

her [he:ɐ] *Adv* ❶ (*hierher*) par ici!; ~ **zu mir!** viens/venez ici!; ~ **damit!** *fam* file/filez-moi ça! (*fam*); (*gib's zurück*) rends-moi/rendez-moi ça!; **immer ~ damit!** *fam* refile/refilez toujours! (*fam*); ~ **mit dem Geld!** envoie/envoyez la monnaie! (*fam*); **von der anderen Straßenseite ~** de la rue d'en face

❷ (*zeitlich*) **drei Monate ~ sein** dater d'il y a trois mois; **das ist schon lange ~** ça fait déjà longtemps; **es ist ein Jahr ~, dass** il y a [*o* ça fait] un an que + *indic*; **von der Kindheit ~** de son/mon/... enfance; **ich kenne ihn von früher ~** je le connais d'autrefois

❸ (*räumlich*) **wo sind Sie ~?** vous êtes d'où?; **hinter jdm/etw ~ sein** être à la poursuite de qn/qc; *fig* courir après qn/chercher qc

❹ (*herum*) **um ihn ~** [tout] autour de lui

❺ (*hinsichtlich*) **von der Planung/Zeit ~** pour ce qui est de la planification/du temps; **von der Technik ~** d'un point de

H

vue technique

herab [hɛ'rap] *Adv geh* **von den Bergen** ~ du haut des montagnes; *s. a.* **herunter**

herab|blicken *s.* **herabsehen** **herab|fließen** *itr V unreg + sein* descendre; **von etw** ~ descendre de qc; **den Hang** ~ *Bach:* dévaler la pente **herab|hängen** *itr V unreg* pendre; **von etw** ~ pendre de qc; **die Haare hingen ihr bis zu den Schultern herab** elle avait les cheveux qui lui pendaient jusqu'aux épaules **herab|lassen** *unreg* **I.** *tr V geh* faire descendre; **etw vom Dach** ~ faire descendre qc depuis le toit **II.** *r V* ❶ (*sich entwürdigen*) **sich zu etw** ~ s'abaisser à qc ❷ (*gnädigerweise tun*) **sich [dazu]** ~ **etw zu tun** condescendre à faire qc

herablassend **I.** *Adj* condescendant(e); **zu jdm** ~ **sein** être condescendant(e) à l'égard de qn
II. *Adv* avec condescendance

Herablassung <-> *f* condescendance *f*

herab|mindern *tr V* ❶ (*schlecht machen*) déprécier *Leistung, Fähigkeiten* ❷ (*bagatellisieren*) minimiser *Gefahr, Problem* **herab|sehen** *itr V unreg* ❶ (*abschätzig betrachten*) **auf jdn/etw** ~ regarder qn/qc de haut ❷ *geh* (*heruntersehen*) **auf jdn/etw** ~ abaisser son regard sur qn/qc; **auf das im Tal liegende Dorf** ~ **können** avoir une vue plongeante sur le village dans la vallée **herab|setzen** *tr V* ❶ (*reduzieren*) baisser *Preis, Artikel;* réduire *Kosten, Geschwindigkeit, Druck;* **zu herabgesetzten Preisen** à prix réduits ❷ (*herabmindern*) déprécier

herabsetzend **I.** *Adj Bemerkung, Äußerung* condescendant(e), dédaigneux(-euse) **II.** *Adv* **sich über jdn/etw** ~ **äußern** porter un jugement méprisant [*o* de mépris] sur qn/qc; **jdn** ~ **„Nichtskönner" nennen** qualifier qn dédaigneusement de "nullité" **Herabsetzung** *f* ❶ *eines Preises, Artikels* baisse *f; des Rentenalters* abaissement *m;* ~ **des Strafmaßes** mitigation *f* de la peine ❷ *kein Pl* (*das Herabmindern, Verunglimpfen*) dépréciation *f;* ~ **der Ware des Konkurrenten** dénigrement *m* de la marchandise du concurrent ❸ (*Kränkung*) humiliation *f* **herab|steigen** *itr V unreg + sein geh* descendre; **von etw** ~ descendre de qc **herab|würdigen** **I.** *tr V* rabaisser; **sich nicht von jdm** ~ **lassen** ne pas se laisser rabaisser par qn **II.** *r V* **sich** ~ s'abaisser **Herabwürdigung** <-, -en> *f einer Person* dénigrement *m; einer Leistung, eines Erzeugnisses* dépréciation *f*

Herakles ['he:raklɛs] *s.* **Herkules**

Heraldik [he'raldɪk] <-> *f* héraldique *f*

heraldisch [he'raldɪʃ] *Adj* héraldique

heran [hɛ'ran] *Adv* **links** ~**!** serre/serrez à gauche!; *s. a.* **ran**

heran|arbeiten *r V* ❶ **sich an jdn/etw** ~ se frayer un chemin jusqu'à qn/qc ❷ (*herangraben*) **sich zu den verschütteten Bergleuten** ~ se frayer un passage jusqu'aux mineurs ensevelis ❸ (*gedanklich nähern*) **sich an etw** (*Akk*) ~ faire une lente approche de qc **heran|fahren** *itr V unreg + sein* s'approcher; **an etw** (*Akk*) ~ s'approcher de qc; **rechts/links** ~ serrer à droite/à gauche; **wir können nicht näher** ~ nous ne pouvons pas nous approcher plus près **heran|führen** **I.** *tr V* ❶ (*hinbringen*) amener; **jdn/etw an jdn/etw** ~ amener qn/qc à proximité de qn/qc ❷ (*einweihen*) **jdn an etw** (*Akk*) ~ initier qn à qc **II.** *itr V* **an etw** (*Akk*) ~ *Weg, Nachschublinie:* mener [*o* conduire] à qc **heran|gehen** *itr V unreg + sein* ❶ (*hingehen*) s'approcher; **an jdn/etw** ~ s'approcher de qn/qc; **lass uns lieber nicht zu nahe** ~**!** il vaut mieux ne pas trop s'approcher! ❷ (*in Angriff nehmen*) **an eine Aufgabe/ein Problem** ~ s'attaquer à un devoir/un problème **heran|kommen** *itr V unreg + sein* ❶ (*sich nähern*) [s']approcher; **an jdn/etw** ~ [s']approcher de qn/qc ❷ (*heranreichen*) **an etw** (*Akk*) ~ pouvoir atteindre qc ❸ (*sich beschaffen können*) **an das Geld** ~ pouvoir disposer de l'argent; **an die Informationen** ~ pouvoir obtenir les informations ❹ (*in Kontakt kommen*) **an jdn** ~ pouvoir approcher qn; **nicht an die Täter** ~ *Polizei:* ne pas arriver à mettre la main sur les coupables ❺ (*gleichwertig sein*) **an jdn/etw** ~ arriver au niveau de qn/qc; **im Komfort kommt das alte Modell nicht an das neue heran** le confort de l'ancien modèle n'atteint pas celui du nouveau ▶ **etw nicht an sich** (*Akk*) ~ **lassen** *fam* ne pas se laisser affecter par qc; **sie lässt nichts an sich** ~ rien ne la touche **heran|können** *itr V unreg fam* pouvoir aller tout près; **nicht ganz** ~ ne pas pouvoir aller tout près **heran|lassen** *tr V unreg* ❶ (*das Nahekommen dulden*) laisser approcher; **jdn/etw an sich** (*Akk*) ~ laisser approcher qn/qc de soi; **keinen Fremden an die Kinder/ans Haus** ~ ne laisser aucun étranger approcher les enfants/la maison ❷ (*Intimitäten zulassen*) **jdn an sich** (*Akk*) ~ se laisser toucher par qn; **niemanden an sich** (*Akk*) ~ ne se laisser toucher par personne **heran|machen** *r V fam* **sich an jdn** ~ accoster qn **heran|müssen** *itr V unreg fam* **an jdn/etw** ~ devoir s'approcher de qn/qc; **wir müssen ganz nah an die Mauer ran** nous devons nous approcher tout près du mur **heran|nahen** *itr V + sein geh* se préparer, s'annoncer; **etw** ~ **sehen** voir venir [*o* arriver] qc **heran|pirschen** *r V* **sich an jdn/etw** ~ se glisser furtivement jusqu'à qn/qc **heran|reichen** *itr V* ❶ (*bis an etw reichen*) **bis an etw** (*Akk*) ~ *Weg, Gelände:* arriver jusqu'à qc ❷ (*gleichkommen*) **an jdn/etw** ~ pouvoir rivaliser avec qn/qc **heran|reifen** *itr V + sein geh* ❶ (*reifen*) *Früchte:* arriver à mâturité (*soutenu*) ❷ (*werden*) **zu einem jungen Mann** ~ mûrir pour devenir un jeune homme; **sie ist zu einer großen Malerin herangereift** elle a atteind la mâturité d'une grande artiste peintre ❸ (*sich konkretisieren*) **zu etw** ~ *Plan, Entschluss, Idee:* mûrir pour devenir qc **heran|rücken** **I.** *itr V + sein* ❶ (*sich nähern*) s'approcher; **an jdn/etw** ~ s'approcher de qn/qc ❷ (*dicht aufrücken*) **an jdn/etw** ~ se rapprocher de qn/qc; **rück' doch mit deinem Sessel an den Kamin heran** rapproche ton fauteuil de la cheminée ❸ (*herankommen*) *Termin, Datum:* approcher **II.** *tr V + haben* **etw an jdn/etw** ~ approcher qc de qn/qc **heran|schaffen** *tr V* ❶ (*holen*) amener *Person;* apporter *Holz;* se procurer *Geld, Nahrungsmittel* ❷ (*kommen lassen*) faire venir *Person, Holz* **heran|schleichen** *unreg* **I.** *itr V + sein* se glisser; **an jdn/etw** ~ se glisser jusqu'à qn/qc **II.** *r V + haben* **sich an jdn/etw** ~ se glisser jusqu'à qn/qc **heran|tasten** *r V* ❶ (*sich nähern*) **sich an jdn/etw** ~ avancer à tâtons jusqu'à qn/qc ❷ (*angehen*) **sich an etw** (*Akk*) ~ aborder qc avec précaution **heran|tragen** *tr V unreg* ❶ (*herbeitragen*) **etw [nahe] an jdn/etw** ~ [trans]porter qc jusqu'à [proximité de] qn/qc ❷ (*vorbringen, äußern*) **etw an jdn** ~ présenter [*o* soumettre] qc à qn **heran|treten** *itr V unreg + sein* ❶ (*sich nähern*) s'approcher; **an jdn/etw** ~ s'approcher de qn/qc; **tritt ein bisschen näher heran!** approche[-toi] un peu plus près! ❷ (*sich wenden an*) **mit etw an jdn** ~ s'adresser à qn avec qc **heran|wachsen** [-ks-] *itr V unreg + sein geh* **zum Mann/zur Frau** ~ devenir un homme/une femme; **zum Problem** ~ *Vorkommnis, Angelegenheit:* se transformer en problème **Heranwachsende** *Pl* jeunes gens *mpl* (*entre 18 et 21 ans*) **heran|wagen** *r V* ❶ (*heranzukommen wagen*) **sich an jdn** ~ oser s'approcher de qn ❷ (*sich zu beschäftigen wagen*) **sich an etw** (*Akk*) ~ oser s'attaquer à qc **heran|ziehen** *unreg* **I.** *tr V + haben* ❶ (*näher holen*) **jdn zu sich** ~ attirer qn vers soi; **etw zu sich** ~ rapprocher qc de soi ❷ (*einsetzen*) **einen Sachverständigen zu etw** ~ faire appel à un expert pour qc; **weitere Arbeitskräfte** ~ mettre des effectifs supplémentaires à contribution ❸ (*anführen*) alléguer *Bestimmung, Paragraphen, Quelle;* **etw zum Vergleich** ~ prendre quelque chose à titre d'exemple ❹ (*aufziehen*) élever *Kind, Tier;* faire pousser *Pflanze;* **[sich** (*Dat*)**] eine Nachfolgerin** ~ former une collaboratrice pour en faire son successeur **II.** *itr V + sein* approcher; **bis an die Grenze/den Fluss** ~ aller jusqu'à la frontière/la rivière

herauf [hɛ'raʊf] **I.** *Adv* ❶ **von unten** ~ depuis le bas
❷ *fam* (*nach Norden*) **von München** ~ **nach Stuttgart ziehen** venir de Munich pour monter s'installer à Stuttgart (*fam*)
II. *Präp + Akk* **den Berg/die Treppe** ~ en gravissant la mon-

tagne/en montant les escaliers
herauf|beschwören* *tr V unreg* ❶ (*wachrufen*) évoquer *Erinnerung, Vergangenheit* ❷ (*herbeiführen*) provoquer *Unglück, Streit, Krise* **herauf|blicken** *itr V* lever son regard; **zu jdm/etw** ~ lever son regard vers qn/qc **herauf|bringen** *tr V unreg* faire monter *Person;* monter *Gegenstand;* **jdn zu jdm** ~ faire monter qn chez qn; **etw zu jdm** ~ monter qc à qn; **etw mit** ~ remonter qc **herauf|führen** *tr V* faire monter; **jdn zu jdm** ~ faire monter qn jusqu'à qn **herauf|kommen** *itr V unreg + sein* ❶ (*von unten kommen*) monter; **zu jdm** ~ monter rejoindre qn ❷ *geh* (*aufziehen*) *Nebel:* se lever; *Gewitter, Unwetter:* se préparer; *Wolken:* s'amonceler **herauf|setzen** *tr V* relever *Gebühren, Preis, Mindestalter* **herauf|steigen** *unreg* **I.** *itr V + sein geh* ❶ (*nach oben steigen*) **zu jdm** ~ monter à côté de qn ❷ (*aufsteigen*) *Nebel, Schwaden:* monter **II.** *tr V + sein* **einen Berg/die Treppe** ~ gravir une montagne/monter les escaliers **herauf|ziehen** *unreg* **I.** *tr V + haben* hisser; **jdn/etw zu sich** ~ hisser qn/qc jusqu'à soi **II.** *itr V + sein Gewitter, Unwetter:* se lever; *Wolken:* s'amonceler

heraus [hɛ'raʊs] **I.** *Adj* ❶ (*herausoperiert*) ~ **sein** *Blinddarm, Mandeln, Splitter:* être retiré(e)
❷ (*erschienen*) ~ **sein** *Buch, Zeitschrift:* être sorti(e)
❸ (*entschieden sein*) **ist eigentlich schon ~, wann ...?** sait-on déjà quand ...?
❹ (*entwachsen*) **aus der Schule ~ sein** être sorti(e) du système scolaire; **aus dem Alter ~ sein, in dem man das tut** avoir passé l'âge de faire cela
❺ (*gesagt*) ~ **sein** être dit(e); *Bemerkung:* être fait(e)
II. *Adv* ❶ **~!** dehors!; **~ da!** *fam* fous-moi/foutez-moi le camp de là! (*fam*); **~ mit ihm!** *fam* fiche-le/fichez-le moi dehors! (*fam*); **hier ~!** sors/sortez par ici!
❷ (*aufgrund*) **aus Neugier** ~ par curiosité; **dieser Wunsch entstand aus der Gewissheit ~, dass** ce désir naquit de la certitude que + *indic*
▶ **~ damit!** *fam* (*her damit*) envoie/envoyez! (*fam*); (*sprich/sprechen Sie*) accouche/accouchez! (*fam*)

heraus|arbeiten **I.** *tr V* ❶ (*hervorheben*) faire ressortir *Punkt, Unterschiede;* **etw besser** ~ faire mieux ressortir qc
❷ KUNST **etw aus dem Stein/dem Holz** ~ façonner qc dans la pierre/le bois
II. *r V* **sich aus dem Schlamm** ~ s'extraire de la boue

heraus|bekommen* *tr V unreg* ❶ (*entfernen*) réussir à enlever *Fleck;* réussir à extraire *Nagel;* **den Fleck aus dem Hemd** ~ réussir à enlever la tache de la chemise; **den Nagel aus der Wand** ~ réussir à extraire le clou du mur
❷ (*herausfinden*) réussir à trouver
❸ (*ausgezahlt bekommen*) **Sie bekommen noch drei Euro heraus** je dois vous rendre trois euros

heraus|bilden *r V* **sich** ~ prendre forme; **sich aus etw** ~ prendre forme à partir de qc

heraus|brechen *unreg* **I.** *tr V + haben* extraire; **etw aus etw** ~ extraire qc de qc
II. *itr V + sein* **der Zorn/die Wut brach aus ihm heraus** il explosa de colère/rage; **es brach aus ihm heraus** cela le fit exploser

heraus|bringen *tr V unreg* ❶ (*nach draußen bringen*) apporter dehors; [**jdm**] **etw** ~ apporter qc dehors [à qn]
❷ (*auf den Markt bringen*) **etw** ~ sortir qc [sur le marché]; **etw ganz groß** ~ sortir qc à grand coup de matraquage publicitaire
❸ (*der Öffentlichkeit vorstellen*) sortir *Buch, Theaterstück;* **jdn ganz groß** ~ *fam* faire percer qn (*fam*)
❹ *fam* (*hervorbringen*) sortir *Antwort, Wort;* émettre *Ton, Krächzen*
❺ *s.* **herausbekommen**

heraus|drehen *tr V* dévisser; **etw aus etw** ~ dévisser qc de qc

heraus|drücken *tr V* ❶ extraire [en pressant]; **etw** ~ extraire qc [en pressant]; **die Zahnpasta aus der Tube** ~ presser le tube pour en extraire le dentifrice
❷ (*vorwölben*) bomber *Brust, Bauch*

heraus|fahren *unreg* **I.** *itr V + sein* sortir; **aus der Einfahrt/dem Bahnhof** ~ sortir de l'entrée/la gare; **beim Herausfahren aus der Garage** en sortant du garage
II. *tr V + haben* ❶ **den Wagen/das Motorrad aus der Garage** ~ sortir la voiture/la moto du garage
❷ SPORT obtenir *Platz, Sieg, Zeit*

heraus|fallen *itr V unreg* ❶ tomber; **aus etw** ~ tomber de qc
❷ *fig* **aus etw** ~ sortir de qc

heraus|filtern *tr V* ❶ filtrer; **etw aus einer Flüssigkeit** ~ filtrer qc d'un liquide
❷ (*aussondern*) **jdn/etw aus einer Menge** ~ sélectionner qn/qc parmi qc

heraus|finden *unreg* **I.** *tr V* ❶ (*feststellen*) découvrir; identifier *Täter;* **~, ob/wann/warum ...** réussir à établir si/quand/pourquoi ...; **~, dass/wo** réussir à établir [*o* découvrir] que + *indic*/où ...
❷ (*herauslesen*) **einen Gegenstand aus etw** ~ retrouver un objet parmi qc
II. *itr V* **aus dem Museum** ~ trouver la sortie du musée

heraus|fischen *fam* **I.** *tr V* repêcher; **etw aus etw** ~ repêcher qc de qc
II. *r V* **sich** (*Dat*) **jdn/etw aus etw** ~ pêcher qn/qc dans qc (*fam*)

heraus|fliegen *unreg* **I.** *itr V + sein* ❶ *Vogel:* s'envoler; **aus etw** ~ *Vogel:* s'envoler de qc
❷ *fam* (*herausfallen*) **aus dem Bett** ~ tomber du lit
II. *tr V + haben* **jdn/etw aus etw** ~ évacuer qn/qc par avion de qc

Herausforderer <-s, -> *m*, **Herausforderin** *f* SPORT, POL adversaire *mf;* **sich seinem ~ stellen** affronter son adversaire

heraus|fordern **I.** *tr V* ❶ SPORT défier
❷ (*auffordern*) **jdn zum Zweikampf** ~ défier qn en combat singulier; **jdn zum Duell** ~ provoquer qn en duel
❸ (*provozieren*) provoquer; **jdn zu etw** ~ pousser qn à faire qc
❹ (*heraufbeschwören*) provoquer *Kritik, Protest;* défier *Gefahr*
II. *itr V* **zu etw** ~ provoquer qc

herausfordernd **I.** *Adj* provocant(e)
II. *Adv* de façon provocante

Herausforderung *f* ❶ *kein Pl* SPORT challenge *m;* **die ~ zum Kampf annehmen** répondre au défi de son challenger
❷ (*Aufforderung*) **~ zum Kampf** défi *m* en combat; **~ zum Duell** provocation *f* en duel; **die ~ annehmen** accepter le défi
❸ (*Provokation*) provocation *f*
❹ (*Bewährungsprobe*) défi *m;* **sich einer ~** (*Dat*) **stellen** relever un défi

heraus|führen **I.** *tr V* conduire dehors; **jdn** ~ conduire qn dehors; **jdn aus etw** ~ conduire qn hors de qc; **die Braut aus der Kirche** ~ donner le bras à la mariée pour sortir de l'église
II. *itr V Weg, Gasse:* mener dehors; **aus einem Labyrinth** ~ mener hors d'un labyrinthe

Herausgabe *f* ❶ (*Rückgabe*) *eines Gefangenen* libération *f; eines Mantels* remise *f;* **ich wartete auf die ~ des Wechselgeldes** j'attendais qu'on me rende la monnaie
❷ (*Veröfffentlichung*) publication *f*
❸ (*das Herausbringen*) *von Banknoten, Briefmarken* émission *f*
❹ JUR *von Waren* remise *f; von Konfisziertem* restitution *f;* **die ~ verlangen** réclamer la remise; **auf ~ klagen** (*im Sachenrecht*) porter plainte pour restitution; (*im Erbrecht*) porter plainte pour pétition d'hérédité

heraus|geben *unreg* **I.** *tr V* ❶ (*zurückgeben*) libérer *Gefangenen;* remettre, rendre *Mantel;* restituer *Konfisziertes;* rendre *Betrag, Wechselgeld*
❷ (*veröffentlichen*) publier; (*edieren*) éditer
❸ (*herausbringen*) émettre *Banknoten, Briefmarken*

H

II. *itr V* (*Wechselgeld geben*) [**jdm**] **auf einen Zehneuroschein** ~ rendre la monnaie [à qn] sur un billet de dix euros; **falsch** ~ se tromper en rendant la monnaie

Herausgeber(in) *m(f)* ❶ (*Verleger*) éditeur(-trice) *m(f)*
❷ (*verantwortlicher Lektor oder Redakteur*) directeur(-trice) *m(f)* de [la] publication

heraus|gehen *itr V unreg + sein* ❶ (*herauskommen*) sortir; **aus dem Haus** ~ sortir de la maison
❷ (*sich entfernen lassen*) **aus etw** ~ *Fleck:* partir de qc; *Korken, Nagel, Dorn:* s'enlever [de qc]
▸ **aus sich** ~ s'extérioriser

heraus|greifen *tr V unreg* choisir *Prüfungskandidaten, Beispiel, Zitat;* **einen Einzelnen aus der Menge** ~ choisir quelqu'un au hasard dans la foule

heraus|haben *tr V unreg fam* ❶ (*entfernt haben*) avoir eu (*fam*) *Fleck, Korken, Nagel, Dorn;* **endlich alle Nägel aus den Brettern** ~ avoir enfin réussi à retirer tous les clous des planches
❷ (*herausgeworfen haben*) avoir viré (*fam*) *Mieter, Mitarbeiter*
❸ (*herausgefunden haben*) ~**, wer/wo ...** avoir trouvé qui/où ...
▸ **es** ~ avoir trouvé le truc (*fam*)

heraus|halten *unreg* **I.** *tr V* ❶ (*nach draußen halten*) **etw** ~ passer qc dehors; **etw aus dem Fenster** ~ passer qc par la fenêtre
❷ (*fern halten*) **jdn/ein Tier aus der Küche** ~ empêcher qn/un animal d'entrer dans la cuisine; **jdn/etw aus einer Auseinandersetzung** ~ laisser qn/qc en dehors d'une dispute
II. *r V* **sich aus etw** ~ se tenir en dehors de qc

heraus|helfen *itr V unreg* ❶ (*aussteigen helfen*) aider à sortir; **jdm aus dem Bus/der Badewanne** ~ aider qn à sortir du bus/de la baignoire
❷ (*ausziehen helfen*) **jdm aus dem Mantel** ~ aider qn à se défaire de son manteau
❸ (*weiterhelfen*) **jdm** ~ aider qn à s'en sortir; **jdm aus einer Notlage** ~ aider qn à [se] sortir d'une indigence

heraus|holen *tr V* ❶ (*herausnehmen*) sortir; **etw aus dem Schrank** ~ sortir qc de l'armoire
❷ (*retten, befreien*) extraire *Erdbebenopfer, Lawinenopfer;* **jdn aus dem Gefängnis** ~ *fam* faire sortir qn de prison
❸ *fam* (*aushorchen*) **ein Geständnis aus jdm** ~ extorquer un aveu à qn
❹ *fam* (*erreichen*) **das Beste aus jdm** ~ tirer le meilleur de qn (*fam*); **das Letzte aus sich** ~ donner tout ce qu'on a dans le bide (*fam*); **mehr ist aus dem Motor nicht herauszuholen** il n'y a plus rien à tirer du moteur (*fam*)
❺ SPORT obtenir *Ergebnis;* arracher *Sieg, Platz;* gagner *Sekunden;* réaliser *Gesamtzeit*

heraus|hören *tr V* ❶ (*unterscheiden können*) reconnaître *Person, Stimme;* **jdn/jds Stimme aus einer Gruppe** ~ reconnaître qn/la voix de qn parmi un groupe
❷ (*entnehmen*) **Ärger/Enttäuschung aus etw** ~ percevoir de l'irritation/de la déception à travers qc

heraus|kehren *tr V* faire étalage de *Bildung, Wissen;* **den Großzügigen/den Chef** ~ jouer au généreux/au chef

heraus|kommen *itr V unreg + sein* ❶ (*zum Vorschein kommen*) sortir; **aus etw** ~ sortir de qc; **wieder** ~ ressortir
❷ (*verlassen können*) **aus der Wohnung** ~ quitter l'appartement
❸ (*ablegen können*) **aus dem Mantel nicht/kaum** ~ ne pas/ne pratiquement pas quitter son manteau
❹ *fam* (*sich ergeben*) **bei den Verhandlungen ist kein greifbares Ergebnis herausgekommen** les pourparlers n'ont abouti à aucun résultat concret; **es kommt nichts dabei heraus** il n'y a rien à en tirer (*fam*); **das kommt dabei heraus, wenn ...** c'est ce qui arrive quand ...; **das kommt aufs Gleiche** [*o* **auf dasselbe**] **heraus** c'est du pareil au même (*fam*)
❺ (*überwinden können*) **aus dem Staunen nicht** ~ ne pas cesser de s'étonner; **aus dem Lachen nicht** ~ ne pas arrêter de rigoler; **aus den Schulden** ~ se libérer de ses dettes; **aus den Schwierigkeiten** ~ venir à bout de ses difficultés
❻ (*auf den Markt kommen*) *Buch, Zeitschrift, Modell:* sortir, sortir [sur le marché]; **mit etw** ~ *Firma:* sortir qc [sur le marché]
❼ *fam* (*Publicity haben*) **mit etw groß** ~ *fam* faire un malheur avec qc (*fam*)
❽ (*bekannt gegeben werden*) *Gesetz, Verordnung:* être publié(e); *Börsenkurse, Notierungen:* paraître
❾ *fam* (*bekannt werden*) *Schwindel, Betrug:* être découvert(e); **es wird nichts** ~ rien ne transpirera; **schließlich kam doch alles heraus** finalement, tout a fini par se savoir; **es kam heraus, dass** on découvrit que + *indic;* **durch die Untersuchung kam heraus, dass** l'enquête a révélé que + *indic*
❿ (*zur Sprache bringen*) **mit etw** ~ révéler qc
⓫ (*aus der Übung kommen*) perdre la main; **ich bin aus dem Klavierspielen völlig herausgekommen** j'ai complètement perdu l'habitude de jouer du piano
⓬ KARTEN avoir la main; **mit einem Buben** ~ jouer valet
⓭ (*zur Geltung kommen*) **bei Tageslicht besser** ~ ressortir mieux à la lumière du jour

heraus|kriegen *s.* **herausbekommen, rauskriegen**

heraus|kristallisieren* **I.** *tr V* faire ressortir; **etw aus etw** ~ faire ressortir qc de qc; **herauskristallisiert werden** ressortir
II. *r V* **sich** ~ ❶ CHEM précipiter
❷ *fig* se préciser; **sich als etw** ~ se révéler être qc

heraus|lassen *tr V unreg* ❶ (*herausgehen lassen*) laisser sortir; **jdn aus etw** ~ laisser sortir qn de qc
❷ *fam* (*weglassen*) **eine Textstelle/einen Namen** ~ laisser un passage/un nom de côté (*fam*)
❸ *fam* (*mitteilen*) laisser filtrer *Information, Nachricht*

heraus|laufen *unreg* **I.** *itr V + sein* ❶ (*laufen*) sortir; **aus dem Haus** ~ sortir de la maison
❷ (*herausfließen*) *Flüssigkeit:* s'écouler
II. *tr V* SPORT remporter *Sieg;* prendre *Vorsprung*

heraus|lesen *tr V unreg* ❶ (*entnehmen*) **etw aus den Bemerkungen eines Menschen** ~ discerner qc à travers les remarques d'une personne
❷ (*aussondern*) récupérer *Brauchbares;* retirer *Unbrauchbares*

heraus|locken *tr V* ❶ (*nach draußen locken*) **jdn** ~ attirer qn dehors; **jdn aus etw** ~ attirer qn hors de qc
❷ (*entlocken*) **etw aus jdm** ~ soutirer qc à qn

heraus|machen **I.** *tr V fam* faire disparaître *Fleck*
II. *r V* **sich gut/prächtig** ~ se développer bien/très bien; **Ihre Tochter hat sich aber herausgemacht!** votre fille s'est vraiment épanouie!

heraus|müssen *itr V unreg fam* ❶ (*entfernt werden müssen*) *Blinddarm, Organ:* devoir être enlevé(e)
❷ (*gesagt werden müssen*) **das musste mal heraus** il fallait que ça sorte (*fam*)
❸ (*aufstehen müssen*) **ich muss morgen früh heraus** il faut que je me lève tôt demain
❹ (*herausgehen müssen*) **wir müssen dort heraus** il faut que nous sortions par là

herausnehmbar *Adj* amovible

heraus|nehmen *tr V unreg* ❶ (*entnehmen*) retirer; **etw aus dem Schrank/der Tasche** ~ retirer qc de l'armoire/du sac
❷ *fam* (*operativ entfernen*) [**jdm**] **den Blinddarm/die Mandeln** ~ enlever l'appendice/les amygdales [à qn]; **sich** (*Dat*) **etw** ~ **lassen** se faire enlever qc
❸ (*aussondern*) **jdn aus der Klasse/dem Internat** ~ retirer qn de la classe/de l'internat
❹ *fam* (*erlauben*) **sich** (*Dat*) **etw** ~ se permettre qc; **sich** (*Dat*) ~ **etw zu tun** se permettre de faire qc; **sich** (*Dat*) **einiges** ~ en prendre à son aise

heraus|pauken *tr V fam* **jdn** ~ tirer qn de là (*fam*); **jdn aus**

etw ~ tirer qn de qc (*fam*)
heraus|picken I. *tr V Vogel:* picorer; **etw** ~ *Vogel:* picorer qc
II. *r V* **sich** (*Dat*) **das Beste aus etw** ~ choisir la meilleure part de qc
heraus|platzen *itr V + sein fam* ❶ (*lachen*) pouffer de rire
❷ (*spontan äußern*) **mit etw** ~ laisser échapper qc
heraus|putzen I. *tr V* endimancher *Person;* décorer *Stadt, Wohnung*
II. *r V* **sich** ~ s'endimancher
heraus|ragen *s.* **hervorragen**
heraus|reden *r V* **sich** ~ chercher des excuses; **sich mit etw/auf etw** (*Akk*) ~ invoquer qc pour excuse; **sich damit ~, dass** prétexter que + *indic*
heraus|reißen *tr V unreg* ❶ arracher *Pflanze, Haar, Seite*
❷ *fig* **jdn aus seiner Arbeit** ~ arracher qn à son travail; **jdn aus seiner gewohnten Umgebung** ~ arracher qn de son environnement familier
❸ *fam* (*befreien*) sauver la mise à (*fam*)
❹ *fam* (*wettmachen*) relever le niveau de
heraus|rücken I. *tr V fam* filer (*fam*); **etw wieder** ~ rendre qc; **nun rück schon das Geld heraus!** allez, aboule le fric! (*arg*)
II. *itr V + sein fam* **mit etw** ~ accoucher de qc (*fam*)
heraus|rutschen *itr V + sein* ❶ (*herausgleiten*) [**jdm**] **aus der Tasche** ~ glisser de la poche [de qn]
❷ *fam* (*ungewollt aussprechen*) **jdm** ~ *Bemerkung:* échapper à qn
heraus|schälen I. *tr V* extraire *Frucht;* **die faulen Stellen** ~ enlever les parties pourries
II. *r V* **sich aus etw** ~ (*sich herauskristallisieren*) se dégager de qc
heraus|schauen *itr V* SDEUTSCH ❶ (*nach draußen schauen*) regarder dehors; **aus dem Fenster** ~ regarder par la fenêtre
❷ (*zu sehen sein*) **aus etw** ~ *Hemdzipfel, Unterrock:* dépasser de qc
❸ *fam* (*zu verdienen, gewinnen sein*) **was schaut dabei heraus?** qu'est-ce qu'il y a à en tirer? (*fam*)
heraus|schlagen *unreg* I. *tr V* ❶ (*herauslösen*) extraire; **etw aus einem Stein** ~ extraire qc d'une pierre
❷ (*abbrechen*) abattre *Wand*
❸ *fam* (*gewinnen*) **Zeit** ~ gagner du temps; **einen Vorteil für sich** ~ obtenir un avantage pour son compte; **bei allem etwas für sich** ~ tirer son avantage de toute chose
II. *itr V + sein* **aus** [*o* **zu**] **etw** ~ *Flammen, Feuer:* jaillir de qc
heraus|schleudern *tr V* ❶ (*herauswerfen*) balancer; **etw aus dem Fenster/Auto** ~ balancer qc par la fenêtre/de la voiture; **aus dem Auto/Flugzeug herausgeschleudert werden** être éjecté(e) de la voiture/l'avion
❷ (*von sich geben*) lancer *Worte*
heraus|schlüpfen *itr V + sein* ❶ (*herauskriechen*) se glisser dehors; **aus etw** ~ se glisser hors de qc
❷ (*ungewollt aussprechen*) **jdm** ~ *Bemerkung:* échapper à qn
heraus|schmecken I. *tr V* distinguer [*o* sentir] le goût de; **etw aus etw** ~ distinguer [*o* sentir] le goût de qc dans qc
II. *itr V* **der Zimt schmeckt sehr stark heraus** le goût de la cannelle ressort beaucoup
heraus|schneiden *tr V unreg* retirer avec un couteau; **etw aus etw** ~ retirer qc de qc avec un couteau
heraus|schreiben *tr V unreg* relever; **etw aus einem Buch** ~ relever qc dans un livre
heraus|schreien *tr V unreg* laisser éclater
heraus|sein *s.* **heraus I.1-5**
heraußen [hɛ'rausən] *Adv* SDEUTSCH, A dehors
heraus|sollen *itr V fam* **ihr sollt da sofort heraus!** sortez de là tout de suite! (*fam*)
heraus|springen *itr V unreg + sein* ❶ sauter dehors; **aus dem Fenster/Auto** ~ sauter par la fenêtre/de la voiture
❷ (*sich lösen*) *Brillenglas:* se détacher; *Sicherung:* sauter
❸ (*als Gewinn verbleiben*) **was springt dabei heraus?** qu'est-ce qu'il y a à en tirer? (*fam*); **bei diesem Geschäft springt wenig/nichts heraus** c'est une affaire où il n'y a pas grand-chose/rien à gratter (*fam*)
heraus|sprudeln I. *itr V + sein Quelle:* jaillir
II. *tr V* **Worte/Sätze** ~ débiter des mots/phrases [sans fin]
heraus|stehen *itr V unreg* dépasser; **aus etw** ~ dépasser de qc
heraus|stellen I. *tr V* ❶ (*ins Freie stellen*) sortir
❷ (*hervorheben*) **etw** ~ mettre qc en évidence
II. *r V* **sich** ~ *Unschuld, Wahrheit:* éclater; **sich als wahr/übertrieben** ~ se révéler vrai(e)/exagéré(e); **es stellte sich heraus, dass** il s'avéra que + *indic;* **es wird sich ~, wer Recht hat** on verra bien qui a raison
heraus|strecken *tr V* tirer *Zunge;* **den Arm/Kopf aus dem Fenster** ~ tendre le bras/passer la tête par la fenêtre
heraus|streichen *tr V unreg* ❶ (*tilgen*) rayer; **etw aus einem Text** ~ rayer qc d'un texte
❷ (*betonen*) souligner
heraus|stürzen *itr V + sein* sortir précipitamment; **aus dem Raum** ~ sortir précipitamment de la pièce
heraus|suchen *tr V* ❶ (*auswählen*) choisir; **etw aus etw** ~ choisir qc parmi qc
❷ (*suchen*) rechercher *Seite, Textstelle*
heraus|treten *itr V unreg + sein* ❶ **aus dem Haus/der Reihe** ~ sortir de la maison/du rang
❷ (*anschwellen*) *Adern:* ressortir; *Augen:* être exorbité(e)
heraus|wagen *r V* **sich** ~ se risquer dehors; **sich aus etw** ~ se risquer hors de qc
heraus|winden *r V unreg* **sich aus einer misslichen Lage** ~ se dépêtrer d'une mauvaise situation
heraus|wollen *itr V* vouloir sortir; **aus etw** ~ vouloir sortir de qc
heraus|ziehen *tr V unreg* ❶ tirer *Schublade;* **sein Portmonee aus der Tasche** ~ sortir son porte-monnaie de son sac
❷ (*retten*) **jdn aus dem Wasser** ~ retirer qn de l'eau
❸ (*exzerpieren*) **Informationen aus etw** ~ extraire des informations de qc
herb [hɛrp] I. *Adj* ❶ *Geschmack, Wein* âpre; *Parfüm, Duft* épicé(e)
❷ (*schmerzlich*) *Enttäuschung, Verlust* amer(-ère)
❸ (*streng wirkend*) *Gesichtszüge* accusé(e); *Gesicht* sévère; *Schönheit* austère
❹ (*hart*) *Kritik, Worte* acerbe
II. *Adv* ❶ ~ **riechen/schmecken** avoir une odeur épicée/un goût âpre
❷ (*scharf, kritisch*) de façon acerbe
Herbarium [hɛr'ba:riʊm] <-s, -ien> *nt* herbier *m*
herbei [hɛɐ'baɪ] *Adv geh* par ici, approchez
herbei|bringen *tr V unreg* ❶ amener *Person;* apporter *Gegenstand;* **jdn/etw** ~ amener qn/apporter qc ❷ (*herbeischaffen*) produire *Zeugen, Unterlagen* **herbei|eilen** *itr V + sein* arriver en toute hâte **herbei|führen** *tr V* ❶ (*bewirken*) aboutir à *Einigung, Entscheidung, Kompromiss* ❷ (*verursachen*) provoquer *Infektion, Ohnmacht, Tod* **herbei|holen** *tr V* aller chercher **herbei|lassen** *r V unreg* **sich zu etw** ~ consentir à faire qc; **sich ~ etw zu tun** daigner faire qc **herbei|reden** *tr V* provoquer à force d'en parler; **etw** ~ provoquer qc à force d'en parler **herbei|rufen** *tr V unreg* appeler; **Hilfe** ~ appeler à l'aide **herbei|schaffen** *tr V* amener *Gesuchten, Hilfe;* se procurer *Geld, Nahrungsmittel* **herbei|sehnen** *tr V* souhaiter voir venir **herbei|strömen** *itr V + sein Menge, Leute:* affluer **herbei|winken** *tr V* faire signe à; **jdn** ~ faire signe à qn [d'approcher]; **ein Taxi** ~ faire signe à un taxi [de s'arrêter]
her|bekommen* *tr V unreg fam* dégoter (*fam*); **wo soll ich so schnell so viel Geld ~?** où veux-tu/voulez-vous que je dégote autant d'argent si vite?
her|bemühen* *geh* I. *r V* **sich** ~ se donner la peine de venir (*soutenu*)
II. *tr V* **jdn** ~ demander à qn de [bien vouloir] venir

H

Herberge ['hɛrbɛrgə] <-, -n> *f* ① *kein Pl veraltet* (*Unterkunft*) gîte *m* (*vieilli*)
② *veraltet* (*Gasthaus*) auberge *f*
③ (*Jugendherberge*) auberge *f* de jeunesse
Herbergseltern *Pl* gérants *mpl* de l'auberge [de jeunesse] **Herbergsmutter** *f* gérante *f* de l'auberge [de jeunesse] **Herbergsvater** *m* père *m* aubergiste
her|bestellen* *tr V* convoquer *Person;* commander *Taxi*
her|beten *tr V pej* psalmodier (*péj*)
Herbheit <-> *f des Dufts, Parfüms* caractère *m* épicé; *eines Weins* âpreté *f*
her|bitten *tr V unreg* prier de venir; **jdn ~** prier qn de venir
Herbizid [hɛrbi'tsi:t] <-[e]s, -e> *nt* herbicide *m*
her|bringen *tr V unreg* amener; **jdn zu jdm ~** amener qn à qn; **[jdm] etw ~** apporter qc [à qn]; **jdn ~ lassen** faire venir qn; **den Wagen ~ lassen** laisser avancer la voiture
Herbst [hɛrpst] <-[e]s, -e> *m* automne *m;* **im ~** en automne
▸ **der ~ des Lebens** l'automne *m* de la vie
Herbstanfang *m* début *m* de l'automne **Herbstaster** *f* aster *m* **Herbstblume** *f* fleur *f* d'automne **Herbstfarben** *Pl* couleurs *fpl* d'automne **Herbstferien** [-riən] *Pl* vacances *fpl* d'automne **Herbstkollektion** *f* collection *f* d'automne
herbstlich **I.** *Adj Tag, Sturm, Witterung* d'automne; *Farben* automnal(e); **~ werden/sein** devenir/être automnal(e); **das Wetter ist ~** c'est un temps d'automne
II. *Adv sich kleiden* pour l'automne
Herbstmode *f* mode *f* d'automne **Herbstmonat** *m* mois *m* d'automne **Herbststurm** *m* tempête *f* d'automne **Herbstwetter** *nt* temps *m* automnal **Herbstzeitlose** <-n, -n> *f* colchique *m*
Herd [he:ɐt] <-[e]s, -e> *m* ① (*Küchenherd*) cuisinière *f;* (*Backofen*) four *m;* **die Milch vom ~ nehmen** retirer le lait du feu; **am ~ stehen** être aux fourneaux; **den ganzen Tag am ~ stehen** passer toute la journée devant ses fourneaux
② (*Krankheitsherd*) foyer *m*
③ GEOL *eines Erdbebens* épicentre *m*
▸ **eigener ~ ist Goldes wert** *Spr.* rien ne vaut son chez-soi; **am heimischen [*o* häuslichen] ~** *geh* dans ses pénates
Herde ['he:ɐdə] <-, -n> *f* troupeau *m;* **in ~n leben** vivre en troupeau
▸ **mit der ~ laufen** *pej* être un vrai mouton de Panurge (*péj*)
Herdenmensch *m* mouton *m* de Panurge **Herdentier** *nt* ① bête *f* de troupeau ② *pej* (*unselbständiger Mensch*) mouton *m* de Panurge (*péj*) **Herdentrieb** *m* ① *von Tieren* instinct *m* grégaire ② *pej von Personen* esprit *m* moutonnier
Herdplatte *f eines Elektroherds* plaque *f* [de cuisson]; *eines Kohleherds* plaque
herein [hɛ'raɪn] *Adv* **hier/dort ~** par ici/là; **[nur] ~!** entrez!
herein|bekommen* *tr V unreg* COM, AUDIOV *fam* recevoir
herein|bitten *tr V unreg* prier d'entrer; **jdn [zu sich] ~** prier qn d'entrer
herein|brechen *itr V unreg + sein* ① (*überfluten*) *Flut, Wasser:* déferler; **über jdn/etw ~** inonder qn/qc
② (*unerwartet auftreten*) *Gewitter, Krieg:* éclater; *Katastrophe, Unheil:* survenir; **über jdn/etw ~** s'abattre sur qn/qc
③ (*anbrechen*) *Abend, Nacht:* tomber; *Winter:* arriver
herein|bringen *tr V unreg* ① faire entrer *Person;* apporter *Gegenstand;* **jdn zu jdm ~** introduire qn auprès de qn
② *fam* (*wettmachen*) **die Verluste wieder ~** éponger les pertes (*fam*); **die Kosten wieder ~** rentrer dans ses frais (*fam*); **über etw** (*Akk*) **wieder hereingebracht werden** être compensé(e) par qc
herein|dürfen *itr V unreg fam* pouvoir entrer; **mit etw ~** pouvoir entrer avec qc; **nicht ~** ne pas avoir le droit d'entrer
herein|fahren *unreg* **I.** *itr V + sein* entrer; **in etw** (*Akk*) **~** entrer dans qc
II. *tr V* rentrer *Auto;* **die Ware ~** apporter la marchandise à l'intérieur; **die Ware in das Lager ~** apporter la marchandise dans l'entrepôt
herein|fallen *itr V unreg + sein* ① (*fallen*) tomber à l'intérieur; **in etw** (*Akk*) **~** tomber dans qc
② (*eindringen*) *Licht:* entrer
③ *fam* (*betrogen werden*) **auf jdn/etw ~** se faire avoir par qn/avec qc (*fam*); **mit ihrem neuen Freund ist sie ganz schön hereingefallen** elle s'est bien fait avoir par son nouveau petit ami (*fam*)
herein|führen *tr V* introduire *Person*
herein|holen *tr V* faire entrer *Person;* rentrer *Gegenstand*
herein|kommen *itr V unreg + sein* ① entrer; **in etw** (*Akk*) **~** entrer dans qc
② (*geliefert werden, verdient werden*) *Ware, Geld:* rentrer
herein|können *s.* **hereindürfen**
herein|kriegen *s.* **hereinbekommen**
herein|lassen *tr V unreg* laisser entrer *Person;* **lassen Sie ihn bitte herein!** faites-le entrer!
herein|laufen *itr V + sein* ① entrer en courant
② (*nach innen fließen*) *Regenwasser:* pénétrer [à l'intérieur]
herein|legen *tr V* ① *fam* (*betrügen*) arnaquer (*fam*); **jdn mit etw ~** arnaquer qn avec qc; **lass dich bloß nicht von ihm ~!** ne te laisse [*o* fais] pas avoir par lui! (*fam*)
② (*hereinbringen*) **etw ~** déposer qc à l'intérieur
herein|nehmen *tr V unreg* ① (*hereinbringen*) rentrer; **etw [mit] ~** rentrer qc
② (*aufnehmen, integrieren*) **etw in das Programm [mit] ~** incorporer qc dans le programme
herein|platzen *itr V + sein fam* débarquer (*fam*); **bei jdm/in ein Gespräch ~** débarquer chez qn/au beau milieu d'une conversation
herein|regnen *itr V unpers* pleuvoir à l'intérieur; **es regnet herein** il pleut à l'intérieur
herein|reiten *unreg* **I.** *tr V + haben fam* mettre dans de beaux draps (*fam*) *Person;* **jdn ~** mettre qn dans de beaux draps
II. *r V + haben fam* **sich ~** se fourrer dans de sales draps (*fam*); **sich in etw** (*Akk*) **~** se fourrer dans qc
III. *itr V + sein* entrer à cheval
herein|rennen *s.* **hereinlaufen**
herein|rufen *tr V unreg* ① (*nach innen holen*) appeler; **jdn ~** appeler qn [pour qu'il/qu'elle entre]; **rufen Sie ihn bitte [zu mir] herein!** dites-lui d'entrer, s'il vous plaît!
② (*nach innen rufen*) **etw ~** crier qc du dehors
herein|schauen *itr V* ① SDEUTSCH *s.* **hereinsehen**
② *fam* (*besuchen*) **bei jdm ~** faire un saut chez qn (*fam*)
herein|schneien **I.** *itr V + sein fam* rappliquer sans prévenir (*fam*); **bei jdm ~** rappliquer sans prévenir chez qn
II. *itr V unpers + haben* neiger à l'intérieur; **es schneit herein** il neige à l'intérieur
herein|sehen *itr V unreg* ① (*sehen*) regarder à l'intérieur; **in etw** (*Akk*) **~** regarder dans qc; **man kann von draußen ~** on peut voir à l'intérieur du dehors
② *s.* **hereinschauen 2.**
herein|sollen *itr V fam Person, Tier:* devoir entrer
herein|spazieren* *itr V + sein fam* débarquer sans hésiter (*fam*); **in einen Raum ~** débarquer sans hésiter dans une pièce; **[immer nur] hereinspaziert!** entrez donc!
herein|stecken *tr V* **den Kopf zur Tür ~** passer la tête à travers la porte
herein|strömen *itr V + sein Fans, Besucher:* entrer en masse; *Wasser, Fluten:* entrer à flots; **in etw** (*Akk*) **~** *Fans, Besucher:* entrer en masse dans qc; *Wasser, Fluten:* entrer à flots dans qc
herein|stürmen, **herein|stürzen** *itr V + sein* faire irruption; **in etw** (*Akk*) **~** faire irruption dans qc
herein|wagen *r V* **sich ~** se risquer à entrer; **sich zu jdm/in etw** (*Akk*) **~** se risquer chez qn/dans qc
herein|wollen *itr V fam* vouloir entrer; **zu jdm/in etw** (*Akk*) **~** vouloir entrer chez qn/dans qc
her|fahren *unreg* **I.** *itr V + sein* ① (*gefahren kommen*) venir

[en voiture/en vélo/...]
❷ *(begleiten)* **vor jdm/etw** ~ rouler devant qn/qc; **hinter jdm/etw** ~ suivre qn/qc
II. *tr V + haben* conduire *Person;* **etw** ~ apporter qc [en voiture]
Herfahrt ['heːɐ-] *f* trajet *m;* **auf** [*o* **während**] **der** ~ en venant
her|fallen *itr V unreg + sein* ❶ *(überfallen)* **über jdn** ~ assaillir qn
❷ *(bestürmen)* **mit Vorwürfen über jdn** ~ assaillir qn de reproches
❸ *(kritisieren)* **über die Politiker** ~ prendre les hommes politiques pour cible; **über die Presse** ~ se jeter sur la presse
❹ *(sich stürzen auf)* **über das Buffet** ~ se jeter sur le buffet
her|finden *itr V unreg* trouver le chemin; **hast du gut hergefunden?** tu as trouvé facilement?
Hergang *m kein Pl* déroulement *m;* **den** ~ **des Unfalls schildern** décrire les circonstances de l'accident
her|geben *unreg* **I.** *tr V* ❶ *(weggeben)* donner; **etw wieder** ~ rendre qc
❷ *(zur Verfügung stellen)* prêter *Namen*
❸ *fam (lohnend sein)* **kaum etwas** ~ ne pas apporter grand-chose *(fam)*; **nichts** ~ ne rien apporter *(fam)*; **dieser Artikel gibt viele Informationen her** cet article fournit de nombreuses informations
II. *r V* **sich zu** [*o* **für**] **etw** ~ se prêter à qc
hergebracht ['heːɐgəbraxt] *s.* **althergebracht**
her|gehen *unreg* **I.** *itr V + sein* ❶ *(begleiten)* **neben jdm** ~ marcher à côté de qn; **hinter jdm** ~ suivre qn
❷ *(sich erdreisten)* ~ **und Forderungen stellen** avoir le front de formuler des revendications
❸ A, SDEUTSCH *s.* **herkommen**
II. *itr V unpers + sein fam* **es geht laut/heiß her** c'est bruyant/ça chauffe *(fam)*; **bei ihren Feten geht es immer hoch her** dans ses fêtes, il y a toujours de l'ambiance *(fam)*
hergelaufen *s.* **dahergelaufen**
her|haben *tr V unreg fam* **wo haben Sie das her?** vous avez eu ça où? *(fam)*; **ich weiß nicht, wo er diese Information herhat** je ne sais pas d'où il tient cette information
her|halten *unreg* **I.** *tr V* tendre; [**jdm**] **etw** ~ tendre qc [à qn]
II. *itr V* **als Kerzenhalter** ~ [**müssen**] [devoir] servir de bougeoir
her|holen *tr V fam* aller chercher; **wo soll ich das denn** ~**?** où est-ce que je vais aller dégoter ça? *(fam)*
her|hören *itr V fam* écouter; **alle mal** ~**!** tout le monde ouvre grand les oreilles! *(fam)*
Hering ['heːrɪŋ] <-s, -e> *m* ❶ *(Fisch)* hareng *m;* **eingelegter/saurer** ~ hareng mariné/saur
❷ *(Zeltpflock)* sardine *f*
▶ **dünn wie ein** ~ *fam* maigre comme un clou *(fam)*; **zusammengedrängt wie die** ~**e** serré(e)s comme des sardines *(fam)*
Heringssalat *m* salade *f* de hareng **Heringstopf** *m hareng mariné dans de la crème fraîche*
herinnen [hɛ'rɪnən] SDEUTSCH, A *s.* **drinnen, innen**
her|jagen **I.** *tr V* rabattre *Person, Tier;* **jdn/etw vor sich** *(Dat)* ~ pourchasser qn/qc
II. *itr V + sein* **hinter jdm** ~ courir après qn
her|kommen *itr V unreg + sein* ❶ *(herbeikommen)* venir; **wo kommst du her?** d'où viens-tu?; **kommen Sie bitte mal her!** venez [par] ici!
❷ *(herstammen)* **wo kommst du her?** tu es d'où?
❸ *(hergenommen werden können)* **wo soll das Geld/das Ersatzteil** ~**?** où est-ce qu'on va prendre l'argent/trouver la pièce de rechange?
herkömmlich ['heːɐkœmlɪç] *Adj* traditionnel(le)
Herkules ['hɛrkulɛs] <-, -se> *m* Hercule *m*
Herkulesarbeit *f* travail *m* de Romain
Herkunft ['heːɐkʊnft] <-> *f* origine *f; eines Artikels, Gegenstands* provenance *f;* **niederer** ~ *(Gen)* **sein** être d'origine modeste
Herkunftsland *nt* pays *m* d'origine **Herkunftszertifikat** *nt* certificat *m* d'origine
her|laufen *itr V unreg + sein* ❶ *(gelaufen kommen)* accourir; **zu jdm** ~ accourir vers qn
❷ *(begleiten)* **neben jdm** ~ courir à côté de qn; **hinter jdm** ~ courir derrière qn
her|leiten **I.** *tr V* faire dériver *Wort, Formel;* **Rechte/Ansprüche aus etw** ~ déduire des droits/des prétentions de qc
II. *r V* **sich von etw** ~ tirer son origine de qc
her|machen **I.** *r V fam* ❶ *(sich stürzen auf)* **sich über ein Buch/das Essen** ~ se jeter sur un livre/le repas *(fam)*; **sich über die Arbeit** ~ s'attaquer au travail *(fam)*
❷ *(an sich nehmen)* **sich über etw** *(Akk)* ~ rafler qc *(fam)*
❸ *(angreifen)* **sich über jdn** ~ se jeter sur qn
II. *tr V* **viel** ~ *fam* en jeter *(fam)*; **wenig/nichts** ~ *fam* ne pas casser des briques *(fam)*
Hermaphrodit [hɛrmafro'diːt] <-en, -en> *m* BIO, MED hermaphrodite *m*
Hermelin [hɛrmə'liːn] <-s, -e> *nt* hermine *f*
Hermeneutik [hɛrme'nɔɪtɪk] <-> *f* PHILOS herméneutique *f*
hermeneutisch [hɛrme'nɔɪtɪʃ] *Adj* PHILOS herméneutique
hermetisch [hɛr'meːtɪʃ] *geh* **I.** *Adj* hermétique
II. *Adv* hermétiquement, de façon hermétique
hernach [hɛɐ'naːx] *Adv* DIAL après
her|nehmen *tr V unreg* ❶ *(herbekommen)* prendre; **wo nimmst du das Geld/die Energie her?** où est-ce que tu puises l'argent/cette énergie?
❷ DIAL *fam (stark fordern)* **jdn** ~ *Person:* faire trimer qn *(fam)*; *Krankheit:* secouer qn *(fam)*; *Arbeit:* crever qn *(fam)*
❸ DIAL *fam (sich vornehmen)* **sich** *(Dat)* **jdn** ~ prendre qn entre quat'z'yeux *(fam)*
hernieder [hɛɐ'niːdɐ] *s.* **herab**
Herodes <-> *m* BIBL Hérode *m*
Heroin [hero'iːn] <-s> *nt* héroïne *f*
Heroine [hero'iːnə] <-, -n> *f* héroïne *f*
heroisch [he'roːɪʃ] *geh* **I.** *Adj* héroïque
II. *Adv* héroïquement
Herold ['heːrɔlt] <-[e]s, -e> *m* héraut *m*
Heros ['heːrɔs, *Pl:* he'roːən] <-, Heroen> *m geh* héros *m*
Herpes ['hɛrpɛs] <-> *m* MED herpès *m*
Herpesvirus [-viː-] *nt* MED virus *m* de l'herpès
her|plappern *tr V fam* dire sans réfléchir; **etw** ~ dire qc sans réfléchir
Herr [hɛr] <-n, -en> *m* ❶ *(in Verbindung mit einem Eigennamen oder Titel)* monsieur *m;* ~ **Braun** monsieur Braun; ~ **Graf/Präsident** Monsieur le Comte/le Président; ~ **Kollege** cher collègue; **der** ~ **Doktor ist nicht da** le docteur n'est pas là; ~ **Doktor, kommen Sie bitte!** docteur, venez s'il vous plaît!
❷ *form (als Anrede ohne Namen)* **mein** ~**/meine** ~**en** Monsieur/Messieurs *(form)*; [**aber**] **meine** ~**en!** Messieurs!; **Ihr** ~ **Vater/Onkel** monsieur votre père/oncle *(form)*; **sehr geehrte** ~**en, ...** *(briefliche Anrede)* Messieurs, ...; **der** ~ **wünscht?** Monsieur désire?
❸ *(Tanzpartner)* cavalier *m*
❹ *(Mann)* homme *m;* **Mode für** ~**en** mode masculine; **die** ~**en erwarten Sie** ces messieurs vous attendent; **„~en"** *(Aufschrift auf Toilettentüren)* "hommes"
❺ *(Herrscher, Dienstherr)* seigneur *m; (Gebieter, Hundehalter)* maître *m;* **der** [**gnädige**] ~ Monsieur; **der** ~ **des Hauses** le maître de maison; **der junge** ~ *form* le jeune maître; ~ **über jdn/etw sein** être le souverain de qn/qc; **jdn zum** ~**en über etw machen** mettre qn à la tête de qc
❻ REL *(Gott)* **Gott der** ~ le Seigneur; ~**, wir bitten dich ...** Seigneur, nous te supplions ...; ~ **des Himmels!** Dieu du ciel!; **ein großer Jäger vor dem** ~**n sein** *hum* être un grand chasseur devant l'Éternel *(fam)*
▶ **mein** ~ **und Gebieter** [*o* **Meister**] *hum* mon seigneur et

maître (*hum*); **wie der ~, so's Gescherr!** *Spr.* (*Eltern und Kinder betreffend*) tel père, tel fils; (*Vorgesetzte und Untergebene betreffend*) tel maître, tel valet; **~ der Lage sein/bleiben** être/rester maître de la situation; **aus aller ~en Länder[n]** *geh* des quatre coins du monde; **~ über Leben und Tod sein** avoir droit de vie et de mort; **die ~en der Schöpfung** *hum* ces messieurs du sexe fort (*hum*); **nicht mehr ~ seiner Sinne sein** ne plus se maîtriser; **sein/ihr alter ~** *hum fam* son paternel (*fam*); **sein eigener ~ sein** être son propre maître; **den großen ~n spielen** faire le grand seigneur; **man kann nicht** [*o* **niemand kann**] **zwei ~en dienen** *Spr.* nul ne peut servir deux maîtres [à la fois]; **nicht ~ über jdn werden** ne pas venir à bout de qn

Herrchen <-s, -> *nt fam* maître *m;* **gib ~ das Stöckchen!** allez, donne le bâton!

Herrenabend *m* soirée *f* entre hommes **Herrenartikel** *m* article *m* pour hommes **Herrenausstatter** <-s, -> *m* boutique *f* de prêt à porter pour hommes **Herrenbegleitung** *f geh* cavalier *m* (*soutenu*); **in ~** en galante compagnie **Herrenbekanntschaft** *f* connaissance *f* [masculine]; **eine ~ machen** rencontrer un homme **Herrenbekleidung** *f* prêt-à-porter *m* [*o* confection *f*] pour hommes **Herrenbesuch** *m* visite *f* masculine **Herrendoppel** *nt* TENNIS double *m* messieurs **Herreneinzel** *nt* TENNIS simple *m* messieurs **Herrenfahrrad** *nt* vélo *m* pour hommes **Herrenfriseur** [-frizø:ɐ, -frizø:zə] *m*, **-friseuse** *f* coiffeur(-euse) *m(f)* pour hommes **Herrengesellschaft** *f* réunion *f* entre hommes; **in ~** en galante compagnie **Herrenhaus** *nt* maison *f* de maîtres

herrenlos *Adj* abandonné(e)

Herrenmode *f* mode *f* masculine **Herrenpartie** *f* partie *f* entre hommes **Herrenpilz** *m* A cèpe *m* **Herrenrunde** *f* réunion *f* entre hommes **Herrensalon** *m* salon *m* pour hommes **Herrensauna** *f* sauna *f* pour hommes **Herrenschneider(in)** *m(f)* tailleur *m* pour hommes **Herrenschuh** *m* chaussure *f* pour homme **Herrensitz** *m* domaine *m* **Herrentoilette** [-toalɛtə] *f* toilettes *fpl* pour hommes **Herrenwitz** *m* blague *f* salace **Herrenzeitschrift** *f* magazine *m* pour hommes **Herrenzimmer** *nt* fumoir *m*

Herrgott *m* SDEUTSCH, A *fam* **der/unser ~** le/notre Seigneur; **~ [noch mal]!** *fam* sacredieu! (*fam*)

Herrgottsfrüh[e] ▸ **in aller ~** *fam* aux aurores **Herrgottsschnitzer(in)** *m(f)* SDEUTSCH, A statuaire *m* (*surtout spécialisé dans les sculptures religieuses*) **Herrgottswinkel** *m* SDEUTSCH, A autel *m* [domestique]

her|richten I. *tr V* ❶ (*vorbereiten*) faire *Bett, Zimmer;* mettre *Tisch;* **jdm** [*o* **für jdn**] **das Essen ~** préparer le repas pour qn
❷ (*ausbessern*) **etw ~** remettre qc en état
II. *r V* DIAL **sich ~** se préparer

Herrin ['hɛrɪn] <-, -nen> *f* (*Herrscherin*) souveraine *f;* (*Gebieterin, Hundehalterin*) maîtresse *f;* **~ über jdn/etw sein** être la souveraine de qn/qc

herrisch I. *Adj* autoritaire
II. *Adv* de façon impérieuse

herrje, herrjemine [hɛr'ie:mine] *Interj* mon Dieu!

herrlich I. *Adj* ❶ (*prächtig*) magnifique
❷ (*köstlich*) *Essen, Witz* excellent(e); **es gibt nichts Herrlicheres als ...** il n'y a rien de mieux que ...
❸ *iron* bon(ne) *antéposé;* **das sind ja ~e Geschichten/Neuigkeiten!** en voilà des [bonnes] histoires/nouvelles!; **das ist ja ~!** c'est vraiment réussi!
II. *Adv* ❶ *sich amüsieren* drôlement [bien]
❷ **~ schmecken** être délicieux(-euse)

Herrlichkeit <-, -en> *f* ❶ (*Pracht, prächtiger Gegenstand*) splendeur *f*
❷ REL **die ~ Gottes** la gloire de Dieu
▸ **ist das die ganze ~?** *iron* c'est tout?

Herrschaft <-, -en> *f* ❶ *kein Pl* (*Macht*) pouvoir *m;* **eine totalitäre ~** un régime totalitaire; **die absolute** [*o* **uneingeschränkte**] **~** les pleins pouvoirs; **zur ~ gelangen** [*o* **kommen**] arriver au pouvoir; **unter seiner/ihrer ~** sous sa domination
❷ (*Kontrolle*) **die ~ über sich** (*Akk*) **verlieren** ne plus se dominer; **die ~ über ein Fahrzeug verlieren** perdre le contrôle d'un véhicule
❸ *Pl* (*Damen und Herren*) **die ~en** ces Messieurs [et ces] Dames; **meine ~en!** Mesdames et Messieurs!; **was wünschen die ~en?** que souhaitent Monsieur et Madame?
▸ **seine/ihre alten ~en** *hum fam* ses vieux (*hum fam*)

herrschaftlich *Adj Park* majestueux(-euse); **eine ~e Villa** une maison de maître; **ein ~es Anwesen** un domaine

Herrschaftsanspruch *m* prétention *f* au pouvoir **Herrschaftsbereich** *m* souveraineté *f*

herrschen ['hɛrʃən] I. *itr V* ❶ (*regieren*) régner; **über jdn/etw ~** régner sur qn/qc
❷ (*allgegenwärtig sein*) *Ausnahmezustand, Terror:* régner; *Hunger, Not:* sévir
II. *itr V unpers* **es herrscht Ruhe** le calme règne; **es herrscht lebhafter Verkehr** il y a une circulation dense; **es herrscht Unklarheit darüber, wann/wer ...** il subsiste une incertitude sur le point de savoir quand/qui ..; **es herrscht Ungewissheit darüber, ob ...** il plane une incertitude quant à savoir si ...

herrschend *Adj* ❶ (*regierend*) au pouvoir; **die Herrschenden** les dirigeants *mpl*
❷ (*gültig*) *Meinungen* régnant(e); *Verhältnisse* présent(e)

Herrscher(in) <-s, -> *m(f)* souverain(e) *m(f);* **absolutistischer ~** monarque *m;* **~ über jdn/etw** maître *m* de qn/qc

Herrschergeschlecht *nt,* **Herrscherhaus** *nt* dynastie *f* régnante

Herrschsucht *f* despotisme *m*

herrschsüchtig *Adj* despotique

her|rufen *tr V unreg* appeler; **jdn [zu sich] ~** appeler qn; **etw hinter jdm ~** crier qc à qn; **alle möglichen Schimpfnamen hinter jdm ~** traiter qn de tous les noms

her|rühren *itr V geh* **von etw ~** [pro]venir de qc

her|sagen *tr V* réciter

her|schauen SDEUTSCH *s.* **hersehen**

her|schicken *tr V* ❶ envoyer par ici; **jdn/etw ~** envoyer qn/qc par ici
❷ (*hinterherschicken*) **jdn hinter jdm ~** envoyer qn à la suite de qn

her|sehen *itr V unreg* ❶ regarder par ici; **zu jdm ~** regarder en [*o* dans la] direction de qn; **sieh her!** regarde!
❷ (*hinterhersehen*) **hinter jdm/etw ~** suivre qn/qc des yeux

her|sein *s.* **her 2., 3.**

her|stammen *itr V* ❶ (*gebürtig sein*) **wo stammst du her?** tu es originaire d'où?
❷ (*herrühren*) **wo stammt diese Narbe her?** d'où provient cette cicatrice?
❸ (*herkommen*) **wo stammt sein Besitz her?** d'où viennent ses biens?

her|stellen *tr V* ❶ (*erzeugen*) fabriquer
❷ (*zustande bringen*) établir *Beziehung, Verbindung, Kontakt*

Hersteller(in) <-s, -> *m(f)* ❶ (*Produzent*) fabricant(e) *m(f)*
❷ (*Zeitschriftenhersteller, Buchhersteller*) responsable *mf* de la fabrication

Herstellerfirma *f* usine *f* de fabrication **Herstellerpreis** *m* prix *m* à la production

Herstellung *f kein Pl* ❶ fabrication *f*
❷ (*Abteilung*) fabrication *f*
❸ (*das Herstellen*) *von Beziehungen, Verbindungen* instauration *f*

Herstellungskosten *Pl* frais *mpl* de production **Herstellungsland** *nt* pays *m* producteur

her|tragen *tr V unreg* ❶ (*herbeitragen*) porter par ici; **etw ~** porter qc par ici ❷ (*tragen*) **etw neben/hinter jdm ~** accompagner/suivre qn en portant qc **her|trauen** *r V* **sich ~** oser s'approcher; **sich zu jdm ~** oser s'approcher de qn; (*sich zu*

jdm nach Hause wagen) oser venir chez qn
Hẹrtz [hɛrts] <-, -> *nt* hertz *m*
herüben [hɛ'ry:bən] *Adv* SDEUTSCH, A de ce côté-ci
herüber [hɛ'ry:bɐ] *Adv* de ce côté-ci
herü̱ber|bitten *tr V unreg* **jdn** ~ prier qn de venir par ici; **jdn zu sich** ~ prier qn de venir vers soi **herü̱ber|bringen** *tr V unreg* amener *Person;* apporter *Gegenstand;* **jdn/etw zu jdm** ~ amener qn/apporter qc à qn **herü̱ber|dürfen** *itr V unreg* avoir le droit de venir par ici; **zu jdm** ~ avoir le droit de rejoindre qn **herü̱ber|fahren** *unreg* **I.** *itr V + sein* venir de l'autre côté; **zu jdm** ~ rejoindre qn de l'autre côté **II.** *tr V + haben* **jdn/etw** ~ conduire qn/qc de l'autre côté **herü̱ber|geben** *tr V unreg* passer; **jdm etw** ~ passer qc à qn **herü̱ber|holen** *tr V* aller chercher *Person;* attraper *Gegenstand;* **jdn/etw [zu sich]** ~ aller chercher qn/attraper qc **herü̱ber|kommen** *itr V unreg + sein* venir par ici; (*in ein anderes Land*) passer la frontière; **zu jdm** ~ venir vers qn; **Paul sah Anne** ~ Paul voyait Anne s'approcher **herü̱ber|können** *itr V unreg* pouvoir traverser **herü̱ber|lassen** *tr V unreg* laisser passer; **jdn** ~ laisser passer qn; (*in ein anderes Land*) laisser qn passer la frontière **herü̱ber|laufen** *itr V unreg + sein* venir par ici; **zu jdm** ~ venir vers qn **herü̱ber|reichen** **I.** *s.* **herübergeben** **II.** *itr V Seil:* arriver jusqu'ici; **bis zu jdm** ~ atteindre qn; **über etw** (*Akk*) ~ *Ast:* passer par-dessus qc **herü̱ber|retten** *s.* **hinüberretten** **herü̱ber|schicken** *tr V* envoyer par ici; **jdn/etw** ~ envoyer qn/qc par ici **herü̱ber|schwimmen** *itr V unreg + sein* nager par ici [*o* de l'autre côté]; **zu jdm** ~ rejoindre qn à la nage; **über etw** (*Akk*) ~ traverser qc à la nage **herü̱ber|sehen** *itr V unreg* regarder par ici; **zu jdm** ~ regarder en [*o* dans la] direction de qn **herü̱ber|werfen** *tr V unreg* lancer [*o* jeter] par ici; **etw** ~ lancer [*o* jeter] qc par ici; **etw zu jdm** ~ lancer [*o* jeter] qc à qn **herü̱ber|wollen** *itr V unreg fam* vouloir venir par ici; **zu jdm** ~ vouloir venir vers qn; **über einen Fluss** ~ vouloir traverser une rivière; **viele wollen zu uns herüber** beaucoup de gens veulent venir chez nous **herü̱ber|ziehen** *tr V unreg* ❶ tirer par ici; **jdn/etw** ~ tirer qn/qc par ici; **jdn/etw zu sich** ~ tirer qn/qc vers soi; **jdn/etw über das Gelände** ~ tirer qn/qc par-dessus le terrain ❷ (*umziehen*) déménager
herụm [hɛ'rʊm] *Adv* ❶ **um jdn** ~ **sein** être sur le dos de qn; **um jdn/etw** ~ autour de qn/qc (*fam*)
❷ (*ungefähr*) **um die hundert Leute/um drei Uhr** ~ aux environs de cent personnes/trois heures
❸ (*vorüber, beendet*) ~ **sein** *Film, Veranstaltung, Prüfung:* être fini(e); *Zeit:* être écoulé(e)
❹ (*bekannt geworden*) ~ **sein** *Gerücht, Neuigkeit:* avoir fait le tour (*fam*)
herụm|albern *itr V* faire le pitre; **das Herumalbern** les pitreries
herụm|ärgern *r V fam* **sich mit jdm/etw** ~ s'embêter avec qn/qc (*fam*)
herụm|bekommen* *tr V unreg* ❶ **den Lkw um die Ecke** ~ réussir à prendre le tournant avec le camion; **den Gürtel nicht um den Bauch** ~ ne pas réussir à boucler sa ceinture
❷ (*umstimmen*) amadouer; **vielleicht bekommst du ihn herum** tu arriveras peut-être à le faire changer d'avis
❸ (*hinter sich bringen*) faire passer *Zeit, Woche*
herụm|blättern *itr V* **in etw** (*Dat*) ~ feuilleter qc
herụm|brüllen *itr V fam* beugler (*fam*)
herụm|bummeln *itr V fam* ❶ *+ haben* (*trödeln*) glander (*fam*)
❷ *+ sein* (*herumspazieren*) **in der Stadt** ~ se balader en ville
herụm|doktern *itr V fam* ❶ (*zu kurieren versuchen*) **an jdm/etw** ~ s'essayer à soigner qn/qc
❷ (*zu reparieren versuchen*) **an etw** (*Dat*) ~ bricoler après qc (*fam*)
herụm|drehen **I.** *tr V* ❶ (*um die Achse drehen*) tourner *Schlüssel, Propeller*
❷ (*wenden*) retourner *Braten, Decke*
II. *r V* **sich zu jdm** ~ se retourner vers qn
herụm|drücken **I.** *r V fam* ❶ (*herumlungern*) **sich auf der Straße/in Kneipen** ~ traîner dans les rues/les bars (*fam*)
❷ (*sich um etw drücken*) **sich um etw** ~ se défiler devant qc (*fam*)
II. *itr V* **an etw** (*Dat*) ~ tripoter qc (*fam*)
herụm|drucksen *itr V fam* tourner autour du pot (*fam*)
herụm|erzählen* *tr V* raconter à droite et à gauche; **etw [überall]** ~ raconter qc à droite et à gauche
herụm|fahren *unreg* **I.** *itr V* ❶ *+ sein fam* (*umherfahren*) **in der Stadt** ~ faire un tour en ville
❷ *+ sein* (*umkreisen*) **um jdn/etw** ~ tourner autour de qn/qc
❸ *+ sein* (*sich rasch umdrehen*) faire volte-face
❹ *+ haben o sein fam* (*wischen*) **sich mit der Hand im Gesicht** ~ se passer la main sur le visage
II. *tr V + haben* **jdn** ~ faire faire un tour [en voiture] à qn
herụm|flegeln *r V pej fam* **sich** ~ se vautrer; **sich auf dem Sofa/bei Freunden** ~ se vautrer sur le canapé/chez des amis
herụm|fragen *itr V fam* demander autour de soi; **bei den Leuten** ~ demander aux personnes autour de soi
herụm|fuchteln *itr V fam* gigoter (*fam*); **mit einem Stock** ~ agiter un bâton dans tous les sens
herụm|führen **I.** *tr V* ❶ (*durch die Gegend führen*) faire faire un tour à; **jdn in der Stadt** ~ faire faire le tour de la ville à qn; **jdn überall** ~ emmener qn partout; **sich im Schloss** ~ **lassen** se laisser guider dans le château; **von jdm herumgeführt werden** être guidé(e) par qn
❷ (*verlaufen lassen*) **eine Straße um etw** ~ faire passer une route autour de qc; **um die Stadt herumgeführt werden** *Straße:* contourner la ville
II. *itr V* **um etw** ~ contourner qc
herụm|fuhrwerken *itr V fam* trafiquer (*fam*); **an etw** (*Dat*) ~ trafiquer qc; **mit etw** ~ manier qc [sans précaution]
herụm|fummeln *itr V fam* ❶ (*herumbasteln an*) **an etw** (*Dat*) ~ bricoler après qc (*fam*)
❷ (*herummachen*) **an jdm/etw** ~ tripoter qn/qc (*fam*); (*in sexueller Absicht*) peloter qn/qc (*fam*)
herụm|geben *tr V unreg* faire passer
herụm|gehen *itr V unreg + sein* ❶ (*umkreisen*) **um jdn/etw** ~ faire le tour de qn/qc
❷ *fam* (*umhergehen*) **im Zimmer** ~ faire les cent pas dans la pièce; **im Park** ~ faire un tour dans le parc
❸ *fam* (*herumgereicht werden*) *Liste, Buch:* circuler; **etw** ~ **lassen** faire circuler qc
❹ *fam* (*kursieren*) *Gerücht:* courir; *Nachricht:* se propager
❺ *fam* (*vorübergehen*) prendre fin
herụm|geistern [-gaɪstɐn] *itr V + sein fam* ❶ (*ziellos umhergehen*) errer; **in der Wohnung** ~ errer dans l'appartement
❷ *s.* **herumspuken**
herụm|hacken *itr V fam* **auf jdm** ~ s'acharner après qn (*fam*)
herụm|hängen *itr V unreg + sein fam* ❶ traîner
❷ (*untätig sein*) glander (*fam*); **vor dem Fernseher** ~ rester pendu(e) devant la télé (*fam*)
herụm|horchen *itr V fam* demander autour de soi; **bei den Nachbarn/in der Schule** ~ se renseigner auprès des voisins/à l'école
herụm|huren *itr V sl* baiser à droite et à gauche (*fam*)
herụm|irren *itr V + sein fam* tourner en rond; **in der Stadt** ~ tourner en rond dans la ville
herụm|kommandieren* *fam* **I.** *tr V* mener à la baguette (*fam*) *Person;* **jdn** ~ mener qn à la baguette
II. *itr V* **[gern]** ~ [aimer] jouer au petit chef (*fam*)
herụm|kommen *itr V unreg + sein fam* ❶ (*umfahren können*) pouvoir contourner; **mit etw um etw** ~ pouvoir contourner qc avec qc
❷ (*daherkommen*) **mit dem Wagen um die Ecke** ~ tourner au coin de la rue en voiture

❸ *(vermeiden können)* **um Steuererhöhungen** ~ pouvoir éviter une augmentation des impôts; **darum ~ etw zu tun** pouvoir éviter de faire qc
❹ *(reisen)* **viel** ~ voyager beaucoup; **viel in Europa** ~ voyager beaucoup en Europe; **weit herumgekommen sein** avoir vu du pays
herụm|krebsen *itr V fam* galérer *(fam)*
herụm|kriegen *s.* **herumbekommen**
herụm|kutschieren* *tr V fam* trimbal[l]er en voiture *(fam)*; **jdn in der Stadt** ~ trimbal[l]er qn en voiture en ville
herụm|laufen *itr V unreg + sein* ❶ **um einen Baum/eine Statue** ~ courir autour d'un arbre/d'une statue; **um einen Platz** ~ faire le tour d'une place
❷ *fam (umherlaufen)* se trimbal[l]er *(fam)*; **in alten Klamotten** ~ porter toujours des vieilles fringues *(fam)*; **so kannst du nicht** ~ tu ne peux pas te trimbal[l]er comme ça *(fam)*
herụm|liegen *itr V unreg fam* ❶ *Person:* être vautré(e); **auf dem Bett** ~ *Person:* être vautré(e) sur le lit
❷ *(verstreut liegen) Gegenstand:* traîner; **überall liegt Abfall herum** il y a des ordures partout; **etw ~ lassen** laisser traîner qc
herụm|lungern [-lʊŋɐn] *itr V sl* glander *(fam)*
herụm|machen *fam* **I.** *itr V* **an etw** *(Dat)* ~ tripoter qc *(fam)*
II. *tr V* **eine Schleife um etw** ~ mettre un nœud autour de qc
herụm|nörgeln *itr V fam* rouspéter *(fam)*; **an jdm/etw** ~ rouspéter contre qn/qc
herụm|quälen *r V fam* **sich mit jdm/etw** ~ s'embêter avec qn/qc *(fam)*
herụm|rätseln *itr V fam* faire des suppositions; **an etw** *(Dat)* ~ faire des suppositions au sujet de qc; **es wird viel herumgerätselt** on se perd en conjectures
herụm|reden *itr V fam* **drum** ~ tourner autour du pot *(fam)*
herụm|reichen *tr V* ❶ *s.* **herumgeben**
❷ *fam* **jdn** ~ présenter qn autour de soi; **jdn auf einer Party** ~ présenter qn à une fête
herụm|reisen *itr V + sein* voyager; **in der Welt/in Ägypten** ~ courir le monde/parcourir l'Egypte [en tout sens]
herụm|reißen *tr V unreg* **das Lenkrad** [*o* **Steuer**] ~ donner un coup de volant; **das Ruder** ~ virer de bord
herụm|reiten *itr V unreg + sein* ❶ **um etw** ~ contourner qc [à cheval]
❷ *fam (umherreiten)* **in der Gegend** ~ faire un tour à cheval dans les environs
❸ *sl (herumhacken)* **auf etw** *(Dat)* ~ remettre qc sur le tapis *(fam)*
herụm|rennen *itr V unreg + sein* ❶ **um etw** ~ courir autour de qc
❷ *fam (umherrennen)* courir dans tous les sens; **in der Stadt** ~ courir partout à travers la ville; **in der Wohnung** ~ tourner comme un ours en cage dans le logement
❸ *s.* **herumlaufen 2.**
herụm|scharwenzeln* *itr V + sein pej fam* **um jdn** ~ lécher les bottes à qn *(fam)*
herụm|schlagen *unreg* **I.** *tr V* **Papier um etw** ~ envelopper qc avec du papier
II. *r V fam* **sich mit jdm/etw** ~ se débattre avec qn/contre qc
herụm|schleppen *tr V fam* ❶ trimbal[l]er *(fam)*; **etw mit sich** ~ trimbal[l]er qc avec soi
❷ *(nicht loswerden)* **eine Erkältung mit sich** ~ se trimbal[l]er un rhume *(fam)*; **ein Problem mit sich** ~ être tracassé(e) par un problème
herụm|schnüffeln *itr V* ❶ *(riechen) Person, Tier:* renifler; **an etw** *(Dat)* ~ *Person, Tier:* renifler qc
❷ *pej fam (spionieren)* fouiner *(fam)*
herụm|schreien *itr V unreg fam* gueuler *(fam)*
herụm|sein *s.* **herum 1., 3., 4.**
herụm|sitzen *itr V unreg + sein* ❶ **um jdn/etw** ~ être assis(es) autour de qn/qc
❷ *fam (dasitzen)* [**nur**] ~ rester là à ne rien faire
herụm|sprechen *r V unreg* **sich** ~ se répandre; **sich bei jdm** ~ parvenir aux oreilles de qn; **es hat sich herumgesprochen, dass** la nouvelle s'est répandue que + *indic*
herụm|spuken *itr V fam* **jdm im Kopf** ~ tournicoter dans la cervelle de qn *(fam)*
herụm|stehen *itr V unreg + sein* ❶ **um jdn/etw** ~ entourer qn/qc
❷ *fam (dastehen) Person:* rester planté(e) *(fam)*; *Gegenstand:* être là
herụm|stöbern *itr V fam* ❶ *(wahllos stöbern)* farfouiller *(fam)*
❷ *s.* **herumschnüffeln 2.**
herụm|stochern *itr V fam* **im Essen** ~ trifouiller dans son assiette *(fam)*; **in seinen Zähnen** ~ se fourrager dans les dents *(fam)*; **in einer Mülltonne** ~ fouiller dans une poubelle *(fam)*
herụm|stoßen *tr V unreg fam* rejeter; **herumgestoßen werden** être rejeté(e) [de l'un à l'autre]
herụm|streiten *r V unreg fam* **sich mit jdm** ~ se chamailler avec qn
herụm|streunen *itr V + sein pej* traîner; **ziellos** [**in der Stadt**] ~ battre le pavé; ~ **de Katzen** des chats *mpl* errants
herụm|tanzen *itr V + sein fam* **um etw** ~ danser autour de qc; **im Zimmer** ~ danser dans la chambre; **ausgelassen** ~ sauter et danser
► **um jdn** ~ danser autour de qn; *fig* être toujours après qn *(fam)*
herụm|toben *itr V fam* ❶ *+ haben o sein (herumtollen)* chahuter
❷ *+ haben (schimpfen)* faire du barouf *(fam)*
herụm|tragen *tr V unreg fam* ❶ *(bei sich tragen)* **etw mit sich** ~ traîner qc avec soi
❷ *fig* **ein Problem mit sich** ~ ruminer un problème
❸ *(weitererzählen)* colporter
herụm|trampeln *itr V + sein sl* piétiner; **auf dem Teppich** ~ piétiner le tapis
► **auf jdm/etw** ~ s'acharner sur qn/piétiner qc
herụm|treiben *r V unreg pej fam* **sich** ~ traînasser *(péj fam)*; **sich mit jdm/in der Stadt** ~ traînasser avec qn/en ville
Herụmtreiber(in) <-s, -> *m(f) pej fam* noceur(-euse) *m(f) (fam)*
herụm|trödeln *itr V fam* traînasser *(fam)*
herụm|turnen *itr V + sein fam* faire des acrobaties
herụm|werfen *unreg* **I.** *tr V* ❶ *fam (umherstreuen)* éparpiller; **etw im Zimmer** ~ éparpiller qc à travers la pièce
❷ *(herumreißen)* tourner *Hebel;* **das Lenkrad** [*o* **Steuer**] ~ donner un coup de volant; **das Ruder** ~ virer de bord
II. *r V* **sich auf dem Sofa/im Bett** ~ se tourner et se retourner sur le canapé/au lit
herụm|wickeln *tr V* **eine Schnur um etw** ~ enrouler une corde autour de qc; **Packpapier um einen Karton** ~ envelopper un carton dans du papier kraft
herụm|wühlen *itr V* ❶ **in der Erde** ~ fouiller dans la terre
❷ *fam (herumstöbern)* **im Schrank** ~ farfouiller dans l'armoire *(fam)*
herụm|zeigen *tr V fam* montrer à la ronde *Gegenstand;* **etw** ~ montrer qc à la ronde
herụm|ziehen *unreg* **I.** *itr V + sein* ❶ *(umkreisen)* **um etw** ~ *Demonstranten, Prozession:* défiler autour de qc
❷ *fam (von Ort zu Ort ziehen)* **mit jdm/etw** ~ vagabonder avec qn/qc; **in Spanien** *(Dat)* ~ sillonner l'Espagne
II. *r V + haben* **sich um etw** ~ *Graben, Hecke, Mauer:* entourer qc
herụnten [hɛ'rʊntən] *Adv* SDEUTSCH, A [ici] en bas
herụnter [hɛ'rʊntɐ] **I.** *Adv* ❶ **bis auf die Erde** ~ jusqu'au sol; **von Hamburg** ~ de Hambourg; ~ **mit den Waffen!** bas les armes!; ~ **mit dem Hut!** enlève ton/enlevez votre chapeau!; ~ **mit ihm!** à bas lui!

2 *fam* (*heruntergeklettert*) **von etw ~ sein** être descendu(e) de qc
3 *fam* (*heruntergelassen*) **~ sein** *Autofenster, Rollladen:* être baissé(e)
4 *fam* (*gesunken*) **~ sein** *Preis:* avoir baissé; *Fieber:* être tombé(e); *Übergewicht:* avoir fondu
II. *Präp + Akk* **den Berg/Turm ~ geht es leichter als hinauf** pour descendre de la montagne/la tour, c'est plus facile que pour monter
herunter|bekommen* *tr V unreg fam* 1 (*transportieren können*) arriver à descendre
2 (*entfernen können*) arriver à enlever [*o* retirer]
3 (*schlucken können*) arriver à avaler; **keinen Bissen mehr ~** ne pouvoir plus rien avaler
herunter|brennen *itr V unreg* 1 *+ sein* (*völlig abbrennen*) *Feuer, Kerze:* se consumer; *Haus:* être réduit(e) en cendres
2 *+ haben* (*scheinen*) **die Sonne brennt auf jdn/die Wüste herunter** un soleil brûlant s'abat sur qn/le désert
herunter|bringen *tr V unreg* 1 (*nach unten bringen*) descendre
2 *s.* **herunterbekommen 3.**
herunter|drücken *tr V* 1 (*nach unten drücken*) appuyer sur *Hebel, Pedal;* abaisser *Türklinke*
2 (*drosseln*) faire baisser *Löhne, Preise*
herunter|fahren *unreg* **I.** *itr V + sein* descendre; **zu jdm ~** descendre vers qn; **die Straße heruntergefahren kommen** arriver en descendant la rue; **den Berg ~** descendre la montagne
II. *tr V + haben* 1 (*transportieren*) descendre
2 (*drosseln*) réduire *Produktion, Werbung*
herunter|fallen *itr V unreg + sein* tomber; **von etw ~** tomber de qc; **mir ist der Hammer heruntergefallen** le marteau m'est tombé des mains
herunter|geben *tr V unreg* donner; **[jdm] etw ~** donner qc [à qn]
herunter|gehen *tr V, itr V unreg + sein* 1 descendre
2 (*sich wegbewegen*) **vom Teppich/von der Decke ~** se pousser du tapis/de la couverture; **von der Mauer ~** descendre du mur
3 (*sinken*) baisser; *Währung:* tomber; **auf 20°C/um 3°C ~** *Temperatur:* descendre à 20° C/baisser de 3° C
4 (*die Flughöhe ändern*) **auf tausend Meter ~** *Pilot, Flugzeug:* descendre à mille mètres
5 (*reduzieren*) **mit seiner Forderung ~** revenir sur sa revendication; **mit dem Preis/Tempo ~** réduire le prix/la vitesse
heruntergekommen *Adj pej Person, Aussehen, Erscheinung* négligé(e); *Fassade, Haus, Wohnung* délabré(e)
herunter|handeln *tr V fam* **den Preis ~** marchander le prix à la baisse
herunter|hängen *itr V unreg* pendre; **von etw/auf etw** (*Akk*) **~** pendre de qc/sur qc; **die Haare hängen ihr herunter** elle a les cheveux qui pendent
herunter|hauen *tr V unreg fam* **jdm eine ~** en flanquer une à qn (*fam*); **eine heruntergehauen bekommen** s'en prendre une de qn (*fam*)
herunter|holen *tr V* 1 (*nach unten holen*) descendre; **die Fahne ~** baisser les couleurs
2 *fam* (*abschießen*) descendre (*fam*) *Flugzeug*
► **sich** (*Dat*) **einen ~** *vulg* se branler (*fam*)
herunter|klappen *tr V* rabattre; **sich ~ lassen** se rabattre, être rabattable [*o* escamotable]
herunter|klettern *itr V + sein* descendre; **von etw ~** descendre de qc
herunter|kommen *tr V, itr V unreg + sein* 1 (*hinuntersteigen*) descendre; **die Treppe ~** descendre les escaliers; **zu jdm ~** descendre vers qn; **zu jdm in den Keller ~** descendre rejoindre qn à la cave
2 *fam* (*verwahrlosen*) *Person:* sombrer dans la déchéance; *Fassade, Haus, Wohnung:* tomber en ruines (*fam*); **immer weiter ~** *Person:* tomber de plus en plus bas; **sie sieht völlig heruntergekommen aus** elle a l'air d'être au bout du rouleau (*fam*)
3 *fam* (*wegkommen*) **von einer schlechten Note ~** décoller d'une mauvaise note; **vom Alkohol/Heroin ~** décrocher de l'alcool/de l'héroïne (*fam*)
herunter|können *itr V unreg* pouvoir [re]descendre; **kannst du zu uns herunter?** tu peux descendre nous rejoindre?
herunter|kriegen *s.* **herunterbekommen**
herunter|kurbeln *tr V* [a]baisser [à la manivelle] *Fenster;* **das Fenster ~** [a]baisser la vitre [à la manivelle]; **mit heruntergekurbeltem Fenster** la vitre abaissée
herunterladbar *Adj* INFORM téléchargeable
herunter|laden *tr V unreg* INFORM télécharger; **das Herunterladen** le téléchargement
herunter|lassen *unreg* **I.** *tr V* 1 (*abseilen*) faire descendre; **jdn/etw an einem Seil ~** faire descendre qn/qc le long d'une corde
2 (*nach unten lassen*) baisser *Rolladen*
II. *r V* **sich an einem Seil ~** se laisser glisser le long d'une corde
herunter|leiern *tr V pej fam* débiter
herunter|machen *tr V fam* 1 (*schlecht machen*) débiner (*fam*)
2 (*zurechtweisen*) engueuler (*fam*)
herunter|müssen *itr V unreg* devoir descendre
herunter|nehmen *tr V unreg* 1 descendre; **etw vom Schrank ~** descendre qc de l'armoire
2 (*wegnehmen*) **etw vom Tisch ~** enlever qc de la table
3 *fig* **jdn von der Schule ~** retirer qn de l'école
herunter|putzen *s.* **heruntermachen 2.**
herunter|rasseln *tr V fam* réciter [d'un trait]; **etw ~** réciter qc [d'un trait]
herunter|reichen I. *s.* **heruntergeben**
II. *itr V* **ganz ~** *Zweig:* pencher jusqu'en bas; *Seil:* descendre jusqu'en bas; **bis zu jdm/etw ~** *Zweig:* pencher jusqu'à qn/qc; *Seil:* descendre jusqu'à qn/qc
herunter|reißen *tr V unreg* 1 (*abreißen*) arracher
2 *sl* (*hinter sich bringen*) tirer (*fam*) *Dienstzeit, Wehrdienst;* purger (*fam*) *Strafe*
herunter|schalten *itr V* rétrograder; **in den zweiten Gang ~** rétrograder en seconde
herunter|schießen *tr V unreg* **einen Vogel von etw ~** tirer un oiseau sur qc; **ein Flugzeug mit etw ~** abattre un avion avec qc
herunter|schlucken *s.* **hinunterschlucken**
herunter|schrauben *tr V* 1 *s.* **abschrauben**
2 (*reduzieren*) réduire *Ansprüche, Anforderungen*
herunter|sehen *itr V unreg* 1 (*herabsehen*) regarder en bas; **zu jdm ~** regarder en bas vers qn
2 (*mustern*) **an jdm ~** regarder qn de la tête aux pieds
3 (*verachten*) *s.* **herabsehen**
herunter|sein *s.* **herunter 2., 3., 4.**
herunter|spielen *tr V* minimiser *Problem*
herunter|steigen *itr V unreg + sein* descendre; **von etw ~** descendre de qc
herunter|stufen *tr V Vorgesetzter, Firma:* rétrograder; *Versicherung:* faire passer dans une tranche inférieure; **jdn ~** *Versicherung:* faire passer qn dans une tranche inférieure
herunter|stürzen I. *itr V + sein* 1 tomber; **von etw ~** tomber de qc
2 (*heruntereilen*) **die Treppen/Stufen ~** se précipiter en bas de l'escalier/des marches
II. *tr V* 1 *+ haben* précipiter *Person;* renverser *Gegenstand;* **ein Standbild vom Sockel ~** déboulonner une statue [de son socle]
2 *fam* (*hastig schlucken*) **etw ~** siffler qc en vitesse
III. *r V + haben* **sich ~** se jeter dans le vide; **sich von etw ~** se

H

jeter de qc [dans le vide]

herunter|werfen *tr V unreg* jeter en bas; **etw von etw ~** jeter qc en bas de qc; **etw zu jdm ~** lancer qc à qn

herunter|wirtschaften *tr V pej fam* couler (*fam*)

herunter|wollen *itr V fam* vouloir descendre; **von etw/zu jdm ~** vouloir descendre de qc/vers qn

hervor [hɛɐ'foːɐ] *Interj* **~ mit dir/euch!** *geh* montre-toi/montrez-vous!

hervor|bringen *tr V unreg Land, Stadt:* donner naissance à; *Epoche:* produire; **jdn/etw ~** *Land, Stadt:* donner naissance à qn/qc; *Epoche:* produire qn/qc

hervor|gehen *itr V unreg + sein* ① *geh* (*entstammen*) **aus einer Ehe/Verbindung ~** être issu(e) [*o* né(e)] d'un mariage/d'une union
② (*sich ergeben, zu folgern sein*) **aus etw ~** ressortir de qc; **daraus geht hervor, dass** il en ressort que + *indic;* **daraus geht hervor, wann/wer ...** cela permet de savoir quand/qui ...

hervor|gucken *itr V fam* **unter etw** (*Dat*) **~** *Person:* regarder par-dessous qc; *Unterrock, Gegenstand:* dépasser de qc

hervor|heben *tr V unreg* ① (*betonen*) souligner; **~, warum/wie ...** faire ressortir pourquoi/comment ... + *indic*
② (*kennzeichnen*) **etw in einem Text ~** faire ressortir qc dans un texte; **hervorgehoben werden** être mis(e) en évidence

hervor|holen *tr V* sortir; **etw aus etw ~** sortir qc de qc

hervor|kehren *s.* **herauskehren**

hervor|kommen *itr V unreg + sein* apparaître; **hinter etw** (*Dat*) **~** sortir de derrière qc

hervor|locken *tr V* attirer; **jdn/ein Tier unter dem Tisch ~** attirer qn/un animal de dessous la table

hervor|ragen *itr V* ① *Körperteil, Erker:* faire saillie; *Felsen:* être en surplomb; *Findling:* pointer; **aus der Fassade ~** dépasser de la façade
② (*sich auszeichnen*) **durch etw ~** se distinguer par qc

hervorragend I. *Adj* excellent(e); *Kunstwerk* remarquable
II. *Adv* à la perfection

hervor|rufen *tr V unreg* **bei jdm Bewunderung/Mitleid ~** susciter de l'admiration/la compassion chez qn

hervor|schauen SDEUTSCH *s.* **hervorgucken**

hervor|springen *itr V unreg + sein* ① (*springen*) surgir; **hinter etw** (*Dat*) **~** bondir de derrière qc
② *s.* **hervorragen 1.**

hervor|treten *itr V unreg + sein* ① (*nach vorne treten*) s'avancer; **hinter etw** (*Dat*) **~** s'avancer de derrière qc
② (*sich abzeichnen*) *Wangenknochen, Schläfenadern:* ressortir
③ (*deutlich werden*) *Ähnlichkeit, Unterschied:* apparaître; **klar ~** sauter aux yeux
④ (*in Erscheinung treten*) **als Maler/Komponist ~** se distinguer en tant que peintre/compositeur

hervor|tun *r V unreg fam* ① (*sich auszeichnen*) **sich ~** se faire remarquer; **sich mit etw ~** se faire remarquer par qc
② (*wichtig tun*) **sich ~** faire la vedette (*fam*)

hervor|wagen *r V* **sich ~** oser se montrer; **sich hinter etw** (*Dat*) **~** oser sortir de qc

hervor|zaubern *tr V* **etw aus seinem Zylinder ~** tirer qc de son chapeau [comme par magie]

hervor|ziehen *tr V unreg* [re]tirer; **etw hinter der Kommode ~** (*Dat*) [re]tirer qc de derrière la commode

her|wagen *r V* **sich ~** oser se montrer

Herweg *m* trajet *m* [pour venir]; **auf dem ~** en venant

Herz [hɛrts] <-ens, -en> *nt* ① cœur *m;* **jdn an sein ~ drücken** serrer qn sur son cœur; **mir schlägt das ~ bis zum Hals** mon cœur bat la chamade; **die ~en der Männer höher schlagen lassen** faire battre le cœur des hommes
② (*Liebe, Zuneigung*) **jdm sein ~ schenken** donner son cœur à qn; **das ~ eines Menschen gewinnen** conquérir [*o* gagner] le cœur d'une personne; **mein ~ gehört dir** mon cœur t'appartient; **sein ~ an jdn/etw hängen** s'attacher à qn/se consacrer [*o* s'adonner] à qc; **sein ~ hängt an dieser Insel** (*Dat*) il est attaché à cette île; **ein ~ für Kinder/Tiere haben** avoir un faible pour les enfants/animaux
③ (*Leidenschaft, Neigung*) **sein ~ für jdn/etw entdecken** se découvrir un penchant pour qn/qc; **ihr ~ gehört der Fliegerei** elle ne vit que pour l'aviation
④ (*Seele, Gemüt*) **ein gutes** [*o* **weiches**] **~ haben** avoir bon cœur, avoir le cœur sur la main; **ein hartes ~ haben** avoir le cœur dur, ne pas avoir de cœur; **tief im ~en** dans le fond de son/mon/... cœur; **im innersten ~en** au fond de son/mon/... cœur; **aus tiefstem ~en** *geh* du fond du cœur
⑤ (*Mitgefühl, Empfindsamkeit*) **jemand mit ~ sein** être quelqu'un qui a du cœur; **jemand ohne ~ sein** être quelqu'un sans cœur
⑥ (*Zentrum, innerster Teil*) cœur *m*
⑦ KARTEN cœur *m;* **~ ist Trumpf** atout cœur
▶ **das ~ auf dem** [*o* **am**] **rechten Fleck haben** avoir le cœur bien placé; **jdm rutscht** [*o* **fällt**] **das ~ in die Hose** *fam* qn se dégonfle (*fam*); **jdm lacht das ~ im Leibe** qn a le cœur en liesse; **ihm/ihr dreht sich das ~ im Leib um, ihm/ihr tut das ~ im Leibe weh** ça lui fend le cœur; **seinem ~en Luft machen** *fam* vider son sac (*fam*); **aus seinem ~en keine Mördergrube machen** ne pas faire mystère de ce qu'on pense; **jdn/etw auf ~ und Nieren prüfen** *fam* examiner qn/qc sur [*o* sous] toutes les coutures; **ein ~ und eine Seele sein** être uni(e)s comme les [deux] doigts de la main; **ein ~ aus Stein haben** avoir un cœur de pierre; **seinem ~en einen Stoß geben** se prendre par la main; **alle ~en im Sturm erobern** conquérir [*o* gagner] [tous] les cœurs; **das ~ auf der Zunge tragen** parler à cœur ouvert; **jdm wird bang ums ~** qn a le cœur serré; **von ganzem ~en** de tout cœur; **an gebrochenem ~en sterben** mourir le cœur brisé; **jdn von ~en gern haben** aimer qn du fond du cœur; **etw von ~en gern tun** faire très volontiers qc; **leichten ~ens** de gaieté de cœur; **jdm wird leicht ums ~** qn a le cœur léger; **schweren ~ens** le cœur gros; **jdm das ~ schwer machen** peiner qn; **jdm ist das ~ schwer** qn a le cœur gros; **traurigen ~ens** le cœur gros; **[jdm] sein ~ ausschütten** ouvrir son cœur [à qn]; **alles, was das ~ begehrt** tout ce qu'on peut désirer; **ihm/ihr blutet das ~** le cœur lui saigne (*littér*); **jdm das ~ brechen** briser le cœur à qn; **etw nicht übers ~ bringen** ne pas avoir le cœur de faire qc; **jds ~ erweichen** attendrir le cœur de qn; **sich** (*Dat*) **ein ~ fassen** prendre son courage à deux mains; **jdm zu ~en gehen** fendre le cœur à qn; **etwas auf dem ~en haben** avoir quelque chose sur le cœur; **haben Sie doch ein ~!** écoutez votre cœur!; **von ~en kommen** venir du cœur; **jdm etw ans ~ legen** confier expressément qc à qn; **jdm ans ~ legen etw zu tun** recommander instamment à qn de faire qc; **jdm liegt etw am ~en** qc tient à cœur à qn; **sich** (*Dat*) **etw zu ~en nehmen** prendre qc à cœur; **jdn in sein ~ schließen** faire à qn une place dans son cœur; **jdm ins ~ schneiden** fendre le cœur à qn; **jdm aus dem ~en sprechen** dire tout haut ce que qn pense tout bas; **sein ~ sprechen lassen** laisser parler son cœur; **jdm ans ~ wachsen** gagner le cœur de qn; **es zerreißt ihm/ihr das ~** cela lui brise le cœur

herzallerliebst *Adj geh Schatz* bien-aimé(e) (*soutenu*) **Herzallerliebste(r)** *f(m) dekl wie Adj geh* bien-aimé(e) *m(f)* **Herzanfall** *m* crise *f* cardiaque **Herzbeschwerden** *Pl* troubles *mpl* cardiaques **herzbewegend** *s.* **herzerweichend Herzblatt** *nt* ① HORT feuille *f* séminale ② *fam* (*Liebling*) [petit] chou *m* (*fam*) **Herzblut** *nt* ▶ **er gäbe sein ~ für sie hin** *poet* il donnerait son sang pour elle; **etw mit [seinem] ~ schreiben** écrire qc avec tout son cœur **Herzbube** *m* KARTEN valet *m* de cœur

Herzchen <-s, -> *nt fam* petit cœur *m* (*fam*)

Herzchirurg(in) *m(f)* chirurgien-cardiologue *m*/chirurgienne-cardiologue *f* **Herzchirurgie** *f* chirurgie *f* du cœur **Herzdame** *f* KARTEN *a. fig* dame *f* de cœur

her|zeigen *tr V* montrer; **etw** ~ montrer qc
herzen ['hɛrtsən] *tr V geh* cajoler
Herzensangelegenheit *f* ❶ (*wichtiges Anliegen*) affaire *f* personnelle; **das ist ihr/mir eine** ~ cela lui/me tient à cœur ❷ (*die Liebe betreffend*) affaire *f* de cœur **Herzensbedürfnis** ▸ **das ist ihm/mir ein** ~ cela lui/me tient à cœur **Herzensbildung** *f kein Pl* intelligence *f* du cœur **Herzensbrecher(in)** *m(f)* bourreau *m* des cœurs/[grande] séductrice *f* **herzensgut** *Adj* qui a un cœur d'or **Herzensgüte** *f geh* bonté *f* de cœur **Herzenslust** *f* **nach** ~ à cœur joie **Herzenswunsch** *m* plus cher désir *m*
herzerfrischend *Adj* rafraîchissant(e) **herzergreifend** *Adj* touchant(e) **herzerweichend** I. *Adj* émouvant(e) II. *Adv* de façon émouvante **Herzerweiterung** *f* MED hypertrophie *f*, dilatation *f* du cœur **Herzfehler** *m* déficience *f* cardiaque **Herzflimmern** <-s> *nt* palpitations *fpl* **herzförmig** *Adj* en forme de cœur **Herzgeräusche** *Pl* souffle *m* au cœur
herzhaft I. *Adj* ❶ (*nahrhaft*) *Frühstück* copieux(-euse) ❷ (*würzig*) *Eintopf, Geschmack* relevé(e) ❸ (*kräftig*) *Händedruck* vigoureux(-euse); *Schluck* bon(ne) *antéposé; Lachen* franc(franche); **ein ~er Kuss** une grosse bise
II. *Adv* ❶ (*würzig*) ~ **schmecken** avoir un goût épicé ❷ (*mit Lust*) *lachen* de bon cœur; *gähnen* comme une carpe
her|ziehen *unreg* I. *tr V* ❶ (*heranziehen*) **jdn/etw zu sich** ~ attirer qn/tirer qc à soi; **jdn/etw näher zu sich** ~ rapprocher qn/qc de soi
❷ (*mitschleppen*) **jdn/etw hinter sich** (*Dat*) ~ traîner qn/qc derrière soi
II. *itr V* ❶ + *sein* (*begleiten*) **neben/hinter jdm** ~ accompagner/suivre qn
❷ + *sein* (*umziehen*) emménager [*o* s'installer] par ici; **zu jdm** ~ s'installer près de chez qn
❸ + *haben fam* (*sich auslassen*) **über jdn/etw** ~ débiner qn/qc (*fam*)
herzig ['hɛrtsɪç] *Adj* mignon(ne); **wie ~!** comme c'est mignon!
Herzinfarkt *m* MED infarctus *m* [du myocarde] **Herzinsuffizienz** *f* MED insuffisance *f* cardiaque **Herzjagen** *nt* tachycardie *f* **Herzkammer** *f* ANAT ventricule *m*; [**linke/rechte**] ~ ventricule *m* [gauche/droit] **Herzkirsche** *f* bigarreau *m* **Herzklappe** *f* valvule *f*; [**künstliche**] ~ valvule *f* [artificielle] **Herzklappenfehler** *m* MED lésion *f* valvulaire **Herzklopfen** <-s> *nt* palpitations *fpl*; **mit** ~ le cœur battant **Herzkönig** *m* KARTEN roi *m* de cœur **herzkrank** *Adj* cardiaque **Herzkrankheit** *f* affection *f* cardiaque **Herzkranzgefäß** *nt meist Pl* ANAT artère *f* coronaire **Herz-Kreislauf-Erkrankung** *f* MED maladie *f* cardiovasculaire **Herzleiden** *nt geh* affection *f* cardiaque
herzlich I. *Adj Begrüßung, Lächeln, Worte* chaleureux(-euse); *Willkommen* cordial(e)
II. *Adv* ❶ *empfangen, begrüßen, gratulieren* chaleureusement; *sich bedanken* vivement; ~ [*o* ~**st**] **dein/euer/Ihr ...** cordialement, ton/ta/votre ...
❷ (*recht*) *langweilig, wenig, uninteressant* franchement
Herzlichkeit <-> *f* cordialité *f*; **mit der gewohnten** ~ avec la chaleur habituelle
herzlos *Adj* sans cœur; ~ **sein** ne pas avoir de cœur
Herzlosigkeit <-> *f* manque *m* de cœur
Herz-Lungen-Maschine *f* MED cœur-poumon *m* artificiel **Herzmassage** [-masa:ʒə] *f* MED massage *m* cardiaque **Herzmittel** *nt* MED *fam* cardiotonique *m* **Herzmuskel** *m* ANAT myocarde *m*
Herzog(in) ['hɛrtso:k] <-s, =e> *m(f)* duc *m*/duchesse *f*
herzoglich ['hɛrtso:klɪç] *Adj attr* ducal(e)
Herzogtum <-s, -tümer> *nt* duché *m*
Herzpatient(in) *m(f)* cardiaque *mf* **Herzrhythmus** *m* rythme *m* cardiaque **Herzrhythmusstörung** *f* MED arythmie *f*; ~**en haben** faire de l'arythmie **Herzschlag** *m* ❶ (*Herztätigkeit*) pulsations *fpl* cardiaques ❷ (*Kontraktion des Herzmuskels*) systole *f* ❸ (*Herzstillstand*) syncope *f* **Herzschrittmacher** *m* MED pacemaker *m* **Herzschwäche** *s.* Herzinsuffizienz **Herzspezialist(in)** *m(f)* MED cardiologue *mf* **herzstärkend** I. *Adj* tonicardiaque II. *Adv* ~ **wirken** avoir un effet tonicardiaque **Herzstich** *m meist Pl* élancement *m* **Herzstillstand** *m* arrêt *m* cardiaque; **bei** ~ en cas d'arrêt cardiaque **Herzstück** *nt* pièce *f* maîtresse **Herztätigkeit** *f* activité *f* cardiaque **Herztod** *m* MED mort *f* par arrêt cardiaque **Herzton** *m meist Pl* pulsation *f* [cardiaque] **Herztransplantation** *f* transplantation *f* cardiaque **Herzverfettung** *f* MED dégénérescence *f* graisseuse du cœur **Herzversagen** *nt* défaillance *f* cardiaque **herzzerreißend** I. *Adj* déchirant(e) II. *Adv* de façon déchirante
Hesse ['hɛsə] <-n, -n> *m*, **Hessin** *f* Hessois(e) *m(f)*
Hessen <-s> *nt* la Hesse
hessisch *Adj* hessois(e)
heterogen [hetero'ge:n] *Adj geh* hétérogène
Heterosexualität <-> *f* hétérosexualité *f* **heterosexuell** [heterozɛksu'ɛl, heterosɛksu'ɛl] *Adj* hétérosexuel(le)
Hethiter(in) <-s, -> *m(f)* HIST Hittite *mf*
Hetzblatt *nt pej* journal *m* à scandale
Hetze ['hɛtsə] <-, -n> *f* ❶ *kein Pl* (*Hast*) précipitation *f*; **es war eine furchtbare** ~ c'était la grande bousculade
❷ *pej* (*Aufhetzung*) campagne *f* de dénigrement
hetzen ['hɛtsən] I. *itr V* ❶ + *haben* (*sich beeilen*) se démener
❷ + *sein* (*eilen*) **zum Bahnhof/nach Hause** ~ courir à la gare/la maison; **ich bin ganz schön gehetzt** je me suis drôlement dépêché(e); **du brauchst nicht so zu** ~ tu n'as pas besoin de te presser comme ça
❸ + *haben pej* (*Hass schüren*) attiser les haines; **gegen jdn/etw** ~ s'acharner sur qn/qc; **du sollst nicht immer ~!** arrête de semer la zizanie!
II. *tr V* + *haben* ❶ JAGD pourchasser *Hasen*
❷ (*jdn jagen*) **jdn/einen Hund auf jdn** ~ mettre qn/lâcher un chien aux trousses de qn; **jdn vom Hof/Grundstück** ~ chasser qn de la ferme/du terrain
❸ *fam* (*antreiben*) harceler
III. *r V* + *haben* **sich** ~ se dépêcher
Hetzer(in) ['hɛtsɐ] <-s, -> *m(f) pej* fauteur(-euse) *m(f)* de troubles (*péj*)
Hetzerei <-, -en> *f* ❶ *kein Pl* (*Hast*) bousculade *f* [continuelle] ❷ (*Gerede*) acharnement *m*
hetzerisch *Adj* incendiaire
Hetzjagd *f* ❶ JAGD chasse *f* à courre ❷ *fig, pej* chasse *f* aux sorcières ❸ (*übertriebene Hast*) course *f* **Hetzkampagne** [-kampanjə] *f pej* chasse *f* aux sorcières
Heu [hɔɪ] <-[e]s> *nt* foin *m*; **ins** ~ **gehen** *fam* aller aux foins; ~ **machen** faire les foins
Heuballen *m* botte *f* de foin **Heuboden** *m* fenil *m*
Heuchelei [hɔɪçə'laɪ] <-, -en> *f* hypocrisie *f*
heucheln ['hɔɪçəln] I. *itr V* faire l'hypocrite
II. *tr V* feindre
Heuchler(in) ['hɔɪçlɐ] <-s, -> *m(f)* hypocrite *mf*
heuchlerisch I. *Adj* hypocrite
II. *Adv* hypocritement
heuen ['hɔɪən] *itr V* DIAL faner; **das Heuen** la fenaison
heuer ['hɔɪɐ] *Adv* SDEUTSCH, A, CH cette année
Heuer <-, -n> *f* solde *f*
Heuernte *f* ❶ (*das Einbringen*) fenaison *f* ❷ (*Ertrag*) récolte *f* de foin **Heugabel** *f* fourche *f* à foin **Heuhaufen** *m* meule *f* de foin
Heulboje *f* NAUT bouée *f* sonore
heulen ['hɔɪlən] *itr V* ❶ *fam* (*weinen*) chialer (*fam*); **laut** ~ *Baby:* brailler (*fam*); **vor Angst/Schmerz** (*Dat*) ~ chialer de peur/douleur (*fam*); **es ist zum Heulen** *fam* c'est à en chialer (*fam*)
❷ (*winseln*) *Hund, Wolf:* hurler
❸ (*ein Geräusch machen*) *Motor, Wind, Sturm:* rugir; *Sirene:* mugir, rugir

Heulen <-s> *nt* ❶ *fam* (*Weinen*) *eines Kindes* chialement *m* (*fam*); **lautes** ~ braillement *m* (*fam*)
❷ (*Winseln*) hurlement *m*
❸ (*Geräusch*) *eines Motors* rugissement *m; einer Sirene* mugissement *m*
▶ ~ **und Zähneklappern** BIBL des pleurs et des grincements de dents
Heuler <-s, -> *m* ZOOL bébé *m* phoque
▶ **das ist ja der letzte** ~**!** *sl* on aura tout vu! (*fam*)
Heulsuse ['hɔɪlzu:zə] <-, -n> *f pej fam* chialeuse *f* (*fam*) **Heulton** <-töne> *m* hurlement *m*
heurig ['hɔɪrɪç] *Adj* A, CH de cette année
Heurige(r) *m dekl wie Adj* A ❶ (*Weinstube*) guinguette *f*
❷ (*Wein*) vin *m* nouveau
Heuschnupfen *m* rhume *m* des foins **Heuschober** *m* SDEUTSCH, A meule *f* de foin **Heuschrecke** ['hɔɪʃrɛkə] <-, -n> *f* sauterelle *f* **Heustadel** *m* SDEUTSCH, A, CH fenil *m*
heut *fam s.* **heute**
heute ['hɔɪtə] *Adv* ❶ (*an diesem Tag*) aujourd'hui; ~ **früh** [*o* **Morgen**] ce matin; ~ **Abend** ce soir; ~ **Nacht** cette nuit; ~ **in einem/vor einem Monat** dans un/il y a un mois jour pour jour; **die Zeitung/Post von** ~ le journal/courrier d'aujourd'hui; **ist das Brot von** ~**?** le pain, est-il du jour?; **ab** ~ à partir d'aujourd'hui; **von** ~ **ab** [*o* **an**] à dater d'aujourd'hui; **er hat die Rechnung bis** ~ **nicht bezahlt** à ce jour, il n'a toujours pas payé la facture
❷ (*heutzutage*) de nos jours; **die Jugend von** ~ les jeunes d'aujourd'hui
▶ **lieber** ~ **als morgen** *fam* de préférence tout de suite; **was du** ~ **kannst besorgen, das verschiebe nicht auf morgen** *Spr.* il ne faut jamais remettre au lendemain ce que l'on peut faire le jour même; **von** ~ **auf morgen** du jour au lendemain
Heute <-> *nt* **das** ~ le présent; **das** ~ **genießen** profiter du jour présent; **im** ~ **leben** vivre dans l'instant présent
heutig ['hɔɪtɪç] *Adj attr Zeitung, Post* d'aujourd'hui; *Abend, Anlass* présent(e) *antéposé;* **der** ~**e Tag** la journée d'aujourd'hui; **für den** ~**en Abend** pour ce soir
heutzutage ['hɔɪttsuta:gə] *Adv* de nos jours
Heuwagen *m* char *m* à foin **Heuwender** <-s, -> *m* AGR faneuse *f*
Hexadezimalsystem [hɛksadetsi'ma:lzʏste:m] *nt* système *m* hexadécimal
Hexaeder [hɛksa'ʔe:dɐ] <-s, -> *nt* MATH hexaèdre *m*
hexagonal [hɛksago'na:l] *Adj* hexagonal(e)
Hexameter [hɛ'ksa:metɐ] *m* POES hexamètre *m*
Hexe ['hɛksə] <-, -n> *f* ❶ sorcière *f*
❷ *pej fam* (*bösartige Frau*) mégère *f* (*péj*), teigne *f* (*péj*)
hexen ['hɛksən] *itr V* pratiquer la magie
▶ **ich kann doch nicht** ~**!** *fam* je ne peux pas aller plus vite que la musique! (*fam*)
Hexenhäuschen [-hɔɪsçən] *nt* (*Lebkuchenhaus*) maison *f* de sorcière en pain d'épice **Hexenjagd** *f* chasse *f* aux sorcières; ~ **auf jdn** chasse *f* aux sorcières contre qn **Hexenkessel** *m* enfer *m* **Hexenmeister** *m veraltet* magicien *m* **Hexenprozess**[RR] *m* procès *m* en sorcellerie **Hexenschuss**[RR] *m kein Pl* tour *m* de reins; **einen** ~ **bekommen/haben** attraper/avoir un tour de reins **Hexenverbrennung** *f* exécution *f* par le feu pour sorcellerie **Hexenwahn** *m* psychose *f* des sorcières
Hexer <-s, -> *m* sorcier *m*
Hexerei <-, -en> *f* sorcellerie *f*
hg. *Abk von* **herausgegeben** *s.* **herausgeben I.2.**
Hg. *Abk von* **Herausgeber(in)** *eines Buches* Ed.; *einer Zeitung* directeur(-trice) *m(f)* de la publication
HG [ha:'ge:] <-> *f Abk von* **Handelsgesellschaft**
Hibiskus [hi'bɪskʊs, *Pl:* hi'bɪskən] <-, Hibisken> *m* hibiscus *m*
Hickhack ['hɪkhak] <-s, -s> *m o nt fam* chamailleries *fpl* (*fam*)
hie [hi:] ▶ ~ **und da** (*stellenweise*) ici ou là; (*ab und zu*) de temps à autre
hieb [hi:p] *Imp von* **hauen**
Hieb <-[e]s, -e> *m* ❶ (*Schlag*) coup *m;* **ein** ~ **mit der Peitsche** un coup de fouet
❷ *Pl fam* (*Prügel*) raclée *f* (*fam*); **von jdm** ~**e bekommen** reçevoir une raclée de qn
❸ (*Seitenhieb*) pique *f;* **jdm einen** ~ **versetzen** lancer une pique à qn; **der** ~ **saß** le coup a fait mouche
▶ **auf einen** ~ *fam* d'un seul coup
hieb- und stichfest *Adj Alibi* en béton; *Beweise, Argumente* irréfutable
Hiebwaffe *f* arme *f* de taille
hielt [hi:lt] *Imp von* **halten**
hier [hi:ɐ] *Adv* ❶ (*an dieser Stelle, in diesem Land, in dieser Stadt*) ici; **jdn/etw** ~ **behalten** garder qn/qc [ici]; ~ **bleiben** rester ici [*o* là]; **hiergeblieben!** reste/restez ici!; **etw** ~ **lassen** laisser qc ici; ~ **sein** être là; ~ **bin ich!** me voilà!; **wir sind schon eine Stunde** ~ ça fait une heure que nous sommes là; ~ **draußen/drinnen** dehors/dedans; ~ **oben/unten** en haut/en bas, à l'intérieur/à l'extérieur; ~ **vorn/hinten** devant/derrière; ~ **oben auf dem Schrank** sur l'armoire; ~ **entlang** par ici; **bis** ~ jusqu'ici; **von** ~ **ab** à partir d'ici; **von** ~ **aus bis ...** d'ici à ...; ~ **ist** [*o* **spricht**] **Ina Berg** ici Ina Berg, Ina Berg à l'appareil; **was ist denn das** ~**?** mais qu'est-ce que c'est que ça?; **wo sind wir denn** ~**?** où sommes-nous?; **Martin Lang! – Hier!** Martin Lang! – Présent!
❷ (*da*) voilà; ~**, nimm das!** tiens, prends ça!
❸ (*in diesem Moment*) ici; ~ **versagte ihr die Stimme** à ce moment, la voix lui manqua; **von** ~ **an** à partir de ce moment-là
▶ ~ **und da** (*stellenweise*) ici ou là; (*ab und zu*) de temps à autre; **Herr Braun** ~, **Herr Braun da** *iron* Monsieur Braun par-ci, Monsieur Braun par-là; ~ **und heute** *geh* ici et maintenant; **jdm steht etw bis** ~ [**oben**] *fam* qn en a jusque-là de qc (*fam*)
hieran ['hi:ran] *Adv* ❶ *festmachen, anlehnen, anschließen* ici; *vorbeikommen, vorübergehen* devant
❷ (*an diesen Sachverhalt, diese Sache*) **wenn ich** ~ **denke** quand j'y pense; **kannst du dich** ~ **erinnern?** t'en souviens-tu?
❸ (*an diesem Sachverhalt, dieser Sache*) ~ **erkennt/unterscheidet man ...** à cela, on reconnaît/distingue ...; ~ **zweifle ich** j'en doute; ~ **habe ich fünf Jahre geschrieben** j'ai passé cinq ans à écrire cela
Hierarchie [hierar'çi:] <-, -n> *f* hiérarchie *f*
hierarchisch [hie'rarçɪʃ] **I.** *Adj* hiérarchique
II. *Adv* hiérarchiquement
hierauf ['hi:raʊf] *Adv* ❶ *liegen, sitzen, stellen* là-dessus; **ein toller Stuhl,** ~ **sitzt es sich hervorragend** une chaise super, on y est très bien assis ❷ (*daraufhin*) à la suite de quoi; **sie schrie,** ~ **beruhigte man sie** on la calma dès qu'elle se mit à crier **hieraus** ['hi:raʊs] *Adv* ❶ (*aus diesem Behälter*) d'ici
❷ (*aus diesem Material*) **Beton besteht** ~**: ...** le béton se compose de la matière suivante: ...; **die Möbel werden** ~ **hergestellt: ...** les meubles sont faits de la matière suivante: ...
❸ (*aus dem Genannten*) ~ **folgt, dass** il s'ensuit que + *indic;* ~ **geht hervor, dass** de cela ressort que + *indic* ❹ (*aus diesem Werk*) **du kannst die Zahlen** ~ **abschreiben** tu peux copier les chiffres à partir de ça; **das ist ein wichtiges Werk,** ~ **stammen meine Informationen** c'est une œuvre importante, j'ai pu y puiser de nombreux renseignements
hier|behalten* *s.* **hier 1.**
hierbei ['hi:ɐbaɪ] *Adv* ❶ (*bei diesem Anlass*) à cette occasion
❷ (*währenddessen*) pendant ce temps
❸ (*gleichzeitig*) en même temps
❹ (*dabei*) ici; ~ **handelt es sich um ...** il s'agit ici [*o* en l'occurrence] de ...
hier|bleiben *s.* **hier 1.**
hierdurch ['hi:ɐdʊrç] *Adv* ❶ (*hier hindurch*) par ici ❷ (*aus die-

sem Grund) de cette façon, par là **hierein** *Adv* là-dedans; **hier ist ein Eimer, ~ kannst du das Wasser gießen** voici un seau, tu peux y verser l'eau **hierfür** ['hi:ɐfy:ɐ] *Adv* ① (*im Austausch*) **wie viel möchtest du ~ geben/bekommen?** tu es prêt(e) à donner/recevoir combien en échange? ② (*für das hier*) **wenn er sich ~ interessiert** s'il s'intéresse à cela; **wenn du ~ Platz/Zeit hast** si tu as la place/le temps pour ça **hiergegen** [hi:ɐ'ge:gən, *hinweisend:* 'hi:ɐge:gən] *Adv* ① (*an diese Stelle*) là-dedans; ~ **ist er gefahren/gekommen** il est rentré là-dedans/il a touché ça; ~ **ist er geprallt** (*mit einem Auto*) il est rentré là-dedans; (*mit einem Körperteil*) il s'est cogné là-dedans; ~ **musst du drücken** tu dois appuyer ici ② (*dagegen*) **wir werden ~ vorgehen** nous allons agir là-contre; **ich werde ~ Beschwerde einlegen** je vais adresser un recours à l'encontre de cela **hierher** ['hi:ɐhe:ɐ] *Adv* [par] ici; **jdn ~ bringen** [*o* **schaffen**] amener qn ici; **etw ~ bringen** [*o* **schaffen**] apporter qc ici; **jd/etw gehört ~** la place de qn/qc est ici; **diese Bemerkung gehört nicht ~** cette remarque n'a pas sa place ici; ~ **holen** aller chercher *Person, Gegenstand;* **ich habe Sie alle ~ holen lassen, um ...** je vous ai tous/toutes fait venir pour ...; **jdn ~ schicken** envoyer qn ici; **jdn/etw ~ setzen** mettre qn/qc ici; **sich ~ setzen** s'asseoir là; **setz dich mal ~ zu mir** viens t'asseoir près de moi; **etw ~ stellen** mettre qc ici; **sich ~ stellen** se mettre là; **bis ~** jusqu'ici ▶ **bis ~ und nicht weiter** jusqu'ici, mais pas plus loin; **mir steht es bis ~** *fam* j'en ai jusque-là (*fam*) **hierherauf** [hi:ɐhɛ'raʊf, *hinweisend:* 'hi:ɐhɛraʊf] *Adv* en haut; **komm ~!** monte!

hierher|bringen *s.* hierher

hierher|gehören* *s.* hierher

hierher|holen *s.* hierher

hierher|schaffen *s.* hierher

hierher|schicken *s.* hierher

hierher|setzen *s.* hierher

hierher|stellen *s.* hierher

hierherum ['hi:ɐhɛrʊm] *Adv* ① (*in diese Richtung*) de ce côté-ci ② *fam* (*etwa an dieser Stelle*) dans ce coin-là (*fam*) **hierhin** ['hi:ɐhɪn] *Adv* (*an diese Stelle hier*) ici; **jdn ~ bringen** amener qn ici; **etw ~ bringen** apporter qc ici; **etw ~ legen** mettre qc ici; **sich ~ legen** s'allonger ici; **jdn/etw ~ setzen** mettre qn/qc ici; **sich ~ setzen** s'asseoir ici; **setz dich doch ~!** viens t'asseoir ici!; **etw ~ stellen** mettre qc ici; **sich ~ stellen** se mettre ici; **stell dich doch ~!** viens te mettre ici!; **bis ~** (*bis hier, soweit*) jusqu'ici ▶ ~ **und dorthin laufen** courir dans tous les sens **hierhinab** *Adv sehen* en bas; **der Weg führt ~** le chemin descend par ici; **wir müssen ~ [gehen/steigen]** nous devons descendre par ici **hierhinauf** *Adv sehen* en haut; **der Weg führt** [*o* **geht**] ~ le chemin monte par ici; **er muss ~ [gehen/steigen]** il doit monter/grimper par ici **hierhinaus** *Adv* par ici; **du musst ~ [gehen/fahren]** tu dois sortir par ici **hierhinein** *Adv* par ici; **wir müssen ~ [gehen]** ! nous devons entrer par ici!

hierhin|legen *s.* hierhin

hierhin|setzen *s.* hierhin

hierhin|stellen *s.* hierhin

hierhinter *Adv* là-derrière **hierhinunter** *s.* hierhinab **hierin** ['hi:rɪn] *Adv* ① (*in diesem Behälter*) là-dedans ② (*in dieser Hinsicht*) sur ce point

hier|lassen *s.* hier 1.

hiermit ['hi:ɐmɪt] *Adv* ① *form* ~ **erkläre/versichere ich ...** (*in schriftlicher Form*) par la présente, je déclare/certifie que ... (*form*); ~ **protestiere ich gegen .../versichere ich ...** (*in mündlicher Form*) je proteste contre .../j'affirme ...; ~ **erkläre ich meinen Rücktritt** je donne ma démission ② (*mit diesem Gegenstand*) avec cela; **was soll ich denn ~?** qu'est-ce que tu veux/vous voulez que j'en fasse? ③ (*mit dieser Angelegenheit*) ~ **bin ich einverstanden** je consens à cela ④ (*somit*) ~ **beendete sie ihre Rede** sur ce, elle conclut son discours; ~ **erkläre ich die Ausstellung für eröffnet** sur ce, je déclare l'exposition ouverte **hiernach** ['hi:ɐna:x] *Adv* ① (*danach, darauf*) après cela ② (*demgemäß*) d'après cela

Hieroglyphe [hiero'gly:fə] <-, -n> *f* ① hiéroglyphe *m*
② *Pl hum* (*schwer entzifferbare Schrift*) hiéroglyphes *mpl*

hier|sein *s.* hier 1.

Hiersein *nt form* **der Grund seines ~s** la raison de sa présence ici **hierüber** ['hi:ry:bɐ] *Adv* ① (*über diese Stelle*) par-dessus ② *geh* (*über diese Angelegenheit*) là-dessus **hierum** [hi:'rʊm, *hinweisend:* 'hi:rʊm] *Adv* ① (*in diese Richtung*) de ce côté-ci ② (*um diese Angelegenheit*) de cela **hierunter** ['hi:rʊntɐ] *Adv* ① (*unter dieses Möbelstück*) là-dessous; **stell den Karton ~!** mets le carton là-dessous! ② *fig* **... zehn Personen, ~ befanden sich drei Kinder ...** dix personnes, dont trois enfants; ~ **fallen auch Partizipien** les participes entrent dans cette catégorie; **das fällt nicht ~** cela n'entre pas dans cette catégorie **hiervon** ['hi:ɐfɔn] *Adv* ① (*von hier*) **fünf Kilometer ~ entfernt** à cinq kilomètres d'ici ② (*von diesem, diesen*) ~ **kannst du etwas haben** tu peux en prendre; **probier mal ~** goûte-z-en (*fam*) ③ (*hierüber*) ~ **weiß ich nichts** j'en sais rien **hiervor** ['hi:ɐfo:ɐ] *Adv* ① (*räumlich*) là-devant ② (*vor dieser Sache*) ~ **fürchtet er sich** il en a peur; *s. a.* **davor hierzu** ['hi:ɐtsu:] *Adv* ① (*dazu*) ~ **gehören/passen** en faire partie/aller avec [cela] ② (*zu dieser Kategorie*) ~ **gehören** [*o* **zählen**] **auch Pferde** les chevaux entrent aussi dans cette catégorie ③ (*zu diesem Punkt*) sur ce point; ~ **habe ich nichts mehr zu sagen** je n'ai rien à rajouter à cela

hierzulande ['hi:ɐtsu(')landə] *Adv* (*in dieser Gegend*) dans cette région; (*in diesem Land*) dans ce pays

hiesig ['hi:zɪç] *Adj attr* d'ici; *Bevölkerung, Bräuche, Verhältnisse* local(e)

Hiesige(r) *f(m) dekl wie Adj* autochtone *mf*

hieß [hi:s] *Imp von* **heißen**

hieven ['hi:fən, 'hi:vən] *tr V* ① NAUT lever *Anker;* **etw an Bord ~** hisser qc à bord
② *fam* (*heben*) **jdn/etw auf einen Stuhl ~** hisser qn/qc sur une chaise

Hi-Fi ['haɪfi, haɪ'fi:] *Abk von* **High-Fidelity** hi-fi *inv*

Hi-Fi-Anlage ['haɪfi-] *f* chaîne *f* hi-fi

high [haɪ] *Adj sl* ① (*von Drogen berauscht*) ~ **sein** être défoncé(e) (*fam*); **völlig ~ sein** planer (*fam*)
② (*euphorisch*) ~ **sein** être sur son petit nuage

Highlife ['haɪ(')laɪf] <-s> *nt fam* **bei ihm/uns/... ist [heute] ~** il/on/... fait la bringue aujourd'hui (*fam*)

Highlight ['haɪlaɪt] <-[s], -s> *nt* point *m* culminant

Highsociety[RR] ['haɪsə'saɪəti] <-> *f* haute société *f*, la haute (*fam*)

Hightech[RR] ['haɪ'tɛk] <-[s]> *nt* high-tech *m*

Hightechgerät[RR] ['haɪ'tɛk-] *nt* appareil *m* high-tech
Hightechunternehmen[RR] *nt* entreprise *f* de high-tech

hijacken ['haɪdʒɛkən, 'haɪdʒækn] *tr V fam* détourner *Flugzeug*

Hijacker(in) ['haɪdʒɛkɐ, 'haɪdʒækɐ] <-s, -> *m(f)* pirate *mf* de l'air

Hilfe ['hɪlfə] <-, -n> *f* ① *kein Pl* (*Beistand*) aide *f*; **gegenseitige ~** entraide *f*; **jdn um ~ bitten** demander de l'aide à qn; **um ~ rufen** [*o* **schreien**] appeler à l'aide [*o* au secours]; **jdm zu ~ kommen** venir en aide à qn [*o* au secours de qn]; ~ **suchend** *Person* qui cherche de l'aide; *Blick* implorant(e); **mit seiner/ihrer ~** avec son aide; **hol' ~!** va chercher de l'aide!; **[zu] ~!** au secours!, à l'aide!
② *fig* **mit ~ eines Seils** à l'aide d'une corde; **etw zu ~ nehmen** s'aider de qc
③ (*Haushaltshilfe*) aide *mf*
④ (*Anhaltspunkt*) aide *f*
⑤ (*finanzielle Unterstützung*) aide *f* [financière]
▶ **erste ~** les premiers soins *mpl;* **jdm erste ~ leisten** donner les premiers secours [*o* soins] à qn; **ein Kurs in erster ~** un cours de secourisme

Hilfeleistung *f geh* aide *f*, assistance *f*; **unterlassene ~** non-assistance [à personne en danger] **Hilferuf** *m,* **Hilfeschrei** *m* appel *m* à l'aide [*o* au secours] **Hilfestellung** *f* ❶ SPORT parade *f* ❷ (*Mensch*) pareur(-euse) *m(f)* ▸ **jdm ~ geben** SPORT assurer la parade pour qn; *fig* aider qn

hilfesuchend *s.* Hilfe 1.

hilflos I. *Adj* ❶ *Person* sans défense; **ohne den Rollstuhl ist er ~** sans sa chaise roulante, il ne peut rien faire
❷ (*ratlos*) *Person* désemparé(e); *Benehmen* embarrassé(e)
II. *Adv* ❶ (*hilfsbedürftig*) *ausgeliefert* sans défense; **~ im Bett liegen** être cloué(e) au lit, dépendant(e) des autres
❷ (*ratlos*) avec embarras

Hilflosigkeit <-> *f* ❶ (*Hilfsbedürftigkeit*) détresse *f; eines Kranken* dépendance *f*
❷ (*Ratlosigkeit*) impuissance *f*

hilfreich *Adj* ❶ *Person* serviable; **Sie waren sehr ~** vous avez été d'une grande aide
❷ (*nützlich*) *Hinweis, Maßnahme* utile; **es wäre ~/~er, wenn Sie ...** il serait utile/préférable que vous ... + *subj*

Hilfsaktion *f* action *f* humanitaire **Hilfsarbeiter(in)** *m(f)* ouvrier(-ière) *m(f)* [non spécialisé(e)]; (*Bauarbeiter*) manœuvre *m* **hilfsbedürftig** *Adj* ❶ (*auf Hilfe angewiesen*) qui a besoin d'aide; **~ sein** avoir besoin d'aide ❷ (*bedürftig*) dans le besoin **Hilfsbedürftigkeit** *f* ❶ (*Hilflosigkeit*) dépendance *f* ❷ (*Bedürftigkeit*) dénuement *m* **hilfsbereit** *Adj* serviable; **sich ~ zeigen** se montrer serviable **Hilfsbereitschaft** *f* serviabilité *f* **Hilfsdienst** *m* MED service *m* de secours **Hilfsfonds** [-fõ:] *m* fonds *m* de secours **Hilfsgüter** *Pl* dons *mpl* humanitaires **Hilfskonto** *nt* ÖKON compte *m* auxiliaire **Hilfskraft** *f* aide *mf;* **wissenschaftliche ~** ≈ assistant(e) *m(f)* **Hilfslinie** *f* INFORM, TYP ligne *f* auxiliaire **Hilfsmannschaft** *f* équipe *f* de secours **Hilfsmittel** *nt* ❶ (*Arbeitsmittel*) outil *m* de travail ❷ MED adjuvant *m* ❸ *Pl* (*finanzielle Mittel*) aides *fpl* financières **Hilfsmotor** *m* moteur *m* auxiliaire **Hilfsorganisation** *f* organisation *f* humanitaire **Hilfspolizei** *f* police *f* auxiliaire **Hilfspolizist(in)** *m(f)* policier(-ière) *m(f)* auxiliaire **Hilfsprogramm** *nt* programme *m* d'aide **Hilfsverb** [-vɛ-] *nt* GRAM [verbe *m*] auxiliaire *m;* **modales ~** verbe de modalité **Hilfswerk** *nt* œuvre *f* sociale **hilfswillig** *Adj* prêt(e) à aider; **~ sein** être prêt(e) à aider **Hilfswillige(r)** *f(m) dekl wie Adj* volontaire *mf*

hilft [hɪlft] *3. Pers Präs von* **helfen**

Himbeere ['hɪmbe:rə] *f* ❶ (*Frucht*) framboise *f*
❷ (*Strauch*) framboisier *m*

Himbeereis ['hɪmbe:ɐ-] *nt* glace *f* à la framboise **Himbeergeist** *m kein Pl* (*eau de vie*) framboise *f* **Himbeermarmelade** *f* confiture *f* de framboise **Himbeersirup** *m* sirop *m* de framboise **Himbeerstrauch** *m* BOT framboisier *m*

Himmel ['hɪməl] <-s, *poet* -> *m* ❶ (*Luftraum*) ciel *m;* **am ~** dans le ciel; **am ~ stehen** *Gestirn, Planet:* se trouver dans le ciel; **bei bedecktem ~** par ciel couvert; **unter freiem ~ schlafen** coucher à la belle étoile
❷ REL ciel *m;* **im ~** au ciel
❸ (*Baldachin*) ciel *m* de lit
❹ (*inneres Verdeck*) garnissage *m* de toit
▸ **~, Arsch und Zwirn!** *sl* bordel de merde! (*vulg*); **zwischen ~ und Erde** entre ciel et terre; **~ und Hölle [spielen]** [jouer à] la marelle; **~ und Hölle in Bewegung setzen** *fam* remuer ciel et terre; **gerechter** [*o* **gütiger**] **~!** juste ciel!; **aus heiterem ~** *fam* tout d'un coup; **[ach] du lieber ~!** *fam* [sacré] nom d'un chien! (*fam*); **im sieb[en]ten ~ sein** *fam* être au septième ciel [*o* aux anges]; **jdn/etw in den ~ heben** porter qn/qc aux nues; **in den ~ kommen** aller au ciel; **der ~ lacht** *geh* le ciel est radieux; **zum ~ schreien** être révoltant(e); **um ~s willen!** *fam* pour l'amour du ciel!; **~ [noch mal]!** *fam* bon Dieu!

himmelangst *Adj* **jdm ist ~** qn a une peur bleue; **da kann einem ja ~ werden!** on peut vraiment prendre peur! **Himmelbett** *nt* lit *m* à baldaquin **himmelblau** *Adj* bleu ciel *inv;* **~e Augen haben** avoir des yeux bleu ciel **Himmeldonnerwetter** *Interj* ▸ **~ [noch mal]!** *fam* nom de Dieu! (*pop*) **Himmelfahrt** *f* l'Ascension *f*

Himmelfahrtskommando *nt fam* ❶ (*Unternehmen*) mission *f* [*o* opération *f*] suicide ❷ (*Menschen*) commando *m* suicide **Himmelfahrtsnase** *f hum fam* nez *m* en trompette **Himmelfahrtstag** *m* [jeudi *m* de] l'Ascension *f*

Himmelherrgott *Interj* ▸ **~ [noch mal]!** *fam* bon Dieu de bon Dieu! (*fam*) **himmelhoch** I. *Adj* immense II. *Adv überlegen* très largement; **sich ~ überlegen zeigen** se montrer d'une supériorité écrasante ▸ **~ jauchzend[, zu Tode betrübt]** euphorique[, ou alors complètement abattu(e)]; **ihre Stimmung schwankt zwischen ~ jauchzend und zu Tode betrübt** son humeur oscille entre l'euphorie et l'abattement **Himmelreich** *nt kein Pl* royaume *m* des cieux **himmelschreiend** *Adj Unrecht* criant(e); *Verhältnisse, Zustände* révoltant(e); *Quatsch, Undankbarkeit* inouï(e); **es ist ~, wie ...** c'est inouï à quel point ...

Himmelskörper *m* corps *m* céleste **Himmelsrichtung** *f* direction *f* [géographique]; **die vier ~en** les quatre points cardinaux ▸ **aus allen ~en** de toutes parts; **in alle ~en** dans toutes les directions **Himmelsschlüssel** *s.* **Schlüsselblume** **Himmelszelt** *nt poet* voûte *f* céleste (*poét*)

himmelweit *fam* I. *Adj* énorme
II. *Adv* totalement

himmlisch ['hɪmlɪʃ] I. *Adj* ❶ *attr Gnade, Vorsehung* céleste; *Zeichen* du ciel
❷ (*herrlich*) *Wetter, Essen, Wein* divin(e); *Stoff, Kleidungsstück* superbe
II. *Adv* merveilleusement; *schön, warm* divinement; **das schmeckt einfach ~!** c'est tout simplement divin!

hin [hɪn] I. *Adv* ❶ (*räumlich*) **bis zum Garten ~** jusqu'au jardin; **bis zu euch ~** jusque chez vous; **zur Straße ~ [liegen]** [donner] sur la rue; **bis nach Italien ~** *fam* jusqu'en Italie; **wo ist der so plötzlich ~?** *fam* où est-ce qu'il est passé tout à coup?
❷ (*den Hinweg betreffend*) **eine Fahrkarte nach Bonn, aber nur ~** un billet pour Bonn, un aller simple; **~ und zurück** aller et retour; **wir wollen mit dem Fahrrad ~ und mit dem Zug zurück** nous voulons y aller à vélo et rentrer par le train
❸ (*zeitlich*) **bis in den Herbst ~** jusqu'à l'automne; **über viele Jahre ~** pendant de nombreuses années; **wir müssen auf längere Sicht ~ planen** nous devons faire des projets à long terme; **das ist noch lange ~** c'est encore loin; **wie lange ist es noch bis zu deiner Prüfung ~?** il te reste encore combien de temps jusqu'à ton examen?; **bis zum Sommer ist es noch lange ~** c'est pas demain l'été (*fam*)
❹ (*hinsichtlich*) **etw auf Spuren** (*Akk*) **~ untersuchen** examiner qc en vue de rechercher des traces
❺ (*infolge*) **auf mein Bitten/sein Drängen ~** sur mes prières/ses insistances
❻ (*trotz*) **auf die Gefahr ~ sich zu blamieren** au risque de se ridiculiser
▸ **das Hin und Her** (*das Kommen und Gehen*) le va-et-vient; (*der Wechsel*) les fluctuations *fpl;* **das Hin und Her der Meinungen** les fluctuations d'opinions; **nach einigem/langem Hin und Her** après quelques/de longues tergiversations; **Sonntag ~, Sonntag her, ich muß meine Termine einhalten** dimanche ou pas, il faut que je respecte mes délais; **~ und her überlegen** tourner et retourner le problème; **~ und wieder** de temps en temps; **vor sich** (*Akk*) **~ reden** parler tout seul; **vor sich** (*Akk*) **~ singen/summen** chantonner/fredonner [pour soi]; **vor sich ~ stieren** regarder fixement devant soi
II. *Adj* ❶ (*kaputt*) **~ sein** être fichu(e) (*fam*); *Motor, Fernseher, Bildröhre:* être nase (*fam*)
❷ *sl* (*tot*) **~ sein** être clamsé(e) (*pop*)
❸ (*verloren*) **das Geld/die Ruhe ist ~** c'en est fini du fric/du calme

❹ (*fasziniert*) **von jdm/etw ganz ~ sein** être emballé(e) par qn/qc
▶ **~ ist ~** *fam* fichu, c'est fichu (*fam*)
hinab [hɪ'nap] *s.* **hinunter**
hin|arbeiten *itr V* **auf etw** (*Akk*) ~ rechercher qc; **darauf ~, dass** faire en sorte que + *subj*
hinauf [hɪ'naʊf] **I.** *Adv* ❶ vers le haut; **immer weiter** ~ toujours plus haut; **bis** ~ jusqu'en haut; [**die Treppe**] ~ **habe ich Probleme** j'ai du mal pour monter [l'escalier]; **wo ~?** où faut-il monter?; **hier ~?** faut-il monter par là?
❷ *fam* (*in Richtung Norden*) **ich muss nach Hamburg ~** il faut que je monte à Hambourg
II. *Präp + Akk* **den Berg ~ fünf Stunden brauchen** mettre cinq heures pour monter au sommet de la montagne
hinauf|begleiten* *tr V* accompagner [jusqu']en haut; **jdn ~** accompagner qn [jusqu']en haut **hinauf|blicken** *itr V geh* regarder en haut; **zu jdm/etw ~** lever son regard vers qn/qc; **an jdm ~** regarder qn des pieds à la tête; **blicken Sie da/dort hinauf!** regardez là-haut! **hinauf|bringen** *tr V unreg* conduire en haut; **jdn ~** conduire qn en haut; [**jdm**] **etw ~** monter qc [à qn] **hinauf|fahren** *unreg* **I.** *itr V + sein* monter; **mit dem Auto/der Seilbahn ~** monter en voiture/avec le funiculaire; **wieder ~** remonter; **beim Hinauffahren** en montant **II.** *tr V + haben o sein* **jdn mit dem Auto ~** emmener qn en voiture jusqu'en haut; **sie ist die Donau hinaufgefahren** elle a remonté le Danube **hinauf|führen** **I.** *itr V Treppe:* monter jusqu'en haut; *Weg:* conduire [*o* mener] jusqu'en haut; **auf den Dachboden ~** *Treppe, Kabel:* conduire au grenier; **auf den Berg ~** *Weg:* conduire [*o* mener] jusqu'en haut de la montagne **II.** *tr V geh* **jdn ~** conduire qn en haut **hinauf|gehen** *unreg* **I.** *itr V + sein* ❶ (*nach oben gehen*) monter; **auf den Dachboden ~** monter au grenier; **gehst du hinauf?** tu montes? ❷ *fig* **mit dem Preis ~** augmenter le prix ❸ (*steigen*) augmenter; *Miete, Preis, Fieber:* grimper **II.** *tr V + sein* monter *Treppe* **hinauf|klettern** **I.** *itr V + sein* grimper; **auf einen Baum ~** grimper sur un arbre **II.** *tr V + sein* **die Leiter ~** grimper à l'échelle **hinauf|kommen** *unreg* **I.** *itr V + sein* monter; **in die Wohnung/zu jdm ~** monter jusqu'à l'appartement/chez qn **II.** *tr V + sein* ❶ (*nach oben kommen*) **die Treppe/in die Wohnung/zu jdm ~** monter l'escalier/jusqu'à l'appartement/chez qn ❷ (*es nach oben schaffen*) arriver à monter *Treppe, Leiter;* **kommst du alleine die Leiter hinauf?** est-ce que tu arriveras à monter tout(e) seul(e) en haut de l'échelle? **hinauf|laufen** *unreg* **I.** *itr V + sein* monter en courant; **zu jdm ~** monter chez qn en courant **II.** *tr V + sein* escalader *Berg* **hinauf|reichen** **I.** *itr V* ❶ (*nach oben greifen*) *Person:* arriver jusqu'en haut; **mit der Hand bis zur Decke ~** arriver jusqu'au plafond avec la main ❷ (*sich erstrecken*) **bis zum Dach ~** *Leiter:* arriver [*o* aller] jusqu'au toit **II.** *tr V geh* **jdm etw ~** tendre qc à qn **hinauf|schauen** *s.* **hinaufsehen** **hinauf|schrauben** *tr V* faire monter *Preise, Mieten;* accroître *Forderung* **hinauf|sehen** *itr V unreg* lever les yeux; **zu jdm ~** lever les yeux vers qn; **zum Dach ~** regarder vers le haut du toit **hinauf|setzen** *s.* **heraufsetzen** **hinauf|steigen** *unreg* **I.** *itr V + sein* monter; [**zu jdm/auf den Turm**] **~** monter rejoindre qn/en haut de la tour **II.** *tr V + sein* monter en haut de *Leiter* **hinauf|tragen** *tr V unreg* monter; **jdm etw die Treppe/in die Wohnung ~** monter qc à qn jusqu'en haut de l'escalier/dans l'appartement
hinaus [hɪ'naʊs] *Adv* ❶ ~ **sein** être sorti(e); **wir sind ~ zu den anderen** nous sommes sorti(e)s rejoindre les autres; ~ [**mit dir/euch**]! dehors!; **da/dort/hier ~!** par là/par là-bas/par ici [la sortie]!; **hinten ~!** il faut sortir par-derrière!; **nach hinten/zur Straße ~** sur l'arrière/la rue
❷ (*später als*) **über einen Termin/eine Frist ~** au-delà d'une date/d'un délai
❸ (*mehr als*) **über diesen Betrag ~** plus que cette somme
❹ (*weiter als*) **über etw** (*Akk*) ~ **sein** avoir dépassé qc; **über dieses Alter bin ich ~** j'ai passé l'âge
hinaus|befördern* *tr V fam* vider (*fam*)
hinaus|beugen *r V* **sich ~** se pencher [au-]dehors; **sich zum Fenster ~** se pencher par la fenêtre
hinaus|blicken *s.* **hinaussehen**
hinaus|bringen *tr V unreg* ❶ (*hinausbegleiten*) reconduire *Person*
❷ (*hinaustragen*) sortir *Müll, Mülleimer*
hinaus|drängen **I.** *tr V + haben* pousser dehors *Person;* **jdn ~** pousser qn dehors
II. *itr V + sein* **aus etw ~** *Person:* insister pour sortir de qc; *Personen, Menschenmenge:* se bousculer pour sortir [de qc]
hinaus|dürfen *itr V unreg* avoir le droit de sortir; **darf ich zu den anderen Kindern in den Garten hinaus?** est-ce que je peux aller rejoindre les enfants dans le jardin?
hinaus|fahren *unreg* **I.** *itr V + sein* ❶ (*nach draußen fahren*) sortir; **aus etw ~** sortir de qc; **beim Hinausfahren aus der Garage** en sortant du garage
❷ (*wegfahren*) **aufs Land/Meer ~** partir à la campagne/en mer
❸ (*weiter fahren*) **über die Standspur ~** dépasser la bande d'arrêt d'urgence
II. *tr V + haben* sortir *Auto*
hinaus|finden *itr V unreg* trouver la sortie; **aus etw ~** trouver la sortie de qc
hinaus|fliegen *itr V unreg + sein* ❶ *Vogel:* s'envoler
❷ *fam* (*hinausfallen*) faire un vol plané (*fam*)
❸ *fam* (*hinausgeworfen werden*) **aus dem Restaurant/der Schule ~** être viré(e) du restaurant/de l'école (*fam*)
hinaus|führen **I.** *itr V* ❶ (*nach draußen führen*) *Tür, Gang:* conduire dehors; **aus etw ~** conduire hors de qc
❷ (*weiter führen*) **über etw** (*Akk*) ~ *Plan, Vorgehen:* dépasser qc
II. *tr V* reconduire *Person;* **jdn aus etw ~** conduire qn hors de qc
hinaus|gehen *unreg* **I.** *itr V + sein* ❶ (*nach draußen gehen*) *Person:* sortir; **zur Tür/auf die Straße ~** sortir par la porte/dans la rue; **auf den Hof/in den Garten ~** *Tür:* donner sur la cour/le jardin
❷ (*abgeschickt werden*) **zu jdm ~** *Brief, Sendung, Lieferung:* être envoyé(e) chez qn
❸ (*gerichtet sein*) **auf den Hof ~** *Fenster, Tür, Zimmer:* donner sur la cour; **nach Osten ~** être exposé(e) à l'est
❹ (*überschreiten*) **über seine Befugnisse ~** aller au-delà de ses attributions
II. *itr V unpers + sein* **wo geht es hinaus?** par où est la sortie?; **es geht nur** [**da**] **vorne hinaus** on ne peut sortir que par-devant
hinaus|geleiten* *tr V geh* **jdn ~** accompagner qn dehors; **jdn aus der Tür/zum Wagen ~** raccompagner qn [jusqu']à la porte/voiture
hinaus|gucken *s.* **hinaussehen**
hinaus|halten *tr V unreg* **etw ~** tenir qc à l'extérieur; **die Hand zum Fenster ~** passer la main par la fenêtre
hinaus|hängen *tr V* ❶ **die Fahne zum Fenster ~** accrocher le drapeau à la fenêtre
❷ (*im Freien aufhängen*) **die Wäsche ~** pendre le linge dehors
hinaus|jagen **I.** *tr V + haben* **jdn ~** mettre qn dehors; **jdn zur Tür ~** mettre qn à la porte
II. *itr V + sein* se précipiter dehors
hinaus|katapultieren* *tr V sl* éjecter (*fam*); **jdn aus etw ~** éjecter qn de qc; **aus dem Vorstand hinauskatapultiert werden** se faire éjecter du directoire (*fam*)
hinaus|klettern *itr V + sein* grimper dehors; **aus dem Fenster ~** s'échapper par la fenêtre
hinaus|kommen *itr V unreg + sein* ❶ (*nach draußen kommen*) sortir; **zu jdm ~** rejoindre qn dehors; **wie/wo kom-**

men wir hinaus? [par] où est la sortie?
❷ (*ausgehen können*) **bei so viel Arbeit kommt man kaum hinaus** avec autant de travail, on ne peut guère mettre le nez dehors
❸ (*gelangen*) **nicht über das Anfangsstadium** ~ ne pas dépasser la phase initiale
❹ (*hinauslaufen auf*) **auf etw** (*Akk*) ~ équivaloir à qc; **das kommt auf dasselbe hinaus** ça revient au même
hinaus|komplimentieren* *tr V* éconduire; **hinauskomplimentiert werden** se faire éconduire
hinaus|können *itr V unreg fam* pouvoir sortir; **[hier/vorne]** ~ pouvoir sortir [par ici/par-devant]
hinaus|lassen *tr V unreg* ❶ (*nach draußen lassen*) laisser sortir; **jdn aus einem Raum** ~ laisser sortir qn d'une pièce; **jdn nicht aus der Tür** ~ ne pas laisser sortir qn
❷ (*hinausbegleiten*) **jdn** ~ accompagner qn vers la sortie
hinaus|laufen *itr V unreg + sein* ❶ (*nach draußen laufen*) sortir [en courant]
❷ (*gleichbedeutend sein*) **auf etw** (*Akk*) ~ équivaloir à qc; **das läuft auf dasselbe** [*o* **aufs Gleiche**] **hinaus** ça revient au même
hinaus|lehnen *r V* **sich** ~ se pencher [au-]dehors; **sich aus dem Fenster/aus dem Auto** ~ se pencher par la fenêtre/à l'extérieur de la voiture
hinaus|posaunen* *s.* **ausposaunen**
hinaus|ragen *itr V + sein* ❶ (*nach außen ragen*) dépasser; **auf etw** (*Akk*) ~ dépasser sur qc
❷ (*überragen*) **über etw** (*Akk*) ~ *Berg, Turm:* se dresser au-dessus de qc
❸ (*übertreffen*) **über jdn/etw** ~ dominer qn/qc
hinaus|reichen I. *tr V geh* tendre; **[jdm] etw** ~ tendre qc [à qn]
II. *itr V* ❶ (*nach draußen reichen*) **bis zur Straße** ~ *Kabel, Leitung, Rohr:* aller jusqu'à la rue
❷ (*weiter reichen als*) **über das Monatsende** ~ *Betrag, Haushaltsgeld, Vorräte:* être suffisant(e) pour dépasser la fin du mois
hinaus|rennen *itr V unreg + sein fam* sortir en courant; **[schnell]** ~ sortir en courant
hinaus|schaffen *tr V* (*hinausbringen*) mettre dehors *Person;* sortir *Gegenstand;* **jdn/etw** ~ mettre qn dehors/sortir qc
hinaus|schauen *s.* **hinaussehen**
hinaus|schicken *tr V* faire sortir; envoyer dehors *Kinder*
hinaus|schieben *tr V unreg* ❶ (*nach draußen schieben*) pousser dehors; **jdn/etw** ~ pousser qn/qc dehors; **den Schrank zur Tür** ~ pousser l'armoire par la porte
❷ (*hinauszögern*) **etw** ~ remettre qc à plus tard
hinaus|schießen *itr V unreg + sein* ❶ (*nach draußen schießen*) tirer dehors; **aus dem Fenster** ~ tirer par la fenêtre
❷ *fam* (*hinausrennen*) **[zur Tür]** ~ foncer dehors (*fam*)
hinaus|schmeißen *tr V unreg fam* foutre dehors (*fam*); **jdn/etw** ~ foutre qn/qc dehors; **hinausgeschmissen werden** se faire foutre dehors (*fam*)
Hinausschmiss[RR] *s.* **Rausschmiss**
hinaus|schmuggeln *tr V* faire sortir clandestinement; **jdn/etw** ~ faire sortir qn/qc clandestinement
hinaus|schreien *unreg* **I.** *itr V* crier dehors; **zum Fenster** ~ crier par la fenêtre
II. *tr V* laisser éclater *Wut, Kummer*
hinaus|schwimmen *itr V unreg + sein* nager vers le large; **sie ist zur Sandbank hinausgeschwommen** elle a nagé vers le banc de sable
hinaus|sehen *itr V unreg* regarder dehors; **zum Fenster** ~ regarder par la fenêtre; **in den Garten/auf den Hof** ~ regarder dans le jardin/dans la cour
hinaus|sein *s.* **hinaus 1., 4.**
hinaus|setzen I. *tr V* ❶ (*nach draußen setzen*) mettre dehors; **jdn** ~ mettre qn dehors
❷ (*hinauswerfen*) **jdn** ~ mettre qn à la porte
II. *r V* **sich auf die Terrasse/in den Garten** ~ s'asseoir dehors sur la terrasse/dans le jardin
hinaus|stehlen *r V unreg geh* **sich** ~ s'esquiver
hinaus|steigen *itr V unreg + sein* sortir; **durchs Fenster** ~ sortir par la fenêtre
hinaus|stellen *tr V* sortir *Gartenmöbel;* **Schuhe/eine Pflanze** ~ mettre des chaussures/une plante dehors
hinaus|strecken *tr V* **den Arm/die Hand** ~ étendre le bras/la main au-dehors; **den Arm/Kopf zum Fenster** ~ [é]tendre le bras/passer la tête par la fenêtre; **den Kopf** ~ passer la tête au-dehors
hinaus|stürmen *itr V + sein* se précipiter dehors; **[zur Tür]** ~ se précipiter dehors
hinaus|stürzen I. *itr V + sein* ❶ *geh* (*hinausfallen*) tomber à l'extérieur
❷ (*hinauseilen*) sortir précipitamment; **zur Tür** ~ se précipiter dehors
II. *r V + haben* **sich** ~ se jeter dehors; **sich aus dem** [*o* **zum**] **Fenster** ~ se jeter par la fenêtre
hinaus|tragen *tr V unreg* ❶ (*nach draußen tragen*) transporter dehors; **jdn [zur Tür]** ~ transporter qn dehors; **etw** ~ porter qc dehors
❷ *geh* (*verbreiten*) propager *Geheimnis, Information*
hinaus|treiben *unreg* **I.** *tr V* ❶ *Person:* mettre dehors; *Strömung:* entraîner [vers le large]; **jdn** ~ *Person:* mettre qn dehors; *Strömung:* entraîner qn [vers le large]; **das Vieh aus dem Stall** ~ faire sortir le bétail de l'étable
❷ (*von zu Hause forttreiben*) **jdn** ~ faire fuir qn
II. *itr V* **auf das offene Meer** ~ dériver vers le large
hinaus|treten *itr V unreg + sein geh* sortir; **aus der Tür** ~ franchir la porte
hinaus|wachsen [-ks-] *itr V unreg + sein* ❶ (*übertreffen*) **über jdn** ~ surpasser qn
❷ (*hinter sich lassen*) **über etw** (*Akk*) ~ dépasser qc
▸ **über sich selbst** ~ se dépasser
hinaus|wagen *r V* **sich** ~ s'aventurer dehors; **sich nicht zur Tür** ~ ne pas oser sortir
hinaus|werfen *tr V unreg* ❶ (*wegwerfen*) jeter dehors; **etw** ~ jeter qc dehors
❷ *fam* (*vor die Tür setzen*) **jdn** ~ flanquer qn dehors (*fam*); (*entlassen*) flanquer qn à la porte (*fam*)
hinaus|wollen *itr V* ❶ (*nach draußen wollen*) vouloir sortir; **zu jdm** ~ vouloir sortir rejoindre qn; **er wollte gerade zur Tür hinaus** il était sur le point de sortir
❷ (*zu sprechen kommen auf*) **auf etw** (*Akk*) ~ rechercher qc; **auf einen bestimmten Punkt** ~ vouloir arriver à un point précis; **worauf willst du hinaus?** où veux-tu en venir?
hinaus|ziehen *unreg* **I.** *tr V + haben* ❶ (*nach draußen ziehen*) entraîner dehors *Person;* tirer dehors *Gegenstand;* **jdn** ~ entraîner qn dehors; **etw** ~ tirer qc dehors
❷ (*woandershin ziehen*) **jdn** ~ *Fernweh, Sehnsucht:* pousser qn à partir; **ihre Sehnsucht zog sie stets in die Welt hinaus** sa nostalgie la poussait toujours vers de nouveaux horizons
II. *itr V + sein* ❶ (*abziehen*) *Rauch, Bratendunst, Schwaden:* sortir
❷ (*nach außerhalb ziehen*) partir; **aufs Land/in die Vorstadt** ~ s'installer à la campagne/en banlieue
III. *r V + haben Prozess, Entscheidung:* être retardé(e)
IV. *tr V unpers + haben* **es zieht ihn/sie hinaus** il/elle a envie de s'évader; **es zieht ihn hinaus in die freie Natur** il a envie de s'évader en pleine nature
hinaus|zögern I. *tr V* retarder
II. *r V* **sich** ~ être retardé(e)
Hinauszögerung <-, -en> *f* retard *m; einer Entscheidung* ajournement *m*
hin|bekommen* *s.* **hinkriegen**
hin|bestellen* *tr V* convoquer
hin|biegen *tr V unreg fam* ❶ (*bereinigen*) **das werden wir schon wieder** ~ on va rattraper ça

❷ *pej* (*manipulieren*) **es** [**so**] **~, dass** goupiller les choses de telle sorte que + *subj* (*fam*)
❸ (*umerziehen*) **den werden wir schon ~!** on va le mettre dans notre poche!
hin|blättern *tr V fam* allonger (*fam*) *Betrag, Banknoten, Geld*
Hinblick *m* ▶ **im** [*o* **in**] **~ auf etw** (*Akk*) (*hinsichtlich*) compte tenu de qc; (*wegen, aufgrund*) par considération pour qc; **im ~ darauf, dass** compte tenu du fait que + *indic*
hin|bringen *tr V unreg* ❶ (*bringen*) apporter; [**jdm**] **etw ~** apporter qc [à qn]; **etw zu jdm ~ lassen** faire parvenir qc à qn
❷ (*begleiten*) y emmener
hin|denken *itr V unreg* ▶ **wo denkst du/denken Sie hin!** que vas-tu/qu'allez-vous imaginer!
hinderlich ['hɪndɐlɪç] *geh* **I.** *Adj* ❶ (*behindernd*) gênant(e)
❷ (*ein Hindernis darstellend*) **für jdn/etw** [*o* **jdm/einer S.**] **~ sein** *Tatsache, Umstand, Vorfall:* être un handicap pour qn/qc
II. *Adv* **sich ~ auf etw** (*Akk*) **auswirken** constituer un handicap pour la suite de qc
hindern ['hɪndɐn] *tr V* ❶ (*abhalten*) retenir; **jdn am Sprechen ~** empêcher qn de parler; **jdn** [**daran**] **~ etw zu tun** empêcher qn de faire qc
❷ (*stören*) **jdn beim Gehen ~** gêner qn pour marcher; **das Kleid hindert mich bei der Arbeit** la robe me gêne pour travailler
Hindernis ['hɪndɐnɪs] <-ses, -se> *nt* obstacle *m;* **ein ~ für seine/ihre Karriere** une entrave à sa carrière
▶ **jdm ~ se in den Weg legen** mettre des bâtons dans les roues à qn
Hindernislauf *m,* **Hindernisrennen** *nt* course *f* d'obstacles
Hinderungsgrund *m* empêchement *m*
hin|deuten *itr V* ❶ (*hinzeigen*) montrer; **mit dem Finger/einem Zeigestock auf etw** (*Akk*) **~** montrer qc du doigt/avec une baguette
❷ (*vermuten lassen*) **auf etw ~** laisser augurer qc; **darauf ~, dass** indiquer que + *indic*
Hindi ['hɪndi] <-> *nt kein Art* hindi *m;* **auf ~** en hindi; *s. a.* **Deutsch**
Hindu ['hɪndu] <-[s], -[s]> *m* hindou(e) *m(f)*
Hinduismus [hɪndu'ɪsmʊs] <-> *m* hindouisme *m*
hinduistisch I. *Adj* hindou(e)
II. *Adv erziehen* dans l'hindouisme; *prägen* par l'hindouisme
hindurch [hɪn'dʊrç] *Adv* ❶ (*räumlich*) **hier ~** par ici; **wo ~?** par où passer?; **durch die Wand ~** à travers le mur
❷ (*zeitlich*) **die ganze Nacht ~** toute la nuit; **Jahre ~** pendant des années
hindurch|drängen *r V* **sich ~** se frayer un passage **hindurch|dringen** *itr V unreg + sein* passer à travers; **durch etw ~** *Feuchtigkeit, Lichtstrahl:* passer au travers de qc **hindurch|gehen** *itr V unreg + sein* ❶ (*durchschreiten*) **durch etw/unter etw** (*Dat*) **~** passer par/sous qc ❷ (*durchdringen*) **durch jdn/etw ~** *Strahlen, Messer, Geschoss:* traverser qn/qc ❸ (*bewegt werden können*) **durch etw ~** *Bohrer:* passer au travers de qc ❹ (*passen*) **durch etw ~** passer par qc
hin|dürfen *itr V unreg fam* pouvoir y aller; **da darfst du nicht mehr hin** je ne veux plus que tu y ailles
hin|eilen *itr V + sein geh* ❶ **zu jdm ~** se rendre en hâte chez qn
❷ (*eilen*) se hâter
hinein [hɪ'naɪn] *Adv* **da/dort/hier ~!** il faut entrer là/là-bas/ici!; **~ mit dir!** entre!; **nur ~!** entre/entrez donc!
hinein|begeben* *r V unreg geh* **sich ~** entrer; **sich in etw** (*Akk*) **~** se rendre à l'intérieur de qc
hinein|bekommen* *tr V unreg fam* faire entrer; **etw in etw** (*Akk*) **~** faire entrer qc dans qc; **das Buch bekomme ich nicht mehr in den Koffer hinein** ce livre ne rentre plus dans ma valise
hinein|blicken *itr V geh* regarder à l'intérieur; **in etw** (*Akk*)/**durch etw ~** regarder à l'intérieur de/par qc
hinein|bringen *tr V unreg* ❶ (*hineintragen*) apporter
❷ (*hineinbegleiten*) **jdn zu jdm ~** amener qn vers qn
❸ (*schaffen*) **Ordnung in etw** (*Akk*) **~** mettre de l'ordre dans qc; **Sinn in etw** (*Akk*) **~** apporter du sens à qc
❹ *s.* **hineinbekommen**
hinein|bugsieren* *tr V fam* transbahuter à l'intérieur (*fam*); **etw in etw** (*Akk*) **~** transbahuter qc à l'intérieur de qc
hinein|denken *r V unreg* **sich in jdn ~** se mettre à la place de qn; **sich in etw** (*Akk*) **~** se pénétrer de qc (*soutenu*); **sich in die Psyche eines Kindes ~** entrer dans le psychisme d'un enfant
hinein|deuten *tr V* **etw in etw** (*Akk*) **~** tirer qc de qc; **zu viel in einen Satz ~** surinterpréter une phrase
hinein|drängen I. *tr V + haben* pousser à l'intérieur; **jdn in etw** (*Akk*) **~** pousser qn à l'intérieur de qc
II. *itr V + sein* **in etw** (*Akk*) **~** se presser pour entrer dans qc
III. *r V + haben* **sich in den Saal ~** se frayer un passage pour entrer dans la salle
hinein|fallen *itr V unreg + sein* tomber dedans; **in etw** (*Akk*) **~** tomber dans qc
hinein|finden *unreg* **I.** *itr V* trouver le chemin pour entrer; **in etw** (*Akk*) **~** trouver le chemin pour entrer dans qc
II. *r V* ❶ (*sich vertraut machen*) **sich ~** se mettre au courant; **sich in etw** (*Akk*) **~** se familiariser avec qc
❷ (*sich abfinden*) **sich in etw** (*Akk*) **~** se faire à qc
hinein|fressen *tr V unreg* ❶ *sl* (*hinunterschlingen*) **etw in sich** (*Akk*) **~** s'enfiler qc (*fam*)
❷ *fam* (*nicht abreagieren*) **etw in sich** (*Akk*) **~** ravaler qc [en soi-même]
hinein|gehen *itr V unreg + sein* (*eintreten, hineinpassen*) entrer; **in etw** (*Akk*) **~** entrer dans qc
hinein|geraten* *itr V unreg + sein* **in etw** (*Akk*) **~** tomber dans qc
hinein|gießen *tr V unreg* ❶ **etw ~** verser qc dedans; **etw in etw** (*Akk*) **~** verser qc dans qc
❷ *fam* (*trinken*) **etw in sich** (*Akk*) **~** siffler qc (*fam*)
hinein|greifen *itr V unreg* mettre la main dedans; **in etw** (*Akk*) **~** mettre la main dans qc; **hier, greif mal hinein!** (*bedien dich*) vas-y, sers-toi!
hinein|gucken *s.* **hineinsehen**
hinein|halten *tr V unreg* **etw ~** maintenir qc dedans; **seine Hände in etw** (*Akk*) **~** maintenir ses mains dans qc
hinein|interpretieren* *tr V* **etw in etw** (*Akk*) **~** tirer qc de qc; **zu viel in einen Satz ~** surinterpréter une phrase
hinein|klettern *itr V + sein* grimper à l'intérieur; **durch das Fenster ~** grimper à l'intérieur par la fenêtre; **in etw** (*Akk*) **~** grimper dans qc
hinein|knien [-kniːn, -kniːən] *r V fam* **sich ~** se donner à fond; **sich in etw** (*Akk*) **~** se donner à fond dans qc
hinein|kommen *itr V unreg + sein* ❶ (*hineingelangen*) entrer; **in ein Gebäude ~** entrer dans un bâtiment
❷ *fam* (*hineingehören*) **wo kommt der Käse hinein?** où se range le fromage?
hinein|komplimentieren* *tr V* inviter à entrer; **jdn in etw** (*Akk*) **~** inviter qn à entrer dans qc
hinein|kriegen *s.* **hineinbekommen**
hinein|lachen *itr V* **in sich** (*Akk*) **~** rire sous cape [*o* dans sa barbe]
hinein|lassen *tr V unreg* laisser entrer
hinein|laufen *itr V unreg + sein* ❶ (*schnell eintreten*) entrer [en courant]; **ins Haus/zum Tor ~** entrer dans la maison/franchir le porche en courant
❷ (*laufen gegen*) **in ein Auto ~** se précipiter dans une voiture
hinein|legen I. *tr V* ❶ (*legen*) **etw ~** mettre qc dedans; **etw wieder ~** remettre qc dedans; **etw in die Schublade ~** mettre qc dans le tiroir
❷ (*sich ausdrücken lassen*) **sein ganzes Gefühl in etw** (*Akk*) **~** mettre tout son cœur dans qc

II. *r V* **sich** ~ se coucher dedans; **sich in etw** (*Akk*) ~ se coucher dans qc
hineinmanövrieren* [-vr-] *r V* **sich in etw** (*Akk*) ~ s'embarquer dans qc
hineinpassen *itr V* (*dazu passen*) **in etw** (*Akk*) ~ être à sa place dans qc; **in etw** (*Akk*) **nicht** ~ être déplacé(e) dans qc
hineinpfuschen *itr V fam* **jdm** ~ mettre son bazar dans les affaires de qn (*fam*); **jdm in seine Arbeit** ~ mettre son bazar dans le travail de qn (*fam*); **immer muss er in alles ~!** il faut toujours qu'il mette son bazar partout!
hineinplatzen *itr V + sein fam* [bei jdm/in etw (*Akk*)] ~, débarquer [*o* se pointer *fam*] [chez qn/dans qc]
hineinpumpen *tr V* injecter *Beton;* **Wasser in etw** ~ introduire de l'eau par pompage dans qc
hineinragen *itr V + sein* **in etw** (*Akk*) ~ dépasser sur qc
hineinreden *itr V* (*sich einmischen*) **jdm** ~ se mêler des affaires de qn; **jdm in alles** ~ se mêler sans arrêt des affaires de qn
hineinregnen *itr V unpers* pleuvoir à l'intérieur; **es regnet durchs Dach hinein** il pleut par le toit à l'intérieur
hineinreichen I. *tr V* passer; **jdm etw durchs Fenster** ~ passer qc à qn par la fenêtre
II. *itr V* ❶ **bis in das Dorf** ~ arriver jusqu'au cœur du village
❷ (*zeitlich*) **bis in die Gegenwart** ~ se poursuivre jusqu'à nos jours
hineinreiten *unreg* I. *itr V + sein* **in eine Stadt/einen Fluss** ~ entrer à cheval dans une ville/rivière
II. *tr V + haben fam* **jdn ~/in etw** (*Akk*) ~ fourrer qn dedans/dans qc (*fam*)
hineinrennen *itr V unreg + sein fam* entrer en courant; **in das Haus** ~ entrer dans la maison en courant
hineinschaffen *tr V* transporter à l'intérieur; **jdn/etw** ~ transporter qn/qc à l'intérieur; **jdn/etw in das Haus** ~ transporter qn/qc à l'intérieur de la maison
hineinschauen *itr V* ❶ *fam* (*besuchen*) passer; **bei jdm** ~ passer chez qn; **bei jdm auf einen Sprung** ~ faire un saut chez qn
❷ *s.* **hineinsehen**
hineinschleichen *unreg* I. *itr V + sein* se glisser à l'intérieur; **in etw** (*Akk*) ~ se glisser à l'intérieur de qc
II. *r V* **sich in etw** (*Akk*) ~ se glisser à l'intérieur de qc
hineinschlingen *tr V unreg* **etw in sich** (*Akk*) ~ engloutir qc
hineinschlittern *itr V + sein* ❶ *fam* (*hineingeraten*) **in etw** (*Akk*) ~ se fourrer dans qc
❷ (*hineinrutschen*) glisser dedans; **in etw** (*Akk*) ~ glisser dans qc
hineinschlüpfen *itr V + sein* (*anziehen*) enfiler; **können Sie [schnell/kurz] ~?** pouvez-vous enfiler ça [vite fait]?; **in etw** (*Akk*) ~ enfiler qc
hineinschmuggeln I. *tr V* introduire clandestinement; **etw in etw** (*Akk*) ~ introduire clandestinement qc dans qc
II. *r V* **sich in etw** (*Akk*) ~ s'introduire clandestinement dans qc
hineinschreiben *tr V unreg* inscrire; **etw in etw** (*Akk*) ~ inscrire qc dans qc
hineinschütten *tr V* ❶ (*schütten*) verser dedans; **etw in etw** (*Akk*) ~ verser qc dans qc
❷ *fam* (*trinken*) **etw in sich** (*Akk*) ~ siffler qc (*fam*)
hineinsehen *itr V unreg* regarder dedans; **in etw** (*Akk*) ~ regarder dans qc
hineinsetzen I. *tr V* **jdn** ~ asseoir qn dedans; **jdn in etw** (*Akk*) ~ asseoir qn dans qc
II. *r V* **sich** ~ s'asseoir dedans; **sich in etw** (*Akk*) ~ s'asseoir dans qc
hineinspielen *itr V* **in etw** (*Akk*) **[mit]** ~ entrer en jeu dans qc
hineinstecken *tr V* ❶ **jdn/etw** ~ mettre qn/qc dedans; **jdn/etw in etw** (*Akk*) ~ mettre qn/qc dans qc
❷ (*investieren*) **viel Arbeit** ~ mettre beaucoup de travail dedans; **viel Geld in etw** (*Akk*) ~ mettre [*o* engager] beaucoup d'argent dans qc
hineinsteigern *r V* **sich in etw** (*Akk*) ~ se laisser emporter par qc
hineinstopfen *tr V* ❶ (*stopfen*) **etw** ~ fourrer qc dedans; **etw in etw** (*Akk*) ~ fourrer qc dans qc
❷ *fam* (*essen*) **Pralinen in sich** (*Akk*) ~ se bourrer de chocolats (*fam*)
hineinstoßen *tr V unreg* **jdn/etw** ~ pousser qn/qc dedans; **jdn/etw in etw** (*Akk*) ~ pousser qn/qc dans qc
hineinströmen *itr V + sein Gas:* se répandre à l'intérieur; *Wasser, Öl, Kraftstoff:* couler à flots à l'intérieur; *Menschenmenge, Tausende:* s'engouffrer [*o* affluer] à l'intérieur; **in etw** (*Akk*) ~ *Gas:* se répandre à l'intérieur de qc; *Wasser, Öl, Kraftstoff:* couler à flots à l'intérieur [de qc]; *Menschenmenge, Tausende:* s'engouffrer [*o* affluer] à l'intérieur [de qc]
hineinstürzen I. *itr V + sein* (*fallen*) tomber dedans; **in etw** (*Akk*) ~ tomber dans qc
II. *tr V + haben geh* **jdn** ~ précipiter qn dedans; **jdn in etw** (*Akk*) ~ précipiter qn dans qc
III. *r V + haben* **sich** ~ (*Akk*) se jeter dedans; **sich in die Arbeit** (*Akk*) ~ se jeter à corps perdu dans le travail
hineintragen *tr V unreg* **jdn/etw** ~ transporter qn/qc dedans; **jdn/etw in etw** (*Akk*) ~ transporter qn/qc à l'intérieur de qc
hineintun *tr V unreg fam* **etw** ~ mettre qc dedans; **etw in etw** (*Akk*) ~ mettre qc dans qc
hineinversetzen* *r V* **sich in jdn** [*o* **in jds Lage**] ~ se mettre à la place de qn; **sich in die Antike hineinversetzt fühlen** avoir l'impression d'être transporté(e) dans l'Antiquité
hineinwachsen [-ks-] *itr V unreg + sein* ❶ *fam* (*durch Wachstum ausfüllen*) **sie wird in das Kleid** ~ à force de grandir, cette robe va lui aller
❷ (*vertraut werden*) **in eine Gemeinschaft** ~ se faire [*o* s'accoutumer] à une communauté; **in eine Aufgabe** ~ se montrer peu à peu à la hauteur d'une tâche
hineinwagen *r V* **sich** ~ oser entrer; **sich zu jdm/in etw** (*Akk*) ~ oser entrer [*o* s'aventurer] chez qn/dans qc
hineinwollen *itr V fam* vouloir entrer; **zu jdm/in das Geschäft** ~ vouloir entrer chez qn/dans le magasin
hineinziehen *unreg* I. *tr V + haben* compromettre, mouiller (*fam*); **jdn [mit]** ~ compromettre qn, mouiller qn; **jdn in etw** (*Akk*) **[mit]** ~ entraîner qn dans qc
II. *itr V + sein* **in etw** (*Akk*) ~ *Rauch, Schwaden, Geruch:* entrer dans qc
hineinzwängen I. *tr V* **etw** ~ faire entrer qc [de force] dedans; **etw in etw** (*Akk*) ~ faire entrer qc [de force] dans qc
II. *r V* **sich in einen Raum** ~ entrer de force dans une pièce; **sich in einen Rock** ~ entrer à tout prix dans une jupe [étroite]
hinfahren *unreg* I. *itr V + sein* y aller; **zu jdm** ~ aller chez qn
II. *tr V + haben* **jdn** ~ y conduire qn; **etw** ~ y apporter qc [en voiture]; **jdn zu jdm** ~ mener qn en voiture chez qn
Hinfahrt *f* trajet *m* [pour y aller]; **auf** [*o* **während**] **der** ~ à l'aller
hinfallen *itr V unreg + sein* tomber
hinfällig *Adj* ❶ (*gebrechlich*) infirme, invalide, décrépit(e)
❷ (*ungültig*) *Forderung, Rechnung* caduc(-uque), sans objet; *Argument* sans valeur, dépassé(e)
Hinfälligkeit <-> *f* ❶ *a.* JUR caducité *f*
❷ (*Ungültigkeit*) invalidité *f*
hinfinden *itr V unreg fam* trouver le chemin; **zu jdm/zur Post** ~ trouver le chemin pour aller chez qn/à la poste
hinfläzen, hinflegeln *r V fam* **sich** ~ se vautrer
hinfliegen *itr V unreg + sein* ❶ AVIAT y aller en avion
❷ *fam* (*hinfallen*) s'étaler (*fam*)
Hinflug *m* vol *m* [pour y aller]; **auf dem** ~ à l'aller; **auf dem ~ nach Paris** pendant le vol aller pour Paris
hinführen I. *tr V* **jdn** ~ y conduire qn; **jdn zu etw** ~ conduire qn à qc

II. *itr V* y conduire; **zu etw** ~ conduire à qc
► **wo soll das** ~**?** où cela va-t-il nous mener?
hing [hɪŋ] *Imp von* **hängen**
Hịngabe *f kein Pl* ardeur *f*; **mit** ~ avec ardeur
hịn|geben *unreg* **I.** *r V* ❶ (*sich überlassen*) **sich dem Nichtstun/der Verzweiflung** ~ s'abandonner à la farniente/au désespoir; **sich dem Laster** ~ s'adonner au vice
❷ *euph geh* (*sich nicht verweigern*) **sich jdm** ~ se donner à qn
II. *tr V geh* donner *Geld;* sacrifier *Ruf*
Hịngebung *s.* **Hingabe**
hịngebungsvoll **I.** *Adj* *Blick, Klavierspiel* passionné(e); *Pflege* plein(e) de dévouement
II. *Adv* *spielen* avec ferveur; *lauschen, sich widmen* passionnément; *pflegen* avec dévouement
hingegen *Konj geh* en revanche
hịn|gehen *itr V unreg + sein* ❶ (*dorthin gehen*) y aller
❷ *geh* (*vergehen*) *Zeit, Jahre:* passer
❸ (*angehen*) [**noch**] ~ passer [encore]; **diesmal mag es noch** ~ passe pour cette fois; **es geht nicht hin, dass** il est inadmissible que + *subj*
hịn|gehören* *itr V fam* **weißt du eigentlich, wo du hingehörst?** sais-tu au fait où est ta place?; **wo der Hund wohl** ~ **mag?** à qui peut-il bien être, ce chien? (*fam*); **wo gehört die Schüssel hin?** il se range où, ce plat? (*fam*)
hịn|geraten* *itr V unreg + sein* **wo bin ich hier bloß** ~**?** *fam* où est-ce que je suis tombé(e)? (*fam*)
hingerissen ['hɪngərɪsən] **I.** *Adj* ravi(e)
II. *Adv* avec ravissement
hịn|halten *tr V unreg* ❶ (*entgegenhalten*) **jdm etw** ~ tendre qc à qn
❷ (*warten lassen*) abuser; **sich von jdm** ~ **lassen** se laisser bercer par qn
Hịnhaltetaktik *f* manœuvre *f* dilatoire
hịn|hauen *unreg* **I.** *itr V fam* ❶ (*gut gehen*) marcher, coller (*fam*)
❷ (*zuschlagen*) cogner (*fam*)
II. *r V sl* **sich** ~ ❶ (*sich schlafen legen*) aller pioncer (*fam*)
❷ (*sich hinflegeln*) se vautrer
III. *tr V fam* bâcler (*fam*) *Arbeit, Hausaufgaben*
hịn|hören *itr V* écouter; **er/sie hatte nicht so genau hingehört** il/elle n'y avait pas prêté l'oreille
hịn|kauern *r V* **sich** ~ s'accroupir
Hịnkebein *nt,* **Hịnkefuß** *m fam* ❶ (*hinkendes Bein*) patte *f* folle (*fam*)
❷ (*Mensch*) boiteux(-euse) *m(f)*
Hịnkelstein *m fam* menhir *m*
hinken ['hɪŋkən] *itr V* ❶ + *haben* boiter; **auf** [*o* **mit**] **dem linken Bein** ~ boiter du pied gauche
❷ + *sein* (*sich fortbewegen*) **über die Straße** ~ traverser la rue en boitant; ~**d die Treppe hinaufgehen** monter l'escalier en boitant
❸ + *haben* (*nicht zutreffen*) *Beispiel, Vergleich:* être boiteux(-euse)
hịn|knallen *fam* **I.** *itr V + sein* *Person:* s'étaler (*fam*)
II. *tr V + haben* [**jdm**] **etw** ~ balancer qc [à qn] (*fam*)
hịn|knien [-kni:n, -kni:ən] **I.** *itr V + sein* s'agenouiller
II. *r V + haben* **sich** ~ s'agenouiller
hịn|kommen *itr V unreg + sein* ❶ (*an einen Ort gelangen*) y arriver; [**da/dort**] ~ y arriver
❷ (*hingetan werden*) **wo ist meine Brille hingekommen?** où sont passées mes lunettes?
❸ (*hingehören*) **die Gläser kommen hier hin** les verres se mettent ici
❹ *fam* (*auskommen*) **mit etw** ~ se débrouiller avec qc (*fam*); **mit dem Haushaltsgeld nicht** ~ ne pas arriver à joindre les deux bouts; **mit dem Taschengeld/seinem Gehalt nicht** ~ ne pas s'en sortir avec son argent de poche/son salaire
❺ *fam* (*stimmen*) être juste; **das kann/kann nicht** ~ ça se peut/c'est pas possible (*fam*)
► **wo kämen wir denn hin, wenn ...!** *fam* où irions-nous si ...!; **wo kämen wir denn da hin!** *fam* il [ne] manquerait plus que ça! (*fam*)
hịn|kriegen *tr V fam* ❶ (*reparieren*) rafistoler (*fam*); **etw** [**wieder**] ~ rafistoler qc
❷ (*fertig bringen*) arranger; **es** ~**, dass** arriver à se débrouiller pour que + *subj*
Hịnkunft ['hɪnkʊnft] *f* A **in** ~ à l'avenir
hịn|langen *itr V fam* ❶ (*hinfassen*) y toucher; (*die Hand ausstrecken*) tendre la main; **nicht** ~**!** pas touche! (*fam*); **der Stoff ist ganz weich, lang mal hin!** l'étoffe est toute douce, touche ça! (*fam*)
❷ (*zuschlagen*) cogner (*fam*)
❸ (*sich bedienen*) piocher dedans (*fam*)
❹ (*ausreichen*) *Geld, Vorräte:* suffire
❺ (*auskommen*) **mit etw** ~ se débrouiller avec qc (*fam*)
hịnlänglich **I.** *Adj* suffisant(e)
II. *Adv* suffisamment
hịn|lassen *tr V unreg* laisser y aller; **jdn** ~ laisser qn y aller
hịn|laufen *itr V unreg + sein* ❶ (*hinrennen*) y courir; **zu jdm** ~ courir chez qn
❷ DIAL *fam* (*zu Fuß gehen*) y aller à pied
hịn|legen **I.** *tr V* ❶ déposer *Buch, Päckchen*
❷ (*flach lagern*) allonger *Person*
❸ (*vorlegen, bereitlegen*) **jdm einen Brief/Zettel** ~ présenter une lettre/mettre un mot à qn; **wo soll ich dir die Handtücher** ~**?** où dois-je te mettre les serviettes?
❹ *fam* (*bezahlen*) **viel Geld für etw** ~ **müssen** devoir allonger beaucoup d'argent pour qc (*fam*)
❺ *fam* (*darbieten*) faire *Vortrag, Solonummer;* sortir (*fam*) *Rede*
II. *r V* ❶ (*sich schlafen legen*) **sich** ~ s'allonger, se coucher
❷ *fam* (*hinfallen*) **sich** ~ s'étaler (*fam*)
► **da legst du dich** [**lang**] **hin!** *fam* [il] y a de quoi en rester baba! (*fam*)
hịn|lümmeln *r V fam* **sich** ~ s'étaler (*fam*)
hịn|machen *fam* **I.** *tr V* **etw da/dort** ~ mettre qc ici/là
II. *itr V* **da/dort** ~ *Hund, Katze:* faire là (*fam*)
hịn|müssen *itr V unreg fam* devoir y aller; **es muss keiner hin** personne n'est obligé d'y aller
Hịnnahme <-> *f* acceptation *f*
hịn|nehmen *tr V unreg* ❶ (*ertragen*) accepter; supporter *Beleidigung, Verstoß;* **eine Niederlage** ~ **müssen** essuyer une défaite
❷ *fam* (*mitnehmen*) **einen Hund/etw mit zu jdm** ~ embarquer un chien/qc avec soi chez qn (*fam*)
hịn|neigen **I.** *r V* **sich** ~ se pencher; **sich zu jdm** ~ se pencher vers qn
II. *tr V* **etw zu jdm** ~ pencher qc vers qn
hịn|passen *itr V* ❶ (*sich einfügen*) **da passt er/sie** ~ là, il/elle est à sa place; **der Tisch passt da** [**gut**] **hin** là, la table va bien; **die Vase würde hier besser** ~ le vase irait mieux ici
❷ (*Platz haben*) **passt der Sessel da hin?** y a-t-il là assez de place pour le fauteuil?
hịn|pfeffern *tr V fam* ❶ (*hinwerfen*) balancer; **er hat ihm den Brief/seine Kündigung hingepfeffert** il lui a balancé la lettre/sa lettre de licenciement (*fam*)
❷ (*verfassen*) **sie wird ihnen einen Artikel** ~ elle va leur envoyer un article dans les gencives (*fam*)
hịn|plumpsen *itr V + sein fam* *Person:* [se] prendre une gamelle (*fam*); *Gegenstand:* se casser la figure (*fam*); **sich** ~ **lassen** s'affaler; **etw** ~ **lassen** laisser qc dégringoler par terre (*fam*)
hịn|raffen *s.* **dahinraffen**
hịn|reichen *geh* **I.** *tr V* tendre *Hand;* passer *Gegenstand*
II. *itr V* *Bestand, Vorrat:* suffire
hịnreichend ['hɪnraɪçənt] **I.** *Adj* suffisant(e)

II. *Adv* suffisamment; **ich habe dich ja ~ oft gewarnt** je t'ai assez averti!

Hinreise *f* trajet *m* [pour y] aller; **die ~ nach Rom** le trajet pour aller à Rome; **auf der ~** à l'aller; **Hin- und Rückreise** aller *m* et retour

hin|reißen *tr V unreg* ❶ (*begeistern*) *Person:* séduire; *Sportwagen, Villa:* ravir; **jdn ~** *Person:* séduire qn; *Sportwagen, Villa:* ravir qn; **von jdm/etw hingerissen sein** être émerveillé(e) par qn/qc; *s. a.* **hingerissen**
❷ (*verleiten*) **jdn zu etw ~** déclencher qc chez qn; **sich ~ lassen** s'emporter; **sich zu einer Bemerkung ~ lassen** se laisser aller à une remarque

hinreißend I. *Adj* ravissant(e)
II. *Adv tanzen, spielen* merveilleusement [bien]; **~ aussehen** être ravissant(e)

hin|rennen *s.* **hinlaufen 1.**

hin|richten *tr V* exécuter

Hinrichtung *f* exécution *f*; **eine ~ vollziehen** procéder à une exécution

hin|rotzen *tr V sl* torcher (*pop*)

hin|schaffen *tr V* **eine Kiste zu jdm ~** transporter une caisse chez qn

hin|schauen *s.* **hinsehen**

hin|schicken *tr V* envoyer

Hinschied ['hɪnʃiːt] <-s, -e> *m* CH *geh* disparition *f*, décès *m*

hin|schlagen *itr V unreg* ❶ + *sein* (*hinfallen*) tomber comme une masse
❷ + *haben* (*zuschlagen*) frapper

hin|schleichen *unreg* I. *itr V* + *sein* **zu jdm/zum Nachbarhaus ~** se glisser chez qn/se faufiler jusqu'à la maison voisine
II. *r V* + *haben* **sich ~** se glisser là; **sich zu jdm/zum Kühlschrank ~** se glisser chez qn/se faufiler jusqu'au frigo

hin|schleppen I. *r V* ❶ (*sich hinmühen*) **sich ~** se traîner jusque-là; **sich zu der Veranstaltung ~** se traîner jusqu'à la manifestation
❷ (*sich hinziehen*) **sich ~** *Verhandlungen, Untersuchungen:* traîner en longueur
II. *tr V* ❶ (*tragen*) **etw zu jdm/zum Auto ~** traîner qc jusque chez qn/jusqu'à la voiture
❷ *fam* (*mitnehmen*) **jdn mit ~** y emmener qn; **jdn mit zu jdm ~** emmener qn chez qn

hin|schludern *tr V fam* bâcler (*fam*)

hin|schmeißen *s.* **hinwerfen**

hin|schmelzen *itr V unreg* + *sein hum fam* **vor Glück ~** être chaviré(e) [de bonheur] (*fam*); **vor Rührung ~** être tout émotionné(e) (*fam*)

hin|schmieren *tr V fam* ❶ étaler *Schmutz*
❷ *pej* (*malen*) barbouiller *Bild*
❸ *pej* (*schreiben*) torch[onn]er (*fam*); gribouiller *Parole*

hin|schreiben *unreg* I. *tr V* noter *Wort, Namen*
II. *itr V fam* **wirst du [da/dort] ~?** tu vas [lui/leur] écrire?

hin|sehen *itr V unreg* regarder; **genauer [o näher] ~** y regarder de plus près; **vom bloßen Hinsehen** rien qu'à le/la/... regarder; **bei genauerem [o näherem] Hinsehen** en y regardant de plus près

hin|sein *s.* **hin I.3., II.**

hin|setzen I. *r V* **sich ~** ❶ (*sich setzen*) s'asseoir
❷ *fam* (*hinfallen*) se retrouver les quatre fers en l'air (*fam*)
II. *tr V* ❶ (*niedersetzen*) asseoir *Person*
❷ (*absetzen*) [dé]poser *Kiste, Tasche*

Hinsicht *f kein Pl* point *m* de vue; **in dieser ~** à cet égard; **in jeder ~** à tous points de vue, à tous égards; **in mancher ~** à maints égards; **in beruflicher/finanzieller ~** du point de vue [*o* sur le plan] professionnel/financier

hinsichtlich *Präp + Gen form* en ce qui concerne; **~ des Vertrags** en ce qui concerne le contrat

hin|sinken *itr V unreg* + *sein geh* s'affaisser

hinsitzen SDEUTSCH, CH *s.* **hinsetzen I.**

Hinspiel *nt* match *m* aller

hin|stehen SDEUTSCH, CH *s.* **hinstellen II.**

hin|stellen I. *tr V* ❶ (*hintun*) mettre; **etw da/dort ~** mettre qc là
❷ (*abstellen*) déposer *Fahrrad;* garer *Auto*
❸ (*charakterisieren*) **jdn als Angeber ~** faire passer qn pour un frimeur
II. *r V* **sich ~** se mettre debout; (*sich aufrichten*) se mettre droit(e); **sich vor jdn ~** se planter devant qn

hin|steuern *itr V* + *sein* **auf einen Streit/ein Ziel ~** rechercher le conflit/poursuivre un objectif

hin|strömen *itr V* + *sein Besucher, Menschenmenge:* y affluer

hin|stürzen *itr V* + *sein* ❶ (*eilen*) s'y précipiter
❷ (*hinfallen*) tomber

hintan|stellen *tr V geh* **etw ~** (*zurückstellen*) reléguer qc au second plan; (*auf später verschieben*) reporter qc à plus tard

hinten ['hɪntən] *Adv* derrière; **~ sein, sich ~ befinden** être derrière; **~ bleiben** rester en arrière; **~ im Bus** au fond du bus; **~ in der Schlange** à l'arrière de la queue; **~ am Kragen/an der Hose** sur l'envers du col/du pantalon; **der Blinker ~ rechts** le clignotant arrière droit; **~ im Buch** à la fin du livre; **[ganz] ~ sitzen** être assis(e) [tout] au fond; **nach ~ schauen/durchgehen** regarder derrière/aller vers le fond; **nach ~ fallen** tomber en arrière [*o* à la renverse]; **von ~** de derrière; **von ~ kommen** venir par derrière; **von ~ nach vorn kommen** venir de l'arrière vers l'avant; **von ~ anfangen** commencer par la fin; **von ~ sahen Sie ihm ähnlich** vous lui ressembliez de dos; **von ~ sieht der Wagen komisch aus** vue de derrière, la voiture a l'air bizarre
▶ **weder ~ noch vorn[e] stimmen** *fam* être absolument faux(fausse); **das Geld reicht weder ~ noch vorn[e]** *fam* n'importe comment, c'est pas assez [d'argent]; **sie weiß nicht mehr, wo ~ und vorn[e] ist** *fam* elle ne sait plus où elle en est; **jdm ~ reinkriechen** *fam* s'aplatir devant qn (*fam*); **sie sieht ihn/sie am liebsten von ~** *fam* moins elle le/la voit, mieux elle se porte (*fam*)

hintendran *Adv fam* [par] derrière **hintendrauf** *Adv fam* ❶ (*auf der Ladefläche*) derrière ❷ *s.* **hintendran** ▶ **jdm eins ~ geben** donner une tape sur les fesses à qn **hintenherum** *Adv* ❶ *gehen, kommen* par derrière; **kommen Sie ~!** passez par derrière! ❷ *fam* (*auf Umwegen*) par la bande ❸ *fam* (*illegal*) *bekommen, besorgen* sous le manteau **hintennach** A, SDEUTSCH *s.* **hinterdrein** **hintenrum** *s.* **hintenherum** **hintenüber** *Adv* en arrière, à la renverse

hintenüber|fallen *itr V unreg* + *sein* tomber à la renverse **hintenüber|kippen** *itr V* + *sein* basculer en arrière **hintenüber|stürzen** *itr V* + *sein* tomber à la renverse

hinter ['hɪntɐ] I. *Präp + Dat* ❶ **~ jdm/etw stehen** être [*o* se tenir] derrière qn/qc; **~ dem Berg/dem Fluss** derrière la montagne/la rivière; **zwei Kilometer ~ der Grenze** deux kilomètres après la frontière
❷ (*nach*) **~ jdm/etw** après qn/qc; **einer ~ dem anderen** l'un après l'autre; **die Tür ~ sich schließen** fermer la porte sur soi
II. *Präp + Akk* **sich ~ jdn/etw stellen** se mettre derrière qn/qc

Hinterachse [-ks-] *f* essieu *m* arrière **Hinterausgang** *m* sortie *f* de derrière **Hinterbacke** *f meist Pl fam* fesse *f* ▶ **sich auf die ~n setzen** se remuer le train (*pop*) **Hinterbänkler(in)** <-s, -> *m(f) pej* député(e) *m(f)* de seconde zone (*péj*) **Hinterbein** *nt* patte *f* de derrière ▶ **sich auf die ~e stellen** *fam* ruer dans les brancards

Hinterbliebene(r) *f(m) dekl wie Adj* parent(e) *m(f)* survivant(e); **die ~n** la famille

Hinterbliebenenrente *f* rente *f* allouée aux survivants

hinter|bringen* *tr V unreg* rapporter **Hinterdeck** *nt* pont *m* arrière **hinterdrein** [hɪntɐ'draɪn] *Adv* à l'arrière

hintere(r, s) *Adj Haus, Tür, Zimmer* de derrière; **die ~n Reihen**

les rangées du fond; **die ~n Seiten** les dernières pages; **der ~ Teil/Bereich** la partie arrière; **das ~ Stück** le bout [final]; **im ~n Teil des Zuges** à l'arrière du train, en queue du train; **im ~n Teil des Saales** au fond de la salle

hintereinander [hɪntɐʔaɪˈnandɐ] *Adv* ① *(räumlich)* l'un(e) derrière l'autre; **~ fahren** rouler l'un(e) derrière l'autre; **~ gehen** marcher l'un(e) derrière l'autre; **~ hergehen** marcher en file indienne; **~ stehen** *Personen:* être debout l'un(e) derrière l'autre; *Fahrzeuge:* être l'un(e) derrière l'autre
② *(zeitlich)* **etw ~ tun** *(wiederholt)* faire qc de suite; *(an einem Stück)* faire qc d'affilée

hintereinander|fahren *s.* hintereinander 1.

hintereinander|gehen *s.* hintereinander 1.

hintereinanderher *Adv* l'un(e) derrière l'autre, à la queue leu leu

hintereinander|stehen *s.* hintereinander 1.

Hintereingang *m* entrée *f* de derrière **hinterfotzig** *Adj, Adv* DIAL *sl Person* salaud(salope) *(pop)*; *Intrige* dégueulasse *(pop)*; **ein ganz ~er Typ** un véritable salaud *(pop)*; **dieses ~e Weib** cette salope *(pop)* **hinterfragen*** *tr V geh* remettre en question; **etw ~** remettre qc en question **Hinterfuß** *m* pied *m* de derrière **Hintergaumenlaut** *m* PHON vélaire *f* **Hintergebäude** *nt* bâtiment *m* de derrière **Hintergedanke** *m* arrière-pensée *f;* **~n haben** avoir quelque chose derrière la tête; **ohne ~n** sans [aucune] arrière-pensée **hintergehen*** *tr V unreg* ① *(betrügen)* tromper ② *(sexuell betrügen)* **jdn mit jdm ~** tromper qn avec qn **Hinterglasmalerei** *f* KUNST ① *(Bild) image peinte sur l'envers d'une surface en verre* ② *kein Pl (Technik)* peinture *f* sur verre **Hintergrund** *m* ① *einer Bühne, eines Raumes, Gemäldes* fond *m* ② *(Bedingungen, Umstände)* toile *f* de fond; **einen realen ~ haben** *Legende:* reposer sur un fait authentique; **vor dem ~ dieser Ereignisse** au vu de ces événements ③ *Pl (verborgene Zusammenhänge)* dessous *mpl* ▶ **im ~ bleiben** rester dans l'ombre [*o* en retrait]; **jdn in den ~ drängen** reléguer qn au second plan; **in den ~ treten** être relégué(e) au second plan [*o* à l'arrière-plan]

Hintergrunddatei *f* INFORM fichier *m* d'arrière-plan **Hintergrundgeräusch** *nt* bruit *m* de fond

hintergründig [-grʏndɪç] **I.** *Adj Frage, Lächeln* énigmatique; *Humor* hermétique; *Affäre, Zusammenhänge* complexe
II. *Adv lächeln* de façon énigmatique; **~ fragen** poser des questions pleines de sous-entendus

Hintergrundinformation *f* information *f* de fond **Hintergrundmusik** *f* musique *f* de fond **Hintergrundspeicher** *m* INFORM mémoire *f* à arrière-plan **Hintergrundverarbeitung** *f* INFORM traitement *m* de fond **Hintergrundwissen** *nt* connaissances *fpl* générales

Hinterhalt *m* cachette *f* [pour une embuscade]; **jdn in einen ~ locken** attirer qn dans une embuscade; **in einen ~ geraten** tomber dans une embuscade; **aus dem ~** par surprise

hinterhältig [ˈhɪntɐhɛltɪç] **I.** *Adj* sournois(e); **so ein ~er Betrüger!** quel faux jeton! *(fam)*
II. *Adv* de façon sournoise

Hinterhältigkeit <-, -en> *f* sournoiserie *f*

Hinterhand *f* ZOOL arrière-main *f* ▶ **etw in der ~ haben** avoir qc dans sa manche **Hinterhaus** *nt* maison *f* du fond

hinterher *Adv* ① *(zeitlich)* après; *(im Nachhinein)* après coup ② *(räumlich)* derrière; **los, schnell ~!** vite, courons après!

hinterher|fahren [hɪntɐˈheːɐ-] *itr V unreg + sein* suivre en voiture; **[jdm/einer S.] ~** suivre [qn/qc] en voiture **hinterher|hinken** *itr V + sein* ① suivre derrière en boitant; **[jdm/einer S.] ~** suivre derrière [qn/qc] en boitant ② *(mit Verzögerung folgen)* **der Inflation** *(Dat)* **~** suivre l'inflation tant bien que mal; **den gesellschaftlichen Realitäten ~** *Gesetzgebung:* être à la traîne des réalités sociales **hinterher|kommen** *itr V unreg + sein* ① *(folgen)* suivre; **[jdm] ~** suivre [qn]; **ich komme nicht mehr hinterher!** je n'arrive plus à suivre! ② *(die Folge sein)* s'ensuivre **hinterher|laufen** *itr V unreg + sein* ① *(folgen)* courir derrière; **jdm ~** courir après qn ② *fam (sich bemühen)* **jdm/einer S. ~** courir après qn/qc *(fam)* **hinterher|schicken** *tr V* envoyer; **[jdm] jdn/etw ~** envoyer qn/qc [à la suite de qn]

Hinterhof *m* arrière-cour *f* **Hinterindien** *nt* Asie *f* du Sud-Est **Hinterkopf** *m* arrière *m* de la tête ▶ **etw im ~ behalten** *fam* garder qc en tête **Hinterlader** <-s, -> *m* arme *f* à chargement par la culasse **Hinterland** *nt kein Pl* arrière-pays *m* **hinter|lassen*** *tr V unreg* ① *(zurücklassen)* laisser; **~e Werke** œuvres *fpl* posthumes; **etw sauber/unaufgeräumt ~** laisser qc parfaitement propre/en désordre ② *(vermachen)* léguer

Hinterlassenschaft <-, -en> *f* ① *(Vermächtnis)* héritage *m* ② *fam (liegen gelassene Dinge)* **seine/ihre ~** les vestiges de son passage *(hum)*
▶ **jds ~ antreten** *Erbe:* recueillir la succession de qn; *Nachfolger:* devoir régler l'héritage de qn

Hinterlassung <-> *f* ▶ **ohne/unter ~ einer S.** *(Gen) form* sans laisser/non sans laisser qc

Hinterlauf *m* patte *f* de derrière

hinterlegen* *tr V* déposer

Hinterlegung <-, -en> *f* dépôt *m;* **~ einer Barsicherheit** dépôt *m* d'une garantie en espèces; **gegen ~ eines Pfands** contre le dépôt d'une caution; **~ bei Gericht** séquestre *m* judiciaire

Hinterlegungspflicht *f* ÖKON *(bei der Einfuhr)* obligation *f* de dépôt

Hinterlist *f kein Pl* ruse *f*

hinterlistig **I.** *Adj* sournois(e)
II. *Adv* de façon sournoise

hinterm [ˈhɪntɐm] = **hinter dem** *s.* **hinter**

Hintermann <-männer> *m* ① *(opp: Vordermann)* **dein ~** ton voisin de derrière; *(Auto, Autofahrer)* le conducteur [qui est] derrière toi
② *Pl pej fam (Drahtzieher)* instigateurs *mpl*

Hintermannschaft *f* défense *f*

hintern [ˈhɪntɐn] = **hinter den** *s.* **hinter**

Hintern <-s, -> *m fam* postérieur *m (fam)*, derrière *m;* **er hat ihn in den ~ getreten** il lui a donné un coup de pied dans le derrière *(fam)*; **jdm den ~ versohlen** flanquer une fessée à qn *(fam)*
▶ **ich könnte mich in den ~ beißen, dass ich das vergessen habe!** *fam* je me flanquerais des baffes pour avoir oublié ça! *(fam)*; **jdm in den ~ kriechen** *sl* lécher les bottes à qn *(fam)*; **sich auf den ~ setzen** *fam (hinfallen)* se retrouver sur les fesses; *(zu arbeiten beginnen)* en mettre un coup

Hinterpfote *f* patte *f* de derrière **Hinterrad** *nt* roue *f* arrière

Hinterradantrieb *m* propulsion *f* arrière; **mit ~** à propulsion arrière

hinterrücks [ˈhɪntɐrʏks] *Adv* par derrière

hinters [ˈhɪntɐs] = **hinter das** *s.* **hinter**

Hinterschinken *m* jambon *m (de la cuisse)* **Hinterseite** *f* ① *eines Gebäudes* arrière *m* ② *s.* **Hintern** **Hintersinn** *m* sens *m* caché **hintersinnen*** *r V unreg* CH **sich ~** broyer du noir; **sich ~, wo/wann/warum ...** réfléchir où/quand/pourquoi ... **hintersinnig** *Adj Person* énigmatique; *Bemerkung* plein(e) de sous-entendu[s]; *Wort* lourd(e) de sens **Hintersitz** *m* siège *m* arrière

hinterste(r, s) *Adj Superl von* **hintere(r, s)** ① **der ~ Winkel des Zimmers** le coin le plus reculé de la chambre; **in der ~n Reihe** au [tout] dernier rang
② GEOG **im ~n Afrika** au fin fond de l'Afrique
▶ **das Hinterste zuvorderst kehren** *fam* tout chambouler *(fam)*

Hintersteven [-vən] *m* NDEUTSCH derrière *m* **Hinterteil** *nt fam (Gesäß)* postérieur *m (fam)*, arrière-train *m (fam)* **Hintertreffen** *nt kein Pl* ▶ **gegenüber jdm ins ~ geraten** perdre du terrain par rapport à qn; **jdm gegenüber im ~ sein** se retrouver à la traîne par rapport à qn **hintertreiben*** *tr V unreg*

H

faire échec à **Hintertreppe** *f* escalier *m* de service
Hintertupfing[en] ['hɪntɐ'tʊpfɪŋən] <-s> *nt kein Pl fam* Petaouchnoque (*fam*); **die kommen aus ~!** ils/elles sortent tout droit de leur trou! (*fam*)
Hintertür *f*, **Hintertürl** [-ty:ɐl] <-s, -[n]> *nt* A ❶ *eines Gebäudes* porte *f* de derrière
❷ *fam* (*Ausweg*) porte *f* de sortie
▸ **sich** (*Dat*) **[noch] eine ~ offen halten** [*o* **lassen**] se ménager une porte de sortie; **durch die ~** par la bande
Hinterwäldler(in) ['hɪntɐvɛltlɐ] <-s, -> *m(f) fam* plouc *mf* (*fam*)
hinterwäldlerisch *Adj fam Ansichten, Methoden* de plouc (*fam*); **~ sein** être un(e) plouc (*fam*)
hinterziehen* *tr V unreg* frauder sur; **Steuern ~** frauder le fisc
Hinterziehung *f* fraude *f*; **~ von drei Millionen Euro** fraude portant sur trois millions d'euros
Hinterzimmer *nt* chambre *f* donnant sur l'arrière; *einer Gaststätte* arrière-salle *f*; *eines Ladens* arrière-boutique *f*
hin|tragen *tr V unreg* porter *Person;* transporter *Gegenstand;* **jdn/etw zu jdm/zum Haus ~** porter qn/transporter qc chez qn/dans la maison
hin|treten *itr V unreg + sein* ❶ (*gegenübertreten*) **vor jdn ~** s'avancer devant qn
❷ (*sich nähern*) **zu jdm ~** s'avancer vers qn
hin|tun *tr V unreg fam* **etw da/dort ~** mettre qc là
hinüber [hɪ'ny:bɐ] **I.** *Adv* de l'autre côté; **~ und herüber** d'un côté et de l'autre
II. *Adj fam* ❶ (*verdorben, defekt*) **~ sein** *Lebensmittel, Gerät, Motor:* être fichu(e) (*fam*)
❷ *fam* (*tot*) **~ sein** avoir passé l'arme à gauche (*fam*)
❸ *fam* (*bewusstlos*) **~ sein** être tombé(e) dans les vapes (*fam*)
❹ *fam* (*eingeschlafen*) **gleich ~ sein** roupiller tout de suite (*fam*)
❺ *fam* (*hinübergegangen*) **zu jdm/ins Büro ~ sein** être parti(e) chez qn/au bureau
hinüber|befördern *tr V* transporter de l'autre côté; **jdn/etw ~** transporter qn/qc de l'autre côté **hinüber|blicken** *itr V* regarder de l'autre côté; **zu jdm/etw ~** regarder du côté de qn/qc **hinüber|bringen** *tr V unreg* **jdn über die Brücke ~** amener qn de l'autre côté du pont; **etw zum anderen Ufer ~** transporter qc sur l'autre rive **hinüber|fahren** *unreg* **I.** *tr V + haben* **jdn/etw zu jdm ~** amener qn/apporter qc chez qn; **jdn über die Grenze ~** faire passer la frontière à qn; **könntest du mich nach Ulm ~?** pourrais-tu m'amener à Ulm? **II.** *itr V + sein* passer de l'autre côté; **zu jdm ~** passer chez qn; **nach Heidelberg/über den Neckar ~** aller à Heidelberg/traverser le Neckar **hinüber|führen I.** *tr V* **jdn ~** conduire qn de l'autre côté; **jdn auf die andere Straßenseite ~** faire traverser la rue à qn; **jdn ins Behandlungszimmer ~** amener qn dans la salle de soins **II.** *itr V* conduire de l'autre côté; **auf die andere Seite ~** conduire de l'autre côté; **über den Fluss ~** traverser la rivière **hinüber|gehen** *itr V unreg + sein* ❶ (*auf die andere Seite gehen*) traverser; **auf die andere Straßenseite ~** traverser la rue; **über die Brücke ~** traverser par le pont ❷ (*hingehen*) y aller; **ins Nebenzimmer ~** aller dans la pièce d'à côté **hinüber|helfen** *itr V unreg* aider à traverser; **sie half ihm auf die andere Straßenseite** elle l'aida à traverser la rue **hinüber|kommen** *itr V unreg + sein* ❶ **sie wird auf die andere Straßenseite ~** elle va traverser la rue; **er ist über die Brücke hinübergekommen** il a traversé par le pont ❷ *fam* (*besuchen*) **ich komme zu dir/euch ... hinüber** je viens chez toi/vous ... **hinüber|lassen** *tr V unreg* **jdn ~** laisser passer qn de l'autre côté; **jdn zu jdm ~** laisser aller qn chez qn; **jdn über die Grenze ~** laisser qn passer la frontière; **die Autos werden dich nicht auf die andere Straßenseite ~** les voitures ne te laisseront pas traverser [la rue] **hinüber|reichen I.** *tr V geh* passer; **jdm etw über den Tisch ~** passer qc à qn par-dessus la table **II.** *itr V* ❶ (*sich erstrecken*) **über die Grenze/ins Nachbarland ~** s'étendre au-delà de la frontière/jusque dans le pays voisin ❷ (*lang genug sein*) **auf die andere Seite ~** *Seil:* être assez long(longue) pour atteindre l'autre côté **hinüber|retten I.** *tr V* ❶ (*in Sicherheit bringen*) **seine Habe ~** emporter ses biens en lieu sûr ❷ (*erhalten, beibehalten*) sauvegarder *Macht, Privilegien* **II.** *r V* ❶ **sich ~** *Person:* se mettre en sûreté; **sich über die Grenze ~** se mettre en sûreté de l'autre côté de la frontière ❷ (*sich erhalten*) **sich ~** *Brauchtum, Kulturgut:* se perpétuer **hinüber|rufen** *unreg tr V* **jdm etw ~** dire qc à qn de loin; **etw über den Zaun ~** crier qc par-dessus la clôture; **zu jdm „Guten Morgen!" ~** crier "bonjour" [de loin] à qn **hinüber|schauen** *s.* **hinüberblicken** **hinüber|schicken** *tr V* envoyer **hinüber|schwimmen** *itr V unreg + sein* nager de l'autre côté; **zur Insel ~** gagner l'île à la nage
hinüber|sein *s.* **hinüber II.1-5**
hinüber|springen *itr V unreg + sein* ❶ (*über etw springen*) sauter au-dessus ❷ *fam* (*hinübergehen*) **schnell zur Apotheke ~** faire un saut à la pharmacie **hinüber|steigen** *itr V unreg + sein* passer par-dessus; **über etw** (*Akk*) **~** passer par-dessus qc; **auf die andere Seite ~** passer de l'autre côté **hinüber|tragen** *tr V unreg* **etw ~** porter qc de l'autre côté; **die Koffer in das andere Zimmer ~** porter les valises dans l'autre chambre **hinüber|werfen** *tr V unreg* **etw ~** lancer qc de l'autre côté; **etw in den Nachbargarten ~** lancer qc dans le jardin voisin
hin- und her|bewegen* **I.** *tr V* (*vor und zurück*) manœuvrer d'avant en arrière; (*nach rechts und links*) manœuvrer de gauche à droite; **etw ~** (*vor und zurück*) manœuvrer qc d'avant en arrière; (*nach rechts und links*) manœuvrer qc de gauche à droite **II.** *r V* **sich ~** se balancer [de droite à gauche]
hin- und her|fahren *unreg* **I.** *itr V + sein* passer et repasser; **zwischen zwei Orten ~** faire la navette entre deux endroits **II.** *tr V* **jdn zum Einkaufen ~** conduire qn faire les courses et le ramener **Hin- und Rückfahrt** *f* aller *m* [et] retour **Hin- und Rückflug** *m* vol *m* aller [et] retour **Hin- und Rückreise** *f* aller-retour *m* **Hin- und Rückweg** *m* trajet *m* aller et retour
hinunter [hɪ'nʊntɐ] *Adv* **die Treppe ~ ist es einfacher als hinauf** c'est plus facile de descendre l'escalier que de le monter; **Schneefall bis ~ in die Tallagen** chutes de neige jusque dans les plaines; **da/hier ~!** [c'est] par là/ici!; **~ mit der Tablette!** avale/avalez ce cachet!
hinunter|blicken *itr V* ❶ regarder vers le bas; **von etw ~** regarder du haut de qc; **ins Tal ~** regarder la vallée en bas ❷ *fig* **auf jdn ~** regarder qn de haut **hinunter|bringen** *tr V unreg* ❶ (*nach unten begleiten, bringen*) **jdn ~** raccompagner qn jusqu'en bas; **etw in den Keller ~** descendre qc dans la cave ❷ *fam* (*herunterbekommen*) arriver à avaler *Essen, Arznei* **hinunter|fahren** *unreg* **I.** *itr V + sein* descendre; **die Piste/ins Tal ~** descendre la piste/dans la vallée **II.** *tr V + haben* **jdn ins Tal ~** descendre qn dans la vallée **hinunter|fallen** *unreg itr V + sein* tomber; **die Treppe ~** dégringoler dans l'escalier; **mir ist der Blumentopf hinuntergefallen** j'ai fait tomber le pot de fleurs **hinunter|fließen** *unreg itr V + sein* descendre; **ins Tal/den Berg ~** descendre dans la vallée/de la montagne; **den Rhein ~** être charrié(e) par le Rhin **hinunter|gehen** *unreg itr V + sein* ❶ descendre; **die Treppe/den Abhang/in den Keller ~** descendre l'escalier/la pente/dans la cave ❷ (*die Flughöhe vermindern*) **auf tausend Meter ~** descendre à mille mètres **hinunter|kippen** *tr V fam* avaler cul sec (*fam*) *Schnaps, Bier;* **einen Schnaps/das Bier ~** avaler une eau-de-vie/la bière cul sec **hinunter|klettern** *itr V + sein* descendre; **[den Baum/die Wand] ~** descendre [de l'arbre/le long du mur] **hinunter|lassen** *tr V unreg* (*hinablassen*) faire descendre; **jdn/etw in den Schacht/zu den Verschütteten ~** faire descendre qn/qc dans le puits/jusqu'aux personnes ensevelies **hinunter|laufen** *unreg itr V + sein* ❶ descendre en courant; **[die Treppe/ins Tal] ~** descendre en courant

[l'escalier/dans vallée] ❷ (*hinunterrinnen*) **die Scheiben** ~ *Regen:* couler sur les vitres; **der Schweiß lief mir den Rücken hinunter** la sueur coula le long de mon dos **hinụnter|reichen I.** *tr V* [faire] passer; **jdm etw** ~ [faire] passer qc à qn **II.** *itr V* **das Kleid reicht ihr bis zu den Knöcheln hinunter** cette robe lui descend jusqu'aux chevilles **hinụnter|schalten** *itr V* rétrograder; **in den zweiten Gang** ~ rétrograder en seconde **hinụnter|schauen** *s.* **hinunterblicken hinụnter|schlingen** *tr V unreg* engloutir **hinụnter|schlucken** *tr V* ❶ (*schlucken*) avaler ❷ *fam* (*einstecken*) ravaler *Ärger* **hinụnter|schütten** *tr V* ❶ (*hinuntergießen*) jeter en bas; **etw** ~ jeter qc en bas ❷ *fam* (*hastig trinken*) siffler (*fam*), descendre (*fam*) **hinụnter|sehen** *s.* **hinunterblicken hinụnter|spülen** *tr V* ❶ (*fortspülen*) faire disparaître; **etw [den Ausguss/die Toilette]** ~ faire disparaître qc [dans l'évier/la toilette] ❷ (*schlucken*) **die Tablette mit Wasser** ~ faire descendre le cachet avec de l'eau ❸ *fig fam* **etw** ~ essayer d'oublier qc [en buvant]; **seinen Ärger mit Wein** ~ noyer son ennui dans le vin **hinụnter|steigen** *itr V + sein* descendre; **[die Leiter]** ~ descendre [de l'échelle] **hinụnter|stürzen I.** *itr V + sein* ❶ (*hinunterfallen*) tomber; **von etw/auf etw** (*Akk*) ~ tomber de qc/sur qc ❷ (*schnell hinunterlaufen*) **[die Treppe]** ~ descendre quatre à quatre [l'escalier]; **zu jdm** ~ (*um aufzumachen/zur Begrüßung*) descendre à toute vitesse ouvrir à qn/accueillir qn; (*in eine Nachbarwohnung*) descendre à toute vitesse chez qn **II.** *tr V* ❶ *+ haben* (*nach unten stürzen*) **jdn** ~ précipiter qn dans le vide; **jdn die Treppe** ~ précipiter qn dans l'escalier ❷ *+ haben* (*hastig trinken*) siffler (*fam*), descendre (*fam*) **III.** *r V + haben* **sich** ~ se précipiter dans le vide; **sich von der Brücke** ~ se jeter [du haut] du pont **hinụnter|werfen** *tr V unreg* lancer en bas; **etw** ~ lancer qc en bas; **jdm etw vom Balkon** ~ lancer qc à qn du balcon **hinụnter|wollen** *itr V fam* vouloir descendre **hinụnter|würgen** *tr V* faire descendre **hinụnter|ziehen** *unreg* **I.** *tr V + haben* tirer vers le bas; **jdn/etw** ~ tirer qn/qc vers le bas; **jdn zu sich** ~ attirer qn à soi **II.** *itr V + sein* (*umziehen*) déménager à un étage inférieur; **in den zweiten Stock** ~ déménager et descendre au deuxième étage **III.** *r V + haben* **sich bis ins Tal** ~ *Wald, Weide:* s'étendre jusqu'à la vallée

hịn|wagen *r V* **sich** ~ oser s'approcher; **sich zu jdm/etw** ~ oser s'approcher de qn/qc

hinwẹg [hɪnˈvɛk] *Adv geh* ❶ (*räumlich*) **über jdn/etw** ~ par-dessus qn/qc
❷ (*zeitlich*) **über drei Monate** ~ pendant trois mois
❸ (*fort*) ~ **mit dir/euch!** disparais/disparaissez!; ~ **damit!** fais/faites-moi disparaître ça!

Hịnweg [ˈhɪnveːk] *m* trajet *m;* **auf dem** ~ à l'aller

hinwẹg|bringen *tr V unreg* **jdn über etw** (*Akk*) ~ permettre à qn de surmonter qc **hinwẹg|gehen** *itr V unreg + sein* **über etw** (*Akk*) ~ (*nicht beachten*) ne pas tenir compte de qc **hinwẹg|helfen** *itr V unreg* **jdm über etw** (*Akk*) ~ aider qn à surmonter qc **hinwẹg|kommen** *itr V unreg + sein* **über etw** (*Akk*) ~ surmonter qc; **darüber/nicht darüber** ~**, dass** finir par/ne pas arriver à accepter le fait que + *subj* **hinwẹg|raffen** *tr V geh Seuche, Tod:* emporter; **jdn** ~ *Seuche, Tod:* emporter qn **hinwẹg|sehen** *itr V unreg* ❶ (*darüber sehen*) **über jdn/etw** ~ regarder par-dessus qn/qc ❷ (*nicht beachten*) **über etw** (*Akk*) ~ ne pas tenir compte de qc; **darüber** ~**, dass** ne pas tenir compte du fait que + *indic* ❸ (*ignorieren*) **über jdn** ~ ignorer qn **hinwẹg|setzen** *r V* **sich über etw** (*Akk*) ~ passer outre à qc, ne pas tenir compte de qc **hinwẹg|täuschen** *tr V* **jdn über etw** (*Akk*) ~ masquer qc à qn; **[jdn] darüber** ~**, dass** masquer [à qn] que + *indic* **hinwẹg|trösten** *tr V* **jdn über etw** (*Akk*) ~ consoler qn de qc

Hịnweis [ˈhɪnvaɪs] <-es, -e> *m* ❶ *kein Pl* (*das Hinweisen*) **unter** ~ **auf etw** (*Akk*) au motif de qc
❷ (*Bemerkung, Information*) remarque *f,* précision *f;* **sachdienliche** ~**e** des indices susceptibles de faire progresser l'enquête; **darf ich mir den** ~ **erlauben, dass ...?** puis-je te/vous faire remarquer que ... + *indic?*
❸ (*Anhaltspunkt*) indication *f*

hịn|weisen *unreg* **I.** *tr V* **jdn auf etw** (*Akk*) ~ attirer l'attention de qn sur qc; **jdn darauf** ~**, dass** attirer l'attention de qn sur le fait que + *indic*
II. *itr V* ❶ (*aufmerksam machen*) **darauf** ~**, dass** attirer l'attention sur le fait que + *indic*
❷ (*schließen lassen*) **darauf** ~**, dass** *Tatsache, Umstand:* laisser penser que + *indic*

Hịnweisschild <-schilder> *nt* panonceau *m* **Hịnweistafel** *f* panneau *m* d'information

hịn|wenden *unreg* **I.** *tr V* **etw zu jdm** ~ tourner qc vers qn
II. *r V* **sich zu jdm/etw** ~ se tourner vers qn/qc

Hịnwendung *f* ~ **zu politischen Themen** [nouvel] intéret *m* pour des thèmes politiques

hịn|werfen *unreg* **I.** *tr V* ❶ (*zuwerfen*) **jdm etw** ~ jeter qc à qn; **einen Blick** ~ jeter un coup d'œil
❷ *fam* (*aufgeben*) envoyer promener (*fam*)
❸ (*beiläufig erwähnen*) **etw nur so** ~ dire qc comme ça [en passant]
❹ (*flüchtig zu Papier bringen*) croquer, crayonner *Skizze;* **ein paar Zeilen** ~ jeter quelques lignes sur le papier
II. *r V* **sich vor jdn/etw** ~ se jeter aux pieds de qn/qc

hịn|wirken *itr V* **bei jdm auf etw** (*Akk*) ~ faire en sorte d'obtenir qc de qn; **bei jdm darauf** ~**, dass** faire en sorte d'obtenir de qn que + *subj*

hịn|wollen *itr V fam* vouloir y aller

Hịnz [hɪnts] *m* ▸ ~ **und Kụnz** *pej fam* n'importe qui

hịn|zählen *tr V* **jdm das Geld/die Banknoten** ~ compter l'argent/les billets devant qn

hịn|zaubern *tr V fam* **ein Essen** ~ mitonner un repas avec trois fois rien (*fam*)

hịn|ziehen *unreg* **I.** *tr V + haben* ❶ (*zu sich ziehen*) **jdn/etw zu sich** ~ attirer qn à soi/tirer qc vers soi
❷ (*anziehen*) **es zieht sie zu ihm hin** elle se sent attirée par lui
❸ (*in die Länge ziehen*) **etw über Jahre** ~ faire traîner qc pendant des années
II. *itr V + sein* ❶ (*gehen*) **zum Stadion** ~ se diriger vers le stade
❷ (*umziehen*) **zu jdm** ~ venir habiter chez qn; **willst du jetzt schon** ~**?** tu veux déjà t'y installer?
III. *r V + haben* ❶ (*sich zeitlich ausdehnen*) **sich über Wochen/mehrere Monate** ~ (*Akk*) traîner des semaines/plusieurs mois
❷ (*sich örtlich ausdehnen*) **sich über mehrere Kilometer** ~ s'étendre sur plusieurs kilomètres

hịn|zielen *itr V* ❶ (*zum Ziel haben*) **mit etw auf etw** (*Akk*) ~ *Plan:* viser à qc avec qc
❷ (*auf etw gerichtet sein*) **auf etw** (*Akk*) ~ *Anspielung, Bemerkung:* viser qc

hinzu [hɪnˈtsuː] *Adv* en plus

hinzu|fügen *tr V* ajouter; **einer S.** (*Dat*) **etw** ~ ajouter qc à qc; **dem habe ich nichts [mehr] hinzuzufügen** je n'ai [plus] rien à ajouter

Hinzufügung *f* **unter** ~ **von etw** *form* en ajoutant qc

hinzu|geben *s.* **dazugeben hinzu|gewinnen*** *tr V unreg* conquérir *Person;* gagner *Land, Geld;* acquérir *Einfluss* **hinzu|kommen** *itr V unreg + sein* ❶ (*eintreffen*) arriver ❷ (*zu berücksichtigen sein*) **es kommt hinzu** [*o* **hinzu kommt**]**, dass** à cela, il faut ajouter que + *indic;* **die Mehrwertsteuer kommt noch hinzu** il faut ajouter la TVA ❸ (*dazukommen*) **kommt sonst noch etwas hinzu?** il vous faut autre chose?

Hịnz und Kụnz *m pej fam* Pierre et Paul (*fam*)

hinzu|rechnen *tr V* inclure **hinzu|zählen** *tr V* ❶ (*als dazugehörig ansehen*) inclure; **jdn/etw [mit]** ~ inclure qn/qc ❷ *s.* **hinzurechnen hinzu|ziehen** *tr V unreg* s'adjoindre les ser-

vices de **Hinzuziehung** *f kein Pl* **unter ~ eines Sachverständigen** en s'adjoignant les services d'un expert
Hiobsbotschaft ['hi:ɔps-] *f* mauvaise nouvelle *f*
Hip-Hop <-s> *m* MUS hip-hop *m*
Hip-Hop-Generation *f* MUS génération *f* hip-hop
hipp, hipp, hurra *Interj* hip, hip, hip, hourra!
Hippie ['hɪpi] <-s, -s> *m* hippie *m*
Hirn [hɪrn] <-[e]s, -e> *nt* ❶ cerveau *m;* **sich** (*Dat*) **das ~ zermartern** se creuser la cervelle; **dem ~ eines Verrückten entspringen** être le fruit de l'imagination d'un fou
❷ GASTR cervelle *f*
Hirnanhangdrüse *f* ANAT hypophyse *f* **Hirnerschütterung** *f* MED CH commotion *f* cérébrale **Hirngespinst** ['hɪrngəʃpɪnst] *nt* chimère *f* **Hirnhaut** *f* ANAT méninge *f*
Hirnhautentzündung *f* MED méningite *f*
hirnlos *Adj fam* débile (*fam*)
Hirnrinde *f* ANAT cortex *m* cérébral, écorce *f* cérébrale (*vieilli*)
hirnrissig [-rɪsɪç] *Adj pej fam* débile (*fam*)
Hirnschaden *m* lésion *f* cérébrale **Hirnschlag** *m* MED attaque *f* cérébrale **Hirntod** *m* MED mort *f* cérébrale **hirntot** *Adj* en état de mort cérébrale **Hirntumor** *m* tumeur *f* au cerveau **hirnverbrannt** *s.* **hirnrissig** **Hirnwindung** *f meist Pl* circonvolution *f* cérébrale
Hirsch [hɪrʃ] <-es, -e> *m* cerf *m*
Hirschbraten *m* rôti *m* de cerf **Hirschfänger** <-s, -> *m* couteau *m* de chasse **Hirschgeweih** *nt* bois *mpl* de cerf, ramure *f* **Hirschhorn** *nt* corne *f* de cerf **Hirschhornsalz** *nt* carbonate *m* d'ammonium **Hirschjagd** *f* chasse *f* au cerf **Hirschkäfer** *m* cerf-volant *m* **Hirschkalb** *nt* faon *m* [de cerf] **Hirschkuh** *f* biche *f* **Hirschleder** *nt* peau *f* de cerf **Hirschrücken** *m* selle *f* de cerf
Hirse ['hɪrzə] <-, -n> *f* mil[let] *m*
Hirsebrei *m* bouillie *f* de millet **Hirsekorn** <-körner> *nt* grain *m* de mil[let]
Hirt(in) *s.* **Hirte, Hirtin 1.**
Hirte ['hɪrtə] <-n, -n> *m,* **Hirtin** *f* ❶ (*Viehhirte*) gardien(ne) *m(f)* [de troupeau]; (*Kuhhirte*) vacher(-ère) *m(f);* (*Schweinehirte*) porcher(-ère) *m(f);* (*Schafhirte*) berger(-ère) *m(f)*
❷ ECCL pasteur *m* (*littér*)
Hirtenbrief *m* lettre *f* pastorale **Hirtenflöte** *f* chalumeau *m,* pipeau *m* **Hirtenhund** *m* chien *m* de berger **Hirtenstab** *m* ❶ (*Stab eines Hirten*) houlette *f* ❷ ECCL crosse *f*
Hirtin *s.* **Hirte**
his, His [hɪs] <-, -> *nt* MUS si *m* dièse
Hisbollah <-> *f* Hezbollah *m*
Hispanist(in) [hɪspa'nɪst] <-en, -en> *m(f)* hispaniste *mf*
Hispanistik <-> *f* études *fpl* ibériques
hissen ['hɪsən] *tr V* hisser
Histamin [hɪsta'mi:n] <-s> *nt* MED histamine *f*
Histologie [hɪstolo'gi:] <-> *f* MED histologie *f*
histologisch [hɪsto'lo:gɪʃ] *Adj* MED histologique
Historie [hɪs'to:riə] <-> *f geh* histoire *f*
Historiker(in) [hɪs'to:rike] <-s, -> *m(f)* historien(ne) *m(f)*
historisch [hɪs'to:rɪʃ] **I.** *Adj* historique
II. *Adv wichtig, korrekt* historiquement; *betrachtet* d'un point de vue historique
Hit [hɪt] <-s, -s> *m fam* ❶ tube *m* (*fam*)
❷ (*modisches Muss*) must *m;* **der** [**große**] **~ sein** être la grande mode
❸ (*Krönung*) **das ist/wäre der ~!** c'est/ce serait le bouquet! (*fam*)
Hitlergruß *m* salut *m* hitlérien **Hitlerjugend** *f* HIST jeunesse *f* hitlérienne **Hitlerzeit** *f* HIST époque *f* hitlérienne
Hitliste *f* hit-parade *m,* top 50 *m* **Hitparade** *f* hit-parade *m*
Hitze ['hɪtsə] <-, -n> *f* ❶ chaleur *f;* **etw bei schwacher/mittlerer ~ backen** faire cuire qc à four modéré/moyen; **brütende ~** chaleur accablante; **vor ~** [**fast**] **umkommen** *fam* crever de chaud (*fam*)
❷ (*Aufregung*) **in der ~ des Gefechts** dans le feu de l'action; [**leicht**] **in ~ geraten** s'emporter [facilement]
❸ (*Läufigkeit*) *einer Hündin, Katze* chaleurs *fpl*
❹ (*Hitzewallung*) **fliegende ~** bouffées *fpl* de chaleur
hitzebeständig *Adj* résistant(e) à la chaleur **Hitzebläschen** *nt* MED bouton *m* de chaleur **hitzeempfindlich** *Adj* sensible à la chaleur **hitzefrei** *Adj* **~ bekommen/haben** ne pas avoir classe en raison de la canicule

> **i Land & Leute**
>
> En Allemagne, les élèves ont **hitzefrei** si le thermomètre monte à environ 30°C vers 11 heures. Le directeur annule alors les cours pour le reste de la journée. Depuis l'introduction de l'heure d'été, ceci est devenu plus rare.

Hitzeperiode *f* période *f* de grosse chaleur **Hitzeschild** <-schilde> *m* RAUM bouclier *m* thermique **Hitzewallung** *f meist Pl* bouffée *f* de chaleur **Hitzewelle** *f* vague *f* de chaleur
hitzig ['hɪtsɪç] **I.** *Adj* ❶ (*leicht erregbar*) *Person, Temperament* irascible; **nicht so ~!** du calme!
❷ (*leidenschaftlich*) *Debatte, Wortwechsel* enflammé(e)
II. *Adv debattieren* dans un climat passionné
Hitzkopf *m fam* soupe *f* au lait **hitzköpfig** *Adj fam* soupe au lait; **~** [**sein**] [être] soupe au lait **Hitzschlag** *m* insolation *f;* **einen ~** [**bekommen**] [attraper] une insolation
HIV [ha:ʔi:'faʊ] <-[s], -[s]> *nt Abk von* **Human Immunodeficiency Virus** HIV *m,* V.I.H. *m*
HIV-infiziert [ha:ʔi:'faʊ-] *Adj* infecté(e) par le virus HIV **HIV-negativ** *Adj* séronégatif(-ive) **HIV-positiv** *Adj* séropositif(-ive) **HIV-Test** *m* test *m* de dépistage du sida
Hiwi ['hi:vi] <-s, -s> *m sl (wissenschaftliche Hilfskraft) étudiant(e) aidant un professeur d'université dans ses recherches*
hl *Abk von* **Hektoliter** hl
hl. *Abk von* **heilige(r)** St(e)
Hl. *Abk von* **Heilige(r)** St(e)
hm [hm] *Interj* ❶ (*anerkennend*) mmmh; (*in Bezug auf das Essen*) miam-miam
❷ (*fragend*) hein
❸ (*bejahend*) mmmoui
H-Milch ['ha:-] *f* lait *m* longue conservation, lait U.H.T.
h-Moll *nt* si *m* mineur; **in ~** en si mineur
HNO [ha:ʔɛn'ʔo:] *Abk von* **Hals, Nasen, Ohren** O.R.L.
HNO-Arzt [ha:ʔɛn'ʔo:-] *m,* **-ärztin** *f* O.R.L. *mf,* oto-rhino *mf* (*fam*) **HNO-Klinik** *f* clinique *f* oto-rhino-laryngologique [*o* O.R.L.]
hob [ho:p] *Imp von* **heben**
Hobby ['hɔbi] <-s, -s> *nt* passe-temps *m,* hobby *m;* **etw als ~ betreiben** faire qc pour son plaisir
Hobbygärtner *m,* **-in** *f* jardinier(-ière) *m(f)* amateur **Hobbykoch** *m,* **-köchin** *f* cuisinier(-ière) *m(f)* amateur **Hobbyraum** *m pièce aménagée pour la pratique d'un hobby*
Hobel ['ho:bəl] <-s, -> *m* ❶ (*Werkzeug*) rabot *m*
❷ (*Küchengerät*) râpe *f*
Hobelbank <-bänke> *f* établi *m* de menuisier
hobeln ['ho:bəln] **I.** *tr V* ❶ TECH raboter; [**glatt**] **~** raboter
❷ GASTR **etw ~** émincer qc [avec une râpe]
II. *itr V* **an etw** (*Dat*) **~** raboter qc
Hobelspan *m meist Pl* copeau *m*
hoch [ho:x] <*attr* hohe(r, s), höher, ≈ste> **I.** *Adj* ❶ (*räumlich*) haut(e) *antéposé; Schnee, Schneedecke* épais(se); **hohe Absätze** de hauts talons; **ein hundert Meter hoher Turm** une tour de cent mètres de haut; **das Dach ist sieben Meter ~** le toit a sept mètres de hauteur; **ein Mensch von hohem Wuchs** une personne de haute stature; **eine hohe Stirn haben** avoir le front haut; *hum* avoir le front dégarni
❷ (*nicht tief*) *Stimme, Ton* aigu(ë)

❸ MATH **fünf ist eine höhere Zahl als drei** cinq est un chiffre plus élevé que trois; **zwei ~ drei ist acht** deux [à la] puissance trois égale huit
❹ (*beträchtlich, erheblich*) *Gewicht, Temperatur, Betrag, Gehalt* élevé(e); *Sachschaden, Verlust* gros(se) *antéposé*, important(e); *Strafe* sévère
❺ (*gesteigert*) *Lebensstandard, Ansprüche* élevé(e); *Genuss* grand(e) *antéposé*
❻ (*bedeutend*) *Beamter, Würdenträger, Amt, Würde* haut(e) *antéposé; Besuch, Gast* important(e); *Offizier* supérieur(e); *Position* élevé(e); *Ansehen, Gut* grand(e) *antéposé; Anlass, Feiertag* solennel(le)
▶ **jdm zu ~ sein** *fam* dépasser qn
II. <höher, am ¨sten> *Adv* ❶ (*nach oben*) **ein ~ aufgeschossener Junge** un garçon monté en graine; **hundert Meter ~ emporragen** faire cent mètres de haut; **es geht sieben Treppen ~** il faut monter sept étages; **den Ball ganz ~ werfen** lancer le ballon très haut; **wie ~ kannst du den Ball werfen?** à quelle hauteur peux-tu lancer le ballon?
❷ (*in großer Höhe*) *fliegen* haut; **tausend Meter ~ fliegen** voler à une altitude de mille mètres; **ganz ~ oben am Himmel/in den Bergen** tout en haut dans le ciel/les montagnes; **das Wasser steht drei Zentimeter ~** il y a trois centimètres d'eau; **sich drei Meter ~ türmen** s'amonceler sur trois mètres [de haut]
❸ (*nicht tief*) **[zu] ~ singen/spielen** chanter/jouer [trop] haut
❹ (*sehr*) *verehrt, begehrt, verschuldet* très
❺ (*große Summen betreffend*) **~ versichert sein** avoir une assurance chère; **~ besteuert werden** être fortement imposé(e); **~ gewinnen** gagner une forte somme; **~ dotiert** très bien payé(e); **zu ~ gegriffen sein** *Berechnung, Kosten, Zahl:* être exagéré(e)
❻ (*weit*) **~ in den Sechzigern sein** avoir la soixantaine bien avancée
❼ *fam* (*nach Norden*) **ich muss heute noch nach Bremen ~** je dois encore monter à Brême aujourd'hui
▶ **er hat mir ~ und heilig versprochen** [*o* **versichert**] **zu kommen** *fam* il m'a juré ses grands dieux *fam* [*o* assuré solennellement] qu'il viendrait; **jdm etw ~ anrechnen** être très reconnaissant(e) à qn de qc; **es geht ~ her** *fam* (*es herrscht Hochstimmung*) ça y va (*fam*); **~ hinauswollen** *fam* en vouloir (*fam*); **wenn es ~ kommt** *fam* tout au plus
Hoch <-s, -s> *nt* ❶ (*Hochruf*) ovation *f*; **auf jdn ein ~ ausbringen** porter un toast à [la santé de] qn
❷ METEO anticyclone *m*
hoch|achten *s.* **achten I.1.**
Hochachtung *f* estime *f*, considération *f*; **jdm ~ entgegenbringen** *form* témoigner sa considération à qn (*form*); **mit vorzüglicher ~** *veraltet form* avec l'expression de ma considération distinguée (*form*); **meine ~!** toutes mes félicitations!, chapeau! (*fam*)
hochachtungsvoll *Adv form* avec l'expression de ma considération distinguée (*form*)
Hochadel *m* haute noblesse *f*
hochaktuell *Adj Information, Nachricht* d'une actualité brûlante
Hochaltar *m* maître-autel *m*
Hochamt *nt* ECCL grand-messe *f*
hochangesehen *s.* **angesehen**
hochanständig *Adj* d'une grande loyauté; **etw ist ~ von jdm** qn fait preuve d'une grande loyauté en faisant qc
hoch|arbeiten *r V* **sich ~** s'élever dans la hiérarchie à la force du poignet; **sich bis zu etw ~** s'élever dans la hiérarchie et devenir qc à la force du poignet
hochauflösend *Adj* INFORM, TV [à] haute définition [*o* résolution]
Hochbahn *f* métro *m* aérien
Hochbau *m kein Pl* bâtiment *m*
hochbegabt *s.* **begabt**
hoch|bekommen* *tr V unreg* arriver à lever *Arm, Kopf;* arriver à soulever *Möbelstück, Klappe, Deckel*
▶ **einen/keinen ~** *sl* bander/ne pas arriver à bander (*fam*)
hochbeladen *s.* **beladen**[2]
hochberühmt *Adj* illustre
hochbetagt *Adj Person* d'un âge avancé; **~ sterben** mourir à un âge très avancé
Hochbetrieb *m* activité *f* intense; **im Büro herrscht ~** c'est l'effervescence au bureau
hoch|binden *tr V unreg* relever *Haare;* tuteurer *Pflanze*
hoch|blicken *s.* **hochsehen**
Hochblüte *f* apogée *m*
hoch|bocken *tr V* TECH lever
hoch|bringen *tr V unreg fam* ❶ (*nach oben bringen*) monter; **[jdm] jdn/etw ~** monter qn/qc [à qn]
❷ *fam* (*gesund machen*) **einen Kranken [wieder] ~** retaper un malade (*fam*)
❸ *fam* (*in Wut bringen*) **jdn ~** pousser qn à bout
Hochburg *f* bastion *m; einer Partei* fief *m*
hochdeutsch *Adj* ❶ (*nicht umgangssprachlich*) en allemand standard
❷ LING (*ober- und mitteldeutsch*) *Mundart* haut allemand(e)
Hochdeutsch <-[s]> *nt* ❶ l'allemand *m* standard; **ein fehlerfreies ~ sprechen** parler parfaitement l'allemand [standard]
❷ LING (*Ober- und Mitteldeutsch*) le haut allemand
Hochdeutsche *nt dekl wie Adj* ❶ **das ~** l'allemand *m* standard; **die Wortstellung im ~n** l'ordre des mots en allemand [standard]
❷ LING (*Ober- und Mitteldeutsch*) **das ~** le haut allemand
hochdotiert *s.* **hoch II.5.**
hoch|drehen *tr V* ❶ (*in die Höhe drehen*) remonter [avec une manivelle]; **etw ~** remonter qc [avec une manivelle]
❷ AUT pousser *Motor*
Hochdruck *m kein Pl* ❶ MED hypertension *f*
❷ METEO haute pression *f*
❸ TYP impression *f* en relief
▶ **mit/unter ~ an etw** (*Dat*) **arbeiten** travailler d'arrache-pied à qc; **etw mit ~ betreiben** mener qc tambour battant
Hochdruckgebiet *nt* anticyclone *m*
hochdürfen *itr V* avoir le droit de monter
Hochebene *f* haut plateau *m*
hochempfindlich *s.* **empfindlich I.2., I.5.**
hochentwickelt *s.* **entwickeln I.3., II.1.**
hocherfreut *Adj* **~ sein** [être] très heureux(-euse)
hocherhoben *s.* **erheben I.1.**
hochexplosiv *Adj* très explosif(-ive)
hoch|fahren *unreg* **I.** *itr V + sein* ❶ *fam* (*nach oben, nach Norden fahren*) monter; **in den dritten Stock ~** monter au troisième étage; **mit dem Auto/der Bergbahn ~** monter en voiture/en funiculaire; **den Berg ~** monter en haut de la montagne; **zur Burg ~** monter jusqu'au château; **die Straße zum Pass ~** prendre la route qui monte au col; **nach Hamburg ~** monter à Hambourg
❷ (*sich plötzlich aufrichten*) **aus dem Sessel ~** se lever brusquement du fauteuil; **aus dem Schlaf ~** se réveiller en sursaut
❸ (*aufbrausen*) **[wütend] ~** se fâcher [tout rouge]
II. *tr V + haben* faire grimper *Produktion;* **das Kraftwerk/die Turbinen ~** faire tourner la centrale/les turbines à plein régime
hochfahrend *Adj* (*überheblich*) hautain(e), arrogant(e)
Hochfinanz *f* haute finance *f*
Hochfläche *s.* **Hochebene**
hoch|fliegen *itr V unreg + sein* ❶ *Vogel:* s'envoler
❷ (*in die Luft geschleudert werden*) *Person:* être éjecté(e) en l'air; *Gegenstand:* être projeté(e) en l'air
hochfliegend *Adj geh* ambitieux(-euse)
Hochform *f* **in ~ sein** être en pleine forme; **zur ~ auflaufen**

H

atteindre le top niveau
Hochformat *nt* format *m* en hauteur; INFORM format portrait; **im ~** en format en hauteur; INFORM en format portrait [*o* à la française]
Hochfrequenz *f* PHYS haute fréquence *f*
Hochfrisur *f* **eine ~ haben** avoir les cheveux relevés
Hochgarage *s.* **Parkhaus**
Hochgebirge *nt* haute montagne *f*; **im ~** en haute montagne
Hochgebirgslandschaft *f* paysage *m* de haute montagne
hochgeehrt *s.* **ehren 1.**
Hochgefühl *nt* euphorie *f*, exaltation *f*; **im ~ des Triumphs** dans l'euphorie du triomphe
hoch|gehen *unreg itr V + sein* ❶ *fam* (*nach oben gehen*) monter; [**die Treppe/Stufen**] **~** monter [l'escalier/les marches]; **den Berg ~** monter en haut de la montagne
❷ *fam* (*detonieren*) **etw ~ lassen** faire sauter qc
❸ *fam* (*in die Luft gehen*) exploser (*fam*)
❹ (*steigen*) *Löhne, Preise:* grimper
❺ *fam* (*enttarnt werden*) *Dealer, Hintermänner:* se faire coincer (*fam*); *Kartell:* être démantelé(e); **jdn/etw ~ lassen** coincer qn/démanteler qc (*fam*)
hochgeistig I. *Adj attr Lektüre, Unterhaltung* savant(e)
II. *Adv* **sich ~ unterhalten** avoir une conversation savante
hochgelegen *s.* **gelegen II.3.**
hochgelehrt *Adj* fort savant(e)
HochgenussRR *m* plaisir *m* divin
hochgeschätzt *Adj* très estimé(e) [*o* apprécié(e)]
hochgeschlossen *Adj Kragen* montant; *Kleid* fermée jusqu'en haut
Hochgeschwindigkeitszug *m* train *m* à grande vitesse
hochgesteckt *Adj* ❶ (*Haar*) relevé(e)
❷ (*Ziele*) ambitieux(-euse)
hochgestellt *Adj attr* (*oben angebracht*) *Zahl, Ziffer* en exposant
hochgestochen *pej fam* **I.** *Adj* ❶ (*geschraubt*) *Phrasen, Reden, Stil* ampoulé(e)
❷ (*überheblich*) prétentieux(-euse)
II. *Adv sich ausdrücken* d'une façon ampoulée; *schreiben* dans un style ampoulé
hochgewachsen *s.* **wachsen[1] 1.**
Hochglanz *m* ❶ (*strahlender Glanz*) **etw auf ~ polieren** faire briller qc; **etw auf ~ bringen** briquer qc
❷ (*Hochglanzpapier*) **Foto/Abzug in ~** photo *f*/tirage *m* sur papier brillant
Hochglanzfoto *nt* photo *f* sur papier brillant **Hochglanzpapier** *nt* papier *m* glacé
hochgradig ['hoːxgraːdɪç] **I.** *Adj* extrême, intense
II. *Adv* extrêmement
hoch|gucken *s.* **hochsehen**
hochhackig ['hoːxhakɪç] *Adj* à hauts talons
hoch|halten *tr V unreg* ❶ (*in die Höhe halten*) lever *Hand, Gegenstand*
❷ (*emporhalten*) brandir *Fahne, Transparent*
❸ (*ehren*) honorer, respecter
Hochhaus *nt* tour *f*
hoch|heben *tr V unreg* ❶ (*in die Höhe heben*) soulever *Kind, Last*
❷ (*emporstrecken*) lever *Hand, Arm*
hochherrschaftlich *Adj Haushalt, Einrichtung* cossu(e); *Haus, Villa* de maître
hochherzig *Adj geh Person, Geste* magnanime (*littér*), généreux(-euse)
Hochherzigkeit <-> *f geh einer Person, Geste* magnanimité *f* (*littér*), générosité *f*
hochindustrialisiert *s.* **industrialisieren**
hochintelligent *Adj* très intelligent(e)
hochinteressant I. *Adj* d'un grand intérêt
II. *Adv* **~ klingen** avoir l'air très intéressant(e)
hoch|jagen *tr V* ❶ *fam* (*sprengen*) faire sauter
❷ (*aufscheuchen*) faire lever *Tier;* **jdn aus dem Bett/Sessel ~** tirer qn du lit/de son fauteuil
❸ *fam* (*auf Hochleistung bringen*) **den Motor ~** pousser le moteur [à plein régime]
hoch|jubeln *tr V fam* faire mousser (*fam*)
hochkant ['hoːxkant] *Adv* ❶ (*auf der Schmalseite*) **~ stehen** être posé(e) verticalement; **ein Buch ~ stellen** mettre un livre debout; **ein Bild ~ stellen** mettre un tableau dans le sens vertical
❷ *s.* **hochkantig**
hochkantig *Adv fam* ► **~ hinausfliegen** se faire virer (*fam*); **~ hinauswerfen** virer (*fam*)
hochkarätig [-karɛːtɪç] *Adj* ❶ *Edelstein* d'un nombre élevé de carats; *Edelmetall, Schmuck* dont le titre est élevé
❷ *fam* (*äußerst qualifiziert*) *Wissenschaftler, Politiker* très calé(e) (*fam*)
hochklappbar *Adj* relevable; **~ sein** se relever
hoch|klappen I. *tr V + haben* relever *Klappe, Schrankbett;* relever, remonter *Kragen*
II. *itr V + sein* se relever
hoch|klettern *itr V + sein* grimper; **an etw** (*Dat*) **~** grimper à qc; **eine Fassade/Wand ~** grimper le long d'une façade/d'un mur, escalader une façade/un mur
hoch|kommen *unreg itr V + sein* ❶ *fam* (*heraufkommen*) monter; **zu jdm/auf den Speicher ~** monter voir qn/au grenier; **die Treppe/den Berg ~** monter l'escalier/en haut de la montagne
❷ (*an die Oberfläche kommen*) [**wieder**] **~** [re]faire surface
❸ *fam* (*aufstehen können*) **aus dem Sessel/vom Sofa ~** arriver à se lever du fauteuil/sofa
❹ *fam* (*einen Brechreiz haben*) **jdm kommt es hoch** qn a des nausées; **mir kommt es hoch, wenn ich nur daran denke!** rien que d'y penser, ça me donne envie de vomir! (*fam*)
❺ (*aufsteigen*) **Wut/Frustration kam in ihm hoch** la colère/frustration monta en lui
❻ (*Karriere machen*) **ganz schnell ~ wollen** vouloir réussir [*o* faire carrière] très vite; **er/sie will niemanden neben sich** (*Dat*) **~ lassen** il/elle ne veut laisser personne lui faire de l'ombre
Hochkonjunktur *f* haute conjoncture *f*, boom *m* économique
hoch|können *itr V unreg fam* ❶ (*sich erheben können*) pouvoir se lever
❷ (*hinaufgehen können*) pouvoir monter
hochkonzentriert *s.* **konzentriert I.**
hoch|krempeln *tr V* retrousser
hoch|kriegen *s.* **hochbekommen**
Hochkultur *f* civilisation *f* évoluée
hoch|kurbeln *s.* **hochdrehen 2.**
hoch|laden *tr V* INFORM charger; **etw ~** (*im Internet*) télécharger qc vers l'amont
Hochland *nt* haut plateau *m*
hoch|leben *itr V* **jdn ~ lassen** porter un toast à qn; **hoch lebe die Königin!** vive la Reine!
hoch|legen *tr V* ❶ (*hoch lagern*) surélever *Beine;* rehausser *Kopf, Oberkörper*
❷ *fam* (*nach oben legen*) **etw ~** mettre qc en hauteur; **etw auf den Schrank ~** mettre qc sur l'armoire
Hochleistung *f* performance *f* hors du commun **Hochleistungssport** *m* sport *m* de haut niveau
Hochlohnland *nt* pays *m* à niveau de salaires élevé
hochmodern I. *Adj Kleidung, Einrichtung, Auto* dernier cri; **~ sein** être du dernier cri
II. *Adv gekleidet* à la dernière mode; **~ eingerichtet sein** avoir un intérieur [du] dernier cri
Hochmoor *nt* tourbière *f* de montagne; (*in den Ardennen*) fagne *f*

Hochmut *m* arrogance *f*, suffisance *f*
► ~ **kommt vor dem Fall** *Spr.* l'orgueil précède la chute
hochmütig [-myːtɪç] *Adj* arrogant(e), hautain(e)
hochnäsig [-nɛːzɪç] *pej* **I.** *Adj Art, Person* hautain(e)
II. *Adv* avec dédain
Hochnäsigkeit <-> *f pej* dédain *m*
Hochnebel *m* couche *f* nuageuse
hoch|nehmen *tr V unreg* ❶ (*hochheben*) porter *Person, Tier;* soulever *Gegenstand*
❷ *fam* (*verulken*) faire marcher (*fam*)
❸ *sl* (*auffliegen lassen*) coincer (*fam*)
Hochofen *m* haut fourneau *m*
hoch|päppeln *tr V fam* requinquer (*fam*)
Hochparterre [-partɛr(ə)] *nt* rez-de-chaussée *m* surélevé
Hochplateau [-plato] *s.* **Hochebene**
hochpreisig **I.** *Adj* ~**e Designermöbel** des meubles design haut de gamme
II. *Adv* ~ **eingerichtet sein** avoir un intérieur haut de gamme
Hochpreismarkt *m* marché *m* des produits de luxe
hochprozentig *Adj* ❶ *Schnaps, Rum* fortement alcoolisé(e)
❷ CHEM très concentré(e)
hochqualifiziert *Adj s.* **qualifiziert**
hochradioaktiv *Adj* hautement radioactif(-ive)
hoch|ragen *itr V + haben o sein* **in den Himmel** ~ s'élever [haut] dans le ciel; ~**d** élancé(e)
hoch|rechnen *tr V* faire une estimation de
Hochrechnung *f meist Pl* estimation *f*
hoch|reißen *tr V unreg* lever *Arme;* redresser *Flugzeug*
hochrot *Adj Gesicht, Wangen* écarlate; **ihre Wangen waren ~ vor Erregung** elle avait les joues rouges d'excitation
Hochruf *m* vivat *m*
hoch|rutschen *itr V + sein fam Bluse, Hemd, Rock:* remonter
Hochsaison [-zɛzõː, -zɛzɔŋ] *f* TOURISMUS haute saison *f;* COM affluence *f;* **die Eisdielen haben** ~ c'est la cohue chez les glaciers
hoch|schätzen *s.* **schätzen I.3.**
hoch|schaukeln **I.** *tr V* monter en épingle *Problem;* **ein Problem** ~ monter un problème en épingle
II. *r V* **sich gegenseitig** ~ s'exciter mutuellement
hoch|schießen *unreg* **I.** *itr V + sein Fontäne, Geysir:* jaillir
II. *tr V + haben* tirer *Feuerwerkskörper, Leuchtkugel*
hoch|schlagen *unreg* **I.** *tr V + haben* relever, remonter *Kragen*
II. *itr V + sein Brecher, Wellen:* déferler
hoch|schleudern *tr V* catapulter
hoch|schnellen *itr V + sein Sprungfeder:* sauter; **vom Stuhl** ~ *Person:* sauter de la chaise comme un ressort
Hochschrank *nt* placard *m*
hoch|schrauben *tr V* faire grimper *Preise;* monter la barre en ce qui concerne *Ansprüche, Erwartungen, Forderungen*
hoch|schrecken **I.** *tr V + haben* **jdn** ~ faire sursauter qn; (*aus dem Schlaf*) réveiller qn en sursaut
II. *itr V + sein unreg* sursauter; (*aus dem Schlaf*) se réveiller en sursaut
Hochschulabschluss^RR *m* diplôme *m* de fin d'études universitaires **Hochschulabsolvent(in)** *m(f)* diplômé(e) *m(f)* **Hochschulbildung** *f* formation *f* universitaire [*o* supérieure]
Hochschule *f* ❶ (*Universität*) université *f*
❷ (*Fachhochschule*) école *f* supérieure spécialisée; **pädagogische** ~ ≈institut *m* universitaire de formation des maîtres; **technische** ~ ≈institut *m* universitaire de technologie
Hochschüler(in) *m(f)* étudiant(e) *m(f)*
Hochschulgebäude *nt* bâtiment *f* de l'université **Hochschulinstitut** *nt* institut *m* universitaire **Hochschullehrer(in)** *m(f)* professeur *m* d'université [*o* d'enseignement supérieur] **Hochschulprofessor(in)** *m(f)* professeur *m* d'université **Hochschulreform** *f* réforme *f* des universités **Hochschulreife** *f* baccalauréat *m permission d'accès aux études supérieures* **Hochschulstudium** *nt* études *fpl* universitaires [*o* supérieures]; **mit/ohne** ~ avec une/sans formation universitaire [*o* supérieure]
hochschwanger *Adj* en état de grossesse avancée
Hochsee *f kein Pl* haute mer *f*
Hochseeangeln *nt* pêche *f* à la ligne en haute mer **Hochseefischerei** *m* pêche *f* en haute mer **Hochseeflotte** *f* flotte *f* de haute mer **Hochseeschifffahrt**^RR *f* navigation *f* en haute mer **hochseetüchtig** *Adj* armé(e) pour la haute mer
hoch|sehen *itr V unreg* lever les yeux
Hochseil *nt* câble *m* suspendu
Hochseilakt *m* numéro *m* de funambule
Hochsicherheitstrakt *m* bâtiment *m* de haute sécurité
Hochsitz *m* affût *m* perché
Hochsommer *m* plein été *m;* **im** ~ en plein été
hochsommerlich **I.** *Adj* estival(e)
II. *Adv* comme en plein été
Hochspannung *f* ❶ ELEC haute tension *f;* **Vorsicht, ~!** danger [de mort], haute tension!
❷ *kein Pl* (*Anspannung*) tension *f* maximale, surexcitation *f;* **etw mit ~ erwarten** attendre qc dans un état de grande tension
Hochspannungsleitung *f* ligne *f* [à] haute tension **Hochspannungsmast** *m* pylône *m* [pour lignes] à haute tension
hoch|spielen *tr V* **etw** ~ monter qc en épingle; **etw in den Medien** ~ médiatiser qc
Hochsprache *f* langue *f* standard
hochsprachlich **I.** *Adj* en langue standard
II. *Adv* **sich ~ ausdrücken** s'exprimer en langue standard
hoch|springen *itr V unreg + sein* ❶ (*aufspringen*) se lever d'un bond; **vom Stuhl** ~ se lever d'un bond de la chaise
❷ (*nach oben springen*) **an jdm/etw** ~ sauter sur qn/devant qc
❸ *nur Infin und PP* SPORT faire du saut en hauteur
Hochspringer(in) *m(f)* sauteur(-euse) *m(f)* en hauteur
hochspritzen *itr V* jaillir
Hochsprung *m* saut *m* en hauteur
höchst [høːkst, høːçst] *Adv* (*überaus*) extrêmement; ~ **schmackhaft sein** être excellent(e)
Höchstalter *nt* âge *m* limite, limite *f* d'âge
Hochstand *s.* **Hochsitz**
Hochstapelei ['hoːxʃtaːpəlaɪ] <-, -en> *f* imposture *f*
hoch|stapeln *itr V* commettre une imposture
Hochstapler(in) <-s, -> *m(f)* imposteur *m*
Höchstbetrag *m* (*bei Miete, Kredittilgung*) traite *f* maximale [*o* maximum]; **bis zum ~ von ...** jusqu'à concurrence de ...
höchste(r, s) **I.** *Adj Superl von* **hoch** ❶ **der ~ Berg/Turm** la montagne/tour la plus haute
❷ (*von größtem Ausmaß*) **die ~ Summe/das ~ Gehalt** la somme la plus haute/le salaire le plus haut; **der ~ Sachschaden/Verlust** le dommage le plus important/la perte la plus importante; **die ~ Belastung** la charge maximale; **die ~ Entschädigung** l'indemnité la plus forte; **die ~ Strafe** la peine la plus sévère; **die ~n Ansprüche** les exigences les plus hautes; **das Höchste, was ...** (*die äußerste Summe*) le maximum que ... + *subj*
❸ (*von größter Wichtigkeit*) **das ~ Amt/Ansehen** la charge/réputation la plus haute; **der ~ Feiertag** la fête la plus importante; **der ~ Offizier** l'officier le plus haut placé(e); **das ~ Gut** le bien suprême, le plus précieux; **von ~r Bedeutung** de la plus haute importance
❹ (*von größter Intensität, Dringlichkeit*) *Anspannung, Nervosität, Konzentration* extrême; **es ist ~e Zeit!** il est grand temps!; **aufs** ~ extrêmement
II. *Adv* ❶ (*in größter Höhe*) **am ~n** *stehen, wohnen* le plus haut; *fliegen* à la plus haute altitude, le plus haut
❷ (*von größtem Ausmaß*) **am ~n besteuert** soumis(e) à un taux d'imposition maximum; **am ~n qualifiziert sein** être le plus qualifié/la plus qualifiée; **am ~n versichert sein** avoir la

H

plus forte assurance
hoch|stecken *tr V* relever *Haar*
hochstehend *s.* **stehen I.23.**
hoch|stellen *tr V* mettre en hauteur; **etw ~** mettre qc en hauteur
höchstens ['hø:kstəns, 'hø:çstəns] *Adv* au maximum
Höchstfall *m* **im ~** tout au plus, au maximum **Höchstform** *f* top niveau *m;* **sich in ~** (*Dat*) **befinden** être au mieux de sa forme [*o* au top niveau] **Höchstgebot** *nt* offre *f* maximale; **gegen ~** au plus offrant **Höchstgeschwindigkeit** *f* vitesse *f* maximale; **die zulässige ~ überschreiten** dépasser la vitesse maximale [autorisée] **Höchstgrenze** *f* limite *f*
hoch|stilisieren* *tr V* enjoliver; **jdn zu einem Idol ~** faire passer qn pour une idole; **etw zu einem Medienereignis ~** faire passer qc pour un événement médiatique
Hochstimmung *f kein Pl* bonne humeur *f;* **in ~ sein** être de bonne humeur; **unter den Gästen herrschte ~** il y avait une super-ambiance parmi les invités
Höchstleistung *f* performance *f* extrême; **ein Auto auf ~ trimmen** gonfler une voiture **Höchstmaß** *nt* **~ an Genauigkeit** maximum *m* de précision **Höchstmenge** *f* quantité *f* maximale **höchstpersönlich** *Adv* en personne **Höchstpreis** *m* ❶ (*hoher Preis*) prix *m* fort ❷ (*höchster erlaubter Preis*) prix *m* maximum [autorisé] **höchstrichterlich** *Adj* JUR *Entscheidung, Urteil* de la Cour suprême; (*in Frankreich*) de la Cour de cassation **Höchststand** *m* niveau *m* maximum **Höchststrafe** *f* peine *f* maximale **höchstwahrscheinlich** *Adv* selon toute vraisemblance **Höchstwert** *m* valeur *f* maximum [*o* maximale] **höchstzulässig** *Adj attr* **der ~e Wert/die ~e Geschwindigkeit** la donnée/vitesse maximale autorisée [*o* maximum]
Hochtechnologie *f* technologie *f* de pointe, haute technologie *f*
Hochtemperaturreaktor *m* réacteur *m* à haute température
Hochtouren [-tu:rən] *Pl* **etw auf ~ bringen** faire tourner qc à plein régime; **auf ~ laufen** *Motor, Produktion:* tourner à plein régime; *Kampagne, Vorbereitungen:* battre son plein; **jdn auf ~ bringen** *fam* mettre la pression à qn (*fam*)
hochtourig [-tu:rɪç] **I.** *Adj attr* qui tourne à un régime élevé
II. *Adv* AUT à plein régime
hochtrabend [-tra:bənt] *pej* **I.** *Adj Rede, Worte* grandiloquent(e)
II. *Adv* avec grandiloquence
hoch|treiben *tr V unreg* faire grimper
Hoch- und Tiefbau *m* bâtiments *mpl* et travaux *mpl* publics
hochverehrt *Adj attr* très honoré(e) *antéposé*
Hochverrat *m* haute trahison *f*
hochverschuldet *Adj attr* surendetté(e)
hochverzinslich *Adj attr* à taux d'intérêt élevé
Hochwald *m* [haute] futaie *f*
Hochwasser *nt* ❶ (*überhoher Wasserstand*) crue *f;* **~ führen** [*o* **haben**] être en crue
❷ (*Überschwemmung*) inondation *f*
❸ (*Höchststand der Flut*) marée *f* haute
► **~ haben** *hum fam* avoir le feu au plancher (*fam*)
Hochwassergefahr *f* danger *m* d'inondation **Hochwasserkatastrophe** *f* inondation *f* catastrophique **Hochwasserschäden** *Pl* dégâts *mpl* des eaux **Hochwasserstand** *m* niveau *f* de la crue [*o* marée]
hoch|werfen *tr V unreg* lancer en l'air; **etw ~** lancer qc en l'air; **jdm etw ~** lancer qc à qn
hochwertig *Adj Ware, Artikel, Material* de grande qualité; *Nahrungsmittel* d'une grande valeur nutritive
Hochwild *nt* gros gibier *m*
hochwillkommen *Adj attr Anlass, Gelegenheit* rêvé(e), très bien venu(e)
hochwollen *itr V fam* vouloir monter
Hochzahl *f* exposant *m*
Hochzeit¹ ['hɔxtsaɪt] <-, -en> *f* mariage *m;* **~ feiern** célébrer des noces; **die silberne/goldene/diamantene/eiserne ~** les noces *fpl* d'argent/d'or/de diamant/de fer
► **man kann nicht auf zwei ~en tanzen** *Spr.* on ne peut pas être au four et au moulin
Hochzeit² ['ho:xtsaɪt] <-, -en> *f* (*Blütezeit*) apogée *m*
Hochzeiter <-s, -> *m* A marié *m*
Hochzeitsanzug *m* costume *m* de mariage **Hochzeitsfeier** *f* célébration *f* du mariage **Hochzeitsgast** *m* invité(e) *m(f)* au mariage **Hochzeitsgeschenk** *nt* cadeau *m* de mariage; **jdm etw zum ~ machen** offrir qc à qn pour son mariage **Hochzeitskleid** *nt* robe *f* de mariée **Hochzeitsnacht** *f* nuit *f* de noces **Hochzeitsreise** *f* voyage *m* de noces **Hochzeitstag** *m* ❶ (*Tag der Hochzeit*) jour *m* du mariage ❷ (*Jahrestag der Hochzeit*) anniversaire *m* de mariage
hoch|ziehen *unreg* **I.** *tr V* ❶ (*nach oben ziehen*) ouvrir *Jalousie, Rollladen;* remonter *Hose, Socke*
❷ (*nach oben steuern*) redresser *Flugzeug*
❸ *fam* (*erbauen, schnell bauen*) faire sortir de terre (*fam*)
II. *r V* ❶ (*sich nach oben ziehen*) **sich an etw** (*Dat*) **~** se relever en se tenant à qc
❷ *pej sl* (*sich erfreuen*) **sich an etw** (*Dat*) **~** se régaler de qc
Hochzinsphase *f* periode *f* de taux d'intérêts élevés **Hochzinspolitik** *f* politique *f* des taux d'intérêts élevés
Hocke ['hɔkə] <-, -n> *f* ❶ (*Körperhaltung*) position *f* accroupie; **in die ~ gehen** s'accroupir
❷ SPORT (*Sprung*) saut *m* fléchi groupé
hocken ['hɔkən] **I.** *itr V* ❶ + *haben* (*kauern*) être accroupi(e); **in der Ecke/auf dem Boden ~** être accroupi(e) dans un coin/sur le sol
❷ + *haben fam* (*sitzen*) **hinter seinem Schreibtisch ~** être assis(e) à son bureau
❸ + *sein* SPORT **über etw** (*Akk*) **~** sauter genoux fléchis par-dessus qc
II. *r V* + *haben* SDEUTSCH *fam* **sich an den Tisch/auf den Stuhl/zu jdm ~** s'asseoir à la table/sur la chaise/avec qn
Hocker ['hɔkɐ] <-s, -> *m* tabouret *m*
► **locker vom ~** *sl* parfaitement relax (*fam*); **jdn vom ~ hauen** *fam* sidérer qn (*fam*)
Höcker ['hœkɐ] <-s, -> *m* bosse *f*
Höckerschwan *m* ZOOL cygne *m* tuberculé
Hockey ['hɔki, 'hɔke] <-s> *nt* hockey *m* [sur gazon]
Hockeyschläger ['hɔki-, 'hɔke-] *m* crosse *f* de hockey **Hockeyspieler(in)** *m(f)* hockeyeur(-euse) *m(f),* joueur(-euse) *m(f)* de hockey
Hoden ['ho:dən] <-s, -> *m* ANAT testicule *m*
Hodenbruch *m* MED hernie *f* scrotale **Hodenkrebs** *m* MED cancer *m* des testicules **Hodensack** *m* ANAT bourses *fpl,* scrotum *m* (*spéc*)
Hof [ho:f, *Pl:* 'hø:fə] <-[e]s, ̈-e> *m* ❶ cour *f;* **auf den/dem ~** dans la cour
❷ (*Bauernhof*) ferme *f*
❸ (*Herrschersitz, Hofstaat*) cour *f;* **bei** [*o* **am**] **~e** à la cour
❹ ASTRON halo *m*
► **jdm den ~ machen** faire la cour à qn
Hofdame *f* dame *f* de la cour; (*Ehrendame*) dame d'honneur
hoffähig *Adj* ❶ (*bei Hofe*) admis(e) à la cour ❷ (*gesellschaftsfähig*) présentable
hoffen ['hɔfən] **I.** *itr V* ❶ espérer
❷ (*erhoffen*) **auf etw** (*Akk*) **~** compter sur qc
❸ (*erwarten, bauen auf*) **auf jdn ~** compter sur qn
II. *tr V* **~, dass** espérer que + *indic;* **ich hoffe, er kommt** j'espère qu'il viendra; **es bleibt zu ~, dass** il faut espérer que + *indic;* **~ wir das Beste!** ayons bon espoir!; **das will ich/wollen wir ~!** j'espère/nous espérons bien!
hoffentlich ['hɔfəntlɪç] *Adv* espérons que + *indic;* **~ haben wir bald Frühling!** j'espère que c'est bientôt le printemps! (*fam*); **du bist mir doch ~ nicht böse?** j'espère que tu ne m'en veux pas?; **~ ist es** [*o* **es ist doch ~**] **nichts Ernstes?**

pourvu que ce ne soit rien de grave!; ~**!** j'espère/nous espérons bien!; ~ **nicht!** j'espère/espérons que non!

Hoffnung ['hɔfnʊŋ] <-, -en> *f* espoir *m;* ~ **auf etw** (*Akk*) espérance *f* [*o* espoir] de qc; ~ **auf etw** (*Akk*) **haben** avoir l'espoir de qc; **jdm ~ machen** donner de l'espoir à qn; **jdm ~ machen, dass** donner à qn l'espoir que + *indic;* **jdm ~ auf etw** (*Akk*) **machen** laisser espérer qc à qn; **jds einzige** [*o* **letzte**] ~ **sein** être le seul [*o* dernier] espoir de qn; **neue ~ schöpfen** reprendre espoir, se remettre à espérer; **sich** (*Dat*) ~**en/keine** ~**en machen** nourrir certains espoirs/ne pas se faire d'illusions; **sich in trügerischer ~ wiegen** se bercer d'illusions; **es besteht noch ~, dass er lebt** il y a encore l'espoir qu'il vit; **sich falschen/trügerischen** ~**en hingeben** nourrir de faux espoirs/des espoirs trompeurs; **seine** [**letzte**] ~ **auf jdn/etw setzen** mettre son dernier espoir dans qn/qc; **die ~ aufgeben** abandonner tout espoir; **in der ~, dass wir uns bald sehen** (*Schlussformel*) dans l'espoir de te/vous revoir bientôt
▸ **guter ~ sein** *euph veraltet* attendre un heureux événement

hoffnungsfroh *Adj geh* plein(e) d'espoir

hoffnungslos I. *Adj Sache, Lage, Zustand* désespéré(e), sans espoir
II. *Adv* ① (*ohne Hoffnung*) sans rien espérer; **völlig ~** sans le moindre espoir
② (*völlig*) *veraltet, sich verlieben, sich verlaufen* désespérément

Hoffnungslosigkeit <-> *f* désespoir *m*

Hoffnungsschimmer *m* lueur *f* d'espoir **Hoffnungsträger(in)** *m(f)* porteur(-euse) *m(f)* d'espoir; **der ~ einer S.** (*Gen*) **sein** porter les espoirs de qc **hoffnungsvoll** I. *Adj* (*viel versprechend*) prometteur(-euse) II. *Adv ansehen* plein(e) d'espoir

Hofhund *m* chien *m* de garde [de ferme]

hofieren* *tr V* courtiser

höfisch ['hø:fɪʃ] *Adj Manieren, Zeremoniell* en usage à la cour; *Leben* à la cour; *Dichtung, Epik* courtois(e)

Hofknicks ['ho:fknɪks] *m* révérence *f*

höflich ['hø:flɪç] I. *Adj* poli(e), courtois(e)
II. *Adv* poliment, avec courtoisie; **wir teilen Ihnen ~[st] mit, dass** nous avons l'honneur de porter à votre connaissance que + *indic*

Höflichkeit <-, -en> *f* ① *kein Pl* (*höfliche Art*) politesse *f,* courtoisie *f;* **aus** [**reiner**] ~ par [pure] politesse
② (*höfliche Bemerkung*) politesse *f*

Höflichkeitsbesuch *m* visite *f* de courtoisie **Höflichkeitsfloskel** *f* formule *f* de politesse

Hoflieferant(in) *m(f)* fournisseur(-euse) *m(f)* de la cour

Höfling ['hø:flɪŋ] <-s, -e> *m* courtisan *m*

Hofmarschall *m* maréchal *m* du palais **Hofnarr** *m* fou *m* [du roi] **Hofrat** *m,* **-rätin** *f* A conseiller(-ère) *m(f)* de la cour **Hofstaat** *m kein Pl* cour *f* **Hoftor** *nt* porte *f* cochère

hohe(**r, s**) *s.* hoch

Höhe ['hø:ə] <-, -n> *f* ① (*vertikale Ausdehnung*) *eines Baums, Gebäudes, Möbelstücks* hauteur *f; eines Bergs* altitude *f;* **in die ~ wachsen/schießen** *Pflanze:* pousser en hauteur/comme du chiendent
② (*Entfernung über dem Boden*) **aus der ~** d'en haut; **in der ~** dans les airs; **in schwindelnder ~** à une hauteur vertigineuse; **auf halber ~** à mi-hauteur; **in die ~ schauen** regarder en l'air
③ (*Flughöhe*) altitude *f;* **in einer ~ von tausend Metern** à une altitude de mille mètres; **an ~ gewinnen** prendre de l'altitude
④ (*Anhöhe*) hauteur *f*
⑤ (*Ausmaß*) *eines Gehalts* montant *m; von Kosten* niveau *m; von Schäden* ampleur *f;* **in ~ von hundert Euro** d'un montant de cent euros; **ein Kredit in unbegrenzter ~** un crédit illimité; **in die ~ gehen** *Löhne, Kosten:* augmenter; **die Preise in die ~ schrauben** faire monter [*o* grimper] les prix; **die Mieten in die ~ treiben** provoquer une flambée des loyers
⑥ *meist Pl* (*Tonhöhe*) aigu *m*
⑦ (*geographische Breite*) latitude *f;* **auf gleicher ~ liegen** être à la même latitude; **wir dürften auf der ~ von Rom sein** nous devrions être à la hauteur de Rome
▸ **die ~n und Tiefen des Lebens** les hauts *mpl* et les bas *mpl* de la vie; **auf der ~ der Zeit** à la pointe du progrès; **das ist doch die ~!** *fam* c'est le bouquet! (*fam*), c'est un comble!; **auf der ~ sein** être en pleine forme

Hoheit ['ho:haɪt] <-, -en> *f* ① (*Mitglied einer fürstlichen Familie*) altesse *f;* **Seine/Ihre Kaiserliche ~** Son/Votre Altesse Impériale; **Seine/Ihre Königliche ~** Son/Votre Altesse Royale
② *kein Pl* (*oberste Staatsgewalt*) souveraineté *f*

hoheitlich *Adj* souverain(e); *Maßnahme* territorial(e)

Hoheitsgebiet *nt* territoire *m* national **Hoheitsgewässer** *Pl* eaux *fpl* territoriales **hoheitsvoll** *Adj geh* majestueux(-euse), auguste (*littér*) **Hoheitszeichen** *nt* emblème *m* de la souveraineté

Höhenangabe *f* GEOG [indication *f* d']altitude *f* **Höhenangst** *f* acrophobie *f* **Höhenflug** *m fig* grandes envolées *fpl* **Höhenkrankheit** *f kein Pl* MED vertige *m* **Höhenlinie** [-li:niə] *f* GEOG courbe *f* de niveau **Höhenmesser** <-s, -> *m* altimètre *m* **Höhenruder** *nt* gouvernail *m* de profondeur **Höhensonne®** *f* lampe *f* à ultraviolets **Höhenstrahlung** *f* PHYS rayonnement *m* cosmique **Höhenunterschied** *m* GEOG dénivellation *f* **höhenverstellbar** *Adj* réglable en hauteur **Höhenzug** *m* chaîne *f* de montagnes

Hohepriester *m* grand prêtre *m*

Höhepunkt *m* ① (*wichtigstes Ereignis*) *eines Festes* grand moment *m;* (*sensationelle Darbietung*) clou *m*
② (*Gipfel*) *einer Auseinandersetzung, Krise, Krankheit* paroxysme *m; der Karriere, Macht* apogée *m;* **die Stimmung war auf dem ~** l'ambiance était à son paroxysme
③ (*Orgasmus*) orgasme *m;* **jdn zum ~ bringen** faire jouir qn; **zum ~ kommen** jouir

höher ['hø:ɐ] I. *Adj Komp von* **hoch** ① **ein ~er Baum/~es Haus** un arbre plus haut/une maison plus haute
② (*größere Ausmaße habend*) **ein ~er Preis/Lebensstandard** un prix/niveau de vie plus élevé; **eine ~e Temperatur** une température plus élevée; **eine ~e Strafe** une peine plus sévère; **~e Ansprüche** des exigences plus grandes; **der Schaden ist ~ als erwartet** les dégâts sont plus importants que prévu
③ (*größere Bedeutung habend*) **ein ~es Ansehen** une réputation plus élevée; **eine ~e Position** une situation plus élevée; **ein ~er Beamter** un fonctionnaire haut placé; **ein ~er Offizier** un officier supérieur; **ein ~es Gut** un bien plus précieux
▸ **sich zu Höherem berufen fühlen** se sentir appelé(e) à de hautes destinées
II. *Adv Komp von* **hoch** ① plus haut; **immer ~** de plus en plus haut [dans le ciel]
② (*mit gesteigertem Wert*) **etw ~ bewerten** apprécier mieux qc; **sich ~ versichern** augmenter sa police d'assurance

höher|schrauben *s.* **schrauben I.4.**

höher|stufen *s.* **stufen 2.**

hohl [ho:l] I. *Adj* ① creux(-euse); **in der ~en Hand** dans le creux de la main
② (*dumpf klingend*) *Klang, Stimme* caverneux(-euse)
③ *pej* (*nichts sagend*) vide [de sens], creux(-euse); **~e Worte** de belles paroles; **~e Phrasen von sich geben** tenir des propos creux
II. *Adv* **~ klingen** sonner creux

hohläugig *Adj* aux yeux enfoncés dans les orbites, aux yeux caves (*littér*)

Höhle ['hø:lə] <-, -n> *f* ① (*im Felsen*) grotte *f,* caverne *f;* (*im Baum*) creux *m*
② (*Bärenhöhle*) tanière *f;* (*Kaninchen-, Fuchs-, Dachsbau*) ter-

rier *m*
③ (*Augenhöhle*) orbite *f*
▶ **sich in die ~ des Löwen begeben** [*o* **wagen**] se jeter dans la gueule du loup
Höhlenbewohner(in) *m(f)* ① (*Person*) troglodyte *m* ② ZOOL animal *m* fouisseur **Höhlenforscher(in)** *m(f)* spéléologue *mf* **Höhlenforschung** *f* spéléologie *f* **Höhlenmalerei** *f* peinture *f* rupestre **Höhlenmensch** *m* troglodyte *m*
Hohlheit <-> *f pej* (*Geistlosigkeit*) vacuité *f*
Hohlkehle *f* TECH cannelure *f* **Hohlkopf** *m pej fam* demeuré(e) *m(f)* (*fam*) **Hohlkörper** *m* corps *m* creux **Hohlkreuz** *nt* MED lordose *f*, forte cambrure *f* des reins **Hohlmaß** *nt* ① (*Maßeinheit*) mesure *f* de capacité ② (*Messgefäß*) verre *m* mesureur **Hohlraum** *m* cavité *f*
Hohlraumversiegelung *f* AUT protection *f* anticorrosion
Hohlsaum *m* ourlet *m* à jours **Hohlspiegel** *m* miroir *m* concave
Höhlung <-, -en> *f* cavité *f*, creux *m*
Hohlvene *f* ANAT veine *f* cave **hohlwangig** *Adj* aux joues creuses **Hohlweg** *m* chemin *m* creux **Hohlziegel** *m* brique *f* creuse
Hohn [ho:n] <-[e]s> *m* sarcasmes *mpl*, railleries *fpl*; **das ist der reine ~!** c'est une plaisanterie!
▶ **jdn mit ~ und Spott überschütten** couvrir qn de sarcasmes; **er/sie lacht ~** il/elle ricane; **~ lachend** en ricanant, avec des ricanements; **einer S.** (*Dat*) **~ sprechen** être une insulte à qc
höhnen ['hø:nən] *itr V* ricaner
Hohngelächter *nt* ricanements *mpl*
höhnisch ['hø:nɪʃ] I. *Adj* sarcastique, railleur(-euse)
II. *Adv* **~ grinsen** ricaner
hohn|lachen *s.* **Hohn** ▶
hohn|sprechen *s.* **Hohn** ▶
hoho [ho'ho:] *Interj* (*auftrumpfend*) eh là
Hokuspokus [ho:kʊs'po:kʊs] <-> *m* ① (*Zauberformel*) **~ [Fidibus dreimal schwarzer Kater]!** abracadabra!
② *fam* (*Augenwischerei*) charlatanerie *f*
③ *fam* (*Brimborium*) tralala *m* (*fam*)
hold [hɔlt] *Adj* ① *hum* (*lieb*) *Gattin, Gatte* cher(chère) [et] tendre (*iron*)
② *veraltet geh* (*anmutig*) *Mädchen, Antlitz, Lächeln* gracieux(-euse), charmant(e)
▶ **jdm/einer S. ~ sein** *geh* [continuer d']être favorable à qn/qc
Holder ['hɔldɐ] CH, SDEUTSCH *s.* **Holunder**
Holding ['hoʊldɪŋ, 'ho:ldɪŋ] <-, -s> *f*, **Holdinggesellschaft** *f* holding *m*
holen ['ho:lən] I. *tr V* ① (*herbeibringen*) aller chercher; **etw beim Nachbarn ~** aller chercher qc chez le voisin; **etw aus dem Schrank/Keller ~** aller chercher qc dans l'armoire/à la cave
② (*hereinholen*) aller chercher; **jdn ~ lassen** faire venir qn; **jdn ins Büro/in den Gerichtssaal ~** faire entrer qn dans le bureau/la salle d'audience
③ (*herbeirufen*) appeler *Arzt, Feuerwehr;* **Hilfe ~** aller chercher de l'aide
④ *fam* (*gewinnen, erringen*) décrocher (*fam*) *Medaille, Platz*
▶ **bei jdm ist nichts zu ~** *fam* on ne peut rien tirer de qn (*fam*)
II. *r V fam* ① (*sich nehmen*) **sich** (*Dat*) **etw aus etw/von etw ~** prendre qc dans qc
② (*sich zuziehen*) **sich** (*Dat*) **eine Erkältung ~** attraper [*o* choper *fam*] un rhume; **er hat sich die Grippe bei ihr geholt** elle lui a refilé sa grippe (*fam*); **sich blaue Flecke/eine Beule bei etw ~** se faire des bleus/une bosse en faisant qc
③ (*sich erbitten*) **sich** (*Dat*) **bei jdm Rat ~** consulter qn
holla ['hɔla] *Interj* hé là
Holland ['hɔlant] *nt* la Hollande; **in ~** en Hollande
Holländer ['hɔlɛndɐ] <-s> *m* ① Hollandais *m*
② (*Käse*) hollande *m*
Holländerin <-, -nen> *f* Hollandaise *f*
holländisch I. *Adj* hollandais(e)
II. *Adv fam* (*in niederländischer Sprache*) **~ miteinander sprechen** discuter en hollandais; *s. a.* **deutsch**
Holländisch <-[s]> *nt fam kein Art* (*Sprache, Schulfach*) hollandais *m*; **auf ~** en hollandais; *s. a.* **Deutsch**
Holländische *nt dekl wie Adj fam* **das ~** le hollandais; *s. a.* **Deutsche**
Hölle ['hœlə] <-, *selten* -n> *f* REL enfer *m*; MYTH enfers *mpl*; **in die ~ kommen** aller en enfer; **in der ~** en enfer; **fahr zur ~!** tu peux aller au diable!; **zur ~ mit dir/ihm!** va/qu'il aille au diable!
▶ **die ~ auf Erden** l'enfer sur terre; **die grüne ~** l'enfer vert; **jdm die ~ heiß machen** *fam* travailler qn au corps (*fam*); **das ist die [reinste] ~** *fam* c'est l'enfer (*fam*); **die ~ ist los** *fam* c'est la panique [*o* l'horreur] (*fam*)
Höllenangst *f fam* peur *f* bleue (*fam*) **Höllenfürst** *m geh* prince *m* des ténèbres (*soutenu*) **Höllenhund** *m* MYTH chien *m* des enfers **Höllenlärm** *m fam* bruit *m* infernal **Höllenmaschine** *f fam* machine *f* infernale **Höllenqual** *f meist Pl fam* supplice *m* infernal **Höllenstein** *m* PHARM nitrate *m* d'argent [fondu]
Holler ['hɔlɐ] <-s, -> *m* SDEUTSCH, A *s.* **Holunder**
höllisch I. *Adj* ① *attr* REL, MYTH de l'enfer
② *fam* (*furchtbar*) *Angst* du diable; *Hitze, Krach* infernal(e); *Schmerzen, Gestank* atroce
II. *Adv fam* *wehtun, brennen* atrocement; *fluchen* comme un charretier; *schreien* comme un veau
Hollywoodschaukel ['hɔlɪwʊd'ʃaʊkəl] *f* balancelle *f*
Holm [hɔlm] <-[e]s, -e> *m* ① *eines Barrens* barre *f*; *einer Leiter* montant *m*
② AUT, AVIAT longeron *m*
Holmium ['hɔlmiʊm] <-s> *nt* CHEM holmium *m*
Holocaust ['ho:lokaʊst] <-s> *m* holocauste *m*
Hologramm [holo'gram] <-s, -e> *nt* hologramme *m*
Holographie [-'fi:ən] <-, -n> *f* holographie *f*
holperig *s.* **holprig**
holpern ['hɔlpɐn] *itr V* ① + *haben* (*rütteln*) *Wagen, Zug:* cahoter
② + *sein* (*sich fortbewegen*) **durch/über etw** (*Akk*) **~** rouler en cahotant à travers/sur qc
holprig *Adj* ① (*sehr uneben*) *Straße* défoncé(e); *Weg* cahoteux(-euse); *Pflaster* irrégulier(-ière)
② (*ungleichmäßig*) *Deutsch, Versmaß* hésitant(e)
holterdiepolter ['hɔltedi'pɔltɐ] *Adv* précipitamment
Holunder [ho'lʊndɐ] <-s, -> *m* sureau *m*
Holunderbeere *f* baie *f* de sureau **Holunderstrauch** *m* buisson *m* de sureau
Holz [hɔlts] <-es, ¨-er> *nt* ① *kein Pl* (*Baumsubstanz*) bois *m*; **~ fällen/sägen** couper/scier du bois; **aus ~** en bois; **~ verarbeitend** *Betrieb* de transformation du bois; *Industrie* [de transformation] du bois
② (*Holzart*) bois *m*
▶ **sie hat [ordentlich] ~ vor der Hütte[n]** *sl* il y a du monde au balcon (*fam*); **aus anderem/aus dem gleichen ~ geschnitzt sein** ne pas être/être de la même trempe [*o* du même tonneau] que qn; **gut ~!** bonne chance!
Holzapfel *m* pomme *f* sauvage **Holzart** *f* bois *m* **Holzauge** ▶ **~, sei wachsam!** *fam* il faut faire gaffe! (*fam*) **Holzbau** <-bauten> *m* construction *f* en bois **Holzbein** *nt* jambe *f* de bois **Holzbläser(in)** *m(f)* joueur(-euse) *m(f)* d'instrument à vent en bois; **die ~** les bois **Holzblasinstrument** *nt* instrument *m* à vent en bois **Holzbock** *m* ① (*Stützgestell*) chevalet *m* ② *fam* (*Zecke*) tique *f*
Hölzchen <-s, -> *nt Dim von* **Holz** [petit] morceau *m* de bois, bûchette *f*
▶ **vom ~ aufs Stöckchen kommen** *fam* passer [*o* sauter] du coq à l'âne
hölzeln *itr V* A zézayer

holzen ['hɔltsən] *itr V* FBALL *pej sl* jouer dur, castagner (*fam*)
hölzern ['hœltsɐn] **I.** *Adj* ❶ (*aus Holz*) en [*o* de] bois
❷ (*steif*) guindé(e)
II. *Adv* (*steif*) avec raideur
Holzfäller(in) ['hɔltsfɛlɐ] <-s, -> *m(f)* bûcheron(ne) *m(f)*
Holzfaserplatte *f* panneau *m* [*o* plaque *f*] d'isorel®
holzfrei *Adj* sans bois, pur chiffon **Holzhacken** <-s> *nt* coupe *f* du bois; **beim** ~ en coupant du bois
Holzhacker(in) A *s.* **Holzfäller**
holzhaltig *Adj* qui contient de la cellulose
Holzhammer *m* maillet *m*
Holzhammermethode *f fam* (*brutale Art*) manière *f* forte; (*ständiges Wiederholen*) matraquage *m* intensif, bourrage *m* de crâne
Holzhandel *m* commerce *m* du bois **Holzhändler(in)** *m(f)* marchand(e) *m(f)* de bois **Holzhaus** *nt* maison *f* en bois
holzig ['hɔltsɪç] *Adj Spargel, Kohlrabi* filandreux(-euse)
Holzkitt *m* pâte *f* à bois **Holzklotz** *m* ❶ (*Klotz aus Holz*) billot *m* [de bois] ❷ (*Spielzeug*) cube *m* [de bois] **Holzkohle** *f* charbon *m* de bois
Holzkohlengrill *m* barbecue *m* au charbon de bois
Holzkopf *m* ❶ *pej fam* (*Dummkopf*) tête *f* de bois (*péj*) ❷ (*hölzerner Kopf*) tête *f* en bois **Holzleim** *m* colle *f* à bois **Holzleiste** *f* ARCHIT latte *f* de bois **Holzscheit** *nt* bûche *f* **Holzschnitt** *m* gravure *f* sur bois
holzschnittartig *Adj, Adv* à l'emporte-pièce
Holzschnitzer(in) *m(f)* sculpteur(-trice) *m(f)* sur bois **Holzschnitzerei** <-, -en> *f* ❶ (*Arbeit aus Holz*) sculpture *f* sur bois ❷ *kein Pl* (*das Schnitzen*) xylographie *f* **Holzschraube** *f* ❶ (*für Holz*) vis *f* à bois ❷ (*aus Holz*) vis *f* en bois **Holzschuh** *m* sabot *m* **Holzschutzmittel** *nt* produit *m* de traitement du bois **Holzsplitter** *m* éclat *m* de bois **Holzstoß** *m* pile *f* de bois
holzverarbeitend *s.* Holz 1.
Holzwaren *Pl* articles *mpl* en bois **Holzweg** *m* ▶ **auf dem ~ sein** *fam* se fourrer le doigt dans l'œil (*fam*) **Holzwolle** *f* copeaux *mpl* **Holzwurm** *m* ver *m* du bois
Homebanking ['hɔʊmbɛŋkɪŋ] <-> *nt* INFORM banque *f* à domicile, home-banking *m*
Homepage ['hɔʊmpeɪdʒ] *f* INFORM page *f* d'accueil [*o* personnelle]
Homer [ho'meːɐ] <-s> *m* HIST Homère *m*
homerisch [ho'meːrɪʃ] *Adj* homérique
Hometrainer ['hɔʊmtreːnɐ] <-s, -> *m* entraîneur *m* à domicile, home-trainer *m*
Homo ['hoːmo] *s.* **Homosexuelle(r)**
homogen [homo'geːn] *Adj geh* homogène
homogenisieren* *tr V* homogénéiser, homogénéifier
Homogenität *f* homogénité *f*
Homograf[RR], **Homograph** <-s, -e> *nt* LING homographe *m*
homolog [homo'loːk] *Adj a.* MED homologue
Homonym [homo'nyːm] <-[e]s, -e> *nt* LING homonyme *m*
homonym *Adj* LING homonyme
Homöopath(in) [homøo'paːt] <-en, -en> *m(f)* homéopathe *mf*
Homöopathie [homøopa'tiː] <-> *f* homéopathie *f*
homöopathisch [homøo'paːtɪʃ] *Adj Mittel* homéopathique; **ein ~er Arzt** un médecin homéopathe
Homophon [homo'foːn] <-s, -e> *nt* LING homophone *m*
Homosexualität *f* homosexualité *f*
homosexuell *Adj* homosexuel(le)
Homosexuelle(r) *f(m) dekl wie Adj* homosexuel(le) *m(f)*
Honduras [hɔn'duːras] <-> *nt* le Honduras
Honig ['hoːnɪç] <-s, *selten* -e> *m* ❶ miel *m*
❷ (*Süßigkeit*) **türkischer** ~ ≈ nougat *m*
▶ **jdm ~ ums Maul** [*o* **um den Bart**] **schmieren** *fam* passer de la pommade à qn
Honigbiene *f form* abeille *f* **honigfarben** *Adj*, **honiggelb** *Adj* [de couleur] miel *inv* **Honigkuchen** *m* pain *m* d'épice
Honigkuchenpferd ▶ **grinsen wie ein** ~ *hum fam* sourire jusqu'aux oreilles
Honiglecken ▶ **kein ~ sein** *fam* ne pas être de la tarte (*fam*) **Honigmelone** *f* melon *m* **Honigschlecken** *s.* **Honiglecken** **honigsüß** *pej* **I.** *Adj Lächeln, Ton* mielleux(-euse) **II.** *Adv* ~ **lächeln** avoir un sourire mielleux **Honigwabe** *f* rayon *m* de miel **Honigwein** *m* hydromel *m*
Honorar [hono'raːɐ] <-s, -e> *nt* honoraires *mpl*; **gegen** ~ moyennant finances
Honorarprofessor(in) *m(f)* chargé(e) *m(f)* de cours
Honoratioren [honora'tsioːrən] *Pl* notables *mpl*
honorieren* *tr V* ❶ (*würdigen*) apprécier à sa juste valeur; **jdn für seine Ehrlichkeit/Arbeit** ~ apprécier qn à sa juste valeur pour son honnêteté/travail; **die Einsatzbereitschaft eines Mitarbeiters mit etw** ~ récompenser l'engagement d'un collaborateur par qc
❷ (*bezahlen*) rétribuer *Person, Arbeit*; **jdn mit etw** ~ donner qc à qn comme rétribution
❸ FIN honorer *Wechsel, Scheck*
honorig [ho'noːrɪç] *Adj geh* honorable, respectable
honoris causa [ho'noːrɪʃ 'kaʊza] **Doktor** ~ docteur *m* honoris causa
Hooligan ['huːligən] <-s, -s> *m* houligan *m*
Hopfen ['hɔpfən] <-s, -> *m* houblon *m*
▶ **bei** [*o* **an**] **jdm ist ~ und Malz verloren** *fam* avec lui, c'est peine perdue
Hopfenstange *f* perche *f* à houblon
hopp [hɔp] **I.** *Interj fam* (*los*) allez, hop (*fam*); **~, ~!** magne-toi/magnez-vous! (*fam*)
II. *Adv* **bei ihm/ihr muss alles ~ gehen** *fam* avec lui/elle, [il] faut que ça saute (*fam*)
hoppeln ['hɔpəln] *itr V + sein* faire des bonds
hoppla ['hɔpla] *Interj* ❶ (*Vorsicht, Entschuldigung*) ouh, là [là]
❷ (*Moment mal*) attends/attendez voir!
hops [hɔps] **I.** *Interj* [et] hop
II. *Adj fam* **das ganze Geld ist** ~ tout l'argent est parti en fumée (*fam*)
Hops <-es, -e> *m fam* [petit] bond *m*; **mit einem** ~ d'un petit bond
hopsasa ['hɔpsasa] *Interj Kinderspr.* et hop
hopsen ['hɔpsən] *itr V + sein fam* sauter; **durch das Zimmer** ~ traverser la pièce en sautant
Hopser <-s, -> *m fam* [petit] bond *m*, [petit] saut *m*
hops|gehen *itr V unreg + sein sl* ❶ (*umkommen*) *Person:* casser sa pipe (*fam*)
❷ (*verloren gehen*) *Gegenstand:* se volatiliser, disparaître
Horaz [ho'raːts] <-> *m* HIST Horace *m*
hörbar ['høːɐbaːɐ] *Adj* audible, perceptible
hörbehindert *Adj* malentendant(e) **Hörbereich** *m* ❶ PHYS fréquence *f* audible ❷ RADIO zone *f* de fréquence **Hörbrille** *f* lunettes *fpl* pour malentendant
horchen ['hɔrçən] *itr V* ❶ (*lauschen*) écouter, tendre l'oreille; **an der Tür** ~ écouter à la porte
❷ (*achten auf*) **auf etw** (*Akk*) ~ écouter qc
Horcher(in) <-s, -> *m(f)* espion(ne) *m(f)*
▶ **der ~ an der Wand hört seine eigne Schand'** *Spr.* celui qui écoute aux portes risque d'entendre ses quatre vérités
Horchposten *m* poste *m* d'écoute
▶ **auf ~ sein** *fam* être à son poste d'écoute
Horde ['hɔrdə] <-, -n> *f* ❶ horde *f*
❷ (*Lattengestell*) claie *f*
hören ['høːrən] **I.** *tr V* ❶ (*wahrnehmen, vernehmen*) entendre; **jdn singen/lachen/reden** ~ entendre qn chanter/rire/parler; **~, dass/wie ...** entendre que + *indic*/ce qui/comment ...; **niemand hat gehört, wie das Opfer um Hilfe rief** personne n'a entendu la victime appeler au secours; **nie gehört!** *fam* ça ne me dit rien!

H

❷ (*anhören*) écouter *Sendung, Vortrag, Konzert;* **Kurzwelle ~** capter les ondes courtes; **hast du diesen Pianisten schon mal gehört?** tu as déjà entendu ce pianiste?; **ich kann das nicht mehr ~!** j'en ai les oreilles rebattues!; **das will ich nicht gehört haben!** veux-tu te/voulez-vous vous taire!
❸ (*feststellen*) **am Tonfall/Klang ~, dass** percevoir à l'intonation/au son que + *indic*
❹ (*erfahren*) **etw über jdn/etw ~** entendre dire qc de qn/qc; **~, dass** entendre dire que + *indic;* **man hat nie wieder etwas von ihr gehört** on n'a plus jamais entendu parler d'elle; **von wem hast du das denn gehört?** tu l'as appris par qui?; **etwas/nichts von sich ~ lassen** donner/ne pas donner de ses nouvelles; **nichts [davon] ~ wollen** ne pas vouloir le savoir; **wie man hört/wie ich höre, ...** à ce qu'on dit ...
► **etwas von jdm zu ~ bekommen** [*o* **kriegen** *fam*] se faire remonter les bretelles par qn (*fam*); **das lässt sich ~** *fam* voilà qui est intéressant, c'est pas mal (*fam*); **Sie werden [noch] von mir ~!** vous aurez de mes nouvelles!
II. *itr V* ❶ (*zuhören*) écouter; **reden Sie, ich höre** parlez, je vous écoute; **hör mal/~ Sie mal!** *fam* écoute/écoutez!
❷ (*vernehmen*) **gut/schlecht ~** entendre bien/mal
❸ (*erfahren*) **von jdm/etw gehört haben** avoir entendu parler de qn/qc
❹ *fam* (*sich richten nach*) **auf jdn/etw ~** écouter qn/qc
❺ (*heißen*) **sie hört auf den Namen Anke** elle s'appelle Anke
► **ihm/ihr vergeht Hören und Sehen** il/elle ne sait plus où il/elle en est; **du hörst wohl schlecht!** *fam* t'es sourd(e), ma parole! (*fam*); **na hör/~ Sie mal!** non mais alors!; **wer nicht ~ will, muss fühlen** *Spr.* quand on n'écoute pas les conseils, on s'instruit à ses dépens; **man höre und staune!** (*als Einschub*) tiens-toi/tenez-vous bien!

Hörensagen *nt* ► **vom ~** par ouï-dire

Hörer <-s, -> *m* ❶ (*Zuhörer*) auditeur *m*
❷ (*Telefonhörer*) combiné *m*, récepteur *m*

Hörerbrief *m* lettre *f* d'auditeur

Hörerin <-, -nen> *f* auditrice *f*

Hörerschaft <-, -en> *f* auditoire *m;* RADIO auditeurs *mpl*

Hörfehler *m* défaut *m* d'audition **Hörfolge** *f* RADIO série *f* radiophonique **Hörfunk** *m form* radio *f* **Hörgerät** *nt* appareil *m* auditif

hörig *Adj* ❶ (*völlig ergeben*) **jdm ~ sein** être [entièrement] soumis(e) à qn; **jdm sexuell ~ sein** avoir qn dans la peau; **sich** (*Dat*) **jdn ~ machen** faire de qn son esclave
❷ HIST *Bauer* asservi(e)

Hörige(r) *f(m) dekl wie Adj* HIST serf *m*/serve *f*

Hörigkeit <-, *selten* -en> *f* ❶ (*völlige Ergebenheit*) soumission *f*, sujétion *f*; **sexuelle ~** dépendance *f* sexuelle
❷ *kein Pl* HIST servage *m*

Horizont [hori'tsɔnt] <-[e]s, -e> *m* horizon *m;* **am ~** à l'horizon
► **einen beschränkten** [*o* **engen**] **~ haben** avoir une vue des choses étriquée; **das geht über seinen/ihren ~** cela le/la dépasse

horizontal [horitsɔn'ta:l] *Adj* horizontal(e)

Horizontale *f dekl wie Adj* droite *f* horizontale; **in der ~n** à l'horizontale, en position horizontale
► **sich in die ~ begeben** *hum fam* aller se mettre à horizontale (*fam*)

Hormon [hɔr'mo:n] <-s, -e> *nt* hormone *f*

hormonal [hɔrmo'na:l] *s.* **hormonell**

Hormonbehandlung *f* traitement *m* hormonal

hormonell [hɔrmo'nɛl] **I.** *Adj* hormonal(e)
II. *Adv beeinflussen, steuern* par les hormones

Hormonhaushalt *m* taux *m* hormonal **Hormonpräparat** *nt* préparation *f* hormonale **Hormonspritze** *f* piqûre *f* d'hormones

Hörmuschel *f* écouteur *m*

Horn [hɔrn, *Pl:* 'hœrnɐ] <-[e]s, ¨-er> *nt* ❶ *eines Tiers* corne *f*
❷ MUS cor *m;* **die Hörner** les cors
❸ *kein Pl* (*Material*) corne *f*
❹ AUT *veraltet* corne *f*, trompe *f*
❺ *fam* (*Beule*) bosse *f*
► **ins gleiche ~ stoßen** *fam* dire la même chose; **sich** (*Dat*) **die Hörner abstoßen** *fam* jeter sa gourme (*fam*); **jdm Hörner aufsetzen** *fam* faire qn cocu(e) (*fam*)

Hornblende *f* MINER hornblende *f* **Hornbrille** *f* lunettes *fpl* de corne

Hörnchen ['hœrnçən] <-s, -> *nt* ❶ (*Croissant*) croissant *m*
❷ *Dim von* **Horn 1.** petite corne *f*

Hörnerklang *m* son *m* du cor

Hörnerv *m* nerf *m* auditif

Hornhaut *f* ❶ (*des Auges*) cornée *f* ❷ (*Hautschicht*) corne *f*
Hornhautentzündung *f* MED kératite *f*

Hornisse [hɔr'nɪsə] <-, -n> *f* frelon *m*

Hornist(in) <-en, -en> *m(f)* corniste *mf;* **die ~en** les cors *mpl*

Hornochs[e] [-ks(ə)] *m fam* bourrique *f* (*fam*)

Hörorgan *nt* organe *m* de l'ouïe

Horoskop [horo'sko:p] <-s, -e> *nt* horoscope *m;* **jdm das ~ stellen** faire l'horoscope de qn

horrend [hɔ'rɛnt] *Adj* exorbitant(e)

Hörrohr *nt* ❶ (*Hörgerät*) cornet *m* acoustique
❷ *veraltet* (*Stethoskop*) stéthoscope *m*

Horror ['hɔro:ɐ] <-s> *m* horreur *f;* **einen ~ vor etw haben** avoir horreur de qc; **sie hat einen ~ vor ihnen** ils lui font horreur

Horrorfilm *m* film *m* d'horreur **Horrortrip** *m fam* ❶ (*grässliches Erlebnis*) galère *f* (*fam*); **das war der reinste ~** ça a été l'horreur (*fam*) ❷ (*Drogenrausch*) trip *m* (*fam*)

Hörsaal *m* amphithéâtre *m*, amphi *m* (*fam*) **Hörschwelle** *f* MED seuil *m* d'audibilité

Horsd'œuvre [(h)ɔr'dø:vrə] <-s, -s> *nt* hors-d'œuvre *m*

Hörspiel *nt* pièce *f* radiophonique

Horst [hɔrst] <-[e]s, -e> *m* ❶ (*Nest*) aire *f*
❷ (*Fliegerhorst*) base *f*

Hörsturz *m* MED surdité *f* brusque

Hort [hɔrt] <-[e]s, -e> *m* ❶ *geh* **~ der Künste/Stille** havre *m* pour l'art/de paix (*soutenu*)
❷ (*Kinderhort*) ≈ garderie *f*

horten ['hɔrtən] *tr V* stocker *Waren;* entasser *Geld*

Hortensie [hɔr'tɛnziə] <-, -n> *f* hortensia *m*

Hörvermögen *nt kein Pl* ouïe *f* **Hörweite** *f* **in/außer ~ sein** être à/hors de portée de voix

Höschen ['hø:sçən] <-s, -> *nt* ❶ *Dim von* **Hose** (*kurze Kinderhose*) culotte *f* courte; (*lange Kinderhose*) pantalon *m*
❷ (*Schlüpfer*) petite culotte *f*

Höschenwindel ['hø:sçən-] *f* couche *f*

Hose ['ho:zə] <-, -n> *f* pantalon *m;* **eine ~, ein Paar ~n** un pantalon; **kurze ~n, eine kurze ~** un short; **[sich** (*Dat*)**] in die ~ machen** *fam* faire dans son froc (*fam*); **die ~n voll haben** *fam* avoir fait [caca] dans son froc (*fam*)
► **da ist tote ~** *fam* c'est mort ici (*fam*); **die ~n [gestrichen] voll haben** *sl* avoir chié dans son froc (*pop*); **die ~n voll kriegen** *fam* se prendre une fessée (*fam*); **die ~n anhaben** *fam* porter la culotte (*fam*); **in die ~ gehen** *sl* foirer (*arg*); **sich** (*Dat*) **[vor Angst] in die ~ machen** *sl* chier dans son froc de peur (*pop*); **die ~n runterlassen** *sl* annoncer la couleur (*fam*)

Hosenanzug *m* tailleur-pantalon *m* **Hosenaufschlag** *m* revers *m* de pantalon **Hosenbandorden** *m* ordre *m* de la Jarretière **Hosenbein** *nt* jambe *f* de pantalon **Hosenboden** *m* fond *m* de culotte ► **sich auf den ~ setzen** *fam* en mettre un coup (*fam*); **jdm den ~ strammziehen** *fam* flanquer une fessée à qn (*fam*) **Hosenbügel** *m* cintre *m* à pantalon **Hosenbund** *m* taille *f* du pantalon **Hosenklammer** *f* pince *f* de cycliste **Hosenlatz** *m* ❶ bavette *f* ❷ DIAL (*Hosenschlitz*) braguette *f* **Hosenmatz** <-es, -mätze> *m hum fam* bambin *m*

(*fam*) **Hosennaht** *f* couture *f* de pantalon **Hosenrock** *m* jupe-culotte *f* **Hosenscheißer** *m* ❶ *pej fam* (*Kind*) **ein kleiner ~** un petit pisseux (*péj fam*) ❷ *sl* (*Feigling*) pétochard *m* (*fam*) **Hosenschlitz** *m* braguette *f* **Hosentasche** *f* poche *f* de pantalon **Hosenträger** *Pl* bretelles *fpl*
hosianna [ho'ziana] *Interj* hosanna
Hospital [hɔspi'ta:l, *Pl:* hɔspi'tɛ:lɐ] <-s, -e *o* Hospitäler> *nt* hôpital *m*
Hospitalismus [hɔspita'lɪsmʊs] <-> *m* PSYCH hospitalisme *m;* MED hospitalisme infectieux
Hospitant(in) [hɔspi'tant] <-en, -en> *m(f)* *geh* ❶ (*im Unterricht*) stagiaire *mf*
❷ (*Gasthörer*) auditeur(-trice) *m(f)* libre
hospitieren* *itr V* assister au cours comme stagiaire; *Gasthörer:* assister au cours en auditeur libre; **bei jdm ~** assister au cours de qn comme stagiaire; *Gasthörer:* assister au cours de qn en auditeur libre
Hospiz [hɔs'pi:ts] <-es, -e> *nt* (*Herberge, Sterbeheim*) hospice *m*
Host [hɔʊst] <-s, -s> *m* hôte *m*
Hostess[RR] [hɔs'tɛs], **Hosteß** <-, Hostessen> *f* hôtesse *f*
Hostie ['hɔstiə] <-, -n> *f* hostie *f*
Hot Dog[RR] ['hɔt'dɔk] <- -s, - -s>, **Hotdog**[RR] <-s, -s> *nt o m* hot-dog *m*
Hotel [ho'tɛl] <-s, -s> *nt* hôtel *m;* **~ garni** hôtel sans restaurant
Hotelbett *nt* lit *m* d'hôtel **Hotelboy** [-bɔɪ] *m* groom *m* **Hotelfach** *nt kein Pl* industrie *f* hôtelière **Hotelfachschule** *f* école *f* hôtelière **Hotelführer** *m* guide *m* des hôtels **Hotelgast** *m* client(e) *m(f)* de l'hôtel **Hotelgewerbe** *nt* hôtellerie *f*
Hotelier [hotə'lie:, hotɛ'lie:] <-s, -s> *m* hôtelier(-ière) *m(f)*
Hotelkette *f* chaîne *f* d'hôtels **Hotelschiff** *nt* navire *m* hôtelier **Hotel- und Gaststättengewerbe** *nt* industrie *f* hôtelière **Hotelzimmer** *nt* chambre *f* d'hôtel
Hotline ['hɔtlaɪn] <-, -s> *f* hotline *f;* INFORM service *m* en ligne, hotline
hott [hɔt] *Interj* hue
Hottentotte [hɔtən'tɔtə] <-n, -n> *m*, **Hottentottin** *f* Hottentot(e) *m(f)*
Hr. *Abk von* **Herr** M.
HR *Abk von* **Hessischer Rundfunk** *station de radio de la Hesse*
Hrn. *Abk von* **Herrn** M.
hrsg. *Abk von* **herausgegeben** éd.
Hrsg. *Abk von* **Herausgeber** édit.
HTML [ha:te:ʔɛm'ɛl] INFORM *Abk von* **Hyper Text Markup Language** HTML
hu [hu:] *Interj* (*Ausdruck der Angst*) ah; (*Ausdruck des Frierens*) brrr; (*Ausruf, der erschrecken soll*) hou
hü [hy:] *Interj* hue
▸ **mal ~ und mal hott sagen** *fam* dire tantôt blanc tantôt noir (*fam*)
Hub [hu:p, *Pl:* 'hy:bə] <-[e]s, ¨e> *m* (*Kolbenhub*) course *f*
Hubbel ['hʊbəl] *m* DIAL *fam* (*Unebenheit*) bosse *f* (*fam*)
hubbelig ['hʊbəlɪç] *Adj* DIAL *fam* (*uneben*) plein(e) de bosses (*fam*)
Hubbrücke *f* pont *m* levant
hüben ['hy:bən] *Adv* de ce côté-ci
▸ **~ und [*o* wie] drüben** d'un côté comme de l'autre
Hubertusmantel [hu'bɛrtʊs-] *m* A loden *m*
Hubraum *m* cylindrée *f*
hübsch [hʏpʃ] **I.** *Adj* ❶ joli(e) *antéposé;* **ein ~es Gesicht/Foto** une jolie figure/photo; **sich ~ machen** se faire beau(belle); **na, ihr zwei Hübschen?** *fam* alors les poulettes? (*fam*)
❷ *fam* (*beträchtlich*) *Sümmchen, Betrag* coquet(te) (*fam*)
❸ *iron fam* (*unangenehm*) beau(belle) (*iron fam*); **da hat er sich** (*Dat*) **[ja] was Hübsches eingebrockt!** il s'est mis dans de beaux draps! (*fam*)
II. *Adv* ❶ *sich kleiden, sich einrichten* bien
❷ *fam* (*annehmbar*) **ganz ~ singen** ne pas chanter si mal que ça (*fam*)
❸ *iron fam* (*ziemlich*) *fluchen* drôlement (*fam*)
❹ *fam* (*Ausdruck eines Gebots*) **seid ~ artig!** soyez bien sages!; **immer ~ langsam!** tout doux! (*fam*); **das wirst du ~ bleiben lassen!** tu ferais mieux de laisser tomber! (*fam*)
Hubschrauber <-s, -> *m* hélicoptère *m*
Hubschrauberlandeplatz *m* héliport *m*
Hubstapler ['hu:pʃta:plɐ] <-s, -> *m* chariot *m* élévateur
huch [hʊx, hu(:)x] *Interj* (*Ausdruck der Überraschung*) oh; (*Ausdruck des Frierens*) brrr
Hucke ['hʊkə] ▸ **jdm die ~ voll hauen** *fam* tabasser qn (*fam*); **die ~ voll kriegen** *fam* prendre une dégelée (*fam*); **jdm die ~ voll lügen** *fam* raconter des salades à qn (*fam*)
huckepack ['hʊkəpak] *Adv* **jdn ~ nehmen/tragen** *fam* prendre/porter qn sur son dos
Huckepackverfahren *nt* ferroutage *m* **Huckepackverkehr** *m* trafic *m* combiné rail-route
Hudelei [hu:də'laɪ] <-> *f bes.* SDEUTSCH, A *fam* (*nachlässiges Arbeiten*) bâclage *m* (*fam*)
hudeln ['hu:dəln] *itr V bes.* SDEUTSCH, A *fam* ❶ (*nachlässig arbeiten*) bâcler le boulot (*fam*)
❷ (*hektisch sein*) **nur nicht ~!** pas d'affolement! (*fam*)
Huf [hu:f] <-[e]s, -e> *m* sabot *m*
Hufeisen *nt* fer *m* à cheval
hufeisenförmig *Adj, Adv* en fer à cheval
Hüferl ['hy:fɐl] <-s, -n> *nt* A rumsteck *m*
Huflattich [-latɪç] <-s, -e> *m* tussilage *m* **Hufnagel** *m* clou *m* de ferrure **Hufschlag** *m* ❶ bruit *m* de sabots ❷ (*Stoß mit dem Huf*) coup *m* de sabot **Hufschmied(in)** *m(f)* maréchal-ferrant *m* **Hufschmiede** *f* maréchalerie *f*
Hüftbein *nt* os *m* iliaque
Hüfte ['hʏftə] <-, -n> *f* ❶ hanche *f;* **die Arme in die ~n stemmen** mettre les mains sur les hanches; **sich in den ~n wiegen** rouler des hanches; **aus der ~ schießen** tirer [en tenant] l'arme à la hanche
❷ *kein Pl* GASTR romsteck *m*
Hüftgelenk *nt* [articulation *f* de la] hanche *f* **Hüftgürtel** *m* porte-jarretelles *m* **Hüfthalter** *m* gaine *f* **hüfthoch** **I.** *Adj* *Gras* qui arrive à hauteur des hanches; **~ sein** arriver à hauteur des hanches **II.** *Adv* **~ im Wasser stehen** avoir de l'eau jusqu'à hauteur de hanches
Huftier *nt* ongulé *m*
Hüftknochen *s.* Hüftbein **Hüftsteak** [-ste:k, -ʃte:k] *nt* bifteck *m* dans le romsteck **Hüftweite** *f* largeur *f* de hanches
Hügel ['hy:gəl] <-s, -> *m* ❶ colline *f*
❷ (*Haufen*) monticule *m*
hügelig *Adj* vallonné(e)
Hügelkette *f* chaîne *f* de collines **Hügelland** *nt* collines *fpl*
Hugenotte [hugə'nɔtə] <-n, -n> *m*, **Hugenottin** *f* huguenot(e) *m(f)*
hüglig *Adj s.* **hügelig**
huh [hu:] *s.* **hu**
hüh [hy:] *s.* **hü**
Huhn [hu:n, *Pl:* 'hy:nɐ] <-[e]s, ¨er> *nt* ❶ poule *f;* **[sich** (*Dat*)**] Hühner halten** élever des poules
❷ GASTR poulet *m;* (*Suppenhuhn*) poule *f;* **~ mit Reis** poule au riz
▸ **mit den Hühnern zu Bett gehen** *fam* se coucher comme les poules (*fam*); **ein blindes ~ findet auch ein Korn** *Spr.* ≈ aux innocents les mains pleines; **[du] dummes ~!** *pej fam* espèce de bécasse! (*péj fam*); **ein verrücktes ~** *fam* un foufou/une fofolle; **mit den Hühnern aufstehen** *fam* se lever comme les poules (*fam*); **da lachen ja die Hühner!** *fam* laisse-moi rigoler! (*fam*)
Hühnchen ['hy:nçən] <-s, -> *nt Dim von* **Huhn** poulet *m*

H

▸ **mit jdm ein ~ zu rupfen haben** *fam* avoir un compte à régler avec qn
Hühnerauge *nt* cor *m* [au pied] ▸ **jdm auf die ~n treten** *hum fam* (*jdn beleidigen*) toucher le point sensible de qn; (*jdn an seine Pflichten erinnern*) mettre les points sur les i à qn **Hühneraugenpflaster** *nt* coricide *m* **Hühnerbrühe** *f* bouillon *m* de poule **Hühnerbrust** *f* ❶ GASTR blanc *m* de poulet ❷ *hum fam* (*schmaler Brustkorb*) torse *m* rachitique **Hühnerei** ['hy:nɐʔaɪ] *nt* œuf *m* de poule **Hühnerfarm** *f* ferme *f* avicole **Hühnerfleisch** *nt* viande *f* de poulet **Hühnerfrikassee** *nt* fricassée *f* de poule **Hühnerhabicht** *m* autour *m* **Hühnerhof** *m* basse-cour *f* **Hühnerklein** <-s> *nt* abattis *mpl* **Hühnerleiter** *f a. iron* échelle *f* de poulailler **Hühnerschenkel** *m* GASTR cuisse *f* de poulet **Hühnerstall** *m* poulailler *m* **Hühnerstange** *f* perchoir *m* **Hühnersuppe** *f* GASTR bouillon *m* de poule **Hühnerzucht** *f* élevage *m* de volailles
hui [huɪ] *Interj* ❶ [**und**] ~, **fuhren wir bergab** et hop, on descendait la côte
❷ (*Ausdruck des Erstaunens*) oh là là
Huld [hʊlt] <-> *f veraltet geh* faveur *f*
huldigen ['hʊldɪgən] *itr V geh* ❶ **einer Ansicht/einem Prinzip** ~ défendre un point de vue/un principe; **einem Laster** ~ s'adonner à un vice
❷ *veraltet* (*seine Verehrung erweisen*) **jdm** ~ rendre hommage à qn
Huldigung <-, -en> *f* hommage *m;* **jdm seine ~ darbringen** présenter ses hommages à qn; **die ~en der Menge entgegennehmen** recevoir les hommages de la foule
huldvoll *veraltet geh* **I.** *Adj* bienveillant(e)
II. *Adv lächeln* d'un air bienveillant
Hülle ['hʏlə] <-, -n> *f* ❶ (*Schutzhülle*) housse *f*
❷ (*Buchhülle*) couverture *f*
❸ (*Plattenhülle*) pochette *f*
❹ (*Ausweishülle*) étui *m*
▸ **in ~ und Fülle** *geh* à profusion (*soutenu*); **seine/ihre sterbliche ~** *geh* sa dépouille mortelle (*soutenu*); **die ~n fallen lassen** *fam* faire un strip (*fam*)
hüllen ['hʏlən] *geh tr V* **jdn/sich in eine Decke** ~ envelopper qn/s'envelopper dans une couverture; **ein Tuch um etw** ~ enrouler un linge autour de qc; **in Nebel gehüllt** plongé(e) dans le brouillard
hüllenlos *Adj, Adv hum* en costume d'Adam/d'Ève (*hum*)
Hülse ['hʏlzə] <-, -n> *f* ❶ (*Etui*) fourreau *m*
❷ BOT gousse *f*
❸ (*Patronenhülse*) douille *f*
Hülsenfrucht *f meist Pl* légume *m* sec
human [hu'ma:n] **I.** *Adj* ❶ humain(e)
❷ (*verständnisvoll*) compréhensif(-ive)
II. *Adv* ❶ humainement; **etw ~ gestalten** humaniser qc
❷ (*verständnisvoll*) avec beaucoup de compréhension
Humangenetik *f* MED génétique *f* humaine **Humaninsulin** *nt* MED insuline *f* humaine
humanisieren* *geh tr V* humaniser
Humanismus [huma'nɪsmʊs] <-> *m* humanisme *m*
Humanist(in) <-en, -en> *m(f)* humaniste *mf*
humanistisch **I.** *Adj* ❶ humaniste
❷ (*altsprachlich*) *Bildung, Gymnasium* classique
II. *Adv* ~ **gebildet sein** avoir une formation classique
humanitär [humani'tɛ:ɐ] *Adj* humanitaire; **für ~e Zwecke** pour des causes humanitaires
Humanität <-> *f* humanité *f*
Humanitätsduselei <-, -en> *f pej* humanitarisme *m* (*péj*)
Humanmedizin *f kein Pl* médecine *f* [humaine] **Humanmediziner(in)** *m(f)* médecin *m*
Humbug ['hʊmbu:k] <-s> *m pej fam* (*Unfug*) connerie *f* (*fam*); (*Schwindel*) fumisterie *f* (*fam*)
Hummel ['hʊməl] <-, -n> *f* bourdon *m*
▸ **~n im Hintern haben** *fam* avoir la bougeotte (*fam*)
Hummer ['hʊmɐ] <-s, -> *m* homard *m*
Hummercocktail [-kɔkteɪl] *m* cocktail *m* de homard **Hummergabel** *f* GASTR fourchette *f* à homard
Humor [hu'mo:ɐ] <-s> *m* humour *m;* ~ **haben** avoir de l'humour; **keinen ~ haben** manquer d'humour; **etw mit ~ nehmen** [*o* **tragen**] prendre qc avec humour; **nie den ~ verlieren** ne jamais perdre le sens de l'humour; **schwarzer ~** humour noir
▸ **einen goldenen ~ haben** ne se départir jamais de son humour; **du hast/sie hat** [**vielleicht**] **~!** *iron fam* tu en as/elle en a de bonnes! (*iron fam*); **~ ist, wenn man trotzdem lacht** *Spr.* il vaut mieux en rire qu'en pleurer
Humoreske [humo'rɛskə] <-, -n> *f* LITER récit *m* humoristique; MUS humoresque *f*
humorig [hu'mo:rɪç] *Adj Rede, Bemerkung* drôle
Humorist(in) [humo'rɪst] <-en, -en> *m(f)* comique *mf;* (*Schriftsteller*) humoriste *mf,* écrivain *mf* humoriste
humoristisch [humo'rɪstɪʃ] *Adj* humoristique; (*witzig*) comique
humorlos **I.** *Adj* dépourvu(e) d'humour; ~ **sein** manquer d'humour
II. *Adv reagieren* sans humour
Humorlosigkeit <-> *f* manque *m* d'humour
humorvoll **I.** *Adj* plein(e) d'humour
II. *Adv darbieten* avec humour
humpeln ['hʊmpəln] *itr V* ❶ + *haben o sein* (*hinken*) boitiller
❷ + *sein* (*sich fortbewegen*) **nach Hause/über die Straße** ~ aller à la maison/traverser la rue en boitant
Humpen ['hʊmpən] <-s, -> *m* chope *f* [munie d'un couvercle]
Humus ['hu:mʊs] <-> *m* humus *m*
Humusboden *m,* **Humuserde** *f* terreau *m*
Hund [hʊnt] <-[e]s, -e> *m* ❶ chien *m;* **Vorsicht, bissiger ~!** [attention,] chien méchant!; **~e müssen draußen bleiben!** les chiens ne sont pas admis!
❷ *sl* (*Mensch, Kerl*) **ein blöder ~** un pauvre con (*vulg*); **ein armer ~** un pauvre bougre (*fam*)
❸ *pej sl* (*Schuft*) salaud *m* (*arg*); **ein gerissener ~** un fumier (*arg*); **du gemeiner ~!** *fam* [espèce *f* de] salaud *m*! (*fam*)
❹ ASTRON **der Große/Kleine ~** le Grand/Petit Chien
▸ **viele ~e sind des Hasen Tod** *Spr.* on finit [toujours] par succomber au nombre; **wie ~ und Katze sein** *fam* être comme chien et chat (*fam*); **damit kann man keinen ~ hinterm Ofen hervorlocken** *fam* ≈ on n'attrape pas les mouches avec du vinaigre (*fam*); **bekannt sein wie ein bunter ~** *fam* être connu(e) comme le loup blanc (*fam*); **das ist ein dicker ~!** *sl* celle-là, elle est dure à avaler! (*fam*); **schlafende ~e wecken** *fam* réveiller l'eau qui dort (*fam*); **~e, die** [**viel**] **bellen, beißen nicht** *Spr.* chien qui aboie ne mord pas; **vor die ~e gehen** *fam* se retrouver dans le pétrin (*fam*); **auf den ~ kommen** *fam* tomber bien bas; **da liegt der ~ begraben** *fam* c'est là le hic (*fam*)
Hündchen <-s, -> *nt Dim von* **Hund** (*kleiner Hund*) petit chien *m;* (*junger Hund*) chiot *m*
Hundeausstellung *f* exposition *f* canine **Hundebandwurm** *m* ténia *m* du chien **Hundebiss**[RR] *m* morsure *f* de chien **Hundeblume** *f fam* pissenlit *m* **hundeelend** *Adj* **sich ~ fühlen** *fam* être malade comme un chien (*fam*) **Hundefänger(in)** <-s, -> *m(f)* chasseur(-euse) *m(f)* de chiens **Hundefutter** *nt* nourriture *f* pour chiens **Hundegebell** *nt* aboiements *mpl* **Hundehalsband** *nt* collier *m* [de chien] **Hundehalter(in)** *m(f) form* propriétaire *mf* de chien **Hundehütte** *f* niche *f* **Hundekälte** *f fam* froid *m* de canard (*fam*) **Hundekuchen** *m* biscuit *m* pour chien **Hundeleben** *nt pej fam* vie *f* de chien (*péj fam*) **Hundeleine** *f* laisse *f* **Hundelohn** *m pej fam* salaire *m* de misère **Hundemarke** *f* plaque *f* de chien (*attestant le paiement de la taxe sur les chiens*) **hundemüde** *Adj fam* ~ **sein** être [complètement] crevé(e) (*fam*) **Hunderasse** *f* race *f* de chiens

hundert ['hʊndɐt] *Num* ① cent; **zwei von** ~ deux sur cent; **das Spiel steht** ~ **zu sechzig** le score est de cent à soixante; **einige** ~ **Menschen** quelques centaines de personnes; *s. a.* **achtzig**
② *fam* (*viele*) ~ **Einzelheiten** trente-six détails (*fam*)
▶ ~ **zu eins wetten** *fam* parier à cent contre un; **jdn auf** ~ **bringen** *fam* mettre qn en rogne (*fam*)

Hundert[1] <-, -en> *f* cent *m*

Hundert[2] <-s, -e> *nt* centaine *f*; **ein halbes** ~ une cinquantaine; **zwanzig vom** ~ vingt pour cent; ~**e von Fliegen** des centaines de mouches; **zu** ~**en** par centaines; **in die** ~**e gehen** *fam* chiffrer par centaines; **einer unter** ~**en** un sur plusieurs centaines

hunderteins *Num* cent un

Hunderter <-s, -> *m* ① MATH centaine *f*
② *fam* (*Banknote*) billet *m* de cent (*fam*)

hunderterlei *Adj unv fam* ~ **Farben** une quantité de couleurs [différentes]; ~ [**Dinge**] trente-six choses (*fam*); *s. a.* **achterlei**

Hunderteuroschein *m* billet *m* de cent euros

hundertfach I. *Adj* cent fois; *s. a.* **achtfach**
II. *Adv fig* **sich** ~ **bewährt haben** avoir fait cent fois ses preuves

hundertfünfzigprozentig *Adj fam* pur(e) et dur(e) (*fam*); **sie ist eine Hundertfünfzigprozentige** c'est une pure et dure

Hundertjahrfeier *f* centenaire *m*

hundertjährig *Adj* ① *Person, Baum* centenaire
② (*hundert Jahre dauernd*) *Entwicklung* de cent années; **das** ~**e Bestehen** les cent ans d'existence

Hundertjährige(r) *f(m) dekl wie Adj* centenaire *mf*

hundertmal *Adv* ① cent fois; ~ **so viel/so viele** cent fois plus/plus de; *s. a.* **achtmal**
② *fam* (*sehr viel, oft*) **das ist** ~ **besser** c'est cent fois mieux (*fam*); **das habe ich dir schon** ~ **gesagt!** je te l'ai déjà dit cent fois! (*fam*)

Hundertmeterlauf *m* cent mètres *m* [plat]

hundertprozentig I. *Adj* ① *Alkohol* [à] cent pour cent
② *fam* (*total, völlig*) **mit** ~**er Sicherheit** avec cent pour cent de certitude
II. *Adv fam* **sich** ~ **auf jdn/etw verlassen** compter sur qn/qc à cent pour cent; **sich** (*Dat*) ~ **sicher sein** être sûr(e) à cent pour cent

Hundertschaft <-, -en> *f* **eine** ~ **Soldaten** une unité de cent hommes

hundertste(r, s) *Adj* centième; **jedes** ~ **Los** un billet sur cent; **jeder Hundertste** une personne sur cent; *s. a.* **achte(r, s)**
▶ **vom Hundertsten ins Tausendste kommen** *fam* passer du coq à l'âne (*fam*)

hundertstel ['hʊndɐtstəl] *Num* **auf ein** ~ **Millimeter genau** au centième de millimètre près

Hundertstel <-s, -> *nt* centième *m*

Hundertstelsekunde *f* SPORT centième *m* de seconde

hunderttausend *Num* ① cent mille
② *fam* (*unzählige*) des milliers de; **Hunderttausende von Insekten** des centaines *fpl* de milliers d'insectes; **zu Hunderttausenden** par centaines de milliers; **die Schäden gehen in die** ~**e** les dommages s'élèvent à des centaines de milliers d'euros

hundertundeins *s.* **hunderteins**

Hundesalon *m* salon *m* de toilettage [pour chiens] **Hundescheiße** *f sl* merde *f* de chien (*vulg*) **Hundeschlitten** *m* traîneau *m* [tiré par des chiens] **Hundeschnauze** *f* museau *m*, truffe *f* ▶ **kalt wie eine** ~ **sein** *fam* avoir un cœur de marbre **Hundesohn** *m pej fam* fils *m* de saligaud (*fam*) **Hundesteuer** *f* taxe *f* sur les chiens **Hundewetter** *nt fam kein Pl* temps *m* de chien (*fam*) **Hundezucht** *f* élevage *m* canin **Hundezwinger** *m* chenil *m*

Hündin ['hʏndɪn] *f* chienne *f*

hündisch *Adj pej Person, Charakter* rampant(e) (*péj*); *Ergebenheit, Gehorsam* servile

Hündlein <-s, -> *nt Dim von* **Hund** petit chien *m*

hundsgemein *fam* I. *Adj* ① *Kerl, Lüge* sale *antéposé* (*fam*); ~ **werden** se foutre en rogne (*fam*) ② (*sehr groß*) *Kälte, Schmerz* à crever (*fam*) II. *Adv wehtun* foutrement (*fam*)

hundsmiserabel *fam* I. *Adj Kerl, Verräter* sale *antéposé* (*fam*); *Qualität* dégueulasse (*fam*); *Lage, Zustand* foireux(-euse) (*fam*)
II. *Adv* **jdn** ~ **behandeln** traiter qn comme un chien (*fam*); **sich** ~ **fühlen** être [vraiment] mal foutu(e) (*fam*) **Hundstage** *Pl* canicule *f*

Hüne ['hy:nə] <-n, -n> *m* géant *m*; **ein** ~ **von Mann** un vrai géant

Hünengrab *nt* tumulus *m*

hünenhaft *Adj* gigantesque

Hunger ['hʊŋɐ] <-s> *m* ① faim *f*; ~ **haben/bekommen** avoir/commencer à avoir faim; ~ **auf etw** (*Akk*) **haben** avoir faim de qc; ~ **leiden** souffrir de la faim; **vor** ~ [**fast**] **umkommen** *fam* crever de faim (*fam*); **seinen** ~ **stillen** apaiser sa faim; **den** ~ **in der Welt bekämpfen** combattre la faim dans le monde; **davon bekomme ich** ~ ça me donne faim; **ich habe solchen** ~**!** j'ai une de ces faims!
② *fam* (*Appetit*) **guten** ~**!** bon appétit!
③ *geh* (*Verlangen*) ~ **nach Abenteuern** soif *f* d'aventure
▶ ~ **ist der beste Koch** *Spr.* tout est bon pour qui a faim; ~ **wie ein Wolf** [*o* **Bär**] **haben** *fam* avoir une faim de loup (*fam*)

Hungergefühl *nt* sensation *f* de faim **Hungerjahr** *nt* année *f* de famine **Hungerkünstler(in)** *m(f)* jeûneur(-euse) *m(f)* professionnel(le) **Hungerkur** *f* régime *m* draconien **Hungerleider(in)** <-s, -> *m(f) pej fam* crève-la-faim *mf* (*péj fam*) **Hungerlohn** *m pej* salaire *m* de famine

hungern ['hʊŋɐn] I. *itr V* ① souffrir de la faim; **jdn** ~ **lassen** laisser qn sur sa faim; (*als Strafe*) priver qn de nourriture; ~**d** affamé(e)
② *geh* (*verlangen*) **nach etw** ~ avoir soif de qc
II. *tr V geh* ① **ihn hungert, es hungert ihn** il a faim
② (*verlangen*) **ihn hungert** [*o* **es hungert ihn**] **nach Zuwendung** il réclame de l'attention
III. *r V* **sich zu Tode** ~ se laisser mourir de faim; **sich schlank** ~ se laisser mourir de faim pour mincir

Hungersnot *f* famine *f*

Hungerstreik *m* grève *f* de la faim; **in den** ~ **treten** entamer une grève de la faim **Hungertod** *m geh* **den** ~ **sterben** périr d'inanition (*soutenu*) **Hungertuch** ▶ **am** ~ **nagen** *hum fam* manger de la vache enragée (*hum fam*)

hungrig ['hʊŋrɪç] *Adj* affamé(e); ~ **auf etw** (*Akk*) **sein** avoir faim de qc; **jdn** ~ **machen** donner faim à qn

Hunne ['hʊnə] <-n -n> *m*, **Hunnin** *f* Hun *m*

Hunsrück ['hʊnsrʏk] <-s> *m* **der** ~ le Hunsrück

Hupe ['hu:pə] <-, -n> *f* klaxon® *m*

hupen ['hu:pən] *itr V* klaxonner; **das Hupen** les coups de klaxon; **unter ständigem Hupen** en klaxonnant sans arrêt

hupfen ['hʊpfən] SDEUTSCH *s.* **hüpfen**
▶ **das ist gehupft wie gesprungen** *fam* c'est kif-kif (*fam*)

hüpfen ['hʏpfən] *itr V + sein Person:* sauter; *Vogel:* sautiller; **über den Hof** ~ traverser la cour en sautillant

Hupfer <-s, -> *m* SDEUTSCH, **Hüpfer** <-s, -> *m* (*Sprung*) petit saut *m*

Hupkonzert *nt fam* concert *m* de klaxons; **ein** ~ **veranstalten** donner un concert de klaxons **Hupsignal** *nt*, **Hupton** <-töne> *m* coup *m* de klaxon **Hupverbot** *nt* interdiction *f* de klaxonner

Hurde ['hʊrdə] <-, -n> *f* CH, SDEUTSCH étagère *f* [à claire-voie]

Hürde ['hʏrdə] <-, -n> *f* (*beim Hürdenlauf*) haie *f*; (*im Reitsport*) obstacle *m*
▶ **eine** ~ **nehmen** passer un obstacle

Hürdenlauf *m* course *f* de haies **Hürdenläufer(in)** *m(f)* SPORT coureur(-euse) *m(f)* de haies **Hürdenrennen** *nt* course *f* d'obstacles

Hure ['hu:rə] <-, -n> *f pej* ❶ (*Prostituierte*) putain *f* (*vulg*) ❷ (*Schimpfwort*) roulure *f*

huren ['hu:rən] *itr V pej* baiser (*péj fam*)

Hurenbock *m pej sl* baiseur *m* (*fam*) **Hurensohn** *m pej sl* fils *m* de pute (*péj vulg*)

hurra [hu'ra:, hʊ'ra:] *Interj* hourra

Hurra <-s, -s> *nt* hourra *m;* **ein dreifaches** ~ un triple hourra

Hurrapatriotismus *m pej* éloge *m* du patriotisme **Hurraruf** *m* hourra *m*

Hurrikan ['hʊrika(:)n, harikən] <-s, -e> *m* ouragan *m*

hurtig ['hʊrtɪç] I. *Adj* preste
II. *Adv* prestement

Husar [hu'za:ɐ] <-en, -en> *m* HIST hussard *m*

husch [hʊʃ] *Interj fam* ~! (*geh fort, geht fort*) [allez,] oust[e]! (*fam*); (*mach schnell, macht schnell*) et hop!
▶ ~, ~ **gehen** se faire en deux coups de cuillère à pot (*fam*)

huschen ['hʊʃən] *itr V + sein* **durchs Zimmer** ~ *Licht, Schatten:* balayer [rapidement] la chambre; **über jds Gesicht** ~ *Lächeln:* glisser furtivement sur le visage de qn; **aus der Tür** ~ (*schnell/verstohlen hinausgehen*) sortir vivement/furtivement

hüsteln ['hy:stəln] *itr V* toussoter; **das** [**leise**] **Hüsteln** le toussotement [discret]

husten ['hu:stən] I. *itr V* ❶ tousser; (*Husten haben*) avoir de la toux; **durch starkes Husten** en toussant avec force
❷ *fig Motor:* tousser
II. *tr V* **Blut/Schleim** ~ cracher du sang/des glaires
▶ **dem/dir werde ich was** ~! *sl* il peut toujours se/tu peux toujours te brosser! (*arg*)

Husten <-s> *m* toux *f;* ~ **bekommen** attraper la toux; ~ **haben** tousser

Hustenanfall *m* quinte *f* de toux **Hustenbonbon** [-bɔŋbɔŋ, -bõbõ:] *m o nt* bonbon *m* contre la toux **Hustenmittel** *nt* remède *m* contre la toux **Hustenreiz** *m* envie *f* de tousser **Hustensaft** *m* sirop *m* contre la toux **hustenstillend** *Adj* antitussif(-ive); ~ **wirken** [*o* **sein**] agir contre la toux **Hustentee** *m* tisane *f* pectorale **Hustentropfen** *Pl* gouttes *fpl* contre la toux

Hut[1] [hu:t, *Pl:* 'hy:tə] <-[e]s, ¨-e> *m a.* BOT chapeau *m;* **nehmen Sie bitte den** [*o* **Ihren**] ~ **ab!** veuillez vous débarrasser de votre chapeau, s'il vous plaît!
▶ **das ist ein alter** ~! *fam* c'est de la vieille histoire! (*fam*); **verschiedene Dinge unter einen** ~ **bringen** *fam* concilier diverses choses; **mit jdm/etw nichts am** ~ **haben** *fam* n'être pas du tout porté(e) sur qn/qc; **eins** [*o* **etwas**] **auf den** ~ **kriegen** *fam* s'en prendre une (*fam*); **den** [*o* **seinen**] ~ **nehmen müssen** *fam* devoir rendre son tablier (*fam*); **sich** (*Dat*) **etw an den** ~ **stecken können** *fam* pouvoir se mettre qc quelque part (*fam*); **vor jdm/etw den** ~ **ziehen** tirer son chapeau à qn/qc; ~ **ab vor jdm/etw!** *fam* chapeau à qn/qc! (*fam*)

Hut[2] [hu:t] <-> *f geh* ▶ **in sicherer** ~ **sein** être sous bonne garde [*o* en toute sécurité]; **auf der** ~ **sein** se tenir sur ses gardes; **vor jdm/etw auf der** ~ **sein** se méfier de qn/qc

Hutablage *f* (*an einer Garderobe*) porte-chapeaux *m;* (*im Auto*) plage *f* arrière **Hutband** <-bänder> *nt* ruban *m* de chapeau

Hütchen <-s, -> *nt Dim von* **Hut** petit chapeau *m*

hüten ['hy:tən] I. *tr V* garder; **ein Geheimnis** ~ garder un secret [pour soi]
II. *r V* **sich vor jdm/etw** ~ se méfier de qn/se garder de qc; **sich** ~ **etw zu tun** se garder de faire qc; **ich werde mich** [**schwer**] ~! *fam* je m'en garderai bien! (*fam*)

Hüter(in) <-s, -> *m(f) geh* gardien(ne) *m(f);* **die** ~ **des Gesetzes** *hum* les représentants de l'ordre

Hutfeder *f* plumet *m* **Hutgeschäft** *nt* chapellerie *f* **Hutkrempe** *f* bord *m* [du chapeau] **Hutmacher(in)** *m(f)* chapelier(-ière) *m(f);* (*für Frauenhüte*) modiste *mf* **Hutnadel** *f* épingle *f* à chapeau **Hutschachtel** *f* boîte *f* à chapeau

Hutsche ['hʊtʃə] <-, -n> A balançoire *f*

hutschen *itr V* A se balancer, faire de la balançoire

Hutschnur ▶ **das geht mir/ihm über die** ~ *fam* je commence/il commence à en avoir jusque là de ça (*fam*)

Hütte ['hʏtə] <-, -n> *f* ❶ cabane *f* ❷ METAL fonderie *f;* (*Stahl~*) aciérie *f*

Hüttenarbeiter(in) *m(f)* METAL métallurgiste *mf* **Hüttenindustrie** *f* METAL industrie *f* métallurgique **Hüttenkäse** *m* cottage® *m* (*fromage blanc à gros caillots*) **Hüttenkunde** <-> *f* métallurgie *f* **Hüttenschuh** *m* chausson *m* [en laine] **Hüttenwerk** *s.* **Hütte 2.**

hutz[e]lig ['hʊtsəlɪç] *Adj fam Person, Haut* ridé(e); *Frucht, Schale* ratatiné(e) (*fam*)

Hyäne [hy'ɛ:nə] <-, -n> *f* hyène *f*

Hyazinthe [hya'tsɪntə] <-, -n> *f* jacinthe *f*

hybrid [hy'bri:t] *Adj* hybride

Hybridantrieb *m* système *m* de propulsion hybride

Hybride [hy'bri:də] <-, -n> *f* hybride *m*

Hybris ['hy:brɪs] <-> *f geh* outrecuidance *f* (*littér*)

Hydra ['hy:dra] <-, Hydren> *f* hydre *f*

Hydrant [hy'drant] <-en, -en> *m* bouche *f* d'incendie

Hydraulik [hy'draʊlɪk] <-> *f* hydraulique *f;* (*System*) système *m* hydraulique

hydraulisch I. *Adj* hydraulique
II. *Adv* ~ **betrieben werden** fonctionner avec un système hydraulique

Hydrodynamik [hydrody'na:mɪk] <-> *f* PHYS hydrodynamique *f* **hydrodynamisch** *Adj* TECH hydrodynamique

Hydrographie [hydrogra'fi:] <-> *f* hydrographie *f*

Hydrokultur *f* culture *f* hydroponique

Hydrologie [hydrolo'gi:] <-> *f* hydrologie *f*

Hydrolyse [hydro'ly:zə] <-, -n> *f* CHEM hydrolyse *f*

Hydrometer <-s, -> *nt* hydromètre *m*

hydrophil [hydro'fi:l] *Adj* CHEM, BIO hydrophile

hydrophob [hydro'fo:p] *Adj* BIO hydrophobe

Hydrosphäre <-> *f* GEOG hydrosphère *f* **hydrostatisch** *Adj* TECH hydrostatique **Hydrotechnik** *f* technique *f* hydraulique **Hydrotherapie** *f* hydrothérapie *f*

Hygiene [hy'gie:nə] <-> *f* hygiène *f*

hygienisch I. *Adj Verhältnisse, Maßnahmen* hygiénique
II. *Adv verpacken* hygiéniquement; *einwandfrei* sur le plan de l'hygiène

Hygrometer [hygro'me:tɐ] <-s, -> *nt* hygromètre *m*

hygroskopisch [hygro'sko:pɪʃ] *Adj* CHEM hygroscopique

Hymen ['hy:mən] <-s, -> *nt o m* MED hymen *m*

Hymne ['hʏmnə] <-, -n> *f* hymne *m*

hymnisch *Adj* hymnique

hyperaktiv ['hy:pɐ-] *Adj Kind* hyperactif(-ive)

Hyperbel [hy'pɛrbəl] <-, -n> *f* MATH, LING hyperbole *f*

Hyperbelfunktion *f* MATH fonction *f* hyperbolique

hyperbolisch *Adj* MATH, LING hyperbolique

hyperkorrekt [hypɐkɔ'rɛkt] *Adj* ❶ (*übertriebend korrekt*) *Verhalten* excessivement correct(e)
❷ LING *Formen* hypercorrect(e)

Hyperlink ['haɪpəlɪŋk] *m* INFORM hyperlien *m*

hypermodern [hypɐmo'dɛrn, 'hy:pɐmodɛrn] *fam* I. *Adj* hypermoderne (*fam*) II. *Adv* de façon hypermoderne (*fam*) **hypersensibel** *Adj* hypersensible

Hypertext ['haɪpətɛkst] *m* INFORM hypertexte *m*

Hypertonie [hypɐto'ni:] <-, -n> *f* MED hypertension *f*

Hypertrophie [hypɐtro'fi:] <-, -n> *f* MED hypertrophie *f*

Hypnose [hʏp'no:zə] <-, -n> *f* hypnose *f;* **jdn in** ~ (*Akk*) **versetzen** hypnotiser qn; **in** ~ (*Akk*) **fallen** tomber en [état d']hypnose; **unter** ~ (*Dat*) **stehen** être en [état d']hypnose

Hypnotherapie [hʏpno-] *f* thérapie *f* par l'hypnose

hypnotisch [hʏp'no:tɪʃ] I. *Adj* hypnotique
II. *Adv wirken* de manière hypnotique

Hypnotiseur(in) [hypnoti'zøːɐ] <-s, -e> *m(f)* hypnotiseur(-euse) *m(f)*
hypnotisieren* *tr V* hypnotiser
▶ **wie hypnotisiert dastehen** être debout là comme hypnotisé(e)
Hypochonder [hypo'xɔndɐ] <-s, -> *m* PSYCH hypocondriaque *mf*
Hypochondrie [hypoxɔn'driː] <-, -n> *f* MED hypocondrie *f*
hypochondrisch *Adj* hypocondriaque
Hypophyse [hypo'fyːzə] <-, -n> *f* ANAT hypophyse *f*
Hypotenuse [hypote'nuːzə] <-, -n> *f* MATH hypoténuse *f*
Hypothek [hypo'teːk] <-, -en> *f* ❶ hypothèque *f;* **die erste/zweite ~** l'hypothèque de premier/second rang; **~ auf Grund und Boden** hypothèque sur fonds de terre; **eine ~ auf etw (*Akk*) aufnehmen** prendre une hypothèque sur qc; **etw mit einer ~ belasten** grever qc d'une hypothèque
❷ (*Bürde*) hypothèque *f;* **das ist eine schwere ~ für ihn** c'est une lourde charge pour lui
Hypothekenbank <-banken> *f* banque *f* hypothécaire **Hypothekenbrief** *m* titre *m* hypothécaire **hypothekenfrei** *Adj* non hypothéqué(e), exempt(e) d'hypothèques **Hypothekengläubiger(in)** *m(f)* créancier(-ière) *m(f)* hypothécaire **Hypothekenschuldner(in)** *m(f)* débiteur(-trice) *m(f)* hypothécaire **Hypothekenzinsen** *Pl* intérêts *mpl* hypothécaires
Hypothese [hypo'teːzə] <-, -n> *f* hypothèse *f;* **eine ~ aufstellen/widerlegen** émettre/réfuter une hypothèse
hypothetisch [hypo'teːtɪʃ] **I.** *Adj* hypothétique
II. *Adv* de façon hypothétique
Hypotonie [hypoto'niː] <-, -n> *f* MED hypotonie *f*
Hysterie [hʏste'riː] <-, -n> *f* hystérie *f*
hysterisch [hʏs'teːrɪʃ] **I.** *Adj* hystérique; **ein ~er Anfall** une crise d'hystérie
II. *Adv* de façon hystérique
Hz *Abk von* **Hertz** Hz

I i

I, i [iː] <-, -> *nt* I *m*/i *m*
▶ **I wie Ida** i comme Irma
i *Interj fam* (*Ausdruck des Ekels*) be[u]rk (*fam*)
▶ **~ wo!** penses-tu/pensez-vous! (*fam*)
i. A. [iː'ʔaː] *Abk von* **im Auftrag** p.o.
iah ['iːʔaː] *Interj* hi-han
Iambus *s.* **Jambus**
iberisch [i'beːrɪʃ] *Adj* ibérique
Ibis <-, -se> *m* ZOOL ibis *m*
IC® [iː'tseː] <-s, -s> *m Abk von* **Intercity** IC *m*
ICE® [iːtseː'ʔeː] <-s, -s> *m Abk von* **Intercityexpress** ≈ T.G.V. *m*

i Land & Leute

ICE est l'abréviation de *Intercityexpress(zug)*. C'est un train à grande vitesse de la *Deutsche Bahn* qui peut atteindre jusqu'à 300 kilomètres à l'heure. Cousin du TGV en France, il relie entre elles les grandes villes allemandes depuis 1991.

ich [ɪç] *Pron pers* je; (*betont, allein stehend*) moi; **~ habe Hunger** j'ai faim; **nicht einmal ~** pas même moi; **~ selbst konnte das nicht machen** je ne pouvais pas le faire moi-même; **~!** moi!; **~ nicht!** pas moi!; **hier bin ~!** me voici!; **~ war es!** c'était moi!; **~ Idiot!** *fam* quel idiot(e) je fais! (*fam*)
Ich <-[s], -s> *nt a.* PSYCH moi *m;* **mein anderes** [*o* **zweites**] **~** mon autre moi; **sein besseres ~** la meilleure part de soi-même
IchbewusstseinRR *nt* conscience *f* du moi **ichbezogen** ['ɪçbəzoːgən] *Adj* égocentrique **Icherzähler(in)**RR *m(f)* narrateur(-trice) *m(f)* à la première personne **Icherzählung**RR *f* récit *m* à la première personne **Ichform** *f* première personne *f;* **in der ~** à la première personne **Ichlaut**RR *m* son *m* chuinté
Icon ['aɪkən] <-s, -s> *nt* INFORM icône *f*
IC-Zuschlag [iː'tseː-] *m* supplément *m* IC
ideal [ide'aːl] **I.** *Adj* idéal(e)
II. *Adv* d'une façon idéale
Ideal <-s, -e> *nt* idéal *m;* **mein/sein ~** mon/son idéal; **[noch] ~e haben** avoir [encore] des idéaux; **keine ~e mehr haben** avoir perdu tout idéal
Idealbild *nt* idéal *m*
idealerweise *Adv* dans l'idéal
Idealfall *m* cas *m* idéal; **im ~** dans le meilleur des cas **Idealgewicht** *nt* poids *m* idéal
idealisieren* *tr V* idéaliser *Person, Sache;* **~d** idéalisé(e)
Idealisierung <-, -en> *f* idéalisation *f*
Idealismus [idea'lɪsmʊs] <-> *m* idéalisme *m*
Idealist(in) <-en, -en> *m(f)* idéaliste *mf*
idealistisch *Adj* idéaliste
idealtypisch *Adj* PHILOS *geh* de type idéal **Idealvorstellung** *f* idéal *m*
Idee [i'deː, *Pl:* i'deːən] <-, -n> *f* ❶ idée *f;* **eine ~ haben** avoir une idée; **jdn auf eine ~ bringen** donner une idée à qn; **mir kommt da eine ~** il me vient une idée; **eine glänzende ~** une brillante idée; **eine fixe ~** une idée fixe; **so eine verrückte ~!** en voilà une idée!; **wie kommst du denn auf die ~?** où vas-tu chercher une idée pareille?
❷ *fam* (*Kleinigkeit*) **eine ~ lauter/zu kalt** un soupçon plus fort/trop froid; **keine ~ besser sein** ne pas valoir mieux (*fam*)
ideell [ide'ɛl] *Adj* *Bedürfnisse, Werte* spirituel(le); *Gesichtspunkte* intellectuel(le)
ideenarm [i'deːən-] *Adj* *Person* peu inventif(-ive); *Kunstwerk* peu innovatif(-ive); **~ sein** manquer d'idées
ideenlos *Adj, Adv* sans imagination
Ideenlosigkeit <-> *f* *einer Person* absence *f* [*o* manque *m*] d'imagination; *eines Entwurfs, einer Gestaltung* manque *m* d'originalité
ideenreich *Adj* inventif(-ive) **Ideenreichtum** *m* *einer Person* esprit *m* inventif; *einer Gestaltung* inventivité *f*
Identifikation [idɛntifika'tsioːn] <-, -en> *f* ❶ PSYCH identification *f;* **~ mit jdm/etw** identification à qn/qc
❷ *s.* **Identifizierung**
Identifikationsfigur *f* modèle *m* identificatoire
identifizieren* **I.** *tr V* ❶ identifier *Person, Gegenstand;* **jdn/etw als jdn/etw ~** identifier qn/qc comme étant qn/qc
❷ (*gleichsetzen*) **jdn/etw mit jdm/etw ~** identifier qn/qc à qn/qc
II. *r V* s'identifier à; **sich mit jdm/etw ~** s'identifier à qn/qc
Identifizierung <-, -en> *f* *einer Person, eines Gegenstands* identification *f*
identisch [i'dɛntɪʃ] *Adj* identique; **mit jdm/etw ~ sein** être identique à qn/qc
Identität [idɛnti'tɛːt] <-> *f* identité *f;* **die ~ einer Person feststellen** établir l'identité d'une personne; **die völlige ~ zweier Dinge** la similitude parfaite de deux choses
Identitätskarte *f bes.* CH, A carte *f* d'identité
Ideologe [ideo'loːgə] <-n, -n> *m,* **Ideologin** *f* idéologue *mf*
Ideologie [ideolo'giː] <-, -n> *f* idéologie *f*
ideologisch **I.** *Adj* idéologique
II. *Adv* idéologiquement

Idiom [i'dio:m] <-s, -e> *nt* LING ❶ idiome *m*
❷ (*idiomatischer Ausdruck*) expression *f* idiomatique

Idiomatik <-> *f* LING idio[ma]tismes *mpl;* (*Nachschlagewerk*) dictionnaire *m* des locutions

idiomatisch [idio'ma:tɪʃ] I. *Adj* idiomatique
II. *Adv* d'un point de vue idiomatique

Idiot(in) [i'dio:t] <-en, -en> *m(f)* ❶ *pej fam* crétin(e) *m(f)* (*fam*); **so ein ~!** quel idiot!
❷ MED débile *mf* mental(e)

Idiotenhügel *m hum fam* piste *f* débutants **idiotensicher** *hum fam* I. *Adj* simple comme bonjour (*fam*); **das ist ~!** c'est bête comme chou! (*fam*) II. *Adv* être simple; **~ konstruiert sein** être construit(e) pour être à la portée du premier venu; **~ zu bedienen sein** être simple comme bonjour à manœuvrer

Idiotie [idio'ti:] <-, -n> *f* ❶ *pej fam* connerie *f* (*fam*)
❷ MED débilité *f* mentale

Idiotin *s.* **Idiot(in)**

idiotisch *Adj pej fam* débile (*fam*); **so etwas Idiotisches!** quelle connerie! (*fam*)

Idol [i'do:l] <-s, -e> *nt* idole *f*

Idyll <-s, -e> *nt* lieu *m* idyllique

Idylle [i'dʏlə] <-, -n> *f* idylle *f*

idyllisch I. *Adj* idyllique
II. *Adv* dans un cadre idyllique

IG [i:'ge:] <-> *f Abk von* **Industriegewerkschaft** union *f* syndicale; **~ Metall** *union syndicale ouvrière allemande pour les travailleurs de l'industrie métallurgique*

Igel ['i:gəl] <-s, -> *m* hérisson *m*

igitt[igitt] *Interj fam* be[u]rk (*fam*)

Iglu ['i:glu] <-s, -s> *m o nt* igloo *m*

ignorant [ɪgno'rant] *Adj pej geh* inculte (*soutenu*)

Ignorant(in) <-en, -en> *m(f) pej geh* inculte *mf* (*soutenu*)

Ignoranz <-> *f pej geh* ignorance *f*

ignorieren* *tr V* ignorer *Person;* ne pas prendre en considération *Sache, Angelegenheit*

IHK [i:ha:'ka:] <-, -s> *f Abk von* **Industrie- und Handelskammer** C.C.I. *f*

ihm¹ [i:m] *Pron pers, Dat von* **er** ❶ (*auf eine Person, ein männliches Tier bezogen*) lui; **bei/mit ~** chez/avec lui; **das gefällt ~** cela lui plaît; **er sagt es ~** il le lui dit; **sie glaubt/hilft ~** elle le croit/l'aide; **sie nähern sich ~** ils s'approchent de lui; **es geht ~ gut** il va bien; **der Hund knurrt, wenn man sich ~ nähert** le chien grogne quand on s'approche de lui; **~ solltest du danken, nicht mir!** c'est à lui qu'il faut dire merci, pas à moi!; **glaubst du mir oder ~? – Ihm!** c'est lui que tu crois ou c'est moi? – Lui!
❷ (*allgemein auf ein Tier, eine Sache bezogen*) **das Kind erblickte den Hamster/Wellensittich und näherte sich ~** l'enfant vit le hamster/la perruche et s'approcha de lui/d'elle; **er sah den Schlag kommen und wich ~ aus** il vit le coup arriver et l'esquiva

ihm² *Pron pers, Dat von* **es** ❶ (*auf ein Kind, ein Mädchen bezogen*) **er hilft ~** il l'aide; **das gehört ~** c'est à lui/elle; **das gefällt ~** cela lui plaît; **~ ist langweilig** il/elle s'ennuie
❷ (*auf ein Tier, eine Sache bezogen*) **um das Kalb/das Haus zu fotografieren, näherte sie sich ~** pour photographier le veau/la maison, elle s'en approcha

ihn [i:n] *Pron pers, Akk von* **er** ❶ (*auf eine Person, ein männliches Tier bezogen*) **ohne/für ~** sans/pour lui; **ich kenne ~** je le connais; **ich mag ~** je l'aime [bien]; **er fragt ~/ruft ~ an** il lui demande/téléphone; **dort drüben ist ein Hase, siehst du ~?** il y a un lièvre là-bas, le vois-tu?; **~ musst du fragen, nicht mich!** c'est à lui qu'il faut que tu demandes, pas à moi!
❷ (*allgemein auf ein Tier, eine Sache bezogen*) **sie verfolgten den Wal um ~ zu filmen** ils poursuivaient la baleine afin de la filmer; **wo ist mein Schlüssel/Kuli, siehst du ~?** où est ma clé/mon stylo-bille, est-ce que tu la/le vois?

ihnen ['i:nən] *Pron pers, Dat von* **sie²**: **bei ~** chez eux/elles; **mit ~** avec eux/elles; **das gefällt ~** cela leur plaît; **er sagt es ~** il le leur dit; **sie glaubt/hilft ~** elle les croit/aide; **sie nähert sich ~** elle s'approche d'eux/d'elles; **es geht ~ gut** ils/elles vont bien; **~ solltet ihr danken, nicht mir!** c'est à eux/elles qu'il faut dire merci, pas à moi!; **glaubst du mir oder ~? – Ihnen!** c'est moi ou eux/elles que tu crois? – Eux/Elles!

Ihnen *Pron pers, Dat von* **Sie¹** vous; **wie geht es ~?** comment allez-vous?; **gefällt es ~?** est-ce que cela vous plaît?; **hat er sich ~ schon vorgestellt?** est-ce qu'il s'est déjà présenté à vous?

ihr¹ [i:ɐ] *Pron pers* vous; **~ seid an der Reihe!** c'est votre tour!; **~ nicht!** pas vous!; **~ Armen!** mes pauvres!

ihr² *Pron pers, Dat von* **sie¹** ❶ (*auf eine Person, ein weibliches Tier bezogen*) **bei/mit ~** chez/avec elle; **das gefällt ~** cela lui plaît; **er sagt es ~** il le lui dit; **sie glaubt/hilft ~** elle la croit/l'aide; **es geht ~ gut** elle va bien; **sie nähern sich ~** ils s'approchent d'elle; **~ solltest du danken, nicht mir!** c'est à elle qu'il faut dire merci, pas à moi!; **glaubst du mir oder ~? – Ihr!** c'est elle que tu crois ou c'est moi? – Elle!
❷ (*allgemein auf ein Tier, eine Sache bezogen*) **um die Katze/die Brücke zu fotografieren, näherte er sich ~** pour photographier le chat/le pont, il s'en approcha

ihr³ *Pron poss zu* **sie¹** ❶ **~ Bruder** son frère; **~e Schwester/Freundin** sa sœur/son amie; **~e Eltern** ses parents; **~ Auto** sa voiture; **~e Wohnung** son appartement; **dieses Feuerzeug ist ~[e]s** ce briquet est à elle
❷ *substantivisch* **der/die/das ~e** le sien/la sienne; **das sind nicht seine Bücher, sondern die ~en** ce ne sont pas ses livres à lui, mais les siens [à elle]; **sie hat das Ihre bekommen** elle a eu ce qui est à elle; **sie hat das Ihre getan** elle a fait ce qu'elle avait à faire; **die Ihren** les siens

ihr⁴ *Pron poss zu* **sie²** ❶ **~ Bruder** leur frère; **~e Schwester** leur sœur; **~e Brüder/Schwestern** leurs frères/sœurs
❷ *substantivisch* **der/die/das ~e** le/la leur; **das sind nicht eure Bücher, sondern die ~en** ce ne sont pas vos livres [à vous], mais les leurs; **sie haben das Ihre bekommen** ils/elles ont eu ce qui est à eux/à elles; **sie tun das Ihre** ils/elles font ce qu'ils/elles ont à faire; **die Ihren** les leurs

Ihr *Pron poss zu* **Sie¹** ❶ votre; **~ Vater** votre père; **~e Mutter** votre mère; **~e Kinder** vos enfants; **herzlichst ~ Peter Braun** cordialement, Peter Braun
❷ *substantivisch* **der/die/das ~e** le/la vôtre; **die ~en** les vôtres; **Sie haben das ~e bekommen** vous avez eu ce qui vous revient de droit; **Sie haben das ~e getan** vous avez fait ce que vous avez à faire

ihrer¹ ['i:rɐ] *Pron pers, Gen von* **sie¹** *geh* **er erbarmt sich ~** il a pitié d'elle; **er gedenkt ~** il se souvient d'elle; **wir werden ~ gedenken** nous nous souviendrons d'elle (*soutenu*)

ihrer² *Pron pers, Gen von* **sie²** *geh* **es waren ~ sechs** ils/elles étaient six; **wir werden ~ gedenken** nous nous souviendrons d'eux/d'elles

Ihrer *Pron pers, Gen von* **Sie¹** *geh* **wir werden ~ gedenken** nous nous souviendrons de vous

ihrerseits ['i:rɐzaɪts] *Adv* ❶ (*auf eine Person bezogen*) de son côté
❷ (*auf mehrere Personen bezogen*) de leur côté

Ihrerseits *Adv* de votre côté

ihresgleichen *Pron unv* ❶ *pej* (*Menschen ihres Schlags*) ses semblables; **sie und ~** (*auf eine Person bezogen*) elle et ses semblables *mpl* (*péj*); (*auf mehrere Personen bezogen*) ils/elles et leurs semblables (*péj*)
❷ (*Menschen wie sie*) de sa sorte; **sie verkehrt nur mit ~** elle ne fréquente que les gens de sa sorte; **sie verkehren nur mit ~** ils/elles ne fréquentent que les gens de leur sorte; **ich kenne niemanden ~** *geh* (*niemanden wie diese Frau/diese Leute*) je ne connais personne de sa/de leur trempe (*soutenu*); **unter ~** entre eux/elles

Ihresgleichen *Pron unv* des gens *mpl* comme vous; *pej* des gens *mpl* de votre espèce (*péj*)
ihretwegen ['i:rət've:gən] *Adv* ❶ (*auf eine Person bezogen*) à son sujet; (*ihr zuliebe*) pour elle; (*von ihr aus*) si cela ne tenait/n'avait tenu qu'à elle
❷ (*auf mehrere Personen bezogen*) à leur sujet; (*ihnen zuliebe*) pour eux/pour elles; (*von ihnen aus*) si cela ne tenait/n'avait tenu qu'à eux/elles
Ihretwegen *Adv* à votre sujet; (*Ihnen zuliebe*) pour vous; (*von Ihnen aus*) si cela ne tenait/n'avait tenu qu'à vous
ihretwillen ['i:rət'vɪlən] *Adv* ❶ (*auf eine Person bezogen*) **um ~** pour elle
❷ (*auf mehrere Personen bezogen*) **um ~** pour eux/elles
Ihretwillen *Adv* **um ~** pour vous
ihrige(r) *Pron poss veraltet geh* ❶ (*auf eine Person bezogen*) *s.* **ihr³, 2.**
❷ (*auf mehrere Personen bezogen*) *s.* **ihr⁴, 2.**
Ihrige(r) *Pron poss veraltet geh s.* **Ihr, 2.**
i. J. *Abk von* **im Jahre** en
Ikarus ['i:karʊs] <-> *m* MYTH Icare *m*
Ikone [i'ko:nə] <-, -n> *f* icône *f*
illegal ['ɪlega:l] **I.** *Adj* illégal(e)
II. *Adv* illégalement
Illegalität <-> *f* illégalité *f*
illegitim ['ɪlegiti:m] *Adj* illégitime
illiquid ['ɪlikvi:t] *Adj* FIN non liquide
illoyal ['ɪlɔɪa:l] *geh* **I.** *Adj* déloyal(e)
II. *Adv* d'une manière déloyale
Illoyalität <-> *f geh* déloyauté *f*
Illumination [ɪlumina'tsio:n] <-, -en> *f* illuminations *fpl*
illuminieren* *tr V* illuminer
Illusion [ɪlu'zio:n] <-, -en> *f* illusion *f*; **sich** (*Dat*) **über jdn/etw ~en machen** se faire des illusions sur qn/qc; **sich einer ~** (*Dat*) **hingeben** se bercer d'illusions; **jdm alle ~en rauben** enlever à qn toutes ses illusions
illusionär [ɪluzio'nɛ:ɐ] *Adj geh* illusoire
Illusionist(in) *m(f)* illusionniste *mf*
illusionslos *Adj, Adv* sans illusions
illusorisch [ɪlu'zo:rɪʃ] *Adj* illusoire; **es ist ~ darauf zu hoffen** c'est illusoire de compter là-dessus
illuster [ɪ'lʊstɐ] *Adj geh* illustre; **illustre Gäste** des invités illustres
Illustration [ɪlʊstra'tsio:n] <-, -en> *f* ❶ illustration *f*
❷ *fig* **zur ~ meiner Ausführungen** pour illustrer mon développement
illustrativ [ɪlʊstra'ti:f] **I.** *Adj* destiné(e) à illustrer; *Beispiel* évocateur(-trice)
II. *Adv* de façon vivante
Illustrator [ɪlʊs'tra:to:ɐ] <-s, -toren> *m*, **Illustratorin** *f* illustrateur(-trice) *m(f)*
illustrieren* *tr V* ❶ illustrer *Buch*
❷ *fig* **etw anhand eines Beispiels ~** illustrer qc à l'aide d'un exemple
Illustrierte [ɪlʊs'tri:ɐtə] <-n, -n> *f* illustré *m*
Iltis ['ɪltɪs] <-ses, -se> *m* putois *m*
im [ɪm] = **in dem** *s.* **in**
IM [i:'ʔɛm] <-s, -s> *m Abk von* **inoffizieller Mitarbeiter** *informateur du service des renseignements de l'ancienne R.D.A.*
Image ['ɪmɪtʃ] <-[s], -s> *nt* image *f* de marque; **ein gutes/schlechtes ~ haben** avoir une bonne/mauvaise image de marque
Imagekampagne ['ɪmɪtʃ-] *f* promotion *f* de son image **Imagepflege** *f* **~ betreiben** soigner son image de marque **Imageverlust** *m* perte *f* de prestige
imaginär [imagi'nɛ:ɐ] *Adj geh* imaginaire
Imagination [imagina'tsio:n] <-, -en> *f geh* imagination *f*
Imam [i'ma:m] <-s, -e> *m* imam *m*
Imbiss^RR <-es, -e>, **Imbiß** <-sses, -sse> *m* ❶ collation *f*
❷ *s.* **Imbissstand**
Imbisshalle^RR *f* cafétéria *f* **Imbissstand**^RR *m* friterie *f* **Imbissstube**^RR *f* snack[-bar] *m*

i Land & Leute

Dans une **Imbissstube** allemande, on peut avant tout consommer des boissons fraîches, des saucisses grillées, des frites, mais également du poulet rôti et différents petits pains garnis avec de la charcuterie ou du poisson. On trouve également de plus en plus de sandwichs turcs (kebabs) et grecs (gyros).

Imitat [imi'ta:t] <-[e]s, -e> *nt* simili *m*
Imitation [imita'tsio:n] <-, -en> *f* imitation *f*
Imitator [imi'ta:to:ɐ] <-s, -toren> *m*, **Imitatorin** *f* imitateur(-trice) *m(f)*
imitieren* *tr V* imiter; **imitierter Schmuck** des bijoux *mpl* en imitation
Imker(in) ['ɪmkɐ] <-s, -> *m(f)* apiculteur(-trice) *m(f)*
Imkerei <-, -en> *f* ❶ (*Betrieb*) exploitation *f* apicole
❷ (*Tätigkeit*) apiculture *f*
immanent [ɪma'nɛnt] *Adj geh* immanent(e) (*soutenu*)
Immanenz [ɪma'nɛnts] <-> *f* PHILOS immanence *f*
immateriell ['ɪmaterjɛl] *Adj geh* immatériel(le)
Immatrikulation [ɪmatrikula'tsio:n] <-, -en> *f* UNIV inscription *f*
immatrikulieren* *r V* UNIV **sich ~** s'inscrire; **immatrikuliert sein** être inscrit(e)
Imme ['ɪmə] <-, -n> *f geh* abeille *f*
immens [ɪ'mɛns] *geh* **I.** *Adj* énorme
II. *Adv* énormément
immer ['ɪmɐ] *Adv* ❶ toujours; **~ wieder** sans cesse; **~ noch** toujours [et encore]; **~ während** *Dunkelheit, Kälte* perpétuel(le); *Feuer, Qual* éternel(le); **~ mal [wieder]** *fam* comme ça, à l'occasion (*fam*); **bist du ~ noch nicht fertig?** tu n'as toujours pas fini?
❷ (*zunehmend*) **~ mehr** *arbeiten, essen* de plus en plus; **~ besser werden** ne cesser de s'améliorer; **etw ~ häufiger tun** faire qc de plus en plus fréquemment; **es geht ihm ~ schlechter** il va de plus en plus mal
❸ (*jedes Mal*) **~ wenn ich lese** chaque fois que je lis
❹ (*jeweils*) **ein Block hat ~ hundert Seiten** un bloc a toujours cent pages
❺ (*auch*) **wann ~ das sein wird** peu importe quand ce sera; **wo ~ er sein mag** où qu'il soit
▶ **für ~ [und ewig]** sempiternellement
immerdar *Adv geh* à jamais (*soutenu*)
immerfort *Adv* continuellement **immergrün** *Adj Pflanze* à feuilles persistantes **Immergrün** *nt* pervenche *f* **immerhin** *Adv* tout de même; **[das ist doch] ~ [schon etwas]**! c'est toujours ça!
immerwährend *s.* **immer 1.**
immerzu *Adv* continuellement
Immigrant(in) [ɪmi'grant] <-en, -en> *m(f)* immigrant(e) *m(f)*
Immigration [ɪmigra'tsio:n] <-, -en> *f* immigration *f*
immigrieren* *itr V + sein* immigrer
Immission [ɪmɪ'sio:n] <-, -en> *f* ÖKOL nuisance *f*
Immissionsschutz *m* ÖKOL protection *f* contre les nuisances
Immobilie <-, -n> *f* propriété *f* immobilière; **~n** des biens *mpl* immobiliers
Immobilienfonds [-fõ:] *m* fonds *m* de placement immobilier **Immobilienhändler(in)** *m(f)* agent *mf* immobilier **Immobilienmakler(in)** *m(f)* agent *m* immobilier
Immortelle [ɪmɔr'tɛlə] <-, -n> *f* immortelle *f*
immun [ɪ'mu:n] *Adj* ❶ MED être immunisé(e) contre qc; **gegen eine Krankheit ~ werden/sein** s'immuniser/être immuni-

sé(e) contre une maladie
❷ *fig* être vacciné(e) contre qc; **gegen etw ~ sein** être vacciné(e) contre qc; **gegen etw nicht ~ sein** n'être pas insensible [à qc]
Immunabwehr *f* MED défenses *fpl* immunitaires
immunisieren* *tr V* MED **jdn gegen etw ~** immuniser qn contre qc
Immunisierung <-, -en> *f* MED immunisation *f*
Immunität [ɪmuni'tɛ:t] <-, *selten* -en> *f* ❶ MED immunité *f;* **~ gegen etw** immunité *f* à qc
❷ JUR immunité *f;* **diplomatische ~** immunité diplomatique; **jds ~ aufheben** lever l'immunité de qn
Immunologe [ɪmuno'lo:gə] <-n, -n> *m,* **Immunologin** *f* MED immunologiste *mf*
Immunologie [ɪmunolo'gi:] <-> *f* MED immunologie *f*
Immunschwäche *f* MED immunodéficience *f* **Immunsystem** *nt* MED système *m* immunitaire
Impedanz [ɪmpe'dants] <-, -en> *f* ELEC, MED impédance *f*
Imperativ ['ɪmperati:f] <-s, -e> *m* GRAM impératif *m;* (*Imperativsatz*) injonction *f*
Imperfekt ['ɪmpɛrfɛkt] <-s, -e> *nt* GRAM imparfait *m*
Imperialismus [ɪmperia'lɪsmʊs] <-, *selten* -lismen> *m* impérialisme *m*
Imperialist(in) <-en, -en> *m(f) pej* impérialiste *mf*
imperialistisch *Adj pej* impérialiste
Imperium [ɪm'pe:riʊm, *Pl:* ɪm'pe:riən] <-s, -rien> *nt* empire *m*
impertinent [ɪmpɛrti'nɛnt] *geh* I. *Adj* impertinent(e)
II. *Adv* avec impertinence
Impertinenz [ɪmpɛrti'nɛnts] <-, -en> *f geh* impertinence *f*
impfen ['ɪmpfən] *tr V* MED vacciner; **jdn/sich gegen etw ~ lassen** faire vacciner qn/se faire vacciner contre qc
Impfling <-s, -e> *m* vacciné(e) *m(f)*
ImpfpassRR *m* carnet *m* de vaccination **Impfpflicht** *f* vaccination *f* obligatoire **Impfpistole** *f* pistolet *m* à inoculation **Impfschein** *m* certificat *m* de vaccination **Impfschutz** *m* immunisation *f* **Impfstoff** *m* vaccin *m*
Impfung <-, -en> *f* vaccination *f*
Implantat [ɪmplan'ta:t] <-[e]s, -e> *nt* implant *m*
Implantation [ɪmplanta'tsio:n] <-, -en> *f* MED implantation *f*
implantieren *tr V* implanter; **[jdm] etw ~** implanter qc [à qn]
implizieren* *tr V geh* impliquer
implizit [ɪmpli'tsi:t] I. *Adj* implicite
II. *Adv* implicitement
implodieren* *itr V + sein* imploser
Implosion <-, -en> *f* implosion *f*
Imponderabilien [ɪmpɔndera'bi:liən] *Pl geh* impondérables *mpl*
imponieren* *itr V* **[jdm] ~** *Person, Leistung:* en imposer [à qn]; **er hat sehr imponiert** il a fait grosse impression
imponierend I. *Adj* imposant(e); *Leistung* considérable; **es ist ~, wie sie das macht** il est impressionnant de voir comme elle fait cela
II. *Adv* **~ groß** de dimensions impressionnantes
Imponiergehabe [ɪmpo'ni:ɐ-] *nt eines Tiers* parade *f; pej einer Person* simagrées *fpl* (*péj*)
Import [ɪm'pɔrt] <-[e]s, -e> *m* ❶ (*Einfuhr*) importation *f*
❷ *s.* **Importartikel**
Importartikel *m* article *m* d'importation **Importbeschränkung** *f* limitation *f* des importations
Importeur(in) [ɪmpɔr'tø:ɐ] <-s, -e> *m(f)* importateur(-trice) *m(f)*
Importgeschäft *nt* maison *f* d'importation **Importhandel** *m* commerce *m* d'importation
importieren* *tr V* importer
ImportüberschussRR *m* excédent *m* d'importation **Importware** *f* marchandise *f* d'importation
imposant [ɪmpo'zant] *Adj* impressionnant(e); *Leistung* considérable; **~ wirken** faire beaucoup d'effet
impotent ['ɪmpotɛnt] *Adj* impuissant(e)
Impotenz ['ɪmpotɛnts] <-> *f* impuissance *f*
imprägnieren* *tr V* imperméabiliser; **Kleidung/Schuhe mit etw ~** imperméabiliser des vêtements/chaussures de qc; **ein Material gegen etw ~** traiter un matériau [contre qc]
Imprägnierung <-, -en> *f von Kleidung, Schuhen* imperméabilisation *f; von Holz* traitement *m;* **die ~ hält zwei Jahre** la protection dure deux ans
Impression [ɪmprɛ'sio:n] <-, -en> *f geh* impression *f*
Impressionismus [ɪmprɛsio'nɪsmʊs] <-> *m* impressionnisme *m*
Impressionist(in) <-en, -en> *m(f)* impressionniste *mf*
impressionistisch *Adj* impressionniste
Impressum [ɪm'prɛsʊm] <-s, Impressen> *nt* adresse *f* bibliographique; *einer Zeitung* mentions *fpl* obligatoires
Imprimatur [ɪmpri'ma:tʊr] <-s> *nt* TYP imprimatur *m*
Improvisation [ɪmproviza'tsio:n] <-, -en> *f* improvisation *f*
improvisieren* *tr, itr V* improviser
Impuls [ɪm'pʊls] <-es, -e> *m* ❶ (*Anstoß*) impulsion *f;* **~e von außen erhalten** être stimulé(e) du dehors; **aus einem ~ heraus** mû(mue) par une impulsion soudaine
❷ ELEC décharge *f*
Impulsgenerator *m* ELEC générateur *m* d'impulsions
impulsiv [ɪmpʊl'zi:f] I. *Adj* impulsif(-ive)
II. *Adv* de façon impulsive
imstande [ɪm'ʃtandə] *Adj* capable; **zu etw ~ sein** être capable de qc; **~ sein etw zu tun** être capable de faire qc; **zu allem ~ sein** être capable de tout; **zu nichts mehr ~ sein** n'être plus bon(ne) à rien; **er ist ~ und tut es** il est bien capable de le faire
in1 [ɪn] I. *Präp + Dat* ❶ (*bei Ortsangaben*) **~ der Tasche/Schublade** dans le sac/tiroir; **im Bett/Büro** au lit/bureau; **~ seinem Bett/diesem Büro** dans son lit/ce bureau; **im Keller/ersten Stock** à la cave/au premier étage; **~ der Stadt** en ville; **~ Frankreich/Portugal** en France/au Portugal; **im Gebirge/~ den Alpen leben** vivre en montagne/dans les Alpes; **im Norden Deutschlands wohnen** habiter dans le nord de l'Allemagne; **im Konzert** au concert; **~ diesem Konzert** dans ce concert; **~ der Schule** à l'école; **im Gefängnis** en prison
❷ (*bei Zeitangaben*) **~ fünf Minuten/einer Stunde** (*innerhalb von*) en cinq minutes/une heure; (*nach Ablauf von*) dans cinq minutes/une heure; **~ diesem Jahr/dieser Woche** cette année/cette semaine; **~ der letzten Woche** la semaine dernière; **~ diesen Tagen** ces jours-ci; **im Mai/August** en mai/août; **im Monat Mai/August** au mois de mai/d'août; **im Frühling/Sommer** au printemps/en été; **im kommenden Herbst** [à] l'automne prochain; **im letzten Augenblick** au dernier moment; **im Krieg** pendant la guerre
❸ (*bei Umstandsangaben*) **~ der Sonne/Kälte** au soleil/dans le froid; **im Regen/Schnee** sous la pluie/la neige; **im Wind** au vent; **~ Rot gekleidet** habillé(e) en rouge; **im Badeanzug** en maillot de bain; **~ diesem Badeanzug/dieser Bluse** dans ce maillot de bain/ce chemisier
❹ (*in Bezug auf*) **~ Physik/Latein** en physique/latin; **~ dieser Sprache** dans cette langue
II. *Präp + Akk* (*bei Richtungsangaben*) **~ den Garten/den Wald/die Stadt gehen** aller au jardin/en forêt/en ville; **~s Bett gehen** aller au lit; **etw ~s Regal stellen** mettre qc sur l'étagère; **etw ~ die Schublade legen** mettre qc dans le tiroir; **~ die Schweiz/den Libanon fahren** aller en Suisse/au Liban; **~s Gebirge/~ die Alpen fahren** aller à la montagne/dans les Alpes; **~ den Süden fahren** aller dans le sud; **~ die Schule gehen** aller à l'école; **~ eine Ausstellung gehen** aller à une exposition; **~s Gefängnis gehen** aller en prison
in2 *Adj fam* **~ sein** être in (*fam*)
inaktiv ['ɪnʔakti:f] *Adj* inactif(-ive)
Inaktivität *f a.* CHEM, MED inactivité *f*
inakzeptabel *Adj geh* inacceptable

Inangriffnahme [ɪn'ʔangrɪfnaːmə] <-, -n> *f form* mise *f* en œuvre
Inanspruchnahme <-> *f form* ❶ (*Nutzung*) *von Einrichtungen* utilisation *f;* ~ **eines Kredits/von Unterstützung** recours *m* à un crédit/une aide; ~ **fremder Leistungen** recours à des prestations externes
❷ (*Belastung*) *eines Mitarbeiters, der Gesundheit* mise *f* à contribution; *von Geräten, Bauteilen* utilisation *f*
Inbegriff ['ɪnbəgrɪf] *m* incarnation *f;* **der ~ des Bösen** l'incarnation du mal
inbegriffen *Adj* inclus(e); **die Mehrwertsteuer ist im Preis ~** la T.V.A. est incluse dans le prix
Inbetriebnahme <-> *f form einer Anlage, Straße* mise *f* en service; *eines Geräts, einer Maschine* mise en marche
Inbrunst ['ɪnbrʊnst] <-> *f geh* ferveur *f* (*soutenu*); **mit ~** ardemment; **voller ~** avec ferveur (*soutenu*)
inbrünstig ['ɪnbrʏnstɪç] *geh* I. *Adj Gebet* fervent(e); *Bitte, Hoffnung* ardent(e)
II. *Adv hoffen* ardemment; *beten* avec ferveur
Inbusschlüssel *m* clé *f* [mâle à] six pans **Inbusschraube** *f* vis *f* [tête] à six pans creux
Indefinitpronomen [ɪndefi'niːt-] *nt* LING pronom *m* indéfini
indem [ɪn'deːm] *Konj* ❶ (*dadurch, dass*) en; **etw bewirken, ~ man etw tut** obtenir qc en faisant qc
❷ (*während*) (*bei identischen Subjekten*) [tout] en; (*bei unterschiedlichen Subjekten*) tandis que; **er seufzte, ~ er aufstand** il soupira tout en se levant; **~ er sprach, geschah es schon** tandis qu'il parlait, cela arrivait
Inder ['ɪndɐ] <-s, -> *m* ❶ Indien *m* (*de l'Inde*)
❷ *fam* (*indisches Lokal*) **zum ~ [essen] gehen** aller [manger] au restau indien (*fam*)
Inderin <-, -nen> *f* Indienne *f* (*de l'Inde*)
indes, indessen [ɪn'dɛsən] *Adv geh* ❶ (*inzwischen*) pendant ce temps[-là]; **ich bereite ~ alles vor** pendant ce temps je prépare tout
❷ (*jedoch*) cependant; **sie lehnten ~ alles ab** cependant ils refusèrent tout
Index ['ɪndɛks, *Pl:* 'ɪnditseːs] <-[es], -e *o* Indizes> *m* ❶ (*Verzeichnis*) index *m*
❷ (*Verzeichnis verbotener Bücher*) index *m;* **etw auf den ~ setzen** mettre qc à l'index; **auf dem ~ stehen** être à l'index
❸ ÖKON, MATH, STATIST (*Kennziffer*) indice *m*
Indianer(in) [ɪn'djaːnɐ] <-s, -> *m(f)* Indien(ne) *m(f)* (*d'Amérique*)
Indianerstamm *m* tribu *f* indienne
indianisch *Adj* indien(ne)
Indien ['ɪndiən] <-s> *nt* l'Inde *f*
indifferent ['ɪndɪfərɛnt] *geh* I. *Adj* indifférent(e); **einer S.** (*Dat*) **gegenüber ~ sein** être indifférent(e) à qc
II. *Adv* **sich ~ verhalten** se comporter avec indifférence
Indifferenz ['ɪndɪfərɛnts] *f* indifférence *f;* **~ gegenüber jdm/etw** indifférence envers qn/qc
indigniert [ɪndi'gniːɐt] *Adj geh* indigné(e)
Indigo ['ɪndigo] <-s, -s> *m o nt* indigo *m*
indigoblau *Adj* indigo *inv*
Indikation [ɪndika'tsioːn] <-, -en> *f* ❶ MED indication *f*
❷ MED, JUR (*bei Schwangerschaftsabbrüchen*) motif *m* [d'une indication] d'I.V.G.; **eugenische/medizinische ~** indication *f* d'avortement thérapeutique; **soziale/ethische ~** autorisation *f* d'I.V.G. pour raisons sociales/éthiques
Indikativ ['ɪndikatiːf] <-s, -e> *m* GRAM indicatif *m*
Indikator [ɪndi'kaːtoːɐ] <-s, -toren> *m* ❶ CHEM indicateur *m* [coloré]
❷ *geh* (*Anzeichen, Hinweis*) **~ für etw** indicateur *m* de qc
Indio ['ɪndio] <-s, -s> *m,* **-frau** *f* Indien(ne) *m(f)* (*d'Amérique latine*)
indirekt ['ɪndirɛkt] I. *Adj* indirect(e)
II. *Adv* indirectement
indisch ['ɪndɪʃ] I. *Adj* GEOG, LING indien(ne); **die ~en Sprachen** les langues *fpl* indo-aryennes
II. *Adv* **gern ~ essen** aimer la cuisine indienne; **sich ~ kleiden** s'habiller à l'indienne
indiskret ['ɪndɪskreːt] I. *Adj* indiscret(-ète)
II. *Adv fragen* de façon indiscrète
Indiskretion <-, -en> *f* indiscrétion *f;* **eine gezielte ~** une indiscrétion calculée
indiskutabel *Adj pej geh* inacceptable; **völlig ~ sein** être absolument hors de question
indisponiert *Adj geh* indisposé(e)
Indium ['ɪndiʊm] <-s> *nt* CHEM indium *m*
Individualismus [ɪndividua'lɪsmʊs] <-> *m geh* individualisme *m*
Individualist(in) [ɪndividua'lɪst] <-en, -en> *m(f) geh* individualiste *mf*
individualistisch *Adj geh* non-conformiste
Individualität <-, -en> *f* individualité *f*
Individualverkehr *m* trafic *m* des véhicules particuliers
individuell [ɪndividu'ɛl] I. *Adj* personnel(le)
II. *Adv* **etw ~ gestalten** agencer qc de façon personnalisée; **~ verschieden** en fonction de chacun
Individuum [ɪndi'viːduʊm, *Pl:* ɪndi'viːduən] <-s, Individuen> *nt geh* individu *m;* **ein verdächtiges ~** *pej* un individu suspect (*péj*)
Indiz [ɪn'diːts] <-es, -ien> *nt* indice *m;* **ein deutliches ~ für eine Klimaveränderung** un signe clair de changement climatique
Indizes *Pl von* Index
Indizienbeweis *m* preuve *f* par présomption **Indizienprozess**[RR] *m* procès *m* qui se fonde sur des indices
indiziert *Adj* ❶ MED *Medikament, Operation:* indiqué(e); **[bei Gicht] indiziert sein** être indiqué(e) [en cas de goutte]
❷ (*verboten*) *Publikation, Film* interdit(e) [par la censure]
Indochina [ɪndo'çiːna] *nt* l'Indochine *f*
indoeuropäisch ['ɪndoʔɔɪro'pɛːɪʃ], **indogermanisch** *Adj* indo-européen(ne); **die ~en Sprachen** les langues indo-européennes
Indoktrination <-, -en> *f pej* endoctrinement *m*
indoktrinieren* *tr V pej* endoctriner
Indolenz ['ɪndolɛnts, ɪndo'lɛnts] <-, -en> *f* MED insensibilité *f,* apathie *f*
Indonesien [ɪndo'neːziən] <-s> *nt* l'Indonésie *f*
Indonesier(in) <-s, -> *m(f)* Indonésien(ne) *m(f)*
indonesisch *Adj* indonésien(ne)
Induktion [ɪndʊk'tsioːn] <-, -en> *f* ELEC induction *f*
Induktionsspule *f* bobine *f* d'induction **Induktionsstrom** *m* courant *m* d'induction
induktiv [ɪnduk'tiːf] *Adj* ELEC, PHILOS inductif(-ive)
Induktivität [ɪndʊktivi'tɛːt] <-, -en> *f* ELEC inductance *f*
Induktor [ɪn'dʊktoːɐ] <-s, -en> *m* PHYS inducteur *m*
industrialisieren* *tr V* industrialiser; **hoch industrialisiert** très industrialisé(e)
Industrialisierung <-, -en> *f* industrialisation *f*
Industrie [ɪndʊs'triː] <-, -n> *f* industrie *f;* **die chemische/pharmazeutische ~** l'industrie chimique/pharmaceutique; **in der ~ arbeiten** travailler dans l'industrie
Industrieanlage *f* installation *f* industrielle **Industriebereich** *m* secteur *m* industriel **Industriebetrieb** *m* entreprise *f* industrielle **Industrieerzeugnis** *nt* ÖKON produit *m* industriel **Industriegebiet** *nt* (*auf dem Land*) région *f* industrielle; (*in der Stadt*) zone *f* industrielle **Industriegesellschaft** *f* société *f* industrielle; **die moderne ~** la société industrielle moderne **Industriegewerkschaft** *f* syndicat *m* ouvrier **Industriekauffrau** *f* agent *m* technico-commercial **Industriekaufmann** *m,* **-kauffrau** *f* agent *m* technico-commercial **Industriekonzern** *m* grand groupe *m* industriel **Industrieland** *nt* pays *m* industriel; **führende westliche Indus-**

Informationen erfragen

• Informationen erfragen	• demander des informations
Wie komme ich am besten zum Hauptbahnhof?	**Quel est le chemin le plus direct** pour aller à la gare?
Können Sie mir sagen, wie spät es ist?	**Pourriez-vous me** donner l'heure?
Gibt es hier in der Nähe ein Café?	**Est-ce qu'il y a** un café **près d'ici?**
Ist die Wohnung **noch zu haben?**	Est-ce que l'appartement **est encore à louer?**
Kennst/Weißt du einen guten Zahnarzt?	**Connais-tu** un bon dentiste?
Kennst du dich mit Autos **aus?**	**Est-ce que tu t'y connais, en** voitures?
Weißt du Näheres über diese Geschichte?	**Est-ce que tu en sais plus sur** cette histoire?

trieländer pays occidentaux les plus industrialisés **Industrielandschaft** *f* paysage *m* industriel

industriell [ɪndʊstri'ɛl] I. *Adj* industriel(le)
II. *Adv* industriellement

Industrielle(r) *f(m) dekl wie Adj* industriel(le) *m(f)*

Industriemacht *f* puissance *f* industrielle **Industriemüll** *m* rejets *mpl* industriels **Industrienation** *f* nation *f* industrielle **Industrienorm** *f* norme *f* industrielle **Industriepark** *m* parc *m* industriel **Industrieroboter** *m* robot *m* industriel **Industriestaat** *m* pays *m* industriel **Industriestadt** *f* ville *f* industrielle **Industriestandort** *m* site *m* industriel **Industrie- und Handelskammer** *f* chambre *f* de commerce et d'industrie **Industrieunternehmen** *nt* entreprise *f* industrielle **Industriewert** *m meist Pl* FIN valeur *f* industrielle **Industriezweig** *m* secteur *m* industriel

ineffektiv ['ɪn-] *Adj* inefficace

ineinander [ɪn(?)aɪ'nandɐ] *Adv* ~ **fließen** *Flüsse:* confluer; *Farben:* se fondre [entre eux/elles]; ~ **greifen** *Zahnräder:* s'engrener; *fig Aktivitäten:* se recouper; ~ **passen** *Konstruktionselemente:* s'emboîter; ~ **übergehen** se confondre [l'un avec l'autre]; **sich** ~ **verlieben** tomber amoureux l'un de l'autre; **sich** ~ **verwickeln** s'emmêler

ineinander|fließen *s.* **ineinander**

ineinander|greifen *s.* **ineinander**

ineinander|passen *s.* **ineinander**

infam [ɪn'fa:m] *pej* I. *Adj* ignoble
II. *Adv* ignoblement

Infamie [ɪnfa'mi:] <-, -n> *f pej* ignominie *f*

Infanterie [ɪnfantə'ri:] <-, -n> *f* infanterie *f*

Infanterieregiment *nt* MIL régiment *m* d'infanterie

Infanterist(in) [ɪnfantə'rɪst] <-en, -en> *m(f)* fantassin *m*

infantil [ɪnfan'ti:l] *pej* I. *Adj* puéril(e) (*péj*)
II. *Adv* de façon puérile (*péj*)

Infantilismus [ɪnfanti'lɪsmʊs] <-> *m* PSYCH infantilisme *m*

Infarkt [ɪn'farkt] <-[e]s, -e> *m* MED infarctus *m*

Infekt [ɪn'fɛkt] <-[e]s, -e> *m* MED infection *f;* **grippaler** ~ affection *f* grippale

Infektion [ɪnfɛk'tsio:n] <-, -en> *f* infection *f*

Infektionsgefahr *f* danger *m* d'infection **Infektionsherd** *m* MED foyer *m* d'infection **Infektionskrankheit** *f* maladie *f* infectieuse **Infektionsrisiko** *nt* risque *m* d'infection

infektiös [ɪnfɛk'tsjø:s] *Adj Erkrankung* infectieux(-euse); *Material* contaminé(e)

infernalisch [ɪnfɛr'na:lɪʃ] *geh* I. *Adj Gestank* effroyable; *Gelächter, Geheul* infernal(e)
II. *Adv stinken* effroyablement; ~ **lachen** avoir un rire infernal; ~ **heulen** pousser des hurlements infernaux

Inferno [ɪn'fɛrno] <-s> *nt geh* enfer *m*

Infiltration [ɪnfɪltra'tsio:n] <-, -en> *f* GEOL, MED *a. fig* infiltration *f*

infiltrieren* *tr V* ❶ *Fachspr.* (*eindringen*) s'infiltrer ❷ (*unterwandern*) infiltrer *milieu, organisation*

infinit ['ɪnfini:t, ɪnfi'ni:t] *Adj* GRAM infinit; ~**e Verbform** forme *f* infinitive du verbe

Infinitesimalrechnung [ɪnfinitezi'ma:l-] *f* MATH calcul *m* infinitésimal

Infinitiv ['ɪnfiniti:f] <-s, -e> *m* GRAM infinitif *m;* **im** ~ à l'infinitif

infizieren* I. *tr V* contaminer *Person, Tier;* **jdn mit einer Krankheit** ~ transmettre une maladie à qn; **mit etw infiziert sein** être contaminé(e) par qc
II. *r V Wunde:* s'infecter; **sich bei jdm** ~ être contaminé(e) par qn

in flagranti [ɪn fla'granti] *Adv geh* en flagrant délit

Inflation [ɪnfla'tsio:n] <-, -en> *f* inflation *f*

Inflationsbekämpfung *f* lutte *f* contre l'inflation **Inflationsrate** *f* taux *m* d'inflation **inflationssicher** *Adj, Adv* à l'abri de l'inflation

Info ['ɪnfo] <-, -s> *f fam Abk von* **Information** info *f* (*fam*)

Infobroschüre *s.* **Informationsbroschüre**

infolge [ɪn'fɔlgə] *Präp + Gen* à la suite; ~ **dieses Unfalls** à la suite de cet accident; ~ **von Veränderungen** à la suite de changements

infolgedessen *Adv* en conséquence

Infomaterial *s.* **Informationsmaterial**

Informant(in) [ɪnfɔr'mant] <-en, -en> *m(f)* informateur(-trice) *m(f)*

Informatik [ɪnfɔr'ma:tɪk] <-> *f* informatique *f*

Informatiker(in) [ɪnfɔr'ma:tikɐ] <-s, -> *m(f)* informaticien(ne) *m(f)*

Information [ɪnfɔrma'tsio:n] <-, -en> *f* information *f;* **nähere/detaillierte** ~**en über etw erhalten** obtenir de meilleures informations/des informations plus détaillées sur qc; **den neusten** ~**en zufolge** d'après les dernières informations; **zu deiner** ~ pour t'informer

Informationsaustausch *m* échange *m* d'informations **Informationsblatt** *nt* fiche *f* [*o* feuille *f*] d'information **Informationsbroschüre** *f* brochure *f* d'informations **Informationsfluss**[RR] *m* circulation *f* de l'information **Informationsgesellschaft** *f* société *f* d'informations **Informationsindustrie** *f* industrie *f* de l'information **Informationsmaterial** *nt* documentation *f* **Informationsquelle** *f* source *f* d'information **Informationsstand** *m* ❶ (*Kiosk*) stand *m* d'informations ❷ *kein Pl* (*Kenntnisstand*) **nach unserem derzeitigen** ~ en l'état actuel de nos connaissances **Informationssystem** *nt* INFORM système *m* d'information **Informationstechnologie** *f* technologie *f* de l'information **Informationsverarbeitung** *f* INFORM traitement *m* de l'information **Informationszeitalter** *nt* époque *f* de l'information

informativ *Adj geh* informatif(-ive)

informell ['ɪnfɔrmɛl] *geh* I. *Adj* informel(le)
II. *Adv* de manière informelle

informieren* I. *tr V* informer; **jdn über etw** (*Akk*) ~ informer qn sur qc; **über etw** (*Akk*) **informiert sein** être informé(e) sur qc; **gut informierte Kreise** des milieux [bien] informés

II. *r V* **sich über etw** (*Akk*) ~ s'informer sur qc

Infostand ['ɪnfo-] *s.* **Informationsstand 1.**

Infothek [ɪnfo'te:k] <-, -en> *f fam* point *m* info (*fam*)

infrage[RR] [**für jdn/etw**] ~ **kommen** entrer en ligne de compte [pour qn/qc]; [**für jdn/etw**] **nicht** ~ **kommen** ne pas être question de qc [pour qn/qc]
► [**das**] **kommt nicht** ~**!** [il n'en est] pas question!

infrarot ['ɪnfraro:t] *Adj* infrarouge

Infrarotlampe *f* lampe *f* à infrarouge[s] **Infrarotstrahler** *m* radiateur *m* à infrarouge **Infrarotstrahlung** *f* rayons *mpl* à infrarouges

Infraschall ['ɪnfra-] *m* PHYS infrason *m* **Infrastruktur** *f* infrastructure *f gén pl*

Infusion [ɪnfu'zio:n] <-, -en> *f* perfusion *f*

Ing. *Abk von* **Ingenieur** ing.

Ingenieur(in) [ɪnʒe'njø:ɐ] <-s, -e> *m(f)* ingénieur *mf*

Ingenieurbüro [ɪnʒe'niø:ɐ-] *nt* bureau *m* d'études **Ingenieurschule** *f* école *f* d'ingénieurs

Ingwer ['ɪŋvɐ] <-s> *m* gingembre *m*

Inh. *Abk von* **Inhaber, Inhalt**

Inhaber(in) ['ɪnha:bɐ] <-s, -> *m(f) einer Firma, eines Geschäfts* propriétaire *mf; von Wertpapieren* détenteur(-trice) *m(f)*

inhaftieren* *tr V* emprisonner; **inhaftiert sein** être en prison [*o* en détention]

Inhaftierung <-, -en> *f* emprisonnement *m*

Inhalation [ɪnhala'tsio:n] <-, -en> *f* MED inhalation *f*

inhalieren* I. *tr V* inhaler; avaler *Rauch*
II. *itr V* ❶ MED faire des inhalations
❷ (*auf Lunge rauchen*) avaler la fumée

Inhalt ['ɪnhalt] <-[e]s, -e> *m* ❶ *einer Tasche, Tüte* contenu *m*
❷ (*Sinngehalt*) *eines Romans* fond *m*
❸ (*Flächeninhalt*) aire *f*
❹ (*Volumen*) volume *m*

inhaltlich I. *Adj Frage, Problem* de contenu; *Arbeit* de fond
II. *Adv* ~ **betrachtet** du point de vue du contenu

Inhaltsangabe *f* résumé *m* **Inhaltserklärung** *f* déclaration *f* du contenu

inhaltslos *Adj* creux(-euse)

inhaltsreich *Adj* substantiel(le) **inhaltsschwer** *Adj* lourd(e) de sens **Inhaltsübersicht** *f* aperçu *m* [général] du contenu **Inhaltsverzeichnis** *nt* table *f* des matières

inhomogen *Adj* non-homogène

inhuman I. *Adj* inhumain(e)
II. *Adv behandeln* de façon inhumaine

Inhumanität <-, -en> *f geh* inhumanité *f* (*littér*)

Initiale [initsj'a:lə] <-, -n> *f* initiale *f*

Initialzündung *f* ❶ TECH amorçage *m* initial
❷ (*Idee*) impulsion *f* de départ

Initiation [initsja'tsio:n] <-, -en> *f a.* REL, SOZIOL initiation *f*

Initiationsritus *m a.* REL, SOZIOL rite *m* initiatique

initiativ [initsia'ti:f] *Adj* qui fait preuve d'initiative; **in etw** (*Dat*) ~ **werden/sein** prendre des initiatives/faire preuve d'initiative dans qc

Initiative [initsja'ti:və] <-, -n> *f* ❶ (*Anstoß*) initiative *f;* **bei/in etw** (*Dat*) **die** ~ **ergreifen** prendre l'initiative dans qc
❷ *kein Pl* (*Unternehmungsgeist*) initiative *f;* **aus eigener** ~ de sa/ma/... propre initiative
❸ (*Bürgerinitiative*) comité *m* d'action et de défense [des citoyens]
❹ CH *s.* **Bürgerinitiative**

Initiator [ini'tsia:to:ɐ] <-s, -toren> *m,* **Initiatorin** *f einer Aktion* initiateur(-trice) *m(f); einer Bewegung* instigateur(-trice) *m(f)*

initiieren* [initsi'i:rən] *tr V* être l'initiateur(-trice) de

Injektion [ɪnjɛk'tsio:n] <-, -en> *f* injection *f;* **jdm eine** ~ **geben** [*o* **verabreichen** *form*] faire une injection à qn

Injektionsnadel *f* MED aiguille *f* à injection **Injektionsspritze** *f* MED seringue *f*

injizieren* *tr V* injecter; [**jdm**] **etw** ~ injecter qc [à qn]

Inka ['ɪŋka] <-[s], -[s]> *m* Inca *m*

Inkarnation [ɪnkarna'tsio:n] <-, -en> *f geh* incarnation *f*

Inkasso <-s, -s *o* A Inkassi> [ɪn'kaso] *nt* FIN recouvrement *m,* encaissement *m;* **zum** ~ pour encaissement

Inkaufnahme <-> *f form* acceptant; **bei** [*o* **unter**] ~ **einer S.** (*Gen*) en acceptant qc

inkl. *Abk von* **inklusive**

Inklination [ɪnklina'tsio:n] <-, -en> *f* GEOM, GEOL inclinaison *f*

inklusive [ɪnklu'zi:və] I. *Präp + Gen* inclus(e) *postposé,* compris(e) *postposé;* ~ **des Honorars** les honoraires compris; ~ **Nebenkosten** charges incluses [*o* comprises]
II. *Adv* **bis** ~ **dritten März, bis** [**zum**] **dritten März** ~ jusqu'au trois mars inclus

Inklusivpreis [ɪnklu'zi:f-] *m* tarif *m* tout compris

inkognito [ɪn'kɔgnito] *Adv* incognito

Inkognito <-s, -s> *nt* incognito *m;* **sein** ~ **wahren/preisgeben** garder l'incognito/révéler son identité

inkompatibel *Adj* INFORM, JUR incompatible

Inkompatibilität [ɪnkɔmpatibili'tɛ:t] <-, -en> *f* INFORM, JUR incompatibilité *f*

inkompetent ['ɪnkɔmpetɛnt] I. *Adj* incompétent(e)
II. *Adv* de manière incompétente

Inkompetenz ['ɪnkɔmpetɛnts] *f* incompétence *f*

inkongruent ['ɪnkɔngruɛnt] *Adj* non congruent(e) (*soutenu*)

inkonsequent I. *Adj* inconséquent(e)
II. *Adv* avec inconséquence

Inkonsequenz *f* inconséquence *f*

inkonsistent *Adj a.* PHILOS inconsistant(e)

Inkontinenz ['ɪnkɔntinɛnts] <-, -en> *f* MED incontinence *f*

inkorrekt I. *Adj* incorrect(e)
II. *Adv sich verhalten* de façon incorrecte

In-Kraft-Treten[RR] <-s> *nt form eines Gesetzes, einer Verordnung* entrée *f* en vigueur

Inkubation [ɪnkuba'tsio:n] <-, -en> *f* MED, ZOOL incubation *f*

Inkubationszeit *f* MED période *f* d'incubation

Inland ['ɪnlant] *nt kein Pl* intérieur *m* du pays; **im** ~ **fliegen** prendre l'avion sur une ligne intérieure; **im In- und Ausland** dans le pays-même et à l'étranger

Inlandeis *nt* inlandsis *m,* glacier *m* polaire

Inlandflug *m* vol *m* domestique

inländisch ['ɪnlɛndɪʃ] *Adj* national(e)

Inlandsgespräch *nt* communication *f* nationale **Inlandsmarkt** *m* marché *m* intérieur **Inlandsporto** *nt* tarif *m* [d'affranchissement] pour le pays **Inlandsverschuldung** *f* endettement *m* intérieur

Inlaut *m* PHON son *m* médial

Inlay ['ɪnleɪ] <-s, -s> *nt* MED inlay *m*

Inlett ['ɪnlɛt] <-[e]s, -e> *nt* enveloppe *f*

inliegend *Adj* A (*beiliegend*) joint(e)

Inliner ['ɪnlaɪnɐ] <-s, -> *Pl,* **Inlineskates**[RR] ['ɪnlaɪnskeɪts] *Pl* patins *mpl* en ligne

inmitten [ɪn'mɪtən] I. *Präp + Gen* au millieu; ~ **der Leute** au milieu des gens, parmi les gens; ~ **des Raums** au milieu de la pièce
II. *Adv* ~ **von Feldern** au milieu des champs

in natura [ɪn na'tu:ra] *Adv* (*in Wirklichkeit*) dans la réalité, en vrai

inne|haben ['ɪnə-] *tr V unreg form* occuper **inne|halten** *itr V unreg geh* s'interrompre; (*sich besinnen*) faire une pause; **im Sprechen/Schreiben** ~ s'arrêter de parler/d'écrire

innen ['ɪnən] *Adv* à l'intérieur; ~ **und außen** à l'intérieur et à l'extérieur; **von** ~ de l'intérieur; **nach** ~ **aufgehen** *Tür, Fenster:* s'ouvrir vers l'intérieur; **von** ~ **nach außen sehen können** pouvoir voir dehors de l'intérieur; **die Kiste ist** ~ **mit Leder ausgekleidet** l'intérieur de la caisse est recouvert de cuir

Innenansicht *f* intérieur *m* **Innenantenne** *f* antenne *f* intérieure **Innenarchitekt(in)** *m(f)* architecte *mf* d'intérieur **Innenarchitektur** *f* architecture *f* intérieure [*o* d'intérieur]

I

Innenaufnahme *f* PHOT photo *f* d'intérieur **Innenausstattung** *f* équipement *m* intérieur; **der Raum hat eine interessante ~** (*Einrichtung*) l'agencement de la pièce est intéressant **Innenbahn** *f* SPORT *eines Stadions, Schwimmbeckens* couloir *m* à la corde **Innenbeleuchtung** *f eines Gebäudes* éclairage *m* intérieur **Innendienst** *m* service *m* de bureau; **im ~ arbeiten** [*o* **sein**] travailler au bureau **Inneneinrichtung** *f* ❶ *kein Pl* (*das Einrichten*) agencement *m* intérieur ❷ (*Einrichtung*) aménagement *m* intérieur **Innenfläche** *f* TECH surface *f* intérieure **Innenhof** *m* cour *f* intérieure **Innenleben** *nt kein Pl* ❶ (*Seelenleben*) vie *f* intérieure ❷ *fam* (*das Innere*) *eines Geräts, Computers* ventre *m* **Innenminister(in)** *m(f)* ministre *mf* de l'Intérieur **Innenministerium** *nt* ministère *m* de l'Intérieur **Innenpolitik** *f* politique *f* intérieure **innenpolitisch** I. *Adj Berater, Erfahrung* en matière de politique intérieure; *Debatte, Frage, Ereignis* concernant la politique intérieure; *Kurs* de la politique intérieure II. *Adv* en politique intérieure **Innenraum** *m* ❶ *eines Gebäudes* intérieur *m;* (*Zimmer*) pièce *f* ❷ (*das Innere*) *eines Wagens* habitacle *m* **Innenseite** *f eines Kleidungsstücks, Stoffs* envers *m; der Armbeuge, des Oberschenkels* face *f* interne; *eines Gebäudes* façade *f* intérieure **Innensenator(in)** *m(f) nom donné au ministre de l'intérieur dans certains länder* **Innenspiegel** *m* AUT rétroviseur *m* intérieur **Innenstadt** *f* centre[-ville] *m* **Innentasche** *f* poche *f* intérieure **Innentemperatur** *f* température *f* intérieure **Innenwand** *f* cloison *f*

innerbetrieblich ['ɪnɐ-] *Adj* interne [à l'entreprise]; **~e Ausbildung** formation *f* professionnelle interne **innerdeutsch** *Adj* ❶ (*Deutschland betreffend*) relatif(-ive) aux affaires intérieures de l'Allemagne ❷ HIST (*die beiden deutschen Staaten betreffend*) germano-allemand(e), interallemand(e)

innere(r, s) *Adj* ❶ (*innerhalb gelegen*) intérieur(e); *Verletzung* interne; **der ~ Bereich** l'intérieur *m*
❷ (*innewohnend*) *Aufbau, Struktur, Ordnung* interne
❸ POL (*inländisch*) intérieur(e)
❹ (*geistig, seelisch*) *Anteilnahme* profond(e); *Spannung* intérieur(e); **es war mir ein ~s Bedürfnis dir zu helfen** je ressentais le désir au fond de moi de t'aider; **ohne ~ Anteilnahme** sans se/me/te/... sentir concerné(e)

Innere(s) *nt dekl wie Adj* ❶ (*innerer Teil*) intérieur *m*
❷ (*Mitte*) *eines Landes* intérieur *m; eines Urwalds* cœur *m*
❸ (*Innenleben*) moi *m* profond [*o* intime]; **tief in seinem/meinem/... ~n** en son/mon/... for intérieur; **wer kann ins ~ eines Menschen blicken?** qui peut voir au fond d'une personne?

Innereien [ɪnə'raɪən] *Pl von Rindern, Schweinen, Schafen* entrailles *fpl; von Geflügel* abats *mpl; von Fischen* boyaux *mpl*

innereuropäisch *Adj* intracommunautaire

innerhalb ['ɪnɐhalp] I. *Präp + Gen* ❶ dans; **~ Berlins/Deutschlands** dans Berlin/en Allemagne
❷ (*binnen*) **~ einer Sekunde/Stunde** en l'espace d'une seconde/heure; **~ dieser Woche/des nächsten Jahres** dans le courant de cette semaine/de l'année prochaine; **~ kürzester Zeit** en très peu de temps; **etw ~ einer Woche erledigen/erledigt haben** terminer/avoir terminé qc en l'espace d'une semaine; **etw ~ einer Woche erledigen müssen** devoir terminer qc dans un délai d'une semaine
II. *Adv* ❶ **~ von Köln/Deutschland** dans Cologne/en Allemagne
❷ (*binnen*) **~ von wenigen Stunden** en [l'espace de] quelques heures; **~ von drei Tagen** dans les trois jours

innerlich I. *Adj* ❶ (*im Körper*) *Anwendung* interne
❷ (*das Innenleben betreffend*) *Erregung* profond(e); *Anspannung* intérieur(e)
II. *Adv* ❶ (*im Körper*) *wirken* à l'intérieur du corps
❷ (*seelisch*) *aufgewühlt* profondément; **~ gefestigt** équilibré(e)
❸ (*insgeheim*) *frohlocken, schäumen* intérieurement

innerorts *Adv* A, CH en agglomération

innerstädtisch *Adj* en centre-ville

innerste(r, s) *Adj* ❶ (*ganz innen gelegen*) *Teil* central(e); **im ~n Tempelbezirk** au cœur du temple; **die ~ der drei Stadtmauern** le plus au centre des trois murs d'enceinte
❷ (*das Innenleben betreffend*) *Überzeugung* intime; **in seinem/meinem ~n Wesen** au plus profond de lui-même/moi-même

Innerste(s) *nt dekl wie Adj* cœur *m;* **tief in ihrem ~n** au plus profond d'elle-même

innert ['ɪnɛrt] *Präp + Gen o Dat* A, CH *s.* **innerhalb II., 2.**

innelwohnen ['ɪnə-] *itr V geh* inhérent(e); **jdm/einer S. ~** être inhérent(e) à qn/qc

innig ['ɪnɪç] I. *Adj* ❶ (*tief gehend*) sincère
❷ (*sehr eng*) *Verbindung, Verflechtung* étroit(e)
II. *Adv* profondément

Innigkeit <-> *f einer Freundschaft, Beziehung, Zuneigung* profondeur *f; eines Dankes* sincérité *f*

inniglich *Adv geh* profondément

Innovation [ɪnova'tsio:n] <-, -en> *f* innovation *f*

Innovationskraft [inova'tsio:ns-] *f* pouvoir *m* d'innovation

innovativ [ɪnova'ti:f] I. *Adj* innovateur(-trice)
II. *Adv* **~ vorgehen** être innovant(e) [*o* innovateur(-trice)]

innovatorisch [ɪnova'to:rɪʃ] *Adj* innovateur(-trice)

Innung ['ɪnʊŋ] <-, -en> *f* corporation *f*
▶ **die ganze ~ blamieren** *hum fam* faire honte à la compagnie entière (*fam*)

Innungskrankenkasse *f* caisse *f* corporative de maladie

inoffiziell ['ɪnʔɔfitsjɛl] I. *Adj* (*nicht offiziell*) *Treffen, Besprechung* non officiel(le); *Information* officieux(-euse)
II. *Adv besprechen, informieren* officieusement

inoperabel *Adj* inopérable

inopportun *Adj geh* inopportun(e); **es für ~ halten etw zu tun** juger inopportun de faire qc

in petto [ɪn 'pɛto] ▶ **etw ~ haben** *fam* avoir qc en réserve

in puncto [ɪn 'pʊŋkto] *Adv fam* question; **~ Sicherheit/Sauberkeit** question sécurité/propreté (*fam*)

Input ['ɪnpʊt] <-s, -s> *m* INFORM input *m*

Inquisition [ɪnkvizi'tsio:n] <-> *f* HIST Inquisition *f*

Inquisitor [ɪnkvi'zi:to:ɐ] <-s, -toren> *m* Inquisiteur *m*

ins [ɪns] = **in das** *s.* **in**

Insasse ['ɪnzasə] <-n, -n> *m,* **Insassin** *f* ❶ (*Passagier*) passager(-ère) *m(f)*
❷ (*Bewohner*) *eines Heims* pensionnaire *mf; einer Anstalt* patient(e) *m(f); eines Gefängnisses* détenu(e) *m(f)*

Insassenversicherung *f* assurance *f* passagers

insbesondere [ɪnsbə'zɔndərə] *Adv* en particulier

Inschrift *f* inscription *f;* (*an einem Gebäude*) épigraphe *f;* (*Grabinschrift*) épitaphe *f*

Insekt [ɪn'zɛkt] <-[e]s, -en> *nt* insecte *m*

Insektenbekämpfung *f* désinsectisation *f* **Insektenfresser** <-s, -> *m* insectivore *m* **Insektengift** *s.* **Insektizid** **Insektenkunde** *f* entomologie *f* **Insektenpulver** *nt* poudre *f* insecticide **Insektenspray** *m o nt* bombe *f* insecticide **Insektenstich** *m* piqûre *f* d'insecte **Insektenvernichtungsmittel, Insektenvertilgungsmittel** *nt* insecticide *m*

Insektizid [ɪnzɛkti'tsi:t] <-s, -e> *nt* insecticide *m*

Insel ['ɪnzəl] <-, -n> *f* île *f;* **eine kleine ~** un îlot

Inselbewohner(in) *m(f)* habitant(e) *m(f)* de l'île **Inselgruppe** *f* chapelet *m* d'îles **Inselwelt** *f* paysage *m* insulaire

Insemination [ɪnzemina'tsio:n] <-, -en> *f* MED, ZOOL insémination *f*

Inserat [ɪnze'ra:t] <-[e]s, -e> *nt* [petite] annonce *f*

Inseratenteil *m* PRESSE rubrique *f* des petites annonces

Inserent(in) [ɪnze'rɛnt] <-en, -en> *m(f)* annonceur(-euse) *m(f)*

inserieren* I. *itr V* passer une annonce; **in etw** (*Dat*) **~** passer une annonce dans qc
II. *tr V* **etw in der Zeitung ~** faire mettre qc dans le journal

Insertion [ɪnzɛr'tsio:n] <-, -en> *f* MED insertion *f*

insgeheim *Adv* secrètement
insgesamt *Adv* ❶ (*alles zusammen*) en tout
❷ (*im Großen und Ganzen*) dans l'ensemble; ~ **gesehen** en gros, globalement
Insider(in) ['ɪnsaɪdɐ] <-s, -> *m(f)* (*Eingeweihter*) personne *f* bien informée; BÖRSE initié(e) *m(f)*
Insidergeschäft ['ɪnsaɪdə-] *nt* BÖRSE opérations *fpl* d'initiés
Insignien [ɪn'zɪgniən] *Pl* insignes *mpl*
insistieren* *itr V geh* insister; **darauf ~, dass** insister sur le fait que + *subj*
Inskription [ɪnskrɪp'tsio:n] <-, -en> *f* A inscription *f*
insofern¹ *Adv* sur ce point; **dies ist ~ wichtig, als ...** c'est important dans la mesure où ...
insofern² *Konj* si
insolvent ['ɪnzɔlvɛnt] *Adj* ÖKON insolvable
Insolvenz ['ɪnzɔlvɛnts] <-, -en> *f* insolvabilité *f*
insoweit *s.* **insofern¹**
in spe [ɪn 'spe:] *Adj fam* futur(e); **der Schwiegersohn/die Schwiegertochter ~** le futur gendre/la future belle-fille
Inspekteur(in) [ɪnspɛk'tø:ɐ] <-s, -e> *m(f)* chef *mf* d'état-major
Inspektion [ɪnspɛk'tsio:n] <-, -en> *f* inspection *f*; *eines Fahrzeugs* révision *f*
Inspektionsreise *f* tournée *f* d'inspection
Inspektor [ɪn'spɛkto:ɐ] <-s, -toren> *m*, **Inspektorin** *f* ADMIN inspecteur(-trice) *m(f)*
Inspiration [ɪnspira'tsio:n] <-, -en> *f* inspiration *f*
inspirieren* *tr V* inspirer qn; **jdn zu einem Roman ~** inspirer un roman à qn; **sich von jdm/etw zu einem Film ~ lassen** s'inspirer de qn/qc pour un film
Inspizient(in) [ɪnspitsi'ɛnt] <-en, -en> *m(f)* chef *mf* de plateau
inspizieren* *tr V* inspecter
instabil *Adj* instable
Instabilität <-, *selten* -en> *f* instabilité *f*
Installateur(in) [ɪnstala'tø:ɐ] <-s, -e> *m(f)* ❶ (*Klempner*) plombier *m*
❷ (*Elektroinstallateur*) électricien(ne) *m(f)*
Installation [ɪnstala'tsio:n] <-, -en> *f* ❶ *kein Pl* (*das Installieren*) installation *f*
❷ (*Leitungen*) installation *f* électrique; (*Rohre, Gasleitungen*) plomberie *f*
Installationsdiskette *f* INFORM disquette *f* d'installation
installieren* *tr V* ❶ (*einbauen*) installer
❷ INFORM **etw auf einem Rechner ~** installer qc sur un ordinateur
instand [ɪn'ʃtant] *Adj* ~ **setzen/halten** réparer/entretenir
Instandhaltung *f form* entretien *m*
Instandhaltungskosten *Pl* frais *mpl* d'entretien
inständig ['ɪnʃtɛndɪç] **I.** *Adj Bitte* pressant(e)
II. *Adv* instamment
Instandsetzung <-, -en> *f* réparation *f*
Instanz [ɪn'stants] <-, -en> *f* ❶ ADMIN instance *f*; **zuständige ~** autorité *f* compétente
❷ JUR instance *f*; **in erster/zweiter ~, in der ersten/zweiten ~** en première/deuxième instance; **ein Gericht erster/letzter ~** un tribunal de première/dernière instance
Instanzenweg *m* procédure *f*; **der ~ in der Behörde ist kompliziert** les procédures administratives sont compliquées
Instinkt [ɪn'stɪŋkt] <-[e]s, -e> *m* instinct *m*; **ein untrüglicher ~** un instinct infaillible; **den richtigen ~ haben** avoir du nez [*o* le nez creux]
instinktiv [ɪnstɪŋk'ti:f] **I.** *Adj* instinctif(-ive)
II. *Adv* ❶ (*unwillkürlich*) instinctivement
❷ ZOOL par instinct
instinktmäßig *Adj* conformément à l'instinct
Institut [ɪnsti'tu:t] <-[e]s, -e> *nt* ADMIN, UNIV institut *m*
Institution [ɪnstitu'tsio:n] <-, -en> *f* institution *f*
institutionell [ɪnstitutsio'nɛl] *Adj* institutionnel(le); ~**e Garantie** JUR garantie institutionnelle
instruieren* *tr V geh* ❶ (*informieren*) instruire qn; **jdn über etw** (*Akk*) ~ instruire qn de qc (*littér*); **über etw** (*Akk*) **instruiert sein** être informé(e) de qc
❷ (*anweisen, anleiten*) donner des instructions à
Instruktion [ɪnstrʊk'tsio:n] <-, -en> *f* ❶ (*Anweisung*) instruction *f*
❷ (*Anleitung*) instructions *fpl*
instruktiv [ɪnstruk'ti:f] *Adj* instructif(-ve)
Instrument [ɪnstru'mɛnt] <-[e]s, -e> *nt* ❶ (*Musikinstrument*) instrument *m*
❷ (*Messinstrument, Untersuchungsinstrument*) appareil *m*
❸ *geh* (*Werkzeug*) instrument *m*
instrumental [ɪnstrumɛn'ta:l] **I.** *Adj* instrumental(e)
II. *Adv* **jdn ~ begleiten** accompagner qn en jouant d'un instrument de musique
Instrumentalbegleitung *f* accompagnement *m* instrumental; **mit/ohne ~** avec un/sans accompagnement instrumental
instrumentalisieren* *tr V geh* instrumentaliser
Instrumentalist(in) <-en, -en> *m(f)* MUS instrumentiste *mf*
Instrumentalmusik *f* musique *f* instrumentale
Instrumentarium [ɪnstrumɛn'ta:riʊm, *Pl:* ɪnstrumɛn'ta:riən] <-s, -rien> *nt* ❶ (*Ausrüstung*) instrumentation *f*
❷ (*Mittel*) moyens *mpl*
❸ MUS instrumentation *f*
Instrumentenflug *m* AVIAT vol *m* aux instruments
Insuffizienz ['ɪnzʊfitsiɛnts] <-, -en> *f a.* MED *form* insuffisance *f*
Insulaner(in) [ɪnzu'la:nɐ] <-s, -> *m(f)* insulaire *mf*
Insulin [ɪnzu'li:n] <-s> *nt* MED insuline *f*
Insulinmangel *m* MED manque *m* d'insuline **Insulinpräparat** *nt* MED préparation *f* à base d'insuline **Insulinschock** *m* MED choc *m* insulinique
inszenieren* *tr V* ❶ (*in Szene setzen*) mettre en scène; **etw ~** mettre qc en scène
❷ *pej* (*einfädeln*) manigancer
Inszenierung <-, -en> *f a. fig* mise *f* en scène
intakt [ɪn'takt] *Adj* ❶ (*unversehrt*) intact(e)
❷ (*voll funktionsfähig*) en parfait état
Intarsie [ɪn'tarziə] <-, -n> *f meist Pl* marqueterie *f*
integer [ɪn'te:gɐ] *Adj* intègre
integral [ɪnte'gra:l] *Adj attr Bestandteil* intégrant(e)
Integral <-s, -e> *nt* MATH intégrale *f*
Integralhelm *m* AUT casque *m* intégral **Integralrechnung** *f kein Pl* MATH calcul *m* intégral
Integration [ɪntegra'tsio:n] <-, -en> *f* ❶ (*Eingliederung*) intégration *f*; ~ **in etw** (*Akk*) intégration *f* [*o* insertion *f*] dans qc
❷ (*das Zusammenwachsen*) unification *f*
Integrationsfigur *f* rassembleur(-euse) *m(f)*
integrieren* *tr, r V* intégrer; **sich in etw** (*Akk*) ~ s'intégrer dans qc
Integrierung *s.* **Integration**
Integrität [ɪntegri'tɛ:t] <-> *f* intégrité *f*
Intellekt [ɪntɛ'lɛkt] <-[e]s> *m* intellect *m*
intellektuell [ɪntɛlɛktu'ɛl] *Adj* intellectuel(le)
Intellektuelle(r) *f(m) dekl wie Adj* intellectuel(le) *m(f)*
intelligent [ɪntɛli'gɛnt] **I.** *Adj* intelligent(e)
II. *Adv* intelligemment, de façon intelligente
Intelligenz [ɪntɛli'gɛnts] <-> *f* ❶ (*Verstand*) intelligence *f*; **künstliche ~** intelligence artificielle
❷ (*die Intellektuellen*) intelligentsia *f*
Intelligenzbestie [-stiə] *f fam* grosse tête *f* (*fam*) **Intelligenzgrad** *m* degré *m* d'intelligence **Intelligenzquotient** [-kvotsiɛnt] *m* quotient *m* intellectuel **Intelligenztest** *m* test *m* d'intelligence
Intendant(in) [ɪntɛn'dant] <-en, -en> *m(f)* *eines Senders* directeur(-trice) *m(f)*; *eines Theaters* administrateur(-trice) *m(f)*
Intendanz [ɪntɛn'dants] <-, -en> *f* ❶ (*Amt*) poste *m* de directeur; *eines Theaters* poste d'administrateur
❷ (*Büro*) bureau *m* du directeur; *eines Theaters* bureau de l'ad-

ministrateur

intendieren* *tr V geh* vouloir obtenir; **nicht intendiert sein** ne pas être volontaire [*o* voulu(e)]

Intensität [ɪntɛnziˈtɛːt] <-, *selten* -en> *f* intensité *f*

intensiv [ɪntɛnˈziːf] I. *Adj* ❶ *Duft, Gefühl, Empfindung* intense ❷ (*angestrengt*) intensif(-ive)
II. *Adv* ❶ ~ **duften** [*o* **riechen**] sentir fort; ~ **nach Thymian schmecken** avoir un goût prononcé de thym ❷ (*angestrengt*) *arbeiten* intensément; ~ **bemüht** [*o* **bestrebt**] **sein etw zu tun** faire de gros efforts pour faire qc

intensivieren* [-ˈviː-] *tr V* intensifier

Intensivierung <-, *selten* -en> *f* intensification *f*

Intensivkurs *m* cours *m* intensif **Intensivstation** *f* service *m* de réanimation [*o* de soins intensifs]

Intention [ɪntɛnˈtsioːn] <-, -en> *f geh* intention *f*

interaktiv [ɪntɐʔakˈtiːf] *Adj* INFORM interactif(-ive)

Intercity® [ɪntɐˈsɪti] <-s, -s> *m* ≈ train *m* Intercité

Intercityexpress®, **Intercityexpresszug**[RR] *m* ≈ T.G.V. *m*

Intercityzug *m s.* **Intercity**®

interdisziplinär [ɪntɐdɪstsipliˈnɛːɐ] I. *Adj* pluridisciplinaire
II. *Adv* de manière pluridisciplinaire

interessant [ɪnt(ə)rɛˈsant] I. *Adj* ❶ intéressant(e); **etwas Interessantes** quelque chose d'intéressant; [**wie**] ~! intéressant! ❷ (*vorteilhaft*) *Preis, Angebot* intéressant(e)
► **sich ~ machen** faire l'intéressant(e); **sich bei jdm ~ machen** éveiller l'intérêt de qn
II. *Adv* d'une façon intéressante; ~ **klingen** avoir l'air intéressant

interessanterweise [ɪnt(ə)rɛˈsantɐˈvaɪzə] *Adv* curieusement

Interesse [ɪntəˈrɛsə, ɪnˈtrɛsə] <-s, -n> *nt* ❶ *kein Pl* (*Aufmerksamkeit*) intérêt *m*; ~ **zeigen** s'intéresser; ~ **an jdm/etw haben** être intéressé(e) par qn/qc; **kein ~ an jdm haben** n'avoir que faire de qn; **er/sie hat ~ daran mitzuarbeiten** cela l'intéresse de collaborer; **etw aus/mit ~ tun** faire qc par/avec intérêt; **kein ~!** ça ne m'intéresse pas! ❷ *Pl* (*Neigungen*) centres *mpl* d'intérêts ❸ *meist Pl* (*Bestrebungen*) **die finanziellen/wirtschaftlichen ~n eines Landes** les intérêts *mpl* financiers/économiques d'un pays; **rechtlich geschützte ~n** intérêts protégés par la loi; **versicherbare/versicherte ~n** intérêts assurables/assurés ❹ (*Nutzen, Belang*) **für jdn von ~ sein** être intéressant(e) pour qn; **das liegt in seinem/deinem** [**eigenen**] ~ c'est dans son/ton [propre] intérêt; **im ~ unserer Zusammenarbeit** dans l'intérêt de notre collaboration

interessehalber [ɪntəˈrɛsəhalbɐ, ɪnˈtrɛsə-] *Adv* par curiosité

interesselos *Adj* indifférent(e)

Interesselosigkeit <-> *f* manque *m* d'intérêt

Interessengebiet *nt* centre *m* d'intérêt **Interessengemeinschaft** *f* communauté *f* d'intérêts **Interessengruppe** *f* groupement *m* d'intérêts **Interessenkonflikt** *m* conflit *m* d'intérêts **Interessenlage** *f* intérêts *mpl* du moment; **je nach ~** suivant les intérêts du moment **Interessensphäre** *f* POL sphère *f* d'influence

Interessent(in) [ɪnt(ə)rɛˈsɛnt] <-en, -en> *m(f)* personne *f* intéressée; **einen ~en/eine ~in für etw finden** trouver preneur *m*/preneuse *f* pour qc

Interessenverband *m* groupe *m* de pression **Interessenvertretung** *f kein Pl* (*das Wahrnehmen der Interessen*) défense *f* des intérêts

interessieren* I. *tr V* intéresser qn; **jdn** ~ *Person, Bild, Ereignis:* intéresser qn; **jdn für die Astronomie ~** éveiller l'intérêt de qn pour l'astronomie
II. *r V* s'intéresser; **sich für jdn/etw ~** s'intéresser à qn/qc

interessiert [ɪnt(ə)rɛˈsiːɐt] I. *Adj* ❶ intéressé(e); **kulturell/politisch ~ sein** s'intéresser à la culture/politique; **vielseitig ~ sein** s'intéresser à beaucoup de choses; **sich ~ zeigen** manifester de l'intérêt ❷ (*erpicht*) **an jdm ~ sein** s'intéresser à qn; **an etw** (*Dat*) ~ **sein** être intéressé(e) par qc; **daran ~ sein etw zu tun** avoir l'intérêt de faire qc
II. *Adv zuhören, beobachten* avec [grand] intérêt

Interface [ˈɪntɐfeɪs] <-, -s> *nt* INFORM interface *f*

Interferenz [ɪntɐfeˈrɛnts] <-, -en> *f* interférence *f*

Interferon [ɪntɐfeˈroːn] <-s, -e> *nt* MED interféron *m*

interfraktionell [ɪntɐfraktsioˈnɛl] *Adj* POL entre deux fractions

intergalaktisch [ɪntɐgaˈlaktɪʃ] *Adj* ASTRON intergalactique

Interieur [ɛ̃teˈrjøːɐ] <-s, -s *o* -e> *nt* agencement *m* intérieur

Interim [ˈɪnterɪm] <-s, -s> *nt* disposition *f* transitoire

Interimslösung *f* solution *f* transitoire [*o* provisoire] **Interimsregierung** *f* gouvernement *m* provisoire

Interjektion [ɪntɐjɛkˈtsioːn] <-, -en> *f* GRAM interjection *f*

interkontinental [ɪntɐ-] *Adj* intercontinental(e)

Interkontinentalrakete *f* missile *m* intercontinental

Intermezzo [ɪntɐˈmɛtso] <-s, -s *o* -mezzi> *nt a.* MUS intermède *m*

intern [ɪnˈtɛrn] I. *Adj* ❶ *Anweisung, Angelegenheit, Regelung* interne; *Problem, Schwierigkeiten* intérieur(e) ❷ (*im Internat lebend*) *Schüler* interne
II. *Adv* **sie müssen dieses Problem ~ lösen** il faut qu'ils résolvent ce problème entre eux; **wir werden das ~ regeln** nous allons régler cela entre nous

Interna *Pl geh* informations *fpl* internes

Internat [ɪntɐˈnaːt] <-[e]s, -e> *nt* internat *m*

international [ɪntɐnatsioˈnaːl] I. *Adj* international(e); *Aufsehen, Anerkennung* dans le monde entier
II. *Adv* au niveau international

Internationale <-, -n> *f* HIST Internationale *f*

internationalisieren* *tr V* internationaliser

Internatsschüler(in) *m(f)* interne *mf*

Internet [ˈɪntɐnɛt] *nt* INFORM Internet *m*; **im ~ surfen** naviguer sur Internet; **ins ~ kommen** accéder à l'internet; **Dateien via ~ übertragen** transférer des fichiers sur l'internet

Internetadresse *f* INFORM adresse *f* Internet **Internetanschluss**[RR] *m* branchement *m* Internet **Internetbrowser** [-braʊzɐ] *m* navigateur *m* Web, explorateur *m* de réseau **Internetcafé** *nt* INFORM cybercafé *m* **Internetprovider** [-prɔʊvaɪdɐ] *m* fournisseur *m* d'accès Internet **Internetsurfer(in)** [-søːɐfɐ] *m(f)* INFORM internaute *mf* **Internetzugang** *m* accès *m* à l'internet

internieren* *tr V* interner

Internierte(r) *f(m) dekl wie Adj* MIL interné(e) *m(f)* politique

Internierung <-, -en> *f* internement *m*

Internierungslager *nt* camp *m* d'internement

Internist(in) [ɪntɐˈnɪst] <-en, -en> *m(f)* spécialiste *mf* des maladies organiques [*o* internes]

interparlamentarisch *Adj* interparlementaire

interplanetar [ɪntɐplanetaːɐ] *Adj* interplanétaire

Interpol [ˈɪntɐpoːl] <-> *f* Interpol *m*

Interpolation [ɪntɐpolaˈtsioːn] <-, -en> *f* MATH interpolation *f*

Interpret(in) [ɪntɐˈpreːt] <-en, -en> *m(f)* interprète *mf*

Interpretation [ɪntɐpretaˈtsioːn] <-, -en> *f* interprétation *f*

interpretieren* *tr V* interpréter

Interpunktion [ɪntɐpʊŋkˈtsioːn] <-, -en> *f* ponctuation *f*

Interpunktionszeichen *nt* signe *m* de ponctuation

Interrailkarte [ˈɪntɐreɪlkartə] *f* carte *f* Inter-Rail

Interregio [ɪntɐˈreːgio] <-s, -s> *m* express *m* régional

Interregnum [ɪntɐˈrɛgnʊm] <-s, -regnen *o* -regna> *nt* interrègne *m*

Interrogativpronomen *nt* GRAM pronom *m* interrogatif **Interrogativsatz** [ɪntɛrogaˈtiːfzats] *m* GRAM phrase *f* interrogative

interstellar [ɪntɐstɛˈlaːɐ] *Adj* interstellaire

Intervall [ɪntɐˈval] <-s, -e> *nt a.* MUS intervalle *m*

Intervallschaltung [-ˈval-] *f* régime *m* alternatif **Intervalltraining** *nt* SPORT entraînement *m* par intervalles

intervenieren* [-ve-] *itr V* POL ❶ (*protestieren*) intervenir; **gegen etw** ~ intervenir contre qc
❷ (*eingreifen*) **in einem Krisengebiet** ~ intervenir dans une région instable
Intervention [ɪntɐvɛn'tsio:n] <-, -en> *f* intervention *f*
Interview ['ɪntɐvju] <-s, -s> *nt* interview *f*; [**jdm**] **ein ~ geben** accorder une interview [à qn]
interviewen* [ɪntɐ'vju:ən] *tr V* ❶ interviewer; **jdn zu etw** ~ interviewer qn au sujet de qc
❷ *hum fam* (*fragen*) **jdn ~, ob/wann/...** cuisiner qn pour savoir si/quand/... (*fam*)
Interviewer(in) [ɪntɐ'vju:ɐ] <-s, -> *m(f)* intervieweur(-euse) *m(f)*; (*bei Umfragen*) enquêteur(-euse) *m(f)*
Intifada <-> *f* **die** ~ l'intifada *f*
intim [ɪn'ti:m] *Adj* ❶ (*innig, persönlich*) intime
❷ (*geheim*) *Gefühle, Sehnsüchte, Wünsche* intime, profond(e)
❸ *euph* (*sexuell*) ~ **werden** avoir des rapports intimes; **mit jdm ~ sein** avoir des rapports intimes avec qn
❹ (*hervorragend*) **~er Kenner/~e Kennerin einer S.** (*Gen*) spécialiste *mf* de qc
Intimbereich *m* ❶ *euph* (*Bereich der Geschlechtsorgane*) parties *fpl* intimes ❷ *s.* **Intimsphäre** **Intimhygiene** [-gie:-] *f* hygiène *f* intime
Intimität [ɪntimi'tɛ:t] <-, -en> *f geh* ❶ *kein Pl* (*Vertrautheit*) intimité *f*
❷ *Pl* (*Privatangelegenheiten*) détails *mpl* de la vie privée
❸ *Pl euph* (*sexuelle Handlung*) rapports *mpl* intimes
Intimpflege *s.* **Intimhygiene** **Intimsphäre** *f* intimité *f*
Intimspray [-ʃpre:, -spre:] *m o nt* déodorant *m* intime
Intimus ['ɪntimʊs, *Pl:* 'ɪntimi] <-, Intimi> *m hum geh* intime *mf*
Intimverkehr *m* rapports *mpl* intimes
intolerant I. *Adj* intolérant(e); **~e Haltung** intolérance *f*
II. *Adv* **sich ~ verhalten** faire preuve d'intolérance
Intoleranz *f* intolérance *f*
Intonation [ɪntona'tsio:n] <-, -en> *f* intonation *f*
intonieren* *tr V* entonner
Intoxikation [ɪntɔksika'tsio:n] <-, -en> *f* MED intoxication *f*
intramuskulär [ɪntramusku'lɛ:ɐ] *Adj* MED intramusculaire
Intranet ['ɪntranɛt] <-s, -s> *nt* INFORM intranet *m*
intransitiv GRAM I. *Adj* intransitif(-ive)
II. *Adv* intransitivement
intravenös [ɪntrave'nø:s] I. *Adj* intraveineux(-euse)
II. *Adv* par voie intraveineuse
intrigant [ɪntri'gant] *Adj Person* intrigant(e)
Intrigant(in) <-en, -en> *m(f)* intrigant(e) *m(f)*
Intrige [ɪn'tri:gə] <-, -n> *f* intrigue *f*
▸ **eine ~ spinnen** combiner une intrigue
intrigieren* *itr V* comploter; **gegen jdn** ~ comploter contre qn
Introduktion [ɪntrodʊk'tsio:n] <-, -en> *f a.* MUS introduction *f*
Introspektion [ɪntrospɛk'tsio:n] <-, -en> *f* MED introspection *f*
introvertiert ['ɪntrovɛrti:ɐt] *Adj geh* introverti(e)
Intuition [ɪntui'tsio:n] <-, -en> *f* intuition *f*
intuitiv [ɪntui'ti:f] I. *Adj* intuitif(-ive)
II. *Adv* intuitivement
intus ['ɪntʊs] *Adj fam* ❶ (*verzehrt, getrunken*) **etw ~ haben** s'être enfilé(e) qc (*fam*)
❷ (*gelernt, verstanden*) **etw ~ haben** avoir pigé qc (*fam*)
▸ **einen** [*o* **einiges**] **~ haben** *fam* être bourré(e) (*fam*)
Invalide [-va-] <-n, -n> *m*, **Invalidin** *f* invalide *mf*
Invalidenrente *f* pension *f* d'invalidité
Invalidität [ɪnvalidi'tɛ:t] <-> *f* invalidité *f*
invariabel ['ɪnvaria:bəl] *Adj* invariable
Invasion [ɪnva'zio:n] <-, -en> *f a. fig* invasion *f*
Invasor [ɪn'va:zo:ɐ] <-s, -soren> *m meist Pl* MIL *geh* envahisseur *m*
Inventar [ɪnvɛn'ta:ɐ] <-s, -e> *nt* inventaire *m*; **lebendes/totes** ~ cheptel *m* vif/mort
▸ **zum ~ gehören** *fam Person:* faire partie des meubles (*fam*)
Inventarrecht *nt kein Pl* COM droit *m* d'inventaire
Inventur [ɪnvɛn'tu:ɐ] <-, -en> *f* inventaire *m*; **~ machen** faire l'inventaire
Inversion [ɪnvɛr'zio:n] <-, -en> *f a.* LING inversion *f*
Inversionswetterlage [-vɛ-] *f* inversion *f* des températures
investieren* *tr V* ❶ (*anlegen*) investir; **etw in Wertpapiere** ~ investir qc dans des valeurs
❷ *fam* (*aufwenden*) **viel Zeit in etw** (*Akk*) ~ investir beaucoup de temps pour qc; **viel Mühe in etw** (*Akk*) ~ ne pas lésiner sur sa peine en ce qui concerne qc; **Gefühle in jdn** ~ s'investir corps et âme pour qn
Investition [ɪnvɛsti'tsio:n] <-, -en> *f* investissement *m*; **risikofreie** [*o* **sichere**] ~ placement *m* sûr
Investitionsanleihe *f* FIN emprunt *m* d'investissement **Investitionsbank** *f* banque *f* d'investissements; **die Europäische** ~ la Banque européenne d'investissements **Investitionsbedarf** *m* besoin *m* en investissements **Investitionsbereitschaft** *f* propension *f* à investir **Investitionsförderung** *f* aide *f* à l'investissement **Investitionsgüter** *Pl* biens *mpl* d'investissement [*o* d'équipement] **Investitionshilfe** *f* aide *f* à l'investissement **Investitionsklima** *nt* **günstiges** ~ contexte *m* propice aux investissements **Investitionskosten** *Pl* frais *mpl* d'investissement
Investment [ɪn'vɛstmənt] <-s, -s> *nt* ❶ FIN investissement *m*, placement *m*
❷ (*Geldanlage in Investmentfonds*) *capitaux placés dans des certificats d'investissement*
Investmentbank [-'vɛ-] <-banken> *f* banque *f* d'investissement **Investmentfonds** [-fõ:] *m* FIN fonds *m* d'investissements **Investmentgesellschaft** *f* FIN société *f* de placement [*o* d'investissement] **Investmentpapier** *nt* FIN titre *m* d'investissement [*o* de placement]
Investor(in) [ɪn'vɛsto:ɐ] <-s, -en> *m(f)* ÖKON investisseur *m*
in vitro [-'vi:-] *Adv* in vitro
In-vitro-Fertilisation <-, -en> *f* MED fécondation *f* in vitro
inwendig ['ɪnvɛndɪç] I. *Adv* à l'intérieur
▸ **ich kenne ihn in- und auswendig** *fam* je le connais comme si je l'avait fait (*fam*); **etw in- und auswendig kennen** *fam* connaître qc sur le bout des doigts (*fam*)
II. *Adj selten* intérieur(e)
inwiefern *Adv* dans quelle mesure **inwieweit** *Adv* jusqu'à quel point
Inzahlungnahme <-, -n> *f* COM reprise *f*
Inzest ['ɪntsɛst] <-[e]s, -e> *m* inceste *m*
Inzucht ['ɪntsʊxt] *f* union *f* consanguine
inzwischen *Adv* entre-temps
IOK [i:ʔo:'ka:] <-[s]> *nt Abk von* **Internationales Olympisches Komitee** C.I.O. *m*
Ion [i'o:n] <-s, -en> *nt* CHEM, PHYS ion *m*
Ionenaustausch *m* CHEM, PHYS échange *m* d'ions
Ionisation [ioniza'tsio:n] <-, -en> *f* CHEM, PHYS ionisation *f*
ionisch [i'o:nɪʃ] *Adj* ❶ ARCHIT, KUNST ionique
❷ MUS ionien(ne)
Ionosphäre [iono'sfɛ:rə] *f kein Pl* ionosphère *f*
i-Punkt[RR] ['i:-] *m* point *m* sur le i
▸ **bis auf den** ~ à la virgule près
IQ [i:'ku:] <-[s], -[s]> *m Abk von* **Intelligenzquotient** Q.I. *m*
i.R. [i:'ʔɛr] *Abk von* **im Ruhestand** en retraite
Irak [i'ra:k] <-s> *m* [**der**] ~ l'Irak *m*
Iraker(in) <-s, -> *m(f)* Irakien(ne) *m(f)*
irakisch *Adj* irakien(ne)
Iran [i'ra:n] <-s> *m* [**der**] ~ l'Iran *m*
Iraner(in) <-s, -> *m(f)* Iranien(ne) *m(f)*
iranisch *Adj* iranien(ne)
irden ['ɪrdən] *Adj veraltet Krug, Topf* en terre cuite
irdisch ['ɪrdɪʃ] *Adj* terrestre
Ire ['i:rə] <-n, -n> *m*, **Irin** *f* Irlandais(e) *m(f)*

irgend ['ɪrgənt] *Adv* ① (*verstärkend*) **wenn es dir/Ihnen ~ möglich ist** si cela t'est/vous est possible d'une manière ou d'une autre; **so vorsichtig wie ~ möglich** avec le plus de précautions possibles; **solange sie ~ kann** aussi longtemps qu'elle le peut; **sooft es ~ geht** aussi souvent que possible ② (*unbestimmt, unbedeutend*) **~ so ein Spinner/Insekt** encore un de ces con[n]ards/insectes

irgendein *Pron indef* ① (*nicht genauer bestimmbar*) quelconque; **~en Mantel tragen** porter un manteau quelconque; **zu diesem dunkelbraunen Mantel würde ~ Schal gut passen** n'importe quel écharpe irait bien avec ce manteau; **da ist wieder ~ Vertreter** c'est encore un de ces représentants; **~ anderer/~e andere** quelqu'un/quelqu'une d'autre ② (*beliebig*) **sich** (*Dat*) **unter den Büchern ~s aussuchen** choisir un livre au hasard; **das ist nicht ~ Film/Pulli** ce n'est pas n'importe quel film/pull; **nimm nicht ~en/~e/~s!** ne choisis pas n'importe quoi!; **welchen Käse möchtest du? – Irgendeinen!** tu veux quelle sorte de fromage? – N'importe lequel! ③ (*irgendjemand*) **~er wird schon helfen** il y aura bien quelqu'un pour aider; **~ anderer/~e andere** quelqu'un d'autre; **er ist nicht ~er/sie ist nicht ~e** il/elle n'est pas n'importe qui **irgendeinmal** *Adv* un jour [ou l'autre] **irgendetwas**[RR] *Pron indef* quelque chose; **das ist nicht ~** ce n'est pas n'importe quoi **irgendjemand**[RR] *Pron indef* quelqu'un; **sie ist nicht ~** elle n'est pas n'importe qui **irgendwann** *Adv* un jour; **~ einmal werden/sollten sie das tun** ils vont/devraient faire ça un jour [ou l'autre]; **kommt doch ~ wieder vorbei!** revenez nous voir un de ces jours! **irgendwas** *Pron indef fam* (*nicht genauer Bestimmbares*) quelque chose; (*Beliebiges*) n'importe quoi **irgendwelche(r, s)** *Pron indef* ① (*nicht genauer bestimmbar*) quelconque(s); **~ Kerle** des types [quelconques]; **~ Bücher** des livres [quelconques]; **~ Sachen** des affaires quelconques; **wir müssen in der Küche noch ~ Gewürze haben** on doit bien encore avoir des épices à la cuisine ② (*beliebig*) n'importe quel(le); **falls ~ anrufen** au cas où il y en aurait qui téléphonent **irgendwer** *Pron indef fam* ① (*nicht genauer bestimmbar*) quelqu'un ② (*beliebig*) n'importe qui; **er/sie ist nicht ~** il/elle n'est pas n'importe qui **irgendwie** *Adv* ① (*nicht genauer bestimmbar*) d'une certaine manière; **Sie kommen mir ~ bekannt vor** j'ai l'impression de vous connaître ② (*egal wie*) n'importe comment ③ (*wie auch immer*) d'une façon ou d'une autre **irgendwo** *Adv* ① (*nicht genauer bestimmbar*) quelque part (*fam*) ② (*beliebig*) n'importe où ③ (*wo auch immer*) quelque part **irgendwoher** *Adv* ① (*nicht genauer bestimmbar*) **ich kenne Sie doch ~** j'ai l'impression de vous avoir déjà vu quelque part; **von ~** de quelque part ② (*egal woher*) n'importe où **irgendwohin** *Adv* ① (*nicht genauer bestimmbar*) quelque part ② (*egal wohin*) n'importe où

Iridium [i'ri:diʊm] <-s> *nt* iridium *m;* **~ ist ein Metall** l'iridium est un métal

Irin ['i:rɪn] *s.* **Ire**

Iris[1] ['i:rɪs] <-, -> *f* BOT iris *m*

Iris[2] <-, - *o* Iriden> *f* ANAT iris *m*

irisch ['i:rɪʃ] **I.** *Adj* irlandais(e)
II. *Adv* **~ miteinander sprechen** discuter en irlandais; *s. a.* **deutsch**

Irisch <-[s]> *nt kein Art* irlandais *m;* **auf ~** en irlandais; *s. a.* **Deutsch**

Irische *nt dekl wie Adj* **das ~** l'irlandais; *s. a.* **Deutsche**

IRK [i:ʔɛr'ka:] *nt Abk von* **Internationales Rotes Kreuz** CICR (*Comité international de la Croix-Rouge*)

Irland ['ɪrlant] *nt* l'Irlande *f*

Irokese [iro'ke:zə] <-n, -n> *m,* **Irokesin** *f* Iroquois(e) *m(f)*

Ironie [iro'ni:] <-, *selten* -n> *f* ironie *f*
▶ **die ~ des Schicksals** l'ironie du sort

ironisch [i'ro:nɪʃ] **I.** *Adj* ironique
II. *Adv* ironiquement

irr I. *Adj* ① MED dément(e); *Blick* égaré(e)
② *sl* (*sehr gut*) dément(e) (*fam*)
II. *Adv* ① (*verrückt*) comme un fou/une folle
② *sl* (*sehr gut*) du tonnerre (*fam*); **~e angezogen sein** avoir un look d'enfer (*fam*)
③ *sl* (*äußerst*) **~e teuer** super cher(chère) (*fam*); **~e lustig** vachement drôle (*fam*)
▶ **wie ~** *fam* comme un/une dingue (*fam*)

irrational *geh* **I.** *Adj* irrationnel(le)
II. *Adv* de façon irrationnelle

irre ['ɪrə] *s.* **irr**

Irre <-> *f* **in die ~ gehen** aller dans la mauvaise direction; **jdn in die ~ führen** induire qn en erreur

Irre(r) *f(m) dekl wie Adj* fou *m*/folle *f;* **armer ~r!** *fam* pauvre con! (*fam*)

irreal *Adj* irréel(le)

Irrealität *f geh* irréalité *f*

irre|führen ['ɪrə-] *tr V* **jdn ~** induire qn en erreur; **sich von jdm/etw ~ lassen** se faire duper par qn/qc **irreführend** *Adj* trompeur(-euse); *Werbung, Überschrift, Beschriftung* mensonger(-ère) **Irreführung** *f* mystification *f* **irre|gehen** *itr V unreg + sein geh* ① (*sich irren*) se fourvoyer (*soutenu*) ② (*sich verirren*) s'égarer

irregulär ['ɪregulɛ:ɐ] *Adj geh* irrégulier(-ière)

irre|leiten *tr V a. fig geh* **jdn ~** fourvoyer qn (*soutenu*)

irrelevant ['ɪrelevant] *Adj* insignifiant(e); **für etw ~ sein** ne pas être déterminant(e) pour qc

Irrelevanz *f* insignifiance *f*

irre|machen *tr V* embrouiller; **sich durch jdn/etw nicht ~ lassen** ne pas se laisser déconcerter par qn/qc

irren ['ɪrən] **I.** *itr V* ① *+ sein* (*gehen*) errer; **über den Rummelplatz/durch die Stadt ~** errer sur le champ de foire/dans la ville
② *+ haben geh* (*sich täuschen*) être dans l'erreur
▶ **Irren ist menschlich** *Spr.* l'erreur est humaine
II. *r V* **sich ~** se tromper; **sich in jdm/etw ~** se tromper sur [le compte de] qn/sur qc; **wenn ich mich nicht ~** si je ne me trompe pas

Irrenanstalt *f pej fam* asile *m* **Irrenarzt** *m,* **-ärztin** *f fam* docteur *m* pour cinglés (*fam*) **Irrenhaus** *nt veraltet* maison *f* de fous (*vieilli*) ▶ **bald reif fürs ~ sein** *fam* être bon(ne) pour l'asile (*fam*); **das ist ja hier wie im ~!** *fam* on se croirait chez les fous ici!

irreparabel ['ɪrepara:bəl] *Adj geh* ① (*nicht wieder gutzumachen*) irréversible
② (*nicht zu reparieren*) irréparable

irre|reden *itr V geh* divaguer

Irresein *nt* folie *f;* MED aliénation *f* mentale

irreversibel ['ɪrevɛrzi:bəl] *Adj geh* irréversible

irre|werden[RR] *itr V* ne plus savoir que penser; **an jdm/etw ~** ne plus savoir que penser de qn/qc

Irrfahrt ['ɪr-] *f* odyssée *f* **Irrgarten** *m* labyrinthe *m* **Irrglaube[n]** *m* ① (*irrige Ansicht*) opinion *f* erronée ② REL *veraltet* hérésie *f* **irrgläubig** *Adj* REL *veraltet* hérétique

irrig ['ɪrɪç] *Adj* erroné(e)

irrigerweise ['ɪrɪge'vaɪzə] *Adv* par erreur

Irritation [ɪrita'tsio:n] <-, -en> *f geh* irritation *f*

irritieren* *tr V* ① (*verwirren*) déconcerter
② (*verärgern*) irriter

Irrläufer *m* (*Sendung*) courrier *m* distribué par erreur **Irrlehre** *f* hérésie *f* **Irrlicht** <-lichter> *nt* feu *m* follet **Irrsinn** *m kein Pl* ① *veraltet* démence *f* ② *fam* (*Unsinn*) dinguerie *f* (*fam*); **was für ein ~!** c'est complètement dingue! (*fam*) **irrsinnig I.** *Adj* ① MED *veraltet* aliéné(e) ② *fam* (*völlig wirr*) complètement dingue (*fam*); **~ sein** être dingue (*fam*) ③ *fam* (*stark*) *Hitze, Kälte, Kopfschmerzen* terrible; *Verkehr* dingue (*fam*)
▶ **wie ~** *fam brennen, schmerzen* vachement (*fam*); **wie ein Irrsinniger/eine Irrsinnige** *fam* comme un/une dingue (*fam*)

II. *Adv fam* vachement (*fam*)
Irrtum <-[e]s, -̈er> *m a.* JUR erreur *f;* **rechtlicher/vermeidbarer ~** erreur judiciaire/évitable; **[schwer] im ~ sein** être [complètement] dans l'erreur; **~ vorbehalten!** sauf erreur ou omission!
irrtümlich ['ɪrty:mlɪç] **I.** *Adj attr* erroné(e)
II. *Adv* à tort
irrtümlicherweise *Adv form* à tort
Irrweg *m geh* (*falsches Vorgehen*) fausse piste *f;* **etw ist ein ~** qc n'est pas la bonne façon de faire **Irrwisch** ['ɪrvɪʃ] <-es, -e> *m* enfant *m* agité
ISBN [i:ʔɛsbe:'ʔɛn] <-, -s> *f Abk von* **Internationale Standardbuchnummer** ISBN *m*
Ischias ['ɪʃias] <-> *m o nt* MED sciatique *f;* **~ haben** avoir une sciatique
Ischiasnerv *m* nerf *m* sciatique
ISDN [i:ʔɛsde:'ʔɛn] <-s> *nt Abk von* **Integrated Services Digital Network** Numéris *m*
ISDN-AnschlussRR [i:ʔɛsde:'ʔɛn-] *m* prise *f* Numéris **ISDN-Netz** *nt* réseau *m* Numéris
Isegrim ['i:zəgrɪm] <-s> *m* Isengrin *m*, Ysengrin *m*
Islam [ɪs'la:m] <-s> *m* islam *m*
islamisch **I.** *Adj* islamique
II. *Adv* selon l'islam
Islamist(in) [ɪsla'mɪst] <-en, -en> *m(f)* islamiste *mf*
islamistisch *Adj* islamiste
Island ['i:slant] *nt* l'Islande *f*
Isländer(in) ['i:slɛndɐ] <-s, -> *m(f)* Islandais(e) *m(f)*
isländisch **I.** *Adj* islandais(e)
II. *Adv* **~ miteinander sprechen** discuter en islandais; *s. a.* **deutsch**
Isländisch <-[s]> *nt kein Art* islandais *m;* **auf ~** en islandais; *s. a.* **Deutsch**
Isländische *nt dekl wie Adj* **das ~** l'islandais *m; s. a.* **Deutsche**
Isobare [izo'ba:rə] <-, -n> *f* METEO isobare *f*
Isolation [izola'tsio:n] <-, -en> *f* ❶ TECH isolation *f*
❷ (*Absonderung, Abgeschlossenheit*) *einer Person* isolement *m*
Isolationismus [izolatsio'nɪsmʊs] <-> *m* isolationnisme *m*
Isolationshaft *f* isolement *m* cellulaire
Isolator [izo'la:to:ɐ] <-s, -toren> *m* isolant *m*
Isolde [i'zɔldə] <-s> *f* Iseult *f*, Iseut *f*
Isolierband [izo'li:ɐ-] <-[e]s, -bänder> *nt* chatterton *m*
isolieren* **I.** *tr V* ❶ TECH isoler; **etw gegen Kälte/Wärme ~** isoler qc contre le froid/la chaleur
❷ (*absondern*) **jdn von jdm/etw ~** isoler qn de qn/qc; **isoliert leben** vivre reclus(e); **etw isoliert betrachten** observer qc isolé(e) de son contexte; **ein politisch isoliertes Land** un pays politiquement isolé
II. *r V* **sich von jdm/etw ~** s'isoler de qn/qc
Isolierkanne *f* thermos® *m* **Isoliermaterial** *nt* [matériau *m*] isolant *m* **Isolierschicht** *f* revêtement *m* isolant **Isolierstation** *f* MED salle *f* de quarantaine
Isolierung *s.* **Isolation**
Isomatte *f* tapis *m* de sol [double enduction]
Isomerie [izome'ri:] <-> *f* CHEM isomérie *f*
isometrisch *Adj* isométrique
Isotherme [izo'tɛrmə] <-, -n> *f* METEO isotherme *f*
isotonisch *Adj* CHEM isotonique
Isotop [izo'to:p] <-s, -e> *nt* CHEM, PHYS isotope *m*
Israel ['ɪsrae:l] <-s> *nt* Israël *m*
Israeli <-[s], -[s]> *m*, <-, -s> *f* Israélien(ne) *m(f)*
israelisch [ɪsra'e:lɪʃ, ɪsra'e:lɪʃ] *Adj* israélien(ne)
Israelit(in) [israe'li:t, ɪsrae'li:t] <-en, -en> *m(f)* Israélite *mf*
israelitisch *Adj* israélite
isstRR, **ißt** *3. Pers Präs von* **essen**
ist [ɪst] *3. Pers Präs von* **sein**[1]
IstbestandRR, **Ist-Bestand** *m* (*an Vorräten, Waren*) inventaire *m* réel; (*an Einnahmen*) montant *m* réel **Ist-Einnahmen** *Pl* ÖKON recettes *fpl* réelles [*o* effectives]
Isthmus ['ɪstmʊs] <-, Isthmen> *m* GEOG isthme *m*
IststärkeRR, **Ist-Stärke** *f* effectif *m* réel **Ist-Zahlen** *Pl* ÖKON chiffres *mpl* réels
Italien [i'ta:liən] <-s> *nt* l'Italie *f*
Italiener [ita'lie:nɐ] <-s, -> *m* ❶ Italien *m*
❷ *fam* (*italienisches Lokal*) **zum ~ [essen] gehen** aller manger au restau italien (*fam*)
Italienerin <-, -nen> *f* Italienne *f*
italienisch **I.** *Adj* italien(ne)
II. *Adv* **~ miteinander sprechen** discuter en italien; *s. a.* **deutsch**
Italienisch <-[s]> *nt kein Art* (*Sprache, Schulfach*) italien *m;* **auf ~** en italien; *s. a.* **Deutsch**
Italienische *nt dekl wie Adj* **das ~** l'italien *m; s. a.* **Deutsche**
Italowestern ['i:talo-] *m fam* western *m* spaghetti (*fam*)
iterativ ['i:terati:f] *Adj* itératif(-ive)
i.Tr. *Abk von* **in der Trockenmasse** *au poids sec*
i-TüpfelchenRR ['i:-] <-s, -> *nt* fin *m* du fin; **bis aufs ~** à la virgule près
i.V. [i:'faʊ] *Abk von* **in Vertretung** par délégation
Ivorer(in) [i'vo:rɐ] <-s, -> *m(f)* Ivoirien(ne) *m(f)*
ivorisch *Adj* ivoirien(ne)
IWF [i:ve:'ʔɛf] <-> *m Abk von* **Internationaler Währungsfonds** F.M.I. *m*

Jj

J, j [jɔt] <-, -> *nt* J *m*/j *m*
► **J wie Johannes** j comme Joseph
ja [ja:] *Adv* ❶ oui; **zu etw ~ sagen** dire oui à qc; **aber ~** mais bien sûr; **~, bitte?** oui, qu'y a-t-il?; **[ach] ~?** ah oui?; **~, ~[, schon gut]!** allez, allez!
❷ (*bloß*) bien; **sei ~ vorsichtig [mit dem Messer]!** fais bien attention [avec le couteau]!; **geh ~ nicht dahin!** ne va surtout pas là-bas!
❸ (*schließlich, doch*) après tout; **es ist ~ noch so früh!** mais il est encore si tôt!; **du kannst es ~ mal versuchen** tu peux toujours essayer; **ich verstehe das ~** je comprends bien; **es musste ~ mal so kommen** ça devait bien arriver; **da ist er ~!** ah, le voilà!; **ich komm ~ schon!** oui, j'arrive!; **das ist ~ unerhört!** mais c'est un comble!
❹ (*und zwar*) et même
❺ (*na*) eh bien; **~, wenn das so ist** ben, si c'est comme ça; **~, was du nicht sagst!** quelle histoire, vraiment!
► **zu allem ~ und amen sagen** *fam* dire amen à tout
Ja <-s, -[s]> *nt* oui *m;* **mit ~ stimmen** voter oui
Jacht [jaxt] <-, -en> *f* yacht *m*
Jachthafen *m* port *m* de plaisance **Jachtklub** *m* yacht-club *m*
Jäckchen <-s, -> *nt Dim von* **Jacke** petite veste *f*
Jacke ['jakə] <-, -n> *f* veste *f*
► **das ist ~ wie Hose** *fam* c'est du pareil au même (*fam*)
Jackentasche *f* poche *f* de veste
Jacketkrone ['dʒækɪt-] *f* couronne *f*
Jackett [ʒa'kɛt] <-s, -s> *nt* veste *f*
Jade ['ja:də] <-> *m o f* jade *m*
Jagd [ja:kt] <-, -en> *f* ❶ (*das Jagen*) chasse *f;* **~ auf Hasen/Füchse** chasse *f* au lièvre/renard; **auf die ~ gehen** aller à la chasse; **hohe/niedere ~** chasse au gros/petit gibier
❷ (*Jagdrevier*) chasse *f*
❸ *fig* (*Verfolgung*) **~ auf jdn** poursuite *f* de qn; **~ auf jdn**

machen *pej* pourchasser qn
④ *pej* (*Streben*) ~ **nach Ansehen/Erfolg** course *f* à la réputation/au succès
Jagdaufseher(in) *m(f)* garde-chasse *mf* **Jagdbeute** *f eines Jägers* prise *f*; *eines Tiers* proie *f* **Jagdbomber** *m* chasseur-bombardier *m* **Jagdflieger(in)** *m(f)* pilote *mf* de chasse **Jagdflugzeug** *nt* avion *m* de chasse **Jagdgeschwader** *nt* escadrille *f* de chasse **Jagdgesellschaft** *f* société *f* de chasse **Jagdgewehr** *nt* fusil *m* de chasse **Jagdglück** *nt* bonne chasse *f*; **kein ~ haben** ne pas faire bonne chasse **Jagdgründe** *Pl* ► **in die ewigen ~ eingehen** *euph geh* rejoindre le pays de ses ancêtres **Jagdhorn** *nt* cor *m* de chasse **Jagdhund** *m* chien *m* de chasse **Jagdhütte** *f* pavillon *m* de chasse **Jagdmesser** *nt* couteau *m* de chasse **Jagdpächter** *m* locataire *mf* d'une chasse **Jagdrevier** [-viːɐ] *nt* chasse *f* **Jagdschein** *m* permis *m* de chasse ► **den ~ haben** *pej fam* être reconnu(e) cinglé(e) (*fam*) **Jagdschloss**RR *nt* château *m* de chasse **Jagdzeit** *f* période *f* d'ouverture de la chasse
jagen ['jaːgən] **I.** *tr V + haben* ① chasser; **Hasen/Löwen ~** chasser le lièvre/lion
② (*verfolgen*) pourchasser
③ *fam* (*scheuchen, treiben*) **jdn aus dem Bett ~** tirer qn du lit; **jdn aus dem Haus/Land ~** chasser qn de la maison/du pays
④ *fam* (*stoßen*) **jdm eine Spritze in den Arm ~** faire une piqûre dans le bras à qn
► **eine Party jagt die andere** [*o* **nächste**] une boum chasse l'autre
II. *itr V* ① + *haben* chasser
② + *sein fam* (*rasen*) **durch die Wohnung/zum Flughafen ~** filer à travers l'appartement/à l'aéroport
Jagen <-s, -> *nt* chasse *f*
Jäger ['jɛːgɐ] <-s, -> *m* (*Person, Jagdflugzeug*) chasseur *m*
Jägerin <-, -nen> *f* chasseuse *f*
Jägerlatein *nt fam* galéjades *fpl* **Jägerschnitzel** *nt* GASTR escalope *f* chasseur
Jaguar ['jaːguaːɐ] <-s, -e> *m* jaguar *m*
jäh [jɛː] *geh* **I.** *Adj* ① (*abrupt*) soudain(e)
② (*steil*) *Abhang, Felshang* abrupt(e)
II. *Adv* ① (*abrupt*) subitement
② (*steil*) à pic
jählings ['jɛːlɪŋs] *Adv geh* ① (*urplötzlich*) *auffahren, innehalten* subitement
② (*steil*) à pic
Jahr [jaːɐ] <-[e]s, -e> *nt* ① an *m*; (*in seinem Verlauf gesehen*) année *f*; **dieses** [*o* **in diesem**] **~** cette année; **letztes/nächstes ~, im letzten/nächsten ~** l'année dernière/prochaine; **im ~[e] 1999** en 1999; **vor** [**vielen**] **~en** il y a [bien] longtemps; **nach** [**vielen**] **~en** [bien] des années après; **alle fünf ~e** tous les cinq ans; **~ für** [*o* **um**] **~** tous les ans; **mit den ~en** avec le temps; **das alte ~** (*das zu Ende gehende/gegangene Jahr*) l'année qui se termine/vient de se terminer; **das neue ~** la nouvelle année; **das Buch des ~es** le livre de l'année
② (*Lebensjahr*) an *m*; **zwölf ~e alt sein** avoir douze ans; **mit zwanzig ~en** à vingt ans
► **vor/nach ~ und Tag** il y a bien longtemps/après bien des années; **seit ~ und Tag** depuis des lustres; **in den besten ~en** [**sein**] [être] dans la fleur de l'âge; **die sieben fetten/mageren ~e** les années de vaches grasses/maigres; **soziales ~** service *m* civil (*pour les femmes*); **in die ~e kommen** prendre de l'âge; **alle ~e wieder** tous les ans
jahraus [jaːɐ'ʔaʊs] *Adv* ► **~, jahrein** tout au long de l'année
Jahrbuch *nt* annales *fpl*
Jährchen <-s, -> *nt hum fam Dim von* **Jahr** [petite] année *f*
► **schon einige ~ auf dem Buckel haben** *Person:* avoir de la bouteille (*fam*); *Auto:* avoir des kilomètres au cul (*fam*)
jahrelang ['jaːrəlaŋ] **I.** *Adj attr* de longue haleine; **~es Warten** une très longue attente
II. *Adv* pendant des années; *dauern* des années; *sich hinziehen* sur plusieurs années
jähren ['jɛːrən] *r V* **etw jährt sich zum zehnten Mal[e]** c'est le dixième anniversaire de qc
Jahresabonnement ['jaːrəs-] *nt* abonnement *m* annuel **Jahresabrechnung** *f* ÖKON comptes *mpl* de fin d'année, clôture *f* de l'exercice comptable **Jahresabschluss**RR *m* bilan *m* annuel; **Aufstellung des ~es** établissement *m* du bilan de l'exercice
JahresabschlussprämieRR *f* prime *f* de fin d'année
Jahresanfang *m* début *m* de l'année **Jahresausgaben** *Pl* ÖKON dépenses *fpl* annuelles **Jahresausgleich** *m* FIN péréquation *f* annuelle **Jahresbeginn** *s.* Jahresanfang **Jahresbeitrag** *m* cotisation *f* annuelle **Jahresbestzeit** *f* SPORT meilleur temps *m* de l'année **Jahresdurchschnitt** *m* moyenne *f* annuelle **Jahreseinkommen** *nt* revenu *m* annuel **Jahresende** *nt* fin *f* de l'année; **bis zum ~** d'ici la fin de l'année **Jahresetat** *m* ÖKON budget *m* annuel **Jahresfrist** *f* **binnen ~** d'ici un an; **nach ~** dans un délai d'un an **Jahresgehalt** *nt* revenu *m* annuel **Jahreshälfte** *f* moitié *f* de l'année **Jahreshauptversammlung** *f* ÖKON assemblée *f* générale annuelle **Jahreskarte** *f* ① (*Eintrittskarte*) abonnement *m* annuel ② (*Fahrkarte*) carte *f* d'abonnement annuel **Jahresring** *m* cerne *m* **Jahrestag** *m* anniversaire *m* **Jahrestagung** *f* congrès *m* annuel **Jahresumsatz** *m* ÖKON chiffre *m* d'affaires annuel **Jahresurlaub** *m* congés *mpl* annuels; **seinen ~ einreichen/nehmen** poser/prendre ses congés **Jahresvertrag** *m* contrat *m* annuel **Jahreswagen** *m voiture accordée aux employés d'un constructeur automobile à un tarif préférentiel* **Jahreswechsel** [-vɛ-] *m* nouvel an *m*; **zum ~** pour le nouvel an **Jahreszahl** *f* année *f* **Jahreszeit** *f* saison *f* **jahreszeitlich** *Adj* saisonnier(-ière); **~ bedingt sein** être dû(due) à la saison **Jahreszins** *m* **effektiver ~** FIN intérêts *mpl* annuels
Jahrgang <-gänge> *m* ① MIL, SCHULE classe *f*; UNIV promotion *f*; **~ 1950 sein** être de [*o* né(e) en] 1950; **er ist mein ~** il est de la même classe que moi; UNIV il est de la même promotion que moi; **die geburtenstarken Jahrgänge** (*geburtenreiche Jahre*) les années de forte croissance démographique
② MEDIA *einer Zeitschrift, Zeitung* année *f*
③ (*Erntejahr*) *eines Weins* année *f*; **ein guter ~** un bon millésime
Jahrhundert <-s, -e> *nt* siècle *m*
jahrhundertealt *Adj* séculaire **jahrhundertelang I.** *Adj Entwicklung, Prozess* séculaire **II.** *Adv* des siècles durant; *dauern* des siècles; *sich hinziehen* sur plusieurs siècles
Jahrhundertwende *f* changement *m* de siècle
jährlich ['jɛːɐlɪç] **I.** *Adj* annuel(le)
II. *Adv* tous les ans; **einmal/zweimal/... ~** une fois/deux fois/... par an
Jahrmarkt *m* foire *f* **Jahrmarktsbude** *f* baraque *f* foraine **Jahrmillionen** *Pl* millions *mpl* d'années; **in/vor ~** dans plusieurs/il y a des millions d'années **Jahrtausend** <-s, -e> *nt* millénaire *m* **Jahrtausendwende** *f* changement *m* de millénaire **Jahrzehnt** [jaːɐ'tseːnt] <-[e]s, -e> *nt* décennie *f* **jahrzehntelang I.** *Adj* de plusieurs dizaines d'années **II.** *Adv* pendant des décennies; *dauern* des décennies; *sich hinziehen* sur plusieurs décennies
Jähzorn ['jɛːtsɔrn] *m* tempérament *m* irascible; **im ~** dans un accès de colère **jähzornig** *Adj* irascible, colérique
Jakob ['jaːkɔp] <-s> *m* ① Jacques *m*
② BIBL Jacob *m*
► **das ist** [**auch**] **nicht der wahre ~** *fam* c'est pas la panacée (*fam*)
Jakobiner(in) [jako'biːnɐ] <-s, -> *m(f)* Jacobin(e) *m(f)*
Jakobinermütze *f* bonnet *m* phrygien
Jakobsleiter *f* NAUT échelle *f* de corde **Jakobsmuschel** *f* coquille *f* Saint-Jacques
Jakobus [ja'koːbʊs] <-> *m* BIBL Jacques *m*

Jalousie [ʒalu'ziː, *Pl:* ʒalu'ziːən] <-, -n> *f* jalousie *f*
Jamaika [ja'maɪka] <-s> *nt* la Jamaïque
Jamaikaner(in) [jamaɪ'kaːnɐ] <-s, -> *m(f)* Jamaïcain(e) *m(f)*
jamaikanisch *Adj* jamaïcain(e)
JamaikarumRR <-s, -s> *m rhum qui vient de la Jamaïque*
Jambus ['jambʊs] <-, Jamben> *m* iambe *m*
Jammer ['jamɐ] <-s> *m* chagrin *m*, détresse *f*; **es ist ein ~, dass/wie ...** *fam* c'est malheureux que/comme ...
Jammerbild *nt* spectacle *m* de désolation **Jammergestalt** *f* pauvre hère *m* **Jammerlappen** *m pej sl* lavette *f* (*fam*)
jämmerlich ['jɛmɐlɪç] **I.** *Adj attr* ① (*beklagenswert*) *Anblick, Bild, Zustand* pitoyable
② (*kläglich*) *Klagen, Weinen* déchirant(e)
③ (*äußerst dürftig*) *Darbietung, Leistung* lamentable
④ *pej* (*verachtenswert*) pitoyable
II. *Adv* ① *schluchzen, weinen* à fendre l'âme; *frieren* affreusement
② (*elend*) ~ **umkommen** mourir bêtement
jammern ['jamɐn] **I.** *itr V* ① (*lamentieren*) lamenter; **über etw** (*Akk*) ~ se lamenter sur qc; **da hilft kein Jammern** ça ne sert à rien de se lamenter
② (*verlangen*) **nach jdm/etw** ~ réclamer qn/qc d'une voix plaintive
II. *tr V geh* **jdn** ~ faire pitié à qn; **es jammert mich, dass er so krank ist** ça me fait mal de le voir si malade
jammerschade *Adj fam* c'est trop bête; **es ist ~, dass ihr nicht kommen könnt** c'est trop bête que vous ne puissiez pas venir (*fam*); **es ist ~ um ihn** c'est bête pour lui (*fam*) **jammervoll** *Adj geh* ① (*jammernd*) dolent(e) (*littér*) ② (*Jammer erregend*) *Dasein* pitoyable
Jamswurzel ['jams-] *f* igname *f*
Janker ['jaŋkɐ] <-s, -> *m* SDEUTSCH, A ① (*Strickjacke*) veste *f* de laine
② (*Trachtenjacke*) jaquette *f*
Jänner ['jɛnɐ] <-s, -> *m* A janvier *m*; *s. a.* **April**
Januar ['januaːɐ] <-[s], -e> *m* janvier *m*; *s. a.* **April**
Japan ['jaːpan, 'jaːpaːn] <-s> *nt* le Japon
Japaner(in) [ja'paːnɐ] <-s, -> *m(f)* Japonais(e) *m(f)*
japanisch **I.** *Adj* japonais(e)
II. *Adv* ~ **miteinander sprechen** discuter en japonais; *s. a.* **deutsch**
Japanisch <-[s]> *nt kein Art* (*Sprache, Schulfach*) japonais *m*; **auf** ~ en japonais; *s. a.* **Deutsch**
Japanische *nt dekl wie Adj* **das** ~ le japonais; *s. a.* **Deutsche**
Japanologie [japanolo'giː] <-> *f* philologie *f* japonaise
japsen ['japsən] *itr V fam* haleter; **nach Luft** ~ reprendre haleine [*o* son souffle]
Jargon [ʒar'gõː] <-s, -s> *m* jargon *m*
Jasager(in) ['jaːzaːgɐ] <-s, -> *m(f) pej* béni-oui-oui *m inv* (*vieilli fam*)
Jasmin [jas'miːn] <-s, -e> *m* jasmin *m*; **Falscher** ~ seringat *m* des jardins
Jaspis ['jaspɪs] <-[ses], -se> *m* jaspe *m*
JassRR <-es>, **Jaß** <-sses> *m* CH jass *m*
jassen *itr V* CH jouer au jass
Jastimme ['jaːʃtɪmə] *f* oui *m*, voix *f* pour
jäten ['jɛːtən] *tr V* arracher *Unkraut;* sarcler *Beet*
Jauche ['jaʊxə] <-, -n> *f* purin *m*
jauchen ['jaʊxən] *tr V* répandre du purin sur
Jauche[n]grube *f* fosse *f* à purin
jauchzen ['jaʊxtsən] *itr V geh* exulter
Jauchzer ['jaʊxtsɐ] <-s, -> *m* cri *m* de joie
jaulen ['jaʊlən] *itr V Hund:* hurler à la mort
Jause ['jaʊzə] <-, -n> *f* A casse-croûte *m*
jausnen ['jaʊsnən] *itr V* A casser la croûte (*fam*)
jawohl [ja'voːl] *Interj*, **jawoll** [ja'vɔl] *Interj a. hum* oui[, bien sûr]; ~**!** MIL à vos ordres!
Jawort ['jaːvɔrt] *nt* ▸ **jdm das ~ geben** donner son consentement à qn

Jazz [dʒɛ(ː)s, dʒæz, jats] <-> *m* jazz *m*
Jazzkeller [dʒæs-, jats-] *m boîte où l'on joue du jazz*
je [jeː] **I.** *Adv* ① (*jemals*) jamais
② (*jeweils*) chacun(e); **die Kisten wiegen ~ fünf Kilo** les caisses font chacune cinq kilos; **die Häuser haben ~ sechs Wohnungen** les maisons ont chacune six appartements
II. *Konj* ① ~ **öfter du übst, desto besser kannst du spielen** plus tu t'entraînes, mieux tu sauras jouer; ~ **besser die Qualität, desto höher der Preis** meilleure est la qualité, plus hauts sont les prix
② (*entsprechend*) ~ **nach Belieben/Menge** selon la volonté/quantité; ~ **nachdem[, wann/wie/...]** ça dépend [quand/comment/...]
Jeans [dʒiːns] <-, -> *f meist Pl* jean *m*
Jeansjacke [dʒiːns-] *f* veste *f* en jean
jede(r, s) *Pron indef* ① chaque; ~ **Schülerin muss an der Veranstaltung teilnehmen** toutes les élèves doivent participer à la manifestation; ~**n Moment/~ Minute** d'un moment/d'une minute à l'autre; **zu ~r Zeit/Stunde** à n'importe quel moment; ~**r zweite Franzose/~ dritte Deutsche** un Français sur deux/une Allemande sur trois; ~**s Mal[, wenn ...]** chaque fois [que ... + *indic*]
② (*jegliche*) **ihm ist ~s Mittel recht** pour lui, tous les moyens sont bons; **ohne ~ Anstrengung** sans le moindre effort
③ *substantivisch* ~**r ist dafür** tout le monde est pour; **du kannst ~n fragen** tu peux demander à n'importe qui; ~**r, der sich dafür interessiert** quiconque s'y intéresse; ~**r von uns/ihnen** chacun d'entre nous/eux; ~**s dieser Häuser** chacune de ces maisons; ~**r gegen ~n** tous contre tous; **ein ~r/eine ~** tout le monde
jedenfalls ['jeːdənfals] *Adv* en tout cas
jedermann *Pron indef* tout le monde
jederzeit *Adv* ① (*zu jeder Zeit*) à tout moment; **ihr seid ~ willkommen** vous serez toujours les bienvenus
② (*jeden Augenblick*) d'un moment à l'autre
jedesmal *s.* **jede(r, s) 1.**
jedoch [je'dɔx] *Konj, Adv* pourtant
jedwede(r, s) *Pron indef veraltet* chaque; ~**r Streit** chaque dispute; ~ **Anstrengung** chaque effort; ~**(r) kann das tun** chacun(e) peut faire cela
Jeep® [dʒiːp] <-s, -s> *m* jeep® *f*
jegliche(r, s) *Pron indef* tout(e)
jeher ['jeːheːɐ] *Adv* ▸ **von** ~ de tout temps
Jelängerjelieber [je'lɛŋɐje'liːbɐ] <-s, -> *nt* BOT chèvrefeuille *m* des jardins
jemals ['jeːmaːls] *Adv* jamais; **ist das schon ~ vorgekommen?** est-ce que ça s'est déjà produit [par le passé]?
jemand ['jeːmant] *Pron indef* quelqu'un; ~ **anders** *fam* quelqu'un d'autre
Jemen ['jeːmən] <-s> *m* le Yémen
Jemenit(in) [jeme'niːt] <-en, -en> *m(f)* Yéménite *mf*
jemenitisch *Adj* yéménite
jene(r, s) *Pron dem, geh* ① (*der bewusste*) ~**r Nachbar, der ...** ce voisin[-là] qui ...; ~ **Kollegin, die ...** cette collègue[-là] qui ...; ~**r, von dem ich vorhin gesprochen habe** le type dont j'ai parlé tout à l'heure
② (*dieser*) ~**r Mann/~ Frau dort** cet homme-là/cette femme-là; **wir lachten, während ~r/~ weinte** on riait tandis que celui-là/celle-là pleurait
jenseits ['jeːnzaɪts] **I.** *Präp + Gen* ~ **des Flusses** de l'autre côté de la rivière
II. *Adv* ~ **von Raum und Zeit** au-delà de l'univers spatiotemporel
Jenseits <-> *nt* au-delà *m*
▸ **jdn ins ~ befördern** *fam* expédier qn dans l'autre monde (*fam*)
Jeremias <-> *m* Jérémie *m*
Jersey ['dʒøːɐzi, 'dʒœrzi] <-[s], -s> *m* jersey *m*

Jerusalem [je'ru:zalɛm] <-s> *nt* Jérusalem *f*
Jesu *Gen von* Jesus
Jesuit [jezu'i:t] <-en, -en> *m* jésuite *m*
Jesuitenorden *m* ordre *m* jésuite
Jesuitentum <-s> *nt* REL jésuitisme *m*
Jesum *Akk von* Jesus
Jesus ['je:zʊs] <Jesu[s]> *m* Jésus; ~ **[Christus]** Jésus *m* [Christ]
Jesuskind *nt* **das** ~ l'enfant *m* Jésus
Jet [dʒɛt] <-[s], -s> *m fam* jet *m*
Jetlag ['dʒɛtlɛk, 'dʒætlæg] <-s, -s> *m* troubles *mpl* dus au décalage horaire
Jeton [ʒə'tõ:] <-s, -s> *m* jeton *m*
Jetset[RR] ['dʒɛtsɛt] <-s, *selten* -s> *m fam* jet[-]set *m o f*
jetten ['dʒɛtən] *itr V + sein fam* s'envoler; **nach Teneriffa/in die Karibik** ~ s'envoler pour Ténériffe/les Caraïbes
jetzig *Adj attr Augenblick, Moment* présent(e); *Zeit, Situation, Erkenntnisstand* actuel(le)
jetzt [jɛtst] *Adv* ❶ (*im Augenblick, heutzutage*) maintenant; **bis** ~ jusqu'à présent; ~ **gleich** tout de suite; ~ **noch/schon?** maintenant/déjà?; ~ **oder nie!** maintenant ou jamais!; **wer mag das** ~ **sein?** qui cela peut-il bien être à cette heure-ci?; **hast du es** ~ **endlich begriffen?** as-tu enfin compris maintenant?
❷ (*nun*) **habe ich** ~ **den Brief eingeworfen oder nicht?** ai-je bien envoyé la lettre ou non?
Jetzt <-> *nt geh* présent *m*
Jetztzeit *f* [temps] présent *m*
jeweilig *Adj attr* (*vorherrschend*) du moment; (*in der Vergangenheit*) de l'époque; *Währung* correspondant(e)
jeweils ['je:vaɪls] *Adv* ❶ (*jedes Mal*) chaque fois; **die Miete ist** ~ **zu Beginn des Monats fällig** le loyer se règle au début de chaque mois
❷ (*im Einzelnen*) **die** ~ **Betroffenen** les personnes concernées; **Schuhe für die Kinder in der** ~ **passenden Größe** des chaussures de la pointure de chacun des enfants
❸ (*je*) ~ **drei Kinder gehen zusammen** les enfants vont par groupes de trois; **zu** ~ **zwei Schlafräumen gehört ein Badezimmer** il y a une salle de bains pour deux dortoirs
❹ (*zur entsprechenden Zeit*) de l'époque; **die** ~ **gültigen Bestimmungen** les réglementations en vigueur à un moment donné
Jg. *Abk von* Jahrgang année *f*
Jh. *Abk von* Jahrhundert siècle *m*
JH *Abk von* Jugendherberge auberge *f* de jeunesse
jiddisch ['jɪdɪʃ] *Adj* judéo-allemand(e), yiddish *inv*
Jiddisch <-[s]> *nt* le yiddish
Jiddische *nt dekl wie Adj* **das** ~ le yiddish
Jiu-Jitsu ['dʒi:u'dʒɪtsu] <-s> *nt* jiu-jitsu *m*
Job [dʒɔp] <-s, -s> *m fam* ❶ (*Anstellung*) job *m* (*fam*)
❷ (*Beschäftigung*) boulot *m* (*fam*)
jobben ['dʒɔbən] *itr V fam* faire des petits boulots (*fam*); **beim Bäcker/in der Fabrik** ~ bosser chez le boulanger/à l'usine (*fam*)
Jobber(in) ['dʒɔbɐ] <-s, -> *m(f)* ❶ FIN contrepartiste *mf*
❷ *fam* (*Gelegenheitsarbeiter*) *personne qui fait des petits boulots*
Jobkiller ['dʒɔp-] *m fam* mesure *f* qui tue l'emploi (*fam*); **sind Computer** ~? est-ce que les ordinateurs suppriment des emplois? **Jobsharing**[RR] [-ʃæ:rɪŋ] <-s> *nt* partage *m* du travail
Joch [jɔx] <-[e]s, -e> *nt* ❶ AGR joug *m*
❷ ARCHIT travée *f*
❸ (*Bergsattel*) col *m*
❹ *liter* (*Bürde*) **das** ~ **der Tyrannei abschütteln** [*o* **abwerfen**] secouer le [*o* se libérer du] joug de la tyrannie
Jochbein *nt* ANAT os *m* malaire
Jockei ['dʒɔke, 'dʒɔki] <-s, -s> *m*, **Jockey** ['dʒɔki] <-s, -s> *m* jockey *m*
Jod [jo:t] <-s> *nt* ❶ CHEM iode *m*
❷ *s.* Jodtinktur
jodeln ['jo:dəln] *itr V* iodler
jodhaltig *Adj* iodé(e)
Jodler ['jo:dlɐ] <-s, -> *m* tyrolienne *f*
Jodler(in) <-s, -> *m(f)* chanteur(-euse) *m(f)* de tyrolienne
Jodtinktur *f* teinture *f* d'iode
Joga ['jo:ga] <-[s]> *m o nt* yoga *m*
joggen ['dʒɔgən] *itr V* ❶ + *haben* faire du jogging [*o* footing]
❷ + *sein* (*durchlaufen*) **drei Kilometer/durch den Wald** ~ jogger trois kilomètres/à travers la forêt
Jogger(in) ['dʒɔgɐ] <-s, -> *m(f)* joggeur(-euse) *m(f)*
Jogging ['dʒɔgɪŋ] <-s> *nt* jogging *m*
Jogginganzug ['dʒɔgɪŋ-] *m* jogging *m* **Joggingschuh** *m* chaussure *f* de jogging
Joghurt ['jo:gʊrt] <-[s], -[s]> *m o nt* yaourt *m*, yogourt *m*
Joghurtbecher *m* pot *m* de yaourt
Jogi ['jo:gi] <-s, -s> *m* yogi *m*
Jogurt[RR] *s.* Joghurt
Johann ['jo:han, jo'han] <-s> *m* ❶ Jean *m*
❷ BIBL, HIST Jean *m*; ~ **ohne Furcht** Jean sans peur
Johanna [jo'hana] <-s> *f* Jeanne *f*
❷ HIST **[die heilige]** ~ **von Orléans** Jeanne *f* d'Arc
Johannes [ja'hanɛs] <-> *m* ❶ Jean *m*
❷ BIBL **der Apostel** ~ l'apôtre Jean; ~ **der Täufer** Jean-Baptiste *m*
Johannesevangelium *nt* Évangile *m* selon saint Jean
Johannisbeere [jo'hanɪsbe:rə] *f* ❶ (*Frucht*) **[rote]** ~ groseille *f* [rouge]; **schwarze** ~ cassis *m* ❷ (*Strauch*) **[rote]** ~ groseillier *m* [rouge]; **schwarze** ~ cassis *m* **Johannisbrot** *nt* BOT caroube *f* **Johanniskraut** *nt* BOT millepertuis *m* **Johannistag** *m* REL la Saint-Jean *f*; **am** ~ à la Saint-Jean
Johanniter [joha'ni:tɐ] <-s, -> *m* REL chevalier *m* de Saint-Jean
johlen ['jo:lən] *itr V* hurler
Joint [dʒɔɪnt] <-s, -s> *m sl* joint *m* (*fam*)
Jointventure[RR] [dʒɔɪnt'vɛntʃə] <-s, -s>, **Joint Venture**[RR] <- -s, - -s> *nt* COM joint[-]venture *f*
Jo-Jo <-s, -s> *nt* yoyo *m*
Joker ['dʒo:kɐ] <-s, -> *m* joker *m*
Jolle ['jɔlə] <-, -n> *f* ❶ (*Beiboot*) canot *m*
❷ (*Segelboot*) yole *f*
Jongleur(in) [ʒõ'glø:ɐ, ʒɔŋ'lø:ɐ] <-s, -e> *m(f)* jongleur(-euse) *m(f)*
jonglieren* [ʒɔŋ'li:rən] *itr V a. fig* jongler; **mit etw** ~ jongler avec qc
Joppe ['jɔpə] <-, -n> *f* DIAL *veste courte et ajustée*
Jordan ['jɔrdan] <-s> *m* Jourdain *m*
▸ **über den** ~ **gehen** *fam* casser sa pipe (*fam*)
Jordanien [jɔr'da:niən] <-s> *nt* la Jordanie
Jordanier(in) <-s, -> *m(f)* Jordanien(ne) *m(f)*
jordanisch *Adj* jordanien(ne)
Josef ['jo:zɛf] <-s> *m*, **Joseph** <-s> *m* Joseph *m*
Jot [jɔt] <-, -> *nt* J *m*/j *m*
Jota ['jo:ta] <-[s], -s> *nt* iota *m*
▸ **kein** [*o* **nicht ein**] ~ *geh* pas d'un iota
Joule [dʒu:l] <-[s], -> *nt* PHYS joule *m*
Journal [ʒʊr'na:l] <-s, -e> *nt* ❶ COM journal *m*
❷ *geh* (*Zeitschrift*) revue *f*
Journalismus [ʒʊrna'lɪsmʊs] <-> *m* journalisme *m*; (*Presse*) presse *f*
Journalist(in) [ʒʊrna'lɪst] <-en, -en> *m(f)* journaliste *mf*
Journalistik [ʒʊrna'lɪstɪk] <-> *f* journalisme *m*
journalistisch [ʒʊrna'lɪstɪʃ] **I.** *Adj Ausbildung, Tätigkeit* de journaliste; *Volontariat* en tant que journaliste
II. *Adv arbeiten* comme journaliste
jovial [jo'via:l] *geh* **I.** *Adj* protecteur(-trice); **gegenüber jdm** ~ **sein** adopter une attitude protectrice avec qn
II. *Adv* avec condescendance
Jovialität [joviali'tɛ:t] <-> *f geh* attitude *f* protectrice

Joystick ['dʒɔɪstɪk] <-s, -s> *m* INFORM manette *f* de jeu
jr. *Abk von* **junior** junior
Jubel ['ju:bəl] <-s> *m* cris *mpl* de joie
▶ [**es herrscht**] **~, Trubel, Heiterkeit** *fam* [il y a une] ambiance du tonnerre (*fam*)
Jubeljahr *nt* ▶ **alle ~e** [**einmal**] *fam* très rarement
jubeln ['ju:bəln] *itr V* jubiler; **über etw** (*Akk*) **~** jubiler à cause de qc; **~d** en jubilant; **die ~de Menge** la foule en liesse
Jubelruf *m* cri *m* de joie; **unter ~en** sous les acclamations
Jubilar(in) [jubi'la:ɐ] <-s, -e> *m(f)* **der ~/die ~in** celui/celle qui fête son anniversaire
Jubiläum [jubi'lɛ:ʊm] <-s, Jubiläen> *nt* [fête *f*] anniversaire *m*; **sein 50-jähriges ~** son jubilé
Jubiläumsausgabe *f* numéro *m* spécial [anniversaire] **Jubiläumsfeier** *f* fête *f* anniversaire
jubilieren* *itr V geh* jubiler
juchhe [jʊx'he:], **juchheißa**, **juchhu** *Interj fam* youpi (*fam*)
Juchten ['jʊxtən] <-s> *m o nt*, **Juchtenleder** *nt* cuir *m* de Russie
juchzen ['jʊxtsən] *itr V fam* pousser des cris de joie
jucken ['jʊkən] **I.** *tr, itr V* ❶ démanger; **mir** [*o* **mich**] **juckt die Hand** j'ai la main qui me démange; **der Pulli juckt** le pull pique
❷ *fam* (*kümmern*) **das juckt mich nicht** j'en ai rien à faire (*fam*)
II. *tr V unpers* ❶ **es juckt ihn/mich** ça le/me démange; **es juckt ihn/mich am Kopf** ça le/me démange à la tête
❷ *fam* (*reizen*) **es juckt jdn etw zu tun** ça démange qn de faire qc
III. *itr V unpers* **es juckt** [**am Kopf**] ça démange [à la tête]
IV. *r V fam* (*kratzen*) **sich** [**an etw** (*Dat*)] **~** se gratter [qc]
Jucken <-s> *nt* démangeaison *f*
Juckpulver [-fɐ, -vɐ] *nt* poil *m* à gratter **Juckreiz** *m* démangeaison *f*
Judas ['ju:das] <-, -se> *m* BIBL *a. fig* Judas *m*
Judaslohn *m pej geh* salaire *m* de la honte
Jude ['ju:də] <-n, -n> *m*, **Jüdin** *f* juif *m*/juive *f*
▶ **der ewige ~** *geh* le Juif errant
JudenhassRR *m* haine *f* antisémite **Judenstern** *m* étoile *f* jaune
Judentum <-s> *nt* (*Religion, Kultur*) judaïsme *m*
Judenverfolgung *f* persécution *f* des juifs
Jüdin ['jy:dɪn] *s.* **Jude**
jüdisch ['jy:dɪʃ] **I.** *Adj* ❶ (*die Juden betreffend*) juif(juive)
❷ (*das Judentum betreffend*) judaïque
II. *Adv* selon le rite juif
Judo ['ju:do] <-s> *nt* judo *m*
Judoka <-s, -s> *m* judoka *m*
Jugend ['ju:gənt] <-> *f* ❶ (*Jugendzeit*) jeunesse *f*; **in seiner/meiner/... ~** dans sa/ma/... jeunesse; **von ~ an** [*o* **auf**] depuis l'enfance; **die frühe ~** la première jeunesse; **die früheste ~** la petite enfance
❷ (*junge Menschen*) **die ~ von heute** les jeunes *mpl* d'aujourd'hui
❸ (*Jugendlichkeit, Jugendstadium*) jeunesse *f*
Jugendalter *nt* jeune âge *m*; **im ~ sein** *form* être encore adolescent(e), ne pas être majeur(e) **Jugendamt** *nt* office *m* de protection de la jeunesse **Jugendarbeit** *f kein Pl* ❶ (*Erwerbstätigkeit Jugendlicher*) travail *m* des jeunes ❷ (*Förderung Jugendlicher*) travail *m* avec des jeunes **Jugendarbeitslosigkeit** *f* chômage *m* des jeunes **Jugendarbeitsschutzgesetz** *nt kein Pl* loi *f* sur la protection des jeunes travailleurs **Jugendarrest** *m* détention *f* pour mineurs **Jugendaustausch** *m* échange *m* international de jeunes **Jugendbewegung** *f* **die ~** le mouvement *m* de la jeunesse **Jugendbild** *nt* photo *f* de jeunesse **Jugendbildnis** *nt* **ein ~ Dürers** un portrait du jeune Dürer **Jugendbuch** *nt* livre *m* pour la jeunesse **jugendfrei** *Adj veraltet* pour tout public; **nicht ~ sein** *Film:* être interdit(e) aux moins de 18 ans **Jugendfreund(in)** *m(f)* ami(e) *m(f)* d'enfance **jugendgefährdend** *Adj* dangereux(-euse) pour la jeunesse **Jugendgericht** *nt* tribunal *m* pour enfants **Jugendgruppe** *f* groupe *m* de jeunes

i Land & Leute

En Allemagne, le **Jugendhaus** est une institution de type associatif qui, dans chaque commune, propose aux jeunes et jeunes adultes un programme pédagogique, de nombreuses activités de groupe ainsi que des projets en relation avec la formation, la communication, l'émancipation et l'organisation du temps libre. Des éducateurs apportent un soutien social à chacun des participants de ces groupes afin qu'ils puissent développer aussi bien leur personnalité que leur identité. Le **Jugendhaus** travaille souvent en coopération avec d'autres institutions, telles que l'office pour la protection des jeunes, les écoles et les associations sportives.

Jugendherberge *f* auberge *f* de jeunesse

i Land & Leute

La première **Jugendherberge** a ouvert ses portes en 1909, en Allemagne. L'idée de départ était d'encourager la jeunesse à voyager. A partir de 1925, il en a été construit dans le monde entier. De nos jours, on en compte plus de 600 en Allemagne, 200 en Autriche et environ 100 en Suisse.

Jugendhilfe *f* protection *f* sociale des jeunes [*o* de l'enfance] **Jugendjahre** *Pl* jeunesse *f*; **seine ~** sa jeunesse **Jugendkriminalität** *f* délinquance *f* juvénile; **die ~ nimmt zu** la délinquance juvénile est en augmentation
jugendlich **I.** *Adj* ❶ *Person* jeune; *Ausgelassenheit, Leichtsinn, Schwung* juvénile
❷ (*jung wirkend*) *Äußeres, Erscheinung, Frische* jeune; **jdn ~ machen** *Kleidung, Frisur:* donner un air jeune à qn
II. *Adv* jeune; **sich ~ kleiden** s'habiller jeune
Jugendliche(r) *f(m) dekl wie Adj* jeune *mf*
Jugendlichkeit <-> *f* ❶ (*Alter*) jeunesse *f*
❷ (*junge Erscheinung*) air *m* jeune
Jugendliebe *f* amour *m* de jeunesse **Jugendmannschaft** *f* équipe *f* junior **Jugendpflege** *f* encadrement *m* périscolaire des jeunes **Jugendpolitik** *f* politique *f* de la jeunesse **Jugendrichter(in)** *m(f)* juge *mf* pour enfants **Jugendschutz** *m* protection *f* des mineurs **Jugendschutzgesetz** *nt* JUR loi *f* sur la protection des mineurs **Jugendsekte** *f secte attirant plus spécialement les jeunes* **Jugendstil** *m* Art *m* nouveau **Jugendstrafanstalt** *f* maison *f* de détention pour jeunes délinquants **Jugendstrafe** *f* détention *f* en maison de redressement; **eine ~ verbüßen** être en maison de redressement **Jugendstrafrecht** *nt* droit *m* pénal spécial des délinquants mineurs **Jugendsünde** *f* péché *m* de jeunesse **Jugendtraum** *m* rêve *m* de jeunesse; **sich** (*Dat*) **einen ~ erfüllen** s'exaucer un rêve de jeunesse **Jugendverbot** *nt* interdiction *f* pour les mineurs **Jugendzeit** *s.* **Jugendjahre** **Jugendzentrum** *nt* maison *f* des jeunes
Jugoslawe [jugo'sla:və] <-n, -n> *m* ❶ HIST Yougoslave *m*
❷ *fam* (*jugoslawisches Restaurant*) **zum ~n gehen** aller au restaurant yougoslave
Jugoslawien [jugo'sla:viən] <-s> *nt* HIST la Yougoslavie
Jugoslawin <-, -nen> *f* HIST Yougoslave *f*
jugoslawisch *Adj* HIST yougoslave
Julei ['ju:laɪ, ju'laɪ] <-s, -s> *m bes.* COM juillet *m*
Juli ['ju:li] <-[s], -s> *m* juillet *m*; *s. a.* **April**

Julia <-s> *f* Julie *f; s. a.* Romeo
Jumbo[jet]RR [-dʒɛt], **Jumbo[-Jet]** <-s, -s> *m* gros-porteur *m*
Jumper ['dʒampɐ] <-s, -> *m* INFORM cavalier *m*
jun. *Adj Abk von* junior
jung [jʊŋ] <¨er, ¨ste> **I.** *Adj* ❶ jeune; **der ~e Picasso** le jeune Picasso
❷ *(jugendlich wirkend)* jeune; **jdn jünger machen** [*o* **wirken lassen**] rajeunir qn
❸ *(später geboren)* **der jüngere Bruder/die jüngere Schwester** le frère cadet/la sœur cadette; **meine jüngste Schwester** ma sœur la plus jeune; **der Jüngere** le cadet; **der/die Jüngste** le/la benjamin(e)
❹ *(seit kurzem existierend)* *Staat* jeune; *Sportart, Aktie* nouveau(-velle)
▸ **Jung und Alt** jeunes et vieux
II. *Adv* **~ heiraten/sterben** se marier/mourir jeune
Jungbrunnen *m* fontaine *f* de jouvence
Junge <-n, -n *o fam* Jungs> ['jʊŋə] *m* ❶ *(Knabe, Sohn, junger Mann)* garçon *m;* **du armer/dummer ~!** pauvre bête/gros bêta! *(fam)*; **die Jungs und die Mädchen** les garçons et les filles; **sie ist ein richtiger ~** c'est un vrai garçon manqué
❷ *fam (Bursche)* **hallo, alter ~!** salut, [mon] vieux! *(fam)*; **hallo, Jungs** [*o* **~ns**]**!** salut, les gars! *mpl (fam)*
▸ **jdn wie einen dummen ~n behandeln** traiter qn comme un débutant *(fam)*; **ein schwerer ~** *fam* un grand criminel; **~, ~!** *fam* eh ben, dis donc! *(fam)*
Junge(s) *nt dekl wie Adj (Jungtier)* petit *m;* *(Jungvogel)* oisillon *m*
jungenhaft *Adj Mann* jeune; *Mädchen* garçonnier(-ière); **seine/ihre ~e Art** son allure jeune/garçonnière
jünger ['jʏŋɐ] *Adj Komp von* jung ❶ plus jeune; **mein ~er Kollege** mon collègue plus jeune
❷ *(relativ jung)* *Mitarbeiter* plutôt jeune; **wir beschäftigen nur ~e Mitarbeiter** nous n'avons que des employés plutôt jeunes
❸ *(noch nicht weit zurückliegend)* *Datum, Geschichte, Entwicklung* récent(e)
Jünger(in) <-s, -> *m(f)* disciple *mf*
Jüngere(r) *f(m) dekl wie Adj* ❶ *(relativ junger Mensch)* personne *f* plus jeune; **die ~n unter Ihnen** les plus jeunes d'entre vous
❷ *(Junior)* **Holbein der ~** Holbein le jeune
Jungfer ['jʊŋfɐ] <-, -n> *f pej* **eine alte ~** une vieille fille *(péj)*
Jungfernfahrt *f* première traversée *f* **Jungfernflug** *m* premier vol *m* **Jungfernhäutchen** [-hɔɪtçən] *nt* ANAT hymen *m* **Jungferninseln** *Pl* **die ~** les îles *fpl* Vierges **Jungfernrede** *f* premier discours *m* **Jungfernzeugung** *f* BIO parthénogenèse *f*
Jungfrau *f* ❶ [fille *f*] vierge *f;* [**noch**] **~ sein** être [encore] vierge; **die ~ Maria** la Vierge Marie; **die Heilige ~** la Sainte Vierge; **die ~ von Orléans** HIST la Pucelle d'Orléans
❷ ASTROL Vierge *f;* [**eine**] **~ sein** être Vierge
▸ **zu etw kommen wie die ~ zum Kind** recevoir qc par l'opération du Saint-Esprit
jungfräulich ['jʊŋfrɔɪlɪç] *Adj a. fig geh* vierge
Jungfräulichkeit <-> *f* ❶ virginité *f;* **die ~ verlieren** perdre sa virginité
❷ *fig der Bergwelt* sauvagerie *f*
Junggeselle *m,* **-gesellin** *f* célibataire *mf;* **eingefleischter ~/eingefleischte Junggesellin** célibataire *mf* endurci(e)
Junggesellenbude *f fam* garçonnière *f* **Junggesellendasein** *nt,* **Junggesellenleben** *nt* vie *f* de célibataire **Junggesellenwohnung** *f* appartement *m* de célibataire **Junggesellenzeit** *f* vie *f* de célibataire; **in meiner ~** quand j'étais célibataire
Junggesellin *s.* Junggeselle
Jüngling ['jʏŋlɪŋ] <-s, -e> *m geh* éphèbe *m (littér)*
Jungsozialist(in) *m(f) membre de l'organisation des jeunes du SPD*
jüngst [jʏŋst] *Adv geh* dernièrement, tout récemment
jüngste(r, s) *Adj* ❶ *Superl von* jung
❷ *(nicht lange zurückliegend)* **in ~r Zeit** dernièrement; **aus ~r Vergangenheit** d'un passé très récent
❸ *(neueste)* *Werk* tout(e) dernier(-ière)
▸ [**auch**] **nicht mehr der/die Jüngste sein** ne plus être [non plus] tout(e) jeune
Jungsteinzeit *f* néolithique *m* **Jungtier** *nt* jeune *m;* *(Löwenjunges)* lionceau *m;* **Ochsen werden als ~e geschlachtet** les bœufs sont abattus jeunes **Jungunternehmer(in)** *m(f)* jeune entrepreneur(-euse) *m(f)* **jungverheiratet** *Adj* fraîchement marié(e) **Jungverheiratete(r)** *f(m) dekl wie Adj,* **Jungvermählte(r)** *f(m) dekl wie Adj geh* jeune marié(e) *m(f);* **die ~n** les jeunes mariés **Jungvieh** *nt* jeune bétail *m* **Jungwähler(in)** *m(f)* jeune électeur(-trice) *m(f)*
Juni ['ju:ni] <-[s], -s> *m* juin *m; s. a.* April
Junikäfer *m* ZOOL hanneton *m* de la Saint-Jean
junior ['ju:nio:ɐ, 'ju:njo:ɐ] *Adj* **Hans Müller ~** Hans Müller junior
Junior <-s, -en> *m* ❶ *(Juniorchef)* chef *m* junior
❷ *fam (Sohn)* fiston *m (fam)*
❸ *Pl (Sportler)* juniors *mpl*
Juniorchef(in) *m(f)* fils *m*/fille *f* du chef
Juniorin <-, -nen> *f* ❶ *(Juniorchefin)* fille *f* du chef
❷ *Pl (Sportlerin)* junior *f*
Juniorpartner(in) *m(f)* jeune associé(e) *m(f)* **Juniorpass**RR *m* carte *f* jeunes
Junk-Bond ['dʒaŋkbɔnd] <-s, -s> *m* FIN obligation *f* à haut risque
Junker ['jʊŋkɐ] <-s, -> *m* HIST junker *m*
Junkfood ['dʒaŋkfu:d] <-s> *nt* bouffe *f* industrielle *(fam)*
Junkie ['dʒaŋki] <-s, -s> *m sl* junkie *mf (fam)*
Junktim ['jʊŋktɪm] <-s, -s> *nt geh* non-disjonction *f,* interdépendance *f;* **zwischen diesen beiden Gesetzesvorlagen besteht ein ~** ces deux projets de loi ne peuvent être qu'acceptés ou rejetés en bloc; **zwei Verträge in einem ~ verbinden** lier deux contrats de façon qu'ils ne peuvent être qu'acceptés ou rejetés en bloc
Juno ['ju:no] <-s, -s> *m bes.* COM juin *m*
Junta ['xʊnta, 'jʊnta] <-, Junten> *f* junte *f*
Jupe [ʒy:p] <-s, -s> *m* CH *s.* Rock
Jupiter ['ju:pitɐ] <-s> *m* [la planète] Jupiter *f*
jur. *Adj Abk von* juristisch
Jura[1] ['ju:ra] <-s> *m* GEOL jurassique *m*
Jura[2] <-s> *m* ❶ *(Gebirge)* Jura *m*
❷ *(Kanton)* canton *m* du Jura
Jura[3] *kein Art (Rechtswissenschaft)* droit *m;* **~ studieren** faire des études de droit
Jurastudium *nt* études *fpl* de droit
Jurisdiktion [ju:rɪsdɪk'tsio:n] <-, *selten* -en> *f geh* juridiction *f*
Jurisprudenz [ju:rɪspru'dɛnts] <-> *f geh* droit *m*
Jurist(in) [ju'rɪst] <-en, -en> *m(f)* ❶ juriste *mf*
❷ *fam (Jurastudent)* étudiant(e) *m(f)* en droit
Juristendeutsch *nt,* **Juristensprache** *f* jargon *m* des juristes
juristisch [ju'rɪstɪʃ] **I.** *Adj* *Fakultät, Studium* de droit; *Ausbildung, Klausur* en droit; *Problem, Frage* juridique
II. *Adv* *betrachten, denken* d'un point de vue juridique
Juror ['ju:ro:ɐ] <-s, Juroren> *m,* **Jurorin** *f meist Pl* membre *m* du jury
Jury [ʒy'ri:, 'ʒy:ri, 'dʒu:ri] <-, -s> *f* jury *m*
Jus[1] [ju:s] *nt* A droit *m*
Jus[2] [ʒy:] <-> *f o m o nt* CH jus *m* de fruit
Juso ['ju:zo] <-s, -s> *m,* <-, -s> *f Abk von* Jungsozialist(in) *membre de l'organisation des jeunes du SPD;* **die ~s** *l'organisation des jeunes du SPD*
just [jʊst] *Adv veraltet* ❶ *(genau)* exactement; **~ in diesem Moment** juste à ce moment
❷ *(ausgerechnet)* **sie wollte ~ die roten Schuhe** elle voulait

précisément les chaussures rouges
justieren* *tr V* régler *Waage;* mettre au point *Teleskop, Mikroskop;* **sein Gewehr ~** ajuster le tir
Justierung <-, -en> *f* ❶ *(das Justieren) einer Waage* réglage *m; eines Teleskops, Mikroskops* mise *f* au point
❷ *(Einstellmechanismus)* dispositif *m* de réglage
Justitia [jʊs'tiːtsia] <-> *f* la Justice
Justitiar(in) [jʊsti'tsiaːɐ] *s.* **Justiziar(in)**
Justiz [jʊs'tiːts] <-> *f* justice *f*
Justizbehörde *f* justice *f* **Justizgebäude** *nt* palais *m* de justice
Justiziar(in)RR [jʊsti'tsiaːɐ] <-s, -e> *m(f)* conseiller(-ère) *m(f)* juridique
Justizirrtum *m* erreur *f* judiciaire **Justizminister(in)** *m(f)* ministre *mf* de la Justice; *(in Frankreich)* garde *m* des Sceaux **Justizministerium** *nt* ministère *m* de la Justice **Justizmord** *m* meurtre *m* judiciaire **Justizvollzugsanstalt** *f form* établissement *m* pénitentiaire, maison *f* d'arrêt
Jute ['juːtə] <-> *f* jute *m*
Juwel¹ [ju'veːl] <-s, -en> *m o nt (Edelstein, Schmuck)* joyau *m*
Juwel² <-s, -e> *nt (Mensch)* perle *f*
Juwelier(in) [juve'liːɐ] <-s, -e> *m(f)* bijoutier(-ière) *m(f)*
Juweliergeschäft *nt* bijouterie *f*
Jux [jʊks] <-es, -e> *m fam* blague *f (fam)*; **etw aus ~ tun** faire qc pour rigoler *(fam)*; **auf einen ~ reinfallen** se faire avoir *(fam)*; **das war doch nur ~!** [mais] c'était pour de rire! *(fam)*
► **aus [lauter] ~ und Tollerei** *fam* pour rigoler *(fam)*
juxen *itr V fam* blaguer *(fam)*
jwd [jɔtve'deː] *Adv hum fam Abk von* **ganz weit draußen** à perpète *(fam)*

K k

K, k [kaː] <-, -> *nt* K *m*/k *m*
► **K wie Kaufmann** k comme Kléber
Kabarett [kaba'rɛt, kaba'reː] <-s, -e *o* -s> *nt* ❶ *kein Pl (Kleinkunst)* spectacle *m* satirique
❷ *(Kleinkunstbühne)* café-théâtre *m*
❸ *(Ensemble)* troupe *f* de chansonniers
Kabarettist(in) [kabarɛ'tɪst] <-en, -en> *m(f)* chansonnier(-ière) *m(f)*
kabarettistisch *Adj Darbietung, Einlage* de chansonnier
kabbeln ['kabəln] *r V fam* **sich ~** se chamailler *(fam)*
Kabel ['kaːbəl] <-s, -> *nt* câble *m*
KabelanschlussRR *m* accès *m* au réseau câblé; **[einen] ~ haben** *Person:* avoir le câble, être câblé(e) **Kabelfernsehen** *nt* télévision *f* par câbles; **das ~** le câble
Kabeljau ['kaːbəljaʊ] <-s, -e *o* -s> *m* cabillaud *m*
Kabelkanal *m* chaîne *f* câblée **Kabelleger** <-s, -> *m* [navire *m*] mouilleur *m* de câbles **Kabelmantel** *m* ELEC gaine *f* de câble **Kabelnetz** *nt* réseau *m* câblé **Kabelrolle** *f* enrouleur *m* **Kabelschuh** *m* ELEC cosse *f* de câble **Kabeltrommel** *f* enrouleur *m* de câble
Kabine [ka'biːnə] <-, -n> *f* cabine *f*
Kabinenkoffer *m (Schrankkoffer)* malle-cabine *f* **Kabinenroller** *m* AUT scooter *m* [couvert]
Kabinett¹ [kabi'nɛt] <-s, -e> *nt* ❶ POL gouvernement *m*
❷ KUNST cabinet *m* [d'objets d'art]
Kabinett² <-s, -e> *m (Wein)* ≈ cru *m* classé
KabinettsbeschlussRR *m* décret *m* du gouvernement **Kabinettskrise** *f* crise *f* ministérielle **Kabinettsmitglied** *nt* membre *m* du gouvernement **Kabinettssitzung** *f* séance *f* du conseil des ministres
Kabinettstück *nt* coup *m* de maître
Kabinettwein *m* ≈ cru *m* classé
Kabis ['kaːbɪs] <-> *m* CH chou *m*
Kabrio ['kaːbrio] <-[s], -s> *nt* cabriolet *m;* **ein ~ fahren** rouler en décapotable
Kabriolett ['kaːbriole, kabrio'leː, kabrio'lɛt] A, SDEUTSCH *s.* **Kabrio**
Kabuff [ka'bʊf] <-s, -e *o* -s> *nt fam* cagibi *m*
Kachel ['kaxəl] <-, -n> *f* carreau *m* de faïence
kacheln *tr V* carreler
Kachelofen *m* poêle *m* en faïence
Kachexie [kaxɛ'ksiː] <-, -n> *f* MED cachexie *f*
Kacke ['kakə] <-> *f* ❶ *sl (menschliche Exkremente)* merde *f (pop)*
❷ *sl (Hundekot)* merde *f* de chien *(pop)*; **in einen Haufen ~ treten** marcher dans une merde *(pop)*
► **dann ist die ~ am Dampfen** *sl* ça va chier *(pop)*
kacken *itr V sl Person, Tier:* chier *(pop)*; **überall ~ die Hunde auf die Bürgersteige** les chiens chient partout sur les trottoirs *(pop)*
Kacker <-s, -> *m pej sl* enfoiré *m (vulg)*
Kadaver [ka'daːvɐ] <-s, -> *m* cadavre *m* d'animal
Kadavergehorsam [-vɐ-] *m pej* obéissance *f* aveugle
Kadenz [ka'dɛnts] <-, -en> *f* MUS cadence *f*
Kader ['kaːdɐ] <-s, -> *m* ❶ MIL cadre *m* militaire *souvent pl*
❷ SPORT sélection *f*
❸ *(Spezialistentruppe)* encadrement *m*
❹ *(Angehöriger einer Spezialistentruppe)* cadre *m*
Kadett [ka'dɛt] <-en, -en> *m* élève *m* officier
Kadi ['kaːdi] <-s, -s> *m* cadi *m*
► **jdn vor den ~ bringen** *fam* tirer qn devant le tribunal *(fam)*
Kadmium ['katmiʊm] <-s> *nt* CHEM cadmium *m;* **~ ist ein Schwermetall** le cadmium est un métal lourd
Käfer ['kɛːfɐ] <-s, -> *m* coléoptère *m*
Kaff [kaf] <-s, -s *o* -e> *nt pej fam* trou *m (péj fam)*
Kaffee ['kafe, ka'feː] <-s, -s> *m* ❶ *(Getränk)* café *m;* **~ kochen** [*o* **machen**] faire du café; **~ trinken** prendre le café; **ein starker ~** un café serré; **schwarzer ~** café noir; *(im Lokal, auf Getränkekarten)* petit noir *m (fam)*; **den/seinen ~ schwarz trinken** boire son café noir; **~ mit Milch** café au lait; *(im Lokal, auf Getränkekarten)* [café *m*] crème *m;* **willst du den ~ mit Milch oder ohne?** veux-tu ton café avec ou sans lait?; **~ und Kuchen** *tasse de café prise l'après-midi, accompagnée de pâtisseries*
❷ *(Kaffeebohnen)* café *m* [en grain]
❸ *(Kaffeepulver)* café [moulu]
❹ *kein Pl (Kaffeebaum)* caféier *m*
► **das ist kalter ~** *pej fam* c'est du réchauffé *(fam)*

i Land & Leute

En Allemagne, Autriche et Suisse germanophone, il est courant de ne pas seulement boire le café l'après-midi mais de manger également des gâteaux. Comme on invite les amis à l'apéritif en France, on les invite en Allemagne **zum Kaffee**.

Kaffeeautomat ['kafeː-, ka'feː-] *m* distributeur *m* [automatique] de café **Kaffeebaum** *m* caféier *m* **Kaffeebohne** *f* grain *m* de café **kaffeebraun** *Adj* couleur café **Kaffeeersatz**RR *m* succédané *m* de café **Kaffeeextrakt**RR *m* café *m* soluble **Kaffeefahrt** *f excursion proposée par une agence de voyages, au cours de laquelle sont organisées des ventes de divers produits* **Kaffeefilter** *m* ❶ *(Vorrichtung)* filtre *m* à café ❷ *fam (Papierfilter)* filtre *m* [à café] **Kaffeegeschirr** *s.* Kaffeeservice **Kaffeehaus** [ka'fe:-] *nt* A salon *m* de thé

i Land & Leute

Dans un **Kaffeehaus** viennois, on peut consommer par exemple un petit *Braunen*, c'est-à-dire un café express avec du lait ou un *Melange* - un café au lait.

Kaffeekanne *f* cafetière *f* **Kaffeeklatsch** *m kein Pl fam* **sich zum ~ treffen** se retrouver pour papoter devant une tasse de café; **das können wir beim ~ besprechen** on pourra en parler en prenant le café **Kaffeekränzchen** [-krɛntsçən] *nt fam* ❶ (*Treffen*) **sich zum ~ treffen** se retrouver pour bavarder devant une tasse de café ❷ (*Personen*) *petit cercle d'amies qui se réunit pour bavarder devant une tasse de café* **Kaffeelöffel** *m* cuillère *f* à café **Kaffeemaschine** *f* cafetière *f* [électrique] **Kaffeemühle** *f* moulin *m* à café **Kaffeepause** *f* pause *f* café; [**eine**] **~ machen** faire une pause café **Kaffeeplantage** *f* plantation *f* de café, caféière *f* **Kaffeesatz** *m* marc *m* de café; **aus dem ~ lesen** lire l'avenir dans le marc de café **Kaffeeservice** [-zɛrvi:s] *nt* service *m* à café **Kaffeestrauch** *s.* Kaffeebaum **Kaffeetante** *f fam* **eine ~ sein** adorer le café **Kaffeetasse** *f* tasse *f* à café **Kaffeewärmer** <-s, -> *m* couvre-cafetière *m* **Kaffeewasser** *nt* eau *f* pour le café; **~ aufsetzen** faire chauffer de l'eau pour le café

Käfig ['kɛ:fɪç] <-s, -e> *m* cage *f*; **faradayscher ~** cage de Faraday
▶ **im goldenen ~ sitzen** être dans une prison dorée

Käfighaltung *f* élevage *m* en batterie

Kaftan ['kaftan] <-s, -e> *m* caf[e]tan *m*

kahl [ka:l] *Adj* ❶ *Person, Kopf, Schädel* chauve; **~ scheren** tondre; **~ geschoren** rasé(e); **er ist völlig ~ geschoren** il a la boule à zéro (*fam*)
❷ (*leer*) *Wand, Zimmer* nu(e)
❸ (*ohne Blätter*) *Pflanze, Baum* dénudé(e)
❹ (*vegetationslos*) *Landschaft, Berge* désertique

Kahlfraß *m dévastation due aux insectes*

kahlgeschoren *s.* kahl 1.

Kahlheit <-> *f* ❶ (*natürliche Kahlköpfigkeit*) calvitie *f*; (*Kahlköpfigkeit aufgrund einer Rasur*) crâne *m* rasé
❷ (*Blattlosigkeit*) nudité *f*; **die ~ der Bäume wirkt deprimierend** c'est déprimant, les arbres sans feuilles
❸ (*fehlende Vegetation*) désertification *f*

Kahlkopf *m* ❶ (*Kopf*) crâne *m* chauve
❷ *fam* (*Mensch*) homme *m* chauve

kahlköpfig ['ka:lkœpfɪç] *Adj* chauve

Kahlköpfigkeit <-> *f* calvitie *f*

kahlscheren *s.* kahl 1.

Kahlschlag *m* ❶ (*abgeholzte Fläche*) surface *f* déboisée
❷ *kein Pl* (*das Abholzen*) déboisement *m*

Kahn [ka:n, *Pl:* 'kɛ:nə] <-[e]s, ¨-e> *m* ❶ barque *f*; (*Schleppkahn*) péniche *f*; *fam* (*altes Schiff*) [vieux] rafiot *m* (*fam*); **mit dem ~ fahren** faire de la barque
❷ *Pl* (*große Schuhe*) godillots *mpl* (*fam*)

Kahnfahrt *f* promenade *f* en barque [*o* canot]

Kai [kaɪ] <-s, -e *o* -s> *m* quai *m*; **am ~ festmachen** amarrer à quai

Kaiman ['kaɪman] <-s, -e> *m* caïman *m*

Kaimauer *f* mur *m* du quai

Kain [kaɪn] <-s> *m* BIBL Caïn *m*

Kainsmal *nt* stigmates *mpl*

Kairo ['kaɪro] <-s> *nt* le Caire; **in ~ wohnen** habiter au Caire

Kaiser(in) ['kaɪzɐ] <-s, -> *m(f)* empereur *m*/impératrice *f*; **jdn zum ~/zur ~in krönen** sacrer qn empereur/impératrice
▶ **sich um des ~s Bart streiten** discuter sur le sexe des anges; **das ist ein Streit um des ~s Bart** c'est une querelle d'Allemand (*vieilli*); **..., dann bin ich der ~ von China ...**, alors moi, je suis le pape; **gebt dem ~, was des ~s ist** rendez à César ce qui est à César

Kaiseradler *m* ZOOL aigle *m* royal **Kaiserkrone** *f* couronne *f* impériale

kaiserlich I. *Adj* impérial(e)
II. *Adv* **~ gesinnt** impérialiste

Kaiserpfalz *f* résidence *f* impériale **Kaiserreich** *nt* empire *m* **Kaiserschmarr[e]n** *m* A *crêpes déchirées en morceaux auxquels on ajoute des raisins secs et que l'on saupoudre de sucre* **Kaiserschnitt** *m* césarienne *f*; **durch einen ~ zur Welt kommen** être né(e) par césarienne

Kaisertum <-[e]s, -tümer> *nt* empire *m*

Kajak ['ka:jak] <-s, -s> *m o nt* kayak *m*; **~ fahren** faire du kayak

Kajalstift *m* crayon *m* khôl

Kajüte [ka'jy:tə] <-, -n> *f* cabine *f*

Kakadu ['kakadu] <-s, -s> *m* cacatoès *m*

Kakao [ka'kaʊ] <-s, -s> *m* ❶ (*Getränk, Pulver*) cacao *m*; **~ kochen** faire un cacao
❷ BOT cacaoyer *m*
▶ **jdn durch den ~ ziehen** *fam* se foutre [gentiment] de la gueule de qn (*fam*)

Kakaobaum *m* BOT cacaoyer *m* **Kakaobohne** [ka'kaʊ-, ka'ka:o-] *f* fève *f* de cacao **Kakaobutter** *f* beurre *m* de cacao **Kakaopulver** [-fɐ, -vɐ] *nt* poudre *f* de cacao

Kakerlake <-, -n> *f* cafard *m*

Kaktee [kak'te:ə] <-, -n> *f*, **Kaktus** ['kaktʊs, *Pl:* kak'te:ən] <-, Kakteen *o fam* -se> *m* cactus *m*

Kaktusfeige *f* figue *f* de Barbarie

Kalamität [kalami'tɛ:t] <-, -en> *f meist Pl* ennuis *mpl*; **jdn in ~en bringen** attirer des ennuis à qn; **in ~en kommen** s'attirer de gros ennuis

Kalaschnikow [ka'laʃnikɔf] <-, -s> *f* kalachnikov *f*

Kalauer ['ka:laʊɐ] <-s, -> *m* (*Witz*) vieille blague *f* usée; (*Wortspiel*) calembour *m*

Kalb [kalp, *Pl:* 'kɛlbɐ] <-[e]s, ¨-er> *nt* ❶ (*junges Rind*) veau *m*
❷ (*Jungtier*) petit *m*; *des Rotwilds* faon *m*; *eines Elefanten* éléphanteau *m*
❸ (*Kalbfleisch*) [viande *f* de] veau *m*
▶ **das Goldene ~** BIBL le veau d'or

kalben ['kalbən] *itr V* ❶ vêler
❷ GEOG **ein Eisberg kalbt** des pans de glace se détachent d'un iceberg

Kalbfleisch *nt* [viande *f* de] veau *m*

Kalbsbraten *m* rôti *m* de veau **Kalbsfrikassee** *nt* GASTR fricassée *f* de veau **Kalbshachse** [-ks-] *f*, **Kalbshaxe** *f* SDEUTSCH jarret *m* de veau **Kalbsleder** *nt* [cuir *m* de] veau *m* **Kalbsnuss**[RR] *f* GASTR noix *f* de veau **Kalbsschnitzel** *nt* escalope *f* de veau **Kalbsstelze** <-, -n> *f* A jarret *m* de veau

Kaleidoskop [kalaɪdo'sko:p] <-s, -e> *nt* kaléidoscope *m*

kalendarisch [kalɛn'da:rɪʃ] *Adj* calendaire

Kalender [ka'lɛndɐ] <-s, -> *m* (*Wandkalender*) calendrier *m* [mural]; (*Abreißkalender*) éphéméride *f*; (*Taschenkalender, Terminkalender*) agenda *m*; **der gregorianische/julianische ~** le calendrier grégorien/julien

Kalenderjahr *nt* année *f* civile; **in diesem** [*o* **im laufenden**] **~** dans le courant de cette année **Kalenderwoche** *f* semaine *f* calendaire

Kalesche [ka'lɛʃə] <-, -n> *f* calèche *f*

Kali ['ka:li] <-s, -s> *nt* CHEM potasse *f*; **~ ist wasserlöslich** la potasse est soluble dans l'eau

Kaliber [ka'li:bɐ] <-s, -> *nt* ❶ TECH calibre *m*
❷ *pej fam* (*Sorte*) **ihr seid alle vom gleichen ~!** vous êtes tous/toutes du même tonneau! (*fam*)
❸ (*Format, Können*) **eine Frau dieses ~s** [*o* **von diesem ~**] une femme de cette classe

Kalidünger *m* CHEM engrais *m* potassique

Kalif [ka'li:f] <-en, -en> *m* calife *m*

Kalifat [kali'fa:t] <-[e]s, -e> *nt* califat *m*

Kalifornien [kali'fɔrniən] <-s> *nt* la Californie

Kalilauge *f* CHEM solution *f* de potasse

Kalium ['ka:liʊm] <-s> *nt* CHEM potassium *m;* ~ **ist ein chemisches Element** le potassium est un élément chimique
Kaliumpermanganat ['ka:liʊmpɛrmaŋgana:t] *nt* CHEM permanganate *m* de potassium
Kalk [kalk] <-[e]s, -e> *m* ❶ (*Baumaterial*) chaux *f;* **gebrannter/gelöschter** ~ chaux vive/éteinte
❷ (*Kalziumkarbonat*) calcaire *m*
❸ (*Kalzium*) calcium *m*
Kalkablagerung *f* MED calcification *f;* **den Wasserkessel von seinen** ~**en befreien** enlever le tartre de la bouilloire **Kalkboden** *m* sol *m* calcaire
kalken *tr V* ❶ (*streichen*) blanchir à la chaux; **etw** ~ blanchir qc à la chaux
❷ (*düngen*) chauler
kalkhaltig *Adj* calcaire
Kalkmangel *m* ❶ MED manque *m* de calcium; **an** ~ **leiden** souffrir d'un manque de calcium ❷ (*zu geringer Kalkgehalt des Bodens*) manque *m* de calcaire **Kalkofen** *m* TECH chaufour *m* **Kalksandstein** *m kein Pl* GEOL grès *m* calcaire **Kalkstein** *m* pierre *f* à chaux
Kalkül [kal'ky:l] <-s, -e> *m o nt* calcul *m;* **etw** [**mit**] **ins** ~ **ziehen** prendre qc en compte; **ins** ~ **ziehen, dass** prendre en compte le fait que + *indic;* **sein** ~ **ging nicht auf** son plan n'a pas marché
Kalkulation [kalkula'tsio:n] <-, -en> *f* ❶ COM calcul *m* des coûts
❷ (*Schätzung*) estimation *f;* **nach meiner** ~ d'après mon estimation
Kalkulationstabelle *f* tableau *m* de calcul
kalkulierbar [kalku'li:ɐba:ɐ] *Adj* prévisible
kalkulieren* I. *itr V* ❶ COM faire une estimation des coûts; **genau/vorsichtig** ~ faire une estimation précise/prudente des coûts
❷ (*schätzen*) ~**, dass** calculer [que + *indic*]; **wenn wir richtig kalkuliert haben** si nos calculs sont exacts
II. *tr V* calculer *Gewinnspanne, Kosten, Preis;* estimer [le coût de] *Projekt*
Kalligrafie[RR], **Kalligraphie** [kaligra'fi:] <-> *f* calligraphie *f*
Kalorie [kalo'ri:, *Pl:* kalo'ri:ən] <-, -n> *f* calorie *f*
kalorienarm I. *Adj* peu calorique; **Joghurt ist kalorienärmer als Käse** le yaourt est moins calorique que le fromage II. *Adv* ~ **essen** avoir une alimentation pauvre en calories **Kalorienbombe** *f fam* gourmandise *f* hypercalorique (*fam*) **Kaloriengehalt** *m* valeur *f* énergétique **kalorienreich** I. *Adj* calorique II. *Adv* ~ **essen** avoir une alimentation riche en calories
kalt [kalt] <=er, =este> I. *Adj a. fig* froid(e); **ganz** ~**e Hände/Füße haben** avoir les mains glacées/pieds glacés; **ihr ist/wird** ~ elle a/commence à avoir froid; **etwas Kaltes trinken** boire quelque chose de frais; **im Kalten sitzen** être assis(e) dans le froid; **jdn überläuft es** ~ qn [en] a des frissons dans le dos; **mich überläuft es noch nachträglich** ~ j'en ai encore froid dans le dos
II. *Adv* ❶ *duschen, sich waschen* à l'eau froide; *schlafen* dans une pièce non chauffée; ~ **essen** manger froid; **etw** ~ **stellen** mettre qc au frais
❷ (*ohne Nebenkosten*) **tausend Euro** ~ **bezahlen/kosten** payer/coûter mille euros sans les charges
❸ *fam* (*regungslos*) ~ **bleiben** *Person:* rester de marbre; **das lässt mich kalt** ça me laisse froid(e)
▶ **jdn** ~ **erwischen** *fam* cueillir qn à froid
kalt|bleiben *s.* **kalt II.3.**
Kaltblut *nt kein Pl* cheval *m* lourd
Kaltblüter [-bly:tɐ] <-s, -> *m* animal *m* à sang froid
kaltblütig [-bly:tɪç] I. *Adj* ❶ (*unerschrocken*) qui garde son sang-froid; **durch ihr** ~**es Eingreifen hat sie verhindert, dass** en gardant son sang-froid au moment d'agir, elle a évité que + *subj*
❷ (*skrupellos*) *Person* qui agit de sang-froid; *Tat, Verbrechen* commis(e) de sang-froid
II. *Adv* ❶ (*unerschrocken*) avec sang-froid
❷ (*skrupellos*) froidement
Kaltblütigkeit <-> *f* sang-froid *m;* **dieser Mord wurde mit besonderer** ~ **begangen** ce meurtre a été commis avec un sang-froid particulier
Kälte ['kɛltə] <-> *f* ❶ (*niedrige Temperatur*) froid *m; der Luft, des Wassers* froideur *f; des Windes* fraîcheur *f;* **vor** ~ **zittern** trembler de froid; **arktische** [*o* **sibirische**] ~ froid arctique [*o* sibérien]; **der Wind ist von einer eisigen** ~ le vent est glacial
❷ (*Kältewelle*) vague *f* de froid
kältebeständig *Adj* TECH résistant au froid *inv* **Kältebrücke** *f* CONSTR pont *m* thermique **Kälteeinbruch** *m* coup *m* de froid **kälteempfindlich** *Adj* sensible au froid **Kältegrad** *m* ❶ (*Grad der Kälte*) degré *m* ❷ *fam* (*Minusgrad*) degré *m* en dessous de zéro; **bei diesen** ~**en** par ces températures en dessous de zéro **Kältemaschine** *f* TECH machine *f* frigorifique **Kälteperiode** *f* période *f* de froid **Kältetechnik** *f* technique *f* de réfrigération **Kältewelle** *f* vague *f* de froid
Kaltfront *f* METEO front *m* froid
kaltgepresst[RR], **kaltgepreßt** *Adj* pressé(e) à froid
kaltherzig I. *Adj* sans cœur
II. *Adv* froidement
kalt|lassen *s.* **kalt II.3.**
Kaltleim *m* colle *f* à froid **Kaltluft** *f* masse *f* d'air froid
Kaltluftfront *f* METEO front *m* d'air froid
kalt|machen *tr V sl* (*töten*) refroidir (*fam*); **jdn** ~ refroidir qn
Kaltmiete *f* loyer *m* sans [les] charges **Kaltschale** *f* soupe *f* de fruits
kaltschnäuzig ['kaltʃnɔɪtsɪç] *fam* I. *Adj* culotté(e)
II. *Adv* **etw** ~ **tun** avoir le culot de faire qc (*fam*); **wie kann man nur so** ~ **lügen?** mentir avec un tel culot, ça alors! (*fam*)
Kaltschnäuzigkeit *f fam* culot *m* (*fam*)
Kaltstart *m* démarrage *m* à froid **kalt|stellen** *tr V fam* (*aus dem Weg schaffen*) mettre au placard (*fam*); **jdn** ~ mettre qn au placard
Kalvinismus [kalvi'nɪsmʊs] <-> *m* calvinisme *m*
Kalvinist(in) [kalvi'nɪst] <-en, -en> *m(f)* calviniste *mf*
kalvinistisch [-vi'nɪstɪʃ] *Adj* calviniste
Kalzium ['kaltsiʊm] <-s> *nt* CHEM calcium *m;* ~ **ist ein chemisches Element** le calcium est un élément chimique
kam [ka:m] *Imp von* **kommen**
Kambium ['kambiʊm] <-s, Kambien> *nt* BOT cambium *m*
Kambodscha [kam'bɔdʒa] <-s> *nt* le Cambodge
Kambodschaner(in) [kambɔ'dʒa:nɐ] <-s, -> *m(f)* Cambodgien(ne) *m(f)*
kambodschanisch *Adj* cambodgien(ne)
Kambrium ['kambriʊm] <-s> *nt* GEOL cambrien *m*
Kamcorder *s.* **Camcorder**
Kamee [ka'me:ə] <-, -n> *f* camée *m*
Kamel [ka'me:l] <-[e]s, -e> *nt* ❶ chameau *m;* (*Kamelstute*) chamelle *f;* **auf einem** ~ **reiten** aller à dos de chameau
❷ *pej fam* (*Dummkopf*) andouille *f* (*fam*); **du** ~**!** espèce d'andouille!
Kamelhaar *nt kein Pl* poil *m* de chameau
Kamelhaarmantel *m* manteau *m* en poil de chameau
Kamelie [ka'me:liə] <-, -n> *f* camélia *m*
Kamellen *Pl* ▶ **das sind alte** [*o* **olle**] ~ *fam* c'est archiconnu (*fam*)
Kameltreiber(in) *m(f)* chamelier *m*
Kamera ['kaməra] <-, -s> *f* ❶ (*Filmkamera*) caméra *f;* **vor der** ~ **stehen** être devant la caméra
❷ (*Fotoapparat*) appareil *m* photo
Kamerad(in) [kamə'ra:t] <-en, -en> *m(f)* camarade *mf;* **ein guter** ~ **sein** être un bon camarade
Kameradschaft <-, -en> *f* camaraderie *f;* **aus** ~ par camaraderie
kameradschaftlich I. *Adj Verhältnis, Beziehung* de bonne camaraderie; *Zusammenleben* en [bons] camarades; *Geist* de camara-

derie; **das war nicht sehr ~ von ihm** il ne s'est pas vraiment comporté en bon camarade
II. *Adv zusammenleben* en [bons] camarades
Kameradschaftsgeist *m* esprit *m* de camaraderie
Kamerafahrt *f* travelling *m* **Kamerafrau** *f* cadreur *m* **Kameraführung** *f* CINE, TV cadrage *m*
Kameramann <-männer> *m*, **-frau** *f* cadreur *m*, caméraman *m* **kamerascheu** *Adj* qui n'aime pas les caméras; **~ sein** ne pas aimer les caméras **Kamerateam** *nt* CINE, TV équipe *f* de tournage
Kamerun ['kaməru:n] <-s> *nt* le Cameroun
Kameruner(in) <-s, -> *m(f)* Camerounais(e) *m(f)*
kamerunisch *Adj* camerounais(e)
Kamikaze [kami'ka:tsə] <-, -> *m*, **Kamikazeflieger** <-s, -> *m* kamikaze *m*
Kamille [ka'mɪlə] <-, -n> *f* camomille *f*
Kamillentee *m* [infusion *f* de] camomille *f*
Kamin [ka'mi:n] <-s, -e> *m o* DIAL, CH *nt* cheminée *f*
Kaminfeger(in) <-s, -> *m(f)* ramoneur(-euse) *m(f)* **Kaminfeuer** *nt* feu *m* de cheminée; **ein ~ machen** faire du feu dans la cheminée; **am [*o* vor dem] ~ sitzen** être assis(e) au coin du feu **Kamingespräch** *nt* causerie *f* au coin du feu **Kaminkehrer** DIAL *s.* Kaminfeger **Kaminsims** *m o nt* chambranle *m* de [la] cheminée
Kamm [kam, *Pl:* 'kɛmə] <-[e]s, ¨-e> *m* ❶ peigne *m*
❷ ZOOL *von Hühnervögeln, Echsen, Sauriern* crête *f*
❸ (*Nackenstück*) *von einem Rind, Kalb, Lamm* collier *m*
❹ (*Bergrücken, Wellenkamm*) crête *f*
► **alles/alle über einen ~ scheren** mettre tout/les mettre tous(toutes) dans le même sac; **ihm schwillt der ~** *fam* (*er wird übermütig*) il se croit tout permis (*fam*); (*er gerät in Wut*) la moutarde lui monte au nez (*fam*)
kämmen ['kɛmən] *tr V* coiffer; **jdn/sich ~** coiffer qn/se coiffer; **die Haare glatt ~** lisser les cheveux avec un peigne; **sich** (*Dat*) **das Gras aus den Haaren ~** s'enlever l'herbe des cheveux [avec un peigne]
Kammer ['kamɐ] <-, -n> *f* ❶ chambre *f*
❷ PARL, JUR chambre *f*
❸ (*Berufsvertretung*) chambre *f* des métiers
❹ (*Herzkammer*) ventricule *m*
Kammerchor *m* chœur *m* de chambre **Kammerdiener(in)** *m(f)* HIST valet *m*/femme *f* de chambre
Kämmerer ['kɛmərɐ] <-s, -> *m* trésorier *m* municipal
Kammerjäger(in) *m(f)* agent *m* préposé à la lutte antiparasitaire; **der ~ musste kommen** le service de lutte antiparasitaire a du venir **Kammerkonzert** *nt* concert *m* de musique de chambre
Kämmerlein <-s, -> *nt Dim von* Kammer 1. *poet* chambrette *f*
► **im stillen ~** au calme
Kammermusik *f* musique *f* de chambre **Kammerorchester** [-ɔrkɛstɐ, -ɔrçɛstɐ] *nt* orchestre *m* de [musique] de chambre **Kammersänger(in)** *m(f) titre distinguant un chanteur/une chanteuse d'opéra exceptionnel* **Kammerspiel** *nt* pièce *f* de théâtre intime **Kammerton** *m kein Pl* la *m* du diapason **Kammerzofe** *f* femme *f* de chambre
Kammgarn *nt* laine *f* peignée, peigné *m* **Kammmuschel**[RR] *f* ZOOL peigne *m*
Kampagne [kam'paniə] <-, -n> *f* campagne *f*; **eine ~ gegen jdn/etw führen** mener [une] campagne contre qn/qc
Kämpe ['kɛmpə] <-n, -n> *m hum* ► **alter ~** vétéran *m*
Kampf [kampf, *Pl:* 'kɛmpfə] <-[e]s, ¨-e> *m* ❶ MIL, SPORT combat *m*; **gegen jdn/etw in den ~ ziehen** partir en guerre contre qn/qc; **den ~ aufnehmen** se lancer dans la bataille; **die Kämpfe einstellen** cesser les combats; **im ~ fallen** tomber au champ d'honneur; **den ~ abbrechen** *Ringrichter:* interrompre le combat
❷ (*Schlägerei*) lutte *f*; **ein ~ auf Leben und Tod** un combat à mort
❸ *fig* lutte *f*; **~ für [*o* um]/gegen etw** lutte *f* pour/contre qc; **innerer ~** lutte intérieure; **der ~ ums Dasein** la lutte pour la vie; **der ~ der Geschlechter** le conflit entre les sexes; **den ~ aufnehmen** relever le défi
► **auf in den ~!** *hum fam* en avant, marche! (*fam*)
Kampfabschnitt *m* MIL zone *f* de combat **Kampfabstimmung** *f* vote *m* disputé **Kampfansage** *f* provocation *f*; **eine ~ an jdn/etw** une déclaration de guerre à qn/qc **Kampfbahn** *f* stade *m* **kampfbereit** *Adj* prêt(e) au combat; **sich ~ machen** se préparer au combat **Kampfbomber** *m* bombardier *m*
kämpfen ['kɛmpfən] I. *itr V* ❶ MIL, SPORT se battre; **für jdn/etw ~** se battre pour qn/qc; **gegen jdn ~** se battre contre qn; *Mannschaft, Tennisspieler:* jouer contre qn; **schwer zu ~ haben** devoir se battre énergiquement
❷ *fig* **für/gegen etw ~** lutter pour/contre qc; **mit sich ~** mener un combat intérieur; **mit etw zu ~ haben** devoir se battre avec qc
II. *r V* **sich durch das Gestrüpp ~** se frayer un chemin à travers les fourrés; **sich durch das Dickicht der Paragraphen ~** essayer de s'y retrouver dans le paquet de paragraphes; **sich durch ein Buch ~** lire un livre avec peine
Kampfer ['kampfɐ] <-s> *m* camphre *m*
Kämpfer(in) <-s, -> *m(f)* ❶ (*Krieger*) guerrier(-ière) *m(f)*; (*im Heer*) combattant(e) *m(f)*
❷ (*Kämpfernatur*) battant(e) *m(f)*; **ein [großer] ~/eine [große] ~in sein** être [très] combatif(-ive)
❸ (*engagierter Streiter*) **ein ~/eine ~in für den Umweltschutz** un défenseur/une défenseuse de la protection de l'environnement
kämpferisch I. *Adj Person, Art, Natur* combatif(-ive); *Einsatz, Leistung, Qualitäten* au combat
II. *Adv* **~ sehr stark sein** faire preuve de beaucoup de combativité
Kämpfernatur *f* nature *f* combative; **eine ~ sein** être une force de la nature
kampferprobt *Adj* MIL aguerri(e) **kampffähig** *Adj* SPORT **~ sein** être en état de combattre **Kampfflugzeug** *nt* avion *m* de combat **Kampfgas** *nt* gaz *m* de combat **Kampfgeist** *m kein Pl* esprit *m* combatif **Kampfgruppe** *f* unité *f* de combat **Kampfhandlungen** *Pl form* hostilités *fpl*; (*vereinzelte Kämpfe*) accrochage *m* **Kampfhubschrauber** *m* hélicoptère *m* de combat **Kampfhund** *m* chien *m* de combat **Kampfkraft** *f kein Pl* MIL puissance *f* militaire
kampflos *Adj, Adv* sans résistance
kampflustig *Adj* d'humeur batailleuse **Kampfmaßnahme** *f meist Pl* grève *f*; **mit ~n drohen** menacer de faire grève **Kampfmittel** *Pl* MIL moyens *mpl* de combat **Kampfpause** *f a.* MIL arrêt *m* momentané des hostilités **Kampfpreis** *m* prix *m* sacrifié **Kampfrichter(in)** *m(f)* juge-arbitre *mf* **Kampfsport** *m* sport *m* de combat *souvent pl* **Kampfstärke** *f* effectif *m* de combat **Kampfstoff** *m euph* toxique *m* utilisé comme arme de guerre **kampfunfähig** *Adj* SPORT, MIL (*unfähig, den Kampf aufzunehmen*) inapte au combat; (*nach einem Kampf*) mis(e) hors de combat; **jdn/etw ~ machen** mettre qn/qc hors de combat **Kampfverband** *m* MIL formation *f* de combat **Kampfwagen** *m* HIST char *m*
kampieren* *itr V* (*lagern, vorübergehend wohnen*) camper; **wild ~** faire du camping sauvage
Kanada ['kanada] <-s> *nt* le Canada
Kanadier [ka'na:diɐ] <-s, -> *m* ❶ (*Person*) Canadien *m*
❷ (*Boot*) canoë *m*
Kanadierin [ka'na:diərɪn] <-, -nen> *f* Canadienne *f*
kanadisch *Adj* canadien(ne)
Kanaille [ka'naliə] <-, -n> *f pej* canaille *f* (*péj*)
Kanake [ka'na:kə] <-n, -n> *m* ❶ GEOG Kanak(e) *m(f)*
❷ *pej fam* (*Schimpfwort*) basané(e) *m(f)* (*fam*)

Kanal [ka'na:l, *Pl:* ka'nɛ:lə] <-s, Kanäle> *m* ① (*Wasserstraße*) canal *m*
② (*Ärmelkanal*) **der** ~ la Manche
③ (*Abwasserkanal*) égout *m*
④ (*Frequenzbereich*) canal *m*
⑤ *Pl* (*Weg*) voie *f;* **über dunkle Kanäle** par des voies détournées; **auf welchen Kanälen gelangten die Drogen ins Land?** quelle voie la drogue a-t-elle empruntée pour arriver dans le pays?
► **den ~ voll haben** *fam* (*betrunken sein*) être rond(e) (*fam*); (*es satt haben*) en avoir ras le bol (*fam*)
Kanalarbeiter(in) *m(f)* ① égoutier *m* ② POL *sl* agitateur(-trice) *m(f)* de l'ombre **Kanalbau** *m* canalisation *f* **Kanaldeckel** *m* plaque *f* d'égout **Kanalgebühr** *f* taxe *f* de raccordement à la canalisation **Kanalinseln** *Pl* les îles *fpl* anglo-normandes
Kanalisation [kanaliza'tsio:n] <-, -en> *f* égouts *mpl;* **etw in die ~ leiten** déverser qc dans les égouts
Kanalisationsnetz *nt* réseau *m* de canalisation **Kanalisationssystem** *nt* système *m* de canalisation
kanalisieren* *tr V* ① *a. fig* canaliser *Fluss, Gefühle, Bewegung*
② (*mit Kanalisation versehen*) **ein Dorf ~** doter un village d'un réseau de canalisations
Kanaltunnel *m* **der ~** le tunnel sous la Manche
Kanapee [kana'pe:] <-s, -s> *nt* ① *veraltet* (*Sofa*) canapé *m*
② GASTR canapé *m*
Kanaren [ka'na:rən] *Pl* **die ~** les Canaries
Kanarienvogel [ka'na:riənfo:gəl] *m* canari *m*
kanarisch [ka'na:rɪʃ] *Adj* **die Kanarischen Inseln** les [îles *fpl*] Canaries *fpl*
Kandare [kan'da:rə] <-, -n> *f* mors *m*
► **jdn an die ~ nehmen** faire marcher qn à la baguette (*fam*)
Kandelaber <-s, -> *m* ① (*Kerzenständer*) candélabre *m*
② (*Straßenlaterne*) lampadaire *m*
Kandidat(in) [kandi'da:t] <-en, -en> *m(f)* candidat(e) *m(f);* **jdn als ~en für etw aufstellen** présenter qn comme candidat à qc
Kandidatenliste *f* liste *f* des candidats
Kandidatur [kandida'tu:ɐ] <-, -en> *f* candidature *f;* **seine ~ bekannt geben** annoncer sa candidature
kandidieren* *itr V* se porter candidat(e); **für etw ~** se porter candidat(e) à qc
kandiert [kan'di:ɐt] *Adj* confit(e)
Kandis ['kandɪs] <-> *m,* **Kandiszucker** *m* sucre *m* candi
Känguru[RR], **Känguruh** <-s, -s> *nt* kangourou *m*
Kaninchen [ka'ni:nçən] <-s, -> *nt* lapin *m*
Kaninchenbau <-baue> *m* terrier *m* [de lapin] **Kaninchenstall** *m* clapier *m*
Kanister [ka'nɪstɐ] <-s, -> *m* ① (*Behälter*) bidon *m*
② (*Benzinkanister*) jerrican[e] *m*
kann [kan] *Präs von* **können**
Kannbestimmung[RR] *f* disposition *f* facultative
Kännchen ['kɛnçən] <-s, -> *nt* ① *Dim von* **Kanne** petit pot *m*
② (*Portion*) **ein ~ Kaffee/Tee** un grand café/thé
Kanne ['kanə] <-, -n> *f* ① (*Kaffeekanne*) cafetière *f;* (*Teekanne*) théière *f*
② (*Gießkanne*) arrosoir *m*
③ (*Milchkanne*) bidon *m* de lait; (*klein*) pot *m* à lait
Kannibale [kani'ba:lə] <-n, -n> *m,* **Kannibalin** *f* cannibale *mf*
Kannibalismus [kaniba'lɪsmʊs] <-> *m* cannibalisme *m*
kannte ['kantə] *Imp von* **kennen**
Kanon ['ka:nɔn] <-s, -s> *m* (*Musikstück, Richtschnur*) canon *m*
Kanonade [kano'na:də] <-, -n> *f* ① MIL canonnade *f*
② *fig* **eine [wahre] ~ von Beschimpfungen** un [véritable] feu roulant d'insultes
Kanone [ka'no:nə] <-, -n> *f* ① (*Geschütz*) canon *m*
② *sl* (*Pistole*) flingue *m* (*fam*)
► **mit ~n auf Spatzen schießen** *fam* ≈ tirer des moineaux avec un bazooka (*fam*); **etw ist unter aller ~** *fam* qc est [vraiment] en dessous de tout niveau
Kanonenboot *nt* canonnière *f* **Kanonendonner** *m* grondement *m* des canons **Kanonenfutter** *nt fam* chair *f* à canon **Kanonenkugel** *f* boulet *m* de canon **Kanonenofen** *m* poêle *m* cylindrique en fonte **Kanonenrohr** *nt* canon *m* **Kanonenschuss**[RR] *m* coup *m* de canon
Kanonier [kano'ni:ɐ] <-s, -e> *m* canonnier *m*
Kanoniker [ka'no:nikɐ] <-s, -> *m,* **Kanonikus** [ka'no:nikʊs] <-, Kanoniker> *m* chanoine *f*
kanonisch [ka'no:nɪʃ] *Adj* canonique
kanonisieren* *tr V* canoniser
Kanossa [ka'nɔsa] ► **nach ~ gehen** *geh* faire son mea-culpa
Kantate [kan'ta:tə] <-, -n> *f* cantate *f*
Kante ['kantə] <-, -n> *f* ① (*Ecke, Webkante*) bord *m;* **dieser Tisch hat scharfe ~n** cette table a des arêtes vives
② MATH arête *f*
► **etw auf der hohen ~ haben** *fam* avoir qc de côté; **etw auf die hohe ~ legen** *fam* mettre qc de côté
kanten ['kantən] *tr V* **etw ~** mettre qc sur l'arête
Kanten <-s, -> *m* NDEUTSCH croûton *m*
Kanthaken ['kantha:kən] ► **jdn beim ~ kriegen** *fam* attraper qn par la peau du cou (*fam*) **Kantholz** *nt* bois *m* équarri
kantig *Adj* ① *Holz, Felsblock* équarri(e)
② (*markant*) *Züge, Kinn, Gesicht* anguleux(-euse)
Kantine [kan'ti:nə] <-, -n> *f* cantine *f*
Kanton [kan'to:n] <-s, -e> *m* canton *m*

i Land & Leute

La Suisse est divisée en 26 **Kantone**, dont six sont des demi-cantons. Les cantons élisent 46 représentants au *Ständerat*, Conseil des États, l'une des deux chambres législatives suisses. Les plus grands cantons sont: *Graubünden – canton des Grisons, Bern – canton de Berne, et die Waadt – canton de Vaud.*

kantonal [kanto'na:l] *Adj* cantonal(e)
Kantor ['kanto:ɐ] <-s, -toren> *m,* **Kantorin** *f* cantor *m*
Kantorei [kanto'raɪ] <-, -en> *f* chorale *f* paroissiale
Kanu ['ka:nu, ka'nu:] <-s, -s> *nt* canoë *m;* **~ fahren** faire du canoë
Kanüle [ka'ny:lə] <-, -n> *f* ① (*Hohlnadel*) aiguille *f*
② (*Röhrchen*) cathéter *m*
Kanusport *m kein Pl* canoë *m*
Kanute [ka'nu:tə] <-n, -n> *m,* **Kanutin** *f* canoéiste *mf*
Kanzel ['kantsəl] <-, -n> *f* ① ECCL chaire *f*
② *veraltet* (*Cockpit*) cabine *f* de pilotage
kanzerogen [kantsero'ge:n] **I.** *Adj* cancérogène
II. *Adv* **~ wirken** être cancérogène
Kanzlei [kants'laɪ] <-, -en> *f* ① *eines Anwalts* cabinet *m; eines Notars* étude *f*
② (*Behörde*) chancellerie *f; eines Gerichtshofes* greffe *m*
Kanzler(in) ['kantslɐ] <-s, -> *m(f)* (*Regierungschef*) chancelier(-ière) *m(f)*
Kanzleramt *nt* chancellerie *f* **Kanzlerkandidat(in)** *m(f)* candidat(e) *m(f)* à la chancellerie
Kaolin [kao'li:n] <-s, -e> *m o nt* MINER kaolin *m*
Kap [kap] <-s, -s> *nt* cap *m;* **das ~ der Guten Hoffnung** le cap de Bonne-Espérance; **~ Hoorn** le cap Horn
Kap. *Abk von* **Kapitel** chap.
Kapaun [ka'paʊn] <-s, -e> *m* chapon *m*
Kapazität [kapatsi'tɛ:t] <-, -en> *f* ① *a.* ÖKON (*Fassungs-, Leistungsvermögen*) capacité *f*
② *geh* (*Begriffsvermögen*) facultés *fpl;* **das übersteigt meine ~** ça dépasse mon entendement
③ (*Experte*) autorité *f;* **auf diesem Gebiet ist er eine ~** il fait autorité dans ce domaine

K

Kapee [ka'pe:] *fam* ▸ **schwer von ~ sein** avoir la comprenette un peu dure (*fam*)
Kapelle¹ [ka'pɛlə] <-, -n> *f* (*Kirche*) chapelle *f*
Kapelle² <-, -n> *f* MUS orchestre *m*
Kapellmeister(in) *m(f)* chef *mf* d'orchestre; **Herr ~, bitte spielen Sie!** *hum* maestro, nous vous écoutons!
Kaper ['ka:pɐ] <-, -n> *f* câpre *f*
kapern ['ka:pɐn] *tr V* ❶ jeter le grappin sur *Schiff*
❷ *fam* (*für sich gewinnen*) [**sich** (*Dat*)] **jdn ~** mettre le grappin sur qn (*fam*)
Kaperschiff *nt* [bateau *m*] corsaire *m*
kapieren* I. *itr V fam* piger (*fam*); **~, dass/wie ...** piger que + *indic*/comment ... (*fam*); **kapiert?** pigé? (*fam*)
II. *tr V fam* piger (*fam*); **das kapier[e] ich nicht** je ne pige pas (*fam*)
Kapillargefäße *Pl* [vaisseaux *mpl*] capillaires *mpl*
kapital *Adj* ❶ *fam* (*groß*) *Irrtum, Missverständnis* énorme
❷ JAGD *Hirsch* majestueux(-euse)
Kapital [kapi'ta:l, *Pl:* kapi'ta:liən] <-s, -e *o* -ien> *nt* ❶ *kein Pl* capital *m;* **~ aufnehmen** emprunter des fonds
❷ (*Gesellschaftskapital*) capital *m* social
▸ **aus etw ~ schlagen** tirer profit de qc
Kapitalabwanderung *f* FIN fuite *f* des capitaux **Kapitalanlage** *f* placement *m* [financier] **Kapitalaufstockung** *f* FIN augmentation *f* du capital
Kapitälchen [kapi'tɛ:lçən] <-s, -> *nt* TYP petite capitale *f*
Kapitalertragsteuer *f* impôt *m* sur les revenus du capital **Kapitalflucht** *f* fuite *f* des capitaux **Kapitalgesellschaft** *f* société *f* de capitaux **Kapitalgüter** *Pl* FIN biens *mpl* d'équipement
Kapitalismus [kapita'lɪsmʊs] <-> *m* capitalisme *m*
Kapitalist(in) [kapita'lɪst] <-en, -en> *m(f)* capitaliste *mf*
kapitalistisch I. *Adj* capitaliste
II. *Adv denken* comme un capitaliste
kapitalkräftig *Adj* financièrement solide **Kapitalmarkt** *m* marchés *mpl* financiers **Kapitalverbrechen** *nt* crime *m* capital **Kapitalzinsen** *Pl* intérêts *mpl* du capital
Kapitän [kapi'tɛ:n] <-s, -e> *m* ❶ NAUT, SPORT capitaine *m;* **~ zur See** capitaine de vaisseau
❷ (*Flugkapitän*) commandant(e) *m(f)* de bord
Kapitänleutnant *m* lieutenant *m* de vaisseau
Kapitänspatent *nt* brevet *m* de capitaine
Kapitel [ka'pɪtəl] <-s, -> *nt* ❶ *eines Buchs* chapitre *m*
❷ *fig* **ein trauriges ~** une triste période; **ein schmerzliches ~** une période douloureuse; **damit ist das ~ für mich erledigt** en ce qui me concerne, l'affaire est close
▸ **das ist ein anderes ~** c'est une autre histoire; **das ist ein ~ für sich** c'est une affaire à part
Kapitell [kapi'tɛl] <-s, -e> *nt* chapiteau *m*
Kapitelüberschrift *f* titre *m* du chapitre
Kapitulation [kapitula'tsio:n] <-, -en> *f* capitulation *f;* **bedingungslose ~** capitulation sans conditions
kapitulieren* *itr V* ❶ capituler; **vor dem Feind ~** capituler devant l'ennemi
❷ *fam* (*aufgeben*) **vor den Schwierigkeiten ~** capituler face aux difficultés
Kaplan [ka'pla:n, *Pl:* ka'plɛ:nə] <-s, Kapläne> *m* (*Hilfsgeistlicher*) vicaire *m;* (*Geistlicher mit besonderen Aufgaben*) aumônier *m*
Kapok ['ka(:)pɔk] <-s> *m* BOT kapok *m*
Kappe ['kapə] <-, -n> *f* ❶ (*Mütze*) casquette *f*
❷ (*Füllerverschluss*) capuchon *m*
❸ (*Teil des Schuhs*) (*vorn*) bout *m;* (*hinten*) contrefort *m*
▸ **das geht auf meine ~** *fam* j'en prends la responsabilité; **das geht auf Ihre ~** c'est à vous de porter le chapeau (*fam*); **etw auf seine ~ nehmen** *fam* porter le chapeau de qc (*fam*)
kappen ['kapən] *tr V* ❶ (*durchtrennen*) couper
❷ *fam* (*wegnehmen*) **jdm die Zuschüsse ~** réduire les subventions à qn
Kappes ['kapəs] <-> *m* DIAL *sl* conneries *fpl* (*fam*)
Käppi ['kɛpi] <-s, -s> *nt* ❶ COUT calot *m*
❷ MIL DIAL képi *m*
Kapriole [kapri'o:lə] <-, -n> *f* ❶ (*Streich*) frasque *f*
❷ (*Luftsprung*) cabriole *f*
kapriziös [kapri'tsiø:s] *Adj geh* capricieux(-ieuse)
Kapsel ['kapsəl] <-, -n> *f* (*Fruchtkapsel, Arzneikapsel, Behälter*) capsule *f*
Kapstadt ['kapʃtat] <-s> *nt* Le Cap
kaputt [ka'pʊt] *Adj fam* ❶ (*defekt*) fichu(e) (*fam*); *Glühbirne* grillé(e)
❷ (*beschädigt*) cassé(e); *Schuhe, Kleidung, Dach* fichu(e) (*fam*)
❸ (*erschöpft*) *Person* crevé(e) (*fam*); **du machst einen ~en Eindruck** tu as l'air crevé(e) (*fam*)
❹ (*ruiniert*) *Ehe, Beziehung* brisé(e); *Gesundheit* délabré(e)
❺ (*geschädigt, krank*) *Herz, Magen, Lunge* mal fichu (*fam*); *Augen* esquinté(e) (*fam*); (*verletzt*) *Fuß, Knie* esquinté(e) (*fam*)
kaputt|fahren *tr V unreg fam* bousiller (*fam*) **kaputt|gehen** *itr V unreg + sein fam* ❶ (*defekt werden*) ne plus marcher
❷ (*beschädigt werden*) *Glas, Porzellan, Spiegel:* se casser; *Kleidung, Möbel:* s'abîmer; **die Scheibe ist kaputtgegangen** la vitre est cassée ❸ (*schweren Schaden nehmen*) **an etw** (*Dat*) **~** *Ehe:* se briser à cause de qc; *Gesundheit:* se délabrer à cause de qc; **seine Gesundheit ist daran kaputtgegangen** il y a laissé sa santé ❹ (*eingehen*) *Pflanze:* crever (*fam*) ❺ *fam* (*sich erschöpfen*) **bei etw ~** se crever à qc (*fam*); **bei dieser Hitze geht man ja kaputt** on crève par cette chaleur (*fam*)
kaputt|kriegen *tr V fam* bousiller (*fam*); **du kriegst wirklich alles kaputt!** tu es brise-tout! (*fam*) ▸ **nicht kaputtzukriegen sein** être increvable (*fam*) **kaputt|lachen** *r V fam* **sich ~** se tordre de rire; **ich lach' mich kaputt!** c'est à se tordre! (*fam*) **kaputt|machen** I. *tr V fam* ❶ bousiller (*fam*)
❷ (*ruinieren*) détruire *Ehe;* ruiner *Gesundheit;* bousiller (*fam*) *Nerven* ❸ (*nervlich strapazieren*) tuer (*fam*); **diese Geschichten machen mich ganz kaputt** toutes ces histoires, ça me tue (*fam*) II. *r V fam* **sich ~** s'esquinter (*fam*)
Kapuze [ka'pu:tsə] <-, -n> *f* capuchon *m*
Kapuziner [kapu'tsi:nɐ] <-s, -> *m* ❶ capucin *m*
❷ A (*Kaffee mit Milch*) [café *m*] crème *m*
Kapuzineraffe *m* ZOOL capucin *m* **Kapuzinerkresse** *f* BOT capucine *f*
Kapverdier(in) [kap'vɛrdiɐ] <-s, -> *m(f)* Capverdien(ne) *m(f)*
kapverdisch *Adj* capverdien(ne)
Karabiner [kara'bi:nɐ] <-s, -> *m* ❶ (*Gewehr*) carabine *f*
❷ A *s.* **Karabinerhaken**
Karabinerhaken *m* mousqueton *m*
Karacho [ka'raxo] <-s> *nt fam* **mit ~** à toute blinde (*fam*)
Karaffe [ka'rafə] <-, -n> *f* carafe *f*
Karambolage [karambo'la:ʒə] <-, -n> *f* ❶ *fam* (*Autounfall*) carambolage *m* (*fam*)
❷ (*beim Billard*) carambolage *m*
Karambole [karam'bo:lə] <-, -n> *f* BOT carambole *f*
Karamel, KaramellRR <-s> *m* caramel *m*
Karamelle <-, -n> *f* [bonbon *m* au] caramel *m*
Karaoke [kara'o:kə] <-[s]> *nt* karaoké *m*
Karat [ka'ra:t] <-[e]s, -e> *nt* carat *m;* **18 ~ haben** avoir [*o* faire] 18 carats
Karate [ka'ra:tə] <-[s]> *nt* karaté *m*
Karausche [ka'raʊʃə] <-, -n> *f* ZOOL carassin *m*
Karavelle [kara'vɛlə] <-, -n> *f* NAUT caravelle *f*
Karawane [kara'va:nə] <-, -n> *f* ❶ caravane *f*
❷ *fig fam* longue file *f*
Karawanserei <-, -en> *f* caravansérail *m*
Karbid [kar'bi:t] <-[e]s, -e> *nt* CHEM carbure *m* métallique
Karbidlampe *f* lampe *f* à acétylène
Karbol [kar'bo:l] <-s> *nt* CHEM phénol *m*
Karbonat [karbo'na:t] <-[e]s, -e> *nt* CHEM carbonate *m*

Karbunkel [karˈbʊŋkəl] <-s, -> *m* MED furoncle *m,* anthrax *m*
Kardamom [kardaˈmoːm] <-s> *m o nt* cardamome *f*
Kardangelenk *nt* [joint *m* de] cardan *m* **Kardantunnel** *m* tunnel *m* de transmission **Kardanwelle** *f* arbre *m* de transmission
Kardinal [kardiˈnaːl, *Pl:* kardiˈnɛːlə] <-s, Kardinäle> *m* ECCL, ORN cardinal *m*
Kardinalfehler *m* faute *f* cardinale **Kardinalfrage** *f geh* question *f* essentielle **Kardinaltugend** *f* REL vertu *f* cardinale **Kardinalzahl** *f* nombre *m* cardinal
Kardiogramm [kardioˈgram] <-s, -e> *nt* MED électrocardiogramme *m*
Kardiologe [kardioˈloːgə] <-n, -n> *m,* **Kardiologin** *f* MED cardiologue *mf*
Kardiologie [kardioloˈgiː] <-> *f* ❶ cardiologie *f*
❷ (*Station*) [service *m* de] cardiologie *f*
Karenz [kaˈrɛnts] <-, -en> *f* ❶ (*Wartezeit, Sperrfrist*) délai *m* [d'attente]
❷ (*Enthaltsamkeit*) abstinence *f*
Karenztag *m journée de maladie non prise en charge par la Sécurité sociale ou par l'employeur* **Karenzzeit** *f* délai *m* de carence
Karfiol [karˈfjoːl] <-s> *m* A chou-fleur *m*
Karfreitag [kaːɐ̯ˈfraɪtaːk] *m* Vendredi *m* saint
Karfunkel [karˈfʊŋkəl] <-s, -> *m,* **Karfunkelstein** *m* LITER escarboucle *f*
karg [kark] <karger *o* kärger, kargste *o* kärgste> **I.** *Adj* ❶ *Boden, Acker* pauvre
❷ (*bescheiden*) *Ausstattung, Möblierung* austère; *Gehalt, Lohn, Trinkgeld* maigre; *Mahl, Eintopf* frugal(e)
II. *Adv* ~ **bemessen sein** être calculé(e) [très] juste; **sehr ~ ausfallen** *Gehaltserhöhung:* être très maigre; ~ **ausgestattet sein** être équipé(e) du strict minimum
kargen [ˈkargən] *itr V geh* **nicht mit Lob** ~ ne pas lésiner sur les compliments
Kargheit <-> *f* ❶ *des Bodens, Ackers* pauvreté *f*
❷ (*Bescheidenheit*) *der Ausstattung, Möblierung* austérité *f; einer Mahlzeit* frugalité *f*
kärglich [ˈkɛrklɪç] *Adj Rest, Vorrat, Mahlzeit, Gehalt* maigre; **ein ~es Auskommen haben** s'en tirer chichement
Kargo [ˈkargo] <-s, -s> *m* NAUT cargo *m*
Karibik [kaˈriːbɪk] <-> *f* **die** ~ la mer des Caraïbes; **Urlaub in der ~ machen** passer des vacances dans les Antilles
karibisch *Adj* **die Karibischen Inseln** les Antilles *fpl*
kariert [kaˈriːɐt] **I.** *Adj Stoff, Papier* à carreaux; **klein** ~ à petits carreaux
II. *Adv fam* (*verwirrt*) *gucken* avec l'air ahuri; **red nicht so ~ daher!** arrête de dire des âneries! (*fam*)
Karies [ˈkaːriɛs] <-> *f* carie *f;* **gegen ~ helfen** être bon(ne) contre les caries
Karikatur [karikaˈtuːɐ] <-, -en> *f* caricature *f*
Karikaturist(in) [karikatuˈrɪst] <-en, -en> *m(f)* caricaturiste *mf*
karikieren* *tr V* caricaturer
kariös [kariˈøːs] *Adj* carié(e)
karitativ [karitaˈtiːf] **I.** *Adj Organisation, Einrichtung* caritatif(-ive); *Tätigkeit, Zweck* charitable
II. *Adv* **sich ~ betätigen, ~ tätig sein** s'occuper d'œuvres caritatives
Karkasse [karˈkasə] <-, -n> *f* carcasse *f*
Karl [karl] <-s> *m* ❶ Charles *m*
❷ HIST ~ **X.** Charles X; ~ **Martell** Charles Martel; ~ **der Große** Charlemagne *m;* ~ **der Kühne** Charles le Téméraire
Karma [ˈkarma] <-s> *nt* karma *m*
Karmeliter(in) [karmeˈliːtɐ] <-s, -> *m(f)* carme *m*/carmélite *f*
Karmeliterorden *m* ordre *m* du Mont Carmel
Karmesin [karmeˈziːn] <-s> *nt* [rouge *m*] carmin *m*
karmesinrot *Adj,* **karminrot** [karˈmiːn-] *Adj* rouge carmin
Karneval [ˈkarnəval] <-s, -e *o* -s> *m* carnaval *m;* ~ **feiern** fêter carnaval
Karnevalskostüm [-vals-] *nt* déguisement *m* de carnaval **Karnevalsprinz** *m,* **-prinzessin** *f couple "princier" élu pour le temps d'un carnaval par une société carnavalesque* **Karnevalsverein** *m* société *f* carnavalesque **Karnevalszug** *m* défilé *m* de carnaval
Karnickel [karˈnɪkəl] <-s, -> *nt fam* lapin *m*
▸ **sich wie die ~ vermehren** *pej fam* se reproduire comme des lapins (*péj fam*)
Karniese [karnˈiːzə] <-, -n> *f* A (*Gardinenstange*) tringle *f* à rideaux
karnivor [karniˈvoːɐ] *Adj* BIO carnivore
Kärnten [ˈkɛrntən] <-s> *nt* la Carinthie
Karo [ˈkaːro] <-s, -s> *nt* carreau *m*
Karoass^RR *nt* as *m* de carreau
Karolinger(in) [ˈkaːrolɪŋɐ] <-s, -> *m(f)* HIST Carolingien(ne) *m(f)*
karolingisch [ˈkaːrolɪŋɪʃ] *Adj* HIST carolingien(ne)
Karomuster *nt* carreaux *mpl;* **mit** ~ à carreaux
Karosse [kaˈrɔsə] <-, -n> *f* ❶ (*Kutsche*) carrosse *m*
❷ *veraltet fam* (*Limousine*) carrosse *m* (*fam*)
❸ *s.* **Karosserie**
Karosserie [karɔsəˈriː] <-, -n> *f* carrosserie *f*
Karosseriebauer(in) *m(f)* carrossier *m*
Karotin [karoˈtiːn] <-s, -e> *nt* carotène *m*
Karotte [kaˈrɔtə] <-, -n> *f* carotte *f*
Karpaten [karˈpaːtən] *Pl* **die** ~ les Carpates *fpl*
Karpfen [ˈkarpfən] <-s, -> *m* carpe *f*
Karpfenteich *m* vivier *m* à carpes **Karpfenzucht** *f* élevage *m* de carpes
Karre [ˈkarə] <-, -n> *f* ❶ *s.* **Karren**
❷ *fam* (*Auto*) bagnole *f* (*fam*)
Karree [kaˈreː] <-s, -s> *nt* ❶ (*Geviert*) carré *m;* **im** ~ *antreten, sich aufstellen* en carré
❷ (*Häuserblock*) pâté *m* de maisons [de forme carrée]; **ums ~ gehen/fahren** faire le tour du pâté de maisons
❸ A (*Rippenstück*) carré *m*
karren [ˈkarən] *tr V* ❶ *fam* **die Touristen zum Schloss** ~ trimbaler les touristes au château (*fam*)
❷ (*heranfkarren*) **Zementsäcke zum Haus** ~ charrier des sacs de ciment jusqu'à la maison
Karren <-s, -> *m* (*Leiterwagen*) charrette *f*
▸ **den ~ in den Dreck fahren** *fam* faire foirer l'affaire (*fam*); **der ~ steckt im Dreck** on [*o* l'affaire] est dans la merde (*pop*); **den ~ aus dem Dreck ziehen** sortir qn/qc du pétrin (*pop*); **jdm an den ~ fahren** mettre des bâtons dans les roues de qn (*fam*); **sich nicht vor jds ~ spannen lassen** ne pas se laisser manipuler par qn
Karrette [kaˈrɛtə] <-, -n> *f* CH brouette *f*
Karriere [kaˈrieːrə] <-, -n> *f* carrière *f;* ~ **machen** faire carrière
Karrierefrau *f* femme *f* qui fait/veut faire carrière; **sie ist eine richtige** ~ c'est une femme qui fait vraiment/veut vraiment faire carrière **Karrieremacher(in)** *m(f) pej* carriériste *mf* (*péj*)
Karrierist(in) [karjeˈrɪst] <-en, -en> *pej m(f)* carriériste *mf* (*péj*)
Karsamstag [kaːɐ̯ˈzamstaːk] *m* Samedi *m* saint
Karst [karst] <-[e]s, -e> *m* GEOL karst *m*
karstig [ˈkarstɪç] *Adj* GEOL karstique
Karte [ˈkartə] <-, -n> *f* ❶ (*Ansichtskarte, Speisekarte, Karteikarte, Visitenkarte*) carte *f*
❷ (*in einer Danksagungsformel*) **statt ~n** cet avis tient lieu de faire-part
❸ (*Spielkarte*) carte *f;* **~n spielen** jouer aux cartes; **jdm in die ~n sehen** [*o* **schauen**] regarder dans le jeu de qn; **jdm die ~n legen** tirer les cartes à qn
❹ (*Eintrittskarte*) carte *f;* **drei ~n vorbestellen** réserver trois places

K

❺ (*Landkarte, Straßenkarte*) carte *f*; **gut ~n lesen können** savoir bien lire des cartes
❻ FBALL **gelbe/rote ~** carton *m* jaune/rouge
▶ **gute/schlechte ~n haben** avoir de bonnes chances/peu de chances; **mit offenen ~n spielen** jouer cartes sur table; **sich nicht in die ~n sehen** [*o* **schauen**] **lassen** *fam* cacher son jeu; **alles auf eine ~ setzen** jouer son va-tout
Kartei [kar'taɪ] <-, -en> *f* fichier *m*; **eine ~ über jdn/etw anlegen/führen** constituer/tenir un fichier sur qn/qc
Karteikarte *f* fiche *f* **Karteikasten** *m* fichier *m* **Karteileiche** *f hum fiche non réactualisée qui traîne dans un fichier* **Karteischrank** *m* fichier *m*
Kartell [kar'tɛl] <-s, -e> *nt* cartel *m*; **ein ~ bilden** constituer un cartel
Kartellamt *nt* office *m* des cartels **Kartellbildung** *f* cartellisation *f* **Kartellgesetz** *nt* loi *f* sur les cartels
Kartenhaus *nt* château *m* de cartes ▶ **wie ein ~ zusammenstürzen** [*o* **in sich zusammenfallen**] s'effondrer comme un château de cartes **Kartenkunststück** *nt* tour *m* de cartes
Kartenlegen <-s> *nt* ❶ (*Wahrsagen*) cartomancie *f* ❷ (*Patience*) patience *f* **Kartenleger(in)** <-s, -> *m(f)* cartomancien(ne) *m(f)* **Kartenlesegerät** *nt* INFORM lecteur *m* de cartes
Kartenspiel *nt* ❶ *kein Pl* (*das Spielen*) partie *f* de cartes ❷ (*Satz Karten*) jeu *m* de cartes **Kartenspieler(in)** *m(f)* joueur(-euse) *m(f)* de cartes **Kartenständer** *m* support *m* de cartes **Kartentelefon** *nt* téléphone *m* à cartes; **öffentliches ~** publiphone *m* **Kartenvorverkauf** *m* location *f* des billets
Kartoffel [kar'tɔfəl] <-, -n> *f* pomme *f* de terre, patate *f* (*fam*); **neue ~n** des pommes de terre nouvelles
▶ **jdn fallen lassen wie eine heiße ~** *fam* laisser tomber qn comme une vieille chaussette (*fam*)
Kartoffelbrei *m* purée *f* [de pommes de terre] **Kartoffelchips** [-tʃɪps] *Pl* chips *mpl* **Kartoffelernte** *f* AGR récolte *f* des pommes de terre **Kartoffelkäfer** *m* doryphore *m* **Kartoffelkraut** *nt* BOT fanes *fpl* de pommes de terre **Kartoffelmehl** *nt* AGR farine *f* de pommes de terre **Kartoffelpresse** *f* presse-purée *m* **Kartoffelpuffer** <-s, -> *m* galette *f* de pommes de terre [râpées] **Kartoffelpüree** *s.* Kartoffelbrei **Kartoffelsalat** *m* salade *f* de pommes de terre **Kartoffelschale** *f* peau *f* de [la] pomme de terre; (*abgeschält*) pelure *f* de [la] pomme de terre **Kartoffelschälmesser** *nt* [couteau *m*] économe *m* **Kartoffelstärke** *f kein Pl* fécule *f* de pommes de terre **Kartoffelstock** *m* CH purée *f* de pommes de terres **Kartoffelsuppe** *f* soupe *f* de pommes de terre
Kartografie[RR] *s.* Kartographie
kartografisch[RR] *s.* kartographisch
Kartograph(in) [karto'gra:f] <-en, -en> *m(f)* cartographe *mf*
Kartographie [kartogra'fi:] <-> *f* cartographie *f*
kartographisch [karto'gra:fɪʃ] *Adj* cartographique
Karton [kar'tɔŋ, kar'to:n] <-s, -s> *m* carton *m*
Kartonage [karto'na:ʒə] <-, -n> *f* cartonnage *m*
kartoniert [karto'ni:ɐt] *Adj* cartonné(e)
Kartusche [kar'tʊʃə] <-, -n> *f* cartouche *f*
Karussell [karʊ'sɛl] <-s, -s *o* -e> *nt* manège *m*; **[mit dem] ~ fahren** faire un tour/des tours de manège; **ich mag nicht mehr ~ fahren** je ne veux plus faire de manège
Karwoche ['ka:ɐvɔxə] *f* semaine *f* sainte
Karzer ['kartsɐ] <-s, -> *m* cachot *m*
karzinogen [kartsino'ge:n] MED **I.** *Adj* carcinogène
II. *Adv* **~ wirken** être carcinogène
Karzinom [kartsi'no:m] <-s, -e> *nt* MED carcinome *m*
Kasachstan [kazax'sta:n] <-s> *nt* le Kazakstan
Kasack ['ka:zak] <-s, -s> *m* COUT casaque *f* (*vieilli*)
Kaschemme [ka'ʃɛmə] <-, -n> *f pej fam* boui-boui *m* (*fam*)
kaschieren* *tr V* dissimuler
Kaschmir ['kaʃmi:ɐ] <-s, -e> *m* cachemire *m*
Käse ['kɛ:zə] <-s, -> *m* ❶ fromage *m*; **gern ~ essen** aimer le fromage; **etw mit ~ überbacken** gratiner qc au fromage
❷ *pej fam* (*Quatsch*) conneries *fpl* (*fam*); **was redest du da für einen ~?** qu'est-ce que tu nous chantes-là? (*péj*)
▶ **~ schließt den Magen** il faut toujours garder une petite place pour le fromage
Käseblatt *nt pej fam* feuille *f* de chou (*fam*) **Käsebrot** *nt* sandwich *m* au fromage **Käsefondue** [-födy:] *nt* fondue *f* au fromage **Käsegebäck** *nt* petits gâteaux *mpl* au fromage **Käseglocke** *f* cloche *f* à fromage
Kasein [kaze'i:n] <-s, -e> *nt* caséine *f*
Käsekuchen *m* gâteau *m* au fromage blanc
Kasematte [kazə'matə] <-, -n> *f* casemate *f*
Käseplatte *f* (*Platte mit Käse*) plateau *m* de fromage; (*Platte für Käse*) plateau *m* à fromage
Käserei <-, -en> *f* fromagerie *f*
Käserinde *f* croûte *f* de fromage
Kaserne [ka'zɛrnə] <-, -n> *f* caserne *f*
Kasernenhof *m* cour *f* de [la] caserne
kasernieren* *tr V* caserner *Truppen;* **Menschen ~** parquer des personnes en un même lieu
Käseschmiere *f* MED vernix *m* [caseosa] **Käsetheke** *f* rayon *m* fromage **käseweiß, käsig** ['kɛ:zɪç] *Adj fam* (*bleich*) pâlichon(ne) (*fam*), blanc(blanche) comme un linge; (*nicht sonnengebräunt*) blanc(blanche) comme un cachet d'aspirine (*fam*)
Kasino [ka'zi:no] <-s, -s> *nt* ❶ (*Spielkasino*) casino *m*
❷ (*Offizierskasino*) mess *m*
❸ (*Cafeteria*) cafétéria *f*
Kaskade [kas'ka:də] <-, -n> *f* cascade *f*
Kaskoversicherung ['kasko-] *f* assurance *f* tous risques
Kasper ['kaspɐ] <-s, -> *m*, **Kasperl** <-s, -[n]> *m o nt* A, SDEUTSCH, **Kasperle** ['kaspələ] <-s, -> *m o nt* SDEUTSCH (*Puppe, Kind*) guignol *m*
Kasper[le]theater *nt* guignol *m*; **ins ~ gehen** aller au guignol
Kassa ['kasa] <-, Kassen> *f bes.* A (*Kasse*) caisse *f*
Kassandraruf *m geh* prophétie *f* de Cassandre
Kasse ['kasə] <-, -n> *f* ❶ (*Metallkasten, Registrierkasse, Zahlstelle, Abendkasse*) caisse *f*
❷ *fam* (*Krankenkasse*) caisse *f* d'assurance maladie; (*in Frankreich*) sécu *f* (*fam*)
▶ **gemeinsame/getrennte ~ machen** faire caisse commune/à part; **zahlbar in acht Tagen netto ~** montant net à régler sous huitaine; **die ~n klingeln** *fam* l'argent rentre (*fam*); **~ machen** (*abrechnen*) faire la caisse; (*gut verdienen*) se remplir les poches (*fam*); **die ~ stimmt** *fam* ça fait assez de blé (*fam*); **knapp/gut bei ~ sein** *fam* être fauché(e)/en fonds (*fam*)
Kasseler ['kasəlɐ] <-s, -> *nt* GASTR côte *f* de porc façon Kassler (*côte de porc salée et fumée*)
Kassenabschluss[RR] *m* ÖKON arrêté *m* de caisse **Kassenarzt** *m*, **-ärztin** *f* médecin *m* conventionné **kassenärztlich** *Adj* conventionné(e); **die Kassenärztliche Vereinigung** *l'union des médecins de caisse* **Kassenbeleg** *s.* Kassenbon **Kassenbestand** *m* encaisse *f* **Kassenbon** [-bɔŋ, -bõ:] *m* ticket *m* de caisse **Kassenbrille** *f fam lunettes complètement prises en charge par la caisse d'assurance maladie ou la sécu* **Kassenbuch** *nt* livre *m* de caisse **Kassenerfolg** *s.* Kassenschlager **Kassengestell** *s.* Kassenbrille **Kassenpatient(in)** *m(f) patient(e) affilié(e) à une caisse d'assurance maladie assurant une couverture de base* **Kassenprüfung** *f* vérification *f* de la caisse **Kassenschalter** *m* guichet *m* **Kassenschlager** *m fam* (*Film/Theaterstück*) film *m*/pièce *f* qui fait un tabac (*fam*); (*Produkt*) article *m* qui se vend comme des petits pains (*fam*) **Kassenstunden** *Pl* heures *fpl* d'ouverture du guichet/des guichets **Kassensturz** *m* vérification *f* de la caisse; **einen ~ machen** faire l'état de la caisse; **~ machen** *fam* compter ses sous (*fam*) **Kassenumsatz** *m* mouvements *mpl* de caisse **Kassenwart(in)** <-s, -e> *m(f)* caissier(-ière) *m(f)* **Kassenzettel** *s.* Kassenbon
Kasserolle <-, -n> *f* casserole *f*

Kassette [ka'sɛtə] <-, -n> *f* ❶ (*Videokassette, Musikkassette*) cassette *f;* **etw auf ~ aufnehmen** enregistrer qc sur cassette; **etw auf ~ haben** avoir qc sur cassette
❷ (*Kästchen, Bücherkassette*) coffret *m*
❸ ARCHIT caisson *m*
Kassettendeck *nt* magnétophone *m* à cassette[s]
Kassettendecke *f* plafond *m* à caissons
Kassettenrecorder, **Kassettenrekorder** *m* magnétophone *m* à cassette[s]
Kassiber [ka'si:bɐ] <-s, -> *m sl* message *m* clandestin
Kassier [ka'si:ɐ] SDEUTSCH, A, CH *s.* **Kassierer(in)**
kassieren* I. *tr V* ❶ (*einziehen*) encaisser; **etw bei jdm ~** encaisser qc auprès de qn
❷ *fam* (*bekommen*) empocher (*fam*) *Abfindung, Finderlohn*
❸ *fam* (*konfiszieren*) sucrer (*fam*) *Führerschein, Spickzettel*
❹ JUR casser
II. *itr V* ❶ **bei jdm ~** *Kellner:* encaisser l'addition de qn; **darf ich bei Ihnen schon ~?** puis-je vous encaisser?
❷ *fam* (*verdienen*) **ganz gut ~** gagner gros (*fam*)
Kassierer(in) <-s, -> *m(f)* caissier(-ière) *m(f)*
Kastagnette [kasta'njɛtə] <-, -n> *f* castagnette *f*
Kastanie [kas'ta:niə] <-, -n> *f* ❶ (*Rosskastanie*) marron *m* [d'Inde]; (*Esskastanie*) châtaigne *f;* **heiße ~n** des marrons chauds
❷ (*Rosskastanienbaum*) marronnier *m* [d'Inde]; (*Esskastanienbaum*) châtaignier *m*
► **sie hat für ihn die ~n aus dem Feuer geholt** *fam* elle lui a tiré les marrons du feu (*fam*)
Kastanienbaum [kas'ta:niən-] *s.* **Kastanie 2. kastanienbraun** *Adj* châtain *inv au singulier;* **eine ~e Wolldecke** une couverture châtain; **~e Haare** des cheveux châtains **Kastanienpüree** *nt* crème *f* de marrons
Kästchen ['kɛstçən] <-s, -> *nt* ❶ *Dim von* **Kasten** coffret *m*
❷ (*Karo*) carreau *m*
Kaste ['kastə] <-, -n> *f* caste *f*
kasteien* *r V* **sich ~** se mortifier
Kasteiung <-, -en> *f* mortification *f,* macération *f*
Kastell [kas'tɛl] <-s, -e> *nt* ❶ (*Römerkastell*) oppidum *m*
❷ (*Burg*) château *m* fort
Kastellan [kastɛ'la:n] <-s, -e> *m* ❶ (*Aufsichtsbeamter*) intendant *m*
❷ (*Burgwart*) intendant *m* [*o* régisseur *m*] du château
Kasten ['kastən, *Pl:* 'kɛstən] <-s, -> *m* ❶ (*Behälter, offene Kiste*) caisse *f;* (*für Besteck, Schmuck*) coffret *m;* (*für Sicherungen, Kabel*) boîtier *m*
❷ A, CH (*Schrank*) armoire *f*
❸ *fam* (*Briefkasten*) boîte *f* à lettres
❹ (*Turngerät*) podest *m*
❺ *fam* (*Gebäude*) bloc *m*
❻ (*Schaukasten*) tableau *m* d'affichage
► **etwas/viel auf dem ~ haben** *fam* en avoir dans le crâne (*fam*)
Kastenbrot *nt* pain *m* de mie **Kastenform** *f* ❶ (*Backform*) moule *m* à cake ❷ (*Form eines Kastens*) forme *f* de bloc; **in ~** en forme de bloc **Kastenwagen** *m* fourgonnette *f*
Kastenwesen *nt* système *m* de caste
Kastrat [kas'tra:t] <-en, -en> *m* eunuque *m*
Kastration [kastra'tsio:n] <-, -en> *f* castration *f*
kastrieren* *tr V* châtrer
Kasuistik [kazu'ɪstɪk] <-> *f* ❶ *geh* casuistique *f*
❷ MED étude *f* de cas
kasuistisch *Adj geh Frage, Argumentation* de casuiste
Kasus ['ka:zʊs] <-, -> *m* GRAM cas *m*
Kat [kat] <-s, -s> *m Abk von* **Katalysator** pot *m* catalytique
Katafalk [kata'falk] <-s, -e> *m* catafalque *m*
Katakombe [kata'kɔmbə] <-, -n> *f* catacombe *f*
Katalane [kata'la:nə] <-n, -n> *m,* **Katalanin** *f* Catalan(e) *m(f)*
katalanisch [kata'la:nɪʃ] I. *Adj* catalan(e)
II. *Adv* **~ miteinander sprechen** discuter en catalan; *s. a.* **deutsch**
Katalanisch <-[s]> *nt kein Art* le catalan; **auf ~** en catalan; *s. a.* **Deutsch**
Katalanische *nt dekl wie Adj* **das ~** le catalan; *s. a.* **Deutsche**
Katalog [kata'lo:k] <-[e]s, -e> *m* ❶ (*Versandhauskatalog, Bibliothekskatalog*) catalogue *m*
❷ (*Verzeichnis*) (*in Kartenform*) fichier *m;* (*in Buchform*) catalogue *m*
❸ (*Bündel*) ensemble *m;* **ein ganzer ~ von Maßnahmen** tout un train de mesures
katalogisieren* *tr V* cataloguer
Katalogisierung <-, -en> *f* catalogage *m*
Katalonien [kata'lo:niən] <-s> *nt* la Catalogne
Katalysator [kataly'za:to:ɐ] <-s, -toren> *m* ❶ AUT pot *m* catalytique; **geregelter ~** pot catalytique à régulation électronique
❷ CHEM catalyseur *m*
Katalysatorauto *nt* voiture *f* équipée d'un pot catalytique
Katalyse [kata'ly:zə] <-, -n> *f* CHEM catalyse *f*
katalytisch [kata'ly:tɪʃ] *Adj* CHEM catalytique
Katamaran [katama'ra:n] <-s, -e> *m* catamaran *m*
Katapult [kata'pʊlt] <-[e]s, -e> *nt o m* catapulte *f*
katapultieren* I. *tr V* ❶ **etw in die Luft/Höhe ~** catapulter qc dans les airs
❷ *fig* **jdn an die Spitze/auf den ersten Platz ~** catapulter qn dans le peleton de tête/à la première place
II. *r V* ❶ **sich aus dem Flugzeug ~** s'éjecter de l'avion
❷ *fig* **sich ganz nach oben ~** se catapulter tout en haut (*fam*)
Katar ['ka(:)tar] <-s> *nt* le Qatar
Katarakt [kata'rakt] <-[e]s, -e> *m* ❶ (*Wasserfall*) cataracte *f*
❷ (*Stromschnelle*) rapide *m*
Katarer(in) [ka'ta:rɐ] <-s, -> *m(f)* Qatarien(ne) *m(f)*
katarisch *Adj* qatarien(ne)
Katarr[RR], **Katarrh** <-s, -e> *m* catarrhe *f*
Kataster [ka'tastɐ] <-s, -> *m o nt* cadastre *m*
Katasteramt *nt* [services *mpl* du] cadastre *m*
katastrophal [katastro'fa:l] I. *Adj* (*verheerend, unglaublich*) *Überschwemmung, Unordnung* catastrophique
II. *Adv* ❶ **sich ~ auswirken** avoir des conséquences catastrophiques
❷ *fam* (*schlecht*) **~ aussehen** avoir une allure catastrophale
Katastrophe [katas'tro:fə] <-, -n> *f* catastrophe *f*
► **eine ~ sein** *fam Person:* être une plaie (*fam*)
Katastrophenabwehr *f* ≈ plan *m* ORSEC **Katastrophenalarm** *m* alerte *f* en cas de catastrophe **Katastropheneinsatz** *m* opération *f* de sauvetage **Katastrophengebiet** *nt* zone *f* sinistrée **Katastrophenschutz** *m* ❶ (*Vorsorgemaßnahmen*) mesures *fpl* de prévention contre les catastrophes ❷ (*Organisation*) services *mpl* de sauvetage **Katastrophenstimmung** *f* panique *f*
Kate ['ka:tə] <-, -n> *f* NDEUTSCH cabane *f*
Katechismus [katɛ'çɪsmʊs] <-, Katechismen> *m* catéchisme *m*
Kategorie [katego'ri:] <-, -n> *f* catégorie *f*
kategorisch [kate'go:rɪʃ] I. *Adj* catégorique
II. *Adv* catégoriquement
Kater ['ka:tɐ] <-s, -> *m* ❶ chat *m;* **der Gestiefelte ~** le Chat botté
❷ *fam* (*nach Alkoholgenuss*) gueule *f* de bois (*fam*); **einen ~ haben** avoir la gueule de bois (*fam*)
► **wie ein verliebter ~** comme un chat en rut
Katerfrühstück *nt fam petit-déjeuner que l'on prend pour atténuer une gueule de bois*
Katharina [kata'ri:na] <-s> *f* ❶ Catherine *f*
❷ HIST **~ von Medici** Catherine de Médicis; **~ die Große** Catherine la Grande
Katharsis ['ka:tarzɪs] <-> *f* PSYCH, LITER catharsis *f*
Katheder [ka'te:dɐ] <-s, -> *m o nt veraltet* ❶ (*Lehrerpult*) chaire *f*

K

❷ (*Podium*) estrade *f*, podium *m*
Kathedrale [kate'dra:lə] <-, -n> *f* cathédrale *f*
Kathete [ka'te:tə] <-, -n> *f* MATH côté *m* de l'angle droit
Katheter [ka'te:tɐ] <-s, -> *m* MED cathéter *m*
Kathode [ka'to:də] <-, -n> *f* PHYS cathode *f*
Katholik(in) [kato'li:k] <-en, -en> *m(f)* catholique *mf*
katholisch [ka'to:lɪʃ] I. *Adj* catholique
II. *Adv* [**streng**] ~ **erzogen werden** recevoir une éducation [très] catholique
Katholizismus [katoli'tsɪsmʊs] <-> *m* catholicisme *m*
Kation ['katio:n] <-s, -en> *nt* PHYS cation *m*
Kattun [ka'tu:n] <-s, -e> *m* TEXTIL toile *f* de coton
Katz [kats] ▶ **mit jdm ~ und Maus spielen** *fam* jouer au chat et à la souris avec qn (*fam*); **das war alles für die ~** *fam* tout cela, c'était pour des prunes (*fam*)
katzbuckeln *itr V pej fam* s'aplatir comme une carpette (*fam*); **vor jdm ~** s'aplatir comme une carpette devant qn; **das Katzbuckeln** les courbettes *fpl*
Kätzchen ['kɛtsçən] <-s, -> *nt* chaton *m*
Katze ['katsə] <-, -n> *f* ❶ chat *m*; **ist das ein Kater oder eine ~?** est-ce un chat ou une chatte?
❷ (*Raubkatze*) chat *m* sauvage; **die Familie der ~n** les félidés *mpl*
▶ **wie die ~ um den heißen Brei herumschleichen** tourner autour du pot (*fam*); **wenn die ~ aus dem Haus ist, tanzen die Mäuse** *Spr.* quand le chat n'est pas là, les souris dansent; **die ~ lässt das Mausen nicht** *Spr.* chassez le naturel, il revient au galop; **die ~ aus dem Sack lassen** *fam* vider son sac (*fam*); **nicht die ~ im Sack kaufen wollen** ne pas vouloir acheter les yeux fermés
Katzenauge *nt* ❶ œil *m* de chat
❷ *veraltet fam* (*Rückstrahler*) réflecteur *m*
❸ MIN œil-de-chat *m*
katzenhaft I. *Adj* félin(e)
II. *Adv sich bewegen* comme un chat
Katzenhai *m* ZOOL (*kleingefleckt*) petite roussette *f*; (*großgefleckt*) grande roussette *f* **Katzenjammer** *m fam* cafard *m* (*fam*); **~ haben** avoir le cafard **Katzenmusik** *kein Pl f pej fam* cacophonie *f* **Katzensprung** *m fam* **das ist** [**nur**] **ein ~** c'est [juste] la porte à côté (*fam*); **das ist nicht gerade ein ~** ce n'est pas la porte à côté (*fam*) **Katzenstreu** [-ʃtrɔɪ] *f* litière *f* pour chats **Katzenwäsche** *f hum fam* toilette *f* de chat; **~ machen** se laver le bout du nez (*fam*) **Katzenzunge** *f* langue *f* de chat *recouverte de chocolat*
Katz-und-Maus-Spiel *nt* jeu *m* du chat et de la souris; **ich bin dieses ~ leid** j'en ai assez de jouer au chat et à la souris
Kauderwelsch ['kaʊdɐvɛlʃ] <-[s]> *nt pej* ❶ (*unverständliche Sprache*) sabir *m* (*péj*); **ein schreckliches ~ sprechen** parler un sabir effroyable
❷ (*Fachsprache*) jargon *m*
kauderwelschen ['kaʊdɐvɛlʃən] *itr V* baragouiner (*péj fam*)
kauen ['kaʊən] I. *tr V* mâcher *Brot, Kaugummi*
II. *itr V* **an einem Stück Brot/Fleisch ~** mastiquer un bout de pain/viande; **auf** [*o* **an**] **den Lippen ~** se mordiller les lèvres; **an den Nägeln ~** se ronger les ongles; **am Bleistift ~** mâchonner le crayon; **das Kauen** la mastication
▶ **gut gekaut ist halb verdaut** *Spr.* ≈ une bonne mastication facilite la digestion
kauern ['kaʊɐn] I. *itr V + sein* être accroupi(e); **in einer Ecke ~** être accroupi(e) dans un coin
II. *r V + haben* **sich hinter einen Baum ~** s'accroupir derrière un arbre
Kauf [kaʊf, *Pl:* 'kɔɪfə] <-[e]s, Käufe> *m* achat *m*; **günstiger ~** [bonne] affaire *f*; **einen ~ tätigen** effectuer un achat; **etw zum ~ anbieten** mettre qc en vente; **beim ~ seines Autos/Hauses** en achetant sa voiture/maison; **~ auf eigene Rechnung** ÖKON achat pour son propre compte
▶ **in ~ nehmen** être prêt(e) à accepter *Risiko, Wartezeit;* être prêt(e) à risquer *Verärgerung, Verlust;* **in ~ nehmen, dass** s'accommoder du fait que + *subj*
Kaufangebot *nt* offre *f* d'achat
kaufen ['kaʊfən] I. *tr V* ❶ acheter; [**jdm**] **etw ~** acheter qc [à qn]; **sich** (*Dat*) **etw ~** [s']acheter qc; **viel gekauft sein** être très vendu(e)
❷ *pej* (*bestechen*) acheter; **ein gekaufter Killer** un tueur à gages
▶ **dafür kann ich mir nichts ~** *iron* ça me fait une belle jambe (*fam*); **den werde ich mir ~!** *fam* il va m'entendre! (*fam*)
II. *itr V* **im Supermarkt/auf dem Markt ~** faire des courses au supermarché/sur le marché
Käufer(in) ['kɔɪfɐ] <-s, -> *m(f)* acheteur(-euse) *m(f)*; **einen ~ finden** trouver preneur [*o* acquéreur]; **~ aus zweiter Hand** COM acheteur en seconde main
Käufermarkt *m kein Pl* marché *m* à la baisse **Käuferverhalten** *nt* comportement *m* des acheteurs
Kauffrau *s.* Kaufmann **Kaufhaus** *nt* grand magasin *m* **Kaufhausdetektiv(in)** *m(f)* inspecteur *m* de magasin **Kaufkraft** *f* pouvoir *m* d'achat; **überschüssige ~** pouvoir d'achat excédentaire **Kaufladen** *m* (*Spielzeug*) épicerie *f* [d'enfant] **Kaufleute** *Pl s.* Kaufmann
käuflich ['kɔɪflɪç] I. *Adj* ❶ à vendre
❷ *pej* (*bestechlich*) vénal(e)
II. *Adv form erwerben* à titre onéreux (*form*)
Käuflichkeit <-> *f pej* vénalité *f*
kauflustig *Adj Person* qui a envie de faire des dépenses; **~** [*o* **in ~er Stimmung**] **sein** avoir envie de faire des dépenses
Kauflustige(r) *f(m) dekl wie Adj* acheteur(-euse) *m(f)* **Kaufmann** <-leute> *m*, **-frau** *f* ❶ **gelernter ~** commercial *m*
❷ (*Geschäftsmann*) cadre *m* commercial ❸ *veraltet* (*Lebensmittelhändler*) épicier(-ière) *m(f)*
kaufmännisch [-mɛnɪʃ] I. *Adj* commercial(e); **~er Angestellter** employé *m* de commerce; (*in leitender Position*) cadre *m* commercial; **sich um das Kaufmännische kümmern** s'occuper de la gestion
II. *Adv denken, handeln* avec le sens des affaires; **~ tätig sein** avoir une activité commerciale
Kaufpreis *m* prix *m* d'achat **Kaufrausch** *m* frénésie *f* d'acheter **Kaufsumme** *f* montant *m* [de l'achat] **Kaufvertrag** *m* contrat *m* de vente; **~ mit Eigentumsvorbehalt** contrat de vente avec réserve de propriété **Kaufzwang** *m* obligation *f* d'achat
Kaugummi *m* chewing-gum *m*
Kaukasus ['kaʊkazʊs] <-> *m* le Caucase
Kaulquappe ['kaʊlkvapə] <-, -n> *f* têtard *m*
kaum [kaʊm] *Adv* ❶ (*allenfalls, gerade eben*) à peine
❷ (*wahrscheinlich nicht*) difficilement; [**wohl**] **~!** sûrement pas!
❸ (*fast nicht*) à peine; **es ist ~ zu fassen, dass** on a peine à concevoir que + *subj;* **es ist ~ zu glauben** on a peine à y croire; **es ~ erwarten können** brûler d'impatience; **das hat ~ jemand gemerkt** pratiquement personne ne s'en est rendu compte; **~ jemals** pratiquement jamais; **~ noch** à peine; **~ noch Zeit/Geld haben** avoir à peine le temps/l'argent
❹ *veraltet* (*gerade*) **~ dass ich aus dem Haus gegangen war, fing es zu regnen an** à peine étais-je sortie qu'il s'est mis à pleuvoir
Kaumuskel *m* muscle *m* masticateur
kausal [kaʊ'za:l] I. *Adj* ❶ *geh Beziehung, Zusammenhang* de causalité
❷ GRAM *Konjunktion, Nebensatz* de cause
II. *Adv geh* **mit etw ~ zusammenhängen** être dans un rapport de causalité avec qc (*soutenu*)
Kausalgesetz *kein Pl nt* PHILOS principe *m* de causalité
Kausalität [kaʊzali'tɛ:t] <-, -en> *f geh* causalité *f*
Kausalsatz *m* LING [proposition *f*] causale *f*
Kautabak ['kaʊ-] *m* tabac *m* à chiquer

Kaution [kaʊ'tsio:n] <-, -en> *f* caution *f;* **eine ~ stellen** verser une caution; **gegen [tausend Euro] ~ freikommen** être remis(e) en liberté sous [une] caution [de mille euros]
Kautschuk ['kaʊtʃʊk] <-s, -e> *m* caoutchouc *m*
Kautschukbaum *m* BOT arbre *m* à caoutchouc
Kauz [kaʊts, *Pl:* 'kɔɪtsə] <-es, Käuze> *m* ❶ chouette *f*
❷ *fam* (*Sonderling*) hurluberlu *m* (*fam*); **ein komischer ~** un drôle d'oiseau (*fam*)
kauzig *Adj* excentrique
Kavalier [kava'li:ɐ] <-s, -e> *m* gentleman *m*
▸ **ein ~ der alten Schule** un galant homme
Kavaliersdelikt *nt* peccadille *f* **Kavaliersstart** *m* démarrage *m* en trombe
Kavallerie [kavalə'ri:] <-, -n> *f* cavalerie *f*
Kavalleriesoldat *m* cavalier *m*
Kavallerist [kavalə'rɪst] <-en, -en> *m* HIST cavalier *m*
Kaviar ['ka:viaːɐ] <-s, -e> *m* caviar *m*
KB [ka:'be:] *nt Abk von* **Kilobyte** Ko *m*
kcal *Abk von* **Kilokalorie** kcal
keck [kɛk] **I.** *Adj* ❶ (*vorlaut*) effronté(e)
❷ (*flott*) *Bärtchen, Fliege, Hut* déluré(e)
II. *Adv antworten* avec effronterie; *tragen* de manière délurée
Keckheit <-, -en> *f einer Person* effronterie *f; einer Antwort, Bemerkung* impertinence *f*
Keeper(in) ['ki:pɐ] <-s, -> *m(f)* FBALL CH, A gardien(ne) *m(f)* de but
Kefir ['ke:fɪr] <-s> *m* képhir *m*
Kegel ['ke:gəl] <-s, -> *m* ❶ (*Spielgerät*) quille *f*
❷ GEOM, GEOG cône *m*
❸ (*Lichtkegel*) faisceau *m*
Kegelabend *m* soirée *f* bowling **Kegelbahn** *f* piste *f* de bowling **Kegelbruder** *m*, **-schwester** *f fam* partenaire *mf* de bowling **kegelförmig** [-fœrmɪç] *Adj* conique **Kegelkugel** *f* boule *f* de bowling
kegeln ['ke:gəln] *itr V* jouer au bowling; **das Kegeln** le bowling
Kegelschnitt *m* section *f* conique **Kegelschwester** *s.* **Kegelbruder** **Kegelstumpf** *m* tronc *m* de cône
Kegler(in) ['ke:glɐ] <-s, -> *m(f)* joueur(-euse) *m(f)* de bowling
Kehle ['ke:lə] <-, -n> *f* gorge *f;* **jdm die ~ zudrücken** serrer la gorge à qn
▸ **sich** (*Dat*) **die ~ aus dem Hals schreien** *fam* s'égosiller; **etw in die falsche ~ bekommen** *fam* prendre qc de travers (*fam*); **aus voller ~ singen** chanter à pleine gorge; **etw hat ihm/ihr die ~ zugeschnürt** [*o* **zusammengeschnürt**] qc lui a serré la gorge
kehlig **I.** *Adj Laut* guttural(e); *Lachen* grave; *Stimme* rauque
II. *Adv lachen* à gorge déployée; **eine ~ klingende Stimme haben** avoir une voix rauque
Kehlkopf *m* larynx *m*
Kehlkopfentzündung *f*, **Kehlkopfkatarr[h]**[RR] *m* MED laryngite *f* **Kehlkopfkrebs** *m* MED cancer *m* du larynx
Kehllaut *m* LING ❶ (*Glottal*) glottale *f*
❷ (*kehliger Laut*) gutturale *f*
Kehraus ['ke:ɐʔaʊs] <-> *m* dernière danse *f;* **den ~ bilden** clore la fête; **den ~ feiern** célébrer la fin des festivités **Kehrbesen** ['ke:ɐ-] SDEUTSCH *s.* **Besen** **Kehrblech** *nt* SDEUTSCH pelle *f* [à poussière]
Kehre ['ke:rə] <-, -n> *f* virage *m* [en épingle à cheveux]
kehren¹ ['ke:rən] **I.** *tr V* **den Kopf zur Seite ~** détourner la tête; **den Blick zum Himmel ~** tourner le regard en direction du ciel; **seine Hosentaschen nach außen ~** retourner ses poches de pantalon
▸ **in sich** (*Akk*) **gekehrt** replié(e) sur soi-même; **ein in sich gekehrter Mensch** quelqu'un d'introverti
II. *r V* ❶ (*sich wenden*) **sich gegen jdn ~** *Maßnahme, Unmenschlichkeit:* se retourner contre qn
❷ (*sich kümmern*) **sich nicht um etw** (*Akk*) **~** ne pas se soucier de qc
kehren² *tr, itr V* SDEUTSCH balayer
Kehricht ['ke:rɪçt] <-s> *m o nt* ❶ *form* balayures *fpl*
❷ CH (*Müll*) ordures *fpl* [ménagères]
Kehrmaschine *f* ❶ (*Straßenkehrmaschine*) balayeuse *f* [municipale]
❷ (*Teppichkehrmaschine*) balai *m* mécanique
Kehrreim *m* refrain *m*
Kehrschaufel *f* pelle *f* [à poussière]
Kehrseite *f* ❶ *eines Bildes, Fotos* dos *m; eines Etiketts* envers *m*
❷ (*Schattenseite*) revers *m* de la médaille
❸ *veraltet fam* (*Rücken*) dos *m*
▸ **die ~ der Medaille** le revers de la médaille
kehrt [ke:ɐt] *Interj* MIL demi-tour droite
kehrt|machen *itr V fam* faire demi-tour; MIL faire un demi-tour
Kehrtwendung *f* ❶ *a.* MIL demi-tour *m*
❷ *fig* volte-face *f*
Kehrwert *m* MATH valeur *f* réciproque
Kehrwoche *f* SDEUTSCH *obligation faite à tous les locataires d'un immeuble d'assurer à tour de rôle le nettoyage des parties communes pendant une semaine*
keifen ['kaɪfən] *itr V pej* brailler; **das Keifen** les braillements *mpl;* **~d** *Stimme* criard(e); **~des Weib** braillarde *f*
Keil [kaɪl] <-[e]s, -e> *m* ❶ (*Unterlegkeil*) cale *f*
❷ TECH coin *m;* **einen ~ ins Holz/in den Baum treiben** enfoncer un coin dans le bois/l'arbre
❸ (*Zwickel*) soufflet *m*
▸ **einen ~ zwischen zwei Menschen treiben** semer la zizanie entre deux personnes
Keile ['kaɪlə] *Pl* DIAL *fam* gnons *mpl* (*fam*); **~ kriegen** [se] prendre des gnons (*fam*)
keilen ['kaɪlən] *r V* DIAL *fam* **sich ~** se bagarrer (*fam*)
Keiler <-s, -> *m* sanglier *m* [mâle]
Keilerei <-, -en> *f fam* bagarre *f* (*fam*)
keilförmig [-fœrmɪç] *Adj Holzstück, Stein, Werkzeug* taillé(e) en biseau; *Grundstück* en biseau; *Schriftzeichen* cunéiforme **Keilhose** *f* fuseau *m* **Keilkissen** *nt* traversin *m* pupitre **Keilriemen** *m* courroie *f* [trapézoïdale] **Keilschrift** *f* écriture *f* cunéiforme
Keim [kaɪm] <-[e]s, -e> *m* ❶ BOT, MED germe *m;* **~e treiben** germer
❷ *fig geh einer Freundschaft, Liebe* prémices *fpl* (*soutenu*)
▸ **etw im ~ ersticken** étouffer qc dans l'œuf
Keimblatt *nt* BOT, MED cotylédon *m* **Keimdrüse** *f* glande *f* génitale
keimen *itr V a. fig* germer; **das Keimen** la germination
keimfrei *Adj* stérilisé(e); *Umgebung* stérile; **etw ~ machen** stériliser qc
Keimling <-s, -e> *m* ❶ BOT germe *m*
❷ (*Embryo*) embryon *m*
keimtötend *Adj* antiseptique
Keimung <-, -en> *f* germination *f*
Keimzelle *f* ❶ BIO gamète *m*
❷ (*Ausgangspunkt*) ferment *m*
kein **I.** *Pron indef, adjektivisch* ❶ **~ Wort sagen** ne pas dire un mot; **~e Lust/Zeit haben** ne pas avoir envie/le temps; **~ Auto/Telefon haben** ne pas avoir de voiture/de téléphone; **~e Kinder haben** ne pas avoir d'enfant; **~ Geld/sauberes Hemd mehr haben** ne plus avoir d'argent/une seule chemise de propre; **~e Hunde mögen** ne pas aimer les chiens; **~ Kind mehr sein** ne plus être un enfant; **wir haben ~ schönes Wetter** nous n'avons pas de beau temps; **das ist ~e schlechte Idee!** ce n'est pas une mauvaise idée!; **gibt es ~en anderen Zug?** il n'y a pas d'autre train?; **ich will diese CD und ~e andere** c'est ce CD que je veux et pas un autre; **~e andere als Brigitte** nulle autre que Brigitte
❷ (*nicht einmal*) **~e drei Stunden dauern** ne même pas durer trois heures

II. *Pron indef, substantivisch* ❶ (*auf eine Person bezogen*) **das weiß ~er** personne ne le sait; **das geht ~en etwas an** cela ne regarde personne; **es ist ~er mehr da** il n'y a plus personne; **~er/~e wollte tanzen** aucun d'entre eux/aucune d'entre elles ne voulait danser; **sie hat ~en von beiden geheiratet** elle n'en a épousé aucun des deux

❷ (*auf Dinge bezogen*) **von den Pullovern gefiel mir ~er** aucun des pullovers ne m'a plu; **Saft habe ich ~en da, aber Wasser** du jus, je n'en ai pas, mais de l'eau [par contre]

keinerlei *Adj unv, attr* [ne...] vraiment aucun; **~ Interesse zeigen** ne montrer vraiment aucun intérêt

keinesfalls *Adv* [ne...] en aucun cas; **ich möchte dich ~ beunruhigen** je ne veux en aucun cas te causer du souci

keineswegs *Adv* [ne...] absolument pas; **sie ist ~ zufrieden** elle n'est absolument pas satisfaite; **waren Sie zufrieden? – Keineswegs!** vous étiez content(e)? – Absolument pas!

keinmal *Adv* [ne...] pas une seule fois; **~ fehlen/zu spät kommen** ne pas manquer/arriver en retard une seule fois

keins [kaɪns] *s.* **kein**

Keks [ke:ks] <-es, -e> *m* gâteau *m* sec

► **er/das geht mir auf den ~** *fam* il/ça me tape sur le système (*fam*)

Kelch [kɛlç] <-[e]s, -e> *m* ❶ (*Blütenkelch, Abendmahlskelch*) calice *m*

❷ (*Sektkelch*) flûte *f*

► **den [bitteren] ~ bis auf den Grund** [*o* **bis zur Neige**] **leeren [müssen]** *geh* [devoir] boire le calice jusqu'à la lie; **dieser ~ geht an mir/ihm vorüber** cette épreuve m'est/lui est épargnée

Kelchblatt *nt* BOT sépale *m*

kelchförmig *Adj Blüte* en corolle; *Aufsatz* en forme de coupe

Kelchglas *nt* flûte *f*

Kelle ['kɛlə] <-, -n> *f* ❶ (*Schöpflöffel*) louche *f*

❷ (*Maurerkelle*) truelle *f*

❸ (*Signalstab*) *eines Polizisten* ≈ bâton *m* [blanc]

Keller ['kɛlɐ] <-s, -> *m* cave *f*

Kellerassel ['kɛlɐʔasəl] *f* cloporte *m*

Kellerei <-, -en> *f* cave *f* viticole

Kellerfalte *f* pli *m* creux **Kellerfenster** *nt* soupirail *m* **Kellergeschoss**[RR] *nt* sous-sol *m* **Kellergewölbe** *nt* cave *f* voûtée **Kellerlokal** *nt* cave *f*, caveau *m* **Kellermeister(in)** *m(f)* caviste *mf* **Kellerwohnung** *f* logement *m* en sous-sol

Kellner(in) ['kɛlnɐ] <-s, -> *m(f)* serveur(-euse) *m(f)*

kellnern *itr V fam* faire le serveur/la serveuse (*fam*)

Kelte ['kɛltə] <-n, -n> *m*, **Keltin** *f* Celte *mf*

Kelter ['kɛltɐ] <-, -n> *f* pressoir *m*

Kelterei <-, -en> *f* pressurage *m*

keltern ['kɛltɐn] *tr V* pressurer; **das Keltern** le pressurage

keltisch ['kɛltɪʃ] *Adj* celt[iqu]e

Kelvin ['kɛlvɪn] <-s, -> *nt* PHYS kelvin *m*

Kemenate [keme'na:tə] <-, -n> *f* ❶ HIST (*Frauengemach*) appartement *m* des femmes

❷ *hum geh* (*Damenzimmer*) boudoir *m*

Kendo ['kɛndo] <-[s]> *nt* SPORT (*japanische Kampfsportart*) kendo *m*

Kenia ['ke:nia] <-s> *nt* le Kenya

Kenianer(in) [keni'a:nɐ] <-s, -> *m(f)* Kenyan(e) *m(f)*

kenianisch *Adj* kenyan(e)

Kennbuchstabe *m* lettre *f* code **Kenndaten** *Pl* TECH [données *fpl*] caractéristiques *fpl*

kennen ['kɛnən] <kannte, gekannt> I. *tr V* ❶ connaître; **~ lernen** apprendre à connaître *Person, Land, Kultur;* **jdn ~ lernen** faire la connaissance de qn; **jdn näher ~ lernen** faire plus ample connaissance avec qn; **ich freue mich, Sie ~ zu lernen!** je suis heureux(-euse) de faire votre connaissance!; **jdn als kompetenten Mitarbeiter ~** découvrir que qn est un collaborateur compétent; **jdn als guten Familienvater ~** connaître qn en tant que bon père de famille; **alle ~ sie als zuverlässige Kollegin** elle est réputée pour être une collègue sur qui on peut compter; **so kenne ich sie gar nicht** je ne l'ai jamais vue comme ça; **wie ich ihn/sie kenne ...** tel que je le/telle que je la connais ...; **kennst du mich noch?** tu te rappelles de moi?

❷ (*walten lassen*) **kein Erbarmen/Mitleid ~** ignorer la miséricorde/pitié

► **du wirst/der wird mich noch ~ lernen!** *fam* tu vas voir/il va voir de quel bois je me chauffe! (*fam*); **das ~ wir schon** *iron* on connaît la chanson (*iron fam*); **du kennst ihn/mich/... doch!** tu sais bien comment il est/je suis/...!; **jdn nicht mehr ~ wollen** faire semblant de ne plus connaître qn; **so was ~ wir hier nicht!** ce n'est pas le genre de la maison!

II. *r V* **sich ~** se connaître; **sich ~ lernen** (*Bekanntschaft machen*) faire connaissance; (*vertraut werden*) apprendre à se connaître

kennen|lernen I. *tr V s.* **kennen I.1., I.►**

II. *r V s.* **kennen II.**

Kenner(in) <-s, -> *m(f)* ❶ (*Vertrauter*) **ein ~/eine ~in der Materie** un expert/une experte en la matière; **als ~ des Hauses könnte ich ...** moi qui connais la maison, je pourrais ...

❷ (*Experte*) connaisseur(-euse) *m(f);* **eine ~in guter Weine/von Antiquitäten** une connaisseuse de bons vins/en antiquités; **da zeigt sich der ~** c'est là qu'on voit le connaisseur

Kennerblick *m* œil *m* d'expert; **mit ~** d'un œil expert

kennerhaft, kennerisch I. *Adj Blick, Griff, Miene* expert(e)

II. *Adv antworten, lächeln, nicken* en connaisseur

Kennermiene *f* air *m* connaisseur; **mit ~** d'un air connaisseur

kenntlich ['kɛntlɪç] *Adj* **etw durch ein Zeichen/mit Leuchtstift ~ machen** marquer qc d'un signe/au marqueur fluorescent; **an etw** (*Dat*) **~ sein** être reconnaissable à qc

Kenntnis ['kɛntnɪs] <-, -se> *f* ❶ *kein Pl* (*Wissen*) connaissance *f;* **jdn von etw in ~ setzen** porter qc à la connaissance de qn; **jdn davon in ~ setzen, dass** porter à la connaissance de qn [le fait] que + *indic;* **~ von etw erhalten/haben** prendre/avoir connaissance de qc; **etw zur ~ nehmen** prendre acte de qc; **zur ~ nehmen, dass** noter que + *indic* (*form*); **von etw nicht in ~ gesetzt werden** ne pas être informé(e) au sujet de qc; **das entzieht sich meiner ~** cela échappe à ma connaissance; **ohne ~ der Umstände** dans l'ignorance des circonstances; **vermutete ~** JUR connaissance supposée; **gesetzlich unterstellte ~** JUR connaissance présumée légalement

❷ *Pl* (*Fachwissen*) connaissances *fpl;* **~se in Mathematik haben** avoir des connaissances en mathématiques; **über ~se in Informatik verfügen** posséder des connaissances en informatique

Kenntnisnahme <-> *f* **zur ~** pour information; **nach ~** après [en] avoir pris connaissance

kenntnisreich *geh* I. *Adj* érudit(e)

II. *Adv* savamment

Kennung <-, -en> *f* TECH identification *f;* INFORM, TELEC indicatif *m*

Kennwort <-wörter> *nt* ❶ (*Codewort*) code *m* ❷ (*Losungswort*) mot *m* de passe **Kennzahl** *f* ❶ (*Ortsnetzkennzahl*) indicatif *m* ❷ *meist Pl* (*Zahlenwert, Eckwert*) indice *m* **Kennzeichen** *nt* ❶ (*Autokennzeichen*) numéro *m* d'immatriculation; **amtliches** [*o* **polizeiliches**] **~** numéro *m* d'immatriculation ❷ (*Merkmal*) signe *m* distinctif; **unveränderliches ~** signe *m* particulier ❸ (*Markierung*) signe *m* de reconnaissance; *eines Wanderwegs* repère *m* **kennzeichnen** I. *tr V* ❶ (*markieren*) marquer *Tier, Fachwort;* signaler *Weg, Behälter;* **Tiere durch Ringe ~** baguer des animaux; **die Ware durch ein Etikett ~** marquer la marchandise par une étiquette; **etw als zerbrechlich/explosiv ~** marquer qc comme étant fragile/explosif(-ive) ❷ (*charakterisieren*) caractériser II. *r V* **sich durch etw ~** se caractériser par qc **kennzeichnend** *Adj* caractéristique; **~ für jdn/etw sein**

être caractéristique de qn/qc **Kennzeichnung** *f* ❶ (*das Kennzeichnen*) marquage *m* ❷ (*Merkmal, Charakterisierung*) marque *f* ❸ MATH (*eindeutige Festlegung*) démonstration *f* **Kennziffer** *f* référence *f*
kentern ['kɛntɐn] *itr V + sein* chavirer; **das Boot zum Kentern bringen** faire chavirer le bateau
Keramik [ke'ra:mɪk] <-, -en> *f* céramique *f*
keramisch [ke'ra:mɪʃ] *Adj* en céramique
Keratin [kera'ti:n] <-s, -e> *nt* BIO kératine *f*
Kerbe ['kɛrbə] <-, -n> *f* encoche *f*
▸ **in die gleiche ~ schlagen** *fam* jouer les radoteurs (*fam*)
Kerbel ['kɛrbəl] <-s> *m* cerfeuil *m*
kerben ['kɛrbən] *tr V* **etw in ein Stück Holz ~** graver qc dans un morceau de bois
Kerbholz ▸ **etwas auf dem ~ haben** *fam* avoir qc à cacher (*fam*) **Kerbtier** *nt* insecte *m*
Kerker ['kɛrkɐ] <-s, -> *m* ❶ (*Verlies, Strafe*) cachot *m*
❷ A *s.* **Zuchthaus**
Kerkermeister(in) *m(f)* geôlier(-ière) *m(f)*
Kerl [kɛrl] <-s, -e *o* -s> *m fam* ❶ (*Bursche*) type *m* (*fam*); **du fieser ~!** espèce de salopard! (*fam*)
❷ (*liebenswerter Mensch*) type *m* (*fam*); (*liebenswerter junger Mann*) gars *m* (*fam*); **sie ist ein netter ~** c'est une nana sympa (*fam*); **ein ganzer ~** un bon gars (*fam*)
❸ *pej* (*Liebhaber*) mec *m* (*fam*)
Kern [kɛrn] <-[e]s, -e> *m* ❶ (*Obstkern*) pépin *m; von Steinobst* noyau *m*
❷ (*Nusskern*) amande *f*
❸ (*Atomkern, Zellkern*) noyau *m*
❹ (*zentraler Punkt*) *eines Problems, einer Sache* fond *m;* **kommen Sie zum ~!** entrez dans le vif du sujet!
❺ (*zentraler Teil*) *einer Stadt* cœur *m*
❻ (*wichtiger, aktiver Teil*) *einer Belegschaft, Mannschaft* noyau *m* dur; *eines Unternehmens* branche *f* d'activité principale
▸ **in jdm steckt ein guter ~** qn a un bon fond; **der harte ~** le noyau dur; **einen wahren ~ haben** avoir un fond de vérité
Kernarbeitszeit *f* plage *f* [horaire] fixe **Kernbrennstoff** *m* combustible *m* nucléaire **Kernenergie** *s.* **Kernkraft** **Kernexplosion** *f* PHYS explosion *f* nucléaire **Kernfach** *nt* SCHULE matière *f* principale **Kernforschung** *f* recherche *f* nucléaire **Kernfrage** *f* question *f* fondamentale **Kernfrucht** *f* fruit *m* à pépins **Kernfusion** *f* fusion *f* nucléaire **Kerngehäuse** *nt* trognon *m* **Kerngeschäft** *nt* ÖKON activité *f* de base **kerngesund** *Adj* en pleine santé **Kernholz** *nt* cœur *m* du bois
kernig ['kɛrnɪç] *Adj* ❶ (*kraftvoll*) *Mann* robuste
❷ (*urwüchsig*) *Witz, Worte* cru(e)
❸ (*voller Kerne*) à pépins; **~/ganz ~ sein** avoir des/être plein(e) de pépins
Kernkraft *f* énergie *f* nucléaire
Kernkraftbefürworter(in) *m(f)* partisan(e) *m(f)* du nucléaire **Kernkraftgegner(in)** *m(f)* antinucléaire *mf* **Kernkraftwerk** *nt* centrale *f* nucléaire
Kernladungszahl *f* CHEM numéro *m* atomique
kernlos *Adj* sans pépins
Kernobst *nt* fruits *mpl* à pépins **Kernphysik** *f* physique *f* nucléaire **Kernphysiker(in)** *m(f)* atomiste *mf* **Kernproblem** *nt* problème *m* de fond **Kernpunkt** *s.* **Kern 4.** **Kernreaktion** *f* PHYS réaction *f* nucléaire **Kernreaktor** *m* réacteur *m* nucléaire **Kernschmelze** *f* fusion *f* du cœur du réacteur **Kernseife** *f* ≈ savon *m* de Marseille **Kernspaltung** *f* PHYS fission *f* nucléaire **Kernspintomograph** *m* appareil *m* d'I.R.M. (*d'imagerie par résonance magnétique*), appareil *m* de R.M.N (*de résonance magnétique nucléaire*) **Kernstrahlung** *f* PHYS radiation *f* nucléaire **Kernstück** *nt* point *m* essentiel **Kerntechnik** *f* technique *f* nucléaire **Kernteilung** *f* BIO mitose *f* **Kernumwandlung** *f* PHYS transformation *f* nucléaire **Kernverschmelzung** *f* ❶ PHYS *s.* **Kernfusion** ❷ BIO fusion *f* des gamètes **Kernwaffe** *f* arme *f* nucléaire
kernwaffenfrei *Adj* dénucléarisé(e) **Kernwaffenversuch** *m* essai *m* nucléaire
Kernzeit *f* plage *f* fixe [de travail]
Kerosin [kero'zi:n] <-s, -e> *nt* kérosène *m*
Kerze ['kɛrtsə] <-, -n> *f* ❶ bougie *f;* REL cierge *m*
❷ (*Zündkerze*) bougie *f*
❸ (*Gymnastikübung*) chandelle *f;* **eine ~ machen** faire la chandelle
Kerzenbeleuchtung *s.* **Kerzenlicht** **Kerzendocht** *m* mèche *f* [de bougie] **kerzengerade** *Adj, Adv* droit(e) comme un i **Kerzenhalter** *m* (*klein*) bougeoir *m;* (*groß*) chandelier *m;* (*am Tannenbaum, auf Geburtstagskuchen*) petit bougeoir *m* **Kerzenleuchter** *m* candélabre *m* **Kerzenlicht** *nt* lumière *f* des bougies [*o* des chandelles]; **bei ~ essen** manger aux chandelles **Kerzenschlüssel** *m* clé *f* à bougie **Kerzenständer** *m* bougeoir *m*
Kescher ['kɛʃɐ] <-s, -> *m* épuisette *f*
kess[RR], **keß** I. *Adj* ❶ (*frech, dreist*) *Person* effronté(e); *Spruch, Antwort* audacieux(-euse); *Vorschlag* hardi(e); **~ sein** *Person:* ne pas avoir froid aux yeux
❷ (*jung, unbekümmert*) joli(e); **ein ~es Mädchen** une sacrée minette (*fam*)
❸ (*flott*) *Hut, Rock* affriolant(e)
II. *Adv antworten, gucken* avec aplomb
Kessel ['kɛsəl] <-s, -> *m* ❶ (*Wasserkessel*) bouilloire *f*
❷ (*Kochtopf*) marmite *f*
❸ (*Heizkessel*) chaudière *f*
❹ GEOG cuvette *f*
❺ MIL encerclement *m*
Kesselfleisch *nt* GASTR DIAL poitrine *f* de porc bouillie **Kesselflicker(in)** <-s, -> *m(f)* rétameur(-euse) *m(f)* **Kesselhaus** *nt* chaufferie *f* **Kesselpauke** *f* timbale *f* **Kesselschmied** *m* HIST chaudronnier *m* **Kesselstein** *m* tartre *m* **Kesseltreiben** *nt* campagne *f* de dénigrement, chasse *f* aux sorcières
Kessheit[RR], **Keßheit** <-> *f* aplomb *m*
Ketchup ['kɛtʃap], **Ketschup**[RR] <-[s], -s> *m o nt* ketchup *m*
Kette ['kɛtə] <-, -n> *f* ❶ *a.* COM, TEXTIL chaîne *f;* **eine ~ bilden** *Polizei, Demonstranten:* faire la chaîne; **den Hund an die ~ legen** mettre le chien à la chaîne
❷ (*Halskette*) collier *m*
❸ (*Aneinanderreihung*) succession *f; von Beweisen, Erfolgen* série *f*
ketten *tr V* ❶ (*befestigen*) **jdn/einen Hund/etw an etw** (*Akk*) **~** enchaîner qn/un chien/qc à qc
❷ (*binden*) **jdn an sich** (*Akk*) **~** attacher qn à soi; **jdn an jdn ~** *Vertrag, Schicksal:* lier qn à qn
Kettenbrief *m* lettre *f* en chaîne **Kettenfahrzeug** *nt* véhicule *m* chenillé **Kettenglied** *nt* maillon *m* **Kettenhemd** *nt* cotte *f* de mailles **Kettenhund** *m* chien *m* enchaîné **Kettenkarussell** *nt* chaises *fpl* volantes **Kettenrauchen** *nt* grand tabagisme *m* **Kettenraucher(in)** *m(f)* grand fumeur *m*/ grande fumeuse *f;* **~ sein** fumer cigarette sur cigarette **Kettenreaktion** *f* PHYS, CHEM réaction *f* en chaîne ▸ **eine ~ von Misserfolgen auslösen** déclencher une succession d'échecs **Kettensäge** *f* tronçonneuse *f* **Kettenschaltung** *f* dérailleur *m* **Kettenschutz** *m* carter *m* de chaîne
Ketzer(in) ['kɛtsɐ] <-s, -> *m(f)* hérétique *mf*
Ketzerei [kɛtsə'raɪ] <-, -en> *f* hérésie *f*
ketzerisch *Adj* hérétique
keuchen ['kɔɪçən] *itr V* ❶ + *haben* (*schwer atmen*) haleter
❷ + *sein* (*gehen, laufen*) **durch das Ziel ~** franchir la ligne d'arrivée en haletant
Keuchhusten *m* coqueluche *f*
Keule ['kɔɪlə] <-, -n> *f* ❶ (*Waffe*) massue *f*
❷ (*Sportgerät*) mil *m*
❸ GASTR *eines Lamms, Hammels* gigot *m; von Geflügel* cuisse *f; von Wild* cuissot *m*
▸ **chemische ~** (*Reizgas*) bombe *f* lacrymogène

Keulenschlag *m* coup *m* de massue
▶ **jdn wie ein ~ treffen** faire à qn l'effet d'un coup de massue; *Nachricht:* faire à qn l'effet d'une douche froide
keusch [kɔɪʃ] **I.** *Adj* chaste
II. *Adv* chastement; *leben* dans la chasteté
Keusche <-, -n> *f* A *pej* (*Bruchbude*) taudis *m*
Keuschheit <-> *f* chasteté *f*
Keuschheitsgelübde *nt* vœu *m* de chasteté; **das ~ ablegen** faire vœu de chasteté **Keuschheitsgürtel** *m* ceinture *f* de chasteté
Keyboard ['kiːbɔːt] <-s, -s> *nt* orgue *m* électronique
Kfz [kaːʔɛf'tsɛt] <-[s], -[s]> *nt Abk von* **Kraftfahrzeug** automobile *f*
Kfz-Brief [kaːʔɛf'tsɛt-] *m titre de propriété d'un véhicule automobile* **Kfz-Schein** *m* ≈ carte *f* grise **Kfz-Werkstatt** *f* garage *m* **Kfz-Zulassung** *f* immatriculation *f* **Kfz-Zulassungsstelle** *f* service *m* des immatriculations
kg *Abk von* **Kilogramm** kg
KG [kaː'geː] <-, -s> *f Abk von* **Kommanditgesellschaft** SCS *f*
kgl. *Adj Abk von* **königlich**
K-Gruppe ['kaː-] *f* HIST groupe *m* gauchiste
Khaki[1] <-s> *m* (*Stoff*) [toile *f*] kaki *m inv*
Khaki[2] <-s> *nt* (*Farbe*) kaki *m inv*
khakifarben *Adj* kaki *inv*
Khmer [kmeːɐ] <-, -> *m* Khmer *m*/Khmère *f*
kHz *Abk von* **Kilohertz** kHz *m*
KI [kaː'ʔiː] <-> *f Abk von* **künstliche Intelligenz** I.A. *f*
Kibbuz [kɪ'buːts] <-, Kibbuzim *o* -e> *m* kibboutz *m*
Kiberer <-s, -> *m* A *pej fam* flic *m*
Kichererbse ['kɪçɐ-] *f* pois *m* chiche
kichern ['kɪçɐn] *itr V* ricaner
kicken ['kɪkən] *itr V fam* ❶ (*Fußball spielen*) jouer au foot (*fam*); **für einen Verein ~** jouer au foot dans un club (*fam*)
❷ (*schießen*) taper dans *Ball;* **den Ball ins Aus ~** botter en touche (*fam*)
Kicker(in) <-s, -[s]> *m(f) fam* footeux(-euse) *m(f)* (*fam*)
Kickstarter ['kɪkʃtartɐ] *m* kick *m*
kidnappen ['kɪtnɛpən] *tr V* kidnapper
Kidnapper(in) ['kɪtnɛpɐ] <-s, -> *m(f)* kidnappeur(-euse) *m(f)*
Kidnapping ['kɪtnɛpɪŋ] <-s, -s> *nt* kidnapping *m*
Kids *Pl fam* (*Kinder*) mômes *mpl* (*fam*); (*Jugendliche*) ados *mpl* (*fam*)
kiebig ['kiːbɪç] *Adj* DIAL ❶ (*frech*) effronté(e)
❷ (*aufgebracht*) **~ werden/sein** se mettre/être en rage
Kiebitz ['kiːbɪts] <-es, -e> *m* vanneau *m* huppé
kiebitzen ['kiːbɪtsən] *itr V hum fam* ❶ KARTEN se mêler d'une partie
❷ (*beobachten*) mater (*fam*)
kiefeln *itr V* A ❶ (*kauen*) **an etw** (*Dat*) **~** mordiller qc
❷ *fig* **an einem Problem ~** remâcher un problème
Kiefer[1] ['kiːfɐ] <-, -n> *f* (*Baum, Holz*) pin *m*
Kiefer[2] <-s, -> *m* ANAT mâchoire *f*
Kieferbruch *m* fracture *f* de la mâchoire **Kieferchirurg(in)** *m(f)* chirurgien(ne) *m(f)* maxillo-facial(e) **Kieferchirurgie** *f* chirurgie *f* maxillo-faciale **Kieferhöhle** *f* ANAT sinus *m* maxillaire **Kieferhöhlenentzündung** *f* MED sinusite *f* maxillaire
Kiefernholz *nt* [bois *m* de] pin *m* **Kiefernnadel** *f* aiguille *f* de pin **Kiefernwald** *m* forêt *f* de pins **Kiefernzapfen** *m* pomme *f* de pin
Kieferorthopädie <-> *f* MED orthopédie *f* dento-faciale
kieken ['kiːkən] NDEUTSCH *s.* **gucken**
Kieker ['kiːkɐ] ▶ **jdn auf dem ~ haben** *fam* (*jdn schikanieren*) avoir qn dans le collimateur (*fam*)
Kiel [kiːl] <-[e]s, -e> *m* ❶ (*Schiffskiel*) quille *f*
❷ (*Federkiel*) tuyau *m* [de plume]
kielholen *tr V* ❶ NAUT **gekielholt werden** *Schiff:* être mis(e) en carène ❷ HIST **gekielholt werden** subir la grande cale **Kiellinie** *f* NAUT ligne *f* de file **kieloben** [kiːl'ʔoːbən] *Adv* la quille en l'air **Kielraum** *m* cale *f;* **im ~** dans la cale **Kielwasser** *nt* sillage *m* ▶ **in jds ~** (*Dat*) **segeln** [*o* **schwimmen**] naviguer [*o* être] dans le sillage de qn
Kieme ['kiːmə] <-, -n> *f* branchie *f*
Kiemendeckel *m* ZOOL opercule *m* branchial
Kien [kiːn] <-[e]s> *m,* **Kienspan** *m* copeau *m* [de] résineux
Kiepe ['kiːpə] <-, -n> *f* NDEUTSCH hotte *f*
Kies [kiːs] <-es, -e> *m* ❶ (*kleine Steine*) gravier *m*
❷ *kein Pl fam* (*Geld*) pognon *m* (*fam*)
Kiesel ['kiːzəl] *s.* **Kieselstein**
Kieselalge *f* BOT diatomée *f* **Kieselerde** *kein Pl f* silice *f* **Kieselsäure** *f* acide *m* silicique **Kieselstein** *m* gravier *m;* (*groß*) caillou *m;* (*am Wasser*) galet *m*
Kiesgrube *f* gravière *f* **Kiesweg** *m* allée *f* de gravier
Kiez [kiːts] <-es, -e> *m* ❶ *sl* (*Rotlichtviertel*) quartier *m* chaud
❷ NDEUTSCH (*Stadtteil*) quartier *m*
kiffen ['kɪfən] *itr V sl* kifer (*arg*)
Kiffer(in) ['kɪfɐ] <-s, -> *m(f) sl* fumeur(-euse) *m(f)* de pétard (*arg*)
kikeriki [kikəri'kiː] *Interj* cocorico
killekille ['kɪlə'kɪlə] *Interj Kinderspr.* guili-guili (*enfantin*)
killen ['kɪlən] *tr V sl* buter (*arg*)
Killer(in) ['kɪlɐ] <-s, -> *m(f) sl* tueur(-euse) *m(f)* [à gages]
Killerinstinkt *m sl* rage *f* de vaincre
Kilo ['kiːlo] <-s, -[s]> *nt Abk von* **Kilogramm** kilo *m*
Kilobit *nt* INFORM kilobit *m* **Kilobyte** [kiːlo'baɪt, 'kiːlobaɪt] *nt* kilo-octet *m* **Kilogramm** *nt* kilogramme *m* **Kilohertz** [-hɛrts] *nt* kilohertz *m* **Kilojoule** [kiːlo'dʒuːl, 'kiːlodʒuːl] *nt* kilojoule *m* **Kilokalorie** *f* kilocalorie *f* **Kilometer** *m* ❶ kilomètre *m;* **wie viel verbraucht der Wagen auf hundert ~?** combien la voiture consomme-t-elle aux cent? ❷ *fam* (*Stundenkilometer*) **er fuhr höchstens 50 ~** [**in der Stunde**] il roulait à 50 maxi (*fam*)
Kilometerfresser *m fam* bouffeur (-euse) de kilomètres *m* (*fam*) **Kilometergeld** *nt* indemnité *f* kilométrique **kilometerlang** **I.** *Adj* [long(longue)] de plusieurs kilomètres **II.** *Adv* sur des kilomètres **Kilometerpauschale** *f a.* FISC forfait *m* kilométrique **Kilometerstand** *m* kilométrage *m;* **bei einem ~ von ...** à ... kilomètres **Kilometerstein** *m* borne *f* kilométrique **kilometerweit** **I.** *Adj Entfernung, Wanderung* de plusieurs kilomètres; *Sicht* à perte de vue **II.** *Adv wandern* sur plusieurs kilomètres; **~ reichen** *Sicht:* s'étendre à perte de vue **Kilometerzähler** *m* compteur *m* kilométrique
Kilovolt *nt* PHYS kilovolt *m* **Kilowatt** *nt* kilowatt *m*
Kilowattstunde *f* kilowattheure *m*
Kimme ['kɪmə] <-, -n> *f* cran *m* de mire
Kimono ['kiːmono] <-s, -s> *m* kimono *m*
Kind [kɪnt] <-[e]s, -er> *nt* ❶ enfant *m;* **uneheliches ~** enfant illégitime; **ein ~ von jdm erwarten** *geh* attendre un enfant de qn; **sie kriegt ein ~** *fam* elle va avoir un gosse (*fam*); **bei ihnen ist ein ~ unterwegs** *fam* il y a un gosse en route chez eux (*fam*); **ein ~ in die Welt setzen** mettre un enfant au monde; **jdm ein ~ machen** *sl* faire un gosse à qn (*fam*)
❷ *Pl fam* (*Leute*) **~er, ~er!** *fam* ah, mes enfants! (*fam*); **~er, heute bleiben wir zu Hause!** les enfants, aujourd'hui on reste à la maison!
▶ **das ~ mit dem Bade ausschütten** jeter le bébé avec l'eau du bain; **~er Gottes** [des] enfants *mpl* de Dieu; **mit ~ und Kegel** *hum fam* avec toute la smala (*hum fam*); **aus ~ern werden Leute** *Spr.* [tous] les enfants grandissent; **das ~ im Manne** l'enfant qui sommeille en tout homme; **das ~ muss einen Namen haben** maintenant que l'enfant est né, il faut le baptiser; **das ~ beim Namen nennen** appeler un chat un chat; **~er und Narren sagen die Wahrheit** *Spr.* la vérité sort de la bouche des enfants; **kleine ~er, kleine Sorgen – große ~er, große Sorgen** *Spr.* petits enfants, petits soucis – grands enfants, grands soucis; **er/sie ist kein ~ von Traurigkeit** *hum* il/elle juge la vie trop courte pour ne pas en profiter (*hum*); **ein**

~ seiner Zeit sein vivre avec son temps; ein gebranntes ~ sein être un chat échaudé; noch ein halbes ~ sein ne pas être encore sorti(e) de l'enfance; das ist nichts für kleine ~er *fam* ce n'est pas pour les gamins (*fam*); kluges ~! *iron* gros(se) malin(maligne)! (*iron*); sich bei jdm lieb ~ machen *fam* essayer de se mettre dans les petits papiers de qn (*fam*); sich wie ein ~ freuen se réjouir comme un enfant; wie sag' ich's meinem ~e? *hum* comment lui faire avaler le morceau? (*hum*); wir werden das ~ schon schaukeln *fam* on va goupiller ça (*fam*); das weiß doch jedes ~! *fam* un gosse sait ça! (*fam*); von ~ auf dès son/mon/... plus jeune âge

Kindbett *nt* MED *veraltet* couches *fpl* **Kindbettfieber** *nt* MED fièvre *f* puerpérale

Kindchen <-s, -> *nt Dim von* Kind: ~! mon petit/ma petite!

Kinderarbeit ['kɪndɐ-] *f* travail *m* des mineurs **Kinderarzt** *m*, **-ärztin** *f* pédiatre *mf* **Kinderaugen** *Pl* yeux *mpl* d'enfant ▸ große ~ bekommen (*staunen*) ouvrir de grands yeux **Kinderbekleidung** *f* vêtements *mpl* pour enfant[s] [*o* d'enfant] **Kinderbetreuung** *f* garde *f* d'enfants **Kinderbett** *nt* lit *m* d'enfant **Kinderbild** *nt* portrait *m* d'enfant; ein ~ meines Onkels une photo de mon oncle petit **Kinderbuch** *nt* livre *m* d'enfant

Kinderchen *Pl Dim von* Kinder petits *mpl;* kommt, ~! venez, mes petits!

Kinderchor [-ko:ɐ] *m* chorale *f* d'enfants **Kinderdorf** *nt* village *m* d'enfants **Kinderehe** *f* mariage *m* d'enfants

Kinderei <-, -en> *f* enfantillage *m*

Kindererziehung *f* éducation *f* des enfants **Kinderfahrkarte** *f* billet *m* à demi-tarif [pour enfant] **kinderfeindlich** I. *Adj Architektur, Wohnung* inadapté(e) aux enfants; *Politik, Gesellschaft* qui ne fait rien pour les enfants II. *Adv planen, gestalten* sans se préoccuper des enfants **Kinderfeindlichkeit** *f* inadaptation *f* aux enfants; *einer Gesellschaft, Politik* mépris *m* des enfants **Kinderfest** *nt* fête *f* d'enfants **Kinderfreibetrag** *m* abattement *f* [fiscal] pour enfant[s] à charge **Kinderfreund(in)** *m(f)* ami(e) *m(f)* des enfants; ein ~ sein aimer les enfants **kinderfreundlich** I. *Adj Person* qui aime les enfants; *Umgebung, Möbel* adapté(e) aux enfants; *Gesellschaft* ouvert(e) aux enfants; *Politik* familial(e) II. *Adv planen, bauen* en se souciant [des besoins] des enfants **Kinderfunk** *m* RADIO radio *f* pour les enfants **Kindergarten** *m* ≈ école *f* maternelle **Kindergärtner(in)** *m(f)* éducateur(-trice) *m(f)* d'école maternelle **Kindergeburtstag** *m* anniversaire *m* d'enfant; zum ~ eingeladen sein être invité(e) à un goûter d'anniversaire **Kindergeld** *nt* ≈ allocations *fpl* familiales **Kinderheilkunde** *f* médecine *f* infantile **Kinderheim** *nt* (*Fürsorgeheim*) ≈ foyer *m* de la DDASS; (*Erholungsheim*) centre *m* d'accueil pour enfants **Kinderhort** *m* garderie *f* **Kinderjahre** *Pl* années *fpl* d'enfance **Kinderklinik** *f*, **Kinderkrankenhaus** *nt* hôpital *m* d'enfants; (*kleiner*) clinique *f* pédiatrique **Kinderkrankheit** *f* ① maladie *f* infantile ② *meist Pl* (*Anfangsproblem*) ratés *mpl* de départ **Kinderkriegen** <-s> *nt fam* accouchement *m* ▸ es ist zum ~ *fam* [il] y a de quoi devenir dingue (*fam*) **Kinderkrippe** *f* crèche *f* **Kinderladen** *m* jardin *m* d'enfants alternatif (*utilisant des méthodes non-directives*) **Kinderlähmung** *f* MED poliomyélite *f* **kinderleicht** I. *Adj Bedienung, Montage* enfantin(e); ~ sein être un jeu d'enfant II. *Adv* etw ist ~ zu montieren/bedienen c'est enfantin de monter/se servir de qc

Kinderlein *s.* Kinderchen

kinderlieb *Adj* qui aime les enfants; ~ sein aimer les enfants **Kinderliebe** *f* amour *m* des enfants **Kinderlied** *nt* chanson *f* enfantine **kinderlos** *Adj* sans enfants; ~ sein *Person, Paar:* ne pas avoir d'enfant; ~ bleiben *Ehe:* rester sans enfants **Kinderlosigkeit** <-> *f* absence *f* d'enfants **Kindermädchen** *nt* bonne *f* d'enfants **Kindermärchen** *nt* ① conte *m* pour enfants ② *fam* (*Hirngespinst*) conte *m* à dormir debout (*fam*) **Kindermord** *m* infanticide *m* **Kindermörder(in)** *m(f)* infanticide *mf* **Kindermund** *m* bouche *f* d'enfant ▸ ~ tut Wahrheit kund *Spr.* la vérité sort de la bouche des enfants **Kindernarr** *m*, **-närrin** *f* ein ~/eine Kindernärrin sein adorer les enfants **Kinderpornographie** *f* pornographie *f* enfantine **Kinderpsychologie** *f* psychologie *f* de l'enfant **kinderreich** *Adj Paar* qui a beaucoup d'enfants; *Familie* nombreux(-euse); ~ sein *Paar:* avoir beaucoup d'enfants **Kinderreichtum** *m* grand nombre *m* d'enfants **Kinderschänder(in)** <-s, -> *m(f)* violeur(-euse) *m(f)* d'enfants **Kinderschar** *f* ribambelle *f* d'enfants (*fam*) **Kinderschreck** *m* croque-mitaine *m* **Kinderschuh** *m* chaussure *f* d'enfant ▸ den ~en entwachsen sein *Person:* être sorti(e) de l'enfance; noch in den ~en stecken *Entwicklung, Technik:* être encore aux [premiers] balbutiements **Kindersegen** *m kein Pl a. iron* heureux événement *m;* der ~ blieb bei ihnen aus ils n'ont pas pu avoir d'enfant **kindersicher** I. *Adj Spielzeug, Wohnung, Verschluss* adapté(e) aux enfants II. *Adv aufbewahren* hors de portée des enfants **Kindersicherung** *f* sécurité *f* enfants **Kindersitz** *m* siège *m* pour enfant **Kinderspiel** *nt* jeu *m* pour enfants ▸ für jdn ein ~ sein être un jeu d'enfant pour qn **Kinderspielplatz** *m* square *m;* (*an der Autobahn*) aire *f* de jeux **Kinderspielzeug** *nt* jouet *m* [d'enfant] **Kindersprache** *f* langage *m* enfantin **Kindersterblichkeit** *f* mortalité *f* infantile **Kinderstube** *f* DIAL *s.* Kinderzimmer ▸ jd hat eine/keine gute ~ gehabt qn a reçu une bonne/mauvaise éducation **Kindertagesstätte** *s.* Kinderhort **Kinderteller** *m* menu *m* enfant **Kinderwagen** *m* landau *m;* (*Sportwagen*) poussette *f* **Kinderzahl** *f* nombre *m* d'enfants **Kinderzimmer** *nt* chambre *f* d'enfant **Kinderzuschlag** *m* supplément *m* pour enfants à charge (*dont bénéficient les fonctionnaires allemands*)

Kindesalter *nt* bas âge *m;* noch im ~ sein être encore un enfant; seit frühestem ~ depuis son/mon/... plus jeune âge **Kindesbeine** ▸ etw von ~n an lernen apprendre qc dès sa plus tendre enfance; er hat das Reiten von ~n an gelernt il a appris à faire du cheval depuis sa plus tendre enfance **Kindeskinder** *Pl* ihre/unsere ~ les enfants de leurs/nos enfants **Kindesmissbrauch**[RR] *m* abus *m* [sexuel] sur des enfants **Kindesmisshandlung**[RR] *f* maltraitance *f* des enfants **Kindesmord** *m* infanticide *m* **Kindesmörder(in)** *m(f)* [mère *f*/ père *m*] infanticide *mf*, meurtrier(-ière) *m(f)* de son propre enfant **Kindestötung** *f* JUR meurtre *m* d'enfant

kindgemäß I. *Adj* adapté(e) aux enfants; *Einrichtung* conçu(e) pour les enfants
II. *Adv* en fonction des enfants

kindhaft *Adj* puéril(e)

Kindheit <-> *f* enfance *f;* jd lernt etw von ~ an qn apprend qc dès l'enfance; jd hat etw von ~ an gelernt qn a appris qc depuis l'enfance

Kindheitserinnerung *f* souvenir *m* d'enfance **Kindheitstraum** *m* rêve *m* d'enfant; sich (*Dat*) einen ~ erfüllen réaliser un rêve d'enfant

kindisch *pej* I. *Adj* puéril(e); wieder ~ werden retomber dans l'enfance
II. *Adv sich benehmen, verhalten* de façon puérile

kindlich I. *Adj* d'enfant; sie ist noch sehr ~ elle est encore très jeune
II. *Adv sich verhalten* comme un enfant; ~ wirken faire encore enfant; ~ aussehen avoir l'air d'être encore un enfant

Kindskopf *m fam* gamin *m* (*fam*) **Kindslage** *f* MED position *f* du bébé [*o* fœtus] **Kindstaufe** *f* baptême *m* d'enfant **Kindstod** *m* MED plötzlicher ~ mort *f* subite du nourrisson

Kinemathek [kinema'te:k] <-, -en> *f* cinémathèque *f*

Kinetik [ki'ne:tɪk] <-> *f* cinétique *f*

kinetisch [ki'ne:tɪʃ] *Adj* cinétique

King [kɪŋ] ▸ sich für den ~ halten *fam* se prendre pour le roi (*fam*); der ~ sein *fam* être le roi (*fam*)

Kinkerlitzchen ['kɪŋkelɪtsçən] *Pl fam* bricoles *fpl* (*fam*)

K

Kinn ['kɪn] <-[e]s, -e> *nt* menton *m*
Kinnbart *m* bouc *m* **Kinnhaken** *m* uppercut *m* **Kinnlade** *f* mâchoire *f* [inférieure] **Kinnriemen** *m* mentonnière *f*
Kino ['ki:no] <-s, -s> *nt* cinéma *m;* **ins ~ gehen** aller au cinéma
Kinobesuch *m* séance *f* de cinéma **Kinobesucher(in)** *m(f)* spectateur(-trice) *m(f)* **Kinofilm** *m* film *m* [grand écran] **Kinogänger(in)** [-gɛŋɐ] <-s, -> *m(f)* cinéphile *mf;* **ein regelmäßiger ~ sein** aller régulièrement au cinéma **Kinokarte** *f* place *f* de cinéma **Kinokasse** *f* caisse *f* du cinéma **Kinoprogramm** *nt* ① (*gezeigte Filme*) affiche *f* ② (*gedrucktes Programm*) programme *m* des films **Kinowerbung** *f* publicité *f* cinématographique
Kiosk ['ki:ɔsk] <-[e]s, -e> *m* kiosque *m*
Kipfe[r]l <-s, -[n]> *nt* A croissant *m*
Kippe ['kɪpə] <-, -n> *f fam* ① *fam* (*Mülldeponie*) décharge *f*
② *fam* (*Zigarettenstummel*) mégot *m* (*fam*)
③ *sl* (*Zigarette*) sèche *f* (*fam*)
▸ **auf der ~ stehen** *fam Vase, Glas:* être prêt(e) à dégringoler (*fam*); *Schüler, Firma:* être sur la corde raide; *Wahlausgang, Entscheidung:* être en suspens; **in Mathe stehe ich genau auf der ~** en maths, je suis vraiment ric-rac (*fam*); **es steht noch auf der ~, ob ...** *fam* c[e n]'est pas encore sûr que ... + *subj*
kippen ['kɪpən] **I.** *tr V + haben* ① (*schütten*) **Sand auf die Straße ~** renverser du sable dans la rue; **Giftstoffe in den Fluss ~** déverser des produits toxiques dans le fleuve
② (*schräg stellen*) basculer; **bitte nicht ~!** ne pas retourner s.v.p.!
③ *fam* (*scheitern lassen*) renverser *Politiker;* faire capoter (*fam*) *Gesetzesvorhaben;* faire sauter *Projekt, Reportage;* rayer *Sendung*
▸ **einen ~** *fam* s'en jeter un (*fam*)
II. *itr V + sein* ① (*umfallen*) *Person, Fahrzeug, Kiste, Möbelstück:* basculer; *Behälter:* se renverser
② *fam* (*zurückgehen*) flancher (*fam*)
③ ÖKOL *fam* (*aus dem Gleichgewicht geraten*) *Gewässer:* périr; *Ökosystem:* être perturbé(e); **die Elbe ist gekippt** l'Elbe est asphyxiée
Kipper <-s, -> *m* AUT camion *m* à benne
Kippfenster *nt* fenêtre *f* basculante **Kipplore** *f* wagonnet *m* basculant **Kippschalter** *m* interrupteur *m* [basculant] **Kippwagen** *m* MIN wagonnet *m*
Kirche ['kɪrçə] <-, -n> *f* ① (*Gebäude, Gottesdienst*) église *f;* **in die ~ gehen** aller à l'église
② (*Institution*) Église *f;* **die evangelische/katholische/orthodoxe ~** l'Église protestante/catholique/orthodoxe; **die Bekennende ~** l'Église *f* fidèle à son message (*mouvement protestant d'opposition au national-socialisme*)*;* **aus der ~ austreten** faire une déclaration de non-appartenance à l'Église
▸ **die ~ im Dorf lassen** *fam* garder les pieds sur terre (*fam*)
Kirchenasyl *nt* POL, REL [droit *m* d'] asile *m* des églises **Kirchenaustritt** *m* déclaration *f* de non-appartenance à l'Église **Kirchenbank** <-bänke> *f* banc *m* d'église **Kirchenbann** *m* REL excommunication *f* **Kirchenbuch** *nt* registre *m* paroissial **Kirchenchor** [-ko:ɐ] *m* chorale *f* paroissiale **Kirchendiener** *m* sacristain *m* **kirchenfeindlich** *Adj* REL anticlérical(e) **Kirchenfenster** *nt* vitrail *m* **Kirchenfest** *nt* REL fête *f* religieuse **Kirchenfürst** *m* REL *geh* prince *m* de l'Eglise **Kirchengemeinde** *f* paroisse *f* **Kirchengeschichte** *f* histoire *f* de l'Église **Kirchenglocke** *f* cloche *f* de l'église **Kirchenjahr** *nt* année *f* religieuse **Kirchenlicht** ▸ **kein großes ~ sein** *fam* ne pas être une lumière (*fam*) **Kirchenlied** *nt* cantique *m* **Kirchenmaus** ▸ **arm wie eine ~ sein** *fam* être fauché(e) comme les blés (*fam*) **Kirchenmusik** *f* musique *f* sacrée **Kirchenrecht** *nt* droit *m* canon **Kirchenschiff** *nt* (*Längsschiff*) [grande] nef *f;* (*Querschiff*) nef latérale **Kirchenspaltung** *f* REL schisme *m* **Kirchenstaat** *m* HIST États *mpl* pontificaux **Kirchensteuer** *f* ≈ impôt *m* au bénéfice des Églises

i Land & Leute

Le **Kirchensteuer** représente environ 8% des revenus. On doit le payer si l'on est de confession catholique ou protestante. On le paye en règle générale au fisc qui reverse ensuite l'argent aux différentes Églises. En Autriche, la somme allouée au culte, qui varie suivant les personnes, est directement prélevée par les Églises. En Suisse, l'impôt au bénéfice des Églises est fixé suivant le droit des différents cantons.

Kirchenvater *m* Père *m* de l'Église **Kirchenvolk** *nt kein Pl* communauté *f* religieuse **Kirchenvorstand** *m* (*katholisch*) conseil *m* paroissial; (*protestantisch*) conseil *m* presbytéral
Kirchgang <-gänge> *m* assistance *f* au service religieux **Kirchgänger(in)** <-s, -> *m(f)* pratiquant(e) *m(f)*
kirchlich **I.** *Adj* de l'Église; *Feiertag, Trauung, Zeremonie* religieux(-euse)
II. *Adv heiraten, bestatten* à l'église
Kirchtag A *s.* **Kirmes** **Kirchturm** *m* clocher *m*
Kirchturmpolitik *f pej* politique *f* de clocher (*péj*) **Kirchturmspitze** *f* flèche *f* du clocher
Kirchweih ['-vaɪ] <-, -en> *f,* **Kirchweihe** *f* DIAL fête *f* patronale
Kirgise [kɪr'gi:zə] <-n, -n> *m,* **Kirgisin** *f* Kirghiz(e) *m(f)*
Kirgisien [kɪr'gi:ziən] <-s> *nt* le Kirghizistan
kirgisisch *Adj* kirghiz(e)
Kirmes ['kɪrməs, 'kɪrmɛs] <-, -sen> *f* DIAL kermesse *f;* **auf die ~ gehen** aller à la kermesse
kirre ['kɪrə] *Adj* ▸ **jdn ~ machen** *fam* (*jdn gefügig machen*) amadouer qn; (*jdn verrückt machen*) *Person, Musik, Arbeit:* rendre dingue qn (*fam*); **ich bin schon ganz ~!** je ne sais plus où j'en suis! (*fam*)
Kirsch [kɪrʃ] *s.* **Kirschwasser**
Kirschbaum *m* (*Baum, Holz*) cerisier *m;* (*Baum der Vogelkirsche*) merisier *m* **Kirschblüte** *f* fleur *f* de cerisier; **zur [Zeit der] ~** quand les cerisiers sont en fleurs
Kirsche ['kɪrʃə] <-, -n> *f* ① cerise *f*
② (*Baum, Holz*) cerisier *m; der Vogelkirsche* merisier *m*
▸ **mit jdm ist nicht gut ~n essen** *fam* qn n'est pas à prendre avec des pincettes (*fam*)
Kirschentkerner <-s, -> *m* dénoyauteur *m* [de cerises]
Kirschkern *m* noyau *m* de cerise **kirschrot** *Adj* rouge cerise *inv* **Kirschtorte** *f* tarte *f* aux cerises; **Schwarzwälder ~** forêt-noire *f* **Kirschwasser** *nt* kirsch *m*
Kirtag A *s.* **Kirmes**
Kissen ['kɪsən] <-s, -> *nt* (*Kopfkissen*) oreiller *m;* (*Zierkissen*) coussin *m*
Kissenbezug *m* (*Kopfkissenbezug*) taie *f* [d'oreiller]; (*Zierkissenbezug*) housse *f* [de coussin] **Kissenschlacht** *f fam* bataille *f* de polochons (*fam*)
Kiste ['kɪstə] <-, -n> *f* ① caisse *f;* (*klein*) boîte *f;* **eine ~ Bier/Zigarren** une caisse de bières/une boîte de cigarres
② *fam* (*Auto*) caisse *f* (*fam*)
③ *fam* (*Fernseher*) téloche *f* (*pop*)
④ *fam* (*Computer*) bécane *f* (*arg*)
kistenweise *Adv* ① (*in Kisten*) **etw ~ verkaufen** vendre qc en caisses [entières] [*o* par caisses]
② (*in großen Mengen*) **~ Spielsachen wegwerfen** jeter des pleines caisses de jouets
Kitsch [kɪtʃ] <-es> *m* kit[s]ch *m*
kitschig **I.** *Adj* kit[s]ch *inv*
II. *Adv* de façon kit[s]ch
Kitt [kɪt] <-[e]s, -e> *m* ① mastic *m*
② *fig* ciment *m* (*littér*)
Kittchen ['kɪtçən] <-s, -> *nt fam* taule *f* (*fam*)
Kittel ['kɪtəl] <-s, -> *m* (*Arbeitskittel*) blouse *f*
Kittelschürze *f* blouse *f* tablier
kitten ['kɪtən] *tr V* ① (*verkitten*) mastiquer *Fenster, Riss*

❷ (*kleben*) recoller *Tasse, Vase*
❸ *fig* cimenter *Beziehung, Partnerschaft;* **etw wieder** ~ reconsolider qc; **da lässt sich nichts mehr** ~ impossible de recoller les morceaux

Kitz [kɪts] <-es, -e> *nt eines Rehs, einer Gämse* faon *m; einer Ziege* chevreau *m*

Kitzel ['kɪtsəl] <-s, -> *m* ❶ (*Juckreiz*) chatouillement *m*
❷ (*Nervenkitzel*) frisson *m* agréable

kitzelig *s.* **kitzlig**

kitzeln ['kɪtsəln] **I.** *tr V* chatouiller; **jdn unter den Armen/hinter dem Ohr** ~ chatouiller qn sous les bras/derrière l'oreille; **sie kitzelte ihn an den Füßen** ~ elle lui a chatouillé les pieds
II. *itr V Haare, Wolle:* chatouiller; **das kitzelt** ça chatouille; **da kitzelt etwas an meinem Rücken** j'ai quelque chose qui me chatouille dans le dos; **es kitzelt mich in der Nase** j'ai le nez qui me chatouille

Kitzeln <-s> *nt* chatouillement *m*

Kitzler ['kɪtslɐ] <-s, -> *m* clitoris *m*

kitzlig *Adj* ❶ chatouilleux(-euse)
❷ (*heikel*) *Angelegenheit* délicat(e)

Kiwi ['ki:vi] <-, -s> *f* kiwi *m*

kJ *Abk von* **Kilojoule** kj

KKW [ka:ka:'ve:] <-s, -s> *nt Abk von* **Kernkraftwerk** centrale *f* nucléaire

Klabautermann <-männer> *m* NAUT *génie annonciateur de naufrage*

klack [klak] *Interj* clac; **es macht** ~ ça fait clac

klacken ['klakən] *itr V fam* claquer

klacks [klaks] *Interj* vlan

Klacks <-es, -e> *m fam* **ein** ~ **Püree/Sahne** un chouia de purée/crème Chantilly (*fam*)
▸ **für jdn ein** ~ **sein** (*einfach sein*) être de la rigolade pour qn (*fam*); (*wenig sein*) être une babiole [pour qn]

Kladde ['kladə] <-, -n> *f* DIAL cahier *m* de brouillon

klaffen ['klafən] *itr V Spalt, Abgrund:* bâiller; *Wundränder:* être écarté(e); *Wunde, Schnitt:* être béant(e); **auseinander** ~ *Wunde:* s'ouvrir; *Riss:* s'écarter; *Meinungen:* différer

kläffen ['klɛfən] *itr V* glapir; **das Kläffen** les glapissements *mpl*

klaffend *Adj Abgrund, Spalt* béant(e); *Wunde* ouvert(e)

Kläffer <-s, -> *m pej* roquet *m* (*péj*)

Klafter ['klaftɐ] <-s, -> *m o nt,* <-, -n> *f selten veraltet* ❶ (*Maß für Holz*) ≈ corde *f* (*vieilli*)
❷ (*altes Längenmaß*) brasse *f*

Klage ['kla:gə] <-, -n> *f* ❶ plainte *f;* **über jdn/etw** ~**n vorbringen** se plaindre de qn/qc; **keinen Grund zur** ~ **haben** n'avoir aucune raison de se plaindre; **dass mir keine** ~**n kommen!** *fam* qu'on ne vienne pas se plaindre de toi/vous!
❷ JUR ~ **gegen jdn erheben** porter plainte contre qn; **eine** ~ **gegen jdn anstrengen/einreichen** intenter un procès [*o* une action en justice]/déposer une plainte contre qn; **eine** ~ **fallen lassen** renoncer à une action; **eine** ~ **zurückziehen** retirer une demande; **eine** ~ **abweisen** débouter un(e) plaignant(e); **eine** ~ **auf Schadenersatz** une action en dommages-intérêts

Klagegeschrei *nt* lamentations *fpl;* **ein** [**lautes/jämmerliches**] ~ **anstimmen** se répandre en lamentations [bruyantes/déchirantes] **Klagelaut** *m* plainte *f;* ~**e/leise** ~**e von sich geben** laisser échapper des plaintes/des gémissements plaintifs **Klagelied** *nt* complainte *f* ▸ **ein** ~ **über jdn/etw anstimmen** se répandre en lamentations au sujet de qn/qc **Klagemauer** *f* **die** ~ le mur des Lamentations

klagen ['kla:gən] **I.** *itr V* ❶ (*jammern*) se lamenter; **über etw** (*Akk*) ~ se lamenter sur qc
❷ *geh* (*trauern*) **um jdn/etw** ~ pleurer qn/qc
❸ (*sich beklagen*) **über etw** (*Akk*) ~ se plaindre de qc; **ich kann nicht** ~ *fam* on [ne] peut pas se plaindre (*fam*)
❹ JUR **gegen jdn** ~ porter plainte contre qn; **auf Schadenersatz/Rückzahlung** ~ intenter une action en dommages-intérêts/pour remboursement; **auf Erfüllung** ~ intenter une action en paiement
II. *tr V* ❶ (*erzählen*) **jdm sein Leid/seine Not** ~ se plaindre de sa souffrance/misère auprès de qn
❷ A *s.* **verklagen**

klagend **I.** *Adj* ❶ *Laut, Stimme* plaintif(-ive)
❷ JUR *Partei, Teil* plaignant(e)
II. *Adv* en geignant

Kläger(in) ['klɛ:gɐ] <-s, -> *m(f)* plaignant(e) *m(f),* partie *f* plaignante
▸ **wo kein** ~ **ist, ist auch kein Richter** *Spr.* sans plaignant, pas de procès

Klageweg *m form* **den** ~ **beschreiten** intenter une action juridique; **auf dem** ~[**e**] par voie de justice **Klageweib** *nt* pleureuse *f*

kläglich ['klɛ:klɪç] **I.** *Adj* ❶ *pej* (*miserabel*) lamentable
❷ (*dürftig*) *Rest, Verdienst* misérable
❸ (*jammervoll*) *Laut, Stimme, Wimmern* pitoyable
II. *Adv pej durchfallen, scheitern* lamentablement

Kläglichkeit <-, *selten* -en> *f pej einer Ausrede, eines Einwands* indigence *f;* **die** ~ **dieses Gehalts** ce salaire de misère

klaglos *Adv* sans rechigner

Klamauk [kla'maʊk] <-s> *m fam* (*Alberei*) connerie *f* (*fam*); ~ **machen** faire des conneries (*fam*)

klamm [klam] *Adj* ❶ *Füße* engourdi(e); *Wäsche* humide et froid(e)
❷ *fam* (*knapp bei Kasse*) ~ **sein** être fauché(e) (*fam*)

Klamm <-, -en> *f* gorge *f*

Klammer ['klamɐ] <-, -n> *f* ❶ (*Wäscheklammer*) pince *f* [à linge]
❷ (*Heftklammer*) agrafe *f;* (*Büroklammer*) trombone *m*
❸ (*Haarklammer*) épingle *f* [à cheveux]
❹ MED (*Wundklammer*) agrafe *f*
❺ MED (*Zahnklammer*) appareil *m* [dentaire]
❻ (*Textsymbol*) [**runde**] ~ parenthèse *f;* **eckige/spitze/geschweifte** ~ crochet *m*/chevron *m*/accolade *f;* **in** ~**n** entre parenthèses; ~ **auf** ouvre/ouvrez la parenthèse; ~ **zu** ferme/fermez la parenthèse

Klammeraffe *m* INFORM *fam* ar[r]obas *m*

klammern ['klamɐn] **I.** *tr V* ❶ (*zusammenheften*) **einen Zettel an etw** (*Akk*) ~ agrafer un bout de papier à qc
❷ MED **eine Wunde** ~ suturer une plaie [au moyen d'agrafes]
II. *r V* ❶ (*festhalten*) **sich an jdn/etw** ~ se cramponner [*o* s'accrocher] à qn/qc
❷ *fig* **sich an jdn/etw** ~ se raccrocher à qn/qc
III. *itr V Boxer:* s'accrocher

klammheimlich *fam* **I.** *Adj* secret(-ète)
II. *Adv* en douce (*fam*)

Klamotten *Pl fam* fringues *fpl* (*fam*)

Klamottenkiste *f fam* ▸ **aus der** ~ de la guerre de quatorze (*fam*)

Klampfe ['klampfə] <-, -n> *f* MUS *veraltet* guitare *f*

Klan [kla:n] <-s, -e> *m* clan *m*

klang [klaŋ] *Imp von* **klingen**

Klang [klaŋ, *Pl:* 'klɛŋə] <-[e]s, ⸚e> *m* ❶ (*Ton*) son *m; einer Stimme* timbre *m*
❷ *Pl* (*harmonische Klangfolgen*) sons *mpl;* **zu den Klängen des Orchesters** au son de l'orchestre
▸ **einen guten** ~ **haben** *Instrument:* avoir un beau son; *Name:* être réputé(e)

Klangeffekt *m* effet *m* sonore **Klangfarbe** *f* MUS timbre *m*

Klangfarberegler *m* régulateur *m* de [la] tonalité

Klangfolge *f* séquence *f* sonore **Klangfülle** *f* sonorité *f*

klanglich **I.** *Adj Effekt, Qualität* sonore; *Unterschied* de sonorité
II. *Adv* en ce qui concerne la sonorité

klanglos *Adj Stimme* sans timbre; ~ **sein** *Stimme:* être sourd(e)

Klangregler *m* régulateur *m* de [la] tonalité **klangvoll** *Adj* ❶ (*volltönend*) sonore; *Name, Wort* qui sonne bien ❷ (*bedeutend*) *Titel, Name* impressionnant(e)

Klạppbett *nt* lit *m* rabattable **Klạppdeckel** *m* couvercle *m* à charnière

Klạppe ['klapə] <-, -n> *f* ❶ (*Verschlussklappe*) *eines Briefkastens, Mülleimers* couvercle *m; einer Tasche* rabat *m; eines Ofens* clapet *m*
❷ MUS *einer Klarinette, Flöte* clé *f*
❸ *fam* (*Mund*) clapet *m* (*fam*); **eine große ~ haben** avoir une grande gueule (*fam*); **die ~ aufreißen** être fort(e) en gueule (*fam*); **die ~ halten** fermer son clapet (*fam*); [**halt die**] **~!** la ferme! (*fam*)
❹ *sl* (*Treffpunkt für Homosexuelle*) ≈ toilettes *fpl* gay

klạppen ['klapən] **I.** *tr V + haben* **etw nach oben/unten/hinten ~** rabattre qc vers le haut/vers la bas/en arrière
II. *itr V* ❶ + *haben fam* (*funktionieren*) marcher (*fam*); **mit dem Projekt hat es nicht geklappt** le projet n'a pas marché (*fam*); **es klappt fantastisch/gar nicht** ça marche super bien/pas du tout (*fam*)
❷ + *sein* (*schnappen*) **nach oben/unten ~** *Sitz:* se relever/s'abaisser
❸ + *sein* (*schlagen*) *Laden, Fensterflügel:* claquer; **gegen etw ~** claquer contre qc

Klạppentext *m* résumé *m* sur la jaquette d'un/du livre

Klạpper ['klape] <-, -n> *f* hochet *m*

klạpperdürr ['klape'dʏr] *Adj fam* maigre comme un clou (*fam*); **~ sein** n'avoir que la peau sur les os **Klạppergestell** *nt hum fam* squelette *m* ambulant (*hum fam*)

klạpperig *s.* klapprig

Klạpperkasten ['klape-] *m fam* ❶ (*Klavier*) casserole *f* (*fam*)
❷ (*Auto*) tas *m* de ferraille (*fam*) **Klạpperkiste** *f pej fam* tas *m* de ferraille (*fam*)

klạppern ['klapen] *itr V* ❶ (*schlagen*) *Laden, Fensterflügel:* claquer
❷ (*Geräusch erzeugen*) **mit den Zähnen/dem Schnabel ~** claquer des dents/du bec; **mit dem Geschirr/den Stricknadeln ~** faire cliqueter la vaisselle/les aiguilles à tricoter

Klạpperschlange *f* serpent *m* à sonnettes **Klạpperstorch** *m Kinderspr.* [gentille] cigogne *f* ▸ [**immer noch**] **an den ~ glauben** croire [encore] que les enfants naissent dans les choux

Klạppfahrrad *nt* vélo *m* pliant **Klạppliege** *f* lit *m* pliant **Klạppmesser** *nt* canif *m* **Klạpprad** *nt* vélo *m* pliant

klạpprig *Adj fam* ❶ (*gebrechlich*) décati(e) (*fam*)
❷ (*instabil*) *Auto, Möbelstück* déglingué(e) (*fam*)

Klạppsitz *m* siège *m* rabattable **Klạppstuhl** *m* chaise *f* pliante **Klạpptisch** *m* table *f* pliante **Klạppverdeck** *nt* capote *f*

Klạps [klaps] <-es, -e> *m* tape *f*

Klạpsmühle *f pej fam* maison *f* de fous; **in der ~ sitzen** être chez les dingues (*fam*); **der gehört in die ~!** il est bon à envoyer chez les dingues! (*fam*)

kla̲r [kla:ɐ] **I.** *Adj* ❶ (*durchsichtig, ungetrübt*) *Wasser, Glas, Himmel, Sicht* clair(e)
❷ (*deutlich, eindeutig*) *Stimme, Ton, Aussprache* clair(e); *Benachteiligung, Ergebnis, Vorteil* évident(e); *Vorsprung* net(te)
❸ *fam* (*verständlich*) **alles ~?** c'est clair?; **alles ~!** c'est clair!; **na ~!** mais bien sûr!, ben évidemment! (*fam*)
❹ (*bewusst*) **jdm ist etw ~** qn comprend qc; **jdm wird etw ~** qn commence à comprendre qc, qn se rend compte de qc; **sich** (*Dat*) **über etw** (*Akk*) **im Klaren sein** y voir clair dans qc; **sich** (*Dat*) **darüber im Klaren sein, dass** réaliser [*o* se rendre compte de] ce que + *indic;* **sich über seine Gefühle/Fehler ~ werden** prendre conscience de ses sentiments/erreurs; **sich darüber ~ werden, dass** commencer à réaliser que + *indic;* **langsam wird mir klar, wie ...** je commence à comprendre comment ...
II. *Adv erkennen, hervortreten* clairement; [**in etw** (*Dat*)] **~ sehen** y voir clair [dans qc] (*fam*); **~ denkend** clairvoyant(e)
▸ **~ und deutlich** de façon claire et nette

Klä̲ranlage ['klɛ:ɐ-] *f* station *f* d'épuration

Kla̲rapfel *m* transparente *f* blanche

Klä̲rbecken *nt* bassin *m* de décantation

kla̲rdenkend *s.* klar II.

Kla̲re(r) *m dekl wie Adj fam* gnôle *f* (*fam*)

klä̲ren ['klɛ:rən] **I.** *tr V* ❶ (*aufklären*) élucider *Problem, Frage*
❷ (*reinigen*) épurer *Abwasser*
II. *r V* **sich ~** ❶ (*sich aufklären*) se résoudre; **die Frage hat sich geklärt** la question est résolue
❷ (*sauber werden*) *Wasser:* se décanter

kla̲r|gehen *itr V unreg + sein fam* **es/die Sache geht klar** ça marche/c'est une affaire qui roule (*fam*); **mit der Prüfung/Lieferung ging alles klar** l'examen/la livraison a été comme sur des roulettes (*fam*)

Kla̲rheit <-, -en> *f a. fig* clarté *f;* **etw in aller ~ sagen/zu verstehen geben** dire/faire comprendre qc en toute clarté; **sich** (*Dat*) **~** [**über etw** (*Akk*)] **verschaffen** obtenir des précisions [sur qc]; **in einer Angelegenheit ~ haben** y voir clair dans une affaire; **über etw** (*Akk*) **besteht ~** qc est clair(e) [pour tout le monde/entre nous]

Klarinẹtte [klari'nɛtə] <-, -n> *f* clarinette *f*

Klarinettịst(in) [klarinɛ'tɪst] <-en, -en> *m(f)* clarinettiste *mf*

kla̲r|kommen *itr V unreg + sein fam* s'en sortir (*fam*); **mit jdm/etw ~** s'en sortir avec qn/qc **Kla̲rlack** *m* vernis *m*

kla̲r|machen **I.** *tr V* **jdm etw ~** faire comprendre qc à qn; **jdm ~, dass/wie ...** expliquer à qn que + *indic*/comment ...
II. *r V* **sich** (*Dat*) **etw ~** se rendre compte de qc; **sich** (*Dat*) **~, dass/wo ...** réaliser que + *indic*/où ...

Klä̲rschlamm *m* boues *fpl* d'épuration

kla̲r|sehen *s.* klar II.

Kla̲rsichtfolie [-liə] *f* film *m* transparent [étirable] **Kla̲rsichthülle** *f* chemise *f* transparente; (*zum Einheften*) pochette *f* perforée

kla̲rsichtig *Adj Person* clairvoyant(e)

Kla̲rsichtpackung *f* emballage *m* plastique transparent

kla̲r|spülen *tr, itr V* rincer **kla̲r|stellen** *tr V* clarifier; **~, dass** mettre en évidence que + *indic;* **ich möchte ~, dass** je tiens à préciser que **Kla̲rstellung** *f* clarification *f;* **ich verlange von Ihnen eine ~**[**, dass**] je vous demande de spécifier [que + *indic*] **Kla̲rtext** *m* texte *m* en clair ▸ **mit jdm ~ reden** *fam* dire à qn comment on s'appelle (*fam*); **im ~** *fam* en clair (*fam*)

Klä̲rung <-, -en> *f* ❶ (*Aufklärung*) élucidation *f*
❷ (*Reinigung*) *von Abwässern* épuration *f*

kla̲r|werden *s.* klar I.4.

klạsse ['klasə] *Adj unv fam* super (*fam*)

Klạsse <-, -n> *f* ❶ *a.* SCHULE, SOZIOL, BIO classe *f;* **erster/zweiter ~ fahren/fliegen** voyager en première/ seconde [classe]; **ein Wagen der ersten ~** une voiture de première classe
❷ (*Fahrzeuggruppe, -art*) catégorie *f*
❸ (*Ziehungsgruppe*) *einer Lotterie* tirage *m;* (*Gewinnklasse*) rang *m*
❹ JUR *eines Patents* catégorie *f;* **anwendungsbezogene/anwendungsfreie ~** catégorie se référant/sans référence à l'application
▸ [**das ist ganz**] **große ~!** *fam* [c'est vraiment] super! (*fam*); **~ haben** *fam* être classe (*fam*)

Klạssefrau *f fam* super-femme *f* (*fam*)

Klassement [klasə'mã:] <-s, -s> *nt* classement *m*

Klạssenarbeit *f* devoir *m* sur table **Klạssenausflug** *m* excursion *f* avec la classe **Klạssenbeste(r)** *f(m) dekl wie Adj* premier(-ière) *m(f)* [de la classe] **Klạssenbewusstsein**[RR] *nt* conscience *f* de classe **Klạssenbuch** *nt* cahier *m* de présence **Klạssenkamerad(in)** *m(f)* camarade *mf* de classe **Klạssenkampf** *m* lutte *f* des classes **Klạssenlehrer(in)** *m(f)* professeur *m* principal **klạssenlos** *Adj Gesellschaft* sans classe; *Krankenhaus* publique **Klạssenlos** *nt* billet *m* de loterie **Klạssenlotterie** *f* loterie *f* [en plusieurs tirages]; **in der ~ spielen** jouer à la loterie **Klạssenraum** *s.* Klassenzimmer **Klạssensprecher(in)** *m(f)* délégué(e) *m(f)* de classe **Klạssentreffen** *nt* réunion *f* d'anciens [camarades de classe] **klạssenweise**

Adv sitzen, sich aufstellen par classe; *aufräumen, reinigen* classe par classe **Klassenziel** *nt* objectif *m* pédagogique; **das ~ erreichen** satisfaire aux objectifs pédagogiques **Klassenzimmer** *nt* salle *f* de classe
Klassifikation [klasifika'tsio:n] *s.* Klassifizierung
klassifizierbar *Adj Leistung* classable
klassifizieren* *tr V* classifier; **Pflanzen/Tiere [nach Arten] ~** classer [*o* classifier] les plantes/animaux [par espèces]
Klassifizierung <-, -en> *f* classification *f*
Klassik ['klasɪk] <-> *f* ❶ (*kulturelle Epoche*) classicisme *m*
❷ (*klassisches Altertum*) Antiquité *f*
❸ *fam* (*klassische Musik*) classique *m* (*fam*); (*klassische Literatur*) œuvres *fpl* classiques
Klassiker(in) ['klasike] <-s, -> *m(f)* ❶ (*Schriftsteller*) classique *m*
❷ (*Komponist*) musicien(ne) *m(f)* classique
❸ (*Autorität*) référence *f*; **ein ~ sein** être un classique; **ein ~ des Stummfilms** un classique du film muet
klassisch *Adj* classique
Klassizismus [klasi'tsɪsmʊs] <-, -smen> *m* classicisme *m*
klassizistisch *Adj* classique
klatsch [klatʃ] *Interj* paf
Klatsch <-[e]s, -e> *m* ❶ *kein Pl pej fam* (*Gerede*) ragots *mpl* (*fam*)
❷ (*Klaps*) **jdm einen ~ auf den Po geben** (*jdn schlagen*) donner une tape sur les fesses à qn; (*jdn begrapschen*) mettre la main aux fesses à qn (*fam*)
Klatschbase *f pej fam* commère *f* (*fam*)
Klatsche <-, -n> *f fam* tapette *f* [à mouches]
klatschen ['klatʃən] **I.** *itr V* ❶ + *haben* applaudir; **in die Hände ~** taper dans les mains
❷ + *haben* (*schlagen*) **sich** (*Dat*) **auf die Schenkel ~** se taper sur les cuisses; **jdm auf den Hintern ~** *fam* mettre la main aux fesses à qn (*fam*)
❸ + *sein* (*auftreffen*) **auf/gegen etw** (*Akk*) ~ s'écraser sur/contre qc; **die Torte klatschte ihm ins Gesicht** le gâteau à la crème s'écrasa sur son visage
❹ + *haben pej fam* (*tratschen*) **über jdn** ~ taper sur qn (*fam*); **über etw** (*Akk*) ~ jaser sur qc
II. *tr V* + *haben* ❶ (*schlagen*) **den Takt ~** battre la mesure [des mains]
❷ *fam* (*werfen*) **etw an die Wand ~** balancer qc sur le mur (*fam*); **er hat ihm eine Torte ins Gesicht geklatscht** il lui a flanqué un gâteau à la crème en pleine figure (*fam*)
Klatschen <-s> *nt* ❶ (*Applaus*) applaudissements *mpl*
❷ *fam* (*Tratschen*) ragots *mpl* (*fam*)
Klatscherei <-, -en> *f pej fam* commérages *mpl* (*fam*)
klatschhaft *Adj pej* cancanier(-ière)
Klatschmaul *nt pej fam* (*Klatschbase*) concierge *f* (*fam*) **Klatschmohn** *m* coquelicot *m* **klatschnass**[RR] *Adj fam Kleidung, Haare* tout(e) [*o* complètement] trempé(e); **~ werden/sein** *Person:* être trempé(e) comme une soupe (*fam*); **die Wäsche wird doch ~!** le linge va être tout trempé! **Klatschspalte** *f pej fam* rubrique *f* des potins mondains, échos *mpl* **Klatschsucht** *f pej* goût *f* pour les commérages, manie *f* des cancans **klatschsüchtig** *Adj pej* cancanier(-ière) **Klatschtante** *f*, **Klatschweib** *nt pej fam* commère *f* (*fam*)
klauben ['klaʊbən] *tr V* SDEUTSCH, A, CH ❶ ramasser *Holz, Kastanien*
❷ (*entfernen*) **sich** (*Dat*) **die Kletten vom Ärmel ~** s'enlever les bardanes de la manche
Klaue ['klaʊə] <-, -n> *f* ❶ *eines Raubvogels* serres *fpl*; *eines Raubtiers* griffe *f*; *eines Insekts* pince *f*
❷ *pej sl* (*Hand*) paluche *f* (*pop*)
❸ *pej sl* (*Handschrift*) écriture *f* de cochon (*fam*)
► **jdn aus den ~n der Entführer befreien** libérer qn des griffes des ravisseurs
klauen ['klaʊən] **I.** *tr V fam* ❶ piquer (*fam*), faucher (*fam*); **jdm etw ~** piquer [*o* faucher] qc à qn; **geklaut** piqué(e)
❷ (*plagiieren*) piquer (*fam*)
II. *itr V fam* faucher (*fam*); **dort wird viel geklaut** là-bas, il y a beaucoup de fauche (*fam*); **beim Klauen erwischt werden** être surpris(e) à faucher (*fam*)
Klause ['klaʊzə] <-, -n> *f* ❶ (*Einsiedelei*) ermitage *m* (*vieilli*)
❷ *hum* (*Zimmer*) retraite *f*, thébaïde *f* (*littér*)
Klausel ['klaʊzəl] <-, -n> *f* clause *f*
Klaustrophobie [klaʊstrofo'bi:] <-> *f* PSYCH claustrophobie *f*
Klausur [klaʊ'zu:ɐ] <-, -en> *f* ❶ UNIV [examen *m*] partiel *m*
❷ SCHULE devoir *m* surveillé
❸ (*Klosterbereich*) clôture *f*
► **in ~ gehen** faire une retraite
Klausurtagung *f* congrès *m* à huis clos
Klaviatur [klavia'tu:ɐ] <-, -en> *f* ❶ *eines Instruments* clavier *m*
❷ *geh* (*Palette*) gamme *f*
Klavichord [klavi'kɔrt] <-[e]s, -e> *nt* MUS clavicorde *m*
Klavier [kla'vi:ɐ] <-s, -e> *nt* piano *m*; **~ spielen** jouer du piano
Klavierbauer(in) [kla'vi:ɐ-] *m(f)* facteur(-trice) *m(f)* de pianos **Klavierbegleitung** *f* accompagnement *m* de piano; **mit ~** avec accompagnement au piano **Klavierdeckel** *m* abattant *m* de piano **Klavierhocker** *m* tabouret *m* de piano **Klavierkonzert** *nt* concerto *m* pour piano; (*Veranstaltung*) récital *m* de piano **Klavierlehrer(in)** *m(f)* professeur *m* de piano **Klaviersonate** *f* sonate *f* pour piano **Klavierspieler(in)** *m(f)* pianiste *mf* **Klavierstimmer(in)** *m(f)* accordeur(-euse) *m(f)* de pianos **Klavierstunde** *f* leçon *f* de piano **Klavierunterricht** *m* cours *m* de piano
Klebeband <-bänder> *nt* ruban *m* adhésif **Klebebindung** *f* reliure *f* sans couture
kleben ['kle:bən] **I.** *itr V* ❶ (*klebrig sein*) coller
❷ (*haften*) **an etw** (*Dat*) ~ être collé(e) à qc; **gut/schlecht ~** coller bien/mal; **diese Folie klebt von selbst** c'est une feuille autocollante; **das Hemd klebt ihm am Körper** sa chemise lui colle à la peau
❸ *fam* (*treu befolgen*) **an etw** (*Dat*) ~ suivre fidèlement qc
❹ *veraltet fam* (*Rentenbeiträge entrichten*) cotiser [pour la retraite]
II. *tr V* ❶ (*befestigen*) **etw an die Wand ~** coller qc au mur
❷ (*zusammenkleben*) coller *Film, Tonband*
❸ (*reparieren*) recoller; **das kann man nicht ~** ça ne peut pas se recoller
► **jdm eine ~** *fam* en coller une à qn (*fam*)
kleben|bleiben *s.* **bleiben I.6., I.7.**
Kleber <-s, -> *m fam* colle *f*
Klebestift *m* bâton *m* de colle **Klebestreifen** *m s.* **Klebstreifen**
klebrig ['kle:brɪç] *Adj* collant(e)
Klebstoff *m* colle *f* **Klebstreifen** *m* [ruban *m*] adhésif *m*
Kleckerbetrag *m meist Pl fam* somme *f* minable (*fam*)
Kleckerei <-, -en> *f pej fam* dégoulinades *fpl* (*fam*)
kleckern ['klɛkɐn] **I.** *tr V* + *haben* **etw voll ~** *fam* faire plein de taches sur qc (*fam*); **Soße auf etw** (*Akk*) ~ faire des taches de sauce sur qc; (*großflächig*) répandre de la sauce sur qc
II. *itr V* ❶ + *haben* **mit etw ~** faire des taches de qc (*fam*)
❷ + *sein* (*tropfen*) **die Soße kleckert ihm auf die Hose** la sauce lui dégouline sur le pantalon
❸ + *sein fam* (*eintreffen*) *Zahlungen, Aufträge:* arriver au compte-gouttes
► **nicht ~, [sondern] klotzen!** *sl* il faut y mettre le pacson! (*arg*)
III. *r V fam* **sich voll ~** se faire des taches partout (*fam*)
kleckerweise *Adv fam* au compte-gouttes
Klecks [klɛks] <-es, -e> *m* ❶ (*Fleck*) [grosse] tache *f*; (*Farbklecks*) éclaboussure *f*; (*Tintenklecks*) pâté *m*
❷ (*kleine Menge*) **ein ~ Senf/Sahne** un peu de moutarde/de crème Chantilly
klecksen ['klɛksən] **I.** *itr V* + *haben* ❶ (*Kleckse machen*) *Person:* barbouiller (*fam*)

(2) (*tropfen*) *Füller:* baver; *Farbe:* dégouliner
II. *tr V + haben* [**jdm**] **Tinte auf die Hose** ~ faire une tache d'encre sur le pantalon [de qn]; (*absichtlich*) balancer de l'encre sur le pantalon [de qn]

Klee [kle:] <-s> *m* trèfle *m*
▸ **jdn/etw über den grünen ~ loben** *fam* couvrir qn de fleurs *fam*/porter qc aux nues

Kleeblatt *nt* (1) [feuille *f* de] trèfle *m*; **vierblättriges ~** trèfle *m* à quatre feuilles
(2) (*Autobahnkreuz*) échangeur *m*
(3) (*Trio*) trio *m*

Kleiber ['klaɪbɐ] <-s, -> *m* ORN sittelle *f*

Kleid [klaɪt] <-[e]s, -er> *nt* (1) robe *f*
(2) *Pl* (*Kleidungsstück*) vêtements *mpl*, habits *mpl*; **sich** (*Dat*) **die ~er vom Leib reißen** se débarrasser de ses vêtements; **sie haben ihm die ~er vom Leib gerissen** ils lui ont arraché ses vêtements du corps
▸ **~er machen Leute** *Spr.* ≈ on juge les gens sur leur mine

kleiden ['klaɪdən] I. *r V* **sich dezent/auffällig ~** s'habiller d'une façon décente/criarde; **in Grün/in Seide** (*Akk*) **gekleidet sein** être habillé(e) [*o* vêtu(e)] en vert/de soie
II. *tr V* (1) **jdn gut ~** *Anzug, Farbe:* bien habiller qn
(2) *geh* (*ausdrücken*) **etw in Worte ~** habiller qc de mots (*soutenu*)
(3) *veraltet geh* (*einkleiden*) habiller *Person*

Kleiderablage *f* vestiaire *m*; (*Möbel*) penderie *f* **Kleiderbügel** *m* cintre *m* **Kleiderbürste** *f* brosse *f* à habits **Kleiderhaken** *m* patère *f*, portemanteau *m* **Kleiderkammer** *f* MIL magasin *m* d'habillement **Kleiderkasten** *m* A, CH *s.* Kleiderschrank **Kleiderrock** *m* robe *f* chasuble **Kleidersack** *m* sac *m* de voyage **Kleiderschrank** *m* armoire[-penderie] *f* **Kleiderständer** *m* portemanteau *m*

kleidsam *Adj geh* seyant(e)

Kleidung <-, *selten* -en> *f* vêtements *mpl*, habits *mpl*

Kleidungsstück *nt* vêtement *m*

Kleie ['klaɪə] <-, -n> *f* son *m*

klein [klaɪn] I. *Adj* (1) petit(e) *gén antéposé*; **eine zu ~e Bluse** un chemisier trop juste; **jdm zu ~ sein** être trop petit(e) pour qn; **die ~eren Größen** les petites tailles; **haben Sie diese Jeans eine Nummer ~er?** avez-vous ce jean en plus petit?
(2) (*kleinwüchsig*) *Person* petit(e) *antéposé*; **sich ~ machen** se faire tout(e) petit(e)
(3) (*jung*) *Kind, Hund, Katze* petit; **als ich ~ war** quand j'étais tout(e) petit(e)
(4) (*kleingeschrieben*) *Buchstabe* minuscule; **ein ~es a** un a minuscule; (*in mathematischen Gleichungen*) un petit a
(5) (*räumlich und zeitlich kurz*) petit(e) *antéposé*; **haltet einen ~en Abstand!** restez groupé(e)s!
(6) (*gering*) petit(e) *antéposé*; **ein ~[es] bisschen, ein ~ wenig** un [tout] petit peu
(7) (*geringfügig*) *Fehler, Verstoß* petit(e) *antéposé*; **die ~ste Bewegung** le moindre mouvement; **ich kann nicht wechseln, haben Sie es nicht ~er?** je ne peux pas vous rendre la monnaie, vous n'avez pas de la monnaie?
(8) *pej* (*unbedeutend*) *Beamter* petit(e) *antéposé*
▸ **~, aber fein** petit(e) par la taille, grand(e) par la qualité; **die Kleinen hängt man, die Großen lässt man laufen** *Spr.* c'est toujours le petit qui trinque; **im Kleinen wie im Großen** en gros et en détail; **~, aber oho** *fam* petit(e) peut-être, mais il faut pas s'y fier (*fam*); **bis ins Kleinste** jusque dans le moindre détail; **von ~ auf** dès ma/sa/... plus tendre enfance
II. *Adv* (*weniger warm*) **etw ~/~er drehen** baisser qc
▸ **~ anfangen** *fam* (*mit wenig Vermögen*) partir de quasiment zéro; **~ beigeben** baisser le ton; **~ machen** *Kinderspr.* faire la petite commission; **~ schreiben Höflichkeit wird heutzutage/bei ihnen ~ geschrieben** *fam* de nos jours/chez eux, on ne fait pas grand cas de la politesse (*fam*)

Kleinaktionär(in) *m(f)* petit(e) *m(f)* actionnaire **Kleinanzeige** *f* petite annonce *f* **Kleinarbeit** *f kein Pl* travail *m* de précision; **etw in mühseliger ~ tun** faire qc grâce à un véritable travail de fourmi **Kleinasien** <-s> *nt* l'Asie *f* mineure **Kleinbahn** *f* ligne *f* à voie étroite **Kleinbauer** *m*, **-bäuerin** *f* petit(e) *m(f)* exploitant(e) **klein|bekommen*** *s.* kleinkriegen **Kleinbetrieb** *m* petite entreprise *f* **Kleinbildkamera** *f* appareil *m* 24 x 36 **Kleinbuchstabe** *m* [lettre *f*] minuscule *f* **Kleinbürger(in)** *m(f)* (1) **die ~** la petite bourgeoisie (2) *pej* (*Spießbürger*) petit(e)-bourgeois(e) *m(f)* **kleinbürgerlich** *Adj* (1) de la petite bourgeoisie (2) *pej* (*spießbürgerlich*) petit(e)-bourgeois(e) **Kleinbürgertum** *nt* petite bourgeoisie *f* **Kleinbus** *m* minibus *m*

Kleine(r) *f(m) dekl wie Adj* (1) (*Kind*) petit(e) *m(f)*; **na, ~/~r!** alors, ma petite/mon petit!; **die lieben ~n** *iron* les petits chéris
(2) *fam* (*junger Mensch*) **eine nette ~** une gentille petite; **seine ~** sa petite amie; **na, ~/~r!** alors, chérie/chéri!

Kleine(s) *nt dekl wie Adj* (1) (*Kind*) petit(e) *m(f)*
(2) (*Jungtier*) jeune *mf*

Kleinfamilie [-liə] *f* famille *f* nucléaire **Kleinformat** *nt* petit format *m* **Kleingärtner(in)** *m(f)* locataire *mf* de jardin ouvrier **Kleingebäck** *nt* petits gâteaux *mpl*

kleingedruckt *s.* gedruckt

Kleingedruckte(s) *nt dekl wie Adj* clauses *fpl* en petits caractères; *eines Bestellformulars* conditions *fpl* de vente en petits caractères **Kleingeist** *m pej* esprit *m* borné **Kleingeld** *nt* monnaie *f* ▸ **das nötige ~** *fam* les sous [pour ça] (*fam*) **kleingläubig** *Adj pej* timoré(e) **Kleingruppe** *f* petit groupe *m*

klein|hacken *s.* hacken I.1.

Kleinhandel *m* ÖKON commerce *m* de détail

Kleinheit <-> *f* petitesse *f*

Kleinhirn *nt* ANAT cervelet *m* **Kleinholz** *nt kein Pl* petit bois *m*
▸ **aus jdm** [*o* **jdn zu**] **~ machen** *fam* mettre qn en bouillie (*fam*); **aus etw** [*o* **etw zu**] **~ machen** *hum fam* mettre qc en pièces

Kleinigkeit ['klaɪnɪçkaɪt] <-, -en> *f* (1) (*Bagatelle*) bricole *f*; **das ist eine/keine ~** ce n'est pas un problème/n'est pas rien; **wegen** [*o* **bei**] **jeder ~** pour la moindre broutille
(2) (*Einzelheit*) [petit] détail *m*
(3) (*kleine Menge, Strecke, Portion*) **eine ~** un peu; **eine ~ essen** manger un petit quelque chose; **eine ~ kosten** *iron* coûter une jolie [petite] somme
(4) (*kleiner Artikel*) bricole *f*

Kleinigkeitskrämer(in) *m(f) pej* tatillon(ne) *m(f)*, pinailleur(-euse) *m(f)* (*fam*)

Kleinkalibergewehr *nt* fusil *m* petit calibre

kleinkalibrig *Adj* de petit calibre

kleinkariert *pej fam* I. *Adj* (*engstirnig*) borné(e); **~ sein** avoir des œillères II. *Adv handeln* petitement; **~ denken** avoir un esprit borné **Kleinkind** *nt* petit enfant *m* **Kleinklima** *nt* microclimat *m* **Kleinkram** *m fam* (1) (*Kleinigkeiten*) broutilles *fpl* (2) (*kleine Arbeiten*) [petites] bricoles *fpl* (*fam*) **Kleinkredit** *m* petit crédit *m* **Kleinkrieg** *m* (1) MIL guérilla *f*; **jdm einen ~ liefern** mener une guérilla contre qn (2) (*Streitereien*) petite guerre *f* **klein|kriegen** *tr V* (1) *fam* (*zerkleinern*) arriver à couper *Holz, Steak* (2) *fam* (*kaputtmachen*) réussir à bousiller (*fam*) *Spielzeug*; **nicht kleinzukriegen sein** être increvable (*fam*) (3) *fam* (*gefügig machen*) **jdn ~** obliger qn à filer doux (*fam*) **Kleinkunst** *f kein Pl* numéros *mpl*, petits spectacles *mpl* **Kleinkunstbühne** *f* café-théâtre *m*; (*Kabarett*) cabaret *m* **kleinlaut** I. *Adj Antwort, Eingeständnis* embarrassé(e); **~ werden/sein** baisser/avoir baissé le ton II. *Adv fragen* d'une [toute] petite voix; *zugeben* d'un ton gêné

kleinlich *Adj pej* (1) (*geizig*) pingre
(2) (*engstirnig*) mesquin(e)

Kleinlichkeit <-, -en> *f pej* (*Geiz, Engstirnigkeit*) mesquinerie *f*

klein|machen *s.* machen I.1.
Kleinmöbel *Pl* petit mobilier *m* **Kleinmut** *m geh* pusillanimité *f* (*littér*)
kleinmütig *Adj geh* timoré(e) (*soutenu*)
Kleinod ['klaɪno:t, *Pl:* klaɪ'no:diən] <-[e]s, -odien> *nt a. fig geh* joyau *m*
klein|schneiden *s.* schneiden I.1.
klein|schreibenRR *tr V unreg* écrire en minuscules; **ein Wort ~** écrire un mot en minuscules **Klein|schreibung** *f* écriture *f* sans majuscules **Kleinstaat** *m* petit État *m* **Kleinstadt** *f* petite ville *f;* (*mit mehr als 20.000 Einwohnern*) ville *f* moyenne **Kleinstädter(in)** *m(f)* habitant(e) *m(f)* d'une petite ville **kleinstädtisch** *Adj* ❶ *Umgebung, Verkehr* d'une petite ville ❷ *pej Beschränktheit, Enge* typique des petites villes
kleinstmögliche(r, s) *Adj attr* **die ~ Packung/Menge** le plus petit emballage/la plus petite quantité possible
Kleintier *nt* animal *m* de compagnie **Kleinvieh** *nt* [animaux *mpl* de] basse-cour *f* ▶ **~ macht auch Mist** *Spr.* les petits ruisseaux font les grandes rivières **Kleinwagen** *m* petite voiture *f*
kleinwüchsig [-vy:ksɪç] *Adj geh* de petite taille
Kleister ['klaɪstɐ] <-s, -> *m* colle *f* [d'amidon]
kleistern *tr V* **etw an die Wand ~** coller qc sur le mur
Klementine [klemɛn'ti:nə] <-, -n> *f* clémentine *f*
Klemmappe *s.* Klemmmappe
Klemmbrett *nt* bloc *m* pupitre
Klemme ['klɛmə] <-, -n> *f* ❶ (*Haarklemme*) barrette *f*
❷ ELEC serre-fils *m; eines Starthilfekabels* pince *f*
❸ *fam* (*schwierige Lage*) pétrin *m* (*fam*); (*finanziell*) dèche *f* (*fam*); **in der ~ sein** [*o* **sitzen**] [*o* **stecken**] *fam* être dans le pétrin (*fam*)
klemmen I. *tr V* ❶ **etw unter etw** (*Akk*) **~** glisser qc sous qc; **etw in etw** (*Akk*) **~** coincer qc dans qc; [**sich** (*Dat*)] **die Tasche unter den Arm ~** [se] mettre le sac sous le bras; **den Schwanz zwischen die Hinterbeine ~** tirer la queue entre les pattes
❷ *fam* (*stehlen*) faucher (*fam*), piquer (*fam*)
II. *r V* ❶ (*sich quetschen*) **sich** (*Dat*) **den Daumen ~** se coincer le pouce
❷ (*sich zwängen*) **sich hinter das Steuer ~** se coincer derrière le volant
❸ *fam* (*um Unterstützung bitten*) **sich hinter jdn ~** harceler qn pour obtenir de l'aide (*fam*)
❹ *fam* (*sich kümmern um*) **sich hinter etw** (*Akk*) **~** s'attaquer à qc (*fam*)
III. *itr V Schublade, Tür:* coincer (*fam*); *Schloss:* être bloqué(e)
IV. *itr V unpers* ▶ **wo klemmt's** [**denn**]? *fam* où est-ce que ça coince? (*fam*)
KlemmmappeRR *f* chemise *m* à pince
Klempner(in) ['klɛmpnɐ] <-s, -> *m(f)* plombier *m*
Klempnerei <-, -en> *f* ❶ (*Handwerk*) plomberie *f*
❷ (*Werkstatt*) entreprise *f* de plomberie
klempnern ['klɛmpnɐn] *itr V* faire des travaux de plomberie
Klempnerwerkstatt *f* atelier *m* de plombier
Kleopatra [kle'o:patra] <-s> *f* HIST Cléopâtre *f*
Klepper ['klɛpɐ] <-s, -> *m pej* haridelle *f*
Kleptomane [klɛpto'ma:nə] <-n, -n> *m,* **Kleptomanin** *f* cleptomane *mf*
Kleptomanie [klɛptoma'ni:] <-> *f* cleptomanie *f*
klerikal [kleri'ka:l] *Adj geh* clérical(e)
Kleriker ['kle:rikɐ] <-s, -> *m* ecclésiastique *m*
Klerus ['kle:rʊs] <-> *m* clergé *m*
Klettband <-bänder> *nt* bande *f* velcro®
Klette ['klɛtə] <-, -n> *f* ❶ bardane *f*
❷ *pej fam* (*Mensch*) pot *m* de colle (*fam*)
▶ **wie eine ~ an jdm hängen** *fam* être pendu(e) aux basques de qn (*fam*); **wie** [**die**] **~n zusammenhalten** *fam* être comme cul et chemise (*fam*)
Kletterer <-s, -> *m,* **Kletterin** *f* grimpeur(-euse) *m(f);* (*Bergsteiger*) alpiniste *mf;* (*Freikletterer*) varappeur(-euse) *m(f)*
Klettergerüst *nt* jeu *m* d'extérieur (*pour grimper, dans un terrain de jeu*)
klettern ['klɛtɐn] *itr V* ❶ + *sein* faire de l'escalade; **auf einen Berg ~** escalader une montagne; **auf einen Baum ~** grimper sur un arbre
❷ + *sein* (*steigen*) **aufs Dach ~** monter sur le toit; **in das/aus dem Auto ~** grimper dans/descendre de la voiture
❸ + *haben o sein* SPORT faire de l'escalade; (*Freiklettern betreiben*) faire de la varappe
❹ + *sein fam* (*ansteigen*) *Preis, Temperatur:* grimper; **auf dreißig Grad ~** grimper jusqu'à trente degrés
Kletterpartie *f* passage *m* d'escalade **Kletterpflanze** *f* plante *f* grimpante **Kletterseil** *nt* corde *f* lisse **Kletterstange** *f* mât *m*
KlettverschlussRR *m* fermeture *f* velcro®
Kletze <-, -n> *f* A, SDEUTSCH (*Dörrbirne*) poire *f* sèche
klicken ['klɪkən] *itr V* ❶ (*metallisch klingen*) cliqueter; **das Klicken** le cliquetis
❷ (*ein Geräusch erzeugen*) **mit dem Kugelschreiber ~** faire cliqueter le stylo bille
❸ INFORM **mit der Maus auf etw** (*Akk*) **~** cliquer avec la souris sur qc; **doppelt ~** double-cliquer
Klicker ['klɪkɐ] <-s, -> *m* DIAL bille *f*
Klient(in) [kli'ɛnt] <-en, -en> *m(f)* client(e) *m(f)*
Klientel [kliɛn'te:l] <-, -en> *f* clientèle *f*
Kliff [klɪf] <-[e]s, -e> *nt* falaise *f*
Klima ['kli:ma] <-s, -s *o* Klimate> *nt* ❶ climat *m*
❷ *geh* (*Stimmung, Atmosphäre*) climat *m;* **ein entspanntes/gereiztes ~** un climat détendu/tendu
Klimaanlage *f* climatisation *f;* **ein Hotel mit ~** un hôtel climatisé
Klimakterium [klimak'te:riʊm] <-s> *nt* MED ménopause *f,* climatère *m* (*spéc*)
Klimakunde <-> *f* climatologie *f* **Klimaschutz** *m* protection *f* du climat
klimatisch [kli'ma:tɪʃ] I. *Adj attr* climatique
II. *Adv* du point de vue climatique; **~ günstige Verhältnisse** des conditions climatiques favorables
klimatisieren* *tr V* **klimatisiert werden** être climatisé(e)
Klimatisierung [klimati'zi:rʊŋ] <-, -en> *f* climatisation *f*
Klimatologie [klimatolo'gi:] <-> *f* METEO climatologie *f*
Klimawechsel *m* changement *m* de climat [*o* d'air]
Klimax ['kli:maks] <-, -e> *f* ❶ (*Höhepunkt*) apogée *m*
❷ MED orgasme *m*
Klimbim [klɪm'bɪm] <-s> *m fam* ❶ (*Kram*) bazar *m* (*fam*)
❷ (*Aufheben*) branle-bas *m;* **viel ~ um etw machen** faire tout un cinéma pour qc (*fam*)
klimmen ['klɪmən] <klomm *o* klimmte, geklommen *o* geklimmt> *itr V* + *sein geh* (*klettern*) **auf den Gipfel ~** grimper sur le sommet
Klimmzug *m* ❶ SPORT traction *f* [à la barre fixe]
❷ *meist Pl* (*Anstrengung*) acrobatie *f;* **Klimmzüge machen** faire des acrobaties
Klimperkasten *m fam* casserole *f* (*fam*); (*in einem Lokal*) piano *m* bastringue (*fam*)
klimpern ['klɪmpɐn] *itr V* ❶ *fam* (*spielen*) **auf der Gitarre/dem Klavier ~** gratter de la guitare/pianoter
❷ (*metallisch klingen*) *Münzen, Schlüssel:* tinter; **das Klimpern** le tintement
❸ (*ein Geräusch erzeugen*) **mit etw ~** faire tinter qc
kling [klɪŋ] *Interj* ding
Klinge ['klɪŋə] <-, -n> *f* lame *f*
▶ **mit jdm die ~n kreuzen** *geh* croiser le fer avec qn (*soutenu*); **jdn über die ~ springen lassen** *veraltet* faire passer qn au fil de l'épée
Klingel ['klɪŋəl] <-, -n> *f* sonnette *f*
Klingelbeutel *m* panier *m* pour la quête **Klingelknopf** *m*

K

[bouton *m* de] sonnette *f*

klingeln I. *itr V* ❶ *Radfahrer:* tirer la sonnette; *Wecker:* sonner; **an der Tür** ~ sonner à la porte; **das Klingeln** *eines Weckers* la sonnerie; *einer Türklingel* le coup de sonnette

❷ *(herbeirufen)* **nach jdm** ~ *(im Hotel, Krankenhaus)* sonner qn

II. *tr V* **jdn aus dem Bett** ~ tirer qn du lit en sonnant

III. *itr V unpers* **es klingelt** *(an der Tür)* on sonne; *(in der Schule)* ça sonne; **es** ~ **lassen** laisser sonner; **wenn es zum zweiten Mal klingelt** à la deuxième sonnerie

▶ **hat es jetzt endlich geklingelt?** *fam* ça y est, ça a fait tilt? *(fam)*

Klingelzeichen *nt* coup *m* de sonnette; **auf das/ein** ~ **hin** au coup de sonnette

klingen ['klɪŋən] <klang, geklungen> *itr V* ❶ *(erklingen) Glocke:* sonner; *Gläser:* tinter

❷ *(tönen)* **hohl** ~ *Behälter, Wand:* sonner creux; **fein/dumpf** ~ *Glocke, Gläser:* avoir un tintement clair/étouffé; **hell/rau** ~ *Stimme:* sonner clair(e)/rauque

❸ *(sich anhören)* **gut/interessant** ~ *Angebot, Vorschlag:* avoir l'air bien/intéressant

Klinik ['kli:nɪk] <-, -en> *f* hôpital *m; (Privatklinik)* clinique *f*

Klinikum ['kli:nikʊm] <-s, Klinika *o* Kliniken> *nt* ❶ *(Klinik)* C.H.U. *m*

❷ *kein Pl (Teil des Medizinstudiums)* ≈ internat *m*

klinisch I. *Adj Fall* nécessitant une hospitalisation; *Test* clinique

II. *Adv behandeln, versorgen* en milieu hospitalier; ~ **getestet** testé(e) en laboratoire; ~ **tot** cliniquement mort(e)

Klinke ['klɪŋkə] <-, -n> *f* poignée *f* [de porte]

▶ **sich** *(Dat)* **die** ~ **in die Hand geben** défiler sans discontinuer; **die Bewerber gaben sich die** ~ **in die Hand** les candidats n'ont pas cessé de défiler; ~**n putzen** *fam* faire du porte-à-porte

Klinkenputzer(in) <-s, -> *m(f) fam* démarcheur(-euse) *m(f)*

Klinker ['klɪŋkɐ] <-s, -> *m* brique *f*

klipp [klɪp] ▶ [jdm] ~ **und klar sagen, dass** dire clair et net [à qn] que

Klippe ['klɪpə] <-, -n> *f* écueil *m*

▶ **alle** ~**n umschiffen** éviter tous les écueils

klirren ['klɪrən] *itr V* ❶ *(gläsern tönen) Gläser:* tinter; *Fensterscheibe:* vibrer; *(beim Zerbrechen)* faire un bruit de verre brisé; **das Klirren** les vibrations *fpl; (beim Zerbrechen)* le bruit de verre brisé

❷ *(metallisch tönen)* cliqueter; **mit** ~**den Sporen** en faisant sonner les éperons; **das Klirren** le cliquetis

klirrend I. *Adj Frost, Kälte* glacial(e); **wir haben** ~**en Frost** il gèle à pierre fendre

II. *Adv kalt* terriblement

Klirrfaktor *m* ELEC facteur *m* de distorsion

Klischee [kli'ʃe:] <-s, -s> *nt* ❶ *s.* **Klischeevorstellung**

❷ *pej geh (Redensart)* lieu *m* commun

❸ TYP cliché *m*

klischeehaft *Adj pej geh Bild, Vorstellung* stéréotypé(e)

Klischeevorstellung *f* stéréotype *m*

Klistier [klɪs'ti:ɐ] <-s, -e> *nt* MED lavement *m*

Klistierspritze *f* MED seringue *f* à lavement

Klitoris ['kli:torɪs] <-, - *o* Klitorides> *f* clitoris *m*

Klitsche ['klɪtʃə] <-, -n> *f pej fam* petite boîte *f (fam)*

klitschnass[RR] *s.* **klatschnass**

klitzeklein ['klɪtsə'klaɪn] *Adj fam* riquiqui *(fam)*

Klo [klo:] <-s, -s> *nt fam* W.-C. *mpl,* chiottes *fpl (fam)*

Kloake [klo'a:kə] <-, -n> *f pej* cloaque *m*

Klobecken *nt fam* cuvette *f* de W.-C.

Kloben ['klo:bən] <-s, -> *m* bille *f* [de bois]

klobig ['klo:bɪç] *Adj Hände, Schuhe* épais(se); *Möbelstück* massif(-ive)

Klobrille *f fam* lunette *f* de/des W.-C. **Klobürste** *f fam* brosse *f* à W.-C. **Klodeckel** *m fam* abattant *m* de/des W.-C. **Klomann** <-männer> *m,* **-frau** *f fam* gardien *m* de chiottes/dame *f* pipi *(fam)*

klomm *Imp von* **klimmen**

Klon [klo:n] <-s, -e> *m* BIO clone *m*

klonen [klo:nən] *tr V* BIO cloner; **das Klonen** le clonage

klönen ['klø:nən] *itr V* NDEUTSCH *fam* tailler une bavette *(fam);* **mit jdm** ~ tailler une bavette avec qn

Klopapier *nt fam* papier-toilette *m*

klopfen ['klɔpfən] I. *itr V* ❶ frapper; **an die Tür** ~ frapper à la porte; **ans Fenster/an** [*o* **gegen**] **die Wand** ~ frapper à la fenêtre/taper contre le mur; *(heftig)* cogner contre la fenêtre/le mur; **mit dem Besen an die Decke** ~ taper du balai contre le plafond; **mit dem Hämmerchen auf den Tisch** ~ *Auktionator:* taper du marteau sur la table; **ich habe ein Klopfen gehört** j'ai entendu quelqu'un frapper

❷ *(schlagen)* **jdm auf die Schulter** ~ taper qn sur l'épaule

❸ *(pulsieren) Herz:* battre

❹ *(hämmern) Specht:* piquer du bec

II. *itr V unpers* **es klopft an der Tür** on frappe à la porte

III. *tr V* ❶ *(entfernen)* **sich** *(Dat)* **den Schnee vom Mantel/von den Schuhen** ~ taper son manteau/ses chaussures pour faire tomber la neige; **den Staub aus den Kissen** ~ battre les coussins [pour enlever la poussière]

❷ *(hämmern)* **einen Nagel in die Wand** ~ enfoncer un clou dans le mur

❸ *(ausklopfen)* battre *Teppich*

❹ GASTR attendrir *Schnitzel, Roulade*

▶ **jdn weich** ~ *fam* fléchir qn *(fam);* **sich von jdm weich** ~ **lassen** *fam* se laisser attendrir par qn *(fam)*

Klopfer <-s, -> *m* ❶ *(Türklopfer)* heurtoir *m*

❷ *(Teppichklopfer)* tapette *f*

klopffest *Adj* AUT antidétonant(e) **Klopffestigkeit** *f Fachspr.* pouvoir *m* antidétonant **Klopfzeichen** *nt* signal *m (en frappant sur qc)*

Kloppe ['klɔpə] *f* NDEUTSCH *fam* **von jdm** ~ **kriegen** prendre une raclée de qn *(fam)*

Klöppel ['klœpəl] <-s, -> *m* ❶ *einer Glocke* battant *m*

❷ *(Schlegel)* baguette *f*

❸ *(Spitzenklöppel)* fuseau *m*

klöppeln I. *itr V* faire de la dentelle [au fuseau]

II. *tr V* **ein Deckchen** ~ faire une petite nappe en dentelle

Klöppelspitze *f* dentelle *f* au[x] fuseau[x]

kloppen ['klɔpən] NDEUTSCH *fam* I. *tr V* casser *Steine;* battre *Teppich*

II. *r V* **sich mit jdm** ~ se bagarrer avec qn *(fam)*

Klopperei <-, -en> *f* NDEUTSCH *fam* bagarre *f (fam)*

Klöppler(in) <-s, -> *m(f)* dentellier(-ière) *m*

Klops [klɔps] <-es, -e> *m* ❶ *(Fleischkloß)* boulette *f* [de viande]; **Königsberger** ~**e** *boulettes de viande bouillies avec une sauce aux câpres*

❷ *fam (Fehler)* gaffe *f (fam)*

Klosett [klo'zɛt] *s.* **Toilette**

Klosettbecken *nt* cuvette *f* de W.-C.

Klospülung *f fam* chasse *f* d'eau

Kloß [klo:s, *Pl:* 'klø:sə] <-es, =e> *m* boulette *f*

▶ **einen** ~ **im Hals haben** *fam* avoir une boule dans la gorge *(fam)*

Kloßbrühe ▶ **klar wie** ~ *fam* clair(e) comme de l'eau de roche

Kloster ['klo:stɐ, *Pl:* 'klø:stɐ] <-s, => *nt* monastère *m*

▶ **ins** ~ **gehen** entrer en religion

Klosterbruder *s.* **Mönch** **Klosterfrau** *s.* **Nonne** **Klostergarten** *m (innerhalb der Klosteranlage)* cloître *m; (außerhalb der Klosteranlage)* jardin *m* du monastère **Klosterkirche** *f* église *f* du monastère

klösterlich ['klø:stɐlɪç] *Adj* ❶ *Abgeschiedenheit, Stille* monastique

❷ *(Klöstern/einem bestimmten Kloster gehörend)* des monastères/du monastère

Klosterschule *f* école *f* dirigée par des religieux/des religieuses; **auf der ~ sein** être à l'école chez les religieux/religieuses

Klotz [klɔts, *Pl:* 'klœtsə] <-es, ¨-e> *m* ① (*Holzklotz*) bloc *m* de bois; (*zum Holzhacken*) billot *m*
② *pej fam* (*Gebäude*) bloc *m* hideux
▶ **sich** (*Dat*) **mit jdm/etw einen ~ ans Bein binden** *fam* se mettre un fil à la patte avec qn/qc (*fam*); **auf einen groben ~ gehört ein grober Keil** *Spr.* à dur âne, dur aiguillon (*rare*)

Klötzchen ['klœtsçən] <-s, -> *nt* ① *Dim von* **Klotz** bout *m* de bois
② (*Bauklotz*) cube *m* [d'un jeu de construction]

klotzen *itr V sl* ① (*hart arbeiten*) bosser (*fam*); **wir müssen ganz schön ~** il faut mettre le paquet (*fam*)
② (*massiv investieren*) **bei etw ~** sortir la grosse artillerie pour qc (*fam*)

klotzig *sl* I. *Adj* ① *Gebäude, Möbelstück* mastoc (*péj fam*)
② (*aufwändig*) *Aktion* tapageur(-euse)
II. *Adv* ① (*überreichlich*) *verdienen* un max (*fam*)
② (*aufwändig*) *auftreten* en en fichant plein la vue (*fam*)

Klub [klʊp] <-s, -s> *m* club *m*

Klubbeitrag *m* cotisation *f* au club **Klubhaus** *nt* club-house *m* **Klubjacke** *f* blazer *m* **Klubmitglied** *nt* membre *m* du club **Klubobmann** *m*, **-frau** *f* POL A (*Fraktionsvorsitzender*) président *m* du groupe parlementaire **Klubsessel** *m* fauteuil *m* club

Kluft[1] [klʊft, *Pl:* klʏftə] <-, ¨-e> *f* ① GEOL faille *f*
② *fig* fossé *m*

Kluft[2] <-, -en> *f* DIAL habit *m*; (*Pfadfinderuniform*) uniforme *m*

klug [klu:k] <¨-er, ¨-ste> I. *Adj* ① (*vernünftig*) *Person, Handlungsweise, Vorgehen* avisé(e); *Antwort* habile; *Entscheidung, Rat* judicieux(-euse); **~ sein** *Person:* faire preuve de bon sens; **es ist ~/klüger, abzuwarten** il vaut/vaudrait mieux patienter; **es wird das Klügste** [*o* **am klügsten**] **sein, wenn wir umkehren** le plus sage serait de faire demi-tour; **wenn Sie ~ sind, mischen Sie sich da nicht ein** vous seriez bien avisé(e) de ne pas vous en mêler
② *iron* (*dumm*) *Idee, Ratschlag* intelligent(e); **warst du etwa so ~ und hast ...?** c'est toi, le gros malin/la grosse maligne qui a ...?
▶ **genauso ~ wie zuvor** [*o* **vorher**] **sein** ne pas en être plus avancé(e) qu'avant (*iron*); **hinterher ist man immer klüger** après coup, c'est facile à dire; **der Klügere gibt nach** *Spr.* le plus malin des deux finit toujours par céder; **aus jdm/etw nicht ~ werden** ne pas arriver à comprendre qn/qc; **daraus soll einer ~ werden!** comprenne qui pourra!
II. *Adv* ① *vorgehen, sich verhalten, handeln* intelligemment; **~ daherreden** pontifier
② *iron* (*dumm*) **das hast du dir wirklich sehr ~ ausgedacht!** alors là, tu as vraiment eu une idée astucieuse!

klugerweise ['klu:gɐ'vaɪzə] *Adv* **etw ~ tun** avoir la sagesse de faire qc

Klugheit <-, -en> *f* ① *kein Pl* (*Vernunft*) bon sens *m*
② *iron* (*Bemerkung*) réflexion *f* [particulièrement] intelligente

klug|scheißen *itr V unreg sl* ramener sa science (*fam*) **Klugscheißer(in)** <-s, -> *m(f) sl* petit con *m* prétentieux/petite conne *f* prétentieuse (*arg*) **Klugschwätzer(in)** *m(f) fam* Monsieur *m*/Madame *f* Je-sais-tout (*fam*)

Klump ['klʊmp] ▶ **etw zu ~ fahren** *fam* bousiller qc (*fam*)

Klumpatsch ['klʊmpatʃ] <-s> *m fam* camelote *f* (*fam*)

Klümpchen ['klʏmpçən] <-s, -> *nt Dim von* **Klumpen** grumeau *m*

klumpen ['klʊmpən] *itr V Soße, Salz:* faire des grumeaux

Klumpen <-s, -> *m* (*Mehlklumpen*) grumeau *m*; **ein ~ Salz/Butter** un grumeau de sel/une motte de beurre; **ein ~ Ton** un bloc d'argile

Klumpfuß *m* pied *m* bot

klumpfüßig *Adj* pied bot; **ein ~er Mann/eine ~e Frau** un/une pied[-]bot; **~ sein** avoir un pied bot

klumpig *Adj* grumeleux(-euse); **~ werden** faire des grumeaux

Klüngel ['klʏŋəl] <-s, -> *m* NDEUTSCH *pej fam* clique *f* (*fam*)

Klüngelei <-, -en> *f pej fam* magouille *f* (*péj*); (*Vetternwirtschaft*) piston *m*

Klunker ['klʊŋkɐ] <-s, -> *m fam* (*Edelstein*) caillou *m* (*fam*)

Kluppe ['klʊpə] <-, -n> *f* A (*Wäscheklammer*) pince *f* à linge

Klüver ['kly:vɐ] <-s, -> *m* NAUT foc *m*

km *m Abk von* **Kilometer** km

km/h *m Abk von* **Kilometer pro Stunde** km/h

knabbern ['knabɐn] I. *itr V* **an etw** (*Dat*) **~** grignoter qc
▶ **lange an etw** (*Dat*) **zu ~ haben** *fam* (*sich schwer damit abfinden*) mettre longtemps à digérer qc (*fam*)
II. *tr V* grignoter; **etwas zum Knabbern** quelque chose à grignoter
▶ **nichts zu ~ haben** *fam* n'avoir rien à se mettre sous la dent

Knabe ['kna:bə] <-n, -n> *m* ① *veraltet geh* garçon *m*
② *fam* (*Kerl*) **na, alter ~!** alors, mon vieux! (*fam*)

Knabenchor *m* chœur *m* de jeunes garçons

knabenhaft I. *Adj* **ein ~es Mädchen** une fille à l'allure garçonnière; **trotz seines ~en Aussehens ist er zwanzig** malgré son allure puérile, il a vingt ans
II. *Adv* **~ aussehen** [*o* **wirken**] avoir une allure puérile

Knabenstimme *f* voix *f* de garçon [qui n'a pas mué]

knack [knak] *Interj* crac; **es macht ~** ça fait crac; (*in der Telefonleitung*) il y a un craquement

Knack <-[e]s, -e> *m* craquement *m*

Knäckebrot ['knɛkə-] *nt* pain *m* suédois

knacken ['knakən] I. *tr V* ① casser *Nuss*
② *fam* (*dechiffrieren*) déchiffrer *Code*
③ *fam* (*aufbrechen*) forcer *Auto, Safe*
④ *sl* (*zerstören*) détruire *Bunker, Panzer*
II. *itr V* ① *Holz, Diele, Gebälk:* craquer
② (*Geräusch erzeugen*) **mit den Fingern/Gelenken ~** faire craquer les doigts/les articulations
③ *fam* (*schlafen*) pioncer (*fam*)
▶ **lange an etw** (*Dat*) **zu ~ haben** *fam* (*sich schwer damit abfinden*) mettre longtemps à digérer qc (*fam*)
III. *itr V unpers* **es knackt im Gebälk/in der Leitung** il y a des craquements dans la charpente/sur la ligne

Knacker <-s, -> *m fam* ① *pej* (*Mann*) **ein alter ~** un vieux chnoque (*péj fam*)
② (*Knackwurst*) **ein Paar ~** une paire de saucisses *fpl*

Knacki ['knaki] <-s, -s> *m sl* (*Häftling*) taulard *m* (*arg*); (*ehemaliger Häftling*) ex-taulard (*arg*)

knackig I. *Adj* ① *Salat, Apfel* croquant(e)
② *fam* (*drall*) *Frau, Mann* craquant(e) (*fam*); *Po, Brüste* joli(e) petit(e) *antéposé* (*fam*)
③ *fam* (*nicht langweilig*) *Typ* craquant(e) (*fam*); **eine ~e Fete** une méga-boom (*fam*); **ein paar ~e Zitate** quelques citations-choc
II. *Adv fam braun, erholt, kalt* super- (*fam*)

Knacklaut *m* ① (*Geräusch*) craquement *m* ② PHON coup *m* de glotte **Knackpunkt** *m fam* point *m* crucial

knacks [knaks] *s.* **knack**

Knacks <-es, -e> *m* ① (*Geräusch*) craquement *m*
② *fam* (*Sprung, Riss*) fêlure *f*; **einen ~ haben** *Glas, Vase:* avoir une fêlure
③ *fam* (*Schaden, Störung*) petit grain *m* (*fam*); **einen seelischen ~ bekommen** recevoir un coup [au moral] (*fam*); **einen ~ haben** *Person:* être un peu fêlé(e) (*fam*); *Beziehung, Ehe:* battre de l'aile

Knackwurst *f* saucisse *f* (*à base de bœuf et de porc*)

Knall [knal] <-[e]s, -e> *m* (*Schuss, Korkenknallen*) détonation *f*; **mit lautem ~ ins Schloss fallen** claquer avec grand bruit
▶ **~ auf Fall** *fam* aussi sec (*fam*); **einen ~ haben** *fam* déjanter [complètement] (*fam*)

Knallbonbon [-bɔŋbɔŋ, -bõbõ:] *nt* diablotin *m* **knallbunt** *Adj fam* bariolé(e) **Knalleffekt** *m fam* coup *m* de théâtre

knallen ['knalən] **I.** *itr V* ❶ + *haben Tür, Peitsche:* claquer; *Korken:* sauter; *Feuerwerkskörper:* éclater; *Schuss:* retentir; **einen Schuss ~ hören** entendre une détonation; **die Korken ~ lassen** faire sauter les bouchons
❷ + *haben (ein Geräusch erzeugen)* **mit der Tür ~** claquer la porte; **mit der Peitsche ~** faire claquer le fouet
❸ + *sein fam (prallen)* **gegen die Wand/die Tür ~** *Person, Ball, Stein:* cogner contre le mur/la porte; **auf den Boden ~** tomber par terre; **mit dem Auto gegen eine Mauer ~** rentrer dans un mur avec la voiture; **mit dem Knie gegen das Geländer ~** se cogner le genou contre la balustrade
❹ + *haben fam (schießen)* **[wild] um sich ~** canarder dans tous les sens *(fam)*
❺ + *haben fam (Knallkörper zünden)* faire péter des pétards *(fam)*
❻ + *haben fam (heiß scheinen)* cogner *(fam)*
II. *itr V unpers + haben* **es knallt** *(eine Tür fällt zu)* il y a quelque chose qui claque; *(ein Korken springt heraus)* ça fait plop; *(ein Unfall passiert)* ça cartonne *(fam)*; *(ein Knallkörper zündet)* ça éclate; *(ein Schuss fällt)* il y a une détonation; **halt den Mund, sonst knallt's** [*o* **oder es knallt**]! *fam* tais-toi ou tu vas l'avoir, ta baffe! *(fam)*; **Hände hoch, sonst knallt's** [*o* **oder es knallt**]! *fam* haut les mains, ou je tire!
III. *tr V + haben* ❶ *(zuschlagen)* claquer *Tür, Fenster*
❷ *fam (werfen)* **das Päckchen auf den Tisch/in die Ecke ~** balancer le colis sur la table/dans le coin *(fam)*
❸ *fam (schießen)* **den Ball an** [*o* **gegen**] **den Pfosten ~** catapulter le ballon contre le poteau
► **jdm eine ~** *fam* balancer une baffe à qn *(fam)*
IV. *r V + haben fam* **sich aufs Sofa ~** s'affaler [*o* se laisser tomber] sur le canapé
knalleng *Adj fam* hyper-moulant(e) *(fam)*
Knaller <-s, -> *m fam* ❶ *(Knallkörper)* pétard *m*
❷ *(Sensation)* bombe *(fam)*
Knallerbse *f* pois *m* fulminant, claque-doigt *m* *(fam)*
Knallerei <-, -en> *f fam* ❶ *(Feuerwerk)* pétarade *f*
❷ *(Schüsse)* tiraillerie *f*
Knallfrosch *m* pétard *m* à répétition **Knallgas** *nt* mélange *m* détonant **knallhart** **I.** *Adj fam* ❶ *Geschäftsmann* coriace, impitoyable; *Vorgehen, Kritik* brutal(e); **er ist ein ~er Typ** lui, c'est le genre de type qui fait pas de cadeaux *(fam)* ❷ *(kraftvoll) Schlag, Aufschlag* terrible; **ein ~er Schuss** un boulet de canon *(fam)* **II.** *Adv fam* ❶ *sagen* sans prendre de gants *(fam)*; *verhandeln* de manière impitoyable ❷ *(kraftvoll)* avec force **knallheiß** *Adj fam* **es ist ~** il fait une chaleur à crever *(fam)*
knallig *Adj fam Farbe* qui flashe *(fam)*; *Schlagzeile, Werbung* accrocheur(-euse)
Knallkopf, Knallkopp <-s, -köppe> *m* NDEUTSCH *fam* abruti(e) *m(f)* *(fam)* **Knallkörper** *m* pétard *m* **knallrot** *Adj fam* rouge vif; *Gesicht* rouge coquelicot *(fam)*; *Sportwagen* d'un rouge flamboyant; **~ werden** devenir rouge coquelicot *(fam)*
knapp [knap] **I.** *Adj* ❶ *(gering) Gehalt, Einkommen, Vorräte* maigre *antéposé; Stellen* rare *antéposé;* **~ sein** *Geld, Einkommen, Vorräte:* être juste; *Stellen:* être rare; **~ werden** *Geld, Vorräte:* devenir juste; *Stellen:* se raréfier; **mit etw ~ sein** manquer de qc
❷ *(eng) T-Shirt, Hose* un peu juste; **jdm zu ~ sein** serrer trop qn
❸ *(kaum ausreichend) Ergebnis, Sieg* serré(e); *Mehrheit* petit(e) *antéposé;* **das wird [zeitlich] zu ~** ce sera trop juste
❹ *(nicht ganz)* **ein ~er Meter** un petit mètre; **ein ~es Pfund** une petite livre; **vor einer ~en Woche** il y a une petite semaine
❺ *(kurz) Antwort, Worte* concis(e)
► **und nicht zu ~!** *fam* et pas qu'un peu! *(fam)*
II. *Adv* ❶ *(mäßig)* **eher/sehr ~ bemessen sein** être plutôt/très juste; **zu ~ bemessen sein** ne pas être suffisant(e); **jdn ~ halten** rationner qn
❷ *(nicht ganz)* **~ zwei Jahre alt sein** être âgé d'un peu moins de deux ans; **~ hundert Euro kosten** coûter pas tout à fait cent euros
❸ *(haarscharf) gewinnen, verlieren* de justesse; **die Wahl ist ~ ausgefallen** le vote a été très serré; **der Gefahr nur ~ entkommen** échapper de justesse au danger
❹ *(dicht)* **~ über den Knöcheln enden** arriver juste au dessus des chevilles
❺ *(eng)* **~ sitzen** être juste
❻ *(kurz) formulieren* de manière concise; **[jdn] ~ grüßen** saluer à peine [qn]
Knappe ['knapə] <-n, -n> *m* ❶ *(Bergmann)* mineur *m*
❷ HIST *(Edelknabe)* écuyer *m*
knapp|halten *s.* **knapp II.1.**
Knappheit <-> *f* ❶ *(Mangel)* pénurie *f;* **~ an Gütern** pénurie *f* de biens
❷ *(Kürze)* concision *f*
Knappschaft <-> *f* sécurité *f* minière
knapsen ['knapsən] *itr V fam* **~ müssen** devoir se serrer la ceinture *(fam)*
Knarre ['knarə] <-, -n> *f sl (Schusswaffe)* flingue *m* *(fam)*
knarren ['knarən] *itr V Diele:* craquer; *Bett, Treppe, Kutsche:* grincer; **das Knarren** les grincements *mpl; der Dielen* les craquements *mpl*
Knast [knast] <-[e]s, =e> *m sl* taule *f* *(arg)*; **im ~ sein** [*o* **sitzen**] être en taule *(arg)*
Knatsch [kna:tʃ] <-[e]s> *m fam* bisbilles *fpl* *(fam)*; **es** [*o* **das**] **gibt ~** il y a des bisbilles *(fam)*; **~ [mit jdm] haben** être en bisbille [avec qn] *(fam)*
knatschig *Adj fam* **~ sein** être de mauvais poil *(fam)*
knattern ['knatɐn] *itr V* ❶ *Moped:* pétarader; *Maschinengewehr:* crépiter; **im Wind ~** *Segel, Fahne:* battre dans le vent; **das Knattern** *eines Mopeds* les pétarades *fpl; eines Maschinengewehrs* le crépitement
❷ *fam (fahren)* **durch die Straßen ~** pétarader dans les rues *(fam)*
Knäuel ['knɔɪəl] <-s, -> *m o nt* pelote *f;* **zwei ~ Wolle** deux pelotes de laine
Knauf [knaʊf, *Pl:* 'knɔɪfə] <-[e]s, Knäufe> *m* pommeau *m; (Türknauf)* bouton *m*
Knauser(in) ['knaʊzɐ] <-s, -> *m(f) pej fam* radin(e) *m(f)* *(péj fam)*
knauserig *Adj pej fam* radin(e) *(péj fam)*; **mein ~er Onkel** mon radin d'oncle *(fam)*
knausern ['knaʊzɐn] *itr V pej fam* radiner *(fam)*; **mit etw ~** radiner avec qc
knausrig *s.* **knauserig**
knautschen ['knaʊtʃən] *fam* **I.** *itr V Mantel, Stoff:* se chiffonner **II.** *tr V* chiffonner *Mantel, Kissen*
knautschig ['knaʊtʃɪç] *Adj fam Mantel* chiffonné(e)
Knautschlack *m* cuir *m* verni fripé **Knautschzone** *f* zone *f* de déformation
Knebel ['kne:bəl] <-s, -> *m* bâillon *m*
knebeln *tr V a. fig* bâillonner
Knebelung <-> *f* ❶ bâillonnement *m*
❷ *geh (Unterdrückung)* musellement *m*
Knebelungsvertrag *m,* **Knebelvertrag** *m* contrat *m* léonin *(privant le débiteur de toute liberté d'action)*
Kneblung *s.* **Knebelung**
Knecht [knɛçt] <-[e]s, -e> *m* ❶ *veraltet* valet *m* de ferme
❷ *pej (Befehlsempfänger)* valet *m*
► **~ Ruprecht** père *m* Fouettard
knechten *tr V pej geh* asservir *Volk;* **seine Angestellten ~** tenir ses employés dans l'esclavage
knechtisch *Adj pej geh Gesinnung* servile; *Gehorsam* aveugle
Knechtschaft <-, *selten* -en> *f pej* esclavage *m*
Knechtung <-, -en> *f pej geh* asservissement *m*
kneifen ['knaɪfən] <kniff, gekniffen> **I.** *tr V* pincer; **jdn** [*o* **jdm**] **in den Arm ~** pincer le bras à qn

II. *itr V* ❶ (*zu eng sein*) *Gummiband, Hose, BH:* serrer
❷ *fam* (*zurückscheuen*) **vor jdm ~** se dégonfler devant qn (*fam*); **vor einer Auseinandersetzung ~** se défiler face à une confrontation (*fam*)

Kneifer <-s, -> *m* pince-nez *m*

Kneifzange *f* tenailles *fpl*
▸ **das würde ich nicht einmal mit der ~ anfassen** *fam* même avec des pincettes, je ne prendrais pas cela

Kneipe ['knaɪpə] <-, -n> *f fam* bistro[t] *m* (*fam*)

Kneipenbummel *m fam* tournée *f* des bistros (*fam*) **Kneipenwirt(in)** *m(f) fam* patron(ne) *m(f)* [du/de bistro *fam*]

Kneipier [knaɪ'pie:] <-s, -s> *m hum fam* bistrotier(-ière) *m(f)* (*fam*)

kneippen ['knaɪpən] *itr V* MED *fam* suivre une hydrothérapie par la méthode Kneipp

Kneippkur ['knaɪp-] *f* MED cure *f* selon la méthode Kneipp

knetbar *Adj* malléable; [**gut**] **~ sein** se pétrir [facilement]

Knete ['kne:tə] <-> *f* ❶ *fam* (*Knetmasse*) pâte *f* à modeler
❷ *sl* (*Geld*) fric *m* (*fam*)

kneten ['kne:tən] I. *tr V* ❶ pétrir, malaxer *Knetgummi, Teig*
❷ (*formen*) [**sich** (*Dat*)] **etw ~** [se] modeler qc; **das Kneten** le modelage
❸ (*massieren*) [**jdm**] **den Nacken ~** masser le cou [à qn]
II. *itr V* faire du modelage

Knetgummi *m o nt*, **Knetmasse** *f* pâte *f* à modeler

Knick [knɪk] <-[e]s, -e *o* -s> *m* ❶ (*Krümmung*) coude *m*; **einen ~ machen** *Straße:* faire un coude
❷ (*Falz, Falte*) pli *m*
▸ **einen ~ in der Optik haben** *fam* être bigleux(-euse) (*fam*)

knicken I. *tr V + haben* ❶ (*falzen*) plier *Blatt Papier;* faire un pli à *Buchseite;* **bitte nicht ~!** ne pas plier, S.V.P.!
❷ (*umknicken, brechen*) casser *Streichholz, Strohhalm;* briser [net] *Bäume*
❸ (*umbiegen*) plier *Trinkhalm*
II. *itr V + sein Papier:* se plier; *Telegrafenmast:* se briser [net]

Knicker *s.* **Knauser(in)**

Knickerbocker ['knɪkɐbɔkɐ] *Pl* knickers *mpl*

knick[e]rig *s.* **knauserig**

Knick[e]rigkeit *s.* **Knauserigkeit**

Knicks [knɪks] <-es, -e> *m* révérence *f*; **vor jdm einen ~ machen** faire la révérence à qn

knicksen ['knɪksən] *itr V* faire la révérence

Knie [kni:, *Pl:* 'kni:ə] <-s, -> *nt* ❶ genou *m*; **vor jdm auf die ~ fallen** tomber à genoux devant qn; **sich vor jdm auf die ~ werfen** se mettre à genoux devant qn; **ihm zittern die ~** il [en] a les jambes qui flageolent
❷ (*Krümmung*) *eines Wasserlaufs, Rohrs* coude *m*
▸ **weiche ~ bekommen** *fam* avoir les genoux qui flageolent; **eine Entscheidung übers ~ brechen** *fam* prendre une décision à la va-vite; **Gott/jdm auf [den] ~n danken** louer Dieu/remercier vivement qn; **in die ~ gehen** (*die Kniegelenke beugen*) plier les genoux; (*aufgeben*) jeter l'éponge; **der Boxer geht in die ~** le boxeur ploie les genoux; **jdn übers ~ legen** *fam* ficher une fessée à qn (*fam*); **jdn in die ~ zwingen** *geh* mettre qn à genoux

Kniebeuge *f* flexion *f* des genoux; **~n machen** faire des flexions de genoux **Kniebundhose** *f* knickers *mpl* **Kniefall** *m geh* génuflexion *f* (*soutenu*); **vor jdm einen ~ tun** [*o* **machen**] se prosterner aux pieds de qn **kniefrei** *Adj Rock, Kleid* au-dessus du genou; *Mode* qui s'arrête au-dessus du genou; **~ sein** s'arrêter au-dessus du genou **Kniegelenk** *nt* articulation *f* du genou **kniehoch** I. *Adj Mauer* à hauteur de genou; *Gras, Schnee, Wasser* qui arrive jusqu'au genou; **~ sein** *Mauer:* arriver au genou; *Gras, Schnee, Wasser:* arriver jusqu'au genou II. *Adv wachsen* jusqu'à hauteur du genou; **~ stehen** *Wasser:* arriver jusqu'au genou **Kniekehle** *f* jarret *m* **knielang** *Adj Rock, Kleid, Bermudas* s'arrêtant au genou; **~ sein** s'arrêter au genou; **kaum ~ sein** couvrir à peine le genou

knien ['kni:ən, kni:n] I. *itr V* être à genoux; **auf dem Boden ~** être à genoux par terre
II. *r V* ❶ **sich auf den Boden/neben jdn ~** s'agenouiller par terre/à côté de qn
❷ *fam* (*sich intensiv beschäftigen*) **sich in etw** (*Akk*) **~** s'atteler à qc

Knies [kni:s] *s.* **Knatsch**

Kniescheibe *f* rotule *f* **Knieschützer** *m* SPORT genouillère *f* **Kniesehnenreflex** *m* MED réflexe *m* rotulien **Kniestrumpf** *m* (*Damenkniestrumpf*) mi-bas *m*; (*Herrenkniestrumpf*) chaussette *f* montante **knietief** *s.* **kniehoch**

kniff [knɪf] *Imp von* **kneifen**

Kniff <-[e]s, -e> *m* ❶ (*Kunstgriff*) truc *m*; **ein juristischer ~** un artifice juridique
❷ (*Knick*) pliure *f*
❸ (*das Kneifen*) pinçon *m*

kniff[e]lig *Adj fam* coton (*fam*); **das ist mir zu ~** c'est trop calé pour moi (*fam*)

Knigge ['knɪgə] <-[s], -> *m* manuel *m* du savoir-vivre

Knilch [knɪlç] <-s, -e> *m pej fam* péquenot *m* (*péj fam*)

knipsen ['knɪpsən] *fam* I. *tr V* ❶ photographier
❷ (*lochen*) poinçonner *Fahrkarte*
II. *itr V* prendre des photos; **viel ~** mitrailler (*fam*)

Knirps[1] [knɪrps] <-es, -e> *m fam* ❶ (*kleiner Junge*) petit bonhomme *m*; **du frecher ~!** sale gosse! (*fam*)
❷ *pej* (*kleiner Mann*) demi-portion *m* (*péj fam*)

Knirps®[2] <-es, -e> *m* (*Regenschirm*) parapluie *m* pliant

knirschen ['knɪrʃən] *itr V Kies, Sand, Schnee:* crisser

knistern ['knɪstɐn] I. *itr V Papier:* faire du bruit en se froissant; *Feuer:* crépiter; **mit etw ~** froisser qc; **das Knistern** *von Papier* le froissement; *eines Feuers* le crépitement
II. *itr V unpers* **es knistert** ça grésille; (*es kriselt*) il y a de l'électricité dans l'air; (*es prickelt*) le courant passe (*fam*); **es knistert in der Leitung** il y a un grésillement dans la ligne

Knittelvers ['knɪtəl-] *m* POES vers *m* de mirliton

knitterarm *Adj* pratiquement infroissable; **~ sein** ne se froisser pratiquement pas **Knitterfalte** *f* [mauvais] pli *m* **knitterfrei** *Adj* infroissable; **~ sein** ne pas se froisser

knittern ['knɪtɐn] *itr V* se froisser

Knobelbecher *m* ❶ (*Würfelbecher*) cornet *m* à dés
❷ *fam* (*Soldatenstiefel*) godillot *m* (*fam*)

knobeln ['kno:bəln] *itr V* ❶ (*würfeln*) jouer aux dés; **um etw ~** jouer qc aux dés; **darum ~, wer ...** jouer aux dés pour savoir qui ...
❷ *fam* (*tüfteln*) cogiter; **an einer Erfindung ~** se creuser la tête pour une invention (*fam*)

Knoblauch ['kno:blaʊx] <-[e]s> *m* ail *m*

Knoblauchpresse *f* presse-ail *m* **Knoblauchzehe** *f* gousse *f* d'ail

Knöchel ['knœçəl] <-s, -> *m* ❶ (*Fußknöchel*) cheville *f*
❷ (*Fingerknöchel*) articulation *f* [du doigt/des doigts]

Knöchelbruch *m* fracture *f* de la cheville **knöchellang** *Adj* qui arrive à la cheville; **~ sein** arriver à la cheville **knöcheltief** I. *Adj Wasser* qui atteint les chevilles; *Schlamm* où [l']on [s']enfonce jusqu'aux chevilles; **~ sein** *Wasser:* atteindre les chevilles II. *Adv* jusqu'à la cheville, jusqu'aux chevilles

Knochen ['knɔxən] <-s, -> *m* ❶ os *m*
❷ *Pl* (*Gliedmaßen*) corps *m*, membres *mpl*; **mir tun alle ~ weh** j'ai mal partout
▸ **bis auf die ~ abgemagert sein** ne plus avoir que la peau sur les os; **nass bis auf die ~ sein** être trempé(e) jusqu'aux os; **jdn bis auf die ~ blamieren** *fam* couvrir qn de ridicule; **jdm alle ~ brechen** *sl* casser la gueule à qn (*arg*); **brich dir nicht die ~!** *fam* [ne] te casse pas la figure! (*fam*)

Knochenarbeit *f fam* travail *m* de forçat **Knochenbau** *m kein Pl* ossature *f* **Knochenbruch** *m* fracture *f* **Knochengerüst** *nt* squelette *m* **knochenhart** *Adj fam Brot, Gebäck* dur(e) comme du bois **Knochenhaut** *f* MED périoste *m* **Knochen-**

mann *m kein Pl liter* **der** ~ la Faucheuse (*littér*) **Knochenmark** *nt* moelle *f* [osseuse] **Knochenmehl** *nt* poudre *f* d'os **Knochenschinken** *m* jambon *m* à l'os **Knochenschwund** *m* MED ostéoporose *f* **knochentrocken** *Adj fam Brot, Gebäck* archisec(-sèche) (*fam*)
knöchern ['knœçən] *Adj* (*aus Knochen*) *Griff, Figur* en os
knochig ['knɔxɪç] *Adj* osseux(-euse)
Knockout [nɔk'ʔaʊt], **Knock-out**[RR] <-[s], -s> *m* knock-out *m*
Knödel ['knø:dəl] <-s, -> *m* quenelle *f*
Knöllchen ['knœlçən] <-s, -> *nt fam* (*Strafzettel*) contredanse *f* (*fam*); (*an der Windschutzscheibe befestigt*) papillon *m* (*fam*)
Knolle ['knɔlə] <-, -n> *f* ❶ (*Teil einer Pflanze*) tubercule *m*
❷ *fam* (*Verdickung*) excroissance *f*
Knollen *s.* **Knolle 2.**
Knollenblätterpilz *m* amanite *f* phalloïde **Knollennase** *f fam* [gros] pif *m* (*fam*)
knollig ['knɔlɪç] *Adj Nase* bourgeonnant(e)
Knopf [knɔpf, *Pl:* 'knœpfə] <-[e]s, Knöpfe> *m* bouton *m*
Knopfdruck *m kein Pl* pression *f* [sur un/le bouton]; **mit einem** ~ rien qu'en appuyant sur un bouton; **auf ~ reagieren** réagir au quart de tour
▸ **das geht nicht auf ~!** ce n'est pas aussi simple!
knöpfen ['knœpfən] *tr V* **einen Kragen auf etw** (*Akk*) ~ boutonner un col sur qc; **ein Futter in etw** (*Akk*) ~ boutonner une doublure à l'intérieur de qc; **vorn/hinten geknöpft werden** se boutonner par devant/derrière
Knopfleiste *f* boutonnage *m* sous patte **Knopfloch** *nt* boutonnière *f* ▸ **aus allen Knopflöchern platzen** *fam* éclater [dans ses vêtements] (*fam*); **aus allen Knopflöchern stinken** *fam* puer comme un putois (*fam*) **Knopfzelle** *f* pile *f* bouton
Knorpel ['knɔrpəl] <-s, -> *m* cartilage *m*
knorpelig *Adj* cartilagineux(-euse)
knorrig ['knɔrɪç] *Adj* ❶ *Baum, Ast* noueux(-euse)
❷ (*eigenwillig*) bourru(e)
Knospe ['knɔspə] <-, -n> *f* bourgeon *m*; (*Blütenknospe, Rosenknospe*) bouton *m*; **~n treiben** [*o* **ansetzen**] bourgeonner
knospen *itr V* bourgeonner
Knötchen <-s, -> *nt Dim von* **Knoten 1., 2., 3., 4.**
knoten ['kno:tən] *tr V* nouer; (*ohne eine Schleife zu machen*) faire un nœud à; **kannst du mir die Krawatte ~?** tu me fais mon nœud de cravate?
Knoten <-s, -> *m* ❶ (*Verschlingung*) nœud *m*
❷ MED (*im Gelenk*) nodosité *f*; (*in der Brust*) nodule *f*
❸ (*Haarknoten*) chignon *m*
❹ (*Astknoten*) nœud *m*
❺ NAUT nœud *m*
❻ (*Verwicklung*) **der ~ [der Handlung] schürzt sich** l'intrigue *f* se noue
▸ **sich** (*Dat*) **einen ~ ins Taschentuch machen** faire un nœud à son mouchoir; **der gordische ~** le nœud gordien; **der ~ ist bei ihm geplatzt** *fam* il a fini par piger (*fam*)
Knotenpunkt *m* (*Verkehrsknotenpunkt*) nœud *m* de communication; (*Autobahn-/Eisenbahnknotenpunkt*) nœud autoroutier/ferroviaire
Knöterich ['knø:tərɪç] <-s, -e> *m* renouée *f*
knotig *Adj* ❶ *Äste, Finger* noueux(-euse)
❷ MED noduleux(-euse)
Know-how [nɔʊ'haʊ] <-s> *nt* savoir-faire *m*
Knubbel ['knʊbəl] <-s, -> *m* DIAL renflement *m*
Knuff [knʊf] <-[e]s, Knüffe> *m fam* [légère] bourrade *f*
knuffen ['knʊfən] *tr V fam* donner une [légère] bourrade à
knülle ['knʏlə] *Adj fam* bourré(e) (*fam*)
knüllen ['knʏlən] **I.** *tr V* chiffonner
II. *itr V Stoff:* se froisser
Knüller ['knʏlɐ] <-s, -> *m fam* ❶ (*Ware, Produkt*) truc *m* qui fait fureur (*fam*); **es ist/wird ein ~** ça fait/va faire un malheur (*fam*)
❷ (*Nachricht*) scoop *m* (*fam*)

knüpfen ['knʏpfən] **I.** *tr V* ❶ nouer *Teppich, Netz, Muster;* **von Hand geknüpft** noué(e) [à la] main
❷ (*binden*) faire *Knoten, Schleife*
❸ *fig* **an etw** (*Akk*) **eine Bedingung ~** assortir qc d'une condition; **Hoffnungen an etw** (*Akk*) ~ associer des espérances à qc
II. *r V* **sich an etw** (*Akk*) ~ *Erinnerungen:* être lié(e) à qc
Knüppel ['knʏpəl] <-s, -> *m* (*Stock*) gourdin *m*; (*Gummiknüppel*) matraque *f*
▸ **jdm ~/einen ~ zwischen die Beine werfen** *fam* mettre des bâtons dans les roues de qn
knüppeldick *Adv fam* **es kommt/kam ~** on en prend/a pris plein la figure (*fam*) **knüppelhart** *s.* **knochenhart**
knüppeln ['knʏpəln] *tr V* (*schlagen*) matraquer
Knüppelschaltung *f* levier *m* de vitesse au plancher
knurren ['knʊrən] **I.** *itr V* ❶ *Hund:* gronder
❷ (*murren*) grogner
II. *tr V* grommeler *Antwort*
Knurren <-s> *nt eines Hundes* grondement *m*
Knurrhahn *m* grondin *m*
knurrig *Adj* bougon(ne)
Knusperhäuschen ['knʊspəhɔɪsçən] *nt* maison *f* en pain d'épice
knuspern ['knʊspɐn] *itr V* **an etw** (*Dat*) ~ grignoter qc
knusprig *Adj* croustillant(e)
Knust [knu:st, *Pl:* 'kny:stə] <-[e]s, -e *o* Knüste> *m* NDEUTSCH croûton *m* [de pain]
Knute ['knu:tə] <-, -n> *f* fouet *m* [à lanières de cuir]
▸ **unter jds ~** (*Dat*) **stehen** être sous le joug de qn
knutschen ['knu:tʃən] *fam* **I.** *tr V* bécoter (*fam*)
II. *itr V Pärchen:* se bécoter (*fam*); **sie knutscht mit ihm/er knutscht mit ihr** ils se bécotent (*fam*)
III. *r V fam* **sich ~** se bécoter (*fam*)
Knutscherei <-, -en> *f fam* **ihnen macht die ~ Spaß** ils prennent du plaisir à se bécoter (*fam*)
Knutschfleck *m fam* suçon *m*
k. o. [ka:'ʔo:] *Adj Abk von* **knockout** ❶ **~ sein** *Boxer:* être K.-O.; **jdn ~ schlagen** mettre qn K.-O.
❷ *fam* (*erschöpft*) **[ganz] ~ sein** être [complètement] K.-O. (*fam*)
K. o. <-[s], -> *m Abk von* **Knockout** K.-O. *m*; **technischer ~** K.-O. technique; **durch ~** par K.-O.
Koala [ko'a:la] <-s, -s> *m* koala *m*
koalieren* *itr V* former une coalition; **mit jdm ~** former une coalition avec qn
Koalition [koali'tsio:n] <-, -en> *f* coalition *f*
Koalitionsaussage *f* ~ **zugunsten einer Partei** engagement *m* de gouverner avec un parti **koalitionsfähig** *Adj* apte à participer à un gouvernement de coalition; **~ sein** être apte à participer à un gouvernement de coalition **Koalitionsparteien** *Pl* partis *mpl* de la coalition **Koalitionspartner(in)** *m(f)* partenaire *mf* de la/de coalition **Koalitionsregierung** *f* gouvernement *m* de coalition
koaxial [koʔa'ksia:l] *Adj* coaxial(e)
Kobalt ['ko:balt] <-s> *nt* cobalt *m*; **~ ist ein Schwermetall** le cobalt est un métal lourd
kobaltblau *Adj* bleu cobalt **Kobaltbombe** *f* PHYS bombe *f* au cobalt
Koben ['ko:bən] <-s, -> *m* AGR soue *f*
Koblenz ['ko:blɛnts] <-> *nt* Coblence
Kobold ['ko:bɔlt] <-[e]s, -e> *m* lutin *m*
Kobra ['ko:bra] <-, -s> *f* cobra *m*
Koch [kɔx, *Pl:* 'kœçə] <-s, Köche> *m*, **Köchin** *f* cuisinier(-ière) *m(f)*; **er ist ein begeisterter ~** il aime énormément faire la cuisine
▸ **viele Köche verderben den Brei** *Spr.* trop de cuisiniers gâtent la sauce
Kochbuch *nt* livre *m* de cuisine
kochecht *s.* **kochfest**

Kochecke *f* coin *m* cuisine
köcheln ['kœçəln] *itr V Suppe, Soße:* mijoter; **etw ~ lassen** laisser mijoter qc
Köchelverzeichnis ['kœçəl-] *nt* MUS [catalogue *m*] Köchel *m*
kochen ['kɔxən] **I.** *itr V* ❶ *Wasser, Suppe, Reis:* bouillir; **etw zum Kochen bringen** faire bouillir qc, porter qc à l'ébullition; **~d** bouillant(e)
❷ (*Speisen zubereiten*) faire la cuisine; **gut ~** cuisiner bien; **pikant/abwechslungsreich ~** faire une cuisine épicée/variée; **gerne italienisch ~** aimer cuisiner des plats italiens
❸ (*aufgebracht sein*) **vor Wut ~** bouillir de colère
II. *tr V* ❶ (*zubereiten*) **das Essen ~** préparer le repas; **Reis/Nudeln ~** faire du riz/des nouilles; **Kaffee ~** faire du café; **sich** (*Dat*) **ein Ei ~** se faire un œuf à la coque; **hart gekocht** *Ei* dur(e); **weich gekocht** *Ei* à la coque; *Fleisch, Gemüse, Nudeln* bien cuit(e); **was soll ich uns ~?** qu'est-ce que je vais nous faire à manger?
❷ (*auskochen*) faire bouillir *Wäsche*
kochendheiß *s.* **heiß I.1.**
Kocher ['kɔçɐ] <-s, -> *m* réchaud *m*
Köcher ['kœçɐ] <-s, -> *m* (*für Pfeile*) carquois *m*
Kochfeld *nt* table *f* de cuisson **kochfest** *Adj Wäsche* lavable à 95° **Kochgelegenheit** *f* kitchenette *f;* **mit/ohne ~** avec/sans coin *m* cuisine **Kochgeschirr** *nt* gamelle *f*
Köchin ['kœçɪn] *s.* Koch
Kochkunst *f* ❶ *kein Pl* (*Gastronomie*) art *m* culinaire ❷ *Pl* (*Fähigkeit*) dons *mpl* culinaires **Kochkurs[us]** *m* cours *m* de cuisine **Kochlöffel** *m* cuillère *f* en bois **Kochmulde** *f* plaque *f* [*o* table *f*] de cuisson **Kochnische** *f* coin *m* cuisine séparé **Kochplatte** *f* plaque *f* électrique **Kochrezept** *nt* recette *f* [de cuisine] **Kochsalz** *nt kein Pl* sel *m* de cuisine
Kochsalzlösung *f* MED solution *f* saline
Kochtopf *m* casserole *f;* (*mit Henkeln*) faitout *m;* (*aus Gusseisen*) cocotte *f* **Kochwäsche** *f* linge *m* à bouillir
kodd[e]rig *Adj* NDEUTSCH *fam* **jdm ist/wird ~ [zumute]** qn a envie de vomir (*fam*)
Kode ['ko:də, ko:t] <-s, -s> *m* code *m*
Kodein [kode'i:n] <-s> *nt* PHARM codéine *f*
Köder ['kø:dɐ] <-s, -> *m* appât *m*
ködern ['kø:dɐn] *tr V a. fig* appâter
Kodex ['ko:dɛks] <- *o* -es, -e *o* Kodizes> *m* ❶ (*Verhaltensregeln*) code *m*
❷ (*Handschrift*) manuscrit *m*
kodieren* *tr V* coder
Kodierung <-, -en> *f* codage *m;* **eine digitale ~ benutzen** INFORM utiliser un codage numérique
Koedukation ['ko:ʔedukatsio:n, koʔeduka'tsio:n] <-, -en> *f* éducation *f* mixte
Koeffizient [koʔɛfi'tsiɛnt] <-en, -en> *m* MATH coefficient *m*
Koexistenz [koʔɛksɪs'tɛnts] *f kein Pl* coexistence *f*
Koffein [kɔfe'i:n] <-s> *nt* caféine *f*
koffeinfrei *Adj Kaffee* décaféiné(e); *Limonade* sans caféine
koffeinhaltig *Adj* avec caféine; **~e Limonade** limonade contenant de la caféine
Koffer ['kɔfɐ] <-s, -> *m* ❶ (*Reisekoffer*) valise *f;* (*Überseekoffer*) malle *f;* **den/die ~ packen** faire sa valise/ses valises
❷ (*Schreibmaschinenkoffer, Laptopkoffer, Kosmetikkoffer*) mallette *f*
► **aus dem ~ leben** *fam* vivre [perpétuellement] dans les valises; **die ~ packen dürfen** [*o* **müssen**] *fam* pouvoir/devoir prendre ses cliques et ses claques (*fam*)
Kofferanhänger *m* étiquette *f* à bagages
Köfferchen <-s, -> *nt Dim von* **Koffer** mallette *f*
Kofferkuli *m* chariot *m* à bagages **Kofferradio** *nt* transistor *m* **Kofferraum** *m* coffre *m* [à bagages] **Kofferträger** *m* porteur *m*
Kognak ['kɔniak] <-s, -s *o* -e> *m* cognac *m*
Kognakschwenker ['kɔniak-] <-s, -> *m* verre *m* à cognac
kognitiv [kɔgni'ti:f] *Adj* cognitif(-ive)
kohärent [kohɛ'rɛnt] *Adj* cohérent(e)
Kohärenz [kohɛ'rɛnts] <-> *f* cohérence *f*
Kohäsion [kohɛ'zio:n] <-> *f* cohésion *f*
Kohl [ko:l] <-[e]s, -e> *m* ❶ chou *m*
❷ *fam* (*Quatsch*) conneries *fpl* (*fam*)
► **das macht den ~ auch nicht fett** *fam* c'est pas ça qui va changer grand-chose (*fam*)
Kohldampf *m fam* **~ haben** [*o* **schieben**] avoir la dalle (*fam*)
Kohle ['ko:lə] <-, -n> *f* ❶ (*Brennstoff*) charbon *m;* (*Steinkohle*) houille *f;* (*Braunkohle*) lignite *f*
❷ (*Aktivkohle*) charbon *m* actif
❸ (*Zeichenkohle*) fusain *m*
❹ *sl* (*Geld*) fric *m* (*fam*); **Hauptsache, die ~ stimmt!** du moment que c'est bien payé!
► **wie auf [glühenden] ~n sitzen** être sur des charbons ardents
Kohlehydrat *s.* Kohlenhydrat **Kohlekraftwerk** *nt* centrale *f* thermique au charbon
kohlen ['ko:lən] *itr V fam* (*schwindeln*) raconter des bobards (*fam*)
Kohlenbergbau *m* charbonnages *mpl* **Kohlenbergwerk** *nt* mine *f* de charbon **Kohlendioxid** *nt kein Pl* dioxyde *m* de carbone **Kohleneimer** *m* seau *m* à charbon **Kohlengrube** *f* mine *f* de charbon **Kohlenhalde** *f* terril *m* **Kohlenhändler(in)** *m(f)* marchand(e) *m(f)* de charbon **Kohlenhydrat** *nt* CHEM glucide *m* **Kohlenkasten** *m* caisse *f* à charbon **Kohlenkeller** *m* cave *f* à charbon **Kohlenmonoxid** *nt* CHEM [mon]oxyde *m* de carbone **Kohlenofen** *m* poêle *m* à charbon **Kohlenpott** *m fam* **der ~** ≈ la Ruhr **kohlensauer** *Adj* CHEM **kohlensaures Natron** carbonate *m* de soude **Kohlensäure** *f* CHEM acide *m* carbonique; (*Kohlendioxid*) gaz *m* carbonique; **Mineralwasser mit/ohne ~** eau *f* [minérale] gazeuse/non gazeuse; **künstlich mit ~ angereichert** gazéifié(e) par adjonction de gaz carbonique **kohlensäurehaltig** *Adj* gazeux(-euse) **Kohlenschaufel** *f* pelle *f* à charbon **Kohlenstaub** *m* poussière *f* de charbon; (*als Brennmaterial*) poussier *m* **Kohlenstoff** *m* CHEM carbone *m;* **~ ist ein chemisches Element** le carbone est un élément chimique **Kohlenwasserstoff** *m* CHEM hydrocarbure *m;* **chlorierter ~** hydrocarbure *m* chloré
Kohleofen *m s.* Kohlenofen **Kohlepapier** *nt* [papier *m*] carbone *m* **Kohlepfennig** *m kein Pl taxe sur le prix de l'électricité au profit de l'industrie minière*
Köhler(in) ['kø:lɐ] <-s, -> *m(f)* charbonnier(-ière) *m(f)*
Kohlestift *m* fusain *m* **Kohlezeichnung** *f* fusain *m*
Kohlkopf *m* chou *m* **Kohlmeise** *f* mésange *f* charbonnière **kohlrabenschwarz** *Adj Haare, Augen* de jais **Kohlrabi** [ko:l'ra:bi] <-[s], -[s]> *m* chou-rave *m* **Kohlroulade** [-rula:də] *f* chou *m* farci **Kohlrübe** *f* rutabaga *m* **kohlschwarz** *Adj* de jais, noir(e) comme jais **Kohlsprosse** *f* A (*Rosenkohl*) chou *m* de Bruxelles **Kohlweißling** <-s, -e> *m* piéride *f* du chou
Kohorte [ko'hɔrtə] <-, -n> *f* cohorte *f*
koitieren* [koi'ti:rən] *itr V form* s'accoupler; **mit jdm ~** s'accoupler avec qn; **ein ~des Paar** un couple en train de coïter
Koitus ['ko:itʊs] <-, - *o* -se> *m form* acte *m* sexuel (*form*)
Koje ['ko:iə] <-, -n> *f* ❶ NAUT couchette *f*
❷ *fam* (*Bett*) pieu *m* (*fam*)
Kojote [ko'jo:tə] <-n, -n> *m* coyote *m*
Kokain [koka'i:n] <-s> *nt* cocaïne *f*
kokainsüchtig *Adj* qui se drogue à la cocaïne; **~ sein** être cocaïnomane [*o* à la cocaïne]
Kokarde [ko'kardə] <-, -n> *f* cocarde *f*
kokeln ['ko:kəln] *itr V fam* s'amuser à faire du feu
Kokerei [ko:kə'raɪ] <-, -en> *f* cokerie *f*
kokett [ko'kɛt] *Adj* coquet(te)
Koketterie [kokɛtə'ri:] <-, -n> *f* coquetterie *f*
kokettieren* *itr V* ❶ faire du charme; **mit jdm ~** faire du

charme à qn
❷ (*scherzend erwähnen*) **mit etw** ~ faire des chichis avec qc
Kokke ['kɔkə] <-, -n> *f* BIO, MED coccus *m*
Kokolores [koko'lo:rɛs] <-> *m fam* (*Unsinn*) couillonnade *f* (*fam*)
Kokon [ko'kõ:] <-s, -s> *m* cocon *m*
Kokosfaser *f* fibre *f* de coco **Kokosfett** *nt* beurre *m* de coco **Kokosflocken** *Pl* poudre *f* de noix de coco **Kokosmatte** *f* natte *f* de coco **Kokosmilch** *f* lait *m* de coco **Kokosnuss**[RR] *f* noix *f* de coco **Kokosöl** *nt* huile *f* de coco **Kokospalme** *f* cocotier *m* **Kokosraspel** *Pl* noix *f* de coco râpée
Koks[1] [ko:ks] <-es> *m* (*Brennstoff*) coke *m*
Koks[2] <-es> *m o nt sl* (*Kokain*) coke *f* (*fam*)
koksen *itr V sl* sni[f]fer de la coke (*pop*)
Kokser(in) <-s, -> *m(f) sl* accro *mf* à la coke (*fam*)
Kolben ['kɔlbən] <-s, -> *m* ❶ *eines Motors, Füllers, einer Spritze* piston *m*
❷ (*Gewehrkolben*) crosse *f*
❸ (*Destilliergefäß*) ballon *m*
❹ (*Maiskolben*) épi *m*
Kolbenfresser <-s> *m* AUT *fam* bielle *f* coulée; **den/einen** ~ **haben** couler une bielle **Kolbenhub** *m* TECH course *f* de piston **Kolbenmotor** *m* AUT moteur *m* à piston[s] **Kolbenring** *m* segment *m*
Kolchose [kɔl'ço:zə] <-, -n> *f* HIST kolkhoze *m*
Kolibakterie [-riə] *f* colibacille *m*
Kolibri ['ko:libri] <-s, -s> *m* colibri *m*
Kolik ['ko:lɪk, ko'li:k] <-, -en> *f* MED colique *f*; ~**en/eine** ~ **haben** avoir la colique
Kolkrabe ['kɔlk-] *m* [grand] corbeau *m*
kollabieren* *itr V + sein* ❶ MED être victime d'un collapsus
❷ ASTRON *Stern:* subir un processus d'effondrement gravitationnel
❸ *geh* (*zusammenbrechen*) *System, Markt:* s'effondrer
Kollaborateur(in) [kɔlabora'tø:ɐ] <-s, -e> *m(f) pej* collaborateur(-trice) *m(f)*
Kollaboration [kɔlabora'tsio:n] <-, -en> *f pej* collaboration *f*
kollaborieren* *itr V pej* collaborer; **mit jdm** ~ collaborer avec qn
Kollagen [kɔla'ge:n] <-s, -e> *nt* BIO, MED collagène *m*
Kollaps ['kɔlaps] <-es, -e> *m* ❶ (*Kreislaufkollaps*) collapsus *m* [cardiovasculaire]; **einen** ~ **bekommen** [*o* **erleiden**] être victime d'un collapsus
❷ *geh* (*Zusammenbruch*) effondrement *m*; **vor dem** ~ **stehen** être au bord de l'effondrement
❸ ASTRON effondrement *m* gravitationnel
Kolleg [kɔ'le:k] <-s, -s> *nt* ❶ (*Schule*) *école permettant à des adultes non-bacheliers de passer le baccalauréat*
❷ *veraltet* (*Vorlesung*) cours *m*
Kollege [kɔ'le:gə] <-n, -n> *m*, **Kollegin** *f* collègue *mf*
kollegial [kɔle'gja:l] **I.** *Adj Mitarbeiter* respectueux(-euse) de ses collègues; **eine** ~**e Einstellung gegenüber jdm haben** se montrer bon(ne) collègue à l'égard de qn; ~ **sein** *Mitarbeiter:* être bon(ne) collègue
II. *Adv* **sich** ~ **verhalten** agir en bon(ne) collègue; ~ **eingestellt sein** être bon(ne) collègue
Kollegialität [kɔlegjali'tɛ:t] <-> *f* (*kollegiale Einstellung*) respect *m* des collègues
Kollegin *s.* Kollege
Kollegium [kɔ'le:giʊm] <-s, -gien> *nt* ❶ (*Lehrerkollegium*) corps *m* enseignant
❷ (*Gremium*) commission *f*; (*Kardinalskollegium, Bischofskollegium*) collège *m*
Kollegmappe *f* porte-documents *m*
Kollekte [kɔ'lɛktə] <-, -n> *f* quête *f*
Kollektion [kɔlek'tsio:n] <-, -en> *f* (*Sortiment*) collection *f*
kollektiv [kɔlɛk'ti:f] *geh* **I.** *Adj* collectif(-ive)
II. *Adv* collectivement
Kollektiv <-s, -e *o* -s> *nt* collectif *m*
Kollektivarbeit *f geh* travail *m* collectif
kollektivieren* [-'vi:-] *tr V* HIST collectiviser
Kollektivismus [kɔlɛkti'vɪsmʊs] <-> *m* collectivisme *m*
Kollektivschuld *f* responsabilité *f* collective; ~ **an etw** (*Dat*) responsabilité *f* collective de qc **Kollektivvertrag** *m* ❶ JUR traité *m* [*o* contrat *m*] collectif ❷ A (*Tarifvertrag*) convention *f* collective de travail **Kollektivwirtschaft** *f* collectivisme *f*
Kollektor [kɔ'lɛkto:ɐ] <-s, -en> *m* PHYS, ELEC collecteur *m*
Koller ['kɔlɐ] <-s, -> *m fam* crise *f* de colère; **einen** [*o* **seinen**] ~ **bekommen** piquer une [*o* sa] crise (*fam*)
kollern ['kɔlɐn] *itr V* ❶ + *haben Truthahn:* glouglouter; **das Kollern** le glouglou
❷ + *sein* DIAL **unter das Sofa** ~ rouler sous le canapé
kollidieren* *itr V geh* ❶ + *sein* **mit etw** ~ *Fahrzeug:* entrer en collision avec qc
❷ + *haben o sein* (*unvereinbar sein*) **mit einem Termin** ~ tomber en même temps qu'un rendez-vous; **mit jds Interessen** ~ être en [totale] contradiction avec les intérêts de qn; **miteinander** ~ *Interessen:* être inconciliable(s)
Kollier [kɔ'lie:] <-s, -s> *nt* collier *m*
Kollision [kɔli'zio:n] <-, -en> *f* ❶ *geh* collision *f*; ~ **der Interessen** collision d'intérêts
❷ JUR conflit *m*
Kollisionskurs *m* **sich auf** ~ **befinden** s'apprêter à entrer en collision; **auf** ~ **mit jdm/etw gehen** provoquer un clash avec qn/qc
Kolloid [kɔlo'i:t] <-s, -e> *nt* CHEM colloïde *m*
Kolloquium [kɔ'lo:kviʊm] <-s, -ien> *nt* ❶ UNIV séminaire *m*
❷ (*Symposium*) colloque *m*
Köln [kœln] <-s> *nt* Cologne
Kölner ['kœlnɐ] *Adj* **der** ~ **Dom** la cathédrale de Cologne
Kölner(in) *m(f)* habitant(e) *m(f)* de Cologne; **die** ~ les habitants de Cologne
kölnisch *Adj* de Cologne; ~ **Wasser** eau de Cologne
Kölnischwasser *nt* eau *f* de Cologne
Kolon ['ko:lɔn] <-s, -s *o* Kola> *nt* MED, ANAT côlon *m*
kolonial [kolo'nia:l] *Adj* colonial(e)
Kolonialbesitz *m* colonie *f*; **sich in französischem** ~ **befinden** être une colonie française **Kolonialherrschaft** *f* pouvoir *m* colonial
Kolonialismus [kolonia'lɪsmʊs] <-> *m* colonialisme *m*
Kolonialmacht *f* puissance *f* coloniale **Kolonialreich** *nt* empire *m* colonial **Kolonialstil** *m* style *m* colonial **Kolonialzeit** *f* époque *f* coloniale, temps *m* des colonies
Kolonie [kolo'ni:] <-, -n> *f* colonie *f*
Kolonisation [koloniza'tsio:n] <-, -en> *f* colonisation *f*
kolonisieren* *tr V* coloniser
Kolonist [kolo'nɪst] <-en, -en> *m* colon *m*
Kolonnade [kolɔ'na:də] <-, -n> *f* colonnade *f*
Kolonne [ko'lɔnə] <-, -n> *f* ❶ (*Fahrzeugkolonne*) file *f*; **in** [**einer**] ~ **fahren** rouler les uns derrière les autres; **Achtung,** ~**!** attention convoi!
❷ (*Reihe von Menschen*) colonne *f*
❸ (*Arbeitsgruppe*) équipe *f*
❹ (*senkrechte Reihe*) colonne *f*
▸ **die fünfte** ~ POL la cinquième colonne
Kolonnenspringer(in) *m(f) fam* resquilleur(-euse) *m(f)*
Kolonnenverkehr *m* trafic *m* pare-chocs contre pare-chocs
Kolophonium [kolo'fo:niʊm] <-s> *nt* colophane *f*
Koloratur [kolora'tu:ɐ] <-, -en> *f* colorature *f*; ~ **singen** chanter une colorature
kolorieren* *tr V* colorier; coloriser *Film*
Kolorit [kolo'ri:t] <-[e]s, -e> *nt* ❶ (*Farbgebung*) coloris *m*
❷ (*Klangfarbe*) timbre *m*
❸ *geh* (*Atmosphäre*) cachet *m*
Koloss[RR] <-es, -e>, **Koloß** <-sses, -sse> *m* ❶ *fam* (*Mensch*) colosse *m*

② (*Gebilde, Gebäude*) construction *f* énorme
▸ **der ~ von Rhodos** HIST le colosse de Rhodes
kolossal [kolɔ'sa:l] I. *Adj* ① (*wuchtig*) *Bauwerk* colossal(e)
② *fam* (*sehr groß*) *Dummheit, Fehler, Irrtum* monumental(e) (*fam*)
II. *Adv fam sich freuen* énormément; *sich irren* dans les grandes largeurs (*fam*)
Kolossalfilm *m* film *m* à grand spectacle **Kolossalgemälde** *nt* peinture *f* monumentale
Kolostrum [ko'lɔstrʊm] <-s> *nt* BIO, MED colostrum *m*
Kolportage [kɔlpɔr'ta:ʒə] <-, -n> *f pej* tissu *m* de ragots (*péj*)
kolportieren* *tr V geh* colporter
Kölsch [kœlʃ] <-[s]> *nt* ① (*Bier*) *bière blonde de la région de Cologne*
② (*Mundart*) *dialecte de la région de Cologne*
kolumbianisch [kolʊm'bia:nɪʃ] *Adj* colombien(ne)
Kolumbien [ko'lʊmbiən] <-s> *nt* la Colombie
Kolumbus [ko'lʊmbʊs] <-> *m* Christophe Colomb *m*
Kolumne [ko'lʊmnə] <-, -n> *f* ① PRESSE chronique *f*
② TYP colonne *f*
Kolumnentitel *m* mot *m* annonce [*o* repère]
Kolumnist(in) [kolʊm'nɪst] <-en, -en> *m(f)* chroniqueur(-euse) *m(f)*
Koma ['ko:ma] <-s, -s *o* -ta> *nt* coma *m*; **im ~ liegen** être dans le coma
Kombi ['kɔmbi] *m fam* break *m*
Kombinat [kɔmbi'na:t] <-[e]s, -e> *nt* HIST combinat *m*
Kombination [kɔmbina'tsio:n] <-, -en> *f* ① (*Zusammenstellung*) combinaison *f*
② (*Zahlenkombination*) combinaison *f*
③ (*Schlussfolgerung*) déduction *f*
④ (*Kleidung*) ensemble *m*; (*Overall*) combinaison *f*
⑤ SKI **nordische ~** combiné *m* nordique
Kombinationsgabe *f kein Pl* esprit *m* de déduction **Kombinationsschloss**[RR] *nt* serrure *f* à combinaison **Kombinationstherapie** *f* MED thérapie *f* combinée
Kombinatorik [kɔmbina'to:rɪk] <-> *f* MATH combinatoire *f*
kombinatorisch [kɔmbina'to:rɪʃ] *Adj* **~e Fähigkeiten [haben]** [avoir l']esprit *m* de déduction
kombinieren* I. *tr V* **einen Rock mit einer Bluse ~** assortir une jupe et une chemise; **verschiedene Farben miteinander ~** associer différentes couleurs entre elles; **sich gut ~ lassen** bien se combiner
II. *itr V* (*schlussfolgern*) faire une déduction/des déductions; **du hast richtig kombiniert!** bonne déduction!
Kombitherapie *f* (*gegen Aids*) trithérapie *f* **Kombiwagen** *m* break *m* **Kombizange** *f* pince *f* universelle
Kombüse [kɔm'by:zə] <-, -n> *f* cuisine *f*
Komet [ko'me:t] <-en, -en> *m* comète *f*
kometenhaft *Adj Aufstieg, Karriere* fulgurant(e)
Kometenschweif *m* ASTRON queue *f* de comète
Komfort [kɔm'fo:ɐ] <-s> *m* confort *m*
komfortabel [kɔmfɔr'ta:bəl] I. *Adj* confortable
II. *Adv* confortablement
Komfortwohnung [kɔm'fo:ɐ-] *f* logement *m* confortable, appartement *m* [de] grand standing
Komik ['ko:mɪk] <-> *f* comique *m*
Komiker(in) ['ko:mikɐ] <-s, -> *m(f)* ① comique *mf*
② *pej* (*merkwürdige Person*) **Sie/du ~!** petit plaisantin! (*péj*)
komisch I. *Adj* ① (*lustig*) comique
② (*sonderbar*) bizarre; **es ist [schon] ~, dass** c'est [tout de même] bizarre que + *subj*; **das Komische daran ist, dass** ce qu'il y a de bizarre [là-dedans], c'est que + *indic*; **~ riechen/schmecken** avoir une drôle d'odeur/un drôle de goût; **das kommt mir ~ vor** je trouve ça bizarre/étrange; **der hat vielleicht ~e Ansichten!** il a de ces idées!
③ (*unwohl*) **mir ist/wird so [*o* ganz] ~** *fam* je me sens tout drôle (*fam*)
II. *Adv* ① (*lustig*) bizarrement
② (*sonderbar*) **sich ~ verhalten** se comporter de façon étrange; **sich ~ fühlen** se sentir tout drôle [*o* bizarre] [*o* chose] (*fam*)
komischerweise ['ko:mɪʃɐ'vaɪzə] *Adv fam* bizarrement
Komitee [komi'te:, kɔmi'te:] <-s, -s> *nt* comité *m*
Komma <-s, -s *o* -ta *geh*> ['kɔma] *nt a.* MATH virgule *f*; **vor/hinter dem ~** avant/après la virgule
Kommandant(in) [kɔman'dant] <-en, -en> *m(f)* commandant(e) *m(f)*
Kommandantur [kɔmandan'tu:ɐ] <-, -en> *f* kommandatur *f*
Kommandeur(in) [kɔman'dø:ɐ] <-s, -e> *m(f)* commandant(e) *m(f)* en chef
kommandieren* I. *tr V* ① (*befehligen*) commander
② (*abkommandieren*) **jdn an die Front ~** affecter qn au front
II. *itr V* ① MIL commander
② *fam* (*Anweisungen erteilen*) **[gern] ~** [aimer bien] faire le gendarme (*fam*)
Kommando [kɔ'mando] <-s, -s> *nt* ① *a.* MIL ordre *m*; **das ~ zum Angriff** l'ordre d'attaquer; **auf ~** *handeln, gehorchen* sur ordre; *lachen* sur commande; **auf mein ~** à mon commandement
② *kein Pl* (*Befehlsgewalt*) commandement *m*; **das ~ über jdn/etw haben** avoir le commandement de qn/qc
③ (*abkommandierte Gruppe*) détachement *m*
④ (*Militärdienststelle*) état-major *m*
▸ **~ zurück!** MIL contrordre!; *fig* autant pour moi!
Kommandobrücke *f* passerelle *f* de commandement **Kommandokapsel** *f* module *m* de commande
kommen ['kɔmən] <kam, gekommen> I. *itr V + sein* ① (*sich begeben*) **nach unten/oben ~** descendre/monter; **nach draußen ~** sortir; **ich bin gekommen um ...** je suis venu(e) pour ...; **der Kollege kommt sofort [zu Ihnen]!** mon collègue va s'occuper de vous!; **wenn du mal nach Paris kommst, ...** si un jour tu viens à Paris, ...; **ich komme ja schon!** j'arrive!; **komm!** viens [ici]!
② (*eintreffen, ankommen*) *Person, Zug:* arriver; **mit dem Fahrrad/Bus ~** venir en vélo/bus; **da kommt Anne/der Bus!** voilà Anne/le bus!
③ (*herkommen, sich nähern*) *Person, Fahrzeug:* venir; **von rechts/links ~** arriver sur la droite/gauche; **gelaufen/geflogen ~** s'approcher en courant/en volant; **angaloppiert ~** arriver au galop
④ (*zurückkehren*) **von der Arbeit/aus dem Kino ~** venir du travail/du cinéma; **gerade aus der Schule/vom Einkaufen ~** venir de l'école/des courses
⑤ (*vorbeikommen*) *Handwerker, Arzt:* passer; **die Ärztin ~ lassen** faire venir le médecin
⑥ (*besuchen*) **zu jdm ~** venir voir qn
⑦ (*gelangen*) **wie komme ich bitte zur Post?** pour aller à la poste, s'il vous plaît?; **komme ich auf dieser Straße nach Freiburg?** est-ce que cette route me conduira à Fribourg?
⑧ (*teilnehmen*) **zum Kongress/zur Party ~** aller au congrès/à la fête; **kommst du auch?** est-ce que tu y vas aussi?
⑨ (*reichen*) **bis an die Decke ~** arriver [jusqu']au plafond, atteindre le plafond
⑩ (*errechnen*) **ich komme auf zwanzig Euro/Meter** j'arrive à vingt euros/mètres
⑪ (*gebracht werden*) **[gleich] ~** *Essen, Rechnung, Post:* [aller] arriver; **sich** (*Dat*) **eine Pizza ~ lassen** faire venir une pizza; **ist Post für mich gekommen?** est-ce qu'il y a du courrier pour moi?
⑫ (*herannahen*) *Gewitter, Flut, Frühling:* arriver
⑬ (*entstehen, sich bilden*) *Blüten, Haare, Zahn:* pousser
⑭ (*stammen*) **von weit her ~** venir de loin; **aus ärmlichen Verhältnissen ~** être issu(e) d'un milieu modeste; **aus dem Griechischen ~** *Wort:* venir du grec
⑮ (*austreten*) *Blut, Urin:* sortir

(16) (*folgen*) [**gleich**] ~ *Pointe:* [aller] arriver; **Vorsicht, da vorn kommt eine Ampel!** attention, on arrive sur un feu!; **das Schlimmste kommt erst noch** le pire est encore à venir
(17) (*gesendet, gezeigt werden*) *Interpret, Hit, Film:* passer; **im Fernsehen/im ersten Programm** ~ passer à la télévision/sur la première chaîne; **und nun kommt ...** et voici maintenant ...
(18) (*sein, sich ereignen*) **dieser Entschluss kommt für mich überraschend** cette décision m'apparaît surprenante; **das musste ja so** ~ il fallait bien que ça arrive
(19) (*einen Platz erhalten*) **das Messer kommt in die Schublade** le couteau va dans le tiroir; **der Hund kommt mir nicht ins Auto!** le chien ne va pas dans ma voiture!
(20) *fam* (*sich belaufen*) **auf** [**rund**] **hundert Euro** ~ coûter dans les cent euros (*fam*)
(21) (*erlangen*) **zu Geld** ~ faire fortune; **nie zu etwas** ~ ne jamais arriver à rien; **wie komme ich zu der Ehre?** qu'est-ce qui me vaut cet honneur?
(22) (*sich verschaffen*) **an bestimmte Waren** ~ se procurer des produits particuliers; **billig an Bücher** ~ se procurer des livres bon marché; **an einen Handwerker** ~ trouver un artisan
(23) (*sich erinnern*) **ich komme nicht mehr auf seinen Namen** son nom ne me revient pas
(24) (*Einfall haben*) **auf die Idee wäre ich nie gekommen** ça ne me serait jamais venu à l'idée; **wie kommst du denn darauf?** qu'est-ce qui te fait croire ça?
(25) (*geraten*) **in Stimmung** ~ se mettre dans l'ambiance; **unter ein Auto** ~ se faire renverser par une voiture; **neben jdm zu sitzen** ~ se retrouver à côté de qn
(26) (*ansprechen*) **auf ein Thema zu sprechen** ~ en venir à un sujet; **darauf komme ich gleich zu sprechen** je vais y venir tout de suite
(27) (*entfallen*) **auf einen Arzt** ~ **25 Patienten** il y a un médecin pour 25 patients
(28) (*herausfinden*) **hinter ein Geheimnis** ~ percer à jour un secret
(29) *fam* (*behelligen*) **jdm mit einer Ausrede** ~ agacer qn avec des excuses (*fam*); **komm mir nicht wieder mit der alten Geschichte** ne ramène pas encore cette vieille histoire (*fam*)
(30) (*verlieren*) **um sein Erbteil** ~ perdre sa part d'héritage; **um seinen Mittagsschlaf** ~ [devoir] renoncer à sa sieste
(31) (*herrühren*) **sein Husten kommt vom Rauchen** sa toux [pro]vient de la cigarette
(32) (*Zeit finden*) **nicht zum Abwaschen** ~ ne pas trouver le temps de faire la vaisselle
(33) *fam* (*ähneln*) [**ganz**] **nach jdm** ~ être tout à fait le portrait de qn
(34) *fam* (*einen Orgasmus haben*) prendre son pied (*fam*)
▸ **sich** (*Dat*) **nahe** ~ *Personen:* devenir très proches; **der Wahrheit** (*Dat*) **nahe** ~ [s']approcher de la vérité; **einem Sieg nahe** ~ ressembler beaucoup à un succès; **jdm näher** ~ se rapprocher de qn; **sich** (*Dat*) [*o* **einander** *geh*] **näher** ~ se rapprocher; **komm mir** [**bloß**] **nicht so!** pas de ces manières avec moi!; **da kann** [*o* **könnte**] **ja jeder** ~**!** *fam* et puis quoi, encore? (*fam*); **komm, komm!** *fam* allez! (*fam*); **auf jdn nichts** ~ **lassen** *fam* ne pas vouloir qu'on touche à qn; **der/die soll nur** ~ il/elle n'a qu'à y venir; **komme, was wolle** quoi qu'il advienne; **das kommt davon!** *fam* tu vois ce que je te disais/vous voyez ce que je vous disais! (*fam*); **das kommt davon, weil/wenn ...** voilà ce que c'est de ... + *infin* (*fam*); [**wieder**] **zu sich** ~ revenir à soi; (*sich beruhigen*) se remettre
II. *itr V unpers + sein* **es kam zu einer Auseinandersetzung** on en vint à une querelle; **hoffentlich kommt es nicht zu einem Prozess** espérons que cela n'aboutira pas à un procès; **dazu kam es gar nicht** on n'y est pas parvenu; **und so kam es, dass** et c'est ainsi que + *indic;* **wie kommt es, dass ...?** comment se fait-il que ... ? + *indic*
▸ **es kommt immer anders, als man denkt** *Spr.* les choses ne tournent jamais comme on voudrait; **mag es** ~**, wie es** ~ **will** quoi qu'il advienne; **es kam, wie es** ~ **musste** il est arrivé ce qui devait arriver
III. *tr V + sein fam* **die Reparatur kommt mich auf tausend Euro** les réparations me reviennent à mille euros

Kommen <-s> *nt* venue *f*, arrivée *f;* **wir rechnen fest mit deinem** ~ nous comptons sur ta visite
▸ [**es herrscht**] **ein ständiges** ~ **und Gehen** [il y a] des allées et venues *fpl* continuelles; [**groß**] **im** ~ **sein** connaître une vogue croissante

kommend *Adj* (1) (*nächste*) prochain(e)
(2) (*künftig*) **die** ~**en Ereignisse** les événements à venir; **die** ~**e Parteichefin** la nouvelle chef du parti

Kommentar [kɔmɛn'ta:ɐ] <-s, -e> *m* (1) (*Stellungnahme*) commentaire *m;* **der** ~ **zu etw** les commentaires *mpl* sur qc; **einen** ~ **zu etw abgeben** apporter un commentaire à qc; **jeden** [**weiteren**] ~ **ablehnen** se refuser à tout [autre] commentaire; **kein** ~**!** aucun commentaire!
(2) (*Werk*) commentaire *m*

kommentarlos *Adj* sans commentaire

Kommentator [kɔmɛn'ta:to:ɐ] <-s, -toren> *m*, **Kommentatorin** *f* commentateur(-trice) *m(f)*

kommentieren* *tr V* commenter; **kommentiert** *Ausgabe, Fassung* commenté(e)

Kommerzfernsehen *nt* télévision *f* commerciale

kommerziell [kɔmɛr'tsjɛl] **I.** *Adj* commercial(e)
II. *Adv* à des fins commerciales; ~ **denken** avoir l'esprit mercantile

Kommerzienrat [-tsiən-] *m*, **-rätin** *f* conseiller *m* commercial/conseillère *f* commerciale

Kommilitone [kɔmili'to:nə] <-n, -n> *m*, **Kommilitonin** *f* camarade *mf* d'études

Kommiss[RR] <-es>, **Kommiß** <-sses> *m veraltet fam* armée *f;* **beim** ~ **sein** faire l'armée (*fam*)

Kommissar(in) [kɔmɪ'sa:ɐ] <-s, -e> *m(f)*, **Kommissär(in)** [kɔmɪ'sɛ:ɐ] <-s, -e> *m(f)* A, CH commissaire *m*

Kommissariat [kɔmɪsari'a:t] <-s, -e> *nt* commissariat *m*

kommissarisch [kɔmɪ'sa:rɪʃ] **I.** *Adj* intérimaire
II. *Adv* par intérim

Kommissbrot[RR] *nt* pain *m* de munition

Kommission [kɔmɪ'sio:n] <-, -en> *f* (1) (*Ausschuss*) commission *f;* **die Europäische** ~ la Commission européenne
(2) (*Auftrag zu verkaufen*) [**jdm**] **etw in** ~ **geben** laisser qc en dépôt-vente [à qn]; **etw in** ~ **nehmen** prendre qc en dépôt-vente; **etw in** ~ **verkaufen** vendre qc en commission

Kommissionär(in) [kɔmɪsio'nɛ:ɐ] <-s, -e> *m(f)* diffuseur(-euse) *m(f)*

Kommissionierung *f* COM commissionnement *m*

Kommissionsbasis *f* COM **auf** ~ à la commission **Kommissionsgeschäft** *nt* COM commission *f*

Kommode [kɔ'mo:də] <-, -n> *f* commode *f*

kommunal [kɔmu'na:l] *Adj* communal(e), municipal(e); *Abgaben* local(e)

Kommunalabgaben *Pl* impôts *mpl* locaux **Kommunalpolitik** *f* politique *f* municipale **Kommunalverwaltung** *f* administration *f* communale **Kommunalwahlen** *Pl* élections *fpl* municipales

Kommunarde [kɔmu'nardə] <-n, -n> *m*, **Kommunardin** *f* HIST communard(e) *m(f)*

Kommune [kɔ'mu:nə] <-, -n> *f* (1) ADMIN commune *f*
(2) HIST **die Pariser** ~ la Commune de Paris

Kommunikation [kɔmunika'tsio:n] <-, -en> *f* communication *f*

Kommunikationsmittel *nt* moyen *m* de communication **Kommunikationsschwierigkeiten** *Pl* difficultés *fpl* de communication **Kommunikationstechnik** *f* techniques *fpl* de communication **Kommunikationswissenschaften** *Pl* sciences *fpl* de la communication

kommunikativ *Adj* communicatif(-ive)
Kommunikee[RR] *s.* Kommuniqué
Kommunion [kɔmu'njo:n] <-, -en> *f* **die** [**heilige**] ~ la [sainte] communion; (*Erstkommunion*) la première communion; **zur ~ gehen** aller communier
Kommunionkind *nt* communiant(e) *m(f)*
Kommuniqué [kɔmyni'ke:] <-s, -s> *nt* communiqué *m*
Kommunismus [kɔmu'nɪsmʊs] <-> *m* communisme *m*
Kommunist(in) [kɔmu'nɪst] <-en, -en> *m(f)* communiste *mf*
kommunistisch *Adj* communiste
kommunizieren* *itr V* ❶ *geh* (*sich verständigen*) communiquer; **mit jdm ~** communiquer avec qn
❷ *form* (*zur Kommunion gehen*) communier
Komödiant(in) [komø'diant] <-en, -en> *m(f) a. fig, pej* comédien(ne) *m(f)*
komödiantisch *Adj* comédien(ne); (*dem Wesen des Theaters gemäß*) de comédie
Komödie [ko'mø:diə] <-, -n> *f a. fig* comédie *f*; **~ spielen** jouer la comédie
Kompagnon ['kɔmpanjɔŋ, kɔmpan'jõ:] <-s, -s> *m* associé(e) *m(f)*
kompakt [kɔm'pakt] **I.** *Adj* compact(e)
II. *Adv* **~ gebaut** *Auto, Haus* de forme compacte
Kompanie [kɔmpa'ni:] <-, -n> *f* compagnie *f*
Kompaniechef(in) [-ʃɛf] *m(f)*, **Kompanieführer(in)** *m(f)* commandant(e) *m(f)* de compagnie
Komparativ ['kɔmparati:f] <-s, -e> *m* comparatif *m*
Komparse [kɔm'parzə] <-n, -n> *m*, **Komparsin** *f* figurant(e) *m(f)*
Kompass[RR] <-es, -e>, **Kompaß** <-sses, -sse> *m* boussole *f*; NAUT compas *m*; **nach dem ~** à la boussole; NAUT au compas
Kompassnadel[RR] *f* aiguille *f* de la boussole/du compas
kompatibel [kɔmpa'ti:bəl] *Adj* compatible
Kompatibilität [kɔmpatibili'tɛ:t] <-, -en> *f* compatibilité *f*
Kompendium [kɔm'pɛndiʊm, *Pl:* kɔm'pɛndiən] <-s, -dien> *nt* abrégé *m*
Kompensation [kɔmpɛnza'tsio:n] <-, -en> *f* compensation *f*
kompensieren* *tr V a.* PSYCH (*ausgleichen*) compenser; **etw durch** [*o* **mit**] **etw ~** compenser qc par qc
kompetent [kɔmpe'tɛnt] **I.** *Adj* compétent(e); **auf einem Fachgebiet ~ sein** être compétent(e) dans un domaine
II. *Adv* de manière compétente
Kompetenz [kɔmpe'tɛnts] <-, -en> *f* ❶ (*Befähigung*) compétence *f*
❷ (*Zuständigkeit, Befugnis*) compétence *f*; **~en delegieren** répartir les compétences; **das ist** [**o liegt**] **außerhalb seiner ~** cela dépasse le cadre de ses attributions; **seine ~en überschreiten** dépasser le cadre de ses compétences
❸ (*Zuständigkeitsbereich*) domaine *m* de compétence; **das fällt in deine ~** c'est de ton ressort
Kompetenzgerangel *nt pej fam* querelles *fpl* de compétence (*péj*) **Kompetenzkonflikt** *m* JUR conflit *m* de compétence; **negativer/positiver ~** conflit positif/négatif de compétence **Kompetenzstreitigkeiten** *Pl* conflit *m* de compétence
kompilieren* *tr V geh* **etw** [**aus etw**] **~** compiler qc [à partir de qc]
Komplement [kɔmple'mɛnt] <-[e]s, -e> *nt* BIO complément *m*
Komplementär [kɔmplemɛn'tɛ:ɐ] <-s, -e> *m* commandité(e) *m(f)*
Komplementärfarbe *f* couleur *f* complémentaire
komplett [kɔm'plɛt] **I.** *Adj* ❶ (*vollständig*) complet(-ète)
❷ *fam* (*vollzählig, völlig*) **sind wir ~?** sommes-nous au complet?; **das ist doch ~er Schwachsinn!** c'est complètement débile! (*fam*)
II. *Adv* complètement
komplettieren* *tr V geh* compléter
komplex [kɔm'plɛks] **I.** *Adj* complexe
II. *Adv* de façon complexe
Komplex <-es, -e> *m* ❶ ARCHIT complexe *m*
❷ PSYCH complexe *m*; **einen ~ wegen etw haben** avoir un complexe à cause de qc; **voller ~e sein** être complexé(e) (*fam*)
❸ (*Gesamtheit*) ensemble *m*
Komplikation [kɔmplika'tsio:n] <-, -en> *f* complication *f*; **ohne ~en** sans complications
Kompliment [kɔmpli'mɛnt] <-[e]s, -e> *nt* compliment *m*; **jdm ~e/ein ~ machen** faire des compliments à qn; **mit ~en um sich werfen** ne pas être avare de compliments; [**mein**] **~!** mes compliments!
Komplize [kɔm'pli:tsə] <-n, -n> *m*, **Komplizin** *f* complice *mf*
komplizieren* **I.** *tr V* compliquer
II. *r V* **sich ~** se compliquer
kompliziert [kɔmpli'tsi:ɐt] **I.** *Adj* compliqué(e)
II. *Adv* de façon compliquée
Kompliziertheit <-> *f* complexité *f*
Komplizin [kɔm'pli:tsɪn] *f s.* **Komplize**
Komplott [kɔm'plɔt] <-[e]s, -e> *nt* complot *m*
▶ **ein ~ schmieden** tramer un complot (*soutenu*)
Komponente [kɔmpo'nɛntə] <-, -n> *f* ❶ (*Bestandteil*) composant *m*
❷ (*Gesichtspunkt*) composante *f*
komponieren* **I.** *tr V* composer
II. *itr V* composer; **das Komponieren** la composition
Komponist(in) [kɔmpo'nɪst] <-en, -en> *m(f)* compositeur(-trice) *m(f)*
Komposita *s.* **Kompositum**
Komposition [kɔmpozi'tsio:n] <-, -en> *f* composition *f*
Kompositum [kɔm'po:zitʊm, *Pl:* kɔm'po:zita] <-s, Komposita> *nt* LING [mot *m*] composé *m*
Kompost [kɔm'pɔst] <-[e]s, -e> *m* compost *m*
Komposthaufen *m* tas *m* de compost
kompostieren* *tr V* **etw ~** faire du compost avec qc; **das Kompostieren** le compostage
Kompostierung <-, -en> *f* compostage *m*
Kompott [kɔm'pɔt] <-[e]s, -e> *nt* compote *f*
Kompresse [kɔm'prɛsə] <-, -n> *f* compresse *f*
Kompression [kɔmprɛ'sio:n] <-, -en> *f* compression *f*
Kompressor [kɔm'prɛso:ɐ] <-s, -Kompressoren> *m* compresseur *m*
komprimieren* *tr V* comprimer
Komprimierung <-, -en> *f a.* INFORM compression *f*
Kompromiss[RR] <-es, -e>, **Kompromiß** <-sses, -sse> *m* compromis *m*; **einen ~ mit jdm schließen** passer un compromis avec qn; **ein fauler ~** un compromis boiteux
kompromissbereit[RR] *Adj* conciliant(e) **Kompromissbereitschaft**[RR] *f* attitude *f* conciliante **kompromissfreudig**[RR] **I.** *Adj* arrangeant(e) **II.** *Adv* avec trop de complaisance **kompromisslos**[RR] **I.** *Adj* *Haltung, Verhandlungspartner* intransigeant(e) **II.** *Adv* avec intransigeance **Kompromisslösung**[RR] *f* solution *f* de compromis **Kompromissvorschlag**[RR] *m* proposition *f* de compromis
kompromittieren* **I.** *tr V* compromettre
II. *r V* **sich ~** se discréditer
Kondensat [kɔndɛn'za:t] <-[e]s, -e> *nt* produit *m* de condensation
Kondensation [kɔndɛnza'tsio:n] <-, -en> *f* condensation *f*
Kondensator [kɔndɛn'za:to:ɐ] <-s, -toren> *m* condensateur *m*
kondensieren* **I.** *itr V + haben o sein* se condenser; **an den Wänden ~** *Dampf:* se condenser sur les parois
II. *tr V + haben* concentrer *Milch, Saft*
Kondensmilch [kɔn'dɛns-] *f* lait *m* concentré **Kondensstreifen** *m* traînée *f* blanche **Kondenswasser** *nt kein Pl* [eau *f* de] condensation *f*
Kondition [kɔndi'tsio:n] <-, -en> *f* ❶ (*Leistungsfähigkeit*) condition *f*; [**eine gute**] **~ haben** être en [bonne] condition; **keine ~ haben** manquer de condition

❷ *Pl* (*Bedingungen*) conditions *fpl*
Konditionalsatz [kɔnditsio'na:l-] *m* GRAM proposition *f* conditionnelle
Konditionsschwäche *f* manque *m* de condition **Konditionstraining** [-tre:nɪŋ, -trɛ:-] *nt* mise *f* en condition
Konditor [kɔn'di:to:ɐ] <-s, -toren> *m*, **Konditorin** *f* pâtissier *m* [confiseur]/pâtissière *f* [confiseuse]
Konditorei [kɔndito'raɪ] <-, -en> *f* pâtisserie *f* [confiserie]
Kondolenzbesuch *m geh* visite *f* de condoléances; **bei jdm einen ~ machen** aller présenter ses condoléances à qn **Kondolenzkarte** *f geh* carte *f* de condoléances **Kondolenzliste** *f geh* livre *m* de condoléances
kondolieren* *itr V geh* présenter ses condoléances; **[jdm] ~** présenter ses condoléances [à qn]
Kondom [kɔn'do:m] <-s, -e> *m o nt* préservatif *m*
Kondor ['kɔndo:ɐ] <-s, -e> *m* condor *m*
Kondukteur(in) [kɔndʊk'tø:ɐ] <-s, -e> *m(f)* CH contrôleur(-euse) *m(f)*
Konfekt [kɔn'fɛkt] <-[e]s, -e> *nt* ❶ (*Pralinen*) friandises *fpl*
❷ A, CH (*Gebäck*) petits-fours *mpl*
Konfektion [kɔnfɛk'tsio:n] <-, *selten* -en> *f* (*Konfektionskleidung*) confection *f*; **keine ~ tragen** ne pas porter des vêtements de confection
konfektionieren* *tr V* fabriquer en série; **etw ~** fabriquer qc en série
Konfektionsgröße *f* taille *f* en confection
Konferenz [kɔnfe'rɛnts] <-, -en> *f* ❶ conférence *f*; **in einer ~ sein** être en conférence; **~ über Sicherheit und Zusammenarbeit in Europa** conférence sur la sécurité et la coopération en Europe
❷ (*Lehrerkonferenz*) conseil *m* de classe
Konferenzraum *m* salle *f* de conférences **Konferenzschaltung** *f* multiplex *m* **Konferenzteilnehmer(in)** *m(f)* participant(e) *m(f)* à la conférence **Konferenzzimmer** *nt* salle *f* de conférences
konferieren* *itr V geh* conférer (*soutenu*); **mit jdm über etw** (*Akk*) **~** conférer avec qn de qc (*soutenu*)
Konfession [kɔnfɛ'sio:n] <-, -en> *f* confession *f*
konfessionell [kɔnfɛsio'nɛl] I. *Adj* confessionnel(le)
II. *Adv gebunden* sur le plan confessionnel
konfessionslos *Adj* sans confession
Konfessionsschule *s.* **Bekenntnisschule**
Konfetti [kɔn'fɛti] <-[s]> *nt* confetti *m*
Konfiguration [kɔnfigura'tsio:n] <-, -en> *f* INFORM configuration *f*
konfigurieren* *tr V* INFORM configurer
Konfirmand(in) [kɔnfɪr'mant] <-en, -en> *m(f)* confirmand(e) *m(f)*
Konfirmandenunterricht *m* préparation *f* à la confirmation
Konfirmation [kɔnfɪrma'tsio:n] <-, -en> *f* confirmation *f*
konfirmieren* *tr V* confirmer
Konfiserie [kõfizə'ri:, kɔnfizə'ri:] <-, -n> *f* CH confiserie *f*
konfiszieren* *tr V* ❶ (*beschlagnahmen*) saisir
❷ *hum* (*wegnehmen*) confisquer
Konfitüre [kɔnfi'ty:rə] <-, -n> *f* confiture *f*
Konflikt [kɔn'flɪkt] <-s, -e> *m* ❶ conflit *m*; **ein bewaffneter** [*o* **militärischer**] **~** un conflit armé
❷ (*Zwiespalt*) conflit *m*; **seelischer** [*o* **innerer**] **~** cas *m* de conscience; **jdn in ~ mit seinem Gewissen bringen** plonger qn dans un cas de conscience
Konfliktherd *m* poudrière *f*, foyer *m* de tensions **Konfliktpartei** *f* partie *f* en présence dans un conflit **Konfliktstoff** *m* source *f* de conflits
Konföderation [kɔnfødera'tsio:n] <-, -en> *f* confédération *f*
konform [kɔn'fɔrm] I. *Adj* concordant(e); **~ sein** *Ansichten:* concorder
II. *Adv* ▸ **mit jdm/etw ~ gehen** *Person:* être d'accord avec qn/sur qc

Konformismus [kɔnfɔr'mɪsmʊs] <-> *m geh* conformisme *m*
Konformist(in) <-en, -en> *m(f) geh* conformiste *mf*
konformistisch *Adj geh* conformiste
Konformität <-, -en> *f* conformité *f*
Konfrontation [kɔnfrɔnta'tsio:n] <-, -en> *f* ❶ (*Gegenüberstellung*) confrontation *f*
❷ (*Auseinandersetzung*) affrontement *m*
Konfrontationskurs *m* attitude *f* belliqueuse; **auf ~ gehen** chercher l'affrontement
konfrontieren* *tr V* **jdn mit jdm/etw ~** confronter qn avec qn/qc; **mit etw konfrontiert werden** être confronté(e) à qc
konfus [kɔn'fu:s] I. *Adj* confus(e); **jdn [ganz] ~ machen** embrouiller [complètement] qn; **~ klingen** paraître confus(e)
II. *Adv* de façon confuse
Konfusion [kɔnfu'zio:n] <-, -en> *f* confusion *f*
Konfuzius [kɔn'fu:tsiʊs] <-> *m* HIST Confucius *m*
kongenial [kɔnge'nia:l, kɔŋge'nia:l] *Adj geh* d'un [*o* du] même génie
Konglomerat [kɔnglome'ra:t] <-[e]s, -e> *nt geh* **ein ~ von Hütten** une agglomération de cabanes; **ein ~ von Fremdwörtern und Zitaten** une accumulation de mots d'origine étrangère et de citations
Kongo ['kɔŋgo] <-[s]> *m* ❶ (*Fluss*) **der ~** le Congo
❷ (*Staat*) **der ~** le Congo
Kongolese [kɔŋgo'le:zə] <-n, -n> *m*, **Kongolesin** *f* Congolais(e) *m(f)*
kongolesisch *Adj* congolais(e)
Kongregation [kɔngrega'tsio:n] <-, -en> *f* congrégation *f*
Kongress[RR] <-es, -e>, **Kongreß** <-sses, -sse> *m* ❶ (*Tagung*) congrès *m*
❷ (*US-Parlament*) **der ~** le Congrès
❸ HIST **der Wiener ~** le Congrès de Vienne
Kongresshalle[RR] *f* salle *f* des congrès **Kongressteilnehmer(in)**[RR] *m(f)* congressiste *mf* **Kongresszentrum**[RR] *nt* palais *m* des congrès
kongruent [kɔŋgru'ɛnt, kɔngru'ɛnt] *Adj* coïncident(e); **~ sein** coïncider
Kongruenz [kɔŋgru'ɛnts, kɔngru'ɛnts] <-, -en> *f* ❶ GEOM coïncidence *f*
❷ GRAM accord *m*
K.-o.-Niederlage [ka:'ʔo:-] *f* défaite *f* par K.-O.
Konifere [koni'fe:rə] <-, -n> *f* BOT conifère *m*
König ['kø:nɪç] <-s, -e> *m* roi *m*; **die Heiligen Drei ~e** les Rois mages
▸ **der ~ der Tiere/der Lüfte** le roi des animaux/des airs
Königin <-, -nen> *f* ❶ *a.* ZOOL reine *f*
❷ BOT **~ der Nacht** cierge *m* à grandes fleurs
Königinmutter *f* reine *f* mère
königlich [kø:nɪklɪç] I. *Adj a. fig* royal(e)
II. *Adv* ❶ *fam* (*außerordentlich*) **sich ~ amüsieren** s'amuser comme un petit fou/une petite folle/des petits fous (*fam*)
❷ (*großzügig*) *belohnen, bewirten* royalement
Königreich *nt* royaume *m*; **das Vereinigte ~** le Royaume-Uni
Königshaus *nt* dynastie *f* royale **Königskerze** *f* BOT molène *f* **Königskrone** *f* couronne *f* royale **Königspaar** *nt* couple *m* royal **Königssohn** ['kø:nɪks-, 'kø:nɪçs-] *m* fils *m* du roi **Königstiger** *m* tigre *m* royal **Königstochter** *f* fille *f* du roi **königstreu** *Adj* fidèle au roi **Königsweg** *m* solution *f* idéale; **es gibt keinen ~** il n'y a pas de solution miracle
Königtum <-s, -tümer> *nt* ❶ *kein Pl* (*Monarchie*) royauté *f*
❷ *veraltet* (*Königreich*) royaume *m*
konisch ['ko:nɪʃ] *Adj* conique
Konjugation [kɔnjuga'tsio:n] <-, -en> *f* GRAM conjugaison *f*
konjugieren* *tr V* GRAM conjuguer; **schwach/stark konjugiert werden** avoir une conjugaison faible/forte
Konjunktion [kɔnjʊŋk'tsio:n] <-, -en> *f* GRAM, ASTROL conjonction *f*
Konjunktionalsatz *m* GRAM [proposition *f*] conjonctive *f*

Konjunktiv ['kɔnjʊŋkti:f] <-s, -e> *m* GRAM subjonctif *m;* **im ~** au subjonctif
Konjunktur [kɔnjʊŋk'tu:ɐ] <-, -en> *f* ÖKON conjoncture *f;* **steigende ~** conjoncture favorable; **rückläufige ~** récession *f;* **~ haben** *Ware:* être très demandé(e)
Konjunkturaufschwung *m* essor *m* conjoncturel **Konjunktureinbruch** *m* effondrement *m* de l'activité économique **Konjunkturentwicklung** *f* évolution *f* conjoncturelle **Konjunkturflaute** *f* stagnation *f* de l'activité économique **Konjunkturpolitik** *f* ÖKON politique *f* conjoncturelle **Konjunkturprognose** *f* prévision *f* conjoncturelle **Konjunkturrückgang** *m* ÖKON baisse *f* de l'activité économique
konkav [kɔn'ka:f] I. *Adj* concave
II. *Adv schleifen* en creux
Konklave [kɔn'kla:və, kɔŋ'kla:və] <-s, -n> *nt* conclave *m*
Konkordanz [kɔnkɔr'dants] <-, -en> *f* concordance *f*
Konkordat [kɔnkɔr'da:t] <-[e]s, -e> *nt* ❶ ECCL concordat *m*
❷ CH *(Staatsvertrag) traité intercantonal*
konkret [kɔŋ'kre:t, kɔn'kre:t] I. *Adj* ❶ *Vorstellung, Meinung* concret(-ète); **etwas/nichts Konkretes** quelque chose/rien de concret
❷ KUNST figuratif(-ive)
II. *Adv sagen* concrètement; **ganz ~ bedeutet das, dass** en [langage] clair, cela veut dire que + *indic*
konkretisieren* *tr V* expliciter
Konkretisierung <-, -en> *f* concrétisation *f*
Konkubinat [kɔnkubi'na:t, kɔŋkubi'na:t] <-[e]s, -e> *nt* concubinage *m;* **im ~ mit jdm leben** vivre en concubinage avec qn
Konkubine [kɔŋku'bi:nə, kɔn-] <-, -n> *f geh* maîtresse *f*
Konkurrent(in) [kɔŋkʊ'rɛnt] <-en, -en> *m(f)* rival(e) *m(f);* COM concurrent(e) *m(f)*
Konkurrenz [kɔŋkʊ'rɛnts, kɔn-] <-, -en> *f* ❶ *kein Pl a.* JUR *(das Konkurrieren, der Konkurrent)* concurrence *f;* **scharfe ~** concurrence acharnée; **jdm ~ machen** faire concurrence à qn; **zur ~ gehen** passer à la concurrence; **sie ist für mich keine ~** elle ne me fait pas concurrence
❷ *(Wettkampf)* compétition *f;* **an einer ~ teilnehmen** participer à une compétition; **in verschiedenen ~en starten** être au départ de différentes compétitions; **außer ~** hors compétition
▶ **die ~ schläft nicht** *fam* la concurrence devient dure *(fam)*
Konkurrenzangebot *nt* offre *f* concurrentielle **Konkurrenzdruck** *m kein Pl* pression *f* de la concurrence **konkurrenzfähig** *Adj* COM compétitif(-ive) **Konkurrenzkampf** *m* concurrence *f* **Konkurrenzklausel** *f* clause *f* de non-concurrence
konkurrenzlos I. *Adj* sans concurrence; *Produkt* défiant toute concurrence; **~ sein** être seul(e) sur le marché
II. *Adv* **~ billig sein** être exceptionnellement bon marché
Konkurrenzunternehmen *nt* concurrent *m*
konkurrieren* *itr V* COM **mit jdm/etw ~** être en concurrence avec qn/qc; **mit jdm/etw nicht ~ können** ne pas pouvoir lutter contre qn/qc
Konkurs [kɔŋ'kʊrs, kɔn-] <-es, -e> *m* ❶ *(Zahlungsunfähigkeit)* faillite *f;* **~ machen** faire faillite; **~ anmelden** déposer le bilan; **jdm den ~ erklären** prononcer la faillite à qn
❷ *(Verfahren)* procédure *f* de faillite
Konkursmasse *f* actif *m* de la faillite **Konkursverfahren** *nt* procédure *f* de faillite; **ein ~ eröffnen** ouvrir une procédure de faillite **Konkursverwalter(in)** *m(f)* administrateur(-trice) *m(f)* judiciaire
können ['kœnən] I. <konnte, ~> *Hilfsv modal* ❶ *(vermögen)* pouvoir; **etw tun ~** pouvoir faire qc; **etw nicht vergessen ~** ne pas pouvoir oublier qc
❷ *(eine Fertigkeit haben)* **laufen/lesen ~** savoir courir/lire
❸ *(dürfen)* **etw tun ~** pouvoir faire qc; **kann ich Sie kurz etwas fragen?** puis-je vous demander quelque chose?
❹ *(in höflichen Fragen)* **~ Sie mir sagen, wo/wie ...?** pourriez-vous me dire où/comment ...?; **kann ich Ihnen weiterhelfen?** puis-je vous aider?; **~ wir anfangen/gehen?** on peut commencer/y aller?; **~ wir?** *fam* on y va? *(fam)*
❺ *(als Ausdruck der Wahrscheinlichkeit)* **sie kann jeden Moment zurückkommen** elle peut revenir d'un moment à l'autre; **er kann sich verlaufen haben** il s'est peut-être perdu; **es kann sein, dass** il est possible que + *subj*
❻ *(als Ausdruck eines Tadels)* **kannst du nicht warten/aufpassen?** tu ne peux pas attendre/faire attention?; **~ Sie nicht klopfen?** vous ne pouvez pas frapper?; **wie konntest du nur wegbleiben!** comment as-tu pu ne pas y aller!
▶ **man kann nie wissen** on ne sait jamais; **[halb so schlimm,] das kann passieren!** [c'est pas grave,] ça peut arriver!; **kann [schon] sein!** *fam* ça se peut [bien]! *(fam)*
II. <konnte, gekonnt> *tr V* savoir *Lied, Text, Gedicht;* parler *Fremdsprache;* **Schwedisch/Tango ~** connaître le suédois/le tango; **was die alles kann!** elle en sait des choses!; **etwas** [*o* **was** *fam*] **~** *(Kenntnisse/Fähigkeiten haben)* s'y connaître *fam*/être quelqu'un de fort; **nichts ~** *(keine Kenntnisse/Fähigkeiten haben)* ne rien y connaître; **was ~ Sie?** qu'est-ce que vous savez faire?
▶ **[et]was/nichts für etw ~** être/ne pas être responsable de qc; **kann ich vielleicht etwas dafür, dass ...?** qu'est-ce que j'y peux si ...?; **der kann mich mal!** *sl* il peut aller se faire foutre! *(pop)*
III. <konnte, gekonnt> *itr V* pouvoir; **nicht mehr ~** *fam (erschöpft, überfordert sein)* n'en pouvoir plus; *fam (satt sein)* ne pouvoir plus rien avaler; **noch ~** *fam* pouvoir encore; **sie lief, so schnell sie konnte, sie lief, was sie konnte** elle courut de toutes ses forces
▶ **~ vor Lachen!** il faudrait pouvoir!; **mit jdm gut ~** *fam* s'entendre bien avec qn; **mit jdm nicht ~** *fam* ne pas s'entendre avec qn
Können <-s> *nt (geistig)* compétence *f; (manuell)* savoir-faire *m;* **sein/ihr schauspielerisches ~** son talent *m* d'acteur/d'actrice
Könner(in) <-s, -> *m(f)* expert(e) *m(f)*
konnte ['kɔntə] *Imp von* **können**
Konrektor(in) ['kɔnrɛkto:ɐ, *Pl:* kɔnrɛk'to:rən] *m(f)* directeur *m* adjoint/directrice *f* adjointe
konsekutiv *Adj* consécutif(-ive)
Konsekutivdolmetschen [kɔnzeku'ti:f-] *nt* interprétation *f* consécutive **Konsekutivsatz** *m* GRAM [proposition *f*] subordonnée] consécutive *f*
Konsens [kɔn'zɛns] <-es, -e> *m geh (Übereinstimmung)* consensus *m*
konsequent [kɔnze'kvɛnt] I. *Adj* ❶ *(folgerichtig)* cohérent(e)
❷ *(unbeirrbar) Gegner, Verfechter* résolu(e); **bei etw ~ sein** être cohérent(e) dans qc; **du musst ~ bleiben!** sois cohérent(e)!
II. *Adv* ❶ *(folgerichtig)* de façon cohérente
❷ *(unbeirrbar)* résolument
Konsequenz [kɔnze'kvɛnts] <-, -en> *f* ❶ *(Folge)* conséquence *f;* **etw hat ~en für jdn** qc a des conséquences pour qn; **die ~en tragen** supporter les conséquences
❷ *(Folgerung)* **aus etw die ~en ziehen** tirer les conséquences de qc
❸ *kein Pl (Folgerichtigkeit)* cohérence *f*
❹ *kein Pl (Unbeirrbarkeit)* détermination *f*
▶ **in letzter ~** en fin de compte
konservativ [kɔnzɛrva'ti:f, 'kɔn-] POL I. *Adj* conservateur(-trice)
II. *Adv wählen* à droite
Konservative(r) *f(m) dekl wie Adj* conservateur(-trice) *m(f)*
Konservator [kɔnzɛr'va:to:ɐ, *Pl:* kɔnzɛrva'to:rən] <-s, -toren> *m,* **Konservatorin** *f* conservateur(-trice) *m(f)*
Konservatorium [-va-, -riən] <-s, -rien> *nt* conservatoire *m*
Konserve [kɔn'zɛrvə] <-, -n> *f* ❶ conserve *f*
❷ *fig fam* **Musik aus der ~** de la musique en boîte
Konservenbüchse [kɔn'zɛrvənbʏksə] *f,* **Konservendose** *f* boîte *f* de conserve

konservieren* [-'vi:-] *tr V* ❶ conserver *Früchte;* **Früchte in Alkohol** (*Dat*) ~ conserver des fruits dans de l'alcool
❷ *geh* (*erhalten*) conserver *Gebäude, Kunstwerk*
Konservierung <-, -en> *f* ❶ *von Lebensmitteln* conservation *f*
❷ *geh* (*Erhaltung*) entretien *m*
Konservierungsmittel *nt* agent *m* de conservation **Konservierungsstoff** *m* CHEM conservateur *m*
Konsistenz [kɔnzɪs'tɛnts] <-> *f geh* consistance *f*
Konsole [kɔn'zo:lə] <-, -n> *f* console *f*
konsolidieren* I. *tr V a.* ÖKON *geh* consolider; **konsolidiert** *Umsatz* consolidé(e); **nicht konsolidiert** *Beteiligung* non consolidé(e)
II. *r V geh* **sich** ~ se consolider
Konsolidierung <-, -en> *f geh* consolidation *f*
Konsonant [kɔnzo'nant] <-en, -en> *m* LING consonne *f*
konsonantisch *Adj* LING consonantique
Konsorten *Pl pej* **...** **und** ~ ... et consorts
Konsortium [kɔn'zɔrtsiʊm] <-s, -tien> *nt* consortium *m*
Konspiration [kɔnspira'tsio:n] <-, -en> *f geh* conspiration *f*
konspirativ [kɔnspira'ti:f] *Adj geh Absicht, Tätigkeit* conspirateur(-trice); *Wohnung* des conspirateurs
konspirieren* *itr V geh* conspirer; **mit jdm gegen jdn** ~ conspirer avec qn contre qn
konstant [kɔn'stant] I. *Adj* constant(e)
II. *Adv* ❶ *gut, niedrig* constamment
❷ (*beharrlich*) avec obstination
Konstante [kɔn'stantə] <-[n], -n> *f* constante *f*
Konstanz ['kɔnstants] <-> *nt* Constance
konstatieren* *tr V geh* constater
Konstellation [kɔnstɛla'tsio:n] <-, -en> *f* ❶ *geh* (*Gesamtlage*) configuration *f*
❷ ASTRON, ASTROL constellation *f*
konsternieren* *tr V geh* consterner
konsterniert *geh* I. *Adj* consterné(e)
II. *Adv* avec consternation
konstituieren* *geh* I. *tr V* constituer; ~**d** constituant(e)
II. *r V* **sich** [**als etw**] ~ se constituer [en qc]
Konstitution [kɔnstitu'tsio:n] <-, -en> *f* ❶ (*körperliche Verfassung*) condition *f;* (*Körperbau*) constitution *f*
❷ POL *geh* constitution *f*
konstitutionell [kɔnstitutsio'nɛl] *Adj* POL, MED constitutionnel(le); ~**e Monarchie** monarchie constitutionnelle
konstruieren* *tr V* ❶ *a.* GRAM construire
❷ *pej* (*spekulativ erstellen*) **eine konstruierte Behauptung** une affirmation fabriquée de toutes pièces
Konstrukteur(in) [kɔnstrʊk'tø:ɐ] <-s, -e> *m(f)* constructeur(-trice) *m(f)*
Konstruktion [kɔnstrʊk'tsio:n] <-, -en> *f* construction *f*
Konstruktionsbüro *nt* bureau *m* d'études **Konstruktionsfehler** *m* défaut *m* de fabrication
konstruktiv [kɔnstrʊk'ti:f] *geh* I. *Adj* (*förderlich*) constructif(-ive)
II. *Adv* de façon constructive
Konsul ['kɔnzʊl] <-s, -n> *m*, **Konsulin** *f* consul *m*
konsularisch [kɔnzu'la:rɪʃ] *Adj* consulaire
Konsulat [kɔnzu'la:t] <-[e]s, -e> *nt* consulat *m*
Konsultation [kɔnzʊlta'tsio:n] <-, -en> *f form* consultation *f*
konsultieren* *tr V form* consulter *Lexikon, Wörterbuch;* **jdn wegen etw** ~ consulter qn pour qc
Konsum [kɔn'zu:m] <-s> *m* consommation *f*
Konsumartikel *m* produit *m* de consommation
Konsumation [kɔnzuma'tsio:n] <-, -en> *f* A, CH consommation *f*
Konsument(in) [kɔnzu'mɛnt] <-en, -en> *m(f)* consommateur(-trice) *m(f)*
Konsumentenbefragung *f* enquête *f* auprès des consommateurs
Konsumgesellschaft *f* société *f* de consommation **Konsumgut** *nt meist Pl* bien *m* de consommation; **langlebige/kurzlebige Konsumgüter** biens [de consommation] durables/non durables
konsumieren* *tr V geh* ❶ (*verbrauchen*) consommer
❷ *fig* être consommateur(-trice) de *Kunst*
Konsumterror *m pej* terrorisme *m* publicitaire **Konsumverzicht** *m* consommation *f* modérée **Konsumzwang** *m* consommation *f* forcée
Kontakt [kɔn'takt] <-[e]s, -e> *m* contact *m;* **der** ~ **zu jdm** le contact avec qn; **private/berufliche** ~**e** des relations *fpl* personnelles/d'affaires; **sexuelle** ~**e** des rapports *mpl* sexuels, des relations *fpl* sexuelles; **mit jdm** ~ **aufnehmen** prendre contact avec qn; ~ **zu jdm haben** avoir des contacts avec qn; **mit jdm in** [**engem**] ~ **stehen** être en contact [étroit] avec qn; **mit jdm in** ~ **bleiben** rester en contact avec qn; **keinen** ~ **mehr zu jdm haben** n'avoir plus aucun contact avec qn
Kontaktadresse *f* lieu *m* de rencontre; **eine** ~ **für Drogensüchtige** une adresse pour toxicomanes **Kontaktanzeige** *f* annonce *f* personnelle **kontaktarm** *Adj* solitaire **Kontaktaufnahme** *f* prise *f* de contact **Kontaktbildschirm** *m* écran *m* tactile **kontaktfreudig** *Adj* sociable **Kontaktlinse** *f* verre *m* de contact, lentille *f* [de contact]
kontaktlos *Adj* TECH sans contact
Kontaktmann <-männer> *m* agent *m* de liaison **Kontaktperson** *f* MED personne *f* ayant été en contact avec le/la malade **Kontaktsperre** *f* JUR isolement *m*
Kontamination [kɔntamina'tsio:n] <-, -en> *f* contamination *f*
kontaminieren* *tr V* contaminer
Konten *Pl von* Konto
Kontenbewegung *f* mouvement *m* des comptes
Konter ['kɔnte] <-s, -> *m* SPORT contre-attaque *f*
Konteradmiral(in) *m(f)* ❶ *kein Pl* (*Dienstgrad*) grade *m* de vice-amiral
❷ (*Person*) vice-amiral(e) *m(f)*
Konterfei ['kɔntɐfaɪ] <-s, -s *o* -e> *nt hum* portrait *m*
konterkarieren *tr V geh* contrecarrer
kontern ['kɔntɐn] I. *tr V* SPORT contrer *Schlag, Angriff*
II. *itr V* (*antworten*) riposter
Konterrevolution [-vo-] *f* contre-révolution *f*
Kontext ['kɔntɛkst] <-[e]s, -e> *m* contexte *m*
Kontinent [kɔnti'nɛnt, 'kɔntinɛnt] <-[e]s, -e> *m* continent *m*
kontinental [kɔntinɛn'ta:l] *Adj* continental(e)
Kontinentalklima *nt* climat *m* continental **Kontinentalsockel** *m* socle *m* continental **Kontinentalsperre** *f* HIST **die** ~ le Blocus continental **Kontinentalverschiebung** *f* GEOL dérive *f* des continents
Kontingent [kɔntɪŋ'gɛnt] <-[e]s, -e> *nt* MIL, COM contingent *m*
kontingentieren* *tr V* contingenter
kontinuierlich [kɔntinu'i:ɐlɪç] *geh* I. *Adj Bewegung, Strom* continu(e)
II. *Adv* de façon continue
Kontinuität [kɔntinui'tɛ:t] <-> *f* continuité *f*
Konto ['kɔnto] <-s, Konten *o* Konti> *nt* compte *m*
▶ **das geht auf mein** ~ *fam* (*das bezahle ich*) je le prends à mon compte; (*das verantworte ich*) c'est à mettre sur mon compte
Kontoauszug *m* extrait *m* [*o* relevé *m*] de compte **Kontobewegung** *f* opération *f* [sur compte] **Kontoführung** *f* tenue *f* de compte **Kontoinhaber(in)** *m(f)* titulaire *mf* du/d'un compte **Kontonummer** *f* numéro *m* de/du compte
Kontor [kɔn'to:ɐ] <-s, -e> *nt* ▶ **ein Schlag ins** ~ un coup dur
Kontorist(in) [kɔnto'rɪst] <-en, -en> *m(f)* employé(e) *m(f)* de bureau
Kontostand *m* situation *f* de compte
kontra ['kɔntra] *Präp + Akk* **der Konflikt Gewerkschaften** ~ **Unternehmer** le conflit patronat–syndicats
Kontra ▶ **jdm** ~ **geben** *fam* contredire qn
KontrabassRR *m* contrebasse *f*

Kontrahent(in) [kɔntraˈhɛnt] <-en, -en> *m(f) geh* adversaire *mf*

kontrahieren* I. *itr, r V* [**sich**] ~ *Muskel:* se contracter
II. *itr V* JUR passer un contrat; **mit sich selbst** ~ passer un contrat avec soi-même

Kontraindikation [kɔntraʔɪndikaˈtsio:n] *f* contre-indication *f*

Kontrakt [kɔnˈtrakt] <-[e]s, -e> *m* contrat *m*

Kontraktion [kɔntrakˈtsio:n] <-, -en> *f* contraction *f*

kontraproduktiv *Adj* contre-productif(-ive); ~ **sein** être contre-productif(-ive) **Kontrapunkt** *m* MUS contrepoint *m*

konträr [kɔnˈtrɛ:ɐ] *Adj geh* contraire; *Ziel* opposé(e)

Kontrast [kɔnˈtrast] <-[e]s, -e> *m* ❶ (*Gegensatz*) contraste *m;* **der ~ zu etw** le contraste avec qc; **im** [*o* **in**] ~ **zu etw stehen** être en opposition avec qc
❷ CINE, PHOT, TV contraste *m*

Kontrastbrei *m* MED substance *f* de contraste **Kontrastfarbe** *f* couleur *f* contrastée

kontrastieren* *itr V geh* contraster; **mit/zu etw** ~ contraster avec qc

Kontrastmittel *nt* produit *m* de contraste **kontrastreich** *Adj* contrasté(e)

Kontrazeption [kɔntratsɛpˈtsio:n] <-> *f form* contraception *f*

Kontrazeptivum [kɔntratsɛpˈti:vʊm] <-s, Kontrazeptiva> *nt* contraceptif *m*

Kontrollabschnitt *m* partie *f* détachable [du billet]

Kontrollampe *s.* Kontrolllampe

Kontrolle [kɔnˈtrɔlə] <-, -n> *f* ❶ (*Überprüfung*) contrôle *m;* **eine ~ durchführen** effectuer un contrôle
❷ (*Überwachung*) contrôle *m;* **jdn/etw unter ~** (*Dat*) **haben** avoir qn/qc sous son contrôle [*o* sa surveillance]
❸ (*Gewalt*) **etw unter ~ bringen** se rendre maître(-esse) de qc; **unter ~ haben** maîtriser *Personen, Brand, Fahrzeug;* **die ~ über etw** (*Akk*) **verlieren** perdre le contrôle de qc; **die ~ über sich** (*Akk*) **verlieren** perdre son self-control
❹ (*Kontrollstelle*) contrôle *m*

Kontrolleur(in) [kɔntrɔˈlø:ɐ] <-s, -e> *m(f)* contrôleur(-euse) *m(f)*

Kontrollfunktion *f* mission *f* de contrôle **Kontrollgang** <-gänge> *m* ronde *f* **Kontrollgruppe** *f* groupe *m* [de] contrôle

kontrollierbar [kɔntrɔˈli:ɐba:ɐ] *Adj* contrôlable; **leicht/schwer** ~ facilement/difficilement contrôlable

kontrollieren* *tr V* ❶ (*überprüfen*) contrôler, vérifier
❷ (*überwachen*) exercer un contrôle sur
❸ COM contrôler *Konzern, Markt*

Kontrollkommission *f* POL commission *f* de contrôle; **Parlamentarische** ~ commission parlementaire de contrôle **Kontrolllampe**RR *f* voyant *m* lumineux **Kontrollorgan** *nt* organe *m* de contrôle **Kontrollpunkt** *m* poste *m* de contrôle **Kontrollturm** *m* tour *f* de contrôle **Kontrollzentrum** *nt* centre *m* de contrôle

kontrovers [kɔntroˈvɛrs] *geh* I. *Adj* ❶ (*gegensätzlich*) contradictoire
❷ (*umstritten*) *Buch, Kunstwerk* controversé(e)
II. *Adv* de façon controversée

Kontroverse [kɔntroˈvɛrzə] <-, -n> *f geh* controverse *f*

Kontur [kɔnˈtu:ɐ] <-, -en> *f* ❶ *meist Pl* contour *m*
❷ *fig geh* ~ **gewinnen** prendre forme; **an ~ verlieren** devenir flou(e)

Konvent [kɔnˈvɛnt] <-[e]s, -e> *m* REL assemblée *f* conventuelle

Konvention [kɔnvɛnˈtsio:n] <-, -en> *f* ❶ *meist Pl* (*Verhaltensnorm*) convention *f;* **sich über alle ~en hinwegsetzen** faire fi de toutes les conventions
❷ JUR convention *f;* **die Genfer** ~ la Convention de Genève

Konventionalstrafe *f* clause *f* pénale; **eine ~ in Höhe von ...** une amende pénale de [*o* s'élevant à] ...

konventionell [kɔnvɛntsioˈnɛl] I. *Adj* conventionnel(le)
II. *Adv* de manière conventionnelle

konvergent [kɔnvɛrˈgɛnt] *Adj a.* MATH convergent(e)

Konvergenz [kɔnvɛrˈgɛnts] <-, -en> *f* FIN convergence *f;* **dauerhafte** ~ convergeance durable

Konvergenzkriterien *Pl* FIN critères *mpl* de convergeance

Konversation [kɔnvɛrzaˈtsio:n] <-, -en> *f geh* conversation *f;* ~ [**machen**] [faire la] conversation

Konversationslexikon *nt veraltet* encyclopédie *f*

Konversion [kɔnvɛrˈzio:n] <-, -en> *f* REL, LING conversion *f*

Konversionskurse [-vɛ-] *Pl* FIN taux *mpl* de conversion

Konverter [kɔnˈvɛrtɐ] <-s, -> *m* convertisseur *m*

konvertibel [kɔnvɛrˈti:bəl] *s.* **konvertierbar**

konvertierbar [kɔnvɛrˈti:ɐba:ɐ] *Adj* FIN convertible

konvertieren* I. *itr V + haben o sein* se convertir; **zum Christentum** ~ se convertir au christianisme
II. *tr V* convertir *Datei, Dokument*

Konvertit(in) [kɔnvɛrˈti:t] <-en, -en> *m(f)* converti(e) *m(f)*

konvex [kɔnˈvɛks] I. *Adj* convexe
II. *Adv* selon une courbe convexe

Konvoi [kɔnˈvɔɪ, ˈkɔnvɔɪ] <-s, -s> *m* convoi *m*

Konvulsion [kɔnvʊlˈzio:n] <-, -en> *f meist Pl* convulsion *f*

konzedieren* *tr V geh* ❶ (*zugeben*) admettre; [**jdm**] **~, dass** concéder [à qn] que + *indic*
❷ (*zugestehen*) **jdm etw** ~ consentir qc à qn

Konzentrat [kɔntsɛnˈtra:t] <-[e]s, -e> *nt* concentré *m*

Konzentration [kɔntsɛntraˈtsio:n] <-, -en> *f* concentration *f*

Konzentrationsfähigkeit *f kein Pl* pouvoir *m* de concentration **Konzentrationslager** *nt* camp *m* de concentration **Konzentrationsschwäche** *f* difficultés *fpl* de concentration

konzentrieren* I. *r V* se concentrer; **sich auf etw** (*Akk*) ~ se concentrer sur qc
II. *tr V* **etw auf etw** (*Akk*) ~ concentrer qc sur qc

konzentriert [kɔntsɛnˈtri:ɐt] I. *Adj Saft, Säure* concentré(e); *Nachdenken* approfondi(e); *Aufmerksamkeit* soutenu(e); **hoch** ~ *Lauge, Säure* très concentré(e)
II. *Adv nachdenken* en se concentrant

konzentrisch [kɔnˈtsɛntrɪʃ] I. *Adj* concentrique
II. *Adv* de manière concentrique

Konzept [kɔnˈtsɛpt] <-[e]s, -e> *nt* ❶ (*Entwurf*) brouillon *m*
❷ (*Plan*) projet *m;* **jdm nicht ins ~ passen** contrarier qn
▶ **jdn aus dem ~ bringen** décontenancer qn; **sich nicht aus dem ~ bringen lassen** ne pas se laisser démonter; **aus dem ~ geraten** [*o* **kommen**] perdre le fil

Konzeption [kɔntsɛpˈtsio:n] <-, -en> *f geh* concept *m*

konzeptionslos *geh* I. *Adj* dépourvu(e) d'idée directrice
II. *Adv* sans idée directrice

Konzeptpapier *nt* [papier *m*] brouillon *m*

Konzern [kɔnˈtsɛrn] <-s, -e> *m* groupe *m*

Konzernumsatz *m* chiffre *m* d'affaires consolidé d'un grand groupe

Konzert [kɔnˈtsɛrt] <-[e]s, -e> *nt* ❶ (*Komposition*) concerto *m*
❷ (*Aufführung*) concert *m;* **ins ~ gehen** aller au concert

Konzertabend *m* soirée *f* musicale **Konzertagentur** *f* agence *f* de spectacles **Konzertbesucher(in)** *m(f)* spectateur(-trice) *m(f)* **Konzertflügel** *m* piano *m* de concert

konzertiert [kɔntsɛrˈti:ɐt] *Adj a.* ÖKON *geh* concerté(e)

Konzertina [kɔntsɛrˈti:na] <-, -s> *f* concertina *m*

Konzertmeister(in) *m(f)* premier violon *m* **Konzertsaal** *m* salle *f* de concert

Konzession [kɔntsɛˈsio:n] <-, -en> *f* ❶ *geh* (*Zugeständnis*) concession *f*
❷ (*Gewerbeerlaubnis*) licence *f*

Konzessionär(in) [kɔntsɛsioˈnɛ:ɐ] <-s, -e> *m(f)* concessionnaire *mf*

konzessionsbereit *Adj geh Person* prêt(e) à [faire] des concessions; *Haltung* conciliant(e) **Konzessionsbereitschaft** *f geh* esprit *m* de conciliation

Konzessivsatz [kɔntsɛˈsi:f-] *m* GRAM [proposition *f*] concessive *f*

Konzil [kɔnˈtsi:l] <-s, -e *o* -ien> *nt* ECCL concile *m*

konziliant [kɔntsi'liant] *geh* **I.** *Adj* conciliant(e)
II. *Adv* de manière conciliante

Konzipient(in) [kɔntsi'piɛnt] <-en, -en> *m(f)* JUR A avocat(e) *m(f)* stagiaire

konzipieren* *tr V* concevoir

Koog [ko:k, *Pl:* 'kø:gə] NDEUTSCH *s.* **Polder**

Kooperation [koʔopera'tsio:n] <-, -en> *f* coopération *f*

Kooperationsvertrag *m* contrat *m* [*o* accord *m*] de coopération

kooperativ [koʔopera'ti:f] *Adj* coopératif(-ive)

kooperieren* [koʔope'ri:rən] *itr V* coopérer

Koordinate [koʔɔrdi'na:tə] <-, -en> *f* ① MATH coordonnée *f* ② *meist Pl* GEOG coordonnées *fpl* [géographiques]

Koordinatenachse [koʔɔrdi'na:tənʔaksə] *f* axe *m* des coordonnées **Koordinatensystem** *nt* système *m* de coordonnées

Koordination [koʔɔrdina'tsio:n] <-, -en> *f geh* coordination *f*

Koordinator [koʔɔrdi'na:to:ɐ] <-s, -toren> *m*, **Koordinatorin** *f geh* coordinateur(-trice) *m(f)*

koordinieren* [koʔɔrdi'ni:rən] *tr V geh* coordonner

Koordinierung <-, -en> *f* coordination *f;* ~ **der Prozessoren** INFORM coordination des processeurs

Kopeke [ko'pe:kə] <-, -n> *f* kopeck *m*

Kopenhagen [ko:pən'ha:gən] <-s> *nt* Copenhague

Kopernikus [ko'pɛrnikʊs] *m* HIST Copernic *m*

Kopf [kɔpf, *Pl:* 'kœpfə] <-[e]s, Köpfe> *m* ① tête *f;* **den ~ schütteln** secouer la tête; **den ~ einziehen** rentrer la tête dans les épaules; **den ~ in die Hände stützen** se tenir la tête à deux mains; **~ runter!** baisse(z) la tête!; **mit dem ~ voraus** [*o* **voran**] **ins Becken springen** plonger dans la piscine la tête la première
② (*Denker*) cerveau *m;* **ein kluger** [*o* **heller** *fam*] **~ sein** être un [petit] malin/une [petite] maligne
③ (*Person*) **pro ~** par tête [*o* personne]
④ (*Oberhaupt*) **der ~ dieser Gruppierung** la tête [pensante] de ce groupe
⑤ (*Aufdruck*) *eines Briefs* en-tête *m; einer Seite, Zeitung* tête *f*
⑥ (*oberer Teil*) *einer Blume, Schraube* tête *f; eines Streichholzes* bout *m; einer Pfeife* fourneau *m;* **die Köpfe hängen lassen** *Blumen:* piquer du nez
⑦ (*essbarer Teil*) **ein ~ [Salat]** la tête [d'une salade]
⑧ (*Rückseite einer Münze*) **~ oder Zahl?** pile ou face?
⑨ (*Kopflänge*) **einen [halben] ~ größer/kleiner sein als ...** avoir une [demi-]tête de plus/de moins que ...
⑩ (*Wille*) **etw geht nach jds ~** qc va à l'idée de qn; **seinen eigenen ~ haben** *fam* avoir son petit caractère (*fam*); **seinen ~ durchsetzen** imposer sa volonté
► **von ~ bis Fuß** de la tête aux pieds; **~ und Kragen riskieren** *fam* (*sein Leben riskieren*) risquer sa peau (*fam*); (*alles aufs Spiel setzen*) jouer à quitte ou double; **den ~ in den Sand stecken** pratiquer la politique de l'autruche; **den ~ aus der Schlinge ziehen** se tirer d'affaire; **mit dem ~ durch die Wand wollen** *fam* faire du forcing (*fam*); **~ hoch!** [allez,] un peu de courage!; **einen klaren** [*o* **kühlen**] **~ bewahren** garder la tête froide; **jdn einen ~ kürzer machen** *sl* arranger qn (*fam*); **nicht ganz richtig im ~ sein** *fam* ne pas tourner rond (*fam*); **einen roten ~ bekommen** rougir; **den ~ voll haben mit etw** *fam* avoir la tête farcie de qc (*fam*); **sie werden dir nicht [gleich] den ~ abreißen!** *fam* ils ne vont pas te bouffer! (*fam*); **eine Belohnung auf jds ~** (*Akk*) **aussetzen** mettre à prix la tête de qn; **sich** (*Dat*) **an den ~ fassen** [*o* **langen**] *fam* se prendre la tête (*fam*); **nicht auf den ~ gefallen sein** *fam* ne pas être tombé(e) sur la tête (*fam*); **sich** (*Dat*) **etw durch den ~ gehen lassen** prendre le temps de réfléchir à qc; **etw geht jdm nicht in den ~** *fam* qn n'arrive pas à se mettre qc dans la tête; **etw geht** [*o* **will**] **jdm nicht aus dem ~** qn n'arrive pas à se sortir qc de la tête; **wie vor den ~ geschlagen sein** *fam* être abasourdi(e); **etw im ~ haben/behalten** avoir qc en tête; **etwas anderes** [*o* **andere Dinge**] **im ~ haben** avoir autre chose en tête; **das hältst du [ja/doch] im ~ nicht aus!** *sl* ça prend la tête! (*arg*); **den ~ hängen lassen** *Person:* baisser les bras; **für jdn/etw den** [*o* **seinen**] **~ hinhalten** *fam* aller au casse-pipe pour qn/qc (*fam*); **etw auf den ~ hauen** *fam* dilapider qc; **in den Köpfen [herum]spuken** hanter les esprits; **etw kostet jdn** [*o* **jdm**] **den ~** (*sein Leben*) qn paie qc de sa tête; (*seine Stellung*) qc coûte son poste à qn; **etw im ~ rechnen** calculer qc de tête; **es rollen Köpfe** des têtes tombent; **sich** (*Dat*) **etw aus dem ~ schlagen** s'ôter qc de la tête [*o* de l'esprit]; **sich** (*Dat*) **in den ~ setzen etw zu tun** se mettre en tête de faire qc; **~ stehen** *fam Person:* être dans tous ses états (*fam*); *Haus, Firma:* être en effervescence; **auf dem ~ stehen** *Person:* faire le poirier; *Gegenstand:* être à l'envers; **nicht [mehr] wissen, wo einem der ~ steht** ne plus savoir où donner de la tête (*fam*); **jdm in den ~ steigen** *Wein, Bier:* monter à la tête à qn; **jdm zu ~[e] steigen** *Erfolg, Ruhm:* monter à la tête de qn; **etw auf den ~ stellen** (*durchsuchen*) mettre qc sens dessus dessous; (*falsch darstellen*) dénaturer qc; **du kannst dich auf den ~ stellen [und mit den Füßen wackeln], ...** *fam* tu auras beau faire [des pieds et des mains], ... (*fam*); **jdn vor den ~ stoßen** froisser qn; **jdm den ~ verdrehen** *fam* tourner la tête à qn; **den ~ verlieren** perdre la tête; **etw wächst jdm über den ~** qn en a par-dessus la tête de qc; **jdm etw an den ~ werfen** jeter qc à la figure de qn; **es will jdm nicht in den ~, dass** *fam* qn n'arrive pas à piger + *subj* que (*fam*); **sich** (*Dat*) **über etw** (*Akk*) **den ~ zerbrechen** se creuser la cervelle *fam* au sujet de qc; **jdm etw auf den ~ zusagen** dire qc à qn en face; **die Köpfe zusammenstecken** faire des messes basses (*fam*); **~ an ~** *rennen* au coude à coude; *stehen* en rangs serrés; **bis über den ~** jusqu'au-dessus de la tête; *fig* jusque par-dessus la tête; **über jds ~** (*Akk*) **hinweg** derrière le dos de qn

Kopf-an-Kopf-Rennen *nt a. fig* course *f* au coude à coude, coude-à-coude *m*

Kopfarbeit *f kein Pl* travail *m* intellectuel **Kopfbahnhof** *m* gare *f* terminus, gare *f* en cul de sac **Kopfball** *m* tête *f* **Kopfbedeckung** *f* couvre-chef *m;* **die Kirche ohne ~ betreten** pénétrer l'église tête nue **Kopfbewegung** *f* mouvement *m* de la tête

Köpfchen ['kœpfçən] <-s, -> *nt* ① *Dim von* **Kopf** [petite] tête *f* ② *fam* (*Cleverness*) **~ haben** être futé(e) (*fam*)
► **~, ~!** *fam* il y en a là-dedans! (*fam*)

köpfen ['kœpfən] **I.** *tr V* ① (*enthaupten*) décapiter ② *fam* (*öffnen*) décapsuler *Flasche*
③ FBALL **den Ball ins Tor ~** mettre de la tête une balle dans le but
II. *itr V* FBALL faire une tête

Kopfende *nt eines Bettes* tête *f; eines Tisches* bout *m* **Kopffüßer** <-s, -> *m* ZOOL céphalopode *m* **Kopfgeld** *nt* prime *f* de capture **Kopfgeldjäger** *m* chasseur *m* de prime **Kopfhaar** *nt* ① *kein Pl* (*Gesamtheit der Haare*) chevelure *f* ② (*einzelnes Haar*) cheveu *m* **Kopfhaut** *f* cuir *m* chevelu **Kopfhörer** *m* casque *m* **Kopfkissen** *nt* oreiller *m* **Kopfkissenbezug** *m* taie *f* d'oreiller **Kopflänge** *f* tête *f;* **jdn um eine ~ überragen** dépasser qn d'une tête **kopflastig** ['-lastɪç] *Adj* ① *Schiff, Flugzeug* trop chargé(e) à l'avant ② *fig Firma* possédant trop de cadres; **~ sein** avoir une direction hypertrophiée ③ (*zu intellektuell*) hyperintello (*péj fam*) **Kopflaus** *f* pou *m* [de la tête]

Köpfler <-s, -> *m* A ① (*Kopfsprung*) plongeon *m* ② (*Kopfball*) tête *f*

kopflos **I.** *Adj* (*verwirrt*) affolé(e)
II. *Adv* en proie à l'affolement

Kopflosigkeit <-> *f* affolement *m*

Kopfmensch *m fam* cérébral *m* **Kopfnicken** <-s> *nt* signe *m* de tête **Kopfnuss**[RR] *f* ① (*Schlag*) coup *m* sur la tête ② (*Aufgabe*) casse-tête *m* **kopfrechnen** *itr V* calculer de tête **Kopfrechnen** *nt* calcul *m* mental **Kopfsalat** *m* laitue *f* **kopfscheu** *Adj fam* **jdn ~ machen** faire perdre la boule à qn (*fam*)

Kopfschmerz *m meist Pl* ① mal *m* de tête; **~en haben** avoir

mal à la tête [*o* des maux de tête] ❷ (*Kopfzerbrechen, Sorgen*) **jdm ~en bereiten** [*o* **machen**] *fam* filer des maux de tête à qn (*fam*); **sich** (*Dat*) **über etw** (*Akk*) [*o* **wegen etw**] **keine ~en machen** ne pas se casser la tête pour qc **Kopfschmerztablette** *f* cachet *m* contre le mal de tête **Kopfschuss**RR *m* balle *f* [tirée] dans la tête **Kopfschütteln** <-s> *nt* hochement *m* de tête **kopfschüttelnd** *Adv* en secouant la tête **Kopfschutz** *m* protection *f* de la tête **Kopfsprung** *m* plongeon *m* **Kopfstand** *m* poirier *m;* **einen ~ machen** faire le poirier
kopf|stehen *s.* Kopf ▸
Kopfsteinpflaster *nt* pavé *m* **Kopfsteuer** *f* FISC impôt *m* par tête **Kopfstimme** *f* voix *f* de tête **Kopfstütze** *f* appuie-tête *m* **Kopftuch** <-tücher> *nt* foulard *m* **kopfüber** *Adv* la tête la première **Kopfverband** *m* pansement *m* à la tête **Kopfverletzung** *f* blessure *f* à la tête **Kopfweh** *s.* Kopfschmerz **Kopfzerbrechen** *nt* **jdm ~ bereiten** causer du tracas à qn
Kopie [ko'piː] <-, -n> *f* copie *f;* [**jdm**] **eine ~ von etw machen** faire une copie de qc [à qn]
kopieren* *tr V* ❶ (*fotokopieren*) [photo]copier; **sich** (*Dat*) **etw ~** se faire une copie de qc
❷ *a.* INFORM (*Kopie erstellen*) copier, faire une copie de
❸ (*nachahmen*) copier
Kopierer <-s, -> *m fam* photocopieuse *f*
Kopiergerät *nt* photocopieuse *f,* photocopieur *m* **Kopierpapier** *nt* papier *m* à photocopies **Kopierschutz** *m* INFORM verrouillage *m*
Kopilot(in) ['koːpiloːt] *m(f)* copilote *mf*
Koppel ['kɔpəl] <-, -n> *f* (*Pferdekoppel*) enclos *m*
koppeln ['kɔpəln] *tr V* ❶ AUDIOV, TELEC **an das Telefon gekoppelt sein** *Anrufbeantworter:* être branché(e) sur le téléphone
❷ AUT, EISENBAHN **etw an etw** (*Akk*) **~** accrocher qc à qc; RAUM, NAUT amarrer qc à qc
❸ (*verknüpfen*) **etw an eine Bedingung ~** assortir qc d'une condition
KoppelschlossRR *nt* boucle *f* de ceinturon
Koppelung *s.* Kopplung
Koppelungsmanöver *s.* Kopplungsmanöver
Köpper <-s, -> *m* DIAL *fam* plongeon *m;* **einen ~ machen** piquer une tête (*fam*)
Kopplung <-, -en> *f* ❶ AUDIOV, TELEC branchement *m*
❷ AUT, EISENBAHN accrochage *m*
❸ RAUM, NAUT amarrage *m*
Kopplungsmanöver [-vɐ] *nt* RAUM manœuvres *fpl* d'amarrage
Koproduktion ['koː-] *f* coproduction *f* **Koproduzent(in)** *m(f)* coproducteur(-trice) *m(f)*
Kopte ['kɔptə] <-n, -n> *m,* **Koptin** *f* REL Copte *mf*
koptisch ['kɔptɪʃ] *Adj* REL copte
Kopula ['koːpula] <-, -s *o* Kopulae> *f* LING, BIO copule *f*
Kopulation [kopula'tsioːn] <-, -en> *f* accouplement *m*
kopulieren* *itr V Tiere:* s'accoupler
kor *Imp von* **küren**
Koralle [ko'ralə] <-, -n> *f* corail *m*
Korallenbank <-bänke> *f* barrière *f* de corail **Koralleninsel** *f* île *f* corallienne **Korallenkette** *f* collier *m* de corail **Korallenriff** *nt* récif *m* corallien
Koran [ko'raːn] <-s, -e> *m* Coran *m*
Koranschule *f* école *f* coranique
Korb [kɔrp, *Pl:* 'kœrbə] <-[e]s, ¨-e> *m* ❶ (*mit Henkeln*) panier *m;* (*ohne Henkel*) corbeille *f;* **ein ~ Birnen** un panier/une corbeille de poires
❷ SPORT panier *m;* **einen ~ erzielen** [*o* **schießen**] réussir [*o* marquer] un panier
❸ *kein Pl* (*Korbgeflecht*) osier *m;* **aus ~** en osier
❹ *fam* (*Abfuhr*) rebuffade *f;* **einen ~ bekommen, sich** (*Dat*) **einen ~ holen** se faire envoyer sur les roses (*fam*); **jdm einen ~ geben** envoyer promener qn (*fam*)
Korbball *m kein Pl sorte de basket-ball* **Korbblütler** <-s, -> *m* BOT composées *fpl*
Körbchen ['kœrpçən] <-s, -> *nt* ❶ *Dim von* **Korb** corbeille *f*
❷ COUT *eines Büstenhalters* bonnet *m*
Korbflasche *f* bouteille *f* clissée **Korbmacher(in)** *m(f)* vannier(-ière) *m(f)* **Korbmöbel** *Pl* meubles *mpl* en rotin **Korbsessel** *m* fauteuil *m* en rotin **Korbwaren** *Pl* vannerie *f* **Korbweide** *f* BOT osier *m*
Kord [kɔrt] *s.* **Cord**
Kordel ['kɔrdəl] <-, -n> *f* cordon *m*
Kordhose *f* pantalon *m* en velours
Korea [ko'reːa] <-s> *nt* la Corée
Koreaner(in) [kore'aːnɐ] <-s, -> *m(f)* Coréen(ne) *m(f)*
koreanisch [kore'aːnɪʃ] *Adj* coréen(ne)
Koriander [kori'andɐ] <-s, -> *m* coriandre *f*
Korinthe [ko'rɪntə] <-, -n> *f* raisin *m* de Corinthe
Kork [kɔrk] <-[e]s, -e> *m* ❶ liège *m;* **aus ~** de [*o* en] liège
❷ DIAL *s.* **Korken**
Korkeiche *f* chêne-liège *m*
Korken ['kɔrkən] <-s, -> *m* bouchon *m*
Korkenzieher <-s, -> *m* tire-bouchon *m*
Korkenzieherlocke *f* anglaise *f*
korkig I. *Adj* de bouchon
II. *Adv* **~ schmecken** être bouchonné(e)
Kormoran [kɔrmo'raːn] <-s, -e> *m* cormoran *m*
Korn[1] [kɔrn, *Pl:* 'kœrnɐ] <-[e]s, ¨-er> *nt* ❶ (*Samenkorn*) graine *f*
❷ *kein Pl* (*Getreide*) céréales *fpl,* blés *mpl* (*poét*)
❸ (*Sandkorn*) [grain *m* de] sable *m;* (*Hagelkorn*) grêlon *m*
Korn[2] <-[e]s, -> *m* GASTR alcool *m* de grain[s]; **zwei ~ trinken** boire deux verres d'alcool de grain[s]
Korn[3] <-[e]s, -e> *nt* (*Visierteil*) guidon *m*
▸ **jdn/etw aufs ~ nehmen** *fam Satiriker:* prendre qn/qc pour cible (*fig*)
Kornblume *f* bleuet *m* **kornblumenblau** *Adj* bleu barbeau **Kornbranntwein** *m* alcool *m* de grain[s]
Körnchen ['kœrnçən] <-s, -> *nt* ❶ *Dim von* **Korn**[1]
❷ *fig* **ein ~ Wahrheit** une parcelle de vérité
körnen ['kœrnən] *tr V* ❶ (*körnig machen*) grener; **gekörntes Papier** papier grené
❷ (*zerkleinern*) granuler
❸ (*markieren*) corner
Körnerfresser(in) *m(f) a. pej* granivore *mf* **Körnerfutter** *nt* (*für Ziervögel*) graines *fpl;* (*für Geflügel*) grain *m*
Kornett [kɔr'nɛt] <-s, -e *o* -s> *nt* cornet *m* à pistons
Kornfeld *nt* champ *m* de céréales, champ *m* de blé (*poét*)
körnig ['kœrnɪç] *Adj* ❶ *Material* granuleux(-euse); *Reis* ferme
❷ (*rau*) *Oberfläche, Haut* rugueux(-euse)
Kornkammer *f,* **Kornspeicher** *m* AGR grenier *m* à blé
Körnung ['kœrnʊŋ] <-, -en> *f* TECH, PHOT grain *m*
Korona [ko'roːna] <-, Koronen> *f* ASTRON couronne *f* solaire
Koronargefäß *nt* vaisseau *m* coronaire
Körper ['kœrpɐ] <-s, -> *m* corps *m;* **am ganzen ~ zittern** trembler de tout son corps
Körperbau *m kein Pl* anatomie *f;* **einen athletischen ~ haben** avoir une carrure athlétique **Körperbeherrschung** *f* maîtrise *f* du corps **körperbehindert** *Adj form* handicapé(e) physique **Körperbehinderte(r)** *f(m) dekl wie Adj form* handicapé(e) *m(f)* physique **körperbetont** *Adj* qui accuse les formes [du corps] **Körperertüchtigung** *f form* éducation *f* physique **Körpergeruch** *m* odeurs *fpl* corporelles; **~ haben** sentir la transpiration **Körpergewicht** *nt* poids *m* **Körpergröße** *f* taille *f* **Körperhaltung** *f* port *m,* maintien *m* **Körperkontakt** *m* contacts *mpl* physiques **Körperkraft** *f* force *f* physique **körperlich** I. *Adj* ❶ *Anstrengung, Arbeit* physique; *Gebrechen, Schaden* corporel(le) ❷ *geh* (*stofflich*) de chair et d'os (*soutenu*) II. *Adv* physiquement; **~ tätig sein** avoir une activité physique **körperlos** *Adj* incorporel(le), immatériel(le) **Körperlotion** *f* lotion *f* pour le corps **Körperpflege** *f* hygiène *f* corporelle **Körperpuder** *m o nt* poudre *f* pour le corps

Körperschaftssteuer *f* FISC impôt *m* sur les [bénéfices des] sociétés [et autres personnes morales]
Körpersprache *f* langage *m* du corps **Körperteil** *m* partie *f* du corps **Körpertemperatur** *f* température *f* [du corps] **Körperverletzung** *f* blessure *f* corporelle; **schwere** ~ blessure grave; **fahrlässige** ~ blessure par imprudence; **wegen** ~ pour coups et blessures **Körperwärme** *f* chaleur *f* corporelle
Korpora *Pl von* Korpus²
Korporation [kɔrpora'tsio:n] <-, -en> *f* ❶ UNIV association *f* d'étudiants
❷ *geh s.* Körperschaft
Korps [ko:ɐ] <-, -> *nt* ❶ MIL corps *m* [d'armée]
❷ UNIV association *f* d'étudiants
❸ POL **das diplomatische** ~ le corps diplomatique
Korpsgeist ['ko:ɐ-] *m kein Pl geh* esprit *m* de corps **Korpsstudent** *m* membre *m* d'une association d'étudiants
korpulent [kɔrpu'lɛnt] *Adj* corpulent(e); ~ **sein** avoir de l'embonpoint
Korpulenz [kɔrpu'lɛnts] <-> *f* corpulence *f*, embonpoint *m*
Korpus¹ <-, -se> *m* ❶ *kein Pl eines Möbelstücks* structure *f*
❷ *hum fam* (*Körper*) corps *m*
❸ *kein Pl geh* (*Christusfigur*) crucifix *m*
Korpus² <-, Korpora> *nt* LING, MEDIA corpus *m*
Korpus³ <-> *m o nt eines Instruments* corps *m*
Korreferent(in) ['ko:-] *m(f)* (*Redner*) intervenant(e) *m(f)*
korrekt [kɔ'rɛkt] I. *Adj* correct(e)
II. *Adv* correctement
korrekterweise [kɔ'rɛkte'vaizə] *Adv* pour être plus juste; ~ **muss man sagen, dass ...** à proprement parler, il faut dire que ...
Korrektheit <-> *f* ❶ (*Richtigkeit*) correction *f*; *einer Darstellung* exactitude *f*
❷ (*einwandfreie Art*) *einer Person* conscience *f* [scrupuleuse]; *des Auftretens* correction *f*
Korrektor [kɔ'rɛkto:ɐ] <-s, -toren> *m*, **Korrektorin** *f* ❶ (*Berufsbezeichnung*) réviseur(-euse) *m(f)*
❷ (*bei Prüfungen*) correcteur(-trice) *m(f)*
Korrektur [kɔrɛk'tu:ɐ] <-, -en> *f* ❶ (*das Korrigieren, korrigierte Stelle*) correction *f*
❷ *geh* (*Veränderung*) rectification *f*; JUR amendement *m*
❸ (*Korrekturfahne*) épreuve *f*; ~ **lesen** corriger les épreuves
Korrekturband <-bänder> *nt* ruban *m* correcteur **Korrekturfahne** *f* épreuves *fpl* en placard **Korrekturflüssigkeit** *f* liquide *m* correcteur **Korrekturtaste** *f* touche *f* de correction **Korrekturzeichen** *nt* signe *m* de correction
Korrelation [kɔrela'tsio:n] <-, -en> *f a.* MATH, MED corrélation *f*
Korrespondent(in) [kɔrɛspɔn'dɛnt] <-en, -en> *m(f)* ❶ MEDIA correspondant(e) *m(f)*
❷ (*Handelskorrespondent*) correspondancier(-ière) *m(f)*
Korrespondenz [kɔrɛspɔn'dɛnts] <-, -en> *f* correspondance *f*
korrespondieren* *itr V* ❶ (*in Briefwechsel stehen*) correspondre; **mit jdm** ~ correspondre avec qn
❷ *geh* (*passen, übereinstimmen*) **mit etw** ~ correspondre à qc
Korridor ['kɔrido:ɐ] <-s, -e> *m* corridor *m*
korrigierbar *Adj* qui peut être corrigé(e); ~ **sein** pouvoir être corrigé(e)
korrigieren* *tr V* corriger
korrodieren* *itr V + sein Fachspr.* se corroder
Korrosion [kɔro'zio:n] <-, -en> *f Fachspr.* ❶ (*das Korrodieren*) corrosion *f*
❷ GEOL *von Felsen, Gestein* érosion *f*
korrosionsbeständig *Adj* inoxydable
Korrosionsschutz *m* protection *f* anticorrosion
korrumpieren* *tr V pej geh* corrompre (*péj*); **korrumpiert** corrompu(e) (*péj*)
korrupt [kɔ'rʊpt] *Adj pej* corrompu(e) (*péj*)
Korruption [kɔrʊp'tsio:n] <-, -en> *f pej* corruption *f* (*péj*)
Korruptionsaffäre *f pej* affaire *f* de corruption (*péj*)

Korse ['kɔrzə] <-n, -n> *m*, **Korsin** *f* Corse *mf*
Korsett [kɔr'zɛt] <-s, -s *o* -e> *nt* corset *m*
Korsika ['kɔrzika] <-s> *nt* la Corse; **auf** ~ en Corse
korsisch *Adj* corse
Korso ['kɔrso] <-s, -s> *m* cortège *m*
Kortison [kɔrti'zo:n] <-s, -e> *nt* PHARM, MED cortisone *f*
Korvette [kɔr'vɛtə] <-, -n> *f* MIL corvette *f*
Korvettenkapitän *m* MIL capitaine *m* de corvette
Koryphäe [kory'fɛ:ə] <-, -n> *f geh* sommité *f*
Kosak(in) [ko'zak] <-en, -en> *m(f)* cosaque *mf*
Kosakenmütze *f* chapka *f*
koscher ['ko:ʃɐ] I. *Adj* ❶ REL casher *inv*
❷ *fam* (*einwandfrei*) réglo (*fam*); **nicht** [**ganz**] ~ **sein** ne pas être très catholique (*fam*)
II. *Adv* ❶ REL *essen, kochen* casher; *schlachten, zubereiten* selon le rite casher
❷ *fam* (*einwandfrei*) à la régulière (*fam*)
K.-o.-Schlag [ka:'ʔo:-] *m* coup *m* décisif (*provoquant un K.-O.*)
Koseform *f* diminutif *m*
kosen ['ko:zən] *tr, itr V veraltet geh* câliner; **jdn** [*o* **mit jdm**] ~ câliner qn
Kosename *m* petit nom *m* **Kosewort** *nt* ❶ <-wörter> (*Kosename*) petit nom *m* ❷ <-worte> (*zärtliches Wort*) mot *m* tendre
K.-o.-Sieg [ka:'ʔo:-] *m* victoire *f* par K.-O.
Kosinus ['ko:zinʊs] <-, - *o* -se> *m* MATH cosinus *m*
Kosmetik [kɔs'me:tɪk] <-> *f* ❶ (*Schönheitspflege*) soins *mpl* de beauté
❷ *pej* (*rein äußerliche Retusche*) poudre *f* aux yeux
Kosmetiker(in) [kɔs'me:tikɐ] <-s, -> *m(f)* esthéticien(ne) *m(f)*
Kosmetikkoffer *m* vanity-case *m*
Kosmetikum [kɔs'me:tikʊm, *Pl:* kɔs'me:tika] <-s, -metika> *nt* produit *m* de beauté
kosmetisch *Adj* ❶ *Mittel, Methode* cosmétique
❷ *pej* (*rein äußerlich*) de pure forme
kosmisch ['kɔsmɪʃ] *Adj* ❶ cosmique
❷ *geh* (*weltweit*) *Ausmaß, Dimension* planétaire
Kosmologie [kɔsmolo'gi:] <-, -n> *f* cosmologie *f*
Kosmonaut(in) [kɔsmo'naʊt] <-en, -en> *m(f)* cosmonaute *mf*
Kosmopolit(in) [kɔsmopo'li:t] <-en, -en> *m(f) geh* personne *f* cosmopolite
kosmopolitisch *Adj geh* cosmopolite
Kosmos ['kɔsmɔs] <-> *m* cosmos *m*
Kosovo ['kɔsovo] <-[s]> *m* le Kosovo
Kost [kɔst] <-> *f a. fig* nourriture *f*; **geistige** ~ des nourritures spirituelles; ~ **und Logis** le vivre et le couvert; **bei freier** ~ **und Logis** logé(e) et nourri(e)
kostbar *Adj* précieux(-euse)
Kostbarkeit <-, -en> *f* objet *m* précieux
kosten ['kɔstən] I. *tr V* ❶ coûter; **was** [*o* **wie viel**] **kostet das?** ça coûte combien?; **viel/nicht viel** ~ coûter/ne pas coûter cher; **jdn viel/wenig** ~ coûter cher/pas cher à qn; **sie hat sich** (*Dat*) **ihren Urlaub etwas** ~ **lassen** pour ce qui est de ses vacances, elle y a mis le prix
❷ *fig* **der Krieg kostete ihn das Leben** la guerre lui a coûté la vie
❸ (*erfordern*) **jdn Zeit** ~ faire perdre du temps à qn; **jdn Nerven** ~ être nerveusement éprouvant(e) pour qn; **jdn viel Anstrengung** ~ coûter beaucoup d'efforts à qn
❹ *geh* (*probieren*) goûter
❺ *geh* (*auskosten*) savourer
► **koste es, was es wolle** coûte que coûte
II. *itr V* ❶ *fam* (*teuer sein*) coûter cher
❷ *geh* (*probieren*) **von etw** ~ goûter de qc
Kosten *Pl* coût *m*; (*Auslagen*) frais *mpl*; **direkte/fixe** ~ coûts directs/fixes; **die** ~ **für etw tragen** [*o* **übernehmen**] prendre les frais de qc à sa charge; **auf eigene** ~ à ses frais; ~ **sparend** *Methode* économique; *planen, vorgehen* à faible coût

▶ **auf seine ~ kommen** en avoir pour son argent; **auf ~ von jdm** aux frais de qn; (*zum Nachteil*) au détriment de qn; **auf ~ von etw** [*o* **einer S.** (*Gen*)] au détriment de qc
Kostenaufwand *m* dépenses *fpl;* **mit großem/geringem ~** moyennant une grosse/petite dépense **kostenbewusst**RR I. *Adj* économe; **~ sein** regarder à la dépense II. *Adv* en regardant à la dépense **kostendeckend** I. *Adj* qui couvre les frais II. *Adv* en couvrant les frais; **~ arbeiten** rentrer dans ses frais **Kostenerstattung** *f* remboursement *m* des frais **Kostenexplosion** *f fam* explosion *f* des coûts **Kostenfaktor** *m* générateur *m* de coûts **Kostenfrage** *f* question *f* de coût **kostenfrei** *Adj* gratuit(e) **Kostengründe** *Pl* **aus ~n** pour des raisons *fpl* de coûts **kostengünstig** I. *Adj* avantageux(-euse) II. *Adv* à un prix avantageux **kostenintensiv** *Adj* onéreux(-euse)
kostenlos I. *Adj* gratuit(e)
II. *Adv* gratuitement
Kosten-Nutzen-Analyse *f* analyse *f* des coûts et des avantages
kostenpflichtig I. *Adj* payant(e)
II. *Adv* **~ abgeschleppt werden** être remorqué(e) moyennant contravention
Kostenpunkt *m fam* montant *m* de la facture (*fam*); **~?** [et le] montant de la facture? (*fam*) **Kostenrechnung** *f* ÖKON calcul *m* des coûts **Kostensenkung** *f* réduction *f* des coûts
kostensparend *s.* Kosten
Kostenstelle *f* poste *m* **Kostenübernahme** *f* prise *f* en charge des frais **Kostenvoranschlag** *m* devis *m;* **von jdm einen ~ einholen** faire faire un devis à qn
Kostgeld *nt* pension *f*
köstlich ['kœstlɪç] I. *Adj* ❶ (*lecker*) délicieux(-euse)
❷ *fam* (*amüsant*) marrant(e) (*fam*); **~ sein** *Person:* être impayable (*fam*)
II. *Adv* ❶ **~ schmecken** être délicieux(-euse)
❷ *fam sich unterhalten* de façon géniale (*fam*); *sich amüsieren* comme des petits fous/des petites folles
Köstlichkeit <-, -en> *f* (*Delikatesse*) délice *m*
Kostprobe *f* ❶ GASTR dégustation *f*
❷ (*Probe*) *des Könnens, Wissens* échantillon *m*
kostspielig *Adj* onéreux(-euse); **~ werden/sein** revenir/coûter cher
Kostüm [kɔs'ty:m] <-s, -e> *nt* ❶ tailleur *m*
❷ (*Tracht, Verkleidung*) costume *m*
Kostümball *m* bal *m* costumé **Kostümbildner(in)** <-s, -> *m(f)* costumier(-ière) *m(f)* **Kostümfest** *nt* fête *f* costumée
kostümieren* *r V* **sich ~** se déguiser; **sich als Clown ~** se déguiser en clown
Kostümprobe *f* répétition *f* en costume **Kostümverleih** *m* costumier(-ière) *m(f)*
Kostverächter(in) ['-vɛɐʔɛçtɐ] <-s, -> *m(f)* ▶ **kein ~ sein** *hum* ne pas cracher sur la nourriture (*fam*); (*sexuell*) aimer les plaisirs de la chair
Kot [ko:t] <-[e]s> *m* excréments *mpl*
Kotangens ['ko:taŋgɛns] *m* MATH cotangente *f*
Kotau [ko'taʊ] <-s, -s> *m* ▶ **einen ~ vor jdm machen** *geh* se mettre à plat ventre devant qn
Kotelett [kɔt'lɛt, 'kɔtlɛt] <-[e]s, -s *o selten* -e> *nt* côtelette *f*
Koteletten <-, -n> *f meist Pl* favoris *mpl*
Köter ['kø:tɐ] <-s, -> *m pej* cabot *m* (*péj fam*), clébard *m* (*pop*)
Kotflügel *m* aile *f*
Kotter <-s, -> *m* A (*Arrestzelle*) cellule *f* disciplinaire
Kotzbrocken *m pej sl* crevure *f* (*arg*)
Kotze ['kɔtsə] <-> *f vulg* dégueulis *m* (*vulg*)
kotzen *itr V vulg* dégueuler (*vulg*)
▶ **da kann man das [kalte] Kotzen kriegen** *sl* c'est à gerber (*arg*); **zum Kotzen** *sl* dégueulasse (*fam*)
kotzübel *Adj sl* **jdm wird/ist ~** qn a envie de gerber (*arg*)
KP [ka:'pe:] <-, -s> *f Abk von* **Kommunistische Partei** P.C. *m*
KPD [ka:pe:'de:] <-> *f Abk von* **Kommunistische Partei Deutschlands** HIST P.C. *m* allemand
Krabbe ['krabə] <-, -n> *f* ❶ (*krebsähnliches Tier*) crabe *m*
❷ (*Garnele*) crevette *f*
❸ *fam* (*kleines Mädchen*) gamine *f* (*fam*)
krabbeln ['krabəln] *itr V + sein Kind:* marcher à quatre pattes; *Spinne, Käfer:* se promener
Krach [krax, *Pl:* 'krɛçə] <-[e]s, ⸚e> *m* ❶ *kein Pl* (*Lärm*) vacarme *m*, bruit *m;* **~ machen** faire du vacarme
❷ *Pl selten* (*lautes Knallen*) fracas *m*
❸ *fam* (*Streit*) engueulade *f* (*fam*); **mit jdm ~ kriegen/haben** se faire engueuler par qn/s'être engueulé(e) avec qn (*fam*)
▶ **~ schlagen** faire du foin (*fam*)
krachen ['kraxən] I. *itr V* ❶ + *haben* (*laut knallen*) *Holz:* craquer; *Tür, Schuss:* claquer; *Donner, Donnerschlag:* éclater (*fam*)
❷ + *sein fam* (*prallen*) **gegen die Wand/auf den Boden ~** s'écraser contre le mur/sur le sol
❸ + *sein fam* (*Pleite gehen*) *Bank, Betrieb:* faire faillite
II. *itr V unpers + haben* ❶ **als die Schüsse fielen, krachte es** lorsque les coups de feu ont retenti, il y a eu un [grand] fracas; **an der Kreuzung hat es gekracht** ça a cartonné au carrefour (*fam*)
❷ *fam* (*Streit geben*) **bei ihnen kracht es ständig** ils s'engueulent sans arrêt (*fam*); **..., sonst kracht's!** *fam* ... sinon ça va péter! (*fam*)
▶ **feiern, dass es nur so kracht** *fam* faire une fête d'enfer (*fam*)
III. *r V fam* **sich mit jdm ~** s'engueuler avec qn (*fam*)
krachend *Adv* avec fracas
Kracher <-s, -> *m* pétard *m*
Kracherl <-s, -n> *nt* A, SDEUTSCH *fam* (*Limonade*) soda *m*
Krachmacher(in) *m(f) pej fam* tapageur(-euse) *m(f)* (*péj*)
krächzen ['krɛçtsən] I. *itr V* ❶ *Krähe:* croasser; *Elster:* jacasser; *Papagei:* crier, pousser son cri
❷ *fam* (*heiser sprechen*) parler d'une voix enrouée
II. *tr V fam* coasser (*fam*)
Krächzen <-s> *nt* ❶ *einer Krähe* croassement *m; einer Elster* jacassement *m*
❷ *fam* (*heiseres Sprechen*) coassement *m* (*fam*)
Kräcker ['krɛkɐ] <-s, -> *m* cracker *m*
kraft [kraft] *Präp + Gen form* **~ seines/ihres Amtes** en vertu des pouvoirs qui lui sont/étaient/... attribués; **~ Gesetzes** au nom de la loi
Kraft [kraft, *Pl:* 'krɛftə] <-, ⸚e> *f* ❶ (*körperliche Stärke*) force *f;* **mit aller ~** de toutes ses/mes/... forces; **aus eigener ~** par ses/mes/... propres moyens; **mit frischer ~** avec une énergie nouvelle; **mit letzter ~** dans un suprême effort; **mit vereinten Kräften** en nous y mettant tous(toutes); **seine Kräfte sammeln** rassembler ses forces; **die ~ aufbringen etw zu tun** trouver la force de faire qc; **über jds Kräfte** (*Akk*) **gehen** être au-dessus des forces de qn; **mit seinen Kräften Haus halten müssen** devoir ménager ses forces; **zu Kräften kommen** récupérer; **wieder bei Kräften sein** être de nouveau en forme
❷ (*starke Wirkung*) pouvoir *m; von Kräutern* vertus *fpl*
❸ (*Potenzial*) puissance *f*
❹ PHYS énergie *f*
❺ IND (*Mitarbeiter*) employé(e) *m(f);* **erfahrene Kräfte** du personnel expérimenté
❻ *meist Pl* (*einflussreiche Gruppe*) force *f;* **die treibende ~ sein** être l'instigateur(-trice) *m(f)*
▶ **volle ~ voraus!** machine avant, toutes!; **in ~ sein/treten** être/entrer en vigueur; **außer ~ sein** ne plus être en vigueur; **außer ~ setzen** annuler *Befehl;* lever *Ausgangssperre, Embargo;* retirer *Gesetz;* **ich werde tun, was in meinen Kräften steht** je ferai ce qui est en mon pouvoir; **nach [besten] Kräften** de son/mon/... mieux
Kraftakt *m* tour *m* de force **Kraftanstrengung** *f,* **Kraftauf-**

K

wand *m* effort *m gén pl* **Kraftausdruck** <-ausdrücke> *m* gros mot *m* **Kraftbrühe** *f* bouillon *m* de bœuf
Kräfteverhältnis *nt* rapport *m* de forces **Kräfteverschleiß** *m* épuisement *m*
Kraftfahrer(in) *m(f) form* automobiliste *mf;* (*Lkw-Fahrer*) chauffeur *m* [de camion] **Kraftfahrzeug** *nt form* véhicule *m* automobile (*form*)
Kraftfahrzeugbrief *m titre de propriéte du véhicule* **Kraftfahrzeugkennzeichen** *nt* numéro *m* d'immatriculation **Kraftfahrzeugmechaniker(in)** *m(f)* mécanicien(ne) *m(f)* [automobile] **Kraftfahrzeugpapiere** *Pl form* papiers *mpl* du véhicule **Kraftfahrzeugschein** *m* carte *f* grise **Kraftfahrzeugsteuer** *f* ≈ vignette *f* **Kraftfahrzeugversicherung** *f form* assurance *f* automobile (*form*)
Kraftfeld *nt* champ *m* de force **Kraftfutter** *nt* AGR fourrage *m* concentré
kräftig ['krɛftɪç] I. *Adj* ① (*stark*) *Person, Wuchs* fort(e); *Muskel, Kinn, Hieb, Strömung* puissant(e); *Händedruck* vigoureux(-euse); **einen ~en Haarwuchs haben** avoir les cheveux qui poussent dru
② (*intensiv*) *Farbton* soutenu(e); *Duft, Geschmack* fort(e)
③ (*nahrhaft*) consistant(e)
④ (*drastisch*) *Ausdruck, Ausdrucksweise* cru(e)
II. *Adv* ① (*mit Kraft*) *drücken, zustoßen* vigoureusement; *rühren* énergiquement
② (*intensiv*) *pusten* fort; *einatmen* profondément
③ (*heftig*) *schneien* abondamment; *applaudieren* vigoureusement; *niesen* violemment; *sich wehren* énergiquement
④ (*sehr*) *sich irren, sich täuschen* fortement
kräftigen ['krɛftɪgən] *tr V geh Bad, Kur:* revigorer; *Sport, Training, Mittel:* fortifier; **jdn ~** *Bad, Kur:* revigorer qn; *Sport, Training, Mittel:* fortifier qn
Kräftigung <-, -en> *f geh* ① (*gesundheitliche Festigung*) rétablissement *m*
② (*Stärkung*) *eines Muskels* raffermissement *m;* **zur ~ von jdm/etw beitragen** contribuer à fortifier qn/qc
Kräftigungsmittel *nt* fortifiant *m*
Kraftlinien [-li:niən] *Pl* lignes *fpl* de force
kraftlos I. *Adj Person* sans force; *Arm, Bein* en coton; *Händedruck* mou(molle)
II. *Adv* sans force
Kraftlosigkeit <-> *f* faiblesse *f*
Kraftmeierei [-maɪə'raɪ] <-, -en> *f pej fam* démonstration *f* de force pour la frime (*péj fam*) **Kraftprobe** *f* épreuve *f* de force **Kraftprotz** <-es, -e> *m fam* [gros] tas *m* de muscles (*fam*), malabar *m* (*fam*) **Kraftrad** *nt form* motocycle *m* (*form*) **Kraftsport** *m* sport *m* de force **Kraftstoff** *m form* carburant *m* **kraftstrotzend** *Adj Person* plein(e) de vigueur **Krafttraining** *nt* SPORT musculation *f* **Kraftübertragung** *f* transmission *f* d'énergie **kraftvoll** I. *Adj geh Körper* vigoureux(-euse); *Bass, Stimme* puissant(e) II. *Adv zuschlagen* violemment **Kraftwagen** *m form* véhicule *m* automobile (*form*) **Kraftwerk** *nt* centrale *f* [électrique]
Kragen <-s, - *o* SDEUTSCH, CH Kräg̈en> ['kra:gən] *m* col *m;* **den ~ nach oben schlagen** [*o* **stülpen**] relever son col
▶ **jdm geht es an den ~** *fam* qn a des comptes à rendre; **jdn am** [*o* **beim**] **~ packen** *fam* prendre qn par la peau du dos (*fam*); **jdm platzt der ~** *fam* qn explose (*fam*)
Kragenbär *m* ZOOL ours *m* à collier **Kragenknopf** *m* bouton *m* de col **Kragenweite** *f* encolure *f* ▶ **er/das ist** [**genau**] **meine ~** *fam* il est [tout à fait] mon genre/c'est [tout à fait] mon truc (*fam*); **er/das ist nicht meine ~** *fam* il n'est pas mon genre/ce n'est pas mon truc (*fam*)
Krähe ['krɛ:ə] <-, -n> *f* corneille *f*
▶ **eine ~ hackt der anderen kein Auge aus** *Spr.* les loups ne se mangent pas entre eux
krähen *itr V* ① *Hahn:* chanter
② *fam* (*schreien*) *Kind:* piailler (*fam*)
Krähenfüße *Pl fam* pattes-d'oie *fpl*
Krakauer ['kra:kauɐ] <-, -> *f* saucisse *f* de Cracovie (*fumée et très épicée*)
Krake ['kra:kə] <-n, -n> *m* pieuvre *f*
krakeelen* *itr V fam* brailler (*fam*); **das Krakeelen** les braillements *mpl* (*fam*)
Krakeeler(in) <-s, -> *m(f) fam* braillard(e) *m(f)* (*fam*)
Krakelei [kra:kə'laɪ] <-, -en> *f pej fam* gribouillage *m* (*fam*)
krakelig ['kra:kəlɪç] I. *Adj* tremblé(e)
II. *Adv schreiben* d'une écriture tremblée; *malen* maladroitement
Kral [kra:l] <-s, -e> *m* kraal *m*
Kralle ['kralə] <-, -n> *f* ① *einer Katze* griffe *f; eines Raubvogels* serre *f*
② *fam* (*Parkkralle*) sabot *m* de Denver
▶ **jdn in seine ~n bekommen** [*o* **kriegen**] *fam* mettre le grappin sur qn (*fam*); **jdn in seinen ~n haben** *fam* tenir qn entre ses pattes (*fam*); **jdn/etw nicht aus den ~n lassen** *fam* ne pas lâcher qn/qc (*fam*); [**jdm**] **die ~n zeigen** *fam* montrer les griffes [à qn]
krallen I. *r V* ① (*sich festkrallen*) **sich an jdn/etw ~** s'agripper à qn/qc
② (*zupacken*) **sich um etw** (*Akk*) **~** *Finger:* agripper qc
II. *tr V* ① (*bohren*) **seine Finger in etw** (*Akk*) **~** enfoncer ses doigts dans qc
② *sl* (*klauen*) [**sich** (*Dat*)] **etw ~** piquer qc (*pop*)
③ *sl* (*sich vornehmen*) **sich** (*Dat*) **jdn ~** se payer qn (*arg*)
Kram [kra:m] <-[e]s> *m fam* ① (*Zeug*) bazar *m* (*fam*), fourbi *m* (*fam*)
② (*Angelegenheit*) fourbi *m* (*fam*); **kümmere dich um deinen eigenen ~!** mêle-toi de tes oignons! (*fam*); **mach doch deinen ~ allein!** démerde-toi [tout(e) seul(e)]! (*fam*)
▶ **jdm in den ~/nicht in den ~ passen** tomber à pic/tomber mal [pour qn] (*fam*)
kramen I. *itr V* fouiller; **in der Schublade nach etw ~** fouiller dans le tiroir à la recherche de qc
II. *tr V* **etw aus der Handtasche/dem Schrank ~** tirer qc de son sac/de l'armoire
Krämer(in) ['krɛ:mɐ] <-s, -> *m(f)* DIAL *veraltet* épicier(-ière) *m(f)*
Krämerseele *f pej* esprit *m* mercantile; **eine ~ sein** avoir un esprit mercantile
Kramladen *m pej fam* bazar *m*
Krampe ['krampə] <-, -n> *f* crampillon *m*
Krampen ['krampən] <-s, -> *m* A pioche *f*
Krampf [krampf, *Pl:* 'krɛmpfə] <-[e]s, Krämpfe> *m* ① (*Muskelkrampf*) crampe *f;* **einen ~ in der Schulter bekommen/haben** attraper/avoir une crampe à l'épaule
② (*Kolik*) spasme *m*
③ *fam* (*Unsinn*) [**ein**] **~ sein** être de la foutaise (*fam*)
Krampfader *f* varice *f*
krampfen I. *tr V* **die Finger/Hände um etw ~** crisper les doigts/mains autour de qc
II. *r V* **sich um etw ~** *Finger, Hand:* se crisper autour de qc
krampfhaft I. *Adj* ① (*angestrengt*) *Nachdenken* obstiné(e); *Versuch* désespéré(e)
② (*nicht locker*) *Handbewegung, Lachen* convulsif(-ive)
II. *Adv* ① (*angestrengt*) désespérément
② (*nicht locker*) convulsivement
krampflindernd, **krampflösend** *Adj* antispasmodique; **~ wirken** avoir un effet antispasmodique
Kran [kra:n, *Pl:* 'krɛ:nə] <-[e]s, Kräne *o* -e> *m* ① TECH grue *f*
② DIAL (*Wasserhahn*) robinet *m*
Kranführer(in) *m(f)* grutier(-ière) *m(f)*
krängen ['krɛŋən] *itr V* NAUT *Schiff:* gîter
Kranich ['kra:nɪç] <-s, -e> *m* grue *f*
krank [kraŋk] <kränker, kränkste> *Adj* ① *Person, Herz, Tier, Pflanze* malade; *Arm, Gelenk* en mauvais état; **schwer ~** gravement

malade; ~ **werden/sein** tomber/être malade; **jdn ~ machen** rendre qn malade
② *fig* ~ **vor Eifersucht/Aufregung** malade de jalousie/à cause de l'énervement; **vor Sehnsucht ~ sein** se languir; **jdn mit etw ~ machen** *fam Person:* soûler qn avec qc (*fam*)
③ (*wirtschaftlich schwach*) *Firma, Währung* malade
▶ **du bist wohl ~!** *iron fam* mais t'es malade! (*fam*)

Kranke(r) *f(m) dekl wie Adj* malade *mf*

kränkeln ['krɛŋkəln] *itr V* ① (*nicht gesund sein*) (*vorübergehend*) être patraque; (*längere Zeit*) être souffreteux(-euse)
② (*wirtschaftlich schwach sein*) *Branche, Firma:* être chancelant(e)

kranken ['kraŋkən] *itr V* **an etw** (*Dat*) ~ souffrir de qc

kränken ['krɛŋkən] *tr V* blesser; **es kränkt jdn, dass** ça blesse qn que + *subj*

Krankenanstalten *Pl veraltet form* centre *m* hospitalier **Krankenbericht** *m* rapport *m* médical **Krankenbesuch** *m* visite *f* [à domicile] **Krankenbett** *nt* ① (*Krankenhausbett*) lit *m* d'hôpital ② (*Krankenlager*) chevet *m* du malade **Krankenblatt** *nt* fiche *f* médicale **Krankengeld** *nt* prestations *fpl* maladie **Krankengeschichte** *f* antécédents *mpl* [du malade]

Krankengymnast(in) <-en, -en> *m(f)* kinésithérapeute *mf*

Krankengymnastik *f* kinésithérapie *f;* **sie muss dreimal in der Woche zur ~** elle a trois séances de kiné par semaine (*fam*) **Krankenhaus** *nt* hôpital *m;* **ins ~ kommen/müssen** être/devoir être hospitalisé(e); **mit etw im ~ liegen** être hospitalisé(e) pour qc

Krankenhausaufenthalt *m* hospitalisation *f* **Krankenhauskosten** *Pl* frais *mpl* d'hospitalisation **krankenhausreif** *Adj* bon(ne) pour l'hôpital; **jdn ~ schlagen** envoyer qn à l'hosto (*fam*)

Krankenkasse *f* caisse *f* d'assurance-maladie; **in welcher ~ sind Sie?** à quelle caisse d'assurance-maladie êtes-vous affilié? **Krankenlager** *nt geh* lit *m* de douleur (*littér*); **ans ~ gefesselt sein** être cloué(e) au lit **Krankenpflege** *f* soins *mpl* [donnés aux malades] **Krankenpfleger(in)** *m(f)* infirmier(-ière) *m(f)* **Krankensalbung** *f* sacrement *m* des malades **Krankenschein** *m* feuille *f* de prise en charge; **auf ~** au tiers payant **Krankenschwester** *f* infirmière *f* **Krankenstand** *m kein Pl* (*Anzahl der Kranken*) taux *m* de maladie **Krankentransport** *m* transport *m* en ambulance **Krankenversichertenkarte** *f* ≈ carte *f* d'assuré social **Krankenversicherung** *f* assurance-maladie *f;* **gesetzliche ~** ≈ Sécurité *f* sociale; **private ~** ≈ caisse *f* d'assurance maladie **Krankenwagen** *m* ambulance *f* **Krankenzimmer** *nt* ① (*im Krankenhaus*) chambre *f* d'hôpital ② (*in einem Heim, Internat*) infirmerie *f* ③ (*in einer Privatwohnung*) chambre *f* de malade

krank|feiern *itr V fam* se faire porter pâle (*fam*) (*sans être malade*); **das Krankfeiern** les maladies diplomatiques (*fam*)

krankhaft I. *Adj* ① MED pathologique
② (*unnormal*) *Eifersucht, Geiz, Misstrauen* maladif(-ive)
II. *Adv* ~ **ehrgeizig/eifersüchtig** d'une ambition/jalousie maladive

Krankheit <-, -en> *f* maladie *f;* **akute/chronische ~** maladie aiguë/chronique; **wegen ~** pour cause de maladie
▶ **das ist eine ~!** *fam* c'est une [vraie] plaie! (*fam*); **es ist eine ~ mit ihm!** *fam* quelle plaie, celui-là! (*fam*)

Krankheitsbild *nt* signes *mpl* cliniques **Krankheitserreger** *m* agent *m* pathogène **Krankheitskeim** *m* germe *m* pathogène **Krankheitsverlauf** *m* évolution *f* de la maladie

krank|lachen *r V fam* **jd lacht sich über jdn/etw krank** qn/qc fait marrer qn (*fam*); **sie haben sich krankgelacht** ils/elles se sont écroulé(e)s (*fam*)

kränklich ['krɛŋklɪç] *Adj* maladif(-ive)

krank|machen *s.* **krankfeiern** **krank|melden**[RR] *r V* **sich ~** se mettre en arrêt de travail, se faire porter malade **Krankmeldung** *f* déclaration *f* de maladie **krank|schreiben**[RR] *tr V* prescrire un arrêt de travail à; **jdn ~** prescrire un arrêt de travail à qn **Krankschreibung** *f* délivrance *f* d'un certificat de maladie

Kränkung ['krɛŋkʊŋ] <-, -en> *f* offense *f*

Kranwagen *m* camion-grue *m*

Kranz [krants, *Pl:* 'krɛntsə] <-es, ¨-e> *m* ① (*aus Pflanzen*) couronne *f,* gerbe *f*
② (*kreisförmige Anlage*) ceinture *f*
③ DIAL (*Hefekranz*) brioche *f* en couronne

Kränzchen ['krɛntsçən] <-s, -> *nt* ① *Dim von* **Kranz** petite couronne *f*
② (*Kaffeekränzchen*) petit cercle *m* d'amies

Kranzgefäß *s.* **Herzkranzgefäß** **Kranzniederlegung** *f* dépôt *m* de gerbe

Krapfen ['krapfən] <-s, -> *m* DIAL beignet *m*

krass[RR], **kraß** I. *Adj Außenseiter* manifeste; *Materialist* invétéré(e); *Fall, Gegensatz, Unterschied* flagrant(e); **das ~e Gegenteil von etw sein** être absolument à l'opposé de qc
II. *Adv schildern, sich ausdrücken* crûment

Krater ['kra:tɐ] <-s, -> *m* cratère *m*

Kraterlandschaft *f* paysage *m* lunaire **Kratersee** *m* lac *m* de cratère

Kratzbürste *f pej fam* mauvaise coucheuse *f* (*fam*)

kratzbürstig *Adj pej fam* revêche

Krätze ['krɛtsə] <-> *f* MED gale *f*

kratzen ['kratsən] I. *tr V* ① gratter; **jdn am Rücken ~** gratter le dos à qn
② (*verletzen*) **jdn ~** *Katze:* griffer qn
③ (*abkratzen*) **die Farbe von der Wand ~** gratter la peinture du mur
④ *fam* (*kümmern*) **jdn nicht ~** ne pas regarder qn; **das kratzt mich überhaupt nicht** je m'en fiche complètement (*fam*); **was kratzt mich das?** qu'est-ce que ça peut me ficher? (*fam*)
II. *r V* **sich an der Hand ~** se gratter la main
III. *itr V* ① (*jucken*) gratter; **der Pulli kratzt auf der Haut** ce pull gratte la peau; **ich habe ein Kratzen im Hals** j'ai la gorge qui me gratte
② (*scharren*) *Feder, Nagel:* gratter; **mit etw ~** racler avec qc
③ (*mit den Fingernägeln*) griffer
④ (*beeinträchtigen*) **am Ruf ~** égratigner la réputation
IV. *tr V unpers fam* **es kratzt ihn am Rücken** il a le dos qui le gratte

Kratzer ['kratsɐ] <-s, -> *m* éraflure *f*

Kratzwunde *f* griffure *f*

Kraul [kraʊl] <-[s]> *nt* crawl *m*

kraulen[1] ['kraʊlən] I. *itr V + haben o sein* SPORT nager le crawl
II. *tr V + haben o sein* **hundert Meter ~** faire cent mètres en crawl

kraulen[2] *tr V* (*liebkosen*) gratouiller

kraus [kraʊs] *Adj* ① *Haar* [tout] frisé(e)
② (*faltig*) froissé(e); **die Stirn/Nase ~ ziehen** froncer le front/nez
③ *pej* (*verworren*) embrouillé(e)

Krause ['kraʊzə] <-, -n> *f* ① (*Halskrause*) fraise *f*
② *fam* (*künstliche Locken*) frisettes *fpl* (*fam*)

kräuseln ['krɔɪzəln] I. *tr V* fris[ott]er *Haare;* froncer *Stoff*
II. *r V* **sich ~** *Haare:* frisotter; *Wasseroberfläche:* se rider

kraushaarig *Adj* crépu(e) **Krauskopf** *m fam* ① (*Frisur*) coiffure *f* afro ② (*Person*) tête *f* crépue (*fam*)

Kraut [kraʊt, *Pl:* 'krɔɪtɐ] <-[e]s, Kräuter> *nt* ① (*Pflanze*) herbe *f* souvent *pl*
② *kein Pl* (*Blätter und Stängel*) *von Karotten, Rüben, Kartoffeln* fanes *fpl*
③ *kein Pl* DIAL (*Kohl*) chou *m;* (*Sauerkraut*) choucroute *f*
④ *pej fam* (*Tabak*) gros tabac *m*
▶ **wie ~ und Rüben** *fam* sens dessus dessous; **gegen etw ist kein ~ gewachsen** *fam* y a vraiment rien à faire contre qc (*fam*); **ins ~ schießen** *fam* avoir tendance à proliférer

Kräuterbutter *f* beurre *m* persillé **Kräuterkäse** *m* fromage

m aux fines herbes **Kräuterlikör** *m* liqueur *f* à base de plantes **Kräutertee** *m* infusion *f,* tisane *f*
Krautkopf SDEUTSCH, A *s.* Kohlkopf **Krautsalat** *m* salade *f* de chou
Krawall [kra'val] <-s, -e> *m* ❶ (*Tumult*) bagarre *f*
❷ *kein Pl fam* (*Lärm*) boucan *m* (*fam*); [**einen**] ~ **machen** faire du raffut (*fam*)
Krawallmacher(in) *m(f) fam* fauteur(-trice) *m(f)* de troubles
Krawatte [kra'vatə] <-, -n> *f* cravate *f*
Krawattenknoten *m* nœud *m* de cravate **Krawattennadel** *f* épingle *f* de cravate **Krawattenzwang** *m* port *m* de la cravate obligatoire
kraxeln ['kraksəln] *itr V + sein* SDEUTSCH grimper
Kreation [krea'tsio:n] <-, -en> *f* création *f*
kreativ [krea'ti:f] *Adj* créatif(-ive)
Kreativdirektor(in) *m(f)* directeur créatif/directrice créative *m/f*
Kreativität [kreativi'tɛ:t] <-> *f* créativité *f*
Kreatur [krea'tu:ɐ] <-, -en> *f* créature *f*
Krebs [kre:ps] <-es, -e> *m* ❶ ZOOL crustacé *m;* GASTR crabe *m*
❷ *kein Pl* ASTROL Cancer *m;* **er ist** [**ein**] ~ il est Cancer
❸ MED cancer *m;* ~ **haben** avoir un cancer; ~ **erregend** cancérigène; ~ **erregend wirken** avoir des effets cancérigènes
krebsartig *Adj* cancéreux(-euse)
krebsen ['kre:psən] *itr V fam* **vor sich hin** ~ végéter
Krebserkrankung *f* MED cancer *m*
krebserregend *s.* Krebs 3.
Krebsforschung *f kein Pl* cancérologie *f* **Krebsfrüherkennung** *f* MED dépistage *m* précoce du cancer **Krebsgeschwulst** *f* MED tumeur *f* cancéreuse **Krebsklinik** *f* MED centre *m* anticancéreux **krebskrank** *Adj* cancéreux(-euse) **Krebskranke(r)** *f(m) dekl wie Adj* cancéreux(-euse) *m(f)*
krebsrot *Adj* rouge comme une écrevisse
Krebsvorsorge *f* dépistage *m* du cancer
Krebsvorsorgeuntersuchung *f* examen *m* de dépistage du cancer
Krebszelle *f* MED cellule *f* cancéreuse
Kredenz [kre'dɛnts] <-, -en> *f veraltet* crédence *f*
kredenzen* *tr V geh* **jdm etw** ~ régaler qn de [*o* avec] qc
Kredit[1] [kre'di:t] <-[e]s, -e> *m* crédit *m;* **jdm** ~ **geben** [*o* **gewähren**] accorder un crédit à qn; **einen** ~ **aufnehmen** prendre un crédit; **ein** ~ **über eine Million** un crédit d'un million; **er hat** ~ **bei mir/der Bank** je lui fais/la banque lui fait crédit; **auf** ~ à crédit
Kredit[2] ['kre:dɪt] <-s, -s> *nt* (*Habenseite*) crédit *m* **Kreditgeber(in)** *m(f)* prêteur(-euse) *m(f)* **Kredithai** *m fam* requin *m* de la finance **Kredithöhe** *f* montant *m* du crédit
Kreditinstitut *nt* établissement *m* de crédit **Kreditkarte** *f* carte *f* de crédit **Kreditlinie** [-li:niə] *f* FIN ligne *f* de crédit **Kreditnehmer(in)** <-s, -> *m(f)* emprunteur(-euse) *m(f)* **Kreditrahmen** *m* FIN montant *m* du découvert autorisé **Kreditvergabe** *f* octroi *m* de crédits **Kreditverlängerung** *f* prorogation *f* d'un crédit **Kreditwirtschaft** *f* activité *f* du crédit
kreditwürdig *Adj* solvable
Kredo ['kre:do] <-s, -s> *nt geh* credo *m*
Kreide ['kraɪdə] <-, -n> *f* ❶ craie *f*
❷ (*Kreidezeit*) **in der** ~ au crétacé *m*
▸ **bei jdm mit etw in der** ~ **stehen** *fam* avoir une ardoise de qc chez qn (*fam*)
kreidebleich *Adj* blanc(blanche) comme un linge **Kreidefelsen** *m* falaise *f* crayeuse **Kreideformation** *f* GEOL formation *f* crétacée **kreideweiß** *s.* kreidebleich **Kreidezeichnung** *f* dessin *m* à la craie **Kreidezeit** *kein Pl f* GEOL crétacé *m*
kreieren* *tr V* créer
Kreis [kraɪs] <-es, -e> *m* ❶ *a.* GEOM cercle *m;* **einen** ~ **beschreiben** [*o* **schlagen**] tracer un cercle; **im** ~ en cercle; **im** ~ **gehen** tourner en rond; **seine** ~**e ziehen** *Vogel:* tournoyer
❷ (*Kreisfläche*) surface *f* du cercle
❸ (*Gruppe*) cercle *m;* **im engen** [*o* **kleinen**]/**engsten** ~[**e**] en petit/tout petit comité; **im** ~**e von Freunden/der Familie** au milieu d'amis/au sein de la famille
❹ *Pl* (*gesellschaftliche Schicht*) milieux *mpl;* **aus besseren** ~**en** de la haute société; **weite** ~**e der Bevölkerung** de larges couches *fpl* de population
❺ (*Landkreis*) district *m;* (*in Frankreich*) ≈ canton *m*
▸ **das kommt in den besten** ~**en vor** cela arrive dans les meilleures familles; **sich im** ~ **drehen** [*o* **bewegen**] (*sich drehen*) tourner sur soi-même; (*mit den Gedanken*) tourner en rond; **der** ~ **schließt sich** la boucle est bouclée; ~**e ziehen** faire des remous
Kreisabschnitt *m* GEOM segment *m* circulaire **Kreisausschnitt** *m* GEOM secteur *m* circulaire **Kreisbahn** *f* orbite *m* **Kreisbewegung** *f* mouvement *m* circulaire **Kreisbogen** *m* arc *m* de cercle
kreischen ['kraɪʃən] *itr V* ❶ *Person, Affe:* pousser des cris stridents; *Vogel:* piailler
❷ (*quietschen*) *Bremsen:* crier; *Reifen:* crisser
Kreisel ['kraɪzəl] <-s, -> *m* ❶ (*Spielzeug*) toupie *f;* **den** ~ **schlagen** fouetter la toupie
❷ *fam* (*Kreisverkehr*) rond-point *m*
Kreiselkompass[RR] *m* gyrocompas *m* **Kreiselpumpe** *f* TECH pompe *f* centrifuge
kreisen ['kraɪzən] *itr V + haben o sein* ❶ *a.* ASTRON, RAUM **um etw** ~ tourner autour de qc
❷ (*fliegen*) **über etw** (*Dat*) ~ tournoyer au-dessus de qc
❸ (*zirkulieren*) **in etw** (*Dat*) ~ *Öl, Blut:* circuler dans qc
❹ (*sich drehen um*) **um jdn/etw** ~ *Gedanken, Gespräch, Wünsche:* tourner autour de qn/qc
❺ (*bewegen*) **den Arm/das Bein** ~ **lassen** effectuer des cercles avec le bras/la jambe
Kreisfläche *f* GEOM aire *f* du cercle **kreisförmig** [-fœrmɪç] **I.** *Adj* circulaire **II.** *Adv* en cercle **kreisfrei** *Adj* ADMIN *Stadt* autonome **Kreisinhalt** *s.* Kreisfläche **Kreisinsel** *f* TRANSP îlot *m* directionnel **Kreiskolbenmotor** *m* moteur *m* à pistons rotatifs **Kreiskrankenhaus** *nt* ≈ centre *m* hospitalier régional
Kreislauf *m* ❶ *des Lebens, Wassers, der Natur* cycle *m; des Geldes* circulation *f* ❷ (*Blutkreislauf*) circulation *f* **Kreislaufkollaps** *m* collapsus *m* cardio-vasculaire; **einen** ~ **bekommen/haben** être victime d'un collapsus cardio-vasculaire **Kreislaufstörungen** *Pl* troubles *mpl* circulatoires **kreisrund** *Adj* tout(e) rond(e) **Kreissäge** *f* scie *f* circulaire
Kreißende *f veraltet dekl wie Adj* femme *f* en couches (*vieilli*)
Kreißsaal ['kraɪs-] *m* salle *f* d'accouchement
Kreisstadt *f* ≈ chef-lieu *m* de district; (*in Frankreich*) ≈ chef-lieu de canton **Kreistag** *m* ≈ conseil *m* de district; (*in Frankreich*) ≈ conseil cantonal **Kreisumfang** *m* GEOM circonférence *f* du cercle **Kreisverkehr** *m* rond-point *m* **Kreisverwaltung** *f* (*Verwaltung, Gebäude*) administration *f* du district **Kreiswehrersatzamt** *nt* ≈ bureau *m* de recrutement du Service national
Krematorium [krema'to:riʊm] <-s, -rien> *nt* crématorium *m*
kremig ['kre:mɪç] *Adj* onctueux(-euse); **etw** ~ **schlagen** battre qc jusqu'à obtenir une consistance onctueuse
Kreml ['kre:m(ə)l] <-s> *m* **der** ~ le Kremlin
Krempe ['krɛmpə] <-, -n> *f* bord *m*
Krempel ['krɛmpəl] <-s> *m pej fam* (*Ramsch*) camelote *f* (*fam*)
▸ **seinen** ~ **allein machen können** devoir se démerder tout(e) seul(e) (*fam*); **den ganzen** ~ **hinwerfen** envoyer tout promener (*fam*)
krempeln *tr V* TEXTIL carder
Kren [kre:n] <-s> *m* A raifort *m*
Kreole [kre'o:lə] <-n, -n> *m,* **Kreolin** *f* créole *mf*
kreolisch [kre'o:lɪʃ] *Adj* créole; ~ **miteinander sprechen** discuter en créole; *s. a.* **deutsch**
Kreolisch <-[s]> *nt kein Art* le créole; **auf** ~ en créole; *s. a.*

Deutsch
Kreolische *nt dekl wie Adj* das ~ le créole; *s. a.* Deutsche
krepieren* *itr V + sein* ❶ *sl* (*zugrunde gehen*) crever (*pop*); an etw (*Dat*) ~ crever de qc
❷ (*zerplatzen*) *Bombe, Granate:* éclater
Krepp <-s, -e *o* -s> *m* crêpe *m*
Krepppapier[RR] *nt* papier *m* crépon **Kreppsohle** *f* semelle *f* de crêpe
Kresse ['krɛsə] <-, -en> *f* cresson *m*
Kreta ['kre:ta] <-s> *nt* la Crète; **auf** ~ en Crète
Krethi und Plethi ['kre:ti ʊnt 'ple:ti] *Pl* tout le monde et n'importe qui
Kretin [kre'tɛ̃:] <-s, -s> *m* ❶ (*Dummkopf*) imbécile *mf*
❷ MED débile *mf*
Kretinismus [kreti'nɪsmʊs] <-> *m* MED débilité *f* mentale
kretisch ['kre:tɪʃ] *Adj* crétois(e)
kreuchen ▶ **alles, was da kreucht und fleucht** *hum* toutes sortes de bestioles
kreuz [krɔɪts] ▶ ~ **und quer** dans tous les sens
Kreuz <-es, -e> *nt* ❶ *a.* REL (*Symbol, Zeichen*) croix *f*; **ein ~ machen/schlagen** faire le signe de croix; **jdn ans ~ schlagen** mettre qn en croix; **etw über ~ legen/falten** empiler/plier qc en croix
❷ (*Teil des Rückens*) reins *mpl*; **es im ~ haben** *fam* avoir mal aux reins
❸ *fam* (*Autobahnkreuz*) échangeur *m*
❹ KARTEN trèfle *m*
❺ MUS dièse *m*
❻ ASTROL **das ~ des Nordens/Südens** la Croix du Nord/Sud
▶ **drei ~e machen** *fam* pousser un ouf de soulagement (*fam*); **das Rote ~** la Croix-Rouge; **es ist ein ~ mit jdm/etw** *fam* avec qn/qc, c'est la galère (*fam*); **zu ~e kriechen** ramper; **jdn aufs ~ legen** *fam* (*jdn hereinlegen*) arnaquer qn (*fam*); *sl* (*mit jdm schlafen*) s'envoyer qn (*pop*); **mit jdm über ~ liegen** être en bisbille avec qn (*fam*); **sein ~ auf sich** (*Akk*) **nehmen, sein ~ tragen** porter sa croix
Kreuzband <-bänder> *nt* ANAT ligament *m* croisé **Kreuzbein** *nt* ANAT sacrum *m* **Kreuzblütler** [-bly:tlɐ] <-s, -> *m* crucifère *f*
kreuzen I. *tr V + haben* ❶ (*beim Züchten*) croiser; **etw mit etw ~** croiser qc avec qc
❷ (*queren*) croiser *Straße, Bahnlinie;* traverser *Fluss, Platz*
❸ (*verschränken*) croiser *Arme, Beine*
II. *r V + haben* **sich ~** ❶ (*sich entgegenstehen*) *Ansichten, Interessen:* s'opposer
❷ (*sich begegnen*) se croiser
III. *itr V + haben o sein Segelschiff:* louvoyer; *Flugzeug, Schiff:* croiser
Kreuzer <-s, -> *m* ❶ NAUT croiseur *m*
❷ (*historische Münze*) kreutzer *m*
Kreuzestod *m geh* supplice *m* de la croix
Kreuzfahrer(in) *m(f)* HIST croisé(e) *m(f)* **Kreuzfahrt** *f* NAUT croisière *f* **Kreuzfeuer** *nt* ▶ **ins ~ [der Kritik] geraten** être attaqué(e) de toutes parts; **im ~ [der Kritik] stehen** essuyer le feu de la critique **kreuzfidel** *Adj fam* ~ **sein** être tout(e) content(e) (*fam*) **kreuzförmig** [-fœrmɪç] I. *Adj* cruciforme II. *Adv* en croix **Kreuzgang** <-gänge> *m* cloître *m* **Kreuzgewölbe** *nt* (*Kreuzgratgewölbe*) voûte *f* d'arête; (*Kreuzrippengewölbe*) voûte en ogives
kreuzigen ['krɔɪtsɪgən] *tr V* crucifier
Kreuzigung <-, -en> *f* crucifixion *f*
Kreuzotter *f* vipère *f* péliade **Kreuzritter** *m* ❶ (*Kreuzfahrer*) croisé *m* ❷ (*Deutschordensritter*) chevalier *m* teutonique
Kreuzschlitzschraube *f* vis *f* [à tête] cruciforme **Kreuzschlitzschraubendreher** *m* tournevis *m* cruciforme
Kreuzschlüssel *m* clé *f* en croix **Kreuzschmerzen** *Pl fam* maux *mpl* de reins **Kreuzschnabel** *m* ZOOL bec-croisé *m* **Kreuzspinne** *f* épeire *f* diadème **Kreuzstich** *m* point *m* de croix
Kreuzung <-, -en> *f* ❶ (*Straßenkreuzung*) croisement *m*, carrefour *m*
❷ (*das Kreuzen*) croisement *m*
❸ (*gekreuzte Tierrasse*) bâtard(e) *m(f)*
❹ (*gekreuzte Pflanzenart*) **die Traubensorte ist eine ~** ce raisin est issu d'un croisement
kreuzungsfrei *Adj, Adv* sans intersection
Kreuzverband *m* bandage *m* croisé, spica *m* **Kreuzverhör** *nt* interrogatoire *m* contradictoire ▶ **jdn ins ~ nehmen, jdn einem ~ unterziehen** JUR interroger qn contradictoirement; (*gründlich ausfragen*) soumettre qn à un interrogatoire serré **Kreuzweg** *m* ❶ (*Wegkreuzung*) croisement *m* [de chemins]; **am ~ stehen** être à la croisée des chemins ❷ KUNST, REL chemin *m* de croix **kreuzweise** *Adv legen, übereinander legen* en croix ▶ **du kannst mich ~!** *sl* tu peux aller te faire foutre! (*pop*) **Kreuzworträtsel** *nt* mots *mpl* croisés **Kreuzzeichen** *nt* signe *m* de [la] croix; **das ~ machen** faire le signe de croix
Kreuzzug *m* HIST *a. fig* croisade *f*
Krevette [kre'vɛtə] <-, -n> *f* crevette *f*
kribbelig *Adj fam* ❶ (*unruhig*) fébrile; **jdn [ganz] ~ machen** mettre les nerfs en pelote à qn (*fam*); **ich bin ganz ~** (*ungeduldig*) je n'y tiens plus; (*nervös*) j'ai les nerfs en pelote (*fam*)
❷ (*prickelnd*) **ein ~es Gefühl** une sensation de picotement
kribbeln ['krɪbəln] I. *itr V + haben* **jdm [*o* jdn] in der Nase ~** picoter qn dans le nez; **ein ~des Gefühl** une sensation de picotement
▶ ~ **und krabbeln** *Ameisen, Käfer:* grouiller dans tous les sens
II. *tr, itr V unpers* **es kribbelt jdm [*o* jdn] in der Nase** qn a des picotements dans le nez
kribblig *s.* **kribbelig**
Kricket ['krɪkət] <-s> *nt* SPORT cricket *m*
kriechen [kri:çən] <kroch, gekrochen> *itr V* ❶ + *sein* (*sich vorwärts bewegen*) ramper; ~**d** en rampant
❷ + *sein* (*langsam fahren*) se traîner (*fam*)
❸ + *sein* (*langsam vergehen*) *Tage, Zeit:* ne pas en finir; *Uhrzeiger:* ne pas avancer
❹ + *haben o sein pej* (*unterwürfig sein*) **vor jdm ~** ramper devant qn
Kriecher(in) <-s, -> *m(f) pej fam* lèche-bottes *mf* (*fam*)
kriecherisch *Adj pej fam Person* rampant(e); *Art, Verhalten* servile
Kriechspur *f* voie *f* réservée aux véhicules lents
Kriechstrom *m* ELEC courant *m* de fuite **Kriechtempo** *nt pej* **im ~** comme un escargot **Kriechtier** *nt* reptile *m*
Krieg [kri:k] <-[e]s, -e> *m* guerre *f*; **jdm den ~ erklären** déclarer la guerre à qn; **[einen] ~ gegen jdn [*o* mit jdm] führen** faire la guerre à qn; **in den ~ ziehen** partir à la guerre; **sich mit jdm im ~ befinden** être en guerre avec qn; **es ist ~** c'est la guerre; **wir haben ~** nous sommes en guerre; **~ führend** belligérant(e); **der Dreißigjährige/Hundertjährige ~** la guerre de Trente/Cent Ans; **ein heiliger ~** une guerre sainte
▶ **der kalte ~** la guerre froide
kriegen ['kri:gən] I. *tr V fam* ❶ (*bekommen*) recevoir; toucher *Belohnung, Geld;* **etw zu essen/trinken ~** pouvoir manger/boire qc; **wir ~ was zu lachen** on va rire (*fam*); **Prügel/Schläge von jdm ~** ramasser une volée/des coups de qn (*fam*); **etw an den Kopf ~** attraper qc à la tête (*fam*); **ich habe was ins Auge gekriegt** j'ai quelque chose qui m'est rentré dans l'œil; **was ~ Sie dafür von mir?** je vous dois combien?; **ich kriege noch Wechselgeld von Ihnen** vous ne m'avez pas rendu la monnaie
❷ (*in Verbindung mit dem Partizip Präteritum*) **etw geregelt/geordnet ~** arriver à régler/ordonner qc; **er kriegt das Auto geliehen/geschenkt** on lui prête la voiture/il reçoit la voiture en cadeau; **ich kriege meinen Wunsch erfüllt** j'ai ce que je souhaite; **das ~ Sie von mir in zwei Tagen gemacht** je vous fais ça en deux jours; **kriegst du die Arbeit bezahlt?** on te paye pour ton travail?

❸ (*bestellen*) prendre; **ich kriege einen Salat** pour moi, ce sera une salade; **hier kriegt man griechische Spezialitäten** ici, on peut manger des spécialités grecques
❹ (*verlangen, kaufen*) **ich kriege ein Kilo Birnen** mettez-moi un kilo de poires (*fam*); ~ **Sie sonst noch was?** et avec ça? (*fam*); **Zigaretten kriegt man an der Kasse** les cigarettes, on les trouve à la caisse
❺ (*erreichen*) attraper *Bus, S-Bahn, Zug;* dénicher *Taxi*
❻ (*verhängt bekommen*) récolter (*fam*) *Strafe, Strafzettel;* écoper [de] (*fam*) *Gefängnis;* **er hat fünf Jahre gekriegt** il en a pris pour cinq ans (*fam*)
❼ METEO aller avoir *Regen, Schnee;* **wir ~ anderes Wetter** le temps va changer
❽ (*gelegt bekommen*) aller avoir *Anschluss, Telefon*
❾ (*entwickeln*) commencer à avoir *Falten*
❿ (*erwischen*) **jdn ~** mettre la main sur qn (*fam*); (*telefonisch*) arriver à avoir qn
⓫ MED choper (*fam*) *Grippe, Herzinfarkt;* devoir prendre *Präparat;* **jd kriegt Spritzen/Massagen** on fait des piqûres/massages à qn
⓬ (*erwarten*) aller avoir *Kind;* **sie hat gestern ein Mädchen gekriegt** elle a eu une fille hier
⓭ (*veranlassen, bewegen*) **jdn zum Sprechen ~** faire parler qn; **jdn dazu ~ etw zu tun** arriver à faire faire qc à qn; **die Kinder nicht ins Bett ~** ne pas arriver à faire aller les enfants au lit; **den Fleck aus der Tischdecke ~** réussir à faire partir la tache de la nappe
▸ **jdn weich ~** *fam* fléchir qn (*fam*); **sich von jdm weich ~ lassen** *fam* se laisser attendrir par qn (*fam*); **es mit jdm zu tun ~** avoir affaire à qn; **es nicht über sich ~ etw zu tun** ne pas arriver à faire qc; *s. a.* **bekommen**
II. *r V fam* **sich ~** être enfin réunis

Krieger(in) ['kriːgɐ] <-s, -> *m(f)* guerrier(-ière) *m(f)*
▸ **müder ~** *hum fam* héros *m* fatigué

Kriegerdenkmal *nt* monument *m* aux morts

kriegerisch I. *Adj* ❶ (*kämpferisch*) *Volk* guerrier(-ière); *Einstellung, Haltung* belliqueux(-euse)
❷ (*militärisch*) militaire
II. *Adv* **~ auftreten/eingestellt sein** avoir une attitude belliqueuse/des positions belliqueuses

Kriegerwitwe *f* veuve *f* de guerre

kriegführend *s.* Krieg

Kriegführung *s.* Kriegsführung

Kriegsanleihe *f* emprunt *m* de guerre **Kriegsausbruch** *m* déclenchement *m* des hostilités **Kriegsbeginn** *m* début *m* de la guerre **Kriegsbeil** *nt* hache *f* de guerre ▸ **das ~ ausgraben/begraben** déterrer/enterrer la hache de guerre **Kriegsbemalung** *f* peintures *fpl* de guerre ▸ **in [voller] ~** avec ses/leurs/... peintures de guerre; *hum fam* (*geschminkt*) tout(e) peinturluré(e) (*fam*) **Kriegsberichterstatter(in)** *m(f)* correspondant(e) *m(f)* de guerre **kriegsbeschädigt** *Adj* mutilé(e) de guerre **Kriegsbeschädigte(r)** *f(m) dekl wie Adj* mutilé(e) *m(f)* de guerre **Kriegsdienst** *m* service *m* militaire; **den ~ verweigern** faire de l'objection de conscience

Kriegsdienstverweigerer <-s, -> *m* objecteur *m* de conscience **Kriegsdienstverweigerung** *f* objection *f* de conscience

Kriegsende *m* fin *f* de la guerre **Kriegserklärung** *f* déclaration *f* de guerre **Kriegsfall** *m* **für den/im ~** en cas de guerre; **sich auf den ~ vorbereiten** se préparer à la guerre **Kriegsfilm** *m* film *m* de guerre **Kriegsfolge** *f* conséquence *f* de la guerre **Kriegsführung** *f* façon *f* de conduire la guerre; **psychologische ~** guerre *f* psychologique **Kriegsfuß** ▸ **mit jdm auf ~ stehen** *fam* être en mauvais termes avec qn (*fam*); **mit etw auf ~ stehen** *fam* être brouillé(e) avec qc (*fam*) **Kriegsgebiet** *nt* zone *f* en guerre **Kriegsgefahr** *f* danger *m* de guerre **Kriegsgefangene(r)** *f(m) dekl wie Adj* prisonnier(-ière) *m(f)* de guerre **Kriegsgefangenschaft** *f* captivité *f;* **in ~ geraten** se retrouver en captivité; **in russischer ~** prisonnier des Russes, en captivité chez les Russes **Kriegsgegner(in)** *m(f)* ❶ (*Pazifist*) pacifiste *mf* ❷ (*Feind*) adversaire *mf* **Kriegsgerät** *nt* matériel *m* de guerre **Kriegsgericht** *nt* conseil *m* de guerre, cour *f* martiale; **jdn vor ein ~ stellen** traduire qn en conseil de guerre [*o* en cour martiale] **Kriegsgewinnler(in)** <-s, -> *m(f) pej* profiteur(-euse) *m(f)* de guerre **Kriegsgott** *m*, **-göttin** *f* dieu *m*/déesse *f* de la guerre **Kriegsgräberfürsorge** *f fondation pour l'entretien des cimetières militaires* **Kriegshafen** *m* MIL port *m* de guerre **Kriegshandlung** *f* acte *m* de guerre **Kriegsindustrie** *f* MIL, POL industrie *f* de guerre **Kriegsjahr** *nt* année *f* de guerre **Kriegskamerad** *m* compagnon *m* d'armes **Kriegslist** *f* ruse *f* de guerre, stratagème *m* **Kriegsmarine** *f* MIL marine *f* de guerre **Kriegsopfer** *nt* victime *f* de guerre **Kriegspfad** ▸ **auf dem ~ sein** *hum* être sur le sentier de la guerre **Kriegsrat** ▸ **~ halten** *hum* tenir un conseil de guerre **Kriegsrecht** *nt kein Pl* droit *m* de la guerre; **über etw** (*Akk*) **das ~ verhängen** proclamer la loi martiale dans qc **Kriegsschäden** *Pl* dommages *mpl* de guerre **Kriegsschauplatz** *m* zone *f* de combats **Kriegsschiff** *nt* navire *m* de guerre **Kriegsspiel** *nt* ❶ SPIEL wargame *m* ❷ MIL simulation *f* de guerre **Kriegsspielzeug** *nt* jouet *m* guerrier **Kriegsstärke** *f* effectifs *mpl* de guerre **Kriegstanz** *m* danse *f* guerrière [*o* de guerre] **Kriegsteilnehmer(in)** *m(f)* combattant(e) *m(f)* **Kriegsverbrechen** *nt* crime *m* de guerre **Kriegsverbrecher(in)** *m(f)* criminel(le) *m(f)* de guerre **Kriegsverbrechertribunal** *nt* tribunal *m* [pour criminels] de guerre **Kriegsverletzung** *f* blessure *f* de guerre **kriegsversehrt** [-fɛɐzeːɐt] *s.* kriegsbeschädigt **Kriegsveteran(in)** *m(f)* MIL vétéran *m* **Kriegswirtschaft** *f* POL, ÖKON économie *f* de guerre **Kriegszeit** *f* période *f* de guerre; **während der ganzen ~** pendant toute la durée de la guerre; **in ~en** en temps de guerre **Kriegszustand** *m* **sich im ~ befinden** être en guerre

Krill [krɪl] <-[e]s, -e> *m* krill *m*

Krim [krɪm] <-> *f* la Crimée

Krimi ['krɪmi] <-s, -s> *m fam* polar *m* (*fam*)

Kriminalbeamte(r) *m dekl wie Adj*, **Kriminalbeamtin** *f form* fonctionnaire *mf* de la police judiciaire **Kriminalfall** *m* affaire *f* criminelle; **ein ungelöster ~** une affaire criminelle non élucidée **Kriminalfilm** *m* film *m* policier **Kriminalgeschichte** *f* histoire *f* policière

kriminalisieren* *tr V* ❶ (*als Verbrechen hinstellen*) faire un crime de, considérer comme un crime; **etw ~** faire un crime de qc, considérer qc comme un crime
❷ (*zur Kriminalität verleiten*) **jdn ~** pousser qn à la délinquance

Kriminalist(in) [krimina'lɪst] <-en, -en> *m(f)* spécialiste *mf* des affaires criminelles; (*bei der Polizei*) agent *m* de la P.J.

Kriminalistik [krimina'lɪstɪk] <-> *f* criminalistique *f*

kriminalistisch I. *Adj* de détective
II. *Adv* **~ begabt sein** avoir des talents de détective

Kriminalität [kriminali'tɛːt] <-> *f* ❶ (*Straffälligkeit*) criminalité *f*, délinquance *f;* **organisierte ~** crime *m* organisé
❷ (*Kriminalitätsrate*) criminalité *f*

Kriminalkommissar(in) *m(f)* commissaire *mf* de police judiciaire **Kriminalmuseum** *nt* musée *m* du crime **Kriminalpolizei** *f* police *f* judiciaire **Kriminalpolizist(in)** *m(f)* agent *m* de la P.J. **Kriminalroman** *m* roman *m* policier **Kriminalstatistik** *f* statistiques *fpl* de la criminalité

kriminell [krimi'nɛl] *Adj* ❶ (*verbrecherisch*) criminel(le); **~ werden** sombrer dans la délinquance; **~ sein** être délinquant(e)
❷ *fam* (*gefährlich*) **~ werden/sein** devenir/être casse-gueule (*fam*)

Kriminelle(r) *f(m) dekl wie Adj* criminel(le) *m(f);* **jugendliche ~** de jeunes délinquants

Kriminologe [krimino'loːgə] <-n, -n> *m*, **Kriminologin** *f* cri-

Kritik äußern

• kritisieren, negativ bewerten	• critiquer, juger négativement
Das gefällt mir gar nicht.	Cela ne me plaît pas du tout.
Das sieht aber nicht gut aus.	Ça n'a pas l'air très bien.
Das hätte man aber besser machen können.	On aurait pu mieux faire.
Dagegen lässt sich einiges sagen.	Il y a beaucoup de choses à redire à ce sujet.
Da habe ich so meine Bedenken.	J'ai des doutes.

• missbilligen	• désapprouver
Das kann ich nicht gutheißen.	Je ne peux pas approuver cela.
Das finde ich gar nicht gut von dir.	Je trouve que ce n'est pas bien du tout de ta part.
Da bin ich absolut dagegen.	Je m'y oppose totalement./Je suis tout à fait contre.

minologue *mf*
Kriminologie [kriminolo'gi:] <-> *f* criminologie *f*
Krimkrieg ['krɪm-] *m* HIST guerre *f* de Crimée
Krimskrams ['krɪmskrams] <-es> *m fam* fourbi *m* (*fam*)
Kringel ['krɪŋəl] <-s, -> *m* ❶ (*Schnörkel*) petit rond *m* ❷ (*Gebäck*) *gâteau rond en forme d'anneau*
kringeln *r V* **sich** ~ *Haarsträhne:* frisotter; *Schwanz:* tire-bouchonner; *Hobelspäne:* friser ❷ *fam* (*sich winden*) **sich vor Lachen** ~ se tordre de rire
Krinoline [krino'li:nə] <-, -n> *f* HIST crinoline *f*
Kripo ['kri:po] <-, -s> *f fam Abk von* **Kriminalpolizei** P.J. *f*
Krippe ['krɪpə] <-, -n> *f* ❶ (*Futterkrippe*) mangeoire *f* ❷ (*Weihnachtskrippe, Kinderkrippe*) crèche *f*
Krippenspiel *nt* spectacle *m* de la nativité
Krise ['kri:zə] <-, -n> *f* crise *f*
kriseln ['kri:zəln] *itr V unpers fam* **es kriselt** ça va mal (*fam*)
krisenanfällig *Adj* sujet(te) aux crises **krisenfest** *Adj* sûr(e) **Krisengebiet** *nt* région *f* instable **Krisenherd** *m* poudrière *f* **Krisenmanagement** [-mænɪdʒmənt] *nt* gestion *f* de la crise **Krisenplan** *m* plan *m* d'urgence **Krisenstab** *m* cellule *f* de crise
Kristall[1] [krɪs'tal] <-s, -e> *m* MINER cristal *m*
Kristall[2] <-s> *nt* ❶ (*Glas*) cristal *m* ❷ (*Gegenstände*) cristaux *mpl*
Kristallbildung *f* CHEM cristallisation *f*
kristallen [krɪs'talən] *Adj* en cristal
Kristallgitter *nt* PHYS, CHEM réseau *m* cristallin **Kristallglas** *nt* ❶ *kein Pl* (*Glas*) cristal *m* ❷ (*Trinkglas*) verre *m* en cristal
kristallin [krɪsta'li:n] *Adj,* **kristallinisch** *Adj veraltet* cristallin(e)
Kristallisation [krɪstaliza'tsio:n] <-, -en> *f* cristallisation *f*
kristallisieren* I. *itr V* [se] cristalliser; **zu etw** ~ [se] cristalliser en qc
II. *r V geh* **sich zu etw** ~ *Idee, Gedanke:* prendre corps et devenir qc
kristallklar *Adj* cristallin(e) **Kristallnacht** *f* **die** ~ NS la nuit de cristal **Kristallzucker** *m* sucre *m* cristallisé
Kriterium [kri'te:riʊm] <-s, -rien> *nt* critère *m*
Kritik [kri'ti:k, kri'tɪk] <-, -en> *f* ❶ *kein Pl* (*Tadel, Beurteilung*) critique *f;* **an jdm/etw** ~ **üben** critiquer qn/qc; **ohne jede** ~ sans la moindre critique; **sich der** ~ **stellen** s'exposer à la critique
❷ (*Rezension*) critique *f;* **gute/vernichtende** ~**en bekommen** avoir de bonnes critiques/des critiques désastreuses
▸ **unter aller** ~ **sein** *fam* être au-dessous de tout
Kritiker(in) ['kri:tikɐ] <-s, -> *m(f)* ❶ (*Rezensent*) critique *mf* ❷ (*Gegner*) détracteur(-trice) *m(f);* **zu den** ~**n einer S.** (*Gen*) **gehören** faire partie de ceux qui critiquent qc
Kritikfähigkeit *f kein Pl* esprit *m* critique
kritiklos I. *Adj Haltung* dépourvu(e) d'esprit critique; *Hinnehmen, Übernahme* inconditionnel(le)
II. *Adv* sans le moindre esprit critique
kritisch ['kri:tɪʃ, 'krɪtɪʃ] I. *Adj* critique
II. *Adv* de façon critique
kritisieren* *tr, itr V* critiquer; **an jdm/etw etwas zu** ~ **haben** avoir quelque chose à reprocher à qn/à redire à qc
kritteln ['krɪtəln] *itr V pej* ergoter; **an etw** ~ chicaner sur qc
Kritzelei [krɪtsə'laɪ] <-, -en> *f fam* ❶ *kein Pl* (*das Kritzeln*) griffonnage *m;* **lass diese** ~**!** arrête de griffonner!
❷ (*Gekritzel*) gribouillage *m* (*fam*)
kritzeln ['krɪtsəln] *tr, itr V* griffonner
Kroate [kro'a:tə] <-n, -n> *m,* **Kroatin** *f* Croate *mf*
Kroatien [kro'a:tsiən] <-s> *nt* la Croatie
kroatisch [kro'a:tɪʃ] I. *Adj* croate
II. *Adv* ~ **miteinander sprechen** discuter en croate; *s. a.* **deutsch**
Kroatisch <-[s]> *nt kein Art* (*Sprache, Schulfach*) croate *m;* **auf** ~ en croate; *s. a.* **Deutsch**
Kroatische *nt dekl wie Adj* **das** ~ le croate; *s. a.* **Deutsche**
kroch [krɔx] *Imp von* **kriechen**
Krokant [kro'kant] <-s> *m* ❶ (*Masse*) nougatine *f* ❷ (*Praline*) praline *f*
Krokette [kro'kɛtə] <-, -n> *f* croquette *f*
Kroko ['kro:ko] <-s> *nt fam* croco *m* (*fam*)
Krokodil [kroko'di:l] <-s, -e> *nt* crocodile *m*
Krokodilleder *nt* crocodile *m*
Krokodilstränen *Pl* ▸ ~ **weinen** [*o* **vergießen**] *fam* verser des larmes de crocodile (*fam*)
Krokus [kro:kʊs] <-, - *o* -se> *m* crocus *m*
Krone ['kro:nə] <-, -n> *f* couronne *f;* **die britische/spanische** ~ la couronne anglaise/espagnole
▸ **die** ~ **der Schöpfung** *hum* le roi de la création (*hum*); **einer S.** (*Dat*) **die** ~ **aufsetzen** venir [véritablement] couronner qc; **einen in der** ~ **haben** *fam* avoir un verre dans le nez (*fam*)
krönen ['krø:nən] *tr V* ❶ (*inthronisieren*) couronner; **jdn zum Kaiser/König** ~ couronner qn empereur/roi
❷ (*abschließen*) **etw** ~ *Dach, Kuppel:* couronner qc
❸ (*Höhepunkt sein*) **etw** ~ être le couronnement de qc
Kron[en]korken *m* capsule *f*
Kronkolonie *f* colonie *f* de la couronne **Kronleuchter** *m* lustre *m* **Kronprinz** *m,* **-prinzessin** *f* prince *m* héritier/princesse *f* héritière
Krönung ['krønʊŋ] <-, -en> *f* couronnement *m*
Kronzeuge *m,* **-zeugin** *f* témoin *m* principal; ~ **sein** être témoin principal; **als** ~ **auftreten** déposer en qualité de témoin principal **Kronzeugenregelung** *f réglementation sur*

K

les criminels repentis
Kropf [krɔpf, *Pl:* 'krœpfə] <-[e]s, ¨-e> *m* ❶ MED goitre *m*
❷ ZOOL jabot *m*
▸ **so unnötig** [*o* **überflüssig**] **wie ein ~ sein** *fam* servir strictement à rien (*fam*)
Kroppzeug ['krɔp-] *nt kein Pl* NDEUTSCH *pej sl* racaille *f*
krossRR, **kroß** NDEUTSCH I. *Adj* croustillant(e)
II. *Adv* **~ gebacken** croustillant(e); **~ gebraten** bien rissolé(e)
Krösus ['krø:zʊs] <-, -se> *m* HIST Crésus *m*
▸ **kein ~ sein** ne pas être Crésus
Kröte ['krø:tə] <-, -n> *f* ❶ ZOOL crapaud *m*
❷ *Pl sl* (*Geld*) fric *m* (*fam*)
❸ *fam* (*ungezogenes Kind*) garnement *m*
▸ **eine ~/viele ~n schlucken müssen** devoir avaler la pilule/des couleuvres
Krs. ADMIN *Abk von* **Kreis** dist.
Krücke ['krʏkə] <-, -n> *f* ❶ (*Stock*) béquille *f*; **an ~n** (*Dat*) **gehen** marcher avec des béquilles
❷ *sl* (*Nichtskönner*) branleur(-euse) *m(f)* (*pop*)
❸ *fam* (*Gerät*) [vieux] rossignol *m* (*fam*); (*Fahrzeug*) [vieux] clou *m* (*fam*)
Krückstock *m* canne *f*
Krug [kru:k, *Pl:* 'kry:gə] <-[e]s, ¨-e> *m* ❶ (*Gefäß*) cruche *f*; (*zum Trinken*) chope *f*
❷ NDEUTSCH (*Wirtschaft*) auberge *f*
▸ **der ~ geht so lange zum Brunnen, bis er bricht** *Spr.* tant va la cruche à l'eau qu'à la fin elle se casse
Krume ['kru:mə] <-, -n> *f* ❶ (*Krümel*) miette *f*
❷ (*Ackerkrume*) terre *f* arable
Krümel ['kry:məl] <-s, -> *m* ❶ (*Brösel*) miette *f*
❷ DIAL *fam* (*kleines Kind*) [petit] bout *m* de chou (*fam*)
krümelig *Adj* qui s'émiette
krümeln *itr V* ❶ (*Krümel machen*) faire des miettes
❷ (*zerfallen*) *Brot, Kuchen:* s'émietter
krümlig *Adj s.* **krümelig**
krumm [krʊm] I. *Adj* ❶ (*nicht gerade*) tordu(e); *Nase* crochu(e); *Rücken, Schultern* voûté(e)
❷ *pej fam* (*unaufrichtig*) malhonnête
❸ (*nicht rund*) *Zahl, Betrag, Summe* tordu(e) (*fam*)
II. *Adv* ❶ *gehen, sitzen, stehen* le dos voûté; *wachsen* de travers; **etw ~ biegen** tordre qc; **die Beine/den Rücken ~ machen** plier les jambes/le dos
❷ *fam* (*übel*) [**jdm**] **etw ~ nehmen** prendre qc [de qn] de travers (*fam*); **jdm ~ nehmen, dass** en vouloir à qn de ce que + *subj*
▸ **sich ~ und schief lachen** *fam* être écroulé(e) de rire (*fam*); **sich ~ legen** *fam* se défoncer (*fam*)
krummbeinig *Adj Person* aux jambes torses; *Tier* aux pattes torses
krümmen ['krʏmən] I. *tr V* ❶ (*biegen*) courber *Rücken, Schwanz;* plier *Finger, Schultern;* replier *Hand*
❷ GEOM, PHYS **gekrümmt** *Fläche, Oberfläche* incurvé(e)
II. *r V* **sich ~** ❶ (*eine Biegung machen*) s'incurver; *Straße:* faire une courbe; *Fluss:* faire un coude
❷ (*sich beugen*) *Ast, Baumstamm:* se courber; *Pappe:* se replier; **sich unter der Last ~** plier sous le poids
❸ (*sich winden*) *Person, Tier:* se tordre; **sich ~ vor Lachen** se tordre de rire
Krümmer <-s, -> *m* AUT raccord *m* coudé
krumm|lachen *r V fam* **sich ~** se tordre [de rire]; **sie lachte sich über ihn/das Foto krumm** il/la photo la faisait tordre de rire (*fam*)
krumm|legen *s.* **krumm II.**▸
krummnasig *Adj* au nez crochu
krumm|nehmen *s.* **krumm II.2.**
Krummsäbel *m* cimeterre *m* **Krummstab** *m* crosse *f*
Krümmung ['krʏmʊŋ] <-, -en> *f* ❶ (*Biegung*) courbe *f*; *eines Flusses* coude *m*
❷ ANAT, MED *eines Fingers* rétraction *f*; *der Wirbelsäule* courbure *f*
❸ GEOM, PHYS courbure *f*
Kruppe ['krʊpə] <-, -n> *f* croupe *f*
Krüppel ['krʏpəl] <-s, -> *m* estropié(e) *m(f)*; **jdn zum ~ schlagen** estropier qn en le rouant de coups
krüpp[e]lig *Adj* rabougri(e)
Kruste ['krʊstə] <-, -n> *f* croûte *f*
krustig ['krʊstɪç] *Adj* MED croûteux(-euse)
Kruzifix ['kru:tsifɪks, krutsi'fɪks] <-es, -e> *nt* crucifix *m*
Kruzitürken [krutsi'tʏrkən] *Interj fam* bon sang [de bon sang] (*fam*)
Krypta ['krʏpta] <-, Krypten> *f* crypte *f*
Krypton ['krʏptɔn] <-s> *nt* krypton *m*
KSZE [ka:ʔɛstsɛt'ʔe:] <-> *f Abk von* **Konferenz über Sicherheit und Zusammenarbeit in Europa** C.S.C.E. *f*
Kuba ['ku:ba] <-s> *nt* Cuba; **auf ~** à Cuba
Kubaner(in) [ku'ba:nɐ] <-s, -> *m(f)* Cubain(e) *m(f)*
kubanisch *Adj* cubain(e)
Kübel ['ky:bəl] <-s, -> *m* ❶ (*Eimer*) seau *m*
❷ (*Pflanzkübel*) jardinière *f*
▸ **es regnet wie aus** [*o* **mit**] **~n** *fam* il pleut des cordes
Kuben *Pl von* **Kubus**
Kubikmeter [ku'bi:k-] *m o nt* mètre *m* cube **Kubikwurzel** *f* MATH racine *f* cubique **Kubikzahl** *f* MATH cube *m* **Kubikzentimeter** *m o nt* centimètre *m* cube
kubisch ['ku:bɪʃ] *Adj* cubique
Kubismus [ku'bɪsmʊs] <-> *m* KUNST cubisme *m*
Kubist(in) <-en, -en> *m(f)* KUNST cubiste *mf*
kubistisch *Adj* KUNST cubiste
Kubus ['ku:bʊs] <-, Kuben *o* -> *m geh* cube *m*
Küche ['kʏçə] <-, -n> *f* cuisine *f*; **gutbürgerliche ~** cuisine bourgeoise; [**es gibt nur**] **kalte/warme ~** [on ne sert que] des repas *mpl* froids/chauds
Kuchen ['ku:xən] <-s, -> *m* gâteau *m*; **einen ~ backen** faire un gâteau
▸ **backe, backe ~** allez, au four le gâteau (*début d'une chanson pour les enfants*)
Küchenabfälle *Pl* épluchures *fpl*
Kuchenblech *nt* plaque *f* [à pâtisserie]
Küchenbulle *m* MIL *sl* cuistot *m* (*fam*) **Küchenchef(in)** [-ʃɛf] *m(f)* chef *mf* [de cuisine]
Kuchenform *f* moule *m* à gâteau[x] **Kuchengabel** *f* fourchette *f* à gâteaux
Küchengerät *nt* ustensile *m* de cuisine **Küchenhandtuch** *nt* essuie-mains *m* **Küchenmaschine** *f* robot *m* **Küchenmesser** *nt* couteau *m* de cuisine **Küchenpapier** *nt* essuie-tout *m inv* **Küchenpersonal** *nt* personnel *m* de cuisine **Küchenrolle** *f* rouleau *m* essuie-tout **Küchenschabe** *f* cafard *m* **Küchenschelle** *f* BOT pulsatille *f* **Küchenschrank** *m* buffet *m* de cuisine
Kuchenteig *m* pâte *f* à gâteau
Küchenuhr *m* (*Wanduhr*) pendule *f* de cuisine; (*Küchenwecker*) minuteur *m* **Küchenwaage** *f* balance *f* [de cuisine]
Küchlein <-s, -> *nt* ❶ *Dim von* **Kuchen** petit gâteau *m*
❷ *veraltet* (*Küken*) poussin *m*
Kücken ['kʏkən] <-s, -> *nt* A *s.* **Küken**
kucken *itr V* NDEUTSCH *fam* regarder
kuckuck ['kʊkʊk] *Interj* ❶ coucou
❷ *fam* (*hallo*) coucou (*fam*)
Kuckuck <-s, -e> *m* ❶ ORN coucou *m*
❷ *fam* (*Pfandsiegel*) scellés *mpl*
▸ **geh** [*o* **scher dich**] **zum ~!** *fam* va te faire voir! (*fam*); **hol's der ~!** *fam*, **zum ~** [**noch mal**]! *fam* et zut! (*fam*); **weiß der ~**[, ...]! *fam* [...,] mystère et boule de gomme! (*fam*)
Kuckucksei *nt* ❶ ORN œuf *m* de coucou ❷ *fam* (*unangenehme Überraschung*) cadeau *m* empoisonné ❸ *fam* (*Kind*) bâtard *m*
Kuckucksuhr *f* coucou *m*
Kuddelmuddel ['kʊdəl'mʊdəl] <-s> *m o nt fam* foutoir *m* (*fam*)

Kufe ['ku:fə] <-, -n> *f eines Schlittens, Flugzeugs* patin *m; eines Schlittschuhs* lame *f*

Küfer(in) ['ky:fɐ] <-s, -> *m(f)* ❶ SDEUTSCH *s.* **Böttcher**
❷ *s.* **Weinküfer**

Kugel ['ku:gəl] <-, -n> *f* ❶ (*runder Gegenstand*) boule *f*
❷ GEOM sphère *f*
❸ SPORT poids *m*
❹ (*Kegelkugel*) boule *f*
❺ (*Geschoss*) balle *f;* (*Kanonenkugel*) boulet *m;* **sich** (*Dat*) **eine ~ durch den Kopf jagen** se tirer une balle dans la tête
▶ **eine ruhige ~ schieben** *fam* se la couler douce (*fam*)

Kugelblitz *m* éclair *m* en boule

Kügelchen ['ky:gəlçən] <-s, -> *nt Dim von* **Kugel** (*Papierkügelchen*) boulette *f;* (*Tonkügelchen*) bille *f*

Kugelfang *m* ❶ (*Vorrichtung*) pare-balles *m* ❷ (*Person*) bouclier *m* **kugelförmig** [-fœrmɪç] *Adj* sphérique **Kugelgelenk** *nt* ❶ ANAT énarthrose *f* ❷ TECH rotule *f* **Kugelhagel** *m* grêle *f* de balles

kugelig ['ku:gəlɪç] *s.* **kugelförmig**

Kugelkopf *m* TYP boule *f* **Kugelkopf[schreib]maschine** *f* machine *f* [à écrire] à boule **Kugellager** *nt* roulement *m* à billes

kugeln ['ku:gəln] *itr V + sein* rouler
▶ **zum Kugeln sein** *fam* être tordant(e) (*fam*)

kugelrund *Adj* ❶ (*kugelförmig*) sphérique ❷ *fam* (*dick*) rondouillard(e) (*fam*) **Kugelschreiber** *m* stylo *m* [à] bille **kugelsicher** *Adj* pare-balles; **~ sein** être à l'épreuve des balles **Kugelstoßen** <-s> *nt* lancer *m* du poids **Kugelstoßer(in)** <-s, -> *m(f)* lanceur(-euse) *m(f)* de poids

Kuh [ku:, *Pl:* ky:ə] <-, ⸚e> *f* ❶ vache *f*
❷ (*Rehkuh, Elefantenkuh*) femelle *f*
❸ *fam* (*Schimpfwort*) **eine blöde** [*o* **dumme**] **~** une connasse (*pop*)
▶ **dastehen wie die ~ vorm Scheunentor** *fam* avoir l'air d'une vache qui regarde passer un train (*fam*); **heilige ~** REL vache *f* sacrée; (*etwas Unantastbares*) chose *f* taboue

Kuhdorf *nt pej fam* bled *m* [paumé] (*fam*) **Kuhfladen** *m* bouse *f* de vache **Kuhglocke** *f* sonnaille *f* **Kuhhandel** *m pej fam* marchandage *m* **Kuhhaut** *f* cuir *m* de vache ▶ **das geht auf keine ~** *fam* c'est pas croyable (*fam*) **Kuhherde** *f* troupeau *m* de vaches **Kuhhirt[e]** *m,* **-hirtin** *f* vacher(-ère) *m(f)*

kühl [ky:l] **I.** *Adj* ❶ (*kalt*) frais(fraîche); **jdm wird/ist [es] ~** qn commence à avoir/a froid; **es wird/ist ~** ça se rafraîchit/il fait frais; **bei ~er Lagerung** au frais
❷ (*reserviert*) froid(e); **mit ~er Stimme** d'un ton froid; **zu jdm ~ sein** se montrer froid(e) envers qn
II. *Adv* ❶ (*kalt*) *lagern* au frais; *servieren* frais(fraîche)
❷ (*reserviert*) avec froideur; *empfangen* fraîchement

Kühlanlage *f* installation *f* frigorifique **Kühlbox** *f* (*Kühltasche*) glacière *f;* (*kleinerer Behälter*) boîte *f* isotherme

Kuhle ['ku:lə] <-, -n> *f* cuvette *f*

Kühle ['ky:lə] <-> *f* ❶ (*Kälte*) fraîcheur *f*
❷ (*Reserviertheit*) froideur *f*

kühlen ['ky:lən] **I.** *tr V* rafraîchir *Getränk;* réfrigérer *Fisch, Blutkonserve;* **gekühlte Getränke** des boissons *fpl* fraîches
II. *itr V* rafraîchir

Kühler <-s, -> *m* ❶ *eines Fahrzeugs* radiateur *m;* (*Kühlerhaube*) capot *m;* **er ist mir vor den ~ gerannt** [*o* **gelaufen**] *fam* il a déboulé juste devant mon capot (*fam*)
❷ (*Sektkühler*) seau *m* à champagne

Kühlerfigur *f* emblème *m* du bouchon de radiateur **Kühlergrill** *m* AUT grille *f* de radiateur **Kühlerhaube** *f* capot *m*

Kühlflüssigkeit *f* TECH liquide *m* de refroidissement **Kühlgut** *nt kein Pl* COM produits *mpl* réfrigérés **Kühlhaus** *nt* entrepôt *m* frigorifique; (*Kühlkammer*) chambre *f* froide **Kühlkreislauf** *m eines Reaktors* circuit *m* de refroidissement **Kühlmittel** *nt eines Motors* liquide *m* de refroidissement; *eines Reaktors* [fluide *m*] caloporteur *m* **Kühlraum** *m* chambre *f* froide **Kühlrippe** *f* TECH ailette *f* **Kühlschiff** *nt* bateau *m* frigorifique **Kühlschlange** *f* TECH serpentin *m* réfrigérant **Kühlschrank** *m* réfrigérateur *m,* frigidaire® *m* **Kühltasche** *f* glacière *f* **Kühltruhe** *f* congélateur *m* bahut **Kühlturm** *m* tour *f* de réfrigération

Kühlung <-, -en> *f* ❶ *kein Pl* (*das Kühlen*) *eines Motors* refroidissement *m; von Getränken* réfrigération *f*
❷ *geh* (*Erfrischung*) rafraîchissement *m*

Kühlwagen *m* ❶ (*Kühlwaggon*) wagon *m* frigorifique ❷ (*Lkw*) camion *m* frigorifique **Kühlwasser** *nt kein Pl* eau *f* de refroidissement

Kuhmilch *f* lait *m* de vache **Kuhmist** *m* fumier *m* de vache

kühn [ky:n] **I.** *Adj* ❶ (*gewagt*) audacieux(-euse)
❷ (*wagemutig*) *Held, Ritter* téméraire; *Tat* audacieux(-euse); **~ sein** avoir de l'audace
II. *Adv* ❶ (*frech*) **~ behaupten, dass** (*Akk*) avoir l'audace de prétendre que + *indic;* **~ formuliert sein** être osé(e)
❷ (*ausgeprägt*) *geschwungen* hardiment

Kühnheit <-, -en> *f* ❶ *kein Pl* (*Wagemut*) audace *f,* hardiesse *f*
❷ (*Tat*) témérité *f;* (*Dreistigkeit*) audace *f*

Kuhstall *m* étable *f*

kujonieren* *tr V pej fam* faire des tracasseries à

k.u.k. ['ka:ʔʊnt'ka:] *Abk von* **kaiserlich und königlich** *austro-hongrois*

Küken ['ky:kən] <-s, -> *nt* ❶ (*junges Huhn*) poussin *m*
❷ *fam* (*Nesthäkchen*) petit dernier *m*/petite dernière *f* (*fam*)

Ku-Klux-Klan <-s> *m* Ku Klux Klan *m*

Kukuruz ['ku:kurʊts, 'kʊkurʊts] <-[es]> *m* A maïs *m*

kulant [ku'lant] *Adj Geschäftsmann* arrangeant(e); *Verhalten* accommodant(e); **~e Zahlungsbedingungen** des facilités *fpl* de paiement; **das war ~ von ihm** c'était prévenant(e) de sa part

Kulanz [ku'lants] <-> *f* obligeance *f;* **auf** [*o* **aus**] **~** gracieusement

Kuli ['ku:li] <-s, -s> *m* ❶ *fam* (*Stift*) stylo *m* (*fam*), bic® *m* (*fam*)
❷ (*Lohnarbeiter*) coolie *m*
❸ *fam* (*Knecht*) larbin *m* (*fam*)

kulinarisch [kuli'na:rɪʃ] *Adj* culinaire; *Genuss* gastronomique

Kulisse [ku'lɪsə] <-, -n> *f a. fig* décor *m*
▶ **hinter die ~n blicken** [*o* **schauen**] pénétrer dans les coulisses; **nur ~ sein** *pej fam* être juste pour la galerie (*fam*); **hinter den ~n** dans les coulisses

Kulleraugen *Pl fam* grands yeux *mpl* tout ronds

kullern ['kʊlɐn] *itr V + sein fam* rouler

Kulmination [kʊlmina'tsio:n] <-, -en> *f* ❶ ASTRON culmination *f*
❷ *einer Karriere* apogée *m*

kulminieren* *itr V geh* **in etw** (*Dat*) **~** atteindre son paroxysme dans qc (*soutenu*)

Kult [kʊlt] <-[e]s, -e> *m* culte *m;* **einen ~ mit jdm/etw treiben** vouer un culte à qn/qc

Kultbild *nt* image *f* sacrée **Kultfigur** *f* personnage-culte *m* **Kultfilm** *m* film-culte *m* **Kultgegenstand** *m* objet-culte *m* **Kulthandlung** *f* rite *m*

kultisch *Adj* cultuel(le); *Gerät* de culte

kultivieren* [-'vi:-] *tr V* (*pflegen, anbauen*) cultiver

kultiviert [kʊlti'vi:ɐt] **I.** *Adj* raffiné(e); *Benehmen* distingué(e)
II. *Adv essen* de façon raffinée; *sich benehmen* avec distinction

Kultivierung [-'vi:-] <-, -en> *f* ❶ (*Urbarmachung*) mise *f* en culture
❷ *geh* (*Anbau*) culture *f*

Kultobjekt *nt* objet-culte *m* **Kultstätte** *f* lieu *m* de culte

Kultur [kʊl'tu:ɐ] <-, -en> *f* ❶ (*Zivilisationsform*) civilisation *f;* **die ~ der Antike** la culture gréco-latine
❷ *kein Pl* (*kulturelles Niveau*) degré *m* de civilisation; **die politische ~** les mœurs *fpl* politiques; **~/keine ~ haben** avoir de la/manquer de distinction

K

③ HORT plantation *f*
④ BIO culture *f*
Kulturabkommen *nt* accord *m* culturel **Kulturamt** *nt* office *m* de la culture **Kulturattaché** [-ataʃe:] *m* attaché(e) *m(f)* culturel(le) **Kulturaustausch** *m* échange *m* culturel **Kulturbanause** *m*, **-banausin** *f pej fam* béotien(ne) *m(f)* **Kulturbeutel** *m* trousse *f* de toilette **Kulturdenkmal** *nt* monument *m* historique
kulturell [kʊltu'rɛl] I. *Adj* culturel(le)
II. *Adv* d'un point de vue culturel
Kulturfilm *m* [film *m*] documentaire *m* **Kulturgeschichte** *f kein Pl* histoire *f* de la civilisation **kulturgeschichtlich** I. *Adj* historico-culturel(le) II. *Adv* d'un point de vue historico-culturel **Kulturgut** *nt* élément *m* du patrimoine [historique] **kulturhistorisch** *s.* kulturgeschichtlich **Kulturhoheit** *f kein Pl* souveraineté *f* dans le domaine culturel **Kulturkreis** *m* milieu *m* culturel **Kulturkritik** *kein Pl f* critique *f* de la civilisation actuelle **Kulturlandschaft** *f* campagne *f* cultivée **Kulturleben** *nt kein Pl* vie *f* culturelle **kulturlos** *Adj* inculte **Kulturpflanze** *f* plante *f* cultivée **Kulturpolitik** *f* politique *f* culturelle **kulturpolitisch** I. *Adj Ausschuss* des affaires culturelles; *Gesichtspunkt, Kriterien* politico-culturel(le) II. *Adv bedeutsam, interessant* en matière de politique culturelle **Kulturrevolution** *f* révolution *f* culturelle **Kulturschande** *f fam* honte *f* pour une société civilisée **Kulturschock** *m* choc *m* culturel **Kulturstufe** *f* niveau *m* culturel **Kulturtechnik** *f* acquis *m* culturel **Kulturvolk** *nt* peuple *m* civilisé **Kulturzentrum** *nt* centre *m* culturel
Kultusgemeinde ['kʊltʊs-] *f* communauté *f* [de culte] **Kultusminister(in)** *m(f)* ≈ ministre *mf* de l'Éducation et des Affaires culturelles [d'un land] **Kultusministerium** *nt* ≈ ministère *m* de l'Éducation et de la Culture [d'un land]
Kumarin [kuma'ri:n] <-s> *nt* coumarine *f*
Kümmel ['kʏməl] <-s, -> *m* ① (*Pflanze, Gewürz*) cumin *m*
② (*Schnaps*) kummel *m*
Kummer ['kʊmɐ] <-s> *m* ① (*Betrübtheit*) chagrin *m*
② (*Unannehmlichkeiten*) soucis *mpl;* ~ **haben** avoir des soucis; **jdm ~ machen** [*o* **bereiten**] causer du souci à qn
► ~ **gewöhnt sein** *fam* avoir l'habitude des embêtements (*fam*)
Kummerkastentante *f fam* préposée *f* au courrier du cœur
kümmerlich ['kʏmɐlɪç] I. *Adj* ① (*dürftig*) *Ausbeute, Ergebnis, Rest* maigre *antéposé; Gehalt, Rente* misérable; *Aufsatz, Leistung* lamentable; **eine ~e Mahlzeit** un maigre repas
② (*schwächlich*) *Baum, Pflanze* chétif(-ive), rabougri(e)
II. *Adv leben, sich ernähren* chichement
Kümmerling <-s, -e> *m pej fam* avorton *m* (*péj*)
kümmern ['kʏmɐn] I. *tr V* concerner; **was kümmert ihn das?** en quoi ça le concerne [*o* regarde]?; **das hat ihn nicht zu ~** ça ne le regarde pas
II. *itr V Baum, Pflanze:* végéter
III. *r V* ① **sich um jdn/etw ~** s'occuper de qn/qc; **sich darum ~, dass** veiller à ce que + *subj;* **kümmere dich um deine Angelegenheiten!** occupe-toi de tes affaires! (*fam*)
② (*achten auf*) **sich um etw nicht ~** ne pas s'occuper de qc; **sich nicht darum ~, was ...** ne pas se [pré]occuper de savoir ce qui ...
Kümmernis <-ses, -se> *nt geh* affliction *f* (*littér*)
Kummerspeck *m hum fam* kilos *mpl* dûs au stress; ~ **ansetzen** engraisser [par frustration] **kummervoll** *Adj geh* chagrin(e)
Kumpan(in) [kʊm'pa:n] <-s, -e> *m(f) fam* ① (*Kamerad*) copain *m*/copine *f* (*fam*)
② *pej* (*Komplize*) acolyte *m* (*péj*)
Kumpel ['kʊmpəl] <-s, -> *m* ① MIN gueule *f* noire
② *fam* (*Kamerad*) pote *mf* (*fam*)
Kumulation [kumula'tsio:n] <-, -en> *f* ① MED, ÖKOL accumulation *f*
② JUR cumul *m*
kumulieren I. *r V* **sich** ~ *Schadstoffe, Gifte:* s'accumuler
II. *tr V* POL cumuler; **mehrere Stimmen auf jdn ~** cumuler plusieurs voix sur qn
Kumulierung <-, -en> *f* accumulation *f*
Kumuluswolke ['ku:mulʊs-] *f* cumulus *m*
kündbar ['kʏntba:ɐ] *Adj* ① *Angestellter, Mieter* congédiable; ~ **sein** pouvoir être congédié(e); **nicht ~ sein** *Beamter:* ne pas être révocable
② (*beendbar*) *Arbeitsverhältnis, Vertrag* résiliable
Kunde ['kʊndə] <-> *f veraltet geh* nouvelle *f;* **von etw ~ geben** [*o* **ablegen**] témoigner de qc; **von etw ~ erhalten** être informé(e) de qc
Kunde <-n, -n> *m*, **Kundin** *f* ① client(e) *m(f)*
② *pej fam* (*Kerl*) lascar *m* (*fam*); **ein gerissener ~** un [sacré] roublard (*fam*)
► **hier ist der ~ König** ici, le client est roi
künden ['kʏndən] I. *tr V* ① *geh* présager (*soutenu*) *Schlimmes, Unglück*
② CH *s.* **kündigen**
II. *itr V geh* **von etw ~** témoigner de qc
Kundenberatung *f* conseil-client *m* **Kundendienst** *m* service *m* après-vente **Kundenfang** *m pej kein Pl* retape *f* (*fam*); **auf ~ gehen** faire de la retape (*fam*) **Kundenkarte** *f* carte *f* de fidélité **Kundenkredit** *m* ÖKON crédit *m* à un client **Kundenkreis** *m* clientèle *f*
Kundenstamm *m* clientèle *f* fidèle **Kundenstock** A *s.* **Kundenkreis** **Kundenwerbung** *f* prospection *f*
kund|geben *tr V unreg geh* faire connaître *Meinung;* révéler *Absichten;* **[jdm] seine Meinung ~** faire connaître son opinion [à qn]; **[jdm] seine Absichten ~** révéler ses intentions [à qn]
Kundgebung <-, -en> *f* manifestation *f*
kundig *Adj geh* compétent(e); **des Französischen ~ sein** être versé(e) en français (*soutenu*)
kündigen ['kʏndɪgən] I. *tr V* ① (*aufgeben*) démissionner de *Stellung, Job*
② (*entlassen*) licencier *Mitarbeiter*
③ (*beenden*) résilier *Versicherung, Vertrag*
④ (*das Mietverhältnis beenden*) **die** [*o* **seine**] **Wohnung ~** résilier son bail; **jdm** [**die Wohnung**] **~** donner congé à qn
⑤ *fig* **jdm die Freundschaft ~** retirer son amitié à qn
⑥ FIN suspendre *Kredit;* donner un avis de retrait de *Spareinlage;* **ihm wurde der Kredit gekündigt** on lui a retiré son crédit
II. *itr V* ① (*weggehen*) *Arbeitnehmer:* démissionner; **bei einem Unternehmen ~** donner sa démission à une entreprise
② (*das Arbeits-, Mietverhältnis beenden*) **jdm ~** *Arbeitgeber, Firma:* licencier qn; *Vermieter:* donner congé à qn
Kündigung <-, -en> *f* ① *einer Versicherung, eines Vertrags, Geschäftsanteils* résiliation *f; einer Spareinlage* avis *m* de retrait; *eines Kredits* suspension *f;* **die ~ einer Mietwohnung** la résiliation d'un bail
② (*Entlassung*) licenciement *m;* **jdm die ~ aussprechen** donner à qn son préavis [de licenciement]
③ (*Weggang, Kündigungsschreiben*) *eines Arbeitnehmers* démission *f*
④ (*Entlassungsschreiben*) lettre *f* de licenciement
⑤ (*Kündigungsfrist*) **halbjährliche ~** préavis *m* de six mois
Kündigungsfrist *f eines Arbeits-, Mietvertrags* délai *m* de préavis, délai-congé *m; eines Abonnements* délai de résiliation; *eines Sparbuchs* délai de clôture **Kündigungsgrund** *m* motif *m* de licenciement **Kündigungsklausel** *f* clause *f* de rupture du contrat *m* **Kündigungsschreiben** *nt* lettre *f* de licenciement **Kündigungsschutz** *m* protection *f* contre les licenciements abusifs
Kundin *s.* Kunde
Kundmachung <-, -en> *f* A (*Verlautbarung*) communiqué *m*
Kundschaft <-, -en> *f* ① (*Kundenkreis*) clientèle *f*
② (*Kunden*) **es ist ~/wenig ~ im Geschäft** il y a des clients/

peu de clients dans le magasin

Kundschafter(in) <-s, -> *m(f) veraltet* éclaireur(-euse) *m(f)*

kund|tun *tr V unreg veraltet geh* révéler *Wunsch, Tat;* **jdm seine Ankunft** ~ faire connaître son arrivée à qn

künftig ['kʏnftɪç] **I.** *Adj* (*zukünftig, kommend*) futur(e) *antéposé;* **seine** ~**e Frau** sa future femme

II. *Adv* à l'avenir

Kungelei [kʊŋə'laɪ] <-, -en> *f pej fam* magouillage *m* (*fam*), magouilles *fpl* (*fam*)

kungeln ['kʊŋəln] *itr V pej fam* **mit jdm/um etw** ~ magouiller avec qn/pour obtenir qc (*fam*)

Kung-Fu [kʊŋ'fu:] <-[s]> *nt* SPORT kung-fu *m*

Kunst [kʊnst, *Pl:* 'kʏnstə] <-, Künste> *f* ❶ KUNST art *m;* **die bildende** ~ les arts plastiques; **die schönen Künste** les beaux-arts

❷ (*Kunstwerke*) ~ **sammeln** collectionner des œuvres *fpl* d'art

❸ *kein Pl* (*Schulfach*) arts *mpl* plastiques

❹ (*Fertigkeit*) art *m;* **seine** ~ **an etw** (*Dat*) **versuchen** s'essayer à qc

▶ **mit seiner** ~ **am Ende sein** ne plus savoir quoi faire; **eine brotlose** ~ **sein** *fam* ne pas nourrir son homme; **die schwarze** ~ la magie noire; **das ist keine** ~**!** *fam* c'est pas [bien] sorcier! (*fam*); **was macht die** ~**?** *fam* comment va le boulot? (*fam*)

Kunstakademie *f* école *f* des beaux-arts **Kunstausstellung** *f* exposition *f* d'art **Kunstbanause** *m*, **-banausin** *f pej* béotien(ne) *m(f)* (*péj*)

Kunstdarm *m* boyau *m* artificiel

Kunstdenkmal *nt* monument *m* [d'art] **Kunstdruck** <-drucke> *m* reproduction *f*

Kunstdünger *m* engrais *m* chimique **Kunsteisbahn** *f* patinoire *f* [artificielle]

Kunsterzieher(in) *m(f) form* professeur *m* d'arts plastiques **Kunsterziehung** *f form* enseignement *m* artistique

Kunstfaser *f* fibre *f* synthétique

Kunstfehler *m* erreur *f* médicale **kunstfertig** **I.** *Adj geh* adroit(e); ~ **sein** avoir une grande habileté **II.** *Adv* avec habileté **Kunstfertigkeit** *f geh* habileté *f* **Kunstflug** *m* acrobatie *f* aérienne **Kunstform** *f* forme *f* d'art **Kunstfreund(in)** *m(f)* amateur *m* d'art; **sie ist** ~**in** elle est amateur d'art **Kunstgalerie** *f* galerie *f* d'art **Kunstgegenstand** *m* objet *m* d'art **kunstgerecht** **I.** *Adj Verband, Ausführung* fait(e) dans les règles de l'art; *Versorgung* approprié(e) **II.** *Adv ausführen, erfolgen* dans les règles de l'art **Kunstgeschichte** *f* histoire *f* de l'art **Kunstgewerbe** *nt* ❶ KUNST arts *mpl* décoratifs ❷ (*Gegenstände*) produits *mpl* d'artisanat [*o* artisanaux] **kunstgewerblich** *Adj* artisanal(e), d'artisanat **Kunstgriff** *m* astuce *f; pej* artifice *m* **Kunsthalle** *f* galerie *f* d'art **Kunsthandel** *m* commerce *m* d'objets d'art **Kunsthändler(in)** *m(f)* marchand(e) *m(f)* d'objets d'art **Kunsthandlung** *f* magasin *m* d'objets d'art **Kunsthandwerk** *nt* artisanat *m* d'art

Kunstharz *nt* TECH résine *f* synthétique **Kunstherz** *nt* cœur *m* artificiel

Kunsthistoriker(in) *m(f)* historien(ne) *m(f)* d'art **kunsthistorisch** **I.** *Adj Werk, Museum* d'histoire de l'art; *Bedeutung, Interesse* historico-culturel(le) **II.** *Adv bedeutend, interessant* du point de vue de l'histoire de l'art; *interessiert* par l'histoire de l'art

Kunsthonig *m* miel *m* artificiel

Kunstkenner(in) *m(f)* amateur *m* d'art; **sie ist** ~**in** elle est amateur d'art **Kunstkritiker(in)** *m(f)* critique *mf* d'art

Kunstleder *nt* simili-cuir *m,* skai *m*

Kunstlehrer(in) *m(f)* professeur *m* d'arts plastiques

Künstler(in) ['kʏnstlɐ] <-s, -> *m(f)* ❶ [**bildender**] ~ artiste *mf;* **freischaffender** ~ artiste indépendant(e)

❷ (*Könner*) expert(e) *m(f)*

künstlerisch ['kʏnstlərɪʃ] **I.** *Adj Arbeit* d'artiste; *Erzeugnis, Gegenstand* d'art; *Begabung, Aussage* artistique

II. *Adv bedeutend, wertvoll* du point de vue artistique; *veranlagt, begabt* artistiquement

Künstlerkolonie *f* colonie *f* d'artistes **Künstlername** *m* nom *m* d'artiste **Künstlerpech** *nt hum fam* manque *m* de pot [*o* de bol] (*fam*)

künstlich **I.** *Adj* ❶ *Beleuchtung, Hügel, See* artificiel(le); *Fingernägel, Wimpern, Diamant* faux(fausse)

❷ MED *Befruchtung, Ernährung, Auge* artificiel(le)

❸ (*gekünstelt*) *Erregung, Heiterkeit* factice; ~ **klingen** *Lachen:* sonner faux

II. *Adv* artificiellement; *herstellen* industriellement

▶ **sich** ~ **aufregen** *fam* s'exciter à vide

Kunstlicht *nt* lumière *f* artificielle

Kunstliebhaber(in) *m(f)* amateur(-trice) *m(f)* d'art **Kunstlied** *nt* lied *m*

kunstlos *Adj* sans art

Kunstmaler(in) *m(f) form* artiste *mf* peintre **Kunstmarkt** *m* marché *m* de l'art **Kunstmuseum** *nt* musée *m* d'art **Kunstpause** *f* pause *f* calculée

Kunstrasen *m* gazon *m* artificiel; **auf** ~ **Fußball spielen** jouer au football sur de la pelouse artificielle

Kunstreiter(in) *m(f)* écuyer(-ère) *m(f)* **Kunstrichtung** *f* mouvement *m* artistique **Kunstsammlung** *f* collection *f* d'objets d'art **Kunstschätze** *Pl* trésors *mpl* artistiques

Kunstschnee *m* neige *f* artificielle **Kunstseide** *f* soie *f* artificielle

kunstsinnig *Adj geh* qui a le goût de l'art; ~ **sein** être amateur d'art

Kunstsprache *f* langue *f* conventionnelle **Kunstspringen** *nt* SPORT plongeon *m* acrobatique

Kunststoff *m* plastique *m*

Kunststück *nt* ❶ (*artistische Leistung*) tour *m* d'adresse ❷ (*schwierige Leistung*) tour *m* de force; **das ist [doch] kein** ~ ce n'est [vraiment] pas un exploit; ~**!** *iron* tu parles d'un exploit! **Kunsttischler(in)** *m(f)* ébéniste *mf* **Kunstturnen** *nt* gymnastique *f* artistique **Kunstunterricht** *m* cours *m* d'arts plastiques **Kunstverstand** *m* sens *m* artistique **kunstverständig** *Adj* au sens artistique développé; ~ **sein** avoir un sens artistique **kunstvoll** **I.** *Adj* fait(e) avec art **II.** *Adv* artistiquement, avec art **Kunstwerk** *nt* ❶ œuvre *f* d'art ❷ (*Meisterleistung*) chef-d'œuvre *m* **Kunstwissenschaft** *f* arts *mpl;* ~ **studieren** étudier les arts

Kunstwort <-wörter> *nt* mot *m* créé [de toutes pièces]

kunterbunt ['kʊntɐ'bʊnt] **I.** *Adj* ❶ *Angebot, Programm* hétéroclite

❷ (*sehr bunt*) *Bild, Kleid* bariolé(e), bigarré(e)

II. *Adv* pêle-mêle; ~ **zusammengewürfelte Gruppe** un groupe disparate

Kupfer ['kʊpfɐ] <-s, -> *nt* cuivre *m;* ~ **ist ein Schwermetall** le cuivre est un métal lourd; **etw in** ~ **stechen** graver qc sur cuivre

Kupferblech *nt* plaque *f* de cuivre **Kupferdraht** *m* fil *m* de cuivre **Kupferdruck** *m* TYP taille-douce *f* **kupferhaltig** *Adj* cuprifère **Kupferkabel** *nt* câble *m* en cuivre **Kupfermünze** *f* pièce *f* en cuivre

kupfern ['kʊpfɐn] *Adj Blech, Draht* de cuivre; *Topf* en cuivre

Kupferschmied(in) *m(f)* chaudronnier(-ière) *m(f)* **Kupferstecher(in)** <-s, -> *m(f)* graveur(-euse) *m(f)* sur cuivre **Kupferstich** *m* gravure *f* sur cuivre **Kupfervitriol** <-s> *nt* CHEM vitriol *m* bleu

Kupon [ku'põ:] *s. a.* **Coupon**

Kuppe ['kʊpə] <-, -n> *f* ❶ (*Bergkuppe*) mamelon *m*

❷ (*Straßenkuppe*) dos *m* d'âne

❸ (*Fingerkuppe*) bout *m* [du doigt]

Kuppel ['kʊpəl] <-, -n> *f* coupole *f*

Kuppeldach *nt* [toit *m* en] dôme *m*

Kuppelei [kʊpə'laɪ] <-, -en> *f pej* (*Förderung der Prostitution*) proxénétisme *m*

kuppeln ['kʊpəln] **I.** *itr V Fahrer:* débrayer

II. *tr V* **etw an einen Wagen** ~ accrocher qc à une voiture

Kuppler(in) <-s, -> *m(f) pej* entremetteur(-euse) *m(f)* (*péj*)
Kupplung <-, -en> *f* ❶ embrayage *m;* **die ~ [durch]treten** débrayer; **die ~ kommen/schleifen lassen** embrayer/faire patiner l'embrayage
❷ (*Anhängevorrichtung*) attelage *m*
Kupplungspedal *nt* AUT pédale *f* d'embrayage
Kur [kuːɐ] <-, -en> *f* ❶ (*Heilverfahren*) cure *f;* **jdn zur ~ schicken** envoyer qn en cure; **eine ~ machen** faire une cure
❷ (*Haarkur*) soin *m* [revitalisant] pour les cheveux
Kür [kyːɐ] <-, -en> *f* figures *fpl* libres; **eine ~ laufen/tanzen** faire [*o* exécuter] des figures libres [en patinage/danse]
Kurator [ku'raːtoːɐ] <-s, -toren> *m,* **Kuratorin** *f* ❶ (*Treuhänder*) curateur(-trice) *m(f)*
❷ UNIV conseiller(-ère) *m(f)* de l'université
Kuratorium [kura'toːriʊm] <-s, -rien> *nt* conseil *m* d'administration
Kuraufenthalt *m* [séjour *m* en] cure *f*
Kurbel ['kʊrbəl] <-, -n> *f* manivelle *f*
kurbeln I. *itr V* tourner la manivelle
II. *tr V* **nach unten ~** baisser *Autofenster, Rolladen;* dérouler *Markise;* **nach oben ~** relever *Autofenster, Rolladen;* enrouler *Markise*
Kurbelwelle *f* vilebrequin *m*
Kürbis ['kʏrbɪs] <-ses, -se> *m* ❶ potiron *m,* citrouille *f*
❷ *fam* (*Kopf*) citrouille *f* (*fam*)
Kürbiskern *m* graine *f* de citrouille
Kurde ['kʊrdə] <-n, -n> *m,* **Kurdin** *f* Kurde *mf*
kurdisch ['kʊrdɪʃ] *Adj* kurde; **~ miteinander sprechen** discuter en kurde; *s. a.* **deutsch**
Kurdisch <-[s]> *nt kein Art* le kurde; **auf ~** en kurde; *s. a.* **Deutsch**
Kurdische *nt dekl wie Adj* **das ~** le kurde; *s. a.* **Deutsche**
kuren ['kuːrən] *itr V fam* faire une cure
küren ['kyːrən] <kürte *o selten* kor, gekürt> *tr V geh* élire, couronner; **jdn zum Sportler des Jahres ~** élire [*o* couronner] qn sportif de l'année
Kürettage [kyrɛ'taːʒə] <-, -n> *f* MED curetage *m*
Kurfürst ['kuːɐ-] *m* HIST prince *m* électeur
Kurfürstentum *nt* électorat *m*
Kurgast *m* curiste *mf* **Kurhaus** *nt* maison *f* [*o* établissement *m*] de cure
Kurie ['kuːriə] <-, -n> *f* curie *f* [romaine]
Kurier [ku'riːɐ] <-s, -e> *m* coursier *m*
Kurierdienst *m* ❶ (*Service*) service *m* de messageries
❷ (*Firma*) entreprise *f* de messagerie express
kurieren* *tr V* ❶ MED guérir *Person, Krankheit;* **jdn von einer Infektion ~** guérir qn d'une infection
❷ *fam* (*befreien*) **jdn von seinen falschen Vorstellungen ~** guérir qn de ses illusions; **ich bin kuriert!** je suis vacciné(e)! (*fam*)
kurios [kuri'oːs] *geh* I. *Adj* singulier(-ière) (*soutenu*)
II. *Adv* singulièrement (*soutenu*)
Kuriosität [kuriozi'tɛːt] <-, -en> *f* ❶ (*Gegenstand*) curiosité *f;* (*Geschichte, Vorfall*) histoire *f* curieuse
❷ *kein Pl* (*Merkwürdigkeit*) singularité *f*
Kuriosum [kuri'oːzʊm] <-s, Kuriosa> *nt* **es ist ein ~, dass** il est curieux que + *subj*
Kurkonzert *nt* concert *m* [pour curistes]
Kurkuma ['kʊrkuma] <-, Kurkumen> *f* ❶ BOT curcuma *m*
❷ *kein Pl* GASTR curcuma *m*
Kurort *m* station *f* thermale **Kurpark** *m* parc *m* thermal **Kurpfuscher(in)** ['kuːɐpfʊʃɐ] *m(f) pej fam* charlatan *m* (*péj*) **Kurpfuscherei** *f pej fam* charlatanisme *m* (*péj*)
Kurs [kʊrs] <-es, -e> *m* ❶ (*Fahrt-, Flugrichtung*) cap *m;* **~ Nordwest** cap nord-ouest; **auf etw** (*Akk*) **~ nehmen/haben** *Schiff, Flugzeug:* mettre le cap sur/faire route vers qc; **den ~ [beibe]halten** tenir le cap; **~ Nordwest steuern** suivre la direction nord-ouest; **vom ~ abkommen** dériver
❷ (*politische Linie*) ligne *f* [politique]; **harter/weicher ~** ligne dure/souple
❸ (*Wechselkurs*) cours *m* [du change], taux *m* de change; **zu einem günstigen ~ [um]tauschen** changer à un cours [*o* taux] avantageux
❹ (*Lehrgang*) cours *m;* **einen ~ besuchen** suivre un cours; **ein ~ in Aquarellmalerei** un cours d'aquarelle
❺ (*Kurswert*) *von Aktien, Edelmetall* cours *m;* **die Wertpapiere fallen/steigen im ~** le cours des valeurs fléchit/grimpe
❻ (*Gültigkeit*) **Banknoten/Briefmarken außer ~ setzen** retirer des billets de banque de la circulation/frapper des timbres d'invalidité
▸ **hoch im ~ bei jdm stehen** être très prisé(e) par qn
Kursabfall *m* chute *f* du cours **Kursänderung** *f* NAUT, AVIAT changement *m* de cap **Kursanstieg** *m* hausse *f* des cours **Kursbericht** *m* FIN bulletin *m* de la Bourse **Kursbewegung** *f* fluctuation *f* des cours **Kursbuch** *nt* indicateur *m* des chemins de fer
Kurschatten *m hum fam* flirt *m* de cure
Kürschner(in) ['kʏrʃnɐ] <-s, -> *m(f)* pelletier(-ière) *m(f)*
Kurse *Pl von* Kursus
Kursfeststellung *f* FIN fixation *f* du cours; **laufende ~** fixation régulière du cours **Kursgewinn** *m* FIN, BÖRSE (*bei Devisen*) bénéfice *m* sur le change
kursieren* *itr V Gerücht, Parole, Falschgeld:* circuler
kursiv [kʊr'ziːf] I. *Adj* italique; **eine ~e Schrift** un italique; **~ sein** être en italique
II. *Adv* en italique
Kursive [kʊr'ziːvə] <-, -n> *f,* **Kursivschrift** *f* TYP italique *m*
Kursleiter(in) *m(f)* responsable *mf* des cours
kursorisch [kʊr'zoːrɪʃ] *geh* I. *Adj* cursif(-ive)
II. *Adv* **etw ~ lesen/überfliegen** survoler qc
Kursrisiko *nt* ÖKON (*bei Devisen*) risque *m* de change; (*bei Wertpapieren*) risque de perte sur les cours **Kursrutsch** *m* glissement *m* du cours vers le bas, diminution *f* du cours **Kursschwankung** *f* fluctuation *f* des cours **Kurssturz** *m* effondrement *m* des cours [de la bourse] **Kursteilnehmer(in)** *m(f)* participant(e) *m(f)* au cours
Kursus ['kʊrzʊs, *Pl:* 'kʊrzə] *s.* **Kurs 4.**
Kursverfall *m* effondrement *m* du cours **Kursverlust** *m* (*bei Devisen*) perte *f* sur le change **Kurswagen** *m* voiture *f* [directe] **Kurswechsel** *m* POL changement *m* d'orientation **Kurszettel** *m* FIN bulletin *m* [officiel] de la cote
Kurtaxe *f* taxe *f* de séjour
Kurtisane [kʊrti'zaːnə] <-, -n> *f* courtisane *f*
Kurve ['kʊrvə] <-, -n> *f* ❶ virage *m;* **eine ~ machen** [*o* **beschreiben**] faire une courbe [*o* un virage]; **sich in die ~ legen** se coucher dans le virage; **aus der ~ fliegen** *fam* louper le [*o* son] virage (*fam*)
❷ GEOM courbe *f*
❸ *Pl fam* (*Körperrundung*) formes *fpl,* rondeurs *fpl*
▸ **die ~ kratzen** *fam* mettre les bouts (*fam*); **die ~ kriegen** *fam* se rattraper aux branches
kurven [-vən] *itr V + sein fam* **um die Ecke ~** *Fahrer, Fahrzeug:* prendre le virage sur les chapeaux de roues; **durch die Stadt ~** vadrouiller en bagnole dans la ville (*fam*)
Kurvenlineal [-vən-] *nt* pistolet *m*
kurvenreich *Adj* ❶ *Bahnlinie, Straße* sinueux(-euse)
❷ *hum fam Frau* bien roulé(e) (*fam*)
Kurverwaltung *f services administratifs d'un lieu de cure*
kurvig *s.* **kurvenreich 1.**
kurz [kʊrts] <kürzer, kürzeste> I. *Adj* ❶ (*räumlich und zeitlich*) court(e); *Pause* petit(e) *antéposé; Blick, Frist, Unterbrechung* bref(brève) *antéposé;* **in ~er Zeit** en peu de temps; **seine Freude war nur ~** sa joie a été de courte durée
❷ (*knapp*) *Artikel, Bericht* court(e); *Antwort, Frage, Silbe, Vokal* bref(brève)
▸ **den Kürzeren ziehen** *fam* avoir le dessous

II. *Adv* ❶ **etw ~ schneiden** couper qc court; **ein Kleid kürzer machen** raccourcir une robe
❷ (*nicht lange*) *bleiben, dauern, wegbleiben* peu de temps; *sprechen* brièvement; ~ **gesagt, ...** bref, ...; **vor/bis vor ~em** il y a encore/il y a peu de temps; **seit ~em** depuis peu
❸ (*wenig*) **es ist ~ vor acht** il n'est pas loin de huit heures; ~ **zuvor/danach** peu de temps avant/après; ~ **hintereinander** à brefs intervalles; ~ **bevor/nachdem sie angekommen bist** peu [de temps] avant qu'elle soit/après qu'elle est arrivée
▶ ~ **angebunden sein** être bourru(e); ~ **und bündig** sans détour; ~ **entschlossen** sans réfléchir cent sept ans; ~ **und gut** pour tout dire; **jdn/etw ~ und klein schlagen** *fam* réduire qn/qc en miettes; **über ~ oder lang** tôt ou tard; ~ **und schmerzlos** *fam* en y allant carrément (*fam*); **sich ~ fassen** être bref(brève); **jdn ~ halten** tenir la bride haute à qn; **bei etw zu ~ kommen** être lésé(e) lors de qc; **es ~ machen** être bref(brève)!; ~ **treten** *fam* (*sich einschränken*) se serrer la ceinture (*fam*); (*sich schonen*) lever le pied

Kurzarbeit *f* chômage *m* partiel **kurz|arbeiten** *itr V* travailler à temps réduit **Kurzarbeiter(in)** *m(f)* chômeur *m* partiel/chômeuse *f* partielle

kurzärm[e]lig *Adj* à manches courtes

kurzatmig [-ʔa:tmɪç] *Adj* poussif(-ive); ~ **sein/werden** avoir le souffle court/s'essouffler

kurzbeinig *Adj* court(e) sur pattes (*fam*)

Kurzbrief *m* mot *m*

Kurze(r) *m dekl wie Adj fam* ❶ (*Schnaps*) goutte *f* (*fam*)
❷ (*Kurzschluss*) court-jus *m* (*fam*)

Kürze ['kʏrtsə] <-, *selten* -n> *f* ❶ *kein Pl* (*geringe Länge*) **die ~ ihres Rocks/ihrer Haare** sa jupe courte/ses cheveux courts; **angesichts der ~ der Strecke** vu le court trajet
❷ *kein Pl* (*kurze Dauer*) brièveté *f*; **in ~** sous peu
❸ *kein Pl* (*Knappheit*) *einer Antwort* brièveté *f*; *eines Artikels* concision *f*; **in aller ~ antworten** répondre aussi brièvement que possible
❹ (*kurze Silbe*) brève *f*
▶ **in der ~ liegt die Würze** *Spr.* un bref exposé vaut mieux qu'un long discours

Kürzel ['kʏrtsəl] <-s, -> *nt* ❶ (*stenografisches Kürzel*) signe *m* sténographique
❷ (*Kurzwort*) sigle *m*

kürzen ['kʏrtsən] *tr V* ❶ raccourcir; **etw um drei Zentimeter ~** raccourcir qc de trois centimètres
❷ (*verkürzen*) raccourcir, abréger *Text*; **etw um die Hälfte ~** raccourcir qc de moitié
❸ (*verringern*) diminuer *Budget, Sozialhilfe*; **etw um zehn Euro ~** diminuer qc de dix euros

kürzer ['kʏrtsɐ] *Adj Komp von* **kurz**

kurzerhand ['kʊrtsɐ'hant] *Adv abreisen, packen* sans plus attendre; *entlassen* sans autre forme de procès

Kurzfassung *f* abrégé *m* **Kurzfilm** *m* court métrage *m* **Kurzform** *f* abréviation *f*

kurzfristig I. *Adj Wettervorhersage, Vertrag,* à court terme; *Bestellung, Zusage* rapide; *Programmänderung* impromptu(e)
II. *Adv* ❶ *informieren, mitteilen* en dernière minute; ~ **das Programm ändern** changer le programme à la dernière minute; ~ **seine Pläne ändern** changer ses plans subitement
❷ (*für kurze Zeit*) *unterbrechen* momentanément; *gelten* temporairement
❸ (*auf kurze Zeit*) ~ **gesehen** à court terme

Kurzgeschichte *f* nouvelle *f* **kurzgeschnitten** *Adj attr Haare* coupé(e) court **kurzhaarig** *Adj Mensch* aux cheveux courts; *Hund, Katze* à poil court

kurz|halten *s.* **kurz II.**▶

kurzlebig *Adj* ❶ *Tier, Grünpflanze* qui vit peu de temps; *Baum* à courte durée de vie; ~ **sein** *Tier, Grünpflanze:* vivre peu de temps; *Baum:* avoir une courte durée de vie
❷ (*nicht dauerhaft*) *Mode, Modeerscheinung* éphémère; *Produkt* peu durable; ~ **sein** avoir une durée de vie limitée
❸ PHYS instable

kürzlich ['kʏrtslɪç] *Adv* récemment

Kurzmeldung *f* RADIO flash *m* [d'information] **Kurznachrichten** *Pl* RADIO, TV nouvelles *fpl* brèves **Kurzparker(in)** <-s, -> *m(f)* **nur für ~!** stationnement de courte durée! **Kurzparkzone** *f* zone *f* bleue **kurz|schließen** *unreg* I. *tr V* ELEC court-circuiter II. *r V* **sich mit jdm ~** se mettre en rapport avec qn **Kurzschluss**RR *m* ❶ ELEC court-circuit *m* ❷ PSYCH impulsion *f* irréfléchie

KurzschlussreaktionRR *f* réaction *f* impulsive

Kurzschrift *f* sténo[graphie] *f*

kurzsichtig I. *Adj* ❶ MED myope
❷ *fig Mensch* myope; *Haltung, Politik* à courte vue; **das ist sehr ~ von dir/ihm** c'est très imprévoyant(e) de ta/sa part
II. *Adv handeln* à la petite semaine

Kurzsichtigkeit <-> *f* ❶ MED myopie *f*
❷ *fig eines Menschen* myopie *f*; *eines Denkens, einer Politik* absence *f* de hauteur de vues

Kurzstreckenflug *m* vol *m* sur courte distance **Kurzstreckenläufer(in)** *m(f)* sprinteur(-euse) *m(f)* **Kurzstreckenrakete** *f* missile *m* [à] courte portée

kurz|treten *s.* **kurz II.**▶

kurzum [kʊrts'ʔʊm] *Adv* bref

Kürzung ['kʏrtsʊŋ] <-, -en> *f* ❶ FIN diminution *f*
❷ (*Verkürzung*) *eines Textes* abrégement *m*

Kurzurlaub *m* bref congé *m* **Kurzwaren** *Pl* mercerie *f*

Kurzweil ['kʊrtsvaɪl] <-> *f* passe-temps *m*

kurzweilig *Adj* divertissant(e)

Kurzwelle *f* onde *f* courte; **auf ~** sur ondes courtes

Kurzwellensender *m* émetteur *m* ondes courtes

Kurzwort <-wörter> *nt* abréviation *f*

Kurzzeitgedächtnis *nt* mémoire *f* à court terme

kurzzeitig I. *Adj Effekte, Abschaltung* temporaire; *Absage* de dernière heure
II. *Adv ausleihen* pour une courte durée; *absagen* au dernier moment

kusch [kʊʃ] *Interj* (*Befehl an einen Hund*) couché!

kuschelig ['kʊʃəlɪç] *Adj fam Bett, Sessel, Decke* douillet(te)

kuscheln ['kʊʃəln] I. *r V fam* **sich an jdn/ins Bett ~** se blottir contre qn/dans le lit
II. *itr V* **mit jdm ~** faire des câlins à qn

Kuscheltier *nt* animal *m* en peluche

kuschen ['kʊʃən] *itr V* ❶ (*sich nicht wehren*) marcher droit; **vor jdm ~** marcher droit avec qn
❷ (*sich hinlegen*) se coucher

Kusine [ku'zi:nə] <-, -n> *f* cousine *f*

KussRR <-es, =e>, **Kuß** <-sses, Küsse> *m* ❶ baiser *m*; **jdm einen ~ geben** donner un baiser à qn
❷ (*Abdruck eines Kusses*) marque *f* de lèvres

KüsschenRR, **Küßchen** <-s, -> *nt* bise *f* (*fam*); **gib ~!** fais un câlin!

kussechtRR *Adj Lippenstift* longue tenue

küssen ['kʏsən] I. *tr V* embrasser; **jdn auf die Wange/den Mund ~** embrasser qn sur la joue/la bouche; **jdm die Hand ~** baiser la main à qn
II. *r V* **sich ~** s'embrasser
III. *itr V* embrasser

KusshandRR *f* baiser *m*; **jdm eine ~ zuwerfen** envoyer un baiser à qn
▶ **jdn/etw mit ~ nehmen** *fam* prendre qn/qc plutôt deux fois qu'une

Küste ['kʏstə] <-, -n> *f* ❶ (*Meeresufer*) côte *f*
❷ (*Gegend*) littoral *m*

Küstenbewohner(in) *m(f)* habitant(e) *m(f)* du littoral **Küstenfischerei** *f* pêche *f* côtière **Küstengebiet** *nt* littoral *m* **Küstengewässer** *nt* eaux *fpl* territoriales **Küstenschifffahrt**RR *f* cabotage *m* **Küstenstraße** *f* route *f* côtière **Küs-**

K

tenwacht *f* service *m* de surveillance côtière
Küster(in) ['kʏstɐ] <-s, -> *m(f)* sacristain(e) *m(f)*
Kustode [kʊs'to:də] <-n, -n> *m*, **Kustodin** *f*, **Kustos** <-, Kustoden> *m* conservateur(-trice) *m(f)* [de musée]
Kutschbock *m* siège *m* du cocher
Kutsche ['kʊtʃə] <-, -n> *f* carrosse *m*; **offene** ~ calèche *f*
Kutscher(in) <-s, -> *m(f)* cocher *m*
kutschieren* *fam* I. *itr V + sein* **durch Europa/die Normandie** ~ se balader [en voiture] en Europe/Normandie (*fam*)
II. *tr V + haben* **jdn in die Stadt/zum Bahnhof** ~ voiturer qn dans la ville/à la gare (*fam*)
Kutte ['kʊtə] <-, -n> *f* ECCL [robe *f* de] bure *f*
Kuttel ['kʊtəl] <-, -n> *f meist Pl* GASTR tripes *fpl*
Kutter ['kʊtɐ] <-s, -> *m* cotre *m*
Kuvert [ku've:ɐ] <-s, -s *o* -[e]s, -e> *nt* enveloppe *f*
Kuvertüre [kuvɛr'ty:rə] <-, -n> *f* chocolat *m* à napper
Kuwait [ku'vaɪt, 'ku:vaɪt] <-s> *nt* ❶ (*Emirat*) le Koweït
❷ (*Hauptstadt*) Koweït
Kuwaiter(in) [ku'vaɪtɐ] <-s, -> *m(f)* Koweïtien(ne) *m(f)*
kuwaitisch [ku'vaɪtɪʃ, 'ku:vaɪtɪʃ] *Adj* koweïtien(ne)
kV ELEC *Abk von* **Kilovolt** kV
kW <-, -> *nt Abk von* **Kilowatt** kW *m*
KW [ka:'ve:] ❶ PHYS, RADIO *Abk von* **Kurzwelle** OC
❷ *Abk von* **Kalenderwoche** semaine *f* calendaire
kWh <-, -> *f Abk von* **Kilowattstunde** kWh *m*
Kybernetik [kybɛr'ne:tɪk] <-> *f* cybernétique *f*
kybernetisch *Adj* cybernétique
kyrillisch [ky'rɪlɪʃ] I. *Adj* cyrillique
II. *Adv* en caractères cyrilliques
KZ [ka:'tsɛt] <-s, -s> *nt Abk von* **Konzentrationslager**
KZ-Häftling [ka:'tsɛt-] *m* détenu(e) *m(f)* d'un camp de concentration

L

L, l [ɛl] <-, -> *nt* L *m*/l *m*
▸ **L wie Ludwig** l comme Louis
l *Abk von* **Liter** l
Lab [la:p] <-[e]s, -e> *nt* présure *f*
labb[e]rig *Adj* DIAL *fam* ❶ *Getränk, Suppe* fadasse (*fam*)
❷ *pej* (*weit*) *Kleidungsstück* pendouillant(e) (*fam*)
Label ['leɪbəl] <-s, -> *nt* (*Schallplattenetikett*) étiquette *f*
Labello® [la'bɛlo] <-s, -s> *m* ≈baume *m* pour les lèvres
laben ['la:bən] I. *tr V geh* rafraîchir
II. *r V geh* **sich an etw** (*Dat*) ~ se délecter de qc (*littér*)
labern ['la:bɐn] *fam* I. *itr V* dégoiser (*fam*); **über etw** (*Akk*) ~ dégoiser au sujet de qc; **jdn voll** ~ casser les oreilles à qn (*fam*)
II. *tr V* dégoiser (*fam*) *Unsinn, Quatsch*
labial [labi'a:l] *Adj* labial(e)
Labial [la'bia:l] <-s, -e> *m*, **Labiallaut** *m* PHON labiale *f*
labil [la'bi:l] *Adj* ❶ *Mensch, Charakter, Kreislauf* instable; *Konstitution* fragile
❷ *geh* (*instabil*) *Gleichgewicht, System* fragile
Labilität [labili'tɛ:t] <-, *selten* -en> *f* instabilité *f*; *eines Menschen, des Charakters* labilité *f* (*spéc*); *der Wirtschaft, des Gleichgewichts* fragilité *f*
Labkraut *nt kein Pl* BOT gaillet *m*
Labor [la'bo:ɐ] <-s, -s *o* -e> *nt* laboratoire *m*
Laborant(in) [labo'rant] <-en, -en> *m(f)* laborantin(e) *m(f)*; (*pharmazeutischer Laborant*) préparateur(-trice) *m(f)*
Laboratorium [labora'to:riʊm] *s.* **Labor**
laborieren* *itr V fam* **an einer Grippe** ~ traîner une grippe; **an einer Arbeit** ~ peiner sur un travail
Laborversuch *m* essai *m* en laboratoire
Labrador[1] <-s> *nt* GEOG le Labrador *m*
Labrador[2] <-s, -e> *m* ❶ (*Hund*) labrador *m*
❷ MINER labrador *m*
Labyrinth [laby'rɪnt] <-[e]s, -e> *nt* labyrinthe *m*
Lache[1] ['la:xə], **Lache** ['laxə] <-, -n> *f* (*Pfütze*) flaque *f*
Lache[2] ['laxə] <-, *selten* -n> *f pej fam* [façon *f* de] rire *m*
lächeln ['lɛçəln] *itr V* ❶ sourire; **freundlich** ~ sourire avec amabilité; **verlegen** ~ avoir un sourire embarrassé; **gequält** ~ rire jaune
❷ (*sich lustig machen*) **über jdn/etw** ~ sourire de qn/qc
Lächeln <-s> *nt* sourire *m*
▸ **dafür hatte er nur ein müdes** ~ [**übrig**] ça ne l'intéressait pas le moins du monde; **das kostet mich ein müdes** ~ je fais ça les doigts dans le nez (*fam*)
lachen ['laxən] *itr V* rire; **über jdn/etw** ~ rire de qn/qc; **breit** ~ rire comme une baleine (*fam*); **jdn zum Lachen bringen** faire rire qn; **das ist ja zum Lachen!** *fam* y a vraiment de quoi rigoler! (*fam*); **mir ist nicht zum Lachen** [**zumute**] je ne suis pas d'humeur à rire; **was gibt es denn da zu** ~**?** qu'est-ce qu'il y a de [si] drôle?; **da gibt es gar nichts zu** ~**!** il n'y a pas de quoi rire!; **lach du nur!** tu peux toujours rigoler! (*fam*)
▸ **du hast gut** ~**!** tu as beau jeu de te moquer [de moi]!; **wer zuletzt lacht, lacht am besten** *Spr.* rira bien qui rira le dernier; **er/sie hat bei jdm nichts zu** ~ *fam* il/elle [ne] rigole pas tous les jours chez qn (*fam*); **da kann ich doch nur** ~**!** *fam* je rigole doucement! (*fam*); **das wäre doch gelacht!** *fam* ça fait pas un pli! [*o* fam]; **dass ich nicht lache!** *fam* laisse-moi rigoler! (*fam*)
Lachen <-s> *nt* ❶ rire *m*; **in lautes** ~ **ausbrechen** éclater de rire; **sich** (*Dat*) **das** ~ **verkneifen** se retenir de rire
❷ (*Art zu lachen*) **sein/ihr** ~ sa façon de rire, son rire
▸ **sich vor** ~ **biegen** être plié(e) [en deux] de rire (*fam*); **sich nicht mehr kriegen vor** ~ *fam* être écroulé(e) [de rire] (*fam*); **sich vor** ~ **kugeln** [*o* **kringeln**] *fam* se tordre de rire; **vor** ~ **platzen** éclater de rire; **dir wird das** ~ [**schon**] **noch vergehen** *fam* tu vas perdre l'envie de rire, l'envie de rire va te passer
Lacher(in) <-s, -> *m(f)* rieur(-euse) *m(f)*
▸ **die** ~ **auf seiner Seite haben** avoir les rieurs de son côté
Lacherfolg *m* **ein** ~ **sein** faire bien rire
lächerlich ['lɛçəlɪç] I. *Adj* ridicule; **jdn/etw** ~ **machen** ridiculiser qn/qc; **sich vor jdm** ~ **machen** se ridiculiser devant qn; **eine** ~**e Kleinigkeit** une bagatelle; **etw ins Lächerliche ziehen** tourner qc en ridicule
II. *Adv einfach, wenig* ridiculement
Lächerlichkeit <-, -en> *f* ❶ *kein Pl* (*das Lächerlichsein*) ridicule *m*; **jdn der** ~ **preisgeben** tourner qn en ridicule
❷ (*Geringfügigkeit*) *eines Gehalts, Preises* caractère *m* ridicule
Lachgas *nt* gaz *m* hilarant
lachhaft *Adj* ridicule
Lachkrampf *m* rire *m* convulsif; **wir bekamen einen** ~ nous avons eu une crise de fou rire **Lachmöwe** *f* [mouette *f*] rieuse *f*
Lachs [laks] <-es, -e> *m* saumon *m*
lachsfarben *Adj* saumon *inv*; ~**e Schuhe** des chaussures *fpl* saumon **Lachsforelle** *f* truite *f* saumonée **Lachsschinken** *m* filet *m* de porc fumé
Lack [lak] <-[e]s, -e> *m* laque *f*
▸ **der** ~ **ist ab** *sl* c'est le commencement de la fin (*fam*); **und fertig ist der** ~ *sl* le tour est joué, et voilà le travail
Lackaffe *m pej fam* godelureau *m* (*péj*)
Lackel ['lakəl] SDEUTSCH, A *s.* **Tölpel**
lacken ['lakən] *s.* **lackieren**
Lackfarbe *f* peinture *f* laquée, laque *f*
lackieren* *tr V* laquer *Holz, Möbel*; **sich** (*Dat*) **die Fingernägel** ~ se vernir les ongles; **neu lackiert** *Auto* repeint(e); **frisch**

lackiert! peinture fraîche!
▶ **der/die Lackierte sein** *fam* être le pigeon [dans l'affaire] (*fam*)
Lackierer(in) <-s, -> *m(f)* peintre *mf* [en carrosserie]
Lackiererei <-, -en> *f* [atelier *m* de] tôlerie-peinture *f*
Lackierung <-, -en> *f* ① *kein Pl* (*das Lackieren*) laquage *m*
② (*Lack*) laque *f*
Lackleder *nt* cuir *m* verni
Lackmus ['lakmʊs] <-> *nt o m* tournesol *m*
Lackmuspapier *nt* papier *m* de tournesol
Lackschaden *m* peinture *f* abîmée; **kleiner ~** petite éraflure *f*
Lackschuh *m* chaussure *f* vernie
Lade ['la:də] <-, -n> *f fam* tiroir *m*
Ladebaum *m* mât *m* de charge **Ladefläche** *f* surface *f* de chargement **Ladegerät** *nt* chargeur *m* **Ladegewicht** *nt* poids *m* de chargement **Ladegut** *nt form* charge *f* **Ladehemmung** *f* enrayage *m* ▶ **~ haben** *Gewehr:* s'enrayer; *fam Mensch:* être bouché(e) (*fam*) **Ladeklappe** *f* porte *f* de la soute **Ladekran** *m* grue *f* de chargement **Ladeluke** *f* écoutille *f* de chargement
laden¹ ['la:dən] <lädt, lud, geladen> **I.** *tr V* ① (*verladen, packen*) charger; **etw auf den Lkw ~** charger qc sur le camion; **Kohle geladen haben** *Lkw:* transporter du charbon; **etw aus dem Auto/Laderaum ~** décharger qc de la voiture/soute; **etw voll ~** charger qc à plein; **schwer/zu viel geladen haben** être très/trop chargé(e); **voll geladen** en pleine charge
② (*aufbürden*) **Schulden/Verantwortung auf sich** (*Akk*) **~** endosser des dettes/une responsabilité
③ (*Munition einlegen*) charger *Pistole;* **geladen sein** être chargé(e)
④ ELEC charger *Batterie;* **wieder geladen sein** être rechargé(e); **positiv/negativ geladen sein** avoir une charge [électrique] positive/négative
⑤ INFORM charger, appeler *Programm, Datei*
▶ **geladen haben** *sl* être bourré(e) (*fam*); **geladen sein** *fam* être furax [*o* en pétard] (*fam*)
II. *itr V Schütze:* [re]charger
laden² <lädt, lud, geladen> *tr V* ① *geh* (*einladen*) inviter; **jdn zu einem Empfang ~** inviter qn à une réception; **die geladenen Gäste** les invités *mpl*
② (*vorladen*) citer *Zeugen;* **jdn als Zeugen ~** citer qn [à comparaître] comme témoin
Laden ['la:dən, *Pl:* 'lɛ:dən] <-s, Läden> *m* ① (*Geschäft*) magasin *m;* (*klein*) boutique *f*
② *fam* (*Betrieb*) boîte *f* (*fam*); **der ~ läuft** la boîte tourne; **den ~ dichtmachen** fermer la boîte (*fam*)
③ <Läden o Laden> (*Fensterladen*) volet *m*
▶ **den ~ schmeißen** *sl* faire tourner la boîte (*fam*)
Ladenbesitzer(in) *m(f)* propriétaire *mf* de magasin **Ladendieb(in)** *m(f)* voleur(-euse) *m(f)* à l'étalage **Ladendiebstahl** *m* vol *m* à l'étalage **Ladenhüter** *m pej* [vieux] rossignol *m* (*fam*) **Ladenkasse** *f* caisse *f* de magasin **Ladenkette** *f* chaîne *f* de magasins **Ladenpreis** *m* prix *m* marqué **Ladenschild** *nt* enseigne *f* d'un magasin **Ladenschluss**RR *m kein Pl* fermeture *f* des magasins
LadenschlussgesetzRR *nt* loi *f* sur la fermeture des magasins

i Land & Leute

En Allemagne, la **Ladenschlussgesetz** est assez stricte. Depuis 1996, les magasins ont l'autorisation d'ouvrir du lundi au vendredi de 6 à 20 heures. Jusqu'à juin 2003 ils devaient fermer le samedi à 16 heures. Depuis lors, ils ont le droit de rester ouverts également le samedi jusqu'à 20 heures. Le dimanche, les magasins sont fermés. En Autriche, les Länder peuvent décider eux-mêmes des horaires d'ouverture. En Suisse, chaque canton décide de ses horaires.

LadenschlusszeitRR *f* heure *f* [légale] de fermeture des magasins
Ladenstraße *f* rue *f* commerçante **Ladentisch** *m* comptoir *m* [de magasin] ▶ **etw unter dem ~ verkaufen** *fam* vendre qc sous le manteau
Ladeplatz *m* lieu *m* de chargement **Laderampe** *f* rampe *f* de chargement **Laderaum** *m* AVIAT, NAUT soute *f*
lädieren* *tr V* ① abîmer *Möbelstück, Tasche*
② (*verletzen*) **sich** (*Dat*) **die Hand ~** se blesser à la main
③ *fig, hum* **lädiert sein/aussehen** être/avoir l'air amoché(e) (*fam*)
lädt [lɛ:t] *3. Pers Präs von* **laden**
Ladung <-, -en> *f* ① (*Fracht*) chargement *m*
② (*notwendige Menge*) **eine ~ Dynamit** une charge de dynamite
③ *fam* (*größere Menge*) **eine ~ Schnee** un paquet de neige (*fam*)
④ ELEC, PHYS charge *f*
⑤ JUR citation *f*
Lafette [la'fɛtə] <-, -n> *f* MIL affût *m*
lag [la:k] *Imp von* **liegen**
Lage ['la:gə] <-, -n> *f* ① *eines Orts* site *m; eines Grundstücks, Hauses* situation *f;* **in ruhiger ~** dans un environnement calme; **in sonniger ~** bien exposé(e)
② (*Liegeposition*) position *f*
③ (*Situation*) situation *f;* **jdn in eine schwierige ~ bringen** mettre qn dans une situation difficile; **sich in die ~ eines anderen versetzen** se mettre à la place d'autrui
④ *fig* **in der ~ sein jdn zu verraten** être en mesure de trahir qn; **zu einem Verrat in der ~ sein** être en mesure de commettre une trahison
⑤ (*Schicht*) couche *f*
⑥ (*Weinlage*) terroir *m*
⑦ *fam* (*Runde*) tournée *f* (*fam*); **eine ~ schmeißen** *sl* payer une tournée (*fam*)
▶ **die ~ peilen** [*o* **sondieren**] *fam* tâter le terrain
Lagebericht *m* compte *m* rendu de la situation **Lagebesprechung** *f* analyse *f* de la situation **Lageplan** *m* plan *m*
Lager ['la:gɐ] <-s, - *o* Läger> *nt* ① *eines Geschäfts, Unternehmens* dépôt *m;* **am ~ sein** être en stock; **etw am** [*o* **auf**] **~ haben, etw auf ~ halten** avoir qc en stock
② (*Unterkunft*) camp *m*
③ (*Gruppierung*) camp *m*
④ TECH *einer Kurbelwelle, Nockenwelle* palier *m*
⑤ *geh* (*Bett*) couche *f* (*littér*)
▶ **etw auf ~ haben** *fam* avoir qc en réserve
Lagerfeuer *nt* feu *m* de camp **Lagerhalle** *f* hangar *m* **Lagerhaltung** *f kein Pl* stockage *m* **Lagerhaus** *nt* entrepôt *m;* (*in einem Hafen*) dock *m*
Lagerist(in) [la:gə'rɪst] *s.* **Lagerverwalter(in)**
lagern ['la:gɐn] **I.** *tr V* ① (*aufbewahren*) stocker; **kühl/trocken ~!** garder au frais/sec!
② (*hinlegen*) **einen Kranken flach/bequem ~** étendre [*o* installer] un malade à plat/confortablement; **das Bein hoch ~** surélever la jambe
II. *itr V* ① **kühl/trocken ~** se conserver au frais/au sec; **im Keller ~** *Kartoffeln:* se conserver à la cave; **in Regalen ~** *Wein:* se conserver sur des étagères
② (*liegen*) **auf etw** (*Dat*) **~** *Staubschicht, Schnee:* [re]couvrir qc
③ (*sich niederlassen*) camper; *s. a.* **gelagert**
III. *r V geh* **sich ~** faire halte
Lagerraum *m* ① (*Raum*) dépôt *m,* réserve *f* ② (*Lagerfläche*) surface *f* d'entreposage **Lagerstatt** *f veraltet geh* couche *f* (*littér*) **Lagerstätte** *f* ① *s.* **Lagerstatt** ② GEOL gisement *m*
Lagerung <-, -en> *f* ① *von Vorräten, Wein* stockage *m*
② TECH *einer Kurbelwelle, Nockenwelle* palier *m*
Lagerverwalter(in) *m(f)* magasinier(-ière) *m(f)*
Lagune [la'gu:nə] <-, -n> *f* lagune *f*

lahm [la:m] *Adj* ❶ paralysé(e); **auf einem Bein ~ sein** être paralysé(e) d'une jambe; **~ legen** paralyser *Wirtschaft, Verkehr*
❷ *fam* (*steif*) *Körperteil* courbaturé(e); **mir wird/ist der Arm ~** j'attrape/j'ai des courbatures au bras
❸ *fam* (*langweilig*) *Person* mollasson(ne) (*fam*); *Party* interminable
❹ *fam* (*unglaubwürdig*) *Ausrede, Erklärung* vaseux(-euse) (*fam*)
Lahmarsch *m sl* mollasson(ne) *m(f)* (*fam*)
lahmarschig *Adj sl* mollasson(ne) (*fam*)
Lahme(r) *f(m) dekl wie Adj veraltet* boiteux(-euse) *m(f)*; REL paralytique *mf*
lahmen *itr V* boiter; **auf einem Bein ~** *Person:* boiter d'une jambe; *Tier:* boiter d'une patte
lähmen ['lɛ:mən] *tr V* paralyser; **halbseitig gelähmt sein** être hémiplégique
▸ **vor Angst/Schreck wie gelähmt sein** être [comme] paralysé(e) de peur; *s. a.* **gelähmt**
lahm|legen *s.* **lahm 1.**
Lahmlegung <-, -en> *f* paralysie *f*
Lähmung ['lɛ:mʊŋ] <-, -en> *f* MED paralysie *f*; **halbseitige ~** hémiplégie *f*; **~ beider Beine** paraplégie *f*
Laib [laɪp] <-[e]s, -e> *m bes.* SDEUTSCH (*Brotlaib*) miche *f*; (*Käselaib*) meule *f*; **ein ~ Brot/Käse** une miche de pain/une meule de fromage
Laich [laɪç] <-[e]s, -e> *m* frai *m*
laichen *itr V* frayer; **das Laichen** le frai
Laichplatz *m* frayère *f*
Laie ['laɪə] <-n, -n> *m*, **Laiin** *f* ❶ (*Nichtfachmann*) profane *mf*; **[ein] medizinischer ~ sein** être profane en médecine; **blutiger ~ sein** être totalement profane
❷ ECCL laïc *m*, laïque *mf*
▸ **da staunt der ~, und der Fachmann wundert sich** *hum fam* y a vraiment de quoi être scié(e) (*fam*)
laienhaft **I.** *Adj* de profane; **~ sein** manquer de professionnalisme
II. *Adv urteilen, darstellen* en profane
Laienprediger(in) *m(f)* prédicateur(-trice) *m(f)* **Laienspiel** *nt* THEAT théâtre *m* amateur
Laisser-faire [lɛse'fɛ:r] <-> *nt geh* laisser-faire *m*; *pej* laxisme *m*
Lakai [la'kaɪ] <-en, -en> *m* ❶ *pej geh* (*willfähriger Mensch*) valet *m* (*péj*)
❷ HIST laquais *m*
Lake ['la:kə] <-, -n> *f* saumure *f*
Laken ['la:kən] <-s, -> *nt* drap *m* [de lit]
lakonisch [la'ko:nɪʃ] **I.** *Adj* laconique
II. *Adv* laconiquement
Lakritz <-es, -e> *m* DIAL, **Lakritze** [la'krɪtsə] <-, -n> *f* réglisse *m o f*
Laktation [lakta'tsio:n] <-, -en> *f* BIO lactation *f*
Laktose [lak'to:zə] <-> *f* CHEM lactose *m*
lallen ['lalən] *tr, itr V Kind:* balbutier; *Betrunkener:* balbutier, bredouiller
Lama[1] ['la:ma] <-s, -s> *nt* ZOOL lama *m*
Lama[2] <-[s], -s> *m* REL lama *m*
Lamaismus [lama'ɪsmʊs] <-> *m* REL lamaïsme *m*
Lamäng [la'mɛŋ] ▸ **etw aus der freien ~ essen** *fam* manger qc sur le pouce; **aus der [kalten] ~** *fam* au pied levé
Lambada [lam'ba:da] <-, -s> *f*, <-s, -s> *m* lambada *f*
Lambdasonde *f* sonde *f* lambda
Lamé [la'me:], **Lamee**[RR] <-s, -s> *m* lamé *m*
Lamelle [la'mɛlə] <-, -n> *f einer Jalousie* lame[lle] *f*; *eines Heizkörpers* ailette *f*; *eines Pilzhuts* lamelle *f*
lamentieren* *itr V geh* se lamenter; **über etw** (*Akk*) **~** se lamenter sur qc; **das Lamentieren** les lamentations *fpl*
Lamento [la'mɛnto] <-s, -s> *nt geh* lamentations *fpl*; **wegen etw ein ~ anstimmen** pousser des lamentations à cause de qc
Lametta [la'mɛta] <-s> *nt* ❶ lamelles *fpl* argentées/dorées
❷ *hum fam* (*Ordensschmuck*) batterie *f* de cuisine (*fam*)
laminieren* *tr V* plastifier *Bucheinband, Pappe*
Lamm [lam, *Pl:* 'lɛmɐ] <-[e]s, ¨-er> *nt* (*Tier, Fleisch*) agneau *m*; **heute gibt es ~** aujourd'hui, il y a de l'agneau au menu
▸ **das ~ Gottes** l'Agneau *m* de Dieu; **sich wie ein ~ zur Schlachtbank führen lassen** *geh* se laisser mener à l'abattoir comme un agneau; **sanft wie ein ~ sein** être doux(douce) comme un agneau
Lammbraten *m* rôti *m* d'agneau
lammen ['lamən] *itr V* agneler
Lammfell *nt* fourrure *f* d'agneau **Lammfleisch** *nt* viande *f* d'agneau **lammfromm** *Adj Gesicht, Miene* ingénu(e); **~ sein** être doux(douce) comme un agneau **Lammkeule** *f* GASTR gigot *m* d'agneau **Lammkotelett** *nt* GASTR côtelette *f* d'agneau
Lampe ['lampə] <-, -n> *f* lampe *f*
Lampenfassung *f* douille *f* **Lampenfieber** *nt* trac *m*; **~ haben** avoir le trac **Lampenschirm** *m* abat-jour *m inv*
Lampion [lam'piõ:, 'lampiɔŋ] <-s, -s> *m* lampion *m*
lancieren* [lã'si:rən] *tr V geh* lancer *Künstler, Meldung, Produkt*; **jdn in eine Stellung ~** catapulter qn à un poste
Land [lant, *Pl:* 'lɛndɐ] <-[e]s, ¨-er> *nt* ❶ (*Staat*) pays *m*; **außer ~es sein/gehen** être hors du pays/s'expatrier
❷ *kein Pl* (*Festland*) terre *f*; **an ~ gehen** descendre à terre; **jdn an ~ setzen** débarquer qn; **jdn/etw an ~ spülen** rejeter qn/qc sur le rivage; **jdn/etw an ~ ziehen** tirer qn/qc à terre; **~ in Sicht!** terre!; **~ unter!** NDEUTSCH terres immergées!
❸ (*Bundesland*) Land *m*; **die 16 Länder** les 16 Länder
❹ *kein Pl* (*Acker, Gelände*) terrain *m*; **das ~ bestellen** [*o* **bebauen**] cultiver la terre
❺ *kein Pl* (*ländliche Gegend*) campagne *f*; **auf dem flachen** [*o* **platten** *fam*] **~** au [*o* dans le] plat pays; **auf dem ~ leben/aufs ~ ziehen** vivre/partir s'installer à la campagne
❻ <Lande> *hum veraltet poet* (*Gebiet, Gegend*) **durch die ~e ziehen** *geh* sillonner le pays
▸ **~ und Leute kennen lernen** apprendre à connaître le pays et ses habitants; **das ~, wo Milch und Honig fließt** le pays où coulent le lait et le miel; **das ~ der unbegrenzten Möglichkeiten** le pays où tout est possible; **andere Länder, andere Sitten** autres pays, autres mœurs; **das Gelobte/Heilige ~** la Terre promise/sainte; **[wieder] ~ sehen** *fam* voir le bout du tunnel; **an ~ ziehen** *fam* décrocher (*fam*) *Job, Auftrag*; **ins ~ ziehen** [*o* **gehen**] *geh Zeit, Jahre:* s'écouler; **bei uns zu ~e** dans notre pays
Landadel *m* noblesse *f* campagnarde **Landammann** *m* CH président(e) *m(f)* de gouvernement cantonal **Landarbeit** *f kein Pl* travaux *mpl* des champs **Landarbeiter(in)** *m(f)* ouvrier(-ière) *m(f)* agricole **Landarzt** *m*, **-ärztin** *f* médecin *m* de campagne; **sie ist Landärztin** elle est médecin de campagne **landauf** *Adv* ▸ **~, landab** *geh* par monts et par vaux (*soutenu*) **Landbesitz** *m* domaine *m* [rural]; **~ haben** avoir des terres **Landbevölkerung** *f* population *f* rurale **Landbrücke** *f* GEOG pont *m* de terre
Landeanflug *m* amorce *f* de l'atterrissage **Landebahn** *f* piste *f* d'atterrissage **Landeerlaubnis** *f* autorisation *f* d'atterrir; **~ haben** avoir l'autorisation d'atterrir **Landefähre** *f* module *m* d'atterrissage
landeinwärts *Adv ziehen* à l'intérieur des terres; *wehen* vers la terre
Landeklappe *f* volet *m* de freinage **Landemanöver** *nt* manœuvre *f* d'atterrissage
landen ['landən] **I.** *itr V + sein* ❶ *Flugzeug, Fallschirmspringer:* atterrir; **auf dem Mond ~** alunir; **auf einem Ast ~** se poser sur une branche
❷ (*anlegen*) **auf einer Insel/im Hafen ~** *Schiff:* aborder dans une île/au port
❸ *fam* (*hingelangen, ankommen*) **im Hotel/zu Hause ~**

atterrir à l'hôtel/à la maison (*fam*); **bei der Sekretärin** ~ *Kunde, Anruf, Schreiben:* atterrir chez la secrétaire (*fam*); **im Papierkorb/im Gefängnis** ~ atterrir dans la corbeille à papier/en prison (*fam*)
▶ **bei jdm nicht** ~ **können** *fam* n'avoir aucune chance avec qn
II. *tr V + haben* faire atterrir, poser *Flugzeug, Raumfähre;* larguer *Soldaten, Truppen*
Landenge *f* isthme *m*
Landepiste *f* piste *f* d'atterrissage **Landeplatz** *m* ① AVIAT terrain *m* d'atterrissage ② (*Landungsplatz*) mouillage *m*
Ländereien [lɛndəˈraɪən] *Pl* terres *fpl*
Länderfinanzausgleich *m* péréquation *f* des ressources entre [les] Länder **Länderkampf** *m* SPORT compétition *f* internationale **Länderkunde** *kein Pl f* géographie *f* **Länderspiel** *nt* SPORT rencontre *f* internationale
Landesbank <-banken> *f* banque *f* régionale **Landesebene** *f* **auf** ~ au niveau des Länder **landeseigen** *Adj* propre au/à un Land **Landesfarben** *Pl eines Staates* couleurs *fpl* nationales; *eines Bundeslandes* couleurs; **die** ~ **Frankreichs** les couleurs nationales de la France; **die bayrischen** ~ les couleurs de la Bavière **Landesgrenze** *f eines Staats* frontière *f; eines Bundeslandes* limite *f;* **die sächsische** ~ la limite de la Saxe **Landeshauptmann** *m,* **-frau** *f* A chef *mf* de gouvernement (*d'un Etat fédéré*) **Landeshauptstadt** *f* capitale *f* [d'un Land]; **Wiesbaden ist die hessische** ~ Wiesbaden est la capitale de la Hesse **Landesinnere(s)** *nt dekl wie Adj* intérieur *m* du pays; (*hinter der Küste*) arrière-pays *m* **Landeskunde** *f kein Pl* civilisation *f* **landeskundig** *Adj* connaissant le pays; ~ **sein** connaître le pays **landeskundlich** *Adj* de civilisation **Landesrat** *m,* **-rätin** *f* A membre *m* d'un gouvernement provincial **Landesrecht** *nt* législation *f* du Land **Landesregierung** *f* gouvernement *m* du Land **Landessprache** *f* langue *f* nationale
Landesteg *m* débarcadère *m*
Landesteil *m* région *f* **Landestracht** *f* costume *m* national [*o* du pays] **landesüblich** *Adj Kleidung* d'usage [dans le pays]; ~ **sein** être en usage [dans le pays] **Landesverrat** *m* haute trahison *f* **Landesverteidigung** *f* défense *f* nationale **Landesverweisung** *f* JUR expulsion *f* **Landeswährung** *f* monnaie *f* nationale; **die Ablösung der** ~**en** le remplacement des monnaies nationales **landesweit** *Adj, Adv* dans tout le pays, à travers le pays
Landeverbot *nt* interdiction *f* d'atterrir; ~ **haben** ne pas avoir l'autorisation d'atterrir
Landfahrer(in) *m(f) form* nomade *mf;* **die** ~ les gens *mpl* du voyage (*form*) **Landflucht** *f* exode *m* rural **Landfracht** *f* transports *mpl* terrestre [*o* par terre] **Landfrau** *s.* Landmann **Landfriedensbruch** *m* JUR atteinte *f* à l'ordre public **Landfunk** *m* émission *f* [radiophonique] agricole **Landgang** *m* permission *f* de descendre à terre **Landgericht** *nt* JUR ≈ tribunal *m* de grande instance **landgestützt** *Adj Rakete* basé(e) au sol **Landgewinnung** *f* poldérisation *f* **Landgut** *nt* domaine *m* [rural] **Landhaus** *nt* maison *f* de campagne **Landjäger** *m* GASTR gendarme *m* **Landkarte** *f* carte *f* géographique **Landkreis** *m* ≈ district *m* **Landkrieg** *m* guerre *f* terrestre **landläufig** *Adj* répandu(e); *Bedeutung* communément admis(e) **Landleben** *nt* vie *f* à la campagne
Ländler [ˈlɛntlɐ] <-s, -> *m* A [danse *f*] tyrolienne *f*
Landleute *Pl* gens *mpl* de la campagne
ländlich [ˈlɛntlɪç] *Adj Brauch, Tracht* paysan(ne); *Idylle* campagnard(e); *Abgeschiedenheit, Ruhe* de la campagne
Landluft *f* ① air *m* de la campagne ② *iron* (*nach Jauche riechende Luft*) air *m* pur de la campagne **Landmann** <-männer> *m,* **-frau** *f* campagnard(e) *m(f)* **Landmaschine** *f* machine *f* agricole **Landplage** *f* fléau *m* **Landrat** *m* CH Parlement *m* cantonal, Grand-Conseil *m* **Landrat** *m,* **-rätin** *f* chef *mf* [administratif] de district (*sous-préfet en France*); CH parlementaire *mf* cantonal(e) **Landratsamt** *nt* ≈sous-préfecture *f* **Landratte** *f hum fam* éléphant *m* (*arg*) **Landregen** *m* crachin *m* **Landrücken** *m* croupe *f* montagneuse
Landschaft <-, -en> *f* paysage *m;* GEOG région *f*
landschaftlich **I.** *Adj* ① **von großer** ~**er Schönheit sein** offrir des paysages d'une grande beauté
② LING régional(e)
II. *Adv* ① ~ **reizvoll sein** *Gegend, Ortschaft:* offrir un paysage attrayant
② LING selon les régions
Landschaftsgärtner(in) *m(f)* [jardinier(-ière) *m(f)*] paysagiste *mf* **Landschaftsgestaltung** *f* architecture *f* de paysage **Landschaftsmaler(in)** *m(f)* paysagiste *mf* **Landschaftsmalerei** *f kein Pl* paysage *m,* peinture *f* de paysages **Landschaftsschutzgebiet** *nt* site *m* protégé
Landsitz *m* domaine *m*
Landsknecht *m* lansquenet *m* **Landsmann** <-leute> *m,* **-männin** *f* compatriote *mf;* **er ist ein** ~ **von mir/ihr** c'est un compatriote à moi; **was für ein** ~ **sind Sie?** vous venez de quel pays?
Landspitze *f* pointe *f* de terre, cap *m* **Landstraße** *f* ≈ [route *f*] départementale *f;* (*untergeordnete Straße*) route *f* secondaire **Landstreicher(in)** <-s, -> *m(f)* vagabond(e) *m(f)* **Landstreicherei** <-> *f* vagabondage *m* **Landstreitkräfte** *Pl* forces *fpl* terrestres **Landstrich** *m* contrée *f* **Landtag** *m* ① (*Parlament*) landtag *m* ② (*Gebäude*) bâtiment *m* du landtag

i Land & Leute

Les chambres qui représentent le peuple dans les Länder allemands et autrichiens s'appellent toutes des **Landtage**, sauf à Hambourg et à Brême où l'on parle de la *Bürgerschaft*, à Berlin du *Abgeordnetenhaus* et à Vienne du *Gemeinderat.* Les chambres régionales en Suisse s'appellent, selon les cantons: *Kantonsrat, Großer Rat* ou encore *Landrat.*

Landung [ˈlandʊŋ] <-, -en> *f* ① *eines Flugzeugs, einer Raumfähre* atterrissage *m*
② MIL *von Truppen, Soldaten* largage *m;* (*per Schiff*) débarquement *m;* **die** ~ **der Alliierten in der Normandie** le débarquement allié en Normandie
Landungsboot *nt* péniche *f* de débarquement **Landungsbrücke** *f* débarcadère *m* **Landungssteg** *m* ponton *m* [d'accostage] **Landungstruppen** *Pl* troupes *fpl* de débarquement
Landurlaub *m* congé *m* à terre **Landvermessung** *f* ① AGR arpentage *m* ② GEOL géodésie *f* **Landweg** *m* ① (*Weg über das Festland*) voie *f* terrestre; **auf dem** ~ par voie terrestre ② (*Feldweg*) chemin *m* rural **Landwehr** *f* ① MIL *veraltet* landwehr *f,* armée *f* territoriale ② (*Grenzbefestigung*) retranchement *m* **Landwein** *m* vin *m* de pays **Landwind** *m* vent *m* de terre **Landwirt(in)** *m(f)* agriculteur(-trice) *m(f)* **Landwirtschaft** *f* ① *kein Pl* (*Erwerbstätigkeit*) agriculture *f;* ~ **betreiben** pratiquer l'agriculture ② (*Betrieb*) exploitation *f* agricole
landwirtschaftlich **I.** *Adj Betrieb, Produkt, Maschine* agricole; **die** ~**e Anbaufläche** la surface cultivée **II.** *Adv tätig sein* dans l'agriculture; *geprägt sein* par l'agriculture
Landwirtschaftsministerium *nt* ministère *m* de l'agriculture **Landwirtschaftsschule** *f* école *f* d'agriculture
Landzunge *f* langue *f* de terre
lang [laŋ] <¨er, ¨ste> **I.** *Adj* ① (*räumlich ausgedehnt*) *Haare, Arm, Kleid, Seil* long(longue); **ein** ~**er Weg/eine** ~**e Strecke** un long chemin/trajet; **zwei Meter** ~ **sein** avoir deux mètres de long; **etw länger machen** rallonger qc
② (*zeitlich ausgedehnt*) **ein** ~**er Film/eine** ~**e Unterbrechung** un long film/une longue interruption; **ein längerer Aufenthalt** un séjour prolongé; **es hat [eine]** ~**e Zeit**

gebraucht ça a demandé un bon moment [*o* longtemps]; **seit ~em/längerem** depuis longtemps/un certain temps; **länger werden** *Tage:* s'allonger
❸ *fam* (*groß gewachsen*) grand(e); **ist der Junge ~!** quelle grande perche! (*fam*)
▸ **des Langen und Breiten** en long et en large
II. *Adv* ❶ longtemps; [**zu**] **~ aufbleiben** veiller [trop] tard; **noch ~[e] bleiben** rester encore longtemps; **bis Weihnachten ist es noch ~e hin** nous sommes encore loin de Noël; **einen Augenblick/viele Jahre ~** pendant un instant/de nombreuses années; **das Brot reicht** [**uns**] **noch ~** on a encore du pain pour un [bon] moment; **wie ~[e] bleibst du?** combien de temps restes-tu?; **~ gezogen** *Geheul, Sirenenton* prolongé(e)
❷ (*seit einer Weile*) **~ gehegt** *Wunsch* caressé(e) de longue date; **~ ersehnt** tant espéré(e); **die ~ ersehnte Antwort** la réponse tant attendue; **schon ~[e]** *warten, fertig sein* depuis longtemps; **es ist ~[e] her, dass wir uns gesehen haben** ça fait longtemps qu'on s'est vu; **das ist schon ~[e] her!** ça ne date pas d'hier!
❸ (*räumlich ausgedehnt*) **~ gestreckt** *Gebäude* allongé(e); **eine ~ gestreckte Ortschaft** une agglomération [toute] en longueur
❹ (*bei weitem*) **~[e] nicht so schlimm sein wie ...** être loin d'être aussi grave que ...; **~e nicht so schnell laufen wie ...** être loin de courir aussi vite que ...; **noch ~e nicht fertig sein** *Person:* être loin d'avoir fini
▸ **~ und breit** en long et en large; **was ~e währt, wird endlich gut** *Spr.* tout vient à point à qui sait attendre; **je länger, je lieber** le plus tard sera le mieux; **es nicht mehr ~[e] machen** *sl Person:* en avoir plus pour longtemps (*fam*); **~e auf sich** (*Akk*) **warten lassen** se faire attendre; **nicht ~[e] auf sich** (*Akk*) **warten lassen** *Antwort, Reaktion:* ne se faire guère attendre; **da** [*o* **darauf**] **kannst du ~[e] warten!** *iron* tu peux toujours attendre!

langärmelig *s.* **langärmlig** **langarmig** *Adj* aux longs bras; **~ sein** avoir de longs bras **langärmlig** *Adj* à manches longues
langatmig [-a:tmɪç] *Adj pej* qui traîne en longueur; **~ sein** traîner en longueur; **allzu ~e Erklärungen** des explications à n'en plus finir **Langatmigkeit** <-> *f pej einer Darstellung, Erklärung* prolixité *f* **langbeinig** *Adj Mensch* aux longues jambes; *Tier* aux longues pattes; **~ sein** avoir de longues jambes/pattes
lange ['laŋə] <⸚er, ⸚ste> *s.* **lang**
Länge ['lɛŋə] <-, -n> *f* ❶ (*räumliche Ausdehnung*) longueur *f*; **ein Seil von zwei Metern ~** une corde d'une longueur de deux mètres; **etw der ~ nach falten/durchsägen** plier/scier qc en long
❷ (*Entfernung*) **auf einer ~ von hundert Metern** sur une distance de cent mètres
❸ (*Dauer*) durée *f*; **etw in die ~ ziehen** faire traîner qc en longueur; **sich in die ~ ziehen** *Diskussion, Verhandlung:* traîner en longueur
❹ (*Umfang*) **in voller ~** *zeigen* en version intégrale; *erscheinen* en édition intégrale
❺ *fam* (*Größe*) *eines Menschen* taille *f*; **in die ~ wachsen** pousser en hauteur
❻ (*langatmige Stelle*) *eines Films, Romans* longueur *f*
❼ GEOG longitude *f*; **die Insel liegt 47° westlicher ~** l'île est située à 47° de longitude ouest
❽ (*lange Silbe*) longue *f*
▸ **der ~ nach hinfallen** tomber de tout son long
langen ['laŋən] I. *itr V fam* ❶ (*ausreichen*) suffire; [**jdm**] **~** suffire [à qn]; **das Brot langt** [**noch**] **bis morgen** le pain suffit [encore] jusqu'à demain; **danke, das langt** [**mir**] merci, c'est suffisant
❷ (*sich erstrecken*) **bis zum Boden ~** *Tischdecke, Vorhang:* arriver jusqu'au sol; [**bis**] **über das Knie ~** *Rock:* recouvrir le genou
❸ (*fassen*) **an etw** (*Akk*) **~** toucher [à] qc
❹ (*reichen*) **auf den Schrank ~** [**können**] [arriver à] atteindre le dessus de l'armoire
II. *itr V unpers fam* **es langt, wenn du anrufst** ça suffit de téléphoner
▸ **ihr/mir langt es** elle en a/j'en ai marre (*fam*)
III. *tr V fam* **jdm etw ~** passer qc à qn
▸ **jdm eine ~** en allonger une à qn (*fam*)
Längeneinheit *f* unité *f* de longueur **Längengrad** *m* degré *m* de longitude **Längenmaß** *nt* mesure *f* de longueur
länger ['lɛŋɐ] *s.* **lang**
längerfristig I. *Adj Planung, Vorbereitungen* de longue haleine; *Vertrag* à plus long terme
II. *Adv* à plus long terme
langersehnt *s.* **lang II.2.**
Langeweile <- *o* langen Weile *geh*> ['laŋəvaɪlə] *f* ennui *m*; **~ haben** s'ennuyer; **aus** [**lauter**] **~ essen** manger par ennui; **vor ~** [*o* **Langerweile** *geh*] **fast sterben** presque mourir d'ennui
Langfinger *m hum fam* voleur(-euse) *m(f)* à la tire **Langformat** *nt eines Briefumschlags* format *m* américain
langfristig I. *Adj Regelung, Vertrag, Darlehen* à long terme
II. *Adv* à long terme; **~ geplant sein** être prévu(e) longtemps à l'avance
langgehegt *s.* **lang II.2.**
lang|gehen *unreg + sein fam* I. *itr V* **am Fluss/an der Bahnlinie ~** longer le fleuve/la voie de chemin de fer
II. *itr V unpers* **da geht's lang** il faut passer [*o* on passe] par là
▸ **sagen, wo's langgeht** décider de ce qu'il faut faire; **wissen, wo's langgeht** savoir de quoi il retourne
langgestreckt *s.* **lang II.3.**
langgezogen *s.* **lang II.1.**
langhaarig *Adj Mensch* aux longs cheveux; *Hund, Katze, Lama* à poil long; **~ sein** *Mensch:* avoir les cheveux longs; *Hund, Katze, Lama:* avoir le poil long **Langhaarige(r)** *f(m) dekl wie Adj* homme *m*/femme *f* aux cheveux longs
langjährig *Adj Mitarbeiter, Vertrauter, Kunde, Freundschaft* de longue date; *Planungen, Verhandlungen* de plusieurs années; **~e Erfahrung haben** avoir une longue expérience
Langkornreis *m* riz *m* long
Langlauf *m kein Pl* ski *m* de fond **Langläufer(in)** *m(f)* (*Skiläufer*) skieur(-euse) *m(f)* de fond
Langlaufloipe *f* SPORT piste *f* de ski de fond **Langlaufski** *m* ski *m* de fond
langlebig *Adj* ❶ *Mensch, Tier, Baum* qui vit longtemps; *Grünpflanze* vivace; **~ sein** avoir une grande longévité
❷ (*dauerhaft*) *Konsumgut, Material* durable; *Substanz* persistant(e)
Langlebigkeit <-> *f* ❶ *eines Menschen, Tiers, Baums* longévité *f*
❷ *fig eines Konsumguts* solidité *f*; *einer Substanz, eines Gerüchts* persistance *f*
lang|legen *r V fam* ❶ (*hinfallen*) **sich ~** s'étaler (*fam*)
❷ (*sich niederlegen*) **sich auf etw** (*Dat*) **~** s'allonger sur qc
länglich ['lɛŋlɪç] *Adj* oblong(-longue)
lang|liegen *itr V unreg fam* être allongé(e) **langmähnig** *Adj fam Mensch* chevelu(e); **~ sein** avoir de longs tifs (*fam*) **Langmut** <-> *f geh* longanimité *f* (*littér*)
langmütig *Adj geh* indulgent(e)
längs [lɛŋs] I. *Präp + Gen* **~ des Kanals** le long du canal
II. *Adv stellen, hinlegen* longitudinalement
Längsachse [-aksə] *f* axe *m* longitudinal
langsam ['laŋza:m] I. *Adj* ❶ *Bewegung, Fahrzeug* lent(e)
❷ (*bedächtig*) *Mensch* lent(e); **~ sein** avoir l'esprit lent
❸ (*allmählich*) *Nachlassen, Vorgang* progressif(-ive)
II. *Adv* ❶ (*nicht schnell*) lentement; *anfahren* tout doucement; **~, ~!, immer** [**schön**] **~!** *fam* cool, cool! (*fam*)
❷ *fam* (*allmählich*) petit à petit; **es ist ~ an der Zeit, dass** il serait [bientôt] temps de + *infin*/que + *subj*; **~ wird mir das**

aber zu bunt! ça commence à bien faire! (*fam*); **das sollte dir ~ mal klar werden!** tu devrais finir par comprendre ça à la fin!
► **~, aber sicher** lentement mais sûrement
Langsamkeit <-> *f* lenteur *f*
Langschläfer(in) *m(f)* lève-tard *mf* (*fam*)
längsgestreift *s.* gestreift
Langspielplatte *f* trente-trois tours *m*
Längsrichtung *f* **in ~** dans le sens de la longueur **Längsschnitt** *m* coupe *f* longitudinale **Längsseite** *f eines Kastens, einer Kiste* longueur *f*; *eines Tisches* grand côté *m*; *eines Schiffes* flanc *m* **längsseits I.** *Präp + Gen* NAUT **~ des Tankers liegen** être parallèle au pétrolier **II.** *Adv* **~ am Bootssteg anlegen** acoster parallèlement au ponton **Längsstreifen** *Pl* rayures *fpl* verticales
längst [lɛŋst] *Adv* ① (*seit langem*) depuis longtemps
② (*bei weitem*) **das ist ~ nicht alles** c'est loin d'être tout
längste(r, s) *Superl von* **lang**
längstens ['lɛŋstəns] *Adv* ① (*höchstens*) tout au plus
② (*spätestens*) au plus tard
langstielig *Adj Blume, Staude* à longue tige; *Glas* à long pied
Langstreckenflug *m* vol *m* long-courrier **Langstreckenflugzeug** *nt* long-courrier *m* **Langstreckenlauf** *m* course *f* de fond **Langstreckenläufer(in)** *m(f)* coureur(-euse) *m(f)* de fond **Langstreckenrakete** *f* missile *f* longue portée
Languste [laŋ'gʊstə] <-, -n> *f* langouste *f*
langweilen ['laŋvaɪlən] **I.** *tr V* ennuyer
II. *itr V* être ennuyeux(-euse)
III. *r V* **sich ~** s'ennuyer; **sich bei einem Vortrag/einem Film ~** s'ennuyer pendant une conférence/un film; **sich tödlich [o zu Tode] ~** *fam* s'ennuyer comme un rat mort (*fam*); *s. a.* **gelangweilt**
Langweiler(in) <-s, -> *m(f) pej fam* ① raseur(-euse) *m(f)* (*fam*)
② (*langsamer Mensch*) lambin(e) *m(f)* (*fam*)
langweilig I. *Adj* ennuyeux(-euse)
II. *Adv* de façon ennuyeuse
Langwelle *f* grandes ondes *fpl*; **auf ~** sur grandes ondes
langwierig ['laŋviːrɪç] *Adj* de longue haleine [*o* durée]
Langwierigkeit <-> *f* longue durée *f*
Langzeitarbeitslose(r) *f(m) dekl wie Adj* chômeur(-euse) *m(f)* de longue durée **Langzeitarbeitslosigkeit** *f* chômage *m* de longue durée **Langzeitgedächtnis** *nt* mémoire *f* longue [*o* à long terme] **Langzeitrisiko** *nt* risque *m* à long terme **Langzeitstudie** *f* étude *f* à long terme **Langzeittherapie** *f* thérapie *f* de longue durée **Langzeitwirkung** *f* effet *m* de longue durée
Lanolin [lano'liːn] <-s> *nt* lanoline *f*
Lanthan [lan'taːn] <-s> *nt* CHEM lanthane *m*
Lanze ['lantsə] <-, -n> *f* lance *f*
► **für jdn/etw eine ~ brechen** *geh* prendre fait et cause pour qn/qc
Lanzette [lan'tsɛtə] <-, -n> *f* lancette *f*
Lanzettfischchen <-s, -> *nt* ZOOL amphioxus *m*
Laos ['laːɔs] <-> *nt* le Laos
Laote [la'oːtə] <-n, -n> *m*, **Laotin** *f* Laotien(ne) *m(f)*
laotisch *Adj* laotien(ne)
lapidar [lapi'daːɐ] *geh* **I.** *Adj* lapidaire
II. *Adv* de façon lapidaire
Lapislazuli [lapɪs'laːtsuli] <-, -> *m* lapis[-lazuli] *m*
Lappalie [la'paːliə] <-, -n> *f* broutille *f*
Lappe ['lapə] <-n, -n> *m*, **Lappin** *f* Lapon(e) *m(f)*
Lappen ['lapən] <-s, -> *m* ① chiffon *m*
② *sl* (*Banknote*) biffeton *m* (*fam*)
► **jdm durch die ~ gehen** *fam Dieb, Täter:* filer entre les pattes de qn (*fam*); *Auftrag, Sonderangebot:* passer sous le nez de qn (*fam*)
läppern ['lɛpɐn] *r V unpers fam* **das [o es] läppert sich** ça finit par faire [pas mal] (*fam*)

lappig ['lapɪç] *Adj fam* ① (*schlaff*) mou(molle)
② (*gering*) minime; **für ~e 50 Euro** (*läppisch*) pour seulement 50 euros, pour la somme ridicule [*o* dérisoire] de 50 euros
Lappin ['lapɪn] <-, -nen> *f s.* **Lappe**
läppisch ['lɛpɪʃ] *pej* **I.** *Adj* ① (*unsinnig, albern*) puéril(e) (*péj*)
② (*gering*) *Betrag* ridicule (*péj*)
II. *Adv* de façon puérile (*péj*); **das kam ihr ~ vor** elle trouvait ça puéril
Lappland ['laplant] <-s> *nt* la Laponie
Lapsus ['lapsʊs, *Pl:* 'lapsuːs] <-, -> *m geh* lapsus *m*; **einen ~ begehen** faire un lapsus
Lapsus linguae <- -, - -> *m geh* lapsus *m* [linguæ]
Laptop ['lɛptɔp, 'læptɔp] <-s, -s> *m* [ordinateur *m*] portable *m*
Lärche ['lɛrçə] <-, -n> *f* mélèze *m*
large [larʒ] CH *s.* **generös**
Largo ['largo, *Pl:* 'largi] <-s, -s *o* Larghi> *nt* MUS largo *m*
Larifari [lari'faːri] <-s> *nt pej fam* blabla[bla] *m* (*fam*)
Lärm [lɛrm] <-[e]s> *m* bruit *m*; **~ machen** faire du bruit
► **viel ~ um nichts machen** faire beaucoup de bruit pour rien
Lärmbekämpfung *f* lutte *f* antibruit **Lärmbelästigung** *f*, **Lärmbelastung** *f* nuisances *fpl* sonores; **die ~ durch den Straßenverkehr** la gêne causée par le bruit de la circulation **lärmdämpfend** *Adj* qui assourdit le bruit **lärmempfindlich** *Adj* sensible au bruit
lärmen ['lɛrmən] *itr V* faire du bruit; **~de Kinder** enfants bruyants
Lärmpegel *m* niveau *m* sonore **Lärmquelle** *f* source *f* de bruit **Lärmschutz** *m* protection *f* antibruit
Lärmschutzwall *m*, **Lärmschutzwand** *f* mur *m* antibruit
Larve ['larfə] <-, -n> *f* ① larve *f*
② (*Halbmaske*) loup *m*
las [laːs] *Imp von* **lesen**
Lasagne [la'zaniə] *Pl* lasagne[s] *fpl*
lasch [laʃ] *fam* **I.** *Adj* ① (*schlaff*) *Händedruck* mou(molle)
② (*nachlässig*) *Erziehung* relâché(e); **[zu] ~ sein** *Regierung:* être [trop] laxiste; *Polizei:* être [trop] coulant(e) (*fam*)
③ (*fade*) *Essen, Suppe* fadasse (*fam*)
II. *Adv* mollement
Lasche ['laʃə] <-, -n> *f eines Umschlags, einer Tasche* rabat *m*; *eines Kleids* patte *f*
Laschheit <-, -en> *f* ① *eines Händedrucks* mollesse *f*
② (*Nachgiebigkeit*) *eines Menschen, einer Regierung* laxisme *m*
Laser ['leːzɐ, 'leɪzɐ] <-s, -> *m* laser *m*
Laserchirurgie ['leɪzɐ-] *f* chirurgie *f* au laser **Laserdrucker** *m* imprimante *f* [à] laser **Laserstrahl** *m* rayon *m* laser **Lasertechnik** *f* technique *f* au laser **Laserwaffe** *f* MIL arme *f* laser
lasieren* *tr V* enduire d'une lasure; **etw ~** enduire qc d'une lasure
lassen ['lasən] **I.** <lässt, ließ, gelassen> *tr V* ① (*unterlassen*) arrêter; **das Trinken nicht ~ können** ne pouvoir s'empêcher de boire; **ich kann es einfach nicht ~** c'est plus fort que moi; **ich habe es dann doch gelassen** mais j'ai fini par y renoncer; **das Rauchen sein ~** arrêter de fumer; **lass die Kritik sein!** arrête de critiquer!; **ich lasse es besser sein** il vaut mieux que je renonce; **lass das!** arrête!; **lass das lieber!** il vaut mieux pas!; **wenn du keine Lust hast, dann lass es doch!** si tu n'as pas envie, ne le fais pas [*o* laisse tomber]!
② (*zurücklassen*) **die Kinder allein/bei Verwandten ~** laisser les enfants seuls/chez des parents; **die Tasche im Büro/zu Hause ~** laisser le sac au bureau/à la maison; **seinen Mantel im Restaurant hängen/liegen ~** laisser son manteau au restaurant; **den Wagen stehen ~** ne pas pendre la voiture
③ (*zugestehen*) **jdm seinen Glauben/Freiraum ~** laisser à qn sa liberté de croyance/d'action
④ (*zu gehen gestatten*) **jdn ins Haus/durch das Tor ~** laisser qn entrer dans la maison/passer la porte; **die Kinder auf**

die Straße/ins Schwimmbad ~ laisser les enfants sortir dans la rue/aller à la piscine
⑤ (*in einem Zustand belassen*) **etw liegen** ~ (*unerledigt*) laisser qc en attente; **die Tür offen** ~ laisser la porte ouvert(e); **eine Frage offen** ~ laisser une question en suspens; **eine Stelle offen** ~ laisser un poste vacant; **etw stehen** ~ laisser qc; **lass die Vase bitte stehen!** ne touche pas au vase!; **den Schlüssel in der Tür stecken** ~ laisser la clé sur la porte; **die Wohnung schmutzig** ~ laisser l'appartement sale; **alles so** ~, **wie es ist** *Polizei, Zeuge:* laisser tout tel quel; **kann ich den Aufsatz so** ~**?** est-ce que je peux laisser cette rédaction comme ça?; **wir sollten nichts unversucht** ~ nous devrions tout essayer; ~ **wir es dabei** restons-en là
⑥ (*nicht stören*) **jdn** ~ laisser qn [tranquille]
⑦ (*nicht anrühren*) **stehen** ~ ne pas toucher à *Essen, Getränk;* **für Champagner den besten Rotwein stehen** ~ préférer le champagne au meilleur des vins rouges; **du kannst deinen Geldbeutel stecken** ~**!** laisse, c'est pour moi!
⑧ (*gewähren lassen*) **jdn** ~ laisser faire qn
⑨ (*gelangen lassen*) **Wasser in die Wanne** ~ faire couler de l'eau dans la baignoire; **das Wasser aus der Wanne** ~ vider la baignoire; **Öl in den Tank** ~ verser du mazout dans le réservoir; **die Luft aus den Reifen** ~ dégonfler les pneus
► **jdn hängen** ~ *fam* laisser tomber qn (*fam*); **sich hängen** ~ *fam* se laisser aller; **alles stehen und liegen** [*o* **liegen und stehen**] ~ laisser tout en plan (*fam*); **das muss man ihr/ihm** ~ il faut lui rendre cette justice; **eines muss man ihm** ~, **er versteht sein Handwerk** il faut reconnaître qu'il connaît son métier; **einen** ~ *fam* en lâcher un (*fam*)
II. <lässt, ließ, lassen> *Hilfsv modal* ① (*dulden, zulassen*) **jdn studieren** ~ faire étudier qn; **die Kinder nicht fernsehen** ~ ne pas permettre aux enfants de regarder la télé; **ich lasse mich nicht belügen/zwingen!** je n'accepte pas qu'on me mente!/on ne me forcera pas!
② (*veranlassen*) **jdn warten** ~ faire attendre qn; **jdn kommen/rufen** ~ faire venir/appeler qn; **sich untersuchen** ~ se faire examiner; **sich scheiden** ~ divorcer; **sich** (*Akk*) **wegen einer Infektion behandeln** ~ se faire soigner pour d'une infection; **etw reparieren/bauen** ~ faire réparer/construire qc; **jdn etw wissen** ~ faire savoir qc à qn; **sich** (*Dat*) **etw schicken** ~ se faire envoyer qc; **sich** (*Dat*) **einen Zahn ziehen/die Haare schneiden** ~ se faire arracher une dent/couper les cheveux; **den Tee drei Minuten ziehen** ~ laisser le thé infuser trois minutes
③ (*als Ausdruck der Möglichkeit*) **das Fenster lässt sich öffnen** on peut ouvrir la fenêtre; **der Text lässt sich kürzen** on peut raccourcir le texte; **dieser Text lässt sich nur schwer übersetzen** ce texte-là est difficile à traduire; **das lässt sich machen** c'est faisable; **das lässt sich essen** ça se laisse manger; **es wird sich nicht leicht beweisen** ~ il ne sera pas facile de le prouver; **es wird sich kaum vermeiden** ~**, dass** il est pratiquement inévitable que + *subj;* **aus den Aussagen lässt sich folgern, dass** on peut conclure des dépositions que + *indic*
④ (*als Ausdruck einer Aufforderung*) **lass uns/lasst uns gehen!** allons-nous en!; **lasset uns beten!** prions!; **lass dich hier nie wieder blicken!** et ne te montre plus jamais ici!; ~ **Sie sich das gesagt sein!** tenez vous-le pour dit!; **lass dich bloß nicht von ihm ärgern!** ne te laisse pas contrarier par lui!; **lass dir darüber keine grauen Haare wachsen!** ne te fais pas de mauvais sang pour ça!; ~ **Sie sich doch nicht solche Lügen auftischen!** ne croyez pas à de tels mensonges!
► **das lasse ich nicht mit mir machen!** je ne marche pas!; **und das lässt du so einfach mit dir machen?** et tu te laisses faire?
III. <lässt, ließ, gelassen> *itr V* **von jdm/etw** ~ renoncer à qn/qc; **lass/lasst mal!** laisse/laissez donc!
lässig ['lɛsɪç] I. *Adj* décontracté(e)
II. *Adv* ① (*ungezwungen*) en toute décontraction
② *fam* (*mit Leichtigkeit*) les doigts dans le nez (*fam*)
Lässigkeit <-> *f* ① (*Ungezwungenheit*) décontraction *f*
② (*Leichtigkeit*) facilité *f*
Lasso ['laso] <-s, -s> *nt o m* lasso *m*
lässt[RR], **läßt** *3. Pers Präs von* **lassen**
Last [last] <-, -en> *f* ① (*schweres Gewicht*) charge *f,* poids *m*
② (*Transportlast, Bürde*) charge *f;* **jdm eine** ~ **abnehmen** soulager qn d'un fardeau
③ *Pl* (*finanzielle Verpflichtung*) charges *fpl*
► **jdm zur** ~ **fallen** devenir une charge pour qn; **zu jds** ~ **en gehen** être à la charge de qn; **jdm etw zur** ~ **legen** mettre qc sur le dos de qn; **jdm zur** ~ **legen etw getan zu haben** accuser qn d'avoir fait qc
Lastauto *nt* camion *m*
lasten ['lastən] *itr V* ① **auf jdm** ~ *Verantwortung:* reposer sur [les épaules de] qn; *Sorgen:* peser sur qn; **die ganze Arbeit lastet auf mir** tout le travail est à ma charge
② (*finanziell belasten*) **auf etw** (*Dat*) ~ grever qc; **auf dem Haus lastet noch eine Hypothek** la maison est encore grevée d'une hypothèque
Lastenaufzug *m* monte-charge *m*
Laster[1] <-s, -> *m fam* (*Lkw*) gros-cul *m* (*fam*)
Laster[2] <-s, -> *nt* vice *m;* **mein** ~ **sind die Süßigkeiten** les sucreries, c'est mon péché mignon
Lästerei <-, -en> *f fam* dénigrement *m* [incessant]
Lästerer ['lɛstərə] <-s, -> *m,* **Lästerin** *f* mauvaise langue *f;* **du bist ein unverbesserlicher** ~**!** il faut toujours que tu critiques tout!
lasterhaft *Adj geh* débauché(e) (*littér*); *Leben* dissolu(e) (*soutenu*)
Lasterhaftigkeit <-> *f* dépravation *f* (*soutenu*)
Lasterhöhle *f pej fam* lieu *m* de débauche
lästerlich *Adj* médisant(e); (*gotteslästerlich*) blasphématoire
Lästermaul *s.* **Lästerer, Lästerin**
lästern ['lɛstɐn] *itr V* dénigrer; **über jdn/etw** ~ dénigrer qn/qc
Lästerung <-, -en> *f* ① (*das Lästern*) médisance *f,* dénigrement *m*
② REL blasphème *m*
Lastesel *m* ① mulet *m*
② *fig fam* baudet *m* (*fam*)
lästig ['lɛstɪç] *Adj* ① (*störend*) *Fliegen* agaçant(e); *Erkrankung, Schmerzen* pénible; *Schuppen, Verband* désagréable
② (*aufdringlich*) *Person* importun(e) (*soutenu*); **jdm** ~ **fallen/werden** importuner/commencer à agacer qn; **jdm** ~ **sein** agacer qn
Lastkahn *m* péniche *f* **Lastkraftwagen** *s.* **Lastwagen**
Last-Minute-Reise [laːst'mɪnɪt-] *f* voyage *m* en last minute
Lastschrift *f* avis *m* de débit
Lastschriftanzeige *f* FIN avis *m* de débit **Lastschriftverfahren** *nt* système *m* de recouvrement direct
Lasttier *nt* bête *f* de somme **Lastwagen** *m* camion *m* **Lastwagenfahrer(in)** *m(f)* camionneur(-euse) *m(f);* (*Fernfahrer*) routier *m* **Lastzug** *m* semi-remorque *m*
Lasur [la'zuːɐ] <-, -en> *f* lasure *f*
lasziv [las'tsiːf] I. *Adj* lascif(-ive)
II. *Adv* lascivement
Laszivität [lastsivi'tɛːt] <-> *f geh* lascivité *f* (*littér*)
Latein [la'taɪn] <-s> *nt kein Art* (*Sprache, Schulfach*) latin *m;* **auf** ~ en latin; *s. a.* **Deutsch**
► **mit seinem** ~ **am Ende sein** ne plus savoir quoi essayer
Lateinamerika *nt* l'Amérique *f* latine **lateinamerikanisch** *Adj* latino-américain(e)
lateinisch [la'taɪnɪʃ] I. *Adj* *Sprache, Grammatik, Wort* latin(e); *Vokabeln* de latin; *Inschrift* en latin
II. *Adv* ~ **miteinander sprechen** discuter en latin; *s. a.* **deutsch**
Lateinisch *nt kein Art* (*Sprache, Schulfach*) latin *m;* **auf** ~ en latin; *s. a.* **Deutsch**

Lateinische *nt dekl wie Adj* **das** ~ le latin; *s. a.* **Deutsche**
latent [la'tɛnt] **I.** *Adj* latent(e)
II. *Adv* à l'état latent
Latenz <-> *f* BIO, MED latence *f*
Latenzzeit <-, -en> *f* MED période *f* d'incubation
Laterne [la'tɛrnə] <-, -n> *f* ❶ (*Straßenlaterne*) réverbère *m;* (*Gaslaterne*) bec *m* de gaz
❷ (*Außenleuchte*) lanterne *f*
❸ (*Lampion*) lampion *m*
Laternenpfahl *m* colonne *f* de réverbère
Latex ['la:tɛks, *Pl:* 'la:titse:s] <-, Latizes> *m* latex *m*
Latinum [la'ti:nʊm] <-s> *nt diplôme d'étude du latin;* **kleines/großes** ~ *diplôme sanctionnant l'étude du latin élémentaire/approfondi*
Latrine [la'tri:nə] <-, -n> *f* latrines *fpl*
Latrinenparole *f pej fam* racontars *mpl* de bonne femme (*fam*)
Latsche ['la:tʃə] *s.* **Latschenkiefer**
latschen ['la:tʃən] *itr V + sein fam* **über die Straße/den Flur** ~ traverser la rue/le couloir en traînassant (*fam*); **zwei Stunden lang/nach Hause** ~ se taper deux heures à pinces/rentrer à pinces à la maison (*fam*); **über ein Beet** ~ piétiner une plate bande
Latschen <-s, -> *m fam* ❶ (*Hausschuh*) savate *f* (*fam*)
❷ *pej* (*Schuh*) grolle *f* (*fam*)
▶ **aus den** ~ **kippen** tomber dans les pommes (*fam*)
Latschenkiefer *f* pin *m* de montagne
Latte ['latə] <-, -n> *f* ❶ (*Holzleiste*) latte *f*
❷ SPORT barre *f*
❸ FBALL barre *f* [transversale]
❹ *fam* (*Menge*) **eine ganze** ~ **von Fragen** tout un paquet de questions (*fam*)
❺ *sl* (*Erektion*) trique *f* (*arg*); **eine** ~ **haben** avoir la trique (*arg*)
▶ **eine lange** ~ *fam* une grande perche [*o* bringue] (*fam*)
Lattenrost *m* sommier *m* à lattes **Lattenzaun** *m* palissade *f*
Lattich ['latɪç] <-s, -e> *m* laitue *f* [sauvage]
Latz [lats, *Pl:* 'lɛtsə] <-es, ¨-e *o* A -e> *m* (*Kinderlatz, Hosenlatz*) bavette *f*
▶ **jdm eins vor den** ~ **knallen** *fam* mettre un pain à qn (*pop*)
Lätzchen ['lɛtsçən] <-s, -> *nt Dim von* **Latz** bavette *f*
Latzhose *f* salopette *f*
lau [laʊ] *Adj* tiède
▶ **für** ~ *fam* à l'œil (*fam*)
Laub [laʊp] <-[e]s> *nt* (*Belaubung*) feuillage *m;* (*abgefallene Blätter*) feuilles *fpl* mortes; ~ **tragend** feuillu(e)
Laubbaum *m* arbre *m* feuillu **Laubblatt** *nt* feuille *f* d'arbre
Laube ['laʊbə] <-, -n> *f* tonnelle *f*
▶ **und fertig ist die** ~**!** *fam* et voilà le travail! (*fam*)
Laubenkolonie *f veraltet* jardins *mpl* ouvriers
Laubfrosch *m* rainette *f* [verte] **Laubhölzer** *Pl* feuillus *mpl* **Laubhüttenfest** *nt* fête *f* des tabernacles **Laubsäge** *f* scie *f* à chantourner **Laubsänger** *m* ORN pouillot *m*
laubtragend *s.* Laub
Laubwald *m* forêt *f* de feuillus
Lauch [laʊx] <-[e]s, -e> *m* poireau *m*
Laudatio [laʊ'da:tsio, *Pl:* laʊda'tsio:ne:s] <-, Laudationes> *f geh* panégyrique *m;* **die** ~ **auf jdn halten** prononcer le panégyrique de qn
Lauer ['laʊɐ] ▶ **sich auf die** ~ **legen** se mettre à l'affût; **auf der** ~ **liegen** [*o* **sitzen**] être à l'affût
lauern ['laʊɐn] *itr V* **auf jdn/etw** ~ *Person, Tier:* guetter qn/qc; **darauf** ~**, dass jd sich verrät** guetter le moment où qn va se trahir; **ein** ~ **der Blick** un regard à l'affût
Lauf [laʊf, *Pl:* 'lɔɪfə] <-[e]s, Läufe> *m* ❶ *kein Pl* (*das Laufen*) course *f;* (*das Joggen*) footing *m;* **vom** ~ **erschöpft sein** être fatigué(e) d'avoir couru
❷ SPORT (*Durchgang*) essai *m*
❸ *kein Pl* (*das Funktionieren*) *eines Motors* régime *m; einer Kurbelwelle, eines Kolbens* course *f*
❹ *kein Pl* (*Abschnitt eines Flusses*) **oberer/unterer** ~ cours *m* supérieur/inférieur
❺ (*Gewehrlauf*) canon *m;* **ein Tier vor den** ~ **bekommen** avoir un animal dans sa ligne de mire
❻ (*Bein*) *eines Rehs, Hirsches, Hasen* patte *f*
❼ (*Verlauf*) cours *m;* **im** ~**e des Gesprächs/der Jahre** au cours de la conversation/au fil des ans; **seinen** ~ **nehmen** suivre son cours; **seiner Fantasie freien** ~ **lassen** laisser libre cours à son imagination; **seinen Tränen freien** ~ **lassen** laisser couler ses larmes
▶ **das ist der** ~ **der Welt** ainsi va le monde
Laufbahn *f* carrière *f* **Laufband** *nt* SPORT tapis *m* de course
Laufbursche *m* ❶ *veraltet* (*Bote*) saute-ruisseau *m* (*vieilli*)
❷ *pej* (*Lakai*) larbin *m* (*péj*)
laufen ['laʊfən] <läuft, lief, gelaufen> **I.** *itr V + sein* ❶ (*rennen*) courir; **nach Hause/in die Schule** ~ courir à la maison/l'école; **auseinander** ~ *fam Demonstranten, Menge:* se disperser; *Wege, Straßen:* se séparer; **lauf schneller!** accélère!
❷ *fam* (*gehen*) **zur Polizei/zu seiner Mutter** ~ courir [*o* filer *fam*] à la police/chez sa mère; **ständig in die Kneipe** ~ être tout le temps fourré(e) au bistro (*fam*)
❸ (*zu Fuß gehen*) marcher; **wie lange läuft man von hier bis zum Bahnhof?** il faut combien de temps à pied d'ici à la gare?; **das Laufen** la marche; **beim Laufen tut mir die Hüfte weh** quand je marche la hanche me fait mal
❹ (*fließen*) *Flüssigkeit:* couler; (*auslaufen*) s'écouler; **etw voll** ~ **lassen** remplir qc; **Wasser in die Badewanne** ~ **lassen** faire couler de l'eau dans la baignoire; **voll** ~ *Behälter, Gefäß:* se remplir
❺ (*funktionieren*) *Getriebe, Motor:* tourner; *Uhr, Computerprogramm, Gerät:* marcher; (*eingeschaltet sein*) être en marche
❻ (*gespielt, gezeigt werden*) passer; **das Stück läuft schon die dreizehnte Woche** la pièce est à l'affiche depuis treize semaines
❼ (*gültig sein*) *Abkommen:* être en cours de validité; **drei Jahre** ~ *Vertrag:* être valable trois ans
❽ (*verlaufen*) **ums Haus herum** ~ *Weg:* faire le tour de la maison; **unterirdisch** ~ *Kabel:* passer sous terre
❾ (*geführt werden*) **unter dem Decknamen Willi** ~ être dénommé(e) Willi; **unter [der Bezeichnung] Sonstiges/Diverses** ~ se trouver dans la rubrique autres/diverses
❿ (*ablaufen, seinen Gang gehen*) **gut/bestens** ~ se dérouler [*o* se passer] bien/pour le mieux; **schon zwei Jahre** ~ *Prozess:* durer depuis déjà deux ans; **wie läuft es in der Firma?** comment ça va dans l'entreprise?
▶ **sich voll** ~ **lassen** *sl* se bourrer la gueule (*pop*); **jdn** ~ **lassen** *fam* laisser filer qn (*fam*); **gelaufen sein** *sl* être fini(e)
II. *tr V + haben o sein* ❶ SPORT établir *Rekord;* **hundert Meter in zwölf Sekunden** ~ courir cent mètres en douze secondes
❷ (*fahren*) **Schlittschuh/Ski/Rollschuh** ~ faire du patin à glace/du ski/du patin à roulettes
III. *r V unpers + haben* **in diesen Schuhen läuft es sich gut/schlecht** on marche bien/mal dans ces chaussures; **hier läuft es sich schlecht** on a du mal à marcher ici
laufend **I.** *Adj attr* ❶ (*gegenwärtig*) *Woche, Monat, Jahr, Semester* en cours
❷ *a.* FIN (*ständig*) *Arbeiten* en cours; *Ausgaben* courant(e)
▶ **auf dem Laufenden bleiben** se tenir au courant; **jdn über etw** (*Akk*) **auf dem Laufenden halten** tenir qn au courant de qc; **mit etw auf dem Laufenden sein** être à jour dans qc
II. *Adv* sans arrêt
laufen|lassen *s.* laufen **I.**▶
Läufer ['lɔɪfɐ] <-s, -> *m* ❶ SPORT coureur *m*
❷ SCHACH fou *m*
❸ (*Teppich*) tapis *m* de couloir; (*Treppenläufer*) chemin *m* d'escalier

Lauferei <-, -en> *f pej fam* cavalcades *fpl* (*fam*); **er nimmt mir die ~ ab** il m'évite de cavaler partout (*fam*); **ich habe die ganze ~ satt** j'en ai assez de cavaler partout (*fam*)
Läuferin <-, -nen> *f* coureuse *f*
Lauffeuer ▶ **sich wie ein ~ verbreiten** *fam* se répandre comme une traînée de poudre **Laufgitter** *s.* **Laufstall**
läufig ['lɔɪfɪç] *Adj* en chaleur
Laufjunge *m s.* **Laufbursche Laufkatze** *f* TECH chariot *m* roulant **Laufkundschaft** *f* clientèle *f* de passage **Laufmasche** *f* maille *f* filée; **ich habe eine ~** mes collants/bas sont filés **Laufpass**[RR] ▶ **jdm den ~ geben** *fam* plaquer [*o* larguer] qn (*fam*) **Laufplanke** *f* planche *f* en guise de passerelle **Laufschiene** *f* TECH glissière *f* **Laufschritt** *m* **im ~ [marsch!]** au pas de gymnastique[, en avant, marche!] **Laufstall** *m* parc *m* **Laufsteg** *m* podium *m*
läuft [lɔɪft] *3. Pers Präs von* **laufen**
Laufvogel *f* BIO oiseau *m* coureur **Laufwerk** *nt* INFORM (*Diskettenlaufwerk*) lecteur *m* de disquettes; (*CD-ROM-Laufwerk*) lecteur de CD-ROM **Laufzeit** *f eines Vertrags, Tarifs* durée *f* de validité; *eines Darlehens, Kredits* durée; *eines Wechsels* échéance *f*
Laufzettel *m* IND fiche *f* de contrôle
Lauge ['laʊɡə] <-, -n> *f* ❶ (*Seifenlauge*) lessive *f*
❷ (*Salzlauge*) saumure *f*
❸ CHEM solution *f* alcaline
Laugenbrezel *f* bretzel *m* **Laugenstange** *f petit pain salé allongé*
Lauheit <-> *f* tiédeur *f*
Laune ['laʊnə] <-, -n> *f* ❶ (*Stimmung*) humeur *f*; **blendende/gute/schlechte ~ haben, blendender/guter/schlechter ~ sein** *geh* être d'excellente/de bonne/de mauvaise humeur; **seine ~ an jdm auslassen** passer sa mauvaise humeur sur qn; **meine ~ ist auf dem Tiefpunkt** mon moral est au plus bas
❷ (*abwegige Idee*) lubie *f*
❸ (*Anwandlung*) **etw aus einer ~ heraus tun** faire qc sur un coup de tête
▶ **jdn bei ~ halten** *fam* entretenir qn dans de bonnes dispositions
launenhaft *Adj* ❶ *Person* lunatique
❷ *fig Wetter, Witterung* instable
Launenhaftigkeit <-> *f* ❶ *einer Person* caractère *m* lunatique
❷ (*Wechselhaftigkeit*) instabilité *f*
launig *Adj* amusant(e), drôle
launisch *s.* **launenhaft**
Laus [laʊs, *Pl:* 'lɔɪzə] <-, Läuse> *f* ❶ (*Kopflaus*) pou *m*
❷ (*Blattlaus*) puceron *m*
▶ **jdm ist eine ~ über die Leber gelaufen** [*o* **gekrochen**] *fam* qn s'est levé(e) de mauvais poil (*fam*); **jdm eine ~ in den Pelz setzen** *fam* monter la tête à qn (*fam*); **sich** (*Dat*) **eine ~ in den Pelz setzen** *fam* se mettre dans le pétrin [soi-même] (*fam*)
Lausbub *m veraltet* [petit] chenapan *m* (*vieilli*)
Lauschangriff *m* écoute *f* sauvage
lauschen ['laʊʃən] *itr V* ❶ (*heimlich zuhören*) écouter [en cachette]; **an der Tür ~** écouter à la porte
❷ (*zuhören*) **den Worten der Rednerin ~** écouter les mots de l'oratrice; **dem Flötenspiel ~** écouter le son de la flûte
Lauscher <-s, -> *m* ❶ espion *m*
❷ JAGD oreille *f*
▶ **der ~ an der Wand hört seine eigene Schand** *Spr.* ≈ si tu ne veux pas entendre médire de toi, n'écoute pas aux portes
Lauscherin <-, -nen> *f* espionne *f*
lauschig *Adj* cosy; **ein ~es Plätzchen** un [petit] coin douillet
Lausebengel ['laʊzə-], **Lausejunge** *s.* **Lausbub**
lausen ['laʊzən] *tr V* épouiller; **jdn/sich ~** épouiller qn/s'épouiller
lausig *fam* I. *Adj* ❶ (*schlimm, schlecht*) *Arbeit, Leistung, Gehalt* minable (*fam*); *Kälte* de canard (*fam*); **diese ~en Zeiten** cette panade (*fam*)
❷ (*lächerlich*) **~e hundert Euro** cent misérables euros
II. *Adv* **es ist ~ kalt** il fait un froid de canard (*fam*)
laut[1] [laʊt] I. *Adj* ❶ *Stimme, Musik, Ton* fort(e); *Gegend, Straße, Krachen* [très] bruyant(e); **ein ~es Lachen** un rire sonore; **ein ~es Weinen** de gros sanglots; **mit einem ~en Plumps** avec un grand boum; **das Radio ~/~er stellen** mettre la radio fort/plus fort; **in der Stadt ist es mir zu ~** je trouve qu'il y a trop de bruit en ville; **~ werden** hausser le ton; *Kind:* être de plus en plus bruyant(e); (*aufbrausen*) monter sur ses grands chevaux
❷ (*publik*) **~ werden** *Vermutung:* s'ébruiter; *Verdacht:* transpirer
II. *Adv sprechen, stöhnen* fort; *brüllen, schreien* très fort; *quietschen, lachen, grunzen* bruyamment
▶ **~ nachdenken** réfléchir à haute voix [*o* tout haut]
laut[2] *Präp + Gen o Dat* selon; **~ diesem Schreiben** [*o* **dieses Schreibens**] selon cet écrit
Laut <-[e]s, -e> *m* ❶ (*Ton*) son *m*; **keinen ~ von sich geben** ne pas faire le moindre bruit
❷ *Pl* (*Sprachfetzen*) sons *mpl*
▶ **~ geben** *Hund:* donner de la voix
Laute ['laʊtə] <-, -n> *f* luth *m*
lauten ['laʊtən] *itr V* ❶ (*zum Inhalt haben*) **der Titel lautet ...** le titre est ...; **wie lautet die Anklage?** quel est le chef d'accusation?; **die Anklage lautet auf Erpressung** le chef d'accusation est le chantage; **gleich ~d** *Angaben, Aussagen* concordant(e)
❷ (*ausgestellt sein*) **auf seinen/ihren Namen ~** être établi(e) à son nom; **auf den Inhaber ~** *Aktie:* être [libellé(e)] au porteur
läuten ['lɔɪtən] I. *itr V* ❶ *Glocken, Telefon:* sonner; **das Läuten** la sonnerie
❷ (*herbeirufen*) **nach jdm ~** sonner qn
▶ **jd hat etwas** *fam* **~ hören** qn a vaguement entendu parler de quelque chose
II. *itr V unpers* **es läutet** (*die Türklingel geht*) on sonne; (*die Schulglocke geht*) ça sonne
Lautenist(in) [laʊtə'nɪst] <-en, -en> *m(f) form,* **Lautenspieler(in)** *m(f)* luthiste *mf*
lauter ['laʊtɐ] I. *Adj geh* ❶ (*aufrichtig*) *Person, Charakter* probe (*littér*); *Absichten* pur(e)
❷ (*rein*) *Gold, Silber* massif(-ive)
❸ *fig Wahrheit* pur(e) *antéposé*
II. *Adv* ❶ (*nichts als*) **~ Nieten ziehen** ne tirer [rien d'autre] que des numéros perdants; **das sind ~ Nadelbäume** ce ne sont [rien d'autre] que des conifères
❷ (*viel zu viel*) **vor ~ Dampf sieht man nichts mehr** il y a tellement de vapeur qu'on n'y voit plus rien; **vor ~ Arbeit komme ich nicht mehr zum Lesen** j'ai tellement de travail que je n'ai plus le temps de lire
Lauterkeit <-> *f geh eines Menschen, Charakters* probité *f* (*soutenu*)
läutern ['lɔɪtɐn] *tr V geh Schicksal, Leidenszeit:* amender (*soutenu*); **jdn ~** *Schicksal, Leidenszeit:* amender qn; **sie ist geläutert worden** elle a été transfigurée
Läuterung <-, -en> *f geh* **eine Zeit der ~** une époque qui a permis d'amender son/ton/... caractère
Läutewerk *nt* sonnerie *f*
lauthals *Adv* haut et fort; **etw ~ verkünden** claironner qc partout
Lautlehre *f kein Pl* phonétique *f*
lautlich I. *Adj* phonétique
II. *Adv* phonétiquement
lautlos I. *Adj* silencieux(-euse)
II. *Adv* sans bruit, silencieusement; **völlig ~** sans le moindre bruit
Lautlosigkeit <-> *f* silence *m* [absolu]
Lautmalerei *f* onomatopée *f* **lautmalerisch** I. *Adj* onomatopéique II. *Adv* par des onomatopées **Lautschrift** *f* écriture *f* phonétique; **die internationale ~** l'alphabet *m* phonétique

international **Lautsprecher** *m* haut-parleur *m;* **etw über ~ ankündigen** annoncer qc par haut-parleur

Lautsprecherbox *f* baffle *m* **Lautsprecherdurchsage** *f* annonce *f* par haut-parleur **Lautsprecherwagen** *m* voiture *f* [à] haut-parleur

lautstark I. *Adj* bruyant(e); **~er Protest** un concert de protestations; **unter ~em Schimpfen** en protestant bruyamment II. *Adv* bruyamment **Lautstärke** *f* ❶ (*Klangstärke*) son *m,* volume *m* [sonore]; **bei voller ~** à fond; **etw auf volle ~ stellen** mettre qc à fond ❷ (*stimmlicher Aufwand*) **er brüllt mit einer ~, dass einem fast das Trommelfell platzt** il hurle à vous en crever les tympans

Lautstärkeregler *m* [bouton *m* de] réglage *m* du volume

Lautverschiebung *f* LING mutation *f* consonantique

Läutwerk *nt* sonnerie *f*

lauwarm *Adj* tiède

Lava ['la:va] <-, Laven> *f* lave *f*

Lavabo ['lavabo] <-[s], -s> *nt* CH lavabo *m*

Lavendel [la'vɛndəl] <-s, -> *m* lavande *f*

Lavendelöl *nt* essence *f* de lavande

lavieren* [-'vi:-] *itr V a. fig* louvoyer

Lawine [la'vi:nə] <-, -n> *f* avalanche *f;* **eine ~ auslösen** déclencher une avalanche

► **eine ~ lostreten** déclencher une réaction en chaîne

lawinenartig I. *Adj* inexorable

II. *Adv* inexorablement; **~ anschwellen/ansteigen** faire boule de neige/grimper sans fin

Lawinengefahr *f* danger *m* d'avalanche[s]

Lawrencium [lo'rɛntsiʊm] <-s> *nt* CHEM lawrencium *m;* **~ ist radioaktiv** le lawrencium est radioactif

lax [laks] *Adj* laxiste

Laxheit <-> *f* laxisme *m*

Layout, Lay-out[RR] [leɪ'ʔaʊt, 'leɪʔaʊt] <-s, -s> *nt* mise *f* en page

Layouter(in) [leɪ'ʔaʊtɐ, 'leɪʔaʊtɐ] <-s, -> *m(f)* metteur(-euse) *m(f)* en page

Lazarett [latsa'rɛt] <-[e]s, -e> *nt* hôpital *m* militaire

Lazarettschiff *nt* navire-hôpital *m*

Lazarus <-> *m* BIBL Lazare *m*

LCD [ɛltse:'de:] *nt Abk von* **Liquid Crystal Display** affichage *m* à cristaux liquides

leasen ['li:zən] *tr V* acheter en leasing; **etw ~** acheter qc en leasing

Leasing ['li:zɪŋ] <-s, -s> *nt* leasing *m*

Leasingfirma *f* société *f* de leasing **Leasinggeber** *m* bailleur *m* **Leasinggesellschaft** *f* société *f* de leasing **Leasingnehmer(in)** <-s, -> *m(f)* preneur(-euse) *m(f)* de crédit-bail, souscripteur *m* **Leasingvertrag** *m* contrat *m* de leasing **Leasingwagen** *m* voiture *f* achetée en leasing

Lebedame *f pej* noceuse *f* (*fam*) **Lebehoch** <-[s], -[s]> *nt* vivat *m;* **ein ~ auf jdn ausbringen** porter un toast à qn; **und nun ein dreifaches ~ auf unseren Chef!** et maintenant un triple hourra pour notre patron! **Lebemann** <-männer> *m pej* noceur *m* (*fam*)

leben ['le:bən] I. *itr V* ❶ (*lebendig sein*) vivre; **Gott sei Dank, er lebt [noch]!** Dieu soit loué, il est encore en vie!; **lebt Arletty eigentlich noch?** [au fait,] Arletty est-elle toujours en vie?; **lang lebe die Königin!** longue vie à la reine!

❷ (*ein bestimmtes Leben führen*) **glücklich/zufrieden ~** vivre heureux(-euse)/satisfait(e); **gesund/vernünftig ~** vivre sainement/raisonnablement; **vegetarisch ~** être végétarien(ne); **spartanisch/bescheiden ~** mener une vie [*o* existence] de spartiate/modeste; **luxuriös ~** vivre dans le luxe; **für die Kinder/Partei ~** vivre pour les enfants/le parti; **allein/in Köln ~** vivre seul(e)/à Cologne

❸ (*seinen Lebensunterhalt bestreiten*) **von den Ersparnissen/der Rente ~** vivre de ses économies/de la retraite

► **leb[e] wohl!** adieu!; **mit etw ~ können** s'accommoder de qc; **~ und ~ lassen** vivre et laisser vivre; **er/sie kann davon nicht ~ und nicht sterben** cela lui permet tout juste de ne pas mourir de faim; **man lebt [so]** *fam* on fait aller (*fam*)

II. *r V unpers* **es lebt sich gut auf dem Land** on vit bien à la campagne; **hier lebt es sich nicht besonders angenehm** la vie ici n'est pas particulièrement agréable; **sich auseinander ~** *Eheleute, Lebensgefährten:* devenir [des] étrangers l'un pour l'autre; **sich mit jdm auseinander ~** se détacher de qn

Leben <-s, -> *nt* ❶ vie *f;* **am ~ sein/bleiben** être/rester en vie; **jdm das ~ retten** sauver la vie à qn; **jdn [künstlich] am ~ erhalten** maintenir qn [artificiellement] en vie; **jdn am ~ lassen** laisser la vie sauve à qn; **das ~ noch vor sich** (*Dat*) **haben** avoir la vie devant soi; **mit dem ~ davonkommen** s'en tirer; **bei etw ums ~ kommen** trouver la mort lors de/pendant qc; **etw mit dem** [*o* **seinem**] **~ bezahlen** payer qc de sa vie; **sein ~ für jdn/etw lassen** donner sa vie pour qn/qc; **sich** (*Dat*) **das ~ nehmen** mettre fin à ses jours; **[freiwillig] aus dem ~ scheiden** *geh* quitter [volontairement] ce monde (*soutenu*); **jdn das ~ kosten** coûter la vie à qn; **es geht um ~ und Tod** c'est une question de vie ou de mort; **etw zu neuem ~ erwecken** ressusciter qc; **so ist das ~ [eben]!** c'est la vie!; **gibt es ein ~ nach dem Tod?** y a-t-il une vie après la mort?

❷ (*Lebensbedingungen, -dauer*) existence *f,* vie *f;* **das tägliche ~** la vie de tous les jours; **das ~ zu zweit** la vie à deux [*o* en couple]; **ein ~ in Armut/Zufriedenheit** une vie de pauvreté/de satisfaction; **ein angenehmes/unbeschwertes/ungesundes ~ führen** mener une vie [*o* existence] agréable/sans problème/malsaine; **jdm/sich das ~ schwer machen** mener la vie dure à qn/se compliquer la vie; **zeit meines/seines/... ~s, mein/sein/... ~ lang** toute ma/sa/... vie

► **jds ~ hängt an einem dünnen** [*o* **seidenen**] **Faden** la vie de qn ne tient qu'à un fil; **jdm das ~ zur Hölle machen** rendre la vie infernale à qn; **bei etw sein ~ aufs Spiel setzen** risquer sa vie en faisant qc; **jds ~ steht auf dem Spiel** la vie de qn est en jeu; **jdn vom ~ zum Tode befördern** *geh* faire passer qn de vie à trépas (*soutenu*); **wie das blühende ~ aussehen** respirer la santé; **das ewige ~** la vie éternelle; **seines ~s nicht mehr froh werden** connaître bien des désagréments; **etw für sein ~ gern tun** adorer faire qc; **sie sind mit dem nackten ~ davongekommen** ils ont juste réussi à sauver leur vie; **im ~ nicht, nie im ~** jamais de la vie; **das öffentliche ~** la vie publique; **seines ~s nicht mehr sicher sein** *fam* risquer sa peau partout (*fam*); **sein ~ aushauchen** *geh* rendre le dernier soupir (*soutenu*); **um sein ~ laufen** [*o* **rennen**] courir avec la mort à ses trousses; **etw ins ~ rufen** donner naissance à qc; **jdm das ~ schenken** *geh* (*zur Welt bringen*) donner le jour à qn; (*am Leben lassen*) faire grâce [de la vie] à qn; **sich mit etw durchs ~ schlagen** survivre tant bien que mal en faisant qc; **mit jds ~ spielen** jouer avec la vie de qn; **wie das ~ so spielt** la vie est ainsi faite; **jdm nach dem ~ trachten** en vouloir à la vie de qn

lebend I. *Adj Person, Tier, Organismus* vivant(e); *Virus* actif(-ive); *Blume* naturel(le); **die Lebenden** les vivants; **nicht mehr unter den Lebenden weilen** *geh* ne plus être de ce monde (*form*)

II. *Adv* vif(vive); **etw ~ überstehen** sortir vivant(e) de qc

Lebendgewicht *nt kein Pl* poids *m* vif

lebendig [le'bɛndɪç] I. *Adj* ❶ (*lebend, anschaulich*) vivant(e); **wieder ~ werden** *Organismus:* revenir à la vie

❷ (*gegenwärtig*) vivace; **wieder ~ werden** *Erinnerungen:* resurgir du passé

► **es von den Lebendigen nehmen** *hum fam* matraquer le client (*fam*)

II. *Adv begraben* vivant(e); *verbrennen* vif(vive)

Lebendigkeit <-> *f* ❶ (*Lebhaftigkeit*) vivacité *f*

❷ (*Anschaulichkeit*) vie *f; eines Berichts* caractère *m* vivant

Lebensabend *m geh* soir *m* de la vie (*littér*); **sein/mein/... ~** ses/mes/... vieux jours *mpl* **Lebensabschnitt** *m* période *f*

L

de la vie **Lebensabschnittspartner(in)** *m(f)* compagnon *m*/compagne *f* du moment **Lebensalter** *nt* âge *m* **Lebensarbeitszeit** *f* durée *f* de la vie active **Lebensart** *f* ❶ *kein Pl* (*Manieren*) art *m* de vivre; **eine feine ~** tout un art de vivre; **~/keine ~ haben** avoir du/n'avoir aucun savoir-vivre ❷ *s.* Lebensweise **Lebensaufgabe** *f* tâche *f* de toute une vie; **sich** (*Dat*) **etw zur ~ machen** consacrer [toute] sa vie à qc **Lebensbaum** *m* thuya *m* **Lebensbedingungen** *Pl* conditions *fpl* de vie [*o* d'existence] **lebensbejahend** *Adj* PSYCH qui dit oui à la vie **Lebensbereich** *m* domaine *m* de la vie **Lebensdauer** *f* longévité *f*; *eines Geräts, Motors* durée *f* de vie **Lebenselixier** *nt* élixir *m* de longue vie **Lebensende** *nt kein Pl* fin *f*; **bis ans ~** jusqu'à ma/sa/... mort **Lebenserfahrung** *f* expérience *f* de la vie **Lebenserinnerungen** *Pl* mémoires *fpl* **Lebenserwartung** *f* espérance *f* de vie **lebensfähig** *Adj* *Neugeborenes* viable; *Mikroben* réactivable **Lebensfähigkeit** *f kein Pl* viabilité *f* **Lebensform** *f* ❶ (*Lebensweise*) mode *m* de vie [*o* d'existence] ❷ BIO forme *f* de vie **Lebensfreude** *f kein Pl* joie *f* de vivre **lebensfroh** *Adj* heureux(-euse) de vivre; **~ sein** respirer la joie de vivre **Lebensgefahr** *f* danger *m* de mort; **in ~ sein** [*o* **schweben**] être en danger de mort; **außer ~ sein** être hors de danger; **[es besteht] ~!** [il y a] danger de mort!; **für den Kranken besteht/besteht keine ~** la vie du malade est/n'est pas en danger; **etw unter ~ tun** faire qc au péril de sa vie **lebensgefährlich I.** *Adj* *Infektion, Erkrankung* pouvant être mortel(le); *Verletzung* présentant des risques vitaux **II.** *Adv* **er ist ~ verletzt** ses blessures peuvent lui être fatales; **es ist ~ glatt** il y a un verglas mortel **Lebensgefährte** *m*, **-gefährtin** *f* compagnon *m*/compagne *f* **Lebensgefühl** *nt kein Pl* façon *f* d'aborder l'existence **Lebensgeister** *Pl* ► **jds ~ erwecken** [*o* **wecken**] *fam* requinquer qn (*fam*) **Lebensgemeinschaft** *f* ❶ (*Zusammenleben*) communauté *f* de vie ❷ BIO, ZOOL biocénose *f* **Lebensgenuss**[RR] *m* plaisirs *mpl* de l'existence **Lebensgeschichte** *f kein Pl* **seine/ihre ~** [l'histoire *f* de] sa vie; **seine ganze ~ erzählen** raconter toute sa vie **Lebensgewohnheiten** *Pl* habitudes *fpl* de vie **lebensgroß** *Adj* grandeur nature *inv* **Lebensgröße** *f* **ein Porträt in ~** un portrait grandeur *f* nature ► **in** [**voller**] **~ dastehen** *hum fam* être là en chair et en os **Lebenshaltung** *f kein Pl* **die ~ wird immer teurer** la vie est de plus en plus chère; **die Kosten für die ~** les dépenses courantes **Lebenshaltungskosten** *Pl* coût *m* de la vie **lebenshungrig** *Adj* qui a soif de vivre; **~ sein** avoir soif de vivre **Lebensinhalt** *m* but *m* dans la vie [*o* l'existence]; **Fernsehen ist sein [ganzer] ~** la télé, c'est toute sa vie; **etw zu seinem ~ machen** faire de qc le but de sa vie [*o* son existence] **Lebensjahr** *nt* année *f* de vie; **vor/nach Vollendung des sechsten ~s** avant d'avoir six ans/à six ans révolus; **alles Gute für das neue ~!** meilleurs vœux pour ce nouvel anniversaire! **Lebenskampf** *m kein Pl* lutte *f* pour la vie **Lebenskraft** *f kein Pl* vitalité *f*; **voller ~ sein** être plein(e) de vie **Lebenskünstler(in)** *m(f)* bon vivant *m*; **ein ~ sein** être un bon vivant **Lebenslage** *f* circonstance *f* [de la vie]; **in allen ~n** en toutes circonstances **lebenslang I.** *Adj* *Verpflichtung* à vie; *Haft* à perpétuité **II.** *Adv* toute sa/ma/... vie **lebenslänglich I.** *Adj* *Freiheitsstrafe* à vie; **„~" bekommen** *fam* prendre perpète (*fam*) **II.** *Adv* à vie **Lebenslängliche(r)** *f(m) dekl wie Adj fam* condamné(e) *m(f)* à perpète (*fam*) **Lebenslauf** *m* ❶ (*Schriftstück*) curriculum *m* [vitæ]; **ein ~ in tabellarischer Form** un C.V. [sous forme] synoptique ❷ (*Lebensgeschichte*) vie *f*; **er erzählte mir seinen ~** il m'a raconté l'histoire de sa vie **Lebenslinie** [-li:niə] *f* ligne *f* de vie **Lebenslüge** *f* mensonge *m* [de toute une vie] **Lebenslust** *s.* Lebensfreude **lebenslustig** *s.* lebensfroh **Lebensmitte** *f kein Pl* milieu *m* de la vie **Lebensmittel** *nt meist Pl* denrées *fpl* alimentaires

Lebensmittelabteilung *f* rayon *m* [de l']alimentation **Lebensmittelchemie** *f* chimie *f* alimentaire **Lebensmittelfabrik** *f* fabrique *f* de produits alimentaires **Lebensmittelgeschäft** *nt* épicerie *f* **Lebensmittelhändler(in)** *m(f)* épicier(-ière) *m(f)* **Lebensmittelkarte** *f* carte *f* de rationnement [*o* de ravitaillement] **Lebensmittelkette** *f* chaîne *f* alimentaire **Lebensmittelvergiftung** *f* intoxication *f* alimentaire **Lebensmittelversorgung** *f* approvisionnement *m* en vivres **Lebensmittelvorräte** *Pl* provisions *fpl* de denrées alimentaires

lebensmüde *Adj* suicidaire; **~ sein** avoir des idées suicidaires; **du bist wohl ~!** *fam* t'as des envies de suicide ou quoi? (*fam*) **Lebensmüde(r)** *f(m) dekl wie Adj* désespéré(e) *m(f)* **Lebensmut** *m* volonté *f* de vivre; **keinen ~ mehr haben** ne plus avoir goût à la vie **lebensnah I.** *Adj* proche de la réalité; *Film, Roman* réaliste; *Unterricht* pratique **II.** *Adv* de manière réaliste; **etw ~ beschreiben** faire une description réaliste de qc **Lebensnerv** *m* centre *m* vital **lebensnotwendig** *s.* lebenswichtig **Lebenspartner(in)** *s.* Lebensgefährte, -gefährtin **Lebensqualität** *f kein Pl* qualité *f* de vie **Lebensraum** *m* ❶ *kein Pl* (*Entfaltungsmöglichkeiten*) espace *m* vital ❷ ÖKOL biotope *m* **Lebensretter(in)** *m(f)* sauveur *m*; (*zur Rettung ausgebildet*) sauveteur(-euse) *m(f)* **Lebensstandard** *m kein Pl* niveau *m* de vie **Lebensstellung** *f* emploi *m* à vie **Lebensstil** *m* style *m* [*o* mode *m*] de vie; **ein aufwändiger ~** un train de vie élevé **lebenstüchtig** *Adj* capable d'affronter la vie **Lebensumstände** *Pl* conditions *fpl* de vie **Lebensunterhalt** *m kein Pl* subsistance *f*; **seinen ~ verdienen** subvenir à ses besoins; **für den ~ eines Verwandten aufkommen** [*o* **sorgen**] subvenir aux besoins d'un parent **lebensuntüchtig** *Adj* inadapté(e) à la vie **Lebensversicherung** *f* ❶ (*Vertrag*) assurance *f* [sur la] vie; **eine ~ abschließen** souscrire à une assurance vie ❷ *fam* (*Gesellschaft*) compagnie *f* d'assurance [sur la] vie **Lebenswandel** *m kein Pl* mode *m* de vie; **einen zweifelhaften ~ führen** mener une vie douteuse **Lebensweg** *m geh* **sie wollen den ~ gemeinsam gehen** ils veulent unir leurs destinées (*littér*); **alles Gute für Ihren weiteren ~!** bonne chance pour l'avenir! **Lebensweise** *f* mode *m* de vie **Lebensweisheit** *f* ❶ *kein Pl* (*Lebenserfahrung*) sagesse *f* [que confère la vie] ❷ (*Maxime*) adage *m* **Lebenswerk** *nt* œuvre *f* d'une [*o* de toute une] vie; **sein/ihr ~** l'œuvre de sa vie **lebenswert** *Adj* qui vaut d'être vécu(e); **das Leben erschien ihm nicht mehr ~** il lui semblait que la vie ne valait plus la peine d'être vécue **lebenswichtig** *Adj* vital(e); *Nahrungsmittel* de première nécessité **Lebenswille** *m kein Pl* volonté *f* de vivre **Lebenszeichen** *nt* signe *m* de vie; **ein/kein ~ von sich geben** donner/ne plus donner signe de vie **Lebenszeit** *f kein Pl* durée *f* de vie; **auf ~** à vie **Lebensziel** *nt* but *m* dans la vie; **sein ~ erreichen** atteindre le but de sa vie **Lebenszweck** *m kein Pl* raison *f* de vivre

Leber ['le:bɐ] <-, -n> *f* foie *m*

► **frei** [*o* **frisch**] **von der ~ weg** *fam* sans y aller par quatre chemins (*fam*); **sich** (*Dat*) **etw von der ~ reden** *fam* dire qc qui fait gros à qn sur la patate (*fam*)

Leberblümchen *nt* hépatique *f* **Leberentzündung** *f* MED hépatite *f* **Leberfleck** *m* tache *f* de vin, nævus *m* **Lebergefäß** *nt* artère *f* hépatique **Leberkäs[e]** *m préparation de chair à saucisse traditionnelle dans le Sud de l'Allemagne* **Leberknödel** *m* boulette *f* de foie **leberkrank** *Adj* malade du foie **Leberkranke(r)** *f(m) dekl wie Adj* hépatique *mf* **Leberkrankheit** *f* MED maladie *f* du foie **Leberkrebs** *m* MED cancer *m* du foie **Leberleiden** *nt* insuffisance *f* hépatique **Leberpastete** *f* pâté *m* de foie **Lebertran** [-tra:n] *m* huile *f* de foie de morue **Leberwert** *m* taux *m* hépatique **Leberwurst** *f* pâté *m* de foie (*sous forme de saucisson*) ► **die beleidigte ~ spielen** *fam* faire du boudin (*fam*) **Leberzirrhose** *f* MED cirrhose *f* [du foie]

Lebewesen *nt* être *m* vivant; BIO organisme *m* **Lebewohl** <-[e]s, -s *o geh* -e> *nt geh* adieu *m*; **jdm ~ sagen** dire adieu à qn

lebhaft I. *Adj* ❶ (*temperamentvoll, kräftig*) *Person* plein(e) de

vie; *Art, Gemüt, Farbe* vif(vive); ~**er Beifall** de vifs applaudissements
❷ (*angeregt*) *Diskussion, Unterhaltung, Fantasie* vif(vive)
❸ (*belebt*) *Verkehr, Treiben* intense
❹ (*lebendig*) *Erinnerung* vivace
II. *Adv* ❶ (*intensiv*) *bedauern* vivement; **eine ~ geführte Debatte** un débat rondement mené
❷ (*anschaulich*) *sich vorstellen* très clairement; **sich ~ an etw** (*Akk*) **erinnern** avoir un vif souvenir de qc
Lebhaftigkeit <-> *f* vivacité *f*
Lebkuchen *m* pain *m* d'épice **leblos** *Adj* sans vie; *Augen, Gesicht* dépourvu(e) d'expression **Lebtag** ▸ **sein/ihr/... ~ [lang]** *fam* toute sa/... vie; **sein/ihr/... ~ nicht** *fam* jamais **Lebzeiten** ▸ **bei** [*o* **zu**] **~** de son/leur/... vivant
lechzen ['lɛçtsən] *itr V geh* ❶ (*dringend brauchen*) **nach Wasser ~** avoir un besoin impérieux d'eau; **nach einer Erfrischung ~** brûler de prendre un rafraîchissement (*soutenu*)
❷ (*sehnlichst erwarten*) **nach Anerkennung/Vergeltung ~** être assoiffé(e) de reconnaissance/vengeance
Lecithin [letsi'ti:n] <-s> *nt* lécithine *f*; ~ **enthält Phosphor** la lécithine contient du phosphore
leck [lɛk] *Adj Boot* qui fait eau; *Behälter, Leitung* qui fuit; ~ **sein** *Boot:* faire eau; *Behälter, Leitung:* fuir
Leck <-[e]s, -s> *nt eines Schiffs* voie *f* d'eau; *eines Behälters, einer Leitung* fuite *f*
lecken[1] ['lɛkən] *itr V Schiff:* faire eau; *Behälter, Leitung:* fuir
lecken[2] I. *itr V* **an jdm/etw ~** lécher qn/qc; **an seinem Eis ~** lécher sa glace
II. *tr V* lécher; sucer *Eis;* **sich** (*Dat*) **die Lippen ~** se lécher les babines (*fam*)
III. *r V* **sich ~** se lécher
lecker ['lɛkɐ] I. *Adj* délicieux(-euse)
II. *Adv zubereiten* délicieusement; ~ **schmecken** être délicieux(-euse); ~ **aussehen** avoir l'air délicieux
Leckerbissen *m a. fig* régal *m;* (*Süßigkeit*) friandise *f*
Leckerei [lɛkə'raɪ] *s.* **Leckerbissen**
Leckermaul *nt fam* gros(se) gourmand(e) *m* (*fam*); **ein ~ sein** être très sucreries (*fam*)
leck|schlagen *itr V unreg + sein Schiff:* faire eau
led. *Abk von* **ledig**
Leder ['le:dɐ] <-s, -> *nt* ❶ (*Tierhaut*) cuir *m;* **etw in ~ binden** relier qc en cuir
❷ (*Ledertuch*) peau *f*
❸ *fam* (*Fußball*) balle *f* (*fam*)
▸ **zäh wie ~** *fam* dur(e) comme de la semelle (*fam*); **er wollte ihm ans ~** *fam* il voulait lui tomber dessus (*fam*); **vom ~ ziehen** piquer sa crise (*fam*); **gegen jdn/etw vom ~ ziehen** *fam* gueuler contre qn/qc (*fam*)
Lederband <-bände> *m* volume *m* relié [en] cuir **Lederband** <-bänder> *nt einer Armbanduhr* bracelet *m* en cuir **Ledereinband** *m* reliure *f* en cuir **Lederfett** *nt* graisse *f* pour cuirs **Lederhandschuh** *m* gant *m* en cuir **Lederhaut** *f kein Pl* MED derme *m; des Augapfels* sclérotique *f* **Lederhose** *f* ❶ (*Trachtenhose*) culotte *f* de peau ❷ (*lange Hose*) pantalon *m* de cuir **Lederjacke** *f* veste *f* en cuir **Ledermantel** *m* manteau *m* en cuir
ledern[1] ['le:dɐn] *Adj* ❶ (*aus Leder*) en cuir
❷ (*zäh*) *Bratenstück, Fleisch* coriace; *Haut* tanné(e)
ledern[2] *tr V* (*abledern*) frotter avec une [*o* passer à la] peau de chamois; **etw ~** frotter qc avec une [*o* passer qc à la] peau de chamois
Ledernacken *Pl fam* marines *mpl* **Lederriemen** *m* courroie *f* en cuir **Ledersofa** *nt* canapé *m* en cuir **Ledersohle** *f* semelle *f* en cuir **Ledertasche** *f* sac *m* en cuir **Ledertuch** *nt* peau *f* de chamois **Lederwaren** *Pl* articles *mpl* de maroquinerie
Lederwarengeschäft *nt* maroquinerie *f*
ledig ['le:dɪç] *Adj* ❶ (*unverheiratet*) célibataire
❷ (*frei*) **einer Pflicht/Verantwortung** (*Gen*) **~ sein** être libéré(e) d'une tâche/responsabilité; **einer Sorge** (*Gen*) **~ sein** être débarrassé(e) d'un souci
Ledige(r) *f(m) dekl wie Adj* célibataire *mf*
lediglich ['le:dɪklɪç] *Adv geh* juste
Lee [le:] <-> *f* NAUT côté *m* sous le vent; **nach ~** sous le vent
leer [le:ɐ] I. *Adj* ❶ *Zimmer, Tasche, Flasche* vide; *Blatt, Seite* blanc(blanche)
❷ (*ausdruckslos*) *Augen, Blick* vide
▸ **ins Leere gehen/laufen** tomber à plat; **ins Leere schlagen/treten** taper/faire un pas dans le vide
II. *Adv* ~ **stehen** *Zimmer, Wohnung:* être vide [*o* inoccupé(e)]; ~ **stehend** inoccupé(e); **etw ~ essen/trinken** vider qc; **etw ~ pumpen** vidanger qc; **eine Zeile/Spalte ~ lassen** sauter une ligne/laisser en blanc une colonne
▸ **bei etw ~ ausgehen** repartir les mains vides lors de qc; ~ **laufen** *Behälter:* se vider; *Motor:* tourner à vide; **jdn ~ laufen lassen** FBALL, MIL mettre qn en échec
Leere ['le:rə] <-> *f* vide *m;* **eine gähnende ~** un vide total
leeren ['le:rən] *tr V* ❶ (*leer machen*) vider; faire la levée de *Briefkasten*
❷ (*ausleeren*) **etw in etw** (*Akk*) **~** vider qc dans qc
Leerformel *f pej* phrase *f* creuse **leergefegt** *Adj* ▸ **etw ist wie ~** qc est désert(e) **Leergewicht** *nt eines Fahrzeugs* poids *m* à vide **Leergut** *nt kein Pl* bouteilles *fpl* consignées **Leerlauf** *m* ❶ *eines Motors, einer Maschine* point *m* mort; **im ~** au point mort; **der ~ ist zu niedrig eingestellt** le ralenti est réglé trop bas ❷ (*unproduktive Phase*) temps *mpl* morts
leer|laufen *s.* **leer II.**
Leerschlag *m* espace *f*
leerstehend *s.* **leer II.**
Leerstelle *f* TYP, INFORM espace *m,* blanc *m* **Leertaste** *f* touche *f* Espace
Leerung <-, -en> *f* ❶ (*das Entleeren*) **die ~ der Mülltonnen erfolgt dienstags** les poubelles sont vidées tous les mardis
❷ (*das Leeren*) *eines Postkastens* levée *f*
Leerzeichen *nt* espace *f* **Leerzeile** *f* interligne *m*
Lefze ['lɛftsə] <-, -n> *f meist Pl* babines *fpl*
legal [le'ga:l] I. *Adj* légal(e); **nicht ~** illégal(e)
II. *Adv* légalement; **streng ~** dans la stricte légalité
legalisieren* *tr V* légaliser
Legalität [legali'tɛ:t] <-> *f* légalité *f*; **außerhalb der ~** en dehors de toute légalité
Legasthenie [legaste'ni:] <-, -n> *f* dyslexie *f*
Legastheniker(in) [legas'te:nikɐ] <-s, -> *m(f)* dyslexique *mf;* ~ **sein** être dyslexique
legasthenisch *Adj* dyslexique
Legat[1] [le'ga:t] <-[e]s, -e> *nt* JUR legs *m*
Legat[2] <-en, -en> *m* ECCL légat *m*
Legebatterie *f* élevage *m* en batterie
legen ['le:gən] I. *tr V* ❶ (*hinlegen*) **etw auf den Tisch/in die Schublade/vor die Tür ~** [dé]poser [*o* mettre] qc sur la table/dans le tiroir/devant la porte
❷ (*betten*) **jdn auf den Boden/ins Bett ~** allonger qn par terre/dans le lit; **~ Sie den Kranken in Zimmer 34!** mettez le malade dans la chambre 34!
❸ (*zusammenfalten*) plier *Wäsche, Leintuch*
❹ (*einlegen*) **etw in Marinade/Öl** (*Akk*) **~** mettre qc à tremper dans une marinade/l'huile
❺ (*verlegen*) poser *Fliesen, Teppich, Kabel;* **etw unter Putz** (*Akk*) **~** encastrer qc
▸ **nahe ~** faire naître *Verdacht;* **das legt die Vermutung nahe, dass** cela laisse supposer que + *indic;* **jdm nahe ~ etw zu tun** suggérer à qn de faire qc
II. *r V* ❶ (*hinlegen*) **sich in die Badewanne/unter den Baum ~** s'allonger [*o* se coucher] dans la baignoire/sous l'arbre; **sich ins Bett ~** se mettre au lit
❷ (*sich senken auf*) **sich auf etw** (*Akk*) **~** *Nebel:* descendre sur qc; *Staub, Asche:* se déposer sur qc

L

❸ (*nachlassen*) **sich ~** *Sturm:* s'apaiser; *Wind:* tomber; *Begeisterung, Nervosität, Wut:* retomber

legendär [legɛn'dɛːɐ] *Adj* légendaire

Legende [le'gɛndə] <-, -n> *f* ❶ (*Heiligenlegende, Zeichenerklärung*) légende *f*
❷ (*Lügenmärchen*) mythe *m*
❸ (*Lebenslauf*) *eines Agenten* fausse identité *f*

leger [le'ʒeːɐ] **I.** *Adj Haltung, Kleidung* décontracté(e)
II. *Adv* (*ungezwungen*) de façon décontractée

Leggings ['lɛgɪŋs] *Pl* caleçon *m;* SPORT collant *m*

legieren* *tr V* ❶ allier; **Zinn mit Kupfer ~** allier de l'étain avec du cuivre; **legiert sein** être un alliage
❷ GASTR **eine Suppe mit etw ~** lier une soupe avec qc

Legierung <-, -en> *f* alliage *m*

Legion [le'gjoːn] <-, -en> *f* ❶ HIST légion *f*
❷ (*riesige Menge*) **~en von Touristen** des légions *fpl* de touristes; **~en von Heuschrecken** des myriades *fpl* de sauterelles

Legionär [legjo'nɛːɐ] <-s, -e> *m* légionnaire *m*

Legionärskrankheit *f* MED maladie *f* du légionnaire

legislativ *Adj* législatif(-ive)

Legislative [legɪsla'tiːvə] <-n, -n> *f* [pouvoir *m*] législatif *m*

Legislaturperiode [legɪsla'tuːɐ-] *f* législature *f*

legitim [legi'tiːm] *Adj* ❶ (*rechtmäßig*) *Regierung, Anspruch* légitime; *Mittel* légal(e)
❷ (*vertretbar, berechtigt*) *Interesse, Verlangen* légitime

Legitimation [legitima'tsioːn] <-, -en> *f* autorisation *f*

legitimieren* **I.** *tr V* ❶ (*berechtigen*) habiliter; **jdn zu etw ~** habiliter qn à faire qc; **[dazu] legitimiert sein etw zu tun** être habilité(e) à faire qc
❷ (*gesetzmäßig machen*) reconnaître *Kind;* légitimer *Beziehung, Partnerschaft*
II. *r V geh* **sich ~** (*sich ausweisen*) justifier de son identité; (*seine Befugnis vorweisen*) justifier de sa qualité

Legitimität [legitimi'tɛːt] <-> *f geh* légalité *f*

Leguan ['leːguaːn] <-s, -e> *m* iguane *m*

Legwarmer ['lɛgwɔːmə] <-s, -[s]> *meist Pl m* jambière *f*

Lehen ['leːən] <-s, -> *nt* HIST fief *m;* **jdm etw zu ~ geben** donner qc en fief à qn

Lehm [leːm] <-[e]s, -e> *m* [terre *f*] glaise *f*

Lehmboden *m* sol *m* glaiseux **Lehmgrube** *f* glaisière *f* **Lehmhütte** *f* cabane *f* en torchis

lehmig *Adj* glaiseux(-euse)

Lehmziegel *m* brique *f* en argile jaune

Lehne ['leːnə] <-, -n> *f* ❶ (*Armlehne*) accoudoir *m*
❷ (*Rückenlehne*) dossier *m*

lehnen ['leːnən] **I.** *tr V* **etw an/gegen etw** (*Akk*) **~** appuyer qc contre qc
II. *itr V* **an etw** (*Dat*) **~** être appuyé(e) contre [*o* à] qc
III. *r V* **sich an** [*o* **gegen**] **jdn/etw ~** s'appuyer contre qn/qc; **sich mit dem Rücken an** [*o* **gegen**] **jdn/etw ~** s'adosser à qn/qc; **sich aus dem Fenster ~** se pencher par la fenêtre

Lehnsessel *m* fauteuil *m*

Lehnsherr(in) *m(f)* HIST suzerain(e) *m(f)* **Lehnsmann** <-männer *o* -leute> *m* HIST vassal *m*

Lehnstuhl *m* fauteuil *m* **Lehnübersetzung** *f* calque *m* **Lehnwort** <-wörter> *nt* [mot *m* d']emprunt *m*

Lehramt ['leːɐ-] *nt form* fonction *f* d'enseignant; **das höhere ~** le professorat **Lehramtskandidat(in)** *m(f) form* candidat(e) *m(f)* à l'enseignement **Lehranstalt** *f form* établissement *m* scolaire **Lehrauftrag** *m* **einen ~ für BWL haben** être chargé(e) du cours de sciences éco **Lehrbeauftragte(r)** *f(m) dekl wie Adj* chargé(e) *m(f)* de cours **Lehrbefähigung** *f* certificat *m* d'aptitude à l'enseignement **Lehrbehelf** A *s.* **Lehrmittel** **Lehrberuf** *m* métier *m* d'enseignant **Lehrbuch** *nt* ❶ SCHULE manuel *m* scolaire ❷ UNIV traité *m*

Lehre ['leːrə] <-, -n> *f* ❶ (*Theorie*) théorie *f*
❷ (*Ideologie*) idéologie *f*
❸ (*Religion*) doctrine *f*
❹ (*Ausbildung*) apprentissage *m;* **eine kaufmännische ~ machen** faire un apprentissage commercial; **eine ~ als Friseur machen** faire un apprentissage de coiffeur
❺ (*Erfahrung, Belehrung*) conseil *m;* **seine ~ aus etw ziehen** tirer une leçon [*o* un enseignement] de qc; **dies soll mir eine ~ sein** cela me servira de leçon
❻ TECH (*Messgerät*) calibre *m;* (*Hohlmaß*) jauge *f*
▶ **bei jdm in die ~ gehen** *Auszubildender:* être en apprentissage chez qn; *Forscher, Künstler:* être l'élève de qn; **bei ihm/ihr kannst du [noch] in die ~ gehen** tu as encore des leçons à recevoir de lui/d'elle; **lass dir das eine ~ sein!** que cela te serve de leçon!

lehren ['leːrən] **I.** *tr V* ❶ (*unterrichten*) enseigner; **jdn ~ etw zu tun** apprendre à qn à faire qc
❷ *fig* **jdn ~ skeptisch zu sein** *Beispiel, Vorfall:* apprendre à qn d'être sceptique
❸ (*abbringen von*) **ich werde dich ~ deine Freunde zu belügen!** je vais t'apprendre à mentir à tes amis[, moi]!
II. *itr V* **die Erfahrung lehrt, dass** l'expérience nous enseigne que + *indic*

Lehrer(in) <-s, -> *m(f)* ❶ enseignant(e) *m(f);* (*Grundschullehrer*) instituteur(-trice) *m(f),* maître(-esse) *m(f);* (*Fachlehrer, Gymnasiallehrer*) professeur *m;* **sie ist ~in für Mathematik/am Gymnasium** elle est professeur de mathématiques/de lycée
❷ (*Reitlehrer, Tennislehrer*) moniteur(-trice) *m(f)*
❸ (*Lehrmeister*) maître *m*

Lehrerkollegium *nt* personnel *m* enseignant **Lehrerkonferenz** *f* réunion *f* des enseignants **Lehrerschaft** <-, *selten* -en> *f form* [corps *m* des] enseignants *mpl* (*form*) **Lehrerschwemme** *f fam* pléthore *f* d'enseignants **Lehrerzimmer** *nt* salle *f* des professeurs

Lehrfach *nt* matière *f* **Lehrfilm** *m* film *m* éducatif **Lehrgang** <-gänge> *m* stage *m* [de formation]; **auf einem ~ sein** être en stage [de formation] **Lehrgeld** *nt* frais *mpl* d'apprentissage ▶ **lass dir dein ~ zurückgeben** *fam* tu peux retourner à l'école; **~ zahlen** apprendre à ses dépens; **für etw ~ zahlen [müssen]** payer cher qc **lehrhaft** *Adj* didactique **Lehrherr** *m veraltet* patron *m* **Lehrjahr** *nt* année *f* d'apprentissage ▶ **~e sind keine Herrenjahre** *Spr.* se former est un rude métier **Lehrjunge** *m veraltet* apprenti *m* **Lehrkörper** *m form* ❶ SCHULE corps *m* enseignant (*form*) ❷ UNIV enseignants *mpl* du supérieur **Lehrkraft** *f form* enseignant(e) *m(f)* (*form*)

Lehrling <-s, -e> *m* A, *veraltet* apprenti(e) *m(f)*

Lehrmädchen *nt veraltet* apprentie *f* **Lehrmeinung** *f* doctrine *f* **Lehrmeister(in)** *m(f)* maître(-esse) *m(f)* d'apprentissage **Lehrmittel** *nt* matériel *m* pédagogique **Lehrplan** *m* programme *m* scolaire **Lehrprobe** *f* épreuve *f* pratique [du C.A.P.E.S.]; **in Englisch eine ~ halten** passer une épreuve pratique d'anglais **lehrreich** *Adj* instructif(-ive) **Lehrsatz** *m* théorème *m* **Lehrstelle** *f* place *f* d'apprenti(e) **Lehrstoff** *m* connaissances *fpl* enseignées **Lehrstuhl** *m* chaire *f;* **Inhaber des ~s für Geschichte sein** être titulaire de la chaire d'histoire **Lehrtochter** *f* CH apprentie *f* **Lehrvertrag** *m* contrat *m* d'apprentissage **Lehrwerk** *nt form* manuel *m* scolaire (*form*) **Lehrwerkstatt** *f* atelier *m* d'apprentissage **Lehrzeit** *f veraltet* apprentissage *m*

Leib [laɪp] <-[e]s, -er> *m* ❶ (*Körper*) corps *m;* **bei lebendigem ~ verbrannt werden** être brûlé(e) vif(vive)
❷ (*Bauch*) ventre *m*
▶ **etw mit ~ und Seele tun** faire qc corps et âme; **etw am eigenen ~e erfahren** [*o* **spüren**] faire [soi-même] la dure expérience de qc; **bleib mir damit vom ~e!** *fam* lâche-moi avec ça! (*fam*); **jdm wie auf den ~ geschrieben sein** être fait(e) [sur mesure] pour qn; **sich** (*Dat*) **jdn/etw vom ~e halten** éviter qn/rester à l'écart de qc; **nur das, was jd auf dem ~ hat** [*o* **trägt**] rien d'autre que ce que qn porte sur lui; **jdm zu ~e** [*o* **auf den ~**] **rücken** se pendre aux basques de qn (*fam*)

Leibarzt *m*, **-ärztin** *f* médecin *m* personnel

Leibchen ['laɪpçən] <-s, -> *nt* A maillot *m* de corps

leibeigen ['laɪpʔaɪgən] *Adj Knecht, Diener* en servage; **die ~en Bauern** les serfs *mpl;* ~ **sein** être asservi(e) **Leibeigene(r)** *f(m) dekl wie Adj* serf *m*/serve *f* **Leibeigenschaft** <-> *f* servage *m*

leiben ['laɪbən] ▸ **... wie er/sie leibt und lebt** c'est lui tout craché/elle toute crachée

Leibeserziehung *f form* éducation *f* physique **Leibesfrucht** *f form* fœtus *m* **Leibeskräfte** *Pl* ▸ **aus ~n schreien** crier de toutes ses forces **Leibesübungen** *Pl form* éducation *f* physique et sportive (*form*) **Leibesvisitation** [-vi-] *f form* fouille *f* corporelle; **jdn einer ~ unterziehen** soumettre qn à une fouille corporelle

Leibgarde *f* garde *f* **Leibgardist** <-en, -en> *m* soldat *m* de la garde **Leibgericht** *nt* plat *m* préféré

leibhaftig I. *Adj* ① (*echt*) **ein ~er Prinz/eine ~e Berlinerin** un prince/une berlinoise en chair et en os
② (*verkörpert*) **der ~e Tod/die ~e Unschuld** la mort/l'innocence incarnée [*o* personnifiée]
▸ **der Leibhaftige** *euph* le malin
II. *Adv* en personne

Leibkoch *m*, **-köchin** *f* cuisinier *m* attitré/cuisinière *f* attitrée

leiblich *Adj* ① (*körperlich*) physique
② (*blutsverwandt*) *Erben* du sang; **mein ~es Kind/~er Vater** mon propre enfant/père

Leibrente *f* rente *f* viagère **Leibspeise** *s.* Leibgericht **Leibwache** *f* garde *f* personnelle **Leibwächter(in)** *m(f)* garde *mf* du corps **Leibwäsche** *f veraltet* linge *m* [de corps]

Leiche ['laɪçə] <-, -n> *f* cadavre *m*
▸ **eine ~ im Keller haben** *fam* avoir un cadavre dans le placard; **über ~n gehen** *fam* être prêt(e) à tuer père et mère [pour parvenir à ses fins]; **nur über meine ~!** *fam* il faudra me passer sur le corps! (*fam*)

Leichenbeschauer(in) <-s, -> *m(f)* [médecin *m*] légiste *mf* **Leichenbittermiene** *f hum fam* ▸ **mit ~** en faisant une gueule d'enterrement [*o* une tête à caler des roues de corbillard] (*fam*) **leichenblass**^RR *Adj* pâle comme la mort, d'une pâleur cadavérique **Leichenfledderei** [-flɛdəraɪ] <-, -en> *f* détroussement *m* de cadavres **Leichenfledderer** <-s, -> *m*, **-fledderin** *f* détrousseur(-euse) *m(f)* de cadavres **Leichenhalle** *f* salle *f* mortuaire [*o* funéraire] **Leichenöffnung** *f* MED autopsie *f* **Leichenschändung** *f* violation *f* de sépulture; (*sexuelles Vergehen*) nécrophilie *f* **Leichenschau** *f* MED autopsie *f* **Leichenschauhaus** *nt* institut *m* médico-légal **Leichenschmaus** *m hum* repas *m* d'enterrement **Leichenstarre** *f* rigidité *f* cadavérique **Leichenverbrennung** *f* crémation *f* **Leichenwagen** *m* corbillard *m* **Leichenzug** *m* cortège *m* funèbre

Leichnam ['laɪçnaːm] <-s, -e> *m geh* dépouille *f* [mortelle] (*littér*)

leicht [laɪçt] **I.** *Adj* ① léger(-ère); **Peter ist zehn Kilo ~er [als Hans]** Peter est plus léger de dix kilos [que Hans]
② (*dünn, schwach, sacht*) *Kleidung, Regen, Frost, Berührung, Husten* léger(-ère)
③ (*nicht riskant*) *Operation, Eingriff* petit(e)
④ (*nicht belastend*) *Kost, Wein, Zigarette* léger(-ère)
⑤ (*einfach verständlich*) *Lektüre* facile à lire; *Musik* léger(-ère); *Unterhaltung* à la portée de tous
⑥ (*einfach*) *Frage, Prüfung* facile; **es ist ihm/ihr ein Leichtes, euch zu helfen** *geh* c'est un jeu d'enfant pour lui/elle de vous aider; **nichts ~er als das!** rien de plus facile!
⑦ (*unbeschwert*) **jdm ist ~ [zumute]** qn a le cœur léger
II. *Adv* ① (*dünn, luftig*) *bekleidet* légèrement
② (*einfach*) *bedienen, begreifen* facilement; **~ zu erklären sein, sich ~ erklären lassen** être facile à expliquer; **das geht ganz ~** c'est très facile; **das sagst du so ~** c'est facile à dire; **du hast ~ reden** tu en parles à ton aise; **es nicht ~ haben [im Leben]** ne pas avoir la vie facile; **er hat es nicht ~ mit ihr** il n'a pas la vie facile avec elle
③ (*schwach, sacht*) *wehen, salzen, würzen* légèrement; **es regnet ~** il pleuv[i]ote
④ (*schnell*) *aufbrausen, beleidigt sein, entzündlich* facilement; **~ zerbrechlich sein** être très fragile
▸ **das ist ~er gesagt als getan** c'est plus facile à dire qu'à faire

Leichtathlet(in) *m(f)* athlète *mf* **Leichtathletik** *f* athlétisme *m* **leichtathletisch** *Adj* de l'athlétisme **Leichtbauweise** *f* construction *f* légère; **in ~** en matériau léger

leichtentzündlich *s.* **entzündlich 2.**

Leichter <-s, -> *m* NAUT allège *f*

leicht|fallen *s.* **fallen 15.**

leichtfertig I. *Adj* irréfléchi(e) **II.** *Adv* inconsidérément; *versprechen, zusagen* sans [vraiment] réfléchir **Leichtfertigkeit** *f kein Pl* légèreté *f;* **die ~ seines Handelns** son comportement irréfléchi **Leichtgewicht** *nt*, **Leichtgewichtler(in)** <-s, -> *m(f)* SPORT poids *m* léger **leichtgläubig** *Adj* crédule **Leichtgläubigkeit** *f* crédulité *f*

leichthin *Adv* comme ça

Leichtigkeit <-> *f* ① facilité *f;* **mit ~** sans aucun problème; **etw mit spielerischer ~ tun** faire qc très aisément
② (*geringes Gewicht*) légèreté *f*

leichtlebig *Adj* insouciant(e)

Leichtlohngruppe *f* catégorie *f* des bas salaires

leicht|machen *s.* **machen I.18.**

Leichtmatrose *m*, **-matrosin** *f* matelot *mf* novice **Leichtmetall** *nt* métal *m* léger

leicht|nehmen *s.* **nehmen 12.**

Leichtöl *nt* essence *f* légère **Leichtsinn** *m kein Pl* inconscience *f;* **aus [purem] ~** simplement par négligence ▸ **das sagst du so in deinem jugendlichen ~** tu dis ça parce que tu es trop jeune pour savoir ce que c'est

leichtsinnig I. *Adj Person* inconscient(e); *Handlung* inconsidéré(e); **er war so ~ nicht zum Arzt zu gehen** il a été assez inconscient pour ne pas aller voir un médecin; **es ist ~ etw zu tun** il faut être inconscient pour faire qc
II. *Adv* étourdiment

Leichtsinnigkeit *s.* **Leichtsinn**

leichtverdaulich *s.* **verdaulich**

leichtverderblich *s.* **verderblich 1.**

leichtverletzt *s.* **verletzen I.1.**

Leichtverletzte(r) *f(m) dekl wie Adj* blessé *m* léger/blessée *f* légère

leichtverständlich *s.* **verständlich I.1.**

leichtverwundet *s.* **verwunden**

Leichtverwundete(r) *s.* **Leichtverletzte(r)**

Leichtwasserreaktor *m* réacteur *m* à eau légère

leid [laɪt] *Adj* (*als Ausdruck des Überdrusses*) **jdn/etw ~ sein** en avoir assez de qn/qc; **es ~ sein etw tun zu müssen** en avoir assez de devoir faire qc

Leid <-[e]s> *nt* ① souffrance *f;* **jdm sein ~ klagen** confier ses chagrins à qn
② (*als Ausdruck des Bedauerns*) **etw tut jdm ~** qn regrette qc; **es tut jdm ~, dass** qn regrette que + *subj;* **es tut mir/uns ~, aber ...** je regrette/nous regrettons, mais ..., je suis désolé(e)/nous sommes désolé(e)s, mais ...; **tut mir ~!** *fam* désolé(e)! (*fam*); **das wird dir noch ~ tun!** tu t'en mordras les doigts!
③ (*als Ausdruck des Mitleids*) **jdm ~ tun** *Person, Tier:* faire pitié à qn; **es tut mir ~ für dich** je suis désolé(e) pour toi
▸ **jdm etwas/nichts zu ~e tun** faire du mal/ne pas faire de mal à qn

Leideform *f* GRAM forme *f* passive

leiden ['laɪdən] <litt, gelitten> **I.** *itr V* ① **an einer Krankheit/den Folgen eines Unfalls ~** souffrir d'une maladie/des suites d'un accident; **an Anfällen ~** être sujet(te) à des crises; **an einer unheilbaren Krankheit ~** être atteint d'une maladie

incurable
❷ (*Schmerzen haben, unglücklich sein*) souffrir; **unter der Einsamkeit/seiner Figur** ~ souffrir de la solitude/son physique; **sie leidet unter ihm** il la fait souffrir
❸ (*Schaden nehmen*) *Farbe, Stoff, Pflanze:* souffrir
II. *tr V* ❶ (*erdulden*) **Kummer/Not** ~ souffrir de chagrin/endurer la misère
❷ (*mögen*) **jdn/etw** [**gut**]**/nicht** [**gut**] ~ **können** [*o* **mögen**] aimer [bien]/ne pas pouvoir souffrir qn/qc
❸ *geh* (*dulden*) **etw nicht** ~ ne pas souffrir qc (*soutenu*); **es nicht** ~**, dass** ne pas souffrir que + *subj* (*soutenu*)
Leiden[1] <-s, -> *nt* ❶ (*Krankheit*) affection *f;* **mein altes** ~**!** mon mal qui se réveille!
❷ *Pl* (*leidvolle Erlebnisse*) souffrances *fpl*
▸ **wie das** ~ **Christi aussehen** *fam* avoir une gueule de déterré (*fam*)
Leiden[2] <-s> *nt* Leyde
leidend *Adj* ❶ (*gequält*) *Aussehen, Miene, Blick* douloureux(-euse)
❷ (*chronisch krank*) ~ **sein** être souffrant(e)
Leidenschaft <-, -en> *f* passion *f;* ~ **für jdn empfinden** être épris(e) de qn; **sie hat eine** ~ **für klassische Musik** elle est passionnée de musique classique; **ich bin Gärtner aus** ~ j'ai la passion du jardinage; **mit** [**großer/wahrer**] ~ avec [une véritable] passion
leidenschaftlich I. *Adj* passionné(e); **er ist ein** ~**er Gärtner** il est passionné de jardinage
II. *Adv* ❶ (*feurig*) passionnément
❷ (*energisch*) *verteidigen, befürworten* avec ferveur; *ablehnen* énergiquement
❸ (*sehr gern*) **etw** ~ **gern tun** adorer faire qc
Leidenschaftlichkeit <-> *f* ❶ (*Feurigkeit*) *eines Liebhabers* fougue *f* amoureuse; *einer Umarmung* ferveur *f*
❷ (*Lebhaftigkeit*) *einer Diskussion* véhémence *f* (*littér*)
leidenschaftslos I. *Adj Betrachter* détaché(e) de toute passion; *Beurteilung, Betrachtungsweise* sans passion
II. *Adv* sans passion
Leidensdruck *m kein Pl* souffrance *f* **Leidensgefährte** *m,* **-gefährtin** *f,* **Leidensgenosse** *m,* **-genossin** *f* compagnon *m*/compagne *f* d'infortune **Leidensgeschichte** *f* calvaire *m;* **die** ~ **Christi** la Passion **Leidensmiene** *f iron* airs *mpl* de martyr (*iron*); **etw mit** ~ **tun** faire qc en prenant des airs de martyr (*iron*) **Leidensweg** *m* chemin *m* de croix
leider ['laɪdɐ] *Adv* malheureusement; ~ **ja/nein** [*o* **nicht**] hélas oui/non
leidig *Adj attr* ❶ (*unangenehm*) déplaisant(e)
❷ (*problematisch*) maudit(e) *antéposé*
leidlich I. *Adj attr* acceptable
II. *Adv* pas trop mal
Leidtragende(**r**) *f(m) dekl wie Adj* **der/die** ~ celui/celle sur qui ça retombe **leidvoll** *Adj* douloureux(-euse) **Leidwesen** *nt kein Pl* **zu seinem/ihrem** ~ à son grand regret
Leier ['laɪɐ] <-, -n> *f* ❶ (*Drehleier*) vielle *f*
❷ (*Kithara*) lyre *f*
❸ ASTRON Lyre *f*
▸ **es ist** [**immer**] **dieselbe** ~ *fam* c'est toujours la même musique [*o* chanson] (*fam*)
Leierkasten *m fam* orgue *f* de Barbarie **Leierkastenmann** *m,* **-frau** *f fam* joueur(-euse) *m(f)* d'orgue de Barbarie
leiern ['laɪɐn] *tr V fam* débiter *Gedicht*
Leiharbeit *f* travail *m* intérimaire **Leiharbeiter**(**in**) *m(f)* intérimaire *mf* **Leihbibliothek** *f,* **Leihbücherei** *f* bibliothèque *f* de prêt
leihen ['laɪən] <lieh, geliehen> *tr V* ❶ (*verleihen*) **jdm etw** ~ prêter qc à qn; [**etw ist**] **geliehen** [qc est] prêté(e)
❷ (*ausleihen*) **sich** (*Dat*) **etw von jdm** ~ emprunter qc à qn
Leihgabe *f* prêt *m* **Leihgebühr** *f* frais *mpl* de location **Leihhaus** *nt* mont-de-piété *m* **Leihmutter** *f* mère *f* porteuse **Leihpacht** *f* ÖKON prêt-bail *m* **Leihschein** *m* ❶ (*Buchentleihschein*) bulletin *m* de prêt ❷ COM certificat *m* de prêt **Leihstimme** *f* POL voix *f* d'emprunt **Leihwagen** *m* voiture *f* de location **leihweise** *Adv* en prêt
Leim [laɪm] <-[e]s, -e> *m* colle *f* forte
▸ **jdm auf den** ~ **gehen** *fam* se faire entuber par qn (*fam*); **aus dem** ~ **gehen** *fam* se déglinguer (*fam*)
leimen *tr V* ❶ (*kleben*) coller; **etw wieder** ~ recoller qc
❷ *sl* (*hereinlegen*) **jdn** ~ niquer qn (*arg*); **der/die Geleimte** le couillon/la couillonne (*pop*)
Leimfarbe *f* TECH peinture *f* à la colle
Lein [laɪn] <-[e]s, -e> *m* lin *m*
Leine ['laɪnə] <-, -n> *f* ❶ (*Seil*) corde *f*
❷ (*Hundeleine*) laisse *f*
▸ **jdn an die** ~ **legen** tenir qn en bride; ~ **ziehen** *sl* se casser (*fam*)
leinen ['laɪnən] *Adj Tuch, Gewand* en [*o* de] lin
Leinen <-s, -> *nt* lin *m;* **aus** ~ en [*o* de] lin; **in** ~ **gebunden** *Buch* relié(e) toile
Leinenband <-bände> *m* reliure *f* [en] toile
Leineweber(**in**) *m(f)* tisserand(e) *m(f)*
Leinkraut *nt* BOT linaire *m* **Leinöl** *nt* huile *f* de lin **Leinsamen** *m* linette *f* **Leintuch** <-tücher> *nt* SDEUTSCH, A, CH drap *m* **leinwand** *Adj* A *fam* super **Leinwand** *f* ❶ (*Kinoleinwand*) écran *m* ❷ *kein Pl* (*Gewebe*) toile *f* ▸ **etw auf die** ~ **bringen** porter qc à l'écran
leise ['laɪzə] I. *Adj* ❶ (*nicht laut*) *Stimme* bas(se); *Musik, Gesang* doux(douce); *Geräusch, Klopfen* léger(-ère); *Weinen* étouffé(e); [**zu**] ~ **sein** *Musik, Stimme:* être trop bas(se); *Klopfen:* ne pas être [assez] fort(e); **das Radio ist** ~ le son de la radio n'est pas fort; **den Fernseher** ~**r stellen** baisser le son de la télévision
❷ (*schwach, gelinde, sacht*) *Ahnung, Verdacht* vague; *Zweifel, Hauch, Streicheln* léger(-ère); **bei der** ~**sten Berührung** au moindre contact; **ich habe die** ~ **Befürchtung, dass er nicht kommt** je redoute vaguement qu'il ne vienne pas; **es kommen ihm** ~ **Zweifel** il commence un peu à douter
II. *Adv* doucement
Leisetreter(**in**) <-s, -> *m(f) fam* dégonflé(e) *m(f)* (*fam*)
Leiste ['laɪstə] <-, -n> *f* ❶ (*Rahmenleiste, Tapetenleiste*) baguette *f;* (*Fußleiste*) plinthe *f*
❷ ANAT aine *f*
leisten ['laɪstən] *tr V* ❶ (*arbeiten*) **viel** ~ avoir du rendement; **nicht genug** ~ ne pas avoir assez de rendement; **Ungewöhnliches** ~ accomplir quelque chose d'exceptionnel
❷ (*an Kraft erbringen*) *Batterie, Turbine, Solarzelle:* produire; *Motor:* développer
❸ *fam* (*gönnen*) **sich** (*Dat*) **etw** ~ s'accorder qc; (*sich anschaffen*) s'offrir qc; **sich** (*Dat*) **jdn/etw** ~ **können** avoir les moyens de s'offrir qn/qc
❹ *fam* (*erlauben*) **sich** (*Dat*) **etw** ~ se permettre qc; **es sich** (*Dat*) ~ **können etw zu tun** pouvoir se permettre de faire qc; **da hast du dir ja was geleistet!** t'as vraiment fait très fort! (*fam*)
Leisten <-s, -> *m* forme *f*
▸ **alles über einen** ~ **schlagen** *fam* mettre tout dans le même sac [*o* panier] (*fam*)
Leistenbruch *m* MED hernie *f* inguinale **Leistengegend** *f* région *f* de l'aine
Leistung <-, -en> *f* ❶ (*Ergebnis der Arbeit*) rendement *m;* *eines Künstlers, Sportlers* prestation *f;* *eines Schülers* résultat *m;* **jdn nach** ~ **bezahlen** payer qn au rendement
❷ TECH réalisation *f*
❸ (*Leistungsfähigkeit*) *einer Batterie, eines Computers* capacité *f;* *eines Generators* débit *m;* *einer Lichtmaschine, von Solarzellen* puissance *f;* *eines Motors* puissance *f* mécanique
❹ *form* (*Erstattetes, Gewährtes*) *einer Krankenkasse, eines Arbeitsamts* prestation *f;* (*Dienstleistung*) prestation *f* [de service]

5 *form* (*Zahlung*) versement *m*
6 *kein Pl* (*das Erbringen*) *einer Arbeit* exécution *f; einer Zahlung* règlement *m*
7 JUR accomplissement *m*, prestation *f*

Leistungsabfall *m eines Sportlers* baisse *f* des résultats **Leistungsbereitschaft** *f* engagement *m* [dans son travail] **leistungsbezogen** *Adj* **~es Gehalt** salaire *m* au rendement **Leistungsbilanz** *f* bilan *m* des paiements **Leistungsdruck** *m kein Pl* compétitivité *f;* **der schulische ~** la pression des notes **leistungsfähig** *Adj* performant(e); **wie ~ ist dieses Aggregat?** quel est le rendement de ce groupe? **Leistungsfähigkeit** *f kein Pl eines Arbeitnehmers* efficacité *f; einer Firma* productivité *f; eines Motors, einer Batterie, von Solarzellen* performances *fpl* **Leistungsgesellschaft** *f* société *f* fondée sur le rendement individuel **Leistungskontrolle** *f* 1 contrôle *m* de rendement [*o* de la productivité]; **zur ~** afin de contrôler le travail 2 (*Lernkontrolle*) contrôle *m* d'évaluation **Leistungskraft** *s.* Leistungfähigkeit **Leistungskurs** *m* option *f* renforcée **Leistungsnachweis** *m* SCHULE, UNIV relevé *m* de notes **leistungsorientiert** [-oriɛntiːɐt] *Adj* axé(e) sur le rendement [individuel] **Leistungsprinzip** *nt kein Pl* principe *m* du rendement; **nach dem ~ bezahlt werden** être payé en fonction de son rendement **Leistungsprüfung** *f* 1 SCHULE contrôle *m* 2 SPORT test *m* de performance 3 AGR test *m* de rendement **leistungsschwach** *Adj* médiocre, faible **Leistungssport** *m* sport *m* de compétition **leistungsstark** *s.* **leistungsfähig** **Leistungssteigerung** *f* hausse *f* du rendement [*o* de la productivité] **Leistungstest** *m* test *m* de performances **Leistungsträger(in)** *m(f)* SPORT, ÖKON personne *f* qui est la plus performante **Leistungsvergleich** *m* comparaison *f* de prestations **Leistungsvermögen** *s.* **Leistungsfähigkeit** **Leistungszwang** *m* esprit *m* de compétition

Leitartikel *m* éditorial *m* **Leitartikler(in)** [-artɪklɐ] <-s, -> *m(f)* PRESSE *fam* éditorialiste *mf* **Leitbild** *nt* modèle *m*

leiten ['laɪtən] **I.** *tr V* 1 diriger *Firma, Abteilung, Schule, Sitzung*
2 (*hinleiten*) **jdn durch ein Museum ~** guider qn dans un musée; **den Verkehr auf die Umgehungsstraße ~** diriger le trafic vers la rocade; **Strom/Gas in die Stadt ~** acheminer du courant/gaz dans la ville; **Wasser auf das Gelände ~** envoyer de l'eau sur le terrain
3 *fig* **sich von Gefühlen ~ lassen** se laisser guider par son intuition
4 ELEC, PHYS **Strom/Wärme ~** conduire de l'électricité/la chaleur
II. *itr V* ELEC, PHYS **[gut/schlecht] ~** être [bon(ne)/mauvais(e)] conducteur(-trice)

leitend *Adj* 1 *Stellung, Position* dirigeant(e); **~er Angestellter** cadre *m* [supérieur]
2 (*leitfähig*) conducteur(-trice); **nicht ~** non-conducteur(-trice)

Leiter[1] <-, -n> *f* (*Sprossenleiter*) échelle *f;* (*Stehleiter*) escabeau *m*

Leiter[2] <-s, -> *m* 1 *einer Abteilung* chef *m; einer Firma, Schule* directeur *m;* **kaufmännischer/künstlerischer ~** directeur commercial/artistique
2 ELEC, PHYS conducteur *m*

Leiterin <-, -nen> *f einer Abteilung* chef *f; einer Firma, Schule* directrice *f;* **kaufmännische/künstlerische ~** directrice commerciale/artistique

Leiterplatte *f* INFORM plaquette *f* [d'un circuit intégré]

Leitersprosse *f* échelon *m* **Leiterwagen** *m* chariot *m* à ridelles

Leitfaden *m* mémento *m* **leitfähig** *Adj* conducteur(-trice) **Leitfähigkeit** *f* PHYS conductibilité *f* **Leitgedanke** *m* idée *f* directrice **Leithammel** *m fam* (*Person*) meneur(-euse) *m(f)* **Leitlinie** *f* POL, ÖKON ligne *f* directrice **Leitmotiv** *nt a.* MUS, LITER leitmotiv *m* **Leitplanke** *f* glissière *f* de sécurité **Leitsatz** *m* précepte *m* **Leitspruch** *m* devise *f* **Leitstern** *m fig* guide *m* **Leittier** *nt* animal *m* de tête

Leitung <-, -en> *f* 1 *kein Pl einer Firma, Schule, Arbeitsgruppe* direction *f; einer Diskussion* conduite *f;* **die ~ einer Versammlung/eines Projektes haben** avoir la direction d'une réunion/d'un projet; **unter der ~ einer jungen Dirigentin spielen** jouer sous la conduite [*o* la direction] d'une jeune chef d'orchestre
2 (*Rohrleitung*) conduite *f*
3 (*Strom-, Telefonleitung*) ligne *f;* **die ~ ist gestört** la ligne est en dérangement; **gehen Sie aus der ~!** *fam* quittez la ligne!
▶ **eine lange ~ haben** *hum fam* être dur(e) à la détente (*fam*)

Leitungsaufgabe *f* poste *m* de direction **Leitungsdraht** *m* câble *m* électrique **Leitungskabel** *nt* ELEC câble *m* [*o* fil *m*] conducteur **Leitungsmast** *m* poteau *m* électrique; (*Hochspannungsmast*) pylône *m* de ligne électrique **Leitungsnetz** *nt* ELEC réseau *m* [électrique]; (*Rohrleitungsnetz*) tuyauterie *f* **Leitungsrohr** *nt* conduite *f* **Leitungswasser** *nt* eau *f* du robinet

Leitwährung *f* monnaie *f* de réserve **Leitwerk** *nt* AVIAT empennage *m* **Leitwolf** *m fig* meneur *m* d'hommes **Leitzins** *m* taux *m* directeur

leiwand A *s.* **leinwand**

Lektion [lɛk'tsioːn] <-, -en> *f* leçon *f*
▶ **jdm eine ~ erteilen** *geh* donner une leçon à qn

Lektor ['lɛktoːɐ] <-s, -toren> *m*, **Lektorin** *f* UNIV, MEDIA lecteur(-trice) *m(f)*

Lektorat [lɛkto'raːt] <-[e]s, -e> *nt* 1 (*Verlagsabteilung*) comité *m* de lecture
2 (*Posten an der Universität*) poste *m* de lecteur(-trice)

Lektüre [lɛk'tyːrə] <-, -n> *f* lecture *f*

Lemming ['lɛmɪŋ] <-s, -e> *m* lemming *m*

Lende ['lɛndə] <-, -n> *f* 1 ANAT reins *mpl*
2 GASTR aloyau *m*

Lendenbraten *m* rôti *m* d'aloyau **Lendengegend** *f* ANAT région *f* lombaire **Lendenschurz** [-ʃʊrts] *m* pagne *m* **Lendenstück** *nt* morceau *m* d'aloyau **Lendenwirbel** *m* ANAT vertèbre *f* lombaire

Leninismus [leni'nɪsmʊs] <-> *m* POL léninisme *m*

leninistisch *Adj* léniniste

lenkbar *Adj Fahrzeug* manœuvrable; *Achse* directeur(-trice); *Räder* dirigeable; **gut/leicht ~ sein** *Fahrzeug:* être très/facilement maniable

lenken ['lɛŋkən] **I.** *tr V* 1 conduire *Fahrzeug, Zugtier;* **das Auto in die Einfahrt ~** conduire la voiture dans l'entrée
2 (*leiten*) manipuler *Menschen;* diriger *Wirtschaft, Staat;* **sich von jdm ~ lassen** *Mensch:* se laisser mener [*o* manipuler] par qn
3 (*beeinflussen*) **gelenkt** *Medien, Berichterstattung* orienté(es)
4 (*richten*) **seinen Blick auf jdn/etw ~** poser son regard sur qn/qc; **seine Schritte in eine andere Richtung ~** diriger ses pas dans une autre direction; **jds Aufmerksamkeit auf etw** (*Akk*) **~** attirer l'attention de qn sur qc; **das Gespräch auf etw** (*Akk*) **~** amener la discussion vers qc
II. *itr V Fahrer:* conduire; **nach links/rechts ~** prendre à gauche/droite; **in eine Seitenstraße ~** prendre une rue latérale

Lenker <-s, -> *m* 1 (*Fahrer*) *eines Fahrzeugs* conducteur *m*
2 *fig geh eines Staates, des Schicksals* guide *m*
3 (*Lenkstange*) guidon *m*

Lenkerin <-, -nen> *f* 1 *eines Fahrzeugs* conductrice *f*
2 *fig geh eines Staates, des Schicksals* guide *m*

Lenkflugkörper *m* MIL missile *m*, engin *m* téléguidé **Lenkrad** *nt* volant *m;* **jdm ins ~ greifen** prendre le volant à qn

Lenkradschaltung *f* changement *m* de vitesse au volant **Lenkradschloss**[RR] *nt* [contacteur *m*] antivol *m* **Lenkradsperre** *f* blocage *m* de la direction

Lenksäule *f* AUT colonne *f* de direction **Lenkstange** *f* guidon *m*

Lenkung <-, -en> *f* ❶ (*Vorrichtung, das Lenken, Leiten*) direction *f*
❷ *kein Pl* (*Beeinflussung*) *der Medien* orientation *f*
Lenz [lɛnts] <-es, -e> *m* ❶ *liter* (*Frühling*) saison *f* printanière (*soutenu*)
❷ *Pl hum* (*Lebensjahre*) printemps *mpl;* **du mit deinen 20 ~en!** toi et tes 20 printemps!
▸ **sich** (*Dat*) **einen schönen ~ machen** *fam* se la couler douce (*fam*)
Leonardo da Vinci [-'vintʃi] <- - -s> *m* HIST Léonard de Vinci *m*
Leopard [leo'part] <-en, -en> *m* léopard *m*
Lepra ['le:pra] <-> *f* MED lèpre *f*
Leprakranke(r) *f(m) dekl wie Adj* MED lépreux(-euse) *m(f)*
lepros *Adj,* **leprös** *Adj* MED *Mensch* lépreux(-euse); *Gesicht, Körperteil* rongé(e) par la lèpre
Lerche ['lɛrçə] <-, -n> *f* alouette *f*
lernbar *Adj* **~ sein** pouvoir s'apprendre; **leicht/schwer ~** facile/difficile à apprendre
lernbegierig *Adj* avide d'apprendre **lernbehindert** *Adj* inadapté(e) **Lerneifer** *m* désir *m* d'apprendre
lernen ['lɛrnən] **I.** *tr V* ❶ apprendre; **lesen/schwimmen ~** apprendre à lire/nager; **Mathe ~** apprendre les maths; **kochen ~** apprendre à faire la cuisine; **etw bei/von jdm ~** apprendre qc de qn; **~ sich zu beherrschen** apprendre à se maîtriser
❷ (*eine Ausbildung machen*) **einen Beruf ~** faire une formation; **Friseur ~** faire une formation de coiffeur; **was haben Sie gelernt?** quelle formation avez-vous faite?; *s. a.* **gelernt**
▸ **das will gelernt sein** ça ne s'improvise pas; **der lernt's nie** *fam,* **der wird es nie ~** il ne le saura jamais
II. *itr V* ❶ étudier; **für die Schule/Prüfung ~** travailler pour l'école/l'examen; **mit jdm ~** *fam* travailler avec qn; **das Lernen** (*für die Schule*) le travail [scolaire]; (*für eine Prüfung*) les révisions *fpl;* **das Lernen fällt ihm schwer** il a du mal à apprendre; **störe mich nicht beim Lernen!** ne me dérange pas quand j'étudie!
❷ (*eine Ausbildung machen*) **bei jdm/einer Firma ~** être en formation chez qn/dans une entreprise
▸ **gelernt ist [eben] gelernt** *Spr.* l'expérience, il n'y a que ça de vrai
Lerner(in) <-s, -> *m(f)* élève *mf; einer Sprache* apprenant(e) *m(f)*
lernfähig *Adj* **~ sein** être capable de retenir; **nicht ~ sein** ne rien retenir; **er scheint nicht ~ zu sein** apparamment, il n'a pas retenu la leçon **Lernfähigkeit** *f kein Pl* capacité *f* d'apprendre **Lernmittel** *Pl* fournitures *fpl* scolaires
Lernmittelfreiheit *f kein Pl* mise *f* à disposition des fournitures scolaires
Lernprogramm *nt* INFORM didacticiel *m* **Lernprozess**[RR] *m* apprentissage *m* **Lernschwester** *f* élève *f* infirmière **Lernsoftware** *f* didacticiel *m* **Lernstoff** *m* programme *m* **Lernziel** *nt* objectif *m* éducatif
Lesart ['le:sʔa:ɐt] *f* version *f*
lesbar *Adj* lisible
Lesbe ['lɛsbə] <-, -n> *f,* **Lesbierin** ['lɛsbiərɪn] <-, -nen> *f* lesbienne *f*
lesbisch *Adj* lesbien(ne)
Lese ['le:zə] <-, -n> *f* vendange *f*
Lesebrille *f* lunettes *fpl* pour lire **Lesebuch** *nt* livre *m* de lecture **Leseecke** *f* coin *m* lecture **Lesegerät** *nt* INFORM lecteur *m* **Lesekarte** *f* carte *f* de bibliothèque **Lesekopf** *m* INFORM tête de lecture *m* **Leselampe** *f* lampe *f* [de lecture]
lesen[1] ['le:zən] <liest, las, gelesen> **I.** *tr V* ❶ lire; **gerne Krimis ~** *fam* aimer les polars (*fam*); **leicht/schwer zu ~ sein** être facile/difficile à lire
❷ (*Korrektur lesen*) relire *Druckfahnen, Manuskript*
❸ INFORM **maschinell gelesen werden** *Formular, Code:* être lu(e) automatiquement
❹ (*erkennen*) **etw in jds Augen/Gesicht** (*Dat*) **~** lire qc dans les yeux/sur le visage de qn
II. *itr V* ❶ lire; **laut/leise ~** lire à haute voix/à voix basse; **an einem Roman ~** être en train de lire un roman; **das Lesen** la lecture; **nur selten zum Lesen kommen** n'avoir que rarement le temps de lire; **stör mich nicht beim Lesen!** ne me dérange pas quand je lis!
❷ (*Vorlesungen halten*) **über jdn/etw ~** faire un cours sur qn/qc
III. *r V* **sich einfach/schwer ~** être facile/difficile à lire; **sich flüssig ~** paraître facile à la lecture
lesen[2] <liest, las, gelesen> *tr V* ❶ cueillir *Weintrauben, Beeren;* glaner *Ähren;* **etw vom Boden ~** ramasser qc [qui est] sur le sol
❷ (*sortieren*) trier *Erbsen*
lesenswert *Adj* intéressant(e) à lire; **~ sein** mériter d'être lu(e)
Leseprobe *f* ❶ LITER extrait *m*
❷ THEAT lecture *f*
Leser(in) <-s, -> *m(f)* lecteur(-trice) *m(f)*
Leseratte *f hum fam* bouquineur(-euse) *m(f)* (*fam*)
Leserbrief *m* lettre *f* de lecteur; **die ~e** le courrier des lecteurs
leserlich **I.** *Adj* lisible; **schwer/kaum ~ sein** être peu/à peine lisible
II. *Adv schreiben* lisiblement
Leserlichkeit <-> *f* lisibilité *f*
Leserschaft <-, *selten* -en> *f* lectorat *m*
Leserzuschrift *s.* **Leserbrief**
Lesesaal *m* salle *f* de lecture **Lese-Schreib-Kopf** *m* INFORM tête *f* lectrice-imprimante **Lesestift** *m* INFORM crayon *m* optique **Lesestoff** *m* lecture *f* **Lesezeichen** *nt* marque-page *m* **Lesezirkel** *m* cercle *m* de lecture
Lesotho [le'zo:to] <-s> *nt* le Lesotho
Lesung <-, -en> *f* ❶ (*Autorenlesung*) lecture *f*
❷ PARL **etw in erster/zweiter ~ annehmen** adopter qc en première/deuxième lecture
Lethargie [letar'gi:] <-> *f* léthargie *f;* **in ~ verfallen** tomber dans une torpeur
lethargisch [le'targɪʃ] **I.** *Adj* léthargique
II. *Adv* **~ daliegen** être dans une [complète] léthargie
letschert ['le:tʃɐt] *Adj* A (*schlapp*) mou(molle)
Lette ['lɛtə] <-n, -n> *m,* **Lettin** *f* Letton(e) *m(f)*
Letter ['lɛtɐ] <-, -n> *f* ❶ (*Druckbuchstabe*) lettre *f;* **etw mit [o in] riesigen ~n ankündigen** annoncer qc en grande pompe
❷ (*Drucktype*) caractère *m*
lettisch ['lɛtɪʃ] **I.** *Adj* letton(e)
II. *Adv* **~ miteinander sprechen** discuter en letton; *s. a.* **deutsch**
Lettisch <-[s]> *nt kein Art* letton *m;* **auf ~** en letton; *s. a.* **Deutsch**
Lettische *nt dekl wie Adj* **das ~** le letton; *s. a.* **Deutsche**
Lettland *nt* la Lettonie
Letzt [lɛtst] ▸ **zu guter ~** en fin de compte
letzte(r, s) *Adj* ❶ dernier(-ière) *antéposé;* **die ~ Straßenbahn verpassen** rater le dernier tramway; **die ~n beiden Seiten** les deux dernières pages; **die ~ Chance/Gelegenheit** l'ultime chance/occasion; **unsere ~n Vorräte** le peu de provisions qui nous reste; **sein ~s Geld** l'argent qui lui reste; **beim ~n Mal** la dernière fois; **ich sage es dir zum ~n Mal: ...** c'est la dernière fois que je te le dis: ...; **als ich ihn zum ~n Mal gesehen habe** la dernière fois que je l'ai vu
❷ (*eine Folge beschließend*) **Letzter/Letzte werden** terminer dernier/dernière; **der/die Letzte sein** être le dernier/la dernière; **als Letzter/Letzte ankommen** arriver le dernier/la dernière; **der Letzte des Monats** le dernier du mois
❸ (*vorige*) dernier(-ière) *postposé;* **~ Woche/~s Jahr** la semaine dernière/l'an dernier; **am ~n Mittwoch** mercredi dernier
❹ (*oberste*) **im ~n Stock** au dernier étage
❺ *pej* (*sehr schlimm*) **der ~ Schuft** *fam* la dernière des fri-

pouilles (*fam*)
▶ **die Letzten werden die Ersten sein** les derniers seront les premiers

Letzte(s) *nt dekl wie Adj* 1 **ein ~s** une dernière chose
2 (*das Schlimmste*) **das ist ja wohl das ~!** *pej fam* ça, c'est le bouquet! (*fam*); **das ist das ~, was ich erwartet habe** c'est la dernière chose que j'attendais
▶ **sein ~s geben** se donner à fond; **bis ins ~** de A à Z

letztemal *s.* Mal[1]

letztendlich *Adv* en fin de compte

letztenmal *Adv* **beim ~** la dernière fois; **ich sage es dir zum ~** je te le dis une dernière fois; **als ich ihn zum ~ gesehen habe** la dernière fois que je l'ai vu

letztens ['lɛtstəns] *Adv* 1 (*kürzlich*) dernièrement; **~ erst** dernièrement encore
2 (*abschließend*) **fünftens und ~** cinquièmement et pour finir

letztere(r, s) *Adj* ce dernier/cette dernière; **Letzterer ist mein Bruder** ce dernier est mon frère; **Letzteres ist sehr wichtig** ce/le dernier point est très important

letztgenannt *Adj* **der/die ~e ...** ce dernier .../cette dernière ... **letztjährig** *Adj* **die ~e Zusammenkunft** la conférence de l'année dernière

letztlich *Adv* en fin de compte

letztmöglich *Adj* **der ~e Flug** le tout dernier vol; **die ~e Gelegenheit** l'ultime occasion **letztwillig** *Adj* testamentaire

Leuchtboje *f* balise *f* lumineuse **Leuchtbombe** *f* MIL bombe *f* éclairante **Leuchtdiode** *f* diode *f* électroluminescente

Leuchte ['lɔɪçtə] <-, -n> *f* 1 lampe *f*
2 *fam* (*kluger Mensch*) **eine ~ sein** être une lumière (*fam*); **eine ~ in Mathematik sein** *fam* être un crack en mathématiques (*fam*)

leuchten ['lɔɪçtən] *itr V* 1 *Lampe, Glühbirne:* éclairer; *Licht, Abendsonne, Stern:* briller; *Leuchtkäfer:* être luisant(e); *Zifferblatt, Zeiger:* être lumineux(-euse); **~d** brillant(e); **jdm im Dunkeln ~** éclairer qn dans l'obscurité; **mit einer Lampe in eine Höhle ~** éclairer une grotte avec une lampe; **das Leuchten** *des Mondes* l'éclat *m*
2 (*reflektieren*) *Himmel, Meer, Farbe:* resplendir
3 *fig* **vor Freude ~** *Augen, Gesicht:* rayonner de joie

leuchtend *Adj* 1 *Farbe* vif(vive)
2 *fig* **ein ~es Vorbild** un exemple éclatant

Leuchter <-s, -> *m* chandelier *m*

Leuchtfarbe *f* peinture *f* fluorescente **Leuchtfeuer** *nt* feu *m*, balise *f* [lumineuse] **Leuchtgas** *nt kein Pl veraltet* gaz *m* d'éclairage (*vieilli*), gaz *m* de ville **Leuchtkäfer** *m* insecte *m* luisant **Leuchtkraft** *f kein Pl einer Lichtquelle* pouvoir *m* éclairant; *eines Sterns, einer Farbe* luminosité *f* **Leuchtkugel** *f s.* Leuchtrakete **Leuchtpistole** *f* pistolet *m* lance-fusées [*o* signaleur] **Leuchtrakete** *f* fusée *f* éclairante **Leuchtreklame** *f* publicité *f* lumineuse **Leuchtschrift** *f* lettres *fpl* lumineuses **Leuchtstift** *m* surligneur *m* **Leuchtstofflampe** *f*, **Leuchtstoffröhre** *f* lampe *f* fluorescente **Leuchtturm** *m* phare *m* **Leuchtturmwärter(in)** *m(f)* gardien(ne) *m(f)* de phare **Leuchtzifferblatt** *nt* cadran *m* lumineux

leugnen ['lɔɪgnən] *tr, itr V* nier; **es ist nicht zu ~, dass** on ne peut [pas] nier que + *indic;* **das lässt sich nicht ~** ça ne peut être nié(e); **Leugnen ist zwecklos** il est inutile de nier

Leugnung <-, -en> *f* dénégation *f*

Leukämie [lɔɪkɛ'mi:] <-, -n> *f* MED leucémie *f*

Leukoplast® <-[e]s, -e> *nt* sparadrap® *m*

Leukozyt [lɔɪko'tsy:t] <-en, -en> *m meist Pl* MED leucocyte *m*

Leumund *m* réputation *f;* **einen guten/schlechten ~ haben** avoir [une] bonne/mauvaise réputation

Leumundszeugnis ['lɔɪmʊnts-] *nt* certificat *m* de bonne conduite

Leutchen *Pl fam* **die paar/wenigen ~** les quatre pelés et un tondu (*fam*); **es kamen bloß zwanzig ~** il est venu tout juste vingt personnes

Leute ['lɔɪtə] *Pl* 1 (*Mehrzahl von Person*) **hundert ~** cent personnes *fpl;* **es waren keine/kaum ~ da** il y avait personne/à peu près personne
2 (*die Umgebung, Mitmenschen*) gens *mpl;* **die ~ aus der Nachbarschaft** les gens du voisinage; **etw der ~ wegen tun/nicht tun** faire qc/ne pas faire qc à cause des qu'en-dira-t-on; **alle ~** tout le monde
3 *fam* (*als Anrede*) **an die Arbeit, ~!** au travail, tout le monde!; **hört mal alle her, ~!** écoutez, tout le monde! (*fam*)
4 *fam* (*Mitarbeiter*) collaborateurs(-trices) *m(f)pl;* (*Angestellte*) employé(e)s *m(f)pl;* **die ~ von der Post** les gens de la poste; **nur wenige ~ beschäftigen** n'avoir que peu d'employés au travail
5 MIL, NAUT hommes *mpl*
6 *fam* (*Angehörige*) **meine/seine ~** mes/ses vieux (*fam*)
▶ **hier ist es ja nicht wie bei armen ~n** *hum* on n'est pas chez les pauvres ici; **die kleinen ~** les petites gens *fpl* (*fam*); **Informationen/ein Gerücht unter die ~ bringen** *fam* faire courir des informations/un bruit; **unter ~ gehen** voir du monde

Leutnant ['lɔɪtnant] <-s, -s *o* -e> *m* sous-lieutenant *m;* **zu Befehl, Herr ~!** à vos ordres, mon lieutenant!; **~ zur See** enseigne *m* de vaisseau [de 2e classe]

leutselig ['lɔɪtze:lɪç] *Adj* affable

Leutseligkeit *f kein Pl* affabilité *f*

Level ['lɛvəl] <-s, -s> *m* niveau *m*

Leviten [le'vi:tən] ▶ **jdm die ~ lesen** *fam* passer un savon à qn (*fam*)

Levkoje [lɛf'koiə] *f* BOT giroflée *f*

Lexem [lɛ'kse:m] <-s, -e> *nt* LING lexème *m*

lexikalisch [lɛksi'ka:lɪʃ] *Adj* lexical(e)

Lexikograf(in)[RR] *s.* Lexikograph(in)

Lexikografie[RR] *s.* Lexikographie

Lexikograph(in) [lɛksiko'gra:f] <-en, -en> *m(f)* lexicographe *mf*

Lexikographie [lɛksikogra'fi:] <-> *f* lexicographie *f*

Lexikologe <-n, -n> *m*, **Lexikologin** *f* lexicologue *mf*

Lexikologie [lɛksikolo'gi:] <-> *f* lexicologie *f*

Lexikon ['lɛksikɔn] <-s, Lexika> *nt* encyclopédie *f; veraltet* (*Wörterbuch*) dictionnaire *m*
▶ **ein wandelndes ~ sein** *hum fam* être une bibliothèque ambulante (*fam*)

lfd. *Abk von* **laufend** en cours

Liaison [liɛ'zõ:] <-, -s> *f veraltet geh* liaison *f;* **eine ~ mit jdm haben** avoir une liaison avec qn

Liane [li'a:nə] <-, -n> *f* liane *f*

Libanese [liba'ne:zə] <-n, -n> *m*, **Libanesin** *f* Libanais(e) *m(f)*

libanesisch *Adj* libanais(e)

Libanon ['li:banɔn] <-[s]> *m* **der ~** le Liban

Libelle [li'bɛlə] <-, -n> *f* libellule *f*

liberal [libe'ra:l] **I.** *Adj* libéral(e); **sich ~ geben** se montrer libéral(e)
II. *Adv* de façon libérale; **~ eingestellt sein** avoir des idées libérales

Liberale(r) *f(m) dekl wie Adj* libéral(e) *m(f)*

liberalisieren* *tr V* libéraliser

Liberalisierung <-, -en> *f* libéralisation *f*

Liberalismus [libera'lɪsmʊs] <-> *m* libéralisme *m*

Liberalität [liberali'tɛt] <-> *f* libéralité *f*

Liberia [li'be:ria] <-s> *nt* le Libéria

Liberianer(in) [liberi'a:nɐ] <-s, -> *m(f)* Libérien(ne) *m(f)*

liberianisch *Adj* libérien(ne)

Libero ['li:bero] <-s, -s> *m* libéro *m*

Libido [li'bi:do] <-> *f* libido *f*

Librettist(in) [librɛ'tɪst] <-en, -en> *m(f)* librettiste *mf*

Libretto [li'brɛto, *Pl:* li'brɛti] <-s, -s *o* Libretti> *nt* livret *m*

Libyen ['li:byən] <-s> *nt* la Libye

Libyer(in) <-s, -> *m(f)* Libyen(ne) *m(f)*

L

libysch ['li:bʏʃ] *Adj* libyen(ne); **die Libysche Wüste** le désert de Libye

lic. CH *Abk von* **Lizenziat(in)** licencié(e)

licht [lɪçt] *Adj* ① (*hell*) *Haus, Wohnung, Wald* lumineux(-euse)
② (*spärlich*) *Bewuchs, Stelle, Haar* clairsemé(e)
③ CONSTR **~e Höhe** *eines Stockwerks, einer Durchfahrt* hauteur *f* sous plafond; **~e Weite** *eines Rohrs, einer Leitung* diamètre *m* intérieur

Licht <-[e]s, -er> *nt* ① *kein Pl* lumière *f*; **natürliches/künstliches/mildes ~** lumière naturelle/artificielle/douce; **ein schwaches ~** une lueur; **das ~ anmachen/ausmachen** allumer/éteindre la lumière; **[jdm] ~ machen** allumer la lumière/faire de la lumière [à qn]; **jdm im ~ stehen** boucher le jour à qn; **[jdm] aus dem ~ gehen** s'ôter de la lumière; **etw gegen das ~ halten** tenir qc à contre-jour; **es werde ~! Und es ward ~** BIBL que la lumière soit! Et la lumière fut
② *veraltet* (*Kerze*) bougie *f*
▶ **[das] ~ am Ende des Tunnels sehen** voir le bout du tunnel; **das ~ der Erkenntnis** *geh* les lumières *fpl* de la connaissance; **das ~ der Öffentlichkeit scheuen** fuire les projecteurs [de l'actualité]; **wo ~ ist, ist auch Schatten** *Spr.* toute médaille a son revers; **sein ~ nicht unter den Scheffel stellen** ne pas faire mystère de ses talents; **das ~ der Welt erblicken** *geh* voir le jour (*soutenu*); **in einem anderen ~ erscheinen** apparaître sous un jour nouveau; **etw in einem anderen ~ erscheinen lassen** montrer qc sous un jour nouveau; **das ewige ~** la lampe du Saint-Sacrement; **etw ins rechte ~ rücken** présenter qc sous son véritable jour; **kein großes ~ sein** *fam* n'être pas une lumière (*fam*); **[jdm] grünes ~ [für etw] geben** donner [à qn] le feu vert [pour qc]; **bei ~e besehen** en y regardant de [plus] près; **~ in etw** (*Akk*) **bringen** *Person:* faire de la lumière sur qc; *Entdeckung, Ereignis:* permettre de faire la lumière sur qc; **etw ans ~ bringen** étaler au grand jour qc; **jdn hinters ~ führen** duper qn; **jdm geht ein ~ auf** *fam* qn commence à piger (*fam*); **ans ~ kommen** éclater au grand jour

Lichtanlage *f* ELEC installation *f* d'éclairage **lichtbeständig** *s.* **lichtecht** **Lichtbild** *nt form* (*Passbild*) photo *f* d'identité; *veraltet* (*Dia*) diapositive *f* **Lichtbildervortrag** *m* conférence *f* avec diapositives **Lichtblick** *m* éclaircie *f*, embellie *f* **Lichtbrechung** *f* OPT réfraction *f* **Lichtbündel** *nt* PHYS faisceau *m* lumineux **lichtdurchlässig** *Adj* translucide **lichtecht** *Adj Farbe* résistant(e) à la lumière; *Stoff* bon teint **Lichteffekt** *m* effet *m* de lumière **Lichteinwirkung** *f* PHYS, TECH action *f* de la lumière **lichtempfindlich** *Adj Haut, Material* sensible au soleil; *Film* sensible **Lichtempfindlichkeit** *f kein Pl* sensibilité *f* à la lumière

lichten ['lɪçtən] I. *tr V* éclaircir *Baumbestand, Gestrüpp, Wald*
II. *r V* **sich ~** ① (*spärlicher werden*) *Haare:* s'éclaircir; *Vorräte:* se raréfier; *Bestände:* diminuer
② (*klarer werden*) *Angelegenheit:* se clarifier

Lichterbaum *m geh* arbre *m* de Noël **Lichterglanz** *m geh* éclat *m* des illuminations **Lichterkette** *f* ① guirlande *f* lumineuse ② (*Demonstration*) chaîne *f* lumineuse **lichterloh** ['lɪçtɐ'lo:] *Adv* **~ brennen** flamber **Lichtermeer** *nt geh* océan *m* de lumière (*littér*)

Lichtfilter *m o nt* PHOT filtre *m* coloré **Lichtgeschwindigkeit** <-> *f* PHYS vitesse de la lumière *f*; **mit ~** à la vitesse de la lumière **Lichthof** *m* ① ARCHIT cour *f* intérieure ② ASTRON halo *m* **Lichthupe** *f* avertisseur *m* lumineux; **die ~ betätigen** faire des appels lumineux **Lichtjahr** *nt* ASTRON année-lumière *f* **Lichtkegel** *m* faisceau *m* lumineux **Lichtmangel** *m kein Pl* manque *m* de lumière **Lichtmaschine** *f* dynamo *f* **Lichtmast** *m* lampadaire *m* **Lichtmess**[RR] ['lɪçtmɛs] *kein Art, unv* la Chandeleur **Lichtnelke** *f* BOT lychnis *m* **Lichtorgel** *f* orgue *m* lumineux **Lichtpause** *f* TECH héliographie *f* **Lichtquelle** *f* source lumineuse *f* **Lichtreklame** *s.* **Leuchtreklame** **Lichtsatz** *m kein Pl* TYP photocomposition *f* **Lichtschacht** *m* puits *m* de lumière **Lichtschalter** *m* interrupteur *m* **Lichtschein** *m* lueur *f* **lichtscheu** *Adj* ① *Tier* lucifuge; *Pflanze* qui craint la lumière ② *fig, pej* **dieses ~e Gesindel** cette racaille qui préfère rester dans l'ombre **Lichtschranke** *f* barrage *m* optique **Lichtschutzfaktor** *m* indice *m* de protection **Lichtsignal** *nt* signal *m* lumineux; (*Verkehrsampel*) feu *m* [de circulation] **Lichtspielhaus** *nt veraltet*, **Lichtspieltheater** *nt veraltet* cinématographe *m* (*vieilli*) **Lichtstärke** *f* intensité *f* lumineuse **Lichtstrahl** *m* rayon *m* lumineux **lichtundurchlässig** *Adj* opaque

Lichtung <-, -en> *f* clairière *f*

Lichtverhältnisse *Pl* luminosité *f* **Lichtwelle** *f* PHYS ondes *fpl* lumineuses

Lid [li:t] <-[e]s, -er> *nt* paupière *f*

Lidschatten *m* fard *m* à paupières **Lidstrich** *m* (*Kosmetikartikel*) eye-liner *m*; (*aufgemalter Strich*) trait *m* d'eye-liner

lieb [li:p] I. *Adj* ① (*liebenswürdig*) gentil(le); **~ zu jdm sein** être gentil(le) avec qn; **das ist ~ von dir** c'est gentil de ta part; **ein ~er Mensch** un être adorable; **sei bitte so ~ und hilf mir bei der Gartenarbeit!** aurais-tu la gentillesse de m'aider à faire le jardinage?
② (*artig, brav*) *Kind* sage; **ein ~er Hund** un gentil chien
③ (*teuer, geschätzt*) **meine ~en Eltern** mes chers parents; **meine Liebe/mein Lieber** ma chère/mon cher; **[mein] Liebes** [mon] chéri/[ma] chérie; **jdm ~ sein** être cher(chère) à qn
④ (*bei der Anrede in Briefen*) **~er Paul/~e Paula** cher Paul/chère Paula; **~ste Freundin!** très chère amie!
⑤ (*angenehm*) *Besuch, Gast* agréable; **das ist mir ~** je l'apprécie; **es wird länger dauern, als dir ~ ist** ça va durer plus longtemps que tu ne le souhaiterais; *s. a.* **lieber**
▶ **ach du ~es bisschen!** *fam* bonté divine! (*fam*)
II. *Adv* ① (*liebenswürdig*) *danken, helfen* gentiment; **jdn [ganz] ~ grüßen** saluer bien qn; **jdn ~ beschenken** faire de gentils cadeaux à qn
② (*artig*) sagement
③ (*angenehm*) **~ gewordene Gewohnheiten** des habitudes [devenues] chères
④ (*gern*) **jdn/etw ~ gewinnen** s'attacher à qn/qc; **jdn/etw ~ haben** aimer bien qn/qc; **jdn/etw am ~sten mögen** préférer qn/qc; **am ~sten würde ich gehen/wäre ich gegangen** je voudrais bien/j'aurais bien voulu m'en aller

liebäugeln ['li:pʔɔɪgəln] *itr V* **mit etw ~** lorgner qc; **mit dem Gedanken ~ etw zu tun** caresser le rêve de faire qc

Liebchen ['li:pçən] <-s, -> *nt veraltet* **[mein] ~** ma petite chérie (*vieilli*)

Liebe ['li:bə] <-, -n> *f* ① *kein Pl* amour *m*; **voller ~** amoureusement; **seine/ihre ~ zu jdm/etw** son amour pour qn/de qc; **etw mit [viel] ~ tun** faire qc avec [beaucoup] d'amour; **aus ~ zu seiner Frau/zur Kunst** par amour pour sa femme/pour l'Art
② (*am Briefende*) **in ~, dein(e) ...** avec tout mon amour, ton/ta ...
③ (*geliebter Mensch*) amour *m*; **meine erste ~** mon premier amour
④ (*sexueller Kontakt*) **körperliche ~** amour *m* physique; **käufliche ~** *geh* amour vénal (*soutenu*); **mit jdm ~ machen** *fam* faire l'amour avec qn
▶ **die ~ auf den ersten Blick** le coup de foudre; **~ geht durch den Magen** *Spr.* les petits plats entretiennent l'amour; **alte ~ rostet nicht** *Spr.* on revient toujours à ses premières amours; **~ macht blind** *Spr.* l'amour rend aveugle

liebebedürftig *Adj* **~ sein** avoir besoin d'amour

Liebelei [li:bə'laɪ] <-, -en> *f pej* amourette *f* (*péj*)

lieben ['li:bən] I. *tr V* ① aimer; **jdn von ganzem Herzen ~** aimer qn de tout cœur; **jdn/etw ~ lernen** apprendre à aimer qn/qc; **vielleicht wirst du ihn/diese Stadt noch ~ lernen** tu finiras bien par l'aimer/aimer cette ville
② (*mögen*) **sie liebt es ihre Freunde zu überraschen** elle aime faire des surprises à ses amis; **er liebt es, wenn man**

ihm seine Ruhe lässt il aime qu'on le laisse tranquille; *s. a.* **geliebt**
❸ (*sexuellen Kontakt haben*) **jdn** ~ faire l'amour à qn
II. *r V* **sich** ~ s'aimer; (*sexuell*) faire l'amour; **sich** ~ **lernen** apprendre à s'aimer
▸ **was sich liebt, das neckt sich** *Spr.* qui aime bien châtie bien
liebend I. *Adj Ehefrau, Ehemann, Eltern* aimant(e)
II. *Adv* **etw** ~ **gern tun** faire qc très volontiers; **ich würde** ~ **gern verreisen** j'aimerais vraiment faire un voyage
Liebende(r) *f(m) dekl wie Adj* **zwei** ~ deux amants *mpl*
lieben|lernen I. *tr V s.* **lieben I.1.**
II. *r V s.* **lieben II.**
liebenswert *Adj* sympathique **liebenswürdig** *Adj Mensch, Wesen* aimable; **das ist [sehr]** ~ **von Ihnen** c'est [très] aimable de votre part [*o* à vous]; **wären Sie wohl so** ~ **mir zu helfen?** auriez-vous l'amabilité de m'aider?
liebenswürdigerweise *Adv* aimablement; **könnten Sie mich** ~ **vorlassen?** auriez-vous l'amabilité de me laisser passer avant vous?
Liebenswürdigkeit <-, -en> *f* amabilité *f;* **die** ~ **in Person** l'amabilité personnifiée
lieber ['li:bɐ] I. *Adj Komp von* **lieb: Orangensaft ist mir** ~ **[als Wasser]** je préfère le jus d'orange [à l'eau]; **ihr wäre es** ~, **wenn du gehst** elle préférerait que tu partes
II. *Adv* ❶ *Komp von* **gern:** ~ **schweigen als reden** plutôt se taire que parler; ~ **schwimmen als joggen** préférer nager que de faire du footing; **ich wüsste nicht, was ich** ~ **täte!** je ne demande pas mieux!; **nichts** ~ **als das!** je ne demande que ça!
❷ (*besser*) **ich schweige** ~ il vaut mieux que je me taise
Liebesabenteuer *nt,* **Liebesaffäre** *f* aventure *f,* affaire *f* [amoureuse] **Liebesakt** *m* acte *m* d'amour (*soutenu*) **Liebesbeziehung** *f* relation *f* amoureuse **Liebesbrief** *m* lettre *f* d'amour **Liebesdienst** *m* faveur *f;* **jdm einen** ~ **erweisen** accorder une faveur à qn **Liebeserklärung** *f* déclaration *f* d'amour; **jdm eine** ~ **machen** faire une déclaration [d'amour] à qn **Liebesfilm** *m* film *m* d'amour **Liebesgedicht** *nt* poème *m* d'amour **Liebesgeschichte** *f* ❶ (*literarisches Werk*) histoire *f* d'amour ❷ (*Liebesaffäre*) aventure *f* **Liebesgott** *m,* **-göttin** *f* dieu *m*/déesse *f* de l'amour **Liebesheirat** *f* mariage *m* d'amour **Liebeskummer** *m* chagrin *m* d'amour **Liebesleben** *nt* vie *f* amoureuse **Liebeslied** *nt* chanson *f* d'amour **Liebesmüh[e]** ▸ **das ist vergebliche [*o* verlorene]** ~ c'est peine perdue **Liebesnest** *nt* nid *m* d'amour **Liebespaar** *nt* couple *m* d'amoureux **Liebesroman** *m* roman *m* d'amour **Liebesspiel** *nt* préliminaires *mpl* amoureux **Liebesszene** *f* scène *f* d'amour **liebestoll** *Adj* follement amoureux(-euse) **Liebesverhältnis** *s.* **Liebesbeziehung**
liebevoll I. *Adj Mensch* affectueux(-euse); *Kuss, Zuwendung* tendre; *Vorbereitung, Ausgestaltung* gentil(le)
II. *Adv* (*zärtlich*) tendrement; (*besonders sorgfältig*) avec amour
lieb|gewinnen* *s.* **lieb II.4.**
liebgeworden *s.* **lieb II.3.**
lieb|haben *s.* **lieb II.4.**
Liebhaber(in) <-s, -> *m(f)* ❶ amant *m*/maîtresse *f;* **ein guter** ~ **sein** faire bien l'amour
❷ (*Anhänger*) amateur(-trice) *m(f);* **ein** ~ **moderner Musik** un amateur de musique moderne
Liebhaberei <-, -en> *f* violon *m* d'Ingres; **etw aus reiner** ~ **tun** faire qc en simple amateur
Liebhaberpreis *m* prix *m* d'amateur **Liebhaberstück** *nt* pièce *f* réservée aux connaisseurs **Liebhaberwert** *m kein Pl* valeur *f* d'amateur
liebkosen* *tr V veraltet geh* cajoler
Liebkosung <-, -en> *f veraltet geh* cajolerie *f;* (*erotisch*) étreinte *f pas de pl*
lieblich ['li:plɪç] I. *Adj Duft, Töne* suave; *Geschmack, Wein* moelleux(-euse); *Anblick, Landschaft* charmant(e); ~ **duften** avoir un parfum suave; ~ **schmecken** avoir une saveur moelleuse
II. *Adv lächeln* candidement
Lieblichkeit <-> *f eines Geschmacks* moelleux *m; eines Duftes* suavité *f; einer Landschaft* charme *m*
Liebling ['li:plɪŋ] <-s, -e> *m* ❶ chéri(e) *m(f);* **mein** ~**!** mon amour!; (*zu einem Kind*) mon chéri/ma chérie!
❷ (*Favorit*) préféré(e) *m(f);* (*Lieblingsschüler*) chouchou(te) *m(f)* (*fam*)
Lieblingsbeschäftigung *f* activité *f* préférée **Lieblingsgericht** *nt* plat *m* préféré **Lieblingsthema** *nt* sujet *m* de prédilection
lieblos I. *Adj Mensch* dépourvu(e) de tendresse; *Behandlung, Bemerkung* dénué(e) de sollicitude; *Verpackung, Zubereitung* négligé(e)
II. *Adv* **jdn/etw** ~ **behandeln** traiter qn/qc sans soin
Lieblosigkeit <-, -en> *f* ❶ *kein Pl* (*Eigenschaft*) manque *m* de tendresse, insensibilité *f*
❷ (*Handlung, Äußerung*) marque *f* d'indifférence
Liebreiz *m kein Pl geh einer Frau* attraits *fpl* (*soutenu*); *einer Landschaft* attrait *m* (*soutenu*)
Liebschaft *s.* **Liebesaffäre**
Liebste(r) *f(m) dekl wie Adj* **seine** ~ sa bien-aimée; **ihr** ~**r** son bien-aimé
Liebstöckel ['li:pʃtœkəl] <-s, -> *nt o m* livèche *f*
Liechtenstein ['lɪçtənʃtaɪn] <-s> *nt* le Liechtenstein
Liechtensteiner(in) <-s, -> *m(f)* habitant(e) *m(f)* du Liechtenstein
liechtensteinisch *Adj* du Liechtenstein
Lied [li:t] <-[e]s, -er> *nt* chanson *f;* (*Kirchenlied*) chant *m;* (*Kunstlied*) lied *m*
▸ **es ist immer das alte [*o* gleiche]** ~ **mit ihm** *fam* avec lui, c'est toujours la même chanson (*fam*); **ein** ~ **von etw singen können** être bien placé(e) pour savoir qc (*fam*)
Liederabend *m* (*mit einem Sänger*) récital *m* de chant; (*mit mehreren Sängern*) concert *m* vocal **Liederbuch** *nt* recueil *m* de chansons; (*mit Kirchenliedern*) recueil *m* de chants
liederlich ['li:dɐlɪç] *Adj pej* ❶ (*unordentlich*) *Mensch* désordonné(e); *Arbeit* négligé(e)
❷ *pej* (*unmoralisch*) *Mensch* débauché(e); *Lebenswandel* dissolu(e) (*littér*)
Liederlichkeit <-> *f* ❶ (*Unordnung*) *einer Person* désordre *m; einer Arbeit* négligence *f*
❷ (*Verwerflichkeit*) *einer Person* dépravation *f*
Liedermacher(in) *m(f)* auteur-compositeur[-interprète] *mf*
lief [li:f] *Imp von* **laufen**
Lieferant(in) [lifə'rant] <-en, -en> *m(f)* fournisseur(-euse) *m(f)*
Lieferanteneingang *m* entrée *f* réservée aux fournisseurs
lieferbar *Adj* disponible; **sofort** ~ disponible de suite; **zur Zeit nicht** ~ **sein** ne pas être en stock actuellement
Lieferbedingungen *Pl* conditions *fpl* de livraison; **Liefer- und Zahlungsbedingungen** conditions de livraison et de paiement **Lieferbetrieb** *m* ❶ (*Lieferant*) fournisseur *m* ❷ (*Auslieferer*) messagerie *f* **Lieferfirma** *f* ❶ (*Lieferant*) fournisseur *m* ❷ (*Auslieferer*) messagerie *f* **Lieferfrist** *f* délai *m* de livraison
liefern ['li:fɐn] I. *tr V* ❶ livrer; **jdm eine Ware [*o* eine Ware an jdn]** ~ livrer une marchandise à qn
❷ (*erbringen*) fournir *Beweis, Nachweis;* **jdm etw** ~ fournir qc à qn
❸ (*erzeugen*) fournir *Rohstoff, Produkt;* avoir *Ertrag*
❹ (*ausfechten*) **sich** (*Dat*) **einen Kampf** ~ se livrer un combat
II. *itr V* livrer; **pünktlich/innerhalb von einer Woche** ~ livrer dans les temps/d'ici une semaine; **nur an privat** ~ ne livrer qu'à des privés; *s. a.* **geliefert**
Lieferschein *m* bon *m* de livraison **Liefertermin** *m* date *f* de livraison
Lieferung <-, -en> *f* livraison *f;* ~ **gegen bar/Nachnahme**

L

livraison contre paiement comptant/contre remboursement; **die ~ abnehmen** accepter la livraison
Lieferungswagen CH *s.* **Lieferwagen**
Liefervertrag *m* JUR contrat *m* de livraison **Lieferwagen** *m* voiture *f* de livraison, camionnette *f* **Lieferzeit** *s.* **Lieferfrist**
Liege ['li:gə] <-, -n> *f* ❶ (*Bett*) divan *m*
❷ (*Liegestuhl*) chaise *f* longue
liegen ['li:gən] <lag, gelegen> *itr V + haben o* SDEUTSCH, A, CH *sein* ❶ *Person:* être couché(e); **auf dem Bett ~** être allongé(e) sur le lit; *Verletzter:* être étendu(e) sur le lit; **bequem/flach ~** être confortablement couché(e)/couché(e) à plat; **[noch] im Bett ~** être [encore] au lit; **auf dem Balkon ~** être/rester allongé(e) sur le balcon
❷ (*herumliegen*) **auf dem Boden ~** *Gegenstand:* être [posé(e)] par terre; **auf dem Tisch liegt ein Buch** il y a un livre sur la table; **auf der Straße liegt Schnee** il y a de la neige dans la rue; **etw ~ lassen** (*nicht wegräumen*) laisser traîner qc; (*nicht anfassen*) ne pas toucher à qc; **lass alles ~!** laisse les choses comme elles sont!; **lass das ~!** laisse ça où c'est!
❸ *fig* **viel Geld auf der Bank ~ haben** avoir beaucoup d'argent à la banque
❹ (*horizontal gelagert werden*) **der Wein muss ~** le vin doit être couché
❺ (*hängen*) **Nebel liegt über der Stadt** il y a du brouillard sur la ville
❻ (*gelegen sein, sich befinden*) **idyllisch/ruhig ~** *Haus, Hotel:* avoir une situation idyllique/tranquille; **zur Straße/zum Hof ~** *Zimmer:* donner sur la rue/cour; **in einer Seitenstraße ~** se trouver dans une rue latérale; **in Frankreich/Bayern ~** être situé(e) en France/Bavière; **nördlich von Paris ~** être situé(e) au nord de Paris; **tief ~d** *Gelände, Weide* en contrebas; **auf der ersten/letzten Silbe ~** *Betonung:* porter sur la première/dernière syllabe; *s. a.* **gelegen**
❼ (*begraben sein*) **im Grab/in Weimar ~** reposer dans une tombe/à Weimar
❽ (*angeordnet sein*) **gut/nicht richtig ~** *Haare:* être bien/mal coiffé(e); **tief ~d** *Augen* enfoncé(e)
❾ NAUT **am Kai ~** rester à quai; **im Hafen ~** mouiller dans le port; **auf einer Sandbank ~** être échoué(e) sur un banc de sable
❿ (*zu handhaben sein*) **gut in der Hand ~** *Werkzeug, Griff, Federhalter:* avoir bien en main; **schlecht in der Kurve/auf der Straße ~** *Fahrzeug:* tenir mal les virages/la route
⓫ (*einen Rang, eine Position einnehmen*) **auf dem ersten Platz ~** se situer en première position; **gut/ganz hinten ~** être bien placé(e)/placé(e) loin derrière
⓬ (*betragen*) **bei zehn Euro/zwischen zehn und zwölf Euro ~** *Preis:* se situer autour de dix euros/entre dix et douze euros
⓭ (*gefaltet sein*) **in Bahnen zu einem Meter ~** *Stoff:* être en lés d'un mètre
⓮ (*zeitlich angesiedelt sein*) **in der Zukunft ~** n'être pas encore pour demain; **das liegt noch in weiter Ferne** ce n'est pas encore pour demain; **zwischen Weihnachten und Ostern ~** *Ereignis:* avoir lieu entre Noël et Pâques
⓯ (*zurückgehen auf*) **an jdm/etw ~** tenir à qn/qc; **das liegt daran, dass** cela tient au fait que + *indic;* **es liegt nur an dir das zu ändern** il ne tient qu'à toi d'y changer quelque chose; **woran liegt das?** d'où cela vient-il?, à quoi cela tient-il?; **an mir soll es nicht ~!** ce n'est pas moi qui t'en/vous en empêcherai!
⓰ (*abhängig sein*) **bei jdm ~** tenir à [*o* dépendre de] qn; **die Entscheidung liegt bei Ihnen** à vous de décider
⓱ (*wichtig sein*) **ihm liegt viel an ihr** elle lui importe beaucoup; **mir liegt viel daran** cela m'importe beaucoup; **ihm liegt nicht viel daran** cela ne lui importe guère; **ihm liegt nichts an dir** il n'attache aucune importance à toi; **mir liegt viel daran, dass ihr kommt** il m'importe beaucoup que vous veniez + *subj;* **es liegt mir [viel] daran das zu tun** je tiens [beaucoup] à faire cela; *s. a.* **gelegen**
⓲ (*gefallen, zusagen*) **Sprachen ~ ihm** il est porté sur les langues; **seine Art liegt mir nicht** ses manières ne me plaisent pas; *s. a.* **gelegen**
⓳ (*zufallen*) **bei jdm ~** *Verantwortung:* reposer sur qn; *Schuld:* peser sur qn
▶ **nahe ~** se concevoir aisément; **es liegt nahe, dass** on conçoit aisément que + *subj;* **die Vermutung, dass er Recht hat, liegt nahe** on est tenté de croire qu'il a raison; **nahe ~d** facile à comprendre, tout(e) naturel(le); **nahe ~d sein** tomber sous le sens; **näher ~** paraître s'imposer; **es liegt näher etwas abzuwarten, als ...** il paraît [plus] naturel d'attendre encore un peu que ...
Liegen <-s> *nt* position *f* couchée; **im ~** en position couchée; **vom langen ~** à force d'être resté couché(e)
liegen\|bleiben *s.* **bleiben I.2., I.3., I.7.**
liegend I. *Adj Akt, Position* couché(e)
II. *Adv aufbewahren, lagern* couché(e); **~ essen/lesen** manger/lire couché(e)
liegen\|lassen *s.* **lassen I.2., I.5., I.**▶
Liegenschaft <-, -en> *f meist Pl* biens *mpl* fonciers
Liegeplatz *m* NAUT mouillage *m* **Liegesitz** *m* siège *m* couchette **Liegestuhl** *m* chaise *f* longue **Liegestütz** [-ʃtʏts] <-es, -e> *m* traction *f;* **~e machen** faire des tractions **Liegewagen** *m* voiture-couchettes *f* **Liegewiese** *f* pelouse *f* **Liegezeit** *f* NAUT [e]starie *f*
lieh [li:] *Imp von* **leihen**
Lieschen ['li:sçən] <-s, -> *nt* ❶ *Dim von* **Elisabeth**
❷ BOT **Fleißiges ~** impatiens *f*
▶ **~ Müller** Madame Tartempion
ließ [li:s] *Imp von* **lassen**
liest [li:st] *3. Pers Präs von* **lesen**
Lift [lɪft] <-[e]s, -e *o* -s> *m* ❶ (*Aufzug*) ascenseur *m*
❷ (*Skilift*) téléski *m;* (*Sessellift*) télésiège *m*
Liftboy ['lɪftbɔɪ] <-s, -s> *m* garçon *m* d'ascenseur
liften ['lɪftən] *tr V* faire un lifting à; **sich** (*Dat*) **das Gesicht ~ lassen** se faire lifter le visage
Liga ['li:ga] <-, Ligen> *f* ❶ (*Vereinigung*) ligue *f;* **die ~ für Menschenrechte** la ligue des droits de l'homme
❷ SPORT division *f;* **in die erste ~ aufsteigen** monter en première division
Ligatur [liga'tu:ɐ] <-, -en> *f* ❶ MUS liaison *f*
❷ MED, TYP ligature *f;* **die ~ œ** l'e dans l'o
light [laɪt] *Adj* (*mit geringem Zuckeranteil*) light; (*mit geringem Fettanteil*) allégé(e); (*mit wenig Genussgiften*) léger(-ère)
Liguster [li'gʊstɐ] <-s, -> *m* troène *m*
liieren* *r V* ❶ *geh* **sich ~** nouer une liaison (*soutenu*); **liiert sein** n'être pas/plus libre; **mit jdm liiert sein** avoir une liaison [avec qn]
❷ COM **sich ~** s'associer
Likör [li'kø:ɐ] <-s, -e> *m* liqueur *f*
lila ['li:la] *Adj unv* [couleur] lilas
Lila <-s, - *o fam* -s> *nt* mauve *m*
lilafarben *s.* **lila**
Lilie ['li:liə] <-, -n> *f* lys *m*
Liliputaner(in) [lilipu'ta:nɐ] <-s, -> *m(f)* lilliputien(ne) *m(f)*
Limes ['li:mɛs] <-, -> *m* ❶ *kein Pl* HIST **der ~** le limes
❷ MATH limite *f*
Limette [li'mɛtə] <-, -n> *f* limette *f*
Limit ['lɪmɪt] <-s, -s *o* -e> *nt* ❶ (*Begrenzung*) limite *f;* **das ~ überschreiten** dépasser la limite
❷ (*Preisgrenze*) plafond *m;* **jdm ein ~ setzen** fixer un plafond à qn
limitieren* *tr V* limiter; **etw auf hundert Exemplare ~** limiter qc à cent exemplaires; **in limitierter Auflage** à tirage limité
Limo ['lɪmo] <-, -s> *f fam Abk von* **Limonade** soda *m*

Limonade [limo'na:də] <-, -n> *f* limonade *f*
Limone <-, -n> *f* citron *m* vert
Limousine [limu'zi:nə] <-, -n> *f* limousine *f*
lind [lɪnt] *Adj geh* doux(douce)
Linde ['lɪndə] <-, -n> *f* (*Baum, Holz*) tilleul *m*
Lindenblütentee *m* [infusion *f* de] tilleul *m* **Lindenholz** *nt* tilleul *m;* **Schnitzereien aus ~** sculptures en tilleul
lindern ['lɪndɐn] *tr V* soulager *Schmerzen;* atténuer *Not, Armut*
Linderung <-> *f kein Pl* soulagement *m;* **zur ~ der Schmerzen/Not** pour soulager les douleurs/la misère; **jdm ~ verschaffen** procurer un soulagement à qn
lindgrün *Adj* [vert] tilleul *inv;* **eine ~e Krawatte** une cravate [vert] tilleul
Lindwurm *m* MYTH dragon *m*
Lineal [line'a:l] <-s, -e> *nt* règle *f*
linear [line'a:ɐ] *Adj a.* MATH, ÖKON linéaire
Linguist(in) [lɪŋgu'ɪst] <-en, -en> *m(f)* linguiste *mf*
Linguistik [lɪŋgu'ɪstɪk] <-> *f* linguistique *f*
linguistisch *Adj* linguistique
Linie ['li:niə] <-, -n> *f* ① ligne *f;* **eine geschlängelte/gestrichelte ~** une ligne ondulée/de tirets
② (*Handlungsrichtung*) **eine gemeinsame/politische ~** une ligne commune/politique; **auf der gleichen ~ liegen** avoir la même orientation; **eine klare ~ haben/verfolgen** avoir/suivre une ligne claire
③ (*Verwandtschaftslinie*) **in männlicher/weiblicher ~** par les hommes/femmes; **in direkter ~ miteinander verwandt sein** être parent(e)s d'une lignée directe
④ TRANSP ligne *f;* **die ~ 2 fährt zum Bahnhof** la ligne 2 va à la gare
⑤ (*Figur*) **auf die schlanke ~ achten** garder la ligne (*fam*)
⑥ *fam* (*Parteilinie*) **auf ~ sein** être dans la ligne [du parti]
▶ **in erster/zweiter ~** en premier/second lieu; **auf der ganzen ~** sur toute la ligne; **in vorderster ~ stehen** être en première ligne
Linienblatt ['li:niən-] *nt* feuille *f* lignée **Linienbus** *m* bus *m* de ligne **Linienflug** *m* vol *m* de ligne **Linienflugzeug** *nt* avion *m* de ligne **Linienführung** *f* ① KUNST tracé *m;* **eine weiche/strenge ~** un tracé léger/appuyé ② (*Verkehrswesen*) lignes *fpl* **Linienmaschine** *f* avion *m* de ligne **Liniennetz** *nt* INFORM réseau *m* **Linienrichter(in)** *m(f)* juge *mf* de ligne **Linienschiff** *nt* paquebot *m* de ligne **linientreu** *Adj pej* dans la ligne [du parti] **Linienverkehr** *m* trafic *m* de ligne
linieren* *tr V,* **liniieren*** *tr V* ligner, régler; **ein lin[i]iertes Blatt** une feuille lignée
Linierung <-, -en> *f,* **Liniierung** <-, -en> *f* lignes *fpl;* **mit/ohne ~** ligné(e)/non ligné(e)
link [lɪŋk] *Adj fam* **ein ~er Trick** un coup tordu (*fam*); **so ein ~er Typ!** ah, l'enfoiré! *m* (*vulg*)
Link <-s, -s> *m* INFORM lien *m*
Linke <-n, -n> *f* ① (*Hand*) main *f* gauche
② BOXEN gauche *m*
③ POL **die ~** la gauche; **die äußerste ~** l'extrême gauche
▶ **zu seiner/ihrer ~n** *geh* à sa gauche
linke(r, s) *Adj attr* ① gauche; *Straßenseite, Fahrbahn* de gauche
② (*links befindlich*) *Eingang, Bild* de gauche
③ (*nach innen zeigend*) **die ~ Seite** *eines Kleidungsstücks, Stoffs* l'envers *m;* **auf der ~n Seite** à l'endroit
④ (*verschränkt gestrickt*) *Masche* à l'envers
⑤ POL de gauche; *Flügel* gauche
Linke(r) *f(m) dekl wie Adj* homme *m*/femme *f* de gauche; **ein ganz ~r/eine ganz ~** un/une gauchiste
linken *tr V fam* entuber (*fam*)
linkisch I. *Adj* gauche
II. *Adv* gauchement
links [lɪŋks] I. *Adv* ① (*auf der linken Seite*) à gauche; **~ oben/unten** en haut/en bas à gauche; **~ neben/hinter mir** à gauche près de/derrière moi; **~ von dir/uns** à ta/notre gauche; **von ~** de la gauche; **von ~ nach rechts** de gauche à droite; **~ fahren** rouler à gauche; **[nach] ~ abbiegen** tourner à gauche; **halb ~ abbiegen** tourner légèrement à gauche; **von halb ~ kommen** *Auto:* arriver légèrement de la gauche; **sich ~ einordnen** se mettre sur la voie de gauche; **~ um!** à gauche, gauche!
② (*auf der, von der Innenseite*) à l'envers; **etw von ~ bügeln** repasser qc à l'envers
③ (*verschränkt*) **eine ~, drei rechts [stricken]** [tricoter] une maille à l'envers, trois mailles à l'endroit
④ POL **~ wählen** voter à gauche; **~ stehen** [*o* **sein**] avoir des idées de gauche; **~ eingestellt sein** être de gauche
▶ **weder ~ noch rechts schauen** aller droit devant lui/elle; **jdn ~ liegen lassen** *fam* ne prêter pas attention à qn; **etw mit ~ machen** *fam* faire qc les doigts dans le nez (*fam*)
II. *Präp + Gen* **~ der Straße/des Rheins** à gauche de la rue/du Rhin
Linksabbieger(in) <-s, -> *m(f)* chauffeur *m* tournant à gauche **Linksabbiegerspur** *f* voie *f* de gauche **Linksaußen** <-, -> *m* ① FBALL ailier *m* gauche ② POL *fam* gauchiste *mf* (*fam*) **linksbündig** [-bʏndɪç] I. *Adj* aligné(e) à gauche II. *Adv* **etw ~ schreiben** écrire qc aligné à gauche **Linksdrall** *m* ① *einer Billardkugel* effet *m* à gauche; *eines Geschosses* rayure *f* à gauche; **einen ~ haben** *Billardkugel:* avoir de l'effet à gauche; *Geschoss:* avoir une rayure à gauche ② POL *fam* tendances *fpl* de gauche; **einen ~ haben** *Partei:* avoir des tendances de gauche **Linksdrehung** *f* rotation *f* à gauche **Linksextremismus** *m kein Pl* POL extrémisme *m* de gauche **Linksextremist(in)** *m(f)* extrémiste *mf* de gauche **linksextremistisch** I. *Adj* d'extrême gauche II. *Adv* **~ angehaucht sein** avoir des idées d'extrême gauche **linksgerichtet** *Adj* POL orienté(e) à gauche **Linksgewinde** *nt* filetage *m* à gauche
Linkshänder(in) ['-hɛndɐ] <-s, -> *m(f)* gaucher(-ère) *m(f)*
linkshändig I. *Adj* gaucher(-ère)
II. *Adv* de la main gauche
linksherum ['lɪŋkshɛrʊm] *Adv fahren, verlaufen* à gauche; *sich drehen* de droite à gauche; (*beim Walzer*) à l'envers **Linksintellektuelle(r)** *f(m) dekl wie Adj* intellectuel(le) *m(f)* de gauche **Linkskurve** [-və] *f* virage *m* à gauche
linkslastig *Adj* ① trop chargé(e) à gauche
② POL *pej* marqué(e) à gauche
linksliberal *Adj* libéral(e) de gauche **linksradikal** I. *Adj* d'extrême gauche II. *Adv* **~ eingestellt sein** avoir des idées d'extrême gauche **Linksradikale(r)** *f(m) dekl wie Adj* extrémiste *mf* de gauche **linksrheinisch** *Adj* [situé(e)] à l'ouest du Rhin **Linksruck** <-[e]s, -e> *m* POL poussée *f* à gauche **linksrum** *s.* **linksherum**
linksseitig I. *Adj Lähmung* du côté gauche
II. *Adv* **~ gelähmt** paralysé(e) du côté gauche
linksum [lɪŋks?ʊm] *Adv* **~ kehrt!** demi-tour à gauche, gauche!
Linksverkehr *m* conduite *f* à gauche
Linnen ['lɪnən] *s.* **Leinen**
Linoleum [li'no:leʊm] <-s> *nt* linoléum *m*
Linolschnitt [li'no:l-] *m* linogravure *f*
Linse ['lɪnzə] <-, -n> *f* ① BOT, GASTR lentille *f*
② ANAT cristallin *m*
③ OPT lentille *f*
linsen *itr V fam* reluquer (*fam*); **in das Heft des Banknachbarn ~** loucher sur le cahier du voisin (*fam*)
Linsensuppe *f* GASTR soupe *f* de lentilles
Lipgloss[RR] <-, -> *nt* brillant *m* à lèvres
Lippe ['lɪpə] <-, -n> *f* lèvre *f;* **jdm etw von den ~n ablesen** lire qc sur les lèvres de qn
▶ **eine dicke** *fam* **~ riskieren** la ramener [un peu trop] (*fam*); **etw nicht über die ~n bringen** ne pouvoir se résoudre à dire qc; **an jds ~n** (*Dat*) **hängen** être suspendu(e) aux lèvres de qn; **etw kommt nicht über jds ~n** (*Akk*) ça écorcherait la langue de qn de dire qc

L

Lippenbekenntnis *nt pej* déclaration *f* faite du bout des lèvres; **ein ~ ablegen** prononcer un engagement du bout des lèvres **Lippenblütler** [-bly:tlɐ] <-s, -> *m* BOT labi[ac]ée *f* **Lippenstift** *m* [bâton *m* de] rouge *m* à lèvres; **kussechter ~** rouge baiser
liquid [li'kvi:t] *Adj* FIN ❶ (*solvent*) *Firma, Unternehmer* disposant de fonds; **~ sein** être en fonds
❷ (*verfügbar*) *Mittel, Gelder* disponible [en liquide]; **~e Barreserven** [*o* **Mittel**] des liquidités *fpl*
Liquidation [likvida'tsio:n] <-, -en> *f* ❶ FIN, JUR *einer Firma* liquidation *f*
❷ *form* (*Honorarrechnung*) note *f* d'honoraires
liquid[e] [li'kvi:də] *Adj s.* **liquid**
liquidieren* *tr V* ❶ liquider *Betrieb, Firma*
❷ (*in Rechnung stellen*) **einen Betrag ~** fixer le montant de ses honoraires
❸ *euph* (*umbringen*) liquider (*euph*)
Liquidierung <-, -en> *f* ❶ *s.* **Liquidation**
❷ *euph* (*das Töten*) *eines Gefangenen* élimination *f*
Liquidität [likvidi'tɛ:t] <-> *f* (*Zahlungsfähigkeit*) solvabilité *f*
Lira ['li:ra] <-, Lire> *f* **italienische ~** HIST lire *f* [italienne]; **türkische ~** livre *f* turque
Liselotte von der Pfalz *f* HIST Charlotte-Élisabeth *f* de Bavière
lispeln ['lɪspəln] **I.** *itr V* zézayer; **das Lispeln** le zézaiement
II. *tr V* **jdm etw ins Ohr ~** chuchoter qc à l'oreille de qn
Lissabon ['lɪsabɔn] <-s> *nt* Lisbonne
List [lɪst] <-, -en> *f* ruse *f*; **zu einer ~ greifen** recourir à une ruse
▸ **mit ~ und Tücke** en utilisant toutes les combines possibles (*fam*)
Liste ['lɪstə] <-, -n> *f* ❶ liste *f*; **jdn/etw in eine ~ schreiben** [*o* **eintragen**] inscrire qn/qc sur une liste
❷ *fig* **eine lange ~ von Verfehlungen** une longue série de pannes
❸ POL liste *f*; **Grün-Alternative ~** liste *f* écologiste alternative
▸ **auf der schwarzen ~ stehen** être sur la liste noire
Listenplatz *m* POL place *f* sur la liste **Listenpreis** *m* COM prix *m* catalogue **Listenwahl** *f* POL scrutin *m* de liste
listig I. *Adj Mensch* rusé(e); *Plan* astucieux(-euse)
II. *Adv* avec astuce
Litanei [lita'naɪ] <-, -en> *f* ❶ ECCL litanies *fpl*
❷ *pej* (*Aufzählung*) litanie *f*
Litauen ['lɪtaʊən] <-s> *nt* la Lituanie
Litauer(in) ['li:taʊɐ] <-s, -> *m(f)* Lituanien(ne) *m(f)*
litauisch ['li:taʊɪʃ] **I.** *Adj* lituanien(ne)
II. *Adv* **~ miteinander sprechen** discuter en lituanien; *s. a.* **deutsch**
Litauisch <-[s]> *nt kein Art* lituanien *m*; **auf ~** en lituanien; *s. a.* **Deutsch**
Litauische *nt dekl wie Adj* **das ~** le lituanien; *s. a.* **Deutsche**
Liter ['li:tɐ, 'lɪtɐ] <-s, -> *m o nt* litre *m*; **ein ~ Milch** un litre de lait
literarisch [lɪtə'ra:rɪʃ] **I.** *Adj* littéraire
II. *Adv* **~ gebildet sein** être formé(e) dans le domaine littéraire; **~ Interessierte** les gens *mpl* qui s'intéressent à la littérature; **etw ~ adaptieren** faire une adaption littéraire de qc
Literat(in) [lɪtə'ra:t] <-en, -en> *m(f) geh* homme *m*/femme *f* de lettres (*soutenu*); **die ~en** les gens *mpl* de lettres (*soutenu*)
Literatur [lɪtəra'tu:ɐ] <-, -en> *f* ❶ littérature *f*; **die schöne** [*o* **schöngeistige**] **~** les belles-lettres *fpl* (*soutenu*)
❷ (*Veröffentlichungen*) **wissenschaftliche ~** ouvrages *mpl* scientifiques
Literaturangabe *f* note *f* bibliographique; **~n** notice *f* bibliographique **Literaturbeilage** *f* supplément *m* littéraire **Literaturgattung** *f* genre *m* littéraire **Literaturgeschichte** *f* histoire *f* de la littérature **literaturgeschichtlich I.** *Adj* d'histoire littéraire **II.** *Adv* d'un point de vue historico-littéraire
Literaturhinweis *s.* Literaturangabe **Literaturkritik** *f* critique *f* littéraire **Literaturkritiker(in)** *m(f)* critique *mf* littéraire **Literaturpreis** *m* prix *m* littéraire **Literaturverzeichnis** *nt* bibliographie *f* **Literaturwissenschaft** *f* lettres *fpl*; **vergleichende ~** littérature *f* comparée **Literaturwissenschaftler(in)** *m(f)* spécialiste *mf* de la littérature **Literaturzeitschrift** *f* revue *f* littéraire
Literflasche *f* [bouteille *f* d'un] litre *m* **literweise** *Adv* ❶ *abgeben, verkaufen* au litre ❷ *fam* (*in großen Mengen*) **etw ~ trinken** boire qc par litres [entiers]
Litfaßsäule ['lɪtfaszɔɪlə] *f* colonne *f* Morris
Lithium ['li:tiʊm] <-s> *nt* CHEM lithium *m*; **~ ist ein chemisches Element** le lithium est un élément chimique
Lithografie[RR] *s.* **Lithographie**
lithografisch[RR] *s.* **lithographisch**
Lithographie [litogra'fi:] <-, -n> *f* lithographie *f*
lithographisch *Adj* lithographique
Litschi ['lɪtʃi:] <-, -s> *f* litchi *m*
litt [lɪt] *Imp von* **leiden**
Liturgie [litʊr'gi:] <-, -n> *f* liturgie *f*
liturgisch [li'tʊrgɪʃ] *Adj* liturgique
Litze ['lɪtsə] <-, -n> *f* ❶ COUT galon *m*
❷ ELEC tresse *f*
live [laɪf] **I.** *Adj Sendung:* en direct; **~ sein** *Sendung:* être en direct
II. *Adv senden, singen, übertragen* en direct; **wir senden ~** c'est une émission en direct
Liveaufzeichnung[RR] ['laɪf-] *f* enregistrement *m* en public **Livemitschnitt**[RR] *m* enregistrement *m* en public **Livemusik**[RR] *f* musique *f* live **Livesendung**[RR] *f* émission *f* en direct
Livree [li'vre:] <-, -n> *f* livrée *f*
livriert [li'vri:ɐt] *Adj* en livrée
Lizentiat [litsɛn'tsia:t] *s.* **Lizenziat**
Lizentiat(in) *s.* **Lizenziat(in)**
Lizenz [li'tsɛnts] <-, -en> *f* licence *f*; **[jdm] eine ~ erteilen** délivrer une licence à qn; **etw in ~ herstellen** fabriquer qc sous licence
Lizenzausgabe *f* édition *f* sous licence **Lizenzdruck** <-drucke> *s.* **Lizenzausgabe** **Lizenzgeber(in)** <-s, -> *m(f)* concédant(e) *m(f)* **Lizenzgebühr** *f* droit *m* de licence
Lizenziat[RR] <-[e]s, -e> *nt* UNIV ≈ licence *f* de théologie; CH ≈ licence de lettres et sciences humaines
Lizenziat(in)[RR] <-en, -en> *m(f)* UNIV ≈ licencié(e) *m(f)* en théologie; CH ≈ licencié(e) *m(f)* ès lettres
Lizenznehmer(in) <-s, -> *m(f)* concessionnaire *mf* **Lizenzspieler(in)** *m(f)* licencié(e) *m(f)* **Lizenzvergabe** *f* concession *f* de licence **Lizenzvertrag** *m* contrat *m* de licence d'exploitation, contrat de concession de licence
Lkw, LKW ['ɛlka:ve:, ɛlka:'ve:] <-[s], -[s]> *m Abk von* **Lastkraftwagen** poids *m* lourd
Lkw-Fahrer(in) *m(f)*, **LKW-Fahrer(in)** [ɛlka:'ve:-] *m(f)* chauffeur *m* de poids lourds; (*Fernfahrer*) routier *m*
Lob [lo:p] <-[e]s, *selten* -e> *nt* félicitations *fpl*; **jdm ~ spenden** [*o* **zollen** *geh*] prodiguer des louanges à qn (*soutenu*); **jdn mit ~ überhäufen** couvrir qn de compliments; **des ~es voll sein über jdn/etw** ne tarir pas d'éloges sur qn/à propos de qc; **~ ernten** recevoir des éloges; **mit seinem ~ geizen** être vraiment avare de compliments; **zum ~ Gottes** à la louange de Dieu
Lobby ['lɔbi] <-, -s> *f* lobby *m*
Lobbyismus [lɔbi'ɪsmʊs] <-> *m* trafic *m* d'influence
Lobbyist(in) [lɔbi'ɪst] <-en, -en> *m(f)* membre *mf* d'un lobby
loben ['lo:bən] **I.** *tr V* ❶ féliciter; **jds Arbeit ~** louer qn pour son travail
❷ (*für lobenswert halten*) **sein Verhalten ist zu ~** son attitude est digne d'éloges; **so einen Mitarbeiter lobe ich mir!** voilà le type de collaborateur que j'apprécie!; **da lob' ich mir die alten Zeiten** [c'est là que] je regrette le bon vieux temps
❸ REL **Gott ~** louer Dieu; **gelobt sei Gott!** Dieu soit loué!

loben

• loben, positiv bewerten	• louer, juger positivement
Ausgezeichnet!/Hervorragend!	Excellent!/Remarquable!
Das hast du gut gemacht.	Tu as fait du bon travail.
Das hast du prima hingekriegt. *(fam)*	Tu t'es très bien débrouillé(e).
Das lässt sich (aber) sehen! *(fam)*	Il y a de quoi être fier!
Daran kann man sich ein Beispiel nehmen.	C'est un exemple à suivre.
Das hätte ich nicht besser machen können.	Je n'aurais pas pu faire mieux.

• Wertschätzung ausdrücken	• exprimer son estime
Ich finde es super, wie er sich um die Kinder kümmert.	**Je trouve ça super** comme il s'occupe des enfants.
Ich schätze Ihren Einsatz **(sehr).**	**J'apprécie (beaucoup)** votre engagement.
Ich weiß Ihre Arbeit **sehr zu schätzen.**	**J'apprécie beaucoup** votre travail.
Ich möchte Ihren guten Rat **nicht missen.**	**Je ne voudrais pas être privé(e) de** vos bons conseils.
Ich finde die Vorlesungen dieses Professors **sehr gut.**	**Je trouve** les cours magistraux de ce professeur **très bien.**
Ich wüsste nicht, was wir ohne Ihre Hilfe **tun sollten.**	**Je ne sais pas ce que nous ferions sans** votre aide.

II. *itr V* complimenter

lobend I. *Adj* élogieux(-euse)

II. *Adv* **jdn/etw ~ erwähnen** parler de qn/qc en termes élogieux

lobenswert *Adj* (*anerkennenswert*) digne d'éloges

Lobeshymne *f* louanges *fpl;* **eine ~ auf jdn/etw singen** chanter les louanges de qn/qc

Lobgesang *m* hymne *m* de louange **Lobhudelei** [lo:phu:də'laɪ] <-> *f pej* flagornerie *f* (*soutenu*)

löblich ['lø:plɪç] *Adj geh* louable (*soutenu*)

Loblied *nt* ▸ **ein ~ auf jdn/etw singen** chanter les louanges de qn/qc **lobpreisen** <lobpreiste *o* lobpries, gelobpreist *o* lobgepriesen> *tr V liter* louer (*littér*) **Lobrede** *f* panégyrique *m;* **eine ~ auf jdn halten** faire le panégyrique de qn

Loch [lɔx, *Pl:* 'lœçə] <-[e]s, ¨-er> *nt* ① trou *m;* **ein ~ in etw** (*Akk*) **fressen/reißen** faire un trou dans qc

② *pej sl* (*elende Wohnung*) trou *m*

③ ASTRON **schwarzes ~** trou *m* noir

▸ **jdm ein ~** [*o* **Löcher**] **in den Bauch fragen** *fam* cribler qn de questions; **Löcher in die Luft starren** [*o* **gucken**] *fam* regarder dans le vide; **auf** [*o* **aus**] **dem letzten ~ pfeifen** *sl* être lessivé(e) (*fam*); **wie ein ~ saufen** *vulg* boire comme un trou (*pop*); **ein ~ stopfen** boucher un trou (*fam*)

lochen *tr V* perforer *Papier, Karton, Blech;* poinçonner *Fahrkarte*

Locher <-s, -> *m* (*für Papier*) perforeuse *f*

löcherig *Adj* troué(e)

löchern ['lœçɐn] *tr V fam* gonfler (*fam*); **jdn mit Fragen/Bitten ~** gonfler qn de questions/demandes

Lochkarte *f* INFORM carte *f* perforée **Lochstickerei** *f* broderie *f* à jour **Lochstreifen** *m* INFORM bande *f* perforée

Lochung <-, -en> *f* perforation *f; einer Fahrkarte* poinçonnage *m*

Lochzange *f* (*für Fahrkarten*) poinçonneuse *f;* TECH emporte-pièce *m*

Lockartikel *m* COM article *m* d'appel

Locke ['lɔkə] <-, -n> *f* boucle *f* [de cheveux]; **~n haben** être bouclé(e)

locken[1] ['lɔkən] I. *tr V* boucler *Haare;* **sich die Haare ~ lassen** se faire boucler les cheveux; *s. a.* **gelockt**

II. *r V* **sich ~** *Haare:* boucler

locken[2] *tr V* ① (*verlockend sein*) *Angebot, Möglichkeit:* attirer; **jdn ~** *Angebot, Möglichkeit:* attirer qn; **jdn lockt es nach Paris** qn est attiré(e) par Paris

② (*anlocken*) appeler *Tier*

lockend *Adj* alléchant(e)

Lockenkopf *m* ① (*Frisur*) cheveux *mpl* bouclés ② (*Person*) personne *f* aux cheveux bouclés; **ein blonder ~** un(e) blond(e) bouclé(e) **Lockenstab** *m* fer *m* à friser **Lockenwickler** <-s, -> *m* bigoudi *m*

locker ['lɔkɐ] I. *Adj* ① (*lose*) *Halterung, Schraube* desserré(e); *Ziegel, Zahn* branlant(e)

② (*porös*) *Boden, Erdreich* poreux(-euse); *Schnee* poudreux(-euse)

③ (*leicht, schaumig*) *Teigmasse, Eischnee* léger(-ère)

④ (*nicht gespannt*) *Seil* détendu(e); *Masche, Gewebe* lâche; *Muskel* relâché(e)

⑤ *fam* (*leger, zwanglos*) *Mensch* libéral(e); *Haltung* détendu(e); *Auffassung* relâché(e); *Einstellung* large

⑥ (*oberflächlich*) *Bekanntschaft, Beziehung* vague

⑦ *fam* (*leichtfertig*) *Lebenswandel* léger(-ère)

II. *Adv* ① (*lose*) *binden, hineinschrauben, stricken* sans serrer; **~ sitzen** *Kleidung:* être ample; *Schraube:* être desserré(e); *Ziegel, Zahn:* être branlant(e)

② (*unverkrampft*) *sitzen, laufen, spielen* de façon détendue; **etw ~ handhaben** manipuler qc de façon décontractée; **hier geht es ~ zu** il y a une bonne ambiance ici

③ *fam* (*ohne Schwierigkeiten*) **das schaffe ich doch ~!** j'y arrive à l'aise (*fam*)

▸ [**bei**] **ihm sitzt der Revolver/das Geld ~** *fig fam* il a la gâchette/l'argent facile (*fam*)

locker|lassen *itr V unreg fam* lâcher prise; **nicht ~** ne pas lâcher prise **locker|machen** *tr V fam* **Geld für jdn/etw ~** décrocher de l'argent à qn/pour qc (*fam*); **bei jdm hundert Euro ~** soutirer cent euros à qn (*hum*)

lockern ['lɔkɐn] I. *tr V* ① desserrer *Griff, Gürtel, Krawatte, Schraube;* relâcher *Zügel*

② (*aufwärmen*) assouplir *Beine, Muskeln;* (*entspannen*) décontracter *Beine, Muskeln*

③ (*liberaler gestalten*) assouplir *Gesetz, Vorschrift, Embargo*

II. *r V* **sich ~** ① *Schraube, Verbindung:* se desserrer

② (*sich aufwärmen*) s'assouplir; (*sich entspannen*) se décontracter, décontracter ses muscles

③ (*sich entkrampfen*) *Atmosphäre, Anspannung:* se détendre

Lockerung <-, -en> *f* ① *von Schrauben, Verbindungen* desserage *m*

❷ (*das Aufwärmen*) *der Muskeln* assouplissement *m;* (*das Entspannen*) relaxation *f*
❸ *fig der Stimmung* détente *f;* **zur ~ der Atmosphäre** pour détendre l'atmosphère
❹ (*liberalere Gestaltung*) *eines Gesetzes, Embargos, einer Vorschrift* assouplissement *m*
Lockerungsübung *f* (*zum Aufwärmen*) [exercice *m* d']assouplissement *m;* (*zum Entspannen*) [exercice *m* de] relaxation *f;* **~en machen** faire des assouplissements/de la relaxation
lockig *Adj* bouclé(e)
Lockmittel *nt* appât *m* **Lockruf** *m* cri *m* d'appel
Lockung <-, -en> *f* ❶ (*Reiz*) attrait *m*
❷ (*Versuchung*) tentation *f*
Lockvogel *m a. fig* appât *m*
Loden ['lo:dən] <-s, -> *m* loden *m*
Lodenmantel *m* [manteau *m* en] loden *m*
lodern ['lo:dɐn] *itr V* ❶ *+ haben Feuer:* flamboyer; **~d** flamboyant(e)
❷ *+ sein* **zum Himmel ~** monter au ciel
Löffel ['lœfəl] <-s, -> *m* ❶ cuillère *f*
❷ (*Mengenmaß*) **ein ~ Mehl** une cuillérée de farine
❸ *sl* (*Ohr*) **seine ~ aufsperren** ouvrir [toutes grandes] ses esgourdes (*arg*); **ein paar hinter die ~ kriegen** prendre une paire de baffes (*fam*)
❹ JAGD (*Hasen-, Kaninchenohr*) oreille *f*
▸ **den ~ abgeben** *sl* casser sa pipe (*pop*)
Löffelbagger *m* pelle *f* mécanique
löffeln ['lœfəln] *tr V* (*essen*) manger à la cuillère; **seine Suppe ~** manger sa soupe à la cuillère
Löffelstiel *m* manche *m* de cuillère
löffelweise *Adv essen, füttern* à la cuillère; *hinzugeben* par cuillérées
log[1] [lɔk] *m* MATH log; *Abk von* **Logarithmus**
log[2] [lo:k] *Imp von* **lügen**
Log [lɔk] <-s, -e> *nt* NAUT loch *m*
Logarithmentafel *f* MATH table *f* de logarithmes
Logarithmus [loga'rɪtmʊs] <-, -rithmen> *m* MATH logarithme *m*
Logbuch ['lɔkbu:x] *nt* NAUT journal *m* de bord
Loge ['lo:ʒə] <-, -n> *f* loge *f*
Logenplatz *m* [place *f* de] loge *f*
logieren* [lo'ʒi:rən] *itr V veraltet* **im Hotel/bei einer Freundin ~** loger à l'hôtel/chez une amie
Logik ['lo:gɪk] <-> *f* logique *f;* **etw mit zwingender ~ beweisen** prouver qc dans une logique déconcertante
Login [lɔk'ʔɪn] <-s> *nt* INFORM ouverture *f* d'une session
Logis [lo'ʒi:] <-> *nt* logement *m*
logisch ['lo:gɪʃ] I. *Adj* logique
▸ **na ~!** *fam* bien sûr!
II. *Adv denken, erklären, folgern* logiquement
logischerweise *Adv* logiquement
Logistik [lo'gɪstɪk] <-> *f* logistique *f*
Logistikzentrum *nt* centre *m* logistique
logistisch I. *Adj* logistique
II. *Adv* **~ gesehen** du point de vue logistique
logo ['lɔ:go] *Interj sl* logique (*fam*)
Logo ['lo:go] <-s, -s> *nt* logo *m*
Logoff [lɔk'ʔɔf] <-s> *nt* INFORM clôture *f* d'une session
Logopäde [logo'pɛ:də] <-n, -n> *m,* **Logopädin** *f* orthophoniste *mf*
Logopädie [logopɛ'di:] <-> *f* orthophonie *f*
Lohe[1] ['lo:ə] <-, -n> *f geh* (*Flamme, Glut*) flammes *fpl*
Lohe[2] <-, -n> *f* (*Gerberlohe*) tanin *m*
Lohgerber(in) *m(f)* tanneur(-euse) *m(f)*
Lohn [lo:n, *Pl:* 'lø:nə] <-[e]s, ¨-e> *m* ❶ (*Arbeitsentgelt*) salaire *m*
❷ *kein Pl* (*Belohnung*) récompense *f;* **als [o zum] ~ für etw** en récompense de qc; **der gerechte ~ für sein/ihr Verhalten** la juste récompense pour son comportement
▸ **in ~ und Brot stehen** gagner son pain
Lohnabbau *m* réduction *f* de salaire **lohnabhängig** *Adj Beschäftigung* salarié(e) **Lohnabrechnung** *f* bulletin *m* de paie **Lohnausfall** *m* perte *f* de salaire **Lohnausgleich** *m* ajustement *m* de salaire; **ohne ~** sans indemnité salariale; **bei vollem ~** sans perte de salaire **Lohnbescheinigung** *f* attestation *f* de salaire **Lohnbuchhalter(in)** *m(f)* agent *m* payeur **Lohnbuchhaltung** *f* ❶ *kein Pl* (*Tätigkeit*) comptabilité *f* des salaires ❷ *s.* **Lohnbüro** **Lohnbüro** *nt* bureau *m* de paie
lohnen ['lo:nən] I. *r V* ❶ (*sich bezahlt machen*) **sich ~** *Aufwand, Mühe:* valoir la peine; **sich für jdn ~** *Aufwand, Mühe:* valoir la peine pour qn
❷ (*sehenswert, hörenswert sein*) **sich ~** *Konzert, Museumsbesuch:* valoir la peine; **es lohnt sich [diesen Film zu sehen]** ça vaut la peine [de voir ce film]
II. *tr V* ❶ (*wert sein*) **einen Besuch ~** *Ausstellung:* mériter une visite; **die Anstrengung ~** *Ergebnis:* justifier l'effort
❷ (*belohnen*) **jdm etw ~** récompenser qn pour qc; **jdm etw mit Undank ~** remercier qn pour qc par de l'ingratitude
III. *itr V* **es lohnt [etw zu tun]** ça vaut la peine [de faire qc]
löhnen ['lø:nən] I. *itr V fam* casquer (*fam*)
II. *tr V fam* **hundert Euro für etw ~** aligner cent euros pour qc (*fam*)
lohnend *Adj Geschäft, Aufgabe* profitable; **es ist ~ etw zu tun** c'est profitable de faire qc
lohnenswert *Adj* **~ sein** en valoir la peine; (*befriedigend*) être satisfaisant(e); (*profitabel*) être profitable
Lohnerhöhung *f* hausse *f* des salaires; *einer Einzelperson* augmentation *f* [de salaire] **Lohnforderung** *f* revendication *f* salariale **Lohnfortzahlung** *f* maintien *m* du salaire; **~ im Krankheitsfall** maintien *m* du salaire en période de maladie **Lohngruppe** *f* catégorie *f* salariale **Lohnkosten** *Pl* coûts *mpl* salariaux **Lohnliste** *f* liste *f* du personnel appointé; **auf jds ~ (*Dat*) stehen** être appointé(e) par qn **Lohnnebenkosten** *Pl* charges *fpl* annexes [au salaire] **Lohn-Preis-Spirale** *f* spirale *f* inflationniste [salaires-prix] **Lohnsteuer** *f* impôt *m* sur le salaire
Lohnsteuerjahresausgleich *m* ❶ (*Antrag*) *demande de régularisation annuelle du trop-perçu d'impôt sur le salaire* ❷ (*Rückzahlung*) *remboursement du trop-perçu d'impôt sur le salaire* **Lohnsteuerkarte** *f* fiche *f* fiscale (*sur laquelle figure la catégorie d'imposition d'un employé*)
Lohntarif *m* tarif *m* des salaires **Lohntüte** *f a. fig* enveloppe *f* [de salaire]
Löhnung <-, -en> *f* ❶ (*Auszahlung des Lohnes*) paie *f*
❷ (*Lohn*) salaire *m*
Lohnverhandlung *f meist Pl* négociations *fpl* sur les salaires **Lohnverzicht** *m* renoncemement *m* au salaire **Lohnzahlung** *f* paiement *m* du salaire
Loipe ['lɔɪpə] <-, -n> *f* piste *f* de ski de fond
Lok [lɔk] <-, -s> *f fam Abk von* **Lokomotive** loco *f* (*fam*)
lokal [lo'ka:l] *Adj* local(e)
Lokal <-s, -e> *nt* (*Kneipe*) café *m,* bistro[t] *m;* (*Speiselokal*) restaurant *m;* (*Vereinslokal*) cafétéria *f*
Lokalanästhesie *f* anesthésie *f* locale; **in ~** sous anesthésie locale **Lokalaugenschein** *m* A descente *f* sur les lieux **Lokalblatt** *nt* journal *m* local
Lokale(s) *nt dekl wie Adj* (*Zeitungsrubrik*) nouvelles *fpl* locales
lokalisieren* *tr V* ❶ localiser; **sich ~ lassen** pouvoir être localisé(e)
❷ (*eingrenzen*) circonscrire *Brand, Konflikt, Krankheitsherd*
Lokalisierung <-, -en> *f geh* localisation *f*
Lokalität [lokali'tɛ:t] <-, -en> *f* ❶ lieux *mpl*
❷ *hum fam* (*Lokal*) resto *m* (*fam*); (*Kneipe*) bistro[t] *m*
Lokalkolorit [lo'ka:lkolori:t] *nt* couleur *f* locale **Lokalmatador** *m hum* héros *m* local (*hum*) **Lokalnachricht** *f meist Pl* **~en** nouvelles *fpl* [*o* informations *fpl*] locales **Lokalpatrio-**

tismus *m* esprit *m* de clocher **Lokalredaktion** *f* rédaction *f* locale
Lokalrunde *f* tournée *f* générale
Lokalseite *f* page *f* locale **Lokalsender** *m* émetteur *m* local **Lokalteil** *m* pages *fpl* locales **Lokaltermin** *m* descente *f* sur les lieux
Lokalverbot *nt* **jdm ~ erteilen** interdire son établissement à qn; **bei jdm ~ haben** être interdit(e) chez qn
Lokalzeitung *f* journal *m* local
Lokführer(in) *m(f) fam Abk von* **Lokomotivführer(in)** conducteur(-trice) *m(f)* de locomotive
Lokomotive [lokomo'ti:və] <-, -n> *f* locomotive *f*
Lokomotivführer(in) *m(f)* conducteur(-trice) *m(f)* de locomotive
Lokus ['lo:kʊs] <- *o* -ses, - *o* -se> *m fam* petit coin *m* (*fam*)
Lolli ['lɔli] <-s, -s> *m fam* sucette *f*
Lombardsatz *m* FIN taux *m* lombard
London ['lɔndɔn] <-s> *nt* Londres
Londoner *Adj attr* londonien(ne)
Londoner(in) <-s, -> *m(f)* Londonien(ne) *m(f)*
Longdrink ['lɔŋdrɪŋk] *m* long drink *m*
Look [lʊk] <-s, -s> *m* look *m*
Looping ['lu:pɪŋ] <-s, -s> *m o nt* looping *m*
Lorbeer ['lo:ɐbe:ɐ] <-s, -en> *m* ❶ (*Pflanze, Gewürz*) laurier *m*
❷ *s.* **Lorbeerkranz**
▸ **sich auf seinen ~en ausruhen** *fam* se reposer sur ses lauriers; **mit etw keine ~en ernten können** ne pas attirer des félicitations avec qc
Lorbeerbaum *m* laurier *m* **Lorbeerblatt** *nt* feuille *f* de laurier **Lorbeerkranz** *m* couronne *f* de laurier
Lord [lɔrt] <-s, -s> *m* lord *m*
Lore ['lo:rə] <-, -n> *f* MIN wagonnet *m*
Lorgnette [lɔrn'jɛtə] <-, -n> *f* face-à-main *m*
los [lo:s] **I.** *Adj* ❶ (*abgetrennt*) défait(e); *Etikett, Knopf:* défait(e), parti(e)
❷ *fam* (*befreit*) **jdn/etw ~ sein** être débarrassé(e) de qn/qc; **sein Geld ~ sein** avoir paumé son argent (*fam*)
❸ (*im Gange, im Schwange*) **es ist nichts/etwas ~** *fam* rien ne/quelque chose se passe; **dort ist etwas/viel ~** [il] y a de l'ambiance/la grosse ambiance là-bas; **was ist ~?** qu'est-ce qu'[il] y a? (*fam*); **was ist denn hier ~?** qu'est-ce qui se passe ici? (*fam*); **was ist denn mit dir ~?** qu'est-ce que tu as donc?, mais qu'est-ce qu'il te prend?
▸ **..., [dann] ist etwas ~!** *fam* ça va chauffer si ...! (*fam*); **mit ihm ist nichts ~** (*er ist langweilig*) [il] y a rien à tirer de lui (*fam*); (*er ist erschöpft*) il n'est pas dans son assiette (*fam*)
II. *Adv* ❶ (*Startkommando*) **~!** partez!
❷ *fam* (*Aufforderung*) **na ~!** (*nun mach/macht schon*) allez!; (*vorwärts, weiter*) allez [hop]!
❸ *fam* (*fort*) **sie ist schon ~** elle s'est déjà tirée (*pop*)
Los <-es, -e> *nt* ❶ **etw durch das ~ entscheiden** décider qc au sort; **das ~ entscheiden lassen** laisser décider le sort; **ein ~ ziehen** tirer au sort; **das ~ fällt auf jdn** le sort tombe sur qn
❷ (*Lotterielos, Tombolalos*) billet *m*
❸ *kein Pl geh* (*Schicksal*) sort *m* (*soutenu*); **ein trauriges ~ haben** avoir un triste sort; **jds ~ teilen** partager le sort de qn
▸ **mit jdm/etw das große ~ gewonnen [*o* gezogen] haben** avoir tiré le gros lot avec qn/qc
lösbar *Adj* ❶ *Aufgabe, Rätsel* résoluble
❷ CHEM soluble
los|binden *tr V unreg* détacher; **etw/jdn von etw ~** détacher qc/qn de qc
los|brechen *unreg* **I.** *tr V + haben* arracher *Ast, Zweig;* détacher *Eiszapfen*
II. *itr V + sein* ❶ **von etw ~** *Ast, Eiszapfen:* se détacher de qc
❷ (*beginnen*) *Gelächter, Jubel, Gewitter:* éclater
Löscharbeit *f meist Pl* lutte *f* contre l'incendie **Löschblatt** *nt* buvard *m*

löschen ['lœʃən] *tr V* ❶ éteindre *Feuer, Brand, Licht*
❷ (*stillen*) **den [*o* seinen] Durst ~** se désaltérer; **den Durst ~** *Getränk:* désaltérer
❸ (*tilgen*) effacer *Aufnahme, Grundschuld, Eintrag;* résilier *Bankkonto;* **eine Firma im Handelsregister ~** radier une entreprise de l'inscription du registre du commerce; **das Löschen** *einer Aufnahme* l'effacement *m*
❹ NAUT décharger *Schiff, Ladung, Fracht*
Löschen <-s> *nt* ❶ *eines Feuers* extinction *f*
❷ (*das Vernichten*) *einer Datei* effacement *m*
Löschfahrzeug *nt* voiture *f* de pompiers **Löschflugzeug** *nt* canadair® *m* **Löschkalk** *m* chaux *f* éteinte **Löschkopf** *m* *einer Kassette* tête *f* d'effacement **Löschmannschaft** *f* équipe *f* de pompiers **Löschpapier** *nt* [papier *m*] buvard *m* **Löschtaste** *f* INFORM touche *f* effacement **Löschtrupp** *m s.* **Löschmannschaft**
Löschung <-, -en> *f* ❶ *a.* JUR (*das Tilgen*) radiation *f;* **die ~ im Grundbuch beantragen** demander la radiation du livre foncier
❷ NAUT déchargement *m*
Löschzug *m* véhicules *mpl* de lutte contre l'incendie
lose ['lo:zə] **I.** *Adj* ❶ (*locker*) *Schraube* desserré(e); *Knopf* qui bouge; *Knoten* lâche; *Halterung* instable, branlant(e)
❷ (*nicht zusammengebunden*) *Blatt* volant(e); **etw ~ verkaufen** vendre qc en vrac
❸ *hum* (*frech*) *Rede* désinvolte; **ein ~s Mundwerk haben** ne pas avoir la langue dans sa poche
II. *Adv herabhängen* sans être fixé(e)
Loseblattausgabe *f,* **Loseblattsammlung** *f* ouvrage *m* publié par fascicules; (*zur Aktualisierung*) remise *f* à jour (*en feuillets mobiles*)
Lösegeld *nt* rançon *f*
Lösegeldforderung *f* demande *f* de rançon
los|eisen *fam* **I.** *tr V* ❶ (*mit Mühe freimachen*) débaucher; **jdn von seiner Arbeit ~** arracher qn à son travail
❷ (*lockermachen*) **bei jdm Geld ~** soutirer de l'argent à qn (*fam*)
II. *r V* **sich ~** se libérer; **sich von etw ~** s'arracher à qc
Lösemittel *nt* solvant *m*
losen ['lo:zən] *itr V* tirer au sort; **um etw ~** tirer qc au sort; **wir ~, wer aufräumen soll** on tire au sort qui doit ranger
lösen ['løːzən] **I.** *tr V* ❶ (*ablösen*) enlever, ôter *Schicht;* **die Tapete von der Wand ~** enlever le papier peint du mur; **sich von etw ~ lassen** *Preisetikett:* s'enlever de qc
❷ (*lockern*) défaire *Haare, Knoten*
❸ TECH desserrer *Handbremse;* débloquer *Verriegelung*
❹ MED calmer, soulager *Husten, Krampf, Verspannung*
❺ (*klären*) résoudre *Aufgabe, Fall, Problem, Rätsel*
❻ (*aufheben*) annuler *Verlobung;* casser *Beziehung;* résilier *Vertrag*
❼ (*zergehen lassen*) **Chemikalien in etw** (*Dat*) **~** dissoudre des produits chimiques dans qc
❽ (*kaufen*) prendre *Fahrschein, Eintrittskarte*
II. *r V* ❶ (*sich ablösen*) **sich von etw ~** *Aufkleber, Schicht, Schmutz:* s'enlever de qc; *Stein, Felsbrocken:* se détacher de qc
❷ (*sich auflösen*) **sich in etw** (*Dat*) **~** se dissoudre dans qc
❸ (*sich aufklären*) **sich ~** *Rätsel:* se résoudre
❹ (*sich befreien*) **sich von jdm ~** se détacher de qn; **sich von etw ~** se dégager de qc; *s. a.* **gelöst**
los|fahren ['lo:s-] *itr V unreg + sein* ❶ (*abfahren*) partir; **von etw ~** partir de qc
❷ (*zufahren*) **auf jdn/etw ~** foncer sur qn/qc
❸ *fam* (*physisch, verbal angreifen*) **auf jdn ~** tomber sur qn; **sie fuhren wütend auf ihn los** ils/elles lui sont tombé(e)s dessus
los|gehen *unreg* **I.** *itr V + sein* ❶ (*weggehen*) s'en aller
❷ *fam* (*beginnen*) commencer
❸ *fam* (*sich lösen*) *Knopf:* se défaire; *Schraube:* se desserrer

L

❹ (*angreifen*) **mit etw auf jdn** ~ s'élancer sur qn avec qc
❺ (*krachen*) *Flinte, Schuss:* partir
II. *itr V unpers + sein fam* commencer; **es geht [schon] wieder los** c'est reparti (*fam*); **es geht wieder los mit dem Ärger** les ennuis recommencent

los|haben *tr V unreg fam* **in seinem Beruf einiges/viel** ~ en connaître un rayon dans sa profession (*fam*); **auf einem Gebiet nichts/nicht viel** ~ y connaître que dal[le] dans un domaine (*fam*)

los|heulen *itr V fam* se mettre à chialer (*fam*); *Kind, Baby:* se mettre à brailler (*fam*)

los|kaufen *tr V* racheter

los|kommen *itr V unreg + sein fam* ❶ (*gehen können*) pouvoir partir; **nicht vor 18 Uhr** ~ [ne] pas pouvoir sortir avant 18 heures (*fam*); **nicht vor 18 Uhr von zu Hause/aus der Firma** ~ [ne] pas pouvoir quitter la maison/la boîte avant 18 heures (*fam*); **ich kam nicht eher los** je ne pouvais pas partir plus tôt
❷ (*sich befreien, sich lösen*) **von jdm** ~ se sortir des pattes de qn (*fam*); **von einem Gedanken/einer Vorstellung** ~ se défaire d'une idée; **vom Alkohol** ~ décrocher de l'alcool (*fam*)

los|kriegen *tr V fam* ❶ (*abbekommen*) arriver à retirer; **den Schmutz/einen Aufkleber von etw** ~ arriver à retirer la saleté/un autocollant de qc
❷ (*verkaufen können*) réussir à fourguer (*fam*) *Ware*
❸ (*losbekommen*) se débarrasser de *Person*

los|lachen *itr V* éclater de rire

los|lassen *tr V unreg* ❶ (*nicht mehr festhalten*) lâcher
❷ *fig* **jdn nicht** ~ *Vorstellung:* ne pas quitter qn
❸ *fam* (*hetzen*) **die Hunde auf jdn** ~ lâcher les chiens sur qn; **einen Anfänger auf jdn** ~ *pej* infliger un débutant à qn (*péj*)
❹ (*von sich geben*) lâcher *Fluch, Schimpfkanonade*

los|laufen *itr V unreg + sein* ❶ (*zu laufen beginnen*) se mettre à courir
❷ (*weglaufen*) partir [en courant]

los|legen *itr V fam* ❶ (*energisch anfangen*) en mettre un coup (*fam*); **mit der Arbeit** ~ s'attaquer au travail
❷ (*zu schimpfen beginnen*) se mettre à vociférer
❸ (*zu reden beginnen*) se mettre à raconter; **nun leg schon los!** alors, raconte!

löslich ['lø:slɪç] *Adj* soluble; **in etw** (*Dat*) ~ **sein** être soluble dans qc

los|lösen I. *tr V* enlever, décoller *Aufkleber, Etikett;* **sich von etw** ~ **lassen** s'enlever [*o* se décoller] de qc
II. *r V* **sich von etw** ~ *Furnier, Etikett:* se décoller de qc

los|machen I. *tr V* (*losbinden*) détacher
II. *itr V* ❶ (*ablegen*) partir
❷ *fam* (*sich beeilen*) se magner (*fam*)
III. *r V fam* **sich von etw** ~ (*sich losbinden, losreißen*) se dégager de qc; (*sich befreien*) se libérer de qc

los|müssen *itr V unreg fam* devoir partir; **zu etw** ~ devoir partir pour qc; **ich muss los** il faut que j'y aille (*fam*)

Losnummer *f* numéro *m* de billet

los|platzen *itr V + sein fam* ❶ (*loslachen*) piquer un fou rire (*fam*)
❷ (*losreden*) exploser

los|rasen *itr V + sein fam* filer (*fam*)

los|reißen *unreg* **I.** *tr V* arracher
II. *r V* ❶ (*sich entwinden*) **sich von jdm** ~ se dégager de qn; **sich von der Hand der Mutter** ~ se dégager de la main de sa mère; **sich aus jds Umarmung** ~ se dégager de l'étreinte de qn
❷ (*sich gewaltsam lösen*) **sich von der Leine** ~ *Tier:* se détacher de la laisse
❸ *fam* (*sich innerlich lösen*) **sich** ~ s'arrêter; **sich von einem Buch/der Arbeit** ~ s'arracher à un livre/son travail; **er konnte sich von dem Anblick nicht** ~ il ne pouvait détourner son regard

los|rennen *s.* loslaufen

LössRR [lœs] <-es, -e>, **Löß** [lø:s] <Lösses *o* -es, Lösse *o* -e> *m* lœss *m*

los|sagen *r V geh* **sich von jdm** ~ couper les ponts avec qn; **sich von etw** ~ renier qc

los|schicken *tr V* envoyer *Person, Brief, Paket*

los|schießen *itr V unreg* ❶ *+ sein fam* (*losgehen*) **auf jdn/etw** ~ se précipiter sur qn/qc
❷ *+ haben fam* (*erzählen*) attaquer; **schieß endlich los!** [allez,] accouche! (*fam*)

los|schlagen *unreg* **I.** *itr V* ❶ MIL attaquer, frapper
❷ (*einschlagen*) **auf jdn** ~ taper sur qn; **aufeinander** ~ se taper dessus
II. *tr V* ❶ (*abschlagen*) **etw von der Wand** ~ détacher qc du mur
❷ *fam* (*billig verkaufen*) fourguer (*fam*)

los|schrauben *tr V* dévisser

los|steuern *itr V + sein* **auf jdn/etw** ~ se diriger droit sur qn/qc

los|stürzen *itr V + sein fam* ❶ (*losrennen*) partir comme une flèche
❷ (*sich stürzen*) **auf jdn** ~ se jeter sur qn, tomber sur qn (*fam*); **auf etw** ~ se jeter sur qc

los|treten *tr V unreg* ❶ (*durch Treten lösen*) détacher *Stein, Felsbrocken*
❷ (*auslösen*) déclencher *Debatte, Prozesslawine*

Lostrommel *f* sphère *f* de tirage

Losung ['lo:zʊŋ] <-, -en> *f* ❶ (*Wahlspruch*) mot *m* d'ordre
❷ MIL mot *m* de passe
❸ JAGD fumées *fpl*

Lösung ['lø:zʊŋ] <-, -en> *f* ❶ (*das Lösen*) *einer Aufgabe, eines Konflikts, Rätsels* résolution *f*
❷ (*Ergebnis*) solution *f*
❸ (*Aufhebung*) *einer Verlobung* annulation *f; einer Beziehung* rupture *f; eines Vertrags* résiliation *f*
❹ CHEM solution *f*

Lösungsmittel *nt* solvant *m*

Losungswort *s.* Losung 2.

Losverkäufer(in) *m(f)* vendeur(-euse) *m(f)* de billets de loterie

los|werden *tr V unreg + sein* ❶ (*sich entledigen*) se débarrasser de *Person*
❷ *fam* (*verlieren*) paumer (*fam*) *Geld, Haus, Vermögen*
❸ *fam* (*verkaufen*) fourguer (*fam*) *Auto, Haus, Ladenhüter*
❹ (*loskommen*) **eine Idee/die Angst nicht** ~ ne pas arriver à se défaire d'une idée/à se départir de sa peur

los|wollen *itr V unreg fam* vouloir y aller (*fam*); **ich will jetzt los** je vais y aller (*fam*)

los|ziehen *itr V unreg + sein fam* foutre le camp (*fam*); **wir ziehen schon mal los** [allez,] on se casse (*fam*)

Lot [lo:t] <-[e]s, -e> *nt* ❶ (*Senkblei*) fil *m* à plomb
❷ NAUT sonde *f*
❸ GEOM perpendiculaire *f;* **das** ~ **auf etw** (*Akk*) **fällen** abaisser la perpendiculaire à qc
► **etw wieder ins [rechte]** ~ **bringen** apaiser qc; **das lässt sich wieder ins [rechte]** ~ **bringen** ça s'arrangera; **jdn aus dem** ~ **bringen** perturber qn; **wieder ins** ~ **kommen** s'arranger; **aus dem [*o* nicht im]** ~ **sein** aller de travers

loten ['lo:tən] *tr V* sonder

löten ['lø:tən] *tr V* souder; **etw an etw** (*Akk*) ~ souder qc à qc

Lothar *m* Lothaire *m*

Lothringen ['lo:trɪŋən] <-s> *nt* la Lorraine

Lothringer(in) <-s, -> *m(f)* Lorrain(e) *m(f)*

lothringisch *Adj* lorrain(e)

Lotion [lo'tsio:n] <-, -en> *f* lotion *f*

Lötkolben *m* fer *m* à souder **Lötlampe** *f* lampe *f* à souder **Lötmetall** *nt* brasure *f*

Lotos ['lo:tɔs] <-, -> *m* lotus *m*
Lotosblume *f* fleur *f* de lotus **Lotossitz** *m kein Pl* position *f* du lotus
lotrecht I. *Adj* vertical(e)
II. *Adv abfallen, aufragen* à la verticale
Lotrechte <-n, -n> *f dekl wie Adj* perpendiculaire *f*
Lotse ['lo:tsə] <-n, -n> *m*, **Lotsin** *f* ① NAUT pilote *m*
② (*Fluglotsin*) aiguilleur(-euse) *m(f)* du ciel
lotsen *tr V* ① piloter *Schiff*
② *fam* (*locken*) **jdn ins Kino/in ein Lokal ~** entraîner qn au cinéma/dans un café
Lotsenboot *nt* bateau-pilote *m* **Lotsendienst** *m* service *m* d'aide à la circulation (*chargé notamment d'assurer la sécurité des écoliers*)
Lotsin ['lo:tsɪn] *s.* Lotse
Lötstelle *f* ① (*gelötete Stelle*) [point *m* de] soudure *f*
② (*zu lötende Stelle*) endroit *m* à souder
Lotterie [lɔtə'ri:] <-, -n> *f* loterie *f*; **in der ~ spielen** jouer à la loterie
Lotteriegesellschaft *f* société *f* de loterie **Lotteriegewinn** *m* gain *m* de la loterie **Lotterielos** *nt* lot *m* de la loterie **Lotteriespiel** *nt* ① [jeu *m* de] loterie *f* ② *fig* loterie *f* **Lotterieziehung** *f* tirage *m* de la loterie
Lotterleben ['lɔtɐ-] *nt kein Pl fam* vie *f* de patachon (*fam*); **ein ~ führen** mener une vie de patachon (*fam*)
Lotto ['lɔto] <-s, -s> *nt* loto *m*; **~ spielen** jouer au loto; **im ~ gewinnen** gagner au loto
▶ **du hast wohl im ~ gewonnen!** *fam* t'as touché le gros lot? (*fam*)
Lottoannahmestelle *f* point *m* de vente de bulletins de loto **Lottogewinn** *m* gain *m* au loto **Lottoschein** *m* bulletin *m* de loto **Lottozahl** *f* ① (*angekreuzte Zahl*) numéro *m* du loto ② *Pl* (*Gewinnzahlen*) numéros *mpl* gagnants [du loto]; **Ziehung der ~en** tirage du loto
Lotus ['lo:tʊs] *s.* Lotos
Lötzinn *nt* soudure *f* à l'étain
Löwe <-n, -n> *m* ① lion *m*
② ASTROL Lion *m*; **[ein] ~ sein** être Lion
Löwenanteil *m fam* part *f* du lion **Löwenbändiger(in)** <-s, -> *m(f)* dompteur(-euse) *m(f)* de lions **Löwenmähne** *f* crinière *f* **Löwenmaul** *nt kein Pl*, **Löwenmäulchen** <-s, -> *nt* gueule-de-loup *f* **Löwenzahn** *m kein Pl* pissenlit *m*
Löwin *f* lionne *f*
loyal [loa'ja:l] *geh* I. *Adj* loyal(e); **jdm gegenüber ~ sein** être loyal(e) envers qn
II. *Adv* loyalement
Loyalität [loajali'tɛ:t] <-, *selten* -en> *f* loyauté *f*
LP [ɛl'pe:, ɛl'pi:] <-, -s> *f Abk von* **Langspielplatte** 33 tours *m*
LSD [ɛlʔɛs'de:] <-[s]> *nt Abk von* **Lysergsäurediäthylamid** L.S.D. *m*
lt. *Präp form Abk von* **laut**² d'après
Luchs [lʊks] <-es, -e> *m* lynx *m*
▶ **aufpassen wie ein ~** *fam* être aux aguets comme un faucon
Luchsaugen *Pl fam* yeux *mpl* de lynx
Lücke ['lʏkə] <-, -n> *f* ① (*Zwischenraum*) trou *m*
② (*Unvollständigkeit*) lacune *f*
▶ **eine ~ reißen** *Tod, Weggang:* laisser un vide; **eine ~ schließen** *Person:* combler un vide; *Buch, Werk:* combler une lacune
Lückenbüßer(in) <-s, -> *m(f)* **der ~ sein, den ~ spielen** *fam* jouer les bouche-trous (*fam*)
lückenhaft I. *Adj* incomplet(-ète); *Beweis* insuffisant(e); *Erinnerung* défaillant(e); *Alibi* fragile; **~ sein** présenter des lacunes; *Bepflanzung* clairsemé(e); *Gebiss* parsemé(e) de trous
II. *Adv berichten, darstellen* de façon incomplète; *sich erinnern* vaguement
lückenlos I. *Adj Sammlung, Bericht, Wissen* complet(-ète); *Alibi* sans faille; *Beweis* irréfutable; **nicht ~ sein** *Stammbaum:* présenter des lacunes
II. *Adv aneinander reihen* systématiquement; *darstellen, wiedergeben* de façon exhaustive; *sich erinnern* intégralement
Lückentest *m* exercice *m* à trous **Lückentext** *m* texte *m* à trous
lud [lu:t] *Imp von* **laden**
Lude ['lu:də] <-n, -n> *m sl* mac *m* (*arg*)
Luder ['lu:dɐ] <-s, -> *nt fam* (*durchtriebene Frau*) bougresse *f* (*fam*); (*kokette Frau*) garce *f* (*fam*); **ein armes ~** une pauvre fille (*fam*); **sie ist ein kleines ~** c'est une petite traînée (*fam*); **du gemeines ~!** espèce de salope! (*fam*)
Ludwig *m* ① Louis *m*
② HIST **~ XIV.** Louis XIV
Lues ['lu:ɛs] <-> *f* MED syphilis *f*
Luft [lʊft] <-, Lüfte> *f* ① *kein Pl* air *m*; **warme/feuchte ~** de l'air chaud/humide; **an die [frische] ~ gehen** aller prendre l'air; **an eine Wunde ~ kommen lassen** mettre une plaie à l'air; **immer höher in die ~ steigen** *Ballon:* s'élever toujours plus haut dans les airs; **sich in die Lüfte schwingen** *Vogel:* prendre son envol; **durch die ~ fliegen** *Splitter:* voler en l'air; **etw in die ~ sprengen** [*o* **jagen** *fam*] faire sauter qc (*fam*); **in die ~ fliegen** *fam* sauter (*fam*)
② *kein Pl* (*Atemluft*) air *m*; **frische/verbrauchte ~** de l'air frais/vicié; **keine ~ mehr bekommen** [*o* **kriegen** *fam*] étouffer; **nach ~ ringen** chercher à reprendre son souffle; **nach ~ schnappen** chercher son souffle; *Fisch:* chercher de l'air; **[ein wenig] frische ~ schnappen** *fam* prendre un bol d'air (*fam*)
③ (*Brise*) brise *f*; **linde** [*o* **laue**] **Lüfte** *liter* zéphyr *m* (*littér*)
④ *fam* (*Platz*) espace *m*; **da sind noch drei Zentimeter ~** il reste un espace de trois centimètres
⑤ *fam* (*Spielraum*) marge *f* de manœuvre
▶ **von ~ und Liebe leben** *hum fam* vivre d'amour et d'eau fraîche (*hum*); **die ~ ist zum Schneiden** *fam* il y a une atmosphère à couper au couteau; **hier/dort ist** [*o* **herrscht**] **dicke ~** *fam* il y a de l'orage dans l'air (*fam*); **die ~ ist rein** *fam* pas de danger à l'horizon (*fam*); **sobald die ~ rein ist** dès que la voie est libre; **jdm die ~ abschnüren** *fam* étrangler qn; (*ruinieren*) asphyxier qn; **die ~ anhalten** retenir son souffle; **sich in ~ auflösen** se volatiliser; **jdn wie ~ behandeln** faire comme si qn n'existait pas; **jdm bleibt die ~ weg** *fam* qn en a le souffle coupé; **mir blieb vor Schreck die ~ weg** j'en ai eu le souffle coupé de peur; **aus der ~ gegriffen sein** être dénué(e) de tout fondement; **in die ~ gehen** *fam* se mettre dans tous ses états; **nun halt mal die ~ an!** *fam* arrête ton char! (*fam*); **[völlig] in der ~ hängen** *fam Person:* être [complètement] dans le brouillard; **[noch] in der ~ hängen** *fam Angelegenheit:* être [encore] en suspens; **[tief] ~ holen** inspirer [profondément]; (*vor dem Tauchen*) prendre sa respiration; (*nach dem Tauchen, einer Überraschung*) reprendre son souffle; **beruhige dich, hol erst mal tief ~!** allez, calme-toi, respire un peu!; **es liegt etwas in der ~** il y a quelque chose qui se prépare; **sich** (*Dat*) **~ machen** se défouler; **seinem Ärger ~ machen** donner libre cours à sa colère; **~ für jdn sein** *fam* ne pas exister pour qn; **er ist ganz einfach ~ für mich** je fais comme s'il n'existait pas; **jdn an die [frische] ~ setzen** [*o* **befördern**] *fam* flanquer qn à la porte (*fam*); **jdn/etw in der ~ zerreißen** *fam* descendre qn/qc en flammes (*fam*)
Luftabwehr *f* défense *f* antiaérienne **Luftangriff** *m* attaque *f* aérienne **Luftaufklärung** *f kein Pl* reconnaissance *f* aérienne **Luftaufnahme** *f* photo *f* aérienne **Luftballon** [-balõ:, -balɔŋ, -balo:n] *m* ballon *m* [de baudruche] **Luftbefeuchter** *m* humidificateur *m* **Luftbelastung** *f* pollution *f* de l'air **Luftbild** *nt* vue *f* aérienne **Luftblase** *f* bulle *f* [d'air] ▶ **wie eine ~ zerplatzen** *Illusion, Vorstellung:* s'en aller en fumée **Luftbrücke** *f* pont *m* aérien
Lüftchen <-s, -> *nt Dim von* Luft brise *f*; **es regt** [*o* **rührt**] **sich kein ~** il n'y a pas un souffle d'air
luftdicht I. *Adj* hermétique II. *Adv verschließen, versiegeln* her-

L

métiquement **Luftdruck** *m kein Pl* METEO pression *f* atmosphérique **Luftdruckmesser** *m* manomètre *m* à air **luftdurchlässig** *Adj* perméable à l'air; ~ **sein** laisser passer l'air

lüften ['lʏftən] I. *tr V* ❶ aérer *Raum, Wohnung*
❷ (*preisgeben*) dévoiler *Geheimnis;* **sein Inkognito** ~ sortir de l'incognito
❸ (*hochheben*) soulever *Hut, Schleier*
II. *itr V* aérer; **das Lüften** l'aération *f*

Lüfter <-s, -> *m* ventilateur *m*

Luftfahrt *f kein Pl form* aviation *f*

Luftfahrtforschung *f* recherche *f* aéronautique **Luftfahrtgesellschaft** *f* compagnie *f* aérienne **Luftfahrtindustrie** *f* industrie *f* aéronautique

Luftfahrzeug *nt form* aéronef *m* (*form*) **Luftfeuchtigkeit** *f* humidité *f* de l'air **Luftfilter** *nt o m* filtre *m* à air **Luftfracht** *f* fret *m* [aérien]

luftgekühlt *Adj* refroidi(e) par air **luftgetrocknet** *Adj Schinken* séché(e) [à l'air] **Luftgewehr** *nt* carabine *f* à air comprimé **Lufthauch** *m geh* souffle *m* d'air **Lufthoheit** *f kein Pl* souveraineté *f* aérienne **Lufthülle** *f* enveloppe *f* atmosphérique, atmosphère *f*

luftig I. *Adj* ❶ *Balkon, Ecke, Plätzchen* bien aéré(e); **in ~er Höhe** sur les hauteurs
❷ (*dünn, leicht*) *Kleidung, Bluse* léger(-ère)
II. *Adv sich anziehen* légèrement

Luftikus ['lʊftikʊs] <-[ses], -se> *m fam* écervelé *m* (*fam*)

Luftkampf *m* combat *m* aérien **Luftkissen** *nt* ❶ TECH coussin *m* d'air ❷ (*mit Luft gefülltes Kissen*) coussin *m* gonflable

Luftkissenboot *nt* hydroglisseur *m* **Luftkissenfahrzeug** *nt* aéroglisseur *m*

Luftklappe *f* TECH volet *m* d'air **Luftkorridor** *m* couloir *m* aérien **Luftkrieg** *m* guerre *f* aérienne **Luftkühlung** *f* refroidissement *m* par air **Luftkurort** *m* station *f* climatique **Luftlandetruppe** *f* troupe *f* aéroportée **luftleer** *Adj Behälter, Raum* vide d'air **Luftlinie** [-li:niə] *f* ligne *f* droite; **es sind nur drei Kilometer** ~ ce n'est qu'à trois kilomètres à vol d'oiseau **Luftloch** *nt* AVIAT trou *m* d'air **Luftmasche** *f* maille *f* chaînette **Luftmassen** *Pl* masses *fpl* d'air **Luftmatratze** *f* matelas *m* pneumatique **Luftmine** *f* MIL mine *f* papillon **Luftpirat(in)** *m(f)* pirate *mf* de l'air **Luftpiraterie** *f* piraterie *f* aérienne **Luftpost** *f* poste *f* aérienne; **per** [*o* **mit**] ~ par avion

Luftpostbrief *m* lettre-avion *f*, aérogramme *m* **Luftpostleichtbrief** *m* aérogramme *m* **Luftpostpapier** *nt* papier *m* à lettres par avion

Luftpumpe *f* pompe *f* [à air]; (*für Fahrrad*) pompe à vélo; (*für Luftmatratze, Schlauchboot*) gonfleur *m* **Luftraum** *m* espace *m* aérien **Luftreinhaltung** *f* maintien *m* de la pureté de l'air **Luftreinigung** *f kein Pl* purification *f* de l'air **Luftrettungsdienst** *m* service *m* de sauvetage aérien **Luftröhre** *f* ANAT trachée *f* **Luftröhrenschnitt** *m* MED trachéotomie *f* **Luftsack** *s.* **Airbag** **Luftschacht** *m* conduit *m* d'aération **Luftschicht** *f* couche *f* d'air **Luftschiff** *nt* dirigeable *m* **Luftschifffahrt**[RR] *f kein Pl* aéronautique *f* **Luftschlacht** *f* bataille *f* aérienne **Luftschlange** *f* serpentin *m* **Luftschleuse** *f* TECH sas *m* **Luftschlitz** *m* grille *f* d'aération **Luftschloss**[RR] *nt meist Pl* château *m* en Espagne; **Luftschlösser bauen** construire des châteaux en Espagne **Luftschraube** *f* TECH hélice *f* **Luftschutz** *m* défense *f* [anti]aérienne

Luftschutzbunker *m* bunker *m* **Luftschutzkeller** *m*, **Luftschutzraum** *m* abri *m* antiaérien **Luftschutzübung** *f* exercice *m* de défense [anti]aérienne

Luftspiegelung *f* mirage *m* **Luftsprung** *m* bond *m* en l'air; [**vor Freude**] **einen ~ machen** faire un bond/des bonds [de joie]; **auf eine Nachricht mit einem ~ reagieren** bondir de joie en entendant une nouvelle **Luftstreitkräfte** *Pl form* forces *fpl* aériennes **Luftstrom** *m* courant *m* d'air **Luftströmung** *f* courant *m* atmosphérique **Luftstützpunkt** *m* base *f* aérienne **Lufttaxi** *nt* avion-taxi *m* **Lufttemperatur** *f* METEO température *f* de l'air **Luftüberwachung** *f* surveillance *f* aérienne

Lüftung ['lʏftʊŋ] <-, -en> *f* ❶ (*das Lüften*) aération *f* ❷ (*Lüftungssystem*) [système *m* de] ventilation *f* **Lüftungsklappe** *f* valve *f* d'aération **Lüftungsschacht** *s.* **Luftschacht**

Luftveränderung *f* changement *m* d'air; **ich brauche eine ~** j'ai besoin de changer d'air **Luftverkehr** *m* trafic *m* aérien **Luftverschmutzung** *f* pollution *f* de l'air **Luftverteidigung** *f kein Pl* MIL défense *f* aérienne **Luftverunreinigung** *f* pollution *f* atmosphérique **Luftwaffe** *f* armée *f* de l'air **Luftweg** *m* ❶ *kein Pl* AVIAT voie *f* aérienne; **auf dem ~** par la voie des airs ❷ *Pl* (*Atemwege*) voies *fpl* respiratoires **Luftwiderstand** *m kein Pl* résistance *f* de l'air **Luftzufuhr** *f kein Pl* arrivée *f* d'air **Luftzug** *m* courant *m* d'air

Lug [lu:k] ▶ ~ **und Trug** *geh* mensonge et imposture (*soutenu*)

Lüge ['ly:gə] <-, -n> *f* mensonge *m;* **jdm ~n auftischen** *fam* raconter des bobards à qn (*fam*)
▶ **~n haben kurze Beine** *Spr.* les mensonges ne mènent pas loin; **jdn ~n strafen** *geh* convaincre qn de mensonge; **etw ~n strafen** *geh* démentir qc

lugen ['lu:gən] *itr V* DIAL ❶ (*spähen*) **aus dem Fenster/um die Ecke ~** guetter de la fenêtre/au coin de la rue
❷ (*sichtbar sein*) **durch/aus etw ~** *Gegenstand:* dépasser par/de qc

lügen ['ly:gən] <log, gelogen> I. *itr V* mentir; **ich müsste ~, wenn ...** je mentirais si ...; **das ist gelogen!** c'est faux!; **das Lügen** les mensonges *mpl;* **sie kann das Lügen nicht lassen** elle ne peut s'empêcher de mentir
II. *tr V* **das hat er [alles] gelogen** il a tout inventé de toutes pièces

Lügenbold <-[e]s, -e> *m hum fam* blagueur(-euse) *m(f)* (*fam*)

Lügendetektor <-s, -toren> *m* détecteur *m* de mensonges

Lügengeschichte *f* tissu *m* de mensonges

lügenhaft *Adj pej* ❶ (*erlogen*) mensonger(-ère)
❷ *s.* **lügnerisch**

Lügenmärchen *s.* **Lügengeschichte**

Lügner(in) ['ly:gnɐ] <-s, -> *m(f) pej* menteur(-euse) *m(f)*

lügnerisch ['ly:gnərɪʃ] *Adj pej* ❶ (*verlogen*) *Person* menteur(-euse)
❷ (*erlogen*) *Reden, Geschichten* mensonger(-ère)

Lukas ['lu:kas] *m* ❶ Luc *m*, Lucas *m*
❷ BIBL Saint Luc

Lukasevangelium [-va-] *nt* Évangile *m* selon Saint Luc

Luke ['lu:kə] <-, -n> *f* ❶ (*Dachluke*) lucarne *f*
❷ (*Einstieg*) *eines Panzers, U-Boots* écoutille *f*

lukrativ [lukra'ti:f] *Adj geh* lucratif(-ive)

lukullisch [lu'kʊlɪʃ] *geh* I. *Adj* digne de Lucullus
II. *Adv schlemmen, speisen* comme Lucullus

Lulatsch ['lu:la(:)tʃ] <-[es], -e> *m* **ein langer** ~ *hum fam* une grande perche (*fam*)

Lumbago [lʊm'ba:go] <-> *f* MED lumbago *m*

Lumberjack ['lambɐdʒɛk] <-s, -s> *m* blouson *m*

Lumme ['lʊmə] <-, -n> *f* guillemot *m*

Lümmel ['lʏməl] <-s, -> *m* ❶ *pej* (*Flegel*) malotru *m*
❷ *fam* (*Bürschchen*) bonhomme *m* (*fam*), coco *m* (*fam*); **du ~!** mon bonhomme [*o* coco]! (*fam*)

Lümmelei <-, -en> *f pej fam* sans-gêne *m*

lümmelhaft *Adj pej* sans-gêne

lümmeln *r V fam* **sich aufs Sofa/in den Sessel ~** se vautrer sur le sofa/dans le fauteuil

Lump [lʊmp] <-en, -en> *m pej* crapule *f*

lumpen ▶ **sich nicht ~ lassen** *fam* [ne] pas mégoter (*fam*)

Lumpen ['lʊmpən] <-s, -> *m* ❶ *meist Pl* (*Kleidung*) haillon *m* souvent *pl*
❷ DIAL (*Schmutzlappen*) chiffon *m*

Lumpengesindel *nt pej* racaille *f* **Lumpenhändler(in)** *m(f)* chiffonnier(-ière) *m(f)* **Lumpenpack** *nt pej* racaille *f* **Lumpensammler(in)** *m(f)* chiffonnier(-ière) *m(f)*

lumpig *Adj pej* ❶ *attr fam* (*kümmerlich*) *Gehalt, Geldsumme* minable (*fam*); ~**e hundert Euro** quelques malheureux cent euros
❷ (*gemein*) *Gesinnung, Tat* sordide
Lunch [lan(t)ʃ] <-[e]s *o* -, -[e]s *o* -e> *m* lunch *m*
lunchen ['lan(t)ʃən] *tr, itr V* déjeuner
Lunge ['lʊŋə] <-, -n> *f* ❶ poumons *mpl;* **mit einer halben ~ leben** vivre avec un seul poumon; **es auf der ~ haben** *fam* avoir quelque chose aux poumons; **aus voller ~ schreien/singen** crier/chanter à pleins poumons; **auf ~ rauchen** fumer en avalant la fumée
❷ (*Lungenflügel*) poumon *m*
▶ **sich** (*Dat*) **die ~ aus dem Leib** [*o* **Hals**] **schreien** *fam* crier à pleins poumons; **eiserne** ~ MED poumon *m* d'acier; **die grüne ~ einer Stadt** le poumon d'une ville
Lungenbläschen [-blɛːsçən] *nt* ANAT alvéole *f* pulmonaire **Lungenbraten** *m* A filet *m* **Lungenembolie** *f* MED embolie *f* pulmonaire **Lungenentzündung** *f* MED pneumonie *f* **Lungenflügel** *m* poumon *m* **Lungenhaschee** *nt* GASTR hachis *m* de mou **lungenkrank** *Adj* atteint(e) d'une affection pulmonaire **Lungenkranke(r)** *f(m) dekl wie Adj* personne *f* atteinte d'une affection pulmonaire **Lungenkrankheit** *f* affection *f* pulmonaire **Lungenkrebs** *m kein Pl* cancer *m* du poumon **Lungenödem** *nt* œdème *m* pulmonaire **Lungentuberkulose** *f* MED tuberculose *f* pulmonaire **Lungenzug** *m* inhalation *f* par les poumons; **einen ~ machen** tirer une bouffée en avalant la fumée
lungern ['lʊŋɐn] *itr V fam* glandouiller (*fam*)
Lunte ['lʊntə] <-, -n> *f* ❶ (*Zündschnur*) mèche *f*
❷ JAGD queue *f*
▶ **die ~ ans Pulverfass legen** mettre le feu aux poudres; **~ riechen** flairer quelque chose
Lupe ['luːpə] <-, -n> *f* loupe *f*
▶ **jdn/etw unter die ~ nehmen** *fam* examiner qn/qc sur [*o* sous] toutes les coutures; **so jemanden/etwas kannst du mit der ~ suchen** *fam* il faut se lever tôt pour trouver quelqu'un/quelque chose comme ça (*fam*)
lupenrein *Adj* ❶ *Brillant* d'une parfaite pureté
❷ (*mustergültig*) exemplaire
lupfen ['lʊpfən] *tr V* SDEUTSCH, A, CH, **lüpfen** ['lypfən] *tr V* soulever *Decke, Deckel*
Lupine [lu'piːnə] <-, -n> *f* lupin *m*
Lurch [lʊrç] <-[e]s, -e> *m* amphibien *m*
Lurex® ['luːrɛks] <-> *nt* lurex® *m*
Lusche ['lʊʃə] <-, -n> *f sl* nullard(e) *m(f)* (*fam*)
Lust [lʊst, *Pl:* 'lʏstə] <-, ¨-e> *f* ❶ *kein Pl* (*Freude*) plaisir *m;* **es ist eine ~ etw zu tun** c'est un plaisir de faire qc; **jdm die** [*o* **jede**] **~ an etw** (*Dat*) **nehmen** ôter à qn l'envie de faire qc; **da vergeht einem die** [**ganze**] ~ il y a de quoi être dégoûté(e)
❷ *kein Pl* (*Neigung, Bedürfnis*) envie *f;* ~ **auf ein Stück Kuchen/ein Bier haben** avoir envie d'un morceau de gâteau/d'une bière; **keine ~ zu etw haben** ne pas avoir envie de qc; ~/**keine ~ haben etw zu tun** avoir/ne pas avoir envie de faire qc; **ich hätte ~ ins Kino zu gehen** *fam* ça me dirait d'aller au cinéma (*fam*); **mach, wie du ~ hast!** *fam* tu fais comme tu veux! (*fam*); **keine ~!** *fam* ça me dit rien! (*fam*)
❸ (*sexuelle Begierde*) désir *m;* ~ **auf jdn/Sex haben** avoir envie de qn/de sexe; **seine ~ stillen/zügeln** calmer/contenir ses désirs
▶ **nach ~ und Laune** *fam* comme ça lui/me/... chante (*fam*); **du kannst das ganz nach ~ und Laune machen** vas-y comme tu le sens (*fam*); **mit ~ und Liebe** en y mettant tout son/mon/... cœur
Lustbarkeit <-, -en> *f veraltet* divertissement *m*
Luster ['lʊstɐ] <-s, -> *m* A, **Lüster** ['lʏstɐ] <-s, -> *m* lustre *m*
Lüsterklemme *f* domino *m*
lüstern ['lʏstɐn] I. *Adj* ❶ (*sexuell erregt*) lubrique
❷ (*begierig*) ~ **auf etw** (*Akk*) **sein** avoir des envies de qc
II. *Adv* (*sexuell erregt*) avec convoitise
Lüsternheit <-> *f* lubricité *f*
Lustgefühl *nt* plaisir *m pas de pl* **Lustgewinn** *m kein Pl* satisfaction *f* des désirs **Lustgreis** *m hum* vieillard *m* libidineux
lustig ['lʊstɪç] I. *Adj* ❶ (*fröhlich*) *Person, Abend, Gesicht* gai(e), joyeux(-euse); **sich über jdn/etw ~ machen** se moquer de qn/qc
❷ (*spaßig*) *Anblick, Einfall, Späße* drôle, amusant(e)
▶ **du bist/Sie sind** [**vielleicht**] **~!** *iron* tu en as/vous en avez de bonnes!; **das ist ja ~!** *iron* bravo!, elle est bonne, celle-là!; **das wird ja immer ~er!** de mieux en mieux!; **solange er ~ ist/du ~ bist** *fam* tant qu'il en a envie/que tu en as envie; **wenn er/sie ~ ist** *fam* quand ça lui chante (*fam*)
II. *Adv* ❶ (*fröhlich*) *sich unterhalten* gaiement, joyeusement
❷ *fam* (*unbekümmert*) **sich ~** [**weiter**]**unterhalten** [continuer à] se parler comme si de rien n'était
Lustigkeit <-> *f* gaieté *f*
Lüstling ['lʏstlɪŋ] <-s, -e> *m pej* vicieux *m* (*péj*)
lustlos I. *Adj* morose
II. *Adv* (*antriebslos*) sans entrain
Lustmolch *s.* Lüstling **Lustmord** *m* crime *m* sexuel **Lustmörder(in)** *m(f)* auteur *mf* de crime sexuel **Lustobjekt** *nt* objet *m* de plaisir **Lustprinzip** *nt* PSYCH principe *m* de plaisir **Lustschloss**[RR] *nt* château *m* de plaisance **Lustspiel** *nt* comédie *f* **lustvoll** *geh* I. *Adj Kuss, Umarmung* voluptueux(-euse) (*soutenu*); *Gähnen, Stöhnen* de volupté (*soutenu*) II. *Adv* voluptueusement (*soutenu*) **lustwandeln*** *itr V + haben o sein geh* déambuler
Lutheraner(in) [lʊtə'raːnɐ] <-s, -> *m(f)* luthérien(ne) *m(f)*
Lutherbibel *f* bible *f* de Luther
lutherisch ['lʊtərɪʃ] *Adj veraltet* luthérien(ne)
lutschen ['lʊtʃən] I. *tr V* sucer *Bonbon, Pfefferminz;* manger *Eis*
II. *itr V* **an etw** (*Dat*) ~ sucer qc
Lutscher <-s, -> *m* sucette *f*
Lutschtablette *f* pastille *f*
lütt [lʏt] *Adj* NDEUTSCH petit(e)
Lüttich ['lʏtɪç] <-s> *nt* Liège
Luv [luːf] <-> *f* NAUT **in/nach ~** au lof
Luxation [lʊksa'tsioːn] <-, -en> *f* MED luxation *f*
Luxemburg ['lʊksəmbʊrk] <-s> *nt* (*Stadt*) Luxembourg; (*Land*) le Luxembourg
Luxemburger(in) ['lʊksəmbʊrgɐ] <-s, -> *m(f)* Luxembourgeois(e) *m(f)*
luxemburgisch ['lʊksmbʊrgɪʃ] *Adj* luxembourgeois(e)
luxuriös [lʊksuri'øːs] I. *Adj* luxueux(-euse)
II. *Adv ausstatten, einrichten* de façon luxueuse; ~ **wohnen** être installé(e) luxueusement
Luxus ['lʊksʊs] <-> *m kein Pl* luxe *m;* **im ~ leben** vivre dans le luxe; **sich** (*Dat*) **den ~ leisten und verreisen** s'offrir le luxe de partir en voyage; **dieses Auto ist purer** [*o* **reiner**] ~ cette voiture, c'est [vraiment] du luxe
Luxusartikel *m* article *m* de luxe **Luxusausführung** *f* modèle *m* de luxe **Luxusausgabe** *f* édition *f* de luxe **Luxusdampfer** *m* paquebot *m* de luxe **Luxusgeschöpf** *nt* habitué(e) *m(f)* au luxe **Luxushotel** *nt* hotel *m* de luxe **Luxuslimousine** [-limuziːnə] *f* limousine *f* de luxe **Luxussteuer** *f* taxe *f* sur les produits de luxe **Luxuswohnung** *f* appartement *m* de luxe
Luzern [lu'tsɛrn] <-s> *nt* Lucerne
Luzerne [lu'tsɛrnə] <-, -n> *f* luzerne *f*
Luzifer ['luːtsifɐ] <-s> *m* Lucifer *m*
LW [ɛl'veː] PHYS, RADIO *Abk von* **Langwelle** GO
Lymphdrainage ['lʏmfdrɛnaːʒə] *f* MED drainage *m* lymphatique **Lymphdrüse** ['lʏmf-] *f* ANAT ganglion *m* lymphatique
Lymphe ['lʏmfə] <-, -n> *f* lymphe *f*
Lymphknoten *m* ANAT ganglion *m* lymphatique
Lymphozyt <-en, -en> *m* MED lymphocyte *m*
lynchen ['lʏnçən] *tr V* lyncher; **gelyncht werden** se faire lyn-

L

cher

Lynchjustiz *f* justice *f* expéditive **Lynchmord** *m* lynchage *m*

Lyoner ['lio:nɐ] <-, -> *f* GASTR *sorte de mortadelle*

Lyoner(in) <-s, -> *m(f)* Lyonnais(e) *m(f)*

Lyrik ['ly:rɪk] <-> *f* poésie *f* lyrique

Lyriker(in) ['ly:rikɐ] <-s, -> *m(f)* poète *m*/poétesse *f* lyrique

lyrisch *Adj* lyrique

Mm

M, m [ɛm] <-, -> *nt* M *m*/m *m*
▸ **M wie Martha** m comme Marcel

m *Abk von* **Meter** m

mA *Abk von* **Milliampere** mA

MA. *Abk von* **Mittelalter**

M.A. [ɛm'ʔa:] *m Abk von* **Magister Artium** ≈ maîtrise *f*

Mäander [mɛ'andɐ] <-s, -> *m* méandre *m*

Maat [ma:t] <-[e]s, -e[n]> *m* ❶ HIST (*Gehilfe auf Segelschiffen*) matelot *m*
❷ (*Unteroffizier bei der Bundesmarine*) second maître *m*

Mach [max] <-[s], -> *nt* PHYS Mach; **mit ~ 2,5 fliegen** voler à Mach 2,5

Machart *f* façon *f*

machbar *Adj* réalisable; **~ sein** *Plan, Projekt:* être réalisable; *Gehaltserhöhung:* être possible

Machbarkeitsstudie [-ʃtu:diə] *f* étude *f* de faisabilité

Mache ['maxə] <-, -n> *f sl* (*Augenwischerei*) bluff *m* (*fam*); **das ist doch alles nur ~** ce n'est que du bluff
▸ **jdn in der ~ haben** cuisiner qn (*fam*); **etw in der ~ haben** être sur qc (*fam*); **jdn in die ~ nehmen** (*sich vornehmen*) s'occuper de qn; (*verprügeln*) faire sa fête à qn (*fam*); **in der ~ sein** être en route

machen ['maxən] **I.** *tr V* ❶ (*tun*) faire; **sie macht, was sie will** elle fait ce qu'elle veut; **was soll ich bloß [*o* nur] ~?** qu'est-ce que je dois faire?; **so etwas macht man nicht** ça ne se fait pas; **was machst du/~ Sie da?** qu'est-ce que tu fais/vous faites là?; **mit mir kann man es [ja] ~** *fam* avec moi, on peut y aller [comme ça] (*fam*); **du lässt ja alles mit dir ~!** tu te laisses complètement faire!; **Kaminholz klein ~** faire du petit bois; **jdm einen Geldschein/fünf Euro klein ~** faire de la monnaie sur un billet/cinq euros à qn; **etw mit Wasser voll ~** *fam* remplir qc d'eau; **es nicht unter tausend Euro ~** *fam* ne pas marcher à moins de mille euros (*fam*)
❷ (*fertigen, produzieren*) faire; **jdm etw ~** *Handwerker, Künstler:* faire qc à qn; **jdm/sich etw ~ lassen** faire faire qc à qn/se faire faire qc; **etw aus Leder ~** faire qc en cuir; **etw aus Trauben/Äpfeln ~** faire qc avec des raisins/des pommes; **etw ist aus Holz/Ton gemacht** qc est [fait(e)] en bois/argile; **selbst gemacht** de sa fabrication
❸ (*verursachen, erzeugen*) faire *Fleck, Loch;* **Krach ~** faire du bruit; **Unordnung ~** mettre le désordre
❹ (*bereiten*) donner *Hunger, Durst;* **jdm Angst/Schwierigkeiten ~** faire peur/des difficultés [à qn]; **jdm Arbeit/Sorgen/Mut ~** donner du travail/des soucis/du courage [à qn]; **jdm Ärger/Probleme ~** causer des ennuis/poser des problèmes à qn; **das hat mir große Freude gemacht** ça m'a fait très plaisir
❺ (*vollführen, ausüben*) faire *Sprung, Handstand;* **Sport/Musik ~** faire du sport/de la musique
❻ (*vorgehen*) **etw richtig/falsch ~** faire qc bien/mal; **ich mache es am besten so, dass ich ...** le mieux, c'est que je ... + *subj;* **gut gemacht!** bien joué!; **wie machst du/~ Sie das nur?** comment fais-tu/faites-vous?
❼ *fam* (*ausbreiten, ausstrecken*) **auseinander ~** détacher *Seiten;* dépiler *Karte, Zeitung;* écarter *Beine;* ouvrir *Arme*
❽ (*erledigen*) **wird gemacht!** ce sera fait!; **wird gemacht, Chef!** on s'en occupe, chef!; **ich mache das schon!** (*ich erledige das*) je m'en charge[rai]!; (*ich bringe das in Ordnung*) je vais arranger ça!
❾ (*bilden*) faire *Zeichen;* **er machte ihr ein Zeichen, dass sie still sein solle** il lui fit signe de se taire
❿ *fam* (*in Ordnung bringen, reparieren*) faire *Haushalt, Fingernägel, Haare, Garten;* **die Bremsen ~ lassen** faire refaire les freins; **das Dach wird gemacht** on s'occupe du toit; **können Sie mir den Auspuff bis morgen ~?** vous pouvez me faire le pot d'échappement d'ici demain?
⓫ (*zubereiten*) **jdm ein Schnitzel ~** faire une escalope à qn; **[sich (*Dat*)] ein Spiegelei ~** [se] faire un œuf au plat; **selbst gemacht** *Saft, Kuchen* fait(e) maison
⓬ *fam* (*säubern*) faire *Bad, Küche*
⓭ (*erlangen, ablegen, belegen*) passer *Führerschein, Diplom;* marquer *Punkte;* obtenir *Preis;* suivre *Kurs, Seminar;* **wann hast du [das] Abitur gemacht?** quand est-ce que tu as passé ton bac?
⓮ (*veranstalten, unternehmen*) faire *Party, Reise;* **sich (*Dat*) einen gemütlichen Abend ~** se faire une soirée tranquille; **sich (*Dat*) ein paar schöne Stunden ~** s'offrir de belles heures; **wann macht ihr Urlaub?** quand prenez-vous vos vacances?
⓯ *fam* (*ergeben*) faire; **wie viel macht drei mal sieben?** combien font trois fois sept?
⓰ (*kosten*) faire; **was macht das?** combien ça fait?
⓱ *fam* (*verdienen*) réaliser *Umsatz, Gewinn*
⓲ (*werden lassen*) **jdn glücklich/wütend ~** rendre qn heureux(-euse)/mettre qn en colère; **jdm das Leben unerträglich ~** rendre la vie insupportable à qn; **jdm etw leicht ~** faciliter qc à qn; **sich (*Dat*) etw leicht ~** se simplifier qc; **es sich (*Dat*) leicht ~** ne pas se compliquer la vie; **du machst es dir recht leicht** tu ne te casses pas la tête; **du machst es ihm recht leicht** tu lui facilites les choses; **du machst es deinen Kindern zu leicht** tu fais la part trop belle à tes enfants; **du machst es mir nicht leicht zu gehen** tu ne me facilites pas le départ; **jdm eine Entscheidung schwer ~** rendre difficile à qn la prise de décision; **er/sie hat ihnen die Schulzeit schwer gemacht** il/elle leur a compliqué la vie [*o* tâche] à l'école; **sich (*Dat*) Feinde ~** se faire des ennemis; **er wollte sie zu seiner Frau ~** il voulait faire d'elle sa femme [*o* la prendre pour épouse]
⓳ (*erscheinen lassen*) **jdn schlank ~** *Kleid, Hose:* amincir qn
⓴ (*durch Veränderung entstehen lassen*) **[et]was aus einem alten Haus ~** faire quelque chose d'une vieille maison; **wie läufst du wieder rum? Mach was aus dir!** comment est-ce que tu traînes? Arrange-toi un peu! (*fam*)
㉑ *fam* (*einen Laut produzieren*) faire; **muh ~** *Kuh:* faire meuh
㉒ (*imitieren*) **einen Hahn ~** faire le coq
㉓ (*ziehen*) faire *Grimasse;* **was machst du denn für ein Gesicht?** tu en fais une tête!
㉔ (*bewirken*) **jdn lachen ~** *geh Bemerkung:* faire rire qn; **der Stress macht, dass ...** le stress a pour effet que ... + *subj;* **das macht die Hitze** c'est à cause de la chaleur; **wie hast du es gemacht, dass ...?** comment t'es-tu arrangé(e) pour que ... ? + *subj*
㉕ *fam* (*sich beeilen*) **macht, dass ihr verschwindet!** arrangez-vous pour disparaître!
㉖ (*ausmachen*) **macht nichts!** ça ne fait rien!; **was macht das schon?** qu'est-ce que ça peut bien faire?; **mach dir/~ Sie sich nichts d[a]raus!** ne t'en fais pas/ne vous en faites pas!; **es macht dem Kaktus nichts, wenn man ihn nicht gießt** ça ne fait rien au cactus si on ne l'arrose pas; **das macht mir sehr wohl etwas** ça me fait vraiment quelque chose

27 (*mögen*) **sich** (*Dat*) **etwas aus jdm/etw** ~ s'intéresser à qn/qc; **sich** (*Dat*) **wenig aus jdm/etw** ~ s'intéresser peu à qn/qc; **ich mache mir nichts aus Sauerkraut** la choucroute, je ne cours pas après (*fam*)
28 *fam* (*fungieren als*) **den Dolmetscher** ~ faire l'interprète; **den Dolmetscher für die Gruppe** ~ servir d'interprète pour le groupe
29 (*ausrichten, bewerkstelligen*) **etwas/nichts für jdn ~ können** pouvoir faire quelque chose/ne pouvoir rien faire pour qn; **da ist nichts zu** ~ il n'y a rien à faire; (*geht nicht*) il n'y a pas moyen; **nichts zu ~!** rien à faire!; **ich kann [da] nichts** ~ [là,] je ne peux rien faire; **das ist nicht zu** ~ c'est impossible; **das lässt sich** ~ ça peut se faire
30 *fam* (*beschmutzen*) **die Hose[n]/Windel[n] voll** ~ faire plein son pantalon/la couche (*fam*)
31 *fam* (*aufrunden*) arrondir *Betrag;* **hundert [Euro] voll** ~ arrondir à cent [euros]; **die zehn Jahre voll** ~ atteindre les dix ans
32 (*schaffen*) **für etw wie gemacht sein** être fait(e) pour qc
33 (*Geschlechtsverkehr haben*) **es mit jdm** ~ *euph fam* coucher avec qn (*fam*); **wann hast du es zum ersten Mal gemacht?** c'était quand la première fois?; **es jdm** ~ *sl* faire prendre son pied à qn (*fam*)
34 *fam* (*stehen mit*) **was macht Paul?** qu'est-ce que devient Paul? (*fam*); (*beruflich*) que fait Paul?; **was macht die Arbeit?** qu'est-ce que donne le boulot? (*fam*); **was ~ die Schuhe auf dem Tisch?** qu'est-ce que foutent les chaussures sur la table? (*fam*)
▶ **wie man's macht, ist's verkehrt** quoi qu'on fasse, ce n'est jamais bien
II. *tr V unpers* 1 **es macht mich traurig, dass ...** ça me rend triste que ... + *subj;* **es macht mich glücklich zu hören, dass ...** je suis heureux(-euse) d'entendre que ... + *indic;* **es macht mich ganz deprimiert, wenn ...** ça me déprime complètement si ...
2 *fam* (*ein Geräusch erzeugen*) **es macht bumm** ça fait boum
III. *itr V* 1 **dumm** ~ *Fernsehen:* rendre débile; **müde** ~ *Sport:* fatiguer; **vorzeitig alt** ~ *Alkoholmissbrauch:* faire vieillir prématurément
2 *fam* (*seine Notdurft verrichten*) **ins Bett/auf den Gehsteig** ~ faire [ses besoins] dans lit/sur le trottoir
3 (*erscheinen lassen*) **dick** ~ *Hose:* grossir
4 *fam* (*sich beeilen*) **schnell/schneller** ~ se grouiller (*fam*); **mach endlich!** alors, ça vient? (*fam*); **ich mach ja schon!** c'est bon, je me grouille! (*fam*)
5 *sl* (*sich stellen, sich geben*) **auf beleidigt** ~ faire celui/celle qui est vexé(e); **auf Experte** ~ jouer les experts; **auf elegant** ~ jouer la carte de l'élégance (*fam*)
6 (*handeln, verfahren*) **lass ihn [mal/nur]** ~ laisse-le [donc] faire
IV. *r V* 1 **sich bei jdm beliebt** ~ s'attirer les sympathies de qn; **sich wichtig** ~ *pej* faire l'important (*péj*)
2 (*sich entwickeln*) **sich [gut]** ~ *Kind, Pflanze:* pousser
3 *fam* (*sich gut entwickeln*) **sich** ~ avoir le vent en poupe
4 (*passen*) **sich gut zu dem Rock** ~ *Bluse:* aller bien avec la jupe
5 (*sich begeben*) **sich an die Arbeit/ans Korrigieren** ~ se mettre au travail/à corriger
6 (*bereiten*) **sich Sorgen** ~ se faire du souci; ~ **Sie sich wegen mir keine Umstände!** ne vous dérangez pas pour moi!
7 (*fungieren als*) **sich zum Fürsprecher einer Gruppe** ~ se faire le porte-parole d'un groupe
Machenschaften *Pl pej* machinations *fpl*
Macher(in) <-s, -> *m(f) fam* fonceur(-euse) *m(f)* (*fam*)
Machete [ma'tʃeːtə] <-, -n> *f* machette *f*
Macho ['matʃo] <-s, -s> *m fam* macho *m* (*fam*)

Macht [maxt, *Pl:* 'mɛçtə] <-, ¨-e> *f* 1 *kein Pl* (*Befugnis*) pouvoir *m;* **die ~ haben etw zu tun** avoir le pouvoir de faire qc; **die Entscheidung liegt in seiner** ~ la décision est en son pouvoir; **wir werden alles tun, was in unserer ~ steht** [*o* **liegt**] nous allons faire tout ce qui est en notre pouvoir
2 *kein Pl* (*Staats-, Befehlsgewalt*) pouvoir *m;* **die politische/wirtschaftliche** ~ le pouvoir politique/économique; **die ~ ausüben** exercer le pouvoir; **an die ~ kommen** [*o* **gelangen**] arriver [*o* accéder] au pouvoir; **die ~ übernehmen** arriver au pouvoir; **die ~ ergreifen** prendre le pouvoir; **die ~ an sich** (*Akk*) **reißen** s'emparer du pouvoir; **nach der ~ greifen** tenter de s'emparer du pouvoir; **sich an die ~ putschen** s'emparer du pouvoir grâce à un putsch; **seine ~ behaupten** affirmer son pouvoir; **an der ~ bleiben/sein** rester/être au pouvoir
3 *kein Pl* (*Herrschaft*) *eines Staates, Imperiums* domination *f*
4 (*mächtiger Staat*) puissance *f;* **die europäischen Mächte** les puissances européennes
5 *kein Pl* (*Einfluss*) **die ~ der Gewohnheit** la force de l'habitude; **die ~ des Schicksals** la [toute-]puissance du destin; **eine gewaltige ~ auf jdn ausüben** exercer un pouvoir violent sur qn
6 (*mächtige, einflussreiche Gruppe*) force *f*, puissance *f;* **geheime Mächte** des forces occultes; **die Mächte der Finsternis** *liter* les forces des ténèbres (*littér*)
7 (*Kraft, Stärke*) force *f;* **mit aller ~ versuchen etw zu tun** tenter de toutes ses forces de faire qc; **der Frühling kommt mit** ~ le printemps arrive en force
▶ **~ geht vor Recht** *Spr.* la force prime le droit
Machtbefugnis *f* pouvoirs *mpl*, compétences *fpl;* **das überschreitet meine** ~ ceci dépasse mes compétences **Machtbereich** *m* sphère *f* d'influence **machtbewusst**RR *Adj* ambitieux(-euse) de pouvoir **Machtblock** <-blöcke> *m* bloc *m* **Machtergreifung** *f* prise *f* du pouvoir **Machterhalt** *m* maintien *m* au pouvoir **Machtfülle** *f* toute-puissance *f;* **seine/ihre** ~ l'étendue *f* de ses pouvoirs
Machthaber(in) <-s, -> *m(f) pej* dirigeant(e) *m(f)*
Machthunger *m pej geh* soif *f* de pouvoir **machthungrig** *Adj pej geh* assoiffé(e) de pouvoir
mächtig ['mɛçtɪç] **I.** *Adj* 1 (*einflussreich*) puissant(e); **die Mächtigen** les puissants *mpl*
2 (*gewaltig*) *Erschütterung, Schlag, Gewitter* violent(e); *Stimme* puissant(e)
3 *fam* (*enorm*) *Hitze, Durst, Glück* sacré(e) *antéposé* (*fam*)
4 *geh* (*kundig*) **des Französischen ~ sein** maîtriser le français
▶ **seiner selbst nicht mehr ~ sein** *geh* ne plus se maîtriser
II. *Adv fam sich freuen, sich ärgern* drôlement (*fam*)
Mächtigkeit <-> *f* 1 (*großer Einfluss*) *eines Landes, einer Organisation* puissance *f*
2 (*Gewalt*) *eines Vulkanausbruchs, Regens* violence *f*
Machtkampf *m* lutte *f* pour le pouvoir
machtlos **I.** *Adj* 1 *Politiker, Staat, Führung* impuissant(e); **er/sie ist praktisch** ~ il/elle n'a pratiquement pas de pouvoir
2 (*hilflos*) **gegen etw ~ sein** être désarmé(e) devant qc
II. *Adv* **einer S.** (*Dat*) ~ **gegenüberstehen** faire face à qc avec un sentiment d'impuissance
Machtlosigkeit <-> *f* impuissance *f*
MachtmissbrauchRR *m* abus *m* de pouvoir **Machtmittel** *nt* moyen *m* de pression **Machtpolitik** *f* politique *f* d'hégémonie **Machtprobe** *f* épreuve *f* de force **Machtstellung** *f* position *f* de force **Machtstreben** *nt* soif *f* de pouvoir **Machtübernahme** *s.* Machtergreifung **Machtverhältnisse** *Pl* rapports *mpl* de force **machtvoll** *Adj Bewegung, Demonstration* puissant(e); *Erneuerung* radical(e) **Machtvollkommenheit** *f* pouvoir *m* absolu; **aus eigener** ~ de son/mon/... propre chef; **in eigener** ~ de ma/sa/... propre autorité **Machtwechsel** [-ks-] *m* changement *m* de gouvernement **Machtwort** <-worte> *nt* mise *f* au point énergique; **ein ~ sprechen** faire

M

acte d'autorité
Machwerk *nt pej* sous-produit *m;* **dieses Gemälde/Buch ist ein billiges** ~ ce tableau est une croûte sans valeur/ce livre est un torchon (*fam*)
Machzahl[RR] *f* PHYS nombre *m* de Mach
Macke ['makə] <-, -n> *f fam* ❶ (*Schaden, Schadstelle*) défaut *m*
❷ (*Tick*) tic *m;* **eine ~ haben** *sl* avoir le cerveau fêlé (*fam*)
Macker ['makɐ] <-s, -> *m sl* mec *m* (*fam*)
MAD <-[s]> *m Abk von* **Militärischer Abschirmdienst** ≈DST *f* (*service de surveillance du territoire*)
Madagaskar [mada'gaska:ɐ] <-s> *nt* La Madagascar
Madagasse [mada'gasə] <-n, -n> *m,* **Madagassin** *f* Malgache *mf*
madagassisch [mada'gasɪʃ] *Adj* malgache
Madame [ma'dam, *Pl:* me'dam] <-, Mesdames> *f geh* madame *f*
Mädchen ['mɛ:tçən] <-s, -> *nt* ❶ fille *f*
❷ (*jugendliche Frau*) [jeune] fille *f*
▶ **für kleine ~ müssen** *hum* devoir aller au petit coin (*hum*); **leichtes ~** *veraltet* femme *f* de petite vertu (*vieilli*); **spätes ~** *veraltet* vieille fille *f;* ~ **für alles** *fam* bonne *f* à tout faire (*fam*)
mädchenhaft I. *Adj* ❶ *Äußeres, Gestalt* de [très] jeune fille; ~ **sein** faire jeune fille
❷ (*kindlich wirkend*) *Frisur, Kleidungsstück* de fillette; ~ **sein** faire fillette
II. *Adv aussehen, sich kleiden* comme une jeune fille
Mädchenhandel *m kein Pl* traite *f* des blanches **Mädchenhändler(in)** *m(f)* proxénète *mf* (*spécialisé dans la traite des blanches*) **Mädchenkleidung** *f* vêtements *mpl* de fille **Mädchenname** *m* ❶ (*weiblicher Vorname*) prénom *m* féminin
❷ (*Geburtsname*) nom *m* de jeune fille **Mädchenschule** *f* école *f* de [jeunes] filles
Made ['ma:də] <-, -n> *f* asticot *m*
▶ **wie die ~ im Speck leben** *fam* vivre comme un coq en pâte
Madeira [ma'de:ra] <-s, -s> *m,* **Madeirawein** *m* madère *m*
Madel <-s, -n> *nt* SDEUTSCH, A, **Mädel** ['mɛ:dəl] <-s, -[s]> *nt* [jeune] fille *f*
Mädesüß ['mɛ:dəzy:s] <-> *nt* BOT reine *f* des prés
madig *Adj* véreux(-euse)
▶ **jdn/etw ~ machen** *fam* débiner qn/qc (*fam*); **jdm etw ~ machen** *fam* dégoûter qn de qc
Madl *s.* Madel
Madonna [ma'dɔna] <-, Madonnen> *f* ❶ *kein Pl* REL **die ~** la Madone, la [sainte] Vierge
❷ KUNST madone *f*
Madrid [ma'drɪt] <-s> *nt* Madrid
Madrigal [madri'ga:l] <-s, -e> *nt* madrigal *m*
Maestro [ma'ɛstro, *Pl:* ma'ɛstri] <-s, -s *o* Maestri> *m* MUS maestro *m*
Mafia ['mafia] <-> *f a. fig, pej* maf[f]ia *f*
mafios *Adj a. fig, pej* maf[f]ieux(-euse)
mag [ma:k] *Präs von* **mögen**
Magazin [maga'tsi:n] <-s, -e> *nt* ❶ (*Lager*) magasin *m*
❷ (*Zeitschrift, Magazinsendung*) magazine *m*
❸ TECH *einer Werkzeugmaschine* magasin *m; einer Schusswaffe* chargeur *m*
Magazineur(in) [magatsi'nø:ɐ] <-s, -e> A magasinier(-ière) *m(f)*
Magd [ma:kt, *Pl:* 'mɛ:kdə] <-, ¨-e> *f veraltet* servante *f* (*vieilli*)
Magen ['ma:gən, *Pl:* 'mɛ:gən] <-s, ¨ *o* -> *m* estomac *m;* **etwas/nichts im ~ haben** avoir quelque chose/ne rien avoir dans l'estomac [*o* le ventre]; **auf nüchternen ~** à jeun; **etw mit leerem ~ tun** faire qc l'estomac vide; **jdm knurrt der ~** *fam* qn a l'estomac qui gargouille; **sich** (*Dat*) **den ~ verderben** attraper une indigestion (*fam*); **jdm den ~ auspumpen** faire un lavage d'estomac à qn
▶ **jdm schwer im ~ liegen** *fam Essen:* peser sur l'estomac à qn; *Unannehmlichkeit:* rester en travers de la gorge à qn; **jdm dreht sich der ~ um** *fam* qn a l'estomac tout retourné (*fam*); **jdm auf den ~ schlagen** *fam* retourner l'estomac à qn (*fam*)
Magenbeschwerden *Pl* troubles *mpl* gastriques **Magenbitter** <-s, -> *m* [digestif *m*] amer *m* **Magenblutung** *f* MED hémorragie *f* stomacale **Magen-Darm-Katarr[h]**[RR] *m* MED gastroentérite *f* **Magen-Darm-Trakt** *m* ANAT tube *m* gastrointestinal **Magendrücken** <-s> *nt* lourdeurs *fpl* d'estomac; ~ **bekommen/haben** attraper/avoir des lourdeurs d'estomac **Magengegend** *f* région *f* de l'estomac **Magengeschwür** *nt* MED ulcère *m* à l'estomac **Magengrube** *f* creux *m* de l'estomac **Magenknurren** *nt* gargouillement *m* **Magenkrampf** *m meist Pl* crampe *f* d'estomac; **Magenkrämpfe bekommen/haben** attraper/avoir des crampes d'estomac **magenkrank** *Adj* malade de l'estomac **Magenkranke(r)** *f(m) dekl wie Adj* malade *mf* de l'estomac **Magenkrankheit** *f* maladie *f* de l'estomac **Magenkrebs** *m* MED cancer *m* de l'estomac **Magenleiden** *s.* Magenkrankheit **Magensaft** *m* suc *m* gastrique **Magensäure** *f* acidité *f* gastrique **Magenschleimhaut** *f* ANAT muqueuse *f* de l'estomac **Magenschleimhautentzündung** *f* MED gastrite *f* **Magenschmerzen** *Pl* maux *mpl* d'estomac; ~ **bekommen/haben** attraper/avoir mal à l'estomac **Magensonde** *f* MED sonde *f* gastrique **Magenspiegelung** *f* MED gastroscopie *f* **Magenspülung** *f* MED lavage *m* gastrique **Magenverstimmung** *f* indigestion *f*
mager ['ma:gɐ] **I.** *Adj* ❶ (*dünn*) maigre; ~ **werden** maigrir
❷ (*fettarm*) *Fleisch, Käse* maigre
❸ (*ertragsarm*) *Boden, Erde* ingrat(e); *Acker, Wiese* maigre *antéposé*
❹ (*dürftig*) *Ergebnis, Ernte, Trinkgeld* médiocre, maigre *antéposé*
❺ TYP *Buchstabe* maigre; **etw ~ setzen/drucken** composer/imprimer qc en maigre [*o* en caractères maigres]
II. *Adv* ~ **ausfallen** *Ernte, Trinkgeld:* se révéler médiocre
Magerjoghurt *m* yaourt *m* maigre
Magerkeit <-> *f einer Person* maigreur *f*
Magermilch *f* lait *m* écrémé **Magerquark** *m* ≈ fromage *m* blanc maigre **Magersucht** *f kein Pl* anorexie *f* [mentale] **magersüchtig** *Adj* MED anorexique
Magie [ma'gi:] <-> *f* (*Zauberei, Anziehungskraft*) magie *f*
▶ **schwarze ~** magie *f* noire; **wie durch ~** comme par magie
Magier(in) ['ma:giɐ] <-s, -> *m(f)* ❶ (*Zauberkünstler*) prestidigitateur(-trice) *m(f)*
❷ (*Zauberer*) magicien(ne) *m(f)*
magisch ['ma:gɪʃ] **I.** *Adj* magique
II. *Adv* comme par magie
Magister [ma'gɪstɐ] <-s, -> *m* ❶ (*Universitätsgrad*) ~ **Artium** ≈ maîtrise *f* de sciences humaines; **den/seinen ~ haben** ≈ avoir la maîtrise
❷ (*Inhaber des Universitätsgrades*) ≈ titulaire *mf* d'une maîtrise

i Land & Leute

Le niveau **Magister**, ou plus exactement Magister Artium (M.A.), correspond à un diplôme qui est décerné, en Allemagne, à la fin des études de sciences humaines.
En Autriche, il sanctionne aussi des études de pharmacie.

Magistrat [magɪs'tra:t] <-[e]s, -e> *m* (*Stadtverwaltung*) municipalité *f*
Magma ['magma] <-s, Magmen> *nt* magma *m*
magna cum laude ['magna kʊm 'laudə] *Adv* ≈ avec mention très bien
Magnat [ma'gna:t] <-en, -en> *m* magnat *m*
Magnesia [ma'gne:zia] <-> *f* CHEM magnésie *f*
Magnesium [ma'gne:ziʊm] <-s> *nt* CHEM magnésium *m*
Magnet [ma'gne:t] <-[e]s *o* -en, -e[n]> *m* aimant *m*
Magnetbahn *s.* Magnetschwebebahn **Magnetband** *nt*

bande *f* magnétique **Magneteisenstein** *m* MINER pierre *f* d'aimant, magnétite *f* **Magnetfeld** *nt* champ *m* magnétique

magnetisch I. *Adj* magnétique

II. *Adv* (*unwiderstehlich*) comme par magie

magnetisieren* *tr V* ❶ PHYS aimanter

❷ MED magnétiser

Magnetismus [magne'tɪsmʊs] <-> *m* magnétisme *m*

Magnetkarte *f* carte *f* magnétique **Magnetkern** *m* noyau *m* magnétique **Magnetnadel** *f* aiguille *f* aimantée **Magnetplatte** *f a.* INFORM disque *m* magnétique **Magnetpol** *m* pôle *m* magnétique **Magnetschalter** *m* commutateur *m* magnétique **Magnetschwebebahn** *f* train *m* à sustentation magnétique **Magnetspule** *f* bobine *f* d'induction **Magnetstreifen** *m* piste *f* magnétique

Magnolie [ma'gno:liə] <-, -n> *f* magnolia *m*

mäh [mɛ:] *Interj* bê

Mahagoni [maha'go:ni] <-s> *nt* acajou *m*

Mahagoniholz *nt* [bois *m* d'] acajou *m* **Mahagonimöbel** *nt* meuble *m* en acajou

Maharadscha [maha'ra:dʒa] <-s, -s> *m* maharajah *m*, maharadja *m*

Maharani [maha'ra:ni] <-, -s> *f* maharani *f*

Mähbinder <-s, -> *m* moissonneuse-lieuse *f*

Mahd¹ [ma:t] <-, -en> *f* DIAL (*gemähtes Gras*) herbe *f* fauchée

Mahd² [ma:t, *Pl:* 'mɛ:dɐ] <-[e]s, ⁼er> *nt* CH, A (*Bergwiese*) alpage *m*

Mähdrescher ['mɛ:-] <-s, -> *m* moissonneuse-batteuse *f*

mähen ['mɛ:ən] I. *tr V* faucher *Gras, Wiese;* moissonner *Getreide;* tondre *Rasen*

II. *itr V* ❶ tondre; **das Mähen** la tonte

❷ *fam* (*blöken*) bêler

Mahl [ma:l] <-[e]s, -e *o* ⁼er> *nt geh* repas *m;* **beim ~ sitzen** être à table

mahlen ['ma:lən] <mahlte, gemahlen> I. *tr V* moudre; **gemahlener Kaffee** café *m* moulu; **gemahlen werden** être moulu(e)

II. *itr V* ❶ (*durchdrehen*) *Autoreifen, Rad:* patiner

❷ (*sich knirschend drehen*) *Getriebe, Zahnrad:* grincer

Mahlgut *nt kein Pl form* grains *mpl* à moudre

mählich *s.* **allmählich**

Mahlstein *s.* **Mühlstein** **Mahlstrom** *s.* **Malstrom** **Mahlzahn** *m* molaire *f* **Mahlzeit** *f* repas *m;* **gesegnete ~!** *geh* bon appétit!; **~!** *fam* (*guten Appetit*) bon app! (*fam*); DIAL *fam* (*schönen Mittag*) salut! (*se dit à l'heure du déjeuner*) ▸ [**prost**] **~!** *iron fam* il manquait plus que ça! (*fam*), ça va être sa/ma/... fête! (*fam*)

Mähmaschine *f* (*für Gras*) faucheuse *f;* (*für Getreide*) moissonneuse *f*

Mahnbescheid *m*, **Mahnbrief** *m* lettre *f* de rappel

Mähne ['mɛ:nə] <-, -n> *f a. pej* crinière *f*

mahnen ['ma:nən] I. *tr V* ❶ rappeler; **jdn ~** rappeler qn à l'ordre; **jdn zur Mäßigung/Vorsicht ~** inviter qn à la modération/la prudence; **jdn ~ etw zu tun** inviter qn à faire qc; **das Mahnen** le rappel à l'ordre

❷ (*zur Zahlung auffordern*) envoyer un rappel à

II. *itr V* ❶ (*anmahnen*) **zur Ruhe/zu mehr Gelassenheit ~** inviter au calme/à plus de patience

❷ (*zur Zahlung auffordern*) envoyer un rappel

❸ *geh* (*gemahnen*) **die Dunkelheit mahnte zur Umkehr** la nuit invitait à rentrer (*littér*)

mahnend I. *Adj* impérieux(-euse)

II. *Adv* d'une manière impérieuse; **~ die Stimme erheben** faire une mise en garde

Mahngebühr *f* frais *mpl* de sommation **Mahnmal** <-[e]s, -e> *nt* mémorial *m* **Mahnschreiben** *s.* **Mahnbrief**

Mahnung <-, -en> *f* ❶ (*Ermahnung*) avertissement *m*

❷ *geh* (*warnende Erinnerung*) mise *f* en garde

❸ (*Mahnbrief*) lettre *f* de rappel

Mahnverfahren *nt* procédure *f* de sommation **Mahnwache** *f* commémoration *f* silencieuse

Mähre ['mɛ:rə] <-, -n> *f pej veraltet* rosse *f* (*vieilli*)

Mai [maɪ] <-[e]s *o* - *o poet* -en, -e> *m* mai *m;* **der Erste ~** le Premier Mai; *s. a.* **April**

▸ **wie einst im ~** *hum* comme au bon vieux temps

i Land & Leute

Dans la nuit du 30 avril au 1er mai, les Allemands s'amusent à jouer des tours à leurs concitoyens, un peu comme les Français, le 1er avril. Pour le **1. Mai**, la tradition veut que l'on fasse une grande randonnée en famille et entre amis. La journée se termine généralement par un barbecue.

Maibaum *m* arbre *m* de mai

i Land & Leute

Le **Maibaum** est érigé le soir du 30 avril sur certaines places publiques, surtout dans les villages catholiques du sud de l'Allemagne. Il est symbole de la fertilité. Le **Maibaum** est fait à partir d'un tronc de sapin ou de bouleau. On y fixe à la cime une couronne de branches ornée de rubans qui flottent au vent et qui sont, le plus souvent, aux couleurs de la ville.

Maiblume *f* fleur *f* de mai **Maibowle** ['maɪbo:lə] *f* vin *m* aromatisé (*à l'aspérule odorante*)

Maid [maɪt, *Pl:* 'maɪdən] <-, -en> *f iron veraltet* demoiselle *f*

Maifeier *f* fête *f* du Premier Mai **Maifeiertag** *m form* fête *f* du Premier Mai **Maiglöckchen** ['maɪglœkçən] *nt* muguet *m* **Maikäfer** *m* hanneton *m* **Maikundgebung** *f* manifestation *f* du Premier Mai

Mail [meɪl] <-, -s> *f* e-mail *m*

Mailand ['maɪlant] <-s> *nt* Milan *m*

Mailbox ['meɪlbɔks] <-, -en> *f* INFORM boîte *f* aux lettres électronique; **seine ~ leeren** relever sa boîte aux lettres [électronique]

mailen ['meɪlən] *tr V* INFORM *fam* **etw ~** envoyer qc par [e-]mail

Mailing ['meɪlɪŋ] <-s, -s> *nt* mailing *m*

Mailpasswort^RR^ ['meɪl-] *nt* INFORM mot *m* de passe de messagerie **Mailprogramm** *nt* INFORM logiciel *m* de courrier électronique **Mailserver** [-søːvɐ] *m* INFORM serveur *m* de courrier **Mailsystem** *nt* INFORM messagerie *f*

Main [maɪn] <-s> *m* Main *m*

Mainz [maɪnts] <-> *nt* Mayence

Mais [maɪs] <-es, -e> *m* maïs *m*

Maische ['maɪʃə] <-, -n> *f* ❶ moût *m*

❷ (*Rohstoff zur Destillation*) marc *m*

Maisfeld *nt* champ *m* de maïs **Maisflocken** *Pl* flocons *mpl* de maïs **maisgelb** *Adj* jaune maïs **Maiskolben** *m* épi *m* de maïs **Maiskorn** <-körner> *nt* grain *m* de maïs **Maismehl** *nt* farine *f* de maïs **Maisstärke** *f* fécule *f* de maïs

Majestät [majɛs'tɛ:t] <-, -en> *f* ❶ *kein Pl* (*Titel, Anrede*) Majesté *f;* **Kaiserliche/Königliche ~** Sa Majesté Impériale/Son Altesse Royale; **Seine/Ihre ~** Sa Majesté; **Eure** [*o* **Euer**] **~** Votre Majesté

❷ (*Träger des Titels*) souverain(e) *m(f)*

❸ *kein Pl geh* (*Erhabenheit*) majesté *f*

majestätisch I. *Adj* majestueux(-euse)

II. *Adv* majestueusement

Majo ['majo] <-, -s> *f Abk von* **Mayonnaise** *fam* mayo *f* (*fam*)

Majonäse [majɔ'nɛ:zə] *s.* **Mayonnaise**

Major(in) [ma'jo:ɐ] <-s, -e> *m(f)* commandant(e) *m(f)*

Majoran ['ma:joran] <-s, -e> *m* ❶ (*Pflanze*) marjolaine *f*

❷ (*Gewürz*) origan *m*

M

majorisieren* *tr V geh* mettre en minorité; **jdn** ~ mettre qn en minorité
Majorität [majori'tɛ:t] <-, -en> *f geh* majorité *f*
Majoritätsbeschluss[RR] *m* vote *m* majoritaire **Majoritätsprinzip** *nt* principe *m* majoritaire
Majorz [ma'jɔrts] <-es> CH scrutin *m* majoritaire
makaber [ma'ka:bɐ] *Adj* macabre
Makak ['ma:kak, ma'ka(:)k] <-s *o* -en, -en> *m* ZOOL macaque *m*
Makedonien [make'do:niən] <-s> *nt* la Macédoine
Makel ['ma:kəl] <-s, -> *m* ❶ (*Schandfleck*) tare *f*; **an jdm haftet ein** ~ *geh* qn demeure marqué(e) d'une tache indélébile
❷ (*Fehler*) défaut *m*; (*auf Früchten*) tache *f*; **ohne** ~ sans défaut
Mäkelei [mɛ:kə'laɪ] <-, -en> *f pej* dénigrement *m* [systématique] *pas de pl*
makellos I. *Adj* ❶ (*untadelig*) irréprochable
❷ (*fehlerlos*) impeccable
II. *Adv rein, sauber* impeccablement
Makellosigkeit <-> *f* ❶ (*Untadeligkeit*) caractère *m* irréprochable
❷ (*Fehlerlosigkeit*) *der Figur, der Haut* perfection *f*
makeln ['ma:kəln] I. *itr V* faire du courtage; (*mit Wohnungen*) être agent *m* immobilier
II. *tr V* faire le courtage de
mäkeln ['mɛ:kəln] *itr V pej* critiquer; **an etw** (*Dat*) ~ critiquer qc; **sie findet an allem etwas zu** ~ elle trouve à redire à tout
Make-up [meɪk'ʔap] <-s, -s> *nt* maquillage *m*
Make-up-Entferner [meɪk'ʔap-] <-s, -> *m* démaquillant *m*
Makkaroni [maka'ro:ni] *Pl* macaroni *mpl*
Makler(in) ['ma:klɐ] <-s, -> *m(f)* courtier(-ière) *m(f)*; (*Immobilienmakler*) agent *m* immobilier
Mäkler(in) ['mɛ:klɐ] <-s, -> *m(f) pej* (*nörglerischer Mensch*) rouspéteur(-euse) *m(f)*; (*wählerischer Mensch*) enquiquineur(-euse) *m(f)*
Maklerfirma *f* société *f* [*o* maison *f*] de courtage **Maklergebühr** *f* courtage *m*; (*bei Immobilien*) commission *f*
Makramee [makra'me:] <-[s], -s> *nt* macramé *m*
Makrele [ma'kre:lə] <-, -n> *f* maquereau *m*
Makro ['ma:kro] <-s, -s> *nt o m* INFORM macro *f*
makrobiotisch [makrobi'o:tɪʃ] I. *Adj* macrobiotique II. *Adv* **sich** ~ **ernähren** manger de la nourriture macrobiotique
Makroklima [makro'kli:ma] *nt* macroclimat *m* **Makrokosmos** *m* macrocosme *m* **Makromolekül** *nt* BIO, CHEM macromolécule *f*
Makrone [ma'kro:nə] <-, -n> *f* macaron *m*
Makroökonomie *f* macroéconomie *f* **makroökonomisch** *Adj* ÖKON macroéconomique **Makrostruktur** ['ma:kroʃtrʊktu:ɐ] *f* macrostructure *f*
Makulatur [makula'tu:ɐ] <-, -en> *f* ❶ TYP maculature *f*
❷ (*überholte Sache*) ~ **sein** être caduc(-uque)
▸ ~ **reden** *fam* raconter des bêtises (*fam*)
makulieren* *tr V* mettre au pilon; **etw** ~ mettre qc au pilon
mal [ma:l] *Adv* ❶ *fam* (*einmal*) fois; **wieder** ~ une fois de plus; **da sieht man** ~ **wieder, ...** alors, vous voyez à nouveau ...; **das ist nun** ~ **so** c'est comme ça; **warst du schon** ~ **in Kanada?** tu as déjà été au Canada? (*fam*)
❷ *fam* (*gerade, eben*) **komm** ~ **her!** viens voir ici! (*fam*); **zeig** ~ **her!** montre voir! (*fam*); **darf ich dich** ~ **was fragen?** je peux te demander quelque chose?
❸ MATH fois; **drei** ~ **vier ist zwölf** trois fois quatre [font] douze
Mal[1] [ma:l] <-[e]s, -e> *nt* fois *f*; **das erste/letzte** ~ la première/dernière fois; **es ist das letzte** ~**, dass** c'est la dernière fois que + *indic*; **beim ersten/zweiten/letzten/...** ~ la première/deuxième/dernière/... fois; **zum ersten/letzten** ~ pour la première/dernière fois; **ein anderes** ~ une autre fois; **ein/kein einziges** ~ une/pas une seule fois; **beide** ~[e] les deux fois; **voriges** [*o* **das vorige**] ~ la dernière fois; **zum wiederholten** ~[e] une nouvelle fois; **ein letztes** ~ *geh* une ultime fois (*soutenu*); **nächstes** [*o* **das nächste**] ~ la prochaine fois; **bis zum nächsten** ~**!** à une prochaine fois!; **das wievielte** ~**?** combien de fois?; **das eine oder andere** ~ de temps en temps; [**nur**] **das** [*o* **dieses**] **eine** ~**!** juste pour cette fois!, pour une fois!; **für dieses** ~ pour cette fois; **von** ~ **zu** ~ [à] chaque fois; **ein für alle** ~[e] une fois pour toutes
▸ **mit einem** ~[e] tout d'un coup
Mal[2] [ma:l, *Pl:* 'ma:lə, 'mɛ:lɐ] <-[e]s, -e *o poet* -er> *nt* ❶ (*Muttermal*) envie *f* (*fam*); (*Hautverfärbung*) marque *f*
❷ *geh* (*Denkmal*) monument *m* commémoratif
malad[e] *Adj fam* mal fichu(e) (*fam*)
Malaria [ma'la:ria] <-> *f* MED malaria *f* (*vieilli*)
Malariamücke *f* anophèle *m*
Malawi [ma'la:vi] <-s> *nt* le Malawi
Malawier(in) [ma'la:viɐ] <-s, -> *m(f)* Malawien(ne) *m(f)*, Malawite *mf*
malawisch *Adj* malawien(ne), malawite
Malaysia [ma'laɪzia] <-s> *nt* la Malaysia
Malaysier(in) [ma'laɪziɐ] <-s, -> *m(f)* Malaysien(ne) *m(f)*
malaysisch *Adj* malaysien(ne)
Malbuch *nt* album *m* de coloriage
Malediven [male'di:vən] *Pl* les Maldives *fpl*
Malediver(in) [male'di:vɐ] <-s, -> *m(f)* Maldivien(ne) *m(f)*
maledivisch *Adj* maldivien(ne)
malen ['ma:lən] I. *tr V* ❶ peindre *Gemälde, Porträt;* **sich** ~ **lassen** se faire peindre
❷ (*zeichnen*) dessiner *Baum, Männchen*
❸ DIAL (*anstreichen*) **etw weiß/grün** ~ peindre qc en blanc/vert
❹ (*schildern*) **etw schwarzweiß** ~ voir qc tout en blanc ou en noir; **die Zukunft rosig/schwarz** ~ [dé]peindre le futur en rose/en noir
II. *itr V* ❶ peindre, faire de la peinture; **mit Pastellfarben/auf Leinwand** ~ peindre au pastel/sur toile; **das Malen** la peinture
❷ (*pessimistisch sehen*) **schwarz** ~ voir tout en noir; **schwarzweiß** ~ voir tout en blanc ou en noir
Maler(in) <-s, -> *m(f)* ❶ (*Kunstmaler*) peintre *m*, artiste *mf* peintre
❷ (*Anstreicher*) peintre *m* [en bâtiment]
Malerei <-, -en> *f kein Pl* peinture *f*; **die moderne/abstrakte** ~ la peinture moderne/abstraite
Malerfarbe *f* peinture *f*
malerisch I. *Adj* ❶ (*pittoresk*) pittoresque
❷ (*künstlerisch*) *Talent, Werk* pictural(e)
II. *Adv gelegen* de façon pittoresque
Malheft *nt* cahier *m* de dessin
Malheur [ma'lø:ɐ] <-s, -s *o* -e> *nt fam* [petit] accident *m*; **ihm/ihr ist ein** [**kleines**] ~ **passiert** il lui est arrivé un petit accident; **das ist doch kein** ~**!** ce n'est pas une catastrophe!
Mali ['ma:li] <-s> *nt* le Mali
Malier(in) ['ma:liɐ] <-s, -> *m(f)* Malien(ne) *m(f)*
maligne [ma'lɪgnə] *Adj* malin(-igne)
malisch *Adj* malien(ne)
maliziös [mali'tsiø:s] *geh* I. *Adj Lächeln* fielleux(-euse); *Bemerkung* acerbe
II. *Adv grinsen, lächeln* d'un air malveillant
Malkasten *m* boîte *f* de couleurs, boîte *f* de peintures
Mallorca [ma'lɔrka, ma'jɔrka] <-s> *nt* la Majorque
mal|nehmen *tr V unreg* multiplier; **etw mit etw** ~ multiplier qc par qc; **das Malnehmen** la multiplication
Maloche [ma'lɔxə, ma'lo:xə] <-> *f sl* boulot *m* (*fam*)
malochen* *itr V sl* trimer (*fam*); **in der Fabrik/als Maurer** ~ bosser à l'usine/comme maçon (*fam*)
Malstift *m* crayon *m* de couleur
Malstrom *m liter* malstrom *m*
Malta ['malta] <-s> *nt* Malte
Maltechnik *f* technique *f* picturale

Malteser(in) [mal'te:zɐ] <-s, -> *m(f)* GEOG Maltais(e) *m(f)*

Malteserkreuz *nt* croix *f* de Malte **Malteserorden** *m* ordre *m* de Malte

maltesisch [mal'te:zɪʃ] *Adj* maltais(e)

malträtieren* *tr V* rudoyer

Malus ['ma:lʊs] <-ses, - *o* -se> *m* ① (*Zuschlag zur Prämie*) malus *m*
② UNIV, SPORT minoration *f*

Malve ['malvə] <-, -n> *f* mauve *f*

malvenfarben, malvenfarbig [-vən-] *Adj* mauve

Malz [malts] <-es> *nt* malt *m*

Malzbier *nt* bière *f* de malt **Malzbonbon** [-bɔŋbɔŋ, -bõbõ:] *nt o m* bonbon *m* à l'extrait de malt **Malzkaffee** *m* café *m* de malt **Malzzucker** *m* sucre *m* de malt

Mama ['mama] <-, -s> *f* maman *f*

Mamba ['mamba] <-, -s> *f* ZOOL mamba *m*

Mami ['mami] <-, -s> *f fam s.* **Mama**

Mammographie [mamogra'fi:] <-, -n> *f* MED mammographie *f*

Mammon ['mamɔn] <-s> *m pej* argent *m;* **der schnöde ~** le vil argent

Mammut ['mamʊt] <-s, -s *o* -e> *nt* mammouth *m*

Mammutbaum *m* séquoia *m* **Mammutsitzung** *f* session *f* interminable **Mammuttournee** *f* tournée *f* gigantesque **Mammutveranstaltung** *f* manifestation *f* monstre (*fam*)

mampfen ['mampfən] *fam* **I.** *itr V* se goinfrer (*fam*)
II. *tr V* bouffer (*fam*)

man[1] [man] *Pron indef* on; **~ hat festgestellt, dass** il a été établi que + *indic;* **auf dem Land lebt ~ gesünder** on vit mieux à la campagne; **~ denkt heute anders darüber** aujourd'hui, on voit les choses différemment; **darüber kann ~ nur lachen** on ne peut qu'en rire; **da fragt ~ sich doch, ob ...** et l'on se demande si ...

man[2] *Adv* NDEUTSCH *fam* **lass ~ gut sein!** laisse [donc] tomber! (*fam*)

Management ['mɛnɪtʃmənt, 'mænɪdʒmənt] <-s, -s> *nt* management *m;* **das mittlere ~** les cadres *mpl* moyens

managen ['mɛnɪtʃən, 'mænɪdʒn] *tr V* ① gérer *Firma, Projekt*
② (*betreuen*) servir d'imprésario à *Artisten, Musiker;* manager *Sportler*
③ *fam* (*hinkriegen*) gérer *Finanzierung, Problem;* **Beruf und Familie, wie managst du das eigentlich?** comment arrives-tu à concilier ton métier et ta vie de famille?

Manager(in) ['mɛnɪdʒɐ, 'mænɪdʒɐ] <-s, -> *m(f)* ① manager *mf*
② (*Betreuer*) *eines Artisten, Musikers* imprésario *m,* agent *m; eines Sportlers* manager *mf*

Managerkrankheit ['mænɪdʒɐ-] *f fam* stress *m* du manager

manch *Pron indef* ① plus d'un(e); **~ ein Künstler/eine Frau** plus d'un artiste/d'une femme; **~e Menschen/Fehler** bien des hommes/fautes; **~es Gute/Unangenehme** maintes bonnes choses/choses désagréables; **~ Interessantes** beaucoup de choses intéressantes, plus d'une chose intéressante; **~ großes Projekt/guter Musiker** maint grand projet/bon musicien; **ich habe schon ~en Unsinn gehört** j'ai déjà entendu bon nombre d'absurdités; **~ einer/eine von euch** plus d'un/d'une d'entre vous; **~ anderer hätte aufgegeben** plus d'un aurait abandonné
② *substantivisch* **~er fragt sich, ob ...** un certain nombre se demande si ...; **~e von uns lernen es nie** un certain nombre d'entre nous ne l'apprennent jamais; **~e, die es nicht glauben wollen** beaucoup de personnes qui ne veulent pas le croire; **~e von denen, die ...** beaucoup de ceux/celles qui ...; **~es, was man so hört, ...** beaucoup de ce qui est dit ...; **an ~es erinnere ich mich nicht** je ne me souviens pas de certaines choses; **~es [von dem], was er gesagt hat, war interessant** dans ce qu'il a dit, il y avait beaucoup de choses intéressantes; **in ~em** (*was dieses oder jenes betrifft*) sur bien des points; (*in einigem*) sur certains points; **in ~em, was du sagst ...** dans certaines des choses que tu dis ...

mancherlei ['mançɐ'laɪ] *Adj unv* toutes sortes de; **~ Ausreden** toutes sortes d'excuses; [**so**] **~ erleben** vivre toutes sortes d'aventures

mancherorts [mançɐ'ʔɔrts] *Adv geh* en maint endroit

manchmal ['mançma:l] *Adv* quelquefois, parfois

Mandant(in) [man'dant] <-en, -en> *m(f)* mandant(e) *m(f)*

Mandarin [manda'ri:n] <-s, -e> *m* mandarin *m*

Mandarine [manda'ri:nə] <-, -n> *f* mandarine *f*

Mandarinente [manda'ri:n-] *f* ZOOL canard *m* mandarin

Mandat [man'da:t] <-[e]s, -e> *nt* PARL, JUR mandat *m;* **sein ~ niederlegen** renoncer à son mandat

Mandatar(in) [manda'ta:ɐ] <-s, -e> *m(f)* PARL A (*Abgeordneter*) député(e) *m(f)*

Mandel ['mandəl] <-, -n> *f* ① amande *f;* **gebrannte ~n** amandes grillées
② ANAT amygdale *f*

Mandelaugen *Pl geh* yeux *mpl* en amande

mandeläugig *Adj geh* aux yeux en amande; **~ sein** avoir les yeux en amande

Mandelbaum *m* amandier *m*

Mandelentzündung *f* amygdalite *f*

mandelförmig [-fœrmɪç] *Adj* en amande

Mandelkern *m* amande *f* **Mandelkleie** *f* poudre *f* d'amande **Mandelöl** *nt* huile *f* d'amande; **süßes ~** huile d'amande douce

Mandeloperation *f* MED opération *f* des amygdales

Mandoline [mando'li:nə] <-, -n> *f* mandoline *f*

Mandrill [man'drɪl] <-s, -e> *m* mandrill *m*

Manege [ma'ne:ʒə] <-, -n> *f* piste *f;* **~ frei für ...!** place à ...!

Mangan [maŋ'ga:n] <-s> *nt* CHEM manganèse *m*

Mangel[1] ['maŋəl, *Pl:* 'mɛŋəl] <-s, => *m* ① (*Fehler*) défaut *m;* (*Warenfehler*) vice *m;* **verborgener/verdeckter ~** vice caché/dissimulé; **ein entscheidender ~** un vice rédhibitoire; **einen ~ feststellen** constater un vice
② *kein Pl* (*Knappheit*) manque *m;* **~ an Kaffee/Rohstoffen** pénurie *f* de café/de matières premières; **es besteht** [*o* **herrscht**] **~ an Kohle** (*Dat*) il y a pénurie de charbon; **~ an etw** (*Dat*) **haben** manquer de qc; **keinen ~ leiden** ne manquer de rien
③ *kein Pl* (*Defizit*) **~ an Kalzium/Vitaminen** carence *f* en calcium/vitamines; **ein ~ an Liebe** (*Dat*) un manque d'amour; **aus ~** [*o* **wegen ~s**] **an Beweisen** faute de preuves

Mangel[2] ['maŋəl] <-, -n> *f* TECH repasseuse *f*
► **jdn durch die ~ drehen** [*o* **in die ~ nehmen**] *fam* cuisiner qn (*fam*)

Mangelberuf *m* profession *f* déficitaire

Mangelerscheinung *f* trouble *m* carentiel **mangelfrei** *Adj* JUR exempt(e) de défauts

mangelhaft I. *Adj* ① défectueux(-euse)
② (*Note*) médiocre
II. *Adv vorbereitet* insuffisamment

Mangelkrankheit *f* maladie *f* carentielle

mangeln ['maŋəln] **I.** *itr V unpers* faire défaut; **es mangelt an Kohle/Medikamenten** le charbon fait/les médicaments font défaut; **jdm mangelt es an Zuwendung** qn manque d'attention; **es soll dir an nichts ~** je ne te laisserai manquer de rien
II. *itr V* **ihm mangelt die Erfahrung** il lui manque l'expérience
III. *tr V* **etw ~** repasser qc à la machine

mangelnd *Adj* insuffisant(e); **das ~e Interesse der Schüler** le manque d'intérêt des élèves

mangels ['maŋəls] *Präp + Gen form* à défaut; **~ eines Hammers** à défaut de marteau, faute d'un marteau

Mangelware *f* marchandise *f* rare
► **~ sein** faire défaut

Mango ['maŋgo] <-, -s> *f* mangue *f*

Mangobaum ['maŋgo-] *m* manguier *m*

Mangold ['maŋgɔlt] <-[e]s, -e> *m* bette *f*

M

Mangrove [maŋ'gro:və] <-, -n> *f* mangrove *f*
Manie [ma'ni:] <-, -n> *f* manie *f*
Manier [ma'ni:ɐ] <-, -en> *f* ❶ *kein Pl geh* (*Art und Weise*) manière *f;* **in überzeugender ~** d'une manière convaincante; **in der damals üblichen ~** comme il était d'usage à l'époque
❷ *Pl* (*Umgangsformen*) bonnes manières *fpl;* **jdm ~en beibringen** apprendre les bonnes manières à qn; **was sind das für ~en!** en voilà des manières!
manieriert [mani'ri:ɐt] *Adj pej geh* maniéré(e)
Manierismus [mani'rɪsmʊs] <-> *m* KUNST maniérisme *m;* LITER préciosité *f*
manierlich [ma'ni:ɐlɪç] **I.** *Adj* convenable
II. *Adv sich benehmen, essen* convenablement; **~ aussehen** être présentable
Manifest [mani'fɛst] <-[e]s, -e> *nt* manifeste *m;* **das Kommunistische ~** le Manifeste du parti communiste
Manifestant(in) [manifɛs'tant] <-en, -en> *m(f)* CH, A manifestant(e) *m(f)*
Manifestation [manifɛsta'tsio:n] <-, -en> *f geh* manifestation *f*
manifestieren* **I.** *r V geh* ❶ (*zutage treten*) **sich ~** se manifester
❷ MED **sich in jdm ~** *Krankheit:* se déclarer [*o* se manifester] chez qn
II. *itr V* CH (*demonstrieren*) manifester
Maniküre [mani'ky:rə] <-, -n> *f* (*Person, Pflege*) manucure *f*
maniküren* *tr V* manucurer
Maniok [ma'niɔk] <-s, -s> *m* BOT manioc *m*
Manipulation [manipula'tsio:n] <-, -en> *f geh* manipulation *f*
manipulierbar [manipu'li:ɐ-] *Adj geh* manipulable; **leicht ~ sein** se laisser facilement manipuler
manipulieren* *geh* **I.** *tr V* manipuler
II. *itr V* **an etw** (*Dat*) **~** bricoler qc
Manipulierung *s.* **Manipulation**
manisch ['ma:nɪʃ] *Adj* PSYCH maniaque
manisch-depressiv *Adj* PSYCH maniacodépressif(-ive)
Manko ['maŋko] <-s, -s> *nt* ❶ (*Mangel*) défaut *m*
❷ COM trou *m*
Mann [man, *Pl:* 'mɛnɐ] <-[e]s, Männer> *m* ❶ (*männliche Person*) homme *m;* **ein ~ der Tat/von Ehre** un homme d'action/d'honneur; **ein ~ von Welt/aus dem Volk[e]** un homme du monde/du peuple; **der ~ meines/ihres/... Lebens** l'homme de ma/sa/... vie
❷ (*Ehemann*) mari *m;* **~ und Frau werden** *geh* devenir mari et femme; **der geschiedene ~ meiner Tante** l'ex-mari de ma tante
❸ (*einzelne Person*) **pro ~** par personne; **~ für ~** tous jusqu'au dernier; **~ gegen ~ kämpfen** lutter corps à corps; **im Kampf ~ gegen ~** en combat singulier; **fünf ~ hierher!** cinq hommes par ici!
❹ (*Seemann*) **alle ~ an Deck!** tout le monde sur le pont!; **~ über Bord!** un homme à la mer!
▶ **mit ~ und Maus untergehen** *fam* périr corps et biens; **der ~ im Mond** le Sélénite; **einen kleinen ~ im Ohr haben** *fam* avoir un grain (*fam*); **der ~ auf der Straße** l'homme de la rue; **ein ~, ein Wort** l'homme d'honneur n'a qu'une parole; **den ganzen ~ erfordern** réclamer un engagement total; **ein gemachter ~ sein** être un homme arrivé; **~s genug sein etw zu tun** avoir le courage de faire qc; **der kleine ~** le simple citoyen; **der kluge ~ baut vor** *Spr.* les gens malins sont prévoyants; **[mein] lieber ~!** *fam* (*herrje*) eh ben, mon vieux! (*fam*); (*pass bloß auf*) mon petit ami!; **der schwarze ~** (*Schreckensfigur*) le croque-mitaine; **den starken ~ markieren** *sl* jouer les caïds (*fam*); **den wilden ~ spielen** *fam* jouer au petit chef; **jdn an den ~ bringen** *fam* caser qn (*fam*); **etw an den ~ bringen** *fam* trouver preneur pour qc; **das** [*o* **er**] **ist unser/mein/... ~** c'est [*o* il est] notre/mon/... homme; **seinen ~ stehen** se montrer à la hauteur; **o ~** *fam* purée! (*fam*); **~, o ~!** *fam* eh ben, mon vieux! (*fam*); **selbst ist der ~!** on n'est jamais si bien servi que par soi-même; **~!** *fam* eh ben dis/dites donc! (*fam*); *s. a.* **Mannen**
Manna ['mana] <-[s]> *nt,* <-> *f* BIBL *a. fig* manne *f*
Männchen ['mɛnçən] <-s, -> *nt* ❶ *Dim von* **Mann** petit homme *m*
❷ (*männliches Tier*) mâle *m*
❸ (*Strichmännchen*) bonhomme *m*
▶ **~ machen** *Hund:* faire le beau; *Hase:* se dresser sur ses pattes de derrière
Manndeckung *f* SPORT défense *f* individuelle
Mannen ['manən] *Pl* ❶ HIST (*Gefolgsleute*) gens *mpl*
❷ *fig, hum* équipe *f*
Mannequin ['manəkɛ̃, manə'kɛ̃:] <-s, -s> *nt* mannequin *m*
Männerarbeit *f* travail *m* d'homme **Männerbekanntschaft** *f* relation *f* masculine; **viele ~en machen** avoir de nombreuses aventures *fpl* masculines **Männerberuf** *m* métier *m* d'homme **Männerchor** *m* chœur *m* d'hommes **Männerfang** *m* **auf ~ [aus]gehen** *fam* aller draguer [les mecs] (*fam*) **Männerfreundschaft** *f* amitié *f* entre hommes **Männergeschichten** *Pl* aventures *fpl* [masculines] **Männergesellschaft** *f* société *f* d'hommes **männermordend** *Adj hum fam* à faire damner un saint (*fam*) **Männersache** *f* affaire *f* d'hommes **Männerstimme** *f* voix *f* d'homme **Männerwirtschaft** *f iron* intérieur *m* de célibataire (*iron*)
Mannesalter *nt* **im besten ~** dans la force de l'âge
mannhaft **I.** *Adj* courageux(-euse)
II. *Adv* courageusement
Mannhaftigkeit <-> *f* courage *m*
mannigfach ['manɪçfax] *Adj attr geh* divers(e)
mannigfaltig *s.* **vielfältig**
Mannigfaltigkeit *s.* **Vielfalt**
Männlein ['mɛnlaɪn] <-s, -> *nt Dim von* **Mann** petit homme *m;* **~ und Weiblein** *hum fam* hommes et femmes
männlich ['mɛnlɪç] **I.** *Adj* ❶ *Kind, Erbe, Linie* du sexe masculin; *Tier, Pflanze, Keimdrüse, Hormon* mâle; *Geschlecht* masculin(e); *Geschlechtsteil* de l'homme
❷ (*typisch für einen Mann*) masculin(e); **er hält es für ~, wenn er raucht** il croit faire preuve de virilité en fumant
❸ (*mannhaft*) *Auftreten, Stärke* résolu(e); *Entschluss* courageux(-euse)
❹ *a.* GRAM (*maskulin*) *Frau, Wesen* masculin(e)
II. *Adv* **sich ~ verhalten** se comporter de manière virile; *Frau:* se comporter de manière masculine
Männlichkeit <-> *f* virilité *f*
Mannsbild *nt* A, SDEUTSCH *fam* mec *m* (*fam*)
Mannschaft <-, -en> *f* ❶ *von Sportlern, Mitarbeitern* équipe *f*
❷ NAUT équipage *m*
❸ *Pl* MIL troupes *fpl*
▶ **vor versammelter ~** devant tout le monde; MIL devant les troupes
Mannschaftsführer(in) *m(f)* SPORT chef *mf* d'équipe **Mannschaftsgeist** *m kein Pl* esprit *m* d'équipe **Mannschaftskapitän** *m* SPORT capitaine *mf* de l'équipe **Mannschaftsraum** *m* NAUT poste *m* d'équipage **Mannschaftssport** *m* sport *m* d'équipe **Mannschaftswagen** *m* MIL [véhicule *m* de] transport *m* de troupes; (*Polizeimannschaftswagen*) [véhicule de] transport des policiers; (*in Frankreich*) car *m* de C.R.S. **Mannschaftswertung** *f* SPORT classement *m* d'une équipe
mannshoch *Adj* à hauteur d'homme; **~ werden/sein** arriver à hauteur d'homme **mannstoll** *Adj pej* nymphomane
Mannweib *nt pej* virago *f* (*péj*)
Manometer [mano'me:tɐ] <-s, -> *nt* TECH manomètre *m*
▶ **~!** *fam* [ah,] nom d'un chien! (*fam*)
Manöver [ma'nø:vɐ] <-s, -> *nt* MIL *a. fig* manœuvre *f;* **ins ~ ziehen** partir en manœuvres
Manöverkritik [-vɐ-] *f* débriefing *m*
manövrieren* [-'vri:-] **I.** *itr V* manœuvrer; **mit etw ~** manœuvrer qc

II. *tr V* **das Bett durch die Tür** ~ faire passer le lit par la porte
manövrierfähig [-ˈvriːr-] *Adj* manœuvrable **manövrierunfähig** *Adj* ingouvernable; ~ **sein** échapper à tout contrôle
Mansarde [manˈzardə] <-, -n> *f* mansarde *f*
Mansardenwohnung *f* appartement *m* mansardé **Mansardenzimmer** *f* mansarde *f*, chambre *f* mansardée
Manschette [manˈʃɛtə] <-, -n> *f* ❶ (*Ärmelabschluss*) poignet *m*
❷ MED (*Halskrause*) manchon *m*; (*Gummimanschette*) brassard *m*
❸ TECH bague *f*
▶ **vor jdm/etw ~n haben** *fam* avoir la trouille de qn/qc (*fam*)
Manschettenknopf *m* bouton *m* de manchette
Mantel [ˈmantəl, *Pl:* ˈmɛntəl] <-s, ⸚> *m* ❶ manteau *m*
❷ (*Radmantel*) chape *f*
❸ (*Umhüllung*) *eines Kabels* gaine *f*; *eines Geschosses* chemise *f*
▶ **den ~ des Schweigens über etw** (*Akk*) **ausbreiten** *geh* jeter un voile pudique sur qc (*soutenu*)
Mäntelchen [ˈmɛntəlçən] <-s, -> *nt Dim von* **Mantel** petit manteau *m*
▶ **das** [*o* **sein**] ~ **nach dem Wind hängen** retourner sa veste dans le bon sens; **einer S.** (*Dat*) **ein ~ umhängen** jeter un voile sur qc
Manteltarifvertrag *m* convention *f* collective
Manteltasche *f* poche *f* d'un manteau
Manual [manuˈaːl] <-s, -e> *nt* clavier *m*
manuell [manuˈɛl] I. *Adj* manuel(le)
II. *Adv* manuellement
Manufaktur [manufakˈtuːɐ] <-, -en> *f* manufacture *f*
Manuskript [manuˈskrɪpt] <-[e]s, -e> *nt* manuscrit *m*; **vom ~ ablesen** lire ses notes
Maoismus [moaˈɪsmʊs] <-> *m* maoïsme *m*
Mäppchen [ˈmɛpçən] <-s, -> *nt* trousse *f* d'écolier
Mappe [ˈmapə] <-, -n> *f* ❶ (*Dokumentenhülle*) chemise *f*
❷ (*Zeichenmappe*) carton *m* à dessin
❸ (*Aktentasche*) serviette *f*
Mär [mɛːɐ] <-, -en> *f hum* histoire *f*
Marabu [ˈmaːrabu] <-s, -s> *m* ORN marabout *m*
Maracuja [maraˈkuːia] <-, -s> *f* fruit *m* de la passion
Marathon [ˈmaratɔn] <-s, -s> *m* SPORT marathon *m*
Marathonlauf *m* marathon *m* **Marathonläufer(in)** *m(f)* marathonien(ne) *m(f)*, coureur(-euse) *m(f)* de marathon **Marathonsitzung** *f* séance-marathon *f*
Märchen [ˈmɛːɐçən] <-s, -> *nt* ❶ LITER conte *m*
❷ *fam* (*erfundene Geschichte*) histoire *f* à dormir debout
Märchenbuch *nt* livre *m* de contes **Märchenerzähler(in)** *m(f)* conteur(-euse) *m(f)* **Märchenfigur** *f* personnage *m* de conte
märchenhaft I. *Adj* fabuleux(-euse)
II. *Adv reich* fabuleusement; *schön* merveilleusement
Märchenland *nt kein Pl* pays *m* des merveilles **Märchenprinz** *m*, **-prinzessin** *f* prince *m* charmant/princesse *f*
Marder [ˈmardɐ] <-s, -> *m* martre *f*
Marende [maˈrɛndə] <-, -n> *f* A (*Jause*) casse-croûte *m*
Margarine [margaˈriːnə] <-, -n> *f* margarine *f*
Marge [ˈmarʒə] <-, -n> *f* COM marge *f*
Margerite [margəˈriːtə] <-, -n> *f* marguerite *f*
marginal [margiˈnaːl] I. *Adj* marginal(e)
II. *Adv* accessoirement
Marginalie [margiˈnaːliə] <-, -n> *f meist Pl* note *f* marginale
marginalisieren* *tr V geh* marginaliser
Maria¹ [maˈriːa] <-s> *f* ❶ (*weiblicher Vorname*) Marie *f*
❷ BIBL ~ **Magdalena** Marie-Madeleine *f*
Maria² <-s *o* Mariä> *f* ❶ (*Mutter Gottes*) Marie *f*; **die heilige ~** la Sainte Vierge; **Mariä Empfängnis** l'Immaculée Conception *f*; **Mariä Himmelfahrt** l'Assomption *f*
❷ (*Bildnis, Statue*) Vierge *f*
Marienbild [maˈriːən-] *nt* Madone *f* **Marienkäfer** *m* coccinelle *f* **Marienverehrung** *f* culte *m* de la Vierge Marie
Marihuana [marihuˈaːna] <-s> *nt* marijuana *f*
Marille [maˈrɪlə] <-, -n> *f* A abricot *m*
Marinade [mariˈnaːdə] <-, -n> *f* marinade *f*
Marine [maˈriːnə] <-, -n> *f* marine *f*
marineblau *Adj* bleu marine *inv*; **~e Socken** des chaussettes *fpl* bleu marine **Marineinfanterie** *f* MIL infanterie *f* de la marine **Marineoffizier** *m* officier *m* de marine **Marinestützpunkt** *m* base *f* navale
marinieren* *tr V* mariner, faire mariner
Marionette [marioˈnɛtə] <-, -n> *f a. fig, pej* marionnette *f*
Marionettenbühne *f* théâtre *m* de marionnettes **Marionettenregierung** *f* POL gouvernement *m* fantoche **Marionettenspieler(in)** *m(f)* marionnettiste *mf* **Marionettentheater** *nt* théâtre *m* de marionnettes
maritim [mariˈtiːm] *Adj* maritime
Mark¹ [mark] <-, - *o hum* ⸚er> *f* (*ehemalige deutsche Währung*) mark *m*; **die Deutsche ~** HIST le deutsche Mark
▶ **keine** *fam* **müde ~** pas un rond (*fam*); **mit jeder ~ rechnen müssen** être obligé(e) de compter chaque centime; **jede ~** [**dreimal**] **umdrehen** *fam* compter chaque centime
Mark² <-[e]s> *nt* ❶ (*Knochenmark*) moelle *f*
❷ (*Fruchtmark*) pulpe *f*
▶ **durch ~ und Bein gehen** *fam* pénétrer jusqu'à la moelle des os; **jdm das ~ aus den Knochen saugen** *fam* sucer qn jusqu'au dernier sou (*fam*); **bis ins ~** *erschüttert, verdorben* jusqu'à la moelle; *gehen, dringen* très profondément
Mark³ <-, -en> *f* marche *f*; **die ~ Brandenburg** la Marche de Brandebourg
Mark⁴ <-s> *m* ❶ Marc *m*
❷ HIST ~ **Aurel** Marc Aurèle
markant [marˈkant] *Adj Kinn, Nase, Gesichtszüge* prononcé(e); *Stirn* large; *Schrift, Unterschrift* ferme; *Erscheinung, Persönlichkeit* affirmé(e); *Baum, Stein, Punkt* qui se remarque
Marke [ˈmarkə] <-, -n> *f* ❶ (*Produktmarke*) marque *f*
❷ (*Briefmarke, Beitragsmarke*) timbre *m*
❸ (*Essensmarke, Garderobenmarke*) ticket *m*
❹ (*Dienstmarke, Erkennungsmarke*) plaque *f*
❺ *fam* (*Mensch*) numéro *m* (*fam*); **eine komische ~** un drôle de numéro (*fam*)
❻ (*Pegelstand*) marque *f*
▶ **~ Eigenbau** [**sein**] *hum* [être] fait(e) maison (*hum*)
Markenartikel *m* article *m* de marque **Markenbutter** *f* beurre *m* de qualité **Markenname** *m* [nom *m* de] marque *f* **Markenzeichen** *nt* ❶ (*Warenzeichen*) logo *m*; *von Kleidung* griffe *f* ❷ (*Merkmal*) image *f* de marque; **das ~ seiner Arbeit ist Qualität** ce qui caractérise son travail, c'est la qualité
Marker [ˈmarkɐ] <-s, -> *m* surligneur *m*
markerschütternd *Adj* perçant(e)
Marketenderin <-, -nen> *f* HIST cantinière *f*
Marketing [ˈmarkətɪŋ] <-s> *nt* marketing *m*
Markgraf *m*, **-gräfin** *f* HIST margrave *mf*
markieren* I. *tr V* ❶ (*anstreichen, kennzeichnen*) marquer *Textstelle, Tier*; signaliser *Fahrbahn, Fahrrinne*
❷ (*anzeigen*) marquer *Fahrrinne, Untiefe*
❸ *fam* (*heucheln*) **den Unschuldigen ~** faire l'innocent
❹ INFORM surligner
II. *itr V fam* **er markiert** [**nur**]! il fait du chiqué! (*fam*)
Markierung <-, -en> *f* ❶ *kein Pl* (*das Kennzeichnen*) *einer Untiefe, Fahrrinne* signalisation *f*; *eines Grenzverlaufs* jalonnement *m*
❷ (*die Kennzeichen*) *einer Fahrbahn, Grenze* marquage *m*
Markierungslinie *f* ligne *f* de démarquage
markig I. *Adj Stimme* puissant(e); *Spruch, Worte* énergique
II. *Adv rufen* d'une voix tonitruante
märkisch [ˈmɛrkɪʃ] *Adj* de Brandebourg
Markise [marˈkiːzə] <-, -n> *f* store *m*

M

Markknochen *m* os *m* à moelle
Markstein *m* étape *f* décisive
Markstück *nt* HIST pièce *f* d'un mark
Markt [markt, *Pl:* 'mɛrktə] <-[e]s, ⸚e> *m* ① (*Wochenmarkt*) marché *m;* **zum** [*o* **auf den**] ~ **gehen** aller au marché; **samstags wird ~ abgehalten** le samedi est jour de marché
② (*Marktplatz*) [place *f* du] marché *m;* **am ~** sur la place du marché
③ (*Absatzmarkt*) marché *m;* **der ~ ist gesättigt** le marché est saturé; **der Gemeinsame** [**Europäische**] ~ le Marché commun; **etw auf den ~ bringen** [*o* **werfen**] lancer qc sur le marché; **sich auf dem/am/im ~ durchsetzen** s'imposer sur le marché
▸ **der graue ~** le marché parallèle; **der schwarze ~** le marché noir
Marktabsprache *f* ÖKON accord *m* de marché **Marktanalyse** *f* analyse *f* de marché **Marktanteil** *m* part *f* de marché; **um ~e kämpfen** se disputer le marché; **~e erobern/zurückerobern** prendre/reprendre le contrôle des parts de marché; **~e halten** conserver des [*o* maintenir ses] parts de marché **marktbeherrschend** *Adj attr Firma* qui contrôle le marché; *Stellung* dominant(e) sur le marché; **~ sein** dominer [*o* contrôler] le marché **Marktbeobachter(in)** *m(f)* analyste *mf* du marché **Marktbude** *f* échoppe *f* **Marktentwicklung** *f* ÖKON évolution *f* du marché **Marktflecken** *m* emplacement *m* **Marktforschung** *f kein Pl* étude *f* de marché **Marktfrau** *f* marchande *f* [ambulante] **marktführend** *Adj Unternehmen* qui domine le marché **Marktführer** *m* leader *m* **Markthalle** *f* marché *m* couvert **Marktlücke** *f* créneau *m* [commercial]; **mit etw in eine ~ stoßen** trouver un créneau porteur avec qc **Marktplatz** *m* place *f* du marché **Marktschreier(in)** <-s, -> *m(f)* HIST camelot *m*
marktschreierisch *Adj pej* tapageur(-euse)
Marktstand *m* étal *m* **Marktstudie** [-ʃtuːdiə] *f* étude *f* de marché **Markttag** *m* jour *m* de marché **Marktübersicht** *f* ÖKON vue *f* d'ensemble du marché **Marktweib** *s.* **Marktfrau**
Marktwert *m* valeur *f* marchande **Marktwirtschaft** *f kein Pl* économie *f* de marché; **soziale ~** économie sociale de marché **marktwirtschaftlich I.** *Adj attr* fondé(e) sur l'économie de marché **II.** *Adv orientiert* vers l'économie de marché
Markus ['markʊs] <-> *m* ① Marc *m*
② BIBL saint Marc
Markusevangelium [-evaŋgeː-] *nt* Évangile *m* selon saint Marc
Marmelade [marmə'laːdə] <-, -n> *f* confiture *f*
Marmeladenbrot *nt* tartine *f* de [*o* à la] confiture **Marmeladenglas** *nt* pot *m* de confiture
Marmor ['marmoːɐ] <-s, -e> *m* marbre *m*
marmoriert [marmo'riːɐt] *Adj* marbré(e)
Marmorierung *f* (*Struktur*) marbrure *f*
Marmorkuchen *m* [gâteau *m*] marbré *m*
marmorn ['marmoːɐn] *Adj geh* en [*o* de] marbre; **~ sein** être en marbre
Marmorsäule *f* colonne *f* de marbre
marode [ma'roːdə] *Adj* épuisé(e); **~ sein** être en piteux état
Marodeur [maro'døːɐ] <-s, -e> *m geh* pillard(e) *m(f)*
marodieren* *itr V* MIL piller; **~d** pillard(e)
Marokkaner(in) [marɔ'kaːnɐ] <-s, -> *m(f)* Marocain(e) *m(f)*
marokkanisch *Adj* marocain(e)
Marokko [ma'rɔko] <-s> *nt* le Maroc
Marone¹ [ma'roːnə] <-, -n *o* Maroni> *f* GASTR marron *m*
Marone² <-, -n> *f* (*Pilz*) bolet *m* bai
Marotte [ma'rɔtə] <-, -n> *f* marotte *f*
Mars [mars] <-> *m* ASTRON Mars; [**der**] ~ [la planète] Mars
marsch [marʃ] *Interj fam* [**los,**] **~!** [allez,] oust[e]! (*fam*)
Marsch¹ [marʃ, *Pl:* 'mɛrʃə] <-[e]s, ⸚e> *m* (*Fußmarsch, Marschmusik*) marche *f;* **sich in ~ setzen** se mettre en marche
▸ **jdm den ~ blasen** *fam* sonner les cloches à qn (*fam*)
Marsch² [marʃ] <-, -en> *f* GEOG *terrains cultivables gagnés sur la mer sur la côte de la Mer du Nord*
Marschall(in) ['marʃal, *Pl:* 'marʃɛlə] <-s, Marschälle> *m(f)* maréchal(e) *m(f)*
Marschall[s]stab *m* bâton *m* de maréchal
Marschbefehl *m* ordre *m* de marche **marschbereit** *Adj* prêt(e) à partir [*o* pour le départ] **Marschflugkörper** *m* missile *m* de croisière **Marschgepäck** *nt* paquetage *m* de route
marschieren* *itr V + sein* ① MIL défiler; **durch eine Stadt ~** défiler dans une ville; **nach Stuttgart ~** marcher sur Stuttgart
② (*zu Fuß gehen*) marcher
Marschkolonne *f* MIL colonne *f* de marche
Marschland *s.* **Marsch²**
Marschmusik *f* musique *f* militaire **Marschordnung** *f* MIL formation *f* de marche **Marschrichtung** *f* direction *f* de marche **Marschroute** *f* itinéraire *m* **Marschverpflegung** *f* vivres *mpl*
Marsmensch *m* Martien(ne) *m(f)* **Marssonde** *f* sonde *f* martienne
Marsstenge *f* NAUT mât *m* de hune
Marter ['martɐ] <-, -n> *f* supplice *m*
Marterl ['martɐl] <-s, -n> *nt* A calvaire *m*
martern ['martɐn] **I.** *tr V geh* supplicier (*soutenu*)
II. *r V geh* **sich ~** se torturer; **sich mit etw ~** se torturer avec qc
Marterpfahl *m* poteau *m* de torture **Marterwerkzeug** *nt* instrument *m* de torture
martialisch [mar'tsiaːlɪʃ] *Adj geh* martial(e) (*soutenu*)
Martinshorn® *nt* sirène *f*
Märtyrer(in) ['mɛrtyrɐ] <-s, -> *m(f)* ① REL martyr(e) *m(f)*
② *fig geh* victime *f;* **jdn zum ~/zur ~in machen** *geh* faire de qn un martyr/une martyre
Märtyrertod *m* martyre *m;* **den ~ sterben** mourir martyr(e)
Martyrium [mar'tyːriʊm] <-s, -rien> *nt* martyre *m*
Marxismus [mar'ksɪsmʊs] <-> *m* marxisme *m*
Marxist(in) [mar'ksɪst] <-en, -en> *m(f)* marxiste *mf*
marxistisch *Adj* marxiste
März [mɛrts] <-[es] *o liter* -en, -e> *m* mars *m; s. a.* **April**
März[en]becher *m* nivéole *f* de printemps
Marzipan [martsi'paːn] <-s, -e> *nt o m* pâte *f* d'amandes
Marzipanbrot *nt* massepain *m*
Mascara [mas'kaːra] <-, -s> *f* mascara *m*
Masche ['maʃə] <-, -n> *f* ① (*Schlaufe*) maille *f;* **linke/rechte ~** maille à l'envers/à l'endroit; **eine ~ aufnehmen** monter une maille; **eine ~ fallen lassen** lâcher une maille
② A, CH (*Schleife*) nœud *m*
③ *fam* (*Trick*) combine *f* (*fam*); **die ~ raushaben** avoir trouvé le truc (*fam*); **das ist die ~!** *fam* c'est [vraiment] le truc génial! (*fam*)
▸ **durch die ~n des Gesetzes schlüpfen** contourner la loi
Maschendraht *m* grillage *m*
Mascherl ['maʃɐl] <-s, -n> *nt* A (*Fliege*) papillon *m*
Maschine [ma'ʃiːnə] <-, -n> *f* ① machine *f*
② (*Flugzeug*) appareil *m*
③ *fam* (*Schreibmaschine, Waschmaschine*) machine *f;* **etw mit der ~ schreiben** taper qc à la machine
④ *fam* (*Motor*) moulin *m* (*fam*)
⑤ *fam* (*Motorrad*) bécane *f* (*fam*)
maschinegeschrieben *Adj* écrit(e) à la machine
maschinell [maʃi'nɛl] **I.** *Adj* mécanique; **die ~e Bearbeitung** l'usinage *m*
II. *Adv* mécaniquement
Maschinenbau *m kein Pl* ① IND construction *f* mécanique
② (*Lehrfach*) mécanique *f* **Maschinenbauer(in)** *m(f)* constructeur(-trice) *m(f)* de machines
Maschinenbauindustrie *f* construction *f* mécanique **Maschinenbauingenieur(in)** *m(f)* ingénieur(e) *m(f)* mécanicien(ne)

Maschinenfabrik f usine f de construction mécanique **maschinengeschrieben** Adj tapé(e) à la machine **Maschinengewehr** nt mitrailleuse f **maschinenlesbar** Adj exploitable par ordinateur; Kode déchiffrable par machine **Maschinenmeister(in)** m(f) ① (in einer Fabrik) technicien(ne) m(f) de maintenance ② THEAT machiniste mf **Maschinenöl** nt huile f de graissage **Maschinenpark** m biens mpl d'équipement **Maschinenpistole** f mitraillette f **Maschinenraum** m salle f des machines **Maschinensatz** m kein Pl TYP composition f mécanique **Maschinenschaden** m avarie f de machine **Maschinenschlosser(in)** m(f) ajusteur-mécanicien m/ajusteuse-mécanicienne f **Maschinenschrift** f dactylographie f; **in ~** dactylographié(e)

Maschinerie [maʃinə'ri:] <-, -n> f ① (Mechanismus) machinerie f
② pej geh (Räderwerk) rouages mpl

maschine|schreiben s. Maschine 3.

Maschinist(in) [maʃi'nɪst] <-en, -en> m(f) ① conducteur(-trice) m(f)
② NAUT officier m mécanicien

Maser ['ma:zɐ] <-, -n> f meist Pl (Musterung im Holz) veine f

Masern ['ma:zɐn] Pl MED rougeole f

Maserung ['ma:zərʊŋ] <-, -en> f veinure f

Maske ['maskə] <-, -n> f ① a. fig masque m; **sich hinter einer ~ verstecken** se cacher sous un masque
② THEAT maquillage m
③ INFORM grille f d'écran
▸ **jdm die ~ vom Gesicht reißen** démasquer qn; **die ~ fallen lassen** jeter le masque

Maskenball m bal m masqué

Maskenbildner(in) <-s, -> m(f) maquilleur(-euse) m(f)

maskenhaft Adj figé(e)

Maskerade [maskə'ra:də] <-, -n> f mascarade f

maskieren* I. tr V (verkleiden, verbergen) masquer
II. r V **sich ~** se masquer le visage; **sich mit etw ~** se masquer le visage avec qc; **sich als Clown ~** se déguiser en clown

Maskierung <-, -en> f déguisement m

Maskottchen [mas'kɔtçən] <-s, -> nt mascotte f

maskulin [masku'li:n] Adj masculin(e)

Maskulinum ['maskuli:nʊm, Pl: 'maskuli:na] <-s, Maskulina> nt GRAM masculin m

Masochismus <-> m masochisme m

Masochist(in) [mazo'xɪst] <-en, -en> m(f) masochiste mf

masochistisch Adj masochiste

maß [ma:s] Imp von **messen**

Maß[1] <-es, -e> nt ① (Maßeinheit) mesure f
② (Bandmaß) mètre m
③ Pl (Abmessungen, Körpermaße) mesures fpl; **bei jdm ~ nehmen** prendre les mesures de qn; **nach ~** sur mesure
④ (Ausmaß, Umfang) proportions fpl; **in besonderem ~e** tout spécialement; **in gleichem ~e** dans les mêmes proportions; **in zunehmendem ~e** de plus en plus; **in hohem ~[e]** en abondance; **in dem ~[e], wie ...** dans la mesure où ...
▸ **weder ~ noch Ziel kennen** ne pas avoir le sens de la mesure; **ein gerüttelt ~ an Frechheit** geh une bonne dose de culot; **~ halten** ne pas faire d'excès; **im Essen/Training ~** manger/s'exercer avec modération; **das ~ ist voll** la mesure est comble; **mit zweierlei ~ messen** avoir deux poids et deux mesures; **in [o mit] ~en** avec mesure; **über alle [o die] ~en** geh extrêmement

Maß[2] <-, -> f SDEUTSCH, A chope f (d'un litre)

Massage [ma'sa:ʒə] <-, -n> f massage m; **~n bekommen** se faire masser

Massageöl nt huile f de massage **Massagepraxis** [ma'sa:ʒə-] f cabinet m de kinésithérapie **Massagesalon** [-zalõ:, -zalɔŋ] m euph salon m de massage **Massagestab** [-ʃta:p] m vibromasseur m

Massaker [ma'sa:kɐ] <-s, -> nt massacre m

massakrieren* tr V massacrer

Maßangabe f indication f des mesures; (bei Hohlmaßen) indication f du volume **Maßanzug** m costume m sur mesure **Maßarbeit** f travail m sur mesure; **ein Anzug in ~** un costume sur mesure ▸ **das war ~!** fam c'était du travail d'horloger!

Masse ['masə] <-, -n> f ① (ungeformter Stoff) masse f
② (Teigmasse, Zutatenmasse) mélange m
③ (große Menge) foule f; **eine ~ frische[r] Pilze [o von frischen Pilzen]** une quantité de champignons frais; **in ~n** en masse
④ (Großteil der Bevölkerung) **die breite ~** le grand public
⑤ PHYS masse f
⑥ (Konkursmasse) **mangels ~** par manque d'actif

Maßeinheit f unité f de mesure **Maßeinteilung** f graduation f

Massenabsatz m vente f de masse **Massenandrang** m affluence f **Massenarbeitslosigkeit** f chômage m de masse **Massenartikel** m article m de grande consommation **Massenauflage** f PRESSE gros tirage m **Massenbewegung** f mouvement m de masse **Massenentlassung** f débauchage m de masse **Massenfabrikation** f, **Massenfertigung** f production f de masse **Massenflucht** f exode m **Massengrab** nt fosse f commune

massenhaft I. Adj massif(-ive)
II. Adv massivement

Massenhysterie f hystérie f collective **Massenkarambolage** [-karambo'la:ʒə] f carambolage m monstre **Massenkonsum** m ÖKON consommation f de masse **Massenkundgebung** f manifestation f de masse **Massenmedien** [-me:diən] Pl [mass] media mpl **Massenmord** m massacre m collectif **Massenmörder(in)** m(f) tueur en série(-euse) m(f) **Massenproduktion** f production f de masse **Massenpsychologie** f psychologie f des masses **Massensterben** nt hécatombe f **Massentierhaltung** f élevage m en batterie **Massentourismus** m tourisme m de masse **Massenveranstaltung** f manifestation f de masse **massenweise** s. **massenhaft**

Masseur(in) [ma'sø:ɐ] <-s, -e> m(f) masseur(-euse)[-kinésithérapeute] m

Masseuse [ma'sø:zə] <-, -n> f masseuse f

Maßgabe f form **nach ~ der Vorschriften** conformément aux règles; **mit der ~, dass** sous réserve que + subj

maßgebend, maßgeblich Adj Persönlichkeit de premier plan; Kreise autorisé(e); Einfluss, Bedeutung, Urteil déterminant(e); **für jdn nicht ~ sein** ne pas être déterminant(e) pour qn

Maßgeblichkeit <-> f JUR autorité f, rôle m déterminant

maßgerecht Adj aux dimensions prescrites **maßgeschneidert** Adj Anzug, Kostüm sur mesure

maß|halten s. Maß[1] ▸

massieren* I. tr V ① masser Person, Schulter; **sich ~ lassen** se faire masser; **er hat ihr den Rücken massiert** il lui a massé le dos
② MIL masser Truppen, Abwehr
II. itr V faire des massages

massig ['masɪç] I. Adj Gestalt, Möbelstück massif(-ive)
II. Adv fam des masses (fam); **~ Zeit haben** avoir des masses de temps libre (fam)

mäßig ['mɛ:sɪç] I. Adj ① (maßvoll) Preis, Steigerung modéré(e)
② (leidlich, gering) Befinden, Qualität, Leistung médiocre; Applaus timide; Verdienst modeste
II. Adv ① essen, trinken, rauchen modérément; **~, aber regelmäßig** hum à petite dose, mais régulièrement (hum)
② (gering) **~ ausfallen** atteindre des chiffres modestes
③ (leidlich) warm moyennement

mäßigen ['mɛ:sɪgən] I. tr V modérer
II. r V **sich ~** se modérer; **sich in etw** (Dat) **~** se modérer dans qc

Mäßigkeit <-> f tempérance f

M

Mäßigung <-> *f* modération *f*

massiv [ma'si:f] *Adj* ❶ massif(-ive); **eine Uhr aus ~em Gold** une montre en or massif; **der Tisch ist ~ Eiche** [*o* **Eiche ~**] la table est en chêne massif
❷ (*solide, wuchtig*) **ein ~er Bau** une construction en dur
❸ (*heftig*) *Angriff, Kritik, Vorwurf* vif(vive)

Massiv <-s, -e> *nt* massif *m*

Massivbauweise *f* construction *f* en dur

Maßkrug *m* chope *f* (*d'un litre*)

maßlos I. *Adj* démesuré(e); **er ist im Essen/Trinken ~** il ne sait pas se limiter quand il mange/boit
II. *Adv* excessivement

Maßlosigkeit <-> *f* démesure *f*; **seine ~ im Essen/Trinken** ses excès de table/boisson

Maßnahme <-, -n> *f* mesure *f*

Maßregel *f meist Pl* disposition *f*; **~n ergreifen** [*o* **treffen**] prendre des dispositions **maßregeln** *tr V* prendre des mesures disciplinaires contre **Maßschneider(in)** *m(f)* tailleur *m*/couturière *f* **Maßstab** *m* ❶ échelle *f*; **eine Landkarte im ~ 1:10000** une carte à l'échelle de 1/10000e ❷ (*Kriterium*) critère *m*; **neue Maßstäbe setzen** établir de nouveaux critères [de qualité]; **strenge Maßstäbe an etw** (*Akk*) **anlegen** juger qc selon des critères rigoureux ❸ (*Beispiel*) **sich** (*Dat*) **jdn zum ~ nehmen** prendre qn comme référence

maßstäblich, **maßstab[s]gerecht**, **maßstab[s]getreu** *Adj, Adv* à l'échelle

maßvoll I. *Adj* modéré(e); **in etw** (*Dat*) **~ sein** être modéré(e) dans qc
II. *Adv* avec modération

Mast[1] [mast] <-[e]s, -en *o* -e> *m* ❶ *a.* NAUT mât *m*
❷ (*Lichtmast, Telefonmast*) poteau *m*
❸ (*Hochspannungsmast*) pylône *m*

Mast[2] <-, -en> *f* engraissement *m*

Mastbaum *m* NAUT mât *m*

Mastdarm *m* ANAT rectum *m*

mästen ['mɛstən] *tr V* engraisser

Mastgans *f* oie *f* engraissée

Mastkorb *m* NAUT hune *f*

Mastochse *m* bœuf *m* engraissé

Masturbation <-, -en> *f* masturbation *f*

masturbieren* I. *itr V* se masturber
II. *tr V* masturber

Mastvieh *nt* bétail *m* à l'engrais [*o* d'embouche]

Matador [mata'do:ɐ] <-s, -e> *m* matador *m*

Match [mɛtʃ, mætʃ] <-[e]s, -e[s]> *nt o* CH *m* SPORT match *m*

Matchball ['mɛtʃ-] *m* balle *f* de match **Matchsack** ['mɛtʃ-] *m* sac *m* de sport

Mate <-> *m* maté *m*

Material [materi'a:l] <-s, -ien> *nt* ❶ (*Rohstoff*) matériau *m*
❷ (*Ausrüstungsgegenstände*) matériel *m pas de pl*
❸ (*Belege, Unterlagen*) matériaux *mpl*

Materialanforderung *f* demande *f* de matériel **Materialbedarf** *m* ÖKON, TECH besoin *m* en matériel **Materialermüdung** *f* fatigue *f* du matériau **Materialfehler** *m* défaut *m* du matériau

Materialismus [materia'lɪsmʊs] <-> *m* matérialisme *m*

Materialist(in) [materia'lɪst] <-en, -en> *m(f)* matérialiste *mf*

materialistisch I. *Adj* matérialiste
II. *Adv* **~ denken** avoir l'esprit matérialiste

Materialkosten *Pl* coûts *mpl* des matériaux **Materiallager** *nt* dépôt *m* de matériel **Materialprüfung** *f* TECH contrôle *m* des matériaux **Materialsammlung** *f* documentation *f* **Materialschlacht** *f* MIL bataille *f* d'artillerie **Materialverbrauch** *m* consommation *f* en matériaux **Materialwirtschaft** *f* ÖKON gestion *f* du matériel [*o* de l'approvisionnement]

Materie [ma'te:riə] <-, -n> *f* ❶ *kein Pl* PHYS matière *f*
❷ *kein Pl geh* (*Substanz*) matière *f*
❸ *geh* (*Thema*) sujet *m*; **die ~ beherrschen** maîtriser son sujet

materiell [materi'ɛl] I. *Adj* ❶ (*wirtschaftlich orientiert*) matériel(le)
❷ *pej* (*materialistisch*) *Person, Einstellung* matérialiste
❸ (*stofflich*) matériel(le); *Eigenschaft* physique
II. *Adv pej* **~ eingestellt sein** avoir l'esprit matérialiste

Mathe ['matə] <-> *f fam* math[s] *fpl* (*fam*)

Mathematik [matema'ti:k] <-> *f* mathématiques *fpl*; **~ unterrichten** enseigner les mathématiques; **höhere ~** mathématiques supérieures
▸ **das ist höhere ~ für mich** c'est du chinois pour moi

Mathematiker(in) [mate'ma:tikɐ] <-s, -> *m(f)* mathématicien(ne) *m(f)*

Mathematikunterricht *m* cours *m* de mathématiques

mathematisch [mate'ma:tɪʃ] I. *Adj* mathématique
II. *Adv* mathématiquement

Mathias <-> *m* Matthieu *m*, Matthias *m*

Matinee [mati'ne:] <-, -n> *f* séance *f* matinale

Matjes ['matiəs] <-, -> *m*, **Matjeshering** *m jeune hareng mariné dans du sel*

Matratze [ma'tratsə] <-, -n> *f* matelas *m*

Matratzenschoner *m* alèse *f*, protège-matelas *m*

Mätresse [mɛ'trɛsə] <-, -n> *f* maîtresse *f*; *eines Königs* favorite *f*

matriarchalisch [matriar'ça:lɪʃ] *Adj* matriarcal(e)

Matriarchat [matriar'ça:t] <-[e]s, -e> *nt* matriarcat *m*

Matrikel [ma'tri:kəl] <-, -n> *f* ❶ UNIV [registre *m*] matricule *f*
❷ A (*Personenstandsregister*) registre *m* d'état civil

Matrikelnummer *f* UNIV numéro *m* d'immatriculation [*o* d'inscription]

Matrix ['ma:trɪks, *Pl:* ma'tri:tsən] <-, Matrizen *o* Matrizes> *f* matrice *f*

Matrixdrucker *m* INFORM imprimante *f* matricielle

Matrize [ma'tri:tsə] <-, -n> *f* stencil *m*

Matrone [ma'tro:nə] <-, -n> *f pej* matrone *f* (*péj*)

matronenhaft *Adj pej* comme une matrone; **eine ~e Frau** une matrone (*péj*); **~ sein** [*o* **wirken**] avoir une allure de matrone (*péj*)

Matrose [ma'tro:zə] <-n, -n> *m* matelot *m*

Matrosenanzug *m* costume *m* de marin **Matrosenkragen** *m* col *m* marin

Matsch [matʃ] <-[e]s> *m* ❶ (*Schlamm*) gadoue *f*
❷ (*Schneematsch*) soupe *f*
❸ (*breiige Masse*) bouillie *f*

matschig *Adj fam* ❶ (*schlammig*) recouvert(e) de gadouille (*fam*); **~e Erde** gadouille *f* (*fam*); **~ werden/sein** devenir/être boueux(-euse)
❷ (*aufgeweicht*) *Schnee* boueux(-euse)
❸ (*weich*) *Frucht* écrabouillé(e) (*fam*); **~ sein** être de la bouillie

matschkern *itr V* A *fam* (*maulen*) râler

Matschwetter *nt fam* temps *m* pourri

matt [mat] I. *Adj* ❶ (*kraftlos*) *Person* las(se); *Arme, Beine, Glieder* fatigué(e); **~ werden** se fatiguer
❷ (*schwach, energielos*) *Lächeln* pâle; *Stimme* éteint(e); *Winken* las(se); *Entschuldigung, Widerspruch* mou(molle)
❸ (*glanzlos*) *Augen* terne; *Abzug, Metall, Politur* mat(e)
❹ (*trübe, gedämpft*) *Licht* faible; *Farbe* pâle
❺ (*undurchsichtig*) *Glas* dépoli(e); *Glühbirne* translucide
❻ SCHACH **~ sein** être mat *inv*; **~!** [échec et] mat!
▸ **jdn ~ setzen** mater qn
II. *Adv* ❶ (*schwach*) *erhellen* faiblement
❷ (*energielos*) *bestreiten, widersprechen* mollement

Matt <-s, -s> *nt* SCHACH mat *m*

Matte ['matə] <-, -n> *f* ❶ (*Unterlage zum Liegen*) natte *f*; (*Isomatte*) matelas *m*; SPORT tapis *m*
❷ (*Fußmatte*) paillasson *m*; (*im Auto*) tapis *m* de sol
❸ CH, A (*Bergwiese*) alpage *m*
▸ **bei jdm auf der ~ stehen** *fam* être à pied d'œuvre chez qn

Matterhorn ['matɐhɔrn] *nt* **das** ~ le [mont] Cervin
Mattglas *nt* verre *m* dépoli
Matthäus [ma'tɛːʊs] <-> *m* BIBL Saint Matthieu
Matthäusevangelium [-evaŋgeː-] *nt* Évangile *m* selon Saint Matthieu
Mattigkeit <-> *f* lassitude *f*
Mattscheibe *f fam* (*Bildschirm*) télé *f* (*fam*)
▸ ~ **haben** *sl* avoir un trou/des trous (*fam*)
Matura [ma'tuːra] <-> *f* A, CH baccalauréat *m*
Maturand(in) [matu'rant] <-en, -en> *m(f)* CH, **Maturant(in)** <-en, -en> *m(f)* A (*Prüfungskandidat*) candidat(e) *m(f)* au baccalauréat; (*Prüfungsabsolvent*) bachelier(-ière) *m(f)*
maturieren* *itr V* A passer le bac[calauréat]
Maturität [maturi'tɛːt] CH *s.* **Matura**
Mätzchen ['mɛtsçən] <-s, -> *nt meist Pl fam* ❶ (*Albernheiten*) singerie *f* (*fam*); **mach keine** ~**!** fais pas le con/la conne! (*pop*)
❷ (*Trick*) **Hände hoch und keine** ~**!** haut les mains et pas de bêtises! (*fam*)
Matze ['matsə] <-, -n> *f*, **Matzen** <-s, -> *m* pain *m* azyme
Mauer ['maʊɐ] <-, -n> *f* ❶ *a.* SPORT mur *m;* **die Berliner** ~ HIST le mur de Berlin; **die Chinesische** ~ la Grande Muraille
❷ (*Stadtmauer*) enceinte *f;* **in den** ~**n der Stadt** *geh* intramuros; **innerhalb unserer** ~**n** dans l'enceinte de notre ville
▸ **die** ~ **des Schweigens** le mur du silence
Mauerbau *m kein Pl* HIST construction *f* du mur [de Berlin] **Mauerblümchen** [-blyːmçən] *nt fam* jeune fille *f* qui fait tapisserie (*fam*); **ein** ~ **sein** faire tapisserie (*fam*)
mauern ['maʊɐn] **I.** *tr V* maçonner *Mauer, Keller;* **eine Wand aus Backsteinen** ~ maçonner un mur en briques
II. *itr V fam* ❶ (*zurückhalten*) faire de l'obstruction
❷ SPORT, KARTEN bétonner (*fam*)
Mauerpfeffer *m* BOT poivre *m* de muraille **Mauersegler** *m* martinet *m* [noir] **Mauerstein** *m* brique *f* **Mauervorsprung** *m* encorbellement *m* **Mauerwerk** *nt kein Pl* ❶ (*die Mauern*) murs *mpl* ❷ (*Steinmauer*) maçonnerie *f*
Maul [maʊl, *Pl:* 'mɔɪlɐ] <-[e]s, Mäuler> *nt* ❶ *eines Tiers* gueule *f*
❷ *sl* (*Mund*) gueule *f* (*fam*); **hungrige Mäuler stopfen müssen** avoir à nourrir des bouches affamées
❸ *sl* (*Mundwerk*) gueule *f* (*pop*); **ein freches** ~ **haben** ne pas avoir la langue dans sa poche; **sein** ~ **halten** fermer sa gueule (*pop*); **mach's** ~ **auf!** ouvre-la! (*pop*); **halt's** ~**!** [ferme] ta gueule! (*pop*)
▸ **ein großes** ~ **haben** *sl* avoir une grande gueule (*pop*); **das** ~ [**zu**] **weit aufreißen** *sl* avoir une [trop] grande gueule (*pop*); **jdm das** ~ **stopfen** *sl* clouer le bec à qn (*fam*); **sich** (*Dat*) **das** ~ **zerreißen** *fam* bavasser (*fam*); **sich** (*Dat*) **das** ~ **über jdn/etw zerreißen** *fam* casser du sucre sur le dos de qn (*fam*)
Maulaffen ▸ ~ **feilhalten** *pej* bayer aux corneilles (*péj*) **Maulbeerbaum** *m* BOT mûrier *m* **Maulbeere** *f* mûre *f*
maulen ['maʊlən] *itr V fam* râler (*fam*); **über etw** (*Akk*) ~ râler à cause de qc
Maulesel *m* mulet *m* **maulfaul** *Adj sl* pas très causant(e) (*fam*) **Maulheld(in)** *m(f) pej* grande gueule *f* (*pop*) **Maulkorb** *m eines Hundes* muselière *f* ▸ **jdm einen** ~ **anlegen** bâillonner qn **Maulsperre** *f fam* décrochage *m* de la mâchoire; **davon bekommt** [*o* **kriegt**] **man ja** [**die**] ~**!** c'est un truc à se décrocher la mâchoire! (*fam*) **Maultasche** *f raviole souabe* **Maultier** *s.* **Maulesel** **Maul- und Klauenseuche** *f* fièvre *f* aphteuse **Maulwurf** <-[e]s, -würfe> *m a. fig fam* (*Spitzel*) taupe *f* **Maulwurfshaufen** *m*, **Maulwurfshügel** *m* taupinière *f*
maunzen ['maʊntsən] *itr V fam Katze:* miauler
Maure ['maʊrə] <-n, -n> *m*, **Maurin** *f* Maure *m*/Mauresque *f*
Maurer(in) ['maʊrɐ] <-s, -> *m(f)* maçon(ne) *m(f)*
▸ **pünktlich wie die** ~ *hum* réglé(e) comme une horloge (*hum*)
Maurerarbeit *f* maçonnerie *f* **Maurerhandwerk** *nt* métier *m* de maçon **Maurerkelle** *f* truelle *f*
Mauretanien [maʊre'taːniən] <-s> *nt* la Mauritanie
Mauretanier(in) <-s, -> *m(f)* Mauritanien(ne) *m(f)*
mauretanisch *Adj* mauritanien(ne)
Maurin *s.* **Maure**
maurisch ['maʊrɪʃ] *Adj* mauresque
Mauritier(in) [maʊ'riːtsiɐ] <-s, -> *m(f)* Mauricien(ne) *m(f)*
mauritisch [maʊ'riːtɪʃ] *Adj* mauricien(ne)
Mauritius [maʊ'riːtsiʊs] <-> *nt* la Maurice
Maus [maʊs, *Pl:* 'mɔɪzə] <-, Mäuse> *f* ❶ *a.* INFORM souris *f*
❷ *fam* (*Mädchen*) nénette *f* (*fam*)
❸ *Pl sl* (*Geld*) pèze *m* (*arg*)
▸ **da beißt die** ~ **keinen Faden ab** *fam* y a pas à tortiller (*fam*); **graue** ~ *fam* nana *f* quelconque (*fam*); **weiße Mäuse sehen** *fam* voir des éléphants roses (*fam*)
Mauschelei [maʊʃə'laɪ] <-, -en> *f fam* magouille *f* (*fam*)
mauscheln ['maʊʃəln] *itr V fam* magouiller (*fam*)
Mäuschen ['mɔɪsçən] <-s, -> *nt Dim von* **Maus** souriceau *m*
▸ **da möchte ich gerne** ~ **sein** [*o* **spielen**] *fam* c'est là que j'aimerais bien être une petite souris (*fam*)
mäuschenstill *Adj* ~ **sein** *Person:* ne pas faire le moindre bruit; **im Raum war es** ~ dans la salle, on aurait entendu voler une mouche
Mäusebussard *m* buse *f*
Mausefalle *f* souricière *f* **Mauseloch** *nt* trou *m* de souris
Mäusemelken *nt* ▸ **das** [*o* **es**] **ist zum** ~**!** *fam* c'est dingue! (*fam*)
mausen ['maʊzən] **I.** *itr V* DIAL (*Mäuse fangen*) attraper des souris
II. *tr V fam* (*stehlen*) faucher (*fam*), piquer (*fam*)
Mauser ['maʊzɐ] <-> *f* mue *f;* **in der** ~ **sein** être en train de muer
Mäuserich ['mɔɪzərɪç] <-s, -e> *m fam* souris *f* mâle
mausern ['maʊzɐn] *r V* ❶ **sich** ~ *Vogel:* muer
❷ *fam* **sich** ~ se métamorphoser; **sich zu etw** ~ (*sich vorteilhaft verändern*) se métamorphoser en qc
mausetot *Adj fam* ~ **sein** être [bel et] bien mort(e)
mausgrau *Adj* gris souris *inv;* **eine** ~**e Krawatte** une cravate gris souris
mausig ['maʊzɪç] *Adj* ▸ **sich** ~ **machen** *fam* ramener sa fraise (*fam*)
Mausklick ['maʊsklɪk] *m* INFORM clic *m* [de la souris]; **per** ~ en cliquant; **mit jedem** ~ chaque fois qu'on clique
Mausoleum [maʊzo'leːʊm] <-s, Mausoleen> *nt* mausolée *m*
Mauspad ['maʊspɛt, -pæd] <-s, -s> *nt* INFORM tapis *m* de souris, sourisodrome (*fam*) **Maustaste** *f* INFORM bouton *m* de la souris; **linke/rechte** ~ bouton gauche/droit de la souris **Maustreiber** *m* INFORM drive[u]r *m* de la souris
Maut [maʊt] <-, -en> *f*, **Mautgebühr** *f bes.* A péage *m*
Mautstelle *f bes.* A péage *m* **Mautstraße** *f bes.* A route *f* à péage
Maxi ['maksi] <-s> *nt kein Art* ~ **tragen** porter du long
Maxima *Pl von* **Maximum**
maximal [maksi'maːl] **I.** *Adj* maximum
II. *Adv* au maximum; **das** ~ **zulässige Gewicht** le poids maximal autorisé
Maximalstrafe *f* peine *f* maximale **Maximalwert** *m* valeur *f* maximale
Maxime [ma'ksiːmə] <-, -n> *f geh* maxime *f*
maximieren* *tr V* maxim[al]iser
Maximierung <-, -en> *f* maxim[al]isation *f*
Maximilian [maksi'miːliaːn] <-s> *m* Maximilien *m*
Maximum ['maksimʊm] <-s, Maxima> *nt* maximum *m;* **ein** ~ **an Konzentration** un maximum de concentration
Maxisingle [-sɪŋgl] *f* maxi-quarante-cinq tours *m*
Mayonnaise [majɔ'nɛːzə] <-, -n> *f* mayonnaise *f*
Mazedonien [matse'doːniən] <-s> *nt* Macédoine *f*
Mazedonier(in) [matse'doːniɐ] <-s, -> *m(f)* Macédonien(ne)

M

m(f)
mazedonisch [matse'do:nɪʃ] *Adj* macédonien(ne)
Mäzen [mɛ'tse:n] <-s, -e> *m* mécène *m*
mb [ɛm'be:] *Abk von* **Millibar** mbar *m*
MB *nt Abk von* **Megabyte** Mo *m*
mbH ÖKON *Abk von* **mit beschränkter Haftung** à responsabilité limitée
MdB [ɛmde:'be:] *Abk von* **Mitglied des Bundestages** député(e) *m(f)* au Bundestag
MdL [ɛmde:'ʔɛl] *Abk von* **Mitglied des Landtages** député(e) *m(f)* au Landtag
m. E. *Abk von* **meines Erachtens** à mon avis
Mechanik [me'ça:nɪk] <-, *selten* -en> *f* mécanique *f*
Mechaniker(in) [me'ça:nikɐ] <-s, -> *m(f)* mécanicien(ne) *m(f)*
mechanisch [me'ça:nɪʃ] I. *Adj* mécanique
II. *Adv* mécaniquement
Mechanisierung <-, -en> *f* mécanisation *f*
Mechanismus [meça'nɪsmʊs] <-, -nismen> *m* mécanisme *m*
Meckerei [mɛkə'raɪ] <-, -en> *f fam* rouspétances *fpl (fam)*
Meckerer ['mɛkərɐ] <-s, -> *m pej fam* râleur *m*
Meckerfritze <-n, -n> *m fam* râleur *m (fam)* **Meckerliese** <-, -n> *f fam* râleuse *f (fam)*
meckern ['mɛkɐn] *itr V* ❶ *Ziege:* bêler
❷ *fam (nörgeln)* **über jdn/etw ~** râler contre qn/qc *(fam)*
Mecklenburg-Vorpommern <-s> *nt* Mecklembourg-Poméranie-Occidentale [*o* Antérieure] *m*
med. *Adj Abk von* **medizinisch** médical(e)
Medaille [me'daljə] <-, -n> *f* médaille *f*
Medaillengewinner(in) [me'daljən-] *m(f)* médaillé(e) *m(f)*
Medaillon [medal'jõ:] <-s, -s> *nt* médaillon *m*
medial [medi'a:l] *Adj* ❶ PSYCH *Fähigkeiten* médiumnique
❷ MED *(in der Mitte liegend)* médian(e)
❸ *(die Medien betreffend)* médiatique
Medien ['me:diən] *Pl* ❶ *Pl von* **Medium**
❷ *(Informationsmittel)* média *mpl*
Mediendienst ['me:diən-] *m* service *m* médiatique **Medienereignis** *nt* événement *m* médiatique **Medienforschung** *f kein Pl* recherche *f* médiatique **mediengerecht** *Adj* médiatique **Medienkonzern** *m* groupe *m* médiatique **Medienlandschaft** *f* paysage *m* médiatique **Medienrummel** *m fam* tapage *m* médiatique **Medienspektakel** *nt* spectacle *m* médiatique **Medienverbund** *m* ❶ SCHULE système *m* multimédia; **im ~ lernen** apprendre en multimédia ❷ IND multimédia *m* **medienwirksam** *Adj* médiatique
Medikament [medika'mɛnt] <-[e]s, -e> *nt* médicament *m*
medikamentenabhängig *Adj* pharmacodépendant(e)
medikamentös [medikamɛn'tø:s] I. *Adj* médicamenteux(-euse)
II. *Adv* avec des médicaments
Meditation [medita'tsio:n] <-, -en> *f* méditation *f*
meditativ [medita'ti:f] *Adj* méditatif(-ive)
mediterran [meditɛ'ra:n] *Adj* méditerranéen(ne)
meditieren* *itr V* ❶ méditer
❷ *geh (nachsinnen)* **über etw** *(Akk)* **~** méditer sur qc
Medium ['me:diʊm] <-s, -dien> *nt* ❶ *(Mensch)* médium *m*
❷ *geh (vermittelndes Element)* intermédiaire *m;* **mit Hilfe des ~s Schrift** par le truchement de l'écriture
❸ PHYS milieu *m*
Medizin [medi'tsi:n] <-, -en> *f* ❶ *kein Pl (Heilkunde)* médecine *f;* **innere ~** médecine interne
❷ *fam (Medikament)* médicament *m*
► **eine heilsame ~ für jdn sein** *geh* servir de leçon à qn
Medizinball *m* médecine-ball *m*
Mediziner(in) [medi'tsi:nɐ] <-s, -> *m(f)* médecin *m*
medizinisch I. *Adj* ❶ *Ausbildung, Gebiet* médical(e); *Fakultät, Prüfung* de médecine
❷ *(ärztlich)* médical(e)
❸ *(heilend) Bad, Zahnpasta* traitant(e); *Tee* médicinal(e); *Anwendung, Bestrahlung* curatif(-ive)
II. *Adv* ❶ *vorgebildet* dans le domaine médical
❷ *(ärztlich)* médicalement
Medizinmann <-männer> *m* ❶ *eines Naturvolks* guérisseur *m*
❷ *fam (Arzt)* toubib *m (fam)* **Medizinstudent(in)** *m(f)* étudiant(e) *m(f)* en médecine
Meer [me:ɐ] <-[e]s, -e> *nt a. fig* mer *f;* **ans ~ fahren** aller à la mer; **am ~** au bord de la mer; **das Rote/Schwarze/Tote ~** la mer Rouge/Noire/Morte
Meerbarbe *f* ZOOL rouget *m* barbet **Meerbusen** *m* golfe *m;* **der Bottnische/Finnische ~** le golfe de Botnie/Finlande
Meerenge <-, -n> *f* détroit *m*
Meeresarm *m* bras *m* de mer **Meeresbiologe** *m*, **-biologin** *f* océanologue *mf* **Meeresbiologie** *f* océanologie *f* **Meeresboden** *m kein Pl* fond *m* de la mer [*o* de l'océan] **Meeresforschung** *f* océanographie *f* **Meeresfrüchte** *Pl* fruits *mpl* de mer **Meeresgrund** *m* fond *m* de la mer [*o* de l'océan] **Meereskunde** *s.* Meeresforschung
meereskundlich *Adj* océanographique
Meeressäugetier *nt* mammifère *m* marin **Meeresschildkröte** *f* tortue *f* de mer **Meeresspiegel** *m* niveau *m* de la mer; **über/unter dem ~** au-dessus/au-dessous du niveau de la mer **Meeresströmung** *f* courant *m* marin **Meeresverschmutzung** *f* pollution *f* de la mer
Meergott *m* dieu *m* de la Mer **Meerjungfrau** *f* sirène *f* **Meerkatze** *f* macaque *m* **Meerrettich** *m* raifort *m* **Meersalz** *nt* sel *m* marin **Meerschaum** *m kein Pl* écume *f* **Meerschaumpfeife** *f* pipe *f* en écume [de mer] **Meerschweinchen** *nt* cochon *m* d'Inde **Meerungeheuer** *nt* monstre *m* marin **Meerwasser** *nt* eau *f* de mer
Meeting ['mi:tɪŋ] <-s, -s> *nt* réunion *f*
Megabit ['me:gabɪt, mega'bɪt] *nt* INFORM mégabit *m*
Megabyte ['me:gabaɪt] *nt* méga-octet *m*
Megafon[RR] *nt* mégaphone *m*
Megahertz ['me:gahɛrts] *nt* méga-hertz *m*
Megalith [mega'li:t] <-en, -en> *m* mégalithe *m*
Megaphon [mega'fo:n] <-s, -e> *nt* mégaphone *m*
Megatonne ['me:ga-] *f* mégatonne *f*
Megawatt *nt* PHYS mégawatt *m*
Mehl [me:l] <-[e]s, -e> *nt* farine *f*
mehlig ['me:lɪç] *Adj* ❶ *(mit Mehl bestäubt)* enfariné(e)
❷ *(trocken) Apfel, Birne, Kartoffel* farineux(-euse)
❸ *(fein zerrieben) Gesteinsstaub* pulvérulent(e)
Mehlsack *m* sac *m* de farine **Mehlschwitze** *f* roux *m* **Mehlspeise** *f* ❶ *(mit Mehl bereitetes Gericht) entremets à base de farine* ❷ A *(Gebäck)* pâtisserie *f;* *(Süßspeise)* entremets *m* [sucré] **Mehltau** *m kein Pl* blanc *m* **Mehlwurm** *m* ver *m* de farine
mehr [me:ɐ] I. *Pron indef, unv Komp von* **viel** plus; **~ Brot/Obst** plus de pain/de fruits; **~ Sorgfalt** plus de soin; **~ Sport treiben** faire plus de sport; **immer ~ wollen** vouloir toujours plus; **immer ~** toujours plus
► **~ als das** *(positiv)* mieux que cela; *(negativ)* pire que cela; **~ und ~** de plus en plus
II. *Adv* ❶ *(in größerem Maße)* davantage; **sich noch ~ ärgern** se fâcher encore plus
❷ *(in Verbindung mit Verneinungen)* **nicht ~ rauchen** ne plus fumer; **nichts ~ sagen** [ne ...] plus dire rien; **nie ~** [ne ...] plus jamais; **niemand/keiner ~** [ne] ... plus personne; **kein Geld/keine Zeit ~ haben** ne plus avoir d'argent/le temps; **keine Eltern ~ haben** ne plus avoir de parents
► **~ oder weniger** [*o* **minder** *geh*] plus ou moins; **mit ~ oder weniger Erfolg** avec plus ou moins de succès; **nicht ~ sein** *euph* ne plus être
Mehr <-[s]> *nt* ❶ *(zusätzlicher Aufwand)* surcroît *m;* **~ an Arbeit** *(Dat)* surcroît de travail
❷ CH *(Stimmenmehrheit)* majorité *f*
Mehrarbeit *f kein Pl* ❶ *(zusätzliche Arbeit)* surcroît *m* de tra-

vail ❷ (*Überstunden*) heures *fpl* supplémentaires **Mehraufwand** *m* (*an Geld*) dépenses *fpl* supplémentaires
mehrbändig [-bɛndɪç] *Adj* en plusieurs volumes
Mehrbedarf *m* (*an Gütern*) besoins *mpl* supplémentaires **Mehrbelastung** *f* ❶ *a. fig* (*Last*) surcharge *f* ❷ *s.* **Mehraufwand** **Mehrbereichsöl** *nt* huile *f* multigrade
mehrdeutig ['meːɐdɔɪtɪç] **I.** *Adj Anspielung, Aussage* ambigu(ë)
II. *Adv* de façon ambiguë
Mehrdeutigkeit <-> *f* ambiguïté *f*
mehrdimensional *Adj* multidimensionnel(le)
mehren ['meːrən] *geh* **I.** *tr V* accroître
II. *r V* se multiplier
mehrere ['meːrərə] *Pron indef* plusieurs; ~ **von ihnen** plusieurs d'entre eux/elles; **zu ~n** à plusieurs; **~s** plusieurs choses *fpl*
mehrerlei ['meːrɐ'laɪ] *Adj indef, unv* divers(e); ~ **Sorten Brot** diverses sortes de pain
Mehrerlös *m*, **Mehrertrag** *m* excédent *m*, surplus *m*
mehrfach ['meːɐfax] **I.** *Adj* ❶ (*vielfach*) multiple; **~er Millionär sein** être multimillionnaire
❷ (*wiederholt*) réitéré(e)
II. *Adv ausgezeichnet, operiert* à plusieurs reprises
Mehrfache(s) *nt dekl wie Adj* multiple *m*; **ein ~s an Besuchern erwarten** s'attendre à avoir beaucoup plus de visiteurs
Mehrfachsteckdose *f* prise *f* multiple **Mehrfachstecker** *m* prise *f* multiple, multiprise *f*
Mehrfahrtenkarte *f* billet *m* [valable] pour plusieurs voyages **Mehrfamilienhaus** [-liən-] *nt* immeuble *m* **Mehrfarbendruck** *m* impression *f* [en] couleurs **mehrfarbig** **I.** *Adj Kleidungsstück, Muster* multicolore; *Druck, Radierung* polychrome **II.** *Adv* de plusieurs couleurs **mehrgleisig** **I.** *Adj* EISENBAHN à plusieurs voies **II.** *Adv* ▸ ~ **fahren** suivre plusieurs voies
Mehrheit <-, -en> *f* majorité *f*; **die absolute** ~ la majorité absolue; **die einfache/relative** ~ la majorité simple/relative; **die ~ gewinnen/verlieren** obtenir/perdre la majorité; **in der ~ sein** être majoritaire; **die ~ haben** [*o* **besitzen**] avoir la majorité
▸ **die schweigende** ~ la majorité silencieuse
mehrheitlich *Adv* majoritairement
Mehrheitsaktionär(in) *m(f)* actionnaire *mf* majoritaire **mehrheitsfähig** *Adj* capable d'obtenir la majorité **Mehrheitswahlrecht** *nt kein Pl* scrutin *m* majoritaire
mehrjährig *Adj attr* de plusieurs années; *Pflanze* pluriannuel(le)
Mehrkosten *Pl* frais *mpl* supplémentaires
mehrmalig ['meːɐmaːlɪç] *Adj attr* réitéré(e)
mehrmals ['meːɐmaːls] *Adv* plusieurs fois
mehrmotorig *Adj* AVIAT multimoteur
Mehrparteiensystem *nt* système *m* multipartite
mehrphasig *Adj Strom* polyphasé(e); **ein ~es Projekt** un projet en plusieurs étapes
Mehrplatzrechner *m* INFORM ordinateur *m* multi-utilisateurs **Mehrplatzsystem** *nt* INFORM système *m* multi-utilisateurs
mehrpolig *Adj* ELEC multipolaire
Mehrpreis *m* surcoût *m*
mehrsilbig *Adj* de plusieurs syllabes; ~ **sein** avoir plusieurs syllabes
mehrsprachig **I.** *Adj Person* polyglotte; *Land, Text, Wörterbuch* plurilingue
II. *Adv abfassen* en plusieurs langues; *aufwachsen* dans le plurilinguisme; ~ **erzogen werden** recevoir une éducation plurilingue
Mehrsprachigkeit <-> *f* plurilinguisme *m*
mehrspurig ['meːɐʃpuːrɪç] *Adj* à plusieurs voies
mehrstellig [-ʃtɛlɪç] *Adj Zahl, Betrag* à plusieurs chiffres
mehrstimmig [-ʃtɪmɪç] *Adj, Adv* à plusieurs voix
mehrstöckig [-ʃtœkɪç] **I.** *Adj* de plusieurs étages; ~ **sein** avoir plusieurs étages
II. *Adv* sur plusieurs étages
Mehrstufenrakete *f* fusée *f* à plusieurs étages
mehrstündig [-ʃtʏndɪç] *Adj* de plusieurs heures; ~ **sein** durer plusieurs heures
mehrtägig [-tɛːgɪç] *Adj* de plusieurs jours; ~ **sein** durer plusieurs jours
mehrteilig [-taɪlɪç] *Adj* TECH en plusieurs parties
Mehrwegflasche *f* bouteille *f* consignée **Mehrweggeschirr** *nt* vaisselle *f* réutilisable **Mehrwegverpackung** *f* emballage *m* réutilisable
Mehrwertsteuer *f* taxe *f* à la valeur ajoutée **mehrwertsteuerfrei** *Adj* FISC exonéré(e) de la T.V.A.
mehrwöchig [-vœçɪç] *Adj* de plusieurs semaines; ~ **sein** durer plusieurs semaines
Mehrzahl <-> *f* ❶ plupart *f*; **die ~ der Besucher/Gläser** la plupart des visiteurs/verres
❷ (*Überzahl*) **wir sind in der ~** nous sommes plus nombreux(-euses)
❸ GRAM pluriel *m*; **in der ~** au pluriel
mehrzeilig [-tsaɪlɪç] *Adj Spruch, Strophe* de plusieurs vers; *Nachricht, Notiz* de plusieurs lignes; ~ **sein** faire plusieurs vers/lignes
Mehrzweckhalle *f* salle *f* polyvalente
meiden ['maɪdən] <mied, gemieden> *tr V geh* éviter
Meile ['maɪlə] <-, -n> *f* ❶ (*1,609 km*) mil[l]e *m*
❷ HIST (*4,8 km*) lieue *f*
▸ **etw drei ~n gegen den Wind riechen** *fam* sentir qc à des kilomètres (*fam*)
Meilenstein *m* ❶ borne *f*
❷ *geh* (*wichtiger Einschnitt*) date[-]clé *f*; **ein ~ in der Geschichte der Luftfahrt** un événement dans l'histoire de l'aviation qu'il faut marquer d'une pierre blanche
meilenweit *Adv laufen, wandern* pendant des kilomètres; *sich erstrecken* sur des kilomètres
▸ **von etw ~ entfernt sein** être à cent lieues de qc
Meiler ['maɪlɐ] <-s, -> *m* ❶ (*Kohlenmeiler*) meule *f*
❷ (*Atomreaktor*) réacteur *m*
mein[1] *Pron pers, Gen von* **ich** *veraltet poet* **er wird ~ immer gedenken** il se souviendra toujours de moi
mein[2] *Pron poss* ❶ mon(ma); ~ **Bruder** mon frère; **~e Schwester/Freundin** ma sœur/mon amie; **~e Eltern** mes parents; **~e Damen und Herren** mesdames, messieurs; **dieses Buch ist ~[e]s** ce livre est à moi; **~e liebe Brigitte** ma chère Brigitte
❷ *substantivisch* **der/die/das ~e** le mien/la mienne; **das sind die ~en** ce sont les miens/miennes; **ich habe das Meine getan** j'ai fait ce que j'avais à faire; **der/die Meine** *geh* mon époux/épouse; **die Meinen** les miens
❸ (*gewohnt, üblich*) **ich mache jetzt ~ Nickerchen** je vais faire mon petit roupillon habituel; **ich rauche am Tag ~e zehn Zigaretten** je fume bien dix cigarettes par jour
▸ **Mein und Dein nicht unterscheiden können** avoir tendance à confondre sa poche avec celle des autres
Meineid *m* parjure *m*; **einen ~ leisten** [*o* **schwören**] se parjurer
meineidig *Adj* parjure; ~ **werden** se parjurer
meinen ['maɪnən] **I.** *tr V* ❶ (*denken, urteilen*) penser; **~, dass** penser que + *indic*; **meinst du [etwa], dass sie gelogen hat?** est-ce que tu penses [vraiment] qu'elle a menti?; **man sollte ~, dass das ausreicht** on pourrait croire que cela est suffisant; **man könnte ~, man wäre in Italien** on dirait qu'on est en Italie; **was meinst du dazu?** qu'en penses-tu?
❷ (*sagen*) ~[, **dass**] dire [que + *indic*]; **„Das ist alles", meinte sie** "C'est tout", dit-elle
❸ (*sagen wollen*) **was meinst du damit?** qu'est-ce que tu entends par là?; **meinst du damit etwas Bestimmtes?** est-ce que tu penses à quelque chose de précis?
❹ (*im Sinn, Auge haben*) **meinst du die Blonde [da]?** tu

M

Meinungen äußern

• Meinungen/Ansichten ausdrücken	• exprimer son opinion/point de vue
Ich finde/meine/denke, sie sollte sich für ihr Verhalten entschuldigen.	**Je trouve/pense qu'**elle devrait s'excuser pour son comportement.
Er war **meiner Meinung nach** ein begnadeter Künstler.	C'était un artiste exceptionnel, **à mon avis.**
Ich bin der Meinung/Ansicht, dass jeder ein Mindesteinkommen erhalten sollte.	**Je pense/suis d'avis que** chaque personne devrait recevoir un salaire minimum.
Eine Anschaffung weiterer Maschinen ist **meines Erachtens** nicht sinnvoll.	**À mon avis,** l'achat de machines supplémentaires n'est d'aucun intérêt.

• Meinungen erfragen, um Beurteilung bitten	• demander les opinions et jugements
Was ist Ihre Meinung?	**Quelle est votre opinion?**
Was meinen Sie dazu?	**Qu'en pensez-vous?**
Wie sollten wir **Ihrer Meinung nach** vorgehen?	Comment devrions-nous procéder, **à votre avis?**
Was hältst du von der neuen Regierung?	**Que penses-tu du** nouveau gouvernement?
Findest du das Spiel langweilig?	**Est-ce que tu trouves** le jeu ennuyeux?
Denkst du, so kann ich gehen?	**Tu crois que** je peux sortir comme ça?
Was sagst du zu ihrem neuen Freund?	**Que penses-tu de** son nouvel ami?
Glaubst du, das ist so richtig?	**Tu crois que c'est bien comme ça?**
Hältst du das für möglich?	**Crois-tu que c'est possible?**
Meinst du, sie hat Recht?	**Tu penses qu'**elle a raison?
Wie gefällt dir meine neue Haarfarbe?	**Est-ce que** ma nouvelle couleur de cheveux **te plaît?**
Kannst du mit dieser Theorie **etwas anfangen?**	**Est-ce que** cette théorie **te dit quelque chose?**
Wie lautet Ihr Urteil über unser neues Produkt?	**Que pensez-vous de** notre nouveau produit?
Wie urteilen Sie darüber?	**Quel est votre point de vue/Quelle est votre opinion à ce sujet?**

parles de la blonde [là]?; **welches Buch meint er?** il parle de quel livre?; **du bist gemeint!** c'est de toi qu'il est question!; **mit dieser Bemerkung hat er dich gemeint** sa remarque te visait

❺ (*beabsichtigen*) **es gut/nicht gut mit jdm** ~ gâter/ne pas gâter qn; **es ernst** ~ le penser sérieusement; **das war [von mir] nicht böse gemeint** je ne pensais pas à mal; **so war das nicht gemeint** ce n'est pas ce que j'ai voulu dire; **gut gemeint sein** être bien intentionné(e); **wohl gemeint sein** partir d'une bonne intention; **danke für deinen wohl gemeinten Rat** merci de ce conseil d'ami

▶ **das sollte man ~!** on pourrait le supposer!; **das will ich [auch/doch] ~!** [mais] j'espère bien!

II. *itr V* ~ **Sie?** vous croyez?; **wie ~ Sie?** comment vous dites?; **[ganz] wie Sie ~!** comme vous voudrez!; **wenn Sie ~!** si vous voulez!; **ich meine ja nur [so]** *fam* je dis ça comme ça (*fam*)

meiner *Pron pers, Gen von* **ich** *geh* **er wird ~ gedenken** il se souviendra de moi; **wer erbarmt sich ~?** qui a pitié de moi?

meinerseits *Adv* ❶ (*ich wiederum*) de mon côté

❷ (*was mich betrifft*) pour ma part

▶ **ganz ~** de même pour moi

meines *s.* **mein**

meinesgleichen *Pron unv* ❶ *pej* (*Menschen meines Schlags*) **[ich und] ~** [moi et] mes semblables *mpl*

❷ (*Menschen wie ich*) les gens comme moi; **ich verkehre nur mit ~** je n'ai affaire qu'à mes semblables; **sie kennen niemanden ~** *geh* ils ne connaissent rien ni personne qui m'égale (*soutenu*)

meinethalben ['maɪnət'halbən] *Adv veraltet,* **meinetwegen** *Adv* ❶ (*wegen mir*) à cause de moi

❷ (*mir zuliebe*) pour moi

❸ (*wenn es nach mir ginge*) s'il n'en tient qu'à moi

meinetwillen ['maɪnət'vɪlən] *Adv* **um ~** [par amour] pour moi

meinige *Pron poss veraltet geh* **der/die/das ~** le mien/la mienne; **das sind die ~n** ce sont les miens/miennes; **ich habe das Meinige getan** j'ai fait ce que j'avais à faire; **der/die Meinige** *geh* mon époux/épouse; **die Meinigen** les miens

Meinung ['maɪnʊŋ] <-, -en> *f* avis *m,* opinion *f;* **der ~ sein, dass** être d'avis que + *indic;* **meiner ~ nach** à mon avis; **einer [*o* der gleichen] ~ sein** être du même avis; **anderer ~ sein** être d'un avis différent; **geteilter ~ sein** avoir des avis divergents; **bei seiner ~ bleiben** rester sur ses positions; **seine ~ ändern** changer d'avis; **was ist Ihre ~ dazu?** quelle est votre opinion là-dessus?; **die öffentliche ~** l'opinion publique

▶ **jdm die ~ sagen** [*o* **geigen** *fam*] dire à qn ses quatres vérités (*fam*)

Meinungsäußerung *f* ❶ (*Äußerung*) prise *f* de position ❷ *kein Pl* (*das Äußern*) **das Recht auf freie ~** la liberté d'expression **Meinungsaustausch** *m* échange *m* de vues **Meinungsbildung** *f* formation de l'opinion *f;* **zur ~ beitragen** aider [les gens] à se faire une opinion **Meinungsforscher(in)** *m(f)* enquêteur(-euse) *m(f)* **Meinungsforschung** *f kein Pl* sondage *m* d'opinion **Meinungsforschungsinstitut** *nt* institut *m* de sondage **Meinungsfreiheit** *f kein Pl* liberté *f* d'expression **Meinungsumfrage** *f* sondage *m* [d'opinion] **Meinungsumschwung** *m* revirement *m* d'opinion **Meinungs-**

verschiedenheit *f* ① *(Unterschiedlichkeit von Ansichten)* divergence *f* d'opinions ② *euph (Auseinandersetzung)* différend *m*
Meise ['maɪzə] <-, -n> *f* mésange *f*
▸ **eine ~ haben** *sl* avoir un grain *(fam)*
Meißel ['maɪsəl] <-s, -> *m* ciseau *m*
meißeln I. *itr V* travailler au burin; **an einem Stein/einer Skulptur ~** travailler une pierre/une sculpture au burin
II. *tr V* ① *(herstellen)* ciseler *Inschrift, Ornament;* sculpter *Skulptur*
② *(einmeißeln)* **etw in etw** *(Akk)* **~** graver qc dans qc
meist [maɪst] *s.* **meistens**
meistbietend *Adv* au plus offrant; **etw ~ verkaufen** vendre qc au plus offrant
meiste *Pron indef Superl von* **viel** ① *(der größte, überwiegende Teil)* **die ~n Leute** la plupart des gens; **die ~ Zeit** la majeure partie de son/mon/... temps; **das ~ Geld** la majeure partie de l'argent; **ich habe die ~n dieser Bücher gelesen** j'ai lu la plupart de ces livres; **die ~n** la plupart; **die ~n von uns** la plupart d'entre nous; **das ~** la plus grande partie; **das ~ haben wir jetzt geschafft** maintenant nous avons fait l'essentiel
② *(die größte Gesamtmenge)* **die ~n Probleme macht mir diese Frage** c'est cette question qui me pose le plus de problèmes; **das ~** le plus; **von uns dreien verdient sie das ~ Geld** de nous trois, c'est elle qui gagne le plus [d'argent]
meistens ['maɪstəns] *Adv,* **meistenteils** *Adv* le plus souvent
Meister(in) ['maɪstɐ] <-s, -> *m(f)* ① *(Handwerksmeister)* contremaître(-esse) *m(f);* *(Chef)* patron(ne) *m(f)*
② *fam (Meisterprüfung)* **den** [*o* **seinen**] **~ machen** *fam* passer sa maîtrise
③ SPORT champion(ne) *m(f)*
④ KUNST, MUS, REL, PHILOS maître *m;* **die alten ~** les anciens maîtres
⑤ *(Könner)* **[ein] ~ im Fälschen von Dokumenten sein** être [passé(e)] maître dans l'art de falsifier des documents
▸ **es ist noch kein ~ vom Himmel gefallen** *Spr.* Paris ne s'est pas fait en un jour; **~ Lampe** Jeannot Lapin *m*
Meisterbrief *m* brevet *m* de maîtrise
meisterhaft I. *Adj* magistral(e)
II. *Adv malen, spielen* admirablement [bien]
Meisterhand ▸ **von ~** de main de maître **Meisterleistung** *f* ① prestation *f* magistrale ② *(Kunstwerk)* chef-d'œuvre *m* ③ *iron (miserable Leistung)* exploit *m;* **nicht gerade** [*o* **nicht eben**] **eine ~ sein** n'avoir rien d'un chef-d'œuvre
meisterlich *s.* **meisterhaft**
meistern ['maɪstɐn] *tr V* venir à bout de
Meisterprüfung *f* brevet *m* professionnel
Meisterschaft <-, -en> *f* ① SPORT championnat *m;* **~ im Boxen** championnat de la boxe
② *(Können)* maîtrise *f;* **es im Zeichnen zu großer ~ bringen** acquérir une grande maîtrise du dessin; **als Dieb hat er es zu einer wahren ~ gebracht** *iron* il est passé maître dans l'art de voler
Meistersinger *m* HIST, LITER maître chanteur *m* **Meisterstück** *nt* ① *a.* KUNST chef-d'œuvre *m* ② *iron (Meisterleistung)* exploit *m* **Meistertitel** *m* ① *eines Handwerkers* titre *m* de maître ② SPORT titre *m* de champion **Meisterwerk** *nt* chef-d'œuvre *m*
meistverkauft ['maɪst-] *Adj* le plus vendu/la plus vendue
Mekka ['mɛka] <-s> *nt* ① GEOG la Mecque
② *(Eldorado)* paradis *m*
Melancholie [melaŋko'liː] <-, -n> *f* mélancolie *f*
Melancholiker(in) [melaŋ'koːlikɐ] <-s, -> *m(f)* mélancolique *mf*
melancholisch [melaŋ'koːlɪʃ] *Adj* mélancolique
Melange [me'lãːʒə] <-, -n> *f* A café *m* au lait; **zwei ~ trinken** boire deux cafés au lait
Melanom [mela'noːm] <-[e]s, -e> *nt* MED mélanome *m*
Melanzani [-ts-] <-, -> *f* A aubergine *f*
Melasse [me'lasə] <-, -n> *f* mélasse *f*
Melde ['mɛldə] <-, -n> *f* BOT arroche *f*
Meldebehörde *s.* **Einwohnermeldeamt** **Meldefrist** *f* délai *m* de déclaration de changement de domicile
melden ['mɛldən] I. *tr V* ① signaler *Verlust, Vorfall;* déclarer, faire la déclaration de *Unfall, Todesfall*
② MEDIA *(veröffentlichen)* rapporter; *(ankündigen)* annoncer; **der Wetterbericht hat Schnee gemeldet** la météo a annoncé de la neige; **wie soeben gemeldet wird** selon les [dernières] informations
③ *(denunzieren)* **jdn bei jdm ~** dénoncer qn à qn
④ *(anmelden)* **jdn jdm ~** annoncer qn à qn; **wen darf ich ~?** qui dois-je annoncer?
▸ **bei jdm nichts zu ~ haben** *fam* ne pas avoir à la ramener avec qn *(fam)*
II. *r V* ① *(die Hand heben)* **sich ~** lever le doigt; **sich im Unterricht kaum ~** participer très peu en cours
② *(sich zur Verfügung stellen)* **sich zu etw ~** se porter volontaire pour qc
③ *(am Telefon)* **sich ~** répondre; **es/da meldet sich keiner** ça ne répond pas
④ *(sich bemerkbar machen)* **sich bei jdm ~** se manifester auprès de qn; **melde dich, wenn du etwas brauchst** dis-le si tu as besoin de quelque chose; **ich melde mich bald mal wieder** je me manifeste bientôt
Meldepflicht *f* ① *(Anzeigepflicht)* déclaration *f* obligatoire ② *(Wohnsitzmeldepflicht) obligation de déclarer tout changement de domicile au service administratif compétent*
meldepflichtig *Adj Krankheit* dont la déclaration est obligatoire; **~ sein** devoir être obligatoirement déclaré(e) **Meldeschein** *m [formulaire de] déclaration de changement de domicile* **Meldezettel** *m* ① *(im Hotel)* fiche *f* de renseignements ② A *s.* **Meldeschein**
Meldung <-, -en> *f* ① MEDIA information *f;* **amtliche ~** rapport *m* officiel; **~en vom Sport** nouvelles *fpl* sportives
② *(offizielle Mitteilung)* déclaration *f* [officielle]; **~ machen** [*o* **erstatten**] faire son rapport; **jdm ~ machen** [*o* **erstatten**] faire un rapport à qn
③ *kein Pl (das Melden) eines Verdächtigen* dénonciation *f; eines Vorkommnisses* signalement *m; eines Unfalls* déclaration *f*
④ *(Anmeldung)* inscription *f;* **seine ~ zurückziehen** *Sportler:* déclarer forfait
meliert [me'liːɐt] *Adj Wolle, Teppich* moucheté(e), chiné(e); [**grau**] **~e Haare** des cheveux poivre et sel
Melisse [me'lɪsə] <-, -n> *f* mélisse *f*
Melissengeist *m* eau *f* de mélisse
melken ['mɛlkən] <melkte *o veraltet* molk, gemolken *o selten* gemelkt> I. *tr V* ① traire *Kuh, Ziege;* **frisch gemolkene Milch** du lait bourru
② *fam (finanziell ausnutzen)* soutirer du fric à *(fam)*
II. *itr V* faire la traite; **von Hand ~** traire à la main
Melker(in) ['mɛlkɐ] <-s, -> *m(f)* trayeur(-euse) *m(f)*
Melkmaschine *f* trayeuse *f*
Melodie [melo'diː] <-, -n> *f* mélodie *f*
Melodik [me'loːdɪk] <-> *f (Melodielehre)* art *m* de la mélodie
melodiös [melo'diøːs], **melodisch** [me'loːdɪʃ] I. *Adj* mélodieux(-euse)
II. *Adv* mélodieusement
Melodram [melo'draːm] <-s, -en>, **Melodrama** [melo'draːma] *nt* mélodrame *m*
melodramatisch [melodra'maːtɪʃ] *Adj* mélodramatique; **sich ~ anhören** ressembler à un mélodrame
Melone [me'loːnə] <-, -n> *f* ① *(Honigmelone)* melon *m;* *(Wassermelone)* pastèque *f*
② *fam (Hut)* [chapeau *m*] melon *m*
Membran [mɛm'braːn] <-, -en>, **Membrane** <-, -n> *f* TECH, BIO membrane *f*

Memo ['me:mo] <-s, -s> *nt fam* mémo *m* (*fam*)
Memoiren [me'moa:rən] *Pl* mémoires *mpl*
Memorandum [memo'randum] <-s, Memoranden *o* Memoranda> *nt geh* mémorandum *m*
Menage [me'na:ʒə] <-, -n> *f* (*Essig- und Ölständer*) huilier *m*
Menetekel [mene'te:kəl] <-s, -> *nt geh* mauvais présage *m*
Menge ['mɛŋə] <-, -n> *f* ❶ quantité *f*; **eine kleine ~ Zucker** une petite quantité de sucre; **die doppelte ~ Mehl** le double de farine; **Obst in ausreichender ~** des fruits en quantité suffisante
❷ *fam* (*großes Quantum*) **eine ~ Leute/Arbeit/Bücher** une flopée de gens/travail/livres (*fam*); **jede ~ Leute/Arbeit** une sacrée flopée de gens/travail (*fam*); **jede ~ Kuchen** un sacré choix de gâteaux (*fam*); **eine ganze ~ Äpfel** pas mal de pommes; **das ist eine ~ Geld!** c'est une sacrée somme! (*fam*); **eine ~ lernen** apprendre vachement de trucs (*fam*); **in rauen ~n** en quantité industrielle (*fam*)
❸ (*Menschenmenge*) foule *f*
❹ MATH ensemble *m*
mengen ['mɛŋən] **I.** *tr V* mélanger; **etw in [*o* unter] den Teig ~** mélanger qc à la pâte; **die Zutaten zu einem Teig ~** amalgamer les ingrédients pour obtenir une pâte
II. *r V fam* **sich unter die Besucher ~** se mêler aux visiteurs
Mengenlehre *f kein Pl* théorie *f* des ensembles **mengenmäßig I.** *Adj* *Beschränkung* quantitatif(-ive) **II.** *Adv* quantitativement **Mengenrabatt** *m* remise *f* sur achat en quantité
Menhir ['mɛnhi:ɐ] <-s, -e> *m* menhir *m*
Meningitis [menɪŋ'gi:tɪs] <-, Meningitiden> *f* MED méningite *f*
Meniskus [me'nɪskʊs] <-, Menisken> *m* ANAT ménisque *m*
Mennonit(in) [mɛno'ni:t] <-en, -en> *m(f)* REL mennonite *mf*
Menopause [meno'paʊzə] *f* MED ménopause *f*
Mensa ['mɛnza] <-, Mensen> *f* restaurant *m* universitaire
Mensch [mɛnʃ] <-en, -en> *m* ❶ (*Person*) personne *f*; **ein höflicher/guter ~** quelqu'un de poli/de bien; **der moderne ~** l'homme moderne; **viele ~en meinen, dass** beaucoup de gens sont d'avis que; **als ~** humainement; **viel unter ~en kommen** voir du monde; **das kann ein ~ allein gar nicht schaffen** une personne seule ne peut pas y arriver; **das glaubt dir kein ~!** personne ne va croire ce que tu racontes!
❷ (*Gattung*) homme *m*; **die ~en** les êtres *mpl* humains; **~ und Tier** l'homme et l'animal
❸ *Pl* (*Menschheit*) **die ~en** les hommes *mpl*; **alle ~en** tous les hommes
❹ *fam* (*Ausruf der Verwunderung, Verärgerung*) **~ [Meier]!** putain! (*fam*)
▸ **der ~ denkt, Gott lenkt** *Spr.* l'homme propose, Dieu dispose; **des ~en Wille ist sein Himmelreich** *iron* on n'en fait jamais qu'à sa guise; **ein anderer ~ werden** devenir quelqu'un d'autre; **sich wie der erste ~/die ersten ~en benehmen** *fam* s'y prendre comme un bleu/des bleus (*fam*); **nur noch ein halber ~ sein** *fam* n'être plus que l'ombre de soi-même; **ich bin auch nur ein ~!** je ne suis qu'un homme/qu'une femme!; **kein ~ mehr sein** *fam* (*erschöpft sein*) être vidé(e) (*fam*); **von ~ zu ~** en toute confidence
Mensch ärgere dich nicht <- - - -[s]> *nt* petits chevaux *mpl*; **~ spielen** jouer aux petits chevaux
Menschenaffe *m* singe *m* anthropoïde **menschenähnlich** *Adj* anthropoïde; **~ aussehen** ressembler à l'homme **Menschenalter** *nt* durée *f* d'une vie humaine; **ein ~ wird vergehen müssen** il faudra une vie d'homme **Menschenansammlung** *s.* Menschenauflauf **menschenarm** *Adj* peu peuplé(e) **Menschenauflauf** *m* attroupement *m* **Menschenbild** *nt* image *f* de l'homme **Menschenfeind(in)** *m(f)* misanthrope *mf* **menschenfeindlich** *Adj* *Person, Haltung* misanthrope; *Klima, Landschaft* hostile; *Politik* néfaste **Menschenfleisch** *nt* chair *f* humaine **Menschenfresser(in)** <-s, -> *m(f) fam* cannibale *mf* **Menschenfreund(in)** *m(f)* philanthrope *mf* **menschenfreundlich** *Adj* philanthropique **Menschenfreundlichkeit** *f* philanthropie *f* **Menschenführung** *f kein Pl* capacité *f* à mener des hommes **Menschengedenken** ▸ **seit ~** de mémoire d'homme **Menschenhand** ▸ **von [*o* durch] ~** *geh* par [*o* de] la main de l'homme **Menschenhandel** *m* traite *f* des esclaves **Menschenkenner(in)** *m(f)* fin connaisseur *m*/fine connaisseuse *f* de l'âme humaine; **ein guter/schlechter ~ sein** être un bon/mauvais connaisseur de l'âme humaine **Menschenkenntnis** *f kein Pl* connaissance *f* du genre humain **Menschenkette** *f* chaîne *f* humaine **Menschenleben** *nt* ❶ (*Leben eines Menschen*) vie *f* d'un homme; **ein ~ lang** toute sa/ma/... vie ❷ **der Unfall forderte zwei ~** l'accident a coûté la vie à deux personnes **menschenleer** *Adj* désert(e) **Menschenliebe** *f* philanthropie *f*; **aus reiner ~** par pure philanthropie **Menschenmasse, Menschenmenge** *f* foule *f*; **eine große ~** une foule importante **menschenmöglich** *Adj* humainement possible; **alles Menschenmögliche tun** faire tout ce qui est [humainement] possible **Menschenopfer** *nt* REL sacrifice *m* humain **Menschenraub** *m* enlèvement *m* **Menschenrechte** *Pl* droits *mpl* de l'homme
Menschenrechtsbeauftragte(r) *f(m) dekl wie Adj* délégué(e) *m(f)* aux droits de l'homme **Menschenrechtskonvention** *f* convention *f* des droits de l'homme **Menschenrechtsverletzung** *f* violation *f* des droits de l'homme
menschenscheu *Adj* insociable **Menschenscheu** *f* insociabilité *f* **Menschenschlag** *m* race *f* de gens **Menschenseele** *f* ▸ **keine ~ treffen** ne pas rencontrer âme qui vive; **es war keine ~ da** il n'y avait pas âme qui vive
Menschenskind *Interj fam* ❶ (*Ausdruck der Freude, des Erstaunens*) nom de Dieu (*fam*)
❷ (*Ausdruck des Vorwurfs, Ärgers*) bon Dieu (*fam*)
menschenunwürdig I. *Adj* indigne d'un être humain **II.** *Adv* de façon inhumaine **menschenverachtend** *Adj* méprisant(e) pour le genre humain **Menschenverachtung** *f* mépris *m* des hommes **Menschenverstand** ▸ **der gesunde ~** le bon sens **Menschenwürde** *f* dignité *f* humaine **menschenwürdig I.** *Adj* digne d'un être humain **II.** *Adv* de façon humaine
Menschheit <-> *f* humanité *f*
Menschheitsgeschichte *f kein Pl* histoire *f* de l'humanité
menschlich I. *Adj* ❶ humain(e)
❷ *fam* (*annehmbar*) *Aussehen, Kleidung* présentable
II. *Adv* ❶ humainement
❷ *fam* (*annehmbar*) **wieder ~ aussehen** être de nouveau présentable
Menschlichkeit <-> *f* humanité *f*; **aus reiner ~** par pure humanité
Menschwerdung <-> *f* REL incarnation *f*
Mensen *Pl von* Mensa
Menstruation [mɛnstrua'tsio:n] <-, -en> *f* règles *fpl*
Menstruationsbeschwerden *Pl* règles *fpl* douloureuses
menstruieren* *itr V* avoir ses règles
mental [mɛn'ta:l] **I.** *Adj* mental(e)
II. *Adv* mentalement
Mentalität [mɛntali'tɛ:t] <-, -en> *f* mentalité *f*
Menthol [mɛn'to:l] <-s> *nt* menthol *m*; **~ ist eine kristalline Substanz** le menthol est une substance cristalline
Mentholzigarette *f* cigarette *f* mentholée
Mentor ['mɛnto:ɐ] <-s, -toren> *m*, **Mentorin** *f* ❶ *geh* (*Förderer*) mentor *m* (*littér*)
❷ SCHULE conseiller(-ère) *m(f)* pédagogique
Menü [me'ny:] <-s, -s> *nt* GASTR, INFORM menu *m*
Menuett [me'nuɛt] <-s, -e> *nt* menuet *m*
menügesteuert [me'ny:gəʃtɔɪɐt] *Adj* INFORM commandé(e) par menu
Menüleiste *f* INFORM barre *f* de menu
Merchandising ['mœ:tʃəndaɪzɪŋ] <-s> *nt* marchandisage *m*
Mergel ['mɛrgəl] <-s, -> *m* GEOL marne *f*

Meridian [meri'dja:n] <-s, -e> *m* méridien *m*
Merinowolle [me'ri:no-] *f* laine *f* mérinos
Merkantilismus [mɛrkanti'lɪsmʊs] <-> *m* mercantilisme *m*
merkbar I. *Adj* (*spürbar*) perceptible
II. *Adv* (*merklich*) sensiblement
Merkblatt *nt* notice *f*
merken ['mɛrkən] *tr V* ❶ (*wahrnehmen, erkennen*) voir *Absicht, Unterschied;* **jdn etw nicht ~ lassen** ne pas montrer qc à qn; **sie hat nichts von dem Unwetter gemerkt** elle n'a rien vu de la tempête; **er merkte an ihrer Reaktion, dass es ihr unangenehm war** il remarqua à sa réaction que ça lui était pénible; **das merkt doch keiner!** *fam* ça ne se verra pas!; **bis das einer merkt!** *fam* d'ici [à ce] que quelqu'un s'en aperçoive!
❷ (*im Gedächtnis behalten*) **sich** (*Dat*) **etw ~** retenir qc; **sich** (*Dat*) **etw nicht ~ können** ne pas arriver à retenir qc; **leicht/schwer zu ~ sein** être facile/difficile à retenir; **diesen Kandidaten wird man sich ~ müssen!** il faudra se souvenir de ce candidat!; **merke: ...** attention: ...; **merk dir das!** *fam* rentre-toi ça dans le crâne! (*fam*); **na warte, das werde ich mir ~!** *fam* attends un peu, je m'en souviendrai!
► **du merkst aber auch alles!** *iron fam* [il] y en a là-dedans! (*fam*)
merklich I. *Adj* sensible
II. *Adv* sensiblement; **sich ~ verändern** *Person:* changer beaucoup; **heute ist es ~ wärmer** il fait nettement plus chaud aujourd'hui
Merkmal <-s, -e> *nt* caractéristique *f;* **ein charakteristisches ~** un signe caractéristique; **ein unterscheidendes ~** un critère de distinction; **besondere ~e: ...** signes *mpl* particuliers: ... **Merksatz** *m,* **Merkspruch** *m* vers *m* mnémotechnique
Merkur [mɛr'ku:ɐ] <-s> *m* [**der**] **~** [la planète] Mercure
merkwürdig I. *Adj* étrange; **zu ~!** bizarre!
II. *Adv* étrangement; **~ riechen** avoir une drôle d'odeur
merkwürdigerweise *Adv* curieusement
Merkwürdigkeit <-, -en> *f* ❶ *kein Pl* (*Seltsamkeit*) bizarrerie *f*
❷ *meist Pl* (*Kuriosität*) curiosité *f*
meschugge [me'ʃʊgə] *Adj fam* cinglé(e); **~ werden/sein** devenir/être cinglé(e) (*fam*)
Mesner(in) ['mɛsnɐ] DIAL *s.* **Küster(in)**
messbar[RR], **meßbar** *Adj* mesurable
Messbecher[RR], **Meßbecher** *m* verre *m* mesureur
Messbuch[RR], **Meßbuch** *nt* missel *m*
Messdiener(in)[RR], **Meßdiener(in)** *m(f)* enfant *mf* de chœur
Messe ['mɛsə] <-, -n> *f* ❶ (*Gottesdienst*) messe *f;* **die ~ lesen** [*o* **halten**] célébrer [*o* dire] la messe; **für jdn eine ~ lesen lassen** faire dire une messe pour qn
❷ (*Ausstellung*) foire[-exposition] *f*
❸ NAUT carré *m* [des officiers]
► **schwarze ~** messe *f* noire
Messebesucher(in) *m(f)* visiteur(-euse) *m(f)* de la foire **Messegelände** *nt* parc *m* des expositions **Messehalle** *f* hall *m* des expositions
messen ['mɛsən] <misst, maß, gemessen> I. *tr V* ❶ (*ermitteln*) mesurer; **Fieber/den Blutdruck ~** prendre la température/tension
❷ (*ausmessen, vermessen*) mesurer *Fenster, Ärmel*
❸ (*beurteilen*) **etw an etw** (*Dat*) **~** mesurer qc d'après qc; **gemessen an deinem früheren Erfolg** jaugé(e) d'après ton succès passé
II. *itr V* **70 m² ~** *Wohnung:* faire 70 m²
III. *r V geh* **sich ~** se mesurer; **sich mit jdm in etw** (*Dat*) **~** se mesurer à [*o* avec] qn dans qc; **sich nicht mit jdm/etw ~ können** ne pas être de taille à rivaliser avec qn/qc; *s. a.* **gemessen**
Messeneuheit *f nouveauté présentée sur un salon ou une foire*
Messer ['mɛsɐ] <-s, -> *nt* couteau *m*
► **auf ~s Schneide stehen** pouvoir basculer d'un côté ou de l'autre; **es steht auf ~s Schneide, ob ...** le grand point d'interrogation, c'est de savoir si ...; **unters ~ kommen** *fam* passer sur le billard (*fam*); **ins offene ~ laufen** *fam* se jeter dans la gueule du loup (*fam*); **jdn ans ~ liefern** *fam* donner qn (*fam*); **bis aufs ~** sans merci
Messerheld *m pej personne qui aime se bagarrer au couteau*
Messerklinge *f* lame *f* de couteau **Messerrücken** *m* dos *m* du couteau **messerscharf** I. *Adj* ❶ *Kante, Scherbe* coupant(e) ❷ *fig Verstand* aigu(ë) II. *Adv argumentieren, kombinieren* très subtilement; *schlussfolgern* avec une grande perspicacité **Messerschmied(in)** *m(f)* coutelier(-ière) *m(f)* **Messerspitze** *f* ❶ pointe *f* du couteau ❷ (*Prise*) **eine ~ Salz** une pointe de sel **Messerstecher(in)** <-s, -> *m(f) pej* malfrat *m* jouant du couteau (*fam*) **Messerstecherei** [-ʃtɛçə'raɪ] <-, -en> *f* bagarre *f* au couteau **Messerstich** *m* coup *m* de couteau **Messerwerfer(in)** <-s, -> *m(f)* lanceur(-euse) *m(f)* de couteaux
Messeschlager *m fam* vedette *f* de la foire **Messestadt** *f* ville *f* de foires **Messestand** *m* stand *m* de foire
Messfehler[RR], **Meßfehler** *m* erreur *f* de mesurage
Messgerät[RR], **Meßgerät** *nt* appareil *m* de mesure; **~ für die Einschaltquote** TV audimat *m*
Messgewand[RR], **Meßgewand** *nt* chasuble *f*
Messias [mɛ'si:as] <-> *m* BIBL Messie *m*
Messing ['mɛsɪŋ] <-s> *nt* laiton *m;* **~ besteht aus Kupfer und Zink** le laiton se compose de cuivre et de zinc
Messinstrument[RR], **Meßinstrument** *nt* instrument *m* de mesure
Messlatte[RR], **Meßlatte** *f* jalon *m*
Messopfer[RR], **Meßopfer** *nt* sacrifice *m* de la messe; **das heilige ~** le saint sacrifice de la messe
Messstab[RR], **Meßstab** *m s.* **Messlatte**
Messtechnik[RR], **Meßtechnik** *f* ❶ *kein Pl* (*Messkunde*) métrologie *f*
❷ (*Methode*) technique *f* de mesure
Messtisch[RR], **Meßtisch** *m* GEOL planchette *f* [topographique]
Messtischblatt[RR] *nt* carte *f* topographique [*o* d'état major]
Messung <-, -en> *f* ❶ (*das Messen*) mesure *f*
❷ *s.* **Messwert**
Messwein[RR], **Meßwein** *m* vin *m* de messe
Messwert[RR], **Meßwert** *m* mesure *f*
Messzylinder[RR], **Meßzylinder** *m* éprouvette *f* graduée
Mestize [mɛs'ti:tsə] <-n, -n> *m,* **Mestizin** *f* métis(se) *m(f)*
Met [me:t] <-[e]s> *m* hydromel *m*
Metabolismus [metabo'lɪsmʊs] <-> *m* BIO, MED métabolisme *m*
Metall [me'tal] <-s, -e> *nt* métal *m;* **aus ~** en [*o* de] métal; **~ verarbeitend** *Industrie, Betrieb* métallurgique; **ein weiches/hartes ~** un métal souple/dur
Metallarbeiter(in) *m(f)* métallurgiste *mf* **Metallbaukasten** *m* [jeu *m* de] meccano® *m* **Metalldetektor** <-s, -toren> *m* détecteur *m* de métaux
Metallegierung *s.* **Metalllegierung**
metallen [me'talən] *Adj* en [*o* de] métal; **die ~en Beschläge der Truhe** les ferrures du coffre
Metaller(in) [me'talɐ] <-s, -> *m(f) fam* métallo *mf* syndiqué(e) (*fam*)
metallhaltig [-haltɪç] *Adj* métallifère
metallic [me'talɪk] *Adj unv* métallisé(e); **~ blau** bleu métallisé *inv*
Metallindustrie *f* industrie *f* métallurgique
metallisch I. *Adj* (*aus Metall, metallartig*) métallique
II. *Adv* **~ glänzen** avoir des reflets métalliques; **~ klingen** rendre un son métallique
Metallkunde *f kein Pl* métallographie *f* **Metalllegierung**[RR] *f* alliage *m* [métallique] **Metallsäge** *f* scie *f* à métaux
Metallurgie [metalʊr'gi:] <-> *f* métallurgie *f*
metallurgisch [meta'lʊrgɪʃ] *Adj Betrieb* métallurgique; *Analyse, Untersuchung* métallographique

metallverarbeitend *s.* Metall
Metamorphose [metamɔr'fo:zə] <-, -n> *f geh* métamorphose *f*
Metapher [me'tafɐ] <-, -n> *f* métaphore *f*
Metaphorik [meta'fo:rɪk] <-> *f* procédés *mpl* métaphoriques
metaphorisch [meta'fo:rɪʃ] *Adj* métaphorique
Metaphysik [metafy'zi:k] *f* métaphysique *f*
metaphysisch [meta'fy:zɪʃ] *Adj* métaphysique
Metasprache *f* métalangue *f*
Metastase [meta'sta:zə] <-, -n> *f* métastase *f*
Meteor [mete'o:ɐ] <-s, -e> *m* météore *m*
Meteorit [meteo'ri:t] <-en *o* -s, -e[n]> *m* météorite *m*
Meteorologe [meteoro'lo:gə] <-n, -n> *m*, **Meteorologin** *f* météorologiste *mf*
Meteorologie [meteorolo'gi:] <-> *f* météorologie *f*
meteorologisch [meteoro'lo:gɪʃ] *Adj* météorologique
Meter ['me:tɐ] <-s, -> *m o nt* mètre *m;* **zwei ~ groß sein** faire deux mètres; **zwei ~ hoch sein** faire deux mètres de haut[eur]; **etw in ~ umrechnen** convertir qc en mètres; **der laufende ~** le mètre courant
meterdick *Adj* (*einen Meter/mehrere Meter dick*) épais(se) d'un mètre/de plusieurs mètres; **~ sein** faire un mètre/plusieurs mètres d'épaisseur **meterhoch** **I.** *Adj* (*einen Meter/mehrere Meter hoch*) haut(e) d'un mètre/de plusieurs mètres; **~ sein** faire un mètre/plusieurs mètres de hauteur **II.** *Adv* **sich ~ auftürmen** se dresser sur plusieurs mètres **meterlang** *Adj* (*einen Meter/mehrere Meter lang*) long(longue) d'un mètre/de plusieurs mètres; **~ sein** faire un mètre de long/avoir une longueur de plusieurs mètres **Metermaß** *nt* ❶ (*Bandmaß*) mètre *m* [à] ruban ❷ (*Zollstock*) mètre *m* pliant **Meterware** *f* marchandise *f* [vendue] au mètre **meterweise** *Adv verkaufen* au mètre **meterweit** **I.** *Adj* ❶ (*einen Meter weit*) d'un mètre de large; **~ sein** faire un mètre de large ❷ (*mehrere Meter weit*) de plusieurs mètres; **~ sein** faire plusieurs mètres **II.** *Adv* **~ leuchten/strahlen** porter à plusieurs mètres; **~ danebenschießen** *Fußballspieler:* taper très loin du but
Methadon [meta'do:n] <-s> *nt* PHARM méthadone *f*
Methan [me'ta:n] <-s> *nt*, **Methangas** *nt kein Pl* méthane *m*
Methanol [meta'no:l] <-s> *nt* méthanol *m*
Methode [me'to:də] <-, -n> *f* ❶ (*Verfahren*) méthode *f* ❷ *Pl* (*Vorgehensweise*) méthodes *fpl;* **was sind denn das für ~n?** en voilà des façons!
▶ **~ haben** *fam* être calculé(e); **mit ~** avec méthode
Methodik [me'to:dɪk] <-, -en> *f einer Wissenschaft* méthodologie *f*
methodisch **I.** *Adj Verfahrensweise, Vorgehensweise* méthodique; *Problem, Unterschied* méthodologique
II. *Adv vorbereiten, vorgehen* méthodiquement
Methodist(in) [meto'dɪst] <-en, -en> *m(f)* méthodiste *mf*
methodistisch *Adj* méthodiste
Methodologie [metodolo'gi:] <-, -n> *f* méthodologie *f*
Methusalem [me'tu:zalɛm] <-s> *m* ▶ [so] **alt wie ~** vieux(vieille) comme Mathusalem
Methyl [me'ty:l] <-s> *nt* CHEM méthyle *m*
Methylalkohol [me'ty:l-] *m* alcool *m* méthylique, méthanol *m*
Metier [me'tie:] <-s, -s> *nt* métier *m;* **sein ~ beherrschen, sich auf sein ~ verstehen** connaître son métier
Metrik ['me:trɪk] <-, -en> *f* POES, MUS métrique *f*
metrisch ['me:trɪʃ] *Adj* POES, MUS, MATH métrique
Metro ['me:tro] <-, -s> *f* métro *m*
Metronom [metro'no:m] <-s, -e> *nt* métronome *m*
Metropole [metro'po:lə] <-, -n> *f* ❶ *geh* (*Hauptstadt*) capitale *f* ❷ (*Zentrum*) métropole *f;* **Mailand, die ~ der italienischen Mode** Milan, la métropole de la mode italienne
Metropolit [metropo'li:t] <-en, -en> *m* REL métropolite *m*
Metrum ['me:trʊm] <-s, Metren *o* Metra> *nt* POES mètre *m*
Mett [mɛt] <-[e]s> *nt* DIAL ≈ chair *f* à saucisse
Mette ['mɛtə] <-, -n> *f* ❶ (*Mitternachtsmesse*) messe *f* de minuit ❷ (*Frühmesse*) matines *fpl*
Mettwurst *f* DIAL *sorte de pâté à tartiner conservée sous forme de saucisse*
Metzelei [mɛtsə'laɪ] <-, -en> *f pej* boucherie *f*
Metzger(in) ['mɛtsgɐ] <-s, -> *m(f)* DIAL boucher(-ère) *m(f);* (*für Wurstwaren*) charcutier(-ière) *m(f)*
Metzgerei [mɛtsgə'raɪ] <-, -en> *f* DIAL boucherie *f;* (*für Wurstwaren*) charcuterie *f*
Meuchelmord ['mɔɪçəl-] *m pej* assassinat *m* **Meuchelmörder(in)** *m(f) pej* tueur(-euse) *m(f)*
meucheln *tr V geh* assassiner
Meute ['mɔɪtə] <-, -n> *f a. pej* meute *f*
Meuterei [mɔɪtə'raɪ] <-, -en> *f* mutinerie *f*
Meuterer <-s, -> *m* mutin *m*
meutern ['mɔɪtɐn] *itr V* ❶ (*sich auflehnen*) se mutiner; **gegen jdn/etw ~** se mutiner contre qn/qc; **die ~den Matrosen** les mutins *mpl*
❷ *fam* (*meckern*) rouspéter (*fam*)
Mexikaner(in) [mɛksi'ka:nɐ] <-s, -> *m(f)* Mexicain(e) *m(f)*
mexikanisch *Adj* mexicain(e)
Mexiko ['mɛksiko] <-s> *nt* le Mexique
MEZ [ɛmʔe:'tsɛt] *Abk von* **mitteleuropäische Zeit** heure *f* d'Europe centrale
Mezzosopran ['mɛtsozopra:n] *m* ❶ (*Stimme, Stimmlage*) mezzo-soprano *m*
❷ (*Sängerin*) mezzo-soprano *f*
MFG [ɛmʔɛf'ge:] <-, -s> *f Abk von* **Mitfahrgelegenheit** possibilité *f* de covoiturage
MfS [ɛmʔɛf'ʔɛs] <-> *nt Abk von* **Ministerium für Staatssicherheit** HIST *services de Sécurité de l'ex-R.D.A.*
mg *Abk von* **Milligramm** mg
MG [ɛm'ge:] <-[s], -[s]> *nt Abk von* **Maschinengewehr** mitrailleuse *f*
mhd. *Abk von* **mittelhochdeutsch**
MHz *Abk von* **Megahertz** MHz
miau [mi'aʊ] *Interj* miaou
miauen* *itr V* miauler; **das Miauen** le[s] miaulement[s]
mich [mɪç] **I.** *Pron pers, Akk von* **ich: ohne/für ~** sans/pour moi; **er sieht/beobachtet ~** il me voit/m'observe; **sie hat ~ angesehen** elle m'a regardé(e); **ich finde, das geht ~ nichts an** je trouve que ça ne me regarde pas; **du warst nicht gemeint, er hat ~ angesprochen** ce n'était pas à toi qu'il adressait la parole, c'était à moi; **sieh ~ an!** regarde-moi!; **ist das für ~?** c'est pour moi?
II. *Pron refl* **ich wasche ~** je me lave; **ich ziehe ~ an** je m'habille; **ich schäme ~** j'ai honte; **ich habe ~ entschuldigt** je me suis excusé(e); **ich habe ~ verändert** j'ai changé
Michel ['mɪçəl] <-s> *m* ▶ **der deutsche ~** *figure emblématique de l'Allemand moyen*
Michelangelo [mike'landʒelo] <-s> *m* HIST Michel-Ange *m*
mick[e]rig *Adj pej fam Kerl* maigrichon(ne) (*fam*); *Pflanze* rabougri(e); *Summe, Trinkgeld* minable (*fam*)
Mickymaus ['mɪkimaʊs] *f* Mickey *m*
Mickymausheft *nt* Mickey *m*
Midlifecrisis[RR], **Midlife-Crisis**[RR] ['midlaɪf'kraɪsɪs] <-> *f* crise *f* de la quarantaine
mied [mi:t] *Imp von* **meiden**
Mieder ['mi:dɐ] <-s, -> *nt* ❶ *von Trachtenkleidern* corselet *m*
❷ (*Korsett*) corset *m*
Miederhöschen [-hø:sçən] *nt* gaine-culotte *f* **Miederwaren** *Pl corsets et lingerie fine*
Mief [mi:f] <-[e]s> *m pej fam* ❶ (*Geruch von verbrauchter Luft*) odeur *f* de renfermé (*péj*); (*Abgasmief*) air *m* vicié
❷ (*Beengtheit*) *einer Kleinstadt* fadeur *f*
miefen *itr V pej fam* [s]chlinguer (*fam*)
Miene ['mi:nə] <-, -n> *f* mine *f;* **mit freundlicher ~** d'un air sympathique; **eine finstere ~ machen** [*o* **aufsetzen**] prendre une mine austère

► gute ~ zum bösen Spiel machen faire contre mauvaise fortune bon cœur; ~ machen etw zu tun faire mine de faire qc; keine ~ verziehen ne laisser rien paraître

Mienenspiel *nt* mimique *f*

mies [mi:s] *Adj fam* ❶ *Person, Essen, Wetter* dégueulasse (*fam*); *Unterkunft* minable (*fam*)
❷ (*krank*) sich ~ fühlen se sentir patraque (*fam*)
❸ *fig, pej* jdn/etw ~ machen débiner qn/qc (*fam*); jdm etw ~ machen gâcher qc à qn (*fam*)

Miese ['mi:zə] *Pl fam* ► in die ~n kommen aller se foutre dans le rouge (*fam*); ~ machen boire un bouillon (*fam*); in den ~n sein être dans le rouge

Miesepeter ['mi:zəpe:tɐ] <-s, -> *m fam* grincheux(-euse) *m(f)*

miesepet[e]rig *fam* I. *Adj* renfrogné(e)
II. *Adv schauen, antworten* en ronchonnant

mies|machen *s.* mies 3.

Miesmacher(in) *m(f) pej fam* rabat-joie *m*

Miesmuschel *f* moule *f*

Mietbeihilfe *f* allocation *f* [de] logement

Miete ['mi:tə] <-, -n> *f* (*Wohnungsmiete*) loyer *m*; zur ~ wohnen être locataire
► das ist schon die halbe ~ *fam* c'est déjà la moitié de fait(e)

Mieteinkünfte *Pl* revenu *m* locatif

mieten ['mi:tən] *tr V* louer

Mieter(in) <-s, -> *m(f)* locataire *mf*

Mieterhöhung *f* hausse *f* de loyer

Mieterschutz *m* défense *f* des locataires **Mieterschutzgesetz** *nt* législation *f* sur la défense des locataires **Mieterverein** *m* association *f* de locataires

mietfrei I. *Adj* [avec logement] gratuit; ~es Wohnen logement *m* gratuit, gratuité *f* du logement II. *Adv wohnen* sans payer de loyer **Mietpartei** *f form* locataire *mf* **Mietpreis** *m* prix *m* de location

Mietrecht *nt* droit *m* locatif

Mietshaus *nt* immeuble *m* locatif **Mietskaserne** *f pej* cage *f* à lapins (*péj*)

Mietspiegel *m* indice *m* officiel [du prix] des loyers **Mietvertrag** *m* contrat *m* [*o* bail *m*] de location; jährlich kündbarer ~ bail *m* résiliable annuellement; einen ~ abschließen/aufkündigen signer/résilier un bail **Mietwagen** *m* voiture *f* de location **Mietwert** *m* ÖKON valeur *f* locative **Mietwohnung** *f* [logement *m* en] location *f* **Mietwucher** *m* niveau *m* abusif de loyer

Mieze ['mi:tsə] <-, -n> *f* ❶ *fam* (*Katze*) minou *m* (*fam*)
❷ *sl* (*Mädchen*) minette *f* (*fam*)

Miezekatze *f Kinderspr.* minou *m* (*fam*)

Migräne [mi'grɛ:nə] <-, -n> *f* migraine *f*; ~ bekommen/haben attraper une/avoir la migraine

Mikado [mi'ka:do] <-s, -s> *nt* mikado *m*; ~ spielen jouer aux mikados

Mikro ['mi:kro] <-s, -s> *nt fam Abk von* Mikrofon micro *m*

Mikrobe [mi'kro:bə] <-, -n> *f* microbe *m*

Mikrobiologie *f* microbiologie *f* **Mikrochip** ['mi:krotʃɪp] <-s, -s> *m* INFORM puce *f* **Mikrochirurgie** *f* microchirurgie *f* **Mikrocomputer** [-kɔm'pju:tɐ] *m* micro[-]ordinateur *m* **Mikroelektronik** *f* microélectronique *f* **Mikrofaser** *f* microfibre *f* **Mikrofiche** ['mi:krofi:ʃ, mikro'fi:ʃ] <-s, -s> *m o nt* microfiche *f* **Mikrofilm** ['mi:kro-] *m* microfilm *m* **Mikrofon** [mikro'fo:n] <-s, -e> *nt* microphone *m* **Mikrokosmos** *m a. fig* microcosme *m* **Mikrometer** <-s, -> *nt* micromètre *m*

Mikronesien [mikro'ne:ziən] <-s> *nt* la Micronésie

Mikronesier(in) [mikro'ne:ziɐ] <-s, -> *m(f)* Micronésien(ne) *m(f)*

mikronesisch *Adj* micronésien(ne)

Mikroorganismus *m* micro[-]organisme *m* **Mikrophon** [mikro'fo:n] *s.* Mikrofon **Mikroprozessor** *m* INFORM microprocesseur *m*

Mikroskop [mikro'sko:p] <-s, -e> *nt* microscope *m*

Mikroskopie [mikrosko'pi:] <-> *f* microscopie *f*

mikroskopisch [mikro'sko:pɪʃ] I. *Adj* microscopique
II. *Adv* ❶ (*mit dem Mikroskop*) au microscope
❷ (*äußerst*) ~ klein microscopique

Mikrowelle *f* ❶ PHYS micro-onde *f* ❷ *fam* (*Herd*) micro-ondes *m* **Mikrowellenherd** *m* four *m* à micro-ondes

Milan ['mi:lan, mi'la:n] <-s, -e> *m* milan *m*

Milbe ['mɪlbə] <-, -n> *f* acarien *m*

Milch [mɪlç] <-> *f* (*Tiermilch, Muttermilch, Pflanzensaft*) lait *m*; ~ geben donner du lait

Milchbar *f* milk-bar *m* **Milchbart** *m* (*unerfahrener Mann*) jouvenceau *m* **Milchbrötchen** *nt* petit pain *m* au lait **Milchdrüse** *f* glande *f* mammaire **Milcheis** *nt* glace *f* au lait **Milchflasche** *f* ❶ (*Flasche für Milch*) bouteille *f* à lait ❷ (*Babyfläschchen*) biberon *m* **Milchgebiss**[RR] *nt* ANAT dents *fpl* de lait **Milchgeschäft** *nt* crémerie *f* **Milchglas** *nt* verre *m* opale

milchig ['mɪlçɪç] *Adj Glas, Glasscheibe* opale; *Lotion, Flüssigkeit* laiteux(-euse); sich ~ verfärben prendre une teinte laiteuse

Milchkaffee *m* café *m* au lait **Milchkännchen** [-kɛnçən] *nt* petit pot *m* de lait **Milchkanne** *f* bidon *m* à lait **Milchkuh** *f* [vache *f*] laitière *f* **Milchmädchenrechnung** *f pej fam* calcul *m* simpliste **Milchmann** <-männer> *m*, **-frau** *f fam* laitier(-ière) *m(f)* **Milchmixgetränk** *s.* Milchshake **Milchprodukt** *nt* produit *m* laitier **Milchpulver** [-fɐ, -vɐ] *nt* lait *m* en poudre **Milchreis** *m* riz *m* au lait **Milchsäure** *f* acide *m* lactique **Milchsäurebakterie** *f* lactobacille *m* **Milchschokolade** *f* chocolat *m* au lait **Milchschorf** *m* MED croûtes *fpl* de lait **Milchshake** [-ʃeɪk] <-s, -s> *m* milk-shake *m* **Milchstraße** *f* ASTRON Voie *f* lactée **Milchstraßensystem** *nt kein Pl* ASTRON galaxie *f* **Milchsuppe** *f* soupe *f* au lait **Milchtopf** *m* casserole *f* à lait **Milchtüte** *f* brique *f* de lait **Milchwirtschaft** *f* ❶ ÖKON industrie *f* laitière ❷ (*Betrieb*) laiterie *f* **Milchzahn** *m* dent *f* de lait

Milchzucker *m kein Pl* BIO lactose *f*

mild[e] I. *Adj* ❶ *Klima, Herbst, Licht, Shampoo* doux(douce)
❷ (*nicht würzig*) ~ im Geschmack doux(douce) au goût; ~ schmecken être doux(douce) au goût
❸ (*nachsichtig*) *Prüfer, Richter, Beurteilung, Worte* indulgent(e); *Urteil* clément(e)
II. *Adv* ❶ ~ gewürzt peu épicé(e)
❷ (*nachsichtig*) jdn ~[e] stimmen mettre qn d'humeur clémente; das Urteil fiel ~[e] aus le verdict fut clément
► ~e ausgedrückt [*o* gesagt] pour ne pas dire plus

Milde ['mɪldə] <-> *f* ❶ *des Klimas, eines Geschmacks* douceur *f*
❷ (*Nachsichtigkeit*) clémence *f*; ~ walten lassen *geh* se montrer clément(e)

mildern ['mɪldɐn] I. *tr V* ❶ adoucir *Geschmack, Geruch*
❷ (*abschwächen*) commuer *Strafmaß*; sein Urteil ~ modérer son jugement
❸ (*lindern*) atténuer *Not, Leid, Armut*
II. *r V* sich ~ *Schmerzen, Wut:* s'atténuer; *Wetter:* se radoucir

Milderung <-> *f* ❶ (*das Mildern*) *eines Strafmaßes, Urteils* atténuation *f*; *der Not, Armut, Schmerzen* soulagement *m*; zur ~ des Leids dieser Kinder pour soulager les souffrances de ces enfants
❷ METEO radoucissement *m*

mildtätig *Adj geh Person* charitable; *Organisation* caritatif(-ive); ~ sein *Person:* être charitable **Mildtätigkeit** *f geh* charité *f*

Milieu [mi'ljø:] <-s, -s> *nt* ❶ (*soziales Umfeld*) milieu *m*; das häusliche ~ eines Schülers le contexte familial d'un élève
❷ (*Lebensraum*) milieu *m* [naturel]
❸ *sl* (*Prostitutionsszene*) milieu *m* [de la prostitution]

milieugeschädigt *Adj* marqué(e) par son environnement social **Milieustudie** *f* étude *f* de milieu

militant [mili'tant] *Adj Anhänger, Demonstrant, Gesinnung* combatif(-ive); *Gruppe, Organisation* activiste

Militär[1] [mili'tɛ:ɐ] <-s> *nt* ❶ (*Soldaten*) militaires *mpl*; gegen die Demonstranten [das] ~ einsetzen faire intervenir l'ar-

mée contre les manifestants
❷ (*Armee*) armée *f;* **zum ~ gehen** s'engager dans l'armée; **beim ~ sein** être à l'armée
Militär² <-s, -s> *m* officier *m* de carrière
Militärakademie *f* académie *f* militaire **Militärarzt** *m*, **-ärztin** *f* médecin *m* militaire **Militärattaché** *m* attaché *m* militaire **Militärbündnis** *nt* alliance *f* militaire **Militärdienst** *m kein Pl* service *m* militaire **Militärdiktatur** *f* dictature *f* militaire **Militärgericht** *nt* tribunal *m* militaire; **vor ein ~ gestellt werden** être traduit(e) devant un tribunal militaire
militärisch [mili'tɛːrɪʃ] **I.** *Adj* militaire
II. *Adv* militairement; **~ grüßen** faire le salut militaire; **dort geht es ~ zu** il règne là-bas une discipline militaire
militarisieren* *tr V* militariser
Militarisierung [militari'ziːrʊŋ] <-> *f* militarisation *f*
Militarismus [milita'rɪsmʊs] <-> *m* militarisme *m*
Militarist(in) [milita'rɪst] <-en, -en> *m(f)* militariste *mf*
militaristisch *Adj* militariste
Militärjunta *f* junte *f* militaire **Militärkapelle** *f* chapelle *f* militaire **Militärpolizei** *f* police *f* militaire **Militärputsch** *m* putsch *m* militaire **Militärregierung** *f* gouvernement *m* militaire **Militärstützpunkt** *m* position *f* stratégique de défense **Militärzeit** *f* temps *m* du service militaire
Miliz [mi'liːts] <-, -en> *f* (*Polizeiverband*) milice *f*
Mill. *Abk von* **Million[en]** M
Mille ['mɪlə] <-, -> *nt fam* mille *m;* **zehn ~** dix mille euros
Millennium [mɪ'lɛniʊm, *Pl:* mɪ'lɛniən] <-s, -ien> *nt geh* millénaire *m*
Milliardär(in) [mɪljar'dɛːɐ] <-s, -e> *m(f)* milliardaire *mf*
Milliarde [mɪ'ljardə] <-, -n> *f* milliard *m*
Milliardenbetrag *m* (*Betrag von einer Milliarde/mehreren Milliarden*) montant *m* d'un milliard/de plusieurs milliards **Milliardenhöhe** *f* montant *m* d'un milliard; **in ~** (*in Höhe einer Milliarde/mehrerer Milliarden*) d'un montant d'un milliard/de plusieurs milliards **milliardenschwer** *Adj* ❶ (*mehr als eine Milliarde wert seiend/kostend*) qui vaut plus d'un milliard ❷ (*mehr als eine Milliarde besitzend*) milliardaire
milliardstel [mɪ'ljartstəl] *Adj* **ein ~ Kilogramm** un milliardième de kilogramme; **eine ~ Sekunde** un milliardième de seconde
Milliardstel <-s, -> *nt* milliardième *m*
Millibar ['mɪlibaːɐ] *nt* METEO millibar *m* **Milligramm** ['mɪligram] *nt* milligramme *m* **Milliliter** *m* millilitre *m* **Millimeter** [mɪli'meːtɐ] *m o nt* millimètre *m* **Millimeterpapier** *nt* papier *m* millimétré
Million [mɪ'lioːn] <-, -en> *f* million *m;* **~en Mal** des millions de fois; **in die ~en gehen** atteindre des millions
▶ **~en und Abermillionen** des millions et des millions
Millionär(in) [mɪljo'nɛːɐ] <-s, -e> *m(f)* millionnaire *mf*
Millionenauflage *f* tirage *m* d'un million d'exemplaires **Millionenbetrag** *m* (*Betrag von einer Million*) montant *m* d'un million; (*Betrag von mehreren Millionen*) montant de plusieurs millions **millionenfach** **I.** *Adj* de plusieurs millions de fois; **eine ~e Vergrößerung** un grossissement de plusieurs millions de fois; **~es Leid** misère *f* incommensurable **II.** *Adv* des millions de fois **Millionengeschäft** *nt* affaire *f* de plusieurs millions **Millionengewinn** *m* ❶ (*Profit von einer Million*) bénéfice *m* d'un million; (*Profit von mehreren Millionen*) bénéfice de plusieurs millions ❷ (*Lotteriegewinn von einer Million*) gain *m* d'un million; (*Lotteriegewinn von mehreren Millionen*) gain de plusieurs millions **Millionenhöhe** *f* montant *m* d'un million; **in ~** (*in Höhe einer Million*) d'un montant d'un million; (*in Höhe mehrerer Millionen*) d'un montant de plusieurs millions
millionenmal *s.* Million
Millionenschaden *m* (*in Höhe einer Million*) dégâts *mpl* se chiffrant à un million; (*in Höhe mehrerer Millionen*) dégâts se chiffrant à plusieurs millions **millionenschwer** *Adj fam Erbin, Industrieller* riche à millions; *Hinterlassenschaft* qui se chiffre en millions **Millionenstadt** *f* ville *f* de plus d'un million d'habitants
millionste(r, s) *Adj* millionième
millionstel *Adj* **ein ~ Kilogramm** un millionième de kilogramme; **eine ~ Sekunde** un millionième de seconde
Millionstel <-s, -> *nt* millionième *m*
Milz [mɪlts] <-, -en> *f* rate *f*
Milzbrand *m kein Pl* MED [maladie *f* du] charbon *m*
mimen ['miːmən] *tr V fam* (*vortäuschen*) simuler; **Interesse ~** faire semblant d'être intéressé(e); **den Ahnungslosen/die Ahnungslose ~** faire celui(celle) qui ne sait rien; **den Unschuldigen/die Unschuldige ~** faire l'innocent(e)
Mimik ['miːmɪk] <-> *f* mimique *f*
Mimikry ['mɪmikri] <-> *f* mimétisme *m*
mimisch ['miːmɪʃ] **I.** *Adj* mimique
II. *Adv* par le mime
Mimose [mi'moːzə] <-, -n> *f* ❶ BOT mimosa *m*
❷ *pej* (*empfindlicher Mensch*) **eine ~ sein** être d'une sensibilité exacerbée
mimosenhaft *pej* **I.** *Adj* hypersensible
II. *Adv* de façon hypersensible
min., Min. *Abk von* **Minute[n]** mn
Minarett [mina'rɛt] <-s, -e> *nt* minaret *m*
minder ['mɪndɐ] *Adv* moins; **diese Angelegenheit ist nicht ~ gefährlich** cette affaire n'est pas moins dangereuse
minderbegabt *Adj* moins doué(e) **minderbemittelt** *Adj* ❶ *geh* (*arm*) peu fortuné(e) ❷ *pej fam* **geistig ~** intellectuellement limité(e) (*péj*)
mindere(r, s) *Adj attr* moindre; **von ~r Qualität sein** être de moindre qualité
Minderheit <-, -en> *f* minorité *f;* **in der ~ sein** être minoritaire
Minderheitenschutz *m* protection *f* des minorités
Minderheitsregierung *f* gouvernement *m* minoritaire
minderjährig *Adj* mineur(e)
Minderjährige(r) *f(m) dekl wie Adj* mineur(e) *m(f)*
Minderjährigkeit <-> *f* minorité *f*
mindern ['mɪndɐn] *geh* **I.** *tr V* réduire; **den Wert um zehn Prozent ~** réduire la valeur de dix pour cent
II. *r V* **sich ~** diminuer
Minderung <-, -en> *f geh* réduction *f*
minderwertig *Adj* ❶ *Material, Produkt* de moindre qualité ❷ *fig* **sich ~ fühlen** se sentir inférieur(e) **Minderwertigkeit** <-> *f* mauvaise qualité *f*
Minderwertigkeitsgefühl *nt* sentiment *m* d'infériorité; **~e haben** avoir le sentiment d'être inférieur(e) **Minderwertigkeitskomplex** *m* complexe *m* d'infériorité; **~e/einen ~ haben** faire un complexe d'infériorité
Minderzahl *f* minorité *f;* **in der ~ sein** être en minorité
Mindestalter *nt* âge *m* minimum **Mindestanforderung** *f* exigence *f* minimale **Mindestarbeitszeit** *f* temps *m* de travail minimum **Mindestbetrag** *m* montant *m* minimum
mindeste(r, s) *Adj* **der/die/das ~ ...** le/la moindre ...; **nicht die ~ Ahnung haben** ne pas avoir la moindre idée; **von Malerei verstehe ich nicht das Mindeste** je ne comprends rien à la peinture; **das wäre das Mindeste gewesen** ce serait la moindre des choses
▶ **nicht im Mindesten** pas le moins du monde; **Ihr Vorwurf trifft nicht im Mindesten zu** votre reproche n'est absolument pas fondé; **zum Mindesten** au moins
Mindesteinkommen *nt* revenu *m* minimum
mindestens ['mɪndəstəns] *Adv* au moins
Mindestgeschwindigkeit *f* vitesse *f* minimum [*o* minimale] **Mindestgewicht** *nt* poids *m* minimum **Mindesthaltbarkeitsdatum** *nt* date *f* limite de conservation **Mindestlohn** *m* salaire *m* minimum; **berufsunabhängiger ~** salaire minimum interprofessionnel; **garantierter** [*o* **gesetzlicher**] **~**

salaire minimum garanti; (*in Frankreich*) salaire minimum interprofessionnel de croissance, S.M.I.C. *m* **Mindestmaß** *nt* strict minimum *m;* **ein ~ an Höflichkeit/gutem Willen** un minimum de politesse/bonne volonté **Mindeststrafe** *f* peine *f* minimum [*o* minimale]

Mine ['mi:nə] <-, -n> *f* mine *f*

Minenfeld *nt* champ *m* de mines **Minenleger** <-s, -> *m* mouilleur *m* de mines

Mineral [mine'ra:l] <-s, -e *o* -ien> *nt* minéral *m*

Mineralbad *nt* (*Kurort*) ville *f* d'eaux, station *f* thermale **Mineraldünger** *m* engrais *m* minéral

mineralisch *Adj* minéral(e)

Mineraloge [minera'lo:gə] <-n, -n> *m,* **Mineralogin** *f* minéralogiste *mf*

Mineralogie [mineralo'gi:] <-> *f* minéralogie *f*

mineralogisch [minera'lo:gɪʃ] *Adj* minéralogique

Mineralöl *nt* huile *f* minérale

Mineralölerzeugnis *nt* produit *m* pétrolier **Mineralölgesellschaft** *f* compagnie *f* pétrolière **Mineralölsteuer** *f* taxe *f* sur les produits pétroliers

Mineralquelle *f* source *f* d'eau minérale **Mineralsalz** *nt* sel *m* minéral **Mineralstoffe** *Pl* sels *mpl* minéraux **Mineralwasser** *nt* eau *f* minérale

i Land & Leute

En Autriche, il est courant de boire de l'eau du robinet. En Allemagne et en Suisse, c'est plutôt rare: on achète dans des magasins spécialisés dans la vente de boissons de la **Mineralwasser** en bouteille. Cette eau contient différents sels minéraux et en général elle est gazeuse.

Minerva [mi'nɛrva] <-s> *f* MYTH Minerve *f*

mini ['mɪni] *Adj unv* mini

Mini ['mɪni, 'mini] <-s, -s> *m fam* minijupe *f;* **~ tragen** s'habiller mini (*fam*)

Miniatur [minia'tu:ɐ] <-, -en> *f* miniature *f*

Miniaturausgabe *f* reproduction *f* miniature; (*Buch*) édition *f* miniature

Minibar ['mɪni-] *f* minibar *m* **Minigolf** *nt* minigolf *m* **Minikleid** *nt* minirobe *f*

Minima *Pl von* **Minimum**

minimal [mini'ma:l] **I.** *Adj* minime; **etw ~ halten** maintenir qc à des proportions minimes
II. *Adv* dans des proportions minimes; **sich nur ~ unterscheiden** ne différer que de façon minime

Minimalforderung *f* exigence *f* minimale **Minimalkonsens** *m* consensus *m* minimal **Minimalsatz** *m* ÖKON tarif *m* minimal **Minimalwert** *m* valeur *f* minimale

minimieren* *tr V geh* minimiser; **etw ~** réduire qc au strict minimum

Minimierung <-, -en> *f geh* réduction *f* au strict minimum

Minimum ['mi:nimʊm, *Pl:* 'mi:nima] <-s, Minima> *nt* ❶ *geh* (*Mindestmaß*) [strict] minimum *m;* **ein ~ an Leistung/guter Mitarbeit** un minimum de rendement/bonne collaboration
❷ METEO (*niedrigster Wert*) minimum *m*

Minipille *f fam* micropilule *f* **Minirock** *m* minijupe *f*

Minister(in) [mi'nɪstɐ] <-s, -> *m(f)* ministre *mf;* **der ~/die ~in für Landwirtschaft** le/la ministre de l'Agriculture; **~ ohne Geschäftsbereich** ministre sans portefeuille; **Frau ~in, gestatten Sie eine Frage** Madame la ministre, permettez-moi de vous poser une question; **die Frau ~in persönlich** Madame la ministre en personne

Ministeramt *nt* POL ministère *m*

Ministerialbeamte(r) *m dekl wie Adj,* **Ministerialbeamtin** *f* fonctionnaire *mf* au ministère **Ministerialdirektor(in)** *m(f)* chef *mf* de division au ministère **Ministerialrat** [minɪsteri'a:lra:t] *m,* **-rätin** *f* conseiller(-ière) *m(f)* ministériel(le)

ministeriell [minɪsteri'ɛl] *Adj attr* ministériel(le)

Ministerium [minɪs'te:riʊm] <-s, -rien> *nt* ministère *m*

Ministerkonferenz *f* conférence *f* ministérielle **Ministerpräsident(in)** *m(f)* ministre-président(e) *m(f)*

i Land & Leute

Le **Ministerpräsident** est le chef du gouvernement d'un Land allemand. En Autriche, c'est le *Landeshauptmann.* Le chef du gouvernement d'un canton suisse s'appelle le *Kantonalpräsident.*

Ministerrat *m* Conseil *m* des ministres

Ministrant(in) [minɪs'trant] <-en, -en> *m(f)* REL enfant *mf* de chœur

Minna ['mɪna] <-> *f* ▶ **die grüne ~** *veraltet fam* le panier à salade (*fam*); **jdn zur ~ machen** *fam* remonter les bretelles à qn (*fam*)

Minne ['mɪnə] <-> *f* amour *m* courtois

Minnelied *nt* LITER chanson *f* d'amour courtois **Minnesang** ['mɪnəzaŋ] <-[e]s> *m* (*Dichtung*) poésie *f* courtoise **Minnesänger** *m* ≈ troubadour *m*

Minorität [minori'tɛ:t] *s.* **Minderheit**

minus ['mi:nʊs] **I.** *Präp + Gen* en moins; **tausend Euro ~ Mehrwertsteuer** mille euros en moins de TVA
II. *Konj* MATH moins; **fünf ~ zwei** cinq moins deux; **x gleich ~ drei** x égal moins trois
III. *Adv* ❶ (*unter Null*) moins; **einige Grad ~** quelques degrés en dessous de zéro
❷ ELEC **von plus nach ~ fließen** *Strom:* aller du plus au moins

Minus <-> *nt* ❶ déficit *m;* **im ~ stehen** être à découvert
❷ (*Manko*) point *m* négatif
❸ (*Minuszeichen*) [signe *m*] moins *m*

Minuspol *m* ❶ ELEC pôle *m* négatif ❷ PHYS pôle *m* magnétique négatif **Minuspunkt** *m* ❶ (*Strafpunkt*) pénalité *f* ❷ (*Manko*) point *m* négatif **Minustemperatur** *f* température *f* négative **Minuszeichen** *nt* signe *m* moins

Minute [mi'nu:tə] <-, -n> *f* minute *f;* **es ist zehn ~n nach/vor acht** il est huit heures dix/moins dix; **in letzter ~** à la dernière minute; **auf die ~ [genau]** à l'heure pile; **hast du mal eine ~ Zeit?** tu as une minute?
▶ **es ist fünf ~n vor zwölf** il est midi/minuit moins cinq; *fig* il est moins une

minutenlang **I.** *Adj attr* de plusieurs minutes
II. *Adv* [pendant] plusieurs minutes

Minutenzeiger *m* grande aiguille *f*

minutiös [minu'tsiø:s], **minuziös** *geh* **I.** *Adj* minutieux(-euse)
II. *Adv* minutieusement

Minze ['mɪntsə] <-, -n> *f* menthe *f*

Mio. *Abk von* **Million[en]** million[s]

mir [mi:ɐ] **I.** *Pron pers, Dat von* **ich mit ~** avec moi; **hinter/vor ~** derrière/devant moi; **er folgt/hilft ~** il me suit/m'aide; **dieses Fahrrad gehört ~** c'est mon vélo; **er ist ein Freund von ~** il est un de mes amis; **sie hatte ~ etwas mitgebracht** elle m'avait apporté quelque chose; **es geht ~ heute besser** je vais mieux aujourd'hui; **das wird ~ gut tun** ça me fera du bien; **das ist ~ egal** ça m'est égal; **kannst du ~ zehn Euro leihen?** peux-tu me prêter dix euros?; **sag es mir!** dis-le-moi!; **gib ~ sofort meine Schlüssel zurück!** rends-moi immédiatement mes clés!; **dass ihr ~ brav seid!** *fam* et tâchez d'être sages!
▶ **von ~ aus!** *fam* j'ai rien contre! (*fam*); **und das ~!** pourquoi a-t-il fallu que ça m'arrive?; **~ nichts, dir nichts** *fam* comme ça
II. *Pron refl* **ich wasche ~ die Haare** je me lave les cheveux; **ich werde ~ einen Pulli anziehen** je vais mettre un pull; **ich stelle ~ vor, wie ...** j'imagine comment ...

M

Mirabelle [mira'bɛlə] <-, -n> *f* ❶ (*Frucht*) mirabelle *f*
❷ (*Baum*) mirabellier *m*
Misanthrop(in) [mizan'tro:p] <-en, -en> *m(f)* *geh* misanthrope *mf*
Mischarbeitsplatz *m* poste *m* de travail multifonctionnel **Mischbatterie** *f* mitigeur *m* **Mischbrot** *nt* pain *m* bis **Mischehe** *f* couple *m* mixte
mischen ['mɪʃən] I. *tr V* ❶ (*vermengen*) mélanger; **Saft mit Wasser ~** mélanger du jus de fruit avec de l'eau; **verschiedene Farben [miteinander] ~** mélanger différentes couleurs [ensemble]
❷ (*hineinmischen*) **etw unter [o in] den Teig ~** mélanger qc à [o dans] la pâte; **jdm Gift ins [o unter das] Essen ~** mettre du poison dans le repas de qn
❸ (*herstellen*) préparer; **etw aus verschiedenen Zutaten ~** préparer qc à partir de différents ingrédients
❹ KARTEN mélanger
II. *r V* ❶ (*sich vermischen*) **sich [gut/nicht gut] ~** *Flüssigkeiten, Substanzen:* se mélanger [bien/mal]
❷ (*sich begeben*) **sich unter die Menge/die Zuschauer ~** se mêler à la foule/aux spectateurs
❸ (*sich einmischen*) **sich in etw** (*Akk*) **~** se mêler de qc; *s. a.* **gemischt**
Mischform *f* mélange *m;* **~ aus etw und etw** (*Dat*) mélange de qc et de qc **Mischfutter** *nt* mélange *m* de céréales **Mischgemüse** *nt* GASTR macédoine *f* de légumes **Mischgewebe** *nt* tissu *m* mixte **Mischkonzern** *m* conglomérat *m*
Mischling <-s, -e> *m* ❶ (*Mensch*) métis(se) *m(f)*
❷ ZOOL bâtard *m*
Mischmasch ['mɪʃmaʃ] <-[e]s, -e> *m fam* mixture *f*
Mischmaschine *f* bétonnière *f* **Mischpult** *nt* pupitre *m* de mixage **Mischtrommel** *f* tambour *m* mélangeur
Mischung <-, -en> *f* mélange *m*
Mischungsverhältnis *nt* dosage *m*
Mischwald *m* forêt *f* d'essences mixtes
miserabel [mize'ra:bəl] I. *Adj* ❶ (*sehr schlecht*) *Zustand, Leistung, Film, Rede* lamentable; *Wetter, Essen, Wein* exécrable
❷ (*gemein*) *Kerl, Benehmen* infâme *antéposé*
❸ (*krank*) **sich ~ fühlen** se sentir mal
II. *Adv* ❶ (*sehr schlecht*) lamentablement; **~ schmecken/riechen** avoir un goût infect/une odeur infecte; **die Klassenarbeit ist ~ ausgefallen** les résultats de l'interrogation sont lamentables
❷ (*gemein*) de façon infâme
Misere [mi'ze:rə] <-, -n> *f geh* situation *f* désastreuse; **eine finanzielle ~** une situation financière désastreuse
misogyn [mizo'gy:n] *Adj* PSYCH misogyne
Misogynie [mizogy'ni:] <-> *f* PSYCH misogynie *f*
Mispel ['mɪspəl] <-, -n> *f* nèfle *f*
MissRR [mɪs, *Pl:* 'mɪsɪz], **Miß** <-> *f* miss *f;* **~ World/Germany** miss Monde/Allemagne
missachten*RR, **mißachten*** *tr V* ❶ (*ignorieren*) ne pas respecter *Bestimmung, Vorschrift;* ne pas tenir compte de *Rat, Warnung*
❷ (*gering schätzen*) mésestimer *Person;* dédaigner *Hilfe, Angebot*
MissachtungRR, **Mißachtung** *f* ❶ (*Geringschätzung*) mépris *m;* **jdn mit ~ strafen** punir qn en le méprisant
❷ (*Ignorierung*) *einer Vorschrift* non-respect *m; eines Ratschlags* non-prise *f* en compte
MissbehagenRR, **Mißbehagen** <-s> *nt geh* malaise *m;* **jdm ~ bereiten** causer un sentiment de malaise à qn
missbehagen*RR, **mißbehagen** *itr V geh* déplaire; **jdm ~ etw zu tun** déplaire à qn de faire qc
MissbildungRR, **Mißbildung** <-, -en> *f* malformation *f*
missbilligen*RR, **mißbilligen*** *tr V* désapprouver
missbilligendRR, **mißbilligend** I. *Adj* *Blick* désapprobateur(-trice); *Worte* de désapprobation
II. *Adv* d'un air réprobateur
MissbilligungRR, **Mißbilligung** <-> *f* désapprobation *f*
MissbrauchRR, **Mißbrauch** *m von Drogen, Medikamenten* abus *m; eines Feuermelders, einer Notbremse* emploi *m* abusif; **~ des Amtes** abus de fonction; **sexueller ~** abus sexuel; **~ mit etw treiben** faire un mauvais usage de qc
missbrauchen*RR, **mißbrauchen*** *tr V* ❶ (*übel ausnutzen*) utiliser *Person;* abuser de *Vertrauen, Leichtgläubigkeit*
❷ (*missbräuchlich anwenden*) faire un usage abusif de *Medikament;* utiliser abusivement *Feuermelder, Notbremse*
❸ (*vergewaltigen*) **jdn [sexuell] ~** abuser [sexuellement] de qn
missbräuchlichRR, **mißbräuchlich** I. *Adj* abusif(-ive)
II. *Adv benutzen* abusivement
missdeuten*RR, **mißdeuten*** *tr V* mal interpréter *Worte, Geste, Schweigen;* **etw als Zustimmung ~** interpréter à tort qc comme une approbation
MissdeutungRR, **Mißdeutung** *f* mauvaise interprétation *f*
missen ['mɪsən] *tr V geh* regretter; **jdn/etw nicht [mehr] ~ mögen [o wollen]** ne pas regretter qn/qc; **etw ~ müssen** être obligé(e) de se priver de qc
MisserfolgRR, **Mißerfolg** *m einer Person* échec *m; eines Stücks, einer Tournee* fiasco *m*
MissernteRR, **Mißernte** *f* mauvaise récolte *f*
Missetat ['mɪsəta:t] *f* ❶ *hum* (*Streich*) sale tour *m* ❷ *veraltet geh* (*Vergehen*) forfait *m* **Missetäter(in)** *m(f)* ❶ *hum* auteur *mf* du méfait ❷ *veraltet geh* (*Übeltäter*) scélérat(e) *m(f)* (*littér*)
missfallen*RR, **mißfallen*** *itr V unreg geh* déplaire; **jdm ~** déplaire à qn; **es missfällt jdm, dass** ça déplaît à qn que + *subj;* **es missfällt mir, wie sie mich kritisiert** la façon dont elle me critique me déplaît
MissfallenRR, **Mißfallen** <-s> *nt* mécontentement *m;* **jds ~ erregen** provoquer le mécontentement de qn
MissfallensäußerungRR *f* expression *f* de mécontentement **Missfallenskundgebung**RR *f* manifestation *f* de mécontentement
missgebildetRR, **mißgebildet** *Adj, Adv* mal formé(e)
MissgeburtRR, **Mißgeburt** *f* MED enfant *mf* mal formé(e)
missgelauntRR, **mißgelaunt** *geh* I. *Adj* mal disposé(e)
II. *Adv* de mauvaise humeur
MissgeschickRR, **Mißgeschick** *nt* petit malheur *m;* **mir ist ein ~ passiert** il m'est arrivé un petit malheur
missgestaltetRR, **mißgestaltet** *Adj* difforme
missgestimmtRR, **mißgestimmt** *Adj* de mauvaise humeur
missglücken*RR, **mißglücken*** *itr V + sein Versuch, Plan, Vorhaben:* échouer; **diese Arbeit ist mir missglückt** je n'ai pas réussi ce travail
missgönnen*RR, **mißgönnen*** *tr V* envier; **jdm etw ~** envier qc à qn; **jdm ~, dass** envier à qn le fait que + *subj;* **missgönnt er uns etwa unser schönes Haus?** est-ce que par hasard il ne serait pas jaloux de notre belle maison?
MissgriffRR, **Mißgriff** *m* mauvais choix *m*
MissgunstRR, **Mißgunst** *f* jalousie *f*
missgünstigRR, **mißgünstig** I. *Adj* jaloux(-ouse)
II. *Adv* jalousement
misshandeln*RR, **mißhandeln*** *tr V* maltraiter
MisshandlungRR, **Mißhandlung** *f* mauvais traitements *mpl*
Mission [mɪ'sio:n] <-, -en> *f* mission *f;* **in geheimer ~** en mission secrète
Missionar(in) [mɪsio'na:ɐ] <-s, -e> *m(f),* **Missionär(in)** [mɪsio'nɛ:ɐ] <-s, -e> *m(f)* A missionnaire *mf*
missionarisch [mɪsio'na:rɪʃ] I. *Adj* missionnaire
II. *Adv* **~ tätig sein** être missionnaire
Missionsschule *f* école *f* de la mission
MissklangRR, **Mißklang** *m* ❶ MUS dissonance *f*
❷ (*Unstimmigkeit*) désaccord *m*
MisskreditRR, **Mißkredit** *m kein Pl* discrédit *m;* **jdn/etw bei**

jdm in ~ bringen discréditer qn/qc auprès de qn; **in ~ geraten** [*o* **kommen**] se discréditer
misslang[RR], **mißlang** *Imp von* **misslingen**
misslich[RR], **mißlich** *Adj geh* fâcheux(-euse)
missliebig[RR], **mißliebig** *Adj* mal vu(e); **sich bei jdm ~ machen** se faire mal voir de qn
misslingen[RR] <misslang, misslungen>, **mißlingen** <mißlang, mißlungen> *itr V + sein Versuch, Plan:* échouer; **der Auflauf ist mir misslungen** j'ai loupé mon gratin
Misslingen[RR], **Mißlingen** <-s> *nt* échec *m*
misslungen[RR], **mißlungen** *PP von* **misslingen**
Missmanagement[RR], **Mißmanagement** [-mænɪdʒmənt] *nt* erreurs *fpl* de management
Missmut[RR], **Mißmut** *m* mauvaise humeur *f*
missmutig[RR], **mißmutig** *Adj, Adv* de mauvaise humeur
missraten*[RR], **mißraten*** *itr V unreg + sein* rater; **ein ~es Kind** un enfant mal élevé; **eine völlig ~e Überraschung** une surprise complètement ratée; **dieser Kuchen missrät mir immer** je rate toujours ce gâteau
Missstand[RR], **Mißstand** *m* anomalie *f;* **soziale Missstände** des dysfonctionnements *mpl* sociaux; **Missstände beseitigen** mettre fin à des dysfonctionnements
Missstimmung[RR], **Mißstimmung** *f* mauvaise humeur *f,* contrariété *f*
misst[RR], **mißt** *3. Pers Präs von* **messen**
Misston[RR], **Mißton** *m* ① MUS fausse note *f*
② *s.* **Missklang 2.**
misstrauen*[RR], **mißtrauen*** *itr V* se méfier; **jdm/einer S. ~** se méfier de qn/qc; **in Geldangelegenheiten solltest du ihr ~** en matière d'argent, tu devrais te méfier d'elle
Misstrauen[RR], **Mißtrauen** <-s> *nt* méfiance *f;* **jdm ~ entgegenbringen, ~ gegen jdn hegen** se méfier de qn
Misstrauensantrag[RR] *m* PARL motion *f* de censure; **einen ~ einbringen** déposer une motion de censure **Misstrauensvotum**[RR] [-vo:tʊm] *nt* PARL vote *m* de défiance
misstrauisch[RR], **mißtrauisch** I. *Adj* méfiant(e); **jdm/einer S. gegenüber ~ sein** être méfiant(e) à l'égard de qn/qc
II. *Adv* avec méfiance
Missverhältnis[RR], **Mißverhältnis** *nt* disproportion *f;* **im ~ zu etw stehen** être disproportionné(e) par rapport à qc
missverständlich[RR], **mißverständlich** I. *Adj* qui prête à équivoque; **~ sein** prêter à équivoque
II. *Adv darstellen, sich ausdrücken* d'une façon qui prête à équivoque
Missverständnis[RR], **Mißverständnis** <-ses, -se> *nt* ① malentendu *m*
② *meist Pl* (*Meinungsverschiedenheit*) désaccords *mpl*
missverstehen*[RR], **mißverstehen*** *tr V unreg* comprendre de travers; **jdn/etw ~** comprendre qn/qc de travers; **sich missverstanden fühlen** se sentir mal compris(e)
Misswahl[RR] *f* élection *f* de la miss
Misswirtschaft[RR], **Mißwirtschaft** *f* mauvaise gestion *f*
Mist [mɪst] <-[e]s> *m* ① (*Dung*) fumier *m*
② *fam* (*Unsinn, wertlose Sachen*) conneries *fpl* (*fam*); **~ bauen** [*o* **machen**] *fam* faire des conneries (*fam*)
③ *fam* (*Ärger*) **[so ein] ~!** merde! (*fam*)
▸ **das ist nicht auf meinem ~ gewachsen!** *fam* c'est pas sorti de ma caboche! (*fam*)
Mistbeet *nt* couche *f* de fumier
Mistel ['mɪstəl] <-, -n> *f* gui *m*
Mistfink *m pej fam* ① (*unsauberer Mensch*) crado *m* (*fam*)
② (*gemeiner Mensch*) salaud *m* (*fam*), salopard *m* (*fam*) **Mistgabel** *f* fourche *f* à fumier **Misthaufen** *m* tas *m* de fumier **Mistkäfer** *m* bousier *m* **Mistkerl** *m pej sl* enculé *m* (*vulg*) **Mistkübel** <-s, -n> *m* A (*Mülleimer*) poubelle *f* **Mistschaufel** *f* A (*Kehrschaufel*) pelle *f* **Miststück** *nt pej sl* (*gemeine Frau*) salope *f* (*vulg*) **Mistvieh** *nt pej sl* ① (*Mistkerl*) salaud *m* (*fam*), ordure *f* (*vulg*) ② (*böses Tier*) saloperie *f* (*fam*) **Mistwetter** *nt pej sl* temps *m* de merde (*vulg*)
mit [mɪt] I. *Präp + Dat* ① (*zur Angabe des Mittels, der Art und Weise*) avec, au moyen de; **~ der Gabel essen** manger avec la fourchette; **etw ~ Absicht/Liebe tun** faire qc exprès/avec amour; **~ großen Schritten** à grands pas; **~ zwei Metern Vorsprung** avec deux mètres d'avance; **~ zehn Minuten Verspätung** avec dix minutes de retard
② (*per*) **~ dem Fahrrad** à vélo; **~ dem Bus/Auto/Flugzeug** en bus/voiture/avion; **~ dem Lkw** par camion; **~ der Post/Bahn** par la poste/le train
③ (*in Begleitung von, einschließlich*) avec; **~ jdm [zusammen]** avec qn; **Übernachtung ~ Frühstück** nuit avec petit-déjeuner; **kommst du ~ uns?** viens-tu avec nous?
④ (*versehen mit*) avec; **ein Haus ~ Garten** une maison avec jardin; **eine Tüte ~ Bonbons** un sac de bonbons; **Kekse ~ Schokolade** des petits gâteaux au chocolat; **Tee ~ Rum** du thé au rhum
⑤ (*zur Angabe des Zeitpunkts*) à; **~ 18 [Jahren]** à 18 ans; **~ dem Durchfahren des Ziels** en franchissant la ligne d'arrivée; **~ dem Ton des Zeitzeichens ist es genau 19 Uhr** au top sonore, il sera exactement 19 heures
⑥ *fam* (*und dazu*) **du ~ deiner Arroganz gehst mir auf die Nerven!** toi et ton arrogance, vous me cassez les pieds! (*fam*)
⑦ (*hinsichtlich*) **~ einem Vorschlag einverstanden sein** être d'accord avec une proposition; **~ dem Rauchen aufhören** arrêter de fumer; **~ jdm rechnen** compter sur qn
II. *Adv* **sie gehört ~ zu den führenden Experten auf diesem Gebiet** elle fait partie des experts les plus au fait dans ce domaine; **bist du ~ dabei gewesen?** est-ce que tu y étais aussi?
Mitangeklagte(r) *f(m) dekl wie Adj* coaccusé(e) *m(f)*
Mitarbeit *f* ① (*Mitwirkung*) collaboration *f;* **~ an etw** (*Dat*)**/bei etw** collaboration à qc; **unter ~ von ...** en collaboration avec ...
② SCHULE participation *f;* **~ im Unterricht** participation en cours
mit|arbeiten *itr V* ① (*mitwirken*) collaborer; **an etw** (*Dat*) **~** collaborer à qc
② SCHULE, UNIV **im Unterricht ~** participer en cours
③ *fam* (*ebenfalls arbeiten*) bosser aussi (*fam*); **seine Frau braucht nicht mitzuarbeiten** sa femme n'a pas besoin de bosser (*fam*)
Mitarbeiter(in) *m(f)* ① (*Beschäftigter*) collaborateur(-trice) *m(f);* **der Betrieb hat ein Drittel der ~ entlassen** l'entreprise a licencié un tiers du personnel
② (*Honorarkraft*) **freier ~/freie ~in** collaborateur *m* indépendant/collaboratrice *f* indépendante; **wissenschaftlicher ~** chercheur *m* indépendant
③ HIST **inoffizieller ~ der Stasi** *informateur du service des renseignements de l'ancienne RDA*
Mitarbeiterstab *m* équipe *f* de collaborateurs
Mitautor(in) *m(f)* coauteur *mf*
Mitbegründer(in) *m(f)* cofondateur(-trice) *m(f)*
mit|bekommen* *tr V unreg* ① (*mitgegeben bekommen*) recevoir
② (*wahrnehmen, hören*) entendre *Lärm, Streit*
③ (*verstehen*) comprendre
④ *fam* (*vererbt bekommen*) **etw von jdm ~** tenir qc de qn
mit|benutzen* *tr V,* **mit|benützen*** *tr V* SDEUTSCH utiliser aussi
Mitbenutzung *f* utilisation *f* en commun
Mitbesitz *m* JUR copropriété *f*
mit|bestimmen* I. *itr V* avoir voix au chapitre; *Arbeitnehmer:* prendre part à la gestion; *Schüler:* prendre part à l'administration de l'établissement
II. *tr V* influer sur *Entscheidung, Verfahrensweise, Schicksal*
Mitbestimmung *f* ① participation *f;* **das Recht auf ~ bei politischen Entscheidungen** le droit de participation aux

M

décisions politiques
❷ (*im Betrieb*) **betriebliche ~** cogestion *f* d'entreprise; **paritätische ~** cogestion paritaire
Mitbestimmungsrecht *nt* droit *m* de cogestion
Mitbewerber(in) *m(f)* postulant(e) *m(f)*
Mitbewohner(in) *m(f)* ❶ colocataire *mf;* **sein ~/seine ~in** celui/celle avec qui il partage son logement
❷ (*Wohnungsnachbar*) voisin(e) *m(f)*
mit|bringen *tr V unreg* ❶ (*besorgen, schenken*) apporter; **jdm aus der Stadt eine CD ~** ramener un CD à qn de la ville
❷ (*begleitet werden von*) amener
❸ (*aufweisen*) montrer *Fähigkeiten, Erfahrungen, Wissen;* **die nötigen Voraussetzungen für einen Posten ~** remplir les conditions requises pour un poste
Mitbringsel ['mɪtbrɪŋzəl] <-s, -> *nt fam* petit quelque chose *m* (*fam*)
Mitbürger(in) *m(f)* concitoyen(ne) *m(f);* **die älteren ~** les personnes *fpl* âgées; **unsere ausländischen ~** nos concitoyens étrangers
mit|denken *itr V unreg* ❶ (*überlegt handeln*) réfléchir
❷ (*aufmerksam sein*) **bei etw ~** suivre qc, être attentif(-ive) [lors de qc]
mit|dürfen *itr V unreg fam* pouvoir venir; **mit jdm ~** pouvoir venir avec qn
Miteigentum *nt* copropriété *f*
Miteigentümer(in) *m(f)* copropriétaire *mf*
miteinander [mɪtʔaɪ'nandɐ] *Adv* ❶ (*gemeinsam*) ensemble; **alle ~** tous ensemble; **die ganze Klasse hat ~ gefeiert** toute la classe a fait la fête
❷ (*untereinander, der eine mit dem anderen*) **gut ~ auskommen** s'entendre bien; **~ verwandt sein** avoir un lien de parenté; **~ verfeindet sein** être en guerre [l'un(e) avec l'autre]; **erbittert ~ ringen** se combattre avec acharnement
Miteinander <-s> *nt* coopération *f*
mit|empfinden* *unreg geh* **I.** *tr V* partager
II. *itr V* **mit jdm ~** partager l'émotion de qn
Miterbe *m*, **-erbin** *f* cohéritier(-ière) *m(f)*
mit|essen *unreg* **I.** *tr V* manger ... [avec]; **die Schale/den Kern ~** manger la peau/le noyau [avec]
II. *itr V* **mit jdm ~** manger avec qn; **komm, iss doch mit!** reste donc manger!
Mitesser <-s, -> *m* point *m* noir
mit|fahren *itr V unreg + sein* faire le voyage; **mit jdm ~** faire le voyage avec qn
Mitfahrer(in) *m(f)* passager(-ère) *m(f)*
Mitfahrgelegenheit *f* possibilité *f* de covoiturage **Mitfahrzentrale** *f* société *f* de covoiturage
mit|fühlen **I.** *tr V* ressentir *Gefühle, Empfindungen*
II. *itr V* **mit jdm ~** avoir de la compassion pour qn
mitfühlend **I.** *Adj* compatissant(e)
II. *Adv* avec compassion
mit|führen *tr V* ❶ *form* (*bei sich haben*) avoir [avec soi]; **etw ~** avoir qc [avec soi]; **führen Sie zu verzollende Artikel mit?** vous avez des marchandises à déclarer?
❷ (*transportieren*) **etw ~** *Fluss, Bach:* charrier qc
mit|geben *tr V unreg* ❶ (*auf den Weg geben*) donner; **jdm ein Buch für jdn ~** donner un livre à qn pour qn
❷ *fig* **jdm eine gute Ausbildung ~** donner une bonne formation à qn
❸ (*zuteilen*) **jdm eine erwachsene Begleitperson ~** faire accompagner qn par une personne adulte
Mitgefangene(r) *f(m) dekl wie Adj* codétenu(e) *m(f)*
Mitgefühl *nt kein Pl* sympathie *f;* **~ für jdn empfinden** éprouver de la compassion pour qn
mit|gehen *itr V unreg + sein* ❶ (*begleiten*) accompagner; **mit jdm ~** accompagner qn; **ich gehe noch ein Stückchen mit** je fais un bout de chemin avec toi/vous
❷ (*sich mitreißen lassen*) **mit der Musik ~** se laisser emporter par la musique
▸ **etw ~ lassen** *fam* piquer qc (*fam*)
mitgenommen **I.** *PP von* **mitnehmen**
II. *Adj fam* esquinté(e) (*fam*)
Mitgift ['mɪtgɪft] <-, -en> *f* dot *f*
Mitglied *nt* membre *m;* **ordentliches/passives ~** membre honoraire/passif
Mitgliederversammlung *f* assemblée *f* générale
Mitgliedsausweis *m* carte *f* de membre **Mitgliedsbeitrag** *m* cotisation *f*
Mitgliedschaft <-, -en> *f* appartenance *f;* **seine ~ in dieser Partei/diesem Verein** son appartenance à ce parti/cette association
Mitgliedsland *nt* pays *m* membre **Mitgliedsstaat** *m* État *m* membre
mit|haben *tr V unreg fam* avoir sur soi; **etw ~** avoir qc sur soi
mit|halten *itr V unreg* suivre; **bei etw ~** (*mitmachen*) suivre lors de qc; (*nicht unterliegen*) tenir tête [face à qc]
mit|helfen *itr V unreg* aider; **im Haushalt ~** aider dans l'entretien de la maison; **beim Renovieren ~** aider dans la rénovation
Mitherausgeber(in) *m(f)* coéditeur(-trice) *m(f)*
Mithilfe *f kein Pl* aide *f;* **unter ~ der Freunde** avec le concours des amis
mithilfe[RR] *Präp + Gen* avec le concours de
mithin [mɪt'hɪn] *Adv* par conséquent
mit|hören *tr V* surprendre
Mitinhaber(in) *m(f)* associé(e) *m(f)*
mit|kämpfen *itr V* prendre part au[x] combat[s]
Mitkläger(in) *m(f)* JUR codemandeur/-deresse *m/f*
mit|klingen *itr V unreg* être perceptible; **in etw** (*Dat*) **~** *Freude, Mitleid:* être perceptible dans qc
mit|kommen *itr V unreg + sein* ❶ (*begleiten*) venir; **mit jdm ~** venir avec qn
❷ (*mitgeschickt werden*) **mit etw ~** *Gepäck, Lieferung, Brief:* arriver avec qc
❸ *fam* (*mithalten, mitmachen können*) suivre; **im Unterricht/in Latein gut ~** suivre bien en cours/latin; **langsam, ich komme nicht mehr mit!** doucement, je ne suis plus!; **da komme ich nicht mit!** je suis largué(e)! (*fam*)
mit|können *itr V unreg fam* pouvoir venir; **mit jdm ~** pouvoir venir avec qn; **kann ich auch mit in die Stadt?** je peux aussi venir en ville?
mit|kriegen *s.* **mitbekommen**
mit|laufen *itr V unreg + sein* ❶ (*ebenfalls laufen*) courir [aussi]; **bei einem Rennen ~** participer à une course; **beim Marathonlauf sind über hundert Leute mitgelaufen** plus de cent personnes ont participé au marathon
❷ (*in Betrieb sein*) *Tonband:* tourner; *Propeller, Kolben:* fonctionner
❸ *fam* (*nebenher erledigt werden*) **dieses kleine Projekt läuft [nur] mit** ce petit projet est réalisé en parallèle
Mitläufer(in) *m(f) pej* suiveur(-euse) *m(f)*
Mitlaut *m* consonne *f*
Mitleid *nt* pitié *f;* **~ mit jdm haben** avoir pitié de qn; **~ mit jdm empfinden** éprouver de la pitié pour qn; **aus ~** par pitié
Mitleidenschaft *f* répercussions *fpl* [négatives]; **jdn in ~ ziehen** laisser des traces sur qn; **etw in ~ ziehen** avoir des répercussions sur qc
mitleiderregend *Adj* qui fait pitié; *Schicksal* pitoyable
mitleidig **I.** *Adj* ❶ (*mitfühlend*) compatissant(e)
❷ *iron* (*verächtlich*) dédaigneux(-euse)
II. *Adv* ❶ (*voller Mitgefühl*) avec compassion
❷ *iron* (*verächtlich*) avec dédain
mitleid[s]los **I.** *Adj* impitoyable; **~ sein** ne pas éprouver de pitié **II.** *Adv* impitoyablement **mitleid[s]voll** **I.** *Adj* compatissant(e) **II.** *Adv* avec compassion
mit|lesen *tr V unreg* ❶ (*ebenfalls lesen*) lire *Text, Kleingedruck-*

tes

② (*zusammen mit jdm lesen*) *Fahrgast:* lire en même temps; **sie blickte ihm über die Schulter um den Brief mitzulesen** elle regarda par-dessus son épaule pour lire la lettre avec lui

mit|machen I. *itr V* ① (*teilnehmen*) participer; **bei etw ~** participer à qc; **machst du mit?** tu es partant(e)?; **bei so was mache ich nicht mit!** je ne mange pas de ce pain-là!

② *fam* (*keine Probleme bereiten*) *Herz, Beine:* tenir le coup (*fam*); *Wetter:* être de la partie (*fam*); **nicht mehr/nicht ~** *fam Herz, Beine:* ne plus/ne pas tenir le coup (*fam*); **meine Augen machen nicht mehr mit** mes yeux déclarent forfait (*fam*)

II. *tr V* ① (*sich beteiligen*) participer à

② *fam* (*erleiden*) **viel** [*o* **einiges**] **mitgemacht haben** en avoir vu des vertes et des pas mûres (*fam*); **ich mache das nicht mehr mit!** je ne marche plus! (*fam*)

③ *fam* (*ebenfalls erledigen*) se taper (*fam*) *Arbeit*

Mitmensch *m* semblable *mf*

mit|mischen *itr V fam* jouer un rôle; **bei etw/in etw** (*Dat*) **~** jouer un rôle dans qc

mit|müssen *itr V unreg fam* (*mitgehen, mitfahren müssen*) être obligé(e) d'y aller; (*mitkommen müssen*) être obligé(e) de venir

Mitnahme <-> *f form* **unter ~** en emportant; **unter ~ einer S.** (*Gen*) en emportant qc; **zur kostenlosen ~ ausliegen** être offert(e) gratuitement; **die ~ dieser Zeitschriften ist nicht gestattet** il est interdit d'emporter ces revues

Mitnahmepreis *m* ÖKON prix *m* à emporter

mit|nehmen *tr V unreg* ① (*mit sich nehmen*) prendre; **jdn im Auto ~** prendre qn en voiture; **kannst du die Briefe zur Post ~?** est-ce que tu peux poster les lettres?; **Gerichte zum Mitnehmen** plats à emporter

② (*körperlich erschöpfen*) épuiser

③ (*psychisch belasten*) bouleverser

④ (*in Mitleidenschaft ziehen*) causer des dégâts à *Gegenstand, Maschine*

⑤ *fam* (*ebenfalls besichtigen*) faire *Sehenswürdigkeit*

⑥ *fam* (*kaufen*) sauter sur (*fam*) *Sonderangebot, Ware*

mitnichten [mɪtˈnɪçtən] *Adv geh* ne ... aucunement; **macht es dir was aus, wenn ich rauche? – Mitnichten!** ça te dérange si je fume? – En aucune façon!

Mitra [ˈmiːtra, *Pl:* ˈmiːtrən] <-, Mitren> *f* mitre *f*

mit|rechnen I. *tr V* inclure *Kosten, Betrag*

II. *itr V Person:* compter en même temps

mit|reden *itr V* avoir son mot à dire; **bei etw ~** avoir son mot à dire dans qc; **bei einem Thema nicht ~ können** ne pas pouvoir s'exprimer sur un sujet

mitreisen *itr V + sein* faire le voyage [*o* voyager] [avec qn]

Mitreisende(r) *f(m) dekl wie Adj* voyageur(-euse) *m(f)*; **ich habe mich mit meinen ~n unterhalten** j'ai discuté avec les autres voyageurs

mit|reißen *tr V unreg* ① (*mit sich reißen*) emporter; **etw ~** *Lawine, Strömung:* emporter qc

② (*begeistern*) enthousiasmer

mitreißend *Adj* enthousiasmant(e)

Mitren *Pl von* **Mitra**

mitsamt [mɪtˈzamt] *Präp + Dat* avec; **das Portmonee ~ den Papieren** le porte-monnaie avec tous les papiers

mit|schleifen *tr V* traîner

mit|schleppen *tr V a. fig fam* traîner; **jdn ins Theater ~** traîner qn au théâtre [avec soi]; **zu viele Sachen ~** traîner trop de choses [avec soi]

mit|schneiden *tr V unreg* enregistrer

Mitschnitt *m* enregistrement *m*

mit|schreiben *unreg* I. *tr V* prendre en note; **etw ~** prendre qc en note

II. *itr V* prendre des notes; **bei einer Vorlesung ~** prendre des notes pendant un cours magistral

Mitschuld *f* complicité *f*; **seine/ihre ~ an etw** (*Dat*) (*Mittäterschaft*) sa complicité dans qc; (*Mitverantwortung*) sa part *f* de responsabilité dans qc; **eine ~ an etw** (*Dat*) **tragen** (*Mittäter sein*) être complice de qc; (*mitverantwortlich sein*) avoir une part de responsabilité dans qc

mitschuldig *Adj* **der ~e Komplize** le complice; **an etw** (*Dat*) **~ werden/sein** (*Mittäter sein*) se rendre/être complice de qc; (*mitverantwortlich sein*) assumer/avoir une part de responsabilité dans qc; **sich an etw** (*Dat*) **~ machen** (*Mittäter sein*) se rendre complice de qc; (*mitverantwortlich sein*) assumer une part de responsabilité dans qc

Mitschuldige(r) *f(m) dekl wie Adj* (*Mittäter*) complice *mf*; (*Mitverantwortlicher*) coresponsable *mf*

Mitschüler(in) *m(f)* (*Klassen-/Schulkamerad*) camarade *mf* de classe/d'école

mit|schwingen *itr V unreg* ① MUS vibrer aussi

② *geh* (*anklingen*) **in ihrer Frage schwang Skepsis mit** il y avait une pointe de scepticisme dans sa question

mit|singen *unreg* I. *itr V* chanter aussi; (*einsetzen*) se mettre aussi à chanter; **in einem Chor/einer Oper ~** chanter dans un chœur/un opéra

II. *tr V* **etw ~** chanter aussi qc

mit|spielen *itr V* ① jouer aussi; **bei etw ~** jouer aussi à qc; **möchtest du ~?** tu veux jouer aussi?

② SPORT jouer; **bei dem Match/in der Mannschaft ~** participer au match/faire partie de l'équipe

③ CINE, THEAT **in/bei etw** (*Dat*) **~** faire partie de la distribution de qc; **in „Hamlet" als Ophelia ~** tenir le rôle d'Ophélie dans "Hamlet"

④ *fam* (*mitmachen*) **da spiele ich nicht mit!** je ne marche pas là-dedans [*o* dans la combine]! (*fam*)

⑤ (*beteiligt sein*) **bei etw ~** *Motiv:* jouer un rôle dans qc

⑥ (*zusetzen*) **jdm übel ~** jouer un sale tour à qn

Mitspieler(in) *m(f)* ① SPORT coéquipier(-ière) *m(f)*

② (*bei einem Spiel*) joueur(-euse) *m(f)*; **dein ~/deine ~in** ton/ta partenaire

③ THEAT partenaire *mf*

Mitsprache *f* **das Recht auf ~** le droit de regard

Mitspracherecht *nt kein Pl* droit *m* de regard; **jdm ein ~ bei etw einräumen** accorder à qn un droit de regard dans qc

mit|sprechen *unreg* I. *tr V* dire en même temps; **etw mit jdm ~** dire qc avec qn [*o* en même temps que qn]

II. *itr V* **bei etw ~** avoir son mot à dire dans qc

Mitstreiter(in) <-s, -> *m(f) geh* camarade *mf* de combat

Mittag[1] [ˈmɪtaːk] <-[e]s, -e> *m* ① (*Mittagszeit*) midi *m*; **jeden ~** tous les midis; **gegen ~** aux environs de midi; **über ~** entre midi et deux; **es geht schon auf ~ zu** il est bientôt midi; **er kommt gegen ~** il arrive vers midi; **zu ~ essen** déjeuner; **einen Salat zu ~ essen** manger une salade à midi; **was habt ihr gestern zu ~ gegessen?** qu'est-ce que vous avez mangé hier [à] midi?

② *fam* (*Mittagspause*) **~ haben/machen** faire la pause de midi

Mittag[2] <-s> *nt* DIAL *fam* déjeuner *m*

Mittagessen *nt* déjeuner *m*, dîner *m* (BELG, CH); **es gibt pünktlich um zwölf Uhr ~** on déjeune à midi pile; **was gibt es heute zum ~?** qu'est-ce qu'on mange à midi?

mittäglich [ˈmɪtɛːklɪç] *Adj attr* de midi

mittags [ˈmɪtaːks] *Adv* à midi

Mittagshitze *f* chaleur *f* de midi **Mittagsmahl** *nt veraltet geh* déjeuner *m* (*soutenu*) **Mittagspause** *f* pause *f* de midi; **~ haben** [*o* **machen**] faire la pause de midi

i Land & Leute

En Allemagne, la **Mittagspause** est assez différente de la pause de midi, en France. En effet, il est rare de voir des cantines dans les écoles. Les élèves n'ayant pas cours l'après-

M

midi, ils rentrent chez eux pour prendre un repas de midi, souvent chaud. Ils disent alors: *Ich habe warm gegessen.* Cette précision, qui peut paraître un peu surprenante à un étranger, prend son sens lorsqu'on sait que la collation du soir, le *Abendbrot*, est généralement un repas froid.

Mittagsruhe *f* ❶ (*das Ausruhen*) repos *m* de midi ❷ (*Ruhe, Stille*) **die ~ einhalten/stören** respecter/déranger le repos de midi **Mittagsschlaf** *m* sieste *f;* **einen ~ machen** faire une sieste **Mittagssonne** *f* soleil *m* de midi **Mittagsstunde** *f geh* heure *f* de midi; **um die ~** vers midi **Mittagstisch** *m* ❶ (*gedeckter Tisch*) table *f* du déjeuner ❷ (*Menü*) menu *m* du déjeuner **Mittagszeit** *f* heure *f* du déjeuner; **in der ~** à l'heure du déjeuner; **um die ~** vers de midi

Mittäter(in) *m(f)* complice *mf*

Mittäterschaft <-> *f* complicité *f*

Mittdreißiger(in) <-s, -> *m(f)* homme *m*/femme *f* d'environ trente-cinq ans

Mitte ['mɪtə] <-, -n> *f* ❶ milieu *m;* **in der ~ der Straße/des Platzes** au milieu de la route/place; **in der ~ zwischen Köln und Bonn** à mi-chemin entre Cologne et Bonn; **sie nahmen ihn in die ~** ils l'ont pris entre eux; **etw in der ~ durchschneiden** couper qc au milieu
❷ (*Mittelpunkt*) centre *m*
❸ (*bei Zeitangaben*) **~ des Monats/des Jahres** au milieu du mois/de l'année; **~ Januar** à la mi-janvier; **er wird [bis] ~ der Woche zurück sein** il sera de retour en milieu de semaine
❹ (*bei Altersangaben*) **~ Zwanzig sein** avoir environ vingt-cinq ans; **ich hätte ihn auf ~ vierzig geschätzt** je lui aurais donné dans les quarante-cinq ans
❺ POL centre *m*
▶ **die goldene ~** le juste milieu; **ab durch die ~!** *fam* on se casse! (*fam*); **aus unserer/Ihrer ~** dans nos/vos rangs; **in unserer/Ihrer ~** parmi nous/vous

mit|teilen I. *tr V* annoncer; **jdm etw ~** annoncer qc à qn; **jdm ~, dass** annoncer à qn que + *indic*
II. *r V geh* ❶ (*kommunizieren*) **sich jdm ~** se confier à qn (*soutenu*); **sich durch Gebärden ~** communiquer par gestes ❷ (*erkennbar sein*) **sich jdm ~** *Aufregung, Freude, Kummer:* se communiquer à qn

mitteilsam *Adj* communicatif(-ive)

Mitteilung *f* communication *f;* **die ~ bekommen, dass** être informé(e) que + *indic;* **jdm ~ machen** informer qn; **nach ~ des Verkehrsministeriums** selon un communiqué du ministère des Transports

Mitteilungsbedürfnis *nt kein Pl* besoin *m* de s'exprimer

Mittel ['mɪtəl] <-s, -> *nt* ❶ (*Medikament*) médicament *m;* (*Hausmittel, Heilmittel*) remède *m*
❷ (*Putzmittel, Fleckenmittel*) produit *m*
❸ (*Methode*) moyen *m;* **mit allen ~n** par tous les moyens; **als letztes [*o* äußerstes] ~** en dernier recours; **kein ~ unversucht lassen** essayer tous les moyens; **ihm ist jedes ~ recht** tous les moyens lui sont bons
❹ *Pl* (*Geldmittel*) moyens *mpl;* **über die notwendigen ~ verfügen** avoir les moyens nécessaires
❺ (*Mittelwert, Durchschnitt*) moyenne *f;* **arithmetisches ~** moyenne arithmétique; **im ~** en moyenne
▶ **~ und Wege finden [um] etw zu tun** trouver le moyen de faire qc; **~ zum Zweck** moyen *m* de parvenir à ses fins

Mittelachse [-aksə] *f* (*Symmetrieachse*) axe *m* de symétrie **Mittelalter** *nt* Moyen Âge *m;* **im frühen/ausgehenden ~** au début/à la fin du Moyen Âge ▶ **das ist ja finsterstes ~!** c'est de l'obscurantisme médiéval! **mittelalterlich** *Adj* médiéval(e) **Mittelamerika** *nt* l'Amérique *f* centrale **Mittelamerikaner(in)** *m(f)* Centre-Américain(e) *m(f)* **mittelamerikanisch** *Adj* d'Amérique centrale

mittelbar ['mɪtəlba:ɐ] I. *Adj* indirect(e)
II. *Adv* indirectement

Mittelbau <-bauten> *m* ❶ ARCHIT bâtiment *m* central ❷ *kein Pl* UNIV maîtres *mpl* de conférence **Mitteldeck** *nt* pont *m* central **mitteldeutsch** *Adj* de l'Allemagne centrale **Mitteldeutschland** *nt veraltet* l'Allemagne *f* centrale **Mittelding** *nt fam* compromis *m;* **ein ~ zwischen Stock und Krücke** quelque chose entre la canne et la béquille (*fam*) **Mitteleuropa** *nt* l'Europe *f* centrale **Mitteleuropäer(in)** *m(f)* habitant(e) *m(f)* de l'Europe centrale **mitteleuropäisch** *Adj* d'Europe centrale **mittelfein** *Adj, Adv* moyennement fin(e) **Mittelfeld** *nt* ❶ *kein Pl* (*Teil des Spielfelds*) centre *m* du terrain ❷ (*Teilnehmergruppe*) [gros *m* du] peloton *m*

Mittelfeldspieler(in) *m(f)* milieu *m* de terrain

Mittelfinger *m* majeur *m*

mittelfristig *Adj, Adv* à moyen terme

Mittelgebirge *nt* [région *f* de] moyenne montagne *f* **Mittelgewicht** *nt* (*Gewichtsklasse*) poids *m* moyen; **die Europameisterschaft im ~** le championnat d'Europe des poids moyens

Mittelgewichtler(in) <-s, -> *m(f)* poids *m* moyen

mittelgroß *Adj Person* de taille moyenne **mittelhoch** *Adj* de taille moyenne **Mittelhochdeutsch** *nt* LING moyen haut allemand *m;* **das ~e** le moyen haut allemand **Mittelklasse** *f* ❶ (*Güteklasse*) milieu *m* de gamme ❷ (*Mittelschicht*) classe *f* moyenne

Mittelklassewagen *m* voiture *f* [de] milieu de gamme

Mittelläufer(in) *m(f)* SPORT demi-centre *mf* **Mittellinie** *f* ❶ *einer Straße* ligne *f* médiane; **durchgezogene ~** ligne continue ❷ SPORT ligne *f* médiane

mittellos *Adj* sans ressources

Mittellosigkeit <-> *f* dénuement *m*

Mittelmaß *nt kein Pl* [petite] moyenne *f;* **gutes ~ sein** *Person:* être dans une bonne moyenne; *Arbeit, Leistung:* être dans la moyenne **mittelmäßig** I. *Adj* médiocre II. *Adv* médiocrement **Mittelmäßigkeit** *f* médiocrité *f* **Mittelmeer** *nt* **das ~** la [mer] Méditerranée

Mittelmeerländer *Pl* pays *mpl* méditerranéens **Mittelmeerraum** *m* espace *m* méditerranéen

Mittelohrentzündung *f* otite *f* [moyenne] **mittelprächtig** *fam* I. *Adj iron* pas très brillant(e) (*iron fam*) II. *Adv* comme ci, comme ça (*fam*) **Mittelpunkt** *m* ❶ (*Punkt*) centre *m; einer Geraden* milieu *m;* **im ~** au centre ❷ *fig* (*Zentrum*) centre *m;* **im ~ des Interesses stehen** *Frage:* être central(e) ❸ *fig* (*zentrale Figur*) personnage *m* central **Mittelpunktschule** *f* ≈ regroupement *m* primaire intercommunal, R.P.I. *m*

mittels ['mɪtəls] *geh* I. *Präp + Gen* grâce à; **~ eines Wagenhebers** au moyen d'un cric (*soutenu*); **~ guter Beziehungen** grâce à de bonnes relations
II. *Präp + Dat* **~ Sandsäcken/Schnüren** au moyen de sacs de sable/de ficelles (*soutenu*)

Mittelscheitel *m* raie *f* au milieu **Mittelschicht** *s.* Mittelklasse 2. **Mittelschiff** *nt* nef *f* centrale **Mittelschule** *f* ❶ *s.* Realschule ❷ CH (*höhere Schule*) *établissement d'enseignement du second degré*

Mittelsmann <-männer *o* -leute> *m* intermédiaire *m*

Mittelstand *m* classe *f* moyenne **mittelständisch** *Adj* des classes moyennes; **die ~e Industrie** la petite et moyenne industrie; **die ~en Betriebe** les petites et moyennes entreprises

Mittelstellung *f* (*Schalter*) position *f* intermédiaire **Mittelstrecke** *f* SPORT demi-fond *m*

Mittelstreckenflugzeug *nt* moyen-courrier *m* **Mittelstreckenlauf** *m* SPORT course *f* de demi-fond **Mittelstreckenrakete** *f* missile *m* [de] moyenne portée

Mittelstreifen *m* terre-plein *m* **Mittelstück** *nt* morceau *m* du milieu **Mittelstufe** *f correspond aux classes de quatrième, troisième et seconde* **Mittelstürmer(in)** *m(f)* avant-centre *mf* **Mittelweg** *m* moyen terme *m* ▶ **der goldene ~** le meil-

leur compromis **Mittelwelle** *f* RADIO onde *f* moyenne
Mittelwellensender *m* RADIO émetteur *m* [à] ondes moyennes
Mittelwert *m* valeur *f* moyenne
mitten ['mɪtən] *Adv* ❶ *(räumlich)* au milieu; ~ **entzweibrechen** se casser au milieu; **etw ~ durchbrechen** casser qc au milieu; ~ **im Wald/Zimmer** au milieu de la forêt/chambre; ~ **durch die Wand gehen** *Riss:* passer à travers le mur; ~ **unter den Gästen/Zeitungen** au milieu des invités/journaux; ~ **ins Herz** en plein cœur
❷ *(zeitlich)* ~ **in der Nacht/Konferenz** au beau milieu de la nuit/conférence
mittendrin *Adv fam* ❶ *(räumlich)* en plein milieu; ~ **stehen/sitzen** être debout/assis(e) en plein milieu ❷ *fig* ~ **sein** être en plein milieu **mittendurch** *Adv führen* à travers
Mitternacht ['mɪtɐnaxt] *f kein Pl* minuit *f;* **um ~** à minuit **mitternächtlich** *Adj attr* de minuit
Mitternachtssonne *f* soleil *m* de minuit
Mittfünfziger(in) <-s, -> *m(f)* homme *m*/femme *f* d'environ cinquante-cinq ans
Mittler(in) ['mɪtlɐ] <-s, -> *m(f)* médiateur(-trice) *m(f)*
mittlere(r, s) *Adj attr* ❶ *(räumlich)* du milieu; **der ~ Balkon** le balcon du milieu; **der/die/das ~** celui/celle du milieu
❷ *(altersmäßig)* **mein ~r Bruder** mon deuxième frère; **eine Dame ~n Alters** une dame qui a la cinquantaine
❸ *(nicht sehr hoch, groß, einflussreich)* *Qualität, Betrieb, Management* moyen(ne); *Katastrophe* aux conséquences limitées
❹ *(durchschnittlich)* *Druck, Temperatur, Verbrauch* moyen(ne)
Mittlerrolle *f* rôle *m* de médiateur
mittlerweile *Adv (währenddessen)* entre-temps; *(im Gegensatz zu früher)* maintenant
Mittsechziger(in) <-s, -> *m(f)* homme *m*/femme *f* d'environ soixante-cinq ans **Mittsiebziger(in)** <-s, -> *m(f)* homme *m*/femme *f* d'environ soixante-quinze ans **Mittsommer** ['mɪtzɔmɐ] *m* solstice *m* d'été; **wir haben ~** c'est le solstice d'été **Mittsommernacht** *f* nuit *f* de la Saint-Jean **Mittvierziger(in)** <-s, -> *m(f)* homme *m*/femme *f* d'environ quarante-cinq ans
Mittwoch ['mɪtvɔx] <-s, -e> *m* mercredi *m; s. a.* **Dienstag**
Mittwochabend *m* mercredi *m* soir; **am ~** le mercredi soir **Mittwochnachmittag** *m* mercredi *m* après-midi; **am ~** le mercredi après-midi
mittwochs ['mɪtvɔxs] *Adv* le mercredi
mitunter [mɪt'ʔʊntɐ] *Adv* parfois, de temps en temps
mitverantwortlich *Adj* coresponsable; **die ~en Kollegen** les autres collègues responsables; ~ **sein** être coresponsable
Mitverantwortung *f* part *f* de responsabilité; ~ **für etw tragen** porter une part de responsabilité dans qc
mit|verdienen* *itr V* travailler aussi
Mitverfasser(in) *s.* **Mitautor(in)**
Mitvergangenheit <-> *f* A imparfait *m*
Mitverschulden *nt* part *f* de responsabilité; **im Falle eines ~s des Geschädigten** au cas où la victime du dommage porterait une part de responsabilité
mit|versichern* *tr V* coassurer; **bei jdm mitversichert sein** être inclus(e) dans le contrat d'assurance de qn
Mitversicherte(r) *f(m) dekl wie Adj* JUR coassuré(e) *m(f)*
Mitversicherung *f* coassurance *f*
Mitwelt *f kein Pl* contemporains *mpl*
mit|wirken *itr V* ❶ *(beteiligt sein)* participer; **bei/an etw** *(Dat)* ~ participer à qc; **sein/ihr Mitwirken** sa participation
❷ CINE, THEAT *form* **in etw** *(Dat)* ~ faire partie de la distribution de qc
❸ *(eine Rolle spielen)* jouer [un rôle]; **bei etw ~** *Erwägung, Faktor* jouer [un rôle] dans qc
Mitwirkende(r) *f(m) dekl wie Adj* ❶ *(mitwirkender Mensch)* participant(e) *m(f)*
❷ CINE, THEAT *form* acteur(-trice) *m(f)*
Mitwirkung *f kein Pl* participation *f;* **unter ~ von ...** avec la participation de ...; **ohne seine/ihre ~** sans son concours
Mitwisser(in) <-s, -> *m(f)* complice *mf; eines Geheimnisses* dépositaire *mf;* **jdn zum ~ einer S.** *(Gen)* **machen** mettre qn au parfum de qc
Mitwohnzentrale *f* centrale *f* immobilière *(qui met en rapport les personnes en quête d'un logement et les personnes désireuses de sous-louer leur logement)*
mit|wollen *itr V fam* vouloir venir [avec qn]
mit|zählen I. *itr V* ❶ *(addiert werden)* compter
❷ *(berücksichtigt werden)* **bei etw ~** entrer en ligne de compte dans qc
II. *tr V* compter
mit|ziehen *itr V unreg* ❶ + *sein (mitgehen)* se joindre; **bei einem Festumzug ~** se joindre à un défilé
❷ + *haben fam (mitmachen)* **bei etw ~** marcher dans qc *(fam)*
Mix [mɪks] <-, -e> *m* cocktail *m*
Mixbecher ['mɪks-] *m* shaker *m*
mixen ['mɪksən] *tr V* mixer *Cocktail, Getränk*
Mixer <-s, -> *m* mixe[u]r *m*
Mixgetränk *nt* cocktail *m*
Mixtur [mɪks'tuːɐ] <-, -en> *f* mixture *f*
ml *Abk von* **Milliliter** ml
mm *Abk von* **Millimeter** mm
Mnemotechnik *f* mnémotechnique *f*
Mo CHEM *Abk von* **Molybdän** Mo
Mob [mɔp] <-s> *m pej* populace *f (péj)*
Mobbing <-s> *nt* harcèlement *m* moral *(exercé sur le lieu de travail)*
Möbel ['møːbəl] <-s, -> *nt* meuble *m*
Möbelfabrik *f* fabrique *f* de meubles **Möbelgeschäft** *nt* magasin *m* de meubles **Möbelpacker(in)** *m(f)* déménageur(-euse) *m(f)* **Möbelpolitur** *f* encaustique *f* **Möbelschreiner(in)** *s.* **Möbeltischler(in)** **Möbelspedition** *f* entreprise *f* de déménagement **Möbelstoff** *m* tissu *m* d'ameublement **Möbelstück** *nt* meuble *m* **Möbeltischler(in)** *m(f)* menuisier(-ière) *m(f); (Kunsttischler)* ébéniste *mf* **Möbelwagen** *m* camion *m* de déménagement
mobil [mo'biːl] *Adj* ❶ *(nicht ortsgebunden)* itinérant(e); ~ **sein** être mobile
❷ *fam (munter)* en train
❸ MIL ~ **machen** mobiliser
Mobile ['moːbile] <-s, -s> *nt* mobile *m*
Mobilfunk *m* téléphonie *f* numérique mobile
Mobilfunkanbieter *m* opérateur *m* de téléphonie numérique mobile **Mobilfunkgerät** *nt* téléphone *m* cellulaire
Mobiliar [mobi'liaːɐ] <-s> *nt* mobilier *m*
mobilisieren* *tr V* mobiliser
Mobilisierung <-, -en> *f* mobilisation *f*
Mobilität [mobili'tɛːt] <-> *f* mobilité *f*
Mobilmachung <-, -en> *f* mobilisation *f*
Mobiltelefon *nt* [téléphone *m*] portable *m*
möblieren* *tr V* meubler; **möbliert** meublé(e)
mochte ['mɔxtə] *Imp von* **mögen**
möchte *Konjunktiv II von* **mögen**
Möchtegernkünstler(in) *m(f) iron* prétendu(e) artiste *mf*
modal [mo'daːl] *Adj* GRAM de manière
Modalitäten *Pl geh* modalités *fpl*
Modalsatz *m* GRAM subordonnée *f* de manière **Modalverb** [-vɛ-] *nt* GRAM verbe *m* de modalité
Mode ['moːdə] <-, -n> *f* ❶ mode *f;* **mit der ~ gehen** suivre la mode; **sich nach der ~ richten** se régler sur la mode; **groß in ~ sein** être la grande mode [*o* très à la mode]; **aus der ~ kommen** passer de mode
❷ *Pl (Kleidungsstücke)* modèles *mpl*
Modeartikel *m* article *m* de mode **Modearzt** *m*, **-ärztin** *f* médecin *m* à la mode **Modeausdruck** *m* expression *f* à la mode **modebewusst**[RR] *Adj* au courant de la dernière mode

M

Modeboutique *f s.* Modegeschäft **Modedesigner(in)** *m(f)* styliste *mf* de mode, créateur(-trice) *m(f)* de mode **Modefarbe** *f* couleur *m* à la mode **Modegeschäft** *nt* boutique *f* de mode **Modehaus** *nt* maison *f* de mode **Modejournal** *nt* journal *m* de mode **Modekrankheit** *f* maladie *f* à la mode

Model ['mɔdəl] <-s, -s> *nt* modèle *m*

Modell [mo'dɛl] <-s, -e> *nt* ① *(verkleinerte Ausgabe)* modèle *m* réduit
② *(Ausführung)* modèle *m*
③ KUNST *(Aktmodell)* modèle *m;* **jdm ~ sitzen/stehen** poser pour qn
④ *(Kleidungsstück)* création *f*
⑤ *geh (Vorbild)* modèle *m*

Modelleisenbahn *f* train *m* électrique [modèle réduit] **Modellflugzeug** *nt* avion *m* modèle réduit

modellieren* *tr V* modeler; **etw in Gips** *(Dat)* ~ modeler qc en plâtre

Modelliermasse *f* pâte *f* à modeler

Modellkleid *nt* robe *f* de couturier **Modellversuch** *m geh* expérimentation *f (soutenu)*

modeln ['mɔdəln] *itr V* travailler comme mannequin

Modem ['mo:dɛm] <-s, -s> *nt o m* INFORM modem *m*

Modemacher(in) *m(f)* créateur(-trice) *m(f)* de mode

Modenschau *f* défilé *m* de mode

Modepüppchen [-pʏpçən] *nt pej fam* vrai mannequin *m* ambulant *(péj fam)*

Moder ['mo:dɐ] <-s> *m* pourriture *f*

moderat [mode'ra:t] *Adj* modéré(e)

Moderation [modera'tsio:n] <-, -en> *f* présentation *f*

Moderator <-s, -toren> *m,* **Moderatorin** *f* RADIO, TV présentateur(-trice) *m(f); einer Spielshow* animateur(-trice) *m(f)*

Modergeruch *m* odeur *f* de moisi

moderieren* *tr V* présenter; **das Moderieren** la présentation

moderig ['mo:dərɪç] *Adj* moisi(e); ~ **riechen** sentir le moisi

modern¹ ['mo:dɐn] *itr V + haben o sein* moisir

modern² [mo'dɛrn] **I.** *Adj* ① moderne; *Ansichten, Denkweise* moderne; *Person* de son temps; **der ~e Mensch** l'homme moderne
② *(modisch) Kleidung, Schnitt* [à la] mode; ~ **werden/sein** devenir/être [à la] mode; **etwas Modernes** quelque chose à la mode
③ *(zur Neuzeit gehörend)* moderne; *Diktatur* actuel(le)
II. *Adv* ① de façon moderne; **sehr ~ wohnen** avoir un logement ultramoderne
② *(modisch)* **sich ~ kleiden** s'habiller [à la] mode
③ *(fortschrittlich)* moderne; ~ **eingestellte Eltern** des parents [aux idées] modernes

Moderne [mo'dɛrnə] <-> *f (Epoche)* l'époque *f* moderne; *(Kunstrichtung)* l'école *f* moderne

modernisieren* *tr V* moderniser

Modernisierung <-, -en> *f* modernisation *f*

Modernismus [modɛr'nɪsmʊs] <-> *m* LITER, REL, KUNST modernisme *m*

Modernität [modɛrni'tɛ:t] <-, -en> *f* modernité *f*

Modeschau *f s.* Modenschau **Modeschmuck** *m* bijou *m* fantaisie **Modeschöpfer(in)** *m(f)* créateur(-trice) *m(f)* [de mode] **Modetrend** *m* tendance *f* de la mode **Modewort** *nt* LING mot *m* à la mode **Modezeichner(in)** *m(f)* dessinateur(-trice) *m(f)* de mode **Modezeitschrift** *f* revue *f* de mode

Modi ['mɔdi, 'mo:di] *Pl von* **Modus**

Modifikation [modifika'tsio:n] <-, -en> *f geh* ① *(Abänderung)* retouche *f*
② *(das Modifizieren)* modification *f*

modifizieren* *tr V geh* modifier

modisch ['mo:dɪʃ] **I.** *Adj* à la mode
II. *Adv* [à la] mode

modrig *s.* **moderig**

Modul [mo'du:l] <-s, -e> *nt* INFORM module *m*

Modulation [modula'tsio:n] <-, -en> *f* modulation *f*

modulieren* *tr V* moduler

Modus ['mɔdʊs, 'mo:dʊs] <-, Modi> *m* ① *geh (Art und Weise)* mode *m;* **der ~ der Verteilung** le mode de répartition
② *geh (Arrangement, Übereinkunft)* terrain *m* d'entente
③ GRAM mode *m*

Modus VivendiRR, **Modus vivendi** <- -, Modi -> *m geh* modus vivendi *m (soutenu)*

Mofa ['mo:fa] <-s, -s> *nt* cyclomoteur *m,* mobylette® *f*

Mofafahrer(in) *m(f)* conducteur(-trice) *m(f)* de mobylette

Mogelei [mo:gə'laɪ] <-, -en> *f fam* triche *f (fam)*

mogeln ['mo:gəln] *itr V fam* tricher; **bei etw ~** tricher à qc

Mogelpackung *f* ① emballage *m* trompeur
② *(Augenwischerei)* miroir *m* aux alouettes

mögen¹ ['mø:gən] <mag, mochte, gemocht> *tr V* ① *(gern haben)* aimer; **am liebsten mag ich ...** j'aime mieux ...; **welche von diesen Sängerinnen magst du am liebsten?** laquelle de ces chanteuses préfères-tu?
② *(haben wollen, wünschen)* **möchten Sie ...?** désirez-vous ...?; **was möchten Sie, bitte?** vous désirez?; **ich möchte [gern] eine Tasse Tee** je voudrais une tasse de thé
③ *(erwarten, veranlassen)* **sie möchte, dass ich einen Bericht schreibe** elle voudrait que je fasse un rapport; **er möchte gern, dass wir ihn besuchen kommen** il aimerait que nous venions le voir

mögen² <mochte, gemocht> *itr V* ① *(wollen)* vouloir [bien]; **nicht ~** ne pas avoir envie; **er möchte [gern]** il voudrait bien; **wenn du möchtest** si tu veux
② *fam (gehen, fahren wollen)* **sie möchte nach Hause** elle voudrait rentrer
③ *fam (können)* **ich mag nicht mehr** je n'en peux plus

mögen³ <mochte, -> *Hilfsv modal, mit Infin* ① *(wollen)* vouloir; **sie möchte hier bleiben** elle voudrait rester ici; **er möchte lieber heimgehen** il aimerait mieux rentrer; **ich mag jetzt nur noch ausruhen** je n'ai qu'une envie, c'est de me reposer
② *geh (als Ausdruck des Einräumens, Zugestehens)* **das mag schon stimmen** c'est peut-être exact; **mag sein, dass** il est possible que + *subj (soutenu)*; **mag kommen, was da will** quoi qu'il arrive; **wie dem auch sein mag** quoi qu'il en soit; **er mag ruhig anderer Meinung sein** il peut bien avoir une autre opinion; **er mag noch so reich sein, ...,** aussi riche soit-il
③ *(sollen)* **Sie möchten ihn bitte zurückrufen** vous êtes prié(e) de le rappeler
④ *geh (als Ausdruck eines Wunschs)* **möge Gott das verhüten!** [que] Dieu m'en/l'en/... préserve!; ~ **sie miteinander glücklich werden!** qu'ils soient heureux ensemble!
⑤ *(geneigt sein)* **man möchte meinen, dass** on pourrait croire [*o* penser] que + *indic*

Mogler(in) ['mo:glɐ] <-s, -> *m(f) fam* tricheur(-euse) *m(f)*

möglich ['mø:klɪç] *Adj* ① *(durchführbar)* possible; **etw für ~ halten** tenir qc pour possible; **es für ~ halten, dass** tenir pour possible que + *subj;* **es ist ~, dass** il est possible que + *subj;* **sollte es ~ sein, dass ...?** serait-il possible que ... + *subj*?; **sein Möglichstes tun** faire tout son possible; **wenn [irgend] ~** si possible; **so bald/genau wie ~** le plus vite/précisément possible; **wenn es Ihnen ~ ist** si cela vous est possible; **das ist doch nicht ~!** mais ce n'est [*o* c'est *fam*] pas possible!; **schon ~** *fam* peut-être bien *(fam)*
② *(denkbar)* **alle ~en Länder** tous les pays possibles; **alles Mögliche** toutes sortes de choses
③ *attr (potenziell)* potentiel(le)

möglicherweise *Adv* peut-être

Möglichkeit <-, -en> *f* ① *(Gelegenheit, Machbarkeit)* possibilité *f;* **jdm die ~ geben etw zu tun** donner à qn la possibilité de faire qc; **die ~ haben etw zu tun** avoir la possibilité de faire qc; **es besteht die ~, etw zu tun/dass** il est possible de faire qc/que + *subj*

❷ *Pl* (*Mittel*) **seine/meine ~en** ses/mes possibilités *fpl*

▸ **ist denn das die ~?** *fam* [c'est] pas possible! (*fam*); **nach ~** dans la mesure du possible

möglichst ['møːklɪçst] *Adv* ❶ **~ groß/unauffällig** le plus grand/discrètement possible

❷ (*wenn irgend möglich*) autant que possible; **sich ~ zurückhalten** se retenir autant que possible; **kannst du das ~ heute noch erledigen?** [est-ce que] tu peux régler ça si possible aujourd'hui encore?

▸ **sein Möglichstes tun** faire tout son possible

Mohair [mo'hɛːɐ] <-s, -e> *m* [laine *f*] mohair *m*

Mohairpullover [mo'hɛːɐ-] *m* pull-over *m* en mohair

Mohammedaner(in) [mohame'daːnɐ] <-s, -> *m(f) veraltet* mahométan(e) *m(f)* (*vieilli*)

mohammedanisch [mohame'daːnɪʃ] *Adj veraltet* mahométan(e) (*vieilli*)

Mohikaner(in) [mohi'kaːnɐ] <-s, -> *m(f)* Mohican *mf*; **der letzte ~** le dernier des Mohicans

Mohn [moːn] <-[e]s, -e> *m* pavot *m*; (*Klatschmohn*) coquelicot *m*; (*Mohnsamen*) graine *f* de pavot

Mohnbrötchen *nt* petit pain *m* au pavot **Mohnkuchen** *m* gâteau *m* aux graines de pavot

Mohr(in) [moːɐ] <-en, -en> *m(f) veraltet* nègre *m*

Möhre ['møːrə] <-, -n> *f* carotte *f*

Mohrenkopf *m* (*Süßigkeit*) tête *f* de nègre; (*Gebäck*) *pâtisserie recouverte de chocolat*

Möhrensaft *m* jus *m* de carottes

Mohrrübe *f* NDEUTSCH carotte *f*

Moiré [moa're:] <-s, -s> *nt* moire *f*

mokant [mo'kant] *Adj geh* moqueur(-euse), railleur(-euse)

Mokassin [moka'siːn] <-s, -s> *m* mocassin *m*

Mokick ['moːkɪk] <-s, -s> *nt* cyclomoteur *m*, mobylette® *f*

mokieren* *r V geh* **se ~** se moquer; **sich über jdn/etw ~** se moquer de qn/qc

Mokka ['mɔka] <-s, -s> *m* moka *m*

Mokkabohne *f* grain *m* de moka **Mokkalöffel** *m* cuillère *f* à moka **Mokkatasse** *f* tasse *f* à moka

Mol [moːl] <-s, -e> *nt* CHEM mole *f*

Molch [mɔlç] <-[e]s, -e> *m* triton *m*

Moldawien [mɔl'daːviən] <-s> *nt* la Moldavie

Mole ['moːlə] <-, -n> *f* môle *m*

Molekül [mole'kyːl] <-s, -e> *nt* molécule *f*

molekular [moleku'laːɐ] *Adj* moléculaire

Molekularbiologie *f* biologie *f* moléculaire **Molekulargewicht** *nt* CHEM, PHYS poids *m* moléculaire

molk *Imp von* **melken**

Molke ['mɔlkə] <-> *f* petit-lait *m*

Molkerei <-, -en> *f* laiterie *f*

Molkereibutter *f* beurre *m* laitier **Molkereiprodukt** *nt* produit *m* laitier

Moll [mɔl] <-> *nt* mineur *m*; **in ~** en mineur

mollig ['mɔlɪç] *Adj* (*rundlich*) rondelet(te) (*fam*)

Moloch ['moːlɔx] <-s, -e> *m* hydre *f* (*soutenu*), monstre *m*

Molotowcocktail ['mɔlotɔfkɔkteɪl] *m* cocktail *m* Molotov

Moment¹ [mo'mɛnt] <-[e]s, -e> *m* (*Augenblick*) moment *m*; (*kurze Zeitspanne*) instant *m*; **im ersten ~** sur le coup; **im gleichen ~** au même moment; **jeden ~** à tout moment; **im richtigen ~** au bon moment; **im nächsten ~** dans l'instant qui suit; **im ~** pour le moment; **einen [kleinen] ~!** un [petit] moment!; **~ mal!** eh, minute! (*fam*)

Moment² <-[e]s, -e> *nt geh* (*Umstand*) élément *m*

momentan [momɛn'taːn] **I.** *Adj* ❶ (*derzeitig*) actuel(le)

❷ (*vorübergehend*) momentané(e)

II. *Adv* ❶ (*derzeit*) actuellement

❷ (*vorübergehend*) momentanément

Momentaufnahme *f* PHOT *a. fig* instantané *m*

Monaco, Monako [mo'nako, 'moːnako] <-s> *nt* [la Principauté de] Monaco

Mona Lisa <- -> *f* KUNST Joconde *f*

Monarch(in) [mo'narç] <-en, -en> *m(f)* monarque *m*/souveraine *f*

Monarchie [monar'çiː] <-, -n> *f* monarchie *f*

Monarchist(in) [monar'çɪst] <-en, -en> *m(f)* monarchiste *mf*

monarchistisch [monar'çɪstɪʃ] *Adj* monarchiste

Monat ['moːnat] <-[e]s, -e> *m* ❶ mois *m*; **diesen** [*o* **in diesem**] **~** ce mois-ci; [**im**] **nächsten ~** [*o* **kommenden**] le mois prochain; **auf ~e hinaus** pour plusieurs mois; **im** [*o* **pro**] **~** par mois; **von ~ zu ~** de mois en mois

❷ (*Schwangerschaftsmonat*) **im dritten ~ sein** être enceinte de trois mois [*o* au troisième mois]; **im wievielten ~ bist du jetzt?** de combien de mois es-tu enceinte?

monatelang **I.** *Adj attr* de plusieurs mois

II. *Adv* pendant des mois

monatlich **I.** *Adj* mensuel(le)

II. *Adv* mensuellement; *zahlen* par mensualités

Monatsanfang *m* début *m* du mois; **am ~** au début du mois **Monatsbinde** *f* serviette *f* hygiénique **Monatsblutung** *s.* Menstruation **Monatseinkommen** *nt* revenu *m* mensuel **Monatsende** *nt* fin *f* du mois; **am ~** à la fin du mois; **bis** [**zum**] **~** avant la fin du mois **Monatserste(r)** *m dekl wie Adj* premier *m* du mois **Monatsgehalt** *nt eines Beamten* traitement *m* mensuel; *eines Angestellten* salaire *m* mensuel **Monatshälfte** *f* quinzaine *f* **Monatskarte** *f* ❶ (*Fahrkarte*) abonnement *m* [mensuel] ❷ (*Eintrittskarte*) carte *f* d'abonnement (*valable un mois*) **Monatslohn** *m* salaire *m* mensuel **Monatsmitte** *f* milieu *m* [*o* quinze *m*] du mois **Monatsname** *m* nom *m* de mois **Monatsrate** *f* mensualité *f* **Monatsschrift** *f* revue *f* mensuelle **monat[s]weise** **I.** *Adv* chaque mois **II.** *Adj* mensuel(le)

Mönch [mœnç] <-[e]s, -e> *m* moine *m*

▸ **wie ein ~ leben** mener une vie monacale

Mönchskloster *nt* REL monastère *m* **Mönchskutte** *f* habit *m* monacal **Mönchsorden** *m* REL ordre *m* monastique

Mond [moːnt] <-[e]s, -e> *m* ❶ *kein Pl* (*Erdsatellit*) lune *f*; **der ~ nimmt ab/zu** la lune décroît/croît

❷ *kein Pl* (*in wissenschaftlichem Zusammenhang*) Lune *f*

❸ (*Satellit*) satellite *m*

▸ **nach dem ~ gehen** *fam* ne pas être à l'heure; **auf** [*o* **hinter**] **dem ~ leben** *fam* vivre sur une autre planète (*fam*); **jdn auf den ~ schießen mögen** [*o* **können**] envoyer volontiers qn à tous les diables (*fam*)

mondän [mɔn'dɛːn] *Adj* [très] chic

Mondaufgang *m* lever *m* de la lune **Mondauto** *nt* véhicule *m* lunaire **Mondbahn** *f* ASTRON orbite *f* de la Lune

Mondenschein *m geh* clair *m* de lune; **im ~** au clair de lune

Mondfähre *s.* Mondlandefähre **Mondfinsternis** *f* éclipse *f* de Lune **Mondgesicht** *nt* face *f* de pleine lune (*fam*) **Mondgestein** *nt* roche *f* lunaire **mondhell** *Adj* éclairé(e) par la lune **Mondjahr** *nt* année *f* lunaire **Mondkalb** *nt pej* demeuré(e) *m(f)* (*fam*) **Mondkrater** *m* cratère *m* lunaire **Mondlandefähre** *f* module *m* lunaire **Mondlandschaft** *f* ❶ (*Kraterlandschaft*) paysage *m* lunaire ❷ (*Landschaft im Mondlicht*) [paysage *m* au] clair *m* de lune **Mondlandung** *f* atterrissage *m* sur la Lune **Mondlicht** *nt* clarté *f* de la lune **mondlos** *Adj* sans lune **Mondmobil** <-s, -e> *nt* véhicule *m* lunaire **Mondoberfläche** *f* sol *m* lunaire **Mondphase** *f* phase *f* de la lune **Mondrakete** *f* fusée *f* lunaire **Mondschein** *m* clair *m* de lune; **bei/im ~** au clair de lune ▸ **der kann mir mal im ~ begegnen!** *sl* il peut aller se faire foutre! (*pop*) **Mondsichel** *f* croissant *m* [de lune] **Mondsonde** *f* sonde *f* lunaire **Mondstein** *m* pierre *f* de lune **mondsüchtig** *Adj* somnambule **Mondumlaufbahn** *f* orbite *f* lunaire **Monduntergang** *m* coucher *m* de la lune

Monegasse [mone'gasə] <-n, -n> *m*, **Monegassin** *f* Monégas-

que *mf*
monegassisch [mone'gasɪʃ] *Adj* monégasque
monetär [mone'tɛːɐ] *Adj* monétaire; *Situation* financier(-ière)
Moneten [mo'neːtən] *Pl sl* pognon *m* (*pop*)
Mongole [mɔŋ'goːlə] <-n, -n> *m*, **Mongolin** *f* Mongol(e) *m(f)*
Mongolei [mɔŋgo'laɪ] <-> *f* Mongolie *f*
mongolid [mɔŋgo'liːt] *Adj* mongolique
mongolisch [mɔŋ'goːlɪʃ] *Adj* mongol(e)
Mongolismus [mɔŋgo'lɪsmʊs] <-> *m* MED mongolisme *m*
mongoloid [mɔŋgolo'iːt] *Adj* ❶ (*den Mongolen ähnlich*) mongolique
❷ MED mongoloïde
monieren* *tr V* critiquer; **~, dass** critiquer le fait que + *subj*
Monitor ['moːnitoːɐ, 'mɔnitoːɐ] <-s, -toren *o* -e> *m* moniteur *m*
mono ['moːno] *Adj* mono *inv*
monochrom [mono'kroːm] *Adj* monochrome
monogam [mono'gaːm] *Adj* monogame
Monogamie [monoga'miː] <-> *f* monogamie *f*
Monografie[RR] *s.* **Monographie**
Monogramm [mono'gram] <-s, -e> *nt* monogramme *m*
Monographie [monogra'fiː] <-, -n> *f* monographie *f*
Monokel [mo'nɔkəl] <-s, -> *nt* monocle *m*
monoklonal *Adj* BIO, MED monoclonal(e)
Monokultur ['moːno-] *f* monoculture *f*
Monolith [mono'liːt] <-en, -e[n]> *m* monolithe *m*
Monolog [mono'loːk] <-[e]s, -e> *m* monologue *m*; **innerer ~** monologue intérieur; **einen ~ halten** monologuer; **einen ~ sprechen** *Schauspieler:* réciter un monologue
Monopol [mono'poːl] <-s, -e> *nt* monopole *m*; **ein ~ auf etw** (*Akk*) **haben** avoir le monopole de qc
Monopolstellung *f* situation *f* de monopole
Monopoly® [-poli] <-s> *nt* monopoly® *m*
Monotheismus [monote'ɪsmʊs] <-> *m* monothéisme *m*
monotheistisch [monote'ɪstɪʃ] *Adj* monothéiste
monoton [mono'toːn] I. *Adj* monotone
II. *Adv* de façon monotone
Monotonie [monoto'niː] <-, -n> *f* monotonie *f*
Monoxid ['moːnɔksɪt] <-[e]s, -e> *nt* monoxyde *m*
Monster ['mɔnstɐ] <-s, -> *nt* monstre *m*
Monsterfilm *m* film *m* d'horreur
Monstranz [mɔn'strants] <-, -en> *f* ostensoir *m*
Monstren *Pl von* **Monstrum**
monströs [mɔn'strøːs] *Adj geh* monstrueux(-euse); (*riesig*) énorme
Monstrosität [mɔnstrozi'tɛːt] <-, -en> *f* ❶ *kein Pl geh* (*Ungeheuerlichkeit*) monstruosité *f*
❷ MED monstre *m*
Monstrum ['mɔnstrʊm] <-s, Monstren> *nt* monstre *m*
Monsun [mɔn'zuːn] <-s, -e> *m* mousson *f*
Monsunregen *m* pluies *fpl* de la mousson
Montag ['moːntaːk] <-s, -e> *m* lundi *m*
▸ **blauer ~** *fam* petit lundi *m* de congé (*fam*); *s. a.* **Dienstag**
Montagabend *m* lundi *m* soir; **am ~** le lundi soir
Montage [mɔn'taːʒə] <-, -n> *f* TECH, PHOT montage *m*; **auf ~ sein** être en déplacement (*faisant partie d'une équipe de montage*)
Montageband [mɔn'taːʒə-] <-[e]s, -bänder> *nt* chaîne *f* de montage **Montagehalle** *f* atelier *m* de montage
montäglich ['moːntɛːklɪç] *Adj* du lundi
Montagmittag *m* lundi *m* midi **Montagmorgen** *m* lundi *m* matin; **am ~** le lundi matin **Montagnachmittag** *m* lundi *m* après-midi; **am ~** le lundi après-midi
montags ['moːntaːks] *Adv* le lundi
Montagvormittag *m* lundi *m* matin
Montanindustrie [mɔn'taːn-] *f* industrie *f* du charbon et de l'acier **Montanunion** *f* Communauté *f* Européenne du Charbon et de l'Acier, C.E.C.A. *f*
Monteur(in) [mɔn'tøːɐ] <-s, -e> *m(f)* installateur(-trice) *m(f)*
Monteuranzug [mɔn'tøːɐ-] *m* combinaison *f*
montieren* *tr V* ❶ (*zusammenbauen*) monter; **etw aus etw ~** monter qc avec qc
❷ (*anbringen*) **etw an/auf etw** (*Akk*) **~** installer qc à/sur qc
Montur [mɔn'tuːɐ] <-, -en> *f* ❶ (*Overall*) combinaison *f*
❷ *fam* (*Aufzug*) accoutrement *m* (*fam*)
Monument [monu'mɛnt] <-[e]s, -e> *nt* monument *m*
monumental [monumɛn'taːl] *Adj* colossal(e)
Monumentalfilm *m* superproduction *f*
Moonboots ['muːnbuːts] *Pl* après-skis *mpl*
Moor [moːɐ] <-[e]s, -e> *nt* marais *m*; (*Torfmoor*) tourbière *f*
Moorbad *nt* ❶ MED bain *m* de boue ❷ (*Kurort*) station *f* thermale (*spécialisée dans les bains de boue*) **Moorerde** *f kein Pl* terre *f* marécageuse **Moorhuhn** *nt* grouse *f*, lagopède *m* d'Écosse
moorig ['moːrɪç] *Adj* marécageux(-euse)
Moorleiche *f* corps *m* fossilisé (*retrouvé dans une tourbière*)
Moos [moːs] <-es, -e> *nt* ❶ BOT mousse *f*
❷ *kein Pl sl* (*Geld*) pognon *m* (*pop*)
moosig *Adj* moussu(e)
Moosröschen [-røːsçən] *nt*, **Moosrose** *f* rose *f* mousseuse; (*Rosenstock*) rosier *m* mousseux
Mop *s.* **Mopp**
Moped ['moːpɛt] <-s, -s> *nt* vélomoteur *m*
Mopedfahrer(in) *m(f)* utilisateur(-trice) *m(f)* de vélomoteur
Mopp[RR] <-s, -s> *m* balai *m* à franges
Mops [mɔps, *Pl:* 'mœpsə] <-es, ¨e> *m* ❶ ZOOL carlin *m*
❷ *fam* (*dicker Mensch*) gros pépère *m*/grosse mémère *f* (*fam*)
❸ *Pl sl* (*Brüste*) nichons *mpl* (*fam*)
mopsen ['mɔpsən] *tr V* DIAL *fam* piquer; **jdm etw ~** piquer qc à qn (*fam*)
Moral [mo'raːl] <-> *f* ❶ (*ethische Grundsätze, Lehre*) morale *f*; **jdm ~ predigen** faire la morale à qn; **keine ~ haben** n'avoir aucune morale; **das ist eine doppelte ~** c'est avoir deux poids deux mesures
❷ (*Durchhaltewille*) moral *m*; **die ~ sinkt/steigt** le moral baisse/est en hausse
▸ **und die ~ von der Geschicht[e]** [et la] morale de l'histoire
Moralapostel *s.* **Moralprediger**
moralinsauer *Adj pej* moralisateur(-trice) (*péj*)
moralisch I. *Adj* ❶ (*sittlich*) moral(e)
❷ (*tugendhaft*) *Person, Leben* moral(e)
▸ **seinen Moralischen haben** *fam* avoir le cafard (*fam*); **seinen Moralischen kriegen** *fam* commencer à avoir le cafard (*fam*)
II. *Adv* moralement
moralisieren* *itr V* faire la morale
Moralist(in) [mora'lɪst] <-en, -en> *m(f)* moraliste *mf*
moralistisch *Adj* moraliste
Moralprediger(in) *m(f) pej* prêcheur(-euse) *m(f)* (*péj*)
Moralpredigt *f* sermon *m*; **~en halten** faire des sermons; **jdm eine ~ halten** faire un sermon à qn **Moraltheologie** *f* théologie *f* morale **Moralvorstellungen** *Pl* conception *f* de la morale
Moräne [mo'rɛːnə] <-, -n> *f* moraine *f*
Morast [mo'rast, *Pl:* mo'rɛstə] <-[e]s, -e *o* Moräste> *m*
❶ (*sumpfiges Gelände*) marécage *m*
❷ *kein Pl* (*Schlamm*) boue *f*
morastig *Adj Grund* marécageux(-euse); *Boden, Weg* boueux(-euse)
Moratorium [mora'toːriʊm] <-s, -torien> *nt* moratoire *m*
morbid [mɔr'biːt] *Adj geh* morbide
Morbidität [mɔrbidi'tɛːt] <-> *f* morbidité *f*
Morchel ['mɔrçəl] <-, -n> *f* morille *f*
Mord [mɔrt] <-[e]s, -e> *m* meurtre *m*; **~ an jdm** meurtre de qn; **versuchter ~** tentative *f* de meurtre; **der perfekte ~** le crime parfait; **einen ~ begehen** commettre un meurtre; **jdn**

wegen ~es anklagen inculper qn de meurtre
▸ **das gibt ~ und Totschlag** *fam* [il] va y avoir du sang (*fam*); **das ist ja ~!** *fam* ça va me/le/... tuer! (*fam*)

Mordanklage *f* inculpation *f* de meurtre; **~ erheben** prononcer une inculpation de meurtre; **unter ~ stehen** être inculpé(e) de meurtre **Mordanschlag** *m* attentat *m*; **einen ~ auf jdn verüben** commettre un attentat contre qn **Morddrohung** *f* menace *f* de mort

morden ['mɔrdən] *itr V* assassiner; (*Massenmord begehen*) massacrer; **das Morden** les massacres *mpl*

Mörder(in) ['mœrdɐ] <-s, -> *m(f)* meurtrier(-ière) *m(f)*; **zum ~ werden** devenir meurtrier(-ière)

mörderisch I. *Adj* ❶ *fam* (*schrecklich*) atroce (*fam*)
❷ *fam* (*gewaltig*) *Hunger* terrible; *Tempo* infernal(e)
❸ (*Morde begehend*) meurtrier(-ière)
II. *Adv fam heiß, kalt* terriblement

Mordfall *m* affaire *f* de meurtre **Mordinstrument** *nt* ❶ *s.* Mordwaffe ❷ *fam* (*großes Gerät*) gros machin *m* (*fam*) **Mordkommission** *f* police *f* judiciaire, P.J. *f* **Mordprozess**[RR] *m* procès *m* pour meurtre

Mordsding ['mɔrts-] *nt fam* méga-truc *m* (*fam*) **Mordsglück** *nt fam* chance *f* de cocu (*fam*) **Mordshunger** *m fam* faim *f* dingue (*fam*) **Mordskerl** *m fam* ❶ (*toller Kerl*) gars *m* du tonnerre (*fam*) ❷ (*kräftiger Mann*) [sacré] balèze *m* (*pop*) **Mordslärm** *m fam* bruit *m* infernal (*fam*) **mordsmäßig** *fam* **I.** *Adj* terrible **II.** *Adv kalt, stark* terriblement; **es ist ~ heiß** il fait une chaleur à crever (*fam*); **sich ~ freuen** être vachement content(e) (*fam*); **sie ist ~ gewachsen** elle a terriblement grandi; **das tut ~ weh!** c'est dingue ce que ça fait mal! (*fam*) **Mordsschrecken** *m fam* peur *f* dingue (*fam*) **Mordsspaß** *m fam kein Pl* ▸ **einen ~ haben** s'éclater (*fam*) **Mordswut** *f fam* rage *f* pas possible (*fam*); **eine ~ kriegen** se foutre en colère (*fam*); **eine ~ im Bauch haben** être dans une rage pas possible (*fam*)

Mordtat *f* meurtre *m* **Mordverdacht** *m* présomption *f* de meurtre; **unter ~** sur présomption de meurtre; **unter ~** (*Dat*) **stehen** être soupçonné(e) de meurtre **Mordversuch** *m* tentative *f* de meurtre **Mordwaffe** *f* arme *f* du crime

morgen ['mɔrgən] *Adv* ❶ demain; **~ früh/Nachmittag** demain matin/après-midi; **bis ~ [Mittag/Abend]!** à demain [midi/soir]!
❷ (*in Zukunft*) demain
❸ *s.* **Morgen**[2] **1.**
▸ **~, ~, nur nicht heute[, sagen alle faulen Leute]** *Spr.* ≈ toujours remettre au lendemain[, c'est le propre des paresseux]

Morgen[1] <-s> *nt* demain *m*; **wird es für uns ein ~ geben?** de quoi demain sera-t-il fait?

Morgen[2] <-s, -> *m* ❶ matin *m*; (*in seinem Verlauf*) matinée *f*; **am ~, des ~s** *geh* le matin; (*im Verlauf des Morgens*) dans la matinée; **gegen ~** vers le matin; **jeden ~** tous les matins; **heute/Montag ~** ce/lundi matin; **am nächsten ~** le lendemain matin; **eines ~s** un beau matin; **~ für ~** tous les matins; **den ganzen ~ [über]** [durant] toute la matinée; **bis in den [frühen] ~ hinein** jusqu'au petit matin; **der ~ bricht an** [*o* **graut**] l'aube se lève [*o* paraît]; **jdm guten ~ sagen** dire bonjour à qn; **guten ~!** bonjour!; **~!** *fam* bonjour!
❷ *liter* (*lichte Zukunft*) aube *f* nouvelle (*littér*)
❸ (*Flächenmaß*) ≈ arpent *m*

Morgenausgabe *f* édition *f* du matin **Morgendämmerung** *s.* Morgengrauen

morgendlich ['mɔrgəntlɪç] *Adj Kühle, Stille* matinal(e); *Berufsverkehr, Hektik* du matin

Morgenessen *nt* CH petit déjeuner *m* **Morgengabe** *f* HIST cadeau *m* de mariage (*offert à l'épouse après la nuit de noces*) **Morgengrauen** [-graʊən] <-s, -> *nt* aube *f*; **im** [*o* **beim**] **~** à l'aube **Morgengymnastik** *f* gymnastique *f* du matin **Morgenland** *nt veraltet* Levant *m* (*vieilli*) **Morgenluft** *f* air *m* matinal **Morgenmantel** *s.* Morgenrock **Morgenmuffel** <-s, -> *m fam* grincheux(-euse) *m(f)* (*le matin, au réveil*); **ich bin ein ~** le matin, je ne suis pas à prendre avec des pincettes (*fam*) **Morgenrock** *m* robe *f* de chambre **Morgenrot** <-s> *nt*, **Morgenröte** <-> *f* aurore *f*

morgens ['mɔrgəns] *Adv* le matin; **von ~ bis abends** du matin au soir

Morgensonne *f* soleil *m* matinal; **~ haben** avoir le soleil le matin **Morgenstunde** *f meist Pl* heure *f* matinale; **in den frühen ~n** tôt le matin ▸ **Morgenstund hat Gold im Mund** *Spr.* le monde appartient à ceux qui se lèvent tôt **Morgenzug** *m* train *m* du matin

morgig *Adj attr* de demain

Moritat ['mo:rita:t] <-, -en> *f* goualante *f* (*fam*)

Mormone [mɔr'mo:nə] <-n, -n> *m*, **Mormonin** *f* mormon(e) *m(f)*

Morphem [mɔr'fe:m] <-s, -e> *nt* LING morphème *m*

Morphin [mɔr'fi:n] <-s> *nt* CHEM, MED morphine *f*

Morphinismus [mɔrfi'nɪsmʊs] <-> *m* MED morphinisme *m*

Morphinist(in) [mɔrfi'nɪst] <-en, -en> *m(f) form* morphinomane *mf*

Morphium ['mɔrfiʊm] <-s> *nt* MED morphine *f*

morphiumsüchtig *Adj* morphinomane **Morphiumsüchtige(r)** *f(m) dekl wie Adj* morphinomane *mf*

Morphologie [mɔrfolo'gi:] <-> *f* morphologie *f*

morphologisch [mɔrfo'lo:gɪʃ] *Adj* morphologique

morsch [mɔrʃ] *Adj Balken, Holz* pourri(e)

Morschheit <-> *f* pourriture *f*

Morsealphabet ['mɔrzə-] *nt* alphabet *m* morse **Morseapparat** *m* télégraphe *m* électrique

morsen ['mɔrzən] **I.** *itr V* télégraphier en morse; **das Morsen** l'émission *f* en morse
II. *tr V* **etw ~** télégraphier qc en morse

Mörser ['mœrzɐ] <-s, -> *m* mortier *m*

Morsezeichen *nt* signal *m* en morse

Mortadella [mɔrta'dɛla] <-, -s> *f* mortadelle *f*

Mortalität [mɔrtali'tɛ:t] <-> *f form* mortalité *f*

Mörtel ['mœrtəl] <-s, -> *m* mortier *m*

Mosaik [moza'i:k] <-s, -e[n]> *nt* ❶ KUNST, CONSTR mosaïque *f*
❷ *fig* assemblage *m*

Mosaikboden *m* sol *m* en mosaïque **Mosaikstein** *m* pièce *f* de mosaïque ▸ **wie ~e** comme les pièces d'un puzzle

Mosambik [mozam'bi:k] <-s> *nt* le Mozambique

Mosambikaner(in) [mozambi'ka:nɐ] <-s, -> *m(f)* Mozambicain(e) *m(f)*

mosambikanisch *Adj* mozambicain(e)

Moschee [mɔ'ʃe:, *Pl:* mɔ'ʃe:ən] <-, -n> *f* mosquée *f*

Moschus ['mɔʃʊs] <-> *m* musc *m*

Moschusochse [-ʔɔksə] *m* bœuf *m* musqué

Möse ['mø:zə] <-, -n> *f vulg* con *m* (*vulg*)

Mosel[1] ['mo:zəl] <-> *f* Moselle *f*

Mosel[2] <-s, -> *m fam*, **Moselwein** *m* vin *m* de Moselle

mosern ['mo:zɐn] *itr V fam* rouspéter; **über etw** (*Akk*) **~** rouspéter à propos de qc (*fam*); **du hast immer was zu ~** tu as toujours quelque chose à redire (*fam*); **hör mit dem ewigen Mosern auf!** arrête de rouspéter tout le temps! (*fam*)

Moses ['mo:zəs] <-> *m* BIBL Moïse *m*

Moskau ['mɔskaʊ] <-s> *nt* Moscou

Moskito [mɔs'ki:to] <-s, -s> *m* (*tropische Stechmücke*) moustique *m*

Moskitonetz *nt* moustiquaire *f*

Moslem ['mɔslɛm] <-s, -s> *m*, **Moslime** *f* musulman(e) *m(f)*

moslemisch [mɔs'le:mɪʃ] *Adj* musulman(e)

Moslime [mɔs'li:mə] <-, -n> *f s.* **Moslem**

Most [mɔst] <-[e]s> *m* (*Fruchtsaft*) moût *m*

Mostrich ['mɔstrɪç] <-s> *m* DIAL moutarde *f*

Motel [mo'tɛl, 'mo:təl] <-s, -s> *nt* motel *m*

Motette [mo'tɛtə] <-, -n> *f* motet *m*

Motiv [mo'ti:f] <-s, -e> *nt* ❶ (*Beweggrund*) motif *m*; **als ~ für**

M

ihre Tat comme mobile de son acte
② LITER, MUS thème *m*

Motivation [motiva'tsio:n] <-, -en> *f* motivation *f*

motivieren* [-'vi:-] *tr V* (*beflügeln*) motiver; **jdn zu etw ~** motiver qn à qc; **jdn dazu ~ etw zu tun** motiver qn à faire qc

Motivierung [-'vi:-] <-, -en> *f* motivation *f*

Motocross[RR], **Moto-Cross** <-, -e> *nt* motocross *m*

Motor ['mo:to:ɐ, mo'to:ɐ, *Pl:* mo'to:rən] <-s, -toren> *m* TECH *a. fig* moteur *m*

Motorblock <-blöcke> *m* bloc-moteur *m* **Motorboot** *nt* bateau *m* à moteur

Motorenbau *m kein Pl* TECH construction *f* de moteurs **Motorengeräusch** *nt* bruit *m* de moteur **Motorenlärm** *m* bruit *m* de[s] moteur[s]

Motorfahrzeug *nt* CH véhicule *m* automobile **Motorhaube** *f* capot *m*

Motorik [mo'to:rɪk] <-> *f* motricité *f*

motorisch [mo'to:rɪʃ] *Adj* moteur(-trice)

motorisieren* I. *tr V* équiper d'un moteur; **ein Boot ~** équiper un bateau d'un moteur
II. *r V fam* **sich ~** se motoriser (*fam*)

motorisiert *Adj* motorisé(e) (*fam*)

Motorisierung <-, -en> *f* motorisation *f*

Motorjacht *f* yacht *m* à moteur **Motorleistung** *f* puissance *f* du moteur **Motoröl** *nt* huile *f* pour moteur **Motorpumpe** *f* pompe *f* à moteur, motopompe *f* **Motorrad** ['mo:to:ɐ-, mo'to:ɐ-] *nt* moto *f;* **~ fahren** faire de la moto

Motorradfahrer(in) *m(f)* motocycliste *mf* **Motorradhelm** *m* casque *m* de moto **Motorradrennen** *nt* course *f* de motos

Motorraum *m* compartiment *m* moteur **Motorroller** *m* scooter *m* **Motorsäge** *f* tronçonneuse *f* **Motorschaden** *m* panne *f* de moteur **Motorschiff** *nt* bateau *m* à moteur **Motorsport** *m* (*mit dem Auto/Motorrad*) course *f* auto/moto **Motorwäsche** *f* nettoyage *m* du moteur

Motte ['mɔtə] <-, -n> *f* mite *f*

mottenfest *Adj* traité(e) antimite **Mottenfraß** *m* **etw gegen ~ schützen** protéger qc contre les mites **Mottenkiste** *f* ▸ **etw aus der ~ holen** *fam* ressortir qc de ses fonds de placard (*fam*) **Mottenkugel** *f* boule *f* antimite **Mottenloch** *nt* trou *m* de mite **Mottenpulver** *nt* poudre *f* antimite **mottenzerfressen** *Adj* mité(e), mangé(e) des [*o* troué(e) aux] mites

Motto ['mɔto] <-s, -s> *nt* devise *f;* **unter dem ~ stehen: ...** avoir pour devise ...

motzen ['mɔtsən] *itr V fam* râler (*fam*)

Mountainbike ['maʊntənbaɪk] <-s, -s> *nt* vélo *m* tout-terrain, V.T.T. *m* **Mountainbiker(in)** ['maʊntənbaɪkɐ] <-s, -> *m(f)* vététiste *mf*

moussieren* [mʊ'si:rən] *itr V* pétiller

Möwe ['mø:və] <-, -n> *f* mouette *f*

MP [ɛm'pe:, ɛm'pi:] <-, -s> *f Abk von* **Maschinenpistole** P.-M. *m*

Mrd. *Abk von* **Milliarde[n]** Mrd.

MS [ɛm'ʔɛs] *Abk von* **Multiple Sklerose** sclérose *f* en plaques

Ms. *Abk von* **Manuskript**

MS-krank [ɛm'ʔɛs-] *Adj* atteint(e) de sclérose en plaques

MTA [ɛmte:'ʔa:] <-s, -s> *m,* <-, -s> *f Abk von* **medizinisch-technische(r) Assistent(in)** assistant(e) *m(f)* de laboratoire

mtl. *Abk von* **monatlich**

Mücke ['mʏkə] <-, -n> *f* moustique *m*
▸ **aus einer ~ einen Elefanten machen** *fam* faire une montagne d'une taupinière (*fam*)

Muckefuck ['mʊkəfʊk] <-s> *m fam* ersatz *m* de café

mucken ['mʊkən] *itr V fam* la ramener (*fam*); **ohne zu ~** sans mouf[e]ter (*fam*)

Mückenstich *m* piqûre *f* de moustique

Muckis ['mʊkis] *Pl hum fam* biscoteaux *mpl* (*hum fam*)

Mucks [mʊks] <-es, -e> *m fam* (*Wort, Silbe*) mot *m;* **keinen ~ machen** [*o* **sagen**] ne pas moufter (*fam*); **ohne einen ~** sans moufter (*fam*); **keinen ~ mehr!** ça suffit! (*fam*)

mucksmäuschenstill ['mʊks'mɔɪsçən'ʃtɪl] *fam* I. *Adj* silencieux(-euse); **es war ~ im Haus** on aurait entendu voler une mouche dans la maison; **sei/seid ~!** pas de bruit!
II. *Adv* sans faire de bruit; **verhaltet euch ~!** ne faites [surtout] pas de bruit!

müde ['my:də] I. *Adj* ① *Person, Augen, Beine* fatigué(e); **~ werden** [se] fatiguer; **von etw ~ sein** être fatigué(e) de qc; **langsam werde ich ~** je commence à être fatigué(e); **davon wird man ~!** ça fatigue!
② (*gelangweilt*) *Blick, Lächeln* lassé(e)
③ (*überdrüssig*) **einer S.** (*Gen*) **~ werden/sein** se lasser/être fatigué(e) de qc; **nicht ~ werden etw zu tun** ne pas se lasser de faire qc
II. *Adv* ① (*erschöpft*) **ich habe mich ~ geredet!** je suis épuisé(e) d'avoir tant parlé!
② (*gelangweilt*) *abwinken* d'un air blasé; **da kann ich nur ~ lächeln** je ne trouve pas cela très original

Müdigkeit <-> *f* fatigue *f;* **vor ~** (*Dat*) de fatigue
▸ **nur keine ~ vorschützen** [*o* **vortäuschen**]**!** *fam* fais/faites pas semblant d'être fatigué(e)/fatigué(e)s! (*fam*)

Mudschahed [mʊdʒa'hɛt] <-, Mudschaheddin> *m* moudjahid *m*

Müesli ['my:ɛsli] <-s, -s> *nt* mu[e]sli *m*

Muff [mʊf] <-[e]s, -e> *m* ① manchon *m*
② *kein Pl fam* (*modriger Geruch*) odeur *f* de renfermé

Muffe ['mʊfə] <-, -n> *f* manchon *m*
▸ **jdm geht die ~** [**eins zu hunderttausend**] *sl* qn a les jetons (*pop*)

Muffel ['mʊfəl] <-s, -> *m fam* ronchon(ne) *m(f)* (*fam*)

muffelig *fam* I. *Adj* (*griesgrämig*) grincheux(-euse)
II. *Adv antworten* avec mauvaise humeur; *dasitzen* l'air bougon

Muffelwild *nt s.* **Mufflon**

Muffensausen ['mʊfənzaʊzən] ▸ **~ haben/kriegen** *fam* avoir/se mettre à avoir la trouille (*fam*)

muffig I. *Adj Geruch* de renfermé
II. *Adv* **~ riechen** sentir le renfermé

mufflig *s.* **muffelig**

Mufflon ['mʊflɔn] <-s, -s> *m* ZOOL mouflon *m*

muh [mu:] *Interj* meuh

Mühe ['my:ə] <-, -n> *f* peine *f;* **sich** (*Dat*) **~ geben** se donner du mal; **sich** (*Dat*) **große ~ geben etw zu tun** se donner beaucoup de mal pour faire qc; **sich** (*Dat*) **die ~ machen etw zu tun** se donner la peine de faire qc; **~ haben etw zu tun** avoir du mal à faire qc; **mit jdm seine ~ haben** avoir bien du mal avec qn; **sich** (*Dat*) **keine ~ geben** ne se donner aucun mal; **sich** (*Dat*) **die ~ sparen** épargner sa peine; **etw macht jdm ~** qn a du mal à faire qc; **jdn viel ~ kosten** demander à qn beaucoup d'efforts; **geben Sie sich keine ~!** ne vous donnez pas cette peine!; **machen Sie sich** (*Dat*) **keine ~!** ne vous dérangez pas!; **nicht der ~** (*Gen*) **wert sein** ne pas [en] valoir la peine; **verlorene ~ sein** être peine perdue; **die ~ lohnt sich** ça [en] vaut la peine; **mit viel ~** avec beaucoup de mal; **nur mit ~** non sans mal [*o* peine]; **ohne ~** sans difficulté
▸ **mit Müh und Not** *fam* avec bien du mal

mühelos I. *Adj* facile
II. *Adv* sans peine

Mühelosigkeit <-> *f* facilité *f*

muhen ['mu:ən] *itr V* meugler; **das Muhen** le meuglement

mühen ['my:ən] *r V geh* **sich ~** s'efforcer; **sich ~ etw zu tun** s'efforcer de faire qc

mühevoll *s.* **mühsam**

Mühlbach ['my:lbax] *m* bief *m* [du moulin]

Mühle ['my:lə] <-, -n> *f* ① moulin *m*
② (*Spiel*) marelle *f* [assise]; (*Spielfigur aus drei Steinen*) marelle *f*
③ *pej* (*Räderwerk*) *der Justiz, Verwaltung* rouages *mpl*

Mühlrad *nt* roue *f* du moulin **Mühlstein** *m* meule *f*

Mühsal ['my:za:l] <-, -e> *f geh* peine *f souvent pl*

mühsam I. *Adj* pénible; **es ist ~ etw zu tun** il est pénible de faire qc
II. *Adv* péniblement

mühselig *s.* **mühsam**

Mukoviszidose [mukovɪstsi'do:zə] <-> *f* MED mucoviscidose *f*

Mulatte [mu'latə] <-n, -n> *m*, **Mulattin** *f* mulâtre *m*/mulatresse *f*

Mulch [mʊlç] <-[e]s, -e> *m* AGR paillis *m*

Mulde ['mʊldə] <-, -n> *f* ❶ GEOG cuvette *f*
❷ NDEUTSCH (*Trog*) [conteneur *m*] benne *f*; (*Backmulde*) pétrin *m*

Muli ['mu:li] <-s, -[s]> *nt* A, SDEUTSCH mulet *m*

Mull [mʊl] <-[e]s, -e> *m* MED gaze *f*

Müll [mʏl] <-s> *m* déchets *mpl*; (*Hausmüll*) ordures *fpl* ménagères; **etw in den ~ werfen** mettre [*o* jeter] qc à la poubelle; **in den ~ kommen** aller à la poubelle; **~ abladen verboten!** défense de déposer des ordures!

Müllabfuhr <-, -en> *f* ❶ (*das Abfahren des Mülls*) ramassage *m* des ordures ménagères
❷ (*Behörde*) service *m* de ramassage des ordures
❸ *fam* (*Müllwagen*) **die ~** les éboueurs *mpl* (*fam*)

Mullah ['mʊla] <-s, -s> *m* mollah *m*

Müllberg *m* ❶ (*Mülldeponie*) tas *m* d'ordures ❷ *fam* (*große Menge Müll*) montagne *f* d'ordures ménagères **Müllbeseitigung** *f* ramassage *m* des ordures [*o* collecte *f*] **Müllbeutel** *m* sac *m* poubelle

Mullbinde *f* bande *f* de gaze

Müllcontainer *m* benne *f* à ordures **Mülldeponie** *f* décharge *f* **Mülleimer** *m* poubelle *f* **Mülleimerbeutel** *m* sac-poubelle *m*

Müller(in) ['mʏlɐ] <-s, -> *m(f)* meunier(-ière) *m(f)*

Müllfahrer(in) *m(f)* chauffeur(-euse) *m(f)* (*d'un camion de ramassage des ordures*) **Müllhalde** *f* dépotoir *m* **Müllhaufen** *m* tas *m* d'ordures **Müllkippe** *f* décharge *f* **Müllkutscher(in)** *m(f)* DIAL éboueur(-euse) *m(f)* **Müllmann** <-männer *o* Mülleute> *m fam* éboueur *m* **Müllsack** *m* sac-poubelle *m* **Müllschlucker** <-s, -> *m* vide-ordures *m* **Müllsortieranlage** *f* déchetterie *f* **Mülltonne** *f* poubelle *f* **Mülltourismus** [-turɪsmʊs] *m* exportation *f* des déchets **Mülltrennung** *f* triage *m* des déchets

i Land & Leute

En Allemagne on pratique la **Mülltrennung** de façon que les déchets ménagers sont triés directement par les ménages. On sépare les déchets organiques et les matières minérales que l'on met dans une *Biotonne*. Le plastique et les emballages sont récupérés dans un grand sac jaune, le *gelber Sack*, et ce qui ne peut pas être recyclé va dans la poubelle noire. Le papier et le carton sont récupérés dans un endroit à part jusqu'à ce que la municipalité vienne les chercher toutes les deux semaines. Seul le verre doit être amené aux containers publics.

Müllverbrennung *f* incinération *f* des ordures **Müllverbrennungsanlage** *f* usine *f* d'incinération des déchets **Müllvermeidung** *f* réduction *f* du volume de déchets **Müllwagen** *m* camion *m* de ramassage des ordures ménagères

Mullwindel *f* couche *f* en coton

mulmig ['mʊlmɪç] *Adj fam* ❶ (*unbehaglich*) bizarre; **ein ~es Gefühl** une sensation étrange; **jdm ist ~ zumute** qn n'est pas dans son assiette (*fam*)
❷ (*brenzlig*) *Situation* qui sent le roussi (*fam*)

Multi ['mʊlti] <-s, -s> *m fam* multinationale *f*

multifunktional *Adj* multifonctions **multikulturell** *Adj* multiculturel(le) **multilateral** *Adj* multilatéral(e) **Multimedia** [mʊlti'me:dia] <-[s]> *kein Pl, kein Art* ~ le multimédia **multimedial** [mʊltime'dja:l] *Adj* multimédia *inv* **Multimillionär(in)** *m(f)* multimillionnaire *mf* **multinational** [mʊltinatsio'na:l] *Adj* multinational(e)

multipel [mʊl'ti:pəl] *Adj* multiple; **multiple Sklerose** MED sclérose en plaques

Multiple-Choice-Fragebogen[RR] ['maltɪpl'tʃɔɪs-] *m* questionnaire *m* à choix multiple **Multiple-Choice-Test**[RR] *m* test *m* avec des questions à choix multiple

Multiplikand [mʊltipli'kant] <-en, -en> *m* MATH multiplicande *m*

Multiplikation [mʊltiplika'tsio:n] <-, -en> *f* multiplication *f*

Multiplikationszeichen *nt* signe *m* de multiplication

Multiplikator [mʊltipli'ka:to:ɐ] <-s, -toren> *m* multiplicateur *m*

multiplizieren* I. *tr V* multiplier; **etw mit etw ~** multiplier qc par qc; **das Multiplizieren** la multiplication
II. *r V geh* **sich ~** se multiplier

Multitasking ['malti'taskɪŋ] <-s> *nt* INFORM multiprogrammation *f*

Multivitaminsaft *m* jus *m* de fruits multivitaminé

Mumie ['mu:miə] <-, -n> *f* momie *f*

mumifizieren* *tr V* momifier

Mumifizierung <-, -en> *f* momification *f*

Mumm [mʊm] <-s> *m fam* ❶ (*Kraft*) pêche *f* (*fam*); **hast du denn keinen ~ in den Knochen?** mais t'as rien dans les muscles? (*fam*)
❷ (*Mut*) cran *m* (*fam*); **ihm fehlt einfach der ~** il a rien dans le ventre (*fam*)

Mummelgreis *m pej fam* vieux débris *m* (*fam*)

mummeln ['mʊməln] NDEUTSCH *fam* I. *tr V* ❶ (*murmeln*) marmonner; **etw vor sich hin ~** marmonner qc dans sa barbe
❷ (*einhüllen*) **jdn in etw** (*Akk*) **~** emmitoufler qn dans qc
II. *r V* **sich in etw** (*Akk*) **~** s'emmitoufler dans qc

mümmeln ['mʏməln] *itr V* NDEUTSCH *fam* grignoter; **an etw** (*Dat*) **~** grignoter qc

Mumps [mʊmps] <-> *m* MED oreillons *mpl*

München ['mʏnçən] <-s> *nt* Munich

Münchhausen ['mʏnçhaʊzən] <-, -> *m veraltet geh* ≈ Gascon *m* (*vieilli littér*)

Mund [mʊnt, *Pl:* 'mʏndɐ] <-[e]s, ¨-er> *m* ❶ bouche *f*; **den ~ aufmachen** ouvrir la bouche; **den ~ verziehen** faire une [*o* la] grimace; **mit vollem ~ sprechen** parler la bouche pleine; **jdn von ~ zu ~ beatmen** faire du bouche-à-bouche à qn
❷ *fam* (*Mundwerk*) **den ~ aufreißen** ouvrir sa gueule (*pop*); **den** [*o* **seinen**] **~ nicht halten können** ne pas pouvoir tenir sa langue (*fam*); **halt den ~!** boucle-la! (*fam*)
▶ **aus berufenem ~e** *geh* de source autorisée; **sich** (*Dat*) **den ~ fusselig reden** dépenser sa salive [pour rien] (*fam*); **ein ~ voll** une bouchée; **jdm den ~ wässrig machen** (*jdm Appetit machen*) faire venir l'eau à la bouche à qn; (*jdm Lust machen*) donner envie à qn; **sich** (*Dat*) **etw vom ~[e] absparen** se serrer la ceinture (*fam*); **jdm über den ~ fahren** *fam* couper le sifflet à qn (*fam*); **nicht auf den ~ gefallen sein** ne pas avoir la langue dans sa poche (*fam*); **von ~ zu ~ gehen** passer de bouche en bouche; **aus jds ~e kommen** sortir de la bouche de qn; **jdm etw in den ~ legen** faire dire qc à qn; **etw nicht in den ~ nehmen** ne pas dire qc; **jdm nach dem ~[e] reden** caresser qn dans le sens du poil; **in aller ~e sein** être sur toutes les lèvres; **jdm den ~ stopfen** *fam* clouer le bec à qn (*fam*); **jdm den ~ verbieten** ordonner à qn de se taire; **sich** (*Dat*) **den ~ verbrennen** se faire attraper (*fam*); **er hat sich den ~ verbrannt** il aurait mieux fait de se taire

Mundart *f* patois *m* **Mundartdichter(in)** *m(f)* poète *m*/poétesse *f* dialectal(e) **mundartlich** *Adj* dialectal(e) **Munddusche** *f* hydropropulseur *m*

Mündel ['mʏndəl] <-s, -> *nt o* JUR *m* pupille *mf*

mündelsicher I. *Adj Anlage* pupillaire; *Geldanlage* sûr(e); *Wertpa-*

M

pier de tout repos
II. *Adv* **Geld ~ anlegen** faire un placement sûr
munden ['mʊndən] *itr V geh* être au goût; **jdm ~** être au goût de qn (*soutenu*); **ich hoffe, es mundet** j'espère que c'est à ton/votre goût; **wie mundet Ihnen dieser Wein?** comment trouvez-vous ce vin?
münden ['mʏndən] *itr V + haben o sein* ❶ (*hineinfließen*) se jeter; **in etw** (*Akk*) **~** *Bach, Fluss:* se jeter dans qc
❷ (*führen zu*) **auf/in etw** (*Akk*) **~** *Straße:* déboucher sur/dans qc
❸ (*hinauslaufen auf*) **in etw** (*Akk*) **~** *Diskussion, Frage:* déboucher sur qc, aboutir à qc
mundfaul *Adj fam* pas très causant(e) (*fam*) **mundgerecht** I. *Adj Stück* de la taille d'une bouchée II. *Adv* en petits morceaux **Mundgeruch** *m* mauvaise haleine *f*; **~ haben** avoir [une] mauvaise haleine **Mundharmonika** *f* harmonica *m* **Mundhöhle** *f* cavité *f* buccale
mündig ['mʏndɪç] *Adj* ❶ (*urteilsfähig*) *Bürger* responsable
❷ (*volljährig*) **~ werden/sein** atteindre/avoir la majorité; **jdn für ~ erklären** émanciper qn
Mündigkeit <-> *f* JUR majorité *f*
mündlich ['mʏntlɪç] I. *Adj* ❶ *Prüfung, Überlieferung* oral(e); *Besprechung, Vereinbarung* verbal(e)
❷ *fam* (*Prüfung*) **das Mündliche** l'oral *m*; **im Mündlichen** à l'oral
II. *Adv prüfen, überliefern* oralement; *besprechen, vereinbaren* verbalement
Mundpflege *f* hygiène *f* buccale **Mundpropaganda** *f* bouche *m* à oreille; **durch ~** par le bouche à oreille **Mundraub** *m* JUR vol *m* de nourriture **Mundschenk** <-en, -en> *m* HIST échanson *m* **Mundschutz** *m* masque *m*
M-und-S-Reifen [ɛmʔʊnt'ʔɛs-] *m* AUT *Abk von* **Matsch-und--Schnee-Reifen** pneu *m* neige
Mundstück *nt* ❶ *einer Tabakspfeife* bout *m*; *eines Musikinstruments* bec *m*, embouchure *f*; *eines Atemschlauchs* embout *m*
❷ MUS embouchure *f* **mundtot** *Adj* ▸ **jdn ~ machen** réduire qn au silence
Mündung ['mʏndʊŋ] <-, -en> *f* ❶ *eines Flusses* embouchure *f*
❷ (*vorderes Ende*) *einer Kanone* gueule *f*; *eines Gewehrs* extrémité *f*
Mündungsarm *m* GEOG bras *m* d'un delta **Mündungsfeuer** *nt* éclair *m* (*qui s'échappe du canon d'une arme à feu*)
Mundvoll *s.* Mund ▸
Mundwasser *nt* bain *m* de bouche **Mundwerk** *nt* langue *f* bien pendue (*fam*); **ein freches** [*o* **loses**] **~ haben** *fam* avoir la langue bien pendue **Mundwinkel** *m* coin *m* de la bouche
Mund-zu-Mund-Beatmung *f* bouche-à-bouche *m*
Munition [muni'tsio:n] <-> *f* munitions *fpl*
Munitionsfabrik *f* fabrique *f* de munitions **Munitionslager** *nt* dépôt *m* de munitions
munkeln ['mʊŋkəln] *tr V* murmurer; **man munkelt** [*o* **es wird gemunkelt**], **dass** on raconte que + *indic*
Münster ['mʏnstɐ] <-s, -> *nt* cathédrale *f*
munter ['mʊntɐ] *Adj* ❶ (*heiter*) *Lied, Spiel* plein(e) d'entrain; *Person* gai(e), plein(e) d'entrain
❷ (*wach*) **~ werden/sein** se réveiller/être réveillé(e); **jdn ~ machen** *Spaziergang, Kaffee:* réveiller qn; **davon wirst du wieder ~** ça va te réveiller
Munterkeit <-> *f* vivacité *f*
Muntermacher *m fam* stimulant *m*
Münzamt ['mʏnts-] *nt* hôtel *m* de la Monnaie **Münzanstalt** *f* atelier *m* monétaire **Münzautomat** *m* distributeur *m* automatique
Münze ['mʏntsə] <-, -n> *f* pièce *f* de monnaie
▸ **etw für bare ~ nehmen** prendre qc pour argent comptant; **jdm etw mit gleicher ~ heimzahlen** rendre la monnaie de sa pièce à qn
münzen ['mʏntsən] *tr V* viser; **auf jdn/etw gemünzt sein** viser qn/qc
Münzfernsprecher *m form* téléphone *m* à pièces **Münzprägung** *f* frappe *f* des monnaies **Münzsammlung** *f* collection *f* de pièces [de monnaie] **Münzstätte** *f* hôtel *m* de la Monnaie **Münztankstelle** *f* station *f* service automatique **Münzwechsler** *m* changeur *m* de monnaie
Muräne [mu'rɛ:nə] <-, -n> *f* murène *f*
mürb[e] ['mʏrbə] *Adj* ❶ *Braten, Fleisch* tendre; **~[e]s Gebäck** sablé *m*
❷ (*brüchig*) *Seil* usé(e); *Gewebe* élimé(e)
❸ (*widerstandslos*) **jdn ~[e] machen** pousser qn à bout
Mürbeteig *m* pâte *f* brisée
Murks [mʊrks] <-es> *m fam* travail *m* bâclé (*fam*); **~ machen** faire du travail bâclé (*fam*)
murksen ['mʊrksən] *itr V fam* bâcler le travail (*fam*)
Murmel ['mʊrməl] <-, -n> *f* bille *f*
murmeln ['mʊrməln] I. *itr V* marmonner; **das Murmeln** le[s] marmonnement[s]
II. *tr V* murmurer
Murmeltier *nt* marmotte *f*
▸ **schlafen wie ein ~** dormir comme un loir
murren ['mʊrən] *itr V* maugréer; **über etw** (*Akk*) **~** maugréer au sujet de qc; **das Murren** les râleries *mpl*; **ohne zu ~, ohne Murren** sans maugréer; **lass das Murren!** arrête de maugréer!
mürrisch ['mʏrɪʃ] I. *Adj Person, Art* grincheux(-euse); *Gesicht* renfrogné(e)
II. *Adv* d'une façon grincheuse; *antworten* d'un [*o* sur un] ton grincheux
Mus [mu:s] <-es, -e> *nt o m* (*Obstbrei*) compote *f*
Muschel ['mʊʃəl] <-, -n> *f* ❶ coquillage *m*; (*Miesmuschel*) moule *f*
❷ (*Hörmuschel*) écouteur *m*; (*Sprechmuschel*) microphone *m*
muschelförmig *Adj* en forme de coquille **Muschelkalk** *m kein Pl* GEOL coquillart *m*
Muschi ['mʊʃi] <-, -s> *f sl* chatte *f* (*pop*)
Muse ['mu:zə] <-, -n> *f* muse *f*
▸ **die leichte ~** la musique légère; **jd wird von der ~ geküsst, die ~ küsst jdn** la muse inspire qn
museal [muze'a:l] *Adj* de musée
Museum [mu'ze:ʊm] <-s, Museen> *nt* musée *m*
Museumsführer(in) *m(f)* guide *mf* de musée **museumsreif** *Adj hum* préhistorique (*hum*) **Museumsstück** *nt* pièce *f* de musée **Museumswärter(in)** *m(f)* gardien(ne) *m(f)* de musée
Musical ['mju:zikəl] <-s, -s> *nt* comédie *f* musicale
Musik [mu'zi:k] <-, -en> *f* ❶ musique *f*; **geistliche ~** musique sacrée; **~ machen** faire [*o* jouer] de la musique
❷ (*Musikwissenschaft*) **~ studieren** faire des études *fpl* musicales
▸ **das ist ~ in meinen Ohren** cela fait plaisir à entendre

i Land & Leute

En Allemagne, la transcription des notes de musique n'est pas la même qu'en France: à do, ré, mi, fa, sol, la, si correspondent C, D, E, F, G, A, H.

Musikalien [muzi'ka:liən] *Pl* partitions *fpl* [musicales]
Musikalienhandlung [-liən-] *f* magasin *m* de musique
musikalisch [muzi'ka:lɪʃ] I. *Adj* ❶ (*die Musik betreffend*) musical(e)
❷ (*musikbegabt*) musicien(ne)
II. *Adv* **~ begabt** [*o* **veranlagt**] **sein** être doué(e) pour la musique
Musikalität [muzikali'tɛ:t] <-> *f* musicalité *f*
Musikant(in) [muzi'kant] <-en, -en> *m(f)* musicien(ne) *m(f)*
Musikantenknochen *m fam* petit juif *m* (*fam*); **sich** (*Dat*)

den ~ stossen se cogner le petit juif (*fam*)

Musikbegleitung *f* accompagnement *m* musical **Musikbox** *f* juke-box *m inv* **Musikdirektor(in)** *m(f)* directeur(-trice) *m(f)* musical

Musiker(in) ['mu:zikɐ] <-s, -> *m(f)* ① musicien(ne) *m(f)* ② (*Komponist*) compositeur(-trice) *m(f)*

Musikfreund(in) *m(f)* amateur(-trice) *m(f)* de musique **Musikgeschichte** *f* histoire *f* de la musique **Musikhochschule** *f* conservatoire *m* [de musique] **Musikinstrument** *nt* instrument *m* de musique **Musikkapelle** *f* (*Hochzeits-, Festkapelle*) orchestre *m;* (*Bierzeltkapelle*) orchestre bavarois **Musikkassette** *f* cassette *f* audio, K7 *f* **Musiklehrer(in)** *m(f)* professeur *m* de musique **Musiksaal** *m* salle *f* de musique **Musikschule** *f* école *f* de musique **Musikstück** *nt* morceau *m* de musique **Musikstudium** *nt* études *fpl* musicales [*o* de musique] **Musiktherapie** *f* MED musicothérapie *f* **Musikunterricht** *m* cours *m* de musique

Musikus ['mu:zikʊs] <-, Musizi> *m hum* musicien(ne) *m(f)*

Musikwissenschaft *f* musicologie *f* **Musikwissenschaftler(in)** *m(f)* musicologue *mf* **Musikzimmer** *nt* salle *f* de musique

musisch ['mu:zɪʃ] I. *Adj Person* doué(e) pour les arts; *Begabung, Veranlagung* d'artiste; *Erziehung, Fach* artistique
II. *Adv* ~ **begabt** [*o* **veranlagt**] **sein** être doué(e) pour les arts

musizieren* *itr V* jouer [de la musique], faire de la musique; **beim Musizieren vergesse ich alles** quand je fais de la musique, j'oublie tout

Muskat [mʊs'ka:t] <-[e]s, -e> *m* muscade *f*

Muskatblüte *f* BOT macis *m*

Muskateller [mʊska'tɛlɐ] <-s, -> *m* (*Weinsorte*) [vin *m*] muscat *m*

MuskatnussRR *f* noix *f* muscade

Muskel ['mʊskəl] <-s, -n> *m* muscle *m;* ~**n haben** avoir des muscles
▸ **seine/die ~n spielen lassen** *fam* jouer des muscles

Muskelfaser *f* fibre *f* musculaire **Muskelkater** *m* courbatures *fpl;* [**einen**] ~ **bekommen/haben** attraper/avoir des courbatures **Muskelkraft** *f* force *f* musculaire **Muskelkrampf** *m* crampe *f* **Muskelmann** <-männer> *m fam* adepte *m* de la gonflette (*fam*) **Muskelpaket** *nt fam* tas *m* de muscles **Muskelprotz** <-es, -e> *m fam* paquet *m* de muscles (*hum*) **Muskelriss**RR *m* déchirure *f* musculaire **Muskelschwäche** *f* MED fatigabilité *f* musculaire, myasthénie *f* (*spéc*) **Muskelschwund** *m* MED myopathie *f* **Muskelzerrung** *f* MED claquage *m*

Musketier [mʊskəti:ɐ] <-s, -e> *m* mousquetaire *m*

Muskulatur [mʊskula'tu:ɐ] <-, -en> *f* musculature *f*

muskulös [mʊsku'lø:s] *Adj* musclé(e), musculeux(-euse)

Müsli ['my:sli] <-s, -> *nt* mu[e]sli *m*

Muslim ['mʊslɪm, *Pl:* mʊs'li:mə] <-[s], -e> *m,* **Muslime** *f* musulman(e) *m(f)*

MussRR, **Muß** <-> *nt* must *m;* **ein ~ sein** être obligatoire; **es ist kein ~** ce n'est pas une obligation

MussbestimmungRR *f* disposition *f* impérative

Muße ['mu:sə] <-> *f* loisirs *mpl;* ~ **haben etw zu tun** trouver le loisir de faire qc; **etw mit ~ tun** faire qc en prenant tout son temps

MusseheRR *f* mariage *m* par obligation

müssen ['mʏsən] I. <muss, musste, müssen> *tr V modal* ① devoir; **er muss arbeiten/gehorchen** il doit travailler/obéir, il faut qu'il travaille/obéisse; **lachen ~** ne pas pouvoir s'empêcher de rire; **muss das [denn] sein?** c'est [vraiment] nécessaire [*o* indispensable]?; **das muss sein** c'est absolument nécessaire [*o* indispensable]; **warum muss das ausgerechnet heute passieren?** pourquoi faut-il que ça se produise justement aujourd'hui?; **er müsste viel mehr lernen** il faudrait qu'il travaille davantage; **man müsste mehr Zeit haben** il faudrait avoir plus de temps; **man müsste noch einmal jung sein** si seulement on était jeune une seconde fois
② (*brauchen*) **man muss nur auf diesen Knopf drücken** il suffit [juste] d'appuyer sur ce bouton; **du musst mir nicht helfen** tu n'as pas besoin [*o* n'es pas obligé(e)] de m'aider; **das muss nicht heißen, dass** cela ne veut pas forcément dire que; **auch wenn sie das behauptet, muss das nicht unbedingt stimmen** ce n'est pas parce qu'elle l'affirme que c'est vrai
③ (*Ausdruck der Wahrscheinlichkeit*) **er muss krank sein** il doit être malade; **es müsste gleich acht Uhr sein** il ne doit pas être loin de huit heures
II. <musste, gemusst> *itr V* ① **ich muss zum Arzt/nach Nürnberg** je dois aller [*o* il faut que j'aille] chez le médecin/à Nuremberg; **der Brief muss zur Post** il faut poster cette lettre; **der Koffer muss zum Bahnhof** il faut déposer cette valise à la gare
② (*nicht umhinkönnen*) **du musst!** tu dois le faire!, il faut que tu le fasses!
③ (*austreten müssen*) [**mal**] ~ *fam* avoir besoin d'aller aux W.-C. (*fam*)

Mußestunde ['mu:sə-] *f* moment *m* de loisir; **etw in einer ~ tun** faire qc à ses heures perdues

müßig ['my:sɪç] I. *Adj* ① oiseux(-euse); **es ist ~ darüber nachzudenken** cela ne sert à rien de se poser des questions là-dessus
② (*untätig*) oisif(-ive)
II. *Adv* à ne rien faire; ~ **in der Sonne liegen** flemmarder au soleil

Müßiggang *m geh* oisiveté *f*
▸ ~ **ist aller Laster Anfang** *Spr.* l'oisiveté est la mère de tous les vices

mussteRR, **mußte** *Imp von* **müssen**

Muster ['mʊste] <-s, -> *nt* ① *von Stoffen, Tapeten* motif *m*
② COM (*Warenprobe*) échantillon *m;* ~ **ohne Wert** échantillon sans valeur; ~ **ziehen** tirer des échantillons
③ (*Vorlage*) modèle *m;* **jdm als ~ dienen** servir de modèle à qn
④ (*Schnittmuster*) patron *m*
⑤ (*Vorbild*) **nicht gerade ein ~ an Tugend sein** ne pas être spécialement un modèle de vertu

Musterbeispiel *nt* exemple *m* type; **ein ~ für etw** l'exemple type de qc **Musterbetrieb** *m* entreprise *f* modèle **Musterexemplar** *nt* ① échantillon *m;* (*Buch, Zeitschrift*) spécimen *m* ② *hum* (*Vorbild*) **ein ~ von Vater** [**sein**] [être] un père modèle **mustergültig** *s.* **musterhaft**

musterhaft I. *Adj Schüler, Gatte, Mitarbeiter* modèle; *Verhalten* exemplaire
II. *Adv* de façon exemplaire

Musterhaus *nt* maison-témoin *f* **Musterklage** *f* JUR précédent *m* jurisprudentiel **Musterknabe** *m* enfant *m* modèle **Musterkoffer** *m* mallette *f* à échantillons **Musterkollektion** *f* collection *f* d'échantillons

mustern ['mʊstɐn] *tr V* ① examiner *Person, Gegenstand;* **jdn verächtlich ~** toiser qn
② MIL **gemustert werden** passer les tests de sélection militaire

MusterprozessRR *m* procès *m* exemplaire **Musterschüler(in)** *m(f)* élève *mf* modèle

Musterung ['mʊstərʊŋ] <-, -en> *f* ① MIL *von Wehrpflichtigen* tests *mpl* de sélection militaire
② (*das Betrachten*) *einer Person, eines Gegenstands* examen *m*

Musterungsbescheid *m* MIL avis *m* d'incorporation

Musterwohnung *f* appartement-témoin *m*

Mut [mu:t] <-[e]s> *m* courage *m;* **den ~ haben etw zu tun** avoir le courage de faire qc; **wieder ~ schöpfen** [*o* **fassen**] reprendre courage; **jdm** [**wieder**] **~ machen** [re]donner du courage à qn; **den ~ sinken lassen** [*o* **verlieren**] perdre courage

M

▶ **mit dem ~ der Verzweiflung** avec l'énergie du désespoir; **frohen** [*o* **guten**] **~es sein** être confiant(e); **jdm ist zum Lachen/Weinen zu ~e** qn a envie de [*o* le cœur à] rire/pleurer

Mutation [muta'tsio:n] <-, -en> *f* BIO mutation *f*

Mütchen ['my:tçən] ▶ **sein ~ kühlen** *fam* se défouler (*fam*)

mutieren* *itr V* BIO muter

mutig ['mu:tɪç] I. *Adj* courageux(-euse)

▶ **dem Mutigen gehört die Welt** *Spr.* à cœur vaillant rien d'impossible

II. *Adv* courageusement

mutlos I. *Adj* découragé(e); **~ werden** se décourager

II. *Adv* **jdn ~ anschauen** regarder qn d'un air découragé

Mutlosigkeit <-> *f* découragement *m*

mutmaßen ['mu:tma:sən] I. *tr V* supposer; **~, dass** supposer que; **wir können nur ~, was passiert ist** nous en sommes réduit(e)s à des suppositions sur ce qui a pu se produire

II. *itr V* **über etw ~** émettre une hypothèse sur qc, faire une supposition/des suppositions sur qc

mutmaßlich I. *Adj attr Schuldige, Täter* présumé(e)

II. *Adv* probablement, vraisemblablement

Mutmaßung <-, -en> *f* hypothèse *f*, supposition *f*; (*Verdacht in Bezug auf ein Verbrechen*) présomption *f*; **~en über etw** (*Akk*) **anstellen** émettre des hypothèses sur qc

Mutprobe *f* épreuve *f* de courage; **eine ~ bestehen** passer avec succès une épreuve de courage

Mutter[1] ['mʊtɐ, *Pl:* 'mʏtɐ] <-, ⸚> *f* mère *f*; **wie geht es deiner/Ihrer ~?** comment va ta maman/votre mère?; **~ werden** (*schwanger sein*) attendre un bébé [*o* enfant]; **sie ist ~ geworden** elle a eu un bébé; **~ sein** être mère de famille; [**die**] **~ Gottes** la Sainte Vierge

Mutter[2] <-, -n> *f* TECH écrou *m*

Mütterberatungsstelle *f service de consultation pour les femmes enceintes et les jeunes mères de famille*

Mutterbindung *f* attachement *m* à la mère; **eine sehr starke ~ haben** avoir un fort œdipe **Mutterboden** *m* terre *f* végétale

Mütterchen ['mʏtɐçən] <-s, -> *nt* petite vieille *f* (*fam*), grand-mère *f* (*fam*); **ein altes ~** une petite vieille

Mutterfreuden ▶ **~ entgegensehen** *geh* attendre un bébé [*o* enfant]

Müttergenesungsheim *nt* maison *f* de repos pour mères de famille **Müttergenesungswerk** *nt kein Pl fondation de soutien aux mères de famille*

Muttergesellschaft *f* société *f* [*o* maison *f*] mère

Muttergottes <-> *f* [Sainte] Vierge *f*; **heilige Maria, ~!** Sainte Marie, Mère de Dieu!

Mutterinstinkt *m* instinct *m* maternel **Mutterkomplex** *m* PSYCH complexe *m* d'œdipe; **einen ~ haben müssen** devoir avoir un œdipe mal résolu **Mutterkorn** <-korne> *nt* ergot *m* [du seigle] **Mutterkuchen** *m* ANAT placenta *m* **Mutterland** *nt* ❶ *einer Kolonie* métropole *f* ❷ (*Ursprungsland*) *einer Kunstrichtung, Strömung* berceau *m* **Mutterleib** *m* ventre *m* maternel; **im ~** dans le ventre maternel

mütterlich ['mʏtɐlɪç] I. *Adj* maternel(le)

II. *Adv* maternellement; **jdn ~ umsorgen** s'occuper de qn comme une mère

mütterlicherseits *Adv* du côté maternel; **meine Großmutter ~** ma grand-mère maternelle

Mütterlichkeit <-> *f* fibre *f* maternelle, amour *m* maternel

Mutterliebe *f* amour *m* maternel

mutterlos I. *Adj* orphelin(e) [de mère]; **~es Kind** orphelin(e) *m(f)* de mère

II. *Adv* **sie wuchs ~ auf** elle grandit sans une mère pour s'occuper d'elle

Muttermal *nt* tache *f* de naissance **Muttermilch** *f* lait *m* maternel ▶ **etw** [**schon**] **mit der ~ eingesaugt haben** avoir appris qc dès le berceau **Muttermord** *m* matricide *m* **Muttermörder(in)** *m(f)* matricide *mf* **Muttermund** *m* ANAT col *m* de l'utérus

Mutternschlüssel *m* clé *f* plate

Mutterpass[RR] *m* MED carnet *m* de maternité

Mutterschaft <-> *f* maternité *f*

Mutterschaftsgeld *nt* indemnités *fpl* journalières [de] maternité **Mutterschaftsurlaub** *m* congé *m* de maternité **Mutterschaftsvertretung** *f* ❶ *kein Pl* (*das Vertreten*) remplacement *m* de congé de maternité ❷ (*vertretende Person*) remplaçant(e) *m(f)* pendant un congé de maternité

Mutterschiff *nt* NAUT, AVIAT ravitailleur *m* **Mutterschutz** *m* protection *f* sociale de la femme enceinte

Mutterschutzgesetz *nt* législation *f* sociale concernant la femme enceinte

mutterseelenallein *Adj* tout(e) seul(e); **~ sein** être tout(e) seul(e); **~ in einem einsamen Haus leben** vivre tout(e) seul(e) dans une maison isolée

Muttersöhnchen [-zø:nçən] <-s, -> *nt pej fam* petit garçon *m* à sa maman (*péj fam*) **Muttersprache** *f* langue *f* maternelle

Muttersprachler(in) [-ʃpra:xlɐ] <-s, -> *m(f)* locuteur *m* natif/locutrice *f* native

muttersprachlich *Adj Unterricht* en langue maternelle; *Kompetenz* dans la langue maternelle **Mutterstelle** *f* ▶ **bei** [*o* **an**] **jdm ~ vertreten** tenir lieu de mère à qn, s'occuper de qn comme une mère **Muttertag** *m* fête *f* des Mères

i Land & Leute

La fête des Mères, c'est-à-dire le **Muttertag** en Allemagne, se fête le deuxième dimanche du mois de mai alors qu'en France, elle tombe toujours le dernier dimanche du mois de mai.

Muttertier *nt* AGR, ZOOL mère *f* **Mutterwitz** *m kein Pl* bon sens *m* inné *pas de pl*

Mutti ['mʊti] <-, -s> *f fam* maman *f* (*fam*)

Mutwille <-ns> *m* malice *f*; **aus purem ~n** par vandalisme

mutwillig ['mu:tvɪlɪç] I. *Adj* causé(e) par un vandale/des vandales II. *Adv* par vandalisme

Mütze ['mʏtsə] <-, -n> *f* (*Pudelmütze*) bonnet *m*; (*Schirmmütze*) casquette *f*; (*Baskenmütze*) béret *m*; (*Pelzmütze*) toque *f*

▶ **was** [*o* **eins**] **auf die ~ kriegen** *fam* se faire sonner les cloches (*fam*)

MW PHYS *Abk von* **Megawatt** MW

MwSt. *Abk von* **Mehrwertsteuer** T.V.A.

Myom [my'o:m] <-s, -e> *nt* MED myome *m*

Myrr[h]e[RR] ['mʏrə] <-, -n> *f* myrrhe *f*

Myrte ['mʏrtə] <-, -n> *f* myrte *f*

Mysterienspiel [mʏs'te:riən-] *nt* THEAT mystère *m*

mysteriös [mʏsteri'ø:s] *Adj* mystérieux(-euse); **~ klingen** avoir l'air mystérieux; **~ wirken** sembler mystérieux(-euse)

Mysterium [mʏs'te:riʊm] <-s, -ien> *nt geh* mystère *m*

Mystifizierung [mʏstifi'tsi:rʊŋ] <-, -en> *f* mystification *f*

Mystik ['mʏstɪk] <-> *f* mysticisme *m*

Mystiker(in) ['mʏstikɐ] <-s, -> *m(f)* mystique *mf*

mystisch ['mʏstɪʃ] *Adj* ❶ REL mystique

❷ (*mysteriös*) mystérieux(-euse); **~ klingen/wirken** avoir l'air/sembler mystérieux(-euse)

mythisch ['my:tɪʃ] *Adj* mythique

Mythologie [mytolo'gi:] <-, -n> *f* mythologie *f*

mythologisch [myto'lo:gɪʃ] *Adj* de [*o* sur la] mythologie; *Gestalt, Wesen* mythologique

Mythos ['my:tɔs] <-, Mythen> *m*, **Mythus** ['my:tʊs] <-, Mythen> *m* mythe *m*

Nn

N, n [ɛn] <-, -> *nt* N *m/*n *m*
▸ **N wie Nordpol** n comme Nicolas
N *Abk von* **Norden** N
'n *Art indef fam* (*ein, eine, einen*) un(e); **hier hast du 'n Hunderter!** tiens, voilà cent balles!
na [na(:)] *Interj fam* ❶ (*Ausdruck des Zweifels*) ben (*fam*)
❷ (*Ausruf der Entrüstung*) hé, eh oh; ~ **warte!** eh là, pas si vite!
❸ (*Anrede*) ~, **du?** alors, toi?; ~, **wie geht's?** alors, comment vas-tu?
❹ (*Aufforderung anzufangen*) eh bien, allez; ~, **dann wollen wir mal!** eh bien [*o* allez], allons-y!
▸ ~ **gut** [*o* **schön**] bon, allez; ~ **also** [*o* **bitte**]**!** tu vois/vous voyez!; ~ **bravo!** *iron* ah [ben] chapeau! (*iron*); ~ **ja** mouais (*fam*); ~ **ja, weil du es bist** bon, c'est bien parce que c'est toi; ~ **und ob!** et comment! (*fam*), je veux! (*fam*), un peu, mon neveu! (*fam*); ~ **und?** et [puis] alors?; ~ **so was!** [ben,]ça alors!, ça, par exemple! (*fam*), ben dis donc! (*fam*)
Nabe ['na:bə] <-, -n> *f* moyeu *m*
Nabel ['na:bəl] <-s, -> *m* nombril *m*
▸ **der ~ der Welt** *geh* le centre du monde
Nabelbinde *f* bande *f* ombilicale **Nabelbruch** *m* MED hernie *f* ombilicale; **physiologischer** ~ hernie ombilicale physiologique **Nabelschau** *f* nombrilisme *m* (*fam*) **Nabelschnur** *f* cordon *m* ombilical
nach [na:x] **I.** *Präp + Dat* ❶ (*zur Angabe der Richtung*) à; ~ **Nizza/Stuttgart fahren** aller [*o* se rendre] à Nice/Stuttgart; ~ **München abreisen** partir pour Munich; ~ **Frankreich/Deutschland** en France/Allemagne; ~ **Dänemark** au Danemark; ~ **Norden** vers le nord; **der Zug ~ Bordeaux** le train pour [*o* à destination de] Bordeaux; **auf dem Weg ~ Marseille** sur la route de Marseille; ~ **Hause gehen** aller à la maison
❷ (*zur Angabe einer Stelle*) après; **die Kirche kommt ~ der Post** il y a le bureau de poste, puis l'église
❸ (*zeitlich*) après; **fünf [Minuten] ~ drei** trois heures cinq [minutes]; ~ **drei Tagen/zwei Wochen** au bout de trois jours/deux semaines, trois jours/deux semaines plus tard; ~ **Empfang der Ware** à réception de la marchandise
❹ (*entsprechend*) selon, d'après; **ihrem Aussehen/Auftreten** ~ à en juger par son aspect/sa manière d'être; **seinem Akzent ~ ist er Schweizer** son accent laisse supposer qu'il est Suisse; **ihrem Wesen ~ ist sie eher ruhig** elle est plutôt d'un naturel calme; ~ **meiner Meinung, meiner Meinung** ~ à mon avis; **dieser Film entstand ~ dem gleichnamigen Roman** ce film est tiré du roman du même nom; **den Tee ~ Belieben süßen** sucrer le thé selon le goût de chacun; ~ **dem, was in den Zeitungen steht** d'après les journaux; **dieser Katalog ist ~ Autoren geordnet** ce catalogue est classé par auteurs; **dem Sinn** ~ en substance; ~ **den Vorschriften handeln** agir conformément au règlement; **das sind ~ schweizerischem Geld tausend Franken** cela fait mille francs [en argent] suisses; **die Uhr ~ dem Radio stellen** régler sa montre sur l'heure de la radio; **er wurde ~ seinem Großvater genannt** il porte le prénom de son grand-père
❺ (*zur Angabe der Reihenfolge*) **ich bin ~ Ihnen dran!** je suis [*o* viens] après vous!
II. *Adv* **mir ~!** suivez-moi!; **haltet den Dieb, schnell, ihm ~!** au voleur, vite, poursuivez-le!
▸ ~ **und** ~ peu à peu, petit à petit; ~ **wie vor** toujours; **unsere Abmachung gilt ~ wie vor** notre accord reste [*o* est toujours] valable
nach|äffen ['na:xʔɛfən] *tr V pej* singer
nach|ahmen ['na:xʔa:mən] *tr V* imiter
Nachahmen <-s> *nt* JUR imitation *f*, falsification *f*; ~ **und Ausbeuten fremder Leistung** falsification et exploitation de la prestation d'un tiers; ~ **eines eingetragenen Warenzeichens** imitation d'une marque déposée
nachahmenswert *Adj Beispiel* à suivre; *Verhalten* modèle; ~ **sein** être un exemple à suivre
Nachahmer(in) <-s, -> *m(f)* imitateur(-trice) *m(f)*; **solche Verbrechen finden immer** ~ de tous temps, ces crimes ont fait des émules
Nachahmung <-, -en> *f* imitation *f*
Nachahmungstrieb *m* PSYCH instinct *m* d'imitation
nach|arbeiten *tr V* ❶ rattraper *Tage, Stunden*
❷ (*nachbessern*) finir; **ich muss hier noch eine Kleinigkeit** ~ il me reste ici ou là quelques détails à peaufiner
Nachbar(in) ['naxba:ɐ] <-n, -n> *m(f)* voisin(e) *m(f)*; **die ~in von nebenan/oben** la voisine d'à côté/du dessus
Nachbarhaus *nt* maison *f* voisine [*o* d'à côté] **Nachbarland** *nt* [pays *m*] voisin *m*
nachbarlich *Adj Grundstück, Garten* voisin(e), d'à côté; *Verhältnis* entre voisins; **gute ~e Beziehungen** des relations de bon voisinage
Nachbarschaft <-> *f* ❶ (*nächste Umgebung*) voisinage *m*; **in unserer** ~ près [*o* pas loin] de chez nous
❷ (*Nachbarn*) voisins *mpl*
❸ (*nachbarliche Beziehungen*) **[eine] gute ~ halten** entretenir des relations de bon voisinage
Nachbarschaftshilfe *f* services *mpl* qu'on se rend entre voisins
Nachbarsfrau *f* voisine *f* **Nachbarskind** *nt* petit voisin *m*/petite voisine *f*
Nachbarstaat *m* [État *m*] voisin *m* **Nachbarstadt** *f* [ville *f*] voisine *f*; **Mannheim und seine ~ Ludwigshafen** Mannheim et sa voisine Ludwigshafen
Nachbau <-bauten> *m* ARCHIT, TECH réplique *f*
nach|bauen *tr V* reproduire; **etw** ~ reproduire qc à l'identique; **diese Kirche ist dem Petersdom nachgebaut** cette église a été construite sur les plans de Saint-Pierre de Rome
Nachbeben *nt* réplique *f* sismique
nach|behandeln* *tr V* ❶ (*reinigen*) retraiter; **etw mit etw** ~ retraiter qc avec qc
❷ MED continuer de traiter *Patienten;* **nachbehandelt werden** *Patient:* poursuivre un traitement; *Wunde, Narbe:* continuer d'être traité(e)
Nachbehandlung *f* traitement *m* complémentaire
nach|bereiten* *tr V* reprendre, revoir *Unterrichtsstunde*
nach|bessern *tr V* retoucher; reprendre *Produkt*
Nachbesserung *f* retouche *f*; JUR réparation *f* des vices
nach|bestellen* *tr V* ❶ (*zusätzlich bestellen*) faire une commande supplémentaire; **zwei Kisten/fünf Rechner** ~ commander deux autres caisses/cinq autres ordinateurs
❷ (*als Ersatz bestellen*) **etw** ~ commander qc à la place
Nachbestellung *f* ❶ (*zusätzliche Bestellung*) commande *f* supplémentaire
❷ (*zu einem späteren Zeitpunkt*) commande *f* ultérieure
nach|beten *tr V pej fam* recracher (*fam*)
nach|bilden *tr V* reproduire; **einem griechischen Original nachgebildet sein** *Skulptur:* être la reproduction d'un original grec
Nachbildung *f* copie *f*, reproduction *f*
nach|blicken *itr V* suivre du regard; **jdm/dem Zug** ~ suivre qn/le train du regard [*o* des yeux]
Nachblutung *f* hémorragie *f* secondaire; (*Blutung nach einer Operation*) hémorragie postopératoire
nach|bohren *itr V fam* creuser la question (*fam*)
nachchristlich *Adj* de l'ère chrétienne; **im ersten ~en Jahrhundert** au premier siècle de l'ère chrétienne
nachdem [na:x'de:m] *Konj* ❶ (*zeitlich*) après; ~ **er geduscht**

hatte après qu'il se fut douché, après s'être douché; ~ **wir zurückgekommen waren** après notre retour; **kurz ~ ich abgereist war** peu après mon départ; ~ **er umgezogen war, wurde er krank** après avoir déménagé, il est tombé malade
❷ (*da, weil*) ~ **sie uns nicht angerufen hat** comme elle ne nous a pas téléphoné; ~ **er nicht teilnimmt/nicht teilnehmen wird** comme il [*o* étant donné qu'il] ne participe/participera pas

nach|denken *itr V unreg* réfléchir; **über etw ~** réfléchir sur qc; (*eine Entscheidung suchen*) réfléchir à qc; **[jetzt] denk doch mal nach!** [allons,] réfléchis un peu!; **laut ~** penser tout haut

Nachdenken *nt* réflexion *f*; **nach tagelangem ~** après mûre réflexion; **gib mir ein bisschen Zeit zum ~** donne-moi un peu de temps pour réfléchir

nachdenklich I. *Adj Person* pensif(-ive), méditatif(-ive); *Gesicht, Miene* pensif(-ive); **~e Worte** des paroles qui donnent à réfléchir; **jdn ~ machen** [*o* **stimmen** *geh*] laisser qn songeur(-euse); *Argument, Kritik:* faire réfléchir qn; **in ~er Stimmung sein** être d'humeur songeuse
II. *Adv schauen* pensivement; **~ aussehen/wirken** avoir l'air pensif [*o* songeur]

Nachdenklichkeit <-> *f* humeur *f* songeuse; **ihre plötzliche ~ wunderte ihn** il s'étonna de la voir soudain pensive [*o* songeuse]

nach|dichten *tr V* récrire, faire une adaptation de; **einem japanischen Original nachgedichtet sein** être inspiré(e) d'un original japonais

Nachdichtung *f* adaptation *f*

nach|drängen *itr V + sein* pousser [par derrière]

Nachdruck[1] <-s> *m* insistance *f*; **mit [allem] ~** *insistieren, hinweisen* [très] vigoureusement; *verlangen* expressément; *ablehnen* catégoriquement; **um seinen Worten [besonderen] ~ zu verleihen** pour donner [encore] plus de poids à ses paroles; **[besonderen] ~ auf etw** (*Akk*) **legen** tenir [absolument] à qc; **[besonderen] ~ darauf legen, dass** tenir [absolument] à ce que + *subj*

Nachdruck[2] <-[e]s, -e> *m* ❶ (*Werk*) réimpression *f*, retirage *m*
❷ *kein Pl* (*das Nachdrucken*) reproduction *f*

nach|drucken *tr V* retirer, réimprimer

nachdrücklich ['na:xdrʏklɪç] I. *Adj* insistant(e); *Ermahnung, Forderung* ferme; *Rat, Warnung* appuyé(e); **eine ~e Bitte an jemanden richten** adresser à qn une demande insistante
II. *Adv bitten, fordern, ermahnen* fermement; *verlangen, raten, warnen* expressément; *hinweisen, bestehen* tout particulièrement; *ablehnen* catégoriquement; *verbieten* formellement

Nachdrücklichkeit <-> *f einer Forderung* fermeté *f*

nach|dunkeln *itr V + sein* foncer; **die Tapete ist nachgedunkelt** le papier peint a foncé

Nachdurst *m* bouche *f* pâteuse

nach|eifern *itr V* prendre modèle; **jdm ~** prendre modèle sur qn

nacheinander [na:xʔaɪ'nandɐ] *Adv* l'un(e) après l'autre; **~ den Raum verlassen** *zwei Personen:* quitter la salle l'un(e) après l'autre; *zwei Gruppen:* quitter la salle les un(e)s après les autres; **etw zweimal ~/kurz ~ tun** faire qc deux fois de suite/presque coup sur coup

nach|empfinden* *tr V unreg* ❶ comprendre; **jdm seine Freude ~** comprendre la joie ressentie par qn; **ich kann ~, dass Sie unzufrieden sind** je comprends fort bien que vous soyez mécontent; **vielleicht kannst du ~, wie mir zumute ist** peut-être arrives-tu à comprendre ce que je ressens
❷ KUNST, LITER **dieses Gedicht ist Schiller nachempfunden** ce poème est inspiré de Schiller

Nachen ['naxən] <-s, -> *m liter* esquif *m* (*littér*)

nach|erzählen* *tr V* faire un compte rendu de *Geschichte, Roman, Drama;* restituer *Text*

Nacherzählung *f einer Geschichte, eines Romans, Dramas* compte *m* rendu de lecture; *eines Textes* [exercice *m* de] restitution *f*

Nachf. *Abk von* Nachfolger

Nachfahr[e] *s.* Nachkomme

nach|fahren *itr V unreg + sein* ❶ (*verfolgen*) suivre; **jdm/einem Auto ~** suivre qn/une voiture
❷ (*später nachkommen*) **jdm ~** rejoindre qn [en voiture/par le train]

Nachfassaktion[RR], **Nachfaßaktion** *f* [action *f* de] relance *f*

nach|fassen I. *itr V* ❶ (*sich erneut bedienen*) se resservir
❷ SPORT assurer sa prise
❸ *fam* (*nachforschen, nachfragen*) **in einer Angelegenheit ~** chercher à en savoir plus sur une affaire
II. *tr V* **Essen ~** prendre du rab (*fam*)

Nachfeier *f* (*später*) fête *f* après coup

nach|feiern *tr V* fêter après coup; **etw ~** fêter qc après coup; **sie wird ihren Geburtstag im Januar ~** elle fêtera son anniversaire après la date, en janvier

Nachfolge *f* succession *f*; **jds ~ antreten** prendre la succession de qn

Nachfolgemodell *nt* nouveau modèle *m*

nach|folgen *itr V + sein* ❶ succéder; **jdm im Amt des Bürgermeisters/Präsidenten ~** succéder à qn à la mairie/présidence
❷ (*hinterhergehen, -fahren*) **jdm/einem Sarg ~** suivre qn/un cercueil

nachfolgend *geh* I. *Adj* suivant(e); **im Nachfolgenden** ci-après, dans ce qui suit
II. *Adv* ensuite, puis

Nachfolgeorganisation *f einer Terrorgruppe* résurgence *f*

Nachfolgepartei *f* parti *m* qui a succédé; **die ~ der SED** le parti qui a succédé au SED

Nachfolger(in) <-s, -> *m(f)* successeur *m*

nach|fordern *tr V* demander après coup; **etw ~** (*nachträglich fordern*) demander qc après coup; (*zusätzlich fordern*) demander qc en plus; **tausend Euro ~** demander un supplément de mille euros

Nachforderung *f* ❶ nouvelle demande *f*; *einer Gewerkschaft* nouvelle revendication *f*
❷ (*Zahlungsaufforderung*) supplément *m*; **~en erheben** [*o* **geltend machen**] demander le paiement d'un supplément

nach|forschen *itr V* faire des recherches; **in einer Angelegenheit ~** faire des recherches concernant une affaire; **~, wann/wo/...** chercher à savoir quand/où/...

Nachforschung *f* recherches *fpl*, enquête *f*; **~en anstellen** [*o* **betreiben**] faire des recherches, mener une enquête

Nachfrage *f* (*Kaufinteresse*) demande *f*; **die ~ befriedigen** satisfaire la demande; **es besteht [eine] große ~ nach diesem Artikel** cet article est très demandé
▸ **danke der ~!** *veraltet* je vous remercie! (*hum*)

nach|fragen I. *itr V* ❶ (*sich erkundigen*) se renseigner; **bei jdm ~** se renseigner auprès de qn; **~, ob ...** se renseigner pour savoir si ...
❷ (*weiterfragen*) poser des questions supplémentaires
II. *tr V* COM **nachgefragt werden** être demandé(e)

Nachfrist *f* délai *m* supplémentaire [*o* moratoire]; **angemessene ~** délai supplémentaire [*o* moratoire] approprié; **jdm eine ~ einräumen/setzen** accorder/fixer un délai supplémentaire [*o* moratoire] à qn

nach|fühlen *tr V* comprendre par sympathie; **jds Enttäuschung ~** partager la déception de qn; **er wird [mir] sicher ~ können, dass ich wütend war** il comprendra fort bien que j'aie été en colère

nach|füllen *tr V* ❶ (*noch einmal füllen*) remplir; **er füllte ihr das Glas nach** il remplit de nouveau son verre
❷ *s.* **nachgießen**

Nachfüllpackung *f* [éco]recharge *f*; **etw in der ~ kaufen** acheter des [éco]recharges de qc

nach|geben *unreg* I. *itr V* ❶ céder; **jdm/einem Verlangen ~** céder à qn/une exigence

❷ (*sich bewegen*) *Tür:* céder; *Boden:* s'enfoncer, céder; *Wand:* se dérober
❸ BÖRSE fléchir, reculer; *Zinssätze:* baisser
II. *tr V* **jdm Gemüse ~** resservir des légumes à qn
Nachgeben <-s> *nt eines Kurses* repli *m*
Nachgebühr *f* surtaxe *f*
Nachgeburt *f* ❶ (*Plazenta*) placenta *m*
❷ (*Vorgang*) délivrance *f*
nach|gehen *itr V unreg + sein* ❶ (*hinterhergehen*) suivre; **jdm ~** suivre qn
❷ (*zu langsam gehen*) *Uhr:* retarder; **meine Armbanduhr geht zwei Minuten nach** je [*o* ma montre] retarde de deux minutes
❸ (*überprüfen*) **einer Frage/Spur ~** creuser une question/explorer une piste; **einem Hinweis ~** vérifier un indice
❹ (*gedanklich beschäftigen*) **seine Worte gingen/dieser Vorfall ging mir lange nach** ses paroles m'occupèrent longtemps/cet incident m'a longtemps occupé l'esprit
❺ (*ausüben*) **einer Beschäftigung** (*Dat*) **~** exercer une profession; **seinen Geschäften ~** vaquer à ses occupations; **seinem Vergnügen ~** s'adonner à son plaisir
nachgelassen *Adj* posthume; **seine/ihre ~en Briefe** les lettres retrouvées après sa mort
nachgemacht *Adj Unterschrift* imité(e), contrefait(e); **eine ~e Banknote** un faux billet; **~ sein** être une contrefaçon [*o* un faux]
nachgeordnet *Adj form Behörde* subalterne; **die dem Ministerium ~en Dienststellen** les services relevant [de l'autorité] du ministère (*form*)
nachgerade *Adv geh* franchement
Nachgeschmack *m* arrière-goût *m;* **einen bitteren/komischen ~ haben** *Getränk, Essen:* avoir un arrière-goût amer/bizarre
▶ **etw hat bei jdm einen bitteren/unangenehmen ~ hinterlassen** qc a laissé à qn une impression d'amertume/désagréable
nachgewiesenermaßen *Adv* comme il a été prouvé; **sie war ~ schuldig** il a été prouvé qu'elle était coupable
nachgiebig ['na:xgi:bɪç] *Adj* ❶ *Person, Wesen* [trop] accommodant(e), pas assez ferme; **jdm gegenüber [zu] ~ sein** ne pas être assez ferme avec [*o* envers] qn, être [trop] coulant(e) avec qn (*fam*)
❷ (*weich*) *Material* souple; *Polsterung, Boden* mou(molle)
Nachgiebigkeit <-> *f* ❶ (*Wesensart*) manque *m* de fermeté
❷ (*Weichheit*) mollesse *f,* souplesse *f*
nach|gießen *unreg* I. *tr V* resservir; **jdm Saft ~** resservir du jus à qn
II. *itr V* resservir à boire; **jdm ~** resservir qn
nach|grübeln *itr V* réfléchir intensément; **über etw** (*Akk*) **~** réfléchir intensément à qc; **vor lauter Nachgrübeln vergaß sie die Zeit** perdue dans [*o* toute à] ses pensées, elle a oublié l'heure
nach|gucken *itr V fam* regarder; **in der Küche ~, ob ...** regarder à la cuisine si ...; **guck doch im Kleiderschrank nach!** va donc voir dans l'armoire!
nach|haken *itr V fam* creuser [un sujet/une idée]; **bei jdm ~** essayer de tirer les vers du nez à qn (*fam*); *Reporter:* harceler qn de questions
Nachhall *m* écho *m*
nachhaltig ['na:xhaltɪç] I. *Adj* durable
II. *Adv* durablement
Nachhaltigkeit <-> *f* persistance *f;* **das Ergebnis war von geringer ~** le résultat fut de peu d'efficacité
nach|hängen *itr V unreg* ❶ ne pas réussir à se débarasser; **einer glücklichen Zeit** (*Dat*) **~** vivre dans le souvenir d'une époque heureuse; **seinen Erinnerungen/Gedanken ~** rester plongé(e) dans ses souvenirs/pensées
❷ (*anhaften*) **ihm hängt ein zweifelhafter Ruf nach** sa réputation douteuse lui colle à la peau
nachhause[RR] *Adv* CH, A **~ gehen** aller à la maison
Nachhauseweg *m* chemin *m* du retour; **auf dem ~ traf sie eine Freundin** alors qu'elle rentrait chez elle, elle a rencontré une amie; **einen weiten ~ haben** avoir beaucoup de chemin [à faire] pour rentrer [à la maison]
nach|helfen *itr V unreg* ❶ (*helfen*) donner un coup de pouce; **wir haben mit etwas Geld nachgeholfen, dass sie einwilligt** nous avons forcé son accord en le monnayant un peu
❷ (*auf die Sprünge helfen*) **ich werde Ihrem Gedächtnis [etwas] ~** je vais vous rafraîchir [un peu] la mémoire
nachher [na:x'he:ɐ], **nachher** *Adv* ❶ (*danach*) après, ensuite; **zuerst gibt es Salat und ~ Pfannkuchen** on va manger de la salade, ensuite [*o* puis] des crêpes
❷ (*nachträglich*) **ich merkte erst ~, dass** je ne me suis rendu compte qu'après que
❸ (*gleich, etwas später*) tout à l'heure; **bis ~!** à tout à l'heure!
❹ *fam* (*womöglich*) après; **~ glaubt er das noch!** après, il va encore y croire! (*fam*)
Nachhilfe *f* cours *m* particulier; **~ in Latein geben/bekommen** donner/suivre des cours particuliers de latin
Nachhilfelehrer(in) *m(f)* professeur *m* qui donne des cours particuliers **Nachhilfestunde** *f* cours *m* particulier; **~n in Latein bekommen** suivre des cours particuliers de latin **Nachhilfeunterricht** *s.* Nachhilfe
nachhinein, **Nachhinein**[RR] **im ~** après coup
nach|hinken *itr V + sein* être à la traîne
Nachholbedarf *m* retard *m;* **~ an Bildung** retard à combler en matière de culture; **einen ~ an Schlaf haben** avoir du sommeil à rattraper
nach|holen *tr V* ❶ rattraper *Jugend, Zeit;* rattraper, récupérer *Schlaf;* **sie muss viel Unterrichtsstoff ~** elle doit rattraper beaucoup de cours
❷ (*nachkommen lassen*) faire venir *Person*
Nachhut <-, -en> *f* arrière-garde *f*
nach|jagen *itr V + sein* poursuivre; **jdm ~** poursuivre qn, courir après qn; **dem Erfolg/Geld ~** courir après le succès/l'argent
nach|kaufen *tr V* racheter; **etw ~** racheter qc [par la suite]
Nachklang *m* écho *m*
nach|klingen *itr V unreg + sein* ❶ *Ton, Stimme:* résonner
❷ *fig* **in jdm ~** *Erlebnis, Worte:* rester présent(e) à la mémoire de qn
Nachkomme ['na:xkɔmə] <-n, -n> *m* descendant(e) *m(f);* **die ~n** la descendance, les descendants *mpl*
nach|kommen *itr V unreg + sein* ❶ faire venir; **jdn ~ lassen** faire venir qn; **du kannst ~** tu peux me/nous rejoindre; **ich komme gleich nach!** je vous rejoins!, j'arrive!
❷ (*Schritt halten*) suivre; **lauf nicht so schnell, ich komme nicht nach!** ne va pas si vite, je n'arrive pas à te suivre!
❸ (*mithalten*) suivre [le rythme]; **mit der Arbeit ~** arriver à suivre le rythme de travail; **dieser Schüler kommt mit dem Lernen nicht mehr nach** cet élève ne suit plus
❹ *geh* (*entsprechen*) **einer Anordnung** (*Dat*) **~** observer [*o* suivre] une directive; **einem Wunsch ~** satisfaire un souhait; **seinen Verpflichtungen ~** honorer [*o* assumer] ses obligations
❺ (*die Konsequenz sein*) *Anzeige, Klage:* suivre; **da kann noch etwas ~** il pourrait y avoir des suites
❻ (*ähnlich werden*) **er kommt seinem Vater nach** il ressemble à son père
Nachkommenschaft <-> *f* descendance *f,* postérité *f*
nach|kontrollieren* *tr V* [re]vérifier
Nachkriegshöchststand *m* plafond *m* de l'après-guerre **Nachkriegsjahre** *Pl* années *fpl* d'après-guerre **Nachkriegszeit** *f* après-guerre *m*
Nachkur *f* postcure *f*
nach|laden *unreg* I. *tr V* recharger *Schusswaffe;* **das Nachla-**

den le rechargement
II. *itr V* recharger [son arme]
NachlassRR <-es, -e *o* -lässe>, **Nachlaß** <-lasses, -lasse *o* -lässe> *m* ① *eines Verstorbenen* succession *f;* (*nachgelassene Werke*) œuvres *fpl* posthumes; **erbloser/überschuldeter ~** succession en déshérence/obérée
② (*Preisnachlass*) réduction *f,* remise *f;* **jdm einen ~ von zehn Prozent gewähren** accorder une réduction [*o* remise] de dix pour cent à qn
nach|lassen *unreg* I. *itr V* ① *Sturm, Regen:* se calmer; *Interesse, Nachfrage, Druck:* faiblir, diminuer; *Sehkraft, Gehör:* baisser, faiblir; *Schmerz:* s'atténuer; *Spannung:* se relâcher
② (*schwächere Leistung bringen*) se relâcher
II. *tr V* **jdm zehn Prozent ~** faire à qn une réduction [*o* remise] de dix pour cent
Nachlassen <-s> *nt* ralentissement *m*
nachlässig ['na:xlɛsɪç] I. *Adj* ① (*nicht sorgfältig*) *Mitarbeiter, Personal, Kontrolleur* peu consciencieux(-euse); *Arbeit* négligé(e); *Kontrolle, Überprüfung* peu strict(e), sommaire; **~ sein** *Person:* être négligent(e); *Kontrolle:* ne pas être strict(e); **~er werden** *Person:* se relâcher; *Kontrolle:* devenir moins strict(e)
② (*ungepflegt*) *Äußeres* négligé(e)
II. *Adv* ① (*nicht sorgfältig*) **~ arbeiten/kontrollieren** être négligent(e) dans son travail/lors d'un contrôle
② (*ungepflegt*) *geschminkt, gekämmt* mal; **~ gekleidet** en débraillé
Nachlässigkeit <-, -en> *f* négligence *f*
Nachlassverwalter(in)RR *m(f)* curateur(-trice) *m(f)* de la succession
nach|laufen *itr V unreg + sein* ① (*hinterherlaufen*) poursuivre; **jdm ~** poursuivre qn, courir après qn; **er lief mir nach** il m'a couru après (*fam*)
② *fam* (*erobern wollen*) **jdm ~** courir après qn (*fam*)
③ (*zu erreichen suchen*) **einer Illusion** (*Dat*) **~** poursuivre une illusion
nach|legen *tr V* remettre; **Holz/Kohle ~** remettre du bois/charbon
Nachlese *f* ① (*Traubenlese*) grappillage *m*
② *fig* **eine ~ aus unserer Sendung** une sélection des meilleurs moments de notre émission
nach|lesen *tr V unreg* vérifier; **etw in einem Lexikon ~** vérifier qc dans une encyclopédie
nach|liefern *tr V* ① livrer ultérieurement; **jdm etw ~** livrer qc à qn ultérieurement
② *fam* (*mitteilen*) **jdm eine Erklärung ~** donner une explication à qn plus tard
Nachlieferung *f* ① (*Vorgang*) livraison *f* différée; (*erneutes Liefern*) nouvelle livraison
② (*Gegenstand*) article *m* différé
nach|lösen I. *tr V* acquitter en cours de voyage; **die Fahrkarte/den Zuschlag ~** acheter son billet/payer le supplément dans le train
II. *itr V* **beim Schaffner ~** acquitter un billet/supplément auprès du contrôleur; **Sie müssen bei mir ~** vous devez me régler le billet/le supplément
nach|machen *tr V* ① (*nachahmen*) imiter *Person, Stimme*
② (*gleichtun*) **jdm alles ~** imiter qn en tout; **kannst du [mir] das ~?** tu peux en faire autant?; **das soll mir erst mal einer ~!** je mets quiconque au défi d'en faire autant!
③ (*fälschen*) contrefaire *Unterschrift, Banknote;* copier, faire un faux de *Antiquität*
④ (*nachträglich anfertigen*) rattraper *Hausaufgabe, Klassenarbeit*
nach|messen *unreg* I. *tr V* vérifier; **etw mit dem Lineal ~** vérifier les mesures de qc avec la règle
II. *itr V* **mit dem Lineal ~** vérifier les mesures avec la règle; **das Nachmessen** la vérification des mesures
Nachmieter(in) *m(f)* locataire *mf* suivant(e); **mein ~** (*der die Wohnung übernehmen wird/übernommen hat*) le locataire qui va me succéder/qui m'a succédé(e)
Nachmittag *m* après-midi *m o f inv;* **am ~** l'après-midi; **es ist ~** nous sommes l'après-midi; **heute ~** cet après-midi; **am frühen/späten ~** tôt/tard dans l'après-midi
nachmittäglich *Adj attr* de l'après-midi
nachmittags *Adv* l'après-midi
Nachmittagsschlaf *m,* **Nachmittagsschläfchen** *nt* sieste *f*
Nachmittagsunterricht *m* cours *m* de l'après-midi **Nachmittagsvorstellung** *f* matinée *f*
Nachnahme ['-na:mə] <-, -n> *f* ① remboursement *m;* **etw per ~ schicken** expédier [*o* envoyer] qc contre remboursement
② *s.* **Nachnahmesendung**
Nachnahmegebühr *f* droit *m* [*o* frais *mpl*] d'envoi contre remboursement **Nachnahmesendung** *f form* envoi *m* contre remboursement
Nachname *m* nom *m* [de famille]; **wie heißen Sie mit ~n?** quel est votre nom [de famille]?
nach|plappern *tr V fam* répéter comme un perroquet; **etw ~** répéter qc comme un perroquet (*fam*); **jdm alles ~** répéter comme un perroquet tout ce que dit qn (*fam*)
Nachporto *s.* **Nachgebühr**
nachprüfbar *Adj* vérifiable; **nicht ~** invérifiable
Nachprüfbarkeit <-> *f* possibilité *f* de vérifier; **ich bezweifle die ~ dieser Aussage** je doute que l'on puisse vérifier cette affirmation
nach|prüfen I. *tr V* ① vérifier *Alibi, Aussage, Zitat;* contrôler, vérifier *Richtigkeit*
② (*später prüfen*) **jdn ~** faire repasser un examen/l'examen à qn; **nachgeprüft werden** passer un examen [*o* à une session] de rattrapage
II. *itr V* **~, ob/wann ...** vérifier si/quand ...; *Wirtschaftsprüfer:* faire un contrôle pour savoir si/quand ...
Nachprüfung *f* ① vérification *f; der Richtigkeit* contrôle *m,* vérification
② (*spätere Prüfung*) examen *m* de rattrapage
nach|rechnen I. *itr V* recalculer, refaire [*o* vérifier] les calculs; **~, ob ...** vérifier si ...; **das Nachrechnen hat lange gedauert** cela a duré longtemps de vérifier les calculs
II. *tr V* [re]vérifier
Nachrede *f* **üble ~** diffamation *f*
nach|reichen *tr V* faire parvenir ultérieurement; **jdm etw ~** faire parvenir qc à qn ultérieurement; **ich werde das Zeugnis nächste Woche ~** je vous ferai parvenir cette attestation la semaine prochaine
nach|reisen *itr V + sein* rejoindre; **jdm nach Italien ~** rejoindre qn en Italie
nach|reiten *itr V + sein* suivre à cheval; **jdm ~** suivre qn à cheval
Nachricht ['na:xrɪçt] <-, -en> *f* ① (*veröffentlichte Meldung*) information *f;* **die ~ von dem Attentat** la nouvelle de l'attentat
② *Pl* (*Nachrichtensendung*) informations *fpl;* **[sich** (*Dat*)**] die ~en anhören/ansehen** écouter/regarder les informations
③ (*Mitteilung*) nouvelle *f;* **wir haben immer noch keine ~ von ihr** nous sommes toujours sans nouvelles d'elle
Nachrichtenagentur *f* agence *f* de presse **Nachrichtendienst** *m* ① (*Geheimdienst*) service *m* de renseignements; (*in Frankreich*) Renseignements *mpl* généraux ② *s.* **Nachrichtenagentur** **Nachrichtenmagazin** *nt* magazine *m* d'actualités **Nachrichtensatellit** *m* satellite *m* de [télé]communication[s] **Nachrichtensendung** *f* informations *fpl* **Nachrichtensperre** *f* black-out *m* sur l'information; **eine ~ verhängen** imposer le black-out **Nachrichtensprecher(in)** *m(f)* présentateur(-trice) *m(f)* [du journal] **Nachrichtentechnik** *f* télécommunications *fpl,* télécoms *fpl* (*fam*) **Nachrichtenwesen** *nt kein Pl* service *m* de l'information
nach|rücken *itr V + sein* ① (*einen Posten übernehmen*) prendre la place

❷ MIL **jdm ~** suivre qn
Nachruf *m* nécrologie *f;* **~ auf jdn** nécrologie de qn
nach|rufen *tr V unreg* crier; **jdm etw ~** crier qc à qn; **er rief ihr noch etwas nach** il lui a encore crié quelque chose tandis qu'elle s'éloignait
Nachruhm *m* gloire *f* posthume
nach|rüsten I. *itr V* MIL augmenter son potentiel militaire
II. *tr V* **einen Rechner mit etw ~** compléter l'équipement d'un ordinateur en ajoutant qc
Nachrüstung *f* MIL augmentation *f* du potentiel militaire
nach|sagen *tr V* ❶ *(behaupten)* dire; **jdm Gutes/Schlimmes ~** dire du bien/mal de qn; **jdm ein großes Wissen ~** dire de qn qu'il/elle possède une grande culture; **es wird ihm nachgesagt, dass** on dit de lui que + *indic,* on dit qu'il ... + *indic*
❷ *(nachsprechen)* **jdm etw ~** répéter qc après qn
Nachsaison [-zɛzõː, -zɛzɔŋ] *f* basse saison *f*
nach|salzen <*PP* nachgesalzen> *tr, itr V* resaler
Nachsatz *m* *(in einem Brief)* post-scriptum *m;* *(in einem Text)* note *f;* **etw in einem ~ erwähnen** mentionner qc dans une remarque annexe
nach|schauen I. *tr V* vérifier
II. *itr V* ❶ **~[, ob ...]** aller voir [si ...]; **ich werde im Keller ~** je vais [*o* descends] voir à la cave
❷ *(nachschlagen)* **~[, ob/wie ...]** vérifier [si/comment ...]; **im Wörterbuch ~** consulter [*o* regarder dans] le dictionnaire
❸ *(nachblicken)* **jdm/einer S. ~** suivre qn/qc du regard [*o* des yeux]
nach|schenken *geh* **I.** *tr V* resservir; **jdm Wasser/Kaffee ~** resservir de l'eau/du café à qn; **darf ich Ihnen noch etwas Wein ~?** vous reprendrez bien un peu de vin?
II. *itr V* **jdm ~** resservir à boire à qn; **darf ich ~?** désirez-vous reprendre quelque chose?
nach|schicken *tr V* ❶ réexpédier; **jdm etw ~** réexpédier qc à qn; **sich** *(Dat)* **die Zeitung ~ lassen** faire suivre son journal
❷ *(hinterherschicken)* **jdm einen Helfer ~** envoyer un aide à la suite de qn
nach|schieben *tr V unreg sl* fourguer dans la foulée; **eine Frage ~** balancer une question dans la foulée *(fam)*
nach|schießen *tr V unreg* FIN *fam* rajouter; réinjecter *Geld*
Nachschlag *m* portion *f* supplémentaire, supplément *m;* **ich hätte gern einen ~!** j'en reprendrais volontiers!
nach|schlagen *unreg* **I.** *tr V + haben* ❶ *(suchen)* chercher *Wort, Zitat, Namen*
❷ *(überprüfen)* vérifier
II. *itr V + haben* faire des recherches; **in einem Lexikon ~** consulter [*o* regarder dans] une encyclopédie
Nachschlagewerk *nt* ouvrage *m* de référence
nach|schleichen *itr V unreg + sein* filer; **jdm ~** filer [*o* suivre discrètement] qn
Nachschlüssel *m* *(heimlich angefertigte Kopie)* fausse clé *f*
nach|schmeißen *tr V unreg fam* ❶ balancer; **jdm etw ~** balancer qc à qn *(fam)*
❷ *(großzügig zuerkennen)* **meinst du, ich habe das Abitur nachgeschmissen bekommen** [*o* **gekriegt** *fam*]**?** tu crois qu'on me l'a donné, le bac? *(fam)*
nach|schnüffeln *itr V fam* espionner; **jdm ~** espionner qn, filocher qn *(fam)*
Nachschrift *f* post-scriptum *m*
Nachschub <-[e]s, -schübe> *m* ravitaillement *m;* **für ~ an Medikamenten sorgen** être responsable du stock [*o* des réserves] de médicaments
nach|schwatzen, nach|schwätzen SDEUTSCH, A *s.* **nachplappern**
nach|sehen *unreg* **I.** *itr V* ❶ aller voir; **~[, ob/wo/...]** aller voir [si/où/...]; **ich sehe mal in der Küche nach** je vais voir à la cuisine; **sieh mal nach, ob du genügend Geld hast** vérifie que tu as assez d'argent
❷ *(nachschlagen)* faire des recherches; **in einem Lexikon ~** consulter [*o* regarder dans] une encyclopédie
❸ *(nachblicken)* **jdm/einer S. ~** suivre qn/qc des yeux [*o* du regard]
II. *tr V* ❶ *(nachschlagen)* faire des recherches sur; **etw im Wörterbuch ~** *(suchen)* chercher qc dans le dictionnaire; *(überprüfen)* vérifier qc dans le dictionnaire
❷ *(kontrollieren)* vérifier
❸ *(verzeihen)* **jdm etw ~** pardonner qc à qn
Nachsehen ▸ **das ~ haben** ne plus avoir que les miettes
nach|senden *tr V unreg* réexpédier; **jdm etw ~** réexpédier qc à qn; **sich** *(Dat)* **etw ~ lassen** faire suivre qc; **bitte ~!** faire suivre
nach|setzen *itr V geh* se lancer à la poursuite; **jdm ~** se lancer à la poursuite de qn
Nachsicht <-> *f* indulgence *f;* **jdn um ~ bitten** demander à qn d'être indulgent(e); **mit jdm ~ haben** être indulgent(e) envers qn; **jdm gegenüber ~ üben** *geh* faire preuve d'indulgence envers qn
nachsichtig I. *Adj* indulgent(e); **~ mit jdm** [*o* **jdm gegenüber**] **sein** être indulgent(e) avec [*o* envers] qn
II. *Adv* avec indulgence
Nachsilbe *f* suffixe *m*
nach|singen *tr V unreg* répéter
nach|sinnen *itr V unreg* réfléchir; **über etw** *(Akk)* **~** réfléchir sur qc
nach|sitzen *itr V unreg* consigner; **jdn ~ lassen** mettre qn en retenue, consigner qn; **~ müssen** être en retenue [*o* consigné(e)]
Nachsommer *m* été *m* de la Saint-Martin, été *m* indien
Nachsorge *f* suivi *m* [médical]
Nachspann [-ʃpan] <-s, -e> *m* CINE, TV générique *m* de fin
Nachspeise *f* dessert *m*
Nachspiel *nt* ❶ *(Zärtlichkeiten)* caresses *fpl* après le rapport
❷ *(Konsequenzen)* **ein unangenehmes ~ haben** avoir des suites [*o* conséquences] fâcheuses; **das wird noch ein ~ haben!** les choses ne s'arrêteront pas là!
nach|spielen *tr V* ❶ MUS rejouer; **sie lässt ihn einzelne Töne ~** elle lui fait répéter des notes après elle
❷ FBALL **fünf Minuten ~ lassen** faire jouer cinq minutes d'arrêts de jeu
nach|spionieren* *itr V fam* espionner; **jdm ~** espionner qn
nach|sprechen *unreg* **I.** *tr V* répéter; **jdm etw ~** répéter qc après qn
II. *itr V* **jdm ~** répéter après qn; **das Nachsprechen fällt ihm schwer** il a des difficultés à répéter ce qu'on lui prononce
nach|spülen I. *tr V* rincer *Geschirr*
II. *itr V fam* *(trinken)* boire un coup pour faire descendre *(fam)*; **mit etwas Saft ~** boire un peu de jus pour faire descendre *(fam)*
nach|spüren *itr V geh* être sur les traces; **jdm ~** être sur les traces de qn; **einem Geheimnis ~** chercher à élucider un secret
nächstbeste(r, s) *Adj attr* n'importe quel(le); **die ~ Wohnung** le premier appartement qui se présente, n'importe quel appartement; **bei der ~n Gelegenheit** à la première occasion; **der/die Nächstbeste** le premier venu/la première venue
nächste(r, s) *Adj Superl von* **nah[e]** ❶ *(in größter Nähe gelegen)* **der/die/das ~** le/la plus proche; **der ~ Grenzübergang** le poste-frontière le plus proche; **die ~ Tankstelle** la station d'essence la plus proche; **am ~n** le plus près
❷ *(kommend, direkt bevorstehend)* **die ~ Haltestelle/Straße** le prochain arrêt/la prochaine rue; **das ~ Treffen** la prochaine réunion; **das ~ Mal** la prochaine fois; **in der ~n Woche** la semaine prochaine; **in den ~n Tagen** dans les prochains jours; **in ~r Zeit** prochainement; **am ~n Tag/Morgen** le lendemain/le lendemain matin; **bei ~r** [*o* **der ~n**] **Gelegenheit** à la première occasion [qui se présente]; **im ~n Augenblick** l'instant d'après, juste après
❸ *(in Bezug auf eine Reihenfolge)* **als Nächstes müssen wir**

N

die Tabellen ausdrucken ensuite, nous devons imprimer les tableaux; **als Nächstes werde ich verreisen** la première chose que je vais faire maintenant, c'est de partir en voyage; **was kommt als Nächstes?** quelle est la suite du programme? (*fam*); **der Nächste, bitte!** au suivant, s'il vous plaît!
④ (*sehr vertraut*) **die ~n Verwandten/Angehörigen** les proches *mpl*

Nächste(r) *m dekl wie Adj* **der/die ~** le/la prochain(e); **mein ~r** mon prochain
▸ **jeder ist sich selbst der ~** *Spr.* charité bien ordonnée commence par soi-même

nach|stehen *itr V unreg* être en reste; **jdm an Redegewandtheit nicht ~** ne pas être en reste face à qn en ce qui concerne l'éloquence; **jdm in nichts ~** n'être jamais en reste face à qn

nachstehend **I.** *Adj attr Erläuterung, Hinweis* qui suit, ci-après; **Nachstehendes, das Nachstehende** ce qui suit; **im Nachstehenden** dans ce qui suit
II. *Adv erläutern, auflisten* dans ce qui suit, ci-après

nach|steigen *itr V unreg + sein fam* courir après (*fam*); **einer Frau ~** courir après une femme

nachstellbar *Adj* TECH réglable

nach|stellen **I.** *tr V* ① retarder; **die Uhr um eine Stunde ~** retarder la montre d'une heure
② (*erneut einstellen*) régler *Bremsen, Ventile*
③ GRAM **nachgestellt werden** être postposé(e)
④ (*nachspielen*) jouer *Szene;* reconstituer *Tathergang*
II. *itr V* ① *geh* (*verfolgen*) **jdm ~** persécuter qn
② (*umwerben*) **jdm ~** faire des avances à qn

Nachstellung *f* ① *Pl* (*Zudringlichkeit*) avances *fpl*
② *Pl* (*Verfolgung*) persécutions *fpl*
③ GRAM postposition *f*

Nächstenliebe *f* amour *m* du prochain

nächstens ['nɛːçstəns] *Adv* ① (*bald*) prochainement, très bientôt
② (*künftig*) à l'avenir
③ *fam* (*womöglich*) **sonst wird ~ noch behauptet, dass ...** sinon, après, on dira que ... + *indic* (*fam*)

nächstgelegen *Adj attr* le/la plus proche; **das ~e Dorf** le village le plus proche; **das ~e Haus** la maison la plus proche **nächsthöher** *Adj attr* juste supérieur(e); **die ~e Zahl** le nombre immédiatement supérieur; **die ~e Besoldungsgruppe** la tranche de rémunération immédiatement supérieure **nächstliegend** *Adj attr* le/la plus évidente; **die ~e Lösung/Erklärung** la solution/l'explication la plus évidente; **das Nächstliegende** l'évidence *f*, le plus simple; **das Nächstliegende tun** choisir la solution la plus évidente **nächstmöglich** *Adj attr* le plus tôt possible; **etw zum ~en Termin tun** faire qc le plus tôt possible

nach|suchen *itr V* ① chercher bien; **im Schrank/überall ~** fouiller [dans] l'armoire/partout
② *form* (*beantragen*) **bei jdm um etw ~** solliciter qc auprès de qn (*soutenu*)

nacht *s.* Nacht

Nacht ['naxt, *Pl:* 'nɛçtə] <-, Nächte> *f* nuit *f*; **heute ~** cette nuit; **es wird/ist ~** il commence à faire/il fait nuit; **die ~ bricht an** *geh* la nuit tombe; **bei ~** de nuit; **in der ~** pendant [*o* durant] la nuit; **spät in der ~** tard dans la nuit; **bis spät in die ~** jusqu'à une heure avancée de la nuit; **letzte** [*o* **vorige**] **~** la nuit dernière; **in der folgenden ~** la nuit suivante; **in der ~ zum Montag** dans la nuit de dimanche à lundi; **eines ~s** une nuit; **des ~s** *geh* [pendant [*o* durant]] la nuit; **eine durchwachte ~** une nuit blanche; **die ~ durchfeiern/durcharbeiten** faire la fête/travailler toute la nuit; **jdm Gute ~ sagen** dire bonne nuit à qn; **gute ~!** bonne nuit!
▸ **bei ~ sind alle Katzen grau** *Spr.* la nuit tous les chats sont gris; **bei ~ und Nebel** *fam* au moment où on s'y attend[ait] le moins; *sich davonmachen* sans tambour ni trompette, en douce (*fam*); **sich** (*Dat*) **die ~ um die Ohren schlagen** *fam* passer une nuit blanche; **die ~ zum Tage machen** rester debout toute la nuit; [**na,**] **dann gute ~!** *iron fam* [eh bien,] bonjour les dégâts! (*fam*); **hässlich wie die ~ sein** *fam* être moche comme un pou (*fam*); **über ~** (*plötzlich*) du jour au lendemain

nachtaktiv *Adj* ZOOL nocturne **Nachtarbeit** *f* travail *m* de nuit **nachtblind** *Adj* qui voit mal la nuit; **~ sein** voir mal la nuit **Nachtblindheit** *f* héméralopie *f* **Nachtcreme** [-kreːm] *f* crème *f* de nuit **Nachtdienst** *m* service *m* de nuit

Nachteil <-[e]s, -e> *m* ① inconvénient *m*, désavantage *m*; **finanzielle/materielle ~e** des préjudices matériels/financiers; **jdm ~e bringen** faire du tort à qn, nuire à qn; **jdm zum ~ gereichen** *geh* porter préjudice à qn; **zum ~ der Steuerzahler** au détriment des contribuables
② (*ungünstigere Situation*) **jdm gegenüber im ~ sein** être désavantagé(e) par rapport à qn

nachteilig **I.** *Adj Auswirkungen, Folgen* préjudiciable, fâcheux(-euse); **für jdn ~ sein** nuire à qn; **steht in dem Zeugnis etwas Nachteiliges?** ce certificat de travail contient-il quelque chose de défavorable?
II. *Adv sich äußern* défavorablement; **sich ~ auswirken** avoir des conséquences fâcheuses

nächtelang *Adv* [pendant [*o* durant]] des nuits entières

Nachtessen *nt* SDEUTSCH, A, CH dîner [froid] *m* **Nachteule** *s.* Nachtmensch **Nachtfalter** *m* papillon *m* de nuit **Nachtflug** *m* vol *m* de nuit **Nachtflugverbot** *nt* interdiction *f* de voler la nuit **Nachtfrost** *m* gelées *fpl* nocturnes **Nachthemd** *nt* chemise *f* de nuit **Nachthimmel** *m* ciel *m* nocturne

Nachtigall ['naxtɪgal] <-, -en> *f* rossignol *m*
▸ **~, ich hör' dir trapsen** *sl* je vois bien où tu veux en venir

nächtigen ['nɛçtɪgən] *itr V geh* passer la nuit; **bei jdm/im Freien ~** passer la nuit chez qn/à la belle étoile

Nächtigung <-, -en> *f* A (*Übernachtung*) nuitée *f*

Nachtisch *m* dessert *m*; **als** [*o* **zum**] **~** comme [*o* en] dessert

Nachtklub *s.* Nachtlokal **Nachtlager** *nt* ① (*Biwak*) bivouac *m* ② *geh* (*Schlafstätte*) gîte *m* [pour la nuit]; **sein ~ im Wohnzimmer aufschlagen** s'installer dans le salon pour la nuit **Nachtleben** *nt* vie *f* nocturne

nächtlich ['nɛçtlɪç] *Adj attr Ruhe, Anruf, Ruhestörung* nocturne

Nachtlicht *nt* veilleuse *f* **Nachtlokal** *nt* boîte *f* [de nuit] **Nachtmahl** *nt* A dîner [froid] *m* **Nachtmensch** *m* couche-tard *mf inv* (*fam*) **Nachtportier** [-pɔr'tieː] *m* veilleur *m* de nuit **Nachtprogramm** *nt* programme *m* de nuit, deuxième partie *f* de soirée **Nachtquartier** *s.* Nachtlager

Nachtrag ['naːxtraːk, *Pl:* 'naːxtrɛːgə] <-[e]s, -träge> *m* annexe *f*, ajout *m*; (*zu einem Brief*) post-scriptum *m*; (*zu einem Testament*) codicille *m*; (*zu einem Vertrag*) avenant *m*

nach|tragen *tr V unreg* ① (*ergänzen*) ajouter; compléter *Informationen;* [**noch**] **~, dass** ajouter que + *indic*
② (*nicht verzeihen können*) **jdm etw ~** garder rancune à qn de qc, en vouloir à qn de qc; **jdm ~, dass er gelogen hat** en vouloir [*o* garder rancune] à qn d'avoir menti; **jdm etw nicht ~** ne pas tenir rigueur à qn de qc
③ (*hinterhertragen*) **er trägt seiner Kleinen alles nach** il suit sa petite et lui porte tout

nachtragend *Adj* rancunier(-ière)

nachträglich ['naːxtrɛːklɪç] **I.** *Adj* ① *Hinweis, Überarbeitung* ultérieur(e); *Zustimmung, Genehmigung* donné(e) ultérieurement [*o* par la suite]
② (*verspätet*) après coup
II. *Adv* ultérieurement, après coup

Nachtragsband <-bände> *m einer Enzyklopädie* supplément *m* **Nachtragsgesetz** *nt* loi *f* additionnelle **Nachtragshaushalt** *m* budget *m* additionnel

nach|trauern *itr V* regretter; **jdm/einer schönen Zeit ~** regretter qn/une belle période

Nachtruhe *f* sommeil *m*, nuits *fpl*

nachts [naxts] *Adv* la nuit; **spät ~** tard dans la nuit

Nachtschattengewächs *nt* BOT solanacée *f* **Nachtschicht** *f*

❶ (*Arbeit*) poste *m* de nuit; ~ **haben** être de nuit (*fam*) ❷ (*Schichtarbeiter*) équipe *f* de nuit **nachtschlafend** *Adj fam* ▶ **bei** [*o* **zu**] ~**er Zeit** quand tout le monde dort **Nachtschwärmer** *m* ❶ *hum* (*Person*) noctambule *m*, couche-tard *m* (*fam*) ❷ *s.* **Nachtfalter** **Nachtschwärmerin** *f hum* noctambule *f*, couche-tard *f* (*fam*) **Nachtschwester** *f* infirmière *f* de nuit **Nachtsichtgerät** *nt* appareil *m* infrarouge; *eines Panzers* épiscope *m* infrarouge **Nachtspeicherofen** *m* poêle *m* à accumulation **Nachtstrom** *m* électricité *f* au tarif heures creuses [*o* de nuit] **Nachtstuhl** *m* chaise *f* percée

nachtsüber *Adv* pendant la nuit

Nachttarif *m* tarif *m* heures creuses [*o* de nuit] **Nachttier** *nt* animal *m* nocturne **Nachttisch** *m* table *f* de nuit [*o* de chevet] **Nachttischlampe** *f* lampe *f* de chevet **Nachttopf** *m* pot *m* de chambre **Nachttresor** *m* coffre *m* de nuit, trésor *m* permanent

nach|tun *tr V unreg* faire comme; **es jdm** ~ faire comme qn

Nacht-und-Nebel-Aktion *f* opération *f* commando; (*Polizeiaktion*) opération coup de poing; **in einer** ~ au cours d'une opération commando

Nachtvogel *m* nocturne *m*, oiseau *m* de nuit **Nachtvorstellung** *f* séance *f* nocturne **Nachtwache** *f* veillée *f*; **bei jdm** ~ **halten** veiller [au chevet de] qn **Nachtwächter(in)** *m(f)* ❶ (*Kontrollgänger*) veilleur *m* de nuit ❷ HIST veilleur *m* **Nachtzeug** *nt fam* affaires *fpl* pour la nuit **Nachtzug** *m* train *m* de nuit **Nachtzuschlag** *m* prime *f* [pour travail] de nuit

Nachuntersuchung *f* visite *f* de contrôle

nach|versichern* *tr V* contracter un complément d'assurance; **jdn** ~ (*in Bezug auf die Rentenversicherung*) faire régulariser la situation de qn au regard des cotisations de retraite

Nachversicherung *f* (*zusätzliche Versicherung*) assurance *f* complémentaire

Nachversteuerung *f* redressement *m* fiscal

nachvollziehbar *Adj* compréhensible, saisissable; **leicht/schwer** ~ **sein** être facile/difficile à comprendre; **nicht** ~ **sein** être incompréhensible; **es ist für mich nicht** ~, **dass/warum/wie ...** je n'arrive pas à comprendre que + *indic*/pourquoi/comment ...

nach|vollziehen* *tr V unreg* suivre, saisir; **etw nicht** ~ **können** ne pas arriver à comprendre [*o* suivre] qc

nach|wachsen *itr V unreg* + *sein Haare, Nägel, Unkraut:* repousser; ~**de Rohstoffe** matières *fpl* premières d'origine végétale

Nachwahl *f* élection *f* partielle

Nachwehen *Pl* ❶ MED tranchées *fpl* [utérines] (*spéc*) ❷ *geh* (*Folgen*) séquelles *fpl*, suites *fpl* douloureuses (*soutenu*)

nach|weinen *itr V* regretter; **jdm/einer glücklichen Zeit** ~ regretter vivement qn/une époque heureuse

Nachweis ['na:xvaɪs] <-es, -e> *m* ❶ (*Beweis*) preuve *f*; **jdm den** ~ **für etw erbringen** [*o* **führen**] [*o* **liefern**] apporter [*o* fournir] à qn la preuve de qc ❷ ÖKOL *von Radioaktivität, Giftstoffen* mise *f* en évidence

nachweisbar I. *Adj* ❶ qui peut être prouvé(e), dont la preuve peut être fournie; **etw ist** ~ qc peut être prouvé(e); **es ist** ~, **dass** on peut prouver que + *indic*; **etw ist schwer/nicht** ~ il est difficile/n'est pas possible de prouver qc [*o* d'apporter la preuve de qc]; **er trägt keine** ~**e Schuld** rien ne prouve que c'est de sa faute ❷ (*feststellbar*) *Radioaktivität, Spuren* qui peut être décelé(e) [*o* détecté(e)]; **etw ist im Körper** ~/**nicht** ~ on décèle [*o* détecte] la présence de qc/on ne trouve pas trace de qc dans l'organisme
II. *Adv* comme la preuve peut en être fournie

nach|weisen *tr V unreg* ❶ (*den Nachweis erbringen*) prouver *Wohnort, Mitgliedschaft;* **jdm** ~, **dass** prouver à qn que + *indic* ❷ (*beweisen*) **jdm** ~, **dass er eine Straftat begangen hat** prouver que qn a commis un délit; **jdm nichts** ~ **können** ne pouvoir confondre qn ❸ (*feststellen*) **Giftstoffe in etw** (*Dat*) ~ *Person:* déceler [*o* détecter] la présence de substances toxiques dans qc; *Analyse:* révéler la présence de substances toxiques dans qc ❹ (*angeben*) indiquer *Arbeitsstelle*

nachweislich ['na:xvaɪslɪç] I. *Adj Falschaussage* prouvé(e), avéré(e)
II. *Adv* **das ist** ~ **richtig/falsch** il est avéré que c'est vrai/faux; **davon habe ich** ~ **nichts gewusst** il peut être prouvé que je n'étais pas au courant

Nachwelt *f* postérité *f*

nach|werfen *tr V unreg* ❶ jeter; **jdm etw** ~ jeter [*o* lancer] qc à qn ❷ (*einwerfen*) remettre *Münze, Geld*

nach|wiegen *unreg* I. *tr V* repeser, vérifier le poids de
II. *itr V* vérifier le poids

nach|winken *itr V* faire des signes d'adieu; **jdm** ~ faire des signes d'adieu à qn

nach|wirken *itr V* ❶ *Medikament:* continuer d'agir ❷ *fig* (*nachhallen*) *Eindruck, Erlebnis:* résonner dans la mémoire; *Rede:* avoir fait grosse impression

Nachwirkung *f meist Pl eines Medikaments* effets *mpl*; *einer Wirtschaftskrise* répercussions *fpl*

Nachwort <-worte> *nt* postface *f*

Nachwuchs *m* ❶ *fam* (*Kinder*) rejetons *mpl* (*fam*), gosses *mpl* (*fam*); ~ **erwarten** attendre un heureux événement ❷ (*Nachwuchskräfte*) génération *f* montante, jeunes *mpl*

nach|zahlen I. *tr V* ❶ payer en plus; **eine Gebühr** ~ payer des droits en plus; **Steuern** ~ payer un rappel d'impôts ❷ (*nachträglich bezahlen*) **jdm das Gehalt** ~ payer son salaire à qn après coup; **etw nachgezahlt bekommen** toucher un rappel de qc
II. *itr V* payer un supplément

nach|zählen I. *tr V* recompter
II. *itr V* recompter; ~, **ob ...** recompter [*o* vérifier] [pour voir] si ...; **sie möchte** ~, **wie viel Trinkgeld sie bekommen hat** elle veut compter ses pourboires

Nachzahlung *f* ❶ (*Gehaltsnachzahlung*) rappel *m* ❷ (*zu bezahlender Betrag*) supplément *m*

nach|zeichnen *tr V* copier *Bild, Porträt;* **Konturen** ~ repasser sur des contours

nach|ziehen *unreg* I. *tr V* + *haben* ❶ (*anziehen*) resserrer *Schraube, Mutter* ❷ (*hinter sich herziehen*) traîner *Bein* ❸ (*nachfahren*) repasser sur *Linie, Umriss;* [**sich** (*Dat*)] **die Lippen** ~ [se] remettre du rouge à lèvres
II. *itr V* **mit etw** ~ emboîter le pas en faisant qc, suivre le mouvement en faisant qc

Nachzügler(in) ['na:xtsy:glɐ] <-s, -> *m(f)* ❶ retardataire *mf* ❷ (*Kind*) petit dernier *m*/petite dernière *f*

Nackedei ['nakədaɪ] <-s, -s> *m hum fam* (*Kind*) petit enfant *m* tout nu; **das Foto zeigt ihn als zweijährigen** ~ sur la photo, c'est lui, en gros baigneur, quand il avait deux ans

Nacken ['nakən] <-s, -> *m* ❶ nuque *f* ❷ (*Schweinenacken*) échine *f*
▶ **jdn im** ~ **haben** *fam* avoir qn aux fesses (*fam*); **sie sitzen ihm im** ~ ils lui collent aux fesses (*fam*); (*sie bedrängen ihn*) ils ne le lâchent pas (*fam*)

Nackenhaar *nt meist Pl* [cheveux *mpl* sur la] nuque *f* **Nackenrolle** *f* traversin *m* **Nackenschlag** *m* revers *m* [de fortune]; **die Nackenschläge des Lebens** les revers que la vie inflige **Nackenschutz** *m* couvre-nuque *m* **Nackenstütze** *f* appuie-tête *m*

nackert ['nakɐt] *Adj* A *fam* nu(e)

nackig ['nakɪç] *s.* **nackt**

nackt [nakt] *Adj* ❶ *Person, Haut, Arm* nu(e); **mit** ~**em Oberkörper arbeiten** travailler torse nu; **halb** ~ à moitié nu(e) ❷ (*kahl*) *Fels, Wand* nu(e); **auf dem** ~**en Boden** à même le sol ❸ (*unverblümt*) *Tatsache* nu(e), brut(e); *Wahrheit* tout(e) nu(e)

N

Nacktbadestrand *m* plage *f* pour nudistes [*o* naturistes]
Nackte(r) *f(m) dekl wie Adj* homme *m* nu/femme *f* nue; (*Nudist*) nudiste *mf*, naturiste *mf*
Nacktheit <-> *f* nudité *f*
Nacktmodell *nt* modèle *m* qui pose nu **Nacktsamer** <-s, -> *m* BOT gymnosperme *f* **Nacktschnecke** *f* ZOOL limace *f*
Nadel ['na:dəl] <-, -n> *f* ❶ (*Nähnadel, Stricknadel*) aiguille *f*; (*Stecknadel*) épingle *f*
❷ (*nadelförmiges Blatt*) aiguille *f*
❸ TECH *eines Messinstruments* aiguille *f*
▸ **an der ~ hängen** *sl* être accro [*o* se shooter] à l'héroïne (*fam*); **von der ~ wegkommen** *sl* décrocher (*fam*)
Nadelbaum *m* conifère *m*, résineux *m* **Nadeldrucker** *m* INFORM imprimante *f* matricielle **Nadelholz** <-hölzer> *nt* ❶ *kein Pl* (*Holz*) bois *m* de résineux ❷ (*Nadelbaum*) résineux *m*, conifère *m* **Nadelkissen** *nt* pelote *f* d'aiguilles/d'épingles
nadeln *itr V* perdre ses aiguilles
Nadelöhr ['na:dəlʔœ:ɐ] *nt* ❶ chas *m*, trou *m* [de l'aiguille] ❷ *fig* (*Engpass im Verkehr*) goulet *m* d'étranglement, point *m* noir **Nadelspitze** *f* pointe *f* d'aiguille [*o* de l'aiguille] **Nadelstich** *m* ❶ point *m* [de couture]; **etw mit ein paar ~en wieder annähen** recoudre qc en vitesse ❷ (*kleiner Angriff*) pique *f*
Nadelstreifen *Pl* fines rayures *fpl*
Nadelstreifenanzug *m* costume *m* à fines rayures
Nadelwald *m* forêt *f* de conifères [*o* de résineux]
Naderer <-s, -> *m* A *fam* (*Denunziant*) dénonciateur(-trice) *m(f)*
Nadir [na'di:ɐ, 'na:dɪr] <-s> *m* ASTRON nadir *m*
Nagel ['na:gəl, *Pl:* 'nɛ:gəl] <-s, Nägel> *m* ❶ (*Metallstift*) clou *m*
❷ (*Fingernagel, Zehennagel*) ongle *m*
▸ **mit etw den ~ auf den Kopf treffen** *fam* mettre le doigt dessus en faisant qc; **Nägel mit Köpfen machen** *fam* ne pas faire les choses à moitié (*fam*); **jdm auf den Nägeln brennen** *fam* urger pour qn (*fam*); **an den ~ hängen** *fam* laisser tomber *Beruf, Hobby;* raccrocher *Schlittschuhe, Gitarre;* **sich** (*Dat*) **etw unter den ~ reißen** *sl* faire main basse sur qc
Nagelbett *nt* ANAT lit *m* de l'ongle **Nagelbrett** *nt* planche *f* à clous **Nagelbürste** *f* brosse *f* à ongles **Nagelfeile** *f* lime *f* à ongles **Nagelhaut** *f* ANAT envies *fpl* (*fam*)
Nagelhautentferner <-s, -> *m* solution *f* émolliente
Nagellack *m* vernis *m* à ongles
Nagellackentferner <-s, -> *m* dissolvant *m*
nageln *tr V* ❶ clouer; **etw vor das Fenster ~** clouer qc devant la fenêtre; **Jesus wurde ans Kreuz genagelt** Jésus a été cloué sur la croix
❷ MED **etw ~** consolider qc avec une broche
nagelneu *Adj fam* flambant neuf(neuve) **Nagelpflege** *f* manucure *f* **Nagelprobe** *f* épreuve *f* de vérité **Nagelreiniger** <-s, -> *m* cure-ongles *m* **Nagelschere** *f* ciseaux *mpl* à ongles **Nagelschuh** *m* chaussure *f* cloutée **Nagelzange** *f* pince *f* à ongles
nagen ['na:gən] I. *itr V* ❶ grignoter; **an einer Möhre ~** *Tier:* grignoter une carotte; **an einem Knochen ~** *Hund, Löwe:* ronger un os; **an einem Butterbrot/Stück Käse ~** *Person:* grignoter [*o* mâchonner] une tartine/un morceau de fromage
❷ *fig* **an jdm ~** *Zweifel, Schuldgefühle:* ronger qn
II. *tr V* ❶ **die Rinde von den Bäumen ~** ronger l'écorce des arbres
❷ (*durch Nagen herstellen*) **ein Loch in etw** (*Akk*) **~** creuser un trou en rongeant qc
nagend *Adj Hunger, Zweifel* lancinant(e)
Nager <-s, -> *m*, **Nagetier** *nt* rongeur *m*
nah [na:] <näher, nächste> I. *Adj* ❶ (*räumlich*) [tout(e)] proche, voisin(e); **~ sein** être proche [*o* tout près]
❷ (*zeitlich*) *Zukunft, Tod* proche; *Abreise, Ende, Krieg* proche, imminent(e); **~ sein** *Tag, Weihnachten, Zeitpunkt:* approcher, être proche
❸ *fig* **den Tränen ~[e] sein** être au bord des larmes; **~[e] daran sein etw zu tun** être sur le point de faire qc
❹ (*vertraut*) *Angehöriger, Verwandter* proche *antéposé*
II. *Adv* ❶ (*räumlich*) *liegen, gelegen sein* [tout] près; **~ am Kamin** [tout] près de la cheminée; **~e beim Brunnen** près du puits; **~ an etw** (*Akk*) **herantreten** s'approcher de qc; **sie saßen ~ beieinander** *zwei Personen:* ils étaient serrés l'un/elles étaient serrées l'une contre l'autre; *mehrere Personen:* ils étaient serrés les uns contre les autres; **von ~em** de près
❷ (*zeitlich*) **~ bevorstehen** être imminent(e)
❸ (*eng*) **ich bin ~ mit ihm verwandt** nous sommes proches parents
▸ **von** [*o* **aus**] **~ und fern** de tous côtés, de partout; **jdm zu ~ kommen** s'approcher trop de qn; **jdm zu ~ treten** froisser qn
Nahaufnahme *f* photo[graphie] *f* rapprochée; **eine ~ von jdm/etw machen** prendre une photo de près de qn/qc
nahe ['na:ə] I. *Präp + Dat* près; **~ dem Brunnen/der Kirche** près du puits/de l'église
II. *Adj s.* nah
Nähe ['nɛ:ə] <-> *f* ❶ (*geringe räumliche, zeitliche Entfernung*) proximité *f*; **in der ~** à proximité; **in der ~ bleiben** rester à proximité [*o* dans les parages]; **etw aus der ~ betrachten** observer qc de près; **aus der ~ betrachtet** vu(e) de près
❷ (*Anwesenheit*) *einer Person* présence *f*; **in seiner/ihrer ~** avec lui/elle, près de lui/d'elle
nahebei ['na:ə'baɪ] *Adv* à proximité
nahe|bringen *s.* **bringen 4.**
nahe|gehen *s.* **gehen I.27.**
nahe|kommen *s.* **kommen I.**▸
nahe|legen *s.* **legen I.**▸
nahe|liegen *s.* **liegen** ▸
naheliegend *s.* **liegen** ▸
nahen ['na:ən] *itr V + sein geh* approcher
nähen ['nɛ:ən] I. *tr V* ❶ coudre *Kleid, Hemd;* **selbst genäht** fait(e) soi-même
❷ (*befestigen*) **etw auf etw** (*Akk*) **~** coudre qc sur qc; **einen Knopf an etw** (*Akk*) **~** coudre un bouton à qc
❸ MED recoudre *Patienten, Wunde*
II. *itr V* faire de la couture, coudre; **an etw** (*Dat*) **~** travailler à qc; **das Nähen** la couture
näher ['nɛ:ɐ] I. *Adj Komp von* **nahe** ❶ (*räumlich*) plus proche; **~ sein** être plus près [*o* proche]; **in der ~en Umgebung des Bauernhofs** à proximité de la ferme; **es gibt keinen ~en Flughafen** il n'y a pas d'aéroport plus proche
❷ (*zeitlich*) *Termin, Zukunft* plus rapproché(e); **in ~er Zukunft** dans un proche avenir
❸ (*detaillierter*) *Einzelheiten, Auskünfte, Umstände* plus précis(e)
❹ (*enger*) *Bekannter, Verwandter* assez proche; *Beziehungen, Zusammenarbeit* assez étroit(e)
II. *Adv* ❶ (*räumlich*) plus près; **~ am Kamin sitzen** être assis(e) plus près de la cheminée; **~ an etw** (*Akk*) **herantreten** se rapprocher [plus] de qc; **unser Haus liegt ~ beim Bahnhof als eures** notre maison est plus proche de la gare que la vôtre; **treten Sie** [**bitte**] **~!** veuillez vous approcher[, s'il vous plaît]!
❷ (*zeitlich*) **~ kommen** [*o* **rücken**] approcher; **das Abitur rückt mit jedem Tag ~** le bac approche de jour en jour
❸ (*detaillierter*) plus en détail, de façon plus précise; *ansehen, betrachten* de plus près; **da kommen wir der Sache schon ~** nous nous rapprochons de la chose
❹ (*intimer*) **jdn/etw ~ kennen lernen** apprendre à connaître davantage qn/qc
näher|bringen *s.* **bringen 4.**
Nähere(s) *nt dekl wie Adj* précisions *fpl;* **wenn Sie ~s erfahren möchten** si vous désirez obtenir de plus amples précisions *fpl;* **ich weiß nichts ~s** je ne sais rien de plus
Naherholungsgebiet *nt* zone *f* de villégiature (*à proximité d'une grande ville*)
Näherin ['nɛ:ərɪn] <-, -nen> *f* couturière *f*

näher|kommen *s.* kommen I.▸
näher|liegen *s.* liegen ▸
nähern ['nɛ:ɐn] *r V* ❶ (*räumlich*) **sich** ~ [s']approcher; **sich jdm/einer S.** ~ [s']approcher de qn/qc
❷ (*zeitlich*) **sich einer S.** (*Dat*) ~ approcher de qc
❸ *fig* **sich** [**allmählich**] **einem Punkt** ~, **wo** ... en arriver à un point où ...
Näherungswert *m* MATH valeur *f* approchée
nahe|stehen *s.* stehen I.17.
nahezu ['na:ə'tsu:] *Adv* à peu [de chose] près, presque
Nähfaden *m* [bout *m* de] fil *m* **Nähgarn** *nt* fil *m* à coudre
Nahkampf *m* corps *m* à corps
Nähkästchen ['nɛ:kɛstçən] <-s, -> *nt* boîte *f* à ouvrage ▸ **aus dem** ~ **plaudern** *fam* déballer ses petites histoires (*fam*) **Nähkasten** *m* boîte *f* à couture [*o* ouvrage] **Nähkorb** *m* corbeille *f* à ouvrage
nahm [na:m] *Imp von* **nehmen**
Nähmaschine *f* machine *f* à coudre **Nähnadel** *f* aiguille *f* à coudre
Nahost *kein Art* Proche-Orient *m;* **aus/in** ~ du/au Proche--Orient **nahöstlich** *Adj attr* du Proche-Orient
Nährboden ['nɛ:ɐ] *m* ❶ milieu *m* de culture
❷ *fig* ~ **für etw** terrain *m* favorable à qc
nähren ['nɛ:rən] **I.** *itr V* être nourrissant(e) [*o* nutritif(-ive)]
II. *tr V* ❶ (*füttern*) nourrir
❷ (*aufrechterhalten*) alimenter
nahrhaft ['na:ɐhaft] *Adj* nourrissant(e), nutritif(-ive)
Nährlösung *f* ❶ BIO bouillon *m* de culture ❷ MED soluté *m* **Nährmittel** *Pl* [aliments *mpl* à base de] céréales *fpl* **Nährsalz** *nt* sel *m* nutritif **Nährstoff** *m* substance *f* nutritive
nährstoffarm *Adj* pauvre en substances nutritives
Nahrung ['na:rʊŋ] <-, *selten* -en> *f* nourriture *f;* **flüssige/feste** ~ des aliments *mpl* liquides/solides
▸ **einer S.** (*Dat*) **neue** ~ **geben** alimenter [de nouveau] qc; **durch etw neue** ~ **bekommen** être alimenté(e) de nouveau par qc
Nahrungsaufnahme *f kein Pl form* absorption *f* de nourriture; **Tiere bei der** ~ des animaux en train de se nourrir; **die** ~ **verweigern** refuser la nourriture **Nahrungskette** *f* chaîne *f* alimentaire **Nahrungsmittel** *nt* produits *mpl* alimentaires
Nahrungsmittelallergie *f* allergie *f* alimentaire **Nahrungsmittelchemie** *f* chimie *f* alimentaire **Nahrungsmittelchemiker(in)** *m(f)* chimiste *mf* dans l'industrie alimentaire **Nahrungsmittelindustrie** *f* industrie *f* alimentaire; **Nahrungs- und Genussmittelindustrie** industrie agro-alimentaire **Nahrungsmittelvergiftung** *f* intoxication *f* alimentaire
Nahrungssuche *f* recherche *f* de nourriture; **auf** [*o* **bei der**] ~ en quête de nourriture
Nährwert *m* valeur *f* nutritive; **eine Mahlzeit mit hohem** ~ un repas à haute valeur nutritive
Nähseide *f* soie *f* à coudre
Naht [na:t, *Pl:* 'nɛ:tə] <-, ¨e> *f* ❶ couture *f*
❷ MED [points *mpl* de] suture *f*
▸ **aus allen Nähten platzen** *fam Person:* exploser (*fam*); *Firma, Büro, Kleiderschrank:* être plein(e) comme un œuf (*fam*)
Nähtisch *m* table *f* à ouvrage
nahtlos **I.** *Adj* ❶ *Strumpf* sans couture
❷ (*lückenlos*) sans temps mort, immédiat(e)
II. *Adv* sans pause
Nahtstelle *f* ❶ (*Schweißnaht*) soudure *f*
❷ *fig* [point *m* de] jonction *f*
Nahverkehr *m* trafic *m* urbain; **der öffentliche** ~ les transports *mpl* en commun **Nahverkehrsmittel** *Pl* moyens *mpl* de transports en commun **Nahverkehrszug** *m* train *m* de banlieue
Nähzeug <-zeuge> *nt* nécessaire *m* de couture
Nahziel *nt* objectif *m* immédiat [*o* à court terme]
naiv [na'i:f] **I.** *Adj* naïf(-ïve); **sich** ~ **stellen** se faire plus bête que l'on n'est
II. *Adv* naïvement
Naivität [naɪvi'tɛ:t] <-> *f* naïveté *f*
Naivling [na'i:flɪŋ] <-s, -e> *m fam* niais(e) *m(f)* (*fam*)
Name ['na:mə] <-ns, -n> *m,* **Namen** <-s, -> *m* ❶ nom *m;* **unter seinem richtigen** ~**n** sous son vrai nom; **jdn** [**nur**] **dem** ~**n nach kennen** connaître qn [seulement] de nom
❷ (*Ruf*) nom *m;* **seinen** ~**n für etw hergeben** prêter son nom à qc
▸ **die Dinge beim** ~**n nennen** appeler les choses par leur nom, appeler un chat un chat; **im** ~**n des Gesetzes/des Volkes** au nom de la loi/du peuple; **in jds** ~**n** (*Dat*) **handeln** faire qc au nom de qn; **sich** (*Dat*) **mit etw einen** ~**n machen** se faire un nom grâce à qc
Namengebung <-, -en> *f* dénomination *f* **Namengedächtnis** *nt* mémoire *f* des noms; **ein gutes/schlechtes** ~ **haben** avoir une bonne/mauvaise mémoire des noms **Namenliste** *f s.* Namensliste
namenlos *Adj* ❶ (*anonym*) anonyme
❷ COM *Produkt* sans marque
❸ *geh* (*unbeschreiblich*) indicible (*littér*)
namens ['na:məns] **I.** *Adv* du nom; **ein Herr** ~ **Dietz** un monsieur du nom de Dietz
II. *Präp + Gen form* ~ **der Regierung** au nom du gouvernement
Namensänderung *f* changement *m* de nom **Namensgebung** <-, -en> *f* dénomination *f* **Namensliste** *f* liste *f* nominative **Namensnennung** *f* mention *f* du nom de l'auteur/des noms des auteurs; **ohne** ~ sans mention de nom **Namensrecht** *nt* droit *m* au nom **Namensschild** *nt* (*an der Tür*) plaque *f;* (*auf dem Tisch*) écriteau *m;* (*an der Brust*) badge *m* **Namenstag** *m* fête *f* **Namensverzeichnis** *s.* Namensliste **Namensvetter** *m* homonyme *m;* **er ist ein** ~ **von mir** c'est mon homonyme **Namenszug** *m geh* signature *f*
namentlich ['na:məntlɪç] **I.** *Adj* nominal(e)
II. *Adv* ❶ nommément; **sie möchte nicht** ~ **genannt werden** elle ne désire pas être désignée nommément
❷ (*insbesondere*) particulièrement
namhaft ['na:mhaft] *Adj* ❶ (*berühmt*) de renom, renommé(e)
❷ (*beträchtlich*) *Betrag, Geldsumme, Gehalt* considérable
Namibia [na'mi:bia] <-s> *nt* la Namibie
Namibier(in) <-s, -> *m(f)* Namibien(ne) *m(f)*
namibisch *Adj* namibien(ne)
nämlich ['nɛ:mlɪç] *Adv* ❶ (*und zwar*) et ce; (*genauer gesagt*) à savoir
❷ (*denn*) en effet
Nandu ['nandu] <-s, -s> *m* ZOOL nandou *m*
nannte ['nantə] *Imp von* **nennen**
Nanogramm *nt* nanogramme *m* **Nanometer** *nt o m* nanomètre *m* **Nanosekunde** *f* INFORM nanoseconde *f* **Nanotechnik** *f* nanotechnologie *f*
Nanotechnologie *f* nanotechnologie *f*
nanu [na'nu:] *Interj* ça alors
Napalm® <-s> *nt* napalm *m*
Napalmbombe *f* bombe *f* au napalm
Napf [napf, *Pl:* 'nɛpfə] <-[e]s, ¨e> *m* gamelle *f*
Napfkuchen *m* kouglof *m*
Napoleon <-s> *m* ~ [**Bonaparte**] Napoléon *m* [Bonaparte]
napoleonisch [napole'o:nɪʃ] *Adj* napoléonien(ne)
Nappa ['napa] <-[s], -s> *nt,* **Nappaleder** *nt* cuir *m* souple
Narbe ['narbə] <-, -n> *f* ❶ MED cicatrice *f*
❷ BOT stigmate *m*
narbig *Adj* couvert(e) de cicatrices
Narbung <-, -en> *f* grenure *f*
Narkose [nar'ko:zə] <-, -n> *f* anesthésie *f* générale; **jdm eine** ~ **geben** faire à qn une anesthésie générale; **aus der** ~ **erwachen** se réveiller d'une anesthésie générale; **ohne** ~ sans anesthésie [générale]

N

Narkosearzt *m*, **-ärztin** *f* anesthésiste *mf* **Narkosemittel** *nt* anesthésique *m*
Narkotikum [nar'ko:tikʊm, *Pl:* nar'ko:tika] <-s, -kotika> *nt* ❶ MED anesthésique *m* ❷ (*Suchtmittel*) narcotique *m*
narkotisch [nar'ko:tɪʃ] *Adj* ❶ MED anesthésiant(e) ❷ (*in Bezug auf Rauschgift*) narcotique
narkotisieren* *tr V* anesthésier
Narr [nar] <-en, -en> *m* ❶ (*Dummkopf*) imbécile *m* ❷ (*Hofnarr*) fou *m*
► **einen ~en an jdm gefressen haben** *fam* être dingue de qn (*fam*); **jdn zum ~en halten** se moquer de qn; **sich zum ~en machen** se rendre ridicule
Narrenfreiheit *f* **~ haben** pouvoir faire ce qu'on veut (*allusion à la liberté dont bénéficient les fous lors du Carnaval*) **Narrenhaus** *nt veraltet* maison *f* de fous ► **hier geht es [ja] zu wie im ~!** on se croirait [vraiment] chez les fous! **Narrenkappe** *f* ❶ (*zur Karnevalszeit*) bonnet *m* de fou ❷ HIST (*Schellenkappe*) marotte *f* **narrensicher** I. *Adj* enfantin(e) (*fam*) II. *Adv* **~ zu bedienen sein** être à la portée du premier venu
Narretei [narə'taɪ] <-, -en> *f geh* folie *f*
Narrheit <-, -en> *f* ❶ (*Streich*) plaisanterie *f* ❷ *kein Pl* (*Dummheit*) idiotie *f*
Närrin ['nɛrɪn] <-, -nen> *f* imbécile *f*
närrisch ['nɛrɪʃ] *Adj* ❶ (*karnevalistisch*) de Carnaval ❷ *veraltet* (*verrückt*) *Person, Idee* fou(folle) ❸ *fam* (*versessen*) **ganz ~ auf jdn/etw sein** être [raide] dingue de qn/qc (*fam*)
► **wie ~** *geh* comme un fou/une folle
Narwal ['narva:l] *m* ZOOL narval *m*
Narziss[RR1] [nar'tsɪs] <-[es]>, **Narziß** <-[sses]> *m* MYTH Narcisse *m*
Narziss[RR2] <-[es], -e>, **Narziß** <-[sses], -sse> *m geh* narcisse *m* (*littér*)
Narzisse [nar'tsɪsə] <-, -n> *f* BOT narcisse *m*
Narzissmus[RR], **Narzißmus** <-> *m* narcissisme *m*
narzisstisch[RR], **narzißtisch** *Adj* narcissique
NASA ['na:za] <-> *f Abk von* National Aeronautics and Space Administration NASA *f*
nasal [na'za:l] *Adj* nasal(e)
Nasal <-s, -e> *m*, **Nasallaut** *m* nasale *f*
naschen ['naʃən] I. *itr V* ❶ (*Süßigkeiten essen*) grignoter des friandises ❷ (*heimlich kosten*) **von etw ~** goûter [en cachette] à qc II. *tr V* grignoter
Nascherei <-, -en> *f* ❶ *kein Pl* (*das Naschen*) grignotage *m*; **hör mit der ~ auf!** arrête de grignoter! ❷ (*Süßigkeit*) friandises *fpl*
naschhaft *Adj* gourmand(e)
Naschhaftigkeit <-> *f* gourmandise *f*
Naschkatze *f fam* gourmand(e) *m(f)*
Nase ['na:zə] <-, -n> *f* ❶ nez *m*; **eine verstopfte ~ haben** avoir le nez bouché; **sich** (*Dat*) **die ~ putzen** se moucher; **aus der ~ bluten** saigner du nez; **durch die ~ reden** parler du nez; **in der ~ bohren** mettre ses doigts dans le nez; **mir läuft die ~** j'ai le nez qui coule ❷ (*Schnauze*) *eines Hundes* truffe *f*
► **fass dich an die eigene ~!** tu ne t'es pas regardé(e)!; **sich** (*Dat*) **eine goldene ~ verdienen** faire des affaires en or; **die ~ [gestrichen] voll haben** *fam* en avoir plein le dos (*fam*); **das werde ich dir gerade auf die ~ binden!** *fam* je vais tout te raconter!; **auf die ~ fallen** *fam* se casser le nez (*fam*); **jdn an der ~ herumführen** *fam* mener qn en bateau (*fam*); **jdm auf der ~ herumtanzen** *fam* mener qn par le bout du nez (*fam*); **seine ~ in alles hineinstecken** *fam* fourrer son nez partout (*fam*); **man muss dir/ihm/... wirklich alles aus der ~ ziehen!** *fam* il faut toujours te/lui/... tirer les vers du nez!; **jdm etw unter die ~ reiben** *fam* jeter qc à la figure de qn (*fam*); **jdm vor der ~ wegfahren** filer sous le nez de qn; **jdm etw vor der ~ wegschnappen** *fam* piquer qc sous le nez de qn (*fam*); **[immer] der ~ nach** *fam* [toujours] tout droit; **pro ~** *hum fam* par tête de pipe (*fam*); **vor seiner/deiner/... ~** *fam* sous son/ton nez
naselang ► **alle ~** *fam* à tout bout de champ (*fam*)
näseln ['nɛ:zəln] *itr V* parler du nez
näselnd I. *Adj Person* qui parle du nez; *Stimme* nasillard(e) II. *Adv* d'une voix nasillarde
Nasenaffe *m* ZOOL nasique *m* **Nasenbär** *m* ZOOL coati *m* **Nasenbein** *nt* os *m* du nez **Nasenbluten** <-s> *nt kein Pl* saignement *m* de nez; **~ bekommen** se mettre à saigner du nez; **~ haben** saigner du nez **Nasenflügel** *m* aile *f* du nez **Nasenhöhle** *f* fosse *f* nasale **Nasenlänge** *f* ► **jdm um eine ~ voraus sein** avoir une tête d'avance sur qn, dépasser qn d'un cheveu **Nasenloch** *nt* narine *f* **Nasenrücken** *m* arête *f* du nez **Nasenscheidewand** *f* cloison *f* nasale **Nasenschleimhaut** *f* muqueuse *f* nasale **Nasenspitze** *f* bout *m* du nez ► **jdm an der ~ ansehen, dass** voir à la tête de qn que + *indic* **Nasenspray** [-ʃpre:, -spre:] *m o nt* nébuliseur *m* [*o* vaporisateur *m*] nasal **Nasentropfen** *Pl* gouttes *fpl* pour le nez **Nasenwurzel** *f* ANAT racine *f* du nez
naserümpfend *Adv* en fronçant les sourcils
naseweis ['na:zəvaɪs] *Adj* (*neugierig*) curieux(-euse)
Naseweis <-es, -e> *m fam* curieux(-euse) *m(f)*; **was interessiert dich das, du ~?** qu'est-ce que ça peut bien te faire, monsieur/madame je me mêle de tout! (*fam*)
Nashorn *nt* rhinocéros *m*
nass[RR], **naß** <nasser *o* nässer, nasseste *o* nässeste> *Adj* ❶ mouillé(e); **ganz ~** trempé(e); **sich ~ machen** *fam* se faire arroser; **es wird/ist ~** ça commence à mouiller/c'est mouillé; **wir werden/sind ~!** nous allons être/nous sommes mouillé(e)s!; **~ geschwitzt sein** être en nage ❷ (*regnerisch*) *Tag, Wetter, Witterung* humide
Nassauer(in) ['nasaʊɐ] <-s, -> *m(f) fam* pique-assiette *mf* (*fam*)
nassauern *itr V fam* jouer les pique-assiette[s] (*fam*)
Nässe ['nɛsə] <-> *f* ❶ humidité *f*; **etw vor ~ schützen** protéger qc de l'humidité; **vor ~ triefen** être trempé(e) jusqu'aux os ❷ (*nasses Wetter*) pluie *f*; **bei ~ bitte vorsichtig fahren** veuillez rouler prudemment par temps de pluie
nässen ['nɛsən] I. *itr V* (*Wunde*) suinter II. *tr V geh* mouiller *Bett*
naßgeschwitzt *s.* nass 1.
nasskalt[RR] *Adj* froid(e) et humide; **es ist ~** il fait froid et humide **Nassrasur**[RR] *f* rasage *m* manuel **Nasszelle**[RR] *f* cabinet *m* de toilette
Nastuch ['na:s-] *nt* SDEUTSCH, CH mouchoir *m*
Natel <-s, -s> *nt* CH (*Mobiltelefon*) portable *m*
Nation [na'tsio:n] <-, -en> *f* nation *f*; **die Vereinten ~en** les Nations Unies
national [natsio'na:l] I. *Adj* national(e); **auf ~er Ebene** à l'échelon national II. *Adv* **~ denken** être nationaliste
Nationalbewusstsein[RR], **Nationalbewußtsein** *nt* conscience *f* nationale **Nationalelf** *f* SPORT onze *m* national **Nationalfeiertag** *m* fête *f* nationale **Nationalgericht** *nt* GASTR plat *m* national **Nationalgetränk** *nt* boisson *f* nationale; **Tee ist das ~ der Briten** le thé est la boisson nationale des britanniques **Nationalheld(in)** *m(f)* héros *m* national/héroïne *f* nationale **Nationalhymne** *f* hymne *m* national
nationalisieren* *tr V* nationaliser
Nationalisierung <-, -en> *f* nationalisation *f*
Nationalismus [natsiona'lɪsmʊs] <-> *m* nationalisme *m*
Nationalist(in) [natsiona'lɪst] <-en, -en> *m(f)* nationaliste *mf*
nationalistisch [natsiona'lɪstɪʃ] I. *Adj* nationaliste II. *Adv* en nationaliste; **~ eingestellt sein** être nationaliste
Nationalität [natsionali'tɛ:t] <-, -en> *f* nationalité *f*

Nationalitätenkonflikt *m* conflit *m* ethnique **Nationalitätenstaat** *m* État *m* multinational
Nationalitätskennzeichen *nt* code *m* de pays
Nationalmannschaft *f* équipe *f* nationale **Nationalpark** *m* parc *m* national **Nationalrat** *m kein Pl* CH, A Conseil *m* national **Nationalrat** <-räte> *m*, **-rätin** *f* CH, A membre *m* du Conseil national **Nationalsozialismus** *m* national-socialisme *m* **Nationalsozialist(in)** *m(f)* national-socialiste *mf* **nationalsozialistisch** *Adj* national-socialiste **Nationalspieler(in)** *m(f)* joueur(-euse) *m(f)* de l'équipe nationale **Nationalstaat** *m* État-nation *m* **Nationalstolz** *m* fierté *f* nationale **Nationalversammlung** *f* ① (*französisches Parlament*) l'Assemblée *f* nationale ② HIST **die Frankfurter ~** le Parlement de Francfort
NATO ['na:to], **Nato** <-> *f Abk von* North Atlantic Treaty Organization O.T.A.N. *f*
Nato-Doppelbeschluss^RR *m* POL double décision *f* de l'OTAN
Natrium ['na:triʊm] <-s> *nt* CHEM sodium *m*
Natron ['na:trɔn] <-s> *nt* CHEM natron *m*
Natronlauge *f* CHEM lessive *f* de soude
Natter ['natɐ] <-, -n> *f* couleuvre *f*
Natur [na'tu:ɐ] <-> *f* ① nature *f*; **die freie ~** la pleine campagne
② (*Wesensart*) **von ~ aus** par nature; **das geht ihr/mir gegen die ~** c'est contraire à sa/ma nature
▶ **in der ~ der Sache liegen** être dans la nature des choses; **~ sein** *Haarfarbe, Holz, Leder:* être naturel(le)
Naturalien [natu'ra:liən] *Pl* produits *mpl* de la terre; **in ~ bezahlen** payer en nature
Naturalismus [natura'lɪsmʊs] <-> *m* naturalisme *m*
Naturalist(in) [natura'lɪst] <-en, -en> *m(f)* naturaliste *mf*
naturalistisch [natura'lɪstɪʃ] *Adj a.* KUNST *geh* naturaliste
Naturallohn *m* salaire *m* en nature
Naturapostel *m hum* adepte *mf* de la vie naturelle **naturbelassen** *Adj* naturel(le) **Naturbursche** *m* garçon *m* proche de la nature; **ein ~ sein** aimer la vie en plein air **Naturdenkmal** *nt* curiosité *f* naturelle **Naturdünger** *m* AGR engrais *m* naturel
nature [naty:ɐ] *Adj* GASTR **ein Schnitzel ~** une escalope nature
Naturell [natu'rɛl] <-s, -e> *nt* naturel *m*
Naturereignis *nt* phénomène *m* naturel **Naturerscheinung** *f* phénomène *m* naturel **Naturfarbe** *f* (*natürlicher Farbstoff*) colorant *m* naturel **naturfarben** *Adj* de couleur naturelle **Naturfaser** *f* fibre *f* naturelle **Naturforscher(in)** *m(f)* naturaliste *mf* **Naturforschung** *f* étude *f* de la nature **Naturfreund(in)** *m(f)* ami(e) *m(f)* de la nature **naturgegeben** *Adj* [humainement] inévitable **naturgemäß** I. *Adj* naturel(le) II. *Adv* ① (*verständlicherweise*) naturellement ② (*der Natur entsprechend*) *leben* de façon naturelle **Naturgeschichte** *f* histoire *f* naturelle **Naturgesetz** *nt* loi *f* de la nature **naturgetreu** I. *Adj* fidèle [à la réalité] II. *Adv* fidèlement **Naturgewalt** *f* force *f* de la nature
Naturheilkunde *f* médecine *f* douce **Naturheilmittel** *nt* remède *m* naturel **Naturheilverfahren** *nt* thérapie *f* douce
Naturkatastrophe *f* catastrophe *f* naturelle **Naturkost** *f* aliments *mpl* naturels **Naturkostladen** *m* magasin *m* de produits naturels **Naturkundemuseum** *nt* musée *m* d'histoire naturelle **Naturlandschaft** *f* paysage *m* naturel **Naturlehrpfad** *m* sentier *m* pour l'étude de la nature
natürlich [na'ty:ɐlɪç] I. *Adj* ① (*von der Natur geschaffen*) naturel(le)
② (*nicht künstlich*) *Haarfarbe, Sprache* naturel(le); *Gebiss, Zähne* vrai(e)
③ (*original*) *Ausmaße, Länge, Proportionen* réel(le); **ein Porträt in ~er Größe** un portrait grandeur nature
④ (*ungekünstelt*) naturel(le); **ganz ~ sein** être tout(e) naturel(le)
⑤ (*menschlich*) *Bedürfnis, Gefühl, Regung* naturel(le); **es ist [nur] ~, dass/wenn ...** il est tout naturel que + *subj*
II. *Adv* (*selbstverständlich*) naturellement; **aber ~!** évidemment!
natürlicherweise *Adv* naturellement
Natürlichkeit <-> *f* naturel *m*
Naturpark *m* parc *m* naturel [régional] **Naturprodukt** *nt* produit *m* naturel **Naturrecht** *nt kein Pl* droit *m* naturel **naturrein** *Adj* entièrement naturel(le); **dieser Apfelsaft ist garantiert ~** c'est garanti pur jus de pommes **Naturschätze** *Pl* ÖKOL richesses *fpl* naturelles; GEOL ressources *fpl* naturelles **Naturschauspiel** *nt* spectacle *m* naturel **Naturschönheit** *f* beauté *f* naturelle **Naturschutz** *m* protection *f* de la nature; **ein Gebiet unter ~ stellen** déclarer une zone site protégé; **eine Tierart/Pflanzenart unter ~ stellen** prendre des mesures de protection à l'égard d'une espèce animale/végétale; **unter ~ stehen** être protégé(e) **Naturschützer(in)** *m(f)* protecteur(-trice) de la nature *m* **Naturschutzgebiet** *nt* réserve *f* naturelle **Naturstein** *m* pierre *f* naturelle **Naturtalent** *nt* talent *m* inné; **ein ~ sein** avoir un don; **du musst ein echtes ~ sein** tu dois être vraiment doué(e) **naturverbunden** *Adj* proche de la nature **Naturvolk** *nt* peuple *m* primitif **Naturwissenschaft** *f* science *f* de la nature; **die ~en** les sciences naturelles **Naturwissenschaftler(in)** *m(f)* scientifique *mf* **naturwissenschaftlich** *Adj* scientifique **Naturwunder** *nt* prodige *m* [naturel] **Naturzustand** *m kein Pl* état *m* naturel; **etw in seinem ~ belassen** laisser qc dans son état naturel
Nautik ['naʊtɪk] <-> *f* navigation *f*
nautisch ['naʊtɪʃ] *Adj* nautique
Navelorange ['na:vəl-] *f* [orange *f*] navel *f*
Navigation [naviga'tsio:n] <-> *f* navigation *f*
Navigationsfehler *m* erreur *f* de navigation **Navigationsraum** *m* cabine *f* de pilotage
Navigator [navi'ga:to:ɐ, *Pl:* naviga'to:rən] <-s, -toren> *m*, **Navigatorin** *f* navigateur(-trice) *m(f)*
navigieren* I. *itr V* naviguer; **nach dem Kompass/der Sonne ~** naviguer au compas/d'après le soleil
II. *tr V* piloter; **das Schiff in den Hafen ~** entrer le bateau dans le port
Nazi ['na:tsi] <-s, -s> *m*, <-, -s> *f* nazi(e) *m(f)*
Nazismus <-> *m* nazisme *m*
nazistisch [na'tsɪstɪʃ] *Adj* nazi(e)
Nazizeit *f* époque *f* nazie
NB *Abk von* **nota bene** N.B. *m*
n. Br. *Abk von* **nördlicher Breite** lat. N.
NC <-> *m Abk von* **Numerus clausus** numerus *m* clausus
n. Chr. *Abk von* **nach Christus** apr. J.-C.
NDR <-> *m Abk von* **Norddeutscher Rundfunk** *radio et télévision régionales du nord de l'Allemagne*
ne *Adv fam* non
'ne *Art indef fam Abk von* **eine** une
Neandertaler <-s, -> *m* homme *m* de Néandertal
Nebel <-s, -> *m* ① brouillard *m*; (*leicht*) brume *f*; **bei ~** par temps de brouillard
② ASTRON nébuleuse *f*
③ NAUT brume *f*
Nebelbank <-bänke> *f* banc *m* de brouillard
nebelhaft *Adj* ① *Wetter* brumeux(-euse)
② *fig* nébuleux(-euse)
Nebelhorn *nt* corne *f* de brume
nebelig *Adj* brumeux(-euse)
Nebelkammer *f* PHYS chambre *f* à condensation; **wilsonsche ~** chambre de Wilson **Nebelkrähe** *f* ORN corneille *f* mantelée **Nebelscheinwerfer** *m* phare *m* antibrouillard **Nebelschlussleuchte**^RR *f* feu *m* arrière de brouillard **Nebelschwaden** *m meist Pl* nappe *f* de brouillard **Nebelwand** *f* écran *m* de brouillard
neben I. *Präp + Dat* ① (*an der Seite*) près; **~ jdm/einer S.** près [*o* à côté] de qn/qc; **rechts ~ dem Eingang** à droite de l'entrée

N

❷ (*zusätzlich zu*) ~ **ihrem Beruf kümmert sie sich noch um den Haushalt** en plus de son travail elle s'occupe de son foyer
❸ (*verglichen mit*) ~ **ihm siehst du aus wie ein Zwerg** à côté de lui, tu as l'air d'un nain
II. *Präp + Akk* **sich ~ jdn/etw setzen** s'asseoir près [*o* à côté] de qn/qc; **sich links/rechts ~ jdn/etw stellen** se mettre à gauche/droite de qn/qc; **Haus ~ Haus bauen** construire des maisons côte à côte
nebenamtlich I. *Adj* extra-professionnel(le)
II. *Adv* en plus de son/mon/... activité professionnelle
nebenan *Adv* à côté; **die Küche ist gleich** ~ la cuisine est juste à côté; **das ist die Familie von** ~ c'est la famille d'à côté
NebenanschlussRR *s.* **Nebenstelle**
Nebenarbeit *f* ❶ (*nebenher ausgeführte Arbeit*) tâche *f* complémentaire
❷ (*Nebenbeschäftigung*) autre activité *f*
Nebenarm *m* bras *m* secondaire
Nebenausgaben *Pl* frais *mpl* supplémentaires
Nebenausgang *m* sortie *f* latérale; **zum ~ hinausgehen** sortir par la porte latérale
Nebenbedeutung *f* acception *f* secondaire
nebenbei *Adv* ❶ (*nebenher*) en plus [du reste]
❷ (*beiläufig*) en passant; ~ **[bemerkt]** soit dit en passant
Nebenberuf *m* activité *f* annexe; **im** ~ à titre d'activité annexe
nebenberuflich I. *Adj* extra-professionnel(le)
II. *Adv* à titre d'activité annexe
Nebenbeschäftigung *f* activité *f* annexe
Nebenbuhler(in) <-s, -> *m(f)* rival(e) *m(f)*
Nebeneffekt *m* effet *m* secondaire
nebeneinander *Adv* ❶ (*räumlich*) côte à côte; **die Sessel ~ stellen** mettre les fauteuils l'un à côté de l'autre
❷ (*zeitlich*) conjointement
Nebeneinander <-s> *nt* coexistence *f*
Nebeneingang *m* entrée *f* latérale
Nebeneinkünfte *Pl,* **Nebeneinnahmen** *Pl* revenus *mpl* annexes
Nebenerscheinung *s.* **Nebeneffekt**
Nebenerwerb *m* activité *f* annexe
Nebenfach *nt* matière *f* secondaire
NebenflussRR *m* affluent *m;* **ein linker ~ der Donau** un affluent de la rive gauche du Danube
Nebengebäude *nt* ❶ (*untergeordneter Bau*) dépendance *f*
❷ (*benachbartes Gebäude*) annexe *f*
Nebengeräusch *nt* bruit *m* de fond
Nebengleis *nt* voie *f* secondaire
Nebenhandlung *f* action *f* secondaire
nebenher *Adv* (*zusätzlich*) en plus
nebenhin *Adv* en passant
Nebenhoden *m* ANAT épididyme *m*
Nebenhöhle *f* ANAT sinus *m*
Nebenjob [-dʒɔp] *m fam* boulot *m* d'appoint (*fam*)
Nebenkläger(in) *m(f)* partie *f* civile; **als ~ auftreten** se constituer [*o* se porter] partie civile
Nebenkosten *Pl* ❶ (*zusätzliche Kosten*) frais *mpl* supplémentaires
❷ (*für eine Wohnung*) charges *fpl;* **die Miete beträgt tausend Euro plus** ~ le loyer s'élève à mille euros charges non comprises
Nebenlinie *f* (*Genealogie*) ligne *f* collatérale
Nebenmann <-männer *o* -leute> *m* voisin *m*
Nebenniere *f* ANAT glande *f* surrénale
Nebenprodukt *nt* sous-produit *m*
Nebenraum *m* ❶ (*angrenzender Raum*) pièce *f* contiguë
❷ (*weniger wichtiger Raum*) [pièce *f*] annexe *f*
Nebenrolle *f* rôle *m* secondaire
Nebensache *f* détail *m* accessoire; ~ **sein** être accessoire [*o* secondaire]
► **die schönste ~ der Welt** le passe-temps le plus agréable du monde
nebensächlich *Adj* accessoire, secondaire
Nebensächlichkeit <-, -en> *f* ❶ *kein Pl* (*geringe Bedeutung*) contingence *f*
❷ (*unwichtiges Detail*) détail *m* sans importance
Nebensaison [-zɛzõ:, -zɛzɔŋ] *f* basse saison *f;* **in der** ~ en basse saison
Nebensatz *m* ❶ GRAM [proposition *f*] subordonnée *f*
❷ (*beiläufige Bemerkung*) **in einem ~ von etw sprechen** parler accessoirement de qc
nebenstehend *Adj* (*von einem Sprecher gesagt*) ci-contre; (*im Text stehend*) en regard
Nebenstelle *f* ❶ TELEC poste *m* secondaire
❷ (*Zweigstelle*) succursale *f*
Nebenstraße *f* route *f* secondaire
Nebenstrecke *f* ligne *f* secondaire
Nebentätigkeit *f* activité *f* secondaire
Nebentisch *m* table *f* voisine
Nebenverdienst *m* revenu *m* supplémentaire
Nebenwinkel *m* MATH angle *m* adjacent
Nebenwirkung *f* effet *m* secondaire
Nebenzimmer *nt* chambre *f* voisine
Nebenzweck *m* objectif *m* secondaire
neblig *s.* **nebelig**
nebulös *geh* I. *Adj* nébuleux(-euse)
II. *Adv* de façon nébuleuse
Necessaire [nesɛ'sɛ:ɐ] <-s, -s> *nt* ❶ (*für Reisen*) nécessaire *m* [*o* trousse *f*] de voyage
❷ (*für Nägel*) nécessaire *m* à ongles
❸ (*Nähzeug*) nécessaire *m* de couture
necken *tr, r V* **[sich]** ~ [se] taquiner
neckisch *Adj* ❶ (*schelmisch*) malicieux(-euse); **ein ~es Spielchen mit jdm treiben** jouer à un petit jeu avec qn
❷ *fam* (*kess*) *Bikini, Bluse* olé olé (*fam*)
nee *Adv fam* non
Neffe <-n, -n> *m* neveu *m*
Negation <-, -en> *f* ❶ LING négation *f*
❷ *geh* (*Leugnung*) réfutation *f*
negativ I. *Adj* ❶ (*ablehnend*) *Haltung* négatif(-ive)
❷ (*ungünstig*) négatif(-ive); *Entwicklung, Folge, Vorhersage* défavorable; **einen ~en Einfluss auf jdn haben** avoir une influence négative sur qn
❸ MED négatif(-ive); **ein ~es Testergebnis** un résultat de test négatif
II. *Adv* ❶ (*ablehnend*) négativement
❷ (*ungünstig*) de façon négative; ~ **ausfallen** *Bilanz:* être négatif(-ive)
Negativ <-s, -e> *nt* négatif *m*
Negativfilm *m* pellicule *f* négative
Neger(in) <-s, -> *m(f) pej* nègre *m*/négresse *f*
NegerkussRR *m* GASTR tête *f* de nègre **Negersklave** [-və] *m,* **-sklavin** *f* HIST esclave *mf* noir(e)
negieren* *tr V* ❶ *geh* (*leugnen*) nier; **~, etw getan zu haben/dass** nier avoir fait qc/que + *subj*
❷ LING **eine Frage/einen Satz** ~ mettre une question/phrase à la forme négative
Negligé, Négligé, NegligeeRR [negli'ʒe:] <-s, -s> *nt* CH déshabillé *m;* **im ~ sein** être en déshabillé
negroid *Adj* négroïde
nehmen <nimmt, nahm, genommen> *tr V* ❶ prendre; **[sich (*Dat*)] etw** ~ prendre qc; **etw an sich (*Akk*)** ~ prendre qc sur soi; ~ **Sie sonst noch etwas?** prendrez-vous encore autre chose?; **man nehme vier Tomaten** prendre quatre tomates
❷ (*annehmen*) accepter *Trinkgeld, Belohnung*
❸ (*aufnehmen*) **jdn zu sich** ~ recueillir qn, prendre qn en charge
❹ (*beseitigen, entziehen*) supprimer *Schmerzen, Beschwerden;*

jdm die Hoffnung/den Glauben ~ ôter l'espoir/la foi à qn; **jdm die Freude/Lust an etw** ~ gâcher la joie/l'envie à qn; **er nahm ihr die Angst** il dissipa son angoisse
❺ (*versperren*) **jdm die Sicht** ~ boucher la vue à qn
❻ (*verlangen*) demander; **wie viel nimmst du dafür?** combien en demandes-tu?
❼ (*einnehmen, essen*) prendre *Medikament;* **etw zu sich** ~ *geh* se prendre qc
❽ (*zerlegen*) **auseinander** ~ démonter *Motor, Maschine, Getriebe; sl* bousiller (*fam*) *Einrichtung, Laden; fam* (*kritisieren*) démolir *Entwurf, Aussage*
❾ (*überwinden*) franchir *Hindernis, Hürde;* **die Hindernisse mit Leichtigkeit** ~ *Pferd:* boire les obstacles
❿ (*akzeptieren*) **jdn** ~**, wie er ist** prendre qn comme il est; **jdn zu** ~ **wissen** savoir [comment] prendre qn; **man muss die Dinge** ~**, wie sie kommen!** il faut prendre les choses comme elles viennent!
⓫ (*anlasten*) **jdm etw übel** ~ en vouloir à qn de qc; **jdm übel** ~**, dass er etw getan hat** en vouloir à qn d'avoir fait qc
⓬ (*empfinden*) **etw [zu] leicht** ~ prendre qc [trop] à la légère; **er hat diesen Rückschlag erstaunlich leicht genommen** il a étonnamment bien pris ce revers; **etw schwer** ~ prendre qc au tragique; **das Leben schwer** ~ prendre la vie du mauvais côté
▶ **es sich** (*Dat*) **nicht** ~ **lassen etw zu tun** ne pas vouloir se priver de faire qc; **woher** ~ **und nicht stehlen?** *fam* où est-ce que je vais bien pouvoir trouver ça?; **wie man's nimmt** *fam* si on veut

Neid <-[e]s> *m kein Pl* envie *f,* jalousie *f;* **etw aus blankem** ~ **tun** faire qc par pure jalousie
▶ **das ist der** ~ **der Besitzlosen** *fam* on a toujours envie de ce qu'on n'a pas; **blass** [*o* **grün**] **vor** ~ **sein, vor** ~ **erblassen** crever de jalousie [*o* d'envie]; **das muß ihm/ihr/... der** ~ **lassen** *fam* il faut lui rendre cette justice

neiden *tr V* envier; **jdm etw** ~ envier qc à qn; **ich neide dir deinen Erfolg nicht** je ne suis pas jaloux(-ouse) de ton succès

Neider(in) <-s, -> *m(f)* envieux(-euse) *m(f),* jaloux(-ouse) *m(f)*

neiderfüllt I. *Adj geh Mensch* rongé(e) d'envie, dévoré(e) de jalousie (*soutenu*); *Augen, Blick* envieux(-euse) (*soutenu*)
II. *Adv geh* avec envie **Neidhammel** *m fam* gros jaloux *m/* grosse jalouse *f* (*fam*)

neidisch I. *Adj Person* envieux(-euse), jaloux(-ouse); *Blick* envieux(-euse); ~ **werden/sein** devenir/être jaloux(-ouse) [*o* envieux(-euse)]; **auf jdn** ~ **sein** être jaloux(-ouse) de qn, envier qn
II. *Adv betrachten* avec envie, avec convoitise

neidlos I. *Adj* sincère, sans réserve
II. *Adv* sans arrière-pensée

Neige <-, -n> *f geh* fond *m*
▶ **bis zur bitteren** ~ jusqu'au bout; **bis zur bitteren** ~ **ausharren** boire le calice jusqu'à la lie (*soutenu*); **zur** ~ **gehen** tirer à sa fin (*soutenu*); **bis zur** ~ *austrinken, leeren* jusqu'à la dernière goutte; *auskosten, genießen* pleinement

neigen I. *itr V* avoir une tendance; **zu Erkältungen** ~ être réceptif(-ive) aux rhumes; **zu Übergewicht** ~ avoir une tendance à l'embonpoint; **zur Schwermut** ~ être enclin(e) à la mélancolie; **zu Übertreibungen/Vorurteilen** ~ avoir tendance à exagérer/à avoir des préjugés; **dazu** ~ **etw zu tun** être enclin(e) à faire qc
II. *r V* ❶ (*sich beugen*) **sich** ~ se pencher, s'incliner; **sie neigte sich zu ihm hinüber** elle se pencha vers lui
❷ (*schräg abfallen*) **sich** ~ *Straße, Grundstück, Hang* être en pente
❸ (*schräg stehen*) **sich zur Seite** ~ *Haus, Motorrad, Schiff:* pencher de côté
❹ *geh* (*sich niederbeugen*) **sich** ~ *Baum, Wipfel, Zweig:* ployer (*littér*)
❺ *geh* (*zu Ende gehen*) **sich dem Ende** ~ *Tag, Urlaub:* toucher à sa fin
III. *tr V* pencher *Kopf, Oberkörper*

Neigung <-, -en> *f* ❶ (*Schräge, Gefälle*) inclinaison *f*
❷ (*Vorliebe, Zuneigung*) penchant *m;* **eine** ~ **verspüren etw zu tun** se sentir enclin(e) à faire qc
❸ (*Tendenz*) ~ **zum Übergewicht** tendance *f* à l'embonpoint

Neigungswinkel *m* [angle *m* d']inclinaison *f*

nein *Adv* ❶ non; **leider** ~ malheureusement pas; **oh** ~**!** ah! non!; ~ **und nochmals** ~**!** non, non et non!
❷ (*sogar*) et même; **Dutzende,** ~ **Hunderte von Rosen** des douzaines, voire des centaines de roses
❸ (*nicht wahr*) **das schmeckt dir doch,** ~**?** tu trouves que c'est bon, hein? (*fam*)
❹ (*ach*) non; ~**, was du nicht sagst!** non, qu'est-ce que tu racontes!; ~**, so was!** non, c'est pas possible! (*fam*)

Nein <-s> *nt* non *m;* **mit** ~ **antworten** répondre négativement; **zu etw** ~ **sagen** dire non à qc

Neinstimme *f* voix *f* contre

Nekrolog <-[e]s, -e> *m geh* nécrologie *f;* **einen** ~ **auf jdn halten** prononcer l'éloge funèbre de qn

Nekrophilie [nekrofi'li:] <-> *f* PSYCH nécrophilie *f*

Nektar <-s, -e> *m a.* MYTH nectar *m*

Nektarine <-, -n> *f* nectarine *f*

Nelke <-, -n> *f* ❶ (*Blume*) œillet *m*
❷ (*Gewürz*) clou *m* de girofle

'nem *Art indef fam Abk von* **einem** [à] un(e)

'nen *Art indef fam Abk von* **einen** un(e)

nennen <nannte, genannt> I. *tr V* ❶ (*benennen, anreden*) appeler; **sein Kind Paul** ~ appeler [*o* [pré]nommer] son enfant Paul; **jdn bei seinem Vornamen** ~ appeler qn par son prénom; **Katharina II., genannt die Große** Catherine II, dite [*o* surnommée] la Grande
❷ (*bezeichnen*) appeler; **wie nennt man das?** comment appelle-t-on ça?; **das nenne ich mutig!** voilà ce que j'appelle avoir du courage!
❸ (*angeben*) indiquer, citer; **die genannten Personen ...** les personnes en question ...
II. *r V* **sich Maler/Musiker** ~ se dire peintre/musicien; **und so was nennt sich mein Freund!** *fam* et ça se dit mon ami! (*fam*)

nennenswert *Adj* notable; **eine nicht** ~**e Summe** une somme négligeable

Nenner <-s, -> *m* MATH dénominateur *m*
▶ **etw auf einen [gemeinsamen]** ~ **bringen** faire concorder qc; **einen [gemeinsamen]** ~ **finden** trouver un terrain d'entente

Nennleistung *f* TECH, ELEC puissance *f* nominale

Nennung <-, -en> *f* mention *f*

Nennwert *m* valeur *f* nominale; **über/unter dem** ~ au-dessus/au-dessous de la valeur nominale; **zum** ~ à sa valeur nominale

Neofaschismus [neo-] *m* néofascisme *m*

Neolithikum [neo'li:tikʊm] <-s> *nt* néolithique *m*

Neologismus <-, -gismen> *m* LING néologisme *m*

Neon <-s> *nt* néon *m*

Neonazi *m* néonazi(e) *m(f)*

Neonazismus [neona'tsɪsmʊs] *m* néonazisme *m*

Neonazist(in) <-en, -en> *m(f) s.* **Neonazi**

Neonlicht *nt* [éclairage *m* au] néon *m* **Neonreklame** *f* publicité *f* lumineuse **Neonröhre** *f* [tube *m* au] néon *m*

Neopren® [neo'pre:n] <-s> *nt* CHEM néoprène® *m*

Neoprenanzug *m* combinaison *f* en néoprène

Nepal ['ne:pal] <-s> *nt* le Népal

Nepalese [nepa'le:zə] <-n, -n> *m,* **Nepalesin** *f* Népalais(e) *m(f)*

nepalesisch *Adj* népalais(e)

Nepotismus <-> *m geh* népotisme *m* (*littér*)

Nepp <-s> *m fam* arnaque *f* (*fam*); **das ist der reinste** ~ c'est

N

de la pure arnaque

neppen *tr V fam* arnaquer (*fam*); **du bist offensichtlich geneppt worden** tu t'es fait apparemment arnaquer (*fam*)

Neptun <-s> *m* ❶ MYTH Neptune *m*

❷ ASTRON [**der**] ~ [la planète] Neptune

'ner *Art indef fam Abk von* **einer** un(e)

Nero <-s> *m* HIST Néron *m*

Nerv <-s *o* -en, -en> *m* ❶ ANAT nerf *m*

❷ *Pl* (*nervliche Verfassung*) **gute/schlechte** [*o* **schwache**] **~en haben** avoir les nerfs solides/fragiles; **die ~en behalten** être/rester maître(-esse) de ses nerfs; **die ~en verlieren** perdre le contrôle de soi-même; **mit den ~en** [**völlig**] **herunter sein** *fam* être à bout de nerfs; **der/die hat** [**vielleicht**] **~en!** *fam* il/elle a du culot! (*fam*)

❸ BOT nervure *f*

▶ **~en wie Drahtseile haben** *fam* avoir des nerfs d'acier; **jdm auf die ~en gehen** [*o* **fallen**] *fam* taper sur les nerfs de qn (*fam*); **jdm den** [**letzten**] **~ rauben** [*o* **töten**] *fam* pousser qn à bout; **du raubst mir noch den letzten ~!** tu commences à me courir sur le système! (*fam*)

nerven *fam* **I.** *tr V* casser les pieds; **jdn ~** casser les pieds à qn (*fam*); **jdn mit etw ~** tanner qn avec qc (*fam*); **genervt sein** être énervé(e)

II. *itr V Person:* être casse-pieds (*fam*); *Sache, Vorfall:* être horripilant(e)

Nervenanspannung *f* tension *f* nerveuse **Nervenarzt** *m*, **-ärztin** *f* neurologue *mf* **nervenaufreibend** *Adj* nerveusement éprouvant(e) **Nervenbelastung** *f* fatigue *f* nerveuse **nervenberuhigend I.** *Adj* tranquillisant(e) **II.** *Adv* **~ wirken** *Tee:* avoir un effet tranquillisant **Nervenbündel** *nt fam* paquet *m* de nerfs (*fam*) **Nervenentzündung** *f* MED névrite *f* **Nervengas** *nt* gaz *m* neurotoxique **Nervengift** *nt* neurotoxine *f* **Nervenheilanstalt** *f* maison *f* de repos **Nervenheilkunde** *f* neurologie *f*

Nervenkitzel <-s, -> *m fam* petit frisson *m;* **das verschafft ihr einen ~** ça lui procure un petit frisson **Nervenklinik** *f fam* maison *f* de fous **Nervenkostüm** *nt fam* nerfs *mpl;* **ein starkes/schwaches ~ haben** avoir les nerfs solides/fragiles **nervenkrank** *Adj* malade des nerfs **Nervenkrankheit** *f* maladie *f* nerveuse **Nervenkrieg** *m* guerre *f* des nerfs **Nervenleiden** *nt* MED affection *f* nerveuse **Nervennahrung** *f* stimulant *m* psychique; **iss Schokolade, das ist ~** mange du chocolat, c'est bon pour les nerfs **Nervenprobe** *f* épreuve *f* pour les nerfs **Nervensäge** *f fam* casse-pieds *mf* (*fam*) **Nervenschmerz** *m* névralgie *f* **Nervenschock** *m* choc *m* nerveux **nervenschwach** *Adj* faible des nerfs **Nervenschwäche** *f* neurasthénie *f* **Nervensystem** *nt* système *m* nerveux; **das vegetative ~** le système neurovégétatif **Nervenzelle** *f* neurone *m* **Nervenzentrum** *nt* centre *m* nerveux **Nervenzusammenbruch** *m* dépression *f* nerveuse; **einen ~ haben** [*o* **erleiden**] craquer nerveusement; **er hat einen ~ erlitten** ses nerfs ont craqué

nervig ['nɛrfɪç] *Adj fam* tuant(e) (*fam*)

nervlich I. *Adj* nerveux(-euse)

II. *Adv* nerveusement; **~ bedingt** d'origine nerveuse

nervös [nɛr'vøːs] **I.** *Adj Person* nerveux(-euse); *Stimmung* agité(e); **jdn ~ machen** rendre qn nerveux(-euse), énerver qn; **in überaus ~er Verfassung sein** être dans un état de très grande nervosité

II. *Adv* ❶ *fragen, blicken* nerveusement

❷ (*nervlich*) **~ bedingt** d'origine nerveuse

Nervosität [-vo-] <-> *f* nervosité *f*

nervtötend *Adj fam* tuant(e) (*fam*)

Nerz <-es, -e> *m* vison *m*

Nerzmantel *m* manteau *m* de vison

Nessel¹ <-, -n> *f* (*Brennnessel*) ortie *f*

▶ **sich in die ~n setzen** *fam* (*sich Ärger zuziehen*) se mettre dans de beaux draps (*fam*); (*sich blamieren*) faire une gaffe (*fam*)

Nessel² <-s, -> *m* TEXTIL toile *f* [lourde] de coton

Nesselfieber *nt*, **Nesselsucht** *f kein Pl* MED urticaire *f*

Nessessär <-s, -s> *nt s.* **Necessaire**

Nest <-[e]s, -er> *nt* ❶ nid *m*

❷ *fam* (*Kaff*) patelin *m* (*fam*); **in einem kleinen ~ leben** vivre dans un trou perdu

▶ **das eigene ~ beschmutzen** cracher dans la soupe; **sich ins gemachte ~ setzen** *fam* tirer le gros lot (*fam*)

Nestbau <-bauten> *m* nidification *f* **Nestbeschmutzer(in)** <-s, -> *m(f)* **ein ~ sein** cracher dans la soupe

nesteln *itr V* tripoter; (*zurechtrücken*) arranger

Nestflüchter <-s, -> *m* ZOOL oiseau *m* nidifuge **Nesthäkchen** <-s, -> *nt fam* petit dernier *m*/petite dernière *f* (*fam*) **Nesthocker** <-s, -> *m* ❶ ZOOL oiseau *m* nidicole ❷ *fig* fils *m* casanier/fille *f* casanière **Nestwärme** *f* douceur *f* du foyer

nett *Adj* ❶ (*liebenswert*) gentil(le); **~ zu jdm sein** être gentil(le) avec qn; **das ist** [**aber**] **~ von Ihnen** c'est gentil à vous; **sei so ~ und hilf mir** sois gentil(le) et aide-moi

❷ (*angenehm*) *Abend, Fest* agréable, sympathique

❸ (*beträchtlich*) *Belohnung* bon(ne) petit(e) (*fam*); **ein ~es Sümmchen** une belle somme

❹ *iron fam* (*unerfreulich*) charmant(e) *antéposé;* **du machst ja ~e Sachen!** tu en fais de belles! (*fam*)

netterweise *Adv* **etw ~ tun** avoir l'amabilité [*o* la gentillesse] de faire qc

Nettigkeit <-, -en> *f* ❶ *kein Pl* (*Liebenswürdigkeit*) gentillesse *f*

❷ (*liebenswürdige Bemerkung*) gentillesse *f*

❸ *iron* (*unfreundliche Bemerkung*) amabilité *f*

netto *Adv* net

Nettobetrag *m* montant *m* net **Nettoeinkommen** *nt* revenu *m* net **Nettoertrag** *m* bénéfice *m* net **Nettolohn** *m* FIN salaire *m* net **Nettopreis** *m* prix *m* net

Netz <-es, -e> *nt* ❶ (*Stromnetz, System*) réseau *m;* **ein Gerät ans ~ anschließen** brancher un appareil sur le secteur

❷ (*Fischernetz, Einkaufsnetz*) filet *m*

❸ (*Spinnennetz*) toile *f*

❹ TENNIS filet *m;* **ins ~ gehen** aller dans le filet; **~!** net!

▶ **das soziale ~** le système de protection sociale; **jdm ins ~ gehen** se faire piéger par qn

NetzanschlussRR *m* ELEC, TELEC alimentation *f* secteur

netzartig *Adj* réticulé(e)

Netzauge *nt* ZOOL œil *m* à facettes **Netzball** *m* TENNIS balle *f* au filet **Netzbetrieb** *m* alimentation *f* secteur

netzen ['nɛtsən] *tr V geh* humecter

Netzgerät *nt* appareil *m* secteur **Netzhaut** *f* rétine *f*

Netzhautablösung *f* MED décollement *m* de [la] rétine **Netzhautentzündung** *f* MED rétinite *f*

Netzhemd *nt* tee-shirt *m* filet **Netzkabel** *nt* cable *m* d'alimentation **Netzkarte** *f* carte *f* d'abonnement **Netzmagen** *m* BIO bonnet *m* **Netzmelone** *f* melon *m* cantaloup **Netzspannung** *f* ELEC tension *f* du réseau **Netzstecker** *m* fiche *f* [d'alimentation] **Netzstrumpf** *m* bas *m* résille **Netzteil** *nt* transformateur *m* **Netzwerk** *nt* INFORM, *a. fig* réseau *m*

Netzwerkadministrator *m*, **-administratorin** *f* INFORM administrateur(-trice) *m(f)* de réseau **netzwerkfähig** *Adj* compatible avec réseau

neu I. *Adj* ❶ (*noch nicht gebraucht*) neuf(neuve); (*soeben hergestellt, gekauft*) nouveau(-velle) *antéposé*

❷ (*aktuell*) récent(e); **ein ~er Artikel** un article qui vient de paraître; **die ~esten Nachrichten** les [toutes] dernières nouvelles; **die ~esten Videokassetten** les toutes dernières vidéocassettes; **die ~este Mode** la toute dernière mode; **die ~esten Tänze** les danses les plus récentes

❸ (*erneut*) *Anfang, Anlauf, Versuch* nouveau(-velle) *antéposé*

❹ (*frisch*) *Hemd, Tischtuch* propre

❺ (*noch nicht da gewesen*) *Errungenschaft, Methode, System*

nouveau(-velle)
❻ (*unbekannt*) ~ **in einer Klasse sein** être nouveau(-velle) dans une classe; **der/die Neue** le nouveau/la nouvelle; **das war mir** ~ je n'en savais rien; **dass Paul umzieht, ist mir** ~ je ne savais pas que Paul déménageait
▸ **auf ein Neues!** à notre réussite!; **aufs Neue** *geh* à [*o* de] nouveau, une nouvelle fois; **seit** ~**[e]stem** depuis peu; **von** ~**em** de nouveau
II. *Adv* ❶ (*von vorn*) **wieder ganz** ~ **anfangen müssen** devoir repartir à zéro
❷ (*erneut*) ~ **bearbeiten/drucken/auflegen** remanier/réimprimer/rééditer; ~ **bearbeitet** remanié(e); ~ **entwickelt** nouveau(-velle); ~ **eröffnet** récemment rouvert(e); ~ **gestalten** remodeler; ~ **ordnen** réorganiser; ~ **kaufen** racheter; **sich** ~ **einkleiden** renouveler sa garde-robe; **sich** ~ **einrichten** se réinstaller complètement; **ich werde mir vieles** ~ **anschaffen müssen** je vais être obligé(e) de racheter beaucoup de choses
❸ (*soeben*) ~ **eröffnet** récemment ouvert(e); **das** ~ **eröffnete griechische Restaurant** le restaurant grec qui vient d'ouvrir; ~ **vermählt** *geh* marié(e) de fraîche date (*soutenu*)
❹ (*zusätzlich*) **drei Mitarbeiter** ~ **einstellen** embaucher trois nouveaux employés; **drei Schüler sind** ~ **hinzugekommen** trois nouveaux élèves sont arrivés

Neuankömmling <-s, -e> *m* nouvel arrivant *m*/nouvelle arrivante *f*, nouveau venu *m*/nouvelle venue *f*

Neuanschaffung *f* nouvelle acquisition *f*; **die** ~ **von Spielsachen** l'acquisition de jouets neufs

neuapostolisch *Adj* néoapostolique

neuartig *Adj Methode, Technologie* inédit(e); *Lehrwerk, Wörterbuch* de conception nouvelle

Neuartigkeit <-> *f* nouveauté *f*

Neuauflage *f* ❶ *kein Pl* (*neue Auflage*) nouveau tirage *m*
❷ (*neu aufgelegtes Buch*) réédition *f*

Neuausgabe *f* réédition *f*

Neubau <-bauten> *m* ❶ *kein Pl* (*das Erbauen*) nouvelle construction *f*
❷ (*Gebäude*) nouvel immeuble *m*

Neubaugebiet *nt* ≈ Z.U.P. *f* **Neubausiedlung** *f* nouveau lotissement *m* **Neubauwohnung** *f* appartement *m* neuf

neubearbeitet *s.* **neu II.2.**

Neubearbeitung *f* ❶ *kein Pl* (*das Bearbeiten*) refonte *f*, remaniement *m*
❷ (*neue Ausgabe*) nouvelle édition *f*, édition revue et corrigée
❸ MUS, THEAT nouvelle adaptation *f*

Neubeginn *m* nouveau départ *m*

Neubildung *f* ❶ (*Umbildung*) *einer Regierung, eines Vorstands* remaniement *m*
❷ LING néologisme *m*

Neubürger(in) *m(f)* nouvel(le) habitant(e) *m(f)*

Neudruck *m* réimpression *f*

Neue(s) *nt dekl wie Adj* ❶ (*neuartige Beschaffenheit*) nouveauté *f*; **das** ~ **an etw** (*Dat*) ce qu'il y a de nouveau dans qc, la nouveauté dans qc; **Altes und** ~**s** le vieux et le neuf
❷ (*neuer Gegenstand, neue Ware*) **etwas** ~**s** quelque chose de nouveau; **viel** ~**s** beaucoup de choses nouvelles; **nichts** ~**s** rien de nouveau; **nicht viel** ~**s** pas grand-chose de nouveau
❸ (*Neuigkeit*) **etwas/nichts** ~**s** quelque chose de/rien de nouveau; **was gibt's** ~**s?** *fam* quoi de neuf? (*fam*)
▸ **öfter mal was** ~**s** *fam* il faut bien changer parfois

Neueinstellung *f eines Mitarbeiters* embauche *f*; *eines Sängers, Schauspielers* nouvel engagement *m*

Neuenburg <-s> *nt* Neuchâtel

Neuentdeckung *f* ❶ (*erneute Entdeckung*) redécouverte *f*
❷ (*Talent*) révélation *f*; **eine** ~ **für die Bühne** une révélation de la scène

neuentwickelt *s.* **neu II.2.**

Neuentwicklung *f* innovation *f*

neuerdings *Adv* depuis peu [de temps]

Neuerer <-s, -> *m*, **Neuerin** *f* novateur(-trice) *m(f)*

neuerlich ['nɔɪɐlɪç] **I.** *Adj* nouveau(-velle)
II. *Adv* de nouveau, une nouvelle fois

neueröffnet *s.* **neu II.2., II.3.**

Neueröffnung *f* ❶ (*Eröffnung*) ouverture *f*; **wir laden Sie zur** ~ **ein** nous vous invitons à l'inauguration
❷ (*Wiedereröffnung*) réouverture *f*

Neuerscheinung *f* nouveauté *f*, nouvelle parution *f*

Neuerung <-, -en> *f* innovation *f*

Neuerwerbung *f* nouvelle acquisition *f*

Neueste(s) *nt dekl wie Adj* ❶ **das** ~ (*neueste Nachricht*) la dernière [nouvelle]; (*neueste Nachrichtenmeldung*) les dernières nouvelles; **das** ~ **vom Tage** les nouvelles du jour; **weißt du schon das** ~**?** tu connais la nouvelle?
❷ (*neuartigstes Produkt*) **das** ~ ce qu'on fait de plus nouveau, ce qui vient de sortir; **das** ~ **vom Neuen** la dernière des nouveautés

Neufassung *f* nouvelle version *f*; (*Überarbeitung*) remaniement *m*

Neufundland [nɔɪ'fʊntlant] <-s> *nt* Terre-Neuve *f*

Neufundländer <-s, -> *m* ❶ Terre-Neuvien *m*
❷ (*Hund*) terre-neuve *m*

Neufundländerin <-, -nen> *f* Terre-Neuvienne *f*

neugeboren *Adj* nouveau-né(e)
▸ **wie** ~ tout(e) revigoré(e)

Neugeborene(s) *nt dekl wie Adj* nouveau-né(e) *m(f)*

neu|gestalten* *s.* **neu II.2.**

Neugestaltung *f eines Gebäudes* réaménagement *m*; *einer Organisation* remaniement *m*

Neugier[de] <-> *f* curiosité *f*; **aus** ~ par [simple] curiosité; **voller** ~ plein(e) de curiosité

neugierig **I.** *Adj Person* curieux(-euse); *Blick* plein(e) de curiosité; *Frage* indiscret(-ète); **jdn** ~ **machen** exciter la curiosité de qn; ~ **sein, ob/wie ...** être curieux(-euse) de savoir si/comment ...; **erzähl weiter, du hast mich** ~ **gemacht!** continue ton récit, tu m'as mis l'eau à la bouche!; **da bin ich aber** ~**!** je suis curieux(-euse) de voir ça!
II. *Adv* avec curiosité

Neugierige(r) *f(m) dekl wie Adj* curieux(-euse) *m(f)*

Neugliederung *f* restructuration *f*

Neugotik *f* néogothique *m*

neugotisch *Adj* néogothique

neugriechisch *Adj* grec moderne; *Text* en grec moderne

Neugründung *f* ❶ (*Gründung*) création *f*; ~ **eines Instituts** création d'un nouvel institut; ~ **eines Rechtsträgers** JUR création nouvelle d'un dépositaire de la loi
❷ (*Institution*) institution *f* nouvelle

Neuguinea [nɔɪgi'ne:a] <-s> *nt* la Nouvelle-Guinée

Neuheit <-, -en> *f* nouveauté *f*

neuhochdeutsch *Adj* haut allemand(e) moderne

Neuhochdeutsch <-[s]> *nt* le haut allemand moderne; **auf** ~ en haut allemand moderne

Neuhochdeutsche *nt dekl wie Adj* **das** ~ le haut allemand moderne

Neuigkeit <-, -en> *f* ❶ (*neue Information*) nouvelle *f*
❷ *Pl* (*Nachrichten*) nouvelles *fpl*; **die** ~**en vom Tage** les nouvelles du jour

Neuinszenierung *f* nouvelle mise *f* en scène

Neujahr *nt kein Pl* nouvel an *m*; **habt ihr** ~ [*o* **zu** ~] **schon etwas vor?** avez-vous déjà des projets pour le nouvel an?
▸ **prost** ~**!** bonne année!

Neujahrsabend *m* [soir *m* de la] Saint-Sylvestre *f* **Neujahrsfest** *nt* fête *f* du nouvel an **Neujahrsglückwunsch** *m* vœu *m* pour la nouvelle année **Neujahrstag** *m* jour *m* de l'an

Neukaledonien [nɔɪkale'do:niən] <-s> *nt* la Nouvelle-Calédonie

Neuland *nt kein Pl* terres *fpl* nouvelles

► **mit etw ~ betreten** s'aventurer avec qc en terre inconnue; **physikalisches ~ betreten** pénétrer dans un domaine encore inexploré de la physique; **das ist für mich [völliges] ~** c'est un domaine qui m'est [parfaitement] inconnu
neulich *Adv* récemment, il y a peu [de temps]; **erinnerst du dich noch an ~?** tu te souviens de l'autre jour?; **~ abends/morgens/sonntags** l'autre soir/matin/dimanche; **der Zwischenfall von ~** l'incident de l'autre jour
Neuling <-s, -e> *m* novice *mf;* **ich bin noch ein ~** je suis encore novice
neumodisch *Adj, Adv pej* à la dernière mode
Neumond *m kein Pl* nouvelle lune *f;* **es ist** [*o* **wir haben**] **~** c'est la nouvelle lune; **bei ~** à la nouvelle lune
neun *Num* neuf; *s. a.* **acht**[1]
► **alle ~[e]!** strike!; **alle ~e werfen** faire un strike
Neun <-, -en> *f* ❶ (*Zahl, Spielkarte*) neuf *m*
❷ *kein Pl* (*U-Bahn-Linie, Bus-, Straßenbahnlinie*) neuf *m*
► **ach du grüne ~e!** *fam* bon sang de bonsoir! (*fam*)
Neunauge *nt* lamproie *f*
neuneinhalb *Num* neuf et demi; **~ Meter** neuf mètres et demi; *s. a.* **achteinhalb**
neunerlei *Adj unv* neuf; **~ Sorten Brot** neuf sortes de pain; *s. a.* **achterlei**
neunfach, 9fach I. *Adj* neuf fois; **die ~e Menge** neuf fois la quantité
II. *Adv falten* neuf fois; *s. a.* **achtfach**
Neunfache(s) *nt dekl wie Adj* neuf fois la quantité; **das ~ verdienen** gagner neuf fois plus; *s. a.* **Achtfache(s)**
neunhundert *Num* neuf cents
neunjährig *Adj* de neuf ans
Neunjährige(r) *f(m) dekl wie Adj* garçon *m*/fille *f* de neuf ans
neunmal *Adv* neuf fois; *s. a.* **achtmal**
neunmalig *Adj* **nach ~em Anruf/Versuch** après neuf appels/essais; **auf ~es Klingeln** au neuvième coup de sonnette
neunmalklug *Adj iron fam Person* plus malin(-igne) que tout le monde; *Gerede, Gequatsche* qui se veut malin(-igne)
neunseitig *Adj* ❶ *Brief, Bericht* de neuf pages
❷ GEOM à neuf côtés
neunstellig *Adj* à neuf chiffres; *Zahl* de neuf chiffres
neunstündig *Adj attr* de neuf heures
neunt *Adv* **zu ~ sein** être [à] neuf; *s. a.* **acht**[2]
neuntägig *Adj* de neuf jours
neuntausend *Num* neuf mille
neunte(r, s) *Adj* ❶ neuvième
❷ (*bei Datumsangaben*) **der ~ Mai** *écrit:* **der 9. Mai** le neuf mai *geschrieben:* le 9 mai
❸ SCHULE **die ~ Klasse** [*o* **die ~** *fam*] ≈ la seconde; *s. a.* **achte(r, s)**
Neunte(r) *f(m) dekl wie Adj* ❶ neuvième *mf*
❷ (*Datumsangabe*) **der ~/am ~n** *écrit:* **der 9./am 9.** le neuf *geschrieben:* le 9
❸ (*Namenszusatz*) **Ludwig der ~** *écrit:* **Ludwig IX.** Louis neuf *geschrieben:* Louis IX.
❹ (*Symphonie*) **Beethovens ~** la Neuvième Symphonie de Beethoven; *s. a.* **Achte(r)**
neuntel *Adj* neuvième; *s. a.* **achtel**
Neuntel <-s, -> *nt a.* MATH neuvième *m*
neuntens *Adv* neuvièmement
neunzehn *Num* dix-neuf; *s. a.* **acht**[1] **neunzehnte(r, s)** *Adj* dix-neuvième; *s. a.* **achte(r, s)** **Neunzehntel** *nt a.* MATH dix-neuvième *m*
neunzig *Num* quatre-vingt-dix, nonante (BELG, CH); *s. a.* **achtzig**
Neunzig <-, -en> *f* quatre-vingt-dix *m*, nonante *m* (BELG, CH)
neunziger *Adj,* **90er** *Adj unv* **die ~ Jahre** les années *fpl* quatre-vingt-dix; *s. a.* **achtziger**
Neunziger *Pl* ❶ **die ~** *eines Jahrhunderts* les années *fpl* quatre-vingt-dix
❷ (*Lebensalter*) **in den ~n sein** être nonagénaire
Neunziger(in) <-s, -> *m(f)* ❶ (*Mensch in den Neunzigern*) nonagénaire *mf*
❷ *s.* **Neunzigjährige(r)**
Neunzigerjahre *Pl* **die ~** les années *fpl* quatre-vingt-dix
neunzigjährig *Adj attr* de quatre-vingt-dix ans, de nonante ans (CH, BELG); *s. a.* **achtzigjährig**
Neunzigjährige(r) *f(m) dekl wie Adj* nonagénaire *mf;* **etw als ~(r) tun** faire qc à quatre-vingt-dix ans
neunzigste(r, s) *Adj* quatre-vingt-dixième, nonantième (BELG, CH); *s. a.* **achtzigste(r, s)**
Neuordnung *f* réorganisation *f*
Neuphilologe *m*, **-philologin** *f* (*Wissenschaftler*) philologue *mf* moderne; (*Student*) étudiant(e) *m(f)* en lettres modernes
Neuphilologie *f* étude *f* des langues vivantes
Neuralgie [nɔɪral'giː] <-, -n> *f* névralgie *f*
neuralgisch *Adj* MED *a. fig* névralgique
Neurasthenie [nɔɪraste'niː] <-, -n> *f* MED neurasthénie *f*
Neurastheniker(in) <-s, -> *m(f)* MED neurasthénique *mf*
neurasthenisch *Adj* MED neurasthénique
Neuregelung *f* nouvelle réglementation *f;* **die ~ des Verfahrens** la mise en place d'une nouvelle procédure; **eine ~ des Verkehrs vornehmen** changer la régulation de la circulation
neureich *Adj* parvenu(e)
Neureiche(r) *f(m) dekl wie Adj* parvenu(e) *m(f);* **die ~n** les nouveaux riches
Neurochirurg(in) *m(f)* MED neurochirurgien(ne) *m(f)* **Neurochirurgie** *f* MED neurochirurgie *f* **Neurodermitis** *f* MED névrodermite *f*
Neurologe <-n, -n> *m*, **Neurologin** *f* MED neurologue *mf*
Neurologie [nɔɪrolo'giː] <-, -n> *f* MED ❶ (*Teilgebiet der Medizin*) neurologie *f*
❷ *fam* (*neurologische Station*) **auf der ~ liegen** être en neurologie
neurologisch *Adj* MED neurologique
Neuron ['nɔɪrɔn] <-s, -ronen> *nt* neurone *m*
Neurose <-, -n> *f* PSYCH névrose *f*
Neurotiker(in) <-s, -> *m(f)* PSYCH névrosé(e) *m(f)*
neurotisch *Adj* PSYCH *Person* névrosé(e); *Erkrankung, Störung, Verhalten* névrotique
Neuschnee *m* neige *f* fraîche
Neuseeland *nt* la Nouvelle-Zélande
Neuseeländer(in) <-s, -> *m(f)* Néo-Zélandais(e) *m(f)*
neuseeländisch *Adj* néo-zélandais(e)
Neusilber *nt* maillechort *m*
neusprachlich I. *Adj Unterricht* de langues vivantes; **die ~en Fächer** les langues *fpl* vivantes
II. *Adv* **~ ausgerichtet sein** être orienté(e) vers les langues vivantes
Neuste(s) *s.* **Neueste(s)**
neustens *s.* **neuerdings**
neutral I. *Adj* neutre; **~ sein/bleiben** être/rester neutre
II. *Adv* ❶ *sich verhalten* de façon impartiale
❷ CHEM **~ reagieren** avoir une réaction neutre
Neutralisation *s.* **Neutralisierung**
neutralisieren* *tr V* neutraliser
Neutralisierung <-, -en> *f* neutralisation *f*
Neutralität <-> *f* ❶ POL neutralité *f*
❷ *geh* (*Unparteilichkeit*) impartialité *f*
Neutrino <-s, -s> *nt* PHYS neutrino *m*
Neutron <-s, -tronen> *nt* PHYS neutron *m*
Neutronenbombe *f*, **Neutronenwaffe** *f* bombe *f* à neutrons
Neutrum <-s, Neutra *o* Neutren> *nt* ❶ GRAM neutre *m*
❷ *geh* (*geschlechtsloses Wesen*) être *m* asexué
Neuverhandlung *f* JUR négociation *f* nouvelle
neuvermählt *s.* **neu II.3.**
Neuvermählte(r) *f(m) dekl wie Adj geh* jeune marié(e) *m(f)*

Neuverschuldung *f* nouvel endettement *m*
Neuwagen *m* véhicule *m* neuf
Neuwahl *f* nouvelle élection *f*
Neuwert *m* valeur *f* à l'état neuf; **zum ~** au prix du neuf
neuwertig *Adj* comme neuf(neuve); **in ~em Zustand** à l'état pratiquement neuf
Neuzeit *f kein Pl* temps *mpl* modernes
neuzeitlich I. *Adj* ① (*der Neuzeit zugehörig*) des temps modernes
② (*modern*) moderne
II. *Adv sich einrichten* en moderne
Neuzugang *m* (*neuer Schüler*) arrivée *f;* (*neuer Patient*) entrée *f*
Neuzulassung *f form* nouvelle immatriculation *f*
Newage[RR] <->, **New Age** ['nju:'eɪdʒ] <- -> *nt* new age *m*
Newcomer ['nju:kamɐ] <-s, -> *m* nouveau venu *m*/nouvelle venue *f*
Newsgroup ['nju:zgru:p] <-, -s> *f* INFORM infogroupe *m*
NGO [ɛnge:'ʔo:] <-, -s> *f Abk von* **Non-Governmental Organization** O.N.G. *f*
Nicaragua [nika'ra:gua] <-s> *nt* le Nicaragua
Nicaraguaner(in) [nikaragu'a:nɐ] <-s, -> *m(f)* Nicaraguayen(ne) *m(f)*
nicaraguanisch *Adj* nicaraguayen(ne)
nicht *Adv* ① ne ... pas, pas (*fam*); **sie hat ~ gelacht** elle n'a pas ri; **um sich ~ zu erkälten** pour ne pas attraper froid; **~ schlecht/möglich** pas mauvais/possible; **~ viel** pas beaucoup; **~ sehr** pas très; **~ mehr** ne ... plus; **~ länger** ne ... plus longtemps; **warum ~?** pourquoi pas?; **bitte ~!** non, s'il te/vous plaît!; **~ eine(r)** [ne ...] pas un(e) [seul(e)]; **er ~!** pas lui!; **~ einmal du hättest das gewusst** même toi, tu ne l'aurais pas su; **~, dass ich misstrauisch wäre** ce n'est pas que je sois méfiant(e) + *indic o subj;* **ich bin ziemlich müde, du ~?** je suis assez fatigué(e), pas toi?; **~ schimpfen!** ne me gronde/grondez pas!; **~ doch!** mais non!; **~!** arrête/arrêtez!
② (*stimmt's*) **~?** non?
③ (*wohl*) ne ... pas; **kannst du mir ~ etwas Geld leihen?** tu ne peux pas me prêter un peu d'argent?
④ (*doch*) **was die ~ alles so weiß!** elle en sait des choses!; **was der ~ alles so kann!** il sait en faire des choses!; **was es ~ alles gibt!** ce qu'il [ne] faut pas voir! (*fam*); **was man sich ~ für einen Unsinn erzählt!** ce qu'il [ne] faut pas entendre comme bêtises! (*fam*)
Nichtachtung *f* manque *m* de considération; **~ des Gerichts** non-respect *m* du tribunal; **jdn mit ~ strafen** traiter qn avec indifférence **nichtamtlich** *Adj* non officiel(le) **Nichtangriffspakt** *m* pacte *m* de non-agression **Nichtausführung** *f* JUR inexécution *f* **Nichtbeachtung** *f,* **Nichtbefolgung** *f kein Pl form* non-respect *m,* non-observance *f;* **bei ~ der Vorschriften** en cas de non-respect du règlement
Nichte <-, -n> *f* nièce *f*
nichtehelich *Adj* JUR illégitime, hors mariage **Nichteinmischung** *f* non-ingérence *f* **Nichterscheinen** *nt* JUR non-comparution *f* **Nichtgefallen** *nt* **bei ~** si vous n'êtes pas satisfait(e)
nichtig *Adj* ① JUR nul(le); **etw für ~ erklären** déclarer qc nul(le)
② *geh* (*belanglos*) *Grund, Vorwand* futile
Nichtigkeit <-, -en> *f* ① *kein Pl* JUR nullité *f*
② *meist Pl geh* (*Belanglosigkeit*) futilité *f*
Nichtigkeitsklage *f* JUR action *f* en nullité
nichtleitend *s.* **leitend 2.**
Nichtleiter *m* isolant *m* **Nichtmetall** *nt* non-métal *m* **Nichtmitglied** *nt* non-membre *m* **nichtöffentlich** *Adj attr* non public(-ique) **Nichtraucher(in)** *m(f)* ① (*Mensch*) non-fumeur(-euse) *m(f);* **~ sein** être non-fumeur(-euse) ② *fam* (*Nichtraucherabteil*) compartiment *m* non-fumeurs
Nichtraucherabteil *nt* compartiment *m* [réservé aux] non-fumeurs **Nichtraucherzone** *f* (*in Restaurants*) espace *m* [réservé aux] non-fumeurs; (*in öffentlichen Gebäuden*) lieu *m* interdit aux fumeurs
Nichtregierungsorganisation *f meist Pl* organisation *f* non gouvernementale
nichts *Pron indef* ne ... rien, rien (*fam*); **sie hat ~ gesagt** elle n'a rien dit; **um ~ zu verlieren** afin de ne rien perdre; **gar ~** rien du tout; **~ mehr** [ne ...] plus rien; **das geht Sie ~ an!** ça ne vous regarde en rien!; **~ davon stimmt!** rien de tout cela n'est vrai!, il n'en est rien!; **ich kann daran ~ Schönes finden** je n'y trouve rien de beau; **~ als Freude an jdm/etw haben** n'éprouver que de la joie avec qn/qc; **ich habe damit ~ als Ärger** tout ce que j'ai gagné sont des ennuis; **~ anderes habe ich damit ausdrücken wollen** c'est ni plus ni moins ce que j'ai voulu dire; **es ist ~** ce n'est rien; **das macht ~** ça ne fait rien
▸ **von ~ kommt ~** on n'a rien sans rien; **das war wohl ~** *sl* c'était un coup pour rien (*fam*); **für ~ und wieder ~** *fam* pour des clopinettes (*fam*); **~ da!** *fam* pas question! (*fam*); **~ wie hin!** il faut y foncer! (*fam*); **~ wie weg!** tirons-nous! (*fam*); **wie ~** *fam* en un rien de temps
Nichts <-, -e> *nt* ① *kein Pl* PHILOS néant *m*
② (*unbedeutender Mensch*) **ein ~** un(e) moins que rien
▸ **vor dem ~ stehen** avoir tout perdu; **aus dem ~** (*aus nicht Vorhandenem*) à partir de rien; (*von irgendwoher*) comme tombé(e) du ciel; **für ein ~** pour rien
nichtsahnend *s.* **ahnen I.1.**
Nichtschwimmer(in) *m(f)* ① **~ sein** ne pas savoir nager
② *s.* **Nichtschwimmerbecken**
Nichtschwimmerbecken *nt* petit bassin *m*
nichtsdestotrotz *Adv,* **nichtsdestoweniger** *Adv* néanmoins; **aber ~** mais malgré tout
Nichtsesshafte(r)[RR], **Nichtseßhafte(r)** *f(m) dekl wie Adj form* sans domicile fixe *mf*
Nichtskönner(in) *m(f) pej* bon(ne) *m(f)* à rien
Nichtsnutz <-es, -e> *m pej* vaurien(ne) *m(f)*
nichtsnutzig *Adj pej* qui ne vaut rien; **ein ~er Kerl** un vaurien; **ihr ~er Sohn** son vaurien de fils; **diese ~en Gören** ces jeunes voyous
nichtssagend *s.* **sagen I.5.**
Nichtstuer(in) [-tu:ɐ] <-s, -> *m(f) pej* fainéant(e) *m(f)* (*péj*)
Nichtstun *nt* ① (*das Faulenzen*) oisiveté *f,* désœuvrement *m;* **die Tage mit ~ verbringen** passer ses journées à fainéanter
② (*Untätigkeit*) inaction *f* ▸ **das süße ~** le farniente **nichtswürdig** *Adj pej geh* vil(e), abject(e) (*péj*)
Nichtveranlagungsbescheinigung *f* FISC avis *m* de non-imposition **Nichtwähler(in)** *m(f)* POL abstentionniste *mf* **Nichtweiterverbreitung** *f* non-prolifération *f* **Nichtwissen** *nt* ignorance *f* **Nichtzustandekommen** *nt form* échec *m;* **~ einer Vereinbarung** échec d'un accord; **bei ~ der Vereinbarung** si l'accord ne peut être conclu **Nichtzutreffende(s)** *nt dekl wie Adj* mentions *f* inutiles; **~s [bitte] streichen!** rayer les mentions inutiles!
Nickel <-s> *nt* nickel *m*
Nickelbrille *f* lunettes *fpl* cerclées
nicken *itr V* ① hocher la tête; (*Zustimmung signalisieren*) faire un signe d'approbation; **mit einem Nicken** d'un signe de la tête; **das Nicken** le hochement [*o* le signe] de tête
② *fam* (*schlummern*) piquer un roupillon (*fam*)
Nickerchen <-s> *nt fam* roupillon *m* (*fam*); **ein ~ machen** [*o* **halten**] piquer un [petit] roupillon (*fam*)
nie *Adv* ① (*zu keinem Zeitpunkt*) ne ... jamais; **er hat ~ davon gesprochen** il n'en a jamais parlé; **hast du ihn mal belogen? – Nein, ~!** tu lui as déjà menti? – Non, jamais!; **sie sind sich ~ mehr** [*o* **wieder**] **begegnet** ils ne se sont plus jamais vus; **wirst du das noch mal tun? – Nein, ~ mehr!** tu recommenceras? – Non, plus jamais!; **warst du schon mal in Indien? – Nein, noch ~!** tu es déjà allé en Inde? – Non, jamais!

N

❷ *(bestimmt nicht)* ne ... sûrement pas, sûrement pas *(fam)*; **das werden sie ~ schaffen** ils/elles n'y arriveront jamais ▸ **ich hätte das ~ und nimmer geglaubt!** jamais de la vie je n'aurais cru ça!

nieder *Adv* à bas; ~ **mit dem Feind!** à bas l'ennemi!; *s. a.* **niedere(r, s)**

nieder|beugen *r V* **sich ~** se pencher; **sich zu jdm ~** se pencher vers qn

nieder|brennen *unreg* **I.** *itr V + sein* se réduire en cendres; **das Gebäude ist völlig niedergebrannt** l'immeuble a été réduit en cendres
II. *tr V + haben* incendier *Gebäude, Dorf*

nieder|brüllen *tr V fam* huer; **niedergebrüllt werden** se faire huer

nieder|bügeln *tr V fam* descendre *(fam)*

niederdeutsch *Adj* ❶ GEOG d'Allemagne du Nord
❷ LING bas allemand *inv*

Niederdeutsch <-[s]> *nt kein Art* le bas allemand; **auf ~** en bas allemand

Niederdeutsche *nt dekl wie Adj* bas *m* allemand

Niederdruck *m* TECH basse pression *f*

nieder|drücken *tr V* ❶ appuyer sur *Türklinke, Taste*
❷ *geh (deprimieren)* démoraliser; ~**d** démoralisant(e)

niedere(r, s) *Adj attr* ❶ *Geburt, Stand, Volk, Adel* bas(se) *antéposé; Beamte* petit(e) *antéposé;* **von ~r Geburt sein** être de basse condition
❷ *bes.* SDEUTSCH *(niedrig)* bas(se)
❸ BIO, ZOOL primaire

nieder|fallen *itr V unreg + sein geh* tomber; **vor jdm ~** se jeter aux pieds de qn

Niederfrequenz *f* basse fréquence *f*

Niedergang *m kein Pl* déclin *m*

niedergedrückt *s.* **niedergeschlagen**

nieder|gehen *itr V unreg + sein Regen, Hagel, Lawine:* s'abattre; **auf jdn ~** *Flüche, Verwünschungen:* s'abattre sur qn

niedergelassen *Adj* CH *Schweizer* établi(e)

niedergeschlagen *Adj* abattu(e)

Niedergeschlagenheit <-> *f (Deprimiertheit)* abattement *m;* *(Entmutigung)* découragement *m*

nieder|halten *tr V unreg* contenir; **jdn/etw mit Gewalt ~** contenir qn/qc par force

nieder|knien [-kniːn, -kniːən] *itr V + sein* s'agenouiller

Niederkunft <-, ¨-e> *f veraltet geh* délivrance *f (vieilli)*

Niederlage *f* ❶ MIL, SPORT, POL défaite *f;* **jdm eine ~ bereiten** [*o* **zufügen**] infliger une défaite à qn; **bei etw eine ~ hinnehmen** [*o* **einstecken** *fam*] **müssen** essuyer une défaite lors de qc *(fam)*
❷ *(Misserfolg)* échec *m*

Niederlande *Pl* Pays-Bas *mpl*

Niederländer(in) <-s, -> *m(f)* Néerlandais(e) *m(f)*

niederländisch **I.** *Adj* néerlandais(e)
II. *Adv* ~ **miteinander sprechen** discuter en néerlandais; *s. a.* **deutsch**

Niederländisch <-[s]> *nt kein Art (Sprache, Schulfach)* néerlandais *m;* **auf ~** en néerlandais; *s. a.* **Deutsch**

Niederländische *nt dekl wie Adj* **das ~** le néerlandais; *s. a.* **Deutsche**

nieder|lassen *r V unreg* ❶ s'installer; **sich in einer Stadt als Arzt/Anwalt ~** s'installer [*o* s'établir] dans une ville comme médecin/avocat; **die niedergelassenen Ärzte** les médecins établis
❷ *geh (sich setzen)* **sich auf einer Bank ~** *Person:* prendre place [*o* s'installer] sur un banc

Niederlassung <-, -en> *f* ❶ *(Zweigstelle)* succursale *f*
❷ *kein Pl (Existenzgründung) eines Arztes, Rechtsanwaltes* installation *f*

Niederlassungsbewilligung *f* CH droit *m* d'établissement

Niederlassungsfreiheit *f* JUR liberté *f* d'établissement

nieder|legen **I.** *tr V* ❶ se démettre de *Amt;* cesser *Arbeit;* démissionner de *Mandat, Vorsitz, Kommando*
❷ *geh (hinlegen)* déposer *Kranz*
❸ *geh (niederschreiben)* **etw schriftlich ~** coucher qc par écrit
II. *r V geh* **sich ~** s'allonger

Niederlegung <-, -en> *f* ❶ *(das Hinlegen)* dépôt *m*
❷ *(Beendigung) einer Aufgabe* démission *f; der Arbeit* cessation *f;* **sich zur ~ seines Mandats entschließen** décider de démissionner de son mandat

nieder|machen *tr V fam* descendre *(fam)*

nieder|metzeln *tr V* massacrer

Niederösterreich *nt* la Basse-Autriche

nieder|prasseln *itr V + sein a. fig* s'abattre

nieder|reißen *tr V unreg* démolir

Niederrhein *m* **der ~** le Rhin inférieur

Niedersachsen [-ks-] *nt* la Basse-Saxe

nieder|schießen *unreg* **I.** *tr V + haben* abattre
II. *itr V + sein* **auf seine Beute ~** *Raubvogel:* fondre sur sa proie

Niederschlag *m* ❶ METEO précipitation *fpl;* CHEM précipité *m;* **radioaktiver ~** retombées *fpl* radioactives; **tagsüber vereinzelt Niederschläge** dans la journée, des averses éparses
❷ *fig* **seinen ~ in etw** *(Dat)* **finden** *Erinnerung, Erfahrung, Idee:* resurgir dans/à la surface de qc

nieder|schlagen *unreg* **I.** *tr V* ❶ *(zu Boden schlagen)* frapper à terre; **jdn ~** frapper qn à terre
❷ *(unterdrücken)* réprimer
❸ *(senken)* baisser *Augen, Blick*
❹ ADMIN suspendre *Prozess, Verfahren*
II. *r V* ❶ *a.* CHEM **sich ~** *Dampf:* se condenser; *Substanz:* déposer
❷ *fig* **sich in etw** *(Dat)* **~** s'exprimer [*o* se retrouver] dans qc

niederschlagsarm *Adj Gebiet, Gegend* peu arrosé(e); *Klima, Jahreszeit* pauvre en précipitations; **der Winter ist manchmal sehr ~** l'hiver est parfois très sec **Niederschlagsmenge** *f* niveau *m* des précipitations **niederschlagsreich** *Adj* pluvieux(-euse)

Niederschlagung <-, -en> *f* ❶ *eines Verfahrens, Prozesses* suspension *f*
❷ *(Unterdrückung) eines Protests, Aufstands, einer Revolte* répression *f*

nieder|schmettern *tr V a. fig* terrasser

niederschmetternd *Adj Nachricht, Ereignis* bouleversant(e); *Bericht* accablant(e); *Resultat* catastrophique

nieder|schreiben *tr V unreg* mettre par écrit; **etw ~** mettre qc par écrit

nieder|schreien *s.* **niederbrüllen**

Niederschrift *f* ❶ *(Schriftstück)* texte *m* écrit; *(Protokoll)* procès-verbal *m*
❷ *kein Pl (das Niederschreiben) von Gedanken* rédaction *f; eines Testaments* consignation *f* par écrit

nieder|setzen *geh* **I.** *tr V* [dé]poser *Glas, Koffer*
II. *r V* **sich ~** prendre place; **sich auf einen Stuhl ~** prendre place sur une chaise

nieder|sinken *itr V unreg + sein geh Person, Blütenblätter, Schneeflocken:* tomber; **auf das Sofa ~** s'affaler sur le canapé

Niederspannung *f* ELEC basse tension *f*

nieder|stechen *tr V unreg* poignarder

nieder|stimmen *tr V* mettre en minorité; **jdn ~** mettre qn en minorité; **etw ~** rejeter qc

nieder|stoßen *unreg* **I.** *tr V + haben* ❶ *(zu Boden stoßen)* renverser
❷ *(niederstechen)* **jdn [mit einem Messer] ~** poignarder qn
II. *s.* **niederschießen II.**

nieder|stürzen *itr V + sein geh* s'effondrer

niedertourig *Adj* TECH à faible régime

Niedertracht <-> *f* bassesse *f*

niederträchtig **I.** *Adj* infâme

II. *Adv* de façon infâme
Niederträchtigkeit <-, -en> *f* ❶ *kein Pl* (*Charaktereigenschaft*) bassesse *f*
❷ (*Tat*) infamie *f*
nieder|treten *tr V unreg* fouler aux pieds *Gras, Wiese, Teppichflor*
Niederung <-, -en> *f* ❶ GEOG dépression *f*
❷ *Pl fig der Gesellschaft* bas-fonds *mpl*
Niederwald *m* taillis *m*
nieder|werfen *unreg* I. *tr V* réprimer *Aufstand, Revolte*
II. *r V* **sich** ~ se prosterner; **sich vor jdm** ~ se prosterner devant qn
Niederwerfung *f* écrasement *m*
Niederwild *nt* petit gibier *m*
niedlich I. *Adj* adorable
II. *Adv* de façon adorable
niedrig I. *Adj* ❶ (*nicht hoch*) bas(se)
❷ (*gering*) peu élevé(e); *Trinkgeld* maigre *antéposé; Druck, Blutdruck, Temperatur* bas(se); *Geschwindigkeit* réduite; **~ere Kosten** de moindres frais; **bei so einem ~en Einkommen** avec des revenus aussi bas; **eine ~e Summe** une modique somme; **[zu] ~ sein** être [trop] bas(se); **[zu] ~ werden** baisser [de plus en plus]
❸ (*gemein*) *Instinkt, Triebe, Absicht, Beweggründe* bas(se) *antéposé*
❹ (*von geringem Ansehen*) *Geburt, Herkunft, Niveau* bas(se) *antéposé*
II. *Adv* ❶ *fliegen* bas
❷ (*knapp*) *berechnen, veranschlagen* bas; **etw zu ~ einschätzen** sous-estimer qc
Niedrigkeit <-> *f einer Gesinnung, von Beweggründen* bassesse *f*
Niedriglohn *m meist Pl* bas salaires *mpl* **Niedriglohnland** *nt* pays *m* à bas salaires **Niedrigwasser** *nt kein Pl* ❶ *des Flusses* étiage *m* ❷ (*Ebbe*) marée *f* basse
niemals *Adv* ❶ ne ... jamais; **sich ~ trennen** ne se séparer jamais; **er ist noch ~ geflogen** il n'a encore jamais pris l'avion
❷ (*auf keinen Fall*) ne ... jamais [de la vie]; **das werde ich ~ zulassen!** jamais [de la vie] je n'accepterai cela!; **nimmst du das zurück? – Niemals!** tu retires ce que tu as dit? – Jamais de la vie! (*fam*)
niemand *Pron indef* ne ... personne; **~[en] sehen** ne voir personne; **mit ~[em] reden** ne parler à personne; **~es Freund sein** n'être l'ami(e) de personne; **das geht ~[en] von euch etwas an** cela ne regarde aucun de vous; **ich will mit ~ anders** [*o* **anderem**] **darüber reden** je ne veux en parler à personne d'autre; **da ist ~** il n'y a personne; **hallo, ist denn da ~?** il y a quelqu'un?
Niemand <-s, -e> *m* rien du tout *mf*
Niemandsland *nt kein Pl* no man's land *m*
Niere <-, -n> *f* ❶ ANAT rein *m*
❷ MED **künstliche ~** rein *m* artificiel
❸ *meist Pl* GASTR rognon *m*; **saure ~n** rognons sauce aigrelette
▸ **jdm an die ~n gehen** *fam* prendre qn aux tripes (*fam*)
Nierenbecken *nt* ANAT bassinet *m* **Nierenbeckenentzündung** *f* MED pyélite *f* **Nierenentzündung** *f* néphrite *f* **nierenförmig** *Adj* en forme de haricot **Nierengurt** *m* ceinture *f* lombaire **Nierenkolik** *f* colique *f* néphrétique **nierenkrank** *Adj* néphrétique **Nierenkranke(r)** *f(m) dekl wie Adj* néphrétique *mf* **Nierenleiden** *nt* MED maladie *f* rénale **Nierenschale** *f* MED haricot *m* **Nierenstein** *m* calcul *m* rénal **Nierensteinzertrümmerer** <-s, -> *m* lithotri[p]teur *m* **Nierentisch** *m* table *f* en forme de haricot **Nierentransplantation** *f* MED transplantation *f* rénale **Nierenwärmer** <-s, -> *m* ceinture *f* de maintien
nieseln *itr V unpers* bruiner; **es nieselt** il bruine
Nieselregen *m* bruine *f*
niesen *itr V* éternuer; **jdm ins Gesicht ~** éternuer à la figure de qn
Niesen <-s> *nt* éternuement *m*
Niespulver [-fɐ, -vɐ] *nt* poudre *f* à éternuer
Nießbrauch <-[e]s> *m* JUR usufruit *m*; **~ an einem Grundstück/Vermögen** usufruit immobilier/reposant sur un patrimoine
Nieswurz <-, -en> *f* BOT [h]ellébore *m*
Niet [ni:t] <-[e]s, -e> *m o nt Fachspr.* rivet *m*
Niete <-, -n> *f* ❶ (*Los*) billet *m* perdant
❷ *fam* (*Versager*) minable *mf* (*fam*)
❸ TECH, COUT rivet *m*
nieten *tr V.* river
niet- und nagelfest ▸ **alles, was nicht ~ ist** *fam* tout ce qui est bon à prendre
Niger ['ni:gɐ] <-s> *m* ❶ (*Land*) **[der]** ~ le Niger
❷ (*Fluss*) **der** ~ le Niger
Nigeria <-s> *nt* le Nigeria
Nigerianer(in) [nigeri'a:nɐ] <-s, -> *m(f)* Nigérian(ne) *m(f)*
nigerianisch *Adj* nigérian(ne)
Nigrer(in) ['ni:grɐ] <-s, -> *m(f)* Nigérien(ne) *m(f)*
nigrisch ['ni:grɪʃ] *Adj* nigérien(ne)
Nihilismus <-> *m* nihilisme *m*
Nihilist(in) <-en, -en> *m(f)* nihiliste *mf*
nihilistisch *Adj* nihiliste
Nikolaus <-, -e *o fam* -läuse> *m* ❶ (*Gestalt*) **[der]** ~ Saint Nicolas *m*; **der heilige ~** Saint- Nicolas *m*
❷ *kein Pl* (*Nikolaustag*) la Saint-Nicolas; **morgen ist ~** demain c'est la Saint-Nicolas

i Land & Leute

Le **Nikolaus** est un personnage de la période de Noël. Il arrive le soir du 5 décembre dans toutes les villes allemandes et apporte aux enfants des petits cadeaux (mandarines, noix et sucreries). D'après ce qu'on dit, il sait très exactement si les enfants ont été sages ou non pendant l'année, car il a tout noté dans son livre d'or. Il est accompagné de *Knecht Ruprecht*, un personnage que craignent les enfants qui n'ont pas été sages et qui vient, avec son fouet à la main, leur rappeler qu'ils doivent s'assagir l'année suivante.

Nikotin <-s> *nt* nicotine *f*; **~ ist gesundheitsschädlich** la nicotine nuit à la santé
nikotinarm *Adj* à faible teneur en nicotine **nikotinfrei** *Adj* sans nicotine **Nikotingehalt** *m* teneur *f* en nicotine **nikotinhaltig** *Adj* [qui] contient de la nicotine **Nikotinvergiftung** *f* tabagisme *m*
Nil <-s> *m* Nil *m*
Nilpferd *nt* hippopotame *m*
Nimbus <-> *m geh* ❶ (*Ansehen*) aura *f*
❷ (*Heiligenschein*) nimbe *m*
nimmer *Adv* ❶ *veraltet geh s.* **niemals**
❷ SDEUTSCH, A (*nicht mehr*) ne ... plus
nimmermehr *Adv veraltet* ne ... plus jamais **nimmermüde** *Adj attr* inlassable **Nimmersatt** <-[e]s, -e> *m fam* goinfre *mf* (*fam*) **Nimmerwiedersehen** *fam* ▸ **auf ~ verschwinden** partir pour toujours; **auf ~!** adieu pour toujours!
nimmt *3. Pers Präs von* **nehmen**
Niobium <-s> *nt* CHEM niobium *m*
Nippel <-s, -> *m* TECH raccord *m*
nippen *itr V* goûter; **an etw** (*Dat*) **~** goûter qc du bout des lèvres; (*mehrmals*) siroter qc (*fam*); **an einem Glas ~** siroter un verre
Nippes ['nɪpəs] *Pl*, **Nippsachen** ['nɪpzaxən] *Pl* babioles *fpl*, bibelots *mpl*
nirgends *Adv* ne ... nulle part; **ich kann meinen Schlüssel ~ finden** je ne trouve mes clefs nulle part; **wo gibt es das? – Nirgends!** où est-ce qu'on trouve ça? – Nulle part!

N

nirgendwo *s.* nirgends
nirgendwohin *Adv* ne ... nulle part; ~ **fliehen können** ne pouvoir s'enfuir vers nulle-part; **wohin gehst du? – Nirgendwohin!** où est-ce que tu vas? – Nulle part!
Nirwana <-[s]> *nt* nirvana *m*
Nische <-, -n> *f* ❶ ARCHIT niche *f*
❷ (*Marktnische*) créneau *m*
❸ *fig* lieu *m* privilégié; **ökologische** ~ niche *f* écologique
Nisse <-, -n> *f* lente *f*
nisten *itr V* nicher
Nistkasten *m* nichoir *m* **Nistplatz** *m* lieu *m* de nidification
Nitrat <-[e]s, -e> *nt* CHEM nitrate *m*
Nitrit [ni'tri:t] <-s, -e> *nt* nitrite *m*
Nitroglyzerin *nt* CHEM nitroglycérine *f*; ~ **ist hochexplosiv** la nitroglycérine est un produit très explosif **Nitrolack** *m* CHEM peinture *f* à la nitrocellulose
Niveau [ni'vo:] <-s, -s> *nt* niveau *m*; **jd hat** ~/**kein** ~ qn est/n'est pas cultivé(e); **etw hat** ~/**kein** ~ qc est de haut niveau/qc est d'un mauvais niveau; **das ist unter ihrem** ~ c'est au-dessous de son niveau; **ein Mensch/eine Unterhaltung mit** ~ une personne cultivée/une conversation d'un haut niveau
niveaulos [ni'vo:-] *Adj* quelconque
nivellieren* [-ve-] *tr V* niveler
Nivellierung <-, -en> *f* nivellement *m*
nix *Pron indef fam* rien (*fam*); *s. a.* **nichts**
Nixe <-, -n> *f* ondine *f*
Nizza <-s> *nt* Nice
NN *Abk von* **Normalnull**
NO *Abk von* **Nordosten** N.-E.
nobel I. *Adj* ❶ (*edel*) noble
❷ (*luxuriös*) chic
❸ (*großzügig*) *Geschenk, Spende, Trinkgeld* généreux(-euse)
II. *Adv* ❶ (*edel*) avec noblesse
❷ (*großzügig*) généreusement
Nobelherberge *f fam* hôtel *m* classe (*fam*)
Nobelium <-s> *nt* CHEM nobélium *m*
Nobelkarosse *f* AUT *pej fam* bagnole *f* de luxe (*fam*)
Nobelpreis *m* prix *m* Nobel **Nobelpreisträger(in)** *m(f)* prix *mf* Nobel
Nobody ['nɔubədɪ] <-s, -s> *m* [illustre] inconnu(e) *m(f)*
noch *Adv* ❶ (*weiterhin*) encore; ~ **da sein** être encore là; **er ist immer** ~ [*o* ~ **immer**] **krank** il est toujours malade; **bleiben Sie** ~ **immer bei ihrer Aussage?** vous continuez à maintenir vos déclarations?; ~ **fünf Minuten bis zur Abfahrt** encore cinq minutes jusqu'au départ; ~ **Geld haben** avoir encore de l'argent
❷ (*bisher*) **er hat** ~ **nicht angerufen** il n'a pas encore téléphoné; **ich habe** ~ **nichts von ihm gehört** je reste encore sans nouvelles de lui; **hast du schon etwas eingekauft? – Nein,** ~ **nichts!** tu as déjà acheté quelque chose? – Non, encore rien!; **auf diese Idee ist** ~ **keiner gekommen** personne n'a encore eu cette idée
❸ (*irgendwann einmal*) un jour; **das wird dir** ~ **leid tun** tu le regretteras un jour
❹ (*zur Verstärkung von Steigerungen*) encore; ~ **besser** encore mieux, encore meilleur(e); **das ist ja** ~ **schöner!** *iron* [c'est] de mieux en mieux!
❺ (*zur Verstärkung bei Zeit- und Ortsangaben*) ~ **heute** aujourd'hui même; ~ **diese Woche/in diesem Jahr** dès cette semaine/année; ~ **am Unfallort** sur le lieu même de l'accident
❻ (*eigentlich*) déjà; **wie war das** ~? comment c'était déjà?
❼ (*knapp, so eben*) **den Zug gerade** ~ **erreichen können** pouvoir tout juste attraper le train; **das geht gerade** ~ ça peut encore aller
❽ (*außerdem*) encore; **möchtest du** ~ **etwas?** tu désires quelque chose d'autre?; **bringen Sie mir** ~ **ein Bier!** apportez-moi une autre bière!
❾ (*verstärkend*) **wenn sie auch** ~ **so klug ist ...** elle a beau être intelligente...; **und wenn es** ~ **so regnet ...** et même si il pleut ...; **und wenn du** ~ **so schreist, hier hört dich keiner!** tu peux avoir beau crier, ici personne ne t'entend
► ~ **und** ~ [*o* **nöcher** *fam*] en veux-tu en voilà (*fam*); **er hat Geld** ~ **und nöcher** *fam* il a de l'argent en veux-tu en voilà (*fam*)
nochmalig *Adj attr* nouveau(-velle)
nochmals *Adv* encore une fois
Nockenwelle *f* arbre *m* à cames
Nockerl ['nɔkɐl] <-s, -n> *nt* A (*kleiner Kloß*) quenelle *f*
NOK [ɛnʔo:'ka:] <-s, -s> *nt Abk von* **Nationales Olympisches Komitee** Comité *m* national olympique; (*in Frankreich*) C.N.O.S.F. *m*
nölen ['nø:lən] *itr V* NDEUTSCH *fam* geindre (*péj fam*)
nolens volens ['no:lɛns'vo:lɛns] *Adv geh* bon gré mal gré
Nomade [no'ma:də] <-n, -n> *m*, **Nomadin** *f* nomade *mf*
Nomadenleben *nt kein Pl* vie *f* nomade; **ich will mein** ~ **beenden und sesshaft werden** *fig* je veux mettre un terme à mon existence de nomade et m'établir
Nomadentum <-s> *nt* nomadisme *m*
Nomen ['no:mən, *Pl:* 'no:mina] <-s, Nomina> *nt* GRAM nom *m*
nomen est omen *geh* comme son nom l'indique
Nomenklatur [nomɛnkla'tu:ɐ] <-, -en> *f* nomenclature *f*
Nomenklatura [nomɛnkla'tu:ra] <-> *f* HIST nomenklatura *f*
Nomina ['no:mina] *Pl von* **Nomen**
nominal [nomi'na:l] I. *Adj* nominal(e)
II. *Adv* nominalement
Nominaleinkommen *nt* ÖKON valeur *f* nominale des revenus **Nominalstil** *m* forme *f* nominale **Nominalwert** *m* FIN, ÖKON valeur *f* nominale **Nominalzins** *m* FIN valeur *f* nominale des taux
Nominativ ['no:minati:f, nomina'ti:f] <-[e]s, -e> *m* GRAM nominatif *m*
nominell [nomi'nɛl] I. *Adj* nominal(e)
II. *Adv* nominalement
nominieren* *tr V* désigner; **jdn für ein Amt** ~ désigner qn à une fonction; **als Kandidat für einen Wahlkreis nominiert werden** être désigné(e) comme candidat dans une circonscription [électorale]
Nominierung <-, -en> *f* nomination *f*
No-Name-ProduktRR [nou'neɪm-] *nt* produit *m* qui n'est pas de marque
Nonchalance [nõʃa'lã:s] <-> *f geh* grâce *f* nonchalante
nonchalant [nõʃa'lã:] I. *Adj geh* gracieux (-euse)
II. *Adv geh* gracieusement
Nonkonformismus *m* non-conformisme *m*, anticonformisme *m*
Nonkonformist(in) <-en, -en> *m(f) geh* anticonformiste *mf*
nonkonformistisch *Adj geh* non-conformiste
Nonne ['nɔnə] <-, -n> *f* religieuse *f*
Nonnenkloster *nt* couvent *m*
Nonplusultra [nɔnplʊs'ʔʊltra] <-s> *nt geh* nec *m* plus ultra (*soutenu*)
Nonsens ['nɔnzɛns] <-[es]> *m* absurdité *f*
nonstop ['nɔn'stɔp] *Adv* non-stop
Nonstopflug *m* vol *m* non-stop
Noppe ['nɔpə] <-, -n> *f* nop[p]e *f*
Nordafrika ['nɔrt'ʔa(:)frika] *nt* l'Afrique *f* du Nord **Nordamerika** *nt* l'Amérique *f* du Nord **Nordamerikaner(in)** *m(f)* Nord-Américain(ne) *m(f)* **nordamerikanisch** *Adj* nord-américain(ne) **Nordatlantikpakt** *m form* Traité *m* de l'Atlantique Nord **norddeutsch** *Adj* de l'Allemagne [*o* d'Allemagne] du Nord **Norddeutschland** *nt* l'Allemagne *f* du Nord

i Land & Leute

Comme d'autres pays, l'Allemagne est "virtuellement" séparée en deux parties – l'Allemagne du Nord et l'Allemagne du Sud – qui se différencient par leur géographie, leurs traditions et coutumes, leurs dialectes et leurs spécialités. La **Norddeutschland** est une région plate et bordée par la mer, à majorité protestante. On y trouve deux très grandes métropoles: Hambourg et Berlin.

Norden ['nɔrdən] <-s> *m* ① (*Himmelsrichtung*) nord *m;* **aus** [**dem**] ~ [venant] du nord; **nach** [*o* **gen** *geh*] ~ vers le nord; **nach ~ liegen** *Zimmer, Balkon:* être orienté(e) au nord; **nach ~ zeigen** *Person:* montrer le nord; **nach ~ hin** plus au nord; **von** ~ [en provenance] du nord; **von ~ kommen** *Wind, Regen:* venir du nord
② (*nördliche Gegend*) Nord *m*
▶ **im hohen** ~ dans le Grand Nord, tout au nord
Nordeuropa *nt* l'Europe *f* du Nord **Nordfenster** *nt* fenêtre *f* exposée au nord **Nordfrankreich** *nt* le nord de la France; **in** ~ dans le nord de la France **Nordhalbkugel** *f* hémisphère *m* nord **Nordhang** *m* versant *m* nord [*o* septentrional]; **bis Ende April war der ~ vereist** le versant nord était gelé jusqu'à la fin avril **Nordirland** *nt* l'Irlande *f* du Nord
nordisch ['nɔrdɪʃ] *Adj* nordique
Norditalien [-liən] *nt* l'Italie *f* du Nord **Nordkap** ['nɔrtkap] *nt* cap *m* Nord **Nordkorea** ['nɔrtko're:a] <-s> *nt* la Corée du Nord **Nordkoreaner(in)** <-s, -> *m(f)* Nord-Coréen(ne) *m(f)* **nordkoreanisch** *Adj* nord-coréen(ne) **Nordküste** *f* côte *f* septentrionale **Nordlage** *f* exposition *f* au nord
nördlich ['nœrtlɪç] **I.** *Adj* ① GEOG du nord
② METEO [en provenance] du nord
③ (*nach Norden*) **in ~er Richtung** en direction du nord
II. *Adv* au nord; **~ von etw** au nord de qc
III. *Präp + Gen* **~ des Polarkreises** au nord du cercle polaire
Nordlicht *nt* ① METEO aurore *f* boréale ② *hum* (*Norddeutscher*) Allemand(e) *m(f)* du Nord **Nordosten** *m* (*Himmelsrichtung*) nord-est *m;* (*Landesteil*) Nord-Est *m; s. a.* **Norden** **nordöstlich** **I.** *Adj* ① GEOG [situé(e) au] nord-est ② (*nach Nordosten*) **in ~er Richtung** en direction du nord-est ③ (*aus Nordosten*) [en provenance] du nord-est **II.** *Adv* au nord-est **III.** *Präp + Gen* **~ der Stadt** au nord-est de la ville; *s. a.* **Norden** **Nord-Ostsee-Kanal** *m* canal *m* de Kiel [*o* de la mer du Nord à la Baltique] **Nordpol** *m* pôle *m* Nord
Nordpolargebiet ['nɔrtpola:ɐgəbi:t] *nt* Arctique *m* **Nordpolarmeer** *nt* océan *m* Arctique
Nordrhein-Westfalen *nt* la Rhénanie-du-Nord-Westphalie
Nordsee *f* mer *f* du Nord **Nordseite** *f* face *f* nord
Nord-Süd-Gefälle *nt* disparités *fpl* Nord-Sud **Nord-Süd-Konflikt** *m* ÖKON, POL conflit *m* nord-sud
Nordwand *f* face *f* nord
nordwärts ['-vɛrts] *Adv* vers le nord
Nordwesten *m* (*Himmelsrichtung*) nord-ouest *m;* (*Landesteil*) Nord-Ouest *m; s. a.* **Norden** **nordwestlich** **I.** *Adj* ① GEOG [situé(e) au] nord-ouest ② (*nach Nordwesten*) **in ~er Richtung** en direction du nord-ouest ③ (*aus Nordwesten*) [en provenance] du nord-ouest **II.** *Adv* au nord-ouest **III.** *Präp + Gen* **~ des Flusses** au nord-ouest de la rivière/du fleuve; *s. a.* **nördlich** **Nordwind** *m* vent *m* du nord
Nörgelei [nœrgə'laɪ] <-, -en> *f meist Pl* dénigrements *mpl*
nörgeln ['nœrgəln] *itr V* râler; **über etw** (*Akk*) ~ râler à cause de qc
Nörgler(in) ['nœrglɐ] <-s, -> *m(f)* râleur(-euse) *m(f)*
Norm [nɔrm] <-, -en> *f* norme *f*
normal [nɔr'ma:l] **I.** *Adj* ① (*üblich*) normal(e); **es ist** [**ganz**] **~, dass** il est [*o* c'est] [tout à fait] normal que + *subj*
② (*geistig gesund*) normal(e)
③ *fam* (*zurechnungsfähig*) **nicht mehr ~ sein** ne plus être tout à fait normal(e); **bist du noch ~?** t'es pas un peu malade? (*fam*)
II. *Adv* ① (*üblich*) normalement; **~ groß/lang/breit sein** être de taille/longueur/largeur normale; **~ schmecken/riechen** *Milch, Käse, Wurst:* ne pas avoir d'odeur/ne pas sentir
② *fam* (*normalerweise*) normalement
Normalbenzin *nt* [essence *f*] ordinaire *m*
normalerweise *Adv* normalement
Normalfall *m* cas *m* classique; **das ist der** ~ c'est classique; **im** ~ normalement **Normalgewicht** *nt* poids *m* normal **Normalgröße** *f* taille *f* normale
normalisieren* **I.** *tr V* normaliser
II. *r V* **sich** ~ *a.* MED revenir à la normale
Normalisierung <-, -en> *f a.* MED retour *m* à la normale
Normalität [nɔrmali'tɛ:t] <-> *f* normalité *f*
Normalmaß *nt kein Pl* ① (*übliches Ausmaß*) normale *f* ② (*Standardmaß*) taille *f* normale **Normalnull** <-s> *nt* niveau *m* zéro **Normalverbraucher(in)** *m(f)* consommateur *m* moyen/consommatrice *f* moyenne ▶ **Otto** ~ *fam* le consommateur/la consommatrice lambda (*fam*) **Normalzeit** *f* heure *f* légale **Normalzustand** *m kein Pl* état *m* normal
Normandie [nɔrman'di:] <-> *f* Normandie *f*
Normanne [nɔr'manə] <-n, -n> *m,* **Normannin** *f a.* HIST Normand(e) *m(f)*
normannisch [nɔr'manɪʃ] *Adj a.* HIST normand(e)
normativ [nɔrma'ti:f] *Adj* normatif(-ive)
Normblatt *nt* tableau *m* [*o* index *m*] des normes (*établi par l'office allemand de normalisation*)
normen ['nɔrmən] *tr V* standardiser; **genormt** standard *inv*
normieren* *tr V geh* standardiser *Maße, Verhalten;* uniformiser *Aussehen*
Normierung <-, -en> *f* normalisation *f,* standardisation *f*
Normung <-, -en> *f* standardisation *f*
Norwegen ['nɔrve:gən] <-s> *nt* la Norvège
Norweger(in) <-s, -> *m(f)* Norvégien(ne) *m(f)*
norwegisch **I.** *Adj* norvégien(ne)
II. *Adv* **~ miteinander sprechen** discuter en norvégien; *s. a.* **deutsch**
Norwegisch <-[s]> *nt kein Art* (*Sprache, Schulfach*) norvégien *m;* **auf** ~ en norvégien; *s. a.* **Deutsch**
Norwegische *nt dekl wie Adj* **das** ~ le norvégien; *s. a.* **Deutsche**
Nostalgie [nɔstal'gi:] <-> *f geh* nostalgie *f*
nostalgisch [nɔs'talgɪʃ] *Adj geh* nostalgique
not *s.* Not ▶
Not [no:t] <-, Nöte> *f* ① *kein Pl* (*Armut*) misère *f*
② (*Bedrängnis*) détresse *f;* **jdn in ~ bringen** mettre qn en grande difficulté; **in ~ geraten** *Person:* se retrouver dans le besoin; **in ~** [*o* **in Nöten**] **sein** être dans le besoin; **~ leidend** *Person, Bevölkerung* dans le besoin; *Wirtschaft* en détresse; **in seiner/ihrer** ~ dans sa détresse
③ *kein Pl veraltet* (*Notwendigkeit*) nécessité *f;* **aus** ~ par nécessité; **ohne** ~ sans nécessité
④ (*Seenot*) **in ~ geraten** *Schiff:* se trouver tout à coup en difficulté
▶ **~ kennt kein Gebot** *Spr.* nécessité fait loi; **wenn ~ am Mann ist** s'il/quand il y a urgence; **in der ~ frisst der Teufel Fliegen** *Spr.* faute de grives, on mange des merles; **aus der ~ eine Tugend machen** faire de nécessité vertu; **~ macht erfinderisch** *Spr.* nécessité est mère d'invention; **mit knapper** ~ de justesse; **seine liebe ~ mit jdm/etw haben** avoir bien du mal avec qn/qc; **jdm ~ tun** *veraltet geh* être nécessaire à qn; **es täte** [**eher**] **~ die Ruhe zu bewahren** il serait [plus] utile de garder le calme; **zur** ~ au besoin
Notanker *m* ① NAUT ancre *f* de secours
② *fig* **jdm als ~ dienen** être la planche de salut de qn (*fig*); **jdm einen ~ zuwerfen** lancer une bouée à qn (*fig*)
Notar(in) [no'ta:ɐ] <-s, -e> *m(f)* notaire *m*
Notariat [notari'a:t] <-[e]s, -e> *nt* ① (*Kanzlei*) cabinet *m* [*o* étude *f*] [de notaire]
② *kein Pl* (*Amt*) notariat *m*

N

notariell [notari'ɛl] I. *Adj Bescheinigung* notarié(e)
II. *Adv* devant notaire; ~ **beglaubigt werden** être notarié(e)
Notarzt *m*, **-ärztin** *f* ❶ (*Arzt für Notfälle*) médecin *m* d'urgence; (*in Frankreich*) médecin du SAMU ❷ (*Arzt im Bereitschaftsdienst*) médecin *m* de garde **Notarztwagen** *m* voiture *f* du SAMU **Notaufnahme** *f eines Krankenhauses* urgences *fpl*
Notaufnahmelager *nt* centre *m* d'accueil d'urgence
Notausgang *m* sortie *f* [*o* issue *f*] de secours **Notbehelf** *m* pis-aller *m* **Notbeleuchtung** *f* éclairage *m* de secours [*o* sûreté] **Notbremse** *f* signal *m* d'alarme ▶ **die** ~ **ziehen** [*o* **betätigen**] tirer [*o* actionner] le signal d'alarme; (*Maßnahmen ergreifen*) tirer la sonnette d'alarme **Notdienst** *m* service *m* de garde; ~ **haben** être de garde
Notdurft ['no:tdʊrft] *f* **seine** ~ **verrichten** *geh* faire ses besoins
notdürftig [-dʏrftɪç] I. *Adj Instandsetzung, Reparatur* provisoire; *Schutz* de fortune; *Verständigung* approximatif(-ive)
II. *Adv instand setzen, reparieren* provisoirement; *sich schützen, sich verständigen* comme il/elle/... peut
Note ['no:tə] <-, -n> *f* ❶ MUS note *f*; *Pl* (*Notentext*) partition *f*; **ganze/halbe** ~ ronde *f*/blanche *f*; ~**n lesen können** connaître le solfège
❷ SCHULE, UNIV, SPORT note *f*
❸ POL (*Mitteilung*) note *f*
❹ (*Banknote*) billet *m*
❺ *kein Pl* (*Duftnote*) note *f*
❻ *kein Pl* (*Eigenart*) touche *f*; **das ist ihre ganz persönliche** ~ c'est ce qui lui donne cette touche si personnelle

i Land & Leute

Six est en Allemagne la plus mauvaise note. Elle signifie “insuffisant”. La meilleure **Note** est un. En Suisse, c'est le contraire: six est la meilleure note et un la plus mauvaise. En Autriche, la plus mauvaise note est cinq et la meilleure un.

Notebook ['nɔʊtbʊk] <-s, -s> *nt* [ordinateur *m*] portable *m*
Notenaustausch *m* POL échange *m* de notes diplomatiques **Notenbank** <-banken> *f* banque *f* d'émission **Notenblatt** *nt* feuille *f* de papier à musique **Notenheft** *nt* cahier *m* de musique **Notenlinie** [-li:niə] *f* portée *f* **Notenpapier** *nt* papier *m* à musique **Notenschlüssel** *m* clé *f* **Notenschrift** *f* MUS notation *f* musicale **Notenständer** *m* pupitre *m* **Notensystem** *nt* MUS portée *f*
Notepad-Computer ['nɔʊtpædkɔm'pju:tɐ] *m* bloc-notes *m* électronique
Notfall *m* ❶ (*Zwangslage*) situation *f* d'urgence; **im** ~ au besoin ❷ MED [cas *m* d']urgence *f*; **bei** [*o* **in**] **einem** ~ en cas d'urgence ▶ **für den** ~ en cas de besoin; *hum* (*für alle Fälle*) pour le cas où **notfalls** *Adv* au besoin
Notfallstation *f* CH [service *m* des] urgences *fpl*
notgedrungen ['no:tgə'drʊŋən] *Adv* bon gré mal gré; **etw** ~ **machen** faire qc contraint(e) et forcé(e)
Notgemeinschaft *f* communauté *f* de survie **Notgroschen** *m* pécule *m*; **sich** (*Dat*) **einen** ~ **zurücklegen** se constituer un petit pécule
notieren* I. *tr V* ❶ (*aufschreiben*) noter; [**sich** (*Dat*)] **etw** ~ noter qc
❷ (*vormerken*) noter; **jdn für etw** ~ noter qn pour qc
❸ BÖRSE **mit hundert Dollar notiert werden** *Aktien, Rohstoffe:* être coté(e) à cent dollars; **notierte Währung** monnaie *f* cotée
II. *itr V* ❶ (*schreiben*) noter, prendre des notes
❷ BÖRSE **mit 60 Euro** ~ coter à 60 euros; **der Dollar notiert schwächer/fester** le cours du dollar [*o* le dollar] est en baisse/en hausse
Notierung <-, -en> *f* (*das Notieren*) **nach der** ~ **der Bestellung** après avoir noté la commande

nötig ['nø:tɪç] I. *Adj* nécessaire; **mit dem** ~**en Geld** avec l'argent nécessaire; **mit der** ~**en Vorsicht** avec la prudence qui s'impose/s'imposait; **es ist** ~ **sofort zu handeln** il est nécessaire d'agir tout de suite; **etw** [**bitter**] ~ **haben** *Person, Gebäude, Auto:* avoir [bien] besoin de qc; **etw nicht** ~ **haben** pouvoir se passer de qc; **falls** [*o* **wenn**] ~ si nécessaire; **das/alles Nötige** le nécessaire; **das Nötigste** le strict nécessaire; **sie hat** [*o* **hätte**] **mal einen Urlaub** ~ elle aurait bien besoin de vacances
▶ **es nicht** ~ **haben etw zu tun** ne se sentir vraiment pas obligé(e) de faire qc; **das habe ich doch nicht** ~! je n'ai vraiment pas besoin de ça!; **er hat es gerade** ~ [**andere zu kritisieren**]! *iron* ça lui va bien [de critiquer les autres]! (*iron*)
II. *Adv* **etw** ~ **brauchen** avoir un besoin urgent de qc; **was ich am** ~**sten brauche, ist Schlaf** ce dont j'ai le plus [grand] besoin, c'est de dormir
nötigen ['nø:tɪgən] *tr V* forcer; **jdn zu etw** ~ forcer qn à faire qc
nötigenfalls *Adv form* si besoin est
Nötigung <-, -en> *f* coercition *f*; ~ **zu einer Falschaussage** abus *m* de force pour contraindre qn à faire une fausse déposition
Notiz [no'ti:ts] <-, -en> *f* ❶ note *f*; **sich** (*Dat*) ~**en/eine** ~ **machen** noter; (*bei einem Vortrag*) prendre des notes
❷ (*Pressenotiz*) entrefilet *m*
▶ **von jdm/etw** ~ **nehmen** remarquer qn/qc; **von jdm/etw keine** ~ **nehmen** ne pas faire attention à qn/qc
Notizblock <-blöcke> *m* bloc-notes *m* **Notizbuch** *nt* carnet *m* **Notizzettel** *m* bout *m* de papier; (*von einem Block*) feuille *f* de bloc-notes
Notlage *f* situation *f* critique; **in eine** ~ **geraten** tomber dans une mauvaise passe; **sich in einer** ~ **befinden** être dans une mauvaise passe; **jdn in eine** ~ **bringen** mettre qn dans une situation critique; **jds** ~ **ausnützen** profiter de la détresse de qn **notlanden** <notlandete, notgelandet> *itr V + sein* faire un atterrissage forcé **Notlandung** *f* atterrissage *m* forcé
notleidend *s.* **Not 2.**
Notlösung *f* solution *f* provisoire **Notlüge** *f* pieux mensonge *m*
notorisch [no'to:rɪʃ] I. *Adj geh* notoire; **ein** ~**er Lügner** un fieffé menteur
II. *Adv geh* notoirement
Notruf *m* ❶ (*Anruf*) appel *m* d'urgence ❷ *s.* **Notrufnummer**
Notrufnummer *f* numéro *m* d'appel d'urgence **Notrufsäule** *f* borne *f* d'appel d'urgence **Notrutsche** *f* toboggan *m* d'évacuation **notschlachten** <notschlachtete, notgeschlachtet> *tr V* abattre par mesure d'urgence; **ein Tier** ~ abattre un animal par mesure d'urgence **Notsignal** *nt* signal *m* de détresse **Notsituation** *f* situation *f* de détresse **Notsitz** *m* strapontin *m* **Notstand** *m* ❶ [cas *m* d'] urgence *f* ❷ JUR état *m* d'urgence; **den** ~ **ausrufen** décréter l'état d'urgence
Notstandsgebiet *nt* zone *f* sinistrée **Notstandsgesetze** *Pl* mesures *fpl* d'urgence [*o* d'exception]
Notstromaggregat *nt* groupe *m* électrogène de secours **Nottaufe** *f* (*katholisch*) ondoiement *m*; (*evangelisch*) baptême *m* d'urgence **Notunterkunft** *f* logement *m* provisoire **Notverband** *m* pansement *m* d'urgence **Notverkauf** *m* vente *f* forcée **Notwasserung** *f* amerrissage *m* forcé **Notwehr** <-> *f* légitime défense *f*; **aus** [*o* **in**] ~ en état de légitime défense
notwendig ['no:tvɛndɪç] I. *Adj* nécessaire; ~ **sein/werden** être/se révéler nécessaire; **das Notwendigste** le strict nécessaire
II. *Adv* nécessairement
notwendigerweise *Adv* nécessairement; **sich** ~ **aus etw ergeben** résulter nécessairement de qc
Notwendigkeit <-, -en> *f* nécessité *f*
Notzucht <-> *f* JUR viol *m* **notzüchtigen** <notzüchtigte, genotzüchtigt> *tr V* JUR violer

Nougat ['nu:gat] <-s, -s> *m o nt* praliné *m*
Nova ['no:va] <-, Novä> *f* ASTRON nova *f*
Novelle [no'vɛlə] <-, -n> *f* ❶ LITER nouvelle *f*
❷ POL amendement *m*
novellieren* [-vɛ-] *tr V* amender *Gesetz*
November [no'vɛmbɐ] <-s, -> *m* novembre *m; s. a.* **April**
Novität [novi'tɛ:t] <-, -en> *f* nouveauté *f*
Novize [no'vi:tsə] <-n, -n> *m,* **Novizin** *f* novice *mf*
Noviziat [novi'tsia:t] <-[e]s, -e> *nt* noviciat *m*
Novum ['no:vʊm] <-s, *selten* Nova> *nt geh* novation *f* [fondamentale] (*rare*); **ein ~** une novation
NPD <-> *f* POL *Abk von* **Nationaldemokratische Partei Deutschlands** *parti nationaliste allemand d'extrême-droite*
Nr. *Abk von* **Nummer** n°
NS [ɛn'ʔɛs] *Abk von* **Nationalsozialismus** national-socialisme *m*
NSDAP [ɛnʔɛsde:a:'pe:] *f Abk von* **Nationalsozialistische Deutsche Arbeiterpartei** HIST *parti ouvrier allemand national-socialiste*
NS-Regime [ɛn'ʔɛs-] *nt* nazisme *m;* **die Verbrechen des ~s** les crimes nazis **NS-Soldat** *m* soldat *m* nazi **NS-Zeit** *f* période *f* nazie
N.T. *nt Abk von* **Neues Testament** N.T.
Nu [nu:] ▸ **im ~** en un clin d'œil
Nuance [ny'ã:sə] <-, -n> *f* nuance *f*
nüchtern ['nʏçtɐn] *Adj* ❶ (*mit leerem Magen*) à jeun; **~ sein/bleiben** être/rester à jeun
❷ (*nicht betrunken*) sobre; **~ sein/bleiben** être/rester sobre; **nicht ganz ~ sein** ne pas être tout à fait sobre; **[wieder] ~ werden** dessoûler
❸ (*realitätsbewusst*) lucide; **[zu] ~ sein** être [trop] terre à terre
❹ (*sachlich*) *Fakten, Zahlen* concret(-ète); *Architektur, Einrichtung, Raum, Schreibstil* sobre
Nüchternheit <-> *f* ❶ (*opp: Trunkenheit*) sobriété *f*
❷ (*Realitätsbewusstsein*) lucidité *f*
Nuckel ['nʊkəl] <-s, -> *m fam* tétine *f*
nuckeln ['nʊkəln] *itr V fam* **an etw** (*Dat*) **~** téter qc
Nudel ['nu:dəl] <-, -n> *f* ❶ *meist Pl* pâtes *fpl;* (*in einer Suppe*) vermicelle *m*
❷ *fam* (*Frau*) **[sie ist] eine komische ~** [elle est] un drôle de numéro (*fam*)
Nudelbrett *nt* planche *f* à pâtisserie **Nudelholz** *nt* rouleau *m* à pâtisserie **Nudelsuppe** *f* soupe *f* au vermicelle **Nudelteig** *m* pâte *f* à nouilles **Nudelwalker** [-'valkɐ] <-s, -> *m* A *s.* **Nudelholz**
Nudismus [nu'dɪsmʊs] <-> *m geh* nudisme *m*
Nudist(in) [nu'dɪst] <-en, -en> *m(f) geh* nudiste *mf*
Nugat ['nu:gat] *s.* **Nougat**
nuklear [nukle'a:ɐ] I. *Adj attr* nucléaire
II. *Adv* **~ bewaffnet sein** posséder l'arme nucléaire
Nuklearmacht *f* puissance *f* nucléaire **Nuklearmedizin** *f* médecine *f* nucléaire **Nuklearphysik** *f* physique *f* nucléaire **Nuklearwaffe** *f* arme *f* nucléaire
Nukleinsäure [nukle'i:n-] *f* acide *m* nucléique
Nukleus ['nu:kleʊs] <-, Nuklei> *m* ANAT, BIO, LING noyau *m*
null [nʊl] I. *Num* zéro; **~ Fehler** un sans faute; **um/gegen ~ Uhr** à/vers minuit; **das Spiel steht ~ zu drei/eins zu ~** le score est de zéro à trois/de un à zéro
▸ **in ~ Komma nichts** *fam* en moins de deux (*fam*); **gleich ~ sein** être quasiment nul(le); **~ und nichtig sein** être nul(le) et non avenu(e); **etw für ~ und nichtig erklären** abroger qc
II. *Adj unv fam* **~ Ahnung haben** n'y comprendre que dalle (*fam*)
Null <-, -en> *f* ❶ zéro *m*
❷ *fam* (*Versager*) nullard *m* (*fam*)
nullachtfünfzehn *Adv fam* de façon quelconque
Nullachtfünfzehn-Modell *nt fam* modèle *m* quelconque
Null-Bock-Generation *f sl* la bof génération (*fam*)
Nulldiät *f* régime *m* zéro calorie **Nulllösung**RR *f* option *f* zéro **Nullmeridian** *m* méridien *m* d'origine **Nullpunkt** *m kein Pl* zéro *m;* **auf den ~ sinken** *Temperatur, Thermometer:* descendre jusqu'à zéro ▸ **den ~ erreichen, auf dem ~ ankommen** *Laune, Stimmung:* être à zéro **Nullrunde** *f* gel *m* des salaires **Nullserie** [-riə] *f* présérie *f* **Nullstellung** *f kein Pl* position *f* zéro **Nullsummenspiel** *nt* coup *m* pour rien **Nulltarif** *m kein Pl* TRANSP gratuité *f* [des transports en commun]; **zum ~ anrufen** téléphoner gratuitement **Nullwachstum** *nt* croissance *f* zéro
Numerale [nume'ra:lə] <-s, Numeralien *o* Numeralia> *nt* LING [adjectif *m*] numéral *m*
Numeri ['nu:meri] *Pl von* **Numerus**
numerieren* *s.* **nummerieren**
Numerierung *s.* **Nummerierung**
numerisch [nu'me:rɪʃ] *Adj* numérique
Numerus ['nu:merʊs] <-, Numeri> *m* GRAM nombre *m*
Numerus clausus ['nu:merʊs'klaʊzʊs] <- -> *m* UNIV numerus clausus *m*

> **i Land & Leute**
>
> Grâce au **Numerus clausus**, les universités ont la possibilité de limiter le nombre de leurs étudiants dans certaines matières. Seuls les bacheliers dont la moyenne est supérieure à une note fixée pour le **Numerus clausus** sont autorisés à y faire des études.

Numismatik [numɪs'ma:tɪk] <-> *f* numismatique *f*
Nummer ['nʊmɐ] <-, -n> *f* ❶ (*Zahl*) numéro *m;* **laufende ~** numéro de série
❷ (*Hausnummer, Zimmernummer*) **in welcher ~ wohnst du?** tu habites au quel numéro?; **bitte den Schlüssel für ~ zwölf!** s'il te plaît, la clef du douze!
❸ TELEC numéro *m*
❹ (*Ausgabe*) *einer Zeitschrift* numéro *m*
❺ (*Größe*) **haben Sie das/die eine ~ größer?** (*bei Schuhen*) avez-vous la pointure au-dessus?; (*bei Kleidung*) avez-vous la taille au-dessus?
❻ (*Autonummer*) numéro *m* [d'immatriculation]
❼ *fam* (*Mensch*) **eine komische ~** un drôle de numéro (*fam*)
❽ *sl* (*Geschlechtsverkehr*) coup *m* (*arg*); **eine heiße ~** un bon coup (*arg*); **eine ~ mit jdm schieben** s'envoyer en l'air avec qn (*fam*)
▸ **die ~ eins** *fam* le/la numéro un; **auf ~ Sicher gehen** *fam* être sûr(e) de son coup (*fam*)
nummerieren*RR *tr V* numéroter
NummerierungRR <-, -en> *f* ❶ *kein Pl* (*das Nummerieren*) numérotage *m*
❷ (*die Seitenzahlen*) numérotation *f*
Nummernkonto *nt* compte *m* anonyme **Nummernschild** *nt* plaque *f* minéralogique [*o* d'immatriculation]

> **i Land & Leute**
>
> La **Nummernschild** est en Allemagne blanche et les inscriptions noires. À gauche, on indique d'une, deux ou trois lettres la ville où le véhicule est immatriculé. Ensuite, on peut voir le blason en couleur du Land. Au dessus de ce même blason, il y a la vignette du contrôle technique et de l'antipollution. Suivent ensuite des lettres et des chiffres que l'on peut, moyennant argent, choisir soi-même.
> Exemples: S AC 113, TÜ MA 225

nun [nu:n] *Adv* ❶ maintenant; **von ~ an** désormais; **~ komm endlich!** allez, viens maintenant!
❷ (*allerdings*) à vrai dire; **~ muss man dazusagen, dass** il

N

faut tout de même dire que
③ (*einlenkend*) bon; ~, **wenn es unbedingt sein muss** ma foi, si c'est vraiment indispensable; ~ **gut** eh bien, soit; ~ **ja** ma foi; ~ **ja** [*o* **gut**], **aber ...** certes, [je veux bien] mais ...; **das wurde ~ einmal** [*o* **mal** *fam*] **so geregelt** ça avait été décidé comme ça, après tout
④ (*auffordernd*) alors; **~, wird's bald?** alors, ça vient?; ~ **mach schon!** allez, vas-y!
⑤ (*denn*) donc; **war es ~ wirklich so schlimm?** c'était donc vraiment si terrible?; **wer ist das ~ schon wieder?** qui est-ce que c'est encore?

nunmehr *Adv geh* (*jetzt*) à présent; (*von jetzt an*) désormais

Nuntius ['nʊntsiʊs] <-, Nuntien> *m* nonce *m*

nur [nuːɐ] *Adv* ① (*lediglich*) seulement; **es kamen ~ zwanzig Zuschauer** seulement vingt spectateurs sont venus; **ich wollte ~ fragen, ob ...** je voulais juste demander si...; **nicht ~ ..., sondern auch ...** non seulement ..., mais encore [*o* aussi] ...; **ich habe leider ~ wenig Zeit** je n'ai malheureusement que très peu de temps; [**immer**] **~ Regen** rien que de la pluie; **er konnte ~ noch** [*o* **mehr** *geh*] **stammeln** il n'arrivait plus qu'à bredouiller
② (*ausschließlich, nichts als*) **~ Wasser trinken** ne boire que de l'eau; **~ ein Paar Schuhe haben** n'avoir qu'une seule paire de chaussures; **ich will ~ dich** je ne veux que toi
③ (*bloß*) **wie kannst du es ~ wagen!** comment peux-tu oser!; **wie konnte ich das ~ vergessen!** comment ai-je pu oublier!; **wenn er ~ mal zuhören würde!** si seulement il écoutait!; **was hat er ~?** qu'est-ce qu'il peut bien avoir?; **was bedeutet das ~?** mais qu'est-ce que ça peut bien vouloir dire?
④ (*ja*) surtout; **lass das ~ niemanden wissen!** ne le dis surtout à personne!; **machen Sie sich ~ keine Umstände!** surtout, ne vous dérangez pas!
⑤ (*ruhig*) **er soll ~ kommen!** il n'a qu'à venir!; **red** [**du**] **~!** tu peux toujours parler!
⑥ (*verstärkend*) **sie schlug das Fenster zu, dass es ~ so knallte** elle referma la fenêtre si brusquement qu'elle la fit claquer; **es wimmelte ~ so von Menschen** c'était noir de monde
▸ **~ Mut!** [du] courage, voyons!; **~ her damit!** *fam* aboule/aboulez la marchandise! (*fam*); **~ zu!** vas-y!/allez-y!

Nürnberg ['nʏrnbɛrk] <-s> *nt* Nuremberg

nuscheln ['nʊʃəln] *tr, itr V fam* parler dans sa barbe (*fam*)

Nuss[RR] <-, Nüsse>, **Nuß** <-, Nüsse> *f* ① (*Haselnuss*) noisette *f*; (*Walnuss*) noix *f*
② (*Fleischstück*) noix *f*
③ *fam* (*Kopf*) caboche *f* (*fam*)
④ *fam* (*Schimpfwort*) **diese dumme ~!** quelle [vieille] noix! (*vieilli fam*); **du dumme ~!** pauvre cloche!
▸ **für jdn eine harte ~ sein** *fam* donner du fil à retordre à qn (*fam*)

Nussbaum[RR] *m* (*Baum, Holz*) noyer *m* **nussbraun**[RR] *Adj* noisette; **~es Haar** cheveux châtains

nussig *Adj* GASTR qui a le goût de la noix

Nussknacker[RR] *m* casse-noisettes *m*; (*für Walnüsse*) casse-noix *m* **Nusskuchen**[RR] *m* gâteau *m* aux noisettes **Nussöl**[RR] *nt* huile *f* de noix **Nussschale**[RR] *f* ① coquille *f* de noix/noisette ② *fam* (*Boot*) coquille *f* de noix **Nusstorte**[RR] *f* gâteau *m* aux noix

Nüster ['nʏstɐ] <-, -n> *f meist Pl eines Pferds, Drachens, einer Giraffe* naseau *m*

Nut [nuːt] <-, -en> *f Fachspr.*, **Nute** ['nuːtə] <-, -n> *f* rainure *f*; **~ und Feder** assemblage *m* à tenons et à mortaises

nuten ['nuːtən] *tr V* TECH rainer

Nutria[1] ['nuːtria] <-, -s> *f* ZOOL ragondin *m*

Nutria[2] <-s, -s> *m* (*Pelz, Mantel*) ragondin *m*

Nutte ['nʊtə] <-, -n> *f sl* putain *f* (*vulg*), pute *f* (*vulg*)

nutz SDEUTSCH, A *s.* **nütze**

Nutz ▸ **sich** (*Dat*) **etw zu ~e machen** tirer profit de qc

Nutzanwendung *f* application *f*

nutzbar *Adj Energie, Anteil* utilisable; *Volumen* utile; **den Boden ~ machen** exploiter le sol; **für/zu etw ~ sein** pouvoir être utilisé(e) pour qc

Nutzbarmachung <-, -en> *f* utilisation *f*

nutzbringend I. *Adj* profitable
II. *Adv* utilement

nütze ['nʏtsə] *Adj* ▸ **zu etwas ~ sein** être bon(ne) à qc; **zu nichts ~ sein** n'être bon(ne) à rien

Nutzeffekt *m* (*Wirksamkeit*) efficacité *f*; (*Endeffekt*) résultat *m*

nutzen ['nʊtsən] *tr V* ① (*gebrauchen*) se servir de *Gegenstand, Gerät, Möbelstück;* habiter *Haus, Zimmer*
② (*ausnutzen*) profiter de *Gelegenheit*
③ *s.* **nützen II.**

Nutzen <-s> *m* avantage *m*; **wirtschaftlicher ~** profit *m* économique; **von ~ sein** être utile; **von geringem ~ sein** être d'une maigre utilité; **einen beträchtlichen ~ von etw haben** tirer un avantage considérable de qc; **aus etw** [**seinen**] **~ ziehen** tirer [son] profit de qc; **zum ~ der Bevölkerung** pour le bien de la population; **welchen ~ soll das haben?** qu'est-ce que cela peut nous apporter?

nützen I. *itr V* servir; **jdm ~** servir à qn
II. *tr V* **jdm nichts ~** ne servir à rien à qn; **das nützt** [*o* **nutzt**] **mir nicht viel** ça ne sert pas à grand-chose

Nutzer(in) <-s, -> *m(f)* utilisateur(-trice) *m(f)*

Nutzerführung *f* INFORM guidage *m* de l'utilisateur

Nutzfahrzeug *nt* véhicule *m* utilitaire **Nutzfläche** *f* AGR surface *f* cultivable **Nutzgarten** *m* jardin *m* potager **Nutzholz** *nt* bois *m* de construction **Nutzkosten** *Pl* ÖKON coûts *mpl* d'utilisation **Nutzlast** *f* charge *f* utile **Nutzleistung** *f kein Pl* TECH puissance *f* utile

nützlich ['nʏtslɪç] *Adj* utile; **jdm ~ sein** être utile à qn; **etwas Nützliches** quelque chose d'utile
▸ **sich ~ machen** se rendre utile; **er machte sich im Haushalt ~** il se rendait utile dans les tâches ménagères

Nützlichkeit <-> *f* utilité *f*

nutzlos I. *Adj* inutile; **es ist ganz ~ darauf zu hoffen** il est totalement inutile de compter là-dessus
II. *Adv* inutilement

Nutzlosigkeit <-> *f* inutilité *f*

nutznießen *itr V geh* **von etw ~** JUR être titulaire d'un droit de jouissance sur qc

Nutznießer(in) ['nʊtsniːsɐ] <-s, -> *m(f)* bénéficiaire *mf*; JUR usufruitier(-ière) *m(f)*

Nutznießung <-, -en> *f* jouissance *f*

Nutzpflanze *f* plante *f* [économiquement] utile **Nutztier** *nt* animal *m* [économiquement] utile

Nutzung <-, -en> *f* utilisation *f*; JUR droit *m* de jouissance

Nutzungsberechtigte(r) *f(m) dekl wie Adj* titulaire *mf* d'un droit de jouissance **Nutzungsdauer** *f* durée *f* d'utilisation **Nutzungsrecht** *nt* droit *m* de jouissance; **~ am fremden Grundstück** droit de jouissance du terrain d'autrui

NVA [ɛnfaʊ'ʔaː] *f* HIST *Abk von* **Nationale Volksarmee** *forces armées de l'ancienne R.D.A.*

NW *Abk von* **Nordwesten** N.-O.

Nylon® ['naɪlɔn] <-[s]> *nt* nylon® *m*

Nylonstrumpf ['naɪlɔn-] *m* bas *m* nylon

Nymphe ['nʏmfə] <-, -n> *f* MYTH, ZOOL nymphe *f*

nymphoman [nʏmfo'maːn] *Adj* nymphomane

Nymphomanie [nʏmfoma'niː] <-> *f* nymphomanie *f*

Nymphomanin [nʏmfo'maːnɪn] <-, -nen> *f* nymphomane *f*

nymphomanisch *Adj s.* **nymphoman**

O o

O, o [oː] <-, -> *nt* O *m*/o *m*
▸ **O wie Otto** o comme Oscar
o *Interj* oh; ~ **nein/ja/doch!** oh non/oui/si!
O *Abk von* **Osten** E
o.a. *Abk von* **oben angeführt** supra
o.ä., o.Ä.RR *Abk von* **oder Ähnliche(s)** etc.
Oase [o'aːzə] <-, -n> *f* ❶ oasis *f*
❷ *fig* **eine ~ der Stille** un havre de paix
ob [ɔp] **I.** *Konj* ❶ si + *indic;* **nicht wissen, ~ ...** ne pas savoir si ...; **jdn fragen, ~** demander à qn si ...; **~ wir jetzt Pause machen?** et si on faisait une pause?; **kommst du mit? – Was? – Ob du mitkommen willst?** tu viens? – Hein? – Je demande si tu veux venir!
❷ (*sei es, dass*) que ... ou non + *subj;* **~ er will oder nicht** qu'il le veuille ou non; **~ Reich, ~ Arm** [qu'on soit] riche ou pauvre
▸ **und ~!** et comment!; (*aber doch*) mais si!
II. *Präp + Dat* **Rothenburg ~ der Tauber** Rothembourg sur la Tauber
o.B. [oː'beː] *Abk von* **ohne Befund** R.A.S.
OB <-[s], -s> *m*, <-, -s> *f Abk von* **Oberbürgermeister(in)** maire *m*
Obacht ['oːbaxt] *f bes.* SDEUTSCH **~!** attention!; **auf jdn/etw ~ geben** faire attention à qn/qc
ÖBB *Pl Abk von* **Österreichische Bundesbahnen** *société des chemins de fer autrichiens*
Obdach ['ɔpdax] *nt kein Pl geh* abri *m;* **jdm ~ geben** [*o* **gewähren**] offrir le gîte [et le couvert] à qn
obdachlos *Adj* sans abri; **~ sein** être sans abri, être SDF; **~ werden** perdre son domicile
Obdachlose(r) *f(m) dekl wie Adj* sans-abri *mf,* SDF *m;* **die ~n** les sans-abri
Obdachlosenasyl *nt,* **Obdachlosenheim** *nt* asile *m* de nuit
Obdachlosigkeit <-> *f* absence *f* de domicile fixe; **die Zahl der von ~ Betroffenen steigt** le nombre des sans-abri augmente
Obduktion [ɔpdʊk'tsioːn] <-, -en> *f* autopsie *f*
obduzieren* **I.** *tr V* autopsier; **die Leiche wird obduziert** le corps est autopsié; **das Obduzieren** l'autopsie *f*
II. *itr V* faire une autopsie
O-Beine *Pl* jambes *fpl* arquées
o-beinigRR, **O-beinig** *Adj* aux jambes arquées; **~ sein** avoir les jambes arquées
Obelisk [obe'lɪsk] <-en, -en> *m* obélisque *m*
oben ['oːbən] *Adv* ❶ (*opp: unten*) en haut; **~ links/rechts** en haut à gauche/à droite; **~ im Schrank** en haut de l'armoire; **~ auf dem Baum** [là-haut] dans l'arbre; **~ auf der Liste** en tête de liste; **dort ~** là-haut; **bis ~ [hin] voll sein** être plein(e) jusqu'à ras bord; **jdn von ~ bis unten mustern** examiner qn de la tête aux pieds; **„hier ~!“** “ici, en haut!”
❷ (*an der Oberseite*) **das Sofa ist ~ etwas abgewetzt** le canapé est un peu râpé sur le dessus; **[hier] ~!** haut!
❸ (*an der Wasseroberfläche*) **[wieder] ~ sein/nach ~ kommen** *Taucher:* être remonté/remonter à la surface
❹ (*in einem oberen Stockwerk*) **~/ganz ~ wohnen** habiter en haut/tout en haut; **~ auf dem Dachboden** en haut au grenier; **nach ~ gehen** aller en haut; **das Klavier nach ~ tragen** monter le piano; **von ~ kommen** venir d'en haut
❺ (*in sehr großer Höhe*) **[hoch] ~ auf dem Berg** tout en haut de la montagne; **mit der Seilbahn nach ~ fahren** monter en téléphérique
❻ *fam* (*auf höherer Ebene*) en haut (*fam*); **nach ~ wollen** vouloir faire carrière
❼ (*vorher*) plus haut; **siehe ~** voir ci-dessus; **~ erwähnt** mentionné(e) ci-dessus
❽ *fam* (*im, nach Norden*) **~ in Schleswig-Holstein** au nord, dans le Schleswig-Holstein; **nach ~ fahren** aller dans le nord
▸ **nach ~ buckeln und nach unten treten** faire du plat à ses supérieurs et descendre les collègues; **die da ~** *fam* ceux d'en haut (*fam*); **ihr steht es bis ~** *fam* elle en a jusque-là (*fam*); **nicht mehr wissen, wo** [*o* **was**] **~ und unten ist** en perdre le nord; **sich ~ ohne sonnen** *fam* se mettre au soleil seins nus; **von ~ herab** (*geringschätzig*) de haut
obenan *Adv* en première position; **~ auf der Liste** en tête de liste **obenauf** *Adv* ❶ DIAL (*obendrauf*) au-dessus ❷ (*guter Laune*) **~ sein** être en [pleine] forme; (*im Vorteil*) avoir le dessus **obendrauf** *Adv fam* dessus ▸ **eins ~ kriegen** en prendre une (*fam*) **obendrein** *Adv* par-dessus le marché
obenerwähnt *s.* **oben 7.**
obenherum *Adv fam* en haut **obenhin** *Adv* comme ça (*fam*)
Oben-ohne-Bedienung *f* serveuse *f* topless
obenrum ['oːbən'rʊm] *Adv fam* en haut
Ober ['oːbɐ] <-s, -> *m* (*Kellner*) garçon *m;* **Herr ~!** garçon [, s'il vous plaît]!
Oberarm ['oːbɐ-] *m* bras *m* **Oberarzt** *m*, **-ärztin** *f* medecin *m* en chef, médecin-chef *m* **Oberaufseher(in)** *m(f)* gardien-chef *m*/gardienne-chef *f* **Oberaufsicht** *f* supervision *f;* **die ~ haben** superviser **Oberbefehl** *m kein Pl* commandement *m* en chef; **den ~ über etw** (*Akk*) **haben** avoir le commandement en chef de qc **Oberbefehlshaber(in)** *m(f)* commandant(e) *m(f)* en chef **Oberbegriff** *m* terme *m* générique **Oberbekleidung** *f* vêtements *mpl* [de dessus] **Oberbett** *nt* couette *f* **Oberbürgermeister(in)** *m(f)* maire *m* (*d'une grande ville*) **Oberdeck** *nt* pont *m* supérieur **oberdeutsch** ['oːbɐdɔɪtʃ] *Adj* de l'Allemagne [*o* d'Allemagne] du Sud
obere(r, s) *Adj attr* ❶ (*oben befindlich*) supérieur(e); *Wohnung* à l'étage [supérieur]; **im ~n Stockwerk wohnen** vivre à l'étage [supérieur]
❷ (*rangmäßig höher*) supérieur(e)
❸ (*vorhergehend*) *Abschnitt, Kapitel* précédent(e)
❹ GEOG *Bereich, Teil, Flusslauf* supérieur(e)
Obere *Pl fam* (*Vorgesetzte*) **die ~n** les supérieurs *mpl*
oberfaul ['oːbɐfaʊl] *Adj fam* ❶ *Person* feignant(e) (*fam*) ❷ (*bedenklich*) *Sache* louche (*fam*) **Oberfeldwebel** *m* adjudant(e) *m(f)* **Oberfläche** *f* ❶ TECH, MATH surface *f* ❷ (*Wasseroberfläche*) surface *f* ▸ **[wieder] an die ~ kommen** *Taucher, U-Boot:* remonter à la surface; *Verdrängtes, Ressentiments:* refaire surface
Oberflächenbehandlung *f* TECH traitement *m* de surface **Oberflächenspannung** *f* tension *f* superficielle
oberflächlich **I.** *Adj* superficiel(le)
II. *Adv* superficiellement
Oberflächlichkeit <-> *f* caractère *m* superficiel
obergärig [-gɛːrɪç] *Adj* à haute fermentation
Obergefreite(r) *m* caporal(e) *m(f)* **Obergeschoss**RR *nt* étage *m* supérieur; **die Schlafzimmer sind im ~** les chambres sont à l'étage **Obergrenze** *f* plafond *m*
oberhalb **I.** *Präp + Gen* au-dessus; **~ des Dorfes/der Schneegrenze** au-dessus du village/de la limite de fonte des neiges
II. *Adv* **~ von etw** au-dessus de qc
Oberhand *f* ▸ **die ~ behalten** conserver l'avantage; **die ~ über jdn gewinnen** [*o* **bekommen**] prendre le dessus sur qn; **die ~ haben** avoir le dessus **Oberhaupt** *nt des Staates, der Kirche* chef *mf* **Oberhaus** *nt* POL Chambre *f* haute **Oberhaut** *f kein Pl* MED, BIO épiderme *m* **Oberhemd** *nt* chemise *f* **Oberherrschaft** *f kein Pl* (*Herrschaft*) souveraineté *f;* (*Überlegenheit*) suprématie *f* **Oberhirte** *m* pâtre *m* **Oberhoheit** ['oːbɐhoːhaɪt] *f kein Pl* souveraineté *f*
Oberin ['oːbərɪn] *f* ❶ MED infirmière *f* en chef
❷ ECCL supérieure *f*
Oberinspektor *m* inspecteur *m* principal **oberirdisch** **I.** *Adj* à

la surface [du sol] II. *Adv* en [*o* à la] surface **Oberitalien** *nt* l'Italie *f* du Nord **Oberkante** *f* TYP bord *m* supérieur **Oberkellner(in)** *m(f)* maître *m* d'hôtel **Oberkiefer** *m* mâchoire *f* supérieure **Oberklasse** *f* ① *Pl* SCHULE classes *fpl* supérieures ② *kein Pl* SOZIOL classe *f* supérieure **Oberkommandierende(r)** *f(m) dekl wie Adj* commandant(e) *m(f)* en chef **Oberkommando** *nt* haut commandement *m;* **das ~ über jdn/etw** le haut commandement sur qn/de qc **Oberkommissar** *m* commissaire *mf* principal **Oberkörper** *m* (*Brustkorb*) buste *m;* **den ~ freimachen** se mettre torse nu; **sich mit nacktem ~ sonnen** se faire bronzer torse nu **Oberland** *nt* CH ▸ **das Berner/Bündner/Zürcher ~** l'Oberland *m* bernois/grison/zurichois **Oberlandesgericht** *nt* ≈ cour *f* d'appel (*tribunal supérieur d'un Land*) **Oberlauf** *m eines Flusses* cours *m* supérieur **Oberleder** *nt* empeigne *f* **oberlehrerhaft** *Adj pej* pédant (*péj*) **Oberleitung** *f* ① (*Führung*) direction *f* générale ② TRANSP caténaire *f* **Oberleitungsomnibus** *m* trolleybus *m* **Oberleutnant** *m* lieutenant-colonel *m* **Oberlicht** *nt* ① (*kleines Fenster*) imposte *f,* vasistas *m* ② (*Licht*) lumière *f* d'en haut **Oberliga** *f* deuxième division *f* **Oberlippe** *f* lèvre *f* supérieure **Oberösterreich** *nt* la Haute-Autriche **Oberpostdirektion** *f* direction *f* générale de la Poste **Oberprima** <-, -primen> *f veraltet* terminale *f* **Oberprimaner(in)** <-s, -> *m(f) veraltet élève de terminale* **Oberrhein** ['o:bɐraɪn] *m* **der ~** le Rhin supérieur **oberrheinisch** ['o:bɐraɪnɪʃ] *Adj* sur le cours supérieur du Rhin

Obers ['o:bɐs] <-> *nt* A *s.* **Schlagsahne**

Oberschenkel *m* cuisse *f*

Oberschenkelhalsbruch *m* MED fracture *f* du col du fémur **Oberschenkelknochen** *m* fémur *m* **Oberschenkelmuskulatur** *f* muscles *mpl* vastes

Oberschicht *f* classe *f* supérieure **Oberschule** *f fam* école *f* secondaire **Oberschulrat** *m,* **-rätin** *f* ≈ inspecteur(-trice) *m(f)* pédagogique régional(e); (*in Frankreich*) ≈ I.P.R. *mf* **Oberschwester** *f* infirmière *f* [en] chef **Oberseite** *f* partie *f* supérieure

Oberst ['o:bɐst] <-en, -e[n]> *m* colonel *m;* **zu Befehl, Herr ~!** à vos ordres, mon colonel!

Oberstaatsanwalt *m,* **-anwältin** *f* ≈ procureur *m* de la République

oberste(r, s) *Adj* ① (*ganz oben befindlich*) supérieur(e); *Stockwerk* dernier(-ière); *Schublade* du haut; **das ~ Blatt Papier** la première feuille de papier
② (*rangmäßig*) plus élevé(e)
▸ **das Oberste zuunterst kehren** mettre tout sens dessus dessous

Oberstübchen [-ʃty:pçən] ▸ **nicht ganz richtig im ~ sein** *fam* avoir une araignée au plafond (*fam*) **Oberstudiendirektor(in)** [-diən-] *m(f)* ① ≈ proviseur *m* ② (*als Anrede*) **Herr ~/Frau ~in!** ≈ monsieur/madame le proviseur! **Oberstudienrat** *m,* **-rätin** *f* ≈ proviseur *m* de lycée **Oberstufe** *f eines Gymnasiums* ≈ lycée *m* **Oberteil** *nt o m* ① *eines Möbelstücks* partie *f* supérieure ② *eines Kleidungsstücks* haut *m* **Oberwasser** ▸ **[wieder] ~ bekommen** reprendre du poil de la bête; **[wieder] ~ haben** avoir repris du poil de la bête **Oberweite** *f* tour *m* de poitrine

Obfrau ['ɔpfraʊ] *s.* **Obmann**

obgleich *Konj* bien que + *subj*

Obhut ['ɔphu:t] <-> *f geh* garde *f;* **in guter ~ sein, sich in guter ~ befinden** *geh* être en [de] bonnes mains; **unter seiner/ihrer ~** sous sa protection

obige(r, s) *Adj attr* ci-dessus

Objekt [ɔp'jɛkt] <-[e]s, -e> *nt* ① (*Gegenstand*) objet *m;* (*Kunstobjekt*) objet d'art
② (*Immobilie*) bien-fonds *m*
③ GRAM complément *m* d'objet

Objektförderung *f* ÖKON promotion *f* de biens immobiliers

objektiv [ɔpjɛk'ti:f] I. *Adj* (*sachlich*) objectif(-ive); (*unvoreingenommen*) impartial(e)
II. *Adv* de façon objective

Objektiv <-s, -e> *nt eines Fotoapparats, Fernrohrs* objectif *m*

Objektivität [ɔpjɛktivi'tɛ:t] <-> *f* objectivité *f*

Objektsatz *m* LING proposition *f* complétive [complément d'objet] **Objektschutz** *m* protection *f* des biens et des locaux **Objektträger** *m eines Mikroskops* porte-objet *m*

Oblate [o'bla:tə] <-, -n> *f* ① GASTR gaufrette *f* de pain azime, oublie *f* (*vieilli*)
② REL hostie *f*

obliegen* ['ɔpli:gn, ɔp'li:gn] *itr V unreg, unpers + haben o sein form* incomber; **ihm/ihr obliegt diese schwierige Aufgabe** il lui incombe cette tâche difficile

Obliegenheit <-, -en> *f form* obligation *f*

obligat [obli'ga:t] *Adj* ① *iron Kleidungsstück, Accessoire* obligatoire; *Applaus, Verbeugung* obligé(e)
② MUS **eine Arie mit ~em Bass** une aria avec récitatif obligé pour basse

Obligation [obliga'tsio:n] <-, -en> *f* ÖKON, JUR obligation *f;* **~ aufrufen/veräußern** proclamer/céder des obligations

obligatorisch [obliga'to:rɪʃ] *Adj geh* obligatoire

Obmann <-männer *o* -leute> *m,* **-männin** *o* **-frau** *f* (*Vorsitzende*) président(e) *m(f)*

Oboe [o'bo:ə] <-, -n> *f* hautbois *m*

Oboist(in) [obo'ɪst] <-en, -en> *m(f)* hautboïste *mf*

Obolus ['o:bolʊs] <-, -se> *m geh* obole *f*

Obrigkeit ['o:brɪçkaɪt] <-, -en> *f* autorités *fpl*

Obrigkeitsstaat *m* État *m* autoritaire

obschon *s.* **obgleich**

Observanz <-, -en> *f* JUR observance *f*

Observatorium [ɔpzɛrva'to:riʊm] <-, -torien> *nt* observatoire *m*

observieren* [-'vi:-] *tr V* surveiller; **observiert werden** être sous surveillance

obsessiv [ɔpzɛ'si:f] *Adj* PSYCH obsessif(-ive)

obsiegen* *itr V* A. JUR *veraltet* triompher

obskur [ɔps'ku:ɐ] *Adj geh* douteux(-euse)

Obsorge <-> *f* A (*Fürsorge*) soins *mpl*

Obst [o:pst] <-[e]s> *nt* fruits *mpl*

Obst[an]bau *m kein Pl* arboriculture *f* fruitière **Obstbaum** *m* arbre *m* fruitier **Obsternte** *f* récolte *f* [*o* cueillette *f*] des fruits **Obstgarten** *m* verger *m* **Obsthändler(in)** *m(f)* marchand(e) *m(f)* de fruits **Obstkuchen** *m* tarte *f* aux fruits

Obstler ['o:pstlɐ] <-s, -> *m* alcool *m* de fruit

Obstmesser *nt* couteau *m* à fruits

Obstruktion <-, -en> *f geh* obstruction *f*

Obstsaft *m* jus *m* de fruit[s] **Obstsalat** *m* salade *f* de fruits **Obsttag** *m* jour *m* fruits (*dans un régime alimentaire*) **Obsttorte** *f* tarte *f* aux fruits **Obstwasser** *nt* eau-de-vie *f* de fruit

obszön [ɔps'tsø:n] I. *Adj* obscène
II. *Adv* de façon obscène

Obszönität [ɔpstsøni'tɛ:t] <-, -en> *f* obscénité *f*

Obus ['o:bʊs] *m* trolleybus *m*

obwalten* ['ɔpvaltən, ɔp'valtən] *itr V form* régner

obwohl, obzwar [ɔp'tsva:ɐ] *Konj selten* bien que + *subj*

Occasion [ɔka'zio:n] <-, -en> *f* CH occasion *f*

Ochse ['ɔksə] <-n, -n> *m* ① bœuf *m*
② *fam* (*Dummkopf*) tête *f* d'âne
▸ **dastehen wie der ~ vorm Berg** [*o* **Scheunentor**] *fam* être comme une poule qui a trouvé un couteau

ochsen *itr V fam* bûcher (*fam*)

Ochsenmaulsalat ['ɔksən-] *m* museau *m* à la lyonnaise **Ochsenschleppsuppe** A *s.* **Ochsenschwanzsuppe** **Ochsenschwanz** *m* queue *f* de bœuf **Ochsenschwanzsuppe** *f* potage *m* queue de bœuf **Ochsentour** [-tu:ɐ] *f fam* ① (*mühsame Arbeit*) corvée *f* ② (*mühseliger Aufstieg*) carrière *f* difficile

Ocker ['ɔkɐ] <-s, -> *m o nt* ① (*Farbstoff*) ocre *f*

② *(Farbe, Farbton)* ocre *m*
ockerbraun, ockergelb *Adj* ocre *inv;* ~**e Socken** des chaussettes ocre
Ode ['o:də] <-, -n> *f* ode *f*
öde ['ø:də] *Adj* ① *(verlassen)* désert(e)
② *(fade, geistlos)* ennuyeux(-euse)
Öde <-, -n> *f geh (Einöde)* désert *m*
Odem ['o:dəm] <-s> *m poet* souffle *m*
Ödem [ø'de:m] <-s, -e> *nt* MED œdème *m*
oder ['o:dɐ] *Konj* ① ou; ~ **aber** ou alors; **möchtest du Nudeln ~ Reis?** tu veux des pâtes ou du riz?; **wir könnten wandern ~ auch Ski fahren** on pourrait se balader ou bien faire du ski; **das könnte klappen ~ auch nicht** ça pourrait marcher ou pas
② *(nicht wahr)* **das schmeckt gut, ~?** c'est bon, n'est-ce pas?; **du kommst doch morgen, ~?** tu viens bien demain, non?; **du traust mir doch, ~ [etwa] nicht?** tu me fais confiance, non?
Oder <-> *f* Oder *m;* **Frankfurt an der ~** Francfort-sur-l'Oder
Oder-Neiße-Linie [-li:niə] *f* POL, HIST ligne *f* Oder-Neisse
Ödipus <-> *m* MYTH Œdipe *m*
Ödipuskomplex ['ø:dipʊs-] *m* PSYCH complexe *m* d'œdipe
Ödland ['ø:t-] *nt kein Pl* terres *fpl* incultes
Odyssee [odʏ'se:] <-, -n> *f geh* odyssée *f (soutenu)*
Odysseus <-> *m* MYTH Ulysse *m*
OF *Abk von* **Originalfassung** v.o. *f*
Ofen ['o:fən, *Pl:* 'ø:fən] <-s, ⸚> *m* ① *(Heizofen)* poêle *m*
② *(Backofen)* four *m*
③ TECH fourneau *m; (Verbrennungsofen)* incinérateur *m*
► **hinter dem ~ hocken** passer sa vie dans ses pantoufles; **der ~ ist aus** *sl* y en a ras le bol *(fam)*
Ofenbank <-bänke> *f* banquette *f* du poêle **ofenfrisch** *Adj* qui sort du four; ~ **sein** sortir du four **Ofenheizung** *f* chauffage *m* au poêle[s] **Ofenrohr** *nt* tuyau *m* de poêle **Ofenschirm** *m* pare-feu *m* **Ofensetzer(in)** <-s, -> *m(f)* fumiste *mf*
Off [ɔf] <-s> *nt* voix *f* off; **aus dem ~** en voix off; **eine Stimme aus dem ~** une voix off
offen ['ɔfən] **I.** *Adj* ① *(nicht zu)* ouvert(e); ~ **haben** *Geschäft:* être ouvert(e); **halb ~** entrouvert(e)
② *(nicht verheilt) Wunde* ouvert(e); *Bein* purulent(e)
③ *(nicht zusammengebunden) Haare* détaché(e)
④ *(unerledigt)* en suspens
⑤ *(unentschieden) Ausgang, Rennen* incertain(e); **noch ist alles ~** tout est encore possible
⑥ *(freimütig)* franc(franche); ~ **zu jdm sein** être franc(franche) avec qn
⑦ *(aufgeschlossen)* **jdm gegenüber ~ sein** être ouvert(e) envers qn; **für etw [*o* einer S. *(Dat)* gegenüber] ~ sein** être ouvert(e) à qc
⑧ *(deutlich, eindeutig) Protest, Boykott, Kampfansage* déclaré(e)
⑨ *(frei)* **für alle/nur für Mitglieder ~ sein** *Besuch, Teilnahme:* être ouvert(e) à tous/seulement aux membres
⑩ *(frei zugänglich) Ausblick, Fahrrinne, Gelände* dégagé(e); *Meer, Hafen* accessible; *Pass, Gelände* ouvert(e)
⑪ *(nicht beschränkt) Vollzug, Anstalt, Station* en milieu ouvert; *Himmel* dégagé(e); *Gesellschaft* libéral(e), permissif(-ive)
⑫ DIAL *(nicht abgepackt) Ware* en vrac
⑬ *(angebrochen) Flasche, Wein* entamé(e)
⑭ LING *Vokal* ouvert(e)
II. *Adv (freimütig)* franchement; ~ **über etw reden** parler ouvertement de qc
► ~ **gestanden [*o* gesagt]** pour être franc(franche)
offenbar ['ɔfən(')ba:ɐ] **I.** *Adj* évident(e); **es wird ~, dass** il est de plus en plus évident que + *indic*
II. *Adv* manifestement
offenbaren* *<PP:* offenbart *o* geoffenbart> *geh* **I.** *tr V* ① *(enthüllen)* dévoiler; **jdm etw ~** dévoiler qc à qn *(soutenu)*
② *(mitteilen)* **jdm ~, dass** annoncer à qn que + *indic*
II. *r V* ① **sich jdm ~** *(sich anvertrauen)* se confier à qn *(soutenu)*; *(seine Liebe erklären)* se déclarer à qn
② *(erweisen)* **sich als zuverlässiger Freund ~** se révéler [être] un ami sûr
Offenbarung <-, -en> *f* révélation *f;* JUR *einer Erfindung* divulgation *f,* révélation *f*
Offenbarungseid *m* ① JUR serment *m* déclaratoire ② *fig* aveu *m* d'impuissance ► **den ~ leisten** JUR faire le serment déclaratoire; *fig* faire un aveu d'impuissance **Offenbarungspflicht** *f* JUR obligation *f* de divulgation
offen|bleiben *s.* **bleiben I.2.**
offen|halten *s.* **halten I.9.**
Offenheit <-> *f* franchise *f;* **in [*o* mit] aller ~** en toute franchise
offenherzig *Adj* ① *(freimütig)* franc(franche)
② *hum fam (tief ausgeschnitten)* **[ganz schön] ~ sein** être décolleté(e) jusqu'au nombril *(fam)*
Offenherzigkeit <-> *f* franchise *f*
offenkundig *Adj* manifeste; ~ **werden** être de plus en plus manifeste; **es ist ~, dass** il est manifeste que + *indic*
offen|lassen *s.* **lassen I.5.**
offen|legen *s.* **offen 16.**
offensichtlich **I.** *Adj* évident(e); ~ **werden** être de plus en plus évident(e); ~ **sein** sauter aux yeux
II. *Adv* de toute évidence
offensiv [ɔfɛn'zi:f] **I.** *Adj* offensif(-ive); *Werbung, Verkaufsstrategie* agressif(-ive); ~ **sein** être offensif(-ive)
II. *Adv vorgehen, handeln* de façon offensive; *verkaufen, werben* en utilisant des techniques agressives
Offensive [ɔfɛn'zi:və] <-, -n> *f* offensive *f*
► **in die ~ gehen** passer à l'offensive
Offensivwaffe *f* MIL arme *f* offensive
offen|stehen *s.* **stehen I.24.**
öffentlich ['œfəntlɪç] **I.** *Adj* public(-ique); **die Beratungen des Gerichts sind nicht ~** les délibérations du tribunal ne sont pas publiques
II. *Adv* publiquement; *hinrichten* sur la place publique
Öffentlichkeit <-> *f* ① *(Allgemeinheit)* public *m;* **etw an die ~ bringen, mit etw an [*o* vor] die ~ treten** rendre qc public(-ique); **etw der ~ übergeben** *form (eröffnen)* inaugurer qc; *(veröffentlichen)* présenter qc [au public]; **in [*o* vor] aller ~** devant tout le monde
② JUR audience *f* publique
Öffentlichkeitsarbeit *f* relations *fpl* publiques **öffentlichkeitswirksam** *Adj* avec un impact médiatique
öffentlich-rechtlich *Adj attr Sender* public(-ique); *Anstalt* de droit public
offerieren* *tr V* ① COM proposer *Angebot, Artikel, Ware*
② *form (anbieten)* **jdm etw ~** offrir qc à qn
Offerte [ɔ'fɛrtə] <-, -n> *f* COM offre *f;* **verbindliche ~** offre ferme
Office [ɔfɪs] <-, -s> *nt* CH *(Anrichteraum)* office *m*
offiziell [ɔfi'tsjɛl] **I.** *Adj* ① *(amtlich) Reise, Schreiben* officiel(le)
② *(förmlich) Anlass, Empfang* officiel(le); *Feier* solennel(le); ~ **sein** *Person:* être formaliste; **sei doch nicht so ~!** ne fais pas tant de manières!
II. *Adv bestätigen* officiellement
Offizier(in) [ɔfi'tsi:ɐ] <-s, -e> *m(f)* officier *m*
Offiziersanwärter(in) *m(f)* aspirant *m* **Offizierskasino** *nt* mess *m* des officiers
offiziös [ɔfi'tsiø:s] *Adj geh* officieux(-euse)
offline ['ɔflaɪn] *Adv* INFORM hors ligne; *(im Internet)* autonome
Offlinebetrieb ['ɔflaɪn-] *m* INFORM mode *m* autonome
öffnen ['œfnən] **I.** *tr V* **a.** INFORM ouvrir; **das Öffnen** *einer Datei, Tür* l'ouverture *f;* **das Fenster quietscht beim Öffnen** la fenêtre grince quand on l'ouvre
II. *itr V* ouvrir

III. *r V* ❶ **sich** ~ s'ouvrir; **sich nach Westen hin** ~ *Tal:* s'ouvrir sur l'ouest
❷ (*zugänglich werden für*) **sich jdm/einer Idee** ~ s'ouvrir à qn/une idée
Öffner ['œfnɐ] <-s, -> *m* ❶ (*für Dosen*) ouvre-boîtes *m;* (*für Flaschen*) ouvre-bouteilles *m,* décapsuleur *m*
❷ (*Türöffner*) touche *f* d'ouverture automatique (*de la porte d'entrée d'un immeuble*)
Öffnung <-, -en> *f* ❶ (*offene Stelle*) orifice *m*
❷ *kein Pl a.* POL (*das Öffnen*) ouverture *f*
Öffnungszeiten *Pl* heures *fpl* d'ouverture
Offsetdruck ['ɔfsɛt-] <-[e]s, -e> *m* offset *m*
oft [ɔft] <~er> *Adv* souvent; ~ **genug** assez souvent
▸ **des Öfteren** à diverses [*o* maintes] reprises
öfter[s] *Adv* assez souvent
oftmals ['ɔftma:ls] *s.* **oft**
oh [o:] *Interj* oh
Oheim ['o:haɪm] <-s, -e> *m veraltet* oncle *m*
OHG [o:ha:'ge:] *f Abk von* **Offene Handelsgesellschaft** société *f* en nom collectif
Ohm¹ [o:m] <-[e]s, -e> *m veraltet s.* **Onkel**
Ohm² <-[s], -> *nt* PHYS ohm *m*
ohmsch [o:mʃ] *Adj* ELEC **~e Belastung** charge ohmique; **~es Gesetz** loi d'Ohm
ohne ['o:nə] **I.** *Präp + Akk* sans; ~ **mich!** sans moi!
▸ **nicht** ~ **sein** *fam* avoir de la ressource; **[gar] nicht** ~ **sein** *fam* (*nicht leicht sein*) ne pas être [vraiment] de la tarte [*o* du gâteau] (*fam*); (*nicht schlecht sein*) ne pas être [vraiment] dégueu (*fam*)
II. *Konj* ~ **zu überlegen** sans réfléchir; ~ **dass es Streit gab** sans qu'il y ait eu une dispute
ohnedies *s.* **ohnehin**
ohnegleichen *Adj unv* ❶ (*unnachahmlich*) sans pareil(le)
❷ (*außergewöhnlich*) ~ **sein** être unique en son genre
ohnehin *Adv* de toute façon
Ohnmacht ['o:n-] <-, -en> *f* ❶ syncope *f;* **in** ~ **fallen** tomber en syncope
❷ *geh* (*Machtlosigkeit*) impuissance *f*
ohnmächtig **I.** *Adj* ❶ évanoui(e); ~ **werden** s'évanouir
❷ *geh* (*machtlos, hilflos*) *Person, Wut* impuissant(e)
II. *Adv* (*hilflos*) dans un état d'impuissance; **der Gewalt** ~ **gegenüberstehen** rester impuissant(e) face à la violence; ~ **zusehen müssen** devoir assister impuissant(e) à la scène
Ohnmächtige(r) *f(m) dekl wie Adj* personne *f* évanouie
Ohnmachtsanfall *m* syncope *f;* **einen** ~ **bekommen** tomber en syncope
oho [o'ho:] *Interj* (*bewundernd*) eh bien (*fam*); (*warnend*) eh oh
Ohr [o:ɐ] <-[e]s, -en> *nt* oreille *f;* **auf einem** ~ **taub sein** être sourd(e) d'une oreille; **er hat ihr etwas ins** ~ **geflüstert** il lui a murmuré quelque chose à l'oreille
▸ **es faustdick hinter den ~en haben** ne pas être tombé(e) de la dernière pluie; **er/sie ist noch feucht** [*o* **nicht trocken**] **hinter den ~en** si on lui pressait le nez, il en sortirait du lait; **etw ist nicht für fremde ~en [bestimmt]** qc n'est pas [fait] pour les oreilles indiscrètes; **ganz** ~ **sein** *hum fam* être tout ouïe (*hum*); **nur mit halbem** ~ **zuhören** n'écouter que d'une oreille; **jdm die ~en lang ziehen** *fam* tirer les oreilles à qn (*fam*); **für jdn/etw ein offenes** ~ **haben** prêter une oreille attentive à qn/qc; **halt/haltet die ~en steif!** *fam* tiens/tenez le coup! (*fam*); **auf dem** ~ **bin ich taub** *fam* je fais la sourde oreille; **tauben ~en predigen** prêcher dans le désert; **das ist nichts für zarte ~en** ce n'est pas pour toutes les oreilles; **jdm das** ~ **abschwätzen** SDEUTSCH *fam* cirer les oreilles à qn (*fam*); **jdm eins hinter die ~en geben** *fam* en mettre [*o* coller] une à qn (*fam*); **viel um die ~en haben** *fam* ne pas/plus savoir où donner de la tête; **die ~en hängen lassen** *fam* avoir l'oreille basse; **jdn übers** ~ **hauen** se payer la tête de qn (*fam*); **zum einen** ~ **herein-, zum anderen wieder hinausgehen** entrer par une oreille et sortir par l'autre; **jdm klingen die ~en** qn a les oreilles qui sifflent; **jdm zu ~en kommen** arriver aux oreilles de qn; **sich aufs** ~ **legen** [*o* **hauen** *sl*] *fam* [se] mettre la viande dans le torchon (*arg*); **jdm mit etw in den ~en liegen** casser les oreilles à qn avec qc (*fam*); **mach die ~en auf!** *fam* ouvre [grand] tes [*o* les] oreilles!; **mit den ~en schlackern** en rester baba (*fam*); **sich** (*Dat*) **etw hinter die ~en schreiben** *fam* se mettre [bien] qc dans le crâne (*fam*); **schreib dir das hinter die ~en!** mets-toi bien ça dans le crâne!; **auf seinen ~en sitzen** *fam* faire la sourde oreille; **die ~en spitzen** *fam* dresser l'oreille; **seinen ~en nicht trauen** *fam* ne pas en croire ses oreilles; **bis über beide ~en** *fam verschuldet* jusqu'au cou; *überlastet, beschäftigt* jusqu'à n'en plus pouvoir; **bis über beide ~en verliebt sein** être fou(folle) amoureux(-euse)
Öhr [ø:ɐ] <-[e]s, -e> *nt* chas *m*
Ohrenarzt *m,* **-ärztin** *f* oto-rhino-laryngologiste *mf* **ohrenbetäubend** *Adj* assourdissant(e) **Ohrenentzündung** *f* MED otite *f* **Ohrenklappe** *f* oreillette *f* **Ohrensausen** <-s> *nt* bourdonnements *mpl* d'oreille[s] **Ohrenschmalz** *nt kein Pl* cérumen *m* **Ohrenschmaus** <-[e]s> *m fam* plaisir *m* pour les oreilles **Ohrenschmerzen** *Pl* maux *mpl* d'oreille[s]; ~ **haben** avoir mal aux oreilles **Ohrenschützer** <-s, -> *m meist Pl* cache-oreilles *m* **Ohrensessel** *m* fauteuil *m* à oreilles **Ohrenzeuge** *m,* **-zeugin** *f* témoin *m* auriculaire
Ohrfeige <-, -n> *f* gifle *f;* **jdm eine** ~ **geben** donner une gifle à qn; **eine** ~ **bekommen** [*o* **kriegen** *fam*] se prendre une gifle (*fam*)
ohrfeigen *tr V* gifler
▸ **ich könnte mich dafür ~!** *fam* je me foutrais des gifles pour ça! (*fam*)
Ohrfeigengesicht *nt pej sl* tête *f* à claques (*fam*)
Ohrläppchen ['o:ɐlɛpçən] <-s, -> *nt* lobe *m* de l'oreille **Ohrmuschel** *f* pavillon *m* [de l'oreille] **Ohrring** *m* boucle *f* d'oreille **Ohrstecker** *m* clou *m* [d'oreille] **Ohrwurm** *m fam* rengaine *f*
oje [o'je:] *Interj,* **ojemine** [o'je:mine] *Interj veraltet* bon sang, bonté divine
o.k., okay [o'ke:, o'keɪ] *fam* **I.** *Interj* O.K. (*fam*)
II. *Adj* O.K. (*fam*); ~ **sein** (*gut, in Ordnung*) être O.K. (*fam*); **bist du wieder ~?** ça va maintenant?
Okkasion [ɔka'zio:n] <-, -en> *f* A *fam* (*Gelegenheitskauf*) occasion *m*
okkult [ɔ'kʊlt] *Adj* occulte; **das Okkulte** les phénomènes occultes
Okkultismus [ɔkʊl'tɪsmʊs] <-> *m* occultisme *m*
Okkupation [ɔkupa'tsio:n] <-, -en> *f* occupation *f*
okkupieren* *tr V* occuper
Ökobauer *m,* **-bäuerin** *f* agriculteur(-trice) *m(f)* biologique **Ökoladen** *m* magasin *m* vert
Ökologe [øko'lo:gə] <-n, -n> *m,* **Ökologin** *f* écologiste *mf*
Ökologie [økolo'gi:] <-> *f* écologie *f*
ökologisch **I.** *Adj* écologique
II. *Adv* sur le plan écologique
Ökonom(in) [øko'no:m] <-en, -en> *m(f) geh* économiste *mf*
Ökonomie [økono'mi:] <-, -n> *f* économie *f*
ökonomisch [øko'no:mɪʃ] **I.** *Adj* ❶ *Frage, Problem* économique
❷ (*sparsam*) économe
II. *Adv* (*sparsam*) dans un souci d'économie
Ökopartei *f* parti *m* écologique [*o* écolo *fam*] **Ökosteuer** *f* FISC écotaxe *f* **Ökosystem** *nt* écosystème *m*
Oktaeder [ɔkta'ʔe:dɐ] <-s, -> *nt* MATH octaèdre *m*
Oktanzahl [ɔk'ta:n-] *f* indice *m* d'octane
Oktavband [ɔk'ta:f-] *m* TYP in-octavo *m*
Oktave [ɔk'ta:və] <-, -n> *f* octave *f*
Oktett [ɔk'tɛt] <-s, -e> *nt* MUS octuor *m*
Oktober [ɔk'to:bɐ] <-s, -> *m* octobre *m; s. a.* **April**

i Land & Leute

Le 3 octobre 1990, la R.D.A. fut rattachée à la République fédérale d'Allemagne. Déjà le 12 septembre, "le traité sur la régulation finale concernant l'Allemagne" avait été signé par les quatre puissances vainqueurs, la République fédérale d'Allemagne et le ministre-président de la R.D.A. à Moscou. Depuis, le **3. Oktober**, *der Tag der deutschen Einheit*, le jour de l'unité allemande est la fête nationale.

Oktoberfest *nt la fête de la bière à Munich* **Oktoberrevolution** [-vo-] *f* HIST révolution *f* d'octobre
Okular [oku'la:ɐ] <-s, -e> *nt* OPT oculaire *m*
Ökumene [øku'me:nə] <-> *f* œcuménisme *m*
ökumenisch [øku'me:nɪʃ] *Adj* œcuménique
Okzident ['ɔktsidɛnt] <-s> *m geh* Occident *m*
Öl [ø:l] <-[e]s, -e> *nt* ① (*Speiseöl, Motorenöl, Ölfarbe*) huile *f;* **ätherische ~e** huiles essentielles; **in ~ malen** faire de la peinture à l'huile
② (*Erdöl*) pétrole *m*
③ (*Heizöl*) mazout *m;* **mit ~ heizen** se chauffer au fioul
▶ **~ ins Feuer gießen** mettre de l'huile sur le feu; **~ auf die Wogen gießen** calmer les esprits
Ölbaum *m* olivier *m* **Ölberg** ['ø:lbɛrk] *m* BIBL, GEOG mont *m* des Oliviers **Ölbild** *s.* **Ölgemälde** **Ölbohrung** *f* forage *m* pétrolier **Ölbrenner** *m* chaudière *f* à mazout
Oldie ['ɔʊldi] <-s, -s> *m fam* ① (*Song, Film*) classique *m*
② (*Person*) vioque *mf* (*fam*)
Öldruck *m* AUT pression *f* d'huile
Oldtimer ['ɔʊldtaɪmɐ] <-s, -> *m* ① (*Auto*) voiture *f* ancienne
② (*Flugzeug*) coucou *m*
Oleander [ole'andɐ] <-s, -> *m* laurier *m* rose
ölen ['ø:lən] *tr V* huiler
▶ **wie geölt** *fam* comme dans du beurre (*fam*)
Ölexportland *nt* pays *m* exportateur de pétrole **Ölfarbe** *f* peinture *f* à l'huile **Ölfeld** *nt* champ *m* pétrolifère **Ölfilm** *m* film *m* d'huile **Ölfilter** *m* AUT filtre *m* à huile
Ölförderland *nt* pays *m* producteur de pétrole **Ölförderturm** *m* derrick *m*
Ölförderung *f kein Pl* production *f* pétrolière [*o* de pétrole] **Ölgemälde** *nt* peinture *f* à l'huile **Ölgesellschaft** *f* compagnie *f* pétrolière **Ölgötze** ▶ **wie ein ~ dastehen** *fam* rester planté(e) là, l'air ahuri **Ölhafen** *m* port *m* pétrolier
ölhaltig *Adj Pflanze* oléagineux(-euse)
Ölheizung *f* chauffage *m* au mazout
ölig *Adj* ① *Essen, Salat* huileux(-euse)
② (*verschmutzt*) graisseux(-euse)
Oligarchie [oligar'çi:] <-, -n> *f* oligarchie *f*
Ölindustrie *f* industrie *f* pétrolière
oliv [o'li:f] *Adj unv* olive *inv*
Oliv <-s, - *o fam* -s> *nt* vert *m* olive; **in ~** [de] couleur olive
Olive [o'li:və] <-, -n> *f* olive *f*
Olivenbaum [-vən-] *m* olivier *m* **Olivenhain** *m* oliveraie *f* **Olivenöl** *nt* huile *f* d'olive
olivgrün [o'li:fgry:n] *Adj* vert olive *inv;* **~e Socken** des chaussettes vert olive
Öljacke *f* ciré *m* **Ölkanister** *m* bidon *m* d'huile [*o* à huile] **Ölkännchen** *nt* burette *f* d'huile [*o* à huile] **Ölkanne** *f* bidon *m* d'huile [*o* à huile] **Ölkrise** *f* crise *f* du pétrole
oll [ɔl] *Adj* NDEUTSCH (*alt*) vieux(vieille)
▶ **je ~er, je doller** *fam* plus c'est vieux, plus ça pète de vie (*fam*)
Ölleitung *f* oléoduc *m* **Ölmalerei** *f* ① *kein Pl* peinture *f* à l'huile ② (*Ölgemälde*) peinture *f* à l'huile **Ölmessstab**[RR] *m* jauge *f* [d'huile] **Ölmühle** *f* huilerie *f* **Ölmulti** *m* multinationale *f* pétrolière **Ölofen** *m* poêle *m* à mazout **Ölpalme** *f* BOT palmier *m* oléifère **Ölpapier** *nt* papier *m* huilé **Ölpest** *f* marée *f* noire **Ölplattform** *f* plate[-]forme *f* pétrolière **Ölpumpe** *f* pompe *f* à huile **Ölquelle** *f* puits *m* de pétrole **Ölraffinerie** *f* raffinerie *f* de pétrole **Ölsardine** *f* sardine *f* à l'huile ▶ **wie die ~n** *fam* comme des sardines (*fam*); **die Leute stehen wie die ~n** les gens sont serrés comme des sardines (*fam*) **Ölscheich** *m pej* prince *m* du pétrole **Ölschicht** *f* couche *f* d'huile **Ölschiefer** *m* schiste *m* bitumineux **Ölschinken** *m* KUNST *pej* grande machine *f* (*fam*) **Ölsperre** *f* barrage *m* flottant **Ölstand** *m kein Pl* niveau *m* d'huile **Ölstandanzeiger** *m* indicateur *m* de niveau d'huile **Öltanker** *m* pétrolier *m* **Ölteppich** *m* nappe *f* de pétrole
Ölung <-, -en> *f* ① huilage *m*
② REL **die Letzte ~** l'extrême-onction *f;* **jdm die Letzte ~ spenden** administrer l'extrême-onction à qn
Ölvorkommen *nt* gisement *m* pétrolifère **Ölwanne** *f* carter *m* [à huile] **Ölwechsel** [-ks-] *m* vidange *f* [d'huile]; **den ~ machen** faire la vidange
Olymp [o'lʏmp] <-s> *m* **der ~** l'Olympe *m*
Olympiade [olʏm'pja:də] <-, -n> *f* olympiades *fpl*
Olympiamannschaft [o'lʏmpja-] *f* équipe *f* olympique **Olympiasieger(in)** *m(f)* champion(ne) *m(f)* olympique **Olympiastadion** *nt* stade *m* olympique
Olympionike <-n, -n> *m*, **-in** *f* SPORT athlète *mf* olympique
olympisch [o'lʏmpɪʃ] *Adj* olympique
Ölzeug *nt* ciré *m* **Ölzweig** *m* rameau *m* d'olivier
Oma ['o:ma] <-, -s> *f* ① *fam* mamie *f* (*fam*)
② *pej sl* (*alte Frau*) mémère *f* (*fam*)
Ombudsfrau *f* médiatrice *f* **Ombudsmann** ['ɔmbʊts-] *m* médiateur *m*
Omelett [ɔm(ə)'lɛt] <-[e]s, -e *o* -s> *nt*, **Omelette** <-, -n> *f* CH, A omelette *f*
Omen ['o:mən] <-s, - *o* Omina> *nt geh* augure *m* (*littér*)
Omi <-, -s> *f fam* mamie *f*
ominös [omi'nø:s] *Adj geh* suspect(e)
Omnibus ['ɔmnibʊs] *m* omnibus *m*
Omnibusfahrt *f* voyage *m* en bus **Omnibusverkehr** *m* trafic *m* des bus
OmU *Abk von* **Originalfassung mit Untertiteln** v. o. sous-titrée
Onanie [ona'ni:] <-> *f* onanisme *m*
onanieren* *itr V* se masturber; **das Onanieren** l'onanisme *m*
One-Man-Show ['wanmænʃɔʊ] *f* THEAT one man show *m*
Onkel ['ɔŋkəl] <-s, -> *m* ① oncle *m*
② *Kinderspr.* (*Mann*) monsieur *m*
▶ **über den großen ~ gehen** *fam* marcher les pieds tournés en dedans
Onkologe [ɔŋko'lo:gə] <-n, -n> *m*, **Onkologin** *f* MED cancérologue *mf*
Onkologie [ɔŋkolo'gi:] <-> *f* MED cancérologie *f*
onkologisch [ɔŋko'lo:gɪʃ] *Adj* MED *Erkrankung* cancéreux(-euse); *Forschung* sur le cancer
online ['ɔnlaɪn] *Adj* INFORM en ligne
Onlinebetrieb ['ɔnlaɪn-] *m* INFORM mode *m* connecté **Onlinedienst** *m* INFORM service *m* en ligne **Onlineshopping** <-s> *nt* shopping *m* en ligne
Ontogenese [ɔntoge'ne:zə] <-> *f* MED ontogenèse *f*
Ontologie [ɔntolo'gi:] <-> *f* PHILOS ontologie *f*
Onyx ['o:nʏks] <-[es], -e> *m* onyx *m*
OP [o:'pe:] <-s, -s> *m Abk von* **Operationssaal** salle *f* d'opération
Opa ['o:pa] <-s, -s> *m* ① *fam* papi *m* (*fam*)
② *pej sl* (*alter Mann*) pépère *m* (*fam*)
opak [o'pa:k] *Adj* opaque
Opal [o'pa:l] <-s, -e> *m* opale *f*
OPEC ['o:pɛk] <-> *f Abk von* **Organization of the Petroleum Exporting Countries** O.P.E.P. *f*
OPEC-Länder ['o:pɛk-] *Pl* pays *mpl* de l'O.P.E.P.
Oper ['o:pɐ] <-, -n> *f* opéra *m;* **die komische ~** l'opéra-co-

mique; **an die** [*o* **zur**] ~ **gehen** devenir chanteur *m*/cantatrice *f* d'opéra
Operateur(in) [opəra'tøːɐ] <-s, -e> *m(f)* chirurgien(ne) *m(f)*
Operation [opəra'tsioːn] <-, -en> *f* opération *f*
Operationssaal *m* salle *f* d'opération **Operationsschwester** *f* infirmière *f* du bloc opératoire **Operationstisch** *m* table *f* d'opération
operativ [opəra'tiːf] I. *Adj* ❶ MED chirurgical(e)
❷ MIL opérationnel(le)
II. *Adv* ❶ MED par la chirurgie
❷ MIL en stratège/stratèges
Operator [opə'raːtoːɐ] <-s, -oren> *m*, **Operatorin** *f* INFORM opérateur(-trice) *m(f)*
Operette [opə'rɛtə] <-, -n> *f* opérette *f*
operieren* I. *tr V* opérer; **jdn am Magen/Herzen** ~ opérer qn de l'estomac/du cœur; **sich** (*Dat*) **die Nase** ~ **lassen** se faire opérer du nez; **operiert werden** être opéré(e)
II. *itr V* ❶ MED opérer
❷ MIL mener une opération/des opérations
❸ *geh* (*vorgehen*) **vorsichtig/mit Bedacht** ~ opérer prudemment/avec réflexion
Opernball ['oːpɐn-] *m* bal *m* à l'opéra **Opernführer** *m* guide *m* des opéras **Operngla s** *nt* jumelles *fpl* de théâtre **Opernhaus** *nt* opéra *m* **Opernsänger(in)** *m(f)* chanteur *m*/cantatrice *f* d'opéra
Opfer ['ɔpfɐ] <-s, -> *nt* ❶ (*Menschenleben*) victime *f*; **zahlreiche** ~ **fordern** faire de nombreuses victimes; **jdm/einem Verbrechen zum** ~ **fallen** être victime de qn/d'un crime
❷ (*Verzicht*) sacrifice *m*; ~ **bringen** faire des sacrifices
❸ REL sacrifice *m*; (*Opfergabe*) offrande *f*
opferbereit *Adj* plein(e) d'abnégation **Opferbereitschaft** *f kein Pl* abnégation *f* **Opferentschädigung** *f* dédommagement *m* de/des victimes **Opfergabe** *f* offrande *f* **Opferlamm** *nt* ❶ REL agneau *m* du sacrifice ❷ *geh* (*wehrloses Opfer*) victime *f* expiatoire
opfern ['ɔpfɐn] I. *tr V* REL sacrifier; **jdm etw** ~ donner qc en offrande à qn
II. *itr V* REL célébrer le sacrifice; **jdm** ~ sacrifier à qn
III. *r V hum fam* **sich** ~ se sacrifier
Opferstätte *f* lieu *m* de sacrifice **Opferstock** *m* tronc *m* **Opfertier** *nt* animal *m* offert en sacrifice **Opfertod** *m geh* sacrifice *m*; **durch seinen** ~ grâce au sacrifice de sa vie
Opferung <-, -en> *f* ❶ *eines Menschen, Tiers* sacrifice *m*
❷ REL offrande *f*
Opferwille *m* esprit *m* de sacrifice **opferwillig** *Adj* disposé(e) à se sacrifier
Opium ['oːpiʊm] <-s> *nt* opium *m*
Opiumhöhle *f* fumerie *f* d'opium **Opiumraucher(in)** *m(f)* fumeur(-euse) *m(f)* d'opium
Opossum [o'pɔsʊm] <-s, -s> *nt* ZOOL opossum *m*
Opponent(in) [ɔpo'nɛnt] <-en, -en> *m(f) geh* opposant(e) *m(f)*; **ein** ~ **der Regierungspolitik** un opposant à la politique du gouvernement
opponieren* *itr V geh* faire de l'obstruction [systématique]; **gegen jdn/etw** ~ s'opposer à qn/qc; **das Opponieren** l'opposition *f*
opportun [ɔpɔr'tuːn] *Adj geh* ❶ (*angepasst*) *Verhalten, Gesinnung* opportuniste
❷ (*vorteilhaft*) ~ **sein** être opportun(e)
Opportunismus [ɔpɔrtu'nɪsmʊs] <-> *m* opportunisme *m*
Opportunist(in) [ɔpɔrtu'nɪst] <-en, -en> *m(f)* opportuniste *mf*
opportunistisch I. *Adj* opportuniste
II. *Adv* en opportuniste
Opposition [ɔpozi'tsioːn] <-, -en> *f a.* POL opposition *f*; **in** ~ **zu jdm/etw stehen** être opposé(e) à qn/qc; **etw aus** ~ **tun** faire qc par esprit de contradiction
oppositionell [ɔpozitsio'nɛl] *Adj* ❶ POL de l'opposition
❷ *geh* (*gegnerisch*) *Kräfte* d'opposition; *Einstellung* contestataire
Oppositionelle(r) *f(m) dekl wie Adj* opposant(e) *m(f)*
Oppositionsführer(in) *m(f)* chef *mf* de l'opposition **Oppositionspartei** *f* parti *m* d'opposition
Optik ['ɔptɪk] <-, -en> *f* ❶ PHYS, PHOT optique *f*
❷ *kein Pl* (*Eindruck*) aspect *m*; **wegen der** ~/**der besseren** ~ [juste] pour faire bien/mieux
Optiker(in) ['ɔptikɐ] <-s, -> *m(f)* opticien(ne) *m(f)*
optimal [ɔpti'maːl] *geh* I. *Adj* optimal(e); *Partner* idéal(e)
II. *Adv* de la meilleure façon possible [*o* qui soit]
optimieren* *tr V geh* optimaliser (*soutenu*)
Optimierung <-, -en> *f* optimisation *f*
Optimismus [ɔpti'mɪsmʊs] <-> *m* optimisme *m*
Optimist(in) [ɔpti'mɪst] <-en, -en> *m(f)* optimiste *mf*
optimistisch I. *Adj* optimiste
II. *Adv* de façon optimiste; **jdn** ~ **stimmen** rendre qn optimiste
Optimum ['ɔptimʊm, *Pl:* 'ɔptima] <-s, Optima> *nt geh* solution *f* optimale
Option [ɔp'tsioːn] <-, -en> *f* ❶ BÖRSE, COM option *f*; **eine** ~ **auf etw** (*Akk*) **erwerben** acquérir une option sur qc
❷ (*das Optieren*) choix *m*
❸ *geh* (*Möglichkeit*) option *f*
optisch ['ɔptɪʃ] I. *Adj* ❶ *Gläser, Linsen* optique; *Instrument* d'optique
❷ *geh* (*äußerlich*) *Eindruck* visuel(le)
II. *Adv geh* visuellement
opulent [opu'lɛnt] I. *Adj geh Mahl* copieux(-euse)
II. *Adv geh essen* copieusement
Opus ['oːpʊs, *Pl:* 'oːpəra] <-, Opera> *nt* ❶ (*Gesamtwerk*) œuvre *f*
❷ MUS opus *m*; [**das**] ~ **18** l'opus 18
❸ *hum* (*Erzeugnis, Werk*) œuvre *f* d'art
Orakel [o'raːkəl] <-s, -> *nt* oracle *m*; **das** ~ **von Delphi** l'oracle de Delphes; **das** ~ **befragen** interroger l'oracle
orakeln* *itr V geh* vaticiner (*littér*)
oral [o'raːl] I. *Adj* ❶ MED oral(e); *Einnahme, Verabreichung* par voie orale
❷ (*den Mund betreffend*) buccal(e)
❸ (*nicht schriftlich*) oral(e)
II. *Adv* MED par voie orale
orange [o'rãːʒ(ə), o'rãːʃ, o'raŋʃ] *Adj unv* orange *inv*
Orange[1] <-, -n> *f* (*Frucht*) orange *f*
Orange[2] <-, - *o fam* -s> *nt* (*Farbe*) orange *m*
Orangeade [orã'ʒaːdə, oraŋ'ʒaːdə] <-, -n> *f* orangeade *f*
Orangeat [orã'ʒaːt, oraŋ'ʒaːt] <-[e]s, -e> *nt* zeste *m* d'orange confit
orangefarben, orangefarbig [o'rãːʒə-, o'raŋʒə-] *Adj* [de couleur] orange *inv*
Orangenbaum [o'rãːʒən-, o'raŋʒən-] *m* oranger *m* **Orangenblüte** *f* fleur *f* d'oranger **Orangenhaut** *f kein Pl* peau *f* d'orange **Orangenmarmelade** *f* marmelade *f* d'oranges **Orangensaft** *m* jus *m* d'orange **Orangenschale** *f* écorce *f* d'orange
Orangerie <-, -n> *f* BOT orangerie *f*
Orang-Utan <-s, -s> *m* orang-outan[g] *m*
Oratorium [ora'toːriʊm] <-s, -torien> *nt* oratorio *m*
ORB <-> *m Abk von* **Ostdeutscher Rundfunk** *radio et télévision régionales de l'est de l'Allemagne*
Orbit ['ɔrbɪt] <-s, -s> *m* RAUM orbite *f*
Orchester [ɔr'kɛstɐ, ɔr'çɛstɐ] <-s, -> *nt* ❶ (*Ensemble*) orchestre *m*
❷ (*Orchestergraben*) fosse *f* d'orchestre
Orchestergraben *m* fosse *f* d'orchestre
Orchidee [ɔrçi'deːə] <-, -n> *f* orchidée *f*
Orden ['ɔrdən] <-s, -> *m* ❶ MIL décoration *f*; **jdm einen** ~ **für etw verleihen** remettre une décoration à qn pour qc
❷ ECCL ordre *m*; **einem** ~ **beitreten** entrer dans un ordre

Ordensbruder *m* religieux *m* **Ordensregel** *f* règle *f* de l'ordre **Ordensschwester** *f* religieuse *f* **Ordenstracht** *f* habit *m*

ordentlich ['ɔrdəntlɪç] I. *Adj* ❶ (*aufgeräumt*) rangé(e); **in ~em Zustand** en ordre
❷ (*Ordnung liebend*) ordonné(e)
❸ (*anständig*) *Person* convenable; *Benehmen* correct(e)
❹ *fam* (*tüchtig*) *Frühstück, Portion* bon(ne) *antéposé;* **eine ~e Tracht Prügel** une bonne raclée
❺ (*annehmbar*) *Angebot, Preis, Leistung* correct(e); **etwas Ordentliches lernen** apprendre un métier sérieux
❻ (*ordnungsgemäß*) *Professor* titulaire; *Gericht* régulier(-ière); *Mitglied* à part entière; *Vertrag* en bonne et due forme
II. *Adv* ❶ (*gesittet*) convenablement
❷ *fam* (*tüchtig*) bien; **~ zugreifen** se servir copieusement; **~ regnen** bien pleuvoir; **sich ~ vertun** se tromper dans les grandes largeurs; **jdn ~ verprügeln** battre qn comme plâtre
❸ (*diszipliniert*) *arbeiten, studieren* sérieusement
❹ (*annehmbar*) *speisen, bezahlen, verdienen* correctement
❺ (*ordnungsgemäß*) en bonne et due forme

Ordentlichkeit <-> *f* sens *m* de l'ordre

Order ['ɔrdɐ] <-, -s *o* -n> *f* ❶ COM commande *f*
❷ *geh* (*Anweisung*) directive *f*

ordern ['ɔrdɐn] *tr, itr V* commander

Ordinalzahl [ɔrdi'na:l] *f* nombre *m* ordinal

ordinär [ɔrdi'nɛ:ɐ] I. *Adj* ❶ (*vulgär*) vulgaire
❷ (*gewöhnlich*) simple *antéposé*
II. *Adv* (*gemein*) vulgairement

Ordinariat [ɔrdina'ria:t] <-[e]s, -e> *nt* ❶ UNIV chaire *f* [de professeur titulaire]
❷ REL ordinariat *m;* **bischöfliches ~** évêché *m*

Ordinarius [ɔrdi'na:riʊs] <-, Ordinarien> *m* professeur *m* [titulaire]

Ordinate [ɔrdi'na:tə] <-, -n> *f* ordonnée *f*

Ordinatenachse [-aksə] *f* axe *m* des ordonnées

Ordination <-, -en> *f* ❶ REL ordination *f*
❷ MED prescription *f* [médicale]; (*Rezept*) ordonnance *f*

ordnen ['ɔrdnən] I. *tr V* ❶ (*sortieren*) classer; **etw alphabetisch/der Größe nach ~** classer qc par ordre alphabétique/de grandeur; **das Ordnen** le classement
❷ (*in Ordnung bringen*) mettre de l'ordre dans *Finanzen;* **seine Verhältnisse ~** se ranger; **etw neu ~** réorganiser qc
II. *r V* **sich ~** se ranger

Ordner <-s, -> *m* ❶ (*Person*) membre *m* du service d'ordre
❷ (*Aktenordner*) classeur *m*

Ordnerin <-, -nen> *f* membre *m* du service d'ordre

Ordnung <-, -en> *f* ❶ *kein Pl* (*das Sortieren*) classement *m*
❷ (*Aufgeräumtheit*) ordre *m;* **~ halten** être ordonné(e); **in seinen Sachen ~ halten** ranger ses affaires; **jdm etw in ~ halten** s'occuper de qc pour qn; **~ muss sein!** [il faut] de l'ordre avant tout!
❸ *kein Pl* (*ordentliches Verhalten*) ordre *m;* **die öffentliche ~** l'ordre public; **jdn zur ~ rufen** [*o* **anhalten**] rappeler qn à l'ordre
❹ (*Gesetzmäßigkeit*) ordre *m;* **eine vorgegebene ~** un ordre donné
❺ (*Vorschrift*) règlement *m*
❻ BIO ordre *m*
❼ ASTRON magnitude *f;* **ein Stern zweiter ~** une étoile de magnitude 2
▶ **~ ist das halbe Leben** *Spr.* l'ordre simplifie la vie; **es ist alles in bester** [*o* **schönster**] **~** tout est pour le mieux [dans le meilleur des mondes]; **etw in ~ bringen** (*aufräumen*) mettre qc en ordre; (*reparieren*) réparer qc; (*klären*) mettre bon ordre à qc; **es [ganz] in ~ finden, dass** trouver [tout à fait] normal que + *subj;* **es nicht in ~ finden, dass** ne pas trouver normal que + *subj;* **geht in ~** *fam* pas de problème (*fam*); **alles hat seine ~** chaque chose à sa place; **jd ist in ~** *fam* qn est correct(e) (*fam*); **der ist schwer in ~** il est au poil (*fam*); **in ~ sein** (*funktionieren*) [bien] marcher; **nicht in ~ sein** (*nicht funktionieren*) être défectueux(-euse); (*sich nicht gehören*) ne pas aller; **der ~ halber** pour la forme; **[das ist] in ~!** *fam* d'accord!; **behalten Sie den Rest, ist schon in ~ so!** gardez le reste, c'est bien comme ça!

Ordnungsamt *nt* [service *m* d']état *m* civil **ordnungsgemäß** I. *Adj* réglementaire II. *Adv* en bonne et due forme

ordnungshalber *Adv* pour la forme

Ordnungshüter(in) *m(f)* gardien(ne) *m(f)* de l'ordre **Ordnungsliebe** *f kein Pl* amour *m* de l'ordre; **übertriebene ~** maniaquerie *f* **ordnungsliebend** *Adj* qui aime l'ordre; **~ sein** aimer l'ordre **Ordnungsruf** *m* rappel *m* à l'ordre **Ordnungssinn** *m kein Pl* sens *m* de l'ordre **Ordnungsstrafe** *f* contravention *f;* **jdn mit einer ~ belegen** dresser une contravention à qn **ordnungswidrig** I. *Adj Parken* illégal(e); *Verhalten* répréhensible II. *Adv* illégalement **Ordnungswidrigkeit** <-, -en> *f* infraction *f* **Ordnungszahl** *s.* **Ordinalzahl**

Oregano [o're:gano] <-> *m* origan *m*

Organ [ɔr'ga:n] <-s, -e> *nt* ❶ ANAT organe *m*
❷ *fig* (*Institution, Einrichtung*) **ausführendes ~** organisme *m* d'exécution; **beratendes ~** organe *m* consultatif
▶ **kein ~ für etw haben** *fam* ne pas avoir le sens de qc

Organbank *f* MED banque *f* d'organes

Organigramm [ɔrgani'gram] <-s, -e> *nt* organigramme *m*

Organisation [ɔrganiza'tsio:n] <-, -en> *f* organisation *f*

Organisationskomitee *nt* comité *m* d'organisation **Organisationsplan** *m* organigramme *m* **Organisationstalent** *nt* ❶ *kein Pl* (*Eigenschaft*) sens *m* de l'organisation, esprit *m* d'organisation ❷ (*Mensch*) champion(ne) *m(f)* de l'organisation

Organisator [ɔrgani'za:to:ɐ] <-s, -toren> *m*, **Organisatorin** *f* organisateur(-trice) *m(f)*

organisatorisch [ɔrganiza'to:rɪʃ] I. *Adj Angelegenheit, Frage* relatif(-ive) à l'organisation; *Leistung* organisationnel(le); **~es Talent haben** avoir le sens de l'organisation
II. *Adv* sur le plan de l'organisation; **sich ~ betätigen** s'occuper de l'organisation; **~ betrachtet** du point de vue de l'organisation

organisch [ɔr'ga:nɪʃ] I. *Adj* organique
II. *Adv* ❶ MED organiquement
❷ *geh* (*harmonisch*) *sich einfügen, verbinden* pour former une unité

organisieren* I. *tr V* ❶ organiser
❷ *sl* (*stehlen*) magouiller (*fam*)
II. *itr V* s'occuper de l'organisation
III. *r V* **sich ~** *Arbeitnehmer:* s'organiser

organisiert *Adj* organisé(e); **in einem Verband/gewerkschaftlich ~ sein** être organisé(e) en association/syndicat

Organismus [ɔrga'nɪsmʊs] <-, -nismen> *m* organisme *m*

Organist(in) [ɔrga'nɪst] <-en, -en> *m(f)* organiste *mf*

Organizer ['ɔ:gənaɪzɐ] <-s, -> *m* INFORM agenda *m* électronique

Organspende *f* MED don *m* d'organe **Organspender(in)** *m(f)* donneur(-euse) *m(f)* d'organes

Organspenderausweis *m* MED carte *f* de donneur [d'organes]

Organtransplantation *f* MED transplantation *f* d'organe **Organverpflanzung** *f* transplantation *f* [d'organes]

Orgasmus [ɔr'gasmʊs] <-, Orgasmen> *m* orgasme *m*

orgastisch [ɔr'gastɪʃ] *Adj* orgastique, orgasmique

Orgel ['ɔrgəl] <-, -n> *f* orgue *m;* **~ spielen** jouer de l'orgue

Orgelkonzert *nt* ❶ (*Musikstück*) pièce *f* pour orgue ❷ (*Darbietung*) récital *m* d'orgue **Orgelmusik** *f* ❶ (*Komposition*) musique *f* pour orgue ❷ (*Orgelspiel*) récital *m* d'orgue **Orgelpfeife** *f* tuyau *m* d'orgue ▶ **dastehen wie die ~n** *hum fam* être en rang d'oignons (*hum fam*)

orgiastisch *Adj geh* orgiaque

Orgie ['ɔrgiə] <-, -n> *f* orgie *f;* **~n feiern** célébrer des orgies

Orient ['o:riɛnt, o'riɛnt] <-s> *m* Orient *m;* **der Vordere ~** le

O

Proche-Orient
Orientale [oriɛn'ta:lə] <-n, -n> *m*, **Orientalin** *f* Oriental(e) *m(f)*
orientalisch [oriɛn'ta:lɪʃ] *Adj* oriental(e)
Orientalist(in) [oriɛnta'lɪst] <-en, -en> *m(f)* orientaliste *mf*
Orientalistik [oriɛnta'lɪstɪk] <-> *f* langues *fpl* orientales
orientieren* [oriɛn'ti:rən] I. *r V* ❶ (*sich zurechtfinden*) s'orienter; **sich an etw** (*Dat*) ~ s'orienter à qc
❷ (*sich ausrichten nach*) **sich an jdm/etw** ~ agir en fonction de qn/qc
❸ (*sich unterrichten*) **sich über etw** ~ s'informer de qc
II. *tr V geh* ❶ (*unterrichten*) **jdn über etw** (*Akk*) ~ informer qn de qc; **über jdn/etw orientiert sein** être informé(e) au sujet de qn/qc
❷ (*ausgerichtet sein*) **links/rechts orientiert sein** être orienté(e) vers la gauche/droite; **liberal orientiert sein** avoir des orientations libérales
Orientierung [oriɛn'ti:rʊŋ] <-, -en> *f* ❶ (*das Zurechtfinden*) orientation *f*; **der** ~ (*Dat*) **dienen** *Stadtplan:* permettre de s'orienter; **die** ~ **verlieren** ne plus arriver à s'orienter
❷ (*Information*) **zur** ~ à titre d'information; **zu Ihrer** ~ pour votre gouverne
Orientierungshilfe *f* ❶ (*geografisch*) point *m* de repère; **der alte Baum bietet eine gute** ~ le vieil arbre aide à trouver le bon chemin ❷ (*geistig*) fil *m* [conducteur] **Orientierungspunkt** *m* point *m* de repère **Orientierungssinn** *m kein Pl* sens *m* de l'orientation
Origano [o'ri:gano] <-s> *m s.* **Oregano**
original [origi'na:l] I. *Adj* ❶ (*echt*) original(e)
❷ (*ursprünglich*) *Verpackung, Zustand* d'origine
II. *Adv* ~ **verpackt sein** être dans son emballage d'origine; **nicht mehr** ~ **erhalten sein** ne plus exister dans son état d'origine
Original <-s, -e> *nt* ❶ (*Gegenstand*) original *m*; **im** ~ en [version] original[e]
❷ (*Mensch*) original(e) *m(f)*
Originalausgabe *f* édition *f* originale **Originalfassung** *f* version *f* originale **originalgetreu** I. *Adj* fidèle [à l'original]
II. *Adv nachahmen* parfaitement; **einen Text** ~ **übersetzen** traduire un texte en restant fidèle à l'original
Originalität [originali'tɛ:t] <-> *f* ❶ (*Echtheit*) authenticité *f*
❷ (*Einfallsreichtum*) *einer Person, eines Stils* originalité *f*
Originalton *m* ❶ enregistrement *m* original ❷ *fig* ~ **Emil** dixit Emil **Originalübertragung** *f* RADIO, TV émission *f* en direct
originell [origi'nɛl] I. *Adj* original(e)
II. *Adv* de manière originale
Orkan [ɔr'ka:n] <-[e]s, -e> *m* ouragan *m*
orkanartig *Adj* semblable à un ouragan
Orkanstärke *f* force *f* d'un ouragan; **mit** ~ avec la force d'un ouragan
Ornament [ɔrna'mɛnt] <-[e]s, -e> *nt* ornement *m*
ornamental [ɔrnamɛn'ta:l] *Adj Dekoration, Verzierung* ornemental(e); *Portal* décoré(e)
Ornat [ɔr'na:t] <-[e]s, -e> *m* habit *m*; **in vollem** ~ en habit de cérémonie
Ornithologe [ɔrnito'lo:gə] <-n, -n> *m*, **Ornithologin** *f* ornithologue *mf*
Oropax® <-> *nt* boules *fpl* Quies®
Orpheus ['ɔrfɔys] <-> *m* MYTH Orphée *m*
Ort[1] [ɔrt] <-[e]s, -e> *m* ❶ (*Stelle, Erscheinungsort*) lieu *m*; **der** ~ **der Handlung** le lieu de l'action; **ohne** ~ **und Jahr** sans lieu ni date
❷ (*Ortschaft*) localité *f*; **von** ~ **zu** ~ **gehen** aller de ville en ville; **das ist von** ~ **zu** ~ **verschieden** c'est différent d'un lieu à l'autre; **am** ~ sur place
❸ (*Belegstelle*) **am angegebenen** ~ à l'endroit cité
► **an** ~ **und Stelle** sur place; **höheren** ~**es** *form* en haut lieu
Ort[2] ► **vor** ~ sur place; MIN au front de taille

Örtchen ['œrtçən] <-s, -> *nt* ► **das [stille]** ~ *fam* le petit coin (*fam*)
orten ['ɔrtən] *tr V* ❶ localiser *Flugzeug, Signal, U-Boot, Sandbank*
❷ *fam* (*ausmachen*) **jdn schon geortet haben** avoir déjà repéré qn (*fam*)
orthodox [ɔrto'dɔks] I. *Adj a. fig* orthodoxe
II. *Adv leben* selon le rite orthodoxe
OrthografieRR *s.* **Orthographie**
orthografischRR *s.* **orthographisch**
Orthographie [ɔrtogra'fi:] <-, -en> *f* orthographe *f*
orthographisch [ɔrto'gra:fɪʃ] I. *Adj Fehler, Frage, Regel* d'orthographe; ~**e Schwächen haben** avoir des problèmes d'orthographe
II. *Adv* ~ **falsch/richtig sein** être mal/bien [*o* correctement] orthographié(e)
Orthopäde [ɔrto'pɛ:də] <-n, -n> *m*, **Orthopädin** *f* orthopédiste *mf*
Orthopädie <-> *f* orthopédie *f*
orthopädisch *Adj* orthopédique; *Ausbildung, Erfahrung* en orthopédie
örtlich ['œrtlɪç] I. *Adj a.* MED, METEO local(e); ~**e Betäubung** anesthésie locale; ~**e Regenfälle** averses locales; **eine** ~**e Besonderheit** une particularité locale
II. *Adv a.* MED localement; **das ist** ~ **verschieden** ça dépend du lieu
Örtlichkeit <-, -en> *f* ❶ (*Ortschaft*) localité *f*
❷ (*Gegend*) endroit *m*; **sich mit der** ~ **vertraut machen** se familiariser avec l'endroit; **mit den** ~**en gut vertraut sein** bien connaître l'endroit
❸ *fam* (*das WC*) **die** ~**en** les toilettes *fpl*
Ortsangabe *f* ❶ indication *f* du lieu ❷ (*Nennung des Erscheinungsorts*) **ohne** ~ sans lieu **ortsansässig** *Adj Firma* local(e); **die** ~**en Bewohner** les autochtones; **sind Sie** ~**?** êtes-vous d'ici?; **gehen Sie doch zu einem** ~**en Arzt** allez voir un médecin d'ici **Ortsansässige(r)** *f(m) dekl wie Adj* autochtone *mf* **Ortsausgang** *m* sortie *f* de la localité **Ortsbestimmung** *f* ❶ GEOG localisation *f* ❷ LING complément *m* [circonstantiel] de lieu
Ortschaft <-, -en> *f* localité *f*; **geschlossene** ~ agglomération *f*
Ortseingang *m* entrée *f* de la localité **ortsfremd** *Adj* étranger(-ère); ~**e Touristen** des touristes venus de l'extérieur; **sind Sie** ~**?** vous n'êtes pas d'ici? **Ortsfremde(r)** *f(m) dekl wie Adj* étranger(-ère) *m(f)* **Ortsgespräch** *nt* communication *f* locale **Ortsgruppe** *f* section *f* locale; SPORT équipe *f* locale **Ortskenntnis** *f* connaissance *f* des lieux *pas de pl*; **[gute]** ~**se haben** [bien] connaître l'endroit **Ortskrankenkasse** *f* section *f* locale de la caisse d'assurance maladie; **Allgemeine** ~ *caisse d'assurance-maladie ouverte aux assurés obligatoires* **ortskundig** *Adj* qui connaît l'endroit; ~ **sein** connaître l'endroit; **sich** ~ **machen** repérer l'endroit **Ortskundige(r)** *f(m) dekl wie Adj* quelqu'un qui connaît l'endroit; **einen** ~**n fragen** demander à quelqu'un qui connaît l'endroit **Ortsname** *m* nom *m* de lieu; **wie war doch der** ~**?** comment s'appelait l'endroit? **Ortsnetz** *nt* réseau *m* local
Ortsnetzkennzahl *f form* indicatif *m*
Ortsschild <-schilder> *nt* (*am Ortseingang*) panneau *m* d'entrée en agglomération; (*am Ortsausgang*) panneau de fin d'agglomération **Ortssinn** *m kein Pl* sens *m* de l'orientation **Ortstarif** *m* tarif *m* de la communication locale **Ortsteil** *m* quartier *m* **ortsüblich** *Adj Bezahlung, Gehalt, Tarif* pratiqué(e) localement; *Brauch, Gepflogenheit* conforme aux usages locaux; ~ **sein** être la coutume **Ortsverkehr** *m* circulation *f* locale **Ortswechsel** *m* changement *m* de lieu **Ortszeit** *f* heure *f* locale; **um elf Uhr** ~ à onze heures heure locale **Ortszuschlag** *m* indemnité *f* de résidence
Ortung <-, -en> *f* détection *f*
Öse ['ø:zə] <-, -n> *f eines Schuhs* œillet *m*; *einer Angelrute* anneau *m*

Oslo ['ɔslo] <-s> *nt* Oslo
osmanisch [ɔs'ma:nɪʃ] *Adj* ottoman(e)
Osmium ['ɔsmiʊm] <-s> *nt* CHEM osmium *m*
Osmose [ɔs'mo:zə] <-, -n> *f* osmose *f*
Ossi ['ɔsi] <-s, -s> *m*, <-, -s> *f fam surnom des habitants de l'ex-R.D.A.*
Ost [ɔst] <-[e]s> *m* ▸ ~ **und West** (*Ost- und Westeuropa*) l'Est *m* et l'Ouest *m;* (*Europa und Asien*) l'Orient *m* et l'Occident *m;* **aus** ~ **und West** de l'Est et de l'Ouest
Ostasien *nt* l'Asie *f* orientale **Ostberlin** *nt* Berlin-Est **Ostblock** *m* HIST bloc *m* de l'Est **Ostblockland** *nt,* **Ostblockstaat** *m* HIST pays *m* [du bloc] de l'Est **ostdeutsch** *Adj* d'Allemagne de l'Est **Ostdeutsche(r)** *f(m) dekl wie Adj* Allemand(e) *m(f)* de l'Est **Ostdeutschland** *nt* l'Allemagne *f* de l'Est
Osten ['ɔstən] <-s> *m* ❶ (*Himmelsrichtung*) est *m*
❷ (*östliche Gegend*) Est *m*
❸ (*Osteuropa*) **der** ~ l'Est *m;* **aus dem** ~ de l'Est
❹ (*Kleinasien, Asien*) **der Nahe** ~ le Proche-Orient; **der Mittlere** ~ le Moyen-Orient; **der Ferne** ~ l'Extrême-Orient *m; s. a.* **Norden**
ostentativ [ɔstɛnta'ti:f] *geh* **I.** *Adj* ostensible
II. *Adv* ostensiblement
Osteoporose [ɔsteopo'ro:zə] <-, -n> *f* MED ostéoporose *f*
Osterei ['o:stɐʔaɪ] *nt* œuf *m* de Pâques **Osterfest** *nt* les Pâques *fpl* **Osterglocke** *f* jonquille *f* **Osterhase** *m* lapin *m* de Pâques

> **i Land & Leute**
>
> À Pâques, l'**Osterhase** cache dans les jardins ou les appartements des œufs de Pâques peints, des lapins en chocolat et d'autres cadeaux. Les enfants cherchent ensuite partout les cachettes où se trouvent les cadeaux ou les friandises.

Osterlamm *nt* agneau *m* pascal
österlich ['ø:stɐlɪç] **I.** *Adj* de Pâques
II. *Adv* ~ **geschmückt** décoré(e) pour Pâques
Ostermontag *m* lundi *m* de Pâques
Ostern ['o:stɐn] <-, -> *nt* Pâques *fpl;* **frohe** [*o* **fröhliche**] ~**!** joyeuses Pâques!; **zu** ~ **verreisen wir** nous partons en week-end de Pâques; **was hast du zu** ~ **bekommen?** qu'as-tu reçu pour Pâques?
Österreich ['ø:stəraɪç] <-s> *nt* l'Autriche *f*
Österreicher(in) <-s, -> *m(f)* Autrichien(ne) *m(f);* **sie ist** ~**in** elle est Autrichienne
österreichisch *Adj* autrichien(ne)
Ostersonntag *m* dimanche *m* de Pâques **Osterwoche** *f* semaine *f* sainte
Osteuropa *nt* l'Europe *f* de l'Est **osteuropäisch** *Adj* de l'Europe de l'Est; ~ **wirken** faire penser à l'Europe de l'Est **Ostgote** *m,* **-gotin** *f* Ostrogoth(e) *m(f)* **Ostkirche** *f* l'Église *f* d'Orient **Ostküste** *f* côte *f* orientale
östlich ['œstlɪç] **I.** *Adj* ❶ *Land, Stadt, Lage, Klima* de l'est; *Landesteil, Gebiet* oriental(e)
❷ METEO en provenance de l'est
❸ (*nach Osten*) **in** ~**er Richtung** en direction de l'est
II. *Adv* à l'est; ~ **von Bonn** à l'est de Bonn
III. *Präp + Gen* ~ **der Autobahn** à l'est de l'autoroute
Ostmark *f* HIST mark *m* de l'Est **Ostpolitik** *f* HIST Ostpolitik *f* **Ostpreußen** *nt* la Prusse-Orientale **ostpreußisch** *Adj* de la Prusse-Orientale
Östrogen [œstro'ge:n] <-s, -e> *nt* œstrogène *m*
Ostrom ['ɔstro:m] *nt* HIST empire *m* romain d'Orient **oströmisch** *Adj* HIST **das Oströmische Reich** l'Empire romain d'Orient **Ostsee** *f* la [mer] Baltique; **an der** ~ **leben/an die** ~ **fahren** vivre/aller au bord de la [mer] Baltique **Ostseite** *f* face *f* [*o* côté *m*] est **Ostverträge** *Pl* POL **die** ~ le traité germano-polonais **Ostwand** *f eines Gebäudes* face *f* est; *eines Bergs* versant *m* est
ostwärts ['-vɛrts] *Adv* vers l'est
Ost-West-Konflikt *m* ÖKON, POL conflit *m* est-ouest
Ostwind *m* vent *m* d'est
oszillieren* *itr V* osciller
Oszillograph [ɔstsɪlo'gra:f] <-en, -en> *m* oscillographe *m*
O-Ton ['o:-] *m* (*fam*) enregistrement *m* original
Otter[1] ['ɔtɐ] <-, -n> *f* (*Schlangenart*) vipère *f*
Otter[2] <-s, -> *m* (*Fischotter*) loutre *f*
Otto ['ɔto] <-s, -s> *m fam* ▸ ~ **Normalverbraucher** le consommateur lambda (*fam*); **den flotten** ~ **haben** avoir la courante (*fam*)
Ottomotor ['ɔto-] *m* moteur *m* à allumage par étincelle
ÖTV [ø:te:'faʊ] <-> *f Abk von* **Gewerkschaft Öffentliche Dienste, Transport und Verkehr** *syndicat allemand des services publics, des transports et de la circulation*
out [aʊt] *Adj fam* ~ **sein** être out (*fam*)
outen ['aʊtən] *r V* déclarer; **sich** [**als Homosexueller**] ~ déclarer officiellement son homosexualité
Outfit ['aʊtfɪt] <-s, -s> *nt sl* tenue *f,* touche *f* (*fam*)
Output ['aʊtpʊt] <-s, -s> *m o nt* INFORM output *m*
Outsider [aʊt'saɪdɐ] <-s, -> *m* outsider *m*
Ouvertüre [uvɛr'ty:rə] <-, -n> *f* ouverture *f*
oval [o'va:l] *Adj* ovale
Oval <-s, -e> *nt* ovale *m*
Ovation [ova'tsio:n] <-, -en> *f geh* ovation *f;* **stehende** ~**en** standing ovation *f;* **jdm** ~**en darbringen** réserver une ovation à qn
Overall ['ɔʊvərɔ:l] <-s, -s> *m* combinaison *f*
Overheadfolie ['ɔʊvə(r)hɛdfo:liə] *f* transparent *m* **Overheadprojektor** *m* rétroprojecteur *m*
ÖVP [ø:faʊ'pe:] <-> *f Abk von* **Österreichische Volkspartei** *parti populaire autrichien*
Ovulation [ovula'tsio:n] <-, -en> *f* ovulation *f*
Ovulationshemmer <-s, -> *m* pilule *f* anticonceptionnelle
Oxid [ɔ'ksi:t] <-[e]s, -e> *nt* oxyde *m*
Oxidation [ɔksida'tsio:n] <-, -en> *f* oxydation *f*
oxidieren* **I.** *itr V + haben o sein* s'oxyder
II. *tr V + haben* oxyder
Oxyd [ɔ'ksy:t] <-[e]s, -e> *nt s.* **Oxid**
Oxydation [ɔksyda'tsio:n] <-, -en> *f s.* **Oxidation**
Ozean ['o:tsea:n] <-s, -e> *m* océan *m;* **der Atlantische/Indische/Pazifische** [*o* **Stille**] ~ l'océan Atlantique/Indien/Pacifique
Ozeandampfer *m* paquebot *m;* (*im Atlantischen Ozean*) transatlantique *m*
Ozeanien [otse'a:niən] <-s> *nt* l'Océanie *f*
ozeanisch [otse'a:nɪʃ] *Adj* ❶ (*den Ozean betreffend*) océanique
❷ (*Ozeanien betreffend*) océanien(ne)
Ozeanographie <-> *f* océanographie *f*
Ozelot ['o:tselɔt] <-s, -e> *m* ❶ ZOOL ocelot *m*
❷ (*Mantel*) manteau *m* d'ocelot [*o* en ocelot]
Ozon [o'tso:n] <-s> *nt* ozone *m*
Ozonalarm *m* alerte *f* à la pollution par l'ozone

> **i Land & Leute**
>
> L'**Ozonalarm** est donnée à la radio par le ministère de l'Intérieur. Seuls les véhicules équipés d'un pot catalytique sont alors autorisés à circuler. De plus, ces jours de pollution, il est recommandé de ne pas pratiquer de sport en plein air et de ne pas utiliser des machines fonctionnant avec un moteur à explosion.

Ozonloch *nt* trou *m* [dans la couche] d'ozone **Ozonschicht** *f kein Pl* couche *f* d'ozone **Ozonsmog** *m* smog *m* d'ozone **Ozonwert** *m* taux *m* d'ozone

O

Pp

P, p [pe:] <-, -> *nt* P *m*/p *m*
▸ **P wie Paula** p comme Pierre

paar [pa:ɐ] *Adj unv* ❶ *(einige wenige)* quelques; **ein ~ Minuten/Gäste** quelques minutes/invités; **ein ~ hundert Euro** quelques centaines de euros; **in ein ~ Sekunden/Stunden** dans quelques secondes/heures; **alle ~ Tage** tous les deux ou trois jours; **ein ~ von uns** quelques-un(e)s d'entre nous
❷ *(die wenigen)* **die ~ Minuten/Gäste** les quelques minutes/invités; **behalte deine ~ Cent!** garde tes quelques cents!
▸ **du kriegst gleich ein ~!** *fam* tu vas en avoir une! *(fam)*

Paar <-s, -e> *nt* ❶ *(Menschen)* couple *m;* **ein ungleiches ~** un couple mal assorti; **ein ~ werden** *geh* s'unir [pour le meilleur et pour le pire] *(soutenu)*
❷ *(Dinge)* paire *f;* **ein ~ Schuhe** une paire de chaussures; **ein ~ Würstchen** deux saucisses

paaren ['pa:rən] **I.** *r V* **sich ~** s'accoupler
II. *tr V* accoupler *Tiere*

Paarhufer <-s, -> *m* ZOOL artiodactyles *mpl*

paarig *Adj* pair(e); *Organ, Blätter* géminé(e)

Paarlauf *m* patinage *m* en couple

paarmal *Adv* ❶ *(einige Male)* **ein ~** à plusieurs reprises
❷ *(wenige Male)* **die ~** les quelques fois

Paarreim *m* POES rimes *fpl* suivies

Paarung <-, -en> *f* accouplement *m*

Paarungszeit *f* saison *f* des amours

paarweise *Adv* ❶ *(nach Paaren) sich aufstellen* par couples
❷ *(in Paaren) verkaufen* par paire[s]
❸ *(paarig) angelegt, angeordnet* par deux

Pacht [paxt] <-, -en> *f* ❶ fermage *m;* **etw in ~** *(Dat)* **haben** avoir qc en fermage
❷ *(Pachtvertrag)* bail *m*

pachten *tr V* louer
▸ **etw für sich gepachtet haben** *fam* avoir le monopole de qc

Pächter(in) <-s, -> *m(f)* preneur(-euse) *m(f)* [à bail]

Pachtung <-, -en> *f* prise *f* à ferme; **~ auf Lebensdauer** bail à vie

Pachtverhältnis *nt* fermage *m*, ≈ convention *f* d'affermage

Pachtvertrag *m* bail *m* [à ferme]; **einen ~ auflösen** résilier un contrat de fermage **Pachtzins** *m* fermage *m*

Pack[1] [pak, *Pl:* 'pakə, 'pɛkə] <-[e]s, -e *o* ⸚e> *m* paquet *m;* **ein ~ Briefe/Bücher** un paquet de lettres/livres; **ein ~ Altpapier/Lumpen** un ballot de vieux papiers/de fripes

Pack[2] [pak] <-s> *nt pej* racaille *f (péj)*
▸ **~ schlägt sich, ~ verträgt sich** *Spr.* la canaille se bat et se réconcilie l'instant d'après

Päckchen <-s, -> *nt* ❶ POST petit paquet *m*
❷ *(Packung, kleiner Packen)* paquet *m*

Packeis *nt kein Pl* banquise *f*

packeln ['pakəln] *itr V* A *pej fam s.* **paktieren**

packen ['pakən] **I.** *tr V* ❶ faire *Koffer, Kiste, Paket;* **voll ~** bourrer *Koffer, Auto;* **das Nötigste ~** prendre le nécessaire; **etw in die Tasche/in den Schrank ~** mettre qc dans le sac/l'armoire
❷ *(ergreifen)* saisir
❸ *(überkommen)* **jdn ~** *Leidenschaft, Wut:* saisir qn; **ihn hat es [ganz schön] gepackt** *fam* il est tombé fou amoureux *(fam)*
❹ *fig (fesseln)* **jdn ~** *Film, Theaterstück, Buch:* captiver qn
❺ *sl (schaffen)* réussir *Schule;* décrocher *(fam) Examen;* **den Bus/das Flugzeug gerade noch ~** juste réussir à avoir le bus/l'avion
❻ *sl (kapieren)* piger *(fam)*
II. *itr V* faire ses valises

Packen <-s, -> *m* pile *f;* **ein ~ Wäsche/Bücher** une pile de linge/livres; **ein ~ Kleider/Altpapier** un ballot de fripes/de vieux papiers

packend **I.** *Adj* captivant(e)
II. *Adv* de façon captivante

Packer(in) <-s, -> *m(f)* ❶ *(im Versand)* emballeur(-euse) *m(f)*
❷ *(Möbelpacker)* déménageur *m*

Packerei <-> *f fam* corvée *f* des valises

Packesel *m* âne *m* de bât **Packpapier** *nt* papier *m* kraft **Packsattel** *m* bât *m*

Packung <-, -en> *f* ❶ *(Schachtel)* paquet *m;* *(Geschenkpackung)* boîte *f;* **eine ~ Zigaretten/Pralinen** un paquet de cigarettes/une boîte de chocolats
❷ *(Tüte)* sachet *m;* **eine ~ Bonbons** un sachet de bonbons
❸ MED cataplasme *m*
❹ *(Gesichtspackung, Haarkur)* application *f*

Packwagen *m* fourgon *m* à bagages

Pädagoge <-n, -n> *m*, **Pädagogin** *f* pédagogue *mf*

Pädagogik <-> *f* pédagogie *f*

pädagogisch **I.** *Adj* pédagogique; *Studium, Werk* de pédagogie
II. *Adv* pédagogiquement

Paddel ['padəl] <-s, -> *nt* pagaie *f*

Paddelboot *nt* kayak *m*

paddeln ['padəln] *itr V* ❶ + *haben o sein* pagayer
❷ + *sein* **über den See ~** traverser le lac en pagayant

Paddler(in) <-s, -> *m(f)* pagayeur(-euse) *m(f)*

Päderast [pɛde'rast] <-en, -en> *m* pédéraste *m*

Päderastie [pɛderas'ti:] <-> *f* pédérastie *f*

pädophil [pɛdo'fi:l] *Adj* pédophile

Pädophilie [pɛdofi'li:] <-> *f* pédophilie *f*

paffen ['pafən] *fam* **I.** *itr V* *(nicht inhalieren)* crapoter; **an einer Zigarette ~** fumer une cigarette; **willst du auch mal ~?** tu veux une taffe? *(fam)*
II. *tr V* tirer sur *Zigarre, Zigarette*

Page ['pa:ʒə] <-n, -n> *m* ❶ *(Hoteldiener)* groom *m*
❷ HIST *(Edelknabe)* page *m*

Pagenkopf ['pa:ʒən-] *m* coupe *f* à la Jeanne d'Arc *(vieilli)*

paginieren* *tr V* TYP paginer

Paginierung <-, -en> *f* pagination *f*

Pagode [pa'go:də] <-, -n> *f* pagode *f*

pah [pa:] *Interj* bof

Paillette [paɪ'jɛtə] <-, -n> *f* paillette *f*

Paket [pa'ke:t] <-[e]s, -e> *nt* ❶ POST colis *m*
❷ *a. fig (Packen)* paquet *m*

Paketannahme <-, -n> *f* ❶ *kein Pl (die Annahme)* réception *f* des colis ❷ *(Paketschalter)* guichet *m* [de réception] des colis **Paketausgabe** *f* retrait *m* des colis **Paketgebühr** *f* tarif *m* d'affranchissement des colis **Paketkarte** *f* bordereau *m* d'expédition des colis **Paketpost** *f* ❶ *(Pakete)* acheminement *m* des colis postaux ❷ *(Zusteller)* service *m* [de livraison] des colis **Paketschalter** *m* guichet *m* [d'enregistrement] des colis **Paketzustellung** *f* distribution *f* de colis

Pakistan ['pa:kɪsta:n] <-s> *nt* le Pakistan

Pakistaner(in) <-s, -> *m(f)*, **Pakistani** [pakɪs'ta:ni] <-[s], -[s]> *m*, <-, -[s]> *f* Pakistanais(e) *m(f)*

pakistanisch [pakɪs'ta:nɪʃ] *Adj* pakistanais(e)

Pakt <-[e]s, -e> *m* pacte *m;* **der Warschauer ~** HIST le pacte de Varsovie

paktieren* *itr V* pactiser; **mit jdm ~** pactiser avec qn

Palais [pa'lɛ:] <-, -> *nt* palais *m*

Paläontologe [palɛɔnto'lo:ge] <-n, -n> *m*, **Paläontologin** *f* paléontologue *mf*

Paläontologie [palɛɔntolo'gi:] <-> *f* paléontologie *f*

Paläozoikum [palɛo'tso:ikʊm] <-s> *nt* paléozoïque *m*

Palast <-[e]s, Paläste> *m* palais *m*

Palästina <-s> *nt* la Palestine

Palästinenser(in) <-s, -> *m(f)* Palestinien(ne) *m(f)*

palästinensisch *Adj* palestinien(ne)

Palatschinke <-, -n> *f* A omelette *f* fourrée

Palaver [pa'la:vɐ] <-s, -> *nt fam* palabres *fpl*
► **ein ~ abhalten** se perdre dans des palabres, palabrer
palavern* [-vɐn] *itr V fam* ❶ (*lange reden*) palabrer (*fam*)
❷ (*sich unterhalten*) **mit jdm ~** papoter avec qn (*fam*)
Palette <-, -n> *f* ❶ KUNST, IND palette *f*
❷ *geh* (*Vielfalt*) gamme *f*; **breite ~** vaste gamme
paletti ► **alles ~** *sl* tout baigne [dans l'huile] (*fam*)
Palisade [pali'za:də] <-, -n> *f* ❶ (*Pfahl*) palis *m*
❷ (*Wand aus Palisaden*) palissade *f*
Palisander <-s, -> *m*, **Palisanderholz** *nt* palissandre *m*
Palladium <-s> *nt* CHEM palladium *m*
Palme <-, -n> *f* palmier *m*
► **jdn mit etw auf die ~ bringen** *fam* hérisser le poil à qn avec qc (*fam*)
Palmenhain *m* palmeraie *f*
Palmöl <-s, -e> *nt* huile *f* de palme **Palmsonntag** *m* [**der**] ~ les Rameaux *mpl*
Palmtop ['pa:mtɔp] <-[s], -[s]> *m* INFORM ordinateur *m* de poche, palmtop *m* **Palmwedel** *m* palme *f* **Palmzweig** *m* BOT ❶ (*der Palme*) palme *f* ❷ DIAL (*Buchsbaumzweig*) rameau *m* de buis
Pampa <-, -s> *f* pampa *f*
► **mitten in der ~** en pleine cambrousse
Pampe <-> *f* DIAL *pej fam* bouillasse *f* (*fam*)
Pampelmuse <-, -n> *f* pamplemousse *m*
Pamphlet <-[e]s, -e> *nt geh* pamphlet *m*
pampig *Adj* ❶ *fam* (*frech*) malotru(e) (*fam*)
❷ (*breiig*) pâteux(-euse)
Pan <-s> *m* MYTH Pan *m*
Panade <-, -n> *f* panure *f*
Panama¹ ['panama] <-s> *nt* ❶ (*Staat*) [république *f* de] Panamá *m*
❷ (*Hauptstadt*) Panamá
Panama² <-s, -s> *m s.* **Panamahut**
Panamaer(in) ['panamaɐ, pana'ma:ɐ] <-s, -> *m(f)* Panaméen(ne) *m(f)*
Panamahut *m* panama *m*
panamaisch [pana'ma:ɪʃ] *Adj* panaméen(ne)
Panamakanal *m* **der ~** le canal de Panama
Panda <-s, -s> *m* panda *m*
Pandora <-s> *f* MYTH Pandore *f*
Paneel [pa'ne:l] <-s, -e> *nt form* ❶ (*Feld*) panneau *m*
❷ (*Täfelung*) lambris *m*
Panflöte *f* flûte *f* de Pan
panieren* *tr V* paner
Paniermehl *nt* chapelure *f*
Panik <-, -en> *f* panique *f*; [**eine**] **~ bricht aus** un vent de panique se déclenche; **nur keine ~!** *fam* pas de panique! (*fam*)
Panikmache <-> *f pej fam* alarmisme *m* **Panikstimmung** *f* panique *f*
panisch I. *Adj attr* panique; [**eine**] **~e Angst vor Spinnen haben** avoir une peur panique des araignées
II. *Adv reagieren* par la panique; **~ zum Ausgang drängen** se précipiter avec panique vers la sortie
Pankreas <-, Pankreaten> *nt* ANAT pancréas *m*
Panne <-, -n> *f* ❶ (*Defekt*) panne *f*; **eine ~ haben** tomber en panne
❷ *fam* (*Missgeschick*) boulette *f* (*fam*); (*Fahndungspanne, Ermittlungspanne*) bavure *f*
Pannendienst *m* service *m* de dépannage **Pannenhilfe** *f* dépannage *m* **Pannenkoffer** *m* trousse *f* à outils
Panorama <-s, Panoramen> *nt* panorama *m*
Panoramabus *m* car *m* panoramique **Panoramaspiegel** *m* rétroviseur *m* panoramique
panschen I. *tr V* couper *Wein*
II. *itr V* ❶ *Winzer:* couper le vin
❷ *fam* (*planschen*) barboter
Panscher(in) ['panʃɐ] <-s, -> *m(f) pej fam* fraudeur(-euse) *m(f)* qui mouille [*o* coupe] le vin/la bière
Pansen <-s, -> *m* ❶ ZOOL panse *f*
❷ NDEUTSCH *fam* (*Magen*) panse *f* (*fam*)
Panter^RR *s.* **Panther**
Pantheismus <-> *m* panthéisme *m*
pantheistisch *Adj* panthéiste
Panther <-s, -> *m* panthère *f*
► **die Grauen ~** *organisation allemande de personnes âgées très active sur le plan politique*
Pantine <-, -n> *f* NDEUTSCH pantoufle *f*; (*mit Holzsohle*) sabot *m*
► **aus den ~n kippen** *fam* (*ohnmächtig werden*) tomber dans les pommes; (*überrascht sein*) tomber des nues
Pantoffel <-s, -n> *m* pantoufle *f*
► **unter den ~ geraten** *fam* se faire mener par le bout du nez [par sa femme] (*fam*); **unter dem ~ stehen** *fam* être mené(e) par le bout du nez [par sa femme] (*fam*)
Pantoffelheld *m fam* mari *m* brimé **Pantoffelkino** *nt iron fam* petit écran *m* **Pantoffeltierchen** [-ti:ɐçən] *nt* ZOOL paramécie *f*
Pantomime <-, -n> *f* pantomime *f*
Pantomime <-n, -n> *m*, **Pantomimin** *f* mime *mf*
pantomimisch I. *Adj* mimé(e)
II. *Adv* en mimant
pantschen *s.* **panschen**
Panzer <-s, -> *m* ❶ MIL (*Fahrzeug*) char *m* [d'assaut]
❷ ZOOL carapace *f*
❸ (*Panzerung*) blindage *m*
❹ HIST (*Brustpanzer*) cuirasse *f*
Panzerabwehr *f* défense *f* antichar **Panzerabwehrkanone** *f* MIL canon *m* antichar **Panzerfahrzeug** *nt* véhicule *m* blindé; MIL blindé *m* **Panzerfaust** *f* bazooka *m* **Panzerglas** *nt kein Pl* verre *m* blindé *pas de pl* **Panzerkreuzer** *m* MIL [croiseur *m*] cuirassé *m*
panzern *tr V* blinder; **gepanzert** blindé(e)
Panzerschrank *m* coffre-fort *m* **Panzerspähwagen** *m* [véhicule *m*] blindé *m* de reconnaissance **Panzersperre** *f* MIL barrage *m* antichar
Panzerung <-, -en> *f* ❶ (*gepanzertes Gehäuse*) blindage *m*
❷ ZOOL carapace *f*
Panzerwagen *m* MIL char *m* [d'assaut]
Papa <-s, -s> *m fam* papa *m*
Papagei <-s, -en> *m* perroquet *m*
Papageienkrankheit *f kein Pl* MED maladie *f* des perroquets, psittacose *f* (*spéc*)
Paparazzo [papa'ratso] <-s, Paparazzi> *m* MEDIA, TV paparazzi *m*
Papaya [pa'pa:ia] <-, -s> *f* papaye *f*
Paperback ['peɪpɐbɛk] <-s, -s> *nt* livre *m* cartonné; (*Taschenbuch*) livre *m* de poche
Papeterie [-ri:ən] <-, -n> *f* CH papeterie *f*
Papi <-s, -s> *m fam* papa *m*
Papier <-s, -e> *nt* ❶ *kein Pl* (*Material, Schriftstück*) papier *m*; **etw zu ~ bringen** coucher qc sur papier
❷ *Pl* (*Dokumente*) papiers *mpl*
❸ FIN (*Wertpapier*) titre *m*
► **~ ist geduldig** le papier souffre tout; **nur auf dem ~ stehen** [*o* **existieren**] n'exister que sur le papier
Papiereinzug *m* pince-papier *m*
papieren [pa'pi:rən] *Adj* ❶ (*aus Papier*) de [*o* en] papier; *Tuch* en papier
❷ *Stil, Ausdruck* sec(sèche)
Papierfabrik *f* papeterie *f* **Papiergeld** *nt* papier-monnaie *m* **Papierhandtuch** *nt* serviette *f* en papier **Papierkorb** *m* corbeille *f* [à papier]; INFORM corbeille *f* **Papierkram** *m fam* paperasserie *f* (*péj*) **Papierkrieg** *m fam* guéguerre *f* de paperasse (*fam*); **mit jdm einen ~ führen** mener une guéguerre de paperasse avec qn **Papierschere** *f* ciseaux *mpl* à papier **Papierschnitzel** *m o nt* petit morceau *m* de papier **Papier-**

stau *m* bourrage *m* de papier **Papiertaschentuch** *nt* mouchoir *m* en papier **Papiertiger** *m pej fam* tigre *m* de papier (*péj*) **Papiertüte** *f* sac *m* en papier **Papiervorschub** *m* avance *f* papier **Papierwaren** *Pl* [articles *mpl* de] papeterie *f* **Papierzufuhr** *f kein Pl* alimentation *f* papier *pas de pl*
papp *Interj* ▸ **nicht mehr ~ sagen können** *fam* ne pouvoir plus rien avaler
Pappband *m* volume *m* cartonné **Pappbecher** *m* gobelet *m* [en carton] **Pappdeckel** *m* carton *m*
Pappe <-, -n> *f* carton *m*
▸ **nicht von ~ sein** *fam* ne pas être de la gnognot[t]e (*fam*)
Pappeinband *m* couverture *f* cartonnée [*o* en carton]
Pappel <-, -n> *f* peuplier *m*
päppeln *tr V fam* donner à manger; donner la becquée *Vogel;* **jdn/ein Tier ~** donner à manger à qn/un animal
pappen *tr, itr V fam* coller
Pappenheimer ▸ **seine ~ kennen** *fam* savoir à qui on a affaire
Pappenstiel ▸ **keinen ~ wert sein** *fam* ne pas valoir un clou (*fam*); **das ist kein ~** *fam* (*das ist unangenehm, teuer*) ce n'est pas rien (*fam*); **für einen ~** *fam* pour trois fois rien
pappig *Adj fam Brei, Schnee* collant(e); *Gemüse, Kartoffeln* en bouillie
Pappkamerad *m sl* silhouette *f* [*o* cible *f*] en carton **Pappkarton** [-kartɔŋ, -kartõ:, -karto:n] *m* ❶ (*Schachtel*) boîte *f* en carton ❷ (*Pappe*) carton-pâte *m*
Pappmaché, **Pappmaschee**[RR] [-ma'ʃe:] <-s, -s> *nt* papier *m* mâché
Pappnase *f* faux nez *m* de carton **Pappschachtel** *f* boîte *f* en carton **Pappschnee** *m* neige *f* collante **Pappteller** *m* assiette *f* en carton
Paprika <-s, -[s]> *m* ❶ *kein Pl* (*Pflanze*) piment *m*
❷ (*Schote*) poivron *m;* **gefüllte ~** poivrons farcis
❸ *kein Pl* (*Gewürz*) paprika *m*
Paprikaschote *f* poivron *m*
Papst <-[e]s, =e> *m* pape *m*
▸ **päpstlicher als der ~ sein** être plus royaliste que le roi
päpstlich *Adj Gewand, Ornat* papal(e); *Enzyklika, Segen* pontifical(e); *Nuntius* apostolique
Papsttum <-[e]s> *nt* papauté *f pas de pl*
Papua-Neuguinea ['pa:puanɔɪgi'ne:a] <-s> *nt* la Papouasie-Nouvelle-Guinée
Papyrus <-, Papyri> *m* papyrus *m*
Papyrusrolle *f* [rouleau *m* de] papyrus *m*
Parabel <-, -n> *f* parabole *f*
Parabolantenne *f* antenne *f* parabolique **Parabolspiegel** *m* miroir *m* parabolique
Parade <-, -n> *f* ❶ MIL défilé *m;* **die ~ abnehmen** passer les troupes en revue
❷ SPORT parade *f*
Paradebeispiel *nt* exemple *m* révélateur
Paradeiser <-s, -> *m* A tomate *f*
Paradepferd *nt fam* (*Aushängeschild*) faire-valoir *m* **Parademarsch**... **Paradeschritt** *m kein Pl* MIL pas *m* de l'oie *pas de pl* **Paradestück** *nt* fleuron *m* **Paradeuniform** *f* MIL uniforme *m* de cérémonie
Paradies <-es, -e> *nt a. fig* paradis *m;* **ein ~ für Kinder** un paradis pour les enfants
▸ **das ~ auf Erden** le paradis sur terre
paradiesisch I. *Adj* paradisiaque
II. *Adv* **~ ruhig/schön sein** être d'un calme olympien/d'une beauté olympienne
Paradiesvogel *m* ❶ ORN oiseau *m* de paradis
❷ (*schillernde Persönlichkeit*) drôle *m* d'oiseau
Paradigma [para'dɪgma] <-s, Paradigmen *o* Paradigmata> *nt a.* LING *geh* paradigme *m*
paradigmatisch [paradɪg'ma:tɪʃ] *Adj* LING paradigmatique
paradox I. *Adj* paradoxal(e)
II. *Adv* paradoxalement
Paradox <-es, -e> *nt* paradoxe *m* (*soutenu*)
paradoxerweise *Adv* paradoxalement
Paradoxon *s.* Paradox
Paraffin <-s, -e> *nt* CHEM paraffine *f;* **woraus besteht ~?** de quoi se compose la paraffine?
Paraffinöl *nt* huile *f* de paraffine
Paraglider ['paraglaɪdɐ] <-s, -> *m* ❶ (*Person*) parapentiste *m*
❷ (*Sportgerät*) parapente *m*
Paragliderin ['paraglaɪdərɪn] <-, -nen> *f* parapentiste *f*
Paragliding ['paraglaɪdɪŋ] <-s> *nt* parapente *m*
Paragraf[RR] *s.* Paragraph
Paragrafenreiter[RR] *s.* Paragraphenreiter **Paragrafenzeichen**[RR] *s.* Paragraphenzeichen
Paragraph <-en, -en> *m* article *m*
Paragraphendschungel *m o nt pej* dédale *m* de lois **Paragraphenreiter(in)** *m(f) pej fam* **ein ~ sein** être à cheval sur le règlement (*fam*) **Paragraphenzeichen** *nt* paragraphe *m*
Paraguay ['paragvaɪ, para'guaɪ] <-s> *nt* ❶ (*Staat*) la république du Paraguay, le Paraguay
❷ (*Fluss*) **der ~** le Paraguay
Paraguayer(in) ['pa:ragvaɪɐ] <-s> *m(f)* Paraguayen(ne) *m(f)*
paraguayisch ['paraguaɪɪʃ, para'gua:jɪʃ] *Adj* paraguayen(ne)
parallel I. *Adj* ❶ (*gleichlaufend, ähnlich*) parallèle
❷ (*gleichzeitig*) *Studium, Teilnahme* simultané(e)
II. *Adv* ❶ **~ zu etw verlaufen** être parallèle à qc
❷ (*ähnlich*) *sich entwickeln* de façon analogue
❸ (*gleichzeitig*) simultanément
Parallelcomputer [-kɔmpju:tɐ] *m* INFORM ordinateur *m* parallèle
Parallele <-, -n> *f* GEOM *a. fig* parallèle *f;* **~n/eine ~ ziehen** faire des comparaisons/une comparaison; **eine ~ zu etw ziehen** établir une correspondance avec qc
Parallelfall *m* cas *m* analogue
Parallelismus <-, -men> *m* parallélisme *m*
Parallelität <-, -en> *f* GEOM *a. fig* parallélisme *m*
Parallelklasse *f* classe *f* parallèle
Parallelogramm <-s, -e> *nt* GEOM parallélogramme *m*
Parallelrechner *m* INFORM ordinateur *m* parallèle **Parallelschaltung** *f* ELEC montage *m* en parallèle **Parallelschwung** *m* christiania *m* **Parallelstraße** *f* rue *f* parallèle **Parallelverarbeitung** *f* INFORM multitraitement *m*
Paralyse <-, -n> *f* paralysie *f*
paralysieren* *tr V* MED *a. fig* paralyser
Parameter <-s, -> *m* MATH paramètre *m*
paramilitärisch *Adj* paramilitaire
Paranoia <-> *f* MED, PSYCH paranoïa *f*
paranoid MED, PSYCH I. *Adj* paranoïde
II. *Adv reagieren, sich verhalten* comme un(e) paranoïaque
paranoisch *Adj* paranoïaque; **~e Patienten** des paranoïaques
Paranuss[RR] *f* noix *f* du Brésil
Paraphe <-, -n> *f* paraphe *m*
paraphieren* *tr V* parapher
Paraphierung <-, -en> *f* apposition *f* d'un paraphe
Paraphrase *f a.* LING paraphrase *f*
Parapsychologie *f* parapsychologie *f*
Parasit <-en, -en> *m* BIO *a. fig* parasite *m*
parasitär I. *Adj Lebewesen, Pflanze* parasite; *Lebensweise* parasitaire
II. *Adv* en parasite
parat *Adj* tout(e) prêt(e); **eine Antwort/Ausrede ~ haben** avoir une réponse toute prête/un prétexte tout prêt; **etw ~ halten** garder qc à portée de [la] main
Paratyphus ['pa:raty:fʊs] *m* MED paratyphoïde *f*
Paravent [para'vã:] <-s, -s> *m o nt* paravent *m*
Pärchen <-s, -> *nt* ❶ (*Liebespaar*) couple *m* [d'amoureux]
❷ (*Tierpärchen*) couple *m*
Parcours [par'ku:ɐ] <-, -> *m* parcours *m*
Pardon [par'dõ:] <-s> *m o nt* (*Verzeihung*) pardon *m*
▸ **da gibt's kein ~!** *fam* on ne discute pas! (*fam*); **kein ~ ken-**

nen *fam* ne pas rigoler (*fam*)
Parenthese <-, -n> *f* parenthèse *f;* **etw in ~ setzen** mettre qc entre parenthèses
par excellence [parɛksɛˈlɑ̃:s] *Adv geh Gentleman, Kavalier* par excellence (*soutenu*)
Parfüm <-s, -e *o* -s> *nt* parfum *m*
Parfümerie [-ˈri:ən] <-, -en> *f* parfumerie *f*
Parfümfläschchen *nt* flacon *m* de parfum
parfümieren* *tr V* parfumer
Parfümzerstäuber *m* vaporisateur *m* à parfum
Paria [ˈpa:ria] <-s, -s> *m* paria *m*
parieren*[1] *itr V Person, Tier:* obéir
parieren*[2] *tr V* parer *Angriff, Hieb, Stoß*
Paris <-> *nt* Paris *m*
Pariser[1] *Adj attr* ❶ *Haus, Wohnung* parisien(ne); *Flughafen, Innenstadt* de Paris; **der ~ Autoverkehr** la circulation dans Paris
❷ (*typisch für Paris*) *Charme, Mode, Akzent* parisien(ne)
Pariser[2] <-s, -> *m* ❶ Parisien *m*
❷ *sl* (*Kondom*) capote *f* [anglaise] (*fam*)
Pariserin <-, -nen> *f* Parisienne *f*
Parität <-, -en> *f* parité *f*
paritätisch *geh* I. *Adj* paritaire
II. *Adv* de façon paritaire
Park <-s, -s> *m* parc *m*
Parka <-s, -s> *m,* <-, -s> *f* parka *m o f*
Park-and-ride-System [ˈpa:(r)kʔændˈraɪd-] *nt* système *m* de parc-relais
Parkbank *f* banc *m* public (*se trouvant dans un jardin public*)
Parkdeck *nt* niveau *m* [de/du parking]
parken I. *itr V* [se] garer; **vor dem Haus ~** *Person:* se garer devant la maison; *Fahrzeug:* être garé(e) devant la maison; **wo parkst du?** où [t']es-tu garé(e)?; **~de Autos** des voitures en stationnement; **Parken verboten!** défense de stationner!
II. *tr V* ❶ garer *Fahrzeug*
❷ *fam* (*aufbewahren*) **Geld auf einem Konto ~** mettre de l'argent au frais sur un compte (*fam*)
Parkett <-s, -e> *nt* ❶ (*Parkettboden*) parquet *m*
❷ (*Tanzfläche*) piste *f* [de danse]
❸ CINE, THEAT orchestre *m*
▶ **auf dem internationalen ~** sur la scène internationale
Parkett[fuß]boden *m* parquet *m* **Parkettsitz** *m* THEAT fauteuil *m* d'orchestre
Parkgebühr *f* taxe *f* de stationnement **Parkhaus** *nt* parking *m* à étages
parkieren* *tr, itr V* CH garer
Parkingmeter [ˈparkɪŋme:tɐ] *m* CH parcmètre *m*
Parkinsonkrankheit[RR], **parkinsonsche Krankheit**[RR] *f* maladie *f* de Parkinson
Parkkralle *f* sabot *m* de Denver
Parklandschaft *f* parc *m* à l'anglaise
Parkleitsystem *nt* TRANSP *système guidant les conducteurs vers les emplacements de stationnement libres* **Parkleuchte** *f eines Autos* feux *mpl* de position **Parklicht** *nt* feu *m* de stationnement **Parklücke** *f* place *f* libre; **in die ~ fahren** prendre la place **Parkmöglichkeit** *f* possibilité *f* de stationnement **Parkplatz** *m* (*Parklücke*) place *f* de parking; (*für viele Fahrzeuge*) parking *m;* (*an der Autobahn*) aire *f* de stationnement **Parkscheibe** *f* disque *m* de stationnement **Parkschein** *m* ticket *m* de parking
Parkscheinautomat *m* distributeur *m* de tickets de parking
Parkstreifen *m* place *f* de stationnement **Parkstudium** *nt fam études provisoires en attendant l'accès au numerus clausus* **Parksünder(in)** *m(f)* automobiliste *mf* en stationnement illicite **Parkuhr** *f* parcmètre *m* **Parkverbot** *nt* ❶ (*Verbot*) défense *f* de stationner ❷ (*Bereich*) **im ~ parken/stehen** *Person:* se garer/être en stationnement interdit; **hier ist ~** c'est interdit de stationner ici **Parkverbot[s]schild** *nt* panneau *m* d'interdiction de stationner **Parkwächter(in)** *m(f)* gardien(ne) *m(f)* de parking **Parkzeit** *f* durée *f* de stationnement
Parlament <-[e]s, -e> *nt* ❶ (*Institution*) Parlement *m;* **das Europäische ~** le Parlement européen
❷ (*Gebäude*) parlement *m*
Parlamentarier(in) [-ˈta:riɐ] <-s, -> *m(f)* parlementaire *mf*
parlamentarisch *Adj* parlementaire
Parlamentarismus [parlamɛntaˈrɪsmʊs] <-> *m* parlementarisme *m*
Parlamentsausschuss[RR] *m* commission *f* parlementaire **Parlamentsbeschluss**[RR] *m* décision *f* [*o* vote *m*] parlementaire **Parlamentsferien** *Pl* vacances *fpl* parlementaires **Parlamentsgebäude** *nt* parlement *m* **Parlamentsmitglied** *s.* Parlamentarier(in) **Parlamentssitzung** *f* séance *f* parlementaire **Parlamentswahl** *f* élections *fpl* législatives
Parmaschinken [ˈparma-] *m* jambon *m* de Parme
Parmesan <-s> *m,* **Parmesankäse** *m* parmesan *m*
Parodie [-ˈdi:ən] <-, -n> *f* parodie *f; eines Schriftstellers, Schreibstils* pastiche *m;* **eine ~ auf jdn** une parodie de qn
parodieren* *tr V* parodier; pasticher *Schriftsteller, Schreibstil*
Parodist(in) <-en, -en> *m(f)* (*Verfasser*) parodiste *mf;* (*Schauspieler*) imitateur(-trice) *m(f)*
parodistisch *Adj* parodique; **ein ~er Sketch** un sketch d'imitations; **ein gelungener ~er Auftritt** une parodie réussie
Parodontose <-, -n> *f* MED parodontose *f*
Parole <-, -n> *f* ❶ MIL mot *m* de passe
❷ (*Losung*) slogan *m*
❸ (*zweifelhafte Meldung*) rumeur *f*
Paroli ▶ **jdm ~ bieten** *geh* tenir tête à qn; **einer S.** (*Dat*) **~ bieten** résister à qc
Part <-s, -s> *m* ❶ (*Anteil*) part *f*
❷ THEAT rôle *m*
❸ MUS partie *f*
Partei <-, -en> *f* ❶ parti *m;* **einer ~ beitreten** entrer [*o* adhérer] à un parti
❷ JUR partie *f;* **~ sein** être partie; **die streitenden/vertragschließenden ~en** les parties plaidantes/contractantes
❸ (*Mietpartei*) locataire *mf*
▶ **jds ~ ergreifen** prendre le parti de qn; **für jdn ~ ergreifen** prendre parti pour qn; **über den ~en stehen** être au-dessus des partis
Parteiapparat *m* appareil *m* du parti **Parteibuch** *nt* carte *f* de/du parti ▶ **das richtige/falsche ~ haben** avoir/ne pas avoir la bonne carte [de parti] **Parteichef(in)** [-ʃɛf] *m(f)* chef *mf* de/du parti
Parteienfinanzierung *f* financement *m* des partis **Parteienlandschaft** *f kein Pl* paysage *m* politique
Parteifreund(in) *m(f)* membre *m* du même parti; **sich mit ~en treffen** se retrouver entre membres du parti **Parteifrieden** *m* sérénité *f* au sein du parti **Parteiführer(in)** *m(f)* POL chef *m* [*o* leader *m*] du parti **Parteiführung** *f kein Pl* direction *f* du parti **Parteifunktionär(in)** *m(f)* POL permanent(e) *m(f)* du parti **Parteigänger(in)** <-s, -> *m(f)* partisan(e) *m(f)* **Parteigenosse** *m,* **-genossin** *f* camarade *mf*
parteiintern I. *Adj* interne au parti II. *Adv* au sein du parti
parteiisch I. *Adj* partial(e)
II. *Adv urteilen, sich verhalten* avec partialité
parteilich *Adj* ❶ *Angelegenheit* qui concerne le parti; *Grundsätze* d'un/du parti
❷ *selten s.* **parteiisch**
Parteilichkeit <-> *f* partialité *f*
Parteilinie [-li:niə] *f* ligne *f* de/du parti
parteilos *Adj* sans étiquette; *Abgeordneter* non-inscrit(e)
Parteilose(r) *f(m) dekl wie Adj* homme *m*/femme *f* politique sans étiquette politique
Parteimitglied *nt* membre *m* du parti
Parteinahme <-, -n> *f* prise *f* de position; **~ für etw** prise de position pour qc
Parteiorgan *nt* organe *m* du parti **Parteipolitik** *f* politique *f*

P

de/du parti **parteipolitisch** I. *Adj* qui relève de la politique de parti II. *Adv geboten, ratsam* pour des raisons de politique du parti **Parteiprogramm** *nt* programme *m* de/du parti **Parteispende** *f* don *m* à un/au parti **Parteispendenaffäre** *f* scandale *m* du financement d'un parti **Parteitag** *m* (*Konferenz*) congrès *m* de/du parti **parteiübergreifend** *Adj* au-dessus des partis **Parteivorsitzende(r)** *f(m) dekl wie Adj* chef *mf* de/du parti **Parteivorstand** *m* bureau *m* du parti **Parteizugehörigkeit** *f* appartenance *f* à un/au parti

parterre [par'tɛr] *Adv* au rez-de-chaussée

Parterre [par'tɛr(ə)] <-s, -s> *nt* ❶ (*Erdgeschoss*) rez-de-chaussée *m;* **im ~** au rez-de-chaussée
❷ (*Sitzplatzbereich im Theater*) orchestre *m*

Partie [-'ti:ən] <-, -n> *f* ❶ (*Körperpartie*) partie *f*
❷ SPORT partie *f*
❸ (*Warenmenge*) lot *m*
▶ **eine gute ~ für jdn sein** être un beau parti pour qn; **eine gute ~ mit jdm machen** faire un beau mariage avec qn; **mit von der ~ sein** être de la partie

partiell *geh* I. *Adj* partiel(le)
II. *Adv* partiellement

Partikel[1] <-, -n> *f* LING particule *f*

Partikel[2] <-s, -> *nt,* <-, -n> *f a.* PHYS particule *f*

Partikularismus [partikula'rɪsmʊs] <-> *m* particularisme *m*

Partisan(in) <-s *o* -en, -en> *m(f)* partisan(e) *m(f)*

Partisanenkrieg *m* guérilla *f*

Partition <-, -en> *f* INFORM partition *f*

partitiv *Adj* GRAM partitif(-ive)

Partitur <-, -en> *f* MUS partition *f*

Partizip [-'zi:piən] <-s, -ien> *nt* GRAM participe *m;* **das ~ Präsens/Perfekt** le participe présent/passé

Partizipation <-, -en> *f a.* ÖKON participation *f*

Partizipialkonstruktion *f* construction *f* participiale **Partizipialsatz** *m* proposition *f* participiale

Partner(in) <-s, -> *m(f)* ❶ partenaire *mf;* (*Lebensgefährte*) compagnon *m*/compagne *f*
❷ (*Sportpartner*) partenaire *mf*
❸ (*Geschäftspartner*) associé(e) *m(f)*

Partnerlook [-lʊk] *m* vêtements *mpl* coordonnés pour le couple; **im ~ gekleidet sein** porter des vêtements coordonnés

Partnerschaft <-, -en> *f* ❶ (*Lebensgemeinschaft*) vie *f* en couple; **in einer ~** dans un couple
❷ (*Städtepartnerschaft*) jumelage *m*

partnerschaftlich I. *Adj* d'égal à égal; **ein ~es Verhältnis** des rapports d'égal à égal
II. *Adv* **~ zusammenleben/zusammenarbeiten** vivre en couple/collaborer avec une considération réciproque

Partnerstadt *f* ville *f* jumelée **Partnertausch** *m* échangisme *m* **Partnervermittlung** *f* agence *f* de rencontre **Partnerwahl** *f* choix *m* du/de la partenaire

partout [par'tu:] *Adv* absolument; *wollen* à tout prix; **er will ~ nicht mitkommen** il ne veut venir à aucun prix

Party ['pa:ɐti] <-, -s> *f* soirée *f;* (*für Jugendliche*) boum *f;* **eine ~ geben** organiser une soirée; *Jugendliche:* faire une boum (*fam*)

Partykeller *m* cave *f* (*aménagée en dancing*) **Partyservice** ['pa:ɐtisøːɐvɪs] *m* traiteur *m*

Parzelle <-, -n> *f* parcelle *f*

parzellieren* *tr V* parcelliser

Parzellierung <-, -en> *f* parcellisation *f*

Parzival ['partsival] <-s> *m* Perceval *m*

Pasch [paʃ] <-[e]s, -e *o* ⁼e> *m* (*beim Würfeln*) double *m;* **ein sechser ~** un double six

Pascha <-s, -s> *m* HIST, *a. fig, pej* pacha *m*
▶ **wie ein ~** comme un pacha; **sich aufspielen wie ein ~** faire le pacha

Paspel <-, -n> *f* passepoil *m*

PassRR <-es, ⁼e>, **Paß** <-sses, ⁼sse> *m* ❶ (*Reisepass*) passeport *m*
❷ (*Gebirgspass*) col *m*
❸ SPORT passe *f;* **einen ~ spielen** faire une passe

passabel I. *Adj* correct(e); *Anzug, Kleid, Hut* convenable
II. *Adv sich benehmen* convenablement

Passage [pa'sa:ʒə] <-, -n> *f* passage *m*

Passagier(in) [pasa'ʒi:ɐ] <-s, -e> *m(f)* passager(-ère) *m(f)*
▶ **ein blinder ~** un passager clandestin

Passagierdampfer *m* paquebot *m* **Passagierflugzeug** *nt* avion *m* de ligne **Passagierliste** *f* liste *f* des passagers **Passagierschiff** *nt* paquebot *m*

Passahfest *nt* REL Pâque *f* juive

PassamtRR *nt* bureau *m* des passeports

Passant(in) <-en, -en> *m(f)* passant(e) *m(f)*

Passat <-[e]s, -e> *m,* **Passatwind** *m* alizé *m*

PassbildRR *nt* photo *f* d'identité

passé, passeeRR [pa'se:] *Adj fam* dépassé(e), démodé(e); **das alles ist ~** c'est fini tout ça (*fam*)

passen I. *itr V* ❶ (*gut sitzen*) *Hose, Bluse:* être à la bonne taille; *Schuhe, Handschuhe:* être à la bonne pointure; **diese Hose passt/diese Handschuhe ~ mir** ce pantalon me va/ces gants me vont, ce pantalon est à ma taille/ces gants sont à ma pointure
❷ (*harmonieren*) **zu jdm ~** aller [bien] avec qn; **sie ~ gut zueinander** ils/elles vont bien ensemble; **nicht in ein Team ~** ne pas convenir à une équipe; **[gut] zu etw ~** *Hemd, Jeans, Farbe, Muster:* aller [bien] avec qc
❸ (*angenehm sein, sich einrichten lassen*) **jdm ~** *Datum, Termin:* convenir à qn; **ihr passt es, dass/wenn wir morgen kommen** ça lui convient si nous venons demain; **das passt mir [gut]** ça me convient; **das passt mir zeitlich gar nicht** l'horaire ne me convient pas du tout; **das passt mir ganz und gar nicht** ça ne m'arrange pas du tout; **das würde mir besser ~** ça m'arrangerait mieux; **passt Ihnen das?** ça vous convient?
❹ (*gefallen*) **jdm nicht ~** ne pas plaire à qn; **was passt dir an mir nicht?** qu'est-ce qui ne te plaît pas en moi?; **als Vorgesetzter passt er mir nicht** il n'est pas le supérieur qui me convient
❺ KARTEN passer
❻ (*überfragt sein*) **bei etw ~ müssen** ne pas savoir répondre à qc; **da muss ich leider ~** désolé, ça, je l'ignore
▶ **das könnte dir so ~!** *iron fam* tu l'as vu jouer où, celle-là? (*fam*); **das passt zu dir/ihr!** *fam* c'est bien toi/elle! (*fam*)
II. *itr V unpers* **es passt ihr nicht, dass er mitkommt** ça ne lui plaît pas qu'il vienne avec nous; **es passt mir nicht, wie du fährst** je n'aime pas ta façon de conduire

passend I. *Adj* ❶ *Kleid, Hose, Bluse* à la bonne taille; *Schuhe, Handschuhe* à la bonne pointure; **jdm etw ~ machen** ajuster qc à la taille de qn
❷ (*abgestimmt*) *Farbe, Muster, Kleidungsstück* assorti(e); **etwas zum Rock Passendes** quelque chose qui va avec la jupe
❸ (*richtig, geeignet*) *Partner, Mitarbeiter* qui convient; *Geschenk, Worte* approprié(e); *Bemerkung, Kleidung* convenable; *Vase* de la bonne taille; *Schraube, Mutter, Schlüssel* qui correspond
❹ (*angenehm*) *Termin, Wochentag, Zeit* qui convient
❺ (*abgezählt*) **ich habe es ~** j'ai l'appoint
II. *Adv* ❶ *zuschneiden* à la bonne taille
❷ (*abgezählt*) **das Fahrgeld ~ bereithalten** préparer la monnaie du prix du ticket

Passepartout [paspar'tu:] <-s, -s> *nt* passe-partout *m*

PassformRR *f* **eine gute ~** une ligne seyante **Passfoto**RR *s.* Passbild

Passierball *m* passing-shot *m*

passierbar *Adj Straße, Durchfahrt* praticable

passieren* I. *itr V + sein* ❶ (*sich ereignen*) se passer; **ist etwas passiert?** il est arrivé quelque chose?; **was ist passiert?** qu'est-ce qui est arrivé?; **da muss etwas [Schlimmes]**

passiert sein il a dû arriver quelque chose [de grave]; **das musste ja** [**mal**] **~!** ça devait arriver!
❷ (*vorkommen*) arriver; **es kann ~, dass es regnet** il se peut qu'il pleuve; **so etwas passiert eben** ce sont des choses qui arrivent; **dass mir das nicht noch mal passiert!** que cela ne se reproduise plus!
❸ (*unterlaufen*) **jdm ~** arriver à qn; **so was kann auch nur dir ~!** ça n'arrive qu'à toi!
❹ (*zustoßen*) **ihm ist etwas passiert** il lui est arrivé quelque chose; **keine Angst, es wird Ihnen nichts ~** n'ayez crainte, vous ne risquez rien; **es wird ihr doch nichts passiert sein?** j'espère qu'il ne lui est rien arrivé!
❺ (*durchgehen*) passer; **jdn ~ lassen** laisser passer qn; **hier darf keiner ~** on ne passe pas
▶ **sonst passiert was!** *fam* sinon tu auras de mes nouvelles! (*fam*)
II. *tr V + haben* ❶ passer *Brücke, Grenze;* emprunter *Tunnel;* **der Tunnel/die Straße kann nicht passiert werden** on ne peut pas passer par le tunnel/la route
❷ (*pürieren*) **die Karotten ~** réduire les carottes en purée
❸ (*akzeptiert werden*) **das Parlament ~** *Gesetz:* passer au parlement
❹ TENNIS éviter *Spieler*

Passierschein *m* laissez-passer *m* **Passierschlag** *m* TENNIS passing-shot *m*

Passion <-, -en> *f* ❶ (*Leidenschaft*) passion *f;* **eine ~ für etw haben** avoir la passion de qc; **Angler aus ~ sein** être un pêcheur passionné
❷ ECCL **die ~** [**Jesu**] la Passion [de Jésus]

passioniert I. *Adj* passionné(e)
II. *Adv Orgel spielen* passionnément

Passionsblume *f* BOT passiflore *f* **Passionsfrucht** *f* fruit *m* de la passion **Passionsspiel** *nt* mystère *m* de la Passion **Passionszeit** *f kein Pl* REL ❶ (*Fastenzeit*) carême *m* ❷ (*Karwoche*) semaine *f* de la Passion

passiv I. *Adj* ❶ *Person, Art* passif(-ive); **~e Veranlagung** tendance *f* à la passivité; **~es Verhalten** passivité *f*
❷ (*ungewollt*) *Raucher* passif(-ive)
II. *Adv* **sich ~ verhalten** être passif(-ive); **~ bleiben** rester passif(-ive); **~ rauchen** subir la fumée d'autrui

Passiv <-s, -e> *nt* GRAM passif *m*

Passiva [-va] *Pl* FIN passif *m*

Passivität [-vi-] <-> *f* passivité *f*

Passivrauchen *nt* tabagisme *m* passif **Passivraucher(in)** *m(f)* fumeur *m* passif/fumeuse *f* passive

PasskontrolleRR *f* (*Vorgang, Stelle*) contrôle *m* des passeports **Passstelle**RR *f* bureau *m* des passeports **Passstraße**RR *f* route *f* de/du col **Passstück**RR *nt* TECH pièce *f* ajustée

Passus <-, -> *m* passage *m*

PasswortRR <-wörter> *nt* code *m* [d'accès]

Paste <-, -n> *f* pâte *f*

Pastell <-s, -e> *nt* (*Technik, Bild*) pastel *m;* **in ~ malen** peindre au pastel

Pastellfarbe *f* ❶ (*Pastellton*) ton *m* pastel
❷ (*Malfarbe*) pastel *m;* **mit ~n malen** peindre au pastel

pastellfarben *Adj* pastel *inv;* **etw ~ streichen** peindre qc dans des tons pastel

Pastellmalerei *f* ❶ *kein Pl* (*Technik*) peinture *f* au pastel ❷ (*Bild*) pastel *m* **Pastellton** *m* ton *m* pastel

Pastete <-, -n> *f* ❶ (*Fleischpastete, Fischpastete*) pâté *m*
❷ (*Blätterteigpastete*) vol-au-vent *m;* **gebackene ~n** pâtés *mpl* en croûte

pasteurisieren* [pastøri'zi:rən] *tr V* pasteuriser

Pastille <-, -n> *f* pastille *f;* **~n mit Pfefferminzgeschmack** pastilles à la menthe

Pastinak ['pastinak] <-s, -e> *m* BOT panais *m*

Pastor <-en, -toren> *m,* **Pastorin** *f* NDEUTSCH pasteur *m*/ femme pasteur *f*

Patchwork ['pætʃwə:k] <-s, -s> *nt* patchwork *m*

Patchworkdecke ['pætʃwə:k-] *f* couverture *f* en patchwork

Pate <-n, -n> *m a. fig sl* (*Mafiaboss*) parrain *m*
▶ **bei etw ~ gestanden haben** avoir inspiré qc

Patenkind *nt* filleul(e) *m(f)* **Patenonkel** *m* parrain *m*

Patenschaft <-, -en> *f* ECCL *a. fig* parrainage *m;* **die ~ für etw innehaben** parrainer qc

Patensohn *m* filleul *m*

patent *Adj fam Mitarbeiter* épatant(e) (*fam*); *Idee, Vorschlag* judicieux(-euse); **ein ~er Kerl** un type bien

Patent <-[e]s, -e> *nt* ❶ (*amtlicher Schutz*) brevet *m* [d'invention]; **Dauer eines ~s** durée *f* d'un brevet; **etw als ~ anmelden** déposer un brevet pour qc; **ein ~ auf etw** (*Akk*) **haben** avoir un brevet pour qc
❷ (*Ernennungsurkunde*) brevet *m*
❸ CH (*staatliche Erlaubnis*) licence *f;* **ein ~ als Fischer** une licence de pêche
❹ *iron fam* (*Mechanismus, Gerät*) **was ist das denn für ein ~?** c'est vraiment une drôle d'invention! (*fam*)

Patentamt *nt* ≈ office *m* des brevets [d'inventions]; **das französische ~** l'Institut *m* national de la propriété industrielle **Patentanmeldung** *f* dépôt *m* de brevet **Patentante** *f* marraine *f* **Patentanwalt** *m,* **-anwältin** *f* avocat-conseil *m* en matière de brevet

patentierbar *Adj* brevetable

patentieren* *tr V* breveter; **jdm etw ~** breveter qc à qn; **sich** (*Dat*) **etw ~ lassen** faire breveter qc; **ein patentiertes Verfahren** un procédé breveté

Patentinhaber(in) *m(f)* titulaire *mf* d'un brevet **Patentlösung** *s.* **Patentrezept**

Patentochter *f* filleule *f*

Patentrecht *nt* ❶ (*Gesetze*) législation *f* sur les brevets ❷ (*Recht auf ein Patent*) droit *m* de l'inventeur **Patentrezept** *nt* remède *m* miracle **Patentschrift** *f* description *f* détaillée d'une/de l'invention **Patentschutz** *m* protection *f* du brevet **Patentstelle** *f* service *m* des brevets **Patentverschluss**RR *m* fermeture *f* brevetée **Patentwesen** *nt* ≈ domaine *m* des brevets

Pater <-s, - *o* Patres> *m* père *m*

Paternoster[1] <-s, -> *nt* REL Notre Père *m,* Pater *m inv;* **ein ~ beten** dire un Notre Père

Paternoster[2] <-s, -> *m* (*Aufzug*) *ascenseur composé de plusieurs cabines ouvertes qui montent d'un côté et descendent de l'autre sans s'arrêter*

pathetisch I. *Adj* pathétique
II. *Adv gestikulieren, sich ausdrücken* avec pathos; **~ auftreten** faire une entrée pathétique

Pathologe <-n, -n> *m,* **Pathologin** *f* MED pathologiste *mf*

Pathologie [-'gi:ən] <-, -n> *f* MED ❶ *kein Pl* (*Wissenschaft*) pathologie *f*
❷ (*Abteilung*) service *m* de pathologie

pathologisch *Adj* ❶ MED *Abteilung, Institut* de pathologie; *Veränderung, Wucherung* pathologique
❷ (*übersteigert, krankhaft*) *Hass, Misstrauen* pathologique

Pathos <-> *nt* pathos *m;* **etw mit ~ tun** faire qc avec pathos

Patience [pa'siã:s] <-, -n> *f* patience *f;* **~n legen** faire des patiences

Patient(in) [pa'tsiɛnt] <-en, -en> *m(f)* patient(e) *m(f);* **bei jdm ~ sein, ~ von jdm sein** être soigné(e) par qn

Patin <-, nen> *f* marraine *f*

Patina <-> *f geh* patine *f;* **~ ansetzen** prendre de la patine

Patisserie [-ri:ən] <-, -n> *f* CH ❶ (*Konditorei*) pâtisserie *f*
❷ (*Café*) salon *m* de thé
❸ (*Gebäck*) pâtisserie *f*

Patres *Pl von* **Pater**

Patriarch <-en, -en> *m* ❶ ECCL patriarche *m*

② (*Familienvater*) pater familias *m;* (*Parteiführer*) patriarche *m*

patriarchalisch I. *Adj* patriarcal(e)
II. *Adv* de manière patriarcale

Patriarchat <-[e]s, -e> *nt a.* ECCL patriarcat *m*

Patriot(in) <-en, -en> *m(f)* patriote *mf*

patriotisch I. *Adj* patriotique
II. *Adv* ~ **eingestellt** [*o* **gesinnt**] **sein** être patriote

Patriotismus <-> *m* patriotisme *m*

Patrizier(in) [pa'tri:tsiɐ] <-s, -> *m(f)* ① (*in der Antike*) patricien(ne) *m(f)*
② HIST bourgeois(e) *m(f)*

Patron(in) <-s, -e> *m(f)* ① ECCL patron(ne) *m(f)*
② (*Schirmherr*) protecteur(-trice) *m(f)*
③ CH (*Arbeitgeber, Hoteldirektor*) patron(ne) *m(f)*
④ *fam* (*Mensch*) **ein übler** ~ une canaille (*fam*); **ein unangenehmer** ~ un type désagréable (*fam*)

Patronat [patro'na:t] <-[e]s, -e> *nt a.* REL patronage *m;* **unter dem** ~ **von ...** sous le patronage de ...

Patrone <-, -n> *f* ① JAGD, MIL cartouche *f*
② (*Tintenpatrone, Tonerpatrone*) cartouche *f*
③ (*Filmkapsel*) [rouleau *m* de] pellicule *f*
▸ **bis zur letzten** ~ jusqu'à la dernière cartouche

Patronenfüller *m* stylo *m* à cartouche **Patronengurt** *m* cartouchière *f* **Patronenhülse** *f* douille *f* **Patronenkammer** *f* magasin *m* **Patronentasche** *f* giberne *f* **Patronentrommel** *f* barillet *m*

Patronin *s.* Patron(in)

Patrouille [pa'trʊljə] <-, -n> *f* MIL ① (*Gruppe*) patrouille *f*
② (*Kontrollgang*) patrouille *f;* **auf** ~ **gehen** patrouiller

Patrouillenboot [pa'trʊljən-] *nt* patrouilleur *m* **Patrouillengang** *s.* Patrouille 2.

patrouillieren* [patrʊl'ji:rən, patrʊ'li:rən] *itr V* patrouiller

patsch *Interj* paf

Patsche <-, -n> *f fam* ▸ **jdm aus der** ~ **helfen, jdn aus der** ~ **ziehen** tirer qn du pétrin (*fam*); **in der** ~ **sitzen** [*o* **stecken**] être dans le pétrin (*fam*)

patschen *itr V* ① + *haben* (*schlagen*) **mit etw** ~ taper avec qc
② + *sein* (*stapfen, waten*) patauger

Patschen <-s, -> *m* A ① *fam* (*Reifenpanne*) crevaison *f*
② (*Hausschuh*) pantoufle *f*

patschert *Adj* A *fam* (*linkisch*) gauche

Patschhändchen *nt fam eines Kindes* menotte *f*

patschnass[RR] *Adj fam* trempé(e) jusqu'aux os (*fam*); ~ **werden** se faire saucer (*fam*)

patt *Adj* pat; ~ **sein** être pat

Patt <-s, -s> *nt* ① SCHACH pat *m*
② (*Stimmengleichheit*) égalité *f* des voix; **im Falle eines** ~**s** à égalité des voix

Patte ['patə] <-, -n> *f* (*an Taschen*) patte *f*

Pattsituation *f* situation *f* bloquée

patzen *itr V fam Redner:* bafouiller; *Polizei:* faire un bavure (*fam*)

Patzer <-s, -> *m* ① *fam* (*Fehler*) gaffe *f* (*fam*); *der Polizei* bavure *f* (*fam*); (*beim Musizieren*) couac *m* (*fam*)
② A (*Klecks*) tache *f*

patzig I. *Adj fam Antwort, Bemerkung* culotté(e) (*fam*); ~ **werden/sein** devenir/être insolent(e)
II. *Adv fam antworten* sur un ton effronté

Pauke <-, -n> *f* timbale *f*
▸ **mit** ~**n und Trompeten** *fam durchfallen* avec perte et fracas (*fam*); *begrüßen, empfangen* en grande pompe; **mit** ~**n und Trompeten abblitzen** se faire recevoir en beauté (*iron fam*); **auf die** ~ **hauen** *fam* (*angeben*) en rajouter (*fam*); (*feiern*) faire la bringue (*fam*)

pauken I. *itr V fam Schüler, Student:* bûcher (*fam*)
II. *tr V fam* potasser (*fam*) *Vokabeln, Daten, Fakten*

Paukenhöhle *f* ANAT caisse *f* du tympan **Paukenschlag** *m* coup *m* de timbale ▸ **mit einem** ~ *beendet werden, enden* sur un coup d'éclat

Pauker(in) <-s, -> *m(f) fam* prof *mf* (*fam*)

Paukerei <-> *f pej fam* bachotage *m* (*péj fam*)

Paukist(in) <-en, -en> *m(f)* timbalier *m*

Paulus <-> *m* Paul *m*

Pausbacken *Pl* joues *fpl* rebondies

pausbäckig *Adj* joufflu(e)

pauschal I. *Adj* ① (*undifferenziert*) global(e)
② FIN forfaitaire
II. *Adv* ① (*undifferenziert*) en bloc
② FIN forfaitairement

Pauschalangebot *nt* offre *f* forfaitaire **Pauschalbetrag** *s.* Pauschbetrag **Pauschalbewertung** *f* évaluation *f* globale

Pauschale <-, -n> *f* forfait *m*

pauschalieren* *tr V* évaluer forfaitairement *Kosten;* facturer au forfait *Nebenkosten*

pauschalisieren* *itr V geh* généraliser

Pauschalpreis *m* ÖKON prix *m* forfaitaire **Pauschalreise** *f* voyage *m* à prix forfaitaire **Pauschalurlaub** *m* vacances *fpl* organisées **Pauschalurteil** *nt* jugement *m* à l'emporte-pièce **Pauschalversicherung** *f* assurance *f* au forfait **Pauschalvertrag** *m* contrat *m* à forfait

Pauschbetrag *m* forfait *m*

Pause[1] <-, -n> *f* ① (*Erholungspause*) pause *f;* [**eine**] ~ **machen** (*sich erholen*) faire [une] pause; ~**!** c'est l'heure de la pause!
② SCHULE récréation *f;* **die große** ~ la récréation; **die kleine** ~ l'interclasse *m*
③ (*Sprechpause*) pause *f;* **eine** ~ **machen** marquer une pause
④ MUS pause *f;* **eine halbe** ~ une demi-pause

Pause[2] <-, -n> *f* (*durchgepauste Skizze*) calque *m*

pausen ['paʊzən] *tr V* calquer

Pausenbrot *nt* sandwich *m* **Pausenfüller** *m* intermède *m* **Pausenhalle** *f* SCHULE préau *m* **Pausenhof** *m* cour *f* [de récréation]

pausenlos I. *Adj attr* incessant(e)
II. *Adv* sans répit; **es hagelt** ~ **Vorwürfe** les reproches pleuvent sans arrêt

Pausenstand *m* SPORT score à la mi-temps *m* **Pausenzeichen** *nt* ① (*im Rundfunk*) sonal *m;* (*im Fernsehen*) interlude *m*
② MUS silence *m*

pausieren* *itr V* prendre du repos; **sechs Wochen** ~ prendre un repos de six semaines

Pauspapier *nt* ① (*dünnes Papier*) [papier *m*] calque *m*
② (*Kohlepapier*) [papier *m*] carbone *m*

Pavian [-vi-] <-s, -e> *m* babouin *m*

Pavillon ['pavɪljɔŋ, 'pavɪljõ, pavɪl'jõ:] <-s, -s> *m* ① (*Ausstellungspavillon, Gartenhaus*) pavillon *m*
② (*Musikpavillon*) kiosque *m* [à musique]

Pawlatsche <-, -n> *f* A *couloir extérieur donnant sur une cour intérieure permettant l'accès aux appartements de Vienne*

Pay-TV ['peɪti:vi:] <-s, -s> *nt* chaîne *f* à péage

Pazifik <-s> *m* Pacifique *m*

pazifisch [pa'tsi:fɪʃ] *Adj* pacifique; **der Pazifische Ozean** l'océan Pacifique, le Pacifique

Pazifismus <-> *m* pacifisme *m*

Pazifist(in) <-en, -en> *m(f)* pacifiste *mf*

pazifistisch I. *Adj* pacifiste
II. *Adv* ~ **ausgerichtet** [*o* **orientiert**] **sein** être de tendance pacifiste

PC [pe:'tse:] <-s, -s> *m Abk von* **Personalcomputer** P.C. *m*

PCB [pe:tse:'be:] <-, -s> *nt Abk von* **polychloriertes Biphenyl** PCB *m*

PdA [pede?'a:] <-> *f* CH *Abk von* **Partei der Arbeit** PST *m* (*parti suisse du travail*)

PDS [pe:de:'?ɛs] <-> *f Abk von* **Partei des Demokratischen Sozialismus** *parti issu du S.E.D. de l'ex-RDA*

Pech <-[e]s, *selten* -e> *nt* ① HIST brai *m*
② *kein Pl fam* (*Missgeschick*) poisse *f* (*fam*); ~ **gehabt!** *fam*

(*das war nicht gut*) raté! (*fam*); (*die Antwort stimmt nicht*) faux!; (*als Ausdruck der Schadenfreude*) tant pis pour toi/lui/elle/...! (*fam*); **bei etw ~ haben** *fam* ne pas avoir de veine en faisant qc (*fam*); **das war eben ~[, dass ...]!** *fam* c'est la faute à pas de chance[, si ...]! (*fam*); **[das ist] dein/sein ~!** *fam* tant pis pour toi/lui!; **so [*o* was für] ein ~!** *fam* c'est pas de veine! (*fam*)
❸ *kein Pl fam* (*Erfolglosigkeit*) *eines Konkurrenten* déboires *mpl*
▶ **wie ~ und Schwefel zusammenhalten** *fam* s'entendre comme larrons en foire

Pechblende *f* MINER pechblende *f* **pechrabenschwarz** *Adj fam* noir(e) comme un corbeau (*fam*); *Wasser, Brühe* noir(e) comme de l'encre (*fam*); **die Nacht war ~** il faisait nuit noire **pechschwarz** *Adj fam Augen, Haare, Fell, Gefieder* de jais **Pechsträhne** *f fam* guigne *f* (*fam*); **eine ~ haben** avoir la guigne (*fam*) **Pechvogel** *m fam* malchanceux(-euse) *m(f)*; **du ~!** quelle guigne tu as! (*fam*)

Pedal <-s, -e> *nt* pédale *f*; **in die ~e treten** appuyer sur les pédales; **den Fuß vom ~ nehmen** lever le pied [de l'accélérateur]

Pedant(in) <-en, -en> *m(f)* maniaque *mf*

Pedanterie <-> *f* (*Eigenschaft*) caractère *m* tatillon

pedantisch I. *Adj* tatillon(ne)
II. *Adv handhaben, vorgehen* minutieusement

Peddigrohr *nt* rotin *m*

Pedell <-s, -e> *m* SCHULE, UNIV *veraltet* appariteur *m*

Pediküre <-, -n> *f* ❶ *kein Pl* (*Fußpflege*) pédicurie *f*
❷ (*Fußpflegerin*) pédicure *f*

Peeling ['pi:lɪŋ] <-s, -s> *nt* peeling *m*

PeepshowRR ['pi:pʃɔʊ] <-, -s> *f* mirodrome *m*

Pegel <-s, -> *m* ❶ (*Messlatte*) échelle *f* des eaux
❷ *s.* **Pegelstand**

Pegelstand *m* niveau *m* des eaux

Peilanlage *f* radiogoniomètre *m*

peilen I. *tr V* NAUT prendre le relèvement de
II. *itr V fam* zieuter (*fam*); **durchs Schlüsselloch ~** lorgner par le trou de la serrure

Peilfunk *m* radiogoniométrie *f*

Peilung <-, -en> *f* NAUT relèvement *m*

Pein <-> *f veraltet geh* tourment *m* (*littér*)

peinigen *tr V geh* tourmenter (*littér*)

Peiniger(in) <-s, -> *m(f) geh* tortionnaire *mf*

Peinigung <-, -en> *f geh* torture *f*

peinlich I. *Adj* ❶ (*unangenehm*) *Frage, Bemerkung, Situation, Versprecher* gênant(e); **jdm ~ sein** gêner qn; **es ist ihm ~, dass/wenn ich es sage** ça le gêne que je le dise/si je le dis; **mir ist etwas Peinliches passiert** il m'est arrivé quelque chose de fâcheux
❷ (*äußerst groß*) *Genauigkeit, Sorgfalt* minutieux(-euse); *Ordnung, Sauberkeit* méticuleux(-euse)
II. *Adv* ❶ (*unangenehm*) **jdn ~ berühren** mettre qn dans l'embarras; **auf jdn ~ wirken** être gênant(e) pour qn
❷ (*äußerst*) *genau, sauber* extrêmement
❸ (*gewissenhaft*) **~ auf Ordnung achten** respecter scrupuleusement l'ordre

Peinlichkeit <-, -en> *f* ❶ *kein Pl* (*peinliche Art*) caractère *m* gênant; **stell dir die ~ dieser Enthüllung vor!** figure-toi ce que cette révélation a de gênant!
❷ (*peinliches Vorkommnis/Verhalten*) événement *m*/comportement *m* qui met mal à l'aise

Peitsche <-, -n> *f* fouet *m*

peitschen I. *tr V + haben* fouetter
II. *itr V + sein* **gegen etw ~** *Regen, Wellen:* fouetter qc

Peitschenhieb *m* coup *m* de fouet **Peitschenknall** *m* claquement *m* de/du fouet **Peitschenschlag** *s.* **Peitschenhieb**

pejorativ *geh* I. *Adj* péjoratif(-ive)
II. *Adv* péjorativement; **etw ist ~ gemeint** qc a un sens péjoratif

Pekinese [peki'ne:zə] <-n, -n> *m* ZOOL pékinois *m*

Peking <-s> *nt* Pékin

Pektin [pɛk'ti:n] <-s, -e> *nt* BIO pectine *f*

Pelerine [pelə'ri:nə] <-, -n> *f* pèlerine *f*

Pelikan <-s, -e> *m* pélican *m*

Pelle <-, -n> *f von Pellkartoffeln, Würsten* peau *f*; (*abgeschälte Schale, Haut*) pelure *f*
▶ **jdm nicht von der ~ gehen** *fam* ne pas quitter qn d'une semelle (*fam*); **jdm auf die ~ rücken** *fam* (*sich herandrängen*) coller à qn (*fam*); (*jdm zusetzen*) courir sur le haricot à qn (*fam*)

pellen *fam* I. *tr V* peler
II. *r V* **sich ~** peler

Pellkartoffel *f* pomme *f* de terre en robe des champs

Pelz <-es, -e> *m* fourrure *f*
▶ **jdm/einem Tier eins auf den ~ brennen** *fam* tirer une balle dans la peau de qn/d'un animal (*fam*); **jdm auf den ~ rücken** *fam* coller à qn (*fam*)

pelzbesetzt *Adj* garni(e) de fourrure **pelzgefüttert** *Adj* fourré(e) **Pelzgeschäft** *nt* magasin *m* de fourrures **Pelzhandel** *m* pelleterie *f* **Pelzhändler(in)** *m(f)* fourreur *m*

pelzig I. *Adj* ❶ *Haut* velouté(e); *Baumblatt* velu(e)
❷ (*belegt*) *Mund, Zunge* pâteux(-euse)
II. *Adv* **sich ~ anfühlen** *Pfirsich:* être duveteux(-euse) au toucher

Pelzimitat *nt* imitation *f* fourrure **Pelzimitation** *f* fausse fourrure *f* **Pelzjacke** *f* veste *f* de fourrure **Pelzkragen** *m* col *m* de fourrure **Pelzmantel** *m* manteau *m* de fourrure **Pelzmütze** *f* toque *f* de fourrure **Pelztier** *nt* animal *m* à fourrure

Pelztierfarm *f* ferme *f* d'élevage d'animaux à fourrure **Pelztierjäger** *m* trappeur *m* **Pelztierzucht** *f* élevage *m* d'animaux à fourrure

pempern *tr V* A *vulg* bumsen (*vulg*); **jdn ~** baiser qn

PEN-Club ['pɛnklʊp] *m kein Pl* PEN-Club *m pas de pl*

Pendant [pã'dã:] <-s, -s> *nt geh* ❶ pendant *m*; **das ~ zu etw** le pendant de qc
❷ (*Berufskollege*) homologue *m*

Pendel <-s, -> *nt* pendule *m*

Pendelbewegung *f* mouvement *m* pendulaire **Pendeldienst** *m* navette *f*; (*Flugdienst*) navette aérienne **Pendellampe** *f* suspension *f*

pendeln *itr V* ❶ *+ haben Gegenstand:* osciller
❷ *+ sein Person, Fähre, Bus:* faire la navette

Pendeltür *f* porte *f* battante **Pendeluhr** *f* horloge *f* **Pendelverkehr** *m* service *m* de navettes **Pendelzug** *m* train-navette *m*, navette *f*

pendent *Adj* CH *form Frage, Gelegenheit* en suspens

Pendenz <-, -en> *f* CH *form* affaire *f* en souffrance

Pendler(in) <-s, -> *m(f) personne qui fait tous les jours la navette entre son domicile et son lieu de travail;* **~ sein** faire la navette

Penes *Pl von* **Penis**

penetrant I. *Adj* ❶ *Geruch, Gestank* pénétrant(e); *Geschmack* fort(e)
❷ (*lästig*) *Person* importun(e); *Organ, Stimme* perçant(e); **sei doch nicht so ~!** n'insiste pas!
II. *Adv riechen, stinken* fort; **~ schmecken** avoir un goût prononcé; **~ nach Seife riechen** sentir fort le savon

Penetration [penetra'tsio:n] <-, -en> *f a.* TECH pénétration *f*

peng *Interj* pan; **und ~ war das Fenster kaputt!** et pan la fenêtre était brisée!

penibel *Adj geh* ❶ (*in Bezug auf Sauberkeit*) méticuleux(-euse); (*in Bezug auf Rechtsfragen, Geldangelegenheiten*) rigoureux(-euse)
❷ (*übertrieben*) *Ordnung* maniaque

Penicillin [penitsɪ'li:n] <-s, -e> *nt Fachspr. s.* **Penizillin**

Penis <-, -se *o* Penes> *m* pénis *m*

Penizillin <-s, -e> *nt* pénicilline *f*

Pennäler(in) [pɛ'nɛ:lɐ] <-s, -> *m(f)* élève *mf*, potache *m* (*fam*)
Pennbruder ['pɛn-] *m pej fam* ❶ (*Landstreicher*) vagabond *m*, clochard *m* (*péj fam*)
❷ (*Person, die viel schläft*) dormeur(-euse) *m(f)*
Penne <-, -n> *f fam* bahut *m* (*fam*)
pennen *itr V fam* ❶ (*schlafen*) roupiller (*fam*)
❷ (*nicht aufpassen*) ne pas faire gaffe (*fam*); **sag mal, pennst du?** tu ne peux pas faire gaffe ou quoi? (*fam*)
❸ (*Beischlaf haben*) **mit jdm ~** coucher avec qn (*fam*)
Penner(in) <-s, -> *m(f) pej fam* ❶ (*Stadtstreicher*) clochard(e) *m(f)*
❷ (*langsamer Mensch*) endormi(e) *m(f)* (*fam*)
Pensa, Pensen *Pl von* **Pensum**
Pension [pã'zio:n, paŋ'zio:n, pɛn'zio:n] <-, -en> *f* ❶ (*Unterkunft*) pension *f* de famille
❷ (*Ruhegehalt*) pension *f* [de retraite]
❸ (*Ruhestand*) retraite *f*; **in ~ gehen** prendre sa retraite; **in ~ sein** être en [*o* à la] retraite
Pensionär(in) [pãzio'nɛ:ɐ, paŋzio'nɛ:ɐ, pɛnzio'nɛ:ɐ] <-s, -e> *m(f)* ❶ (*Ruhestandsbeamter*) retraité(e) *m(f)*
❷ CH pensionnaire *mf*
Pensionat [pãzio'na:t, pɛnzio'na:t] <-[e]s, -e> *nt* pensionnat *m*
pensionieren* [pãzio'ni:rən, paŋzio'ni:rən, pɛnzio'ni:rən,] *tr V* **pensioniert werden** *Beamter, Lehrer:* être mis(e) à la retraite; **sich [vorzeitig] ~ lassen** partir en retraite [anticipée]
pensioniert [pãzio'ni:ɐt, paŋzio'ni:ɐt, pɛnzio'ni:ɐt] *Adj* retraité(e)
Pensionierung [pãzio'ni:rʊŋ, paŋzio'ni:rʊŋ, pɛnzio'ni:rʊŋ] <-, -en> *f* mise *f* à la retraite
Pensionsalter [pã'zio:ns-, paŋ'zio:ns-, pɛn'zio:ns-] *nt* âge *m* de la retraite **Pensionsanspruch** *m* droit *m* à la retraite **Pensionsanwartschaft** *f* droit *m* à la retraite en cours d'acquisition **pensionsberechtigt** *Adj Beamter, Lehrer* qui a droit à une pension; **~ sein** avoir droit à une pension **Pensionsgast** *m* pensionnaire *mf* **Pensionskasse** *f* caisse *f* de retraite **Pensionspreis** *m* prix *m* de la pension **pensionsreif** *Adj fam* bon(ne) pour la retraite (*fam*); **~ sein** être bon(ne) pour la retraite
Pensum <-s, Pensa *o* Pensen> *nt* tâche *f*; **sein ~ erfüllen** remplir sa tâche
Pentagon[1] [pɛnta'go:n] <-s, -e> *nt* GEOM pentagone *m*
Pentagon[2] ['pɛntagɔn] <-s> *nt* (*US-Verteidigungsministerium*) **das ~** le Pentagone
Penthouse ['pɛnthaʊs] <-, -s> *nt* attique *m*
Pep <-[s]> *m fam* pep *m* (*fam*); **~ haben** *Person, Popgruppe:* avoir du pep (*fam*); *Kleid, Hose:* avoir du chien; **mit ~** *Frau, Frisur, Sendung, Zeitschrift* qui a du pep (*fam*)
Peperoni <-, -> *f* ❶ (*eingelegte scharfe Paprika*) piment *m*
❷ CH (*Gemüsepaprika*) poivron *m*
peppig *fam* **I.** *Adj Musik* qui a du pep (*fam*); *Mode* qui a du chien (*fam*); *Poster, Aufmachung* tape-à-l'œil (*fam*)
II. *Adv sich kleiden* avec du chien
Pepsin <-s, -e> *nt* MED, BIO pepsine *f*
per *Präp + Akk* ❶ (*durch*) par; **~ Bahn** par le train; **~ Brief/Luftpost/Boten** par lettre/avion/messager; **~ Einschreiben** en recommandé
❷ (*pro*) pour; **zehn Euro ~ Stück** dix euros [la] pièce
▸ **mit jdm ~ du/Sie sein** *fam* tutoyer/vouvoyer qn; **sie sind ~ du/Sie** ils/elles se tutoient/vouvoient
per annum *Adv* COM *veraltet* par année
Perestroika <-> *f* perestroïka *f*
perfekt **I.** *Adj* ❶ (*vollkommen*) parfait(e)
❷ (*abgemacht, vereinbart*) **etw ~ machen** conclure qc; **~ sein** *Abmachung, Vertrag:* être conclu(e); **ihre Einstellung ist ~** son engagement est une affaire conclue
II. *Adv* parfaitement
Perfekt <-s, -e> *nt* GRAM ❶ (*Zeitform*) passé *m* composé; **im ~ stehen** *Verb:* être au passé composé
❷ (*Verbform im Perfekt*) passé *m* composé
Perfektion <-> *f* perfection *f*; **mit künstlerischer ~ malen** peindre à la perfection; **Musik/Technik in höchster ~** le summum de la perfection musicale/le nec plus ultra de la technique; **es im Tanzen zur ~ bringen** parvenir à la perfection de la danse
perfektionieren* *tr V* perfectionner
Perfektionismus <-> *m* perfectionnisme *m*
Perfektionist(in) <-en, -en> *m(f)* perfectionniste *mf*
perfide *geh* **I.** *Adj* perfide (*littér*); **eine ~ Tat** une perfidie (*littér*)
II. *Adv* perfidement (*littér*)
Perfidie [pɛrfi'di:] <-, -n> *f* perfidie *f*
Perforation <-, -en> *f* perforation *f*
perforieren* *tr V* perforer
Pergament <-[e]s, -e> *nt* (*Tierhaut, Handschrift*) parchemin *m*
Pergamentband <-bände> *m* livre *m* relié en parchemin **Pergamentpapier** *nt* papier-parchemin *m*; (*Butterbrotpapier*) papier *m* sulfurisé **Pergamentrolle** *f* rouleau *m* de parchemin
Pergola <-, Pergolen> *f* pergola *f*
Perikarp [peri'karp] <-s, -e> *nt* BOT péricarpe *m*
Periode <-, -n> *f* ❶ *a.* MATH période *f*
❷ (*Menstruation*) règles *fpl*
Periodensystem *nt* (*Tafel*) système *m* périodique des éléments
Periodikum [peri'o:dikʊm] <-s, Periodika> *nt* périodique *m*
periodisch **I.** *Adj* périodique
II. *Adv* périodiquement
peripher *geh* **I.** *Adj* ❶ (*oberflächlich*) *Interesse* secondaire; *Frage, Problem* marginal(e)
❷ ANAT, MED périphérique
II. *Adv* accessoirement; **sich ~ mit einem Thema befassen** se pencher accessoirement sur un sujet
Peripherie [-'ri:ən] <-, -n> *f* ❶ *a.* GEOM périphérie *f*
❷ INFORM périphérique *m*
Peripheriegerät *nt* INFORM périphérique *m*
Periskop <-s, -e> *nt* périscope *m*
Peristaltik [peri'staltɪk] <-> *f* MED péristaltisme *m*
Perkussion [pɛrkʊ'sio:n] <-, -en> *f* MED percussion *f*
perkutan [pɛrku'ta:n] ANAT **I.** *Adj* percutané(e)
II. *Adv* par voie percutanée
Perle <-, -n> *f* ❶ (*Schmuckperle*) perle *f*; *eines Rosenkranzes* grain *m*
❷ (*Wasserperle, Schweißperle*) goutte *f*
❸ (*Luftbläschen*) bulle *f*
❹ *fam* (*Haushälterin*) perle *f*
▸ **~n vor die Säue werfen** *Spr.* jeter des perles aux pourceaux [*o* cochons]
perlen *itr V* ❶ (*sprudeln*) pétiller
❷ (*sichtbar sein*) **auf etw** (*Dat*) **~** *Tau, Regentropfen, Schweiß:* perler sur qc
❸ (*tropfen*) **von der Fensterscheibe ~** dégoutter de la vitre
Perlenfischer(in) *m(f)* pêcheur(-euse) *m(f)* de perles **Perlenkette** *f* collier *m* de perles **Perlenohrring** *m* perle *f* montée en boucle d'oreille **Perlentaucher** *s.* **Perlenfischer(in)**
Perlhuhn *nt* pintade *f* **Perlmuschel** *f* huître *f* perlière
Perlmutt <-s> *nt* nacre *f*
Perlmutter <-> *f*, <-s> *nt* nacre *f*
perlmuttern *Adj* ❶ (*aus Perlmutt*) en [*o* de] nacre; *Nagellack* nacré(e); **die Kette ist ~** le collier est en nacre
❷ (*perlmutterfarben*) [de la couleur] de la nacre
Perlon® <-s> *nt* perlon® *m*
Perlustrierung <-, en> *f* A (*Anhaltung zur Ausweisleistung*) interpellation *f* par la police
Perlwein *m* [vin *m*] perlant *m* **Perlzwiebel** *f* petit oignon *m* blanc

permanent [pɛrma'nɛnt] I. *Adj* permanent(e)
II. *Adv grinsen, streiten* constamment; *geöffnet* en permanence
Permanenz [pɛrma'nɛnts] <-> *f geh* permanence *f*
Permutation [pɛrmuta'tsio:n] <-, -en> *f a.* MATH permutation *f*
per pedes *Adv hum geh* pedibus (*fam*)
Perpetuum mobile [pɛr'pe:tuʊm 'mo:bile] <- -, - -[s]> *nt* mouvement *m* perpétuel
perplex [pɛr'plɛks] I. *Adj* perplexe
II. *Adv* avec perplexité
Perron [pɛ'rõ:, 'pɛrõ:] <-s, -s> *m* CH, A quai *m*
per se *Adv geh* de/en soi; **das versteht sich** ~ cela va de soi; **das bedeutet** ~**, dass** cela signifie en soi que
Persenning [pɛr'zɛnɪŋ] <-, -e[n]> *f* ① NAUT prélart *m*
② *kein Pl* TEXTIL toile *f* à voile
Perser ['pɛrzɐ] <-s, -> *m* ① Iranien *m*
② HIST Persan *m*
③ *fam* (*Teppich*) tapis *m* persan
Perserin <-, -nen> *f* ① Iranienne *f*
② HIST Persane *f*
Perserkatze *f* chat *m* persan **Perserteppich** *m* tapis *m* persan
Persianer [pɛrzi'a:nɐ] <-s, -> *m* (*Fell, Mantel*) astrakan *m*
Persien ['pɛrziən] <-s> *nt* ① (*Iran*) l'Iran *m*
② HIST la Perse
Persiflage [pɛrzi'fla:ʒə] <-, -n> *f* persiflage *m*
persiflieren* *tr V geh* persifler (*littér*)
Persilschein [pɛr'zi:l-] *m* ① *hum fam* document *m* disculpant
② HIST (*Entnazifizierungsurkunde*) certificat *m* de dénazification
persisch ['pɛrzɪʃ] *Adj* ① (*iranisch*) iranien(ne)
② HIST persan(e)
Persisch <-[s]> *nt* le persan; **auf** ~ en persan; *s. a.* **Deutsch**
Persische *nt dekl wie Adj* persan *m; s. a.* **Deutsche**
Person [pɛr'zo:n] <-, -en> *f* ① (*einzelner Mensch*) personne *f;* **eine männliche/weibliche** ~ un individu de sexe masculin/féminin; **ein Tisch für vier** ~**en** une table pour quatre; **pro** ~ par personne
② *pej* (*Frau, Mädchen*) femme *f;* **sie ist eine seltsame/unangenehme** ~ elle est bizarre/désagréable
③ LITER, THEAT personnage *m*
④ *kein Pl* GRAM personne *f*
⑤ JUR **juristische** ~ personne *f* morale; **natürliche** ~ personne physique; **eine Frage zur** ~ **stellen** poser une question sur l'identité
▸ **ich für meine** ~ pour ma part; **die Zuverlässigkeit in** ~ **sein** être la fiabilité en personne; **Autor und Verleger in einer** ~ **sein** être à la fois auteur et éditeur
Personal [pɛrzo'na:l] <-s> *nt* personnel *m*
Personalabbau *m* réduction *f* du personnel **Personalabteilung** *f* service *m* du personnel **Personalakte** *f* dossier *m* [personnel] **Personalausweis** *m* carte *f* d'identité **Personalberater(in)** *m(f)* conseiller(-ère) *m(f)* en recrutement **Personalbestand** *m* effectifs *mpl* **Personalbüro** *nt* bureau *m* du personnel **Personalchef(in)** [-ʃɛf] *m(f)* chef *mf* du personnel **Personalcomputer** [-kɔmpju:tɐ] *m* micro-ordinateur *m* **Personaldecke** *f* ÖKON ensemble *m* du personnel **Personaleinsparung** *f* compression *f* du personnel
Personalien [pɛrzo'na:liən] *Pl* identité *f*
Personalkartei *f* fichier *m* personnel **Personalkosten** *Pl* frais *mpl* de gestion du personnel **Personalmangel** *m kein Pl* pénurie *f* de personnel **Personalpolitik** *f* politique *f* de gestion du personnel **Personalpronomen** *nt* GRAM pronom *m* personnel **Personalrat** *m* ① délégué *m* du personnel ② (*Gremium*) délégation *f* du personnel **Personalrätin** *f* déléguée *f* du personnel **Personalstruktur** *f* structure *f* du personnel **Personalunion** *f* ① HIST union *f* personnelle ② *geh* (*Vereinigung von Funktionen*) **sie ist Autorin und Verlegerin in** ~ elle est à la fois autrice et éditrice **Personalverwaltung** *f* gestion *f* du personnel
personell [pɛrzo'nɛl] I. *Adj* de/du personnel; **die** ~**e Zusammensetzung der Regierung** la composition du gouvernement
II. *Adv* **die Firma** ~ **aufstocken** augmenter le personnel de l'entreprise; **wie setzt sich das Team** ~ **zusammen?** comment se compose l'équipe?
Personenaufzug *m form* ascenseur *m* **Personenbeförderung** *f* transports *mpl* de voyageurs **Personenbeschreibung** *f* signalement *m* **personenbezogen** *Adj Informationen, Auskunft, Daten* individuel(le) **Personengedächtnis** *nt* mémoire *f* des visages; **ein/kein gutes** ~ **haben** être physionomiste/peu physionomiste **Personenkraftwagen** *m form* voiture *f* de tourisme **Personenkreis** *m* catégorie *f* de personnes **Personenkult** *m* culte *m* de la personnalité; ~ **mit jdm treiben** vouer un culte à qn **Personennahverkehr** *m* transport *m* en commun local **Personenschaden** *m* dommage *m* corporel; **es gab keinen** ~ il n'y a pas eu de blessés **Personenschutz** *m* protection *f* des personnes **Personenstand** *m form* état *m* civil **Personenstandsregister** *nt* régistre *m* d'état civil **Personenverkehr** *m* transport *m* de voyageurs; **öffentlicher** ~ transports en commun **Personenversicherung** *f* assurance *f* individuelle **Personenwaage** *f form* pèse-personne *m* **Personenwagen** *s.* **Personenkraftwagen** **Personenzug** *m* train *m* de voyageurs
Personifikation [pɛrzonifika'tsio:n] *s.* **Personifizierung**
personifizieren* *tr V* ① personnifier *Naturgewalt, Phänomen*
② (*verkörpern*) **die personifizierte Arbeitswut** la folie du boulot incarnée
Personifizierung <-, -en> *f geh* personnification *f*
persönlich I. *Adj* ① personnel(le); *Freiraum* individuel(le); **Ihre** ~**e Teilnahme** votre participation
② (*anzüglich*) ~ **werden** faire des allusions blessantes
II. *Adv* ① personnellement; ~ **erscheinen** venir en personne; **etw** ~ **übergeben** remettre qc en mains propres
② (*unmittelbar, eng*) **wir sind** ~ **befreundet** nous sommes ami(e)s
Persönlichkeit <-, -en> *f* personnalité *f*
Persönlichkeitswahl *f* POL scrutin *m* uninominal
Perspektive [pɛrspɛk'ti:və] <-, -n> *f* perspective *f;* **aus dieser** ~ [**heraus**] [vu] sous cet angle
perspektivisch [-'ti:vɪʃ] I. *Adj* de perspective; ~**e Wirkung** effet *m* de perspective; ~**e Verkürzung** réduction *f* de la perspective
II. *Adv darstellen, zeichnen* en perspective
Peru [pe'ru:] <-s> *nt* le Pérou
Peruaner(in) [peru'a:nɐ] <-s, -> *m(f)* Péruvien(ne) *m(f)*
peruanisch *Adj* péruvien(ne)
Perücke <-, -n> *f* perruque *f*
pervers [pɛr'vɛrs] I. *Adj* ① PSYCH pervers(e)
② *sl* (*schrecklich*) *Person* vicelard(e) (*pop*); *Hitze* à crever (*fam*); **das ist doch** ~**!** il faut être taré(e)! (*fam*)
II. *Adv* ~ **veranlagt sein** avoir un naturel pervers
Perversion [pɛrvɛr'zio:n] <-, -en> *f* perversion *f*
Perversität <-, -en> *f geh* ① *kein Pl geh* (*perverse Art*) perversité *f*
② *s.* **Perversion**
pervertieren* *geh* I. *tr V* + *haben* pervertir
II. *itr V* + *sein* **zu einem Terrorregime** ~ dégénérer en régime de terreur
pesen ['pe:zən] *itr V fam* foncer (*fam*)
Peseta [pe'ze:ta] <-, -ten> *f* HIST (*ehemalige spanische Währung*) peseta *f*
Pessar [pɛ'sa:ɐ] <-s, -e> *nt* diaphragme *m*
Pessimismus [pɛsi'mɪsmʊs] <-> *m* pessimisme *m;* **in** ~ **verfallen** sombrer dans le pessimisme
Pessimist(in) [pɛsi'mɪst] <-en, -en> *m(f)* pessimiste *mf*
pessimistisch I. *Adj* pessimiste

P

II. *Adv* avec pessimisme; ~ **eingestellt sein** être pessimiste
Pest [pɛst] <-> *f* peste *f;* **die ~ haben** avoir la peste
▶ **jdm die ~ an den Hals wünschen** *fam* souhaiter à qn qu'il crève (*fam*); **jdn/etw wie die ~ fürchten** *fam* craindre qn/qc comme la peste (*fam*); **jdn/etw wie die ~ hassen** *fam* détester qn/qc plus que tout; **wie die ~ stinken** *fam* empester (*fam*)
pestartig *Adj* pestilentiel(le)
Pestbeule *f* bubon *m* pestilentiel **Pestgestank** *m* pestilence *f*
Pestizid [pɛsti'tsi:t] <-s, -e> *nt* pesticide *m*
Peter ['pe:tɐ] <-s> *m* Pierre *m*
▶ **jdm den schwarzen ~ zuschieben** *fam* faire porter le chapeau à qn (*fam*)
Petersilie [petɐ'zi:liə] <-, -n> *f* persil *m*
PET-Flasche ['pet-] *f* bouteille *f* en plastique consignée
Petition [peti'tsio:n] <-, -en> *f* pétition *f*
Petitionsausschuss[RR] *m* ≈ Commission des Lois constitutionnelles, de la législation et de l'administration générale **Petitionsrecht** *nt* droit *m* de pétition
Petrischale ['pe:tri-] *f* BIO, MED boîte *f* de Pétri
Petrochemie [petroçe'mi:] *f* pétrochimie *f* **Petrodollar** *m* ÖKON pétrodollar *m*
Petroleum [pe'tro:leʊm] <-s> *nt* pétrole *m;* (*für Petroleumlampen*) pétrole lampant
Petroleumlampe *f* lampe *f* à pétrole
Petrus ['pe:trʊs] <-> *m* Saint Pierre
Petting ['pɛtɪŋ] <-s, -s> *nt* attouchements *mpl;* ~ **machen** se peloter (*fam*); **nur ~ machen** ne pas aller au-delà des attouchements
Petunie [pe'tu:niə] <-, -n> *f* pétunia *m*
Petze ['pɛtsə] <-, -n> *f pej fam* rapporteur(-euse) *m(f)* (*fam*)
petzen ['pɛtsən] I. *tr V pej fam* rapporter; **jdm etw ~** rapporter qc à qn (*fam*)
II. *itr V pej fam* rapporter (*fam*)
Petzer *s.* Petze
peu à peu ['pø:a'pø:] *Adv* peu à peu
Pf *Abk von* **Pfennig** pfennig *m*
Pfad [pfa:t] <-[e]s, -e> *m* ① sentier *m*
② INFORM chemin *m*
▶ **auf dem ~ der Tugend wandeln** *liter* suivre le sentier de la vertu (*littér*); **jdn auf den ~ der Tugend zurückführen** *liter* ramener qn sur le sentier de la vertu (*littér*); **ein dorniger ~** *geh* un parcours semé d'embûches (*soutenu*)
Pfadfinder(in) <-s, -> *m(f)* scout *m*/guide *f*
Pfaffe ['pfafə] <-n, -n> *m pej* cureton *m* (*péj*)
Pfahl [pfa:l, *Pl:* 'pfɛ:lə] <-[e]s, ⸚e> *m* ① (*Zaunpfahl*) pieu *m*
② (*spitzer Rundbalken*) pal *m;* (*für Palisaden*) palis *m*
Pfahlbau <-bauten> *m* construction *f* sur pilotis
pfählen *tr V* ① HORT tuteurer *Baum*
② HIST empaler
Pfahlwurzel *f* racine *f* pivotante
Pfalz [pfalts] <-, -en> *f* ① GEOG Palatinat *m*
② (*Herrscherpalast*) palais *m*
Pfand [pfant, *Pl:* 'pfɛndɐ] <-[e]s, ⸚er> *nt* ① *kein Pl* (*für Leergut*) consigne *f;* **fünfzig Cent ~** cinquante cents de consigne
② *a.* SPIEL (*Unterpfand*) gage *m;* **als ~** en gage; **ein ~ auslösen/einlösen** récupérer/retirer un gage
pfändbar *Adj* saisissable
Pfandbrief *m* obligation *f* hypothécaire
pfänden *tr V* ① (*beschlagnahmen*) saisir; **jdm das Auto ~** saisir la voiture de qn; **das Pfänden** la saisie
② (*einer Pfändung unterziehen*) **jdn ~ lassen** faire saisir qn
Pfänderspiel *nt* jeu *m* des gages
Pfandflasche *f* bouteille *f* consignée **Pfandleihe** <-, -n> *f* crédit *m* municipal **Pfandleiher(in)** <-s, -> *m(f)* prêteur(-euse) *m(f)* sur gages **Pfandrecht** *nt* droit *m* de gage; **ein ~ an etw** (*Dat*) **ausüben/bestellen** exercer/constituer un droit de gage sur qc **Pfandschein** *m* bulletin *m* de gage
Pfandsiegel *nt* sceau *m*

Pfändung <-, -en> *f* saisie *f*
Pfändungsauftrag *m* mandat *m* de saisie
Pfanne ['pfanə] <-, -n> *f* ① (*Bratpfanne*) poêle *f;* **sich** (*Dat*) **etw in die ~ hauen** *fam* se faire cuire qc à la poêle
② CH (*Topf*) casserole *f*
③ (*Dachziegel*) tuile *f*
▶ **jdn in die ~ hauen** *sl* démolir qn (*fam*)
Pfannkuchen *m* crêpe *f* [épaisse]
Pfarramt ['pfarʔamt] *nt* cure *f* **Pfarrbezirk** *m* paroisse *f*
Pfarre ['pfarə] <-, -n> *f* DIAL, **Pfarrei** [pfa'raɪ] <-, -en> *f* ① (*Gemeinde*) paroisse *f*
② *s.* Pfarramt
Pfarrer(in) ['pfarɐ] <-s, -> *m(f)* (*evangelisch*) pasteur *m;* (*katholisch*) curé *m;* **unser Herr ~** notre curé/pasteur; ~ **Müller** monsieur le curé/pasteur [Müller]
Pfarrgemeinde *s.* Pfarrei **1. Pfarrhaus** *nt* presbytère *m* **Pfarrkirche** *f* église *f* paroissiale
Pfau [pfaʊ] <-[e]s *o* -en, -en> *m* paon *m*
▶ **ein eitler ~ sein** *geh* faire le paon (*vieilli*)
pfauchen *itr V* A siffler
Pfauenauge *nt* ZOOL paon *m* de jour [*o* nuit] **Pfauenfeder** *f* plume *f* de paon
Pfd. *Abk von* **Pfund** livre *f*
Pfeffer ['pfɛfɐ] <-s, -> *m* poivre *m;* **gemahlener/ungemahlener ~** poivre moulu/en grains; **schwarzer/weißer/grüner ~** poivre gris/blanc/vert
▶ **geh [dort]hin, wo der ~ wächst!** *fam* va te faire voir [ailleurs]! (*fam*); **der soll bleiben, wo der ~ wächst!** il peut rester où il est!
pfefferig *s.* pfeffrig
Pfefferkorn *nt* grain *m* de poivre **Pfefferkuchen** *m* pain *m* d'épice
Pfefferminz ['pfɛfɐmɪnts] <-es> *nt* ① (*Aroma*) menthe *f*
② *s.* Pfefferminzbonbon
Pfefferminzbonbon *nt o m* bonbon *m* à la menthe
Pfefferminze [pfɛfɐ'mɪntsə] <-> *f* menthe *f* [poivrée]
Pfefferminztee *m* tisane *f* de menthe
Pfeffermühle *f* moulin *m* à poivre
pfeffern ['pfɛfɐn] *tr V* ① poivrer *Fleisch, Gericht*
② *fam* (*schleudern*) **die Tasche in die Ecke ~** balancer le sac dans le coin (*fam*)
▶ **jdm eine ~** *sl* foutre une baffe à qn (*pop*); *s. a.* **gepfeffert**
Pfeffersteak *nt* GASTR steak *m* au poivre **Pfefferstrauch** *m* poivrier *m* [noir] **Pfefferstreuer** <-s, -> *m* poivrier *m*
pfeffrig *Adj* poivré(e)
Pfeife ['pfaɪfə] <-, -n> *f* ① (*Tabakspfeife*) pipe *f;* ~ **rauchen** fumer la pipe
② (*Trillerpfeife*) sifflet *m*
③ (*Musikinstrument*) fifre *m*
④ *sl* (*Nichtskönner*) nullard(e) *m(f)* (*fam*)
▶ **das/den/die kannst du in der ~ rauchen!** *fam* c'est de la gnognote! (*fam*); **nach jds ~ tanzen** *fam* se laisser mener [par le bout du nez *fam*] par qn
pfeifen ['pfaɪfən] <pfiff, gepfiffen> I. *itr V* ① (*Töne erzeugen*) siffler
② *fam* (*verzichten*) **auf etw** (*Akk*) ~ se ficher de qc (*fam*)
II. *tr V* siffler *Lied, Melodie*
Pfeifenbesteck *nt* nécessaire *m* à pipe **Pfeifenkopf** *m* fourneau *m* de [la] pipe **Pfeifenraucher(in)** *m(f)* fumeur(-euse) *m(f)* de pipe; ~ **sein** fumer la pipe **Pfeifenreiniger** *m* cure-pipe *m* **Pfeifenständer** *m* râtelier *m* à pipes **Pfeifenstopfer** <-s, -> *m* bourre-pipe *m* **Pfeifentabak** *m* tabac *m* [à pipe]
Pfeifer(in) <-s, -> *m(f)* ① siffleur(-euse) *m(f)*
② MUS fifre *m*
Pfeifkessel *m* bouilloire *f* à sifflet **Pfeifkonzert** *nt* sifflements *mpl;* **ein ~ veranstalten** se mettre à siffler **Pfeifton** *m* sifflement *m; eines Anrufbeantworters* signal *m*
Pfeil [pfaɪl] <-s, -e> *m* (*Geschoss, Zeichen*) flèche *f;* ~ **und**

Bogen un arc et ses flèches
▸ **alle ~e verschossen haben** être à court d'arguments; **wie ein ~** comme une flèche
Pfeiler ['pfaɪlɐ] <-s, -> *m* pilier *m;* (*Brückenpfeiler*) pile *f*
pfeilgerade I. *Adj* tout(e) droit(e) II. *Adv steigen* en flèche; **~ in etw führen** mener tout droit à qc **Pfeilgift** *nt* poison *m* pour flèches **pfeilschnell** I. *Adj* rapide comme une flèche II. *Adv* comme une flèche; **~ liefen die Kinder weg** les enfants sont partis comme un trait **Pfeilspitze** *f* pointe *f* de [la] flèche
Pfennig ['pfɛnɪç] <-s, -e> *m* pfennig *m;* **keinen ~ Geld haben** ne pas avoir le sou; **er hat keinen ~ Geld bei sich** il n'a pas un sou sur lui
▸ **wer den ~ nicht ehrt, ist des Talers nicht wert** *Spr.* un sou est un sou; **nicht für fünf ~ Lust haben** *fam* en avoir envie comme d'aller se [faire] pendre (*fam*); **nicht für fünf ~ Verstand haben** ne pas être malin(maligne) pour un sou; **etw ist keinen ~ wert** *fam* qc ne vaut pas un clou (*fam*); **mit jedem ~ rechnen müssen** être obligé(e) de compter; **jeden ~ umdrehen** *fam* regarder à la dépense
Pfennigabsatz *m fam* talon *m* aiguille **Pfennigbetrag** *m* somme *f* dérisoire **Pfennigfuchser(in)** [-fʊksɐ] <-s, -> *m(f) fam* grippe-sou *m* (*fam*) **Pfennigstück** *nt* pièce *f* d'un pfennig
Pferch [pfɛrç] <-[e]s, -e> *m* parc *m,* enclos *m*
pferchen *tr V* parquer; **die Pferde in den Stall ~** parquer les chevaux dans l'écurie
Pferd ['pfeːɐt] <-[e]s, -e> *nt* ❶ cheval *m;* **auf einem ~ reiten** chevaucher; **zu ~[e]** *geh* à cheval; **auf die ~e!** à cheval!
❷ (*Turngerät*) cheval *m* d'arçons
❸ SCHACH cavalier *m*
▸ **das ~ beim Schwanz aufzäumen** *fam* mettre la charrue avant les bœufs; **sein/ihr bestes ~ im Stall** *fam* son meilleur élément; **aufs falsche/richtige ~ setzen** *fam* miser sur le mauvais/bon cheval (*fam*); **immer langsam [o sachte] mit den jungen ~en!** *fam* du calme, y a pas le feu! (*fam*); **die ~e scheu machen** *fam* semer la panique; **ein Trojanisches ~** *geh* un cadeau piégé; **keine zehn ~e** *fam* rien au monde; **keine zehn ~e bringen mich dazu** je ne le ferais pour rien au monde; **arbeiten [o schuften** *sl*] **wie ein ~** *fam* travailler comme un bœuf (*fam*); **jdm gehen die ~e durch** *fam* qn craque (*fam*); **das hält ja kein ~ aus** *fam* c'est une vie de chien (*fam*); **mit ihm/ihr kann man ~e stehlen** *fam* on peut faire les quatre cents coups avec lui/elle (*fam*)
Pferdeapfel *m* crottin *m;* **auf der Straße liegt ein ~/liegen Pferdeäpfel** il y a du crottin dans la rue **Pferdedieb(in)** *m(f)* voleur(-euse) *m(f)* de chevaux **Pferdefleisch** *nt* viande *f* de cheval **Pferdefuhrwerk** *nt* charrette *f* à chevaux **Pferdefuß** *m* ❶ *des Teufels, eines Fauns* pied *m* fourchu ❷ *fam* (*Haken*) hic *m* (*fam*); **die Sache hat einen ~** *fam* il y a un os (*fam*) **Pferdegebiss**[RR] *nt fam* dents *fpl* de cheval **Pferdehändler** *m* maquignon *m* **Pferderennbahn** *f* hippodrome *m* **Pferderennen** *nt* course *f* de chevaux **Pferderennsport** *m* hippisme *m* **Pferdeschwanz** *m* queue *f* de cheval **Pferdestall** *m* écurie *f* **Pferdestärke** *f veraltet* cheval-vapeur *m* (*vieilli*) **Pferdewagen** *m* voiture *f* à cheval **Pferdezucht** *f* élevage *m* de chevaux
pfiff [pfɪf] *Imp von* **pfeifen**
Pfiff <-s, -e> *m* ❶ (*Pfeifton*) sifflement *m*
❷ *fam* (*Reiz*) **ein gewisser ~** un petit quelque chose; **da fehlt der letzte ~** il y manque un petit quelque chose; **ohne ~** sans originalité
Pfifferling ['pfɪfɐlɪŋ] <-[e]s, -e> *m* girolle *f,* chanterelle *f*
▸ **keinen ~ wert sein** *fam* ne pas valoir un clou (*fam*)
pfiffig ['pfɪfɪç] I. *Adj* malin(-igne)
II. *Adv* avec finesse
Pfiffigkeit <-> *f* sagacité *f*
Pfiffikus ['pfɪfikʊs] <-[ses], -se> *m fam* malin *m*
Pfingsten ['pfɪŋstən] <-, -> *nt meist kein Art* la Pentecôte; **an [o zu] [o über] ~** à la Pentecôte
Pfingstferien ['pfɪŋst-] *Pl* vacances *fpl* de la Pentecôte **Pfingstfest** *nt* fête *f* de [la] Pentecôte **Pfingstmontag** *m* lundi *m* de [la] Pentecôte **Pfingstrose** *f* pivoine *f* **Pfingstsonntag** *m* dimanche *m* de [la] Pentecôte **Pfingsttag** *m* jour *m* de [la] Pentecôte **Pfingstwoche** *f* semaine *f* de [la] Pentecôte
Pfirsich ['pfɪrzɪç] <-s, -e> *m* pêche *f*
Pfirsichbaum *m* pêcher *m* **Pfirsichblüte** *f* fleur *f* de pêcher **Pfirsichhaut** *f a. fig* peau *f* de pêche **Pfirsichkern** *m* noyau *m* de pêche
Pflanze ['pflantsə] <-, -n> *f* plante *f*
pflanzen I. *tr V* ❶ (*setzen*) planter
❷ *geh* (*setzen, stellen, aufpflanzen*) **etw auf etw** (*Akk*) **~** planter qc sur qc
❸ A (*foppen*) **jdn ~** faire marcher qn
II. *r V fam* **sich auf das Sofa ~** s'affaler sur le divan; **pflanz dich irgendwohin!** case-toi quelque part! (*fam*)
Pflanzenfaser *f* fibre *f* végétale **Pflanzenfett** *nt* graisse *f* végétale **pflanzenfressend** *Adj attr* herbivore **Pflanzenfresser** *m* herbivore *m* **Pflanzengift** *nt* ❶ (*aus Pflanzen stammend*) poison *m* végétal ❷ (*gegen Unkraut*) herbicide *m* **Pflanzenkunde** *f kein Pl* botanique *f pas de pl* **Pflanzenöl** *nt* huile *f* végétale **Pflanzenschutz** *m* protection *f* des plantes; **biologischer ~** (*Schutz*) protection biologique des plantes **Pflanzenschutzmittel** *nt* produit *m* phytosanitaire; (*gegen Insekten*) insecticide *m* écologique **Pflanzenwelt** *f* flore *f*
Pflanzer(in) <-s, -> *m(f)* planteur(-euse) *m(f)*
pflanzlich I. *Adj attr* ❶ (*aus Pflanzen gewonnen*) végétal(e)
❷ (*vegetarisch*) *Nahrung* végétarien(ne)
II. *Adv* **sich ~ ernähren** avoir un régime végétarien; **~ leben** vivre en végétarien(ne)
Pflanzung <-, -en> *f* (*Plantage, das Pflanzen*) plantation *f*
Pflaster ['pflastɐ] <-s, -> *nt* ❶ (*Heftpflaster*) sparadrap *m*
❷ (*Straße, Straßenbelag*) chaussée *f;* (*Kopfsteinpflaster*) pavé *m*
▸ **ein gefährliches [o heißes] ~** *fam* un endroit dangereux; **Paris ist ein teures ~** *fam* la vie est chère à Paris
Pflasterer <-s, -> *m,* **Pflasterin** *f* SDEUTSCH, CH paveur *m*
Pflastermaler(in) *m(f)* peintre *m* des rues
pflastern ['pflastɐn] I. *tr V* paver *Straße;* **das Pflastern** le pavage
II. *itr V* paver
Pflasterstein ['pflastɐ-] *m* pavé *m*
Pflasterung <-, -en> *f* pavage *m*
Pflaume ['pflaʊmə] <-, -n> *f* ❶ (*Frucht*) prune *f*
❷ (*Baum*) prunier *m*
❸ *fam* (*Schimpfwort*) nouille *f* (*fam*)
Pflaumenbaum *m* prunier *m* **Pflaumenkuchen** *m* tarte *f* aux quetsches **Pflaumenmus** *nt* compote *f* de prunes
Pflege ['pfleːgə] <-> *f* ❶ (*Körperpflege*) soins *mpl*
❷ (*Krankenpflege, Altenpflege*) soins *mpl;* **die ~ des Großvaters übernehmen** se charger de soigner le grand-père
❸ (*Obhut*) **jdn/ein Tier bei jdm in ~ geben** mettre qn/un animal en pension chez qn; **jdn/ein Tier in ~ nehmen** prendre qn/un animal en charge
❹ (*Versorgung, Instandhaltung*) *von Pflanzen* soins *mpl; von Anlagen, Gärten, Teichen* entretien *m*
❺ *geh* (*Aufrechterhaltung*) conservation *f; von Beziehungen, des Brauchtums* maintien *m*
pflegebedürftig *Adj Person* dépendant(e); **~ sein** *Person, Pflanze:* exiger des soins **Pflegeberuf** *m* profession *f* du secteur sanitaire et social **Pflegeeltern** *Pl* parents *mpl* nourriciers [*o* adoptifs] **Pflegefall** *m* personne *f* qui réclame des soins constants **Pflegegeld** *nt* indemnité *f* de soins **Pflegeheim** *nt* maison *f* médicalisée; **sie ist in ein ~ gekommen** on l'a mise dans une maison médicalisée **Pflegekind** *nt*

P

enfant *m* placé [*o* en pension] dans une famille; **sie ist mein ~** elle est placée chez moi **pflegeleicht** *Adj* ① *Kleidung, Teppich* facile à entretenir; *Pflanze* facile à soigner ② *fig, hum* (*unproblematisch*) *Person* facile à vivre; *Kind* facile **Pflegemittel** *nt* produit *m* d'entretien; (*Kosmetikprodukt*) produit de beauté **Pflegemutter** *f* mère *f* nourricière

pflegen ['pfle:gən] **I.** *tr V* ① soigner *Kranken, Tier, Pflanze;* entretenir *Denkmal;* **seine Haut mit einer Lotion ~** soigner sa peau avec une lotion
② (*aufrechterhalten*) cultiver *Beziehungen, Traditionen*
③ (*gewöhnlich tun*) **er/sie pflegt morgens zu duschen** il/elle a l'habitude de prendre une douche le matin; **diese Probleme ~ dann aufzutreten, wenn ...** d'habitude, ce genre de problème se produit au moment où ...
II. *r V* **sich ~** soigner son apparence; (*sich schonen*) se ménager

Pflegenotstand *m* pénurie *f* de personnel soignant **Pflegepersonal** *nt* personnel *m* soignant **Pflegeprodukt** *nt* (*Möbel-, Autopflegemittel*) produit *m* d'entretien; (*Kosmetikprodukt*) produit de beauté

Pfleger(in) <-s, -> *m(f)* infirmier(-ière) *m(f)*

pflegerisch **I.** *Adj* du secteur sanitaire et social; **~er Beruf** métier *m* du secteur sanitaire et social; **~e Ausbildung** formation *f* aux métiers de soignant(e); **im ~en Bereich tätig sein** exercer un métier dans le domaine sanitaire et social
II. *Adv* **~ ausgebildet/tätig sein** avoir une formation de soignant(e)/dispenser des soins

Pflegesatz *m* forfait *m* journalier d'hospitalisation **Pflegesohn** *m* garçon *m* placé [*o* en pension] dans une famille; **ihr ~** le garçon qu'elle a en garde **Pflegetochter** *f* fille *f* placée [*o* en pension] dans une famille; **ihre ~** la fille qu'elle a en garde **Pflegevater** *m* père *m* nourricier **Pflegeversicherung** *f* assurance *f* dépendance

pfleglich ['pfle:klɪç] **I.** *Adj* soigneux(-euse); **bei ~em Umgang mit diesem Teppichboden** en prenant soin de cette moquette
II. *Adv* soigneusement

Pflegschaft <-, -en> *f* JUR curatelle *f*

Pflicht [pflɪçt] <-, -en> *f* ① devoir *m;* **ihre ~ als Vorgesetzte** son devoir de chef; **nur seine ~ tun** ne faire que son devoir; **es sich** (*Dat*) **zur ~ machen ordentlich zu sein** s'imposer d'être ordonné(e); **die ehelichen ~en** le devoir conjugal
② SPORT [exercices *mpl*] imposés *mpl;* (*im Eiskunstlauf*) [figures *fpl*] imposées *fpl*
▶ **es ist seine/ihre verdammte ~ und Schuldigkeit uns zu helfen** *fam* bon Dieu, c'est pourtant son devoir de nous aider, non? (*fam*); **jdn in die ~ nehmen** mettre qn à contribution; **die ~ ruft, ich muss gehen!** le devoir m'appelle, il faut que j'aille!

pflichtbewusst[RR] *Adj* conscient(e) de ses devoirs **Pflichtbewusstsein**[RR] *nt* sens *m* du devoir **Pflichterfüllung** *f* accomplissement *m* du devoir; **etw in treuer ~ tun** faire qc dans l'exercice de sa tâche [*o* de sa mission] **Pflichtexemplar** *nt exemplaire que chaque éditeur est tenu d'envoyer à la Bibliothèque centrale allemande* **Pflichtfach** *nt* matière *f* obligatoire **Pflichtgefühl** *s.* Pflichtbewusstsein[RR] **pflichtgemäß** **I.** *Adj* réglementaire **II.** *Adv* conformément au règlement **Pflichtlektüre** *f* ouvrage *m* que l'on doit absolument lire; **im Philosophiestudium zur ~ gehören** faire partie des ouvrages qu'il faut absolument lire quand on fait des études de philosophie **Pflichtteil** *m o nt* JUR réserve *f* héréditaire **Pflichtübung** *f* SPORT [exercices *mpl*] imposés *mpl;* (*im Eiskunstlauf*) [figures *fpl*] imposées *fpl* **pflichtvergessen** **I.** *Adj* oublieux(-ieuse) [de ses devoirs] **II.** *Adv* en oubliant ses devoirs **Pflichtverletzung** *f* prévarication *f,* manquement *m* aux devoirs [*o* obligations]; **grobe ~** manquement grave **pflichtversichert** *Adj* soumis(e) à une assurance obligatoire; **~ sein** être soumis(e) à une assurance obligatoire **Pflichtversicherte(r)** *f(m) dekl wie Adj* assuré(e) *m(f)* obligatoire **Pflichtversicherung** *f* assurance *f* obligatoire **Pflichtverteidiger(in)** *m(f)* avocat(e) *m(f)* commis(e) d'office

Pflock [pflɔk, *Pl:* 'pflœkə] <-[e]s, ¨-e> *m* piquet *m*

pflücken *tr V* cueillir; **das Pflücken** la cueillette

Pflücker(in) <-s, -> *m(f)* cueilleur(-euse) *m(f)*

Pflug [pflu:k, *Pl:* 'pfly:gə] <-es, ¨-e> *m* charrue *f*

pflügen *tr V* labourer *Acker, Feld;* **das Pflügen** le labourage

Pflugschar <-, -en> *f* soc *m*

Pfortader *f* ANAT veine *f* porte

Pforte ['pfɔrtə] <-, -n> *f* porte *f*
▶ **seine ~n schließen** *geh Geschäft, Ausstellung:* fermer ses portes

Pförtner <-s, -> *m* ① concierge *m; eines Betriebs* concierge, portier *m*
② ANAT pylore *m*

Pförtnerin <-, -nen> *f* concierge *f; eines Betriebs* concierge, portier *m*

Pförtnerloge [-lo:ʒə] *f* loge *f* du/de la concierge; *eines Betriebs* loge du portier

Pfosten ['pfɔstən] <-s, -> *m* ① *a.* SPORT poteau *m;* **den ~ treffen** toucher le poteau
② (*Stützpfosten*) montant *m*

Pfötchen <-s, -> *nt Dim von* **Pfote** patte *f;* [**gib**] **~!** donne la patte!

Pfote ['pfo:tə] <-, -n> *f* ① patte *f*
② *sl* (*Hand*) **~n weg!** bas les pattes! (*fam*)

Pfriem [pfri:m] <-[e]s, -e> *m* poinçon *m;* (*für Leder*) alène *f*

Pfropf [pfrɔpf, *Pl:* -fə, pfrœpfə] <-[e]s, -e *o* ¨-e> *m* bouchon *m;* (*Blutpfropf*) caillot *m*

pfropfen ['pfrɔpfən] *tr V* ① boucher *Flasche*
② *fam* (*zwängen*) **voll ~** bourrer *Auto, Koffer;* **etw in einen Koffer ~** fourrer qc dans une valise; **der Saal war gepfropft voll** la salle était pleine à craquer
③ HORT greffer

Pfropfen <-s, -> *m* bouchon *m*

Pfropfreis *nt* greffon *m*

Pfründe <-, -n> *f* ① HIST prébende *f,* fonction *f* lucrative
② *fig* [**einträgliche**] **~** sinécure *f*

pfui [pfʊɪ] *Interj* be[u]rk; **~, schäm dich!** tu n'as pas honte?

Pfund [pfʊnt] <-[e]s, -e> *nt* ① (*Gewicht*) livre *f;* **drei ~ Tomaten** trois livres de tomates
② (*Währung*) livre *f;* **zehn ~ kosten** coûter dix livres
▶ **mit seinem ~e wuchern** *geh* mettre en valeur ses talents

pfundig ['pfʊndɪç] *Adj fam* génial(e) (*fam*), super (*fam*)

Pfundskerl *m fam* mec *m*/nana *f* super (*fam*)

pfundweise *Adv* ① *kaufen, verkaufen* à la livre
② (*in großer Menge*) **etw ~ essen** manger des tonnes de qc

Pfusch [pfʊʃ] <-[e]s> *m fam,* **Pfuscharbeit** *f fam* travail *m* bâclé (*fam*)

pfuschen ['pfʊʃən] *itr V* ① *fam* (*nachlässig arbeiten*) bâcler le travail (*fam*)
② A (*schwarzarbeiten*) travailler au noir

Pfuscher(in) <-s, -> *m(f)* ① *fam* (*nachlässiger Mensch*) bousilleur(-euse) *m(f)* (*fam*)
② A (*Schwarzarbeiter*) personne *f* qui travaille au noir

Pfuscherei <-, -en> *f pej fam* ① (*gepfuschte Arbeit*) travail *m* bâclé (*fam*)
② A (*Schwarzarbeit*) travail *m* au noir

Pfütze <-, -n> *f* flaque *f*

PGiroA *nt Abk von* **Postgiroamt** service *m* de virement postal

PH [pe:'ha:] <-, -s> *f Abk von* **Pädagogische Hochschule** ≈ EN *f,* ≈ IUFM *m*

Phädra <-s> *f* MYTH Phèdre *f*

Phalanx ['fa:laŋks] <-, Phalangen> *f* ① HIST, ANAT phalange *f*
② *geh* (*geschlossene Front*) phalange *f* (*littér*)

phallisch *Adj geh* phallique

Phallus ['falʊs] <-, -se *o* Phalli *o* Phallen> *m geh* phallus *m*

Phallu̲skult *m* culte *m* phallique
Phänome̲n <-s, -e> *nt* phénomène *m*
phänomena̲l *Adj* phénoménal(e); **das ist ja ~!** c'est extraordinaire!
Phänomenologi̲e [fɛnomenoloˈgiː] <-> *f* PHILOS phénoménologie *f pas de pl*
Phänoty̲p *m* phénotype *m*
Phantasi̲e [fantaˈziː] <-, -n> *f* ❶ *kein Pl* imagination *f;* **eine lebhafte** [*o* **rege**] **~ haben** avoir une imagination débordante; **eine schmutzige ~ haben** avoir l'esprit mal tourné ❷ *meist Pl* (*Träumerei*) fantasme *m;* **das sind doch nur ~n** ce ne sont que des mensonges
phantasi̲ebegabt *s.* fantasiebegabt **Phantasi̲egebilde** *s.* Fantasiegebilde
phantasi̲elos *s.* fantasielos
Phantasi̲elosigkeit *s.* Fantasielosigkeit
phantasi̲eren* *s.* fantasieren
phantasi̲evoll *s.* fantasievoll
Phanta̲st(in) [fanˈtast] *s.* Fantast(in)
Phantasterei̲ *s.* Fantasterei
phanta̲stisch *s.* fantastisch
Phanto̲m [fanˈtoːm] <-s, -e> *nt* fantôme *m*
Phanto̲mbild *nt* portrait-robot *m* **Phanto̲mschmerz** *m* MED douleur *f* de membres-fantôme
Pha̲rao [ˈfaːrao, *Pl:* faraˈoːnən] <-s, Pharao̲nen> *m,* **Pharao̲nin** *f* pharaon(ne) *m(f)*
Pharao̲nengrab *nt* tombe *f* de pharaon[s]
Pharisä̲er <-s, -> *m* ❶ HIST, BIBL pharisien *m* ❷ *geh* (*Heuchler*) pharisien *m* (*vieilli*), tartuf[f]e *m* ❸ (*Getränk*) *café avec du rhum, couronné de crème Chantilly*
Pharisä̲erin <-, -nen> *f geh* pharisienne *f* (*vieilli*), tartuf[f]e *m*
Pha̲rmaindustrie *f* industrie *f* pharmaceutique
Pharmakolo̲ge [farmakoˈloːgə] <-n, -n> *m,* **Pharmakolo̲gin** *f* pharmacologue *mf*
Pharmakologi̲e [farmakoloˈgiː] <-> *f* pharmacologie *f*
pharmakolo̲gisch *Adj* pharmacologique
Pha̲rmakonzern *m* groupe *m* pharmaceutique **Pha̲rmareferent(in)** *m(f)* visiteur(-euse) *m(f)* médical(e) **Pha̲rmaunternehmen** *nt* entreprise *f* pharmaceutique
Pharmaze̲ut(in) [farmaˈtsɔɪt] <-en, -en> *m(f)* pharmacien(ne) *m(f)*
Pharmaze̲utik [farmaˈtsɔɪtɪk] <-> *f* pharmaceutique *f pas de pl*
pharmaze̲utisch *Adj* pharmaceutique
Pharmazi̲e [farmaˈtsiː] <-> *f* pharmacie *f*
Pha̲se [ˈfaːzə] <-, -n> *f a.* ELEC, ASTRON phase *f;* **eine neue/entscheidende ~** une nouvelle phase/une phase décisive
pha̲sengleich *Adj* ELEC en phase **Pha̲senverschiebung** *f* ELEC déphasage *m*
Pheno̲l [feˈnoːl] <-s, -e> *nt* CHEM phénol *m*
Philanthro̲p(in) [filanˈtroːp] <-en, -en> *m(f) geh* philanthrope *mf*
Philanthropi̲e <-> *f* philantropie *f pas de pl*
philanthro̲pisch *Adj* philantropique
Philateli̲e [filateˈliː] <-> *f* philatélie *f*
Philateli̲st(in) [filateˈlɪst] <-en, -en> *m(f)* philatéliste *mf*
Philharmoni̲e [fɪlharmoˈniː] <-, -n> *f* ❶ philharmonie *f* ❷ (*Gebäude*) [bâtiment *m* abritant la] philharmonie *f*
Philharmo̲niker(in) [fɪlharˈmoːnikɐ] <-s, -> *m(f)* ❶ membre *m* de la philharmonie ❷ *Pl* (*Orchester*) **die Berliner/Wiener ~** l'orchestre *m* philharmonique de Berlin/Vienne
philharmo̲nisch [fɪlharˈmoːnɪʃ] *Adj* philharmonique
Phi̲lipp <-s> *m* Philippe *m*
Philippi̲nen [filɪˈpiːnən] *Pl* les Philippines *fpl*
Philippi̲ner(in) [filɪˈpiːnɐ] <-s, -> *m(f)* Philippin(e) *m(f)*
philippi̲nisch [filɪˈpiːnɪʃ] *Adj* philippin(e)
Phili̲ster [fiˈlɪstɐ] <-s, -> *m* ❶ HIST Philistin *m* ❷ *pej geh* (*Spießer*) philistin *m* (*littér*)
phili̲sterhaft *Adj pej geh* philistin *pas de f*
Philode̲ndron [filoˈdɛndrɔn] <-s, Philodendren> *m o nt* philodendron *m*
Philolo̲ge [filoˈloːgə] <-n, -n> *m,* **Philolo̲gin** *f* philologue *mf*
Philologi̲e [filoloˈgiː] <-, -n> *f* philologie *f;* **klassische ~ studieren** faire des études de lettres classiques; **das Studium der englischen/romanischen ~** les études d'anglais/de langues romanes
philolo̲gisch *Adj* de philologie; *Untersuchung, Werk* de philologie; **ein ~es Studium** des études de lettres
Philoso̲ph(in) [filoˈzoːf] <-en, -en> *m(f)* philosophe *mf*
Philosophi̲e [filozoˈfiː] <-, -n> *f* philosophie *f;* **das Studium der ~** les études de philosophie
philosophi̲eren* *itr V* philosopher; **über etw** (*Akk*) **~** philosopher sur qc
philoso̲phisch [filoˈzoːfɪʃ] **I.** *Adj* philosophique **II.** *Adv* philosophiquement
Phio̲le [ˈfjoːlə] <-, -n> *f* fiole *f*
Phle̲gma [ˈflɛgma] <-s> *nt geh* indolence *f*
Phlegma̲tiker(in) [flɛˈgmaːtikɐ] <-s, -> *m(f)* flegmatique *mf*
phlegma̲tisch *Adj geh* indolent(e)
Phlo̲x [flɔks] <-es, -e> *m* phlox *m*
Phobi̲e [foˈbiː] <-, -n> *f* MED phobie *f;* **eine ~ vor etw haben** avoir une phobie de qc
Pho̲n [foːn] <-s, -s> *nt* PHYS phone *m;* **es wurden hundert ~ gemessen** on a mesuré cent phones
Phone̲m [foˈneːm] <-s, -e> *nt* LING phonème *m*
Phone̲tik [foˈneːtɪk] <-> *f* phonétique *f*
phone̲tisch **I.** *Adj* phonétique **II.** *Adv* phonétiquement
Phö̲nix <-[es], -e> *m* phénix *m*
▶ **wie ein ~ aus der Asche** *geh* comme le phénix renaissant de ses cendres (*littér*)
Phöni̲zier(in) [føˈniːtsiɐ] <-s, -> *m(f)* Phénicien(ne) *m(f)*
phöni̲zisch *Adj* phénicien
Phöni̲zische *nt dekl wie Adj* **das ~** le phénicien; *s. a.* **Deutsche**
Phonologi̲e [fonoloˈgiː] <-> *f* LING phonologie *f*
phonolo̲gisch *Adj* LING phonologique
Phonotypi̲st(in) [fonotyˈpɪst] <-en, -en> *m(f)* dactylographe *mf*
Phospha̲t [fɔsˈfaːt] <-[e]s, -e> *nt* CHEM phosphate *m*
phospha̲tfrei *Adj* CHEM sans phosphates
phospha̲thaltig *Adj* phosphaté(e)
Pho̲sphor [ˈfɔsfoːɐ] <-s> *m* CHEM phosphore *m*
Phosphoresze̲nz <-> *f* phosphorescence *f*
phosphoreszi̲eren* *itr V* être phosphorescent(e)
Pho̲sphorsäure *f* BIO acide *m* phosphorique
Pho̲to [ˈfoːto] *s.* Foto
Photochemi̲e *f* photochimie *f* **photoche̲misch** **I.** *Adj* photochimique **II.** *Adv* photochimiquement **Pho̲toeffekt** *m* ELEC effet *m* photoélectrique **photoele̲ktrisch** *Adj* photoélectrique **Pho̲toelement** *nt* ELEC photopile *f*
Pho̲ton [ˈfoːtɔn, foˈtoːn] <-s, -to̲nen> *nt* PHYS photon *m*
Photosphä̲re *f* ASTRON photosphère *f* **Photosynthe̲se** *f* BIO photosynthèse *f* **Photovolta̲ik** [fotovɔlˈtaːɪk] *s.* Fotovoltaik **Pho̲tozelle** *f* cellule *f* photoélectrique
Phra̲se [ˈfraːzə] <-, -n> *f* ❶ *pej* formule *f* [toute faite] ❷ LING (*Ausdruck*) locution *f,* idiotisme *m* ❸ MUS phrase
▶ **~n dreschen** *fam* manier la langue de bois (*péj*)
Phra̲sendrescher(in) <-s, -> *m(f) fam* faiseur(-euse) *m(f)* de belles phrases, phraseur(-euse) *m(f)*
Phraseologi̲e [frazeoloˈgiː] <-, -n> *f* LING phraséologie *f*
phraseolo̲gisch *Adj* LING phraséologique
pH-Wert [peˈhaː-] *m* pH *m*
Phylogene̲se [fylogeˈneːzə] *f* BIO phylogenèse *f*
Physi̲k [fyˈziːk] <-> *f* physique *f*

P

physikalisch [fyzi'ka:lɪʃ] **I.** *Adj* ❶ *Experiment, Formel* de physique; *Forschung* en physique; *Gesetz* physique
❷ MED **~e Therapie** physiothérapie *f*
II. *Adv* ❶ PHYS physiquement
❷ MED *behandeln* par physiothérapie
Physiker(in) ['fy:zikɐ] <-s, -> *m(f)* physicien(ne) *m(f)*
Physikum ['fy:zikʊm] <-s, -ka> *nt examen intermédiaire au terme du quatrième ou cinquième semestre de médecine*
Physiognomie [fyziogno'mi:] <-, -n> *f geh* physionomie *f*
Physiologe [fyzio'lo:gə] <-n, -n> *m*, **Physiologin** *f* physiologiste *mf*
Physiologie [fyziolo'gi:] <-> *f* physiologie *f*
physiologisch [fyzio'lo:gɪʃ] **I.** *Adj* physiologique
II. *Adv* physiologiquement; **rein ~** sur le plan purement physiologique
Physiotherapeut(in) [fyzio-] *m(f)* physiothérapeute *mf* **Physiotherapie** *f kein Pl* physiothérapie *f pas de pl*
physisch ['fy:zɪʃ] **I.** *Adj* physique
II. *Adv* physiquement; **rein ~** sur le plan purement physique
Pi [pi:] <-[s]> *nt* MATH **[die Zahl] ~** [le nombre] pi *m*
► **~ mal Daumen** *fam* grosso modo
Pianist(in) [pja'nɪst] <-en, -en> *m(f)* pianiste *mf*
piano *Adv* MUS piano
Piano <-s, -s> *nt veraltet* (*Klavier*) piano *m*
picheln ['pɪçəln] *fam* **I.** *itr V* picoler (*fam*)
II. *tr V* **zwei Flaschen Wein ~** siffler deux bouteilles de vin (*fam*)
► **einen ~ gehen** aller se rincer le gosier (*fam*)
Picke <-, -n> *f* pioche *f*
Pickel ['pɪkəl] <-s, -> *m* ❶ bouton *m;* **~ haben** avoir des boutons
❷ (*Spitzhacke*) pioche *f;* (*Eispickel*) piolet *m*
Pickelhaube *f* HIST casque *m* à pointe
pickelig ['pɪk(e)lɪç] *Adj Person, Gesicht* boutonneux(-euse); *Haut* couvert(e) de boutons
picken ['pɪkən] **I.** *itr V* donner des coups de bec; **nach jdm ~** donner des coups de bec à qn; **nach etw ~** picorer qc
II. *tr V* ❶ picorer *Körner, Würmer*
❷ (*heraussuchen*) **etw aus einem Topf/einer Schale ~** piquer qc dans une casserole/coupe; **sich** (*Dat*) **die leckersten Bissen aus dem Topf ~** grappiller les meilleurs morceaux dans la cocotte
❸ + *haben o sein* A *fam* (*kleben*) coller
Pickerl <-s, -n> *nt* A autocollant *m*
picklig *s.* **pickelig**
Picknick ['pɪknɪk] <-s, -s *o* -e> *nt* pique-nique *m;* **[ein] ~ machen** pique-niquer
picknicken *itr V* pique-niquer
Picknickkorb *m* panier *m* de pique-nique
picobello [pi:ko'bɛlo] *Adv fam* impec (*fam*); **bei ihr sieht es immer ~ aus** chez elle, c'est toujours impec (*fam*)
piekfein ['pi:k'faɪn] *fam* **I.** *Adj Restaurant* sélect(e) (*fam*); *Kleidung* chic
II. *Adv* chiquement (*fam*); **~ angezogen** bien sapé(e) (*fam*)
piep [pi:p] *Interj* cui-cui (*fam*); **~ machen** *Vogel:* piailler (*fam*)
► **nicht mehr ~ sagen können** *fam* n'arriver même plus à dire ouf
Piep ► **einen ~ haben** *fam* avoir un grain, dérailler (*fam*); **keinen ~ sagen** *fam* ne pas piper [mot]
piepe *Adj*, **piepegal** *Adj fam* **das ist mir ~** je m'en [contre]fiche (*fam*)
piepen ['pi:pən] **I.** *itr V Küken, Vogel:* pépier; *Maus:* couiner (*fam*); *Funkgerät:* faire bip[-bip]
II. *itr V unpers fam* **bei ihm piept es** [*o* **piept's**] il déraille (*fam*); **bei dir piept's wohl?** tu débloques ou quoi? (*fam*)
► **sie/es ist zum Piepen** elle/c'est à mourir de rire
Piepen *Pl sl* pépètes *fpl*
Piepmatz <-es, ¨-e> *m Kinderspr.* petit oiseau *m*
piepsen ['pi:psən] *itr V* ❶ *s.* **piepen I.**
❷ (*mit Fistelstimme reden/singen*) parler/chanter avec une voix de fausset
Piepser <-s, -> *m fam* ❶ (*Piepton*) signal *m* sonore
❷ (*Personenrufgerät*) bip *m* (*fam*); (*Telefonsignalsender*) bip[-bip] *m* (*fam*)
piepsig *Adj Stimme* fluet(te); *Person* menu(e)
Piepton *m* signal *m* sonore
Pier [pi:ɐ] <-s, -s *o* -e> *m* débarcadère *m*, embarcadère *m*
piercen ['pi:ɐsən] *tr V* **sich ~ lassen** se faire faire un piercing
Piercing ['pi:ɐsɪŋ] <-s, -s> *nt* piercing *m*
piesacken ['pi:zakən] *tr V fam* embêter; **jdn ~** *Person:* embêter qn (*fam*); *Tier:* enquiquiner qn (*fam*)
pieseln ['pi:zəln] *itr V fam* ❶ (*nieseln*) bruiner
❷ (*urinieren*) pisser (*fam*)
Pietät [pie'tɛ:t] <-> *f geh* piété *f*
pietätlos [pie'tɛ:t-] *geh* **I.** *Adj* irrespectueux(-euse); *Bemerkung* irrévérencieux(-euse) (*littér*)
II. *Adv* de façon irrespectueuse
Pietätlosigkeit <-, -en> *f geh* ❶ *kein Pl* (*Mangel an religiösem Respekt*) irrespect *m*
❷ (*Bemerkung*) irrévérence *f* (*littér*), propos *m* irrévérencieux (*littér*)
pietätvoll **I.** *Adj* plein de respect
II. *Adv* avec vénération
Pietismus [pie'tɪsmʊs] <-> *m* piétisme *m*
Pietist(in) [pie'tɪst] <-en, -en> *m(f)* piétiste *mf*
pietistisch [pie'tɪstɪʃ] *Adj* piétiste
Pigment [pɪ'gmɛnt] <-s, -e> *nt* pigment *m*
Pigmentfleck *m* tache *f* pigmentaire
Pigmentierung <-, -en> *f* pigmentation *f*
Pik¹ [pi:k] ► **einen ~ auf jdn haben** *fam* avoir une dent contre qn
Pik² <-s, -> *nt* KARTEN pique *m*
pikant [pi'kant] **I.** *Adj* ❶ relevé(e); *Soße* piquant(e); *Käse* fort(e)
❷ (*frivol*) *Geschichte, Witz* piquant(e) (*littér*)
II. *Adv* **~ schmecken** être relevé(e)
Pikdame *f* dame *f* de pique
Pike ['pi:kə] <-, -n> *f* HIST pique *f*
► **etw von der ~ auf lernen** *fam* apprendre en commençant en bas de l'échelle
piken ['pi:kən] *fam* **I.** *tr V* piquer; **jdn mit etw ~** piquer qn avec qc; **da pikt mich etwas** quelque chose me pique
II. *itr V Stacheln, Spritze, Pullover:* piquer
pikiert [pi'ki:ɐt] *geh* **I.** *Adj* offusqué(e); **über etw** (*Akk*) **~ sein** se formaliser de qc
II. *Adv reagieren* avec indignation; **~ das Gesicht verziehen** prendre une mine offusquée
Pikkolo ['pɪkolo] <-s, -s> *m*, **Pikkoloflasche** *f* ≈ quart *m* de mousseux [*o* de champagne]
Pikkoloflöte *f* piccolo *m*
piksen ['pi:ksən] *s.* **piken**
Piksieben *f* sept *m* de pique
► **dastehen wie ~** *fam* rester planté(e) là [comme un poireau] (*fam*)
Piktogramm [pɪkto'gram] <-s, -e> *nt* pictogramme *m*
Pilger(in) ['pɪlgɐ] <-s, -> *m(f)* pèlerin(e) *m(f)*
Pilgerfahrt *f* pèlerinage *m*
pilgern ['pɪlgɐn] *itr V + sein* ❶ (*wallfahren*) aller en pèlerinage; **nach Mekka ~** se rendre [*o* aller] en pèlerinage à la Mecque
❷ *fam* (*gehen*) **ins Gebirge ~** faire de la randonnée en montagne; **durch die Stadt ~** se balader en ville (*fam*)
Pilgerreise *s.* **Pilgerfahrt**
Pille ['pɪlə] <-, -n> *f* (*Tablette, Antibabypille*) pilule *f;* **die ~ nehmen** prendre la pilule; **die ~ danach** la pilule du lendemain
► **eine bittere ~ schlucken müssen** *fam* devoir avaler la pilule

(*fam*); **jdm die bittere ~ versüßen** *fam Person:* dorer la pilule à qn; *Ereignis, Sache:* faire passer la pilule à qn (*fam*)

Pillendreher *m* ZOOL bousier *m* **Pillenknick** *m fam* fléchissement *m* de la courbe de la natalité dû à la pilule

Pilot(in) [pi'lo:t] <-en, -en> *m(f)* pilote *mf*

Pilotfilm *m* film-pilote *m* **Pilotprojekt** *nt s.* **Pilotversuch** **Pilotstudie** *f* étude *f* pilote **Pilotversuch** *m* projet-pilote *m*

Pils [pɪls] <-, -> *nt* pils *f*

Pilz [pɪlts] <-es, -e> *m* ❶ champignon *m;* **in die ~e gehen** *fam* aller aux champignons (*fam*)

❷ MED champignon *m;* **einen ~ haben** avoir une mycose

▶ **wie ~e aus dem Boden** [*o* **aus der Erde**] **schießen** pousser comme des champignons

Pilzbuch *nt* livre *m* sur les champignons **Pilzerkrankung** *f* MED mycose *f* **Pilzfreund(in)** *m(f)* amateur *m* de champignons **Pilzgift** *nt* substance *f* vénéneuse **Pilzkrankheit** *f* mycose *f* **Pilzkunde** *f* mycologie *f* **Pilzsammler(in)** *m(f)* ramasseur(-euse) *m(f)* de champignons **Pilzsuppe** *f* soupe *f* aux champignons **Pilzvergiftung** *f* intoxication *f* par des champignons **Pilzzucht** *f* culture *f* de champignons

Piment [pi'mɛnt] <-[e]s, -e> *m o nt* piment

Pimmel ['pɪməl] <-s, -> *m fam* zizi *m* (*fam*)

Pimpf [pɪmpf] <-[e]s, -e> *m fam* gosse *m* (*fam*)

pingelig ['pɪŋəlɪç] *Adj fam* maniaque; **sei doch nicht so ~!** ne sois pas si maniaque!

Pingpong ['pɪŋpɔŋ] <-s> *nt* ping-pong *m*

Pinguin ['pɪŋgui:n] <-s, -e> *m* pingouin *m*

Pinie ['pi:niə] <-, -n> *f* pin *m* parasol

Pinienkern *m* pigne *f,* pignon *m* (MIDI)

pink [pɪŋk] *Adj* rose bonbon [*o* vif]

Pink <-s, -s> *nt* rose *m* vif; **ein T-Shirt in ~** un tee-shirt rose vif

Pinke ['pɪŋkə] <-> *f fam* (*Geld*) pognon *m pas de pl,* fric *m pas de pl*

Pinkel ['pɪŋkəl] <-s, -> *m pej fam* **ein feiner ~** un minet (*péj*)

pinkeln ['pɪŋkəln] *itr V fam* pisser (*fam*)

Pinkepinke *f fam s.* **Pinke**

pinkfarben *Adj* rose vif

Pinne ['pɪnə] <-, -n> *f* NAUT barre *f*

pinnen *tr V fam* épingler; **etw an die Wand ~** épingler qc au mur

Pinnwand ['pɪn-] *f* tableau *m* aide-mémoire

Pinscher ['pɪnʃɐ] <-s, -> *m* (*Hund*) pinscher *m*

Pinsel ['pɪnzəl] <-s, -> *m* pinceau *m*

pinseln *tr V* ❶ *fam* (*streichen, malen*) peindre *Wand, Geländer;* gribouiller *Bild*

❷ *fam* (*schreiben*) **einen Spruch an die Wand ~** barbouiller une inscription au mur

❸ MED badigeonner *Zahnfleisch*

Pinte ['pɪntə] <-, -n> *f fam* (*Kneipe*) troquet *m* (*fam*)

Pin-up-girl [pɪn'ʔapgøːl] <-s, -s> *nt* pin up *f*

Pinzette [pɪn'tsɛtə] <-, -n> *f* pincette *f;* (*Kosmetikpinzette*) pince *f* à épiler

Pionier(in) [pio'ni:ɐ] <-s, -e> *m(f)* ❶ *geh* pionnier(-ière) *m(f);* **die ~e der Luftfahrt** les pionniers de l'aviation

❷ MIL sapeur *m;* **die ~e** les soldats *mpl* du génie

Pionierarbeit *f kein Pl* travail *m* de pionnier *pas de pl;* **~ leisten** effectuer un travail de pionnier

Pipapo ['pi:pa:'po:] <-s> *nt fam* ▶ **mit allem ~** et tout le bataclan

Pipeline ['paɪplaɪn] <-, -s> *f* pipeline *m*

Pipette [pi'pɛtə] <-, -n> *f* pipette *f*

Pipi ['pɪpi, pi'pi:] <-s> *nt Kinderspr.* pipi (*enfantin*); **~ machen** faire pipi

Pipifax ['pɪpifaks] <-> *nt pej fam* bricole *f;* **das ist doch ~!** c'est trois fois rien!

Pippin <-s> *m* HIST **~ der Kurze** Pépin le Bref

Piranha [pi'rania] <-[s], -s> *m* piranha *m*

Pirat(in) [pi'ra:t] <-en, -en> *m(f)* pirate *m*

Piratenschiff *nt* bateau de pirates *m* **Piratensender** *m* émetteur *m* pirate

Piraterie [piratə'ri:] <-, -n> *f* piraterie *f*

Pirol [pi'ro:l] <-s, -e> *m* loriot *m*

Pirouette [pi'ruɛtə] <-n> *f* pirouette *f*

Pirsch [pɪrʃ] <-> *f* chasse *f;* **auf die ~ gehen** aller à la chasse [à l'approche]; **auf der ~ sein** être à la chasse

pirschen **I.** *itr V* chasser; **auf Hasen** (*Akk*) **~** chasser le lièvre à l'approche

II. *r V* **sich in den Garten ~** se faufiler dans le jardin

Pisse ['pɪsə] <-> *f vulg* pisse *f* (*vulg*)

pissen ['pɪsən] *itr V vulg* pisser (*fam*)

Pissoir [pɪ'soa:ɐ, *Pl:* -ɐs, -rə] <-s, -s *o* -e> *nt* urinoir *m*

Pistazie [pɪs'ta:tsiə] <-, -n> *f* pistache *f;* (*Baum*) pistachier *m*

Piste ['pɪstə] <-, -n> *f* piste *f*

Pistenraupe *f* engin *m* de damage des pistes, ratrac® *m*

Pistole [pɪs'to:lə] <-, -n> *f* pistolet *m*

▶ **jdm die ~ auf die Brust setzen** mettre qn au pied du mur; **wie aus der ~ geschossen** *fam* du tac au tac; **seine Antwort kam wie aus der ~ geschossen** il a répondu du tac au tac

Pistolentasche *f* gaine *f* de pistolet

pitschnassRR *Adj fam* complètement trempé(e)

pittoresk [pɪto'rɛsk] *Adj geh* pittoresque

Pius ['pi:ʊs] <-> *m* HIST Pie; **~ XII.** Pie XII

Pixel ['pɪksəl] <-s, -s> *nt* INFORM pixel *m*

Pizza ['pɪtsa] <-, -s> *f* pizza *f*

Pizzeria [pɪtse'ri:a] <-, -s o -rien> *f* pizzeria *f*

Pkt. *Abk von* **Punkt** pt

Pkw ['pe:ka:ve:, pe:ka:'ve:] <-s, -s> *m Abk von* **Personenkraftwagen** voiture *f* [particulière]

Placebo [pla'tse:bo] <-s, -s> *nt* MED placebo *m*

Plache <-, -n> *f* A, SDEUTSCH (*Plane*) bâche *f*

placken ['plakən] *r V fam* **sich ~** se crever (*fam*)

Plackerei <-, -en> *f fam* galère *f* (*fam*); **eine elende ~** une sacrée galère

plädieren* *itr V* ❶ JUR plaider; **auf Freispruch ~** *Angeklagter, Rechtsanwalt:* plaider non-coupable; **auf schuldig ~** *Staatsanwalt:* requérir la reconnaissance de la culpabilité de l'accusé(e)

❷ *geh* (*sich aussprechen*) **für etw ~** plaider pour qc; **dafür ~, dass verhandelt wird** plaider pour qu'il y ait des négociations

Plädoyer [plɛdoa'ie:] <-s, -s> *nt* ❶ JUR *eines Rechtsanwalts* plaidoirie *f;* *eines Staatsanwalts* réquisitoire *m;* **ein ~ halten** *Rechtsanwalt:* faire une plaidoirie; *Staatsanwalt:* prononcer un réquisitoire

❷ *geh* (*Eintreten*) **~ für/gegen etw** plaidoyer *m* pour [*o* en faveur de]/contre qc

Plafond [pla'fõ:] <-s, -s> *m* ❶ DIAL (*Zimmerdecke*) plafond *m*

❷ *Fachspr.* (*Obergrenze*) plafond *m*

Plage ['pla:gə] <-, -n> *f* plaie *f;* (*Schädlingsplage*) fléau *m;* **es ist eine ~ mit ihm/ihr!** c'est un vrai calvaire avec lui/elle!

Plagegeist *m pej fam* (*Person*) casse-pieds *mf* (*fam*); (*Insekt*) sale bestiole *f*

plagen ['pla:gən] **I.** *tr V* harceler; **jdn ~** *Person:* harceler qn; *Schmerzen, Juckreiz:* faire souffrir qn; *Gewissen:* tourmenter qn; *Sorgen:* tracasser qn; *Neugierde:* dévorer qn; *Hunger, Durst:* tenailler qn; **ein geplagter Mensch** un homme bien à plaindre

II. *r V* **sich mit seiner Arbeit ~** s'esquinter à faire son travail (*fam*); **sich mit einer Krankheit ~** souffrir d'une maladie

Plagiat [pla'gja:t] <-[e]s, -e> *nt geh* plagiat *m*

Plagiator [pla'gja:to:ɐ] <-s, -toren> *m,* **Plagiatorin** *f geh* plagiaire *mf*

plagiieren* *geh* **I.** *tr V* plagier *Werk*

II. *itr V* faire du plagiat

Plakat [pla'ka:t] <-[e]s, -e> *nt* affiche *f;* **~e [an]kleben** coller des affiches

Plakatfarbe *f* peinture *f* pour affiches

plakativ [plaka'ti:f] *geh* **I.** *Adj* frappant(e)

II. *Adv* *herausstellen, wirken* remarquablement

P

Plakatmaler(in) *m(f)* affichiste *mf* **Plakatmalerei** *f* peinture *f* d'affiche **Plakatsäule** *f* colonne *f* Morris **Plakatträger(in)** *m(f)* homme-sandwich *m* **Plakatwand** *f* panneau *m* d'affichage **Plakatwerbung** *f* affichage *m* publicitaire

Plakette [pla'kɛtə] <-, -n> *f* badge *m;* (*Gedenkplakette*) médaille *f*

plan [pla:n] *Adj* plan(e)

Plan [pla:n, *Pl:* 'plɛ:nə] <-[e]s, =e> *m* ❶ (*Überlegung, Planzeichnung*) plan *m;* **nach ~ vorgehen** procéder selon les plans; **nach ~ [ver]laufen** se dérouler comme prévu
❷ *meist Pl* (*Planung, Absicht*) projet *m;* **Pläne machen/schmieden** faire des projets/forger des plans; **jds Pläne durchkreuzen** contrecarrer les plans de qn
▶ **jdn auf den ~ rufen** provoquer l'intervention de qn; **auf dem ~ stehen** être prévu(e); **auf den ~ treten** *Person:* se manifester

Plane ['pla:nə] <-, -n> *f* bâche *f*

planen ['pla:nən] *tr V* ❶ planifier *Projekt, Maßnahme, Verbrechen;* **sie plant, sich selbständig zu machen** elle prévoit de se mettre à son compte
❷ (*entwerfen*) dessiner les plans de *Bauwerk*

Planer(in) <-s, -> *m(f)* planificateur(-trice) *m(f)*

planerisch ['pla:nərɪʃ] *Adj Vorgabe* planifié(e); **~e Vorarbeiten** des études préalables

Planet [pla'ne:t] <-en, -en> *m* planète *f*

planetarisch *Adj* planétaire

Planetarium [plane'ta:riʊm] <-s, -tarien> *nt* planétarium *m*

Planetenbahn *f* ASTRON orbite *f* planétaire **Planetensystem** *nt* système *m* planétaire

Planetoid [planeto'i:t, *Pl:* -dən] <-en, -en> *m* ASTRON planétoïde *m*

planieren* *tr V* aplanir

Planierraupe *f* bulldozer *m*

Planke ['plaŋkə] <-, -n> *f* planche *f*

Plänkelei [plɛŋkə'laɪ] <-, -en> *f a. fig* escarmouche *f*

plänkeln ['plɛŋkəln] *itr V* s'accrocher

Plankosten *Pl* ÖKON coûts *mpl* budgétés

Plankton ['plaŋktɔn] <-s> *nt* plancton *m*

planlos I. *Adj* désordonné(e)
II. *Adv* au hasard

Planlosigkeit <-> *f* absence *f* de méthode

planmäßig I. *Adj* ❶ *Abfahrt, Ankunft* normal(e); *Flug* régulier(-ière); *Veranstaltung* qui a lieu régulièrement
❷ (*systematisch*) *Arbeiten, Vorgehen, Suche* méthodique; *Ausrottung, Vernichtung* systématique
II. *Adv* ❶ *verkehren, stattfinden* comme prévu
❷ (*systematisch*) *arbeiten, vorgehen, suchen* méthodiquement; *ausrotten, vernichten* systématiquement

Planmäßigkeit <-> *f* (*planmäßige Art*) esprit *m* méthodique

Planquadrat *nt* quadrilatère *m* [du plan]; **im ~ B 4 liegen** se trouver en position B 4

Planschbecken *nt* pataugeoire *f*

planschen ['planʃən] *itr V* barboter

Plansoll *nt kein Pl* normes *fpl* de production **Planstelle** *f* poste *m* budgétaire

Plantage [plan'ta:ʒə] <-, -n> *f* plantation *f*

Planung <-, -en> *f* ❶ *kein Pl* (*das Planen*) *eines Bauwerks, Projekts* étude *f; eines Urlaubs* planification *f; eines Vorhabens, Verbrechens* préparation *f;* **sich in der ~ befinden** être à l'étude
❷ (*errechneter Plan*) plan *m,* planning *m*

Planungsabteilung *f,* **Planungsbehörde** *f* service *m* de planification **Planungsbüro** *nt* bureau *m* d'études

planvoll I. *Adj* planifié(e)
II. *Adv arbeiten, vorgehen* systématiquement, d'une manière systématique

Planwagen *m* chariot *m* [bâché]

Plappermaul *nt pej fam* moulin *m* à paroles (*fam*)

plappern ['plapɐn] *fam* I. *itr V* bavarder
II. *tr V* marmonner *Unverständliches, Unsinn*

plärren *pej* I. *itr V* ❶ (*weinen*) *Kind:* pleurnicher
❷ (*lärmen*) *Person, Radio:* brailler (*fam*)
II. *tr V* brailler *Lied*

Plasma ['plasma] <-s, Plasmen> *nt* MED, PHYS plasma *m*

Plasmabildschirm *m* TECH écran *m* plasma

Plastik¹ ['plastɪk] <-s> *nt* (*Kunststoff*) plastique *m;* **aus ~** en plastique

Plastik² <-, -en> *f* ❶ KUNST sculpture *f*
❷ MED plastie *f*

Plastikbecher *m* gobelet *m* en plastique **Plastikbeutel** *m* sac *m* en plastique **Plastikbombe** *f* bombe *f* au plastic **Plastikfolie** *f* feuille *f* de plastique **Plastikgeld** *nt fam* cartes *fpl* de crédit **Plastikgeschoss**^RR^ *nt* balle *f* en plastique **Plastikmüll** *m* déchets *mpl* plastiques **Plastiksprengstoff** *m* explosif *m* plastique **Plastiktüte** *f* sac *m* en plastique

Plastilin [plasti'li:n] <-s, -e> *nt* pâte *f* à modeler

plastisch ['plastɪʃ] I. *Adj* ❶ (*formbar*) *Material* malléable
❷ (*räumlich*) *Wirkung* en [*o* de] relief; *Eindruck* de relief
❸ (*anschaulich*) *Eindruck, Schilderung* clairement réalisé(e)
❹ MED *Chirurgie* plastique; **~er Chirurg** spécialiste *m* de la chirurgie plastique
II. *Adv* ❶ (*räumlich*) en relief
❷ (*anschaulich*) *schildern, sich vorstellen* concrètement

Plastizität [plastitsi'tɛ:t] <-> *f* plasticité *f*

Platane [pla'ta:nə] <-, -n> *f* platane *m*

Plateau [pla'to:] <-s, -s> *nt* plateau *m*

Plateauschuh *m chaussures à très hautes semelles compensées* **Plateausohle** *f très haute semelle compensée*

Platin ['pla:ti:n] <-s> *nt* platine *m*

platinblond *Adj* blond(e) platine; **~e Haare** des cheveux [blonds] platine; **eine ~e Frau** une blonde platinée

Platitüde *s.* Plattitüde

Platon <-s> *m* HIST Platon *m*

platonisch [pla'to:nɪʃ] *geh* I. *Adj Liebe, Beziehung* platonique
II. *Adv lieben* platoniquement

platsch [platʃ] *Interj* vlan; (*beim Aufprall auf Wasser*) plouf; **~ machen** *fam* faire plouf (*fam*)

platschen ['platʃən] *itr V + sein fam* ❶ faire flac
❷ (*aufprallen*) **auf den Boden ~** gicler par terre; **ins Wasser ~** tomber dans l'eau en faisant plouf (*fam*)

plätschern *itr V* ❶ + *haben* (*ein plätscherndes Geräusch machen*) *Wasser, Bach:* clapoter; **das Plätschern** le murmure
❷ + *sein* (*fließen*) **ins Tal ~** s'écouler en clapotant dans la vallée

platt [plat] I. *Adj* ❶ (*flach*) plat(e); *Nase* aplati(e); **einen Platten haben** *fam* être à plat
❷ (*geistlos*) *Witz* plat(e); *Bemerkung* banal(e)
❸ *fam* (*verblüfft*) **~ sein** [en] être [*o* rester] baba (*fam*)
II. *Adv* **jdn/etw ~ drücken** écraser qn/qc

Platt *s.* Plattdeutsch

Plättchen <-s, -> *nt* ❶ (*Steinplättchen*) [petite] plaque *f*
❷ (*Metallplättchen*) lame[lle] *f*

plattdeutsch I. *Adj Dialekt* bas allemand(e); *Wort, Ausdruck* de bas allemand II. *Adv* **~ sprechen** parler bas allemand **Plattdeutsch** *nt* le bas allemand; **~ verstehen** comprendre le bas allemand; **auf/in ~** en bas allemand **Plattdeutsche** *nt dekl wie Adj* **das ~** le bas allemand

Platte ['platə] <-, -n> *f* ❶ (*Steinplatte, Keramikplatte*) (*klein*) carreau *m;* (*groß*) dalle *f*
❷ (*Metallplatte*) plaque *f*
❸ (*Servierplatte*) plateau *m*
❹ (*Speisenplatte*) **kalte ~** assiette *f* anglaise
❺ *fam* (*Glatze*) calvitie *f*
❻ (*Schallplatte*) disque *m*
❼ (*Kochplatte*) plaque *f* [électrique]
▶ **ständig die alte ~ auflegen** *fam* entonner [toujours] le même refrain; **eine andere [*o* neue] ~ auflegen** *fam* changer

de disque (*fam*); **die ~ kennen** *fam* connaître la chanson [*o* la musique]; **~ machen** *sl* être S.D.F.; **putz die ~!** *fam* débarrasse le plancher! (*fam*)

Plätteisen ['plɛtʔaɪzən] *nt* NDEUTSCH fer *f* à repasser

plätten *tr V* NDEUTSCH repasser

Plattenbelag *m* (*Belag mit kleinen Platten*) carrelage *m;* (*Belag mit großen Platten*) dallage *m*

Plattencover ['platənkavɐ] *nt* pochette *f* de disque **Plattenfirma** *f* maison *f* de disques

Plattenleger(in) <-s, -> *m(f)* carreleur(-euse) *m(f)*

Plattensee *m* lac *m* Balaton

Plattenspieler *m* [platine *f*] tourne-disque *m* **Plattenteller** *m* plateau *m* **Plattenwechsler** [-ks-] <-s, -> *m* changeur *m* [automatique] de disques

Plätterin ['plɛtərɪn] <-, -nen> *f* NDEUTSCH (*Büglerin*) repasseuse *m*

Plattfisch *m* poisson *m* plat **Plattform** *f* ① plate-forme *f* ② *fig* **eine gemeinsame ~ finden** trouver une plate-forme en commun **Plattfuß** *m* ① pied *m* plat; **Plattfüße haben** avoir les pieds plats ② *fam* (*Reifenpanne*) pneu *m* à plat

Plattheit <-, -en> *f* ① *kein Pl* (*Flachheit*) absence *f* de relief ② (*Plattitüde*) platitude *f*

plattieren* *tr V* TECH plaquer *Metall*

Plattitüde[RR] <-, -n> *f geh* platitude *f*

Platz [plats, *Pl:* 'plɛtsə] <-es, ¨-e> *m* ① (*freier Raum*) place *f;* **~ brauchen** avoir besoin de place; **jdm/einer S. ~ machen** faire place à qn/qc; **für jdn/etw ~ schaffen** faire de la place à qn/qc; **ausreichend ~ für jdn/etw bieten** offrir suffisamment de place à qn/qc; **~ sparend** *parken* rationnellement, en gagnant de la place; **~ sparende Bauweise** construction rationnelle; **~ sparend sein** faire gagner [*o* économiser] de la place; **~ da!** *fam* dégage/dégagez! (*fam*)
② (*Anlage, freie Fläche*) place *f;* **der Rote ~** la place Rouge
③ (*Sportplatz*) terrain *m;* **auf eigenem ~** sur son/leur/... [propre] terrain; **auf gegnerischem ~** à l'extérieur; **jdn vom ~ stellen** expulser qn [du terrain]
④ (*Stelle, Ort, Startplatz*) place *f;* **einen festen ~ auf dem Schreibtisch haben** avoir sa place sur le bureau; **auf die Plätze, fertig, los!** à vos marques! Prêts? Partez!
⑤ (*Sitzplatz, Teilnahmemöglichkeit*) place *f;* **jdm einen ~ freihalten** garder une place à qn; **~ nehmen** *geh* prendre place; **behalten Sie doch bitte ~!** *geh* je vous en prie, restez assis(e)!; **in dem Kurs sind noch Plätze frei** il y a encore de la place dans le cours
⑥ (*Rang*) place *f,* position *f;* **auf ~ drei** à la troisième place; **seinen ~ behaupten** consolider sa place; **jdn auf die Plätze verweisen** surclasser qn
▶ **~! assis!; fehl am ~[e] sein** *Person:* n'être pas à sa place; *Sache:* être déplacé(e), n'être pas à sa place; *Bedenken, Mitleid:* n'être pas de mise

Platzangst *f* ① *fam* (*Klaustrophobie*) claustrophobie *f;* **~ kriegen** faire de la claustro (*fam*) ② PSYCH (*Agoraphobie*) agoraphobie *f* **Platzanweiser(in)** <-s, -> *m(f)* ouvreur(-euse) *m(f)*

Plätzchen <-s, -> *nt* ① *Dim von* **Platz** petite place *f* ② (*Gebäck*) ≈ petit gâteau *m* sec

platzen ['platsən] *itr V + sein* ① *Ballon, Tüte:* éclater; *Reifen:* crever; *Hemd, Hose, Naht:* craquer
② (*fast umkommen*) **vor Neid/Neugier** (*Dat*) **~** crever d'envie/de curiosité; **vor Ärger/Wut** (*Dat*) **~** exploser de colère/fureur (*fam*)
③ *fam* (*fehlschlagen*) *Plan, Termin:* foirer (*fam*); *Party:* tomber à l'eau; **etw ~ lassen** faire foirer qc (*fam*)

platzieren*[RR] **I.** *tr V* ① placer *Person, Gegenstand;* insérer *Anzeige, Artikel*
② SPORT, FIN placer; **ein [gut] platzierter Wurf/Schuss** un tir bien placé
II. *r V* **sich ~ [können]** *Mannschaft, Sportler:* [pouvoir] se classer parmi les premiers(-ières)

Platzierung[RR] <-, -en> *f* ① *kein Pl a.* FIN (*das Platzieren*) placement *m*
② (*Rangfolge*) classement *m*

Platzkarte *f* [billet *m* de] réservation *f* **Platzkonzert** *nt* concert *m* en plein air **Platzmangel** *m* manque *m* de place

Platzpatrone *f* cartouche *f* à blanc **Platzregen** *m* averse *f*

Platzreservierung *f* réservation *f*

platzsparend *s.* **Platz 1.**

Platzverweis *m* expulsion *f* [*o* exclusion *f*] [du terrain]

Platzwart(in) <-s, -e> *m(f)* gardien(ne) *m(f)* [du stade]

Platzwette *f* SPORT pari *m*

Platzwunde *f* déchirure *f*

Plauderei [plaʊdə'raɪ] <-, -en> *f* causerie *f*

Plauderer <-s, -> *m,* **Plauderin** *f* ① causeur(-euse) *m(f)* ② (*indiskrete Person*) rapporteur(-euse) *m(f)*

plaudern ['plaʊdɐn] *itr V* ① **mit jdm/über etw** (*Akk*) **~** bavarder avec qn/de qc
② (*Geheimnisse verraten*) parler

Plauderstündchen *nt* brin *m* de causette (*fam*) **Plaudertasche** *f hum, pej* pie *f* (*fam*) **Plauderton** *m kein Pl* ton *m* décontracté

Plausch [plaʊʃ] <-[e]s, -e> *m* SDEUTSCH, A bavardage *m;* **sich zum ~ treffen** se rencontrer pour faire la causette (*fam*)

plauschen *itr V* SDEUTSCH, A papoter; **mit jdm ~** papoter avec qn

plausibel [plaʊ'zi:bəl] **I.** *Adj Grund, Erklärung* plausible; **jdm etw ~ machen** faire comprendre qc à qn
II. *Adv erklären, darstellen* de façon plausible

Plausibilität <-> *f geh* plausibilité *f*

Playback [pleɪ'bɛk], **Play-back**[RR] ['pleɪbæk] <-s, -s> *nt* play-back *m*

Playboy ['pleɪbɔɪ] <-s, -s> *m* play-boy *m*

Playgirl ['pleɪgø:ɐl] <-s, -s> *nt* pin up *f* de luxe

Plazenta [pla'tsɛnta] <-, -s *o* Plazenten> *f* MED placenta *m*

Plazet ['pla:tsɛt] <-s, -s> *nt geh* agrément *m;* **sein ~ zu etw geben** donner son agrément à qc; **jds ~ haben** avoir l'agrément de qn

plazieren* *s.* **platzieren**

Plazierung *s.* **Platzierung**

Plebejer(in) [ple'be:jɐ] <-s, -> *m(f)* plébéien(ne) *m(f)*

Plebiszit [plebɪs'tsi:t] <-[e]s, -e> *nt* plébiscite *m*

Plebs [plɛps, ple:ps] <-es> *m pej geh* plèbe *f* (*péj*), populace *f* (*péj*)

pleite ['plaɪtə] *Adj fam* fauché(e); **~ sein** *Person:* être fauché(e) (*fam*); *Firma:* être en déconfiture (*fam*)

Pleite <-, -n> *f fam* ① faillite *f;* **~ gehen** *Firma, Geschäft:* faire faillite; **~ machen** faire faillite
② (*Reinfall*) fiasco *m;* **mit jdm/etw eine ~ erleben** faire un bide [*o* flop] avec qn/qc (*fam*)

Pleitegeier *m fam* spectre *m* de la faillite; **über dem Unternehmen schwebt der ~** le spectre de la faillite plane sur l'entreprise

Plektron ['plɛktrɔn] <-s, Plektren *o* Plektra> *nt* MUS plectre *m*

plemplem [plɛm'plɛm] *Adj sl* zinzin; **~ sein** être zinzin [*o* timbré(e)] (*fam*)

Plena [ple:na] *Pl von* **Plenum**

Plenarsaal [ple'na:ɐ-] *m* ≈ hémicycle *m* **Plenarsitzung** *f,* **Plenarversammlung** *f* réunion *f* plénière

Plenum ['ple:nʊm] <-s, Plena> *nt* assemblée *f* plénière, plénum *m*

Pleonasmus [pleo'nasmʊs, *Pl:* pleo'nasmən] <-, -nasmen> *m* POES pléonasme *m*

Pleuelstange ['plɔɪəl-] *f* bielle *f*

Plissee [plɪ'se:] <-s, -s> *nt* tissu *m* plissé

Plisseerock *m* jupe *f* plissée

PLO [pe:ʔɛl'ʔo:] <-> *f Abk von* **Palestine Liberation Organization** OLP *f*

PLO-Chef [-ʃɛf] *m* chef *m* de l'OLP

Plockwurst *f* GASTR *saucisson sec à base de lard et de viande de bœuf et de porc*
Plombe ['plɔmbə] <-, -n> *f* ❶ *(Bleisiegel)* plomb *m*
❷ *(Zahnplombe)* plombage *m*
plombieren* *tr V* plomber
Plotter ['plɔtɐ] <-s, -> *m* INFORM traceur *m*
plötzlich I. *Adj* soudain(e); *Bewegung* brusque; *Tod* subit(e)
II. *Adv* soudain, tout à coup; *sich verändern* brusquement; *sterben* subitement; **es kam alles so** ~ c'était tellement inattendu
▶ **aber etwas** ~**!** *fam* et que ça saute! *(fam)*
Pluderhose ['plu:dɐ-] *f* pantalon *m* bouffant
Plug-in [plʌg'ʔɪn] <-s, -s> *nt* INFORM plugiciel *m*
plump [plʊmp] I. *Adj* ❶ *Aussehen, Körperbau, Gestalt* massif(-ive)
❷ *(schwerfällig) Bewegungen* gauche; *Gang* lourd(e)
❸ *(dummdreist)* primitif(-ive); **das ist eine ganz ~e Lüge!** c'est cousu de fil blanc!
II. *Adv* ❶ *(schwerfällig)* gauchement
❷ *(dummdreist)* maladroitement
Plumpheit <-, -en> *f* ❶ *kein Pl (Plumpsein)* maladresse *f pas de pl*
❷ *(plumpe Handlung)* geste *m* maladroit
plumps [plʊmps] *Interj* pouf, boum; *(beim Aufprall auf Wasser)* plouf
Plumps <-es, -e> *m fam* bruit *m* sourd, boum *m*; *(Aufprall auf Wasser)* plouf *m*
plumpsen ['plʊmpsən] *itr V + sein fam* plumpsen; **auf den Boden** ~ tomber lourdement par terre; **ins Wasser** ~ tomber dans l'eau en faisant un grand plouf; **sich in den Sessel** ~ **lassen** s'affaler dans un fauteuil
Plumpsklo[sett] *nt fam* latrines *fpl*
Plunder ['plʊndɐ] <-s> *m fam* bric-à-brac *m*
Plünderer <-s, -> *m*, **Plünderin** *f* pillard(e) *m(f)*
Plundergebäck *nt* ≈ gâteau *m* feuilleté
plündern I. *tr V* ❶ piller *Geschäfte, Häuser;* **das Plündern** le pillage
❷ *fig, hum (leeren)* dévaliser *Kühlschrank, Konto*
II. *itr V* se livrer au pillage
Plünderung <-, -en> *f* pillage *m*
Plural ['plu:ra:l] <-s, -e> *m* pluriel *m*
Pluralismus [plura'lɪsmʊs] <-> *m geh* pluralisme *m*
pluralistisch *Adj geh* pluraliste
plus [plʊs] I. *Präp + Gen* plus; **fünfhundert Euro Miete ~ Nebenkosten** cinq cents euros de loyer plus les charges
II. *Konj* plus; **fünf ~ vier ist [o gleich] neun** cinq plus quatre font [o égalent] neuf; **rund tausend Seiten, ~/minus drei Prozent** environ mille pages, à trois pour cent près, en plus ou en moins
III. *Adv* ❶ *(über null Grad)* ~ **drei Grad, drei Grad** ~ plus trois degrés
❷ PHYS **von ~ nach minus** du pôle positif au pôle négatif
Plus <-, -> *nt* ❶ MATH plus *m*
❷ *(Überschuss)* excédent *m*; **mit etw im ~ sein** avoir un excédent de qc; **bei etw [ein] ~ machen** faire un bénéfice avec qc
❸ *(Vorzug)* plus *m*, bon point *m*; **diese Kenntnisse sind ein großes** ~ c'est un plus d'avoir ces connaissances
Plüsch <-[e]s, -e> *m* peluche *f*
plüschig *Adj* pelucheux(-euse)
Plüschsofa *nt* canapé *m* au tissu pelucheux **Plüschtier** *nt* animal *m* en peluche
Pluspol *m* pôle *m* positif **Pluspunkt** *m* ❶ *(Vorzug)* plus *m*, bon point *m* ❷ *(Wertungseinheit)* point *m*
Plusquamperfekt ['plʊskvampɛrfɛkt] <-s, -e> *nt* GRAM plus-que-parfait *m*
plustern ['plu:stɐn] I. *tr V* hérisser *Federn*
II. *r V* **sich** ~ *Tier:* se hérisser
Pluszeichen *nt* signe *m* plus
Pluto ['plu:to] <-s> *m* [la planète] Pluton *f*
Plutonium [plu'to:niʊm] <-s> *nt* CHEM plutonium *m*
PLZ *Abk von* **Postleitzahl** code *m* postal
Pneu [pnø:] <-s, -s> *m bes.* A, CH pneu *m*
pneumatisch [pnɔɪ'ma:tɪʃ] I. *Adj* pneumatique
II. *Adv* ~ **betrieben** fonctionné(e) par système pneumatique
Po [po:] <-s, -s> *m fam* cul *m (fam)*, fesses *fpl (fam)*
Pobacke <-, -n> *f fam* fesse *f*
Pöbel <-s> *m pej* populace *f (péj)*
Pöbelei <-, -en> *f fam* ❶ *kein Pl (das Pöbeln)* barouf *m (fam)*
❷ *meist Pl (Äußerung)* grossièreté *f*
pöbelhaft I. *Adj* grossier(-ière)
II. *Adv* grossièrement
pöbeln *itr V fam* faire du barouf *(fam)*
pochen ['pɔxən] *itr V geh* ❶ *(klopfen)* frapper; **gegen/an etw** *(Akk)* ~ frapper contre/à qc; **hast du das Pochen nicht gehört?** tu n'a pas entendu frapper?
❷ *(rhythmisch schlagen) Herz:* battre
❸ *(insistieren)* **auf etw** *(Akk)* ~ réclamer [o revendiquer] qc
pochieren* [pɔ'ʃi:rən] *tr V* pocher *Eier, Fisch*
Pocke ['pɔkə] <-, -n> *f* pustule *f*
Pocken ['pɔkən] *Pl* variole *f*
Pockenimpfung *f* vaccin *m* antivariolique **Pockennarbe** *f* marque *f* de variole
pockennarbig *Adj* variolé(e)
Pockenschutzimpfung *f* vaccination *f* antivariolique
Pocketkamera ['pɔkət-] *f* appareil *m* photo de poche, pocket *m*
Podest [po'dɛst] <-[e]s, -e> *nt o m* estrade *f*
Podex ['po:dɛks] <-[es], -e> *m fam* derrière *m (fam)*
Podium ['po:diʊm] <-s, Podien> *nt* podium *m*
Podiumsdiskussion *f*, **Podiumsgespräch** *nt* débat *m* public
Poesie [poe'zi:] <-> *f geh* poésie *f*
Poesiealbum [poe'zi:-] *nt* ≈ album *m* souvenir *(petit album d'enfant rempli par les parents et amis en certaines occasions)*
Poet(in) [po'e:t] <-en, -en> *m(f)* poète *m*/poétesse *f*
Poetik [po'e:tɪk] <-, -en> *f* poésie *f*; *(Lehrwerk)* poétique *f*
poetisch [po'e:tɪʃ] *Adj geh* poétique
pofen *itr V fam* pioncer *(fam)*
Pogrom [po'gro:m] <-s, -e> *m o nt* pogrom[e] *m*
Pointe ['poɛ̃:tə] <-, -n> *f* chute *f*
pointiert [poɛ̃'ti:ɐt] *geh* I. *Adj* pertinent(e)
II. *Adv* avec pertinence *(littér)*
Pokal [po'ka:l] <-s, -e> *m* coupe *f*
Pokalsieger(in) *m(f)* SPORT vainqueur *m* de la coupe **Pokalspiel** *nt* match *m* de coupe **Pokalwettbewerb** *m* coupe *f*
Pökelfisch *m* poisson *m* salé **Pökelfleisch** *nt* viande *f* salée, salaison *f*
pökeln *tr V* saler
Pökelsalz *nt* sel *m* à saumure
Poker ['po:kɐ] <-s> *nt o m* poker *m*
Pokerface [-feɪs] <-, -s> *nt*, **Pokergesicht** *nt* visage *m* inexpressif
pokern ['po:kɐn] *itr V* ❶ jouer au poker
❷ *fig* tenter un coup de poker
Pol [po:l] <-s, -e> *m* GEOG, ELEC pôle *m*
▶ **der ruhende** ~ le garant de stabilité
polar [po'la:ɐ] *Adj* polaire
Polareis *nt* glaces *fpl* polaires **Polarexpedition** *f* expédition *f* polaire **Polarforscher(in)** *m(f)* explorateur(-trice) *m(f)* des régions polaires **Polarfront** *f* METEO front *m* polaire **Polarfuchs** *m* renard *m* polaire **Polargebiet** *nt* région *f* polaire **Polarhund** *m* chien *m* esquimau
Polarisation [polariza'tsio:n] <-, -en> *f a.* PHYS, POL polarisation *f*
polarisieren* I. *r V geh* **sich** ~ *Positionen:* se durcir; *Gegensätze:* s'accentuer
II. *tr V* polariser *Licht*

Polarisierung <-, -en> *f* ❶ *kein Pl geh von Positionen* durcissement *m; von Gegensätzen* accentuation *f*
❷ PHYS polarisation *f*
Polarität [polari'tɛ:t] <-, -en> *f a.* CHEM, PHYS polarité *f*
Polarkreis *m* cercle *m* polaire; **nördlicher/südlicher ~** cercle polaire arctique/antarctique **Polarlicht** *s.* **Nordlicht**
Polaroidkamera® *f* [appareil *m* photo] polaroïd® *m*
Polarstation *f* station *f* d'exploration des régions polaires **Polarstern** *m* étoile *f* polaire **Polarzone** *f* zone *f* polaire
Polder ['pɔldɐ] <-s, -> *m* polder *m*
Pole ['po:lə] <-n, -n> *m*, **Polin** *f* Polonais(e) *m(f)*
Polemik [po'le:mɪk] <-, -en> *f* polémique *f*
polemisch **I.** *Adj* polémique
II. *Adv sich äußern* de façon polémique
polemisieren* *itr V* polémiquer; **gegen jdn/etw ~** polémiquer contre qn/qc
Polen ['po:lən] <-s> *nt* la Pologne
► **noch ist ~ nicht verloren** *Spr.* tout espoir n'est pas perdu
Polente [po'lɛntə] <-> *f fam* flics *mpl*, poulets *mpl*
Poleposition ['pɔʊlpə'zɪʃən] <-> *f* SPORT pole position *f*
Police [po'li:s(ə)] <-, -n> *f* police *f* [d'assurance]
Polier(in) [po'li:ɐ] <-s, -e> *m(f)* contremaître *m*/contremaître[sse] *f*
polieren* *tr V* lustrer *Schuhe;* faire briller *Möbel;* briquer *Auto;* **glatt ~** polir; **das Polieren** *von Schuhen* le lustrage
Poliermittel *nt* produit *m* lustrant **Poliertuch** *nt* chiffon *m* doux
Poliklinik ['po:likli:nɪk] *f* policlinique *f*
Polin ['po:lɪn] *s.* **Pole, Polin**
Polio ['po:lio] <-> *f* MED polio[myélite] *f*
Politbüro *nt* politburo *m*
Politesse [poli'tɛsə] <-, -n> *f* contractuelle *f*
Politik [poli'ti:k, poli'tɪk] <-, *selten* -en> *f* politique *f;* **eine ~ der Stärke/der kleinen Schritte** une politique de force/des petits pas; **in die ~ gehen** se lancer dans la politique
Politiker(in) [po'li:tikɐ] <-s, -> *m(f)* homme *m*/femme *f* politique
Politikum [po'li:tikʊm, *Pl:* po'li:tika] <-s, Politika> *nt* événement *m* [politique]; **zum ~ werden** devenir un événement politique
Politikverdrossenheit *f* ras-le-bol *m* de la politique **Politikwissenschaft** *s.* **Politologie**
politisch [po'li:tɪʃ, po'lɪtɪʃ] **I.** *Adj* ❶ politique
❷ (*taktisch, klug*) astucieux(-euse), politique (*littér*)
II. *Adv handeln* politiquement
politisieren* **I.** *itr V* parler politique
II. *tr V* politiser *Arbeiterschaft, Studenten*
Politisierung <-> *f* politisation *f*
Politologe [polito'lo:gə] <-n, -n> *m*, **Politologin** *f* politologue *mf*
Politologie [politolo'gi:] <-> *f* politologie *f*, science *f* politique
Politur [poli'tu:ɐ] <-, -en> *f* ❶ (*Poliermittel*) produit *m* lustrant
❷ (*Schicht*) vernis *m*
Polizei [poli'tsaɪ] <-, -en> *f* ❶ police *f;* **die ~ rufen** appeler la police; **es war viel ~ anwesend** il y avait beaucoup de policiers; **zur ~ gehen/bei der ~ sein** entrer/être dans la police
❷ *kein Pl* (*Dienstgebäude*) poste *m* de police; **zur ~ gehen** aller au poste [de police]
► **dümmer, als die ~ erlaubt** *hum fam* bête comme c'est pas permis (*fam*)
Polizeiaufgebot *nt* déploiement *m* des forces de police **Polizeiaufsicht** *f kein Pl* surveillance *f* policière **Polizeibehörde** *f* autorités *fpl* de police **Polizeibezirk** *m* secteur *m* de police **Polizeibuße** *f* CH amende *f* **Polizeichef(in)** [-ʃɛf] *m(f)* chef *mf* de la police **Polizeidienst** *m* service *m* dans la police; **den ~ quittieren** quitter la police **Polizeidienststelle** *f* poste *m* de police **Polizeidirektion** *f* direction *f* de la police **Polizeieinheit** *f* unité *f* de police **Polizeieinsatz** *m* intervention *f* de la police **Polizeifunk** *m* radio *f* de la police **Polizeigewahrsam** *m* garde *f* à vue; **sich in ~ befinden** être en garde à vue **Polizeigewalt** *f kein Pl* pouvoirs *mpl* de police **Polizeigriff** *m* clé *f* (*technique de neutralisation* [*de la police*]); **im ~** le bras dans le dos **Polizeihund** *m* chien *m* policier **Polizeikommissar(in)** *m(f)* commissaire *mf* de police
polizeilich **I.** *Adj Ermittlung, Maßnahme* policier(-ière)
II. *Adv überwachen, verbieten* par mesure de police
Polizeiposten CH *s.* **Polizeirevier** **Polizeipräsenz** *f* présence *f* policière **Polizeipräsident(in)** *m(f)* préfet *m* de police **Polizeipräsidium** *nt* préfecture *f* de police **Polizeirevier** *nt* ❶ (*Dienststelle*) poste *m* [de police] ❷ (*Bezirk*) secteur *m* de police **Polizeischutz** *m* protection *f* policière; **jdn unter ~ stellen** placer qn sous protection policière; **unter ~ stehen** être sous protection policière **Polizeispitzel** *m* indicateur(-trice) *m(f)*, indic *mf* (*arg*) **Polizeistaat** *m* État *m* policier **Polizeistreife** *f* patrouille *f* de police **Polizeistunde** *f* heure *f* de fermeture **Polizeiwache** *f* poste *m* de police
Polizist(in) [poli'tsɪst] <-en, -en> *m(f)* policier(-ière) *m(f)*, agent *m* de police
Polizze [po'lɪtsə] <-, -n> *f* A (*Police*) police *f* d'assurance
Polka ['pɔlka] <-, -s> *f* polka *f*
Pollen ['pɔlən] <-s, -> *m* pollen *m*
Pollenallergie *f* allergie *f* au pollen **Pollenflug** *m kein Pl* pollinisation *f* par le vent *pas de pl*
Pollenflugvorhersage *f* prévisions *fpl* sur les concentrations de pollen
Poller ['pɔlɐ] <-s, -> *m* bitte *f* d'amarrage
Pollution [pɔlu'tsio:n] <-, -en> *f* MED pollutions *fpl* nocturnes
polnisch ['pɔlnɪʃ] **I.** *Adj* polonais(e)
II. *Adv* **~ miteinander sprechen** discuter en polonais; *s. a.* **deutsch**
Polnisch <-[s]> *nt kein Art* (*Sprache, Schulfach*) polonais *m;* **auf ~** en polonais; *s. a.* **Deutsch**
Polnische *nt dekl wie Adj* **das ~** le polonais; *s. a.* **Deutsche**
Polo ['po:lo] <-s, -s> *nt* polo *m*
Polohemd *nt* polo *m*
Polonaise, Polonäse [polo'nɛ:zə] <-, -n> *f* polonaise *f*
Polster¹ ['pɔlstɐ] <-s, -> *nt o* A *m* ❶ *eines Möbelstücks* coussin *m;* (*Polsterung*) rembourrage *m*
❷ (*Schulterpolster*) épaulette *f*
❸ (*kissenartiger Bewuchs*) tapis *m*
❹ *fam* (*Rücklage*) pécule *m;* **ein** [**finanzielles**] **~** un matelas financier
Polster² <-s, - *o* ⸚> *m* A (*Kopfkissen*) oreiller *m*
Polsterer <-s, -> *m*, **Polsterin** *f* tapissier(-ière) *m(f)*
Polstergarnitur *f* salon *m* **Polstermöbel** *nt* meuble *m* rembourré
polstern ['pɔlstɐn] *tr V* matelasser, capitonner *Möbel, Tür*
► **gut gepolstert sein** *hum fam* (*dick sein*) être bien rembourré(e); (*finanziell abgesichert sein*) être assuré(e) financièrement
Polstersessel *m* fauteuil *m* **Polstersofa** *nt* canapé *m*
Polsterung <-, -en> *f* ❶ *eines Sofas* coussins *mpl*
❷ *kein Pl* (*das Polstern*) *eines Sofas, Sessels* rembourrage *m; einer Tür* capitonnage *m*
Polterabend *m* ≈ veille *f* des noces (*soirée au cours de laquelle on casse de la vaisselle pour porter bonheur aux futurs jeunes mariés*)

i Land & Leute

La tradition veut que la veille d'un mariage, les amis et la famille des futurs mariés viennent casser de la vaisselle et faire du bruit, c'est-à-dire *poltern* sur le pas de leur porte afin de leur porter bonheur. Cette tradition du **Polterabend** existe depuis le 16ᵉ siècle.

Poltergeist *m* esprit *m* frappeur
poltern ['pɔltɐn] *itr V* ❶ + *haben* (*lärmen*) *Person, Gegenstand:* faire du vacarme; **das Poltern** le vacarme
❷ + *sein* (*sich bewegen*) **auf den Boden** ~ tomber par terre avec fracas; **durch das Treppenhaus** ~ faire du vacarme dans la cage d'escalier; **sie kam ins Zimmer gepoltert** elle rentra dans la chambre bruyamment
❸ + *haben* (*laut schimpfen*) gronder en élevant la voix
Polyäthylen [polyɛty'le:n] <-s, -e> *nt* CHEM, TECH polyéthylène *m*
Polyester [poly'ɛstɐ] <-s, -> *m* polyester *m*
polyfonRR *s.* **polyphon**
polygam [poly'ga:m] *Adj* polygame
Polygamie [polyga'mi:] <-> *f* polygamie *f*
polyglott [poly'glɔt] *Adj geh Person* polyglotte; *Buchausgabe* en plusieurs langues
Polymer [poly'me:ɐ] <-s, -e> *nt* CHEM polymère *m*
Polynesien [poly'ne:ziən] <-s> *nt* la Polynésie
Polynesier(in) [poly'ne:ziɐ] <-s, -> *m(f)* Polynésien(ne) *m(f)*
polynesisch [poly'ne:zɪʃ] *Adj* polynésien(ne)
Polyp [po'ly:p] <-en, -en> *m* ZOOL, MED polype *m*
polyphon [poly'fo:n] *Adj Musik* polyphonique
Polyphonie [polyfo'ni:] <-> *f* MUS polyphonie *f*
Polytechnikum [poly'tɛçnikʊm] <-s, -technika> *nt école technique supérieure qui forme des ingénieurs*
Pomade [po'ma:də] <-, -n> *f* pommade *f*
Pomeranze [pomə'rantsə] <-, -n> *f* ❶ (*Frucht*) orange *f* amère, bigarade *f*
❷ (*Baum*) bigaradier *m*
Pommern ['pɔmɐn] <-s> *nt* GEOG la Poméranie
Pommes ['pɔməs] *Pl fam* frites *fpl* (*fam*)
Pommes frites [pɔm'frɪt] *Pl* [pommes *fpl*] frites *fpl*
Pomp [pɔmp] <-[e]s> *m* faste *m;* **mit** ~ avec faste, en grande pompe
pompös I. *Adj* somptueux(-euse); *Ausstattung* fastueux(-euse)
II. *Adv ausstatten* somptueusement; *feiern* avec faste
Poncho ['pɔntʃo] <-s, -s> *m* poncho *m*
Pontifikat [pɔntifi'ka:t] <-[e]s, -e> *m o nt* REL pontificat *m*
Pontius ['pɔntsiʊs] ▶ **von** ~ **zu Pilatus laufen** *fam* frapper à toutes les portes
Pontius Pilatus ['pɔntsiʊs pi'la:tʊs] <- -> *m* HIST, BIBL Ponce Pilate *m*
Ponton [pɔn'tõ:] <-s, -s> *m* NAUT, MIL ponton *m*
Pontonbrücke [pɔn'tõ:-, 'pɔntõ-] *f* pont *m* flottant
Pony1 ['pɔni] <-s, -s> *nt* poney *m*
Pony2 <-s, -s> *m* (*Stirnfransen*) frange *f*
Ponyfrisur *f coupe de cheveux avec une frange*
Pool [pu:l] <-s, -s> *m* piscine *f*
Poolbillard ['pu:lbɪljart] *nt* billard *m* américain
Pop [pɔp] <-s> *m* pop *f*
Popanz ['po:pants] <-es, -e> *m pej* (*Schreckgespenst*) épouvantail *m;* **jdn/etw zum** ~ **machen** faire un épouvantail de qn/qc
Pop-ArtRR <-> *f* pop art *m*
Popcorn ['pɔpkɔrn] <-s> *nt* pop-corn *m*
Pope ['po:pə] <-n, -n> *m* pope *m*
Popel ['po:pəl] <-s, -> *m fam* ❶ crotte *f* de nez
❷ *pej* (*unbedeutender Mensch*) couillon *m* (*fam*)
popelig *Adj fam* minable (*fam*); ~**e drei Euro** trois minables petits euros; **ein** ~**er kleiner Angestellter** un petit employé minable
Popelin [popə'li:n] <-s, -e> *m,* **Popeline** <-, -> *f* popeline *f*
popeln ['po:pəln] *itr V fam* retirer des crottes de [son] nez
Popfestival *nt* MUS festival *m* de musique pop **Popgruppe** *f* MUS groupe *m* pop **Popkonzert** *nt* concert *m* [de musique] pop **Popkultur** *f* culture *f* pop
poplig *s.* **popelig**
Popmusik ['pɔpmuzi:k] *f* pop music *f,* musique *f* pop
Popo [po'po:] <-s, -s> *m Kinderspr. fam* derrière *m,* fesses *fpl*
poppig ['pɔpɪç] *fam* I. *Adj Kleidung* tape-à-l'œil; *Aufmachung, Farbe* voyant(e)
II. *Adv* de façon voyante
Popstar *m* MUS pop star *f*
populär I. *Adj* populaire; **bei jdm** ~ **sein** être populaire auprès de qn
II. *Adv schreiben* en se mettant à la portée de tous
Popularität <-> *f* popularité *f;* **große** ~ **genießen** jouir d'une grande popularité
populärwissenschaftlich I. *Adj Darstellung, Publikation* vulgarisateur(-trice); *Literatur* vulgarisateur(-trice), de vulgarisation
II. *Adv darstellen* sous une forme vulgarisée; ~ **aufgemacht sein** *Buch, Sendung:* se présenter sous une forme vulgarisée
Population [popula'tsio:n] <-, -en> *f* population *f*
Populismus [pɔpu'lɪsmʊs] <-> *m* POL populisme *m*
Populist(in) [popu'lɪst] <-en, -en> *m(f)* POL populiste *mf*
populistisch *Adj* POL populiste
Pore ['po:rə] <-, -n> *f* pore *m;* **aus allen** ~**n schwitzen** suer par tous les pores
Porno ['pɔrno] <-s, -s> *m fam* porno *m* (*fam*)
Pornofilm *m fam* film *m* porno (*fam*)
PornografieRR <-> *f* pornographie *f*
pornografischRR *Adj* pornographique
Pornographie *s.* **Pornografie**
pornographisch *s.* **pornografisch**
Pornoheft *nt fam* revue *f* porno (*fam*)
porös *Adj* poreux(-euse)
Porphyr ['pɔrfy:ɐ] <-s, -e> *nt* GEOL porphyre *m*
Porree ['pɔre] <-s, -s> *m* poireau *m*
Portable ['pɔrtəbəl] <-s, -s> *m* téléviseur *m* portable
Portal [pɔr'ta:l] <-s, -e> *nt* portail *m*
Portemonnaie [pɔrtmɔ'ne:] <-s, -s> *nt* porte-monnaie *m*
Porti ['pɔrti] *Pl von* **Porto**
Portier [pɔr'tie:] <-s, -s> *m* portier *m*
portieren* *tr V* CH (*nominieren*) désigner
Portion [pɔr'tsio:n] <-, -en> *f* ❶ (*einer Person zugeteilte Menge*) part *f;* (*für einen Kunden, Gast bemessene Menge*) portion *f;* **ich hätte gern eine doppelte** ~ **Spaghetti** je voudrais une double portion de spaghettis; **eine** ~ **Eis** une glace
❷ *fam* (*beträchtliche Menge*) **eine tüchtige** ~ **essen** manger une bonne portion; **eine [große]** ~ **Neugier/Misstrauen** une [grande] dose de curiosité/méfiance
▶ **eine halbe** ~ **[sein]** *fam* [être] une demi-portion (*fam*)
PortmoneeRR *s.* **Portemonnaie**
Porto ['pɔrto] <-s, -s *o* Porti> *nt* port *m,* affranchissement *m;* ~ **zahlt Empfänger** port aux frais du destinataire
portofrei *Adj* [en] port payé **Portokasse** *f* caisse *f* pour frais de port [*o* d'affranchissement] **Portokosten** *Pl* frais *mpl* de port [*o* d'affranchissement] **portopflichtig** *Adj* [en] port dû
Porträt [pɔr'trɛ:] <-s, -s> *nt* portrait *m*
Porträtaufnahme [pɔr'trɛ:-] *f* portrait *m*
porträtieren* *tr V* faire le portrait; **jdn** ~ *Maler, Fotograf:* faire le portrait de qn; *Autor, Regisseur:* représenter qn
Porträtmaler(in) *m(f)* portraitiste *mf* **Porträtmalerei** *f* portrait *m*
Portugal ['pɔrtugal] <-s> *nt* le Portugal
Portugiese [pɔrtu'gi:zə] <-n, -n> *m,* **Portugiesin** *f* Portugais(e) *m(f)*
portugiesisch I. *Adj* portugais(e)
II. *Adv* ~ **miteinander sprechen** discuter en portugais; *s. a.* **deutsch**
Portugiesisch <-[s]> *nt kein Art* (*Sprache, Schulfach*) portugais *m;* **auf** ~ en portugais; *s. a.* **Deutsch**
Portugiesische *nt dekl wie Adj* **das** ~ le portugais; *s. a.* **Deutsche**
Portwein ['pɔrtvaɪn] *m* porto *m*
Porzellan [pɔrtsɛ'la:n] <-s, -e> *nt* ❶ porcelaine *f;* **aus chinesi-**

schem ~ en porcelaine de Chine
❷ *kein Pl* (*Geschirr*) [vaisselle *f* de] porcelaine *f*
▶ [viel] ~ zerschlagen *fam* faire du gâchis
Porzellanerde *f* terre *f* à porcelaine **Porzellanfigur** *f* figurine *f* en porcelaine **Porzellangeschirr** *nt kein Pl* [vaisselle *f* en] porcelaine *f* **Porzellanmalerei** *f* peinture *f* sur porcelaine **Porzellanmanufaktur** *f* manufacture *f* de porcelaine
Posaune [po'zaʊnə] <-, -n> *f* trombone *m*; ~ **blasen** [*o* **spielen**] jouer du trombone
posaunen* I. *itr V* jouer du trombone
II. *tr V fam* **etw in alle Welt** ~ claironner qc
Posaunist(in) [pozaʊ'nɪst] <-en, -en> *m(f)* tromboniste *mf* (*form*)
Pose ['po:zə] <-, -n> *f* pose *f*; **eine bestimmte** ~ **einnehmen** prendre une certaine pose; **das ist bei ihm nur** ~ ce n'est qu'une attitude chez lui
posieren* *itr V geh* poser
Position [pozi'tsio:n] <-, -en> *f* ❶ *a.* MIL position *f*; **in** [*o* **auf**] ~ **gehen** défendre ses positions
❷ (*berufliche Stellung*) situation *f*
positionieren* *r V* POL *geh* **sich** ~ se positionner
Positionslicht *nt* feu *m* de position **Positionspapier** *nt* POL prise *f* de position écrite
positiv ['po:ziti:f] I. *Adj* ❶ *Einstellung, Nachricht, Bewertung* positif(-ive); *Konsequenzen* bénéfique
❷ *geh* (*konkret*) *Ergebnis, Erkenntnis* concret(-ète)
❸ MED, ELEC, PHYS positif(-ive); ~ **sein** *fam* (*HIV-positiv sein*) être [séro]positif(-ive)
II. *Adv* favorablement; *denken* d'une façon positive; **einer S.** (*Dat*) ~ **gegenüberstehen** être favorable à qc
Positiv[1] <-s, -e> *nt* PHOT, MUS positif *m*
Positiv[2] <-s, -e> *m* GRAM positif *m*
Positivismus [poziti'vɪsmʊs] <-> *m* PHILOS positivisme *m*; **logischer** ~ logicopositisme *m*, positivisme logique
Positron ['po:zitro:n] <-s, -onen> *nt* PHYS posit(r)on *m*
Positur [pozi'tu:ɐ] <-, -en> *f* posture *f*; **in** ~ **gehen** *Sportler:* se mettre en position; **sich in** ~ **setzen** *hum fam* prendre la pose
Posse ['pɔsə] <-, -n> *f* farce *f*
Possessivpronomen ['pɔsɛsi:f-, pɔsɛ'si:f-] *nt*, **Possessivum** [pɔsɛ'si:vʊm, *Pl:* pɔsɛ'si:va] <-s, Possessiva> *nt* GRAM [pronom *m*] possessif *m*; (*adjektivisches Possessivum*) [adjectif *m*] possessif *m*
possierlich [pɔ'si:ɐlɪç] *Adj Tier* drôle
Post [pɔst] <-> *f* ❶ (*Unternehmen*) poste *f*; **bei der** ~ **arbeiten** travailler à la poste [*o* dans les postes]; **bei der italienischen** ~ dans les postes italiennes; **etw mit der** ~ [*o* **per** ~] **schicken** envoyer qc par la poste
❷ (*Postsendung*) courrier *m*; **die** ~ **einwerfen** poster le courrier; **mit gleicher** ~ par le même courrier; **mit getrennter** ~ par courrier séparé
❸ INFORM **elektronische** ~ courrier *m* électronique
▶ [**und**] **ab geht die** ~**!** *fam* c'est parti[, mon kiki *fam*]!; **da geht die** ~ **ab** *fam* ça déménage (*fam*)
postalisch [pɔs'ta:lɪʃ] I. *Adj Weg* postal(e); *Vermerk* de la poste
II. *Adv verschicken* par la poste; *benachrichtigen* par courrier
Postamt *nt* bureau *m* de poste **Postanweisung** *f* mandat *m* [postal] **Postausgang** *m* ❶ (*im Büro*) départ *m* du courrier ❷ INFORM boîte *f* d'envoi **Postauto** *nt* voiture *f* de la poste **Postbank** <-banken> *f* services *mpl* financiers de la poste; **ein Konto bei der** ~ un compte à la poste **Postbarscheck** *m* chèque *m* postal de retrait **Postbeamte(r)** *m dekl wie Adj*, **Postbeamtin** *f* employé(e) *m(f)* des postes **Postbote** *m*, **-botin** *f* facteur(-trice) *m(f)* **Postdienst** *m* ❶ *kein Pl* service *m* du courrier; **im** ~ **tätig sein** travailler dans le service postal ❷ (*einzelne Dienstleistung*) service *m* postal **Posteingang** *m* ❶ (*im Büro*) arrivée *f* du courrier ❷ INFORM boîte *f* de réception
posten ['pɔstən] CH I. *tr V* (*einkaufen*) acheter
II. *itr V* faire des courses
Posten <-s, -> *m* ❶ poste *m*; ~ **beziehen** se poster; ~ **stehen** être de [*o* en] faction, être de garde; **auf seinem** ~ **bleiben** rester à son poste
❷ (*Anstellung*) poste *m*; **ein gut bezahlter** ~ un emploi bien payé; **ein ruhiger** ~ *fam* un poste tranquille
❸ (*Wachmann*) sentinelle *f*
❹ COM (*Position*) article *m*, poste *m*; (*Menge*) lot *m*; **ein** ~ **Knöpfe** un lot de boutons
▶ **nicht ganz auf dem** ~ **sein** *fam* être mal fichu(e) (*fam*); **auf verlorenem** ~ **kämpfen** [*o* **stehen**] mener un combat perdu d'avance; **auf dem** ~ **sein** *fam* (*gesund sein*) avoir [encore] bon pied bon œil (*fam*); (*wachsam sein*) être sur ses gardes
Poster ['po:stɐ] <-s, -[s]> *nt* poster *m*
Postfach *nt* (*bei der Post*) boîte *f* postale; (*im Hotel, Büro*) casier *m* [à courrier] **Postgebühr** *f* HIST tarif *m* postal **Postgeheimnis** *nt* secret *m* postal
Postgiroamt [-ʒi:ro-] *nt* service *m* de virement postal **Postgirokonto** *nt* compte *m* courant de la poste
posthum [pɔst'hu:m] *s.* **postum**
postieren* *tr V* poster; **jdn/sich am Ausgang** ~ poster qn/se poster à la sortie
Postkarte *f* carte *f* postale **Postkasten** NDEUTSCH *s.* **Briefkasten** **Postkutsche** *f* malle-poste *f* **postlagernd** I. *Adj Sendung, Brief* poste-restante II. *Adv schicken, schreiben* [en] poste-restante **Postleitzahl** *f* code *m* postal

i Land & Leute

Après la réunification, il fut nécessaire de mettre en place un nouveau sytème de code postal. Ainsi, depuis juillet 1993, le **Postleitzahl** est à cinq chiffres. Les deux premiers chiffres désignent la région et les trois autres la localité, la boîte postale ou une grande entreprise. En Autriche et en Suisse, quatre chiffres suffisent jusqu'à présent et désignent une localité. Les deux derniers chiffres des grandes villes suisses correspondent au quartier de la localité désignée par les deux premiers.

Postler(in) <-s, -> *m(f)* SDEUTSCH, A, CH *fam* postier(-ière) *m(f)*
Postminister(in) *m(f)* ministre *mf* des Postes et Télécommunications
postmodern [pɔstmo'dɛrn] *Adj* postmoderne **Postmoderne** [pɔstmo'dɛrnə] *f* postmoderne *m*
Postsack *m* sac *m* postal **Postschalter** *m* guichet *m* [de la poste] **Postscheck** *m* chèque *m* postal
Postscheckkonto *nt* HIST *s.* Postgirokonto **Postscheckverkehr** *m* HIST échanges *mpl* de chèques postaux
Postsendung *f* envoi *m* postal
Postskript [pɔst'skrɪpt] <-[e]s, -e> *nt*, **Postskriptum** <-s, -ta> *nt* post-scriptum *m*
Postsparbuch *nt* livret *m* d'épargne de la poste **Postsparkasse** *f* HIST caisse *f* d'épargne de la poste **Poststelle** *f* bureau *m* de poste **Poststempel** *m* cachet *m* de la poste; **das Datum des** ~**s ist entscheidend** le cachet de la poste fai[san]t foi **Postüberweisung** *f* virement *m* postal
Postulat [pɔstu'la:t] <-[e]s, -e> *nt* postulat *m*
postulieren* *tr V geh* postuler
postum [pɔs'tu:m] *geh* I. *Adj* posthume
II. *Adv* à titre posthume
Postvermerk *m* annotation *f* des services postaux, mention *f* de service **Postweg** *m kein Pl* **etw auf dem** ~ **verschicken** envoyer qc par la poste
postwendend *Adv* par retour du courrier; *fam* (*unverzüglich*) immédiatement
Postwertzeichen *nt form* timbre-poste *m* **Postwesen** *nt kein Pl* administration *f* des postes **Postwurfsendung** *f* publicité *f* distribuée par la poste
potent [po'tɛnt] *Adj* ❶ *Person* sexuellement puissant(e)

❷ *geh* (*zahlungskräftig*) fortuné(e)

Potentat(in) [potɛn'ta:t] <-en, -en> *m(f) pej geh* potentat *m*

Potential [potɛn'tsia:l] *s.* **Potenzial**

potentiell [potɛn'tsjɛl] *s.* **potenziell**

Potenz [po'tɛnts] <-, -en> *f* ❶ (*sexuelle Leistungsfähigkeit*) virilité *f*, puissance *f* sexuelle
❷ (*Leistungsfähigkeit*) **künstlerische ~** potentiel *m* artistique
❸ MATH puissance *f*; **die zweite/dritte ~ von zehn** dix à la puissance deux/trois; **eine Zahl in die vierte ~ erheben** élever un nombre à la puissance quatre
▸ **Dummheit in höchster ~** *fam* le comble de la bêtise

PotenzialRR [potɛn'tsia:l] <-s, -e> *nt a.* PHYS potentiel *m*; **ein gewaltiges ~ an Wissen** un énorme potentiel de savoir

potenziellRR [potɛn'tsiɛl] *geh* **I.** *Adj* potentiel(le); *Scheitern, Erfolg* possible
II. *Adv* potentiellement

potenzieren* *tr V* ❶ *geh* potentialiser *Wirkung*
❷ MATH **eine Zahl mit fünf ~** élever un nombre à la puissance cinq

Potpourri ['pɔtpʊri] <-s, -s> *nt* pot-pourri *m*

Pott [pɔt, *Pl:* 'pœtə] <-[e]s, ¨-e> *m fam* ❶ (*Kochtopf*) casserole *f*
❷ (*Nachttopf*) pot *m*
❸ (*Schiff*) bateau *m*; (*altes Schiff*) rafiot *m*
▸ **zu ~e kommen** *fam* en venir à bout

Pottasche ['pɔtʔaʃə] *f* CHEM carbonate *m* de potassium

potthässlichRR *Adj fam Person* moche [comme un pou] (*fam*); *Gebäude* atroce (*fam*)

Pottwal ['pɔtva:l] *m* cachalot *m*

Poulet [pu'le:] <-s, -s> *nt* poulet *m*

Power ['paʊɐ] <-> *f sl einer Person* punch *m* (*fam*); *eines Motors, einer Musikanlage* puissance *f*; **~ haben** *Person:* avoir une pêche d'enfer (*fam*)

powern ['paʊɐn] *itr V sl* mettre le paquet (*fam*)

Powidl ['pɔvidl] <-s, -> *m* A (*Pflaumenmus*) confiture *f* de prunes

PR [pe:'ʔɛr] <-> *f Abk von* **Public Relations** relations *fpl* publiques

Präambel <-, -n> *f* JUR préambule *m*; **falsche ~** ≈ préambule incorrect

PR-Abteilung [pe:'ʔɛr-] *f* service *m* des relations publiques

Pracht [praxt] <-> *f* splendeur *f*; **in seiner/ihrer ganzen ~** dans toute sa splendeur; **es ist eine wahre ~!** *fam* c'est vraiment sensationnel [*o* épatant *fam*]!

Prachtausgabe *f* exemplaire *m* de luxe **Prachtbau** *m* monument *m* somptueux **Prachtexemplar** *nt* ❶ (*Gegenstand*) belle pièce *f* ❷ *fig, hum* **Ihr Baby ist ja ein ~!** vous avez un bébé magnifique [*o* splendide]!

prächtig **I.** *Adj* ❶ *Gebäude, Raum* somptueux(-euse); *Gewand* superbe; *Buchausgabe* luxueux(-euse)
❷ (*sehr gut*) *Leistung* excellent(e); *Wetter* splendide, magnifique
II. *Adv* ❶ superbement, somptueusement
❷ (*sehr gut*) *sich verstehen* à merveille, merveilleusement bien; **es geht ihm ~** il se porte à merveille [*o* merveilleusement bien]

Prachtkerl *m fam* type *m* super (*fam*) **Prachtstück** *s.* **Prachtexemplar** **prachtvoll** *s.* **prächtig** **Prachtweib** *nt fam* femme *f* super (*fam*)

pracken *tr V* A (*schlagen*) battre *Teppich*

prädestinieren* *tr V geh* **jdn zum Dolmetscher/Arzt ~** prédestiner qn à devenir interprète/médecin; **für etw prädestiniert sein** être prédestiné(e) à qc

Prädikat <-[e]s, -e> *nt* ❶ GRAM prédicat *m*, syntagme *m* verbal
❷ SCHULE, UNIV mention *f*; **mit dem ~ „Sehr gut" bestehen** réussir avec la mention "Très bien"
❸ COM appellation *f*, label *m* [de qualité]; **Wein mit ~** vin *m* de qualité

prädikativ [prɛdika'ti:f] LING **I.** *Adj Adjektiv* attribut; **~e Ergänzung** attribut *m*
II. *Adv verwenden* comme attribut

Prädikatsnomen *nt* LING attribut *m*

Prädisposition [prɛ-] *f* MED prédisposition *f*

Präferenz <-, -en> *f a.* COM préférence *f*; **jdm ~en einräumen** accorder des préférences à qn

Präfix <-es, -e> *nt* GRAM préfixe *m*

Prag [pra:k] <-s> *nt* Prague

prägen *tr V* ❶ frapper *Münzen;* estamper *Einband, Visitenkarte*
❷ (*aufprägen*) **ein Wappen auf [*o* in] etw (*Akk*) ~** graver des armoiries sur [*o* dans] qc
❸ (*formen*) **jdn ~** *Erlebnis, Sorgen:* marquer qn
❹ (*charakteristisch sein*) caractériser *Landschaft, Stadtbild*
❺ LING forger *Begriff, Wort*

PR-Agentur [pe:'ʔɛr-] *f* agence *f* de relations publiques

Pragmatik [pra'gma:tɪk] <-> *f* LING pragmatique *f*

Pragmatiker(in) [pra'gma:tikɐ] <-s, -> *m(f)* ❶ (*pragmatischer Mensch*) esprit *m* réaliste; **er ist ein ~** lui, c'est quelqu'un de pragmatique
❷ (*Anhänger des Pragmatismus*) pragmatiste *mf*

pragmatisch **I.** *Adj* pragmatique
II. *Adv* avec pragmatisme; **~ eingestellt sein** avoir l'esprit réaliste

pragmatisiert *Adj* A (*verbeamtet*) fonctionnarisé(e)

Pragmatismus [pragma'tɪsmʊs] <-> *m* PHILOS pragmatisme *m*

prägnant *geh* **I.** *Adj* prégnant(e) (*littér*)
II. *Adv* en termes prégnants (*littér*)

Prägnanz [prɛ'gnants] <-> *f* ❶ (*Knappheit*) concision *f*
❷ (*Genauigkeit*) précision *f*

Prägung <-, -en> *f* ❶ *kein Pl* (*das Prägen*) *von Münzen* frappe *f*; *eines Einbands, einer Visitenkarte* gravure *f*
❷ (*Aufdruck*) gravure *f*
❸ (*charakteristische Art*) **ein System sowjetischer ~** un système d'obédience soviétique
❹ (*Charakterprägung*) structure *f* déterminante
❺ LING création *f*

prähistorisch *Adj* préhistorique

prahlen ['pra:lən] *itr V* se vanter; **mit etw ~** se vanter de qc

Prahler(in) <-s, -> *m(f)* vantard(e) *m(f)*; **ein ~ sein** être vantard

Prahlerei <-, -en> *f* vantardise *f*

prahlerisch **I.** *Adj* de vantard
II. *Adv* pour se vanter

Prahlhans ['pra:lhans, *Pl:* -hɛnzə] <-es, -hänse> *m fam* frimeur *m* (*fam*)

Praktik ['praktɪk] <-, -en> *f meist Pl* pratique *f*

Praktika *Pl von* **Praktikum**

praktikabel [prakti'ka:bəl] *Adj* praticable

Praktikant(in) [prakti'kant] <-en, -en> *m(f)* stagiaire *mf*

Praktiker(in) ['praktikɐ] <-s, -> *m(f)* ❶ praticien(ne) *m(f)*
❷ *fam* (*Arzt*) toubib *m* (*fam*)

Praktikum ['praktikʊm, *Pl:* 'praktika] <-s, Praktika> *nt* stage *m*

praktisch ['praktɪʃ] **I.** *Adj* pratique; **über ~e Erfahrung verfügen** avoir de l'expérience
II. *Adv* ❶ (*in der Praxis*) dans la pratique; **etw ~ umsetzen** mettre qc en pratique
❷ (*zweckmäßig*) *denken, handeln* avec un esprit pratique; *eingerichtet* fonctionnellement; **~ veranlagt sein** avoir l'esprit pratique
❸ (*so gut wie*) pratiquement

praktizieren* **I.** *itr V Arzt:* exercer
II. *tr V* ❶ (*anwenden*) mettre en pratique *Verfahren*
❷ (*ausüben*) pratiquer *Glauben, Religion;* **~d** pratiquant(e)
❸ *fam* (*tun, befördern*) ficher (*fam*); **die Schlange in das Terrarium ~** fourrer le serpent dans le terrarium

Prälat <-en, -en> *m* prélat *m*

Praline [pra'li:nə] <-, -n> *f*, **Praliné** <-s, -s> *nt geh*, **Pralinee** [prali'ne:] <-s, -s> *nt* A chocolat *m*

prall [pral] **I.** *Adj* ❶ (*rund*) rebondi(e)

② (*gefüllt*) *Ball, Ballon* bien gonflé(e); *Brieftasche* bien rempli(e)
II. *Adv* ~ **gefüllt/aufgeblasen** [**sein**] [être] bien rempli(e)/gonflé(e)

prallen ['pralən] *itr V + sein* heurter; **mit dem Kopf gegen jdn/etw** ~ heurter qn/qc de la tête; **er ist mit dem Auto gegen die Wand geprallt** sa voiture est rentrée dans le mur

prallvoll *Adj fam* plein(e) à craquer

Präludium [prɛ'lu:diʊm] <-s, Präludien> *nt* MUS prélude *m*

Prämie ['prɛ:miə] <-, -n> *f* prime *f*

Prämiensparen *nt* épargne *f* rémunérée **Prämiensparvertrag** *m* contrat *m* d'épargne rémunérée

prämieren* *tr V* primer; **jdn/etw mit tausend Euro/dem Oscar** ~ récompenser qn/qc par mille euros/un oscar

Prämierung <-, -en> *f* attribution *f* d'un prix; **die** ~ **der Schauspieler/Filme erfolgt morgen** les acteurs/films seront récompensés demain; **über die** ~ **der Entwürfe entscheiden** décider quels projets seront primés

Prämisse <-, -n> *f geh* prémisse *f* (*littér*)

pränatal *Adj* prénatal(e)

prangen ['praŋən] *itr V geh* ressortir; **über der Tür/auf dem Einband** ~ ressortir sur la porte/reliure; **am Himmel** ~ *Sterne:* resplendir dans le ciel; **in bunten Farben** ~ être éclatant(e) de couleurs

Pranger ['praŋɐ] <-s, -> *m* pilori *m*
▶ **jdn/etw an den** ~ **stellen** mettre qn au pilori/stigmatiser qc

Pranke ['praŋkə] <-, -n> *f a. fig fam* patte *f*

Prankenhieb *m* coup *m* de patte

Präparat <-[e]s, -e> *nt* préparation *f*

präparieren* I. *tr V* ① (*konservieren*) naturaliser
② (*sezieren*) disséquer
③ *geh* (*vorbereiten*) préparer
II. *r V geh* **sich für etw** ~ se préparer à qc

Präposition <-, -en> *f* GRAM préposition *f*

präpotent [prɛpo'tɛnt] *Adj* ① *geh* (*übermächtig*) trop puissant(e)
② A *pej* (*überheblich*) arrogant(e)

Prärie [-'ri:ən] <-, -n> *f* Prairie *f*

Präriehund *m* chien *m* de prairie **Präriewolf** *m* coyote *m* des prairies

Präsens [-tsiən] <-, Präsenzien> *nt* GRAM présent *m*

präsent *Adj geh* présent(e); **etw** ~ **haben** avoir qc présent(e) à l'esprit; **seine Adresse ist mir jetzt nicht** ~ son adresse m'échappe à présent

Präsent <-s, -e> *nt geh* présent *m* (*soutenu*)

Präsentation [prɛzɛnta'tsio:n] <-, -en> *f* présentation *f*

präsentieren* I. *tr V* présenter; **jdm etw** ~ présenter qc à qn
II. *r V* **sich jdm** ~ se présenter à qn
III. *itr V* MIL présenter les armes

Präsentierteller *m* ▶ **auf dem** ~ **sitzen** *fam* être exposé(e) aux regards de tout le monde

Präsentkorb *m corbeille garnie de produits fins que l'on offre*

Präsenz <-> *f geh* présence *f*

Präsenzbibliothek *f* prêt *m* de consultation sur place **Präsenzdienst** *m* A (*Grundwehrdienst*) service *m* militaire obligatoire

Praseodym [prazeo'dy:m] <-s> *nt* CHEM praséodyme *m;* ~ **ist ein Metall** le praséodyme est un métal

Präser <-s, -> *m fam* capote *f* (*fam*)

Präservativ [-va-] <-s, -e> *nt* préservatif *m*

Präsident(in) <-en, -en> *m(f)* président(e) *m(f)*

Präsidentenwahl *f* élection *f* présidentielle

Präsidentschaft <-, -en> *f* présidence *f*

Präsidentschaftskandidat(in) *m(f)* candidat(e) *m(f)* à la présidence **Präsidentschaftswahlen** *Pl* [élections *fpl*] présidentielles *fpl*

Präsidium [-diən] <-s, Präsidien> *nt* ① (*Vorstand*) présidence *f*
② (*Polizeipräsidium*) commissariat *m*

prasseln ['prasəln] *itr V* ① + *sein* (*prallen*) crépiter; **gegen/auf etw** (*Akk*) ~ crépiter contre/sur qc
② + *haben* (*brennen*) *Feuer:* crépiter

prassen ['prasən] *itr V* mener grand train

Prasser(in) <-s, -> *m(f)* viveur(-euse) *m(f)*

Prätendent(in) <-en, -en> *m(f) geh* prétendant(e) *m(f)*

prätentiös [prɛtɛn'tsjø:s] *Adj* prétentieux(-euse)

Präteritum [prɛ'te:ritʊm, prɛ'tɛritʊm] <-s, Präterita> *nt* LING prétérit *m*

Pratze ['pratsə] SDEUTSCH *s.* **Pranke**

präventiv [-vɛn-] I. *Adj* préventif(-ive)
II. *Adv* préventivement

Präventivforschung *f* recherche *f* en matière de prévention **Präventivmaßnahme** *f* mesure *f* préventive **Präventivmedizin** *f kein Pl* médecine *f* préventive

Praxis ['praksɪs] <-, Praxen> *f* ① (*Arztpraxis, Massagepraxis*) cabinet *m*
② *kein Pl* (*praktische Erfahrung*) expérience *f;* ~ **haben** avoir de l'expérience
③ (*praktische Anwendung*) pratique *f;* **etw in die** ~ **umsetzen** mettre qc en pratique

Praxisbezug *m* orientation *f* pratique **praxisfern** *Adj* théorique **praxisnah** *Adj* axé(e) sur la pratique

Präzedenzfall *m* précédent *m;* **einen** ~ **anführen** citer [*o* alléguer] un précédent jurisprudenciel

präzis[e] *geh* I. *Adj* précis(e)
II. *Adv* avec précision

präzisieren* *tr V geh* préciser

Präzision <-> *f geh* précision *f*

Präzisionsarbeit *f* travail *m* de précision **Präzisionsinstrument** *nt* instrument *m* de précision

predigen ['pre:dɪgən] I. *itr V* ① (*eine Predigt halten*) prêcher; **gegen etw** ~ prêcher contre qc
② *fam* (*mahnend vorhalten*) **einem Kind** ~**, vorsichtig zu sein** [*o* **dass es vorsichtig sein soll**] répéter sans cesse à un enfant d'être prudent [*o* qu'il doit être prudent]
II. *tr V* recommander *Toleranz;* **jdm Nächstenliebe** ~ donner des leçons de charité à qn

Prediger(in) <-s, -> *m(f)* prédicateur(-trice) *m(f)*

Predigt ['pre:dɪçt] <-, -en> *f a. fig fam* (*Ermahnung*) sermon *m;* **eine** ~ **halten** faire un sermon

Preis [praɪs] <-es, -e> *m* ① (*Kaufpreis*) prix *m;* **zum** ~ **von zehn Euro** au prix de dix euros; **zum vollen/halben** ~ à plein tarif/à moitié prix; **zu einem niedrigeren/überteuerten** ~ à moindre prix/à un prix excessif; **etw unter** ~ **verkaufen** vendre qc en dessous de son prix
② (*Gewinnprämie*) prix *m;* **einen** ~ **auf etw** (*Akk*) **aussetzen** offrir une récompense pour qc
③ (*Belohnung*) **einen** ~ **auf den Kopf eines Verdächtigen aussetzen** mettre à prix la tête d'un suspect
▶ **einen hohen** ~ **für etw zahlen** payer qc au prix fort; **um jeden/keinen** ~ à tout/aucun prix

Preisabschlag *s.* **Preisnachlass** **Preisabsprache** *f* entente *f* [*o* accord *m*] sur les prix **Preisangabe** *f* indication *f* de [*o* du] prix **Preisanstieg** *m* hausse *f* des prix **Preisaufschlag** *m* ÖKON supplément *m* **Preisausschreiben** *nt* [jeu-]concours *m* **Preisauszeichnung** *f* affichage *m* des prix **preisbewusst**[RR] I. *Adj* qui fait attention aux prix II. *Adv* ~ **kaufen** faire attention aux prix **Preisbindung** *f* [obligation *f* de respecter le] prix *m* imposé **Preisdruck** *m* ristourne *f*

Preiselbeere ['praɪzəlbe:rə] *f* airelle *f*

Preisempfehlung *f* [**unverbindliche**] ~ prix *m* indicatif

preisen ['praɪzən] <pries, gepriesen> *tr V geh* louer *Gott, Qualität, Verdienste;* vanter les mérites de *Person, Restaurant, Ware;* **sich glücklich** ~ s'estimer heureux

Preiserhöhung *f* augmentation *f* des prix **Preisermäßigung** *f* réduction *f* [sur un prix] **Preisfrage** *f* ① (*Gewinnfrage*) question *f* mise au concours ② *fam* (*schwierige Frage*) ques-

P

tion *f* à mille francs (*fam*) ❸ (*Frage des Preises*) question *f* du prix

Preisgabe *f kein Pl geh* ❶ (*Aufgabe*) abandon *m*
❷ (*Enthüllung*) révélation *f*

Preisgarantie *f* garantie *f* des prix **preis|geben** *tr V unreg geh* ❶ (*aufgeben*) abandonner ❷ (*verraten*) réveler ❸ (*überlassen*) **jdn/etw einer S.** (*Dat*) ~ livrer qn/qc à qc **preisgebunden** *Adj* à prix imposé **Preisgefälle** *nt* disparité *f* des prix **Preisgefüge** *nt* structure *f* des prix **preisgekrönt** *Adj* primé(e) **Preisgeld** *nt* prix *m* doté (*d'une certaine somme d'argent*) **Preisgericht** *nt* jury *m* **Preisgrenze** *f* limite *f* des prix **preisgünstig** I. *Adj Artikel* bon marché; *Angebot* avantageux(-euse) II. *Adv* [à] bon marché; **~er** meilleur marché **Preisindex** *m* indice *m* des prix **Preisklasse** *f* catégorie *f* de prix; **in jeder ~** à tous les prix **Preiskontrolle** *f* contrôle *m* des prix **Preislage** *f* gamme *f* de prix **Preis-Leistungs-Verhältnis** *nt* rapport *m* qualité-prix

preislich I. *Adj attr Unterschied* en matière de prix
II. *Adv günstig* quant au prix; **sich ~ unterscheiden** présenter une différence de prix

Preisliste *f* tarif *m* **Preisnachlass**^RR^ *m* remise *f*; **jdm einen ~ gewähren** accorder une remise à qn **Preisniveau** *nt* niveau *m* des prix **Preispolitik** *f* politique *f* des prix **Preisrätsel** *nt* jeu-concours *m* **Preisrichter(in)** *m(f)* SPORT juge *m*; KUNST, LITER juré(e) *m(f)* **Preisrückgang** *m* recul *m* des prix **Preisschild** *nt* étiquette *f* **Preisschlager** *m fam* offre *f* spéciale **Preissenkung** *f* diminution *f* [*o* baisse *f*] des prix **Preisspanne** *f* ÖKON marge *f* de prix **Preisstabilität** *f* stabilité *f* des prix **Preissteigerung** *f* hausse *f* des prix **Preisstopp** *m* gel *m* des prix **Preisträger(in)** *m(f)* lauréat(e) *m(f)*; SPORT vainqueur *m* **Preistreiber(in)** <-s, -> *m(f) pej* **ein ~ sein** forcer sur les prix **Preistreiberei** <-, -en> *f pej* flambée *f* des prix, valse *f* des étiquettes; **jdm ~ vorwerfen** reprocher à qn de faire flamber les prix **Preisunterschied** *m* différence *f* de prix **Preisvereinbarung** *f* accord *m* sur les prix **Preisverfall** *m* chute *f* des prix **Preisvergleich** *m* comparaison *f* des prix **Preisverleihung** *f* remise *f* des prix **Preisvorteil** *m* avantage *m* au niveau du prix **preiswert** *s.* **preisgünstig**

prekär *Adj geh* précaire

Prellbock ['prɛlbɔk] *m* butoir *m*
▸ **der ~ sein** servir de tampon

prellen ['prɛlən] I. *tr V* ❶ (*betrügen*) escroquer; **jdn um etw ~** escroquer qn de qc
❷ (*stoßen*) **sich** (*Dat*) **etw ~** se contusionner qc
II. *r V* **sich an etw** (*Dat*) **~** se contusionner qc

Prellung <-, -en> *f* contusion *f*

Premier [prə'mie:] *s.* **Premierminister(in)**

Premiere [prə'mie:rə] <-, -n> *f* première *f*

Premierminister(in) [prə'mie:-, pre'mie:-] *m(f)* premier ministre *m*

preschen ['prɛʃən] *itr V + sein* ❶ (*galoppieren*) **über die Felder/durch den Wald ~** galoper à travers champs/les bois
❷ *fam* (*rasen*) **durch die Stadt/über die Autobahn ~** foncer à travers la ville/sur l'autoroute (*fam*)

Presse ['prɛsə] <-, -n> *f* ❶ *kein Pl* (*Zeitungen, Zeitschriften*) presse *f*; **von der ~ sein** être de la presse
❷ *kein Pl* (*Pressereaktion*) **eine gute/schlechte ~ haben** avoir bonne/mauvaise presse
❸ TECH presse *f*
❹ (*Fruchtpresse*) presse-fruits *m*

Presseagentur *f* agence *f* de presse **Presseamt** *nt* bureau *m* de presse **Presseausweis** *m* carte *f* de presse **Presseball** *m* bal *m* de la presse **Pressechef(in)** *m(f)* chef *m* du bureau [*o* service *m*] de presse **Presseerklärung** *f* déclaration *f* de presse; **eine ~ abgeben** faire une déclaration à la presse **Pressefotograf(in)** *m(f)* photographe *mf* de presse **Pressefreiheit** *f kein Pl* liberté *f* de la presse **Pressegesetz** *nt* loi *f* sur la presse **Pressekonferenz** *f* conférence *f* de presse **Pressemeldung** *f* communiqué *m* de presse

pressen ['prɛsən] I. *tr V* ❶ (*trocknen*) presser *Blume, Blatt*
❷ TECH presser
❸ (*drücken*) **jdn an sich** (*Akk*) **~** serrer qn contre soi; **das Gesicht gegen** [*o* **an**] **die Scheibe ~** appuyer son visage contre la vitre
❹ (*auspressen*) presser *Obst*; **den Saft aus einer Orange ~** presser le jus d'une orange
❺ (*zwingen*) forcer; **er wurde zum Dienst in der Flotte gepresst** on l'a forcé à servir dans la marine
II. *itr V* pousser

Pressenotiz *f* entrefilet *m* **Pressereferent(in)** *m(f)* attaché(e) *m(f)* de presse **Presseschau** *f* revue *f* de presse **Pressespiegel** *m* MEDIA revue *f* de presse **Pressesprecher(in)** *m(f)* attaché(e) *m(f)* de presse **Pressestelle** *f* service *m* de presse **Pressevertreter(in)** *m(f)* représentant(e) *m(f)* de presse **Pressezensur** *f kein Pl* censure *f* de la presse *pas de pl* **Pressezentrum** *nt* centre *m* de presse

Pressform^RR^ *f* moule *m* **Pressglas**^RR^ *nt kein Pl* verre *m* moulé

pressieren* SDEUTSCH, A, CH I. *itr V* ❶ (*dringlich sein*) être pressant(e); **nicht ~** ne pas presser
❷ (*in Eile sein*) **pressiert sein** être pressé(e)
II. *itr V unpers* **es pressiert nicht** ça ne presse pas; **es pressiert ihm** il est pressé

Pression [prɛ'sio:n] <-, -en> *f geh* pression *f*

Presskohle^RR^ *f* charbon *m* aggloméré **Pressluft**^RR^ *f kein Pl* air *m* comprimé

Pressluftbohrer^RR^ *m* marteau-piqueur *m* **Presslufthammer**^RR^ *m* marteau *m* pneumatique

Presswehen^RR^ *Pl* contractions *fpl*

Prestige [prɛs'ti:ʒ] <-s> *nt geh* prestige *m*

Prestigedenken [prɛs'ti:ʒə-] *nt geh* ambition *f* sociale **Prestigeverlust** *m kein Pl* perte *f* de prestige *pas de pl*

Preuße <-n, -n> *m*, **Preußin** *f* Prussien(ne) *m(f)*
▸ **so schnell schießen die ~n nicht!** *fam* y a pas le feu! (*fam*)

Preußen <-s> *nt* la Prusse

preußisch *Adj* prussien(ne)

Preziosen [pre'tsio:zən] *Pl geh* objets *mpl* précieux

prickeln ['prɪkəln] *itr V* ❶ (*kribbeln*) picoter; **auf der Haut/Zunge ~** picoter la peau/langue; **~d** *Gefühl, Reiz* excitant(e); **das Prickeln** le picotement
❷ (*perlen*) *Sekt*: pétiller

Priel [pri:l] <-[e]s, -e> *m* petit chenal *m*

Priem [pri:m] <-[e]s, -e> *m* chique *f*

priemen ['pri:mən] *itr V* chiquer

pries [pri:s] *Imp von* **preisen**

Priester(in) ['pri:stɐ] <-s, -> *m(f)* prêtre(-esse) *m(f)*; **jdn zum ~ weihen** ordonner qn prêtre

Priesteramt *nt* sacerdoce *m* **Priestergewand** *nt* habit *m* sacerdotal

priesterlich *Adj* sacerdotal(e)

Priesterseminar *nt* [grand] séminaire *m*

Priestertum <-s> *nt* prêtrise *f*

Priesterweihe *f* ordination *f*

prima ['pri:ma] *fam* I. *Adj unv* super (*fam*)
II. *Adv* super-bien (*fam*)

Prima <-, Primen> *f* ❶ SCHULE, HIST *l'une des deux dernières classes du "Gymnasium"*
❷ SCHULE A *première classe du "Gymnasium"*

Primaballerina [primabale'ri:na] *f* première danseuse *f* **Primadonna** [prima'dɔna] <-, -donnen> *f* ❶ prima donna *f*
❷ (*egozentrischer Mensch*) pimbêche *f*; **sich wie eine ~ aufspielen** se prendre pour une star

primär *geh* I. *Adj* premier(-ière) *antéposé*
II. *Adv* en premier lieu (*littér*)

Primararzt *m*, **-ärztin** *f* A (*leitender Arzt*) médecin-chef *m*

Primärenergie *f* énergie *f* naturelle

Primaria <-, - *o* -riae> *f* A (*Chefärztin*) médecin-chef *f*

Primarius <-, -rien> *m* A (*Chefarzt*) médecin-chef *m*

Primärkreislauf *m* circuit *m* primaire

Primarlehrer(in) *m(f)* SCHULE CH ≈ instituteur(-trice) *m(f)*

Primärliteratur *f* littérature *f* primaire

Primarschule [pri'maːɐ-] CH *s.* **Grundschule**

Primas ['priːmas] <-, -se> *m* ① REL primat *m*
② MUS premier violon *m*

Primat [pri'maːt] <-en, -en> *m* primate *m*

Primel ['priːməl] <-, -n> *f* primevère *f*
▸ **eingehen wie eine ~** *fam* sécher sur pied

Primi *Pl von* **Primus**

primitiv [primi'tiːf] **I.** *Adj* ① (*urtümlich*) *Entwicklungsstufe, Kultur* primitif(-ive)
② (*elementar*) *Bedürfnisse, Erfordernisse* élémentaire
③ (*simpel*) *Methode, Vorrichtung, Behausung* rudimentaire
④ *pej Person, Gesinnung* primaire
II. *Adv* (*sehr einfach*) de manière rudimentaire

Primitive(r) [-və] *f(m) dekl wie Adj* primitif(-ive) *m(f)*

Primitivität [-vi-] <-, -en> *f* ① *kein Pl* (*Einfachheit*) caractère *m* rudimentaire
② *kein Pl pej* (*Mangel an Bildung*) balourdise *f*
③ *pej* (*grobe Bemerkung*) grossièreté *f*

Primitivling [primi'tiːflɪŋ] <-s, -e> *m pej fam* plouc *m* (*fam*)

Primus ['priːmʊs] <-, -se *o* Primi> *m* premier *m* de la classe

Primzahl ['priːm-] *f* MATH nombre *m* premier

Printmedium *nt* presse *f* [écrite]

Prinz [prɪnts] <-en, -en> *m*, **Prinzessin** *f* ① (*Adelstitel*) prince *m*/princesse *f*
② *s.* **Karnevalsprinz**

Prinzip [prɪn'tsiːp, *Pl:* prɪn'tsiːpiən] <-s, -ien> *nt* principe *m;* **sich** (*Dat*) **etw zum ~ machen** s'ériger qc en principe; **sich** (*Dat*) **zum ~ machen etw zu tun** avoir pour principe de faire qc; **das ~ Hoffnung/Liebe** le principe de l'espoir/l'amour; **aus ~** par principe; **im ~** en principe

prinzipiell [prɪntsi'pjɛl] **I.** *Adj* de principe; *Unterschied* de fond
II. *Adv* par principe; **das ist ~ möglich** en principe, c'est possible

Prinzipienfrage [-piən-] *f* question *f* de principe **Prinzipienreiter(in)** *m(f) pej personne qui est à cheval sur les principes* **prinzipientreu** **I.** *Adj* fidèle à ses principes **II.** *Adv* selon ses principes

Prinzregent(in) *m(f)* HIST prince *m* régent/princesse *f* régente

Prior(in) ['priːoːɐ, *Pl:* pri'oːrən] <-s, Prioren> *m(f)* prieur(e) *m(f)*

Priorität <-, -en> *f geh* priorité *f;* **~ haben** avoir [la] priorité; **~en setzen** établir des priorités

Prioritätenliste *f* liste *f* des priorités; **auf der ~ ganz oben stehen** être premier(-ière) sur la liste des priorités

Prise ['priːzə] <-, -n> *f* ① pincée *f;* **eine ~ Pfeffer** une pincée de poivre
② NAUT prise *f*

Prisma ['prɪsma] <-s, Prismen> *nt* prisme *m*

Pritsche ['prɪtʃə] <-, -n> *f* ① (*Liege*) lit *m* rudimentaire
② (*Ladefläche*) benne *f*

pritscheln *itr V* A (*planschen*) patauger

Pritschenwagen *m* [camion *m* à] benne *f*

privat [pri'vaːt] **I.** *Adj* ① (*persönlich*) privé(e); *Unterlagen, Vermögen* personnel(le)
② (*nicht geschäftlich*) *Angelegenheit, Telefongespräch* privé(e); *Interesse, Grund* personnel(le); **auf der Tür stand „~"** sur la porte, il y avait "privé"
II. *Adv sprechen* en privé; *anrufen* à titre privé; **mit jdm ~ verkehren** avoir des relations personnelles avec qn

Privatadresse *f* adresse *f* privée **Privatangelegenheit** *f* affaire *f* privée; **das ist meine ~** c'est mon affaire **Privatanschluss**RR *m* numéro *m* [de téléphone] personnel **Privataudienz** *f* audience *f* particulière **Privatbesitz** *m* propriété *f* privée; **in ~ befindlich** qui appartient à un particulier **Privatdetektiv(in)** *m(f)* détective *mf* privé(e) **Privatdozent(in)** *m(f)* privat-docent *m* **Privateigentum** *nt* propriété *f* privée; **etw in ~ überführen** transférer qc au secteur privé **Privatfernsehen** *nt fam* télévision *f* privée **Privatgespräch** *nt* TELEC communication *f* privée **Privathaftpflichtversicherung** *f* assurance *f* responsabilité civile **Privathand** *f kein Pl* possession *f* d'un particulier **Privathaus** *nt* maison *f* particulière; **die Gäste in Privathäusern unterbringen** loger les invités chez des particuliers **Privatinitiative** [-və] *f* initiative *f* privée **Privatinteresse** *nt* intérêt *m* personnel

privatisieren* [-va-] *tr V* privatiser

Privatisierung <-, -en> *f* ÖKON privatisation *f*

Privatklinik *f* clinique *f* privée **Privatleben** *nt* vie *f* privée; **sich ins ~ zurückziehen** se retirer de la vie active **Privatlehrer(in)** *m(f)* professeur *m* particulier **Privatmann** <-leute> *m* ① (*Privatperson*) particulier *m* ② (*Privatier*) rentier *m* **Privatnummer** *f* numéro *m* personnel **Privatpatient(in)** *m(f)* patient(e) *m(f)* du secteur privé **Privatperson** *f* particulier *m;* **etw als ~ tun** faire qc à titre privé **Privatrecht** *nt kein Pl* JUR droit *m* privé **Privatsache** *s.* **Privatangelegenheit** **Privatschule** *f* école *f* privée **Privatsekretär(in)** *m(f)* secrétaire *mf* particulier(-ière) **Privatsender** *m* ① RADIO station *f* privée ② TV chaîne *f* privée **Privatsphäre** *f* intimité *f* **Privatstunde** *f* leçon *f* particulière **Privatunterricht** *m* cours *m* particulier **Privatvergnügen** *nt fam* **das ist mein/sein/... ~** c'est moi/lui/... que ça regarde; **ich mache das nicht zu meinem ~** je ne le fais pas pour mon plaisir **Privatvermögen** *nt* biens *mpl* propres

privatversichert *s.* **versichern I.1.**

Privatversicherung *f* assurance *f* privée **Privatwagen** *m* voiture *f* personnelle **Privatweg** *m* chemin *m* privé **Privatwirtschaft** *f* secteur *m* privé **Privatwohnung** *f* appartement *m* privé

Privileg [privi'leːk, *Pl:* privi'leːgiən] <-[e]s, -ien> *nt geh* privilège *m*

privilegieren* [-vi-] *tr V geh* privilégier

privilegiert *Adj geh* privilégié(e)

PR-Manager(in) [peː'ʔɛrmænɪdʒɐ] *m(f)* manageur(-euse) *m(f)* des relations publiques

pro [proː] **I.** *Präp + Akk* par; **~ Person/Tag/Fahrt** par personne/jour/trajet; **~ Minute/Sekunde** par [*o* à la] minute/seconde; **~ Stunde** à l'heure; **zehn Euro ~ Stück** dix euros l'unité
II. *Adv* pour; **~ SPD sein** être pour le SPD

Pro <-> *nt* **[das] ~ und [das] Kontra** *geh* le pour et le contre

Proband(in) [pro'bant] <-en, -en> *m(f)* sujet *m* d'expérience

probat [pro'baːt] *Adj geh* éprouvé(e)

Probe ['proːbə] <-, -n> *f* ① (*Warenprobe*) échantillon *m*
② (*Prüfmenge*) *eines Gesteins* échantillon *m; von Käse, Wurst* morceau *m; von Blut* prélèvement *m;* **von [*o* aus] etw ~n ziehen [*o* nehmen]** faire des prélèvements de qc
③ (*Beispiel, Beweis*) *des Könnens, Wissens* aperçu *m*
④ MUS, THEAT répétition *f*
⑤ (*Test, Prüfung*) épreuve *f;* **eine Seite zur ~ übersetzen** traduire une page comme spécimen; **jdn/etw auf die ~ stellen** mettre qn/qc à l'épreuve; **~ fahren** faire un essai; **ein Auto ~ fahren** essayer une voiture
▸ **die ~ aufs Exempel machen** faire la preuve par l'exemple

Probeabzug *m* épreuve *f* **Probealarm** *m* simulation *f* d'alarme **Probearbeit** *f* travail *m* d'essai **Probeaufnahme** *f* ① CINE, MUS enregistrement *m* test ② (*probeweises Dazugehören*) période *f* d'essai **Probedruck** *m* épreuve *f* **Probeexemplar** *nt* spécimen *m*

probe|fahren *s.* **Probe 5.**

Probefahrt *f* essai *m* [sur route] **Probejahr** *nt* année *f* d'essai **Probelauf** *m* TECH essai *m* **Probelehrer(in)** *m(f)* A [profes-

seur *m*] stagiaire *mf* **Probemuster** *nt* échantillon *m*
proben ['pro:bən] *tr, itr V* répéter
Probenummer *f* MEDIA [numéro *m*] spécimen *m* **Probepackung** *f* échantillon *m* **Probeseite** *f* page *f* spécimen **Probesendung** *f* envoi *m* d'échantillons **probeweise** I. *Adv nehmen, überlassen* pour essayer; *erfolgen, einstellen* à l'essai II. *Adj* à l'essai **Probezeit** *f eines Mitarbeiters* période *f* d'essai
probieren* I. *tr V* ❶ (*versuchen*) essayer; **es mit einem neuen Mitarbeiter ~** essayer par un nouveau collaborateur; **es mit Drohungen/Schmeicheleien ~** essayer d'employer les menaces/flatteries
❷ (*kosten*) goûter; déguster *Wein*
❸ (*anprobieren*) essayer *Kleid, Schuhe*
❹ THEAT (*proben*) répéter *Stück*
II. *itr V* ❶ essayer; **~ das Fenster zu öffnen** essayer d'ouvrir la fenêtre; **~, ob die Tür verschlossen ist** essayer de voir si la porte est fermée à clé
❷ (*kosten*) **vom Nachtisch ~** goûter au dessert
❸ THEAT (*proben*) répéter
▸ **Probieren geht über Studieren** *Spr.* expérience passe science
probiotisch *Adj* probiotique; **~e Milchprodukte** laitages probiotiques
Problem [pro'ble:m] <-s, -e> *nt* ❶ problème *m;* **vor einem ~ stehen** être confronté(e) à un problème; **es gibt ~e** on a des problèmes
❷ (*Ärgernis*) **für jdn zum ~ werden** devenir une source d'ennuis pour qn
Problematik [proble'ma:tɪk] <-> *f geh* difficultés *fpl; einer Theorie* problématique *f* (*soutenu*)
problematisch *Adj Person, Charakter* à problèmes; *Fall, Punkt, Vorgehen* problématique; **die Sache wird/ist ~** l'affaire commence à faire/fait problème
Problemfall *m* ❶ (*Angelegenheit*) cas *m* problématique
❷ (*problematischer Mensch*) problème *m*
problemlos I. *Adj* sans problème[s]
II. *Adv* sans [aucun] problème
ProductplacementRR, **Product-Placement**RR ['prɔdʌkt-'pleɪsmənt] <-s> *nt* publicité *f* déguisée
Produkt [pro'dʊkt] <-[e]s, -e> *nt* ❶ *a.* MATH produit *m*
❷ *geh* (*Folge*) fruit *m* (*soutenu*)
Produktenhandel *m* commerce *m* de produits agricoles
Produktgestaltung *f* design *m* du produit
Produktion [prodʊk'tsio:n] <-, -en> *f* production *f*
Produktionsablauf *m* processus *m* de production **Produktionsabteilung** *f* ÖKON [service *m* de] production *f* **Produktionsausfall** *m* perte *f* de production **produktionsbedingt** *Adj* lié(e) à la production **Produktionskosten** *Pl* coût *m* de [la] production **Produktionsmittel** *nt* moyen *m* de production **Produktionssteigerung** *f* augmentation *f* de [la] production **Produktionstechnik** *f kein Pl* technique *f* de production **Produktionsverfahren** *nt* procédé *m* de production
produktiv [prodʊk'ti:f] I. *Adj* ❶ (*ergiebig*) productif(-ive)
❷ (*schöpferisch*) *Künstler* prolifique
II. *Adv* **~ arbeiten** travailler de manière productive
Produktivität [-vi-] <-> *f* productivité *f*
Produktlinie [-li:niə] *f* ligne *f* de produits **Produktpalette** *f* gamme *f* de produits **Produktpiraterie** *f* contrefaçon *f* d'un produit
Produzent(in) [produ'tsɛnt] <-en, -en> *m(f)* ❶ (*Hersteller*) fabricant(e) *m(f); von Agrarprodukten* producteur(-trice) *m(f)*
❷ (*Filmproduzent*) producteur(-trice) *m(f)*
produzieren* I. *tr V* ❶ (*herstellen, hervorbringen*) produire
❷ *fam* (*verursachen*) faire; pondre (*fam*) *Text*
II. *itr V* **billig/teuer ~** produire à bas prix/cher
III. *r V pej fam* **sich vor jdm ~** faire l'intéressant(e) devant qn
Prof. *Abk von* **Professor**
profan [pro'fa:n] *Adj geh* ❶ (*alltäglich*) terre à terre
❷ (*nicht sakral*) profane
professionell [profɛsio'nɛl] I. *Adj* professionnel(le)
II. *Adv* avec professionnalisme; **~ wirken** faire professionnel(le)
Professor [pro'fɛso:ɐ, *Pl:* profɛ'so:rən] <-s, -soren> *m*, **Professorin** *f* ❶ *kein Pl* (*Titel*) professeur *m*
❷ (*Universitätsprofessor*) professeur *m* [d'université]; **ordentlicher ~** professeur *m* titulaire
❸ A (*Gymnasialprofessor*) professeur *m* [du second degré]
professoral [profɛso'ra:l] *pej* I. *Adj* professoral(e)
II. *Adv reden* d'un ton professoral; **~ auftreten/wirken** avoir un air pontifiant
Professur [profɛ'su:ɐ] <-, -en> *f* chaire *f* [de professeur]
Profi ['pro:fi] <-s, -s> *m fam* ❶ (*Spezialist, Sportler*) pro *mf* (*fam*)
❷ (*Verbrecher*) professionnel(le) *m(f)*
Profikiller *m* tueur *m* professionnel/tueuse *f* professionnelle
Profil [pro'fi:l] <-s, -e> *nt* ❶ *einer Sohle, eines Reifens* sculptures *fpl*
❷ (*seitliche Ansicht*) profil *m;* **im ~** de profil
❸ *geh* (*Ausstrahlung*) stature *f;* **~ haben** avoir de l'envergure
profilieren* *r V* **sich ~** s'affirmer
profiliert [profi'li:ɐt] *Adj* reconnu(e); *Politiker* d'envergure
Profilierung <-> *f* profilage *m;* **zur ~ einer Person beitragen** ajouter à la stature d'une personne
Profilneurose *f* PSYCH peur *f* obsessionnelle d'échouer
Profilsohle *f* semelle *f* crantée **Profilstahl** *m* TECH acier *m* profilé
Profit [pro'fi:t] <-[e]s, -e> *m* profit *m;* **~ abwerfen** dégager un profit; **~ machen** faire du profit; **aus etw ~ schlagen** [*o* **ziehen**] tirer profit de qc; **etw mit ~ verkaufen** vendre qc en faisant du profit
profitabel [profi'ta:bəl] *Adj geh* rémunérateur(-trice) (*soutenu*)
Profitgier *f pej* rapacité *f* (*péj*)
profitieren* *itr V* ❶ (*Gewinn machen*) faire du profit
❷ (*Nutzen haben*) **bei/von etw ~** profiter de qc
❸ (*Nützliches lernen*) **von jdm ~** tirer profit de ce que dit/fait qn; **von etw ~** tirer profit de qc
Profitjäger(in) *m(f) pej* rapace *m* (*péj*)
pro forma [pro: 'fɔrma] *Adv geh* pour la forme
Pro-forma-Rechnung *f* facture *f* pro forma
profund [pro'fʊnt] *Adj Ausbildung* solide
Prognose [pro'gno:zə] <-, -n> *f* ❶ *geh* (*Vorhersage*) prévision *f*
❷ (*Wettervorhersage*) prévisions *fpl*
❸ MED pronostic *m;* **jdm eine ~ stellen** faire un pronostic à qn
prognostizieren* *tr V geh* pronostiquer
Programm [pro'gram] <-s, -e> *nt* ❶ (*Ablauf, Konzeption*) programme *m;* **auf dem ~ stehen** être au programme; **nach ~** selon les prévisions; **fürs Wochenende steht Aufräumen auf meinem ~** *fam* pour le weekend, j'ai du rangement au programme
❷ (*Programmheft*) programme *m*
❸ INFORM logiciel *m*
❹ (*Produktprogramm*) assortiment *m*
▸ **ein volles ~ haben** avoir un programme chargé
Programmablauf *m* parcours *m* de programme **Programmänderung** *f* changement *m* de programme
programmatisch [progra'ma:tɪʃ] *Adj* ❶ (*einem Programm entsprechend*) de programme, au niveau du programme
❷ (*wegweisend*) directeur(-trice)
Programmaufruf *m* INFORM appel *m* de programme **Programmfehler** *m* INFORM erreur *f* dans le programme **programmgemäß** I. *Adj* selon les prévisions II. *Adv* comme prévu **Programmgestaltung** *f* élaboration *f* d'un programme **Programmheft** *nt* programme *m* **Programmhinweis** *m* présentation *f* des programmes
programmierbar *Adj* INFORM programmable

programmieren* *tr V* ❶ INFORM programmer
❷ (*vorbereiten*) **auf etw** (*Akk*) **programmiert sein** être programmé(e) pour qc
Programmierer(in) <-s, -> *m(f)* INFORM programmeur(-euse) *m(f)*
Programmiersprache *f* INFORM langage *m* de programmation
Programmierung <-, -en> *f* INFORM programmation *f*
Programmkino *nt* cinéma *m* d'art et d'essai **Programmvorschau** *f* bande-annonce *f* **Programmzeitschrift** *f* programme *m* de télévision
Progression [progrɛ'sio:n] <-, -en> *f* ❶ (*stufenweise Steigerung*) progressivité *f*
❷ (*Fortschreiten*) progression *f*
progressiv [progrɛ'si:f] *Adj* ❶ *geh* (*fortschrittlich*) progressiste
❷ FISC, FIN progressif(-ive)
Prohibition [prohibi'tsio:n] <-, -en> *f* prohibition *f*
Projekt [pro'jɛkt] <-[e]s, -e> *nt* projet *m*; **ein ~ ausarbeiten/durchführen** élaborer/mettre en œuvre un projet
Projektgruppe *f* groupe *m* de projet
Projektil [projɛk'ti:l] <-s, -e> *nt form* projectile *m*
Projektion [projɛk'tsio:n] <-, -en> *f* projection *f*
Projektionsapparat *m* projecteur *m* **Projektionsfläche** *f* CINE écran *m*
Projektleiter(in) *m(f)* directeur(-trice) *m(f)* de projet
Projektor [pro'jɛkto:ɐ] <-s, -toren> *m* projecteur *m*
projizieren* *tr V* OPT, PSYCH projeter
Proklamation [proklama'tsio:n] <-, -en> *f geh* proclamation *f*
proklamieren* *tr V geh* proclamer
Pro-Kopf-Ausgaben *Pl* dépenses *fpl* par tête **Pro-Kopf-Einkommen** *nt* revenu *m* par tête
Prokura [pro'ku:ra] <-, Prokuren> *f form* procuration *f*; **jdm ~ erteilen** donner procuration à qn
Prokurist(in) [proku'rɪst] <-en, -en> *m(f)* fondé(e) *m(f)* de pouvoir
Prolet(in) [pro'le:t] <-en, -en> *m(f) pej* plouc *mf* (*péj fam*)
Proletariat [proletari'a:t] <-[e]s, -e> *nt* prolétariat *m*
Proletarier(in) [prole'ta:riɐ] <-s, -> *m(f) veraltet* prolétaire *mf*
proletarisch [prole'ta:rɪʃ] *Adj veraltet* prolétaire; *Abkunft, Herkunft* prolétarien(ne), prolétaire
proletenhaft *pej* I. *Adj* plouc (*péj fam*)
II. *Adv* comme un plouc (*péj fam*)
Prolo <-s, -s> *m pej sl* prolo *mf* (*fam*)
Prolog [pro'lo:k] <-[e]s, -e> *m* prologue *m*
prolongieren* [prolɔŋ'gi:rən] *tr V* prolonger
Promenade [promə'na:də] <-, -n> *f* promenade *f*
Promenadendeck *nt* pont-promenade *m* **Promenadenmischung** *f hum fam* [chien *m*] bâtard *m*
Promi ['prɔmi] <-s, -s> *m*, <-, -s> *f sl* huile *f* (*fam*)
Promille [pro'mɪlə] <-[s], -> *nt* ❶ **elf ~** onze pour mille; **nach ~ berechnet werden** être calculé(e) en millièmes
❷ *fam* (*Blutalkohol*) **0,5 ~ haben** avoir 0,5 gramme (*fam*)
Promillegrenze *f* taux *m* d'alcoolémie maximal
prominent [promi'nɛnt] *Adj* éminent(e); **~ sein** être un personnage éminent
Prominente(r) *f(m) dekl wie Adj* personnalité *f*
Prominenz [promi'nɛnts] <-> *f geh* (*die Prominenten*) personnalités *fpl* [de premier plan]
promisk I. *Adj Person* à partenaires multiples; **~es Verhalten** mode *m* de vie à partenaires multiples
II. *Adv* **~ leben, sich ~ verhalten** changer souvent de partenaire[s]
Promiskuität <-> *f* changement *m* fréquent de partenaire
promiskuitiv *s.* **promisk**
Promotion [promo'tsio:n] <-, -en> *f* UNIV doctorat *m*
promovieren* [-'vi:-] I. *itr V* ❶ (*eine Doktorarbeit schreiben*) préparer une thèse [de doctorat]; **über jdn/etw ~** préparer une thèse [de doctorat] sur qn/qc
❷ (*den Doktorgrad erwerben*) **in Philosophie** (*Dat*) **~** soutenir une thèse de philosophie; **bei jdm ~** passer sa thèse [de doctorat] avec qn
II. *tr V* **jdn ~** attribuer à qn le grade de docteur; **promoviert werden** être reçu(e) docteur
prompt [prɔmpt] I. *Adj* rapide
II. *Adv* ❶ (*sofort*) rapidement
❷ *fam* (*erwartungsgemäß*) aussi sec (*fam*)
Promptheit <-> *f* rapidité *f*
Pronomen [pro'no:mən] <-s, - *o* Pronomina> *nt* GRAM pronom *m*
pronominal [pronomi'na:l] *Adj* GRAM pronominal(e)
Propaganda [propa'ganda] <-> *f* propagande *f*; **für etw ~ machen** faire de la publicité pour qc
Propagandafeldzug *m* campagne *f* de propagande
Propagandist(in) [propagan'dɪst] <-en, -en> *m(f)* propagandiste *mf*
propagandistisch I. *Adj* à des fins de propagande; *Material* de propagande
II. *Adv* à des fins de propagande
propagieren* *tr V geh* prôner (*soutenu*)
Propan [pro'pa:n] <-s> *nt* CHEM propane *m*; **~ wird als Brennstoff verwendet** le propane est utilisé comme combustible
Propangas *nt kein Pl* [gaz *m*] propane *m*; **~ besteht aus Kohlenwasserstoff** le [gaz] propane est composé d'hydrocarbure
Propeller [pro'pɛlɐ] <-s, -> *m* hélice *f*
Propellerflugzeug *nt* avion *m* à hélice
proper ['prɔpɐ] *Adj fam Person, Äußeres* clean (*fam*); *Wohnung, Zimmer, Garten* impec (*fam*)
Prophet(in) [pro'fe:t] <-en, -en> *m(f)* prophète *m*/prophétesse *f*
▶ **ich bin [doch] kein ~!** *fam* je ne suis pas devin! (*fam*); **der ~ gilt nichts im eigenen Lande** *Spr.* nul n'est prophète en son pays
prophetisch *geh* I. *Adj* prophétique
II. *Adv* prophétiquement
prophezeien* *tr V* prophétiser; **jdm viel Erfolg ~** prédire à qn une grande réussite; **jdm ~, dass etwas Erfreuliches passieren wird** prédire à qn que quelque chose d'agréable arrivera
Prophezeiung <-, -en> *f* prophétie *f*
prophylaktisch [profy'laktɪʃ] I. *Adj* prophylactique
II. *Adv* préventivement
Prophylaxe [profy'laksə] <-, -n> *f* prophylaxie *f*; **zur ~** à titre préventif
Proportion [propɔr'tsio:n] <-, -en> *f* proportion *f*
proportional [propɔrtsio'na:l] *geh* I. *Adj* proportionnel(le)
II. *Adv* proportionnellement
Proportionalschrift *f* chasse *f* déformée
proportioniert [propɔrtsio'ni:ɐt] *Adj* proportionné(e)
Proporz [pro'pɔrts] <-es, -e> *m* ❶ [représentation *f*] proportionnelle *f*; **etw im ~ besetzen** attribuer qc à la proportionnelle
❷ CH *s.* **Verhältniswahl**
proppe[n]voll ['prɔpənfɔl] *Adj fam* plein(e) à craquer (*fam*)
Propst [pro:pst] <-[e]s, Pröpste> *m* doyen *m*
Propstei [pro:ps'taɪ] <-, -en> *m* doyenné *m*
Prosa ['pro:za] <-> *f* prose *f*
prosaisch [pro'za:ɪʃ] I. *Adj* ❶ *geh* (*nüchtern*) prosaïque
❷ LITER en prose
II. *Adv geh* prosaïquement
Proseminar ['pro:zemina:ɐ] *nt* cours *m* pour étudiants débutants
prosit ['pro:zɪt] *s.* **prost**
Prosit <-s, -s> *nt* toast *m*; **ein ~ auf jdn ausbringen** porter un toast à qn
Prospekt [pro'spɛkt] <-[e]s, -e> *m* prospectus *m*
Prosperität [prosperi'tɛ:t] <-> *f* prospérité *f*
prost [pro:st] *Interj* à la tienne/vôtre
▶ **[na] dann ~!** *iron* [alors] bonjour les dégâts! (*fam*)

P

Prostata ['prɔstata] <-> *f* ANAT prostate *f*

prosten *itr V* trinquer; **auf jdn/etw ~** trinquer à la santé de qn/à qc

prostituieren* *r V* ❶ **sich ~** se prostituer
❷ *(sich herabwürdigen)* **sich für etw ~** se prostituer pour qc

Prostituierte(r) *f(m) dekl wie Adj* prostitué(e) *m(f)*

Prostitution [prostitu'tsio:n] <-> *f* prostitution *f*

Protagonist(in) [protago'nɪst] <-en, -en> *m(f) geh* ❶ protagoniste *mf*
❷ *(Vorkämpfer)* pionnier(-ière) *m(f)*

Protegé [prote'ʒe:] <-s, -s> *m geh* protégé(e) *m(f)*

protegieren* [prote'ʒi:rən] *tr V geh* protéger

Protein [prote'i:n] <-s, -e> *nt* BIO, CHEM protéine *f*

Protektion [protɛk'tsio:n] <-, -en> *f geh* protection *f*

Protektionismus [protɛktsio'nɪsmʊs] <-> *m* protectionnisme *m*

Protektorat [protɛkto'ra:t] <-[e]s, -e> *nt* ❶ POL protectorat *m*
❷ *geh (Schirmherrschaft)* protection *f*

Protest [pro'tɛst] <-[e]s, -e> *m* ❶ protestation *f*; **~ gegen etw erheben** protester contre qc; **aus ~** en signe de protestation; **unter ~** en protestant
❷ FIN protêt *m*

Protestaktion *f* [campagne *f* de] protestation *f*

Protestant(in) [protɛs'tant] <-en, -en> *m(f)* protestant(e) *m(f)*

protestantisch I. *Adj* protestant(e)
II. *Adv* *trauen, beerdigen* selon le rite protestant; *erziehen* dans la foi protestante

Protestantismus <-> *m* protestantisme *m*

protestieren* *itr V a.* FIN protester; **gegen etw ~** protester contre qc; **dagegen ~, dass** protester contre le fait que + *subj*

Protestkundgebung *f* manifestation *f* de protestation **Protestmarsch** *m* marche *f* de protestation **Protestnote** *f* POL, JUR note *f* de protestation **Protestschreiben** *nt* lettre *f* de protestation **Protestversammlung** *f* SOZIOL, POL rassemblement *m* de protestation **Protestwähler(in)** *m(f)* électeur(-trice) *m(f)* protestataire **Protestwelle** *f* vague *f* de protestation

Prothese [pro'te:zə] <-, -n> *f* ❶ *(Ersatzgliedmaße)* prothèse *f*
❷ *(Zahnersatz)* dentier *m*

Protokoll [proto'kɔl] <-s, -e> *nt* ❶ *(Niederschrift)* protocole *m*; *(Sitzungsprotokoll)* compte *m* rendu; **bei einer Besprechung [das] ~ führen** rédiger le procès-verbal d'une réunion
❷ *(Vernehmungsprotokoll)* procès-verbal *m*; **etw zu ~ nehmen** enregistrer qc; **etw bei jdm zu ~ geben** faire une déposition auprès de qn sur qc
❸ *kein Pl (diplomatisches Zeremoniell)* protocole *m*
❹ DIAL *(Strafzettel)* p.-v. *m (fam)*

Protokollant(in) *s.* **Protokollführer(in)**

protokollarisch [protokɔ'la:rɪʃ] I. *Adj* ❶ *Aussage* dûment enregistré(e)
❷ *(dem Protokoll entsprechend)* *Ehren, Zeremoniell* protocolaire
II. *Adv* **etw ~ dokumentieren** [*o* **festhalten**] consigner qc au procès-verbal

Protokollführer(in) *m(f)* secrétaire *mf* de séance; JUR greffier(-ière) *m(f)*

protokollieren* I. *tr V* enregistrer *Zeugenaussage;* **eine Besprechung ~** rédiger un procès-verbal de séance
II. *itr V* établir le procès-verbal

Proton ['pro:tɔn, *Pl:* pro'to:nən] <-s, Protonen> *nt* PHYS proton *m*

Protoplasma [proto'plasma] *nt* BIO protoplasme *m*; **~ findet sich in allen Zellen** le protoplasme se trouve dans toutes les cellules

Prototyp ['pro:toty:p] *m* ❶ prototype *m*
❷ *fig* **der ~ einer Karrierefrau** le type même de la carriériste

Protozoon [proto'tso:ɔn] <-s, Protozoen *o* Protozoa> *nt* MED protozoaire *m*

Protz [prɔts] <-es *o veraltet* -en, -e[n]> *m fam* frimeur *m (fam)*

protzen *itr V fam* **mit etw ~** frimer avec qc *(fam)*; **das Protzen** la frime *(fam)*

Protzerei <-, -en> *f fam* frime *f (fam)*

protzig *fam* I. *Adj* tape-à-l'œil
II. *Adv* pour en mettre plein la vue *(fam)*

Provenienz [-ve-] <-, -en> *f geh* provenance *f*

Proviant [provi'ant] <-s, *selten* -e> *m* provisions *fpl* [de bouche]

Provider [pro'vaɪdɐ] <-s, -> *m* INFORM fournisseur *m*

Provinz [pro'vɪnts] <-, -en> *f* ❶ *(Verwaltungsgebiet)* province *f*
❷ *kein Pl pej (rückständige Gegend)* province *f*; **das ist ja die reinste** [*o* **hinterste**] **~!** c'est vraiment le fin fond de la province!

Provinzbewohner(in) *m(f)* provincial(e) *m(f)*

provinziell [provɪn'tsjɛl] *Adj pej* provincial(e); **~ sein** *Stadt, Atmosphäre, Verhalten:* sentir la province

Provinzler(in) [pro'vɪntslɐ] <-s, -> *m(f) pej fam* provincial(e) *m(f)*

Provinzstadt *f* ville *f* de province

Provision [provi'zio:n] <-, -en> *f* commission *f*; **gegen** [*o* **auf**] **~ arbeiten** travailler à la commission; **jdm ~ gewähren** accorder une commission à qn

Provisionsbasis *f* **auf ~ arbeiten** travailler à la commission

provisorisch [provi'zo:rɪʃ] I. *Adj* provisoire; *Unterkunft* précaire
II. *Adv* provisoirement

Provisorium [provi'zo:riʊm] <-s, -rien> *nt geh (Einrichtung, Möbelstück)* solution *f* provisoire; *(Regelung)* mesure *f* d'urgence

provokant [provo'kant] *geh* I. *Adj* provocant(e)
II. *Adv* de manière provocante

Provokateur(in) [provoka'tø:ɐ] <-s, -e> *m(f) geh* provocateur(-trice) *m(f)*

Provokation [provoka'tsio:n] <-, -en> *f geh* provocation *f*

provokativ [provoka'ti:f] *Adj, Adv geh s.* **provokant**

provokatorisch [provoka'to:rɪʃ] *Adj geh* provocateur(-trice)

provozieren* [-vo-] I. *tr V* provoquer; **jdn ~** *Person:* provoquer qn; *Bemerkung, Verhalten:* être une façon de provoquer qn; **jdn zu etw ~** provoquer qn à qc
II. *itr V* *Person:* faire de la provocation; *Äußerung:* être une provocation

provozierend *s.* **provokant**

Prozedur [protse'du:ɐ] <-, -en> *f* carcan *m*

Prozent [pro'tsɛnt] <-[e]s, -e> *nt* ❶ **zehn ~** dix pour cent
❷ *(Alkoholgehalt)* degré *m* [d'alcool]
▶ **bei jdm ~e bekommen** *fam* avoir une réduc chez qn *(fam)*

Prozentpunkt *m* point *m* **Prozentrechnung** *f kein Pl* calcul *m* des pourcentages **Prozentsatz** *m* pourcentage *m* **Prozentspanne** *f* marge *f* bénéficiaire

prozentual [protsɛntu'a:l] I. *Adj* exprimé(e) en pourcentage[s]
II. *Adv* au pourcentage; *ausdrücken* en pourcentage[s]

Prozentwert *m* pourcentage *m*; **in ~en** en pourcentage[s] *mpl*

Prozess[RR] <-es, -e>, **Prozeß** <-sses, -sse> *m* ❶ procès *m*; **jdm den ~ machen** faire un procès à qn
❷ *(Vorgang)* processus *m*
▶ **kurzen ~ machen** *fam* ne pas y aller par quatre chemins; **mit jdm/etw kurzen ~ machen** *fam* liquider qn/qc sans autre forme de procès *(fam)*

Prozessakte[RR] *f* dossier *m* du procès **Prozessgegner**[RR] *m* partie *f* adverse **Prozesshansel**[RR] <-s, -> *m fam* **er/sie ist ein ~** il/elle aime la chicane

prozessieren* *itr V* intenter un procès; **gegen jdn ~** intenter un procès à qn; **mit jdm um etw ~** être en procès avec qn pour qc

Prozession [protsɛ'sio:n] <-, -en> *f* procession *f*

Prozesskosten[RR] *Pl* frais *mpl* de justice **Prozesslawine**[RR] *f* avalanche *f* de procès

Prozessor [pro'tsɛso:ɐ] <-s, -soren> *m* INFORM processeur *m*

Prozessordnung[RR] *f* code *m* de procédure **Prozesspartei**[RR] *f* partie *f* au procès **Prozessrecht**[RR] *nt* droit *m* processuel **Prozessvollmacht**[RR] *f* mandat *m* ad litem, mandat d'ester en justice

prüde *Adj* prude

Prüderie <-> *f* pruderie *f*

prüfen I. *tr V* ❶ faire passer un examen; **jdn in Chemie** (*Dat*) ~ faire passer un examen à qn en chimie; **jdn im Abitur/Examen** ~ interroger qn au bac/à l'examen; **staatlich geprüft** *Krankenpfleger, Dolmetscher* diplômé(e)
❷ (*untersuchen*) vérifier *Gerät, Temperatur, Dokument;* examiner *Sachverhalt, Angaben, Antrag;* ~, **ob die Suppe gesalzen ist** goûter si la soupe est salée
❸ *geh* (*übel mitnehmen*) **jdn hart** [*o* **schwer**] ~ éprouver qn durement (*soutenu*)
II. *itr V* **in Mathematik** (*Dat*) ~ faire passer l'examen de maths; **streng** ~ être sévère à l'examen
III. *r V geh* **sich** ~, **ob ...** se demander si ...

Prüfer(in) <-s, -> *m(f)* ❶ examinateur(-trice) *m(f)*
❷ TECH ingénieur *mf* chargé du contrôle
❸ (*Betriebsprüfer*) contrôleur(-euse) *m(f)*

Prüfgerät *nt* appareil *m* de contrôle

Prüfling <-s, -e> *m* candidat(e) *m(f)*

Prüfstand *m* banc *m* d'essai ▶ **auf dem** ~ **sein** passer au banc d'essai **Prüfstein** *m geh* pierre *f* de touche (*soutenu*) ▶ **ein** ~ **für jdn/etw sein** être la pierre de touche pour qn/qc (*soutenu*)

Prüfung <-, -en> *f* ❶ examen *m;* (*in einer Disziplin, einem Fach*) épreuve *f;* **eine** ~ **in etw** (*Dat*) **machen** [*o* **ablegen**] passer un examen de qc; **mündliche/schriftliche** ~ examen oral/écrit; **eine** ~ **bestehen** réussir [à] un examen; **durch eine** ~ **fallen** échouer à un examen
❷ (*Führerscheinprüfung*) **theoretische** ~ code *m;* **praktische** ~ conduite *f*
❸ (*Untersuchung, Überprüfung*) *eines Sachverhalts, Anspruchs, Antrags* étude *f; eines Materials, Geräts, Dokuments* examen *m;* **zur** ~ **der Echtheit** pour vérifier l'authenticité
❹ *geh* (*Heimsuchung*) épreuve *f* (*soutenu*)

Prüfungsanforderungen *Pl* exigences *fpl* de l'examen **Prüfungsangst** *f* trac *m* **Prüfungsarbeit** *f* épreuve *f* **Prüfungsaufgabe** *f* devoir *m* d'examen **Prüfungsausschuss**[RR] *m* commission *f* de vérification [*o* d'examen] **Prüfungsergebnis** *nt* résultat *m* d'un examen [*o* de l'examen] **Prüfungskandidat(in)** *m(f)* candidat(e) *m(f)* à l'examen **Prüfungskommission** *f* jury *m* d'examen **Prüfungsordnung** *f* règlement *m* de l'examen **Prüfungsstress**[RR] [-ʃtrɛs] *m* stress *m* de l'examen **Prüfungstermin** *m* date *f* de l'examen **Prüfungsunterlagen** *Pl* documents *mpl* à présenter à l'examen

Prüfzeichen *nt* poinçon *m* de contrôle **Prüfzweck** *m meist Pl* **zu** ~**en** à des fins *mpl* de vérification

Prügel <-s, -> *m* ❶ (*Knüppel*) gourdin *m*
❷ *Pl* (*Schläge*) coups *mpl;* (*Strafe*) correction *f;* ~ **austeilen** distribuer des coups; ~ **bekommen** (*bestraft werden*) recevoir une correction

Prügelei <-, -en> *f fam* bagarre *f* (*fam*)

Prügelknabe *m* souffre-douleur *m*

prügeln I. *tr V* battre
II. *itr V* donner des coups
III. *r V* **sich mit jdm wegen etw** ~ se battre avec qn à cause de qc

Prügelstrafe *f* châtiment *m* corporel

Prunk [prʊŋk] <-s> *m* luxe *m* ostentatoire

prunken *itr V geh* ❶ (*prächtig erscheinen*) étaler; **mitten im Saal** ~ *Thron:* étaler son faste au centre de la salle; **über allem** ~ *Krone:* trôner
❷ (*prahlen*) **mit etw** ~ faire étalage de qc

Prunkstück *nt* pièce *f* de luxe **Prunksucht** *f kein Pl* goût *m* du faste **prunksüchtig** *Adj* avide de luxe **Prunkvilla** *f* villa *f* de luxe **prunkvoll** I. *Adj* somptueux(-euse) II. *Adv* fastueusement

prusten ['pru:stən] *itr V* s'ébrouer; **vor Lachen** ~ pouffer de rire

PS [pe:'ʔɛs] <-, -> *nt* ❶ *Abk von* **Pferdestärke** ch *m*
❷ *Abk von* **Postskript[um]** P.-S. *m*

Psalm [psalm] <-s, -en> *m* psaume *m*

Psalter ['psaltɐ] <-s, -> *m* ❶ HIST, MUS psaltérion *m*
❷ REL psautier *m*

Pseudokrupp ['psɔɪdokrʊp] <-s> *m* MED faux croup *m*

Pseudonym [psɔɪdo'ny:m] <-s, -e> *nt* pseudonyme *m*

pst [pst] *Interj* chut

Psyche ['psy:çə] <-, -n> *f* psyché *f*

psychedelisch [psyçe'de:lɪʃ] *Adj* psychédélique

Psychiater(in) [psy'ç(j)a:tɐ] <-s, -> *m(f)* psychiatre *mf*

Psychiatrie [psyç(j)a'tri:] <-, -n> *f* ❶ (*Fachgebiet*) psychiatrie *f*
❷ *fam* (*Abteilung*) [service *m* de] psychiatrie *f*

psychiatrisch [psy'ç(j)a:trɪʃ] I. *Adj* psychiatrique; *Abteilung* de psychiatrie
II. *Adv* **jdn** ~ **untersuchen/behandeln** soumettre qn à un examen/traitement psychiatrique

psychisch ['psy:çɪʃ] I. *Adj* psychique
II. *Adv* sur le plan psychique; ~ **krank** malade mental(e); ~ **bedingt sein** avoir des causes psychiques; ~ **gestört sein** souffrir de troubles psychiques

Psychoanalyse [psyço-] *f* psychanalyse *f* **Psychoanalytiker(in)** *m(f)* psychanalyste *mf* **psychoanalytisch** *Adj Ausbildung, Weiterbildung* en psychanalyse; *Methode, Werk* psychanalytique **Psychodrama** ['psy:ço-] *nt* psychodrame *m* **Psychogramm** <-gramme> *nt* profil *m* psychologique **Psycholinguistik** *f* psycholinguistique *f*

Psychologe [psyço'lo:gə] <-n -n> *m*, **Psychologin** *f* psychologue *mf*

Psychologie [psyçolo'gi:] <-> *f* psychologie *f*

psychologisch I. *Adj* psychologique; *Ausbildung* en psychologie
II. *Adv* *betrachten* psychologiquement; ~ **ausgebildet sein** avoir une formation en psychologie

Psychopath(in) [psyço'pa:t] <-en, -en> *m(f)* psychopathe *mf*

Psychopathie [psyçopa'ti:] <-, -n> *f* psychopathie *f*

psychopathisch I. *Adj* psychopathe
II. *Adv* **das Kind verhält sich stark** ~ l'enfant a un comportement de psychopathe

Psychopharmakon [psyço'farmakɔn, *Pl:* -'farmaka] <-s, -pharmaka> *nt meist Pl* médicament *m* psychopharmacologique

Psychose [psy'ço:zə] <-, -n> *f* psychose *f*

psychosomatisch [psyçozo'ma:tɪʃ] I. *Adj* psychosomatique
II. *Adv* ~ **bedingt sein** avoir des causes psychosomatiques

Psychoterror ['psy:çotɛro:ɐ] *m fam* terrorisme *m* intellectuel **Psychotherapeut(in)** [psyçotera'pɔɪt, 'psy:ço-] *m(f)* MED, PSYCH psychothérapeute *mf* **Psychotherapie** *f kein Pl* psychothérapie *f*

PTT [pe:te:'te:] *Pl* CH *Abk von* **Post-, Telefon- und Telegrafenbetriebe** P.T.T. *mpl*

pubertär I. *Adj* pubertaire
II. *Adv* ~ **bedingt** dû(due) à la puberté

Pubertät <-> *f* puberté *f;* **in der** ~ **sein** faire sa puberté

Pubertätsakne *f* acné *f* juvénile

pubertieren* *itr V geh* faire sa puberté; ~**d** pubertaire

Publicity [pa'blɪsiti, pʌ'blɪsɪtɪ] <-> *f* médiatisation *f;* **negative** ~ mauvaise publicité *f*

publicityscheu [pa'blɪsiti-] *Adj* qui fuit les médias; ~ **sein** fuir les médias

Public Relations ['pʌblɪkrɪ'leɪʃənz] *Pl* relations *fpl* publiques

Public-Relations-Abteilung ['pʌblɪkrɪ'leɪʃənz-] *f* service *m* relations publiques

publik [pu'bli:k] *Adj* public(-ique); ~ **werden/sein** être rendu(e)/être public(-ique); **etw** ~ **machen** rendre qc

P

public(-ique); **etw ~ werden lassen** divulguer qc
Publikation [publika'tsio:n] <-, -en> *f* publication *f*
Publikum ['pu:blikʊm] <-s> *nt* ❶ (*Besucher, Lesergemeinde*) public *m*
❷ (*Zuhörerschaft*) auditoire *m*
Publikumserfolg *m* succès *m* auprès du public **Publikumsliebling** *m* idole *f* du public **Publikumsmagnet** *m personne ou chose qui attire les foules* **Publikumsresonanz** *f* résonance *f* auprès du public **Publikumsverkehr** *m* **für den ~ geöffnet** ouvert(e) au public **publikumswirksam** *Adj* qui fait effet sur le public **Publikumswirkung** *f* effet *m* sur le public
publizieren* *tr V* publier
Publizist(in) [publi'tsɪst] <-en, -en> *m(f)* journaliste *mf*, essayiste *mf*
Publizistik [publi'tsɪstɪk] <-> *f* journalisme *m*, médias *mpl*
publizistisch I. *Adj* journalistique
II. *Adv* dans les médias
Publizität <-> *f* renommée *f*; **jdm zu großer ~ verhelfen** permettre à qn d'accéder à la célébrité
Puck [pʊk] <-s, -s> *m* SPORT palet *m*
Pudding ['pʊdɪŋ] <-s, -s> *m* pudding *m*, pouding *m*
Puddingpulver [-fɐ, -vɐ] *nt* préparation *f* pour pudding
Pudel ['pu:dəl] <-s, -> *m* caniche *m*
▶ **das also ist des ~s Kern** voilà le fin mot de l'histoire; **wie ein begossener ~ dastehen** *fam* être là, l'oreille basse
Pudelmütze *f* bonnet *m* [à pompon] **pudelnackt** *Adj fam* nu(e) comme un ver (*fam*) **pudelnass**[RR] *Adj fam* trempé(e) comme une soupe; **~ sein** être trempé(e) comme une soupe (*fam*); **~ werden** se faire saucer (*fam*) **pudelwohl** *Adj* ▶ **sich ~ fühlen** *fam* prendre son pied (*fam*)
Puder ['pu:dɐ] <-s, -> *m o fam nt* poudre *f*
Puderdose *f* poudrier *m*
pudern ['pu:dɐn] I. *tr V* poudrer; **sich** (*Dat*) **die Nase ~** se poudrer le nez
II. *r V* **sich ~** se poudrer
Puderquaste *f* houppette *f* à poudre **Puderzucker** *m* sucre *m* glace
Puff[1] [pʊf, *Pl:* 'pʏfə] <-[e]s, ⸚e> *m fam* ❶ (*Stoß*) bourrade *f*
❷ (*Zischen*) halètement *m*
Puff[2] <-[e]s, -e> *m fam* (*Bordell*) bordel *m* (*vulg*)
Puffärmel *m* manche *f* bouffante
puffen *fam* I. *tr V* donner une bourrade à; **jdn** [*o* **jdm**] **in die Seite ~** donner à qn un coup/des coups dans les côtes
II. *itr V Dampflokomotive:* haleter
Puffer <-s, -> *m* ❶ (*Eisenbahnpuffer*) tampon *m*
❷ INFORM *s.* **Pufferspeicher**
❸ GASTR (*Reibekuchen*) galette *f* de pommes de terre [râpée]
Pufferspeicher *m* INFORM mémoire *f* tampon **Pufferstaat** *m* État *m* tampon **Pufferzone** *f* zone *f* tampon
Puffmais *m* pop-corn *m*
Puffmutter *f pej fam* maquerelle *f* (*pop*); **wie eine ~ aussehen** avoir l'air d'une maquerelle
puh [pu:] *Interj* ❶ (*Ausruf des Ekels*) beurk
❷ (*Ausruf der Erschöpfung*) ouf
pulen ['pu:lən] *fam* I. *itr V* tripoter (*fam*); **an etw** (*Dat*) **~** tripoter qc; **in etw** (*Dat*) **~** farfouiller dans qc (*fam*)
II. *tr V* NDEUTSCH décortiquer *Krabben;* écosser *Erbsen;* **eine Nuss aus der Schale ~** extraire une noix de sa coquille
Pulk [pʊlk] <-s, -s *o selten* -e> *m* ❶ *von Personen* cohorte *f*; *von Fahrzeugen* groupe *m*
❷ MIL détachement *m*; *von Flugzeugen* formation *f*
Pull-down-Menü [pʊl'daʊn-] *nt* INFORM menu *m* déroulant
Pulle ['pʊlə] <-, -n> *f sl* chopine *f* (*fam*)
▶ **volle ~ fahren** rouler plein pot (*fam*)
Pulli ['pʊli] <-s, -s> *m fam* pull *m*
Pullover [pʊ'lo:vɐ] <-s, -> *m* pull-over *m*
Pullunder [pʊ'lʊndɐ] <-s, -> *m* [pull *m*] débardeur *m*
Puls [pʊls] <-es, -e> *m* pouls *m*; **jdm den ~ fühlen** prendre le pouls de qn
Pulsader *f* veine *f* du poignet; **sich** (*Dat*) **die ~n aufschneiden** s'ouvrir les veines
pulsieren* *itr V* ❶ *Arterie, Schlagader:* battre; *Blut:* circuler
❷ *fig* **~d** *Leben, Großstadt* trépidant(e)
Pulsschlag *m* (*Puls*) pouls *m*; (*einzelner Schlag*) pulsation *f*
Pulswärmer <-s, -> *m* manchon *m*
Pult [pʊlt] <-[e]s, -e> *nt* ❶ (*Dirigentenpult, Rednerpult, Schulbank*) pupitre *m*
❷ (*Katheder*) chaire *f*
Pulver ['pʊlfɐ, 'pʊlvɐ] <-s, -> *nt* poudre *f*
▶ **das ~ nicht erfunden haben** *fam* ne pas avoir inventé la poudre (*fam*); **sein ~ verschossen haben** *fam* avoir brûlé ses dernières cartouches
Pulverfass[RR] ['pʊlfɐ-, 'pʊlvɐ-] *nt* HIST baril *m* de poudre
▶ **einem ~ gleichen** être une vraie poudrière; **auf dem** [*o* **einem**] **~ sitzen** être sur une poudrière
pulverig *Adj* poudreux(-euse)
pulverisieren* [-ve-] *tr V* pulvériser
Pulverkaffee ['pʊlfɐ-, 'pʊlvɐ-] *m* café *m* en poudre **Pulverschnee** *m* poudreuse *f*
pulvrig *Adj s.* **pulverig**
Puma ['pu:ma] <-s, -s> *m* puma *m*
Pummel ['pʊməl] <-s, -> *m fam*, **Pummelchen** ['pʊməlçən] <-s, -> *nt fam* enfant *m* potelé
pumm[e]lig ['pʊməlɪç] *Adj fam* dodu(e) (*fam*)
Pump [pʊmp] ▶ **auf ~** *fam* à crédit
Pumpe ['pʊmpə] <-, -n> *f* ❶ TECH pompe *f*
❷ *fam* (*Herz*) palpitant *m* (*fam*)
pumpen I. *tr V* ❶ pomper; **etw mit Luft/Wasser voll ~** remplir qc d'air/d'eau; **Wasser aus dem Keller/in einen Kanister ~** pomper de l'eau de la cave/dans un bidon
❷ *fam* (*leihen*) **jdm etw ~** filer qc à qn (*fam*); **sich** (*Dat*) **von jdm Geld ~** taper qn (*fam*)
❸ *fam* (*investieren*) **Geld in eine Firma ~** injecter de l'argent dans une entreprise
II. *itr V* ❶ *Herz:* battre; *Maschine:* pomper
❷ (*eine Pumpe betätigen*) pomper
Pumpenschwengel *m* bras *m* de pompe
pumperlg[e]sund *Adj* SDEUTSCH, A *fam* en pleine santé
pumpern *itr V* SDEUTSCH, A *fam* (*pochen*) *Herz:* battre; **an der Tür ~** frapper à la porte
Pumpernickel ['pʊmpɐnɪkəl] <-s, -> *m* pain *m* de seigle noir
Pumphose ['pʊmp-] *f* pantalon *m* bouffant
Pumps [pœmps] <-, -> *m* escarpin *m*
Pumpstation *f* station *f* de pompage
Punk [paŋk] <-[s], -s> *m* ❶ *kein Pl* (*Musik*) punk *m*
❷ (*Person*) punk *mf*
Punker(in) ['paŋkɐ] <-s, -> *m(f)* punk *mf*
Punkrock *m* MUS punk rock *m*
Punkt [pʊŋkt] <-[e]s, -e> *m* ❶ (*Satzzeichen, runder Fleck, Bewertungseinheit, Detail*) point *m*; **nach ~en** aux points; **~ für ~** point par point; **in diesem ~** sur ce point précis; **in bestimmten ~en** sur certains points; **bis zu einem gewissen ~[e]** jusqu'à un certain point; **strittiger/umstrittener ~** point litigieux/contesté
❷ (*Tupfen*) pois *m*; **mit ~en** à pois
❸ (*Stelle*) endroit *m*; **ein strategisch wichtiger ~** un point stratégiquement important
❹ (*bei Zeitangaben*) **~ drei** [**Uhr**] à trois heures précises; **es ist ~ acht** [**Uhr**] il est huit heures pile
▶ **ein dunkler ~** une zone d'ombre; **der Grüne ~** le point vert [d'éco-emballage]; **der springende ~** le point essentiel; **der tote ~** le point mort; **ein wunder ~** un point sensible; **an einem ~ angelangt sein, wo ...** en être arrivé(e) à un point où ...; **etw auf den ~ bringen** en venir à l'essentiel; **es auf den ~ bringen** en venir au fait; **nun mach aber mal einen ~!** *fam* tu

vas la boucler, oui? (*fam*)
Pünktchen <-s, -> *nt Dim von* **Punkt** ❶ petit point *m* ❷ (*kleiner Tupfen*) petit pois *m*
Punktgewinn *m* SPORT point *m* **punktgleich** *Adj* SPORT ex æquo; ~ **sein** être ex æquo
punktieren* *tr V* ❶ MED ponctionner
❷ (*mit Punkten versehen*) **eine Fläche** ~ couvrir une surface de pointillés; **eine Linie** ~ tracer une ligne en pointillé; **punktiert** *Fläche* couvert(e) de pointillés; *Linie* en pointillé
Punktion [pʊŋk'tsio:n] <-, -en> *f* MED ponction *f*
pünktlich I. *Adj* ponctuel(le); ~ **sein** être ponctuel(le); **um ~es Erscheinen wird gebeten** il est demandé de se présenter à l'heure
II. *Adv* à l'heure; ~ **fertig sein** être prêt(e) à l'heure; (*fristgerecht*) être prêt(e) dans les temps voulus; **etw ~ auf die Minute beenden** terminer qc à la minute près; ~ **um 20 Uhr anfangen** commencer à 20 heures précises
Pünktlichkeit <-> *f* ponctualité *f*
Punktrichter(in) *m(f)* juge *m* **Punktsieg** *m* victoire *f* aux points **Punktsieger(in)** *m(f)* vainqueur *m* aux points **Punktspiel** *nt* SPORT match *m* de classement
punktuell [pʊŋktu'ɛl] I. *Adj* ponctuel(le); **~e Übereinstimmungen erzielen** se mettre d'accord sur certains points
II. *Adv* ~ **vorgehen** procéder point par point
Punktwertung *f* système *m* par points **Punktzahl** *f* nombre *m* de points
Punsch [pʊnʃ] <-es, -e> *m* punch *m*
Pup [pu:p] *s.* **Pups**
pupen *s.* **pupsen**
Pupille [pu'pɪlə] <-, -n> *f* pupille *f*
Püppchen <-s, -> *nt Dim von* **Puppe** petite poupée *f*
Puppe ['pʊpə] <-, -n> *f* ❶ (*Spielzeug*) poupée *f*
❷ ZOOL chrysalide *f*
▶ **die ~n tanzen lassen** *fam* (*feiern*) faire la bringue (*fam*); (*hart durchgreifen*) mener les gens à la baguette; **bis in die ~n** *fam* jusqu'au petit matin; **bis in die ~n schlafen** *fam* faire la grasse matinée
Puppendoktor(in) *m(f) fam* réparateur(-trice) *m(f)* de poupées **Puppenhaus** *nt* maison *f* de poupée **Puppenklinik** *f fam* clinique *f* de poupées **Puppenspiel** *s.* **Puppentheater** **Puppenspieler(in)** *m(f)* marionnettiste *mf* **Puppenstube** *f* chambre *f* de poupée **Puppentheater** *nt* théâtre *m* de marionnettes **Puppenwagen** *m* landau *m* de poupée
Pups [pu:ps] <-es, -e> *m fam* pet *m* (*fam*)
pupsen *itr V fam* péter (*fam*)
pur [pu:ɐ] I. *Adj* ❶ (*rein*) pur(e) *antéposé*
❷ (*unverdünnt*) pur(e)
II. *Adv anwenden, trinken* pur(e)
Püree <-s, -s> *nt* purée *f*
Pürierstab *m* presse-purée *m*
Purismus [pu'rɪsmʊs] <-> *m* LING, KUNST purisme *m*
Purist(in) [pu'rɪst] <-en, -en> *m(f) geh* puriste *mf*
Puritaner(in) [puri'ta:nɐ] <-s, -> *m(f)* puritain(e) *m(f)*
puritanisch I. *Adj* puritain(e)
II. *Adv* de manière puritaine
Purpur ['pʊrpʊr] <-s> *m* ❶ (*Farbe*) pourpre *m*
❷ (*Stoff*) pourpre *f*
purpurfarben ['pʊrpʊr-], **purpurfarbig** *Adj* [de couleur] pourpre
Purpurmantel *m* manteau *m* de pourpre
purpurn ['pʊrpʊrn] *geh*, **purpurrot** ['pʊrpʊr-] *Adj* [de couleur] pourpre
Purzelbaum ['pʊrtsəl-] *m fam* galipette *f* (*fam*); **einen ~ machen** [*o* **schlagen**] faire la culbute
purzeln ['pʊrtsəln] *itr V + sein* **auf die Erde** ~ *Person:* tomber par terre à la renverse; **von der Bank** ~ dégringoler du banc
pushen ['pʊʃən] I. *tr V sl* ❶ (*stark fördern*) faire la promo de (*fam*) *Produkt, Marke;* faire passer *Idee, Methode;* doper (*fam*) *Absatz, Auflage;* **jdn in den Vorstand** ~ propulser qn à la présidence; **etw auf die Bestsellerliste** ~ propulser qc sur la liste des bestsellers (*fam*)
❷ (*mit Drogen handeln*) dealer (*fam*)
II. *itr V sl* dealer (*fam*)
Puste ['pu:stə] <-> *f fam* souffle *m;* **außer** ~ hors d'haleine
Pusteblume *f fam* aigrette *f* de pissenlit **Pustekuchen** ▶ [**ja**] **~!** *fam* des clous! (*fam*)
Pustel ['pʊstəl] <-, -n> *f* pustule *f*
pusten ['pu:stən] I. *itr V fam* ❶ (*blasen*) souffler
❷ (*keuchen*) souffler comme un phoque
II. *tr V fam* **etw vom Tisch** ~ souffler sur qc pour l'enlever de la table
Pute ['pu:tə] <-, -n> *f* ❶ (*Truthenne*) dinde *f*
❷ *pej fam* (*Frau*) bécasse *f* (*fam*)
Putenschnitzel *nt* escalope *f* de dinde
Puter ['pu:tɐ] <-s, -> *m* dindon *m*
puterrot *Adj* cramoisi(e); ~ **werden/sein** devenir/être rouge comme un coq
Putsch [pʊtʃ] <-[e]s, -e> *m* putsch *m*
putschen *itr V* organiser un putsch; **gegen jdn/etw** ~ organiser un putsch contre qn/qc
Putschist(in) [pʊ'tʃɪst] <-en, -en> *m(f)* putschiste *mf*
Putschversuch *m* tentative *f* de putsch
Putte ['pʊtə] <-, -n> *f* angelot *m*, putto *m* (*spéc*)
Putz [pʊts] <-es, -e> *m* crépi *m;* **über/unter ~ liegen** être apparent(e)/encastré(e)
▶ **auf den ~ hauen** *fam* (*angeben*) se faire mousser (*fam*); (*ausgelassen sein*) s'éclater (*fam*)
putzen ['pʊtsən] I. *tr V* nettoyer
II. *r V* **sich** ~ *Tier:* faire sa toilette
Putzfimmel *m kein Pl pej* maniaque *mf* de la propreté; **einen ~ haben** être un/une maniaque de la propreté **Putzfrau** *f* femme *f* de ménage
putzig ['pʊtsɪç] *Adj fam* ❶ (*niedlich*) mignon(ne); ~ **sein** *Hund, Katze:* être chou (*fam*)
❷ (*merkwürdig*) curieux(-euse)
Putzkolonne *f* service *m* de nettoyage, techniciens *mpl* de surface (*form*) **Putzlappen** *m* lavette *f;* (*Wischlappen*) serpillière *f* **Putzmacher(in)** <-s, -> *m(f) veraltet* modiste *mf* **Putzmann** <-männer> *m* technicien *m* de surface (*form*) **Putzmittel** *nt* produit *m* d'entretien **putzmunter** *Adj fam* frais(fraîche) comme un gardon; ~ **sein** avoir la pêche (*fam*) **Putzteufel** *m fam* maniaque *mf* de la propreté **Putztuch** *nt* ❶ (*Poliertuch*) chiffon *m* ❷ *s.* **Putzlappen** **Putzwolle** *f* laine *f* de nettoyage **Putzzeug** *nt* ustensiles *mpl* de ménage **Putzzwang** *m* manie *f* de la propreté
puzzeln ['pazəln] *itr V* faire un puzzle
Puzzle ['pazəl] <-s, -s> *nt*, **Puzzlespiel** ['pazl-] *nt* puzzle *m*
PVC [pe:fau'tse:] <-, -s> *nt Abk von* **Polyvinylchlorid** P.V.C. *m*
Pygmäe <-n, -n> *m* Pygmée *m*
Pygmäenfrau *f* femme *f* pygmée
Pyjama [py'(d)ʒa:ma] <-s, -s> *m o* CH, A *nt* pyjama *m*
Pylon [py'lo:n] <-en, -en> *m* ARCHIT pylône *m*
Pyramide [pyra'mi:də] <-, -n> *f* ARCHIT, GEOM *a. fig* pyramide *f*
pyramidenförmig I. *Adj* pyramidal(e)
II. *Adv* en forme de pyramide
Pyrenäen *Pl* les Pyrénées *fpl*
Pyrenäenhalbinsel *f* péninsule *f* ibérique
Pyrolyse [pyro'ly:zə] <-, -n> *f* CHEM pyrolyse *f*
Pyromane [pyro'ma:nə] <-n, -n> *m*, **Pyromanin** *f* MED, PSYCH pyromane *mf*
Pyromanie *f kein Pl* MED, PSYCH pyromanie *f*
Pyrotechnik *f kein Pl* pyrotechnie *f* **Pyrotechniker(in)** *m(f)* artificier(-ière) *m(f)*, pyrotechnicien(ne) *m(f)* **pyrotechnisch** *Adj* pyrotechnique
Pyrrhussieg ['pyrʊs-] *m geh* victoire *f* à la Pyrrhus
Python ['py:tɔn] <-s, -s> *m*, **Pythonschlange** *f* python *m*

P

Qq

Q, q [kuː] <-, -> *nt* Q *m*/q *m*
▸ **Q wie Quelle** q comme Quintal
q CH, A *Abk von* **Zentner** q
quabbelig DIAL *s.* **wabbelig**
Quacksalber ['kvakzalbɐ] <-s, -> *m pej* charlatan *m*
Quacksalberei <-, -en> *f pej* charlatanisme *m*
Quaddel <-, -n> *f* plaque *f* [prurigineuse]
Quader ['kvaːdɐ] <-s, -> *m* ❶ (*Baustein*) pierre *f* de taille
❷ GEOM parallélépipède *m* rectangle
Quaderstein *m* pierre *f* de taille
Quadrant [kva'drant] <-en, -en> *m* quart *m* de cercle
Quadrat [kva'draːt] <-[e]s, -e> *nt* MATH, GEOM (*Rechteck, zweite Potenz*) carré *m;* **eine Zahl ins ~ erheben** élever au carré un nombre; **neun Meter im ~** neuf mètres carrés; **magisches ~** carré magique
quadratisch *Adj* carré(e)
Quadratkilometer *m* kilomètre *m* carré **Quadratlatschen** *Pl pej fam* péniches *fpl* (*fam*) **Quadratmeter** *m o nt* mètre *m* carré **Quadratschädel** *m fam* gueule *f* carrée (*fam*)
Quadratur [kvadra'tuːɐ] <-, -en> *f* MATH quadrature *f*
▸ **die ~ des Kreises** *geh* la quadrature du cercle
Quadratwurzel *f* MATH racine *f* carrée **Quadratzahl** *f* MATH nombre *m* carré **Quadratzentimeter** *m o nt* centimètre *m* carré
quadrieren* *tr V* élever au carré; **etw ~** élever qc au carré
Quadriga <-, Quadrigen> *f* quadrige *m*
Quadrille <-, -n> *f* quadrille *m*
Quadrofonie[RR], **Quadrophonie** [kvadrofo'niː] <-> *f* quadriphonie *f*
Quai [kɛː, keː] <-s, -s> *m o nt* CH quai *m*
quak *Interj* ❶ (*Laut eines Froschs*) coa; **der Frosch macht ~** la grenouille coasse
❷ (*Laut einer Ente*) coin-coin
quaken ['kvaːkən] *itr V* ❶ *Frosch:* coasser; *Ente:* faire coin-coin; **das Quaken** *eines Froschs* les coassements *mpl; einer Ente* les coin-coin *mpl*
❷ *fam* (*reden*) caqueter
quäken ['kvɛːkən] *itr V fam Kind:* brailler (*fam*); *Kofferradio, Lautsprecher:* gueuler (*fam*)
Quäker(in) <-s, -> *m(f)* quaker(-esse) *m(f)*
Qual [kvaːl] <-, -en> *f* ❶ (*Mühsal*) supplice *m*
❷ *meist Pl* (*Leid*) souffrance *f*
▸ **die ~ der Wahl haben** *hum* avoir l'embarras du choix
quälen ['kvɛːlən] **I.** *tr V* ❶ (*misshandeln*) torturer *Person;* martyriser *Tier*
❷ (*belästigen, zusetzen*) **jdn ~** *Person, Gedanke, Gewissen:* tourmenter qn; *Krankheit, Symptome:* incommoder qn; *s. a.* **gequält**
II. *r V* ❶ (*leiden*) **sich ~** souffrir
❷ (*sich herumquälen*) **sich mit etw ~** se tourmenter avec qc
❸ (*mühsam gehen, fahren*) **sich in die Stadt ~** se traîner péniblement en ville; **sich auf den Berg ~** escalader péniblement la montagne
quälend *Adj attr Husten* douloureux(-euse); *Schmerzen* pénible; *Gedanke, Frage* lancinant(e); *Ungewissheit* cruel(le)
Quälerei <-, -en> *f* ❶ *kein Pl fam* (*Anstrengung*) calvaire *m;* **das ist eine [einzige] ~** c'est [vraiment] [la] galère (*fam*)
❷ (*das Zusetzen*) harcèlement *m*
quälerisch *Adj attr* lancinant(e)
Quälgeist *m fam* enquiquineur(-euse) *m(f)* (*fam*)
Qualifikation [kvalifika'tsioːn] <-, -en> *f* qualification *f*
Qualifikationsnachweis *m* justificatif *m* de qualification **Qualifikationsspiel** *nt* match *m* de qualification
qualifizieren* **I.** *r V* ❶ (*eine Qualifikation erwerben*) **sich ~** acquérir une qualification; **sich für eine Stelle/zum Programmierer ~** acquérir une qualification pour un emploi/pour devenir programmeur
❷ SPORT **sich für etw ~** se qualifier pour qc
II. *tr V* ❶ **jdn für eine Stelle ~** *Diplom, Ausbildung:* qualifier qn pour un emploi
❷ *geh* (*klassifizieren*) **etw als Betrug ~** qualifier qc d'escroquerie
qualifiziert *Adj a.* FIN qualifié(e); **für etw ~ sein** être qualifié(e) pour qc; **hoch ~** hautement qualifié(e)
Qualifizierung <-, -en> *f* qualification *f*
Qualität [kvali'tɛːt] <-, -en> *f* qualité *f;* **von hervorragender/schlechter ~ sein** être de très bonne/de mauvaise qualité
qualitativ [kvalita'tiːf] **I.** *Adj* qualitatif(-ive)
II. *Adv* qualitativement
Qualitätsarbeit *f kein Pl* travail *m* de qualité **qualitätsbewusst**[RR] *Adj* axé(e) sur la qualité **Qualitätserzeugnis** *nt* produit *m* de première qualité **Qualitätsgarantie** *f* garantie *f* de qualité **Qualitätskontrolle** *f* contrôle *m* qualité **Qualitätsmanagement** [-mænɪdʒmənt] *nt* gestion *f* de la qualité **Qualitätsminderung** *f* ÖKON baisse *f* de la qualité **Qualitätssicherung** *f* garantie *f* de qualité **Qualitätsunterschied** *m* différence *f* de qualité **Qualitätsware** *f* marchandise *f* de première qualité
Qualle ['kvalə] <-, -n> *f* méduse *f*
Qualm [kvalm] <-[e]s> *m* [épaisse] fumée *f*
qualmen **I.** *itr V* ❶ *Feuer, Holz, Schornstein:* fumer, dégager une épaisse fumée
❷ *fam* (*rauchen*) fumer
II. *tr V fam* fumer; **Zigaretten ~** fumer des cigarettes
Qualmerei <-> *f fam* tabagisme *m*
qualmig *Adj* enfumé(e)
qualvoll ['kvaːlfɔl] **I.** *Adj* ❶ (*schmerzhaft*) *Tod* atroce
❷ (*unerträglich*) *Augenblick, Warten* terrible; *Ungewissheit* [très] pénible
II. *Adv sterben* dans d'atroces souffrances
Quant [kvant] <-s, -en> *nt* PHYS quantum *m*
Quäntchen[RR] <-s, -> *nt* once *f;* **ein ~ Salz/Hoffnung** une once de sel/d'espoir
Quanten ['kvantən] *Pl* ❶ *Pl von* **Quant, Quantum**
❷ *sl* (*Füße*) nougats *mpl* (*pop*)
Quantenmechanik *f* PHYS mécanique *f* quantique **Quantensprung** *m* PHYS saut *m* quantique **Quantentheorie** *f* PHYS théorie *f* quantique [*o* des quanta]
Quantität [kvanti'tɛːt] <-, -en> *f* quantité *f*
quantitativ [kvantita'tiːf] **I.** *Adj* quantitatif(-ive)
II. *Adv* quantitativement
Quantum ['kvantʊm] <-s, Quanten> *nt geh* dose *f;* **ihr tägliches ~ Kaffee** sa dose quotidienne de café
Quarantäne [karan'tɛːnə] <-, -n> *f* quarantaine *f;* **über jdn/etw ~ verhängen, jdn/etw unter ~ stellen** mettre qn/qc en quarantaine; **unter ~ stehen** être en quarantaine
Quarantänestation [karan'tɛːnə-] *f* pavillon *m* de quarantaine
Quargel <-, -n> *m* A (*Handkäse*) fromage *m* du Harz
Quark[1] [kvark] <-s> *m* ❶ ≈ fromage *m* blanc
❷ *fam* (*Unsinn*) conneries *fpl* (*fam*)
▸ **das geht dich einen ~ an** c'est pas tes oignons (*fam*); **das interessiert mich alles einen ~** j'en ai rien à cirer (*fam*)
Quark[2] [kwɔːk] <-s, -s> *nt* PHYS quark *m*
Quarkspeise *f dessert au fromage blanc*
Quart [kvart] *s.* **Quarte**
Quarta <-, Quarten> *f* ❶ SCHULE, HIST *troisième classe du "Gymnasium"*
❷ SCHULE A (*vierte Gymnasialklasse*) *quatrième classe du "Gymnasium"*
Quartal [kvar'taːl] <-s, -e> *nt* trimestre *m;* **im ersten/letzten ~** au premier/dernier trimestre
Quartal[s]abschluss[RR] *m* fin *f* du trimestre **Quartalssäu-**

fer(in) *m(f) fam* buveur *m* intermittent/buveuse *f* intermittente **quartalsweise I.** *Adj* trimestriel(le) **II.** *Adv* trimestriellement

Quartaner(in) <-s, -> *m(f)* SCHULE, HIST *élève de la troisième classe du "Gymnasium"*

Quartär [kvarˈtɛːɐ] <-s> *nt* GEOL quaternaire *m*

Quarte [ˈkvartə] <-, -n> *f* ① *(Intervall)* quarte *f*
② *(Ton)* sous-dominante *f*

Quartett [kvarˈtɛt] <-[e]s, -e> *nt* ① MUS *a. fig* quatuor *m*
② *kein Pl (Kartenspiel)* ≈ jeu *m* des sept familles; ~ **spielen** ≈ jouer aux sept familles
③ *(Satz Karten)* série *f* de quatre

Quartettspiel *nt* ≈ jeu *m* de sept familles

Quartier [kvarˈtiːɐ] <-s, -e> *nt* ① *(Unterkunft)* logement *m; (Ferienquartier)* location *f;* **bei jdm/in der Stadt ~ nehmen** *geh* s'installer chez qn/en ville
② CH *(Stadtviertel)* quartier *m*

Quarz [kvaːɐts] <-es, -e> *m* quartz *m*

Quarzglas *nt kein Pl* TECH verre *m* de silice *pas de pl*

Quarzit [kvarˈtsiːt] <-s, -e> *m* GEOL quartzite *m*

Quarzuhr *f* horloge *f* à quartz; *(Armbanduhr)* montre *f* à quartz

Quasar <-s, -e> *m* ASTRON quasar *m*

quasi [ˈkvaːzi] *Adv* quasiment

Quasselei <-, -en> *f fam* papotage *m (fam)*

quasseln [ˈkvasəln] *fam* **I.** *itr V* papoter
II. *tr V* débiter *(fam)*; **Blödsinn** ~ débiter des conneries

Quasselstrippe *f pej fam* pipelette *f (fam)*

Quaste [ˈkvastə] <-, -n> *f* houppe *f*

Quästur <-, -en> *f* ≈ service *m* de comptabilité [de l'université]

Quatsch [kvatʃ] <-[e]s> *m fam* ① *(dummes Gerede)* conneries *fpl (fam)*; [**so ein**] ~**!** n'importe quoi! *(fam)*
② *(Unfug)* connerie *f (fam)*; **mach keinen ~!** ne fais pas de conneries *(fam)*; **was soll der ~?** qu'est-ce qui te/lui... prend? *(fam)*
③ *(alberne Laune)* **etw aus ~ tun** faire qc pour rigoler *(fam)*

quatschen *fam* **I.** *tr V* sortir *(fam)*; **dummes Zeug** ~ sortir des conneries
II. *itr V* ① *(sich unterhalten)* **mit jdm** ~ tailler une bavette avec qn *(fam)*
② *(nicht verschwiegen sein)* cafarder *(fam)*
③ DIAL *(ein Geräusch machen) Lehm, Schlamm:* clapoter; **es quatscht** ça clapote

Quatschkopf *m pej fam* radoteur(-euse) *m(f)*

Quebec [kviˈbɛk], **Québec** [keˈbɛk] <-s> *nt (Stadt)* Québec; *(Provinz)* le Québec

Québecer(in) [keˈbɛkɐ] <-s, -> *m(f)* Québécois(e) *m(f)*

Quecke [ˈkvɛkə] <-, -n> *f* chiendent *m*

Quecksilber [ˈkvɛk-] *nt* mercure *m;* ~ **ist giftig** le mercure est toxique

Quecksilbersäule *f* colonne *f* de mercure; **die ~ steigt noch** le mercure monte encore **Quecksilbervergiftung** *f* MED intoxication *f* par le mercure

Quell [kvɛl] <-[e]s, -e> *m poet (Quelle, Ursprung)* source *f*

Quelle [ˈkvɛlə] <-, -n> *f* source *f;* **etw aus sicherer** [*o* **zuverlässiger**] ~ **erfahren** apprendre qc de source sûre
▶ **an der ~ sitzen** être à la source [*o* bien placé]

quellen [ˈkvɛlən] <quillt, quoll, gequollen> *itr V + sein* ① *(herausfließen)* couler; **aus etw ~** couler de qc
② *(aufquellen)* gonfler

Quellenangabe *f* indication *f* des sources **Quellenforschung** *f kein Pl* étude *f* de sources **Quellenmaterial** *nt* documentation *f* **Quellennachweis** *s.* Quellenangabe **Quellensteuer** *f* FIN retenue *f* à la source **Quellenstudium** *nt* étude *f* de sources

Quellgebiet *nt* GEOG région *f* de sources **Quellsprache** *f* LING langue *f* source **Quellwasser** *nt* eau *f* de source

Quendel [ˈkvɛndl] <-s> *m* BOT serpolet *m,* thym *m* sauvage

Quengelei [kvɛŋəˈlaɪ] <-, -en> *f fam* pleurnicheries *fpl*

quengelig *Adj fam Kind* pleurnicheur(-euse); **sei nicht so ~!** arrête de pleurnicher!

quengeln [ˈkvɛŋəln] *itr V fam* ① *(weinerlich sein)* pleurnicher
② *(nörgeln)* **über etw** *(Akk)* ~ râler à propos de qc

Quengler(in) <-s, -> *m(f) fam* ① *(weinerliches Kind)* pleurnicheur(-euse) *m(f)*
② *(Nörgler)* râleur(-euse) *m(f) (fam)*

quenglig *s.* **quengelig**

Quentchen *s.* **Quäntchen**

quer [kveːɐ] *Adv* ① en travers; **sich ~ übers Bett legen** s'allonger en travers sur le lit; ~ **durch den Saal/die Stadt gehen** traverser toute la salle/la ville de part en part; ~ **über das Grundstück verlaufen** passer à travers le terrain; ~ **zur Straße verlaufen** couper la route; **die Narbe zieht sich ~ über sein Gesicht** il a une cicatrice en travers du visage
② *fig fam* **jdm ~ gehen** aller de travers pour qn *(fam)*; **sich bei etw ~ legen** [*o* **stellen**] se mettre en travers de qc; ~ **schießen** mettre des bâtons dans les roues *(fam)*

Querachse *f* axe *m* transversal **Querbalken** *m* poutre *f* transversale

querbeet [kveːɐˈbeːt] *Adv fam* au petit bonheur [la chance] *(fam)*

Querdenker(in) *m(f)* non-conformiste *mf* **querdurch** *Adv fam* en travers; **wir müssen ~!** il faut que nous traversions!

Quere [ˈkveːrə] ▶ **jdm in die ~ kommen** se mettre en travers de son/mon/... chemin

Querele [kveˈreːlə] <-, -n> *f geh* querelle *f*

queren *tr V* traverser

querfeldein [kveːɐfɛltˈʔaɪn] *Adv* à travers champs

Querfeldeinlauf *m* cross *m* **Querfeldeinrennen** *nt* cyclo-cross *m*

Querflöte *f* flûte *f* traversière **Querformat** *nt* format *m* oblong; **im ~** en format oblong

quer|gehen *s.* **quer 2.**

quergestreift *s.* **gestreift**

Querkopf *m pej fam* tête *f* de mule *(fam)*

querköpfig [ˈ-kœpfɪç] *Adj fam* cabochard(e) *(fam)*

Querlage *f* MED présentation *f* transversale [*o* de l'épaule]

Querlatte *f* ① traverse *f* ② SPORT [barre *f*] transversale *f*

quer|legen *s.* **quer 2.**

Querruder *nt* aileron *m*

quer|schießen *s.* **quer 2.**

Querschiff *nt* transept *m* **Querschläger** *m (Geschoss)* ricochet *m* **Querschnitt** *m* ① *(Schnitt, Zeichnung)* coupe *f* transversale; ~ **durch einen Baumstamm** coupe *f* transversale d'un tronc d'arbre ② *(Überblick)* ~ **durch die deutsche Literatur** aperçu *m* de la littérature allemande

querschnitt[s]gelähmt *Adj* paraplégique **Querschnitt[s]gelähmte(r)** *f(m) dekl wie Adj* paraplégique *mf* **Querschnitt[s]lähmung** *f* paraplégie *f*

quer|stellen *s.* **quer 2.**

Querstraße *f* rue *f* transversale; **in die zweite ~ rechts abbiegen** prendre la deuxième rue à droite **Querstreifen** *m* rayure *f* horizontale **Querstrich** *m* trait *m* horizontal **Quersumme** *f* somme *f* des chiffres [d'un nombre] **Quertreiber(in)** <-s, -> *m(f) pej fam* empêcheur(-euse) *m(f)* de tourner en rond

Querulant(in) [kveruˈlant] <-en, -en> *m(f) geh* chicaneur(-euse) *m(f)*

Querverbindung *f* ① *(Verkehrsverbindung)* liaison *f* [transversale] directe ② *(Kontakt, Beziehung)* connexion *f* **Querverweis** *m* renvoi *m*

quetschen [ˈkvɛtʃən] **I.** *tr V* ① extraire; **den Saft aus einer Orange ~** extraire le jus d'une orange; **etw in einen Koffer ~** entasser qc dans une valise; **jdn an** [*o* **gegen**] **die Wand ~** pousser fortement qn contre le mur

❷ (*verletzen*) **sich** (*Dat*) **einen Finger** ~ se coincer un doigt
II. *r V* ❶ *fam* (*sich zwängen*) **sich durch/in etw** (*Akk*) ~ se forcer un passage à travers/dans qc
❷ (*sich verletzen*) **sich** ~ se pincer
Quetschfalte *f* pli *m* creux
Quetschung <-, -en> *f* (*Verletzung*) contusion *f*
Queue [kø:] <-s, -s> *nt o m* queue *f*
quick *Adj bes.* NDEUTSCH dynamique
Quickie ['kwɪki] <-, -s> *m sl* petite baise *f* (*pop*)
quicklebendig ['kvɪkle'bɛndɪç] *Adj fam* fringant(e); ~ **sein** péter le feu (*fam*)
quieken ['kvi:kən] *itr V* ❶ *Ferkel, Maus:* couiner (*fam*)
❷ *fig* **vor Wonne/Freude** ~ *Person:* pousser des petits cris aigus d'enchantement/de joie
quietschen ['kvi:tʃən] *itr V* ❶ *Bremsen, Tür:* grincer; *Kreide, Reifen:* crisser; **mit** ~**den Reifen** dans un crissement de pneus; **das Quietschen** *von Bremsen, Türen* le grincement; *von Kreide, Reifen* le crissement
❷ *fig* **vor Lust/Vergnügen** ~ crier d'envie/de plaisir
quietschfidel ['kvi:tʃfi'de:l], **quietschvergnügt** *Adj fam* hilare; ~ **sein** bicher (*fam*)
quillt [kvɪlt] *3. Pers Präs von* **quellen**
Quinta <-, Quinten> *f* ❶ SCHULE, HIST (*zweite Gymnasialklasse*) *deuxième classe du "Gymnasium"*
❷ SCHULE A (*fünfte Gymnasialklasse*) *cinquième classe du "Gymnasium"*
Quintaner(in) <-s, -> *m(f)* SCHULE, HIST *élève de la deuxième classe du "Gymnasium"*
Quinte ['kvɪntə] <-, -n> *f* ❶ (*Ton*) dominante *f*
❷ (*Intervall*) quinte *f*
Quintessenz ['kvɪntɛsɛnts] *f geh* quintessence *f* (*soutenu*)
Quintett [kvɪn'tɛt] <-[e]s, -e> *nt* quintette *m*
Quirl [kvɪrl] <-s, -e> *m* batteur *m*
quirlen *tr V* battre *Zutaten;* **das Eigelb schaumig** ~ battre le jaune d'œuf pour obtenir une consistance mousseuse
quirlig *Adj fam* remuant(e); *Kind* turbulent(e)
quitt [kvɪt] *Adj* quitte; **mit jdm** ~ **sein** être quitte envers qn; **wir sind** ~ nous sommes quittes
Quitte ['kvɪtə] <-, -n> *f* ❶ (*Frucht*) coing *m*
❷ (*Baum*) cognassier *m*
quitte[n]gelb *Adj* jaune coing
quittieren* I. *tr V* ❶ (*durch Unterschrift bestätigen*) acquitter; donner acquit de *Betrag, Geld, Rechnung;* **jdm den Erhalt einer Lieferung** ~ confirmer à qn la réception d'une livraison
❷ *geh* (*beantworten*) **etw mit einem Lächeln** ~ accueillir qc avec le sourire
II. *itr V* (*eine Quittung ausstellen*) délivrer un reçu; (*einen Empfang bestätigen*) accuser réception
Quittung <-, -en> *f* ❶ (*Empfangsbestätigung, Zahlungsbeleg*) reçu *m;* **jdm eine** ~ **für etw ausstellen** délivrer un reçu à qn pour qc; **gegen** ~ contre reçu; **laut** ~ d'après le reçu
❷ (*Folge*) ~ **für etw** récompense *f* de qc
Quiz [kvɪs] <-, -> *nt* quiz *m;* (*Fernsehsendung*) jeu *m* télévisé
Quizmaster(in) ['kvɪsma:stɐ] <-s, -> *m(f)* animateur(-trice) *m(f)* d'un jeu télévisé
quoll [kvɔl] *Imp von* **quellen**
Quorum ['kvo:rʊm] <-s> *nt geh* quorum *m*
Quote ['kvo:tə] <-, -n> *f* ❶ (*Anteil*) taux *m;* **die** ~ **der Schulabgänger ist gestiegen** le pourcentage des élèves ayant terminé leur scolarité a augmenté
❷ (*Gewinnanteil*) gain *m*
❸ (*Menge, Anzahl*) quota *m*
Quotenmann *m*, **-frau** *f fam* homme *m* imposé/femme *f* imposée par les quotas **Quotenregelung** *f* règle *f* d'attribution de postes [*o* de mandats] par fixation de quotas
Quotient [kvo'tsiɛnt] <-en, -en> *m* MATH quotient *m*
quotieren* *tr V* coter; **der Preis dieser Aktie wird mit ... Euro quotiert** cette action est cotée ... euros
Quotierung <-, -en> *f* ❶ BÖRSE cotation *f*
❷ (*Verteilung nach Quoten*) système *m* de quota[s]

Rr

R, r [ɛr] *nt* R *m*/r *m;* **das R rollen** rouler les r
▸ **R wie Richard** r comme Raoul
Rabatt [ra'bat] <-[e]s, -e> *m* remise *f;* **fünf Prozent** ~ cinq pour cent de remise; **jdm** ~ **auf etw** (*Akk*) **geben** faire une remise sur qc à qn; **bei/von jdm** ~ **bekommen** obtenir une remise chez qn/de qn
Rabatte [ra'batə] <-, -n> *f* plate-bande *f*
Rabattgesetz *nt* JUR loi *f* relative aux remises sur les prix
Rabattmarke *f* bon *m* de réduction
Rabatz [ra'bats] <-es> *m sl* grabuge *m;* ~ **machen** faire du grabuge (*fam*)
Rabauke [ra'baʊkə] <-n, -n> *m fam* loubard *m* (*fam*)
Rabbi ['rabi, *Pl:* 'rabi:s] <-[s], -s *o* Rabbinen> *m* rabbi[n] *m*
Rabbinat [rabi'na:t] <-[e]s, -e> *nt* REL rabbinat *m*
Rabbiner [ra'bi:nɐ] <-s, -> *m* rabbin *m*
Rabe ['ra:bə] <-n, -n> *m* corbeau *m*
▸ **schwarz wie ein** ~ [*o* **die** ~**n**] *fam* (*schmutzig*) noir(e) comme un ramoneur; **stehlen wie ein** ~ *fam* être un champion/une championne de la fauche (*fam*)
Rabeneltern *Pl fam* parents *mpl* dénaturés **Rabenmutter** *f fam* mère *f* dénaturée **rabenschwarz** *Adj* noir(e) comme [du] jais **Rabenvater** *m fam* père *m* dénaturé
rabiat [rabi'a:t] I. *Adj* ❶ (*grob*) brutal(e); *Art, Methode, Vorgehen* féroce; **ein** ~**er Kerl** une brute
❷ (*aufgebracht*) ~ **werden** voir rouge
II. *Adv* brutalement; **ganz** ~ avec beaucoup de brutalité
Rache ['raxə] <-> *f* vengeance *f;* **auf** ~ **sinnen** *geh* ruminer sa vengeance; ~ **üben** *geh* se venger; **aus** ~ par vengeance
▸ **die** ~ **des kleinen Mannes** la revanche du petit [contre le gros]; ~ **ist süß** la vengeance est un plat qui se mange froid
Racheakt *m* acte *m* de vengeance **Rachedurst** *m geh* soif *f* de vengeance **Racheengel** *m geh* ange *m* vengeur **Rachegedanke** *m meist Pl* idée *f* de vengeance **Rachegefühl** *nt meist Pl* désir *m* de vengeance *pas de pl*
Rachen ['raxən] <-s, -> *m* ❶ ANAT gorge *f*
❷ ZOOL *eines Tiers* gueule *f*
▸ **den** ~ **nicht voll [genug] kriegen können** *fam* en avoir jamais assez (*fam*); **jdm den** ~ **stopfen** *fam* calmer les appétits de qn; **jdm etw in den** ~ **werfen** [*o* **schmeißen**] *fam* filer qc à qn (*fam*)
rächen ['rɛçən] I. *tr V* venger *Person, Tat;* **etw an jdm** ~ se venger de qc sur qn
II. *r V* ❶ (*Rache nehmen*) **sich an jdm** ~ se venger de qn; **sich an jdm für etw** ~ se venger de qc sur qn
❷ (*sich nachteilig auswirken*) **sich** ~ *Leichtsinn, Versäumnis:* se payer
Rachenblütler <-s, -> *m* BOT scrofulariacée *f* **Rachenentzündung** *f* pharyngite *f* **Rachenhöhle** *f* pharynx *m* **Rachenkatarr[h]**[RR] *m* pharyngite *f* **Rachenmandel** *f* ANAT amygdale *f*
Racheplan *m* projet *m* de vengeance; **Rachepläne schmieden** tramer des projets de vengeance
Rächer(in) <-s, -> *m(f)* vengeur *m*/vengeresse *f*, justicier(-ière) *m(f);* ~ **der Enterbten** *hum* défenseur *m* des opprimés
Racheschwur *m* serment *m* de vengeance
Rachgier *f geh* soif *f* de vengeance **rachgierig** *Adj geh* vindicatif(-ive)
Rachitis [ra'xi:tɪs, *Pl:* raxi'ti:dən] <-, -tiden> *f* MED rachitisme *m*

rachitisch [ra'xi:tɪʃ] *Adj* MED du rachitisme

Rachsucht *f kein Pl* soif *f* de vengeance

rachsüchtig *Adj* vindicatif(-ive)

Racker ['rakɐ] <-s, -> *m fam* galopin *m* (*fam*)

rackern ['rakɐn] *itr V fam* trimer (*fam*)

Raclette ['raklɛt, ra'klɛt] <-, -s> *f*, <-s, -s> *nt* raclette *f*

rad *Abk von* **radiation absorbed dosis** rad

Rad [ra:t, *Pl:* 'rɛ:dɐ] <-[e]s, ¨-er> *nt* ① *eines Fahrzeugs, Pfaus* roue *f*
② (*Fahrrad*) bicyclette *f*, vélo *m*; ~ **fahren** aller à bicyclette [*o* à vélo]; ~ **fahren lernen** apprendre à faire du vélo; **mit dem ~ fahren** prendre le vélo
③ (*Zahnrad*) rouage *m*
④ HIST (*Foltergerät*) roue *f*
⑤ SPORT roue *f*; ~ **fahren** (*Radsport betreiben*) faire du vélo
▶ **das ~ der Geschichte** [**lässt sich nicht zurückdrehen**] [on ne peut remonter] le cours de l'histoire; **das fünfte ~ am Wagen** *fam* la cinquième roue du carrosse; ~ **fahren** *pej fam* s'abaisser; **unter die Räder kommen** [*o* **geraten**] *fam* sombrer; **ein ~ schlagen** *Person, Pfau:* faire la roue

Radachse *f* essieu *m*

Radar [ra'da:ɐ, 'ra:da:ɐ] <-s> *m o nt* ① (*Funkmesstechnik*) [système *m*] radar *m*
② (*Radargerät*) radar *m*
③ (*Radarschirm*) écran *m* radar

Radaranlage *f* radar *m* **Radarfalle** *f fam* contrôle-radar *m*; **in eine ~ geraten** être pris(e) par un radar (*fam*) **Radargerät** *nt* radar *m* **Radarkontrolle** *f* contrôle-radar *m* **Radarnetz** *nt* réseau *m* radar **Radarschirm** *m* écran *m* radar **Radarstation** *f* MIL, AVIAT station *f* radar **Radarsteuerung** *f* guidage *m* au [*o* par] radar **Radartechnik** *f* technique *f* [du] radar **Radartechniker(in)** *m(f)* radariste *mf* **Radarwagen** *m* TECH voiture *f* radar

Radau [ra'daʊ] <-s> *m fam* raffut *m* (*fam*); ~ **machen** faire du raffut (*fam*)

Radaubruder *m fam* chahuteur(-euse) *m(f)*

Radaufhängung *f* AUT suspension *f*

Rädchen ['rɛ:tçən] <-s, -> *nt Dim von* **Rad** ① *eines Feuerzeugs* molette *f*
② (*Zahnrad*) rouage *m*
③ (*Gerät zum Ausradeln*) roulette *f*
④ (*Rändelschraube*) vis *f* moletée
▶ **nur ein ~ im Getriebe sein** n'être qu'un rouage [parmi d'autres rouages]

Raddampfer *m* bateau *m* à aubes

radebrechen ['ra:dəbrɛçən] *tr, itr V* baragouiner (*fam*); **Deutsch/Englisch ~** baragouiner l'allemand/l'anglais (*fam*)

radeln ['ra:dəln] *itr V + sein fam* faire du vélo; **zum Bäcker/in die Stadt ~** aller à vélo chez le boulanger/en ville; **rund um den Bodensee ~** faire le tour du lac de Constance à vélo

Rädelsführer(in) ['rɛ:dəls-] *m(f)* meneur(-euse) *m(f)*

rädern ['rɛ:dɐn] *tr V* HIST rouer; **gerädert werden** être roué(e); *s. a.* **gerädert**

Räderwerk *nt* rouages *mpl*

rad|fahren *s.* **Rad 2., 5.,** ▶

Radfahrer(in) *m(f)* ① cycliste *mf* ② *pej fam* (*unterwürfiger Mensch*) lèche-botte *mf* (*fam*) **Radfahrweg** *s.* **Radweg** **Radfelge** *f* AUT jante *f* **Radgabel** *f* fourche *f*

Radi ['ra:di] <-s, -> *m* SDEUTSCH, A radis *m*

radial [radi'a:l] **I.** *Adj* radial(e)
II. *Adv verlaufen, angelegt sein* en rayons; *wirken* en rayonnant

Radialreifen *m* AUT pneu *f* à carcasse radiale

Radiator [radi'a:to:ɐ] <-s, -toren> *m* radiateur *m*

Radicchio [ra'dɪkio] <-s> *m* trévise *f*

radieren* *tr, itr V* ① gommer
② KUNST graver sur métal; (*ätzen*) graver à l'eau-forte; **radierte Landschaften** des eaux-fortes *fpl* de paysages

Radierer *s.* **Radiergummi**

Radierer(in) <-s, -> *m(f)* KUNST graveur(-euse) *m(f)* [sur métal]; (*Ätzkünstler*) aquafortiste *mf*

Radiergummi *m* gomme *f*

Radierung <-, -en> *f* gravure *f* [sur métal]; (*Ätzung*) [gravure à l']eau-forte *f*

Radieschen [ra'di:sçən] <-s, -> *nt* radis *m* [rose]
▶ **sich** (*Dat*) **die ~ von unten ansehen** [*o* **betrachten**] *hum sl* manger les pissenlits par la racine (*fam*)

radikal [radi'ka:l] **I.** *Adj* ① POL extrémiste
② (*völlig*) *Bruch* radical(e); *Ablehnung* catégorique
③ (*tief greifend*) *Forderung, Methode, Reform* radical(e)
II. *Adv* ① POL ~ **denken** [*o* **gesinnt sein**] avoir des idées extrémistes
② (*völlig*) radicalement; *ablehnen* catégoriquement
③ (*tief greifend*) *verfahren, vorgehen* de façon radicale

Radikal <-s, -e> *nt* CHEM radical *m*; **freie ~e** radicaux libres

Radikale(r) *f(m) dekl wie Adj* extrémiste *mf*

RadikalenerlassRR *m kein Pl* POL *décret promulgué en 1972 excluant de la fonction publique tout membre d'une organisation extrémiste*

radikalisieren* *tr V* radicaliser

Radikalisierung <-, -en> *f* radicalisation *f*

Radikalismus [radika'lɪsmʊs] <-> *m* extrémisme *m*

Radikalität [radikali'tɛ:t] <-> *f* radicalité *f*

Radikalkur *f* traitement *m* de choc

Radio ['ra:dio] <-s, -s> *nt o* CH, SDEUTSCH *m* radio *f*; ~ **hören** écouter la radio; **im ~** à la radio

radioaktiv **I.** *Adj* radioactif(-ive) **II.** *Adv* ~ **verseucht/verstrahlt** contaminé(e)/irradié(e) **Radioaktivität** [radioʔaktivi'tɛ:t] *f kein Pl* radioactivité *f* **Radioantenne** ['ra:dio-] *f* antenne *f* radio **Radioapparat** *m* poste *m* de radio **Radioastronomie** *f* ASTRON radioastronomie *f* **Radiogerät** *nt* appareil *m* de radio

Radiogramm <-s, -e> *nt* radiogramme *m*

Radiologe [radio'lo:gə] <-n, -n> *m*, **Radiologin** *f* radiologue *mf*

Radiologie <-> *f* radiologie *f*

Radiologin <-, -nen> *f s.* **Radiologe**

Radiorecorder ['ra:diorekɔrdɐ] *m* radiocassette *f* **Radiosender** *m* station *f* de radio **Radiosonde** *f* TECH, METEO radiosonde *f* **Radioteleskop** *nt* ASTRON radiotélescope *m* **Radiotherapie** [radiotera'pi:] *f* MED radiothérapie *f* **Radiowecker** *m* radio-réveil *m* **Radiowelle** *f* PHYS onde *f* radioélectrique [*o* hertzienne]

Radium ['ra:diʊm] <-s> *nt* CHEM radium *m*; ~ **zählt zu den Schwermetallen** le radium fait partie des métaux lourds

Radius ['ra:diʊs] <-, Radien> *m* rayon *m*; **im ~ von drei Kilometern** dans un rayon de trois kilomètres

Radkappe *f* enjoliveur *m* **Radkasten** *m* AUT joue *f* d'aile **Radkranz** *m* jante *f* **Radlager** *nt* roulement *m*

Radler ['ra:dlɐ] <-s, -> *m fam* ① cycliste *m*
② SDEUTSCH (*Getränk*) panaché *m*

Radlerhose *f* culotte *f* de cycliste

Radlerin <-, -nen> *f* cycliste *f*

Radlermaß *f* SDEUTSCH panaché *m*

Radnabe *f* moyeu *m* [de roue]

Radon ['ra:dɔn, ra'do:n] <-s> *nt* CHEM radon *m*; ~ **ist ein Edelgas** le radon est un gaz rare

Radrennbahn *f* vélodrome *m* **Radrennen** *nt* course *f* cycliste

Radrennfahrer(in) *m(f)* coureur(-euse) *m(f)* cycliste **Radrennsport** *m* cyclisme *m* professionnel

rad|schlagen *s.* **Rad** ▶

Radsport *m* sport *m* cycliste **Radsportler(in)** *m(f)* [coureur(-euse) *m(f)*] cycliste *mf* **Radstand** *m* empattement *m* **Radtour** [-tu:ɐ] *f* randonnée *f* à bicyclette [*o* à vélo] **Radwanderung** *f* randonnée *f* à bicyclette **Radwechsel** [-ks-] *m* changement *m* de roue; **einen ~ machen** changer une roue **Radweg** *m* piste *f* cyclable **Rad[zier]blende** *f* enjoliveur *m*

R

RAF [ɛrʔaːˈʔɛf] <-> *f Abk von* **Rote Armee Fraktion** HIST fraction *f* armée rouge

Raffael *m* Raphaël *m*

raffen [ˈrafən] *tr V* ❶ (*einsammeln*) rafler (*fam*)
❷ (*an sich reißen*) **etw an sich** (*Akk*) ~ s'emparer de qc
❸ (*in Falten legen*) plisser *Kleid, Stoff, Vorhang*
❹ (*kürzen*) abréger; **gerafft** *Form, Wiedergabe* condensé(e)
❺ *sl* (*begreifen*) piger (*fam*)

Raffgier *f* rapacité *f* **raffgierig** *Adj* rapace

Raffinade [rafiˈnaːdə] <-, -n> *f* sucre *m* cristallisé

Raffination [rafinaˈtsioːn] <-> *f* raffinage *m*

Raffinement [rafinəˈmãː] <-s, -s> *nt geh* ❶ (*Vervollkommnung*) raffinement *m*
❷ *s.* **Raffinesse**

Raffinerie [rafinəˈriː] <-, -n> *f* raffinerie *f*

Raffinesse [rafiˈnɛsə] <-, -n> *f* ❶ *kein Pl* (*Durchtriebenheit*) ruse *f*
❷ (*luxuriöses Detail*) **mit allen ~n [ausgestattet]** hyperéquipé(e)

raffinieren* *tr V* raffiner; **raffiniert werden** être raffiné(e); **zu etw raffiniert werden** être transformé(e) par raffinage en qc

raffiniert [rafiˈniːɐt] **I.** *Adj* ❶ (*durchtrieben*) rusé(e)
❷ (*ausgeklügelt*) *Plan, Vorgehensweise* astucieux(-euse)
❸ (*voller Raffinement*) *Speise, Soße* raffiné(e)
II. *Adv* ❶ (*durchtrieben*) habilement, astucieusement
❷ (*voller Raffinement*) avec recherche [*o* raffinement]

Raffiniertheit *s.* **Raffinesse**

Raffke [ˈrafkə] <-s, -s> *m fam* radin *m* (*fam*)

Rafting [ˈraːftɪŋ] <-s> *nt* rafting *m*

Rage [ˈraːʒə] <-> *f fam* ❶ (*Wut*) rogne *f* (*fam*); **jdn in ~ bringen [*o* versetzen]** mettre qn en rogne
❷ (*Erregung*) énervement *m*; **in der ~** dans l'énervement; **sie geriet [*o* kam] in ~ über sein Verhalten** son comportement l'a énervée

ragen [ˈraːgən] *itr V* s'élever; **nach oben/in die Luft ~** s'élever en hauteur/en l'air; **aus dem Wasser ~** se dresser au-dessus de l'eau; **über das Gelände ~** dépasser du terrain

Raglanärmel [ˈragla(ː)n-, ˈrɛglən-] *m* manche *f* raglan

Ragout [raˈguː] <-s, -s> *nt* ragoût *m*

Ragtime [ˈrɛgtaɪm, ˈræɡtaɪm] <-[s]> *m* ragtime *m*

Rah <-, -en> *f*, **Rahe** <-, -n> *f* vergue *f*

Rahm [raːm] <-[e]s> *m* crème *f*; **den ~ von der Milch abschöpfen** écrémer le lait

Rähmchen <-s, -> *nt Dim von* **Rahmen** [petit] cadre *m*

rahmen [ˈraːmən] *tr V* encadrer

Rahmen <-s, -> *m* ❶ *eines Bilds, Fotos, Gemäldes* cadre *m*
❷ (*Türrahmen, Fensterrahmen*) encadrement *m*
❸ TECH *eines Fahrrads* cadre *m*; *eines Autos* châssis *m*
❹ (*Bereich, Zusammenhang, Atmosphäre*) cadre *m*; **im ~ des Etats** dans le cadre du budget; **im ~ der Untersuchungen** dans le cadre des analyses; **im ~ des Möglichen** dans les limites de mes/ses/... moyens; **in angemessenem/festlichem ~** dans un cadre convenable/de fête; **in kleinerem ~** en petit comité
▸ **aus dem ~ fallen, nicht in den ~ passen** *Person:* se singulariser; *Kleidung, Frisur, Musik:* sortir de l'ordinaire; **den ~ einer S.** (*Gen*) **sprengen, über den ~ einer S.** (*Gen*) **hinausgehen** sortir des limites [*o* du cadre] de qc

Rahmenabkommen *nt* convention *f* type **Rahmenbedingungen** *Pl* conditions *fpl* générales; **rechtliche/wirtschaftliche ~** conditions juridiques/économiques générales **Rahmenentwurf** *m* plan *m* général **Rahmenerzählung** *f* LITER récit *m* d'encadrement **Rahmengesetz** *nt* loi-cadre *f* **Rahmenhandlung** *f* LITER [intrigue *f* d']encadrement *m* **Rahmenplan** *m* JUR plan-cadre *m* **Rahmenprogramm** *nt* programme *m* cadre **Rahmentarif** *m* convention *f* générale **Rahmenvertrag** *m* JUR contrat *m* cadre

Rahmkäse *m* fromage *m* à la crème **Rahmsoße** *f* sauce *f* à la crème

Rain [raɪn] <-[e]s, -e> *m* lisière *f*

räkeln [ˈrɛːkəln] *s.* **rekeln**

Rakete [raˈkeːtə] <-, -n> *f* ❶ (*Flug-, Feuerwerkskörper*) fusée *f*
❷ (*Waffe*) missile *m*

Raketenabschussbasis[RR] *f* MIL base *f* de lancement **Raketenabschussrampe**[RR] *f* RAUM rampe *f* de lancement de fusées

Raketenabwehrgeschütz *nt* missile *m* antimissile **Raketenabwehrsystem** *nt* MIL système *m* de défense antimissile **Raketenantrieb** *m* propulsion *f* à fusées **Raketenbasis** *f* base *f* de missiles **Raketenflugzeug** *nt* MIL avion-fusée *m* **Raketenstufe** *f* TECH étage *m* de fusée **Raketentriebwerk** *nt* propulseur *m* [à réaction] **Raketenwerfer** *m* MIL lance-missiles *m*

Rallye [ˈrɛli] <-, -s> *f* rallye *m*; **eine ~ fahren** faire un rallye

Rallyefahrer(in) [ˈrali-, ˈrɛli-] *m(f)* coureur(-euse) *m(f)* de rallyes

RAM [ram] <-[s], -[s]> *nt Abk von* **Random Access Memory** INFORM RAM *f*

Rambo [ˈrambo] <-s, -s> *m sl* Rambo *m* (*fam*)

rammdösig [ˈramdøːzɪç] *Adj* DIAL *fam* abruti(e) (*fam*); **von etw ~ werden/sein** être abruti(e) par qc (*fam*)

Ramme [ˈramə] <-, -n> *f* (*Vorrichtung zum Festrammen*) hie *f*; (*Vorrichtung zum Einrammen*) sonnette *f*

rammeln [ˈraməln] **I.** *itr V* ❶ (*sich paaren*) *Kaninchen, Hase:* s'accoupler
❷ *sl* (*koitieren*) baiser (*fam*)
II. *r V fam* (*sich balgen*) **sich ~** se battre

rammen [ˈramən] *tr V* ❶ (*beschädigen*) heurter; emboutir *Fahrzeug*
❷ (*stoßen*) **etw in den Boden ~** enfoncer qc dans le sol; **er hat ihm die Faust in den Bauch gerammt** il lui a planté le poing dans le ventre

Rammler [ˈramlɐ] <-s, -> *m* bouquin *m*

Rampe [ˈrampə] <-, -n> *f* ❶ (*Laderampe*) rampe *f* [de chargement]
❷ (*schräge Auffahrt*) rampe *f* d'accès
❸ (*Bühnenrand*) bord *m* de la scène, rampe *f*

Rampenlicht *nt* feux *mpl* de la rampe
▸ **im ~ [der Öffentlichkeit] stehen** être sous les [feux des] projecteurs

ramponieren* *tr V fam* esquinter (*fam*); **ramponiert** *Person:* vasouillard(e) (*fam*); *Gegenstand:* en piteux état

Ramsch [ramʃ] <-[e]s> *m fam* camelote *f* (*fam*)

Ramschladen *m fam* bric-à-brac *m* **Ramschware** *f* marchandise *f* de fin de série, camelote *f pas de pl* (*fam*)

ran [ran] *Adv fam* **[jetzt aber] ~!** allez[, on y va]!; **rechts ~!** mettez-vous à droite!

Rand [rant, *Pl:* ˈrɛndɐ] <-es, ¨er> *m* ❶ *eines Gefäßes, eines Grabens* bord *m*; *eines Brunnens* margelle *f*
❷ (*Begrenzung*) *eines Geräts, Tisches, Rahmens* [re]bord *m*; *einer Brille* bord *m*; *einer Stadt* périphérie *f*; **stell die Tasse nicht so dicht an den ~** ne mets pas la tasse si près du bord
❸ (*Stoffrand, Feldrand, Waldrand*) bordure *f*
❹ (*Grenze*) **am ~e der Legalität/des Wahnsinns** à la limite de la légalité/folie
❺ (*unbeschriebener Teil*) marge *f*; **etw an den ~ schreiben** écrire qc dans la marge
❻ (*Schmutzrand*) **[schmutziger/dunkler] ~** traînée *f* sale/noire
❼ *sl* (*Mund*) **halt den ~!** *sl* ta gueule! (*pop*)
▸ **[dunkle] Ränder um die Augen haben** avoir des cernes sous les yeux; **außer ~ und Band geraten/sein** *fam* se déchaîner/être déchaîné(e); **mit jdm zu ~e kommen** faire bon ménage avec qn; **mit etw zu ~e kommen** s'en sortir avec qc; **am ~e** accessoirement

Randale [ranˈdaːlə] <-> *f sl* émeutes *fpl*; **~ machen** foutre la

merde (*pop*)
randalieren* *itr V* faire du grabuge (*fam*)
Randalierer(in) <-s, -> *m(f)* casseur(-euse) *m(f)*; SPORT hooligan *m*
Randbemerkung *f* ❶ (*Bemerkung*) remarque *f* accessoire ❷ (*Randnotiz*) note *f* en marge
Rande ['randə] <-, -n> *f* CH betterave *f* rouge
Randerscheinung *f* phénomène *m* marginal **Randfigur** *f* personnage *m* secondaire; (*bei einem Verbrechen*) comparse *mf* **Randgebiet** *nt* ❶ GEOG région *f* [*o* zone *f*] excentrée ❷ (*Sachgebiet*) domaine *m* annexe **Randgruppe** *f* groupe *m* marginal
randlos *Adj Brille* sans cercle
Randphänomen *nt* épiphénomène *m*
randständig [ʃtɛndɪç] *Adj* marginal(e)
Randstein *s.* **Bordstein**
Randsteller <-s, -> *m* TYP margeur *m*
Randstreifen *m* bordure *f*; *einer Straße* accotement *m* **Randzone** *s.* **Randgebiet 1.**
rang [raŋ] *Imp von* **ringen**
Rang [raŋ, *Pl:* 'rɛŋə] <-[e]s, -̈e> *m* ❶ (*Stellung, Position*) position *f* [sociale], rang *m* [social]; **einen hohen/niedrigen ~ einnehmen** occuper un haut rang/un rang peu élevé; **jdm durch/mit etw den ~ streitig machen** contester la suprématie de qn grâce à qc
❷ *kein Pl* (*Kategorie*) valeur *f*; **ersten ~es** de premier ordre; **von hohem ~** de [grande] valeur
❸ (*Dienstgrad*) grade *m*; **Offiziere der oberen Ränge** des officiers supérieurs; **im ~ herabgestuft werden** être rétrogradé(e)
❹ (*Tabellenplatz*) place *f*; **~ drei auf der Tabelle einnehmen** prendre la troisième place du classement
❺ (*Teil eines Zuschauerraums*) balcon *m*; (*Teil eines Stadions*) gradin *m*; **vor leeren/überfüllten Rängen** devant une salle vide/[archi]comble; (*im Stadion*) dans un stade désert/plein à craquer
▶ **alles, was ~ und Namen hat** toute la fine fleur; **zu ~ und Würden kommen** devenir quelqu'un; **jdm den ~ ablaufen** damer le pion à qn
Rangabzeichen *nt* MIL *veraltet* insigne *m* **Rangälteste(r)** *f(m) dekl wie Adj* MIL plus ancien(ne) *m(f)* dans le grade
Range ['raŋə] <-, -n> *f* DIAL polisson(ne) *m(f)*
ran|gehen ['ran-] *itr V unreg + sein fam* ❶ (*sich nähern*) se rapprocher; **an etw** (*Akk*) **~** se rapprocher de qc
❷ (*offensiv sein*) attaquer; **der geht aber ran!** il n'y va pas par quatre chemins!
Rangelei [raŋə'laɪ] <-, -en> *f fam* chamailleries *fpl* (*fam*)
rangeln ['raŋəln] *itr V fam* se chamailler; **mit jdm ~** se chamailler avec qn
Rangfolge *f* hiérarchie *f*; **der ~ nach** selon l'ordre hiérarchique **ranghöchste(r, s)** *Adj* MIL le plus [haut] gradé/la plus [haut] gradée **Ranghöchste(r)** *f(m) dekl wie Adj* MIL plus haut gradé(e) *m(f)*
Rangierbahnhof [rã'ʒiːɐ-, raŋ'ʒiːɐ-] *m* gare *f* de triage
rangieren* [rã'ʒiːrən] **I.** *itr V* se classer; **auf Platz drei ~** *Sportler, Mannschaft:* se classer en troisième position; **an erster/letzter Stelle ~** *Angelegenheit, Frage:* occuper la première/dernière place
II. *tr V* aiguiller *Zug, Waggon*
Rangierer(in) [rã'ʒiːrɐ, raŋ'ʒiːrɐ] <-s, -> *m(f)* EISENBAHN agent *m* de manœuvre
Rangiergleis [rã'ʒiːɐ-, raŋ'ʒiːɐ-] *nt* voie *f* de triage **Rangierlok[omotive]** *f* locotracteur *m* de manœuvre
Rangliste *f* classement *m* **rangmäßig** *Adv* sur le plan hiérarchique; MIL du point de vue du grade; **~ höher angesiedelt** plus élevé(e) en grade [*o* dans la hierarchie] **Rangordnung** *f* hiérarchie *f* **Rangstufe** *f* échelon *m*; MIL grade *m* **Rangunterschied** *m* différence *f* hiérarchique
ran|halten *r V unreg fam* **sich ~** se magner [le train] (*fam*)
rank [raŋk] *Adj* ▶ **~ und schlank sein** être svelte
Ranke ['raŋkə] <-, -n> *f* sarment *m*; (*spiralförmig*) vrille *f*
Ränke ['rɛŋkə] *Pl veraltet geh* menées *fpl*
▶ **~ schmieden** ourdir des intrigues (*littér*)
ranken ['raŋkən] **I.** *r V + haben* ❶ **sich ~** grimper; **sich an einem Gerüst nach oben ~** *Pflanze:* grimper le long d'un treillage
❷ *fig* **sich um jdn/etw ~** *Legenden:* graviter autour de qn/qc
II. *itr V + haben o sein* **am Zaun/über die Mauer ~** *Pflanze:* grimper le long de la clôture/au-dessus du mur
Rankengewächs *nt* plante *f* grimpante
Ränkeschmied(in) *m(f) veraltet geh* intrigant(e) *m(f)* **Ränkespiel** *nt veraltet geh* manœuvres *fpl*
Ranking ['rɛŋkɪŋ, 'ræŋkɪŋ] <-s, -s> *nt* palmarès *m*
ran|klotzen *itr V sl* se défoncer (*fam*)
ran|kommen *itr V unreg + sein fam* ❶ (*hinlangen können*) atteindre; **an etw** (*Akk*) **~** atteindre qc
❷ (*sich beschaffen können*) **an das Geld/die Papiere ~** avoir accès à l'argent/aux papiers
❸ (*erreichen können*) **an jdn ~** arriver à approcher qn; **niemanden an sich** (*Akk*) **~ lassen** ne laisser personne s'approcher de soi; **man kommt an sie nicht ran** y a pas moyen de l'approcher (*fam*)
ran|lassen *tr V unreg fam* ❶ (*näher kommen lassen*) laisser s'approcher; **jdn an sich** (*Akk*) **~** laisser qn s'approcher de soi
❷ (*Intimitäten gestatten*) **jdn an sich** (*Akk*) **~** vouloir bien baiser avec qn (*fam*)
❸ (*versuchen lassen*) laisser faire
ran|machen *r V fam* **sich ~** entreprendre; **sich an jdn ~** entreprendre qn; (*in sexueller Absicht*) draguer qn (*fam*); **sich an etw ~** entreprendre qc
rann [ran] *Imp von* **rinnen**
rannte ['rantə] *Imp von* **rennen**
ran|schmeißen *r V unreg sl* **sich ~** jouer le grand jeu; **sich an jdn ~** jouer le grand jeu à qn
Ranunkel [ra'nʊŋkəl] <-, -n> *f* renoncule *f*
Ranzen ['rantsən] <-s, -> *m* ❶ SCHULE cartable *m*
❷ *sl* (*Bauch*) brioche *f* (*fam*); **sich** (*Dat*) **den ~ vollschlagen** s'en foutre plein la panse (*pop*)
▶ **jdm den ~ voll hauen** *veraltet fam* flanquer une raclée à qn (*fam*)
ranzig ['rantsɪç] *Adj* rance; **~ werden** rancir
Rap [rɛp, ræp] <-> *m* MUS rap *m*
rapide **I.** *Adj* rapide
II. *Adv* rapidement
Rapmusik ['rɛpmjuːzɪk] *f* [musique *f*] rap *m*
Rappe ['rapə] <-n, -n> *m* moreau *m*
Rappel ['rapəl] <-s, *selten* -> *m* tocade *f*; **den ~ kriegen** *fam* flipper (*fam*)
rappelig *Adj fam* agité(e); **~ werden** s'exciter; **~ sein** être sur les nerfs
rappeln ['rapəln] *fam* **I.** *itr V Wecker:* sonner
II. *itr V unpers veraltet* ▶ **bei ihm/ihr rappelt's** ça tourne pas rond chez lui/elle (*fam*)
rappen ['rɛpən, 'ræpən] *itr V* rap[p]er
Rappen ['rapən] <-s, -> *m* centime *m*
Rapper(in) ['rɛpɐ] <-s, -> *m(f)* rappeur(-euse) *m(f)*
rapplig *s.* **rappelig**
Rapport [ra'pɔrt] <-[e]s, -e> *m form* rapport *m*; **jdm ~ erstatten** faire son rapport à qn
Raps [raps] <-es, -e> *m* colza *m*
Rapsöl *nt* huile *f* de colza
Rapunzel [ra'pʊntsəl] <-, -n> *f* BOT mâche *f*
rar [raːɐ] *Adj* rare; **~ werden** se raréfier
▶ **sich ~ machen** *fam* se faire rare
Rarität [rari'tɛːt] <-, -en> *f* rareté *f*; **eine [ausgesprochene] ~ sein** être [extrêmement] rare

Raritätenkabinett *nt* magasin *m* de curiosités
rasant [ra'zant] I. *Adj Fahrer, Fahrzeug* rapide; *Tempo* infernal(e); *Beschleunigung* foudroyant(e); *Entwicklung, Fortschritt, Tempo* fulgurant(e); **in ~er Fahrt** à un train d'enfer
II. *Adv* ❶ (*schnell*) à toute vitesse; **~ beschleunigen** avoir des accélérations foudroyantes; **fahr nicht so ~!** ne roule pas si vite!
❷ (*stürmisch*) de façon fulgurante
Rasanz [ra'zants] <-> *f* rapidité *f*
rasch [raʃ] I. *Adj* rapide
II. *Adv* vite
rascheln ['raʃəln] *itr V Papier, Stroh:* faire entendre un froissement; *Laub:* frémir; **mit der Zeitung ~** froisser le journal; **was raschelt da so?** quel est ce froissement?; **das Rascheln** *von Papier, Stroh* le froissement; *von Laub* le bruissement
rasen ['ra:zən] *itr V* ❶ + *sein* (*schnell fahren*) rouler à toute allure; **über die Kreuzung ~** franchir le carrefour à toute vitesse; **gegen/in etw** (*Akk*) **~** foncer dans qc; **das Rasen** la vitesse excessive
❷ + *sein* (*schnell vergehen*) *Zeit:* filer à toute allure
❸ + *haben* (*schnell schlagen*) *Herz, Puls:* battre à toute allure
❹ + *haben* (*toben*) être déchaîné(e); **vor Wut/Eifersucht** (*Dat*) **~** être fou(folle) de rage/jalousie
Rasen <-s, -> *m* ❶ (*Grasfläche*) gazon *m*
❷ SPORT pelouse *f;* (*beim Tennis, Hockey*) gazon *m;* **auf ~ spielen** jouer sur pelouse/gazon
rasend I. *Adj* ❶ (*sehr schnell*) *Fahrt, Geschwindigkeit* fou(folle)
❷ (*wütend*) *Person* furieux(-euse); *Menge, Mob* déchaîné(e); **~ werden** enrager; **jdn mit etw ~ machen** mettre qn en rage avec qc
❸ (*heftig*) *Durst, Schmerz* atroce; *Eifersucht* exacerbé(e); *Beifall, Ovationen* frénétique; **~e Wut** une rage folle
II. *Adv fam* **~ interessant** hyperintéressant(e) (*fam*), drôlement intéressant(e) (*fam*); **ich würde das ~ gern tun** j'aimerais drôlement faire ça (*fam*); **es ist ~ viel zu tun** c'est dingue ce qu'il y a à faire (*fam*)
Rasende(r) *f(m) dekl wie Adj* forcené(e) *m(f)*
Rasenfläche *f* pelouse *f* **Rasenmäher** <-s, -> *m* tondeuse *f* [à gazon] **Rasenplatz** *m* terrain *m* gazonné; (*Tennisplatz*) court *m* en gazon **Rasensprenger** <-s, -> *m* arroseur *m*
Raser(in) <-s, -> *m(f) fam* chauffard *m* (*fam*)
Raserei <-, -en> *f* ❶ *fam* (*schnelles Fahren*) vitesse *f* excessive; **bei der ständigen ~** avec ces excès de vitesse constants
❷ *kein Pl* (*Wutanfall*) fureur *f;* **jdn zur ~ bringen** mettre qn en rage
Rasierapparat *m* (*Elektro-/Nassrasierer*) rasoir *m* [électrique/mécanique] **Rasiercreme** *f* crème *f* à raser
rasieren* I. *tr V* raser; **sich ~ lassen** se faire faire la barbe, se faire raser; **sich** (*Dat*) **die Beine ~** se raser les jambes; **soll ich Ihnen den Nacken ~?** voulez-vous que je vous rase la nuque?; **glatt rasiert** rasé(e) de près; **das Rasieren** le rasage; **sich beim Rasieren schneiden** se couper en se rasant
II. *r V* **sich ~** se raser; **sich nass/elektrisch ~** utiliser un rasoir mécanique/électrique
Rasierer <-s, -> *m fam* (*Elektrorasierer*) rasoir *m*
Rasierklinge *f* lame *f* de rasoir **Rasiermesser** *nt* rasoir *m* [à main] **Rasierpinsel** *m* blaireau *m* **Rasierschaum** *m* mousse *f* à raser **Rasierseife** *f* savon *m* à barbe **Rasierwasser** *nt* [lotion *f*] après-rasage *m* **Rasierzeug** *nt* nécessaire *m* de rasage
Räson [rɛ'zɔŋ, rɛ'zõ:] ▸ **jdn zur ~ bringen** ramener [*o* faire revenir] qn à la raison; **~ annehmen** *veraltet* entendre raison
Raspel ['raspəl] <-, -n> *f* râpe *f*
raspeln ['raspəln] *tr V* râper
raß *Adj,* **räß** *Adj* SDEUTSCH, CH, A ❶ (*scharf*) *Speise* relevé(e); *Käse* fort(e); *Most* acide
❷ (*resolut*) *Frau* revêche
Rasse ['rasə] <-, -n> *f* race *f*
▸ **~ haben** *fam* être racé(e)
Rassehund *m* chien *m* de race
Rassel ['rasəl] <-, -n> *f* ❶ (*Babyspielzeug*) hochet *m*
❷ (*Instrument*) maracas *mpl*
Rasselbande *f fam* bande *f* de galopins (*fam*)
rasseln ['rasəln] *itr V* ❶ + *haben Schlüssel, Kette:* cliqueter; **mit den Schlüsseln/Ketten ~** faire cliqueter les clefs/chaînes; **das Rasseln** le cliquetis
❷ + *sein fam* (*fallen*) **durch die Prüfung ~** louper l'examen (*fam*)
Rassendiskriminierung *f* discrimination *f* raciale **Rassenfrage** *f* question *f* raciale **Rassenhass**[RR] *m* haine *f* raciale **Rassenhetze** *f* incitation *f* à la haine raciale **Rassenkonflikt** *m* conflit *m* racial **Rassenkunde** *f* science *f* des races **Rassenmerkmal** *nt* signe *m* distinctif d'une race **Rassenmischung** *f* métissage *m;* (*Mischung von Tierrassen*) croisement *m* **Rassentrennung** *f kein Pl* ségrégation *f* raciale **Rassenunruhen** *Pl* émeutes *fpl* raciales **Rassenvorurteil** *nt* préjugé *m* racial **Rassenwahn** *m pej* hystérie *f* raciste
rasserein ['rasəraɪn] *s.* **reinrassig**
rassig *Adj Person* racé(e); *Wein* qui a du corps
rassisch *Adj* racial(e)
Rassismus [ra'sɪsmʊs] <-> *m* racisme *m*
Rassist(in) [ra'sɪst] <-en, -en> *m(f)* raciste *mf*
rassistisch *Adj* raciste
Rast [rast] <-, -en> *f* pause *f;* **~ machen** faire une halte
▸ **ohne ~ und Ruh** *geh* sans repos ni trêve (*soutenu*)
Raste ['rastə] <-, -n> *f* TECH cran *m*
rasten ['rastən] *itr V* faire une halte
▸ **wer rastet, der rostet** *Spr.* ≈ faute d'exercice, on se rouille; **nicht ~ und nicht ruhen, bis ...** *geh* n'avoir de cesse que... + *subj* (*littér*)
Raster[1] ['rastɐ] <-s, -> *m* TYP ❶ (*Glasplatte, Folie, Rasterung*) trame *f*
❷ (*Rasterfläche*) fond *m* gris
Raster[2] <-s, -> *nt* ❶ TV trame *f*
❷ *geh* (*Denkkategorie*) schéma *m*
Rasterfahndung *f* recherche *f* systématique [par fichiers informatisés] **Rastermikroskop** *nt* TECH microscope *m* à balayage électronique **Rasterpunkt** *m* point *m* de trame
Rasthaus, Rasthof *s.* **Raststätte**
rastlos I. *Adj* ❶ (*unermüdlich*) sans relâche
❷ (*unruhig*) *Person* agité(e); *Leben* mouvementé(e)
II. *Adv* inlassablement
Rastlosigkeit <-> *f* ❶ (*Unermüdlichkeit*) activité *f* inlassable
❷ (*Unrast*) agitation *f* [fébrile]
Rastplatz *m* aire *f* de repos équipée **Raststätte** *f* restoroute® *m*
Rasur [ra'zu:ɐ] <-, -en> *f* rasage *m*
Rat[1] [ra:t] <-[e]s> *m* conseil *m;* **jdn um ~ fragen, sich** (*Dat*) **bei jdm ~ holen** demander conseil à qn; **jdn/etw zu ~e ziehen** prendre conseil de qn/consulter qc; **jdm einen ~ geben** donner un conseil à qn; **jdm den ~ geben etw zu tun** conseiller [*o* donner le conseil] à qn de faire qc; **auf den ~ seines Bruders [hin]** sur le conseil de son frère; **entgegen seinem/ihrem ~** contre son avis; **sich** (*Dat*) **keinen ~ wissen** ne pas savoir quoi faire; **sich** (*Dat*) **keinen anderen ~ mehr wissen, als ...** ne plus voir d'autre issue [*o* solution] que de...
▸ **mit ~ und Tat** du geste et de la voix; **da ist guter ~ teuer** je ne vois pas comment faire
Rat[2] [ra:t, *Pl:* 'rɛ:tə] <-[e]s, ¨-e> *m* ❶ (*Person*) (*Stadtrat*) conseiller *m* [municipal]; (*Beamter*) ≈ fonctionnaire *m* de catégorie A
❷ (*Institution*) (*Stadtrat*) conseil *m* [municipal]; **im ~ sitzen** *fam* siéger au conseil [municipal]; **der Europäische ~, der ~ der Europäischen Union** le Conseil de l'Union européenne; **~ der Wirtschafts- und Finanzminister** Conseil des ministres de l'Economie et des Finances; **Großer ~** CH Grand Conseil

rät [rɛ:t] *3. Pers Präs von* **raten**
Rate ['ra:tə] <-, -n> *f* (*Abschlagszahlung*) traite *f;* (*Monatsrate*) mensualité *f;* **etw auf ~n kaufen** acheter qc à crédit; **etw in ~n bezahlen** [*o* **abzahlen**] payer qc par versements [*o* à tempérament]; (*monatlich*) payer qc par mensualités
raten ['ra:tən] <rät, riet, geraten> **I.** *itr V* ① (*Ratschläge geben*) conseiller; **jdm ~ etw zu tun** conseiller à qn de faire qc; **jdm zu mehr Geduld ~** conseiller à qn d'être plus patient(e); **sich** (*Dat*) **von niemandem ~ lassen** n'écouter les conseils de personne
② (*erraten*) deviner; **richtig/falsch ~** deviner/ne pas deviner; **rate mal!** devine [voir]!
II. *tr V* ① (*als Ratschlag geben*) **jdm etw ~** conseiller qc à qn; *s. a.* **geraten²**
② (*erraten*) deviner; **das rätst du nie!** tu ne devineras jamais!
Ratenkauf *m* achat *m* à crédit
Ratenkauffinanzierung *f* financement *m* d'un achat à tempérament
ratenweise *Adv* par versements échelonnés; (*monatlich*) par mensualités
Ratenzahlung *f* ① *kein Pl* (*Zahlung in Raten*) paiement *m* échelonné [*o* à crédit]
② (*Zahlung einer Rate*) versement *m*
Räterepublik *f* HIST république *f* soviétique
Ratespiel *nt* [jeu *m* de] devinette *f*
Ratgeber <-s, -> *m* ① conseiller *m;* **ein schlechter** [*o* **kein guter**] **~ sein** être mauvais(e) conseiller(-ère)
② (*Buch*) guide *m*
Ratgeberin <-, -nen> *f* conseillère *f*
Rathaus *nt* hôtel *m* de ville; (*in kleineren Orten*) mairie *f;* **aufs ~ gehen** aller à la mairie
Ratifikation *s.* **Ratifizierung**
ratifizieren* *tr V* ratifier
Ratifizierung <-, -en> *f* ratification *f*
Rätin <-, -nen> *f* ① (*Stadträtin*) conseillère *f* [municipale]
② (*Beamtin*) ≈ fonctionnaire *f* de catégorie A
Ratio ['ra:tsio] <-> *f geh* raison *f*
Ration [ra'tsio:n] <-, -en> *f* ration *f*
► **eiserne ~** ration *f* de survie
rational [ratsio'na:l] *geh* **I.** *Adj* rationnel(le)
II. *Adv begründen, erklären* rationnellement; *denken, entscheiden* d'une façon rationnelle
rationalisieren* **I.** *tr V* rationaliser *Ablauf, Fertigung*
II. *itr V* prendre des mesures de rationalisation
Rationalisierung <-, -en> *f* rationalisation *f*
Rationalisierungsmaßnahme *f* mesure *f* de rationalisation
Rationalismus [ratsiona'lɪsmʊs] <-> *m a.* PHILOS rationalisme *m;* **kritischer ~** rationalisme critique
Rationalist(in) [ratsio-] <-en, -en> *m(f) geh* rationaliste *mf*
rationell [ratsio'nɛl] **I.** *Adj Verfahren, Methode* efficace; *Ausnutzung, Verwertung* rationnel(le)
II. *Adv* d'une façon rationnelle
rationieren* *tr V* rationner
Rationierung <-, -en> *f* rationnement *m*
ratlos **I.** *Adj* perplexe; **völlig ~ sein** être désemparé(e)
II. *Adv* avec embarras [*o* perplexité]; **~ dastehen** rester là, tout désemparé(e); **einer S.** (*Dat*) **~ gegenüberstehen** rester désemparé(e) devant qc
Ratlosigkeit <-> *f* perplexité *f*
Rätoromane [rɛtoro'ma:nə] <-n, -n> *m,* **Rätoromanin** *f* Rhéto-roman(e) *m(f)*
rätoromanisch [rɛtoro'ma:nɪʃ] **I.** *Adj* rhéto-roman(e)
II. *Adv* **~ sprechen** parler rhéto-roman
Rätoromanisch <-[s]> *nt* le rhéto-roman; **auf ~** en rhéto-roman; *s. a.* **Deutsch**
Rätoromanische *nt dekl wie Adj* rhéto-roman *m; s. a.* **Deutsche**
ratsam ['ra:tza:m] *Adj* opportun(e); **etw für ~ halten** considérer qc comme opportun(e); **es für ~ halten etw zu tun** juger opportun de faire qc; **es ist ~, noch abzuwarten** il est indiqué de patienter encore
ratsch [ratʃ] *Interj* [s]cratch
Ratsche ['ra:tʃə] <-, -n> *f,* **Rätsche** ['rɛ:tʃə] <-, -n> *f* SDEUTSCH, A crécelle *f*
ratschen ['ra:tʃən] *itr V,* **rätschen** *itr V* ① (*die Ratsche drehen*) agiter une/la crécelle
② *fam* (*schwatzen*) **mit jdm ~** bavarder avec qn
Ratschlag *m* conseil *m;* **jdm einen ~ geben** [*o* **erteilen**] donner un conseil à qn; **sparen Sie sich Ihre** [**guten**] **Ratschläge!** épargnez-moi vos conseils! **Ratschluss**^RR *m geh* volonté *f*
Rätsel ['rɛ:tsəl] <-s, -> *nt* énigme *f;* **jdm ein ~ aufgeben** *Person:* poser une énigme à qn; **jdm ein ~ sein** *Person, Angelegenheit:* être une énigme pour qn; **vor einem ~ stehen** se trouver devant une énigme; **in ~n sprechen** parler par énigmes; **es ist ihm ein ~, wie das passieren konnte** il ne voit vraiment pas comment cela a pu arriver; **das ist des ~s Lösung!** voilà la solution de l'énigme!
Rätselecke *f* page *f* jeux
rätselhaft *Adj Person, Charakter, Lächeln* énigmatique; *Erscheinung, Umstände, Weise* mystérieux(-euse); **jdm ~ sein** être une énigme pour qn; **es ist mir ~, warum ...** pourquoi..., c'est une énigme pour moi
Rätselheft *nt* magazine *m* de jeux [d'esprit]
rätseln *itr V* chercher; **~, warum/wie ...** essayer de deviner pourquoi/comment...
Rätselraten <-s> *nt* ① (*das Lösen von Rätseln*) jeux *mpl* d'esprit
② (*das Mutmaßen*) [jeu *m* de] devinettes *fpl*
Ratsherr(in) *m(f)* conseiller(-ère) *m(f)* municipal(e) **Ratskeller** *m* restaurant *m* de l'hôtel de ville **Ratssitzung** *f* réunion *f* [*o* séance *f*] du conseil **Ratsversammlung** *f* réunion *f* du conseil
Rattan ['ratan] <-s, -e> *nt* rotin *m*
Ratte ['ratə] <-, -n> *f* ① rat *m*
② *sl* (*gemeiner Mensch*) ordure *f* (*pop*)
► **die ~n verlassen das sinkende Schiff** *Spr.* les rats quittent le navire
Rattenfalle *f* piège *m* à rats, ratière *f* **Rattenfänger** *m pej* enjôleur *m* **Rattengift** *nt* mort-aux-rats *f* **Rattenschwanz** *m* ① (*Schwanz einer Ratte*) queue *f* de rat ② *fam* (*unübersehbare Menge*) **ein ~ von Problemen** une flopée de difficultés (*fam*) ③ *fam* (*Frisur*) queue-de-rat *f*
rattern ['ratɐn] *itr V* ① + *haben Gehäuse, Blechteile:* vibrer [bruyamment]; *Maschine, Kompressor:* pétarader
② + *sein* (*sich fortbewegen*) **mit dem Motorrad um die Ecke ~** tourner au coin de la rue en faisant pétarader la moto
ratzekahl ['ratsə'ka:l] *Adv fam* **etw ~ aufessen/leer machen** manger/vider qc jusqu'à la dernière miette
ratzen ['ratsən] *itr V* DIAL *fam* roupiller (*fam*)
rau^RR *Adj* ① *Haut, Papier, Stoff, Putz* rugueux(-euse); *Lippen* râpeux(-euse); *Oberfläche* raboteux(-euse)
② (*heiser, entzündet*) *Hals, Kehle* enroué(e); *Stimme* rauque
③ (*unwirtlich*) *Gegend* rude; *Klima* rigoureux(-euse)
④ (*ohne Feingefühl*) *Benehmen, Sitten* fruste; *Umgangston* grossier(-ière)
Raub [raʊp] <-[e]s> *m* ① (*das Rauben*) vol *m* [à main armée]; (*Menschenraub*) rapt *m*
② (*das Geraubte*) butin *m*
► **ein ~ der Flammen werden** *geh* être la proie des flammes
Raubbau *m kein Pl* exploitation *f;* **~ an etw** (*Dat*) exploitation effrénée de qc, pillage *m* de qc; **mit seiner Gesundheit ~ treiben** ruiner sa santé; **mit seinen Kräften ~ treiben** se dépenser sans compter
Raubdruck *m* édition *f* pirate
Raubein^RR *nt fam* faux dur *m*

raubeinig[RR] *Adj fam Bursche, Kerl, Herzlichkeit* un peu bourru(e) [*o* ours]; **seine ~e Art** son air bourru

rauben ['raʊbən] **I.** *tr V* ❶ (*bei einem Überfall*) dérober; **jdm etw ~** dérober qc à qn
❷ (*entführen*) enlever
❸ *fig geh* **jdm die Ruhe/den Schlaf/die Zeit ~** faire perdre le calme/le sommeil/le temps à qn
II. *itr V* voler à main armée

Räuber(in) ['rɔɪbɐ] <-s, -> *m(f)* brigand *m*
▸ **~ und Gendarm spielen** jouer aux gendarmes et aux voleurs

Räuberbande *f* bande *f* de brigands [*o* de voleurs] **Räuberhauptmann** *m* chef *m* de bande **Räuberhöhle** *f* repaire *m* de brigands; **im Zimmer sieht es aus wie in einer ~** *fam* cette chambre est un vrai capharnaüm

räuberisch *Adj* ❶ *Überfall, Unternehmung* criminel(le)
❷ ZOOL *Tier* rapace

Raubfisch *m* poisson *m* carnassier **Raubgier** *f* cupidité *f* **raubgierig** *Adj* cupide **Raubkassette** *f* copie *f* pirate d'une cassette **Raubkatze** *f* félin *m* **Raubkopie** *f* copie *f* pirate **Raubmord** *m* crime *m* crapuleux **Raubmörder(in)** *m(f)* assassin *m;* **ein ~ sein** avoir commis un crime crapuleux **Raubpressung** *f* reproduction *f* illégale de disques **Raubritter** *m* HIST chevalier *m* pillard **Raubtier** *nt* carnassier *m* **Raubüberfall** *m* attaque *f* à main armée; **~ auf jdn/etw** attaque à main armée contre qn/qc; **ein ~ auf eine Bank** un hold-up d'une banque **Raubvogel** *m* oiseau *m* de proie **Raubzug** *m* expédition *f* criminelle

Rauch [raʊx] <-[e]s> *m* ❶ (*Qualm*) fumée *f*
❷ (*Räucherkammer*) fumoir *m*
▸ **sich in ~ auflösen** partir [*o* s'en aller] en fumée

Rauchabzug *m* hotte *f* **Rauchbombe** *f* bombe *f* fumigène

rauchen **I.** *itr V Person, Schornstein, Vulkan:* fumer
▸ **..., dass es [nur so] rauchte** *fam* ... et ça a bardé (*fam*)
II. *tr V* fumer

Rauchentwicklung *f* dégagement *m* de fumée

Raucher(in) <-s, -> *m(f)* fumeur(-euse) *m(f)*

Räucheraal ['rɔɪçɐ-] *m* GASTR anguille *f* fumée

Raucherabteil *nt* compartiment *m* fumeurs **Raucherbein** *nt* artérite *f* tabagique [des membres inférieurs]

Räucherhering *m* hareng *m* saur

Raucherhusten *m* toux *f* des fumeurs

Räucherkammer *f* fumoir *m* **Räucherkerze** *f* bâtonnet *m* d'encens **Räucherlachs** *m* GASTR saumon *m* fumé

räuchern ['rɔɪçɐn] *tr V* fumer; **das Räuchern** le fumage; **nicht jeder Fisch eignet sich zum Räuchern** on ne peut pas fumer n'importe quel poisson

Räucherspeck *m* lard *m* fumé **Räucherstäbchen** *nt* bâtonnet *m* d'encens

Raucherzimmer *nt* fumoir *m* **Raucherzone** *f* coin *m* fumeurs

Rauchfahne *f* panache *m* de fumée **Rauchfang** *m* ❶ (*Abzugsvorrichtung*) hotte *f* [de cheminée] ❷ A (*Schornstein*) cheminée *f* **Rauchfangkehrer(in)** <-s, -> *m(f)* A ramoneur(-euse) *m(f)* **Rauchfleisch** *nt* viande *f* fumée **rauchfrei** *Adj* sans fumée; **~e Zone** zone non-fumeurs **Rauchgas** *nt form* fumées *fpl* [industrielles] **Rauchgasentschwefelungsanlage** *f* installation *f* de désulfuration des fumées [industrielles] **rauchgeschwärzt** *Adj* noirci(e) par la fumée **Rauchglas** *nt kein Pl* verre *m* fumé

rauchig *Adj* ❶ (*verqualmt*) enfumé(e)
❷ (*nach Rauch schmeckend*) fumé(e)
❸ (*rau*) *Stimme* rauque

Rauchmelder <-s, -> *m* détecteur *m* de fumée **Rauchsäule** *f* colonne *f* de fumée **Rauchschwaden** *m* nuage *m* de fumée **Rauchschwalbe** *f* hirondelle *f* de cheminée **Rauchverbot** *nt* interdiction *f* de fumer **Rauchvergiftung** *f* intoxication *f* par la fumée; **eine ~ haben** être intoxiqué(e) par la fumée **Rauchverzehrer** <-s> *m* fumivore *m* **Rauchwaren** *Pl form* ❶ (*Tabakwaren*) articles *mpl* pour fumeurs ❷ (*Pelzwaren*) fourrures *fpl* **Rauchwolke** *f* nuage *m* de fumée **Rauchzeichen** *nt* signal *m* par fumée

Räude ['rɔɪdə] <-, -n> *f* gale *f*

räudig *Adj* galeux(-euse)

rauf [raʊf] *s.* **herauf, hinauf**

Raufasertapete[RR] *f* ≈ papier *m* peint d'apprêt

Raufbold <-[e]s, -e> *m* bagarreur(-euse) *m(f)* (*fam*)

Raufe ['raʊfə] <-, -n> *f* râtelier *m*

raufen ['raʊfən] **I.** *itr V* se battre; **mit jdm ~** se battre avec qn
II. *r V* **sich ~** se battre; **sich um einen Ball ~** se battre pour [avoir] un ballon

Rauferei <-, -en> *f* rixe *f*

rauflustig *Adj* batailleur(-euse)

rauh *s.* rau

Rauhbein *s.* Raubein

rauhbeinig *s.* raubeinig

Rauheit *f* ❶ (*grobe Struktur*) *der Haut, von Papier, einer Oberfläche* rugosité *f; eines Stoffs* rudesse *f*
❷ (*Unwirtlichkeit*) *einer Gegend* âpreté *f; eines Klimas* rigueur *f*

Rauhfasertapete *s.* Raufasertapete

Rauhputz *s.* Rauputz

Rauhreif *s.* Raureif

Raum [raʊm, *Pl:* 'rɔɪmə] <-[e]s, Räume> *m* ❶ (*Zimmer*) pièce *f*
❷ *kein Pl* (*Platz*) espace *m;* **~ für etw schaffen** faire de la place pour qc; **viel ~ einnehmen** prendre beaucoup de place; **auf engstem ~** dans un espace très réduit
❸ PHYS, ASTRON espace *m*
❹ (*Gebiet*) région *f*
▸ **im ~[e] stehen** *Frage, Problem:* rester en suspens; **etw in den ~ stellen** mettre qc sur le tapis

Raumakustik *f* TECH acoustique *f* [d'une salle] **Raumanzug** *m* combinaison *f* spatiale, scaphandre *m* de cosmonaute **Raumaufteilung** *f* agencement *m* **Raumausstatter(in)** <-s, -> *m(f)* décorateur(-trice) *m(f)* ensemblier **Raumbedarf** *m* espace *m* nécessaire **Raumbild** *nt* image *f* stéréoscopique **Raumdeckung** *f* SPORT défense *f* de zone

räumen ['rɔɪmən] **I.** *tr V* ❶ (*entfernen*) enlever; **etw vom Tisch/aus dem Weg ~** enlever qc de la table/du passage
❷ (*einräumen*) **etw in die Kommode/das Regal ~** ranger qc dans la commode/sur les étagères
❸ (*freimachen*) libérer *Wohnung, Haus;* évacuer *Platz, Straße;* **etw ~ lassen** faire évacuer [*o* dégager] qc; **geräumt werden** *Lokal, Wohnblock:* être évacué(e)
II. *itr V* DIAL (*umräumen*) ranger

Raumersparnis *f* gain *m* de place **Raumfähre** *f* navette *f* spatiale **Raumfahrer(in)** *s.* **Astronaut(in)** **Raumfahrt** *f kein Pl* navigation *f* spatiale

Raumfahrtbehörde *f* agence *f* spatiale **Raumfahrtmedizin** *f* médecine *f* spatiale **Raumfahrttechnik** *f* technique *f* aérospatiale **Raumfahrtzeitalter** *nt* ère *f* de l'astronautique **Raumfahrtzentrum** *nt* centre *m* spatial

Raumfahrzeug *nt* vaisseau *m* spatial

Räumfahrzeug *nt* engin *m* de déblaiement

Raumflug *m* vol *m* spatial **Raumforschung** *f kein Pl* recherche *f* spatiale *pas de pl* **Raumgestaltung** *f* agencement *m* intérieur **Raumgleiter** <-s, -> *m* navette *f* spatiale **Rauminhalt** *m* volume *m* **Raumkapsel** *f* ❶ (*Kabine einer Raumfähre*) capsule *f* spatiale ❷ *s.* **Raumsonde** **Raumklang** *m* son *m* tridimensionnel **Raumkosten** *Pl* coûts *mpl* des locaux **Raumlabor** *nt* laboratoire *m* orbital [*o* spatial] **Raumlehre** *f* géométrie *f*

räumlich ['rɔɪmlɪç] **I.** *Adj* ❶ dans l'espace; **die ~e Nähe/Entfernung** la proximité/l'éloignement *m;* **die ~en Gegebenheiten** la configuration des lieux; **in ~er Enge** à l'étroit
❷ (*dreidimensional*) **~es Sehen** vision *f* stéréoscopique
II. *Adv* ❶ **~ beschränkt/eingeengt sein** être à l'étroit

② (*dreidimensional*) ~ **sehen** avoir une vue stéréoscopique
Räumlichkeit <-, -en> *f* ① *Pl form* locaux *mpl*
② *kein Pl* KUNST, PHOT *eines Bildes, Gemäldes* profondeur *f*
Raummangel *m kein Pl* manque *m* de place **Raummaß** *nt* unité *f* de volume **Raummeter** *m o nt* stère *m* **Raummiete** *f* bail *m* d'un/du local **Raumordnung** *f* aménagement *m* du territoire **Raumpfleger(in)** *m(f)* technicien(ne) *m(f)* de surface **Raumplanung** *s.* Raumordnung **Raumschiff** *nt* vaisseau *m* spatial **Raumsonde** *f* sonde *f* spatiale **raumsparend** *Adj* compact(e), peu encombrant(e) **Raumstation** *f* station *f* orbitale **Raumteiler** <-s, -> *m* meuble *m* de séparation **Raumtransporter** *m* navette *f* spatiale
Räumung ['rɔɪmʊŋ] <-, -en> *f* évacuation *f*
Räumungsarbeiten *Pl* travaux *mpl* de déblaiement **Räumungsbefehl** *m* JUR ordre *m* d'expulsion **Räumungsklage** *f* demande *f* d'expulsion **Räumungsverkauf** *m* liquidation *f*
Raumverschwendung *f* place *f* perdue
raunen ['raʊnən] I. *itr V geh Person:* sussurer (*soutenu*); **das Raunen** le sussurement (*soutenu*)
II. *tr V geh* sussurer (*soutenu*)
raunzen ['raʊntsən] *itr V* A, SDEUTSCH ① (*jammern*) lamenter
② (*nörgeln*) rouspéter
Raupe ['raʊpə] <-, -n> *f* ① ZOOL chenille *f*
② (*Planierraupe*) bulldozer *m*
③ *s.* Raupenkette
Raupenfahrzeug *nt* véhicule *m* à chenilles **Raupenkette** *f* chenille *f* **Raupenschlepper** *m* tracteur *m* à chenilles
Rauputz[RR] *m* crépi *m* **Raureif**[RR] *m kein Pl* gelée *f* blanche
raus [raʊs] *Adv fam* ~ **mit dir!** toi, du balai! (*fam*)
raus- *s. a.* **heraus-, hinaus-**
Rausch [raʊʃ, *Pl:* 'rɔɪʃə] <-[e]s, Räusche> *m* ① ivresse *f*; **sich** (*Dat*) **einen ~ antrinken** s'enivrer; **einen ~ haben** être ivre; **seinen ~ ausschlafen** cuver [son vin] (*fam*)
② *geh* (*Ekstase*) griserie *f*; **im ~ der Geschwindigkeit/der Leidenschaft** grisé(e) par la vitesse/par la passion
rauscharm *Adj* TELEC, RADIO à faible bruit de fond
rauschen ['raʊʃən] *itr V* ① + *haben Wind, Meer:* mugir; *Wasserfall, Bach:* gronder; *Blätter:* bruire; *Kassette, Lautsprecherbox:* grésiller; **das Rauschen** le bruit; *eines Wasserfalls* le grondement sourd; *einer Kassette, Lautsprecherbox* le grésillement
② + *sein* (*fließen*) **in die Wanne/ins Tal** ~ couler dans la baignoire/dans la vallée
③ + *sein fam* (*gehen*) **in den Saal gerauscht kommen** arriver en trombe dans la salle (*fam*); **aus dem Zimmer** ~ quitter la pièce en trombe (*fam*)
rauschend *Adj* ① (*laut*) *Beifall* retentissant(e)
② (*prunkvoll*) somptueux(-euse)
rauschfrei *Adj Aufnahme* sans aucun souffle audible; **eine ~e Wiedergabe** une restitution parfaite du son
Rauschgift *nt* drogue *f*; ~ **nehmen** se droguer; (*drogensüchtig sein*) être drogué(e)
Rauschgifthandel *m* trafic *m* de drogue **Rauschgifthändler(in)** *m(f)* trafiquant(e) *m(f)* de drogue **Rauschgiftherstellung** *f* production *f* de/de la drogue **Rauschgiftkriminalität** *f* criminalité *f* liée à des affaires de drogue **Rauschgiftring** *m* réseau *m* de stupéfiants **Rauschgiftschmuggel** *m* contrebande *f* de drogue, trafic *m* illégal de stupéfiants **Rauschgiftsucht** *f* toxicomanie *f* **rauschgiftsüchtig** *Adj* toxicomane **Rauschgiftsüchtige(r)** *f(m) dekl wie Adj* toxicomane *mf*, drogué(e) *m(f)*
Rauschgold *nt* oripeau *m* **Rauschgoldengel** *m* ange *m* en cuivre
Rauschmittel *nt form* stupéfiant *m*
raus|dürfen *itr V fam* pouvoir sortir **raus|ekeln** *tr V fam* faire passer l'envie de rester; **jdn aus der Firma** ~ faire passer à qn l'envie de rester dans l'entreprise (*fam*) **raus|fliegen** *itr V unreg + sein fam* ① *Person:* se faire virer; **aus der Firma** ~ se faire virer de l'entreprise (*fam*) ② (*weggeworfen werden*) être bazardé(e) (*fam*); **dieses Gerümpel fliegt raus!** ce bric-à-brac va être bazardé! (*fam*) **raus|können** *itr V fam* pouvoir sortir **raus|kriegen** *tr V fam* finir par trouver *Geheimnis, Lösung;* **wie haben Sie sein Versteck rausgekriegt?** comment avez-vous fait pour trouver où il était planqué? (*fam*); **ich würde gern ~, wer/wo ...** j'aimerais bien savoir qui/où... **raus|müssen** *itr V fam* ① (*hinausgehen müssen*) **ihr müsst raus!** il faut que vous sortiez!; **der Hund muss raus!** il faut que le chien sorte! ② (*aufstehen müssen*) **es ist schon halb sieben, du musst/ich muss raus!** il est déjà six heures et demie, l'heure de sortir du lit!
räuspern ['rɔɪspɐn] *r V* **sich** ~ se racler la gorge
raus|schmeißen *tr V unreg fam* ① (*entlassen*) virer; **jdn aus der Firma/Schule** ~ virer qn de l'entreprise/l'école (*fam*)
② (*wegwerfen*) balancer (*fam*)
Rausschmeißer(in) <-s, -> *m(f) fam* videur(-euse) *m(f)* (*fam*)
Rausschmiss[RR] <-es, -e>, **Rausschmiß** <-sses, -sse> *m fam* mise *f* à la porte; **seit seinem** ~ depuis qu'il a été mis à la porte; **mit dem ~ rechnen müssen** devoir s'attendre à être viré(e) (*fam*)
Raute ['raʊtə] <-, -n> *f* losange *m*
rautenförmig *Adj* en forme de losange
Rave [reɪv] <-[s], -s> *m o nt* MUS rave *f*
Ravioli [ra'vio:li] *Pl* ravioli[s] *mpl*
Rayon [rɛ'jõ:] <-s, -s> *m* A secteur *m*
Razzia ['ratsia, *Pl:* 'ratsiən] <-, Razzien> *f* descente *f* [de police]; **eine ~ veranstalten** [*o* **machen**] faire une descente
rd. *Abk von* **rund** env.
Reagens [re'a:gɛns, *Pl:* rea'gɛntsiən] <-, Reagenzien> *nt*, **Reagenz** [rea'gɛnts, *Pl:* rea'gɛntsiən] <-es, -ien> *nt* réactif *m*
Reagenzglas [rea'gɛnts-] *nt* éprouvette *f*
reagieren* *itr V a.* CHEM, PHYS réagir; **mit etw** ~ réagir à qc
Reaktion [reak'tsio:n] <-, -en> *f a.* CHEM, PHYS réaction *f*; **ihre ~ auf das Angebot/die Vorwürfe** sa réaction face à la proposition/aux reproches
reaktionär [reaktsio'nɛ:ɐ] I. *Adj* réactionnaire
II. *Adv* ~ **eingestellt sein** avoir des idées réactionnaires
Reaktionär(in) <-s, -e> *m(f)* réactionnaire *mf*
Reaktionsfähigkeit *f kein Pl* capacité *f* de réaction **Reaktionsgeschwindigkeit** *f* vitesse *f* de réaction **reaktionsschnell** *Adj* prompt(e); ~ **sein** réagir avec promptitude **Reaktionsvermögen** *nt kein Pl* capacité *f* de réaction **Reaktionszeit** *f* temps *m* de réaction
reaktivieren* [-'vi:-] *tr V* rappeler *Person;* **sein Gedächtnis** ~ faire appel à ses souvenirs
Reaktivierung <-, -en> *f einer Person* rappel *m*
Reaktor [re'akto:ɐ] <-s, -toren> *m* réacteur *m*
Reaktorblock <-blöcke> *m* réacteur *m* **Reaktorkern** *m* cœur *m* du réacteur **Reaktorunglück** *nt* accident *m* nucléaire
real [re'a:l] I. *Adj* ① *geh* (*tatsächlich*) [bien] réel(le)
② ÖKON *Einkommen* réel(le)
II. *Adv* ① *geh* (*tatsächlich*) réellement
② ÖKON en valeur réelle
Realeinkommen *nt* revenu *m* réel
Realien [re'a:liən] *Pl* ① (*Tatsachen*) faits *mpl*
② (*Sachkenntnisse*) compétences *fpl*
Realisation [realiza'tsio:n] *s.* **Realisierung**
realisierbar *Adj a.* ÖKON, FIN réalisable
Realisierbarkeit <-> *f* applicabilité *f* (*form*)
realisieren* *tr V* réaliser; ~, **dass** réaliser que + *indic*
Realisierung <-, *selten* en> *f* réalisation *f*
Realismus [rea'lɪsmʊs] <-> *m* réalisme *m*
Realist(in) [rea'lɪst] <-en, -en> *m(f)* réaliste *mf*
realistisch I. *Adj* réaliste
II. *Adv* ① *betrachten, einschätzen* avec réalisme
② KUNST, LITER de manière réaliste
Realität [reali'tɛ:t] <-, -en> *f* ① réalité *f*; ~ **werden** devenir réalité

❷ *Pl* (*Gegebenheiten*) réalités *fpl*
❸ *Pl* A (*Immobilien*) immeubles *mpl*
Realitätenhändler(in) *m(f)* A marchand(e) *m(f)* de biens
realitätsfern *Adj* peu réaliste **realitätsnah** *Adj* réaliste **Realitätssinn** *m kein Pl* sens *m* des réalités
Reality-TV <[-s]> *nt* télé-réalité *f*
Realkanzlei *f* A (*Maklerbüro*) agence *f* immobilière **Reallohn** *m* salaire *m* réel
Realo [re'a:lo] <-s, -s> *m sl* ≈ écolo *m* pragmatique (*fam*)
Realpolitik *f* politique *f* pragmatique **Realpolitiker(in)** *m(f)* homme *m*/femme *f* politique pragmatiste **Realschulabschluss**RR *m* ≈ brevet *m* des collèges **Realschule** *f* ≈ collège *m*

i Land & Leute

En Allemagne, la **Realschule** correspond plus ou moins au collège français. Elle finit après la dixième classe avec un examen, la *Mittlere Reife*. Les élèves quittent alors l'école et suivent une formation professionnelle de trois ans.

Realschüler(in) *m(f)* ≈ collégien(ne) *m(f)* **Realwert** *m* ÖKON valeur *f* réelle
Reanimation [reʔanima'tsio:n] <-, -en> *f* réanimation *f*
reanimieren* *tr V* réanimer
Rebe ['re:bə] <-, -n> *f* vigne *f*
Rebell(in) [re'bɛl] <-en, -en> *m(f)* rebelle *mf*
rebellieren* *itr V* se rebeller; **gegen die Eltern/die Regierung** ~ se rebeller contre l'autorité parentale/le gouvernement
Rebellion [rebɛ'lio:n] <-, -en> *f* rébellion *f*
rebellisch [re'bɛlɪʃ] *Adj* ❶ *Truppen* rebelle
❷ *geh* (*aufbegehrend*) insurgé(e); **alle Kollegen/die ganze Klasse** ~ **machen** *fam* ameuter tous les collègues/toute la classe (*fam*)
Rebensaft *m kein Pl geh* jus *m* de la treille (*soutenu*)
Rebhuhn ['re:p-] *nt* perdrix *f* **Reblaus** ['re:plaus] *f* phylloxéra *m* **Rebsorte** ['re:p-] *f* cépage *m* **Rebstock** *m* pied *m* de vigne
Rebus ['re:bʊs] <-, -se> *m o nt* rébus *m*
Receiver [ri'si:vɐ] <-s, -> *m* RADIO récepteur *m*
Rechaud [re'ʃo:] <-s, -s> *m o nt* (*Warmhalteplatte*) chauffe-plat *m*
rechen ['rɛçən] *tr V* SDEUTSCH ratisser
Rechen <-s, -> *m* SDEUTSCH râteau *m*
Rechenanlage ['rɛçən-] *f* INFORM calculateur *m* **Rechenart** *f* opération *f* arithmétique **Rechenaufgabe** *f* (*Rechenübung*) exercice *m* de calcul; (*Hausaufgabe, Rechnung*) calcul *m* **Rechenbuch** *nt* livre *m* de calcul [*o* d'arithmétique] **Rechenexempel** *nt* problème *m* d'arithmétique **Rechenfehler** *m* erreur *f* de calcul **Rechenheft** *nt* cahier *m* de maths **Rechenkünstler(in)** *m(f)* génie *m* en calcul **Rechenmaschine** *f* machine *f* à calculer
Rechenschaft <-> *f* compte *m*; ~ **über etw** (*Akk*) **ablegen** rendre des comptes au sujet de qc; **jdm über etw** (*Akk*) ~ **schuldig sein** avoir des comptes à rendre à qn au sujet de qc; **jdn für etw zur** ~ **ziehen** demander des comptes à qn au sujet de qc; **ich verlange von Ihnen** ~ **über den Verbleib des Dokuments!** j'exige que vous me rendiez des comptes au sujet du document!
Rechenschaftsbericht *m* rapport *m* d'activité
rechenschaftspflichtig *Adj* obligé(e) de rendre compte
Rechenschieber *m* règle *f* à calcul **Rechenzentrum** *nt* centre *m* informatique
Recherche [re'ʃɛrʃə, rə'ʃɛrʃə] <-, -n> *f* recherche *f*; ~**n über jdn/etw anstellen** entreprendre des recherches sur qn/qc
recherchieren* [reʃɛr'ʃi:rən] **I.** *itr V* faire des recherches; **in einer Angelegenheit** ~ faire des recherches sur un sujet
II. *tr V* enquêter sur *Fall, Skandal*
rechnen ['rɛçnən] **I.** *tr V* ❶ MATH calculer *Aufgabe*
❷ (*veranschlagen*) compter; **200 Gramm pro Person** ~ compter 200 grammes par personne; **zehn Stunden für die Fahrt** ~ compter dix heures de trajet; **das ist zu hoch/zu niedrig gerechnet** c'est calculé trop large/trop juste; **Mehrwertsteuer nicht gerechnet** hors taxe
❸ (*einstufen*) **jdn zu den größten Begabungen** ~ compter qn parmi les plus talentueux
II. *itr V* ❶ calculer; **an einer Aufgabe** ~ calculer un problème; **richtig/falsch** ~ calculer juste/de travers; **er ist gut im Rechnen** il est bon en calcul; **in der zweiten Stunde haben wir Rechnen** en deuxième heure on fait du calcul
❷ (*sich verlassen*) **auf jdn/etw** ~ compter sur qn/qc
❸ (*erwarten*) **mit einer Antwort/Entscheidung** ~ compter sur une réponse/décision; **mit Nebel** ~ prévoir du brouillard; **damit** ~**, dass** prévoir que + *subj*; **wir haben gar nicht damit gerechnet, dass du kommst** nous n'avons pas du tout prévu que tu viendrais
❹ *fam* (*haushalten*) ~ **können** savoir compter (*fam*)
III. *r V* **sich** ~ être rentable
Rechner <-s, -> *m* ❶ calculateur *m*; **ein guter/schlechter** ~ **sein** être bon/mauvais en calcul; **er ist ein kühler** ~ il est un froid calculateur
❷ (*Computer*) ordinateur *m*
rechnergesteuert *Adj* informatisé(e)
Rechnerin <-, -nen> *f* calculatrice *f*
rechnerisch **I.** *Adj* arithmétique, mathématique
II. *Adv* mathématiquement; **rein** ~ [**gesehen**] ... d'un point de vue purement mathématique...
Rechnerleistung *f* capacité *f* [de l'ordinateur/des ordinateurs]
rechnerunterstützt *Adj* assisté(e) par ordinateur
Rechnung <-, -en> *f* ❶ facture *f*; (*im Restaurant, Café*) addition *f*; (*im Hotel*) note *f* [de frais]; **jdm etw in** ~ **stellen** facturer qc à qn; **jdm etw auf die** ~ **setzen** mettre qc sur le compte de qn; **auf Ihre** ~ à votre charge; **setzen Sie das bitte auf die** ~**!** rajoutez-le/rajoutez-la sur l'addition!; **etw auf** ~ **liefern** livrer qc sur facture; **auf** [*o* **für**] **eigene** ~ **arbeiten** travailler à son [*o* pour son propre] compte; **auf eigene** ~ **handeln** JUR agir pour son propre compte; **laut** ~ suivant facturation
❷ (*das Rechnen*) calcul *m*; **die** ~ **stimmt nicht/stimmt** le compte n'est pas bon/est bon
▸ **jd hat die** ~ **ohne den Wirt gemacht** *fam* qn n'a pas fait le bon calcul (*fam*); **mit jdm eine** [**alte**] ~ **zu begleichen haben** avoir un [vieux] compte à régler avec qn; **etw geht auf jds** ~ (*Akk*) (*wird bezahlt*) qn prend qc à son compte; (*ist zu verantworten*) qc est à mettre sur le compte de qn; **das Essen geht auf meine** ~**, einverstanden?** c'est moi qui invite, d'accord?; **seine** ~ **geht auf/geht nicht auf** il a bien/mal calculé son coup; **bei etw auf seine** ~ **kommen** y trouver son compte; **jdm die** ~ **für etw präsentieren** faire payer qc à qn; **einer S.** (*Dat*) ~ **tragen** *form Person:* accorder à qc le prix qu'il/qu'elle mérite; *Urteil:* tenir compte de qc
RechnungsabschlussRR *m* ÖKON clôture *f* des comptes **Rechnungsbetrag** *m* montant *m* [de la facture] **Rechnungsbuch** *nt* livre *m* de comptes **Rechnungsdatum** *nt* date *f* de facturation **Rechnungsführer(in)** *m(f)* [agent *m*] comptable *mf* **Rechnungsführung** *f kein Pl* gestion *f* comptable, comptabilité *f* **Rechnungshof** *m* ≈ Cour *f* des comptes; **der Europäische** ~ la Cour des Comptes Européenne **Rechnungsjahr** *nt* exercice *m* comptable **Rechnungsprüfer(in)** *m(f)* ÖKON commissaire *mf* aux comptes **Rechnungsprüfung** *f* vérification *f* des comptes; **betriebliche** ~ audit *m* interne **Rechnungswesen** *nt kein Pl* comptabilité *f*
recht [rɛçt] **I.** *Adj* ❶ (*passend*) *Ort* bon(ne); *Augenblick, Moment* opportun(e)
❷ (*richtig*) **ganz** ~**!** très juste!; **etwas Rechtes lernen** apprendre quelque chose de solide; **dieser Beruf ist nichts Rechtes** ce n'est pas un métier sérieux

③ *(echt)* **ich habe keine ~e Lust** je n'ai pas vraiment envie; **es wollte sich keine ~e Freude einstellen** il y avait une ombre au tableau
④ *(angenehm)* **jdm ~ sein** convenir à qn; **es ist mir ~, dass** ça m'arrange que + *subj;* **ist es Ihnen ~, wenn ...?** ça ne vous dérange pas si... + *indic?*; **ist dir das** [**so**] **~?** ça te va [comme ça]?; **ist schon ~!** c'est bon! *(fam)*; **das soll mir/uns ~ sein** j'aime/nous aimons autant
▸ **es ist nur** [*o* **nicht mehr als**] **~ und billig** c'est la moindre des choses; **was dem einen ~ ist, ist dem andern billig** *Spr.* ≈ il ne peut pas y avoir deux poids, deux mesures; **alles, was ~ ist** *(Ausdruck der Verärgerung)* vous pouvez dire ce que vous voulez; *(Ausdruck der Anerkennung)* il faut dire ce qui est *(fam)*; **nach dem Rechten sehen** [*o* **schauen**] vérifier que tout va bien
II. *Adv* ① *(richtig)* bien; **nicht so ~** pas vraiment; **ich weiß nicht ~** je ne sais pas trop; **ich glaube, ich sehe/höre nicht ~?** je n'ai pas dû bien voir/entendre?
② *(ziemlich)* assez; **~ viel** pas mal *(fam)*
▸ **das geschieht ihm/ihr ~!** il/elle l'a bien mérité!, c'est bien fait pour lui/elle!; **du kommst mir gerade ~!** *iron* tu tombes à pic, toi! *(iron)*; **das kommt mir gerade ~!** *fam* ça tombe bien! *(fam)*; **man kann ihr nichts ~ machen** elle n'est jamais contente de ce qu'on fait; **man kann es nicht allen ~ machen** on ne peut pas contenter tout le monde [et son père]; **jetzt** [*o* **nun**] **erst ~** maintenant plus que jamais; **jetzt** [*o* **nun**] **erst ~ nicht** maintenant moins que jamais

Recht <-[e]s, -e> *nt* ① droit *m;* **bürgerliches/öffentliches ~** droit civil/public; **kirchliches** [*o* **kanonisches**] **~** droit canon[ique]; **ein ~ ausüben/verwirken** exercer/perdre un droit; **sein ~ fordern** [*o* **verlangen**] demander justice, réclamer son dû; **sein ~ bekommen** obtenir justice; **nach geltendem ~** d'après le droit en vigueur; **alle ~e vorbehalten** tous droits réservés; **von ~s wegen** en fait; **unter falschem ~ handeln** JUR agir sur la base d'un faux droit
② *(Berechtigung, Anspruch)* droit *m;* **ein ~ auf etw** *(Akk)* **haben** avoir droit à qc; **das ~ auf jdn/etw haben** avoir droit à qn/qc; **das ~ auf freie Meinungsäußerung** le droit à la libre expression de la pensée; **das ~ auf Gehör** JUR le droit d'être entendu(e); **kein** [*o* **nicht das**] **~ haben, etw zu tun** ne pas avoir le droit de faire qc; **mit welchem ~?** de quel droit?; **mit** [*o* **zu**] **~** à juste titre
▸ **das ~ ist auf seiner/deiner Seite** le droit est de son/ton côté; **das ~ des Stärkeren** le droit du plus fort; **gleiches ~ für alle!** les mêmes droits pour tous!; **das ist sein/dein/... gutes ~** c'est son/ton/... bon droit; **es ist sein/dein/... gutes ~ das zu tun** c'est son/ton/... droit de faire cela; **~ behalten** avoir bel et bien raison; **du hast mit deinen Prophezeiungen ~ behalten** tes prophéties se sont bel et bien avérées; **~ bekommen** obtenir gain de cause; **~ muss ~ bleiben** le droit, c'est le droit; **jdm ~ geben** donner raison à qn; **~ haben** avoir raison; **zu seinem ~ kommen** rentrer dans son bon droit; **im ~ sein** être dans son droit; **~ sprechen** rendre la justice

Rechte ['rɛçtə] <-n, -n> *f* ① *(rechte Hand)* main *f* droite
② *geh* *(rechte Seite)* **zu seiner ~n saß seine Gemahlin** son épouse était assise à sa droite
③ BOXEN *(Hand)* droite *f;* *(Schlag)* droit *m*
④ POL droite *f;* **die äußerste ~** l'extrême droite

rechte(r, s) *Adj attr* ① *(opp: linke)* droit(e); *Straßenseite, Fahrbahn* de droite
② *(rechts befindlich)* *Tür, Haus, Bild* de droite
③ *(von außen sichtbar)* **die ~ Seite des Pullis** l'endroit *m* du pull; **auf der ~n Seite** à l'endroit
④ POL de droite; *Flügel* droit(e)

Rechte(r) *f(m) dekl wie Adj* homme *m*/femme *f* de droite

Rechteck <-[e]s, -e> *nt* rectangle *m*

rechteckig *Adj* rectangulaire

rechtens ['rɛçtəns] légal(e); **~ sein** *form* *Anordnung:* être légal(e); *Anspruch, Forderung:* être légitime

rechtfertigen **I.** *tr V* justifier; **etw ~** *Person, Vorfall, Bemerkung:* justifier qc; **seine Entscheidung vor jdm** [*o* **jdm gegenüber**] **~** justifier sa décision vis-à-vis de qn; **dieses brutale Vorgehen ist durch nichts zu ~** il n'y a rien qui puisse justifier cet acte de brutalité
II. *r V* **se ~** se justifier; **sich vor jdm für sein Handeln ~** se justifier de ses actes devant qn

Rechtfertigung *f* justification *f;* **was haben Sie zu Ihrer ~ zu sagen?** qu'avez-vous à dire pour vous justifier?

rechtgläubig *Adj* *(orthodox)* orthodoxe

Rechthaber(in) <-s, -> *m(f)* *pej* personne *f* qui veut toujours avoir raison [*o* le dernier mot]

Rechthaberei <-> *f* *pej* volonté *f* d'avoir toujours raison

rechthaberisch *Adj* *pej* qui veut toujours avoir raison [*o* le dernier mot]; **~ sein** vouloir toujours avoir raison [*o* le dernier mot]

rechtlich **I.** *Adj* juridique
II. *Adv* juridiquement

rechtlos *Adj* sans droits; **~ sein** être privé(e) de [ses] droits

Rechtlose(r) *f(m) dekl wie Adj* proscrit(e) *m(f)*

Rechtlosigkeit <-> *f* privation *f* de droits

rechtmäßig **I.** *Adj* ① *(legitim)* légitime ② *(legal)* légal(e)
II. *Adv* **etw ~ besitzen** détenir qc de manière légitime **Rechtmäßigkeit** <-> *f* ① *(Legitimität)* légitimité *f* ② *(Legalität)* légalité *f*

rechts [rɛçts] **I.** *Adv* ① à droite; **~ oben/unten** en haut/en bas à droite; **~ neben/hinter mir** à droite près de/derrière moi; **~ von dir/uns** à ta/notre droite; **von ~ nach links** de droite à gauche; **sich ~ einordnen** se mettre sur la voie de droite; **halb ~ abbiegen** tourner légèrement à droite; **von halb ~ kommen** *Auto:* arriver légèrement de la droite; **nach ~** à droite; **~ um!** à droite, droite!; **von ~** de droite; **hier gilt ~ vor links** ici, il y a priorité à droite
② *(auf, von der Außenseite)* **etw von ~ bügeln** repasser qc sur l'endroit
③ *(mit rechten Maschen)* **etw** [**glatt**] **~ stricken** tricoter qc à l'endroit; **zwei ~, zwei links stricken** tricoter deux mailles endroit, deux mailles envers
④ POL **~ stehen** [*o* **sein** *fam*] être de droite
▸ **nicht mehr wissen, wo ~ und links ist** ne plus savoir où on en est
II. *Präp + Gen* **~ der Straße/des Rheins** à droite de la rue/du Rhin

Rechtsabbieger <-s, -> *m* véhicule *m* qui tourne à droite; **diese Spur ist nur für ~** cette voie est seulement pour ceux qui tournent à droite **Rechtsabbiegerspur** *f* file *f* réservée aux véhicules qui tournent à droite

Rechtsabteilung *f* JUR, ÖKON service *m* juridique **Rechtsangelegenheit** *f* JUR affaire *f* juridique **Rechtsanspruch** *m* droit *m* **Rechtsanwalt** *m*, **-anwältin** *f* avocat(e) *m(f)*; **sich** *(Dat)* **einen ~ nehmen** prendre un avocat

Rechtsanwaltskanzlei *f* cabinet *m* d'avocat

Rechtsauffassung *f* conception *f* juridique [*o* du droit] **Rechtsauskunft** *f* conseil *m* juridique **Rechtsausschuss**[RR] *m* comité *m* juridique

Rechtsaußen [rɛçts'ʔaʊsən] <-, -> *m* ① FBALL ailier *m* droit
② *fam* *(Politiker)* droitier *m* *(fam)*

Rechtsbeistand *m* ① *(Beruf)* ≈ conseiller(-ère) *m(f)* juridique
② *kein Pl* *(juristische Hilfe)* assistance *f* juridique **Rechtsberater(in)** *m(f)* conseiller(-ère) *m(f)* juridique, jurisconsulte *mf* **Rechtsberatung** *f* conseil *m* juridique

Rechtsbeugung *f* prévarication *f* **Rechtsbrecher(in)** <-s, -> *m(f)* malfaiteur(-trice) *m(f)* **Rechtsbruch** *m* infraction *f*

rechtsbündig **I.** *Adj* aligné(e) à droite
II. *Adv* **einen Text ~ setzen** aligner un texte à droite

rechtschaffen ['rɛçtʃafən] **I.** *Adj* ① *Person* honnête
② *veraltet* *(groß)* **~en Hunger/Durst haben** avoir grand-

-faim/grand-soif (*littér*)
II. *Adv* ① avec honnêteté
② *veraltet* (*sehr*) *müde, durstig* sacrément (*fam*)
Rẹchtschaffenheit <-> *f* honnêteté *f*
rẹchtschreiben *itr V nur Infin* orthographier; **er ist gut im Rechtschreiben** il est bon en orthographe
Rẹchtschreibfehler *m* faute *f* d'orthographe **Rẹchtschreibprogramm** *nt* INFORM vérificateur *m* orthographique **Rẹchtschreibreform** *f* réforme *f* de l'orthographe **Rẹchtschreibschwäche** *f* lacunes *fpl* en orthographe
Rẹchtschreibung *f* orthographe *f*
Rẹchtsdrall *m* ① *eines Geschosses* rayure *f* à droite; *einer Billardkugel* effet *m* à droite ② POL *fam* tendances *fpl* de droite ▸ **einen ~ haben** *fam Geschoss:* avoir une rayure à droite; *Billardkugel:* avoir de l'effet à droite; *Partei:* avoir des tendances de droite (*fam*) **Rẹchtsdrehung** *f* rotation *f* à droite
Rẹchtsempfinden *nt* sens *m* de la justice
Rẹchtsextremismus ['rɛçtsʔɛkstremɪsmʊs] <-> *m* POL extrémisme *m* de droite **Rẹchtsextremist(in)** *m(f)* extrémiste *mf* de droite **rẹchtsextremistisch** I. *Adj* d'extrême droite II. *Adv* **~ angehaucht sein** avoir des tendances d'extrême droite
rẹchtsfähig *Adj* JUR juridiquement capable; **nicht ~** *Person* non habilité(e) à disposer, qui n'a pas la jouissance de ses droit civiques; *Gesellschaft* sans personnalité juridique; **nicht ~es Gebilde** formation *f* sans personnalité juridique **Rẹchtsform** *f* JUR forme *f* juridique; **Änderung der ~** modification *f* de la forme juridique **Rẹchtsfrage** *f* question *f* juridique
rẹchtsgerichtet *Adj* POL orienté(e) à droite
Rẹchtsgewinde *nt* filetage *m* à droite
Rẹchtsgrundlage *f* législation *f* **Rẹchtsgrundsatz** *m* principe *m* juridique; **allgemeine Rechtsgrundsätze** principes généraux du droit **rẹchtsgültig** *Adj* valide; **etw für ~ erklären** déclarer la validité juridique de qc
Rẹchtshänder(in) ['-hɛndɐ] <-s, -> *m(f)* droitier(-ière) *m(f)*
rẹchtshändig I. *Adj* droitier(-ière)
II. *Adv* de la main droite
rẹchtsherum ['rɛçtshɛrʊm] *Adv fahren, verlaufen* à droite; *sich drehen* de gauche à droite
Rẹchtshilfe *f* JUR aide *f* juridique; **~ leisten** donner une aide juridique **Rẹchtsklarheit** *f* transparence *f* juridique **Rẹchtskraft** *f* force *f* de loi; **~ erlangen** *Bescheid, Beschluss:* acquérir force de loi; *Urteil:* devenir exécutoire **rẹchtskräftig** I. *Adj Bescheid, Beschluss* qui a force de loi; *Urteil* exécutoire II. *Adv* dans un jugement exécutoire **rẹchtskundig** *Adj* qui a de bonnes connaissances en droit; **~ sein** avoir de bonnes connaissances en droit
Rẹchtskurve [-və] *f* virage *m* à droite
Rẹchtslage *f* situation *f* juridique
rẹchtslastig *Adj* ① trop chargé(e) à droite
② POL *pej* qui penche à droite (*péj*)
Rẹchtsmedizin *f* médecine *f* légale **Rẹchtsmissbrauch**^RR *m* JUR abus *m* de droit **Rẹchtsmittel** *nt* recours *m;* **~ gegen etw einlegen** exercer un recours contre qc **Rẹchtsmittelbelehrung** *f* instruction *f* sur les voies du recours **Rẹchtsnachfolge** *f* JUR succession *f* juridique; **die ~ von jdm antreten** prendre la sucession juridique de qn **Rẹchtsnachfolger(in)** *m(f)* JUR successeur *m;* (*im Erbrecht*) ayant cause *m* **Rẹchtsordnung** *f* ordre *m* juridique
Rẹchtsprechung <-, *selten* -en> *f* justice *f*
rẹchtsradikal I. *Adj* d'extrême droite II. *Adv* **~ eingestellt sein** avoir des idées d'extrême droite **Rẹchtsradikale(r)** *f(m) dekl wie Adj* extrémiste *mf* de droite **rẹchtsrheinisch** *Adj* [situé(e)] sur la rive droite du Rhin **Rẹchtsruck** <-es, -e> *m* poussée *f* de la droite **rẹchtsrum** ['rɛçtsrʊm] *s.* **rechtsherum**
Rẹchtssache *f* JUR litige *m,* affaire *f* judiciaire; **die vorliegende ~** la présente espèce; **die ~ erörtern** examiner le litige **Rẹchtsschutz** *m* JUR protection *f* juridique **Rẹchtsschutzversicherung** *f* contrat *m* [d'assurance] de protection juridique
rẹchtsseitig *Adj, Adv* du côté droit
Rẹchtssicherheit *f* sécurité *f* juridique **Rẹchtsstaat** *m* État *m* de droit **rẹchtsstaatlich** *Adj Grundsatz, Verfahren* fondé(e) sur le droit **Rẹchtsstreit** *m* procès *m*
rechtsụm [rɛçts'ʔʊm] *Adv* demi-tour à droite; **~ kehrt!** demi-tour à droite, droite!
rẹchtsverbindlich *Adj* JUR qui engage juridiquement **Rẹchtsverdreher(in)** <-s, -> *m(f) pej* (*Schimpfwort für einen Anwalt*) avocat *m* véreux (*péj*); (*Schimpfwort für einen Richter*) juge *m* véreux (*péj*)
Rẹchtsverkehr *m* conduite *f* à droite
Rẹchtsverletzung *f* JUR infraction *f* à la loi **Rẹchtsverordnung** *f* prescription *f* légale **Rẹchtsvertreter(in)** *m(f)* mandataire *mf* **Rẹchtsvorgänger(in)** *m(f)* JUR prédécesseur *m* en droit[s] **Rẹchtsvorschrift** *f* prescription *f* juridique; **zwingende ~en** prescriptions juridiques impératives **Rẹchtsweg** *m kein Pl* procédure *f;* **Ausnutzung des ~es** utilisation *f* de la voie de droit; **unter Ausschluss des ~es** sans recours à la voie de droit; **den ~ beschreiten** *form* engager une procédure (*form*); **der ~ ist ausgeschlossen** sans aucune possibilité de recours **rẹchtswidrig** I. *Adj* illégal(e) II. *Adv* illégalement **rẹchtswirksam** *Adj* JUR valable juridiquement **Rẹchtswissenschaft** *f kein Pl* droit *m*
rẹchtwink[e]lig *Adj Dreieck* rectangle
rẹchtzeitig I. *Adj Ankunft, Beginn* à l'heure; *Anmeldung, Erscheinen* en temps voulu
II. *Adv ankommen, aufhören, dasein* à l'heure [fixée]; *erfahren, erfolgen* en temps voulu
Rẹck [rɛk] <-[e]s, -e> *nt* barre *f* fixe
Rẹcke ['rɛkə] <-n, -n> *m poet* preux *m* (*poét*)
rẹcken ['rɛkən] I. *tr V* tendre *Hals, Faust;* étendre *Glieder, Oberkörper*
II. *r V* **sich ~** s'étirer
Recọrder <-s, -> *m* ① (*Kassettenrecorder*) magnéto[phone] *m*
② (*Videorecorder*) magnétoscope *m*
recycelbar [ri'saɪklbaɐ] *Adj* recyclable
recyceln* [ri'saɪkln] *tr V* recycler
Recycling [ri'saɪklɪŋ] <-s> *nt* recyclage *m*
Recyclingpapier [ri'saɪklɪŋ-] *nt* papier *m* recyclé
Redakteur(in) [redak'tøːɐ] <-s, -e> *m(f)* rédacteur(-trice) *m(f)*
Redaktio̱n [redak'tsioːn] <-, -en> *f* rédaction *f*
redaktionẹll [redaktsio'nɛl] I. *Adj Bearbeitung, Überarbeitung* rédactionnel(le); **~e Leitung** direction *f* de la rédaction
II. *Adv bearbeiten, überarbeiten* sur le plan rédactionnel
Redaktio̱nsschluss^RR *m* bouclage *m* [du journal/de l'édition]
Redạktor [re'daktoːɐ] <-s, -to̱ren> *m,* **Redakto̱rin** *f* CH rédacteur(-trice) *m(f)*
Re̱de ['reːdə] <-, -n> *f* ① (*Ansprache*) discours *m;* **eine ~ halten** tenir un discours; **in freier ~** en improvisant
② GRAM **direkte/indirekte ~** discours *m* direct/indirect
③ *Pl* (*Äußerungen*) propos *mpl;* **große ~n führen** [*o* **schwingen** *fam*] se gargariser de mots (*fam*)
④ (*Gespräch*) **die ~ ist von ...** il est question de...
▸ **jdm ~ und Antwort stehen** se justifier devant qn; **langer** [*o* **der langen**] **~ kurzer Sinn: ...** *Spr. fam* parlons peu, mais parlons bien: ... (*fam*); **das ist nicht der ~ wert** cela ne vaut pas la peine d'en parler; **davon kann keine ~ sein** il ne saurait en être question; **jdn zur ~ stellen** demander des explications à qn; [**das ist**] **meine ~!** *fam* je l'ai toujours dit! (*fam*)
Re̱defluss^RR *m kein Pl* flot *m* de paroles **Re̱defreiheit** *f kein Pl* liberté *f* d'expression **re̱degewandt** *Adj geh* éloquent(e) **Re̱degewandtheit** *f* éloquence *f* **Re̱dekunst** *f kein Pl* rhétorique *f*
re̱den ['reːdən] I. *itr V* ① (*sprechen*) parler; **schnell/undeutlich ~** parler vite/indistinctement; **alle ~ durcheinander** tous parlent en même temps; **ihr sollt nicht alle durcheinander ~!** ne parlez pas tous en même temps!

❷ (*sich unterhalten*) **über jdn/etw ~** parler de qn/qc; **miteinander/mit jdm ~** discuter ensemble/avec qn; **mit sich selbst ~** soliloquer; **mit jdm zu ~ haben** avoir à parler à qn; **so lasse ich nicht mit mir ~!** je n'admets pas qu'on me parle sur ce ton!; **~ wir nicht mehr davon** [*o* **darüber**]**!** n'en parlons plus!; **genug geredet!** assez discuté!; **das Reden** les discussions *fpl*
❸ (*eine Rede halten*) **über etw** (*Akk*) **~** faire un discours sur qc
❹ (*tratschen*) **über jdn/etw ~** parler à tort et à travers de qn/qc; **sie hat** [**viel**] **von sich ~ gemacht** elle a fait [beaucoup] parler d'elle
❺ *fam* (*gestehen, verraten*) parler; **jdn zum Reden bringen** faire parler qn
► **du hast gut** [*o* **leicht**] **~!** tu parles!; **jd lässt mit sich über etw** (*Akk*) **~** (*lässt sich umstimmen*) il y a moyen de discuter avec qn de qc; (*lässt mit sich handeln*) qn est prêt(e) à discuter de qc; **darüber lässt/ließe sich ~** ça se discute
II. *tr V* ❶ (*sagen*) dire *Quatsch, Unsinn*
❷ (*tratschen*) **über jdn/etw wird viel/einiges geredet** on raconte beaucoup/pas mal de choses sur qn/qc
III. *r V* **sich heiser ~** s'égosiller; **sich in Rage ~** s'emporter

Redensart *f* ❶ expression *f*
❷ *Pl* (*leere Worte*) **das sind doch nur ~en** ce ne sont que des mots

Redeschwall *m pej* flots *mpl* de paroles **Redeverbot** *nt* défense *f* de parler; **jdm ~ erteilen** interdire à qn de s'exprimer **Redeweise** *f* façon *f* de s'exprimer **Redewendung** *f* tournure *f*, expression *f* idiomatique **Redezeit** *f* temps *m* de parole; **die ~ beträgt 15 Minuten** le temps de parole est de 15 minutes

redigieren* *tr V* ❶ rédiger *Manuskript, Text*
❷ (*gestalten*) diriger la rédaction de *Zeitschrift, Sendung*

redlich ['re:tlɪç] I. *Adj* ❶ honnête
❷ (*groß*) *Mühe, Anstrengung* louable
II. *Adv* **sich ~ bemühen** s'efforcer considérablement

Redlichkeit <-> *f* honnêteté *f*

Redner(in) ['re:dnɐ] <-s, -> *m(f)* orateur(-trice) *m(f)*; **sie ist eine überzeugende ~in** elle est une oratrice convaincante

Rednerbühne *f* tribune *f*

rednerisch I. *Adj* oratoire
II. *Adv* sur le plan oratoire

Rednerpult *nt* pupitre *m*; **ans ~ treten** [aller] se placer derrière le pupitre

redselig *Adj* bavard(e)

Redseligkeit *f* loquacité *f*

Reduktion [redʊk'tsio:n] <-, -en> *f a.* CHEM, PHYS, MATH réduction *f*

Reduktionsmittel *nt* CHEM réducteur *m*

redundant [redʊn'dant] *Adj* LING redondant(e)

Redundanz [redʊn'dants] <-, -en> *f* LING, INFORM redondance *f*

Reduplikation [reduplika'tsio:n] *f* LING redoublement *m*

reduzierbar *Adj* réductible

reduzieren* *tr V* réduire; **seine Ausgaben auf ein Minimum/um die Hälfte ~** réduire ses dépenses au minimum/de moitié

Reduzierung <-, -en> *f* réduction *f*

Reede ['re:də] <-, -n> *f* rade *f*; **auf ~ liegen** mouiller en rade

Reeder(in) <-s, -> *m(f)* armateur(-trice) *m(f)*

Reederei <-, -en> *f* compagnie *f* maritime

reell [re'ɛl] *Adj* ❶ (*tatsächlich*) *Chance, Möglichkeit* véritable
❷ (*anständig*) digne de ce nom
❸ *fam* (*akzeptabel*) *Essen* solide (*fam*); **das ist etwas Reelles** ça, c'est du solide

Reet ['re:t] <-s> *nt* NDEUTSCH roseau *m*

Reetdach *nt* toit *m* de roseau

reetgedeckt *Adj* couvert(e) de roseau

Refektorium [refɛk'to:riʊm, *Pl:* refɛk'to:riən] <-s, -rien> *nt* réfectoire *m*

Referat [refe'ra:t] <-[e]s, -e> *nt* ❶ SCHULE, UNIV exposé *m*; **ein ~ über jdn/etw halten** faire un exposé sur qn/qc
❷ ADMIN service *m*

Referendar(in) [referɛn'da:ɐ] <-s, -e> *m(f)* stagiaire *mf*

Referendariat [referɛndari'a:t] <-[e]s, -e> *nt*, **Referendarzeit** *f* stage *m*

Referendum [refe'rɛndʊm] <-s, Referenden *o* Referenda> *nt* référendum *m*

Referent(in) [refe'rɛnt] <-en, -en> *m(f)* ❶ (*Redner*) conférencier(-ière) *m(f)*
❷ (*Referatsleiter*) chef *mf* de service
❸ UNIV (*Gutachter*) membre *m* du jury

Referenz [refe'rɛnts] <-, -en> *f* ❶ (*Empfehlung*) références *fpl*; **eine ~ vorweisen** présenter un certificat
❷ (*Mensch*) recommandation *f*; **wen kann er als ~ anführen?** par qui est-il recommandé?

referieren* *itr V* faire un exposé; **über jdn/etw ~** faire un exposé sur qn/qc

reflektieren* I. *tr V a.* OPT réfléchir
II. *itr V* ❶ OPT réfléchir la lumière
❷ *geh* (*nachdenken*) **über etw** (*Akk*) **~** réfléchir sur qc
❸ *fam* (*interessiert sein*) **auf etw** (*Akk*) **~** avoir des vues sur qc

Reflektor [re'flɛkto:ɐ] <-s, -toren> *m* (*in Scheinwerfern, an Schulranzen*) réflecteur *m*; (*an einem Fahrrad*) cataphote® *m*; (*an Straßenpfosten*) catadioptre *m*

reflektorisch [reflɛk'to:rɪʃ] *Adj* MED réflexe

Reflex [re'flɛks] <-es, -e> *m* ❶ PHYSIOL réflexe *m*
❷ (*Lichtreflex*) reflet *m*

Reflexbewegung *f* mouvement *m* de réflexe **Reflexhandlung** *f* réflexe *m*, réaction *f* automatique

Reflexion [reflɛ'ksio:n] <-, -en> *f* réflexion *f*

reflexiv [reflɛ'ksi:f] GRAM I. *Adj Verb* pronominal(e); *Pronomen* réfléchi(e)
II. *Adv* **~ gebraucht werden** s'employer à la forme pronominale réfléchie

Reflexivpronomen *nt* pronom *m* réfléchi

Reform [re'fɔrm] <-, -en> *f* réforme *f*

Reformation [refɔrma'tsio:n] <-> *f* HIST **die ~** la Réforme

Reformationsfest *nt* **das ~** la fête *f* de la Réformation

Reformator [refɔr'ma:to:ɐ, *Pl:* refɔrma'to:rən] <-s, -toren> *m*, **Reformatorin** *f* ❶ ECCL réformateur(-trice) *m(f)*
❷ *s.* **Reformer(in)**

reformatorisch [refɔrma'to:rɪʃ] *Adj* réformateur(trice)

reformbedürftig *Adj* réformable, qui nécessite une réforme

Reformer(in) [re'fɔrmɐ] <-s, -> *m(f)* ❶ (*wer Reformen durchführt*) réformateur(-trice) *m(f)*
❷ (*wer Reformen anstrebt*) réformiste *mf*

reformerisch *Adj* réformateur(-trice), réformiste

reformfreudig *Adj* ouvert(e) aux réformes **Reformhaus** *nt* ≈ magasin *m* de produits diététiques

reformieren* *tr V* réformer

Reformierte(r) *f(m) dekl wie Adj* réformé(e) *m(f)*

Reformismus [refɔr'mɪsmʊs] <-> *m* POL réformisme *m*

reformistisch *Adj* POL réformiste

Reformkost *f* aliments *mpl* diététiques **Reformkurs** *m* (*Reformpolitik*) politique *f* de réformes; **einen ~ einschlagen** s'engager dans une politique de réformes **Reformpolitik** *f* politique *f* de réformes

Refrain [rə'frɛ̃:] <-s, -s> *m* refrain *m*

Refraktion [refrak'tsio:n] <-, -en> *f* PHYS, MED réfraction *f*

Refraktor [re'frakto:ɐ] <-s, -en> *m* ASTRON télescope *m* dioptrique

Refugium [re'fu:giʊm] <-s, -gien> *nt geh* havre *m* de paix (*littér*)

Regal [re'ga:l] <-s, -e> *nt* étagère *f*; (*groß, in Supermärkten, Bibliotheken*) rayon *m*

R

Regatta [re'gata] <-, Regatten> *f* régate *f*
Reg.-Bez. *Abk von* **Regierungsbezirk**
rege ['re:gə] I. *Adj* ❶ *Betrieb, Tätigkeit, Verkehr* intense; *Nachfrage* grand(e); *Phantasie* débordant(e); *Anteilnahme* vif(vive); *Beteiligung* actif(-ive)
❷ (*rührig*) *Person, Geist* alerte
II. *Adv Anteil nehmen* vivement; *sich beteiligen* activement
Regel ['re:gəl] <-, -n> *f* ❶ (*Vorschrift, Norm*) règle *f*
❷ (*Gewohnheit*) règle *f;* **in der ~, in aller ~** en règle générale; **sich** (*Dat*) **etw zur ~ machen** se fixer qc pour règle
❸ (*Menstruation*) règles *fpl;* **sie bekommt/hat ihre ~** elle a ses règles
▶ **keine ~ ohne Ausnahme** *Spr.* c'est l'exception qui confirme la règle; **nach allen ~n der Kunst** dans les règles de l'art
Regelarbeitszeit *f* durée *m* légale du temps de travail
regelbar *Adj* TECH réglable
Regelfall *m kein Pl* règle *f;* **im ~** en règle générale
regellos *Adj* (*ungeordnet*) déréglé(e), sans règle
regelmäßig I. *Adj* ❶ régulier(-ière)
❷ (*wiederholt*) *Verstöße, Zuspätkommen* répété(e)
II. *Adv* ❶ (*in gleichmäßiger Folge*) régulièrement
❷ (*immer wieder*) constamment
Regelmäßigkeit <-> *f* régularité *f*
▶ **in schöner ~ etw tun** *iron* faire qc systématiquement (*iron*)
regeln ['re:gəln] I. *tr V* ❶ (*regulieren, erledigen*) régler; **das lässt sich ~** cela peut se régler
❷ (*festsetzen*) **etw ~** *Bestimmungen, Dienstvorschrift:* réglementer qc
II. *r V* **se ~** se régler; **sich von selbst ~** se régler tout(e) seul(e); *s. a.* **geregelt**
regelrecht *fam* I. *Adj* véritable II. *Adv anpöbeln, sich betrinken* carrément (*fam*) **Regelstudienzeit** [-diən-] *f* durée *f* réglementaire des études
Regelung <-, -en> *f* ❶ (*Vereinbarung*) convention *f;* (*Anordnung, Festlegung*) disposition *f* réglementaire
❷ *kein Pl* (*das Regulieren*) régulation *f;* **der ~ des Wasserlaufs dienen** *Ventil:* permettre de régler le débit d'eau
Regelwerk *nt* règlement *m* **regelwidrig** SPORT I. *Adj* en faute II. *Adv* **sich ~ verhalten** faire une faute **Regelwidrigkeit** *f* SPORT faute *f*
regen ['re:gən] *r V* **sich ~** ❶ *Person, Tier:* bouger
❷ (*sich bemerkbar machen*) *Gefühle, Gewissen:* s'éveiller; *Widerspruch, Zweifel:* se manifester
Regen <-s, -> *m* pluie *f;* **es wird ~ geben** il va se mettre à pleuvoir; **bei** [*o* **in**] **strömendem ~** sous des trombes d'eau; **saurer ~** pluies acides
▶ **vom ~ in die Traufe kommen** *Spr.* tomber de Charybde en Scylla; **ein warmer ~** *fam* une [vraie] bénédiction; **jdn im ~ stehen lassen** *fam* laisser qn en plan (*fam*)
regenarm *Adj* aride
Regenbogen *m* arc *m* en ciel
Regenbogenfarben *Pl* couleurs *fpl* de l'arc en ciel; **in allen ~ schillern** s'iriser **Regenbogenhaut** *f* iris *m* **Regenbogenpresse** *f* presse *f* à sensation
Regendach *nt* auvent *m*
Regeneration [regenera'tsio:n] *f a.* BIO, MED régénération *f*
regenerativ [regenera'ti:f] *Adj Energiequelle* régénérant(e)
regenerieren* I. *r V a.* BIO, MED **sich ~** se régénérer
II. *tr V* TECH régénérer
Regenfälle *Pl* chutes *fpl* de pluie **Regenguss**[RR] *m* averse *f* **Regenjacke** *f* parka *f* **Regenmantel** *m* imperméable *m* **Regenpfeifer** *m* ZOOL pluvier *m* **regenreich** *Adj* pluvieux(-euse) **Regenrinne** *f* gouttière *f*
Regensburg ['re:gənsbʊrk] <-s> *nt* Ratisbonne *f*
Regenschauer *m* ondée *f* passagère **Regenschirm** *m* parapluie *m*
Regent(in) [re'gɛnt] <-en, -en> *m(f)* ❶ (*Monarch*) souverain(e) *m(f)*
❷ (*Vertreter des Herrschers*) régent(e) *m(f)*
Regentag *m* jour *m* de pluie **Regentonne** *f* citerne *f* **Regentropfen** *m* goutte *f* de pluie
Regentschaft <-, -en> *f* ❶ (*Herrschaft*) règne *m*
❷ (*Amtszeit eines Regenten 2.*) régence *f*
Regenwald *m* forêt *f* équatoriale **Regenwasser** *nt* eau *f* de pluie **Regenwetter** *nt* temps *m* pluvieux **Regenwolke** *f* nuage *m* de pluie **Regenwurm** *m* ver *m* de terre **Regenzeit** *f* saison *f* des pluies
Reggae ['rɛgeɪ] *m* reggae *m*
Regie [re'ʒi:] <-, -n> *f* ❶ THEAT mise *f* en scène; CINE, RADIO, TV réalisation *f;* **~ führen** diriger la mise en scène/la réalisation; **unter der ~ von Godard** sous la direction de Godard
❷ (*Leitung, Verantwortung*) **in eigener ~** tout(e) seul(e); **in** [*o* **unter**] **staatlicher ~** sous la tutelle de l'État
Regieanweisung [re'ʒi:-] *f* didascalie *f* **Regieassistent(in)** *m(f)* THEAT assistant(e) *m(f)* à la mise en scène; CINE assistant(e) *m(f)* réalisateur
regieren* I. *itr V* gouverner; *Herrscher, König:* régner; **über ein Volk ~** régner sur un peuple
II. *tr V* **ein Land ~** gouverner un pays; *Herrscher, König:* régner sur un pays
Regierung <-, -en> *f* ❶ (*Kabinett*) gouvernement *m;* **unter der ~ Kohl** sous le gouvernement Kohl
❷ (*Regierungsgewalt*) pouvoir *m;* **an der ~ sein** être au pouvoir; **die ~ antreten** arriver au gouvernement
Regierungsabkommen *nt* accord *m* intergouvernemental **Regierungsantritt** *m* arrivée *f* au gouvernement **Regierungsbank** <-bänke> *f* banc *m* du gouvernement **Regierungsbezirk** *m subdivision administrative la plus importante d'un land* **Regierungsbildung** *f* POL formation *f* du gouvernement; **er wurde mit der ~ betraut** il a été chargé de former le gouvernement **Regierungschef(in)** [-ʃɛf] *m(f)* chef *mf* de/du gouvernement **Regierungserklärung** *f* déclaration *f* de politique générale **regierungsfähig** *Adj* apte à gouverner **regierungsfeindlich** *Adj* antigouvernemental(e) **Regierungsform** *f* mode *m* de gouvernement; **parlamentarische/präsidiale ~** régime parlementaire/présidentiel **regierungsfreundlich** *Adj* [pro]gouvernemental(e) **Regierungskoalition** *f* coalition *f* gouvernementale **Regierungskreise** *Pl* milieux *mpl* proches du gouvernement **Regierungskrise** *f* crise *f* gouvernementale **Regierungsmitglied** *nt* membre *m* du gouvernement **Regierungspartei** *f* parti *m* au pouvoir **Regierungspräsident(in)** *m(f) chef administratif d'un "Regierungsbezirk"* **Regierungsrat** *m kein Pl* CH Conseil *m* d'État **Regierungsrat** *m*, **-rätin** *f* ❶ *grade de haut fonctionnaire équivalant à celui d'un attaché de deuxième classe* ❷ CH (*Mitglied der Kantonsregierung*) membre du Conseil d'État *m* **Regierungssitz** *m* siège *m* du gouvernement **Regierungssprecher(in)** *m(f)* porte-parole *m* gouvernemental **regierungstreu** *Adj* fidèle au gouvernement **Regierungsumbildung** *f* POL remaniement *m* ministériel; **eine ~ vornehmen** procéder à un remaniement ministériel **Regierungsverantwortung** *f* responsabilité *f* gouvernementale **Regierungswechsel** *m* changement *m* de gouvernement **Regierungszeit** *f* (*einer Regierung*) ministère *m;* (*eines Monarchen*) règne *m*
Regime [re'ʒi:m] <-s, -s> *nt pej* régime *m*
Regimekritiker(in) [re'ʒi:m-] *m(f)* opposant(e) *m(f)* au régime
Regiment[1] [regi'mɛnt] <-[e]s, -er> *nt* MIL régiment *m*
Regiment[2] <-[e]s, -e> *nt* règne *m;* **ein strenges ~ führen** exercer un pouvoir autoritaire
Region [re'gjo:n] <-, -en> *f* région *f*
▶ **in höheren ~en schweben** planer [dans les hautes sphères]
regional [regjo'na:l] I. *Adj* régional(e)
II. *Adv* selon les régions
Regionalexpress *m* express *m* **Regionalliga** *f* ≈ troisième division *f* **Regionalprogramm** *nt* programme *m* régional

Regisseur(in) [reʒɪ'søːɐ] <-s, -e> *m(f)* THEAT metteur(-euse) *m(f)* en scène; CINE, RADIO, TV réalisateur(-trice) *m(f)*
Register [re'gɪstɐ] <-s, -> *nt* ❶ (*Index*) index *m*
❷ ADMIN registre *m*
❸ (*Orgelregister*) jeu *m* d'orgue
▸ **alle ~ ziehen** jouer sur tous les registres
Registertonne *f* NAUT *veraltet* tonneau *m* [de jauge]
Registratur [regɪstra'tuːɐ] <-, -en> *f* ❶ ADMIN archives *fpl*
❷ MUS registres *mpl*
registrieren* *tr V* enregistrer; **~, dass** enregistrer que + *indic*
Registrierkasse *f* caisse *f* enregistreuse
Registrierung <-, -en> *f* enregistrement *m*
Reglement [reglə'mãː] <-s, -s> *nt* SPORT règlement *m*
reglementieren* *tr V geh* ❶ (*regeln*) réglementer
❷ (*gängeln*) régenter
Reglementierung <-, -en> *f* réglementation *f*
Regler ['reːglɐ] <-s, -> *m* régulateur *m*
reglos ['reːkloːs] *s.* **regungslos**
Reglosigkeit <-> *f s.* **Regungslosigkeit**
regnen ['reːgnən] **I.** *itr V unpers* pleuvoir; **es regnet durchs Dach** il pleut à travers la toiture
II. *tr V* **es regnet Beschwerden** on reçoit des plaintes comme s'il en pleuvait
regnerisch *Adj* pluvieux(-euse)
Regress[RR] <-es, -e>, **Regreß** <-sses, -sse> *m* recours *m;* **~ geltend machen** faire valoir un recours
Regressanspruch[RR] *m* droit *m* de recours **Regressforderung**[RR] *f* créance *f* en recours
Regression [regrɛ'sioːn] <-, -en> *f* régression *f*
regressiv [regrɛ'siːf] *Adj* régressif(-ive)
regresspflichtig[RR] *Adj* civilement responsable; **jdn für etw ~ machen** se porter partie civile contre qn dans le cas de qc
regsam ['reːkzaːm] *Adj geh* actif(-ive)
Regsamkeit <-> *f geh* activité *f*
regulär [regu'lɛːɐ] **I.** *Adj Arbeitszeit, Gehalt, Preis* réglementaire; *Armee, Truppen* régulier(-ière)
II. *Adv* normalement
Regulation [regula'tsioːn] <-, -en> *f* BIO régulation *f;* **enzymatische/orthostatische ~** régulation enzymatique/orthostatique
regulativ *Adj* régulateur(-trice)
Regulator [regu'laːtoːɐ] <-s, -en> *m* TECH régulateur *m*
regulierbar *Adj* réglable
regulieren* *tr V* ❶ (*einstellen, regeln*) régler
❷ (*begradigen*) régulariser *Fluss*
Regulierung <-, -en> *f* ❶ *der Heizung, Lautstärke* réglage *m*
❷ (*Regelung*) *des Verkehrs* régulation *f*
❸ (*Begradigung*) *eines Flusses, Bachs* régularisation *f*
Regung ['reːgʊŋ] <-, -en> *f* ❶ (*Bewegung*) mouvement *m*
❷ (*Empfindung*) émotion *f;* **eine menschliche ~** un élan d'humanité
regungslos *Adj, Adv* immobile
Regungslosigkeit <-> *f* immobilité *f; eines Gesichts* impassibilité *f*
Reh [reː] <-[e]s, -e> *nt* chevreuil *m*
Rehabilitation [rehabilita'tsioːn] <-, -en> *f* ❶ (*Wiedereingliederung*) réinsertion *f*
❷ MED rééducation *f*
❸ *geh* (*Rehabilitierung*) réhabilitation *f*
Rehabilitationszentrum *nt* centre *m* de rééducation
rehabilitieren* **I.** *tr V* ❶ réinsérer *Straffälligen*
❷ MED rééduquer *Kranken;* réinsérer *Behinderten*
❸ *geh* (*nach einer Ehrverletzung*) réhabiliter
II. *r V geh* **sich ~** se réhabiliter
Rehabilitierung *s.* **Rehabilitation**
Rehaklinik ['reːha-] *f* centre *m* [hospitalier] de rééducation **Rehazentrum** *nt* centre *m* de rééducation
Rehbock *m* chevreuil *m* [mâle] **Rehbraten** *m* rôti *m* de chevreuil **Rehkeule** *f* cuissot *m* de chevreuil **Rehkitz** *nt* faon *m* [de chevreuil] **Rehrücken** <-s, -> *m* ❶ dos *m* du chevreuil; GASTR selle *f* de chevreuil ❷ (*Kuchen*) *gâteau de biscuit nappé de chocolat et piqué de pointes d'amandes* **Rehwild** *nt* chevreuil *m*
Reibach ['raɪbax] <-s> *m sl* bonne affaire *f;* **bei etw einen ~ machen** s'en mettre plein les poches avec qc (*fam*)
Reibe ['raɪbə] <-, -n> *f,* **Reibeisen** *nt* râpe *f*
Reibekuchen *s.* **Kartoffelpuffer** **Reibelaut** *m* PHON fricative *f*
reiben ['raɪbən] <rieb, gerieben> **I.** *tr V* ❶ frotter; **sich** (*Dat*) **die Augen/die Nase ~** se frotter les yeux/le nez; **jdm/sich die Hände ~** frotter les mains à qn/se frotter les mains
❷ (*auftragen*) [**sich** (*Dat*)] **die Salbe in die Haut ~** [se] frictionner avec de la pommade
❸ (*entfernen*) **den Fleck aus der Jeans ~** frotter la tache du jean
❹ (*zerkleinern*) râper *Möhre, Käse*
II. *r V* ❶ (*sich kratzen*) **sich am Baum ~** *Tier:* se frotter contre l'arbre
❷ (*Anstoß nehmen*) **sich mit jdm ~** se frictionner avec qn; **sich an etw** (*Dat*) **~** ne pas pouvoir avaler qc
❸ (*aufreiben*) **sich die Finger an etw** (*Dat*) **wund ~** s'écorcher les doigts avec qc
III. *itr V* ❶ frotter; **durch Reiben** en frottant
❷ (*scheuern*) **an etw** (*Dat*) **~** frotter; **der Kragen reibt am Hals** le col gratte le cou; *s. a.* **gerieben**
Reibereien *Pl fam* frictions *fpl*
Reibung <-, -en> *f* ❶ *kein Pl* PHYS frottement *m;* **durch ~** par frottement
❷ *Pl s.* **Reibereien**
Reibungselektrizität *f* PHYS triboélectricité *f* **Reibungsfläche** *f* ❶ TECH surface *f* de frottement ❷ (*Grund zur Auseinandersetzung*) sujet *m* de discorde
reibungslos **I.** *Adj* sans problème
II. *Adv* sans problème
Reibungsverlust *m* ❶ PHYS déperdition *f* d'énergie par friction ❷ *Pl fig* gaspillage *m* d'énergie [à se quereller] **Reibungswiderstand** *m* PHYS résistance *f* due au frottement
reich [raɪç] **I.** *Adj* ❶ riche
❷ *fig* **~ an Erfahrungen/an Wissen sein** être riche d'expériences/de savoir; **~ an Vitaminen sein** être riche en vitamines
❸ (*lohnend*) *Erbschaft, Heirat* riche
❹ (*ergiebig*) *Ausbeute, Ölquelle* riche; *Ernte* abondant(e)
❺ (*vielfältig, umfassend*) *Auswahl, Bestand, Erfahrung, Wissen* riche et varié(e)
II. *Adv belohnen, beschenken* richement; **~ erben/heiraten** faire un riche héritage/mariage
Reich <-[e]s, -e> *nt* ❶ (*Imperium*) empire *m;* **das Dritte ~** le IIIe Reich; **das Römische ~** l'Empire romain; **das ~ der Mitte** *geh* l'empire du Milieu (*soutenu*)
❷ (*Bereich, Königreich*) royaume *m*
▸ **das ~ Gottes** le royaume de Dieu; **im ~ der Phantasie** au royaume de l'imaginaire; **das ~ der Schatten** *liter* le royaume des ombres (*littér*)
Reiche(r) *f(m) dekl wie Adj* riche *mf*
reichen ['raɪçən] **I.** *itr V* ❶ *Geld, Vorräte, Stoff:* suffir; **das reicht** [**mir**] ça [me] suffit; **für zwei Personen/eine Woche ~** *Vorrat:* être suffisant(e) pour deux personnes/une semaine
❷ (*gelangen*) **bis an die Decke ~** [**können**] arriver jusqu'au plafond; **weit ~d** *Geschütz, Rakete* à longue portée
❸ (*sich erstrecken*) **vom Sofa bis zur Wand ~** aller du canapé jusqu'au mur
❹ A (*umfassen*) **weit ~d** *Beziehungen* nombreux(-euse); *Vollmachten* étendu(e); *Konsequenzen* large; **weit ~e Beziehungen haben** avoir de nombreuses relations
❺ (*andauern*) **vom Mittelalter bis in die Neuzeit ~** s'étendre du Moyen-Âge jusqu'aux Temps modernes

R

II. *itr V unpers* **es reicht [mir], wenn ich die Unterlagen morgen bekomme** ça [me] suffit si j'ai les documents demain
▸ **jetzt reicht's [mir]!** maintenant ça [me] suffit!
III. *tr V geh* ① *(geben)* **jdm etw ~** passer qc à qn
② *(anbieten, servieren)* **jdm etw ~** servir qc à qn
reichhaltig *Adj* ① *Angebot, Auswahl* varié(e); *Bibliothek* bien garni(e)
② *(üppig) Mahlzeit* copieux(-euse)
Reichhaltigkeit <-> *f* ① *des Angebots, der Auswahl* diversité *f*
② *(Üppigkeit) von Mahlzeiten* richesse *f*
reichlich I. *Adj Niederschläge, Vorräte* abondant(e); *Belohnung, Trinkgeld, Verspätung* important(e) *f;* **das Essen war ~** le repas était copieux
II. *Adv* ① *haben, vorhanden sein* en quantité; **es gab ~ zu essen** il y avait à manger en quantité
② *fam (ziemlich) jung, kurz, spät, schwierig* plutôt
③ *(mindestens)* facilement *(fam)*
Reichsadler *m* aigle *m* impérial **Reichskanzler** *m* chancelier *m* du Reich **Reichstag** *m (Institution, Gebäude)* Reichstag *m*
Reichstagsbrand *m kein Pl* HIST incendie *m* du Reichstag
Reichtum <-[e]s, -̈er> *m* ① *kein Pl* richesse *f;* **zu ~ kommen** [*o* **gelangen**] faire fortune
② *Pl (Besitz)* richesses *fpl;* **große Reichtümer anhäufen** amasser une fortune
③ *kein Pl (Reichhaltigkeit) der Natur, Fauna* richesse *f;* **der ~ an Arten/an Formen** la richesse en espèces/des formes
▸ **damit kann man keine Reichtümer erwerben** ce n'est pas avec ça qu'on fera fortune
reichverziert *Adj* richement décoré(e)
Reichweite *f* ① *(Nähe)* **in ~ sein** être à portée de [la] main; **außer ~ sein** être hors de portée; **bis auf ~ herankommen** s'approcher à portée de main
② RADIO, TV *eines Senders* portée *f*
③ *(Aktionsradius) eines Flugzeugs, Panzers* rayon *m* d'action
④ *(Schussweite) eines Geschützes* portée *f*
reif [raɪf] *Adj* ① *Frucht, Gemüse, Getreide* mûr(e); **~ werden** mûrir
② BIO *Ei* [parvenu(e)] à maturité
③ *(nicht mehr jung) Frau, Mann* mûr(e); **eine Frau im ~en Alter** une femme d'âge mûr
④ *(sehr gut) Leistung* remarquable
⑤ *(geeignet)* **~ für den Abriss sein** être bon(ne) pour la démolition; **~ für die Veröffentlichung sein** être prêt(e) à être publié(e)
▸ **er ist ~** *sl* son heure est venue *(fam)*
Reif[1] <-[e]s> *m* METEO givre *m*
Reif[2] <-[e]s, -e> *m (Armreif)* bracelet *m; (Haarreif)* serre-tête *m; (Stirnreif)* diadème *m*
Reife [raɪfə] <-> *f* ① *einer Person* maturité *f;* **die sittliche ~** le sens moral
② *(das Reifen) einer Frucht, von Getreide* mûrissement *m*
③ *(Reifezustand)* maturité *f*
▸ **mittlere ~** ≈ brevet *m* des collèges
reifen ['raɪfən] I. *itr V + sein* ① *(reif werden)* mûrir
② *(reifer werden) Person:* mûrir; **gereift** mûr(e); **sie ist inzwischen gereift** elle a mûri entre-temps
③ *(gedeihen) Entschluss, Idee, Plan:* mûrir; **in jdm ~** mûrir dans les pensées de qn
II. *tr V + haben geh* mûrir *Person;* **dieses Erlebnis hat ihn ~ lassen** cette expérience l'a fait mûrir
Reifen <-s, -> *m* pneu *m;* **den ~ wechseln** changer de roue
Reifendruck *m* pression *f* des pneus **Reifenpanne** *f* crevaison *f* **Reifenprofil** *nt* profil *m* des pneus **Reifenschaden** *m* AUT détérioration *f* du pneu **Reifenwechsel** *m* changement *m* de roue
Reifeprüfung *f form* baccalauréat *m (form)* **Reifezeugnis** *nt form* diplôme *m* du baccalauréat *(form)*
reiflich I. *Adj Erwägung, Überlegung* mûr(e) *antéposé*
II. *Adv überlegen* mûrement
Reifrock *m* crinoline *f*
Reifung <-> *f einer Frucht, Eizelle* maturation *f*
Reigen ['raɪgən] <-s, -> *m veraltet* ronde *f*
▸ **den ~ beschließen** *geh* fermer la marche; **den ~ eröffnen** *geh* ouvrir le bal
Reihe ['raɪə] <-, -n> *f* ① *von Häusern, Bäumen, Stühlen* rangée *f; von Buchstaben, Nummern, Ziffern* série *f*
② *(Sitzreihe)* rang *m;* **in der zehnten ~** au dixième rang
③ *(Aufstellung) von Personen* rang *m;* **sich in einer ~ aufstellen** se mettre en rang; **in drei ~n antreten** se présenter sur trois rangs; **aus der ~/wieder in die ~ treten** sortir du rang/rentrer dans le rang
④ *(große Anzahl)* **eine [ganze] ~ von Personen/Fragen** un nombre important de personnes/de questions
⑤ MATH **arithmetische/geometrische ~** progression *f* arithmétique/géométrique
⑥ *Pl (Gruppe)* **in den eigenen ~n** dans ses/nos/... propres rangs; **in den ~n der Opposition** au sein de l'opposition
⑦ *(bestimmte Reihenfolge)* **etw der ~ nach tun** faire qc l'un(e) après l'autre; **einen Patienten außer der ~ drannehmen** prendre un patient avant son tour
▸ **sich in Reih und Glied aufstellen** se mettre en rangs d'oignons; **du bist/sie ist an der ~** c'est ton/son tour; **jetzt kommst du/kommt er an die ~** maintenant c'est à toi/à lui le tour; **etw auf die ~ kriegen** *fam* s'en sortir dans qc *(fam)*; **die ~n lichten sich** les rangs s'éclaircissent; **aus der ~ tanzen** *fam* se distinguer
reihen ['raɪən] I. *r V* suivre; **ein Fahrzeug reiht sich an das andere** un véhicule en suit un autre; **ein Misserfolg reihte sich an den anderen** un échec en appelait un autre
II. *tr V* **Perlen auf eine Schnur ~** enfiler des perles
Reihenfolge *f* ordre *m;* **in alphabetischer/chronologischer ~** par ordre alphabétique/chronologique; **in zufälliger ~** au hasard **Reihenhaus** *nt* maison *f* mitoyenne; **mehrere Reihenhäuser** plusieurs maisons individuelles en bande **Reihenschaltung** *f* couplage *m* en série **Reihenuntersuchung** *f* dépistage *m* systématique **reihenweise** *Adv* ① *(in großer Zahl)* les un(e)s après les autres ② *(in Reihen) vortreten, umschwenken* en rangs successifs
Reiher ['raɪɐ] <-s, -> *m* héron *m*
▸ **kotzen wie ein ~** *sl* dégueuler tripes et boyaux *(pop)*
Reiherkolonie *f* colonie *f* de hérons
reihern ['raɪɐn] *itr V sl* dégueuler *(pop)*
reihum [raɪ'ʔʊm] *Adv* à tour de rôle; **~ gehen** faire le tour; **etw ~ gehen lassen** faire tourner [*o* circuler] qc
Reim [raɪm] <-[e]s, -e> *m* ① rime *f;* **ein ~ auf -ung** une rime en -ung
② *Pl (Verse)* vers *mpl*
▸ **sich** *(Dat)* **keinen ~ darauf machen können** *fam* ne pas arriver à piger *(fam)*
reimen I. *r V* rimer; **sich mit etw/auf etw** *(Akk)* **~** rimer avec qc
II. *tr V* **etw mit etw** [*o* **auf etw** *(Akk)*] **~** faire rimer qc avec qc
III. *itr V* faire des rimes
Reimport ['reʔɪmpɔrt] *m* ① *(Wiedereinfuhr)* réimportation *f*
② *(Produkt)* produit *m* réimporté
reimportieren* *tr V* réimporter
rein[1] [raɪn] *s.* **herein, hinein**
rein[2] I. *Adj* ① *(pur) Blödsinn, Zufall, Zeitverschwendung* pur(e) *antéposé;* **die ~ste Hysterie** *fam* l'hystérie la plus complète
② *(ausschließlich)* **eine ~e Wohngegend** un quartier purement résidentiel
③ *(unvermischt) Gold, Wasser, Klang* pur(e)
④ *(völlig sauber) Umwelt, Luft, Wasser* pur(e); *Hemd, Tischdecke* propre; **ganz ~** impeccable; **etw ~ halten/machen** maintenir qc propre/nettoyer qc
⑤ *(gesund) Teint* pur(e); *Haut* sain(e)

► etw ins Reine bringen régler qc; mit jdm im Reinen sein être réconcilié(e) avec qn; mit jdm/etw ins Reine kommen se réconcilier avec qn/qc; mit sich [selbst] ins Reine kommen se réconcilier avec soi-même; etw ins Reine schreiben mettre qc au propre; jdn von etw ~ waschen laver qn de qc; sich von etw ~ waschen se laver de qc
II. *Adv* ❶ (*ausschließlich*) *symbolisch, persönlich* purement
❷ MUS ~ klingen avoir un son pur
❸ *fam* (*ganz und gar*) ~ alles/gar nichts absolument tout/rien

Rein <-, -en> *f* A *fam* (*Kasserolle*) casserole *f*

Reindling <-s, -e> *m* A *gâteau à pâte levée*

Reineclaude [rɛːnə'kloːdə] *s.* Reneklode

Reinemachefrau *f* femme *f* de ménage **reinemachen** ['raɪnə-] *itr V* DIAL bei jdm ~ faire le ménage chez qn **Reinemachen** <-s> *nt* DIAL ménage *m*, nettoyage *m*; hilfst du mir beim ~? tu m'aides à nettoyer [*o* faire le ménage]?

Reinerlös *m* produit *m* net **Reinertrag** *m* FIN, ÖKON produit *m* net

reineweg ['raɪnəvɛk] *Adv fam* purement et simplement; ~ erfunden inventé(e) de toutes pièces; das ist ~ Blödsinn c'est de la connerie pure et simple (*fam*)

Reinfall *m* bide *m* (*fam*); (*Aufführung*) four *m* (*fam*); mit etw einen ~ erleben se faire avoir avec qc (*fam*)

rein|fallen *itr V unreg + sein fam* ❶ (*enttäuscht werden*) se faire avoir; auf jdn/etw ~ se faire avoir par qn/avec qc (*fam*)
❷ (*hineinfallen*) tomber dedans; in ein Loch ~ tomber dans un trou

Reinfektion [reʔɪnfɛk'tsioːn] *f* MED réinfection *f*

Reingewinn *m* bénéfice *m* net **Reinhaltung** *f kein Pl der Luft, des Wassers* protection *f* [contre la pollution]

Reinheit <-> *f der Wäsche, Haut* propreté *f*; *der Luft, des Wassers, des Edelsteins* pureté *f*

Reinheitsgebot *nt loi allemande garantissant la pureté de fabrication de la bière*

reinigen ['raɪnɪɡən] *tr V* nettoyer *Kleider;* curer *Pfeife, Fingernägel;* etw chemisch ~ lassen faire nettoyer qc à sec

Reinigung <-, -en> *f* ❶ *kein Pl* (*das Reinigen*) nettoyage *m*; *der Abgase, Abluft* épuration *f*
❷ (*Reinigungsbetrieb*) teinturerie *f*, pressing *m*; chemische ~ nettoyage *m* à sec; etw zur ~ bringen porter qc à la teinturerie [*o* au pressing]

Reinigungscreme *f* crème *f* démaquillante **Reinigungsmilch** *f* lait *m* démaquillant **Reinigungsmittel** *nt* nettoyant *m*

Reinkarnation [reʔɪnkarna'tsioːn] *f* réincarnation *f*

Reinkultur *f* ► in ~ dans toute sa/leur splendeur (*iron*)

rein|legen *tr V fam* ❶ (*hintergehen*) rouler (*fam*); jdn ~ rouler qn (*fam*)
❷ (*hineinlegen*) mettre dedans; etw in die Schublade ~ mettre qc dans le tiroir

reinlich I. *Adj* ❶ (*sauber, sauberkeitsliebend*) propre
❷ (*säuberlich*) *Trennung* net(te)
II. *Adv* ❶ (*sauber*) proprement
❷ (*säuberlich*) nettement

Reinlichkeit <-> *f* propreté *f*

Reinmachefrau *f s.* Reinemachefrau

reinrassig *Adj* de [pure] race

rein|reiten *tr V unreg fam* mouiller (*fam*); jdn ~ mouiller qn (*fam*)

Reinschrift *f* copie *f* [au] propre

rein|waschen *s.* rein² ►

reinweg ['raɪnvɛk] *s.* reineweg

rein|ziehen *tr V unreg sl* sich (*Dat*) ein Bier/einen Film ~ se taper une bière/un film (*fam*); *s. a.* hineinziehen

Reis¹ [raɪs] <-es> *m* ❶ (*Reispflanze*) riz *m*
❷ (*Frucht*) [geschälter/ungeschälter] ~ riz *m* [décortiqué/non décortiqué]

Reis² <-es, -er> *nt* ❶ (*Pfropfreis*) greffon *m*
❷ *veraltet geh* (*dünner Zweig*) rameau *m*

Reisanbau *m* riziculture *f* **Reisanbaugebiet** *nt* région *f* de culture du riz **Reisbrei** *m* riz *m* au lait

Reise ['raɪzə] <-, -n> *f* voyage *m*; eine ~ machen faire un voyage; eine ~ an die See/in die Berge/nach Dänemark/zu den Bahamas un voyage à la mer/à la montagne/au Danemark/aux Bahamas; auf ~n sein/gehen être/partir en voyage; viel auf ~n gehen voyager beaucoup; wir haben eine weite ~ hinter uns nous avons fait un long voyage; eine ~ wert sein valoir le voyage; gute ~! bon voyage!
► seine letzte ~ antreten *euph geh* faire le grand voyage (*fig littér*); wenn einer eine ~ tut, so kann er was erzählen *Spr.* quiconque a beaucoup vu, peut avoir beaucoup retenu

Reiseandenken *nt* souvenirs *mpl* de voyage **Reiseantritt** *m* départ *m* en voyage **Reiseapotheke** *f* pharmacie *f* de voyage **Reisebedarf** *m* articles *mpl* de voyage **Reisebegleiter(in)** *m(f)* ❶ (*Reisegefährte*) compagnon *m*/compagne *f* de voyage ❷ *s.* Reiseleiter(in) **Reisebekanntschaft** *f* connaissance *f* de voyage **Reisebericht** *m* compte-rendu *m* de voyage **Reisebeschreibung** *f* récit *m* de voyage **Reisebilanz** *f* balance *f* touristique **Reisebüro** *nt* agence *f* de voyages **Reisebus** *m* autocar *m* de tourisme **Reisedauer** *f* durée *f* du voyage **Reisedecke** *f* couverture *f* de voyage **reisefertig** *Adj* prêt(e) à partir; ~ sein être prêt(e) à partir; sich ~ machen se préparer à partir **Reisefieber** *nt fam* fièvre *f* du départ (*fig*) **Reisefreiheit** *f* liberté *f* de voyager **reisefreudig** *Adj* porté(e) à voyager **Reiseführer** *m* ❶ guide *m* ❷ (*Buch*) guide *m* [touristique] **Reiseführerin** *f* guide *f* **Reisegepäck** *nt* bagages *mpl* **Reisegepäckversicherung** *f* assurance *f* bagages **Reisegeschwindigkeit** *f form* vitesse *f* de croisière **Reisegesellschaft** *f*, **Reisegruppe** *f* groupe *m* de voyageurs

Reiseintopf *m* plat *m* unique à base de riz

Reisekasse *f* budget *m* de voyage **Reisekoffer** *m* valise *f* **Reisekosten** *Pl* frais *mpl* de voyage; (*beruflich*) frais *mpl* de déplacement **Reisekostenabrechnung** *f* note *f* de frais **Reisekrankheit** *f kein Pl* mal *m* des transports *pas de pl* **Reiseland** *nt* pays *m* touristique **Reiseleiter(in)** *m(f)* guide *mf*, accompagnateur(-trice) *m(f)* **Reiselektüre** *f* lecture *f* de voyage **Reiseliteratur** *f kein Pl* récits *mpl* de voyage **reiselustig** *Adj* à l'âme voyageuse; ~ sein aimer voyager **reisemüde** *Adj* qui n'a plus envie de voyager

reisen ['raɪzən] *itr V + sein* ❶ voyager; nach Hamburg/in die Schweiz ~ faire un voyage à Hambourg/en Suisse; viel gereist qui a vu du pays; weit gereist qui a beaucoup voyagé; das Reisen les voyages
❷ (*abreisen*) partir
❸ (*als Vertreter unterwegs sein*) être en déplacement; in Sachen Damenbekleidung ~ être représentant(e) en vêtements féminins

Reisende(r) *f(m) dekl wie Adj* voyageur(-euse) *m(f)*

Reisenecessaire *nt* nécessaire *m* de voyage **Reisepass**^RR *m* passeport *m* **Reisepläne** *Pl* projets *mpl* de voyage **Reiseprospekt** *m* dépliant *m* touristique **Reiseproviant** *m* provisions *fpl* de route **Reiseroute** *f* itinéraire *m* **Reiserücktrittsversicherung** *f* assurance *f* annulation [voyage] **Reiseruf** *m* message *m* personnel [radio] **Reiseschreibmaschine** *f* machine *f* à écrire portable [*o* portative] **Reisespesen** *Pl* frais *mpl* de déplacement **Reisetasche** *f* sac *m* de voyage **Reiseveranstalter** *m* voyagiste *mf* **Reiseverkehr** *m* trafic *m* saisonnier **Reiseversicherung** *f* assurance *f* voyage **Reisevorbereitungen** *Pl* préparatifs *mpl* de voyage **Reisewecker** *m* réveil *m* de voyage **Reisewelle** *f* vague *f* de départs en vacances **Reisewetter** *nt* temps *m* idéal [pour voyager] **Reisewetterbericht** *m* météo *f* vacances **Reisezeit** *f* saison *f* touristique **Reiseziel** *nt* destination *f*

Reisfeld *nt* rizière *f*

Reisig ['raɪzɪç] <-s> *nt* bois *m* mort

Reisigbesen *m* balai *m* de bouleau **Reisigbündel** *nt* fagot *m* **Reiskorn** *nt* grain *m* de riz **Reismehl** *nt* farine *f* de riz **Reispapier** *nt* papier *m* de riz **Reispudding** *m* gâteau *m* de riz

Reißaus [raɪsˈʔaʊs] *m* ▸ **vor jdm/etw ~ nehmen** détaler devant qn/qc (*fam*)

Reißbrett *nt* planche *f* à dessin

reißen [ˈraɪsən] <riss, gerissen> **I.** *itr V* ❶ *+ sein* (*einreißen*) *Papier, Tapete, Stoff:* se déchirer
❷ *+ sein* (*zerreißen*) *Faden, Seil:* casser
❸ *+ haben* (*zerren*) **an etw** (*Dat*) **~** tirer sur qc
II. *tr V + haben* ❶ (*wegreißen*) **jdm etw aus den Händen ~** arracher qc des mains à qn; **sich** (*Dat*) **die Mütze vom Kopf ~** se débarrasser précipitamment de sa casquette
❷ (*hineinreißen*) **[sich** (*Dat*)**] ein Loch in die Hose ~** [se] faire un trou dans le pantalon
❸ (*aus dem Kontext lösen*) **etw aus dem Zusammenhang ~** détacher qc de son contexte
❹ (*wegreißen*) **jdn mit sich zu Boden/in die Tiefe ~** entraîner qn avec soi au sol/dans les profondeurs; **den Wagen nach links ~** donner un brusque coup de volant à gauche
❺ (*unversehens herausreißen*) **jdn aus seinen Gedanken/aus dem Schlaf ~** arracher qn à ses pensées/à son sommeil
❻ (*gewaltsam übernehmen*) **an sich** (*Akk*) **~** s'emparer de *Herrschaft, Macht*
❼ (*zerstören*) **auseinander ~** déchirer *Stoff, Karton;* détruire *Auto, Flugzeug;* séparer *Geschwister, Familie*
❽ (*rasch ziehen*) **die Leine ~** tirer sur la corde
❾ SPORT (*umwerfen*) renverser *Latte;* **Gewichte ~** exécuter un arraché; **[das] Reißen** l'arraché
❿ (*totbeißen*) *Raubtier:* égorger
▸ **hin und her gerissen sein** être écartelé(e)
III. *r V + haben* ❶ (*sich losreißen*) **sich aus der Umklammerung/seinen Armen ~** s'arracher de l'étreinte/ses bras
❷ *fam* (*sich intensiv bemühen*) **sich um jdn/etw ~** se battre pour avoir qn/qc; **die Leute ~ sich um ihn** les gens se l'arrachent; *s. a.* **gerissen**

Reißen <-s> *nt* MED *fam* élancement *m souvent pl;* **das ~ in etw** (*Dat*) **haben** avoir un élancement [*o* des élancements] dans qc

reißend *Adj* ❶ (*mit starker Strömung*) déchaîné(e)
❷ (*totbeißend*) féroce
❸ *fam* (*stark florierend*) **~en Absatz finden** se vendre comme des petits pains (*fig*)

Reißer <-s, -> *m fam* ❶ (*Buch/Film*) livre *m*/film *m* à suspens
❷ COM marchandise *f* qu'on s'arrache

reißerisch **I.** *Adj* tape-à-l'œil (*fam*)
II. *Adv* de façon racoleuse

Reißfeder *f* tire-ligne *m* **reißfest** *Adj* indéchirable **Reißfestigkeit** *f* résistance *f* à la déchirure **Reißleine** *f* corde *f* de déclenchement **Reißnagel** *m* punaise *f* **Reißschiene** *f* té *m* **Reißverschluss**[RR] *m* fermeture *f* éclair® **Reißwolf** *m* broyeur *m;* **in den ~ kommen** être destiné(e) au broyeur **Reißzahn** *m* canine *f* **Reißzwecke** *f* punaise *f*

Reiswaffel *f* galette *f* de riz **Reiswein** *m* saké *m*

Reitanzug *m* tenue *f* d'équitation **Reitausrüstung** *f* équipement *m* d'équitation **Reitbahn** *f* manège *m*

reiten [ˈraɪtən] <ritt, geritten> **I.** *itr V + sein* ❶ (*auf einem Pferd*) faire du cheval, monter à cheval; **in den Wald ~** faire du cheval dans la forêt; **geritten kommen** venir à cheval; **im Trab/Galopp ~** aller au trot/galop; **das Reiten** l'équitation *f*
❷ (*auf einem anderen Reittier*) **auf einem Esel ~** monter un âne; **auf einem Kamel durch die Wüste ~** traverser le désert à dos de chameau
❸ (*rittlings sitzen*) **auf einem Schaukelpferd/Besen ~** faire du cheval à bascule/chevaucher un manche à balai
II. *tr V + haben* monter *Pferd, Esel, Kamel*

Reiter <-s, -> *m* (*Person, Karteireiter*) cavalier *m;* **~ sein** faire de l'équitation
▸ **spanischer ~** cheval *m* de frise

Reiterei <-, -en> *f* MIL cavalerie *f*

Reiterin <-, -nen> *f* cavalière *f*

Reitersitz *m* position *f* [assise] à califourchon; **im ~** à califourchon **Reiterstandbild** *nt* statue *f* équestre

Reitgerte *f* badine *f* **Reithalle** *f* manège *m* couvert **Reithose** *f* culotte *f* de cheval **Reitkappe** *f* bombe *f* **Reitlehrer(in)** *m(f)* professeur *m* d'équitation **Reitpeitsche** *f* cravache *f* **Reitpferd** *nt* cheval *m* de selle **Reitschule** *f* école *f* d'équitation **Reitsport** *m* sport *m* hippique [*o* équestre] **Reitstall** *m* (*Gebäude, Tiere*) écurie *f;* (*Unternehmen*) centre *m* d'équitation **Reitstiefel** *m* botte *f* de cheval **Reitstunde** *f* cours *m* d'équitation; **~n nehmen** prendre des cours d'équitation **Reittier** *nt* monture *f* **Reitturnier** *nt* concours *m* hippique **Reitunterricht** *m* leçons *fpl* d'équitation **Reitweg** *m* piste *f* cavalière

Reiz [raɪts] <-es, -e> *m* ❶ (*Verlockung*) charme *m;* **der ~ einer S.** (*Gen*) le charme de qc; **für jdn einen ~ haben** *Landschaft:* avoir du charme pour qn; **auf jdn einen ~ ausüben** exercer un charme sur qn; **für jdn seinen ~ verlieren** *Neues, Fremdartiges:* perdre son charme pour qn
❷ PHYSIOL stimulus *m*
❸ *Pl fam* (*Charme*) charmes *mpl*

reizbar *Adj* irritable; **[leicht] ~** irascible

Reizbarkeit <-> *f* irritabilité *f*

reizen [ˈraɪtsən] **I.** *tr V* ❶ (*verlocken*) attirer; **es reizt mich etw zu tun** ça me tente de faire qc
❷ MED (*angreifen*) irriter
❸ (*provozieren*) provoquer; **jdn [dazu] ~ etw zu tun** pousser qn à faire qc; *s. a.* **gereizt**
II. *itr V* ❶ (*herausfordern*) **zum Lachen/Weinen ~** provoquer le rire/les larmes
❷ MED *Gestank, Pollen:* être irritant(e)
❸ KARTEN surenchérir

reizend *Adj* ❶ *Mensch* charmant(e); *[An]blick, Städtchen, Wohnung* ravissant(e); **das ist ~ von dir** c'est gentil de ta part
❷ *iron* **das sind ja ~e Aussichten!** c'est une perspective absolument mirifique!; **eine ~e Idee!** une idée tout à fait charmante!; **das ist ja ~!** c'est charmant!

Reizgas *nt* gaz *m* lacrymogène **Reizhusten** *m* toux *f* d'irritation

Reizker [ˈraɪtskɐ] <-s, -> *m* BOT lactaire *m*

Reizklima *nt* MED, METEO climat *m* changeant

reizlos *Adj* sans charme

Reizschwelle *f* PSYCH, MED seuil *m* d'irritation **Reizstoff** *m* substance *f* irritante **Reizthema** *nt* sujet *m* brûlant **Reizüberflutung** *f* excès *m* de sollicitations

Reizung <-, -en> *f* MED irritation *f*

reizvoll *Adj* attrayant(e); *Angebot, Vorschlag* alléchant(e) **Reizwäsche** *f* dessous *mpl* sexy **Reizwort** <-wörter> *nt* terme *m* brûlant

rekapitulieren* *tr V geh* récapituler

rekeln [ˈreːkəln] *r V* **sich ~** s'étirer; **sich auf dem Sofa/im Bett ~** s'étirer sur le sofa/dans le lit

Reklamation [reklamaˈtsi̯oːn] <-, -en> *f* réclamation *f*

Reklame [reˈklaːmə] <-, -n> *f* ❶ (*Werbematerial*) publicité *f*
❷ (*Werbung*) réclame *f;* **für jdn/etw ~ machen** faire de la réclame pour qn/qc; **mit jdm/etw ~ machen** se faire valoir avec qn/qc (*fam*); **keine gute ~ für jdn sein** ne pas être une bonne publicité pour qn

Reklamerummel *m fam* battage *m* publicitaire **Reklameschild** *nt* panneau *m* [*o* enseigne *f*] publicitaire

reklamieren* **I.** *itr V* réclamer; **wegen etw ~** réclamer au sujet de qc
II. *tr V* ❶ (*bemängeln*) **etw bei jdm ~** réclamer au sujet de qc auprès de qn
❷ *geh* (*fordern*) réclamer; **etw für sich ~** revendiquer qc; **für sich ~ etw zu tun** prétendre à faire qc

rekommandieren* A **I.** *tr V* recommander; **einen Brief rekommandiert aufgeben** envoyer une lettre en recommandé
II. *r V* **sich jdm** ~ se recommander à qn
Rekompenz [rekɔm'pɛnts] <-, -en> *f* A dédommagement *m*
rekonstruieren* *tr V* reconstituer; **etw aus etw** ~ reconstituer qc à partir de qc
Rekonstruktion [rekɔnstrʊk'tsio:n] *f* reconstitution *f*
Rekonvaleszent(in) [rekɔnvalɛs'tsɛnt] <-en, -en> *m(f) geh* convalescent(e) *m(f)*
Rekonvaleszenz [rekɔnvalɛs'tsɛnts] <-> *f geh* convalescence *f*
Rekord [re'kɔrt] <-s, -e> *m* record *m;* **einen** ~ **aufstellen/halten/brechen** établir/détenir/battre un record; ~ **gelaufen/gefahren sein** avoir battu un record
Rekordbesuch *m* record *m* d'affluence
Rekorder [re'kɔrdɐ] <-s, -> *m* magnétophone *m*
Rekordergebnis *nt* résultat *m* record **Rekordgewinn** *m* bénéfice *m* record **Rekordhalter(in)** *m(f),* **Rekordinhaber(in)** *m(f)* détenteur(-trice) *m(f)* du record **Rekordjahr** *nt* année *f* record **Rekordmarke** *f* ❶ SPORT record *m* ❷ *(Höchststand)* niveau *m* record **rekordverdächtig** *Adj* susceptible de battre un record **Rekordversuch** *m* tentative *f* de record **Rekordzeit** *f* temps *m* record; **in** ~ en un temps *m* record; **eine absolute** ~ un record absolu
Rekrut(in) [re'kru:t] <-en, -en> *m(f)* recrue *f*
Rekrutenausbildung *f* instruction *f* des recrues **Rekrutenschule** *f* classe *f;* **die** ~ **absolvieren** faire ses classes
rekrutieren* **I.** *tr V* recruter
II. *r V* **sich aus etw** ~ *Nachwuchs, die Mitarbeiter:* se recruter dans [*o* parmi] qc
Rekrutierung <-, -en> *f* recrutement *m*
Rekta *Pl von* **Rektum**
rektal [rɛk'ta:l] **I.** *Adj form* rectal(e) *(form)*
II. *Adv form erfolgen, untersuchen, einführen* par voie rectale *(form)*
Rektion [rɛk'tsio:n] <-, -en> *f* LING rection *f*
Rektor ['rɛkto:ɐ] <-s, -toren> *m,* **Rektorin** *f* ❶ UNIV recteur *m* ❷ SCHULE directeur(-trice) *m(f)*
Rektorat [rɛkto'ra:t] <-[e]s, -e> *nt* ❶ *(Amtsräume) (einer Universität)* rectorat *m;* *(einer Schule)* bureau *m* du directeur ❷ *(Amtszeit)* *(in einer Universität)* rectorat *m;* *(in einer Schule)* directorat *m* *(rare)*
Rektoskopie [rɛktosko'pi:] <-, -n> *f* MED rectoscopie *f*
Rektum ['rɛktʊm, *Pl:* 'rɛkta] <-s, Rekta> *nt form* rectum *m*
rekurrieren* *itr V* ❶ *geh* *(anknüpfen an)* se référer; **auf jdn/etw** ~ se référer à qn/qc
❷ A, CH **gegen etw** ~ *(Beschwerde einlegen)* intenter un recours contre qc; *(Berufung einlegen)* faire appel de qc
Relais [rə'lɛ:] <-, -> *nt* ELEC relais *m*
Relaisstation *f* RADIO, TV réémetteur *m,* relais *m*
Relation [rela'tsio:n] <-, -en> *f geh* relation *f;* **in einer/keiner** ~ **zu etw stehen** être en/sans relation avec qc; **der Preis muss in vernünftiger** ~ **zur Qualität stehen** le rapport qualité-prix doit être raisonnable
relativ [rela'ti:f, 're:lati:f, 'rɛlati:f] **I.** *Adj* relatif(-ive)
II. *Adv* relativement
relativieren* [-'vi:-] *tr V geh* relativiser
Relativismus [relati'vɪsmʊs] <-> *m* PHILOS relativisme *m*
Relativität [relativi'tɛ:t] <-, -en> *f a.* PHYS relativité *f*
Relativitätstheorie [-vi-] <-> *f* théorie *f* de la relativité
Relativpronomen *nt* pronom *m* relatif **Relativsatz** *m* proposition *f* relative
relegieren* *tr V form* renvoyer
relevant [rele'vant] *Adj geh* pertinent(e)
Relevanz [rele'vants] <-> *f geh* pertinence *f*
Relief [re'ljɛf] <-s, -s *o* -e> *nt* relief *m*
Reliefdruck *m* impression *f* en relief **Reliefkarte** *f* carte *f* du relief

Religion [reli'gjo:n] <-, -en> *f* ❶ religion *f*
❷ *(Religionsunterricht)* instruction *f* religieuse
Religionsbekenntnis *nt* confession *f* **Religionsersatz** *m* substitut *m* religieux **Religionsfreiheit** *f* liberté *f* religieuse **Religionsgemeinschaft** *f form* communauté *f* religieuse **Religionsgeschichte** *f* histoire *f* des religions **Religionskrieg** *m* guerre *f* de religion **Religionslehre** *f* instruction *f* religieuse **Religionslehrer(in)** *m(f)* professeur *m* d'instruction religieuse
religionslos *Adj* sans confession
Religionsstifter *m* fondateur *m* d'une religion **Religionsstunde** *f* cours *m* d'instruction religieuse **Religionsunterricht** *m* cours *m* de religion

i Land & Leute

En Allemagne, le catéchisme fait partie du programme scolaire. C'est un cours obligatoire de deux heures, appelé **Religionsunterricht**, qui a lieu dans l'enceinte des établissements scolaires. Il est possible d'en dispenser son enfant en inscrivant celui-ci au cours de *Ethik*. Là, les élèves apprennent à réfléchir sur des questions de vie en communauté, de vie en société, sur des questions de solidarité etde civisme.

Religionszugehörigkeit *f form* appartenance *f* à une religion
religiös [reli'gjø:s] **I.** *Adj* ❶ *(opp: weltlich)* religieux(-euse)
❷ *(fromm)* pieux(-euse)
II. *Adv beeinflussen, prägen* par la religion; *erziehen* religieusement; *begründen* par des raisons religieuses
Religiosität [religjozi'tɛ:t] <-> *f* religiosité *f*
Relikt [re'lɪkt] <-[e]s, -e> *nt geh* vestige *m;* **ein** ~ **aus meiner Kindheit** une relique de mon enfance
Reling ['re:lɪŋ] <-, -s *o* -e> *f* bastingage *m*
Reliquie [re'li:kviə] <-, -n> *f* relique *f*
Reliquienschrein *m* REL reliquaire *m*
Rem <-s, -s> *nt Abk von* **Roentgen equivalent man** rem *m*
Remake [ri'meɪk, 'ri:meɪk] <-s, -s> *nt* remake *m*
Reminiszenz [reminɪs'tsɛnts] <-, -en> *f geh* ❶ *(Erinnerung)* réminiscence *f;* *(Gegenstand)* souvenir *m*
❷ *(Anklänge)* réminiscence *f*
remis [rə'mi:] **I.** *Adj unv* nul(le); ~**!** match nul!
II. *Adv ausgehen, sich trennen* sur un match nul; **sie spielten** ~ ils ont fait match nul
Remis <-, -> *nt* match *m* nul
Remise <-, -n> *f* A *(Wagenhalle)* dépôt *m*
Remission [remɪ'sio:n] <-, -en> *f* MED rémission *f*
Remittende [remɪ'tɛndə] <-, -n> *f* invendu *m;* **die** ~**n** le bouillon
Remix ['ri:mɪks] <-[es], -e> *m* MUS remix *m*
Remmidemmi ['rɛmi'dɛmi] <-s> *nt sl* boucan *m* *(fam);* ~ **machen** faire du boucan *(fam)*
Remoulade [remu'la:də] <-, -n> *f,* **Remouladensoße** *f* [sauce *f*] rémoulade *f*
rempeln ['rɛmpəln] **I.** *itr V fam* pousser; **es wird gerempelt** on se pousse
II. *tr V* SPORT bousculer
REM-Phase ['rɛm-] *f* sommeil *m* paradoxal
Remuneration [remunera'tsio:n] <-, -en> *f* A *(Vergütung)* rémunération, m
Ren [rɛn, re:n] *s.* **Rentier**[1]
Renaissance [rənɛ'sã:s] <-, -n> *f* ❶ *kein Pl* HIST Renaissance *f;* **Möbel der** ~ des meubles [*o* du mobilier] Renaissance
❷ *geh* *(neue Blüte)* renaissance *f* *(fig)*
Renaissancemaler [rənɛ'sã:s-] *m* peintre *m* de la Renaissance **Renaissancestil** *m kein Pl* KUNST style *m* Renaissance
Rendezvous [rãde'vu:] <-, -> *nt* ❶ *(amouröse Verabredung)* rendez-vous *m* [galant]; **sich** *(Dat)* **ein** ~ **geben** *geh* se donner

R

rendez-vous
❷ RAUM rendez-vous *m* [spatial]
Rendite [rɛn'di:tə] <-, -n> *f* [taux *m* de] rendement *m;* ~ **bringen** dégager un rendement
Renegat(in) [rene'ga:t] <-en, -en> *m(f) geh* renégat(e) *m(f)*
Reneklode [re:nə'klo:də] <-, -n> *f* ❶ (*Baum*) prunier *m* [reine-claude]
❷ (*Frucht*) reine-claude *f*
renitent [reni'tɛnt] I. *Adj geh Mensch* récalcitrant(e); *Auftreten, Benehmen* rebelle
II. *Adv geh* de façon rebelle
Renitenz [reni'tɛnts] <-> *f geh* indocilité *f* (*littér*)
Renke ['rɛŋkə] <-, -n> *f* lavaret *m*
Rennbahn *f* (*beim Pferdesport*) hippodrome *m;* (*beim Motorsport*) circuit *m;* (*beim Radsport*) vélodrome *m* **Rennboot** *nt* bateau *m* de course
rennen ['rɛnən] <rannte, gerannt> I. *itr V + sein* ❶ (*schnell laufen*) courir; **gerannt kommen** arriver en courant
❷ *fam* (*hingehen*) **zum Vorgesetzten** ~ aller voir son supérieur; **auf die Ämter** ~ courir les administrations
❸ (*stoßen*) **an/gegen etw** (*Akk*) ~ rentrer dans qc; **mit dem Kopf gegen einen Dachbalken** ~ se cogner la tête contre une poutre
II. *tr V* ❶ *+ haben o sein* SPORT **hundert Meter** ~ courir cent mètres
❷ *+ haben* (*im Lauf stoßen*) **jdn zu Boden** ~ renverser qn par terre [en courant]
❸ *+ haben* (*stoßen*) **jdm ein Messer in die Brust** ~ enfoncer à qn un couteau dans la poitrine
Rennen <-s, -> *nt* (*Autorennen*) course *f* automobile; (*Pferderennen*) course *f* de chevaux; **ins** ~ **gehen** participer à la course
▸ **ein totes** ~ une course ex æquo; **das** ~ **ist gelaufen** *fam* les jeux sont faits (*fig*); **gut im** ~ **liegen** être bien placé(e); **mit etw das** ~ **machen** *fam* emporter le morceau avec qc (*fam*); **jdn ins** ~ **schicken** faire entrer qn en lice (*fig*)
Renner <-s, -> *m fam* article *m* à succès
Rennfahrer(in) *m(f)* ❶ AUT pilote *m* de course ❷ (*Radrennfahrer*) coureur(-euse) *m(f)* cycliste **Rennjacht** *f* racer *m* **Rennpferd** *nt* cheval *m* de course **Rennplatz** *m s.* **Rennbahn** **Rennrad** *nt* vélo *m* de course **Rennreiter(in)** *m(f)* SPORT jockey *m* **Rennschlitten** *m* traîneau *m* de compétition **Rennsport** *m* ❶ AUT sport *m* automobile ❷ (*Radrennsport*) cyclisme *m* professionnel ❸ (*Pferderennsport*) hippisme *m* **Rennstall** *m* écurie *f* [de course]; **der** ~ **von Porsche** AUT l'écurie Porsche **Rennstrecke** *f* circuit *m* **Rennwagen** *m* voiture *f* de course
Renommee [renɔ'me:] <-s, -s> *nt geh* renommée *f;* **von** ~ de renom
renommiert [renɔ'mi:ɐt] *Adj geh* renommé(e)
renovieren* [-'vi:-] *tr V* rénover; ravaler *Fassade*
Renovierung <-, -en> *f* rénovation *f; der Fassade* ravalement *m*
rentabel [rɛn'ta:bəl] I. *Adj* rentable
II. *Adv* de façon rentable
Rentabilität [rɛntabili'tɛ:t] <-> *f* rentabilité *f*
Rente ['rɛntə] <-, -n> *f* ❶ (*Altersruhegeld*) [pension *f* de] retraite *f;* **in** ~ **gehen** partir en [*o* prendre sa] retraite; ~ **auf Lebenszeit** annuité *f* à vie
❷ (*regelmäßige Geldzahlung*) rente *f*
Rentenalter *nt* âge *m* de la retraite **Rentenanpassung** *f* revalorisation *f* des retraites **Rentenanspruch** *m* droit *m* à la [pension de] retraite **Rentenantrag** *m* demande *f* de retraite **Rentenbeitrag** *m* cotisation *f* vieillesse **Rentenbemessungsgrundlage** *f* base *f* de l'assiette d'une retraite **Rentenberechnung** *f* calcul *m* de la [pension de] retraite **Rentenbescheid** *m* notification *f* de la [pension de] retraite **Rentenbezug** *m* [pension *f* de] retraite *f* **Renteneintrittsalter** *nt* âge *m* de départ en retraite **Rentenempfänger(in)** *m(f) form* bénéficiaire *mf* d'une [pension de] retraite **Rentenfonds** *m* fonds *m* d'investissement **Rentenkasse** *f* caisse *f* de retraite **Rentenpapier** *nt* titre *m* de rente **Rentenreform** *f* réforme *f* du régime des retraites **Rentensystem** *nt* système *m* de retraite **Rentenversicherung** *f* assurance *f* retraite **Rentenzahlung** *f* allocation *f* de retraite
Rentier¹ ['rɛnti:ɐ] *nt* renne *m*
Rentier² [rɛn'tie:] <-s, -s> *m veraltet* rentier(-ière) *m(f)*
rentieren* *r V* être rentable; **sich für jdn** ~ être rentable pour qn
Rentner(in) ['rɛntnɐ] <-s, -> *m(f)* retraité(e) *m(f);* ~ **sein** être à la retraite
Reorganisation [reʔɔrganiza'tsio:n] <-, -en> *f* réorganisation *f*
reorganisieren* [reʔɔr-] *tr V geh* réorganiser
Rep [rɛp] <-s, -s> *m Abk von* **Republikaner** *membre d'un parti d'extrême droite allemand*
reparabel [repa'ra:bəl] *Adj geh* réparable
Reparation [repara'tsio:n] <-, -en> *f* réparations *fpl* [de guerre]
Reparationszahlungen *Pl* réparations *fpl* [de guerre]
Reparatur [repara'tu:ɐ] <-, -en> *f* réparation *f;* **in** ~ **sein** être en réparation; **bei jdm etw in** [*o* **zur**] ~ **geben** donner qc à réparer chez qn
reparaturanfällig *Adj* fragile **Reparaturanfälligkeit** *f* fragilité *f;* ~ **eines Geräts** fragilité *f* d'un appareil **reparaturbedürftig** *Adj* qui nécessite une réparation; ~ **sein** avoir besoin d'être réparé(e) **Reparaturkosten** *Pl* frais *mpl* de réparation **Reparaturwerkstatt** *f* atelier *m* de réparations; (*Autowerkstatt*) garage *m*
reparieren* *tr V* réparer; **jdm etw** ~ réparer qc à qn
repatriieren* *tr V* rapatrier; **jdn nach Frankreich** ~ rapatrier qn en France
Repatriierung <-, -en> *f* rapatriement *m*
Repertoire [repɛr'toa:ɐ] <-s, -s> *nt* répertoire *m*
repetieren* *tr V geh* répéter
Repetitor [repe'ti:to:ɐ, *Pl:* repeti'to:rən] <-s, -toren> *m,* **Repetitorin** *f* répétiteur(-trice) *m(f)*
Replik [re'pli:k] <-, -en> *f geh* réplique *f*
Report [re'pɔrt] <-[e]s, -e> *m* reportage *m*
Reportage [repɔr'ta:ʒə] <-, -n> *f* reportage *m*
Reporter(in) [re'pɔrtɐ] <-s, -> *m(f)* reporter *m*
Repräsentant(in) [reprɛzɛn'tant] <-en, -en> *m(f)* représentant(e) *m(f)*
Repräsentantenhaus *nt kein Pl* Chambre *f* des députés; (*in Belgien, in den USA*) Chambre *f* des représentants
Repräsentation [reprɛzɛnta'tsio:n] <-, -en> *f* représentation *f*
repräsentativ [reprɛzɛnta'ti:f] I. *Adj* représentatif(-ive)
II. *Adv* de façon représentative
Repräsentativumfrage *f* sondage *m* représentatif
repräsentieren* *tr, itr V geh* représenter
Repressalie [reprɛ'sa:liə] <-, -n> *f meist Pl geh* représailles *fpl;* **gegen jdn ~n ergreifen** exercer des représailles envers qn
Repression [re-] <-, -en> *f* répression *f*
repressiv [reprɛ'si:f] *Adj geh* répressif(-ive)
Reprint [re'prɪnt, 'ri:print] <-s, -s> *m* réimpression *f*
reprivatisieren* [-va-] *tr V* dénationaliser
Reprivatisierung <-, -en> *f* dénationalisation *f*
Reproduktion <-, -en> *f* TYP, KUNST reproduction *f*
reproduzieren* *tr V* reproduire
Reprographie [reprogra'fi:] <-, -n> *f* ❶ (*Verfahren*) reprographie *f*
❷ (*Produkt*) reproduction *f*
Reptil [rɛp'ti:l, *Pl:* rɛp'ti:liən] <-s, -ien> *nt* reptile *m*
Reptilienfonds [rɛp'ti:liənfõ:] *m* POL caisse *f* noire
Republik [repu'bli:k] <-, -en> *f* république *f;* **die** ~ **Frankreich** la République Française
Republikaner(in) [republi'ka:nɐ] <-s, -> *m(f)* ❶ (*in den USA*) républicain(e) *m(f)*
❷ (*in Deutschland*) *membre ou militant(e) d'un parti d'ex-*

trême droite en Allemagne

republikanisch [republi'ka:nɪʃ] *Adj* républicain(e)

Reputation [reputa'tsio:n] <-, -en> *f veraltet geh* réputation *f*

Requiem ['re:kviɛm] <-s, Requien> *nt* requiem *m*

requirieren* *tr V* réquisitionner; **etw bei jdm ~** réquisitionner qc auprès de qn

Requisit [rekvi'zi:t] <-s, -en> *nt a.* THEAT accessoire *m;* **der Computer ist für ihn ein notwendiges ~** l'ordinateur est un outil de travail indispensable pour lui

Requisiteur(in) [rekvizi'tø:ɐ] <-s, -e> *m(f)* THEAT accessoiriste *mf*

resch [rɛʃ] *Adj* A, SDEUTSCH ① *(knusprig gebacken)* croustillant(e)
② *(resolut)* dégourdi(e)

Reservat [rezɛr'va:t] <-[e]s, -e> *nt* réserve *f*

Reserve [re'zɛrvə] <-, -n> *f* ① *a.* MIL, SPORT réserve *f;* **Offizier/Hauptmann der ~** officier/capitaine de réserve; **jdn/etw in ~ haben** avoir qn/qc en réserve
② PHYSIOL réserve *f* [d'énergie]
③ *kein Pl geh (Zurückhaltung)* réserve *f;* **jdn aus der ~ locken** *fam* faire sortir qn de sa réserve
④ *meist Pl* ÖKON réserve *f*
▸ **eiserne ~** [stock *m* de] réserve; **stille ~n** COM réserves occultes; *(heimliche Ersparnisse)* bas *m* de laine

Reservebank [-və-] *f* SPORT banc *m* des remplaçants **Reservekanister** *m* bidon *m* de réserve **Reserveoffizier** *m* officier *m* de réserve **Reserverad** *nt* roue *f* de secours **Reservereifen** *m* pneu *m* de rechange **Reservespieler** *m* remplaçant *m* **Reserveübung** *f* MIL période *f* d'instruction

reservieren* [-'vi:-] *tr V* réserver; **jdm etw ~** réserver qc à qn; **ein Zimmer auf den Namen Roth ~** réserver une chambre au nom de Roth

reserviert *Adj* réservé(e)

Reserviertheit <-> *f* réserve *f*

Reservierung <-, -en> *f* réservation *f*

Reservist(in) [rezɛr'vɪst] <-en, -en> *m(f)* réserviste *mf*

Reservoir [rezɛr'voa:ɐ] <-s, -e> *nt geh* réservoir *m*

Reset-Taste ['ri:sɛt-] *f* touche *f* reset

Residenz [rezi'dɛnts] <-, -en> *f* résidence *f*

Residenzpflicht *f kein Pl* obligation *f* de résidence **Residenzstadt** *f* ville *f* résidentielle

residieren* *itr V* résider; **in München/auf einem alten Schloss ~** résider à Munich/dans un vieux château

Resignation [rezɪgna'tsio:n] <-, *selten* -en> *f geh* résignation *f*

resignieren* *itr V geh* se résigner; **wegen etw ~** se résigner à cause de qc; **..., meinte er resigniert** ..., dit-il d'un ton résigné

resistent [rezɪs'tɛnt] *Adj* résistant(e); **gegen etw ~ sein** être résistant(e) à qc

Resistenz <-, -en> *f* résistance *f;* **~ gegen etw** résistance à qc

resolut [rezo'lu:t] I. *Adj* résolu(e)
II. *Adv* résolument

Resolution [rezolu'tsio:n] <-, -en> *f* résolution *f*

Resonanz [rezo'nants] <-, -en> *f* ① *geh (Reaktion)* écho *m;* **auf [große] ~ stoßen** rencontrer un écho [très] positif; **[große] ~ finden** recevoir un écho [très] positif; **die ~ auf diesen Vorschlag war groß** cette proposition a reçu un grand écho
② MUS résonance *f*

Resonanzboden *m* table *f* [d'harmonie] **Resonanzkörper** *m* caisse *f* de résonance

Resopal® <-s, -e> *nt sorte de formica® ou de mélamine*

resorbieren* *tr V* absorber

Resorption [rezɔrp'tsio:n] <-, -en> *f von Fett, einer Lotion* absorption *f; eines Medikaments* résorption *f*

resozialisieren* *tr V* réinsérer

Resozialisierung <-, -en> *f* réinsertion *f*

resp. *Adv Abk von* **respektive**

Respekt [re'spɛkt, rɛs'pɛkt] <-s> *m* respect *m;* **voller ~** avec respect, respectueusement; **vor jdm/etw ~ haben** avoir du respect pour qn/qc; **jdm ~ einflößen** inspirer le respect à qn; **den ~ vor jdm verlieren** perdre son respect pour qn; **sich** *(Dat)* **bei jdm ~ verschaffen** se faire respecter de qn; **bei allem ~!** sauf votre respect!; **bei allem ~ vor ihrem Vater/seinen Leistungen** sauf le respect que je dois à son père/son travail; **allen/meinen ~!** chapeau [bas]!

respektabel [rɛspɛk'ta:bəl, rɛspɛk'ta:bəl] *Adj geh* respectable; **eine respektable Leistung** une performance remarquable

respektieren* *tr V* respecter

respektive [rɛspɛk'ti:və, rɛspɛk'ti:və] *Adv geh* ou

respektlos I. *Adj* irrespectueux(-euse)
II. *Adv* avec irrespect, irrespectueusement *(littér)*

Respektlosigkeit <-, -en> *f* ① *kein Pl (respektlose Art)* manque *m* de respect
② *(Bemerkung)* propos *m* irrespectueux

Respektsperson *f* personne *f* respectée, notabilité *f*

respektvoll I. *Adj* respectueux(-euse)
II. *Adv* respectueusement

Respiration [respira'tsio:n, rɛs-] <-> *f* MED respiration *f*

Ressentiment [rɛsãti'mã:] <-s, -s> *nt meist Pl geh* ressentiment *m*

Ressort [rɛ'so:ɐ] <-s, -s> *nt* ① *(Zuständigkeitsbereich)* ressort *m;* **jds ~** le ressort de qn; **das ist mein ~** c'est de mon ressort; **in jds ~** *(Akk)* **fallen** être du ressort de qn
② *(Abteilung)* département *m*

Ressource [rɛ'sʊrsə] <-, -n> *f meist Pl a.* FIN ressources *fpl*

Rest <-[e]s, -e *o* CH -en> [rɛst] *m* reste *m;* **ein ~ Kartoffeln** un reste de pommes de terre; **der letzte ~** la dernière miette; *(bei Getränken)* le fond de bouteille; **den ~ des Weges gehe ich zu Fuß** je fais le reste du trajet à pied
▸ **der letzte ~ vom Schützenfest** *hum* le tout dernier reste; **jdm den ~ geben** *fam* achever qn *(fam)*

Restalkohol *m* traces *fpl* d'alcool **Restauflage** *f* invendus *mpl*

Restaurant [rɛsto'rã:] <-s, -s> *nt* restaurant *m;* **ins ~ gehen** aller au restaurant

Restauration¹ [restaura'tsio:n, rɛstaura'tsio:n] <-, -en> *f* POL, ARCHIT *(Wiederherstellung)* restauration *f*

Restauration² [rɛstora'tsio:n] <-, -en> *f veraltet (Gaststätte)* restaurant *m*

Restaurator [restau'ra:to:ɐ, rɛstau'ra:to:ɐ, *Pl:* -ra'to:rən] <-s, -toren> *m,* **Restauratorin** *f* restaurateur(-trice) *m(f)*

restaurieren* *tr V* restaurer

Restaurierung <-, -en> *f* restauration *f*

Restbestand *m* reste *m* **Restbetrag** *m* reliquat *m*

Resteverkauf *m* vente *f* de fins de séries

Restguthaben *nt* solde *m* d'avoir **Restlaufzeit** *f* durée *f* résiduelle

restlich *Adj Arbeit, Betrag* restant(e); *Leute* autre; **der ~e Urlaub** le reste des vacances

restlos I. *Adj* total(e)
II. *Adv* ① *(ohne etwas übrig zu lassen) beseitigen, verschwinden* totalement; *aufessen* sans en laisser une miette; *austrinken* sans en laisser une goutte
② *fam (endgültig) bedient sein, es satt haben* absolument; *erledigt sein* complètement

Restposten *m (restliche Ware)* fin *f* de série

Restriktion [restrɪk'tsio:n, rɛstrɪk'tsio:n] <-, -en> *f form* restriction *f;* **jdm in etw** *(Dat)* **~en auferlegen** imposer des restrictions à qn en matière de qc

restriktiv [restrɪk'ti:f, rɛstrɪk'ti:f] I. *Adj geh* restrictif(-ive)
II. *Adv geh* de façon restrictive

Restrisiko *nt* risque *m* subsistant; **es verbleibt ein ~** il subsiste un risque **Restschuld** *f* reliquat *m* de dette **Reststoff** *m* résidu *m* **Reststrafe** *f* peine *f* restant à purger **Restsumme** *f* somme *f* restante **Resturlaub** *m* jours *mpl* de vacances [à prendre] **Restwert** *m* ÖKON valeur *f* résiduelle **Restzahlung** *f*

reliquat *m*
Resultante [rezʊl'tantə] <-, -n> *f* PHYS résultante *f*
Resultat [rezʊl'ta:t] <-[e]s, -e> *nt* résultat *m;* **zu einem ~ kommen** [*o* **gelangen**] arriver [*o* parvenir] à un résultat; **zu dem ~ kommen** [*o* **gelangen**], **dass** acquérir la conviction que + *indic*
resultieren* *itr V geh* ❶ (*folgen*) résulter; **aus etw ~** résulter de qc; **daraus resultiert, dass** il en résulte que + *indic*
❷ (*sich auswirken*) **in etw** (*Dat*) **~** avoir qc pour résultat
Resümee [rezy'me:] <-s, -s> *nt geh* ❶ (*Schlussfolgerung*) conclusion *f;* **das ~ aus etw ziehen** tirer la conclusion de qc
❷ (*Zusammenfassung*) résumé *m*
resümieren* I. *itr V geh* [se] résumer
II. *tr V geh* résumer
Retorte [re'tɔrtə] <-, -n> *f* cornue *f;* **aus der ~** artificiel
Retortenbaby [-be:bi] *nt* bébé-éprouvette *m* (*fam*)
retour [re'tu:ɐ] *Adv* CH, A **etw ~ gehen lassen** renvoyer qc; **eine Fahrkarte nach Bad Urach und** [**wieder**] **~!** un aller [et] retour pour Bad Urach!
Retourbillett ['rətu:ɐbɪlie:t] *nt* CH [billet *m* d']aller *m* [et] retour **Retourgeld** *nt* CH monnaie *f* **Retourkutsche** *f fam* retour *m* à l'envoyeur (*fam*)
retournieren* [retʊr'ni:rən] *tr V* retourner
Retourspiel ['rətu:ɐ-] *nt* A, CH match *m* retour
Retrospektive [retrospɛk'ti:və] <-, -n> *f* rétrospective *f*
Retrovirus [retro'vi:rʊs] *nt* MED, BIO rétrovirus *m*
retten ['rɛtən] I. *tr V* ❶ (*vor einem Unheil bewahren*) sauver; **jdn vor jdm/etw ~** sauver qn de qn/qc; **rettet mich denn keiner?** personne ne vient à mon secours?
❷ (*den Ausweg weisend*) **die ~de Lösung** la solution salvatrice
❸ (*erhalten*) sauvegarder *Gebäude, Gemälde*
❹ (*hinüberretten*) **ein Erbstück/den Schmuck** [**über den Krieg**] **~** sauvegarder un héritage/des bijoux [pendant la guerre]
▶ **bist du/ist er noch zu ~?** *fam* t'es/il est pas un peu malade? (*fam*)
II. *r V* **sich ~** se sauver, [s']échapper; **sich durch einen Sprung vor etw** (*Dat*) **~** échapper à qc en sautant; **sich vor jdm/etw in den Wald ~** se sauver dans la forêt par peur de qn/qc; **rette sich, wer kann!** *hum* sauve qui peut!
▶ **sich vor jdm/etw nicht mehr ~ können** [*o* **zu ~ wissen**] ne plus pouvoir échapper à qn/qc
Retter(in) <-s, -> *m(f)* sauveur *m*
Rettich ['rɛtɪç] <-s, -e> *m* radis *m*
Rettung <-, -en> *f* ❶ sauvetage *m;* **jds ~ aus etw/vor jdm** le sauvetage de qn de qc/des griffes de qn; **gibt es noch eine ~?** y a-t-il encore une chance de salut?; **für ihn gibt es keine ~ mehr** plus rien ne peut le sauver; **~ in letzter Minute** sauvetage in extremis
❷ (*das Erhalten*) *des Gebäudes, Gemäldes* sauvegarde *f*
▶ **jds** [**letzte**] **~ sein** *fam* être la [dernière] planche de salut de qn
Rettungsaktion *f* opération *f* de sauvetage **Rettungsanker** *m* ▶ **jds ~ sein** être la dernière planche de salut de qn **Rettungsarbeiten** *Pl* travaux *mpl* de sauvetage **Rettungsboot** *nt* bâteau *m* de sauvetage **Rettungsdienst** *m* service *m* de secours **Rettungshubschrauber** *m* hélicoptère *m* de sauvetage **Rettungsinsel** *f* NAUT radeau *m* de sauvetage [pneumatique]
rettungslos *Adv* sans espoir [de secours]; **wir sind ~ verloren** tout espoir est perdu
Rettungsmannschaft *f* équipe *f* de secours **Rettungsmedaille** [-medaljə] *f* médaille *f* de sauvetage **Rettungsring** *m* ❶ bouée *f* de sauvetage ❷ *hum fam* poignées *fpl* d'amour (*fam*) **Rettungsschwimmen** *nt* natation *f* de sauvetage **Rettungsschwimmer(in)** *m(f)* maître-nageur *m* **Rettungsstation** *f* poste *m* de secours **Rettungsversuch** *m* tentative *f* de sauvetage **Rettungswagen** *m* ambulance *f* **Rettungsweste** *f* gilet *m* de sauvetage
Return-Taste [rɪ'tø:ɐn-] *f* INFORM touche *f* Rentrée
Retusche [re'tʊʃə] <-, -n> *f* retouche *f*
retuschieren* *tr V* retoucher
Reue ['rɔɪə] <-> *f* regret *m;* **~ über etw** (*Akk*) regret *m* de qc; **tätige ~** JUR réparation *f*
reuen ['rɔɪən] I. *tr V* regretter; **das Verbrechen/Geschenk reut mich** je regrette le crime/le cadeau
II. *tr V unpers* **es reut jdn, etw getan zu haben** qn regrette d'avoir fait qc
reuevoll *Adj* plein(e) de regret
reuig *Adj geh s.* **reumütig**
reumütig ['rɔɪmy:tɪç] I. *Adj Missetäter, Übeltäter* repentant(e); *Sünder* repenti(e)
II. *Adv gestehen, zurückkommen* en se repentant
Reuse ['rɔɪzə] <-, -n> *f* nasse *f*
Revanche [re'vã:ʃ(ə), re'vaŋʃ(ə)] <-, -n> *f a.* SPORT, SPIEL revanche *f;* **jdm ~ geben** donner sa revanche à qn; **als ~** (*Gegenleistung*) en contrepartie
Revanchepartie [re'vã:ʃ(ə)-, re'vaŋʃ(ə)-] *f,* **Revanchespiel** *nt* revanche *f*
revanchieren* [revã'ʃi:rən, revaŋ'ʃi:rən] *r V* ❶ (*sich erkenntlich zeigen*) rendre la pareille; **sich bei jdm/für etw ~** rendre la pareille à qn/pour qc; **ich werde mich bei Gelegenheit dafür ~** je te/vous revaudrai ça à l'occasion
❷ (*sich rächen*) **sich für etw ~** se venger de qc
Revanchismus [revã'ʃɪsmʊs, revaŋ'ʃɪsmʊs] <-> *m* POL revanchisme *m*
Revers[1] [re've:ɐ, re'vɛ:ɐ, rə-] <-, -> *nt o* A *m* COUT revers *m*
Revers[2] [re'vɛrs] <-es, -e> *m* (*Verpflichtungserklärung*) engagement *m*
reversibel [revɛr'zi:bəl] *Adj geh Entscheidung, Prozess, Urteil* révocable; *Vorgang* réversible
revidieren* [-vi-] *tr V geh* ❶ (*rückgängig machen*) réviser *Meinung, Urteil;* revenir sur *Entscheidung*
❷ (*abändern*) modifier *Bestimmung, Gesetz, Vertrag;* **revidiert und ergänzt** revu(e) et corrigé(e)
❸ CH (*überprüfen*) réviser *Maschine, Lokomotive*
Revier [re'vi:ɐ] <-s, -e> *nt* ❶ (*Polizeidienststelle*) poste *m* [de police], commissariat *m*
❷ (*Bezirk*) district *m*
❸ (*Jagdrevier*) territoire *m* de chasse; (*privat*) chasse *f* gardée
❹ ZOOL territoire *m*
❺ MIL (*Sanitätsbereich*) infirmerie *f*
❻ (*Zuständigkeitsbereich*) **das ist mein ~** c'est de mon domaine
❼ *kein Pl* MIN *fam* **das ~** le bassin houiller
Revirement [revir(ə)'mã:] <-s, -s> *nt geh* remaniement *m*
Revision [revi'zio:n] <-, -en> *f* ❶ FIN vérification *f*
❷ JUR cassation *f;* **~ einlegen** se pourvoir en cassation; **die ~ verwerfen** [*o* **zurückweisen**] rejeter le pourvoi en cassation
❸ TYP révision *f* [des épreuves]
❹ *geh* (*Änderung*) *einer Meinung, Überzeugung* révision *f*
Revisionsgericht *nt* JUR cour *f* de cassation **Revisionsverfahren** *nt* JUR procédure *f* de cassation **Revisionsverhandlung** *f* JUR audience *f* de cassation
Revisor [re'vi:zo:ɐ] <-s, -soren> *m,* **Revisorin** *f* vérificateur(-trice) *m(f)*
Revolte [re'vɔltə] <-, -n> *f* révolte *f*
revoltieren* [-vɔ-] *itr V geh* se révolter; **gegen jdn/etw ~** se révolter contre qn/qc
Revolution [revolu'tsio:n] <-, -en> *f* révolution *f;* **die Französische ~** la Révolution française
revolutionär [revolutsio'nɛ:ɐ] *Adj* révolutionnaire
Revolutionär(in) <-s, -e> *m(f)* révolutionnaire *mf*
revolutionieren* *tr V* révolutionner
Revolutionsführer(in) [-vo-] *m(f)* meneur(-euse) *m(f)* de la

révolution
Revoluzzer(in) [revoˈlʊtsɐ] <-s, -> *m(f) pej* agitateur(-trice) *m(f)*
Revolver [reˈvɔlvɐ] <-s, -> *m* revolver *m*
Revolverblatt [reˈvɔlvɐ-] *nt fam* journal *m* à sensation **Revolvergürtel** *m* ceinture *f* de revolver **Revolverheld** *m* héros *m* de la gâchette
Revue [reˈvyː, rəˈvyː] <-, -n> *f* revue *f*
▶ **jdn/etw ~ passieren lassen** *geh* passer qn/qc en revue
Revuetänzer(in) [reˈvyː-, rəˈvyː-] *m(f)* danseur(-euse) *m(f)* de revue
Reykjavik [ˈraɪkjaviːk, -vɪk] <-s> *nt* Reykjavik
Rezensent(in) [retsɛnˈzɛnt] <-en, -en> *m(f)* critique *mf* [littéraire]
rezensieren* *tr V* critiquer; **rezensiert werden** faire l'objet d'une critique
Rezension [retsɛnˈzioːn] <-, -en> *f* critique *f*
Rezensionsexemplar *nt* exemplaire *m* de presse
Rezept [reˈtsɛpt] <-[e]s, -e> *nt* ❶ recette *f*
❷ MED ordonnance *f;* **ein ~ ausstellen** délivrer une ordonnance; **auf ~** sur ordonnance
Rezeptblock *m* MED carnet *m* d'ordonnances **rezeptfrei** **I.** *Adj* en vente libre **II.** *Adv* **~ erhältlich sein** être en vente libre
Rezeption [retsɛpˈtsioːn] <-, -en> *f* réception *f;* **an der ~** à la réception
rezeptpflichtig *Adj* délivré(e) uniquement sur ordonnance
Rezeptur [retsɛpˈtuːɐ] <-, -en> *f* PHARM ❶ (*Zubereitung*) préparation *f* d'un médicament sur ordonnance
❷ (*Arbeitsraum*) officine *f*
Rezession [retsɛˈsioːn] <-, -en> *f* récession *f*
rezessionssicher *Adj Branche, Bereich* à l'abri de la récession
rezessiv [retsɛˈsiːf] *Adj* ÖKON, BIO, MED *Tendenz* récessif(-ive)
reziprok [retsiˈproːk] *Adj* MATH inverse
Rezitation [retsitaˈtsioːn] <-, -en> *f* (*Textvortrag*) récital *m* poétique; (*Liedvortrag*) récital *m*
Rezitator [retsiˈtaːtoːɐ, *Pl:* retsitaˈtoːrən] <-s, -toren> *m,* **Rezitatorin** *f* interprète *mf* de poèmes/de chansons
rezitieren* **I.** *tr V* réciter; **jdn/etw ~** réciter qn/qc
II. *itr V* **aus etw ~** réciter qc
R-Gespräch [ˈɛr-] *nt* appel *m* en P.C.V.; **ein ~ führen** appeler [*o* téléphoner] en P.C.V.
rh [ɛrˈhaː] *Abk von* **Rhesusfaktor negativ** Rh-
Rh *Abk von* **Rhesusfaktor positiv** Rh+
Rhabarber [raˈbarbɐ] <-s, -> *m* rhubarbe *f*
Rhabarberkuchen *m* gâteau *m* à la rhubarbe
Rhapsodie [rapsoˈdiː] <-, -n> *f* r[h]apsodie *f*
Rhein [raɪn] <-s> *m* Rhin *m;* **Kehl am ~** Kehl sur Rhin
rheinabwärts *Adv* en descendant le Rhin; **~ fahren** descendre le Rhin **rheinaufwärts** *Adv* en remontant le Rhin; **~ fahren** remonter le Rhin **Rheinfall** *m* chute *f* du Rhin
rheinisch *Adj attr* rhénan(e)
Rheinland <-[e]s> *nt* la Rhénanie
Rheinländer(in) <-s, -> *m(f)* Rhénan(e) *m(f)*
Rheinland-Pfalz la Rhénanie-Palatinat
Rheinwein *m* vin *m* du Rhin
Rhesusaffe [ˈreːzʊs-] *m* [singe *m*] rhésus *m* **Rhesusfaktor** *m* facteur *m* rhésus; **~ [positiv/negativ]** [facteur *m*] rhésus *m* [positif/négatif]
Rhetorik [reˈtoːrɪk] <-> *f* rhétorique *f*
rhetorisch **I.** *Adj* rhétorique; *Figur* de rhétorique
II. *Adv* **~ begabt** doué(e) en matière de rhétorique; **das ist nur rein ~ [gemeint]** c'est une façon de parler
Rheuma [ˈrɔɪma] <-s> *nt fam* rhumatisme *m souvent pl;* **~ haben** avoir des rhumatismes
Rheumatiker(in) [rɔɪˈmaːtikɐ] <-s, -> *m(f)* rhumatisant(e) *m(f)*
rheumatisch *Adj* rhumatismal(e)
Rheumatismus [rɔɪmaˈtɪsmʊs] <-> *m form* rhumatisme *m*
Rheumatologe [rɔɪmatoˈloːgə] <-n, -n> *m,* **Rheumatologin** *f* rhumatologue *mf*
Rheumatologie [rɔɪmatoloˈgiː] <-> *f* MED rhumatologie *f*
Rh-Faktor [ɛrˈhaː-] *m Abk von* **Rhesusfaktor** [facteur *m*] rhésus *m*
Rhinozeros [riˈnoːtserɔs] <-[ses], -se> *nt* ❶ (*Nashorn*) rhinocéros *m*
❷ *fam* (*Dummkopf*) âne *m* (*fig*)
Rhizom [riˈtsoːm] <-s, -e> *nt* BOT rhizome *m*
Rhododendron [rodoˈdɛndrɔn] <-s, -dendren> *m o nt* rhododendron *m*
Rhodos [ˈrɔdɔs, ˈroːdɔs] <-> *nt* le Rhodes
Rhombus [ˈrɔmbʊs] <-, Rhomben> *m* losange *m*
Rhone [ˈroːnə] <-> *f* **die ~** le Rhône
Rhönrad [ˈrøːnraːt] *nt* SPORT roue *f* vivante
rhythmisch [ˈrʏtmɪʃ] **I.** *Adj Atmung, Bewegungen* rythmé(e); *Gymnastik* rythmique
II. *Adv* rythmiquement
Rhythmus [ˈrʏtmʊs] <-, Rhythmen> *m* rythme *m;* **im ~** en rythme
RIAS [ˈriːas] <-> *m* HIST *Abk von* **Rundfunk im amerikanischen Sektor** RIAS *f*
Ribis[e]l <-, -n> *f* A groseille *f*
Ribonukleinsäure [ribonukleˈiːn-] *f* BIO acide *m* ribonucléique
Ribosom [riboˈzoːm] <-s, -en> *nt* CHEM, BIO ribosome *m*
Richard <-s> *m* ❶ Richard *m*
❷ HIST **~ Löwenherz** Richard Cœur de Lion
Richtantenne *f* antenne *f* directive
richten [ˈrɪçtən] **I.** *r V* ❶ (*bestimmt sein, sich wenden*) **sich an jdn/etw ~** s'adresser à qn/qc
❷ (*sich orientieren*) **sich nach jdm/etw ~** se conformer à qn/qc; **wir ~ uns ganz nach Ihnen** nous nous en remettons complètement à vous
❸ (*abhängen von*) **sich nach etw ~** dépendre de qc; **sich danach ~, wie viel ...** dépendre combien... + *indic;* **das richtet sich danach, ob ...** ça dépend si...
❹ (*abzielen*) **sich gegen jdn/etw ~** être dirigé(e) contre qn/qc
II. *tr V* ❶ (*lenken*) **den Blick/die Taschenlampe auf jdn/etw ~** diriger son regard/la lampe sur qn/qc; **den Zeigestock/Finger auf jdn ~** pointer sa canne/son doigt sur qn; **die Waffe/das Fernrohr auf jdn/etw ~** braquer une arme/des jumelles sur qn/qc
❷ (*adressieren*) **einen Brief/eine Bitte an jdn ~** adresser une lettre/une demande à qn
❸ (*zurechtmachen*) faire *Haare, Zimmer*
❹ (*reparieren*) réparer *Heizung, Uhr*
❺ (*bereiten*) **das Essen ~** faire le repas
III. *itr V* (*urteilen*) **über jdn/etw ~** juger qn/qc
Richter(in) <-s, -> *m(f)* JUR juge *mf;* **vorsitzender ~** président *m*
Richteramt *nt* magistrature *f*
richterlich *Adj attr* judiciaire
Richterschaft <-> *f* magistrature *f*
RichterskalaRR *f kein Pl* échelle *f* de Richter
Richterspruch *m* JUR sentence *f,* verdict *m*
Richtfest *nt* fête *f* pour l'achèvement du gros œuvre (*à laquelle le propriétaire convie les artisans et éventuellement des voisins*)
Richtfunk *m* radio *f* par faisceau hertzien **Richtgeschwindigkeit** *f* vitesse *f* conseillée
richtig [ˈrɪçtɪç] **I.** *Adj* ❶ (*korrekt*) *Antwort, Lösung, Haus* bon(ne) *antéposé;* **das ist ~** c'est juste; **etw ~ stellen** rectifier qc
❷ (*angebracht*) *Haltung, Maßnahme* bon(ne) *antéposé;* **zur ~en Zeit** au bon moment; **deine Entscheidung war ~** tu as pris la bonne décision; **es ist ~ etw zu tun** il est judicieux de faire qc; **es ist ~ gewesen, dass** c'était bien que + *subj*

R

❸ (*am richtigen Ort*) **hier/bei mir sind Sie** ~ vous êtes à la bonne adresse ici/chez moi
❹ (*wirklich*) *Eltern, Kind, Name* véritable, vrai(e) *antéposé*
❺ *fam* (*regelrecht*) *Dummkopf, Idiot* vrai(e) *antéposé* (*euph*)
❻ (*passend*) *Frau, Mann, Partner* bon(ne) *antéposé;* **er sucht die ~e Frau** il cherche chaussure à son pied; **er ist nicht der ~e Partner für dich** ce n'est pas le bon partenaire pour toi
❼ (*ordentlich*) *Beruf, Winter* bon(ne) *antéposé*
❽ *fam* (*in Ordnung*) **~ sein** *Person:* être au poil (*fam*)
II. *Adv* ❶ (*korrekt*) *antworten, lösen, schreiben* correctement; *verstehen* bien; *kalkulieren, raten, rechnen* juste; **~ gehen** *Uhr:* donner l'heure exacte; **höre ich ~?** j'ai bien entendu?; **ich höre doch wohl nicht ~?** c'est pas vrai?
❷ (*angebracht*) *entscheiden, handeln, vorgehen* judicieusement; **sehr ~!** très juste!
❸ (*am richtigen Ort*) *hängen, stehen* à la bonne place
❹ (*wirklich*) *passen, sitzen, können* bien
❺ *fam* (*regelrecht*) *gemütlich, wütend, betrügen* vraiment
▸ **mit etw ~/nicht ~ liegen** *fam* se/ne pas se planter avec qc (*fam*); **bei jdm ~ liegen** *fam* être à la bonne adresse avec qn (*fam*)

Richtige(r) *f(m) dekl wie Adj* ❶ (*Partner*) bon(ne) partenaire *mf*
❷ (*Treffer*) bon numéro *m;* **sechs ~ im Lotto** six bons numéros au loto
▸ **du bist mir der/die ~!** *iron fam* t'es bon(ne), toi! (*fam*); **bei jdm an den ~n/die ~ geraten** *iron* ne pas pouvoir mieux tomber avec qn

Richtige(s) *nt dekl wie Adj* ❶ (*Zusagendes*) **das ~/etwas ~s** ce qu'il me/te/... faut; **das ~ für mich/für meine Wohnung** ce qu'il me faut/ce qu'il me faut pour mon appartement; **ich habe immer noch nichts ~s gefunden** je n'ai toujours pas trouvé ce qu'il me faut
❷ (*Ordentliches*) **etwas/nichts ~s** quelque chose/rien de convenable

richtiggehend *fam* I. *Adj* véritable *antéposé*
II. *Adv* vraiment (*fam*)

Richtigkeit <-> *f* ❶ (*Korrektheit*) *der Antwort, Lösung* justesse *f; der Schreibung, Übersetzung* exactitude *f; der Abschrift, Kopie* conformité *f;* **mit etw hat es seine ~** qc est justifié(e); **hat es mit diesem Scheck seine ~?** est-ce que ce chèque est correct?
❷ (*Angebrachtheit*) justesse *f*

richtig|liegen *s.* richtig II.▸

richtig|stellen *s.* richtig II.1.

Richtigstellung *f* rectification *f*

Richtkranz *m* couronne *f* pour l'achèvement du gros œuvre (*accrochée au sommet de la charpente du toit lors de la fête organisée à cette occasion*)

Richtlinie [-li:niə] *f meist Pl* directive *f*

Richtmikrofon *nt* microphone *m* directionnel

Richtplatz *m* lieu *m* d'exécution

Richtpreis *m* prix *m* conseillé

Richtschnur *f* ❶ CONSTR cordeau *m*
❷ *kein Pl* (*Grundsatz*) **die ~ für etw** la ligne directrice pour qc; **die ~ meines Verhaltens/seines Handelns** ma ligne de conduite/sa ligne d'action

Richtstrahler *m* émetteur *m* directif

Richtung <-, -en> *f* ❶ (*Himmelsrichtung*) direction *f;* **aus östlicher ~** de l'est; **in östlicher ~ liegen** être situé(e) à l'est; **eine ~ einschlagen** [*o* **nehmen**] prendre une direction; **in ~ Wald/Bahnhof** en direction de la forêt/de la gare; **in alle** [*o* **nach allen**] **~en** dans toutes les directions; **die Kerle sind in diese/in westliche ~ gelaufen** les types sont partis dans cette direction/vers l'ouest
❷ (*Verlauf*) **einer S.** (*Dat*) **eine andere ~ geben** modifier le cours de qc
❸ (*Tendenz*) **philosophische/politische ~** tendance *f* philosophique/politique; **irgendwas in der** [*o* **dieser**] **~** (*etwa so*) un truc de ce genre (*fam*); **in dieser ~** (*Hinsicht*) à ce propos

Richtungsänderung *f* changement *m* de direction **Richtungskampf** *m* lutte *f* entre différents courants politiques

richtung[s]weisend *Adj* novateur(-trice); **einen ~en Beschluss fassen** adopter un schéma directeur; **für etw ~ sein** ouvrir la voie à qc; **~ sein** ouvrir des perspectives

Richtwert *m* valeur *f* indicative; **ein ~ von 4,2 Prozent** un taux indicatif de 4,2 pour cent

Ricke ['rɪkə] <-, -n> *f* chevrette *f*

rieb [ri:p] *Imp von* **reiben**

riechen ['ri:çən] <roch, gerochen> I. *itr V* ❶ (*Geruch verströmen*) sentir; **gut/schlecht/unangenehm ~** sentir bon/mauvais/avoir une odeur désagréable; **nach Parfüm ~** sentir le parfum; **was riecht hier so süßlich?** d'où vient cette odeur douceâtre?; **übel ~d** malodorant(e)
❷ (*schnuppern*) **an jdm/etw ~** renifler qn/qc
II. *tr V* ❶ (*als Geruch wahrnehmen*) **etw ~** sentir qc; **etw nicht ~ können** ne pas pouvoir sentir qc
❷ *fam* (*ahnen*) **etw ~** flairer qc (*fig*); **~, dass** flairer que + *indic* (*fig*)
▸ **jdn nicht ~ können** *fam* ne pas pouvoir sentir qn (*fam*)
III. *itr V unpers* **es riecht nach Zitrone** ça sent le citron; **es riecht süßlich/angenehm/ekelhaft** il y a une odeur douceâtre/agréable/épouvantable; **es riecht angebrannt** ça sent le brûlé

Riecher <-s, -> *m* ▸ **einen guten** [*o* **den richtigen**] **~ für etw haben** *fam* avoir du flair pour qc (*fig*)

Riechkolben *m hum fam* pif *m* (*fam*), blair *m* (*fam*) **Riechnerv** *m* nerf *m* olfactif **Riechorgan** *nt* organe *m* de l'odorat

Riechsalz *nt* sels *mpl*

Ried [ri:t] <-s, -e *o* -er> *nt* SDEUTSCH, CH (*Moor*) marais *m*

rief [ri:f] *Imp von* **rufen**

Riege ['ri:gə] <-, -n> *f* ❶ SPORT section *f*
❷ *pej* (*Gruppe*) clique *f* (*fam*)

Riegel ['ri:gəl] <-s, -> *m* ❶ (*Verschluss*) verrou *m;* **den ~ an etw** (*Dat*) **vorlegen** mettre [*o* pousser] le verrou de qc
❷ (*Schokoladenriegel*) barre *f*
▸ **einer S.** (*Dat*) **einen ~ vorschieben** mettre le holà à qc

Riemen ['ri:mən] <-s, -> *m* ❶ (*schmaler Streifen*) *der Tasche, des Koffers* courroie *f*
❷ (*Ruder*) rame *f*, aviron *m*
▸ **den ~ enger schnallen** *fam* se serrer la ceinture (*fam*); **sich in die ~ legen** ramer à tour de bras; **sich am ~ reißen** *fam* se secouer (*fam*)

Ries [ri:s] <-es, -e> *nt* TYP *veraltet* rame *f*

Riese ['ri:zə] <-n, -n> *m*, **Riesin** *f* géant(e) *m(f);* **ein ~ von einem Mann** un colosse

Rieselfeld ['ri:zəl-] *nt* champ *m* d'épandage

rieseln ['ri:zəln] *itr V + sein Körner, Sand:* s'écouler; *Blut, Wasser:* couler; **von den Wänden ~** *Wasser:* ruisseller sur les murs; *Kalk, Putz:* se détacher des murs

Riesenchance *f* chance *f* formidable **Riesendummheit** *f fam* bêtise *f* énorme **Riesenerfolg** *m fam* succès *m* formidable **Riesenerlebnis** *nt* expérience *f* formidable **Riesenexemplar** *nt* exemplaire *m* géant **Riesenflasche** *f fam* magnum *m* (*fam*) **Riesenfreude** *f* joie *f* immense **Riesengebirge** *nt* GEOG massif *m* des Géants **Riesengemeinheit** *f fam* sacrée méchanceté *f* (*fam*) **Riesengestalt** *f* ❶ (*Größe*) taille *f* gigantesque ❷ (*Hüne*) colosse *m* **riesengroß** *Adj fam* ❶ (*sehr groß*) géant(e) ❷ (*außerordentlich*) *Enttäuschung, Überraschung, Summe* énorme *antéposé* (*fig*) **riesenhaft** *Adj* gigantesque **Riesenhai** *m* [requin *m*] pèlerin *m* **Riesenhaus** *f fam* maison *f* gigantesque **Riesenhunger** *m fam* faim *f* de loup (*fam*); **einen ~ haben** crever la dalle (*fam*) **Riesenlärm** *m fam* fracas *m* terrible **Riesenplakat** *nt* poster *m* gigantesque **Riesenrad** *nt* grande roue *f* **Riesenschildkröte** *f* ZOOL tortue *f* géante **Riesenschlange** *f* boa *m* **Riesenschritt** *m* pas *m* de géant; **mit ~en** à grands pas **Riesenslalom** *m* slalom *m* géant

Riesenüberraschung *f fam* sacrée surprise *f* (*fam*) **Riesenwuchs** *m* MED, BIO gigantisme *m*
riesig I. *Adj* ❶ (*ungeheuer groß*) *Gebäude, Saal, Turm* gigantesque; *Hand, Fußabdruck, Kopf* énorme; **ein ~er Kerl** un géant
❷ (*gewaltig*) *Anstrengung, Enttäuschung, Freude* immense; *Überraschung, Hunger, Durst* sacré(e) *antéposé* (*fam*)
❸ *fam* (*hervorragend*) **das ist ~!** c'est géant! (*fam*)
II. *Adv sich freuen* énormément; *sich irren* complètement
Riesin *s.* Riese
Riesling ['ri:slɪŋ] <-s, -e> *m* riesling *m*
riet [ri:t] *Imp von* **raten**
Riff [rɪf] <-[e]s, -e> *nt* récif *m*
rigide *Adj geh* rigide
rigoros [rigo'ro:s] I. *Adj Maßnahme* rigoureux(-euse)
II. *Adv ablehnen, durchgreifen* rigoureusement
Rigorosum [rigo'ro:zʊm, *Pl:* rigo'ro:za] <-s, Rigorosa *o* A Rigorosen> *nt* ≈ soutenance *f* [de doctorat]
Rikscha ['rɪkʃa] <-, -s> *f* pousse-pousse *m*
Rille ['rɪlə] <-, -n> *f* (*längliche Vertiefung*) rainure *f; einer Schallplatte* sillon *m; einer Säule* cannelure *f*
Rind [rɪnt] <-[e]s, -er> *nt* ❶ bovin *m*
❷ *kein Pl fam* (*Rindfleisch*) bœuf *m*
Rinde ['rɪndə] <-, -n> *f* ❶ (*Baumrinde*) écorce *f*
❷ (*Brotrinde, Käserinde*) croûte *f*
❸ ANAT *des Hirns, der Nieren* cortex *m*
Rinderbaron *m fam* gros producteur *m* de bœuf (*fam*) **Rinderbraten** *m* rôti *m* de bœuf **Rinderbrust** *f kein Pl* GASTR poitrine *f* de bœuf **Rinderfilet** *nt* filet *m* de bœuf **Rinderherde** *f* troupeau *m* de bœufs **Rinderleber** *f* foie *m* de bœuf **Rindertalg** *m* suif *m* de bœuf **Rinderwahnsinn** *m* maladie *f* de la vache folle **Rinderzucht** *f* élevage *m* bovin **Rinderzunge** *f* GASTR langue *f* de bœuf
Rindfleisch *nt* [viande *f* de] bœuf *m*
Rindfleischsuppe *f* bouillon *m* [*o* consommé *m*] de bœuf
Rindsleder *nt* vachette *f*
Rindsuppe <-, -n> *f* A bouillon *m* de bœuf
Rindvieh <-viecher> *nt* ❶ *kein Pl* bovins *mpl;* **zehn Stück ~** dix têtes de bétail
❷ *fam* (*Dummkopf*) andouille *f* (*fam*)
Ring [rɪŋ] <-[e]s, -e> *m* ❶ (*Fingerring*) bague *f;* (*Ehering*) alliance *f*
❷ (*Öse, ringförmiger Gegenstand*) anneau *m*
❸ (*Kreis*) *von Personen* cercle *m;* **einen ~ um jdn schließen** former un cercle autour de qn
❹ (*Jahresring*) cerne *m*
❺ (*Wert auf einer Schießscheibe*) cercle *m* [concentrique], zone *f;* **98 ~e schießen** réaliser un score de 98 points
❻ *Pl* (*Augenschatten*) cernes *mpl;* [**dunkle**] **~e unter den Augen haben** avoir des cernes sous les yeux
❼ (*Ringstraße*) périphérique *m*
❽ (*Vereinigung*) *von Händlern, Versicherungen* association *f; von Dealern, Hehlern* cartel *m*
❾ BOXEN ring *m;* **~ frei!** prière de quitter le ring!
❿ *Pl* (*Turngerät*) anneaux *mpl*
▶ **die ~e tauschen** *geh* échanger les anneaux (*soutenu*)
Ringbuch *nt* classeur *m* [à anneaux]
Ringel ['rɪŋəl] <-s, -> *m* rond *m; des Haares* boucle *f*
Ringelblume *f* souci *m* **Ringellocke** *f* frisette *f;* **sie hatte eine Haarpracht aus ~n** sa chevelure était toute bouclée
ringeln ['rɪŋəln] I. *tr V* enrouler *Schwanz;* **die Schlange ringelt ihren Körper um den Baum** le serpent enroule son corps autour de l'arbre
II. *r V* **sich ~** *Haare, Schwanz, Schlange:* s'enrouler; *s. a.* **geringelt**
Ringelnatter *f* couleuvre *f* à collier **Ringelreihen** <-s, -> *m* ronde *f;* **~ tanzen** faire la ronde **Ringelschwanz** *m* queue *f* en tire-bouchon **Ringelspiel** *nt* A (*Karussell*) manège *m* de chevaux de bois **Ringeltaube** *f* palombe *f*
ringen ['rɪŋən] <rang, gerungen> I. *itr V* ❶ (*kämpfen*) lutter; **mit jdm ~** lutter contre qn
❷ *fig* **mit sich ~** lutter contre soi-même
❸ (*schnappen*) **nach Atem** [*o* **Luft**] **~** chercher à reprendre son souffle
❹ (*sich bemühen*) **um Fassung ~** essayer de se reprendre; **um Worte ~** chercher les mots
II. *tr V* **jdm etw aus der Hand ~** arracher qc des mains de qn
Ringen <-s> *nt* lutte *f*
Ringer(in) <-s, -> *m(f)* lutteur(-euse) *m(f)*
Ringfahndung *f* recherches *fpl* dans un périmètre circonscrit **Ringfinger** *m* annulaire *m* **ringförmig** [-fœrmɪç] I. *Adj* circulaire; **~e Mauer** mur *m* d'enceinte; **~er Wall** enceinte *f* fortifiée II. *Adv* **etw ~ einschließen** encercler qc; **~ um etw herumführen** contourner qc **Ringkampf** *m a. fig* combat *m* [de lutte] **Ringkämpfer(in)** *s.* Ringer(in) **Ringmuskel** *m* ANAT muscle *m* orbiculaire **Ringrichter(in)** *m(f)* arbitre *m* [du ring]
rings [rɪŋs] *Adv* autour; **~ um jdn/das Haus** autour de qn/la maison; **~ um jdn/etw stehen** se tenir autour de qn/qc; **sich ~ im Kreis umsehen** regarder autour de soi
ringsherum ['rɪŋshɛ'rʊm] *s.* **ringsum**
Ringstraße *f* (*um eine Stadt*) boulevard *m* extérieur
ringsum ['rɪŋs'ʔʊm], **ringsumher** ['rɪŋsʔʊm'he:ɐ] *Adv* [tout] autour
Rinne ['rɪnə] <-, -n> *f* ❶ (*Vertiefung*) cavité *f*
❷ (*offenes Rohr*) caniveau *m;* (*Dachrinne*) gouttière *f*
rinnen ['rɪnən] <rann, geronnen> *itr V + sein* ❶ (*fließen, rieseln*) couler; **durch die Finger ~** *Sand:* couler entre les doigts
❷ (*herausfließen, -rieseln*) s'écouler; **aus der Wunde ~** *Blut:* s'écouler de la plaie
Rinnsal ['rɪnza:l] <-[e]s, -e> *nt* (*Wasserlauf*) filet *m* d'eau
Rinnstein *m* ❶ (*Gosse*) caniveau *m*
❷ *s.* **Bordstein**
Rippchen ['rɪpçən] <-s, -> *nt* côtelette *f*
Rippe ['rɪpə] <-, -n> *f* ❶ ANAT côte *f*
❷ BOT, ARCHIT nervure *f*
❸ (*schmaler Teil*) *eines Heizkörpers, Kühlaggregats* ailette *f; einer Tafel Schokolade* barre *f*
❹ TEXTIL côte *f*
▶ **nichts auf den ~n haben** *fam* n'avoir que la peau sur les os; **bei ihr kann man die** [*o* **alle**] **~n zählen** *fam* on peut compter ses côtes; **etwas auf die ~n kriegen** *fam* prendre du lard; **sich** (*Dat*) **etw nicht aus den ~n schneiden können** *fam* ne pas pouvoir sortir qc du chapeau
Rippenbruch *m* fracture *f* des côtes **Rippenfell** *nt* ANAT plèvre *f* **Rippenfellentzündung** *f* MED pleurésie *f* **Rippenstoß** *m* coup *m* de coude; **jdm einen ~ geben** donner un coup de coude à qn
Rips [rɪps] <-es, -e> *m* reps *m*
Risiko ['ri:ziko] <-s, -s *o* Risiken> *nt* risque *m;* **berufliches ~** risque du métier; **ein/kein ~ eingehen** prendre un/ne prendre aucun risque; **auf Ihr/dein** [**eigenes**] **~** à vos/tes risques et périls
risikobereit *Adj* prêt(e) à prendre des risques **Risikobereitschaft** *f* goût *m* du risque **Risikofaktor** *m* facteur *m* de risque **risikofreudig** *Adj* téméraire; **~ sein** avoir le goût du risque **Risikogruppe** *f* groupe *m* à risque[s]
risikolos *Adj* sans risque
risikoreich *Adj* plein(e) de risques; *Geldanlage, Transaktion* risqué(e) **Risikorücklage** *f* réserve *f* pour risques **Risikoschwangerschaft** *f* MED grossesse *f* à risque
riskant [rɪs'kant] I. *Adj* risqué(e)
II. *Adv fahren, spielen* en prenant des risques
riskieren* *tr V* ❶ (*aufs Spiel setzen, in Kauf nehmen*) risquer *Vermögen, Leben, Unfall;* **es ~, sich lächerlich zu machen** risquer de se ridiculiser
❷ (*wagen*) oser *Blick, Lächeln;* **es ~ etw zu tun** se risquer à faire qc

R

Rispe ['rɪspə] <-, -n> *f* BOT panicule *f*
riss[RR], **riß** *Imp von* **reißen**
Riss[RR] <-es, -e>, **Riß** <Risses, Risse> *m* ❶ (*rissige Stelle*) fissure *f*
❷ (*beschädigte, zerrissene Stelle*) déchirure *f*
❸ *fig* accroc *m;* **unsere Freundschaft hat einen ~ bekommen** notre amitié a connu un accroc
rissig ['rɪsɪç] *Adj* crevassé(e)
Rist [rɪst] <-[e]s, -e> *m* ❶ (*Fußrücken*) cou-de-pied *m;* **einen hohen ~ haben** avoir le pied cambré
❷ (*Widerrist*) garrot *m*
Riten ['ri:tən] *Pl von* **Ritus**
ritt [rɪt] *Imp von* **reiten**
Ritt <-[e]s, -e> *m* promenade *f* à cheval
Ritter ['rɪtɐ] <-s, -> *m* chevalier *m;* **jdn zum ~ schlagen** adouber qn
Ritterburg *f* château *m* fort **Rittergut** *nt* HIST terre *f* seigneuriale **Ritterkreuz** *nt* croix *f* de chevalier
ritterlich *Adj* chevaleresque
Ritterlichkeit <-> *f* chevalerie *f*
Ritterorden *m* ordre *m* de chevalerie **Ritterroman** *m* roman *m* de chevalerie **Ritterrüstung** *f* armure *f* [de chevalier] **Ritterschlag** *m* adoubement *m;* **den ~ empfangen** être adoubé(e), être armé(e) chevalier
Rittersmann <-leute> *m poet* chevalier *m*
Rittersporn *m* pied-d'alouette *m* **Ritterstand** *nt* chevalerie *f*
rittlings ['rɪtlɪŋs] *Adv* à califourchon
Ritual [ritu'a:l] <-s, -e *o* -ien> *nt* rituel *m*
Ritualmord *m* meurtre *m* rituel
rituell [ritu'ɛl] **I.** *Adj* rituel(le)
II. *Adv* rituellement
Ritus ['ri:tʊs] <-, Riten> *m* rite *m*
Ritz [rɪts] <-es, -e> *m* ❶ (*Kratzer*) égratignure *f*
❷ *s.* **Ritze**
Ritze ['rɪtsə] <-, -n> *f* fissure *f*
Ritzel ['rɪtsəl] <-s, -> *nt* TECH pignon *m*
ritzen ['rɪtsən] **I.** *tr V* graver; **seinen Namen ins Holz ~** graver son nom dans le bois
II. *r V* **sich an etw** (*Dat*) **~** s'égratigner à qc; *s. a.* **geritzt**
Rivale [ri'va:lə] <-n, -n> *m,* **Rivalin** *f* rival(e) *m(f)*
rivalisieren* *itr V geh* rivaliser; **mit jdm um etw ~** rivaliser avec qn pour obtenir qc; **~de Gruppen/Banden** des groupes rivaux/bandes rivales
Rivalität [rivali'tɛ:t] <-, -en> *f geh* rivalité *f*
Riviera [ri'vie:ra] <-> *f* Riviera *f*
Rizinus ['ri:tsinʊs] <-, - *o* -se> *m* ❶ BOT ricin *m*
❷ *kein Pl fam* (*Rizinusöl*) huile *f* de ricin
Rizinusöl *nt* huile *f* de ricin
RNS [ɛrʔɛn'ʔɛs] <-> *f Abk von* **Ribonukleinsäure** A.R.N. *m*
Roastbeef ['ro:stbi:f] <-s, -s> *nt* rosbif *m*
Robbe ['rɔbə] <-, -n> *f* phoque *m*
robben ['rɔbən] *itr V + sein* ramper; **durch den Schlamm ~** ramper dans la boue
Robbenfang *s.* **Robbenjagd** **Robbenfell** *nt* peau *f* de phoque **Robbenjagd** *f* chasse *f* aux phoques **Robbensterben** *nt* disparition *f* des phoques
Robe ['ro:bə] <-, -n> *f* ❶ (*Talar*) robe *f*
❷ *geh* (*Abendkleid*) robe *f* de soirée; **in großer ~ erscheinen** se présenter en grand apparat (*soutenu*)
Robinie [ro'bi:niə] <-, -n> *f* BOT robinier *m,* faux acacia *m*
Roboter ['rɔbɔtɐ] <-s, -> *m* robot *m*
Robotertechnik *f kein Pl* TECH robotique *f*
robust [ro'bʊst] *Adj* robuste
Robustheit <-> *f* robustesse *f*
roch [rɔx] *Imp von* **riechen**
röcheln ['rœçəln] *itr V* râler
Röcheln <-s> *nt* râle *m*
Rochen ['rɔxən] <-s, -> *m* raie *f*
Rock[1] [rɔk, *Pl:* 'rœkə] <-[e]s, ¨-e> *m* ❶ jupe *f;* **enger/weiter ~** jupe étroite/large
❷ CH (*Kleid*) robe *f;* (*Jackett*) veste *f*
▶ **hinter jedem ~ herlaufen** *fam* courir les jupons (*fam*)
Rock[2] [rɔk] <-[s]> *m* MUS rock *m*
Rockband [-bænd] *s.* **Rockgruppe**
rocken ['rɔkən] *itr V* faire du rock
Rocker(in) ['rɔkɐ] <-s, -> *m(f)* (*Halbstarker*) blouson *m* noir
Rockfestival *nt* festival *m* de rock **Rockgruppe** *f* groupe *m* de rock **Rockkonzert** *nt* concert *m* de rock **Rockmusik** *f* musique *f* rock **Rockmusiker(in)** *m(f)* musicien(ne) *m(f)* de rock **Rocksänger(in)** *m(f)* chanteur(-euse) *m(f)* de rock
Rockzipfel *m* ▶ **jdn [gerade noch] am [*o* beim] ~ erwischen** saisir qn au vol; **an jds ~** (*Dat*) **hängen** *fam* être pendu(e) aux basques de qn
Rodel[1] ['ro:dəl] <-s, ¨-> *m* SDEUTSCH, CH (*Verzeichnis*) fichier *m*
Rodel[2] <-s, -> *m* SDEUTSCH, <-, -n> *f* A (*Schlitten*) luge *f*
Rodelbahn *f* piste *f* de luge
rodeln *itr V* ❶ + *haben o sein* (*Schlitten fahren*) faire de la luge
❷ + *sein* (*mit dem Schlitten fahren*) **ins Dorf ~** aller au village en luge
Rodelschlitten DIAL *s.* **Schlitten**
roden *tr V* ❶ (*herausreißen*) enlever *Bäume, Wurzeln*
❷ (*vom Bewuchs befreien*) défricher *Wald, Land*
Rodler(in) <-s, -> *m(f)* lugeur(-euse) *m(f)*
Rodung <-, -en> *f* ❶ (*gerodete Fläche*) terrain *m* défriché
❷ *kein Pl* (*das Roden*) défrichage *m*
Rogen ['ro:gən] <-s, -> *m* œufs *mpl* [de poisson]
Roggen <-s> *m* seigle *m*
Roggenbrot *nt* pain *m* de seigle **Roggenmehl** *nt* farine *f* de seigle
roh **I.** *Adj* ❶ *Fleisch, Gemüse, Ei* cru(e); **etw ~ essen/zubereiten** manger/préparer qc cru(e)
❷ (*unbearbeitet*) *Holz, Diamant, Stein* brut(e)
❸ (*brutal*) *Person* brutal(e); **~ zu jdm sein** être brutal(e) avec qn
❹ (*rau, grob*) grossier(-ière)
II. *Adv* ❶ (*grob*) *behauen, zusammennageln* grossièrement
❷ (*brutal*) brutalement; **sie gingen sehr ~ mit ihm um** ils se sont comportés comme des brutes avec lui
Rohbau <-bauten> *m* ❶ *kein Pl* (*Bauabschnitt*) gros œuvre *m;* **sich im ~ befinden** être à l'état de gros œuvre ❷ (*Gebäude*) **~ten besichtigen** visiter des maisons *fpl* en construction
Roheisen *nt* fonte *f* brute
Roheit *s.* **Rohheit**
Rohentwurf *m* projet *m* brut **Rohgewinn** *m* bénéfice *m* brut
Rohheit[RR] <-, -en> *f* ❶ *kein Pl* (*brutale Art*) rudesse *f*
❷ *kein Pl* (*Grobheit*) *eines Scherzes* grossièreté *f*
❸ (*brutale Handlung*) brutalité *f*
Rohkost *f* crudités *fpl*
Rohkostplatte *f* assiette *f* de crudités
Rohling <-s, -e> *m* ❶ *pej* (*brutaler Mensch*) brute *f*
❷ TECH pièce *f* brute
Rohmaterial *nt* matière *f* première **Rohöl** *nt* pétrole *m* brut
Rohr <-[e]s, -e> *nt* ❶ TECH tube *m;* (*groß*) tuyau *m*
❷ (*Teil eines Geschützes*) canon *m;* **aus allen ~en feuern** faire feu de tous bords
❸ SDEUTSCH, A (*Backofen*) four *m*
❹ (*Ried*) roseau *m*
❺ *kein Pl* (*Röhricht*) roselière *f*
▶ **wie ein ~ im Winde schwanken** *geh* être une girouette; **voll[es] ~** *fam fahren* à plein pot (*fam*)
Rohrammer *f* ORN bruant *m* des roseaux **Rohrbruch** *m* rupture *f* de canalisation
Röhrchen <-s, -> *nt Dim von* **Röhre** ❶ PHARM tube *m*
❷ (*Alkoholteströhrchen*) embout *m;* **ins ~ blasen** *fam* souffler dans le ballon (*fam*)
Rohrdommel <-, -n> *f* ORN butor *m*

Röhre <-, -n> *f* ❶ TECH tuyau *m*
❷ ELEC tube *m*
❸ (*Backofen*) four *m*
▶ **in die ~ gucken** *fam* se retrouver le bec dans l'eau (*fam*)
röhren *itr V* ❶ *Hirsch, Elch:* bramer
❷ *fam* (*grölen*) *Sänger, Betrunkener:* beugler (*fam*)
❸ (*dröhnen*) *Auspuff, Motorrad:* vrombir
röhrenförmig [-fœrmɪç] *Adj* tubulaire **Röhrenhose** *f* pantalon-cigarette *m* **Röhrenknochen** *m* os *m* long **Röhrenpilz** *m* BOT bolet *m*
Rohrfernleitung *f* pipeline *m* **Rohrgeflecht** *nt* cannage *m*
Röhricht <-s, -e> *nt* roselière *f*
Rohrkolben *m* BOT typha *m* **Rohrleger(in)** *m(f)* tuyauteur(-euse) *m(f)* **Rohrleitung** *f* canalisation *f*
Röhrling <-s, -e> *m* bolet *m*
Rohrpost *f* système *m* d'envoi par pneumatique; **etw mit der ~ schicken** envoyer qc par pneumatique **Rohrsänger** *m* ZOOL rousserolle *f* **Rohrschelle** *f* TECH collier *m* **Rohrspatz** *m* ▶ **wie ein ~ schimpfen** *fam* jurer comme un charretier **Rohrstock** *m* verge *f* **Rohrzange** *f* clé *f* à molette **Rohrzucker** *m* sucre *m* de canne
Rohschätzung *f* estimation *f* brute **Rohseide** *f* soie *f* grège
Rohstoff *m* matière *f* première
Rohstoffmangel *m* pénurie *f* de matières premières **Rohstoffpreis** *m* prix *m* des matières premières **Rohstoffreserven** *Pl* réserve *f* en matières premières
Rohzucker *m* sucre *m* roux **Rohzustand** *m* l'état *m* brut; **im ~** à l'état brut
Rokoko ['rɔkoko, roko'ko] <-[s]> *nt* rococo *m*
Rokokostil *m* [style *m*] rococo *m*
Rolladen *s.* Rollladen
Rollbahn *f* AVIAT piste *f* **Rollbalken** <-s, -> *m* A (*Rollladen*) volet *m* roulant **Rollbraten** *m* rôti *m* roulé **Rollbrett** *nt* (*Skateboard*) planche *f* à roulettes, skate[board] *m*
Röllchen ['rœlçən] <-s, -> *nt* roulette *f*
Rolle <-, -n> *f* ❶ (*aufgewickeltes Material*) rouleau *m*
❷ (*Garnrolle*) bobine *f*
❸ (*Verpackung*) rouleau *m*
❹ (*Laufrad*) *eines Möbelstücks* roulette *f*
❺ (*Gleitrad*) *eines Flaschenzugs, einer Seilwinde* poulie *f; einer Angel* moulinet *m*
❻ SPORT roulade *f*
❼ CINE, THEAT, SOZIOL rôle *m;* **ein Stück mit verteilten ~n lesen** lire chacun(e) un rôle d'une pièce
▶ **aus der ~ fallen** sortir de son rôle; **etw spielt bei etw eine ~** qc joue un rôle dans qc; **es spielt eine/keine ~, ob ...** ça a une importance/n'a pas d'importance que... + *subj;* **sich in jds ~ (*Akk*) versetzen** se mettre à la place de qn
rollen I. *itr V + sein* rouler
▶ **etw ins Rollen bringen** *fam* mettre qc en branle
II. *tr V + haben* ❶ (*zusammenrollen*) rouler
❷ (*fortbewegen*) faire rouler
III. *r V + haben* ❶ (*sich hochbiegen*) **sich ~** *Tapete, Karte, Bild:* se recourber
❷ (*sich wälzen*) **sich im Gras ~** se rouler dans l'herbe
❸ (*sich einrollen*) **sich in eine Decke ~** s'enrouler dans une couverture
Rollenbesetzung *f* distribution *f* **Rollenkonflikt** *m* SOZIOL conflit *m* de rôles **Rollenspiel** *nt* jeu *m* de rôle **Rollentausch** *m* SOZIOL permutation *f* de rôles; **der ~ zwischen Mann und Frau** l'échange des rôles de l'homme et de la femme **Rollenverhalten** *nt* SOZIOL comportement *m* stéréotypé **Rollenverteilung** *f* distribution *f* des rôles **Rollenzwang** *m* SOZIOL contraintes *fpl* du rôle
Roller <-s, -> *m* ❶ (*Kinderroller*) trottinette *f;* **~ fahren** faire de la trottinette
❷ (*Motorroller*) scooter *m*
❸ A *s.* **Rollo**
❹ GASTR **Harzer ~** *fromage typique du Harz*
Rollerblades ['rɔʊlebleɪds] *Pl* [paire *f* de] rollers *mpl*
Rollerskates [-skeɪts] *Pl* patins *mpl* à roulettes
Rollfeld *nt* AVIAT piste *f* [de décollage/d'atterrissage] **Rollfilm** *m* rouleau *m* [*o* film *m*] de pellicule **Rollgeld** *nt* factage *m* **Rollkommando** *nt* commando *m* **Rollkragen** *m* col *m* roulé **Rollkragenpullover** [-vɐ] *m* [pull *m* à] col *m* roulé **Rollkur** *f* MED traitement *m* par pansement gastrique **Rollladen**[RR] <-s, -läden *o* -> *m* volet *m* roulant **Rollmops** *m* rollmops *m*
Rollo ['rɔlo, rɔ'lo:] <-s, -s> *nt* store *m*
Rollschinken *m* jambon *m* roulé **Rollschrank** *m* armoire *f* à rideau **Rollschuh** *m* patin *m* à roulettes; **~ laufen** faire du patin à roulettes
Rollschuhlaufen *nt* patin *m* à roulettes **Rollschuhläufer(in)** *m(f)* patineur(-euse) *m(f)* à roulettes
Rollsplitt *m* gravillon *m* **Rollstuhl** *m* fauteuil *m* roulant
Rollstuhlfahrer(in) *m(f)* handicapé(e) *m(f)* en fauteuil roulant **rollstuhlgerecht** *Adj* adapté(e) aux fauteuils roulants
Rolltreppe *f* escalator *m*
Rom <-s> *nt* Rome
ROM <-[s], -[s]> *nt Abk von* **Read Only Memory** INFORM ROM *f*
Roma *Pl* Rom *mpl*
Roman <-s, -e> *m* roman *m*
▶ **einen [ganzen] ~ erzählen** *fam* raconter [tout] un roman; **erzähl keine ~e!** *fam* abrège!
Romanautor(in) *m(f)* auteur *mf* de roman
Romancier [romã'sie:] <-s, -s> *m geh* romancier *m*
Romane [ro'ma:nə] <-n, -n> *m*, **Romanin** *f* Latin(e) *m(f)*
Romanfigur *f* personnage *m* de roman
Romanik <-> *f* ARCHIT, KUNST [style *m*] roman *m*
romanisch *Adj* ❶ LING, ARCHIT, KUNST roman(e)
❷ GEOG latin(e)
Romanist(in) <-en, -en> *m(f)* romaniste *mf*
Romanistik <-> *f* étude *f* des langues et littératures romanes
Romanschriftsteller(in) *m(f)* romancier(-ière) *m(f)*
Romantik <-> *f* ❶ LITER romantisme *m*
❷ (*romantische Stimmung*) *eines Abends, einer Landschaft* romanesque *m;* **keinen Sinn für ~ haben** ne pas être romantique
Romantiker(in) <-s, -> *m(f)* romantique *mf*
romantisch I. *Adj* ❶ *Person, Musik, Stimmung* romantique
❷ (*malerisch*) *Altstadt, Ruine* pittoresque
II. *Adv* **~ gelegen** situé(e) de façon pittoresque
Romanze <-, -n> *f* idylle *f*
Romeo <-s> *m* Roméo; **~ und Julia** Roméo et Juliette
Römer(in) <-s, -> *m(f)* Romain(e) *m(f)*
Römertopf *m cocotte ovale en terre cuite*
römisch *Adj* romain(e)
römisch-katholisch *Adj* catholique romain(e)
Rommé <-s> *nt* rami *m*
ROM-Speicher *m* mémoire *f* morte
Rondo ['rɔndo] <-s, -s> *nt* rondo *m*
röntgen *tr V* radiographier; **sich ~ lassen** passer une radio[graphie]
Röntgen <-s> *nt* radio[graphie] *f*
Röntgenarzt *m*, **-ärztin** *f* radiologue *mf* **Röntgenaufnahme** *f*, **Röntgenbild** *nt* radio[graphie] *f* **Röntgendiagnostik** *f* MED radiodiagnostic *m* **Röntgengerät** *nt* appareil *m* de radiographie
röntgenisieren* *tr V* A *s.* **röntgen**
Röntgenologe <-n, -n> *m*, **Röntgenologin** *f* MED radiologue *mf*
Röntgenologie <-> *f* MED radiologie *f*
Röntgenschirm *m* écran *m* fluorescent **Röntgenstrahlen** *Pl* rayons *mpl* X **Röntgentherapie** *f* MED radiothérapie *f* **Röntgenuntersuchung** *f* radio[graphie] *f*
Rooming-in ['ru:mɪŋ'ɪn, 'rʊmɪŋ'ɪn] <-[s], -s> *nt cohabitation*

R

de l'accouchée et du nouveau-né dans un service maternité
rosa *Adj unv* rose; ~ **Söckchen** socquettes *fpl* roses
Rosa <-s, - *o fam* -s> *nt* rose *m*
rosafarben, rosafarbig, rosarot *Adj* rose, de couleur rose
rösch [rœʃ] *Adj* SDEUTSCH, CH croustillant(e)
Röschen ['rø:sçən] <-s, -> *nt* ① *Dim von* **Rose** petite rose *f*
② *(Rosenkohl)* petit chou *m*
Rose <-, -n> *f* ① *(Blüte)* rose *f*
② *(Strauch)* rosier *m*
▶ **keine ~ ohne Dornen** *Spr.* [il n'y a] pas de roses sans épines; **er/sie ist nicht [gerade] auf ~n gebettet** *fam* tout n'est pas rose dans sa vie
rosé *Adj unv* rose
Rosé <-s, -s> *m* rosé *m*
Rosenbeet *nt* parterre *m* de roses **Rosenduft** *m* parfum *m* de rose **Rosengarten** *m* roseraie *f* **Rosenkohl** *m* chou *m* de Bruxelles **Rosenkranz** *m* chapelet *m*; **den ~ beten** réciter son chapelet **Rosenmontag** *m lundi précédant le Mardi gras* **Rosenmontagszug** *m défilé du lundi précédant le Mardi gras* **Rosenöl** *nt* huile *f* essentielle de roses **Rosenquarz** *m* quartz *m* rose **rosenrot** *Adj geh* rose **Rosenstock** *m* rosier *m* **Rosenwasser** *nt* eau *f* de rose **Rosenzucht** *f* BOT culture *f* des rosiers
Rosette <-, -n> *f* ① ARCHIT rosace *f*
② *(Schmuckrosette)* rosette *f*
Roséwein *m* rosé *m*
rosig I. *Adj a. fig* rose; **die Lage ist nicht gerade ~** la situation n'est pas vraiment très rose; **wir sehen ~en Zeiten entgegen** nous allons vers des lendemains qui chantent
II. *Adv* **die Zukunft sieht nicht gerade ~ aus** l'avenir n'a pas l'air tout rose; **mir geht es nicht gerade ~** tout n'est pas [tout] rose en ce moment pour moi
Rosine <-, -n> *f* raisin *m* sec
▶ **~n im Kopf haben** *fam* ne pas avoir les pieds sur terre; **sich** *(Dat)* **die ~n aus dem Kuchen picken** [*o* **herauspicken**] *fam* se réserver la meilleure part du gâteau *(fam)*
Rosmarin <-s> *m* romarin *m*
Ross[RR] <-es, -e *o* Rösser>, **Roß** <Rosses, Rosse *o* Rösser> *nt*
① *liter (Reitpferd)* coursier *m (littér)*; **hoch zu ~** *hum* à cheval
② SDEUTSCH, A, CH *(Pferd)* cheval *m*
▶ **sich aufs hohe ~ setzen** prendre de grands airs; **auf dem hohen ~ sitzen** le prendre de haut; **von seinem hohen ~ heruntersteigen** [*o* **herunterkommen**] en rabattre
Rösselsprung *m* ① SCHACH DIAL saut *m* du cavalier
② *(Rätsel)* jeu *m* de syllabes
Rosshaar[RR], **Roßhaar** *nt* crin *m* [de cheval]
Rosshaarmatratze[RR] *f* matelas *m* de crin
Rosskastanie[RR] [-kasta:niə] *f* ① *(Frucht)* marron *m* d'Inde
② *(Baum)* marronnier *m* d'Inde **Rosskur**[RR] *f hum* remède *m* de cheval
Rost <-[e]s, -e> *m* ① *(Gitter)* grille *f*
② *(Grillrost)* gril *m*
③ DIAL *(Bettrost)* sommier *m*
④ *kein Pl (Eisenoxyd)* rouille *f*; ~ **ansetzen** rouiller
Rostbildung *f* AUT formation *f* de rouille
Rostbraten *m* grillade *f* **Rostbratwurst** *f (Wurst zum Braten)* saucisse *f* à griller; *(gebratene Wurst)* saucisse *f* grillée
rostbraun *Adj* cuivré(e)
rosten *itr V + haben o sein* rouiller
rösten *tr V* faire griller *Brot, Kastanien;* torréfier *Kaffee;* faire sauter *Kartoffeln*
Rösterei <-, -en> *f* brûlerie *f*
rostfarben, rostfarbig *s.* rostbraun **Rostfleck** *m* tache *f* de rouille **rostfrei** *Adj* inoxydable
Rösti *Pl* CH galette *f* de pommes de terre
rostig *Adj* rouillé(e)
Röstkartoffeln *Pl* pommes *fpl* [de terre] sautées

Rostlaube *f hum fam* tas *m* de tôle *(fam)* **rostrot** *s.* rostbraun **Rostschutz** *m* protection *f* contre la rouille
Rostschutzfarbe *f* peinture *f* antirouille **Rostschutzmittel** *nt* antirouille *m*
rot <-er *o* =er, -este *o* =este> I. *Adj* rouge; *Haare, Bart* roux(rousse); ~ **werden** rougir
II. *Adv schreiben, streichen* en rouge; ~ **glühen** *Wangen, Ohren:* rougir; ~ **glühend** *Eisen* incandescent(e); **[im Gesicht] ~ anlaufen** rougir
▶ ~ **angehaucht sein** *fam* être un/une coco *(fam)*
Rot <-s, - *o fam* -s> *nt* rouge *m*; **bei ~ über die Kreuzung fahren** passer au rouge
Rotation <-, -en> *f* rotation *f*
Rotationsachse [-aksə] *f* axe *m* de rotation **Rotationsdruck** <-drucke> *m* TYP impression *f* par rotative **Rotationsmaschine** *f* TYP rotative *f* **Rotationsprinzip** *nt kein Pl* POL principe *m* de rotation *pas de pl*
Rotauge *nt* ZOOL gardon *m* **rotbackig, rotbäckig** *Adj* aux joues rouges; ~ **sein** avoir les joues rouges **Rotbarsch** *m* sébaste *m* **rotbärtig** *Adj* avec une barbe rousse; ~ **sein** avoir la barbe rousse **rotblond** *Adj* blond roux *inv* **rotbraun** *Adj* cuivré(e) **Rotbuche** *f* hêtre *m* pourpre **Rotdorn** *m* épine *f* rouge
Röte <-, -n> *f* rouge *m*
Rote-Armee-Fraktion *f* HIST Fraction *f* Armée Rouge
Röteln *Pl* rubéole *f*
röten I. *r V* **sich ~** *Haut, Ohren, Nase:* rougir; *Wasser, Himmel:* devenir rouge; **jdn mit [vom Weinen] geröteten Augen ansehen** regarder qn les yeux rougis [par les pleurs]
II. *tr V* faire rougir
Rotfilter *m* filtre *m* rouge **Rotfuchs** *m* ① *(Fuchs)* renard *m* roux ② *(Pferd)* alezan *m*
rotglühend *s.* rot II.
Rotgold *nt* or *m* rouge **rotgrün** *Adj* POL *Regierung, Politik* rouge-vert(e) *(désigne le gouvernement de coalition entre le parti SPD et le parti écologique Bündnis 90/Grünen)*
rotgrünblind *Adj* MED daltonien(ne) **Rotgrünblindheit** *f* MED daltonisme *m*
Rotguss[RR] *m kein Pl* TECH bronze *m* rouge **rothaarig** *Adj* roux(rousse) **Rothaut** *f hum* Peau-Rouge *mf* **Rothirsch** *m* ZOOL cerf *m* rouge [*o* commun]
rotieren* *itr V* ① *+ haben (sich drehen)* tourner
② *+ haben o sein fam (viel arbeiten)* bosser comme un(e) malade *(fam)*
③ *+ haben o sein fam (hektisch sein)* ne plus savoir où donner de la tête *(fam)*
④ *+ haben (den Posten tauschen)* tourner
Rotkäppchen <-s> *nt* **[das] ~** le Petit Chaperon rouge **Rotkehlchen** <-s, -> *nt* rouge-gorge *m* **Rotkohl** *m*, **Rotkraut** *nt* SDEUTSCH, A chou *m* rouge
rötlich *Adj* rougeâtre; *Haare* tirant sur le roux; **sich ~ färben** prendre une teinte rougeâtre
Rotlicht *nt kein Pl* lumière *f* rouge
Rotlichtmilieu *nt fam* milieu *m* **Rotlichtviertel** *nt* quartier *m* chaud
Rotor <-s, Rotoren> *m* rotor *m*
Rotorblatt *nt* TECH pale *f* de rotor
Rotschwanz *m* ORN rouge-queue *m* **rot|sehen** *itr V unreg fam* voir rouge *(fam)* **Rotstich** *m* dominante *f* rouge; **einen ~ haben** tirer sur le rouge **rotstichig** *Adj* à dominante rouge; ~ **sein** avoir une dominante rouge **Rotstift** *m* stylo *m* rouge
▶ **dem ~ zum Opfer fallen** faire l'objet d'une coupe sombre; **bei etw den ~ ansetzen** faire une coupe sombre dans qc **Rottanne** *f* épicéa *m*
Rotte <-, -n> *f* ① *pej (Gruppe)* horde *f (péj)*
② *(Rudel) von Wildschweinen, Wölfen* harde *f*
Rotunde [ro'tʊndə] <-, -n> *f* ARCHIT rotonde *f*
Rötung <-, -en> *f* rougeur *f*

rotwangig *s.* rotbackig **Rotwein** *m* vin *m* rouge **Rotwelsche** *nt dekl wie Adj* **das** ~ l'argot *m,* la langue verte; *s. a.* Deutsche **Rotwild** *nt* cerfs *mpl*
Rotz <-es> *m* ❶ *sl* (*Nasenschleim*) morve *f*
❷ *sl* (*Krempel*) fourbi *m* (*fam*)
▸ ~ **und Wasser heulen** *sl* chialer comme une Madeleine (*pop*)
rotzen *itr V pej sl* cracher
Rotzfahne *f sl* tire-jus *m* (*pop*) **rotzfrech** *Adj fam* morveux(-euse) (*fam*)
rotzig *Adj* ❶ *vulg* (*voller Rotz*) morveux(-euse)
❷ *fam* (*frech*) culotté(e) (*fam*)
Rotzlümmel *m sl* morveux *m* (*fam*) **Rotznase** *f sl* ❶ (*Nase*) nez *m* qui coule ❷ (*freches Kind*) morveux *m* (*fam*)
Rotzunge *f* ZOOL limande-sole *f*
Rouge [ruːʒ] <-s, -s> *nt* rouge *m*
Roulade [ru'laːdə] <-, -n> *f* roulade *f*
Rouleau [ru'loː] <-s, -s> *nt* store *m* [à enrouleur]
Roulett <-[e]s, -e *o* -s>, **Roulette** [ru'lɛt] <-s, -s> *nt* roulette *f;* ~ **spielen** jouer à la roulette
▸ **russisches** ~ roulette *f* russe
Route ['ruːtə] <-, -n> *f* itinéraire *m*
Routine [ru'tiːnə] <-> *f* ❶ (*Erfahrung*) savoir-faire *m;* ~ **bekommen** acquérir du savoir-faire; **ihm fehlt noch die** ~ il lui manque encore le savoir-faire
❷ (*Gewohnheit*) routine *f;* **zur** ~ **werden/gehören** devenir de la/faire partie de la routine
Routineangelegenheit [ru'tiːnə-] *f* question *f* de routine **Routinearbeit** *f* travail *m* de routine **Routinekontrolle** *f* contrôle *m* de routine **routinemäßig** I. *Adj* de routine II. *Adv* de façon routinière **Routinesache** *f* affaire *f* d'habitude; **das ist** ~ c'est une affaire d'habitude **Routineuntersuchung** *s.* Routinekontrolle
Routinier [ruti'nieː] <-s, -s> *m* vieux routier *m*
routiniert [ruti'niːɐt] I. *Adj* expérimenté(e)
II. *Adv* avec savoir-faire
Rowdy ['raʊdi] <-s, -s> *m pej* voyou *m*
Rowdytum <-s> *nt pej* vandalisme *m*
Royalist(in) [roaja'lɪst] <-en, -en> *m(f)* royaliste *mf*
Ruanda [ru'anda] <-s> *nt* le Rwanda
Ruander(in) [ru'andɐ] <-s, -> *m(f)* Rwandais(e) *m(f)*
ruandisch *Adj* rwandais(e)
Rubbellos *nt* jeu *m* à gratter
rubbeln *tr V fam* frotter *Körper;* gratter *Los*
Rübe <-, -n> *f* ❶ BOT, AGR betterave *f;* [**Gelbe**] ~ SDEUTSCH, CH (*Möhre*) carotte *f;* **Rote** ~ betterave rouge
❷ *sl* (*Kopf*) citrouille *f* (*fam*); **eins auf die** ~ **kriegen** en prendre une sur le coin de l'œil (*fam*)
▸ **die** ~ **für etw hinhalten müssen** *sl* devoir porter le chapeau pour qc (*fam*)
Rubel <-s, -> *m* rouble *m*
▸ **der** ~ **rollt** *fam* l'argent circule
Rübenzucker *m kein Pl* sucre *m* de betteraves
rüber *Adv fam* ❶ *s.* **hinüber**
❷ *s.* **herüber**
rüber|bringen *tr V unreg fam* ❶ **jdm etw** ~ passer qc à qn
❷ (*vermitteln*) **jdm eine Botschaft/eine Idee** ~ faire passer un message/une idée à qn **rüber|kommen** *itr V unreg + sein sl* ❶ **komm mal rüber!** viens voir! ❷ (*überspringen*) **zu jdm** ~ *Botschaft, Gedanken, Idee:* passer auprès de qn (*fam*); **das scheint nicht zu euch rübergekommen zu sein** vous ne semblez pas avoir pigé (*fam*)
Rubidium <-s> *nt* rubidium *m*
Rubin <-s, -e> *m* rubis *m*
rubinrot *Adj* [couleur] rubis
Rubrik <-, -en> *f* rubrique *f*
ruchbar *Adj geh* ébruité(e); ~ **werden** se savoir; **die Sache wurde schnell** ~ l'affaire s'est vite ébruitée; **es ist** ~ **geworden, dass sie mit der Sache zu tun hat** la nouvelle selon laquelle elle était impliquée dans cette affaire s'est ébruitée
ruchlos *Adj geh* infâme (*littér*)
Ruchlosigkeit <-, -en> *f geh* infamie *f* (*littér*)
Ruck <-[e]s, -e> *m* ❶ (*Stoß, Bewegung*) secousse *f;* **mit einem** ~ d'un [seul] coup
❷ POL ~ **nach rechts** poussée *f* à droite
▸ **sich** (*Dat*) **einen** ~ **geben** *fam* se secouer (*fam*)
Rückansicht *f* vue *f* de derrière
Rückantwort *f* réponse *f*
ruckartig I. *Adj* brusque
II. *Adv* brusquement; **sich** ~ **fortbewegen** avancer par à-coups
Rückbesinnung *f* retour *m;* ~ **auf etw** (*Akk*) retour à qc; **es kommt zu einer** ~ **auf die Tradition** on en revient à la tradition
rückbezüglich *s.* **reflexiv**
Rückbildung *f* régression *f*
Rückblende *f* flash-back *m*
Rückblick *m* rétrospective *f;* ~ **auf etw** (*Akk*) retour en arrière dans qc; **in** [*o* **im**] ~ **auf das letzte Jahr** en jetant un regard rétrospectif sur l'année dernière
rückblickend I. *Adj* rétrospectif(-ive)
II. *Adv* rétrospectivement
Rückbuchung *f* FIN ristourne *f,* contre-passation *f*
rückdatieren* *tr V* antidater; **ein um fünf Tage rückdatierter Brief** une lettre antidatée de cinq jours
rucken *itr V* avancer par à-coups
rücken I. *itr V + sein* ❶ (*wegrücken*) se pousser; **auseinander** ~ *Personen:* se pousser; **nach links/zur Seite** ~ se pousser à gauche/de côté
❷ *fig* (*gelangen*) **in den Mittelpunkt** ~ devenir le point de mire; **an jds Stelle** (*Akk*) ~ prendre la place de qn
II. *tr V + haben* pousser *Möbelstück, Koffer, Vase;* déplacer *Schachfigur, Spielstein;* **auseinander** ~ pousser *Tische, Stühle;* **den Sessel an die Wand/zur Seite** ~ pousser le fauteuil vers le mur/sur le côté
Rücken <-s, -> *m einer Person, eines Gegenstands* dos *m;* **auf dem** ~ **liegen/schlafen** s'allonger/dormir sur le dos; **mit dem** ~ **zum Fenster sitzen** être assis(e) dos à la fenêtre; ~ **an** ~ **sitzen** être assis(e) dos à dos; **jdm den** ~ **zuwenden** tourner le dos à qn; **die Mauer/den Wind im** ~ **haben** avoir le mur/le vent dans le dos
▸ **mit dem** ~ **zur Wand stehen** être le dos au mur; **jdm läuft es eiskalt** [*o* **kalt**] **über den** ~ qn a froid dans le dos; **der verlängerte** ~ *hum fam* le bas du dos; **jdm in den** ~ **fallen** poignarder qn dans le dos; **jdm den** ~ **freihalten** assurer les arrières de qn; **jdm/einer S. den** ~ **kehren** *geh* tourner le dos à qn/qc; **jdm den** ~ **stärken** donner un coup de main à qn; **hinter jds** ~ (*Dat*) dans le dos de qn
Rückendeckung *f* ❶ MIL couverture *f* de l'arrière; **jdm** ~ **geben** couvrir qn ❷ *fig* soutien *m;* **jdm** ~ **geben** soutenir qn **Rückenflosse** *f* nageoire *f* dorsale **Rückenlage** *f* position *f* sur le dos; **in** ~ **einschlafen** s'endormir sur le dos **Rückenlehne** *f* dossier *m* **Rückenmark** *nt* moelle *f* épinière **Rückenmarkentzündung** *f* MED myélite *f,* inflammation *f* de la moelle épinière **Rückenmuskulatur** *f* musculature *f* du dos **Rückenschmerzen** *Pl* douleurs *fpl* dans le dos; ~ **haben** avoir mal au dos **Rückenschwimmen** *nt* nage *f* sur le dos **Rückenwind** *m* vent *m* favorable; ~ **haben** avoir le vent dans le dos
rück|erstatten* *tr V nur Infin und PP* rembourser
Rückerstattung *f* remboursement *m*
Rückerstattungsanspruch *m* droit *m* à remboursement
Rückfahrkarte *f* [billet *m*] aller retour *m* **Rückfahrschein** *m* billet *m* retour **Rückfahrscheinwerfer** *m* feu *m* de recul
Rückfahrt *f* [voyage *m*]retour *m;* **auf der** ~ au retour
Rückfall *m* ❶ MED rechute *f;* **einen** ~ **erleiden** [*o* **bekom-**

R

rückfragen

• rückfragen	• demander des précisions
Meinst du damit, dass ...?	Est-ce que tu veux dire par là que ...?
Soll das heißen, dass ...?	Est-ce que cela signifie que ...?
Habe ich Sie richtig verstanden, dass ...?	Si je vous ai bien compris, ... , non?
Wollen Sie damit sagen, dass ...?	Vous voulez dire que ...?
• kontrollieren, ob Inhalt/Zweck eigener Äußerungen verstanden werden	**• s'assurer que le sens/le but de ses paroles a été compris**
Kapiert? *(fam)*	Compris?/Pigé? *(fam)*
Alles klar? *(fam)*/Ist das klar?	C'est clair?
Verstehst du, was ich (damit) meine?	Est-ce que tu comprends ce que je veux dire?
Haben Sie verstanden, auf was ich hinaus möchte?	Avez-vous compris où je veux en venir?
Ich weiß nicht, ob ich mich verständlich machen konnte.	Je ne sais pas si je me suis bien fait(e) comprendre.

men] faire une rechute
❷ JUR récidive *f*; **Zuhälterei im ~** proxénétisme avec récidive
❸ *kein Pl* (*das Zurückfallen*) **~ in die Diktatur** retour *m* à la dictature

rückfällig *Adj* récidiviste; **~ werden** récidiver

Rückfalltäter(in) *m(f) form* récidiviste *mf*

Rückfenster *nt* lunette *f* [*o* vitre *f*] arrière

Rückflug *m* vol *m* retour; **auf dem ~** au retour

Rückfluss^RR *m von Geldern* reversement *m*

Rückforderung *f* demande *f* de restitution

Rückfrage *f* demande *f* de précisions

rück|fragen *itr V nur Infin und PP* demander des précisions

Rückführung *f* (*Repatriierung, Zurückführen*) *von Personen, eines Autos* rapatriement *m*

Rückgabe *f* ❶ *eines Gegenstands* restitution *f*
❷ (*Umtausch einer Ware*) retour *m*

Rückgabepflicht *f* JUR obligation *f* de restitution **Rückgaberecht** *nt* droit *m* de restitution

Rückgang *m* recul *m*; *der Besucherzahlen* baisse *f*; **einen ~ an Geburten verzeichnen** enregistrer une baisse des naissances; **im ~ begriffen sein** être en baisse

rückgängig *Adj* (*rückläufig*) *Entwicklung, Besucherzahlen* en recul
▶ **etw ~ machen** annuler qc

Rückgewinnung *f* TECH recyclage *m*

Rückgewinnungsanlage *f* installations *fpl* de retraitement; **~ für Kunststoffabfälle** installations de retraitement des déchets en plastique

Rückgrat <-[e]s, -e> *nt* ❶ colonne *f* vertébrale
❷ *kein Pl geh* (*Stehvermögen*) force *f* d'âme (*soutenu*); **er/sie ist ein Mensch ohne ~** il/elle n'a pas de force de caractère
▶ **jdm das ~ brechen** *fam* casser les reins à qn (*fam*)

Rückgriff *m* reprise *f*; **~ auf etw** (*Akk*) reprise de qc

Rückhalt *m* soutien *m*; **an jdm ~ haben** avoir le soutien de qn
▶ **ohne ~** *unterstützen, vertrauen* sans réserve

rückhaltlos I. *Adj* ❶ (*bedingungslos*) *Unterstützung, Vertrauen* sans réserve
❷ (*schonungslos*) *Kritik, Offenheit* impitoyable
II. *Adv vertrauen, unterstützen* sans réserve

Rückhand *f kein Pl* SPORT revers *m*; **mit der ~ schlagen** frapper du revers

Rückkauf *m* rachat *m*

Rückkaufsrecht *nt* droit *m* de rachat **Rückkaufswert** *m* ÖKON valeur *f* de rachat

Rückkehr <-> *f* retour *m*; **~ in die Heimat/aus Amerika** retour à la maison/d'Amérique; **bei meiner ~** à mon retour; **ihre ~ in die Politik** son retour à la politique

Rückkehrer(in) *m(f)* revenant(e) *m(f)* (*fam*)

Rückkopp[e]lung *f* ❶ (*Feed-back*) feed-back *m*
❷ (*Störung*) larsen *m* (*fam*)

Rücklage *f* ❶ (*Ersparnisse*) réserve *f* [d'argent]; **eine kleine ~ haben** avoir un peu d'argent de côté
❷ ÖKON, JUR réserve *f*

Rücklauf *m* ❶ *von Wasser* recul *m*
❷ TECH *einer Maschine* marche *f* arrière

rückläufig *Adj* en [*o* à la] baisse; *Konjunktur* défavorable

Rücklauftaste *f* touche *f* de rembobinage

Rücklicht *nt* feu *m* arrière

rücklings *Adv* ❶ (*von hinten*) *anspringen, überfallen* par derrière
❷ (*verkehrt herum*) *hocken, sitzen* à l'envers
❸ (*nach hinten*) *fallen, umkippen* à la renverse

Rückmarsch *m* retour *m*; MIL repli *m*

Rückmeldung *f* ❶ UNIV réinscription *f*
❷ (*Reaktion*) réaction *f*

Rücknahme <-, -n> *f* COM reprise *f*

Rückporto *nt* port *m* de retour; **das ~ beifügen** joindre un timbre pour la réponse

Rückprall *m* rebond *m*

Rückreise *f* retour *m*; **auf der ~** au retour

Rückreiseverkehr *m* circulation *f* dans le sens des retours **Rückreisewelle** *f* vague *f* de retours de vacances

Rückruf *m* ❶ (*Anruf*) rappel *m*; **soll ich ihn um ~ bitten?** dois-je lui demander de te/vous rappeler?
❷ (*Rücknahme*) *eines Produkts* retour *m* en usine; *von Nahrungsmitteln, Medikamenten* retour au fabricant

Rückrufaktion *f* opération *f* de retour à l'usine [*o* en usine]; (*Rücknahme von Nahrungsmitteln, Medikamenten*) opération de retour au fabricant

Rückrufsrecht *nt* JUR droit *m* de rappel

Rucksack *m* sac *m* à dos

Rucksacktourist(in) [-turɪst] *m(f)* routard(e) *m(f)*

Rückschau *f* rétrospective *f*

Rückschein *m* accusé *m* de réception

Rückschlag *m* ❶ (*Verschlechterung*) revers *m*; **einen ~ erleiden** essuyer un revers; **schwere Rückschläge** d'importants revers de fortune
❷ TECH (*Rückstoß*) recul *m*

Rückschluss^RR *m* déduction *f*; **aus etw Rückschlüsse ziehen** faire des déductions à partir de qc; **aus etw den ~ zie-**

hen, dass déduire de qc que + *indic*
Rückschritt *m* régression *f*
rückschrittlich *Adj* ❶ *Entwicklung, Tendenz, Maßnahme* régressif(-ive)
❷ *s.* **reaktionär**
Rückseite *f* ❶ *einer Seite, Karte* verso *m;* **siehe ~** voir au verso; **auf der ~ des Fotos** au dos de la photo
❷ (*rückwärtiger Teil*) *eines Gebäudes* derrière *m;* **auf der ~ des Hauses** à l'arrière de la maison
Rücksendung *f* retour *m*
Rücksicht <-, -en> *f* ❶ (*Achtung, Schonung*) égard *m;* **auf jdn ~ nehmen** faire attention à qn; **aus** [*o* **mit**]/**ohne ~ auf die Nachbarn** par égard/sans égard pour les voisins; **auf etw** (*Akk*) **~ nehmen** tenir compte de qc; **aus** [*o* **mit**]/**ohne ~ auf die Kosten** vu les frais/sans tenir compte des frais; **keine ~ kennen** ne manifester aucun égard; **nehmt doch mal ~ und seid leiser!** pensez un peu aux autres, faites moins de bruit!
❷ *Pl* (*Grund, Überlegung*) considérations *fpl*
❸ *kein Pl* (*Sicht nach hinten*) visibilité *f* [à l']arrière
▸ **ohne ~ auf Verluste** *fam* sans se soucier de la casse (*fam*)
Rücksichtnahme <-> *f* considération *f;* **gegenseitige ~** respect *m* mutuel
rücksichtslos I. *Adj* ❶ *Geschäftsmann, Verhalten* sans scrupules; **ein ~er Autofahrer** un chauffard (*péj*); **~ sein** ne manifester aucun égard
❷ (*schonungslos*) *Kampf, Kritik* impitoyable
II. *Adv* ❶ (*ohne Nachsicht*) sans scrupules
❷ (*schonungslos*) impitoyablement
Rücksichtslosigkeit <-, -en> *f* sans-gêne *m*
rücksichtsvoll I. *Adj* prévenant(e); **gegen jdn** [*o* **jdm gegenüber**] **~ sein** être prévenant(e) à l'égard de qn
II. *Adv* avec prévenance
Rücksitz *m* siège *m* arrière
Rückspiegel *m* rétroviseur *m;* **abblendbarer ~** rétroviseur jour-nuit
Rückspiel *nt* match *m* retour
Rücksprache *f* entretien *m;* **mit jdm ~ halten** discuter avec qn; **nach ~ mit Frau Braun** après avoir consulté Mme Braun
Rückstand *m* ❶ (*das Zurückbleiben, der Abstand*) retard *m;* **mit 2:0 im ~ liegen** avoir un retard de deux points; **mit seinen Raten im ~ sein** être en retard dans le versement de ses mensualités
❷ (*ausstehende Zahlung*) arriéré *m;* **Rückstände bezahlen/eintreiben** payer/faire rentrer des arriérés; **mit tausend Euro im ~ sein** avoir un arriéré de mille euros
❸ (*Bodensatz, Abfallprodukt*) résidu *m*
rückständig *Adj* arriéré(e)
Rückständigkeit <-> *f* retard *m*
Rückstau *m* *von Fahrzeugen* bouchon *m;* *von Wasser* retenue *f*
Rückstelltaste *f* TV touche *f* Retour
Rückstellung *f* ❶ ÖKON provision *f*
❷ (*Verschiebung*) ajournement *m*
Rückstoß *m* *einer Schusswaffe* recul *m;* *eines Flugkörpers* force *f* de réaction
Rückstrahler <-s, -> *m* cataphote *m*
Rückstufung *f* déclassement *m;* *eines Beamten* rétrogradation *f*
Rück-Taste *f* touche *f* Retour [arrière]
Rücktritt *m* ❶ (*Amtsniederlegung*) démission *f*
❷ JUR *der Gläubiger* résiliation *f,* désistement *m;* **~ von einem Vertrag** résiliation d'un contrat
❸ (*Rücktrittbremse*) rétropédalage *m*
Rücktrittbremse *f* frein *m* à rétropédalage
Rücktrittserklärung *f* JUR ❶ (*aus einem Amt*) déclaration *f* de démission ❷ (*aus einem Vertrag*) résiliation *f,* déclaration *f* de résolution **Rücktrittsgesuch** *nt* demande *f* de démission **Rücktrittsrecht** *nt* JUR droit *m* de résiliation [*o* de désistement]
rück|übersetzen* *tr V nur Infin und PP* retraduire
Rückübersetzung *f* retraduction *f*
Rückumschlag *m* enveloppe *f* réponse
rück|vergüten* *tr V nur Infin und PP* rembourser
Rückvergütung *f* remboursement *m*
rück|versichern* *r V nur Infin und PP* **sich ~** prendre des garanties
Rückversicherung *f* réassurance *f;* **nach ~** après avoir pris des garanties
Rückwand *f* *eines Gebäudes* face *f* arrière; *eines Fernsehers, Schranks* fond *m*
rückwärtig *Adj* *Ausgang, Parkplatz* situé(e) à l'arrière
rückwärts *Adv* ❶ *blicken, lesen* en arrière; *gehen* à reculons; *fahren* en marche arrière; **~ einparken** faire un créneau; **Salto ~** salto arrière
❷ A (*hinten*) à l'arrière; **von ~** par derrière
Rückwärtsfahren *nt* conduite *f* en marche arrière **Rückwärtsgang** *m* marche *f* arrière; **den ~ einlegen** passer la marche arrière; **im ~** en marche arrière
Rückweg *m* [chemin *m* du] retour *m;* **auf dem ~** sur le chemin du retour; **sich auf den ~ machen** prendre le chemin du retour
ruckweise *Adv* par à-coups
rückwirkend I. *Adj* rétroactif(-ive); **~e Kraft** JUR effet *m* rétroactif
II. *Adv* rétroactivement
rückzahlbar *Adj* remboursable
Rückzahlung *f* remboursement *m*
Rückzahlungsfrist *f* délai *m* de remboursement
Rückzieher <-s, -> *m fam* **einen ~ machen** faire machine arrière (*fam*)
ruck, zuck *Adv fam* en moins de deux (*fam*)
Rückzug *m* MIL retraite *f;* **geordneter/ungeordneter ~** retraite en ordre/en ordre dispersé; **den ~ antreten** battre en retraite
rüde I. *Adj* rude; **~ zu jdm sein** être rude avec qn
II. *Adv* rudement
Rüde <-n, -n> *m* mâle *m*
Rudel <-s, -> *nt* harde *f;* **in ~n auftreten/leben** surgir/vivre en harde
Ruder <-s, -> *nt* ❶ (*Paddel*) rame *f;* **die ~ auslegen/einziehen** sortir/ranger les rames
❷ (*Steuerruder*) gouvernail *m*
▸ **am ~ bleiben/sein** *fam* rester/être au gouvernail; **ans ~ gelangen** [*o* **kommen**] *fam* prendre le gouvernail; **das ~ herumwerfen** changer de cap; **aus dem ~ laufen** échapper à tout contrôle; **sich in die ~ legen** mettre les bouchées doubles (*fam*)
Ruderboot *nt* barque *f;* SPORT canoë *m*
Ruderer <-s, -> *m,* **Ruderin** *f* rameur(-euse) *m(f)*
Ruderhaus *nt* timonerie *f*
rudern I. *itr V* ❶ + *haben o sein* ramer; **Rudern ist gesund** ramer, c'est bon pour la santé
❷ + *sein* (*sich rudernd fortbewegen*) **ans Ufer ~** ramer jusqu'à la rive; **über den See ~** traverser le lac à la rame
❸ + *haben* (*Paddelbewegungen machen*) **mit den Füßen ~** *Ente, Schwan:* avancer avec les palmes; **mit den Armen ~** *fam* faire de grands mouvements avec les bras
II. *tr V* + *haben* **jdn/etw über den Fluss ~** ramener qn/qc de l'autre côté de la rive à la rame
Ruderregatta *f* course *f* d'aviron **Rudersport** *m* aviron *m*
Rudiment <-[e]s, -e> *nt* ❶ *geh* *einer Kultur* vestiges *mpl;* *einer Schrift* fragment *m*
❷ BIO rudiment *m*
rudimentär [rudimɛnˈtɛːɐ] *Adj* rudimentaire
Rudrer(in) <-s, -> *m(f)* *s.* **Ruderer**
Ruf <-[e]s, -e> *m* ❶ (*Ausruf, Aufforderung*) appel *m*
❷ (*Schrei*) *einer Person, eines Vogels* cri *m*
❸ *kein Pl* (*Aufruf*) appel *m;* **der ~ zu den Waffen** l'appel aux

um Ruhe bitten

• um Ruhe bitten	• demander le silence
Psst! *(fam)*	Chut!
Ruhig!	Silence!
Halt's Maul!/Schnauze! *(derb)*	Ferme-la! *(fam)*/Ecrase! *(fam)*
Jetzt seien Sie doch mal ruhig!	Taisez-vous!/Du calme!
Jetzt hör mir mal zu!	Écoute-moi bien, maintenant!
Jetzt sei mal still!	Tais-toi donc!
Ich möchte auch noch etwas sagen!	Je voudrais aussi dire quelque chose!
Danke! ICH meine dazu, ...	Merci! Moi, je pense que ...
(an ein Publikum) Ich bitte um Ruhe.	*(à un public)* Un peu de calme, s'il vous plaît!
Wenn ihr jetzt bitte mal ruhig sein könntet!	Pourriez-vous vous taire, s'il vous plaît!

armes; **der ~ nach Freiheit/Gerechtigkeit** l'appel à la liberté/justice; **dem ~ des Herzens folgen** suivre la voix du cœur

❹ *kein Pl* (*Ansehen*) réputation *f;* **einen guten/schlechten ~ haben** avoir bonne/mauvaise réputation; **eine Firma von internationalem ~** une entreprise de renom international; **sich** (*Dat*) **einen ~ als erfahrener Arzt erwerben** acquérir une réputation de médecin expérimenté

❺ UNIV [offre *f* de] nomination *f;* **einem ~ folgen/einen ~ ablehnen** accepter/refuser une nomination

rufen <rief, gerufen> **I.** *itr V* ❶ appeler; (*laut schreien*) crier; **nach jdm ~** appeler qn

❷ (*nach Erfüllung drängen*) **die Arbeit/Pflicht ruft** le travail m'attend/le devoir m'appelle

❸ (*auffordern*) **zum Essen ~** appeler à manger; **zum Widerstand ~** appeler à la résistance

❹ (*verlangen*) **nach der Todesstrafe ~** réclamer la peine de mort

II. *tr V* ❶ (*ausrufen*) crier; **Hilfe ~** appeler à l'aide

❷ (*herbestellen*) **jdn/ein Taxi ~** appeler qn/un taxi; **jdn zu sich ~** appeler qn auprès de soi; **Gott hat sie zu sich gerufen** *euph geh* Dieu l'a rappelé à lui (*soutenu*)

► **du kommst mir wie gerufen** tu tombes bien

Rufer <-s, -> *m* ► **der ~ in der Wüste** celui qui prêche dans le désert; **der ~ in der Wüste sein** prêcher dans le désert

Rüffel <-s, -> *m fam* savon *m* (*fam*); **jdm einen ~ geben** faire passer un savon à qn; **sie musste einen ~ einstecken** elle a reçu un savon (*fam*)

rüffeln *tr V fam* **jdn ~** passer un savon à qn (*fam*)

Rufmord *m* diffamation *f* **Rufname** *m* prénom *m* usuel **Rufnummer** *f* numéro *m* de téléphone **Rufsäule** *f* borne *f* d'appel [d'urgence] **Rufschädigung** *f* atteinte *f* à la réputation **Rufweite** *f* portée *f* de voix; **in ~** à portée de voix; **außer ~** hors de portée de voix **Rufzeichen** *nt* ❶ TELEC tonalité *f* ❷ GRAM A *s.* **Ausrufezeichen**

Rugby ['rakbi] <-> *nt* rugby *m*

Rüge <-, -n> *f* réprimande *f;* **jdm wegen etw eine ~ erteilen** réprimander qn pour qc

rügen *tr V* condamner *Verhalten;* **jdn wegen etw ~** réprimander qn pour qc

Ruhe <-> *f* ❶ (*Stille, Schweigen*) silence *m;* **es herrscht völlige/idyllische ~** il règne un silence total/idyllique; **~!** silence!

❷ (*Frieden, Ungestörtheit*) calme *m;* **[seine] ~ brauchen** avoir besoin de calme; **jdn mit etw in ~ lassen** laisser qn tranquille avec qc

❸ (*Erholung*) repos *m;* **jdm keine ~ lassen** *Person, Gedanken, Problem:* ne laisser aucun répit à qn; **sich** (*Dat*) **keine ~ gönnen** ne s'accorder aucun répit; **man hat keine ~ vor diesen Blagen!** ces marmots ne vous laissent pas de répit!

❹ *geh* (*Nachtruhe*) **sich zur ~ begeben** aller se reposer; **angenehme ~!** repose-toi/reposez-vous bien!

❺ (*Gelassenheit*) calme *m;* **[die] ~ bewahren** garder son calme; **jdn aus der ~ bringen** faire perdre son calme à qn; **sich nicht aus der ~ bringen lassen** ne pas se laisser démonter; **sie ist die ~ selbst** elle est le calme en personne; **etw in [aller] ~ tun** faire qc [très] calmement; **das muss in ~ überprüft werden** il faut examiner cela à tête reposée; **immer mit der ~!** *fam* on se calme! (*fam*)

► **~ und Frieden/Ordnung** le calme et la paix/l'ordre; **die ~ vor dem Sturm** le calme avant la tempête; **jdn zur letzten ~ betten** *geh* porter qn à sa dernière demeure (*soutenu*); **die letzte ~ finden** *geh* trouver le repos éternel (*soutenu*); **die ~ weghaben** *fam* ne pas s'affoler; **sich zur ~ setzen** partir en retraite

ruhebedürftig *Adj* qui a besoin de calme; **~ sein** avoir besoin de calme **Ruhegehalt** *nt,* **Ruhegeld** *nt* retraite *f*

ruhelos I. *Adj* anxieux(-euse)

II. *Adv umherblicken* d'un air anxieux

Ruhelosigkeit <-> *f* anxiété *f*

ruhen *itr V* ❶ (*ausruhen*) se reposer

❷ *geh* (*schlafen*) **[ich] wünsche, wohl geruht zu haben!** j'espère que tu as/vous avez bien dormi!

❸ (*aufliegen*) **auf etw** (*Dat*) **~** *Dach, Konstruktion:* reposer sur qc

❹ *fig geh* **auf jdm/etw ~** *Verantwortung, Last:* reposer sur qn/qc

❺ (*liegen, verweilen*) **auf jdm/etw ~** *Augen, Blick, Hand:* être posé(e) sur qn/qc

❻ (*eingestellt, zurückgestellt sein*) *Arbeit, Verhandlungen, Verkehr:* être arrêté(e); **eine Angelegenheit/Frage ~ lassen** laisser une affaire/une question de côté; **die Vergangenheit ~ lassen** laisser le passé en paix

❼ *geh* (*begraben sein*) reposer; **in fremder Erde ~** reposer en terre étrangère; **hier ruht ...** ci-gît...

► **er/sie wird nicht eher ~, bis ...** il/elle n'aura [pas] de cesse que... ne + *subj*

ruhen|lassen *s.* **ruhen 6.**

Ruhepause *f* pause *f* **Ruhesitz** *m* retraite *f* **Ruhestand** *m kein Pl* retraite *f;* **in den ~ gehen** [*o* **treten**] prendre sa retraite; **jdn in den ~ versetzen** *form* mettre qn à la retraite; **im ~** en retraite **Ruheständler(in)** *m(f)* retraité(e) *m(f)* **Ruhestatt** <-, -stätten> *f,* **Ruhestätte** *f geh* demeure *f;* **die letzte ~** (*Grab*) la dernière demeure (*littér*) **Ruhestellung** *f* ❶ *a.* TECH état *m* de repos ❷ MIL cantonnement *m* **Ruhestörung** *f* atteinte *f* à la tranquillité; **nächtliche ~** tapage *m* nocturne **Ruhetag** *m* fermeture *f* hebdomadaire; **dienstags** ~ fermeture hebdomadaire le mardi **Ruhezustand** *m* état *m* de repos

ruhig I. *Adj* calme; **bei ~em Nachdenken** en réfléchissant à tête reposée; **Sie können ganz ~ sein** vous pouvez être rassuré(e)
II. *Adv* ❶ (*untätig*) tranquillement; **etw ~ mitansehen** rester les mains dans les poches en voyant qc
❷ *fam* (*durchaus*) **wir können ~ darüber reden** on peut bien en parler
❸ (*gleichmäßig*) *laufen, atmen* calmement
❹ (*in aller Ruhe*) *nachdenken* à tête reposée
❺ (*beruhigt*) *schlafen, heimgehen* en toute sérénité

Ruhm <-es> *m* gloire *f*
▶ **jd hat sich nicht [gerade] mit ~ bekleckert** *iron fam* qn n'a pas [vraiment] fait des étincelles (*iron*)

rühmen I. *tr V* féliciter; **jdn wegen etw ~** féliciter qn pour qc; **etw ~** célébrer qc
II. *r V* **sich seiner Herkunft** (*Gen*) ~ se flatter de ses origines; **sich einer Heldentat** (*Gen*) ~ se glorifier d'un exploit héroïque; **ohne mich ~ zu wollen** sans vouloir me vanter

Ruhmesblatt ▶ **kein ~ sein** ne pas être un titre de gloire

rühmlich *Adj* glorieux(-euse)

ruhmlos *Adj* sans gloire; (*beschämend*) humiliant(e)

ruhmreich *Adj* glorieux(-euse)

Ruhmsucht *f kein Pl* soif *f* de gloire

ruhmvoll *Adj s.* **ruhmreich**

Ruhr <-> *f* ❶ GEOG Ruhr *f*
❷ MED dysenterie *f*

Rührei *nt* œufs *mpl* brouillés

rühren I. *tr V* ❶ (*umrühren*) remuer *Teig, Suppe, Farbe;* **etw glatt ~** remuer qc pour obtenir une pâte/crème lisse
❷ (*unterrühren*) mélanger; **das Mehl in die Soße ~** mélanger la farine à la sauce
❸ (*erweichen*) toucher; **ich bin [tief] gerührt** je suis [profondément] touché(e)
❹ (*bewegen*) bouger *Finger, Hand*
II. *itr V* ❶ (*umrühren*) remuer; **im Tee/Kaffee ~** remuer dans le thé/café
❷ (*ansprechen, erwähnen*) **an etw** (*Akk*) ~ évoquer qc
❸ *geh* (*herrühren*) **von etw ~** [pro]venir de qc; **das rührt daher, dass** cela [pro]vient du fait que + *indic*
III. *r V* **sich ~** ❶ (*sich bewegen*) bouger; **rührt euch!** MIL repos!
❷ *fam* (*sich melden*) réagir

Rühren <-s> *nt* **unter ständigem ~** sans cesser de remuer
▶ **ein menschliches ~ verspüren** *hum* ressentir une envie pressante

rührend I. *Adj* touchant(e); **das ist wirklich ~ von dir** c'est vraiment touchant de ta part
II. *Adv* **sich ~ um jdn kümmern** s'occuper de qn avec une attention touchante

Ruhrgebiet *nt* bassin *m* de la Ruhr

rührig *Adj* dynamique

Rührlöffel *m* cuillère *f* en bois

Rührmichnichtan ['ry:ɐmɪçnɪçtʔan] <-, -> *nt* BOT balsamine *f*, noli me tangere *m inv*

Ruhrpott *s.* **Ruhrgebiet**

rührselig *Adj Person* [trop] sensible; *Film, Geschichte* sentimental(e) **Rührseligkeit** <-> *f* sensiblerie *f* **Rührstück** *nt* mélodrame *m*

Rührteig *m* pâte *f* à biscuit

Rührung <-> *f* émotion *f*

Ruin <-s> *m* ruine *f;* **vor dem ~ stehen** être au bord de la ruine; **der Alkohol/das Spiel war sein ~** l'alcool/le jeu a été sa perte; **du bist noch mein ~!** *hum fam* tu veux ma perte!

Ruine <-, -n> *f* ❶ ruines *fpl*
❷ *fig* (*Mensch*) ruine *f*

ruinieren* *tr V* ❶ (*zugrunde richten*) ruiner *Person, Gesundheit*
❷ (*beschädigen*) abîmer

ruinös *Adj* ruineux(-euse)

rülpsen *itr V fam* roter (*fam*)

Rülpser <-s, -> *m fam* rot *m*

rum [rʊm] *Adv fam s.* **herum**

Rum <-s, -s> *m* rhum *m*

Rumäne <-n, -n> *m*, **Rumänin** *f* Roumain(e) *m(f)*

Rumänien [ru'mɛ:niən] <-s> *nt* la Roumanie

rumänisch I. *Adj* roumain(e)
II. *Adv* ~ **miteinander sprechen** discuter en roumain; *s. a.* **deutsch**

Rumänisch <-[s]> *nt kein Art* (*Sprache, Schulfach*) roumain *m;* **auf ~** en roumain; *s. a.* **Deutsch**

Rumänische *nt dekl wie Adj* **das ~** le roumain; *s. a.* **Deutsche**

Rumba <-, -s> *f* rumba *f*

rum|kriegen *tr V fam* ❶ (*überreden*) convaincre
❷ (*verbringen*) **die Zeit/das Wochenende ~** arriver à passer le temps/le week-end

Rummel <-s> *m* ❶ *fam* foire *f* (*fam*); **viel ~ um jdn/etw machen** faire beaucoup de tintamarre autour de qn/qc (*fam*)
❷ DIAL (*Kirmes*) fête *f* foraine

Rummelplatz *m* DIAL *fam* champ *m* de foire

rumoren* I. *itr V fam* ❶ (*herumhantieren*) faire du remue-ménage; **im Keller ~** faire du remue-ménage dans la cave (*fam*)
❷ (*spuken*) **in jds Kopf** (*Dat*) ~ *Gedanke:* hanter l'esprit de qn
II. *itr V unpers fam* **es rumort in meinem Bauch** mon ventre gargouille (*fam*)

Rumpelkammer *f fam* débarras *m*

rumpeln *itr V fam* ❶ + *haben* (*Geräusche machen*) faire du tapage
❷ + *sein* (*polternd fahren*) **über den Marktplatz ~** *Karren, Kutsche:* cahoter sur la place du marché

Rumpelstilzchen <-s> *nt lutin héros d'un conte populaire*

Rumpf <-[e]s, Rümpfe> *m* ❶ ANAT tronc *m*
❷ (*Flugzeugrumpf*) fuselage *m*
❸ (*Schiffsrumpf*) coque *f*

Rumpfbeuge *f* flexion *f* du tronc

rümpfen *tr V* **die Nase ~** faire la moue

Rumpsteak ['rʊmpste:k, -ʃte:k] *nt* rumsteck *m*

Rumtopf *m* fruits *mpl* au rhum

Rumtreiber(in) *m(f) fam* (*Landstreicher*) vagabond(e) *m(f)*

Run [ran] <-s, -s> *m* ruée *f;* ~ **auf etw** (*Akk*) ruée sur qc

rund I. *Adj* ❶ (*kreisförmig*) rond(e)
❷ (*nicht mager*) *Arme, Hüften, Schultern* rond(e)
❸ (*aufgerundet, abgerundet*) *Zahl, Summe, Preis* arrondi(e); **eine ~e Summe machen** arrondir une somme; **für eine ~e Million** pour en gros un million
II. *Adv* ❶ (*im Kreis*) ~ **um etw führen/gehen/verlaufen** faire le tour de qc
❷ *fam* (*ungefähr, etwa*) *kosten, ausgeben, dauern* en gros; ~ **gerechnet macht das hundert euro** en arrondissant, ça fait cent euros

Rundbau <-bauten> *m* rotonde *f* **Rundblick** *m* panorama *m* **Rundbogen** *m* arc *m* en plein cintre **Rundbrief** *m* circulaire *f*

Runde <-, -n> *f* ❶ (*Gesellschaft*) assemblée *f;* **in die ~ blicken** regarder à la ronde
❷ *a.* SPORT (*Rundgang, -fahrt, -flug*) tour *m;* **eine ~ um die Stadt drehen** *Flugzeug, Pilot:* faire un tour autour de la ville; **[seine] ~n drehen** *Läufer:* faire des tours de piste
❸ (*Kontrollgang*) ronde *f;* **seine ~ machen** *Nachtwächter, Polizist:* faire sa ronde
❹ BOXEN round *m*
❺ KARTEN partie *f*
❻ (*Stufe*) *von Gesprächen, Verhandlungen* round *m*
❼ (*freie Getränke*) tournée *f;* **eine ~ spendieren** [*o* **ausgeben**] payer une tournée (*fam*)

R

▶ **etw über die ~n bringen** *fam* boucler qc; **jdm über die ~n helfen** *fam* aider qn à s'en sortir; **über die ~n kommen** *fam* joindre les deux bouts; **die ~ machen** *fam* circuler

runden I. *r V geh* **sich** ~ ❶ *Wangen, Bauch:* s'arrondir
❷ (*konkreter werden*) *Bild, Vorstellung:* prendre forme; *Eindruck:* s'affirmer
II. *tr V* ❶ (*aufrunden, abrunden*) arrondir
❷ *geh* (*rund machen*) avancer *Lippen*

runderneuern* *tr V* rechaper; **etw ~ lassen** faire rechaper qc

Rundfahrt *f* circuit *m* [touristique] **Rundflug** *m* circuit *m* en avion **Rundfunk** *m* radio *f*; **im ~** à la radio

Rundfunkanstalt *f* station *f* de radio[diffusion] **Rundfunkempfang** *m* réception *f* d'émissions radiophoniques **Rundfunkempfänger** *m* RADIO récepteur *m* de radio **Rundfunkgebühr** *f* redevance *f* radiophonique **Rundfunkgerät** *nt form* [poste *m* de] radio *f* **Rundfunkhörer(in)** *m(f)* auditeur(-trice) *m(f)* **Rundfunkprogramm** *nt* programme *m* radiophonique **Rundfunksender** *m* RADIO émetteur *m* de radio **Rundfunksendung** *f* émission *f* radiophonique **Rundfunksprecher(in)** *m(f)* animateur(-trice) *m(f)* radio **Rundfunkstation** *f* station *f* de radio **Rundfunktechnik** *f* radiotechnique *f* **Rundfunktechniker(in)** *m(f)* radiotechnicien(ne) *m(f)* **Rundfunkteilnehmer(in)** *m(f) form* abonné(e) *m(f)* [radiophonique] (*form*) **Rundfunkübertragung** *f* RADIO retransmission *f* radiophonique **Rundfunkwerbung** *f* publicité *f* radiophonique

Rundgang *m eines Wachmanns* ronde *f*; (*Spaziergang*) tour *m* [à pied]; **einen ~ machen** faire un [petit] tour **rund|gehen** *unreg* I. *itr V + sein* ❶ (*herumgereicht werden*) *Flasche, Foto:* circuler; **etw ~ lassen** faire circuler qc ❷ (*herumerzählt werden*) *Gerücht, Nachricht, Neuigkeit:* faire le tour II. *itr V unpers + sein fam* **es geht rund** (*es herrscht Betrieb*) ça y va (*fam*); (*es gibt Ärger*) ça barde (*fam*) **rundheraus** *Adv* franchement **rundherum** *Adv* ❶ (*ringsherum*) tout autour ❷ *s.* **rundum**

rundlich *Adj Person, Körperbau* rondelet(te); *Gesicht, Wangen* rond(e)

Rundreise *f* circuit *m*; **eine ~ durch Österreich/den Schwarzwald** un circuit à travers l'Autriche/la Forêt-Noire **Rundruf** *m* coup *m* de fil; **einen ~ bei allen Freunden machen** passer un coup de fil à tous ses amis **Rundschreiben** *s.* **Rundbrief Rundstricknadel** *f* aiguille *f* à tricoter circulaire **rundum** *Adv* ❶ (*ringsum*) à la ronde ❷ (*völlig*) *glücklich, zufrieden* tout à fait **Rundumschlag** *m* diatribe *f*; **zum ~ ausholen** contre-attaquer tous azimuts

Rundung <-, -en> *f* ❶ (*Wölbung*) arrondi *m*
❷ *Pl fam* (*rundliche Figur*) poignées *fpl* d'amour (*fam*)

rundweg *Adv* tout net; **einen Vorschlag ~ ablehnen** refuser tout net une proposition

Rundweg *m* circuit *m*

Rune <-, -n> *f* rune *f*

Runenschrift *f kein Pl* écriture *f* runique

Runkel <-, -n> *f* A, CH, **Runkelrübe** *f* betterave *f* fourragère

runter *Interj fam* ~ **von dem Balkon!** (*komm/kommt herein*) dégage/dégagez du balcon! (*fam*); (*komm/kommt herunter*) descends/descendez du balcon!

runter|fallen *itr V unreg + sein fam* tomber; **mir ist ein Glas runtergefallen** un verre m'a échappé **runter|holen** *tr V* descendre; **die Kirschen vom Baum ~** cueillir les cerises de l'arbre ▶ **jdm einen ~** *sl* branler qn (*vulg*); **sich** (*Dat*) **einen ~** *sl* se branler (*vulg*) **runter|kommen** *itr V unreg + sein fam* ❶ (*herunterkommen*) descendre; **vom oberen Stockwerk/zu jdm ~** descendre du dernier étage/chez qn ❷ (*die Abhängigkeit beenden*) **von etw ~** décrocher de qc (*fam*) **runter|lassen** *tr V unreg fam* baisser *Rolladen, Autofenster* **runter|laufen** *itr V unreg + sein fam* ❶ (*heruntergehen*) descendre *Straße, Treppe* ❷ (*herunterkullern*) **die Tränen liefen ihr runter** les larmes coulèrent sur ses joues

Runzel <-, -n> *f* ride *f*

runzelig *Adj* ridé(e)

runzeln I. *tr V* froncer *Brauen;* plisser *Stirn*
II. *r V* **sich** ~ se rider

runzlig *s.* **runzelig**

Rüpel <-s, -> *m pej* mufle *m* (*péj*)

Rüpelei <-, -en> *f pej* muflerie *f* (*péj*)

rüpelhaft *Adj pej Person* grossier(-ière); *Art, Benehmen* de mufle; ~ **sein** *Person:* être mufle (*péj*)

rupfen *tr V* ❶ plumer *Geflügel*
❷ (*ausreißen*) arracher *Gras, Unkraut*
❸ *fam* (*finanziell ausnehmen*) plumer (*fam*)

ruppig *pej* I. *Adj* grossier(-ière); ~ **zu jdm sein** être grossier(-ière) avec qn
II. *Adv* grossièrement

Rüsche <-, -n> *f* ruche *f*

Ruß <-es> *m* suie *f*

Russe <-n, -n> *m*, **Russin** *f* Russe *mf*

Rüssel <-s, -> *m* ❶ *eines Elefanten, Ameisenbären, Insekts* trompe *f*; *eines Schweins* groin *m*
❷ *sl* (*Mund*) **halt den ~!** la ferme! (*pop*)

Rüsseltier *nt* ZOOL proboscidien *m*

rußen I. *itr V Fackel, Kerze, Petroleumlampe:* fumer; *Ofen:* faire de la suie
II. *tr V* CH, SDEUTSCH (*entrußen*) ramoner

Rußfilter *m eines Fahrzeugs* filtre *m* à particules; *einer Müllverbrennungsanlage* filtre à particules de suie **Rußflocke** *f* particule *f* de suie

rußig *Adj* couvert(e) de suie

Russin *s.* **Russe**

russisch I. *Adj* russe
II. *Adv* ~ **miteinander sprechen** discuter en russe; *s. a.* **deutsch**

Russisch <-[s]> *nt kein Art* (*Sprache, Schulfach*) russe *m*; **auf ~** en russe; *s. a.* **Deutsch**

Russische *nt dekl wie Adj* **das ~** le russe; *s. a.* **Deutsche**

Russland[RR], **Rußland** *nt* la Russie

Russlanddeutsche(r)[RR] *f(m) dekl wie Adj* Russe d'origine allemande

rüsten [ˈrʏstən] I. *itr V* MIL armer; **zum Krieg ~** se lancer dans des préparatifs de guerre
II. *r V geh* **sich zu einer Reise/zum Aufbruch ~** se disposer à partir en voyage/à partir (*soutenu*)

Rüster [ˈryːstɐ] <-, -n> *f* BOT orme *m*

rüstig [ˈrʏstɪç] *Adj* vigoureux(-euse); **noch ~ sein für sein Alter** être encore vert(e) pour son âge

Rüstigkeit <-> *f* vigueur *f*

rustikal [rʊstiˈkaːl] I. *Adj* rustique
II. *Adv* **sich ~ einrichten** se meubler en rustique; ~ **eingerichtet sein** avoir des meubles rustiques

Rüstung <-, -en> *f* ❶ *kein Pl* (*das Rüsten*) armement *m*
❷ (*Ritterrüstung*) armure *f*

Rüstungsabbau *m* désarmement *m* **Rüstungsausgaben** *Pl* dépenses *fpl* d'armement **Rüstungsbegrenzung** *f* limitation *f* des armements **Rüstungsbetrieb** *m* usine *f* d'armement **Rüstungsexport** *m* MIL exportation *f* d'armes **Rüstungsindustrie** *f* industrie *f* de l'armement **Rüstungskontrolle** *f* contrôle *m* des armements **Rüstungsstopp** *m* arrêt *m* de l'armement; **einen ~ fordern** exiger l'arrêt de l'armement **Rüstungswettlauf** *s.* **Wettrüsten**

Rüstzeug *nt* bagage *m*

Rute [ˈruːtə] <-, -n> *f* ❶ (*Gerte*) baguette *f*
❷ (*Angelrute*) canne *f*
❸ JAGD verge *f*

Rutengänger(in) <-s, -> *m(f)* sourcier(-ière) *m(f)*

Rütlischwur [ˈryːtli-] *m* serment *m* du Rütli

Rutsch [rʊtʃ] <-es, -e> *m* (*Erdrutsch*) glissement *m* [de terrain]
▶ **guten ~!** *fam* bonne année!; **in einem ~** *fam* d'une [seule] traite

Rutschbahn *f* ① (*Rutsche*) toboggan *m*
② *fam* (*Eisbahn*) patinoire *f*
Rutsche ['rʊtʃə] <-, -n> *f a.* TECH toboggan *m*
rutschen ['rʊtʃən] *itr V + sein* ① (*ausrutschen*) glisser
② *fam* (*rücken*) **zur Seite** ~ se pousser (*fam*); **auf seinem Stuhl nervös hin und her** ~ gigoter nerveusement sur sa chaise; **mit den Stühlen nach vorne/hinten** ~ avancer/reculer les chaises
③ (*herunterrutschen*) *Brille, Kleidung:* tomber; **vom Stuhl** ~ *Person, Pullover:* glisser de la chaise; **ins Rutschen geraten** [*o* **kommen**] s'ébouler
④ (*die Rutschbahn benutzen*) faire du toboggan
rutschfest *Adj* antidérapant(e) **Rutschgefahr** *f* risque *m* de glissade; (*für Fahrzeuge*) risque de dérapage; **Vorsicht** ~**!** attention, chaussée glissante!
rutschig *Adj* glissant(e)
Rutschpartie *f fam* glissades *fpl* **rutschsicher** *Adj* antidérapant(e)
rütteln ['rʏtəln] **I.** *tr V* secouer; **jdn am Arm** ~ secouer qn par le bras; **jdn** ~ **und schütteln** secouer qn dans tous les sens
II. *itr V* ① **an der Tür** ~ secouer la porte
② (*infrage stellen*) **an etw** (*Dat*) ~ remettre qc en question; **daran ist nicht** [*o* **gibt es nichts**] **zu** ~ on ne peut rien y changer

S s

S, s [ɛs] <-, -> *nt* S *m*/s *m*
▸ **S wie Siegfried** [*o* **Samuel**] s comme Suzanne
s. *Abk von* **siehe** cf.
S *Abk von* **Süden** S
S. *Abk von* **Seite** p.; **auf S. 12** à la p. 12
SA [ɛs'ʔaː] <-> *f* NS *Abk von* **Sturmabteilung** SA *f*
s.a. *Abk von* **sine anno** s.a.
Saal [zaːl, *Pl:* 'zɛːlə] <-[e]s, Säle> *m* salle *f*
Saalschlacht *f fam* bagarre *f*, rififi *m* (*arg*); **eine regelrechte** ~ une véritable bataille rangée **Saaltochter** *f* CH serveuse *f*
Saar [zaːɐ] <-> *f* **die** ~ la Sarre
Saarbrücken [zaːɐ'brʏkən] <-s> *nt* Sarrebruck
Saargebiet ['zaːɐgəbiːt] *nt*, **Saarland** *nt* **das** ~ la Sarre
Saarländer(in) <-s, -> *m(f)* Sarrois(e) *m(f)*
saarländisch *Adj* sarrois(e)
Saat [zaːt] <-, -en> *f* ① *kein Pl* (*das Säen*) semailles *fpl*
② (*Saatgut*) semence *f*
③ (*junge Pflanze*) semis *mpl*
Saatgut *nt* semences *fpl* **Saatkartoffel** *f* pomme *f* de terre de semence **Saatkorn** <-körner> *nt* ① AGR graine *f*, grain *m*
② BOT graine *f* **Saatkrähe** *f* ORN corbeau *m* freux
Sabbat ['zabat] <-s, -e> *m* sabbat *m*
Sabbatjahr *nt kein Pl* année *f* sabbatique
sabbeln ['zabəln] DIAL *s.* **sabbern**
Sabber <-s> *m* DIAL bave *f*
Sabberlätzchen *nt* DIAL bavoir *m*
sabbern ['zabɐn] *fam* **I.** *itr V* baver
II. *tr V* DIAL (*viel reden*) sortir (*fam*)
Säbel ['zɛːbəl] <-s, -> *m* sabre *m*
▸ **mit dem** ~ **rasseln** agiter le spectre de la guerre, proférer des menaces de guerre
Säbelfechten *nt* [escrime *f* au] sabre *m*
säbeln *tr V fam* **etw in dicke Scheiben** ~ découper qc en grosses tranches
Säbelrasseln <-s> *nt* bruits *mpl* de bottes

Sabotage [zabo'taːʒə] <-, -n> *f* sabotage *m*; ~ **treiben** faire du sabotage; **an etw** (*Dat*) ~ **begehen** commettre un acte de sabotage sur qc
Sabotageakt [zabo'taːʒə-] *m* [acte *m* de] sabotage *m*
Saboteur(in) [zabo'tøːɐ] <-s, -e> *m(f)* saboteur(-euse) *m(f)*
sabotieren* **I.** *tr V* saboter *Produktion*
II. *itr V* faire du sabotage
Sa[c]charin [zaxa'riːn] <-s> *nt* saccharine *f*
Sachbearbeiter(in) *m(f)* personne *f* chargée du dossier **Sachbereich** *m* secteur *m* **Sachbeschädigung** *f* déprédation *f*; **vorsätzliche** [*o* **mutwillige**] ~ déprédation intentionnelle **sachbezogen** **I.** *Adj Angaben, Aussage* factuel(le); *Frage* pertinent(e) **II.** *Adv argumentieren, befragen* avec pertinence **Sachbuch** *nt* livre *m* spécialisé **sachdienlich** *Adj form Tipp, Wink* précieux(-euse)
Sache ['zaxə] <-, -n> *f* ① (*Ding, Angelegenheit*) chose *f*; **eine gute** ~ une bonne chose; **eine** ~ **des Geschmacks sein** être [une] affaire de goût; **die** ~ **steht gut/schlecht** l'affaire se présente bien/mal; **die** ~ **ist noch unentschieden** l'affaire n'est pas encore résolue; **das ist eine** ~ **für sich** c'est une chose à part; **das ist eine andere** ~ c'est autre chose; **das ist beschlossene** ~ c'est décidé; **in eigener** ~ en son propre nom; **das ist seine/ihre** ~ c'est son affaire; **das ist so eine** ~ **mit diesem Haus** *fam* cette maison, c'est pas de la tarte (*fam*)
② (*Zweck*) cause *f*
③ (*Thema, Sachverhalt*) **zur** ~ **kommen** en venir au fait; **bei der** ~ **sein** être attentif(-ive); **bei der** ~ **bleiben** rester dans le sujet; **die** ~ **ist die, dass** voilà ce qu'il en est: ...; (*einschränkend*) le fait est que + *indic*; **das tut nichts zur** ~ cela n'a pas sa place ici; **zur** ~**!** des faits!
④ (*Arbeit, Aufgabe*) **seine** ~ **gut/schlecht machen** faire bien/mal son travail
⑤ *Pl* (*Waren, Artikel*) **neue** ~**n** nouveautés *fpl*; **interessante** ~**n** choses *fpl* intéressantes
⑥ *Pl* (*Kleidungsstücke*) **warme/leichte** ~**n** vêtements *mpl* chauds/légers
⑦ *Pl fam* (*Getränke*) **scharfe** ~**n** alcools *mpl* forts
⑧ *Pl* (*persönlicher Besitz*) **seine/ihre** ~**n** ses affaires *fpl*
⑨ *Pl* (*Zubehör*) matériel *m*; **meine** ~**n zum Angeln/für die Arbeit** mes affaires *fpl* de pêche/travail
⑩ *Pl* (*Dummheiten, schlimme Vorfälle*) choses *fpl*; **dass da keine dummen** ~**n passieren!** pas de bêtises!; **was sind denn das für** ~**n?** qu'est-ce que c'est que ces histoires?; **was machst du bloß für** ~**n!** *fam* [mais] qu'est-ce que tu fabriques! (*fam*)
⑪ JUR (*Streitfall*) affaire *f*; **in der** ~ [*o* **in** ~**n**] **Kramer gegen Kramer** dans l'affaire Kramer contre Kramer; **zur** ~ **vernommen werden** être interrogé(e) au sujet de l'affaire; **sich selbst in eigener** ~ **vertreten** plaider sa propre cause
⑫ *Pl fam* (*Stundenkilometer*) **mit hundert** ~**n** à cent [à l'heure]
▸ **gemeinsame** ~ **mit jdm machen** faire cause commune avec qn; **keine halben** ~**n machen** ne pas faire les choses à moitié; **sich** (*Dat*) **seiner** ~ **sicher sein** être sûr(e) de son coup; ~**n gibt's**[**, die gibt's gar nicht**]! *fam* ça alors[, c'est pas croyable]! (*fam*); **sagen/wissen, was** ~ **ist** *fam* dire/savoir ce qui se passe (*fam*); **das ist nicht jedermanns** ~ ce n'est pas du goût de tout le monde; **mach keine** ~**n!** *fam* (*was du nicht sagst*) c'est pas possible! (*fam*); (*tu das nicht*) fais surtout pas ça! (*fam*); **seine** ~ **verstehen** connaître son affaire
Sacheinlage *f* ÖKON apport *m* en nature
Sachertorte *f gâteau au chocolat créé par l'hôtelier viennois F. Sacher*
Sachfrage *f meist Pl* question *f* spécifique **sachfremd** *Adj* étranger(-ère) à l'affaire **Sachgebiet** *nt* domaine *m* **sachgemäß** **I.** *Adj* adéquat(e); **bei** ~**er Verwendung** utilisé(e) correctement **II.** *Adv* correctement **sachgerecht** *s.* **sachgemäß**
Sachkatalog *m* fichier *m* par matières **Sachkenner(in)** *m(f)*

S

expert(e) *m(f)*, spécialiste *mf;* ~ **auf/in etw** (*Dat*) **sein** être expert(e) [*o* spécialiste] dans/en qc **Sachkenntnis** *f* compétences *fpl* **Sachkosten** *Pl* frais *mpl* matériels **Sachkunde** *f* ① *s.* Sachkenntnis ② *s.* Sachkundeunterricht **Sachkundeunterricht** *m* disciplines *fpl* d'éveil **sachkundig** **I.** *Adj* *Person* expert(e); *Antwort* pertinent(e); *Information* documenté(e); **sich auf einem Gebiet ~ machen** se documenter dans un domaine; **danke für die ~e Führung!** merci pour cette visite très instructive! **II.** *Adv* avec compétence **Sachkundige(r)** *f(m) dekl wie Adj* spécialiste *mf* **Sachlage** *f* situation *f*

sachlich **I.** *Adj* ① (*objektiv*) objectif(-ive); ~ **sein/bleiben** être/rester objectif(-ive)
② (*die Sache betreffend*) *Gegebenheiten, Unterschied* concret(-ète); **die ~e Richtigkeit** l'exactitude *f*
③ (*schmucklos*) sobre
II. *Adv* ① (*objektiv*) avec objectivité
② (*die Sache betreffend*) *falsch, richtig* objectivement

sächlich ['zɛçlɪç] *Adj* neutre

Sachlichkeit <-> *f* objectivité *f*

Sachregister *nt* index *m* **Sachschaden** *m* dégâts *mpl* matériels

Sachse ['zaksə] <-n, -n> *m*, **Sächsin** *f* Saxon(ne) *m(f)*

sächseln ['zɛksəln] *itr V fam* parler avec l'accent saxon

Sachsen ['zaksən] <-s> *nt* la Saxe

Sachsen-Anhalt <-s> *nt* la Saxe-Anhalt

sächsisch ['zɛksɪʃ] *Adj* saxon(ne)

Sächsisch *nt* le saxon

Sächsische *nt dekl wie Adj* **das** ~ le saxon

Sachspende *f* don *m* en nature

sacht(e) ['zaxtə] **I.** *Adj* ① *Berührung, Händedruck* léger(-ère); *Streicheln* doux(douce)
② (*geringfügig*) *Gefälle, Neigung, Steigung* léger(-ère)
II. *Adv* ① (*sanft*) *berühren* délicatement
② (*leicht*) *abfallen, ansteigen* légèrement
③ *fam* (*gemäßigt*) **nun mal ~e!, ~e, ~e!** vas-y mollo! (*fam*)

Sachverhalt ['zaxvɛɐhalt] <-[e]s, -e> *m* faits *mpl* **Sachverstand** *m kein Pl* compétence *f*

Sachverständige(r) *f(m) dekl wie Adj* expert(e) *m(f)*

Sachwalter(in) <-s, -> *m(f)* ① *a. fig* avocat(e) *m(f)*
② ÖKON administrateur(-trice) *m(f)* [de biens]

Sachwert *m* ① ÖKON valeur *f* réelle ② *Pl* (*Wertgegenstände*) valeurs-refuge *fpl* **Sachwörterbuch** *nt* dictionnaire *m* spécialisé **Sachzwänge** *Pl* contraintes *fpl* matérielles [*o* extérieures]

Sack [zak, *Pl:* 'zɛkə] <-[e]s, ¨-e> *m* ① (*Beutel*) sac *m;* **zwei ~ Kartoffeln** deux sacs de pommes de terre
② SDEUTSCH, A, CH (*Hosentasche*) poche *f* [de pantalon]
③ *vulg* (*Hodensack*) couilles *fpl* (*vulg*)
④ *pej fam* (*Kerl*) couillon *m* (*fam*); **fauler ~** branleur *m* (*fam*)
⑤ (*Tränensack*) poche *f*
▶ **in ~ und Asche gehen** *geh* battre sa coulpe (*soutenu*); **den ~ schlagen und den Esel meinen** *Spr.* écoper pour qn d'autre; **es ist leichter einen ~ Flöhe zu hüten!** *fam* il vaut mieux l'avoir en photo! (*fam*); **mit ~ und Pack** *fam* avec ses cliques et ses claques (*fam*); **wie ein nasser ~ umfallen** *sl* s'étaler comme une merde (*pop*); **jdm mit etw auf den ~ gehen** *vulg* les casser à qn avec qc (*arg*); **etw im ~ haben** *sl* avoir qc dans la poche (*fam*); **jdn in den ~ stecken** *fam* mettre qn dans sa poche (*fam*)

Sackbahnhof *s.* Kopfbahnhof

Säckel ['zɛkəl] <-s, -> *m* SDEUTSCH ① *veraltet* (*Hosentasche*) poche *f* de pantalon
② *fam* (*blöder Kerl*) couillon *m* (*fam*)
▶ **tief in den ~ greifen müssen** puiser dans son porte-monnaie

sacken ['zakən] *itr V + sein* ① (*sich senken*) *Erdboden:* se tasser; *Gebäude, Mauer:* s'affaisser
② (*sinken*) s'affaisser; **zu Boden ~** s'écrouler par terre

Sackerl <-s, -n> *nt* A (*Tüte*) sachet *m*

säckeweise ['zɛkəvaɪzə] *Adj* par sacs entiers

Sackgasse *f* ① cul-de-sac *m* ② (*ausweglose Angelegenheit*) impasse *f;* **in einer ~ stecken** être dans une impasse **Sackhüpfen** <-s> *nt* course *f* en sac **Sackkarre** *f* charrette *f* à bras **Sackleinen** *nt* grosse toile *f* **Sacktuch** *nt* ① SDEUTSCH, A (*Taschentuch*) mouchoir *m* ② TEXTIL grosse toile *f*

Sadismus [za'dɪsmʊs] <-, Sadismen> *m* (*Veranlagung, Quälerei*) sadisme *m*

Sadist(in) [za'dɪst] <-en, -en> *m(f)* sadique *mf*

sadistisch **I.** *Adj* sadique
II. *Adv* sadiquement

Sadomasochismus *m* sadomasochisme *m*

säen ['zɛːən] *tr, itr V a. fig* semer; **das Säen** (*auf dem Acker, Feld*) les semailles *fpl;* (*im Garten*) les semis *mpl*

Safari [za'faːri] <-, -s> *f* safari *m*

Safaripark *m* parc *m* safari

Safe [seɪf] <-s, -s> *m* coffre-fort *m*

Safer Sex ['seɪfɐ'sɛks] <-es> *m* rapports *mpl* protégés

Saffian ['zafia(ː)n] <-s> *m*, **Saffianleder** *nt* maroquin *m*

Safran ['zafra(ː)n] <-s, -e> *m* safran *m*

Saft [zaft, *Pl:* 'zɛftə] <-[e]s, ¨-e> *m* ① (*Fruchtsaft*) jus *m*
② (*Pflanzensaft*) sève *f*
③ *fam* (*Strom*) jus *m* (*fam*)
▶ **ohne ~ und Kraft** *Person* sans ressort; *Rede* sans goût, ni saveur; **im eigenen ~ schmoren** *fam* mijoter dans son jus (*fam*); **jdn im eigenen ~ schmoren lassen** *fam* laisser mijoter qn dans son jus (*fam*)

saftig *Adj* ① *Frucht, Obst* juteux(-euse)
② (*üppig*) *Alm, Weide* fertile; *Grün* intense
③ *fam* (*unverschämt*) *Brief, Rechnung, Preis* salé(e) (*fam*)

Saftkur *f* diète *f* aux jus de fruits et de légumes **Saftladen** *m* *pej fam* boîte *f* bordélique (*fam*)

saftlos *Adj Ansprache, Rede, Vortrag* insipide (*fig*)

Saftpresse *f* presse-fruits *m* **Saftsack** *m pej fam* couillon *m* (*fam*)

Saga ['za(ː)ga] <-, -s> *f* saga *f*

Sage ['zaːgə] <-, -n> *f* légende *f;* **es geht die ~, dass** le bruit court que + *indic*

Säge ['zɛːgə] <-, -n> *f* ① (*Werkzeug*) scie *f*
② A *s.* Sägewerk

Sägeblatt *nt* lame *f* de scie **Sägebock** *m* chevalet *m* [de scieur de bois], chèvre *f* **Sägefisch** *m* ZOOL poisson-scie *m* **Sägemehl** *nt* sciure *f* **Sägemesser** *nt* couteau-scie *m* **Sägemühle** *s.* Sägewerk

sagen ['zaːgən] **I.** *tr V* ① (*äußern*) dire; **er sagt, er sei krank gewesen/habe keine Zeit** il dit qu'il a été malade/n'a pas le temps; **ich will damit ~, dass** je veux dire par là que + *indic;* **wenn ich [das] so ~ darf** si je peux m'exprimer ainsi; **das wäre zu viel gesagt** ce serait aller un peu loin; **damit ist nicht gesagt, dass** ça ne veut pas dire que + *indic o subj;* **ich will nichts gesagt haben!** je n'ai rien dit!; **sag, was du willst, aber ...** *fam* tu peux raconter ce que tu veux, mais... (*fam*); **ich sag's ja!** c'est ce que je dis!; **was ich noch ~ wollte** à propos; **was du nicht sagst!/was Sie nicht ~!** *fam* elle est bonne, celle-là! (*fam*); **sag nicht so etwas [*o* was]!** *fam* dis pas ça ! (*fam*)
② (*mitteilen*) **jdm etw ~** dire qc à qn; **er lässt dir ~, dass** il te fait dire que; **ich habe mir ~ lassen, dass** je me suis laissé dire que + *indic*
③ (*befehlen*) **jdm ~, wie ...** dire à qn comment...; **jdm ~, dass er warten soll [*o* muss]** dire à qn d'attendre; **etwas/nichts zu ~ haben** avoir son mot/n'avoir rien à dire; **sich** (*Dat*) **nichts ~ lassen** ne vouloir écouter personne; **ich lasse mir von dir nichts ~** je n'ai pas d'ordres à recevoir de toi
④ (*meinen*) **was soll ich dazu ~?** qu'est-ce que tu veux/vous voulez que je réponde à ça?; **das möchte [*o* will] ich nicht ~** je ne dirais pas ça
⑤ (*bedeuten*) **etwas zu ~ haben** *Blick, Bemerkung:* vouloir dire quelque chose; **nichts zu ~ haben** n'avoir pas d'importance;

nichts ~**d** creux(-euse); **viel** ~**d** *Blick, Bemerkung:* qui en dit long; **viel** ~**d schweigen/lächeln** avoir un silence/sourire qui en dit long; **sich viel** ~**d zuzwinkern** se lancer des clins d'œil qui en disent long
▶ **gesagt, getan** aussitôt dit, aussitôt fait; **das ist leichter gesagt als getan** c'est plus facile à dire qu'à faire; **das ist nicht gesagt** ce n'est pas dit; **das kann man wohl** ~ ça, tu peux/vous pouvez le dire; **sage und schreibe** en tout et pour tout; **wem** ~ **Sie das!** *fam* à qui le dites-vous! (*fam*)
II. *itr V* **sag/~ Sie** [**mal**], ... dis/dites [voir],...; **wie gesagt, wie ich schon sagte** comme je viens de le dire; **genauer gesagt** plus précisément; **wie man so sagt** pour dire les choses telles qu'elles sont
▶ **das Sagen haben** commander; **ich muß schon** ~**!** je t'en/vous en prie!; **ich muss schon** ~**, das hätte ich nicht erwartet** vraiment, je dois dire que je ne m'attendais pas à ça; **da soll noch einer** ~, ... qu'on ne vienne pas me/nous dire que + *indic;* **unter uns gesagt** entre nous [soit dit]; **sag bloß!** *fam* c'est pas vrai! (*fam*); **sag bloß** [**nicht**] ... ne [me] dis pas que + *indic;* **ich möchte fast** ~, ... je dirais même plus...
III. *r V* **sich** (*Dat*) ~**, dass** se dire que + *indic*

sägen ['zɛ:gən] I. *tr V* scier
II. *itr V* ❶ **an etw** (*Dat*) ~ scier qc
❷ *fam* (*schnarchen*) ronfler

sagenhaft I. *Adj* ❶ *fam* (*phänomenal, unvorstellbar*) fabuleux(-euse) (*fam*)
❷ *geh* (*legendär*) *Gestalt, König* légendaire
II. *Adv fam teuer, günstig* vachement (*fam*)

Sägespäne ['zɛ:gəʃpɛ:nə] *Pl* sciure *f* [de bois] **Sägewerk** *nt* scierie *f*

Sago ['za:go] <-s> *m o nt* sagou *m*

sah [za:] *Imp von* **sehen**

Sahara [za'ha:ra, 'za:hara] <-> *f* **die** ~ le Sahara

Sahelzone *f* **die** ~ le Sahel

Sahne ['za:nə] <-> *f* crème *f;* (*Schlagsahne*) crème chantilly; **saure** ~ crème fraîche; **mit** ~ *Soße* avec de la crème; *Kuchen, Eis* avec de la chantilly
▶ **etw ist allererste** ~ *sl* qc est à casser la baraque (*arg*)

Sahnebonbon [-bɔŋ'bɔŋ, bõ'bõ:] *m o nt* caramel *m* **Sahneeis** *nt* crème *f* glacée **Sahnetorte** *f* tarte *f* à la crème

sahnig ['za:nɪç] *Adj* crémeux(-euse); ~ **schmecken** être crémeux(-euse)

Saibling ['zaɪplɪŋ] <-s, -e> *m* ZOOL omble *m* chevalier

Saison [zɛ'zõ:, zɛ'zɔŋ] <-, -s A -en> *f* saison *f;* **außerhalb der** ~ hors saison

saisonal [zɛzo'na:l] I. *Adj* saisonnier(-ière)
II. *Adv* ~ **bedingt** saisonnier(-ière)

Saisonarbeit *f* travail *m* saisonnier **Saisonarbeiter(in)** *m(f)* [travailleur(-euse) *m(f)*] saisonnier(-ière) *m(f)* **Saisonausverkauf** *m* soldes *mpl* saisonniers **saisonbedingt** *Adj* saisonnier(-ière) **Saisonbetrieb** *m kein Pl* activité *f* saisonnière **saisonüblich** *Adj* conforme à la saison, saisonnier(-ière)

Saite ['zaɪtə] <-, -n> *f* corde *f*
▶ **andere** ~**n aufziehen** *fam* serrer la vis (*fam*)

Saiteninstrument *nt* instrument *m* à cordes

Sake ['za:kə] <-> *m* saké *m*

Sakko ['zako] <-s, -s> *m o nt* veston *m*

sakral [za'kra:l] *Adj geh* sacré(e)

Sakrament [zakra'mɛnt] <-[e]s, -e> *nt* sacrement *m*
▶ ~ [**noch mal**]! SDEUTSCH *sl* [sa]cré nom de Dieu! (*pop*)

Sakrileg [zakri'le:k] <-s, -e> *nt geh* sacrilège *m*

Sakristei [zakrɪs'taɪ] <-, -en> *f* sacristie *f*

sakrosankt [zakro'zaŋkt] *Adj geh* sacro-saint(e)

säkular [zɛku'la:ɐ] *Adj* ❶ (*alle hundert Jahre wiederkehrend*) séculaire
❷ (*weltlich*) séculier(-ière)

Säkularisation [zɛkulariza'tsio:n] <-, -en> *f* sécularisation *f*

säkularisieren* *tr V* séculariser

Salamander [zala'mandɐ] <-s, -> *m* salamandre *f*

Salami [za'la:mi] <-, -s> *f* salami *m*

Salamitaktik *f hum* logique *f* de la tortue (*hum*)

Salär [za'lɛ:ɐ] <-s, -e> *nt* CH *geh* rétribution *f*

Salat [za'la:t] <-[e]s, -e> *m* salade *f;* **grüner** ~ laitue *f*
▶ **da** [*o* **jetzt**] **haben wir den** ~**!** *fam* nous voilà dans de beaux draps!

Salatbesteck *nt* couvert *m* à salade **Salatdressing** *s.* **Dressing Salatgurke** *f* concombre *m* **Salatplatte** *f* ❶ (*Teller*) saladier *m* ❷ (*Gericht*) salade *f* composée **Salatschleuder** *f* essoreuse *f* à salade **Salatschüssel** *f* saladier *m* **Salatsoße** *f* sauce *f* de salade **Salatteller** *m* ❶ (*Teller*) plat *m* à salade ❷ (*Gericht*) salade *f* composée

Salbe ['zalbə] <-, -n> *f* crème *f;* (*fettig*) pommade *f*

Salbei ['zalbaɪ] <-s> *m* sauge *f*

salben ['zalbən] *tr V* oindre

Salböl ['zalpʔø:l] *nt* REL huile *f* d'onction [*o* sainte]

Salbung <-, -en> *f* onction *f*

salbungsvoll I. *Adj pej Predigt, Rede* onctueux(-euse) (*iron*); *Spruch, Worte* mielleux(-euse) (*iron*)
II. *Adv pej sich ausdrücken, predigen* onctueusement (*iron*); *reden, sprechen* sur un ton doucereux

Salchow ['zalço] <-s, -s> *m* SPORT salchow *m*

Saldo ['zaldo] <-s, -s *o* Saldi *o* Salden> *m* FIN solde *m*

Säle ['zɛ:lə] *Pl von* **Saal**

Saline [za'li:nə] <-, -n> *f* saline *f*

Salizylsäure [zali'tsy:l-] *f* acide *m* salicylique

Salm [zalm] <-[e]s, -e> *m* ZOOL saumon *m*

Salmiak [zal'mjak] <-s> *m o nt* chlorure *m* d'ammonium

Salmiakgeist <-s> *m* ammoniaque *f*

Salmonelle [zalmo'nɛlə] *f meist Pl* salmonelle *f*

Salomonen [zalo'mo:nən] *Pl* **die** ~ les îles *fpl* Salomon

salomonisch [zalo'mo:nɪʃ] *Adj* ~**es Urteil** jugement *m* de Salomon

Salon [za'lõ:, za'lɔŋ] <-s, -s> *m geh* salon *m*

salonfähig [za'lõ:-, za'lɔŋ-] *Adj* **nicht** ~ **sein** *Person:* ne pas être présentable; *Benehmen, Bemerkung:* ne pas être convenable; **etw** ~ **machen** faire entrer qc dans les mœurs **Salonlöwe** *m pej* salonnard *m* (*péj*) **Salonwagen** *m* EISENBAHN voiture-salon *f*

salopp [za'lɔp] I. *Adj Kleidung* décontracté(e); *Redeweise, Ausdruck* léger(-ère); *Wort* osé(e)
II. *Adv sich kleiden* de façon décontractée; *sich ausdrücken* familièrement

Salpeter [zal'pe:tɐ] <-s> *m* salpêtre *m*

Salpetersäure *f* acide *m* nitrique

Salto ['zalto] <-s, -s *o* Salti> *m* saut *m* périlleux; ~ **mortale** saut de la mort

salü *Interj* CH (*hallo*) salut (*fam*)

Salut [za'lu:t] <-[e]s, -e> *m* salve *f* d'honneur; ~ **schießen** tirer une salve d'honneur

salutieren* *itr V* faire le salut militaire

Salutschuss[RR] *s.* **Salut**

Salvadorianer(in) [zalvadori'a:nɐ] <-s, -> *m(f)* Salvadorien(ne) *m(f)*

salvadorianisch [zalvadori'a:nɪʃ] *Adj* salvadorien(ne)

Salve ['zalvə] <-, -n> *f* salve *f;* (*Salutschüsse*) salve d'honneur; **eine** ~ **auf jdn abfeuern** passer qn par les armes

Salz [zalts] <-es, -e> *nt* sel *m;* **etw in** ~ **legen** saler qc
▶ **jdm nicht das** ~ **in der Suppe gönnen** *fam* être jaloux(-ouse) comme un poux de qn

salzarm I. *Adj* pauvre en sel II. *Adv essen* peu salé; ~ **kochen** cuisiner avec peu de sel **Salzbergwerk** *nt* mine *f* de sel **Salzbrezel** *f* bretzel *m*

Salzburg ['zaltsbʊrk] <-s> *nt* Salzbourg

salzen <*PP* gesalzen *o selten* gesalzt> ['zaltsən] *tr, itr V* saler; *s. a.* **gesalzen**

Salzfässchen[RR] *nt* salière *f* **Salzgebäck** *nt* [petit] gâteau *m* salé **Salzgehalt** *m* teneur *f* en sel **Salzgurke** *f* GASTR corni-

S

chon *m* salé
salzhaltig *Adj Boden, Lösung* salin(e); *Wasser* salé(e)
Salzhering *m* hareng *m* salé
salzig *Adj Essen, Wasser* salé(e); *Lösung, Boden* salin(e)
Salzkartoffel *f meist Pl* pomme *f* de terre [cuite] à l'eau **Salzkorn** <-körner> *nt* grain *m* de sel **Salzlake** *f* saumure *f*
salzlos *Adj, Adv* sans sel
Salzlösung *f* sérum *m* physiologique **Salzsäule** *f* ▸ **zur ~ erstarren** rester pétrifié(e) **Salzsäure** *f* CHEM acide *m* chlorhydrique **Salzsee** *m* lac *m* salé **Salzstange** *f* stick *m* [salé] **Salzstreuer** <-s, -> *m* salière *f* **Salzwasser** *nt* eau *f* salée **Salzwüste** *f* désert *m* de sel
SA-Mann [ɛsˈʔaː-] <-[e]s, -Männer> *m* NS SA *m* (*membre des sections d'assaut nazies*)
Samariter [zamaˈriːtɐ] <-s, -> *m* ▸ **ein barmherziger ~** *geh* un bon Samaritain
Samba [ˈzamba] <-s, -s> *m* samba *f*
Sambia [ˈzambia] <-s> *nt* la Zambie
Sambier(in) [ˈzambiɐ] <-s, -> *m(f)* Zambien(ne) *m(f)*
sambisch *Adj* zambien(ne)
Same [ˈzaːmə] <-ns, -n> *geh,* **Samen** [ˈzaːmən] <-s, -> *m* ❶ BOT semence *f*
❷ *kein Pl* (*Sperma*) sperme *m*
Samenanlage *f* BOT ovule *m* **Samenbank** <-banken> *f* banque *f* du sperme **Samenerguss**RR *m* éjaculation *f* **Samenfaden** *m* spermatozoïde *m* **Samenflüssigkeit** *f* sperme *m* **Samenhandlung** *f* graineterie *f* **Samenkapsel** *f* capsule *f* **Samenkorn** <-körner> *nt* graine *f* **Samenleiter** <-s, -> *m* canal *m* déférent **Samenspender** *m* donneur *m* de sperme **Samenstrang** *m* ANAT cordon *m* spermatique **Samenzelle** *f* spermatozoïde *m*
Sämereien [zɛːməˈraɪən] *Pl* graines *fpl,* semences *fpl*
sämig [ˈzɛːmɪç] *Adj Soße, Suppe* velouté(e)
Sämischleder *nt* chamois *m;* (*zum Wischen*) peau *f* chamoisée [*o* de chamois]
Sämling <-s, -e> *m* semis *m*
Sammelalbum *nt* album *m* de collection **Sammelanschluss**RR *m* installation *f* groupée **Sammelband** <-bände> *m* recueil *m* **Sammelbecken** *nt* (*Hort*) creuset *m* **Sammelbegriff** *m* terme *m* collectif **Sammelbehälter** *m* collecteur *m* **Sammelbestellung** *f* commande *f* groupée **Sammelbezeichnung** *s.* Sammelbegriff **Sammelbüchse** [-ks-] *f* tronc *m* **Sammelfahrschein** *m* billet *m* de groupe **Sammellager** *nt* centre *m* d'accueil **Sammellinse** *f* PHYS lentille *f* convergente **Sammelmappe** *f* chemise *f*
sammeln [ˈzaməln] **I.** *tr V* ❶ cueillir *Beeren, Blumen, Kräuter;* ramasser *Brennholz, Früchte, Steine, Pilze*
❷ (*zu einer Sammlung zusammenstellen*) collectionner *Briefmarken, Insekten*
❸ (*als Spende nehmen*) collecter *Geld, Altkleidung, Altmaterial*
❹ (*zusammentragen*) rassembler *Belege, Beweise;* recueillir *Informationen; s. a.* **gesammelt**
❺ (*erleben*) recueillir *Eindrücke;* **gute/schlechte Erfahrungen ~** faire provision de bons/accumuler de mauvaises expériences
❻ (*um sich scharen*) **Leute um sich ~** rassembler des gens autour de soi
II. *r V* ❶ (*sich versammeln*) **sich ~** se rassembler
❷ (*sich anhäufen*) **sich in etw** (*Dat*) **~** *Partikel, Wasser:* être recueilli(e) dans qc
❸ *geh* (*sich konzentrieren*) **sich ~** se concentrer; (*zur Ruhe kommen*) se recueillir; *s. a.* **gesammelt**
III. *itr V* **für jdn/etw ~** faire une collecte pour qn/qc
Sammelnummer *f* ligne *f* groupée **Sammelplatz** *m,* **Sammelpunkt** *m* lieu *m* de rassemblement; **um 7 Uhr treffen wir uns an unserem ~** nous nous retrouvons à 7 heures au lieu de rassemblement
Sammelsurium [-ˈzuːriʊm] <-s, -rien> *nt* bric-à-brac *m*
Sammeltaxi *nt* taxi *m* collectif **Sammelwerk** *nt* recueil *m*
Sammler(in) [ˈzamlɐ] <-s, -> *m(f)* (*Mensch mit Sammelleidenschaft*) collectionneur(-euse) *m(f)*
Sammlerstück *nt* pièce *f* de collection **Sammlerwert** *m kein Pl* valeur *f* de collection
Sammlung <-, -en> *f* ❶ *von Gegenständen* collection *f*
❷ *kein Pl geh* (*Konzentration*) concentration *f;* (*innere Ruhe*) recueillement *m*
Samoa [zaˈmoːa] <-s> *nt* les îles *fpl* Samoa
Samoaner(in) [zamoˈaːnɐ] <-s, -> *m(f)* Samoan(e) *m(f)*
samoanisch *Adj* samoan(e)
Samowar [zamoˈvaːɐ, ˈzamovaːɐ] <-s, -e> *m* samovar *m*
Sampler [ˈsaːmplɐ, ˈzamplɐ] <-s, -> *m* best-of *m,* compilation *f*
Samstag [ˈzamstaːk] <-[e]s, -e> *m* samedi *m; s. a.* **Dienstag**
Samstagabend *m* samedi *m* soir; **am ~** le samedi soir
samstägig *Adj* du samedi
Samstagmorgen *m* samedi *m* matin; **am ~** le samedi matin
Samstagnachmittag *m* samedi *m* après-midi; **am ~** le samedi après-midi
samstags [ˈzamstaːks] *Adv* le samedi
samt [zamt] **I.** *Präp + Dat* avec; **~ Kindern/Gepäck** avec les enfants/bagages
II. *Adv* ▸ **~ und sonders** tous/toutes sans exception
Samt <-[e]s, -e> *m* velours *m*
samtartig *Adj* velouté(e)
samten [ˈzamtən] *Adj geh Kleid, Jacke* de velours
Samthandschuh *m* gant *m* de velours
▸ **jdn mit ~en anfassen** *fam* prendre des gants avec qn (*fam*)
samtig [ˈzamˈtɪç] *s.* **samtweich**
sämtlich [ˈzɛmtlɪç] **I.** *Adj* **~er Besitz** tous les biens; **mein ~es Geld** tout mon argent; **~e Freunde/Freundinnen** tous les amis/toutes les amies
II. *Adv anwesend, erschienen* au complet; *verschwunden* complètement
samtweich *Adj* velouté(e); **~ sein** être doux(douce) comme du velours
Samurai [zamuˈraɪ] <-[s], -[s]> *m* samouraï *m*
Sanatorium [zanaˈtoːriʊm] <-s, -rien> *nt* sanatorium *m*
Sand [zant] <-[e]s, -e> *m* sable *m*
▸ **jdm ~ in die Augen streuen** jeter de la poudre aux yeux de qn; **hier gibt es Kirschen wie ~ am Meer** *fam* les cerises, ça pullule (*fam*); **auf ~ gebaut sein** être bâti(e) sur le sable; **in den ~ setzen** *fam* faire foirer (*fam*) *Projekt;* claquer (*fam*) *Geld;* **im ~e verlaufen** finir en queue de poisson (*fam*)
Sandale [zanˈdaːlə] <-, -n> *f* sandale *f*
Sandalette [zandaˈlɛtə] <-, -n> *f* sandalette *f*
Sandbank <-bänke> *f* banc *m* de sable **Sandboden** *m* sol *m* sablonneux **Sanddorn** <-dorne> *m* BOT argousier *m* [argenté]
Sandelholz [ˈzandəl-] *nt* ❶ (*Holz*) bois *m* de santal
❷ (*Duftnote*) santal *m*
sandeln [ˈzandəln] *itr V* SDEUTSCH jouer dans le sable
sandfarben, sandfarbig *Adj* [de couleur] sable *inv*
Sandgrube *f* sablière *f* **Sandhaufen** *m* tas *m* de sable
sandig *Adj* ❶ *Boden, Erde, Weg* sablonneux(-euse)
❷ (*mit Sand beschmutzt*) *Schuhe, Oberfläche* plein(e) de sable
Sandkasten *m* ❶ (*für Kinder*) bac *m* à sable
❷ MIL caisse *f* à sable
Sandkastenspiel *nt* stratégie *f* en chambre *pas de pl*
Sandkorn <-körner> *nt* grain *m* de sable **Sandkuchen** *m* ≈ quatre-quarts *m*
Sandler(in) [ˈzantlɐ] <-s, -> *m(f)* A *fam* (*Streuner*) clochard(e) *m(f)*
Sandmann *m kein Pl,* **Sandmännchen** [-mɛnçən] *nt kein Pl* marchand *m* de sable **Sandpapier** *nt* papier *m* émeri **Sandplatz** *m* TENNIS court *f* en terre battue **Sandsack** *m* sac *m* de sable **Sandstein** *m* grès *m* **sandstrahlen** *tr V* sabler; **das Sandstrahlen** le sablage **Sandstrahlgebläse** *nt* sableuse *f*
Sandstrand *m* plage *f* de sable **Sandsturm** *m* tempête *f* de

sable

sandte ['zantə] *Imp von* **senden**[2]

Sanduhr *f* sablier *m*

Sandwich ['zɛntvɪtʃ, 'sɛnwɪtʃ] <-[s], -[e]s> *nt o m* sandwich *m*

Sandwüste *f* désert *m* de sable

sanft [zanft] **I.** *Adj* ❶ *(sacht) Berührung, Händedruck* léger(-ère); *Massage, Streicheln* doux(douce)
❷ *(gedämpft, schwach) Musik* doux(douce); *Brise, Wind, Tadel* léger(-ère); *Druck, Ermahnung* discret(-ète)
❸ *(gütig) Person, Gemüt, Blick, Gesicht* doux(douce); *Augen* plein(e) de douceur
❹ *(leicht) Gefälle, Rundung, Steigung* léger(-ère); *Hügel* petit(e)
❺ *(schonend, mild) Mittel, Revolution, Technik* doux(douce); *Tourismus* respectueux(-euse) de l'environnement
II. *Adv* ❶ *(sacht, gedämpft)* doucement
❷ *(leicht) abfallen, ansteigen* légèrement
❸ *(zurückhaltend) ermahnen, hinweisen* gentiment
▶ ~ **entschlafen sein** *euph geh* s'être éteint(e) paisiblement *(soutenu)*; **ruhe ~!** qu'il/elle repose en paix!

Sänfte ['zɛnftə] <-, -n> *f* chaise *f* à porteurs

Sanftheit <-> *f einer Berührung, Stimme, eines Blicks* douceur *f*

Sanftmut <-> *f geh* débonnaireté *f (soutenu)*

sanftmütig [-my:tɪç] *geh* **I.** *Adj* débonnaire *(soutenu)*
II. *Adv* débonnairement *(soutenu)*

sang [zaŋ] *Imp von* **singen**

Sang <-[e]s, ¨-e> *m geh* chant *m*
▶ **mit ~ und Klang** *fam* avec perte[s] et fracas

Sänger(in) ['zɛŋɐ] <-s, -> *m(f)* chanteur(-euse) *m(f)*

Sangria [saŋ'gri:a] <-, -s> *f* sangria *f*

Sanguiniker(in) [zaŋ'gui:nikɐ] <-s, -> *m(f)* sanguin(e) *m(f)*

sanguinisch [zaŋ'gui:nɪʃ] *Adj* sanguin(e)

sang- und klanglos *Adv fam* sans tambour ni trompette

sanieren* [za'ni:rən] **I.** *tr V a.* ÖKON assainir; **von Asbest ~** désamianter .
II. *r V* **sich ~** se redresser

Sanierung <-, -en> *f* assainissement *m*

Sanierungsgebiet *nt* zone *f* d'assainissement

sanitär [zani'tɛ:ɐ] *Adj attr* sanitaire

Sanität [zani'tɛ:t] <-, -en> *f* ❶ *kein Pl* A *(Gesundheitsdienst)* service *m* de santé publique
❷ CH *(Ambulanz)* SAMU *m*
❸ A, CH *(Sanitätstruppe)* service *m* de santé

Sanitäter(in) [zani'tɛ:tɐ] <-s, -> *m(f)* ❶ secouriste *mf*
❷ MIL soldat(e) *m(f)* du service de santé

Sanitätsdienst *m* MED service *m* de santé; MIL service *m* de santé des armées **Sanitätsoffizier(in)** *m(f)* officier *m* du service de santé **Sanitätswagen** *m* ambulance *f* **Sanitätswesen** *nt kein Pl* service *m* de santé; MIL service *m* de santé des armées

sank [zaŋk] *Imp von* **sinken**

Sankt [zaŋkt] *Adj unv* ~ **Petrus** saint Pierre; ~ **Barbara** sainte Barbara; **das Fest des ~ Martin** la Saint-Martin

Sankt Gallen [zaŋkt 'galən] <- -s> *nt* le Saint-Gall

Sankt Gotthard [zaŋkt 'gɔthart] <- -s> *m* **der ~** le Saint-Gothard

Sankt Helena [zaŋkt 'he:lena] <- -s> *nt* Sainte-Hélène

Sanktion [zaŋk'tsio:n] <-, -en> *f* sanction *f*

sanktionieren* *tr V* ❶ *geh (gutheißen)* cautionner *Maßnahme, Vorgehen*
❷ JUR entériner *Annexion, Besetzung*

Sankt-Nimmerleins-Tag *m fam* **am ~** à la Saint-Glinglin *(fam)*; **etw auf den ~ verschieben** repousser qc jusqu'à la Saint-Glinglin *(fam)*

San Marino [zanma'ri:no] <-s> *nt* ❶ *(Staat)* république *f* de Saint-Marin
❷ *(Hauptstadt)* Saint-Marin *m*

sann [zan] *Imp von* **sinnen**

Saphir ['za:fɪr, 'zafi:ɐ, za'fi:ɐ] <-s, -e> *m* saphir *m*

Saphirnadel ['za:fɪr-, 'za:fi:ɐ-, za'fi:ɐ-] *f* saphir *m*

Sarde ['zardə] <-n, -n> *m*, **Sardin** *f* Sarde *mf*

Sardelle [zar'dɛlə] <-, -n> *f* anchois *m*

Sardellenpaste *f* purée *f* d'anchois; *(mit Olivenöl)* anchoïade *f*

Sardine [zar'di:nə] <-, -n> *f* sardine *f*

Sardinenbüchse *f*, **Sardinendose** *f* boîte *f* de sardines

Sardinien [zar'di:niən] <-s> *nt* la Sardaigne; **auf ~** en Sardaigne

sardinisch, **sardisch** ['zardɪʃ] *Adj* sarde

Sardisch <-[s]> *nt kein Art* le sarde; *s. a.* **Deutsch**

Sardische *nt dekl wie Adj* **das ~** le sarde; *s. a.* **Deutsche**

Sarg [zark, *Pl:* 'zɛrgə] <-[e]s, ¨-e> *m* cercueil *m*

Sargdeckel *m* couvercle *m* du cercueil **Sargträger(in)** *m(f)* porteur(-euse) *m(f)* de cercueil

Sari ['za:ri] <-[s], -s> *m* sari *m*

Sarkasmus [zar'kasmʊs] <-, -men> *m* sarcasme *m*

sarkastisch [zar'kastɪʃ] **I.** *Adj* sarcastique
II. *Adv* sarcastiquement

Sarkom [zar'ko:m] <-s, -e> *m* MED sarcome *m*

Sarkophag [zarko'fa:k] <-[e]s, -e> *m* sarcophage *m*

saß [za:s] *Imp von* **sitzen**

Satan ['za:tan] <-s, -e> *m* ❶ *kein Pl* BIBL **der ~** Satan *m*
❷ *fam (böser Mensch)* monstre *m*

satanisch [za'ta:nɪʃ] **I.** *Adj attr* satanique; *Plan* diabolique
II. *Adv* sataniquement

Satansbraten *m hum fam* petit *m* monstre *(fam)* **Satanskult** *m* satanisme *m*

Satellit [zatɛ'li:t] <-en, -en> *m* satellite *m*

Satellitenfernsehen *nt* TV télévision *f* par satellite **Satellitenfoto** *nt* photo-satellite *f* **Satellitenschüssel** *f* antenne *f* parabolique **Satellitenstaat** *m* pays *m* satellite **Satellitenstadt** *f* cité-satellite *f* **Satellitenübertragung** *f* [re]transmission *f* par satellite

Satin [za'tɛ̃:] <-s, -s> *m* satin *m*

Satire [za'ti:rə] <-, -n> *f* satire *f*

Satiriker(in) [za'ti:rikɐ] <-s, -> *m(f)* auteur *mf* satirique

satirisch *Adj* satirique

satt [zat] **I.** *Adj* ❶ rassasié(e); **sich ~ essen** manger à sa faim; **sich an Obst** *(Dat)* **~ essen** se gaver de fruits; **~ machen** rassasier; **die Kinder ~ bekommen** *fam* caler l'estomac des enfants *(fam)*
❷ *(kräftig) Farbe, Farbton* soutenu(e)
❸ *geh (übersättigt, wohlhabend) Wohlstandsbürger* blasé(e)
❹ *fam (groß) Mehrheit* bon(ne) gros(se) *(fam)*; **ein ~er Gewinn** un bon paquet *(fam)*
❺ *fam (voll, intensiv) Klang, Sound* super *antéposé (fam)*
▶ **jdn/etw ~ haben** *fam* en avoir marre de qn/qc *(fam)*; **sich an etw** *(Dat)* **nicht ~ sehen können** ne pas se lasser de regarder qc
II. *Adv fam* **es gibt Fisch/Wein ~** il y a des tonnes de poisson/de vin *(fam)*

Sattel ['zatəl, *Pl:* 'zɛtəl] <-s, ¨-> *m* ❶ *(Reitsattel, Fahrradsattel)* selle *f*; **jdm in den ~ helfen** aider qn à se mettre en selle; **sich in den ~ schwingen** se mettre en selle
❷ *(Bergrücken)* croupe *f*
▶ **fest im ~ sitzen** *Regierung, Politiker:* être bien en selle

Satteldach *nt* toit *m* en pente

sattelfest *Adj* **in etw** *(Dat)* **~ sein** s'y connaître en qc

satteln *tr V* seller

Sattelnase *f* nez *m* camus **Sattelschlepper** <-s, -> *m (Sattelzug)* semi-remorque *m*; *(Zugmaschine)* tracteur *m* [de semi-remorque] **Satteltasche** *f* sacoche *f* **Sattelzug** *m* semi-remorque *m*

Sattheit <-> *f* ❶ satiété *f*
❷ *(Intensität) einer Farbe, eines Klangs* intensité *f*
❸ *(Saturiertheit)* esprit *m* blasé

sättigen ['zɛtɪgən] **I.** *tr V* ❶ *geh (satt machen)* rassasier; **jdn ~**

rassasier qn
❷ (*voll sein*) **die Luft ist mit Feuchtigkeit gesättigt** l'air est saturé d'humidité; *s. a.* **gesättigt**
II. *itr V Brot, Suppe:* rassasier
III. *r V geh* **sich** ~ se repaître (*littér*)
sättigend *Adj* consistant(e)
Sättigung <-, *selten* -en> *f* ❶ **der** ~ (*Dat*) **dienen** permettre d'être rassasié(e)
❷ (*Saturierung*) *des Markts* saturation *f*
Sättigungsgrad *m a.* ÖKON degré *m* de saturation
Sattler(in) ['zatlɐ] <-s, -> *m(f)* sellier(-ière) *m(f)*
Sattlerei [zatlə'raɪ] <-, -en> *f* sellerie *f*
sattsam ['zatza:m] *Adv erörtern* à satiété; *bekannt* amplement
saturiert [zatu'ri:ɐt] *Adj geh* saturé(e)
Saturn [za'tʊrn] <-s> *m* [**der**] ~ [la planète] Saturne
Satyr ['za:tʏr] <-s *o* -n, -n *o* -e> *m* satyre *m*
Satz [zats, *Pl:* 'zɛtsə] <-es, ¨-e> *m* ❶ phrase *f;* **mitten im ~ abbrechen** s'arrêter en plein [*o* au beau] milieu de la phrase
❷ JUR alinéa *m*
❸ MUS mouvement *m*
❹ (*Set*) **ein ~ Kochtöpfe** une batterie de casseroles; **ein ~ Topfuntersetzer** un set de dessous-de-plat; **ein ~ Schraubenschlüssel** un jeu de clés; **ein ~ Briefmarken** une série de timbres de poste
❺ TYP composition *f;* **im ~ sein** *Manuskript, Buch:* être à la composition
❻ (*festgelegter Betrag*) tarif *m*
❼ TENNIS set *m*
❽ MATH **der ~ des Pythagoras/Thales** le théorème de Pythagore/Thalès
❾ (*Sprung*) bond *m;* **einen ~ machen** faire un bond; **mit einem ~** d'un bond
❿ (*Bodensatz*) dépôt *m;* (*bei Wein, Bier, Most*) lie *f;* (*Kaffeesatz*) marc *m*
Satzanweisung *f* TYP instruction *f* typographique
Satzball *m* balle *f* de match
Satzbau *m* construction *f* de la phrase
Satzfehler *m* TYP coquille *f*
Satzlehre *f kein Pl* LING syntaxe *f*
Satzspiegel *m* TYP format *m* d'impression
Satzteil *m* constituant *m* de la phrase
Satzung <-, -en> *f* JUR statuts *mpl*
satzungsgemäß I. *Adj* statutaire II. *Adv* conformément aux statuts **satzungswidrig** JUR, ADMIN I. *Adj* contraire [*o* non conforme] aux statuts II. *Adv* contrairement aux statuts
Satzzeichen *nt* signe *m* de ponctuation
Sau [zaʊ, *Pl:* 'zɔɪə] <-, -en *o* Säue> *f* ❶ (*weibliches Schwein*) truie *f;* (*weibliches Wildschwein*) laie *f*
❷ *pej sl* (*schmutziger Mensch*) gros porc *m* (*fam*)
❸ *sl* (*gemeiner Mensch*) fils *m* de pute (*péj vulg*)
▶ **wie eine gesengte ~** *sl* comme un/une barge (*arg*); **jdn wegen etw zur ~ machen** *sl* engueuler qn à cause de qc comme du poisson pourri (*pop*); **die ~ rauslassen** *sl* (*feiern*) faire une bombe à tout casser (*arg*); (*toben*) pousser sa gueulante (*pop*); **keine ~** *sl* pas un pelé (*fam*); **unter aller ~** *sl* à chier [des bulles] (*vulg*)
sauber ['zaʊbɐ] I. *Adj* ❶ (*rein, nicht verschmutzt*) propre; *Atmosphäre, Luft* pur(e); *Umwelt* sain(e); **~ halten** tenir propre; **~ machen** faire le ménage; **im Arbeitszimmer ~ machen** nettoyer le bureau; **jdn/etw ~ machen** laver qn/nettoyer qc
❷ (*einwandfrei*) *Ausführung, Handschrift, Arbeit* soigné(e); *Reparatur* fait(e) proprement; *Analyse, Darstellung* précis(e); *Lösung, Verfahrensweise* approprié(e); [~,] ~! chapeau! (*fam*)
❸ *iron fam Bursche, Kerlchen* sacré(e) (*fam*)
▶ **bleib ~!** *hum fam* sois sage! (*fam*); **nicht ganz ~ sein** *sl* ne pas être vraiment clean (*arg*)
II. *Adv* ❶ (*sorgfältig*) soigneusement
❷ (*einwandfrei*) *lösen* [très] convenablement; *analysieren, darstellen* de façon précise
sauber|halten *s.* **sauber I.1.**
Sauberkeit <-> *f* ❶ (*Reinlichkeit*) propreté *f*
❷ (*opp: Verschmutzung*) *des Wassers, der Umwelt* propreté *f; der Atmosphäre, Luft* pureté *f*
Sauberkeitsfimmel *m pej fam* obsession *f* de la propreté; **einen ~ haben** être un(e) maniaque de la propreté
säuberlich ['zɔɪbɐlɪç] I. *Adj Ordnung* méticuleux(-euse); *Trennung* soigneux(-euse)
II. *Adv* soigneusement
sauber|machen *s.* **sauber I.1.**
Saubermann <-männer> *m iron fam* ❶ (*anständiger Mensch*) cul-bénit *m* (*iron fam*)
❷ (*Moralapostel*) **sich als ~ aufspielen** se faire passer pour l'honnêteté en personne (*iron*)
säubern ['zɔɪbɐn] *tr V* ❶ *geh* (*reinigen*) nettoyer
❷ *euph* (*befreien*) épurer; **das Parlament von Oppositionellen ~** débarasser le Parlement des opposants
Säuberung <-, -en> *f euph* épuration *f*
Säuberungsaktion *f* POL campagne *f* d'épuration
saublöd[e] *s.* **saudumm**
Saubohne *f* fève *f*
Sauce ['zo:sə] <-, -n> *s.* **Soße**
Sauciere [zo'sie:rə, zo'siɛ:rə] <-, -n> *f* saucière *f*
Saudi [zaʊdi] <-s, -s> *m* Saoudien *m*
Saudi-Araber(in) <-s, -> *m(f)* Saoudien(ne) *m(f)* **Saudi-Arabien** [-biən] <-s> *nt* l'Arabie *f* Saoudite **saudi-arabisch**[RR] *Adj* saoudien(ne)
saudumm I. *Adj sl* gland (*arg*); **ein ~er Kerl** *vulg* un con[n]ard de première (*vulg*); **~ sein** *sl* être gland (*arg*)
II. *Adv sl* couillonnement (*pop*)
sauen ['zaʊən] *itr V sl* faire des saloperies (*fam*)
sauer ['zaʊɐ] I. *Adj* ❶ *Frucht, Saft* acide; *Wein* aigre; *Drops* acidulé(e)
❷ (*geronnen*) tourné(e); **~ werden** tourner
❸ (*in Essig eingelegt*) *Gemüse, Gurke* au vinaigre; *Hering, Rollmops* mariné(e); **etw ~ einlegen** mettre qc dans le vinaigre/faire mariner qc
❹ CHEM *Lösung, Boden, Regen* acide
❺ *fam* (*verärgert*) *Person, Gesicht* renfrogné(e); **~ sein** être de mauvais poil (*fam*); **auf jdn/etw ~ sein** être en rogne contre qn/qc (*fam*); **~ sein, weil ...** être en rogne parce que... (*fam*)
II. *Adv* ❶ (*mühselig*) *ersparen, erarbeiten* à la sueur de son/mon/... front; **das ~ ersparte Geld** l'argent durement économisé
❷ *fam* (*verärgert*) *reagieren, antworten* mal poilé(e) (*fam*)
Sauerampfer <-, -n> *m* oseille *f* **Sauerbraten** *m* rôti *m* de bœuf mariné [dans du vinaigre]
Sauerei [zaʊə'raɪ] <-, -en> *f fam* saloperie *f* (*fam*)
Sauerkirsche *f* ❶ (*Frucht*) griotte *f* ❷ (*Baum*) cerisier *m* **Sauerklee** *m* BOT oxalide *f,* oxalis *m* **Sauerkohl** *m* DIAL, **Sauerkraut** *nt* choucroute *f*
säuerlich ['zɔɪɐlɪç] I. *Adj* ❶ *Geschmack, Frucht* aigrelet(te); *Wein* vert(e)
❷ (*verärgert*) contrarié(e); *Grinsen, Lächeln, Miene* pincé(e)
II. *Adv* ❶ **~ schmecken** *Wein:* être vert(e); *Sauerbraten:* être aigrelet(te)
❷ (*verärgert*) en grinchant; **~ grinsen** avoir un sourire pincé
Sauermilch *f* lait *m* caillé
säuern ['zɔɪɐn] I. *tr V* acidifier
II. *itr V* donner des aigreurs
Sauerrahm *m* ≈ crème *f* fleurette **Sauerstoff** *m kein Pl* oxygène *m*
sauerstoffarm *Adj* pauvre en oxygène **Sauerstoffflasche** *f* bouteille *f* d'oxygène **Sauerstoffgerät** *nt* ❶ (*Atemgerät*) masque *m* à oxygène ❷ MED (*Beatmungsgerät*) appareil *m* à oxygène **sauerstoffhaltig** *Adj* oxygéné(e); **~ sein** contenir de l'oxygène **Sauerstoffmangel** *m* manque *m* d'oxygène

Sauerstoffmaske *f* masque *m* à oxygène **sauerstoffreich** *Adj* riche en oxygène **Sauerstoffzelt** *nt* tente *f* à oxygène
Sauerteig *m* levain *m*
Saufbold [-bɔlt] <-[e]s, -e> *m pej sl* pochtron(ne) *m(f)* (*arg*)
saufen ['zaʊfən] <säuft, soff, gesoffen> **I.** *tr V* ❶ *Tier:* boire; **Wasser/viel Wasser** ~ *Tier:* boire de l'eau/beaucoup d'eau
❷ *sl* (*trinken*) pinter sec; **Unmengen Kaffee** ~ se taper des litres de café (*pop*)
II. *itr V* ❶ **aus etw** ~ *Tier:* s'abreuver à qc
❷ *sl* (*trinken*) **aus der Flasche** ~ pinter à la bouteille (*pop*)
❸ *sl* (*Alkoholiker sein*) têter la fillette (*arg*); **das Saufen aufgeben** arrêter de picoler (*fam*)
Säufer(in) ['zɔɪfɐ] <-s, -> *m(f) sl* pochard(e) *m(f)* (*arg*)
Sauferei <-, -en> *f sl* ❶ *kein Pl* (*das Saufen*) **hör mit der ~ auf!** arrête de picoler! (*fam*)
❷ (*Besäufnis*) beuverie *f* (*fam*)
Säuferleber *f fam* foie *m* d'ivrogne (*fam*) **Säufernase** *f fam* nez *m* d'ivrogne (*fam*)
Saufgelage *nt pej fam* bringue *f* (*fam*) **Saufkumpan(in)** *m(f) sl* copain *m*/copine *f* de beuverie (*fam*)
säuft [zɔɪft] *3. Pers Präs von* **saufen**
saugen ['zaʊgən] <sog *o* saugte, gesogen *o* gesaugt> **I.** *itr V*
❶ *Baby:* téter; **an der Brust** ~ *Baby:* téter le sein
❷ (*staubsaugen*) passer l'aspirateur
II. *tr V* ❶ passer l'aspirateur sur *Teppich;* passer l'aspirateur dans *Zimmer, Wohnung*
❷ (*einsaugen*) aspirer *Flüssigkeit*
III. *r V* **sich mit Wasser voll** ~ *Tuch, Schwamm:* s'imbiber complètement d'eau
säugen ['zɔɪgən] *tr V* allaiter
Sauger ['zaʊgɐ] <-s, -> *m* ❶ (*auf einer Flasche*) tétine *f*
❷ *fam* (*Staubsauger*) aspi *m*
Säuger ['zɔɪgɐ] <-s, -> *m form,* **Säugetier** *nt* mammifère *m*
saugfähig *Adj* absorbant(e) **Saugfähigkeit** *f* pouvoir *m* absorbant **Saugglocke** *f* MED ventouse *f* obstétricale **Saugheber** *m* siphon *m*
Säugling ['zɔɪklɪŋ] <-s, -e> *m* nourrisson *m*
Säuglingsalter *nt* premier âge *m;* **noch im ~ sein** être encore un nourrisson **Säuglingsbekleidung** *f* layette *f* **Säuglingsheim** *nt* pouponnière *f* **Säuglingsnahrung** *f* aliments *mpl* pour nourrissons **Säuglingspflege** *f* puériculture *f* **Säuglingsschwester** *f* puéricultrice *f* **Säuglingsstation** *f* service *m* des nourrissons **Säuglingssterblichkeit** *f* mortalité *f* néonatale
Saugnapf *m* ventouse *f* **Saugpumpe** *f* TECH pompe *f* aspirante **Saugrohr** *nt* tuyau *m* [*o* tubulure *f*] d'aspiration **Saugrüssel** *m* ZOOL ❶ ZOOL suçoir *m* ❷ (*an einer Tanksäule*) tuyau *m* antipollution
Sauhaufen *m pej sl* bande *f* de jean-foutre (*pop*)
säuisch ['zɔɪɪʃ] *sl* **I.** *Adj* ❶ (*unanständig*) vicelard(e) (*pop*); **ein ~er Typ** un [sale] vicelard (*pop*)
❷ (*sehr groß*) **eine ~e Kälte** un putain de froid
II. *Adv* foutrement (*arg*)
saukalt *Adj fam Luft* glacial(e); **ein ~es Wetter** un froid de canard (*fam*); **es ist** ~ il fait un froid de canard (*fam*) **Saukälte** *f fam* froid *m* de canard (*fam*) **Saukerl** *m sl* pute *f* (*pop*)
Säule ['zɔɪlə] <-, -n> *f* ❶ colonne *f*
❷ *fig geh* pilier *m*
❸ (*Zapfsäule*) pompe *f*
säulenförmig [-fœrmɪç] *Adj Tischbein* en forme de colonne **Säulengang** *m* colonnade *f* **Säulenhalle** *f* portique *f*
Saulus ['zaʊlʊs] <-> *m* BIBL Saül *m*
► **vom ~ zum Paulus werden** *geh* trouver son chemin de Damas (*soutenu*)
Saum [zaʊm, *Pl:* 'zɔɪmə] <-[e]s, Säume> *m* ❶ ourlet *m*
❷ *geh* (*Rand*) *eines Ackers, einer Wiese* bordure *f; eines Waldes* orée *f* (*soutenu*)
saumäßig *sl* **I.** *Adj Krämpfe, Schmerzen* atroce (*fam*); *Leistung, Schrift* craignos (*arg*); **eine ~e Kälte** un froid de canard (*fam*)
II. *Adv* foutrement (*arg*); **es blutet** ~ ça pisse le sang (*fam*)
säumen ['zɔɪmən] **I.** *tr V* ❶ ourler *Kleidungsstück, Stoff*
❷ *geh* (*rahmen*) **den Weg** ~ *Personen:* se tenir sur le bord du chemin; *Bäume:* border le chemin (*littér*)
II. *itr V geh* (*abwarten*) tarder
säumig *Adj geh* **~er Zahler** mauvais payeur *m*
Säumniszinsen *Pl* JUR intérêts *mpl* pour retard **Säumniszuschlag** *m* surtaxe *f* pour paiement en retard
Saumpfad *m* sentier *m* [muletier] **Saumtier** *nt* bête *f* de somme
Sauna ['zaʊna] <-, -s *o* Saunen> *f* sauna *m;* **in die ~ gehen** aller au sauna
Saure(s) *nt dekl wie Adj* **etwas ~s** quelque chose d'acide
► **jdm ~s geben** *sl* foutre un pain à qn (*arg*)
Säure ['zɔɪrə] <-, -n> *f* ❶ CHEM acide *m*
❷ (*saurer Geschmack*) acidité *f*
säurebeständig *Adj* résistant(e) aux acides **Säureeintrag** *m* CHEM, ÖKOL apport *m* en acides
Saure-Gurken-ZeitRR *f hum* morte-saison *f* [de l'information]
säurehaltig *Adj Wein, Papier* acide; ~ **sein** contenir de l'acide
Saurier ['zaʊriɐ] <-s, -> *m* saurien *m*
Saus [zaʊs] ► **in ~ und Braus leben** vivre dans le luxe et l'opulence
Sause ['zaʊzə] <-, -n> *f sl* ❶ (*Feier*) bamboche *f* (*pop*)
❷ (*Zechtour*) tournée *f* des bars (*fam*); **eine ~ machen** faire la bringue (*fam*)
säuseln ['zɔɪzəln] **I.** *itr V* ❶ *Wind, Blätter:* murmurer
❷ *geh* (*sprechen*) susurrer
II. *tr V geh* **etw** ~ susurrer qc
sausen ['zaʊzən] *itr V* ❶ + *haben Sturm, Wind:* mugir; **das Sausen** le mugissement
❷ + *sein* (*sich bewegen*) **durch die Straßen/nach Hause** ~ foncer dans les rues/rentrer à toute allure à la maison (*fam*); **durch die Luft** ~ *Pfeil:* fendre l'air en sifflant; **abwärts** ~ *Fallbeil:* tomber
► ~ **lassen** *fam* larguer (*fam*) *Person;* laisser tomber *Plan*
sausen|lassen *s.* sausen ►
Sauser <-s, -> *m* CH (*neuer Wein*) vin *m* blanc nouveau
Saustall *m sl* boxon *f* (*arg*) **saustark** *Adj sl Buch, Film* béton (*arg*) **Sauwetter** *nt sl* temps *m* de merde (*fam*) **sauwohl** *Adv sl* **sich ~ fühlen** prendre son pied (*arg*)
Savanne [za'vanə] <-, -n> *f* savane *f*
SaxofonRR *s.* Saxophon
Saxofonist(in)RR *s.* Saxophonist(in)
Saxophon [zakso'fo:n] <-[e]s, -e> *nt* saxophone *m*
Saxophonist(in) [zaksofo'nɪst] <-en, -en> *m(f)* saxophoniste *mf*
SB [ɛs'be:] *Abk von* **Selbstbedienung** libre-service *m*
S-Bahn ['ɛs-] *f* train *m* de banlieue; (*S-Bahn-System*) trains *mpl* de banlieue; (*in Paris*) R.E.R. *m*
S-Bahnhof ['ɛsba:nho:f] *m,* **S-Bahnstation** *f* gare *f* (*desservie par les trains de banlieue*); (*in Paris*) gare *f* de R.E.R.
SBB [ɛsbe:'be:] *f Abk von* **Schweizerische Bundesbahn** *sigle de la société des chemins de fers suisses*
s. Br. *Abk von* **südlicher Breite** lat. S.
SB-Tankstelle *f* station *f* libre-service
Scampi ['skampi] *Pl* GASTR scampi[s] *mpl*
scannen ['skɛnən] *tr V* scanner *Text*
Scanner ['skɛnɐ, 'skænɐ] <-s, -> *m* INFORM scanne[u]r *m*
Scartbuchse [-ks-] *f* AUDIOV prise *f* péritel®
Schabe ['ʃa:bə] <-, -n> *f* cafard *m*
Schabefleisch *nt* DIAL hachis *m* de bœuf
schaben ['ʃa:bən] *tr V* gratter *Möhren;* drayer *Fell*
Schaber <-s, -> *m* grattoir *m*
Schabernack ['ʃa:bɐnak] <-[e]s, -e> *m* farce *f;* **jdm einen ~ spielen** faire une farce à qn

S

schäbig ['ʃɛːbɪç] *Adj* ❶ *Kleidung* râpé(e); *Schuhe, Koffer, Tasche* miteux(-euse)
❷ (*gemein*) *Person, Verhalten* mesquin(e); **das ist ~ von ihm** c'est mesquin de sa part
❸ (*dürftig*) *Bezahlung, Lohn* minable; *Rest* malheureux(-euse) *antéposé*
Schablone [ʃa'bloːnə] <-, -n> *f* ❶ (*Vorlage*) modèle *m;* (*Malschablone*) pochoir *m*
❷ (*Klischee*) cliché *m*
▸ **nach ~** *fam arbeiten* de façon routinière
schablonenhaft I. *Adj pej* stéréotypé(e)
II. *Adv pej* de façon stéréotypée
Schabracke [ʃa'brakə] <-, -n> *f* ❶ (*Satteldecke*) chabraque *f*
❷ (*Schutzdecke*) (*für den Sessel*) jeté *m* de fauteuil; (*für das Sofa*) jeté *m* de canapé
❸ *pej fam* (*alte Frau*) vieille peau *f* (*péj fam*)
Schach [ʃax] <-s> *nt* ❶ échecs *mpl;* ~ **spielen** jouer aux échecs
❷ (*Stellung*) ~ **[dem König]!** échec [au roi]!; ~ **und matt!** échec et mat!
▸ **jdn mit etw in ~ halten** tenir qn en respect avec qc
Schachbrett *nt* échiquier *m*
schachbrettartig I. *Adj* en damier
II. *Adv* en échiquier
Schachbrettmuster *nt* motif *m* en damier
Schachcomputer *m* échiquier *m* électronique
Schacher ['ʃaxɐ] <-s> *m pej* tractations *fpl* (*péj*)
Schacherer <-s, -> *m*, **Schacherin** *f pej* marchandeur(-euse) *m(f)*
schachern ['ʃaxɐn] *itr V pej* marchander (*péj*); **um etw ~** marchander sur qc
Schachfigur *f* ❶ pièce *f* d'échecs ❷ *fig* pion *m* **schachmatt** *Adj* ❶ (*beim Schachspiel*) échec et mat; **jdn ~ setzen** mettre qn échec et mat; **~!** échec et mat! ❷ *fam* (*erschöpft*) ~ **sein** être fourbu(e) **Schachpartie** *f* partie *f* d'échecs **Schachspiel** *nt* ❶ (*Brett und Figuren*) jeu *m* d'échecs ❷ (*das Spielen*) [jeu *m* d']échecs *mpl* **Schachspieler(in)** *m(f)* joueur(-euse) *m(f)* d'échecs
Schacht [ʃaxt, *Pl:* 'ʃɛçtə] <-[e]s, -̈e> *m a.* MIN puits *m; eines Fahrstuhls* cage *f*
Schachtel ['ʃaxtəl] <-, -n> *f* boîte *f;* **eine ~ Pralinen/Streichhölzer** une boîte de chocolats/d'allumettes; **eine ~ Zigaretten** un paquet de cigarettes
▸ **alte ~** *pej sl* vieille rombière (*pop*)
Schachtelhalm *m* prêle *f*
schächten ['ʃɛçtən] *tr V* égorger; **das Schächten** l'égorgement *m*
Schachzug *m* ❶ coup *m*
❷ (*Aktion, Manöver*) manœuvre *f*
schade ['ʃaːdə] *Adj* ❶ dommage; **[das ist] ~!** [c'est] dommage!; **es ist ~ um jdn/etw** c'est dommage pour qn/qc; **es ist wirklich ~, dass** c'est vraiment dommage que + *subj*
❷ (*zu gut*) **zu ~ für jdn sein** *Person:* être trop bien pour qn; *Geschenk:* être trop beau(belle) pour qn; **sich** (*Dat*) **für nichts zu ~ sein** ne reculer devant rien; **dafür bin ich mir zu ~** je ne veux pas m'abaisser à faire cela
Schädel ['ʃɛːdəl] <-s, -> *m* (*Kopfskelett, Kopf*) crâne *m*
▸ **einen dicken ~ haben** *fam* avoir la tête dure (*fam*); **jdm brummt der ~** *fam* qn a mal au crâne (*fam*)
Schädelbasisbruch *m* MED fracture *f* occipitale
Schädelbruch *m* MED fracture *f* du crâne **Schädeldecke** *f* calotte *f* crânienne
schaden ['ʃaːdən] *itr V* ❶ nuire; **[jdm] ~** nuire [à qn]; **jdm/sich mit etw ~** nuire à qn/se nuire avec qc; **das Trinken schadet ihm** l'alcool lui nuit
❷ *fam* (*schlimm sein, verkehrt sein*) **es kann nichts ~, wenn ...** ça peut pas faire de mal si... (*fam*); **das schadet nichts** ça fait rien (*fam*); **das schadet dir [gar] nichts** ça te fait pas de mal (*fam*); **das hat noch keinem geschadet** ça n'a jamais fait de mal à personne (*fam*)
Schaden <-s, -̈> *m* ❶ *a.* JUR (*Sachschaden*) dommage *m;* (*Verwüstung*) dégâts *mpl*
❷ (*Beeinträchtigung*) **jdm/einer S. ~ zufügen** faire du tort à qn/qc
❸ (*Verletzung*) lésion *f;* **körperliche Schäden** des dommages corporels; **Menschen sind nicht zu ~ gekommen** il n'y a pas eu de dommage corporel
▸ **wer den ~ hat, braucht für den Spott nicht zu sorgen** *Spr.* on rit toujours du malheur d'autrui; **aus [o durch] ~ wird man klug** *Spr.* on apprend beaucoup à ses dépens
Schadenersatz *m* dommages et intérêts *mpl;* (*Schmerzensgeld*) pretium *m* doloris; **[jdm] für etw ~ leisten** verser des dommages et intérêts [à qn] pour qc; **~ wegen Nichterfüllung** indemnité *f* de dommages et intérêts pour non-exécution de l'obligation
Schadenersatzanspruch *m* JUR droit *m* à dommages et intérêts, demande *f* de dommages et intérêts **Schadenersatzklage** *f* JUR action *f* en dommages-intérêts
schadenersatzpflichtig *Adj* JUR obligé(e) [*o* tenu(e)] de verser des dommages-intérêts
schadenfrei *Adj, Adv* sans accident **Schadenfreiheitsrabatt** *m form* bonus *m* (*form*) **Schadenfreude** *f* malin plaisir *m* **schadenfroh** I. *Adj Grinsen, Lächeln* narquois(e); **~ sein** *Person:* se réjouir du malheur des autres II. *Adv* avec un malin plaisir **Schadensanzeige** *f* avis *m* de sinistre **Schadensbegrenzung** *f* limitation *f* des dégâts; **zur ~** pour limiter les dégâts **Schadenseintritt** *m* JUR survenance *f* du dommage **Schadensmeldung** *f* déclaration *f* de dommage [*o* sinistre] **Schadensregulierung** *f* règlement *m* du dommage
schadhaft *Adj* défectueux(-euse)
schädigen ['ʃɛːdɪgən] *tr V* ❶ nuire à; (*finanziell*) causer un préjudice à; **jdn/etw durch etw ~** nuire à qn/qc avec qc; (*finanziell*) causer un préjudice à qn/qc avec qc
❷ (*beschädigen*) endommager
Schädigung <-, -en> *f* ❶ *kein Pl* (*das Schädigen*) ~ **einer S.** (*Gen*) atteinte *f* à qc
❷ (*Schaden*) dommage *m;* (*durch Krankheit, Verletzung*) lésion *f*
schädlich ['ʃɛːtlɪç] *Adj* nocif(-ive); **für jdn/etw ~ sein** être nuisible à qn/nocif(-ive) pour qc
Schädlichkeit <-> *f* nocivité *f*
Schädling ['ʃɛːtlɪŋ] <-s, -e> *m* parasite *m*
Schädlingsbekämpfung *f* destruction *f* des parasites **Schädlingsbekämpfungsmittel** *nt* insecticide *m;* (*Ratten-, Mäusegift*) raticide *m*
schadlos *Adj* ÖKON **sich ~ halten** se dédommager; **sich für etw ~ halten** se dédommager de qc
Schador [ʃa'doːɐ] *s.* **Tschador**
Schadstoff *m* polluant *m*
schadstoffarm I. *Adj* peu polluant(e) II. *Adv produzieren* écologique **Schadstoffausstoß** *m kein Pl* émissions *fpl* polluantes **Schadstoffbelastung** *f* charge *f* de pollution **Schadstoffeintrag** *m* ÖKOL émission *f* de polluants **schadstofffrei** I. *Adj* biologique II. *Adv* biologiquement; **~ fahren** rouler écologique **Schadstoffwert** *m* taux *m* de pollution
Schaf [ʃaːf] <-[e]s, -e> *nt* ❶ mouton *m*
❷ *fam* (*Dummkopf*) andouille *f* (*fam*)
▸ **das schwarze ~ sein** être la brebis galeuse
Schafbock *m* bélier *m*
Schäfchen ['ʃɛːfçən] <-s, -> *nt* ❶ *Dim von* **Schaf** petit mouton *m*
❷ *Pl fam* (*Gemeindemitglieder*) ouailles *fpl* (*fam*)
▸ **sein [o seine] ~ ins Trockene bringen** *fam* mettre son magot en sécurité (*fam*)
Schäfchenwolken *Pl* nuages *mpl* moutonnés
Schäfer(in) ['ʃɛːfɐ] <-s, -> *m(f)* berger(-ère) *m(f)*
Schäferdichtung *f* pastorale *f* **Schäferhund** *m* berger *m*

allemand **Schäferstündchen** [-ʃtʏntçən] *nt hum* tête-à-tête *m* galant
Schaff [ʃaf] <-es, -eln> *nt* A (*Fass*) tonneau *m*
Schaffell [ˈʃaːf-] *nt* peau *f* de mouton
schaffen¹ [ˈʃafən] <schaffte, geschafft> **I.** *tr V* ❶ réussir *Examen, Prüfung;* venir à bout de *Hürde, Haushalt;* **eine Aufgabe** ~ arriver à remplir une tâche; (*zeitlich bewältigen*) arriver à terminer une tâche; **es** ~ y arriver; **ich schaffe es nicht mehr** je n'en peux plus; **das wäre geschafft!** ça y est!; **es** ~ **Haushalt und Beruf zu kombinieren** y arriver à mener de front tâches ménagères et vie professionnelle; **es bis Paris/bis zur Grenze** ~ réussir à arriver à Paris/à atteindre la frontière; **drei Schnitzel** ~ *fam* arriver à avaler trois escalopes
❷ (*bringen*) **etw auf den Speicher** ~ transporter qc dans le grenier
❸ *fam* (*erschöpfen*) **jdn** ~ *Belastung, Stress:* crever qn (*fam*); **geschafft sein** être lessivé(e) (*fam*)
❹ *fam* (*tun*) **etwas/nichts mit jdm zu** ~ **haben** avoir affaire à qn/n'avoir rien à voir avec qn (*fam*); **etwas/nichts mit etw zu** ~ **haben** avoir quelque chose/n'avoir rien à voir avec qc (*fam*); **damit haben Sie nichts zu** ~**!** ça ne vous concerne pas! (*fam*); **sich** (*Dat*) **an etw** (*Dat*) **zu** ~ **machen** s'attaquer à qc (*fam*)
❺ (*zusetzen*) **jdm zu** ~ **machen** (*bekümmern*) causer [bien] du souci à qn; (*ärgern*) donner du fil à retordre à qn; **das Wetter macht mir zu** ~ le temps me pose des problèmes
II. *itr V* SDEUTSCH, CH (*arbeiten*) travailler
schaffen² <schuf, geschaffen> *tr V* créer; faire *Frieden*
▸ **für etw wie geschaffen sein** être fait(e) pour qc
Schaffen <-s> *nt geh* (*Tätigkeit, Arbeit*) œuvre *f*
Schaffensdrang *m* énergie *f* créatrice **Schaffensfreude** *f* enthousiasme *m* créateur **Schaffenskraft** *f* créativité *f*
Schaffer(in) <-s, -> *m(f)* SDEUTSCH, CH travailleur(-euse) *m(f)* forcené(e)
Schaffhausen [ʃafˈhaʊzən] <-s> *nt* Schaffhouse
schaffig *Adj* SDEUTSCH, CH travailleur(-euse)
Schaffleisch *nt* [viande *f* de] mouton *m*
Schaffner(in) [ˈʃafnɐ] <-s, -> *m(f)* contrôleur(-euse) *m(f)*
Schaffung <-> *f* création *f*
Schafgarbe <-, -n> *f* achillée *f* **Schafherde** *f* troupeau *m* de moutons
Schäflein [ˈʃɛːflaɪn] *s.* Schäfchen 1.
Schafott [ʃaˈfɔt] <-[e]s, -e> *nt* échafaud *m*
Schafskäse *m* fromage *m* de brebis **Schafskopf** *m* ❶ KARTEN patissou *m* ❷ *pej fam* (*Dummkopf*) niquedouille *f* (*fam*) **Schafsmilch** *f* lait *m* de brebis **Schafspelz** *m* peau *f* de mouton
Schafstall *m* bergerie *f*
Schaft [ʃaft, *Pl:* ˈʃɛftə] <-[e]s, ¨-e> *m* ❶ *einer Axt, eines Spatens* manche *m; einer Lanze, eines Speers* corps *m*
❷ BOT *eines Baums* fût *m; einer Pflanze* tige *f*
❸ (*Stiefelschaft*) tige *f*
Schaftstiefel *Pl* bottes *fpl* à tige
Schafwolle *f* laine *f* [de mouton] **Schafzucht** *f kein Pl* élevage *m* de moutons
Schah [ʃaː] <-s, -s> *m* schah *m*
Schakal [ʃaˈkaːl] <-s, -e> *m* chacal *m*
Schäker(in) [ˈʃɛːkɐ] <-s, -> *m(f)* flirteur(-euse) *m(f)*
schäkern [ˈʃɛːkɐn] *itr V* flirter; **mit jdm** ~ flirter avec qn
schal [ʃaːl] *Adj* ❶ (*abgestanden*) éventé(e)
❷ (*inhaltsleer*) *Leben, Zeitvertreib* insipide
Schal <-s, -s *o* -e> *m* écharpe *f;* (*aus Seide*) foulard *m*
Schalbrett *nt* planche *f* de coffrage
Schälchen <-s, -> *nt Dim von* **Schale²** coupelle *f*
Schale [ˈʃaːlə] <-, -n> *f* ❶ (*Eierschale, Nussschale, Muschelschale*) coquille *f*
❷ (*Haut von Obst, Gemüse*) peau *f; von Orangen, Zitronen* écorce *f;* (*abgeschält*) pelure *f*
❸ (*Gefäß*) coupe *f*
▸ **eine raue** ~ **haben** être un peu revêche; **sich in** ~ **schmeißen** *sl* [*o* **werfen** *fam*] se mettre sur son trente et un (*fam*)
schälen [ˈʃɛːlən] **I.** *tr V* ❶ éplucher *Obst, Kartoffel;* écaler *Nuss, Ei;* décortiquer *Getreide, Reis;* **das Schälen** l'épluchage *m*
❷ (*herauslösen*) **die Praline aus dem Papier** ~ défaire un chocolat de son papier
II. *r V* ❶ **sich** ~ *Haut:* peler
❷ *fig fam* **sich aus dem Mantel** ~ enlever sa pelure (*fam*)
Schalenobst *nt* fruits *mpl* à écales **Schalensitz** *m* siège-baquet *m* **Schalentier** *nt* crustacé *m* **Schalenwild** *nt* JAGD gros gibier *m*
Schalheit <-> *f a. fig* insipidité *f*
Schalk [ʃalk] <-[e]s, -e *o* ¨-e> *m veraltet* plaisantin *m*
▸ **jdm schaut der** ~ **aus den Augen** qn a un air espiègle; **jdm sitzt der** ~ **im Nacken** qn est très farceur(-euse)
schalkhaft I. *Adj* narquois(e)
II. *Adv* narquoisement
Schall [ʃal, *Pl:* ˈʃɛlə] <-s, -e *o* ¨-e> *m* ❶ *geh* (*Klang*) bruit *m*
❷ *kein Pl* PHYS son *m*
▸ **das alles ist** [**nur**] ~ **und Rauch** tout ça, c'est [juste] du vent
schalldämmend *Adj* isolant(e) **Schalldämmung** *f* insonorisation *f* **Schalldämpfer** *m* silencieux *m* **schalldicht** *Adj Fenster, Tür* insonore; *Raum* insonorisé(e)
schallen [ˈʃalən] <schallte *o* scholl, geschallt> *itr V* résonner
schallend I. *Adj* retentissant(e)
II. *Adv lachen* aux éclats
Schallgeschwindigkeit *f kein Pl* vitesse *f* [de propagation] du son **Schallgrenze** *f s.* Schallmauer **Schallisolierung** <-> *f* insonorisation *f* **Schallmauer** *f kein Pl* ❶ mur *m* du son ❷ *fig fam* (*Maximum*) plafond *m;* (*Schmerzgrenze*) limite *f* supportable ▸ **die** ~ **durchbrechen** franchir le mur du son; *fig* crever le plafond **Schallplatte** *f* disque *m;* **eine** ~ **auflegen** mettre un disque
Schallplattenarchiv *s.* Schallplattensammlung **Schallplattenhülle** *f* pochette *f* de disque **Schallplattensammlung** *f* discothèque *f*
schallschluckend *Adj Material* antibruit; ~ **sein** amortir le bruit **Schallschutz** *m* isolation *f* acoustique **Schallschutzfenster** *nt* fenêtre *f* antibruit **Schallwelle** *f* onde *f* sonore
Schalmei [ʃalˈmaɪ] <-, -en> *f* flûte *f* double
Schälmesser [ˈʃɛːl-] *nt* épluche-légumes *m inv,* économe® *m*
Schalotte [ʃaˈlɔtə] <-, -n> *f* échalote *f*
schalt [ʃalt] *Imp von* **schelten**
Schaltanlage *f* ELEC installation *f* de distribution [électrique] **Schaltbild** *s.* Schaltplan **Schaltbrett** *nt* ELEC *s.* Schalttafel **Schaltelement** *nt* ELEC élément *m* de commutation
schalten [ˈʃaltən] **I.** *tr V* ❶ (*einstellen*) **etw auf „ein“** ~ allumer qc; **das Bügeleisen auf „heiß“** ~ mettre le fer à repasser sur “très chaud”
❷ ELEC, TELEC **eine Telefonleitung** ~ mettre une ligne [téléphonique] en service; **die Ampel ist für Fußgänger ungünstig geschaltet** le feu est réglé à la défaveur des piétons
❸ PRESSE, MEDIA passer *Anzeige, Werbespot*
II. *itr V* ❶ (*Gang einlegen*) changer de vitesse; **in den zweiten Gang/den Leerlauf** ~ passer la seconde/au point mort
❷ *fam* (*begreifen*) [**blitzschnell/zu spät**] ~ piger [en un éclair/trop tard] (*fam*)
▸ ~ **und walten** agir à sa guise
III. *r V* **der Wagen schaltet sich leicht** les vitesses de cette voiture sont faciles à passer
Schalter <-s, -> *m* ❶ (*Theke*) guichet *m*
❷ ELEC, TECH bouton *m* [de commande], interrupteur *m;* **einen** ~ **betätigen** appuyer sur un interrupteur
Schalterbeamte(r) *m dekl wie Adj,* **Schalterbeamtin** *f* guichetier(-ière) *m(f)* **Schalterhalle** *f* hall *m* des guichets **Schalterraum** *m* salle *f* des guichets **Schalterstunden** *Pl* heures *fpl* d'ouverture des guichets

S

Schaltgetriebe *nt* TECH changement *m* de vitesse **Schalthebel** *m* ❶ *einer Gangschaltung* levier *m* de vitesse ❷ ELEC [levier *m* de] commande *f;* **den ~ umlegen** basculer le levier de commande ▶ **an den ~n der Macht sitzen** tenir les commandes du pouvoir **Schaltjahr** *nt* année *f* bissextile **Schaltkasten** *m* *einer Maschine* coffret *m* de commande **Schaltknüppel** *m* levier *m* de vitesse [au plancher] **Schaltkreis** *m* circuit *m;* **[integrierter] ~** circuit *m* [intégré] **Schaltplan** *m* schéma *m* de connexion **Schaltpult** *nt* pupitre *m* de commande **Schaltstelle** *f* **~ der Macht** centre *m* du pouvoir; **~ der Politik** centre de décision politique **Schalttafel** *f* tableau *m* de commande **Schalttag** *m* jour *m* intercalaire **Schaltuhr** *f* TV minuteur *m*

Schaltung <-, -en> *f* ❶ (*Gangschaltung*) changement *m* de vitesse
❷ ELEC **[integrierte] ~** circuit *m* [intégré]
❸ (*Telefonverbindung*) **eine ~ vornehmen** effectuer une liaison

Schaluppe [ʃaˈlʊpə] <-, -n> *f* chaloupe *f*

Scham [ʃaːm] <-> *f* ❶ (*Schamgefühl*) honte *f;* **vor ~ erröten** rougir de honte
❷ *veraltet geh* (*Schamgegend*) parties *fpl* honteuses (*vieilli*)
▶ **kein bisschen ~ im Leibe haben** *fam* n'avoir aucune pudeur; **nur keine falsche ~!** faut [surtout] pas te/vous gêner!

Schamane [ʃaˈmaːnə] <-n, -n> *m* chaman *m*

Schamanismus [ʃamaˈnɪsmʊs] <-> *m* chamanisme *m*

Schambein *nt* pubis *m*

schämen [ˈʃɛːmən] *r V* **sich ~** avoir honte; **sich für jdn/wegen etw ~** avoir honte pour qn/de qc; **sich vor jdm ~** avoir honte devant qn; **sich einer S.** (*Gen*) **nicht ~** ne pas rougir de qc; **ich schäme mich, dass ich das getan habe/dass du das getan hast** j'ai honte d'avoir fait ça/que tu aies fait ça; **schäm dich!, du solltest dich [was] ~!** tu devrais avoir honte!

Schamgefühl *nt kein Pl* pudeur *f* **Schamgegend** *f kein Pl* pubis *m* **Schamhaar** *nt* ❶ *kein Pl* (*Behaarung*) pilosité *f* pubienne (*spéc*) ❷ (*einzelnes Haar*) poil *m* du pubis

schamhaft I. *Adj* pudique
II. *Adv* pudiquement

Schamhaftigkeit <-> *f* pudeur *f*

Schamlippen *Pl* lèvres *fpl* [de la vulve]; **[die kleinen/großen] ~** [les petites/grandes] lèvres *fpl* [de la vulve]

schamlos *Adj* ❶ impudique
❷ (*unverschämt*) impudent(e)

Schamlosigkeit <-, -en> *f* ❶ *kein Pl* (*mangelndes Schamgefühl*) impudeur *f*
❷ (*Bemerkung, Handlung*) impudence *f*

Schamottestein [ʃaˈmɔtə-] *m* brique *f* réfractaire

Schampus [ˈʃampʊs] <-> *m fam* champ *m* (*fam*)

schamrot *Adj* rouge de honte; **~ werden** rougir de honte

Schamröte *f* rougeur *f;* **jdm steigt die ~ ins Gesicht** qn rougit de honte

Schande [ˈʃandə] <-> *f* ❶ honte *f,* déshonneur *m;* **~ über jdn bringen** faire la honte de qn; **jdm/einer S. ~ machen** faire honte à qn/qc; **jdm/einer S. keine ~ machen** faire honneur à qn/qc; **zu seiner/meiner/... ~** à sa/ma/... grande honte
❷ (*empörender Vorgang, Zustand*) honte *f;* **eine [wahre] ~ sein** être [vraiment] une honte; **es ist eine [wahre] ~, dass** c'est une honte que + *subj;* **es ist keine ~ Fehler zu machen** il n'y a pas de honte à faire des erreurs

schänden [ˈʃɛndən] *tr V* ❶ (*entweihen*) profaner
❷ *veraltet* (*vergewaltigen*) violer
❸ (*Schande bringen über*) déshonorer
❹ (*verschandeln*) défigurer

Schandfleck *m* souillure *f;* **ein ~ sein** faire tache

schändlich [ˈʃɛntlɪç] I. *Adj* ❶ (*niederträchtig*) ignoble
❷ *fam* (*jammervoll*) pit(e) (*fam*)
II. *Adv* *sich verhalten* ignoblement

Schändlichkeit <-, -en> *f* ignominie *f*

Schandmal *s.* Schandfleck **Schandmaul** *nt pej fam* ❶ (*Hang zum Lästern*) [sale] gueule *f* (*pop*) ❷ (*Lästerer*) langue *f* de pute (*pop*) **Schandtat** *f* infamie *f* ▶ **zu jeder ~ bereit sein** *hum fam* être toujours partant(e) pour faire une connerie (*fam*)

Schändung <-, -en> *f* ❶ (*Entweihung*) profanation *f*
❷ *veraltet* (*Vergewaltigung*) viol *m*
❸ (*Verschandelung*) défiguration *f*

Schank <-, -en> *f* A (*Tresen*) comptoir *m*

Schänke[RR] *s.* Schenke

Schanker [ˈʃaŋkɐ] <-s, -> *m* MED chancre *m;* **[harter/weicher] ~** chancre *m* [induré/mou]

Schankerlaubnis *f* licence *f* de débit de boissons; (*Konzession für Alkoholausschank*) ≈ licence IV **Schanktisch** *m* comptoir *m* **Schankwirt(in)** *m(f)* débitant(e) *m(f)* [de boissons] **Schankwirtschaft** *f* débit *m* de boissons

Schanze [ˈʃantsə] <-, -n> *f* ❶ MIL retranchement *m*
❷ (*Sprungschanze*) tremplin *m*

Schar [ʃaːɐ] <-, -en> *f* ❶ (*große Menge*) bande *f;* **~en von Touristen/Tauben** des masses *fpl* de touristes/pigeons; **in ~en** en masse
❷ (*Pflugschar*) soc *m*

Scharade [ʃaˈraːdə] <-, -n> *f* charade *f*

Schäre [ˈʃɛːrə] <-, -n> *f* GEOG îlot *m* rocheux

scharen [ˈʃaːrən] I. *tr V* **Menschen um sich ~** rassembler des personnes autour de soi
II. *r V* **sich um jdn/etw ~** se rassembler autour de qn/qc

scharenweise *Adv* en masse

scharf [ʃarf] <schärfer, schärfste> I. *Adj* ❶ *Messer, Klinge, Schneide* coupant(e); *Krallen* acéré(e)
❷ (*spitz zulaufend*) *Ecke, Kante* aigu(ë); *Zähne, Hörner* pointu(e)
❸ (*stark gewürzt*) épicé(e); (*sehr würzig*) fort(e)
❹ (*ätzend*) *Mittel, Säure* agressif(-ive)
❺ (*streng*) *Aufseher, Polizist* sévère; *Beobachter* perspicace; *Bewachung, Kontrolle* strict(e); *Durchgreifen, Maßnahme* drastique
❻ (*bissig*) *Hund* méchant(e)
❼ (*detonationsfähig*) *Munition* à balles [réelles]; *Bombe, Sprengsatz* amorcé(e); **eine Bombe ~ machen** amorcer une bombe
❽ (*heftig*) *Frost, Kälte* mordant(e); *Wind* cinglant(e); *Ablehnung* catégorique; *Konkurrenz, Verurteilung* sévère; *Kritik* acerbe; *Protest* vif(vive)
❾ (*konzentriert*) *Beobachtung* fin(e)
❿ (*gut, ausgeprägt*) *Verstand, Beobachtungsgabe* aigu(ë); *Augen* perçant(e); *Geruchssinn, Gehör* fin(e)
⓫ OPT, PHOT *Aufnahme, Bild* net(te); *Brille, Linse* fort(e); **gestochen ~** parfaitement net(te)
⓬ (*präzise*) précis(e)
⓭ (*forciert*) *Galopp, Trab* grand(e) *antéposé; Gangart, Ritt, Tempo* très soutenu(e); **wenn wir nicht eine schärfere Gangart einlegen, ...** si nous ne forçons pas l'allure...
⓮ (*eng*) *Biegung, Kehre, Kurve* serré(e)
⓯ *fam* (*aufreizend*) *Bild, Film, Pornoheft* cochon(ne) (*fam*); **jdn ~ machen** exciter qn
⓰ *fam* (*versessen*) **auf jdn/etw ~ sein** être dingue de qn/avoir vachement envie de qc (*fam*)
⓱ *fam* (*aufregend*) *Typ, Auto, Film, Kleid* d'enfer (*fam*)
▶ **das ist das Schärfste!** *sl* elle est forte celle-là! (*fam*)
II. *Adv* ❶ (*kräftig*) **etw ~ würzen** bien épicer qc
❷ (*heftig*) *ablehnen* catégoriquement; *verurteilen* sévèrement; *protestieren, kritisieren* énergiquement
❸ (*genau*) *ansehen* fixement; *betrachten, beobachten* attentivement; *überlegen, nachdenken* bien; *analysieren* précisément; **~ aufpassen** faire bien attention; **wenn man ~ hinschaut** en y regardant de près
❹ (*optisch präzise*) *einstellen, justieren* précisément; *sehen* nettement
❺ (*streng*) *bewachen, kontrollieren* de près

❻ (*knapp*) *kalkulieren* au plus juste
❼ (*abrupt*) *abbiegen, wenden, bremsen* soudainement
❽ (*mit Munition*) ~ **geladen sein** être chargé(e) à balles; ~ **schießen** tirer à balles [réelles]
Scharfblick *m kein Pl* perspicacité *f*
Schärfe ['ʃɛrfə] <-, -n> *f* ❶ *eines Messers, einer Klinge* tranchant *m*
❷ (*starke Würze*) goût *m* très épicé; **Senfsorten unterschiedlicher** ~ différentes sortes de moutarde, plus ou moins fortes
❸ (*Heftigkeit*) *einer Kritik, eines Widerstands* âpreté *f*; *eines Protests* vivacité *f*; *einer Verurteilung* sévérité *f*; *einer Ablehnung* netteté *f*; **in aller** ~ *kritisieren* très sévèrement; *zurückweisen* avec force
❹ (*Genauigkeit*) *einer Analyse* précision *f*
❺ (*optische Präzision*) *einer Aufnahme, eines Bilds* netteté *f*; *einer Brille* force *f*
❻ (*Güte, Ausgeprägtheit*) *des Verstandes, der Intelligenz* acuité *f*; *des Geruchssinns, Geschmacks* finesse *f*; **die** ~ **der Augen/des Gehörs** l'acuité *f* visuelle/auditive
schärfen ['ʃɛrfən] *tr V* aiguiser
Schärfentiefe *f* CINE, PHOT profondeur *f* de champ
scharfkantig *Adj* à arête(s) vive(s); *Möbel* à angles vifs **Scharfmacher(in)** *m(f) pej fam* fauteur(-trice) *m(f)* de trouble **Scharfrichter** *m* bourreau *m* **Scharfschütze** *m*, **-schützin** *f* tireur(-euse) *m(f)* d'élite
scharfsichtig *Adj* perspicace
Scharfsinn *m kein Pl* sagacité *f* **scharfsinnig** I. *Adj Person* sagace; *Bemerkung, Einwand* pertinent(e) II. *Adv* avec sagacité
Scharia [ʃa'riːa] <-> *f* charia *f*
Scharlach[1] ['ʃarlax] <-s> *m* MED scarlatine *f*; ~ [**haben**] [avoir la] scarlatine *f*
Scharlach[2] <-> *nt* (*leuchtendes Rot*) écarlate *f*
scharlachrot *Adj* écarlate
Scharlatan ['ʃarlatan] <-s, -e> *m* charlatan *m*
Scharmützel [ʃar'mʏtsəl] <-s, -> *nt veraltet* escarmouche *f*
Scharnier [ʃar'niːɐ] <-s, -e> *nt* charnière *f*
Schärpe ['ʃɛrpə] <-, -n> *f* écharpe *f*
scharren ['ʃarən] I. *itr V* gratter; **im Sand/mit den Hufen** ~ gratter le sable/avec les sabots
II. *tr V* creuser *Loch*; **etw aus der Erde/dem Sand** ~ déterrer qc [de la terre/du sable]
Scharte ['ʃartə] <-, -n> *f* ❶ (*Einkerbung*) brèche *f*
❷ (*Schießscharte*) meurtrière *f*
▸ **eine** ~ **auswetzen** (*einen Fehler wieder gutmachen*) réparer une faute; (*einen Misserfolg wettmachen*) rattraper le coup
schartig *Adj* ébréché(e)
scharwenzeln* *itr V + haben o sein fam* faire de la lèche (*fam*); **um jdn** [*o* **vor jdm**] ~ lécher les bottes à qn (*fam*)
Schaschlik ['ʃaʃlɪk] <-s, -s> *nt* brochette *f*
schassen ['ʃasən] *tr V fam* virer (*fam*); **jdn aus etw** ~ virer qn de qc
Schatten ['ʃatən] <-s, -> *m* ombre *f*; **im** ~ [**liegen**] [être] à l'ombre; ~ **geben** [*o* **spenden** *geh*] faire [*o* donner] de l'ombre; ~ **spendend** qui donne de l'ombre
▸ ~ **unter den Augen** des cernes *mpl* sous les yeux; **nur noch ein** ~ **seiner selbst sein** ne plus être que l'ombre de soi-même; **über seinen** ~ **springen** se faire violence; **nicht über seinen** [**eigenen**] ~ **springen können** ne pas pouvoir se refaire; **jdn/etw in den** ~ **stellen** éclipser qn/qc; [**s**]**einen** ~ **auf etw** (*Akk*) **werfen** jeter une ombre sur qc; **etw wirft seine** ~ **voraus** il y a des signes avant-coureurs de qc
Schattendasein *nt* ▸ **ein** ~ **fristen** [*o* **führen**] *geh* végéter dans l'ombre
schattenhaft I. *Adj* vague
II. *Adv* vaguement
Schattenkabinett *nt* cabinet *m* fantôme **Schattenmorelle** [-morɛlə] *f* (*Frucht*) griotte *f*; (*Baum*) griottier *m* **Schattenriss**[RR] *m* silhouette *f* **Schattenseite** *f* (*Kehrseite*) revers *m* de la médaille ▸ **auf der** ~ **des Lebens stehen** ne pas être gâté(e) par l'existence
schattenspendend *s.* Schatten
Schattenspiel *nt* ombres *fpl* chinoises; (*Theater*) théâtre *m* d'ombres **Schattenwirtschaft** *f kein Pl* économie *f* souterraine [*o* parallèle]
schattieren* *tr V* ombrer
Schattierung <-, -en> *f* ❶ KUNST (*das Schattieren*) répartition *f* des ombres; **durch** ~ en ombrant
❷ *geh* (*Nuance, Richtung*) tendance *f*
schattig *Adj* ombragé(e); **hier ist es** ~ il y a de l'ombre ici
Schattseite *f* CH *s.* Schattenseite
Schatulle [ʃa'tʊlə] <-, -n> *f geh* cassette *f* (*vieilli*)
Schatz [ʃats, *Pl:* 'ʃɛtsə] <-es, ¨-e> *m* ❶ trésor *m*
❷ *fam* (*Liebling*) chéri(e) *m(f)*; **du bist ein** ~**!** tu es un trésor! (*fam*)
Schatzamt *nt* ❶ (*Staatskasse*) Trésor *m* ❷ ADMIN trésorerie *f* **Schatzanweisung** *f* FIN bon *m* du Trésor
schätzbar *Adj Wert* estimable; **das ist schwer** ~ c'est difficile à estimer
Schätzchen ['ʃɛtsçən] <-s, -> *nt fam Dim von* Schatz **2.** ❶ (*Kind*) petit trésor *m* (*fam*); (*Freund, Freundin*) chéri(e) *m(f)*
❷ *iron* (*gemeiner Mensch*) drôle *m* de numéro (*fam*)
schätzen ['ʃɛtsən] I. *tr V* ❶ (*einschätzen*) estimer; **jdn auf zwanzig Jahre** ~ estimer l'âge de qn à vingt ans; **den Abstand auf** [**mindestens**] **hundert Meter** ~ estimer la distance à [au moins] cent mètres; **ihr Alter ist schwer zu** ~ il est difficile de lui donner un âge; **er wird allgemein jünger geschätzt** en général, on l'estime plus jeune qu'il ne l'est; **wie alt schätzt du mich/ihn?** quel âge me/lui donnes-tu?
❷ (*den Wert bestimmen*) **etw auf tausend Euro** (*Akk*) ~ évaluer qc à mille euros
❸ (*würdigen*) estimer; **jdn/etw** ~ **lernen** apprendre à apprécier qn/qc; **jdn als Freund** ~ apprécier qn en tant qu'ami; **ich schätze sie als eine kompetente Ärztin** je l'apprécie pour sa compétence médicale; **es gar nicht** ~, **wenn ...** ne pas apprécier du tout que + *subj*/quand...; **sich glücklich** ~ s'estimer heureux; **etw zu** ~ **wissen** savoir apprécier qc; **hoch** ~ estimer beaucoup
II. *itr V* **gut/genau** ~ faire des estimations justes/précises; **nicht gut/nur schlecht** ~ **können** avoir du mal à évaluer [*o* juger]; **du hast richtig geschätzt** tu as bien deviné [*o* évalué]; **ich schätze, dass** je pense que + *indic*; **schätz mal!** essaye de deviner!; **wann, schätzt du, bist du fertig?** quand estimes-tu avoir fini?
schätzen|lernen *s.* schätzen I.3.
schätzenswert *Adj Mensch* estimable, digne d'estime; *Entwicklung* appréciable
Schätzer(in) <-s, -> *m(f)* expert(e) *m(f)*
Schatzgräber(in) <-s, -> *m(f)* chercheur(-euse) *m(f)* de trésor **Schatzkammer** *f* [salle *f* du] trésor *m* **Schatzkästchen** ['-kɛstçən] *nt* coffret *m* **Schatzmeister(in)** *m(f)* trésorier(-ière) *m(f)*
Schätzung <-, -en> *f* estimation *f*; **nach seiner/ihrer** ~ d'après son estimation
schätzungsweise *Adv* approximativement
Schätzwert *m* valeur *f* estimée; **der** ~ **des Hauses liegt bei ...** la valeur de la maison est estimée à ...
Schau [ʃaʊ] <-, -en> *f* (*Spektakel*) show *m*
▸ **eine** ~ **abziehen** *fam* faire son numéro (*fam*); **jdm mit etw die** ~ **stehlen** *fam* piquer la vedette à qn avec qc (*fam*); **etw zur** ~ **stellen/tragen** faire étalage de qc/afficher qc
Schaubild *nt* graphique *m* **Schaubühne** *f* théâtre *m*
Schauder ['ʃaʊdɐ] <-s, -> *m geh* ❶ (*Gefühl*) frémissement *m*
❷ (*Frösteln*) frisson *m*
schauderhaft I. *Adj* ❶ *Szene* d'horreur; *Gestank* horrible

❷ *fam* (*sehr schlecht*) épouvantable
II. *Adv* ❶ horriblement
❷ *fam* (*schrecklich*) *kalt, schlecht* horriblement; *singen* de façon épouvantable
schaudern ['ʃaʊdɐn] I. *tr V unpers* ❶ **jdn** [*o* **jdm**] **schaudert** [**es**] **bei dem Gedanken, dass** qn frémit à l'idée que + *subj*
❷ (*frösteln*) **es schaudert ihn, ihn** [*o* **ihm**] **schaudert** il frissonne
II. *itr V* **vor Angst** (*Dat*) ~ frémir de peur
schauen ['ʃaʊən] I. *itr V bes.* DIAL ❶ (*blicken*) regarder; **jdm in die Augen** ~ regarder qn dans les yeux; **auf die Uhr/nach oben** ~ regarder l'heure/en haut; **um sich** ~ regarder autour de soi
❷ (*dreinblicken*) **ernst/freundlich** ~ avoir un air sérieux/amical
❸ (*umherblicken*) regarder ça et là; **nur** ~ [**wollen**] *Kunde:* [vouloir] juste regarder
❹ (*sich kümmern*) **nach jdm/etw** ~ jeter un coup d'œil sur qn/qc
❺ (*achten*) **auf Ordnung** (*Akk*) ~ veiller à l'ordre
❻ (*staunen*) **da schaust du, was?** *fam* ça t'en bouche un coin, hein? (*fam*)
❼ (*suchen, sich bemühen um*) **nach etw** ~ chercher qc; **schau, dass du fertig wirst!** dépêche-toi de finir!
❽ (*als Appell, Bitte*) **schau/schaut** [**mal**], **das geht doch nicht!** tu vois/vous voyez, ça ne va pas!
▸ **schau, schau!** *fam,* [**ja,**] **da schau her!** SDEUTSCH tiens, tiens! (*fam*)
II. *tr V geh* voir *Gott, Paradies*
Schauer ['ʃaʊɐ] <-s, -> *m* ❶ (*Regenschauer*) averse *f*
❷ (*Frösteln*) frisson *m*
Schauergeschichte *s.* Schauermärchen
schauerlich *s.* schauderhaft
Schauermärchen *nt fam* histoire *f* de brigands
schauern ['ʃaʊɐn] *tr, itr V* frissonner; **vor Kälte/Entsetzen** ~ frissonner de froid/d'horreur; **jdm** [*o* **jdn**] **schauert** [**es**] [**bei dem Anblick/Gedanken**] qn frémit [à la vue/pensée]
Schauerroman *m* roman *m* d'épouvante
Schaufel ['ʃaʊfəl] <-, -n> *f* ❶ (*Werkzeug*) pelle *f*
❷ (*Mengenangabe*) **eine** ~ [**voll**] **Sand** une pelletée [pleine] de sable
❸ (*Geweihschaufel*) paumure *f*
schaufeln *tr, itr V* pelleter; **ein Loch/Grab** ~ creuser un trou/une tombe [à la pelle]
Schaufenster *nt* vitrine *f;* ~ **ansehen** faire du lèche-vitrines
Schaufensterauslage *f* étalage *m* **Schaufensterbummel** *m fam* lèche-vitrines *m;* **einen** ~ **machen** faire du lèche-vitrine **Schaufensterdekorateur(in)** *m(f)* étalagiste *mf* **Schaufensterdekoration** *f* décoration *f* de [la] vitrine **Schaufenstergestalter(in)** *m(f)* étalagiste *mf* **Schaufensterpuppe** *f* mannequin *m* **Schaufensterscheibe** *f* vitrine *f*
Schaukampf *m* combat-exhibition *m* **Schaukasten** *m* panneau *m* d'affichage
Schaukel ['ʃaʊkəl] <-, -n> *f* balançoire *f*
schaukeln I. *itr V* ❶ (*auf einer Schaukel*) faire de la balançoire; **schaukle nicht so hoch!** ne te balance pas si fort!
❷ (*wippen*) **mit dem Stuhl** ~ se balancer sur sa chaise
❸ (*schwanken*) se balancer
II. *tr V* **das Baby in der Wiege** ~ balancer le bébé dans le berceau
Schaukelpferd *nt* cheval *m* à bascule **Schaukelpolitik** *f pej* politique *f* de bascule **Schaukelstuhl** *m* rocking-chair *m*
schaulustig *Adj* curieux(-euse); **eine** ~**e Menge** une foule de badauds
Schaulustige(r) *f(m) dekl wie Adj* badaud(e) *m(f)*
Schaum [ʃaʊm, *Pl:* 'ʃɔɪmə] <-s, Schäume> *m* ❶ (*Seifenschaum, Bierschaum*) mousse *f;* (*Wellenschaum*) écume *f*
❷ (*Geifer*) écume *f;* ~ **vor dem Mund haben** avoir l'écume à la bouche
❸ GASTR mousse *f;* **Eiweiß zu** ~ **schlagen** battre des blancs en neige
▸ ~ **schlagen** se faire mousser (*fam*)
Schaumbad *nt* bain *m* moussant **Schaumblase** *f* bulle *f*
schäumen ['ʃɔɪmən] *itr V* ❶ mousser
❷ *geh* (*in Rage sein*) écumer
Schaumfestiger *m* mousse *f* fixante **Schaumgummi** *m* caoutchouc *m* mousse
schaumig I. *Adj* mousseux(-euse); *Gewässer* écumeux(-euse)
II. *Adv* ~ **schlagen** faire mousser *Zutaten;* **Eiweiß** ~ **schlagen** battre des blancs en neige
Schaumkelle *f* écumoire *f* **Schaumkrone** *f von Wellen* mouton *m* d'écume; *eines Biers* mousse *f* **Schaumlöffel** *m s.* Schaumkelle **Schaumschläger(in)** *m(f) fig, pej* frimeur(-euse) *m(f)* (*fam*) **Schaumschlägerei** *f kein Pl* esbroufe *f* (*fam*) **Schaumspeise** *f* mousse *f* **Schaumstoff** *m* mousse *f* **Schaumwein** *m form* vin *m* mousseux
Schauplatz *m* théâtre *m* **Schauprozess**[RR] *m* procès-spectacle *m*
schaurig ['ʃaʊrɪç] *Adj* ❶ (*unheimlich*) *Begebenheit, Geschichte* macabre; *Ort* lugubre
❷ *s.* schauderhaft 2.
schaurig-schön *Adj* poignant(e)
Schauspiel *nt* ❶ THEAT pièce *f* de théâtre ❷ *geh* (*Anblick, Spektakel*) spectacle *m* **Schauspieler(in)** *m(f)* ❶ (*Theaterschauspieler*) comédien(ne) *m(f);* (*Filmschauspieler*) acteur(-trice) *m(f)* ❷ *fig, pej* comédien(ne) *m(f)* **Schauspielerei** *f kein Pl* ❶ *fam* (*Schauspielkunst*) théâtre *m;* (*Filmschauspielerei*) métier *m* d'acteur ❷ *fig, pej* comédie *f* **schauspielerisch** I. *Adj* d'acteur(-trice) II. *Adv* au niveau de l'interprétation **schauspielern** *itr V* ❶ faire du théâtre ❷ (*sich verstellen*) jouer la comédie
Schauspielhaus *nt* théâtre *m* **Schauspielkunst** *f kein Pl* art *m* dramatique **Schauspielschule** *f* conservatoire *m* d'art dramatique **Schauspielschüler(in)** *m(f)* élève *mf* du conservatoire d'art dramatique **Schauspielunterricht** *m* cours *m* de théâtre [*o* d'art dramatique]
Schausteller(in) <-s, -> *m(f)* forain(e) *m(f)*
Schautafel *f* tableau *m* mural de présentation
Scheck [ʃɛk] <-s, -s> *m* chèque *m;* **ein** ~ **über hundert Euro** un chèque de cent euros; **gedeckter/ungedeckter** ~ chèque provisionné/sans provision; [**jdm**] **einen** ~ **ausstellen** faire un chèque [à qn]
Scheckaussteller(in) *m(f)* tireur(-euse) *m(f)* du chèque
Scheckbetrug *m* usage *m* frauduleux de chèques **Scheckbuch** *nt* chéquier *m*
Schecke[1] ['ʃɛkə] <-n, -n> *m* (*Pferd*) cheval *m* pie; (*Rind*) bœuf *m* pie
Schecke[2] <-, -n> *f* (*Stute*) jument *f* pie; (*Kuh*) vache *f* pie
Scheckeinlösung *f* paiement *m* de chèque **Scheckfälschung** *f* faux *m* **Scheckformular** *nt* chèque *m* **Scheckheft** *s.* Scheckbuch
scheckig ['ʃɛkɪç] *Adj Kuh, Pferd* pie
▸ **sich** ~ **lachen** *fam* se taper le cul par terre (*pop*)
Scheckkarte *f* carte *f* bancaire **Scheckvordruck** *s.* Scheckformular
scheel [ʃe:l] *Adj, Adv fam* de traviole (*fam*)
Scheffel ['ʃɛfəl] <-s, -> *m* boisseau *m*
scheffeln ['ʃɛfəln] *tr V* **Geld** ~ amasser de l'argent
scheibchenweise ['ʃaɪpçənvaɪzə] *Adv* ❶ *essen* par petites tranches
❷ *fig* (*nach und nach*) *berichten* au compte-gouttes
Scheibe ['ʃaɪbə] <-, -n> *f* ❶ (*große Glasscheibe*) verre *m;* (*Fensterscheibe, Türscheibe*) vitre *f;* (*in Sprossenfenstern*) carreau *m;* (*Windschutzscheibe*) parebrise *f;* (*Heckscheibe*) lunette *f* arrière
❷ (*abgeschnittenes Stück*) tranche *f;* **zwei** ~**n Schinken**

deux tranches de jambon; **etw in ~n schneiden/verpacken** couper/emballer qc en tranches
③ (*runder, flacher Gegenstand*) disque *m*
④ *fam* (*Schallplatte*) disque *m*
► **von ihm/ihr kannst du dir eine ~ abschneiden!** *fam* regarde-le/regarde-la et prends-en de la graine! (*fam*)

Scheibenbremse *f* frein *m* à disque **Scheibengardine** *f* rideau *m* de vitrage **Scheibenhonig** *m* ① miel *m* en rayons ② *s.* Scheibenkleister **Scheibenkleister** *Interj euph fam* zut (*euph fam*) **Scheibenschießen** *nt* tir *m* à la cible **Scheibenwaschanlage** *f* lave-glace *m* **Scheibenwischer** <-s, -> *m* essuie-glace *m* **Scheibenwischerblatt** *nt* balai *m* d'essuie-glace

Scheibtruhe [ʃaɪp-] *f* A (*Schubkarre*) brouette *f*

Scheich [ʃaɪç] <-s, -e> *m* cheik *m*

Scheichtum <-[e]s, ¨er> *nt* émirat *m*

Scheide ['ʃaɪdə] <-, -n> *f* ① *eines Schwerts, Säbels* fourreau *m; eines Jagdmessers* gaine *f*
② ANAT vagin *m*

scheiden ['ʃaɪdən] <schied, geschieden> **I.** *tr V + haben* dissoudre *Ehe;* **sich von jdm ~ lassen** divorcer de qn; **geschieden werden** *Ehe:* être dissolu(e); **eine geschiedene Frau** une [femme] divorcée; **ihr geschiedener Mann** son ex-mari
II. *itr V geh* ① + *sein* (*aufgeben*) **aus einem Amt/einer Stellung ~** quitter un poste/emploi
② + *sein* (*sich trennen*) **wir müssen ~** nous devons nous séparer; **als Freunde/unversöhnt ~** se séparer en amis/mauvais termes
III. *r V + haben* **in diesem Punkt/dieser Frage ~ sich die Meinungen** concernant ce point/cette question, les avis divergent

Scheidewand *f* cloison *f* **Scheidewasser** *nt* CHEM eau-forte *f* **Scheideweg** *m* ► **am ~ stehen** être à la croisée des chemins

Scheidung <-, -en> *f* divorce *m;* **die ~ einreichen** demander le divorce; **in ~ leben** être en instance de divorce

Scheidungsanwalt *m,* **-anwältin** *f* avocat(e) *m(f)* spécialisé(e) dans les divorces **Scheidungsgrund** *m* motif *m* de divorce **Scheidungsklage** *f* demande *f* de divorce **Scheidungsprozess**[RR] *m* procédure *f* de divorce **Scheidungsrate** *f* [taux *m* de] divortialité *f* **Scheidungsrecht** *nt* législation *f* concernant le divorce **Scheidungsrichter(in)** *m(f)* juge *m* aux affaires matrimoniales **Scheidungsurteil** *nt* prononciation *f* de divorce

Schein [ʃaɪn] <-[e]s, -e> *m* ① *kein Pl* (*Lichtschein*) *einer Lampe* lumière *f; einer Kerze, Öllampe* lueur *f*
② *kein Pl* (*Anschein*) apparence *f;* **dem ~ nach** en apparence; **etw zum ~ tun** faire semblant de faire qc; **sich durch den ~ blenden lassen** se laisser aveugler par les apparences
③ (*Banknote*) billet *m*
④ *fam* (*Bescheinigung*) attestation *f*
⑤ UNIV *fam* unité *f* de valeur
► **der ~ trügt** les apparences sont trompeuses; **den ~ wahren** sauver les apparences

Scheinarbeitslose(r) *f(m) dekl wie Adj* pseudo-chômeur(-euse) *m(f)* **Scheinargument** *nt* pseudo-argument *m*

scheinbar **I.** *Adj* apparent(e)
II. *Adv* apparemment

Scheinehe *f* mariage *m* blanc

scheinen ['ʃaɪnən] <schien, geschienen> **I.** *itr V* ① *Sonne, Mond, Sterne:* briller; **auf das Gebüsch ~** *Sonne, Laterne:* éclairer les buissons; **die Sonne scheint ihr direkt ins Gesicht** elle a le soleil en plein visage; **der Mond schien hell** il y avait un beau clair de lune
② (*den Anschein haben*) **er/sie scheint zu schlafen** il/elle a l'air de dormir; **das scheint schwierig zu sein** cela semble [*o* paraît] être difficile; **es scheint, als ob du heute nicht so gut drauf bist** tu n'as pas l'air d'être de très bonne humeur aujourd'hui; **das scheint nur so** c'est juste une apparence
II. *itr V unpers* ① **es scheint, dass** il semble que + *indic;* **mir scheint es, dass** il me semble que + *indic*
② SDEUTSCH, CH *fam* (*anscheinend*) **sie ist scheint's verreist** apparemment, elle est partie en voyage

Scheinfirma *f* société *f* fictive **Scheinfriede** *m* paix *f* illusoire **Scheingefecht** *nt* combat *m* simulé **Scheingeschäft** *nt* commerce *m* fictif **Scheingesellschaft** *f* ÖKON société *f* fictive **Scheingrund** *m* pseudo-motif *m* **scheinheilig** *pej* **I.** *Adj* hypocrite **II.** *Adv* hypocritement; **~ tun** faire l'hypocrite **Scheinheirat** *f* mariage *m* blanc **Scheinlösung** *f* pseudo-solution *f* **Scheinschwangerschaft** *f* MED grossesse *f* nerveuse **Scheintod** *m kein Pl* MED mort *f* apparente **scheintot** *Adj* **~ sein** avoir l'air mort(e) **Scheintote(r)** *f(m) dekl wie Adj* personne *f* qui semble morte **Scheinunternehmen** *nt* entreprise *f* fictive **Scheinvertrag** *m* contrat *m* fictif **Scheinwelt** *f* monde *m* illusoire **Scheinwerfer** *m* ① projecteur *m* ② (*Autoscheinwerfer*) phare *m;* **die ~ aufblenden/abblenden** se mettre en phares/en codes; **mit aufgeblendeten ~n** en phares **Scheinwerferlicht** *nt* lumière *f* des projecteurs; *eines Autos* lumière des phares ► **im ~ der Öffentlichkeit stehen** être sous les projecteurs de l'actualité

Scheiß [ʃaɪs] <-> *m sl* conneries *fpl* (*fam*); **~ machen** faire des conneries (*fam*); **mach keinen ~!** fais pas le con/la conne! (*pop*) **Scheißdreck** *m sl* merde *f* (*fam*); **wegen jedem ~** pour la moindre connerie (*fam*); **~!** merde! *f* (*fam*) ► **sich einen ~ um jdn/etw kümmern** ne rien en avoir à foutre de qn/qc (*pop*); **das geht dich einen ~ an!** c'est pas tes oignons (*fam*); **einen ~ werde ich tun!** je fous que dalle! (*fam*)

scheiße *Adj pej sl unv* **diese Idee ist ~** cette idée, c'est de la connerie (*fam*); **es ist ~, dass sie gegangen ist** c'est con qu'elle soit partie (*fam*)

Scheiße ['ʃaɪsə] <-> *f sl* ① (*Kot*) merde *f* (*vulg*)
② (*Unerfreuliches, Ärgerliches*) merde *f* (*fam*); **verdammte ~!** merde alors! (*fam*)
③ (*Unfug, Blödsinn*) **~ reden/bauen** dire/faire des conneries (*fam*)
► **jdm steht die ~ bis zum Hals** qn est dans la merde jusqu'au cou (*fam*); **er/sie ist aus der größten ~ heraus** le plus gros de la merde est derrière lui/elle (*fam*); **in der ~ sitzen** être dans la merde (*fam*); **jdn aus der ~ ziehen** sortir qn de la merde (*fam*)

scheißegal *Adj sl* **es ist ~, wann/wie ...** on en a rien à foutre de savoir quand/comment... (*pop*); **diese Party ist mir ~!** j'en ai rien à foutre de cette boum! (*pop*)

scheißen <schiss, geschissen> *itr V* ① *sl* (*den Darm leeren*) chier (*fam*); **[sich (*Dat*)] in die Hosen ~** chier dans son pantalon (*fam*)
② *sl* (*nichts geben auf*) **auf jdn/etw ~** ne rien en avoir à foutre de qn/qc (*pop*)

Scheißer(in) <-s, -> *m(f) sl* con[n]ard *m*/con[n]asse *f* (*pop*)

scheißfreundlich *Adj sl* fayoter (*pop*); **~ zu jdm sein** fayoter avec qn **Scheißhaus** *nt sl* chiottes *fpl* (*fam*) **Scheißkerl** *m sl* sale con *m* (*pop*) **Scheißwetter** *nt sl* temps *m* merdique [*o* de merde] (*fam*)

Scheit <-[e]s, -e *o* A, CH -er> [ʃaɪt] *nt* bûche *f*

Scheitel ['ʃaɪtəl] <-s, -> *m* raie *f;* **sich/jdm einen ~ ziehen** [*o* **machen**] se faire une raie/faire une raie à qn
► **vom ~ bis zur Sohle** de la tête aux pieds

Scheitelbein *nt* ANAT os *m* pariétal

scheiteln *tr V* **sich** (*Dat*) **die Haare ~** se faire une raie dans les cheveux; **gescheitelt** avec une raie

Scheitelpunkt *m* ① ARCHIT sommet *m*
② ASTRON zénith *m*

Scheiterhaufen ['ʃaɪte-] *m* bûcher *m*

scheitern ['ʃaɪten] *itr V + sein* échouer; **an jdm/etw ~** échouer à cause de qn/devant qc; **er scheiterte mit seinem Plan** son plan a échoué

Scheitern <-s> *nt* échec *m;* **etw zum ~ bringen** faire échouer qc; **zum ~ verurteilt sein** être voué(e) à l'échec

S

Schellack ['ʃɛlak] *m* gomme-laque *f*

Schelle ['ʃɛlə] <-, -n> *f* ❶ TECH collier *m* [de serrage]
❷ (*Klingel*) sonnette *f;* (*Glöckchen*) clochette *f*

schellen ['ʃɛlən] DIAL **I.** *itr V Person, Telefon:* sonner; **bei jdm ~** sonner chez qn
II. *itr V unpers* **es schellt an der Tür/bei mir** on sonne à la porte/chez moi

Schellenbaum *m* MUS chapeau *m* chinois

Schellfisch ['ʃɛl-] *m* églefin *m*

Schelm [ʃɛlm] <-[e]s, -e> *m* farceur *m;* **ein kleiner ~** un petit polisson

Schelmenroman *m* roman *m* picaresque

schelmisch **I.** *Adj* malicieux(-euse)
II. *Adv* malicieusement

Schelte ['ʃɛltə] <-, -n> *f* ❶ *geh* (*Schimpfe*) réprimande *f;* **~ bekommen** se faire réprimander; **sei brav, sonst gibt es ~!** sois sage, sinon tu vas te faire gronder!
❷ (*Kritik*) volée *f* de bois vert

schelten ['ʃɛltən] <schilt, schalt, gescholten> *geh* **I.** *tr V* ❶ (*ausschimpfen*) réprimander; **jdn wegen etw ~** réprimander qn pour qc
❷ (*nennen*) **jdn einen Dummkopf ~** traiter qn d'imbécile (*fam*)
II. *itr V* **mit jdm ~** faire des remontrances à qn

Schema ['ʃe:ma] <-s, -s *o* Schemata *o* Schemen> *nt* schéma *m;* **in kein ~ passen** être inclassable
▸ **nach ~ F** *fam* en appliquant le règlement à la lettre

schematisch [ʃe'ma:tɪʃ] **I.** *Adj Darstellung, Abriss* schématique; *Arbeitsweise, Vorgehen* méthodique; *pej* mécanique
II. *Adv darstellen, umreißen* schématiquement; *bearbeiten, vorgehen* méthodiquement; *pej* mécaniquement

schematisieren* *tr V* schématiser

Schemel ['ʃe:məl] <-s, -> *m* tabouret *m*

Schemen[1] ['ʃe:mən] *Pl von* **Schema**

Schemen[2] ['ʃe:mən] <-s, -> *m geh* ombre *f*

schemenhaft ['ʃe:mənhaft] *geh* **I.** *Adj* vague
II. *Adv* vaguement

Schenke ['ʃɛŋkə] <-, -n> *f* auberge

Schenkel ['ʃɛŋkəl] <-s, -> *m* ❶ cuisse *f;* **sich** (*Dat*) **auf die ~ klopfen** [*o* **schlagen**] se taper sur les cuisses
❷ MATH *eines Winkels* côté *m*
❸ (*Teilstück*) *eines Zirkels* branche *f;* *einer Zange, Schere* poignée *f*

Schenkelbruch *m* fracture *f* du fémur **Schenkelhals** *m* ANAT col *m* du fémur

Schenkelhalsbruch *m* fracture *f* du col du fémur

schenken ['ʃɛŋkən] **I.** *tr V* ❶ faire cadeau de *Blumen, Buch;* **jdm etw zum Geburtstag ~** offrir qc à qn pour son anniversaire; **etw von jdm geschenkt bekommen** recevoir qc de qn en cadeau; **sich** (*Dat*) **[gegenseitig] Blumen ~** s'offrir des fleurs; **sich** (*Dat*) **etw ~ lassen** se faire offrir qc; **das will ich nicht [mal] geschenkt haben!** je ne veux pas de cela [même] si on me l'offrait!
❷ (*erlassen*) **jdm etw ~** remettre qc à qn; **ihm wird nichts geschenkt** on ne lui fait pas de cadeau; **ich schenke es mir, etwas dazu zu sagen** je préfère m'abstenir de commentaire; **das ~ ich mir** je m'en dispense
❸ (*widmen*) **jdm Beachtung/Liebe ~** accorder de l'attention/donner de l'amour à qn; **jdm Zeit ~** consacrer du temps à qn
▸ **[das ist] geschenkt!** *fam* (*das ist kostenlos*) c'est cadeau!; (*das ist nutzlos*) laisse/laissez tomber! (*fam*)
II. *itr V* **[gerne] ~** [aimer] faire des cadeaux

Schenkung <-, -en> *f* JUR don *m*

Schenkungssteuer *f* impôt *m* sur les donations entre vifs **Schenkungsvertrag** *m* JUR contrat *m* de donation

scheppern ['ʃɛpɐn] **I.** *itr V Eimer, Dose:* faire un bruit de ferraille; **im Kofferraum scheppert es** il y a un bruit de ferraille dans le coffre
II. *itr V unpers fam* **es hat gescheppert** ça a cartonné (*fam*)

Scherbe ['ʃɛrbə] <-, -n> *f* débris *m;* **in ~n gehen** se briser en morceaux
▸ **~n bringen Glück** *Spr.* casser de la vaisselle porte bonheur

Scherbenhaufen *m* ▸ **vor einem ~ stehen** se retrouver dans une situation désastreuse

Schere ['ʃe:rə] <-, -n> *f* ❶ [paire *f* de] ciseaux *mpl*
❷ (*Zange*) *eines Hummers, Krebses* pince *f*
❸ SPORT (*Klammergriff*) ciseau *m*
❹ (*Diskrepanz*) écart *m*
▸ **die ~ im Kopf [haben]** [faire de] l'autocensure; **der ~ zum Opfer gefallen sein** avoir été victime des ciseaux de la censure

scheren[1] ['ʃe:rən] <schor, geschoren> *tr V* ❶ tondre *Tier, Rasen;* tailler *Hecke*
❷ (*abschneiden*) **sich** (*Dat*) **den Bart/die Haare ~** se raser la barbe/les cheveux

scheren[2] <scherte, geschert> **I.** *r V* **sich nicht um jdn/etw ~** ne guère se préoccuper de qn/qc; **was scherst du dich eigentlich um Dinge, die dich nichts angehen?** pourquoi te mêles-tu de choses qui ne te regardent pas?
II. *tr V* **ihn schert es wenig/nicht, wenn ...** ça ne lui fait pas grand-chose/rien que... + *subj;* **das schert mich nicht im Geringsten** ça ne m'intéresse pas le moins du monde; **was schert mich das?** qu'est-ce que ça peut bien me faire?

Scherengitter *nt* treillis *m* extensible **Scherenschleifer(in)** <-s, -> *m(f)* affûteur(-euse) *m(f)* **Scherenschnitt** *m* silhouette *f*

Schererei [ʃe:rə'raɪ] <-, -en> *f meist Pl fam* embêtement *m* (*fam*)

Scherflein ['ʃɛrflaɪn] <-s, -> *nt* ▸ **sein ~ zu etw beitragen** [*o* **beisteuern**] *geh* apporter son obole à qc

Scherge ['ʃɛrgə] <-n, -n> *m pej geh* sbire *m* (*péj*)

Scherkopf *m eines Elektrorasierers* tête *f*

Scherung <-, -en> *f* TECH cisaillement *m*

Scherwind *m* bourrasque *f*

Scherz [ʃɛrts] <-es, -e> *m* plaisanterie *f;* **~e/einen ~ machen** plaisanter; **sich** (*Dat*) **mit jdm einen ~ erlauben** se permettre une plaisanterie avec qn; **aus** [*o* **zum**] [*o* **im**] **~** pour rire; **mach keine ~e!** tu rigoles!; **[ganz] ohne ~!** blague à part!
▸ **~ beiseite!** trêve de plaisanterie!

Scherzartikel *m meist Pl* farces *fpl* et attrapes

Scherzel <-s, -n> *nt* A (*Anschnitt*) entame *f*

scherzen ['ʃɛrtsən] *itr V* plaisanter; **mit jdm ~** plaisanter avec qn; **mit jdm/etw ist nicht zu ~** il ne faut pas plaisanter avec qn/qc

Scherzerl A *s.* **Scherzel**

Scherzfrage *f* devinette *f*

scherzhaft **I.** *Adj* pour plaisanter; **eine ~e Bemerkung** une plaisanterie
II. *Adv* en plaisantant; **das war doch nur ~ gemeint!** c'était juste dit en plaisantant!

Scherzkeks *m fam* plaisantin *m*

Scherzo ['skɛrtso, *Pl:* 'skɛrtsi] <-s, -s *o* Scherzi> *nt* MUS scherzo *m*

scheu [ʃɔɪ] *Adj* ❶ (*menschenscheu*) farouche
❷ (*schüchtern*) *Berührung, Kuss, Verhalten* timide; *Blick* craintif(-ive)

Scheu <-> *f* ❶ (*scheue Art*) sauvagerie *f*
❷ (*Hemmung*) **~ vor jdm/etw** timidité *f* à l'égard de qn/qc; **die ~ etw zu tun** l'appréhension *f* à faire qc; **ohne jede ~** sans aucune crainte

scheuchen ['ʃɔɪçən] *tr V* chasser; **jdn/ein Tier aus der Küche/in den Garten ~** chasser qn/un animal de la cuisine/dans le jardin

scheuen ['ʃɔɪən] **I.** *tr V* reculer devant *Unannehmlichkeiten, Arbeit;* **keine Kosten ~** ne pas regarder à la dépense; **keinen Aufwand ~** ne reculer devant aucune dépense

II. *r V* **sich vor etw** (*Dat*) ~ reculer devant qc; **sich nicht vor etw** (*Dat*) ~ ne pas craindre qc; **sich ~/sich nicht [davor] ~ die Wahrheit zu sagen** craindre de/ne pas hésiter à dire la vérité
III. *itr V* **vor etw** (*Dat*) ~ *Pferd:* se dérober devant qc; **ein ~des Pferd** un cheval effarouché
Scheuer ['ʃɔɪɐ] <-, -n> *f* DIAL grange *f*
Scheuerbürste *f* brosse *f* à récurer; (*Schrubber*) balais-brosse *m* **Scheuerlappen** *m* serpillière *f* **Scheuerleiste** *f* ❶ (*Fußleiste*) plinthe *f* ❷ NAUT liston *m* **Scheuermittel** *nt* produit *m* à récurer
scheuern ['ʃɔɪɐn] I. *tr V* ❶ (*säubern*) récurer *Bad, Kacheln, Topf;* frotter *Fußboden, Treppe;* **etw blank ~** astiquer qc; **das Scheuern** le récurage
❷ (*lösen*) gratter *Schmutz;* désincruster *Verkalkungen*
▸ **von jdm eine gescheuert bekommen** [*o* **kriegen**] *sl* se prendre une baffe par qn (*pop*); **jdm eine ~** *sl* foutre une baffe à qn (*pop*)
II. *itr V* **an/auf etw** (*Dat*) ~ *Kragen, Etikett:* gratter qc
III. *r V* **sich wund ~** s'écorcher la peau
Scheuklappe ['ʃɔɪ-] *f* œillère *f*
▸ **~n aufhaben** [*o* **tragen**] avoir des œillères
Scheune ['ʃɔɪnə] <-, -n> *f* grange *f;* (*Geräteschuppen*) hangar *m*
Scheunendrescher ▸ **wie ein ~ essen** *fam* bouffer comme quatre (*fam*) **Scheunentor** *nt* porte *f* de la grange/du hangar
Scheusal ['ʃɔɪza:l] <-s, -e> *nt* monstre *m*
scheußlich ['ʃɔɪslɪç] I. *Adj* ❶ *Anblick, Aussehen* monstrueux(-euse); *Buch, Film* horrible; *Essen, Getränk, Geruch* infect(e)
❷ *fam* (*furchtbar*) *Schmerzen, Wetter* atroce (*fam*)
II. *Adv* ❶ *kochen, essen* abominablement mal; **~ riechen/schmecken** avoir une odeur infecte/un goût infect
❷ (*gemein*) *behandeln, sich benehmen* odieusement
❸ *fam* (*furchtbar*) *schmerzen* atrocement
Scheußlichkeit <-, -en> *f* atrocité *f*
Schi [ʃi:] *s.* Ski
Schicht [ʃɪçt] <-, -en> *f* ❶ (*Lage*) couche *f;* **eine ~ Sahne/Farbe** une couche de chantilly/peinture
❷ ARCHÄOL, GEOL strate *f*
❸ SOZIOL couche *f* [sociale]
❹ (*Arbeitsabschnitt*) **~ arbeiten** être travailleur(-euse) posté(e); **er ist auf ~** il fait les trois-huit; **ich muss zur ~** il faut que j'aille prendre mon poste
❺ (*Arbeitsgruppe*) équipe *f*
Schichtarbeit *f kein Pl* travail *m* posté, trois-huit *mpl* **Schichtarbeiter(in)** *m(f)* [travailleur *m*] posté *m*/[travailleuse *f*] postée *f*
schichten ['ʃɪçtən] *tr V* empiler; **das Holz zu einem Stapel ~** empiler le bois
Schichtung <-, -en> *f* GEOL stratification *f*
Schichtwechsel [-vɛksl] *m* relève *f*
schichtweise *Adv* ❶ (*in Schichten*) par couches
❷ (*in Gruppen*) par roulement
Schichtwolke *f* stratus *m*
Schichtzulage *f* prime *f* pour travail posté
schick [ʃɪk] *Adj, Adv* chic; **es ist ~ etw zu tun** ça fait chic de faire qc
Schick <-s> *m eines Kleidungsstücks, einer Mode* chic *m;* **~/keinen ~ haben** être/ne pas être chic
schicken ['ʃɪkən] I. *tr V* ❶ (*senden*) envoyer; **[jdm] etw ~** envoyer qc [à qn]; **sich** (*Dat*) **etw ~ lassen** se faire envoyer qc; **etw von jdm geschickt bekommen** recevoir qc de qn
❷ (*gehen heißen*) **jdn zur Nachbarin/in die Schule ~** envoyer qn chez la voisine/à l'école; **jdn einkaufen ~** envoyer qn faire des courses; **ein Kind [wieder] nach Hause ~** renvoyer un enfant chez lui; **vom einen zum anderen geschickt werden** être renvoyé(e) de l'un(e) à l'autre
II. *itr V geh* **nach jdm ~** faire venir qn
III. *r V* ❶ (*geziemen*) **das schickt sich nicht** cela ne se fait pas
❷ *veraltet* (*sich abfinden*) **sich in etw** (*Akk*) ~ prendre son parti de qc
IV. *r V unpers* **es schickt sich nicht für jdn, etw zu tun** il n'est pas convenable pour qn de faire qc
Schickeria [ʃɪkə'ri:a] <-> *f pej fam* gratin *m* (*fam*)
Schickimicki [ʃɪki'mɪki] <-s, -s> *m pej fam* snobinard *m* (*fam*)
schicklich ['ʃɪklɪç] *geh* I. *Adj* convenable
II. *Adv* convenablement
Schicksal ['ʃɪkza:l] <-s, -e> *nt* destin *m;* **sich in sein ~ ergeben** se résigner à son sort; **jdn seinem ~ überlassen** abandonner qn à son [triste] sort; **vom ~ geschlagen sein** être marqué(e) par le destin
▸ **sein ~ ist besiegelt** son destin est scellé; **~ spielen** *fam* filer un coup de pouce (*fam*)
schicksalhaft *Adj* ❶ (*folgenschwer*) *Ereignis, Entscheidung, Wendung* lourd(e) de conséquences; *Tag* fatidique
❷ (*unabwendbar*) *Entwicklung, Prozess, Verlauf* fatal(e)
Schicksalsgemeinschaft *f* communauté *f* d'infortune **Schicksalsschlag** *m* coup *m* du destin
Schiebedach *nt* toit *m* ouvrant **Schiebefenster** *nt* fenêtre *f* coulissante; (*nach oben verschiebbares Fenster*) fenêtre à guillotine
schieben ['ʃi:bən] <schob, geschoben> I. *tr V* ❶ (*bewegen*) pousser *Fahrrad, Kinderwagen, Schrank;* **das Brot in den Ofen ~** enfourner le pain; **etw unter das Tischbein ~** glisser qc sous le pied de table; **den Teller von sich ~** repousser son assiette
❷ (*stecken*) **[sich** (*Dat*)**] etw in den Mund/die Tasche ~** [se] glisser qc dans la bouche/poche
❸ (*zuweisen*) **die Schuld/Verantwortung auf jdn ~** rejeter la culpabilité/responsabilité sur qn
❹ *sl* (*ableisten*) se taper (*fam*) *Wache, Dienst, Frühschicht;* **Kurzarbeit ~ müssen** être obligé(e) d'avaler des réductions d'horaires (*fam*)
II. *itr V* pousser
III. *r V* ❶ (*sich drängen*) **sich durch die Menge/Tür[e] ~** se frayer un chemin à travers la foule/en poussant la porte
❷ (*gleiten*) **sich vor die Sonne ~** *Wolke:* passer devant le soleil; **sich nach oben/zur Seite ~** *Automatiktür:* coulisser vers le haut/sur le côté
Schieber ['ʃi:bɐ] <-s, -> *m* ❶ *fam* (*Schwarzhändler*) trafiquant *m*
❷ (*Absperrvorrichtung*) vanne *f*
Schieberin <-, -nen> *f fam* trafiquante *f*
Schiebermütze *f* gavroche *f*
Schiebetür *f* porte *f* coulissante
Schieblehre <-, -n> *f* pied *m* à coulisse
Schiebung <-> *f pej* piston *m;* **~!** vendu!
schied [ʃi:t] *Imp von* **scheiden**
Schiedsgericht ['ʃi:ts-] *nt* ❶ JUR tribunal *m* arbitral ❷ SPORT commission *f* d'arbitrage **Schiedsmann** <-leute *o* -männer> *m,* **-frau** *f* JUR arbitre *mf* **Schiedsrichter(in)** *m(f)* arbitre *mf* **schiedsrichterlich** I. *Adj* JUR arbitral(e), d'arbitrage; **~es Verfahren** procédure arbitrale II. *Adv* JUR arbitralement **Schiedsspruch** *m* sentence *f* arbitrale **Schiedsurteil** *nt* JUR sentence *f* arbitrale **Schiedsverfahren** *nt* arbitrage *m,* procédure *f* d'arbitrage
schief [ʃi:f] I. *Adj* ❶ (*schräg*) *Wand, Turm, Pfosten* penché(e); *Ebene* incliné(e); *Absatz* usé(e) d'un seul côté
❷ (*entstellt*) *Bild, Eindruck, Darstellung* faux(fausse)
❸ (*scheel*) *Blick, Lächeln* en coin
II. *Adv* ❶ (*schräg*) *aufsetzen, ansehen* de travers; **die Absätze ~ treten** user ses talons d'un côté
❷ *fam* (*nicht gut*) **~ gehen** foirer (*fam*)
❸ *fam* (*falsch*) **~ gewickelt sein** se gourer (*fam*); **~ laufen** foirer (*fam*); **mit den Fahrkarten ist etwas ~ gelaufen** il y a eu des emmerdes avec les billets (*fam*); **heute läuft alles ~!**

tout va de traviole aujourd'hui! (*fam*); **mit etw ~ liegen** se ficher dedans avec qc (*fam*)
Schiefer ['ʃiːfɐ] <-s, -> *m* ardoise *f*
Schieferdach *nt* toit *m* d'ardoises **Schieferplatte** *f* plaque *f* d'ardoise **Schiefertafel** *f* ardoise *f* **Schieferverkleidung** *f* revêtement *m* en ardoise
schief|gehen *s.* schief II.2.
schiefgewickelt *s.* schief II.3.
schief|lachen *r V fam* **sich ~** se tordre [de rire] (*fam*)
Schieflage *f* (*finanziell kritische Lage*) situation *f* critique; (*rechtlich, moralisch kritische Haltung*) position *f* critique
schief|laufen *s.* schief II.3.
schief|liegen *s.* schief II.3.
schief|treten *s.* schief II.1.
schielen ['ʃiːlən] *itr V* ❶ loucher
❷ *fam* (*verstohlen schauen*) **nach jdm/etw ~** reluquer qn/qc (*fam*)
❸ *fam* (*interessiert sein*) **nach einem Posten ~** loucher sur un poste (*fam*)
schien [ʃiːn] *Imp von* **scheinen**
Schienbein *nt* tibia *m;* **sie hat ihm gegen** [*o* **vor**] **das ~ getreten** elle lui a donné un coup de pied dans le tibia
Schiene ['ʃiːnə] <-, -n> *f* ❶ (*Zugschiene*) rail *m;* **aus den ~n springen** sortir des rails
❷ TECH (*Führungsschiene*) rail *m;* (*im Backofen*) glissière *f*
❸ MED éclisse *f*
❹ (*Leiste, Stoßkante*) ferrure *f;* (*auf der Treppenstufe*) baguette *f*
❺ *sl* (*Bereich*) **die emotionale ~ betreffen** porter côté cœur (*fam*)
❻ *sl* (*Weg, Linie*) **etw über die ~ Lehrer – Schüler tun** faire qc basé(e) sur le couple professeur – élève
schienen ['ʃiːnən] *tr V* MED éclisser
Schienenbus *m* autorail *m* **Schienenfahrzeug** *nt* véhicule *m* sur rails **schienengleich** *Adj* **~er Bahnübergang** passage à niveau **Schienennetz** *nt* ❶ *der Straßenbahn* réseau *m* ❷ (*Bahnnetz*) réseau *m* ferroviaire **Schienenräumer** <-s, -> *m* chasse-pierres *m* **Schienenstrang** *m* voie *f* ferrée **Schienenverkehr** *m* trafic *m* ferroviaire **Schienenweg** *m* **auf dem ~** par rail
schier [ʃiːɐ] **I.** *Adj attr* ❶ (*ohne Zusatz*) *Fleisch* maigre désossé(e); *Fett* pur(e)
❷ (*pur*) *Bosheit, Missgunst, Neid* pur(e)
II. *Adv* pratiquement
Schierling ['ʃiːɐlɪŋ] <-s, -e> *m* ciguë *f*
Schießbefehl *m* ordre *m* d'ouvrir le feu **Schießbude** *f* baraque *f* de tir **Schießbudenfigur** *f fam* guignol *m* **Schießeisen** *nt fam* pétard *m* (*pop*)
schießen ['ʃiːsən] <schoss, geschossen> **I.** *itr V* ❶ + *haben* (*feuern*) tirer; **auf jdn/eine Scheibe ~** tirer sur qn/une cible; **mit dem Gewehr/Bogen ~** tirer au fusil/à l'arc; **jdm** [*o* **jdn**] **in die Beine ~** tirer dans les jambes de qn
❷ (*den Schießsport betreiben*) faire du tir; **das Schießen** le tir
❸ + *haben* (*den Ball treten*) **aufs Tor/gegen die Latte ~** tirer dans les buts/sur la barre
❹ + *sein* (*sprießen*) *Pflanze:* pousser vite; (*Blütenstände entwickeln*) *Salat, Dill, Rettich:* monter [en graine]
❺ + *sein fam* (*schnell laufen*) **aus dem Haus/um die Ecke ~** jaillir de la maison/foncer au coin (*fam*)
❻ + *sein* (*spritzen*) **nach oben ~** *Wasser, Öl:* gicler vers le haut; **aus der Wunde ~** *Blut:* gicler de la plaie
▸ **das ist zum Schießen!** *fam* c'est tordant! (*fam*)
II. *tr V* + *haben* ❶ (*feuern*) tirer *Granate, Rakete*
❷ (*treten*) **den Ball auf das Tor ~** envoyer le ballon dans les buts
III. *r V* **sich ~** se battre [en duel] au pistolet
Schießerei <-, -en> *f pej* ❶ *kein Pl* (*ständiges Schießen*) tirs *mpl*
❷ (*Schusswechsel*) fusillade *f*
Schießgewehr *nt Kinderspr.* pétoire *f* (*fam*) **Schießhund** ▸ **aufpassen wie ein ~** *fam* ouvrir l'œil et le bon (*fam*) **Schießplatz** *m* stand *m* de tir; MIL champ *m* de tir **Schießpulver** [-fɐ, -vɐ] *nt* poudre *f* [à canon] **Schießscharte** *f* meurtrière *f* **Schießscheibe** *f* cible *f* **Schießsport** *m* tir *m* **Schießstand** *m* stand *m* de tir
Schiff [ʃɪf] <-[e]s, -e> *nt* ❶ bateau *m;* (*großes Handelsschiff*) navire *m;* **mit dem ~ fahren** prendre le bateau; **per ~** par bateau
❷ (*Kirchenschiff*) nef *f*
▸ **klar ~ machen** NAUT nettoyer le bateau; *fam* (*eine Sache bereinigen*) mettre les choses au point; **„~e versenken" spielen** jouer à la bataille navale
Schiffahrt *s.* Schifffahrt
Schiffahrtsgesellschaft *s.* Schifffahrtsgesellschaft
Schiffahrtslinie *s.* Schifffahrtslinie
Schiffahrtsstraße *s.* Schifffahrtsstraße
Schiffahrtsweg *s.* Schifffahrtsweg
schiffbar *Adj* navigable
Schiffbau *m kein Pl* construction *f* navale **Schiffbauer(in)** *m(f)* constructeur(-trice) *m(f)* naval **Schiffbruch** *m* naufrage *m* ▸ **~ erleiden** faire naufrage; (*scheitern*) échouer **schiffbrüchig** *Adj* naufragé(e); **~ werden** faire naufrage **Schiffbrüchige(r)** *f(m) dekl wie Adj* naufragé(e) *m(f)*
Schiffchen ['ʃɪfçən] <-s, -> *nt* ❶ *Dim von* **Schiff** (*Spielzeug*) petit bateau *m*
❷ (*Kopfbedeckung*) calot *m*
schiffen I. *itr V* ❶ + *sein veraltet* (*mit dem Schiff fahren*) **nach Afrika ~** naviguer en direction de l'Afrique
❷ + *haben sl* (*urinieren*) pisser (*fam*)
II. *itr V unpers* + *haben sl* **es schifft** il flotte (*fam*)
Schiffer(in) <-s, -> *m(f)* batelier(-ière) *m(f)*
Schifferklavier [-viː-] *nt fam* piano *m* à bretelles (*fam*) **Schifferknoten** *m* nœud *m* de marin **Schiffermütze** *f* casquette *f* de marin
Schifffahrt[RR] *f kein Pl* navigation *f*
Schifffahrtsgesellschaft[RR] *f* compagnie *f* maritime **Schifffahrtslinie**[RR] [-liːniə] *f* route *f* maritime **Schifffahrtsstraße**[RR] *f form,* **Schifffahrtsweg**[RR] *m* ❶ (*Route*) route *f* maritime
❷ (*Wasserstraße*) voie *f* navigable
Schiffsarzt *m,* **-ärztin** *f* médecin *m* de bord **Schiffsbesatzung** *f* équipage *m* [du bateau]
Schiffschaukel *f* bateau-balançoire *m*
Schiffseigner(in) *m(f) form* propriétaire *mf* de bateau **Schiffsflagge** *f* pavillon *m* **Schiffsfracht** *f* fret *m* [de bateau] **Schiffsglocke** *f* cloche *f* [de bateau] **Schiffshaut** *f* bordé *m* **Schiffshebewerk** *nt* élévateur *m* [*o* ascenseur *m*] à bateaux **Schiffsjunge** *m* mousse *m* **Schiffskoch** *m,* **-köchin** *f* coq *m*/cuisinière *f* de bord **Schiffsküche** *f* coquerie *f* **Schiffsladung** *f* cargaison *f* [de bateau] **Schiffslaterne** *f* fanal *m* **Schiffsmannschaft** *f* équipage *m* [de bateau] **Schiffsmiete** *f* fret *m* **Schiffspapiere** *Pl* papiers *mpl* de bord **Schiffsrumpf** *m* coque *f* **Schiffsschraube** *f* hélice *f* **Schiffssteuerung** *f* gouvernail *m* **Schiffstaufe** *f* baptême *m* du navire **Schiffsverbindung** *f* liaison *f* maritime **Schiffsverkehr** *m* trafic *m* maritime; (*auf Binnengewässern*) trafic fluvial **Schiffszwieback** *m* NAUT biscuit *m* marin
Schiismus [ʃiˈɪsmʊs] <-> *m* REL chiisme *m,* shiisme *m*
Schiit(in) [ʃiˈiːt] <-en, -en> *m(f)* chiite *mf,* shiite *mf*
schiitisch *Adj* chiite, shiite
Schikane [ʃiˈkaːnə] <-, -n> *f a.* SPORT chicane *f;* **aus reiner ~** par pure chicane
▸ **mit allen ~n** *fam* hyper[-]équipé(e)
schikanieren* *tr V* chicaner
schikanös [ʃikaˈnøːs] **I.** *Adj* vexatoire

II. *Adv* de façon vexatoire
Schikoree[RR] *s.* **Chicorée**
Schild[1] [ʃɪlt, *Pl:* 'ʃɪldɐ] <-[e]s, -er> *nt* ❶ (*Verkehrsschild*) panneau *m*
❷ (*Hinweisschild*) écriteau *m*
❸ *fam* (*Preisschild*) étiquette *f*
Schild[2] [ʃɪlt, *Pl:* 'ʃɪldə] <-[e]s, -e> *m* ❶ HIST bouclier *m*
❷ (*Wappenschild*) blason *m*
❸ (*Hitzeschild*) *eines Kernreaktors* bouclier *m* thermique
▶ **jdn auf den ~ erheben** *geh* hisser qn sur le pavois; **etw gegen jdn/etw im ~e führen** manigancer qc contre qn/qc
Schildbürger(in) *m(f)* *pej* petit-bourgeois *m*/petite-bourgeoise *f*
Schildbürgerstreich *m hum* coup *m* des technocrates
Schilddrüse *f* [glande *f*] thyroïde *f*
Schilddrüsenfunktion *f* fonction *f* de la [glande] thyroïde **Schilddrüsenhormon** *nt* BIO, CHEM hormone *f* thyroïdienne **Schilddrüsenüberfunktion** *f* hyperthyroïdie *f* **Schilddrüsenunterfunktion** *f* hypothyroïdie *f* **Schilddrüsenvergrößerung** *f* hypertrophie *f* de la [glande] thyroïde
Schildermaler(in) *m(f)* peintre *m* d'enseignes
schildern ['ʃɪldɐn] *tr V* décrire; **[jdm] etw ~** décrire qc [à qn]; **jdm ~, was sich ereignet hat** décrire à qn ce qui c'est passé
Schilderung <-, -en> *f* description *f*
Schilderwald *m hum fam* forêt *f* de panneaux
Schildkröte *f* tortue *f*
Schildkrötenfleisch *nt* viande *f* de tortue **Schildkrötensuppe** *f* potage *m* à la tortue
Schildlaus *f* cochenille *f* **Schildpatt** ['ʃɪltpat] <-[e]s> *nt* écaille *f*
Schilf [ʃɪlf] <-[e]s, -e> *nt* ❶ (*Pflanze*) roseau *m*
❷ (*Dickicht*) roseaux *mpl*, roselière *f*
Schilfdach *nt* toit *m* de roseaux **Schilfgras**, **Schilfrohr** *nt* roseau *m*
Schillerlocke *f* ❶ (*Fisch*) filet *m* d'aiguillat fumé
❷ (*Gebäck*) cornet *m* à la crème
schillern ['ʃɪlɐn] *itr V* chatoyer; **bläulich/in allen Farben ~** avoir des reflets bleuâtres/s'iriser
schillernd *Adj* ❶ (*changierend*) *Seide* chatoyant(e)
❷ (*nicht durchschaubar*) *Charakter, Persönlichkeit* à facettes
Schilling ['ʃɪlɪŋ] <-s, -e> *m* HIST (*ehemalige Währung*) schilling *m*
schilpen ['ʃɪlpən] *itr V Vogel:* pépier
schilt [ʃɪlt] *3. Pers Präs von* **schelten**
Schimäre [ʃi'mɛːrə] <-, -n> *f geh* chimère *f*
Schimmel ['ʃɪməl] <-s, -> *m* ❶ (*Schimmelpilz*) moisissure *f*
❷ (*Pferd*) cheval *m* blanc
schimmelig I. *Adj* moisi(e); **~ werden** moisir
II. *Adv* **~ riechen** sentir le moisi
schimmeln *itr V + haben o sein* moisir
Schimmelpilz *m* moisissure *f*
Schimmer ['ʃɪmɐ] <-s> *m* ❶ (*matter Glanz*) reflet *m*
❷ (*kleine Spur*) **ein ~ von Anstand/Hoffnung** un minimum de bienséance/une lueur d'espoir
▶ **keinen blassen [*o* nicht den blassesten] ~ von etw haben** *fam* (*keine Idee haben*) ne pas avoir la moindre idée de qc; (*nicht eingeweiht sein*) ne pas être du tout au courant de qc (*fam*)
schimmern ['ʃɪmɐn] *itr V* reluire
schimmlig *s.* **schimmelig**
Schimpanse [ʃɪm'panzə] <-n, -n> *m* chimpanzé *m*
Schimpf [ʃɪmpf] <-[e]s> *m geh* (*Beleidigung*) affront *m*; **jdm einen ~ antun** faire un affront à qn
▶ **mit ~ und Schande** avec ignominie
schimpfen ['ʃɪmpfən] I. *itr V* ❶ (*wettern*) pester; **auf [*o* über] jdn/etw ~** pester contre qn/qc; **das Schimpfen** les cris *mpl*
❷ (*zurechtweisen*) **mit jdm ~** crier après qn, gronder qn
II. *r V fam* **sich Freundin/Lexikograph ~** se dire amie/lexicographe
Schimpfkanonade *f fam* bordée *f* d'injures
schimpflich *geh* I. *Adj* ignominieux(-euse) (*littér*)
II. *Adv* ignominieusement (*littér*)
Schimpfname *m* sobriquet *m* **Schimpfwort** <-wörter> *nt* gros mot *m*
Schindel ['ʃɪndəl] <-, -n> *f* bardeau *m*
Schindeldach *nt* toit *m* de bardeaux
schinden ['ʃɪndən] <schindete, geschunden> I. *r V* **sich ~** s'échiner; **sich mit schweren Lasten ~** s'échiner à porter de lourds fardeaux
II. *tr V* ❶ (*quälen*) éreinter *Zugtier;* **Arbeiter/Gefangene ~** épuiser des travailleurs/détenu(e)s à la tâche
❷ *fam* (*zu gewinnen suchen*) **Zeit ~** décrocher du temps (*fam*); **bei jdm Eindruck ~ [wollen]** [vouloir] épater qn (*fam*); **bei jdm Mitleid ~ wollen** vouloir extorquer de la pitié auprès de qn (*fam*)
Schinder(in) <-s, -> *m(f)* *pej* tortionnaire *mf;* (*Arbeitgeber*) négrier(-ière) *m(f)*
Schinderei <-, -en> *f* corvée *f*
Schindluder ['ʃɪntluːdɐ] ▶ **mit jdm/etw ~ treiben** *fam* traiter qn par-dessus la jambe *fam*/jouer avec qc
Schinken ['ʃɪŋkən] <-s, -> *m* ❶ jambon *m;* **gekochter ~** jambon blanc
❷ *pej fam* (*Gemälde*) grande croûte *f* (*fam*); (*Buch*) pavé *m* (*fam*); (*Film*) navet *m* super long (*fam*)
Schinkenspeck *m* lard *m* maigre; **Eier und ~** des œufs au bacon **Schinkenwurst** *f* saucisson *m* au jambon
Schippe ['ʃɪpə] <-, -n> *f* ❶ NDEUTSCH (*Schaufel*) pelle *f*
❷ DIAL *s.* **Pik**
▶ **jdn/etw auf die ~ nehmen** *fam* se foutre de qn/qc (*fam*)
schippen ['ʃɪpən] *tr V* NDEUTSCH pelleter
schippern ['ʃɪpɐn] *itr V + sein fam* **nach Kanada/über den Atlantik ~** bourlinguer en direction du Canada/à travers l'Atlantique (*fam*)
Schirm [ʃɪrm] <-[e]s, -e> *m* ❶ (*Regenschirm*) parapluie *m*
❷ (*Sonnenschirm*) parasol *m*
❸ (*Mützenschirm*) visière *f*
❹ *fam* (*Bildschirm*) écran *m*
❺ (*Lampenschirm*) abat-jour *m*
❻ BOT *eines Pilzes* chapeau *m*
Schirmherr(in) *m(f)* parrain *m*/marraine *f;* **der ~ einer Veranstaltung sein** parrainer une manifestation **Schirmherrschaft** *f* parrainage *m;* **unter der ~ des Ministers** avec le parrainage du ministre **Schirmhülle** *f* fourreau *m* [de parapluie] **Schirmmütze** *f* casquette *f* à visière **Schirmpilz** *m* lépiote *f* **Schirmständer** *m* porte-parapluies *m*
Schirokko [ʃi'rɔko] <-s, -s> *m* METEO sirocco *m*
schiss[RR], **schiß** *Imp von* **scheißen**
Schiss[RR], **Schiß** ▶ **vor jdm/etw ~ haben/kriegen** *sl* avoir/commencer à avoir les jetons de qn/qc (*pop*)
schizophren [ʃitso'freːn] *Adj* ❶ MED schizophrène
❷ *geh* (*absurd*) insensé(e)
Schizophrenie [ʃitsofre'niː, sçitsofre'niː] <-, *selten* -n> *f* ❶ MED schizophrénie *f*
❷ *pej* (*Widersinn*) absurdité *f*
schlabberig ['ʃlabərɪç] *Adj fam* ❶ (*locker*) *Kleidung* avachi(e)
❷ *pej* (*wässerig*) *Brei, Kakao, Suppe* clairet(te) (*fam*); **dieses ~e Bier/dieser ~e Kaffee** cette bibine/lavasse (*fam*)
schlabbern ['ʃlabɐn] I. *itr V fam* ❶ (*sabbern*) baver
❷ (*weit fallen*) *Kleidung:* pendouiller (*fam*)
II. *tr V fam* **Milch ~** *Katze, Hund:* laper du lait
Schlacht [ʃlaxt] <-, -en> *f* bataille *f;* **in die ~ ziehen** aller au combat; **jdm eine ~ liefern** livrer bataille à qn; **die ~ bei Waterloo** la bataille de Waterloo
Schlachtbank *f* table *f* d'équarrissage; **ihm war, als würde er zur ~ geführt** il avait l'impression d'être conduit à l'abattoir
schlachten ['ʃlaxtən] I. *tr V* abattre; **das Schlachten** l'abattage

m
II. *itr V* abattre un animal/des animaux
Schlachtenbummler(in) *m(f) fam* supporte[u]r(-trice) *m(f)*
Schlachter(in) ['ʃlaxtɐ] <-s, -> *m(f)* NDEUTSCH boucher(-ère) *m(f)*
Schlächter(in) <-s, -> *m(f) a. fig* boucher(-ère) *m(f)*
Schlachterei [ʃlaxtə'raɪ] <-, -en> *f* NDEUTSCH boucherie *f*
Schlächterei [ʃlɛçtə'raɪ] <-, -en> *f a. fig* boucherie *f*
Schlachtfeld *nt* champ *m* de bataille ▶ **wie ein ~ aussehen** ressembler à un champ de bataille **Schlachthaus** *nt* abattoir *m* **Schlachthof** *m* abattoirs *mpl* **Schlachtplan** *m* plan *m* de bataille ▶ **einen ~ ausarbeiten** dresser un plan de bataille **Schlachtross**[RR] *nt* destrier *m* **Schlachtruf** *m* cri *m* de guerre **Schlachtschiff** *nt* MIL cuirassé *m*
Schlachtung <-, -en> *f* abattage *m*
Schlachtvieh *nt* animaux *mpl* de boucherie
Schlacke ['ʃlakə] <-, -n> *f* ❶ scories *fpl*
❷ *meist Pl* MED fibre *f*
schlackern ['ʃlakɐn] *itr V* NDEUTSCH *Hose:* flotter; **gegen/um die Beine ~** *Hose:* flotter autour des jambes
Schlaf [ʃla:f] <-[e]s> *m* sommeil *m;* **einen festen/leichten ~ haben** avoir le sommeil profond/léger; **in einen tiefen ~ sinken** [*o* **fallen**] sombrer [*o* tomber] dans un sommeil profond; **jdn in den ~ singen** chanter une berceuse à qn; **jdn um den** [*o* **seinen**] **~ bringen** empêcher qn de dormir; **jdn aus dem ~ reißen/trommeln** arracher qn au sommeil/tambouriner [à la porte] pour réveiller qn; **aus dem ~ hochfahren** [*o* **aufschrecken**] s'éveiller en sursaut; **keinen ~ finden** ne pas trouver le sommeil; **im ~ reden** parler en dormant; **halb im ~** à moitié réveillé(e)
▶ **sich** (*Dat*) **den ~ aus den Augen reiben** se frotter les yeux; **den ~ des Gerechten schlafen** dormir du sommeil du juste; **etw im ~ beherrschen** [*o* **können**] (*auswendig wissen*) connaître qc sur le bout des doigts; (*bestens beherrschen*) pouvoir faire qc les yeux fermés
Schlafanzug *m* pyjama *m*
Schläfchen ['ʃlɛ:fçən] <-s, -> *nt* [petit] somme *m*
Schlafcouch *f* canapé-lit *m,* convertible *m*
Schläfe ['ʃlɛ:fə] <-, -n> *f* tempe *f;* **graue ~n haben** avoir les tempes grisonnantes
schlafen ['ʃlafən] <schläft, schlief, geschlafen> **I.** *itr V* ❶ dormir; **gut/fest/leicht ~** dormir bien/profondément/légèrement; **~ gehen, sich ~ legen** aller se coucher; **ein Kind ~ legen** aller coucher un enfant; **jdn nicht ~ lassen** empêcher qn de dormir; **~d** qui dort
❷ (*liegen*) **hart/weich ~** dormir sur du dur/mou
❸ (*nächtigen*) **bei jdm ~** coucher chez qn
❹ *fam* (*unaufmerksam sein*) **beim Autofahren/während des Unterrichts ~** dormir au volant/en classe; **schlaf nicht!** ne t'endors pas!
❺ *fam* (*koitieren*) **mit jdm ~** coucher avec qn (*fam*)
II. *r V unpers* **hier schläft es sich gut/schlecht** on dort bien/mal ici
Schläfenbein *nt* ANAT [os *m*] temporal *m*
Schlafende(r) *s.* Schläfer(in)
Schlafengehen *nt* coucher *m;* **vor dem ~** avant d'aller se/me/… coucher; **nach dem ~** après s'être/m'être/… couché(e)
Schlafenszeit *f* **es ist ~** c'est l'heure d'aller dormir [*o* se coucher]
Schläfer(in) ['ʃlɛ:fɐ] <-s, -> *m(f)* dormeur(-euse) *m(f)*
schlaff [ʃlaf] **I.** *Adj* ❶ (*locker*) *Fahne, Segel, Tuch* qui pend [mollement]; *Seil* lâche
❷ (*kraftlos*) *Glieder, Händedruck, Muskeln* mou(molle)
II. *Adv fallen, hängen, liegen* mollement; **~ herabhängen** *Seil:* pendre lâchement
Schlaffheit <-> *f* ❶ *der Haut* relâchement *m*
❷ (*Weichheit*) mollesse *f*
❸ (*Trägheit*) avachissement *m*
Schlaffi ['ʃlafi] <-s, -s> *m pej fam* mollasson(ne) *m(f)* (*fam*)
Schlafgelegenheit *f* (*in einer Wohnung*) place *f* pour dormir; (*in einer Stadt*) endroit *m* où dormir
Schlafittchen [ʃla'fɪtçən] ▶ **jdn am** [*o* **beim**] **~ kriegen** *fam* réussir à attraper qn par le colback (*fam*); **jdn am** [*o* **beim**] **~ nehmen** *fam* prendre qn par le colback (*fam*)
Schlafkrankheit *f* maladie *f* du sommeil **Schlaflied** *nt* berceuse *f*
schlaflos I. *Adj Mensch* insomniaque; *Nacht* blanc(blanche)
II. *Adv* sans trouver le sommeil
Schlaflosigkeit <-> *f* insomnie *f*
Schlafmittel *nt* somnifère *m* **Schlafmütze** *f* ❶ (*Kopfbedeckung*) bonnet *m* de nuit ❷ *fam* (*Mensch*) endormi(e) *m(f)* (*fam*) **Schlafraum** *m* dortoir *m*
schläfrig ['ʃlɛ:frɪç] *Adj* somnolent(e); **~ werden** commencer à avoir sommeil; **~ sein** avoir sommeil; [**jdn**] **~ machen** donner envie de dormir [à qn]
Schläfrigkeit <-> *f* envie *f* de dormir
Schlafrock *m* (*Morgenrock*) robe *f* de chambre ▶ **im ~** GASTR enrobé(e) de pâte **Schlafsaal** *m* dortoir *m* **Schlafsack** *m* sac *m* de couchage **Schlafstadt** *f* ville-dortoir *f* **Schlafstörungen** *Pl* troubles *mpl* du sommeil
schläft [ʃlɛ:ft] *3. Pers Präs von* **schlafen**
Schlaftablette *f* ❶ comprimé *m* pour dormir ❷ *fam* (*Langweiler*) mollasson(ne) *m(f)* (*fam*) **schlaftrunken** ['ʃla:ftrʊŋkən] *Adj, Adv geh* [encore] tout ensommeillé(e) **Schlafwagen** *m* wagon-lit *m* **schlafwandeln** *itr V + haben o sein* être somnambule **Schlafwandler(in)** <-s, -> *m(f)* somnambule *mf*
schlafwandlerisch *Adj* somnambule; **mit ~er Sicherheit bewegte er sich durch die Großstadt** il traversa la ville avec une sûreté instinctive
Schlafzimmer *nt* chambre *f* à coucher; **ein gemeinsames ~ haben** faire chambre commune; **getrennte ~ haben** faire chambre à part
Schlafzimmerblick *m hum fam* regard *m* torride
Schlag [ʃla:k, *Pl:* 'ʃlɛ:gə] <-[e]s, ⸚e> *m* ❶ (*Hieb*) coup *m;* **von jdm Schläge kriegen** *fam* se prendre des coups de qn (*fam*)
❷ (*dumpfer Hall*) bruit *m* [de choc]; *einer Uhr* coup *m*
❸ (*Schicksalsschlag, seelische Erschütterung*) [**schwerer**] **~** coup *m* dur; **jdm einen ~ versetzen** *Person, Ereignis, Nachricht:* donner un coup à qn
❹ *fam* (*Art, Typ*) genre *m;* **ein Beamter vom alten ~** un fonctionnaire comme on n'en fait plus; **vom gleichen ~ sein** *pej* être à mettre dans le même sac (*péj fam*)
❺ (*Stromschlag*) électrocution *f*
❻ (*Taubenschlag*) colombier *m*
❼ DIAL *fam* (*Portion*) louche *f*
❽ GASTR A (*Schlagsahne*) crème *f* fouettée; (*gesüßt*) [crème *f*] chantilly *f*
❾ (*Wagentür*) portière *f*
▶ **ein ~ ins Gesicht** une gifle; **ein ~ unter die Gürtellinie** *fam* un coup bas; **ein ~ ins Kontor** *fam* un coup dur (*fam*); **ein ~ ins Wasser** *fam* un coup dans l'eau (*fam*); **zum entscheidenden ~ ausholen** préparer l'attaque décisive; **mich rührt** [*o* **trifft**] **der ~!** *fam* je vais avoir une attaque! (*fam*); **keinen ~ tun** *fam* en ficher pas une (*fam*); **~ auf ~** coup sur coup; **es geht ~ auf ~** ça n'arrête pas; **auf einen ~, mit einem ~** *fam* d'un [seul] coup (*fam*)
Schlagabtausch <-[e]s> *m* ❶ BOXEN échange *m* de coups ❷ (*Rededuell*) prise *f* de bec **Schlagader** *f* artère *f* **Schlaganfall** *m* attaque *f* [d'apoplexie]
schlagartig I. *Adj* brusque
II. *Adv* brusquement
schlagbar *Adj Sportler, Mannschaft:* vulnérable; **~ sein** *Sportler, Mannschaft:* être vulnérable
Schlagbaum *m* barrière *f* **Schlagbohrer** *m* perceuse *f* à percussion

Schlägel <-s, -> *m* ❶ (*Werkzeug*) massette *f*
❷ MUS baguette *f* [de tambour]

schlagen ['ʃlaːgən] <schlägt, schlug, geschlagen> **I.** *tr V* + *haben* ❶ frapper; **jdn ins Gesicht** ~ frapper qn au visage; **jdn zum Krüppel** ~ réduire qn en miettes (*fam*); **man hat ihn bewusstlos geschlagen** on l'a frappé jusqu'à ce qu'il perde conscience
❷ (*besiegen*) battre; **jdn im Schach** ~ battre qn aux échecs; **sich geschlagen geben** s'avouer vaincu(e); **vernichtend geschlagen werden** être battu(e) à plate couture
❸ (*fällen*) abattre *Baum*
❹ (*hineinschlagen*) **einen Nagel in die Wand** ~ enfoncer un clou dans le mur
❺ SPORT **den Ball ins Netz/ins Aus** ~ envoyer la balle dans le filet/hors-ligne
❻ (*eliminieren*) prendre *Spielfigur*
❼ MUS battre *Pauke, Trommel, Takt;* pincer *Saiten*
❽ (*heftig rühren*) battre *Eier, Teig*
❾ (*läuten*) sonner; **es hat zehn Uhr geschlagen** dix heures ont sonné
❿ *geh* (*hineindrücken*) **die Krallen/Zähne in etw** (*Akk*) ~ *Raubtier:* planter les griffes/dents dans qc
⓫ (*erbeuten*) **einen Hasen** ~ *Greifvogel:* attraper et tuer un lièvre
⓬ (*wickeln*) [**jdm**] **etw in Papier** ~ envelopper qc [à qn] dans du papier
⓭ POL **ein Gebiet zum Nachbarland** ~ annexer une région à un pays voisin
► **ehe ich mich** ~ **lasse!** *hum fam* je me laisserais bien tenter! (*hum fam*)
II. *itr V* ❶ + *haben* (*hämmern*) **mit etw an etw** (*Akk*)/**auf etw** (*Akk*)/**gegen etw** ~ frapper [*o* taper] avec qc à/sur/contre qc
❷ + *haben* (*hauen, zuschlagen*) **jdm mit der Faust ins Gesicht** ~ frapper qn avec le poing au visage; **jdm mit einer Flasche auf den Kopf** ~ frapper qn avec une bouteille sur la tête; **um sich** ~ se débattre; **brutal/gezielt** ~ frapper avec brutalité/de façon ciblée
❸ + *sein* (*auftreffen*) **an etw** (*Akk*)/**gegen etw** ~ *Regen, Wellen:* frapper [*o* taper] contre qc; **mit dem Kopf an etw** (*Akk*)/**auf etw** (*Akk*)/**gegen etw** ~ heurter qc de la tête
❹ + *haben* (*pochen*) *Herz, Puls:* battre
❺ + *haben* (*läuten*) *Glockenspiel, Uhr:* sonner
❻ + *haben o sein* (*emporlodern*) **aus dem Haus/Dach** ~ *Flammen, Feuer, Rauch:* s'échapper de la maison/du toit
❼ + *haben* (*singen*) *Nachtigall, Fink:* chanter
❽ + *sein fam* (*ähneln*) **nach jdm** ~ tenir de qn (*fam*)
❾ + *sein* MED **die Erkältung ist ihm auf die Ohren/die Blase geschlagen** le rhume a entraîné une inflammation des oreilles/de la vessie
❿ + *sein* NAUT *fam* **voll** ~ faire eau de toutes parts
III. *r V* ❶ **sich mit jdm** ~ se battre avec qn
❷ (*rangeln*) **sich um etw** ~ se battre pour [obtenir] qc
❸ (*zurechtkommen*) **sich gut/tapfer** ~ bien se défendre/se défendre avec courage
❹ *fam* (*essen*) **sich voll** ~ se goinfrer (*fam*)

schlagend *Adj* ❶ (*treffend*) *Vergleich* parlant(e)
❷ (*überzeugend, eindeutig*) *Beweis, Tatsache* concluant(e)

Schlager ['ʃlaːgɐ] <-s, -> *m* ❶ (*Lied*) tube *m* (*fam*)
❷ *fam* (*Verkaufsschlager*) article *m* qu'on s'arrache (*fam*); **der** ~ **sein** se vendre comme des petits pains (*fam*)

Schläger ['ʃlɛːgɐ] <-s, -> *m* ❶ (*gewalttätiger Mensch*) casseur *m*
❷ (*Spieler, der schlägt*) frappeur *m*
❸ (*Federballschläger, Tennisschläger, Tischtennisschläger*) raquette *f;* (*Eishockeyschläger, Hockeyschläger*) crosse *f;* (*Golfschläger*) club *m;* (*Kricketschläger, Baseballschläger*) batte *f*

Schlägerbande *f* bande *f* de casseurs

Schlägerei <-, -en> *f* bagarre *f*

Schlagerfestival *nt* festival *m* de la chanson [populaire]

Schlägerin <-, -nen> *f* ❶ (*gewalttätige Frau*) casseuse *f*
❷ (*Spielerin, die schlägt*) frappeuse *f*

Schlagermusik *f* [musique *f* de] variété *f*

schlägern ['ʃlɛːgɐn] *itr V* A (*Holz fällen*) abattre des arbres; **im Wald** ~ abattre des arbres dans la forêt

Schlagersänger(in) *m(f)* chanteur(-euse) *m(f)* de variété

schlagfertig **I.** *Adj Person* qui a de la répartie; *Antwort, Bemerkung, Reaktion* du tac au tac **II.** *Adv* du tac au tac **Schlagfertigkeit** <-> *f* sens *m* de la répartie **schlagfest** *Adj* TECH antichoc **Schlagholz** *nt* batte *f* **Schlaginstrument** *nt* instrument *m* à percussion **Schlagkraft** <-> *f* ❶ *einer Armee, Truppe* puissance *f* de feu [*o* de combat] ❷ (*Wirksamkeit*) *eines Arguments, Beweises* force *f* de persuasion **schlagkräftig** *Adj* ❶ *Armee, Truppe* d'une forte puissance de feu ❷ (*wirksam*) *Argument, Beweis* persuasif(-ive) **Schlaglicht** *nt* **ein** ~ **auf jdn/etw werfen** jeter la lumière sur qn/mettre qc en [pleine] lumière **Schlagloch** *nt* nid-de-poule *m* **Schlagmann** <-männer> *m* ❶ (*beim Rudern*) chef *m* de nage ❷ (*beim Baseball*) batteur *m* **Schlagobers** *nt* A, **Schlagrahm** *m* SDEUTSCH, A, CH *s.* **Schlagsahne** **Schlagring** *m* coup-de-poing *m* [américain] **Schlagsahne** *f* (*flüssig*) crème *f* fleurette; (*geschlagen*) [crème *f*] chantilly *f* **Schlagseite** *f* gîte *f* ► ~ **haben** *Schiff:* donner de la bande [*o* gîte]; *hum fam Person:* tanguer **Schlagstock** *m* matraque *f*

schlägt [ʃlɛːkt] *3. Pers Präs von* **schlagen**

Schlagwerk *nt einer Uhr* carillon *m* **Schlagwetter** *Pl* MIN grisou *m* **Schlagwetterexplosion** *f* MIN coup *m* de grisou **Schlagwort** *nt* ❶ <-worte> *pej* (*Parole*) formule *f* [toute faite] ❷ <-wörter> (*Stichwort*) mot-clé *m* **Schlagwortkatalog** *m* fichier *m* par mots-clés **Schlagzeile** *f* gros titre *m;* ~**n machen, für** ~**n sorgen** *fam* faire la une des journaux (*fam*) **Schlagzeug** <-[e]s, -e> *nt* batterie *f* **Schlagzeuger(in)** <-s, -> *m(f)* batteur(-euse) *m(f)*

schlaksig ['ʃlaksɪç] *Adj fam* dégingandé(e); *Bewegungen* désarticulé(e)

Schlamassel [ʃla'masəl] <-s, -> *m o nt fam* ❶ (*Durcheinander*) bordel *m* (*fam*)
❷ (*ärgerliche Situation*) mouise *f* (*fam*); **da haben wir den** ~**!** là on est dans la mouise! (*fam*)

Schlamm [ʃlam, *Pl:* ('ʃlɛmə)] <-[e]s, -e *o* ⸚e> *m* boue *f;* (*Flussschlamm, Seeschlammm*) vase *f*

Schlammbad *nt* bain *m* de boue

schlammig *Adj* boueux(-euse)

Schlämmkreide ['ʃlɛm-] *f kein Pl* blanc *m* de Meudon

Schlammpackung *f* MED cataplasme *m* [*o* application *f*] de boue **Schlammschlacht** *f* foire *f* d'empoigne

Schlampe ['ʃlampə] <-, -n> *f pej fam* ❶ (*ungepflegte Frau*) souillon *m* (*péj fam*)
❷ (*liederliche Frau*) traînée *f* (*péj fam*)

schlampen ['ʃlampən] *itr V fam* bâcler le travail (*fam*); **bei der Reparatur** ~ bâcler le travail de réparation (*fam*)

Schlamperei <-, -en> *f fam* ❶ (*Nachlässigkeit*) je-m'en-foutisme *m* (*fam*)
❷ (*Unordnung*) bordel *m* (*fam*)

schlampig ['ʃlampɪç] *fam* **I.** *Adj* ❶ *Arbeit, Bearbeitung, Korrektur* bâclé(e) (*fam*)
❷ (*ungepflegt*) *Person, Äußeres* débraillé(e)
❸ (*unordentlich*) bordélique (*fam*)
II. *Adv* ❶ (*nachlässig*) à la va comme je te pousse (*fam*)
❷ (*ungepflegt*) en débraillé

schlang [ʃlaŋ] *Imp von* **schlingen**

Schlange ['ʃlaŋə] <-, -n> *f* ❶ ZOOL serpent *m*
❷ (*Warteschlange*) *von Personen, Fahrzeugen* queue *f;* ~ **nach etw stehen** faire la queue pour avoir qc
❸ *pej* (*hinterlistige Frau*) vipère *f;* **eine falsche** ~ un faux

S

jeton (*fam*)
schlängeln ['ʃlɛŋəln] *r V* ❶ **sich durch/über etw** (*Akk*) ~ *Schlange:* ramper à travers/par dessus qc
❷ (*kurvenreich verlaufen*) **sich bergauf/durch den Wald** ~ *Weg, Straße:* serpenter jusqu'en haut de la montagne/à travers la forêt
Schlangenbeschwörer(in) <-s, -> *m(f)* charmeur(-euse) *m(f)* de serpents **Schlangenbiss**[RR] *m* morsure *f* de serpent **Schlangengift** *nt* venin *m* [de serpent] **Schlangenleder** *nt* [peau *f* de] serpent *m* **Schlangenlinie** [-li:niə] *f* trait *m* ondulé; [in] ~**n fahren** zigzaguer **Schlangenmensch** *m* contorsionniste *mf*
schlank [ʃlaŋk] *Adj Person, Figur, Hals* mince; *Baum, Wuchs* élancé(e); **wieder** ~ **werden** redevenir mince; [**jdn**] ~ **machen** *Essen, Kost:* faire maigrir [qn]; *Kleid, Hose:* amincir [qn]; **sich** ~ **machen** *fam* se faire tout(e) petit(e)
Schlankheit <-> *f* minceur *f; des Körpers* sveltesse *f*
Schlankheitskur *f* cure *f* d'amaigrissement
schlankweg ['ʃlaŋkvɛk] *Adv fam* carrément; **ich sage es dir** ~ je te le dis franco (*fam*)
schlapp [ʃlap] *Adj* ❶ *fam* (*erschöpft*) flagada (*fam*); ~ **sein** être flagada; **die Hitze macht ihn** ~ *fam* la chaleur le rend [tout] ramollo (*fam*)
❷ *sl* (*unbedeutend*) ~**e tausend Euro** mille malheureux euros
❸ *sl* (*schwach*) *Sieg, Leistung* minable (*fam*)
Schlappe ['ʃlapə] <-, -n> *f fam* veste *f* (*fam*); **bei etw eine** ~ **einstecken müssen** [*o* **erleiden**] se prendre une veste lors de qc (*fam*)
Schlappen ['ʃlapən] <-s, -> *m* NDEUTSCH *fam* savate *f* (*fam*)
Schlappheit <-> *f* manque *m* de tonus
Schlapphut *m* chapeau *m* à larges bords **schlapp|machen** *itr V fam* craquer (*fam*) **Schlappohr** *nt hum* oreille *f* pendante (*hum*) **Schlappschwanz** *m pej fam* couille *f* molle (*péj pop*)
Schlaraffenland [ʃla'rafən-] *nt* pays *m* de cocagne
schlau [ʃlaʊ] **I.** *Adj* ❶ astucieux(-euse); **das ist** ~ **von ihm** c'est astucieux de sa part; **ein ganz Schlauer/eine ganz Schlaue** *iron fam* un [sacré]/une [sacrée] mariolle (*iron fam*)
❷ *fam* (*klug*) **aus jdm/etw nicht** ~ **werden** piger rien à qn/qc (*fam*)
II. *Adv* avec astuce
Schlauberger [-bɛrgɐ] <-s, -> *m fam* ❶ (*pfiffiger Mensch*) petit futé *m* (*fam*)
❷ *iron* (*Besserwisser*) Monsieur *m* Je-sais-tout (*iron*)
Schlauch [ʃlaʊx, *Pl:* 'ʃlɔɪçə] <-[e]s, Schläuche> *m* ❶ tuyau *m*
❷ (*Reifenschlauch*) chambre *f* à air
▸ **auf dem** ~ **stehen** *sl* pédaler dans la choucroute (*fam*)
Schlauchboot *nt* bateau *m* pneumatique
schlauchen *tr, itr V fam* pomper (*fam*)
schlauchlos *Adj Reifen* sans chambre à air
Schlauchwagen *m* ❶ (*des Gärtners*) dévidoir *m* [sur roues]
❷ (*der Feuerwehr*) camion dévidoir *m*
Schläue ['ʃlɔɪə] <-> *f* astuce *f*
Schlaufe ['ʃlaʊfə] <-, -n> *f* ❶ (*Gürtelschlaufe*) passant *m;* (*an einer Jacke*) bride *f*
❷ (*Halteband*) dragonne *f*
Schlauheit *s.* **Schläue**
Schlaukopf, **Schlaumeier** *s.* **Schlauberger**
Schlawiner [ʃla'vi:nɐ] <-s, -> *m hum fam* [vieux] roublard *m* (*hum fam*)
schlecht [ʃlɛçt] **I.** *Adj* ❶ (*nicht gut, nicht gesund, nicht normal*) mauvais(e) *antéposé; Material, Holz, Verarbeitung* de mauvaise qualité; **ein** ~**es Benehmen haben** se tenir mal; **er ist** ~ **auf dich zu sprechen** il ne faut pas lui parler de toi; **mit ihr/mit unserem Ausflug sieht es** ~ **aus** elle va mal/pour notre excursion, ça va mal
❷ (*moralisch verkommen*) mauvais(e); **jdm etwas Schlechtes nachsagen** dire du mal de qn
❸ (*nicht angemessen*) *Bezahlung, Lohn* médiocre; **hundert Euro, das ist kein** ~**es Trinkgeld!** cent euros, ce n'est pas mal comme pourboire!
❹ (*verfault, verdorben*) ~ **werden/sein** s'abîmer/être avarié(e)
❺ (*übel*) **jdm wird/ist [es]** ~ qn se sent mal
❻ (*nicht leicht*) **es** ~ **bei jdm haben** n'avoir pas la vie facile chez qn; **sie hat es doch nicht** ~ elle n'a pas la vie si difficile que ça
II. *Adv* ❶ mal; ~ **gelaunt sein** être de mauvaise humeur
❷ (*negativ*) ~ **von jdm reden/über jdn denken** dire/penser du mal de qn
❸ (*schwerlich*) difficilement; **sich** ~ **in jdn hineinversetzen können** avoir du mal à se mettre à la place de qn
▸ **mehr** ~ **als recht** *hum fam* tant bien que mal; **das ist ihm** ~ **bekommen** *fam* mal lui en a pris; **da kennst du mich aber** ~ alors là, tu me connais mal; **jdn** ~ **machen** dénigrer qn; **nicht** ~ *fam* (*ziemlich*) et pas qu'un peu (*fam*); **er staunte nicht** ~ **über dieses unverhoffte Angebot** il a été surpris, et pas qu'un peu, de cette offre inespérée (*fam*)
schlechterdings *Adv veraltet* bonnement et simplement (*vieilli*); **das ist** ~ **unmöglich!** c'est tout bonnement impossible!
schlechtgelaunt *s.* **gelaunt**
schlechthin *Adv* ❶ (*in reinster Ausprägung*) par excellence; **er ist der Romantiker** ~ il est le type même du romantique; **diese Kathedrale verkörpert die Gotik** ~ cette cathédrale est le type même de l'art gothique
❷ (*geradezu*) *ausgeschlossen, unmöglich* tout bonnement
Schlechtigkeit <-, -en> *f* méchanceté *f*
schlecht|machen *s.* **schlecht II.**▸
Schlechtwettergeld *nt* [indemnités *fpl* d']intempéries *fpl*
schlecken ['ʃlɛkən] **I.** *tr V* lécher; **das Eis aus dem Schälchen** ~ lécher sa coupelle de glace
II. *itr V* ❶ (*naschen*) manger des sucreries
❷ (*lecken*) **an einem Eis** ~ lécher sa glace; **am Honiglöffel** ~ lécher la cuillère de miel
Schleckerei <-, -en> *f* sucrerie *f*
Schleckermaul *s.* **Leckermaul**
Schlegel ['ʃle:gəl] <-s, -> *m* ❶ MUS (*Trommelstock*) baguette *f;* (*Paukenschlegel*) mailloche *f*
❷ (*Werkzeug*) maillet *m*
❸ SDEUTSCH, A, CH (*Geflügel-, Hasenkeule*) cuisse *f;* (*Reh-, Wildschweinkeule*) cuissot *m*
Schlehdorn ['ʃle:dɔrn] <-[e]s, -e> *m* BOT prunellier *m*
Schlehe ['ʃle:ə] <-, -n> *f* BOT (*Beere*) prunelle *f;* (*Strauch*) prunellier *m*
schleichen ['ʃlaɪçən] <schlich, geschlichen> **I.** *itr V + sein* ❶ se déplacer furtivement; **durch den Garten** ~ se glisser à travers le jardin; **ums Haus** ~ rôder autour de la maison
❷ *fam* (*langsam fahren*) se traîner (*fam*)
II. *r V* **sich nach draußen/zum Telefon** ~ se glisser furtivement dehors/jusqu'au téléphone; **sich ins Haus/aus dem Haus** ~ entrer dans/sortir de la maison furtivement
▸ **schleich dich!** SDEUTSCH, A *sl* fous le camp! (*fam*)
schleichend MED **I.** *Adj attr* insidieux(-euse)
II. *Adv* insidieusement
Schleichweg [-ve:k] *m* chemin *m* détourné; **auf** ~**en** par des chemins détournés **Schleichwerbung** *f* publicité *f* déguisée
Schleie ['ʃlaɪə] <-, -n> *f* ZOOL tanche *f*
Schleier ['ʃlaɪɐ] <-s, -> *m* voile *m*
▸ **den** ~ **des Vergessens über etw** (*Akk*) **breiten** *geh* étendre le voile de l'oubli sur qc (*soutenu*); **den** ~ **lüften** lever le voile
Schleiereule *f* [chouette *f*] effraie *f*
schleierhaft *Adj fam* **jdm** ~ **sein** être un mystère pour qn
Schleierkraut *nt kein Pl* gypsophile *f*
Schleierwolke *f* cirrostratus *m*
Schleife ['ʃlaɪfə] <-, -n> *f* ❶ (*Knoten*) nœud *m*
❷ (*Biegung, Kurve*) *eines Flusses, einer Straße* méandre *m;* **eine**

~ **fliegen** *Flugzeug:* faire une boucle; **der Fluss macht hier eine** ~ ici, le fleuve fait une boucle
schleifen¹ ['ʃlaɪfən] I. *tr V + haben* ❶ (*ziehen*) traîner; **jdn/etw zur Tür/durch den Garten** ~ traîner qn/qc jusqu'à la porte/à travers le jardin
❷ *hum fam* (*zum Mitkommen überreden*) **jdn ins Kino/zu einer Party** ~ traîner qn au cinéma/à une fête (*fam*)
❸ HIST (*niederreißen*) raser
II. *itr V* ❶ *+ haben o sein* (*reiben*) **an etw** (*Dat*) ~ *Fahrradkette, Blech:* frotter contre qc
❷ *+ haben o sein* (*gleiten*) **auf dem Boden/über den Boden** ~ *Kleid, Schleppe:* traîner par terre/au niveau du sol
▶ **etw** ~ **lassen** *fam* laisser courir qc (*fam*)
schleifen² <schliff, geschliffen> *tr V* ❶ (*schärfen*) aiguiser *Messer, Schere*
❷ (*formen, bearbeiten*) tailler *Brillenglas, Linse, Edelstein;* **etw glatt** ~ *Mensch:* polir qc; *Gletscher, Wasser:* éroder qc; *s. a.* **geschliffen**
Schleifer(in) <-s, -> *m(f)* (*Steinschleifer*) lapidaire *mf*
Schleiflack *m* vernis *m* à polir [*o* poncer] **Schleifmaschine** *f* meule *f;* (*für Holz*) ponceuse *f* **Schleifpapier** *nt* papier *m* [d']émeri [*o* de verre] **Schleifstein** *m* meule *f*
Schleim [ʃlaɪm] <-[e]s, -e> *m* ❶ MED mucus *m*
❷ ZOOL substance *f* gluante [*o* visqueuse]; *einer Schnecke* bave *f*
Schleimbeutel *m* ANAT bourse *f* séreuse [*o* synoviale]
schleimen *itr V fam* faire de la lèche (*fam*)
Schleimer(in) ['ʃlaɪmɐ] <-s, -> *m(f) pej fam* lèche-botte *mf* (*fam*)
Schleimhaut *f* muqueuse *f*
schleimig I. *Adj* ❶ MED muqueux(-euse)
❷ (*glitschig*) *Fisch, Spur* visqueux(-euse); *Schnecke* baveux(-euse)
❸ *pej* (*unterwürfig*) mielleux(-euse)
II. *Adv pej* mielleusement
Schleimscheißer(in) ['-ʃaɪsɐ] *m(f) pej vulg* lèche-cul *mf* (*vulg*)
schlemmen ['ʃlɛmən] I. *itr V* faire bombance [*o* bonne chère]
II. *tr V* déguster
Schlemmer(in) <-s, -> *m(f)* fine bouche *f*
Schlemmerei <-, -en> *f* (*Gelage*) ripaille *f* (*fam*)
schlendern ['ʃlɛndɐn] *itr V + sein* se balader; **durch die Straßen/den Park** ~ se balader dans les rues/le parc; **durch die Stadt** ~ flâner en ville
Schlendrian ['ʃlɛndria:n] <-[e]s> *m fam* ronron *m* (*fam*)
Schlenker ['ʃlɛŋkɐ] <-s, -> *m* ❶ (*Ausweichmanöver*) [brusque] écart *m;* (*ungewollt*) embardée *f;* **einen** ~ **machen** faire une embardée
❷ (*Umweg*) crochet *m;* **einen** ~ **über Karlsruhe machen** faire un crochet par Karlsruhe
schlenkern ['ʃlɛŋkɐn] I. *itr V* ❶ *Arme:* ballotter; **mit den Armen/Beinen** ~ balancer les bras/jambes
❷ (*schwingen*) **der Mantel schlenkerte um ihre** [*o* **ihr um die**] **Hüften** le manteau lui flottait autour des hanches
II. *tr V* balancer *Handtasche*
Schlepp [ʃlɛp] *m* **jdn/etw in** ~ **nehmen** prendre qn/qc en remorque; **jdn/etw im** ~ **haben** avoir qn/qc en remorque
Schleppdampfer *m* NAUT remorqueur *m* [à vapeur]
Schleppe ['ʃlɛpə] <-, -n> *f* traîne *f*
schleppen ['ʃlɛpən] I. *tr V* ❶ (*schwer tragen*) coltiner; **mir tun vom Schleppen die Arme weh** j'ai mal aux bras à force d'avoir porté tant de poids
❷ (*abschleppen*) remorquer; **sie hat mich/mein Auto zur Werkstatt geschleppt** elle m'a remorqué/a remorqué ma voiture au garage
❸ *fam* (*zum Mitkommen überreden*) **jdn ins Kino** ~ traîner qn au cinéma (*fam*)
II. *r V* ❶ (*sich fortbewegen*) **sich zum Bett/Telefon** ~ se traîner jusqu'au lit/téléphone
❷ (*sich hinziehen*) **sich** ~ traîner; **sich über viele Jahre** ~ *Prozess, Entwicklung:* traîner pendant des années
schleppend I. *Adj Gang, Sprechweise* traînant(e); *Abfertigung, Bearbeitung* lent(e); *Absatz* peu soutenu(e)
II. *Adv gehen* d'un pas traînant; *sprechen* d'une voix traînante; *in Gang kommen, vorangehen* lentement
Schlepper <-s, -> *m* ❶ *sl* (*Kundenfänger*) rabatteur *m*
❷ *sl* (*Schleuser*) passeur *m*
❸ (*Schleppschiff*) remorqueur *m*
Schlepperin <-, -nen> *f sl* ❶ (*Kundenfängerin*) rabatteuse *f*
❷ (*Schleuserin*) passeuse *f*
Schleppkahn *m* chaland *m* **Schlepplift** *m* remonte-pente *m* **Schleppnetz** *nt* chalut *m* **Schlepptau** *nt* NAUT **jdn/etw ins** ~ **nehmen** prendre qn/qc en remorque; **im** ~ **eines Schiffs fahren** être remorqué(e) par un bateau ▶ **jdn ins** ~ **nehmen** *fam* cornaquer qn (*fam*)
Schlesien ['ʃle:ziən] <-s> *nt* la Silésie
Schlesier(in) ['ʃle:ziɐ] <-s, -> *m(f)* Silésien(ne) *m(f)*
schlesisch *Adj* silésien(ne)
Schleswig-Holstein <-s> *nt* le Schleswig-Holstein
Schleuder ['ʃlɔɪdɐ] <-, -n> *f* ❶ (*Waffe*) fronde *f*
❷ (*Wäscheschleuder*) essoreuse *f*
Schleudergefahr *f* (*Verkehrzeichen*) chaussée *m* glissante **Schleuderhonig** *m* miel *m* centrifugé
schleudern ['ʃlɔɪdɐn] I. *tr V + haben* ❶ *Person:* lancer; *Katapult:* catapulter; **etw** ~ *Person:* lancer qc; *Katapult:* catapulter qc; **aus dem Wagen geschleudert werden** *Unfallopfer:* être projeté(e) hors de la voiture
❷ (*zentrifugieren*) essorer *Wäsche*
II. *itr V + sein* déraper; **ins Schleudern geraten** [*o* **kommen**] *Person:* se mettre à patauger (*fam*); *Fahrer, Fahrzeug:* se mettre à déraper
Schleuderpreis *m* prix *m* sacrifié; **zu** ~**en** à [des] prix cassés [*o* sacrifiés]; **etw zu einem** ~ **verkaufen** brader qc **Schleudersitz** *m* siège *m* éjectable **Schleuderspur** *f* trace *f* de dérapage
schleunigst ['ʃlɔɪnɪçst] *Adv* dans les plus brefs délais; **verschwinde, aber** ~**!** disparais, et plus vite que ça!
Schleuse ['ʃlɔɪzə] <-, -n> *f* ❶ NAUT écluse *f*
❷ (*Durchgangskammer*) sas *m*
schleusen *tr V* ❶ (*führen*) **jdn durch die Innenstadt/zum Bahnhof** ~ diriger qn à travers le centre ville/jusqu'à la gare
❷ (*heimlich bringen*) **jdn/etw durch den Zoll/über die Grenze** ~ faire passer qn/qc en douce à travers la douane/la frontière; **jdn in eine Firma** ~ infiltrer qn dans une entreprise
❸ NAUT écluser
Schleusenkammer *f* NAUT sas *m* **Schleusentor** *nt* porte *f* d'écluse **Schleusenwärter(in)** *m(f)* éclusier(-ière) *m(f)*
Schleuser(in) ['ʃlɔɪzɐ] <-s, -> *m(f) sl* passeur(-euse) *m(f)* (*fam*)
schlich [ʃlɪç] *Imp von* **schleichen**
Schliche *Pl* combines *fpl* (*fam*); **jdm auf die** ~ **kommen** découvrir les combines de qn (*fam*)
schlicht [ʃlɪçt] I. *Adj* ❶ (*einfach*) *Person, Gemüt, Verhältnisse* simple
❷ (*unauffällig, zurückhaltend*) sobre
❸ (*bloß*) **die** ~**e Wahrheit** la vérité, et rien que la vérité; **die** ~**en Fakten** les faits, et rien que les faits
II. *Adv* ❶ *einrichten, kleiden, ausstatten* sobrement
❷ (*glattweg*) tout simplement
▶ ~ **und einfach** [*o* **ergreifend**] purement et simplement
schlichten ['ʃlɪçtən] I. *tr V* régler; **in etw** (*Akk*) ~**d eingreifen** intervenir dans qc pour calmer le jeu
II. *itr V* **in etw** (*Dat*) ~ arbitrer qc
Schlichter(in) <-s, -> *m(f)* conciliateur(-trice) *m(f)*
Schlichtheit <-> *f* sobriété *f*
Schlichtung <-, -en> *f* conciliation *f*
SchlichtungsausschussRR *m* commission *f* de conciliation [*o* d'arbitrage] **Schlichtungsverfahren** *nt* procédure *f* de conciliation
Schlick [ʃlɪk] <-[e]s, -e> *m* vase *f*

schlief [ʃliːf] *Imp von* **schlafen**
schliefen [ˈʃliːfən] <schloff, geschloffen> *itr V + sein* A *fam* (*schlüpfen*) faufiler
Schliere [ˈʃliːrə] <-, -n> *f* traînée *f* [grasse]
Schließe [ˈʃliːsə] <-, -n> *f* boucle *f*
schließen [ˈʃliːsən] <schloss, geschlossen> **I.** *itr V* ❶ *Schlüssel:* tourner [dans la serrure]; **schlecht ~** *Tür, Fenster:* fermer mal
❷ (*das Schloss betätigen*) fermer
❸ (*enden*) **mit einer Bemerkung/einem Satz ~** terminer [*o* conclure] par une remarque/phrase
❹ BÖRSE **die Börse schloss freundlich** la Bourse clôtura sur une note positive
❺ (*schlussfolgern*) **aus einer Beobachtung auf etw** (*Akk*) **~** conclure qc [à partir] d'une observation; **von den Eltern auf die Kinder ~** partir des parents pour juger les enfants; **du darfst nicht von dir auf andere ~** tu ne dois pas généraliser [ton cas]; **auf etw** (*Akk*) **~ lassen** laisser supposer qc
II. *tr V* ❶ (*zumachen*) fermer *Fenster, Augen, Geschäft*
❷ (*beenden*) clôturer *Konferenz, Versammlung;* lever *Sitzung*
❸ (*eingehen*) conclure *Abkommen, Pakt;* **mit jdm den Bund der Ehe ~** contracter le mariage avec qn
❹ (*auffüllen*) combler *Lücke*
❺ (*schlussfolgern*) **etw aus seinen Beobachtungen ~** conclure qc de ses observations
❻ (*befestigen*) **[das Fahrrad] an einen Zaun ~** attacher [son vélo] à une barrière
III. *r V* **sich ~** se fermer; *s. a.* **geschlossen**
Schließer [ˈʃliːsɐ] <-s, -> *m* ELEC contact *m* à fermeture
Schließfach *nt* ❶ (*Gepäckschließfach*) consigne *f* automatique
❷ (*Bankfach*) coffre *m*
❸ (*Postfach*) boîte *f* postale
schließlich *Adv* ❶ finalement
❷ (*immerhin*) après tout
▶ **~ und endlich** en fin de compte
Schließmuskel *m* ANAT muscle *m* constricteur
Schließung <-, -en> *f* fermeture *f; einer Konferenz, Versammlung* clôture *f*
Schließzylinder *m* TECH cylindre *m* de serrure
schliff [ʃlɪf] *Imp von* **schleifen²**
Schliff <-[e]s, -e> *m* ❶ *kein Pl* (*das Schärfen*) *einer Schere, eines Messers* aiguisage *m*
❷ *kein Pl* (*das Formen, Bearbeiten*) *eines Brillenglases, Edelsteins, einer Linse* taille *f*
❸ (*geschliffene Form*) *einer Klinge, Schere, eines Messers* tranchant *m; einer Linse, eines Edelsteins* poli *m*
❹ *kein Pl* (*Umgangsformen*) savoir-vivre *m,* entregent *m*
▶ **einer S.** (*Dat*) **den letzten ~ geben** ajouter la dernière touche à qc
schlimm [ʃlɪm] **I.** *Adj* ❶ (*schlecht, schwerwiegend, ernst*) *Nachricht, Fall, Irrtum* grave; *Zeit* difficile; **die Zeiten sind ~** les temps sont durs; **es ist ~, dass** c'est grave que + *subj;* **mit der Hitze wird es immer ~er** il fait de plus en plus chaud; **es ist etwas Schlimmes passiert** il est arrivé quelque chose de grave; **das Schlimmste befürchten** craindre le pire; **mit dem Schlimmsten rechnen** s'attendre au pire; **das Schlimmste überstanden** [*o* **hinter sich** (*Dat*)] **haben** avoir surmonté le pire; **das Schlimmste liegt hinter uns/noch vor uns** le plus dur est déjà passé/reste à venir; **aus dem Schlimmsten heraus sein** avoir passé le pire; **noch ~er kann es nicht werden** ça ne peut pas être pire; **es gibt Schlimmeres** il y a pire; **[das ist] halb so ~!** ce n'est pas si grave [que ça]!; **wenn es nichts Schlimmeres ist!** si ce n'est que ça!
❷ *fam* (*entzündet*) *Auge, Finger, Hals, Zahn* pas beau(belle) à voir (*fam*)
II. *Adv* mal; *sich entzünden, verletzen* gravement; **man hat ihn ~ zugerichtet** il s'est fait drôlement amocher; **~ dran sein** *fam* être dans de beaux draps (*fam*); **wenn es ganz ~ kommt** dans le pire des cas; **es hätte ~er kommen können** ça aurait pu être pire; **es steht ~ um jdn/mit etw** le cas de qn/la situation de qc est grave; **~ genug, dass** comme si ça ne suffisait pas que + *subj;* **um so** [*o* **desto**] **~er** c'est encore pire
schlimmstenfalls [ˈʃlɪmstənfals] *Adv* dans le pire des cas
Schlinge [ˈʃlɪŋə] <-, -n> *f* ❶ (*Schlaufe*) nœud *m* coulant
❷ (*Falle*) collet *m;* **~n legen** [*o* **stellen**] tendre des collets
❸ (*Armbinde*) écharpe *f*
Schlingel [ˈʃlɪŋəl] <-s, -> *m fam* affreux jojo *m* (*fam*)
schlingen [ˈʃlɪŋən] <schlang, geschlungen> **I.** *tr V* ❶ [**sich** (*Dat*)] **ein Tuch um den Hals/Kopf ~** enrouler un foulard autour du cou/de la tête; **seine Arme um jdn ~** mettre ses bras autour de qn
❷ (*gierig essen*) engloutir *Essen*
II. *r V* **sich um etw ~** *Pflanze:* grimper à qc
III. *itr V Person, Tier:* dévorer
schlingern [ˈʃlɪŋɐn] *itr V* rouler
Schlingpflanze *f* plante *f* grimpante
Schlips [ʃlɪps] <-es, -e> *m* cravate *f*
▶ **mit** [*o* **in**] **~ und Kragen** *fam* en costume-cravate; **sich durch jdn/etw auf den ~ getreten fühlen** *fam* se sentir vexé(e) par qn/qc; **jdm auf den ~ treten** *fam* vexer qn
Schlitten [ˈʃlɪtən] <-s, -> *m* ❶ (*Rodelschlitten*) luge *f;* **~ fahren** faire de la luge
❷ (*Kufenfahrzeug*) traîneau *m*
❸ *sl* (*Auto*) caisse *f* (*fam*)
▶ **mit jdm ~ fahren** *sl* passer un savon à qn (*fam*)
Schlittenfahrt *f* ❶ (*mit dem Schlitten*) descente *f* en luge
❷ (*mit dem Pferdeschlitten*) promenade *f* en traîneau
Schlitterbahn *f* NDEUTSCH glissoire *f*
schlittern [ˈʃlɪtɐn] *itr V + sein* ❶ (*rutschen*) *Person:* faire des glissades; *Eisstock, Puck:* glisser; **über das Eis/den See ~** *Person:* faire des glissades sur la glace/le lac; *Eisstock, Puck:* glisser sur la glace/le lac
❷ *fam* (*ungewollt geraten*) **in etw** (*Akk*) **~** se retrouver dans qc
Schlittschuh *m* patin *m* à glace; **~ fahren** [*o* **laufen**] faire du patin à glace
Schlittschuhbahn *f* patinoire *f* **Schlittschuhlaufen** <-s> *nt* patinage *m* **Schlittschuhläufer(in)** *m(f)* patineur(-euse) *m(f)* [sur glace]
Schlitz [ʃlɪts] <-es, -e> *m* ❶ (*Einsteckschlitz*) fente *f*
❷ (*schmale Öffnung*) interstice *m*
❸ (*Einschnitt in einem Kleidungsstück*) fente *f*
❹ *fam* (*Hosenschlitz*) braguette *f*
Schlitzauge [ˈʃlɪts-] *nt* œil *m* bridé [*o* en amande] **schlitzäugig** [ˈʃlɪtsʔɔɪgɪç] *Adj* aux yeux bridés; **~ sein** avoir les yeux bridés
schlitzen [ˈʃlɪtsən] *tr V* ouvrir *Fisch;* fendre *Rock*
Schlitzohr *nt fam* roublard *m* (*fam*) **schlitzohrig** *Adj fam* roublard(e) (*fam*)
Schlögel <-s, -> *m* A (*Keule*) gigot *m*
schlohweiß [ˈʃloːˈvaɪs] *Adj* tout(e) blanc(blanche)
schloss^RR^, **schloß** *Imp von* **schließen**
Schloss^RR^ <-es, ⸚sser>, **Schloß** <-sses, ⸚sser> *nt* ❶ (*Palast*) château *m*
❷ (*Türschloss*) serrure *f;* **ins ~ fallen** claquer
❸ (*Vorhängeschloss*) cadenas *m*
❹ (*Verschluss*) *einer Aktentasche, eines Koffers* fermoir *m*
▶ **jdn hinter ~ und Riegel bringen** mettre qn sous les verrous; **hinter ~ und Riegel sitzen** être sous les verrous
Schlosser(in) [ˈʃlɔsɐ] <-s, -> *m(f)* serrurier(-ière) *m(f)*
Schlosserei <-, -en> *f* serrurerie *f*
Schlosserhandwerk *nt* métier *m* de serrurier
Schlossgarten^RR^ *m* parc *m* du château **Schlossherr(in)**^RR^ *m(f)* propriétaire [du château] *mf;* HIST châtelain(e) *m(f)*
Schlosshund^RR^ ▶ **heulen wie ein ~** *fam* pleurer comme un

veau (*fam*) **Schlosspark**[RR] *m* parc *m* du château **Schlossruine**[RR] *f* ruines *fpl* d'un château

Schlot [ʃlo:t] <-[e]s, -e> *m* ① (*Schornstein*) cheminée *f* [d'usine]
② GEOL *eines Vulkans* cheminée *f*
▶ **rauchen wie ein** ~ *fam* fumer comme un pompier (*fam*)

schlottern ['ʃlɔtɐn] *itr V* ① trembler; **vor Angst/Kälte** ~ trembler de peur/froid; **am ganzen Körper** ~ trembler de tous ses membres; **mir** ~ **die Knie** j'ai les genoux qui tremblent
② (*schlaff herabhängen*) **der Rock schlottert ihr um die Hüften** la jupe lui flotte autour des hanches

Schlucht [ʃlʊxt] <-, -en> *f* gorge *f*

schluchzen ['ʃlʊxtsən] *itr V* sangloter

Schluchzer <-s, -> *m* sanglot *m*

Schluck [ʃlʊk] <-[e]s, -e> *m* ① gorgée *f*; **einen** ~ **Tee trinken** boire une gorgée de thé; **ein kleiner** ~ une goutte; ~ **für** ~ à petites gorgées; **in einem** ~ d'un trait
② *fam* (*alkoholisches Getränk*) **hast du einen** ~ **zu trinken für mich?** tu as quelque chose à boire pour moi?

Schluckauf [ʃlʊk'ʔaʊf] <-s> *m* hoquet *m*; **einen** ~ **haben** avoir le hoquet

Schluckbeschwerden *Pl* MED troubles *mpl* de la déglutition, dysphagie *f* (*spéc*)

Schlückchen <-s, -> *nt Dim von* **Schluck** petite gorgée *f*; (*im Glas*) fond *m*; **ein** ~ **von etw nehmen** boire une goutte de qc

schlucken ['ʃlʊkən] **I.** *tr V* ① (*hinunterschlucken*) avaler
② *sl* (*trinken*) picoler (*fam*) *Kognak, Schnaps*
③ *fam* (*verbrauchen*) bouffer (*fam*) *Benzin, Motoröl*
④ *fam* (*hinnehmen*) encaisser (*fam*) *Beleidigung, Vorwurf*
⑤ *fam* (*glauben*) gober (*fam*) *Ausrede, Geschichte*
⑥ *fam* (*aufkaufen*) bouffer (*fam*) *Geschäft, Betrieb*
⑦ (*dämpfen*) assourdir *Geräusche, Lärm, Schall;* **die Geräusche** ~ *Teppich:* étouffer les bruits; *Schnee:* assourdir les bruits
II. *itr V* ① avaler
② *sl* (*Alkohol trinken*) picoler (*fam*)
▶ **erst mal** ~ [**müssen**] *fam* en rester [d'abord] baba (*fam*)

Schlucker <-s, -> *m* **armer** ~ *fam* pauvre type *m* (*fam*)

Schluckimpfung *f* vaccination *f* orale **Schluckreflex** *m kein Pl* MED réflexe *m* de déglutition **Schluckspecht** *m sl* poivrot *m* (*fam*) **schluckweise** *Adv* à petites gorgées

Schluderei [ʃlu:də'raɪ] *s.* Schlamperei

schluderig *s.* schlampig

schludern ['ʃlu:dɐn] *itr V fam s.* **schlampen**

schludrig *s.* **schlampig**

schlug [ʃlu:k] *Imp von* **schlagen**

Schlummer ['ʃlʊmɐ] <-s> *m geh* [petit] somme *m* (*soutenu*); **in einen leichten** ~ **sinken** sombrer dans un sommeil léger

schlummern ['ʃlʊmɐn] *itr V geh* sommeiller (*soutenu*)

Schlund [ʃlʊnt, *Pl:* 'ʃlʏndə] <-[e]s, ¨-e> *m* ① ANAT gosier *m*
② *geh* (*Abgrund*) abîme *m* (*soutenu*)

schlüpfen ['ʃlʏpfən] *itr V + sein* ① ORN, ZOOL éclore; **aus dem Ei** ~ sortir de l'œuf
② (*hineinschlüpfen*) **in etw** (*Akk*) ~ enfiler qc
③ (*herausschlüpfen*) **aus etw** ~ enlever prestement qc
④ (*rasch gehen*) **ins Zimmer/durch die Tür** ~ se faufiler dans la pièce/à travers la porte

Schlüpfer <-s, -> *m* [petite] culotte *f*

Schlupfloch *nt* ① (*Öffnung*) trou *m* pour passer; (*für eine Katze*) chatière *f*
② *s.* Schlupfwinkel

schlüpfrig ['ʃlʏpfrɪç] *Adj* ① (*glitschig*) glissant(e)
② (*anstößig*) scabreux(-euse)

Schlüpfrigkeit <-, -en> *f* grivoiserie *f*

Schlupfwinkel *m* repaire *m*

schlurfen ['ʃlʊrfən] *itr V + sein* marcher en traînant les pieds; **über den Flur/ins Haus** ~ aller par le couloir/dans la maison en traînant les pieds

schlürfen ['ʃlʏrfən] **I.** *tr V* boire en faisant du bruit; **etw** ~ boire qc en faisant du bruit
II. *itr V* boire en faisant du bruit

Schluss[RR] <-es, Schlüsse>, **Schluß** <Schlusses, Schlüsse> *m* ① (*Ende*) fin *f*; **mit dem Gezänk** ~ **machen** *fam* arrêter les chamailleries; **zum** ~ **kommen** *Redner:* arriver à la fin; **zum** ~ pour terminer; ~ **damit!** ça suffit!; ~ **für heute!** ça suffit pour aujourd'hui!
② *kein Pl* (*hinterster Teil*) *einer Gruppe, eines Zugs* queue *f*
③ (*Folgerung*) conclusion *f*; **aus etw Schlüsse ziehen** tirer des conclusions de qc; **aus etw den** ~ **ziehen, dass** conclure de qc que + *indic;* **zu einem erstaunlichen** ~ **kommen** arriver à une étonnante conclusion
④ MUS fin *f*
▶ ~ **machen** *fam* (*Selbstmord begehen*) mettre les bouts (*euph fam*); **mit jdm** ~ **machen** rompre avec qn

Schlussakte[RR] *f* document *m* final **Schlussantrag**[RR] *m* conclusion *f* finale **Schlussbemerkung**[RR] *f* remarque *f* finale **Schlussbilanz**[RR] *f* bilan *m* de clôture

Schlüssel ['ʃlʏsəl] <-s, -> *m* ① clé *f*
② (*Mittel*) **der** ~ **zum Erfolg/zu einem Geheimnis** la clé du succès/d'un secret; **der** ~ **zur Lösung des Problems** la clé du problème
③ *fam* (*Schraubenschlüssel*) clé *f*
④ (*Verteilungsschema*) barème *m*
⑤ SCHULE (*Lösungsheft*) corrigé *m*
⑥ (*Code*) code *m*

Schlüsselanhänger *m* porte-clés *m*

Schlüsselbein *nt* clavicule *f*

Schlüsselblume *f* BOT coucou *m*, primevère *f*

Schlüsselbrett *nt* tableau *m* des clés **Schlüsselbund** <-bunde> *m o nt* trousseau *m* de clés **Schlüsseldienst** *m* service *m* de dépannage de serrures

Schlüsselerlebnis *nt* expérience *f* clé

Schlüsseletui [-ɛtvi:] *nt* étui *m* à clés **schlüsselfertig** *Adj, Adv* clés en main

Schlüsselfigur *f* personnage *m* clé

Schlüsselkind *nt enfant qui rentre à la maison plus tôt que ses parents et à qui on confie les clés de la maison* **Schlüsselloch** *nt* trou *m* de serrure

Schlüsselposition *f* position *f* clé **Schlüsselqualifikation** *f* qualification *f* clé **Schlüsselroman** *m* roman *m* à clé[s] **Schlüsselstellung** *f* position-clé *f* **Schlüsselwort** *nt* ① (*in einem Text*) mot-clé *m* ② (*verschlüsseltes Wort*) code *m* ③ INFORM (*Passwort*) mot *m* de passe

schlussendlich[RR] *Adv* finalement **schlussfolgern**[RR] *tr V* déduire; **etw aus etw** ~ déduire qc de qc

Schlussfolgerung[RR] <-, -en> *f* déduction *f*; **eine falsche/logische** ~ une déduction fausse/logique; **eine** ~/**seine** ~**en ziehen** tirer une conclusion/ses conclusions; **aus etw die** ~ **ziehen, dass** tirer de qc la conclusion que + *indic*

Schlussformel[RR] *f* formule *f* finale

schlüssig ['ʃlʏsɪç] *Adj* ① (*folgerichtig*) concluant(e)
② (*entschieden, sicher*) **sich** (*Dat*) **über etw** (*Akk*) ~ **werden/sein** commencer à y voir clair/être au clair quant à qc; **sich** (*Dat*) **nicht** ~ **sein** être indécis(e); **ich bin mir noch nicht recht** ~ je suis encore indécis(e)

Schlusslicht[RR] *nt* ① *eines Fahrzeugs* feu *m* [rouge] arrière ② *fam* (*Letzter*) **das** ~ **sein** [*o* **bilden**] être la lanterne rouge (*fam*) **Schlusspfiff**[RR] *m* coup *m* de sifflet final **Schlussphase**[RR] *f* phase *f* finale **Schlusspunkt**[RR] *m* (*Satzpunkt*) point *m* ▶ **einen** ~ **unter/hinter etw** (*Akk*) **setzen** mettre un point final [*o* un terme] à qc **Schlussrunde**[RR] *f* SPORT (*beim Rennen*) dernier tour *m*; (*beim Boxen*) dernier round *m* **Schlussstrich**[RR] *m* ▶ **einen** ~ **unter etw** (*Akk*) **ziehen** tirer un trait sur qc **Schlussverkauf**[RR] *m* soldes *mpl* **Schlusswort**[RR] *nt* mot *m* de la fin

Schmach [ʃma:x] <-> *f geh* ignominie *f* (*littér*); **jdm eine** ~

S

antun faire un affront à qn
schmachten ['ʃmaxtən] *itr V geh* languir (*soutenu*); **vor Sehnsucht** ~ languir de désir; **jdn** ~ **lassen** faire languir qn (*soutenu*); **nach jdm** ~ languir d'amour pour qn (*soutenu*); **nach etw** ~ avoir envie de qc
schmachtend *Adj* langoureux(-euse)
schmächtig ['ʃmɛçtɪç] *Adj* fluet(te)
schmachvoll *s.* **schmählich**
schmackhaft ['ʃmakhaft] *Adj geh Speise* savoureux(-euse)
▸ **jdm etw** ~ **machen** susciter l'intérêt de qn pour qc
Schmäh [ʃmɛː] <-s, -s> *m* A (*Scherz*) plaisanterie *f*
Schmähbrief *m* lettre *f* diffamatoire
schmähen ['ʃmɛːən] *tr V geh* honnir (*littér*)
schmählich *geh* **I.** *Adj* ignominieux(-euse) (*littér*)
II. *Adv* ignominieusement (*littér*)
Schmährede *f* invective *f* **Schmähschrift** *f* libelle *m*
Schmähung <-, -en> *f geh* diffamation *f* (*littér*)
schmal [ʃmaːl] <-er *o* ¨er, -ste *o* ¨ste> *Adj* ❶ *Schultern, Hüften, Öffnung, Straße* étroit(e); *Gesicht, Hand, Lippen, Taille* mince; *Baum, Wuchs* élancé(e); **sie ist sehr** ~ elle est très mince
❷ (*dürftig*) *Angebot, Auswahl* maigre
schmalbrüstig *Adj* ❶ *Mensch* au torse frêle; ~ **sein** avoir la poitrine étroite
❷ *Haus* étroit(e)
schmälern ['ʃmɛːlɐn] *tr V* dénigrer
Schmälerung <-, -en> *f* (*Herabwürdigung*) dénigrement *m*
Schmalfilm *m* film *m* super-huit [*o* super-8] **Schmalfilmkamera** *f* caméra *f* super-huit [*o* super-8] **Schmalseite** *f* côté *m* [étroit] **Schmalspur** *f kein Pl* EISENBAHN voie *f* étroite
Schmalspurbahn *f* chemin *m* de fer à voie étroite
Schmalz[1] [ʃmalts] <-es, -e> *nt* GASTR saindoux *m*
Schmalz[2] <-es> *m pej fam* (*Rührseligkeit*) guimauve *f* (*fig*)
schmalzig *Adj pej fam* à l'eau de rose (*péj fam*); *Schlager, Stimme* sirupeux(-euse) (*péj*)
Schmankerl ['ʃmaŋkɐl] <-s, -n> *nt* A, SDEUTSCH (*Leckerbissen*) régal *m*, délice *m*
schmarotzen* *itr V* ❶ *pej* faire le/la pique-assiette; **bei jdm** ~ vivre aux crochets de qn
❷ BIO croître en parasite; **auf etw** (*Dat*) ~ parasiter qc
Schmarotzer <-s, -> *m* ❶ *pej* (*Mensch*) pique-assiette *m*
❷ BIO parasite *m*
Schmarotzerin <-, -nen> *f pej* pique-assiette *f*
Schmarr[e]n ['ʃmarən] <-s, -> *m* ❶ GASTR SDEUTSCH, A *spécialité à base de lambeaux de crêpe*
❷ *kein Pl fam* (*Unsinn*) conneries *fpl* (*fam*); **so ein** ~**!** qu'est-ce que c'est que ces conneries! (*fam*)
❸ *kein Pl pej fam* (*wertloses Werk*) navet *m* (*fam*); **so einen** ~ **lese ich nicht** je ne lis pas un tel navet
▸ **das geht dich einen** ~ **an!** *fam* c'est pas tes oignons! (*fam*)
schmatzen ['ʃmatsən] *itr V* ❶ faire du bruit en mâchant; ~**d** en mâchant bruyamment
❷ (*aufdrücken*) **jdm einen Kuss auf die Wange** ~ donner un gros baiser sur la joue à qn
Schmaus [ʃmaʊs] <-es, ¨e> *m veraltet* bombance *f*; **[was für] ein köstlicher** ~ **war das!** c'était un excellent festin!
schmausen ['ʃmaʊzən] *itr V geh* se régaler, se délecter (*littér*); **das gibt ein Schmausen!** ça va être un régal!
schmecken ['ʃmɛkən] **I.** *itr V* ❶ (*munden*) **etw schmeckt** qc est bon(ne); **das Gemüse schmeckt mir** je trouve que les légumes sont bons; **es schmeckt [ihr]** [elle trouve que] c'est bon; **jdm nicht** ~ ne pas être au goût de qn; **es sich** (*Dat*) ~ **lassen** se régaler; **schmeckt's?** c'est bon?; **wie hat es dir geschmeckt?** comment tu as trouvé ça?
❷ (*Geschmack haben*) **frisch/sauer** ~ avoir un goût frais/acide; **gut** ~ avoir bon goût; **nach Zitrone** ~ avoir un goût de citron; **das schmeckt nach nichts** ça n'a aucun goût; **das schmeckt nach mehr!** *fam* ça a un petit goût de revenez-y! (*fam*)
❸ *fam* (*gefallen, passen*) **jdm nicht** ~ *Kritik, Arbeit:* ne pas plaire à qn
II. *tr V* goûter
Schmeichelei [ʃmaɪçə'laɪ] <-, -en> *f* flatterie *f*
schmeichelhaft *Adj* flatteur(-euse); **sehr/wenig** ~ **sein** être très/peu flatteur(-euse)
schmeicheln ['ʃmaɪçəln] *itr V* ❶ (*schöntun*) flatter; **jdm** ~ flatter qn; **der Eitelkeit** (*Dat*) **eines Politikers** ~ flatter la vanité d'un homme politique; **es schmeichelt mir/meinem Ego, dass** ça me flatte/ça flatte mon ego que + *subj*
❷ *fig* **das Foto schmeichelt ihr** la photo la flatte
Schmeichler(in) <-s, -> *m(f)* flatteur(-euse) *m(f)*
schmeichlerisch *Adj pej* obséquieux(-euse) (*péj*)
schmeißen ['ʃmaɪsən] <schmiss, geschmissen> **I.** *tr V* ❶ *fam* (*werfen*) balancer (*fam*); **etw in den Mülleimer** ~ balancer qc à la poubelle (*fam*); **jdn aus dem Haus** ~ foutre qn dehors (*fam*)
❷ *sl* (*spendieren*) **eine Runde** ~ payer une tournée (*fam*)
❸ *sl* (*managen*) faire tourner (*fam*) *Laden;* goupiller (*fam*) *Ding*
II. *itr V fam* ❶ (*werfen*) **mit etw nach jdm** ~ balancer qc sur qn (*fam*)
❷ (*im Überfluss verwenden*) **mit Zitaten um sich** ~ faire un étalage de citations; **mit Geld um sich** ~ dépenser sans compter (*fam*)
III. *r V fam* **sich auf jdn/etw** ~ se jeter sur qn/qc
Schmeißfliege *f* mouche *f* bleue
Schmelz [ʃmɛlts] <-[e]s, -e> *m* émail *m*
Schmelzbad *nt* TECH bain *m* de fusion
Schmelze ['ʃmɛltsə] <-, -n> *f* ❶ METAL métal *m* en fusion
❷ (*Magma*) lave *f*
schmelzen ['ʃmɛltsən] <schmilzt, schmolz, geschmolzen> **I.** *itr V* + *sein* fondre
II. *tr V* + *haben* fondre *Metall;* faire fondre *Eis*
Schmelzhütte *f* fonderie *f* **Schmelzkäse** *m* fromage *m* fondu **Schmelzofen** *m* four[neau] *m* de fusion **Schmelzpunkt** *m* point *m* de fusion **Schmelztiegel** *m a. fig* creuset *m* **Schmelzwasser** *nt* eau *f* [provenant] de la fonte des neiges
Schmerbauch ['ʃmeːɐ-] *m fam* brioche *f* (*fam*)
Schmerle ['ʃmɛrlə] <-, -n> *f* ZOOL loche *f* franche
Schmerz [ʃmɛrts] <-es, -en> *m* ❶ douleur *f*; ~**en im Kreuz/in der Nierengegend haben** avoir mal au dos/aux reins; ~**en in den Gelenken haben** avoir mal dans les articulations; **beim Schlucken** ~**en haben** avoir mal en avalant; **vor** ~**en** de douleur
❷ (*Kummer*) **jdn mit** ~ **erfüllen** remplir qn de douleur
▸ ~ **lass nach!** *iron fam* j'y crois pas! (*iron fam*)
schmerzempfindlich *Adj Person* douillet(te); *Narbe, Zahn, Stelle* sensible
schmerzen ['ʃmɛrtsən] **I.** *itr V* faire mal; **mir schmerzen die Füße** j'ai mal aux pieds
II. *tr V* affecter; **sein Tod schmerzt mich sehr** sa mort m'affecte énormément; **es schmerzt mich, dass er so leiden muss** cela m'afflige, qu'il doive souffrir de la sorte
Schmerzensgeld *nt* pretium *m* doloris **Schmerzensschrei** *m* cri *m* de douleur
schmerzfrei *Adj* sans douleur **Schmerzgrenze** *f* ❶ limite *f* du supportable ❷ (*absolutes Limit*) dernière limite *f*; **das geht über die** ~ ça va au-delà du supportable
schmerzhaft *Adj* douloureux(-euse)
schmerzlich **I.** *Adj* douloureux(-euse)
II. *Adv vermissen* amèrement
schmerzlindernd **I.** *Adj* calmant(e)
II. *Adv* ~ **wirken** calmer la douleur
schmerzlos **I.** *Adj Geburt* sans douleur; *Eingriff, Operation* indolore
II. *Adv* sans douleur
Schmerzmittel *nt* analgésique *m* **schmerzstillend** *Adj* analgésique; ~ **wirken** calmer la douleur **Schmerztablette** *f*

comprimé *m* contre la douleur **schmerzverzerrt** *Adj* ravagé(e) de douleur **schmerzvoll** *Adj geh s.* schmerzlich
Schmetterball *m* smash *m*
Schmetterling [ˈʃmɛtɐlɪŋ] <-s, -e> *m* papillon *m*
Schmetterlingsblütler [-blyːtlɐ] <-s, -> *m* BOT papilionacée *f* **Schmetterlingsstil** *m* [brasse *f*] papillon *m*
schmettern [ˈʃmɛtɐn] **I.** *tr V + haben* ❶ (*schleudern*) **etw an die Wand** ~ envoyer [*o* lancer] qc sur le mur; **die Tür ins Schloss** ~ claquer la porte [très fort]; **den Hörer auf die Gabel** ~ reposer violemment le combiné
❷ SPORT smasher *Ball*
❸ (*ertönen lassen*) entonner *Lied;* attaquer *Solo, Tusch*
II. *itr V* ❶ + *sein* (*aufprallen*) **gegen etw** ~ s'écraser contre qc
❷ + *haben* SPORT smasher
❸ + *haben* (*ertönen*) retentir
Schmied(in) [ʃmiːt] <-[e]s, -e> *m(f)* forgeron *m*
Schmiede [ˈʃmiːdə] <-, -n> *f* forge *f*
Schmiedearbeit *f* ouvrage *m* [en fer] forgé **Schmiedeeisen** *nt* fer *m* forgé **schmiedeeisern** *Adj* en fer forgé **Schmiedehammer** *m* marteau *m* de forgeron
schmieden [ˈʃmiːdən] *tr V* forger; **Stahl zu Werkzeugen** ~ forger de l'acier pour en faire des outils; **geschmiedet** en fer forgé
schmiegen [ˈʃmiːgən] **I.** *r V* ❶ (*sich kuscheln*) **sich an jdn/in etw** (*Akk*) ~ se blottir contre qn/dans qc
❷ (*eng anliegen*) **sich an etw** (*Akk*)**/um etw** ~ mouler qc
II. *tr V* **seinen Kopf an jds Schulter** (*Akk*) ~ blottir sa tête contre l'épaule de qn
schmiegsam *Adj Leder, Material* souple; *Körper* flexible, souple
Schmiere [ˈʃmiːrə] <-, -n> *f* (*Fett*) cambouis *m*
▶ **bei etw** ~ **stehen** *sl* faire le pet lors de qc (*arg*)
schmieren [ˈʃmiːrən] **I.** *tr V* ❶ (*streichen*) tartiner *Brot;* [**sich** (*Dat*)] **Honig aufs Brötchen** ~ [se] tartiner du miel sur le petit pain; **sich** (*Dat*) **Creme/Schminke ins Gesicht** ~ s'étaler de la crème/du maquillage sur le visage; **sich** (*Dat*) **etw an die Hose** ~ [se] tartiner qc sur le pantalon
❷ *pej fam* (*malen, schreiben*) **voll** ~ griffonner complètement *Heft;* barbouiller *Wände;* **etw an Mauern/auf Grabsteine** ~ faire des graffiti[s] sur les murs/tombes (*fam*); **etw in ein Heft** ~ barbouiller un cahier de qc (*péj fam*)
❸ (*beschmutzen*) **etw voll** ~ salir qc; **sich voll** ~ se salir
❹ (*fetten*) graisser *Gestänge, Scharnier;* (*ölen*) lubrifier *Kolben, Nockenwelle*
❺ *pej fam* (*bestechen*) graisser la patte à (*fam*)
▶ **wie geschmiert** *fam* comme sur des roulettes (*fam*); **alles läuft wie geschmiert** ça [*o* tout] baigne [dans l'huile] (*fam*); **jdm eine** ~ *fam* en coller une à qn (*fam*)
II. *itr V* ❶ *pej* (*malen*) (*mit Stift, Kreide*) gribouiller; (*mit Pinsel*) barbouiller
❷ *fam* (*klecksen*) *Kugelschreiber, Füller:* baver
Schmiererei <-, -en> *f pej fam* (*Schrift, Zeichnung*) gribouillage *m;* (*Bild*) barbouillage *m*
Schmierfett [ˈʃmiːɐ-] *nt* graisse *f* **Schmierfink** *m fam* ❶ (*schmutziges Kind*) [petit] cochon *m* (*fam*) ❷ *pej* (*Wandschmierer*) tagueur *m* (*fam*) ❸ *pej* (*Journalist*) pisseur *m* de copie (*fam*) **Schmiergeld** *nt fam* bakchich *m* (*fam*)
Schmiergeldaffäre *f* affaire *f* de pot-de-vin **Schmiergeldzahlung** *f* versement *m* de pot-de-vin
Schmierheft *nt* cahier *m* de brouillon
schmierig *Adj* ❶ *Haar, Hände* poisseux(-euse); *Kleidungsstück, Oberfläche* couvert(e) de [taches de] graisse
❷ *pej* (*abstoßend*) **dieser ~e Kerl** ce faux jeton
Schmiermittel *nt* lubrifiant *m,* matière *f* lubrifiante **Schmieröl** *nt* huile *f* lubrifiante [*o* de graissage] **Schmierpapier** *nt* [papier *m* de] brouillon *m* **Schmierseife** *f* savon *m* noir **Schmierzettel** *m* bout *m* de papier
schmilzt [ʃmɪltst] *3. Pers Präs von* **schmelzen**
Schminke [ˈʃmɪŋkə] <-, -n> *f* maquillage *m*
schminken [ˈʃmɪŋkən] **I.** *tr V* maquiller; **sich** (*Dat*) **die Augen/Lippen** ~ se maquiller les yeux/lèvres; **stark/schlecht geschminkt sein** être beaucoup/mal maquillé(e)
II. *r V* **sich** ~ se maquiller
Schminkkoffer *m* vanity-case *m* **Schminktäschchen** [-tɛʃçən] *nt* trousse *f* à maquillage **Schminktisch** *m* coiffeuse *f,* table *f* de maquillage
schmirgeln [ˈʃmɪrgəln] *tr, itr V* poncer; **den Lack/Rost von etw** ~ poncer le vernis/la rouille de qc
Schmirgelpapier *nt* papier *m* [d']émeri
schmiss^RR^, **schmiß** *Imp von* **schmeißen**
Schmiss^RR^ <-es, -e>, **Schmiß** <-sses, -sse> *m* ❶ (*Narbe*) balafre *f*
❷ *fam* (*Schwung*) allant *m;* ~ **haben** être entraînant(e)
Schmöker [ˈʃmøːkɐ] <-s, -> *m fam* roman *m* de gare (*fam*)
schmökern [ˈʃmøːkɐn] *itr V fam* bouquiner (*fam*); **in etw** (*Dat*) ~ bouquiner qc (*fam*)
Schmollecke *f fam* ▶ **sich in die** ~ **zurückziehen** aller bouder dans son coin; **in der** ~ **sitzen** bouder, faire la gueule (*fam*)
schmollen [ˈʃmɔlən] *itr V* bouder
Schmollmund *m* moue *f;* **einen** ~ **machen** faire la moue
schmolz [ʃmɔlts] *Imp von* **schmelzen**
Schmorbraten [ˈʃmoːɐ-] *m* bœuf *m* braisé
schmoren [ˈʃmɔːrən] **I.** *tr V* faire braiser *Braten*
II. *itr V* ❶ *Braten:* cuire à petit feu
❷ *fam* (*schwitzen*) **in der Sonne/am Strand** ~ se faire cuire au soleil/à la plage (*fam*)
❸ *fam* (*unerledigt bleiben*) *Antrag, Eingabe:* moisir
❹ *fam* (*warten*) **jdn** ~ **lassen** faire [*o* laisser] mariner qn (*fam*)
Schmortopf *m* GASTR daubière *f*
Schmu [ʃmuː] <-s> *m kein Pl fam* ❶ (*Unsinn*) connerie *f* (*fam*)
❷ (*Betrug*) magouille *f* (*fam*); [**bei etw**] ~ **machen** truander [en faisant qc] (*fam*)
Schmuck [ʃmʊk] <-[e]s> *m* ❶ bijoux *mpl*
❷ (*Verzierung*) décoration *f*
schmücken [ˈʃmʏkən] **I.** *r V* **sich** ~ mettre des bijoux; **sich mit etw** ~ se parer de qc
II. *tr V* **einen Raum mit etw** ~ décorer une pièce avec qc
Schmuckkästchen [-kɛstçən] *nt* coffret *m* à bijoux
schmucklos *Adj* nu(e)
Schmucklosigkeit <-> *f* simplicité *f;* **die** ~ **eines Raumes** la sobriété d'une salle
Schmucksachen *Pl s.* Schmuckwaren **Schmuckstück** *nt* bijou *m* **Schmuckwaren** *Pl* bijoux *mpl*
schmudd[e]lig *Adj* sale, crasseux(-euse); ~ **aussehen** être crasseux(-euse)
Schmuggel [ˈʃmʊgəl] <-s> *m* contrebande *f*
schmuggeln [ˈʃmʊgəln] **I.** *tr V* ❶ faire de la contrebande de *Waren;* faire du trafic de *Drogen, Waffen*
❷ (*heimlich bringen*) **jdn über die Grenze** ~ faire passer qn clandestinement la frontière; **jdn/etw außer Landes** ~ faire sortir qn/qc en fraude d'un pays; **man hatte ihr ein Dokument ins Gepäck geschmuggelt** on lui avait glissé [subrepticement] un document dans ses bagages
II. *itr V* faire de la contrebande; **das Schmuggeln** la contrebande
Schmuggelware *f* [marchandise *f* de] contrebande *f*
Schmuggler(in) [ˈʃmʊglɐ] <-s, -> *m(f)* contrebandier(-ière) *m(f)*
schmunzeln [ˈʃmʊntsəln] *itr V* sourire; **über jdn/etw** ~ sourire de qn/qc
Schmunzeln <-s> *nt* sourire *m*
Schmus [ʃmuːs] <-es> *m fam* (*wortreiches Getue*) cinéma *m* (*fam*); (*schöne Worte*) cajoleries *fpl;* (*Gerede*) verbiage *m pas de pl*
schmusen [ˈʃmuːzən] *itr V fam* se faire des mamours (*fam*); [**miteinander**] ~ se faire des mamours; **mit jdm** ~ faire des mamours à qn (*fam*)

Schmutz [ʃmʊts] <-es> *m* saleté *f;* (*Schlamm*) boue *f;* (*Staub*) poussière *f*
► **jdn mit ~ bewerfen** traîner qn dans la boue; **jdn/etw durch den ~ ziehen** traîner qn/qc dans la boue

schmutzabweisend *Adj* antitache *inv*

schmutzen ['ʃmʊtsən] *itr V Stoff:* se salir, être salissant(e)

Schmutzfink *s.* Schmierfink **Schmutzfleck** *m* tâche *f*

schmutzig *Adj* ❶ sale; (*schlammbedeckt*) boueux(-euse); (*staubbedeckt*) poussiéreux(-euse); **sich bei etw ~ machen** se salir en faisant qc; **sich** (*Dat*) **die Fingernägel/Hände ~ machen** se salir les ongles/mains; **sich** (*Dat*) **die Schuhe ~ machen** salir ses chaussures
❷ *pej* (*anrüchig*) sale
❸ *pej* (*obszön*) salace

Schmutzrand *m* trace *f* de saleté **Schmutzschicht** *f* couche *f* de saleté **Schmutztitel** *m* faux-titre *m* **Schmutzwäsche** *f* linge *m* sale **Schmutzwasser** *nt* eau *f* sale

Schnabel ['ʃna:bəl, *Pl:* 'ʃnɛ:bəl] <-s, ̈-> *m* ❶ ORN, MUS bec *m*
❷ (*lange Tülle*) bec *m* [verseur]
❸ *fam* (*Mund*) bec *m* (*fam*); **halt den** [*o* **deinen**] **~!** *fam* ferme-la! (*fam*)
► **er redet, wie ihm der ~ gewachsen ist** *fam* il dit les choses comme elles lui viennent

schnäbeln *itr V* se frotter le bec

Schnabelschuh *m* poulaine *f* **Schnabeltasse** *f* tasse *f* à bec **Schnabeltier** *nt* ornithorynque *m*

Schnackerl ['ʃnakɐl] <-s, -n> *nt* A (*Schluckauf*) hoquet *m*

Schnake ['ʃna:kə] <-, -n> *f* ❶ (*nicht stechende Mücke*) cousin *m*
❷ DIAL *fam* (*Stechmücke*) moustique *m*

Schnalle ['ʃnalə] <-, -n> *f* ❶ boucle *f*
❷ *pej vulg* (*Weibsbild*) putain *f* (*péj vulg*); **diese dumme ~!** cette sale garce! (*péj pop*)

schnallen *tr V* ❶ **etw enger/weiter ~** serrer/desserrer qc; **etw fester ~** serrer qc davantage; **sich** (*Dat*) **etw auf den Rücken ~** attacher qc sur le dos
❷ (*abmachen*) **die Tasche vom Gepäckträger ~** détacher le sac du porte-bagages
❸ *sl* (*begreifen*) piger (*fam*)

Schnallenschuh *m* chaussure *f* à boucle

schnalzen ['ʃnaltsən] *itr V* **mit der Zunge ~** faire claquer sa langue; **mit den Fingern ~** claquer des doigts, faire claquer ses doigts

Schnäppchen ['ʃnɛpçən] <-s, -> *nt fam* [bonne] affaire *f*

Schnäppchenjagd *f fam* chasse *f* aux bonnes affaires

schnappen ['ʃnapən] **I.** *itr V* ❶ + *haben* **nach jdm ~** *Hund, Krokodil:* chercher à mordre qn; *Gans, Schwan:* chercher à pincer qn; **nach etw ~** essayer d'attraper [*o* de saisir] qc
❷ + *sein* (*klappen*) **ins Schloss ~** s'enclencher dans la serrure
II. *tr V* + *haben fam* ❶ (*ergreifen*) **sich** (*Dat*) **jdn ~** harponner qn (*fam*); **sich** (*Dat*) **etw ~** se choper qc (*fam*)
❷ (*fangen*) choper (*fam*) *Täter, Gesuchten*

Schnappmesser *nt* couteau *m* à cran d'arrêt **Schnappschloss**RR *nt* serrure *f* à ressort **Schnappschuss**RR *m* instantané *m*

Schnaps [ʃnaps, *Pl:* 'ʃnɛpsə] <-es, ̈-e> *m* eau-de-vie *f*

Schnapsbrennerei *f* distillerie *f*

Schnäpschen ['ʃnɛpsçən] <-s, -> *nt Dim von* Schnaps *fam* goutte *f* (*fam*), petit verre *m* de gnôle (*fam*)

Schnapsfahne *f fam* haleine *f* qui pue l'alcool (*fam*) **Schnapsflasche** *f* bouteille *f* d'eau-de-vie **Schnapsglas** *nt* verre *m* à liqueur **Schnapsidee** *f fam* idée *f* loufoque (*fam*) **Schnapszahl** *f fam nombre composé de plusieurs chiffres identiques*

schnarchen ['ʃnarçən] *itr V* ronfler

Schnarcher(in) <-s, -> *m(f)* ronfleur(-euse) *m(f)*

schnarren ['ʃnarən] *itr V* bourdonner

schnattern ['ʃnatɐn] *itr V* ❶ *Ente:* cancaner; *Gans:* criailler; **das Schnattern** *einer Ente* les coin-coin *mpl; einer Gans* les criailleries *fpl*
❷ *fam* (*schwatzen*) jacasser

schnauben ['ʃnaʊbən] <schnaubte *o veraltet* schnob, geschnaubt *o veraltet* geschnoben> **I.** *itr V* ❶ écumer; **vor Wut ~** écumer de colère
❷ (*laut atmen*) *Pferd:* s'ébrouer
II. *r V* DIAL **sich ~** se moucher

schnaufen ['ʃnaʊfən] *itr V* ❶ + *haben* (*angestrengt atmen*) haleter
❷ + *haben bes.* SDEUTSCH (*atmen*) respirer

Schnauferl ['ʃnaʊfɐl] <-s, - *o* -n> *nt* A *fam* [vieux] tacot *m* (*fam*)

Schnauz [ʃnaʊts, *Pl:* 'ʃnɔɪtsə] <-es, Schnäuze> *m* CH moustache *f*

Schnauzbart *m* ❶ moustache *f*
❷ *fam* (*Mensch*) moustachu *m*

Schnauze ['ʃnaʊtsə] <-, -n> *f* ❶ (*Tiermaul*) gueule *f*
❷ *sl* (*Mund*) gueule *f* (*fam*); **die ~ halten** fermer sa gueule (*fam*); **~!** ta gueule/vos gueules! (*fam*)
❸ *fam* (*Motorhaube*) capot *m*
❹ *fam* (*Bug*) *eines Flugzeugs, Schiffs* nez *m*
► **frei nach ~** *fam* au pif (*fam*); **eine große ~ haben** *sl* avoir une grande gueule (*fam*); **die ~** [**gestrichen**] **voll haben** *sl* en avoir ras le bol (*fam*); **mit etw auf die ~ fallen** *sl* se casser la gueule en faisant qc (*fam*)

schnauzen ['ʃnaʊtsən] *itr V fam* gueuler (*fam*)

schnäuzenRR **I.** *tr V* **sich ~** se moucher; **sich/einem Kind die Nase ~** se moucher le nez/moucher un enfant
II. *r V* **sich in ein Taschentuch ~** se moucher dans un mouchoir

Schnauzer <-s, -> *m* ❶ (*Hundeart*) schnauzer *m*
❷ *fam* (*Schnauzbart*) bac[ch]antes *fpl* (*fam*)

Schnäuzer ['ʃnɔɪtsɐ] DIAL *s.* Schnauzer 2.

Schnecke ['ʃnɛkə] <-, -n> *f* ❶ escargot *m;* (*Nacktschnecke*) limace *f*
❷ *meist Pl* GASTR escargot *m*
❸ (*Gebäck*) pain *m* aux raisins
❹ (*Teil des Innenohrs*) limaçon *m*
► **jdn wegen etw zur ~ machen** *fam* passer un savon à qn à cause de qc (*fam*)

schneckenförmig [-fœrmɪç] **I.** *Adj* hélicoïdal(e) **II.** *Adv* en spirale, en colimaçon **Schneckengehäuse** *nt* coquille *f* [d'escargot] ► **sich in sein ~ zurückziehen** rentrer dans sa coquille **Schneckengewinde** *nt* TECH vis *f* sans fin **Schneckenhaus** *nt s.* Schneckengehäuse **Schneckenrad** *nt* TECH roue *f* à vis sans fin **Schneckentempo** *nt fam* **im ~** comme un escargot/des escargots (*fam*); **es ging nur im ~ vorwärts** on avançait comme des escargots

Schnee [ʃne:] <-s> *m* ❶ neige *f*
❷ *sl* (*Kokain*) neige *f* (*arg*)
► **~ von gestern** [*o* **vorgestern**] *fam* de l'histoire ancienne (*fam*)

Schneeball *m a.* BOT boule *f* de neige

Schneeballschlacht *f* bataille *f* de boules de neige **Schneeballsystem** *nt* système *m* de vente à la boule de neige

schneebedeckt *Adj* couvert(e) de neige **Schneebesen** *m* fouet *m* **schneeblind** *Adj* aveuglé(e) par la neige **Schneeblindheit** *f* MED ophtalmie *f* des neiges **Schneebrille** *f* lunettes *fpl* de glacier **Schneedecke** *f* couche *f* de neige **Schneefall** *m* chute *f* de neige **Schneeflocke** *f* flocon *m* [de neige] **Schneefräse** *f* chasse-neige *m* à fraise **schneefrei** *Adj Fläche, Gebiet* sans neige; *Straße, Pass* dégagé(e) **Schneegestöber** *nt* bourrasque *f* de neige **schneeglatt** *Adj* rendu(e) glissant(e) par la neige; **~ sein** glisser à cause de la neige **Schneeglätte** *f* verglas *m;* **verbreitet tritt ~ auf** de nombreuses chaussées sont rendues glissantes par la neige **Schneeglöckchen** [-glœkçən] <-s, -> *nt* perce-neige *m o f* **Schneegrenze** *f* limite *f* de la neige **Schneehase** *m* ZOOL lièvre *m* variable

Schneehuhn *nt* ZOOL perdrix *f* des neiges **Schneekanone** *f* canon *m* à neige **Schneekette** *f meist Pl* chaîne *f* [à neige] **Schneekönig** ▶ **sich wie ein ~ über etw** (*Akk*) **freuen** *fam* être heureux(-euse) comme un roi/une reine de qc **Schneemann** <-männer> *m* bonhomme *m* de neige **Schneematsch** *m* neige *f* fondante **Schneepflug** *m* chasse-neige *m* **Schneeraupe** *f* chenille *f* des neiges **Schneeregen** *m* neige *f* fondue **Schneeschauer** *m* giboulée *f* de neige **Schneeschaufel** *f* pelle *f* à neige **Schneeschippe** *f* DIAL pelle *f* à neige **Schneeschmelze** *f* fonte *f* des neiges **schneesicher** *Adj* [suffisamment] enneigé(e) **Schneesturm** *m* tempête *f* de neige **Schneetreiben** *nt* tourmente *f* de neige **Schneeverhältnisse** *Pl* enneigement *m* **Schneeverwehung**, **Schneewehe** *f* congère *f* **schneeweiß** *Adj Haare* blanc(blanche) comme la neige; *Haut* laiteux(-euse)

Schneewittchen [ʃneːˈvɪtçən] <-s> *nt* Blanche-Neige *f*

Schneezaun *m* [écran *m*] pare-congères *m*

Schneid [ʃnaɪt] <-[e]s> *m fam* cran *m* (*fam*); **~ haben** avoir du cran (*fam*); **keinen ~ haben** être un dégonflé/une dégonflée (*fam*)

▶ **sich** (*Dat*) **den ~ abkaufen lassen** se dégonfler (*fam*)

Schneidbrenner <-s, -> *m* chalumeau *m*

Schneide [ʃnaɪdə] <-, -n> *f* fil *m*, tranchant *m*

schneiden [ˈʃnaɪdən] <schnitt, geschnitten> **I.** *tr V* ① (*zerteilen*) (*mit dem Messer*) couper; (*mit der Schere*) découper; **auseinander ~** [dé]couper; **klein ~** hacher finement *Zwiebel, Knoblauch;* **das Fleisch/die Karotten klein ~** couper la viande/les carottes en petits morceaux; **klein geschnitten** *Fleisch, Speck, Gemüse:* coupé(e) en petits morceaux; *Zwiebel, Knoblauch:* haché(e) finement; **etw in Scheiben ~** couper qc en tranches; **etw in Stücke ~** couper/découper qc en morceaux

② (*kürzen*) couper *Fingernägel, Haare;* tailler *Bart*

③ (*einschneiden*) **ein Loch in etw** (*Akk*) **~** faire un trou dans qc; **seine Initialen in den Baumstamm ~** graver ses initiales dans l'écorce de l'arbre

④ (*kreuzen*) couper *Gerade, Straße, Kurve*

⑤ (*gefährden*) faire une queue de poisson à *Person, Fahrzeug*

⑥ AUDIOV, CINE monter *Film;* faire le montage de *Tonband, Videoband*

⑦ *fam* (*operieren*) ouvrir

⑧ (*zuschneiden und nähen*) couper; **eng/weit geschnitten** [**sein**] [être] coupé(e) étroit(e)/large

⑨ (*meiden*) fuir

⑩ (*machen*) [**jdm**] **Grimassen/ein Gesicht ~** faire des grimasses/la moue [à qn]

II. *r V* ① (*sich verletzen*) **sich an etw** (*Dat*) **~** se couper avec qc; **sich** (*Akk o Dat*) **in den Finger ~** se couper au doigt

② (*sich kreuzen*) **sich ~** *Geraden, Straßen:* se couper

▶ **sich [ganz schön] geschnitten haben** *fam* se fourrer le doigt dans l'œil [jusqu'au coude] (*fam*)

III. *itr V* ① **gut/schlecht ~** *Klinge, Messer, Schere:* couper bien/mal

② (*operieren*) ouvrir

③ *geh* (*unerträglich sein*) *Frost, Kälte, Wind:* être mordant(e); **der Wind schneidet mir ins Gesicht** le vent me coupe le visage

schneidend *Adj* ① *Frost, Kälte, Wind* mordant(e); *Schmerz* aigu(ë)

② (*bitter*) *Sarkasmus, Spott* mordant(e)

③ (*scharf*) *Stimme, Ton* cassant(e)

Schneider <-s, -> *m* ① tailleur *m*

② *kein Pl* KARTEN [**im**] **~/aus dem ~ sein** avoir moins/plus de trente points

▶ **frieren wie ein ~** *fam* cailler (*fam*); **aus dem ~ sein** *fam* être sorti(e) d'affaire (*fam*)

Schneiderei <-, -en> *f* atelier *m* de couture

Schneiderin <-, -nen> *f* couturière *f*

schneidern [ˈʃnaɪdɐn] **I.** *itr V* (*als Beruf*) être tailleur/couturière; (*als Hobby*) faire de la couture

II. *tr V* [**sich** (*Dat*)] **etw ~** [se] coudre [*o* confectionner] qc

Schneiderpuppe *f* mannequin *m* de tailleur **Schneidersitz** *m* **im ~** en tailleur

Schneidezahn *m* incisive *f*

schneidig **I.** *Adj* fringant(e)

II. *Adv grüßen, salutieren* énergiquement

schneien [ˈʃnaɪən] **I.** *itr V unpers* neiger; **es schneit** il neige

II. *tr V unpers* ① **es schneit dicke Flocken** il neige à gros flocons

② *fig* **es schneit Blütenblätter** il tombe des pétales du ciel

Schneise [ˈʃnaɪzə] <-, -n> *f* tranchée *f*

schnell [ʃnɛl] **I.** *Adj Person, Fahrzeug, Bewegung, Tempo* rapide; **ein ~es Ende finden** trouver une fin rapide; **~es Handeln ist geboten** il faut agir vite

II. *Adv gehen, sich fortbewegen* vite; *arbeiten, erfolgen, reagieren* rapidement; **ich muss ~ etwas erledigen** j'ai quelque chose à régler en vitesse; **mach ~/~er!** fais vite/active un peu!; **nicht so ~!** pas si vite!; **wie ~ geht das?** combien de temps ça met/va mettre?; **wie ~ kannst du die hundert Meter laufen?** combien fais-tu au cent mètres?

Schnellbahn *f* train *m* de banlieue; (*im Pariser Verkehrsnetz*) ≈ R.E.R. *m* **Schnellboot** *nt* vedette *f* rapide

Schnelle [ˈʃnɛlə] *f* (*Stromschnelle*) rapide *m*

▶ **auf die ~** *fam* vite fait (*fam*)

schnellebig *s.* **schnelllebig**

schnellen [ˈʃnɛlən] *itr V + sein* **in die Höhe/nach vorn ~** *Person, Tier:* bondir en hauteur/vers l'avant; **aus dem Wasser ~** *Fisch:* jaillir hors de l'eau; **durch die Luft ~** *Vogel, Pfeil:* fendre l'air

Schnellfeuergewehr *nt* fusil-mitrailleur *m* **Schnellfeuerwaffe** *f* arme *f* à tir rapide

Schnellgaststätte *f* snack *m*, fast-food *m*

Schnellgericht[1] *nt* GASTR plat *m* cuisiné

Schnellgericht[2] *nt* JUR tribunal *m* d'exception

Schnellhefter *m* chemise *f*

Schnelligkeit <-, *selten* -en> *f* (*Geschwindigkeit*) rapidité *f; eines Fahrzeugs, der Fortbewegung* vitesse *f*

Schnellimbiss[RR] *m* snack *m* **Schnellkochplatte** *f* plaque *f* rapide **Schnellkochtopf** *m* cocotte-minute® *f* **Schnellkurs** *m* cours *m* accéléré

schnelllebig[RR] *Adj* agité(e)

Schnellpaket *nt* colis *m* exprès **Schnellreinigung** *f* pressing *m* express **Schnellrestaurant** [-rɛstorɑ̃ː] *nt* restaurant *m* rapide

schnellstens [ˈʃnɛlstəns] *Adv* au plus vite

schnellstmöglich *Adv* le plus rapidement [*o* vite] possible

Schnellstraße *f* voie *f* rapide **Schnellverfahren** *nt* JUR référé *m* ▶ **im ~** JUR en référé; *fam* (*auf die Schnelle*) en vitesse (*fam*)

Schnellzug *m* train *m* express

Schnepfe [ˈʃnɛpfə] <-, -n> *f a. fig, pej* bécasse *f*

schnetzeln [ˈʃnɛtsəln] *tr V* SDEUTSCH, CH émincer *Fleisch*

schneuzen *s.* **schnäuzen**

Schnickschnack [ˈʃnɪkʃnak] <-s> *m fam* ① (*Krimskrams*) bricoles *fpl* (*fam*)

② (*Geschwätz*) âneries *fpl* (*fam*)

schniefen [ˈʃniːfən] *itr V* renifler

Schnippchen [ˈʃnɪpçən] ▶ **jdm ein ~ schlagen** *fam* faire un pied de nez à qn

Schnippel [ˈʃnɪpəl] <-s, -> *m o nt fam s.* **Schnipsel**

schnippeln [ˈʃnɪpəln] *fam* **I.** *itr V* découper; **an etw** (*Dat*) **~** découper qc

II. *tr V* émincer

schnippen [ˈʃnɪpən] **I.** *itr V* claquer des doigts; **mit den Fingern ~** claquer des doigts; **mit der Schere ~** actionner les ciseaux

II. *tr V* **die Krümel vom Tisch ~** balayer de la main les miettes de la table; **etw in den Bordstein ~** jeter qc dans le caniveau

schnippisch ['ʃnɪpɪʃ] *pej* **I.** *Adj* impertinent(e)
II. *Adv antworten* de manière acerbe

Schnipsel ['ʃnɪpsəl] <-s, -> *m o nt* petit morceau *m*

schnipseln *s.* **schnippeln**

schnipsen ['ʃnɪpsən] *tr V, itr V s.* **schnippen**

schnitt [ʃnɪt] *Imp von* **schneiden**

Schnitt <-[e]s, -e> *m* ❶ *a.* MED (*Einschnitt*) incision *f;* ~ **ins Papier/in die Haut** incision dans le papier/de la peau
❷ (*Schnittwunde*) coupure *f*
❸ CINE montage *m*
❹ (*Zuschnitt*) *von Kleidung, Haaren* coupe *f*
❺ (*Form*) *eines Gesichts* dessin *m*
❻ (*Schnittzeichnung*) coupe *f;* **etw im ~ darstellen** représenter qc en coupe
❼ *fam* (*Durchschnitt*) moyenne *f;* **im ~** en moyenne
▶ **der goldene ~** le nombre d'or; **bei etw einen guten ~ machen** *fam* faire un certain bénef avec qc (*fam*)

Schnittblumen *Pl* fleurs *fpl* coupées **Schnittbohne** *f* haricot *m* vert

Schnitte ['ʃnɪtə] <-, -n> *f* tranche *f;* **eine ~ Brot** une tranche de pain; **belegte ~** tartine *f*

Schnittfläche *f* ❶ coupe *f*
❷ GEOM coupe *f*

schnittig *Adj* profilé(e)

Schnittkante *f* TYP tranche *f* **Schnittkäse** *m fromage vendu en tranches* **Schnittlauch** *m kein Pl* ciboulette *f* **Schnittmenge** *f* MATH intersection *f* **Schnittmuster** *nt,* **Schnittmusterbogen** *m* patron *m* **Schnittpunkt** *m von Linien* point *m* d'intersection; *von Straßen* intersection *f* **Schnittstelle** *f* INFORM interface *f;* **serielle ~** port *m* série **Schnittwunde** *f* coupure *f;* (*tief*) entaille *f*

Schnitzel[1] ['ʃnɪtsəl] <-s, -> *nt* GASTR escalope *f;* **Wiener ~** escalope [de veau] panée

Schnitzel[2] *s.* **Schnipsel**

Schnitzeljagd *f* jeu *m* de piste

schnitzeln ['ʃnɪtsən] *tr V* couper en morceaux; (*in feine Streifen*) émincer; **etw ~** couper qc en morceaux

schnitzen **I.** *tr V* sculpter; **etw aus Holz ~** sculpter qc dans du bois
II. *itr V* **an etw** (*Dat*) **~** sculpter qc; **gern ~** aimer faire de la sculpture sur bois; **das Schnitzen** la sculpture sur bois

Schnitzer <-s, -> *m* ❶ (*Holzschnitzer*) sculpteur *m* sur bois
❷ *fam* (*Fehler*) gaffe *f* (*fam*); **einen ~ machen** faire une gaffe (*fam*)

Schnitzerei [ʃnɪtsə'raɪ] <-, -en> *f* sculpture *f* sur bois

Schnitzerin <-, -nen> *f* sculptrice *f* sur bois

Schnitzmesser *nt* couteau *m* à sculpter

schnodd[e]rig *Adj pej fam Mensch* mal embouché(e) (*fam*); *Tonfall* désinvolte; **eine ~e Art haben** être mal embouché(e) (*fam*)

schnöde ['ʃnøːdə] *pej geh* **I.** *Adj Geiz, Motiv, Tat* sordide; **das ist ~ von ihm** c'est indigne de lui (*littér*)
II. *Adv* honteusement

Schnorchel ['ʃnɔrçəl] <-s, -> *m* tuba *m; eines U-Boots* schnorkel *m*

schnorcheln *itr V* nager sous l'eau avec un tuba; **das Schnorcheln** la plongée libre

Schnörkel ['ʃnœrkəl] <-s, -> *m* ❶ (*Ornament*) fioriture *f*
❷ (*verschlungene Unterschrift*) paraphe *m* illisible

schnörkelig ['ʃnœrkəlɪç] *Adj* tarabiscoté(e)

schnorren ['ʃnɔrən] *fam* **I.** *itr V* faire la manche (*fam*); **bei jdm ~** taper qn (*fam*)
II. *tr V* **etw bei jdm ~** taxer qc à qn (*fam*)

Schnorrer(in) <-s, -> *m(f) fam* tapeur(-euse) *m(f)* (*fam*)

Schnösel ['ʃnøːzəl] <-s, -> *m pej fam* morveux *m* (*péj fam*)

schnuckelig *Adj fam Kind* mignon(ne) comme tout (*fam*); *Auto, Häuschen* sympa (*fam*)

Schnüffelei <-, -en> *f pej fam* ❶ reniflements *mpl*
❷ (*das Spionieren*) espionnage *m*

schnüffeln ['ʃnʏfəln] **I.** *itr V* ❶ flairer; **an jdm/etw ~** flairer qn/qc
❷ *fam* (*spionieren*) **in jds Briefen ~** fouiner dans les lettres de qn (*fam*)
II. *tr V sl* snif[f]er (*arg*) *Drogen, Klebstoff*

Schnüffler(in) <-s, -> *m(f)* ❶ *pej fam* (*Detektiv*) privé(e) *m(f)* (*fam*)
❷ *sl* (*Drogenkonsument*) sniffeur(-euse) *m(f)* (*arg*)

Schnuller ['ʃnʊle] <-s, -> *m* sucette *f*

Schnulze ['ʃnʊltsə] <-, -n> *f pej fam* (*Lied*) chanson *f* gnangnan (*fam*); (*Film*) film *m* gnangnan (*fam*)

Schnulzensänger(in) *m(f) pej fam* chanteur(-euse) *m(f)* de charme

schnulzig *Adj fam* gnangnan (*fam*)

schnupfen ['ʃnʊpfən] **I.** *itr V* ❶ (*Schnupftabak nehmen*) priser
❷ (*die Nase hochziehen*) renifler
II. *tr V* **Schnupftabak/Kokain ~** priser du tabac/sniffer de la cocaïne

Schnupfen <-s, -> *m* rhume *m;* **[einen] ~ haben/bekommen** avoir un rhume/s'enrhumer; **sich** (*Dat*) **einen ~ holen** *fam* se choper un rhume (*fam*)

Schnupftabak *m* tabac *m* à priser

Schnupftabak[s]dose *f* tabatière *f*

schnuppe ['ʃnʊpə] *Adj fam* **das/sie ist mir ~** je me fiche pas mal de cela/d'elle (*fam*); **es ist mir ~, ob/wie/wer ...** je me fiche [pas mal] de savoir si/comment/qui ... (*fam*)

Schnupperkurs *m* cours *m* d'essai

schnuppern ['ʃnʊpen] **I.** *itr V* renifler; **an jdm/etw ~** renifler qn/qc
II. *tr V* respirer *Geruch, Luft*

Schnur [ʃnuːɐ, *Pl:* 'ʃnyːrə] <-, ¨-e> *f* ❶ ficelle *f; einer Angel, Halskette* fil *m*
❷ ELEC *fam* fil *m*

Schnürchen ['ʃnyːɐçən] <-s, -> *nt Dim von* **Schnur** cordonnet *m*
▶ **wie am ~** *fam* comme sur des roulettes

schnüren ['ʃnyːrən] **I.** *tr V* ❶ ficeler *Paket, Bündel;* **etw zu einem Paket ~** ficeler qc en un paquet
❷ (*zubinden*) **sich** (*Dat*) **die Schuhe ~** lacer ses chaussures
❸ (*binden*) **ein Seil um etw ~** serrer une ficelle autour de qc
II. *r V* **sich ~** *Frau:* utiliser un corset

schnurgerade **I.** *Adj* rectiligne **II.** *Adv verlaufen* en ligne droite

Schnurkeramik *f kein Pl* céramique *f* cordée *pas de pl*

schnurlos *Adj Telefon* sans fil

Schnurrbart ['ʃnʊrbaːɐt] *m* moustache *f* **schnurrbärtig** ['ʃnʊrbɛːɐtɪç] *Adj* moustachu(e)

schnurren ['ʃnʊrən] *itr V* ronronner

Schnurrhaare *Pl* moustaches *fpl*

Schnürschuh *m* chaussure *f* à lacets **Schnürsenkel** ['ʃnyːɐzɛŋkəl] *m* lacet *m* **Schnürstiefel** *m* bottine *f* à lacets; (*Militärstiefel*) ranger *m*

schnurstracks ['ʃnuːɐ'ʃtraks] *Adv fam* (*geradewegs*) tout droit; (*sofort*) illico (*fam*)

schnurz [ʃnʊrts] *Adj* **das ist mir ~** *fam* j'en ai rien à faire (*fam*)

Schnute ['ʃnuːtə] <-, -n> *f fam* ❶ (*Mund*) petite bouche *f* (*fam*)
❷ (*Flunsch*) **eine ~ ziehen** faire la gueule (*fam*)

schob [ʃoːp] *Imp von* **schieben**

Schober ['ʃoːbɐ] <-s, -> *m* SDEUTSCH, A meule *f* [de foin]

Schock [ʃɔk] <-[e]s, -s> *m* choc *m;* **einen ~ bekommen** recevoir un choc; **unter ~** (*Dat*) **stehen** être en état de choc

Schockbehandlung *f* MED sismothérapie *f*

schocken ['ʃɔkən] *tr V fam* choquer

Schocker <-s, -> *m fam* (*Film/Roman*) film *m*/roman *m* d'horreur

Schockfarbe *f fam* couleur *f* criarde

schockieren* *tr V* choquer; **jdn mit etw ~** choquer qn avec

qc; **über etw** (*Akk*) **schockiert sein** être choqué(e) par qc
Schocktherapie *f s.* Schockbehandlung **Schockwirkung** *f* **unter ~** (*Dat*) **stehen** être en état de choc
schofel [ˈʃoːfəl] *Adj,* **schof(e)lig** *Adj pej fam Art, Behandlung* dégueulasse (*fam*); *Benehmen, Verhalten* minable (*fam*); **~ zu jdm sein** être dégueulasse avec qn (*fam*)
Schöffe [ˈʃœfə] <-n, -n> *m,* **Schöffin** *f* assesseur *m* (*non-professionnel*)
Schöffengericht *nt* ≈ tribunal *m* de grande instance (*comprenant un juge professionnel et des assesseurs non-professionnels*)
Schokolade [ʃokoˈlaːdə] <-, -n> *f* (*Süßigkeit, Getränk*) chocolat *m;* **eine Tafel/ein Stück ~** une plaque/un morceau de chocolat
Schokoladeneis *nt* glace *f* au chocolat **Schokoladenfigur** *f* figurine *f* en chocolat **Schokoladenpudding** *m* flan *m* au chocolat **Schokoladenseite** *f fam* bons côtés *mpl;* **sich von seiner ~ zeigen** se montrer sous un jour favorable **Schokoladensoße** *f* chocolat *m* liquide
Schokoriegel *m* barre *f* de chocolat
Scholastik [ʃoˈlastɪk] <-> *f* scolastique *f*
Scholastiker(in) [ʃoˈlastikɐ] <-s, -> *m(f)* scolastique *mf*
scholl *Imp von* **schallen**
Scholle [ˈʃɔlə] <-, -n> *f* ❶ (*Fisch*) carrelet *m*
❷ (*Erdscholle*) motte *f*
❸ (*Eisscholle*) bloc *m* de glace
❹ *geh* (*Ackerland*) glèbe *f* (*littér*)
Scholli [ˈʃɔli] ▸ **mein lieber ~!** *fam* (*bewundernd*) eh bien, mon vieux! (*fam*); (*drohend*) mon petit bonhomme! (*fam*)
Schöllkraut [ˈʃœl-] *nt kein Pl* BOT chélidoine *f*
schon [ʃoːn] *Adv* ❶ (*bereits*) déjà; **es ist ~ Mittag/spät** il est déjà midi/tard; **es ist ~ Nacht** il fait déjà nuit; **~ früher/im Mittelalter** déjà avant/au Moyen-Âge; **~ jetzt** dès maintenant; **~ immer** depuis toujours; **~ längst** déjà depuis longtemps; **~ einmal** [*o* **mal** *fam*] déjà; **~ oft** déjà souvent; **er sucht ~ lange eine neue Wohnung** ça fait déjà longtemps qu'il cherche un nouveau logement; **~ wieder?** encore?; **wenn es doch ~ Sommer wäre!** si seulement on était déjà en été!
❷ (*irgendwann*) **sie wird sich ~ noch melden** elle va bien se manifester un jour; **er wird es ~ noch lernen** il apprendra bien ça un jour
❸ (*allein, nur*) **~ deshalb** rien que pour cela; **~ die Tatsache, dass** rien que le fait que; **wenn ich das ~ sehe!** *fam* rien que de voir ça! (*fam*)
❹ (*durchaus*) plutôt; **das ist ~ wichtig** c'est plutôt important; **das kann ~ vorkommen** ça peut fort bien arriver; **man hätte uns ~ informieren können** on aurait pu nous informer; **ihm hat es nicht gefallen, aber mir ~** ça ne lui a pas plu, mais moi en revanche si; **ich sehe ~, ...** c'est bon, je vois,...; **ja ~[, aber ...]** *fam* oui, bien sûr[, mais...]
❺ (*denn*) **was macht das ~?** qu'est-ce que ça peut bien faire?; **was ist das ~ im Vergleich dazu?** [vraiment,] qu'est-ce que c'est par rapport à ça?
❻ *fam* (*wirklich*) **man hat's ~ nicht leicht im Leben** y a pas à dire, la vie est dure (*fam*)
❼ (*irgendwie*) **es geht ~** ça va à peu près; **es wird ~ klappen** ça va bien marcher
❽ *fam* (*endlich*) **sag ~!** allez, dis! (*fam*); **mach ~!** vas-y, fais! (*fam*)
schön [ʃøːn] **I.** *Adj* ❶ (*vollendet, beeindruckend, beträchtlich*) beau(belle); **etwas Schönes** quelque chose de beau
❷ (*angenehm*) *Abend, Urlaub* bon(ne); **~es Wochenende!** bon week-end!; **das war eine ~e Zeit** ça a été une bonne période; **bei ihnen ist es ~** chez eux, c'est bien
❸ *fam* (*gut*) **na ~!** c'est bon; **[also] ~!** très bien!
❹ (*nett, anständig*) **das ist ~/nicht ~ von dir** c'est/ce n'est pas bien de ta part
❺ *iron fam* (*unangenehm, schlimm*) *Durcheinander, Geschichte* beau(belle); *Aussichten, Überraschung* charmant(e); **mit ~er Regelmäßigkeit** avec la plus belle régularité; **von dir hört man ja ~e Sachen!** on en apprend de belles à ton sujet! (*fam*); **da hast du [ja] etwas Schönes angestellt!** tu as fait là du beau travail! (*fam*); **das Schönste kommt noch!** le plus beau vient encore! (*fam*)
▸ **~ und gut, aber ...** d'accord, mais...; **das ist ja alles ~ und gut, aber ...** tout cela est bel et bien, mais...; **das ist zu ~, um wahr zu sein** *fam* c'est trop beau pour être vrai; **das wäre ja noch ~er!** *fam* il ne manquerait plus que ça! (*fam*); **das wird ja immer ~er!** *iron fam* [c'est vraiment] de mieux en mieux! (*fam*)
II. *Adv* ❶ (*angenehm*) bien; **ihr habt es [hier] ~!** vous êtes bien installé(e)s [ici]!
❷ *fam* (*sehr, besonders*) bien; **mit ~ viel Sahne** avec une bonne quantité de crème
❸ (*gründlich*) *durchlesen, kontrollieren* bien
❹ *iron fam* (*ziemlich*) *erschrecken, wehtun, sich blamieren* drôlement (*fam*)
Schonbezug *m* housse *f* de protection
Schöndruck *m* TYP impression *f* [du] recto
Schöne [ˈʃøːnə] <-n, -n> *f dekl wie Adj* belle *f*
schonen [ˈʃoːnən] *tr V* ❶ (*rücksichtsvoll behandeln*) ménager *Person, Gegenstand;* **sein Herz/sich ~** ménager son cœur/se ménager
❷ (*verschonen*) épargner *Zivilbevölkerung*
schönen [ˈʃøːnən] *tr V* enjoliver *Bericht;* arranger *Statistik, Zahlen*
schonend **I.** *Adj* *Behandlung, Umgang* soigneux(-euse); *Politur, Waschmittel* doux(douce); *Art, Weise* plein(e) d'égards; **mit ~en Worten** avec des mots pleins d'égards
II. *Adv* (*pfleglich*) avec précaution; (*rücksichtsvoll*) avec ménagements
Schoner <-s, -> *m* NAUT goélette *f*
schön\|färben *tr V* arranger *Fakten;* enjoliver *Wahrheit* **Schönfärberei** <-, -en> *f* enjolivure *f*
Schonfrist *f* délai *m* de grâce **Schongang** *m* ❶ AUT vitesse *f* surmultipliée ❷ (*Schonwaschgang*) lavage *m* pour textiles délicats
Schöngeist *m* bel esprit *m*
schöngeistig *Adj* esthétique
Schönheit <-, -en> *f* (*Eigenschaft, schöner Mensch*) beauté *f;* **von besonderer ~ sein** être particulièrement beau(belle); **eine ~ sein** être une beauté; **die ~en einer Stadt/Landschaft** les beaux coins d'une ville/d'un paysage
Schönheitschirurg(in) *m(f)* chirurgien(ne) *m(f)* esthétique **Schönheitschirurgie** *f* chirurgie *f* esthétique **Schönheitsfarm** *f* centre *m* de remise en beauté **Schönheitsfehler** *m* *eines Menschen* imperfection *f* [esthétique]; *eines Produkts, einer Vereinbarung* petit défaut *m* **Schönheitsideal** *nt* idéal *m* de beauté **Schönheitskönigin** *f* reine *f* de beauté **Schönheitsoperation** *f* opération *f* de chirurgie esthétique **Schönheitspflege** *f* soins *mpl* de beauté **Schönheitsreparatur** *f* (*Wohnungsausbesserung*) petite réparation *f* [d'entretien] **Schönheitswettbewerb** *m* concours *m* de beauté
Schonkost *f* (*Nahrung*) nourriture *f* diététique; (*Ernährungsweise*) régime *m* diététique
Schönling <-s, -e> *m pej* minet *m* (*péj*)
schön\|machen *r V fam* se pomponner (*fam*); **sich für jdn/etw ~** se pomponner pour qn/qc, se faire une beauté pour qn/qc (*fam*) **Schönschrift** *f* calligraphie *f;* **in ~** en calligraphie; *fam* (*in Reinschrift*) au propre; **in ~ geschrieben** calligraphié(e) **schön\|tun** *itr V unreg* flatter; **jdm ~** flatter qn
Schonung <-, -en> *f* ❶ *kein Pl* (*pflegliche Behandlung*) *der Kleidung, Möbel* soin *m*
❷ *kein Pl* (*Entlastung, Schutz*) ménagement *m;* **zur ~ der Betroffenen/ihrer Gefühle** par égards *mpl* pour les personnes concernées/ses sentiments; **zur ~ meiner Nerven**

pour ménager mes nerfs
❸ *kein Pl* (*Verschonung*) ~ **eines Feindes** clémence *f* envers un ennemi; **um** ~ **bitten** demander grâce
❹ (*Pflanzung*) plantation *f* protégée
schonungsbedürftig *Adj* ~ **sein** (*geschont werden müssen*) devoir être traité(e) avec ménagement; (*sich schonen müssen*) devoir se ménager
schonungslos I. *Adj Offenheit* impitoyable
II. *Adv offen legen* d'une manière impitoyable
Schonungslosigkeit <-> *f* impitoyabilité *f*; **mit großer** ~ d'une manière radicalement impitoyable
Schönwetterlage *f* situation *f* anticyclonique **Schönwetterperiode** *f* période *f* de beau temps
Schonzeit *f* période *f* de fermeture de la chasse; **Hasen haben im Augenblick** ~ la chasse au lièvre est fermée en ce moment
Schopf [ʃɔpf, *Pl:* 'ʃœpfə] <-[e]s, ⸚e> *m* ❶ toupet *m*
❷ ORN aigrette *f*
schöpfen ['ʃœpfən] *tr V* ❶ **Suppe aus dem Topf** ~ prendre de la soupe dans la soupière; [**jdm**] **Suppe auf den Teller** ~ servir la soupe [à qn]; **Wasser aus dem Boot** ~ écoper le bateau
❷ (*gewinnen*) reprendre *Kraft, Mut;* **neue Hoffnung** ~ reprendre espoir; **Kraft aus seinem Glauben** ~ puiser des forces dans sa foi
Schöpfer(in) ['ʃœpfɐ] <-s, -> *m(f)* ❶ *eines Kunstwerks* créateur(-trice) *m(f)*; *eines Musikstücks* compositeur(-trice) *m(f)*
❷ (*Gott*) **der** ~ le Créateur; **seinem** ~ **danken** remercier le Seigneur
schöpferisch I. *Adj Person, Talent* créateur(-trice); *Arbeit* créatif(-ive)
II. *Adv* ~ **tätig/veranlagt sein** travailler dans le domaine créatif/être créatif(-ive)
Schöpfkelle *f* louche *f* **Schöpflöffel** *m* cuillère *f* à pot
Schöpfung <-, -en> *f* ❶ *geh* (*das Geschaffene*) création *f*; **seine neueste** ~ sa toute nouvelle création
❷ *kein Pl* REL (*Welt*) Création *f*
Schöpfungsgeschichte *f kein Pl* Genèse *f*
Schoppen ['ʃɔpən] <-s, -> *m* ❶ (*Viertelliter*) **ein** ~ [**Wein**] un quart [de vin]
❷ SDEUTSCH, CH (*Babyfläschchen*) biberon *m*
schor [ʃoːɐ] *Imp von* **scheren**[1]
Schorf [ʃɔrf] <-[e]s, -e> *m* croûte *f*
Schorle <-, -n> *f* SDEUTSCH (*Weinschorle*) *mélange de vin et d'eau minérale gazeuse;* (*Saftschorle*) *mélange de jus de fruit et d'eau minérale gazeuse*

i Land & Leute

Dans le sud de l'Allemagne on boit souvent des boissons mélangées à de l'eau minérale gazeuse, afin d'atténuer leur goût sucré ou leur degré d'alcool. On appelle ces boissons des **Schorlen**. On boit **Apfelsaftschorle**, **Orangensaftschorle**, mais aussi le **Weinschorle**, qui se fait parfois avec les meilleurs vins.

Schornstein ['ʃɔrnʃtaɪn] *m* cheminée *f*
▸ **etw in den** ~ **schreiben** *fam* faire une croix sur qc (*fam*)
Schornsteinfeger(in) <-s, -> *m(f)* ramoneur(-euse) *m(f)*
schoss[RR], **schoß** *Imp von* **schießen**
Schoß [ʃoːs, *Pl:* 'ʃøːsə] <-es, ⸚e> *m* ❶ (*Knie*) genoux *mpl;* **auf dem/den** ~ sur les genoux
❷ *geh* (*Mutterleib*) sein *m* (*soutenu*)
❸ (*Rockschoß*) basque *f*
▸ **im** ~ **der Erde** dans les entrailles *fpl* de la terre (*littér*); **im** ~ **der Familie** au sein de la famille; **jdm in den** ~ **fallen** tomber du ciel à qn
Schoßhund ['ʃoːs-] *m* bichon *m*
Schössling[RR], **Schößling** <-s, -e> *m* rejet *m*, rejeton *m*

Schote ['ʃoːtə] <-, -n> *f* cosse *f*
Schott [ʃɔt] <-[e]s, -e> *nt* NAUT cloison *f* étanche
Schotte ['ʃɔtə] <-n, -n> *m*, **Schottin** *f* Écossais(e) *m(f)*
Schottenmuster *nt* écossais *m* **Schottenrock** *m* jupe *f* écossaise; (*Kilt*) kilt *m*
Schotter ['ʃɔtɐ] <-s, -> *m* gravier *m*
Schotterdecke *f* empierrement *m*
schottern ['ʃɔtɐn] *tr V* empierrer; ballaster *Bahngleis*
Schotterstraße *f* route *f* empierrée
schottisch *Adj* écossais(e)
Schottland *nt* l'Écosse *f*
schraffieren* *tr V* hachurer
Schraffierung <-, -en> *f*, **Schraffur** [ʃra'fuːɐ] <-, -en> *f* hachures *fpl*
schräg [ʃrɛːk] I. *Adj* ❶ *Wand, Dach, Kante, Hang* incliné(e); *Linie* oblique; *Stellung* penché(e)
❷ *fam* (*ungewöhnlich*) *Bild, Film, Typ* farfelu(e) (*fam*); *Musik* excentrique
II. *Adv halten, hängen* de travers; *schraffieren, verlaufen, anordnen* en biais; *abbiegen, einmünden* à angle aigu
▸ **jdn** ~ **ansehen** *fam* regarder qn de travers (*fam*)
Schräge ['ʃrɛːgə] <-, -n> *f* ❶ (*schräge Fläche*) plan *m* incliné
❷ (*Neigung*) *einer Wand* inclinaison *f*; *eines Dachs, Hangs* pente *f*
Schrägschrift *f kein Pl* TYP italique *m* **Schrägstreifen** *m* biais *m* **Schrägstrich** *m* barre *f* oblique
schrak [ʃraːk] *Imp von* **schrecken**[2]
Schramme ['ʃramə] <-, -n> *f* (*Verletzung, Beschädigung*) éraflure *f*
schrammen ['ʃramən] I. *itr V + sein* faire des rayures; **über etw** (*Akk*) ~ faire des rayures sur qc
II. *r V + haben* **sich** (*Dat*) **die Stirn/das Knie** ~ s'érafler le front/le genou
Schrank [ʃraŋk, *Pl:* 'ʃrɛŋkə] <-[e]s, ⸚e> *m* placard *m*; (*Kleiderschrank*) armoire *f*
Schrankbett *nt* lit *m* escamotable
Schränkchen <-s, -> *nt Dim von* **Schrank** petit placard *m*; (*Kleiderschränkchen*) petite armoire *f*
Schranke ['ʃraŋkə] <-, -n> *f* barrière *f*; **keine** ~**n kennen** n'avoir aucune retenue
▸ **jdn in die** [*o* **seine**] ~**n weisen** remettre qn à sa place
Schranken ['ʃraŋkən] <-s, -> *m* A barrière *f*
schrankenlos *Adj Vertrauen, Freiheit, Terror* sans bornes
Schrankenwärter(in) *m(f)* garde-barrière *mf*
Schrankfach *nt* étagère *f* **Schrankkoffer** *m* malle-cabine *f* **Schrankwand** *f* bibliothèque *f* (*composée d'éléments modulables*)
Schrat [ʃraːt] <-[e]s, -e> *m* gnome *m*
Schraubdeckel *m eines Glases* couvercle *m* à vis; *einer Flasche* bouchon *m* à vis
Schraube ['ʃraʊbə] <-, -n> *f* ❶ TECH vis *f*
❷ NAUT hélice *f*
❸ SPORT vrille *f*
▸ **eine** ~ **ohne Ende** une spirale sans fin; **bei ihm ist eine** ~ **locker** *fam* il ne tourne pas rond (*fam*)
schrauben ['ʃraʊbən] I. *tr V* ❶ (*anbringen*) visser; **etw an/auf etw** (*Akk*) ~ visser qc à/sur qc
❷ (*abnehmen*) **den Deckel vom Einmachglas** ~ dévisser le couvercle du bocal
❸ (*einstellen*) **etw höher/niedriger** ~ monter/baisser qc
❹ *fig* **höher** ~ augmenter *Anforderungen, Löhne, Steuern;* **seine Ansprüche nach oben/unten** ~ placer la barre plus haut/bas
II. *r V* **sich nach oben/in die Luft** ~ s'élever en vrille vers le haut/dans l'air
Schraubendreher *s.* **Schraubenzieher**
schraubenförmig I. *Adj a.* TECH hélicoïdal(e)
II. *Adv a.* TECH de forme hélicoïdale
Schraubengang *m* TECH pas *m* de vis **Schraubengewinde**

nt pas *m* de vis **Schraubenkopf** *m* tête *f* [de vis] **Schraubenschlüssel** *m* clé *f*

Schraubenzieher <-s, -> *m* tournevis *m*

Schraubglas *nt* bocal *m* à couvercle vissé **Schraubstock** *m* étau *m* **Schraubverschluss**RR *m* fermeture *f* à vis **Schraubzwinge** *f* pince-étau *f*

Schrebergarten ['ʃreːbɐ-] *m* jardin *m* ouvrier

Schreck [ʃrɛk] <-s> *m* peur *f*; **jdm einen ~ einjagen** faire peur à qn; **einen ~ bekommen** [*o* **kriegen** *fam*] avoir peur [*o* la frousse *fam*]; **vor ~** de peur; **der ~ fuhr ihm/ihr in die Knochen** la peur lui coupa bras et jambes; **ihm sitzt der ~ noch in den Gliedern** il en a encore froid dans le dos tellement il a eu peur; **auf den ~ [hin]** pour se/me/... remettre de sa/ma/... peur; **das war vielleicht ein ~!** on a eu/j'ai eu une de ces peurs!

▶ [o] **~ lass nach!** *hum fam* dis-moi/dites-moi que c'est pas vrai! (*fam*)

schrecken1 ['ʃrɛkən] <schreckte, geschreckt> *tr V + haben geh* effrayer *Person*

schrecken2 <schrak, geschrocken> *itr V + sein geh* **aus dem Schlaf/seinen Gedanken ~** être tiré(e) brutalement de son sommeil/ses pensées

Schrecken <-s, -> *m* ❶ peur *f*; **zu meinem [großen] ~** à mon grand effroi; **mit dem ~ davonkommen** en être quitte pour la peur; **einer S.** (*Dat*) **den ~ nehmen** dédramatiser qc; **~ erregend** effrayant(e); **mit ~** avec effroi

❷ *geh* (*Schrecknis*) horreur *f*; **die ~ des Krieges** les horreurs de la guerre

❸ (*Mensch, der Angst verbreitet*) **der ~ der Schule** la terreur de l'école

schreckenerregend *s.* Schrecken 1.

schreckensbleich *Adj* blême de peur **Schreckensbotschaft** *f* terrible nouvelle *f* **Schreckensherrschaft** *f* régime *m* de terreur **Schreckensnachricht** *f* terrible nouvelle *f* **Schreckensvision** *f* vision *f* d'horreur

Schreckgespenst *nt* spectre *m*

schreckhaft *Adj* peureux(-euse)

Schreckhaftigkeit <-> *f* nature *f* craintive

schrecklich I. *Adj* ❶ terrible; **einen ~en Anblick bieten** offrir une vue épouvantable; **etwas Schreckliches** une chose terrible

❷ *pej fam* (*schlimm*) *Mensch* affreux(-euse) (*fam*); **du ~er Mensch!** affreux bonhomme! (*fam*)

II. *Adv* ❶ (*furchtbar*) horriblement

❷ *fam* (*sehr*) *heiß, kalt, einsam* affreusement (*fam*); *gern haben, nett* terriblement (*fam*); **~ gern!** [oh oui,] vachement! (*fam*)

Schreckschraube *f pej fam* (*hässliche Frau*) boudin *m* (*fam*); (*bösartige Frau*) vieille peau *f* (*fam*) **Schreckschuss**RR *m* coup *m* à blanc; **einen ~ auf jdn abgeben** tirer à blanc sur qn **Schreckschusspistole**RR *f* pistolet *m* d'alarme **Schrecksekunde** *f* temps *m* de réaction

Schrei [ʃraɪ] <-[e]s, -e> *m* ❶ cri *m*; *eines Hahns* chant *m*; **einen ~ ausstoßen** pousser un cri; **ein spitzer ~** un cri aigu; **mit einem ~** en poussant un cri

❷ *geh* (*Welle*) **ein ~ der Empörung/des Entsetzens** un cri d'indignation/d'effroi

▶ **der letzte ~** *fam* le dernier cri (*fam*); **sich nach dem letzten ~ kleiden** s'habiller au dernier cri

Schreibblock <-blöcke> *m* bloc-notes *m*

Schreibe ['ʃraɪbə] <-> *f fam* style *m*

schreiben ['ʃraɪbən] <schrieb, geschrieben> I. *tr V* ❶ écrire *Brief, Text, Wort;* faire *Hausarbeit, Klassenarbeit;* passer *Test;* **etw falsch/getrennt ~** écrire qc en faisant une faute/séparément; **wie schreibt man das?** comment ça s'écrit?; **jdm eine Rechnung über tausend Euro ~** établir une facture d'un montant de mille euros à qn

❷ (*füllen*) **voll ~** noircir *Seite, Blatt;* **ein Heft voll ~** remplir un cahier jusqu'à la dernière page; **eine Wandtafel voll ~** couvrir un tableau noir de craie

❸ *geh* (*verzeichnen*) **schwarze/rote Zahlen ~** *Firma:* dégager des bénéfices/être dans le rouge; **was für ein Datum ~ wir heute?** le combien sommes-nous aujourd'hui?; **man schreibt das Jahr 1822** l'histoire se passe en 1822

II. *itr V* **mit Kugelschreiber/Tinte ~** écrire avec un stylobille/à l'encre; **richtig/falsch ~** avoir une bonne/mauvaise orthographe; **schön ~** avoir une belle écriture; **mit links ~** écrire de la main gauche; **jdm zum Geburtstag ~** écrire à qn pour son anniversaire; **an einem Buch ~** travailler sur un livre; **für die Zeitung ~** écrire pour le journal; **könnten Sie mir bitte etwas zum Schreiben geben?** pourriez-vous me donner de quoi écrire, s'il vous plaît?

III. *r V* (*korrespondieren*) **sich** (*Dat*) **~** s'écrire

Schreiben <-s, -> *nt* lettre *f*, courrier *m* (*form*); **in Beantwortung Ihres ~s vom 4. Januar 2000** en réponse à votre courrier du 4 janvier 2000

Schreiber(in) <-s, -> *m(f)* auteur *mf*

Schreiberling <-s, -e> *m pej* écrivaillon *m* (*péj*)

schreibfaul *Adj* trop paresseux(-euse) pour écrire **Schreibfeder** *f* plume *f* **Schreibfehler** *m* faute *f* d'orthographe; (*Tippfehler*) faute de frappe **Schreibgerät** *nt* crayon *m* **schreibgeschützt** *Adj* INFORM *Datei* protégé(e) contre les modifications **Schreibheft** *nt* cahier *m* **Schreibkraft** *f* dactylo *mf* **Schreibkrampf** *m* crampe *f* dans les doigts **Schreibmappe** *f* nécessaire *m* de correspondance **Schreibmaschine** *f* machine *f* à écrire; **etw auf [*o* mit] der ~ schreiben** taper qc à la machine **Schreibmaschinenpapier** *nt* papier *m* [pour] machine [à écrire] **Schreibpapier** *nt* papier *m* [à lettre] **Schreibpult** *nt* pupitre *m* **Schreibschrift** *f a.* TYP écriture *f* cursive **Schreibschutz** *m* INFORM protection *f* d'écriture **schreibschützen** <*PP* schreibgeschützt> *tr V* INFORM protéger; **etw ~** protéger qc **Schreibtisch** *m* bureau *m*

Schreibtischlampe *f* lampe *f* de bureau **Schreibtischsessel** *m* fauteuil *m* de bureau **Schreibtischtäter(in)** *m(f) pej* actif(-ive) *m(f)* du bureau

Schreibübung *f* exercice *m* d'écriture

Schreibung <-, -en> *f* orthographe *f*

Schreibunterlage *f* sous-main *m* **Schreibverbot** *nt* interdiction *f* de publier **Schreibwaren** *Pl* [articles *mpl* de] papeterie *f*

Schreibwarengeschäft *nt s.* Schreibwarenhandlung **Schreibwarenhändler(in)** *m(f)* papetier(-ière) *m(f)* **Schreibwarenhandlung** *f* papeterie *f*

Schreibweise *f* ❶ (*Schreibung*) orthographe *f* ❷ (*Stil*) écriture *f* **Schreibzeug** *nt* crayons *mpl;* **hast du ~ dabei?** tu as de quoi écrire?

schreien ['ʃraɪən] <schrie, geschrie[e]n> I. *itr V* ❶ *Mensch:* crier; *Baby:* pleurer; *Esel:* brailler; *Käuzchen:* hululer; **laut ~** *Mensch:* hurler; **vor Schmerzen ~** crier de douleur

❷ (*verlangen*) **nach einem Arzt/der Mutter ~** réclamer un médecin/la mère à grands cris

❸ *fig geh* **nach Vergeltung/dem Staat ~** réclamer vengeance/un état fort à cor et à cri

▶ **zum Schreien sein** *fam* être à hurler de rire (*fam*)

II. *tr V* crier

III. *r V* **sich heiser/müde ~** s'enrouer/s'exténuer à force de crier; **sich in Rage ~** se mettre en rage à force de crier

schreiend *Adj* ❶ (*grell*) *Farbe, Muster* criard(e)

❷ (*unerträglich*) *Ungerechtigkeit, Unrecht* criant(e)

Schreier(in) ['ʃraɪɐ] <-s, -> *m(f) fam* braillard(e) *m(f)* (*fam*)

Schreierei <-, -en> *f fam* braillements *mpl* (*fam*)

Schreihals *m fam* braillard(e) *m(f)* (*fam*) **Schreikrampf** *m* cris *mpl* hystériques; **einen ~ bekommen** se mettre à pousser des cris hystériques

Schrein [ʃraɪn] <-[e]s, -e> *m geh* (*Reliquienschrein*) reliquaire *m*

Schreiner(in) ['ʃraɪnɐ] SDEUTSCH *s.* Tischler

Schreinerei <-, -en> *f s.* Tischlerei
schreinern ['ʃraɪnɐn] SDEUTSCH *s.* **tischlern**
schreiten ['ʃraɪtən] <schritt, geschritten> *itr V + sein geh* ❶ s'avancer (*soutenu*); **über die Bühne** ~ s'avancer sur la scène (*soutenu*); **durch das Portal** ~ franchir le porche (*soutenu*); **das Schreiten** la [dé]marche
❷ *fig* **zur Tat** ~ passer à l'acte; **zur Wahl** ~ procéder à l'élection
schrickt [ʃrɪkt] *3. Pers Präs von* **schrecken²**
schrie [ʃriː] *Imp von* **schreien**
schrieb [ʃriːp] *Imp von* **schreiben**
Schrieb <-s, -e> *m pej fam* bafouille *f* (*fam*)
Schrift [ʃrɪft] <-, -en> *f* ❶ (*Handschrift, Schriftsystem*) écriture *f;* **die lateinische** ~ l'écriture romaine
❷ TYP caractères *mpl;* **kursive** ~ écriture *f* en italique
❸ (*Abhandlung*) écrit *m*
❹ REL **die Heilige** ~ les Saintes Écritures *fpl*
Schriftart *f* police *f* de caractères **Schriftbild** *nt* graphisme *m;* TYP typographie *f* **Schriftdeutsch** *nt* allemand *m* écrit **Schriftform** *f* JUR forme *f* écrite; **etw bedarf der** ~ (*Gen*) qc doit se faire par écrit **Schriftführer(in)** *m(f)* secrétaire *mf* **Schriftgelehrte(r)** *m dekl wie Adj* BIBL maître *m* de la loi **Schriftgrad** *m* TYP corps *m* **Schriftgröße** *m* INFORM taille *f* des caractères
schriftlich I. *Adj* écrit(e); ~**e Prüfung**/~**er Vertrag** examen/contrat écrit; **auf** ~**em Weg** par écrit; **etwas Schriftliches** quelque chose d'écrit
II. *Adv* par écrit; **jdm etw** ~ **geben** confirmer qc à qn par écrit
▸ **das kann ich dir/Ihnen** ~ **geben** *fam* [ça,] je peux te/vous le garantir (*fam*)
Schriftsachverständige(r) *f(m) dekl wie Adj* graphologue *mf* **Schriftsatz** *m* JUR pièce *f* écrite **Schriftsetzer(in)** *m(f)* typographe *mf* **Schriftsprache** *f* langue *f* écrite
Schriftsteller(in) <-s, -> *m(f)* écrivain *m;* **sie ist** ~**in** elle est écrivain; **als** ~**in kämpft sie für ...** en tant que femme écrivain, elle lutte pour...
Schriftstellerei <-> *f* écriture *f;* **von der** ~ **leben** vivre de sa plume
schriftstellerisch I. *Adj* ~**es Werk/Talent** œuvre *f*/talent *m* d'écrivain
II. *Adv* ~ **tätig sein** travailler comme écrivain; ~ **begabt sein** avoir des dons d'écrivain
schriftstellern *itr V fam* écrire; **das Schriftstellern** le métier d'écrivain
Schriftstück *nt* document *m* **Schriftverkehr** *m,* **Schriftwechsel** [-ks-] *m* correspondance *f;* **mit jdm in** ~ **treten** entamer une correspondance avec qn **Schriftzeichen** *nt* caractère *m* **Schriftzug** *m* ❶ (*geschriebenes Wort*) mot *m* écrit
❷ *meist Pl* (*Handschrift*) écriture *f pas de pl*
schrill [ʃrɪl] I. *Adj* ❶ *Stimme, Ton, Schrei* strident(e)
❷ (*auffällig*) *Typ, Aufmachung, Effekt* tapageur(-euse)
II. *Adv* ~ **klingen** avoir un son strident; ~ **lachen** rire de manière stridente
schrillen ['ʃrɪlən] *itr V* retentir [de façon stridente]
schritt [ʃrɪt] *Imp von* **schreiten**
Schritt <-[e]s, -e> *m* ❶ pas *m;* **kleine/große** ~**e machen** faire de petits/grands pas; **mit schnellen/leisen** ~**en** à pas rapides/de loup; **die ersten** ~**e machen** *Kind:* faire ses premiers pas; **einen** ~ **nach vorn/nach hinten treten** faire un pas en avant/en arrière; **ein paar** ~**e gehen** faire quelques pas; **ein paar** ~**[e] entfernt** à quelques pas de là
❷ *kein Pl* (*Gangart, Tempo*) pas *m;* ~ **fahren** rouler au pas; **einen forschen** ~ **haben** aller d'un pas décidé; **seinen** ~ **beschleunigen** presser le pas; **mit jdm** ~ **halten** suivre l'allure de qn; **der hat vielleicht einen** ~ **am Leibe!** *fam* il a le feu aux fesses! (*fam*)
❸ (*Maßnahme*) mesure *f;* ~**e einleiten** prendre des dispositions; ~**e gegen jdn/etw unternehmen** prendre des mesures contre qn/qc
❹ COUT entrejambe *m*
▸ **auf** ~ **und Tritt** dans ses/mes/... moindres faits et gestes; **jdn auf** ~ **und Tritt beobachten** être constamment sur les talons de qn; **ein entscheidender** ~ **vorwärts** un réel progrès; **den ersten** ~ **tun** faire le premier pas; **den zweiten** ~ **vor dem ersten tun** mettre la charrue avant les bœufs; **mit jdm/etw** ~ **halten** être au niveau de qn/qc; ~ **für** ~ pas à pas
Schrittempo *s.* Schritttempo
Schrittgeschwindigkeit *f* vitesse *f* réduite; ~ **fahren** rouler au pas
Schrittmacher *m* ❶ MED stimulateur *m* cardiaque
❷ SPORT entraîneur *m*
❸ (*Wegbereiter*) précurseur *m*
Schritttempo[RR] *nt* vitesse *f* réduite
schrittweise I. *Adj* progressif(-ive)
II. *Adv* progressivement
schroff [ʃrɔf] I. *Adj* ❶ (*steil, abrupt*) abrupt(e)
❷ (*barsch*) sec(sèche); *Haltung, Verhalten* cassant(e)
II. *Adv* ❶ *abfallen* à pic
❷ (*barsch*) sèchement
Schroffheit <-, -en> *f* ❶ *kein Pl* (*schroffe Art*) sécheresse *f*
❷ (*Äußerung*) parole *f* acerbe
schröpfen ['ʃrœpfən] *tr V* ❶ *fam* plumer (*fam*)
❷ MED poser des ventouses à
Schröpfkopf *m* MED ventouse *f*
Schrot [ʃroːt] <-[e]s, -e> *m o nt* ❶ *kein Pl* (*gemahlenes Getreide*) farine *f* grossière
❷ JAGD plomb *m* [de chasse]
▸ **von altem** [*o* **echtem**] ~ **und Korn** de vieille souche
Schrotbrot *nt pain fait de farine grossière*
schroten ['ʃroːtən] *tr V* moudre grossièrement
Schrotflinte *f* carabine *f* à plombs **Schrotkugel** *f* plomb *m* de chasse **Schrotladung** *f* charge *f* de grenaille **Schrotmühle** *f* moulin *m* à céréales (*permettant de moudre grossièrement*) **Schrotsäge** *f* scie *f* à lame libre
Schrott [ʃrɔt] <-[e]s> *m* ❶ ferraille *f;* **ein Auto zu** ~ **fahren** *fam* envoyer une voiture à la casse (*fam*); **bloß noch** ~ **sein** *fam* être tout juste bon(ne) à mettre à la ferraille
❷ *fam* (*nutzloses Zeug*) merde *f* (*fam*); (*wertloses Zeug*) camelote *f* (*fam*); **das ist der letzte** ~**!** c'est vraiment de la merde! (*fam*)
❸ *fam* (*Unsinn*) ~ **erzählen** raconter n'importe quoi (*fam*)
Schrottauto *nt fam* [vieux] clou *m* (*fam*) **Schrotthändler(in)** *m(f)* ferrailleur(-euse) *m(f)* **Schrotthaufen** *m* tas *m* de ferraille **Schrottplatz** *m* ferraille *m;* (*Autoschrottplatz*) casse *f* **schrottreif** *Adj* bon(ne) pour la casse **Schrottwert** *m* valeur *f* de récupération; **etw zum** ~ **verkaufen** vendre qc au prix de la ferraille
schrubben ['ʃrʊbən] *fam* I. *tr V* ❶ frotter *Boden, Kacheln;* **sich** (*Dat*) **die Hände** ~ se frotter les mains; **sich** (*Dat*) **die Zähne** ~ se brosser les dents; **soll ich dir den Rücken** ~**?** tu veux que je te frotte le dos?
❷ (*entfernen*) **den Schmutz von den Kacheln** ~ frotter pour enlever la crasse des carreaux
II. *r V* **sich** ~ se frotter
III. *itr V* passer la brosse
Schrubber <-s, -> *m* balai-brosse *m*
Schrulle ['ʃrʊlə] <-, -n> *f* ❶ (*Marotte*) lubie *f*
❷ *pej fam* (*schrullige Frau*) **[alte]** ~ vieille sorcière *f* (*péj*)
schrullig *Adj fam* lunatique
schrumpelig *s.* **schrumplig**
schrumpfen ['ʃrʊmpfən] *itr V + sein* ❶ *Muskeln:* fondre; *Frucht:* se ratatiner; *Umfang:* se réduire; *Ballon, Hülle:* se dégonfler
❷ (*zurückgehen*) *Vorräte, Umsatz, Mitgliederzahl:* se réduire; **um die Hälfte/auf ein Drittel** ~ se réduire de moitié/pour atteindre un tiers
Schrumpfkopf *m* tête *f* réduite **Schrumpfleber** *f* MED foie *m*

sclérosé [*o* atrophié]

Schrumpfung <-, -en> *f* ① réduction *f*
② MED atrophie *f*

schrumplig *Adj fam Schale, Haut* ratatiné(e)

Schrunde ['ʃrʊndə] <-, -n> *f* MED, GEOG crevasse *f*

schrundig ['ʃrʊndɪç] *Adj* crevassé(e)

Schub [ʃu:p, *Pl:* 'ʃy:bə] <-[e]s, ¨-e> *m* ① PHYS poussée *f*
② MED crise *f;* **in Schüben verlaufen** évoluer par crises répétées
③ (*Antrieb*) élan *m;* **einen neuen ~ bekommen** recevoir un nouvel élan
④ (*Gruppe*) fournée *f;* **ein weiterer ~ Touristen** une nouvelle fournée de touristes

Schuber ['ʃu:bɐ] <-s, -> *m* étui *m*

Schubfach *nt* tiroir *m* **Schubkarre** *f,* **Schubkarren** *m* brouette *f* **Schubkasten** *m s.* Schubfach **Schubkraft** *f* poussée *f* **Schublade** <-, -n> *f* ① tiroir *m;* **eine ~ aufziehen** [*o* **öffnen**]/**schließen** [*o* **zuschieben**] ouvrir [*o* tirer]/fermer [*o* pousser] un tiroir ② (*Kategorie*) **in ~n denken** avoir une pensée cloisonnée; **in eine** [**bestimmte**] **~ gesteckt werden** recevoir une [certaine] étiquette ▸ **für die ~ arbeiten** travailler pour le roi de Prusse [*o* pour des prunes] (*fam*); **in der ~ liegen** être dans les tiroirs **Schublehre** *f Fachspr.* pied *m* à coulisse

Schubs [ʃʊps] <-es, -e> *m fam* bourrade *f;* **jdm einen ~ geben** donner une bourrade à qn

schubsen ['ʃʊpsən] *tr V fam* bousculer; **jdn ins Wasser/von der Bank ~** pousser qn dans l'eau/du banc

schubweise ['ʃu:pvaɪzə] *Adv* ① MED **~ auftreten** *Fieber:* se manifester par poussées
② (*in Gruppen*) par fournées

schüchtern ['ʃʏçtɐn] **I.** *Adj* timide
II. *Adv* timidement

Schüchternheit <-> *f* timidité *f*

schuf [ʃu:f] *Imp von* **schaffen**[2]

Schufa <-> *f Abk von* **Schutzgemeinschaft für allgemeine Kreditsicherung** *société d'assurance et de surveillance du crédit à la consommation en Allemagne*

Schufa-Auskunft *f renseignement de la société d'assurance et de surveillance du crédit à la consommation*

Schuft [ʃʊft] <-[e]s, -e> *m pej* crapule *f* (*péj*)

schuften ['ʃʊftən] *itr V fam* trimer; **sich fast zu Tode ~** se crever au travail (*fam*)

Schufterei <-, -en> *f fam* boulot *m* de forçat (*fam*)

schuftig *Adj pej* crapuleux(-euse); **eine ~e Person** une crapule

Schuh [ʃu:] <-[e]s, -e> *m* chaussure *f*
▸ **umgekehrt wird ein ~ draus** c'est exactement l'inverse; **wissen, wo jdn der ~ drückt** *fam* savoir ce qui turlupine qn (*fam*); **jdm etw in die ~e schieben** *fam* mettre qc sur le dos de qn (*fam*)

Schuhanzieher *s.* Schuhlöffel **Schuhband** *nt* DIAL lacet *m* **Schuhbändel** ['ʃu:bɛndəl] SDEUTSCH, CH *s.* Schnürsenkel **Schuhbürste** *f* brosse *f* à chaussures **Schuhcreme** [-kre:m] *f* cirage *m* **Schuhfabrik** *f* fabrique *f* de chaussures **Schuhgeschäft** *nt* magasin *m* de chaussures **Schuhgröße** *f* pointure *f;* **welche ~ haben Sie?** quelle est votre pointure?; **ich habe ~ 40** je fais du 40 **Schuhlöffel** *m* chausse-pied *m*

Schuhmacher(in) *m(f)* cordonnier(-ière) *m(f)*

Schuhmacherei <-, -en> *f* ① (*Werkstatt*) cordonnerie *f;* **in einer ~ arbeiten** travailler chez un cordonnier
② *kein Pl* (*Handwerk*) cordonnerie *f;* **die ~ erlernen** apprendre le métier de cordonnier

Schuhplattler ['ʃu:platlɐ] <-s, -> *m* A, SDEUTSCH danse *f* paysanne (*typique du Tyrol et de la Bavière*)

Schuhputzer(in) <-s, -> *m(f)* cireur(-euse) *m(f)* de chaussures **Schuhputzmittel** *nt* nettoyant *m* pour chaussures **Schuhschrank** *m* armoire *f* à chaussures, range-chaussures *m* **Schuhsohle** *f* semelle *f* [de chaussure] **Schuhspanner** *m* embauchoir *m* **Schuhwerk** *nt kein Pl* chaussures *fpl*

Schukostecker® ['ʃu:ko-] *m* fiche *f* 2 pôles avec prise de terre

Schulabbrecher(in) *m(f)* étudiant(e) *m(f)* qui abandonne ses études **Schulabgänger(in)** <-s, -> *m(f)* jeune *mf* ayant terminé sa scolarité **Schulabschluss**[RR] *m* diplôme *m* de fin de scolarité **Schulalter** *nt* âge *m* scolaire; **im ~ sein** être en âge scolaire **Schulamt** *nt* ≈ inspection *f* académique **Schulanfang** *m* ① (*Eintritt in die Schule*) premier jour *m* d'école ② (*Schulbeginn nach den Ferien*) rentrée *f* scolaire [*o* des classes] **Schulanfänger(in)** *m(f)* élève *mf* de C.P. **Schularbeit** *f* ① *meist Pl* (*Hausaufgaben*) devoirs *mpl* [à la maison]; **die/seine ~en machen** faire les/ses devoirs ② A (*Klassenarbeit*) composition *f,* interrogation *f* [écrite], contrôle *m* **Schularzt** *m,* **-ärztin** *f* médecin *m* scolaire **Schulaufgaben** *s.* Schularbeit 1. **Schulausflug** *m* sortie *f* scolaire **Schulbank** <-bänke> *f* banc *m* d'école ▸ **die ~ drücken** *fam* user ses fonds de culotte sur les bancs de l'école (*fam*) **Schulbeginn** *s.* Schulanfang 2. **Schulbehörde** *f s.* Schulamt **Schulbeispiel** *nt* exemple *m* typique; **~ für etw** exemple *m* typique de qc **Schulbesuch** *m* scolarisation *f;* **zum ~ verpflichtet sein** être obligé(e) d'aller à l'école **Schulbildung** *f kein Pl* formation *f* scolaire; **über keinerlei ~ verfügen** ne posséder aucune formation scolaire **Schulbuch** *nt* livre *m* [scolaire], livre *m* de classe

Schulbuchverlag *m* maison *f* d'édition de livres scolaires

Schulbus *m* car *m* de ramassage [scolaire]

schuld [ʃʊlt] ▸ **an etw** (*Dat*) **~ sein** *Person:* être responsable de qc; *Sache:* être à l'origine de qc; **das Wetter ist ~** c'est la faute du temps; **keiner will ~ sein** personne ne veut s'avouer coupable

Schuld <-, -en> *f* ① *kein Pl* (*Verschulden*) culpabilité *f;* (*Fehler, Verstoß*) faute *f;* **~ auf sich** (*Akk*) **laden** *geh* se rendre coupable d'une faute (*soutenu*); **ihn trifft keine ~** il n'y est pour rien; **es ist seine ~, wenn etwas geschieht** c'est [de] sa faute si quelque chose se produit; **durch seine/ihre ~** par sa faute
② (*Verantwortung*) **an etw** (*Dat*) **~ haben** *Person:* être responsable de qc; **jdm/einer S. ~ an etw** (*Dat*) **geben** donner la faute de qc à qn/qc; **die ~ an etw** (*Dat*) **auf sich** (*Akk*) **nehmen** assumer la responsabilité de qc; **die ~ liegt bei ihr** la responsabilité lui en incombe
③ *a.* FIN, JUR (*Verpflichtung, Geldschuld*) dette *f* [d'argent]; **~en machen** s'endetter; **~en haben** avoir des dettes; **eine ~ begleichen** s'acquitter d'une dette; **noch eine ~ zu begleichen haben** devoir encore s'acquitter d'une dette; **frei von ~en** *Person* exempt(e) de dettes
▸ **mehr ~en haben als Haare auf dem Kopf** *fam* être criblé(e) de dettes; **ich stehe in Ihrer ~** *geh* je vous suis très obligé(e) (*form*)

Schuldbekenntnis *nt* aveu *m;* **ein ~ ablegen** avouer sa faute/ses fautes **schuldbewusst**[RR] **I.** *Adj Person, Miene, Schweigen* coupable; **~ sein** *Person:* se sentir coupable **II.** *Adv* **~ erröten/schweigen** rougir/se taire, l'air coupable **Schuldbewusstsein**[RR] *nt* conscience *f* de sa faute; **voller ~** pleinement conscient(e) de sa faute

schulden ['ʃʊldən] *tr V* devoir *Geld;* **jdm Geld ~** devoir de l'argent à qn; **jdm für etw Dank ~** avoir une dette de reconnaissance envers qn pour qc

Schuldendienst *m* service *m* de la dette **Schuldenerlass**[RR] *m* remise *f* de [*o* d'une] dette **schuldenfrei** *Adj Person, Unternehmen* sans dettes; *Besitz, Haus* franc(franche) d'hypothèques **Schuldenkrise** *f* crise *f* de paiement des dettes **Schuldentilgung** *f* amortissement *m* [*o* liquidation *f*] des dettes

Schuldfähigkeit *f* JUR responsabilité *f* pénale; **verminderte ~** responsabilité pénale amoindrie **Schuldfrage** *f* question *f* de la culpabilité; **die ~ klären** chercher à établir la culpabilité **Schuldgefühl** *nt* sentiment *m* de culpabilité

S

schuldhaft I. *Adj* coupable
II. *Adv sich verhalten* de façon coupable; *verursachen* par sa faute
Schuldienst ['ʃu:l-] *m kein Pl* enseignement *m;* **in den ~ gehen** entrer dans l'enseignement; **im ~ [tätig] sein** être dans l'enseignement
schuldig ['ʃʊldɪç] I. *Adj* ① responsable; **an etw** (*Dat*) **~ sein** être responsable de qc
② JUR coupable; **sich ~ bekennen** plaider coupable; **jdn ~ sprechen** déclarer qn coupable; **[eines Verbrechens] ~ sein** être coupable [d'un crime]; **sich eines Verbrechens ~ machen** se rendre coupable d'un crime
③ (*verpflichtet*) **jdm Geld/einen Dienst ~ sein** devoir de l'argent/un service à qn; **jdm Dank/Respekt ~ sein** devoir de la reconnaissance à qn/le respect à qn; **was bin ich Ihnen ~?** combien je vous dois?
④ (*geziemend*) **jdm den ~en Respekt erweisen** montrer à qn le respect qui lui est dû(due)
▸ **jdm nichts ~ bleiben** rendre la pareille à qn
II. *Adv* JUR **~ geschieden werden** être divorcé(e) à ses torts
Schuldige(r) *f(m) dekl wie Adj* coupable *mf*
Schuldigkeit <-> *f* devoir *m*
▸ **seine ~ getan haben** *Person, Gerät, Gesetz:* avoir fait son devoir
Schuldirektor(in) ['ʃu:l-] *m(f)* directeur(-trice) *m(f)* de l'école
schuldlos I. *Adj* non responsable; **an etw** (*Dat*) **~ sein** ne pas être responsable de qc
II. *Adv* ① (*unverschuldet*) sans y être pour rien
② JUR **~ geschieden werden** être divorcé(e) à son profit
Schuldlosigkeit <-> *f* innocence *f*
Schuldnachweis *m* preuve *f* de culpabilité
Schuldner(in) ['ʃʊldnɐ] <-s, -> *m(f)* débiteur(-trice) *m(f)*
Schuldschein *m* reconnaissance *f* de dette **Schuldspruch** *m* verdict *m* **Schuldunfähigkeit** *f* JUR irresponsabilité *f* pénale **Schuldverschreibung** *f* obligation *f* **Schuldzuweisung** *f* accusation *f*
Schule ['ʃu:lə] <-, -n> *f* ① (*Institution, Gebäude*) école *f;* **höhere ~** établissement *m* du second degré; **zur** [*o* **auf die**] [*o* **in die**] **~ gehen** aller à l'école/au collège/au lycée; **in die ~ kommen** rentrer à l'école; **von der ~ abgehen** quitter l'école
② *kein Pl* (*Unterricht*) **die ~ ist aus** l'école *f* est finie; **am Samstag ist ~** il y a classe le samedi
③ *kein Pl* (*Ausbildung, Erziehung*) **durch eine harte ~ gehen** être à rude école; **ein Kavalier der alten** [*o* **alter**] **~** un cavalier de la vieille école
④ (*Kunstrichtung, Kunststil*) école *f*
▸ **[die] hohe ~** (*Reitkunst*) la haute école; **die hohe ~ der Baukunst** *geh* le nec plus ultra de l'architecture; **~ machen** faire école; **aus der ~ plaudern** *fam* ne pas savoir tenir sa langue
schulen *tr V* former *Person;* **geschult werden** recevoir une formation; **das Gedächtnis ~** exercer sa mémoire; **[gut] geschultes Personal** du personnel [bien] formé
Schulentlassung *f* fin *f* de [la] scolarité
Schüler(in) ['ʃy:lɐ] <-s, -> *m(f)* ① élève *mf*
② (*Nachfolger*) *eines Malers* élève *mf; eines Philosophen* disciple *mf*
Schüleraustausch *m* échange *m* scolaire **Schülerausweis** *m* carte *f* d'identité scolaire (*donnant droit à des réductions*) **Schülerkarte** *f* carte *f* d'abonnement scolaire **Schülerlotse** *m,* **-lotsin** *f* élève *mf* chargé(e) de la circulation (*affecté à un passage clouté à proximité d'une école*) **Schülermitverwaltung** *f* cogestion *f* de l'école par les élèves
Schülerschaft <-, -en> *f form* population *f* scolaire (*form*)
Schülersprache *f* jargon *m* scolaire **Schülerzeitung** *f* journal *m* scolaire
Schulfach *nt* matière *f* **Schulferien** [-riən] *Pl* vacances *fpl* scolaires

> **i Land & Leute**
>
> En Allemagne et en Suisse, les **Schulferien** ne commencent pas au même moment dans tout le pays car ce sont les Länder et les cantons qui en fixent les dates. En Autriche, les vacances ont lieu presque en même temps. Les élèves allemands et autrichiens ont environ 12 semaines de vacances par an, à Noël, au printemps (à Pâques), à Pentecôte et en été. En Allemagne, il y a en plus les vacances d'automne. En Suisse, il y a 14 semaines de vacances, en automne, à Noël, pour le carnaval, à Pâques et en été. Les vacances d'été durent environ 6 semaines en Allemagne, en Suisse entre 5 et 9 semaines, et en Autriche environ 2 mois.

Schulfernsehen *nt* télévision *f* scolaire **schulfrei** *Adj Samstag* sans école; **in der ~en Zeit** pendant les vacances scolaires; **~ haben** n'avoir pas classe; **morgen ist ~** il n'y a pas classe demain **Schulfreund(in)** *m(f)* camarade *mf* d'école/de collège/lycée **Schulfunk** *m* radio *f* scolaire **Schulgebäude** *nt* bâtiment *m* scolaire **Schulgebrauch** *m* **für den ~** pour une utilisation scolaire; **etw ist für den ~ bestimmt** qc est à usage scolaire **Schulgelände** *nt* enceinte *f* de l'école **Schulgeld** *nt* frais *mpl* de scolarité **Schulheft** *nt* cahier *m* **Schulhof** *m* cour *f* [de l'école]
schulisch *Adj Angelegenheiten, Leistungen* scolaire
Schuljahr *nt* ① année *f* scolaire; **der Beginn des neuen ~es** le début de la nouvelle année scolaire ② (*Klassenstufe*) classe *f;* **im achten ~ sein** ≈ être en quatrième **Schuljunge** *m fam* écolier *m* ▸ **jdn wie einen [dummen] ~n behandeln** traiter qn comme un gamin **Schulkamerad(in)** *m(f)* camarade *mf* d'école/de collège/lycée **Schulkenntnisse** *Pl* connaissances *fpl* d'école/de collège/de lycée **Schulkind** *nt* écolier(-ière) *m(f)* **Schulkindergarten** *m* ≈ école *f* maternelle **Schulklasse** *f* classe *f* **Schullandheim** *nt* centre *m* d'accueil pour classes vertes; **ins ~ fahren** partir en classe verte

> **i Land & Leute**
>
> Le **Schullandheim** est une grande maison dans laquelle peuvent séjourner des classes scolaires pendant quelques jours pour s'y reposer ou pour y suivre des cours.

Schullehrer(in) *m(f)* (*Grundschullehrer*) instituteur(-trice) *m(f),* professeur *m* des écoles; (*an höheren Schulen*) professeur *m* **Schulleiter(in)** *m(f)* chef *mf* d'établissement **Schulmädchen** *nt fam* écolière *f* **Schulmappe** *f* serviette *f* **Schulmedizin** *f* médecine *f* officielle **Schulmeister** *m hum, pej fam* maître *m* d'école; **ein richtiger [alter] ~** un vrai [vieux] maître d'école **schulmeisterlich** I. *Adj pej* professoral(e) (*péj*), doctoral(e) (*péj*) II. *Adv pej* d'un ton professoral [*o* doctoral] (*péj*) **schulmeistern** *tr V pej* faire la leçon à; **immer muss er andere ~** il faut toujours qu'il fasse la leçon aux autres **Schulpflicht** *f kein Pl* obligation *f* scolaire **schulpflichtig** *Adj Kind* d'âge scolaire; **im ~en Alter sein** être en âge d'être scolarisé(e) **Schulranzen** *m* cartable *m* [à bretelles] **Schulrat** *m,* **-rätin** *f* ≈ inspecteur(-trice) *m(f)* [de l'enseignement] primaire **Schulreform** *f* réforme *f* de l'enseignement **Schulreife** *f* **die geforderte ~ besitzen** être assez mûr(e) pour aller à l'école **Schulschiff** *nt* navire-école *m* **Schulschluss**RR *m kein Pl* fin *f* des cours **Schulspeisung** *f kein Pl* SCHULE restauration *f* scolaire *pas de pl* **Schulsport** *m* sport *m* scolaire **Schulsprecher(in)** *m(f)* délégué(e) *m(f)* des élèves **Schulstress**RR *m* stress *m* scolaire **Schulstunde** *f* heure *f* de cours **Schulsystem** *nt* système *m* scolaire **Schultag** *m* jour *m* de classe **Schultasche** *s.* Schulmappe
Schulter ['ʃʊltɐ] <-, -n> *f a.* GASTR épaule *f;* **jdm auf die ~ klop-**

fen frapper sur l'épaule de qn; (*Anerkennung ausdrücken*) donner à qn une tape sur l'épaule; **die** [*o* **mit den**] **~n zucken** hausser les épaules; **hängende ~n haben** avoir les épaules tombantes

▸ **jdm die kalte ~ zeigen** *fam* battre froid qn; **etw auf die leichte ~ nehmen** prendre qc à la légère; **die ~n hängen lassen** (*keine straffe Haltung haben*) se tenir voûté(e); (*mutlos sein*) baisser les bras; **auf jds ~n** (*Dat*) **ruhen** reposer sur les épaules de qn; **~ an ~** *sitzen, stehen* épaule contre épaule; *kämpfen* main dans la main

Schulterblatt *nt* omoplate *f* **schulterfrei** *Adj Kleid* à épaules nues **Schultergelenk** *nt* articulation *f* de l'épaule **Schulterhöhe** *f* **in ~** à hauteur d'épaules; **bis** [**in**] **~** jusqu'aux épaules **Schulterklappe** *f* patte *f* d'épaule **schulterlang** *Adj* arrivant [*o* tombant] aux épaules

schultern *tr V* mettre sur l'épaule; **das Gepäck ~** mettre le bagage sur l'épaule; **mit geschultertem Gewehr marschieren** marcher l'arme à l'épaule

Schulterpolster *nt* épaulette *f* **Schulterriemen** *m* (*einer Tasche*) bandoulière *f*; (*eines Rucksackes*) bretelle *f* **Schulterschluss**[RR] *m* alliance *f*; **~ mit jdm** alliance *f* avec qn; **im ~ mit den Mitstreitern** bras dessus, bras dessous avec les compagnons **Schultersieg** *m* SPORT tombé *m* **Schulterstück** *nt* ❶ MIL épaulette *f* ❷ GASTR morceau *m* dans l'épaule

Schulträger *m form* organisme *m* subventionnant une école **Schultüte** *f* pochette-surprise *f* (*cadeau de rentrée des parents à leur enfant pour son premier jour d'école*) **Schultyp** *m* type *m* d'école

Schulung ['ʃu:lʊŋ] <-, -en> *f* ❶ (*Unterrichtung, Einweisung, Kurs*) formation; **eine ~ durchführen** donner une formation *f* ❷ (*Übung, Training*) entraînement *m*

Schulunterricht *m* cours *mpl* **Schulversagen** *nt* échec *m* scolaire **Schulweg** *m* chemin *m* de l'école **Schulweisheit** *f* savoir *m* livresque **Schulwesen** *nt kein Pl* système *m* éducatif **Schulwörterbuch** *nt* dictionnaire *m* scolaire **Schulzeit** *f* scolarité *f* **Schulzentrum** *nt* complexe *m* scolaire **Schulzeugnis** *nt* bulletin *m* scolaire

schummeln ['ʃʊməln] *itr V fam* tricher; **beim Spielen ~** tricher au jeu; **bei der Klassenarbeit ~** pomper en interro (*fam*)

schumm[e]rig *Adj fam Beleuchtung, Licht* tamisé(e); *Zimmer, Lokal* peu éclairé(e)

Schund [ʃʊnt] <-[e]s> *m pej fam* (*wertlose Ware*) camelote *f* (*fam*); (*schlechte Literatur*) âneries *fpl*; (*schlechter Film*) saleté *f* (*fam*)

Schundliteratur *f pej* littérature *f* de bas étage **Schundroman** *m fam* roman *m* de gare (*fam*)

schunkeln ['ʃʊŋkəln] *itr V* se balancer [de droite à gauche] (*en se tenant par le bras ou la taille*)

Schuppe ['ʃʊpə] <-, -n> *f* ❶ ZOOL écaille *f* ❷ *Pl* (*Kopfschuppe*) pellicules *fpl*

▸ **ihm/ihr fällt es wie ~n von den Augen** d'un coup il/elle voit clair

schuppen I. *tr V* écailler *Fisch*

II. *r V* **sich ~** peler

Schuppen ['ʃʊpən] <-s, -> *m* ❶ hangar *m*; (*klein*) appentis *m* ❷ *pej fam* (*Lokal*) boui-boui *m* (*fam*); (*Diskothek*) boîte *f* (*fam*)

schuppenartig *Adj* à l'aspect écailleux

Schuppenflechte *f* psoriasis *m* **Schuppentier** *nt* pangolin *m*

schuppig *Adj Fisch, Reptil, Haut* écailleux(-euse); *Haar* pelliculeux(-euse)

Schur [ʃu:ɐ] <-, -en> *f* tonte *f*

schüren ['ʃy:rən] *tr V* attiser

schürfen ['ʃʏrfən] I. *itr V* ❶ prospecter; **nach Gold/Bodenschätzen ~** prospecter pour trouver de l'or/des richesses du sol ❷ (*schleifen*) **über den Boden ~** racler le sol

▸ **tief ~d** *Betrachtung, Gedanken* profond(e); *Analyse* approfondi(e)

II. *tr V* ❶ **sich** (*Dat*) **das Knie/die Haut ~** se racler le genou/la peau; **sich am Ellenbogen ~** se faire une écorchure au coude ❷ MIN **Gold ~** extraire de l'or

III. *r V* **sich ~** se faire une écorchure

Schürfung <-, -en> *f*, **Schürfwunde** *f* écorchure *f*

Schürhaken *m* tisonnier *m*

Schurke ['ʃʊrkə] <-n, -n> *m* crapule *f*

schurkisch I. *Adj* crapuleux(-euse)

II. *Adv* crapuleusement, de façon crapuleuse

Schurwolle *f* laine *f* vierge

Schurz [ʃʊrts] <-es, -e> *m* tablier *m*

Schürze ['ʃʏrtsə] <-, -n> *f* tablier *m*

▸ **jdm an der ~ hängen** *pej fam* être pendu(e) aux basques de qn (*fam*)

schürzen ['ʃʏrtsən] *tr V* retrousser *Rock*

Schürzenjäger *m pej fam* dragueur *m* (*fam*)

Schuss[RR] <-es, ¨-e>, **Schuß** <-sses, ¨-sse> *m* ❶ coup *m* de feu; **scharfer ~** tir *m* à balle; **einen ~ auf jdn/etw abgeben** tirer un coup de feu sur qn/qc; **ein ~ geht los** un coup part ❷ (*Munition*) balle *f*; **noch vier ~** [**Munition**] **haben** avoir encore quatre balles [de munition] ❸ (*Spritzer*) **ein ~ Essig/Rum** un filet de vinaigre/doigt de rhum; **Orangensaft mit ~** jus d'orange avec du schnaps; **ein ~ Humor** *fig* une pointe d'humour ❹ SPORT **~ aufs Tor** tir *m* sur le but ❺ *fam* (*Drogeninjektion*) shoot *m* (*fam*); **sich** (*Dat*) **einen ~ setzen** se shooter (*fam*); **sich** (*Dat*) **den goldenen ~ setzen** s'injecter une overdose ❻ SKI **~ fahren** descendre en schuss

▸ **einen ~ vor den Bug bekommen** *fam* recevoir un sérieux avertissement; **ein ~ in den Ofen** *fam* un bide total (*fam*); **ein ~ ins Schwarze** *fam* un coup dans le mille (*fam*); **weitab vom ~ liegen** *fam Ort:* être à perpète (*fam*); **etw wieder in ~ bringen** remettre qc en état; [**gut**] **in ~ sein** *fam* être impec (*fam*)

schussbereit[RR] *Adj Person:* prêt(e) à tirer; *Gewehr, Pistole:* armé(e); **sich ~ machen** se préparer à tirer

Schussel ['ʃʊsəl] <-s, -> *m fam* (*ungeschickter Mensch*) manchot(e) *m(f)* (*fam*); (*unachtsamer Mensch*) écervelé(e) *m(f)*

Schüssel ['ʃʏsəl] <-, -n> *f* ❶ plat *m* creux; (*Gemüseschüssel*) plat à légumes; (*Salatschüssel, Teigschüssel*) saladier *m* ❷ (*Mengenangabe*) **eine ~ Pudding** un plat de pudding ❸ (*Waschschüssel*) cuvette *f* ❹ *fam* (*Satellitenschüssel*) parabole *f*

schusselig ['ʃʊsəlɪç] *Adj fam* (*ungeschickt*) manchot(e) (*fam*); (*unachtsam*) étourdi(e)

Schusseligkeit <-, -en> *f fam* (*Ungeschicktheit*) maladresse *f*; (*Unachtsamkeit*) étourderie *f*

Schussfahrt[RR] *f* schuss *m*

schusslig[RR] *Adj s.* **schusselig**

Schusslinie[RR] [-li:niə] *f* ligne *f* de tir ▸ **in die ~ geraten** *Mensch:* être en butte aux attaques; *Firma:* faire l'objet de la critique **Schussverletzung**[RR] *f* blessure *f* par balle **Schusswaffe**[RR] *f* arme *f* à feu

Schusswaffengebrauch[RR] *m form* recours *m* à une arme à feu

Schusswechsel[RR] [-ks-] *m* échange *m* de coups de feu **Schussweite**[RR] *f* portée *f*; **in/außer ~ sein** être à portée/hors de portée **Schusswunde**[RR] *s.* **Schussverletzung**

Schuster(in) ['ʃu:stɐ] <-s, -> *m(f)* cordonnier(-ière) *m(f)*

▸ **~, bleib bei deinem Leisten!** *Spr.* chacun son métier et les vaches seront bien gardées; **auf ~s Rappen** *hum* à pinces (*fam*)

Schutt [ʃʊt] <-[e]s> *m* gravats *mpl*; (*Gebäudetrümmer*) décombres *mpl*; **~ abladen verboten!** déblais *mpl* interdits!

▸ **etw in ~ und Asche legen** réduire qc en cendres; **in ~ und Asche liegen** être réduit(e) en cendres

Schuttabladeplatz *m* décharge *f* de déblais **Schuttberg** *m* montagne *f* de gravats

S

Schüttelfrost ['ʃʏtəl-] *m* frissons *mpl* **Schüttellähmung** *f* MED maladie *f* de Parkinson

schütteln ['ʃʏtəln] **I.** *tr V* ❶ secouer; **jdn/etw ~** secouer qn/qc; **etw vom Baum ~** faire tomber qc en secouant l'arbre
❷ *(erzittern lassen)* **jdn ~** *Hustenanfall:* faire trembler qn; **heftiges Fieber schüttelt ihn** il tremble [*o* frissonne] du fait d'une forte fièvre
II. *itr V* secouer, agiter; **vor Gebrauch ~!** agiter avant utilisation!
III. *r V* **sich ~** s'ébrouer; **sich vor Ekel ~** frissonner de dégoût

Schüttelreim *m* contrepèterie *f* **Schüttelrutsche** *f* MIN convoyeur *m* [*o* transporteur *m*] à secousses

schütten ['ʃʏtən] **I.** *tr V* verser *Wasser, Mehl, Salz;* déverser *Sand, Steine, Müll;* **etw in ein Gefäß ~** verser/déverser qc dans un récipient
II. *itr V unpers fam* **es schüttet** il pleut comme vache qui pisse *(fam)*

schütter ['ʃʏtɐ] *Adj Haare* clairsemé(e)

Schutthalde *f* amoncellement *m* de déblais **Schutthaufen** *m* tas *m* de déblais

Schüttstein *m* CH évier *m*

Schutz [ʃʊts] <-es> *m* ❶ *(etwas, das Sicherheit bietet)* protection *f;* **~ vor/gegen etw** protection *f* contre qc; **zum ~ der Augen/gegen die Kälte** pour se protéger les yeux/du [*o* contre le] froid; **im ~[e] der Dunkelheit** à la faveur de l'obscurité
❷ *(Sicherheit)* **~ vor jdm/etw suchen** chercher à se mettre à l'abri de qn/qc; **~ suchend** à la recherche d'un abri; **zu seinem ~** pour sa sécurité
❸ *(Obhut)* **sich in** [*o* **unter**] **jds ~** *(Akk)* **begeben** se placer sous la protection de qn; **unter jds ~** *(Dat)* **stehen** être sous la protection de qn
► **jdn vor jdm** [*o* **gegen jdn**] **in ~ nehmen** protéger qn contre qn

Schutzabkommen *nt* convention *f* de protection [*o* de garantie] **Schutzanstrich** *m* enduit *m* de protection **Schutzanzug** *m* combinaison *f* protectrice **schutzbedürftig** *Adj Mensch* qui a besoin de protection; *Landschaft, Tierart* qui a besoin d'être protégé(e) **Schutzbehauptung** *f* allégation *f* pour se tirer d'affaire **Schutzblech** *nt eines Fahrrads* garde-boue *m; einer Maschine* carter *m* **Schutzbrief** *m* contrat *m* d'assistance **Schutzbrille** *f* lunettes *fpl* de protection **Schutzdach** *nt* *(vor Hauseingängen)* auvent *m;* *(an Haltestellen)* abri *m*

Schütze ['ʃʏtsə] <-n, -n> *m,* **Schützin** *f* ❶ *(Mitglied eines Schützenvereins)* membre *m* d'une société de tir
❷ SPORT, JAGD tireur(-euse) *m(f)*
❸ MIL *(unterster Dienstgrad)* [simple] soldat(e) *m(f)*
❹ ASTROL Sagittaire *m;* **[ein] ~ sein** être Sagittaire

schützen ['ʃʏtsən] **I.** *tr V* ❶ *(beschützen, unter Naturschutz stellen)* protéger; **jdn vor Gefahren ~** protéger qn de [*o* contre des] dangers; **etw vor Nässe/Feuchtigkeit ~** protéger qc contre [*o* de] l'humidité
❷ *(patentieren)* **[sich** *(Dat)*] **etw ~ lassen** protéger qc [par un brevet]; **urheberrechtlich/gesetzlich geschützt** protégé(e) par les droits d'auteur/la loi; *s. a.* **geschützt**
II. *itr V* **vor Kälte/Regen** [*o* **gegen die Kälte/den Regen**] **~** protéger du froid/de la pluie [*o* contre le froid/la pluie]
III. *r V* **sich vor etw** *(Dat)* [*o* **gegen etw**] **~** se protéger contre [*o* de] qc

schützend **I.** *Adj* protecteur(-trice)
II. *Adv* pour me/le/... protéger; **sich ~ vor jdn stellen** se mettre devant qn pour le protéger

Schützenfest *nt* fête *f* de la société de tir

Schutzengel *m* ange *m* gardien

Schützengraben *m* tranchée *f* **Schützenhaus** *nt* local *m* de la société de tir **Schützenhilfe** *f fam* appui *m,* soutien *m;* **jdm ~ geben** prêter son appui [*o* soutien] à qn **Schützenkönig(in)** *m(f)* champion(ne) *m(f)* des tireurs *(lors de la fête annuelle d'une société de tir)* **Schützenpanzer** *m* engin *m* blindé léger **Schützenverein** *m* société *f* de tir

Schutzfärbung *f* ZOOL couleur *f* mimétique **Schutzfilm** *m* film *m* protecteur **Schutzfrist** *f* délai *m* de protection légale [*o* de garantie] **Schutzgebiet** *nt* ❶ POL, ADMIN protectorat *m* ❷ *(Naturschutzgebiet)* réserve *f* naturelle **Schutzgebühr** *f* ❶ taxe *f* autorisée [*o* de soutien] ❷ *s.* **Schutzgeld** **Schutzgeld** *nt* taxe *f* *(extorquée par des racketteurs)*

Schutzgelderpressung *f* racket *m*

Schutzgitter *nt* grille *f* de protection **Schutzhaft** *f euph* détention *f* préventive **Schutzhandschuh** *m* gant *m* de protection **Schutzhaube** *f* housse *f* protectrice **Schutzhelm** *m* casque *m* de sécurité **Schutzhülle** *s.* **Schutzumschlag** **Schutzhütte** *f* refuge *m,* abri *m* **Schutzimpfung** *f* vaccination *f* préventive **Schutzkontakt** *m* ELEC [prise *f* de] terre *f*

Schützling ['ʃʏtslɪŋ] <-s, -e> *m* protégé(e) *m(f)*

schutzlos *Adj, Adv* sans défense

Schutzmacht *f* puissance *f* protectrice **Schutzmann** <-männer *o* -leute> *m fam* policier *m* **Schutzmarke** *f* marque *f* déposée **Schutzmaske** *f* masque *m* de protection **Schutzmaßnahme** *f* mesure *f* protectrice [*o* de protection]; *(vorbeugende Maßnahme)* mesure préventive **Schutzpatron(in)** *m(f)* REL [saint(e)] patron(ne) *m(f)* **Schutzpolizei** *f form* forces *fpl* de l'ordre **Schutzraum** *m* *(Luftschutzraum)* abri *m* [antiaérien]; *(gegen Radioaktivität)* abri [antiatomique] **Schutzschicht** *f* couche *f* protectrice

schutzsuchend *s.* **Schutz 2.**

Schutztruppe *f* ❶ MIL force *f* de sécurité ❷ HIST troupe *f* coloniale **Schutzumschlag** *m* jaquette *f* **Schutzvorrichtung** *f* dispositif *m* de protection **Schutzvorschrift** *f meist Pl* JUR disposition *f* relative à la prévention des accidents du travail **Schutzwall** *m* rempart *m* **Schutzweg** *m* A passage *m* pour piétons **Schutzzoll** *m* taxe *f* à l'importation

Schwa [ʃvaː] <-s> *nt* LING e *m* muet

schwabbelig *Adj fam Bauch* ballottant(e); *Pudding, Qualle* gélatineux(-euse)

schwabbeln ['ʃvabəln] *itr V fam* ballotter

Schwabe ['ʃvaːbə] <-n, -n> *m,* **Schwäbin** *f* Souabe *mf*

schwäbeln ['ʃvɛːbəln] *itr V fam* baragouiner en souabe *(fam)*

Schwaben ['ʃvaːbən] <-s> *nt* la Souabe

Schwabenstreich *m iron* espièglerie *f,* malice *f*

Schwäbin ['ʃvɛːbɪn] *s. a.* **Schwabe**

schwäbisch ['ʃvɛːbɪʃ] *Adj* souabe

schwach [ʃvax] <̈er, ̈ste> **I.** *Adj* ❶ *Person* faible, frêle; **~ sein** ne pas être fort(e); **für diese Arbeit ist er zu ~** il n'est pas assez fort pour faire ce travail; **der Schwächere/Schwächste** le plus faible
❷ *fam* *(schwindlig)* **mir wird ganz ~** [**zumute**] je me sens faible
❸ *(leistungsschwach)* *Gegner, Schüler, Sportler, Sehvermögen* faible; *Mitarbeiter* peu performant(e); *Herz, Nerven* fragile; *Batterie, Licht, Magnet, Motor* de faible puissance, peu puissant(e); **in Mathe ~ sein** être faible en maths; **~e Augen/eine ~e Blase haben** avoir la vue faible/la vessie fragile; **~/zu ~ sein** *Batterie, Licht, Magnet, Motor:* être faible/trop peu puissant(e)
❹ *a.* ÖKON *(gering, spärlich, leicht)* *Interesse, Applaus, Atmung, Strömung* faible; *Bartwuchs* clairsemé(e); **schwächer werden** faiblir
❺ *(dünn)* *Kettenglied* fragile; *Eisdecke* mince
❻ *(dürftig)* *Argument, Film, Leistung* faible
❼ *(gering konzentriert)* *Kaffee, Tee* léger(-ère); *Lauge, Lösung, Säure* peu concentré(e)
► **jdn ~ machen** *fam* faire craquer qn *(fam)*; **mach mich nicht ~!** *sl* tu veux me faire marcher! *(fam)*; **bei jdm/etw ~ werden** *fam* craquer devant qn/qc *(fam)*; **nur nicht ~ werden!** *(bleib/bleibt standhaft)* ce n'est pas le moment de mollir!; *(halt/haltet durch)* ce n'est pas le moment de flancher! *(fam)*
II. *Adv* ❶ *(leicht)* *ausgebildet, spüren, vernehmen* faiblement; *duften, vibrieren, süßen* légèrement

❷ (*spärlich, sparsam*) *besetzt, bestückt, applaudieren* faiblement; *besucht, sich interessieren* peu
schwachbesiedelt *s.* **besiedelt**
schwachbetont *s.* **betonen 1.**
schwachbevölkert *s.* **bevölkert 2.**
Schwäche ['ʃvɛçə] <-, -n> *f* ❶ *kein Pl* (*geringe Kraft*) faiblesse *f*
❷ *kein Pl* (*Unwohlsein*) malaise *m*
❸ *kein Pl* (*Vorliebe*) **eine ~ für jdn/etw haben** avoir un faible pour qn/qc
❹ (*Unzulänglichkeit*) faiblesse *f*
Schwächeanfall *m* malaise *m*
schwächen ['ʃvɛçən] **I.** *tr V* ❶ affaiblir *Person, Immunsystem, Kräfte;* détériorer *Gesundheit;* **geschwächt** affaibli(e)
❷ (*in der Wirkung mindern*) affaiblir
II. *itr V Fieber, Krankheit:* affaiblir
Schwachheit <-, -en> *f kein Pl* (*Schwäche*) faiblesse *f*
▶ **bilde dir keine ~en ein!** *fam* faut pas prendre tes désirs pour des réalités! (*fam*)
Schwachkopf *m fam* débile *mf* (*fam*)
schwächlich ['ʃvɛçlɪç] *Adj Person* chétif(-ive); *Konstitution, Gesundheit* fragile
Schwächling ['ʃvɛçlɪŋ] <-s, -e> *m* gringalet *m*
Schwachpunkt *m* point *m* faible **Schwachsinn** *m kein Pl* ❶ MED débilité *f* mentale ❷ *fam* (*Unsinn*) idiotie *f* **schwachsinnig** *Adj* ❶ MED débile [mental(e)] ❷ *fam* (*unsinnig*) débile (*fam*) **Schwachsinnige(r)** *f(m) dekl wie Adj* MED débile mental(e) *m(f)* **Schwachstelle** *f* point *m* faible **Schwachstrom** *m* courant *m* basse tension **Schwachstromleitung** *f* ligne *f* basse tension
Schwächung ['ʃvɛçʊŋ] <-, -en> *f a. fig* affaiblissement *m*
Schwaden ['ʃva:dən] <-s, -> *m meist Pl* (*Rauchschwaden*) nuage *m;* (*Nebelschwaden*) nappe *f*
Schwadron [ʃva'dro:n] <-, -en> *f* MIL escadron *m*
Schwafelei [ʃva:fə'laɪ] <-, -en> *f fam* discours *mpl* sans fin
schwafeln ['ʃva:fəln] *fam* **I.** *itr V* (*Unsinn reden*) sortir n'importe quoi [*o* des conneries] (*fam*); (*lange reden*) n'en pas finir de tchatcher (*fam*)
II. *tr V* sortir (*fam*); **dummes Zeug ~** sortir des conneries (*fam*)
Schwafler(in) <-s, -> *m(f) pej fam* jaseur(-euse) *m(f)* (*vieilli*); **er ist ein ~** il parle pour le plaisir de parler
Schwager ['ʃva:gɐ] <-s, ¨-> *m*, **Schwägerin** *f* beau-frère *m*/belle-sœur *f*
Schwalbe ['ʃvalbə] <-, -n> *f* hirondelle *f*
▶ **eine ~ macht noch keinen Sommer** *Spr.* une hirondelle ne fait pas le printemps
Schwalbennest *nt* nid *m* d'hirondelle **Schwalbenschwanz** *m* ZOOL machaon *m*, grand porte-queue *m*
Schwall [ʃval] <-[e]s, -e> *m von Wasser, Worten* flot *m; von Flüchen, Schimpfworten* bordée *f*
schwamm [ʃvam] *Imp von* **schwimmen**
Schwamm [ʃvam, *Pl:* 'ʃvɛmə] <-[e]s, ¨e> *m* ❶ *a.* ZOOL éponge *f*
❷ *kein Pl* (*Hausschwamm, Kellerschwamm*) champignon *m*
❸ A, CH (*Pilz*) champignon *m* [comestible]
▶ **~ drüber!** *fam* on passe l'éponge!
Schwämmchen <-s, -> *nt Dim von* **Schwamm** petite éponge *f*
Schwammerl ['ʃvamɐl] <-s, -[n]> *nt* SDEUTSCH, A champignon *m*
schwammig ['ʃvamɪç] **I.** *Adj* ❶ *Material, Struktur* spongieux(-euse)
❷ (*aufgedunsen*) *Gesicht* bouffi(e)
❸ (*vage*) évasif(-ive)
II. *Adv* (*vage*) de manière évasive
Schwan [ʃva:n, *Pl:* 'ʃvɛ:nə] <-[e]s, ¨e> *m* cygne *m*
▶ **mein lieber ~!** *fam* (*Ausdruck des Erstaunens*) eh bien, mon petit ami!; (*Drohung*) ben, mon vieux! (*fam*)
schwand [ʃvant] *Imp von* **schwinden**
schwanen ['ʃva:nən] *itr V* **jdm schwant nichts Gutes** qn a un mauvais pressentiment; **jdm schwant, dass** qn sent que + *indic*
schwang [ʃvaŋ] *Imp von* **schwingen**
Schwang ▶ **im ~e sein** être en usage
schwanger ['ʃvaŋɐ] *Adj Frau* enceinte; **von jdm/im siebten Monat ~ sein** être enceinte de qn/de sept mois
▶ **mit etw ~ gehen** *hum fam* avoir qc en tête
Schwangere ['ʃvaŋərə] *f dekl wie Adj* femme *f* enceinte
schwängern ['ʃvɛŋɐn] *tr V* ❶ mettre enceinte *Frau;* **eine Frau ~** mettre une femme enceinte
❷ (*erfüllen*) **mit [*o* von] Rauch geschwängert [sein]** [être] imprégné(e) de fumée
Schwangerschaft <-, -en> *f* grossesse *f*
Schwangerschaftsabbruch *m* interruption *f* [volontaire] de grossesse, I.V.G. *f* **Schwangerschaftsberatung** *f* consultation *f* familiale **Schwangerschaftsgymnastik** *f* gymnastique *f* prénatale **Schwangerschaftsstreifen** *m* vergeture *f* **Schwangerschaftstest** *m* test *m* de grossesse **Schwangerschaftsunterbrechung** *f* MED interruption *f* [volontaire] de grossesse
Schwank [ʃvaŋk, *Pl:* 'ʃvɛŋkə] <-[e]s, ¨e> *m* ❶ THEAT farce *f*
❷ LITER fabliau *m*
❸ (*lustige Begebenheit*) facétie *f;* **einen ~ aus seinem Leben erzählen** raconter une anecdote amusante sur sa vie
schwanken ['ʃvaŋkən] *itr V* ❶ + *haben Brücke, Gerüst, Baum:* osciller; *Boden:* se dérober; **ins Schwanken geraten** se mettre à osciller
❷ + *sein* (*wanken*) *Mensch:* tituber; **nach Hause ~** rentrer à la maison en titubant
❸ + *haben* (*sich verändern*) *Preis, Temperatur, Zahlen, Stimmung:* fluctuer, varier
❹ + *haben* (*unentschlossen sein*) **[noch] ~** hésiter [encore]; **zwischen zwei Möglichkeiten ~** hésiter entre deux possibilités; **[noch] ~, ob/wie/wo ...** se demander [encore] si/comment/où ...
schwankend *Adj* ❶ *Bewegung* oscillant(e); *Charakter* vacillant(e); *Preise* instable; **mit ~em Schritt** d'un pas chancelant
❷ (*zögernd*) hésitant(e)
Schwankung <-, -en> *f* (*Veränderung*) variation *f*, fluctuation *f;* **starken ~en ausgesetzt sein** être à la merci de fortes fluctuations
Schwanz [ʃvants, *Pl:* 'ʃvɛntsə] <-es, ¨e> *m* ❶ *eines Tiers* queue *f*
❷ *sl* (*Penis*) queue *f* (*fam*)
▶ **den ~ hängen lassen** *fam* baisser les bras; **den ~ einziehen** *fam* s'écraser (*fam*); **kein ~** *sl* pas un pékin (*pop*)
schwänzeln ['ʃvɛntsəln] *itr V* ❶ *Hund:* remuer [*o* frétiller de] la queue
❷ *fam* (*tänzelnd gehen*) *Person:* marcher en se trémoussant
schwänzen ['ʃvɛntsən] *tr, itr V fam* sécher (*fam*); **das Schwänzen** le séchage (*fam*)
Schwanzfeder *f* plume *f* rectrice **Schwanzflosse** *f* nageoire *f* caudale **Schwanzlurch** *m* ZOOL urodèle *m* **Schwanzstück** *nt* GASTR (*vom Rind*) culotte *f;* (*vom Kalb*) quasi *m*
schwappen ['ʃvapən] *itr V* ❶ + *sein* **über den Rand ~** déborder; **aus dem Glas/auf den Tisch ~** déborder du verre/se répandre sur la table
❷ + *haben* (*sich hin und her bewegen*) clapoter
❸ + *sein fam* (*sich verbreiten*) **zu uns/nach Deutschland ~** *Bewegung, Informationen:* déferler sur nous/en Allemagne
Schwäre ['ʃvɛ:rə] <-, -n> *f geh* abcès *m*
Schwarm [ʃvarm, *Pl:* 'ʃvɛrmə] <-[e]s, ¨e> *m* ❶ (*Bienen, Wespen, Hornissen*) essaim *m;* (*Heuschrecken*) nuée *f;* **ein ~ Bienen/Heuschrecken** un essaim d'abeilles/une nuée de sauterelles; **ein ~ Fische** un banc de poissons
❷ (*Menschenmenge*) nuée *f;* **ein ~ Schaulustiger [*o* von Schaulustigen]** un attroupement de badauds
❸ *kein Pl fam* (*verehrter Mensch*) idole *f;* **er ist mein ~** il me fait craquer (*fam*)

S

schwärmen [ˈʃvɛrmən] *itr V* ❶ + *sein Bienen, Hornissen:* essaimer; **um das Licht/über die Wiese** ~ [s'en]voler vers la lumière/au dessus du pré
❷ + *sein* (*sich in Mengen bewegen*) **in die Innenstadt** ~ *Besucher, Käufer:* affluer vers le centre ville
❸ + *haben* (*begeistert reden*) **vom guten Wein/Essen** ~ parler avec enthousiasme du bon vin/repas; **über etw** (*Akk*) **ins Schwärmen geraten** s'emballer pour qc
❹ + *haben* (*verehren, sich begeistern*) **für jdn/etw** ~ adorer qn/raffoler de qc
Schwärmer <-s, -> *m* ❶ (*sentimentaler Mensch*) lyrique *m*
❷ (*Fantast*) rêveur *m*
❸ (*Schmetterling*) sphinx *m*
❹ (*Feuerwerkskörper*) serpenteau *m*
Schwärmerei <-, -en> *f* (*Begeisterung*) engouement *m;* (*Träumerei*) rêve *m;* **sich in** ~**en über etw** (*Akk*) **ergehen** *geh* parler de qc avec exaltation [*o* passion]
Schwärmerin <-, -nen> *f* ❶ (*sentimentaler Mensch*) lyrique *m*
❷ (*Fantastin*) rêveuse *f*
schwärmerisch I. *Adj Person, Begeisterung* passionné(e); *Leidenschaft* exalté(e)
II. *Adv* avec emballement
Schwarte [ˈʃvartə] <-, -n> *f* ❶ GASTR couenne *f*
❷ *fam* (*Buch*) pavé *m* (*fam*)
Schwartenmagen *m* fromage *m* de tête
schwarz [ʃvarts] <¨er, ¨este> **I.** *Adj* ❶ noir(e)
❷ *fam* (*schmutzig*) *Hände, Fingernägel, Kragen* noir(e); ~ **werden/sein** se salir/être sale; ~ **am Ärmel sein** avoir la manche sale [*o* noire]
❸ *fam* (*illegal*) *Konto, Kasse, Liste* noir(e); *Benutzung, Besitz* illégal(e); *Brennen, Herstellung* clandestin(e); *Erwerb* au noir
❹ *fam* (*katholisch*) clérical(e); (*konservativ*) réac (*fam*); ~ **wählen** *fam* voter à droite (*pour les chrétiens-démocrates*)
❺ (*unheilvoll, abgründig*) *Tag, Gedanken, Humor* noir(e); ~ **sehen** voir les choses en noir; **für jdn/etw** ~ **sehen** voir qn mal parti(e)/être pessimiste sur qc
▶ ~ **auf weiß** noir sur blanc; **sich** ~ **ärgern** *fam* se foutre en rogne (*fam*); **bis er/sie** ~ **wird** *fam* jusqu'à la saint-glinglin (*fam*)
II. *Adv* ❶ *gekleidet* en noir
❷ *fam* (*illegal*) au noir
Schwarz <-[es]> *nt* noir *m;* **in** ~ en noir
Schwarzafrika *nt* l'Afrique *f* noire **Schwarzarbeit** *f kein Pl* travail *m* au noir; **in** ~ au noir **schwarz|arbeiten** *itr V* travailler au noir **Schwarzarbeiter(in)** *m(f)* travailleur(-euse) *m(f)* au noir
schwarzäugig *Adj* aux yeux noirs; ~ **sein** avoir les yeux noirs
Schwarzbär *m* ZOOL ours *m* noir; (*Baribal*) baribal *m;* (*Kragenbär*) ours *m* à collier **schwarzblau** *Adj* bleu noirâtre *inv* **Schwarzblech** *nt* tôle *f* noire **schwarzbraun** *Adj* brun(e) presque noir(e) **Schwarzbrenner(in)** *m(f)* distillateur(-trice) *m(f)* clandestin(e) **Schwarzbrennerei** *f* distillerie *f* clandestine **Schwarzbrot** *nt* pain *m* noir
Schwarze(r) *f(m) dekl wie Adj* ❶ noir(e) *m(f)*
❷ POL *pej sl* réac *mf* (*fam*) (*tendance démocrate-chrétienne*)
Schwärze [ˈʃvɛrtsə] <-> *f* noir *m*
▶ **in der** ~ **der Nacht** *geh* dans les ténèbres de la nuit (*littér*)
Schwarze(s) *nt dekl wie Adj* ❶ (*schwarze Masse*) **etwas** ~**s** quelque chose de noir
❷ (*Kleid*) **das kleine** ~ la petite robe noire
❸ (*Mitte einer Zielscheibe*) mille *m*
▶ **jd gönnt jdm nicht das** ~ **unter den Fingernägeln** qn ôterait le pain de la bouche à qn; **mit etw ins** ~ **treffen** mettre [*o* taper] dans le mille avec qc
schwärzen [ˈʃvɛrtsən] *tr V* noircir
schwarz|fahren *itr V unreg* + *sein* ❶ (*nicht bezahlen*) voyager sans billet ❷ (*ohne Führerschein fahren*) conduire sans permis **Schwarzfahrer(in)** *m(f)* ❶ (*Mensch ohne Fahrausweis*) voyageur(-euse) *m(f)* sans billet ❷ (*Fahrer ohne Führerschein*) conducteur(-trice) *m(f)* sans permis **Schwarzgeld** *nt* argent *m* non déclaré **schwarzhaarig** *Adj* aux cheveux noirs; ~ **sein** avoir les cheveux noirs
Schwarzhaarige(r) *f(m) dekl wie Adj* personne *f* noire de cheveux [*o* aux cheveux noirs]
Schwarzhandel *m kein Pl* marché *m* noir; ~ **treiben** faire du marché noir; **mit etw** ~ **treiben** faire du trafic de qc **Schwarzhändler(in)** *m(f)* trafiquant(e) *m(f)* **schwarz|hören** *itr V* resquiller sur la redevance radio (*fam*); **das Schwarzhören** le non-paiement de la redevance radio **Schwarzhörer(in)** *m(f)* fraudeur(-euse) *m(f)* (*qui ne paie pas de redevance radio*)
schwärzlich [ˈʃvɛrtslɪç] *Adj* noirâtre
schwarz|malen I. *itr V s.* **malen II.2.**
II. *tr V s.* **malen I.4.**
Schwarzmaler(in) *m(f) fam* oiseau *m* de malheur **Schwarzmalerei** *f fam* catastrophisme *m* **Schwarzmarkt** *m* marché *m* noir; **auf dem** ~ au [marché] noir
Schwarzmarktpreis *m* prix *m* du marché noir
Schwarzpulver [-fɐ, -vɐ] *nt* poudre *f* noire **schwarzrotgolden** *Adj* noir, rouge et or *inv* **schwarz|sehen** *unreg itr V* TV resquiller sur la redevance télé[vision] (*fam*) **Schwarzseher(in)** *m(f)* ❶ défaitiste *mf* ❷ TV fraudeur(-euse) *m(f)* (*qui ne paie pas la redevance télé*)
Schwarzseherei <-> *f fam* défaitisme *m*
Schwarzsender *m* RADIO radio *f* pirate **Schwarzspecht** *m* ORN pic *m* noir **Schwarztee** *m* thé *m*
Schwärzung <-, -en> *f* noircissement *m*
Schwarzwald *m* **der** ~ la Forêt-Noire
Schwarzwälder[1] <-s, -> *m* habitant *m* de la Forêt-Noire
Schwarzwälder[2] *Adj attr* de la Forêt-Noire
Schwarzwälderin <-, -nen> *f* habitante *f* de la Forêt-Noire
schwarzweiß, schwarz-weiß[RR] **I.** *Adj* ❶ *Dessin, Muster* noir et blanc *inv*
❷ CINE, PHOT [en] noir et blanc
II. *Adv* ❶ noir et blanc
❷ CINE, PHOT [en] noir et blanc
Schwarzweißaufnahme, Schwarz-Weiß-Aufnahme[RR] *f* photo *f* [en] noir et blanc **Schwarzweißfernseher, Schwarz-Weiß-Fernseher**[RR] *m* téléviseur *m* noir et blanc **Schwarzweißfilm, Schwarz-Weiß-Film**[RR] *m* PHOT pellicule *f* noir et blanc; CINE film *m* noir et blanc **Schwarzweißfoto, Schwarz-Weiß-Foto**[RR] *s.* **Schwarzweißaufnahme**
schwarzweiß|malen I. *itr V s.* **malen II.2.**
II. *tr V s.* **malen I.4.**
Schwarzweißmalerei, Schwarz-Weiß-Malerei[RR] *f kein Pl* manichéisme *m;* ~ **betreiben** faire du manichéisme
Schwarzwild *nt* sanglier *m* **Schwarzwurzel** *f* salsifis *m*
Schwatz [ʃvats] <-es, -e> *m fam* causette *f* (*fam*), parlo[t]te *f* (*fam*); **einen** ~ **mit jdm halten** faire la causette avec qn (*fam*)
schwatzen I. *itr V* ❶ (*sich unterhalten*) bavarder, papoter; **über etw** (*Akk*) ~ bavarder [*o* papoter] sur qc
❷ (*tratschen*) causer
II. *tr V* raconter
schwätzen [ˈʃvɛtsən] SDEUTSCH, A *s.* **schwatzen**
Schwätzer(in) <-s, -> *m(f) pej* bavard(e) *m(f)* (*péj*); **ein** ~ **sein** parler à tort et à travers
schwatzhaft *Adj* bavard(e)
Schwatzhaftigkeit <-> *f* bavardage *m*
Schwebe [ˈʃveːbə] **etw in der** ~ **lassen** laisser qc en suspens; **in der** ~ **sein** *Entscheidung, Frage, Prozess:* être [*o* rester] en suspens
Schwebebahn *f* ❶ chemin *m* de fer suspendu ❷ *s.* **Seilbahn**
Schwebebalken *m* poutre *f*

schweben ['ʃveːbən] *itr V* ❶ + *haben* (*gleitend fliegen*) *Mensch, Vogel:* planer; *Seifenblase, Wolke, Ballon:* flotter
❷ + *sein* (*herabsinken*) **zu Boden ~** descendre lentement
❸ + *haben* (*unentschieden sein*) [**noch**] ~ *Angelegenheit, Verfahren:* être [encore] en suspens; **~d** en suspens
Schwebezustand *m* état *m* d'incertitude; **sich in einem ~ befinden** être en suspens
Schwebstoff *m* CHEM substance *f* en suspension
Schwede ['ʃveːdə] <-n, -n> *m,* **Schwedin** *f* Suédois(e) *m(f)*
Schweden ['ʃveːdən] <-s> *nt* la Suède
schwedisch ['ʃveːdɪʃ] **I.** *Adj* suédois(e)
II. *Adv* ~ **miteinander sprechen** discuter en suédois; *s. a.* **deutsch**
Schwedisch <-[s]> *nt kein Art* (*Sprache, Schulfach*) suédois *m;* **auf ~** en suédois; *s. a.* **Deutsch**
Schwedische <-n> *nt dekl wie Adj* **das ~** le suédois; *s. a.* **Deutsche**
Schwefel ['ʃveːfəl] <-s> *m* soufre *m*
Schwefeldioxid *nt* CHEM dioxyde *m* de soufre, anhydride *m* sulfureux
schwefelhaltig *Adj* sulfureux(-euse), qui contient du soufre
schwefelig *s.* **schweflig**
Schwefelkohlenstoff *m* sulfure *m* de carbone
schwefeln ['ʃveːfəln] *tr V* soufrer
Schwefelsäure *f* CHEM acide *m* sulfurique
Schwefelung <-, -en> *f* soufrage *m*
Schwefelwasserstoff *m* CHEM hydrogène *m* sulfuré
schweflig *Adj* sulfureux(-euse)
Schweif [ʃvaɪf] <-[e]s, -e> *m* (*Schwanz, Leuchtspur*) queue *f*
schweifen *itr V + sein geh* ❶ *Gedanken, Blick:* vagabonder; **~ lassen** laisser vagabonder
❷ (*wandern*) **durch etw ~** vagabonder à travers qc
Schweigegeld *nt* prix *m* du silence; **jdm ~ bezahlen** acheter le silence de qn **Schweigemarsch** *m* marche *f* silencieuse **Schweigeminute** *f* minute *f* de silence; **eine ~ einlegen** observer une minute de silence
schweigen ['ʃvaɪgən] <schwieg, geschwiegen> *itr V* ❶ *Person* garder le silence; *Radio, Waffen:* se taire; **kannst du ~?** sais-tu te taire?; **schweig!** silence!
❷ (*nicht antworten*) **auf etw** (*Akk*)/**zu etw ~** garder le silence face à qc
▶ **ganz zu ~ von ...** sans parler de...
Schweigen <-s> *nt* silence *m;* (*absichtliches Nichtreden*) mutisme *m;* **sein ~ brechen** rompre son silence
▶ ~ **im Walde** silence général; **jdn zum ~ bringen** (*jdn einschüchtern, töten*) faire taire qn; **sich in ~ hüllen** se retrancher dans le mutisme
schweigend **I.** *Adj* silencieux(-euse)
II. *Adv* sans dire un mot
Schweigepflicht *f* devoir *m* de réserve; *eines Anwalts* secret *m* professionnel; **ärztliche ~** secret médical; **der ~ unterliegen** *Information:* être soumis(e) au devoir de réserve/au secret professionnel/médical
schweigsam *Adj Person* taciturne; **er/sie ist manchmal ~** il/elle est parfois peu loquace
Schweigsamkeit <-> *f* taciturnité *f*
Schwein [ʃvaɪn] <-s, -e> *nt* ❶ porc *m,* cochon *m*
❷ *fam* (*Schweinefleisch*) porc *m;* **ist das Rind oder ~?** est-ce du bœuf ou du porc?
❸ *fam* (*Mensch*) **ein armes ~** un pauvre mec (*fam*)
❹ *sl* (*gemeiner, unangenehmer Mensch*) salaud *m* (*fam*); **ein faules ~** un glandeur (*fam*), un tire-au-cul (*fam*)
❺ *fam* (*unsauberer, obszöner Mensch*) cochon *m* (*fam*)
▶ **bluten wie ein ~** *sl* pisser le sang (*fam*); **fressen wie ein ~** *sl* bouffer comme un porc (*fam*); **~ haben** *fam* avoir du pot [*o* du bol] (*fam*); **kein ~** *sl* pas un chat; **wie die ~e** *fam* comme des porcs (*fam*)
Schweinchen <-s, -> *nt Dim von* **Schwein** petit cochon *m*

Schweinebraten *m* rôti *m* de porc **Schweinefilet** *nt* filet *m* de porc **Schweinefleisch** *nt* [viande *f* de] porc *m* **Schweinefraß** *m sl* cochonnerie *f* (*fam*), merde *f* (*vulg*) **Schweinegeld** *nt kein Pl sl* **ein ~ kosten** coûter un fric dingue (*fam*); **ein ~ verdienen** gagner des mille et des cents (*fam*); **jd zahlt für etw ein ~** qc coûte à qn la peau des fesses (*fam*) **Schweinehund** *m sl* salopard *m* (*fam*) ▶ **der innere ~** *fam* la pétoche (*fam*); **den inneren ~ überwinden** *fam* surmonter sa pétoche (*fam*) **Schweinekotelett** *nt* côtelette *f* de porc **Schweinelende** *f* filet *m* de porc **Schweinemast** *f kein Pl* engraissement *f* des porcs **Schweinepest** *f* peste *f* porcine
Schweinerei [ʃvaɪnə'raɪ] <-, -en> *f fam* ❶ (*Schmutz, Unordnung, Obszönität*) cochonnerie *f* (*fam*)
❷ (*Gemeinheit*) vacherie *f* (*fam*); **das ist eine ~!** c'est dégueulasse! (*fam*)
Schweinerne(s) <-n> *nt* A, SDEUTSCH *dekl wie Adj* [viande *f* de] porc *m*
Schweineschmalz *nt* saindoux *m* **Schweineschnitzel** *nt* escalope *f* de porc **Schweinestall** *m a. fig fam* porcherie *f;* **in deinem Zimmer sieht es aus wie im ~!** ta chambre ressemble à une porcherie! **Schweinezucht** *f kein Pl* (*das Züchten*) élevage *m* porcin
Schweinigel *m fam* ❶ (*obszöner Mensch*) cochon(ne) *m(f)* (*fam*)
❷ (*unreinlicher Mensch*) goret *m* (*fam*)
schweinisch *fam* **I.** *Adj* cochon(ne) (*fam*)
II. *Adv sich verhalten* comme un cochon/des cochons (*fam*)
Schweinkram *m fam* choses *fpl* cochonnes (*fam*), machins *mpl* cochons (*fam*)
Schweinsäuglein ['ʃvaɪnsʔɔɪglaɪn] *Pl fam* petits yeux *mpl* porcins **Schweinsborste** *f* soie *f* de porc **Schweinsgalopp** *m* **im ~** *hum fam* vite fait (*fam*) **Schweinshachse** *f,* **Schweinshaxe** *f* SDEUTSCH jarret *m* de porc **Schweinsleder** *nt* [peau *f* de] porc *m;* **in ~ gebunden** relié(e) porc **schweinsledern** *Adj* en porc **Schweinsohr** *nt* ❶ ZOOL oreille *f* de porc ❷ GASTR cœur *m* de palmier **Schweinsstelze** *f* GASTR A (*Eisbein*) jambonneau *m*
Schweiß [ʃvaɪs] <-es> *m kein Pl* sueur *f,* transpiration *f;* **kalter ~** sueur froide; **jdm steht der ~ auf der Stirn** qn a le front en sueur; **jdm bricht der ~ aus** qn se met à transpirer; **jdm bricht der kalte ~ aus** qn a des sueurs froides (*fam*); **in ~ gebadet sein** être en nage; **das hat ihn viel ~ gekostet** ça lui a donné beaucoup de mal
▶ **im ~e seines Angesichts** *geh* à la sueur de son front
Schweißausbruch *m* accès *m* de transpiration **schweißbedeckt** *Adj* couvert(e) de sueur
Schweißbrenner *m* chalumeau *m* **Schweißbrille** *f* lunettes *fpl* de soudeur
Schweißdrüse *f* glande *f* sudoripare
schweißen ['ʃvaɪsən] *tr, itr V* souder; **das Schweißen** la soudure; **beim Schweißen** quand on soude
Schweißer(in) <-s, -> *m(f)* soudeur(-euse) *m(f)*
Schweißfleck *m* auréole *f* de transpiration **Schweißfüße** *Pl* **~ haben** puer des pieds **schweißgebadet** *Adj* en nage; **~ aufwachen** se réveiller en nage **Schweißgeruch** *m* odeur *f* de transpiration
Schweißnaht *f* soudure *f*
schweißnassRR *Adj* trempé(e) de sueur **Schweißperle** *f meist Pl geh* gouttelette *f* de sueur; **~n traten auf seine Stirn** la sueur perlait sur son front
Schweißstelle *f* soudure *f*
schweißtreibend *Adj* sudorifique, diaphorétique **schweißtriefend** *Adj* ruisselant(e) de sueur **Schweißtropfen** *m* goutte *f* de sueur
Schweiz [ʃvaɪts] <-> *f* **die ~** la Suisse; **die deutschsprachige/französische/italienische ~** la Suisse alémanique/romande/italienne
Schweizer *Adj attr* suisse; *Hauptstadt* de la Suisse

S

Schweizer(in) <-s, -> *m(f)* Suisse(-esse) *m(f)*
schweizerdeutsch **I.** *Adj* suisse-allemand(e) **II.** *Adv* **~ sprechen** parler [le] suisse-allemand **Schweizerdeutsch** *nt* le suisse-allemand *m;* **auf ~** en suisse-allemand **Schweizerdeutsche** *nt dekl wie Adj* **das ~** le suisse-allemand
Schweizergarde *f kein Pl* garde *f* suisse
Schweizerin *s.* **Schweizer(in)**
schweizerisch ['ʃvaɪtsərɪʃ] *s.* **Schweizer**
Schwelbrand *m* feu *m* qui couve
schwelen ['ʃveːlən] *itr V* ❶ *Feuer:* couver; *Müllhalde:* se consumer
❷ *fig* **in jdm/in der Bevölkerung ~** *Hass, Rachegefühle:* couver en qn/au sein de la population
schwelgen ['ʃvɛlgən] *itr V* ❶ *(sich gütlich tun)* se régaler, se délecter
❷ *geh (sich gehen lassen)* **in Erinnerungen ~** plonger dans ses souvenirs
❸ *geh (übermäßig verwenden)* **in Details/Farben ~** faire une orgie de détails/couleurs
schwelgerisch *Adj geh* délectable *(soutenu)*
Schwelle ['ʃvɛlə] <-, -n> *f* ❶ *(Türschwelle, Reizschwelle)* seuil *m;* **sie kommt mir nicht mehr über die ~!** je ne la laisse plus mettre les pieds chez moi!
❷ *(Bahnschwelle)* traverse *f*
❸ *(Bodenschwelle)* ralentisseur *m*
❹ *(Beginn)* **an der ~ eines neuen Jahrtausends stehen** être au seuil d'un nouveau millénaire; **an [o auf] der ~ zum Rentenalter stehen** être au seuil de la retraite
schwellen[1] ['ʃvɛlən] <schwillt, schwoll, geschwollen> *itr V + sein* ❶ MED enfler; **geschwollen** enflé(e)
❷ *(wachsen) Fluss, Flut, Lärm:* s'amplifier; *s. a.* **geschwollen**
schwellen[2] *tr V geh* gonfler *(littér) Segel*
Schwellenangst *f* appréhension *f (à aborder une situation nouvelle)* **Schwellenland** *nt* nouveau pays *m* industrialisé **Schwellenwert** *m* ÖKON, ELEC valeur *f* seuil
Schwellkörper *m* ANAT corps *m* caverneux
Schwellung <-, -en> *f* ❶ *kein Pl (das Schwellen)* gonflement *m*
❷ *(geschwollene Stelle)* enflure *f*
Schwemme ['ʃvɛmə] <-, -n> *f* surabondance *f*, pléthore *f*
schwemmen ['ʃvɛmən] *tr V* **etw ans Ufer/an Land ~** déposer qc sur la rive/sur terre
Schwemmland *nt kein Pl* terrain *m* alluvial
Schwengel ['ʃvɛŋəl] <-s, -> *m* ❶ *(Pumpenschwengel)* bras *m*
❷ *(Klöppel)* battant *m*
Schwenk [ʃvɛŋk] <-[e]s, -s> *m* ❶ CINE, TV rotation *f*
❷ MIL changement *m* de direction
❸ *(Änderung der Politik)* virage *m*
Schwenkarm *m* bras *m* orientable
schwenkbar *Adj* orientable
schwenken ['ʃvɛŋkən] **I.** *tr V + haben* ❶ agiter *Brief, Zeitung*
❷ *(bewegen)* diriger, tourner *Geschütz, Kamera, Mikrofon;* **die Lampe nach rechts/oben ~** orienter [o tourner] la lampe à droite/vers le haut; **etw zur Seite ~** détourner qc
❸ *(spülen)* **die Gläser in warmem Wasser ~** rincer les verres dans l'eau chaude
❹ GASTR **etw in Butter** *(Dat)* **~** remuer qc dans du beurre
II. *itr V* ❶ *+ sein (einbiegen)* **nach links/nach rechts/zur Seite ~** bifurquer à gauche/à droite/sur le côté; **links/rechts schwenkt, marsch!** MIL à gauche/à droite, marche!
❷ *+ haben (sich richten)* **auf jdn/etw ~** *Geschütz, Kamera:* se diriger sur qn/qc
Schwenker ['ʃvɛŋkɐ] <-s, -> *m* verre *m* à cognac
Schwenkung *s.* **Schwenk**
schwer [ʃveːɐ] **I.** *Adj* ❶ lourd(e); **fünf Kilo ~ sein** peser cinq kilos; **wie ~ ist das?** combien pèse ça?; **nichts Schweres** rien de lourd
❷ *(ernst) Verletzung, Schaden, Verlust* grave
❸ *(gravierend) Bedenken, Enttäuschung, Unrecht* grave *antéposé; Irrtum, Verlust, Fehler* lourd(e) *antéposé*
❹ *(hart)* dur(e); *Arbeit, Leben, Zeit* difficile; *Bürde* lourd(e); **er/sie hat Schweres mitgemacht [o durchgemacht]** il/elle a traversé des épreuves difficiles
❺ *(körperlich belastend) Krankheit, Operation, Unfall* grave; *Geburt* difficile; *Leiden, Tod* pénible; **nach langer, ~er Krankheit ...** à l'issue d'une longue et douloureuse maladie... *(form)*
❻ *(schwierig)* difficile; **etw ist ~ zu verstehen/zu sagen** qc est difficile à comprendre/à dire
❼ *attr (heftig) Sturm, Regen* gros(se) *antéposé*
❽ *attr (groß) Lkw, Limousine, Motorrad* gros(se) *antéposé*
❾ *attr* MIL lourd(e)
❿ *(gehaltvoll) Essen, Gericht, Wein* lourd(e); *Sherry, Portwein* fort(e)
⓫ *(intensiv, stark) Duft, Parfüm, Tabak, Zigarette* fort(e)
II. *Adv* ❶ *beladen, bepackt* lourdement; *wiegen* lourd; **~ zu tragen haben** avoir beaucoup à porter
❷ *(hart) arbeiten* durement
❸ *(tief) beleidigen, enttäuschen* profondément; *treffen* durement
❹ *(mit Mühe) atmen, sich entschließen* difficilement; *hören* mal
❺ *fam (sehr) aufpassen, sich in Acht nehmen* bien
❻ *fam (erheblich) verdienen, schröpfen* un max *(fam)*
❼ *(intensiv)* **~ auf jdm lasten** peser lourdement sur qn; **~ unter etw leiden** souffrir profondément de qc; **~ geprüft sein** être mis(e) à rude épreuve; **jd hat ~ an etw** *(Dat)* **zu tragen** qc pèse sur la conscience de qn
❽ *(ernstlich) erkranken, sich verletzen, verunglücken* gravement; **~ stürzen** faire une chute grave; **~ verwundet werden** être grièvement [o gravement] blessé(e)
❾ *(nicht einfach) sagen, schätzen, voraussagen* difficilement; **~ abbaubar** difficilement recyclable; **es ist ~ zu sagen, ob ...** il est difficile de dire si...
❿ *(streng) tadeln, missbilligen, bestrafen* sévèrement
⓫ *(stark) bewaffnet* solidement; **~ betrunken sein** être fin soûl(e) *(fam)*
⓬ *(nicht leicht)* **es ~ haben** avoir la vie dure; **sie hat es ~ mit ihm** il lui rend [o fait] la vie dure
Schwerarbeit *f kein Pl* travail *m* de force **Schwerarbeiter(in)** *m(f)* travailleur(-euse) *m(f)* de force **Schwerathlet(in)** *m(f)* athlète *mf (qui pratique l'haltérophilie ou un sport de combat)* **Schwerathletik** *f l'haltérophilie et les sports de combat*
schwerbehindert *s.* **behindern**
Schwerbehinderte(r) *f(m) dekl wie Adj* handicapé(e) *m(f)* sévère
schwerbeladen *s.* **beladen[2]**
schwerbepackt *s.* **bepacken I.**
schwerbeschädigt *s.* **beschädigen**
schwerbewaffnet *s.* **bewaffnet**
Schwere ['ʃveːrə] <-> *f* ❶ JUR, MED gravité *f*
❷ *(Schwierigkeit) einer Arbeit, Aufgabe, Operation* difficulté *f*
❸ *(Gewicht) eines Gegenstands, einer Last* poids
Schwerefeld *nt* PHYS champ *m* gravitationnel
schwerelos *Adj Astronaut, Gegenstand, Körper* en apesanteur; *Zustand* d'apesanteur; **~ sein** être en [état d']apesanteur
Schwerelosigkeit <-> *f* apesanteur *f*
Schwerenöter [-nøːtɐ] <-s, -> *m veraltet* bourreau *m* des cœurs
schwererziehbar *s.* **erziehbar**
schwer|fallen *s.* **fallen 15.**
schwerfällig [-fɛlɪç] **I.** *Adj Person, Tier* lourdaud(e), pataud(e); *Bewegung, Gang, Schritte* pataud(e); *Stil, Übersetzung* gauche, lourd(e)
II. *Adv aufstehen* lourdement; *gehen, sich bewegen* pesamment, lourdement
Schwerfälligkeit <-> *f* lourdeur *f*
Schwergewicht *nt* ❶ *(Gewichtsklasse)* catégorie *f* [des] poids lourds ❷ *(Sportler)* poids *m* lourd ❸ *(Schwerpunkt)* centre *m*

de gravité; **das ~ der Diskussion liegt auf folgender Frage: ...** le centre du débat porte sur la question suivante:... **schwergewichtig** *Adj Mensch* corpulent(e), lourd(e); *Tier* lourd(e)
Schwergewichtler(in) *s.* Schwergewicht
schwerhörig *Adj* malentendant(e)
Schwerhörigkeit *f kein Pl* surdité *f* partielle
Schwerindustrie *f* industrie *f* lourde **Schwerkraft** *f kein Pl* pesanteur *f*
schwerkrank *s.* krank 1.
Schwerkranke(r) *f(m) dekl wie Adj* malade *mf* grave
schwerlich *Adv* difficilement; **~ geeignet sein** être guère approprié(e)
schwer|machen *s.* machen I.18.
Schwermetall *nt* métal *m* lourd **Schwermut** <-> *f* mélancolie *f* **schwermütig** *Adj* mélancolique
schwer|nehmen *s.* nehmen 12.
Schweröl *nt* huile *f* lourde **Schwerpunkt** *m* ❶ *einer Tätigkeit* axe *m* essentiel; *des Lernens, Studiums* matière *f* principale; **den ~ auf etw** (*Akk*) **legen** mettre l'accent sur qc; **~e setzen** établir des priorités ❷ PHYS centre *m* de gravité
schwerpunktmäßig *Adv* particulièrement **Schwerpunktstreik** *m* grève *f* bouchon
schwerreich *Adj attr fam* richissime
Schwert [ʃveːɐt] <-[e]s, -er> *nt* ❶ (*Waffe*) épée *f*; **das ~ ziehen** [*o* **zücken** *geh*] tirer [*o* dégainer] l'épée
❷ NAUT dérive *f*
▸ **ein zweischneidiges ~ sein** être une arme à double tranchant
Schwertfisch *m* poisson-épée *m*, espadon *m* **Schwertlilie** [-liːliə] *f* iris *m*
Schwertransport *m* ❶ (*das Transportieren*) transport *m* par véhicule routier de gros tonnage
❷ (*überbreites Transportfahrzeug*) convoi *m* exceptionnel
Schwertschlucker(in) <-s, -> *m(f)* avaleur(-euse) *m(f)* de sabres
schwer|tun *s.* tun III.▸
Schwertwal *m* épaulard *m*, orque *f*
Schwerverbrecher(in) *m(f)* grand(e) criminel(le) *m(f)*
schwerverdaulich *s.* verdaulich
schwerverletzt *s.* verletzen I.1.
Schwerverletzte(r) *f(m) dekl wie Adj* blessé(e) *m(f)* grave
schwerverständlich *s.* verständlich I.1.
schwerverwundet *s.* verwunden
Schwerverwundete(r) *s.* Schwerverletzte(r)
schwerwiegend *Adj* grave; *Bedenken, Grund* sérieux(-euse)
Schwester [ˈʃvɛstɐ] <-, -n> *f* ❶ *a.* REL sœur *f*
❷ (*Krankenschwester*) infirmière *f*
Schwesterchen <-s, -> *nt Dim von* **Schwester** petite sœur *f*
Schwesterfirma *f* **unsere ~** l'entreprise *f* appartenant au même groupe que le nôtre **Schwesterherz** *nt fam* sœurette *f*
Schwesterlein *s.* Schwesterchen
schwesterlich I. *Adj* de sœur; *Liebe* d'une sœur
II. *Adv* comme des sœurs
Schwesternhelferin *f* aide-soignante *f* **Schwesternorden** *m* ordre *m* de religieuses **Schwesternwohnheim** *nt* foyer *m* d'infirmières
Schwesterpartei *f* POL parti *m* frère **Schwesterschiff** *nt* navire-jumeau *m*
schwieg [ʃviːk] *Imp von* **schweigen**
Schwiegereltern [ˈʃviːgɐ-] *Pl* beaux-parents *mpl* **Schwiegermutter** *f* belle-mère *f* **Schwiegersohn** *m* gendre *m* **Schwiegertochter** *f* belle-fille *f* **Schwiegervater** *m* beau-père *m*
Schwiele [ˈʃviːlə] <-, -n> *f* cal *m*
schwielig *Adj* calleux(-euse)
schwierig [ˈʃviːrɪç] **I.** *Adj* ❶ (*schwer machbar*) difficile
❷ (*verwickelt*) *Fall, Situation* difficile, compliqué(e)
❸ (*problematisch*) *Person* compliqué(e); *Charakter* difficile; *sozial ~ Viertel, Vorort* sensible
II. *Adv* **etw ist ~ zu beantworten/lösen** qc est difficile à répondre/résoudre
Schwierigkeit <-, -en> *f* ❶ *kein Pl* (*Kompliziertheit*) *einer Aufgabe, Prüfung* difficulté *f*; *eines Falls, einer Situation* complexité *f*, difficulté
❷ *meist Pl* (*Probleme*) difficultés *fpl*; **jdn in ~en bringen** mettre qn en difficulté; **in ~en geraten** [*o* **kommen**] rencontrer des difficultés; **jdm ~en/keine ~en machen** [*o* **bereiten**] *Arbeit, Aufgabe:* faire des difficultés/ne présenter aucune difficulté à qn; **~en machen** *Mensch:* faire des difficultés [*o* des histoires]; **mach keine ~en!** *fam* pas d'histoires! (*fam*); **ohne ~en** sans difficulté
Schwierigkeitsgrad *m* degré *m* [*o* niveau *m*] de difficulté
schwillt [ʃvɪlt] *3. Pers Präs von* **schwellen**
Schwimmbad *nt* piscine *f*; **ins ~ gehen** aller à la piscine
Schwimmbassin *nt*, **Schwimmbecken** *nt* bassin *m*; (*privater Swimmingpool*) piscine *f* [privée] **Schwimmblase** *f* vessie *f* natatoire **Schwimmbrille** *f* lunettes *fpl* de natation
Schwimmdock <-s, -s> *nt* dock *m* flottant
schwimmen [ˈʃvɪmən] <schwamm, geschwommen> **I.** *itr V + sein* ❶ nager; **~ gehen** aller nager; **sie ist bis zur Insel geschwommen** elle a nagé jusqu'à l'île; **über den Fluss/wieder zum Ufer ~** traverser le fleuve/regagner la rive à la nage
❷ (*treiben*) **auf dem** [*o* **im**] **Wasser ~** *Gegenstand:* flotter sur [*o* surnager dans] l'eau; **im Fett ~** baigner dans la graisse
❸ *fam* (*unsicher sein*) nager (*fam*)
II. *tr V + haben o sein* **hundert Meter ~** nager un cent mètres
Schwimmen <-s> *nt* ❶ natation *f*; **beim ~** en nageant, en faisant de la natation; **zum ~ gehen** aller faire de la natation
❷ *fam* (*Unsicherheit*) **ins ~ kommen** [*o* **geraten**] commencer [*o* se mettre] à nager (*fam*)
Schwimmer <-s, -> *m* ❶ nageur(-euse) *m(f)*; (*opp: Nichtschwimmer*) personne *f* qui sait nager
❷ TECH flotteur *m*
Schwimmerbecken *nt* grand bassin *m*
Schwimmerin <-, -nen> *f* nageuse *f*; (*opp: Nichtschwimmerin*) personne *f* qui sait nager
Schwimmflosse *f* palme *f* **Schwimmflügel** *m* flotteur *m* **Schwimmfuß** *m meist Pl* pied *m* palmé **Schwimmgürtel** *m* ceinture *f* de natation **Schwimmhalle** *f* piscine *f* couverte **Schwimmhaut** *f* palmure *f* **Schwimmlehrer(in)** *m(f)* professeur *m* de natation **Schwimmsport** *m* natation *f* **Schwimmstil** *m* nage *f* **Schwimmunterricht** *m* cours *mpl* de natation **Schwimmverein** *m* club *m* de natation **Schwimmvogel** *m* palmipède *m* **Schwimmweste** *f* gilet *m* de sauvetage **Schwimmzeug** *nt fam* ❶ *eines Sportlers* affaires *fpl* de natation ❷ (*für das Schwimmbad*) affaires *fpl* de piscine; (*für den Strand, See*) affaires *fpl* de bain
Schwindel [ˈʃvɪndəl] <-s> *m* ❶ (*Betrug*) escroquerie *f*
❷ (*benommener Zustand*) vertige *m*; **~ erregend** vertigineux(-euse)
❸ *fam* (*Kram*) **der ganze ~** tout ce fourbi (*fam*)
Schwindelanfall *m* étourdissement *m*, vertige *m*
Schwindelei <-, -en> *f fam* bobard *m* (*fam*); **das ist alles ~!** tout ça, c'est des bobards [*o* du bidon]! (*fam*)
schwindelerregend *s.* Schwindel 2.
schwindelfrei *Adj* [qui n'est] pas sujet(te) au vertige; **~ sein** ne pas avoir le vertige **Schwindelgefühl** *nt* vertige *m*, étourdissement *m*
schwindelig *s.* schwindlig
schwindeln [ˈʃvɪndəln] **I.** *itr V fam* raconter des bobards (*fam*); **das Schwindeln** les bobards *mpl* (*fam*)
II. *tr V fam* inventer; **das ist alles nur geschwindelt!** tout ça, c'est des bobards! (*fam*)
III. *r V fam* **sich durch die Grenzkontrolle ~** passer la fron-

S

tière en fraude
IV. *itr V unpers* **jdm** [*o* **jdn**] **schwindelt** qn a le vertige
schwinden ['ʃvɪndən] <schwand, geschwunden> *itr V + sein geh* ❶ *Vorräte, Bestände, Ressourcen:* s'amenuiser
❷ (*nachlassen*) *Interesse:* tomber; *Kräfte:* s'amenuiser; *Erinnerung:* s'estomper (*soutenu*); *Hoffnung, Mut:* faiblir; **im Schwinden begriffen sein** *Kräfte:* être en train de s'amenuiser (*soutenu*)
Schwindler(in) ['ʃvɪndlɐ] <-s, -> *m(f)* ❶ (*Betrüger*) escroc *m*
❷ *fam* (*Lügner*) menteur(-euse) *m(f)*
schwindlig ['ʃvɪndlɪç] *Adj* **jdm wird/ist** [**es**] ~ qn est pris(e) de vertige/a le vertige; **mir wird leicht** [*o* **schnell**] ~ j'ai facilement la tête qui me tourne
Schwindsucht ['ʃvɪnt-] *f veraltet* phtisie *f* (*vieilli*) **schwindsüchtig** *Adj veraltet* phtisique (*vieilli*)
Schwinge ['ʃvɪŋə] <-, -n> *f geh* aile *f*
schwingen ['ʃvɪŋən] <schwang, geschwungen> I. *tr V + haben* agiter *Fähnchen, Hut, Taktstock;* brandir *Schwert, Stock;* **die Axt/Peitsche** ~ soulever [*o* brandir] la hache/le fouet [au-dessus de sa tête]
II. *itr V + haben o sein* ❶ (*vibrieren*) *Membran, Saite:* vibrer; *Brücke:* osciller
❷ *geh* (*zum Ausdruck kommen*) **in ihren Worten schwang Kritik** on sentait de la critique dans ses paroles; **ein leichter Vorwurf schwingt in seiner Stimme** le ton de sa voix exprime un léger reproche
III. *r V + haben* ❶ (*steigen*) **sich aufs Motorrad/Pferd** ~ sauter sur sa moto/son cheval
❷ (*springen*) **sich über etw** (*Akk*) ~ s'élancer d'un bond par-dessus qc
❸ (*sich erstrecken*) **sich über das Tal** ~ *Brücke:* enjamber la vallée; *s. a.* **geschwungen**
Schwinger ['ʃvɪŋɐ] <-s, -> *m* swing *m*
Schwingkreis *m* ELEC circuit *m* oscillant **Schwingtür** *f* porte *f* battante
Schwingung <-, -en> *f a.* PHYS vibration *f;* (*Pendelbewegung*) oscillation *f;* **in** ~ **geraten** se mettre à vibrer; **etw in** ~**en versetzen** faire osciller qc
Schwips [ʃvɪps] <-es, -e> *m fam* coup *m* dans le nez [*o* dans l'aile]; **einen** ~ **haben** être pompette (*fam*)
schwirren ['ʃvɪrən] *itr V + sein* ❶ **durch die Luft** ~ *Vögel:* voler dans un bruissement d'ailes; *Insekten:* voler dans les airs en bourdonnant; *Geschoss, Granatsplitter:* siffler dans les airs
❷ *fig* **was schwirrt dir durch den Kopf?** qu'est-ce qui te passe par la tête?
Schwitzbad *nt* bain *m* de vapeur
Schwitze ['ʃvɪtsə] <-, -n> *f* GASTR roux *m*
schwitzen ['ʃvɪtsən] I. *itr V* ❶ suer, transpirer
❷ (*Kondenswasser absondern*) *Wände:* suinter; *Fenster:* être couvert(e) de buée
II. *tr V* GASTR **Mehl in Butter** ~ faire roussir la farine dans du beurre
III. *r V* **sich nass** ~ se mettre en nage
Schwitzen <-s> *nt* transpiration *f;* **ins** ~ **geraten** [*o* **kommen**] se mettre à transpirer
Schwitzkasten *m* prise *f* d'étranglement; **jdn in den** ~ **nehmen** porter un étranglement à qn; **jdn im** ~ **haben** faire subir un étranglement à qn
Schwof [ʃvo:f] <-[e]s, -e> *m* DIAL *sl* bastringue *m* (*fam*); **zum** ~ **gehen** aller guincher (*fam*)
schwofen ['ʃvo:fən] *itr V* DIAL *sl* guincher (*fam*); **mit jdm** ~ guincher avec qn
schwoll [ʃvɔl] *Imp von* **schwellen**
schwören ['ʃvø:rən] <schwor, geschworen> I. *itr V* ❶ jurer; [**jdm**] ~**, dass alles wahr ist** jurer [à qn] que tout est vrai; **auf die Bibel/Verfassung** ~ jurer [*o* prêter serment] sur la bible/constitution; **bei Gott/seiner Ehre** ~ [**etw zu tun**] jurer devant Dieu/sur son honneur [de faire qc]
❷ (*überzeugt sein von*) **auf jdn/etw** ~ jurer par qn/qc
❸ *fam* (*beschwören, versichern*) **ich hätte** ~ **können** [*o* **mögen**]**, dass** j'aurais juré que + *indic;* **ich könnte** ~**, dass** je pourrais jurer que + *indic*
II. *tr V* ❶ **einen Eid** ~ prêter serment
❷ (*geloben*) **jdm/sich etw** ~ jurer à qn/se jurer qc; **sie hat sich** (*Dat*) **geschworen nicht aufzugeben** elle s'est jurée de ne pas abandonner
❸ (*fest versichern*) [**jdm**] ~ **etw zu tun** jurer [à qn] de faire qc; *s. a.* **geschworen**
schwul [ʃvu:l] *Adj fam* homo (*fam*), pédé (*fam*)
schwül [ʃvy:l] *Adj* lourd(e); **es ist** ~ il fait lourd
Schwüle ['ʃvy:lə] <-> *f* temps *m* lourd
Schwule(r) *m dekl wie Adj fam* homo *m* (*fam*), pédé *m* (*fam*)
Schwulenbewegung *f fam* mouvement *m* homo (*fam*) **Schwulenlokal** *nt fam* boîte *f* homo (*fam*) **Schwulenszene** *f fam* scène *f* homo (*fam*) **Schwulentreff** *m fam* lieu *m* de rencontre homo (*fam*)
Schwulität [ʃvuli'tɛ:t] <-, -en> *f meist Pl fam* embêtement *m* (*fam*); **in** ~**en kommen/sein** se retrouver/être dans la mouise (*fam*)
Schwulst [ʃvʊlst] <-[e]s> *m pej* surcharge *f* (*péj*), fioritures *fpl* (*péj*)
schwulstig ['ʃvʊlstɪç] A *s.* **schwülstig**
schwülstig ['ʃvʏlstɪç] I. *Adj Gemälde, Architektur* surchargé(e); *Formulierung, Stil* ampoulé(e)
II. *Adv reden, schreiben, sprechen* de façon ampoulée
Schwund [ʃvʊnt] <-[e]s> *m* ❶ (*Rückgang*) diminution *f*
❷ (*Gewichtsschwund bei Lebensmitteln*) perte *f* de poids
❸ (*Verlust durch Diebstahl*) perte *f*
Schwung [ʃvʊŋ, *Pl:* 'ʃvʏŋə] <-[e]s, ⸚e> *m* ❶ (*Bewegung*) élan *m;* (*ausholende Bewegung*) impulsion *f;* ~ **holen** prendre son élan; **mit** ~ *aufstehen, sich setzen* d'un bond; *werfen* avec vigueur; *fahren* à vive allure
❷ *kein Pl* (*Elan*) énergie *f;* **mit** [**neuem**] ~ **an die Arbeit gehen** aller au travail avec entrain
❸ (*Linienführung*) *einer Brücke, eines Designs* hardiesse *f;* *einer Unterschrift* vigueur *f*
❹ *fam* (*größere Anzahl*) **ein** [**ganzer**] ~ **Besucher** [tout] un tas de visiteurs (*fam*); **ein** [**ganzer**] ~ **Bestellungen** [tout] un paquet de commandes
▸ **in** ~ **bringen** donner un nouvel essor à *Betrieb, Laden;* donner un coup de fouet à *Produktion;* donner de l'impulsion à *Party;* **in** ~ **kommen** *Person:* commencer à chauffer; *Betrieb, Laden:* commencer à décoller; **in** ~ **sein** *Person:* être en train; *Betrieb, Laden:* marcher bien
Schwungfeder *f* rémige *f,* penne *f*
schwunghaft I. *Adj* florissant(e)
II. *Adv* de manière florissante
Schwungrad *nt* volant *m* **schwungvoll** I. *Adj* ❶ *Bewegung* impétueux(-euse); *Handschrift* vigoureux(-euse); *Linienführung, Bogen* hardi(e) ❷ (*mitreißend*) fougueux(-euse) II. *Adv* ❶ (*mit Schwung*) avec vivacité; (*mit Elan*) avec entrain; ~ **unterschreiben** signer avec vigueur ❷ (*temperamentvoll*) *spielen* avec fougue; *inszenieren* avec vivacité
Schwur [ʃvu:ɐ, *Pl:* 'ʃvy:rə] <-[e]s, ⸚e> *m* serment *m;* **einen** ~ **tun** [*o* **leisten**] faire un [*o* prêter] serment
Schwurgericht *nt* cour *f* d'assises
Schwyz [ʃvi:ts] <-> *nt* Schwyz
Sciencefiction[RR] ['saɪəns'fɪkʃən] <-, -s> *f* science-fiction *f*
Sciencefictionfilm[RR] ['saɪəns'fɪkʃən-] *m* film *m* de science-fiction **Sciencefictionroman**[RR] *m* roman *m* de science-fiction
Scrabble® [skræbl] <-s, -s> *nt* scrabble®, m
SDR *m* RADIO *Abk von* **Süddeutscher Rundfunk** *radio et télévision de l'Allemagne du Sud*
Séance [ze'ã:s(e), se'ã:s(ə)] <-, -n> *f* séance *f* de spiritisme
sec *Abk von* **Sekunde** s

sechs [zɛks] *Num* six; *s. a.* **acht**[1]
Sechs <-, -en> *f* ① (*Zahl, Spielkarte, Augenzahl*) six *m;* **lauter ~en würfeln** ne faire que des six
② (*Schulnote*) ≈ zéro *m;* CH ≈ vingt *m*
③ *kein Pl* (*U-Bahn-Linie, Bus-, Straßenbahnlinie*) six *m*
Sechseck *nt* hexagone *m* **sechseckig** *Adj* hexagonal(e)
sechseinhalb *Num* **~ Meter** six mètres et demi; *s. a.* **achteinhalb**
Sechser ['zɛksɐ] <-s, -> *m fam* ① (*Schulnote*) bulle *f* (*fam*)
② *fam* (*Lottogewinn*) six bons numéros *mpl*
③ CH (*Schulnote*) ≈ vingt *m*
sechserlei ['zɛksɐ'laɪ] *Adj unv* **~ Sorten Brot** six sortes de pain; *s. a.* **achterlei**
Sechserpack *m* pack *m* de six
sechsfach, 6fach **I.** *Adj* **die ~e Menge nehmen** prendre six fois la quantité
II. *Adv falten* en six; *s. a.* **achtfach**
Sechsfache(s) *nt dekl wie Adj* **das ~ verdienen** gagner six fois plus; *s. a.* **Achtfache(s)**
Sechsfüßer <-s, -> *m* ZOOL insecte *m* à six pattes, hexapode *m*
sechshundert *Num* six cents
sechsjährig *Adj Kind, Amtszeit* de six ans
Sechsjährige(r) *f(m) dekl wie Adj* garçon *m*/fille *f* de six ans
sechsköpfig *Adj Familie* de six [personnes]
sechsmal *Adv* six fois; *s. a.* **achtmal**
sechsmalig *Adj* **nach ~em Klingeln** au sixième coup de sonnette; *s. a.* **achtmalig**
sechsstellig *Adj Zahl* de six chiffres; *Betrag, Summe* à six chiffres; *s. a.* **achtstellig**
sechst *Adv* **zu ~ sein** être six; *s. a.* **acht**[2]
Sechstagerennen *nt* six Jours *mpl*
sechstausend *Num* six mille
sechste(r, s) *Adj* ① sixième
② (*bei Datumsangaben*) **der ~ März** *écrit:* **der 6. März** le six mars *geschrieben:* le 6 mars
③ SCHULE **die ~ Klasse** [*o* **die ~** *fam*] ≈ la cinquième; *s. a.* **achte(r, s)**
Sechste(r) *f(m) dekl wie Adj* ① sixième *mf*
② (*Datumsangabe*) **der ~/am ~n** *écrit:* **der 6./am 6.** le six *geschrieben:* le 6
③ (*Namenszusatz*) **Karl der ~** *écrit:* **Karl VI.** Charles six *geschrieben:* Charles VI
④ (*Sinfonie*) **Schuberts ~** la Sixième Symphonie de Schubert; *s. a.* **Achte(r)**
sechstel ['zɛkstəl] *Adj* sixième; *s. a.* **achtel**
Sechstel <-s, -> *nt a.* MATH sixième *m*
sechstens ['zɛkstəns] *Adv* sixièmement
Sechszeiler <-s, -> *m* (*Gedicht*) poème *m* de six vers; (*Strophe*) strophe *f* de six vers
sechszeilig *Adj Gedicht, Strophe* de six vers; *Text* de six lignes; *s. a.* **achtzeilig**
sechzehn ['zɛçtse:n] *Num* seize; *s. a.* **acht**[1] **sechzehnte(r, s)** *Adj* seizième; *s. a.* **achte(r, s)** **Sechzehntel** *nt a.* MATH seizième *m*
Sechzehntelnote *f* double croche *f*
sechzig ['zɛçtsɪç] *Num* soixante; *s. a.* **achtzig**
Sechzig <-, -en> *f* soixante *m*
sechziger, 60er *Adj unv* **die ~ Jahre** les années *fpl* soixante; *s. a.* **achtziger**
Sechziger[1] ['zɛçtsɪgɐ] <-s, -> *m* ① (*Mann in den Sechzigern*) sexagénaire *m*
② *s.* **Sechzigjährige(r)**
③ *fam* (*Wein*) 1960 *m*
Sechziger[2] <-, -> *f* HIST *fam* (*Briefmarke*) timbre *m* à soixante pfennigs
Sechziger[3] *Pl* ① **die ~** *eines Jahrhunderts* les années *fpl* soixante
② (*Lebensalter*) **in den ~n sein** être sexagénaire; *s. a.* **Achtziger**[3]
Sechzigerin <-, -nen> *f* ① (*Frau in den Sechzigern*) sexagénaire *f*
② *s.* **Sechzigjährige(r)**
Sechzigerjahre *Pl* **die ~** les années *fpl* soixante
sechzigjährig *Adj attr Person* sexagénaire; *Baum* de soixante ans; *s. a.* **achtzigjährig**
Sechzigjährige(r) *f(m) dekl wie Adj* homme *m*/femme *f* de soixante ans; **etw als ~(r) tun** faire qc à soixante ans
Sechzigpfennigmarke, 60-Pfennig-Marke *f* HIST timbre *m* à soixante pfennigs
sechzigste(r, s) *Adj* soixantième; *s. a.* **achtzigste(r, s)**
Secondhandladen [sɛkənt'hɛ(:)ntla:dən, 'sɛkənd'hænd-] *m* friperie *f* **Secondhandmarkt** *m* marché *m* de l'occasion
SED [ɛsʔe:'de:] <-> *f* HIST *Abk von* **Sozialistische Einheitspartei Deutschlands** *parti socialiste unifié de l'ex-R.D.A.*
Sedativum [zeda'ti:vʊm, *Pl:* zeda'ti:va] <-s, -tiva> *nt* MED sédatif *m*
Sediment [zedi'mɛnt] <-[e]s, -e> *nt* sédiment *m;* CHEM précipité *m*
Sedimentgestein *nt* roche *f* sédimentaire
See[1] [ze:, *Pl:* 'ze:ən] <-s, -n> *m* (*Binnensee*) lac *m*
See[2] <-, -n> *f* ① *kein Pl* (*Meer*) mer *f;* **an der ~** au bord de la mer; **an die ~ fahren** partir à la mer, aller au bord de la mer; **auf [hoher] ~** en [haute] mer; **in ~ gehen** [*o* **stechen**] appareiller; **zur ~ fahren** (*Seemann sein*) être marin; **wann ist er zum ersten Mal zur ~ gefahren?** quand est-il parti en mer pour la première fois?
② (*Seegang*) mer *f;* **ruhige/raue ~** mer calme/agitée
Seeaal *m* aiguillat *m* **Seeadler** *m* aigle *m* de mer, pygargue *m* **Seeanemone** *f* anémone *f* de mer **Seebad** *nt* station *f* balnéaire **Seebär** *m* ① *hum fam* vieux loup *m* de mer ② ZOOL ours *m* de mer **Seebeben** *nt* séisme *m* sous-marin **Seeelefant**[RR] *m* éléphant *m* de mer **Seefahrer** *m veraltet* marin *m* **Seefahrt** *f* ① *kein Pl* (*Schifffahrt*) marine *f* ② *veraltet s.* **Seereise**
Seefahrtschule *f* école *f* de navigation
seefest *Adj Schiff* en état de naviguer; *Person* qui a le pied marin **Seefisch** *m* poisson *m* de mer **Seefracht** *f* fret *m* maritime **Seefunk** *m* radiotéléphonie *f* maritime **Seegang** *m kein Pl* houle *f;* **schwerer** [*o* **starker**] **~** mer *f* forte [*o* agitée] **Seegefecht** *nt* bataille *f* navale, combat *m* naval **seegestützt** *Adj Rakete* mer-sol **Seegras** *nt* zostère *f* **Seegurke** *f* ZOOL holothurie *f*, concombre *m* de mer **Seehafen** <-häfen> *m* ① (*Hafen*) port *m* de mer ② (*Stadt mit Seehafen*) ville *f* portuaire **Seehandel** *m* commerce *m* maritime **Seehecht** *m* merlu *m*, colin *m* **Seeherrschaft** *f kein Pl* maîtrise *f* des mers **Seehund** *m* phoque *m* **Seeigel** *m* oursin *m* **Seekarte** *f* carte *f* marine [*o* nautique] **seeklar** *Adj Schiff* prêt(e) à appareiller; **das Schiff ~ machen** préparer le bateau à l'appareillage **Seeklima** *nt* climat *m* maritime **seekrank** *Adj* qui a le mal de mer; **~ sein** avoir le mal de mer **Seekrankheit** *f kein Pl* mal *m* de mer **Seekrieg** *m* guerre *f* sur mer [*o* navale] **Seekuh** *f* vache *f* marine, dugong *m* **Seelachs** *m* colin *m*
Seele ['ze:lə] <-, -n> *f* ① REL âme *f*
② (*Psyche*) psychisme *m*
③ (*Herz, Gefühl*) **mit ganzer ~** de tout son/mon/... cœur; **aus tiefster ~** de tout cœur; **etw liegt jdm auf der ~** qn a qc sur le cœur; **er redet sich** (*Dat*) **alles von der ~** il exprime tout qu'il a sur le cœur; **sie spricht mir aus der ~** *fam* je ne saurais mieux dire!; **du sprichst mir aus der ~** tu l'as dit! (*fam*); **das tut mir in der ~ weh** ça me fait mal au cœur
④ *fam* (*Mensch, Charakter*) **eine treue ~** une âme fidèle; **eine durstige ~ sein** avoir la dalle en pente (*fam*)
► **sich** (*Dat*) **die ~ aus dem Leib[e] brüllen** *fam* crier comme un sourd; **eine ~ von Mensch** [*o* **von einem Menschen**] **sein** avoir un cœur d'or; **jetzt/dann hat die liebe** [*o* **arme**] **~ Ruh** eh bien maintenant, [j'espère que] tu es/il est/... content(e); **jdm zentnerschwer auf der ~ lasten** être un poids accablant

S

pour qn; **jdm auf der ~ brennen** *fam* turlupiner qn (*fam*); **es brennt ihm auf der ~ es dir zu sagen** *fam* ça le démange de te le dire (*fam*); **die ~ einer S.** (*Gen*) **sein** être l'âme de qc

Seelenfriede[n] *m geh* paix *f* de l'âme; **mein ~** ma tranquillité d'esprit **Seelengröße** *f geh* grandeur *f* d'âme **Seelenheil** *nt* salut *m* [de l'âme] **Seelenleben** *nt kein Pl geh* vie *f* intérieure **Seelenqual** *f meist Pl geh* tourment *m* [intérieur] (*soutenu*) **Seelenruhe** *f* **in aller ~** en toute tranquillité [*o* quiétude] **seelenruhig** *Adv* tranquillement; **wir können nicht ~ zusehen** nous ne pouvons pas regarder ce qui se passe sans rien dire/faire **Seelenverkäufer** *m pej* vieux rafiot *m* (*péj fam*) **seelenverwandt** *Adj* qui a/ont des affinités; **sie sind ~** ils/elles ont beaucoup d'affinités **Seelenwanderung** *f* métempsycose *f*; REL réincarnation *f*

Seeleute *Pl von* Seemann

seelisch **I.** *Adj* psychique
II. *Adv* **~ bedingt [sein]** *Krankheit:* [être] psychosomatique

Seelöwe *m* ZOOL lion *m* de mer

Seelsorge *f kein Pl* direction *f* de conscience, pastorale *f*

Seelsorger(in) <-s, -> *m(f)* directeur(-trice) *m(f)* de conscience

seelsorgerisch **I.** *Adj* pastoral(e)
II. *Adv* **~ tätig sein** avoir une activité pastorale

Seeluft *f kein Pl* air *m* marin **Seemacht** *f* puissance *f* maritime **Seemann** <-leute> *m* marin *m*

seemännisch **I.** *Adj* de marin
II. *Adv* **~ ausgebildet/erfahren sein** avoir une formation/expérience de marin

Seemannsbraut *f* fiancée *f* de marin **Seemannsgarn** *nt kein Pl* récit *m* fantaisiste [de marin]; **~ spinnen** débiter des histoires [de marin] **Seemannslied** *nt* chanson *f* de marin **Seemannssprache** *f* langage *m* des marins

Seemeile *f* mille *m* marin **Seemine** *f* mine *f* [marine] **Seenadel** *f* ZOOL aiguille *f* de mer

Seengebiet ['ze:ən-] *nt* région *f* de lacs

Seenot *f kein Pl* situation *f* de détresse [en mer]; **in ~ sein** être en détresse [*o* en perdition]; **in ~ geraten** se retrouver en [situation de] détresse [*o* en perdition]

Seenotrettungsdienst *m* service *m* de sauvetage en mer **Seenotrettungskreuzer** *m* vedette *f* de sauvetage

Seenotruf *m* appel *m* de détresse

Seenotzeichen *nt* signal *m* de détresse

Seenplatte *f* GEOG région *f* lacustre; **die Mecklenburgische ~** la région des lacs du Mecklembourg

Seepferd[chen] *nt* hippocampe *m* **Seeräuber** *m* pirate *m* **Seeräuberei** <-> *f* piraterie *f*

Seeräuberschiff *nt* bateau *m* pirate

Seerecht *nt kein Pl* droit *m* maritime **Seereise** *f* croisière *f* **Seerose** *f* ❶ BOT nénuphar *m* ❷ ZOOL anémone *f* de mer **Seeroute** *f* route *f* maritime **Seesack** *m* sac *m* de marin **Seeschiff** *nt* navire *m* **Seeschifffahrt**[RR] *f kein Pl* navigation *f* maritime **Seeschlacht** *f* bataille *f* navale **Seeschlange** *f* ZOOL serpent *m* de mer **Seeschwalbe** *f* ORN hirondelle *f* de mer, sterne *f* **Seestern** *m* étoile *f* de mer **Seestraße** *f* ligne *f* [*o* route *f*] maritime **Seestreitkräfte** *Pl* MIL forces *fpl* navales **Seetang** *m* fucus *m* **seetüchtig** *Adj* en état de naviguer **Seeufer** *nt* rive *f* [du lac] **Seeungeheuer** *nt* monstre *m* marin **Seeverbindung** *f* liaison *f* maritime **Seevogel** *m* oiseau *m* de mer

seewärts ['ze:vɛrts] *Adv* vers le large; **weiter ~ liegen** être plus loin au large

Seewasser *nt* ❶ (*Wasser eines Sees*) eau *f* du lac ❷ (*Meerwasser*) eau *f* de mer **Seeweg** *m* voie *f* maritime; **etw auf dem ~ befördern** transporter qc par voie maritime; **der ~ nach Indien** la voie maritime pour l'Inde **Seewind** *m* vent *m* du large **Seezeichen** *nt* signal *m* maritime; **die ~** la signalisation maritime **Seezollgrenze** *f* frontière *f* douanière maritime **Seezunge** *f* sole *f*

Segel ['ze:gəl] <-s, -> *nt* voile *f*; **[die] ~ setzen/streichen** mettre/amener les voiles; **mit vollen ~n** *fam* toutes voiles dehors
► **vor jdm/etw die ~ streichen** baisser pavillon devant qn/qc

Segelboot *nt* voilier *m* **Segelfahrt** *f* sortie *f* en voilier **segelfliegen** *itr V nur Infin* faire du vol à voile **Segelfliegen** *nt* vol *m* à voile **Segelflieger(in)** *m(f)* vélivole *mf* **Segelflug** *m* ❶ (*Flug*) vol *m* en planeur ❷ *s.* Segelfliegen

Segelflugplatz *m* terrain *m* de vol à voile **Segelflugsport** *m kein Pl* vol *m* à voile **Segelflugzeug** *nt* planeur *m*

Segeljacht *f* yacht *m* à voiles **Segelmacher(in)** *m(f)* voilier(-ière) *m(f)*

segeln ['ze:gəln] **I.** *itr V + sein* ❶ (*fahren*) faire voile; **über den Bodensee ~** faire voile à travers le lac de Constance; **wochenlang ~** naviguer [à la voile] pendant des semaines
❷ (*den Segelsport betreiben*) faire de la voile; **~ lernen/gehen** apprendre à faire/aller faire de la voile
❸ (*fliegen*) **durch die Luft ~** voler dans l'air
❹ *fam* (*fallen*) **vom Tisch ~** se casser la figure de la table (*fam*); **durch die Prüfung ~** être recalé(e) à l'examen (*fam*)
❺ *s.* segelfliegen
II. *tr V + haben o sein* courir *Regatta;* **eine weite Strecke ~** parcourir un long trajet à la voile; **einen nördlichen Kurs ~** faire voile vers le nord

Segeln <-s> *nt* voile *f*; **zum ~ gehen** aller faire de la voile

Segelohren *Pl fam* oreilles *fpl* en feuille de chou (*fam*) **Segelregatta** *f* régate *f* **Segelschiff** *nt* voilier *m* **Segelschulschiff** *nt* voilier-école *m* **Segelsport** *m* voile *f* **Segeltörn** <-s, -s> *m* croisière *f* à la voile **Segeltuch** <-tuche> *nt* toile *f* [à voile]

Segen ['ze:gən] <-s, -> *m* ❶ bénédiction *f*; **jdm den ~ erteilen** [*o* **spenden**] donner sa bénédiction à qn
❷ *kein Pl* (*göttlicher Beistand*) grâce *f*; **den ~ Gottes für etw erflehen** implorer la grâce de Dieu pour qc
❸ *fam* (*Einwilligung*) autorisation *f*; **seinen ~ zu etw geben** donner le feu vert à qc; **jds ~ haben** avoir le feu vert de qn; **meinen ~ hast du** tu as ma bénédiction
❹ (*Wohltat*) bénédiction *f*; **es ist ein [wahrer] ~!** *fam* quel bonheur!; **ein ~ für die Menschheit** une bénédiction pour l'humanité
❺ *iron fam* (*Überraschung*) **der ganze ~** tout le bazar (*fam*)

segensreich *Adj geh Entdeckung, Einrichtung* salutaire; *Schaffen, Wirken* bénéfique

Segler <-s, -> *m* ❶ navigateur *m*
❷ (*Segelschiff*) voilier *m*

Seglerin <-, -nen> *f* navigatrice *f*

Segment [zɛ'gmɛnt] <-[e]s, -e> *nt* segment *m*

segnen ['ze:gnən] *tr V* bénir *Gemeinde, Gaben;* **~de Gebärde** geste *m* de bénédiction; *s. a.* **gesegnet**

Segnung <-, -en> *f* ❶ ECCL bénédiction *f*
❷ *Pl a. iron* (*Vorzug*) **die ~en der modernen Technik** les bienfaits *mpl* de la technique moderne

sehbehindert *Adj* malvoyant(e)

sehen ['ze:ən] <sieht, sah, gesehen> **I.** *tr V* ❶ voir; **jdn auf der Straße ~** voir qn dans la rue; **jdn aus dem Haus kommen ~** voir qn quitter la maison; **~, wie sich zwei Personen begrüßen** voir deux personnes se dire bonjour; **sich ~ lassen** se manifester; **jdn/etw zu ~ bekommen** avoir l'occasion de voir qn/qc; **jd/etw ist gut zu ~** on voit bien qn/qc; **wieder ~** revoir
❷ (*ansehen*) regarder *Fernsehfilm, Sendung;* voir *Theaterstück, Kinofilm*
❸ (*feststellen*) **~, was dabei herauskommt** voir ce qui en vient; **du wirst schon ~, was passiert** tu vas voir ce qui se passe; **das wollen wir [doch] erst mal ~!** *fam* c'est ce qu'on va voir! (*fam*); **na siehst du/na ~ Sie!** alors tu vois/vous voyez!; **wie ich sehe, ...** d'après ce que je vois,...; **da sieht man es mal wieder!** c'est toujours la même histoire!; **siehst du [wohl]!** *fam*, **siehste!** *fam* tu vois!

4 (*verstehen, betrachten*) **jdn als Künstler** ~ considérer qn comme artiste; **in jdm den Beschützer/Freund** ~ voir en qn le protecteur/l'ami; **ich sehe das anders** je vois les choses autrement; **so gesehen** vu sous cet angle; ~ **Sie** (*erläuternd*) [vous] voyez
5 (*erleben, ertragen*) **in seinem Leben schon viel gesehen haben** en avoir déjà vu beaucoup dans sa vie; **etw nicht** ~ **können** ne pas supporter la vue de qc; **nicht** ~ **können, wie etw geschieht** ne pas supporter de voir comment qc se passe; **ich möchte den** ~, **der das glaubt** *fam* je voudrais bien voir celui qui croit ça; **das muss man gesehen haben** il fallait voir ça; **hat man so was schon gesehen!** *fam* qu'est-ce qu'il faut pas voir! (*fam*)
6 (*sich bemühen*) **jeder muss** ~, **wo er bleibt** chacun doit s'arranger [comme il peut]; ~, **was sich tun lässt** voir ce qui peut se faire; ~ **Sie, dass Sie rechtzeitig da sind** tâchez d'être là à l'heure; **mal** ~, **ob wir etwas erreichen können** *fam* on va voir si on peut obtenir quelque chose; **mal** ~ *fam* faut voir (*fam*)
▶ **etw [nicht] gern** ~ [ne pas] voir d'un bon œil qc; **es [schon] kommen** ~, **dass etw geschieht** prévoir [d'ores et déjà] que qc va arriver; **sich** ~ **lassen können** valoir la peine d'être vu(e); *iron* (*beachtlich sein*) être présentable
II. *itr V* 1 voir; **schärfer/schlecht/sehr gut** ~ [y] voir plus nettement/mal/très bien
2 (*hinschauen*) **darf ich mal** ~? puis-je regarder?; **lassen Sie mal** ~! montrez!; **siehe oben/unten** (*Verweis*) voir plus haut/ci-dessous; **sieh doch** [*o* **mal**]! tu as vu?
3 (*besuchen*) **nach jdm** ~ aller voir qn
4 (*nachschauen*) **nach etw** ~ regarder qc
5 DIAL (*achten*) **auf jdn/etw** (*Akk*) ~ faire attention à qn/qc
6 (*herausragen*) **aus etw** ~ dépasser de qc
▶ **sieh[e] da!** tiens!
III. *r V* 1 (*sich treffen*) se voir; **wir haben uns ja lange nicht mehr gesehen** ça fait longtemps que nous ne nous sommes pas vus; **sich wieder** ~ se revoir
2 (*sich fühlen*) **sich gezwungen** ~ **etw zu tun** se voir contraint de faire qc; **sich von jdm zutiefst enttäuscht** ~ se sentir profondément déçu(e) par qn

Sehen <-s> *nt* **jdn vom** ~ **kennen** connaître qn de vue

sehenswert, sehenswürdig *Adj geh* qui vaut la peine d'être vu(e)

Sehenswürdigkeit <-, -en> *f* curiosité *f*

Seher(in) <-s, -> *m(f)* devin *m*/devineresse *f*

Seherblick *m kein Pl geh* don *m* de prophétie

seherisch *Adj attr* divinateur(-trice); **dank ihrer** ~**en Gabe** grâce à son don divinatoire

Sehfehler *m* défaut *m* visuel **Sehhilfe** *f* verres *mpl* correcteurs **Sehkraft** *f kein Pl* vue *f*, acuité *f* visuelle

Sehne ['ze:nə] <-, -n> *f* 1 *a.* GEOM corde *f*
2 ANAT tendon *m*

sehnen ['ze:nən] *r V* **sich nach jdm/etw** ~ rêver d'avoir qn/désirer [ardemment] qc; **sich danach** ~ **etw tun zu dürfen** rêver de pouvoir faire qc; **ich sehne mich so nach dir!** tu me manques tellement!

Sehnenriss[RR] *m* MED déchirure *f* du tendon **Sehnenscheidenentzündung** *f* MED inflammation *f* du tendon **Sehnenzerrung** *f* MED élongation *f* du tendon

Sehnerv *m* ANAT nerf *m* optique

sehnig *Adj* 1 *Steak* filandreux(-euse)
2 (*mager und kräftig*) *Person, Erscheinung, Gestalt* nerveux(-euse)

sehnlich I. *Adj Hoffnung, Wunsch* ardent(e); *Erwartung* éperdu(e)
II. *Adv* ardemment

Sehnsucht <-, -̈e> *f* nostalgie *f*; **seine/ihre Sehnsüchte** ses aspirations *fpl*; **seine/ihre** ~ **nach jdm/etw** sa nostalgie de qn/qc; ~ **haben** être envahi(e) de nostalgie; ~ **nach jdm haben** se languir de qn; **vor** ~ **sterben** mourir de nostalgie

sehnsüchtig I. *Adj attr Blick* nostalgique; *Erwartung* éperdu(e); *Hoffnung, Verlangen, Wunsch* ardent(e)
II. *Adv* ardemment

sehnsuchtsvoll *s.* **sehnsüchtig**

sehr [ze:ɐ] <mehr, am meisten> *Adv* 1 *mit Verb* beaucoup; [**nicht**] ~ **leiden** [ne pas] souffrir beaucoup; **beweisen, wie** ~ **man jdn liebt** prouver à quel point on aime qn; **das tut** ~ **weh** ça fait très mal; **zu** ~ trop; **so** ~ tellement
2 *mit Adj, Adv* très; [**nicht**] ~ **groß** [pas] très grand; ~ **viel** énormément; ~ **wohl** parfaitement; ~ **sogar!** et comment!

Sehschärfe *f* acuité *f* visuelle **Sehschwäche** *f* problème *m* de vue **Sehstörung** *f* trouble *m* visuel **Sehtest** *m* test *m* visuel **Sehvermögen** *nt kein Pl* vue *f*, acuité *f* visuelle

seicht [zaɪçt] *Adj* 1 *Gewässer, Wasser* peu profond(e); **hier ist es** ~, **hier ist eine** ~**e Stelle** ici, les eaux sont basses
2 (*oberflächlich*) *Film, Stück, Unterhaltung* insipide

seid [zaɪt] *2. Pers Pl Präs von* **sein**[1]

Seide ['zaɪdə] <-, -n> *f* soie *f*

Seidel ['zaɪdəl] <-s, -> *nt* (*Bierseidel*) chope *f*

Seidelbast *m* sainbois *m*

seiden ['zaɪdən] *Adj attr* de [*o* en] soie

Seidenglanz *m* aspect *m* satiné **Seidenmalerei** *f* peinture *f* sur soie **Seidenpapier** *nt* papier *m* de soie **Seidenraupe** *f* ver *m* à soie **Seidenraupenzucht** *f kein Pl* (*das Züchten*) sériciculture *f* **Seidenschwanz** *m* jaseur *m* **Seidenspinner** *m* bombyx *m* **Seidenstraße** *f* route *f* de la soie **Seidenstrumpf** *m* bas *m* de soie **seidenweich** *Adj* soyeux(-euse)

seidig I. *Adj* soyeux(-euse)
II. *Adv* **sich** ~ **anfühlen** être soyeux(-euse) [au toucher]

Seife ['zaɪfə] <-, -n> *f* savon *m*

seifen ['zaɪfən] *s.* **einseifen**

Seifenblase *f* bulle *f* de savon ▶ **wie eine** ~ **zerplatzen** *Hoffnung, Illusion:* s'envoler **Seifenkiste** *f fam* carriole *f* (*fam*) **Seifenlauge** *f* lessive *f* **Seifenoper** *f* soap-opéra *m* **Seifenpulver** [-fɐ, -vɐ] *nt* savon *m* en poudre **Seifenschale** *f* porte-savon *m* **Seifenschaum** *m* mousse *f* [de savon] **Seifenwasser** *nt* eau *f* savonneuse

seifig *Adj* 1 *Gesicht, Hände* savonneux(-euse)
2 (*wie Seife*) **ein** ~**er Geschmack** un goût de savon

seihen ['zaɪən] *tr V* filtrer

Seiher ['zaɪɐ] <-s, -> *m bes.* SDEUTSCH, A passoire *f*

Seil [zaɪl] <-[e]s, -e> *nt* corde *f*; (*Drahtseil*) câble *m*

Seilakrobat(in) *m(f)* funambule *mf* **Seilbahn** *f* (*auf Schienen*) funiculaire *m*; (*Drahtseilbahn*) téléphérique *m*

Seiler(in) ['zaɪlɐ] <-s, -> *m(f)* cordier(-ière) *m(f)*

seil|hüpfen *itr V nur Infin und PP* + *sein s.* **seilspringen**

Seilschaft <-, -en> *f* 1 (*Gruppe von Bergsteigern*) cordée *f*
2 *fig, pej* (*verschworene Gruppe*) coterie *f* (*péj*)

seil|springen *itr V unreg, nur Infin und PP* + *sein* sauter à la corde **Seilspringen** *nt* saut *m* à la corde **Seiltanz** *m* ▶ [**wahre**] **Seiltänze vollführen** *fam* se livrer à des acrobaties **Seiltänzer(in)** *m(f)* funambule *mf* **Seilwinde** *f* treuil *m* [à câble] **Seilzug** *m* 1 (*Seilwinde*) palan *m* 2 *einer Bremse* câble *m*

sein[1] [zaɪn] <bin, bist, ist, sind, seid, war, gewesen> I. *itr V* + *sein* 1 être; **klein/schön** ~ être petit(e)/beau(belle); **klug/böse** ~ être intelligent(e)/méchant(e); **freundlich/unfreundlich zu jdm** ~ être sympathique/antipathique avec qn; **es ist so, wie ich sage** c'est comme je le dis; **wie war das noch?** au fait, c'était comment, déjà?; **so nett/unverschämt** ~ **etw zu tun** être assez gentil(le)/insolent(e) pour faire qc; **nicht so** ~ *Person, Tatsache:* n'être pas comme ça; **ich bin ja gar nicht so!** *fam* je suis pas comme ça! (*fam*); **sei doch nicht so!** *fam* [allez,] sois cool! (*fam*)
2 *mit Nom* **Angestellter/Bäcker** ~ être employé/boulanger; **Deutscher/Franzose/Afrikaner** ~ être allemand/français/africain; **ein lieber Mensch/ein Schuft** ~ être une personne gentille/une crapule; **das ist ihr Lehrer** il est son professeur;

S

was sind Sie [beruflich]? qu'est-ce que vous faites [dans la vie]?; **wenn ich Sie/er wäre** si j'étais vous/lui; **sei er, wer er wolle** qu'importe ce qu'il est; **als da sind Mutter, Vater und drei Kinder** à savoir la mère, le père et les trois enfants; **und das/der/die wäre[n]?** c'est-à-dire?
❸ (*vorhanden sein, existieren*) exister; **hallo, ist da/hier jemand?** ohé! Il y a quelqu'un?; **ist noch Käse im Kühlschrank?** y-a-t-il encore du fromage dans le frigidaire?; **seine Frau ist nicht mehr** *geh* sa femme n'est plus (*littér*); **alles vergessen, was bisher war** oublier tout ce qu'il y a eu jusqu'à présent; **wir sind fünf/zu fünft** nous sommes cinq/à cinq
❹ (*sich befinden*) être; **in Berlin/zur Kur/im Urlaub** ~ être à Berlin/en cure/vacances; **die Akten sind im Schrank** les documents sont dans l'armoire; **wo ist meine Brille?** où sont mes lunettes?
❺ (*herstammen*) **aus Frankreich/dem Süden/der Stadt** ~ être [originaire] de France/du sud/de la ville
❻ (*angesehen, empfunden werden*) **jdm zu eng/weit** ~ être trop serré(e)/large pour qn; **jdm zu anstrengend/teuer** ~ être trop fatigant(e)/cher(chère) au goût de qn; **jdm peinlich** ~ gêner qn; **mir ist so komisch [zumute]** je me sens tout(e) drôle; **ein Eis wäre mir lieber** je préférerais une glace
❼ (*hergestellt sein*) **aus Leder/Wolle/Holz** ~ être en cuir/laine/bois
❽ (*ergeben*) **2 und 2 ist 4** 2 et 2 font 4; **wie viel ist das?** ça fait combien?; **was ist die Wurzel aus 16?** quelle est la racine de 16?
❾ (*geschehen*) **was ist?** qu'est-ce qu'il y a?; **was ist mit dir/ihm?** qu'est-ce que tu as/qu'il a?; **ist was mit mir?** *fam* il y a un problème avec moi? (*fam*); **was war?** qu'est-ce qu'il y a eu?; **war was?** *fam* il y a eu quelque chose de spécial? (*fam*); **war etwas, während ich weg war?** est-ce qu'il s'est passé quelque chose en mon absence?; **wenn etwas ~ sollte ...** au cas où il se passerait quelque chose...; **es braucht nicht sofort zu** ~ ça peut attendre
❿ *mit modalem Hilfsv* ~ **können/dürfen** être possible; **das muss** ~ c'est indispensable; **es hat [eben] nicht ~ sollen** ça ne s'est pas fait; **das darf doch nicht wahr ~!** ce n'est pas possible!
⓫ *mit zu und Infin* **das ist leicht/schwer zu sagen** c'est facile/difficile à dire; **er ist zu verhaften** on peut l'arrêter; **er ist nicht zu sehen/ausfindig zu machen** on ne peut pas le voir/trouver; **am Wochenende ist immer viel zu erledigen** le week-end, il y a toujours beaucoup de choses à faire
⓬ *mit zu und substantiviertem Verb* **zum Lachen/Weinen** ~ être vraiment trop drôle/désolant(e); **es ist zum Verrücktwerden** c'est à devenir fou(folle)
▶ **weil nicht ~ kann, was nicht ~ darf** car on nie l'existence de ce qu'on ne veut pas voir exister; **was nicht ist, kann noch werden** il ne faut pas préjuger de l'avenir; **das wär's!** c'est tout!; **sei's drum!** *fam* O.K.! (*fam*); **dem ist so** c'est exact; **er/sie ist wer** *fam* il/elle est quelqu'un; **wie dem auch sei** de toute manière
II. *itr V unpers + sein* ❶ *mit Adj* **es ist schön/schade/traurig, dass** c'est bon/dommage/triste que + *subj*; **es wäre besser gewesen, wenn ...** il aurait mieux valu que... + *subj*
❷ (*die betreffende Person sein*) **er/sie ist es** c'est lui/elle; **ich bin's!** *fam* c'est moi! (*fam*); **warum muss ich es immer ~?** pourquoi faut-il que ça soit toujours moi?; **das ist es!** c'est ça!
❸ (*bei Zeitangaben*) **es ist Montag/Wochenende/Frühling** c'est lundi/le week-end/le printemps; **es ist Januar** on est en janvier; **es ist sieben Uhr** il est sept heures; **es ist Tag/Nacht** il fait jour/nuit; **es sind jetzt drei Jahre, dass wir verheiratet sind** ça fait maintenant trois ans que nous sommes mariés; **es mögen jetzt drei Wochen ~, dass ich davon erfahren habe** ça doit faire maintenant trois semaines que je l'ai appris; **es war einmal** il était une fois
❹ METEO **es ist warm/kalt** il fait chaud/froid; **es ist regnerisch/windig** le temps est pluvieux/il y a du vent
❺ (*empfunden werden*) **jdm ist [es] heiß/kalt** qn a chaud/froid; **jdm ist [es] schlecht** [*o* **übel**] qn se sent mal; **es ist mir angenehm** c'est agréable pour moi; **jdm ist es peinlich/unangenehm** qn trouve ça gênant/désagréable; **ihm war, als ob er träumte** [*o* **als träumte er**] il avait l'impression de rêver
▶ **sei es, wie es wolle, mir ist das egal** quoi qu'il en soit, ça m'est égal; **es ist an jdm etw zu tun** c'est à qn de faire qc; **es sei denn ...** à moins que...; **sei es, dass sie lügt, sei es, dass sie es nicht besser weiß** est-ce le fait qu'elle mente, ou bien le fait qu'elle ne le sache pas mieux; **es ist nichts** ce n'est rien; **es ist/war [wohl] nichts** *fam* c'est raté/ça a raté (*fam*); **damit ist/war es nichts** ça ne se fait pas/ça n'a rien donné; **wie wäre es mit einer Pause?** qu'est-ce que tu dirais/vous diriez d'une pause?; **wie wäre es, wenn ihr umziehen würdet?** qu'est-ce que tu dirais/vous diriez si vous déménagiez?
III. *Hilfsv mit PP* ❶ *zur Bildung des Zustandspassivs* **fotografiert worden** ~ avoir été photographié(e); **der Apfel war vergiftet worden** la pomme a été empoisonnée
❷ *zur Bildung des Perfekts* **gefahren/gegangen/gesprungen** ~ être allé(e)/parti(e)/avoir sauté; **lustig/krank gewesen** ~ avoir été joyeux(-euse)/malade

sein² *Pron pers, Gen von* **er** *veraltet poet* **ich werde ~ gedenken** je me souviendrai de lui

sein³ *Pron poss* ❶ (*bei Singular*) son (sa); (*bei Plural*) ses; ~ **Bruder** son frère; ~**e Schwester/Freundin** sa sœur/son amie; ~**e Eltern** ses parents; ~ **Auto** sa voiture; ~**e Wohnung** son appartement; **dieses Buch ist ~[e]s** ce livre est à lui; **das ist alles ~s** tout est à lui; **ist das dein Pullover oder ~er?** c'est ton pullover ou c'est le sien?; **sie ist ~** *poet* elle est à lui
❷ *substantivisch* **der/die/das ~e** le sien/la sienne; **das sind nicht meine Socken, sondern die ~en** ce ne sont pas mes chaussettes, mais les siennes; **er hat das Seine bekommen** il a eu sa part; **er hat das Seine getan** il a fait ce qu'il avait à faire; **die Seine** son épouse; **die Seinen** les siens
❸ (*gewohnt, üblich*) **er macht gerade ~ Nickerchen** en ce moment, il fait son petit somme habituel
▶ **den Seinen gibt's der Herr im Schlaf** *Spr.* aux innocents les mains pleines; **jedem das Seine** chacun voit midi à sa porte

Sein <-s> *nt* être *m*

seiner *geh* **I.** *Pron pers, Gen von* **er** de lui; **ich werde ~ gedenken** je me souviendrai de lui; **niemand erbarmte sich ~** personne n'a eu pitié de lui; **statt ~** à sa place
II. *Pron pers, Gen von* **es**: **ein Kind adoptieren um sich ~ anzunehmen** adopter un enfant pour en faire sien (*littér*)

seinerseits *Adv* ❶ (*er wiederum*) de son côté
❷ (*was ihn betrifft*) pour sa part

seinerzeit *Adv* à l'époque

seinesgleichen *Pron unv* ❶ *pej* (*Menschen seines Schlags*) ses semblables; **[er und]** ~ [lui et] ses semblables
❷ (*Menschen wie er*) **ich kenne niemanden ~** *geh* je ne connais rien ni personne qui l'égale (*soutenu*); **nur mit ~ verkehren** n'avoir affaire qu'à ses semblables

seinethalben ['zaɪnət'halbən] *Adv veraltet*, **seinetwegen** ['zaɪnət've:gən] *Adv* ❶ (*wegen ihm*) à cause de lui
❷ (*ihm zuliebe*) pour lui
❸ (*wenn es nach ihm ginge*) s'il ne tient/tenait qu'à lui

seinetwillen ['zaɪnət'vɪlən] *Adv* **um ~** [par amour] pour lui

seinige ['zaɪnɪgə] *Pron poss veraltet geh* **der/die/das ~** le sien/la sienne; **das sind nicht meine Socken, sondern die ~n** ce ne sont pas mes chaussettes, mais les siennes; **er hat das Seinige getan** il a fait ce qu'il avait à faire; **die Seinige** *geh* son épouse; **die Seinigen** les siens

sein|lassen *s.* lassen I.1.

Seismik ['zaɪsmɪk] <-> *f* sismologie *f*

seismisch *Adj Welle* sismique

Seismograf[RR], **Seismograph** [zaɪsmo'gra:f] <-en, -en> *m* s[é]ismographe *m*
Seismogramm [zaɪsmo'gram] <-s, -e> *nt* sismogramme *m*
Seismologie [zaɪsmolo'gi:] <-> *f s.* **Seismik**
seismologisch *Adj s.* **seismisch**
Seismometer [zaɪsmo'me:tɐ] <-s, -> *nt s.* **Seismograf**
seit [zaɪt] **I.** *Präp + Dat* depuis; ~ **zehn Jahren verheiratet sein** être marié(e) depuis dix ans; ~ **einiger Zeit arbeitet er sehr fleißig** depuis quelque temps il travaille avec beaucoup d'assiduité; **ich weiß das erst** ~ **eben** je viens seulement d'apprendre cela
II. *Konj s.* **seitdem II.**
seitdem **I.** *Adv* depuis [ce moment-là]
II. *Konj* depuis que + *indic*
Seite ['zaɪtə] <-, -n> *f* ① (*im Raum*) côté *m;* **die rechte/linke** ~ le côté droit/gauche; **sie nahmen zu beiden** ~**n des Gastgebers Platz** ils prirent place de chaque côté de l'hôte
② (*Oberfläche*) *eines Körpers, Gegenstands* côté *m; eines Würfels, einer Pyramide* face *f;* **auf der rechten** ~ **gelähmt sein** être paralysé(e) du côté droit; **die untere/obere** ~ **des Kästchens** la partie inférieure/supérieure du coffret; **jdm nicht von der** ~ **weichen, nicht von jds** ~ **weichen** *Person, Tier:* ne pas quitter qn d'une semelle; **auf die** ~ **fallen** tomber sur le côté; **sich auf die** ~ **legen** se mettre qc sur le côté; **etw auf die** ~ **legen** mettre qc sur le côté; **das Buch zur** ~ **legen** poser le livre sur le côté; **die Arbeit zur** ~ **legen** laisser le travail de côté
③ (*Buchseite, Heftseite, Zeitungsseite*) page *f;* **gelbe** ~**n** pages jaunes
④ (*Aspekt*) côté *m;* **neue** ~**n an jdm entdecken** découvrir de nouvelles facettes chez qn; **jdn von einer anderen** ~ **kennen lernen** apprendre à connaître qn sous un autre jour; **das Problem von einer anderen** ~ **betrachten** considérer le problème sous un autre angle
⑤ (*beteiligte Partei*) côté *m;* **auf der** ~ **der Gewinner** du côté des gagnants; **auf jds** ~ (*Dat*) **stehen** [*o* **sein**] être du côté de qn; **jdn auf seine** ~ **bringen** [*o* **ziehen**] gagner qn à sa cause; **sich auf jds** ~ **schlagen** basculer du côté de qn; **die** ~**n wechseln** changer de camp; SPORT changer de côté; **von offizieller/kirchlicher** ~ de source officielle/religieuse; **auf/von** ~**n der Regierung** du côté du gouvernement; **von meiner** ~ **aus** pour ce qui me concerne; **von dritter** ~ par un/des tiers; **von allen** ~**n gewarnt werden** être mis(e) en garde de partout; **von der mütterlichen** ~ **her mit jdm verwandt sein** être parent avec qn du côté de sa mère
⑥ (*Richtung*) côté *m;* **nach der anderen** ~ **blicken** regarder de l'autre côté; **nach allen** ~**n** dans toutes les directions; **von allen** ~**n herbeiströmen** affluer de toutes parts
⑦ (*nicht im Zentrum liegende Stelle*) côté *m;* **zur** ~ **gehen** [*o* **treten**] s'écarter; **zur** ~ **weichen** (*Person, Sache*) se mettre de côté; **zur** ~ **sehen** jeter un regard de côté
► **sich von seiner besten** ~ **zeigen** se montrer sous son meilleur jour; **auf der einen** ~ **...**, **auf der anderen** ~ **...** d'un côté..., de l'autre...; **komm an meine grüne** ~ *hum* viens contre [*o* près de] moi; **jds schwache/starke** ~ **sein** (*etw schlecht/gut beherrschen*) être le point faible/fort de qn; **alles hat** [**seine**] **zwei** ~**n** chaque chose a du bon et du mauvais; **jdn von der** ~ **ansehen** regarder qn de travers; **jdn zur** ~ **nehmen** prendre qn à part; **etw auf die** ~ **schaffen** *fam* faire main basse sur qc; ~ **an** ~ côte à côte
seiten *s.* **Seite 5.**
Seitenairbag *m* AUT airbag *m* latéral **Seitenaltar** *m* autel *m* latéral **Seitenanfang** *m* haut *m* de page **Seitenangabe** *f* indication *f* de page **Seitenansicht** *f* vue *f* latérale **Seitenarm** *m eines Gewässers* bras *m* secondaire **Seitenaufprallschutz** *m* renfort *m* latéral [de sécurité] **Seitenausgang** *m* sortie *f* latérale **Seitenblick** *m* regard *m* en coin **Seiteneingang** *m* entrée *f* latérale **Seiteneinsteiger(in)** <-s, -> *m(f)* ≈ nouveau venu *m*/nouvelle venue *f* qui a brûlé toutes les étapes **Seitenende** *nt* bas *m* de page **Seitenflügel** *m* aile *f* **Seitengebäude** *nt* bâtiment *m* latéral **Seitenhieb** *m fig* coup *m* de griffe; ~**e auf jdn verteilen** lancer des piques contre qn **Seitenlage** *f* position *f* latérale; **stabile** ~ position latérale de sécurité; **jdn in die** ~ **bringen** mettre qn en position latérale; **in** ~ sur le côté **seitenlang** **I.** *Adj Artikel, Schriftstück* de plusieurs pages; ~ **sein** faire plusieurs pages **II.** *Adv* **etw** ~ **erläutern** expliquer qc sur des pages [et des pages] **Seitenlänge** *f eines Gegenstands, Grundstücks* longueur *f; eines Würfels, einer Pyramide* côté *m;* **das Grundstück hat eine** ~ **von hundert Metern** le terrain fait cent mètres de côté **Seitenlehne** *f* accoudoir *m* **Seitenlinie** *f* ① SPORT [ligne *f* de] touche *f* ② (*Genealogie*) ligne *f* collatérale **Seitennummerierung**[RR] *f* INFORM, TYP pagination *f;* ~ **oben** pagination en haut de page **Seitenruder** *nt* AVIAT gouvernail *m* de direction
seitens ['zaɪtəns] *Präp + Gen form* du côté de, de la part de
Seitenscheitel *m* raie *f* de côté **Seitenschiff** *nt* bas-côté *m* **Seitenschneider** *m* pince *f* coupante **Seitensprung** *m fam* infidélité *f;* **einen** ~ **machen** aller voir ailleurs (*fam*) **Seitenstechen** *nt kein Pl* point *m* de côté; **von etw** ~ **bekommen** attraper un point de côté en faisant qc; ~ **haben** avoir un point de côté **Seitenstraße** *f* rue *f* latérale **Seitenstreifen** *m der Straße* bas-côté *m; der Autobahn* bande *f* d'arrêt d'urgence; ~ **nicht befahrbar!** accotement non stabilisé! **Seitentasche** *f* poche *f* de côté **seitenverkehrt** *Adj, Adv* à l'envers **Seitenwagen** *s.* **Beiwagen** **Seitenwand** *f* paroi *f* latérale **Seitenwechsel** [-ks-] *m* changement *m* de côté **Seitenweg** *m* chemin *m* latéral **seitenweise** *Adv* ① (*Seite um Seite*) page après page; ~ **drucken** INFORM imprimer page par page ② (*unzählige Seiten*) des pages [et des pages] **Seitenwind** *m* vent *m* latéral **Seitenzahl** *f* ① numéro *m* de page ② (*Anzahl der Seiten*) nombre *m* de pages
seither *Adv* depuis [ce moment-là]
seitlich **I.** *Adj* latéral(e)
II. *Präp + Gen* à côté de
III. *Adv* sur le côté
seitwärts ['zaɪtvɛrts] *Adv* sur le côté; ~ **auf jdn deuten** pointer le doigt en direction de qn sur le côté
sek., **Sek.** *Abk von* **Sekunde** s
Sekante [ze'kantə] <-, -n> *f* MATH sécante *f*
Sekret [ze'kre:t] <-[e]s, -e> *nt* sécrétion *f;* **ein** ~ **absondern** sécréter
Sekretär [zekre'tɛ:ɐ] <-s, -e> *m* (*Person, Möbelstück*) secrétaire *m*
Sekretariat [zekretari'a:t] <-[e]s, -e> *nt* secrétariat *m*
Sekretärin <-, -nen> *f* secrétaire *f*
Sekretion [zekre'tsio:n] <-, -en> *f* MED sécrétion *f*
Sekt [zɛkt] <-[e]s, -e> *m* [vin *m*] mousseux *m*
Sekte ['zɛktə] <-, -n> *f* secte *f*
Sektenbeauftragte(r) *f(m) dekl wie Adj* délégué(e) *m(f)* à l'étude des sectes **Sektenführer(in)** *m(f)* gourou *m*
Sektflasche *f* bouteille *f* à champagne **Sektflöte** *f* flûte *f* à champagne **Sektfrühstück** *nt petit-déjeuner au mousseux* **Sektglas** *nt* verre *m* à champagne
Sektierer(in) [zɛk'ti:rɐ] <-s, -> *m(f)* ① POL séide *m*
② REL adepte *mf* d'une secte
sektiererisch [zɛk'ti:rərɪʃ] *Adj* sectaire
Sektion [zɛk'tsio:n] <-, -en> *f* ADMIN service *m*
Sektkelch *m* coupe *f* à champagne **Sektkorken** *m* bouchon *m* de champagne **Sektkühler** *m* seau *m* à champagne **Sektlaune** *f kein Pl fam euphorie due au champagne;* **aus einer** ~ **heraus etw tun** faire qc sous l'effet d'une légère ivresse
Sektor ['zɛkto:ɐ] <-s, -toren> *m* ① secteur *m;* **auf diesem** ~ dans ce secteur; **staatlicher** ~ secteur public
② (*Kreisausschnitt*) secteur *m* [circulaire]
③ HIST (*Besatzungszone*) zone *f*

Sekundant(in) [zekʊnˈdant] <-en, -en> *m(f)* ❶ SPORT soigneur *m*
❷ HIST (*beim Duell*) témoin *m*
sekundär [zekʊnˈdɛːɐ] *Adj geh* secondaire
Sekundararzt *m*, **-ärztin** *f* A ≈ interne *mf* [des hôpitaux] **Sekundarlehrer(in)** [zekʊnˈdaːɐ-] *m(f)* CH ≈ professeur *m* de collège
Sekundärliteratur *f* littérature *f* d'accompagnement
Sekundarschule *f* CH ≈ collège *m*, ≈ C.E.S. *m* **Sekundarstufe** *f* ≈ secondaire *m*; ~ **I/II** ≈ premier/second cycle *m*
Sekunde [zeˈkʊndə] <-, -n> *f* ❶ seconde *f*; **auf die ~ genau ankommen** arriver à la seconde près; **es ist auf die ~ genau zehn Uhr** il est très exactement dix heures
❷ *fam* (*Augenblick*) seconde *f*; [**eine**] **~!** *fam* minute papillon! (*fam*); **haben Sie ein paar ~n Zeit?** vous avez une seconde?
Sekundenbruchteil *m* fraction *f* de seconde **Sekundenkleber** *m* colle *f* à prise rapide **sekundenlang** I. *Adj* de quelques secondes; **nach ~em Zögern** après quelques secondes d'hésitation II. *Adv* quelques secondes **Sekundenschnelle** ▶ **in** ~ en un instant **Sekundenzeiger** *m* trotteuse *f*
sekundieren* *itr V geh* (*unterstützen*) seconder; **jdm bei/in etw** (*Dat*) ~ seconder qn à l'occasion de/dans qc
selbe(r, s) *Pron* même; **im ~n Haus** dans la même maison; **am ~n Tag** le même jour
selber [ˈzɛlbɐ] *s.* **selbst**
Selbermachen <-s> *nt* **zum ~** à faire soi-même
selbig *s.* **selbe(r, s)**
selbst [zɛlpst] I. *Pron dem* ❶ (*an sich*) **der Film/die Aufgabe ~** le film en lui-même/la tâche en elle-même; **die Ferien ~** les vacances en elles-mêmes
❷ (*in eigener Person*) **der Direktor ~** le directeur en personne
❸ (*persönlich*) **wir sind es ~** c'est nous-mêmes; **ich bin ~ der Chef** je suis moi-même le chef; **das Vertrauen in dich ~** la confiance en toi[-même]; **er ~ ist leider verhindert** lui-même a malheureusement un empêchement; **mir ~ ist das noch gar nicht aufgefallen** moi personnellement, ça ne m'a jamais frappé(e); **ich ~ sehe das anders** [moi] personnellement, je vois les choses autrement; **sie ist nicht mehr sie ~** elle n'est plus elle-même; **dumme Kuh! – Selbst eine!** *fam* andouille! – [Andouille] toi-même! (*fam*)
❹ (*ohne fremde Hilfe*) tout seul; **sich ~ um eine Sache kümmern** s'occuper soi-même d'une affaire; **er macht das ~** il le fait lui-même; **wir machen das ~** nous le faisons nous-mêmes; **wenn man nicht alles ~ macht** quand on ne fait pas tout soi-même
II. *Adv* ~ **du würdest ihm Recht geben** même toi, tu lui donnerais raison; ~ **wenn du Recht hättest, es würde dir nichts nützen** même si tu avais raison, ça ne te servirait à rien
Selbst <-> *nt geh* **das ~** le moi; **das erwachende ~** l'éveil du moi
Selbstabholer *m* personne *f* qui vient chercher la marchandise elle-même **Selbstachtung** *f* amour-propre *m*
selbständig [ˈzɛlpʃtɛndɪç] I. *Adj* ❶ *Person, Handeln, Denken* autonome
❷ (*beruflich unabhängig*) *Tätigkeit* indépendant(e); *Arbeit* non-salarié(e); *Handwerker, Gewerbetreibender* [installé(e)] à son compte; [**als Vertreter**] **~ sein** être [représentant] à son/mon/... compte; **sich** [**als Übersetzer**] **~ machen** se mettre [traducteur] à son compte
▶ **sich ~ machen** *hum fam* s'envoler (*fam*)
II. *Adv handeln* de façon autonome
Selbständige(r) *f(m) dekl wie Adj* travailleur(-euse) *m(f)* indépendant(e)
Selbständigkeit <-> *f* ❶ autonomie *f*
❷ (*berufliche Selbständigkeit*) travail *m* indépendant
Selbstanzeige *f* autodénonciation *f* **Selbstaufopferung** *f* don *m* de soi; **bis zur** [**völligen**] ~ avec un dévouement total **Selbstauslöser** *m* déclencheur *m* automatique **Selbstbedienung** *f* libre-service *m*; **hier ist ~** ici, c'est un libre-service; **mit ~** en libre-service; **keine ~!** ne pas se servir soi-même!
Selbstbedienungsladen *m* libre-service *m* **Selbstbedienungsrestaurant** *nt* [restaurant *m*] self-service *m*
Selbstbefriedigung *f* masturbation *f* **Selbstbefruchtung** *f* BOT autogamie *f*, autofécondation *f* **Selbstbeherrschung** *f* self-control *m*; **die ~ wahren/verlieren** garder/perdre son sang-froid **Selbstbestätigung** *f* valorisation *f* personnelle **Selbstbestimmung** *f kein Pl* autodétermination *f*; **sexuelle ~** libre consentement *m* sexuel **Selbstbestimmungsrecht** *nt kein Pl* ❶ liberté *f* de choix ❷ POL droit *m* à l'autodétermination; **das ~ der Völker** le droit des peuples à disposer d'eux-mêmes **Selbstbeteiligung** *f* franchise *f*; (*bei Krankenkassen*) ticket *m* modérateur; **mit hundert Euro ~** avec une franchise de cent euros; **ohne ~** sans franchise; (*bei Krankenkassen*) sans ticket modérateur **Selbstbetrug** *m* automystification *f* **Selbstbeweihräucherung** *f* **seine ständige ~ geht mir auf die Nerven** il m'énerve à s'envoyer des fleurs sans arrêt **selbstbewusst**[RR] *Adj Person* sûr(e) de soi; **sein ~es Auftreten** son aplomb **Selbstbewusstsein**[RR] *nt* conscience *f* de sa propre valeur **Selbstbildnis** *nt* autoportrait *m* **Selbstbräuner** [-brɔɪnɐ] <-s, -> *m* autobronzant *m* **Selbstdarsteller(in)** *m(f)* personne *f* qui aime se mettre en scène **Selbstdarstellung** *f* ❶ présentation *f* de soi; (*Imagepflege*) promotion *f* personnelle; **~ betreiben** soigner son image ❷ *geh s.* Selbstbildnis **Selbstdisziplin** *f kein Pl* autodiscipline *f* **selbstdurchschreibend** *Adj* TYP *Papier* autocopiant(e) **Selbsterfahrungsgruppe** *f* PSYCH groupe *m* de développement personnel **Selbsterhaltungstrieb** *m* instinct *m* de conservation **Selbsterkenntnis** *f kein Pl* connaissance *f* de soi ▶ **~ ist der erste Schritt zur Besserung** *Spr.* la connaissance de soi est la première condition du progrès
selbsternannt *s.* **ernennen**
Selbstfindung <-> *f geh* découverte *f* de soi-même
selbstgebacken *s.* **backen I.1.**
Selbstgedrehte <-n, -n> *f fam* roulée *f* (*fam*) **selbstgefällig** *Adj* imbu(e) de sa personne **Selbstgefälligkeit** *f kein Pl* suffisance *f*
selbstgemacht *s.* **machen I.2., I.11.**
selbstgenäht *s.* **nähen I.1.**
selbstgenügsam *Adj* modeste; **~ sein** se contenter de peu **selbstgerecht** *Adj Person* pénétré(e) de soi-même; *Art* péremptoire **Selbstgespräch** *nt* soliloque *m*; **~e führen** soliloquer **selbsthaftend** *Adj* autocollant(e) **Selbstheilungskräfte** *Pl einer Person* défenses *fpl* naturelles [de l'organisme]; *fig der Wirtschaft* capacité *f* d'autorégulation **selbstherrlich** *Adj* autoritaire, tyrannique **Selbstherrlichkeit** *f kein Pl* autoritarisme *m* **Selbsthilfe** *f kein Pl* recours *m* à ses propres moyens; **zur ~ greifen** s'organiser par ses propres moyens
Selbsthilfegruppe *f* association *f* d'entraide
Selbstironie *f kein Pl* autodérision *f* **Selbstjustiz** *f* règlement *m* de compte[s]; **~ üben** se faire justice soi-même; **~ an jdm üben** se venger de qn **selbstklebend** *Adj* autocollant(e) **Selbstkontrolle** *f kein Pl* PSYCH maîtrise *f* [*o* contrôle *m*] de soi, self-control *m* **Selbstkosten** *Pl* coûts *mpl* de revient
Selbstkostenpreis *m* prix *m* coûtant; **zum ~** à prix coûtant
Selbstkostenwert *m* ÖKON valeur *f* du coût de revient
Selbstkritik *f kein Pl* autocritique *f*; **~ üben** faire son autocritique **selbstkritisch** I. *Adj Person* critique envers soi-même; *Artikel, Bemerkung* empreint(e) d'autocritique II. *Adv* en faisant preuve d'autocritique **Selbstlaut** *m* voyelle *f* **Selbstlerner(in)** *m(f)* autodidacte *mf*
selbstlos I. *Adj* désintéressé(e)
II. *Adv* de façon désintéressée
Selbstlosigkeit <-> *f* altruisme *m*
Selbstmedikation *f* automédication *f* **Selbstmitleid** *nt* apitoiement *m* sur soi-même **Selbstmord** *m* suicide *m*; **~ begehen** se suicider **Selbstmörder(in)** *m(f)* suicidé(e) *m(f)*;

(*Mensch, der sich umbringen möchte*) suicidaire *mf* **selbstmörderisch** *Adj* suicidaire

Selbstmordgedanken *Pl* pensées *fpl* suicidaires **selbstmordgefährdet** *Adj* suicidaire **Selbstmordkandidat(in)** *m(f) fam* candidat(e) *m(f)* au suicide (*fam*) **Selbstmordkommando** *nt* commando *m* suicide **Selbstmordversuch** *m* tentative *f* de suicide

selbstredend *Adv* bien entendu **Selbstreinigung** *f* ÖKOL *von Gewässern, der Atmosphäre* autoépuration *f* **Selbstschussanlage**[RR] *f* système *m* de mitraillage automatique **Selbstschutz** *m* [auto]défense *f*; **zum ~** par mesure d'autodéfense **selbstsicher** I. *Adj Person* sûr(e) de soi; *Art, Wesen* plein(e) d'assurance II. *Adv* avec assurance; **sehr ~ auftreten** faire toujours preuve de beaucoup d'assurance **Selbstsicherheit** *f kein Pl* assurance *f* **selbstständig**[RR] *s.* selbständig **Selbstständige(r)**[RR] *s.* Selbständige(r) **Selbstständigkeit**[RR] *s.* Selbständigkeit **Selbststudium** *nt* études *fpl* sans professeur; **etw im ~ lernen** étudier qc sans professeur **Selbstsucht** *f kein Pl* égoïsme *m* **selbstsüchtig** *Adj* égoïste **selbsttätig** I. *Adj* automatique II. *Adv* automatiquement; **Tür öffnet/schließt ~** porte à ouverture/fermeture automatique **Selbsttäuschung** *f kein Pl s.* Selbstbetrug **Selbsttötung** *f form* suicide *m* **Selbstüberschätzung** *f* surestimation *f* de soi; **in völliger ~** en surestimant largement ses capacités **Selbstüberwindung** *f* effort *m* sur soi-même; **es kostet ihn ~ etw zu tun** il doit faire un effort sur lui-même pour faire qc **Selbstverbrennung** *f* immolation *f* par le feu

selbstverdient *s.* verdienen I.1.

selbstvergessen *Adv* absent(e) **Selbstverlag im ~** à compte d'auteur **Selbstverleugnung** *f kein Pl geh* abnégation *f* (*soutenu*); **bis zur [völligen] ~** jusqu'à l'abnégation [totale] (*soutenu*) **Selbstverschulden** *nt* ADMIN responsabilité *f* entière **selbstverschuldet** *Adj* **ein ~er Unfall** un accident qui n'engage que sa propre responsabilité **Selbstversorger** *m* **~ sein** vivre en autosuffisance; *Hotelgast:* ne pas prendre ses repas à l'hôtel **selbstverständlich** I. *Adj* tout(e) naturel(le); **etw für [ganz] ~ halten** trouver que qc va de soi; **das ist doch ~!** ça va de soi! II. *Adv* [bien] évidemment; **etw wie ~ tun** faire qc comme si c'était tout naturel; **[aber] ~!** [mais] bien entendu! **Selbstverständlichkeit** <-, -en> *f* évidence *f*; **für jdn eine ~ sein** aller de soi pour qn; **keine ~ sein** ne rien avoir d'évident pour qn; **etw mit der größten ~ tun** faire qc comme s'il n'y avait rien de plus naturel **Selbstverständnis** *nt kein Pl* **sein ~** l'image *f* qu'il se fait de lui-même; **ihr ~ als Frau** l'image qu'elle se fait d'elle-même en tant que femme **Selbstverstümmelung** *f* automutilation *f* **Selbstversuch** *m* test *m* sur soi-même; **etw im ~ testen** tester qc sur soi **Selbstverteidigung** *f* autodéfense *f* **Selbstvertrauen** *nt* confiance *f* en soi; **jds ~ stärken** donner confiance en soi à qn **Selbstverwaltung** *f* gestion *f* autonome; **kommunale ~** gestion autonome d'une commune **Selbstverwirklichung** *f* épanouissement *m* personnel **Selbstwertgefühl** *nt* amour-propre *m* **Selbstzensur** *f kein Pl* autocensure *f* **selbstzerstörerisch** *Adj* autodestructeur(-trice) **Selbstzerstörung** *f* autodestruction *f* **Selbstzweck** *m kein Pl* fin *f* en soi **Selbstzweifel** *m* **~ haben** avoir un doute profond en soi; **zu ~n neigen** avoir tendance à douter de soi

selchen ['zɛlçən] *tr V* SDEUTSCH, A fumer

selektieren* *tr V geh* sélectionner

Selektion [zelɛk'tsio:n] <-, -en> *f geh* sélection *f*

selektiv [zelɛk'ti:f] *geh* I. *Adj* sélectif(-ive)
II. *Adv* sélectivement

Selen [ze'le:n] <-s> *nt* CHEM sélénium *m*

Selfmademan ['sɛlfmeɪd'mɛn, *Pl:* 'sɛlfmeɪd'mɛn] <-s, -men> *m* self-made-man *m*

selig ['ze:lɪç] *Adj* ❶ *Blick, Lächeln* comblé(e); *Gefühl, Stimmung* de bonheur; **~ über etw** (*Akk*) **sein** être ravi(e) de qc
❷ (*beatifiziert*) bienheureux(-euse) *antéposé;* **~ sprechen** béatifier
❸ *veraltet* (*verstorben*) **meine/seine ~e Mutter** feu ma/sa mère (*littér*)
▸ **wer's glaubt, wird ~!** *iron fam* on me la fait pas! (*fam*)

Selige(r) *f(m) dekl wie Adj* ❶ (*selig gesprochener Mensch*) bienheureux(-euse) *m(f)*
❷ *veraltet* (*verstorbener Mensch*) **ihr/dein ~r** son/ton défunt mari (*littér*); **seine/deine ~** sa/ta défunte femme (*littér*)

Seligkeit <-> *f* ❶ (*Glücksgefühl*) [sentiment *m* de] béatitude *f*
❷ REL bonheur *m* éternel; **die ewige ~ erlangen** obtenir le bonheur éternel

selig|sprechen *s.* selig 2.

Seligsprechung <-, -en> *f* béatification *f*

Sellerie ['zɛləri] <-s, -[s]> *m*, <-, -> *f* A céleri *m*

selten ['zɛltən] I. *Adj* rare
II. *Adv* rarement

Seltenheit <-, -en> *f* ❶ *kein Pl* (*seltenes Vorkommen*) rareté *f*
❷ (*seltene Sache*) curiosité *f*; **eine große ~ sein** être un spécimen d'une grande rareté; **es ist eine ~, dass** il est rare que + *subj*

Seltenheitswert *m* **~ haben** être une curiosité; **ein Kunstwerk mit ~** une œuvre d'art qui est une curiosité

Selters ['zɛltɐs] <-, -> *nt*, **Selter[s]wasser** *nt* NDEUTSCH eau *f* de Seltz

seltsam ['zɛltza:m] I. *Adj Person, Art, Wesen* curieux(-euse); *Aussehen, Geruch, Geschmack* bizarre; *Geschichte, Sache, Umstände* étrange; **[es ist schon] ~, dass sie davon nichts weiß** [c'est] étrange [*o* curieux] qu'elle ne sache rien de cela
II. *Adv* ❶ *sich benehmen, verhalten* bizarrement; **~ riechen** sentir bizarre; **~ schmecken** avoir un drôle de goût
❷ (*merkwürdig*) *beklemmend* singulièrement; *glibberig, grünlich, still* curieusement

seltsamerweise ['zɛltza:mɐ'vaɪzə] *Adv* curieusement

Seltsamkeit <-, -en> *f* bizarrerie *f*

Semantik [ze'mantɪk] <-> *f* LING sémantique *f*

semantisch [ze'mantɪʃ] LING I. *Adj* sémantique
II. *Adv* sémantiquement

Semasiologie [zemaziolo'gi:] <-> *f* LING sémasiologie *f*

Semester [ze'mɛstɐ] <-s, -> *nt* UNIV semestre *m* (*unité de temps utilisée pour le décompte des années d'études dans les universités allemandes*); **im siebten ~ sein** être au septième semestre; (*in Frankreich*) être en quatrième année
▸ **ein älteres ~** ≈ un(e) étudiant(e) en fin d'études; *hum fam* (*älterer Mensch*) un(e) croulant(e) (*fam*)

Semesterferien [-riən] *Pl* vacances *fpl* semestrielles

Semifinale *nt* demi-finale *f*

Semikolon [zemi'ko:lɔn] <-s, -s *o* -kola> *nt geh* point-virgule *m*

Seminar [zemi'na:ɐ] <-s, -e *o* A -ien> *nt* ❶ (*Lehrveranstaltung*) séminaire *m*; **ein ~ besuchen** assister à un séminaire; **ein ~ halten/leiten** tenir/diriger un séminaire
❷ (*Universitätsinstitut*) institut *m*; **das germanistische ~** l'institut d'études germaniques
❸ *s.* **Priesterseminar**

Seminararbeit *f* rapport *m* de séminaire

Seminarist [zemina'rɪst] <-en, -en> *m* ECCL séminariste *m*

Seminarschein *m* ≈ certificat *m*

Semiotik [zemi'o:tɪk] <-> *f* ❶ LING sémiotique *f*
❷ MED sémiotique *f*, sémiologie *f*

Semit(in) [ze'mi:t] <-en, -en> *m(f)* Sémite *mf*

semitisch *Adj* sémite; *Sprache* sémitique

Semmel ['zɛməl] <-, -n> *f* SDEUTSCH, A petit pain *m*
▸ **weggehen wie warme ~n** *fam* partir comme des petits pains (*fam*)

Semmelbrösel *Pl* A, SDEUTSCH chapelure *f* **Semmelknödel** *m* SDEUTSCH, A boulette *f* au pain **Semmelmehl** *nt* chapelure *f*

sen. *Adj Abk von* **senior** père

Senat [ze'na:t] <-[e]s, -e> *m* ❶ PARL (*in Bezug auf Berlin, Bre-*

men und Hamburg) sénat *m* (*nom donné au gouvernement régional*)
❷ (*in Bezug auf Frankreich, die USA*) Sénat *m*
❸ JUR cour *f*
❹ UNIV conseil *m* d'administration [de l'université]
❺ (*in der Antike*) sénat *m*

Senator [ze'na:to:ɐ] <-s, -toren> *m* PARL, HIST sénateur *m*

Senatorin <-, -nen> *f* PARL sénateur *m*

SenatsausschussRR *m* commission *f* sénatoriale

Sendeanlage *f* ELEC poste *m* émetteur **Sendeanstalt** *f* RADIO station *f* de radio; TV station de télévision **Sendebereich** *m* zone *f* d'émission **Sendefolge** *f* TV, RADIO programme *m* des émissions **Sendegebiet** *nt s.* Sendebereich **Sendegerät** *nt* appareil *m* émetteur **Sendeleiter(in)** *m(f)* RADIO, TV directeur(-trice) *m(f)* de production

senden[1] ['zɛndən] <sendete *o* CH sandte, hat gesendet *o* CH gesandt> **I.** *tr V* diffuser *Aufzeichnung, Fernsehspiel, Film;* envoyer *Notsignal, Botschaft*
II. *itr V* **zwischen sieben und zwanzig Uhr** ~ émettre de sept à vingt heures

senden[2] <sandte *o* sendete, gesandt *o* gesendet> *geh tr V* envoyer *Brief, Paket;* **jdm etw ~, etw an jdn** ~ adresser qc à qn; **jdn ~ etw zu tun** dépêcher qn pour faire qc (*littér*)

Sendepause *f* intermède *m;* (*zwischen Sendeschluss und Sendebeginn*) arrêt *m* des émissions ▸ ~ **haben** *fam* (*schweigen müssen*) devoir la fermer (*fam*) **Sendeplatz** *m* TV, RADIO créneau *m*

Sender ['zɛndɐ] <-s, -> *m* ❶ (*Sendeanstalt*) station *f*
❷ (*Sendegerät*) [poste *m*] émetteur *m*

Senderaum *m* studio *m* **Sendereihe** *f* série *f* d'émissions

Sendersuchlauf *m* touche *f* de balayage [des ondes]

SendeschlussRR *m* fin *f* des programmes; **zum ~ bringen wir noch Kurznachrichten** nous terminons notre programme par un bulletin d'informations **Sendezeit** *f* ❶ (*Dauer einer Sendung*) **eine Stunde ~ haben** disposer d'une heure d'antenne
❷ (*Zeit der Ausstrahlung*) tranche *f* horaire; **zur besten** ~ au meilleur temps d'antenne

Sendung <-, -en> *f* ❶ (*Rundfunksendung, Fernsehsendung*) émission *f*
❷ *kein Pl* (*das Senden*) **auf ~ gehen/sein** passer/être à l'antenne
❸ (*Warensendung*) envoi *m;* **eine ~ Bücher** un envoi de livres; **eingeschriebene** ~ envoi en recommandé
❹ *kein Pl geh* (*Mission*) mission *f*

SendungsbewusstseinRR *nt* conscience *f* de sa mission *pas de pl*

Seneca <-s> *m* HIST Sénèque *m*

Senegal ['ze:negal] <-s> *m* le Sénégal

Senegalese [zenega'le:zə] <-n, -n> *m*, **Senegalesin** *f* Sénégalais(e) *m(f)*

senegalesisch *Adj* sénégalais(e)

Senf [zɛnf] <-[e]s, -e> *m* moutarde *f;* **scharfer/süßer** ~ moutarde extraforte/douce
▸ **zu allem seinen ~ dazugeben [müssen]** *fam* [se croire obligé(e) de] mettre son grain de sel partout (*fam*)

senffarben, senffarbig *Adj* moutarde *app*

Senfgas *nt* gaz *m* moutarde **Senfgurke** *f* cornichon *m* à la moutarde **Senfkorn** <-körner> *nt* grain *m* de moutarde **Senfsoße** *f* sauce *f* [à la] moutarde

sengen ['zɛŋən] **I.** *tr V* roussir
II. *itr V Sonne:* brûler

sengend *Adj Sonne* brûlant(e); *Hitze* torride

senil [ze'ni:l] *Adj* sénile

Senilität [zenili'tɛ:t] <-> *f* sénilité *f*

senior ['ze:njo:ɐ] *Adj unv* **Gustav Müller** ~ Gustav Müller père

Senior ['ze:nio:ɐ, *Pl:* ze'nio:rən] <-s, Senioren> *m* ❶ (*älterer Mann*) personne *f* âgée
❷ *Pl* SPORT **die ~en** les seniors *mpl*
❸ (*Seniorchef*) père *m*

Seniorchef(in) [-ʃɛf] *m(f)* père *m*/mère *f;* (*Seniorpartner*) doyen(ne) *m(f)*

Seniorenabend *m* soirée *f* pour le troisième âge **Seniorenheim** *nt* résidence *f* pour les personnes âgées **Seniorenmannschaft** *f* équipe *f* de vétérans **Seniorenmeister(in)** *m(f)* vétéran *m* **Seniorenmeisterschaft** *f* championnat *m* de vétérans **Seniorenpass**RR *m* carte *f* vermeil **Seniorenstudium** *nt* université *f* du troisième âge **Seniorenwohnheim** *nt* foyer *m* pour personnes âgées

Seniorin <-, -nen> *f* ❶ (*ältere Frau*) personne *f* âgée
❷ *Pl* SPORT **die ~nen** les seniors *mpl*

Seniorpartner(in) *m(f)* doyen(ne) *m(f)*

Senkblei *nt* CONSTR fil *m* à plomb

Senke ['zɛŋkə] <-, -n> *f* dépression *f* [de terrain]

Senkel ['zɛŋkəl] <-s, -> *m* lacet *m*

senken ['zɛŋkən] **I.** *tr V* ❶ baisser *Arm, Hand, Kopf, Waffe;* abaisser *Zeigestock, Taktstock*
❷ (*absenken*) abaisser *Grundwasserspiegel, Wasserstand*
❸ (*verringern*) réduire *Gebühr, Steuern, Preis;* faire baisser *Blutdruck, Fieber, Pulsfrequenz*
II. *r V* **sich** ~ ❶ *Kranlast, Schranke:* s'abaisser; *Zweig:* s'incliner; **sich auf den Boden** ~ s'incliner jusqu'à terre
❷ (*niedriger werden*) *Erdboden, Boden, Decke:* s'affaisser; *Grundwasserspiegel:* baisser

Senkfuß *m* voûte *f* plantaire affaissée

senkrecht **I.** *Adj* vertical(e)
II. *Adv* verticalement; ~ **aufeinander stehen** *Linien, Wände:* être perpendiculaire

Senkrechte <-n, -n> *f dekl wie Adj* perpendiculaire *f*

Senkrechtstart *m* AVIAT décollage *m* vertical **Senkrechtstarter** *m* ❶ *fam* (*Aufsteiger*) homme *m* qui a connu une ascension fulgurante ❷ (*Flugzeug*) avion *m* à décollage vertical **Senkrechtstarterin** *f fam* femme *f* qui a connu une ascension fulgurante

Senkung <-, -en> *f* ❶ *des Erdbodens* affaissement *m; des Grundwasserspiegels* abaissement *m*
❷ *kein Pl* (*Verringerung*) réduction *f*
❸ *s.* **Blutsenkung**

Senkwaage *f* PHYS aréomètre *m*

Senn [zɛn] <-[e]s, -e> *m* SDEUTSCH, A, CH vacher *m*

Senne ['zɛnə] <-, -n> *f* SDEUTSCH, A alpage *m*

Senner(in) <-s, -> *m(f)* AGR SDEUTSCH, A vacher(-ère) *m(f)*

Sennerei <-, -en> *f* AGR SDEUTSCH, A, CH cabane *f* de vacher (*petite fromagerie dans les alpages*)

Sennhütte *f* A, SDEUTSCH chalet *m* [d'alpage]

Sensal(in) [zɛn'za:l] <-s, -e> *m(f)* A (*Makler*) courtier(-ière) *m(f)*

Sensation [zɛnza'tsio:n] <-, -en> *f* sensation *f;* **wissenschaftliche/literarische** ~ événement *m* scientifique/littéraire; **eine ~ sein** faire sensation

sensationell [zɛnzatsio'nɛl] **I.** *Adj* sensationnel(le)
II. *Adv gestalten* de façon extraordinaire

Sensationslust *f* goût *m* du sensationnel **sensationslüstern** *Adj* avide de sensationnel **Sensationspresse** *f kein Pl* presse *f* à sensation

Sense ['zɛnzə] <-, -n> *f* faux *f*
▸ **jetzt/dann ist ~!** *sl* maintenant/après basta! (*fam*)

Sensenmann <-männer> *m liter* Faucheuse *f* (*littér*)

sensibel [zɛn'zi:bəl] **I.** *Adj* sensible; **in bestimmten Fragen ~ sein** être sensible à certaines questions
II. *Adv* avec sensibilité; **besonders ~ reagieren** réagir avec une sensibilité particulière

Sensibelchen [zɛn'zi:bəlçən] <-s, -> *nt hum, pej* grand(e) sensible *m(f)*

sensibilisieren* *tr V geh* sensibiliser; **jdn für etw** ~ sensibiliser qn à qc

Sensibilisierung <-, -en> *f geh* sensibilisation *f;* ~ **für etw**

sensibilisation *f* à qc
Sensibilität [zɛnzibili'tɛ:t] <-, -en> *f geh* sensibilité *f*
Sensor ['zɛnzo:ɐ] <-s, -soren> *m* capteur *m*
sensorisch *Adj* MED sensoriel(le)
Sensortaste *f* touche *f* à effleurement
Sentenz [zɛn'tɛnts] <-, -en> *f geh* (*Sinnspruch*) sentence *f*
sentimental [zɛntimɛn'ta:l] I. *Adj* sentimental(e)
II. *Adv* ~ **klingen** faire sentimental
Sentimentalität [zɛntimɛntali'tɛ:t] <-, -en> *f* sentimentalité *f*; **keine Zeit für ~en haben** n'avoir pas le temps pour les grandes effusions
separat [zepa'ra:t] I. *Adj* séparé(e)
II. *Adv* séparément
Separatismus [zepara'tɪsmʊs] <-> *m* séparatisme *m*
Separatist(in) [zepara'tɪst] <-en, -en> *m(f)* séparatiste *mf*
separatistisch *Adj* séparatiste
Separee[RR], **Séparée** [zepa're:] <-s, -s> *nt* salon *m* particulier
Sepia ['ze:pia, *Pl:* 'ze:piən] <-, Sepien> *f* ① ZOOL seiche *f*
② *kein Pl* (*Farbstoff*) sépia *f*
Sepsis ['zɛpsɪs] <-, Sepsen> *f* MED septicémie *f* (*spéc*)
September [zɛp'tɛmbɐ] <-[s], -> *m* septembre *m*; *s. a.* **April**
Septett [zɛp'tɛt] <-[e]s, -e> *nt* septuor *m*
Septim <-, -en> *f* A, **Septime** [zɛp'ti:mə] <-, -n> *f* ① (*Ton*) [note *f*] sensible *f*
② (*Intervall*) septième *f*
septisch ['zɛptɪʃ] *Adj* MED septique
Sequenz [ze'kvɛnts] <-, -en> *f* séquence *f*
Sera *Pl von* **Serum**
Serbe ['zɛrbə] <-n, -n> *m*, **Serbin** *f* Serbe *mf*
Serbien ['zɛrbiən] <-s> *nt* la Serbie
serbisch I. *Adj* serbe
II. *Adv dominiert* par les Serbes
serbokroatisch [zɛrbokro'a:tɪʃ] *Adj* serbo-croate
Seren *Pl von* **Serum**
Serenade [zere'na:də] <-, -n> *f* sérénade *f*
Serie ['ze:riə] <-, -n> *f* série *f*; **in ~** en série; **in ~ gehen** être produit(e) en série; **eine ~ von Unfällen/Einbrüchen** une série d'accidents/de cambriolages
seriell [zeri'ɛl] *Adj Schnittstelle* séquentiel(le)
Serienartikel *m* COM article *m* de série **Serienfertigung** *f* fabrication *f* en série **serienmäßig** I. *Adj Herstellung* en série; *Ausstattung* de série II. *Adv* ~ **mit Klimaanlage ausgestattet** avec climatisation de série **Serienproduktion** *f* production *f* en série **Serienreife** *f* stade *m* adéquat pour la fabrication en série; **ein Produkt bis zur ~ bringen** mener un produit jusqu'au stade de la fabrication en série **Serienschaltung** *f* ELEC couplage *m* en série **Serientäter(in)** *m(f)* **er ist ein ~/sie ist eine ~in** c'est un habitué/c'est une habituée de ce genre de crime **serienweise** *Adv* ① COM en série ② *fam* (*in Mengen*) par fournées
Serife [ze'ri:fə] <-, -n> *f* TYP empattement *m*
seriös [zeri'ø:s] I. *Adj* (*solide*) sérieux(-euse)
II. *Adv* ~ **auftreten** arborer un air sérieux; ~ **wirken** faire sérieux
Seriosität <-> *f* sérieux *m*; **mangelnde ~** manque *m* de sérieux
Sermon [zɛr'mo:n] <-s, -e> *m pej fam* sermon *m* (*péj*)
Serologie [zerolo'gi:] <-> *f* MED sérologie *f*
seropositiv *Adj* séropositif(-ive)
Serpentine [zɛrpɛn'ti:nə] <-, -n> *f* ① route *f* en lacets; **sich in ~n hinaufwinden** monter en lacets
② (*steile Kehre*) virage *m* en épingle à cheveux
Serum ['ze:rʊm] <-s, Seren *o* Sera> *nt* sérum *m*
Server ['sə:vɐ, 'sø:ɐvɐ] <-s, -> *m* INFORM serveur *m*
Service[1] ['sø:ɐvɪs] <-> *m* (*Dienst, Bedienung*) service *m*
Service[2] [zɛr'vi:s] <-[s], -> *nt* (*Geschirr*) service *m*
Servicecenter[RR], **Service Center** ['sø:ɐvɪssɛntɐ] <-s, -> *nt* centre *m* de services **Serviceverpflichtung** ['sø:ɐvɪs-] *f* obligation *f* de service
servieren* [-vi:-] I. *tr V* ① servir; **[jdm] etw ~** servir qc [à qn]; **es ist serviert** c'est servi
② FBALL **einem Spieler den Ball ~** passer la balle à un joueur
II. *itr V* ① faire le service
② TENNIS servir
Serviererin [zɛr'vi:rərɪn] *f*, **Serviertochter** [-'vi:ɐ-] *f* CH serveuse *f*
Servierwagen *m* desserte *f*; (*im Restaurant*) chariot *m*
Serviette [zɛr'viɛtə] <-, -n> *f* serviette *f* [de table]
Serviettenring *m* rond *m* de serviette
servil [zɛr'vi:l] *Adj pej geh* servile
Servilität [-vi-] <-> *f pej geh* servilité *f*
Servobremse ['zɛrvo-] *f* TECH servofrein *m* **Servolenkung** *f* direction *f* assistée **Servomotor** *m* TECH servomoteur *m*
servus ['sɛrvʊs] *Interj* A, SDEUTSCH salut (*fam*)
Sesam ['ze:zam] <-s, -s> *m* sésame *m*
▶ **~, öffne dich!** Sésame, ouvre-toi!
Sesambrot *nt* pain *m* de sésame
Sessel ['zɛsəl] <-s, -> *m* ① fauteuil *m*
② A (*Stuhl*) chaise *f*
Sessellift *m* télésiège *m*
sesshaft[RR], **seßhaft** *Adj* sédentaire; ~ **werden/sein** s'établir/être établi(e)
Set [sɛt] <-s, -s> *m o nt* ① lot *m*
② (*Platzdeckchen*) set *m* [de table]
setzen ['zɛtsən] I. *tr V + haben* ① mettre *Kind;* placer *Erwachsene;* **das Kind auf den Stuhl ~** mettre l'enfant sur la chaise; **die Ehrengäste in die erste Reihe ~** placer les invités d'honneur au premier rang
② (*tun*) **den Hut auf den Kopf ~** mettre son chapeau; **die Flöte/das Glas an den Mund ~** porter sa flûte/son verre à la bouche
③ (*pflanzen*) planter *Pflanze*
④ (*errichten*) élever *Denkmal, Grabmal, Zaun*
⑤ (*festlegen*) fixer *Frist, Grenze, Termin, Ziel;* **sich** (*Dat*) **ein Ziel ~** se fixer un but
⑥ (*einfügen*) mettre *Namen, Satzzeichen;* **etw auf die Tagesordnung/in die Zeitung ~** mettre qc à l'ordre du jour/dans le journal
⑦ (*erklären*) **jdm etw auseinander ~** expliquer qc à qn
⑧ (*wetten*) **hundert Euro auf jdn/etw ~** miser cent euros sur qn/qc
⑨ TYP composer *Buch, Manuskript*
▶ **du gehorchst jetzt, oder es setzt was!** *fam* tu vas obéir maintenant, ou bien ça va cogner! (*fam*)
II. *r V + haben* **sich ~** ① **sich ~** *Person, Tier:* s'asseoir; *Vogel:* se poser; **sich auf einen Stuhl ~** s'asseoir sur une chaise; **sich in einen Sessel/die Badewanne ~** s'asseoir dans un fauteuil/la baignoire; **sich an den Tisch ~** s'asseoir à la table; **sich in die Sonne/die erste Reihe ~** s'asseoir au soleil/au premier rang; **sich zu jdm ~** s'asseoir à côté de qn; **sich aufs Fahrrad/Pferd ~** monter sur le vélo/cheval; **sich in den Zug/das Flugzeug ~** prendre le train/l'avion; **sitz!** assis!
② (*sich senken*) **sich ~** *Erdreich, Neubau:* s'affaisser; *Kaffee, Saft:* décanter; *Schwebstoff:* se déposer
③ (*sich befassen*) **sich mit jdm/etw auseinander ~** se pencher sur qn/qc; (*wahrnehmen*) prêter attention à qn/qc; **sich mit jdm über etw** (*Akk*) **auseinander ~** (*sich streiten*) s'expliquer avec qn au sujet de qc
III. *itr V* ① *+ haben a. fig* (*wetten*) **auf jdn/etw ~** miser sur qn/qc; **auf Rot ~** miser sur le rouge
② *+ haben o sein* (*springen*) **über ein Hindernis ~** sauter par-dessus un obstacle
Setzer(in) <-s, -> *m(f)* TYP compositeur(-trice) *m(f)*, typographe *mf*
Setzerei <-, -en> *f* TYP atelier *m* de composition
Setzfehler *m* TYP coquille *f* **Setzkasten** *m* TYP casse *f*

Setzling <-s, -e> *m* ❶ (*Pflanze*) plant *m*
❷ (*Fisch*) alevin *m*
Setzmaschine *f* TYP machine *f* à composer
Seuche ['zɔɪçə] <-, -n> *f* ❶ épidémie *f*
❷ *pej fam* (*Plage*) plaie *f*
Seuchenbekämpfung *f kein Pl* lutte *f* contre les épidémies *pas de pl* **Seuchengebiet** *nt* région *f* contaminée **Seuchenherd** *m* foyer *m* d'épidémie
seufzen ['zɔɪftsən] I. *itr V* soupirer; **über etw** (*Akk*) ~ soupirer de qc; **das Seufzen** les soupirs *mpl*
II. *tr V* soupirer
Seufzer <-s, -> *m* soupir *m;* **einen ~ [der Erleichterung] ausstoßen** pousser un soupir [de soulagement]
Sex [sɛks] <-[es]> *m* ❶ sexe *m;* **~ mit jdm haben** *fam* avoir des rapports sexuels avec qn
❷ (*sexuelle Anziehungskraft*) sex-appeal *m* (*vieilli*)
SexappealRR [-əpi:l] <-s> *m* sex-appeal *m* (*vieilli*) **sexbesessen** *Adj* obsédé(e) sexuel(le) **Sexbombe** *f sl* canon *m* (*fam*) **Sexbranche** *f* branche *f* du sexe **Sexclub** *m bar ou club privé se rapprochant d'une maison close ou d'un club échangiste* **Sexfilm** *m* film *m* érotique **Sexidol** *nt* sexe-symbole *m* **Sexindustrie** *f* industrie *f* du sexe
Sexismus [sɛ'ksɪsmʊs, zɛ'ksɪsmʊs] <-, -ismen> *m* ❶ *kein Pl* (*Einstellung*) sexisme *m*
❷ (*Bemerkung*) remarque *f* sexiste
Sexist(in) [sɛ'ksɪst, zɛ'ksɪst] <-en, -en> *m(f)* sexiste *mf*
sexistisch I. *Adj* sexiste
II. *Adv sich verhalten* de façon sexiste; **~ eingestellt sein** avoir une mentalité sexiste
Sexmagazin *nt* magazine *m* érotique **Sexorgie** [-ɔrgiə] *f fam* partouze *f* (*fam*) **Sexshop** [-ʃɔp] <-s, -s> *m* sex-shop *m*
Sexta ['zɛksta] <-, Sexten> *f* ❶ SCHULE, HIST (*erste Klasse des Gymnasiums*) *première classe du Gymnasium*
❷ SCHULE A (*sechste Klasse des Gymnasiums*) *sixième classe du Gymnasium*
Sextaner(in) <-s, -> *m(f)* ❶ SCHULE, HIST *élève de la première classe du Gymnasium*
❷ SCHULE A *élève de la sixième classe du Gymnasium*
Sextant [zɛks'tant] <-en, -en> *m* sextant *m*
Sexte ['zɛkstə] <-, -n> *f* ❶ (*Ton*) sus-dominante *f*
❷ (*Intervall*) sixte *f*
Sextett [zɛks'tɛt] <-[e]s, -e> *nt* sextuor *m*
Sextourismus [-turɪsmʊs] *m* tourisme *m* sexuel
Sexualdelikt *nt* délit *m* sexuel **Sexualerziehung** [sɛksu'a:l-, zɛksu'a:l-] *s.* **Sexualkunde** **Sexualforscher(in)** *m(f)* sexologue *mf*
Sexualität [sɛksuali'tɛ:t, zɛksuali'tɛ:t] <-> *f* sexualité *f*
Sexualkunde *f kein Pl* éducation *f* sexuelle **Sexualkundeunterricht** *m* cours *m* d'éducation sexuelle **Sexualleben** *nt kein Pl* vie *f* sexuelle **Sexualmediziner(in)** *m(f)* médecin *m* sexologue **Sexualmord** *m* crime *m* à caractère sexuel **Sexualobjekt** *nt* objet *m* sexuel **Sexualtäter(in)** *m(f)* auteur *mf* de délit sexuel **Sexualtherapeut(in)** *m(f)* sexologue *mf* clinicien(ne) **Sexualtherapie** *f* sexothérapie *f* **Sexualtrieb** *m kein Pl* pulsions *fpl* sexuelles **Sexualverbrechen** *nt* crime *m* sexuel **Sexualverbrecher(in)** *m(f)* criminel(le) *m(f)* sexuel(le) **Sexualwissenschaft** *f kein Pl* sexologie *f* **Sexualwissenschaftler(in)** *s.* **Sexualforscher(in)**
sexuell [sɛksu'ɛl, zɛksu'ɛl] I. *Adj* sexuel(le)
II. *Adv* sexuellement; *begehren* physiquement; **mit jdm ~ verkehren** avoir des relations sexuelles avec qn
sexy ['sɛksi, 'zɛksi] *Adj unv fam* sexy
Seychellen [ze'ʃɛlən] *Pl* **die ~** les Seychelles *fpl*
Sezession [zetsɛ'sio:n] <-, -en> *f* POL sécession *f*
Sezessionskrieg *m kein Pl* HIST guerre *f* de Sécession
sezieren* I. *tr V* disséquer *Leiche;* **das Sezieren** la dissection
II. *itr V* pratiquer une dissection
Seziersaal *m* salle *f* de dissection

SFB <-> *m* RADIO *Abk von* **Sender Freies Berlin** SFB *m*
s-förmigRR, **S-förmig** ['ɛs-] *Adj* en [forme de] s
sfr., **sFr.** *Abk von* **Schweizer Franken** CHF
SGML INFORM *Abk von* **Standard Generalized Mark-up Language** SGML
Shampoo ['ʃampu, 'ʃampo] <-s, -s> *nt* shampo[o]ing *m*
Shareware ['ʃɛ:ɐvɛ:ɐ, 'ʃæəwæə] <-, -s> *f* INFORM logiciel *m* contributif
Sheriff ['ʃɛrɪf] <-s, -s> *m* shérif *m*
Sherry ['ʃɛri] <-s, -s> *m* sherry *m*
Shetlandpony ['ʃɛtlant-, 'ʃɛtlənd-] *nt* poney *m* des îles Shetland
Shift-Taste ['ʃɪft-] *f* INFORM touche *f* Majuscule
Shirt [ʃø:ɐt, ʃœrt] <-s, -s> *nt* t[ee]-shirt *m*
Shortcut ['ʃɔ:tkʌt] *m* INFORM raccourci *m* clavier
Shorts [ʃo:ɐts, ʃɔrts] *Pl* short *m;* **in ~** en short
Show [ʃɔʊ] <-, -s> *f* show *m*
► **eine ~ abziehen** *fam* faire son cinéma (*fam*)
ShowbusinessRR ['ʃɔʊbɪznɪs], **Showbusineß** *nt kein Pl* show-business *m*
Showgeschäft ['ʃɔʊ-] *s.* **Showbusiness** **Showmaster(in)** ['ʃɔʊma:stɐ] <-s, -> *m(f)* animateur(-trice) *m*
Shuttle ['ʃatəl] <-s, -s> *m* ❶ (*Raumfähre*) navette *f* spatiale
❷ (*Pendelverkehr*) navette *f*
Siam ['zi:am] <-s> *nt* HIST Siam *m*
siamesisch [zia'me:zɪʃ] *Adj* siamois(e)
Siamkatze *f* chat *m* siamois
Sibirien [zi'bi:riən] <-s> *nt* la Sibérie
sibirisch *Adj* sibérien(ne); *Hauptstadt* de la Sibérie
sibyllinisch [zibʏ'li:nɪʃ] *geh* I. *Adj* sibyllin(e)
II. *Adv* de façon sibylline
sich [zɪç] I. *Pron refl, Akk* ❶ se; (*Höflichkeitsform*) vous; **~ waschen** se laver; **stolz auf ~ sein** être fier(fière) de soi; **jeder für ~** chacun pour soi; **sie lieben ~** ils s'aiment; **machen Sie ~ schön!** faites-vous beau/belle!
❷ (*in passivischen, unpersönlichen Wendungen*) **~ prima fahren** *Auto, Fahrrad, Motorrad:* se conduire très bien; **hier arbeitet es ~ gut** on arrive bien à travailler ici; **bei Nebel fährt es ~ schlecht** on roule mal par temps de brouillard
II. *Pron refl, Dat* se; (*Höflichkeitsform*) vous; **~ die Haare waschen** se laver les cheveux; **sie schütteln ~ die Hand** ils se serrent la main; **waschen Sie ~ die Hände!** lavez vos mains!; **er/sie hatte keinen Ausweis bei ~** il/elle n'avait pas ses papiers sur lui/elle; **es ist nett, dass Sie uns zu ~ einladen** c'est gentil de nous inviter chez vous; **sie sind mit ~ sehr zufrieden** ils/elles sont très satisfait(e)s d'eux/d'elles
Sichel ['zɪçəl] <-, -n> *f* ❶ faucille *f*
❷ *fig des Mondes* croissant *m*
sichelförmig *Adj* en forme de faucille; **ein ~er Mond** une lune en forme de croissant
sicher ['zɪçɐ] I. *Adj* ❶ (*gewiss*) certain(e); **~ sein** *Angelegenheit:* être sûr(e) [*o* certain(e)]; **sich** (*Dat*) **einer S.** (*Gen*) **~ sein** être sûr(e) [*o* certain(e)] de qc; **es ist ~, dass er kommt** il est certain qu'il vient; **es ist nicht ~, ob er kommt** il n'est pas certain qu'il vienne; **so viel ist ~, sie wird uns helfen** une chose est sûre, elle nous aidera; **jdm ~ sein** *Strafe, Tod, Erfolg, Sieg:* être assuré(e) pour qn; **Verrätern ist der Tod ~** c'est la mort assurée pour les traîtres; **seiner** (*Gen*) **selbst ~ sein** être sûr(e) de soi; **etwas Sicheres** quelque chose de sûr; **etwas Sicheres weiß man noch nicht** on ne sait encore rien de sûr
❷ (*außer Gefahr*) *Platz, Zufluchtsort* sûr(e); *Abstand* de sécurité; **aus ~er Entfernung** à bonne distance; **~ sein** *Person, Gegenstand:* être en sécurité; **vor jdm/etw ~ sein** *Person, Gegenstand:* être à l'abri de qn/qc; **dieser Ort ist ~** cet endroit est sûr
❸ (*zuverlässig*) *Fahrer, Schütze, Schwimmer* chevronné(e); *Methode, Tipp, Geschmack* sûr(e); **das ~e Gefühl haben, dass etw gelingt** avoir la nette impression que qc va réussir
❹ (*fest*) *Zusage* ferme; *Arbeitsplatz, Einkommen* sûr(e)
❺ (*selbstsicher*) sûr(e) de soi; **einen ~en Eindruck machen**

donner une impression de sûreté; **sein ~es Auftreten** son air sûr de lui

▶ ~ **ist** ~ deux précautions valent mieux qu'une

II. *Adv* ❶ (*höchstwahrscheinlich*) certainement, sûrement; [**aber**] ~**!** *fam* (*klar!*) mais comment donc! (*fam*)

❷ (*gesichert*) *aufbewahren, unterbringen* en sécurité; **bei mir sind die Unterlagen ~er aufbewahrt** les documents sont plus en sécurité chez moi; **am ~sten ist es, ...** le plus sûr, c'est...

❸ (*zuverlässig*) *fahren, schießen, rechnen* avec sûreté

❹ (*selbstsicher*) *auftreten, reden* avec assurance; **sehr ~ wirken** donner l'impression d'avoir beaucoup d'assurance

sicher|gehen *itr V unreg + sein* prendre ses précautions; **ich will ~, dass es geheim bleibt** je veux être [absolument] sûr(e) que ça reste secret; **um sicherzugehen** pour être plus sûr(e)

Sicherheit <-, -en> *f* ❶ *kein Pl* sécurité *f*; **Ordnung und ~** l'ordre et la sécurité; **die öffentliche ~** la sécurité publique; **sich vor jdm/etw in ~ bringen** se mettre à l'abri de qn/qc; **etw in ~ bringen** mettre qc en sécurité; **in ~ sein** être en sécurité [*o* à l'abri]; **sich in ~ wiegen** se croire en sécurité [*o* à l'abri]; **jdn in ~ wiegen** endormir qn; **der ~ halber** par [mesure de] précaution

❷ *kein Pl* (*das Abgesichertsein*) **soziale ~** protection *f* sociale

❸ *kein Pl* (*Gewissheit*) certitude *f*; **etw mit hundertprozentiger ~ wissen** être sûr(e) de qc à cent pour cent; **mit absoluter ~** avec certitude absolue; **mit weitgehender ~** très probablement; **mit an ~ grenzender Wahrscheinlichkeit** de façon quasi-certaine

❹ *kein Pl* (*Zuverlässigkeit*) *des Geschmacks* sûreté *f*; *einer Methode, eines Mittels, Urteils* fiabilité *f*; **etw mit großer ~ beherrschen** maîtriser qc avec beaucoup de fiabilité; **etw mit schlafwandlerischer ~ tun** faire qc les yeux fermés

❺ *kein Pl* (*Selbstsicherheit*) *des Auftretens* assurance *f*

❻ (*Kaution*) caution *f*; FIN garantie *f*, sûreté *f*; **~en leisten** fournir des garanties

Sicherheitsabstand *m* distance *f* de sécurité **Sicherheitsberater(in)** *m(f)* conseiller(-ère) *m(f)* à la sécurité **Sicherheitsbestimmung** *f* consigne *f* de sécurité **Sicherheitsbindung** *f* SKI fixation *f* de sécurité **Sicherheitsdienst** *m* service *m* de sécurité **Sicherheitsglas** *nt* verre *m* de sécurité **Sicherheitsgurt** *m* ceinture *f* de sécurité; **den ~ anlegen** mettre la ceinture [de sécurité] **sicherheitshalber** [-halbɐ] *Adv* par [mesure de] précaution **Sicherheitskette** *f* chaîne *f* de sûreté **Sicherheitskontrolle** *f* (*am Flughafen*) contrôle *m* de sécurité **Sicherheitskopie** *f* INFORM copie *f* de sauvegarde [*o* de secours], sauvegarde *f* **Sicherheitsmaßnahme** *f* mesure *f* de sécurité **Sicherheitsnadel** *f* épingle *f* de sûreté [*o* à nourrice] **Sicherheitsrat** *m kein Pl* POL Conseil *m* de sécurité **Sicherheitsrisiko** *nt* menace *f* pour la sécurité **Sicherheitsschloss**^RR *nt* serrure *f* de sûreté **Sicherheitstechnik** *f* technique *f* de sécurité **Sicherheitsventil** *nt* soupape *f* de sûreté **Sicherheitsverschluss**^RR *m* fermeture *f* de sûreté **Sicherheitsvorkehrung** *f* mesure *f* de sécurité; **~en treffen** prendre des mesures de sécurité **Sicherheitsvorschriften** *Pl* consignes *fpl* de sécurité

sicherlich *Adv* sûrement; **~ ist es nicht einfach** ce n'est sûrement pas simple

sichern ['zɪçɐn] **I.** *tr V* ❶ (*schützen*) protéger

❷ (*mechanisch blockieren*) mettre le cran de sûreté à *Schusswaffe*

❸ (*garantieren*) garantir; **gesichert** *Einkommen, Rechte* assuré(e)

❹ (*sicherstellen*) relever *Spuren, Beweise*

❺ INFORM sauvegarder *Daten*

❻ (*verschaffen*) [**jdm**] **etw ~** assurer qc [à qn]; **jdm einen Platz/einen Anteil ~** garder une place/part à qn

❼ (*stabilisieren*) assurer *Position, Frieden*

❽ (*absichern*) protéger *Baustelle, Grube;* assurer *Bergsteiger*

II. *r V* **sich gegen etw ~** se protéger contre qc

sicher|stellen *tr V* ❶ (*garantieren*) garantir *Versorgung, Lebensunterhalt*

❷ (*konfiszieren*) *Behörde, Polizei, Zoll:* saisir *Diebesgut, Waffen*

Sicherstellung *f* ❶ (*das Garantieren*) garantie *f*; **der ~ einer S.** (*Gen*) **dienen** servir à garantir qc

❷ (*das Konfiszieren*) saisie *f*

Sicherung <-, -en> *f* ❶ *kein Pl des Unterhalts* garantie *f*; **das System der sozialen ~** le système de protection sociale; **an die ~ der Zukunft denken** penser à assurer son avenir

❷ *kein Pl* (*Absicherung*) *einer Baustelle, Grube* protection *f*

❸ *kein Pl* INFORM sauvegarde *f*

❹ ELEC fusible *m*; **die ~en sind durchgebrannt** les fusibles ont grillé

❺ TECH (*Sicherungsvorrichtung*) système *m* de sécurité; *einer Schusswaffe* cran *m* de sûreté

▶ **bei ihm brennt die ~ durch** *fam* il pète les plombs (*fam*)

Sicherungskasten *m* coffret *m* de coupe-circuits **Sicherungskopie** *f* INFORM sauvegarde *f* **Sicherungsverwahrung** *f* ≈ peine *f* de sûreté

Sicht [zɪçt] <-, *selten* -en> *f* ❶ vue *f*; **eine freie ~** une vue dégagée; **eine eingeschränkte ~** une visibilité réduite; **jdm die ~ nehmen** cacher la vue à qn; **eine gute/herrliche ~ auf etw** (*Akk*) **haben** avoir une belle vue/vue splendide sur qc; **in ~ sein/kommen** être en vue/apparaître

❷ (*Betrachtungsweise*) vision *f*; **aus meiner ~** de mon point de vue; **aus heutiger ~** du point de vue actuel; **aus medizinischer/wissenschaftlicher ~** du point de vue médical/scientifique; **deine ~ der Dinge** ta vision des choses

❸ COM, FIN (*Vorlage*) vue *f*; **zahlbar bei ~** payable à vue; **auf/bei ~ bezahlen** payer à vue

▶ **auf kurze/mittlere/lange ~** à court/moyen/long terme

sichtbar **I.** *Adj* ❶ visible; **gut/schlecht ~ sein** être bien/n'être pas bien visible; **besser ~ sein** se voir mieux

❷ (*offenkundig*) *Fortschritt, Veränderung* sensible

II. *Adv altern, abnehmen, zunehmen* nettement; *sich verändern, verbessern, verschlechtern* sensiblement; **~ Fortschritte machen** faire des progrès sensibles

Sichtbeton *m kein Pl* béton *m* apparent [*o* décoratif]

sichten ['zɪçtən] *tr V* ❶ NAUT apercevoir; **ich habe den Chef heute schon gesichtet** *hum fam* j'ai déjà aperçu la trombine du chef aujourd'hui (*fam*)

❷ (*durchsehen*) **Akten/die Korrespondenz ~** passer des dossiers/la correspondance en revue

Sichtfenster *nt* hublot *m* **Sichtflug** *m* navigation *f* à vue **Sichtgrenze** *f* visibilité *f*

sichtlich **I.** *Adj* visible; **zu seiner ~en Erleichterung** à son grand soulagement

II. *Adv* visiblement

Sichtung <-, -en> *f kein Pl* ❶ NAUT **nach ~ des Eisbergs** après avoir aperçu l'iceberg

❷ (*Durchsicht*) tri *m*

Sichtverhältnisse *Pl* [conditions *fpl* de] visibilité *f* **Sichtvermerk** *m* visa *m* **Sichtweite** *f* visibilité *f*; **außer/in ~ sein** être hors de/en vue

Sickergrube *f* puisard *m*

sickern ['zɪkɐn] *itr V + sein* ❶ suinter; **in den Erdboden ~** s'infiltrer dans la terre; **aus einem Behälter ~** suinter d'un récipient

❷ *fig Information, Plan:* s'ébruiter; **es darf auf keinen Fall etwas an die Öffentlichkeit/nach draußen ~** il faut absolument que rien ne filtre en public/à l'extérieur

Sickerwasser *nt* eaux *fpl* d'infiltration

Sideboard ['saɪdbɔːd] <-s, -s> *nt* bahut *m*

sie[1] [ziː] **I.** *Pron pers, 3. Pers Sing, Nom* ❶ (*auf eine Person, ein weibliches Tier bezogen*) elle; **~ ist nicht da** elle n'est pas là; **er ist kleiner als ~** il est plus petit qu'elle; **da kommt ~!** la

S

voilà qui arrive!; ~ **ist es** [**wirklich**]! c'est [bien] elle!
② (*allgemein auf ein Tier, eine Sache bezogen*) **eine Katze/Kuh fotografieren, während ~ frisst** photographier un chat/une vache pendant qu'il/qu'elle mange; **ich suche meine Tasche/Uhr, wo ist ~?** je cherche mon sac/ma montre, où est-il/est-elle?
II. *Pron pers, 3. Pers Sing, Akk* ① (*auf eine Person, ein weibliches Tier bezogen*) la; **er grüßt/begleitet** ~ il la salue/l'accompagne; **ich warte auf** ~ je l'attends; **ich werde ~ anrufen/fragen** je lui téléphonerai/demanderai; **ohne** ~ sans elle; **das ist für** ~ c'est pour elle
② (*allgemein auf ein Tier, eine Sache bezogen*) **da drüben ist eine Katze/Kuh, siehst du ~?** là-bas, il y a un chat/une vache, tu le/la vois?; **wo ist meine Tasche/Uhr? Ich finde ~ nicht!** où est mon sac/ma montre? Je ne le/la trouve pas!

sie[2] I. *Pron pers, 3. Pers Pl, Nom* ① (*auf Personen bezogen*) ils; (*allein stehend*) eux; (*auf ausschließlich weibliche Personen, Tiere bezogen*) elles; ~ **sind nicht da** ils/elles ne sont pas là; **wir sind klüger als** ~ nous sommes plus malins(-ignes) qu'eux/qu'elles; **da kommen ~!** les voilà qui arrivent!; ~ **sind es** [**wirklich**]! ce sont [bien] eux/elles!
② (*allgemein auf Tiere und Sachen bezogen*) **den Katzen/Kühen zuschauen, während ~ fressen** observer les chats/vaches pendant qu'ils/qu'elles mangent; **ich suche meine Handschuhe/Sandalen, wo sind ~?** je cherche mes gants/sandales, où sont-ils/sont-elles?
II. *Pron pers, 3. Pers Pl, Akk* ① (*auf Personen bezogen*) **er grüßt/begleitet** ~ il les salue/les accompagne; **ich warte auf** ~ je les attends; **ich werde ~ anrufen/fragen** je leur téléphonerai/demanderai; **ohne/für** ~ sans/pour eux; (*auf ausschließlich weibliche Personen, Tiere bezogen*) sans/pour elles
② (*allgemein auf Tiere und Sachen bezogen*) les

Sie[1] *Pron pers, Höflichkeitsform* vous; **könnten ~ mir bitte sagen, wo/wie ...?** s'il vous plaît, pourriez-vous me dire où/comment...?; **ich bitte ~ um Entschuldigung** je vous prie de m'excuser; **kommen ~ schnell!** venez vite!; ~ **Glückliche/Arme!** espèce de veinarde/ma pauvre!; ~ **Glückliche!** espèce de veinarde!; ~ **Armer!** mon pauvre!

Sie[2] <-> *nt* **das förmliche** ~ le vouvoiement formel; **jdn mit ~ anreden** vouvoyer qn

i Land & Leute

Bien que le *Du* soit de plus en plus répandu, c'est l'emploi de **Sie** qui est encore le plus fréquent, car dans la plupart des cas, on vouvoie les personnes de plus de trente ans que l'on ne connaît pas. Les enseignants vouvoient souvent leurs élèves à partir de l'âge de 17 ans. Il est de règle de vouvoyer, c'est-à-dire *siezen*, les vendeurs, les employés de banque ou les serveurs des restaurants. Depuis peu, on entend cependant de plus en plus souvent les employés de bars tutoyer leurs clients, et vice versa.

Sie[3] <-, -s> *f fam* ① **eine** ~ une nana (*fam*); **Er, 31, sucht sportliche** ~ Homme, 31 ans, cherche femme sportive
② (*weibliches Tier*) **unser Hamster ist eine** ~ notre hamster est une femelle

Sieb [zi:p] <-[e]s, -e> *nt* (*Küchensieb*) passoire *f*; (*Kaffeesieb*) passoire à café; (*für Tee*) passe-thé *m*; (*für Mehl, Sand*) tamis *m*

Siebdruck <-drucke> *m* sérigraphie *f*

sieben[1] ['zi:bən] *Num* sept; *s. a.* **acht**[1]

sieben[2] *tr V* ① tamiser
② *fam* (*aussondern*) faire une sélection de *Bewerber, Material, Daten*

Sieben <-, - *o* -en> *f* ① (*Zahl*) sept *m*
② *kein Pl* (*U-Bahn-Linie, Bus-, Straßenbahnlinie*) sept *m*

siebenarmig *Adj* à sept branches

Siebenbürgen [-'bʏrgən] <-s> *nt* la Transylvanie

Siebeneck *nt* heptagone *m* **siebeneckig** *Adj* heptagonal(e)

siebeneinhalb *Num* ~ **Meter** sept mètres et demi; *s. a.* **achteinhalb**

siebenerlei ['zi:bənɐ'laɪ] *Adj unv* ~ **Sorten Brot** sept sortes de pain; *s. a.* **achterlei**

siebenfach, 7fach I. *Adj* **die ~e Menge nehmen** prendre sept fois plus [*o* sept fois la quantité]
II. *Adv falten* sept fois; *s. a.* **achtfach**

Siebenfache(s) *nt dekl wie Adj* septuple *m* (*rare*); **das ~ verdienen** gagner sept fois plus; *s. a.* **Achtfache(s)**

siebenhundert *Num* sept cents **siebenhundertjährig** *Adj* de sept centenaires **siebenhundertste(r, s)** *Adj* sept centième **siebenhunderttausend** *Num* sept cent mille

siebenjährig *Adj Kind, Amtszeit* de sept ans

Siebenjährige(r) *f(m) dekl wie Adj* garçon *m*/fille *f* de sept ans

siebenköpfig *Adj Familie* de sept [personnes]

siebenmal *Adv* sept fois; *s. a.* **achtmal**

siebenmalig ['zi:bənma:lɪç] *Adj* **nach ~em Klingeln** au septième coup de sonnette; *s. a.* **achtmalig**

Siebenmeilenstiefel *Pl* bottes *fpl* de sept lieues
▶ **mit ~n** *fam gehen* à pas de géant

Siebenmeterbrett *nt* plongeoir *m* de sept mètres

Siebenmonatskind *nt* prématuré(e) *m(f)* de sept mois

Siebensachen *Pl fam* **seine ~ packen** prendre ses cliques et ses claques (*fam*) **Siebenschläfer** [-ʃlɛ:fɐ] *m* loir *m*

siebenseitig *Adj* de sept pages

siebenstellig *Adj Zahl* de sept chiffres

siebenstöckig *Adj* de sept étages; ~ **sein** avoir sept étages

siebenstündig *Adj attr* de sept heures

siebent *s.* **siebt**

siebentägig [-tɛ:gɪç] *Adj* de sept jours

siebentausend *Num* sept mille **Siebentausender** <-s, -> *m* sept mille *m* [mètres]

siebente(r, s) *Adj s.* **siebte(r, s)**

siebenteilig *Adj Film* en sept parties; *Satz* de sept; *Besteck* de sept pièces

Siebentel *s.* **Siebtel**

siebentens ['zi:bəntəns] *s.* **siebtens**

siebenzeilig *Adj Gedicht, Strophe* de sept vers; *Text* de sept lignes; *s. a.* **achtzeilig**

siebt *Adj* **zu ~ sein** être [à] sept; *s. a.* **acht**[2]

siebte(r, s) *Adj* ① septième
② (*bei Datumsangaben*) **der ~ Mai** *écrit:* **der 7. Mai** le sept mai *geschrieben:* le 7 mai
③ SCHULE **die ~ Klasse** [*o* **die ~** *fam*] ≈ la sixième; *s. a.* **achte(r, s)**

Siebte(r) *f(m) dekl wie Adj* ① septième *mf*
② (*Datumsangabe*) **der ~/am ~n** *écrit:* **der 7./am 7.** le sept *geschrieben:* le 7
③ (*Namenszusatz*) **Karl der ~** *écrit:* **Karl VII.** Charles sept *geschrieben:* Charles VII
④ (*Sinfonie*) **Beethovens ~** la Septième Symphonie de Beethoven; *s. a.* **Achte(r)**

siebtel ['zi:ptəl] *Adj* septième; *s. a.* **achtel**

Siebtel <-s, -> *nt a.* MATH septième *m*

siebtens ['zi:ptəns] *Adv* septièmement

siebzehn ['zi:ptse:n] *Num* dix-sept; *s. a.* **acht**[1] **siebzehnte(r, s)** *Adj* dix-septième; *s. a.* **achte(r, s)**

siebzig ['zi:ptsɪç] *Num* soixante-dix, septante (BELG, CH); *s. a.* **achtzig**

Siebzig <-> *f* soixante-dix *m*, septante *m* (BELG, CH)

siebziger *Adj*, **70er** *Adj unv* **die ~ Jahre** les années *fpl* soixante-dix; *s. a.* **achtziger**

Siebziger[1] <-s, -> *m* ① (*Mann in den Siebzigern*) septuagé-

naire *m*
2 *s.* **Siebzigjährige(r)**
3 *fam (Wein)* 1970 *m*
Siebziger² <-, -> *f* HIST *fam (Briefmarke)* timbre *m* à soixante-dix pfennigs
Siebziger³ *Pl* 1 **die ~** *eines Jahrhunderts* les années *fpl* soixante-dix
2 *(Lebensalter)* **in den ~n sein** être septuagénaire; *s. a.* **Achtziger³**
Siebzigerin <-, -nen> *f* 1 *(Frau in den Siebzigern)* septuagénaire *f*
2 *s.* **Siebzigjährige(r)**
Siebzigerjahre *Pl* **die ~** les années *fpl* soixante-dix
siebzigjährig *Adj attr Person* septuagénaire; *Baum* de soixante-dix ans; *s. a.* **achtzigjährig**
Siebzigjährige(r) *f(m) dekl wie Adj* homme *m*/femme *f* de soixante-dix ans; **etw als ~r/~ tun** faire qc à soixante-dix ans
Siebzigpfennigmarke, 70-Pfennig-Marke *f* HIST timbre *m* à soixante-dix pfennigs
siebzigste(r, s) *Adj* soixante-dixième; *s. a.* **achtzigste(r, s)**
siedeln ['zi:dəln] *itr V* s'établir
sieden ['zi:dən] <siedete *o* sott, gesiedet *o* gesotten> *itr V* bouillir; **~d heiß sein** être bouillant(e); **etw zum Sieden bringen** faire bouillir qc
▶ **jdm ~d heiß einfallen** *fam* revenir tout d'un coup à qn
siedendheiß *s.* **sieden**
Siedepunkt *m* température *f* d'ébullition
Siedewasserreaktor *m* réacteur *m* à eau bouillante; **~ mit direktem/indirektem Kreislauf** réacteur à eau bouillante à cycle direct/indirect
Siedler(in) ['zi:dlɐ] <-s, -> *m(f)* colon *m*
Siedlung ['zi:dlʊŋ] <-, -en> *f* 1 *(Wohnhausgruppe)* lotissement *m*
2 *(Ansiedlung)* colonie *f*
Siedlungsgebiet *nt* région *f* de colonisation **Siedlungspolitik** *f kein Pl* politique *f* de colonisation
Sieg [zi:k] <-[e]s, -e> *m* victoire *f;* **um den ~ kämpfen** lutter pour la victoire; **den ~ erringen** [*o* **davontragen**] *geh* remporter la victoire; **einer S.** *(Dat)* **zum ~ verhelfen** faire triompher qc; **jdn um den ~ bringen, jdn den ~ kosten** coûter la victoire à qn; **der ~ des Guten über das Böse** le triomphe du bien sur le mal
Siegel ['zi:gəl] <-s, -> *nt* 1 *(Abdruck)* sceau *m*
2 *(Stempel)* cachet *m*
▶ **unter dem ~ der Verschwiegenheit** sous le sceau du secret
Siegellack *m* cire *f* à cacheter
siegeln ['zi:gəln] *tr V* sceller
Siegelring *m* chevalière *f*
siegen ['zi:gən] *itr V* 1 MIL être [*o* sortir] vainqueur; **über jdn ~** vaincre qn; **in einer Schlacht ~** remporter une bataille
2 SPORT **im Weitsprung ~** gagner au saut en longueur; **über jdn ~** l'emporter sur qn
Sieger(in) <-s, -> *m(f)* SPORT, MIL vainqueur *m;* **als ~ aus etw hervorgehen** sortir vainqueur de qc; **in etw** *(Dat)* **~ bleiben** conserver son titre dans qc; **~ nach Punkten/durch K. o.** vainqueur aux points/par K. O.
Siegerehrung *f* remise *f* des prix [*o* médailles] **Siegermacht** *f* puissance *f* victorieuse **Siegerpodest** *nt* podium *m* **Siegertreppchen** <-s, -> *nt* podium *m* **Siegerurkunde** *f* diplôme *m* [d'honneur]
siegesbewusstRR, **siegesgewiss**RR *s.* **siegessicher Siegesgöttin** *f* [déesse *f* de la] Victoire *f* **Siegeskranz** *m* lauriers *mpl* du vainqueur **siegessicher** I. *Adj Person* sûr(e) de la victoire; *Grinsen, Lächeln* triomphant(e) II. *Adv* d'un air triomphant; **~ lächelnd** avec un sourire triomphant **Siegeszug** *m* marche *f* victorieuse
siegreich I. *Adj* SPORT, MIL victorieux(-euse); **~ aus etw hervorgehen** sortir vainqueur de qc
II. *Adv* en vainqueur
sieh, siehe *Imperativ Sing von* **sehen**
sieht [zi:t] *3. Pers Präs von* **sehen**
Siel [zi:l] <-[e]s, -e> *nt o m* NDEUTSCH écluse *f*
siezen ['zi:tsən] *tr V* vouvoyer; **sich ~** se vouvoyer
Sigel ['zi:gəl] <-s, -> *nt* sigle *m*
Sightseeing ['saɪtsi:ɪŋ] <-s> *nt* visite *f* touristique
Sigle *s.* **Sigel**
Signal [zɪ'gna:l] <-s, -e> *nt* signal *m;* **mit etw ein ~ geben** donner l'alerte avec qc
▶ **~e setzen** donner le signal
Signalanlage *f* dispositif *f* de signalisation **Signalfarbe** *f* couleur *f* voyante **Signalfeuer** *nt* feu *m* de signalisation **Signalflagge** *f* NAUT pavillon *m*
signalisieren* *tr V* laisser entendre; **[jdm] etw ~** laisser entendre qc [à qn]
Signallampe *f* 1 *(Taschenlampe)* torche *f* 2 EISENBAHN lampe *f* de signalisation **Signallicht** *nt* signal *m* lumineux **Signalmast** *m* EISENBAHN sémaphore *m* **Signalton** *m* signal *m* sonore; *eines Anrufbeantworters* bip *m* sonore **Signalwirkung** *f* **~ haben** montrer la voie
Signatur [zɪgna'tu:ɐ] <-, -en> *f* 1 *(Buchsignatur)* cote *f*
2 *(Kartenzeichen)* signe *m*
3 *geh (Unterschrift)* signature *f*
Signet [zɪ'gne:t, zɪ'gnɛt, zɪn'je:] <-s, -s> *nt* logo *m*
signieren* *tr V* signer; *Schriftsteller:* dédicacer; **etw ~** signer qc; *Schriftsteller:* dédicacer qc
Signierung <-, -en> *f* signature *f;* *(durch den Autor)* dédicace *f*
signifikant [zɪgnifi'kant] *geh* I. *Adj* 1 *(bedeutsam)* important(e), significatif(-ive)
2 *(charakteristisch)* **~ für jdn/etw sein** être caractéristique de qn/qc
II. *Adv ansteigen, sinken* sensiblement
Silbe ['zɪlbə] <-, -n> *f* syllabe *f*
▶ **keine ~ davon ist wahr** il n'y a pas un mot de vrai là-dedans; **etw mit keiner ~ erwähnen** ne pas souffler mot de qc
Silbentrennung *f* division *f* en syllabes [*o* syllabique]
Silber ['zɪlbɐ] <-s> *nt* 1 *(Edelmetall)* argent *m*
2 *(Tafelsilber)* argenterie *f*
3 *(Silbermedaille)* médaille *f* d'argent; **~ holen** décrocher l'argent *(fam)*
▶ **Reden ist ~, Schweigen ist Gold** *Spr.* la parole est d'argent et le silence est d'or
Silberbarren *m* lingot *m* d'argent **Silberbesteck** *nt* argenterie *f* **Silberblick** *m fam* **einen ~ haben** avoir une coquetterie dans l'œil *(fam)* **Silberdistel** *f* BOT chardon *m* argenté **silberfarben, silberfarbig** *Adj* argenté(e) **Silberfischchen** <-s, -> *nt* poisson *m* d'argent **Silberfuchs** *m* renard *m* argenté **Silbergehalt** *m* teneur *f* en argent **Silbergeld** *nt kein Pl* pièces *fpl* en argent **silbergrau** *Adj* gris argenté *inv*
silberhaltig *Adj* argentifère
silberhell I. *Adj Stimme, Ton* argentin(e) II. *Adv* **ihr Lachen tönte ~** son rire sonnait clair comme l'argent **Silberhochzeit** *f* noces *fpl* d'argent **Silbermedaille** [-medaljə] *f* médaille *f* d'argent **Silbermöwe** *f* ZOOL goéland *m* argenté **Silbermünze** *f* pièce *f* d'argent
silbern ['zɪlbɐn] *Adj* 1 *(aus Silber)* en argent
2 *(weiß glänzend)* argenté(e)
Silberpapier *nt* papier *m* d'aluminium **Silberpappel** *f* peuplier *m* blanc **Silberschmied(in)** *m(f)* orfèvre *m* **Silberstreif[en]** *m* ▶ **ein ~ am Horizont** *geh* une lueur d'espoir [à l'horizon]; **es zeichnet sich ein ~ am Horizont ab** on voit poindre une lueur d'espoir *(soutenu)*
silberweiß, silbrig ['zɪlbrɪç] I. *Adj* argenté(e)
II. *Adv* **~ glänzen** briller d'un éclat argenté; **~ schimmern** jeter une lueur argentée
Silhouette [zi'luɛtə] <-, -n> *f* 1 silhouette *f;* **sich als ~ gegen**

S

etw abheben [*o* **abzeichnen**] se découper sur qc; **sich als ~ gegen den Horizont abheben** se dessiner à l'horizon
❷ (*Form, Umriss*) *eines Kleidungsstücks* ligne *f*; **ein Kleid mit schlanker ~** une robe qui affine la ligne
Silicium *s.* **Silizium**
Silikat [zili'ka:t] <-[e]s, -e> *nt* CHEM silicate *m*
Silikon [zili'ko:n] <-s, -e> *nt* CHEM silicone *f*
Silikose [zili'ko:zə] <-, -n> *f* MED silicose *f*
Silizium [zi'li:tsiʊm] <-s> *nt* CHEM silicium *m*; **~ ist ein Halbmetall** le silicium est un non-métal
Silo ['zi:lo] <-s, -s> *m* silo *m*
Silvaner [-'va:-] <-s, -> *m* sylvaner *m*
Silvester [zɪl'vɛstɐ] <-s, -> *m o nt* Saint-Sylvestre *f*; **morgen ist ~** demain, c'est la Saint-Sylvestre; **an ~** à la Saint-Sylvestre

i Land & Leute

On passe la plupart du temps **Silvester** entre amis ou en famille. Après avoir mangé une fondue ou une raclette, on trinque à minuit avec du mousseux et on se souhaite „ein frohes neues Jahr". Puis on allume des fusées et des feux d'artifice et les jeunes font claquer des pétards. Certains organisent ensuite un *Bleigießen*: on jette du plomb fondu dans de l'eau froide et on essaie de lire l'avenir dans les figures ainsi obtenues.

Silvesterfeier [-'vɛstɐ-] *f* réveillon *m* de la Saint-Sylvestre **Silvesternacht** *f* nuit *f* de la Saint-Sylvestre
Simbabwe [zɪm'bapvə] <-s> *nt* le Zimbabwe
Simbabwer(in) [zɪm'bapvɐ] <-s, -> *m(f)* Zimbabwéen(ne) *m(f)*
simbabwisch *Adj* zimbabwéen(ne)
Simmerring® ['zɪmɐ-] *m* TECH bague *f* d'étanchéité
simpel ['zɪmpəl] **I.** *Adj* ❶ (*einfach*) simple; [**ganz**] **~ sein** être [très] simple; **das ist doch ganz ~** c'est simple comme bonjour
❷ (*schlicht*) [tout(e)] simple
II. *Adv* simplement
Simplex ['zɪmplɛks] <-> *nt* INFORM, TELEC simplex *m*
simplifizieren* *tr V geh* simplifier
Sims [zɪms] <-es, -e> *m o nt* (*Fenstersims*) rebord *m*; (*Kaminsims*) corniche *f*
simsalabim *Interj* abracadabra
simsen ['zɪmzən] *fam* **I.** *itr V* envoyer un texto
II. *tr V* envoyer *SMS*
Simulant(in) [zimu'lant] <-en, -en> *m(f)* simulateur(-trice) *m(f)*
Simulation [zimula'tsio:n] <-, -en> *f* simulation *f*
Simulator [zimu'la:to:ɐ] <-s, -toren> *m* simulateur *m* [de vol]
simulieren* *tr, itr V* simuler
simultan [zimʊl'ta:n] *geh* **I.** *Adj* simultané(e)
II. *Adv* simultanément
Simultandolmetschen <-s> *nt* interprétation *f* simultanée **Simultandolmetscher(in)** *m(f)* interprète *mf* simultané(e)
Sinai ['zi:nai] <-[s]> *m* **der ~** le Sinaï
Sinaihalbinsel ['zi:nai-] *f* **die ~** la péninsule *f* du Sinaï
sind [zɪnt] *1. und 3. Pers Pl Präs von* **sein**[1]
sine tempore ['zi:nə 'tɛmpore] *Adv* UNIV ponctuellement; **um neun Uhr ~** à neuf heures pile
Sinfonie [zɪnfo'ni:] <-, -n> *f* symphonie *f*
Sinfoniekonzert *nt* concert *m* symphonique **Sinfonieorchester** [-ɔrkɛstɐ, -ɔrçɛstɐ] *nt* orchestre *m* symphonique
sinfonisch [zɪn'fo:nɪʃ] *Adj* MUS symphonique
Singapur ['zɪŋgapu:ɐ] <-s> *nt* Singapour *f*
Singdrossel *f* ZOOL grive *f* musicienne
singen ['zɪŋən] <sang, gesungen> **I.** *itr V* ❶ chanter; **zur Gitarre ~** chanter à la guitare; **das Singen** le chant; **unter fröhlichem Singen** en chantant gaiement
❷ *sl* (*gestehen*) se mettre à table (*fam*)
II. *tr V* chanter *Lied, Arie*
III. *r V* **sich durstig/heiser ~** avoir soif/être enroué(e) à force de chanter
Single[1] ['sɪŋəl] <-, -s> *f* (*kleine Schallplatte*) 45 tours *m*
Single[2] ['sɪŋəl] <-s, -s> *m* (*Person*) célibataire *mf*
Singsang ['zɪŋzaŋ] <-s, -s> *m kein Pl fam* mélopée *f*, chant *m* monotone
Singspiel *nt* vaudeville *m* **Singstimme** *f* ❶ (*Gesangsteil*) [partie *f* de] chant *m* ❷ (*Stimme*) voix *f*
Singular ['zɪŋgula:ɐ] <-s, -e> *m* GRAM singulier *m*
Singvogel *m* [oiseau *m*] chanteur *m*
sinken ['zɪŋkən] <sank, gesunken> *itr V + sein* ❶ (*versinken*) couler; **sich auf den Grund ~ lassen** se laisser couler
❷ (*an Höhe verlieren*) *Flugzeug, Ballon:* descendre
❸ (*niedersinken*) tomber; **der Kopf sank ihm auf die Brust** il piqua du nez
❹ (*abnehmen*) *Kurs, Preis, Druck, Fieber:* baisser; *Ansehen:* être terni(e); *Vertrauen:* être ébranlé(e); **den Mut/die Hoffnung ~ lassen** perdre courage/espoir
❺ (*sich schlechter stehen*) **in jds Achtung** (*Dat*) **~** baisser dans l'estime de qn; **in jds Gunst** (*Dat*) **~** perdre la faveur de qn
Sinn [zɪn] <-[e]s, -e> *m* ❶ *kein Pl* (*Bedeutung*) sens *m*; **im engeren** [*o* **eigentlichen**] **~e** au sens strict [*o* propre] du terme; **im weiteren ~e** au sens large du terme; **im übertragenen ~** au sens figuré; **in gewissem ~e** en un sens; **der tiefere** [*o* **verborgene**] **~ einer S.** (*Gen*) le sens profond [*o* caché] de qc
❷ *kein Pl* (*Zweck*) sens *m*; **keinen ~ haben** [*o* **ergeben**] n'avoir aucun sens; **es hat keinen ~ länger zu warten** ça n'a aucun sens d'attendre plus longtemps; **das macht ~/keinen ~** *fam* c'est pas mal/c'est n'importe quoi (*fam*)
❸ *kein Pl* (*Gespür, Verständnis*) sens *m*; **~/keinen ~ für Humor haben** avoir/ne pas avoir le sens de l'humour
❹ *meist Pl* (*Sinnesorgan*) sens *m*; **die fünf ~e** les cinq sens
❺ (*Denkungsart, Interesse*) **in jds ~** (*Dat*) **sein** aller dans le sens de qn; **in jds ~** (*Dat*) **handeln** agir dans le sens de qn; **mit jdm/etw nichts im ~ haben** ne pas s'intéresser à qn/qc
❻ (*Verstand*) **bist du noch bei ~en?** tu as encore toute ta tête? (*fam*)
▶ **etw ohne ~ und Verstand tun** faire qc en dépit du bon sens; **im wahrsten ~e des Wortes** au sens propre du mot; **der sechste ~** le sixième sens; **einen sechsten ~ für etw haben** avoir un sixième sens pour qc; [**et**]**was im ~ haben** avoir qc derrière la tête; **jdm in den ~ kommen** venir à l'esprit [*o* à l'idée] de qn; **da kommt mir gerade etwas in den ~** quelque chose me vient à l'esprit en ce moment; **sich** (*Dat*) **etw aus dem ~ schlagen** faire une croix sur qc; **das schlag dir mal aus dem ~!** *fam* tu peux faire une croix dessus! (*fam*); **das will mir nicht aus dem ~** ça ne me sort pas de la tête; **etw will jdm nicht in den ~** qn n'arrive pas à comprendre qc; **in diesem ~e ...** sur ce, ...; **wie von ~en** comme un fou/une folle
Sinnbild *nt* symbole *m*
sinnbildlich **I.** *Adj* symbolique
II. *Adv* symboliquement
sinnen ['zɪnən] <sann, gesonnen> *itr V geh* ❶ (*grübeln*) **über etw** (*Akk*) **~** méditer sur qc; (*nachdenken*) réfléchir à qc; **~d** méditatif(-ive); (*nachdenklich*) songeur(-euse)
❷ (*trachten nach*) **auf Vergeltung** (*Akk*) **~** méditer une [*o* sa] vengeance
▶ **sein/ihr Sinnen und Trachten** son but, sa préoccupation; *s. a.* **gesonnen**
sinnentleert *Adj geh* dénué(e) de sens
sinnentstellend **I.** *Adj* erroné(e); **~ sein** être erroné(e)
II. *Adv* de façon erronée
Sinnesänderung *f* revirement *m*, changement *m* d'avis **Sinneseindruck** *m* impression *f* sensorielle; **ein optischer ~**

une impression optique **Sinnesorgan** *nt* organe *m* sensoriel **Sinnesreiz** *m* BIO stimulus *m* sensoriel **Sinnestäuschung** *f* illusion *f* des sens **Sinneswahrnehmung** *f* perception *f* sensorielle **Sinneswandel** *m* revirement *m*

sinnfällig I. *Adj* clair(e), évident(e)
II. *Adv* clairement

sinngemäß I. *Adj* *Übersetzung* conforme au sens; *Wiedergabe* en substance
II. *Adv* en substance

sinnieren* *itr V* méditer; **über etw** (*Akk*) ~ méditer sur qc

sinnig *Adj* sensé(e); **sehr ~!** *iron* très intelligent(e)!

sinnlich I. *Adj* ❶ *Reiz, Wahrnehmung* sensoriel(le)
❷ (*genussfreudig*) *Person* épicurien(ne)
❸ (*erregbar, lustvoll*) *Lippen, Begierde, Freuden* sensuel(le)
II. *Adv* ❶ **etw ~ wahrnehmen** percevoir qc [au niveau sensoriel]
❷ (*sexuell*) *begehren, erregen* sexuellement

Sinnlichkeit <-> *f* sensualité *f*

sinnlos I. *Adj* ❶ (*nutzlos*) *Handlung, Maßnahme* absurde
❷ (*vergeblich*) *Anstrengung, Bemühung* vain(e)
❸ (*hemmungslos*) *Raserei, Wut* fou(folle)
II. *Adv* ❶ (*nutzlos*) sans raison
❷ (*vergeblich*) *sich anstrengen, bemühen* en vain; **wir haben uns nicht ~ angestrengt** nos efforts n'ont pas été vains
❸ (*hemmungslos*) complètement; **~ betrunken sein** être ivre mort(e)

Sinnlosigkeit <-, -en> *f* ❶ (*Nutzlosigkeit*) absurdité *f*
❷ (*Vergeblichkeit*) vanité *f*

sinnreich *Adj* ❶ (*durchdacht*) judicieux(-euse), ingénieux(-euse) ❷ (*sinnig*) sensé(e); **eine ~e Idee** une idée intelligente **sinnverwandt** *Adj* LING synonyme **sinnvoll** I. *Adj* ❶ (*zweckmäßig*) sensé(e) ❷ (*Erfüllung bietend*) intéressant(e) ❸ LING sensé(e) II. *Adv* (*vernünftig*) de façon sensée **sinnwidrig** *geh* I. *Adj* insensé(e), absurde II. *Adv* absurdement, de façon absurde

Sinologe [zino'lo:gə] <-n, -n> *m*, **Sinologin** *f* sinologue *mf*

Sinologie [zinolo'gi:] <-> *f* sinologie *f*

Sintflut ['zɪntflu:t] *f* déluge *m*
▸ **nach mir die ~** *fam* après moi le déluge

sintflutartig I. *Adj* diluvien(ne); **~e Regenfälle** des pluies diluviennes; **plötzlich fiel ~er Regen** soudain il se mit à tomber des pluies diluviennes
II. *Adv* **sich ~ ergießen** tomber en déluge

Sinti ['zɪnti] *Pl* Sinté *mpl*, Tziganes *mpl* d'Allemagne

Sinus ['zi:nʊs] <-, - *o* -se> *m* MATH sinus *m*

Siphon ['zi:fõ, zi'fõ:, zi'fo:n] <-s, -s> *m* siphon *m*

Sippe ['zɪpə] <-, -n> *f a. fig fam* (*Verwandtschaft*) tribu *f*

Sippenhaft *f* détention *f* des proches [de l'inculpé(e)]

Sippschaft <-, -en> *f pej fam* ❶ (*Familie*) smala *f* (*fam*)
❷ (*Gesindel, Pack*) racaille *f*

Sirene [zi're:nə] <-, -n> *f* sirène *f*

Sirenengeheul *nt* hurlement *m* [*o* mugissement *m*] de sirène

sirren ['zɪrən] *itr V* ❶ + *haben* *Mücken:* bourdonner; **das Sirren** le bourdonnement
❷ + *sein* (*schwirren*) bourdonner

Sirup ['zi:rʊp] <-s, -e> *m* ❶ (*Fruchtsirup*) sirop *m*
❷ (*Rübensirup*) mélasse *f*

Sisal ['zi:zal] <-s> *m* sisal *m*

Sisyphusarbeit ['zi:zyfʊs-] *f* travail *m* de Romain

Site [saɪt] <-, -s> *f* INFORM site *m*

Sitte ['zɪtə] <-, -n> *f* ❶ (*Gepflogenheit*) coutume *f*
❷ *meist Pl* (*Benehmen*) manières *fpl;* **der Verfall der ~n** la perte des manières; **gegen die guten ~n verstoßen** aller à l'encontre des bonnes manières; **einen Verstoß gegen die guten ~n darstellen** JUR aller à l'encontre des bonnes mœurs
❸ *sl* (*Sittendezernat*) brigade *f* des mœurs
▸ [**die**] **~n und Gebräuche** les us et coutumes *mpl;* **das sind ja ganz neue ~n!** *fam* voilà autre chose! (*fam*); **was sind denn das für ~n?** *fam* en voilà des façons! (*fam*); [**hier herrschen**] **raue ~n** [ici règnent de] rudes coutumes

Sittendezernat *nt* brigade *f* des mœurs **Sittengeschichte** *f* histoire *f* des mœurs **Sittenlehre** *f* éthique *f*

sittenlos I. *Adj* immoral(e)
II. *Adv* immoralement, de façon immorale

Sittenlosigkeit <-> *f* immoralité *f*

Sittenpolizei *f kein Pl fam* brigade *f* des mœurs **sittenstreng** *Adj veraltet* rigoriste, puritain(e) **Sittenstrolch** *m pej* maniaque *m* sexuel **Sittenverfall** *m* décadence *f* des mœurs **sittenwidrig** I. *Adj* immoral(e) II. *Adv* *sich verhalten* de manière immorale

Sittich ['zɪtɪç] <-s, -e> *m* perruche *f*

sittlich *Adj form* moral(e)

Sittlichkeit <-> *f* moralité *f*, morale *f*

Sittlichkeitsdelikt *nt* attentat *m* aux mœurs

sittsam ['zɪtza:m] I. *Adj* ❶ (*gesittet*) décent(e)
❷ (*tugendhaft*) vertueux(-euse); (*wohlerzogen*) sage
II. *Adv* avec pudeur; *sich verhalten* avec décence

Situation [zitua'tsio:n] <-, -en> *f* situation *f*

situiert *Adj* **gut/schlecht ~ sein** avoir/ne pas avoir une bonne situation; **gut ~** aisé(e)

Sitz [zɪts] <-es, -e> *m* ❶ (*Sitzgelegenheit*) siège *m;* **ist der ~ noch frei?** la place est libre?; **es war kein einziger ~ mehr frei** il n'y avait plus une place de libre
❷ (*Sitzfläche*) assise *f*
❸ (*Amtssitz*) siège *m*
❹ (*Niederlassung*) siège *m* central
❺ *kein Pl* (*Passform*) coupe *f;* **einen bequemen ~ haben** *Hose, Rock:* être confortable

Sitzbad *nt* bain *m* de siège **Sitzbadewanne** *f* baignoire *f* sabot **Sitzbank** <-bänke> *f* banquette *f* **Sitzblockade** *f* sit-in *m* **Sitzecke** *f* banc *m* d'angle

sitzen ['zɪtsən] <saß, gesessen> *itr V* + *haben o* A, SDEUTSCH, CH *sein* ❶ être assis(e); **bleiben Sie ~!** restez assis(e)!; **~ Sie bequem?** êtes-vous bien assis(e)?; **das Sitzen** la position assise; **im Sitzen** assis(e); **vom vielen Sitzen** à force d'être assis(e)
❷ (*hocken*) **auf einem Ast ~** *Vogel:* être assis(e) sur une branche
❸ (*beschäftigt sein*) **beim Essen ~** être à table; **an den Hausaufgaben ~** être en plein dans ses devoirs
❹ (*sich aufhalten*) **beim Arzt/Friseur ~** être chez le médecin/coiffeur; **im Zug nach Paris ~** être dans le train pour Paris; **auf der Toilette ~** être aux toilettes
❺ (*angehören*) **in der Regierung ~** être dans le gouvernement
❻ *sl* (*inhaftiert sein*) être en taule (*fam*); **vier Jahre ~ müssen** devoir faire quatre ans de taule (*fam*)
❼ (*seinen Sitz haben*) **in Bonn/in der Innenstadt ~** *Behörde, Firma:* avoir son siège à Bonn/au centre ville
❽ (*angebracht sein*) **zu hoch ~** *Kragen, Knopf:* être [placé(e)] trop haut; **schief ~** *Hut, Krawatte:* être de travers; **locker ~** *Zähne:* être déchaussé(e)
❾ (*stecken*) **in etw** (*Dat*) **~** *Nagel, Splitter:* être enfoncé(e) dans qc
❿ MED **in der Magengegend ~** *Beschwerden, Schmerz:* être [situé(e)] vers l'estomac
⓫ (*passen*) **gut/schlecht ~** *Hose, Mantel:* tomber bien/mal
⓬ (*treffen*) *Schlag, Bemerkung:* faire mouche (*fam*); **das hat gesessen!** bien envoyé! (*fam*)
▸ **~ bleiben** (*nicht versetzt werden*) redoubler; **auf etw ~ bleiben** *Händler, Geschäft:* ne pas parvenir à écouler qc; **einen ~ haben** *sl* être pompette (*fam*); **~ lassen** *fam* (*verlassen*) planter (*fam*); (*versetzen*) poser un lapin à (*fam*); (*nicht heiraten*) plaquer (*fam*); **etw nicht auf sich** (*Dat*) **~ lassen** ne pas encaisser qc (*fam*); **das lasse ich nicht auf mir ~!** ça ne se passera pas comme ça! (*fam*)

S

sitzen|bleiben *s.* sitzen ▶
sitzend I. *Adj attr* sédentaire
II. *Adv* assis(e)
sitzen|lassen *s.* sitzen 13.
Sitzfläche *f* TECH surface *m* d'appui **Sitzfleisch** *nt* ▶ **kein ~ haben** *fam* avoir la bougeotte **Sitzgelegenheit** *f* siège *m* **Sitzkissen** *nt* ❶ (*Auflage*) coussin *m* ❷ (*Sitz*) pouf *m* **Sitzmöbel** *nt* siège *m* **Sitzordnung** *f* ❶ (*Übersicht*) plan *m* des places assises ❷ (*Sitzanordnung*) répartition *f* des sièges **Sitzplatz** *m* place *f* assise **Sitzreihe** *f* rang *m*; **in der fünften ~** au cinquième rang **Sitzstreik** *m* sit-in *m*
Sitzung <-, -en> *f* ❶ (*Besprechung, Konferenz*) réunion *f*; **in einer ~ sein** être en réunion
❷ (*Parlamentssitzung, Kabinettssitzung*) session *f*
❸ (*Behandlungssitzung, Versammlung*) séance *f*; **spiritistische ~** séance de spiritisme
❹ KUNST séance *f* de pose
▶ **eine lange ~** *fam* une longue séance (*fam*)
Sitzungsbericht *m* rapport *m* [*o* compte-rendu *m*] de séance **Sitzungsperiode** *f* POL session *f* **Sitzungsprotokoll** *nt* procès-verbal *m* de séance **Sitzungssaal** *m* salle *f* de conférences [*o* de réunion]
Sitzverteilung *f* POL répartition *f* des sièges
Sixpack ['sɪkspæk] <-s, -s> *m* pack *m* de six
Sizilianer(in) <-s, -> *m(f)* Sicilien(ne) *m(f)*
sizilianisch *Adj* sicilien(ne)
Sizilien [zi'tsi:liən] <-s> *nt* la Sicile; **auf ~** en Sicile
Skala ['ska:la] <-, Skalen *o* -s> *f* ❶ (*Gradeinteilung*) échelle *f* graduée
❷ *geh* (*Palette*) gamme *f*
Skalp [skalp] <-s, -e> *m* scalp *m*
Skalpell [skal'pɛl] <-s, -e> *nt* scalpel *m*
skalpieren* *tr V* scalper
Skandal [skan'da:l] <-s, -e> *m* scandale *m*; **einen ~ machen** faire un scandale
skandalös [skanda'lø:s] I. *Adj* scandaleux(-euse)
II. *Adv* de façon scandaleuse
Skandalpresse *f* presse *f* à scandale
skandalträchtig *Adj* qui fait scandale
skandieren* *tr V geh* scander *Gedicht*
Skandinavien [skandi'na:viən] <-s> *nt* la Scandinavie
Skandinavier(in) [skandi'na:viɐ] <-s, -> *m(f)* Scandinave *mf*
skandinavisch [-'na:vɪʃ] *Adj* scandinave
Skarabäus [skara'bɛ:ʊs, *Pl:* skara'bɛ:ən] <-, Skarabäen> *m*
❶ ZOOL scarabée *m*
❷ KUNST scarabée *m* sacré
Skat [ska:t] <-[e]s, -e> *m* skat *m* (*jeu de cartes à trois joueurs, très répandu en Allemagne*); **~ spielen** jouer au skat
Skateboard ['skeɪtbɔ:(r)d] <-s, -s> *nt* skate[-board] *m*
skaten¹ ['ska:tən] *itr V fam* jouer au skat
skaten² ['skeɪtən] *itr V fam* faire du roller (*fam*)
Skater(in)¹ ['ska:tɐ] <-s, -> *m(f) fam* joueur(-euse) *m(f)* de skat
Skater(in)² ['skeɪtɐ] <-s, -> *m(f)* ❶ (*auf Inlineskatern*) patineur(-euse) *m(f)* en ligne
❷ (*auf einem Skateboard*) skater(-euse) *m(f)*
Skatspiel *nt* jeu *m* de skat (*comportant 32 cartes*) **Skatspieler(in)** *m(f)* joueur(-euse) *m(f)* de skat
Skelett [ske'lɛt] <-[e]s, -e> *nt* squelette *m*
Skepsis ['skɛpsɪs] <-> *f* scepticisme *m*; **mit ~** avec scepticisme; **voller ~** très sceptique
Skeptiker(in) ['skɛptikɐ] <-s, -> *m(f)* sceptique *mf*
skeptisch ['skɛptɪʃ] I. *Adj* sceptique; **ich bin ganz schön ~!** *fam* je suis sceptique comme la fosse! (*fam*)
II. *Adv* avec scepticisme
Skeptizismus [skɛpti'tsɪsmʊs] <-> *m* scepticisme *m*
Sketch [skɛtʃ] <-[es], -e[s]>, **Sketsch** <-e[s], -e> *m* sketch *m*, saynète *f*
Ski [ʃi:] <-s, - *o* -er> *m* ski *m*; **~ laufen** [*o* **fahren**] faire du ski
Skianzug *m* SPORT combinaison *f* de ski **Skibindung** ['ʃi:-] *f* fixation *f* [de ski]
Skier ['ʃi:ɐ] *Pl von* Ski
Skifahren ['ʃi:-] *nt* ski *m*; **sie hat sich beim ~ das Bein gebrochen** elle s'est cassé la jambe au ski **Skifahrer(in)** *m(f)* skieur(-euse) *m(f)* **Skigebiet** *nt* domaine *m* skiable **Skigymnastik** *f* SPORT exercices *mpl* d'échauffement (*avant de faire du ski*) **Skihaserl** <-s, -[n]> *nt* SDEUTSCH, A *iron* (*junge Skiläuferin*) jeune skieuse *f*; (*Anfängerin*) débutante *f* en ski **Skihose** *f* pantalon *m* de ski **Skikurs** *m* cours *m* de ski **Skilanglauf** *m* SPORT ski *m* de fond; **~ betreiben** faire du ski de fond **Skilauf** *m kein Pl* ski *m* **Skilaufen** <-s> *nt* SPORT ski *m* **Skiläufer(in)** *m(f)* skieur(-euse) *m(f)* **Skilehrer(in)** *m(f)* moniteur(-trice) *m(f)* de ski **Skilift** *m* téléski *m*
Skinhead ['skɪnhɛt, 'skɪnhɛd] <-s, -s> *m* skin[head] *mf*
Skipass^RR ['ʃi:-] *m* forfait *m* de ski **Skipiste** *f* SPORT piste *f* de ski **Skisport** *m* ski *m* **Skispringen** *nt* saut *m* à skis **Skispringer(in)** *m(f)* sauteur(-euse) *m(f)* à skis **Skistiefel** *m* chaussure *f* de ski **Skistock** *m* SPORT bâton *m* de ski **Skiträger** *m* porte-skis *m*
Skizze ['skɪtsə] <-, -n> *f* ❶ (*Zeichnung*) esquisse *f*
❷ *meist Pl* (*Aufzeichnung*) notes *fpl*
Skizzenblock <-blöcke> *m* bloc *m* à dessins [*o* à croquis]
skizzenhaft I. *Adj* esquissé(e)
II. *Adv* sous forme d'esquisse
skizzieren* *tr V* ❶ (*zeichnen*) esquisser
❷ (*umreißen*) ébaucher *Projekt, Vorgehensweise*
Skizzierung <-, *selten* -en> *f* (*Zeichnung, das Zeichnen*) esquisse *f*
Sklave ['skla:və] <-n, -n> *m*, **Sklavin** *f* ❶ esclave *mf*; **jdn zum ~n machen** réduire qn à l'esclavage
❷ *fig* **~ einer S.** (*Gen*) **werden/sein** devenir/être esclave de qc; **sich zum ~n einer S.** (*Gen*) **machen** se rendre esclave de qc
Sklavenarbeit [-vən-] *f* ❶ *fam* (*Schufterei*) travail *m* de forçat ❷ HIST travail *m* des esclaves **Sklavenhandel** [-və-] *m* commerce *m* des esclaves; (*mit Schwarzen*) traite *f* des noirs **Sklavenhändler(in)** *m(f)* marchand(e) *m(f)* d'esclaves **Sklaventreiber(in)** *m(f) pej fam* négrier(-ière) *m(f)*
Sklaverei <-, -en> *f* esclavage *m*; **jdn in die ~ führen** réduire qn à l'esclavage
Sklavin *s.* Sklave
sklavisch [-vɪ-] I. *Adj* servile
II. *Adv* servilement
Sklerose [skle'ro:zə] <-, -n> *f* MED sclérose *f*; **multiple ~** sclérose en plaques
Skoliose [skoli'o:zə] <-, -n> *f* MED scoliose *f*
Skonto ['skɔnto] <-s, -s *o* Skonti> *nt o m* escompte *m*; **zwei Prozent ~** deux pour cent d'escompte; **jdm ~ auf etw** (*Akk*) **geben** [*o* **gewähren** *form*] accorder à qn un escompte sur qc (*form*)
Skorbut [skɔr'bu:t] <-[e]s> *m* MED scorbut *m*
Skorpion [skɔr'pjo:n] <-s, -e> *m* ❶ scorpion *m*
❷ ASTROL Scorpion *m*; **[ein] ~ sein** être Scorpion
Skript [skrɪpt] <-[e]s, -en> *nt* ❶ UNIV notes *fpl* [de cours]
❷ (*Vorlage*) notes *fpl*
❸ CINE script *m*
Skrotum ['skro:tʊm, *Pl:* 'skro:ta] <-s, Skrota> *nt* ANAT *Fachspr.* scrotum *m*
Skrupel ['skru:pəl] <-s, -> *m meist Pl* scrupule *m*; **~ haben** avoir des scrupules; **~ haben etw zu tun** avoir des scrupules à faire qc; **keine ~ haben** [*o* **kennen**] n'avoir aucun scrupule; **ohne [jeden] ~** sans scrupules
skrupellos *Adj, Adv* sans scrupules
Skrupellosigkeit <-> *f* absence *f* de scrupules
Skulptur [skʊlp'tu:ɐ] <-, -en> *f* sculpture *f*
Skunk [skʊŋk] <-s, -s *o* -e> *m* mouffette *f*
skurril [skʊ'ri:l] *Adj geh Person, Gegenstand, Idee* bizarre

S-Kurve ['ɛskʊrvə] *f* virage *m* en S

Skyline ['skaɪlaɪn] <-, -s> *f einer Stadt* contours *mpl*

Slalom ['sla:lɔm] <-s, -s> *m* ❶ SPORT slalom *m*
❷ *fig fam (Schlangenlinien)* ~ **fahren** faire du slalom

Slang [slɛŋ] <-s> *m* ❶ *(saloppe Sprache)* argot *m*
❷ *(Fachjargon)* jargon *m*

Slapstick ['slɛpstɪk] <-s, -s> *m* comique *m* burlesque

Slawe ['sla:və] <-n, -n> *m*, **Slawin** *f* Slave *mf*

slawisch *Adj* slave

Slawist(in) [sla'vɪst] <-en, -en> *m(f)* slaviste *mf*

Slawistik [sla'vɪstɪk] <-> *f* langues *fpl*, littératures et civilisations slaves

Slip [slɪp] <-s, -s> *m* slip *m*

Slipeinlage *f* protège-slip *m*

Slipper ['slɪpɐ] <-s, -> *m* mocassin *m*

Slogan ['slɔʊgən, 'slo:gən] <-s, -s> *m* slogan *m*

Slowake [slo'va:kə] <-n, -n> *m*, **Slowakin** *f* Slovaque *mf*

Slowakei [slova'kaɪ] <-> *f* **die** ~ la Slovaquie

slowakisch [slo'va:kɪʃ] **I.** *Adj* slovaque; **die Slowakische Republik** la République Slovaque
II. *Adv* ~ **miteinander sprechen** discuter en slovaque; *s. a.* **deutsch**

Slowakisch <-[s]> *nt kein Art (Sprache, Schulfach)* slovaque *m;* **auf** ~ en slovaque; *s. a.* **Deutsch**

Slowakische *nt dekl wie Adj* **das** ~ le slovaque; *s. a.* **Deutsche**

Slowene [slo've:nə] <-n, -n> *m*, **Slowenin** *f* Slovène *mf*

Slowenien [slo've:niən] <-s> *nt* la Slovénie

slowenisch [slo've:nɪʃ] **I.** *Adj* slovène
II. *Adv* ~ **miteinander sprechen** discuter en slovène; *s. a.* **deutsch**

Slowenisch <-[s]> *nt kein Art (Sprache, Schulfach)* slovène *m;* **auf** ~ en slovène; *s. a.* **Deutsch**

Slowenische *nt dekl wie Adj* **das** ~ le slovène; *s. a.* **Deutsche**

Slum [slam] <-s, -s> *m* bidonville *m*

sm NAUT *Abk von* **Seemeile** mille *m* marin

Smalltalk[RR] <-s, -s> *m o nt*, **Small Talk** ['smɔ:ltɔ:k] <- -s, - -s> *m o nt* brin *m* de causette; ~ **betreiben** parler de la pluie et du beau temps

Smaragd [sma'rakt] <-[e]s, -e> *m* émeraude *f*

smaragdgrün **I.** *Adj* [vert] émeraude *inv*
II. *Adv* ~ **leuchten/schimmern** avoir des reflets/une lueur émeraude

smart [sma:ɐt, smart] *Adj* NAP *inv (fam)*, classe *(fam)*

Smog [smɔk] <-[s], -s> *m* smog *m*

Smogalarm *m* alerte *f* au smog

Smoking ['smo:kɪŋ] <-s, -s> *m* smoking *m*

SMS [ɛsʔɛm'ʔɛs] <-, -> *f Abk von* **Short Message Service** texto *m*, SMS *m*

SMS-Nachricht *f* TELEC message *m* SMS

SMV <-> *f* SCHULE *Abk von* **Schülermitverwaltung**

Snob [snɔp] <-s, -s> *m* snob *mf*

Snobismus [sno'bɪsmʊs] <-> *m* snobisme *m*

snobistisch [sno'bɪstɪʃ] *Adj* snob

Snowboard ['snɔʊbɔ:t] <-s, -s> *nt* snowboard *m*

so [zo:] **I.** *Adv* ❶ *mit einem Adjektiv, Adverb* si; **ein** ~ **kleiner Garten** un si petit jardin; ~ **groß wie ein Pferd** aussi grand(e) qu'un cheval; **es war** ~ **heiß/kalt, dass** il faisait tellement chaud/froid que + *indic;* **er war** ~ **freundlich und half ihnen** il a eu l'amabilité de les aider; **sei** ~ **nett und gib mir die Zeitung!** sois gentil(le) de me passer le journal!; ~ **groß!** grand(e) comme ça!; **ist es hier immer** ~ **laut?** il y a toujours autant de bruit ici?
❷ *mit einem Verb* ~ [**sehr**] tellement; **ich liebe ihn** ~ [**sehr**] je l'aime tellement; **sie haben** ~ [**sehr**] **gelacht, dass** ils ont tellement ri que + *indic*
❸ *(auf diese Weise)* comme ça; ~ **könnte es klappen** comme ça, ça pourrait marcher; ~ **musst du das machen** c'est comme ça que tu dois faire; **das ist gut** ~ c'est bien comme ça
❹ *(solch)* ~ **ein Fahrrad/eine Gelegenheit** un vélo comme celui-là/une occasion comme celle-là; ~ **eine blöde Gans!** quelle con[n]asse! *(fam)*; ~ **etwas Schönes/Hässliches** quelque chose d'aussi beau/horrible; ~ **etwas kann ich mir nicht vorstellen** je n'arrive pas à imaginer une chose pareille; ~ [**et**]**was Dummes!** que c'est bête!
❺ *(solchermaßen)* ~ **genannt** soi-disant *inv;* **diese** ~ **genannten Fachleute** ces soi-disant experts; **es ist** ~, **wie du sagst** c'est comme tu dis; ~ **ist das nun mal** *fam* c'est comme ça; ~ **ist das** [**also**]! [ah,] c'est comme ça!
❻ *(dermaßen)* **ich habe** ~ **was von Durst!** *fam* j'ai une de ces soifs!; **er ist** ~ **was von schlecht gelaunt!** *fam* ce qu'il peut être de mauvais poil! *(fam)*
❼ *(gleichsam)* ~, **als ob ...** comme si...
❽ *(etwa)* à peu près; ~ **gegen acht Uhr** aux environs de huit heures
❾ *(nun)* allez; ~ **sag doch!** allez, dis-le!
❿ *fam (umsonst)* gratos *(fam)*; **das habe ich** ~ **bekommen** je l'ai eu(e) gratos *(fam)*
▸ [**na**] ~ [**et**]**was!** ça par exemple!; ~ **manche**(**r**) plus d'un(e); ~ **oder** ~ d'une manière [*o* façon] ou d'une autre; **und** ~ **weiter** et cætera, et cetera; **und** ~ **weiter** [**und** ~ **fort**] et ainsi de suite
II. *Konj* ❶ ~ **dass** à tel point que + *indic*
❷ *(wie ... auch)* même si; **ich muss leider gehen,** ~ **leid es mir auch tut** je suis désolé(e) mais je dois partir
III. *Interj* ❶ *(zusammenfassend)* bon; *(auffordernd)* allez; ~, **Schluss für heute!** bon, fini pour aujourd'hui!; ~, **los jetzt!** allez, on y va!
❷ *(siehst du)* et voilà; ~, **da haben wir den Salat!** et voilà le travail!
❸ *(ätsch)* na
▸ ~, ~! *fam* tiens, tiens! *(fam)*

SO *Abk von* **Südosten** S.-E.

s.o. *Abk von* **siehe oben**

sobald [zo'balt] *Konj* dès que + *indic*

Söckchen <-s, -> *nt Dim von* **Socke** socquette *f*

Socke ['zɔkə] <-, -n> *f* chaussette *f*
▸ **sich auf die** ~**n machen** *fam* filer *(fam)*; **von den** ~**n sein** *fam* rester baba *(fam)*; **da bist du von den** ~**n, was?** ça t'en bouche un coin, hein? *(fam)*

Sockel ['zɔkəl] <-s, -> *m* ❶ *eines Denkmals* socle *m*
❷ CONSTR soubassement *m*
❸ ELEC culot *m*

Sockelbetrag *m* montant *m* de base d'une augmentation salariale **Sockeltarif** *m* ÖKON tarif *m* de base

Socken ['zɔkən] <-s, -> *m* SDEUTSCH, A, CH chaussette *f*

Soda ['zo:da] <-s> *nt* CHEM soude *f*

sodann [zo'dan] *Adv* puis, ensuite

sodass[RR] *Konj* à tel point que + *indic*

sodaß *Konj* A *s.* **sodass**

Sodawasser *nt* soda *m*, eau *f* gazeuse [*o* de Seltz]

Sodbrennen ['zo:t-] *nt* brûlures *fpl* d'estomac

Sodomie [zodo'mi:] <-> *f* zoophilie *f*

soeben [zo'ʔe:bən] *Adv (gerade zuvor, gerade eben)* juste; **er ist** ~ **gegangen** il vient de partir

Sofa ['zo:fa] <-s, -s> *nt* canapé *m*

Sofakissen *nt* coussin *m* de canapé

sofern [zo'fɛrn] *Konj* si, dans la mesure où; ~ **es nicht regnet** à moins qu'il pleuve

soff [zɔf] *Imp von* **saufen**

Sofia ['zɔfia, 'zo:fia] <-s> *nt* Sofia

sofort [zo'fɔrt] *Adv* tout de suite; **..., aber** [*o* **und zwar**] ~**!** ..., et que ça saute! *(fam)*

Sofortbildkamera *f* appareil *m* photo à développement instantané **Soforthilfe** *f* aide *f* d'urgence [*o* immédiate]

sofortig *Adj* immédiat(e)

Sofortmaßnahme *f* mesure *f* d'urgence
SofteisRR *nt* crème *f* glacée
Softie ['sɔfti] <-s, -s> *m fam* tendre *m*
Software ['zɔftvɛːɐ, 'sɔftwæːə] <-, *selten* -s> *f* INFORM logiciel *m*, software *m*
Softwarehersteller ['zɔftvɛːɐ-, 'sɔftwæːə-] *m* producteur *m* de [programmes] logiciels **Softwarepaket** *nt* INFORM progiciel *m*
sog [zoːk] *Imp von* **saugen**
sog. *Adj Abk von* **so genannt**
Sog <-[e]s, -e> *m eines Strudels* remous *mpl; eines Propellers, Triebwerks* aspiration *f*
sogar [zo'gaːɐ] *Adv* même
sogenannt *s.* **so I.5.**
sogleich [zo'glaɪç] *Adv geh* tout de suite
Sohle ['zoːlə] <-, -n> *f* ① (*Schuhsohle, Einlegesohle*) semelle *f*
② (*Fußsohle*) plante *f* du pied
③ (*Boden*) *eines Hafenbeckens, Kanals* fond *m*
▸ **eine kesse ~ aufs Parkett legen** *fam* danser super bien (*fam*); **auf leisen ~n** *geh* à pas de loup; **sich** (*Dat*) **die ~n nach etw ablaufen** s'user les semelles pour qc; **sich an jds ~n** (*Akk*) **heften** s'accrocher aux basques de qn
sohlen ['zoːlən] *tr V* mettre une semelle à *Schuh;* **die Stiefel neu ~** ressemeler les bottes
Sohn [zoːn, *Pl:* 'zøːnə] <-[e]s, ¨-e> *m* ① fils *m*
② (*Junge, männliches Kind*) garçon *m;* **sich** (*Dat*) **einen ~ wünschen** souhaiter [avoir] un garçon; **sie hat zwei Söhne und eine Tochter** elle a deux garçons et une fille
③ *fam* (*Anrede*) **na, mein ~?** alors, fiston? (*fam*)
Söhnchen <-s, -> *nt fam Dim von* **Sohn**
Sohnemann <-s> *m* DIAL *fam* fiston *m* (*fam*)
Soja ['zoːja] <-, Sojen> *f* soja *m*
Sojabohne *f* (*Pflanze*) soja *m;* (*Frucht*) graine *f* de soja
Sojabohnenkeime *Pl* germes *mpl* de soja
Sojamehl *nt* GASTR farine *f* de soja **Sojaöl** *nt* huile *f* de soja **Sojasoße** *f* sauce *f* au soja
Sokrates ['zoːkratɛs] <-> *m* HIST Socrate *m*
solang[e] *Konj* tant que + *indic;* **~ du nichts/nicht etwas veränderst ...** tant que tu ne changeras rien/pas quelque chose
solar [zo'laːɐ] *Adj* ASTRON, METEO solaire
solarbetrieben *Adj* qui fonctionne à l'énergie solaire **Solarenergie** *f* énergie *f* solaire
Solarium [zo'laːriʊm] <-s, -ien> *nt* solarium *m*
Solarkollektor *m* capteur *m* solaire **Solarkraftwerk** *nt* centrale *f* solaire **Solarplexus** [zo'laːɐplɛksʊs] <-, -> *m* ANAT plexus *m* solaire **Solartechnik** <-, -en> *f* technique *f* solaire **Solarzelle** *f* photopile *f*
Solbad *nt* ① (*Kurort*) station *f* thermale saline
② (*medizinisches Bad*) bain *m* d'eau saline
solch [zɔlç] *Adj unv* pareil(le); **~ ein Schiff/eine Frage** un bateau pareil/une question pareille; **~ ein Frechdachs!** quel galopin! (*fam*)
solche(r, s) *Adj* **ein ~r Orkan** un tel ouragan; **eine ~ Hitze** une telle chaleur; **~ Dinge** des choses pareilles; **~ Leute** de telles personnes; **sie hatte ~n Hunger, dass** elle avait une telle faim que; **~ wie der/die da** des [personnes] comme lui/elle; **~, die ...** des [personnes] qui...
▸ **als ~(r, s)** en tant que tel(le); **~ und ~** de toutes sortes
solcherart **I.** *Pron dem, unv* de ce genre, de cette sorte; **~ Leute** des personnes de ce genre
II. *Adv* de cette façon [*o* manière]
solcherlei ['zɔlçɐ'laɪ] *unv, attr geh* de tel(le)s; **~ Argumente** des arguments de ce genre
Sold [zɔlt] <-[e]s> *m* solde *f*
Soldat(in) [zɔl'daːt] <-en, -en> *m(f)* soldat(e) *m(f);* **~ auf Zeit** [soldat] engagé *m;* **~ werden/sein** se faire/être soldat
Soldatenfriedhof *m* cimetière *m* militaire
soldatisch [zɔl'daːtɪʃ] **I.** *Adj* militaire
II. *Adv sich verhalten* en soldat; **~ grüßen** faire le salut militaire

Soldbuch *nt* livret *m* militaire
Söldner(in) ['zœldnɐ] <-s, -> *m(f)* mercenaire *mf*
Sole ['zoːlə] <-, -n> *f* eau *f* salée
Solei ['zoːlʔaɪ] *nt* œuf *m* dur mariné dans de l'eau salée
Soli *Pl von* **Solo**
solid [zo'liːt] *Adj* solide
Solidarbeitrag [zoli'daːɐ-] *m* impôt *m* de solidarité **Solidargemeinschaft** *f* communauté *f* de solidarité
solidarisch [zoli'daːrɪʃ] **I.** *Adj* solidaire; **sich mit jdm ~ erklären** se déclarer solidaire de qn
II. *Adv* solidairement
solidarisieren* *r V* **sich mit jdm/etw ~** se solidariser avec qn/qc
Solidarität [zolidari'tɛːt] <-> *f* solidarité *f;* **aus ~** par solidarité
Solidaritätsadresse *f* message *m* de solidarité **Solidaritätsbeitrag** *m* impôt *m* [de] solidarité **Solidaritätsstreik** *m* grève *f* de solidarité **Solidaritätszuschlag** *m impôt de solidarité versé par les salariés en vue de financer la réunification des deux Allemagnes*
solid[e] [zo'liːdə] **I.** *Adj* ① (*stabil, fundiert*) solide
② (*untadelig*) *Person, Lebenswandel* sérieux(-euse)
③ *Firma, Unternehmen, Händler* solvable; **~e sein** avoir les reins solides
II. *Adv leben* comme il faut; **sehr ~e leben** mener une vie très sérieuse
Solist(in) [zo'lɪst] <-en, -en> *m(f)* soliste *mf*
Solitär [zoli'tɛːɐ] <-s, -e> *m* (*Edelstein, Spiel*) solitaire *m*
Soll [zɔl] <-[s], -[s]> *nt* ① FIN (*Sollseite*) doit *m;* (*Ausgaben*) dépenses *fpl;* (*Schulden*) passif *m;* (*bei einem Geldinstitut*) découvert *m;* **mit tausend Euro ins ~ geraten/im ~ stehen** être à découvert de mille euros; **~ und Haben** doit et avoir (*vieilli*)
② (*Produktionsziel*) objectif *m* prévisionnel
▸ **sein ~ erfüllen** remplir ses obligations
SollbruchstelleRR *f* point *m* de rupture
sollen[1] ['zɔlən] <sollte, -> *Hilfsv modal* ① (*müssen*) devoir; **er soll zuhören/gehorchen** il doit écouter/obéir; **Sie ~ sich setzen!** mais asseyez-vous donc!; **du sollst jetzt endlich herkommen, habe ich gesagt!** je t'ai dit de venir immédiatement!; **du solltest [eigentlich/besser] gehen** tu devrais partir; **sie hätte sich rechtzeitig melden ~** elle aurait dû se manifester à temps; **du solltest dich was schämen!** *fam* tu devrais avoir honte!
② (*brauchen*) **du sollst dir deswegen keine Gedanken machen** tu n'as pas à te faire de souci pour ça
③ (*können*) **das [*o* so etwas] soll es geben** ce sont des choses qui arrivent; **man sollte annehmen, dass** on pourrait supposer que + *indic;* **was hätte ich denn sonst tun/machen ~?** qu'est-ce que j'aurais pu faire d'autre?
④ (*als Ausdruck der Möglichkeit*) **sollte sie anrufen ...** au cas où elle téléphonerait...; **sollte es regnen ...** s'il pleut...; **sollte ich vor dir sterben ...** si je venais à mourir avant toi...; **sollte ich mich geirrt haben?** se pourrait-il [*o* est-ce possible] que je me sois trompé(e)?; **sollte sie es getan haben?** elle aurait fait ça?; **sollte er die gesuchte Person sein?** ce serait lui qu'on recherche?; **soll das schon alles gewesen sein?** c'est tout?; **was soll das heißen?** qu'est-ce que ça veut dire?; **wer soll das sein?** qui c'est?
⑤ (*als Ausdruck der Vermutung*) **er soll abgereist sein** on dit [*o* il paraît] qu'il est parti; **wir ~ einen heißen Sommer bekommen** il paraît que nous allons avoir un été très chaud
⑥ (*dürfen*) **das hättest du nicht tun ~** tu n'aurais pas dû faire ça; **das hätte nicht passieren ~** cela n'aurait pas dû arriver; **soll ich dir noch etwas Wein nachgießen?** tu veux que je te resserve un peu de vin?
⑦ *geh* (*erzählerisch vorgreifend*) **sie sollte einmal seine Nachfolgerin werden** elle devait par la suite lui succéder; **es sollten Jahrhunderte vergehen, bevor ...** il a fallu des

siècles avant que... + *subj*; **es sollte Jahrzehnte dauern, bis ...** cela dura des années jusqu'à ce que... + *subj*
▸ **es hat nicht sein** ~ ça ne devait pas se faire

sollen² <sollte, gesollt> *itr V* ❶ (*gehen müssen, kommen müssen*) **in die Schule** ~ devoir aller à l'école; **du solltest besser ins Bett** tu ferais mieux d'aller te coucher; **Mutti sagt, du sollst sofort nach Hause** Maman veut que tu rentres tout de suite à la maison
❷ (*tun müssen*) **du hättest das doch nicht gesollt!** tu n'aurais pas dû!; **immer soll ich!** c'est toujours moi!
❸ *fam* (*bedeuten*) **was soll dieser Brief/diese Frage?** que veut dire cette lettre/question?; **was soll das?** qu'est-ce que ça veut dire?
▸ **soll er/sie doch!** qu'il/elle le fasse!; **was soll's?** *fam* et alors? (*fam*)

Söller ['zœlɐ] <-s, -> *m* ❶ DIAL (*Dachboden*) grenier *m*
❷ CH (*Fußboden*) sol *m*

SollstärkeRR *f* effectif *m* théorique [*o* prévu] **Sollzahlen**RR *Pl* FIN chiffres *mpl* budgétés

Sollzinsen *Pl* intérêts *mpl* débiteurs

solo ['zo:lo] *Adj unv* ❶ MUS en solo
❷ *fam* (*ohne Partner*) ~ **sein/kommen** être/venir seul(e)

Solo <-s, Soli> *nt* solo *m*

Solothurn ['zo:lotʊrn] <-s> *nt* Soleure

solvent [zɔl'vɛnt] *Adj* solvable

Solvenz [zɔl'vɛnts] <-, -en> *f* FIN solvabilité *f*

Somalia [zo'ma:lia] <-s> *nt* la Somalie

Somalier(in) [zo'ma:liɐ] <-s, -> *m(f)* Somalien(ne) *m(f)*

somalisch *Adj* somalien(ne)

somit ['zo:mɪt, zo'mɪt] *Adv* par conséquent

Sommer ['zɔmɐ] <-s, -> *m* été *m*; **im** ~ en été; [**im**] **nächsten** ~ l'été prochain; **es wird bald** ~ l'été arrive

Sommeranfang *m* début *m* de l'été **Sommerfahrplan** *m* horaires *mpl* d'été **Sommerferien** [-fe:riən] *Pl* vacances *fpl* d'été; SCHULE grandes vacances *fpl*; ~ **haben** être en vacances d'été **Sommerfest** *nt* fête *f* estivale [*o* d'été] **Sommerfrische** *f veraltet* villégiature *f*; **zur** ~ **sein** être en villégiature; **in die** ~ **fahren** aller en villégiature **Sommergetreide** *nt* AGR céréales *fpl* de printemps **Sommerhalbjahr** *nt* semestre *m* d'été

sommerlich I. *Adj* estival(e); *Kleid* d'été
II. *Adv* comme en été; ~ **warme Temperaturen** des températures estivales; **sie war** ~ **leicht gekleidet** elle était en tenue d'été

Sommerloch *nt sl* creux *m* estival **Sommermonat** *m* mois *m* d'été **Sommerolympiade** *f* Jeux *mpl* olympiques d'été **Sommerpause** *f* vacances *fpl* d'été; JUR vacances *fpl* judiciaires; POL vacances *fpl* parlementaires **Sommerreifen** *m* pneu *m* d'été

sommers *Adv geh* en été, l'été; ~ **wie winters** été comme hiver

Sommersaison [-zɛzõ:, -zɛzɔŋ] *f* haute saison *f* **Sommerschlussverkauf**RR *m* soldes *fpl* d'été **Sommersemester** *nt* semestre *m* d'été **Sommersonnenwende** *f* solstice *m* d'été **Sommerspiele** *Pl* **die** [**Olympischen**] ~ les Jeux *mpl* [olympiques] d'été **Sommersprosse** *f meist Pl* tache *f* de rousseur; ~**n haben** avoir des taches de rousseur; **ihr Gesicht ist voller** ~ elle a plein de taches de rousseur sur le visage **sommersprossig** *Adj Gesicht, Arme* couvert(e) de taches de rousseur; ~ **sein** avoir des taches de rousseur; **stark** ~ **sein** être criblé(e) de taches de rousseur **Sommerzeit** *f* ❶ (*Sommer*) [saison *f* d']été *m* ❷ (*Uhrzeit*) heure *f* d'été

Sonate [zo'na:tə] <-, -n> *f* sonate *f*

Sonde ['zɔndə] <-, -n> *f* MED, RAUM, METEO sonde *f*

Sonderanfertigung ['zɔndɐ-] *f* série *f* spéciale **Sonderangebot** *nt* offre *f* spéciale; **im** ~ **sein** être en promotion **Sonderausgabe** *f* ❶ (*Buch, Zeitschrift*) édition *f* spéciale ❷ (*Geldausgabe*) dépense *f* supplémentaire ❸ *Pl* FISC dépenses *fpl* exceptionnelles [déductibles du revenu]

sonderbar I. *Adj Person* curieux(-euse); *Verhalten, Vorschlag* étrange
II. *Adv* étrangement

sonderbarerweise *Adv* curieusement; **sie ist** ~ **nicht gekommen** mais, chose étrange, elle n'est pas venue

Sonderbeauftragte(r) *f(m) dekl wie Adj* chargé(e) *m(f)* de mission **Sonderbeilage** *f* (*in einer Zeitung*) supplément *m* spécial **Sonderbotschafter(in)** *m(f)* chargé(e) *m(f)* d'affaires **Sonderdeponie** *f* décharge *f* pour déchets spéciaux [*o* toxiques] **Sondereinsatz** *m* intervention *f* spéciale **Sonderermäßigung** *f* réduction *f* spéciale **Sonderfahrt** *f* (*Sonderzug*) train *m* spécial; (*Sonderbus*) bus *m* spécial **Sonderfall** *m* cas *m* particulier [*o* d'espèce]; **in Sonderfällen** dans les cas particuliers **Sondergenehmigung** *f* autorisation *f* spéciale

sondergleichen *Adj unv* sans pareil(le)

Sonderkommando *nt* commando *m* spécial **Sonderkommission** *f* commission *f* spéciale **Sonderkonto** *nt* compte *m* spécial

sonderlich I. *Adj attr* particulier(-ière)
II. *Adv* **nicht** ~ **begeistert/interessiert sein** ne pas être particulièrement enthousiaste/intéressé(e)

Sonderling ['zɔndɐlɪŋ] <-s, -e> *m* original *m*

Sondermarke *f* timbre *m* de collection **Sondermaschine** *f* vol *m* spécial **Sondermüll** *m* déchets *mpl* spéciaux [*o* toxiques]

sondern ['zɔndɐn] *Konj* mais; **nicht er,** ~ **sie** pas lui mais elle; **nicht nur Regen,** ~ **auch Hagel** pas seulement de la pluie mais aussi de la grêle

Sondernummer *f* numéro *m* spécial **Sonderpreis** *m* prix *m* spécial **Sonderrecht** *nt* ❶ (*Vorrecht*) privilège *m*; **ein** ~/~**e haben** jouir d'un privilège/de privilèges ❷ (*Sonderbefugnis*) *des Staates, der Polizei* pouvoir *m* spécial **Sonderregelung** *f* règlement *m* spécial

sonders ['zɔndɐs] *Adv* ▸ **samt und** ~ tous/toutes sans exception

Sonderschule *f* école *f* spécialisée (*pour enfants déficients ou inadaptés*)

i Land & Leute

La **Sonderschule** est un établissement scolaire pour les enfants et jeunes adolescents présentant des troubles sociaux ou un handicap mental ou physique. Elle fait partie de l'ensemble du système éducatif public. Les professeurs qui y enseignent ont suivi une formation pédagogique spéciale.

Sonderschullehrer(in) *m(f)* instituteur(-trice) *m(f)* spécialisé(e) **Sondersitzung** *f* séance *f* extraordinaire; **in einer** ~ en séance extraordinaire **Sonderstellung** *f* position *f* privilégiée [*o* particulière] **Sonderstempel** *m* cachet *m* spécial **Sonderurlaub** *m* congé *m* exceptionnel **Sondervermittler** *m* POL émissaire *m* [spécial] **Sonderwunsch** *m* souhait *m* particulier **Sonderzeichen** *nt* caractère *m* spécial **Sonderzug** *m* train *m* spécial

sondieren* *tr, itr V geh* sonder; **die Lage** ~ tâter le terrain

Sondierung <-, -en> *f* sondage *m*

Sonett [zo'nɛt] <-[e]s, -e> *nt* sonnet *m*

Song [sɔŋ] <-s, -s> *m fam* tube *m* (*fam*)

Sonnabend ['zɔnʔa:bənt] *m* NDEUTSCH samedi *m*

sonnabends ['zɔnʔa:bənts] *Adv* NDEUTSCH le samedi

Sonne ['zɔnə] <-> *f* ❶ soleil *m*; **die** ~ **geht auf/unter** le soleil se lève/se couche; **in der prallen** ~ en plein soleil
❷ ASTRON (*in wissenschaftlichem Zusammenhang*) Soleil *m*

sonnen *r V* ❶ **sich** ~ prendre un bain de soleil
❷ *geh* (*genießen*) **sich in etw** (*Dat*) ~ savourer qc (*littér*)

Sonnenallergie *f* allergie *f* solaire **Sonnenanbeter(in)** <-s, -> *m(f)* amoureux(-euse) *m(f)* du soleil **Sonnenaufgang** *m* lever *m* du soleil; **bei** ~ au lever du soleil; **vor/nach** ~ avant/après le lever du soleil; **bei/vor/nach** ~ **aufstehen** se lever avec/avant/après le soleil **Sonnenbad** *nt* bain *m* de soleil **sonnenbaden** *itr V nur Infin und PP* prendre un bain [*o* des bains] de soleil **Sonnenbank** <-bänke> *f* banquette *f* de bronzage **sonnenbeschienen** [-bəʃiːnən] *Adj* ensoleillé(e) **Sonnenbestrahlung** *f* exposition *f* au soleil **Sonnenblume** *f* tournesol *m* **Sonnenblumenöl** *nt* huile *f* de tournesol **Sonnenbrand** *m* coup *m* de soleil; **einen** ~ **bekommen/haben** attraper/avoir un coup de soleil **Sonnenbräune** *f* bronzage *m*, hâle *m* **Sonnenbrille** *f* lunettes *fpl* de soleil **Sonnencreme** *f* crème *f* solaire; **eine** ~ **mit hohem/niedrigem Schutzfaktor** une crème solaire à indice de protection élevé/à faible indice de protection **Sonnendach** *nt* store *m* **Sonnendeck** *nt* pont *m* supérieur **Sonneneinstrahlung** *f kein Pl* insolation *f* **Sonnenenergie** *f* énergie *f* solaire **Sonnenfinsternis** *f* éclipse *f* du Soleil; [**partielle/totale**] ~ éclipse *f* du Soleil [partielle/totale] **Sonnenfleck** *m meist Pl* tache *f* solaire **sonnengebräunt** *Adj* bronzé(e) **Sonnengeflecht** *nt* ANAT plexus *m* solaire **Sonnengott** *m* dieu *m* du Soleil **sonnenhungrig** *Adj* ~ **sein** avoir envie de soleil **sonnenklar** *Adj fam* évident(e), clair(e) comme de l'eau de source; [**jdm**] ~ **sein** être évident(e) [*o* clair(e)] [pour qn] **Sonnenkollektor** *m* capteur *m* solaire **Sonnenkönig** *m kein Pl* HIST **der** ~ le Roi-Soleil **Sonnenlicht** *nt kein Pl* lumière *f* solaire [*o* du soleil] **Sonnenöl** *nt* huile *f* solaire **Sonnenschein** *m* soleil *m*; **bei strahlendem** ~ sous un soleil éclatant **Sonnenschirm** *m* parasol *m* **Sonnenschutz** *m* ❶ (*Maßnahme*) protection *f* solaire ❷ (*Konstruktion*) brise-soleil *m*

Sonnenschutzcreme *f* crème *f* de protection solaire **Sonnenschutzmittel** *nt* protecteur *m* solaire

Sonnensegel *nt* ❶ (*Schutzdach*) auvent *m* ❷ RAUM panneau *m* solaire **Sonnenseite** *f* ❶ côté *m* ensoleillé ❷ (*positive Seite*) bon côté *m* **Sonnenstich** *m* insolation *f*; **einen** ~ **bekommen/haben** attraper/avoir une insolation ▶ **du hast wohl einen ~!** *fam* tu as un grain! (*fam*) **Sonnenstrahl** *m* rayon *m* de soleil **Sonnensystem** *nt* système *m* solaire **Sonnenuhr** *f* cadran *m* solaire **Sonnenuntergang** *m* coucher *m* du soleil; **bei** ~ au coucher du soleil; **vor/nach** ~ avant/après le coucher du soleil **Sonnenwende** *f* solstice *m*

sonnig *Adj* ensoleillé(e); **in Südfrankreich ist es zur Zeit** ~ en ce moment le soleil brille dans le midi; **hier ist es ~er als auf der Bank** ici, c'est plus ensoleillé que sur le banc

Sonntag ['zɔntaːk] *m* dimanche *m*
▶ **Weißer** ~ dimanche *m* des communions; *s. a.* **Dienstag**

Sonntagabend *m* dimanche *m* soir; **am** ~ le dimanche soir

sonntäglich *Adj* dominical(e)

Sonntagnachmittag *m* dimanche *m* après-midi; **am** ~ le dimanche après-midi

sonntags ['zɔntaːks] *Adv* le dimanche

Sonntagsarbeit *f* travail *m* dominical **Sonntagsausflug** *m* promenade *f* dominicale [*o* du dimanche] **Sonntagsblatt** *nt* journal *m* du dimanche **Sonntagsdienst** *m* garde *f* du week-end; ~ **haben** être de garde le week-end **Sonntagsfahrer(in)** *m(f) pej* conducteur(-trice) *m(f)* du dimanche (*péj*) **Sonntagskind** *nt* chanceux(-euse) *m(f)* ▶ **ein** ~ **sein** être né(e) sous une bonne étoile **Sonntagsruhe** *f* repos *m* dominical

sonn- und feiertags *Adv* les dimanches et jours fériés

Sonnwendfeier *f* fête *f* de la Saint-Jean

sonor [zo'noːɐ] *Adj* sonore

sonst [zɔnst] *Adv* ❶ (*andernfalls*) sinon
❷ (*gewöhnlich*) d'habitude; **wie** ~ comme d'habitude; **früher/später als** ~ plus tôt/tard que d'habitude
❸ (*früher*) avant
❹ (*außerdem*) à part ça; ~ **nichts** rien d'autre; ~ **nichts wollen/wünschen** ne rien vouloir/souhaiter d'autre; **wer hat** ~ **noch angerufen?** qui d'autre a appelé sinon?; [**darf es**] ~ **noch etwas** [**sein**]? et avec ça?; **wer weiß, was er** ~ **noch alles ausgeplaudert hätte** qui sait tout ce qu'il aurait pu encore raconter
❺ *indef fam* ~ **was** n'importe quoi; ~ **wer** [*o* **jemand**] n'importe qui; **erzähl das** ~ **wem** raconte-le à qui tu veux; **er denkt** [*o* **meint**], **er sei** ~ **wer** [*o* **jemand**] il se prend pour je ne sais qui; ~ **wie** d'une autre façon [*o* manière]; ~ **wo** quelque part [ailleurs]; ~ **wohin** quelque part ailleurs
❻ *fam* (*anders*) **wer/was** [**denn**] **~?** qui/quoi d'autre?
▶ [**aber**] ~ **geht's dir gut?** *sl* t'es pas un peu malade? (*fam*); ~ **noch was?** *iron fam* et puis quoi encore? (*fam*)

sonstig *Adj attr* autre *antéposé*; **sein ~es Verhalten ist tadellos** son comportement habituel est irréprochable; **auf der Tagesordnung steht unter „Sonstiges" ...** à l'ordre de jour, il y a sous "divers"...

sonstjemand *s.* **sonst 5.**

sonstwas *s.* **sonst 5.**

sonstwer *s.* **sonst 5.**

sonstwie *s.* **sonst 5.**

sonstwo *s.* **sonst 5.**

sonstwohin *s.* **sonst 5.**

sooft [zo'ʔɔft] *Konj* tant que + *indic*; ~ **du möchtest/willst** [au]tant que tu veux; ~ **sie auch anrief** chaque fois qu'elle téléphonait; ~ **ich auch darüber nachdenke** j'ai beau réfléchir

Soor [zoːɐ] <-[e]s, -e> *m* MED muguet *m*

Sophist(in) [zo'fɪst] <-en, -en> *m(f)* sophiste *mf*

Sophokles ['zoːfoklɛs] <-> *m* HIST Sophocle *m*

Sopran [zo'praːn] <-s, -e> *m* ❶ (*Stimme*) soprano *m*
❷ *s.* **Sopranist(in)**

Sopranist(in) [zopra'nɪst] <-en, -en> *m(f)* soprano *mf*

Sorbet ['zɔrbɛt, zɔr'beː] <-s, -s> *m o nt* sorbet *m*

Sorbinsäure [zɔr'biːn-] *f* CHEM acide *m* sorbique

Sorge ['zɔrgə] <-, -n> *f* souci *m*; **~n haben** avoir des soucis; **nur** [*o* **nichts als**] **~n mit jdm/etw haben** n'avoir que des ennuis [*o* des problèmes] avec qn/qc; **er macht sich** (*Dat*) **wegen seines Sohnes/der Zukunft ~n** il se fait du souci à cause de son fils/l'avenir; **das macht mir** ~ cela me préoccupe; **es macht ihr ~n, dass** cela la préoccupe que + *subj*; **die ~n um meine Tochter** les soucis que je me fais pour ma fille; **jdm ~n machen** [*o* **bereiten** *geh*] causer du souci à qn; **das versetzt mich in** ~ cela me rend inquiet(-iète); **mit** ~ avec inquiétude
▶ **das ist meine geringste** ~ c'est le cadet de mes soucis; **du hast/ihr habt ~n!, ~n hast du/habt ihr!** *iron fam* tu parles/vous parlez d'un problème! (*fam*); **lass das/lassen Sie das meine** ~ **sein!** laisse-moi/laissez-moi faire!; **keine ~!** *fam* ne t'en fais pas/ne vous en faites pas! (*fam*)

sorgeberechtigt *Adj* ~ **sein** avoir la garde des enfants

sorgen ['zɔrgən] **I.** *itr V* ❶ (*aufkommen*) **für jdn** ~ s'occuper de qn
❷ (*sich kümmern*) **für etw** ~ s'occuper de qc; **dafür ~, dass** veiller à ce que + *subj*; **für das Mittagessen ist gesorgt** on s'occupe du déjeuner
❸ (*bewirken*) **für Aufsehen/Wirbel** ~ faire du bruit/des remous; **dafür ~, dass** *Interview, Foto:* faire que + *subj*
II. *r V* **sich um jdn** ~ se faire du souci pour qn; **sich um etw** ~ être inquiet(-iète) quant à qc

sorgenfrei *Adj, Adv* sans souci **Sorgenkind** *nt fam* enfant *mf* à problèmes; **mein** ~ l'enfant qui me donne du souci **sorgenvoll I.** *Adj Gesicht, Stirn* soucieux(-euse); *Leben* plein(e) de soucis **II.** *Adv* avec inquiétude

Sorgepflicht *f kein Pl* JUR obligation *f* d'entretien; ~ **der Eltern für ihre Kinder** obligation d'entretien des parents envers [*o* à l'égard de] leurs enfants **Sorgerecht** *nt kein Pl* droit *m* de garde des enfants **Sorgerechtsverfahren** *nt* procédure *f* d'attribution de l'autorité parentale

Sorgfalt ['zɔrkfalt] <-> *f* soin *m*; **mit** ~ avec soin

sorgfältig [-fɛltɪç] I. *Adj Mitarbeiter* consciencieux(-euse); *Vorbereitung, Vorgehen* soigneux(-euse); *Arbeit* soigné(e)
II. *Adv* soigneusement

Sorgfaltspflicht *f eines Beamten* obligations *fpl* (*vis-à-vis des quémandeurs*); **die ~ verletzen** violer l'obligation d'agir avec soin et diligence

sorglos I. *Adj* ① (*achtlos*) négligent(e)
② *s.* **sorgenfrei**
II. *Adv handhaben, umgehen* avec négligence

Sorglosigkeit <-> *f* insouciance *f*

sorgsam *Adj, Adv geh s.* **sorgfältig**

Sorte ['zɔrtə] <-, -n> *f* ① (*Art, Typ*) sorte *f*
② *Pl* FIN devises *fpl*
③ *fam* (*Menschenschlag*) espèce *f*

sortieren* *tr V* ① (*ordnen*) trier; **etw nach Größe/Farbe ~** trier qc par ordre de grandeur/par couleur
② (*einordnen*) **etw in den Schrank/das Regal ~** ranger qc dans l'armoire/sur l'étagère

Sortiermaschine *f* trieuse *f*

Sortiment [zɔrti'mɛnt] <-[e]s, -e> *nt* assortiment *m;* **ein umfangreiches ~ an Kosmetika** un large assortiment de cosmétiques

SOS [ɛsʔoː'ʔɛs] <-, -> *nt* S.O.S. *m;* **~ funken** lancer un S.O.S.

sosehr [zo'zeːɐ] *Konj* **~ ... [auch]** bien que... + *subj;* **~ ich mich auch bemühte** j'ai eu beau faire tout ce que je pouvais

soso [zo'zoː] I. *Interj* ah, ah!, tiens, tiens!
II. *Adv fam* (*einigermaßen*) comme ci comme ça (*fam*), tant bien que mal

Soße ['zoːsə] <-, -n> *f* ① sauce *f*
② *pej fam* soupe *f* (*fam*)

Soßenlöffel *m* cuillère *f* à sauce

sott [zɔt] *Imp von* **sieden**

Soufflé, Soufflee[RR] [zu'fleː] <-s, -s> *nt* GASTR soufflé *m*

Souffleur [zu'fløːɐ] <-s, -e> *m*, **Souffleuse** *f* souffleur(-euse) *m(f)*

Souffleurkasten [zu'fløːɐ-] *m* trou *m* du souffleur/de la souffleuse

soufflieren* [zu'fliːrən] *itr V* souffler; **[jdm] ~** souffler [à qn]

Sound [saʊnd] <-s, -s> *m sl* son *m*

Soundkarte ['saʊnd-] *f* INFORM carte *f* son

soundso ['zoːʔʊntsoː] *Adv* **~ breit/groß** de la même largeur/taille; **~ oft** tant de fois, je ne sais combien de fois; **~ viel/viele ...** tant et tant de ...

Soundso Herr/Frau ~ Monsieur/Madame Machin

soundsovielte(r, s) *Adj fam* tant; **am ~n August** le tant du mois d'août; **als ~r/~, an ~r Stelle** à la place tant

Soundtrack [-trɛk] <-s, -s> *m* bande *f* originale d'un/du film; (*Filmmusik*) musique *f* de film

Soutane [zu'taːnə] <-, -n> *f* soutane *f*

Souterrain [zutɛ'rɛ̃ː, 'zuːtɛrɛ̃] <-s, -s> *nt* sous-sol *m*

Souvenir [zuvə'niːɐ] <-s, -s> *nt* souvenir *m*

souverän [zuvə'rɛːn] I. *Adj* ① POL souverain(e)
② (*überlegen*) supérieur(e); *Beherrschung, Leichtigkeit* souverain(e)
II. *Adv* (*überlegen*) suprêmement; *beherrschen, meistern* à la perfection

Souverän <-s, -e> *m* ① CH électorat *m* inscrit
② HIST souverain *m*

Souveränität [zuvərɛni'tɛːt] <-> *f a.* POL souveraineté *f*

soviel[1] [zo'fiːl] *Adv s.* **viel I.1., I.3.**

soviel[2] *Konj* [pour] autant que + *subj;* **~ ich weiß** à ce que je sais; **~ mir bekannt ist** pour autant que je sache

soweit[1] [zo'vaɪt] *Adv s.* **weit I.2., II.3.**

soweit[2] *Konj* pour autant que + *subj;* **~ ich das beurteilen kann, ...** pour autant que je puisse en juger...

sowenig[1] [zo'veːnɪç] *Adv s.* **wenig II.2.**

sowenig[2] *Konj* **~ Geld ich auch habe** malgré le peu d'argent que j'ai; **~ mir das auch gefällt** même si ça ne me plaît pas beaucoup; **~ er auch davon versteht** même s'il n'y comprend pas grand-chose

sowie [zo'viː] *Konj* ① (*sobald*) aussitôt que + *indic*
② *form* (*wie auch*) ainsi que

sowieso [zovi'zoː, 'zoːvizo] *Adv* en tout cas; **das ~!** *fam* ça, en tout cas! (*fam*)

Sowjet [zɔ'vjɛt, 'zɔvjɛt] <-s, -s> *m* HIST soviet *m;* **der Oberste ~** le Soviet suprême

Sowjetbürger(in) *m(f)* HIST citoyen(ne) *m(f)* soviétique, Soviétique *mf*

sowjetisch [zɔ'vjɛtɪʃ] *Adj* soviétique

Sowjetrepublik *f* **die ~en** les Républiques *fpl* soviétiques **Sowjetrusse** *m*, **-russin** *f* HIST Russe *mf* soviétique **Sowjetunion** [zɔ'vjɛt-, 'zɔvjɛt-] *f* HIST **die ~** l'Union *f* soviétique

sowohl [zo'voːl] *Konj* **~ ... als auch ...** non seulement..., mais [encore]...

Sozi ['zoːtsi] <-s, -s> *m pej fam* social-démocrate *m*

Sozia ['zoːtsia] <-, -s> *f* (*Beifahrerin*) passagère *f* arrière

sozial [zo'tsiaːl] I. *Adj* social(e); **eine ~e Ader haben** avoir la fibre sociale
II. *Adv handeln* dans le sens de l'intérêt social; **~ denken** [*o* **eingestellt sein**] avoir l'esprit social

Sozialabbau *m* remise *f* en cause des acquis sociaux **Sozialabgaben** *Pl* charges *fpl* sociales **Sozialamt** *nt* bureau *m* d'aide sociale **Sozialarbeit** *f kein Pl* travail *m* social **Sozialarbeiter(in)** *m(f)* assistant(e) *m(f)* social(e) **Sozialausschuss**[RR] *m* POL commission *f* des affaires sociales **Sozialberuf** *m* profession *f* sociale **Sozialdemokrat(in)** *m(f)* social(e)-démocrate *m(f);* **die ~en** les sociaux-démocrates **Sozialdemokratie** *f* social-démocratie *f* **sozialdemokratisch** *Adj* social(e)-démocrate **Sozialfall** *m form* cas *m* social **Sozialgericht** *nt* JUR tribunal *m* du contentieux social **Sozialhilfe** *f kein Pl* ≈ R.M.I. *m;* **~ beziehen** ≈ toucher le R.M.I.; **von der ~ leben** ≈ vivre du R.M.I. **Sozialhilfeempfänger(in)** *m(f)* bénéficiaire *mf* d'aides sociales

sozialisieren* *tr V* socialiser

Sozialisierung <-, -en> *f* socialisation *f*

Sozialismus [zotsja'lɪsmʊs] <-> *m* socialisme *m*

Sozialist(in) [zotsja'lɪst] <-en, -en> *m(f)* socialiste *mf*

sozialistisch *Adj* ① socialiste
② A *s.* **sozialdemokratisch**

Sozialleistungen *Pl* prestations *fpl* sociales **sozialliberal** *Adj* POL socio-libéral(e) **Sozialpädagoge** *m*, **-pädagogin** *f* éducateur(-trice) *m(f)* social(e) **Sozialpädagogik** *f* pédagogie *f* sociale **sozialpädagogisch** *Adj* socio-pédagogique **Sozialpartner** *m meist Pl* POL partenaire *mf* social **Sozialplan** *m* plan *m* social **Sozialpolitik** *f kein Pl* politique *f* sociale **sozialpolitisch** *Adj* de politique sociale **Sozialprestige** [-prɛstiːʒə] *nt* prestige *m* social **Sozialprodukt** *nt* ÖKON produit *m* national **Sozialrecht** *nt kein Pl* droit *m* social, législation *f* relative à la sécurité sociale **sozialrechtlich** *Adj* de droit social; **~er Herstellungsanspruch** JUR demande de rétablissement d'un droit **Sozialreform** *f* réforme *f* sociale **Sozialrente** *f form* ≈ retraite *f* de la Sécurité sociale **Sozialrentner(in)** *m(f) form* ≈ bénéficiaire *mf* de la retraite versée par la Sécurité sociale **Sozialstaat** *m* État *m* social **Sozialversicherung** *f* assurance *f* sociale; (*in Frankreich*) Sécurité *f* sociale

Sozialversicherungsausweis *m* carte *f* d'assuré(e) social(e) **Sozialversicherungsbeitrag** *m* ≈ cotisation *f* à la Sécurité sociale

Sozialwissenschaften *Pl* sciences *fpl* sociales **Sozialwohnung** *f* ≈ H.L.M. *m o f*

soziokulturell [zoːtsiokʊltu'rɛl] *Adj* socioculturel(le) **Soziolinguistik** [zo(ː)tsiolɪngu'ɪstɪk] *f* sociolinguistique *f*

Soziologe [zotsio'loːgə] <-n, -n> *m*, **Soziologin** *f* sociologue *mf*

Soziologie [zotsiolo'giː] <-> *f* sociologie *f*

soziologisch *Adj* sociologique

sozioökonomisch [zo:tsioʔøko'no:mɪʃ] *Adj* socioéconomique

Sozius ['zo:tsiʊs] <-, Sozii> *m*, **Sozia** *f* ❶ (*Kompagnon*) associé(e) *m(f)*
❷ (*Beifahrer*) passager(-ère) *m(f)* de derrière; **du kannst als ~ mitfahren** tu peux monter derrière
❸ *s.* **Soziussitz**

Soziussitz *m* siège *m* arrière

sozusagen [zo:tsu'za:gən] *Adv* pour ainsi dire

Spachtel ['ʃpaxtəl] <-s, -> *m* ❶ (*Werkzeug*) spatule *f*
❷ *s.* **Spachtelmasse**

Spachtelmasse *f kein Pl* mastic *m*

spachteln I. *tr V* mastiquer à la spatule; **etw ~** mastiquer qc à la spatule
II. *itr V* ❶ mastiquer
❷ DIAL *fam* (*essen*) se bâfrer (*fam*)

Spagat <-[e]s, -e> *m o nt* ❶ SPORT grand écart *m*; **[einen] ~ machen** faire le grand écart
❷ (*schwierige Aufgabe*) exercice *m* de haute voltige; **den ~ zwischen Familie und Beruf schaffen** arriver à concilier vie de famille et vie professionnelle

Spaghetti [ʃpa'gɛti] *Pl* spaghetti *mpl*

Spaghettiträger *m* bretelle *f* spaghetti

spähen ['ʃpɛ:ən] *itr V* ❶ (*blicken*) guetter; **aus dem Fenster/durch einen Spalt ~** guetter par la fenêtre/une fente
❷ (*Ausschau halten*) **nach jdm/etw ~** guetter qn/qc

Späher(in) <-s, -> *m(f)* éclaireur(-euse) *m(f)*

Spähtrupp *m* MIL patrouille *f* de reconnaissance

Spalier [ʃpa'li:ɐ] <-s, -e> *nt* ❶ espalier *m*
❷ *fig* haie *f*; **~ stehen, ein ~ bilden** faire [*o* former] une haie; **ein ~ von Fans** une haie de fans

Spalt [ʃpalt] <-[e]s, -e> *m* ❶ (*Schlitz*) fente *f*
❷ (*Felsspalt, Mauerspalt*) fissure *f*
❸ (*Spaltbreit*) entrebâillement *m*; **die Tür einen ~ öffnen** entrouvrir la porte; **einen ~ offen stehen** être entrouvert(e) [*o* entrebâillé(e)]

spaltbar *Adj* fissible

Spaltbreit <-> *m* espace *m*; **etw einen ~ öffnen** entrouvrir qc; **einen ~ offen stehen** être entrouvert(e) [*o* entrebâillé(e)]

Spalte ['ʃpaltə] <-, -n> *f* ❶ (*breiter Riss*) fissure *f*; *eines Gletschers* crevasse *f*
❷ TYP colonne *f*
❸ A (*Scheibe*) tranche *f*

spalten ['ʃpaltən] <*PP* gespalten> I. *tr V* ❶ <*PP* gespalten *o* gespaltet> fendre *Baum, Brett, Holz*
❷ PHYS diviser
❸ (*trennen*) diviser; **eine Partei in zwei Lager ~** diviser un parti en deux camps
❹ (*divergieren*) **gespalten sein** *Ansichten, Auffassungen:* être partagé(e)s
II. *r V* ❶ **sich ~** *Fingernagel:* casser; *Haare:* fourcher
❷ (*Fraktionen bilden*) **sich in zwei Lager ~** se diviser en deux camps

spaltenweise *Adv* en colonnes

Spaltprodukt *nt* ❶ PHYS produit *m* de fission
❷ CHEM produit *m* de décomposition

Spaltung <-, -en> *f* ❶ PHYS fission *f*
❷ (*Entzweiung, Lagerbildung*) division *f*
❸ PSYCH **~ des Bewusstseins** [*o* **der Persönlichkeit**] dédoublement *m* de la personnalité
❹ ÖKON, JUR *einer Gesellschaft* scission *f*; *eines Vertrags* division *f*

Span [ʃpa:n, *Pl:* 'ʃpɛ:nə] <-[e]s, =e> *m* copeau *m*
▶ **wo gehobelt wird, [da] fallen Späne** *Spr.* on ne fait pas d'omelette sans casser des œufs

Spanferkel *nt* cochon *m* de lait

Spange ['ʃpaŋə] <-, -n> *f* ❶ (*Haarspange*) barrette *f*
❷ (*Zahnspange*) appareil *m* [de correction] dentaire
❸ (*Armreif*) bracelet *m*

Spangenschuh *m* chaussure *f* à bride

Spanien ['ʃpa:niən] <-s> *nt* l'Espagne *f*

Spanier ['ʃpa:niɐ] <-s, -> *m* ❶ Espagnol *m*
❷ *fam* (*spanisches Lokal*) restau *m* espagnol (*fam*); **zum ~ [essen] gehen** aller [manger] au restau espagnol (*fam*)

Spanierin <-, -nen> *f* Espagnole *f*

spanisch ['ʃpa:nɪʃ] I. *Adj* espagnol(e)
II. *Adv* **~ miteinander sprechen** discuter en espagnol; *s. a.* **deutsch**
▶ **etw kommt jdm ~ vor** *fam* qc ne paraît pas [très] catholique à qn (*fam*)

Spanisch <-[s]> *nt kein Art* (*Sprache, Schulfach*) espagnol *m*; **auf ~** en espagnol; *s. a.* **Deutsch**

Spanische *nt dekl wie Adj* **das ~** l'espagnol *m*; *s. a.* **Deutsche**

spanischsprachig *Adj* hispanophone

spann [ʃpan] *Imp von* **spinnen**

Spann <-[e]s, -e> *m* cou-de-pied *m*

Spannbeton *m kein Pl* béton *m* précontraint **Spannbetttuch**[RR] *nt* drap-housse *m* **Spannbreite** *f kein Pl* gamme *f*

Spanne ['ʃpanə] <-, -n> *f* ❶ (*Gewinnspanne, Handelsspanne*) marge *f*
❷ *geh* (*Zeitspanne*) laps *m* de temps

spannen ['ʃpanən] I. *tr V* ❶ (*straffen*) tendre
❷ (*anspannen*) contracter *Muskel, Schenkel*
❸ (*aufspannen*) **etw über etw** (*Akk*) **~** tendre qc au-dessus de qc
❹ (*einspannen*) **etw in den Schraubstock ~** serrer qc dans l'étau; **einen Briefbogen in die Schreibmaschine ~** mettre une feuille de papier dans la machine à écrire
❺ *sl* (*merken*) **~, dass etwas nicht stimmt** piger que quelque chose ne tourne pas rond + *indic* (*fam*)
II. *r V* **sich über den Fluss/das Tal ~** *Brücke:* enjamber le fleuve/la vallée
III. *itr V* *Kleidungsstück:* serrer trop; *Haut:* tirer; *s. a.* **gespannt**

spannend I. *Adj* *Film, Roman* captivant(e), passionnant(e)
▶ **es ~ machen** *fam* tourner autour du pot; **mach's nicht so ~!** arrête de tourner autour du pot! (*fam*)
II. *Adv* de façon captivante

Spanner <-s, -> *m* ❶ (*Schuhspanner*) embauchoir *m*
❷ ZOOL phalène *m o f*
❸ *sl* (*Voyeur*) voyeur *m*

Spannkraft *f kein Pl* vigueur *f*; *eines Muskels* tonicité *f* **Spannteppich** *m* CH moquette *f*

Spannung <-, -en> *f* ❶ *kein Pl* (*fesselnde Art*) suspense *m*
❷ *kein Pl* (*gespannte Erwartung*) tension *f* [nerveuse]; **bei den Zuschauern große ~ erzeugen** *Film:* captiver totalement les spectateurs; **etw mit [*o* voller] ~ erwarten** attendre qc avec impatience
❸ *meist Pl* (*Unstimmigkeit*) tension *f*
❹ ELEC tension *f*; **unter ~ stehen** être sous tension
❺ *kein Pl* (*Gespanntsein*) *einer Bogensehne, Saite* tension *f*

Spannungsbogen *m* intrigue *f* à suspense **Spannungsfeld** *nt* zone *f* de tension **Spannungsgebiet** *nt* zone *f* de tension **Spannungsmesser** <-s, -> *m* voltmètre *m* **Spannungsprüfer** *m* contrôleur *m* de tension **Spannungsregler** *m* ELEC régulateur *m* de tension

Spannweite *f* ❶ *der Flügel* envergure *f*
❷ CONSTR *einer Brücke, eines Gewölbes* portée *f*

Spanplatte *f* panneau *m* de particules

Spant [ʃpant] <-[e]s, -en> *nt o m* NAUT, AVIAT couple *m*

Sparbrief *m* bon *m* d'épargne **Sparbuch** *nt* livret *m* [de caisse] d'épargne **Sparbüchse** [-ks-] *f*, **Spardose** *f* tirelire *f*

sparen ['ʃpa:rən] I. *tr V* ❶ (*zurücklegen*) épargner *Betrag;* **Geld ~** épargner de l'argent
❷ (*einsparen*) **Energie/Zeit ~** *Person:* économiser de l'énergie/du temps; *Gerät:* permettre d'économiser de l'énergie/du temps
❸ (*vermeiden*) **Ärger/Mühe ~** épargner du dépit/de la peine
❹ (*unterlassen*) **sich** (*Dat*) **eine Bemerkung/einen Rat-**

schlag ~ garder une remarque/un conseil pour soi; **spar dir die Mühe!** ne te donne pas de la peine pour rien!; **spart euch den Ärger!** évitez les ennuis!
II. *itr V* ① (*Geld zurücklegen*) **auf etw** (*Akk*) ~ épargner pour qc; **für ein Auto** ~ économiser pour acheter une voiture
② (*sparsam sein*) se montrer économe; **an etw** (*Dat*) ~ rogner sur qc; **nicht mit Lob** ~ *fig* ne pas être avare de compliments
Sparer(in) <-s, -> *m(f)* épargnant(e) *m(f)*
Sparflamme *f* petite flamme *f*; **etw auf ~ kochen** cuire qc à feu très doux
▶ **auf ~ arbeiten/laufen** *fam* bosser/tourner au ralenti (*fam*)
Spargel ['ʃpargəl] <-s, -> *m* asperge *f*; **~ stechen** ramasser [*o* cueillir] les asperges
Spargelkohl *m kein Pl* brocoli *m*
Sparguthaben *nt* avoir *m* [sur un livret] **Sparheft** CH *s.* **Sparbuch Sparkapital** *nt* FIN capital *m* d'épargne **Sparkasse** *f* caisse *f* d'épargne **Sparkonto** *nt* compte-épargne *m* **Sparkurs** *m* politique *f* de rigueur [*o* d'austérité]
spärlich ['ʃpɛːɐlɪç] I. *Adj Ausbeute, Essen, Einkommen* maigre; *Vegetation, Haarwuchs* clairsemé(e)
II. *Adv* peu
Sparmaßnahme *f* mesure *f* d'économie **Sparpackung** *f* paquet *m* économique **Sparpolitik** *f* politique *f* d'austérité **Sparprämie** [-miə] *f* prime *f* d'épargne **Sparprogramm** *nt* programme *m* économique
Sparren ['ʃparən] <-s, -> *m* chevron *m*
▶ **einen ~ haben** *fam* avoir une case en moins (*fam*)
Sparring <-s> *nt* entraînement *m*
Sparringspartner(in) *m(f)* SPORT sparring-partner *m*
sparsam I. *Adj Person, Lebensweise* économe; *Auto, Motor, Heizung* économique; ~ **im Verbrauch/in der Anwendung sein** être économique à la consommation/à l'emploi
II. *Adv leben* chichement; *wirtschaften* dans un souci d'économie; *einsetzen, verwenden* avec parcimonie; ~ **mit etw umgehen** y aller doucement avec qc
Sparsamkeit <-> *f* [sens *m* de l']économie *f*
Sparschwein *nt* tirelire *f*; **sein ~ schlachten** *fam* casser sa tirelire (*fam*)
Spartaner(in) [ʃpar'taːnɐ, spar'taːnɐ] <-s, -> *m(f)* Spartiate *mf*
spartanisch [ʃpar'taːnɪʃ] I. *Adj* spartiate; *Leben* de Spartiate
II. *Adv* de manière spartiate
Sparte ['ʃpartə] <-, -n> *f* ① (*Branche*) branche *f*
② (*Spezialbereich*) spécialité *f*
③ (*Rubrik*) rubrique *f*
Sparvertrag *m* plan *m* [d']épargne **Sparzins** *m meist Pl* intérêts *mpl* [de l'épargne]
spasmisch ['ʃpasmɪʃ, 'spasmɪʃ] *Adj* spasmodique
Spasmus ['ʃpasmʊs, 'spasmʊs] <-, Spasmen *o* Spasmi> *m* MED spasme *m*
Spaß [ʃpaːs, *Pl:* 'ʃpɛːsə] <-es, ⸚e> *m* ① *kein Pl* (*Vergnügung*) distraction *f*, divertissement *m*; (*Freude*) plaisir *m*; ~ **haben** bien s'amuser; **an etw** (*Dat*) ~ **haben** aimer qc; [**das**] **Singen macht** ~ chanter, c'est bien; [**das**] **Kochen macht mir** ~ j'aime bien cuisiner; **es macht ~ den Kindern beim Spielen zuzuschauen** c'est agréable de regarder les enfants jouer; **sich** (*Dat*) **einen ~ daraus machen jdn anzuschwindeln** prendre un malin plaisir à raconter des bobards à qn (*fam*); **es macht mir keinen ~ das zu tun** ça ne m'amuse [*o* m'enchante] pas de faire cela; **sie hat ihm den ~ verdorben** elle lui a gâché le plaisir; **viel ~!** amuse-toi/amusez-vous bien!
② (*Scherz*) plaisanterie *f*; ~ **machen** plaisanter; **ich habe nur ~ gemacht** c'était [juste] pour rire; **etw aus** [*o* **zum**] ~ **sagen** dire qc pour rire; **da hört der ~ auf** là, il ne s'agit plus de plaisanter; **da hört der ~ für mich auf** là, je ne plaisante plus
▶ **das ist ein teurer ~** *fam* c'est une [petite] plaisanterie qui coûte cher (*fam*); ~ **muss sein** *fam* faut bien rire [de temps en temps] (*fam*); **keinen ~ verstehen** ne pas comprendre la plaisanterie; ~ **beiseite** *fam* blague à part (*fam*)

Späßchen <-s, -> *nt Dim von* **Spaß** petite plaisanterie *f*
spaßen ['ʃpaːsən] *itr V* plaisanter
▶ **mit jdm/etw ist nicht zu ~** il ne faut pas plaisanter avec qn/qc; **sie lässt nicht mit sich ~** elle n'aime pas qu'on plaisante avec elle
spaßeshalber ['ʃpaːsəshalbɐ] *Adv fam* comme ça, pour voir
Spaßgesellschaft *f pej* société *f* de loisir
spaßhaft *Adj* drôle
spaßig *Adj Geschichte, Idee* drôle; **eine ~e Geschichte/Idee** une drôle d'histoire/d'idée
Spaßverderber(in) <-s, -> *m(f)* rabat-joie *m* **Spaßvogel** *m* plaisantin *m*
Spastiker(in) ['ʃpastikɐ, 'spastikɐ] <-s, -> *m(f)* infirme *m* moteur cérébral/infirme *f* motrice cérébrale, I.M.C. *mf*
spastisch ['ʃpastɪʃ, 'spastɪʃ] *Adj* spastique; **~e Lähmung** dyskinésie *f*
Spat [ʃpaːt, *Pl:* 'ʃpɛːtə] <-[e]s, -e *o* ⸚e> *m* MINER spath *m*
spät [ʃpɛːt] I. *Adj* ① tard; **es ist/wird** ~ il est/se fait tard; **der ~este Zug** le dernier train; **zu einem ~eren Zeitpunkt** à un moment ultérieur; **am ~en Vormittag/Nachmittag** tard dans la matinée/l'après-midi; **im ~en Frühjahr/Herbst** à la fin du printemps/de l'automne; **wie ~ ist es?** quelle heure est-il?; **ich habe nicht gemerkt, wie ~ es schon ist!** je n'ai pas vu l'heure!
② (*die Spätphase betreffend*) tardif(-ive); *Mittelalter, Barock, Jugendstil* finissant(e); **ein ~er Picasso** un Picasso peint sur le tard
II. *Adv* [**zu**] ~ [trop] tard; ~ **dran sein** être en retard; ~ **am Abend/in der Nacht** tard dans la soirée/nuit; **abends ~ nach Hause kommen** rentrer tard le soir; **wie ~ kann ich dich noch anrufen?** jusqu'à quelle heure puis-je t'appeler?; *s. a.* **später, spätestens**
spätabends [ʃpɛːtʔaːbənts] *Adv* tard le soir [*o* dans la soirée]
Spätaussiedler(in) *m(f) rapatrié(e) de l'Europe de l'Est de descendance allemande* **Spätbucher(in)** *m(f)* TOURISMUS vacancier(-ière) *m(f)* qui réserve à la dernière minute **Spätdienst** *m* service *m* du soir; ~ **haben** être du [service du] soir
Spatel ['ʃpaːtəl] <-s, -> *m* ① MED spatule *f*
② *s.* **Spachtel**
Spaten ['ʃpaːtən] <-s, -> *m* bêche *f*
Spatenstich *m* coup *m* de bêche
▶ **der erste ~** le premier coup de pioche
Spätentwickler(in) <-s, -> *m(f)* MED, PSYCH attardé(e) *m(f)*
später ['ʃpɛːtɐ] I. *Adj* (*zukünftig*) *Generation, Zeiten* futur(e); *s. a.* **spät**
II. *Adv* plus tard; **nicht ~ als Freitag/zehn Uhr** au plus tard vendredi/dix heures; **jdn auf ~ vertrösten** faire lanterner qn; **an ~ denken** penser à plus tard; **bis ~!** à plus tard!
spätestens ['ʃpɛːtəstəns] *Adv* au plus tard
Spätfolgen *Pl einer Krankheit* séquelles *fpl* tardives; *einer Erziehung* suites *fpl* tardives **Spätgeburt** *f* ① (*verspätete Geburt*) accouchement *m* après terme ② (*Kind*) *enfant qui est né après terme* **Spätgotik** *f* gothique *m* flamboyant **Spätherbst** *m* arrière-saison *f* **Spätlese** *f* (*Weinlese, Wein*) vendange *f* tardive **Spätschaden** *m meist Pl eines Unfalls* suites *fpl* à long terme; *einer Krankheit* séquelle *f souvent pl* **Spätschicht** *f* équipe *f* du soir; ~ **haben** être [de l'équipe] du soir **Spätsommer** *m* fin *f* de l'été **Spätstadium** *nt* phase *f* terminale **Spätvorstellung** *f* CINE dernière séance *f* **Spätwerk** *nt* œuvre *f* tardive
Spatz [ʃpats] <-en *o* -es, -en> *m* ① moineau *m*
② *fam* (*Kosewort*) [**mein**] ~! mon chou! (*fam*)
▶ **das pfeifen die ~en von den Dächern** *fam* c'est un secret de Polichinelle; **besser ein ~ in der Hand als eine Taube auf dem Dach** *Spr.* un tiens vaut mieux que deux tu l'auras
Spätzchen <-s, -> *nt Dim von* **Spatz** *fam* (*Kosewort*) petit chou *m* (*fam*); [**mein**] ~! mon petit chou!
Spatzenhirn *nt pej fam* cervelle *f* de moineau [*o* d'oiseau]

S

Spätzle ['ʃpɛtslə] *Pl* GASTR *pâtes consistantes, spécialités du pays souabe*

Spätzünder *m fam* ▶ **ein ~ sein** être dur(e) à la détente (*fam*); (*in der Entwicklung*) être attardé(e) **Spätzündung** *f* AUT retard *m* à l'allumage ▶ **~ haben** *fam* avoir la comprenette un peu dure (*fam*)

spazieren* *itr V + sein* aller se promener; **durch die Straßen ~** se promener dans les rues; **~ fahren** aller se promener en voiture/vélo/...; **jdn mit dem Auto/Rollstuhl ~ fahren** emmener qn se promener en voiture/fauteuil roulant; **ein Baby ~ fahren** emmener un bébé se promener [en landau]; **mit jdm ~ gehen** aller se promener avec qn; **abends gerne ~ gehen** aimer se promener le soir; **er ist vor fünf Minuten ~ gegangen!** il est parti se promener il y a cinq minutes!

spazieren|fahren *s.* spazieren

spazieren|gehen *s.* spazieren

Spazierfahrt *f* promenade *f* en voiture/vélo/... **Spaziergang** <-gänge> *m* promenade *f* [à pied]; **einen ~ machen** faire une promenade ▶ **kein ~ sein** *fam* ne pas être une mince affaire **Spaziergänger(in)** [-gɛŋɐ] <-s, -> *m(f)* promeneur(-euse) *m(f)* **Spazierstock** *m* canne *f* **Spazierweg** *m* chemin *m*

SPD [ɛspeːˈdeː] <-> *f Abk von* **Sozialdemokratische Partei Deutschlands** *parti social-démocrate allemand*

Specht [ʃpɛçt] <-[e]s, -e> *m* pic *m*

Speck [ʃpɛk] <-[e]s, -e> *m* ① GASTR lard *m*
② *fam* (*Fettpolster*) lard *m* (*fam*); **~ ansetzen** *fam* se faire du lard (*fam*)
▶ **mit ~ fängt man Mäuse** *Spr.* on n'attrape pas les mouches avec du vinaigre; **ran an den ~!** *fam* allez, on attaque!

Speckbauch *m fam* brioche *f* (*fam*)

speckig *Adj* ① (*fettglänzend*) crasseux(-euse)
② *fam* (*feist*) gras(se)

Speckschwarte *f* couenne *f* [de lard] **Speckseite** *f* GASTR flèche *f* **Speckstein** *m kein Pl* stéatite *f*, craie *f* de Briançon

Spediteur(in) [ʃpediˈtøːɐ] <-s, -e> *m(f)* transporteur *m*

Spedition [ʃpediˈtsioːn] <-, -en> *f* entreprise *f* de transport

Speditionsgewerbe *nt* activité *f* de commission de transport

speditiv [ʃpediˈtiːf] CH *form* **I.** *Adj* rapide
II. *Adv* avec célérité (*soutenu*)

Speer [ʃpeːɐ] <-[e]s, -e> *m* javelot *m*

Speerspitze *f* pointe *f* de javelot **Speerwerfen** <-s> *nt* lancer *m* de javelot **Speerwerfer(in)** <-s, -> *m(f)* lanceur(-euse) *m(f)* de javelot

speiben ['ʃpaɪbən] <*PP:* gespieben> *itr V* A *fam* (*speien*) cracher; (*erbrechen*) vomir

Speiche ['ʃpaɪçə] <-, -n> *f* ① *eines Rads* rayon *m*
② ANAT radius *m*

Speichel ['ʃpaɪçəl] <-s> *m* salive *f*

Speicheldrüse *f* glande *f* salivaire **Speichelfluss**RR *m kein Pl* MED salivation *f*; **übermäßiger ~** salivation excessive, ptyalisme *m* (*spéc*) **Speichellecker(in)** <-s, -> *m(f) pej* lèche-bottes *mf* (*fam*) **Speichelleckerei** *f kein Pl pej* lèche *f* (*fam*); **~ treiben** faire de la lèche

Speicher ['ʃpaɪçɐ] <-s, -> *m* ① DIAL (*Dachboden*) grenier *m*
② INFORM mémoire *f*; **externer/interner ~** mémoire externe/interne
③ (*Lagerhaus*) entrepôt *m*
④ (*Wasserspeicher*) réservoir *m*

Speicherchip [-tʃɪp] *m* INFORM puce *f* à mémoire **Speicherdichte** *f* INFORM densité *f* de mémoire **Speicherkapazität** *f* ① INFORM capacité *f* de mémoire ② (*Lagermöglichkeit*) capacité *f* de stockage **Speichermedien** *Pl* INFORM supports *mpl* de données

speichern ['ʃpaɪçɐn] **I.** *tr V* ① INFORM sauvegarder *Datei, Daten;* **etw auf [einer] Diskette ~** sauvegarder qc sur [une] disquette
② (*aufbewahren*) entreposer
II. *itr V* INFORM sauvegarder

Speicherplatz *m kein Pl* INFORM capacité *f* de mémoire **Speicherschreibmaschine** *f* machine *f* à écrire à mémoire

Speicherung <-, -en> *f* INFORM sauvegarde *f*

speien ['ʃpaɪən] <spie, gespien> *tr V geh* ① (*ausstoßen*) cracher *Lava/Dampf;* **Lava/Dampf ~** cracher de la lave/vapeur
② (*erbrechen*) **Blut ~** vomir du sang

Speis [ʃpaɪs] <-es> *m* DIAL (*Mörtel*) mortier *m*

Speise ['ʃpaɪzə] <-, -n> *f* ① *meist Pl geh* (*Gericht*) repas *m*
② (*Nahrung*) nourriture *f*

Speisebrei *m* MED chyme *m* **Speiseeis** *nt form* glace *f* **Speisekammer** *f* cellier *m* **Speisekarte** *f* menu *m*, carte *f*

speisen ['ʃpaɪzən] **I.** *itr V geh* se restaurer (*soutenu*); **französisch ~** manger français
II. *tr V* ① *geh* (*essen*) consommer (*soutenu*)
② (*versorgen*) alimenter *Stromnetz, Fluss, See*

Speisenaufzug *m* monte-plat *m* **Speisenfolge** *f* menu *m*

Speiseöl *nt* huile *f* alimentaire [*o* de table] **Speisepilz** *m* champignon *m* comestible **Speisequark** *m* ≈ fromage *m* blanc **Speisereste** *Pl* ① (*Reste einer Mahlzeit*) restes *mpl* [de nourriture] ② (*Reste zwischen den Zähnen*) petits morceaux *mpl* d'aliment **Speiseröhre** *f* œsophage *m* **Speisesaal** *m* salle *f* à manger; *eines Klosters, Internats* réfectoire *m* **Speisesalz** *nt* sel *m* fin [*o* de table]; **jodiertes ~** sel iodé **Speisewagen** *m* wagon-restaurant *m*

Speisung <-, -en> *f* ① TECH *eines Stromnetzes, Flusses, Sees* alimentation *f*
② BIBL **die ~ der Fünftausend** le miracle de la multiplication des pains

speiübel ['ʃpaɪˈʔyːbəl] *Adj* **mir wird/ist ~** je commence à avoir/j'ai la nausée; **vom Autofahren wird mir ~** la voiture me donne la nausée [*o* envie de vomir]

Spektakel[1] [ʃpɛkˈtaːkəl] <-s, -> *m fam* tintouin *m* (*fam*)

Spektakel[2] <-s, -> *nt* (*Schauspiel*) spectacle *m*

spektakulär [ʃpɛktakuˈlɛːɐ] **I.** *Adj* spectaculaire
II. *Adv* de manière spectaculaire

Spektra ['ʃpɛktra] *Pl von* **Spektrum**

Spektralanalyse [ʃpɛkˈtraːl-] *f* PHYS, CHEM analyse *f* spectrale **Spektralfarbe** *f* couleur *f* spectrale

Spektroskop [ʃpɛktroˈskoːp, spɛktro-] <-s, -e> *nt* PHYS spectroscope *m*

Spektrum ['ʃpɛktrʊm] <-s, Spektren *o* Spektra> *nt* ① PHYS spectre *m*
② *geh* (*Vielfalt*) variété *f*

Spekulant(in) [ʃpekuˈlant] <-en, -en> *m(f)* spéculateur(-trice) *m(f)*

Spekulation [ʃpekulaˈtsioːn] <-, -en> *f* spéculation *f*; **~en über etw** (*Akk*) **anstellen** *geh* se livrer à des spéculations sur qc (*soutenu*)

Spekulationsobjekt *nt* objet *m* de spéculation

spekulativ [ʃpekulaˈtiːf] *Adj a.* BÖRSE *geh* spéculatif(-ive) (*soutenu*); **~ sein** relever de la spéculation

spekulieren* *itr V* ① *fam* (*rechnen*) **auf etw** (*Akk*) **~** spéculer sur qc
② (*Spekulant sein*) **an der Börse/mit etw ~** spéculer à la bourse/sur qc

Spelunke [ʃpeˈlʊŋkə] <-, -n> *f pej fam* boui[-]boui *m* (*fam*)

spendabel [ʃpɛnˈdaːbəl] *Adj fam* généreux(-euse); **nicht sehr ~ sein** être plutôt radin(e) (*fam*)

Spende ['ʃpɛndə] <-, -n> *f* don *m*; **bitte [um] eine kleine ~!** à votre bon cœur!

spenden **I.** *tr V* ① donner, faire don de; **jdm etw ~** donner [*o* faire don de] qc à qn; **viel Geld für jdn/etw ~** faire don de beaucoup d'argent pour qn/qc
② MED donner, faire don de
③ (*abgeben*) **Licht/Wärme ~** diffuser de la lumière/chaleur
II. *itr V* **für jdn/etw ~** faire un don pour qn/qc

Spendenaffäre *f* affaire *f* des dons (*en rapport avec l'affaire Kohl*) **Spendenaktion** *f* collecte *f* de dons **Spendenaufruf** *m* appel *m* à la générosité [publique] **Spendenbescheini-**

gung *f* reçu *m* [fiscal] **Spendenkonto** *nt* compte *m* où verser les dons **Spendenwaschanlage** *f* officine *f* de blanchiment des dons [aux partis politiques]
Spender <-s, -> *m* ❶ (*Mensch*) donateur *m;* MED donneur *m* ❷ (*Vorrichtung*) distributeur *m*
Spenderin <-, -nen> *f* donatrice *f;* MED donneuse *f*
spendieren* *tr V fam* payer (*fam*); **[jdm] etw ~** payer qc [à qn]
Spendierhosen *Pl* ▶ **seine ~ anhaben** *fam* être en veine de générosité; **heute habe ich meine ~ an** aujourd'hui, c'est mon jour de bonté
Spengler(in) ['ʃpɛŋlɐ] <-s, -> *m(f)* SDEUTSCH, A plombier-zingueur *m*
Sperber ['ʃpɛrbɐ] <-s, -> *m* épervier *m*
Sperenzchen [ʃpe'rɛntsçən], **Sperenzien** [ʃpe'rɛntsiən] *Pl fam* simagrées *fpl;* ~ **machen** faire des histoires (*fam*)
Sperling ['ʃpɛrlɪŋ] <-s, -e> *m* moineau *m*
Sperma ['ʃpɛrma] <-s, Spermen *o* -ta> *nt* sperme *m*
Spermatozoon [ʃpɛrmato'tso:ɔn, spɛrmato-] <-s, Spermatozoen> *nt Fachspr.,* **Spermium** ['ʃpɛrmiʊm, 'spɛrmiʊm] <-s, Spermien> *nt* BIO spermatozoïde *m*
sperrangelweit *Adv fam* ~ **offen sein** [*o* **offen stehen**] être grand ouvert(e)
Sperrbezirk *m* zone *f* interdite
Sperre ['ʃpɛrə] <-, -n> *f* ❶ (*Straßensperre*) *der Polizei* barrage *m* ❷ (*Barrikade*) barricade *f* ❸ (*Kontrollstelle*) [poste *m* de] contrôle *m* ❹ (*Türverriegelung*) portillon *m;* (*an einer Waschmaschine*) [fermeture *f* de] sécurité *f* ❺ (*Embargo*) embargo *m;* **eine ~ verhängen** faire un blocus ❻ (*Spielverbot*) suspension *f*
sperren ['ʃpɛrən] **I.** *tr V* ❶ (*schließen*) fermer *Brücke, Grenze;* interdire *Gebiet, Gefahrenzone;* **eine Straße für den Verkehr ~** fermer une route à la circulation
❷ (*blockieren*) bloquer *Konto, Kredit;* faire opposition à *Scheck;* verrouiller *Daten, Informationen;* couper *Strom, Telefon*
❸ (*einschließen*) **jdn/ein Tier in etw** (*Akk*) ~ enfermer qn/un animal dans qc
❹ SPORT suspendre
❺ (*verbieten*) **jdm den Urlaub ~** supprimer les congés à qn
II. *r V* **sich ~** se braquer; **sich gegen etw ~** se refuser à qc
Sperrfeuer *nt kein Pl* MIL tir *m* de barrage **Sperrfrist** *f* FIN délai *m* de blocage; (*Wartezeit*) délai *m* d'attente **Sperrgebiet** *nt* zone *f* interdite **Sperrgut** *nt* colis *m* encombrant **Sperrholz** *nt kein Pl* contreplaqué *m*
sperrig *Adj Gegenstand* encombrant(e)
Sperrklausel *f* JUR clause *f* restrictive **Sperrkonto** *nt* compte *m* bloqué [*o* gelé] **Sperrminorität** *f* minorité *f* de blocage **Sperrmüll** *m* ❶ (*Müll*) *vieux objets encombrants dont on veut se débarrasser* ❷ (*Sperrmüllabfuhr*) *collecte de vieux objets encombrants*

i Land & Leute

Afin de se débarrasser des vieux meubles qui s'entassent dans les greniers ou dans les caves, on dispose en Allemagne, une ou deux fois par an, selon les municipalités, du **Sperrmüll**. Il s'agit d'un ramassage municipal et collectif des objets encombrants dont on ne veut plus et que l'on dépose tout simplement sur le trottoir devant sa maison à une date fixe.

Sperrsitz *m* (*im Theater*) fauteuil *m* d'orchestre; (*im Kino*) *siège situé dans l'une des dernières rangées* **Sperrstunde** *f* ❶ *s.* **Polizeistunde** ❷ (*Ausgehverbot*) couvre-feu *m*
Sperrung <-, -en> *f* ❶ (*Schließung*) fermeture *f* ❷ (*Blockierung*) *eines Kontos, Kredits* blocage *m;* ~ **eines Schecks** opposition *f* à un chèque
Sperrvermerk *m* avis *m* de blocage; (*bei einem Scheck*) avis *m* d'opposition
Spesen ['ʃpe:zən] *Pl* frais *mpl* [de gestion]; **etw auf ~ tun** faire qc aux frais de l'entreprise
▶ **außer ~ nichts gewesen** ça n'a rien donné
Spesenabrechnung *f* note *f* de frais
Spezi[1] ['ʃpe:tsi] <-s, -s> *m* SDEUTSCH *fam* pote *m* (*fam*)
Spezi[2] <-, -s> *nt* GASTR coca-soda *m*
Spezialausführung *f* modèle *m* spécial [*o* exclusif] **Spezialfahrzeug** *nt* véhicule *m* spécial **Spezialfall** *m* cas *m* spécial **Spezialgebiet** *nt* spécialité *f*
spezialisieren* *r V* **sich ~** se spécialiser; **sich auf etw** (*Akk*) ~ se spécialiser dans qc
Spezialisierung <-, -en> *f* spécialisation *f*
Spezialist(in) [ʃpetsja'lɪst] <-en, -en> *m(f)* spécialiste *mf*
Spezialität [ʃpetsjali'tɛ:t] <-, -en> *f* spécialité *f*
speziell [ʃpe'tsjɛl] **I.** *Adj* spécial(e)
II. *Adv* spécialement
Spezies ['ʃpe:tsiɛs *Pl:* 'ʃpe:tsie:s] <-, -> *f* espèce *f*
spezifisch [ʃpe'tsi:fɪʃ] **I.** *Adj Begriff, Kenntnisse* spécifique; **eine ~e Besonderheit Israels** une particularité propre à Israël
II. *Adv* spécifiquement
spezifizieren* *tr V* préciser *Kritik, Vorwürfe*
Spezifizierung <-, -en> *f* spécification *f*
Sphäre ['sfɛ:rə] <-, -n> *f* sphère *f*
▶ **in höheren ~n schweben** planer un peu (*fam*)
sphärisch *Adj* sphérique
Sphinx [sfɪŋks] <-, -e> *f* sphinx *m*
spicken ['ʃpɪkən] **I.** *tr V* ❶ GASTR piquer *Braten;* **das Fleisch mit Speck ~** [entre]larder la viande
❷ *fam* (*durchsetzen*) **einen Text mit Zitaten ~** truffer un texte de citations
II. *itr V* DIAL *fam* **bei jdm ~** pomper sur qn (*arg*)
Spickzettel *m* DIAL antisèche *f* (*arg*)
spie [ʃpi:] *Imp von* **speien**
Spiegel ['ʃpi:gəl] <-s, -> *m* ❶ miroir *m,* glace *f*
❷ (*Autorückspiegel*) rétroviseur *m*
❸ (*Wasserspiegel*) surface *f* de l'eau
❹ (*Alkoholspiegel*) taux *m* d'alcoolémie
▶ **jdm den ~ vorhalten** mettre qn face à lui-même
Spiegelbild *nt* reflet *m* **spiegelbildlich** *Adj* inversé(e) **spiegelblank** *Adj* brillant(e) comme un miroir; ~ **sein** briller comme un miroir; **einen Topf ~ reiben** [*o* **polieren**] astiquer une casserole [jusqu'à ce qu'elle brille] **Spiegelei** *nt* œuf *m* au [*o* sur le] plat [*o* au miroir] **Spiegelfechterei** <-, -en> *f* coup *m* de bluff **spiegelglatt** *Adj Parkett, Straße* très glissant(e); *Wasseroberfläche* lisse; ~ **sein** *Parkett, Straße:* être une vraie patinoire
spiegeln **I.** *itr V* ❶ (*spiegelblank sein*) briller
❷ (*reflektieren*) miroiter
II. *r V* **sich in/auf etw** (*Dat*) ~ se refléter dans qc/à la surface de qc
Spiegelreflexkamera *f* [appareil *m*] reflex *m* **Spiegelschrank** *m* armoire *f* à glace **Spiegelschrift** *f* écriture *f* en miroir **Spiegelteleskop** *nt* télescope *m* à miroir
Spiegelung <-, -en> *f* ❶ MED endoscopie *f*
❷ (*Luftspiegelung*) mirage *m*
spiegelverkehrt **I.** *Adj* renversé(e)
II. *Adv* à l'envers
Spiel [ʃpi:l] <-[e]s, -e> *nt* ❶ jeu *m*
❷ (*sportliche Begegnung, Match*) match *m;* **die Olympischen ~e** les Jeux olympiques
❸ KARTEN (*Partie*) partie *f;* (*Satz Karten*) jeu *m*
❹ TENNIS (*Spielabschnitt*) jeu *m*
❺ THEAT (*Schauspiel*) pièce *f;* (*Darstellungskunst*) jeu *m,* interprétation *f*
❻ MUS (*Darbietung, Spielweise*) jeu *m*
❼ TECH *eines Kolbens, Lagers, Ventils* jeu *m*
▶ **ein ~ mit dem Feuer** un jeu dangereux; **das war ein abgekartetes ~** c'était un coup monté; **ein falsches ~ mit jdm trei-**

S

ben jouer un double jeu avec qn; **leichtes ~ mit jdm haben** avoir beau jeu avec qn; **das ~ verloren geben** abandonner la partie; **etw/jdn [mit] ins ~ bringen** faire entrer qc/qn en jeu; **das ~ ist aus** fini de rire; **jdn/etw aus dem ~ lassen** laisser qn/qc en dehors de ça; **bei etw im ~ sein** être en jeu dans qc; **etw aufs ~ setzen** mettre qc en jeu; **auf dem ~ stehen** être [mis(e)] en jeu

Spielanzug *m* combinaison *f* **Spielart** *f* (*Variation*) variante *f*; *einer Pflanze* variété *f* **Spielautomat** *m* machine *f* à sous **Spielball** *m* TENNIS balle *f* de jeu ▸ **ein ~ einer S.** (*Gen*) **sein** *geh* être le jouet de qc **Spielbank** <-banken> *f* casino *m* **Spielbeginn** *m* début *m* de match **Spielbrett** *nt* plateau *m*; (*Mühlebrett*) marelle *f*; (*Damebrett*) damier *m*; (*Schachbrett*) échiquier *m*

Spielchen <-s, -> *nt* ❶ *Dim von* **Spiel** petite partie *f*
❷ *fam* (*Trick*) petit jeu *m*

Spielcomputer [-kɔmpju:tɐ] *m* console *f* de jeux **Spieldose** *f* boîte *f* à musique

spielen ['ʃpi:lən] **I.** *tr V* ❶ jouer; **Domino/Karten ~** jouer aux dominos/cartes; **sehr gut Schach ~** savoir très bien jouer aux échecs
❷ MUS **Klavier/Posaune ~** jouer du piano/trombone; **etw für jdn ~** jouer [*o* interpréter] qc à qn
❸ SPORT **Fußball/Tennis ~** jouer au football/tennis; **den Ball zum Libero ~** passer la balle au libéro; **den Ball flach/ins Aus ~** envoyer la balle à ras du sol/dehors
❹ (*darstellen*) jouer *Person, Rolle;* **den Othello ~** jouer [*o* interpréter] Othello
❺ (*vortäuschen*) **den Chef/Clown ~** jouer au chef/faire le clown; **den Beleidigten/die Beleidigte ~** jouer les vexé(e)s; **gespielt** feint(e)
▸ **was wird hier gespielt?** *fam* à quoi tu joues/vous jouez? (*fam*)
II. *itr V* ❶ **im Sandkasten ~** *Kinder:* jouer dans le bac à sable; **im Lotto ~** jouer au loto; **um Geld ~** jouer pour de l'argent
❷ (*darstellerisch tätig sein*) **[gut/in einem Film] ~** jouer [bien/dans un film]
❸ (*als Szenario haben*) **im Mittelalter/in Frankreich ~** se situer au Moyen Âge/en France
❹ SPORT **gegen jdn/eine Mannschaft ~** jouer contre qn/une équipe; **die Franzosen haben 3:0 gegen Brasilien gespielt** les Français ont gagné 3 à 0 contre le Brésil; **wie haben die Mannschaften gespielt?** quel a été le score entre les deux équipes?
❺ (*eingeschaltet sein*) *Radio:* être allumé(e)
❻ (*nicht ernst nehmen*) **mit jdm/der Liebe ~** jouer avec qn/l'amour
❼ (*übergehen*) **ins Blaue/Grüne ~** tirer sur le bleu/vert
III. *r V* **sich warm ~** s'échauffer; **sich müde ~** se dépenser en jouant; **sich um sein Vermögen ~** jouer sa fortune
IV. *r V unpers* **auf dem Rasen spielt es sich gut/schlecht** c'est bon/mauvais de jouer sur le gazon

spielend *Adv* facilement

Spielende *nt kein Pl* SPORT fin *f* du match

Spieler(in) <-s, -> *m(f)* joueur(-euse) *m(f)*

Spielerei <-, -en> *f* ❶ *kein Pl* (*Kinderspiel*) rigolade *f* (*fam*)
❷ *meist Pl* (*Kinkerlitzchen*) gadget *m*

spielerisch **I.** *Adj* ❶ *Eleganz, Geste* désinvolte
❷ SPORT *Können, Leistung* technique
II. *Adv* ❶ *bewältigen, lösen* avec désinvolture
❷ SPORT *betrachtet, hervorragend* techniquement

Spielfeld *nt* terrain *m*; (*Tennisplatz*) court *m* **Spielfilm** *m* film *m* **Spielgefährte** *s.* **Spielkamerad** **Spielgeld** *nt* argent *m* fictif **Spielhalle** *f* établissement *m* de jeux **Spielhölle** *f pej fam* tripot *m* (*péj*) **Spielkamerad(in)** *m(f)* camarade *mf* de jeu[x] **Spielkarte** *f* carte *f* [à jouer] **Spielkasino** *nt* casino *m* **Spielklasse** *f* SPORT division *f* **Spielleidenschaft** *f* passion *f* du jeu **Spielleiter(in)** *m(f)* ❶ (*Regisseur*) metteur *m* en scène ❷ TV animateur(-trice) *m(f)* [d'un jeu télévisé] **Spielmann** <-leute> *m* HIST ménestrel *m* **Spielmarke** *f* jeton *m* **Spielminute** *f* minute *f* [de jeu]

Spielothek [ʃpi:lo'te:k] <-, -en> *f s.* **Spielhalle**

Spielplan *m eines Theaters* programme *m* [des représentations]; *eines Kinos* programme [des films] **Spielplatz** *m* aire *f* [*o* terrain *m*] de jeux **Spielraum** *m* marge *f* de manœuvre **Spielregel** *f meist Pl* règle *f* du jeu **Spielsachen** *Pl* jouets *mpl* **Spielschuld** *f meist Pl* dette *f* de jeu **Spielstand** *m* score *m* **Spielsucht** *f* démon *m* du jeu **Spieltag** *m* SPORT journée *f* de compétition; (*beim Fußball*) journée *f* de championnat **Spieltisch** *m* SPIEL tapis *m* vert **Spieltrieb** *m kein Pl* instinct *m* du jeu **Spieluhr** *f* boîte *f* à musique **Spielverbot** *nt* suspension *f*; **~ haben** être suspendu(e) **Spielverderber(in)** <-s, -> *m(f)* rabat-joie *mf inv;* **ein ~ sein** jouer les rabat-joie **Spielwaren** *Pl* jouets *mpl* **Spielwarengeschäft** *nt* magasin *m* de jouets **Spielwiese** *f* ❶ (*Spielplatz*) aire *f* de jeux ❷ (*Tummelplatz*) lieu *m* de prédilection **Spielzeit** *f* ❶ SPORT temps *m* réglementaire ❷ (*Theatersaison*) saison *f* ❸ (*Spieldauer eines Films*) durée *f* de projection **Spielzeug** *nt* jouet *m* **Spielzeugauto** *nt* voiture *f* miniature

Spieß [ʃpi:s] <-es, -e> *m* ❶ (*Bratenspieß*) broche *f*; (*klein*) brochette *f*
❷ MIL *sl* juteux *m* (*arg*)
❸ (*Stoßwaffe*) pique *f*
▸ **er/sie brüllt [*o* schreit] wie am ~** *fam* il/elle gueule comme si on l'écorchait (*fam*); **den ~ umdrehen [*o* umkehren]** *fam* renvoyer la balle

Spießbürger(in) *s.* **Spießer(in)** **spießbürgerlich** *s.* **spießig**

spießen ['ʃpi:sən] *tr V* **etw auf die Gabel ~** piquer qc sur la fourchette

Spießer(in) ['ʃpi:sɐ] <-s, -> *m(f) fam* petit(e)-bourge *m(f)* (*fam*)

Spießgeselle *m* ❶ *pej* (*Komplize*) acolyte *m* (*péj*)
❷ *fam* (*Kamerad*) pote *m* (*fam*)

spießig *Adj fam* petit(e)-bourgeois(e); **~ sein** avoir l'esprit étroit

Spießrute ▸ **~n laufen** HIST passer par les verges; *fig* passer sous les fourches caudines

Spikes [ʃpaɪks, spaɪks] *Pl* (*an Sportschuhen*) crampons *mpl*; (*an Reifen*) clous *mpl*

Spinat [ʃpi'na:t] <-[e]s> *m* ❶ BOT épinard *m*
❷ GASTR épinards *mpl*

Spind [ʃpɪnt] <-[e]s, -e> *m* armoire *f* métallique

Spindel ['ʃpɪndəl] <-, -n> *f eines Spinnrads* fuseau *m*

spindeldürr *Adj fam Person* maigre comme un clou; *Arme, Beine* tout(e) maigre

Spinett [ʃpi'nɛt] <-s, -e> *nt* épinette *f*

Spinnaker ['ʃpɪnakɐ] <-s, -> *m* NAUT spinnaker *m*

Spinne ['ʃpɪnə] <-, -n> *f* araignée *f*

spinnefeind[RR] *Adj* **[mit] jdm ~ sein** *fam* ne pas pouvoir encadrer qn (*fam*)

spinnen ['ʃpɪnən] <spann, gesponnen> **I.** *tr V* ❶ filer *Netz; Flachs/Wolle ~* filer du lin/de la laine
❷ (*ersinnen*) combiner *Intrige;* inventer *Geschichte*
II. *itr V* ❶ (*am Spinnrad*) filer [le lin/la laine]
❷ *fam* (*verrückt sein*) débloquer (*fam*); **ich glaube, ich spinne!** j'hallucine!

Spinnennetz *nt* toile *f* d'araignée

Spinner(in) ['ʃpɪnɐ] <-s, -> *m(f)* ❶ *fam* (*verrückter Mensch*) cinglé(e) *m(f)* (*fam*)
❷ (*Facharbeiter*) fileur(-euse) *m(f)*

Spinnerei <-, -en> *f* ❶ (*Textilbetrieb*) filature *f*
❷ *kein Pl pej fam* (*Blödsinn*) connerie *f* (*fam*)

Spinnrad *nt* rouet *m* **Spinnrocken** *m* quenouille *f* **Spinnwebe** <-, -n> *f* toile *f* d'araignée

Spin-off ['spɪnɔf] <-s, -s> *m* retombée *f*; **Teflon® ist ein ~ der Raumfahrt** le téflon® est un produit issu de la recherche spatiale

Spion [ʃpi'o:n] <-s, -e> *m* ❶ (*Kundschafter*) espion *m*
❷ *fam* (*Türspion*) judas *m*

Spionage [ʃpio'na:ʒə] <-> *f* espionnage *m;* ~ **für jdn treiben** faire de l'espionnage pour qn

Spionageabwehr [ʃpio'na:ʒə-] *f* contre-espionnage *m* **Spionagenetz** *nt,* **Spionagering** *m* réseau *m* d'espionnage **Spionagesatellit** *m* satellite *m* espion

spionieren* *itr V* ❶ (*als Spion tätig sein*) faire de l'espionnage; **für jdn** ~ faire de l'espionnage pour qn
❷ *fam* (*heimlich lauschen*) espionner

Spionin <-, -nen> *f* espionne *f*

Spirale [ʃpi'ra:lə] <-, -n> *f* ❶ spirale *f*
❷ MED stérilet *m*

Spiralfeder *f* ressort *m* spiral **spiralförmig** [-fœrmɪç] *Adj* en forme de spirale; ~ **sein** avoir la forme d'une spirale **Spiralnebel** *m* nébuleuse *f* [*o* galaxie *f*] spirale

Spiritismus [ʃpiri'tɪsmʊs, spiri-] <-> *m* spiritisme *m*

Spiritist(in) [ʃpiri'tɪst, spiri-] <-en, -en> *m(f)* spirite *mf*

spiritistisch *Adj* de spiritisme

spirituell [ʃpiritu'ɛl, spiri-] *Adj* spirituel(le)

Spirituosen *Pl* GASTR *form* spiritueux *mpl*

Spiritus ['ʃpi:ritʊs] <-> *m* alcool [à brûler] *m*

Spirituskocher *m* réchaud *m* à alcool

Spital [ʃpi'ta:l, *Pl:* ʃpi'tɛ:lɐ] <-s, ¨-er> *nt* A, CH hôpital *m*

spitz [ʃpɪts] **I.** *Adj* ❶ *Nadel, Messer, Bleistift, Feder* pointu(e)
❷ (*schmal*) *Winkel* aigu(ë); *Ausschnitt* en pointe; *Nase, Kinn, Ellbogen* pointu(e); **ein ~es Gesicht** un visage en lame de couteau
❸ (*hoch, kurz*) *Schrei, Ton* aigu(ë)
❹ (*spitzzüngig*) *Bemerkung, Seitenhieb* acéré(e)
❺ *fam* (*scharf*) **auf jdn/etw ~ sein** avoir vachement envie de qn/qc (*fam*); **auf jdn/etw nicht ~ sein** ne pas courir après qn/qc (*fam*)
II. *Adv* ❶ *feilen, zuhauen* en pointe
❷ (*v-förmig*) ~ **zulaufen** se terminer en pointe
❸ (*spitzzüngig*) d'un ton piquant

Spitz <-es, -e> *m* (*Hund*) loulou *m*

Spitzbart *m* (*Bart*) bouc *m* **Spitzbauch** *m* ventre *m* proéminent **spitz|bekommen*** *tr V unreg sl* piger (*fam*); **sie hat das ~** elle a éventé la mèche **Spitzbogen** *m* [arc *m* en] ogive *f* **Spitzbube** *m fam* galopin *m* (*fam*) **spitzbübisch** [-by:bɪʃ] **I.** *Adj Grinsen, Lächeln* malicieux(-euse) **II.** *Adv* malicieusement

Spitze ['ʃpɪtsə] <-, -n> *f* ❶ (*spitzes Ende, Höchstwert, Bemerkung*) pointe *f*
❷ (*vorderster Teil, erster Platz*) *eines Zugs, einer Kolonne* tête *f;* **sich an die ~ setzen, die ~ übernehmen** prendre la tête; **an der ~ liegen** [*o* **stehen**] SPORT être en tête; **an der ~ eines Unternehmens stehen** être à la tête d'une entreprise
❸ *fam* (*Höchstgeschwindigkeit*) vitesse *f* de pointe
❹ *Pl* (*führende Leute*) sommités *fpl;* **die ~n der Gesellschaft** la fine fleur de la société
❺ *fam* (*Zigarettenspitze*) fume-cigarette *m*
❻ TEXTIL dentelle *f*
▶ **das ist nur die ~ des Eisbergs** ce n'est que la partie visible de l'iceberg; **einer S.** (*Dat*) **die ~ nehmen** *geh* tempérer qc; [**einsame**] ~ **sein** *fam Person:* être super-classe (*fam*); *Buch, Film, Musik:* être super (*fam*); **etw auf die ~ treiben, es mit etw auf die ~ treiben** pousser qc à l'extrême

Spitzel ['ʃpɪtsəl] <-s, -> *m* indicateur *m*

spitzeln *itr V* être un indicateur; **für jdn ~** être un indicateur pour qn

spitzen ['ʃpɪtsən] **I.** *tr V* ❶ tailler *Bleistift;* **den Mund zu einem Kuss ~** faire la bouche en cul de poule pour embrasser
❷ (*aufstellen*) **die Ohren ~** tendre l'oreille
II. *itr V* DIAL **um die Ecke/durch das Schlüsselloch ~** lorgner dans le coin/à travers le trou de la serrure

Spitzenbluse *f* chemisier *m* en dentelle

Spitzenerzeugnis *nt* ÖKON produit *m* de première qualité **Spitzengehalt** *nt* salaire *m* maximum **Spitzengeschwindigkeit** *f* vitesse *f* de pointe **Spitzengespräch** *nt* discussion *f* au sommet **Spitzengruppe** *f* SPORT peloton *m* [*o* groupe *m*] de tête **Spitzenkandidat(in)** *m(f)* tête *f* de liste **Spitzenklasse** *f* (*höchste Leistungsstufe*) élite *f;* (*höchste Qualitäts-, Komfortstufe*) haut *m* de gamme; ~ **sein** *fam* être super (*fam*)

Spitzenkleid *nt* robe *f* en dentelle

Spitzenkraft *f* collaborateur(-trice) *m(f)* top niveau **Spitzenleistung** *f* prouesse *f* **spitzenmäßig** *sl* **I.** *Adj* super (*fam*) **II.** *Adv* super-bien (*fam*) **Spitzenpolitiker(in)** *m(f)* homme *m*/femme *f* politique de premier rang **Spitzenqualität** *f* qualité *f* extra **Spitzenreiter** *m* ❶ (*Person, Gruppe*) leader *m;* ~ **sein** caracoler en tête ❷ (*Artikel*) must *m* (*fam*) **Spitzenreiterin** *f* (*Person, Gruppe*) leader *m* **Spitzensportler(in)** *m(f)* sportif(-ive) *m(f)* de haut niveau **Spitzensteuersatz** *m* taux *m* d'impôt maximum **Spitzentechnologie** *f* technologie *f* de pointe **Spitzenverdiener(in)** *m(f)* gros salaire *m* **Spitzenwein** *m* grand vin *m* **Spitzenzeit** *f* ❶ (*im Verkehr*) heures *fpl* de pointe ❷ SPORT meilleur temps *m*

Spitzer <-s, -> *m fam* taille-crayon *m*

spitzfindig **I.** *Adj* (*haarspalterisch*) pointilleux(-euse); *Unterscheidung* subtil(e); ~ **sein** *Person:* ergoter
II. *Adv* en ergotant

Spitzfindigkeit <-, -en> *f* ❶ *kein Pl* (*Art*) art *m* d'ergoter
❷ (*Äußerung*) ergoterie *f*

Spitzhacke *f* pioche *f* **Spitzkehre** *f* (*Haarnadelkurve*) virage *m* en épingle à cheveux **spitz|kriegen** *s.* **spitzbekommen** **Spitzmaus** *f* musaraigne *f* **Spitzname** *m* sobriquet *m* **Spitzwegerich** *m* plantain *m* lancéolé **spitzwink[e]lig** **I.** *Adj Dreieck, Ecke* aigu(ë) **II.** *Adv* en formant un angle aigu

Spleen [ʃpli:n, spli:n] <-s, -s> *m fam* dada *m* (*fam*); **einen ~ haben** avoir un grain (*fam*)

spleenig ['ʃpli:nɪç, 'spli:nɪç] *Adj fam* [un peu] toqué(e) (*fam*)

spleißen ['ʃplaɪsən] <spliss, gesplissen *o* spleißte, gespleißt> *itr V* NAUT épisser *Seile, Kabel*

Splint [ʃplɪnt] <-[e]s, -e> *m* TECH goupille *f*

Spliss[RR] ['ʃp-, 'sp-] <-es>, **Spliß** <-sses> *m* (*Haarspliss*) fourches *fpl;* ~ **haben** avoir des fourches

Splitt [ʃplɪt] <-[e]s, *selten* -e> *m* gravillon *m*

splitten ['ʃp-, 'sp-] *tr V* répartir

Splitter ['ʃplɪtɐ] <-s, -> *m* éclat *m;* (*Glassplitter*) éclat de verre

Splitterbombe *f* bombe *f* à fragmentation

splitterfasernackt *Adj, Adv fam* [complètement] à poil (*fam*)

Splittergruppe *f* groupuscule *m* (*péj*)

splittern ['ʃplɪtɐn] *itr V* ❶ + *sein* (*zerspringen*) *Glas:* voler en éclats
❷ + *haben* (*Splitter bilden*) se fragmenter

splitternackt *Adj, Adv fam* [complètement] à poil (*fam*)

Splitterpartei *s.* **Splittergruppe**

Splitting ['ʃplɪtɪŋ, 'splɪtɪŋ] <-s, -s> *nt* ❶ FISC division *f* du revenu des époux pour la détermination de l'impôt
❷ POL panachage *m*

SPÖ [ɛspe:'ʔø:] <-> *f Abk von* **Sozialistische Partei Österreichs** *parti social-démocrate autrichien*

Spoiler ['ʃpɔɪlɐ, 'sp-] <-s, -> *m* spoiler *m*

sponsern ['ʃpɔnzɐn, 'sp-] *tr V* sponsoriser

Sponsion <-, -en> *f* A *cérémonie de remise d'un diplôme universitaire*

Sponsor ['ʃpɔnzɐ, 'ʃpɔnzo:ɐ, 'sp-] <-s, -soren> *m,* **Sponsorin** *f* sponsor *m*

Sponsoring ['ʃpɔnzorɪŋ, 'spɔnzorɪŋ] <-s> *nt kein Pl* sponsoring *m*

spontan [ʃpɔn'ta:n] **I.** *Adj* spontané(e)
II. *Adv* spontanément

Spontaneität [ʃpɔntanei'tɛ:t] <-> *f* spontanéité *f*

sporadisch [ʃpo'ra:dɪʃ] **I.** *Adj* sporadique
II. *Adv* sporadiquement

Spore ['ʃpo:rə] <-, -n> *f* spore *f*
Sporn [ʃpɔrn] <-[e]s, Sporen> *m meist Pl* éperon *m;* **einem Pferd die Sporen geben** éperonner un cheval
► **sich** (*Dat*) **die** [**ersten**] **Sporen verdienen** gagner ses [premiers] galons
Sport [ʃpɔrt] <-[e]s, *selten* -e> *m* ❶ sport *m;* ~ **treiben** faire du sport
❷ *fam* (*Zeitvertreib*) passe-temps *m*
► **sich** (*Dat*) **einen ~ daraus machen etw zu tun** *fam* prendre un malin plaisir à faire qc
Sportabzeichen *nt* insigne *m* sportif **Sportangler**(**in**) *m(f)* pêcheur *m* sportif/pêcheuse *f* sportive **Sportanlage** *f* complexe *m* sportif **Sportanzug** *m* tenue *f* de sport **Sportart** *f* discipline *f* [sportive] **Sportartikel** *m meist Pl* article *m* de sport **Sportarzt** *m*, **-ärztin** *f* médecin *m* du sport **Sportbericht** *m* reportage *m* sportif **Sportfest** *nt* fête *f* sportive **Sportflieger**(**in**) *m(f)* pilote *m* de tourisme **Sportflugzeug** *nt* avion *m* de tourisme **Sportgerät** *nt* équipement *m* sportif; (*für das Geräteturnen*) agrès *m* **Sportgeschäft** *nt* magasin *m* de sport **Sporthalle** *f* gymnase *m;* (*für Sportveranstaltungen*) salle *f* de sport **Sporthemd** *nt* polo *m* **Sporthochschule** *f* U.F.R. *f* S.T.A.P.S. (*unité de formation et de recherche en sciences et techniques des activités physiques et sportives*)
sportiv [ʃpɔr'ti:f] *Adj* ~**e Kleidung** vêtements *mpl* d'un look sportif
Sportkleidung *f* vêtements *mpl* de sport **Sportklub** *s.* **Sportverein** **Sportlehrer**(**in**) *m(f)* professeur *m* d'éducation physique et sportive [*o* de sport]
Sportler(**in**) ['ʃpɔrtlɐ] <-s, -> *m(f)* sportif(-ive) *m(f)*
Sportlerherz *nt* MED hypertrophie *f* cardiaque (*spéc*)
sportlich ['ʃpɔrtlɪç] **I.** *Adj Person, Fahrweise, Stil* sportif(-ive); *Kleidung, Auto, Motorrad* de sport *inv*
II. *Adv* ❶ **sich ~ betätigen, ~ aktiv sein** faire du sport
❷ (*in sportivem Stil*) *sich anziehen, kleiden* sport (*fam*)
Sportlichkeit <-> *f* ❶ *einer Person* condition *f*
❷ (*Fairness*) sportivité *f*
Sportmedizin *f* médecine *f* sportive [*o* du sport] **Sportnachrichten** *Pl* informations *fpl* sportives **Sportplatz** *m* terrain *m* de sport **Sportschuh** *m* chaussure *f* de sport
Sportsfreund *m fam* mec *m* (*fam*)
Sportunfall *m* accident *m* de sport **Sportveranstaltung** *f* manifestation *f* sportive **Sportverband** *m* association *f* sportive **Sportverein** *m* club *m* sportif **Sportwagen** *m* ❶ (*Auto*) voiture *f* de sport ❷ (*Kinderwagen*) poussette *f* **Sportzeitung** *f* journal *m* sportif
Spot [spɔt, ʃpɔt] <-s, -s> *m* spot *m*
Spott [ʃpɔt] <-[e]s> *m* moquerie *f;* **seinen ~ mit jdm treiben** railler qn (*littér*)
Spottbild *nt* caricature *f* **spottbillig** *fam* **I.** *Adj* super donné(e) (*fam*); ~ **sein** coûter que dalle (*fam*) **II.** *Adv* pour que dalle (*fam*)
Spöttelei [ʃpœtə'laɪ] <-, -en> *f* moquerie *f*
spötteln ['ʃpœtəln] *itr V* se moquer; **über jdn/etw** ~ se moquer de qn/qc
spotten ['ʃpɔtən] *itr V* ❶ (*höhnen*) se moquer; **über jdn/etw** ~ se moquer de qn/qc
❷ *geh* (*missachten*) **einer Gefahr/Warnung** (*Gen*) ~ se rire d'un danger/d'une mise en garde (*littér*)
Spötter(**in**) ['ʃpœtɐ] <-s, -> *m(f)* moqueur(-euse) *m(f)*
spöttisch **I.** *Adj* moqueur(-euse)
II. *Adv entgegnen, sagen* d'un ton moqueur
Spottpreis *m* prix *m* ridicule [*o* dérisoire]; **für einen** ~ pour une bouchée de pain
sprach [ʃpra:x] *Imp von* **sprechen**
Sprachatlas *m* atlas *m* linguistique **Sprachbarriere** [-barie:rə] *f* ❶ (*zwischen Sprachgruppen*) barrière *f* linguistique ❷ (*mangelnde Sprachkompetenz*) compétences *fpl* linguistiques insuffisantes **sprachbegabt** *Adj* doué(e) pour les langues **Sprachbegabung** *f* don *m* pour les langues
Sprache ['ʃpra:xə] <-, -n> *f* ❶ langue *f;* **lebende/tote** ~ langue vivante/morte; **die neueren ~n** les langues modernes; **welche ~ spricht sie?** quelle langue parle-t-elle?
❷ *kein Pl* (*Sprechweise*) [façon *f* de] parler *m*
❸ *kein Pl* (*Ausdrucksweise*) langage *m;* **die ~ des Volks sprechen** parler le même langage que le peuple
❹ *kein Pl* (*Sprachfähigkeit*) langage *m;* **die ~ verlieren** perdre sa langue; **rede, oder hast du die ~ verloren?** allez, parle, tu as perdu ta langue?; **die ~ wieder finden** retrouver l'usage de la parole
► [**auf einmal**] **eine andere ~ sprechen** [*o* **reden**] avoir changé de ton; **die gleiche ~ sprechen** être sur la même longueur d'ondes; **etw spricht eine klare** [*o* **deutliche**] ~ qc est éloquent(e); **jdm bleibt die ~ weg** qn reste sans voix; **etw zur ~ bringen, die ~ auf etw** (*Akk*) **bringen** mettre qc sur le tapis; **mit der ~ herausrücken** [*o* **herauskommen**] *fam* accoucher (*fam*); **zur ~ kommen** être évoqué(e); **etw verschlägt jdm die ~** qc laisse qn sans voix; **heraus mit der ~!** *fam* allez, accouche/accouchez! (*fam*)
Sprachebene *f* niveau *m* de langue **Sprachentwicklung** *f* processus *m* d'acquisition du langage **Spracherkennung** *f* reconnaissance *f* vocale **Spracherwerb** *m* acquisition *f* d'une langue **Sprachfamilie** *f* famille *f* de langues **Sprachfehler** *m* défaut *m* de prononciation **Sprachforscher**(**in**) *s.* **Sprachwissenschaftler**(**in**) **Sprachforschung** *s.* **Sprachwissenschaft** **Sprachführer** *m* guide *m* de conversation **Sprachgebrauch** *m* usage *m* **Sprachgefühl** *nt kein Pl* sens *m* de la langue; **ein sicheres ~ haben** avoir un sens de la langue sûr **Sprachgenie** [-ʒeni:] *nt* **ein ~ sein** être exceptionnellement doué(e) pour les langues **Sprachgeschichte** *f* histoire *f* des langues **Sprachgrenze** *f* frontière *f* linguistique **Sprachkenntnisse** *Pl* (*Kenntnisse einer Sprache/mehrerer Sprachen*) connaissances *fpl* de la langue/des langues; **gute französische ~ haben** avoir une bonne connaissance du français **Sprachkompetenz** *f kein Pl* LING compétence *f* linguistique **sprachkundig** *Adj* qui connaît [*o* sait] la langue **Sprachkurs** *m* cours *m* de langue **Sprachlabor** *nt* laboratoire *m* de langues **Sprachlehrer**(**in**) *m(f)* professeur *m* de langue(s)
sprachlich **I.** *Adj* linguistique
II. *Adv* ❶ *falsch, richtig* linguistiquement
❷ (*stilistisch*) ~ **ausgezeichnet** d'un style excellent
sprachlos **I.** *Adj* muet(te); ~ **sein** être sans voix
II. *Adv* **einer S.** (*Dat*) ~ **zusehen** assister à qc muet(e) de stupéfaction
Sprachlosigkeit <-> *f* stupeur *f*
Sprachraum *m* **im deutschen ~** dans les pays germanophones [*o* de langue allemande] **Sprachregelung** *f* version *f* officielle **Sprachrohr** *nt* porte-voix *m* ► **sich zum ~ einer Gruppe/einer S. machen** se faire le porte-parole d'un groupe/de qc **Sprachschule** *f* école *f* de langues **Sprachstörung** *f* trouble *m* du langage **Sprachstudium** *nt* étude *f* des langues; **nach absolviertem ~** ses/mes/... études de langues terminées **Sprachübung** *f* exercices *mpl* structuraux **Sprachunterricht** *m* cours *m* de langue[s] **Sprachwandel** *m kein Pl* LING évolution *f* de la langue **Sprachwissenschaft** *f* linguistique *f;* **allgemeine ~** linguistique générale; **vergleichende ~en** langues et littératures comparées **Sprachwissenschaftler**(**in**) *m(f)* linguiste *mf* **sprachwissenschaftlich** *Adj* de linguistique **Sprachwitz** *m kein Pl* esprit *m*
sprang [ʃpraŋ] *Imp von* **springen**
Spray [ʃpre:, ʃpreɪ, spreɪ] <-s, -s> *m o nt* aérosol *m;* (*Kosmetikspray*) spray *m*
Spraydose ['ʃpre:-, 'spre:-] *f* bombe *f* [aérosol]; (*Kosmetikspraydose*) spray *m*
sprayen ['ʃpreɪən, 'spreɪən] **I.** *itr V* peindre à la bombe
II. *tr V* bomber (*fam*) *Graffiti, Parole*
Sprayer(**in**) ['ʃpre:ɐ, 'spre:ɐ] *m(f)* tagueur(-euse) *m(f)*

Sprechanlage *f* interphone *m* **Sprechblase** *f* bulle *f* **Sprechchor** *m* chœur *m;* **etw im ~ rufen** crier qc en chœur

sprechen ['ʃprɛçən] <spricht, sprach, gesprochen> **I.** *itr V* ❶ (*reden*) parler; **mit/zu jdm ~** parler à qn; **von etw/über etw** (*Akk*) **~** parler de qc; **auf jdn/etw zu ~ kommen** en venir à parler de qn/qc; **darüber spricht man nicht** on ne parle pas de cela; **~ wir nicht mehr darüber** [*o* **davon**] n'en parlons plus
❷ (*ein Telefongespräch führen*) **mit jdm ~** parler à qn [au téléphone]; **hier spricht ...** ici...; **mit wem spreche ich?** qui est à l'appareil?; **sie ist nicht zu ~** il n'est pas possible de la joindre
❸ (*erreichen, empfangen*) **für jdn zu ~ sein** être prêt(e) à recevoir qn; **für niemanden zu ~ sein** n'être là pour personne; **sie ist nicht zu ~** elle ne peut pas vous recevoir
❹ (*tratschen*) **über jdn ~** raconter des choses sur qn
❺ (*anzuführen sein*) **für jdn/etw ~** plaider en faveur de qn/qc; **alle Anzeichen ~ dafür, dass** tout porte à croire que + *indic;* **gegen jdn ~** *Tatsachen:* être défavorable à qn; **alles spricht dagegen, dass** tout s'oppose au fait que + *subj*
❻ (*erkennbar sein*) **aus seinen Augen spricht Zorn** la colère se lit dans ses yeux
► **er ist schlecht** [*o* **nicht gut**] **auf jdn/etw zu ~** il ne faut pas lui parler de qn/qc; **sprich** (*nämlich*) c'est-à-dire; (*genauer gesagt*) ou plus exactement; (*in anderen Worten*) autrement dit; **für sich** [**selbst**] **~** *Tatsache, Beweis:* être [suffisamment] éloquent(e)
II. *tr V* ❶ (*sagen, aussprechen*) dire *Wort, Segen;* prononcer *Satz, Gebet*
❷ (*beherrschen*) **ein paar Brocken Russisch ~** parler quelques bribes de russe; **~ Sie Chinesisch?** parlez-vous [le] chinois?
❸ (*verlesen*) présenter *Nachrichten*
❹ (*sich unterreden mit*) parler à [*o* avec]
► **wir ~ uns noch** [*o* **wieder**]**!** on en reparlera!

Sprechen <-s> *nt* ❶ (*die Sprache*) parole *f*
❷ (*das Reden*) **beim ~** en parlant; **jdn zum ~ bringen** faire parler qn

sprechend *Adj* ❶ *Teddybär, Puppe* qui parle
❷ (*deutlich*) *Beispiel* éloquent(e)
❸ (*ausdrucksvoll*) *Augen, Blick, Miene* expressif(-ive)

Sprecher(in) <-s, -> *m(f)* ❶ (*Wortführer*) porte-parole *m inv;* **sich zum ~ von jdm/etw machen** se faire le porte-parole de qn/qc
❷ (*Rundfunksprecher, Fernsehsprecher*) présentateur(-trice) *m(f)*
❸ LING locuteur(-trice) *m(f)*

Sprecherziehung *f* diction *f* **Sprechfunk** *m* radio[téléphonie] *f* **Sprechfunkgerät** *nt* radio *f;* (*tragbar*) talkie-walkie *m* **Sprechmuschel** *f* micro[phone] *m* **Sprechstunde** *f* consultation *f;* **~ haben** [*o* **halten**] consulter

Sprechstundenhilfe *f veraltet* secrétaire *mf* médical(e)

Sprechübung *f* exercice *m* d'élocution [*o* de diction] **Sprechweise** *f* élocution *f* **Sprechzeit** *f* ❶ (*für ein Gespräch*) temps *m* de parloir ❷ TELEC temps *m* de conversation [*o* communication] **Sprechzimmer** *nt* cabinet *m*

Spreizdübel ['ʃpraɪts-] *m* cheville *f* à expansion

spreizen ['ʃpraɪtsən] **I.** *tr V* écarter *Finger, Zehen, Beine;* déployer *Flügel, Gefieder*
II. *r V* ❶ (*sich zieren*) **sich ~** faire des manières
❷ (*sich sträuben*) **ihr inneres Gefühl spreizte sich dagegen** son for intérieur se rebellait contre cela

Sprengbombe *f* bombe *f* explosive

Sprengel ['ʃprɛŋəl] <-s, -> *m* paroisse *f*

sprengen ['ʃprɛŋən] **I.** *tr V* ❶ (*mit Sprengstoff zerstören*) faire sauter
❷ (*bersten lassen*) **etw ~** *gefrorenes Wasser:* faire éclater qc
❸ (*gewaltsam auflösen*) disperser *Versammlung*
❹ (*gießen*) arroser *Rasen, Garten*
❺ (*sprühen*) **Wasser auf etw** (*Akk*) **~** humecter qc d'eau
II. *itr V* ❶ + *haben* (*eine Sprengung vornehmen*) utiliser des explosifs
❷ + *sein geh* (*reiten*) **durch den Wald/übers Feld ~** traverser la forêt/le champ au grand galop

Sprengkommando *nt* ❶ (*zum Entschärfen von Minen, Bomben*) équipe *f* de désamorçage d'explosifs ❷ MIL commando *m* de destruction **Sprengkopf** *m* tête *f* explosive **Sprengkörper** *m* explosif *m* **Sprengkraft** *f kein Pl* force *f* explosive **Sprengladung** *f* charge *f* explosive **Sprengmeister(in)** *m(f)* artificier(-ière) *m(f)* **Sprengsatz** *m* charge *f* explosive **Sprengstoff** *m* ❶ explosif *m* ❷ *fig* dynamite *f;* **dieser Vorschlag birgt einigen ~** cette proposition, c'est de la dynamite

Sprengstoffanschlag *m* attentat *m* à l'explosif; (*Anschlag mit Plastiksprengstoff*) plasticage *m;* **einen ~ auf jdn/etw verüben** perpétrer un attentat à l'explosif contre qn/qc

Sprengung <-, -en> *f* ❶ *kein Pl* (*das Sprengen*) destruction *f* à l'explosif
❷ (*Explosion*) explosion *f;* **mehrere ~en waren erforderlich** il a fallu faire exploser plusieurs charges

Sprengwagen *m* arroseuse *f* **Sprengwirkung** *f* effet *m* explosif

Sprenkel ['ʃprɛŋkəl] <-s, -> *m* moucheture *f*

Spreu [ʃprɔɪ] <-> *f* bal[l]e *f*
► **die ~ vom Weizen trennen** séparer le bon grain de l'ivraie

sprich *s.* **sprechen**

spricht [ʃprɪçt] *3. Pers Präs von* **sprechen**

Sprichwort ['ʃprɪç-] <-[e]s, -wörter> *nt* proverbe *m*

sprichwörtlich *Adj* proverbial(e)

Sprießel ['ʃpri:səl] <-s, -n> *nt* A *fam* (*Sprosse*) échelon *m*

sprießen ['ʃpri:sən] <spross *o* sprießte, gesprossen> *itr V* + *sein Pflanze:* sortir de terre; *Knospe:* éclore; *Bart, Haare:* pousser

Springbock ['ʃprɪŋ-] *m* ZOOL springbok *m* **Springbrunnen** *m* fontaine *f*

springen ['ʃprɪŋən] <sprang, gesprungen> **I.** *itr V* + *sein*
❶ (*hüpfen, einen Satz machen*) sauter
❷ *fam* (*Anordnungen schnell ausführen*) filer doux (*fam*)
❸ DIAL (*eilen*) **zum Bäcker ~** faire un saut chez le boulanger
❹ (*zerspringen*) *Glas, Vase:* se fendre; *Glasur:* se fendiller; **gesprungenes Glas** du verre fêlé
❺ (*abgehen, fallen*) **ihm ist ein Knopf von der Jacke gesprungen** un bouton de sa veste a sauté; **eine Münze sprang mir aus der Hand** j'ai laissé échapper une pièce
❻ (*vorrücken*) **auf etw** (*Akk*) **~** *Ampel, Nadel, Zeiger:* passer [d'un seul coup] à qc
II. *tr V* + *haben o sein* SPORT **sieben Meter ~** sauter sept mètres; **einen neuen Schanzenrekord ~** établir un nouveau record du tremplin
► **etw für jdn ~ lassen** *fam* payer qc à qn (*fam*); **er lässt einiges für seine Freunde ~** il se fend pas mal pour ses amis (*fam*)

Springen <-s, -> *nt* SPORT saut *m*

Springer <-s, -> *m* ❶ SPORT sauteur *m*
❷ (*Arbeiter*) travailleur *m* multifonctionnel
❸ SCHACH cavalier *m*

Springerin <-, -nen> *f* ❶ SPORT sauteuse *f*
❷ (*Arbeiterin*) travailleuse *f* multifonctionnelle

Springerstiefel *Pl* rangers *mpl*

Springflut *f* grande marée *f* **Springform** *f* moule *m* au bord amovible **Springkraut** *nt* BOT balsamine *f*, impatiens *f* **Springmaus** *f* ZOOL gerboise *f* **Springreiten** *nt* saut *m* d'obstacles **Springrollo** *nt* store *m* à enroulement automatique **Springseil** *nt* corde *f* à sauter

Sprinkler ['ʃprɪŋklɐ] <-s, -> *m* ❶ (*Rasensprenger*) arroseur *m*
❷ (*Düse einer Sprinkleranlage*) [tête *f* de] sprinkler *m*

Sprinkleranlage *f* installation *f* de sprinkler[s]

Sprint [ʃprɪnt] <-s, -s> *m* sprint *m*

S

sprinten ['ʃprɪntən] *itr V + sein* ❶ SPORT sprinter
❷ *fam (schnell laufen)* **über die Straße** ~ traverser la rue au sprint *(fam)*
Sprinter(in) <-s, -> *m(f)* sprinte[u]r(-euse) *m(f)*
Sprit [ʃprɪt] <-[e]s> *m* ❶ *fam (Benzin)* essence *f;* **zu viel ~ verbrauchen** *Auto:* sucer trop *(fam)*
❷ *fam (Schnaps)* gnôle *f (fam)*
❸ *(Äthylalkohol)* alcool *m*
Spritzbesteck *nt eines Drogenabhängigen* matériel *m* de drogué
Spritzbeutel *m* poche *f* à douille
Spritze ['ʃprɪtsə] <-, -n> *f* ❶ *(Injektionsspritze)* seringue *f*
❷ *(Injektion)* injection *f,* piqûre *f;* **jdm eine ~ geben** faire une piqûre à qn; **jetzt bekommen Sie eine ~** on va vous faire une piqûre
❸ *(Motorspritze)* pompe *f* à incendie
► **an der ~ hängen** *sl* être accro *(fam)*
spritzen I. *itr V* ❶ *+ haben o sein Fett, Wasser:* gicler; **das Fett ist ihm aufs Hemd gespritzt** la graisse lui a giclé sur la chemise; **einen Hechtsprung machen, ohne dass es spritzt** plonger sans que l'eau gicle
❷ *+ haben* MED faire une piqûre/des piqûres
II. *tr V + haben* ❶ *(lackieren)* **ein Auto ~** peindre une voiture au pistolet
❷ *(bewässern)* arroser *Beet, Rasen*
❸ *(beschmutzen)* **jdm Soße aufs Hemd ~** éclabousser de la sauce sur la chemise de qn
❹ *(als Verzierung anbringen)* **Sahne auf die Torte ~** mettre de la chantilly sur le gâteau
❺ *(besprühen)* **die Pflanzen ~** traiter les plantes [par pulvérisation]
❻ MED faire une piqûre à *Patienten;* **jdm Insulin ~** injecter de l'insuline à qn; **sich** *(Dat)* **Insulin/Heroin ~** s'injecter de l'insuline/l'héroïne
Spritzenhaus *nt fam* caserne *f* de pompiers
Spritzer <-s, -> *m* ❶ *(Tropfen)* éclaboussure *f*
❷ *(kleine Menge)* **ein ~ Rum** une larme de rhum *(fam)*; **ein ~ Spülmittel** une giclée de produit vaisselle
Spritzguss[RR] *m kein Pl* TECH moulage *m* par injection
spritzig *Adj* ❶ *Wein* pétillant(e)
❷ *(flott) Dialog, Komödie* pétulant(e); *Auto* nerveux(-euse)
Spritzlackierung *f* peinture *f* au pistolet **Spritzpistole** *f* pistolet *m* [à peinture] **Spritztour** [-tu:ɐ] *f fam* virée *f* [en voiture] *(fam)*
spröde ['ʃprø:də] *Adj* ❶ *(unelastisch)* cassant(e)
❷ *(rau) Haare, Haut, Lippen* sec(sèche); **die Haut/die Lippen ~ machen** dessécher la peau/gercer les lèvres
❸ *(abweisend) Person, Art, Verhalten* revêche
Sprödigkeit <-> *f* ❶ *eines Materials* fragilité *f; der Haare, Haut* sécheresse *f*
❷ *(spröde Art)* froideur *f*
spross[RR], **sproß** *Imp von* **sprießen**
Spross[RR] <-es, -e>, **Sproß** <-sses, -sse> *m* ❶ BOT jeune pousse *f*
❷ *geh (Nachkomme)* descendant *m*
Sprosse ['ʃprɔsə] <-, -n> *f* ❶ *(Leitersprosse)* échelon *m*
❷ *(Fenstersprosse)* croisillon *m*
sprossen ['ʃprɔsən] *itr V geh* ❶ *(Sprossen treiben)* bourgeonner
❷ *+ sein (sprießen) Pflanzen:* sortir de terre; *Bart, Haare:* pousser
Sprossenfenster *nt* fenêtre *f* à croisillons [*o* meneaux] **Sprossenkohl** *m kein Pl* A *(Rosenkohl)* chou *m* de Bruxelles **Sprossenwand** *f* SPORT espalier *m*
Sprössling[RR], **Sprößling** <-s, -e> *m hum* rejeton *m*
Sprotte ['ʃprɔtə] <-, -n> *f* sprat *m*
Spruch [ʃprʊx, *Pl:* 'ʃprʏçə] <-[e]s, ¨-e> *m* ❶ *(Spruchweisheit)* dicton *m; (geschrieben)* inscription *f*
❷ *(Bibelspruch)* verset *m; pej* formule *f* toute faite
❸ *(formelhafte Äußerung)* compliment *m*
❹ *(Urteilsspruch)* arrêt *m; (Schiedsspruch)* décision *f;* **einen ~ fällen** rendre un arrêt/une décision
► **Sprüche machen** [*o* **klopfen**] *fam (Belanglosigkeiten sagen)* [ne] sortir que du blablabla *(fam)*; *(angeben)* frimer *(fam)*
Spruchband <-bänder> *nt* banderole *f*
Sprücheklopfer(in) *m(f) pej fam (Schwätzer)* grande gueule *f (fam)*; *(Angeber)* frimeur(-euse) *m(f) (fam)*
Sprüchlein <-s, -> *nt Dim von* **Spruch**
► **sein ~ hersagen** [*o* **aufsagen**] réciter son compliment
spruchreif *Adj fam* **~ sein** être mûr(e)
Sprudel ['ʃpru:dəl] <-s, -> *m* eau *f* gazeuse
sprudeln *itr V* ❶ *+ haben (aufkochen) Wasser:* bouillonner
❷ *(aufschäumen) Meerwasser:* bouillonner; *Mineralwasser, Sekt:* pétiller
❸ *+ sein (heraussprudeln)* **aus dem Boden ~** *Quelle:* jaillir du sol; **aus der Flasche ~** *Wasser:* gicler de la bouteille
❹ *fig (überschäumen)* **vor guter Laune ~** déborder de bonne humeur
Sprudeltablette *f* comprimé *m* effervescent
Sprudler ['ʃpru:dlɐ] <-s, -> *m* A *(Quirl)* batteur *m*
Sprühdose ['ʃpry:-] *s.* **Spraydose**
sprühen ['ʃpry:ən] **I.** *tr V + haben* pulvériser *Flüssigkeit, Lack, Gift;* vaporiser *Parfüm;* **Wasser auf den Rasen/über die Beete ~** arroser le gazon/les plates-bandes
II. *itr V* ❶ *+ sein Wasser, Gischt:* jaillir en fines gouttelettes
❷ *+ sein (umherfliegen)* **nach allen Seiten ~** *Funken:* jaillir de tous les côtés
❸ *+ haben (angeregt sein)* **vor Begeisterung/Lebenslust ~** pétiller d'enthousiasme/de joie de vivre
sprühend *Adj (lebhaft)* pétillant(e)
Sprühflasche *f* [bouteille *f* à] pistolet *m,* pulvérisateur *m*
Sprühregen *m* bruine *f*
Sprung [ʃprʊŋ, *Pl:* 'ʃprʏŋə] <-[e]s, ¨-e> *m* ❶ *(Satz) einer Person, eines Tiers* saut *m;* **zum ~ ansetzen** prendre son élan [pour sauter]
❷ *(feiner Riss)* craquelure *f*
❸ *fam (kleine Entfernung)* **bis zu mir ist es nur ein ~** ce n'est qu'à deux pas de chez moi
❹ *fam (kurzer Besuch)* **auf einen ~ bei jdm vorbeigehen/vorbeikommen** *fam* passer en coup de vent chez qn
► **einen ~ in der Schüssel haben** *sl* être un peu fêlé(e) *(fam)*; **keine großen Sprünge machen können** *fam* ne pas pouvoir faire de folie[s] *(fam)*; **jdm auf die Sprünge helfen** *fam (weiterbringen)* mettre qn sur la voie; *(drohen)* mettre les points sur les i à qn; **auf dem ~ sein** *fam* être sur le point de se tirer *(fam)*; **immer auf dem ~ sein** *fam* n'avoir jamais le temps [de s'arrêter]
sprungbereit *Adj* ❶ prêt(e) à sauter; *Katze* prêt(e) à bondir
❷ *fig* **~ sein** se tenir prêt(e) **Sprungbrett** *nt* SPORT tremplin *m* **Sprungfeder** *f* ressort *m* en spirale **Sprunggelenk** *nt* articulation *f* du pied **Sprunggrube** *f* fosse *f* de réception
sprunghaft I. *Adj* ❶ *Anstieg, Entwicklung* brutal(e)
❷ *(unstet)* versatile
II. *Adv* brutalement
Sprunghaftigkeit <-> *f* versatilité *f*
Sprungschanze *f* tremplin *m* [de saut à skis] **Sprungtuch** <-tücher> *nt* toile *f* [*o* bâche *f*] de sauvetage **Sprungturm** *m* plongeoir *m*
Spucke ['ʃpʊkə] <-> *f fam* salive *f; (ausgespuckter Speichel)* chrachat *m*
► **jdm bleibt die ~ weg** qn en est [*o* reste] baba *(fam)*; **da bleibt dir die ~ weg, was?** *fam* ça te la coupe, hein? *(fam)*
spucken ['ʃpʊkən] **I.** *itr V* ❶ *(ausspucken)* cracher
❷ DIAL *(sich übergeben)* vomir
❸ *fam (unregelmäßig arbeiten) Motor, Pumpe:* brouter
II. *tr V* cracher

Spucknapf *m* crachoir *m*
Spuk [ʃpuːk] <-[e]s, -e> *m* ① (*Geistererscheinung*) apparition *f* de revenants [*o* de fantômes]
② (*schrecklicher Zustand*) cauchemar *m*
spuken [ˈʃpuːkən] *itr V unpers* ① **in diesem Haus spukt es** il y a des revenants [*o* fantômes] dans cette maison
② *fig* **in den Köpfen der Menschen** ~ *Vorstellung, Idee:* être bien présent(e) [*o* ancré(e)] dans la tête des gens
Spukgeschichte *f* histoire *f* de revenants [*o* fantômes] **Spukschloss**RR *nt* château *m* hanté
Spülbecken *nt* bac *m* d'évier
Spule [ˈʃpuːlə] <-, -n> *f a.* ELEC bobine *f*
Spüle [ˈʃpyːlə] <-, -n> *f* évier *m*
spulen [ˈʃpuːlən] *tr V* embobiner *Film, Tonband*
spülen [ˈʃpyːlən] **I.** *itr V* ① SDEUTSCH (*abwaschen*) laver la vaisselle
② (*die Toilettenspülung betätigen*) tirer la chasse [d'eau]
II. *tr V* ① (*abspülen*) laver
② (*schwemmen*) **etw ans Ufer** ~ rejeter qc sur la rive
③ (*klar spülen*) rincer *Wäsche, Geschirr*
Spülkasten *m* réservoir *m* de chasse d'eau **Spüllappen** *m* lavette *f* **Spülmaschine** *f* lave-vaisselle *m*
spülmaschinenfest *Adj* garanti(e) lave-vaisselle
Spülmittel *nt* produit *m* [pour la] vaisselle **Spülstein** *m* évier *m*
Spülung <-, -en> *f* ① (*Wasserspülung*) chasse *f* d'eau
② (*Haarspülung*) démêlant *m*
③ MED lavage *m*
Spülwasser *nt* eau *f* de vaisselle
Spulwurm *m* MED ascaride *m*
Spund [ʃpʊnt, *Pl:* ˈʃpʏndə] <-[e]s, -̈e *o* -e> *m* ① (*Stöpsel*) bonde *f*
② <-e> *fam* (*unerfahrener junger Mann*) **junger** ~ blanc-bec *m* (*vieilli*)
Spundloch *nt* bonde *f* **Spundwand** *f* CONSTR rideau *m* de palplanches
Spur [ʃpuːɐ] <-, -en> *f* ① (*Abdruck*) trace *f*
② (*Fußspur*) trace *f* [de pas], empreinte *f*; ~**en lesen können** savoir lire les empreintes
③ (*Loipe*) trace *f*
④ *fig* (*Fährte*) trace *f*; **jdn auf eine** ~ **bringen** mettre qn sur une piste; **einer** ~ **nachgehen** suivre une piste; **eine bestimmte** ~ **verfolgen** être sur une certaine piste; **von ihr/ihm fehlt jede** ~ il/elle n'a plus donné signe de vie
⑤ *fig* (*Zeichen*) ~**en hinterlassen** laisser des traces; **in einem Gesicht/bei einem Menschen** ~**en hinterlassen** marquer un visage/un être humain
⑥ (*winzige Menge*) **eine** ~ **Pfeffer/Knoblauch** une pincée de poivre/pointe d'ail; ~**en eines Gifts** les traces d'un poison; **eine** ~ **zu scharf/zu salzig** un brin trop épicé(e)/salé(e); **eine** ~ **Anstand/Menschlichkeit** un minimum de savoir-vivre/d'humanité
⑦ (*Fahrbahn*) voie *f*
⑧ (*Tonbandspur*) piste *f*
⑨ (*Spurweite*) écartement *m*
⑩ (*korrekter Geradeauslauf*) **die** ~ **halten** avoir une bonne tenue de route; **aus der** ~ **geraten** déraper
▶ **eine heiße** ~ une piste sérieuse; **jdm/einer S. auf der** ~ **bleiben** ne pas lâcher la piste de qn/qc; **jdm/einer S. auf die** ~ **kommen** dépister qn/qc; **jdm/einer S. auf der** ~ **sein** être sur la piste de qn/qc; **keine** ~ **ängstlich sein** *fam* ne pas être peureux(-euse) pour deux sous (*fam*); **jdm nicht die** ~ **helfen/trauen** *fam* ne pas du tout aider qn/faire confiance à qn
spürbar **I.** *Adj* sensible; (*sichtbar*) visible; ~ **werden** se faire sentir
II. *Adv kälter, wärmer* sensiblement; *zurückhaltender* visiblement
Spurbreite *s.* Spurweite **Spurbus** *m* bus *m* (*disposant de couloirs spéciaux*)
spuren [ˈʃpuːrən] *itr V fam* (*gehorchen*) filer doux (*fam*); **bei jdm** ~ filer doux avec qn
spüren [ˈʃpyːrən] *tr V* ① (*intuitiv bemerken*) sentir; ~, **dass jd lügt** sentir que qn ment; **er spürte ihre Verärgerung** il sentit son mécontentement; **jdn seine Gereiztheit** ~ **lassen** faire sentir son irritation à qn; **jdn** ~ **lassen, dass** faire sentir à qn que + *indic*; **etw zu** ~ **bekommen** faire l'expérience de qc
② (*fühlen, wahrnehmen*) sentir; **einen Schmerz im Knie** ~ ressentir une douleur dans le genou; **den Wein** ~ sentir l'effet du vin; **die Peitsche zu** ~ **bekommen** faire connaissance avec le fouet
Spurenelement *nt* oligoélément *m* **Spurensicherung** *f* anthropométrie *f* judiciaire; (*Abteilung*) service *m* anthropométrique
Spürhund *m* chien *m* policier
spurlos **I.** *Adj* total(e), sans laisser de traces
II. *Adv verschwinden* sans laisser de traces; **jd/etw ist** ~ **verschwunden** qn a disparu sans laisser de traces/qc s'est évaporé(e); ~ **an jdm vorübergehen** passer sur qn sans laisser de marques
Spürnase *f* ① (*Geruchssinn*) odorat *m*, nez *m*
② (*Scharfsinn*) flair *m*; **eine gute** ~ **haben** avoir du flair
Spurrille *f* rainure *f*
Spürsinn *m kein Pl* flair *m*; **einen** ~ **für etw haben** flairer qc
Spurt [ʃpʊrt] <-s, -s *o* -e> *m* sprint *m*; **zum** ~ **ansetzen** lancer le sprint
spurten [ˈʃpʊrtən] *itr V + sein* sprinter
Spurwechsel *m* changement *m* de file **Spurweite** *f* écartement *m*
sputen [ˈʃpuːtən] *r V* DIAL **sich** ~ se dépêcher
Sputnik [ˈʃputnɪk] <-s, -s> *m* spoutnik *m*
Squash [skvɔʃ, skwɔʃ] <-> *nt* squash *m*
SR <-> *m* RADIO *Abk von* **Saarländischer Rundfunk** *radio et télévision de la Sarre*
Sri Lanka [ˈsriː ˈlaŋka] <-s> *nt* le Sri Lanka; **auf** ~ à [*o* dans l'île de] Sri Lanka
SS <-> *f* NS *Abk von* **Schutzstaffel** S.S. *f*
SSV *Abk von* **Sommerschlussverkauf**
s.t. *Adv Abk von* **sine tempore** UNIV **um neun Uhr** ~ à neuf heures pile
St. ① *Abk von* **Stück** pièce *f*
② *Abk von* **Sankt** St/Ste
Staat [ʃtaːt] <-[e]s, -en> *m* ① (*Land*) État *m*; **die Vereinigten** ~**en von Amerika** [*o* **die** ~**en** *fam*] les États-Unis d'Amérique
② (*die staatlichen Institutionen*) État *m*; **beim** ~ **angestellt sein/arbeiten** *fam* être employé(e) par/travailler pour l'État
③ (*Insektenstaat*) société *f*
④ *veraltet fam* (*festliche Kleidung*) **in vollem** ~ en grande tenue
▶ **mit etw keinen** ~ **machen können** ne pas pouvoir faire impression avec qc; **damit ist kein** ~ **zu machen** il n'y a pas de quoi parader avec cela; **ein** ~ **im** ~**e** [**sein**] [former] un État dans l'État
Staatenbund <-bünde> *m* confédération *f* [d'États] **Staatengemeinschaft** *f* communauté *f* d'États
staatenlos *Adj* apatride
Staatenlose(r) *f(m) dekl wie Adj* apatride *mf*
staatlich **I.** *Adj Unabhängigkeit, Interessen* national(e); *Förderung, Gelder* de l'État; *Behörde, Einrichtung* public(-ique); *Unternehmen* national(e), public(-ique)
II. *Adv anerkannt, geprüft* par l'État
Staatsaffäre *f* ▶ **eine** ~ **aus etw machen** faire une affaire d'État de qc **Staatsakt** *m* cérémonie *f* officielle **Staatsaktion** *f fig fam* affaire *f* d'État (*fig fam*); **eine** ~ **daraus machen** en faire toute une affaire **Staatsangehörige(r)** *f(m) dekl wie Adj* ressortissant(e) *m(f)* **Staatsangehörigkeit** <-, -en> *f* nationalité *f* **Staatsanleihe** *f* emprunt *m* d'État **Staatsanwalt** *m*,

-anwältin *f* avocat *m* général/avocate *f* générale **Staatsanwaltschaft** *f* ministère *m* public **Staatsapparat** *m* appareil *m* étatique [*o* de l'État] **Staatsaufsicht** *f* contrôle *m* de l'État **Staatsausgaben** *Pl* dépenses *fpl* publiques **Staatsbank** *f* ❶ (*öffentlich-rechtliche Bank*) banque *f* publique ❷ (*Zentralbank*) banque *f* d'État; **die französische ~** la Banque de France **Staatsbeamte(r)** *m dekl wie Adj,* **Staatsbeamtin** *f* fonctionnaire *mf* **Staatsbegräbnis** *nt* obsèques *fpl* nationales **Staatsbesitz** *m* propriété *f* de l'État **Staatsbesuch** *m* visite *f* officielle **Staatsbibliothek** *f* bibliothèque *f* nationale **Staatsbürger(in)** *m(f) form* citoyen(ne) *m(f)* **staatsbürgerlich** *Adj attr form* civique **Staatsbürgerschaft** *f form s.* Staatsangehörigkeit **Staatschef(in)** [-ʃɛf] *m(f) fam* chef *mf* d'État **Staatsdefizit** *nt* déficit *m* de l'État **Staatsdiener(in)** *m(f)* serviteur *m* de l'État, fonctionnaire *mf* **Staatsdienst** *m* fonction *f* publique **Staatseigentum** *nt* propriété *f* de l'État **Staatseinnahmen** *Pl* recettes *fpl* publiques **Staatsempfang** *m* réception *f* officielle **Staatsexamen** *nt* examen *m* d'État (*sanctionnant les études de droit, de médecine et de pharmacie et obligatoire aussi pour la titularisation des enseignants*)

i Land & Leute

Certains cursus universitaires, comme la médecine, le droit et les filières préparant à l'enseignement, se terminent, en Allemagne, par un ou deux **Staatsexamen**. Les examinateurs sont des personnes assermentées.

Staatsfeind(in) *m(f)* ennemi *m* public **staatsfeindlich** *Adj* antinational(e) **Staatsfinanzen** *Pl* finances *fpl* de l'État **Staatsform** *f* régime *m* **Staatsgebiet** *nt* territoire *m* national **Staatsgeheimnis** *nt* secret *m* d'État **Staatsgewalt** *f kein Pl* autorité *f* de l'État **Staatsgrenze** *f* frontière *f* [nationale] **Staatshaushalt** *m* budget *m* de l'État **Staatskanzlei** *f* chancellerie *f* du/d'un Land **Staatskarosse** *f fam* voiture *f* officielle **Staatskasse** *f* Trésor *m* [public], caisses *fpl* de l'État **Staatskirche** *f kein Pl* Église *f* d'État **Staatskosten** *Pl* **auf ~** aux frais de l'État **Staatsmacht** *f kein Pl* pouvoir *m* de l'État **Staatsmann** <-männer> *m geh* homme *m* d'État **staatsmännisch** [ˈʃtaːtsmɛnɪʃ] *Adj geh* d'homme d'État **Staatsminister(in)** *m(f)* ministre *mf* d'État **Staatsministerium** *nt* ministère *m* d'État **Staatsoberhaupt** *nt* chef *mf* d'État/de l'État **Staatsoper** *f* opéra *m* national **Staatspolizei** *f* **die Geheime ~** NS la Gestapo **Staatspräsident(in)** *m(f)* président(e) *m(f)* [de la République] **Staatsprüfung** *s.* Staatsexamen **Staatsräson** *f* raison *f* d'État **Staatsrat** *m* ❶ *a.* HIST Conseil *m* d'État ❷ (*Titel*) conseiller *m* d'État **Staatsrecht** *nt* droit *m* public **Staatsregierung** *f* gouvernement *m* **Staatssekretär(in)** *m(f)* secrétaire *mf* d'État; **parlamentarischer ~** ≈ chef *m* de cabinet (*membre du Parlement*) **Staatssicherheit** *f kein Pl* ❶ (*Sicherheit des Staates*) sécurité *f* de l'État *pas de pl* ❷ HIST (*in der DDR*) sûreté *f* de l'État *pas de pl* **Staatssicherheitsdienst** *m* HIST *services de Sécurité de l'État de l'ex-R.D.A.* **Staatsstreich** *m* coup *m* d'État **staatstragend** *Adj Partei* soutenant le pouvoir; *Rede* progouvernemental(e) **Staatstrauer** *f* deuil *m* national **Staatsunternehmen** *nt* entreprise *f* d'État **Staatsvermögen** *nt* biens *mpl* publics **Staatsverschuldung** *f* endettement *m* public; **innere ~** dette *f* publique intérieure **Staatsvertrag** *m* traité *m* intergouvernemental **Staatswesen** *nt geh* État *m,* entité *f* politique (*form*)

Stab [ʃtaːp, *Pl:* ˈʃtɛːbə] <-[e]s, ¨-e> *m* ❶ (*Holzstab*) baguette *f*
❷ (*Gitterstab*) barreau *m*
❸ (*Stange für den Stabhochsprung*) perche *f*
❹ (*Staffelholz*) témoin *m*
❺ (*Gruppe*) équipe *f*
❻ MIL état-major *m*
▶ **den ~ über jdn brechen** *geh* jeter la pierre à qn

Stäbchen [ˈʃtɛːpçən] <-s, -> *nt* baguette *f*

Stabhochspringer(in) *m(f)* sauteur(-euse) *m(f)* à la perche **Stabhochsprung** *m* saut *m* à la perche

stabil [ʃtaˈbiːl] *Adj* ❶ *Möbel, Konstruktion* solide
❷ (*beständig*) *Wetterlage, Währung, Wirtschaft* stable
❸ (*opp: labil*) *Gesundheit, Konstitution* robuste; *Beziehung* durable; *Partnerschaft* solide; *Verfassung* stable

Stabilisator [ʃtabiliˈzaːtoːɐ] <-s, -toren> *m* CHEM stabilisant *m*

stabilisieren* **I.** *tr V* ❶ *geh* consolider *Regal, Konstruktion*
❷ MED stabiliser *Kreislauf, Blutdruck*
II. *r V a.* MED **sich ~** se stabiliser

Stabilisierung <-, -en> *f a.* MED stabilisation *f*

Stabilisierungsflosse *f* AVIAT empennage *m* de stabilisation, stabilisateur *m*

Stabilität [ʃtabiliˈtɛːt] <-> *f* stabilité *f*

Stabilitätspakt *m* pacte *m* de stabilité

Stablampe *f* torche *f* électrique **Stabmagnet** *m* aimant *m* en forme de bâtonnet **Stabreim** *m* LITER allitération *f*

Stabsarzt *m,* **-ärztin** *f* MIL médecin-capitaine *mf* **Stabsfeldwebel** *m* adjudant-chef *f* **Stabsoffizier(in)** *m(f)* officier *m* d'état-major

Stabwechsel *m* SPORT passage *m* du témoin

stach [ʃtaːx] *Imp von* **stechen**

Stachel [ˈʃtaxəl] <-s, -n> *m* ❶ *eines Igels, Seeigels* piquant *m; eines Insekts, Skorpions* dard *m; einer Pflanze* épine *f*
❷ *fig* **der ~ des Ehrgeizes** l'aiguillon *m* de l'ambition; **der ~ der Eifersucht** les aiguillons de la jalousie
▶ **wider den ~ löcken** *geh* ruer dans les brancards

Stachelbeere *f* ❶ groseille *f* à maquereau ❷ (*Strauch*) groseillier *m* à maquereau **Stacheldraht** *m* ❶ [fil *m* de fer] barbelé *m* ❷ (*Verhau*) barbelés *mpl;* **hinter ~** derrière les/des barbelés

Stacheldrahtzaun *m* clôture *f* en barbelé

Stachelhäuter [-hɔɪtɐ] <-s, -> *m* ZOOL échinoderme *m*

stachelig *Adj Tier* hérissé(e) [de piquants]; *Pflanze* épineux(-euse); *Bart* piquant(e)

Stachelschwein *nt* porc-épic *m*

stachlig *s.* **stachelig**

stad *Adj* A, SDEUTSCH *fam* (*still*) calme

Stadel [ˈʃtaːdəl] <-s, -> *m* SDEUTSCH, A, CH grange *f*

Stadion [ˈʃtaːdiɔn] <-s, Stadien> *nt* stade *m*

Stadium [ˈʃtaːdiʊm] <-s, Stadien> *nt* ❶ *einer Entwicklung, Planung* phase *f*
❷ MED stade *m*

Stadt [ʃtat, *Pl:* ˈʃtɛ(ː)tə] <-, ¨-e> *f* ❶ ville *f;* **in die ~ gehen/fahren** aller en ville; **mitten in der ~ wohnen** vivre en plein centre[-ville]; **die ~ Stuttgart** la ville de Stuttgart
❷ (*Stadtverwaltung*) municipalité *f,* ville *f;* **bei der ~ arbeiten** travailler pour la municipalité
▶ **in ~ und Land** *geh* à la ville comme à la campagne

städt. *Adj Abk von* **städtisch**

Stadtarchiv *nt* archives *fpl* municipales **stadtauswärts** *Adv* **~ fahren** sortir de la ville; **~ kommt es zu Staus** il y a des bouchons à la sortie de la ville **Stadtautobahn** *f* autoroute *f* urbaine **Stadtbahn** *f* réseau *m* urbain; (*in Paris*) R.E.R. *m* **stadtbekannt** *Adj* notoire; **das ist doch ~!** c'est de notoriété publique! **Stadtbezirk** *m* arrondissement *m* **Stadtbibliothek** *s.* Stadtbücherei **Stadtbild** *nt* paysage *m* urbain, physionomie *f* de la ville **Stadtbücherei** *f* bibliothèque *f* municipale **Stadtbummel** *m* promenade *f* en ville

Städtchen [ˈʃtɛ(ː)tçən] <-s, -> *nt Dim von* **Stadt** petite ville *f*

Stadtdirektor(in) *m(f)* directeur(-trice) *m(f)* des services municipaux

Städtebau *m kein Pl* urbanisme *m* **städtebaulich** **I.** *Adj* d'urbanisme, urbanistique **II.** *Adv* du point de vue de l'urbanisme

stadteinwärts *Adv* **~ fahren** entrer dans la ville; **~ kommt es zu Staus** il y a des bouchons à l'entrée de la ville

Städtepartnerschaft *f* jumelage *m*

Städter(in) ['ʃtɛ(:)tɐ] <-s, -> *m(f)* citadin(e) *m(f)*
Städtetag *m* congrès *m* des maires
Stadtflucht *f kein Pl* exode *m* urbain **Stadtführer** *m* ① *(Person)* guide *m* ② *(Buch)* guide *m* touristique **Stadtführerin** *f* guide *f* **Stadtführung** *f* visite *f* guidée de la ville **Stadtgas** *nt kein Pl* gaz *m* de ville **Stadtgebiet** *nt* territoire *m* de la commune **Stadtgespräch** ▶ **etw ist** ~ toute la ville parle de qc **Stadtgrenze** *f* limite *f* de la ville; **die** ~**n** le périmètre de la ville **Stadthalle** *f* salle *f* municipale [*o* polyvalente] **Stadthaus** *nt* ① *(Stadtverwaltung)* hôtel *m* de ville, mairie *f* ② *(Haus städtischen Charakters)* maison *f* urbaine
städtisch ['ʃtɛ(:)tɪʃ] *Adj* ① municipal(e)
② *geh (urban)* citadin(e), urbain(e)
Stadtkämmerer *m*, **-kämmerin** *f* receveur *m* municipal/receveuse *f* municipale **Stadtkasse** *f* trésorerie *f* municipale **Stadtkern** *m* centre-ville *m* **Stadtmauer** *f* rempart *m* **Stadtmensch** *m* citadin(e) *m(f)* **Stadtmitte** *f* centre-ville *m* **Stadtparlament** *nt* ≈ conseil *m* municipal **Stadtplan** *m* plan *m* de la ville **Stadtplaner(in)** *m(f)* urbaniste *mf* **Stadtplanung** *f* urbanisme *m*, aménagement *m* des villes **Stadtrand** *m* périphérie *f* de la ville **Stadtrat** *m* conseil *m* municipal **Stadtrat** *m*, **-rätin** *f* conseiller *m* municipal/conseillère *f* municipale **Stadtrundfahrt** *f* visite *f* guidée de la ville; **eine** ~ **machen** faire une visite guidée de la ville **Stadtstaat** *m* ville-État *f* **Stadtstreicher(in)** <-s, -> *m(f)* clochard(e) *m(f)* **Stadtteil** *m* quartier *m* **Stadttheater** *nt* théâtre *m* municipal **Stadttor** *nt* porte *f* [de la ville] **Stadtväter** *Pl hum* édiles *mpl* **Stadtverkehr** *m* circulation *f* en ville **Stadtverwaltung** *f* administration *f* municipale, services *mpl* administratifs [de la ville] **Stadtviertel** *nt* quartier *m* **Stadtwappen** *nt* armes *fpl* [de la ville] **Stadtwerke** *Pl* services *mpl* techniques [de la ville] **Stadtwohnung** *f* appartement *m* en ville **Stadtzentrum** *nt* centre *m* [de la ville]
Stafette [ʃta'fɛtə] <-, -n> *f* estafette *f*
Staffage [ʃta'fa:ʒə] *f* décoration *f*; **die Anwesenden waren nur** ~ les personnes présentes n'étaient là que pour la figuration
Staffel¹ ['ʃtafəl] <-, -n> *f* ① *(Gruppe von Sportlern)* équipe *f*; *(beim Staffellauf)* équipe de relais
② MIL escadron *m*
③ *(Fliegerstaffel)* escadrille *f*
Staffel² <-s, -n> *m* A *(Schwelle)* seuil *m*
Staffelei <-, -en> *f* chevalet *m*
Staffellauf *m* course *f* de relais **Staffelläufer(in)** *m(f)* SPORT coureur(-euse) *m(f)* de relais, relayeur(-euse) *m(f)* **Staffelmiete** *f augmentation progressive du loyer convenue dans le bail*
staffeln ['ʃtafəln] *tr V* échelonner *Preise, Gebühren;* **die Gehälter sind nach Dienstalter gestaffelt** les salaires sont échelonnés selon l'ancienneté
Staffelung <-, -en> *f* ① *kein Pl (das Staffeln)* échelonnement *m*
② *(gestaffeltes System)* *(ansteigend)* progressivité *f*; *(abnehmend)* dégressivité *f*
Stagflation [ʃtakfla'tsio:n] <-, -en> *f* ÖKON stagflation *f*
Stagnation [ʃtagna'tsio:n] <-, -en> *f a.* ÖKON stagnation *f*
stagnieren* *itr V a.* ÖKON stagner
stahl [ʃta:l] *Imp von* **stehlen**
Stahl [ʃta:l, *Pl:* 'ʃtɛ:lə] <-[e]s, -e *o* ¨e> *m* acier *m*; ~ **wird oft beim Bauen verwendet** l'acier est très utilisé dans la construction
Stahlbau <-bauten> *m* construction *f* métallique **Stahlbeton** *m* béton *m* armé **Stahlblech** *nt* tôle *f* d'acier
stählen ['ʃtɛ:lən] *tr V* fortifier *Körper;* raffermir *Muskeln*
stählern ['ʃtɛ:lɐn] *Adj* ① en acier
② *fig geh Muskeln, Nerven* d'acier; *Wille* de fer
Stahlfeder *f* ① *(zum Schreiben)* plume *f* en acier ② TECH ressort *m* en acier **stahlhart** *Adj* ① dur(e) comme l'acier ② *fig Händedruck* de fer **Stahlhelm** *m* casque *m* lourd **Stahlindustrie** *f* industrie *f* sidérurgique **Stahlkammer** *f* salle *f* des coffres **Stahlrohr** *nt* tube *m* d'acier **Stahlrohrmöbel** *Pl* meubles *mpl* tubulaires **Stahlseil** *nt* câble *m* d'acier **Stahlstich** *m* KUNST ① *(Verfahren)* sidérographie *f* ② *(hergestelltes Blatt)* gravure *f* sur acier **Stahlträger** *m* poutrelle *f* d'acier **Stahlwaren** *Pl* articles *mpl* en acier **Stahlwerk** *nt* aciérie *f*
stak [ʃta:k] *Imp von* **stecken**
Stake ['ʃta:kə] <-, -n> *f* NDEUTSCH gaffe *f*, perche *f*
Stakkato [ʃta'ka:to, sta'ka:to] <-s, -s *o* Stakkati> *nt* MUS staccato *m*
staksen ['ʃta:ksən] *itr V + sein fam* marcher avec raideur
staksig ['ʃta:ksɪç] *fam* **I.** *Adj* raide; **ein Fohlen mit langen,** ~**en Beinen** un poulain aux longues pattes vacillantes
II. *Adv* ~ **gehen** marcher avec raideur; *(schwankend gehen)* marcher en titubant; ~ **laufen** *Fohlen:* marcher en vacillant
Stalagmit [ʃtala'gmi:t] <-en *o* -s, -en> *m* stalagmite *f*
Stalaktit [ʃtalak'ti:t] <-en *o* -s, -en> *m* stalactite *f*
Stalinismus [ʃtali'nɪsmʊs] <-> *m* stalinisme *m*
Stalinist(in) [ʃtali'nɪst] <-en, -en> *m(f)* stalinien(ne) *m(f)*
stalinistisch [ʃtali'nɪstɪʃ] *Adj* stalinien(ne)
Stalinorgel *f fam* orgues *fpl* de Staline
Stall [ʃtal, *Pl:* 'ʃtɛlə] <-[e]s, ¨e> *m* ① *(Kuhstall)* étable *f*; *(Pferdestall)* écurie *f*; *(Schweinestall)* porcherie *f*; *(Schafstall)* bergerie *f*; *(Kaninchenstall)* clapier *m*; *(Hühnerstall)* poulailler *m*
② *sl (Rennstall)* écurie *f*
③ *fam (große Menge)* **einen ganzen** ~ **voll Kinder haben** avoir une tripotée d'enfants *(fam)*
Stallaterne *s.* Stalllaterne
Stallbursche *m* garçon *m* d'écurie **Stallhase** *m hum fam* lapin *m* [domestique] **Stalllaterne**^RR *f* falot *m* **Stallmeister(in)** *m(f)* écuyer *m*
Stallung <-, -en> *f meist Pl* bâtiment *m* pour les bêtes
Stamm [ʃtam, *Pl:* 'ʃtɛmə] <-[e]s, ¨e> *m* ① *eines Baums* tronc *m*
② LING racine *f*; *eines Verbs* radical *m*
③ *(Volksstamm)* tribu *f*
④ *(Bestand, Gruppe)* **einen festen** ~ **von Mitarbeitern/Kunden haben** avoir du personnel permanent/une clientèle attitrée
⑤ BIO embranchement *m*
▶ **vom** ~**e Nimm sein** *hum fam* être du genre: tout pour moi, rien pour les autres *(fam)*
Stammaktie [-aktsiə] *f* FIN action *f* ordinaire **Stammbaum** *m* arbre *m* généalogique **Stammbuch** *nt* livret *m* de famille ▶ **jdm etw ins** ~ **schreiben** dire qc à qn une bonne fois pour toutes **Stammdaten** *Pl* INFORM données *fpl* de base
stammeln ['ʃtaməln] *tr, itr V* bredouiller; **das Stammeln** le bredouillement
stammen ['ʃtamən] *itr V* ① **aus Spanien/Hamburg** ~ être originaire de l'Espagne/de Hambourg; **aus sehr einfachen Verhältnissen** ~ être d'origine très modeste
② *(herrühren)* **von jdm** ~ *Werk, Unterschrift:* être de qn; *Gegenstand:* provenir de qn; **aus dem 16.Jahrhundert** ~ dater du 16ᵉ siècle
Stammesfürst(in) *m(f)* chef *mf* de clan **Stammeshäuptling** *m* chef *m* de tribu
Stammform *f* GRAM forme *f* de base **Stammgast** *m* habitué(e) *m(f)* **Stammhalter** *m hum* héritier *m* [mâle] **Stammhaus** *nt* maison *f* mère **Stammhirn** *nt* ANAT tronc *m* cérébral
stämmig ['ʃtɛmɪç] *Adj* trapu(e)
Stammkapital *nt* capital *m* social **Stammkneipe** *f fam* café *m* habituel **Stammkunde** *m*, **-kundin** *f* client *m* habituel/cliente *f* habituelle **Stammkundschaft** *f* clients *mpl* fidèles; *eines Lokals* habitués *mpl* **Stammlokal** *nt* restaurant *m* habituel **Stammmutter**^RR *f* ancêtre *f*; **Eva ist die** ~ **der Menschheit** Ève est la mère du genre humain **Stammplatz** *m* place *f* attitrée **Stammsitz** *m einer Familie* berceau *m*; *einer Firma* siège *m* social d'origine **Stammtisch** *m* ① *(Tisch)* table *f* des habitués ② *(Stammgäste)* tablée *f* d'habitués ③ *(Treffen)*

S

wo findet euer ~ statt? où se retrouve votre cercle d'habitués?; **zum ~ kommmen** venir à la réunion des habitués; **[seinen] ~ haben** retrouver sa tablée d'habitués

> **i Land & Leute**
>
> On trouve dans presque tous les cafés et restaurants une **Stammtisch**. Elle est caractérisée par une petite pancarte et est toujours réservée pour les habitués.

Stammutter *s.* Stammmutter

Stammvater *m* ancêtre *m;* **Adam ist der ~ der Menschheit** Adam est le père du genre humain **Stammvokal** *m* LING voyelle *f* du radical **Stammwähler(in)** *m(f)* électeur(-trice) *m(f)* fidèle

Stamperl <-s, -n> *nt* A, SDEUTSCH (*Schnapsglas*) verre *m* d'eau de vie

stampfen ['ʃtampfən] **I.** *itr V* ① + *haben Person:* trépigner; *Pferd:* piaffer; **[mit den Füßen] ~** trépigner; **[mit den Hufen] ~** piaffer

② + *sein* (*gehen*) **durch die Wohnung ~** marcher dans l'appartement en tapant des pieds; **durch den Schnee ~** marcher à pas lourds dans la neige

③ + *haben* TECH, NAUT *Maschine:* haleter; *Schiff:* tanguer

II. *tr V* + *haben* ① damer *Lehm, Schotter;* tasser *Sauerkraut;* **ein gestampfter Boden** un sol en terre battue

② (*zerstampfen*) **die Kartoffeln/das Gemüse zu Brei ~** écraser les pommes de terre/les légumes pour faire de la purée

Stampfer <-s, -> *m* ① GASTR pilon *m*

② CONSTR dame *f*

stand [ʃtant] *Imp von* **stehen**

Stand <-[e]s, ¨-e> *m* ① *eines Zählers, Thermometers* niveau *m; eines Barometers* hauteur *f*

② *kein Pl* (*Zustand*) état *m;* **auf den neuesten ~ bringen** réactualiser *Lexikon;* remettre à jour *Liste;* **sich auf dem neuesten ~ befinden** être à jour; **sich wieder auf dem neuesten ~ befinden** avoir été remis(e) à jour [*o* réactualisé(e)]; **das ist der ~ der Dinge** voilà où on en est; **der letzte ~ der Dinge** les derniers développements de la situation; **wie ist der ~ der Dinge?** où en est-on?

③ (*Spielstand*) score *m*

④ (*Niveau*) *des Wassers* niveau *m; einer Aktie, Währung* cours *m*

⑤ (*das Stehen*) **auf etw** (*Dat*) **einen/keinen sicheren ~ haben** être bien en équilibre/ne pas avoir d'équilibre sur qc

⑥ (*Verkaufsstand*) étal *m;* (*Messestand*) stand *m*

⑦ (*Standplatz*) emplacement *m*

⑧ (*gesellschaftliche Schicht*) catégorie *f;* (*Berufsgruppe*) *der Ärzte, Apotheker* ordre *m;* **sie hat unter ihrem ~ geheiratet** elle a fait une mésalliance

⑨ CH canton *m*

▶ **in den ~ der Ehe treten** *geh* se marier; **der dritte ~** HIST le tiers état; **bei jdm einen schweren [*o* keinen leichten] ~ haben** ne pas avoir la partie belle avec qn; **aus dem ~** (*ohne Anlauf*) sans élan; (*ohne Vorbereitung*) à l'improviste; **außer ~e sein etw zu tun** être dans l'impossibilité de faire qc; (*körperlich unfähig sein*) être hors d'état de faire qc; **sich außer ~e sehen/erklären etw zu tun** se voir/se dire [être] dans l'impossibilité de faire qc; **zu etw im ~e sein** être capable de qc; **im ~e sein etw zu tun** être capable de faire qc; **zu allem im ~e sein** être capable de tout; **zu nichts mehr im ~e sein** n'être plus bon(ne) à rien; **etw zu ~e bringen eine Einigung zu ~e bringen** parvenir à un accord; **ein Buch zu ~e bringen** mener un livre à bien; **es zu ~e bringen, dass jd etw tut** parvenir à ce que qn fasse qc; **nichts [Vernünftiges] zu ~e bringen** n'arriver à rien [de bon]; **zu ~e kommen** *Treffen:* avoir lieu; *Abmachung, Vertrag:* être conclu(e)

Standard ['ʃtandart, 'st-] <-s, -s> *m* standard *m;* **zum ~ gehören** faire partie de l'équipement standard

Standardausführung *f* modèle *m* standard **Standardbrief** *m* lettre *f* standard

standardisieren* ['ʃtandardi'zi:rən, 'st-] *tr V* standardiser

Standardisierung ['ʃtandardi'zi:rʊŋ, 'st-] <-, -en> *f* standardisation *f*

Standardmodell ['ʃtandart-, 'st-] *nt* modèle *m* de série **Standardsoftware** [-zɔftvɛɐ, -sɔftwæə] *f* logiciel *m* standard **Standardtanz** *m* danse *f* de salon **Standardwerk** *nt* ouvrage *m* qui fait autorité

Standarte [ʃtan'dartə] <-, -n> *f* (*Hoheitszeichen*) fanion *m;* (*Reiterfahne*) étendard *m*

Standbild *nt* ① KUNST statue *f*

② AUDIOV arrêt *m* sur image

Ständchen ['ʃtɛntçən] <-s, -> *nt* chanson *f* en son/mon/... honneur; **jdm ein ~ bringen** chanter une chanson en l'honneur de qn; (*als Liebeswerben*) chanter une sérénade à qn

Stander ['ʃtandɐ] <-s, -> *m* fanion *m*

Ständer ['ʃtɛndɐ] <-s, -> *m* ① (*Gestell*) support *m*

② (*Kleiderständer*) portemanteau *m*

③ (*Notenständer*) pupitre *m*

④ (*Zeitungsständer*) porte-revues *m*

⑤ *sl* (*Erektion*) trique *f* (*arg*); **einen ~ bekommen/haben** *sl* se mettre à bander/bander (*fam*)

Ständerat ['ʃtɛndəra:t] *m* CH ① (*Ratsmitglied*) conseiller *m* aux États ② (*Gremium*) conseil *m* des États **Ständerätin** *f* CH conseillère *f* aux États

Standesamt *nt* [bureau *m* de l']état *m* civil **standesamtlich** **I.** *Adj Bescheinigung, Urkunde* d'état civil; *Trauung* civil(e) **II.** *Adv* civilement **Standesbeamte(r)** *m dekl wie Adj,* **Standesbeamtin** *f* officier *m* d'état civil **standesgemäß** **I.** *Adj* conforme à ma/sa/... position [sociale] **II.** *Adv heiraten* dans son/mon/... milieu; **nicht ~ heiraten** faire une mésalliance **Standesregister** *nt* JUR registre *m* de l'état civil

standfest *Adj* stable **Standfestigkeit** *f kein Pl* ① (*Stabilität*) stabilité *f* ② *s.* Standhaftigkeit **Standgeld** *nt* droit *m* d'étalage **Standgericht** *nt* cour *f* martiale; **jdn vor ein ~ stellen** faire passer qn en cour martiale; **er wurde vor ein ~ gestellt** il est passé en cour martiale

standhaft **I.** *Adj* ferme; **~ bleiben** rester ferme

II. *Adv* fermement, avec fermeté

Standhaftigkeit <-> *f* fermeté *f*

stand|halten *itr V unreg* tenir le coup; **einer S.** (*Dat*) **~** résister à qc

Standheizung *f* chauffage *m* auxiliaire

ständig ['ʃtɛndɪç] **I.** *Adj* ① (*dauernd*) permanent(e)

② (*permanent*) *Mitarbeiter* permanent(e); *Wohnsitz* fixe

II. *Adv* ① (*dauernd*) continuellement

② (*permanent*) *wohnen* en permanence; *sich niederlassen* à demeure

Standleitung *f* TELEC, INFORM ligne *f* directe **Standlicht** *nt kein Pl* feux *mpl* de position **Standmiete** *f* location *f* de stand

Standort *m* ① *einer Pflanze* exposition *f; eines Unternehmens* lieu *m* d'implantation ② (*Standpunkt, Ansichten*) position *f* ③ (*Produktionsstätte*) site *m* de production ④ MIL ville *f* de garnison

Standpauke *f fam* savon *m* (*fam*); **jdm eine ~ halten** passer un savon à qn (*fam*) **Standplatz** *m eines Taxis* emplacement *m*

Standpunkt *m* point *m* de vue; **auf dem ~ stehen [*o* den ~ vertreten], dass** être d'avis [*o* considérer] que + *indic;* **etw vom politischen ~ aus betrachten** envisager qc du point de vue politique; **sie vertritt in dieser Frage einen anderen ~** elle a un point de vue différent sur cette question **Standrecht** *nt kein Pl* MIL loi *f* martiale **standrechtlich** **I.** *Adj Erschießung* par décision de la cour martiale **II.** *Adv* **~ erschossen werden** être fusillé(e) par décision de la cour martiale **Standspur** *f* bande *f* d'arrêt d'urgence **Standuhr** *f* horloge *f*

Stange ['ʃtaŋə] <-, -n> *f* ① (*Stab*) barre *f*

② (*Fahnenstange*) hampe *f*

(3) (*Vorhangstange*) tringle *f*
(4) (*Bohnenstange*) rame *f*
▸ **eine [schöne] ~ Geld** *fam* un [sacré] paquet (*fam*); **bei der ~ bleiben** *fam* tenir bon (*fam*); **jdm die ~ halten** *fam* soutenir qn; **jdn bei der ~ halten** *fam* maintenir qn dans le coup (*fam*); **ein Kostüm von der ~** *fam* un tailleur de prêt-à-porter; **etw von der ~ kaufen** *fam* acheter qc en prêt-à-porter
StängelRR <-s, -> *m* tige *f*
▸ **ich bin fast vom ~ gefallen!** *fam* j'en suis resté(e) baba! (*fam*)
Stangen[weiß]brot *nt* baguette *f*
stank [ʃtaŋk] *Imp von* **stinken**
Stänkerei [ʃtɛŋkəˈraɪ] <-, -en> *f fam* rouspétances *fpl* (*fam*)
Stänkerer [ˈʃtɛŋkərɐ] <-s, -> *m*, **Stänkerin** *f fam* râleur(-euse) *m(f)* (*fam*)
stänkern [ˈʃtɛŋkɐn] *itr V fam* râler (*fam*); **gegen jdn/etw ~** taper sur qn/qc (*fam*)
Stanniol [ʃtaˈnjoːl] <-s, -e> *nt* feuille *f* d'étain
Stanniolpapier *nt* papier *m* d'étain
Stanze1 [ˈʃtantsə] <-, -n> *f* (*Maschine*) presse *f* à emboutir
Stanze2 <-, -n> *f* POES stance *f*
stanzen [ˈʃtantsən] *tr V* (1) emboutir *Blech, Form*
(2) (*einstanzen*) **etw in etw** (*Akk*) **~** poinçonner qc dans qc
Stapel [ˈʃtaːpəl] <-s, -> *m* (1) (*Haufen*) pile *f*
(2) NAUT **vom ~ laufen** être lancé(e)
▸ **etw vom ~ lassen** NAUT lancer qc; *fig* balancer qc (*fam*)
Stapellauf *m* lancement *m*, mise *f* à l'eau
stapeln [ˈʃtaːpəln] **I.** *tr V* empiler; **die T-Shirts in den Schrank ~** empiler les t-shirts dans l'armoire
II. *r V* **sich ~** s'empiler
stapfen [ˈʃtapfən] *itr V + sein* **über die Wiese ~** marcher [lourdement] à travers les prés; **durch den Schnee ~** marcher en s'enfonçant dans la neige
Stapfen <-s, -> *m* trace *f* de pas
Star1 [ʃtaːɐ] <-[e]s, -e> *m* ORN étourneau *m*
Star2 [ʃtaːɐ] <-[e]s, *selten* -e> *m* MED **grauer ~** cataracte *f*; **grüner ~** glaucome *m*
Star3 [staːɐ, ʃtaːɐ] <-s, -s> *m* (1) (*Filmstar, Theaterstar*) star *f*
(2) *fig* **der ~ des Abends** la vedette de la soirée
(3) (*Berühmtheit*) célébrité *f*; **ein ~ unter den Anwälten** un [grand] ténor du barreau
Starallüren [ˈʃtaːɐ-, ˈstaːɐ-] *Pl pej* allures *fpl* de star (*péj*) **Staranwalt** [ˈʃtaːɐ-, ˈstaːɐ-] *m*, **-anwältin** *f fam* [grand] ténor *m* du barreau **Stararchitekt(in)** *m(f) fam* architecte *mf* en vogue
starb [ʃtarp] *Imp von* **sterben**
stark [ʃtark] <stärker, stärkste> **I.** *Adj* (1) *Person, Händedruck* fort(e); *Arm, Bein, Muskeln* musclé(e)
(2) (*kräftig, würzig*) fort(e)
(3) (*mächtig*) *Land, Regierung, Partei* fort(e)
(4) (*dick*) *Ast, Baum, Stamm* gros(se) *antéposé*; *Balken* épais(se); *Pappe, Karton* fort(e); *Pflanze, Staude* grand(e) *antéposé*; **zehn Zentimeter/einen Meter ~ sein** faire dix centimètres/un mètre d'épaisseur
(5) (*robust*) *Nerven* solide
(6) *euph* (*korpulent*) *Dame, Herr* fort(e)
(7) (*heftig, schlimm*) fort(e) *antéposé*
(8) (*laut*) *Applaus, Rauschen* fort(e)
(9) (*intensiv*) *Bedenken, Abneigung, Zuneigung* grand(e); *Gefühl, Liebe, Hass* profond(e)
(10) (*leistungsfähig*) *Motor, Getriebe, Traktor* puissant(e)
(11) (*wirksam, hochkonzentriert*) fort(e); **eine ~e Wirkung haben** avoir beaucoup d'effet
(12) (*groß*) *Schulklasse, Armee* gros(se) *antéposé*; **tausend Seiten/Mann/Mitglieder ~ sein** faire mille pages/compter mille personnes/membres
(13) *fam* (*hervorragend*) super (*fam*)
▸ **sich für jdn/etw ~ machen** *fam* se décarcasser pour qn/qc (*fam*)
II. *Adv* (1) (*sehr*) très; *übertreiben* beaucoup; *hoffen* bien; *beeindruckt* fortement, beaucoup; **~ besucht** très fréquenté(e); **das Auto war so ~ beschädigt, dass** la voiture était tellement abîmée que + *indic*
(2) (*heftig, schlimm*) **~ wehen** souffler fort; **~ bluten** saigner abondamment; **~ erkältet** très enrhumé(e); **~ vereitert** très purulent(e); **es regnet ~** il pleut fort
(3) (*intensiv*) **~ duften** sentir fort; **etw ~ pfeffern/würzen** poivrer/épicer qc beaucoup; **~ gewürzt** très épicé(e)
(4) (*laut*) *applaudieren* beaucoup
(5) (*bedeutsam*) **~ verkleinert/vergrößert** très réduit(e)/aggrandi(e)
(6) *fam* (*hervorragend*) vachement bien (*fam*); **~ aussehen** avoir un look d'enfer (*fam*)
Starkbier *nt* bière *f* forte
Stärke [ˈʃtɛrkə] <-, -n> *f* (1) (*Kraft*) force *f*
(2) (*Macht*) force *f*; **~ demonstrieren** faire une démonstration de force
(3) (*Dicke*) épaisseur *f*
(4) (*Heftigkeit*) *des Winds, Bebens* force *f*; *der Schmerzen, Wehen* intensité *f*
(5) OPT *einer Brille* puissance *f*
(6) (*zahlenmäßige Größe*) nombre *m*; *einer Armee* effectif *m*
(7) (*Qualität*) force *f*; **das ist seine/ihre ~** c'est son fort
(8) (*Charakterstärke*) force *f*
(9) (*pflanzliche Substanz*) amidon *m*
stärkehaltig *Adj* féculent(e) **Stärkemehl** *nt* fécule *f*
stärken [ˈʃtɛrkən] **I.** *tr V* (1) revigorer *Person*; régulariser *Kreislauf*; fortifier *Muskulatur, Arme*; augmenter *Widerstandskraft, Konzentrationsfähigkeit*
(2) (*verbessern*) renforcer
(3) (*steifen*) amidonner *Kleidungsstück, Wäsche*
II. *itr V* **ein ~des Mittel** un fortifiant
III. *r V* **sich ~** se restaurer
stärker *Adj Komp von* **stark**
Starkstrom *m* courant *m* haute tension **Starkstromleitung** *f* courant *m* à haute tension; (*Überlandleitung*) ligne *f* [à] haute tension
Stärkung <-, -en> *f* (1) *kein Pl* (*das Stärken, Verbessern*) renforcement *m*
(2) (*Mahlzeit*) collation *f*; **jdm etwas zur ~ anbieten** servir une petite collation à qn; (*ein alkoholisches Getränk servieren*) servir un remontant à qn
Stärkungsmittel *nt* fortifiant *m*
starr [ʃtar] **I.** *Adj* (1) (*nicht biegsam*) rigide
(2) (*reglos*) *Augen, Blick* fixe; *Grinsen* figé(e)
(3) (*steif, erstarrt*) **~ vor Schreck** paralysé(e) par la peur; **kalt und ~ sein** *Hand:* être ankylosé(e) par le froid; *Finger:* être gourd(e); *Leichnam:* être froid(e) et raide
(4) (*unbeugsam*) *Haltung, Prinzipien, Position* rigide
II. *Adv* (1) *ansehen* fixement; *lächeln* d'une manière figée
(2) (*unbeugsam*) **~ an etw** (*Dat*) **festhalten** tenir obstinément à qc
Starre [ˈʃtarə] <-> *f* torpeur *f*; *einer Leiche* rigidité *f*
starren [ˈʃtarən] *itr V* (1) (*starr blicken*) avoir le regard fixe; **an die Decke/Wand ~** regarder fixement le plafond/mur; **wohin starrst du so interessiert?** que fixes-tu avec autant d'intérêt?
(2) (*bedeckt sein*) **von** [*o* **vor**] **Dreck ~** être recouvert(e) de saleté
Starrheit <-> *f* rigidité *f*; (*Starrsinn*) obstination *f*
Starrkopf *m pej* tête *f* de mule (*fam*)
starrköpfig *s.* **starrsinnig**
Starrsinn *m* entêtement *m*
starrsinnig **I.** *Adj* entêté(e); **~ sein** être têtu(e)
II. *Adv* obstinément
Start [ʃtart] <-s, -s> *m* (1) *eines Flugzeugs* décollage *m*; *einer Rakete, Raumfähre* lancement *m*

❷ SPORT départ *m;* **am ~ sein** être au départ; **er hatte einen guten ~** il a pris un bon départ
❸ (*Beginn*) démarrage *m*
Startautomatik *f* AUT starter *m* automatique **Startbahn** *f* piste *f* d'envol **startbereit** *Adj Sportler:* prêt(e) au départ; *Flugzeug:* prêt(e) à décoller; *Rakete:* prêt(e) pour le lancement; **~ sein** *Sportler:* être prêt(e) au départ; *Flugzeug:* être prêt(e) à décoller; *Rakete:* être prêt(e) pour le lancement **Startblock** <-blöcke> *m* ❶ (*beim Schwimmen*) plot *m* de départ ❷ (*beim Laufen*) starting-block *m,* bloc *m* de départ
starten ['ʃtartən] **I.** *itr V + sein* ❶ *Flugzeug:* décoller; *Rakete:* être lancé(e)
❷ SPORT **zum Hundertmeterrennen ~** prendre le départ du cent mètres; **jd/etw ist gestartet** qn est parti(e)/qc a démarré; **für einen Verein ~** porter les couleurs d'un club
❸ (*beginnen*) *Tournee:* démarrer
II. *tr V + haben* ❶ (*anlassen*) lancer *Programm;* **den Motor/das Auto ~** mettre le moteur/la voiture en route; **den Rechner ~** mettre l'ordinateur en marche
❷ (*abschießen*) lancer *Rakete, Satelliten, Wetterballon*
❸ (*beginnen lassen*) lancer *Aktion, Kampagne, Expedition;* démarrer *Unternehmung, Projekt;* donner le départ de *Rennen, Wettkampf*
❹ INFORM démarrer *Programm*
Starter ['ʃtartɐ] <-s, -> *m* ❶ SPORT starter *m*
❷ (*Anlasser*) démarreur *m*
Starterin <-, -nen> *f* SPORT starter *m*
Starterlaubnis *f* ❶ (*beim Fliegen*) autorisation *f* de décoller ❷ SPORT autorisation *f* de participer **Startflagge** *f* drapeau *m* de départ **Startgeld** *nt* prime *f* **Starthilfe** *f* ❶ aide *f* financière ❷ AUT aide *f* pour démarrer; **jdm ~ geben** aider qn à démarrer **Starthilfekabel** *nt* câble *m* de démarrage **Startkapital** *nt* capital *m* initial **startklar** *s.* **startbereit Startkommando** *nt* SPORT signal *m* de départ **Startlinie** *f* ligne *f* de départ **Startloch** *nt* marque *f* ▸ **[schon] in den Startlöchern sitzen** *fam* être prêt(e) à l'action **Startmenü** *nt* INFORM menu *m* démarrer **Startnummer** *f* [numéro *m* de] dossard *m* **Startphase** *f* phase *f* de démarrage **Startrampe** *f* rampe *f* de lancement **Startschuss**^RR^ *m* signal *m* du départ ▸ **den ~ für etw geben** donner le feu vert à qc **Startverbot** *nt* ❶ SPORT suspension *f;* **jdn mit einem ~ belegen** infliger une suspension à qn ❷ AVIAT interdiction *f* de décoller; **~ haben** avoir l'interdiction de décoller **Startzeichen** *nt* signal *m* de départ
Starverteidiger(in) *m(f)* [grand] ténor *m* du barreau
Stasi ['ʃta:zi] <-> *f Abk von* **Staatssicherheit[sdienst]** *abréviation familière pour services de Sécurité de l'État de l'ex-R.D.A.*
Statement ['steɪtmənt] <-s, -s> *nt* déclaration *f* publique; *eines Pressesprechers* communiqué *m* officiel
Statik ['ʃta:tɪk] <-, -en> *f* statique *f*
Statiker(in) ['ʃta:tikɐ] <-s, -> *m(f)* ingénieur *mf* B.T.P. (*spécialisé en statique*)
Station [ʃta'tsio:n] <-, -en> *f* ❶ (*Haltestelle*) station *f*
❷ (*Aufenthaltsort*) *einer Reise* étape *f;* **~ machen** faire étape [*o* halte]
❸ MED service *m*
❹ (*Sender*) station *f*
stationär [ʃtatsio'nɛ:ɐ] **I.** *Adj Aufenthalt, Behandlung* à l'hôpital
II. *Adv* **jdn ~ behandeln/aufnehmen** hospitaliser qn
stationieren* *tr V* ❶ mettre en place *Truppen;* **Truppen in einem Land ~** mettre des troupes en place dans un pays; **in Europa stationiert [sein]** [être] stationné(e) en Europe
❷ (*aufstellen*) déployer *Atomwaffen, Raketen*
Stationierung <-, -en> *f von Truppen, Soldaten* stationnement *m; von Atomwaffen, Raketen* déploiement *m*
Stationsarzt *m,* **-ärztin** *f* [médecin-]chef *mf* du/de service **Stationsschwester** *f* infirmière *f* en chef **Stationsvorsteher(in)** *m(f)* chef *mf* de gare
statisch ['ʃta:tɪʃ] **I.** *Adj* statique
II. *Adv* statiquement
Statist(in) [ʃta'tɪst] <-en, -en> *m(f)* figurant(e) *m(f)*
Statistik [ʃta'tɪstɪk] <-, -en> *f* statistique *f;* **laut ~** d'après les statistiques
Statistiker(in) [ʃta'tɪstikɐ] <-s, -> *m(f)* statisticien(ne) *m(f)*
statistisch [ʃta'tɪstɪʃ] **I.** *Adj* statistique
II. *Adv* statistiquement; **etw ~ erfassen** recenser qc statistiquement
Stativ [ʃta'ti:f] <-s, -e> *nt* pied *m*
statt [ʃtat] **I.** *Präp + Gen* **~ seines Freundes/eines Briefs** à la place de son ami/d'une lettre; **~ deiner** à ta place
II. *Konj* **~ zu warten/anzurufen** au lieu d'attendre/de téléphoner
Statt ▸ **an seiner/unserer ~** *form* à sa/notre place
stattdessen^RR^ *Adv* au lieu de cela
Stätte ['ʃtɛtə] <-, -n> *f geh* lieu *m;* **eine ~ des Erinnerns** un lieu de/du souvenir; **eine ~ der Ruhe** un havre de paix (*littér*)
statt|finden *itr V unreg* avoir lieu **statt|geben** *itr V unreg form* **einem Antrag ~** faire droit à une demande; **einer Beschwerde** (*Dat*) **~** recevoir une plainte
statthaft *Adj* **~/nicht ~ sein** *Frage:* être/ne pas être autorisé(e); *Klage:* être recevable/irrecevable; **es ist nicht ~ hier zu fotografieren** il n'est pas autorisé de faire des photos ici
Statthalter *m* HIST gouverneur *m*
stattlich ['ʃtatlɪç] *Adj* ❶ *Erscheinung, Bursche* imposant(e)
❷ (*beträchtlich*) considérable
Statue ['ʃta:tuə, 'st-] <-, -n> *f* statue *f*
Statur [ʃta'tu:ɐ] <-, -en> *f geh* stature *f;* **von kräftiger/großer ~** de forte corpulence/haute stature
Status ['ʃta:tʊs, 'sta:tʊs] <-, -> *m geh* statut *m*
Status quo <- -> *m geh* statu quo *m*
Status quo ante <- - -> *m geh* état *m* antérieur [des choses]
Statussymbol *nt* symbole *m* de réussite sociale
Statut [ʃta'tu:t] <-[e]s, -en> *nt meist Pl* statut *m*
Stau [ʃtaʊ] <-[e]s, -e *o* -s> *m* bouchon *m;* **zehn Kilometer ~ auf der Autobahn** dix kilomètres de bouchon sur l'autoroute
Staub [ʃtaʊp] <-[e]s, -e *o* Stäube> *m* poussière *f;* **~ saugen** passer l'aspirateur; **~ wischen** faire les poussières
▸ **~ aufwirbeln** *fam* provoquer des remous; **sich aus dem ~ machen** *fam* prendre la poudre d'escampette; **zu ~ werden** *geh* tomber en poussière
Staubbeutel *m* BOT anthère *f* **Staubblatt** *nt* BOT étamine *f*
Staubecken *nt* barrage-réservoir *m*
stauben ['ʃtaʊbən] **I.** *itr V unpers* **es staubt** ça fait de la poussière
II. *itr V Teppich, Kissen:* être plein(e) de poussière
stäuben ['ʃtɔɪbən] *tr V* **Puderzucker auf etw** (*Akk*) **~** saupoudrer qc de sucre glace; **Mehl auf das Backblech ~** fariner légèrement la tôle du four
Staubfaden *m* BOT filet *m* **Staubfänger** ['ʃtaʊpfɛŋɐ] <-s, -> *m pej* nid *m* à poussière **Staubflocke** *f* mouton *m* **Staubgefäß** *nt* BOT étamine *f*
staubig *Adj* poussiéreux(-euse)
Staubkorn <-körner> *nt* grain *m* de poussière **Staublunge** *f* MED pneumoconiose *f* (*spéc*); (*bei Bergarbeitern*) silicose *f* **Staubpartikel** *f meist Pl* particule *f* de poussière **staubsaugen** <*PP* staubgesaugt> **I.** *itr V* passer l'aspirateur **II.** *tr V* passer l'aspirateur dans *Zimmer;* passer l'aspirateur sur *Teppich* **Staubsauger** *m* aspirateur *m* **Staubsaugerbeutel** *m* sac *m* [papier] pour aspirateur **Staubschicht** *f* couche *f* de poussière **staubtrocken** *Adj fam Brot* hyper-sec(sèche) (*fam*) **Staubtuch** <-tücher> *nt* chiffon *m* à poussière **Staubwolke** *f* nuage *m* de poussière **Staubzucker** *m kein Pl* sucre *m* glace
stauchen ['ʃtaʊxən] *tr V* ❶ TECH refouler
❷ *fam* (*zurechtweisen*) **jdn ~** remonter les bretelles à qn (*fam*)
Staudamm *m* barrage *m*

Staude ['ʃtaʊdə] <-, -n> *f* plante *f* vivace
Staudensellerie *m* céleri *m* en branches
stauen ['ʃtaʊən] **I.** *tr V* **das Wasser/den Bach** ~ *Person, Biber:* retenir l'eau/endiguer le ruisseau
II. *r V* ❶ **sich in einem Becken** ~ *Wasser:* s'accumuler dans un bassin; *Bach:* stagner dans un bassin; **sich in den Venen** ~ *Blut:* ne plus circuler dans les veines
❷ (*einen Stau bilden*) **sich vor einer Baustelle** ~ *Autos:* former un bouchon à cause des travaux (*fam*); **der Verkehr staut sich** ça bouchonne (*fam*)
Staugefahr *f* risque *m* d'embouteillage **Staumauer** *f* digue *f* **Staumeldung** *f* point *m* sur la circulation
staunen ['ʃtaʊnən] *itr V* être étonné(e); **über jdn/etw** ~ être étonné(e) par qn/de qc; **mit offenem Mund** ~ être bouche bée; **über sein Verhalten kann man nur** ~ son comportement a vraiment de quoi étonner; **sie** ~, **dass das so schnell geht** ils s'étonnent que ça aille si vite; **da staunst du, was?** *fam* ça te la coupe, hein? (*fam*)
Staunen <-s> *nt* étonnement *m;* **jdn in** ~ **versetzen** étonner qn
▶ **aus dem** ~ **nicht mehr herauskommen** aller d'étonnement en étonnement
Staupe ['ʃtaʊpə] <-, -n> *f* MED maladie *f* de Carré
Stauraum *m kein Pl* espace *m* de rangement **Stausee** *m* lac *m* de barrage
Stauung <-, -en> *f* ❶ (*Verkehrsstau*) embouteillage *m*
❷ *kein Pl* (*das Stauen*) *von Wasser* accumulation *f; eines Bachs, Flusses* endiguement *m; von Blut* congestion *f*
Std. *Abk von* **Stunde** h
Steak [ste:k, ʃte:k] <-s, -s> *nt* steak *m*
Stearin [ʃtea'ri:n, stea'ri:n] <-s, -e> *nt* CHEM stéarine *f*
Stechapfel *m* stramoine *f,* pomme *f* épineuse **Stechbeitel** [-baɪtəl] *m* ciseau *m* à bois
stechen ['ʃtɛçən] <sticht, stach, gestochen> **I.** *itr V* ❶ *Insekt, Kaktus, Dornen:* piquer
❷ (*hineinstechen*) **mit einer Nadel/einem Messer in etw** (*Akk*) ~ enfoncer une aiguille/un couteau dans qc
❸ (*brennen*) *Sonne:* taper; **das grelle Licht sticht mir in die Augen** la lumière violente me fait mal aux yeux
❹ KARTEN **mit etw** ~ couper avec qc
II. *tr V* ❶ (*verletzen*) **jdn** ~ *Insekt, Dornen:* piquer qn; **jdn mit einer Nadel** ~ piquer qn avec une aiguille
❷ (*hineinstechen*) **eine Gabel/Nadel in etw** (*Akk*) ~ piquer une fourchette/aiguille dans qc; **er hat ihm ein Messer in den Bauch gestochen** il lui a enfoncé un couteau dans le ventre
❸ KARTEN **die Zehn mit dem As** ~ prendre le dix avec l'as
❹ (*gravieren*) **etw in etw** (*Akk*) ~ graver qc sur qc
❺ (*ausstechen*) **Spargel** ~ ramasser [*o* cueillir] les asperges; **Torf** ~ extraire de la tourbe
▶ **wie gestochen schreiben** avoir une écriture calligraphiée
III. *r V* **sich an den Dornen** ~ se piquer avec les épines; **sich in den Finger** ~ se piquer le doigt
IV. *itr V unpers* **es sticht mich in der Seite** ça m'élance dans le côté
Stechen <-s, -> *nt* ❶ SPORT [épreuve *f* de] barrage *m*
❷ (*Schmerz*) élancement *m*
stechend *Adj Augen, Blick* perçant(e); *Geruch, Rauch* âcre; *Schmerz* lancinant(e)
Stechginster *m* BOT ajonc *m* **Stechkarte** *f* carte *f* de pointage **Stechmücke** *f* moustique *m* **Stechpalme** *f* houx *m* **Stechschritt** *m* pas *m* de l'oie **Stechuhr** *f* pointeuse *f* **Stechzirkel** *m* compas *m* à pointes sèches
Steckbrief *m* avis *m* de recherche **steckbrieflich** *Adv suchen* par avis de recherche **Steckdose** *f* prise *f* [de courant]
stecken ['ʃtɛkən] **I.** <steckte *o geh* stak, gesteckt> *itr V* ❶ (*feststecken*) **in etw** (*Dat*) ~ *Dorn, Nadel, Splitter:* être enfoncé(e) dans qc; **im Schnee/Schlamm** ~ être bloqué(e) dans la neige/s'embourber [*o* être embourbé(e)]
❷ (*eingesteckt, angebracht sein*) **in etw** (*Dat*) ~ *Karte, Ausweis, Foto:* être [*o* se trouver] dans qc; **im Schloss** ~ être sur la porte; **im Nadelkissen** ~ être planté(e) dans la pelote; **in ihrem Knopfloch steckte eine Blüte** elle avait une fleur à la boutonnière
❸ *fam* (*sich aufhalten, sich befinden*) **im Haus/Garten** ~ être dans la maison/le jardin; **wo** ~ **die Kinder schon wieder?** où sont encore [fourrés *fam*] les enfants?; **wo hast du denn gesteckt?** où étais-tu passé(e)?; **wo steckt bloß meine Brille?** où est-ce que j'ai bien pu fourrer mes lunettes? (*fam*)
❹ (*verantwortlich sein*) **hinter einer Sache** ~ être pour quelque chose dans une affaire
❺ (*verwickelt sein*) **in Schwierigkeiten** (*Dat*) ~ *Person:* avoir de gros problèmes; *Land:* connaître des difficultés; **dermaßen in Arbeit** ~, **dass** être tellement débordé(e) de travail que + *indic*
II. <steckte, gesteckt> *tr V* ❶ **etw in eine Schublade** ~ mettre qc dans un tiroir; **sich** (*Dat*) **etw ans Revers** ~ épingler qc à son revers; **er steckte ihr den Ring an den Finger** il lui passa la bague au doigt
❷ *fam* (*tun, bringen*) **jdn ins Bett/ins Gefängnis** ~ mettre qn au lit/fourrer qn en prison (*fam*)
❸ (*befestigen*) épingler *Saum*
❹ *fam* (*investieren*) **viel Geld/Arbeit in etw** (*Akk*) ~ investir beaucoup d'argent/de travail dans qc
❺ *sl* (*verraten*) **jdm ein paar Informationen** ~ [re]filer quelques informations à qn (*fam*); **jdm** ~, **dass** souffler à qn que + *indic*
Stecken <-s, -> *m* DIAL, CH bâton *m*
stecken\|bleiben *s.* **bleiben I.6., I.7.**
stecken\|lassen *s.* **lassen I.5., I.7.**
Steckenpferd *nt* violon *m* d'Ingres, dada *m* (*fam*)
Stecker <-s, -> *m* fiche *f* [d'alimentation]
Steckling ['ʃtɛklɪŋ] <-s, -e> *m* bouture *f*
Stecknadel *f* épingle *f* ▶ **eine** ~ **im Heuhaufen suchen** chercher une aiguille dans une botte de foin **Steckrübe** *f* DIAL rutabaga *m* **Steckschlüssel** *m* clé *f* à pipe **Steckschuss**[RR] *m* balle *f* restée dans le corps
Steg [ʃte:k] <-[e]s, -e> *m* ❶ (*kleine Brücke*) passerelle *f*
❷ (*Bootssteg*) appontement *m*
❸ (*Teil eines Instruments*) chevalet *m*
Steghose *f* fuseau *m* **Stegreif** ['ʃte:kraɪf] ▶ **aus dem** ~ au pied levé, à l'improviste
Stehaufmännchen ['ʃte:ʔaʊfmɛnçən] *nt* ❶ (*Spielzeug*) poussah *m*
❷ (*Mensch*) dur(e) *m(f)* à cuire; **ich bin ein** ~ je ne me laisse pas abattre
Stehbündchen [-bʏntçən] *nt* petit col *m* montant; **Pullover mit** ~ pull-over à col montant
stehen ['ʃte:ən] <stand, gestanden> **I.** *itr V* + *haben o* SDEUTSCH, A, CH *sein* ❶ *Person:* être debout; **vor jdm** ~ être devant qn; **vor der Tür/am Fenster** ~ être devant la porte/à la fenêtre; **den ganzen Tag** ~ **müssen** devoir rester debout toute la journée; **ich stehe lieber/bleibe lieber** ~ je préfère rester debout; **wir mussten drei Stunden lang** ~ nous avons été obligés de rester trois heures debout; **ich kann nicht mehr/länger** ~ je ne peux pas rester debout plus longtemps
❷ (*hingestellt, aufgestellt sein*) *Leiter, Fahrrad:* être posé(e) debout; **in der Garage** ~ *Auto, Fahrrad:* être dans le garage; **neben dem Fenster** ~ *Tisch, Pflanze:* être près/à côté de la fenêtre; **auf dem Tisch stand eine Vase** il y avait un vase sur la table
❸ (*geschrieben stehen*) **auf der Speisekarte/Tagesordnung** ~ être sur la carte/à l'ordre du jour; **auf einer Liste** ~ être inscrit(e) sur une liste; **das steht bei Goethe/im „Faust"** ça se trouve chez Goethe/dans "Faust"; **in der Bibel steht geschrieben, dass** il est écrit dans la bible que; **in sei-**

nem Brief steht ein komischer Satz il y a une phrase bizarre dans sa lettre
4 (*stillstehen*) *Fließband, Maschine, Uhr:* être arrêté(e)
5 (*parken*) **vor der Einfahrt/hinterm Haus** ~ *Person, Auto:* être garé(e) devant la sortie de garage/derrière la maison
6 (*beeinflusst sein*) **unter Alkohol/Drogen** ~ être sous l'influence de l'alcool/de la drogue; **unter Schock** ~ être sous le choc
7 (*konfrontiert sein*) **vor dem Ruin/Bankrott** ~ être au bord de la ruine/faillite
8 GRAM **im Futur/Passiv** ~ être au futur/passif; **mit dem Dativ** ~ *Verb, Präposition:* demander le datif
9 (*kleidsam sein*) **jdm [gut]** ~ *Hose, Frisur, Farbe:* aller [bien] à qn
10 JUR **auf dieses Vergehen steht Gefängnis** ce délit est passible de prison
11 SPORT, SPIEL **es [o das Spiel] steht unentschieden/2:1** le score est nul/de 2 à 1; **wie steht das Spiel?** où en est le score?
12 FIN **die Aktie steht gut/schlecht** le cours de l'action est bon/mauvais; **bei fünfzig Euro** ~ être à cinquante euros; **wie steht das englische Pfund?** quel est le cours de la livre?
13 *fam* (*fest, fertig sein*) *Projektplanung:* être au point; *Vortrag, Doktorarbeit:* être prêt(e); *Termin:* être fixé(e); *Team, Mannschaft:* être formé(e)
14 (*nicht abrücken von*) **zu jdm** ~ soutenir qn; **zu einem Versprechen** ~ tenir une promesse; **zu einer Abmachung** ~ s'en tenir à un accord; **zu einer Behauptung** ~ maintenir une affirmation; **zu seiner Überzeugung** ~ rester fidèle à ses convictions
15 (*unterstützen*) **hinter jdm** ~ soutenir qn
16 (*gleichbedeutend sein mit*) **für etw** ~ *Abkürzung:* signifier qc; *Symbol, Zahl:* représenter qc; **dieser Name steht für Qualität** ce nom est une garantie de qualité
17 (*eingestellt sein*) **jdm/einer S. nahe** ~ être proche de qn; **sich nahe** ~ *zwei Personen:* être proches l'un(e) de l'autre; *mehrere Personen:* être proches les un(e)s des autres; **sich sehr/nicht besonders nahe** ~ être très/ne pas être spécialement lié(e)s; **positiv/negativ zu etw** ~ être favorable/défavorable à qc; **wie stehst du zu diesem Plan?** que penses-tu de ce plan?
18 (*sich anlassen*) **gut/schlecht** ~ *Angelegenheit:* aller bien/mal; *Chancen:* être bon(ne)/mauvais(e)
19 (*stecken*) **jd steht hinter etw** (*Dat*) il y a qn derrière qc
20 (*anzeigen*) **auf Rot** ~ être au rouge; **auf „veränderlich“** ~ être au variable
21 *fam* (*mögen, gut finden*) **auf jdn/etw** ~ craquer pour qn/être fana de qc (*fam*); **auf jdn/etw nicht** ~ ne pas courir après qn/qc (*fam*)
22 (*unanfechtbar sein*) **über etw** (*Dat*) ~ être au-dessus de qc
23 (*einen Rang einnehmen*) **hoch ~d** *Kultur* très avancé(e); *Technologie* élaboré(e); **geistig/kulturell/sozial hoch ~d** d'un niveau intellectuel/culturel/social élevé
24 (*sein*) **offen** ~ *Fenster, Tür:* être ouvert(e); *Betrag, Schuld, Rechnung:* être en souffrance; **jdm offen** ~ *Alternative, Möglichkeit:* être ouvert(e) à qn; **es steht dir offen zu bleiben oder zu gehen** tu es libre de rester ou de partir
► **etw steht und fällt mit jdm** qc repose sur qn; **einen ~ haben** *sl* bander (*fam*)
II. *itr V unpers* 1 (*sein*) **es steht zu befürchten/erwarten, dass** il est à craindre que/on peut s'attendre à ce que + *subj*
2 (*bestellt sein*) **es steht gut/schlecht um ihn [o mit ihm]** il va bien/mal; **um unser [o mit unserem] Projekt steht es gut/schlecht** notre projet va bien/mal; **mit ihrer Gesundheit steht es nicht zum Besten** sa santé n'est pas brillante; **wie steht's?** (*wie geht's*) comment ça va?; (*was ist*) alors?

Stehen <-s> *nt* 1 **etw im ~ tun** faire qc debout; **vom ständigen ~** à rester toujours debout
2 (*Stillstand*) **zum ~ kommen** *Auto, Zug:* s'arrêter

stehen|bleiben *s.* bleiben I.2., I.7., I.►
stehend *Adj attr Gewässer, Wasser* stagnant(e), dormant(e)
stehen|lassen *s.* lassen I.2., I.5., I.7., I.►
Steherrennen ['ʃte:ɐ-] *nt* SPORT [course *f* de] keirin *m*
Stehgeiger(in) *m(f)* violoniste *mf* tsigane **Stehkneipe** *f* bistro *m* (*fam*) **Stehkragen** *m* col *m* droit **Stehlampe** *f* lampadaire *m* **Stehleiter** *f* escabeau *m*
stehlen ['ʃte:lən] <stiehlt, stahl, gestohlen> **I.** *tr V* voler; **[jdm] etw** ~ voler qc [à qn]
► **er/sie kann mir gestohlen bleiben!** *fam* qu'il/qu'elle aille se faire voir! (*fam*)
II. *itr V* voler; **es wird viel gestohlen** il y a beaucoup de vols; **jdn beim Stehlen erwischen** prendre qn en train de voler; **du sollst nicht** ~ REL tu ne voleras pas
III. *r V* **sich aus dem Haus/in das Zimmer** ~ s'esquiver de la maison/se glisser dans la pièce
Stehplatz *m* place *f* debout **Stehpult** *nt* lutrin *m* **Stehvermögen** *nt kein Pl* ténacité *f;* ~ **haben** être tenace; **kein ~ haben** manquer de ténacité
Steiermark ['ʃtaɪɐmark] <-> *f* **die** ~ la Styrie; **in der** ~ en Styrie
steif [ʃtaɪf] **I.** *Adj* 1 (*starr*) rigide
2 (*fest*) **das Eiweiß ~ schlagen** battre les œufs en neige; **die Sahne ~ schlagen** fouetter la crème
3 (*unbeweglich*) *Arm, Bein, Finger* raide; *Gelenk* ankylosé(e); ~ **werden** *Arm, Bein, Finger:* se raidir; *Gelenk:* s'ankyloser; **sich ~ machen** se raidir
4 (*förmlich*) guindé(e)
5 (*erigiert*) en érection; ~ **werden** entrer en érection
II. *Adv* (*förmlich*) froidement
► **etw ~ und fest behaupten** soutenir qc mordicus (*fam*); **~ und fest glauben, dass** croire dur comme fer que + *indic*
Steifheit <-> *f* 1 (*Festigkeit, Starre*) rigidité *f; eines Körperteils, Gelenks* raideur *f*
2 (*im Benehmen*) froideur *f*
Steigbügel *m a.* ANAT étrier *m* **Steigbügelhalter(in)** *m(f) pej* soutien *m* occulte
Steige ['ʃtaɪgə] <-, -n> *f* DIAL 1 (*steile Straße*) raidillon *m*
2 A (*Obstkiste*) boîte *f* à fruit
3 *s.* **Stiege**
Steigeisen *nt* (*für Schuhe*) crampon *m*
steigen ['ʃtaɪgən] <stieg, gestiegen> **I.** *itr V + sein* 1 (*klettern*) monter; **auf einen Baum/eine Leiter** ~ monter sur un arbre/une échelle; **auf einen Berg** ~ escalader une montagne; **auf den Turm** ~ monter en haut de la tour; **von der Leiter** ~ descendre de l'échelle
2 (*aufsitzen, absitzen*) **aufs Motorrad/Fahrrad/Pferd** ~ monter sur sa moto/à vélo/à cheval; **vom Motorrad/Fahrrad/Pferd** ~ descendre de moto/vélo/cheval
3 (*einsteigen, aussteigen*) **in den Zug/das Taxi** ~ monter dans le train/taxi; **aus dem Bus/dem Auto** ~ descendre du bus/de la voiture
4 (*sich in die Luft erheben*) *Nebel, Ballon, Drachen:* monter; **in den Himmel** ~ *Flugzeug, Vogel:* monter dans le ciel
5 *fam* (*sich begeben*) **aus der Wanne/ins Bett** ~ sortir de la baignoire/aller au lit
6 (*sich erhöhen*) *Preis, Gehalt, Miete:* augmenter; **um drei Prozent** ~ augmenter de trois pour cent; **auf zehn Euro** ~ passer à dix euros
7 (*anwachsen*) *Ungeduld, Misstrauen, Unruhe:* augmenter; *Spannung, Ärger:* monter
8 *sl* (*stattfinden*) **die Party steigt bei ihr** il y a une boum [*o* une fête] chez elle (*fam*)
II. *tr V + sein* monter *Treppen, Stufen*
Steiger <-s, -> *m* MIN porion *m*
steigern ['ʃtaɪgɐn] **I.** *tr V* 1 augmenter; faire monter *Spannung, Wert;* améliorer *Leistung, Qualität*
2 GRAM **ein Adjektiv** ~ mettre un adjectif au comparatif/

superlatif
II. *r V* **sich** ~ ❶ s'améliorer; *Arbeitstempo, Wert:* s'accroître; *Geschwindigkeit:* augmenter
❷ (*anwachsen, sich intensivieren*) s'accroître; **gesteigert** croissant(e), redoublé(e)
Steigerung <-, -en> *f* ❶ *des Arbeitstempos* accroissement *m; der Geschwindigkeit* augmentation *f; der Leistung, Qualität* amélioration *f*
❷ GRAM comparaison *f;* **die Formen der** ~ les degrés *mpl* de comparaison
Steigerungsform *f* GRAM degré *m* de comparaison **Steigerungsrate** *f* taux *m* d'accroissement [*o* d'augmentation]
Steigflug *m* vol *m* ascensionnel
Steigung <-, -en> *f* ❶ (*steile Strecke*) côte *f,* montée *f*
❷ (*Neigung, Anstieg*) pente *f;* **eine** ~ **von fünf Prozent** une pente de cinq pour cent
Steigungswinkel *m* angle *m* d'inclinaison
steil [ʃtaɪl] **I.** *Adj* ❶ *Abhang, Wand, Klippe, Ufer* escarpé(e), abrupt(e); *Hang, Straße, Treppe* raide
❷ *fig Aufstieg, Karriere* fulgurant(e)
❸ SPORT *Pass, Vorlage* en profondeur
II. *Adv ansteigen* abruptement; *abfallen* à pic; *aufsteigen, sich aufrichten* tout droit
Steilhang *m* escarpement *m*
Steilheit <-> *f* raideur *f*
Steilküste *f* falaise *f* **Steilpass**RR *m* SPORT chandelle *f* **Steilufer** *nt* rive *f* escarpée **Steilwand** *f* à-pic *m*
Stein [ʃtaɪn] <-[e]s, -e> *m* ❶ pierre *f*
❷ (*Kieselstein, kleiner Stein*) caillou *m;* **der Strand besteht nur aus** ~**en** c'est une plage où il n'y a que des cailloux [*o* galets]
❸ (*Pflasterstein*) pavé *m*
❹ (*Felsbrocken*) rocher *m*
❺ *kein Pl* (*steinernes Material*) **ein Haus aus** ~ une maison en pierre; **zu** ~ **werden/erstarren** se pétrifier
❻ MED calcul *m*
▶ **der/ein** ~ **des Anstoßes** la pierre d'achoppement; **es friert** ~ **und Bein** *fam* il gèle à pierre fendre; ~ **und Bein schwören, etw getan zu haben** *fam* jurer ses grands dieux avoir fait qc; **bei jdm einen** ~ **im Brett haben** *fam* être dans les petits papiers de qn (*fam*); **ihm/ihr fällt ein** ~ **vom Herzen** ça lui ôte un grand poids; **jdm fällt kein** ~ **aus der Krone, wenn er ...** qn ne va pas en mourir s'il... (*fam*); **jdm** ~**e in den Weg legen** mettre à qn des bâtons dans les roues; **jdm alle** ~**e aus dem Weg räumen** déblayer le terrain à qn; **der** ~ **der Weisen** la pierre philosophale; **den/einen** ~ **ins Rollen bringen** mettre le/un mécanisme en branle; **keinen** ~ **auf dem anderen lassen** ne pas laisser pierre sur pierre; **schlafen wie ein** ~ *fam* dormir comme une souche
Steinadler *m* aigle *m* royal **steinalt** *Adj* très vieux(vieille) **Steinbock** *m* ❶ bouquetin *m* ❷ ASTROL Capricorne *m;* [**ein**] ~ **sein** être Capricorne **Steinbohrer** *m* foret *m* à béton **Steinbrech** <-[e]s, -e> *m* BOT saxifrage *f* **Steinbruch** *m* carrière *f* [de pierres] **Steinbutt** *m* turbot *m* **Steindruck** *m* lithographie *f* **Steineiche** *f* chêne *m* vert
steinern ['ʃtaɪnɐn] *Adj* en pierre
Steinerweichen ▶ **zum** ~ à fendre l'âme **Steinfraß** *m* maladie *f* de la pierre **Steinfrucht** *f* fruit *m* à noyau **Steinfußboden** *m* sol *m* dallé **Steingut** *nt kein Pl* grès *m* **steinhart** *Adj* dur(e) comme pierre
steinig *Adj* (*Steine enthaltend*) plein(e) de pierres; (*mit Steinen bedeckt*) pierreux(-euse)
steinigen ['ʃtaɪnɪgən] *tr V* lapider
Steinkauz *m* ZOOL [chouette *f*] chevêche *f* **Steinkohle** *f kein Pl* houille *f*
Steinkohlenbergbau *m* **der** ~ les houillères *fpl* **Steinkohlenbergwerk** *nt* mine *f* de houille **Steinkohlenförderung** *f* extraction *f* de la houille **Steinkohlenrevier** *nt* bassin *m* houiller
Steinmarder *m* ZOOL fouine *f* **Steinmauer** *f* mur *m* de pierres **Steinmetz(in)** ['ʃtaɪnmɛts] <-en, -en> *m(f)* tailleur(-euse) *m(f)* de pierres **Steinobst** *nt* fruits *mpl* à noyau **Steinpilz** *m* cèpe *m* **Steinplatte** *f* dalle *f* [en pierre] **steinreich** *Adj fam* richissime **Steinschlag** *m* chute *f* de pierres **Steinwurf** *m* jet *m* de pierre ▶ **einen** ~ **weit** [**entfernt**] à un jet de pierre **Steinwüste** *f* désert *m* de pierres **Steinzeit** *f kein Pl* âge *m* de pierre; **die ältere/mittlere** ~ le paléolithique/mésolithique, l'âge de la pierre taillée/polie **steinzeitlich** *Adj* ❶ qui date de l'âge de pierre ❷ (*völlig veraltet*) antédiluvien(ne)
Steiß [ʃtaɪs] <-es, -e> *m* ❶ ANAT coccyx *m*
❷ *fam* (*Hintern*) postérieur *m* (*fam*)
Steißbein *nt* ANAT coccyx *m* **Steißlage** *f* présentation *f* par le siège; **in** ~ **sein** se présenter par le siège
Stele ['ste:lə, 'ʃte:lə] <-, -n> *f* KUNST stèle *f*
stellar [ʃtɛ'la:ɐ, stɛ'la:ɐ] *Adj* stellaire
Stelldichein ['ʃtɛldɪçʔaɪn] <-[s], -[s]> *nt veraltet* rendez-vous *m;* **sich ein** ~ **geben** se donner rendez-vous
Stelle ['ʃtɛlə] <-, -n> *f* ❶ (*Platz*) endroit *m;* (*für eine Pflanze*) emplacement *m;* **etw von der** ~ **bekommen** [*o* **kriegen** *fam*] arriver à déplacer qc
❷ (*üblicher Platz*) **stell die Sachen wieder an ihre** ~**!** remets les choses à leur place!
❸ (*umrissener Bereich*) endroit *m;* (*Fleck*) tache *f;* **diese** ~ **in der Mauer** cet endroit du mur; **eine rote** ~ **auf der Schulter** une plaque rouge sur l'épaule; **eine rostige/fettige** ~ une tache de rouille/de gras
❹ (*Textstelle, Musikstelle*) passage *m*
❺ MATH chiffre *m;* **eine Zahl mit vier** ~**n** un numéro à quatre chiffres
❻ (*Arbeitsplatz*) emploi *m;* (*im öffentlichen Dienst*) poste *m;* **eine freie** [*o* **offene**] ~ un emploi vacant; (*im öffentlichen Dienst*) un poste vacant; **die** ~ **als Putzfrau** la place de femme de ménage; **eine neue** ~ **antreten** commencer dans un nouveau travail
❼ (*Abteilung, Behörde*) service *m;* **staatliche** ~**n** services *mpl* publics; **eine Anordnung von höherer** ~ un ordre d'en haut; **an höherer/höchster** ~ en haut lieu/au plus haut niveau
❽ (*Rang*) **an erster** ~ **kommen** venir en premier; **an erster** ~ **stehen** occuper la première place; **an erster** ~ **in der Hitparade/auf der Tagesordnung** en tête du hit-parade/de l'ordre du jour; **an wievielter** ~ **auf der Liste?** à quelle place sur la liste?
▶ **seine/deine/... schwache** ~ son/ton/... point faible; **eine undichte** ~ *fam* une fuite; (*indiskreter Mensch*) une taupe (*fam*); **sich nicht von der** ~ **rühren** ne pas bouger d'où il/elle est; **zur** ~ **sein** être sur place; **an jds** ~ **treten** (*Akk*) remplacer qn, prendre la place de qn; **an die** ~ **einer S.** (*Gen*) **treten** remplacer qc; **auf der** ~ **treten, nicht von der** ~ **kommen** piétiner; **nicht von der** ~ **weichen** faire du sur place; **an anderer** ~ (*bei anderer Gelegenheit*) en d'autres circonstances; **an dieser** ~ à cette occasion; **an deiner/seiner** ~ (*Dat*) à ta/sa place; **an** ~ **seiner Schwester** à la place de sa sœur; **an** ~ **von Fragen** au lieu de poser des questions; **auf der** ~ sur-le-champ; **zur** ~**!** MIL présent(e)!
stellen ['ʃtɛlən] **I.** *tr V* ❶ (*hinstellen*) mettre; **das Kind in den Laufstall** ~ mettre l'enfant dans le parc; **das Glas in den Schrank/auf den Tisch** ~ mettre le verre dans l'armoire/poser le verre sur la table; **den Schrank/die Leiter an die Wand** ~ placer l'armoire/dresser l'échelle contre le mur
❷ (*abstellen*) **das Auto vor das Haus/in die Garage** ~ [re]mettre la voiture devant la maison/au garage
❸ (*aufrecht hinstellen*) **etw** ~ mettre qc debout
❹ (*einstellen*) **die Heizung höher/wärmer** ~ monter le chauffage; **den Herd kleiner** ~ baisser la cuisinière; **den Fernseher leiser** ~ baisser [le son de] la télévision; **den**

Wecker auf sechs ~ régler le réveil sur six heures
5 (*äußern, vorbringen*) poser *Frage, Forderung, Bedingung;* présenter *Antrag;* **jdm eine Frage/an jdn Forderungen** ~ poser une question/des exigences à qn
6 (*vorgeben*) donner *Aufgabe, Thema*
7 (*zur Aufgabe zwingen*) arrêter *Flüchtigen, Täter*
8 (*konfrontieren*) **jdn vor ein Problem/Rätsel** ~ poser un problème/une énigme à qn; **vor eine Schwierigkeit gestellt werden** être confronté(e) à une difficulté
9 (*arrangieren*) **eine Szene** ~ *Regisseur:* [re]prendre une scène; *Polizei:* reconstituer une scène
10 (*erstellen*) faire *Prognose;* établir, poser *Diagnose;* **welche Prognose ~ Sie?** quels sont vos pronostics?
11 FIN fournir *Kaution, Bürgschaft*
12 (*zur Verfügung stellen*) fournir *Mitarbeiter, Geräte, Räume;* produire *Zeugen*
13 (*situiert sein*) **gut gestellt sein** être dans une situation financière confortable; **[finanziell] besser/schlechter gestellt sein** être plus/moins à l'aise [financièrement]; **hoch gestellt** *Persönlichkeit, Beamter, Funktionär* haut placé(e)
► **auf sich** (*Akk*) **selbst gestellt sein** ne pouvoir compter que sur soi
II. *r V* 1 (*sich hinstellen*) **sich an etw** (*Akk*)**/hinter etw** (*Akk*) ~ se mettre à qc/derrière qc
2 (*entgegentreten*) **sich den Journalisten/Kritikern** ~ faire face aux journalistes/affronter les critiques; **sich den Fragen** ~ répondre aux questions; **sich der Herausforderung** (*Dat*) ~ relever le défi
3 (*eine Meinung vertreten*) **sich positiv/negativ zu etw** ~ réagir positivement/négativement à qc; **wie ~ Sie sich dazu?** qu'en pensez-vous?
4 (*eine Position ergreifen*) **sich vor jdn** ~ prendre le parti de qn; **sich hinter jdn/etw** ~ soutenir qn/qc; **sich gegen jdn/etw** ~ se prononcer contre qn/qc
5 (*sich melden*) **sich [jdm]** ~ *Täter:* se livrer [à qn]
6 (*sich ausgeben*) **sich schlafend** ~ faire semblant de dormir; **sich dumm** ~ faire semblant de ne pas comprendre
7 (*sich aufdrängen*) **jdm stellt sich** [*o* **es stellt sich jdm**] **die Frage, ob/wer ...** la question se pose à qn [de savoir] si/qui... + *indic;* **es stellt sich die Frage, ob ...** la question se pose de savoir si... + *indic*
Stellenabbau *m* suppression *f* d'emplois **Stellenangebot** *nt* offre *f* d'emploi **Stellenanzeige** *f* (*Gesuch*) demande *f* d'emploi; (*Angebot*) offre *f* d'emploi **Stellenausschreibung** *f* avis *m* de recrutement **Stellengesuch** *nt* recherche *f* d'emploi **Stellenmarkt** *m* marché *m* de l'emploi **Stellenplan** *m* tableau *m* des effectifs **Stellensuche** *f kein Pl* recherche *f* d'un emploi; **auf ~ sein** être à la recherche d'un emploi **Stellenvermittlung** *f* (*Einrichtung*) service *m* de placement **Stellenwechsel** [-ks-] *m* changement *m* d'emploi **stellenweise** *Adv* par endroits **Stellenwert** *m* (*Bedeutung*) importance *f;* **einen hohen ~ besitzen** [*o* **haben**] être d'une grande importance
Stellplatz *m* place *f* de stationnement
Stellschraube *f* vis *f* de réglage, molette *f*
Stellung <-, -en> *f* 1 (*Körperhaltung*) position *f;* **in liegender/kniender** ~ en position couchée/à genoux
2 (*Position*) *eines Schalters, Hebels* position *f; eines Worts* place *f*
3 (*Arbeitsplatz*) emploi *m;* **eine ~ als Pförtner** un poste [*o* une fonction] de portier; **ohne ~ [sein]** [être] sans emploi
4 (*Rang*) rang *m;* **gesellschaftliche** ~ rang social
5 (*Einstellung*) ~ **beziehen** prendre position; **zu etw ~ nehmen** prendre position sur qc
6 MIL position *f;* **in ~ gehen** se mettre en position; **etw in ~ bringen** mettre qc en batterie
► **die ~ halten** MIL maintenir sa position; *fig* garder la boutique
Stellungnahme <-, -n> *f* 1 *kein Pl* (*das Äußern*) prise *f* de position; **eine ~ abgeben** donner son point de vue [*o* sa position]
2 (*geäußerte Meinung*) position *f*
stellungslos *s.* **arbeitslos**
Stellungswechsel *m* changement *m* d'emploi
stellvertretend **I.** *Adj* suppléant(e) **II.** *Adv* **etw ~ für jdn/etw tun** faire qc à la place de qn/qc **Stellvertreter(in)** *m(f)* suppléant(e) *m(f)* **Stellvertretung** *f* suppléance *f;* **jds ~ übernehmen** assurer la suppléance de qn **Stellwerk** *nt* poste *m* d'aiguillage
Stelze ['ʃtɛltsə] <-, -n> *f* échasse *f;* **auf ~n gehen** marcher sur des échasses
stelzen *itr V + sein* 1 *Mensch:* avoir une démarche guindée; *Vogel:* se déplacer sur ses pattes d'échassier
2 *fig* **sich gestelzt ausdrücken** parler sur un ton guindé
Stelzvogel *m* échassier *m*
Stemmeisen *nt* ciseau *m* à bois
stemmen ['ʃtɛmən] **I.** *tr V* 1 (*hoch drücken*) soulever
2 (*stützen*) **die Arme in die Seiten** ~ mettre les poings sur les hanches
3 (*brechen*) **ein Loch in etw** (*Akk*) ~ creuser un trou dans qc
II. *r V* **sich gegen etw** ~ s'appuyer contre qc; (*sich sträuben*) se dresser contre qc
Stempel ['ʃtɛmpəl] <-s, -> *m* 1 (*Gerät, Abdruck*) tampon *m*
2 (*Prägung auf Gold, Silber*) poinçon *m*
3 BOT pistil *m*
► **jdm/einer S. seinen ~ aufdrücken** marquer qn/qc de son empreinte
Stempelfarbe *f* encre *f* à tampon **Stempelgeld** *nt kein Pl fam* allocation *f* chômage **Stempelkissen** *nt* tampon *m* encreur **Stempelmarke** *f* A (*Gebührenmarke*) timbre *m* fiscal
stempeln ['ʃtɛmpəln] **I.** *tr V* 1 tamponner *Formular, Dokument;* oblitérer *Brief, Briefmarke;* **eine nicht gestempelte Marke** un timbre non oblitéré
2 *fig* **jdn zum Lügner** ~ étiqueter qn comme menteur
II. *itr V* tamponner, donner des coups de tampon (*fam*)
► ~ **gehen** *veraltet fam* pointer au chômage (*fam*)
Stempeluhr *f* pointeuse *f*
Stengel *s.* **Stängel**
Steno[1] ['ʃteːno] <-> *f fam Abk von* **Stenographie** sténo *f*
Steno[2] <-s, -s> *nt fam Abk von* **Stenogramm** texte *m* en sténo
Stenoblock *s.* **Stenogrammblock**
Stenograf(in) [ʃteno'graːf] <-en, -en> *m(f)* sténographe *mf*
Stenografie [ʃtenogra'fiː] <-, -n> *f* sténographie *f*
stenografisch *Adj* sténographique
Stenogramm [ʃteno'gram] <-s, -e> *nt* sténogramme *m;* **ein ~ aufnehmen** prendre en sténo
Stenogrammblock <-blöcke> *m* bloc *m* sténo
Stenographie [ʃtenogra'fiː] <-> *f* sténographie *f*
stenographieren* *tr, itr V* sténographier
Stenokurs ['ʃteːno-] *m* cours *m* de sténo
Stenotypist(in) [ʃtenoty'pɪst] <-en, -en> *m(f)* sténotypiste *mf*
Step <-s, -s>, **Stepp**[RR] [ʃtɛp, stɛp] <-s, -s> *m* claquettes *fpl;* ~ **tanzen** faire des claquettes
Steppdecke *f* couette *f*
Steppe ['ʃtɛpə] <-, -n> *f* steppe *f*
steppen[1] ['ʃtɛpən] *tr, itr V* [sur]piquer *Naht*
steppen[2] ['ʃtɛpən, 'stɛpən] *itr V* faire des claquettes
Stepptanz[RR] *m* claquettes *fpl*
Sterbebett *nt* lit *m* de mort; **auf dem ~ liegen** être à l'article de la mort **Sterbefall** *m* décès *m* **Sterbegeld** *nt kein Pl* capital-décès *m* **Sterbehilfe** *f kein Pl* euthanasie *f;* **jdm ~ leisten** aider qn à mourir
sterben ['ʃtɛrbən] <stirbt, starb, gestorben> *itr V + sein* 1 mourir; **an Krebs/Herzversagen** (*Dat*) ~ mourir d'un cancer/d'une crise cardiaque; **an seinen Verletzungen** ~ succomber à ses blessures; **auf dem Scheiterhaufen** ~ mourir sur le bûcher
2 *fam* (*vergehen*) **ich bin vor Angst fast gestorben** j'ai failli

mourir de peur
▶ **gestorben sein** *fam Thema, Sache, Plan:* être à l'eau (*fam*); **er/sie ist für mich gestorben!** *fam* je ne le/la connais plus! (*fam*); **daran wirst du [schon] nicht ~!** *hum fam* tu n'en mourras pas! (*fam*)

Sterben <-s> *nt* agonie *f;* **im ~ liegen** être à l'agonie
▶ **zum ~ langweilig sein** *fam* être à mourir [d'ennui] (*fam*)

sterbenselend *Adj fam* **ihr ist/sie fühlt sich ~** elle se sent horriblement mal (*fam*) **sterbenskrank** ['ʃtɛrbəns'kraŋk] *Adj* moribond(e) **sterbenslangweilig** *Adj fam* à mourir d'ennui **Sterbenswort, Sterbenswörtchen** [-'vœrtçən] *nt kein Pl* ▶ **kein [o nicht ein] ~** pas le moindre mot; **kein [o nicht ein] ~ verraten** ne pas dire un [traître] mot; **nicht ein ~ kam über meine Lippen!** je n'ai pas soufflé mot!

Sterbesakramente *Pl* derniers sacrements *mpl;* **jdm die ~ spenden** administrer à qn les derniers sacrements **Sterbeurkunde** *f* acte *m* de décès **Sterbeziffer** *f* mortalité *f* **Sterbezimmer** *nt* chambre *f* mortuaire

sterblich *Adj geh* mortel(le)

Sterbliche(r) *f(m) dekl wie Adj geh* mortel(le) *m(f)*

Sterblichkeit <-> *f* mortalité *f*

Sterblichkeitsrate *f* taux *m* de mortalité

stereo ['ʃt-, 'st-] *Adv* en stéréo

Stereo ['ʃte:reo, 'ste:reo] <-> *nt* stéréo *f;* **in ~** en stéréo

Stereoanlage *f* chaîne *f* stéréo **Stereoaufnahme** *f* enregistrement *m* stéréo

StereofonieRR, **Stereophonie** [ʃtereofo'ni:, ste:reo-] <-> *f* stéréophonie *f*

Stereoskop [ʃtereo'sko:p, ste:reo-] <-s, -e> *nt* stéréoscope *m*

stereotyp [ʃtereo'ty:p, ste:reo-] **I.** *Adj* stéréotypé(e)
II. *Adv* d'une façon stéréotypée

steril [ʃte'ri:l] *Adj* stérile

Sterilisation [ʃteriliza'tsio:n] <-, -en> *f* stérilisation *f*

sterilisieren* *tr V* stériliser; **sich ~ lassen** se faire stériliser

Sterilisierung <-, -en> *f a.* MED stérilisation *f*

Sterilität [ʃterili'tɛ:t] <-> *f* stérilité *f*

Stern [ʃtɛrn] <-[e]s, -e> *m* étoile *f;* **ein Hotel mit fünf ~en** un hôtel cinq étoiles
▶ **unter einem/keinem guten ~ stehen** se présenter sous un bon/mauvais jour; **nach den ~en greifen** *geh* demander la lune; **~e sehen** *fam* [en] voir trente-six chandelles (*fam*); **das steht noch in den ~en** seul l'avenir le dira

Sternbild *nt* constellation *f*

Sternchen <-s, -> *nt Dim von* **Stern** ❶ petite étoile *f*
❷ TYP astérisque *m*

Sternenbanner *nt* **das ~** la bannière étoilée **sternenbedeckt** *Adj geh* étoilé(e) **Sternenhimmel** *m* voûte *f* céleste **sternenklar** *s.* **sternklar Sternenzelt** *nt kein Pl geh* voûte *f* étoilée (*soutenu*)

Sternfahrt *f* rallye *m*

sternförmig *Adj Muster, Anordnung* en [forme d']étoile; *Grundriss* étoilé(e)

Sternfrucht *f* carambole *f*

sternhagelvoll *Adj sl* pinté(e) (*pop*)

Sternhaufen *m* nébuleuse *f*, nuée *f* stellaire **Sternkarte** *f* carte *f* céleste **sternklar** *Adj Himmel, Nacht* étoilé(e) **Sternkunde** *f kein Pl* astronomie *f* **Sternschnuppe** <-, -n> *f* étoile *f* filante **Sternsinger(in)** *m(f) le jour de l'Épiphanie, enfant vêtu d'un costume de Roi mage qui passe dans les maisons* **Sternstunde** *f geh* moment *m* fort **Sternsystem** *nt* système *m* stellaire **Sternwarte** *f* observatoire *m* **Sternzeichen** *nt* signe *m* astrologique **Sternzeit** *f kein Pl* ASTRON temps *m* sidéral

Sterz [ʃtɛrts] <-es, -e> *m* A (*Speise*) polenta *f*

stet [ʃte:t] *s.* **stetig**

Stethoskop [ʃteto'sko:p, steto'sko:p] <-s, -e> *nt* stéthoscope *m*

stetig I. *Adj* permanent(e)
II. *Adv* de façon continue

Stetigkeit <-> *f* ❶ (*Beständigkeit*) constance *f*
❷ (*Kontinuität*) continuité *f*

stets [ʃte:ts] *Adv* constamment

Steuer1 ['ʃtɔɪɐ] <-s, -> *nt* ❶ (*Lenkrad*) volant *m;* **am [o hinter dem] ~ sitzen** être au volant; **jdn ans ~ lassen** laisser [*o* donner] le volant à qn
❷ (*Ruder*) gouvernail *m;* **am ~ stehen [o sein]** être au gouvernail
▶ **das ~ [fest] in der Hand haben** avoir la situation [bien] en main

Steuer2 <-, -n> *f* impôt *m;* **~n zahlen** payer des impôts; **der ~** (*Dat*) **unterliegen** être assujetti(e) à l'impôt; **Einkommen vor [Abzug der] ~n** revenu *m* avant impôt

Steuerabzug *m* prélèvement *m* fiscal **Steueraufkommen** *nt* recettes *fpl* fiscales **Steueraufwendungen** *Pl* dépenses *fpl* d'impôt **Steuerbefreiung** *f* exonération *f* d'impôt [*o* fiscale] **Steuerberater(in)** *m(f)* conseiller *m* fiscal/conseillère *f* fiscale **Steuerbescheid** *m* avis *m* d'imposition **Steuerbetrügerei** *f fam* tripatouillage *m* fiscal (*fam*)

steuerbord ['ʃtɔɪɐbɔrt] *Adv* à tribord

Steuerbord *nt* tribord *m*

Steuereinnahmen *Pl* recettes *fpl* fiscales **Steuererhöhung** *f* augmentation *f* d'impôt **Steuererklärung** *f* déclaration *f* d'impôt[s] **Steuererleichterung** *f* allégement [*o* allègement] *m* fiscal **Steuerermäßigung** *f* dégrèvement *m* fiscal **Steuerersparnis** *f* économie *f* fiscale [*o* d'impôt] **Steuererstattung** *f* remboursement *m* d'impôt **Steuerfahndung** *f* contrôle *m* fiscal **Steuerflucht** *f* évasion *f* fiscale **Steuerflüchtling** *m* personne *f* qui se rend coupable d'évasion fiscale **steuerfrei** *Adj* non imposable **Steuerfreibetrag** *m* montant *m* non imposable **Steuergeheimnis** *nt* secret *m* fiscal **Steuergelder** *Pl* deniers *mpl* publics

Steuergerät *nt* ❶ TECH appareil *m* de contrôle [*o* commande]
❷ AUDIOV ampli[ficateur] *m*

Steuerhinterziehung *f* fraude *f* fiscale **Steuerkarte** *f* carte *f* fiscale, bordereau *m* fiscal **Steuerklasse** *f* tranche *f* d'imposition

Steuerknüppel *m* levier *m* de commande

steuerlich I. *Adj* fiscal(e)
II. *Adv* sur le plan fiscal; **~ stark belastet sein** être lourdement imposé(e)

steuerlos *Adj* NAUT sans gouvernail

Steuermann <-männer *o* -leute> *m* ❶ (*Offizier*) second *m*
❷ (*Steuerer eines Ruderboots*) barreur(-euse) *m(f)*

Steuermarke *f* timbre *m* fiscal

steuern ['ʃtɔɪɐn] **I.** *tr V + haben* ❶ (*lenken*) conduire *Fahrzeug;* piloter *Schiff, Flugzeug;* **ein Schiff in den Hafen ~** manœuvrer un bateau dans le port
❷ (*regulieren*) régler; **elektronisch gesteuert** à commande électronique
❸ (*beeinflussen*) orienter *Gespräch, Entwicklung;* **das Gespräch in die gewünschte Richtung ~** orienter la discussion dans la direction voulue
II. *itr V* ❶ *+ haben* **nach rechts ~** *Fahrer:* diriger la voiture à droite; *Steuermann:* diriger le bateau à droite; *Fahrzeug, Schiff:* se diriger à droite
❷ *+ sein* (*eine Richtung verfolgen*) **nach Norden ~** *Flugzeug:* faire route vers le nord

Steuernummer *f* numéro *m* d'identification fiscale **Steueroase** *f* paradis *m* fiscal **Steuerparadies** *nt fam* paradis *m* fiscal **Steuerpflicht** *f* obligation *f* fiscale, assujettissement *m* à l'impôt; **der ~** (*Dat*) **unterliegen** être imposable **steuerpflichtig** *Adj* imposable

Steuerpflichtige(r) *f(m) dekl wie Adj* contribuable *mf*

Steuerpolitik *f* politique *f* fiscale **Steuerprogression** *f* barème *m* progressif de l'impôt **Steuerprüfer(in)** *m(f)* contrôleur(-euse) *m(f)* du fisc **Steuerprüfung** *f* contrôle *m* fiscal **Steuerpult** *nt* ELEC pupitre *m* de commande **Steuerrad** *nt*

❶ (*Lenkrad*) volant *m* ❷ NAUT barre *f*
Steuerrecht *nt kein Pl* régime *m* fiscal **Steuerreform** *f* réforme *f* fiscale
Steuerruder *nt* gouvernail *m*
Steuersatz *m* taux *m* d'imposition **Steuerschraube** *f* ▶ **die ~ anziehen** *fam,* **an der ~ drehen** *fam* donner un tour de vis fiscal (*fam*) **Steuerschuld** *f* dette *f* fiscale **Steuersünder(in)** *m(f) fam* fraudeur(-euse) du fisc *m* **Steuersystem** *nt* système *m* fiscal **Steuertarif** *m* taux *m* de l'impôt
Steuerung <-, -en> *f* ❶ *kein Pl* (*das Regulieren*) *der Temperatur, einer Heizung* régulation *f; eines Produktionsprozesses* contrôle *m* ❷ (*Steuervorrichtung*) *eines Flugzeugs* système *m* de pilotage; *eines Schiffs* gouverne *f*
Steuerungstaste *f* touche *f* Contrôle
Steuerveranlagung *f* imposition *f,* établissement *m* de l'assiette de l'impôt **Steuervorauszahlung** *f* FISC acompte *m* provisionnel **Steuervorteil** *m* avantage *m* fiscal
Steuerwerk *nt* INFORM unité *f* de commande
Steuerzahler(in) *m(f)* contribuable *mf*
Steven ['ʃteːvən] <-s, -> *m* NAUT étrave *f*
Steward ['stjuːɐt, 'ʃt-] <-s, -s> *m* steward *m*
Stewardess[RR] ['stjuːɐdɛs, stjuːɐ'dɛs] <-, -en> *f,* **Stewardeß** <-, -ssen> *f* hôtesse *f* de l'air; (*Schiffsstewardess*) hôtesse *f* de bord
StGB [ɛsteːgeː'beː] <-[s]> *nt Abk von* **Strafgesetzbuch** ≈ code *m* pénal
stibitzen* *tr V hum fam* piquer (*fam*); [**jdm**] **etw ~** piquer qc [à qn]
Stich [ʃtɪç] <-[e]s, -e> *m* ❶ (*Insektenstich*) piqûre *f*
❷ (*Stichverletzung*) coup *m* de couteau
❸ (*Schmerz*) élancement *m;* **~e in der Seite haben** avoir des points de côté
❹ (*Nähstich*) point *m*
❺ (*Farbnuance*) **ein** [**leichter**] **~ ins Bläuliche/Blaue** une pointe de bleu
❻ (*Radierung*) gravure *f*
❼ KARTEN pli *m*
▶ **einen ~ haben** *fam* (*verrückt sein*) avoir un grain (*fam*); (*verdorben sein*) *Milch, Sahne:* avoir un goût (*fam*); **jdn im ~ lassen** *Person:* laisser tomber qn (*fam*); **ihr Gedächtnis ließ sie im ~** sa mémoire était défaillante [*o* lui faisait défaut]
Stichel ['ʃtɪçəl] <-s, -> *m* KUNST burin *m,* poinçon *m*
Stichelei <-, -en> *f fam* piques *fpl* (*fam*)
sticheln ['ʃtɪçəln] *itr V* envoyer [*o* lancer] des piques (*fam*)
Stichflamme *f* jet *m* de flamme
stichhaltig *Adj,* **stichhältig** *Adj* A *Argumentation, Beweis* concluant(e)
Stichhaltigkeit <-> *f* pertinence *f;* **die ~ der Beweismittel** la solidité des pièces à conviction
Stichling ['ʃtɪçlɪŋ] <-s, -e> *m* épinoche *f*
Stichprobe *f* prélèvement *m*
Stichsäge *f* scie *f* sauteuse
sticht [ʃtɪçt] *3. Pers Präs von* **stechen**
Stichtag *m* jour *m* fixé **Stichwaffe** *f* arme *f* blanche **Stichwahl** *f* scrutin *m* de ballottage **Stichwort** *nt* ❶ <-wörter> (*in Nachschlagewerken*) entrée *f;* (*in Registern, Indizes*) mot-clé *m* ❷ <-worte> (*Äußerung*) mot *m* repère; **jdm das ~ geben** *Schauspieler:* donner la réplique à qn; **~ Geld, ...** à propos d'argent, ... ❸ <-worte> (*Gedächtnisstütze*) mot-clé *m;* **sich** (*Dat*) **~e notieren** noter les points essentiels **stichwortartig** *Adv* succinctement; **sich** (*Dat*) **etw ~ aufschreiben** prendre quelques notes **Stichwortverzeichnis** *nt* index *m* des mots-clés **Stichwunde** *f* coup *m* de couteau
sticken ['ʃtɪkən] I. *tr V* broder; **ein Monogramm auf etw** (*Akk*) **~** broder un monogramme sur qc
II. *itr V* **an etw** (*Dat*) **~** broder qc
Sticker[1] ['ʃtɪkɐ, 'stɪkɐ] <-s, -> *m* (*Aufkleber*) autocollant *m*
Sticker[2] ['ʃtɪkɐ] <-s, -> *m* (*Person*) brodeur *m*
Stickerei [ʃtɪkə'raɪ] <-, -en> *f* broderie *f*
Stickerin <-, -nen> *m* brodeuse *f*
Stickgarn *nt* fil *m* à broder
stickig ['ʃtɪkɪç] *Adj Luft* confiné(e); *Raum* mal aéré(e)
Stickmuster *nt* motif *m* de broderie **Sticknadel** *f* aiguille *f* à broder
Stickoxid *nt* oxyde *m* d'azote
Stickrahmen *m* métier *m* à broder
Stickstoff *m kein Pl* CHEM azote *m* **Stickstoffdünger** *m* engrais *m* azoté
stieben ['ʃtiːbən] <stob *o* stiebte, gestoben *o* gestiebt> *itr V geh + haben o sein* jaillir; **aus dem Gebüsch ~** *Vögel:* jaillir des buissons
Stiefbruder ['ʃtiːf-] *m* demi-frère *m*
Stiefel ['ʃtiːfəl] <-s, -> *m* botte *f*
Stiefelette <-, -n> *f* bottine *f*
Stiefelknecht *m* tire-botte *m*
stiefeln *itr V + sein fam* **über den Hof ~** traverser la cour à grandes enjambées
Stiefeltern *Pl* beaux-parents *mpl* **Stiefgeschwister** *Pl* frères et sœurs *mpl* de deux lits **Stiefkind** *nt* enfant *mf* d'un autre lit **Stiefmutter** *f* belle-mère *f* **Stiefmütterchen** *nt* pensée *f*
stiefmütterlich I. *Adj Behandlung* peu soigneux(-euse) II. *Adv umgehen* négligemment, avec négligence; **etw ~ behandeln** négliger qc **Stiefschwester** *f* demi-sœur *f* **Stiefsohn** *m* beau-fils *m* **Stieftochter** *f* belle-fille *f* **Stiefvater** *m* beau-père *m*
stieg [ʃtiːk] *Imp von* **steigen**
Stiege ['ʃtiːgə] <-, -n> *f* escalier *m* [en bois]
Stiegenhaus *nt* SDEUTSCH, A cage *f* d'escalier
Stieglitz ['ʃtiːglɪts] <-es, -e> *m* chardonneret *m*
stiehlt [ʃtiːlt] *3. Pers Präs von* **stehlen**
Stiel [ʃtiːl] <-[e]s, -e> *m* ❶ (*Griff*) manche *m; eines Glases* pied *m*
❷ (*Stängel*) *einer Blume, eines Blatts* tige *f; eines Apfels, einer Birne* queue *f; eines Pilzes* pied *m*
Stielaugen *Pl* ▶ **~ machen** [*o* **kriegen**] *fam* ouvrir de grands yeux (*fam*) **Stielkamm** *m* peigne *m* à manche
stier [ʃtiːɐ] I. *Adj Blick* fixe; **mit ~em Blick vor sich hin starren** regarder fixement droit devant soi
II. *Adv* fixement
Stier <-[e]s, -e> *m* ❶ taureau *m*
❷ ASTROL Taureau *m;* [**ein**] **~ sein** être Taureau
▶ **den ~ bei den Hörnern packen** [*o* **fassen**] prendre le taureau par les cornes; **brüllen wie ein ~** pousser des beuglements
stieren ['ʃtiːrən] *itr V* **auf jdn/etw ~** fixer qn/qc; **vor sich hin ~** regarder fixement devant soi
Stierkampf *m* corrida *f* **Stierkampfarena** *f* arène *f* **Stierkämpfer(in)** *m(f)* torero *m*
Stiernacken *m* cou *m* de taureau **stiernackig** *Adj* au cou de taureau
stieß [ʃtiːs] *Imp von* **stoßen**
Stift[1] [ʃtɪft] <-[e]s, -e> *m* ❶ (*Schreibgerät*) crayon *m*
❷ (*Stahlstift*) pointe *f;* (*Nagel*) clou *m*
❸ *fam* (*Lehrling*) apprenti *m*
Stift[2] <-[e]s, -e> *nt* ❶ (*christliche Institution*) fondation *f*
❷ (*Altenheim*) foyer *m*
❸ A (*Kloster*) couvent *m*
stiften ['ʃtɪftən] I. *tr V* ❶ (*spenden*) offrir *Preis;* **jdm etw ~** faire don de qc à qn
❷ *fam* (*spendieren*) payer (*fam*)
❸ (*verursachen*) provoquer, susciter *Unfrieden, Verwirrung;* ramener, rétablir *Frieden*
II. *itr V* ▶ **~ gehen** *fam* ficher le camp (*fam*), se barrer (*fam*)
stiften|gehen *s.* **stiften II.**
Stifter(in) <-s, -> *m(f)* (*Spender*) donateur(-trice) *m(f)*
Stiftskirche *f* [église *f*] collégiale *f*
Stiftung <-, -en> *f* ❶ (*Organisation*) fondation *f;* **gemeinnüt-**

zige ~ fondation d'utilité publique [*o* à but non lucratif]
❷ (*Schenkung*) don *m*
Stiftzahn *m* dent *f* sur pivot
Stil [ʃtiːl] <-[e]s, -e> *m* ❶ style *m;* **Möbel im ~ Ludwig XVI.** des meubles [de style] Louis XVI
❷ (*Verhaltensweise*) genre *m*
▸ **im großen** ~ sur une grande échelle; *feiern* en grande pompe; ~ **haben** *Person:* avoir un genre; *Haus, Einrichtung:* avoir du style
Stilblüte *f hum* perle *f*
Stilbruch *m* rupture *f* de style **Stilebene** *f* niveau *m* de langue **stilecht I.** *Adj* de style **II.** *Adv* **das Restaurant war ~ eingerichtet** l'aménagement du restaurant était de style
Stilett [ʃtiˈlɛt] <-s, -e> *nt* stylet *m*
Stilgefühl *nt* sens *m* du style
stilisiert *Adj* stylisé(e)
Stilisierung <-, -en> *f* ❶ *kein Pl* (*das Stilisieren*) stylisation *f*
❷ (*Darstellung*) représentation *f* stylisée
Stilistik [ʃtiˈlɪstɪk] <-> *f* stylistique *f*
stilistisch [ʃtiˈlɪstɪʃ] **I.** *Adj* stylistique
II. *Adv* du point de vue stylistique
Stilkunde *f* ❶ *kein Pl* (*Stillehre*) stylistique *f*
❷ (*Lehrbuch*) manuel *m* de stylistique
still [ʃtɪl] **I.** *Adj* ❶ (*ruhig, bedächtig*) *Mensch* calme; **eine ~e Art haben** être calme; **du bist heute so ~** tu es bien silencieux(-euse) aujourd'hui; **sie wurde immer ~er** elle était de plus en plus taciturne; **im Haus ist es so ~** il règne un tel calme [*o* silence] dans cette maison; **um ihn ist es ~ geworden** on ne parle plus de lui; **sei ~!** tais-toi!; **sei endlich ~!** tu vas te taire, oui?
❷ (*bewegungslos*) *Luft, Wasser, See* calme
❸ (*beschaulich, verschwiegen*) *Leben, Tag, Straße, Gegend* tranquille; **eine ~e Stunde** une heure de tranquillité
❹ (*heimlich, diskret*) *Hoffnung, Wunsch, Reserve* secret(-ète); *Einvernehmen, Zustimmung* tacite, implicite; *Vorwurf* non formulé(e); *Seufzer* discret(-ète); JUR *Liquidation* sans notification
II. *Adv* ❶ (*lautlos*) silencieusement; ~ **vor sich hin weinen** pleurer en silence
❷ (*bewegungslos*) tranquillement; **den Kopf/das Glas ~ halten** ne pas bouger la tête/ne pas faire bouger le verre; ~ **sitzen** rester assis(e) tranquillement; **kannst du denn nicht mal einen Augenblick ~ sitzen?** tu ne peux pas rester cinq minutes tranquille?
❸ (*heimlich*) secrètement
▸ **im Stillen** secrètement, au fond de soi-même
Still-BH *m* soutien-gorge *m* d'allaitement
Stille [ˈʃtɪlə] <-> *f* ❶ (*Lautlosigkeit*) calme *m; eines Waldes* tranquillité *f;* **wohltuende/lähmende ~** un calme bienfaisant/paralysant; **es herrscht ~** le silence règne
❷ (*Bewegungslosigkeit*) *der Luft, eines Sees* calme *m*
▸ **in aller ~** *abreisen, sich vollziehen* sans bruit; *stattfinden, beisetzen* dans la plus stricte intimité
Stilleben *s.* Stillleben
stillegen *s.* stilllegen
Stillegung *s.* Stilllegung
stillen [ˈʃtɪlən] **I.** *tr V* ❶ allaiter *Baby*
❷ (*befriedigen*) étancher *Durst;* calmer *Hunger;* assouvir *Verlangen*
❸ (*zum Stillstand bringen*) apaiser *Schmerzen;* arrêter *Blutung;* sécher *Tränen*
II. *itr V Mutter:* allaiter
Stillhalteabkommen *nt* moratoire *m*
still|halten *itr V unreg* se tenir tranquille
stilliegen *s.* stillliegen
Stillleben[RR] *nt* nature *f* morte
still|legen[RR] *tr V* fermer; **stillgelegt** abandonné(e)
Stilllegung[RR] <-, -en> *f* fermeture *f*
still|liegen[RR] *itr V unreg + haben Fabrik:* être fermé(e)
stillos [ˈʃtiːlloːs] **I.** *Adj Einrichtung, Architektur* dépourvu(e) de style
II. *Adv* sans style
Stillosigkeit <-, en> *f* ❶ *kein Pl* (*das Unästhetische*) *eines Möbels, Gebäudes* manque *m* de style
❷ (*Handlung, Äußerung*) manque *m* de savoir-vivre
Stillschweigen *nt* silence *m;* ~ **über etw** (*Akk*) **bewahren** garder le silence sur qc **stillschweigend I.** *Adj* tacite **II.** *Adv* en silence; *billigen* tacitement; ~ **über etw** (*Akk*) **hinweggehen** passer qc sous silence **Stillstand** *m kein Pl* arrêt *m;* **etw zum ~ bringen** arrêter qc; **zum ~ kommen** s'arrêter **still|stehen** *itr V unreg* ❶ *Maschine, Motor:* être arrêté(e) ❷ MIL **stillgestanden!** garde à vous! **stillvergnügt** *Adj* satisfait(e) en son for intérieur (*littér*)
Stilmittel *nt* procédé *m* de style **Stilmöbel** *nt* meuble *m* de style **Stilrichtung** *f* courant *m* artistique **Stilübung** *f* exercice *m* de style **stilvoll I.** *Adj* de bon goût **II.** *Adv* avec goût
Stimmabgabe *f* vote *m* **Stimmband** <-bänder> *nt meist Pl* corde *f* vocale **stimmberechtigt** *Adj Person* qui a [le] droit de vote; **bei etw ~ sein** avoir le droit de vote lors de qc **Stimmberechtigte(r)** *f(m) dekl wie Adj* votant(e) *m(f)* **Stimmbruch** *m* mue *f;* **im ~ sein** être en train de muer **Stimmbürger(in)** *m(f)* CH votant(e) *m(f)*
Stimme [ˈʃtɪmə] <-, -n> *f* ❶ voix *f;* **mit lauter/bebender ~ sprechen** parler à voix haute/d'une voix tremblante; **eine heisere ~ haben** être enroué(e)
❷ *fig* **die ~ des Herzens/der Vernunft** la voix du cœur/de la raison
❸ (*Wählerstimme, Votum*) voix *f;* **eine/keine ~ haben** être/ne pas être habilité(e) à voter; **seine ~ abgeben** voter; **jdm/einer Partei seine ~ geben** donner sa voix à qn/un parti; **ungültige ~** suffrage *m* nul; **sich der ~** (*Gen*) **enthalten** s'abstenir de voter
❹ (*Meinung*) voix *f;* **es wurden ~n gegen dieses Projekt laut** des voix se sont élevées contre ce projet
❺ MUS (*Stimmlage, Partie*) voix *f*
▸ **seine ~ erheben** (*lauter sprechen*) élever la voix; (*seine Meinung äußern*) prendre la parole
stimmen [ˈʃtɪmən] **I.** *itr V* ❶ (*zutreffen*) être juste, être exact(e); **es stimmt, dass** il est exact que + *indic;* **stimmt!** *fam* c'est juste!, tout à fait d'accord! (*fam*)
❷ (*in Ordnung sein*) *Rechnung, Kasse:* être bon(ne); **stimmt so! – Danke!** *fam* c'est bon! – Merci!
❸ (*votieren*) **für jdn/gegen etw ~** voter pour qn/contre qc
▸ **stimmt's, oder habe ich Recht?** *fam* avoue/avouez que j'ai raison! (*fam*); **mit ihm stimmt etwas nicht** il y a quelque chose qui ne va pas chez lui; **da** [*o* **hier**] **stimmt** [**doch**] **was nicht!** *fam* il y a quelque chose qui ne tourne pas rond [*o* qui cloche]! (*fam*)
II. *tr V* ❶ MUS accorder
❷ (*machen*) **jdn traurig/nachdenklich ~** rendre qn triste/pensif(-ive)
Stimmenanteil *m* pourcentage *m* des voix [*o* suffrages] **Stimmenauszählung** *f* dépouillement *m* du scrutin **Stimmengewinn** *m* gain *m* de voix **Stimmengewirr** *nt* brouhaha *m* **Stimmengleichheit** *f kein Pl* égalité *f* des voix, parité *f* des suffrages **Stimmenmehrheit** *f* majorité *f* des suffrages exprimés
Stimmenthaltung *f* ❶ *kein Pl* (*das Enthalten*) abstention *f;* ~ **üben** s'abstenir
❷ (*neutrales Votum*) vote *m* blanc
Stimmenverlust *m* perte *f* de voix
Stimmgabel *f* diapason *m*
stimmhaft I. *Adj* sonore
II. *Adv* de façon sonore; **das s muss ~ ausgesprochen werden** il faut que la prononciation du s soit sonore
stimmig *Adj* [**in sich**] ~ **sein** être cohérent(e)
Stimmlage *f* registre *m*

S

stimmlich I. *Adj* vocal(e)
II. *Adv* vocalement

stimmlos I. *Adj* sourd(e)
II. *Adv* de façon sourde; **hier muss man das s ~ aussprechen** ici, il faut que la prononciation du s soit sourde

Stimmrecht *nt* droit *m* de vote; **Aktie ohne ~** action *f* sans droit de vote

Stimmritze *f* ANAT glotte *f*

Stimmung <-, -en> *f* ❶ (*Laune, Verfassung*) humeur *f;* **dazu bin ich heute nicht in der ~** je ne suis pas d'humeur à ça aujourd'hui; **in welcher ~ ist er heute?** de quelle humeur est-il aujourd'hui?
❷ *fam* (*gute Laune*) bonne humeur *f;* (*gute Atmosphäre*) ambiance *f;* **jdn in ~ bringen** mettre qn de bonne humeur; **in ~ kommen** *Gäste:* se mettre dans l'ambiance (*fam*); **es herrschte eine tolle ~** il y avait une ambiance folle
❸ (*öffentliche Meinung*) opinion *f* [publique]
► **gegen jdn/etw ~ machen** tenter de démonter qn/qc

Stimmungsbarometer *nt fam* **das ~ steigt** le moral remonte; **das ~ steht auf null** l'ambiance est à la morosité (*fam*) **Stimmungskanone** *f fam* boute-en-train *m* **Stimmungsmache** *f pej* bourrage *m* de crâne (*fam*) **Stimmungsumschwung** *m* saute *f* d'humeur; (*Meinungsumschwung*) revirement *m* [de l'opinion] **stimmungsvoll** *Adj Gedicht, Gemälde, Schilderung* évocateur(-trice); *Lied* sentimental(e) **Stimmungswandel** *m* changement *m* d'humeur; (*Meinungsumschwung*) revirement *m* [de l'opinion]

Stimmwechsel *s.* Stimmbruch

Stimmzettel *m* bulletin *m* de vote

Stimulans ['ʃti:mulans, *Pl:* ʃtimu'lantsiən] <-, Stimulanzien> *nt*
❶ (*Mittel*) stimulant *m*
❷ *fig geh* excitant *m*

Stimulation [ʃtimula'tsio:n] <-, -en> *f geh* stimulation *f*

stimulieren* *tr V a.* MED stimuler; **jdn zu höherem Einsatz ~** inciter qn à s'investir davantage

Stimulus ['ʃti:mulʊs] <-, Stimuli> *m* stimulus *m*

Stinkbombe *f* boule *f* puante

Stinkefinger *m kein Pl fam* doigt *m* d'honneur (*fam*); **jdm den ~ zeigen** faire un doigt d'honneur à qn (*fam*)

stinken ['ʃtɪŋkən] <stank, gestunken> *itr V* ❶ puer; **nach Schweiß ~** puer la sueur
❷ *sl* (*verdächtig sein*) *Sache, Angelegenheit:* être louche (*fam*); **das stinkt nach Verrat!** ça sent l'embrouille! (*pop*)
❸ *sl* (*zuwider sein*) **ihm/ihr stinkt die Arbeit** il/elle en a plein le cul du boulot (*vulg*); **mir stinkt's!** j'en ai plein le cul! (*vulg*)

stinkend *Adj* infect(e)

stinkfaul *Adj sl* flemmard(e) (*fam*) **stinkfein** *Adj sl* hyper-classe (*pop*) **stinklangweilig** *Adj sl* barbant(e) (*fam*), chiant(e) (*pop*) **Stinkmorchel** *f* BOT phallus *m* [impudique] **stinknormal** *Adj fam Mensch, Angelegenheit* on ne peut plus normal; **ein ~er Tag** une journée on ne peut plus banale **stinksauer** *Adj sl* furax (*pop*); **auf jdn/etw ~ sein** être furax contre qn/qc (*pop*) **Stinktier** *nt* mouffette *f* **Stinkwut** *f sl* rage *f* (*pop*); **eine ~ auf jdn haben** être en boule contre qn (*fam*)

Stint [ʃtɪnt] <-[e]s, -e> *m* ZOOL éperlan *m*

Stipendiat(in) [ʃtipɛn'dja:t] <-en, -en> *m(f)* boursier(-ière) *m(f)*

Stipendium [ʃti'pɛndiʊm] <-s, -dien> *nt* bourse *f* [d'études]

stippen ['ʃtɪpən] *tr V* DIAL **etw in etw** (*Akk*) **~** tremper qc dans qc

Stippvisite ['ʃtɪp-] *f fam* visite *f* éclair (*fam*); **bei jdm eine ~ machen** faire un saut chez qn (*fam*)

stirbt [ʃtɪrpt] *3. Pers Präs von* **sterben**

Stirn [ʃtɪrn] <-, -en> *f* front *m;* **die ~ runzeln** plisser le front
► **jdm/einer S. die ~ bieten** *geh* faire front contre qn/qc (*littér*); **jdm steht etw auf der ~ geschrieben** *geh* qc se lit sur le front de qn; **die ~ haben** [*o* **besitzen**] **etw zu tun** avoir le front de faire qc (*littér*)

Stirnband <-bänder> *nt* bandeau *m* **Stirnbein** *nt* [os *m*] frontal *m* **Stirnfalte** *f* ride *f* au front **Stirnglatze** *f* front *m* dégarni **Stirnhöhle** *f* sinus *m* frontal

Stirnhöhlenentzündung *f* sinusite *f*

Stirnrunzeln <-s> *nt* froncement *m* des sourcils **Stirnseite** *f* ❶ *eines Gebäudes* façade *f* ❷ *eines Tisches* bout *m;* **an der ~ des Tisches sitzen** être assis(e) en bout de table

stob [ʃto:p] *Imp von* **stieben**

stöbern ['ʃtø:bɐn] *itr V* **in etw** (*Dat*)**/nach etw ~** fouiller dans qc/à la recherche de qc

stochern ['ʃtɔxɐn] *itr V* **im Feuer ~** tisonner le feu; **im Essen ~** picorer dans son assiette; **mit einem Stock im Abfall ~** sonder les déchets avec un bâton; **sich** (*Dat*) **in den Zähnen ~** se curer les dents

Stock[1] [ʃtɔk, *Pl:* 'ʃtœkə] <-[e]s, ¨-e> *m* ❶ bâton *m*
❷ (*Spazierstock*) canne *f*
❸ (*Blumenstock*) plante *f* en pot
❹ (*Skistock*) bâton *m* de ski
❺ (*Bienenstock*) ruche *f*
► **über ~ und Stein** par monts et par vaux; **am ~ gehen** (*eine Gehhilfe benützen*) marcher avec une canne; *fam* (*erschöpft sein*) être crevé(e) (*fam*); (*finanzielle Probleme haben*) être à la cave (*fam*)

Stock[2] <-[e]s, *selten* -> *m* étage *m;* **im achten ~ wohnen** habiter au huitième étage

stockbesoffen *Adj fam* rond(e) comme une queue de pelle (*fam*)

Stöckchen <-s, -> *nt Dim von* **Stock** bout *m* de bois

stockdumm *Adj fam* bête à manger du foin (*fam*) **stockdunkel** *Adj fam* **eine stockdunkle Nacht** une nuit d'encre; **draußen ist es ~** il fait nuit noire dehors (*fam*)

Stöckelabsatz *m* talon *m* haut

stöckeln ['ʃtœkəln] *itr V + sein fam* **über den Flur ~** traverser le couloir perché(e) sur ses talons hauts

Stöckelschuh *m* chaussure *f* à talons hauts; **~e tragen** porter des talons hauts

stocken ['ʃtɔkən] *itr V* ❶ (*innehalten*) s'interrompre; **beim Lesen ~** interrompre la lecture; **mit ~der Stimme** d'une voix saccadée; **ihm stockte vor Schreck der Atem** il en a eu le souffle coupé
❷ (*stillstehen*) *Abwicklung, Produktion, Gespräch:* être interrompu(e); *Verkehr, Gespräch, Verhandlung:* être bloqué(e); **ins Stocken geraten** [*o* **kommen**] tourner court

Stockente *f* ZOOL colvert *m*

Stockerl ['ʃtɔkɐl] <-s, -n> *nt* A (*Hocker*) tabouret *m*

stockfinster *s.* **stockdunkel** **Stockfisch** *m* morue *f* séchée **Stockfleck** *m* tache *f* d'humidité **Stockhieb** *m* coup *m* de bâton

Stockholm ['ʃtɔkhɔlm] <-s> *nt* Stockholm

stockkonservativ *Adj fam* ultraconservateur(-trice) (*fam*)

Stockrose *f* BOT rose *f* trémière, passerose *f*

stocksauer I. *Adj fam* furax (*pop*); **~ auf jdn sein** être furax contre qn (*pop*) II. *Adv fam* furax (*pop*) **stocksteif** *fam* I. *Adj Gang, Haltung* guindé(e) (*hum*) II. *Adv* raide comme un piquet (*hum*) **stocktaub** *Adj fam* sourdingue (*fam*)

Stockung <-, -en> *f einer Diskussion, Verhandlung* suspension *f; eines Ablaufs, des Verkehrs* paralysie *f*

Stockwerk *nt* étage *m;* **im obersten ~** au dernier étage

Stoff [ʃtɔf] <-[e]s, -e> *m* ❶ (*Textilmaterial*) étoffe *f,* tissu *m;* **etw mit ~ beziehen** recouvrir qc de tissu; **aus was für einem ~ sind die Gardinen?** en quelle étoffe ces rideaux sont-ils?
❷ (*Substanz*) matière *f,* substance *f*
❸ *kein Pl* (*thematische Grundlage, Thema*) matière *f;* **~ zum Nachdenken geben** donner matière à réflexion
❹ *kein Pl sl* (*Rauschgift*) came *f* (*arg*)

❺ *kein Pl sl* (*Alkohol*) bistouille *f* (*arg*)
Stoffbahn *f* lé *m* **Stoffballen** *m* rouleau *m* de tissu
Stoffel ['ʃtɔfəl] <-s, -> *m pej fam* rustaud *m* (*fam*)
StofffetzenRR *m* lambeau *m* d'étoffe
stofflich *Adj* ❶ (*das Material betreffend*) **die ~e Qualität der Hosen** la qualité de l'étoffe du pantalon; ~ **gute Waren** marchandises de qualité en ce qui concerne la matière
❷ (*das Thema betreffend*) thématique
Stoffrest *m* chute *f* de tissu; **etw aus ~en nähen** coudre qc avec des chutes de tissu **Stofftier** *nt* [animal *m* en] peluche *f*
Stoffwechsel [-ks-] *m* métabolisme *m*
Stoffwechselkrankheit *f* trouble *m* du métabolisme **Stoffwechselprodukt** *nt* métabolite *m*
stöhnen ['ʃtøːnən] *itr V* ❶ gémir
❷ (*klagen*) **über etw** (*Akk*) ~ se plaindre de qc
Stöhnen <-s> *nt* gémissement *m*; **unter** ~ en gémissant
stöhnend I. *Adj Mensch* qui gémit; *Stimme* gémissant(e); **~e Laute** des gémissements *mpl*
II. *Adv sagen, rufen* d'une voix gémissante [*o* plaintive]; *sich aufrichten* en gémissant
stoisch ['ʃtoːɪʃ, 'stoːɪʃ] *geh* I. *Adj* stoïque; **mit ~er Ruhe** avec stoïcisme *m*
II. *Adv* stoïquement, avec stoïcisme
Stola ['ʃtoːla, 'stoːla] <-, Stolen> *f* étole *f*
Stollen ['ʃtɔlən] <-s, -> *m* ❶ MIN galerie *f*
❷ (*Gebäck*) *gâteau brioché consommé principalement pendant la période de Noël, parfois fourré de pâte d'amandes*
❸ (*Teil eines Sportschuhs*) crampon *m*
Stolperdraht *m* fil *m* de protection [au ras du sol]
stolpern ['ʃtɔlpɐn] *itr V + sein* ❶ trébucher; **über etw** (*Akk*) ~ trébucher sur qc
❷ (*unbeholfen gehen*) **über die Straße** ~ traverser la rue en titubant
❸ *fig* **über einen Skandal** ~ faire front à un scandale
❹ (*unvermutet stoßen auf*) **über jdn/etw** ~ tomber sur qn/qc; **über ein Wort** ~ buter sur un mot
stolz [ʃtɔlts] *Adj* ❶ fier(fière)
❷ (*hocherfreut*) heureux(-euse); **mit ~er Miene** d'un air satisfait; ~ **auf jdn/etw sein** être fier(fière) de qn/qc
❸ *geh* (*erhebend*) *Anlass, Moment, Tag* mémorable
❹ (*imposant*) *Gebäude, Schiff, Ross* majestueux(-euse)
❺ *fam* (*beträchtlich*) *Preis, Betrag* substantiel(le)
Stolz <-es> *m* fierté *f*; **der ganze ~ der Familie sein** être toute la fierté de la famille; **der ~ dieses Vaters auf seine Kinder ist offensichtlich** il est évident que la fierté de ce père, ce sont ses enfants
stolzieren* *itr V + sein* se pavaner
stop [ʃtɔp] *Interj* (*Verkehrsschild, Telegramm*) stop
Stop-and-go-Verkehr ['stɔpʔənd'gɔʊ-] <-s> *m* [circulation *f*] pare-chocs *m* contre pare-chocs
Stopfei *nt* œuf *m* à repriser
stopfen ['ʃtɔpfən] I. *tr V* ❶ (*hineinzwängen*) **voll** ~ bourrer *Auto, Koffer;* **etw in die Tasche** ~ enfoncer qc dans le sac; **sich** (*Dat*) **das Hemd in die Hose** ~ rentrer sa chemise dans son pantalon; **sich** (*Dat*) **etw in den Mund** ~ se fourrer qc dans la bouche (*fam*)
❷ (*ausbessern*) raccommoder, repriser *Loch, Socken*
❸ (*abdichten, zustopfen*) boucher *Loch, Ritze*
❹ (*füllen*) bourrer *Kissen, Pfeife, Wurst*
II. *itr V* ❶ (*ausbessern*) faire du raccommodage
❷ (*Verstopfung verursachen*) constiper; (*sättigen*) être nourrissant(e)
❸ *fam* (*schlingen*) se goinfrer (*fam*)
Stopfen <-s, -> *m* DIAL bouchon *m*
Stopfgarn *nt* fil *m* à repriser **Stopfnadel** *f* aiguille *f* à repriser
Stop-Loss-Order ['stɔp'lɔs-] *f* BÖRSE ordre *m* stop loss
stopp [ʃtɔp] *Interj* stop, halte
Stopp <-s, -s> *m* ❶ (*Halt*) arrêt *m*
❷ (*Unterbrechung*) gel *m*
Stoppel ['ʃtɔpəl] <-, -n> *f meist Pl* ❶ (*Getreidestoppel*) chaume *m*
❷ (*Bartstoppel*) poil *m* dru
Stoppelbart *m* barbe *f* de plusieurs jours **Stoppelfeld** *nt* chaumes *mpl*
stoppelig *Adj* mal rasé(e)
Stoppelzieher <-s, -> *m* A (*Korkenzieher*) tire-bouchon *m*
stoppen ['ʃtɔpən] I. *tr V* ❶ (*anhalten*) stopper
❷ (*mit der Stoppuhr messen*) chronométrer *Zeit, Spiel*
II. *itr V* **vor etw** (*Dat*) ~ s'arrêter devant qc
Stopper <-s, -> *m* frein *m*
stopplig *s.* **stoppelig**
Stoppschild <-schilder> *nt* [panneau *m*] stop *m* **Stoppstraße** *f* route *f*/rue *f* avec arrêt obligatoire **Stopptaste** *f* bouton *m* stop **Stoppuhr** *f* chronomètre *m*
Stöpsel ['ʃtœpsəl] <-s, -> *m* ❶ (*Pfropfen*) bouchon *m*
❷ *hum fam* (*Knirps*) moutard *m* (*fam*)
stöpseln ['ʃtœpsəln] *tr V* **den Stecker in die Dose** ~ mettre la fiche dans la prise
Stör [ʃtøːɐ] <-[e]s, -e> *m* esturgeon *m*
störanfällig *Adj* sujet(te) à des pannes
Storch [ʃtɔrç, *Pl:* 'ʃtœrçə] <-[e]s, ¨-e> *m* cigogne *f*
Storchennest *nt* nid *m* de cigogne
Störchin ['ʃtœrçɪn] *f* cigogne *f* femelle
Storchschnabel *m* ❶ ZOOL bec *m* de cigogne
❷ (*Gerät*) pantographe *m*
Store [stɔː, stoːɐ] <-s, -s> *m* voilage *m*
stören ['ʃtøːrən] I. *tr V* ❶ (*belästigen*) déranger; **jdn bei etw** ~ déranger qn dans qc; **störe ich dich?** [est-ce que] je te dérange?; **lass dich/lassen Sie sich nicht ~!** ne te dérange/ne vous dérangez pas!; **der Lärm stört mich beim Telefonieren** le bruit me gêne pour téléphoner
❷ (*unterbrechen*) troubler *Rede, Veranstaltung*
❸ (*beeinträchtigen*) perturber *Leitung, Empfang; s. a.* **gestört**
II. *itr V* ❶ (*unterbrechen*) *Person:* déranger; **bitte nicht ~!** ne pas déranger!
❷ (*lästig sein*) **beim Lesen** ~ déranger [*o* gêner] dans la lecture; **Musik stört bei der Arbeit** la musique dérange quand on travaille; **er empfindet diesen Lärm als ~d** il trouve que ce fracas est gênant
III. *r V fam* **sich an etw** (*Dat*) ~ se formaliser de qc
Störenfried [-friːt] <-[e]s, -e> *m* trouble-fête *m* (*fam*)
Störfaktor *m* élément *m* perturbateur **Störfall** *m* incident *m* **Störgeräusch** *nt* friture *f*, parasites *mpl* **Störmanöver** [-vɐ] *nt* manœuvre *f* de déstabilisation
stornieren* *tr V* annuler *Reise, Auftrag;* rectifier *Buchung, Betrag*
Stornierung <-, -en> *f* annulation *f*
Storno ['ʃtɔrno, 'stɔrno, *Pl:* 'ʃtɔrni, 'stɔrni] <-s, Storni> *m o nt einer Reise, eines Auftrags* annulation *f*; *einer Buchung, eines Betrags* rectification *f*
Stornogebühr *f* frais *mpl* d'annulation
störrisch ['ʃtœrɪʃ] *Adj* ❶ *Mensch, Esel* têtu(e)
❷ (*schwer frisierbar*) indiscipliné(e)
Störsender *m* brouilleur *m*
Störung <-, -en> *f* ❶ (*Unterbrechung*) dérangement *m*; *einer Veranstaltung, eines Vortrags* perturbation *f*; **entschuldigen Sie bitte die ~!** veuillez m'excuser pour le dérangement!; **ich verbitte mir jegliche ~!** je ne tolérerai pas qu'on me dérange!
❷ (*Empfangsstörung, Störgeräusch*) perturbation *f*
❸ (*technischer Defekt*) anomalie *f*, incident *m*
❹ MED dérèglement *m*, dysfonctionnement *m*
❺ METEO **atmosphärische ~en** des perturbations *fpl* [atmosphériques]
Störungsstelle *f* [service *m* des] dérangements *mpl*
Story ['stɔri] <-, -s *o* Stories> *f* ❶ *fam* (*Geschichte*) histoire *f*; **die ~ kaufe ich dir nicht ab!** tu ne me feras pas avaler une

S

histoire pareille! (*fam*)
❷ (*Bericht*) article *m*, papier *m*
❸ (*Inhalt*) *eines Buchs, Films* histoire *f*

Stoß [ʃtoːs, *Pl:* 'ʃtøːsə] <-es, ¨-e> *m* ❶ (*Schubs*) poussée *f*; **jdm einen ~ versetzen** donner un coup à qn
❷ (*Schlag, Stich*) coup *m*; **ein ~ mit dem Ellbogen** un coup de coude
❸ (*Aufprall*) choc *m*, heurt *m*
❹ (*Erschütterung*) secousse *f*
❺ (*Bewegung*) **mit kräftigen Stößen rudern** faire force de rames
❻ (*Stapel*) pile *f*, tas *m*; **ein ~ Bücher** [*o* **von Büchern**] une pile de livres
▸ **sich** (*Dat*) **einen ~ geben** faire un effort sur soi-même

Stoßband <-bänder> *nt einer Hose* faux ourlet *m*, talonnette *f* **Stoßdämpfer** *m* amortisseur *m*

Stößel ['ʃtøːsəl] <-s, -> *m* ❶ (*für Mörser*) pilon *m*
❷ TECH poussoir *m*

stoßen ['ʃtoːsən] <stößt, stieß, gestoßen> **I.** *tr V + haben* ❶ (*schubsen*) pousser; **jdn mit dem Ellbogen ~** pousser qn du coude; **den Ball ins Tor ~** pousser le ballon au but
❷ (*stechen*) **er hat ihm ein Messer in den Arm gestoßen** il lui a flanqué un coup de couteau dans le bras
❸ (*werfen, stemmen*) lancer *Kugel, Stein, Gewicht*
❹ (*aufmerksam machen*) **jdn auf etw** (*Akk*) **~** mettre le nez de qn sur qc
II. *r V + haben* ❶ (*sich verletzen*) **sich ~** se cogner; **sich** (*Dat*) **das Knie am Balken ~** se cogner le genou à la poutre
❷ (*Anstoß nehmen*) **sich an etw** (*Dat*) **~** s'offusquer de qc
III. *itr V* ❶ *+ sein* (*berühren*) **gegen jdn/etw ~** heurter qn/qc; **mit dem Kopf an die Decke ~** toucher le plafond avec la tête
❷ *+ haben* (*einen Stoß geben*) **mit dem Fuß gegen die Tür ~** donner un coup de pied à la porte; **mit den Hörnern nach jdm ~** *Stier:* donner un coup de corne à qn
❸ *+ sein* (*grenzen*) **an etw** (*Akk*) **~** être contigu(ë) à qc
❹ *+ sein* (*finden*) **auf jdn/etw ~** tomber sur qn/qc
❺ *+ sein* (*sich anschließen*) **zu jdm ~** rejoindre qn
❻ *+ sein* (*direkt führen zu*) **auf den Kirchplatz ~** *Straße, Weg:* déboucher sur la place de l'église
❼ *+ sein* (*konfrontiert werden mit*) **auf Ablehnung** (*Akk*) **~** rencontrer [*o* se heurter à] un refus

stoßfest *Adj* résistant(e) aux chocs; **~ sein** résister aux chocs **Stoßgebet** *nt* oraison *f* jaculatoire ▸ **ein ~ zum Himmel schicken** adresser au ciel une oraison jaculatoire **Stoßseufzer** *m* profond soupir *m* **Stoßstange** *f* pare-chocs *m*; **~ an ~** pare-chocs contre pare-chocs

stößt [ʃtøːst] *3. Pers Präs von* **stoßen**

Stoßtrupp *m* troupe *f* de choc **Stoßverkehr** *m* heures *fpl* de pointe **Stoßwaffe** *f* arme *f* d'estoc **stoßweise** *Adv* ❶ (*ruckartig*) par à-coups, par saccades ❷ (*in Stapeln*) en tas, en piles **Stoßzahn** *m* défense *f* **Stoßzeit** *f* ❶ (*Hauptverkehrszeit*) heures *fpl* de pointe ❷ (*Hauptgeschäftszeit*) période *f* d'affluence

Stotterei [ʃtɔtə'raɪ] <-> *f pej* bafouillage *m* (*fam*)

Stotterer ['ʃtɔtərɐ] <-s, -> *m*, **Stotterin** *f* bègue *mf*, bégayeur(-euse) *m(f)*

stottern ['ʃtɔtɐn] **I.** *itr V* ❶ bégayer; **das Stottern** le bégaiement; **ins Stottern geraten** [*o* **kommen**] se mettre à bégayer
❷ *fig Motor:* tousser
II. *tr V* bredouiller, balbutier *Antwort, Entschuldigung*

Stövchen ['ʃtøːfçən] <-s, -> *nt* réchaud *m*

StPO [ɛsteːpeː'ʔoː] <-> *f Abk von* **Strafprozessordnung: die ~** le code de procédure pénale

Str. *Abk von* **Straße** r[ue]

stracks [ʃtraks] *Adv* ❶ (*direkt*) tout droit
❷ (*sofort*) sur le champ; **jetzt aber ~ nach Hause!** maintenant, tu files à la maison!

Strafanstalt *f* établissement *m* pénitentiaire **Strafantrag** *m* réquisitoire *m*; **~ gegen jdn stellen** *Bürger:* porter [*o* déposer] plainte contre qn; *Staatsanwalt:* prononcer un réquisitoire contre qn **Strafanzeige** *f* plainte *f*; **~ gegen jdn erstatten** porter [*o* déposer] plainte contre qn **Strafarbeit** *f* devoir *m* supplémentaire, punition *f*; **jdm eine ~ aufgeben** donner un devoir supplémentaire [*o* une punition] à qn **Strafaufschub** *m* JUR sursis *m* à l'exécution d'une peine **Strafaussetzung** *f* JUR dispense *f* de l'exécution de la peine; **~ zur Bewährung** sursis avec mise à l'épreuve **Strafbank** *f* SPORT banc *m* de pénalité; (*beim Hockey*) banc *m* des prisons

strafbar *Adj* punissable, répréhensible; **sich ~ machen** être passible d'une sanction

Strafbefehl *m* ordonnance *f* pénale [*o* de sanction judiciaire]

Strafe ['ʃtraːfə] <-, -n> *f* ❶ (*Bestrafung*) punition *f*, sanction *f*; **zur ~** comme punition [*o* sanction]; **seine gerechte** [*o* **verdiente**] **~ bekommen** recevoir la punition qu'il/elle mérite
❷ JUR (*Haftstrafe*) peine *f*; (*Geldstrafe*) amende *f*, contravention *f*; **unter ~ stehen** être passible d'une sanction; **etw unter ~ stellen** frapper qc d'une peine; **das Ankleben von Plakaten ist bei ~ verboten** il est interdit de coller des affiches sous peine de sanction; **~ zahlen** payer une amende [*o* une contravention]; **seine ~ abbüßen** [*o* **absitzen**] purger sa peine
❸ *fam* (*unangenehme Folge*) **das ist die ~ für deinen Leichtsinn!** tu ne l'as pas volé! (*fam*)
▸ **eine ~ sein** *fam* être une plaie [*o* une calamité] (*fam*)

strafen ['ʃtraːfən] *tr V* ❶ (*bestrafen*) punir; **jdn für etw ~** punir qn pour qc
❷ *fig geh* **jdn mit Verachtung ~** répondre à qn par le mépris
▸ **mit jdm/etw gestraft sein** *hum* être affligé(e) de qn/qc (*hum*)

strafend I. *Adj* réprobateur(-trice)
II. *Adv ansehen* d'un air réprobateur

Straferlass[RR] *m* remise *f* de peine

straff [ʃtraf] **I.** *Adj* ❶ (*gespannt*) *Seil* tendu(e)
❷ (*fest*) *Haut, Brust* ferme
❸ (*streng*) *Disziplin, Organisation* sévère, strict(e)
❹ (*aufrecht*) *Gestalt, Haltung* fier(fière)
II. *Adv* ❶ (*fest*) étroitement; *spannen* fortement; **zu ~ sitzen** *Kleidung:* être un peu trop serré(e); **~ zurückgekämmte Haare** des cheveux plaqués en arrière
❷ (*streng*) *organisieren, reglementieren* strictement, rigoureusement

straffällig ['ʃtraːffɛlɪç] *Adj* JUR délinquant(e); **~e Jugendliche** de[s] jeunes délinquants; **~ werden** tomber dans la délinquance; **er ist ~ geworden** il a commis un délit

straffen ['ʃtrafən] **I.** *tr V* ❶ (*anziehen*) tendre, serrer
❷ (*kürzen*) condenser *Artikel, Text*
❸ (*straff machen*) raffermir *Haut, Gewebe*
❹ (*durchorganisieren*) repenser *Organisation, Betrieb*
II. *r V* **sich ~** *Haut, Gewebe:* se tendre

straffrei *Adj* **~ ausgehen** rester exempt(e) de toute peine; **~ bleiben** demeurer impuni(e) **Straffreiheit** *f* impunité *f* **Strafgefangene(r)** *f(m) dekl wie Adj* prisonnier(-ière) *m(f)*, détenu(e) *m(f)* **Strafgericht** *nt* ❶ (*Gericht*) tribunal *m* correctionnel ❷ *geh* (*Bestrafung*) châtiment *m* **Strafgesetz** *nt* loi *f* pénale **Strafgesetzbuch** *nt* ≈ code *m* pénal **Strafkammer** *f* tribunal *m* correctionnel **Strafkolonie** *f* colonie *f* pénitentiaire **Straflager** *nt* camp *m* d'internement

sträflich ['ʃtrɛːflɪç] **I.** *Adj* inadmissible, impardonnable
II. *Adv* **jdn/etw ~ vernachlässigen** délaisser éhontément qn/qc

Sträfling ['ʃtrɛːflɪŋ] <-s, -e> *m* détenu(e) *m(f)*

Sträflingskleidung *f* tenue *f* de prisonnier

straflos *Adj* **~ sein/bleiben** être/rester impuni(e)

Straflosigkeit <-> *f* impunité *f*

Strafmandat *nt* contravention *f* **Strafmaß** *nt* peine *f*; **das höchste ~** la plus lourde peine **strafmildernd** *Adj* favorable;

~**e Umstände** des circonstances *fpl* atténuantes **Strafmilderung** *f* adoucissement *m* de la peine **strafmündig** *Adj* JUR pénalement majeur; **nicht ~ sein** ne pas être pénalement responsable **Strafporto** *nt* surtaxe *f* **Strafpredigt** *f fam* sermon *m* (*péj*); **jdm eine ~ halten** passer un savon à qn (*fam*) **Strafprozess**RR *m* procès *m* pénal

StrafprozessordnungRR *f* ≈ code *m* d'instruction pénale [*o* de procédure pénale]

Strafpunkt *m* SPORT point *f* de pénalité **Strafraum** *m* surface *f* de réparation **Strafrecht** *nt* droit *m* pénal **strafrechtlich** I. *Adj* pénal(e); *Sanktion* de droit pénal II. *Adv* **jdn ~ verfolgen** poursuivre qn pour délit; **jdn wegen etw ~ belangen** poursuivre qn en juridiction pénale pour qc **Strafregister** *nt* casier *m* judiciaire **Strafrichter(in)** *m(f)* juge *m* pénal **Strafsache** *f* affaire *f* pénale **Strafstoß** *m* pénalty *m* **Straftat** *f* délit *m*, acte *m* délictueux **Straftäter(in)** *m(f)* délinquant(e) *m(f)* **Strafverbüßung** *f* exécution *f* d'une peine **Strafverfahren** *nt* procédure *f* pénale **Strafverfolgung** *f* poursuite *f* pénale **strafversetzen*** *tr V* muter d'office [par mesure disciplinaire]; **jdn ~** muter qn d'office [par mesure disciplinaire] **Strafversetzung** *f* mutation *f* d'office [par mesure disciplinaire] **Strafverteidiger(in)** *m(f)* avocat(e) *m(f)* du pénal **Strafvollzug** *m* régime *m* pénitentiaire

Strafvollzugsanstalt *f form* maison *f* d'arrêt, établissement *m* pénitentiaire

Strafzettel *m fam* P.-V. *m* (*fam*), contredanse *f* (*fam*)

Strahl [ʃtraːl] <-[e]s, -en> *m* ① (*Lichtstrahl, Lichtschein*) rayon *m*
② (*Flüssigkeitsstrahl*) jet *m*
③ *Pl* PHYS **radioaktive ~en** radiations *fpl*

Strahlantrieb *m* TECH propulsion *f* par réaction

Strahlemann <-männer> *m fam personne qui a toujours le sourire*

strahlen [ˈʃtraːlən] *itr V* ① (*leuchten*) briller; **die Lampe strahlt mir genau ins Gesicht** la lumière de cette lampe m'éclaire en plein visage
② (*erfreut sein*) **vor Freude** (*Dat*) **~** rayonner de joie; **er strahlte übers ganze Gesicht** son visage était rayonnant
③ (*glänzen*) **vor Sauberkeit ~** être étincelant(e) de propreté
④ (*radioaktiv sein*) irradier, émettre des radiations

Strahlenbehandlung *f* radiothérapie *f* **Strahlenbelastung** *f* exposition *f* aux radiations, irradiation *f* **Strahlenbiologie** *f* radiobiologie *f* **Strahlenbrechung** *f* PHYS réfraction *f* **Strahlenbündel** *nt* ① OPT faisceau *m* lumineux ② MATH faisceau *m* de droites **Strahlenchemie** *f* radiochimie *f*

strahlend I. *Adj* ① *Tag, Wetter* radieux(-euse), resplendissant(e); *Gesicht, Lächeln* radieux(-euse), rayonnant(e); *Sieg, Sonnenschein* éclatant(e)
② (*radioaktiv*) radioactif(-ive)
II. *Adv* ① (*leuchtend*) **~ weiß sein** être d'un blanc éclatant
② (*freudig*) **jdn ~ ansehen** regarder qn d'un air radieux

Strahlendosis *f* dose *f* radioactive **strahlenförmig** I. *Adj* rayonné(e), rayonnant(e) II. *Adv* **~ ausbreiten** rayonner **strahlengeschädigt** *Adj* irradié(e) **Strahlenkrankheit** *f* mal *m* des rayons **Strahlenquelle** *f* PHYS source *f* de rayons **Strahlenschutz** *m* protection *f* contre les radiations **strahlensicher** *Adj* antiradiation *inv* **Strahlentherapie** *s.* Strahlenbehandlung **Strahlentierchen** [-tiːɐçən] *nt* BIO radiolaire *m* **Strahlentod** *m kein Pl* mort *f* par radiations ionisantes **strahlenverseucht** *Adj* contaminé(e) par les radiations

Strahler [ˈʃtraːlɐ] <-s, -> *m* (*Lampe*) spot *m*

Strahlung <-, -en> *f* rayonnement *m*; (*radioaktiv*) radiations *fpl*

strahlungsarm *Adj* antiradiation **Strahlungsenergie** *f kein Pl* PHYS énergie *f* radiante **Strahlungsgürtel** *m* PHYS ceinture *f* de radiations, ceintures *fpl* de Van Allen **Strahlungsintensität** *f kein Pl* PHYS intensité *f* de rayonnement *pas de pl* **Strahlungswärme** *f* chaleur *f* radiante [*o* rayonnante]

Strähnchen [ˈʃtrɛːnçən] *Pl* mèches *fpl*; **sich beim Frisör ~ machen lassen** se faire faire des mèches chez le coiffeur

Strähne [ˈʃtrɛːnə] <-, -n> *f* mèche *f*

strähnig *Adj Haare* en mèches poisseuses; **~ sein** être poisseux(-euse)

stramm [ʃtram] I. *Adj* ① (*straff*) tendu(e); **~ ziehen** tendre *Seil*; serrer *Gürtel*
② (*kräftig*) *Bursche, Baby* solide, robuste
③ (*drall*) *Beine, Waden* potelé(e), dodu(e)
④ *fam* (*anstrengend*) *Marsch, Arbeit* dur(e), sévère
⑤ (*aufrecht*) *Haltung* raide, rigide; **~e Haltung annehmen** se mettre au garde-à-vous
⑥ *pej fam* (*überzeugt*) *Kommunist, Katholik* pur(e) et dur(e)
II. *Adv* ① (*fest, eng*) *binden* solidement, étroitement; **~ sitzen** *Hose:* être trop serré(e); *Fesseln:* être étroitement serré(e)
② *fam* (*unermüdlich*) *arbeiten* d'arrache-pied; *marschieren* d'un bon train

stramm|stehen *itr V unreg* se tenir au garde-à-vous

stramm|ziehen *s.* stramm I.1.

Strampelanzug *m*, **Strampelhöschen** [-høːsçən] *nt* barboteuse *f*

strampeln [ˈʃtrampəln] *itr V* ① + *haben* gigoter; **mit den Beinen ~** gigoter les jambes
② + *sein fam* (*Rad fahren*) pédaler

Strampler *m s.* Strampelanzug

Strand [ʃtrant, *Pl:* ˈʃtrɛndə] <-[e]s, ¨-e> *m* plage *f*; **am ~** sur la plage

Strandbad *nt* plage *f*

stranden [ˈʃtrandən] *itr V* + *sein* ① (*auf Grund laufen*) [s']échouer
② *geh* (*scheitern*) échouer

Strandgut *nt kein Pl* épaves *fpl* **Strandhafer** *m* BOT oyat *m* **Strandhotel** *nt* (*am Meer/am See*) hôtel *m* en bordure de mer/de lac **Strandkorb** *m* abri *m* de plage, fauteuil-cabine *m* en osier

i Land & Leute

Les **Strandkörbe** sont typiques des plages de la mer du Nord et de la mer Baltique. Ce sont de grands fauteuils solides en osier pour deux personnes. Ils protègent les vacanciers du vent du nord, frais et parfois violent, de la pluie, mais aussi des rayons du soleil.

Strandläufer *m* ORN bécasseau *m* **Strandpromenade** *f* promenade *f*

Strang [ʃtraŋ, *Pl:* ˈʃtrɛŋə] <-[e]s, ¨-e> *m* ① (*Strick*) corde *f*
② (*ineinander geschlungene Fäden*) écheveau *m*; **ein ~ Wolle** un écheveau de laine
③ (*Nervenstrang, Muskelstrang*) cordon *m*
▶ **am gleichen** [*o* **selben**] **~ ziehen** tirer [*o* pousser] dans le même sens (*fam*); **über die Stränge schlagen** *fam* ne se sentir plus [pisser] (*fam*); **wenn alle Stränge reißen** en dernier recours

Strangulation [ʃtraŋgulaˈtsioːn] <-, -en> *f* strangulation *f*

strangulieren* I. *tr V* étrangler
II. *r V* **sich ~** s'étrangler

Strapaze [ʃtraˈpaːtsə] <-, -n> *f* fatigue *f*

strapazfähig *Adj* A *s.* **strapazierfähig**

strapazieren* I. *tr V* ① (*stark beanspruchen*) user *Kleidungsstück;* fatiguer *Schuhe;* malmener *Sitzmöbel, Material*
② *fig fam* rabâcher (*fam*) *Begriff, Vergleich*
③ (*belasten*) **jdn ~** pousser qn à bout; **jds Nerven/Geduld ~** mettre les nerfs de qn à bout/mettre la patience de qn à rude épreuve
II. *r V* **sich ~** s'éreinter, s'épuiser

strapazierfähig *Adj* résistant(e), solide

strapaziös [ʃtrapaˈtsjøːs] *Adj* fatigant(e), épuisant(e)

Straps [ʃtraps] <-es, -e> *m* (*Strumpfhalter*) jarretelle *f*
Straßburg ['ʃtra:sbʊrk] <-s> *nt* Strasbourg
Straße ['ʃtra:sə] <-, -n> *f* ❶ (*in Ortschaften*) rue *f;* (*Landstraße*) route *f;* **auf der ~** dans la rue/sur la route; **über die ~ gehen** traverser la rue/la route; **in welcher ~ wohnst du?** [dans] quelle rue habites-tu?
❷ (*Meerenge*) **die ~ von Dover** le Pas de Calais; **die ~ von Gibraltar/Messina** le détroit de Gibraltar/Messine
▶ **auf offener ~** en pleine rue; **auf die ~ gehen** (*demonstrieren*) descendre dans la rue; **jdn auf die ~ setzen** *fam* mettre [*o* jeter] qn à la rue; **auf der ~ sitzen** [*o* **stehen**] *fam* se retrouver à la rue (*fam*)
Straßenanzug *m* costume *m* de ville **Straßenarbeiten** *Pl* travaux *mpl* [de voirie] **Straßenarbeiter(in)** *m(f)* cantonnier(-ière) *m(f)* **Straßenbahn** *f* tram[way] *m;* **mit der ~ fahren** prendre le tram[way]
Straßenbahndepot *nt* dépôt *m* de tramways **Straßenbahnfahrer(in)** *m(f)* ❶ (*Beruf*) conducteur(-trice) *m(f)* de tram[way] ❷ (*Fahrgast*) usager(-ère) *m(f)* du tram[way] **Straßenbahnhaltestelle** *f* arrêt *m* de tram[way] **Straßenbahnlinie** [-li:niə] *f* ligne *f* de tram[way] **Straßenbahnschaffner(in)** *m(f)* contrôleur(-euse) *m(f)* de tram[way]; HIST receveur(-euse) *m(f)* de tramway **Straßenbahnschiene** *f* rail *m* de tram[way] **Straßenbahnwagen** *m* voiture *f* de tramway
Straßenbau *m kein Pl* construction *f* de routes **Straßenbauamt** *nt* ≈ service *m* de la voirie **Straßenbauarbeiten** *Pl* chantier *m* de travaux publics **Straßenbelag** *m* revêtement *m* de la chaussée **Straßenbeleuchtung** *f* éclairage *m* public
Straßenbenutzungsabgabe *f* FISC péage *m* **Straßenbenutzungsgebühr** *f* taxe *f* routière
Straßendecke *s.* Straßenbelag **Straßenecke** *f* coin *m* de rue **Straßenfeger(in)** <-s, -> *m(f)* ❶ balayeur(-euse) *m(f)* ❷ *fig fam* (*Film*) film *m* qui attire les foules (*fam*); (*Sendung*) émission *f* qui fait de l'audimat **Straßenfest** *nt* fête *f* des rues **Straßenführung** *f kein Pl* tracé *m* d'une route **Straßengebühr** *s.* Straßenbenutzungsgebühr **Straßenglätte** *f* (*Eisglätte*) verglas *m;* **nachts Gefahr von ~** (*wegen Eis/Schnee*) la nuit, risque de verglas/de chaussée glissante **Straßengraben** *m* fossé *m;* **im ~ landen** aller au fossé **Straßenhändler(in)** *m(f)* marchand *m* ambulant/marchande *f* ambulante **Straßenjunge** *m* gamin *m* des rues **Straßenkampf** *m meist Pl* combat *m* de rue **Straßenkarte** *f* carte *f* routière **Straßenkehrer(in)** <-s, -> *m(f)* DIAL balayeur(-euse) *m(f)* **Straßenkind** *nt* enfant *m* des rues **Straßenkreuzer** <-s, -> *m fam* grosse bagnole *f* [américaine] (*fam*) **Straßenkreuzung** *f* (*in einer Ortschaft*) carrefour *m;* (*außerhalb einer Ortschaft*) croisement *m* **Straßenlage** *f* tenue *f* de route **Straßenlärm** *m* bruit *m* de la circulation **Straßenlaterne** *f* réverbère *m* **Straßenmusikant(in)** *m(f)* musicien *m* ambulant/musicienne *f* ambulante **Straßenname** *m* nom *m* de rue **Straßennetz** *nt* réseau *m* routier **Straßenrand** *m* bas-côté *m;* **am ~** sur le bas-côté **Straßenraub** *m* vol *m* sur la voie publique **Straßenreinigung** *f* ❶ (*das Reinigen*) nettoyage *m* des rues ❷ (*Dienststelle*) service *m* de voirie **Straßenrennen** *nt* SPORT course *f* sur route **Straßensammlung** *f* collecte *f* [sur la voie publique] **Straßensänger(in)** *m(f)* chanteur(-euse) *m(f)* de rue **Straßenschild** <-schilder> *nt* plaque *f* de rue **Straßenschlacht** *f* combat *m* de rue **Straßenschlucht** *f fam* rue *f* encaissée **Straßenschmutz** *m* saleté *f* de la rue **Straßenseite** *f* ❶ (*Seite einer Straße*) côté *m* d'une rue/route; **auf der anderen ~** de l'autre côté de la rue/route ❷ (*eines Gebäudes*) côté *m* rue **Straßensperre** *f* barrage *m* routier **Straßensperrung** *f* interruption *f* de la circulation **Straßenstrich** *m fam* coin *m* des prostituées (*fam*) **Straßenüberführung** *f* passerelle *f* **Straßenunterführung** *f* passage *m* souterrain **Straßenverhältnisse** *Pl* état *m* des routes **Straßenverkauf** *m* vente *f* à emporter **Straßenverkehr** *m* circulation *f* routière
Straßenverkehrsamt *nt* direction *f* [générale] des routes et de la circulation routière, ≈ préfecture *f* **Straßenverkehrsordnung** *f* code *m* de la route
Straßenwischer(in) <-s, -> *m(f)* CH *s.* Straßenfeger **Straßenzoll** *m* péage *m* **Straßenzug** *m* rue *f* bordée de maisons **Straßenzustand** *m* état *m* des routes **Straßenzustandsbericht** *m* (*im Radio, Fernsehen*) bulletin *m* de l'état des routes
Stratege [ʃtra'te:gə, st-] <-n, -n> *m,* **Strategin** *f* stratège *m;* **ein kluger ~/eine kluge ~in** un fin stratège
Strategie [ʃtrate'gi:, st-] <-, -en> *f* stratégie *f*
strategisch [ʃtra-, st-] **I.** *Adj* stratégique
II. *Adv* ❶ MIL sur le plan stratégique
❷ (*planvoll*) *handeln, vorgehen* savamment; *denken* de manière méthodique; **ein ~ denkender Mensch** un esprit méthodique
Stratosphäre [ʃtrato'sfɛ:rə, strato-] *f kein Pl* METEO stratosphère *f*
sträuben ['ʃtrɔɪbən] **I.** *r V* **sich ~** ❶ (*sich widersetzen*) regimber; **sich gegen etw ~** s'opposer à qc; **sich ~ etw zu tun** se refuser à faire qc
❷ (*sich aufrichten*) *Fell, Gefieder:* se hérisser; **mir ~ sich die Haare** mes cheveux se hérissent
II. *tr V* **das Fell/Gefieder ~** hérisser ses poils/plumes
Strauch [ʃtraʊx, *Pl:* 'ʃtrɔɪçə] <-[e]s, Sträucher> *m* arbuste *m*
straucheln ['ʃtraʊxəln] *itr V + sein geh* ❶ (*stolpern*) trébucher
❷ (*straffällig werden*) tourner mal
❸ (*scheitern*) [**als Sänger**] **~** échouer [comme chanteur]
Strauß[1] [ʃtraʊs, *Pl:* 'ʃtrɔɪsə] <-es, Sträuße> *m* (*Gebinde*) bouquet *m*
Strauß[2] [ʃtraʊs] <-es, -e> *m* ORN autruche *f*
Straußenei *nt* œuf *m* d'autruche **Straußenfeder** *f* plume *f* d'autruche
Strauß[en]wirtschaft *f* SDEUTSCH, A *taverne temporaire installée par le vigneron après les vendanges*
strawanzen *itr V + sein* A, SDEUTSCH *fam* (*streunen*) vagabonder
Streamer ['stri:mɐ] <-s, -> *m* INFORM streamer *m*
Strebe ['ʃtre:bə] <-, -n> *f* contre[-]fiche *f*
Strebebogen *m* ARCHIT arc-boutant *m*
streben ['ʃtre:bən] *itr V* ❶ *+ haben* **nach Zufriedenheit/Ruhm ~** aspirer à la satisfaction/gloire; **nach Anerkennung ~** aspirer [*o* chercher] à être reconnu(e); **danach ~ etw zu tun** ambitionner de faire qc
❷ *+ sein* (*sich bewegen*) **auseinander ~** *geh Menschen:* s'éparpiller; *Meinungen, Tendenzen:* diverger; **zum Ausgang ~** se diriger vers la sortie
Streben <-s> *nt geh* aspiration *f* (*soutenu*); **~ nach etw** aspiration *f* à qc
Strebepfeiler *m* contrefort *m*
Streber(in) <-s, -> *m(f) pej fam* (*Schüler*) fayot(e) *m(f)* (*fam*); (*Berufstätiger*) arriviste *mf*
streberhaft *Adj pej Schüler* fayot(e) (*fam*); *Berufstätiger* arriviste (*fam*)
strebsam *Adj Schüler* assidu(e); *Mitarbeiter* zélé(e)
Strebsamkeit <-> *f eines Schülers* assiduité *f; eines Mitarbeiters* zèle *m*
Strecke ['ʃtrɛkə] <-, -n> *f* ❶ (*Wegstrecke*) route *f;* **die ~ gut kennen** connaître bien le chemin; **auf halber ~** à mi-chemin
❷ (*Entfernung*) distance *f;* **es ist noch eine ziemliche ~ zu gehen** il y a encore un bon bout de chemin à faire; **über weite ~n** [**hin**] sur de grandes étendues
❸ (*Eisenbahnstrecke*) ligne *f* [de chemin de fer]; **auf freier** [*o* **offener**] **~ halten** s'arrêter en rase campagne
❹ (*zurückgelegter Weg*) trajet *m*
❺ (*vorgegebener Weg*) itinéraire *m*
❻ *fig* (*Passage*) **der Film ist über weite ~n ziemlich langweilig** de nombreux passages du film sont assez ennuyants
▶ **auf der ~ bleiben** *fam Person:* rester sur le carreau (*fam*); *Projekt, Reform:* passer à la trappe (*fam*); **jdn zur ~ bringen**

liquider qn; **ein Tier zur ~ bringen** tuer un animal

strecken [ˈʃtrɛkən] **I.** *tr V* ❶ tendre, allonger *Arm, Bein;* **die Arme nach oben/vorne ~** tendre [*o* allonger] les bras en haut/en avant; **den Oberkörper ~** se redresser; **den Finger ~** lever le doigt; **den Kopf aus dem Fenster/in die Höhe ~** passer la tête par la fenêtre/tendre le cou; **lang gestreckt** *Gebäude* allongé(e); **eine lang gestreckte Ortschaft** une agglomération [toute] en longueur
❷ *fam* (*ergiebiger machen*) allonger *Suppe, Soße;* couper *Heroin;* faire durer *Vorräte;* **die Suppe mit Wasser ~** allonger la soupe avec de l'eau
II. *r V* **sich ~** s'étirer

Streckenabschnitt *m* tronçon *m* **Streckenarbeiter** *m* ouvrier *m* de la voie publique **Streckennetz** *nt* réseau *m* **Streckenstilllegung**^RR *f* fermeture *f* de ligne **Streckenwärter(in)** *m(f)* garde-voie *m* **streckenweise** *Adv* par endroits; **die Autobahn ist ~ nur einspurig befahrbar** certaines portions de l'autoroute n'ont qu'une voie

Streckmuskel *m* [muscle *m*] extenseur *m*

Streckung <-, -en> *f* allongement *m; der Glieder* étirement *m*

Streckverband *m* MED bandage *m* (*exerçant une extension continue*)

Streetworker(in) [ˈstriːtwəːkə] <-s, -> *m(f)* éducateur(-trice) *m(f)* de rue

Streich [ʃtraɪç] <-[e]s, -e> *m* ❶ plaisanterie *f;* **ein böser ~** une plaisanterie de mauvais goût; **jdm einen ~ spielen** *Person:* jouer un tour à qn; *Gedächtnis, Fantasie:* jouer des tours à qn
❷ *geh* (*Schlag*) coup *m;* **jdm mit etw einen ~ versetzen** assener un coup de qc à qn
▸ **auf einen ~** d'un seul coup

Streicheleinheiten *Pl hum fam* (*Zärtlichkeit*) câlins *mpl;* (*Lob, Anerkennung*) compliments *mpl;* **zu wenig ~ bekommen** être en mal d'affection

streicheln [ˈʃtraɪçəln] *tr V* caresser; **jdm die Hand ~** caresser la main à qn; **das Streicheln** les caresses *fpl*

streichen [ˈʃtraɪçən] <strich, gestrichen> **I.** *tr V + haben*
❶ (*anstreichen*) peindre; **das Wohnzimmer neu ~** repeindre le salon
❷ (*schmieren*) **Butter aufs Brötchen ~** tartiner du beurre sur le petit pain; **sich** (*Dat*) **ein Marmeladebrot ~** se faire une tartine de confiture
❸ (*glätten*) **glatt ~** lisser *Haar;* défroisser *Zettel, Banknote;* **sich** (*Dat*) **die Haare/Kleidung glatt ~** lisser ses cheveux/défroisser ses vêtements
❹ (*ausstreichen*) rayer *Person, Namen, Satz, Zeile;* barrer *Wort;* **jdn aus der Liste/dem Register ~** rayer [*o* radier] qn de la liste/du registre
❺ (*zurückziehen*) supprimer *Unterstützung, Zuschuss;* annuler *Auftrag, Projekt;* **jdm die Gelder ~** supprimer l'allocation à qn
II. *itr V* ❶ + *haben* (*gleiten*) **mit der Hand über etw** (*Akk*) **~** passer la main sur qc; **jdm über die Haare ~** passer la main dans les cheveux de qn
❷ + *sein* (*streifen*) **ums Haus/durch die Gegend ~** rôder autour de la maison/dans le coin

Streicher(in) <-s, -> *m(f)* MUS joueur(-euse) *m(f)* d'un instrument à cordes; **die ~** les cordes *fpl*

streichfähig *Adj Käse* tendre; *Butter* mou, facile à étaler **Streichholz** *nt* allumette *f* **Streichholzschachtel** *f* boîte *f* d'allumettes **Streichinstrument** *nt* instrument *m* à cordes; **die ~e** les cordes *fpl* **Streichkäse** *m* fromage *m* à tartiner **Streichmusik** *f* musique *f* pour instruments à cordes **Streichorchester** *nt* orchestre *m* à cordes **Streichquartett** *nt* quatuor *m* à cordes **Streichquintett** *nt* quintette *m* à cordes

Streichung <-, -en> *f* ❶ *kein Pl* (*das Ausstreichen*) suppression *f;* JUR radiation *f*
❷ *kein Pl* (*das Zurückziehen*) *einer Unterstützung, eines Zuschusses* suppression *f; eines Projekts, Auftrags* annulation *f*
❸ (*gestrichener Text*) passage *m* supprimé

Streichwurst *f* pâté *m* [à tartiner]

Streifband *nt* (*für Bankscheine*) bracelet *m* [à billets]; (*für Zeitungen*) bande *f* **Streifbandzeitung** *f* journal *m* sous bande

Streife [ˈʃtraɪfə] <-, -n> *f* patrouille *f;* **auf ~ gehen/sein** partir/être en patrouille

streifen [ˈʃtraɪfən] **I.** *tr V + haben* ❶ (*flüchtig berühren*) frôler; **jdn mit dem Blick ~** effleurer qn du regard; **der Schuss hat ihn an der Schulter gestreift** le projectile lui a éraflé l'épaule
❷ (*flüchtig erwähnen*) effleurer
❸ (*überziehen*) **sich/jdm den Ring auf den Finger ~** se mettre l'anneau au doigt/passer l'anneau au doigt de qn; **sich** (*Dat*) **den Pullover über den Kopf ~** enfiler le pull
❹ (*entfernen*) **sich/jdm den Ring vom Finger ~** s'enlever l'anneau du doigt/enlever l'anneau du doigt de qn; **die Asche von der Zigarette ~** faire tomber la cendre de la cigarette
II. *itr V geh + sein* **durch die Stadt/den Wald ~** errer à travers la ville/dans la forêt (*soutenu*)

Streifen <-s, -> *m* ❶ (*schmale Linie*) rayure *f;* (*breite Linie*) bande *f;* (*am Himmel, Horizont*) traînée *f;* **ein ~ Land** une bande de terrain
❷ (*Striemen*) marque *f*
❸ (*Stoffstreifen, Lederstreifen*) bande *f;* **etw in ~ schneiden** découper qc en bandes
❹ *fam* (*Film*) film *m*

Streifendienst *m* (*Dienst, Personen*) patrouille *f;* **~ haben** être de patrouille **Streifenmuster** *nt* rayures *fpl;* **mit ~** rayé(e) **Streifenpolizist(in)** *m(f)* agent *m* de police en patrouille **Streifenwagen** *m* voiture *f* de police

streifig [ˈʃtraɪfɪç] *Adj Stoff* à rayures; *Fensterscheibe* plein(e) de traînées

Streiflicht *nt* ❶ *der Scheinwerfer* faisceau *m* ❷ (*Erläuterung*) éclaircissement *m;* **~er auf etw werfen** apporter des éclaircissements sur qc **Streifschuss**^RR *m* éraflure *f* **Streifzug** *m* ❶ (*Bummel*) balade *f;* **einen ~ durch die Stadt machen** faire une balade à travers la ville ❷ (*Exkurs*) tour *m* d'horizon; **ein historischer ~** un aperçu historique

Streik <-[e]s, -s *o selten* -e> [ʃtraɪk] *m* grève *f;* **mit ~ drohen** menacer de se mettre en grève; **einen ~ beschließen** décider de faire grève; **in den ~ treten** se mettre en grève

Streikbrecher(in) *m(f)* briseur(-euse) *m(f)* de grève

streiken [ˈʃtraɪkən] *itr V* ❶ faire grève; **für etw ~** faire grève pour qc; **in der Textilindustrie wird immer noch gestreikt** l'industrie textile est toujours en grève; **die ~den Arbeiter** les ouvriers en grève
❷ *hum fam* (*sich weigern, nicht funktionieren*) faire grève (*hum fam*)

Streikende(r) *f(m) dekl wie Adj* gréviste *mf*

Streikgeld *nt* indemnité *f* de grève (*versée aux grévistes par leur syndicat*) **Streikposten** *m* piquet *m* de grève; **~ aufstellen** constituer des piquets de grève **Streikrecht** *nt* droit *m* de grève **Streikwelle** *f* vague *f* de grèves

Streit [ʃtraɪt] <-[e]s, -e> *m* ❶ (*privater Konflikt*) dispute *f;* (*öffentlicher Konflikt*) altercation *f;* (*Konflikt mit Handgreiflichkeiten*) rixe *f;* **mit jdm wegen etw ~ bekommen/haben** avoir une dispute/être en bisbille avec qn à cause de qc; **mit jdm im ~ liegen** être en conflit avec qn; **~ suchen** vouloir [*o* chercher] se disputer; **einen ~ schlichten** régler un différend; **keinen ~ mit jdm wollen** ne pas vouloir se disputer avec qn; **im ~ auseinander gehen** se quitter sur une dispute
❷ (*Kontroverse*) polémique *f;* (*Meinungsverschiedenheit*) différend *m*

Streitaxt *f* HIST hache *f* de guerre

streitbar *Adj Mensch, Charakter* combatif(-ive); *Volksstamm* guerrier(-ière)

streiten [ˈʃtraɪtən] <stritt, gestritten> **I.** *itr V* ❶ disputer; **mit jdm ~** se disputer avec qn; **streitet nicht miteinander!** ne

S

vous disputez pas!
2 (*diskutieren*) **mit jdm über etw** (*Akk*) ~ débattre de qc avec qn; **darüber lässt sich** ~ ça se discute
II. *r V* 1 (*zanken*) **sich** ~ se disputer; **sich mit jdm wegen einer Nichtigkeit** ~ se disputer [*o* se quereller] avec qn à cause d'une futilité; **sich um das Erbe/die Kinder** ~ se disputer l'héritage/la garde des enfants; **sie** ~ **sich um dieselbe Frau** ils se disputent la même femme
2 (*diskutieren*) **sich** [**darüber**] ~, **wer/wie ...** débattre pour savoir qui/comment ...
Streiter(in) ['ʃtraɪtɐ] <-s, -> *m(f) geh* combattant(e) *m(f)*
Streiterei <-, -en> *f fam* chamaillerie *f* (*fam*); **lasst die** ~! arrêtez de vous chamailler!
Streitfall *m* cas *m* litigieux; **im** ~ en cas de litige **Streitfrage** *f* question *f* litigieuse **Streitgespräch** *nt* débat *m;* (*zwischen zwei Persönlichkeiten*) face-à-face *m* **Streithammel** *m fam* mauvais coucheur *m*/mauvaise coucheuse *f* (*fam*)
streitig *Adj* 1 **jdm den Vorrang** ~ **machen** disputer la vedette à qn; **jdm das Anrecht auf etw** ~ **machen** contester le droit de qn à qc
2 (*strittig*) litigieux(-euse); **nicht** ~ incontesté(e); **der** ~**e Gegenstand** l'objet du litige
Streitigkeiten *Pl* querelles *fpl;* **es kam zu** ~ une querelle éclata
Streitkräfte *Pl* forces *fpl* armées **streitlustig** *s.* **streitbar** **Streitmacht** *f veraltet* troupes *fpl* **Streitsache** *f* affaire *f* litigieuse **Streitschrift** *f* pamphlet *m* **streitsüchtig** *Adj* querelleur(-euse) **Streitwagen** *m* char *m* **Streitwert** *m* montant *m* du litige
streng [ʃtrɛŋ] **I.** *Adj* 1 (*unnachsichtig, drastisch*) sévère; ~ **zu jdm sein** être sévère avec qn
2 (*strikt*) *Ordnung, Einhaltung, Anweisung* rigoureux(-euse); *Diät, Fasten* draconien(ne); ~**e Bettruhe** repos *m* absolu; **unter** ~**er Bewachung** sous haute surveillance
3 (*durchdringend*) *Geruch* pénétrant(e); *Geschmack, Aroma* âpre
4 (*nicht gemäßigt*) *Winter* rigoureux(-euse); *Kälte* vif(vive); *Frost* fort(e); **bei** ~**em Frost** en cas de forte gelée
5 (*konsequent*) *Vegetarier, Katholik* convaincu(e)
II. *Adv* 1 (*hart*) *bestrafen, kontrollieren* sévèrement; *durchgreifen* énergiquement; ~ **erzogen werden** recevoir une éducation très sévère
2 (*strikt*) strictement
3 (*genau, ernst*) **etw** ~ **nehmen** ne pas transiger sur [*o* avec] qc; ~ **genommen** à proprement parler
4 (*durchdringend*) ~ **riechen/schmecken** avoir une odeur pénétrante/un goût prononcé
Strenge ['ʃtrɛŋə] <-> *f* 1 (*Unnachsichtigkeit*) *einer Person* sévérité *f;* **mit besonderer** ~ **auf etw** (*Akk*) **achten** veiller rigoureusement à qc
2 (*Härte*) *einer Bestrafung, Erziehung* sévérité *f*
3 (*Herbheit*) *eines Gesichts, Stils* austérité *f*
4 (*Kälte*) rigueur *f*
5 (*durchdringender Charakter*) *des Geschmacks* âpreté *f*
strenggenommen *s.* **streng II.3.**
strenggläubig *Adj* très croyant(e)
streng|nehmen *s.* **streng II.3.**
Streptokokkus [ʃtrɛpto'kɔkʊs, strɛpto-] <-, -kokken> *m* streptocoque *m*
StressRR [ʃtrɛs, strɛs] <-es, -e>, **Streß** <-sses, -sse> *m meist Sing* stress *m;* **im** ~ **sein, unter** ~ **stehen** être stressé(e)
stressen ['ʃtrɛsən] *tr V fam* stresser; **gestresst sein** être stressé(e) (*fam*)
stressfreiRR ['ʃtrɛs-, 'st-] *Adj* sans stress
stressig *Adj fam* stressant(e) (*fam*)
StresssituationRR *f* stress *m*, situation *f* stressante
Stretchhose ['strɛtʃ-] *f* pantalon *m* stretch
Stretching ['strɛtʃɪŋ] <-s> *nt* stretching *m*

Streu [ʃtrɔɪ] <-> *f* litière *f*
Streubüchse *f*, **Streudose** *f* saupoudreuse *f;* (*für Salz*) salière *f;* (*für Zucker*) poudreuse *f;* (*für Pfeffer*) poivrière *f*
streuen ['ʃtrɔɪən] **I.** *tr V* 1 (*hinstreuen*) répandre *Samen, Heu;* épandre *Dünger;* saupoudrer *Mehl, Zucker;* **Sand auf etw** (*Akk*) ~ sabler qc; **den Hühnern Körner auf den Boden** ~ jeter des graines aux poules
2 (*gegen Glätte schützen*) **die Straße** ~ (*mit Sand/Salz*) sabler/saler la rue
3 (*verbreiten*) répandre *Gerüchte, Informationen;* **das Gerücht** ~, **dass** faire courir le bruit que + *indic*
II. *itr V* 1 (*mit Sand/Salz Glätte verhindern*) sabler/saler
2 (*Geschosse aufsplittern*) *Schusswaffe:* disperser ses projectiles
Streuer <-s, -> *m* (*Salzstreuer*) salière *f;* (*Pfefferstreuer*) poivrière *f;* (*Zuckerstreuer*) saupoudreuse *f*
Streufahrzeug *nt* véhicule *m* de sablage/de salage **Streugut** *nt kein Pl* (*Streusand*) sable *m;* (*Streusalz*) sel *m*
streunen ['ʃtrɔɪnən] *itr V* 1 + *sein o selten haben* (*umherstreifen*) *Person:* vagabonder; *Hund, Katze:* rôder; ~**de Hunde/Katzen** des chiens/des chats errants
2 + *sein* (*durchstreifen*) **durch die Wälder/die Stadt** ~ *Person:* vagabonder à travers bois/la ville; *Hund, Katze:* rôder dans les bois/la ville
Streusalz *nt* sel *m* [de déneigement] **Streusand** *m kein Pl* sable *m*
Streusel ['ʃtrɔɪzəl] <-s, -> *m o nt* petit morceau *m* de pâte (*avec du beurre et du sucre*)
Streuselkuchen *m* gâteau *m* au levain (*recouvert de petits morceaux de pâte sucrée*)
Streuung <-, -en> *f* 1 (*Verbreitung*) *der Medien, Werbung* diffusion *f*
2 (*Verteilung*) *von Anlagen, eines Risikos* dispersion *f*
3 (*Abweichung*) *einer Schusswaffe* dérivation *f*
Streuwagen *m* saleuse *f*
strich [ʃtrɪç] *Imp von* **streichen**
Strich <-[e]s, -e> *m* 1 (*Linie*) trait *m;* (*schräg, senkrecht*) barre *f*
2 (*Teilstrich einer Skala*) division *f;* **durch** ~**e in Felder unterteilt sein** être subdivisé(e) en graduations
3 *fam* (*Straßenstrich*) quartier *m* chaud (*fam*); **auf den** ~ **gehen** faire le trottoir (*fam*); **die Mädchen vom** ~ les filles qui font le trottoir (*fam*)
▶ **nach** ~ **und Faden** *fam* jusqu'au trognon (*fam*); **nur** [**noch**] **ein** ~ **in der Landschaft sein** *hum fam* ne [plus] avoir que la peau et les os (*hum fam*); **jdm einen** ~ **durch die Rechnung machen** *fam* mettre à qn des bâtons dans les roues (*fam*); **jdm gegen den** ~ **gehen** *fam* débecter qn (*fam*); **keinen** ~ **machen** [*o* **tun**] ne rien faire; **einen** ~ **unter etw** (*Akk*) **machen** [*o* **ziehen**] tirer un trait sur qc; **unterm** ~ *fam* au bout du compte (*fam*)
Strichcode [-ko:t] *m* code *m* barres
stricheln ['ʃtrɪçəln] *tr V* 1 tracer en pointillé; **etw** ~ tracer qc en pointillé; **eine gestrichelte Linie** une ligne en pointillé
2 (*schraffieren*) hachurer
Stricher(in) <-s, -> *m(f) sl* prostitué(e) *m(f)* (*pop*)
Strichjunge *m fam* jeune prostitué *m*
Strichkode *m* code-barres *m*, code *m* à barres
strichlieren* *tr V* A *s.* **stricheln**
Strichmädchen *nt fam* jeune prostituée *f*
Strichmännchen *nt petit bonhomme très schématisé* **Strichpunkt** *m* point-virgule *m* **Strichvogel** *m* oiseau *m* de passage **strichweise** *Adv* par endroits **Strichzeichnung** *f* dessin *m* au trait
Strick [ʃtrɪk] <-[e]s, -e> *m* corde *f*
▶ **jdm aus etw einen** ~ **drehen** *fam* coincer qn avec qc (*fam*); **zum** ~ **greifen, einen** [*o* **den**] ~ **nehmen** *fam* se pendre (*fam*); **wenn alle** ~**e reißen** *fam* dans le pire des cas (*fam*)

Strickbündchen *nt* (*am Hals, Ärmel*) bord *m* [en] côtes
stricken ['ʃtrɪkən] *tr, itr V* tricoter; **das Stricken** le tricot
Strickgarn *nt* fil *m* à tricoter **Strickjacke** *f* gilet *m*, veste *f* en laine **Strickkleid** *nt* robe *f* en tricot **Strickleiter** *f* échelle *f* de corde **Strickmaschine** *f* tricoteuse *f* **Strickmuster** *nt* ❶ (*gestricktes Muster*) point *m* de tricot ❷ (*Vorlage*) modèle *m* de tricot ❸ *hum* (*Machart*) structure *f* **Stricknadel** *f* aiguille *f* à tricoter **Strickwaren** *Pl* tricots *mpl* **Strickweste** *f* gilet *m* de tricot **Strickzeug** *nt* tricot *m*
Striegel ['ʃtri:gəl] <-s, -> *m* étrille *f*
striegeln *tr V* étriller
Strieme ['ʃtri:mə] <-, -n> *f*, **Striemen** ['ʃtri:mən] <-s, -> *m* zébrure *f*, marque *f* [de coup de fouet/ceinture]
Striezel ['ʃtri:tsəl] <-s, -> *m* A, SDEUTSCH (*Hefezopf*) ≈ brioche *f* tressée
strikt [ʃtrɪkt, strɪkt] **I.** *Adj* ❶ (*streng*) *Befehl, Befolgung, Gehorsam* strict(e)
❷ (*rigoros*) *Ablehnung, Weigerung* catégorique
II. *Adv* ❶ (*streng, ausnahmslos*) strictement
❷ (*rigoros*) catégoriquement
stringent [ʃtrɪŋ'gɛnt, strɪŋ'gɛnt] **I.** *Adj* (*logisch*) convaincant(e), cohérent(e)
II. *Adv* avec logique, nécessairement
Strip [ʃtrɪp, strɪp] <-s, -s> *m sl* strip *m* (*arg*)
Strippe ['ʃtrɪpə] <-, -n> *f fam* fil *m* (*fam*); **jdn an die ~ bekommen/an der ~ haben** arriver à avoir/avoir qn au bout du fil (*fam*)
strippen ['ʃtrɪpən, 'strɪpən] *itr V fam* faire du strip[-]tease (*fam*)
Strippenzieher(in) *m(f) pej fam* personne *f* qui tire les ficelles
Stripper(in) ['ʃtrɪpɐ, 'strɪpɐ] <-s, -> *m(f) fam* strip[-]teaseur(-euse) *m(f)*
Striptease ['ʃtrɪpti:s, 'strɪpti:s] <-> *m o nt* strip[-]tease *m*; **einen ~ hinlegen** *fam* faire un numéro de strip[-]tease (*fam*)
Stripteasetänzer(in) ['ʃtrɪpti:s-, 'strɪp-] *m(f)* strip[-]teaseur(-euse) *m(f)*
stritt [ʃtrɪt] *Imp von* **streiten**
strittig ['ʃtrɪtɪç] *Adj Frage, Grenze* controversé(e); *Fall, Problem* litigieux(-euse); **~ sein** faire l'objet d'une controverse/d'un litige
Strizzi ['ʃtrɪtsi] <-s, -s> *m* A *fam* (*Strolch*) filou *m*
Stroh [ʃtro:] <-[e]s> *nt* paille *f*
► [**nur**] **~ im Kopf haben** *fam* être bête à manger du foin (*fam*); **leeres ~ dreschen** *fam* parler pour ne rien dire (*fam*)
Strohballen *m* botte *f* de paille **strohblond** *Adj Mensch* blond(e) comme les blés; *Haare* couleur paille *inv* **Strohblume** *f* immortelle *f* **Strohdach** *nt* toit *m* de chaume **strohdumm** *Adj fam* abruti(e) (*fam*); **~ sein** être bête à manger du foin (*fam*) **Strohfeuer** *nt* feu *m* de paille **Strohgeflecht** *nt* natte *f* en paille **Strohhalm** *m* ❶ (*Getreidehalm*) brin *m* de paille ❷ (*Trinkhalm*) paille *f* ► **nach jedem ~ greifen, sich an jeden ~ klammern** se raccrocher à n'importe quelle branche **Strohhut** *m* chapeau *m* de paille; **flacher ~** canotier *m*
strohig ['ʃtro:ɪç] *Adj* ❶ *Haare* sec(sèche)
❷ (*hart, trocken*) sec(sèche) et fade; **einen ~en Geschmack haben** être dur(e) et sans saveur
Strohkopf *m pej fam* demeuré(e) *m(f)* (*fam*) **Strohlager** *nt* grange *f* à paille **Strohmann** <-männer> *m* homme *m* de paille (*péj*) **Strohmatte** *f* paillasson *m* **Strohsack** *m* paillasse *f* ► **heiliger ~!** *veraltet fam* sacré bon sang! (*vieilli fam*) **Strohwitwer** *m*, **-witwe** *f hum fam* célibataire *mf* (*fam*)
Strolch [ʃtrɔlç] <-[e]s, -e> *m* ❶ *fam* (*Schlingel*) garnement *m* (*fam*)
❷ *pej veraltet* (*Missetäter*) [**übler**] **~** chenapan *m* (*vieilli*)
Strom [ʃtro:m] <-[e]s, ⁼e> *m* ❶ *kein Pl* courant *m*; [**elektrischer**] **~** courant *m* [électrique]; **~ führend** *Kabel* sous tension
❷ (*breiter Fluss*) fleuve *m*
❸ *fig von Besuchern, Blut* flot *m*; *von Schlamm, Lava* torrent *m*; **in Strömen fließen** couler à flots
► **es gießt** [*o* **regnet**] **in Strömen** il pleut à torrents [*o* à seaux]; **mit dem/gegen den ~ schwimmen** suivre le courant/nager à contre-courant; **unter ~ stehen** *Leitung:* être sous tension; *fam Person:* être allumé(e) (*fam*)
Stromabnehmer *m* ❶ (*Person*) consommateur *m* d'électricité; (*in Frankreich*) abonné *m* à EDF
❷ TECH balai *m* [conducteur]; *einer Tram* trolley *m*
Stromabnehmerin *f* consommatrice *f* d'électricité; (*in Frankreich*) abonnée *f* à EDF
stromabwärts *Adv* en aval; **einen Kilometer** [**weiter**] **~ ist eine Schleuse** à un kilomètre en aval se trouve une écluse; **~ fahren/treiben** descendre le fleuve; **~ schwimmen** nager dans le sens du courant **stromaufwärts** *Adv* en amont; **einen Kilometer** [**weiter**] **~ ist eine Schleuse** à un kilomètre en amont se trouve une écluse; **~ fahren** remonter le fleuve; **~ schwimmen** nager à contre-courant
Stromausfall *m* panne *f* de courant
strömen ['ʃtrø:mən] *itr V + sein* ❶ (*fließen*) **in das Becken ~** se déverser en grande quantité dans le bassin; **aus etw ~** *Wasser, Gas:* s'échapper en grande quantité [*o* abondamment] de qc
❷ (*gehen, eilen*) **in ein Gebäude/ins Freie ~** affluer dans un bâtiment/vers la sortie; **aus dem Saal ~** affluer hors de la salle; **durch die Altstadt/die Flure ~** affluer dans la vieille ville/les couloirs
Stromer ['ʃtro:mɐ] <-s, -> *m fam* traîne-savate[s] *m* (*fam*); **na, du kleiner ~, wo kommst du denn her?** alors, petit vagabond, d'où viens-tu donc?
stromführend *s.* **Strom 1.**
Stromkabel *nt* câble *m* électrique **Stromkreis** *m* circuit *m* électrique **Stromleitung** *f* ligne *f* électrique
Stromlinienform [-li:niən-] *f* profil *m* aérodynamique
stromlinienförmig *Adj* aérodynamique
Strommast *m* pylône *m* électrique **Stromnetz** *nt* réseau *m* électrique **Stromquelle** *f* source *f* de courant [électrique] **Stromrechnung** *f* facture *f* d'électricité **Stromschlag** *m* décharge *f* électrique
Stromschnelle *f meist Pl* rapides *mpl*
Stromstärke *f* intensité *f* du courant **Stromstoß** *m* décharge *f* électrique
Strömung <-, -en> *f* courant *m*
Stromverbrauch *m* consommation *f* d'électricité **Stromversorgung** *f* alimentation *f* en électricité
Stromzähler *m* compteur *m* électrique; **den ~ ablesen** relever le compteur électrique
Strontium ['ʃtrɔntsiʊm, 'strɔntsiʊm] <-s> *nt* CHEM strontium *m*; **~ zählt zu den Leichtmetallen** le strontium fait partie des métaux légers
Strophe ['ʃtro:fə] <-, -n> *f* strophe *f*
strotzen ['ʃtrɔtsən] *itr V* **von** [*o* **vor**] **Energie/Gesundheit ~** déborder d'énergie/de santé; **vor Schmutz ~** être couvert(e) de saleté; **von** [*o* **vor**] **Fehlern ~** *Diktat:* déborder de fautes
strubbelig ['ʃtrʊbəlɪç] *Adj Haar* ébouriffé(e); *Fell* hérissé(e)
Strubbelkopf *m fam* ❶ (*Haare*) cheveux *mpl* ébouriffés (*fam*)
❷ (*Mensch*) tête *f* ébouriffée (*fam*)
strubblig *s.* **strubbelig**
Strudel ['ʃtru:dəl] <-s, -> *m* ❶ (*Wirbel*) tourbillon *m*
❷ GASTR strudel *m*
strudeln ['ʃtru:dəln] *itr V* faire des tourbillons
Struktur [ʃtrʊk'tu:ɐ, strʊk'tu:ɐ] *f* ❶ (*Gliederung*) structure *f*
❷ TEXTIL texture *f*
Strukturalismus <-> *m* LING structuralisme *m*
Strukturformel [ʃt-, st-] *f* formule *f* développée **Strukturhilfe** *f* aide *f* à la restructuration (*subvention fédérale accordée aux régions défavorisées*)
strukturieren* [ʃtrʊ-, st-] *tr V* structurer
Strukturierung <-, -en> *f* ❶ *kein Pl* (*das Strukturieren*) structuration *f* (*soutenu*)
❷ (*Struktur*) texture *f*

Strukturkrise [ʃt-, st-] *f* crise *f* structurelle **Strukturreform** *f* ÖKON réforme *f* structurelle **strukturschwach** *Adj* économiquement défavorisé(e) **Strukturschwäche** *f* retard *m* économique **Strukturwandel** *m* changement *m* de structures

Strumpf [ʃtrʊmpf, *Pl:* 'ʃtrʏmpfə] <-[e]s, ¨-e> *m* ❶ (*Kniestrumpf*) chaussette *f*; **auf** [*o* **in**] **Strümpfen** en chaussettes
❷ (*Damenstrumpf*) bas *m*

Strumpfband <-bänder> *nt* jarretière *f* **Strumpfhalter** <-s, -> *m* jarretelle *f* **Strumpfhaltergürtel** *m* porte-jarretelles *m* **Strumpfhose** *f* collant *m* **Strumpfmaske** *f* bas *m*; **eine ~ tragen** [*o* **aufhaben**] être masqué(e) d'un bas

Strunk [ʃtrʊŋk, *Pl:* 'ʃtrʏŋkə] <-[e]s, ¨-e> *m* trognon *m*

struppig ['ʃtrʊpɪç] *Adj Haare* hérissé(e); *Fell* dur(e); **ein ~er Hund** un chien à poil dur

Struwwelpeter ['ʃtrʊvəlpe:tɐ] *m* ❶ **der ~** Pierre l'Ébouriffé (*célèbre personnage enfantin créé au XIXe siècle*)
❷ *fam* (*verstrubbeltes Kind*) petit diable *m* ébouriffé (*fam*)

Strychnin [ʃtrʏç'ni:n, strʏç'ni:n] <-s> *nt* strychnine *f*; **~ ist giftig** la strychnine est toxique

Stube ['ʃtu:bə] <-, -n> *f* ❶ DIAL pièce *f* commune; **die gute ~** le salon
❷ MIL chambrée *f*

Stubenarrest *m fam* **~ bekommen/haben** être privé(e) de sortie (*fam*) **Stubenfliege** *f* mouche *f* domestique **Stubenhocker(in)** *m(f) pej fam* pantouflard(e) *m(f)* (*fam*) **stubenrein** *Adj* ❶ *Katze, Hund* propre ❷ *hum fam* (*frei von Obszönitäten*) *Witz* pour des oreilles chastes; **nicht ~ sein** ne pas être à mettre dans toutes les oreilles

Stuck [ʃtʊk] <-[e]s> *m* stuc *m*

Stück [ʃtʏk] <-[e]s, -e> *nt* ❶ (*Teil*) *eines Brots, Bratens, Kuchens* morceau *m*; *einer Schnur, eines Drahts* bout *m*; **drei ~ Kuchen** trois morceaux de gâteau; **ein ~ Draht/Papier/Land** un bout de fil de fer/de papier/de terrain; **Emmentaler am ~ kaufen** acheter de l'Emmenthal à la pièce
❷ (*Abschnitt*) *einer Straße, eines Waldes* bout *m*; *eines Manuskripts, Textes* partie *f*; **jdn ein ~ [Weges] begleiten** faire un bout de chemin avec qn (*fam*); **mit etw ein gutes ~ weiterkommen** avancer bien dans qc
❸ (*einzelnes Exemplar*) **ein ~ Seife** un pain de savon; **das kostet zehn Euro pro** [*o* **das**] **~** ça coûte dix euros [la] pièce
❹ (*Bruchstück*) **etw in ~e reißen/schlagen** déchirer/casser qc en mille morceaux; **in ~e gehen** se casser en mille morceaux; **aus einem ~** d'une seule pièce, d'un seul tenant; **~ für ~** pièce par pièce
❺ (*wertvoller Gegenstand*) pièce *f*
❻ (*Musikstück*) morceau *m*
❼ (*Theaterstück*) pièce *f*
❽ *pej sl* (*Mensch*) **du gemeines ~!** espèce *f* de salop(e) ! (*vulg*); **so ein mieses ~!** quel salop! *m(f)*/quelle salope! *f* (*vulg*)
▸ **ein hartes** [*o* **schweres**] **~ Arbeit** *fam* un sacré boulot (*fam*); **er/sie ist mein bestes ~** *hum fam* c'est mon bijou (*fam*); **aus freien ~en** de mon/ton/... propre chef; **große ~e auf jdn halten** *fam* ne jurer que par qn (*fam*); **das ist ein starkes ~!** *fam* c'est le bouquet! (*fam*); **sich für jdn in ~e reißen lassen** *fam* se faire couper en morceaux pour qn (*fam*); **kein ~!** *sl* que dalle! (*fam*)

Stückarbeit *f kein Pl* ❶ (*Akkordarbeit*) travail *m* à la pièce [*o* tâche]
❷ *fam* (*Flickwerk*) rafistolage *m* (*fam*)

Stuckateur(in)^RR [ʃtʊka'tø:ɐ] <-s, -e> *m(f)* stucateur(-trice) *m(f)*

Stückchen <-s, -> *nt Dim von* **Stück** ❶ (*kleines Teil*) petit morceau *m*
❷ (*kleine Strecke*) **ein ~** un petit peu; **ein ~ von der Straße entfernt** à deux pas de la route

Stuckdecke ['ʃtʊk-] *f* plafond *m* en stuc

stückeln ['ʃtʏkəln] *tr V* fractionner *Emission, Wertpapier*

Stückeschreiber(in) *m(f)* dramaturge *mf*

Stückgut *nt* colis *m* de détail **Stücklohn** *m* salaire *m* à la pièce; **im ~ arbeiten** travailler aux pièces **Stücklohnarbeit** *f* travail *m* à la pièce **Stückpreis** *m* prix *m* à l'unité; **etw zum ~ von zehn Euro verkaufen** vendre qc au prix unitaire de dix euros

stückweise *Adv* à la pièce

Stückwerk *nt kein Pl* [**nur**] **~ sein** [*o* **bleiben**] rester à l'état d'ébauche **Stückzahl** *f* nombre *m* de pièces; **in großer ~** en grande quantité

stud. *Abk von* **studiosus** *titre qu'un étudiant peut placer devant son nom;* **~ med. Anna Bauer** ≈ Anna Bauer, étudiante en médecine

Student(in) [ʃtu'dɛnt] <-en, -en> *m(f)* ❶ étudiant(e) *m(f)*
❷ A (*Schüler*) lycéen(ne) *m(f)*

Studentenausweis *m* carte *f* d'étudiant **Studentenbewegung** *f* mouvement *m* étudiant **Studentenbude** *f* chambre *f* d'étudiant **Studentenfutter** *nt fam* mendiant *m* (*mélange de noix de cajou, d'amandes et de raisins secs*) **Studentenheim** *nt* UNIV *s.* **Studentenwohnheim** **Studentenkneipe** *f* café *m* fréquenté par les étudiants **Studentenleben** *nt kein Pl* vie *f* d'étudiant **Studentenlokal** *nt* café *m* fréquenté par les étudiants

Studentenschaft <-, *selten* -en> *f* étudiants *mpl*

Studentenunruhen *Pl* émeute *f* étudiante **Studentenverbindung** *f corporation d'étudiants traditionalistes* **Studentenwerk** *nt* ≈ œuvres *fpl* universitaires **Studentenwohnheim** *nt* foyer *m* d'étudiants **Studentenzimmer** *s.* **Studentenbude**

Studentin *f s.* **Student**

studentisch *Adj attr Selbstverwaltung* des étudiants; *Brauchtum, Tradition* estudiantin(e)

Studie ['ʃtu:diə] <-, -n> *f* étude *f*

Studien ['ʃtu:diən] *Pl von* **Studium**

Studienabbrecher(in) <-s, -> *m(f)* personne *f* qui a interrompu ses études **Studienabschluss**^RR *m* diplôme *m* universitaire **Studienberater(in)** *m(f)* conseiller(-ère) *m(f)* d'études **Studienberatung** *f* orientation *f* scolaire et professionnelle **Studienbuch** *nt* livret *m* d'étudiant (*attestant les cours fréquentés*) **Studiendirektor(in)** *m(f)* ≈ professeur *m* hors classe (*avant-dernier échelon d'un professeur de Gymnasium assurant également des fonctions administratives*) **Studienfach** *nt* matière *f* **Studienfahrt** *f* excursion *f* d'études **Studienfreund(in)** *m(f)* camarade *mf* d'université **Studiengang** *m* filière *f* universitaire **Studienplatz** *m* place *f* à l'université **Studienplatztausch** *m* échange *m* de places entre universités/étudiants (*concernant notamment les disciplines aux effectifs surchargés*) **Studienrat** *m*, **-rätin** *f* ≈ professeur *m* certifié (*premier échelon des professeurs du secondaire*) **Studienreferendar(in)** *m(f)* professeur *m* stagiaire **Studienreform** *f* réforme *f* universitaire **Studienreise** *f* voyage *f* d'études **Studienzeit** *f* [années *fpl* d']études *fpl* **Studienzweck** *m* **etw zu ~en tun** faire qc à des fins scientifiques

studieren* **I.** *itr V* faire des études [supérieures]; **in Bonn ~** faire ses études à Bonn; **im fünften Semester ~** être en cinquième semestre d'études
II. *tr V* ❶ **Philosophie/Chemie ~** faire des études de philosophie/de chimie
❷ (*genau betrachten*) **etw mit der Lupe ~** étudier qc à la loupe

Studierende(r) *f(m) dekl wie Adj form* étudiant(e) *m(f)* (*form*)

studiert [ʃtu'di:ɐt] *Adj fam* qui a fait des études

Studierzimmer *nt veraltet* cabinet *m* de travail (*vieilli*)

Studio ['ʃtu:dio] <-s, -s> *nt* ❶ (*Aufnahmestudio, Wohnung*) studio *m*
❷ (*Atelier*) atelier *m*
❸ *s.* **Fitnessstudio**

Studiosus [ʃtudi'o:zʊs] <-, Studiosi> *m fam* étudiant *m*

Studium ['ʃtu:diʊm] <-s, Studien> *nt* ❶ études *fpl* [supérieures]; **das ~ der Chemie** les études de chimie
❷ (*eingehende Beschäftigung*) étude *f;* **[seine] Studien machen** [*o* **treiben**] se livrer à des études
❸ *kein Pl* (*genaues Lesen*) étude *f*

Stufe ['ʃtu:fə] <-, -n> *f* ❶ *einer Treppe* marche *f*
❷ (*Niveau*) niveau *m;* **auf einer** [*o* **der gleichen**] **~ stehen** être au même niveau
❸ (*Abschnitt*) *einer Entwicklung, Planung* phase *f*
❹ (*Schaltstufe*) *eines Geräts, einer Maschine* vitesse *f*
❺ (*Raketenstufe*) étage *m*
► **sich mit jdm auf eine** [*o* **die gleiche**] **~ stellen** se placer sur un pied d'égalité avec qn

stufen ['ʃtu:fən] *tr V* ❶ couper en dégradé *Haare;* **die Haare ~** couper les cheveux en dégradé; **gestufter Haarschnitt** coupe *f* en dégradé
❷ *fig* échelonner *Preise, Gehälter;* **jdn um etw höher ~** promouvoir qn de qc

Stufenbarren *m* barres *fpl* asymétriques

stufenförmig [-fœrmɪç] **I.** *Adj* échelonné(e)
II. *Adv* en échelons; **~ aufstellen** échelonner

Stufenführerschein *m* permis *m* moto [à niveaux différents] **Stufenheck** *nt* coffre *m* arrière; **ein Auto mit ~** une berline **Stufenleiter** *f* **die gesellschaftliche ~** l'échelle *f* sociale; **die ~ des Erfolgs erklimmen** franchir toutes les étapes de la réussite

stufenlos I. *Adj Lautstärkeregelung* continu(e)
II. *Adv verstellbar* de manière continue

Stufenplan *m* plan *m* en plusieurs étapes **Stufenrakete** *f* fusée *f* à plusieurs étages **Stufenschalter** *m* commutateur *m* séquentiel **Stufenschnitt** *m* dégradé *m* **stufenweise** *Adv* par étapes

stufig I. *Adj Landschaft* en terrasses; *Frisur, Haarschnitt* dégradé(e)
II. *Adv gegliedert* en terrasses; *geschnitten* en dégradé; **jdm das Haar ~ schneiden** faire un dégradé à qn

Stuhl [ʃtu:l, *Pl:* 'ʃty:lə] <-[e]s, ⸚e> *m* ❶ chaise *f;* **nehmen Sie sich bitte einen ~!** prenez une chaise, s'il vous plaît!
❷ (*Behandlungsstuhl*) fauteuil *m*
❸ (*stuhlähnliche Vorrichtung*) **der elektrische ~** la chaise électrique
❹ REL **der Heilige ~** le Saint-Siège
❺ *form* (*Stuhlgang*) selles *fpl* (*form*)
► **jdm den ~ vor die Tür setzen** *fam* mettre qn à la porte (*fam*); **jdn vom ~ hauen** *sl* épater qn (*fam*); **jdn nicht gerade vom ~ hauen** *sl* ne pas casser trois pattes à un canard (*fam*); **zwischen zwei Stühlen sitzen** être assis(e) entre deux chaises

Stuhlbein *nt* pied *m* de chaise **Stuhlgang** *m kein Pl form* transit *m* intestinal (*form*); **~/keinen ~ haben** aller/ne pas aller à la selle **Stuhllehne** *f* dossier *m* de chaise

Stukkateur(in) *s.* **Stuckateur(in)**

Stulle ['ʃtʊlə] <-, -n> *f* NDEUTSCH tartine *f*

Stulpe ['ʃtʊlpə] <-, -n> *f* revers *m*

stülpen ['ʃtʏlpən] *tr V* ❶ **sich** (*Dat*) **etw auf den Kopf ~** s'enfoncer qc sur la tête; **eine Haube über etw** (*Akk*) **~** recouvrir qc d'une housse
❷ (*wenden*) **etw nach außen ~** retrousser qc

Stulpenstiefel *m* botte *f* à revers

stumm [ʃtʊm] **I.** *Adj* ❶ muet(te); **von Geburt an ~** muet(te) de naissance; **~ vor Erstaunen/Schreck** muet(te) d'étonnement/de peur
❷ (*schweigsam*) **~ werden/sein** se taire/être silencieux(-euse)
❸ (*wortlos*) *Anklage, Vorwurf, Rolle* muet(te); *Gebet* silencieux(-euse); *Blick* taciturne
❹ (*nicht hörbar*) *Konsonant, Vokal, Silbe* muet(te)
► **jdn ~ machen** *sl* réduire qn au silence (*fam*)
II. *Adv* silencieusement

Stumme(r) *f(m) dekl wie Adj* muet(te) *m(f)*

Stummel ['ʃtʊməl] <-s, -> *m* (*Kerzenstummel*) lumignon *m;* (*Bleistiftstummel*) bout *m;* (*Zigarettenstummel*) mégot *m;* (*Gliedstummel, Schwanzstummel*) moignon *m*

Stummfilm *m* film *m* muet

Stumpen ['ʃtʊmpən] <-s, -> *m* cigare *m* à bout coupé

Stümper(in) ['ʃtʏmpɐ] <-s, -> *m(f) pej* branquignol *m* (*arg*)

Stümperei <-, -en> *f pej* ❶ *kein Pl* (*das Stümpern*) bâclage *m* (*fam*)
❷ (*stümperhafte Leistung*) travail *m* bâclé

stümperhaft I. *Adj pej Arbeit, Ausführung* bâclé(e); *Vorgehen, Leistung* d'incapable
II. *Adv arbeiten, vorgehen* en incapable

stümpern ['ʃtʏmpɐn] *itr V pej* bâcler le travail (*péj*)

stumpf [ʃtʊmpf] *Adj* ❶ *Klinge, Messer, Schere* émoussé(e); **~ werden** s'émousser
❷ (*nicht spitz*) *Nadel, Bleistift* usé(e); **~ werden** s'user
❸ GEOM *Winkel* obtus(e); *Kegel* tronqué(e)
❹ (*glanzlos*) *Farbe, Metall, Haare* terne; *Oberfläche* mat(e); **~ werden** se ternir

Stumpf [ʃtʊmpf, *Pl:* 'ʃtʏmpfə] <-[e]s, ⸚e> *m* ❶ (*Armstumpf, Beinstumpf*) moignon *m*
❷ *s.* **Stummel**
► **mit ~ und Stiel** complètement

Stumpfheit <-> *f* ❶ *eines Gegenstandes* épointement *m;* (*Rauheit*) *einer Oberfläche* rugosité *f*
❷ *fig* (*Teilnahmslosigkeit*) apathie *f*

Stumpfsinn *m kein Pl* ❶ (*geistige Trägheit*) hébétude *f* ❷ (*Stupidität*) stupidité *f* **stumpfsinnig** *Adj* ❶ (*geistig träge*) hébété(e) ❷ (*stupide*) *Arbeit* abrutissant(e) **stumpfwink[e]lig** *Adj* GEOM obtusangle; **~ sein** former un angle obtus

Stündchen <-s, -> *nt Dim von* **Stunde** petite heure *f*

Stunde ['ʃtʊndə] <-, -n> *f* ❶ heure *f;* **eine viertel/halbe ~** un quart d'heure/une demi-heure; **anderthalb ~n** une heure et demie; **die vollen ~n schlagen** sonner les heures pleines; **eine knappe ~** une petite heure; **jede ~** toutes les heures; **jede halbe ~** toutes les demi-heures; **alle drei ~n** toutes les trois heures; **in den nächsten ~n** dans les heures qui suivent; **von ~ zu ~** d'heure en heure; **ich wartete ~ um ~** j'ai attendu des heures et des heures
❷ (*Zeitpunkt*) **zu später** [*o* **vorgerückter**] **~** à une heure avancée [de la nuit]; **zu dieser ~** à l'heure qu'il est; **bis zur ~** à l'heure qu'il est
❸ (*Unterrichtsstunde*) heure *f*
❹ (*Unterricht*) **~n geben/nehmen** donner/suivre des cours
❺ *meist Pl* (*Moment*) moment *m;* **die angenehmen/schönen ~n** les heures agréables/les bons moments; **die ~ der Wahrheit** l'heure de vérité; **die ~n des Zweifels/der Ungewissheit** les instants de doute/d'incertitude; **in der ~ der Not** dans les moments de détresse; **in einer schwachen ~** dans un moment de faiblesse; **etw in einer stillen ~ tun** faire qc à tête reposée
► **die ~ null** l'instant zéro; **die ~ X** l'heure H; **ein Mitglied der ersten ~** un membre de la première heure; **seine/ihre letzte ~ ist gekommen** [*o* **hat geschlagen**] sa dernière heure a sonné; **seine/ihre** [**große**] **~ ist gekommen** son heure est arrivée; **wissen, was die ~ geschlagen hat** savoir à quoi s'en tenir (*fam*)

stunden ['ʃtʊndən] *tr V* accorder un délai; **jdm etw ~** accorder à qn un délai pour qc

Stundengeschwindigkeit *f* vitesse *f* [horaire] **Stundenhotel** *nt* hôtel *m* de passe **Stundenkilometer** *Pl* kilomètres-heure *mpl* **stundenlang I.** *Adj Verhandlung, Telefonat, Suche* qui dure/durent des heures; **nach ~em Warten/Umherirren** après avoir attendu/erré des heures **II.** *Adv warten, herumlaufen* [pendant] des heures **Stundenlohn** *m* salaire *m* horaire **Stundenplan** *m* emploi *m* du temps **Stundentakt** *m* service *m* horaire régulier; **im ~** toutes les heures **stundenweise** *Adv arbeiten* quelques heures **Stundenzeiger** *m* aiguille *f* des

heures
Stündlein ['ʃtʏntlaɪn] <-s, -> *nt Dim von* **Stunde** petite heure *f* ▸ **sein/dein/… letztes ~ hat geschlagen** *fam* sa/ta/… dernière heure a sonné
stündlich ['ʃtʏntlɪç] **I.** *Adj* toutes les heures
II. *Adv* ① (*jede Stunde*) toutes les heures
② (*jeden Augenblick*) d'une heure à l'autre
Stundung <-, -en> *f* délai *m* de paiement
Stunk [ʃtʊŋk] <-s> *m fam* grabuge *m* (*fam*); **~ bekommen/machen** avoir/faire des histoires (*fam*); **es wird ~ geben** il va y avoir du grabuge
Stunt [stant] <-s, -s> *m* cascade *f*
Stuntman ['stantmən] <-s, -men> *m*, **-woman** *f* cascadeur(-euse) *m(f)*
stupend *Adj geh* stupéfiant(e)
stupfen ['ʃtʊpfən] *bes.* SDEUTSCH, CH *s.* **stupsen**
stupid[e] [ʃtu-, st-] *Adj pej geh* ① (*dumm*) stupide; **das ist mir zu ~** je trouve ça trop stupide; **so etwas Stupides!** quelle stupidité!
② (*monoton*) abrutissant(e)
Stups [ʃtʊps] <-es, -e> *m fam* bourrade *f*; **jdm einen ~ geben** donner une bourrade à qn
stupsen ['ʃtʊpsən] *tr V fam* bourrer (*fam*)
Stupsnase *f* nez *m* retroussé
stur [ʃtuːɐ] **I.** *Adj* ① (*dickköpfig*) entêté(e); **sich ~ stellen** rester figé(e) sur ses positions; **du ~er Kerl!** *fam* espèce de tête de mule! (*fam*)
② (*hartnäckig*) *Haltung* borné(e); *Ablehnung* catégorique
II. *Adv* ① (*unbeirrt*) *weitergehen* sans dévier [d'un pouce]; **~ nach Vorschrift arbeiten** suivre les consignes à la lettre
② (*uneinsichtig*) obstinément
Sturheit <-> *f* obstination *f*
Sturm [ʃtʊrm, *Pl:* 'ʃtʏrmə] <-[e]s, Stürme> *m* ① (*starker Wind*) tempête *f*
② (*Sturmangriff*) **der ~ auf die Bastille** la prise de la Bastille; **etw im ~ nehmen** prendre d'assaut qc
③ (*Andrang*) **der ~ auf die Geschäfte/Sonderangebote** la ruée dans les magasins/sur les promotions
④ FBALL attaque *f*; **im ~ spielen** jouer en attaque
▸ **der ~ und Drang** le Sturm und Drang (*mouvement littéraire allemand de la fin du XVIIIe siècle*); **jdn/etw im ~ erobern** conquérir qn/qc; **gegen etw ~ laufen** mener campagne contre qc; **~ läuten** carillonner
Sturmangriff *m* attaque *f* éclair; **der ~ auf etw** la prise d'assaut de qc
Sturmbö *f* bourrasque *f*, rafale *f*
stürmen ['ʃtʏrmən] **I.** *itr V unpers + haben* **es stürmt** la tempête fait rage
II. *itr V* ① *+ sein* (*rennen*) **aus dem Haus/zum Eingang ~** se précipiter hors de la maison/vers l'entrée
② *+ haben* SPORT attaquer
III. *tr V + haben* **etw ~** prendre d'assaut qc
Stürmer(in) <-s, -> *m(f)* attaquant(e) *m(f)*
Sturmflut *f* raz[-]de[-]marée *m*
stürmisch **I.** *Adj* ① *Tag* de tempête; *Meer, See* déchaîné(e); **~es Wetter** gros temps; **heute ist es ~** le temps est à la tempête aujourd'hui
② (*lebhaft, heftig*) *Person* fougueux(-euse); *Begrüßung* frénétique; *Entwicklung* tumultueux(-euse); **~er Beifall** une tempête d'applaudissements; **nicht so ~!** doucement!
③ (*leidenschaftlich*) passionné(e)
II. *Adv begrüßen, entgegennehmen* frénétiquement
Sturmmöwe *f* ZOOL goéland *m* cendré **Sturmschaden** *m meist Pl* dégâts *mpl* causés par la tempête **Sturmschritt** *m* **im ~** en trombe **Sturmtaucher** *m* ZOOL puffin *m* **Sturmtief** *nt* dépression *f* [cyclonale] **Sturm-und-Drang-Zeit** <-> *f* **die ~** le Sturm und Drang ▸ **in meiner/seiner/… ~** au temps fou de ma/sa/… jeunesse **Sturmwarnung** *f* avis *m* de tempête

Sturz [ʃtʊrts, *Pl:* 'ʃtʏrtsə] <-es, Stürze> *m* ① *a.* FIN, METEO chute *f*; **der ~ vom Fahrrad/dritten Stock** la chute de vélo/du troisième étage; **einen ~ bauen** *fam* faire une chute
② POL (*Machtverlust*) chute *f*; (*Absetzung*) renversement *m*
③ (*Fenstersturz, Türsturz*) linteau *m*
④ (*Radsturz*) carrossage *m*
Sturzbach *m* torrent *m*
sturzbesoffen *Adj sl*, **sturzbetrunken** *Adj fam* archibourré(e) (*pop*), plein(e) [*o* soûl(e)] comme une bourrique (*fam*)
stürzen ['ʃtʏrtsən] **I.** *itr V + sein* ① (*fallen*) tomber; **schwer/unglücklich ~** tomber lourdement/mal tomber; **aus dem Fenster/vom Fahrrad ~** tomber par la fenêtre/de vélo; **ich wäre fast gestürzt** j'ai failli tomber
② (*rennen*) **ins Büro ~** entrer dans le bureau en courant; **nach draußen ~** bondir dehors
③ POL **über etw** (*Akk*) **~** *Diktator, Regierung:* être renversé(e) à la suite de qc
II. *tr V + haben* ① (*werfen*) **jdn aus dem Fenster ~** précipiter qn par la fenêtre
② POL renverser *Regierung, Diktator*
③ (*kippen, umdrehen*) renverser *Kiste, Karton, Backform*
III. *r V* ① **sich aus dem Fenster/von der Brücke ~** se jeter par la fenêtre/du pont
② (*sich werfen*) **sich auf jdn/etw ~** se précipiter sur qn/qc
③ *fig* **sich in Unkosten/Schulden** (*Akk*) **~** se plonger dans les dépenses/les dettes
Sturzflug *m* vol *m* en piqué; **im ~** en piqué **Sturzhelm** *m* casque *m* [de moto] **Sturzsee** *f* paquet *m* de mer **Sturzwelle** *f* paquet *m* de mer
Stuss^RR^ <-es>, **Stuß** <-sses> *m fam* connerie *f* (*fam*); **nichts als ~!** rien que des conneries! (*fam*)
Stute <-, -n> *f* jument *f*
Stütze ['ʃtʏtsə] <-, -n> *f* ① (*Gebäudeteil*) étai *m*
② (*Halt*) appui *m*
③ (*seelischer Beistand*) soutien *m*
④ (*Baumstütze*) tuteur *m*
⑤ *sl* (*Sozialhilfe*) aide *f* publique (*fam*)
stutzen ['ʃtʊtsən] **I.** *itr V Person:* rester coi(te)
II. *tr V* ① élaguer *Baum;* tailler *Äste, Busch, Hecke;* couper *Schwanz, Flügel*
② *fam* (*schneiden*) tailler *Haare, Bart*
Stutzen <-s, -> *m* ① (*Gewehrstutzen*) carabine *f*
② (*Rohrstück*) raccord *m*
③ (*Einfüllstutzen*) embout *m*; *eines Motors* tubulure *f*
④ A (*Kniestrumpf*) mi-bas *m*
stützen ['ʃtʏtsən] **I.** *tr V* ① (*physischen Halt geben*) *Person:* soutenir; *Vorrichtung:* [servir à] maintenir; **jdn ~** *Person:* soutenir qn; **etw ~** *Vorrichtung:* [servir à] maintenir qc
② (*statischen Halt geben*) supporter, soutenir *Gebäude, Decke*
③ (*aufstützen*) **den Arm/Ellenbogen auf etw** (*Akk*) **~** appuyer son bras/coude sur qc; **den Kopf auf die Hände ~** se tenir la tête dans les mains
④ (*gründen*) **die Theorie war auf folgende Annahme gestützt** la théorie s'appuyait sur l'hypothèse qui suit
⑤ (*bestärken*) renforcer *Vertrauen, Leistungswillen;* étayer *Alibi, Theorie, Verdacht*
⑥ FIN soutenir *Kurs, Preis, Währung*
II. *r V* ① (*sich aufstützen*) **sich auf jdn/etw ~** s'appuyer sur qn/qc; **sich mit den Armen/Ellenbogen auf den Tisch ~** poser les bras/les coudes sur la table
② (*sich berufen auf, basieren auf*) **sich auf etw** (*Akk*) **~** s'appuyer sur qc
stutzig *Adj* **~ werden** avoir des soupçons; **jdn ~ machen** intriguer qn; **das hat mich ~ gemacht** ça m'a intrigué(e); **sind Sie denn da nicht ~ geworden?** ça ne vous a pas mis la puce à l'oreille?
Stützkurs *m* cours *m* de soutien **Stützmauer** *f* mur *m* de soutènement **Stützpfeiler** *m* pilier *m* de soutien **Stützpunkt** *m*

❶ MIL base *f* militaire ❷ COM concessionnaire *m* **Stützverband** ['ʃtʏts-] *m* bandage *m* [de soutien]
StVO [ɛste:faʊ'ʔo:] *f Abk von* **Straßenverkehrsordnung** code *m* de la route
stylen ['staɪlən] *tr V* concevoir la ligne de *Auto, Jacht, Möbel;* dessiner *Haare;* **modisch/neu gestylt** de style très mode/d'un nouveau style
Styling ['staɪlɪŋ] <-s> *nt von Möbeln, Autos* design *m; der Haare* look *m*
Styropor® <-s> *nt* polystyrène *m*
s.u. *Abk von* **siehe unten** *s.* **sehen II., 2.**
subaltern [zʊpʔal'tɛrn] *Adj pej geh* ❶ (*untergeordnet*) *Beamter, Stellung* subalterne
❷ *pej* (*devot*) *Mensch, Gesinnung* dévot(e) (*fam*)
Subdominante *f* ❶ (*Ton*) sous-dominante *f*
❷ (*Dreiklang*) accord *m* de sous-dominante
Subjekt [zʊp'jɛkt] <-[e]s, -e> *nt* ❶ GRAM sujet *m*
❷ *pej* (*übler Mensch*) individu *m;* **ein übles/völlig verkommenes** ~ un sale type/véritable déchet de la société (*péj*)
subjektiv [zʊpjɛk'ti:f] **I.** *Adj* subjectif(-ive)
II. *Adv beurteilen, darstellen* de manière subjective
Subjektivität [zʊpjɛktivi'tɛ:t] <-> *f* subjectivité *f*
Subkontinent *m* sous-continent *m* **Subkultur** ['zʊpkʊltu:ɐ] *f* culture *f* parallèle
subkutan [zʊpku'ta:n] **I.** *Adj* sous-cutané(e)
II. *Adv* ~ **injiziert** [*o* **gespritzt**] **werden** être administré(e) en injection sous-cutanée
Sublimat [zubli'ma:t] <-[e]s, -e> *nt* CHEM sublimé *m*
Sublimation [zublima'tsio:n] <-, -en> *f* CHEM, A. PSYCH sublimation *f*
Sublimierung <-, -en> *f* PSYCH, A. CHEM sublimation *f*
subsidiär [zʊpzi'djɛ:ɐ] *Adj* POL subsidiaire
Subskribent(in) [zʊpskri'bɛnt] <-en, -en> *m(f)* souscripteur *m*
subskribieren* *tr V* souscrire à
Subskription [zʊpskrɪp'tsio:n] <-, -en> *f* souscription *f*
Subskriptionspreis *m* prix *m* de souscription
substantiell [zʊpstan'tsjɛl] *Adj s.* **substanziell**
Substantiv <-s, -e *o selten* -a> ['zʊpstanti:f] *nt* substantif *m*
Substanz [zʊp'stants] <-, -en> *f* ❶ (*Material, Stoff*) substance *f;* **eine entflammbare** ~ une matière inflammable
❷ *kein Pl* (*Grundbestand*) substance *f;* [**jdm**] **an die** ~ **gehen** *fam* user [qn] (*fam*); **von der** ~ **leben** vivre sur ses réserves
► **die graue** ~ la matière grise
substanziell[RR] [zʊpstan'tsjɛl] *Adj* substantiel(le)
Substrat [zʊp'stra:t] <-[e]s, -e> *nt* substrat *m*
subtil [zʊp'ti:l] *Adj geh* ❶ (*nuanciert*) subtil(e)
❷ (*kompliziert, komplex*) complexe
Subtilität <-> *f* subtilité *f*
Subtrahend <-en, -en> *m* nombre *m* à soustraire
subtrahieren* *tr, itr V* soustraire; **gut** ~ **können** savoir bien faire les soustractions
Subtraktion [zʊptrak'tsio:n] <-, -en> *f* soustraction *f*
Subtraktionszeichen *nt* signe *m* moins
Subtropen ['zʊptro:pən] *Pl* GEOG **die** ~ la zone subtropicale **subtropisch** ['zʊptro:pɪʃ, zʊp'tro:pɪʃ] *Adj* subtropical(e) **Subunternehmen** *nt* entreprise *f* de sous-traitance
Subvention [zʊpvɛn'tsio:n] <-, -en> *f* subvention *f*
subventionieren* *tr V* subventionner
Subventionierung <-, -en> *f* ÖKON subvention *f*
Subventionsabbau *m* réduction *f* des subventions
subversiv [zʊpvɛr'zi:f] *geh* **I.** *Adj* subversif(-ive) (*soutenu*)
II. *Adv* **sich** ~ **betätigen** se livrer à des activités subversives (*soutenu*)
Suchaktion *f* recherches *fpl* **Suchbegriff** *m* mot-clé *m* **Suchdienst** *m* INFORM service *m* de recherches
Suche ['zu:xə] <-, -en> *f* recherches *fpl;* **die** ~ **nach jdm/dem Schlüssel** les recherches *fpl* pour retrouver qn/la clé; **die** ~ **nach der Wahrheit** la recherche de la vérité; **auf die** ~ **gehen, sich auf die** ~ **machen** partir [*o* se mettre] à la recherche; **auf der** ~ **nach einer Sekretärin/Wohnung sein** être à la recherche d'une secrétaire/d'un logement
suchen ['zu:xən] **I.** *tr V* ❶ (*zu finden versuchen*) chercher; **sich** (*Dat*) **jdn/etw** ~ rechercher qn/qc; **Mitarbeiter gesucht** recherchons collaborateurs
❷ (*zu erreichen trachten*) **Hilfe** ~ chercher de l'aide; **bei jdm Schutz** ~ chercher protection auprès de qn
► **du hast/er hat hier nichts zu** ~**!** *fam* tu n'as/il n'a rien à foutre ici! (*fam*); **seinesgleichen/ihresgleichen suchen** *geh* ne pas avoir son pareil/sa pareille (*soutenu*)
II. *itr V* ❶ chercher; **nach jdm/etw** ~ être à la recherche de qn/qc; **wonach suchst du?** qu'est-ce que tu cherches?
❷ (*tasten nach*) **mit der Hand nach der Klingel** ~ chercher la sonnette à tâtons
Sucher <-s, -> *m* viseur *m*
Suchlauf *m* RADIO, TV recherche *f* automatique **Suchmannschaft** *f* équipe *f* de recherche **Suchmaschine** *f* INFORM moteur *m* de recherche **Suchscheinwerfer** *m* phare *m* orientable
Sucht [zʊxt] <-, ¨-e> *f* ❶ MED dépendance *f;* (*Rauschgiftsucht*) toxicomanie *f*
❷ (*starkes Verlangen*) manie *f;* **die** ~ **nach Süßem/dem Glücksspiel** la boulimie de sucreries/la passion du jeu; **seine** ~ **nach Anerkennung** son besoin irrésistible d'être reconnu
Suchtbeauftragte(r) *f(m) dekl wie Adj* délégué(e) *m(f)* aux problèmes de toxicomanie **Suchtberater(in)** *m(f)* thérapeute *mf* spécialisé(e) dans les problèmes de toxicomanie **Suchtgefahr** *f kein Pl* risque *m* de dépendance
süchtig ['zʏçtɪç] *Adj* ❶ MED dépendant(e); (*rauschgiftsüchtig*) toxicomane, accro *inv* (*fam*); ~ **machen** rendre dépendant(e)
❷ (*versessen*) ~ **nach etw werden/sein** ne plus pouvoir se passer/être avide de qc
Süchtige(r) *f(m) dekl wie Adj* toxicomane *mf*
Suchtrupp *s.* **Suchmannschaft**
Sud [zu:t] <-[e]s, -e> *m* ❶ GASTR eau *f* de cuisson
❷ PHARM décoction *f*
Südafrika *nt* l'Afrique *f* du Sud **Südafrikaner(in)** *m(f)* Sud-Africain(e) *m(f)* **südafrikanisch** *Adj* sud-africain(e) **Südamerika** *nt* l'Amérique *f* du Sud **Südamerikaner(in)** *m(f)* Sud-Américain(e) *m(f)* **südamerikanisch** *Adj* sud-américain(e)
Sudan [zu'da:n] <-s> *m* le Soudan
Sudanese [zuda'ne:zə] <-n, -n> *m,* **Sudanesin** *f* Soudanais(e) *m(f)*
sudanesisch *Adj* soudanais(e)
süddeutsch *Adj* de l'Allemagne [*o* d'Allemagne] du Sud **Süddeutsche(r)** *f(m) dekl wie Adj* Allemand(e) *m(f)* du Sud **Süddeutschland** *nt* l'Allemagne *f* du Sud

i Land & Leute

Le sud de l'Allemagne, **Süddeutschland**, est vallonné et bordé au sud par les Alpes. C'est une région à majorité catholique dont les deux plus grandes villes sont Munich et Stuttgart.

Sudelei [zu:də'laɪ] <-, -en> *f fam* ❶ (*Schmiererei*) barbouillage *m;* (*beim Schreiben*) gribouillage *m*
❷ (*Schlamperei*) bâclage *m*
sudeln ['zu:dəln] *itr V* ❶ *pej* (*unsauber schreiben*) gribouiller (*péj*)
❷ (*schmieren*) **mit Farbe** ~ faire du barbouillage avec de la peinture
Süden ['zy:dən] <-s> *m* sud *m; s. a.* **Norden**
Sudeten [zu'de:tən] *Pl* **die** ~ les monts des Sudètes
Sudetenland *nt kein Pl* **das** ~ le territoire des Sudètes
Südeuropa *nt* l'Europe *f* du Sud **Südeuropäer(in)** *m(f)*

S

Européen(ne) *m(f)* du Sud **südeuropäisch** *Adj* de l'Europe du Sud **Südfrankreich** *nt* le sud de la France; **in ~** dans le sud de la France **Südfranzose** *m*, **-französin** *f* Français(e) *m(f)* du sud **südfranzösisch** *Adj* du sud de la France **Südfrüchte** *Pl* fruits *mpl* exotiques **Südhalbkugel** *f* hémisphère *m* sud **Südhang** *m* versant *m* [exposé au] sud **Süditalien** [-liən] *nt* l'Italie *f* du Sud **Südkorea** <-s> *nt* la Corée du Sud **Südkoreaner(in)** *m(f)* Sud-Coréen(ne) *m(f)* **südkoreanisch** *Adj* sud-coréen(ne) **Südküste** *f* côte *f* méridionale **Südlage** *f* exposition *f* au sud; **Grundstücke in ~** les terrains exposés au sud **Südländer(in)** [-lɛndɐ] <-s, -> *m(f)* méditerranéen(ne) *m(f)* **südländisch** *Adj* méditerranéen(ne)

südlich ['zy:tlɪç] **I.** *Adj Land, Stadt, Lage, Klima* du sud *inv; Luftströmung* [en provenance] du sud; **in ~er Richtung** en direction du sud

II. *Adv* **~ von Paris** au sud de Paris

III. *Präp + Gen* **~ des Polarkreises** au sud du cercle polaire

Südlicht *nt* ❶ aurore *f* australe ❷ *hum* (*Süddeutscher*) Allemand(e) *m(f)* du Sud **Südosten** *m* (*Himmelsrichtung*) sud-est *m;* (*Landesteil*) Sud-Est *m; s. a.* **Norden** **südöstlich** **I.** *Adj* [situé(e) au] sud-est; *Luftströmung* [en provenance] du sud-est; **in ~er Richtung** en direction du sud-est **II.** *Adv* **~ von Berlin** au sud-est de Berlin **III.** *Präp + Gen* **~ des Dorfs** au sud-est du village **Südpol** *m* **der ~** le pôle Sud

Südpolargebiet *nt* **das ~** l'Antarctique *m* **Südpolarmeer** *nt* **das ~** l'océan *m* Antarctique

Südsee *f* **die ~** les mers *fpl* du Sud **Südseite** *f* face *f* [*o* côté *m*] sud **Südstaaten** *Pl* (*in den USA*) États *mpl* du Sud **Südtirol** *nt* le Tyrol du Sud **Südwand** *f eines Gebäudes* face *f* sud; *eines Bergs* versant *m* sud

südwärts ['zy:tvɛrts] *Adv* vers le sud

Südwein *m* vin *m* du pourtour de la Méditerranée **Südwesten** *m* (*Himmelsrichtung*) sud-ouest *m;* (*Landesteil*) Sud-Ouest *m; s. a.* **Norden**

Südwester <-s, -> *m* suroît *m*

südwestlich **I.** *Adj* [situé(e) au] sud-ouest; *Luftströmung* [en provenance] du sud-ouest; **in ~er Richtung** en direction du sud-ouest **II.** *Adv* **~ von Straßburg** au sud-ouest de Strasbourg **III.** *Präp + Gen* **~ des Flusses** au sud-ouest du fleuve **Südwind** *m* vent *m* du sud

Sueskanal ['zu:ɛs-] *m* **der ~** le canal de Suez

Suff [zʊf] <-[e]s> *m fam* ivrognerie *f* (*fam*); **im ~** au cours d'une cuite (*fam*)

süffeln ['zʏfəln] *tr V fam* siroter (*fam*)

süffig ['zʏfɪç] *Adj* agréable en bouche

süffisant [zʏfi'zant] *geh* **I.** *Adj* suffisant(e) (*littér*)

II. *Adv* d'un air suffisant (*littér*)

Suffix ['zʊfɪks] <-es, -e> *nt* GRAM suffixe *m*

Suffragette [zʊfra'gɛtə] <-, -n> *f* ❶ HIST suffragette *f*
❷ (*Frauenrechtlerin*) féministe *f*

suggerieren* *tr V geh* suggérer (*soutenu*); **jdm etw ~** suggérer qc à qn

Suggestion [zʊgɛs'tio:n] <-, -en> *f geh* suggestion *f* (*soutenu*)

suggestiv [zʊgɛs'ti:f] *geh* **I.** *Adj* suggestif(-ive) (*soutenu*)

II. *Adv* d'une manière suggestive

Suggestivfrage *f geh* question *f* insinuante (*soutenu*)

Suhle ['zu:lə] <-, -n> *f* JAGD bauge *f; eines Wildschweins* souille *f*

suhlen ['zu:lən] *r V* ❶ **sich ~** *Schwein:* se vautrer; *Wildschwein:* se souiller; **sich in etw** (*Dat*) **~** *Schwein:* se vautrer dans qc; *Wildschwein:* se souiller dans qc
❷ *fig geh* **sich in seinem Unglück ~** se complaire dans sa misère (*fam*)

Sühne ['zy:nə] <-, -n> *f geh* expiation *f* (*soutenu*)

sühnen ['zy:nən] *tr V geh* expier (*soutenu*); **etw mit etw ~** expier qc par qc

Suite ['svi:tə, zu'i:tə] <-, -n> *f a.* MUS suite *f*

Suizid [zui'tsi:t, *Pl:* zui'tsi:də] <-[e]s, -e> *m form* suicide *m*

Sujet [zy'ʒe:] <-s, -s> *nt geh* sujet *m*

Sukzession <-, -en> *f* ❶ (*Erbfolge*) succession *f*
❷ ÖKOL succession *f*

sukzessiv [zʊktsɛ'si:f] *Adj* progressif(-ive)

Sulfat [zʊl'fa:t] <-[e]s, -e> *nt* CHEM sulfate *m*

Sulfid [zʊl'fi:t] <-[e]s, -e> *nt* CHEM sulfure *m*

Sulfit <-s, -e> *nt* CHEM sulfite *m*

Sulfonamid [zʊlfona'mi:t] <-[e]s, -e> *nt* CHEM sulfamide *m;* **~ wird als Arzneimittel verwendet** le sulfamide est employé comme médicament

Sultan(in) ['zʊlta:n] <-s, -e> *m(f)* sultan(e) *m(f)*

Sultanat [zʊlta'na:t] <-[e]s, -e> *nt* sultanat *m*

Sultanine [zʊlta'ni:nə] <-, -n> *f* raisin *m* sec [*o* de Smyrne]

Sulz [zʊlts] <-, -en> *f* A (*Sülze*) aspic *m*

Sülze ['zʏltsə] <-, -n> *f* ❶ (*Aspik*) gelée *f*
❷ (*Speise in Aspik*) aspic *m*

sülzen ['zʏltsən] *itr V fam* (*reden*) pérorer (*fam*)

summa cum laude ['zʊma kʊm 'laʊdə] *Adv* avec mention très honorable

Summand [zʊmant, *Pl:* zʊmandən] <-en, -en> *m* terme *m* d'une somme

summarisch [zʊ'ma:rɪʃ] **I.** *Adj* sommaire

II. *Adv* sommairement

summa summarum ['zʊma zʊma:rʊm] *Adv* tout compris

Sümmchen ['zʏmçən] <-s, -> *nt Dim von* **Summe ein hübsches** [*o* **nettes**] **~** *hum fam* une coquette somme (*fam*)

Summe ['zʊmə] <-, -n> *f* ❶ MATH total *m*
❷ FIN somme *f*
❸ (*Gesamtheit*) *der Erfahrungen, des Wissens* somme *f*

summen ['zʊmən] **I.** *itr V* ❶ *Person:* fredonner
❷ (*surren*) *Biene, Hummel:* bourdonner; *Elektromotor, Ventilator:* ronronner; **das Summen** *eines Insekts* le bourdonnement; *eines Geräts* le ronronnement

II. *tr V* fredonner *Melodie*

Summer <-s, -> *m* trembleur *m*

summieren* **I.** *tr V* (*addieren*) totaliser

II. *r V* **sich ~** s'additionner

Sumo ['zu:mo] <-> *nt* sumo *m*

Sumpf [zʊmpf, *Pl:* 'zʏmpfə] <-[e]s, ¨-e> *m* ❶ (*Morast*) marais *m*
❷ (*schlimme Zustände*) cloaque *m* (*littér*)

Sumpfboden *m* sol *m* marécageux **Sumpfdotterblume** *f* renoncule *f* **Sumpffieber** *nt* paludisme *m*, malaria *f* **Sumpfgas** *nt* gaz *m* des marais, méthane *m* **Sumpfgebiet** *nt* terrain *m* marécageux

sumpfig *Adj* marécageux(-euse)

Sumpfland *nt kein Pl s.* **Sumpfgebiet** **Sumpfotter** *m* vison *m* **Sumpfpflanze** *f* plante *f* des marais **Sumpfvogel** *m* oiseau *m* des marais

Sund [zʊnt] <-[e]s, -e> *m* détroit *m*

Sünde ['zʏndə] <-, -n> *f* ❶ REL péché *m;* **eine ~ begehen** commettre un péché
❷ (*Verstoß gegen eine Norm*) honte *f;* **eine ~ wider den guten Geschmack** une faute de goût
❸ (*Fehltritt*) faute *f;* **es ist eine ~ das zu tun** c'est honteux de faire cela; **es ist keine ~ das zu tun** il n'y a pas de mal à faire cela

Sündenbock *m* bouc *m* émissaire; **jdn zum ~ für etw machen** faire de qn son bouc émissaire pour qc **Sündenfall** *m kein Pl* **der ~** la chute [originelle] **Sündenregister** *nt* **sein ~** la liste des péchés commis par lui

Sünder(in) <-s, -> *m(f)* pécheur/-eresse *m/f*

sündhaft *Adj* ❶ REL *Leben* de péchés; *Tat* infâme
❷ *fam* (*sehr hoch*) *Preis, Summe* exorbitant(e)

sündig *Adj* ❶ REL *Leben* de péchés; *Tat* infâme
❷ (*moralisch verwerflich*) *Blick, Lippen* vicieux(-euse)

sündigen ['zʏndɪgən] *itr V* ❶ REL pécher
❷ *hum fam* (*Vorsätze nicht befolgen*) faire une entorse à ses principes (*fam*)

sündteuer *Adj* A *fam* qui coûte la peau des fesses (*fam*)

Sunna [zʊ'na] *f* sunna *f*
Sunnit(in) [zʊ'ni:t] <-en, -en> *m(f)* sunnite *mf*
sunnitisch *Adj* sunnite
super ['zu:pɐ] *fam* **I.** *Adj unv* super (*fam*); **ein ~ Film/Kleid** un film/une robe super
II. *Adv tanzen, singen, klingen* super bien (*fam*); **~ riechen/schmecken** sentir/être super bon (*fam*); **sich ~ fahren** *Auto:* se conduire hyper bien (*fam*)
Super <-s> *nt* super *m;* **~ tanken** mettre du super
Super-8-Film [su:pɐ'ʔaxt-] *m* film *m* super-huit
Superauto *nt fam* super[-]voiture *f* (*fam*) **Superbenzin** *nt kein Pl* super[carburant] *m;* **bleifreies ~** super[carburant] sans plomb **Superding** *nt fam* truc *m* super (*fam*), super truc *m* (*fam*) **Super-GAU** [-gaʊ] <-[s]> *m fam* mégacatastrophe *f* (*fam*) **supergeil** *Adj fam* super génial (*fam*) **Supergerät** *nt fam* super appareil *m* (*fam*) **supergut** *Adj fam* super bon (*fam*)
Superior [zu'pe:rioːɐ, *Pl:* zupe'rio:rən] <-s, -oren> *m*, **Superiorin** *f* Supérieur(e) *m(f)*, Père *m* supérieur/Mère supérieure *f*
superklug *Adj iron fam* qui se croit plus malin(-igne) (*fam*); **du hältst dich wohl für ~?** tu te crois plus malin(-igne) que les autres, hein? (*fam*)
Superlativ ['zu:pɐlati:f] <-[e]s, -e> *m* ❶ GRAM superlatif *m*
❷ *meist Pl geh* (*das Beste*) summum *m* (*soutenu*); **ein Fest der ~e** un festival de ce qui se fait de mieux
Supermacht *f* superpuissance *f* **Supermann** <-männer> *m fam* ❶ (*Comicfigur*) Superman *m* ❷ *iron* (*bewundernswerter Mann*) superman *m* (*iron*) **Supermarkt** *m* supermarché *m* **Superqualität** *f fam* super qualité *f* (*fam*) **Superstar** [-ʃta:ɐ, -st-] *m fam* superstar *f* (*fam*) **Supertanker** *m* supertanker *m*, pétrolier *m* géant
Suppe ['zʊpə] <-, -n> *f* ❶ soupe *f;* **klare ~** bouillon *m*
❷ *fam* (*Nebel*) purée *f* de pois (*fam*)
▶ **die ~ auslöffeln [müssen], die man sich eingebrockt hat** devoir payer les pots cassés; **jdm die ~ versalzen** *fam* mettre à qn des bâtons dans les roues (*fam*)
Suppeneinlage *f* complément *m* pour la soupe **Suppenextrakt** *m* potage *m* concentré **Suppenfleisch** *nt* pot-au-feu *m* **Suppengemüse** *nt* légumes *mpl* potagers **Suppengewürz** *nt* épice *m* pour la soupe **Suppengrün** *nt* herbes *fpl* potagères **Suppenhuhn** *nt* poule *f* à bouillir **Suppenkelle** *f* louche *f* **Suppenlöffel** *m* cuiller *f* à soupe **Suppennudel** *f meist Pl* vermicelle *m* **Suppenschüssel** *f* soupière *f* **Suppentasse** *f* bol *m* à soupe **Suppenteller** *m* assiette *f* creuse **Suppenterrine** *s.* Suppenschüssel **Suppenwürfel** *m* cube *m* de bouillon **Suppenwürze** *f* condiment *m* pour la soupe
suppig ['zʊpɪç] *Adj* ❶ *Soße, Brei* liquide comme de la soupe
❷ *Boden* bourbeux(-euse)
Supplementband ['zʊple'mɛnt-] <-[e]s, -bände> *m* supplément *m*
Supplierstunde <-, -n> *f* SCHULE A (*Vertretungsstunde*) remplacement *m*
Suppositorium [zʊpozi'to:riʊm] <-s, -torien> *nt form* suppositoire *m*
Supraleiter *m* TECH supraconducteur *m*
Sure ['zu:rə] <-, -n> *f* s[o]urate *f*
Surfbrett ['sə:f-, 'sø:ɐf-] *nt* surf *m;* (*Windsurfbrett*) planche *f* à voile
surfen ['sə:fən, 'sø:ɐfn] *itr V* ❶ surfer; (*windsurfen*) faire de la planche à voile
❷ INFORM surfer
Surfer(in) ['sə:fɐ, 'sø:ɐfɐ] <-s, -> *m(f)* surfeur(-euse) *m(f);* (*Windsurfer*) [véli]planchiste *mf*
Surfing ['sə:fɪŋ, 'sø:ɐfɪŋ] <-s> *nt* surf *m;* (*Windsurfen*) planche *f* à voile
Surinam [zuri'nam] <-[s]> *nt* le Surinam[e]
Surrealismus [zʊrea'lɪsmʊs, zyr-] <-> *m* surréalisme *m*
surrealistisch [zʊrea'lɪstɪʃ, zyr-] *Adj* surréaliste

surren ['zʊrən] *itr V* ❶ + *haben Insekt, Fernsehkamera, Stromleitung:* bourdonner; **das Surren** le bourdonnement
❷ + *haben* (*brummen*) *Elektromotor, Ventilator:* ronronner; **das Surren** le ronronnement
❸ + *sein* (*fliegen*) **durch die Luft ~** *Insekt:* voler en bourdonnant; *Pfeil:* fendre l'air en sifflant
Surrogat [zʊro'ga:t] <-[e]s, -e> *nt* succédané *m;* **~ für etw** succédané *m* de qc
suspekt [zʊs'pɛkt] *Adj geh* suspect(e); **jdm ~ sein** paraître suspect(e) à qn
suspendieren* *tr V* suspendre; **jdn vom Dienst ~** suspendre qn de service; **jdn vom Unterricht/Militärdienst ~** dispenser qn de cours/service militaire
Suspension [zʊspɛn'zio:n] <-, -en> *f* suspension *f*
süß [zy:s] **I.** *Adj* ❶ (*zuckrig*) *Gericht, Getränk* sucré(e); *Wein* doux(douce)
❷ (*lieblich*) *Duft, Parfüm* suave
❸ (*reizend*) *Kind* mignon(ne); **ein ~es Gesicht** une jolie frimousse
II. *Adv* ❶ (*zuckerreich*) *essen, trinken* sucré *inv; zubereiten* avec du sucre
❷ (*lieblich*) **~ duften** exhaler une odeur suave
Süße ['zy:sə] <-> *f* ❶ (*süßer Geschmack*) goût *m* sucré; **eine Speise von besonderer ~** un plat particulièrement sucré
❷ (*Duft*) suavité *f*
❸ (*Süßstoff*) saccharine *f*
Süße(r) *f(m) dekl wie Adj* **[mein] ~r/[meine] ~** [mon] chéri/[ma] chérie; **ein ganz ~r/eine ganz ~ sein** *fam* être vraiment adorable
süßen ['zy:sən] *tr, itr V* sucrer
Süßholz *nt kein Pl* bois *m* de réglisse
▶ **~ raspeln** *fam* faire de la lèche (*fam*)
Süßigkeit <-, -en> *f meist Pl* sucrerie *f*
Süßkartoffel *f* patate *f* douce **Süßkirsche** *f* ❶ (*Frucht*) bigarreau *m* ❷ (*Baum*) bigarreautier *m*
süßlich *Adj* ❶ *Geschmack, Geruch* douceâtre
❷ (*zu liebenswürdig*) doucereux(-euse)
Süßmost *m* moût *m* **süßsauer**[RR] **I.** *Adj* ❶ *Speise* aigre-doux(douce) ❷ (*gequält*) *Lächeln, Gesicht* mi-figue, mi-raisin
II. *Adv* ❶ *einlegen* dans un mélange aigre-doux ❷ (*gequält*) **~ lächeln** avoir un sourire mi-figue, mi-raisin **Süßspeise** *f* entremets *m* [sucré] **Süßstoff** *m* aspartam[e] *m* **Süßstofftablette** *f* sucrette® *f* **Süßwaren** *Pl* confiserie *f*
Süßwarengeschäft *nt* (*Laden*) confiserie *f* **Süßwarenindustrie** *f* confiserie *f* **Süßwarenladen** *m* confiserie *f*
Süßwasser *nt* eau *f* douce **Süßwasserfisch** *m* poisson *m* d'eau douce **Süßwein** *m* vin *m* doux
SW *Abk von* **Südwesten** S.-O.
Swasiland ['sva:zilant] <-s> *nt* le Swaziland
Sweatshirt ['swɛtʃə:t, 'svɛtʃø:ɐt] <-s, -s> *nt* sweat-shirt *m*
SWF <-> *m* RADIO, TV *Abk von* **Südwestfunk** *radio et télévision du Sud-Ouest de l'Allemagne*
Swimmingpool ['swɪmɪŋpu:l, 'svɪmɪŋ-] <-s, -s> *m* piscine *f*
Symbiose [zymbi'o:zə] <-, -n> *f* symbiose *f;* **in ~ leben** vivre en symbiose
Symbol [zym'bo:l] <-s, -e> *nt* symbole *m*
Symbolfigur *f* figure *f* de proue
symbolisch **I.** *Adj* symbolique
II. *Adv* symboliquement
symbolisieren* *tr V* symboliser
Symbolismus <-> *m* symbolisme *m*
Symbolleiste *f* INFORM barre *f* d'outils **symbolträchtig** *Adj* lourd(e) de sens **Symbolwert** *m* valeur *f* symbolique
Symmetrie [zyme'tri:] <-, -n> *f* symétrie *f*
Symmetrieachse *f* MATH axe *m* de symétrie
symmetrisch [zy'me:trɪʃ] **I.** *Adj* symétrique
II. *Adv* symétriquement
Sympathie [zympa'ti:] <-, -en> *f* sympathie *f;* **jds ~ haben**

S

avoir la faveur de qn
Sympathiebekundung *f* témoignage *m* de sympathie **Sympathiekundgebung** *f* manifestation *f* de solidarité
Sympathikus [zym'pa:tikʊs] <-, Sympathizi> *m* ANAT sympathique *m*
Sympathisant(in) [zympati'zant] <-en, -en> *m(f)* sympathisant(e) *m(f)*
sympathisch [zym'pa:tɪʃ] *Adj* ❶ *Mensch, Gesicht, Stimme* sympathique; **jdm ~ sein** être sympathique à qn
❷ (*angenehm*) *Gedanke, Vorstellung* réjouissant(e); **die Sache ist mir nicht ~** l'affaire ne m'enchante pas
sympathisieren* *itr V* **mit jdm ~** sympathiser avec qn; **mit etw ~** voir qc d'un bon œil
Symphonie [zymfo'ni:] *s.* **Sinfonie**
Symposium [zym'po:ziʊm] <-s, Symposien> *nt* symposium *m*
Symptom [zymp'to:m] <-s, -e> *nt* symptôme *m*
symptomatisch [zympto'ma:tɪʃ] *Adj geh* symptomatique (*soutenu*); **für etw ~ sein** être symptomatique de qc
Synagoge [zyna'go:gə] <-, -n> *f* synagogue *f*
Synapse [zy'napsə, zyn'ʔapsə] <-, -n> *f* ANAT synapse *f*
synchron [zyn'kro:n] *geh* **I.** *Adj Prozess, Übersetzung* simultané(e); *Verlauf* parallèle; *Bewegung* synchrone
II. *Adv* **~ zu etw verlaufen** se dérouler parallèlement à qc
Synchronisation [zynkroniza'tsio:n] <-, -en> *f* doublage *m*
synchronisieren* *tr V* ❶ doubler *Film;* **deutsch synchronisiert** doublé(e) en allemand
❷ *geh* (*zeitlich abstimmen*) synchroniser *Abläufe, Prozesse*
Synchronisierung <-, -en> *f s.* **Synchronisation**
Synchronschwimmen *nt* natation *f* synchronisée
Synchrotron ['zynkrotro:n] <-s, -e *o* -s> *nt* PHYS synchrotron *m*
Syndikat [zyndi'ka:t] <-[e]s, -e> *nt* syndicat *m* du crime
Syndrom [zyn'dro:m] <-s, -e> *nt* syndrome *m*
Synergie [zynɛr'gi:, zynɛr'gi:] <-, -n> *f* synergie *f*
Synergieeffekt *m* effet *m* de synergie
Synkope ['zynkope, zyn'ko:pə] <-, -n> *f* MED, MUS, LING syncope *f*
Synode [zy'no:də] <-, -n> *f* synode *m*
synonym [zyno'ny:m] *Adj* LING synonyme; **~ zu etw sein** être synonyme de qc
Synonym <-s, -e> *nt* synonyme *m*
Synonymwörterbuch *nt* dictionnaire *m* des synonymes
syntaktisch [zyn'taktɪʃ] LING **I.** *Adj* syntaxique, syntactique
II. *Adv* syntaxiquement
Syntax ['zyntaks] <-, -en> *f* LING syntaxe *f*
Synthese [zyn'te:zə] <-, -n> *f* synthèse *f*
Synthesizer ['syntəsaɪzɐ] <-s, -> *m* synthétiseur *m*
Synthetik [zyn'te:tɪk] <-s> *nt* synthétique *m*
synthetisch [zyn'te:tɪʃ] **I.** *Adj* CHEM synthétique; MED synthétique, de synthèse
II. *Adv* CHEM, MED synthétiquement
Syphilis ['zy:filɪs] <-> *f* MED syphilis *f*
Syrer(in) ['zy:rɐ] <-s, -> *m(f)* Syrien(ne) *m(f)*
Syrien ['zy:riən] <-s> *nt* la Syrie
Syrier(in) ['zy:riɐ] <-s, -> *m(f) s.* **Syrer(in)**
syrisch ['zy:rɪʃ] *Adj* syrien(ne)
System [zys'te:m] <-s, -e> *nt* ❶ système *m;* **~ in etw** (*Akk*) **bringen** opérer un classement dans qc
❷ ÖKOL **duales ~** *système de tri et de retraitement des emballages*
Systemanalyse *f* analyse *f* des systèmes **Systemanalytiker(in)** *m(f)* ingénieur *mf* système **Systemanbieter** *m* ÖKON fournisseur *m* système
Systematik [zyste'ma:tɪk] <-, -en> *f a.* BIO systématique *f*
systematisch [zyste'ma:tɪʃ] **I.** *Adj Arbeit, Tätigkeit* méthodique, systématique; *Beeinflussung* systématique
II. *Adv* systématiquement
systematisieren* *tr V* systématiser
systembedingt *Adj* dû(due) [*o* lié(e)] à un système **Systemfehler** *m* INFORM erreur *f* de système **Systemkritiker(in)** *m(f)* détracteur(-trice) *m(f)* du système **systemkritisch** **I.** *Adj* critique envers le système **II.** *Adv sich äußern, schreiben* en critiquant le système
systemlos **I.** *Adj* sans méthode, désorganisé(e)
II. *Adv* sans méthode, de façon désorganisée
Systemmenü *nt* INFORM menu *m* système **Systemsteuerung** *f* INFORM panneau *m* de configuration **Systemvoraussetzungen** *Pl* INFORM configuration *f* requise **Systemzwang** *m contraintes imposées par un système politique, économique ou social*
Systole ['zystole, zys'to:lə, *Pl:* zys'to:lən] <-, -n> *f* MED systole *f*
Szenario [stse'na:rio] <-s, -s> *nt,* **Szenarium** [stse'na:riʊm] <-s, Szenarien> *nt* CINE, THEAT scénario *m*
Szene ['stse:nə] <-, -n> *f* ❶ (*Theaterszene, Streit*) scène *f;* **jdm eine ~ machen** faire une scène à qn
❷ (*Bereich, Milieu*) milieux *mpl;* (*aktuelle Kulturszene*) milieux culturels; **in der politischen ~** sur la scène politique; **sich in der ~ auskennen** connaître les endroits branchés
► **sich in ~ setzen** se mettre en scène
Szenenwechsel *m* THEAT changement *m* de décors
Szenerie [stsenə'ri:] <-, -n> *f* ❶ THEAT décors *mpl*
❷ CINE, LITER décor *m*
❸ (*Landschaft, Umgebung*) décor *m,* cadre *m*
szenisch ['stse:nɪʃ] *Adj* scénique; **die ~e Leitung** THEAT la direction scénique
Szepter ['stsɛptɐ] *s.* **Zepter**

Tt

T, t [te:] <-, -> *nt* T *m*/t *m*
► **T wie Theodor** t comme Thérèse
t *Abk von* **Tonne** t
Tabak ['tabak, 'ta:bak] <-s, -e> *m* tabac *m*
Tabakbau *m kein Pl* AGR culture *f* du tabac **Tabakernte** *f* récolte *f* du tabac **Tabakindustrie** *f* industrie *f* du tabac **Tabakladen** *m* bureau *m* de tabac **Tabakpflanze** *f* plante *f* de tabac **Tabakplantage** *f* plantation *f* de tabac
Tabaksbeutel *m* blague *f* à tabac **Tabaksdose** *f* tabatière *f* **Tabakspfeife** *f* pipe *f* à tabac
Tabaksteuer *f* taxe *f* sur le tabac **Tabakwaren** *Pl* tabac *m*
tabellarisch [tabɛ'la:rɪʃ] *Adj, Adv* sous forme de tableau
Tabelle [ta'bɛlə] <-, -n> *f* ❶ (*Liste*) tableau *m*
❷ SPORT classement *m*
Tabellenform *f* **in ~** sous forme de tableau **Tabellenführer(in)** *m(f)* leader *m* du classement; **~ werden/sein** prendre la tête/être en tête du classement **Tabellenkalkulation** *f* INFORM, MATH tableur *m* **Tabellenkalkulationsprogramm** *nt* INFORM tableur *m* **Tabellenplatz** *m* place *f* du classement **Tabellenstand** *m kein Pl* SPORT classement *m*
Tabernakel [tabɛr'na:kəl] <-s, -> *nt o m* tabernacle *m*
Tablar ['tabla:ɐ] <-s, -e> *nt* CH rayon *m*
Tablett [ta'blɛt] <-[e]s, -s *o* -e> *nt* plateau *m*
► **jdm etw auf einem silbernen ~ servieren** apporter qc à qn sur un plateau [d'argent]
Tablette [ta'blɛtə] <-, -n> *f* comprimé *m,* cachet *m*
TablettenmissbrauchRR *m* pharmacomanie *f* **Tablettensucht** *f* pharmacodépendance *f* **tablettensüchtig** *Adj* pharmacodépendant(e)
tabu [ta'bu:] *Adj unv* **~ sein** être tabou *inv*
Tabu <-s, -s> *nt geh* tabou *m*
tabuisieren* [tabui'zi:rən] *tr V* tabouiser (*rare*); **tabuisiert werden** être tabou

Tabula rasa[RR] ▸ ~ machen faire place nette
Tabulator [tabu'la:to:ɐ] <-s, -toren> *m* tabulateur *m*
Tabulator-Taste *f* touche *f* Tabulation
Tacheles ['taxələs] ▸ **mit jdm ~ reden** *fam* dire ses quatre vérités à qn (*fam*); **jetzt werden wir zwei mal ~ reden!** maintenant on va s'expliquer tous les deux!
tachinieren *itr V* A *fam* (*faulenzen*) fainéanter
Tacho ['taxo] <-s, -s> *m fam Abk von* **Tachometer** compteur *m*
Tachometer *m o nt* compteur *m* de vitesse
Tachometerstand *m* AUT kilométrage *m*
Tadel ['ta:dəl] <-s, -> *m* ❶ (*Ermahnung, Vorwurf*) réprimande *f* ❷ *geh* (*Makel*) **ohne ~ sein** être irréprochable
tadellos **I.** *Adj* irréprochable; *Aussprache, Beherrschung* impeccable
II. *Adv sich benehmen* de façon irréprochable; *gekleidet* impeccablement
tadeln ['ta:dəln] *tr V* blâmer; **jdn für sein Verhalten** [*o* **wegen seines Verhaltens**] ~ réprimander qn pour [*o* à cause de] son comportement; ~**d** réprobateur(-trice), de réprobation
tadelnswert *Adj* blâmable
Tadschike [ta'dʒi:kə] <-n, -n> *m*, **Tadschikin** *f* Tadjik *mf*
tadschikisch *Adj* tadjik
Tadschikistan [ta'dʒi:kista(:)n] <-s> *nt* le Tadjikistan
Tafel ['ta:fəl] <-, -n> *f* ❶ (*Wandtafel*) tableau *m*
❷ (*Schiefertafel*) ardoise *f*
❸ (*Gedenktafel*) plaque *f*
❹ (*rechteckiges Stück*) **eine ~ Schokolade** une tablette de chocolat
❺ (*Bildtafel*) planche *f*
❻ *form* (*Tisch, Festtafel*) table *f*
Tafelberg *m* GEOL mesa *f*
tafelfertig *Adj* GASTR prêt(e) à servir **Tafelgeschirr** *nt* service *m* de table
Tafelklassler(in) <-s, -> *m(f)* A *fam* (*Schulanfänger*) élève *mf* de CP
tafeln *itr V geh* banqueter
täfeln ['tɛ:fəln] *tr V* lambrisser
Tafelobst *nt* fruits *mpl* de table **Tafelrunde** *f geh* tablée *f* **Tafelsilber** *nt* argenterie *f*
Täfelung <-, -en> *f* ❶ (*Verkleidung*) lambris *m*
❷ *kein Pl* (*das Täfeln*) lambrissage *m*
Tafelwasser *nt* eau *f* minérale **Tafelwein** *m* vin *m* de table
Taft [taft] <-[e]s, -e> *m* taffetas *m*
Taftkleid *nt* robe *f* en [*o* de] taffetas
Tag [ta:k] <-[e]s, -e> *m* ❶ jour *m*; **es wird ~** le jour se lève; **es ist ~** il fait jour; **bei ~[e]** de jour; **noch bei ~ ankommen** arriver avant la nuit; **[bei] ~ und Nacht** jour et nuit, nuit et jour; **eines [schönen] ~es** un [beau] jour; **~ für ~** jour après jour; **von ~ zu ~** de jour en jour; **von einem ~ auf den anderen** du jour au lendemain; **guten ~!** bonjour!; **~!** *fam* 'jour! (*fam*)
❷ (*Tagesverlauf*) journée *f*; **am ~** [pendant] la journée; **mehrmals am ~** plusieurs fois dans la journée; **den ganzen ~ [lang]** toute la journée; **das war heute wieder ein ~!** *fam* eh bien, quelle journée!
❸ (*Datum*) jour *m*; **am ~ seiner Rückkehr** le jour de son retour; **bis zum heutigen ~** jusqu'à aujourd'hui; **bis in unsere ~e hinein** de nos jours [*o* aujourd'hui] encore; **auf den ~ [genau]** au jour près; **heute ist es auf den ~ genau drei Jahre her, dass** ça fait aujourd'hui trois ans jour pour jour que; **der ~ X** le jour J
❹ (*Gedenktag*) **der ~ der Arbeit** la fête du travail; **der ~ der deutschen Einheit** la journée de la réunification
❺ MIN **über ~e** à ciel ouvert; **unter ~e** sous terre
❻ *Pl euph fam* (*Menstruation*) **sie hat ihre ~e** elle a ses règles
❼ REL **der ~ des Herrn** le jour du Seigneur; **der Jüngste ~** le Jugement dernier
▸ **es ist noch nicht aller ~e Abend** *Spr.* tout peut encore changer; **man soll den ~ nicht vor dem Abend loben** *Spr.* il ne faut pas crier victoire trop tôt; **~ der offenen Tür** journée *f* portes ouvertes; **auf seine/meine/... alten ~e** sur ses/mes/... vieux jours; **jd hat schon bessere ~e gesehen** qn a fait son temps; **ewig und drei ~e** *hum fam* cent sept ans; **sich** (*Dat*) **einen faulen** [*o* **schönen**] **~ machen** se prendre du bon temps; **jdm [schnell] guten ~ sagen** passer dire [un petit] bonjour à qn; **viel reden, wenn der ~ lang ist** *fam* raconter tout et n'importe quoi; **morgen ist auch [noch] ein ~!** demain il fera jour!; **seinen sozialen ~ haben** avoir [*o* être dans] son jour de bonté; **etw an den ~ bringen** faire [toute] la lumière sur qc; **seine/ihre ~e sind gezählt** ses jours sont comptés; **an den ~ kommen** éclater au grand jour; **in den ~ hinein leben** vivre au jour le jour; **etw an den ~ legen** faire preuve de qc; **dieser ~e** ces jours-ci; **jeden ~** chaque jour; (*jederzeit*) à tout moment
tagaus *Adv* ▸ **~, tagein** jour après jour
Tagebau <-baue> *m* ❶ (*Anlage*) mine *f* à ciel ouvert ❷ *kein Pl* (*Abbauverfahren*) **im ~** à ciel ouvert **Tagebuch** *nt* journal *m* [intime]; **ein ~ führen** tenir un journal **Tagedieb(in)** *m(f) pej* fainéant(e) *m(f)* **Tagegeld** *nt* ❶ (*Krankengeld*) allocation *f* journalière de maladie ❷ (*Spesenpauschale*) indemnité *f* journalière [de déplacement]
tagein *s.* tagaus
tagelang **I.** *Adj* qui dure des jours entiers **II.** *Adv* [pendant] des journées entières, [durant] des jours entiers **Tagelohn** *m* salaire *m* journalier; **im ~** à la journée
Tagelöhner(in) <-s, -> *m(f)* journalier(-ière) *m(f)*
tagen ['ta:gən] **I.** *itr V unpers geh* **es tagt** le jour point (*soutenu*) **II.** *itr V* (*konferieren*) siéger; *Komitee, Partei:* tenir ses assises
Tagesablauf *m* emploi *m* du temps **Tagesanbruch** *m* **bei/nach ~** au lever/après le lever du jour **Tagesausflug** *m* excursion *f* d'une journée **Tagesbefehl** *m* MIL ordre *m* du jour **Tagescreme** [-kre:m] *f* crème *f* de jour **Tagesdecke** *f* couvre-lit *m* **Tageseinnahmen** *Pl* recette *f* journalière **Tagesfahrt** *f* excursion *f* d'une journée **Tagesgericht** *nt* plat *m* du jour **Tagesgeschäft** *nt* affaires *fpl* courantes; (*Aufgaben*) tâches *fpl* quotidiennes **Tagesgeschehen** *nt* actualité *f* quotidienne **Tagesgespräch** *nt* sujet *m* de discussion du jour **Tageskarte** *f* ❶ GASTR menu *m* du jour ❷ (*Eintrittskarte*) billet *m* [*o* ticket *m*] valable pour la journée **Tageskasse** *f* ❶ THEAT caisse *f* ouverte en journée ❷ (*Tageseinnahme*) recette *f* de la journée **Tageskurs** *m* cours *m* du jour **Tageslicht** *nt kein Pl* lumière *f* du jour; **bei ~** à la lumière du jour; **noch bei ~ nach Hause kommen** rentrer avant la [tombée de la] nuit
Tageslichtprojektor *m* rétroprojecteur *m*
Tageslohn *m* salaire *m* journalier; **im ~ arbeiten** travailler à la journée **Tagesmarsch** *m* ❶ (*Marsch*) marche *f* d'une journée ❷ (*Strecke*) journée *f* de marche **Tagesmutter** *f* nourrice *f* **Tagesnachrichten** *Pl* ❶ PRESSE, TV (*Meldungen*) nouvelles *fpl* du jour ❷ TV (*Sendung*) journal *m*, actualités *fpl*; **in den ~ kam heute, dass ...** aujourd'hui, ils ont parlé de ... aux actualités **Tagesordnung** *f* ordre *m* du jour; **auf der ~ stehen** être [inscrit(e)] à l'ordre du jour ▸ **an der ~ sein** être monnaie courante; **[wieder] zur ~ übergehen** passer au point suivant
Tagesordnungspunkt *m* point *m* à l'ordre du jour; **wir kommen zum nächsten ~** nous passons au point suivant de l'ordre du jour
Tagesproduktion *f kein Pl* production *f* journalière **Tagesreise** *f* ❶ (*Reise*) voyage *m* d'une journée ❷ (*Strecke*) journée *f* de voyage **Tagessatz** *m* ❶ MED prix *m* de la journée ❷ JUR unité *f* d'amende (*calculée au prorata des revenus journaliers*) **Tagesschau** *f* **die ~** le journal de 20 heures

i Land & Leute

Le **Tagesschau** est le journal d'informations nationales qui est diffusé tous les soirs à 20 heures sur la première chaîne de télévision nationale, *ARD*, depuis 1952.

Tagesumsatz *m* chiffre *m* d'affaires journalier **Tageswert** *m* FIN valeur *f* journalière [*o* du jour] **Tageszeit** *f* moment *m* de la journée ▶ **zu jeder Tages- und Nachtzeit** *fam* à toute heure du jour et de la nuit **Tageszeitung** *f* quotidien *m*

i Land & Leute

Il existe en Allemagne plus de 400 **Tageszeitungen** différents et il s'en vend environ 30 millions d'exemplaires par jour. Les plus importants sont, entre autres, le *Bild Zeitung*, le *Frankfurter Allgemeine Zeitung*, abrégé en *FAZ*, et le *Süddeutsche Zeitung*. En Autriche, les plus importants sont *Der Standard*, *Der Kurier* et *Die Presse* et en Suisse allemande *Der Tagesanzeiger* ainsi que le *Neue Zürcher Zeitung*.

tageweise ['ta:gəvaɪzə] *Adv* à la journée
Tagewerk *nt kein Pl geh* labeur *m* [quotidien] (*littér*)
Tagfalter *m* ZOOL papillon *m* diurne **Taggeld** CH *s.* **Tagegeld**
taghell I. *Adj Beleuchtung* comme en plein jour; **es ist ~** il fait grand jour II. *Adv* comme en plein jour
täglich ['tɛ:klɪç] I. *Adj* quotidien(ne)
II. *Adv* quotidiennement
tags [ta:ks] *Adv* [dans] la journée
▶ **~ darauf/zuvor** le jour d'après/précédent
Tagsatzung *f* JUR A (*Verhandlungstermin vor Gericht*) jour *m* d'audience **Tagschicht** *f* équipe *f* de jour; **~ haben** être de jour
tagsüber *Adv* pendant la journée
tagtäglich I. *Adj* quotidien(ne) II. *Adv* tous les jours [sans exception] **Tagtraum** *m* rêve *m* éveillé
Tagundnachtgleiche <-n, -n> *f* équinoxe *m*
Tagung ['ta:gʊŋ] <-, -en> *f* ① (*Fachtagung*) congrès *m*; *einer Partei, Gewerkschaft* congrès *m*, assises *fpl*
② (*Sitzung*) session *f*, séance *f*
Tagungsort *m* lieu *m* du congrès **Tagungsteilnehmer(in)** *m(f)* congressiste *mf*
Tagwache *f* MIL A (*das Aufwecken*) réveil *m* [militaire]
Tai-Chi [taɪ'-tʃi:] <-[s]> *nt* taï chi *m*
Taifun [taɪ'fu:n] <-s, -e> *m* typhon *m*
Taiga ['taɪga] <-> *f* taïga *f*
Taille ['taliə] <-, -n> *f* taille *f*
Taillenweite *f* tour *m* de taille
tailliert [ta(l)'ji:ɐt] *Adj* cintré(e)
Taiwan ['taɪvan, taɪ'va(:)n] <-s> *nt* Taïwan *m*
Taiwaner(in) [taɪ'va:nɐ] *m(f)* Taïwanais(e) *m(f)*
taiwanisch *Adj* taïwanais(e)
Takelage [takə'la:ʒə] <-, -n> *f* gréement *m*
takeln ['ta:kəln] *tr V* gréer
Takt [takt] <-[e]s, -e> *m* ① MUS mesure *f*, temps *m*; **aus dem ~ kommen** perdre le rythme; **jdn aus dem ~ bringen** faire perdre le rythme à qn
② *kein Pl* (*Feingefühl*) tact *m*
▶ **keinen ~ im Leibe haben** *fam* être un vrai mufle; **mit jdm ein paar ~e reden müssen** *fam* devoir mettre deux ou trois choses au point avec qn
Taktgefühl *nt* tact *m*, délicatesse *f*; **~ haben** avoir du tact
taktieren* *itr V* **geschickt ~** procéder habilement, user d'une habile tactique
Taktik ['taktɪk] <-, -en> *f* tactique *f*; **mit etw eine bestimmte ~ verfolgen** suivre une certaine tactique avec qc
Taktiker(in) ['taktikɐ] <-s, -> *m(f)* tacticien(ne) *m(f)*
taktisch I. *Adj* tactique
II. *Adv vorgehen* tactiquement; *klug* d'un point de vue tactique; **~ richtig handeln** employer la bonne tactique; **das wäre ~ falsch** ce serait une erreur tactique
taktlos I. *Adj* dénué(e) de tact
II. *Adv* sans [le moindre] tact
Taktlosigkeit <-, -en> *f* ① *kein Pl* (*taktlose Art*) manque *m* de tact
② (*Verhalten, Äußerung*) indélicatesse *f*
Taktstock *m* baguette *f* [de chef d'orchestre] **Taktstrich** *m* MUS barre *f* de mesure
taktvoll I. *Adj* plein(e) de tact
II. *Adv* avec tact
Tal [ta:l, *Pl:* 'tɛ:lɐ] <-[e]s, ¨er> *nt* vallée *f*; **zu ~** *geh* dans la vallée
talabwärts *Adv* dans la vallée; **~ fließen** couler dans la vallée
Talar [ta'la:ɐ] <-s, -e> *m* toge *f*
talaufwärts *Adv* **~ gehen/wandern** remonter la vallée
Talent [ta'lɛnt] <-[e]s, -e> *nt* (*Begabung, begabter Mensch*) talent *m*; **~/kein ~ haben** avoir du/manquer de talent; **musikalisches ~ haben** avoir du talent pour la musique; **ein besonderes ~ für Fremdsprachen haben** avoir un talent particulier pour les langues
talentiert [talɛn'ti:ɐt] I. *Adj Person* qui a du talent, talentueux(-euse); **ein ~er Redner** un brillant rhétoricien; **~ sein** avoir du talent
II. *Adv* avec talent; **etw sehr ~ tun** faire qc avec beaucoup de talent
Taler ['ta:lɐ] <-s, -> *m* thaler *m*
Talfahrt *f* ① (*Abwärtsfahrt*) descente *f* dans la vallée
② (*Niedergang*) *eines Unternehmens* effondrement *m*; *einer Währung* dégringolade *f* (*fam*)
Talg [talk] <-[e]s, -e> *m* ① PHYSIOL sébum *m*
② GASTR suif *m*
Talgdrüse *f* glande *f* sébacée
Talisman ['ta:lɪsman] <-s, -e> *m* talisman *m*, grigri *m*
Talje ['taliə] <-, -n> *f* NAUT palan *m*
Talk [talk] <-[e]s> *m* talc *m*
Talkessel *m* GEOG cuvette *f*
Talkmaster(in) ['tɔ:kma:stɐ] <-s, -> *m(f)* animateur(-trice) *m(f)* de talk-show
Talkpuder *s.* **Talkum**
Talkshow[RR] ['tɔ:kʃɔʊ] <-, -s> *f* talk-show *m*
Talkum ['talkʊm] <-s> *nt* talc *m*
Talmi ['talmi] <-s> *nt* pacotille *f*
Talmigold *nt* simili[-]or *m*
Talmud ['talmu:t] <-[e]s, -e> *m* ① *kein Pl* (*Schriftensammlung*) **der ~** le Talmud
② (*Buch*) talmud *m*
Talon <-s, -s> *m* FIN talon *m*
Talschaft <-, -en> *f* CH (*Territorium*) vallée *f*
Talsohle *f* ① GEOG fond *m* de vallée ② (*Tiefstand*) creux *m* de la vague **Talsperre** *s.* **Staudamm** **Talstation** *f* station *f* aval
Tamagotchi [tama'gɔtʃi:] <-, -s> *m o nt* tamagotchi *m*
Tamarinde [tama'rɪndə] <-, -n> *f* ① (*Baum*) tamarinier *m*
② (*Frucht*) tamarin *m*
Tamariske [tama'rɪskə] <-, -n> *f* tamaris *m*
Tambour ['tambu:ɐ, tam'bu:ɐ] <-en, -en> *m* CH [joueur *m* de] tambour *m*
Tamburin ['tamburi:n] <-s, -e> *nt* tambourin *m*
Tampon ['tampɔn, tam'po:n, tã'põ:] <-s, -s> *m* tampon *m*
Tamtam [tam'tam] <-s, -s> *nt* ① MUS tam-tam *m*
② *kein Pl fam* (*Aufheben*) tam-tam *m*; **ein großes ~ um jdn/etw veranstalten** faire tout un tam-tam autour de qn/qc
Tand [tant] <-[e]s> *m* brimborions *mpl* (*vieilli*)
Tändelei [tɛndə'laɪ] <-, -en> *f* ① (*Spielerei*) badinage *m*
② *veraltet* (*Flirt*) batifolage *m*
tändeln ['tɛndəln] *itr V* badiner; **mit jdm ~** badiner avec qn
Tandem ['tandɛm] <-s, -s> *nt* tandem *m*; **[mit einem] ~ fahren** faire du tandem
Tandler(in) ['tandlɐ] <-s, -> *m(f)* A *fam* brocanteur(-euse) *m(f)*
Tang [taŋ] <-[e]s, -e> *m* varech *m*
Tanga ['taŋga] <-s, -s> *m* slip *m* tanga

Tangens ['taŋgɛns] <-, -> *m* MATH tangente *f*
Tangente [taŋ'gɛntə] <-, -n> *f* ① MATH tangente *f*
② (*Straße*) rocade *f*
tangential [taŋgɛn'tsia:l] *Adj* MATH tangentiel(le)
tangieren* [taŋ'gi:rən] *tr V geh* ① (*streifen*) effleurer
② (*betreffen*) toucher; **das tangiert mich nicht** cela ne me concerne pas
Tango ['taŋgo] <-s, -s> *m* tango *m*
Tank [taŋk] <-s, -s> *m* ① (*Benzintank*) réservoir *m*
② (*Flüssigkeitsbehälter*) citerne *f;* (*klein*) cuve *f*
③ MIL *veraltet* tank *m*
Tankdeckel *m* bouchon *m* de réservoir
tanken I. *itr V* ① (*Kraftstoff auffüllen*) prendre de l'essence; **beim Tanken** en prenant de l'essence; **voll** ~ faire le plein; [**bitte**] **voll** ~**!** le plein[, s'il vous plaît]!
② *sl* (*Alkohol trinken*) [**ganz schön**] **getankt haben** avoir bien éclusé (*pop*)
II. *tr V* ① **zehn Liter/Super bleifrei** ~ prendre dix litres [d'essence]/du super sans plomb; **voll** ~ faire le plein de *Auto, Kanister;* **voll getankt** avec le plein d'essence
② *fig fam* **frische Luft/neue Kraft** ~ faire le plein d'air frais/d'énergie; **etwas Sonne** ~ prendre un peu le soleil
Tanker <-s, -> *m* pétrolier *m,* tanker *m*
Tankfüllung *f* plein *m* **Tankinhalt** *m* contenance *f* du réservoir **Tanklaster** *m,* **Tanklastzug** *m* camion-citerne *m* **Tanksäule** *f* pompe *f* [à essence] **Tankschiff** *nt* bateau-citerne *m* **Tankstelle** *f* station-service *f* **Tankuhr** *f* jauge *f* d'essence **Tankverschluss**RR *m* ① (*Verschluss eines Tanks*) bouchon *m* de citerne [*o* de cuve] ② *s.* **Tankdeckel Tankwagen** *m* camion-citerne *m* **Tankwart(in)** ['-vart] *m(f)* pompiste *mf*
Tanne ['tanə] <-, -n> *f* sapin *m*
Tannenbaum *m* ① (*Weihnachtsbaum*) sapin *m* [de Noël]
② *fam* (*Tanne*) sapin *m* **Tannennadel** *f* aiguille *f* de sapin **Tannenwald** *m* forêt *f* de sapins **Tannenzapfen** *m* cône *m* de sapin
Tannin [ta'ni:n] <-s> *nt* ta[n]nin *m*
Tansania [tan'za:nia, tanza'ni:a] <-s> *nt* la Tanzanie
Tantalusqualen ['tantalʊs-] *Pl geh* ▶ ~ **leiden** souffrir le supplice de Tantale
Tante ['tantə] <-, -n> *f* ① (*Verwandte*) tante *f*
② *pej fam* (*Frau*) bonne femme *f* (*fam*)
Tante-Emma-Laden *m fam* petite épicerie *f* [du coin]
Tantieme [tã'tie:mə] <-, -n> *f meist Pl* ① (*Gewinnbeteiligung*) tantième *m*
② (*Autorenhonorar*) droits *mpl* d'auteur
Tanz [tants, *Pl:* 'tɛntsə] <-es, ¨-e> *m* ① danse *f;* **jdn zum** ~ **auffordern** inviter qn à danser
② (*Tanzveranstaltung*) bal *m*
③ *fam* (*Auseinandersetzung*) engueulade *f* (*fam*); **jdm einen** ~ **machen** passer une engueulade à qn (*fam*)
▶ **ein** ~ **auf dem Vulkan** un jeu dangereux; **das ist ein** ~ **auf dem Vulkan** c'est de la dynamite
Tanzabend *m* soirée *f* dansante **Tanzbein** ▶ **das** ~ **schwingen** *hum fam* danser [la gigue] **Tanzcafé** *nt* café *m* dansant
Tänzchen <-s, -> *nt Dim von* **Tanz** petite danse *f;* **ein** ~ **wagen** *hum* dansoter (*fam*)
tänzeln ['tɛntsəln] *itr V* ① + *haben Boxer:* sautiller; *Pferd:* piaffer
② + *sein* (*gehen*) **in das Zimmer** ~ sautiller dans la pièce
tanzen I. *itr V* ① + *haben* danser; ~ [*o* **zum Tanzen**] **gehen** aller danser
② + *sein* (*sich tanzend bewegen*) **durch den Saal** ~ danser à travers la salle
③ + *haben* (*sich heftig bewegen*) **auf etw** (*Dat*) ~ *Boot:* danser sur qc; *Gläser, Würfel:* trembler sur qc
II. *tr V* + *haben* danser *Walzer, Tango*
Tänzer(in) ['tɛntsɐ] <-s, -> *m(f)* ① (*tanzender Mensch, Balletttänzer*) danseur(-euse) *m(f);* **ein guter/schlechter** ~ **sein** être [un] bon/mauvais danseur
② (*Tanzpartner*) cavalier(-ière) *m(f)*
tänzerisch I. *Adj Darbietung* de danse; **sein/ihr** ~**es Können** ses talents de danseur/danseuse; **eine hervorragende** ~**e Leistung** une remarquable prestation dansée
II. *Adv* au niveau de la danse
Tanzfläche *f* piste *f* [de danse] **Tanzgruppe** *f* (*Volkstanzgruppe*) groupe *m* folklorique **Tanzkapelle** *f* orchestre *m* [de danse] **Tanzkurs** *m* cours *m* de danse **Tanzlehrer(in)** *m(f)* professeur *m* de danse **Tanzlokal** *nt* dancing *m* **Tanzmusik** *f* musique *f* de danse **Tanzorchester** *nt* orchestre *m* de danse **Tanzpartner(in)** *m(f)* cavalier(-ière) *m(f)* **Tanzschule** *f* école *f* de danse **Tanzstunde** *f* ① *kein Pl* (*Tanzkurs*) leçon *f* de danse ② (*Unterrichtsstunde*) cours *m* de danse **Tanztee** *m* (*Veranstaltung*) thé *m* dansant **Tanzturnier** *nt* concours *m* de danse
Taoismus [tao'ɪsmʊs] <-> *m* taoïsme *m*
Tapet [ta'pe:t] ▶ **etw aufs** ~ **bringen** *fam* mettre qc sur le tapis; **aufs** ~ **kommen** *fam* revenir sur le tapis
Tapete [ta'pe:tə] <-, -n> *f* papier *m* peint, tapisserie *f*
Tapetenbahn *f* lé *m* **Tapetenkleister** *m* colle *f* à tapisser **Tapetenmuster** *nt* motif *m* de papier peint **Tapetenrolle** *f* rouleau *m* de papier peint **Tapetenwechsel** [-ks-] *m fam* changement *m* d'air; **einen** ~ **brauchen** avoir besoin de changer d'air
tapezieren* *tr V* tapisser
Tapezierer(in) <-s, -> *m(f)* tapissier(-ière) *m(f)*
tapfer ['tapfɐ] I. *Adj* ① (*kämpferisch*) *Person* brave, courageux(-euse); *Verhalten, Widerstand* courageux(-euse)
② (*beherrscht*) courageux(-euse); ~ **sein** faire preuve de courage
II. *Adv* ① (*kämpferisch*) avec bravoure, vaillamment (*littér*)
② (*beherrscht*) courageusement, avec courage
Tapferkeit <-> *f* bravoure *f*
Tapioka [ta'pio:ka] <-> *f* tapioca *m*
Tapir ['ta:pi:ɐ] <-s, -e> *m* tapir *m*
tappen ['tapən] *itr V* ① + *sein* (*schwerfällig gehen*) avancer à tâtons; **durch den Raum** ~ avancer à tâtons à travers la pièce
② + *haben veraltet* (*tasten*) **nach etw** ~ chercher qc en tâtonnant
täppisch ['tɛpɪʃ] *Adj pej* empoté(e) (*fam*)
tapsen ['tapsən] *s.* **tappen**
tapsig *fam* I. *Adj* pataud(e); ~**e Schritte** des pas lourds [*o* maladroits]
II. *Adv* de façon pataude
Tara ['ta:ra] <-, Taren> *f* tare *f*
Tarantel [ta'rantəl] <-, -n> *f* tarentule *f*
▶ **sie fuhr hoch wie von der** ~ **gestochen** *fam* elle sursauta comme si une mouche l'avait piquée
Tarif [ta'ri:f] <-[e]s, -e> *m* ① (*Lohntarif, Gehaltstarif*) accord *m* salarial, barème *m;* **nach/über** ~ **bezahlt werden** être rémunéré(e) au tarif/au-dessus du tarif des conventions collectives; **laut** ~ selon barème
② (*Steuertarif*) tarif *m,* barème *m*
TarifabschlussRR *m* accord *m* sur les salaires **Tarifautonomie** *f* autonomie *f* des partenaires sociaux **Tarifgruppe** *f* groupe *m* tarifaire; **jdn in eine höhere/niedrigere** ~ **einstufen** classer qn dans un échelon tarifaire supérieur/inférieur **Tarifkommission** *f* commission *f* tarifaire **Tarifkonflikt** *m* conflit *m* tarifaire
tariflich I. *Adj* conforme à la convention collective, tarifaire
II. *Adv* par convention collective
Tariflohn *m* salaire *m* contractuel **Tarifpartei** *f* partenaire *m* social, partie *f* [prenante] à une convention collective **Tarifpartner(in)** *m(f)* partenaire *mf* social(e) **Tarifpolitik** *f kein Pl* politique *f* tarifaire **Tarifrecht** *nt kein Pl* législation *f* applicable aux conventions collectives **Tarifrunde** *f* négociations *fpl* salariales **Tarifsystem** *nt* système *m* salarial **Tarifvereinbarung** *f* accord *m* salarial; (*Tarifvertrag*) convention

T

f collective **Tarifverhandlungen** *Pl* négociations *fpl* sur la convention collective **Tarifvertrag** *m* convention *f* collective; **einen ~ aushandeln** négocier une convention collective

Tarnanstrich *m* peinture *f* de camouflage **Tarnanzug** *m* tenue *f* de camouflage

tarnen ['tarnən] I. *tr V* camoufler; **illegale Geschäfte als Entwicklungshilfe ~** camoufler des affaires illégales en coopération; **als Waschsalon getarnt sein** *Spielhölle:* avoir pour couverture une laverie
II. *r V* ❶ MIL **sich ~** se camoufler
❷ (*sich ausgeben*) **sich als etw ~** se camoufler en qc

Tarnfarbe ['tarn-] *f* peinture *f* de camouflage **Tarnfirma** *f* couverture *f* **Tarnkappe** *f* heaume *m* qui rend invisible **Tarnname** *m* nom *m* d'emprunt [*o* de guerre]

Tarnung <-, -en> *f* ❶ *kein Pl* (*das Tarnen, Tarnvorrichtung*) camouflage *m*
❷ (*falsche Identität*) nom *m* de camouflage

Tarock [ta'rɔk] <-s, -s> *m o nt* DIAL tarot *m* à trois

Täschchen <-s, -> *nt Dim von* **Tasche** pochette *f*

Tasche ['taʃə] <-, -n> *f* ❶ (*Hosentasche, Jackentasche*) poche *f*; **etw in die ~ stecken** mettre qc dans sa poche
❷ (*Handtasche, Einkaufstasche*) sac *m*
▸ **in die eigene ~ wirtschaften** *fam* se remplir les poches; **etw in die eigene ~ stecken** *fam* empocher qc; **etw aus der eigenen ~ bezahlen** payer qc de sa poche; **etw [schon] in der ~ haben** *fam* avoir [déjà] qc en poche; **jdm auf der ~ liegen** *fam* vivre aux crochets de qn; **sich** (*Dat*) **in die ~ lügen** se bercer d'illusions, se raconter des histoires; **jdn in die ~ stecken** *fam* mettre qn dans sa poche

Taschenbuch *nt* livre *m* de poche; **als ~ erscheinen** être édité(e) en [livre de] poche **Taschenbuchausgabe** *f* édition *f* de poche **Taschendieb(in)** *m(f)* pickpocket *mf* **Taschenformat** *nt* format *m* de poche **Taschengeld** *nt* argent *m* de poche **Taschenkalender** *m* agenda *m* de poche **Taschenkrebs** *m* tourteau *m* **Taschenlampe** *f* lampe *f* de poche **Taschenmesser** *nt* couteau *m* de poche, canif *m* **Taschenrechner** *m* calculette *f*, calculatrice *f* de poche **Taschenschirm** *m* parapluie *m* téléscopique **Taschenspiegel** *m* miroir *m* de poche

Taschenspielertrick *m pej* tour *m* de passe-passe

Taschentuch *nt* mouchoir *m* **Taschenuhr** *f* montre *f* de poche [*o* de gousset] **Taschenwörterbuch** *nt* dictionnaire *m* de poche

Tässchen[RR], **Täßchen** <-s, -> *nt Dim von* **Tasse 1., 2.** petite tasse *f*

Tasse ['tasə] <-, -n> *f* ❶ tasse *f*
❷ (*Mengenangabe*) **eine ~ Kaffee/Tee** une tasse de café/thé
▸ **nicht alle ~n im Schrank haben** *fam* avoir une case vide (*fam*); **trübe ~** *fam* bonnet *m* de nuit

Tastatur [tasta'tuːɐ] <-, -en> *f* clavier *m*

Taste ['tastə] <-, -n> *f* touche *f*; **auf die ~n hauen** [*o* **hämmern**] taper sur les touches
▸ **[mächtig] in die ~n greifen** faire sonner les accords

tasten ['tastən] I. *itr V* chercher à tâtons; **nach etw ~** chercher qc à tâtons; **das Tasten** MED la palpation
II. *r V* **sich zur Tür ~** avancer en tâtonnant vers la porte
III. *tr V* ❶ (*fühlen*) **etw ~** sentir qc en palpant
❷ (*eingeben, eintasten*) taper, composer

Tastendruck *m kein Pl* pression *f* [sur une touche] **Tasteninstrument** *nt* instrument *m* à clavier **Tastentelefon** *nt* téléphone *m* à touches

Tastsinn *m kein Pl* toucher *m*

tat [taːt] *Imp von* **tun**

Tat <-, -en> *f* ❶ (*Handlung*) acte *m*; **eine gute ~** une bonne action; **eine ~ der Nächstenliebe** un acte de charité; **zur ~ schreiten** passer aux actes [*o* à l'action]; **etw in die ~ umsetzen** mettre qc à exécution
❷ (*kämpferische Handlung*) action *f*, fait *m* d'armes
❸ (*Straftat*) délit *m*; **kriminelle ~** acte *m* criminel
▸ **jdn auf frischer ~ ertappen** prendre qn en flagrant délit [*o* sur le fait]; **in der ~** effectivement

Tatar [ta'taːɐ] <-s, -> *nt* [steak *m*] tartare *m*

Tatar(in) <-en, -en> *m(f)* Tartare *mf*

Tatbestand *m* ❶ (*Sachlage*) état *m* de fait; (*Fakten*) faits *mpl*
❷ JUR éléments *mpl* constitutifs **Tateinheit** *f kein Pl* JUR concours *m* [idéal] d'infractions

Tatendrang *m kein Pl geh* besoin *m* d'activité

tatenlos I. *Adj* inactif(-ive), passif(-ive)
II. *Adv* sans rien faire

Täter(in) ['tɛːtɐ] <-s, -> *m(f)* coupable *mf*; **ein unbekannter ~** un malfaiteur non identifié

Täterschaft <-> *f* culpabilité *f*; **jdn der ~ beschuldigen** imputer la responsabilité [du délit] à qn

tätig ['tɛːtɪç] *Adj* ❶ (*berufstätig*) **alle in diesem Unternehmen ~en Sekretärinnen** toutes les secrétaires employées dans cette entreprise; **als Buchhalter/in einer kleinen Firma ~ sein** être employé(e) [*o* travailler] comme comptable/dans une petite entreprise
❷ (*aktiv, rührig*) *Person* actif(-ive); **im Haushalt/Garten ~ sein** s'occuper du ménage/travailler au jardin; **~e Hilfe leisten** aider activement
❸ JUR *form* **in einer Angelegenheit ~ werden** intervenir dans une affaire

tätigen ['tɛːtɪgən] *tr V form* effectuer *Einkäufe;* passer, donner *Anruf;* conclure, réaliser *Abschluss, Geschäft, Handel*

Tätigkeit <-, -en> *f* ❶ (*Aktivität*) activité *f*; (*Berufstätigkeit*) activité [professionnelle]; **eine ~ ausüben** exercer une activité [professionnelle]
❷ *kein Pl* (*das Funktionieren*) *eines Organs* activité *f*

Tätigkeitsbereich *m* domaine *m* d'activité[s] **Tätigkeitsbericht** *m* rapport *m* d'activité **Tätigkeitsform** *f* GRAM voix *f* active, actif *m* **Tätigkeitswort** *nt* GRAM verbe *m*

Tatkraft *f kein Pl* dynamisme *m*, énergie *f*

tatkräftig I. *Adj* dynamique, énergique
II. *Adv* activement

tätlich ['tɛːtlɪç] I. *Adj Angriff, Beleidigung* dégénérant(e) en voie de fait; **gegen jdn ~ werden** se livrer à des voies de fait sur qn
II. *Adv* avec voie de fait

Tätlichkeiten *Pl* voies *fpl* de fait

Tatmotiv *nt* mobile *m* [du crime] **Tatort** *m* lieu *m* du crime

tätowieren* *tr V* tatouer; **man hat ihm einen Stern auf den Rücken tätowiert** on lui a tatoué une étoile sur le dos

Tätowierung <-, -en> *f* tatouage *m*

Tatsache *f* fait *m*; **vollendete ~n schaffen** créer un fait accompli; **jdn vor vollendete ~n stellen** mettre qn devant le fait accompli; **vor vollendeten ~n stehen** se trouver devant le fait accompli; **~ ist, dass wir sparen müssen** le fait est que nous sommes obligés de faire des économies; **~?** *fam* c'est vrai? (*fam*); **~!** *fam* comme je te/vous le dis! (*fam*)

Tatsachenbericht *m* reportage *m*

tatsächlich ['taːtzɛçlɪç, taː'tzɛçlɪç] I. *Adj attr Erlebnis, Ereignis, Geschehnis* réel(le); *Grund, Ursache* véritable
II. *Adv* ❶ (*in Wirklichkeit*) en réalité
❷ (*wirklich*) réellement, vraiment; **sie hat ~ gewonnen!** elle a effectivement gagné!; **~?** vraiment?, réellement?

tätscheln ['tɛtʃəln] *tr V* tapoter [affectueusement], donner une tape affectueuse à

Tattergreis(in) ['tatɐ-] *m(f) pej fam* vieux gâteux *m*/vielle gâteuse *f*

Tatterich ['tatərɪç] *m fam* **den ~ bekommen/haben** être pris(e) de tremblote/avoir la tremblote (*fam*)

tatt[e]rig *Adj fam* qui a la tremblote (*fam*); **~ werden/sein** être pris(e) de tremblote/avoir la tremblote [*o* sucrer les fraises] (*fam*)

Tattoo [tɛ'tu:, ta'tu:] <-s, -s> *m o nt* tatouage *m*

Tatumstand *m* JUR circonstance *f* de fait; **erschwerender/mildernder** ~ circonstance aggravante/atténuante **Tatverdacht** *m* présomption *f* de culpabilité; **unter** ~ **stehen** *form* être présumé(e) coupable; **er wurde unter** ~ **verhaftet** il a été arrêté en tant que présumé coupable **tatverdächtig** *Adj* présumé(e) coupable **Tatverdächtige(r)** *f(m) dekl wie Adj* coupable *mf* présumé(e) **Tatwaffe** *f* arme *f* du crime

Tatze ['tatsə] <-, -n> *f* ① ZOOL patte *f*
② *fam* (*Hand*) patoche *f* (*fam*)

Tatzeit *f* heure *f* du crime

Tau[1] [taʊ] <-[e]s> *m* METEO rosée *f*

Tau[2] <-[e]s, -e> *nt* NAUT cordage *m*

taub [taʊp] *Adj* ① (*gehörlos*) sourd(e); **auf einem Ohr** ~ **sein** être sourd(e) d'une oreille; **bist du/sind Sie** ~? *fam* tu es/vous êtes sourd(e)?
② (*gefühllos*) *Finger, Arm, Bein* insensible
③ (*leer*) *Ähre* vide; *Nuss* creux(-euse)
▸ **sich** ~ **stellen** faire la sourde oreille

Täubchen <-s, -> *nt* ① *Dim von* **Taube** pigeonneau *m*, petit pigeon *m*
② (*Kosewort*) **mein** ~ ma colombe

Taube ['taʊbə] <-, -n> *f a.* POL pigeon *m*
▸ **die gebratenen** ~**n fliegen einem nicht ins Maul** *Spr.* les alouettes ne lui/nous/... tombent pas toutes rôties [dans le bec]

Taube(r) *f(m) dekl wie Adj* sourd(e) *m(f)*

taubenblau *Adj* bleu-gris *inv* **Taubenei** *nt* œuf *m* de pigeon **taubengrau** *Adj* gris bleu *inv;* ~**e Socken** des chaussettes gris bleu **Taubenschlag** *m* pigeonnier *m* ▸ **bei uns/ihnen geht es zu wie im** ~ *fam* ça circule comme dans un moulin chez nous/eux (*fam*)

Tauber ['taʊbɐ] <-s, ->, **Täuber** <-s, ->, **Täuberich** <-s, -e> *m* pigeon *m* mâle

Taubheit <-> *f* ① (*Gehörlosigkeit*) surdité *f*
② (*Empfindungslosigkeit*) *von Gliedmaßen* insensibilité *f*

Taubnessel *f* ortie *f* rouge [*o* blanche] **taubstumm** *Adj* sourd(e)-muet(te) **Taubstumme(r)** *f(m) dekl wie Adj* sourd-muet *m*/sourde-muette *f* **Taubstummensprache** *f kein Pl* langage *m* gestuel des sourds-muets

tauchen ['taʊxən] **I.** *itr V* ① + *haben o sein* plonger; ~ **lernen/können** apprendre à faire/savoir faire de la plongée; **nach jdm/etw** ~ plonger à la recherche de qn/qc
② + *sein* (*untertauchen*) *U-Boot:* plonger, s'immerger
③ + *sein* (*auftauchen*) **aus dem Wasser** ~ émerger [de l'eau]; **wieder an die Oberfläche** ~ refaire surface
II. *tr V* + *haben* ① **die Feder/Hand in etw** (*Akk*) ~ plonger la plume/main dans qc
② (*untertauchen*) **jdn/etw ins Wasser** ~ plonger qn/qc dans l'eau, immerger qn/qc

Tauchen <-s> *nt* plongée *f*

Taucher(in) <-s, -> *m(f)* plongeur(-euse) *m(f)*

Taucheranzug *m* combinaison *f* de plongée, scaphandre *m* **Taucherbrille** *f* lunettes *fpl* de plongée **Taucherglocke** *f* cloche *f* à plongeur **Taucherhelm** *m* casque *m* de plongée **Tauchermaske** *f* masque *m* de plongée

Tauchsieder ['-zi:dɐ] <-s, -> *m* thermoplongeur *m* **Tauchstation** *f* ▸ **auf** ~ **gehen** *fam* disparaître de la circulation (*fam*) **Tauchtiefe** *f* profondeur *f* de plongée

tauen ['taʊən] **I.** *itr V unpers* + *haben* dégeler; **es taut** il dégèle
II. *itr V* + *sein Eis, Schnee:* fondre; **von den Dächern** ~ *Eis:* fondre sur les toits

Taufbecken *nt* fonts *mpl* baptismaux

Taufe ['taʊfə] <-, -n> *f* baptême *m;* **ein Kind aus der** ~ **heben** tenir un enfant sur les fonts baptismaux
▸ **etw aus der** ~ **heben** *fam* fonder qc

taufen ['taʊfən] *tr V* ① baptiser; **jdn auf den Namen Marc** ~ baptiser qn du nom de Marc; **sich** ~ **lassen** se faire baptiser
② (*nennen*) **seinen Hund Otto** ~ baptiser son chien Otto

Täufer ['tɔɪfɐ] <-s, -> *m* REL **Johannes der** ~ saint Jean-Baptiste

Taufkapelle *f* baptistère *m* **Taufkleid** *nt* robe *f* de baptême

Täufling ['tɔɪflɪŋ] <-s, -e> *m* enfant *mf* qui reçoit le baptême

Taufname *m* nom *m* de baptême **Taufpate** *m*, **-patin** *f* parrain *m*/marraine *f* **Taufregister** *nt* registre *m* des baptêmes

taufrisch ['taʊ'frɪʃ] *Adj geh* humide de rosée
▸ **nicht mehr [ganz]** ~ **sein** ne plus être [vraiment] de première jeunesse

Taufschein *m* extrait *m* de baptême **Taufstein** *m* REL fonts *mpl* baptismaux

taugen [taʊgən] *itr V* **etwas** ~ *Person:* être bon(ne) à quelque chose; *Sache:* valoir quelque chose; **nichts** ~ *Person:* n'être bon(ne) à rien; *Sache:* ne rien valoir; **nicht viel** ~ *Sache:* ne pas valoir grand chose; **als Putzlappen** ~ faire l'affaire comme chiffon

Taugenichts ['taʊgənɪçts] <-[es], -e> *m pej* propre *m* à rien

tauglich *Adj* ① *Bewerber* qui convient; *Material* qui convient, approprié(e); **für etw** ~ **sein** *Gegenstand, Material:* convenir pour qc, être approprié(e) à qc
② (*wehrdiensttauglich*) apte [au service militaire], bon(ne) pour le service

Tauglichkeit <-> *f* ① *eines Materials* caractère *m* approprié
② (*Wehrdiensttauglichkeit*) aptitude *f* [au service militaire]

Taumel ['taʊməl] <-s> *m* ① (*Schwindelgefühl*) vertige *m*
② (*Überschwang*) ivresse *f*
▸ **wie im** ~ comme pris(e) de vertige

taumelig *Adj* ① *Gang, Schritt* chancelant(e)
② (*benommen*) ~ **werden/sein** être pris(e) d'un/avoir un vertige

taumeln ['taʊməln] *itr V* + *sein* chanceler; **vor Müdigkeit** ~ tituber de fatigue; **du taumelst ja!** tu titubes!

taumlig *s.* **taumelig**

Tausch [taʊʃ] <-[e]s, -e> *m* échange *m;* **etw in** ~ **geben** donner qc en échange; **[jdm] etw zum** ~ **anbieten** proposer qc en échange [à qn]; **etw im** ~ **gegen** [*o* **für**] **etw erhalten** recevoir qc en échange de qc; **keinen guten/schlechten** ~ **machen** ne pas gagner/perdre au change

Tauschbörse *f* INFORM bourse *f* d'échange en ligne

tauschen ['taʊʃən] **I.** *tr V* échanger *Münzen, Comics, Blicke, Küsse;* **etw gegen etw** ~ échanger qc contre qc
II. *itr V* faire un échange; **prinzipiell nicht** ~ ne pas faire de troc en principe
▸ **mit niemandem** ~ **mögen** ne pas vouloir échanger avec personne

täuschen ['tɔɪʃən] **I.** *tr V* tromper; **sich von jdm/etw nicht** ~ **lassen** ne pas se laisser tromper par qn/qc; **wenn mich nicht alles täuscht** sauf erreur de ma part, si je ne m'abuse
II. *r V* **sich** ~ (*sich irren*) se tromper, faire erreur; (*sich falsche Vorstellungen machen*) se leurrer; **sich in jdm/etw** ~ se tromper sur qn/dans qc; **sich in seinen Hoffnungen getäuscht sehen** voir ses espoirs déçus
III. *itr V* tromper, induire en erreur; **das täuscht** c'est trompeur

täuschend I. *Adj* trompeur(-euse)
II. *Adv* **jdm** ~ **ähnlich sehen** ressembler à s'y méprendre à qn; **sich** (*Dat*) ~ **ähnlich sehen** se ressembler à s'y méprendre (*littér*)

Tauschgeschäft *nt* troc *m;* **mit jdm** ~**e/ein** ~ **machen** faire du troc avec qn **Tauschhandel** *m* ① *kein Pl* (*das Handeln*) [commerce *m* de] troc *m* ② *s.* **Tauschgeschäft** **Tauschobjekt** *nt* objet *m* de troc

Täuschung <-, -en> *f* ① (*Betrug*) tromperie *f;* (*beim Examen*) fraude *f;* **arglistige** ~ acte *m* dolosif, dol *m;* **vorsätzliche** ~ escroquerie *f;* **zur** ~ pour tromper, fallacieusement
② (*Wahrnehmungsstörung*) **optische** ~ illusion *f* d'optique
③ (*Irrtum*) erreur *f;* **sich einer** ~ (*Dat*) **hingeben** faire erreur, se fourvoyer (*littér*)

Täuschungsmanöver [-vɐ] *nt* feinte *f* **Täuschungsversuch**

m tentative *f* de fraude [*o* de tricherie]
Tauschwert *m kein Pl* valeur *f* d'échange **Tauschwirtschaft** *f kein Pl* ÖKON économie *f* de troc [*o* d'échange]
tausend ['taʊzənt] *Num* ❶ mille; **einige** [*o* **ein paar**] ~ **Euro** quelques milliers de euros; **ich wette** ~ **zu eins, dass sie gewinnen wird!** *fam* je parie cent contre un qu'elle gagnera!
❷ *fam* (*viele*) mille, [tout] un tas de (*fam*); ~ **Vorwürfe zu hören bekommen** être accablé(e) d'une kyrielle de reproches (*fam*)
Tausend¹ <-, -en> *f* (*die Zahl 1000*) mille *m*
Tausend² <-s, -e *o* -> *nt* ❶ *kein Pl* (*Einheit à tausend Stück*) millier *m*; **drei vom** ~ trois pour mille
❷ *Pl* (*große Anzahl*) milliers *mpl;* ~**e Zuschauer** [*o* **von Zuschauern**] des milliers de spectateurs
Tausender ['taʊzəndɐ] <-s, -> *m* ❶ HIST *fam* (*Tausendmarkschein*) billet *m* de mille marks
❷ MATH millier *m*
tausenderlei ['taʊzəndɐ'laɪ] *Adj unv fam* mille et mille, tout un tas de (*fam*)
tausendfach I. *Adj* mille fois
II. *Adv* mille fois; *anfertigen* en mille exemplaires; *s. a.* **achtfach**
Tausendfüßler [-fy:slɐ] <-s, -> *m* mille-pattes *m*, scolopendre *f*
Tausendjahrfeier *f* millénaire *m*
tausendjährig *Adj attr* ❶ (*tausend Jahre alt*) millénaire
❷ (*tausend Jahre dauernd*) de mille ans; *Bestehen, Existenz* qui remonte à mille ans
tausendmal *Adv* ❶ mille fois
❷ *fam* (*vielmals*) mille fois, des tas et des tas de fois (*fam*)
Tausendmarkschein *m* HIST billet *m* de mille marks
Tausendsassa <-s, -[s]> *m* touche-à-tout *mf inv*
Tausendschönchen <-s, -> *nt* BOT amarante *f*
tausendste(r, s) *Adj* millième
Tausendste(r) *f(m) dekl wie Adj* millième *mf;* **als** ~ en millième position; **sie kam als** ~ **an die Reihe** elle a été la millième à passer
Tausendstel <-s, -> *nt* millième *m*
tausendundeine(r, s) *Adj* mille et un(e)
tausend[und]eins *Num* mille un
Tautologie [taʊtolo'gi:] <-, -n> *f* tautologie *f*
Tautropfen ['taʊ-] *m* goutte *f* de rosée **Tauwerk** *nt kein Pl* cordages *mpl* **Tauwetter** *nt a. fig* dégel *m;* **bei** ~ en cas de dégel
Tauziehen *nt* ❶ SPORT tir *m* à la corde
❷ *fig* bras *m* de fer
Taverne [ta'vɛrnə] <-, -n> *f* taverne *f*
Taxameter [taksa'me:tɐ] <-s, -> *m* taximètre *m*, compteur *m*
Taxator [ta'ksa:to:ɐ] <-s, -toren> *m*, **Taxatorin** *f form* commissaire-priseur *m*
Taxcard ['tɛkska:ɐt] <-, -s> *f* CH carte *f* de téléphone
Taxe ['taksə] <-, -n> *f* ❶ (*Kurtaxe*) taxe *f* de séjour
❷ (*Schätzwert*) estimation *f*
❸ DIAL *s.* **Taxi**
Taxi ['taksi] <-s, -s> *nt* taxi *m;* ~ **fahren** (*als Taxifahrer arbeiten*) travailler comme chauffeur de taxi; [**sich** (*Dat*)] **ein** ~ **nehmen** prendre un taxi
taxieren* *tr V* ❶ (*schätzen*) évaluer, estimer *Grundstück, Gemälde;* **den Wert einer S.** (*Gen*) ~ estimer la valeur de qc, évaluer qc; **die Höhe/Länge auf zwei Meter** ~ évaluer [*o* estimer] la hauteur/la longueur à deux mètres
❷ *fam* (*betrachten, mustern*) **jdn** [**abschätzig**] ~ jauger qn [d'un air méprisant]
Taxifahrer(in) *m(f)* chauffeur *m* de taxi, taxi *m* (*fam*) **Taxifahrt** *f* course *f* en taxi **Taxistand** *m* station *f* de taxis **Taxizentrale** *f* compagnie *f* de taxis
Taxkarte *f* CH carte *f* de téléphone **Taxwert** ['taksve:ɐt] *m* valeur *f* estimée
Tb[c] [te:'be:, te:be:'tse:] <-> *f Abk von* **Tuberkulose** tuberculose *f*
Tb[c]-krank [te:'be:-, te:be:'tse:-] *Adj* tuberculeux(-euse)
Teakholz ['ti:k-] *nt kein Pl* [bois *m* de] teck *m*
Team [ti:m] <-s, -s> *nt* équipe *f;* **im** ~ en équipe
Teamarbeit ['ti:m-] *f* travail *m* d'équipe [*o* en équipe]; **in** ~ en équipe **teamfähig** *Adj* capable de travailler en équipe **Teamgeist** *m kein Pl* esprit *m* d'équipe **Teamwork** ['ti:mwœ:k] *s.* Teamarbeit
Technik ['tɛçnɪk] <-, -en> *f* ❶ *kein Pl* (*Technologie*) technique *f*
❷ *kein Pl* (*technische Ausstattung*) équipement *m* [technique]; *eines Autos, einer Maschine* technologie *f*, technicité *f*
❸ (*Spieltechnik, Maltechnik*) technique *f;* **eine gute** ~ **haben** avoir une bonne technique
❹ *kein Pl* (*Abteilung*) services *mpl* techniques
Techniker(in) ['tɛçnikɐ] <-s, -> *m(f)* ❶ technicien(ne) *m(f)*
❷ *fam* (*versierter Fachmann*) spécialiste *mf*
Technikum ['tɛçnikʊm] <-s, Technika *o* Techniken> *nt* ≈ école *f* technique
technisch I. *Adj* technique
II. *Adv* sur le plan technique; ~ **ausgebildet sein** avoir une formation de technicien
technisieren* *tr V* moderniser, techniciser
Technisierung <-, -en> *f* mécanisation *f*
Techno ['tɛkno] <-[s]> *nt o m* techno *f*
Technokrat(in) [tɛçno'kra:t] <-en, -en> *m(f)* technocrate *mf*
Technokratie <-> *f* technocratie *f*
Technologe <-n, -n> *m*, **Technologin** *f* technologue *mf*, technologiste *mf*
Technologie <-, -n> *f* technologie *f*
Technologiepark *m* parc *m* technologique, technopole *m*
Technologietransfer <-s, -s> *m* transfert *m* technologique
technologisch *Adj* technologique
Techtelmechtel [tɛçtəl'mɛçtəl] <-s, -> *nt* flirt *m*
Teddy ['tɛdi] <-s, -s> *m*, **Teddybär** ['tɛdi-] *m* ours *m* en peluche, nounours *m* (*enfantin*)
Tee [te:] <-s, -s> *m* ❶ thé *m;* [**schwarzer**] ~ thé *m* [noir]; ~ **kochen** [*o* **machen**] faire du thé; **jdm/sich einen** ~ **kochen** [*o* **machen**] faire un thé à qn/se faire un thé
❷ (*Kräutertee*) infusion *f*, tisane *f*
❸ (*Teestrauch*) thé[ier] *m*
▸ **abwarten und** ~ **trinken** *fam* [il faut] attendre et voir venir

i Land & Leute

Les Allemands boivent beaucoup de thé noir, **Schwarztee**, ou de la tisane, **Kräutertee**, que ce soit le matin au petit déjeuner, dans la journée ou le soir avec le *Abendbrot.* On utilise beaucoup les tisanes aussi comme préparations médicinales contre les rhumes, les grippes, les quintes de toux, les maux de ventre, la nervosité, etc.

Teebeutel *m* sachet *m* de thé; **ein** ~ **mit Kamillentee** un sachet de camomille **Teeblatt** *nt meist Pl* feuille *f* de thé **Tee-Ei** *nt* boule *f* à thé **Teegebäck** *nt* [petits] gâteaux *mpl* secs **Teeglas** *nt* verre *m* à thé **Teekanne** *f* théière *f* **Teekessel** *m* bouilloire *f* **Teelicht** *nt* bougie *f* à chauffe-plat **Teelöffel** *m* ❶ petite cuillère *f* ❷ (*Menge*) **einen** ~ **Zucker zufügen** ajouter une cuillerée [*o* cuillère] à café de sucre
Teen [ti:n] <-s, -s> *m*, **Teenager** ['ti:neɪdʒɐ] <-s, -> *m* teenager *mf*
Teenie ['ti:ni] <-s, -s> *m fam* teenager *mf*, ado *mf* (*fam*)
Teer [te:ɐ] <-[e]s, -e> *m* goudron *m*
teeren ['te:rən] *tr V* ❶ goudronner *Straße*
❷ HIST **jdn** ~ **und federn** passer qn au goudron et à la plume
Teerose *f* rose-thé *f*
Teerpappe *f* carton *m* goudronné
Teeservice [-zɛrvi:s] *nt* service *m* à thé **Teesieb** *nt* passoire *f* à thé, passe-thé *m* **Teestrauch** *m* BOT théier *m* **Teestube** *f* salon *m* de thé **Teetasse** *f* tasse *f* à thé **Teewagen** *m* table *f*

roulante **Teewurst** *f pâté à tartiner légèrement fumé*
Teflon® <-s> *nt* téflon® *m*
Teich [taɪç] <-[e]s, -e> *m* étang *m*
Teichrose *f* nénuphar *m* [jaune]
Teig [taɪk] <-[e]s, -e> *m* pâte *f*
teigig ['taɪgɪç] *Adj* 1 *Brot, Kuchen* pâteux(-euse)
2 (*voller Teig*) *Hände* plein(e) de pâte
3 (*schwammig*) pâle et bouffi(e)
Teigwaren *Pl* pâtes *fpl* [alimentaires]
Teil[1] [taɪl] <-[e]s, -e> *m o nt* 1 (*Bruchteil*) partie *f*; **die Aufgabe war zum größten ~ richtig gelöst** le problème était en grande partie correctement résolu; **sie waren zum größten ~ einverstanden** ils étaient d'accord pour la plupart
2 (*Anteil*) part *f*; **zu gleichen ~en** à parts égales; **ich für meinen/wir für unseren ~** en ce qui me/nous concerne, quant à moi/nous; **seinen ~ zu etw beitragen** apporter sa contribution à qc; **seinen ~ dazu beitragen, dass etw getan wird** contribuer à ce que qc se fasse
3 (*Teilbereich*) *eines Gebäudes, einer Ortschaft* partie *f*
▶ **ein gut ~** *fam gehören, mitverschulden* une bonne part; *beitragen* pour une bonne part; **sich** (*Dat*) **sein ~ denken** ne pas en penser moins; **zum ~** (*teils*) en partie; (*gelegentlich*) occasionnellement
Teil[2] <-[e]s, -e> *nt* 1 *eines Bausatzes, Geräts* pièce *f*
2 *sl* (*Ding*) engin *m* (*fam*)
Teilabschnitt *m* section *f*; **ein noch im Bau befindlicher ~** un tronçon encore en construction **Teilansicht** *f* vue *f* partielle
teilbar ['-baːɐ] *Adj* 1 MATH divisible; **durch zehn ~ sein** être divisible par dix
2 (*aufteilbar*) **in verschiedene Stücke ~ sein** être divisible en différents morceaux
Teilbarkeit <-> *f* divisibilité *f*
Teilbereich *m* partie *f* **Teilbetrag** *m* versement *m* partiel
Teilchen ['taɪlçən] <-s, -> *nt* 1 *Dim von* **Teil**[2] **1.** petit morceau *m*, fragment *m*
2 PHYS particule *f*
3 DIAL (*Gebäckstück*) pâtisserie *f*
Teilchenbeschleuniger <-s, -> *m* PHYS accélérateur *m* de particules
teilen **I.** *tr V* 1 (*aufteilen*) partager; [**sich** (*Dat*)] **etw mit jdm ~** se partager qc avec qn; **die Schwestern haben das Geld unter sich** (*Dat*) **geteilt** les sœurs ont partagé l'argent entre elles
2 MATH **etw durch vier ~** diviser qc par quatre
3 (*mitfühlen*) **Freude/Trauer mit jdm ~** prendre part à la joie/tristesse de qn; **das Schicksal der Geschwister ~** subir le même sort que ses frères et sœurs
II. *r V* 1 **sich in Gruppen** (*Akk*) **~** se séparer en groupes
2 (*sich gabeln*) **sich ~** *Weg:* se séparer, se diviser
III. *itr V* partager; **~ lernen** apprendre à partager
Teiler *s.* **Divisor**
Teilerfolg ['taɪl-] *m* succès *m* partiel **Teilergebnis** *nt* résultat *m* partiel **Teilgebiet** *nt* secteur *m*, branche *f* **teil|haben** *itr V unreg* prendre part; **an etw** (*Dat*) **~** prendre part à qc, s'associer à qc
Teilhaber(in) <-s, -> *m(f)* associé(e) *m(f)*; **jdn zum ~ machen** prendre qn pour associé, associer qn; **als ~ eintreten** entrer en qualité d'associé
teilkaskoversichert *Adj* assuré(e) au tiers collision **Teilkaskoversicherung** *f* assurance *f* au tiers collision
Teilmenge *f* MATH sous-ensemble *m* **teilmöbliert** *Adj* partiellement meublé(e)
Teilnahme ['-naːmə] <-, -n> *f* 1 (*Beteiligung*) participation *f*; **~ an etw** (*Dat*) participation *f* à qc
2 *geh* (*Mitgefühl*) sympathie *f*, compassion *f* (*soutenu*); **seine ~ aussprechen** présenter ses condoléances
3 *geh* (*Interesse*) intérêt *m*

Teilnahmegebühr *f* frais *mpl* de participation
teilnahmslos ['taɪlnaːmsloːs] **I.** *Adj* indifférent(e)
II. *Adv* avec indifférence; **völlig ~** avec une complète indifférence
Teilnahmslosigkeit [-loːzɪçkaɪt] <-> *f* indifférence *f*
teilnahmsvoll *Adj* compatissant(e)
teil|nehmen *itr V unreg* (*mitmachen, Anteil nehmen*) participer; **an etw** (*Dat*) **~** participer à qc
Teilnehmer(in) <-s, -> *m(f)* 1 participant(e) *m(f)*; **~ an etw** (*Dat*) participant à qc; **die ~ an dieser Veranstaltung** les gens présents à cette manifestation
2 (*Telefoninhaber*) abonné(e) *m(f)*
teils [taɪls] *Adv* en partie; **~ regnet es, ~ schneit es** tantôt il pleut, tantôt il neige; **~, ~** *fam* oui et non
Teilstrecke *f* section *f*; **in ~en errichtet werden** être construit(e) par tronçons **Teilstrich** *m* trait *m* de graduation **Teilstück** *nt s.* **Teilstrecke**
Teilung <-, -en> *f* 1 *kein Pl* (*das Aufteilen*) partage *m*
2 (*geteilter Zustand*) division *f*
Teilungsartikel *m* LING article *m* partitif
teilweise [-vaɪzə] **I.** *Adv* partiellement
II. *Adj attr* partiel(le)
Teilzahlung *f* paiement *m* échelonné; **etw auf ~ kaufen** acheter qc à crédit [*o* à tempérament]; **bei ~** en cas de paiements échelonnés
Teilzeitarbeit *f* travail *m* à temps partiel **teilzeitbeschäftigt** *Adj* employé(e) à temps partiel **Teilzeitbeschäftigte(r)** *f(m) dekl wie Adj* employé(e) *m(f)* à temps partiel **Teilzeitbeschäftigung** *f* activité *f* [*o* travail *m*] à temps partiel **Teilzeitkraft** *f meist Pl* main d'œuvre *f* à temps partiel
Tein [te'iːn] <-s> *nt* théine *f*
Teint [tɛ̃ː] <-s, -s> *m* (*Gesichtsfarbe*) teint *m*; (*Gesichtshaut*) peau *f*
tektonisch [tɛk'toːnɪʃ] *Adj* GEOL tectonique
Telearbeit ['teːlə-] *f* télétravail *m*, travail *m* télépendulaire **Telearbeiter(in)** *m(f)* INFORM manutentionnaire *mf* **Telearbeitsplatz** *m* bureau *m* virtuel **Telebrief** *m télécopie transmise par la poste* **Telefax** ['teːləfaks] *nt* fax *m*
Telefaxanlage *f* télécopieur *m* **Telefaxanschluss**[RR] *m* ligne *f* de fax [*o* de télécopie]
telefaxen **I.** *tr V* envoyer par télécopie; **etw ~** envoyer qc par télécopie
II. *itr V* envoyer une télécopie
Telefaxgerät *nt* fax *m* **Telefaxpapier** *nt* papier *m* pour télécopieur
Telefon ['teːləfoːn, tele'foːn] <-s, -e> *nt* téléphone *m*; **~ haben** avoir le téléphone

i Land & Leute

Généralement, les germanophones se présentent au **Telefon** en donnant leur nom de famille, comme par exemple: "Maier!". Ils utilisent aussi "Hallo!" ou "Ja bitte?" mais ils préfèrent quand même savoir dès le début de la conversation téléphonique à qui ils ont affaire. Lorsqu'on est chez quelqu'un, que le téléphone sonne et que la personne chez qui l'on se trouve (par exemple Mme Maier) ne peut pas décrocher, il n'est pas impoli de prendre l'appel pour elle. On se présente alors de la façon suivante: "Bei Maier!". Dans les pays germanophones, sachez que les numéros de téléphone se dictent chiffre par chiffre.

Telefonanlage *f* installation *f* téléphonique **Telefonanruf** *m* appel *m* téléphonique **Telefonanschluss**[RR] *m* ligne *f* téléphonique **Telefonapparat** *m* appareil *m* téléphonique, téléphone *m*
Telefonat [telefo'naːt] <-[e]s, -e> *nt form* communication *f*

téléphonique; **ein ~ führen** téléphoner
Telefonauskunft *f kein Pl* renseignements *mpl* téléphoniques; **rufen Sie die ~ an!** appelez les renseignements! **Telefonbanking** <-s> *nt* banque *f* par téléphone **Telefonbuch** *nt* annuaire *m* [téléphonique] **Telefongebühr** *f meist Pl* taxe *f* téléphonique **Telefongespräch** *nt* conversation *f* téléphonique; **ein ~ führen** téléphoner; **ein ~ nach Tokio** une communication [téléphonique] avec Tokyo; **ihre stundenlangen ~e regen mich auf** ça m'énerve, toutes ces heures qu'elle passe au téléphone **Telefonhäuschen** [-hɔɪsçən] *nt* cabine *f* téléphonique **Telefonhörer** *m* combiné *m* [du téléphone]
telefonieren* *itr V* téléphoner; **mit jdm/ins Ausland ~** téléphoner à qn/à l'étranger; **beim Telefonieren brauche ich Ruhe** quand je téléphone, j'ai besoin qu'on me laisse tranquille
telefonisch [tele'fo:nɪʃ] **I.** *Adj Anfrage, Auskunft* téléphonique; *Beratung, Belästigung* par téléphone
II. *Adv* par téléphone
Telefonist(in) [telefo'nɪst] <-en, -en> *m(f)* standardiste *mf*
Telefonkarte *f* carte *f* de téléphone **Telefonkette** *f* chaîne *f* téléphonique **Telefonkonferenz** *f* multiplexe *m* **Telefonleitung** *f* ligne *f* [téléphonique] **Telefonmarketing** *nt* démarchage *m* par téléphone **Telefonnetz** *nt* réseau *m* téléphonique **Telefonnummer** *f* numéro *m* de téléphone; **geheime ~** numéro sur [la] liste rouge **Telefonrechnung** *f* facture *f* de téléphone [*o* téléphonique] **Telefonschnur** *f* fil *m* du téléphone **Telefonseelsorge** *f* ≈ S.O.S Amitié *m* **Telefonsex** *m fam* téléphone *m* rose **Telefonüberwachung** *f* écoute *f* téléphonique **Telefonverbindung** *f* liaison *f* [téléphonique] **Telefonzelle** *f* cabine *f* téléphonique **Telefonzentrale** *f* central *m* téléphonique
telegen [tele'ge:n] *Adj Person, Gesicht* télégénique
Telegraf [tele'gra:f] <-en, -en> *m* télégraphe *m*
Telegrafenamt *nt* service *m* des télégraphes **Telegrafenmast** *m* poteau *m* télégraphique
Telegrafie [telegra'fi:] <-> *f* télégraphie *f*
telegrafieren* **I.** *itr V* envoyer un télégramme; [**jdm**] ~ envoyer un télégramme [à qn]; **jdm ~, dass/wann/...** télégraphier à qn que/quand/...
II. *tr V* **jdm etw ~** télégraphier qc à qn
telegrafisch [tele'gra:fɪʃ] **I.** *Adj* télégraphique, par télégramme
II. *Adv* télégraphiquement, par télégramme; **jdm ~ Geld anweisen** envoyer de l'argent à qn par mandat télégraphique
Telegramm [tele'gram] <-s, -e> *nt* télégramme *m*
Telegrammadresse *f* adresse *f* télégraphique **Telegrammformular** *nt* formulaire *m* de télégramme **Telegrammgebühr** *f* tarif *m* des télégrammes **Telegrammstil** *m kein Pl* style *m* télégraphique; **im ~** en style télégraphique
Telegraph *s.* Telegraf
Telekarte *f* télécarte *f* **Telekolleg** ['te:ləkɔle:k] *nt* télé-enseignement *m* **Telekommunikation** *f* télécommunications *fpl* **Telekopie** *f* télécopie *f* **Telekopierer** *m* télécopieur *m* **Teleobjektiv** *nt* téléobjectif *m*
Telepathie [telepa'ti:] <-> *f* télépathie *f*
telepathisch **I.** *Adj* télépathique, par télépathie
II. *Adv* par télépathie
Telephon *s.* Telefon
Teleprompter® <-s, -> *m* [télé]prompteur *m*
Teleshopping [-ʃɔpɪŋ] <-s> *nt* téléachat *m*
Teleskop [tele'sko:p] <-s, -e> *nt* télescope *m*
Telespiel *nt* jeu *m* vidéo
Telex ['te:lɛks] <-, -e> *nt* télex *m*
telexen ['te:lɛksən] *tr V* télexer
Teller ['tɛlɐ] <-s, -> *m* ❶ assiette *f*; **flacher/tiefer ~** assiette plate/creuse
❷ (*Mengenangabe*) **ein ~ Brei** une assiette [*o* une assiettée] de bouillie
Tellergericht *nt* plat *m* **Tellerrand** *m fam* ▶ **über den ~ hinausschauen** aller chercher plus loin; **über den ~ nicht hinausschauen** ne pas voir plus loin que le bout de son nez **Tellerwäscher(in)** *m(f)* plongeur(-euse) *m(f)*
Tellur [tɛ'lu:ɐ] <-s> *nt* CHEM tellure *m*
Tempel ['tɛmpəl] <-s, -> *m* temple *m*
Tempeltänzerin *f* danseuse *f* du temple
Temperafarbe *f* couleur *f* à la détrempe
Temperament [tɛmp(ə)ra'mɛnt] <-[e]s, -e> *nt* tempérament *m*; **~ haben** avoir du tempérament
temperamentlos *Adj Person* sans tempérament; *Wesen* mou(molle); **~ sein** ne pas avoir de tempérament
temperamentvoll **I.** *Adj* plein(e) de tempérament, dynamique
II. *Adv* avec ferveur; **sehr ~** avec beaucoup de ferveur
Temperatur [tɛmpəra'tu:ɐ] <-, -en> *f* température *f*; [**erhöhte**] **~ haben** avoir de la température; **bei erhöhter ~** en cas de température
Temperaturanstieg *m* hausse *f* des températures **Temperaturkurve** *f* courbe *f* de température **Temperaturregler** *m* thermostat *m* **Temperaturrückgang** *m* baisse *f* des températures **Temperaturschwankung** *f meist Pl* variation *f* de température **Temperatursturz** *m* chute *f* des températures
temperieren* *tr V* chambrer *Rotwein*; **ein angenehm temperierter Raum** une pièce bien tempérée
Tempo[1] ['tɛmpo] <-s, -s *o* MUS Tempi> *nt* ❶ vitesse *f*; **mit hohem/niedrigem ~** à grande/petite vitesse; **bei diesem ~** à cette vitesse; **ein schnelleres ~ vorlegen** passer [à] la vitesse supérieure; **~!** *fam* et que ça saute! (*fam*)
❷ MUS tempo *m*; **das ~ angeben** donner le tempo
Tempo®[2] <-s, -s> *nt fam s.* **Tempotaschentuch**
Tempo-30-Zone [-'draɪsɪç-] *f* zone *f* de limitation à 30 km/h
Tempolimit *nt* limitation *f* de vitesse

i Land & Leute

Dans les centres-villes allemands, la vitesse est limitée à 50 km/h, comme en France, mais dans toutes les zones résidentielles et semi-piétonnes, elle est limitée à 30 km/h. C'est ce que l'on appelle la *Dreißiger Zone*. Sur les autoroutes, la vitesse n'est pas limitée, sauf sur certaines portions à problème où la **Tempolimit** se situe entre 110 et 120 km/h. Afin de contrôler la vitesse, des radars fixes sont installés aux endroits les plus dangereux pour les automobilistes. Mais il y a aussi des radars mobiles et certaines stations de radio indiquent leur position au jour le jour.

temporal [tɛmpo'ra:l] *Adj* de temps
Temporalsatz *m* GRAM [proposition *f*] subordonnée *f* de temps
temporär [tempo'rɛ:ɐ] *geh* **I.** *Adj* temporaire
II. *Adv* temporairement
Temposünder(in) *m(f) conducteur(-trice) en infraction pour excès de vitesse*
Tempotaschentuch *nt fam* kleenex® *m*
Tempus ['tɛmpʊs, *Pl:* 'tɛmpora] <-, Tempora> *nt* temps *m*
Tendenz [tɛn'dɛnts] <-, -en> *f* tendance *f*; **die ~ haben alles zu beschönigen** avoir tendance à tout embellir; **seine/ihre ~ zu Übertreibungen** sa tendance à exagérer; [**eine**] **steigende/fallende ~ haben** être à la hausse/baisse
tendenziell [tɛndɛn'tsjɛl] *Adj* tendanciel(le) (*rare*); **eine ~e Verbesserung/Verschlechterung** une tendance à l'amélioration/l'aggravation
tendenziös [tɛndɛn'tsjø:s] *pej* **I.** *Adj* tendancieux(-euse)
II. *Adv* tendancieusement
Tender ['tɛndɐ] <-s, -> *m* ❶ EISENBAHN tender *m*
❷ NAUT ravitailleur *m*
tendieren* *itr V* ❶ **zu Vorurteilen ~** avoir tendance à avoir des préjugés; **zum Sozialismus ~** avoir des tendances socialistes; **zu der Ansicht ~, dass** tendre à penser que + *indic;* **dazu ~ etw zu tun** être enclin(e) à faire qc

② (*sich entwickeln*) **nach unten/oben** ~ *Arbeitslosigkeit:* avoir tendance à baisser/augmenter; *Konjunktur:* tendre [*o* avoir tendance] à s'aggraver/s'améliorer; *Preise:* être orienté(e) à la baisse/hausse
③ BÖRSE **stärker/schwächer** ~ être orienté(e) à la hausse/baisse
Tenne ['tɛnə] <-, -n> *f* aire *f* de battage
Tennis ['tɛnɪs] <-> *nt* tennis *m;* ~ **spielen** jouer au tennis
Tennisball *m* balle *f* de tennis **Tenniscrack** [-krɛk] *m* as *m* du tennis **Tennishalle** *f* [court *m* de] tennis *m* couvert **Tennisplatz** *m* ① (*Anlage*) terrain *m* de tennis ② (*Spielfeld*) court *m* de tennis **Tennisschläger** *m* raquette *f* de tennis **Tennisschuh** *m* chaussure *f* de tennis **Tennisspiel** *nt* partie *f* de tennis **Tennisspieler(in)** *m(f)* joueur(-euse) *m(f)* de tennis **Tennisturnier** *nt* tournoi *m* de tennis
Tenor¹ ['te:no:ɐ] <-s> *m* (*Grundstimmung*) fond *m*, teneur *f*
Tenor² [te'no:ɐ, *Pl:* te'nø:rə] <-s, ¨-e> *m* MUS ① (*Sänger*) ténor *m*
② *kein Pl* (*Singstimme*) [voix *f* de] ténor *m*
Tensid [tɛn'zi:t] <-[e]s, -e> *nt* CHEM [agent *m*] tension-actif *m*
Tentakel [tɛn'ta:kəl] <-s, -> *m o nt* tentacule *m*
Tenue [tə'ny:] <-s, -s> *nt* CH tenue *f*
Teppich ['tɛpɪç] <-s, -e> *m* tapis *m*
► **auf dem** ~ **bleiben** *fam* avoir les pieds sur terre; **nun bleib aber mal auf dem** ~**!** reste sur terre! (*fam*); **etw unter den** ~ **kehren** *fam* faire passer qc à l'as (*fam*)
Teppichboden *m* moquette *f;* **etw mit** ~ **auslegen** poser de la moquette dans qc, moquetter qc **Teppichfliese** *f* dalle *f* de moquette **Teppichkehrer** <-s, -> *m*, **Teppichkehrmaschine** *f* balai *m* mécanique **Teppichklopfer** <-s, -> *m* tapette *f* [à tapis] **Teppichschaum** *m* shampooing *m* à moquette **Teppichstange** *f* barre *f* à battre les tapis
Termin [tɛr'mi:n] <-s, -e> *m* ① (*festgesetzte Uhrzeit*) rendez-vous *m;* **sich** (*Dat*) **einen** ~ **geben lassen** prendre rendez-vous; **einen** ~ **bei jdm/für etw haben** avoir rendez-vous chez qn/pour qc; **nicht zum festgesetzten** ~ **kommen** ne pas venir au rendez-vous
② (*festgesetztes Datum*) date *f;* **der letzte** ~ la date limite; **an feste** ~**e gebunden sein** être tributaire de dates fixes; **etw auf einen späteren** ~ **verlegen** reporter qc à une date ultérieure
③ (*Verhandlungstermin*) audience *f*
Terminal¹ ['tø:minəl, 'tø:ɐminəl] <-s, -s> *nt* INFORM terminal *m*
Terminal² ['tø:minəl, 'tø:ɐminəl] <-s, -s> *nt o m* AVIAT, NAUT terminal *m*
Terminbörse *f* BÖRSE marché *m* à terme **Termingeld** *nt* BÖRSE argent *m* à terme **termingemäß** *Adj, Adv* dans les délais **termingerecht** *Adj, Adv* dans les délais **Termingeschäft** *nt* BÖRSE opération *f* à terme **Terminkalender** *m* agenda *m*, carnet *m* de rendez-vous; **sie hat einen vollen** ~ elle a un carnet de rendez-vous bien rempli
terminlich I. *Adj* de rendez-vous, de date
II. *Adv* en ce qui concerne les rendez-vous
Terminologie [tɛrminolo'gi:] <-, -n> *f* terminologie *f*
terminologisch [tɛrmino'lo:gɪʃ] *Adj* terminologique
Terminplan *m* planning *m* **Terminplanung** *f* établissement *m* d'un planning **Terminüberschreitung** *m* JUR dépassement *m* d'un/du terme
Terminus ['tɛrminʊs, *Pl:* 'tɛrmini] <-, Termini> *m* terme *m*
Terminus technicus <- -, Termini technici> *m geh* terme *m* technique
Termite [tɛr'mi:tə] <-, -n> *f* termite *m*
Termitenhügel *m* termitière *f* **Termitenstaat** *m* colonie *f* de termites
Terpentin [tɛrpɛn'ti:n, tɛrpən'ti:n] <-s, -e> *nt o* A *m* ① térébenthine *f*
② *s.* Terpentinöl
Terpentinöl *nt* essence *f* de térébenthine
Terrain [tɛ'rɛ̃:] <-s, -s> *nt* terrain *m*
► **das** ~ **sondieren** *geh* tâter le terrain
Terrakotta [tɛra'kɔta] <-, -kotten> *f* terre *f* cuite
Terrarium [tɛ'ra:riʊm] <-s, -rien> *nt* terrarium *m*
Terrasse [tɛ'rasə] <-, -n> *f* terrasse *f*
terrassenförmig *Adj* en terrasse[s]
Terrassenhaus *nt* maison *f* en terrasse
Terrazzo [tɛ'ratso, *Pl:* tɛ'ratsi] <-s, Terrazzi> *m* granito® *m*
terrestrisch [tɛ'rɛstrɪʃ] *Adj* terrestre
Terrier ['tɛriɐ] <-s, -> *m* terrier *m*
Terrine [tɛ'ri:nə] <-, -n> *f* soupière *f*
territorial [tɛritori'a:l] *Adj* territorial(e)
Territorialheer *nt* armée *f* territoriale
Territorium [tɛri'to:riʊm] <-s, -rien> *nt* territoire *m*
Terror ['tɛro:ɐ] <-s> *m* ① (*Aktivitäten*) terrorisme *m*, actions *fpl* terroristes
② (*Furcht, Schrecken*) terreur *f*
③ (*Schreckensregime*) régime *m* de terreur
④ *sl* (*Ärger*) barouf *m* (*fam*); ~ **machen** faire du foin (*fam*)
Terrorakt *m* acte *m* terroriste **Terroranschlag** *m* attentat *m* terroriste **Terrorbekämpfung** *f* lutte *f* antiterroriste **Terrorherrschaft** *f kein Pl* régime *m* de terreur
terrorisieren* *tr V* terroriser
Terrorismus [tɛro'rɪsmʊs] <-> *m* terrorisme *m*
Terrorismusbekämpfung *f* lutte *f* antiterroriste
Terrorist(in) [tɛro'rɪst] <-en, -en> *m(f)* terroriste *mf*
terroristisch *Adj* terroriste
Terrormethode *f* méthode *f* terroriste
Tertiär [tɛr'tsjɛ:ɐ] <-s> *nt* GEOL tertiaire *m*
tertiär [tɛr'tsjɛ:ɐ] *Adj* tertiaire
Terz [tɛrts] <-, -en> *f* MUS, SPORT tierce *f*
Terzett [tɛr'tsɛt] <-[e]s, -e> *nt* trio *m*
Tesafilm® *m* scotch® *m*
Tessin [tɛ'si:n] <-s> *nt* **das** ~ le Tessin; **ins** ~ **reisen** partir pour le Tessin
Test [tɛst] <-[e]s, -s *o* -e> *m* test *m;* **einen** ~ **machen** (*durchführen*) faire un test; (*teilnehmen*) passer un test
Testament [tɛsta'mɛnt] <-[e]s, -e> *nt* ① testament *m;* **sein** ~ **machen** faire son testament; **ein** ~ **aufsetzen/eröffnen/vollstrecken** rédiger/ouvrir/exécuter un testament
② BIBL **das Alte/Neue** ~ l'Ancien/le Nouveau Testament
► **sein** ~ **machen können** *fam* pouvoir numéroter ses abattis (*fam*)
testamentarisch [tɛstamɛn'ta:rɪʃ] I. *Adj* testamentaire
II. *Adv* par testament
Testamentseröffnung *f* ouverture *f* du testament **Testamentsvollstrecker(in)** *m(f)* exécuteur(-trice) *m(f)* testamentaire
Testbild *nt* mire *f* [de réglage]
testen ['tɛstən] *tr V* tester; **jdn auf seine Ehrlichkeit** ~ tester l'honnêteté de qn
Testfahrer(in) *m(f)* pilote *m* d'essai **Testfrage** *f* question-test *f*
testieren* *tr V geh* attester [de] (*form*); **jdm etw** ~ attester [de] qc à qn (*form*); **jdm** ~**, dass** certifier à qn que + *indic*
Testikel [tɛs'ti:kəl] <-s, -> *m* MED testicule *m*
Testosteron [tɛstoste'ro:n] <-s, -e> *nt* testostérone *f*
Testperson *f* sujet *m* d'expérience **Testpilot(in)** *m(f)* pilote *m* d'essai **Testreihe** *f* série *f* de tests **Teststrecke** *f* piste *f* d'essai **Testverfahren** *nt* méthode *f* de test
Tetanus ['tɛtanʊs, 'te:tanʊs] <-> *m* MED tétanos *m*
Tetanusschutzimpfung *f* vaccination *f* antitétanique
Tetraeder [tetra'ʔe:dɐ] <-s, -> *nt* tétraèdre *m*
teuer ['tɔɪɐ] I. *Adj* ① cher(chère); ~ **sein** être cher(chère), coûter cher; **jdm zu** ~ **sein** être trop cher(chère) pour qn; **ein sündhaft teures Geschenk** un cadeau hors de prix
② *geh* (*geschätzt*) cher(chère); **sie ist ihm [lieb und]** ~ elle lui est chère; **mein Teurer/meine Teure** *hum* mon cher/ma chère

T

II. *Adv* cher; *anbieten* à un prix élevé; **immer ~ einkaufen** aller toujours dans des magasins chers; **sich** (*Dat*) **etw ~ bezahlen lassen** [se] faire payer cher qc
▶ **~ erkauft** chèrement payé(e); **etw ~ bezahlen müssen** payer cher qc; **jdn ~ zu stehen kommen** coûter cher à qn
Teuerung ['tɔɪərʊŋ] <-, -en> *f* hausse *f* des prix
Teuerungsrate *f* taux *m* d'inflation **Teuerungszulage** *f*, **Teuerungszuschlag** *m* indemnité *f* de vie chère
Teufel ['tɔɪfəl] <-s, -> *m* ❶ *kein Pl* diable *m*
❷ (*böser Mensch*) démon *m*
▶ **den ~ durch** [*o* **mit**] **Beelzebub austreiben** déshabiller Pierre pour habiller Paul; **der ~ steckt im Detail** ça coince sur des petites choses (*fam*); **jdn in ~s Küche bringen** *fam* mettre qn dans de beaux draps; **in ~s Küche kommen** *fam* se fourrer dans le pétrin (*fam*); **hinter etw** (*Dat*) **her sein wie der ~ hinter der armen Seele** *fam* faire des pieds et des mains pour avoir qc (*fam*); **den ~ an die Wand malen** jouer les oiseaux de mauvais augure; **geh** [*o* **scher dich**] **zum ~!** *fam* fiche le camp! (*fam*); **der ~ soll dich holen!** *fam* va au diable!; **hier/dort ist der ~ los** *fam* ici/là-bas, c'est la panique (*fam*); **jdn zum ~ jagen** [*o* **schicken**] *fam* envoyer qn au diable (*fam*); **auf ~ komm raus** *fam* (*koste es, was es wolle*) coûte que coûte; (*aus Leibeskräften*) de toutes mes/ses/leurs/... forces; **jdn reitet der ~** *fam* qn ne se sent plus (*fam*); **des ~s sein** *fam* être cinglé(e) (*pop*); **wenn man vom ~ spricht, kommt er** *Spr.* quand on parle du loup, on en voit la queue (*fam*); **weiß der ~, ...!** *fam* ..., Dieu seul le sait!; **ich werde den ~ tun!** *fam* et puis quoi encore! (*fam*); **jdn zum ~ wünschen** *fam* aimer bien envoyer qn au diable (*fam*); **es müsste mit dem ~ zugehen, wenn ...** ce serait vraiment le diable si... (*fam*); **pfui ~!** *fam* be[u]rk, c'est dégueulasse! (*fam*); **wie der ~** *fam* comme un beau diable; **zum ~** *fam*, **~ noch mal!**, **~ aber auch!** *fam* bon sang!
Teufelei [tɔɪfə'laɪ] <-, -en> *f* mauvais tour *m*
Teufelsaustreibung *f* exorcisation *f* **Teufelskerl** *m fam* fonceur *m* (*fam*) **Teufelskreis** *m* cercle *m* vicieux **Teufelszeug** *nt pej fam* truc *m* infernal
teuflisch I. *Adj* diabolique
II. *Adv* ❶ de façon diabolique
❷ *fam* (*sehr*) rudement (*fam*)
Teutone [tɔɪ'to:nə] <-n, -n> *m*, **Teutonin** *f* HIST *a. pej* Teuton(ne) *m(f)*
teutonisch [tɔɪ'to:nɪʃ] *Adj pej* germanique
Text [tɛkst] <-[e]s, -e> *m* texte *m*; **den vollen ~ einer Rede veröffentlichen** publier un discours in extenso
▶ **jdn aus dem ~ bringen** faire perdre le fil à qn; **aus dem ~ kommen** perdre le fil; **weiter im ~!** *fam* la suite! (*fam*)
Textaufgabe *f* énoncé *m* [du problème] **Textbaustein** *m* bloc *m* de texte **Textbuch** *nt* livret *m* **Textdatei** *f* INFORM fichier-texte *m* **Textdichter(in)** *m(f)* parolier(-ière) *m(f)*; (*Librettist*) librettiste *mf*
texten ['tɛkstən] I. *tr V* composer *Schlagertext;* écrire *Werbeslogan*
II. *itr V* (*in der Musikbranche*) être parolier(-ière); (*in der Werbebranche*) rédiger des textes [publicitaires]; **an seinem neuen Album ~** poser pour son prochain album
Texter(in) <-s, -> *m(f)* parolier(-ière) *m(f)*; (*Werbetexter*) rédacteur(-trice) *m(f)* publicitaire
Texterfassung *f* INFORM saisie *f* [de texte]
textil [tɛks'ti:l] *Adj* textile
Textilarbeiter(in) [tɛks'ti:l-] *m(f)* employé(e) *m(f)* du textile **Textilfabrik** *f* usine *f* textile **Textilfaser** *f* fibre *f* textile
Textilien [tɛks'ti:liən] *Pl* [matières *fpl*] textiles *mpl*
Textilindustrie *f* industrie *f* textile **Textilwaren** *Pl* textiles *mpl*
Textkritik *f* critique *f* de texte **Textmarker** ['-markɐ] *m* surligneur *m* **Textstelle** *f* passage *m* **Textsystem** *s.* Textverarbeitungssystem
Textur <-, -en> *f* CHEM, TECH texture *f* **Textverarbeitung** *f* traitement *m* de texte
Textverarbeitungsprogramm *nt* [programme *m* de] traitement *m* de texte **Textverarbeitungssystem** *nt* système *m* de traitement de texte
Tezett ['te:tsɛt, te'tsɛt] *nt* ▶ **bis ins** [**letzte**] **~**, **bis zum ~** *fam* à fond, jusque dans les moindres détails
TH [te:'ha:] <-, -s> *f Abk von* **Technische Hochschule** ≈ I.U.T. *m*
Thailand ['taɪlant] *nt* la Thaïlande
Thailänder ['taɪlɛndɐ] <-s, -> *m* ❶ Thaïlandais *m*
❷ *fam* (*thailändisches Lokal*) **zum ~** [**essen**] **gehen** aller [manger] au restau thaïlandais (*fam*)
Thailänderin <-, -nen> *f* Thaïlandaise *f*
thailändisch ['taɪlɛndɪʃ] I. *Adj* thaïlandais(e)
II. *Adv* **~ miteinander sprechen** discuter en thaïlandais; *s. a.* **deutsch**
Thailändisch <-[s]> *nt kein Art* thaïlandais *m*; **auf ~** en thaïlandais; *s. a.* **Deutsch**
Thailändische *nt dekl wie Adj* **das ~** le thaïlandais; *s. a.* **Deutsche**
Thallium ['taliʊm] <-s> *nt* CHEM thallium *m*; **~ zählt zu den Schwermetallen** le thallium fait partie des métaux lourds
Theater [te'a:tɐ] <-s, -> *nt* ❶ (*Gebäude, Schauspielkunst*) théâtre *m*; **ins ~ gehen** aller au théâtre; **~ spielen** faire du théâtre; **zum ~ gehen** se lancer dans le théâtre
❷ *fam* (*Aufheben*) comédie *f*, cinéma *m*; [**ein**] **~ um etw machen** faire toute une histoire de qc
❸ *fam* (*Täuschung*) **~ spielen** faire du cinéma (*fam*); **das ist nur ~** c'est du cinéma (*fam*)
Theaterabonnement *nt* abonnement *m* au théâtre **Theateraufführung** *f* représentation *f* théâtrale **Theaterbesuch** *m* sortie *f* au théâtre **Theaterbesucher(in)** *m(f)* spectateur(-trice) *m(f)* **Theaterferien** *Pl* THEAT relâche *m* **Theaterkarte** *f* billet *m* [de théâtre] **Theaterkasse** *f* caisse *f* [du théâtre] **Theaterkritiker(in)** *m(f)* critique *mf* de théâtre [*o* dramatique] **Theaterprobe** *f* répétition *f* **Theaterstück** *nt* pièce *f* de théâtre
theatralisch [tea'tra:lɪʃ] I. *Adj* théâtral(e)
II. *Adv* de façon théâtrale
Theismus [te'ɪsmʊs] <-> *m* PHILOS théisme *m*
Theke ['te:kə] <-, -n> *f* (*Wirtshaustheke*) bar *m*; (*Ladentisch*) comptoir *m*
Thema ['te:ma, *Pl:* 'te:mən] <-s, Themen *o selten* -ta> *nt* ❶ (*Gesprächsthema*) sujet *m*; **beim ~ bleiben** ne pas sortir du sujet; **das ~ wechseln** changer de sujet; **etw zum ~ machen** mettre qc à l'ordre du jour; **vom ~ abschweifen** s'écarter du sujet; **jdn vom ~ abbringen** écarter qn du sujet; [**das**] **~ Nummer eins** le sujet numéro un; (*Sex*) la chose
❷ (*Gegenstand*) *eines Aufsatzes, Artikels* sujet *m*; **das ~ verfehlen** ne pas traiter le sujet
❸ MUS thème *m*
▶ **wir wollen das ~ begraben** mieux vaut parler d'autre chose; **für jdn kein ~ sein** être hors de question pour qn
Thematik [te'ma:tɪk] <-> *f* domaine *m*
thematisch I. *Adj* thématique
II. *Adv* en ce qui concerne le sujet
thematisieren* *tr V* **etw ~** faire de qc un thème de discussion
Themen ['te:mən] *Pl von* **Thema**
Themse ['tɛmzə] <-> *f* **die ~** la Tamise
Theologe [teo'lo:gə] <-n, -n> *m*, **Theologin** *f* théologien(ne) *m(f)*
Theologie [teolo'gi:] <-, -n> *f* théologie *f*
theologisch I. *Adj* théologique
II. *Adv* d'un point de vue [*o* sur le plan] théologique; **~ interessiert sein** s'intéresser à la théologie
Theorem [teo're:m] <-s, -e> *nt geh* théorème *m*
Theoretiker(in) [teo're:tikɐ] <-s, -> *m(f)* théoricien(ne) *m(f)*
theoretisch I. *Adj* théorique; *Mathematik* abstrait(e), pur(e)

II. *Adv* théoriquement; ~ **richtig sein** être juste en théorie
theoretisieren* *itr V* théoriser; **über etw** (*Akk*) ~ théoriser sur qc
Theorie [teo'ri:] <-, -n> *f* ❶ théorie *f*; **in der** ~ en théorie, théoriquement; **das ist reine** ~ c'est de la spéculation pure et simple
❷ *fam* (*theoretischer Fahrunterricht*) code *m* de la route
▶ **graue** ~ **sein** être de la théorie pure
Therapeut(in) [tera'pɔʏt] <-en, -en> *m(f)* thérapeute *mf*
Therapeutik [tera'pɔʏtɪk] <-> *f* MED thérapeutique *f*
therapeutisch I. *Adj* thérapeutique
II. *Adv* sur le plan thérapeutique
Therapie [tera'pi:] <-, -n> *f* thérapie *f*
Therapieplatz *m* **einen** ~ **suchen/finden** chercher/trouver un psychothérapeute
Thermalbad [tɛr'ma:l-] *nt* ❶ (*Hallenbad*) thermes *mpl* ❷ (*Kurort*) station *f* thermale ❸ MED (*Heilbehandlung*) bain *m* thermal **Thermalquelle** *f* source *f* thermale
Thermik <-> *f* METEO courant *m* thermique
thermisch *Adj* thermique
Thermodynamik [tɛrmody'na:mɪk] <-> *f* thermodynamique *f* **thermoelektrisch** *Adj* thermoélectrique **Thermohose** ['tɛrmo-] *f* pantalon *m* thermique **Thermometer** [tɛrmo'me:tɐ] <-s, -> *nt* thermomètre *m*
Thermometerstand *m* température *f* indiquée sur le thermomètre
thermonuklear *Adj* thermonucléaire **Thermopapier** *nt* papier *m* photosensible
Thermosflasche® ['tɛrmɔs-] *f* [bouteille *f*] thermos® *f* **Thermoskanne**® *f* verseuse *f* isotherme
Thermostat [tɛrmo'sta:t] <-[e]s *o* -en, -e[n]> *m* thermostat *m*
Thesaurus [te'zaʊrʊs] <-, Thesauren *o* Thesauri> *m* thésaurus *m*
These ['te:zə] <-, -n> *f geh* thèse *f*, théorie *f*
Thomas <-> *m* ❶ Thomas *m*
❷ HIST ~ **von Aquin** Thomas d'Aquin; ~ **Morus** Thomas More
Thon [to:n] <-s> *m* CH thon *m*
Thora [to'ra:, 'to:ra] <-> *f* Torah *f*
Thorax ['to:raks] <-[es], -e *o* Thoraces> *m* ANAT thorax *m*
Thorium ['to:riʊm] <-s> *nt* CHEM thorium *m*; ~ **zählt zu den Schwermetallen** le thorium fait partie des métaux lourds
Thriller ['θrɪlɐ] <-s, -> *m* thriller *m*
Thrombose [trɔm'bo:zə] <-, -n> *f* thrombose *f*
Thron [tro:n] <-[e]s, -e> *m* ❶ (*Herrscherstuhl*) trône *m*
❷ (*monarchische Herrschaft*) monarchie *f*; **auf den** ~ **verzichten** renoncer au trône
▶ **sein/ihr** ~ **wackelt** son trône vacille
Thronbesteigung *f* accession *f* au trône
thronen ['tro:nən] *itr V* trôner
Thronfolge *f kein Pl* succession *f* au trône; **die** ~ **antreten** prendre la succession au trône **Thronfolger(in)** <-s, -> *m(f)* prétendant(e) *m(f)* au trône
Thulium ['tu:liʊm] <-s> *nt* CHEM thulium *m*
Thunfisch ['tu:n-] *m* thon *m*
Thurgau ['tu:ɐgaʊ] <-s> *m* **der** ~ le canton de Thurgovie
Thüringen ['ty:rɪŋən] <-s> *nt* la Thuringe
Thüringer(in) <-s, -> *m(f)* Thuringien(ne) *m(f)*
thüringisch *Adj* thuringien(ne)
Thymian ['ty:mia:n] <-s, -e> *m* thym *m*
Tiara ['tia:ra] <-, Tiaren> *f* tiare *f*
Tibet ['ti:bɛt] <-s> *nt* le Tibet
tibetanisch [tibe'ta:nɪʃ], **tibetisch** [ti'be:tɪʃ] *Adj* tibétain(e)
Tick [tɪk] <-[e]s, -s> *m fam* ❶ (*Muskelzuckung*) tic *m* nerveux
❷ (*Marotte*) marotte *f*; **einen** ~ **haben** avoir un grain (*fam*)
❸ (*Nuance*) **einen** ~ **leiser/zu kühl** un chouïa moins fort/trop froid (*fam*)
ticken ['tɪkən] *itr V* faire tic-tac; **das Ticken** le tic-tac
▶ **nicht richtig** ~ *sl* débloquer (*fam*)
Ticket ['tɪkət] <-s, -s> *nt* ❶ (*Fahrkarte, Flugschein*) billet *m*
❷ (*Eintrittskarte*) ticket *m*, billet *m*
ticktack *Interj* tic tac
Ticktack ['tɪk'tak] <-, -s> *f Kindersp*r. *fam* (*Uhr*) montre *f*
Tide ['ti:də] <-, -n> *f* marée *f*
Tiebreak[RR], **Tie-Break** ['taɪbreɪk] <-s, -s> *m o nt* TENNIS tie-break *m*
tief [ti:f] I. *Adj* ❶ (*in Bezug auf die Vertikale*) profond(e); *Schlamm, Schnee* épais(se); *Schacht, Tal* encaissé(e); **der Sumpf ist zehn Meter** ~ le marécage a une profondeur de dix mètres; **ein hundert Meter** ~**er Brunnen/See** un puits/lac de cent mètres de profondeur
❷ (*in Bezug auf die Horizontale*) *Regal, Schrank, Bühne* profond(e)
❸ (*entlegen*) reculé(e); **im** ~**en Wald** dans les profondeurs de la forêt; **in den** ~**sten Karpaten** au fin fond des Carpates
❹ (*niedrig*) *Temperatur, Wasserstand* bas(se)
❺ (*mit niedriger Frequenz*) *Ton, Stimme, Klang* grave
❻ (*opp: leicht*) *Ohnmacht, Schlaf, Versunkenheit* profond(e)
❼ (*weit nach unten reichend*) *Knicks, Verbeugung* profond(e)
❽ (*intensiv, kräftig*) *Rot, Blau* foncé(e)
❾ (*tiefgründig*) *Sinn* profond(e)
❿ (*sehr groß*) *Einsamkeit, Elend, Not* profond(e); *Verzweiflung, Hass, Schmerz* profond(e)
II. *Adv* ❶ (*weit nach unten*) *sinken, tauchen, sich verbeugen* profondément; *bohren, graben, hacken* en profondeur; *hinablassen* en bas; ~ **fallen** tomber de haut; **zehn Zentimeter** ~ **einsinken** [s']enfoncer de dix centimètres; **zehn Meter** ~ **tauchen** plonger à dix mètres de profondeur; **300 Meter** ~ **stürzen** faire une chute de 300 mètres; **den Garten 30 Zentimeter** ~ **umgraben** labourer le jardin sur 30 centimètres de profondeur
❷ (*weit unten*) *hängen, liegen* bas; **zu** ~ **fliegen** voler trop bas [*o* à trop basse altitude]; ~ **im Schlamm verborgen** enfouis(e) profondément sous la vase; **2000 Meter** ~ **liegen** *Wrack:* reposer à 2000 mètres de profondeur
❸ (*weit nach innen*) *bohren* en profondeur; *eindringen, hineinstecken, einführen* profondément
❹ (*weit innen*) *sitzen, stecken* en profondeur
❺ (*entlegen*) ~ **in den Bergen** tout au fond des montagnes
❻ (*mit niedriger Frequenz*) *klingen, tönen* avec des sonorités graves; *singen, sprechen* d'une voix grave; **Sie singen einen Ton zu** ~ vous chantez un ton trop bas
❼ (*sehr*) *bedauern, bedrücken, empfinden* profondément; ~ **bewegt sein** être profondément touché
❽ (*opp: leicht*) *atmen, schlafen* profondément
▶ **bei jdm nicht** ~ **gehen** ne pas toucher qn profondément; **das lässt** ~ **blicken** *fam* cela en dit long; ~ **sinken** *Person:* s'avilir
Tief <-[e]s, -e> *nt* ❶ METEO dépression *f*, zone *f* de basse pression
❷ *fig* phase *f* dépressive
Tiefbau *m kein Pl* travaux *mpl* publics [en sous-sol] **tiefblau** *Adj* bleu profond [*o* intense]; **eine** ~**e Farbe** une couleur d'un bleu intense **Tiefdruck** *m kein Pl* ❶ METEO basses pressions *fpl* ❷ TYP impression *f* en creux, hélio[gravure] *f*
Tiefdruckgebiet *nt* zone *f* de basse pression
Tiefe ['ti:fə] <-, -n> *f* ❶ *eines Sees, Regals, einer Bühne* profondeur *f*; **in einer** ~ **von 2000 Metern liegen** *Wrack:* reposer à 2000 mètres de profondeur; **jdn mit sich in die** ~ **reißen** entraîner qn avec soi dans les profondeurs
❷ *kein Pl* (*Intensität*) intensité *f*
Tiefebene *f* plaine *f* basse; **die Norddeutsche/Oberrheinische** ~ la plaine du Nord/du haut Rhin
Tiefenpsychologie *f* psychologie *f* des profondeurs **Tiefenschärfe** *f* profondeur *f* de champ **Tiefenwirkung** *f* effet *m* en profondeur
Tiefflieger *m* avion *m* volant à basse altitude **Tiefflug** *m* vol

m à basse altitude; **im** ~ à basse altitude **Tiefgang** *m kein Pl* ① *eines Schiffs* tirant *m* d'eau ② *fig* [**geistigen**] ~ **haben** *Gespräch, Programm:* avoir de la profondeur, se placer à un haut niveau; **eine Unterhaltung mit** ~ une discussion approfondie **Tiefgarage** [-gara:ʒə] *f* parking *m* souterrain **tiefgefrieren** *tr V unreg* congeler **tiefgefroren** *Adj,* **tiefgekühlt** *Adj* congelé(e); *Gericht* surgelé(e) **tiefgreifend** *Adj attr* profond(e), de grande amplitude

tiefgründig ['ti:fgrʏndɪç] *Adj* ① *Betrachtung, Gedanken* profond(e); *Analyse* approfondi(e)
② AGR *Boden* profond(e)

Tiefkühlfach *nt* freezer *m* **Tiefkühlkost** *f* [produits *mpl*] surgelés *mpl* **Tiefkühlschrank** *m* congélateur *m* [armoire] **Tiefkühltruhe** *f* congélateur *m* [bahut]

Tieflader <-s, -> *m* remorque *f* à seuil surbaissé

Tiefland *nt* basses terres *fpl*

tiefliegend *s.* **liegen 6., 8.**

Tiefpunkt *m* niveau *m* zéro; **die Stimmung war auf dem** ~ **angelangt** le moral était tombé à zéro [*o* au plus bas]; **einen** [**seelischen**] ~ **haben** être abattu(e) **Tiefschlag** *m* ① BOXEN coup *m* bas ② *fam* (*Schicksalsschlag*) coup *m* du sort

tiefschürfend *s.* **schürfen I.**▸

tiefschwarz *Adj* noir(e) d'ébène **Tiefsee** *f* grands fonds *mpl* **Tiefseeforschung** *f kein Pl* étude *f* des grands fonds sous-marins **Tiefseetaucher(in)** *m(f)* plongeur(-euse) *m(f)* d'extrème

Tiefsinn *m kein Pl* ① (*Gedankentiefe*) profondeur *f* d'esprit ② (*Schwermut*) mélancolie *f* **tiefsinnig** *s.* **tiefgründig 1.**

Tiefstand *m* niveau *m* plancher **Tiefstapelei** <-> *f* retenue *f* excessive **tiefstapeln** *itr V* faire preuve de fausse modestie

Tiefstpreis *m* prix *m* cassé **Tiefsttemperatur** *f* température *f* minimale **Tiefstwert** *m* METEO niveau *m* minimum [*o* minimal]; FIN valeur *f* minimale

Tiegel ['ti:gəl] <-s, -> *m* poêlon *m*

Tier [ti:ɐ] <-[e]s, -e> *nt* animal *m,* bête *f*
▸ **wie ein** ~/[**die**] ~**e** comme une brute/des brutes; **großes** [*o* **hohes**] ~ *fam* gros bonnet *m,* ponte *m* (*fam*)

Tierart *f* espèce *f* animale **Tierarzt** *m,* **-ärztin** *f* vétérinaire *mf* **tierärztlich** *Adj* vétérinaire **Tierbändiger(in)** <-s, -> *m(f)* dompteur(-euse) *m(f)*

Tierchen ['ti:ɐçən] <-s, -> *nt Dim von* **Tier** petit animal *m,* bestiole *f*
▸ **jedem** ~ **sein Pläsierchen** à chacun ses goûts

Tierfreund(in) *m(f)* ami(e) *m(f)* des animaux [*o* des bêtes] **Tiergarten** *m* jardin *m* zoologique **Tierhalter(in)** *m(f)* propriétaire *mf* d'un animal **Tierhaltung** *f* entretien *m* d'animaux **Tierhandlung** *f* animalerie *f* **Tierheim** *nt* refuge *m* [pour animaux]

tierisch ['ti:rɪʃ] **I.** *Adj* ① animal(e)
② *sl* (*ungeheuer*) *Durst, Hunger* terrible (*fam*)
③ *pej* (*abstoßend*) *Benehmen, Gebrüll* bestial(e)
II. *Adv sl* (*ungeheuer*) *schuften, schwitzen* comme une bête (*fam*); *wehtun* vachement (*fam*)

Tierklinik *f* clinique *f* vétérinaire **Tierkreis** *m kein Pl* zodiaque *m*

Tierkreiszeichen *nt* signe *m* du zodiaque

Tierkunde *f* zoologie *f* **tierlieb** *Adj* ami(e) des animaux; ~ **sein** aimer les animaux **Tierliebe** *f* amour *m* des animaux **Tiermedizin** *f* médecine *f* vétérinaire **Tiermehl** *nt* AGR farine *f* animale **Tierpark** *m* parc *m* zoologique **Tierpfleger(in)** *m(f)* gardien(ne) *m(f)* d'animaux **Tierquäler(in)** <-s, -> *m(f)* personne *f* qui maltraite les animaux **Tierquälerei** *f* cruauté *f* envers les animaux **Tierreich** *nt kein Pl* règne *m* animal **Tierschutz** *m* protection *f* des animaux **Tierschützer(in)** *m(f)* protecteur(-euse) *m(f)* des animaux

Tierschutzverein *m* société *f* protectrice des animaux

Tierversuch *m* expérience *f* sur des animaux **Tierwelt** *f kein Pl* monde *m* animal **Tierzucht** *f kein Pl* élevage *m*

Tiger ['ti:gɐ] <-s, -> *m* tigre *m*

Tigerauge *nt* œil-de-tigre *m*

Tigerin *f* tigresse *f*

tigern ['ti:gɐn] *itr V + sein fam* **durch die Straßen** ~ déambuler dans les rues

Tilde ['tɪldə] <-, -n> *f* tilde *m*

tilgen ['tɪlgən] *tr V geh* ① FIN rembourser *Kredit;* purger *Hypothek;* éteindre, amortir *Schuld*
② (*beseitigen*) éliminer, faire disparaître *Spuren*

Tilgung <-, -en> *f geh* ① *eines Kredits* remboursement *m; einer Hypothek* purge *f; einer Schuld* amortissement *m; von Verpflichtungen* extinction *f*
② (*Beseitigung*) *von Spuren* élimination *f*

Timbre ['tɛ̃:brə] <-s, -s> *nt geh* timbre *m*

timen ['taɪmən] *tr V* prévoir le timing de; **schlecht getimt sein** ne pas tomber au bon moment

Timesharing ['taɪmʃæərɪŋ] <-s> *nt* ① INFORM temps *m* partagé
② (*bei Ferienwohnungen*) multipropriété *f*

Timing ['taɪmɪŋ] <-s> *nt* timing *m*

tingeln ['tɪŋəln] *itr V + sein fam* **durch die Kneipen/Diskotheken** ~ se produire dans les cafés/discothèques

Tinktur [tɪŋk'tu:ɐ] <-, -en> *f* teinture *f*

Tinnef ['tɪnɛf] <-s> *m pej fam* ① (*Kram*) camelote *f* (*fam*)
② (*Unsinn*) conneries *fpl* (*fam*); **red keinen** ~**!** arrête de dire des conneries! (*fam*)

Tinte ['tɪntə] <-, -n> *f* encre *f*
▸ **in der** ~ **sitzen** *fam* être dans le pétrin (*fam*)

Tintenfass^RR^ *nt* encrier *m* **Tintenfisch** *m* seiche *f* **Tintenfleck** *m* tache *f* d'encre **Tintengummi** *m* gomme *f* à encre **Tintenklecks** *m* pâté *m* **Tintenstift** *m* crayon *m* à encre

Tintenstrahldrucker *m* imprimante *f* à jet d'encre

Tipp^RR^ <-s, -s> *m fam* ① (*Hinweis*) tuyau *m* (*fam*), renseignement *m;* **ein heißer** ~ un bon tuyau (*fam*); **jdm einen** ~ **geben**[**, wie/was ...**] donner un tuyau à qn [sur la manière dont/sur ce que...] (*fam*)
② (*Wettschein*) pronostic *m*

Tippelbruder *m fam* clodo *m* (*fam*)

tippeln ['tɪpəln] *itr V + sein fam* aller à pinces (*fam*); **nach Hause** ~ rentrer à pinces (*fam*)

tippen ['tɪpən] **I.** *itr V* ① (*anstoßen*) **mit der Hand/dem Fuß an** [*o* **gegen**] **die Scheibe** ~ effleurer la vitre de la main/du pied
② *fam* (*Schreibmaschine schreiben*) taper [à la machine]
③ (*Lotto spielen*) jouer [au loto]
④ *fam* (*vorhersagen*) **richtig/falsch** ~ taper juste/à côté (*fam*); **auf jdn/etw** ~ parier sur qn/qc; **darauf** ~**, dass jd gewinnt** parier que qn va gagner
II. *tr V fam* ① (*mit der Maschine schreiben*) [**jdm**] **etw** ~ taper qc [à qn]
② (*im Lotto wetten*) **die 15** ~ jouer le 15

Tipp-Ex® <-> *nt* Tipp-Ex® *m*

Tippfehler *m* faute *f* de frappe

Tippschein *m* grille *f* de loto

Tippse ['tɪpsə] <-, -n> *f pej* [petite] dactylo *f*

tipptopp ['tɪp'tɔp] **I.** *Adj fam* impeccable
II. *Adv fam in Ordnung* parfaitement; *aufgeräumt, sauber* impeccablement; ~ **angezogen sein** être sur son trente et un (*fam*)

Tippzettel *m* bulletin *m* de loto

Tirade [ti'ra:də] <-, -n> *f meist Pl pej geh* tirade *f*

Tirana [ti'ra:na] <-s> *nt* Tirana

Tirol [ti'ro:l] <-s> *nt* le Tyrol

Tiroler(in) <-s, -> *m(f)* Tyrolien(ne) *m(f)*

Tirolerhut *m* chapeau *m* tyrolien

Tisch [tɪʃ] <-[e]s, -e> *m* ① table *f;* **sich an den** ~ **setzen** se mettre à table; **am** ~ **Platz nehmen/arbeiten** prendre place/travailler à table; **auf dem** ~ **stehen/liegen** être sur la table
② (*Esstisch in Bezug auf die Mahlzeit*) **jdn zu** ~ **bitten** inviter qn à se mettre [*o* à prendre place] à table; **etw auf den** ~ **bringen** mettre qc sur la table; **am** [*o* **bei** *geh*] ~ **sitzen** être instal-

lé(e) (*form*); **zu ~ [gehen/sein]** *geh* [passer/être] à table; **nach ~** *geh* après le repas
▶ **am grünen ~, vom grünen ~ aus** *beurteilen* dans l'abstrait; *entscheiden* de façon bureaucratique; *sich darstellen* sur le papier; **mit etw reinen ~ machen** faire table rase de qc; **runder ~** table ronde; **Menschen an einen ~ bringen** réunir des personnes autour d'une même table; **unter den ~ fallen** *fam* passer à la trappe; **vom ~ sein** être réglé(e); **sich mit jdm an einen ~ setzen** s'asseoir à la même table que qn; **jdn unter den ~ trinken** *fam* faire rouler qn sous la table (*fam*); **etw vom ~ wischen** balayer qc d'un revers de main; **jdn über den ~ ziehen** *fam* arnaquer qn (*fam*)

Tischbein *nt* pied *m* de table **Tischdecke** *f* nappe *f* **Tischende** *nt* bout *m* de table **tischfertig** *Adj* prêt(e) à être servi(e) **Tischfußball** *m* baby-foot *m* **Tischgebet** *nt* REL ❶ (*vor dem Essen*) bénédicité *f* ❷ (*nach dem Essen*) grâces *fpl* **Tischgespräch** *nt* propos *mpl* de table **Tischkante** *f* bord *m* de table **Tischkarte** *f* carton *m* de table **Tischlampe** *f* lampe *f* de table

Tischler(in) <-s -> *m(f)* menuisier(-ière) *m(f)*

Tischlerei <-, -en> *f* menuiserie *f*

tischlern ['tɪʃlɐn] **I.** *itr V fam* faire de la menuiserie
II. *tr V fam* **etw ~** menuiser [*o* fabriquer] qc

Tischlerwerkstatt *f* atelier *m* de menuiserie

Tischmanieren *Pl façon de se tenir à table;* **gute/schechte ~ haben** savoir/ne pas savoir se tenir à table **Tischnachbar(in)** *m(f)* voisin(e) *m(f)* de table **Tischplatte** *f* dessus *m* de table **Tischrechner** *m* calculatrice *f* de bureau **Tischrede** *f* discours *m* de banquet **Tischtennis** *nt* tennis *m* de table

Tischtennisball *m* balle *f* de ping-pong **Tischtennisplatte** *f* table *f* de ping-pong **Tischtennisschläger** *m* raquette *f* de ping-pong **Tischtennisspieler(in)** *m(f)* pongiste *mf*

Tischtuch <-tücher> *nt* nappe *f* **Tischwäsche** *f kein Pl* linge *m* de table **Tischwein** *m* vin *m* de table

Titan[1] [ti'ta:n] <-en, -en> *m* MYTH Titan *m*

Titan[2] <-s> *nt* CHEM titane *m;* **~ ist ein Leichtmetall** le titane fait partie des métaux légers

Titel ['ti:təl] <-s, -> *m* ❶ (*Auszeichnung, Adelstitel, Bezeichnung*) titre *m;* **jdn mit seinem ~ anreden** appeler qn par son titre; **der Roman wurde unter dem ~ „Der Ekel" veröffentlicht** le roman fut publié sous le titre "La Nausée"
❷ JUR titre *m* [*o* acte *m*] exécutoire

i Land & Leute

En Allemagne et surtout en Autriche, quand on a acquis un titre universitaire tel que celui de *Doktor* ou de *Professor*, il est très important que ce titre apparaisse lorsqu'on décline son identité. On ne parle pas de *Herr Berger*, mais de *Herr Doktor Berger*. **Der akademische Titel** est inscrit sur les boîtes aux lettres des personnes qui en sont titulaires et il est plutôt impoli de l'omettre lorsqu'on s'adresse à elles.

Titelanwärter(in) *m(f) a.* SPORT prétendant(e) *m(f)* au titre **Titelbild** *nt* photo *f* de couverture **Titelblatt** *nt* ❶ (*Buchseite*) page *f* de titre ❷ *s.* **Titelseite**

Titelei [ti:tə'laɪ] <-, -en> *f* TYP pages *fpl* préliminaires

Titelheld(in) *m(f)* héros *m*/héroïne *f* [dont l'œuvre porte le nom] **Titelkampf** *m* combat *m* pour le titre

titeln *tr V* titrer

Titelrolle *f* rôle-titre *m* **Titelseite** *f* couverture *f* **Titelträger(in)** *m(f)* SPORT détenteur(-trice) *m(f)* du titre **Titelverteidiger(in)** *m(f)* SPORT tenant(e) *m(f)* du titre

Titte ['tɪtə] <-, -n> *f vulg meist Pl* nichon *m* (*pop*)

titulieren* *tr V* **jdn [mit] Herr Professor ~** appeler qn Monsieur le Professeur; **jdn [als] „Feigling" ~** traiter qn de lâche

tja [tia] *Interj* ma foi

TNT [te:ʔɛn'te:] <-> *nt Abk von* **Trinitrotoluol** T.N.T. *m*

Toast [to:st] <-[e]s, -e> *m* ❶ (*Brotscheibe*) pain *m* grillé
❷ (*Trinkspruch*) toast *m;* **einen ~ auf jdn/etw ausbringen** porter un toast en l'honneur de qn/qc

Toastbrot ['to:st-] *nt* (*Brot zum Toasten*) pain *m* de mie; (*getoastetes Brot*) pain grillé

toasten ['to:stən] **I.** *tr V* faire griller; **etw ~** faire griller qc
II. *itr V geh* **auf jdn/etw ~** porter un toast en l'honneur de qn/qc

Toaster ['to:stɐ] <-s, -> *m* grille-pain *m*

Tobak ['to:bak] ▶ **das ist starker ~!** *veraltet fam* c'est un peu fort de café! (*fam*)

toben ['to:bən] *itr V* ❶ + *haben* (*wütend sein*) fulminer; **vor Empörung ~** écumer d'indignation
❷ + *haben* (*begeistert sein*) être déchaîné(e); **vor Begeisterung ~** déborder d'enthousiasme
❸ + *haben* (*stürmisch sein*) *Kinder:* se défouler; *Kämpfe, Sturm:* faire rage; *Meer:* se déchaîner
❹ + *sein* (*laufen*) **durch die Wohnung ~** cavaler dans l'appartement (*fam*)

Tobsucht *f kein Pl* rage *f* **tobsüchtig** *Adj* furieux(-euse) **Tobsuchtsanfall** *m* accès *m* de fureur; **einen ~ bekommen/haben** être pris(e) d'un/avoir un accès de rage

Tochter ['tɔxtɐ, *Pl:* 'tœçtɐ] <-, ⸚> *f* ❶ (*Kind*) fille *f*
❷ (*Firma*) filiale *f*

Töchterchen <-s, -> *nt Dim von* **Tochter** [petite] fille *f*

Tochterfirma *s.* **Tochtergesellschaft Tochtergeschwulst** *f* MED métastase *f* **Tochtergesellschaft** *f,* **Tochterunternehmen** *nt* filiale *f*

Tod [to:t] <-[e]s, -e> *m* ❶ mort *f;* **der ~ dieser Sportlerin** la mort [*o* le décès] de cette sportive; **~ durch Entkräftung** mort d'épuisement; **~ durch Fahrlässigkeit/Unfall** mort par faute non-intentionnelle/par accident; **eines natürlichen ~es sterben** mourir de mort naturelle; **[freiwillig] in den ~ gehen** aller à la mort; **für jdn/etw in den ~ gehen** mourir pour qn/qc; **jdm in den ~ folgen** suivre qn dans la mort (*soutenu*); **etw mit dem ~[e] bezahlen** payer qc de sa vie; **bis der ~ eintritt** jusqu'à ce que mort s'ensuive; **bis in den ~** jusqu'à la mort; **von ~es wegen** JUR du fait du décès
❷ (*Todesstrafe*) [peine *f* de] mort *f;* **~ durch Erhängen/die Guillotine** mort par pendaison/sous la guillotine
▶ **dem ~ von der Schippe springen, dem ~ ein Schnippchen schlagen** faire la nique à la mort; **der schwarze ~** la peste; **der weiße ~** la neige; **den ~ finden** *geh* trouver la mort; **sich** (*Dat*) **den ~ holen** attraper la mort (*fam*); **jd ist des ~es** c'en est fait de qn (*soutenu*), qn peut faire sa prière (*fam*); **mit dem ~ ringen** *geh* mener un combat contre la mort (*soutenu*); **jdn/etw auf den ~ nicht ausstehen [*o* leiden] können** *fam* avoir vraiment horreur de qn/qc; **sich zu ~e ärgern/langweilen** en mourir de rage/s'ennuyer à mourir

todernst **I.** *Adj Person, Stimme* [très] sérieux(-euse); *Miene* d'enterrement
II. *Adv* avec une extrême gravité

Todesangst *f* ❶ (*Angst vor dem Sterben*) angoisse *f* de la mort
❷ *fam* (*große Angst*) peur *f* bleue; **wegen jdm/etw Todesängste ausstehen** être rongé(e) d'inquiétude à cause de qn/qc **Todesanzeige** *f* avis *m* de décès **Todesfall** *m* décès *m;* **wegen ~[e]s geschlossen** fermé pour cause de décès **Todesfolge** *f kein Pl* JUR **mit ~** ayant entraîné la mort **Todesgefahr** *f* danger *m* de mort **Todeskampf** *m* agonie *f* **Todeskandidat(in)** *m(f)* condamné(e) *m(f)* à mort **todesmutig** **I.** *Adj* prêt(e) à affronter la mort **II.** *Adv* sans crainte de la mort **Todesopfer** *nt* mort *m* **Todesschuss**[RR] *m* coup *m* [de feu] mortel; **gezielter ~** coup *m* de feu mortel volontaire **Todesschütze** *m,* **-schützin** *f* auteur *mf* du coup de feu mortel **Todesschwadron** *f* escadron *m* de la mort **Todesstoß** *m* coup *m* de grâce ▶ **jdm/einer S. den ~ versetzen** donner à qn le coup de grâce/sonner le glas de qc **Todesstrafe** *f* peine *f* de

T

mort; **auf etw** (*Akk*) **steht die** ~ qc est puni(e) de mort **Todesstreifen** *m* HIST *zone de no man's land à la frontière entre la RFA et la RDA* **Todesstunde** *f* heure *f* de la mort; **in seiner** ~ à l'heure de sa mort **Todestag** *m* jour *m* de la mort; (*Jahrestag*) jour *m* anniversaire de la mort **Todesursache** *f* cause *f* de la mort [*o* du décès] **Todesurteil** *nt* condamnation *f* à mort; **das** ~ **fällen** prononcer l'arrêt *m* de mort ▶ **für jdn/etw das** ~ **bedeuten** signifier l'arrêt de mort de qn/qc **Todesverachtung** *f* ▶ **etw mit** ~ **tun** *hum* faire qc en réprimant son dégoût [*o* écœurement] **Todeszelle** *f* cellule *f* du condamné à mort

Todfeind(in) *m(f)* ennemi(e) *m(f)* mortel(le); **sie sind sich** ~ ils sont ennemis mortels **todgeweiht** *Adj geh* voué(e) à la mort; ~**e Patienten** des malades condamnés **todkrank** *Adj* très gravement malade; (*sterbend*) moribond(e)

tödlich ['tø:tlɪç] **I.** *Adj* ❶ mortel(le); **in** ~**er Gefahr** en danger de mort

❷ *fam* (*absolut*) *Ernst* absolu(e); *Langeweile, Hass* mortel(le)

❸ *fam* (*äußerst unangenehm*) ~ **sein** être mortel(le) (*fam*); **das ist absolut** ~ il n'y a rien de plus mortel

II. *Adv* ❶ ~ **verunglücken** avoir un accident mortel

❷ *fam* (*entsetzlich*) *beleidigen, sich langweilen* à mort (*fam*)

todmüde *Adj* mort(e) de fatigue **todschick** *Adj fam* très classe (*fam*) **todsicher** **I.** *Adj fam Angelegenheit* totalement fiable; *Methode* miracle (*fam*) **II.** *Adv fam* à coup sûr **Todsünde** *f* péché *m* mortel **todunglücklich** **I.** *Adj fam* malheureux(-euse) comme les pierres (*fam*) **II.** *Adv fam* ~ **aussehen** faire une tête d'enterrement (*fam*)

Toga ['to:ga] <-, Togen> *f* toge *f*

Togo ['to:go] <-s> *nt* le Togo *m*

Togoer(in) ['to:goɐ] <-s, -> *m(f)* Togolais(e) *m(f)*

togoisch ['to:goɪʃ] *Adj* togolais(e)

Tohuwabohu [to:huva'bo:hu] <-[s], -s> *nt* pagaille *f* (*fam*)

Toilette [toa'lɛtə] <-, -n> *f* ❶ (*WC*) toilettes *fpl*, W.-C. *mpl*; **öffentliche** ~ toilettes publiques *fpl*, W.-C. publics *mpl*

❷ (*Toilettenschüssel*) cuvette *f* des W.-C.

Toilettenartikel [toa'lɛtn-] *m meist Pl* article *m* de toilette **Toilettenfrau** *f* préposée *f* aux toilettes **Toilettenmann** <-männer> *m* préposé *m* aux toilettes **Toilettenpapier** *nt* papier *m* hygiénique **Toilettenseife** *f* savon *m* de toilette **Toilettenspülung** *f* chasse *f* d'eau **Toilettentisch** *m* toilette *f*

toi, toi, toi *Interj fam* (*viel Glück und Erfolg*) je te/vous dis les cinq lettres (*fam*); (*unberufen*) je touche/touchons du bois (*fam*)

Tokio ['to:kio] <-s> *nt* Tokyo

Tokioter [to'kio:tɐ] *Adj attr* de Tokyo

Töle ['tø:lə] <-, -n> *f* DIAL *fam* cabot *m* (*fam*)

tolerant [tole'rant] *Adj* tolérant(e); **jdm gegenüber** ~ **sein** être tolérant(e) à l'égard de [*o* envers] qn

Toleranz [tole'rants] <-, -en> *f* ❶ *kein Pl* tolérance *f*; **seine** ~ **mir gegenüber** sa tolérance envers [*o* à l'égard de] moi

❷ TECH [marge *f* de] tolérance *f*

Toleranzbereich *m* zone *f* de tolérance

tolerieren* *tr V* tolérer; ~, **dass jd etw tut** tolérer que qn fasse qc

toll [tɔl] **I.** *Adj* ❶ *fam* (*großartig*) *Person* extra (*fam*); *Idee, Buch, Musik, Fest* super (*fam*); **nicht besonders** ~ **sein** n'avoir rien de terrible (*fam*)

❷ *veraltet* (*verrückt*) fou(folle)

II. *Adv fam* (*wild, ausgelassen*) de façon débridée; **es geht** ~ **zu** c'est le dérèglement total; **ihr treibt es wirklich zu** ~**!** vous y allez vraiment trop fort!

Tolle ['tɔlə] <-, -n> *f* (*Haarschopf, Büschel*) toupet *m*, touffe *f*; (*Frisur aus den 60er-Jahren*) banane *f*

tollen ['tɔlən] *itr V* ❶ + *haben* (*toben*) faire le fou(la folle); **im Kinderzimmer** ~ faire le fou(la folle) dans la chambre

❷ + *sein* (*laufen*) **durch das Haus/den Garten** ~ courir comme un fou(une folle) dans la maison/le jardin

Tollkirsche *f* belladone *f* **tollkühn** *Adj Person* intrépide, téméraire; *Plan, Unternehmen* très audacieux(-euse) **Tollkühnheit** *f kein Pl einer Person* intrépidité *f*; *eines Plans, Unternehmens* témérité *f*

Tollpatsch[RR] <-es, -e> *m* empoté(e) *m(f)* (*fam*)

tollpatschig[RR] **I.** *Adj Person* maladroit(e), empoté(e) (*fam*); *Tier* pataud(e)

II. *Adv* maladroitement

Tollwut *f* rage *f*

tollwütig *Adj* ❶ *Tier* enragé(e)

❷ *fam* (*rasend*) fou furieux/folle furieuse; **ein** ~**er Irrer** un forcené

Tölpel ['tœlpəl] <-s, -> *m* empoté(e) *m(f)* (*fam*)

tölpelhaft **I.** *Adj* idiot(e) (*fam*)

II. *Adv* de façon idiote

Tomate [to'ma:tə] <-, -n> *f* tomate *f*

▶ ~**n auf den Augen haben** *fam* avoir de la merde dans les yeux (*pop*); **du treulose** ~**!** *fam* espèce de lâcheur(-euse)! (*fam*)

Tomatenketchup, Tomatenketschup[RR] *m o nt* ketchup *m* **Tomatenmark** *nt* concentré *m* de tomates **Tomatensaft** *m* jus *m* de tomates **Tomatensalat** *m* salade *f* de tomate **Tomatensoße** *f* sauce *f* tomate **Tomatensuppe** *f* soupe *f* à la tomate

Tombola ['tɔmbola] <-, -s *o* Tombolen> *f* tombola *f*

Tomograph <-en, -en> *m* tomographe *m*

Tomographie [tomogra'fi:] <-, -n> *f* tomographie *f*

Ton[1] [to:n] <-[e]s, -e> *m* MINER argile *f*

Ton[2] [to:n, *Pl:* 'tø:nə] <-[e]s, Töne> *m* ❶ MUS son *m*; **halber/ganzer** ~ demi-ton *m*/ton *m* [entier]

❷ AUDIOV, PHYS son *m*

❸ *fam* (*Wort*) **keinen** ~ **sagen** rester muet(te) [*o* sans voix]; **keinen** ~ **herausbringen** ne pas arriver à sortir un mot

❹ (*Tonfall*) ton *m* [de la voix]; **in einem freundlichen/barschen** ~ **sprechen** parler d'un ton agréable/sec; **ich höre das an seinem/ihrem** ~ j'entends cela au ton de sa voix; **der** ~ **gefällt mir nicht** je n'aime pas que l'on me parle sur ce ton; **ich verbitte mir diesen** ~ je n'admets pas que l'on me parle sur ce ton

❺ (*Farbton*) ton *m*, teinte *f*; ~ **in** ~ ton sur ton

▶ **einen furchtbaren** ~ **am Leib haben** *fam* avoir bouffé du lion (*fam*); **der** ~ **macht die Musik** *Spr.* c'est le ton qui fait la chanson; **große Töne spucken** *sl* chercher à en mettre plein la vue (*fam*), frimer (*fam*); **der gute** ~ la bienséance; **jdn/etw in den höchsten Tönen loben** encenser qn/faire un éloge dithyrambique de qc; **den** ~ **angeben** donner le ton; **hast du Töne!** *fam* je rêve ou quoi? (*fam*)

Tonabnehmer *m* tête *f* de lecture **tonangebend** *Adj* qui donne le ton, influent(e); **in seiner Clique ist er** ~ il donne le ton dans sa clique **Tonarm** *m* bras *m* [de lecture] **Tonart** *f* ❶ MUS ton *m* ❷ (*Tonfall*) ton *m*; **jdm gegenüber eine andere/schärfere** ~ **anschlagen** adopter [*o* prendre] un autre ton/un ton plus dur à l'égard de qn **Tonaufnahme** *f* enregistrement *m* **Tonband** <-bänder> *nt* bande *f* magnétique; **etw auf** ~ **aufnehmen** enregistrer qc sur bande magnétique

Tonbandaufnahme *f* enregistrement *m* sur bande magnétique; **eine** ~ **von etw machen** enregistrer qc sur bande magnétique **Tonbandgerät** *nt* magnétophone *m*

tönen ['tø:nən] **I.** *itr V* ❶ (*klingen*) *Stimme:* sonner; **dumpf/laut** ~ *Stimme:* sonner creux/clair; *Glocke, Fass:* faire entendre un bruit sourd/retentissant; **aus dem Keller tönt laute Musik** de la cave retentit de la musique bruyante

❷ (*großspurig reden*) parler en se vantant; **von seinen Eroberungen** ~ se vanter de ses conquêtes

II. *tr V* **die Haare rot** ~ teindre les cheveux en roux; **getönt** *Haare* teint(e); *Brillengläser, Fenster* teinté(e)

Toner ['to:nɐ, 'tɔnɐ] <-s, -> *m eines Fotokopierers* encre *f*; *eines*

Laserdruckers toner *m*

Tonerde *kein Pl f* ❶ (*Ton*) terre *f* argileuse
❷ CHEM alumine *f*

tönern ['tø:nɐn] *Adj* en terre [cuite]

Tonfall *m* ton *m*, intonation *f*; **jdn am ~ erkennen** reconnaître qn au ton de sa voix **Tonfilm** *m* film *m* parlant **Tonfolge** *f* phrase *f* [musicale], suite *f* de notes

Tongefäß *nt* pot *m* en terre cuite

Tonhöhe *f* hauteur *f* d'un/du son

Tonic <-[s], -s> *nt* tonic *m*

Tonikum ['to:nikʊm, *Pl:* 'to:nika] <-s, Tonika> *nt* tonique *m*, fortifiant *m*

Toningenieur(in) *m(f)* ingénieur *mf* du son **Tonkopf** *m* tête *f* [de lecture] **Tonlage** *f* tessiture *f* **Tonleiter** *f* gamme *f*

tonlos I. *Adj* atone
II. *Adv fragen* d'une voix éteinte [*o* blanche]

Tonnage [tɔ'na:ʒə] <-, -n> *f* tonnage *m*

Tonne ['tɔnə] <-, -n> *f* ❶ (*Behälter*) fût *m*
❷ (*Mülltonne*) poubelle *f*; **gelbe ~** poubelle jaune (*pour déchets recyclables/papiers*)
❸ (*Gewicht von 1000 kg*) tonne *f*
❹ (*Bruttoregistertonne*) tonneau *m*
❺ (*Boje*) bouée *f*
❻ *fam* (*Mensch*) barrique *f* (*fam*)

Tonnengewölbe *nt* ARCHIT voûte *f* en berceau **tonnenweise** *Adv* par tonnes

Tonspur *f* piste *f* sonore **Tonstörung** *f* panne *f* de son **Tonstreifen** *m* CINE bande-son *f* **Tonstudio** *nt* studio *m* d'enregistrement

Tonsur [tɔn'zu:ɐ] <-, -en> *f* tonsure *f*

Tontaube *f* pigeon *m* d'argile

Tontaubenschießen *nt* tir *m* au pigeon

Tontechniker(in) *m(f)* ingénieur *mf* du son **Tonträger** *m* support *m* sonore

Tönung ['tø:nʊŋ] <-, -en> *f* ❶ *kein Pl* (*das Tönen*) *von Haaren* teinture *f*
❷ (*Farbton*) teinte *f*
❸ (*Färbemittel für die Haare*) shampoing *m* colorant

Tonus ['to:nʊs] <-, Toni> *m* MED tonus *m*

Tonwiedergabe *f* reproduction *f* sonore

Tool [tu:l] <-s, -s> *nt* INFORM outil *m*

Toolbox *f* INFORM boîte *f* à outils

Top [tɔp] <-s, -s> *nt* débardeur *m*

topaktuell *Adj Design, Mode* dernier cri *inv*; *Informationen, Magazin* d'actualité

Topas [to'pa:s] <-es, -e> *m* topaze *f*

Topf [tɔpf, *Pl:* 'tœpfə] <-[e]s, =e> *m* ❶ (*Kochtopf*) casserole *f*
❷ (*Menge*) **ein ~ Kartoffelbrei** une casserole de purée
❸ (*Blumentopf, Nachttopf*) pot *m*
❹ *fam* (*Toilette*) chiottes *fpl* (*pop*)
▸ **alles in einen ~ werfen** mettre tout dans le même sac [*o* panier]

Topfblume *f* fleur *f* en pot

Töpfchen ['tœpfçən] <-s, -> *nt Dim von* **Topf** ❶ (*Kochtopf*) [petite] casserole *f*
❷ (*Blumentopf*) [petit] pot *m*
❸ *Kinderspr.* (*Nachttopf*) pot *m*; **aufs ~ gehen** aller sur le pot

Topfen ['tɔpfən] <-s> *m* A, SDEUTSCH fromage *m* blanc

Töpfer(in) ['tœpfɐ] <-s, -> *m(f)* potier(-ière) *m(f)*

Töpferei [tœpfə'raɪ] <-, -en> *f* (*Werkstatt*) [atelier *m* de] poterie *f*

töpfern ['tœpfɐn] I. *itr V* faire de la poterie
II. *tr V* **etw ~** façonner qc

Töpferscheibe *f* tour *m* de potier

topfit ['tɔp'fɪt] *Adj fam* **~ sein** avoir la pêche [*o* la frite] (*fam*)

Topfkuchen *m* kouglof *m* **Topflappen** *m* manique *f*

Topform ['tɔpfɔrm] *f kein Pl* SPORT *fam* pleine forme *f pas de pl*

Topfpflanze *f* plante *f* en pot

Topinambur [topinam'bu:ɐ] <-s, -s *o* -e> *m* BOT topinambour *m*

Toplage *f* situation *f* incomparable **Topmanager(in)** [-mænɪdʒɐ] *m(f)* top manager *m*

TopografieRR *s.* **Topographie**

topografischRR *s.* **topographisch**

Topographie [topogra'fi:] <-, -n> *f* topographie *f*

topographisch [topo'gra:fɪʃ] *Adj* topographique

Topologie [topolo'gi:] <-, -n> *f* INFORM, PHYS topologie *f*

Tor [to:ɐ] <-[e]s, -e> *nt* ❶ (*breite Tür, Stadttor*) porte *f*
❷ (*Treffer*) but *m*; **ein ~ schießen** marquer un but; **ein ~ fällt** un but est marqué
❸ (*Torgehäuse*) buts *mpl*, cages *fpl*
❹ (*Slalomtor*) porte *f*

Tor <-en, -en> *m*, **Törin** *f veraltet geh* fol(le) *m(f)* (*littér*)

Torbogen *m* arc *m* du portail **Toreinfahrt** *f* porte *f* cochère, entrée *f*

Torero [to're:ro] <-s, -s> *m* torero *m*

ToresschlussRR *m* ▸ [**kurz**] **vor ~** à la [toute] dernière minute

Torf [tɔrf] <-[e]s, -e> *m* tourbe *f*; **~ stechen** extraire la tourbe

Torfboden *m* sol *m* tourbeux

torfig *Adj* tourbeux(-euse)

Torflügel *m* battant *m* de la porte [*o* du portail]

Torfmoor *nt* tourbière *f* **Torfmoos** *nt* sphaigne *f* **Torfmull** *m* tourbe *f* (*vendue dans le commerce*)

Torheit <-, -en> *f geh* ❶ *kein Pl* (*Unvernunft*) folie *f*
❷ (*Handlung, Äußerung*) folie *f*, frasque *f*

Torhüter(in) *s.* **Torwart(in)**

töricht ['tø:rɪçt] I. *Adj geh Person, Annahme* fou(folle); *Benehmen, Verhalten* insensé(e), aberrant(e); *Frage, Idee* stupide; **es wäre ~ das zu tun** ce serait absurde [*o* de la folie] de faire cela; **er war so ~ diesen Betrügern zu glauben** il était assez fou pour croire ces escrocs
II. *Adv geh sich verhalten* de façon insensée

törichterweise *Adv geh* stupidement

Törin *s.* **Tor**

Torjäger(in) *m(f)* SPORT *sl* buteur(-euse) *m(f)*

torkeln ['tɔrkəln] *itr V + sein* tituber; **aus der Bar/nach Hause ~** sortir du bistrot/rentrer en titubant

Torlinie *f* SPORT ligne *f* de but **Tormann** *m* A (*Torwart*) gardien *m* du but

Törn [tœrn] <-s, -s> *m* NAUT tour *m*

Tornado [tɔr'na:do] <-s, -s> *m* tornade *f*

Tornister [tɔr'nɪstɐ] <-s, -> *m* ❶ MIL sac *m* à dos
❷ SCHULE DIAL cartable *m*

torpedieren* *tr V* NAUT *a. fig* torpiller

Torpedo [tɔr'pe:do] <-s, -s> *m* torpille *f*

Torpedoboot *nt* torpilleur *m*

Torpfosten *m* poteau *m* **Torraum** *m* SPORT surface *f* de but **Torschlusspanik**RR *f fam* peur *f* de laisser passer un moment décisif **Torschütze** *m*, **-schützin** *f* buteur *m*

Torsion [tɔr'zio:n] <-, -en> *f* MED, PHYS torsion *f*

Torso ['tɔrzo] <-s, -s *o* Torsi> *m* ❶ KUNST torse *m*
❷ *geh* (*unvollständiges Ganzes*) ébauche *f*

Törtchen <-s, -> *nt Dim von* **Torte** tartelette *f*

Torte ['tɔrtə] <-, -n> *f* (*Obsttorte*) tarte *f*; (*Cremetorte*) gâteau *m* [fourré de crème au beurre]

Tortenbelag *m* garniture *f* de tarte **Tortenboden** *m* fond *m* de tarte **Tortendiagramm** *nt* graphique *m* à secteurs [circulaires], camembert *m* (*fam*) **Tortenguss**RR *m* gelatine *f* **Tortenheber** <-s, -> *m* pelle *f* à tarte **Tortenplatte** *f* plat *m* à tarte

Tortur [tɔr'tu:ɐ] <-, -en> *f geh* torture *f*, tourments *mpl* (*littér*)

Torverhältnis *nt* score *m* **Torwart(in)** ['to:ɐvart] *m(f)* gardien(ne) *m(f)* [de but]

Torweg *m* porte *f* cochère

tosen ['to:zən] *itr V + haben Brandung, Wasserfall:* mugir; *Sturm:* faire rage

T

tosend *Adj Jubel* délirant(e); ~**er Beifall** un tonnerre d'applaudissements
tot [to:t] *Adj* ❶ *Person, Tier* mort(e); ~ **geboren [werden]** [être] mort-né(e); ~ **zusammenbrechen** tomber [raide] mort(e); **halb** ~ à moitié mort(e)
❷ *(abgestorben) Ast, Baum, Gewebe, Gewässer* mort(e)
❸ *(stillgelegt) Gleis* désaffecté(e); *Flussarm* mort(e)
❹ *fam (völlig erschöpft)* **[halb]** ~ **sein** être crevé(e) *(fam)*
❺ *fam (nicht existent)* **für jdn** ~ **sein** ne plus exister pour qn
▸ **mehr** ~ **als lebendig** *fam* à moitié mort(e); **ich will** ~ **umfallen, wenn das wahr ist!** je veux [bien] être pendu(e) si cela est vrai!, la tête de ma mère que je n'ai jamais dit ça!
total [to'ta:l] **I.** *Adj Erschöpfung, Wahnsinn, Chaos* complet(-ète)
II. *Adv fam hilflos, ratlos* totalement; *vergessen, verzweifelt* complètement
Totalausverkauf *m* liquidation *f* totale
totalitär [totali'tɛ:ɐ] **I.** *Adj* totalitaire
II. *Adv* de façon totalitaire
Totalitarismus [totalita'rɪsmʊs] <-> *m* POL totalitarisme *m*
Totaloperation *f* opération *f* radicale; *(Entfernung der Gebärmutter und der Eierstöcke)* grande opération, totale *f (fam)*
Totalschaden *m* destruction *f* totale
tot|arbeiten *r V fam* **sich** ~ se tuer à force de travailler *(fam)*
tot|ärgern *r V fam* **sich** ~ se mettre en boule *(fam)*; **sich über jdn/etw** ~ se mettre en boule contre qn/qc
Tote(r) *f(m) dekl wie Adj* mort(e) *m(f)*; *(Unfallopfer)* tué(e) *m(f)*; **bei dem Unfall gab es drei** ~ trois personnes ont péri dans l'accident
Totem ['to:tɛm] <-s, -s> *nt* totem *m*
Totempfahl *m* mât *m* totémique
töten ['tø:tən] *tr V* tuer
Totenbett *s.* Sterbebett **totenblass**[RR], **totenbleich** *Adj* pâle comme la mort **Totenfeier** *f* funérailles *mpl* **Totenglocke** *f* glas *m* **Totengräber** [-grɛ:bɐ] <-s, -> *m* ZOOL nécrophore *m* **Totengräber(in)** <-s, -> *m(f)* fossoyeur(-euse) *m(f)* **Totenhemd** *nt* linceul *m* **Totenkopf** *m* ❶ ANAT crâne *m* ❷ *(Symbol)* tête *f* de mort **Totenmaske** *f* masque *m* mortuaire **Totenmesse** *f* messe *f* des morts [*o* de requiem] **Totenschädel** *s.* Totenkopf 1. **Totenschein** *m* certificat *m* de décès **Totensonntag** *m* Fête *f* [*o* Jour *m*] des morts *(dans la liturgie protestante)* **Totenstarre** *s.* Leichenstarre **totenstill** *Adj* **es ist** ~ il règne un silence de mort **Totenstille** *f* silence *m* de mort **Totentanz** *m* danse *f* macabre **Totenwache** *f* **die** ~ **halten** veiller le mort/la morte
tot|fahren *tr V unreg* écraser
totgeboren *s.* tot 1.
Totgeburt *f* enfant *m* mort-né; **eine** ~ **haben** mettre au monde un enfant mort-né **Totgeglaubte(r)** *f(m) dekl wie Adj* résumé(e) mort(e) *m* **Totgesagte(r)** *f(m) dekl wie Adj* prétendu(e) *m(f)* mort(e) **tot|kriegen** *tr V hum* **nicht totzukriegen sein** *fam Person:* être un(e) dur(e) à cuire *(fam)*; *Material:* être increvable *(fam)* **tot|lachen** *r V fam* **sich** ~ être mort(e) de rire *(fam)*; **sich über etw** *(Akk)* ~ être mort(e) de rire *fam* en entendant/voyant/... qc; **ich könnte mich** ~**!** c'est à mourir de rire! *(fam)*; **zum Totlachen sein** être crevant(e) [*o* bidonnant(e)] *(fam)* **tot|laufen** *r V unreg* **sich** ~ *Gespräche, Verhandlungen:* s'enliser **tot|machen** *tr V fam* tuer *Person, Tier*
Toto ['to:to] <-s, -s> *nt o m* loto *m* sportif; **[im]** ~ **spielen** jouer au loto sportif
Totoschein *m* bulletin *m* du loto sportif
tot|prügeln *tr V* frapper à mort; **jdn** ~ frapper qn à mort
tot|schießen *tr V unreg fam* descendre *(fam)* **Totschlag** *m kein Pl* homicide *m* involontaire
Totschlagargument *nt pej fam* argument *m* massue
tot|schlagen *tr V unreg* tabasser à mort; **jdn** ~ tabasser qn à mort; **jdn fast** ~ manquer de tuer qn en le tabassant ▸ **..., und wenn du mich totschlägst!** *fam* ..., tu peux me taper dessus tant que tu veux! **Totschläger** *m* ❶ meurtrier *m* ❷ *(Waffe)* casse-tête *m* **Totschlägerin** *f* meurtrière *f* **tot|schweigen** *tr V unreg* ne pas parler de *Person;* passer sous silence *Angelegenheit;* **jdn/etw** ~ ne pas parler de qn/passer qc sous silence **tot|stellen** *r V* **sich** ~ faire le mort **tot|treten** *tr V unreg* écraser du pied *Insekt;* **ein Insekt** ~ écraser un insecte du pied; **von der Menge totgetreten werden** être écrasé(e) par la foule
Tötung <-, *selten* -en> *f* ❶ *(Mord)* meurtre *m;* **fahrlässige** ~ homicide *m* par imprudence; ~ **ungeborenen Lebens** attentat *m* à la vie intra-utérine
❷ *(Vollstreckung der Todesstrafe)* mise *f* à mort
❸ *(Schlachten)* abattage *m*
Touch [tatʃ] <-s, -s> *m fam* [petit] côté *m;* **ein nostalgischer** ~ un [petit] côté nostalgique
Touchscreen ['tatʃskri:n] <-, -s> *f* INFORM écran *m* tactile
Toupet [tu'pe:] <-s, -s> *nt (Haarteil)* postiche *m,* moumoute *f (fam)*
toupieren* [tu'pi:rən] *tr V* **sich** *(Dat)* **die Haare** ~ se crêper les cheveux
Tour [tu:ɐ] <-, -en> *f* ❶ *(Reise)* excursion *f*
❷ *(Fahrt, Fahrstrecke, Tournee)* tournée *f;* **auf** ~ **gehen/sein** *fam* partir/être en tournée
❸ *Pl (Umdrehung)* tour *m;* **den Motor mit vollen** ~**en fahren** faire tourner le moteur à plein régime
❹ *fam (Vorgehen)* magouille *f (fam)*; **etw auf die sanfte** ~ **tun** faire qc par la douceur [*o* en utilisant la manière douce]; **mit krummen** ~**en** par des moyens détournés
▸ **auf vollen** ~**en** à plein régime [*o* rendement]; **jdn auf** ~**en bringen** *fam (beschwingen)* donner du tonus à qn, requinquer qn *(fam)*; *(erzürnen)* mettre qn en rogne [*o* en boule] *(fam)*; **auf** ~**en kommen** *Person:* se réveiller *(fam)*; *(wütend werden)* se mettre en boule [*o* en rogne] *(fam)*; *Kraftfahrzeug:* atteindre son régime de croisière *(fam)*
touren ['tu:rən] *itr V* être en tournée
Tourenrad ['tu:rən-] *nt* vélo *m* [de randonnée] **Tourenzahl** *f* régime *m,* nombre *m* de tours [par minute] **Tourenzähler** *m* compte-tours *m*
Tourismus [tu'rɪsmʊs] <-> *m* tourisme *m;* **sanfter** ~ ≈ tourisme respectueux de l'environnement, ≈ tourisme soft
Tourismusindustrie [tu'rɪsmʊs-] *f* [industrie *f* du] tourisme *m*
Tourist(in) [tu'rɪst] <-en, -en> *m(f)* touriste *mf*
Touristenklasse [tu'rɪstn-] *f* classe *f* économique [*o* touriste]
Touristik [tu'rɪstɪk] <-> *f* [industrie *f* du] tourisme *m*
touristisch *Adj* touristique
Tournee [tʊr'ne:] <-, -n *o* -s> *f* tournée *f;* **auf** ~ **gehen/sein** partir/être en tournée
Tower ['taʊɐ] <-s, -> *m* ❶ *eines Flughafens* tour *f* de contrôle
❷ INFORM tour *f*
Toxikologe [tɔksiko'lo:gə] <-n, -n> *m,* **Toxikologin** *f* toxicologue *mf*
Toxikologie [tɔksikolo'gi:] <-> *f* toxicologie *f*
toxikologisch [tɔksiko'lo:gɪʃ] *Adj Untersuchung, Daten* toxicologique; *Labor* de toxicologie
Toxin [tɔ'ksi:n] <-s, -e> *nt* BIO, MED toxine *f*
toxisch ['tɔksɪʃ] *Adj* toxique
Trab [tra:p] <-[e]s> *m* trot *m;* **leichter** ~ trot enlevé; **schneller** ~ grand trot; **im** ~ au trot
▸ **jdn auf** ~ **bringen** *fam* secouer qn *(fam)*; **jdn in** ~ **halten** *fam* maintenir qn sous pression; **auf** ~ **kommen/sein** *fam* être à la bourre *(fam)*; **sich in** ~ **setzen** *fam* se secouer *(fam)*
Trabant [tra'bant] <-en, -en> *m* satellite *m*
Trabantenstadt *f* ville *f* satellite
traben ['tra:bən] *itr V* ❶ + *sein Reiter, Pferd:* trotter; ~**de Pferde** des chevaux au trot
❷ + *sein fam (gehen)* **durch die Stadt** ~ trotter en ville *(fam)*
Traber <-s, -> *m* trotteur *m*
Trabi <-s, -s> *m surnom donné à la voiture de la marque "Trabant" fabriquée en R.D.A.*

Trabrennbahn *f* piste *f* de trot **Trabrennen** *nt* course *f* de trot [attelé]

Tracht [traxt] <-, -en> *f* ❶ (*Volkstracht*) costume *m* [folklorique]

❷ (*Berufskleidung*) tenue *f*

▸ **eine ~ Prügel** *fam* une raclée (*fam*)

trachten ['traxtən] *itr V geh* **nach etw ~** aspirer [*o* prétendre *littér*] à qc; **danach ~ etw zu tun** aspirer à faire qc

trächtig ['trɛçtɪç] *Adj* plein(e), en gestation; **~ sein** être en gestation

Trackball ['trɛkbɔ:l, 'trækbɔ:l] <-s, -s> *m* INFORM trackball *m*

Tradition [tradi'tsio:n] <-, -en> *f* tradition *f*; **aus ~** par tradition; **bei jdm ~ haben** être de tradition chez qn; **das hat inzwischen ~** c'est devenu une habitude

Traditionalismus [traditsiona'lɪsmʊs] <-> *m* traditionalisme *m*

traditionell [traditsio'nɛl] **I.** *Adj* traditionnel(le)

II. *Adv* traditionnellement

traditionsbewusstRR *Adj* traditionaliste, soucieux(-euse) des traditions **traditionsgemäß** *Adv* selon la tradition **traditionsreich** *Adj* riche de tradition

traf [tra:f] *Imp von* **treffen**

Trafik [tra'fɪk] <-, -en> *f* A bureau *m* de tabac

Trafikant(in) [trafi'kant] <-en, -en> *m(f)* A buraliste *mf*

Trafo ['trafo] <-[s], -s> *m fam Abk von* **Transformator** transfo *m* (*fam*)

Tragbahre *f* brancard *m*

tragbar *Adj* ❶ *Fernseher, Computer* portable, portatif(-ive)

❷ (*akzeptabel*) acceptable; **für jdn ~ sein** pouvoir être accepté(e) par qn

Trage ['tra:gə] <-, -n> *f* civière *f*

träge ['trɛ:gə] **I.** *Adj* ❶ (*körperlich schwerfällig*) mou(molle)

❷ (*geistig schwerfällig*) indolent(e)

❸ PHYS, CHEM, ÖKON inerte

II. *Adv sitzen, liegen, sich bewegen* nonchalamment

Tragegurt *m* bretelle *f* **Tragekorb** *m* hotte *f*, panier *m*

tragen ['tra:gən] <trägt, trug, getragen> **I.** *tr V* ❶ (*schleppen*) porter; **etw in den Keller/zur Post ~** [trans]porter qc à la cave/la poste

❷ (*mit sich führen*) **etw bei sich ~** porter qc sur soi

❸ (*versehen sein mit, aufweisen, haben*) porter *Mantel, Brille, Schmuck, Bart, Namen;* **das Haar offen ~** laisser ses cheveux libres [sur les épaules], ne pas attacher ses cheveux

❹ (*stützen*) **etw ~** *Balken, Wand:* porter qc; *Fundament:* [sup]porter qc

❺ (*hervorbringen*) rapporter *Zinsen;* donner, produire *Früchte*

❻ (*geradestehen für, übernehmen*) assumer; subir *Folgen*

❼ (*erdulden*) supporter *Leid, Schicksal*

❽ (*finanziell unterhalten*) **eine Schule/einen Verein ~** prendre en charge une école/une association

II. *itr V* ❶ *Baum:* donner

❷ (*trächtig sein*) être en gestation

❸ (*begehbar sein*) *Eis:* tenir, être résistant(e); *Moor:* être ferme

❹ (*als Kleidung verwenden*) **man trägt wieder lang** on s'habille de nouveau plus long

❺ (*reichen*) **weit ~** *Stimme, Lärm:* porter loin; *Geschütz:* avoir une grande portée

❻ (*leiden*) **an etw** (*Dat*) **[schwer] zu ~ haben** devoir supporter le poids [*o* les conséquences] de qc

▸ **zum Tragen kommen** *Bestimmung, Maßnahme, Gesetz:* entrer en vigueur

III. *r V* ❶ **sich leicht ~ [lassen]** *Koffer, Gegenstand:* être facile à porter

❷ (*sich anfühlen*) **sich angenehm ~** *Kleid, Mantel, Stoff:* se porter agréablement; **Seide trägt sich angenehmer als Synthetik** la soie est plus agréable à porter que les fibres synthétiques

❸ *geh* (*sich beschäftigen*) **sich mit dem Gedanken ~ auszuwandern** nourrir [*o* caresser] l'idée d'émigrer (*form*)

❹ (*existenzfähig sein*) **sich ~** *Schule, Verein:* s'autofinancer

tragend *Adj* ❶ *Wand, Stütze* de soutènement

❷ (*zugrunde liegend*) *Gedanke, Motiv* fondamental(e); **~e Idee** idée-force *f*

❸ (*weitreichend*) *Stimme* qui porte

Träger ['trɛgɐ] <-s, -> *m* ❶ (*Lastenträger*) porteur *m*

❷ (*Inhaber*) *eines Ordens, Preises, Titels* détenteur *m; eines Namens* porteur *m*

❸ (*Verantwortlicher*) *einer Einrichtung, Schule, eines Vereins* [autorité *f*] responsable *m*

❹ *meist Pl eines Kleidungsstücks* bretelles *fpl*

❺ (*Stahlträger*) poutrelle *f*

Trägerhose *f* pantalon *m* à bretelles

Trägerin <-, -nen> *f* ❶ (*Lastenträgerin*) porteuse *f*

❷ (*Inhaberin*) *eines Ordens, Preises, Titels* détentrice *f; eines Namens* porteuse *f*

❸ (*Verantwortliche*) *einer Einrichtung, Schule, eines Vereins* [autorité *f*] responsable *f*

Trägerkleid *nt* robe *f* à bretelles

trägerlos *Adj* sans bretelles

Trägerrakete *f* fusée *f* porteuse

Trägerrock *m* jupe *f* à bretelles

Trägerschaft <-, -en> *f* responsabilité *f*

Tragetasche *f* sac *m*

tragfähig *Adj* ❶ *Baukonstruktion* résistant(e), solide ❷ *geh* (*vertretbar*) *Kompromiss, Vereinbarung* acceptable **Tragfähigkeit** *f einer Baukonstruktion* capacité *f* de charge **Tragfläche** *f* surface *f* portante

Tragflächenboot *nt*, **Tragflügelboot** *nt* hydroptère *m*

Trägheit ['trɛ:khaɪt] <-, *selten* -en> *f* ❶ (*Charakterzug*) indolence *f*

❷ (*Schwerfälligkeit*) paresse *f*

❸ PHYS inertie *f*

Trägheitsgesetz *nt kein Pl* PHYS loi *f* d'inertie **Trägheitsmoment** *nt* PHYS moment *m* d'inertie

Tragik ['tra:gɪk] <-> *f* tragique *m;* **die ~ dieses Geschehens** le [caractère] tragique de cet évènement

Tragikomik *f geh* caractère *m* tragicomique **tragikomisch** [tra:gi'ko:mɪʃ] *Adj geh* tragicomique **Tragikomödie** [tragiko'mø:diə] *f* tragicomédie *f*

tragisch ['tra:gɪʃ] **I.** *Adj* ❶ tragique

❷ *fam* (*schlimm*) **nicht [weiter] ~ sein** *fam* ne pas être [si] grave

II. *Adv* ❶ de façon tragique

❷ *fam* (*ernst*) **nimm's nicht so ~!** *fam* ne dramatise pas comme ça! (*fam*)

Traglast *f form* chargement *m*

Traglufthalle *f* chapiteau *m* gonflable

Tragödie [tra'gø:diə] <-, -n> *f* tragédie *f*

▸ **eine/keine ~ sein** *fam* être une catastrophe/ne pas être un drame (*fam*)

Tragriemen *m* courroie *f*, sangle *f*

trägt *3. Pers Präs von* **tragen**

Tragweite *f* portée *f*; **von großer/ziemlich großer ~ sein** avoir une portée [*o* importance] considérable/assez considérable **Tragwerk** *nt* plan *m* de sustentation

Trailer ['treɪlɐ] <-s, -> *m* ❶ (*Sattelschlepper*) remorque *f*

❷ CINE bande-annonce *f*

Trainer ['trɛ:nɐ, 'tre:nɐ] <-s, -> *m* ❶ entraîneur *m*

❷ CH survêtement *m*

Trainerin ['tre:nərɪn, 'trɛ:-] <-, -nen> *f* entraîneuse *f*

trainieren* [tre'ni:rən, trɛ-] **I.** *tr V* ❶ (*vorbereiten*) entraîner *Sportler, Mannschaft*

❷ (*üben*) s'entraîner à *Sportart, Technik, Übung*

II. *itr V* **mit jdm ~** s'entraîner avec qn

Training ['trɛ:nɪŋ, 'tre:nɪŋ] <-s, -s> *nt* entraînement *m;* **autogenes ~** autorelaxation *f*

Trainingsanzug ['tre:nɪŋs-, 'trɛ:-] *m* survêtement *m* **Trainingshose** *f* pantalon *m* de survêtement **Trainingsjacke** *f*

T

veste *f* [*o* blouson *m*] de survêtement **Trainingslager** *nt* camp *m* d'entraînement
Trakt [trakt] <-[e]s, -e> *m* aile *f*
Traktandenliste [trak'tandən-] *f* CH ordre *m* du jour
Traktandum [trak'tandʊm] <-s, -den> *nt* CH point *m* [*o* sujet *m*] à l'ordre du jour
Traktat <-[e]s, -e> *m o nt geh* opuscule *m*
traktieren* *tr V fam* malmener, maltraiter; **jdn mit Schlägen** ~ rouer qn de coups
Traktor ['trakto:ɐ] <-s, -toren> *m* tracteur *m*
trällern ['trɛlɐn] *tr, itr V* fredonner
Tram¹ [tram] <-s, -s> *nt* CH tram *m*
Tram² [tra:m] <-s, -en> *m* A (*Dachbalken*) entrait *m*
Trambahn *f* SDEUTSCH tramway *m*
Trampel ['trampəl] <-s, -> *m o nt fam* lourdaud(e) *m(f)* (*fam*), [gros] balourd *m* (*fam*)
trampeln ['trampəln] **I.** *itr V* ❶ + *haben* (*stampfen*) piétiner; [**mit den Füßen**] ~ piétiner; **vor Wut/Begeisterung** ~ trépigner de colère/d'enthousiasme; **das Trampeln** le piétinement; (*als Zeichen der Begeisterung, Wut*) le trépignement
❷ + *sein pej* (*stapfen*) **durch die Wohnung** ~ faire du bruit en marchant dans l'appartement; **über die Blumenbeete** ~ piétiner les plates-bandes
II. *tr V* + *haben* ❶ (*niedertrampeln*) **jdn zu Tode** ~ piétiner qn à mort
❷ (*bahnen*) **einen Pfad durch das Beet/den Schnee** ~ faire [*o* tracer] un chemin en piétinant le parterre/la neige
❸ (*entfernen*) **den Schnee von den Schuhen** ~ secouer la neige de ses chaussures
Trampelpfad *m* piste *f* battue **Trampeltier** *nt* ❶ ZOOL chameau *m* [à deux bosses] ❷ *pej fam* (*Mensch*) pataud *m* (*fam*), lourdaud *m* (*fam*)
trampen ['trɛmpən] *itr V* + *sein* faire du stop [*o* de l'auto-stop]; **nach Rom/durch Deutschland** ~ aller à Rome/traverser l'Allemagne en [auto-]stop; **das Trampen** l'auto-stop *m*, le stop (*fam*)
Tramper(in) ['trɛmpɐ] <-s, -> *m(f)* auto-stoppeur(-euse) *m(f)*, stoppeur(-euse) *m(f)* (*fam*)
Trampolin ['trampoli:n] <-s, -e> *nt* trampoline *m*; ~ **springen** faire du trampoline
Tramway ['tramvaɪ] <-, -s> *f* A tramway *m*
Tran [tra:n] <-[e]s, -e> *m* ❶ (*Fischfett*) huile *f* de poisson
❷ *fam* (*Benommenheit*) **im** ~ **sein** être dans les vapes (*fam*); **etw im** ~ **tun** faire qc par mégarde
Trance ['trã:s(ə)] <-, -n> *f* hypnose *f*, transe *f*; **in** ~ **fallen** entrer en transe; **jdn/sich in** ~ **versetzen** mettre qn/se mettre en transe
Trancezustand ['trã:s(ə)-] *m* état *m* second
tranchieren* [trã'ʃi:rən] *tr V* découper
Tranchiermesser [trã'ʃi:ɐ-] *nt* couteau *f* à découper
Träne ['trɛ:nə] <-, -n> *f* larme *f*; ~**n lachen** rire aux larmes; **jdn zu** ~**n rühren** émouvoir qn aux larmes; **den** ~**n nahe sein** être au bord des larmes; **ihm/ihr kommen die** ~**n** les larmes lui montent aux yeux; **bittere** ~**n weinen** pleurer [*o* verser] des larmes amères; **etw unter** ~ **gestehen** avouer qc en larmes [*o* en pleurs]
▸ **jdm/einer S. keine** ~ **nachweinen** ne pas verser une larme sur qn/qc
tränen *itr V Augen:* larmoyer; **mir** ~ **die Augen** mes yeux pleurent
Tränendrüse *f meist Pl* glande *f* lacrymale ▸ **mit etw auf die** ~**n drücken** faire vibrer la corde sensible avec qc **Tränengas** *nt* gaz *m* lacrymogène; ~ **einsetzen** lancer des bombes lacrymogènes **Tränensack** *m* sac *m* lacrymal **tränenüberströmt** *Adj* baigné(e) de larmes
Tranfunzel ['tra:nfʊnzl] <-, -n> *f pej* ❶ (*schwache Lampe*) lumignon *m*
❷ (*schwerfälliger Mensch*) abruti(e) *m(f)* (*fam*)
tranig ['tra:nɪç] *Adj* ❶ *Fett, Geschmack* rance
❷ *fam* (*träge*) flemmard(e) (*fam*)
trank [traŋk] *Imp von* **trinken**
Trank [traŋk, *Pl:* 'trɛŋkə] <-[e]s, ¨-e> *m geh* boisson *f*, breuvage *m*
Tränke ['trɛŋkə] <-, -n> *f* abreuvoir *m*
tränken ['trɛŋkən] *tr V* ❶ abreuver *Tier*
❷ (*durchnässen*) **etw mit Alkohol/Öl** ~ imbiber [*o* imprégner] qc d'alcool/huile
Tranquilizer ['trɛŋkwɪlaɪzɐ] <-s, -> *m* MED tranquillisant *m*
Transaktion [trans?ak'tsio:n] *f* transaction *f*
transatlantisch *Adj geh* ❶ (*überseeisch*) *Besitzung, Plantage* situé(e) au delà de l'océan
❷ POL *Allianz, Bündnis* atlantique
transchieren* A *s.* **tranchieren**
Transchiermesser [tran'ʃi:r-] *nt* couteau *m* à découper
Transfer [trans'fe:ɐ] <-s, -s> *m* FIN, TOURISMUS transfert *m*
transferierbar *Adj* transférable
transferieren* *tr V* transférer; **Geld auf ein Konto/ins Ausland** ~ transférer de l'argent sur un compte/à l'étranger
Transformation [transfɔrma'tsio:n] <-, -en> *f* transformation *f*
Transformator [transfɔr'ma:to:ɐ] <-s, -toren> *m* transformateur *m*
Transfusion [transfu'zio:n] <-, -en> *f* transfusion *f*
transgen *Adj* transgénique
Transistor [tran'zɪsto:ɐ] <-s, -toren> *m*, **Transistorradio** *nt* transistor *m*
Transit [tran'zi:t, tran'zɪt] <-s, -s> *m* transit *m*
transitiv ['tranziti:f] **I.** *Adj* transitif(-ive)
II. *Adv verwenden* transitivement
transitorisch *Adj a.* ÖKON transitoire
Transitraum *m* salle *f* de transit **Transitverkehr** *m* trafic *m* de transit **Transitvisum** *nt* visa *m* de transit
transkribieren* *tr V* (*mit einer anderen Schrift*) opérer la translittération de; (*mit der phonetischen Umschrift*) transcrire phonétiquement
Transkription [transkrɪp'tsio:n] <-, -en> *f* LING, MUS transcription *f*
Transmission [transmɪ'sio:n] <-, -en> *f* TECH, MED transmission *f*
transparent [transpa'rɛnt] *Adj* transparent(e)
Transparent <-[e]s, -e> *nt* banderole *f*
Transparentpapier *nt* papier *m* transparent, papier *m* calque
Transparenz [transpa'rɛnts] <-> *f geh* transparence *f*
Transpiration [transpira'tsio:n] <-> *f geh* transpiration *f*
transpirieren* *itr V geh* transpirer; **das Transpirieren** la transpiration
Transplantat [transplan'ta:t] <-[e]s, -e> *nt* MED transplant *m*
Transplantation [transplanta'tsio:n] <-, -en> *f* MED transplantation *f*
transplantieren* *tr V* MED transplanter, greffer; [**jdm**] **etw** ~ transplanter [*o* greffer] qc [à qn]
Transport [trans'pɔrt] <-[e]s, -e> *m* ❶ *kein Pl* (*das Transportieren*) transport *m*; **auf dem** ~ au cours du transport
❷ (*Wagenladung*) convoi *m*; **ein** ~ **mit Medikamenten** un camion de médicaments
transportabel [transpɔr'ta:bəl] *Adj* transportable
Transportarbeiter(in) *m(f)* manutentionnaire *mf* (*employé dans une entreprise de transports*) **Transportband** *nt* tapis *m* roulant **Transportbehälter** *m* container *m*
Transporter <-s, -> *m* ❶ (*Lastwagen*) camionnette *f*
❷ AVIAT *s.* **Transportflugzeug**
Transporteur(in) [transpɔr'tø:ɐ] <-s, -e> *m(f)* transporteur(-euse) *m(f)*
transportfähig *Adj* transportable **Transportfirma** *f* entreprise *f* de transports **Transportflugzeug** *nt* avion *m* de transport, avion-cargo *m*
transportieren *tr V* ❶ TRANSP transporter

② PHOT faire avancer *Film*
Transportkosten *Pl* frais *mpl* de transport **Transportmittel** *nt* moyen *m* de transport **Transportschaden** *m meist Pl* ≈ sinistre *m* causé lors du transport **Transportunternehmen** *nt* entreprise *f* de transport **Transportunternehmer(in)** *m(f)* entrepreneur(-euse) *m(f)* de transport
transsexuell [transzɛksu'ɛl] *Adj* transsexuel(le)
Transsexuelle(r) *f(m) dekl wie Adj* transsexuel(le) *m(f)*
Transvestit [transvɛs'ti:t] <-en, -en> *m* travesti *m*
transzendent [transtsɛn'dɛnt] *Adj* transcendant(e)
transzendental [transtsɛndɛn'ta:l] *Adj* transcendantal(e)
Transzendenz [transtsɛn'dɛnts] <-> *f* transcendance *f*
Trapez [tra'pe:ts] <-es, -e> *nt a.* GEOM trapèze *m*
Trapezakt *m* exercice *m* au trapèze
Trappist [tra'pɪst] <-en, -en> *m* REL trappiste *m*
Trara [tra'ra:] <-s, -s> *nt fam* tintouin *m* (*fam*); **viel** [*o* **ein großes**] ~ **machen** en faire tout un plat [*o* toute une histoire]; **um jdn/etw viel** [*o* **ein großes**] ~ **machen** faire grand cas de qn/qc; **ohne viel** ~ sans faire d'histoires [*o* de barouf] (*fam*)
Trasse ['trasə] <-, -n> *f* tracé *m*
trat [tra:t] *Imp von* **treten**
Tratsch [tra:tʃ] <-[e]s> *m fam* ragot *m* (*fam*)
tratschen ['tra:tʃən] *itr V fam* cancaner (*fam*); **über jdn/etw** ~ cancaner au sujet de qn/qc
Tratscherei [tra:tʃə'raɪ] <-, -en> *f fam* commérages *mpl* (*fam*)
Traualtar ['traʊʔalta:ɐ] *m* ▸ **eine Frau zum** ~ **führen** *geh* mener une femme à l'autel, épouser une femme; **mit jdm vor den** ~ **treten** *geh* s'unir à qn par les liens du mariage (*littér*)
Traube ['traʊbə] <-, -n> *f* ① (*einzelne Weinbeere, Weintraube*) grain *m*
② *Pl* (*Weintrauben*) **kernlose** ~**n** du raisin [*o* des raisins *mpl*] sans pépins
③ (*Blüten-, Fruchtstand*) grappe *f*
④ (*Ansammlung*) **eine** ~ **von Menschen/Bienen** une grappe de gens/un essaim d'abeilles
traubenförmig *Adj* en grappes
Traubenlese *f* vendanges *fpl* **Traubensaft** *m* jus *m* de raisin **Traubenzucker** *m* glucose *m*
trauen ['traʊən] **I.** *itr V* **jdm** ~ faire confiance [*o* se fier] à qn; **einer S.** (*Dat*) ~ croire à qc
II. *tr V* marier *Paar;* **sich** [**kirchlich**] ~ **lassen** se marier [à l'église]
III. *r V* **sich** ~ **etw zu tun** oser faire qc; **sich zu jdm/auf die Bühne** ~ oser [*o* se risquer à] aller vers qn/sur la scène
Trauer ['traʊɐ] <-> *f* ① tristesse *f*, peine *f*; ~ **tragen** porter le deuil
② (*Formel in Todesanzeigen, Beileidsformel*) **in tiefer** ~ profonds regrets *mpl*
Traueranzeige *f* faire-part *m* de décès **Trauerarbeit** *f* travail *m* de deuil **Trauerbinde** *f* brassard *m* de deuil **Trauerbrief** *m* faire-part *m* de décès **Traueressen** *nt* CH repas *m* d'enterrement **Trauerfall** *m* deuil *m*, décès *m* **Trauerfamilie** [-liə] *f* CH famille *f* du défunt/de la défunte **Trauerfeier** *f* cérémonie *f* funèbre **Trauerflor** [-flo:ɐ] *m* crêpe *m* de deuil **Trauergottesdienst** *m* service *m* funèbre **Trauerjahr** *nt* année *f* de deuil **Trauerkleidung** *f* vêtements *mpl* de deuil **Trauerkloß** *m fam* pisse-froid *m* (*fam*) **Trauermarsch** *m* marche *f* funèbre **Trauermiene** *f* tête *f* d'enterrement; **eine** ~ **aufsetzen** faire une tête d'enterrement; **mit** ~ avec une tête d'enterrement
trauern ['traʊɐn] *itr V* pleurer; **um sein Herrchen** ~ *Hund:* pleurer son maître; **um jdn** ~ porter le deuil de qn
Trauerrand *m* ① (*an Trauerbriefen*) bordure *f* de deuil, cadre *m* noir [de deuil] ② *Pl fam* (*schwarze Fingernägel*) **Trauerränder haben** *Fingernägel:* être en deuil (*fam*) **Trauerspiel** *nt* ▸ **das** [*o* **es**] **ist ein** ~ *fam* c'est désolant, il y a de quoi s'arracher les cheveux (*fam*) **Trauerweide** *f* saule *m* pleureur **Trauerzirkular** <-[e]s, -e> *f* CH faire-part *m* de décès **Trauerzug** *m* cortège *m* funèbre
Traufe ['traʊfə] <-, -n> *f* gouttière *f*
träufeln ['trɔɪfəln] **I.** *tr V* + *haben* **Jod auf die Wunde** ~ mettre de la teinture d'iode sur la plaie; **sie hat ihm Tropfen in die Augen geträufelt** elle lui a instillé [*o* mis] des gouttes de collyre dans les yeux
II. *itr V* + *haben o sein* **aus dem Ventil/auf den Boden** ~ *Flüssigkeit:* goutter de la soupape/sur le sol
Traum [traʊm, *Pl:* 'trɔɪmə] <-[e]s, Träume> *m* ① rêve *m*, songe *m* (*littér*); **ein schöner/schlimmer** [*o* **böser**] ~ un beau rêve/un cauchemar
② (*Wunschvorstellung*) rêve *m*
▸ **Träume sind Schäume!** songes, mensonges!; **das wäre mir/ihr nicht im** ~ **eingefallen** cela ne me/lui viendrait même pas à l'esprit; **der** ~ **ist aus!** finies les illusions!
Trauma ['traʊma] <-s, Traumen *o* -ta> *nt* PSYCH, MED traumatisme *m*
traumatisch [traʊ'ma:tɪʃ] *Adj* traumatisant(e)
Traumberuf *m* **mein/ihr** ~ la profession de mes/ses rêves **Traumdeuter(in)** *m(f)* oniromancien(ne) *m(f)* (*spéc*) **Traumdeutung** *f* interprétation *f* des rêves [*o* des songes]
Traumen ['traʊmən] *Pl von* **Trauma**
träumen ['trɔɪmən] **I.** *itr V* ① rêver; **von jdm/etw** ~ rêver de qn/qc; **schlecht** ~ faire de mauvais rêves
② (*in Gedanken woanders sein*) rêvasser, avoir l'esprit ailleurs
③ (*Wünsche hegen*) **von einer Weltreise** ~ rêver d'un voyage autour du monde
II. *tr V* ① **etwas Schönes/Merkwürdiges** ~ faire de beaux rêves/des rêves bizarres; **was hast du heute Nacht geträumt?** de quoi est-ce que tu as rêvé cette nuit?
② (*wünschen, fantasieren*) **das hätte ich mir nie** ~ **lassen** je n'aurais jamais osé rêver cela; **sie hätte sich niemals** ~ **lassen, dass** elle n'aurait jamais osé imaginer que + *subj*
Träumer(in) <-s, -> *m(f)* (*Fantast*) rêveur(-euse) *m(f)*, utopiste *mf*
Träumerei <-, -en> *f meist Pl* rêverie *f*
Traumergebnis *nt* résultat *m* idéal
träumerisch *Adj* rêveur(-euse)
Traumfabrik *f* usine *f* à fabriquer du rêve **Traumfrau** *f* femme *f* de rêve
traumhaft *Adj* fantastique, de rêve
Traummann *m* homme *m* de rêve **Traumtänzer(in)** *m(f) pej* rêveur(-euse) *m(f)* (*péj*) **Traumurlaub** *m* vacances *fpl* de rêve
traurig ['traʊrɪç] **I.** *Adj* ① (*betrübt*) *Person* affligé(e), triste; *Gesicht, Blick* triste; **über jdn/etw** ~ **sein** avoir de la peine au sujet de qn/être attristé(e) par qc; ~ **sein, weil ...** être triste parce que ...
② (*betrüblich*) *Fall, Kapitel, Tatsache, Umstände* affligeant(e), désolant(e); [**es ist**] ~, **dass** [il est] triste [*o* regrettable] que + *subj*
II. *Adv ansehen, fragen, sagen* tristement, d'un air triste
▸ **mit etw sieht es** ~ **aus** qc se présente mal
Traurigkeit <-> *f* tristesse *f*
Trauring *m* alliance *f* **Trauschein** *m* acte *m* [*o* certificat *m*] de mariage
traut [traʊt] *Adj veraltet geh Atmosphäre* intime, familier(-ière); **in** ~**er Runde sitzen** passer un bon moment dans le cercle intime de la famille/des bons amis
Trauung ['traʊʊŋ] <-, -en> *f* mariage *m*; **standesamtliche/kirchliche** ~ mariage civil/religieux
Trauzeuge *m*, **-zeugin** *f* témoin *m* [de mariage]
Travestie [travɛs'ti:, *Pl:* travɛs'ti:ən] <-, -n> *f* ① THEAT spectacle *m* de travestis
② LITER pastiche *m*
Trawler ['trɔ:lɐ] <-s, -> *m* NAUT chalutier *m*
Treck [trɛk] <-s, -s> *m* convoi *m*
Trecker ['trɛkɐ] <-s, -> *m fam* tracteur *m*

T

Traurigkeit/Enttäuschung/Bestürzung ausdrücken

• **Traurigkeit ausdrücken**	• **exprimer la tristesse**
Es macht/stimmt mich traurig, dass wir uns nicht verstehen.	**Ça me rend triste que** nous ne nous entendions pas bien.
Es ist so schade, dass er sich so gehen lässt.	**C'est tellement dommage qu'**il se laisse aller de la sorte.
Diese Ereignisse **deprimieren mich.**	Ces événements **me dépriment.**

• **Enttäuschung ausdrücken**	• **exprimer la déception**
Ich bin über seine Reaktion **(sehr) enttäuscht.**	**Je suis (très) déçu(e) par** sa réaction.
Du hast mich (schwer) enttäuscht.	**Tu m'as (terriblement) déçu(e).**
Das hätte ich nicht von ihr erwartet.	**Je n'aurais pas cru ça de sa part.**
Ich hätte mir etwas anderes gewünscht.	**J'aurais souhaité autre chose.**

• **Bestürzung ausdrücken**	• **exprimer la consternation**
Das ist (ja) nicht zu fassen!	**Ce n'est pas croyable!**
Das ist (ja) ungeheuerlich!	**Mais c'est monstrueux!**
Das ist ja (wohl) die Höhe!	**C'est le bouquet!/C'est le comble!**
Das kann doch nicht dein Ernst sein!	**Mais tu veux rire!**
Ich fass' es nicht!	**Je n'y crois pas!**
Das bestürzt mich.	**Je suis bouleversé(e).**
Das kann/darf (doch wohl) nicht wahr sein!	**Mais ce n'est pas possible!**

Treckingrad *nt s.* Trekkingrad

Treff [trɛf] <-s, -s> *m fam* ❶ (*Treffen*) rencontre *f*
❷ (*Treffpunkt*) rendez-vous *m*, rancard *m* (*fam*)

treffen ['trɛfən] <trifft, traf, getroffen> **I.** *tr V + haben* ❶ (*sehen, begegnen*) rencontrer; **wann ~ wir uns das nächste Mal?** quand est-ce qu'on se revoit?
❷ (*antreffen, vorfinden*) trouver
❸ (*einen Treffer machen*) atteindre *Person, Gegenstand;* **jdn/etw mit einem Schuss ~** lancer un tir qui atteint qn/qc
❹ (*innerlich berühren*) **jdn ~** *Nachricht, Verlust:* toucher qn, affecter qn; **sich durch etw getroffen fühlen** se sentir atteint(e) par qc; **sie zeigte sich in keiner Weise getroffen** elle ne se montrait absolument pas touchée
❺ (*ausführen*) prendre *Maßnahmen, Anordnung, Entscheidung;* faire *Vorbereitungen;* convenir de *Absprache, Vereinbarung*
❻ (*wählen, finden*) **den richtigen Ton ~** trouver le juste ton; **das Richtige ~** taper dans le mille
▸ **sie/er ist gut getroffen** (*auf einem Foto*) la photo d'elle/de lui est [bien] réussie; (*auf einem Bild*) le portrait d'elle/de lui est [bien] réussi; **es mit jdm/etw gut/schlecht getroffen haben** être bien/mal tombé(e) avec qn/qc; **getroffen!** (*das ist ein Treffer*) touché!; (*das ist richtig*) exact!, tout à fait!
II. *itr V* ❶ *+ sein* (*vorfinden, stoßen auf*) **auf jdn/etw ~** tomber sur qn/qc
❷ *+ haben* (*das Ziel nicht verfehlen*) *Person:* atteindre son objectif [*o* son but]; *Schlag, Schuss:* toucher [*o* atteindre] sa cible
❸ *+ haben* (*verletzen*) *Anspielung, Seitenhieb:* porter
III. *r V + haben* ❶ **sich ~** *Personen:* se rencontrer; **sich mit jdm ~** rencontrer qn
❷ (*sich fügen*) **das trifft sich [gut]** ça tombe bien; **es trifft sich [gut], dass** ça tombe bien que + *subj*

Treffen <-s, -> *nt* rencontre *f*, entrevue *f*

treffend I. *Adj Bemerkung, Vergleich* pertinent(e)
II. *Adv bemerken* de façon pertinente, judicieusement

Treffer <-s, -> *m* ❶ (*Schuss*) coup *m* réussi; **auf zehn Schuss sieben ~ erzielen** réussir sept coups sur dix; **einen ~ [ab]bekommen** [*o* **erhalten**] être touché(e)
❷ SPORT (*Tor*) but *m;* (*Boxhieb*) coup *m* de poing; (*Fechthieb*) touche *f*
❸ (*Gewinnlos*) billet *m* gagnant

Trefferquote *f* taux *m* de réussite

trefflich *Adj* ❶ (*ausgezeichnet*) excellent(e)
❷ (*vollkommen*) parfait(e)

Treffpunkt *m* [lieu *m* de] rendez-vous *m* **treffsicher I.** *Adj* ❶ *Schütze* émérite, qui a l'œil juste; **~ sein** avoir la main sûre
❷ (*richtig, zutreffend*) *Urteilsvermögen* à propos, pertinent(e); *Sprache, Ausdrucksweise* précis(e) **II.** *Adv beurteilen* pertinemment **Treffsicherheit** *f kein Pl* ❶ *eines Schützen* sûreté *f* du tir
❷ (*Richtigkeit*) *eines Urteils* pertinence *f*

Treibeis ['traɪp-] *nt* glaces *fpl* flottantes

treiben ['traɪbən] <trieb, getrieben> **I.** *tr V + haben* ❶ **jdn zum Ausgang/ein Pferd in den Stall ~** pousser qn vers la sortie/un cheval vers l'écurie; **jdn zur Eile/zum Aufbruch ~** presser qn de se dépêcher/de partir; **auseinander ~** disperser *Menschenmenge, Herde*
❷ (*hertreiben, forttreiben*) **etw an den Strand ~** rejeter qc sur le rivage; **etw aufs Meer ~** *Wind:* emporter qc au loin; *Wellen:* entraîner qc au loin
❸ *fig* **jdn zum Äußersten/in den Wahnsinn ~** pousser qn à l'extrême/à la folie; **jdn dazu ~ etw zu tun** pousser qn à faire qc
❹ (*einschlagen*) **einen Nagel/Keil in etw** (*Akk*) **~** enfoncer [*o* planter] un clou/une cale dans qc
❺ (*antreiben*) mouvoir, mettre en mouvement *Zahnrad, Turbine, Getriebe*
❻ (*betreiben, machen*) **Handel/Ackerbau ~** faire du commerce/de l'agriculture
❼ (*vortreiben*) **einen Schacht in die Erde/durch die Felswand ~** creuser un puits dans la terre/à travers la paroi rocheuse
❽ (*hervorbringen*) donner *Blätter;* **Knospen ~** bourgeonner
❾ (*züchten*) cultiver *Gemüse, Blumen*

▶ es wild [o toll] ~ fam exagérer; es mit jdm ~ sl baiser avec qn (pop)
II. itr V ❶ + sein auf dem Wasser ~ dériver dans l'eau; in Richtung Meer ~ dériver [o être emporté(e)] en direction de la mer; auseinander ~ Boote: s'éloigner les uns des autres; Wolken: se disperser
❷ + haben (Knospen bekommen) Strauch, Baum: bourgeonner, avoir des pousses
❸ + haben (aufgehen) Teig: lever
❹ + haben (harntreibend wirken) Bier, Tee: être diurétique
❺ + haben (unkontrolliert ablaufen) etw ~ lassen laisser qc aller à vau-l'eau
▶ sich ~ lassen se laisser porter par les événements
Treiben <-s> nt ❶ pej (Machenschaften) agissements mpl, magouilles fpl (fam)
❷ (reges Durcheinander) agitation f, animation f; es herrschte ein buntes ~ il y avait de l'animation
Treiber <-s, -> m ❶ (Person) traqueur m
❷ INFORM pilote m
Treiberin <-, -nen> f traqueuse f
Treibgas nt gaz m propulseur **Treibgut** nt kein Pl épaves fpl **Treibhaus** nt serre f **Treibhauseffekt** m kein Pl effet m de serre **Treibholz** nt kein Pl bois m flottant **Treibjagd** f battue f **Treibmittel** nt ❶ CHEM (für Schaumstoff, Beton) agent m d'expansion; (Treibgas) gaz m propulseur ❷ GASTR agent m de fermentation **Treibnetz** nt filet m dérivant **Treibsand** m sables mpl mouvants **Treibsatz** m AVIAT propergol m **Treibstoff** m carburant m
Trekkingrad nt vélo tout chemin m
Trema ['tre:ma] <-s, -s o Tremata> nt LING tréma m
Tremolo ['tre:molo] <-s, -s o Tremoli> nt MUS trémolo m
Trenchcoat ['trɛntʃkɔʊt, 'trɛntʃko:t] <-[s], -s> m trench[-coat] m
Trend [trɛnt] <-s, -s> m ❶ tendance f
❷ (Modetrend) der ~ zu kleineren Autos la mode des petites cylindrées
▶ voll im ~ liegen fam Person, Firma: être au goût du jour [o dans le vent]; Produkt: être complètement à la mode (fam)
Trendsetter(in) ['trɛntsɛtɐ] <-s, -> m(f) personne qui lance une mode
Trendwende f changement m de tendance
trendy ['trɛndi] Adj fam in
trennbar Adj séparable
Trennblatt nt intercalaire m
trennen ['trɛnən] I. tr V ❶ (isolieren) séparer; etw von etw ~ séparer qc de qc
❷ (auseinander bringen) séparer Streitende; die Kinder von ihren Eltern ~ séparer les enfants de leurs parents; durch etw [voneinander] getrennt werden être séparé(s) [l'un(e) de l'autre] par qc
❸ (unterscheiden) zwei Begriffe deutlich [voneinander] ~ séparer nettement deux notions [l'un(e) de l'autre]
❹ (eine Grenze bilden) séparer Räume, Grundstücke
❺ (ablösen) den Knopf vom Kragen ~ découdre le bouton du col; das Futter aus dem Mantel ~ découdre la doublure du manteau
❻ (abschneiden) das Fleisch vom Knochen ~ détacher la viande de l'os; den Kopf vom Rumpf ~ couper la tête
❼ (teilen) couper Wort, Satz; s. a. getrennt
II. r V sich ~ se séparer; sich von jdm/etw ~ se séparer de qn/qc; sich beim Stand von 2:2 ~ se séparer sur le score de 2 à 2
III. itr V zwischen zwei Begriffen ~ faire la différence entre deux notions
Trennlinie f ligne f de démarcation **Trennschärfe** f (eines Empfangsgeräts) sélectivité f
Trennung <-, -en> f ❶ (das Trennen, Getrenntsein) séparation f; in ~ leben vivre séparé(e)
❷ (Unterscheidung) von Begriffen distinction f
❸ (Silbentrennung) coupe f
Trennungsentschädigung f indemnité f de séparation **Trennungsstrich** m trait m d'union ▶ einen ~ ziehen faire la différence
Trennwand f cloison f
Trense ['trɛnzə] <-, -n> f mors m
treppab [trɛp'ʔap] Adv en descendant les escaliers **treppauf** [trɛp'ʔaʊf] Adv ~, treppab gehen monter et descendre les escaliers
Treppe ['trɛpə] <-, -n> f ❶ escalier m
❷ (Stockwerk) eine ~ höher wohnen habiter l'étage au-dessus
Treppenabsatz m palier m **Treppengeländer** nt rampe f d'escalier **Treppenhaus** nt cage f d'escalier **Treppenstufe** f marche f [d'escalier]
Tresen ['tre:zən] <-s, -> m (Theke) bar m; (Ladentisch) comptoir m
Tresor [tre'zo:ɐ] <-s, -e> m ❶ coffre-fort m
❷ s. Tresorraum
Tresorraum m salle f des coffres
Tresse ['trɛsə] <-, -n> f meist Pl galon m
Tretboot nt pédalo m; [mit dem] ~ fahren faire du pédalo **Treteimer** m poubelle f à pédale
treten ['tre:tən] <tritt, trat, getreten> I. tr V + haben ❶ donner un coup de pied à Person, Tier
❷ (betätigen) appuyer sur Bremse, Kupplung
❸ fam (antreiben) jdn ~ pousser qn aux fesses (fam)
II. itr V ❶ + haben nach jdm ~ Person: donner [o envoyer] des coups de pieds à qn; sie hat ihm ans Schienbein getreten elle lui a donné [o envoyé] un coup/des coups de pied dans le tibia
❷ + sein (gehen) nach vorn ~ s'avancer; zur Seite ~ s'écarter; aus der Tür ~ sortir [de la maison/de chez soi]; ins Haus ~ entrer dans la maison; auf die Terrasse ~ sortir sur la terrasse
❸ + sein (den Fuß setzen) in/auf etw (Akk) ~ marcher dans/sur qc; pass auf, wohin du trittst! fais attention où tu mets les pieds!
❹ + haben o sein (betätigen) auf etw (Akk) ~ appuyer sur qc
❺ + sein (austreten) aus etw ~ sortir de qc; Gas: s'échapper de qc; Flüssigkeit: s'écouler de qc; Feuchtigkeit: suinter [o ressortir] de qc; über die Ufer ~ Fluss: sortir de son lit; Schweiß trat ihr auf die Stirn la sueur perla sur son front
III. r V + haben sich (Dat) etw in den Fuß ~ s'enfoncer qc dans le pied
Treter <-s, -> m fam (Schuh) godasse f (fam)
Tretlager nt pédalier m **Tretmine** f mine f antipersonnel **Tretmühle** f fam train-train m **Tretroller** m trottinette f, patinette f [à pédale]
treu [trɔɪ] I. Adj fidèle; Blick plein(e) de candeur
▶ sich (Dat) selbst ~ bleiben rester fidèle à ses convictions [o à soi-même]; einer S. (Dat) ~ bleiben rester fidèle à qc; jdm ~ bleiben/sein Person: rester/être fidèle à qn; Erfolg, Glück: ne pas abandonner qn
II. Adv dienen fidèlement; jdn ~ ansehen Hund: regarder qn avec affection
Treu s. Treue
Treubruch m geh trahison f **treudoof** Adj pej fam Blick bêta(sse) (fam)
Treue ['trɔɪə] <-> f fidélité f; jdm die ~ halten rester fidèle à qn; [jdm] die ~ brechen faire des infidélités [à qn]
▶ auf Treu und Glauben überlassen en toute confiance; in [o nach] Treu und Glauben handeln agir en toute bonne foi; gegen Treu und Glauben verstoßen aller à l'encontre des bonnes mœurs
Treueid m serment m de fidélité
Treuepflicht f kein Pl JUR devoir m de loyauté **Treueprämie** [-miə] f prime f de fidélité **Treueschwur** m serment m de

T

fidélité
Treuhand *f*, **Treuhandanstalt** *f* JUR établissement *m* fiduciaire; **die ~** HIST la Treuhand (*établissement fiduciaire officiel chargé de la gestion du patrimoine industriel de l'ancienne R.D.A.*)
Treuhänder(in) [-hɛndɐ] <-s, -> *m(f)* administrateur(-trice) *m(f)* [fiduciaire]
Treuhandgesellschaft *f* société *f* fiduciaire
treuherzig I. *Adj* *Blick* candide
II. *Adv* avec candeur
Treuherzigkeit <-> *f* candeur *f*, ingénuité *f*
treulos I. *Adj* infidèle
II. *Adv* de façon infidèle; (*illoyal*) de façon déloyale
Treulosigkeit <-> *f* infidélité *f*; (*mangelnde Loyalität*) déloyauté *f*
Triangel ['tri:aŋəl] <-s, -> *m o A nt* triangle *m*
Triathlon ['tri:atlɔn] <-s, -s> *nt* triathlon *m*
Tribun [tri'bu:n] <-s *o* -en, -e[n]> *m* (*Militärtribun/Volkstribun*) tribun *m* [militaire/de la plèbe]
Tribunal [tribu'na:l] <-s, -e> *nt* (*Forum*) tribunal *m*
Tribüne [tri'by:nə] <-, -n> *f* tribune *f*
Tribut [tri'bu:t] <-[e]s, -e> *m* tribut *m pas de pl*
▸ **einer S.** (*Dat*) **~ zollen** *geh* saluer qc
Trichine [trɪ'çi:nə] <-, -n> *f* ZOOL trichine *f*
Trichter ['trɪçtɐ] <-s, -> *m* ① entonnoir *m*
② (*Bombentrichter*) cratère *m*
▸ **auf den ~ kommen** *fam* trouver le truc (*fam*)
trichterförmig *Adj* en forme d'entonnoir
Trick [trɪk] <-s, -s> *m* ① (*Kniff*) truc *m* (*fam*)
② (*Betrugsmanöver*) combine *f* (*fam*); **keine faulen ~s!** *fam* pas d'entourloupe[tte]! (*fam*)
Trickbetrug *m* escroquerie *f*, tour *m* de passe-passe **Trickbetrüger(in)** *m(f)* aigrefin *m* **Trickfilm** *m* dessin *m* animé **trickreich** *fam* I. *Adj* roublard(e); **~ sein** *Person:* avoir plus d'un tour dans son sac (*fam*) II. *Adv* avec roublardise (*fam*)
tricksen ['trɪksən] *fam* I. *itr V* ruser (*fam*)
II. *tr V* **wir werden das schon ~** on trouvera bien une combine (*fam*)
trieb [tri:p] *Imp von* **treiben**
Trieb <-[e]s, -e> *m* ① impulsion *f*; **ein natürlicher ~** un instinct [naturel]
② (*Sexualtrieb*) pulsions *fpl* [sexuelles]
③ BOT pousse *f*
Triebfeder *f* (*Beweggrund*) mobile *m*
triebhaft *Adj* érotomane; **ein ~er Mensch** un(e) obsédé(e)
Triebhaftigkeit <-> *f* érotomanie *f*, obsession *f* sexuelle
Triebhandlung *f* acte *m* impulsif **Triebkraft** *f* TECH, PSYCH force *f* motrice **Triebtäter(in)** *m(f)* maniaque *mf* [sexuel(le)] **Triebverbrechen** *nt* crime *m* sexuel **Triebverbrecher** *m* maniaque *m* sexuel **Triebwagen** *m* autorail *m*, micheline *f* **Triebwerk** *nt* réacteur *m*
Triefauge *nt* œil *m* qui larmoie
triefäugig *Adj* larmoyant(e); **~ sein** avoir les yeux qui larmoient
triefen ['tri:fən] <triefte *o geh* troff, getrieft *o selten* getroffen> *itr V* ① + *haben* (*tropfnass sein*) dégouliner, être dégoulinant(e); **vom Regen/vor Nässe ~** dégouliner [*o* être dégoulinant(e)] de pluie/d'eau
② + *sein* (*tropfen*) **von** [*o* **vor**] **Fett ~** ruisseler de graisse
③ + *haben* (*Schleim, Tränen absondern*) *Nase:* couler; *Auge:* larmoyer
④ + *sein* (*herabtropfen*) **aus/von etw ~** *Regen, Fett:* ruisseler de qc; *Blut:* couler de qc
⑤ + *haben geh* (*strotzen*) **von** [*o* **vor**] **etw ~** regorger de qc
Trier [tri:ɐ] <-s> *nt* Trèves
triezen ['tri:tsən] *tr V fam* asticoter (*fam*)
trifft [trɪft] *3. Pers Präs von* **treffen**
triftig ['trɪftɪç] I. *Adj* pertinent(e); *Argument* solide
II. *Adv* **etw ~ begründen** fournir une explication valable à qc
Trigonometrie [trigonome'tri:] <-> *f* MATH trigonométrie *f*
trigonometrisch [trigono'me:trɪʃ] *Adj* MATH trigonométrique
Trikolore [triko'lo:rə] <-, -n> *f* drapeau *m* tricolore
Trikot[1] [tri'ko:, 'trɪko] <-s> *m o nt* TEXTIL tricot *m*
Trikot[2] <-s, -s> *nt* maillot *m*; *einer Turnerin, Tänzerin* justaucorps *m*; **das gelbe ~** le maillot jaune
Trikotwerbung *f* publicité *f* sur les maillots des sportifs
Triller ['trɪlɐ] <-s, -> *m* MUS trille *m*
trillern ['trɪlɐn] *itr V* ① (*zwitschern*) faire des trilles; *Lerche:* grisoller
② (*singen*) *Person:* vocaliser
Trillerpfeife *f* sifflet *m* à roulette
Trillion [trɪ'lio:n] <-, -en> *f* trillion *m*
Trilogie [trilo'gi:] <-, -n> *f* trilogie *f*
Trimester [tri'mɛstɐ] <-s, -> *nt* trimestre *m*
Trimm-dich-Pfad *m* parcours *m* de santé
trimmen ['trɪmən] I. *tr V* ① (*trainieren*) entraîner *Sportler*
② *fam* (*erziehen*) **jdn auf Pünktlichkeit** (*Akk*) **~** inculquer la ponctualité à qn (*fam*)
③ (*scheren*) tondre
II. *r V* **sich durch Joggen ~** se maintenir en forme en faisant du footing
trinkbar *Adj* ① *Wasser* potable
② *fam* (*akzeptabel*) *Wein, Sekt* buvable (*fam*); **kaum ~** pratiquement imbuvable; **hast du etwas Trinkbares im Haus?** tu as quelque chose à boire?
trinken ['trɪŋkən] <trank, getrunken> I. *tr V* boire; **gern Wasser ~** aimer boire de l'eau; **einen Kaffee** [*o* **eine Tasse Kaffee**] **~** prendre un café [*o* une tasse de café]; **etwas zu ~** quelque chose à boire; **was möchtest du ~?** qu'est-ce que tu veux prendre [*o* boire]?
▸ [**ganz gern mal**] **einen ~** *fam* [aimer bien] boire un coup (*fam*)
II. *itr V* ① boire; **möchtest du mal ~?** tu en veux une gorgée?
② (*anstoßen*) **auf jdn ~** boire à la santé de qn, trinquer en l'honneur de qn; **auf etw** (*Akk*) **~** boire à qc
③ (*Alkoholiker sein*) boire; **das kommt vom vielen Trinken** c'est à force de boire
Trinker(in) <-s, -> *m(f)* ivrogne *mf*
trinkfest *Adj* qui tient bien l'alcool; **~ sein** bien tenir l'alcool **Trinkgefäß** *nt* récipient *m* [pour boire] **Trinkgelage** *nt* beuverie *f* **Trinkgeld** *nt* pourboire *m* **Trinkglas** *nt* verre *m* **Trinkhalle** *f* *eines Heilbads* buvette *f* **Trinkhalm** *m* paille *f* **Trinkkur** *f* cure *f* hydrominérale **Trinkspruch** *m* toast *m* **Trinkwasser** *nt* eau *f* potable
Trinkwasseraufbereitung *f* épuration *f* des eaux [naturelles] **Trinkwasserversorgung** *f* approvisionnement *m* en eau potable
Trio ['tri:o] <-s, -s> *nt* trio *m*
Trip [trɪp] <-s, -s> *m* ① *sl* (*Drogenrausch*) trip *m* (*fam*); **auf dem ~ sein** être en plein trip (*fam*)
② *fam* (*Ausflug*) virée *f* (*fam*)
trippeln ['trɪpəln] *itr V* ① + *haben* trottiner
② + *sein* **über die Straße/nach draußen ~** traverser la rue/sortir en trottinant
Tripper ['trɪpɐ] <-s, -> *m* MED blennorragie *f*
trist [trɪst] *Adj geh* sinistre
Tritium ['tri:tsiʊm] <-s> *nt* CHEM tritium *m*
tritt [trɪt] *3. Pers Präs von* **treten**
Tritt <-[e]s, -e> *m* ① coup *m* de pied; **jdm/einem Tier einen ~ geben** [*o* **versetzen** *geh*] donner un coup de pied à qn/un animal
② (*Laufrhythmus*) **aus dem ~ kommen** perdre le rythme; **jdn aus dem ~ bringen** faire perdre le rythme à qn
③ (*Stufe*) *einer Trittleiter* marche *f*
▸ **einen ~ bekommen** [*o* **kriegen** *fam*] se faire jeter (*fam*); **wieder ~ fassen** rentrer dans les rangs

Trittbrett *nt* marchepied *m*
Trittbrettfahrer(in) *m(f) pej* profiteur(-euse) *m(f)* (*péj*); (*nichtorganisierter Arbeitnehmer*) non-syndiqué(e) *m(f)*
Trittleiter *f* escabeau *m*
Triumph [tri'ʊmf] <-[e]s, -e> *m* triomphe *m;* **einen ~ feiern** faire un triomphe; **~e feiern** remporter triomphe sur triomphe; **etw im ~ tun** faire qc en triomphe
triumphal [triʊm'fa:l] I. *Adj* triomphal(e)
II. *Adv* triomphalement
Triumphator [triʊm'fa:to:ɐ] <-s, -en> *m a.* HIST *geh* triomphateur *m*
Triumphbogen *m* arc *m* de triomphe **Triumphgeschrei** *nt* cris *mpl* de triomphe
triumphieren* *itr V geh* ❶ triompher
❷ (*siegreich sein*) **über jdn/etw ~** triompher de qn/qc
triumphierend I. *Adj* triomphant(e)
II. *Adv lächeln* d'un air triomphant
Triumphzug *m* cortège *m* triomphal; **im ~** en triomphe
Triumvirat [triʊmvi'ra:t] <-[e]s, -e> *nt* HIST triumvirat *m*
trivial [tri'via:l] I. *Adj* banal(e)
II. *Adv schreiben* banalement
Trivialität [trivjali'tɛ:t] <-, -en> *f* trivialité *f*
Trivialliteratur *f* littérature *f* de gare
trocken ['trɔkən] I. *Adj* ❶ (*opp: nass*) sec(sèche); **~ werden** sécher; **sich ~ rasieren** se raser à sec; **im Trockenen** au sec
❷ (*ausgetrocknet*) *Haut, Hals, Haare* sec(sèche); **~ werden** se dessécher; **mein Mund ist ganz ~** j'ai la bouche toute sèche
❸ (*opp: schmackhaft*) *Brot, Fleisch* sec(sèche); **~ werden** sécher; **nur ~es** [*o ~ fam*] **Brot essen** ne manger que du pain sec
❹ (*verdorrt*) *Erde, Ast* sec(sèche); **~ werden** *Erde:* se dessécher
❺ (*regenarm*) sec(sèche)
❻ (*nicht süß*) *Sherry, Wein* sec(sèche); *Champagner, Sekt, Cidre* brut(e)
❼ (*langweilig*) *Thema, Zahlen* aride
❽ (*lakonisch*) *Art, Bemerkung* laconique; **er hat einen eher ~en Humor** il est assez pince-sans-rire
❾ (*kurz, hart*) *Husten, Knall* sec(sèche)
❿ *fam* (*abstinent*) **~ sein** être au régime sec (*fam*)
▶ **auf dem Trockenen sitzen** *fam* (*kein Geld haben*) être à sec (*fam*); (*nichts zu trinken haben*) ne plus avoir à boire
II. *Adv* ❶ *aufbewahren* dans un endroit sec
❷ (*langweilig*) plat
❸ (*lakonisch*) laconiquement
❹ (*kurz*) *lachen* sèchement
Trockendock *nt* cale *f* sèche [*o* de radoub] **Trockeneis** *nt* neige *f* carbonique **Trockengebiet** *nt* région *f* aride **Trockengestell** *nt* séchoir *m* **Trockenhaube** *f* casque *m*
Trockenheit <-, *selten* -en> *f* ❶ *einer Region* aridité *f; einer Jahreszeit* sécheresse *f*
❷ (*Dürreperiode*) sécheresse *f*
Trockenkurs *m* cours *m* théorique **trocken\|legen** *tr V* ❶ changer *Baby* ❷ (*entwässern*) assécher *Moor, Sumpf*
Trockenlegung *f eines Moors* assainissement *m*
Trockenmasse *f* matière *f* sèche **Trockenmilch** *f* lait *m* en poudre **Trockenobst** *nt* fruits *mpl* secs **Trockenplatz** *m* étendoir *m* **Trockenrasierer** *m* rasoir *m* électrique **trocken\|reiben** *tr V* essuyer **Trockenreinigung** *f* nettoyage *m* à sec **trocken\|schleudern** *tr V* essorer **Trockenshampoo** *nt* shampo[o]ing *m* à sec **Trockenspiritus** *m* métaldéhyde *m* **Trockenwäsche** *f kein Pl* linge *m* sec **Trockenzeit** *f* saison *f* sèche
trocknen ['trɔknən] I. *itr V + sein* sécher; **etw ~ lassen** faire sécher qc
II. *tr V + haben* ❶ **etw ~** *Föhn, Wind, Sonne:* sécher qc; **sich** (*Dat*) **die Haare ~** se sécher les cheveux; **sich** (*Dat*) **die Tränen ~** sécher ses larmes
❷ (*dörren*) dessécher

Trockner <-s, -> *m* sèche-linge *m*
Troddel ['trɔdəl] <-, -n> *f* COUT houppe *f*
Trödel ['trø:dəl] <-s> *m fam* bric-à-brac *m* (*fam*)
Trödelei <-> *f fam* **Schluss mit der ~!** arrête/arrêtez de lambiner [*o* de traînasser]! (*fam*)
Trödelmarkt *m* foire *f* à la brocante
trödeln ['trø:dəln] *itr V + haben* traîner (*fam*)
Trödler(in) ['trø:dlɐ] <-s, -> *m(f)* (*Händler*) brocanteur(-euse) *m(f)*
troff [trɔf] *Imp von* **triefen**
trog [tro:k] *Imp von* **trügen**
Trog [tro:k, 'trø:gə] <-[e]s, ¨-e> *m* ❶ auge *f*
❷ (*Backtrog*) pétrin *m*
trojanisch [tro'ja:nɪʃ] *Adj* troyen(ne); **das Trojanische Pferd** le cheval de Troie
Troll [trɔl] <-s, -e> *m* troll *m*
trollen ['trɔlən] *fam* I. *r V* **sich ~** se bouger (*fam*); **troll dich!** bouge-toi de là! (*fam*)
II. *itr V* **nach Hause ~** se rentrer (*fam*)
Trolleybus ['trɔlibʊs] *m* CH trolleybus *m*
Trommel ['trɔməl] <-, -n> *f* ❶ tambour *m;* **die ~ schlagen** battre le tambour
❷ (*Maschinenteil*) *einer Waschmaschine* tambour *m; eines Betonmischers* cuve *f* [tournante]
❸ (*Patronentrommel*) barillet *m*
Trommelbremse *f* AUT frein *m* à tambour **Trommelfell** *nt* ANAT tympan *m* **Trommelfeuer** *nt* MIL feu *m* roulant
trommeln I. *itr V* ❶ jouer du tambour
❷ (*klopfen*) **an** [*o* **gegen**] **etw ~** *Person:* tambouriner à [*o* contre] qc; *Regen:* frapper contre qc
II. *tr V* tambouriner *Marsch;* **den Takt ~** battre la cadence [au tambour]
Trommelrevolver [-re'vɔlvɐ] *m* revolver *m* [à barillet] **Trommelstock** *m* baguette *f* de tambour **Trommelwirbel** *m* roulement *m* de tambour
Trommler(in) ['trɔmlɐ] <-s, -> *m(f)* joueur(-euse) *m(f)* de tambour
Trompete [trɔm'pe:tə] <-, -n> *f* trompette *f;* **~ spielen** [*o* **blasen**] jouer de la trompette
trompeten* I. *itr V* ❶ jouer de la trompette
❷ (*brüllen*) *Elefant:* barrir
II. *tr V* ❶ **etw ~** jouer qc à la trompette
❷ *fam* (*rufen*) **etw durchs Haus ~** claironner qc dans toute la maison
Trompeter(in) <-s, -> *m(f)* trompettiste *mf*
Tropen ['tro:pən] *Pl* **die ~** les tropiques *mpl,* les régions *fpl* [inter]tropicales; **in den ~** sous les tropiques
Tropenanzug *m* costume *m* colonial **Tropenhelm** *m* casque *m* colonial **Tropenholz** *nt* bois *m* exotique **Tropenkrankheit** *f* maladie *f* tropicale **Tropenpflanze** *f* plante *f* tropicale **Tropentauglichkeit** *f* MED *aptitude à supporter le climat tropical* **Tropenwald** *m* forêt *f* tropicale
Tropf[1] [trɔpf] <-[e]s, -e> *m* MED goutte-à-goutte *m*
▶ **am ~ hängen** *fam Patient:* être au goutte-à-goutte (*fam*); (*subventioniert werden*) être constamment à la merci de subventions
Tropf[2] [trɔpf, *Pl:* 'trœpfə] <-[e]s, ¨-e> *m* **ein armer ~** un pauvre bougre (*fam*)
tröpfchenweise *Adv* goutte à goutte
tröpfeln ['trœpfəln] I. *itr V + haben Wasserhahn:* goutter; **aus dem Hahn/auf den Boden ~** goutter du robinet/par terre
II. *itr V unpers* **es tröpfelt** il tombe des gouttes
III. *tr V* **eine Tinktur auf/in etw** (*Akk*) **~** verser des gouttes de teinture sur/dans qc
tropfen ['trɔpfən] *itr V* ❶ *+ haben Wasserhahn, Ventil:* goutter; **meine Nase tropft, mir tropft die Nase** j'ai le nez qui goutte
❷ *+ sein* **vom Dach ~** goutter du toit; **das Blut tropft ihm aus der Nase** il saigne du nez; **ihr tropft der Schweiß von**

T

der Stirn elle sue à grosses gouttes
Tropfen <-s, -> *m* ❶ goutte *f*; **ein ~ Öl** une goutte d'huile; **der Schweiß stand ihm in feinen ~ auf der Stirn** il avait le front légèrement couvert de sueur
❷ *Pl* (*Regentropfen*) **die ersten ~ fallen** il tombe des gouttes [de pluie]
❸ *Pl* PHARM, MED gouttes *fpl*
❹ (*Wein*) **ein guter** [*o* **edler**] **~** une bonne bouteille (*fam*)
▶ **steter ~ höhlt den Stein** *Spr.* la patience vient à bout de tout; **ein ~ auf den heißen Stein** *fam* une goutte d'eau dans la mer
tropfenweise *Adv* [au] goutte à goutte
Tropfinfusion *f* perfusion *f* **tropfnass**RR *Adj* trempé(e); **du bist ja ~!** mais tu es trempé(e) comme une soupe! (*fam*)
Tropfstein *m* concrétion *f* [calcaire]
Tropfsteinhöhle *f* grotte *f* [de stalactites/de stalagmites]
Trophäe [tro'fɛːə] <-, -n> *f* trophée *m*
tropisch ['troːpɪʃ] *Adj* tropical(e)
Troposphäre [tropo'sfɛrə] *f* METEO troposphère *f*
TrossRR <-es, -e>, **Troß** <-sses, -sse> *m* ❶ (*Zug, Gruppe*) colonne *f*
❷ (*Gefolge*) suite *f*
Trosse ['trɔsə] <-, -n> *f* [h]aussière *f*
Trost [troːst] <-[e]s> *m* ❶ (*Zuspruch*) réconfort *m*; **jdm ~ spenden** apporter du réconfort à qn
❷ (*Trostpflaster*) consolation *f*; **als ~** à titre de consolation; **das ist ein schwacher ~!** *iron* c'est une maigre consolation!
▶ **nicht ganz** [*o* **recht**] **bei ~ sein** *fam* dérailler (*fam*)
trösten ['trøːstən] I. *tr V* consoler
II. *r V* **sich mit jdm/etw ~** se consoler avec qn/qc
tröstend *Adj Worte* de consolation
Tröster(in) <-s, -> *m(f)* consolateur(-trice) *m(f)*
tröstlich ['trøːstlɪç] *Adj* réconfortant(e)
trostlos *Adj* ❶ *Jugend, Kindheit* malheureux(-euse); *Verhältnisse* misérable
❷ (*schlecht, hässlich*) *Wetter* démoralisant(e); *Gegend, Aussehen, Fassade* sinistre
Trostlosigkeit <-> *f* ❶ **die ~ dieser Verhältnisse** ces conditions *fpl* misérables; **die ~ dieser Kindheit** cette enfance malheureuse
❷ (*Hässlichkeit*) *eines Anblicks* caractère *m* sinistre; *einer Fassade* aspect *m* sinistre
Trostpflaster *nt hum* consolation *f*; **als ~** en guise de consolation **Trostpreis** *m* lot *m* de consolation **trostreich** *Adj* réconfortant(e); *Worte* de réconfort
Tröstung <-, -en> *f geh* réconfort *m*
Trott [trɔt] <-s> *m* **der übliche ~** le train-train; **in den alten ~ zurückfallen** retomber dans la routine [*o* le train-train]
Trottel ['trɔtəl] <-s, -> *m fam* gourde *f* (*fam*)
trottelig *fam* I. *Adj* étourdi(e) (*fam*)
II. *Adv* **sich ~ anstellen** être étourdi(e) (*fam*)
trotten ['trɔtən] *itr V + sein* **irgendwohin ~** aller quelque part d'un pas pesant
Trottinett ['trɔtinɛt] <-s, -e> *nt* CH trottinette *f*
Trottoir [trɔ'toaːɐ] <-s, -s *o* -e> *nt* SDEUTSCH, CH trottoir *m*
trotz *Präp + Gen* malgré; **~ dieses Vorfalls** malgré cet incident
Trotz <-es> *m* rébellion *f*; **etw aus ~ tun** faire qc par bravade [*o* par défi]; **jdm/einer S. zum ~ etw tun** faire qc en dépit de qn/qc; **das ist nichts als ~!** ce n'est qu'une bravade!
Trotzalter *nt* âge *m* des caprices; **im ~ sein** être en pleine crise d'opposition
trotzdem *Adv* tout de même, quand même
trotzen ['trɔtsən] *itr V* **dem Gewitter/der Gefahr ~** braver l'orage/le danger; **einer Herausforderung** (*Dat*) **~** relever un défi
trotzig I. *Adj* rétif(-ive)
II. *Adv* avec entêtement
Trotzkopf *m fam* tête *f* de mule (*fam*) **Trotzreaktion** *f* réaction *f* de dépit
Troubadour ['truːbaduːɐ, truba'duːɐ] <-s, -s *o* -e> *m* troubadour *m*
trübe *Adj* ❶ (*nicht klar*) *Flüssigkeit* trouble; *Glas* translucide; *Fensterscheibe* terne; *Spiegel* terni(e); **vor Schmutz ganz ~ sein** *Fenster:* être si sale qu'on ne voit plus à travers
❷ (*matt*) *Licht* faible *antéposé*, douteux(-euse); **eine ~ Funzel** *fam* un lumignon
❸ (*dunkel*) *Tag* maussade; *Himmel, Wetter* maussade, couvert(e)
❹ (*deprimierend*) sombre
▶ **im Trüben fischen** *fam* pêcher en eau trouble
Trubel ['truːbəl] <-s> *m* tumulte *m*; **im ~ der Ereignisse** dans le tourbillon des événements
trüben ['tryːbən] I. *tr V* ❶ troubler, rendre trouble *Flüssigkeit*
❷ (*beeinträchtigen*) troubler *Laune, Freude*
II. *r V* **sich ~** ❶ *Flüssigkeit:* se troubler
❷ *geh* (*beeinträchtigt werden*) *Blick, Urteilsvermögen:* se troubler; *Einvernehmen, Verhältnis:* s'altérer; **sich durch etw ~** *Verhältnis:* s'altérer en raison de qc
Trübsal ['tryːpzaːl] <-> *f kein Pl geh* (*Betrübtheit*) affliction *f* (*littér*)
▶ **~ blasen** *fam* broyer du noir (*fam*)
trübselig *Adj* ❶ (*deprimiert*) morose ❷ (*trostlos*) *Anblick, Gegend* sinistre **Trübsinn** *m kein Pl* morosité *f* **trübsinnig** *Adj* sombre; **~ sein** être abattu(e)
Trübung <-, -en> *f* ❶ *der Hornhaut* opacité *f*
❷ (*Verunreinigung*) trouble *m*
❸ *fig des Einvernehmens* dégradation *f*
Truck [trak] <-s, -s> *m* camion *m*
Trucker(in) [trakɐ] <-s, -> *m(f)* camionneur(-euse) *m(f)*
trudeln ['truːdəln] *itr V + haben o sein Flugzeug:* tomber en vrille; **ins Trudeln geraten** se mettre en vrille
Trüffel ['trʏfəl] <-, -n> *f* ❶ (*Pilz*) truffe *f*
❷ (*Praline*) truffe *f* en chocolat
trug [truːk] *Imp von* **tragen**
Trug <-[e]s> *m geh* tromperie *f*
Trugbild *nt veraltet geh* mirage *m*
trügen ['tryːgən] <trog, getrogen> I. *tr V* tromper
II. *itr V Gefühl, Schein:* être trompeur(-euse)
trügerisch ['tryːgərɪʃ] *Adj* illusoire
TrugschlussRR *m* jugement *m* fallacieux; **einem ~ erliegen** s'abuser, s'illusionner
Truhe ['truːə] <-, -n> *f* coffre *m*
Trümmer ['trʏmɐ] *Pl* ruines *fpl*; *eines Flugzeugs* débris *mpl*; **in ~n liegen** être en ruines
Trümmerfeld *nt* champ *m* de ruines **Trümmerhaufen** *m* tas *m* de ruines [*o* de décombres] *mpl*
Trumpf [trʊmpf, *Pl:* 'trʏmpfə] <-[e]s, ⸚e> *m* atout *m*; **Kreuz ist ~!** atout trèfle!
▶ **alle Trümpfe in der Hand haben** avoir tous les atouts en main; **alle Trümpfe aus der Hand geben** jouer tous ses atouts; **den ~ nicht aus der Hand geben** garder son atout en main; **einen ~ ausspielen** jouer un atout
trumpfen ['trʊmpfən] *itr V* jouer atout
Trumpfkarte *f* carte *f* d'atout
Trunk [trʊŋk] <-[e]s, ⸚e> *m geh* ❶ (*Getränk*) boisson *f* (*fam*)
❷ (*Trunksucht*) **dem ~ verfallen sein** s'être abandonné(e) à la boisson (*fam*)
trunken ['trʊŋkən] *Adj geh* ❶ ivre (*fam*); **~ sein** être ivre
❷ *fig* **vor** [*o* **von**] **Freude ~ sein** être ivre de joie (*fig fam*)
Trunkenbold [-bɔlt] <-[e]s, -e> *m* buveur *m*
Trunkenheit <-> *f* ivresse *f*; **~ am Steuer** conduite en état d'ébriété (*form*)
Trunksucht *f geh kein Pl* alcoolisme *m*, éthylisme *m* (*soutenu*)
trunksüchtig *Adj* alcoolique; **~ sein** être alcoolique
Trupp [trʊp] <-s, -s> *m* groupe *m*
Truppe ['trʊpə] <-, -n> *f* ❶ *kein Pl* (*Militäreinheit*) unité *f*, corps *m*

❷ *Pl* (*Militärverbände*) troupes *fpl*
❸ (*Künstlertruppe, Artistentruppe*) troupe *f*
▶ **von der schnellen ~ sein** *fam* être du genre rapide (*fam*)
Truppenabzug *m* retrait *m* des troupes **Truppenbewegung** *f meist Pl* mouvement *m* de troupes **Truppengattung** *f* arme *f* **Truppenstärke** *f* effectifs *mpl* d'une/de la troupe **Truppenteil** *m* corps *m*, unité *f* **Truppenübungsplatz** *m* terrain *m* d'exercice
Trust [trast] <-[e]s, -e *o* -s> *m* ÖKON trust *m*
Truthahn ['tru:t-] *m* dindon *m;* (*Truthahnbraten*) dindonneau *m;* **der traditionelle ~ zu Weihnachten** la traditionnelle dinde de Noël **Truthenne** *f* dinde *f*
Tschador [tʃa'do:ɐ] <-s, -s> *m* tchador *m*
tschau [tʃaʊ] *Interj fam* ciao (*fam*), tchao (*fam*)
Tscheche ['tʃɛçə] <-n, -n> *m*, **Tschechin** *f* Tchèque *mf;* **sie ist Tschechin** elle est tchèque
Tschechien ['tʃɛçiən] <-s> *nt* la République tchèque
tschechisch ['tʃɛçɪʃ] **I.** *Adj* tchèque
II. *Adv* **~ miteinander sprechen** discuter en tchèque; *s. a.* **deutsch**
Tschechisch <-[s]> *nt kein Art* (*Sprache, Schulfach*) tchèque *m;* **auf ~** en tchèque; *s. a.* **Deutsch**
Tschechische *nt dekl wie Adj* **das ~** le tchèque; *s. a.* **Deutsche**
Tschechoslowake [tʃɛçoslo'va:kə] <-n, -n> *m*, **Tschechoslowakin** *f* HIST Tchécoslovaque *mf* **Tschechoslowakei** [-slova'kaɪ] <-> *f* HIST **die ~** la Tchécoslovaquie **tschechoslowakisch** *Adj* tchécoslovaque
tschilpen ['tʃɪlpən] *itr V* pépier
tschüs, tschüss[RR] *Interj fam* salut (*fam*)
Tsetsefliege ['tsɛtse-] *f* mouche *f* tsé-tsé
T-Shirt ['ti:ʃø:ɐt] <-s, -s> *nt* t[ee]-shirt *m*
T-Träger ['te:-] *m* poutrelle *f* métallique en té
TU [te:'ʔu:] <-, -s> *f Abk von* **Technische Universität** ≈ I.U.T. *m*
Tuba ['tu:ba] <-, Tuben> *f* tuba *m*
Tube ['tu:bə] <-, -n> *f* tube *m;* **Zahnpasta in der ~** du dentifrice en tube
▶ **auf die ~ drücken** *fam* appuyer sur le champignon (*fam*)
Tuberkelbazillus [tu'bɛrkəl-] *m* MED bacille *m* de Koch
tuberkulös [tubɛrku'lø:s] *Adj form* tuberculeux(-euse)
Tuberkulose [tubɛrku'lo:zə] <-, -n> *f* tuberculose *f*
tuberkulosekrank *Adj* tuberculeux(-euse); **~ sein** être atteint(e) de tuberculose
Tubus ['tu:bʊs] <-, Tuben *o* -se> *m* MED tube *m*
Tuch[1] [tu:x, *Pl:* 'ty:çɐ] <-[e]s, ¨er> *nt* ❶ (*Kopftuch, Halstuch*) foulard *m*
❷ (*Stück Stoff*) morceau *m* d'étoffe; (*zum Verhüllen*) voile *m;* (*zum Abdecken von Möbeln*) drap *m;* **das rote ~ des Toreros** la cape du toréro
❸ (*Putztuch*) chiffon *m;* (*Geschirrtuch*) torchon *m*
▶ **ein rotes ~ für jdn sein** faire voir rouge à qn
Tuch[2] [tu:x] <-[e]s, -e> *nt* tissu *m* [*o* étoffe *f*] [de laine]; **aus feinem ~** d'une belle étoffe
Tuchent ['tʊxnt] <-, -en> *f* A, SDEUTSCH (*Federbett*) édredon *m*
Tuchfühlung ▶ **mit jdm auf ~ gehen** *hum fam* se frotter à qn (*fam*); **mit jdm auf ~ sein** [*o* **sitzen**] *fam* être collé(e) contre [*o* à] qn (*fam*)
tüchtig ['tʏçtɪç] **I.** *Adj* ❶ (*fähig*) capable *antéposé; Schüler* bon(ne) *antéposé;* **~ sein** faire du travail sérieux; **~er sein** être meilleur(e)
❷ *fam* (*groß*) **eine ~e Tracht Prügel** une bonne raclée (*fam*)
▶ **dem Tüchtigen gehört die Welt** *Spr.* l'avenir appartient à ceux qui se lèvent tôt
II. *Adv fam* ❶ (*viel*) *sparen* pas mal (*fam*); *essen* copieusement (*fam*); **~ mit anpacken** donner un bon coup de main (*fam*)
❷ (*stark*) *regnen, schneien* énormément (*fam*); **es hat ~ gestürmt** il a fait une sacrée tempête (*fam*)
Tüchtigkeit <-> *f* compétence *f*

Tücke ['tʏkə] <-, -n> *f* ❶ *kein Pl* (*Niedertracht*) perfidie *f*
❷ *kein Pl* (*Gefährlichkeit*) *einer Krankheit* malignité *f*, caractère *m* insidieux
❸ *meist Pl* (*Unwägbarkeit*) embûche *f*
▶ **das ist die ~ des Objekts** c'est la malignité des choses
tuckern ['tʊkɐn] *itr V* ❶ + *haben Motor, Kahn:* faire un bruit de teuf-teuf
❷ + *sein* (*fahren*) **über den See ~** traverser le lac dans [*o* avec] un bruit de teuf-teuf
tückisch ['tʏkɪʃ] *Adj* ❶ *Person* perfide; *Intrige, Plan* infâme; **~ sein** *Person:* être perfide [*o* sournois(e)]
❷ (*gefährlich*) *Krankheit* insidieux(-euse); *Kurve, Straße* traître(-esse)
Tüftelei [tʏftə'laɪ] <-, -en> *f fam* casse-tête *m;* **das war eine ziemliche ~** c'était un vrai casse-tête [chinois] (*fam*)
tüfteln ['tʏftəln] *itr V fam* bricoler (*fam*); **an etw** (*Dat*) **~** bricoler qc (*fam*)
Tugend ['tu:gənt] <-, -en> *f* vertu *f*
tugendhaft **I.** *Adj* vertueux(-euse)
II. *Adv* d'une manière vertueuse
Tugendhaftigkeit <-> *f* vertu *f*
Tukan ['tu:kan, tu'ka:n] <-s, -e> *m* ZOOL toucan *m*
Tüll [tʏl] <-s, -e> *m* tulle *m*
Tülle ['tʏlə] <-, -n> *f* ❶ *einer Kanne* bec *m* verseur
❷ (*Ansatzstück*) douille *f*
Tulpe ['tʊlpə] <-, -n> *f* ❶ tulipe *f*
❷ (*Bierglas*) verre *m* tulipe
Tulpenzwiebel *f* oignon *m* de tulipe
tummeln ['tʊməln] *r V* **sich ~** ❶ (*umherspringen*) s'ébattre
❷ SDEUTSCH, A (*sich beeilen*) s'activer
Tummelplatz *m geh* scène *m*
Tümmler ['tʏmlɐ] <-s, -> *m* marsouin *m*
Tumor ['tu:mo:ɐ, tu'mo:ɐ] <-s, Tumoren> *m* MED tumeur *f*
Tümpel ['tʏmpəl] <-s, -> *m* mare *f*
Tumult [tu'mʊlt] <-[e]s, -e> *m* ❶ *kein Pl* (*Lärm*) tumulte *m*
❷ *meist Pl* (*Aufruhr*) émeute *f*
tun [tu:n] <tut, tat, getan> **I.** *tr V* ❶ (*machen*) faire; **etwas/nichts ~** faire quelque chose/ne rien faire; **was tust du gerade?** qu'est-ce que tu es en train de faire?; **wieder ~** refaire; **tu das nicht wieder!** ne recommence pas!; **das wirst du nicht ~!** tu n'as pas intérêt à faire ça!; **was sollen wir bloß ~?** qu'est-ce que nous allons bien pouvoir faire?; **alles aus Liebe ~** faire tout par amour; **für Geld alles ~** être prêt(e) à tout pour de l'argent; **etwas für die Gesundheit/gegen die Pickel ~** faire qc pour sa santé/contre l'acné; **was tut man nicht alles für seine Kinder!** qu'est-ce qu'on ne ferait pas pour ses enfants!; **einen Schritt nach vorn ~** faire un pas en avant; **einen Blick auf/in etw** (*Akk*) **~** jeter un coup d'œil sur/dans qc
❷ (*arbeiten, erledigen*) **viel/wenig ~** faire beaucoup/peu; **nichts ~** ne rien faire
❸ *fam* (*legen, stecken*) **etw in den Schreibtisch/den Umschlag ~** mettre qc dans le bureau/dans l'enveloppe (*fam*)
❹ (*antun*) **jdm etwas/nichts ~** faire quelque chose/ne rien faire à qn
❺ *fam* (*mengen, mischen*) **Salz an** [*o* **in**] **das Püree ~** mettre du sel dans la purée (*fam*); **jdm etw in den Wein ~** mettre qc dans le vin de qn (*fam*)
❻ *fam* (*funktionieren*) **es noch/nicht mehr ~** *Computer, Uhr:* marcher encore/ne plus marcher
❼ *fam* (*ausreichen*) **dieser Block tut es** [**auch**] ce bloc-notes suffira
❽ *euph fam* (*Geschlechtsverkehr haben*) **wann hast du es zum ersten Mal getan?** c'était quand, ta première fois? (*euph fam*)
▶ **es mit jdm zu ~ bekommen** [*o* **kriegen** *fam*] aller avoir affaire à qn (*fam*); **es mit einem Fachmann zu ~ haben** avoir affaire à un spécialiste; **etwas/nichts mit jdm/etw zu ~**

T

haben avoir quelque chose/n'avoir rien à voir avec qn/qc; **damit ist es [noch] nicht getan** cela ne suffit pas; **man tut, was man kann** on fait ce qu'on peut; ~ **und lassen können, was man will** pouvoir agir à sa guise [*o* comme on l'entend]; **das, was sie zu ~ und zu lassen hat** ce qu'elle a à faire; **tu, was du nicht lassen kannst!** *fam* fais comme bon te semble!
II. *r V* **es tut sich etwas/nichts** il se passe quelque chose/ne se passe rien
III. *itr V* ❶ **zu ~ haben** avoir à faire; **geschäftlich in Paris zu ~ haben** avoir à faire à Paris; **[genug] mit sich selbst zu ~ haben** avoir suffisamment de problèmes
❷ *fam* (*sich geben*) **ahnungslos** ~ faire celui/celle qui n'est pas au courant (*fam*); **verlegen** ~ faire l'embarrassé(e)
❸ (*wirken*) **jdm gut** [*o* **wohl** *geh*] ~ *Tee, Wärme, Schlaf:* faire du bien [à qn]; **es tut wohl spazieren zu gehen** cela fait du bien de se promener
► **sich** (*Akk o Dat*) **mit jdm/etw schwer** ~ avoir bien du mal avec qn/qc; **sich** (*Akk o Dat*) **schwer ~ einen Fehler einzugestehen** avoir bien du mal à avouer une erreur; **nur so** ~ faire juste semblant; **tu doch nicht so!** *fam* ne fais pas semblant! (*fam*); **so ~, als ob** faire comme si
IV. *Hilfsv modal* ❶ (*als Hervorhebung*) **rechnen tut die Kleine schon gut** la petite sait déjà bien calculer
❷ DIAL (*als Ausdruck einer Möglichkeit*) **das täte mich schon interessieren** cela m'intéresserait bien

Tun <-s> *nt* actes *mpl*
► **jds ~ und Treiben** les faits *mpl* et gestes de qn

Tünche ['tʏnçə] <-, -n> *f* badigeon *m*

tünchen *tr V* badigeonner

Tundra ['tʊndra] <-, Tundren> *f* toundra *f*

tunen ['tju:nən] *tr V* trafiquer (*fam*) *Motor*

Tuner ['tju:nɐ] <-s, -> *m* tuner *m*

Tunesien [tu'ne:ziən] <-s> *nt* la Tunisie

Tunesier(in) [tu'ne:ziɐ] <-s, -> *m(f)* Tunisien(ne) *m(f)*

tunesisch *Adj* tunisien(ne)

Tunfisch[RR] *s.* **Thunfisch**

Tunichtgut ['tu:nɪç(t)gu:t] <-[e]s, -e> *m* vaurien *m*

Tunika ['tu:nika] <-, Tuniken> *f* tunique *f*

Tunke ['tʊŋkə] <-, -n> *f* sauce *f* [froide]

tunken *tr V* tremper

tunlichst ['tu:nlɪçst] *Adv* si possible

Tunnel ['tʊnəl] <-s, - *o* -s> *m* tunnel *m*

Tunte ['tʊntə] <-, -n> *f fam* folle *f* (*fam*), tantouse *f* (*vulg*)

Tüpfelchen ['tʏpfəlçən] <-s, -> *nt* (*Pünktchen*) [petit] pois *m*
► **das ~ auf dem i** la petite touche finale

tüpfeln ['tʏpfəln] *tr V* moucheter

tupfen ['tʊpfən] *tr V* ❶ **[sich** (*Dat*)**] etw von der Stirn** ~ [s']essuyer qc sur le front; **etw auf eine Wunde** ~ tamponner [*o* appliquer] qc sur une plaie
❷ (*mustern*) **rot getupft** à pois rouges

Tupfen <-s, -> *m* pois *m*, touche *f*; **mit blauen** ~ à pois bleus

Tupfer <-s, -> *m* MED compresse *f*

Tür [ty:ɐ] <-, -en> *f* ❶ porte *f*; **an die ~ gehen** aller [voir] à la porte; **in der ~ stehen** être dans l'embrasure de la porte; **~ an ~ wohnen** habiter porte à porte
❷ (*Autotür, Zugtür*) portière *f*
► **zwischen ~ und Angel** *fam* entre deux portes (*fam*), à la va-vite (*fam*); **mit der ~ ins Haus fallen** *fam* annoncer tout de but en blanc (*fam*); **jdm die ~ vor der Nase zuschlagen** *fam* fermer la porte au nez de qn; **einer S.** (*Dat*) **~ und Tor öffnen** *Politik, Maßnahme:* être la porte ouverte [*o* laisser le champ libre] à qc; **offene ~en einrennen** enfoncer une porte ouverte; **hinter verschlossenen ~en** à huis clos; **jdm [fast] die ~ einrennen** *fam* harceler qn (*fam*); **jdn vor die ~ setzen** *fam* ficher qn à la porte (*fam*); **vor der ~ stehen** *Person:* être à la porte; (*Ferien, Sommer*) être imminent(e)

Türangel *f* gond *m*

Turban ['tʊrba:n] <-s, -e> *m* turban *m*

Turbine [tʊr'bi:nə] <-, -n> *f* turbine *f*

Turbinenantrieb *m* propulsion *f* par turbine

Turbo ['tʊrbo] <-s, -s> *m* (*Turbolader*) turbo *m*; (*Auto*) turbo *f*

Turbolader <-s, -> *m* turbocompresseur *m*

Turbomotor *m* turbomoteur *m*

Turbo-Prop-Flugzeug *nt* avion *m* à turbopropulseur

turbulent [tʊrbu'lɛnt] I. *Adj* agité(e)
II. *Adv* de façon houleuse

Turbulenz [tʊrbu'lɛnts] <-, -en> *f* ❶ METEO, PHYS turbulence *f*
❷ *meist Pl* (*schwierige Zeit*) turbulence *f*

Türdrücker *m* (*Klinke*) poignée *f* [de porte]

Türe *s.* **Tür**

Türflügel *m* battant *m* de porte **Türfüllung** *f* panneau *m* de porte **Türgriff** *m* poignée *f* de porte

Türke ['tʏrkə] <-n, -n> *m* ❶ Turc *m*
❷ *fam* (*türkisches Restaurant*) restau *m* turque (*fam*); **zum ~n [essen] gehen** aller [manger] au restau turque (*fam*)

Türkei <-> *f* **die** ~ la Turquie

türken *tr V pej fam* truquer (*fam*)

Türkin <-, -nen> *f* Turque *f*

türkis *Adj* turquoise *inv*; **~e Socken** des chaussettes turquoise

Türkis[1] [tʏr'ki:s] <-es, -e> *m* MINER turquoise *f*

Türkis[2] <-> *nt* turquoise *m*

türkisch ['tʏrkɪʃ] I. *Adj* turc(turque)
II. *Adv* ~ **miteinander sprechen** discuter en turc; *s. a.* **deutsch**

Türkisch <-[s]> *nt kein Art* (*Sprache, Schulfach*) turc *m*; **auf** ~ en turc; *s. a.* **Deutsch**

Türkische *nt dekl wie Adj* **das** ~ le turc; *s. a.* **Deutsche**

türkisfarben *Adj* turquoise

Türklinke *f* poignée *f* de porte **Türklopfer** *m* heurtoir *m* **Türknauf** *m* bouton *m* de porte

Turm [tʊrm, *Pl:* 'tʏrmə] <-[e]s, =e> *m* ❶ *a.* SCHACH tour *f*
❷ (*Kirchturm, Glockenturm*) clocher *m*
❸ (*Sprungturm*) [grand] plongeoir *m*

Turmalin [tʊrma'li:n] <-s, -e> *m* GEOL tourmaline *f*

Türmchen <-s, -> *nt Dim von* **Turm** tourelle *f*

türmen ['tʏrmən] I. *tr V + haben* empiler
II. *r V + haben* **sich** ~ s'entasser
III. *itr V + sein fam* se casser (*fam*); **lass uns ~!** tirons-nous! (*fam*)

Turmfalke *m* [faucon *m*] crécerelle *f* **turmhoch** I. *Adj* gigantesque II. *Adv* **jdm ~ überlegen sein** être de loin supérieur à qn **Turmspringen** *nt kein Pl* plongeons *mpl* de haut vol **Turmuhr** *f* horloge *f*

Turnanzug *m* tenue *f* de gymnastique **Turnbeutel** *m* sac *m* de sport

turnen ['tʊrnən] I. *itr V + haben* ❶ faire de la gymnastique; **an den Ringen** ~ faire des anneaux; **am Boden** ~ faire de la gymnastique au sol
❷ *+ sein* (*sich flink bewegen*) virevolter
II. *tr V + haben* exécuter *Übung, Kür*

Turnen <-s> *nt* gymnastique *f*; (*Sportunterricht*) E.P.S. *f*

Turner(in) <-s, -> *m(f)* gymnaste *mf*

turnerisch I. *Adj* gymnique
II. *Adv* sur le plan gymnique

Turngerät *nt* appareil *m*; **die ~e** les agrès *mpl* **Turnhalle** *f* gymnase *m* **Turnhemd** *nt* maillot *m* [de gymnastique] **Turnhose** *f* short *m* [de gymnastique]

Turnier [tʊr'ni:ɐ] <-s, -e> *nt* ❶ *a.* HIST tournoi *m*
❷ (*Springturnier*) concours *m*

Turnierpferd *nt* cheval *m* de concours

Turnlehrer(in) *m(f)* professeur *m* de gymnastique, prof *mf* de gym (*fam*) **Turnsaal** *m* A (*Turnhalle*) [salle *f* de] gymnase *m* **Turnschuh** *m* chaussure *f* de sport ► **fit wie ein ~ sein** *fam* péter du feu [*o* de vie] (*fam*)

Turnschuhgeneration *f kein Pl* ≈ génération *f* relax [*o* cool] (*fam*)

Turnstunde *f* cours *m* de gym[nastique] **Turnübung** *f* exercice *m* [gymnique] **Turnunterricht** *m* cours *m* de gymnastique [*o* de gym *fam*]

Turnus ['tʊrnʊs] <-, -se> *m* roulement *m;* **im ~ von zwei Jahren** par roulement de deux ans

Turnverein *m* club *m* de gymnastique **Turnzeug** *nt fam* affaires *fpl* de sport

Türöffner *m* (*Türöffnertaste*) touche *f* d'ouverture automatique de la porte **Türpfosten** *m* montant *m* de porte; **nicht zwischen den ~ durchpassen** ne pas passer dans le chambranle [*o* la porte] **Türrahmen** *m* chambranle *m* **Türschild** *nt* plaque *f* **Türschloss**[RR] *nt* serrure *f* **Türschnalle** *f* A poignée *f* de porte **Türschwelle** *f* seuil *m* **Türspalt** *m* entrebâillement *m*

Türsteher(in) <-s, -> *m(f)* portier *m;* (*in einer Diskothek*) videur *m*

Türstock *m* A (*Türrahmen*) encadrement *m* de porte **Türsturz** *m* linteau *m* [de la porte]

turteln ['tʊrtəln] *itr V* roucouler; [**miteinander**] ~ roucouler

Turteltaube *f* ① tourterelle *f*
② *Pl fam* (*Verliebte*) tourtereaux *mpl*

Türvorleger *m* paillasson *m*

Tusch [tʊʃ] <-es, -e> *m* fanfare *f;* **einen ~ spielen** sonner une fanfare

Tusche ['tʊʃə] <-, -n> *f* encre *f* de Chine

tuscheln ['tʊʃəln] *itr V* murmurer; **es wird viel getuschelt** on raconte pas mal de choses

tuschen ['tʊʃən] *tr V* KUNST dessiner à l'encre de Chine; **sich** (*Dat*) **die Wimpern ~** se mettre du mascara [sur les cils]

Tuschkasten *m* DIAL boîte *f* de peintures à l'eau **Tuschzeichnung** *f* lavis *m*

Tussi ['tʊsi] <-, -s> *f fam* nana *f* (*fam*)

tut [tu:t] *3. Pers Präs von* **tun**

Tüte ['ty:tə] <-, -n> *f* sac *m;* (*klein*) sachet *m;* **eine ~ Bonbons** un sachet de bonbons; **eine ~ Pommes frites** un cornet de frites
▸ [**das**] **kommt nicht in die ~!** *fam* pas question! (*fam*)

tuten ['tu:tən] *itr V Dampfer, Sirene:* corner; **es tutet in der Leitung** il y a de la friture sur la ligne
▸ **von Tuten und Blasen keine Ahnung haben** *fam* [n']y connaître que dalle (*fam*)

Tütensuppe *f* soupe *f* en sachet

Tutor ['tu:to:ɐ] <-s, Tutoren> *m,* **Tutorin** *f* ① UNIV moniteur(-trice) *m(f)*
② SCHULE tuteur(-trice) *m(f)*

TÜV [tʏf] <-, -[s]> *m Abk von* **Technischer Überwachungs-Verein** ① (*Institution*) centre *m* de contrôle technique
② (*Prüfung*) ≈ contrôle *m* technique [biennal]; **zum ~ müssen** ≈ devoir passer au contrôle technique; **durch den ~ kommen** ≈ passer le contrôle technique

i Land & Leute

Tous les véhicules motorisés qui veulent être autorisés à circuler sur la voie publique, doivent d'abord subir un contrôle technique et aller au **TÜV**. Si lors du contrôle aucun défaut n'est à signaler, une vignette attestant du bon fonctionnement du véhicule est collée sur la plaque d'immatriculation arrière. Cette vignette est alors valable deux ans.

TÜV-Plakette *f* AUT *plaquette de contrôle technique*

TV-Serie [te:'faʊze:riə] *f* feuilleton *m* télévisé

Tweed [tvi:t] <-s, -s *o* -e> *m* tweed *m*

Twen [tvɛn] <-[s], -s> *m* moins *mf* de trente ans

Twinset ['tvɪnzɛt] <-[s], -s> *nt o m* twin-set *m*

Twist[1] [tvɪst] <-es, -e> *m* TEXTIL coton *m* retors

Twist[2] <-s, -s> *m* (*Tanz*) twist *m*

Typ [ty:p] <-s, -en> *m* ① (*Menschentyp*) individu *m;* **ein bestimmer ~ von Männern/Frauen** un certain type d'hommes/de femmes; **sie ist nicht der ~ Frau, der schnell aufgibt** ce n'est pas le genre de femme à vite abandonner; **was ist er für ein ~?** quel genre d'individu c'est? (*fam*)
② (*Modell*) modèle *m;* **Computer dieses ~s sind teuer, dieser ~ Computer ist teuer** ce modèle d'ordinateur est cher
③ *sl* (*Kerl, Freund*) mec *m* (*fam*)
▸ **dein ~ wird verlangt!** *fam* ramène ta fraise, on te demande! (*fam*)

Type ['ty:pə] <-, -n> *f* ① (*Drucktype*) type *m,* caractère *m*
② *fam* (*Mensch*) **eine komische ~** un drôle de zèbre [*o* de zigoto *fam*]

Typen ['ty:pən] *Pl von* **Typus**

Typenrad *nt* marguerite *f*

Typenradschreibmaschine *f* machine *f* à marguerite

Typhus ['ty:fʊs] <-> *m* MED typhus *m*

typisch ['ty:pɪʃ] **I.** *Adj* typique; **~ für jdn sein** être typique de la part de qn; **er ist ein ~er Berliner** c'est le Berlinois typique
▸ **das ist** [**mal wieder**] **~!** *fam* c'est typique! (*fam*)
II. *Adv* **~ deutsch** typiquement allemand; **~ Frau/Mann!** typiquement féminin/masculin!; **~ Arthur!** [c'est] signé Arthur!

Typisierung *f* A (*amtliche Zulassung*) *eines Geräts, Fahrzeugs* standardisation *f* des types

Typografie[RR] [-'fi:ən] <-, -n> *f* typographie *f*

typografisch[RR] *Adj* typographique

Typographie [typogra'fi:] *s.* **Typografie**

typographisch [typo'gra:fɪʃ] *s.* **typografisch**

Typologie [typolo'gi:] <-, -n> *f* typologie *f*

Typoskript <-s, -e> *nt* tapuscrit *m*

Typus ['ty:pʊs] <-, Typen> *m* type *m*

Tyrann(in) [ty'ran] <-en, -en> *m(f)* tyran *m*

Tyrannei [tyra'naɪ] <-, -en> *f* tyrannie *f*

tyrannisch [ty'ranɪʃ] **I.** *Adj* tyrannique
II. *Adv* de manière tyrannique

tyrannisieren* *tr V* tyranniser

tyrrhenisch [tʏ're:nɪʃ] *Adj* **das Tyrrhenische Meer** la mer Tyrrhénienne

U u

U, u [u:] <-, -> *nt* U *m*/u *m*
▸ **U wie Ulrich** u comme Ursule

u. *Abk von* **und**

u.a. *Abk von* **unter anderem/anderen**

U.A.w.g. [u:ʔa:ve:'ge:] *Abk von* **Um Antwort wird gebeten** R.S.V.P.

UB [u:'be:] UNIV *Abk von* **Universitätsbibliothek** BU *f*

U-Bahn *f* métro *m* **U-Bahnhof** *m* station *f* de métro **U-Bahn-Linie** *f* ligne *f* de métro **U-Bahn-Station** *f* station *f* de métro

übel ['y:bəl] **I.** *Adj* ① (*unangenehm*) *Geruch, Geschmack* mauvais(e); *Gefühl* pénible
② (*schlimm*) sale *antéposé; Fall* fâcheux(-euse)
③ (*ungut*) *Bursche, Kerl* sale *antéposé;* **er ist kein übler Kerl** c'est pas un mauvais bougre (*fam*)
④ (*verkommen*) mal famé(e)
⑤ (*schlecht*) **jdm ist/wird ~** qn a mal au cœur
II. *Adv* ① (*unangenehm*) **~ riechen/schmecken** sentir/être mauvais; **das schmeckt gar nicht ~** ce n'est pas mauvais du tout
② (*schlecht*) *sich fühlen* mal

U

❸ (*gemein*) *behandeln* mal
Übel <-s, -> *nt* mal *m*
▸ **das kleinere** ~ le moindre mal; **ein notwendiges** ~ un mal nécessaire; **zu allem** ~ pour couronner le tout
übelgelaunt *s.* gelaunt
Übelkeit <-, -en> *f* nausée *f*
übellaunig *Adj* grincheux(-euse); ~ **sein** être de mauvaise humeur **Übellaunigkeit** <-> *f* mauvaise humeur *f*
übel|nehmen *s.* nehmen 11.
übelriechend *s.* riechen I.1.
Übelstand *m* ❶ (*Übel, Missstand*) mal *m* ❷ (*Ungerechtigkeit*) injustice *f* **Übeltäter(in)** *m(f)* malfaiteur(-trice) *m(f)*
übel|wollen *s.* wollen² II.4.
üben ['y:bən] I. *tr V* ❶ (*lernen, trainieren*) travailler, s'entraîner à, s'exercer à *Sprung, Wurf, Sprungtechnik;* **das Kopfrechnen/das Einparken** ~, **kopfrechnen/einparken** ~ s'exercer au calcul mental/à se garer
❷ (*einstudieren*) travailler *Sonate, Lied*
❸ (*beherrschen lernen*) **Klavier/Geige** ~ travailler son piano/son violon
❹ (*schulen*) **sein Gedächtnis** ~ faire travailler sa mémoire
❺ (*praktizieren*) **Gerechtigkeit/Solidarität** ~ faire preuve de justice/de solidarité
II. *r V* ❶ **sich im Lesen/Schwimmen** ~ s'exercer à lire/à nager; **sich im Sprinten/in freier Rede** ~ s'exercer [*o* s'entraîner] au sprint/à improviser un discours
❷ *fig* **sich in Geduld** ~ s'armer de patience
III. *itr V* **mit jdm** ~ (*für die Schule*) travailler avec qn; (*trainieren*) s'entraîner avec qn; *s. a.* **geübt**
über ['y:bɐ] I. *Präp + Dat* ❶ ~ **dem Sofa** au-dessus du canapé
❷ (*zusätzlich zu*) ~ **dem Hemd einen Pulli tragen** porter un pull par-dessus la chemise
❸ (*besser als*) ~ **dem Durchschnitt** au-dessus de la moyenne
❹ (*wegen*) ~ **der ganzen Aufregung** avec toute cette agitation
II. *Präp + Akk* ❶ **ein Poster** ~ **das Sofa hängen** accrocher un poster au-dessus du canapé
❷ (*auf, auf ... entlang*) **den Mantel** ~ **den Stuhl legen** poser le manteau sur la chaise; ~ **den Tisch streichen** passer la main sur la table; **sie strich ihm** ~ **die Wange** elle lui caressa la joue
❸ (*quer hinüber*) ~ **die Straße gehen** traverser la rue; ~ **die Grenze gehen** franchir la frontière; ~ **die Cevennen fliegen** survoler les Cévennes; ~ **das Tal führen** *Brücke:* traverser la vallée; ~ **den Zaun schauen** regarder par-dessus la clôture; **der Blick** ~ **das Tal/die Stadt** la vue sur la vallée/la ville
❹ (*betreffend*) ~ **jdn/etw sprechen** parler de qn/discuter de qc; **sich** ~ **jdn/etw ärgern** se fâcher contre qn/à cause de qc; **ein Buch** ~ **Schiller/Pflanzen** un livre sur Schiller/les plantes
❺ (*in Höhe von*) **ein Scheck/eine Gutschrift** ~ **hundert Euro** un chèque/un avoir de cent euros
❻ (*durch, mittels*) ~ **jdn erfahren, dass** apprendre par [l'intermédiaire de] qn que; ~ **Satellit** par satellite; **etw** ~ **den Rundfunk/das Fernsehen bekannt geben** annoncer qc à la radio/télévision
❼ (*via*) ~ **Dijon nach Lyon fahren** aller à Lyon en passant par Dijon
❽ (*zur Angabe der Dauer*) **den ganzen Tag** ~ toute la journée; ~ **Mittag** entre midi et deux; **den Sommer** ~ pendant l'été; ~ **Ostern/das Wochenende verreisen** partir pour Pâques/le week-end
▸ **Fragen** ~ **Fragen** question sur question
III. *Adv* ❶ (*mehr als*) plus de; **Einkommen** ~ **zehntausend Euro** des revenus de plus de dix mille euros; **bei** ~ **40 °C** au-dessus de 40°
❷ (*älter als*) de plus de; **trau keinem** ~ **dreißig!** ne fais pas confiance aux plus de trente ans!; **etwas** ~ **vierzig sein** avoir un peu plus de quarante ans
▸ ~ **und** ~ **mit Schlamm bespritzt sein** *Person:* être recouvert(e) de boue des pieds à la tête; *Gegenstand:* être complètement recouvert(e) de boue
IV. *Adj fam* ❶ (*übrig*) **es ist noch Reis** ~ il reste encore du riz (*fam*)
❷ (*überlegen*) **jdm** ~ **sein** être supérieur à qn (*fam*); **in diesem Bereich ist er uns** ~ il est bien plus fort que nous dans ce domaine
überall ['y:bɐ'ʔal] *Adv* ❶ partout
❷ (*immer*) ~ **mitreden** avoir toujours quelque chose à dire
überallher *Adv* **von** ~ de partout **überallhin** *Adv* [un peu] partout
überaltert *Adj* suranné(e)
Überalterung <-> *f* sur-vieillissement *m*
Überangebot *nt* suroffre *f;* **ein** ~ **an Waren** un excédent de marchandises
überängstlich *Adj* hyperanxieux(-euse)
überanstrengen* I. *r V* **sich** ~ se surmener; **sich beim Sport** ~ forcer en faisant du sport
II. *tr V* **seine Augen durch etw** ~ s'esquinter les yeux avec qc (*fam*)
überanstrengt *Adj* surmené(e)
Überanstrengung *f* surmenage *m*
überantworten* *tr V geh* ❶ (*anvertrauen*) **etw jdm/einer S.** ~ confier qc à qn/qc
❷ (*ausliefern*) **jdn jdm/einer S.** ~ remettre qn à qn/qc
überarbeiten* I. *tr V* remanier
II. *r V* **sich** ~ se surmener
Überarbeitung <-, -en> *f* ❶ *kein Pl* (*das Bearbeiten*) remaniement *m*
❷ (*Fassung, Version*) édition *f* remaniée
❸ *kein Pl* (*Überanstrengung*) surmenage *m;* **bis zur völligen** ~ *fam* jusqu'à épuisement complet (*fam*)
überaus *Adv geh* extrêmement
überbacken* *tr V unreg* faire gratiner; **etw** ~ faire gratiner qc
Überbau <-baue *o* -bauten> *m* ❶ ARCHIT (*Vorsprung*) superstructure *f*
❷ JUR superstructures *fpl*
❸ <-baue> (*im Marxismus*) superstructure *f*
überbeanspruchen* <überzubeanspruchen> *tr V* épuiser *Person;* présumer *Kräfte;* surmener, malmener *Bandscheiben, Gelenke;* malmener *Motor, Reifen;* surcharger *Regalbrett;* **überbeansprucht sein** *Person:* être surmené(e) [*o* débordé(e)]
Überbeanspruchung *f* surmenage *m*
Überbein *nt* MED kyste *m* [*o* ganglion *m*] synovial
über|bekommen* *tr V unreg fam* commencer à en avoir sa dose de (*fam*) *Person, Streitereien;* commencer à être dégoûté(e) de (*fam*) *Essen*
überbelegen* <überzubelegen> *tr V* entasser les personnes dans *Krankenhaus, Hotel;* **überbelegt sein** être surpeuplé(e); *Kurs:* être [plus que] plein(e)
Überbelegung *f kein Pl* ~ **der Krankenhäuser/Hotels** (*Gen*) (*Aktion*) entassement *m* des gens dans les hôpitaux/hôtels; (*Resultat*) surpeuplement *m* des hôpitaux/hôtels
überbelichten* <überzubelichten> *tr V* surexposer
Überbelichtung *f* surexposition *f*
Überbeschäftigung *f kein Pl* suremploi *m*
überbetonen* <überzubetonen> *tr V* trop insister [sur] *Aspekt, Faktor*
Überbevölkerung *f kein Pl* surpopulation *f*
überbewerten* <überzubewerten> *tr V* ❶ (*zu gut bewerten*) surnoter *Leistung*
❷ (*zu wichtig nehmen*) surestimer; **ich würde das nicht** ~ je n'y attacherais pas trop d'importance
Überbewertung *f kein Pl* (*Einschätzung*) surévaluation *f,* surestimation *f*
überbezahlen* <überzubezahlen> *f* surpayer

Überbezahlung *f* surpaye *f*

überbietbar *Adj* **ein Stil von kaum ~er Eleganz** un style d'une élégance inégalable; **das ist kaum ~** c'est difficilement égalable; **das ist nicht mehr ~** c'est un comble

überbieten* *unreg* **I.** *tr V* ① SPORT battre; **etw um etw ~** battre [*o* améliorer] qc de qc
② (*bei Auktionen*) **jdn/etw um etw ~** surenchérir sur qn/qc de qc
③ (*übertreffen*) **nicht/kaum zu ~ sein** *Arroganz, Schmeichelei:* être inégalable/difficilement égalable; **an Sarkasmus kaum/nicht zu ~ sein** être [*o* faire preuve] d'un sarcasme difficilement égalable/sans égal(e)
II. *r V* **sich** [**gegenseitig**] **an Höflichkeit/Mut ~** rivaliser de politesse/de courage

Überbietung <-, -en> *f eines Rekords* amélioration *f*

über|bleiben *itr V unreg* + *sein fam* **etwas Soße wird ~** il restera un peu de sauce (*fam*); **damit nichts überbleibt** [afin] qu'il n'y ait pas de restes (*fam*)

Überbleibsel ['y:bɐblaɪpsəl] <-s, -> *nt meist Pl* vestige *m; eines Essens* reste *m*

Überblendung *f* ① CINE, TV (*Bild*) fondu *m* enchaîné
② RADIO, MUS (*Ton*) fondu *m*

Überblick *m* ① (*Sicht*) vue *f* d'ensemble; **~ über etw** (*Akk*) vue *f* d'ensemble de qc
② *fig* **ein kurzer ~ über etw** (*Akk*) un bref aperçu de qc
③ (*Übersicht*) **sich** (*Dat*) **einen ~ über etw** (*Akk*) **verschaffen** se faire une idée d'ensemble de qc; **den ~ verlieren** ne plus savoir [exactement] où on en est; **den ~ über seine Finanzen verlieren** ne plus savoir [exactement] où en sont ses finances; **ihm fehlt der ~** il n'a pas une vue très claire des choses

überblicken* *tr V* ① (*überschauen*) **etw ~ können** pouvoir embrasser qc du regard; **von hier aus kann man das Tal gut ~** d'ici on peut embrasser toute la vallée du regard
② (*einschätzen*) avoir [*o* se faire] une idée globale de *Aktivitäten, Arbeitsgebiet;* estimer l'ampleur de *Lage;* **die Lage rasch ~** saisir rapidement la situation

überbordend *Adj Temperament* exubérant(e); *Phantasie* débordant(e)

überbreit *Adj Reifen* très large; **ein ~er Schwertransporter** un convoi grande largeur

Überbreite *f* largeur *f* hors norme; **mit ~** excessivement large

überbringen* *tr V unreg* remettre; transmettre *Nachricht*

Überbringer(in) <-s, -> *m(f)* porteur(-euse) *m(f);* **der ~ der Nachricht** le messager

überbrückbar *Adj Differenzen, Gegensätze* surmontable

überbrücken* *tr V* ① (*bewältigen*) pallier à, surmonter *Situation, Schwierigkeit;* **wie soll ich die zwei Wochen ~?** (*bewältigen*) comment vais-je employer ces deux semaines?; (*finanziell bestreiten*) de quoi vais-je vivre pendant ces deux semaines?
② (*ausgleichen*) concilier *Differenzen, Gegensätze*

Überbrückung <-, -en> *f* ① *von Schwierigkeiten* résolution *f* [provisoire]; **zur ~ dieses Zeitraums** pour tenir pendant cette période
② (*Ausgleich*) *von Differenzen, Gegensätzen* conciliation *f*

Überbrückungsgeld *nt* allocation *f* temporaire; (*für Existenzgründer*) ≈ aide *f* à la création et à la reprise d'entreprise

Überbrückungskredit *m* crédit-relais *m*

überbuchen* *tr V* surbooker *Hotel, Flug*

überdachen* *tr V* couvrir; **überdacht** couvert(e)

überdauern* *tr V* survivre à *Winter, Krieg*

über|decken¹ *tr V fam* **jdm etw ~** recouvrir qn de qc

überdecken*² *tr V* recouvrir *Wand, Bild, Farbschicht;* masquer *Geruch, Geschmack;* **etw mit etw ~** recouvrir/masquer qc de qc

überdehnen* *tr V* distendre; [**sich** (*Dat*)] **etw ~** [se] distendre qc

überdenken* *tr V unreg* reconsidérer; **etw** [**noch einmal**] **~** reconsidérer qc

überdeutlich **I.** *Adj* très [*o* parfaitement] explicite; *Absicht* évident(e)
II. *Adv* de la façon la plus claire qui soit

überdies *Adv geh* en outre

überdimensional *Adj* démesuré(e)

Überdosis *f* (*bei Medikamenten*) surdose *f;* (*bei Drogen*) overdose *f;* **eine ~ Schlaftabletten/Rauschgift** une surdose de somnifères/une overdose [de drogue]

überdrehen* *tr V* forcer *Schraube, Motor;* **seine Uhr ~** forcer sa montre en la remontant

überdreht *Adj fam* surexcité(e) (*fam*)

Überdruck <-drücke> *m* surpression *f*

Überdruckventil [-vɛ-] *nt* soupape *f* de sûreté [*o* de sécurité]

ÜberdrussRR <-es>, **Überdruß** <-sses> *m* dégoût *m,* nausée *f,* saturation *f;* **etw aus ~ an etw** (*Dat*) **tun** faire qc par dégoût de qc; **bis zum ~** [jusqu']à satiété

überdrüssig ['y:bɐdrʏsɪç] *Adj* **eines Menschen/einer S. ~ sein/werden** en avoir/commencer à en avoir [plus qu']assez d'une personne/de qc

überdüngen* *tr V* **etw ~** abuser d'engrais pour qc; **ein überdüngtes Gelände** un terrain pollué par un abus d'engrais

Überdüngung <-, -en> *f der Äcker* fertilisation *f* excessive; *der Gewässer* eutrophication *f*

überdurchschnittlich **I.** *Adj* supérieur(e) à la moyenne
II. *Adv* **~ gut sein** être meilleur(e) que la moyenne; **~ viel** [**Geld**] **verdienen** gagner plus [d'argent] que la moyenne

übereck [y:bɐ'ʔɛk] *Adv* en diagonale [dans le/un coin]

Übereifer *m* excès *m* de zèle; **etw im ~ tun** faire qc dans son empressement

übereifrig *Adj* trop zélé(e)

übereignen* *tr V geh* **jdm etw ~** transmettre la propriété de qc à qn

Übereignung <-, -en> *f* transfert *m* de propriété

übereilen* *tr V* précipiter

übereilt **I.** *Adj* précipité(e)
II. *Adv* précipitamment

übereinander *Adv* ① **~ legen** empiler; **~ liegen** *zwei Dinge:* être posé(e)s l'un(e) sur l'autre; *mehrere Dinge:* être posé(e)s les un(e)s sur les autres; **die Bücher liegen ~ auf dem Tisch** les livres sont sur la table, l'un sur l'autre; **die Handtücher liegen ~ im Schrank** les serviettes sont dans le placard, l'une sur l'autre; **~ schlagen** croiser *Beine*
② (*über sich*) **~ reden** parler l'un sur l'autre

übereinander|legen *s.* **übereinander 1.**

übereinander|liegen *s.* **übereinander 1.**

übereinander|schlagen *s.* **übereinander 1.**

überein|kommen [y:bɐ'ʔaɪn-] *itr V unreg* + *sein* **~ etw zu tun** convenir de faire qc, se mettre d'accord pour faire qc; **mit jdm ~** se mettre d'accord avec qn

Übereinkommen *nt* accord *m;* **stillschweigendes ~** accord tacite; **ein ~ treffen** passer un accord; **in etw** (*Dat*) **ein ~ erzielen** parvenir à un accord sur qc

Übereinkunft <-, -̈e> *f* accord *m;* **eine ~ erzielen** parvenir à un accord

überein|stimmen *itr V* ① **mit jdm in einer Frage ~** être d'accord avec qn sur une question; **mit jdm** [**darin**] **~, dass** convenir avec qn que + *indic;* **sie stimmen überein** leurs avis concordent
② (*sich gleichen*) **mit etw ~** être conforme à qc

übereinstimmend **I.** *Adj Aussage, Meldung* concordant(e); *Ansicht, Meinung* unanime
II. *Adv* unanimement; **~ erklären, dass** déclarer à l'unanimité que + *indic*

Übereinstimmung *f* ① consensus *m;* **in etw** (*Dat*) **~ erzielen** parvenir à un consensus sur qc; **in ~ mit jdm/etw** en accord avec qn/en harmonie avec qc
② (*Gleichheit*) unanimité *f*

überempfindlich I. *Adj* ① *Person* hypersensible
② MED ~ **gegen etw sein** être hypersensible à qc
II. *Adv* ① *reagieren* comme un écorché vif/une écorchée vive
② MED ~ **auf etw** (*Akk*) **reagieren** avoir une réaction allergique à qc
Überempfindlichkeit *f a.* MED hypersensibilité *f*
Überernährung *f* suralimentation *f*
über|essen[1] *r V unreg* **sich** (*Dat*) **etw** ~ se dégoûter de qc
überessen[2] <überisst, überaß, übergessen> *r V* **sich an etw** (*Dat*) ~ se gaver [*o* se bourrer] de qc
überfahren* *tr V unreg* ① écraser *Person, Tier*
② (*nicht beachten*) griller *Stoppschild;* brûler, griller *Ampel;* dépasser *Linie*
③ *fam* (*übertölpeln*) embobiner (*fam*)
Überfahrt *f* traversée *f*
Überfall *m* attaque *f* [à main armée], agression *f;* **der ~ auf jdn/etw** l'agression de qn/l'attaque de qc
überfallen* *tr V unreg* ① agresser *Person;* attaquer *Bank*
② *geh* (*überkommen*) **jdn** ~ *Heimweh, Müdigkeit:* gagner qn; **Furcht überfiel ihn** il se sentit envahi par la peur (*soutenu*)
③ *hum fam* (*besuchen*) **jdn** ~ débarquer chez qn sans crier gare (*fam*)
④ (*bestürmen*) **jdn mit etw** ~ assaillir qn de qc
überfällig *Adj* ① *Zug, Schiff, Lieferung* en retard; *Zahlung, Raten* en souffrance; **seit einer Woche ~ sein** *Zahlung, Raten:* être en souffrance depuis huit jours
② (*angebracht*) [**längst**] ~ **sein** *Entschuldigung, Brief:* s'imposer depuis longtemps
Überfallkommando, Überfallskommando *nt* A *fam* police *f* secours; **das ~ alarmieren** appeler police secours
überfischen* *tr V* dépeupler [par la surpêche]; **etw** ~ dépeupler qc [par la surpêche]
überfliegen* *tr V unreg* ① survoler *Gebiet, Meer*
② (*ansehen*) survoler, parcourir *Artikel, Buch*
über|fließen *itr V unreg + sein* ① (*überlaufen*) déborder
② *fig geh* **vor Mitleid** ~ déborder de pitié
überflügeln* *tr V* surpasser *Person;* **jdn weit** ~ surclasser qn de loin
Überfluss[RR] *m kein Pl* [sur]abondance *f;* **Brot im ~ haben** avoir du pain en surabondance; **Bananen sind im ~ vorhanden** il y a des bananes en abondance; **im ~ schwelgen** nager dans l'abondance
▸ **zu allem** ~ pour couronner le tout
Überflussgesellschaft[RR] *f* société *f* d'abondance
überflüssig *Adj* superflu(e); **es ist ~, dass du das machst** il est superflu que tu fasses cela
▸ **ich glaube, ich bin hier** ~ je crois que je suis de trop ici
überflüssigerweise *Adv* inutilement
überfluten* *tr V* inonder *Gebiet, Stadt*
Überflutung <-, -en> *f* inondation *f*
überfordern* *tr V* ① en demander trop à *Person;* **jdn** ~ en demander trop à qn; **sich** ~ se surmener; **mit etw/in etw** (*Dat*) **überfordert sein** être dépassé(e) par qc
② (*überbeanspruchen*) surmener *Herz;* abuser de *Geduld*
Überforderung *f kein Pl* (*körperlich*) surmenage *m;* (*geistig*) exigences *fpl* trop grandes; **er hat Angst vor** ~ il a peur qu'on lui en demande trop
überfragen* *tr V* **mit etw überfragt sein** être incapable de répondre à qc; **da bin ich überfragt** là, tu m'en demandes/vous m'en demandez trop
überfremden* *tr V* envahir *Land;* **ein Land** ~ envahir un pays; **die Angst überfremdet zu werden** la peur d'être envahi(e) par les étrangers
Überfremdung <-, -en> *f* déculturation *f*
Überfuhr <-, -en> *f* A (*Fähre*) bac *m*
überführen* *tr V* ① JUR confondre; **jdn durch etw** ~ confondre qn grâce à qc; **jdn des Drogenhandels** ~ convaincre qn de trafic de drogue
② (*transportieren*) transférer *Patienten, Leichnam;* convoyer *Fahrzeug*
Überführung *f* ① JUR preuve *f* de la culpabilité; **zur ~ des Verdächtigen beitragen** contribuer à prouver la culpabilité du suspect
② (*Transport*) *eines Patienten, Leichnams* transfert *m; eines Fahrzeugs* convoyage *m*
③ (*Brücke*) passage *m* supérieur
Überfülle *f* profusion *f*
überfüllt *Adj Schulklasse, Kurs* surchargé(e); *Gebäude, Lager* bondé(e)
Überfüllung *f* encombrement *m;* **wegen ~ geschlossen** complet
Überfunktion *f* hyperfonctionnement *m;* ~ **der Schilddrüse** hyperthyroïdie *f*
Übergabe *f* ① remise *f*
② MIL reddition *f*
Übergang <-gänge> *m* ① (*Wechsel*) passage *m;* **der ~ von der Schule zum Beruf** la transition entre l'école et la profession
② (*Überleitung*) transition *f;* **etw ohne ~ tun** faire qc sans transition
③ (*Grenzübergang*) passage *m*
④ (*Überweg*) passage *m* clouté
⑤ *kein Pl* (*Übergangsszeit*) période *f* transitoire
Übergangserscheinung *f* phénomène *m* transitoire **Übergangsfrist** *f* ADMIN, POL période *f* de transition **Übergangsgeld** *nt* ADMIN indemnité *f* transitoire **übergangslos** *Adv* sans transition **Übergangslösung** *f* solution *f* transitoire **Übergangsmantel** *m* manteau *m* demi-saison **Übergangsperiode** *f,* **Übergangsphase** *f* période *f* de transition **Übergangsregelung** *f* réglementation *f* transitoire **Übergangsregierung** *f* gouvernement *m* de transition **Übergangsstadium** *nt* état *m* transitoire **Übergangszeit** *f* (*Zeit des Übergangs*) période *f* transitoire [*o* de transition]
Übergardine *f* double rideau *m*
übergeben* *unreg* I. *tr V* ① (*überreichen*) remettre; **jdm etw** ~ remettre qc à qn
② (*ausliefern*) **jdn jdm** ~ remettre qn à qn
③ MIL **etw an jdn** ~ livrer qc à qn
II. *r V* **sich** ~ vomir
über|gehen[1] *itr V unreg + sein* ① (*überwechseln*) **zu etw** ~ passer à qc; **dazu ~ etw zu tun** en venir à faire qc
② (*übertragen werden*) **in jds Besitz** (*Akk*) ~ devenir propriété de qn
③ (*sich wandeln*) **in Regen** (*Akk*) ~ tourner à la pluie; **in Gärung/Fäulnis** ~ commencer à fermenter/à pourrir; **in Verwesung** ~ entrer en décomposition
④ (*verschwimmen*) **ineinander** ~ *Farben, Linien:* se fondre
übergehen*[2] *tr V unreg* ① oublier *Person;* **jdn bei/in etw** (*Dat*) ~ oublier qn lors de/dans qc
② (*nicht beachten*) passer outre *Einwand, Frage*
③ (*auslassen*) sauter, passer *Abschnitt, Punkt, Text*
übergenau *Adj* (*sehr genau*) méticuleux(-euse); (*zu genau*) pointilleux(-euse); **bei der Arbeit ~ sein** être méticuleux/pointilleux dans son travail
übergenug *Adv* plus qu'assez
übergeordnet *Adj* ① *Problem* supérieur(e)
② GRAM, LING *Satz* principal(e); *Begriff* générique
③ (*vorgesetzt*) **die ~en Behörden** les supérieurs *mpl* [hiérarchiques]
Übergepäck *nt* excédent *m* de bagages
übergeschnappt ['y:bɐgəʃnapt] *Adj fam* maboul(e) (*fam*)
Übergewicht *nt kein Pl* ① excès *m* de poids, surcharge *f* pondérale (*form*); ~ **haben** *Person:* faire de la surcharge pondérale (*form*); *Koffer, Brief:* être trop lourd(e)
② (*Vormachtstellung*) prépondérance *f*
übergewichtig *Adj* qui a un excédent de poids; ~ **sein** avoir

un excédent de poids
übergießen* *tr V unreg* **etw mit Wasser** ~ arroser qc d'eau; **sich mit etw** ~ s'asperger de qc
überglücklich *Adj Person* extrêmement heureux(-euse), comblé(e) de bonheur; *Miene* radieux(-euse); ~ **sein** être extrêmement heureux(-euse); ~ **sein, dass** être si [*o* tellement] heureux(-euse) que + *subj*
über|greifen *itr V unreg* **auf etw** (*Akk*) ~ gagner qc
Übergriff *m* acte *m* de violence, abus *m;* ~**e der Polizei** des brutalités *fpl* policières
übergroß *Adj Kleidungsstück* de grande taille; *Teppich, Bett* de grandes dimensions; *Möbelstück* de taille imposante
Übergröße *f* grande taille *f;* **in** ~ en grande taille
über|haben *tr V unreg fam* ❶ (*satt haben*) **jdn/etw** ~ en avoir marre de qn/qc (*fam*), en avoir ras le bol de qn/qc (*fam*)
❷ DIAL (*übrig haben*) **ich habe noch zwei Äpfel über** il me reste encore deux pommes
❸ (*übergehängt haben*) **einen Mantel** ~ avoir mis un manteau
überhandRR ~ **nehmen** (*sich häufen*) se multiplier; (*stark anwachsen*) prendre des proportions démesurées
überhand|nehmen *s.* **überhand**
Überhang *m* ❶ GEOG surplomb *m*
❷ (*Überangebot*) ~ **an Waren** (*Dat*) excédent *m* de marchandises; ~ **an Ingenieuren** trop grand nombre *m* d'ingénieurs
über|hängen1 *itr V unreg* + *haben* ❶ (*hinausragen*) *Ast, Zweig:* dépasser
❷ (*vorragen*) *Felswand, Fassade:* être en surplomb; **nach vorn** ~ faire une avancée
über|hängen2 *tr V* [**sich** (*Dat*)] **die Tasche/das Gewehr** ~ mettre son sac/fusil en bandoulière; [**sich** (*Dat*)] **eine Jacke** ~ [se] mettre une veste sur les épaules
Überhangmandat *nt* mandat *m* supplémentaire
überhap[p]s *Adv* A, SDEUTSCH *fam* (*ungefähr*) à peu près
überhasten* *tr V* précipiter
überhastet I. *Adj* précipité(e)
II. *Adv sprechen* précipitamment; *sich entscheiden* dans la précipitation
überhäufen* *tr V* ❶ (*überschütten*) **jdn mit etw** ~ accabler qn de qc
❷ (*bedecken*) **etw mit etw** ~ couvrir qc de qc
überhaupt [y:bɐˈhaʊpt] *Adv* ❶ (*eigentlich*) **was fällt dir** ~ **ein?** qu'est-ce qui te prend?; **was soll das** ~**?** qu'est-ce que ça signifie?; **wissen Sie** ~**, wie spät es ist?** vous avez vu l'heure?
❷ (*abgesehen davon, zudem*) vraiment, absolument; **und** ~ **geht dich das gar nichts an!** *fam* et d'abord, ça ne te regarde absolument pas! (*fam*)
❸ *verstärkend* (*ganz und gar*) **ich habe** ~ **keine Zeit** je n'ai absolument pas une minute [de libre]; **ohne Einladung kommt hier** ~ **keiner rein!** sans invitation, il est absolument impossible d'entrer!; **wenn** ~**, dann komme ich nicht vor 20 Uhr** si jamais je viens, ce ne sera pas avant 20 heures; ~ **nicht** [pas] du tout, absolument pas; ~ **nichts** [**mehr**] [plus] rien du tout, absolument [plus] rien; ~ [**noch**] **nie** [encore] jamais
überheblich [y:bɐˈhe:plɪç] *Adj* arrogant(e)
Überheblichkeit <-, *selten* -en> *f* arrogance *f*
überheizen* *tr V* surchauffer
überhitzen* *tr V* ❶ AUT chauffer
❷ (*zu stark erhitzen*) chauffer trop
überhitzt *Adj* ~ **sein** *Motor:* chauffer; *fig Konjunktur:* être surchauffé(e); **das** ~**e Wirtschaftswachstum** la surchauffe de la croissance économique
Überhitzung *f a. fig* surchauffe *f*
überhöht *Adj* excessif(-ive)
überholen*1 I. *tr V* ❶ (*vorbeifahren*) doubler, dépasser
❷ (*übertreffen*) devancer *Mitbewerber, Konkurrenz*
❸ (*instand setzen*) réviser *Fahrzeug, Motor, Bremse*
II. *itr V* dépasser, doubler; **vor/nach dem Überholen** avant de dépasser/après avoir dépassé
über|holen2 *itr V* NAUT rouler; **nach Steuerbord** ~ pencher à tribord; **hol über!** virez!
Überholmanöver *nt* dépassement *m* **Überholspur** *f* voie *f* de gauche [*o* réservée au dépassement]
überholt *Adj Ansichten, Moral* dépassé(e)
Überholverbot *nt* interdiction *f* de dépasser [*o* doubler]; **es besteht** ~ il est interdit de dépasser [*o* doubler] **Überholvorgang** *m* dépassement *m*
überhören* *tr V* ❶ (*nicht hören*) ne pas entendre
❷ (*nicht hören wollen*) ignorer; **das möchte ich überhört haben!** j'aimerais mieux être sourd(e) que d'entendre ça
ÜberichRR *nt* PSYCH surmoi *m*
überinterpretieren* *tr V* aller trop loin dans l'interprétation; **etw** ~ aller trop loin dans l'interprétation de qc
überirdisch *Adj* surnaturel(le)
überkandidelt [ˈy:bɐkandi:dəlt] *Adj fam* loufoque (*fam*)
Überkapazität *f* (*zu hohe Produktion*) surcapacité *f;* (*zu hohe Belegschaft*) sureffectif *m*
überkleben* *tr V* recouvrir; **etw mit etw** ~ recouvrir qc avec qc
über|kochen *itr V* + *sein* déborder
überkommen*1 *unreg tr V* **jdn** ~ *Gefühl:* s'emparer de qn; **plötzlich überkam sie Mitleid** un sentiment de pitié s'empara soudainement d'elle; **mich überkam so eine Ahnung, dass** j'ai eu le pressentiment que + *indic;* **es überkam mich plötzlich** ça a été plus fort que moi
überkommen2 *Adj geh Brauch* transmis(e) de génération en génération; **die** ~**en Traditionen pflegen** cultiver les traditions transmises
überkreuzen* I. *tr V* croiser *Arme, Beine*
II. *r V* **sich** ~ se croiser
überkrusten* *tr V* GASTR glacer
überladen*1 *tr V unreg* surcharger *Auto, Akku*
überladen2 *Adj* surchargé(e)
überlagern* *tr V* masquer
Überlagerung *f* superposition *f*
Überlandbus *m* autocar *m* [interurbain] **Überlandleitung** *f* ligne *f* à haute tension
überlang *Adj* ❶ COUT de grande longueur
❷ (*von langer Dauer*) *Film, Theaterstück* très long(longue)
Überlänge *f* ❶ COUT grande longueur *f;* ~ **haben** être de grande longueur
❷ CINE, TV **ein Film mit** ~ un film très long
❸ TRANSP **eine Ladung mit** ~ un chargement de longueur exceptionnelle
überlappen* *tr, r V* [**sich**] ~ [se] chevaucher
überlassen* *tr V unreg* ❶ (*zur Verfügung stellen*) **jdm etw** ~ laisser [*o* prêter] qc à qn
❷ (*verkaufen*) **jdm etw** [**preisgünstig**] ~ céder qc à qn [à un bon prix]
❸ (*lassen*) **jdm die Entscheidung/Initiative** ~ laisser qn décider/prendre l'initiative; **es jdm** ~ **etw zu tun** laisser qn décider de faire qc; **es bleibt** [*o* **ist**] **dir** ~ **das zu entscheiden** c'est à toi de décider de cela; **das müssen Sie schon mir** ~**!** laissez-moi plutôt faire!
❹ (*preisgeben*) **sich** (*Dat*) **selbst** ~ **sein** être livré(e) à soi-même; **jdn sich** (*Dat*) **selbst/seinem Schicksal** ~ abandonner qn à soi-même/son destin
Überlassung <-, -en> *f eines Autos, einer Wohnung* mise *f* à disposition
Überlassungsvertrag *m* JUR contrat *m* de mise à disposition
überlasten* *tr V* ❶ surcharger *Träger, Mitarbeiter, Stromnetz;* solliciter trop *Organ, Bandscheiben;* **mit Arbeit überlastet sein** être surchargé(e) de travail
❷ TELEC encombrer *Telefonnetz*

Überlastung <-, -en> *f* ❶ (*überlasteter Zustand*) *einer Person* exténuation *f; eines Organs* sollicitation *f* excessive; **nervliche** ~ stress *m*
❷ ELEC, TELEC *des Stromnetzes* surcharge *f; des Telefonnetzes* encombrement *m*
Überlauf *m einer Wanne, Talsperre* trop-plein *m*
überlaufen[*1] *tr V unreg* ❶ (*erschauern lassen*) **es überläuft jdn [heiß und] kalt** qn en a froid dans le dos [*o* des sueurs froides]; **ein Schauer überlief sie** elle fut saisie de frissons
❷ SPORT passer *Hürden, Abwehr, Block*
über|laufen[2] *itr V unreg + sein* ❶ *Badewanne, Tasse, Flüssigkeit:* déborder
❷ (*überwechseln*) *Soldat:* passer à l'ennemi; **zur Konkurrenz** ~ passer à la concurrence
überlaufen[3] *Adj Ort, Gegend* bondé(e)
Überläufer(in) *m(f)* transfuge *m*
überleben* I. *tr V* ❶ survivre; **einen Unfall** ~ survivre à un accident; **wird er die Nacht** ~**?** passera-t-il la nuit?
❷ (*länger leben als*) **jdn um einige Jahre** ~ survivre de quelques années à qn
▸ **du wirst es** ~**!** *iron fam* tu ne vas pas en mourir! (*fam*); **das überlebe ich nicht!** *fam* (*das ist zu komisch*) c'est à mourir [de rire]!; (*das ist zu schlimm*) je ne m'en remettrai pas!
II. *itr V* survivre
III. *r V* **sich** ~ se passer; **sich überlebt haben** être dépassé(e)
Überlebende(r) *f(m) dekl wie Adj* survivant(e) *m(f)*
Überlebenschance *f* chance *f* de survie
überlebensgroß *Adj, Adv* plus grand(e) que nature
Überlebensgröße *f* ▸ **in** ~ plus grand(e) que nature
Überlebenskampf *m* combat *m* [pour survivre] **Überlebenskünstler(in)** *m(f) euph fam personne qui parvient toujours à se sortir de situations dangereuses ou critiques* **Überlebenstraining** *nt* entraînement *m* de survie
überlebt *Adj* qui a fait son temps; *Vorstellungen* dépassé(e)
überlegen[*1] I. *itr V* réfléchir; **ohne zu** ~ sans réfléchir; **überleg/**~ **Sie [doch] mal!** réfléchis/réfléchissez [donc]!
II. *tr V* **[sich** (*Dat*)**] etw** ~ réfléchir à qc; **[sich** (*Dat*)**]** ~**, ob/wann/wie ...** réfléchir si/quand/comment... + *indic;* **es sich** (*Dat*) **noch einmal** ~ réexaminer la question; **es sich** (*Dat*) **anders** ~ changer d'avis; **das muss ich mir noch** ~ il faut que j'y réfléchisse; **das wäre zu** ~ cela mérite réflexion; **ich habe mir diese Entscheidung gut überlegt** j'ai bien réfléchi à cette décision; **das hättest du dir vorher** ~ **müssen** tu aurais dû y réfléchir plus tôt; **wenn man es sich** (*Dat*) **recht überlegt** à la réflexion, tout bien considéré; **hast du dir das auch gut/reiflich überlegt?** est-ce que tu y as bien/suffisamment réfléchi?
über|legen[2] *tr V* **jdm etw** ~ couvrir qn avec [*o* de] qc
überlegen[3] I. *Adj* ❶ *Streitmacht* supérieur(e); *Sieg* écrasant(e); **jdm an Intelligenz** ~ **sein** être supérieur(e) à qn en intelligence
❷ (*herablassend*) *Lächeln, Miene* supérieur(e); ~ **tun** se donner des airs supérieurs [*o* un air supérieur]
II. *Adv* ❶ *siegen* haut la main
❷ (*herablassend*) *lächeln, grinsen* d'un air de supériorité
Überlegenheit <-> *f* ❶ (*überlegener Status*) supériorité *f;* ~ **gegenüber jdm** supériorité *f* par rapport à qn
❷ (*Herablassung*) condescendance *f*
überlegt I. *Adj* réfléchi(e); **das will gut** ~ **sein** cela demande réflexion; **wohl** ~ *geh* mûrement réfléchi(e)
II. *Adv* de façon réfléchie
Überlegung <-, -en> *f* ❶ *kein Pl* (*das Überlegen*) réflexion *f;* **eine** ~ **wert sein** mériter réflexion; **ohne** ~ sans réfléchir
❷ *Pl* (*Erwägungen*) réflexions *fpl;* ~**en zu etw anstellen** réfléchir à qc; **nach reiflichen** [*o* **eingehenden**] ~**en** après mûre réflexion
über|leiten *itr V* **zu etw** ~ introduire qc
überlesen* *tr V unreg* ❶ (*übersehen*) ne pas voir [à la lecture]; **etw** ~ ne pas voir qc [à la lecture]
❷ (*überfliegen*) parcourir
überliefern* *tr V* transmettre; **jdm etw** ~ transmettre qc à qn; **überliefert sein** être transmis(e) de génération en génération
überliefert *Adj* ❶ (*althergebracht*) *Brauch, Brauchtum* transmis(e) de génération en génération, traditionnel(le)
❷ (*tradiert*) *Manuskript, Zeugnis* transmis(e); **im Original/in einer Übersetzung** ~ **sein** être transmis(e) dans l'état original/sous forme de traduction; **bruchstückhaft** ~ **sein** être transmis(e) à l'état de fragment
Überlieferung *f* ❶ *kein Pl* (*das Überliefern*) *einer Legende, Sage* transmission *f;* **die mündliche** ~ la tradition orale
❷ (*das Überlieferte*) document *m* ancien
❸ (*Brauchtum*) tradition *f;* **nach alter** ~ d'après une tradition ancienne
überlisten* *tr V* berner *Person;* déjouer *System*
überm ['y:bɐm] = **über dem** *s.* **über**
Übermacht *f kein Pl* supériorité *f;* **in der** ~ **sein** être supérieur(e) en nombre
übermächtig *Adj* ❶ (*überlegen*) supérieur(e)
❷ (*sehr stark*) *Gefühl, Hass* intense; *Verlangen, Wunsch* impérieux(-euse)
übermalen* *tr V* recouvrir de peinture; **etw** ~ recouvrir qc de peinture
übermannen* *tr V Schmerz, Jähzorn:* envahir; **jdn** ~ *Schmerz, Jähzorn:* envahir qn
Übermaß *nt kein Pl* **ein** ~ **an Arbeit** une surcharge de travail; **ein** ~ **an Verantwortung** une trop grande responsabilité; **ein** ~ **an** [*o* **von**] **Freude** une trop grande joie; **im** ~ à foison
übermäßig I. *Adj* extrême; **das war nicht [gerade]** ~ cela n'avait [vraiment] rien d'exceptionnel
II. *Adv* ❶ *sich anstrengen, bemühen* trop; **sie hat sich nicht** ~ **gefreut** elle ne s'est pas réjouie outre mesure
❷ (*unmäßig*) *trinken, rauchen* trop, sans modération
Übermensch *m* surhomme *m*
übermenschlich *Adj* surhumain(e); **Übermenschliches leisten** réaliser une performance surhumaine
übermitteln* *tr V* transmettre; **[jdm] etw** ~ transmettre qc [à qn]
Übermitt[e]lung <-, -en> *f* **ich bitte um telefonische** ~ **dieser Nachricht** je souhaite que cette nouvelle soit transmise par téléphone
übermorgen *Adv* après-demain; ~ **früh/Abend** après-demain matin/soir; ~ **Vormittag/Nachmittag** après-demain dans la matinée/dans l'après-midi
übermüdet *Adj* épuisé(e); *Augen* extrêmement fatigué(e); ~ **sein** être épuisé(e)
Übermüdung <-, *selten* -en> *f* épuisement *m;* ~ **der Augen** fatigue *f* extrême des yeux
Übermut *m* ❶ (*Leichtsinn*) exubérance *f,* pétulance *f;* **aus** ~ par malice; **er hat seinen** ~ **teuer bezahlt** il a payé cher son exubérance
❷ (*Aufgeregtheit*) excitation *f*
▸ ~ **tut selten gut** *Spr.* ≈ prudence est mère de sûreté
übermütig I. *Adj* ❶ (*ausgelassen*) exubérant(e), pétulant(e)
❷ (*aufgeregt*) turbulent(e), excité(e)
II. *Adv* **sich** ~ **aufführen** être turbulent(e)
übern ['y:bɐn] = **über den** *s.* **über**
übernächste(r, s) *Adj attr* ~**n Sonntag** dimanche en quinze; **am** ~**n Tag** le surlendemain; ~**s Jahr, im** ~**n Jahr** dans deux ans; **Sie sind der Übernächste auf meiner Liste** vous êtes le second sur ma liste; **ich bin als Nächster dran, Sie als Übernächster** c'est moi le suivant, vous passez après [*o* ensuite]
übernachten* *itr V* passer la nuit; **im Hotel/in Basel/bei Freunden** ~ passer la nuit à l'hôtel/à Bâle/chez des amis
übernächtig A, **übernächtigt** [y:bɐ'nɛçtɪçt, y:bɐ'nɛçtɪkt] *Adj* épuisé(e) par une nuit blanche; **du siehst** ~ **aus** on dirait que

tu as passé une nuit blanche

Übernachtung [y:bɐˈnaxtʊŋ] <-, -en> *f* ① *kein Pl* (*das Übernachten*) **eine ~ auf freiem Feld ist nicht jedermanns Sache** passer la nuit à la belle étoile n'est pas du goût de tout le monde
② TOURISMUS nuitée *f*, nuit *f* d'hôtel; **~ mit Frühstück** nuit[ée] avec petit-déjeuner

Übernachtungsmöglichkeit *f* possibilité *f* d'hébergement [pour la nuit]

Übernahme <-, -n> *f* ① (*Inbesitznahme*) *eines Besitzes, Hauses* prise *f* de possession; *einer Firma* prise *f* de contrôle, reprise *f*; **freundliche/feindliche ~** COM rachat amical/hostile
② (*das Übernehmen*) *der Kosten, Verantwortung* prise *f* en charge

Übernahmeangebot *nt* offre *f* publique d'achat, O.P.A. *f*

übernational *Adj* supranational(e)

übernatürlich *Adj* ① (*nicht erklärlich*) surnaturel(le)
② (*übergroß*) **ein Gemälde von ~er Größe** un tableau plus grand que nature

übernehmen* *unreg* **I.** *tr V* ① (*in Besitz nehmen*) reprendre *Besitz, Haus, Firma*
② (*auf sich nehmen*) assumer *Haftung, Schuld, Verantwortung;* se charger *Kosten;* **es ~ etw zu tun** se charger de faire qc
③ (*übertragen bekommen*) reprendre *Geschäftsführung, Vorsitz;* accepter *Auftrag;* prendre *Verteidigung*
④ (*verwenden*) reprendre *Satz, Zitat*
⑤ (*weiterbeschäftigen*) garder *Angestellten, Mitarbeiter;* **jdn ins Angestelltenverhältnis ~** engager qn définitivement comme employé(e); **ins Beamtenverhältnis übernommen werden** être fonctionnarisé(e)
II. *r V* **sich ~** vouloir trop en faire; **übernimm dich/~ Sie sich nur nicht!** *iron fam* [ne] te fatigue/vous fatiguez pas, surtout! (*fam*)
III. *itr V* prendre le relais

übernervös [-vø:s] *Adj* hypernerveux(-euse)

überparteilich *Adj* au-dessus des partis

Überproduktion *f* surproduction *f*

überprüfbar *Adj* vérifiable; **kaum/leicht/schwer ~ sein** être à peine/facilement/difficilement vérifiable; **nicht ~ sein** être invérifiable

überprüfen* *tr V* ① (*durchchecken*) examiner *Bewerber, Kandidaten;* contrôler *Politiker*
② (*kontrollieren*) vérifier l'exactitude de *Angabe, Aussage, Zitat;* contrôler *Papiere, Unterlagen*
③ (*die Funktion nachprüfen*) vérifier *Gerät, Anschlüsse;* réviser *Motor, Wagen*
④ (*erneut bedenken*) reconsidérer *Entscheidung, Gehalt;* réviser *Haltung, Urteil*

Überprüfung *f* ① *kein Pl* (*das Prüfen*) *eines Bewerbers, Kandidaten* examen *m*; *eines Politikers* contrôle *m*
② *kein Pl* (*das Kontrollieren*) *einer Angabe, Aussage* vérification *f*; *von Papieren, Unterlagen* contrôle *m*
③ *kein Pl* (*Funktionsprüfung*) *eines Geräts, einer Anlage* vérification *f*; *eines Motors, Wagens* révision *f*; **den Kundendienst mit der ~ der Hi-Fi-Anlage beauftragen** demander au service après-vente de réviser la chaîne
④ *kein Pl* (*das Überdenken*) *einer Haltung, Entscheidung* révision *f*

über|quellen *itr V unreg + sein* déborder; **vor Briefen/Zeitungen ~** déborder de lettres/journaux

überqueren* *tr V* ① (*passieren*) traverser *Straße, Fluss, Grenze*
② (*hinwegführen*) **etw ~** *Brücke:* franchir qc; *Straße:* traverser qc

Überquerung <-, -en> *f* traversée *f*

überragen*¹ *tr V* ① dépasser *Person;* dominer *Gegenstand;* **jdn um zehn Zentimeter ~** dépasser qn de dix centimètres; **etw um zwei Meter ~** dominer qc de deux mètres
② (*übertreffen*) **jdn an Intelligenz ~** surpasser qn en intelligence

über|ragen² *itr V* être en surplomb; **ein ~der Balken** une poutre en surplomb

überragend *Adj* de premier ordre; *Leistung, Werk* excellent(e)

überraschen* *tr V* ① surprendre; **jdn mit etw ~** faire une surprise à qn avec qc; **ich bin von dieser guten Nachricht völlig überrascht worden** je ne m'attendais pas du tout à cette bonne nouvelle; **lassen wir uns ~!** *fam* on verra bien!
② (*erstaunen*) surprendre, étonner
③ (*unvorbereitet treffen*) **jdn ~** *Gewitter, Flut:* surprendre qn; **jdn bei etw ~** surprendre qn en train de faire qc

überraschend **I.** *Adj* inattendu(e), surprenant(e)
II. *Adv besuchen, abfahren* à l'improviste; *sterben* subitement; **für jdn völlig ~ kommen** prendre qn complètement à l'improviste

überraschenderweise *Adv* de manière inattendue

überrascht **I.** *Adj* surpris(e), étonné(e); **~ sein, dass** être surpris(e) [*o* étonné(e)] que + *subj;* **ich war ~, wie wenig das gekostet hat** j'ai été surpris(e) [*o* étonné(e)] que cela ait coûté si peu
II. *Adv* avec étonnement, d'un air étonné

Überraschung [y:bɐˈraʃʊŋ] <-, -en> *f* ① surprise *f*; **was für eine ~!** ça [pour une surprise], c'est une surprise!
② *kein Pl* (*Erstaunen*) surprise *f*, étonnement *m*; **zu meiner [größten] ~** à ma [grande] surprise

Überraschungsangriff *m* attaque-surprise *f* **Überraschungseffekt** *m* effet *m* de surprise **Überraschungsmoment** *nt* moment *m* de surprise **Überraschungssieg** *m* victoire *f* surprise

Überreaktion *f* réaction *f* excessive

überreden* *tr V* convaincre; **jdn zum Bleiben ~, jdn [dazu] ~ zu bleiben** convaincre [*o* persuader] qn de rester; **sich ~ lassen** se laisser convaincre; **sie musste mich nicht erst groß ~** elle n'a pas eu besoin de me convaincre longtemps

Überredung <-, *selten* -en> *f* persuasion *f*

Überredungskunst *f* art *m* de la persuasion

überregional *Adj* interrégional(e)

überreich *Adv* ① *belohnen* royalement, somptueusement; **jdn ~ beschenken** faire des cadeaux royaux [*o* somptueux] à qn
② (*aufwändig*) *ausstatten, verzieren* somptueusement

überreichen* *tr V* remettre

überreichlich **I.** *Adj Bewirtung, Essen* très copieux(-euse)
II. *Adv bewirten, speisen* très copieusement

Überreichung <-, -en> *f eines Briefs, Preises* remise *f*; **mir ist an einer persönlichen ~ des Geschenks sehr gelegen** je tiens beaucoup à ce que le cadeau lui soit remis en mains propres

überreif *Adj Frucht, Obst* trop mûr(e), blet(te)

überreizen* *tr V* [sur]exciter

überreizt *Adj* ① (*überanstrengt*) *Augen* irrité(e); *Nerven* à vif; **~ sein** être à bout de nerfs
② (*übererregt*) surexcité(e)

Überreizung *f* surexcitation *f*

überrennen* *tr V unreg* ① MIL prendre d'assaut
② (*umstoßen*) renverser

überrepräsentiert *Adj* surreprésenté(e); **in etw** (*Dat*) **~ sein** être surreprésenté(e) à qc

Überrest *m meist Pl* (*Ruinen*) vestiges *mpl*
▶ **jds sterbliche ~e** *euph geh* la dépouille [mortelle] de qn (*littér*)

überrieseln* *tr V* **ein Schauer überrieselte ihn** un frisson lui parcourut l'échine

Überrollbügel *m* arceau *m* de sécurité

überrollen* *tr V* ① (*bezwingen*) renverser *Gegner, Stellung*
② *a. fig* (*überfahren*) écraser

überrumpeln* *tr V* ① *fam* (*übertölpeln*) **jdn ~** embobiner qn (*fam*)
② (*überwältigen*) **den Gegner ~** prendre l'adversaire par sur-

prise

Überrump[e]lung <-, -en> *f* ❶ (*Übertölpelung*) **etw durch ~ von jdm erreichen** atteindre qc en embobinant qn
❷ (*Überwältigung*) **die ~ des Gegners gelang** l'adversaire put être pris par surprise

überrunden* *tr V* ❶ SPORT doubler *Läufer*
❷ (*übertreffen*) surclasser; *Schüler:* surpasser

übers ['y:bɐs] = **über das** *s.* **über**

übersät *Adj* **mit/von etw ~ sein** *Haut, Körper:* être criblé(e) de qc; *Platz, Straße, Boden:* être jonché(e) de qc

übersättigt *Adj* [sur]saturé(e)

Übersättigung *f* [sur]saturation *f*

Überschall *m* fréquence supersonique *f*

Überschallflug *m* vol *m* à vitesse supersonique **Überschallflugzeug** *nt* [avion *m*] supersonique *m* **Überschallgeschwindigkeit** *f kein Pl* vitesse *f* supersonique; **mit ~** à [la] vitesse supersonique **Überschallknall** *m* bang *m* supersonique

überschatten* *tr V* jeter une ombre sur

überschätzen* *tr, r V* **[sich] ~** [se] surestimer

Überschätzung *f* surestimation *f*

überschaubar *Adj* ❶ (*abschätzbar*) *Größe* appréciable; *Konditionen* chiffrable; *Risiko* calculable
❷ (*nicht zu groß*) *Firma, Projekt* dont on garde une bonne vue d'ensemble; **die Redaktion ist ~** on a une bonne vue d'ensemble de la rédaction

Überschaubarkeit <-> *f* **angesichts der ~ der Kosten** étant donné que les coûts peuvent être chiffrés; **eine bessere ~ des Projektes anstreben** chercher à obtenir une meilleure vue d'ensemble du projet

überschauen* *s.* **überblicken**

über|schäumen *itr V + sein* ❶ (*überlaufen*) déborder
❷ *fig* **vor Freude** (*Dat*) **~** être débordant(e) de joie, déborder de joie; **~d** *Lebensfreude, Begeisterung* débordant(e)

überschlafen* *tr V unreg* **etw ~** réfléchir à qc à tête reposée, mettre la nuit à profit pour réfléchir à qc

Überschlag *m* ❶ SPORT roue *f;* **einen ~ machen** faire la roue
❷ (*Berechnung*) estimation *f,* approximation *f;* **einen ~ aller Kosten machen** faire une estimation [approximative] de tous les coûts

überschlagen*¹ *unreg* **I.** *tr V* ❶ (*auslassen*) sauter
❷ (*berechnen*) **die Kosten ~** évaluer [*o* estimer] les coûts [approximativement]; **~, was/wie viel ...** évaluer [*o* estimer] [approximativement] ce que/combien ...
II. *r V* **sich ~** ❶ (*eine Drehung ausführen*) *Akrobat:* faire une culbute; *Fahrzeug:* faire un tonneau
❷ (*schnell aufeinander folgen*) *Ereignisse:* se précipiter; *Nachrichten:* affluer; *Wellen:* se déchaîner
❸ *fam* (*übereifrig sein*) faire du zèle; **sich vor Begeisterung ~** redoubler d'enthousiame
❹ (*schrill werden*) *Stimme:* devenir strident(e)

über|schlagen² *unreg* **I.** *tr V + haben* croiser *Beine*
II. *itr V + sein* **in Hass/Wut** (*Akk*) **~** se transformer en haine/colère

überschlägig ['y:bɐʃlɛ:gɪç] **I.** *Adj* approximatif(-ive)
II. *Adv* approximativement, à peu près

über|schnappen *itr V + sein fam* ❶ (*verrückt werden*) débloquer (*fam*), déconner (*fam*); **du bist wohl übergeschnappt?** ça va pas la tête? (*fam*)
❷ (*sich überschlagen*) devenir strident(e)

überschneiden* *r V unreg* (*zeitlich*) **sich ~** se chevaucher; **sich um wenige Minuten ~** se chevaucher de quelques minutes

Überschneidung <-, -en> *f* chevauchement *m*

überschreiben* *tr V unreg* ❶ (*betiteln*) intituler; **wie soll der Artikel überschrieben werden?** comment l'article doit-il s'intituler?
❷ INFORM reécrir sur *Datei*
❸ (*übertragen*) **seinen Besitz jdm** [*o* **auf jdn**] **~** transférer ses biens à qn, mettre ses biens au nom de qn

überschreien* *tr V unreg* **jdn/etw ~** couvrir les cris de qn/couvrir qc par ses cris

überschreiten* *tr V unreg* ❶ (*überqueren*) traverser, franchir *Grenze, Linie, Fluss*
❷ *fig* (*darüber hinausgehen*) dépasser *Fähigkeiten, Altersgrenze*
❸ (*nicht einhalten*) outrepasser *Befugnisse, Kompetenzen*

Überschreiten <-s> *nt,* **Überschreitung** <-, -en> *f eines Termins* dépassement *m;* **~ der/seiner Befugnisse** [*o* **Kompetenzen**] dépassement du cadre de ses attributions [*o* compétences]

Überschrift *f* [gros] titre *m*

Überschuh *m* protection *f* de chaussure, snow-boot *m* (*vieilli*)

Überschuldung [y:bɐ'ʃʊldʊŋ] <-, -en> *f* surendettement *m*

Überschuss^RR *m a.* COM excédent *m;* **ein ~ an Produkten** un excédent de produits; **ein ~ an Arbeitskräften** un sureffectif; **einen ~ erwirtschaften** réaliser un excédent

überschüssig ['y:bɐʃʏsɪç] *Adj* ❶ COM excédentaire
❷ (*über den Bedarf vorhanden*) **die ~e Energie von Jugendlichen** le trop-plein d'énergie des adolescents

überschütten* *tr V* ❶ (*bedecken*) **etw mit Erde ~** recouvrir qc de terre
❷ *fig* **jdn mit Geschenken ~** couvrir qn de cadeaux; **jdn mit Fragen/Informationen ~** submerger qn de questions/d'informations; **jdn mit Vorwürfen ~** accabler qn de reproches

Überschwang ['y:bɐʃvaŋ] <-[e]s> *m* emballement *m;* **im ~** dans son/mon/... débordement de joie; **etw im ersten ~ tun** faire qc dans un premier moment d'emballement

überschwänglich^RR **I.** *Adj* *Begrüßung, Dank* exubérant(e), très chaleureux(-euse); *Begeisterung* débordant(e)
II. *Adv* très chaleureusement; **sich ~ bedanken** se confondre en remerciements

Überschwänglichkeit^RR <-> *f* exubérance *f,* exaltation *f*

über|schwappen *itr V + sein fam* déborder

überschwemmen* *tr V* ❶ (*überfluten*) *Flut, Hochwasser:* inonder
❷ (*hineinströmen*) **ein Land/eine Stadt ~** *Touristen:* déferler dans [*o* sur] un pays/une ville
❸ COM **den Markt mit etw ~** inonder le marché de qc

Überschwemmung <-, -en> *f* inondation *f*

Überschwemmungsgebiet *nt* (*überschwemmtes Gebiet*) zone *f* inondée; (*Entlastungsgebiet bei Überschwemmungen*) zone inondable **Überschwemmungskatastrophe** *f* inondations *fpl*

überschwenglich *s.* **überschwänglich**

Überschwenglichkeit *s.* **Überschwänglichkeit**

Übersee ▶ **aus ~** (*jenseits der Ozeane*) d'outre-mer, transocéanique; (*von jenseits des Atlantiks*) d'outre-Atlantique; **in ~** outre-mer; outre-Atlantique; **nach ~** outre-mer; outre-Atlantique

Überseedampfer *m* transatlantique *m* **Überseehafen** *m* port *m* maritime international **Überseehandel** *m* (*jenseits der Ozeane*) commerce *m* transocéanique; (*jenseits des Atlantiks*) commerce transatlantique

überseeisch [-ze:ɪʃ] *Adj* (*jenseits der Ozeane*) d'outre-mer; (*jenseits des Atlantiks*) d'outre-Atlantique

übersehbar *Adj* ❶ (*abschätzbar*) évaluable; **noch nicht ~ sein** *Schaden:* ne pas encore pouvoir être évalué(e)
❷ (*übersichtlich*) **ein gut/schwer ~es Gelände** un terrain découvert/accidenté; **~ sein** être visible [dans toute son étendue], pouvoir être embrassé(e) du regard

übersehen*¹ *tr V unreg* ❶ (*nicht sehen*) ne pas voir
❷ (*abschätzen*) **etw ~** mesurer [*o* évaluer] l'ampleur de qc; **die Baukosten sind zu ~** on peut chiffrer les frais de construction
❸ (*überblicken*) **etw ~** avoir une vue d'ensemble de qc, embrasser qc du regard

über|sehen² *tr V unreg fam* (*überdrüssig werden*) **sich** (*Dat*) **etw** ~ ne plus pouvoir voir qc
übersenden* *tr V unreg* **jdm etw** ~ envoyer qc à qn
Übersendung *f* envoi *m;* **darf ich Sie um baldige ~ der Unterlagen bitten?** puis-je vous prier de bien vouloir m'envoyer au plus tôt les documents?
übersetzbar *Adj* traduisible; **nicht ~ sein** être intraduisible
übersetzen*¹ I. *tr V* (*übertragen*) traduire; **etw aus dem Deutschen ins Französische** ~ traduire qc de l'allemand vers le français
II. *itr V* faire une traduction; **am Übersetzen sein** être en train de faire une traduction
über|setzen² I. *tr V + haben* (*zum anderen Ufer*) **jdn** ~ passer [*o* faire passer] qn sur l'autre rive
II. *itr V + sein* **mit der Fähre** ~ passer avec le ferry
Übersetzer(in) *m(f)* traducteur(-trice) *m(f)*
Übersetzung <-, -en> *f* ❶ traduction *f;* (*in die Fremdsprache*) thème *m;* (*in die Muttersprache*) version *f*
❷ TECH *eines Getriebes* transmission *f,* développement *m*
Übersetzungsbüro *nt* bureau *m* de traduction **Übersetzungsfehler** *m* erreur *f* de traduction
Übersicht <-, -en> *f* ❶ *kein Pl* (*Überblick*) vue *f* d'ensemble; **die ~ über etw** (*Akk*) **haben** avoir une vue d'ensemble de qc; **die ~ verlieren** s'y perdre, ne plus s'y retrouver
❷ (*knappe Darstellung*) aperçu *m* [général]; **eine ~ über etw** (*Akk*) un aperçu [général] de qc; **eine ~ in Tabellenform** un tableau synoptique
übersichtlich I. *Adj* ❶ (*rasch erfassbar*) *Darstellung, Form* clair(e)
❷ (*gut zu überschauen*) *Kreuzung, Platz* dégagé(e); *Gelände* découvert(e); *Garten* qu'on peut embrasser du regard
II. *Adv darstellen, erläutern* clairement
Übersichtlichkeit <-> *f* ❶ (*rasche Erfassbarkeit*) clarté *f*
❷ (*übersichtliche Anlage*) vue *f* dégagée
Übersichtskarte *f* carte *f* générale [*o* à grande échelle]
über|siedeln, übersiedeln* *itr V + sein* **nach Berlin/Frankreich** ~ aller s'établir à Berlin/en France; **die Firma ist vor einem Jahr nach Stuttgart übergesiedelt** l'entreprise s'est établie à Stuttgart il y a un an
Übersiedelung *s.* **Übersiedlung**
Übersiedler(in) *m(f) immigré(e)* [*politique*] *de la RDA en RFA*
Übersiedlung <-, -en> *f* déménagement *m;* **eine ~ ins Ausland/nach Hamburg planen** avoir l'intention d'aller s'établir à l'étranger/à Hambourg
übersinnlich *Adj* surnaturel(le), parapsychique
überspannen* *tr V* ❶ (*beziehen*) **Möbel mit etw** ~ recouvrir les meubles de qc
❷ (*hinwegführen*) **etw** ~ *Brücke, Konstruktion:* enjamber qc
❸ (*zu stark spannen*) tendre trop *Saite, Bogen*
❹ (*übertreiben*) **seine Forderungen** ~ exagérer dans ses prétentions
überspannt *Adj* ❶ (*zu hoch*) *Forderungen, Vorstellungen* exagéré(e); *Fantasie* débridé(e)
❷ (*exaltiert*) exalté(e)
überspielen* *tr V* ❶ AUDIOV copier; **etw von einer CD auf eine Kassette** ~ copier qc d'un CD sur une cassette
❷ (*kaschieren*) **etw mit einem Lachen** ~ dissimuler qc derrière un sourire
überspitzt I. *Adj* outrancier(-ière)
II. *Adv darstellen* de manière outrancière; **es handelt sich, ~ formuliert, um ...** il s'agit, si je puis me permettre cette formule outrancière, de ...
überspringen*¹ *tr V unreg* ❶ (*hinwegspringen*) franchir *Höhe, Graben, Zaun;* **ein Hindernis** ~ sauter par-dessus un obstacle, franchir un obstacle d'un bond
❷ (*auslassen*) sauter *Lektion, Klasse*
über|springen² *itr V unreg + sein* ❶ (*sich übertragen*) *Stimmung, Fröhlichkeit:* être communicatif(-ive); **auf jdn** ~ gagner qn
❷ (*übergreifen*) **auf etw** (*Akk*) ~ *Flammen, Feuer:* [se propager et] gagner qc
über|sprudeln *itr V + sein* ❶ *Kochwasser, Suppe:* déborder [en bouillonnant]; *Bier, Sekt:* déborder [en moussant]
❷ *fig* **vor Einfällen** ~ bouillonner d'idées
überspülen* *tr V* submerger
überstaatlich *Adj* supranational(e)
überstehen*¹ *tr V unreg* surmonter *Belastung, Krankheit;* **das Schlimmste ist jetzt überstanden** maintenant, le pire est surmonté
über|stehen² *itr V unreg + haben* dépasser; **auf beiden Seiten einen Meter** ~ *Ladung:* dépasser d'un mètre des deux côtés
übersteigen* *tr V unreg* ❶ (*klettern über*) passer par-dessus
❷ (*hinausgehen über*) dépasser *Fähigkeiten, Kenntnisse, Fantasie;* être au-dessus de *Kräfte*
übersteigern* *tr V* exagérer; **die Preise** ~ surenchérir
übersteigert *Adj Eitelkeit, Selbstbewusstsein* exacerbé(e); *Forderung, Preis* exagéré(e)
Übersteigerung *f einer Forderung* exagération *f; der Preise* surenchérissement *m; der Eitelkeit, des Selbstbewusstseins* exacerbation *f*
überstellen* *tr V* **einen Häftling jdm** [*o* **an jdn**] ~ livrer un prisonnier à qn
übersteuern* I. *itr V Wagen:* survirer
II. *tr V* surmoduler *Anlage*
überstimmen* *tr V* mettre en minorité *Person;* **jdn** ~ mettre qn en minorité; **einen Antrag** ~ rejeter une demande [à la majorité]
überstrapazieren* *tr V* ❶ abuser de
❷ *fig* **einen Begriff** ~ user une notion jusqu'à la corde
überstreichen* *tr V unreg* recouvrir *Wand;* **die Wände mit etw** ~ recouvrir les murs de qc
über|streifen *tr V* **sich** (*Dat*) **etw** ~ enfiler [*o* passer] qc
überströmen* *tr V Gewässer, Fluss:* déborder; **etw** ~ *Gewässer, Fluss:* déborder qc; **von Schweiß/Blut überströmt sein** être couvert(e) de sueur/sang
über|stülpen *tr V* **sich** (*Dat*) **etw** ~ s'enfiler qc sur la tête
Überstunde *f* heure *f* supplémentaire
Überstundenzuschlag *m* majoration *f* pour heures supplémentaires
überstürzen* I. *tr V* précipiter; **nur nichts** ~ il ne faut rien précipiter
II. *r V* **sich** ~ *Ereignisse:* se précipiter; *Nachrichten:* affluer
überstürzt I. *Adj* précipité(e)
II. *Adv* précipitamment
Überstürzung <-> *f einer Abreise* précipitation *f*
übertariflich I. *Adj Bezahlung* hors tarif, hors grilles
II. *Adv* hors barème
überteuert *Adj Preis* exorbitant(e); *Artikel* d'un prix exorbitant
übertölpeln* *tr V* rouler (*fam*); **sich von jdm ~ lassen** se faire rouler par qn (*fam*)
übertönen* *tr V* **jdn** ~ *Person, Geräusch:* couvrir la voix de qn; **etw** ~ *Person, Geräusch:* couvrir [le bruit de] qc
Übertopf *m* cache-pot *m*
Übertrag ['y:bɐtra:k, *Pl:* 'y:bɐtrɛ:gə] <-[e]s, ⸚e> *m* report *m*
übertragbar *Adj* ❶ MED contagieux(-euse), transmissible; **auf jdn ~ sein** être transmissible à qn; **durch Geschlechtsverkehr ~ sein** être sexuellement transmissible
❷ (*auf anderes anwendbar*) **auf etw** (*Akk*) **~ sein** *Maßstab, Methode:* être applicable à qc
❸ ADMIN *Ausweis, Berechtigung* transmissible
Übertragbarkeit <-> *f* MED transmissibilité *f*
übertragen*¹ *unreg* I. *tr V* ❶ RADIO, TV diffuser, retransmettre; **etw live** ~ diffuser qc en direct
❷ *geh* (*übersetzen*) traduire; (*transkribieren*) transcrire; **etw in eine andere Sprache/aus einer anderen Sprache** ~ traduire qc dans une/d'une autre langue

U

❸ MED **etw auf jdn** ~ transmettre qc à qn
❹ *(übernehmen)* **etw auf eine neue Seite/in ein neues Heft** ~ reporter qc sur une nouvelle page/dans un nouveau cahier
❺ *(übergeben)* **jdm die Leitung/Verantwortung** ~ déléguer le commandement/la responsabilité à qn
❻ JUR **etw auf jdn** ~, **jdm etw** ~ transférer qc à qn
❼ *(anwenden)* appliquer *Maßstab, Methode;* **das lässt sich nicht auf deinen Fall** ~ cela ne s'applique pas à ton cas
❽ TECH **das Gewicht auf die Säulen** ~ reporter le poids sur les colonnes
II. *r V* ❶ MED **sich** ~ être contagieux(-euse); **sich auf jdn** ~ se transmettre à qn
❷ *(beeinflussen)* **sich auf jdn** ~ *Begeisterung, Nervosität:* gagner qn
übertragen² I. *Adj Bedeutung, Gebrauch* figuré(e), au figuré
II. *Adv* au [sens] figuré
Überträger(in) *m(f)* porteur(-euse) *m(f)*
Übertragung <-, -en> *f* ❶ *kein Pl (das Senden)* diffusion *f*
❷ *(Sendung)* retransmission *f*
❸ *kein Pl (das Übersetzen)* transcription *f*
❹ *(Übersetzung)* traduction *f*
❺ *kein Pl* MED *einer Krankheit* transmission *f*
❻ *kein Pl (die Übergabe) von Befugnissen* délégation *f*
❼ *kein Pl* JUR *von Besitz* transfert *m*
❽ *kein Pl (das Adaptieren) eines Maßstabes, einer Methode* application *f*
❾ *kein Pl* TECH *von Kraft* transmission *f*
Übertragungsfehler *m* faute *f* de transmission **Übertragungsnetz** *nt* TELEC réseau *m* de transmission **Übertragungsrecht** *nt meist Pl* droits *mpl* de diffusion **Übertragungswagen** *m* véhicule *m* de transmission
übertreffen* *unreg* I. *tr V* ❶ *(besser sein)* surpasser *Person;* **jdn an Ausdauer** ~ surpasser qn en endurance; **er ist nicht zu** ~ il est imbattable
❷ *(hinausgehen über)* **etw an Größe/Höhe** ~ être plus grand(e)/haut(e) que qc; **alle Erwartungen/Befürchtungen** ~ dépasser toutes les attentes/appréhensions
II. *r V* **sich selbst** ~ se surpasser
übertreiben* *unreg* I. *itr V* exagérer, pousser [un peu loin] *(fam)*
II. *tr V* **etw** ~ pousser qc à l'extrême; **es mit der Sauberkeit** ~ exagérer avec la propreté; **ohne zu** ~ sans exagérer; **man kann es auch** ~**!** il ne faut pas forcer la dose! *(fam)*
Übertreibung <-, -en> *f* exagération *f;* **er tendiert zu** ~**en** il a tendance à exagérer
über|treten¹ *itr V unreg + sein* ❶ *Gewässer:* déborder
❷ REL **zu einem anderen Glauben** ~ se convertir à une autre croyance
❸ SPORT mordre sur la ligne
übertreten*² *tr V unreg* enfreindre *Vorschrift, Gesetz*
Übertretung <-, -en> *f* ❶ *(das Übertreten)* infraction *f;* ~ **der Vorschriften** infraction *f* aux directives
❷ *(strafbare Handlung)* infraction *f,* contravention *f*
übertrieben [y:bɐ'tri:bən] I. *Adj* exagéré(e)
II. *Adv* exagérément
Übertritt *m* conversion *f*
übertrumpfen* *tr V* damer le pion à
übertünchen* *tr V* passer une couche de peinture sur
überübermorgen ['y:bɐʔy:bɐmɔrgən] *Adv fam* dans trois jours
überversichern* *tr, r V* **jdn/sich** ~ assurer qn/s'assurer plus qu'il n'est besoin
übervölkert *Adj* surpeuplé(e)
Übervölkerung <-, -en> *f* surpopulation *f*
übervoll *Adj Behälter* plein(e) à ras bord[s]; *Bus, Bahn* bondé(e)
übervorsichtig *Adj* exagérément prudent(e)
übervorteilen* *tr V* escroquer *Kunden;* exploiter *Arbeitnehmer;* **von jdm übervorteilt werden** se faire escroquer par qn

überwachen* *tr V* ❶ *(heimlich kontrollieren)* surveiller *Person, Aktivitäten*
❷ *(beaufsichtigen)* superviser *Ablauf, Ausführung;* contrôler *Produktion, Qualität*
Überwachung <-, -en> *f* ❶ *(Beschattung)* surveillance *f*
❷ *(Kontrolle) eines Ablaufs, einer Ausführung* supervision *f; der Produktion, Qualität* contrôle *m*
Überwachungskamera *f* caméra [vidéo] *f* de surveillance
überwältigen* *tr V* ❶ *(bezwingen)* maîtriser, neutraliser
❷ *geh (übermannen)* **jdn** ~ *Angst, Grauen:* s'emparer de qn; *Schlaf, Müdigkeit:* terrasser qn; **ein Gefühl des Schreckens übermannte ihn** un sentiment d'effroi s'empara de lui
überwältigend *Adj* ❶ *(grandios) Pracht, Spektakel, Landschaft* grandiose; *Gefühl, Schönheit, Eindruck* renversant(e), époustouflant(e); **es hat einen** ~**en Eindruck auf mich gemacht** j'en ai été bouleversé(e)
❷ *(ungeheuer) Erfolg, Mehrheit, Sieg* écrasant(e)
▸ **nicht gerade** ~ pas fameux(-euse) *(fam);* **das ist nicht gerade** ~ ça ne casse pas trois pattes à un canard *(fam)*
über|wechseln *itr V + sein* ❶ *(die Seiten wechseln)* **zu etw** ~ passer à qc; **ins andere Lager** ~ passer dans l'autre camp, passer à l'ennemi; **zu einer anderen Partei** ~ changer de parti
❷ AUT **auf eine andere Spur** ~ passer sur une autre file
Überweg *m* passerelle *f*
überweisen* *tr V unreg* ❶ FIN virer; **Geld auf ein Konto** ~ virer de l'argent sur un compte; **jdm etw auf ein Konto** ~ virer qc à qn sur un compte
❷ MED **jdn zu einem Facharzt** ~ adresser qn à un spécialiste
Überweisung <-, -en> *f* ❶ *(Geldüberweisung)* virement *m*
❷ MED *eines Patienten* transfert *m*
❸ *s.* **Überweisungsschein**
Überweisungsauftrag *m* ordre *m* de virement **Überweisungsformular** *nt* formulaire *m* de virement **Überweisungsschein** *m* MED *formulaire rempli par un médecin pour adresser un malade à un spécialiste*
Überweite *f* ampleur *f* spéciale; ~ **haben** avoir une ampleur spéciale; **in** ~ très ample
über|werfen¹ *tr V unreg* **jdm etw** ~ passer qc à qn, jeter qc sur les épaules de qn; **sich** *(Dat)* **etw** ~ se passer qc
überwerfen*² *r V unreg* **sich** ~ se brouiller; **sich mit jdm** ~ se brouiller avec qn; **habt ihr euch überworfen?** vous vous êtes brouillé(e)s?
überwiegen* *unreg* I. *itr V* ❶ *(hauptsächlich vorkommen) Anbau, Pflanze:* prédominer; **in einer Region** ~ *Anbau, Pflanze:* prédominer dans une région
❷ *(vorherrschen)* **bei jdm** ~ prédominer chez qn; **schließlich überwog sein Mitleid** finalement, sa pitié prit le dessus
II. *tr V* **etw** ~ *Neugier, Langeweile:* l'emporter sur qc
überwiegend I. *Adj Teil* majeur(e) *antéposé; Mehrheit* large *antéposé;* **der** ~**e Anteil** le plus grand nombre
II. *Adv feucht, heiter, trocken* plutôt, la plupart du temps; *zutreffen, falsch sein* dans l'ensemble; **diese Anschuldigungen treffen leider** ~ **zu** la majeure partie de ces accusations sont malheureusement exactes
überwinden* *unreg* I. *tr V* ❶ surmonter *Abneigung, Bedenken, Krise;* se libérer de *Vorurteil;* vaincre *Widerstand;* vaincre, venir à bout de *Problem*
❷ *(besiegen)* vaincre, l'emporter sur *Feind, Gegner*
❸ *(ersteigen)* franchir *Mauer, Drahtverhau*
II. *r V* **sich** ~ faire un effort sur soi-même; **sich zu etw** ~ se résoudre à qc; **sich dazu** ~ **etw zu tun** se forcer [*o* se contraindre] à faire qc
Überwindung <-> *f* ❶ *kein Pl (das Überwinden)* **die** ~ **dieser Sperren wird schwierig werden** il va être difficile de franchir ces barrages; **nach** ~ **aller Schwierigkeiten** après avoir surmonté toutes les difficultés
❷ *(Selbstüberwindung)* effort *m* sur soi-même; **es kostet jdn**

~ **etw zu tun** cela coûte à qn de faire qc; **nur unter größter ~** seulement au prix d'un immense effort sur soi-même
überwintern* *itr V* ① *Person:* passer l'hiver; *Vogel:* hiverner; **im Keller ~** *Topfpflanze:* être entreposé(e) à la cave pour l'hiver
② (*Winterschlaf halten*) **in einer Höhle ~** *Bär:* hiberner dans une tanière
überwuchern* *tr V* envahir
Überwurf *m* A (*Tagesdecke*) couvre-lit *m*
Überzahl *f kein Pl* **in der ~ sein** être supérieur(e) en nombre; **die ~ der Bewerbungen** la plus grande partie [*o* la majorité] des demandes d'emploi
überzahlen* *tr V* surpayer
überzählig ['y:bɐtsɛ:lɪç] *Adj* en trop
überzeugen* I. *tr V* convaincre, persuader; **jdn von etw ~** convaincre [*o* persuader] qn de qc; **jdn davon ~, dass** convaincre [*o* persuader] qn que + *indic;* **sich ~ lassen** se laisser convaincre [*o* persuader]
II. *itr V Person, Argument:* être convaincant(e); **sie überzeugt als Sängerin** elle est une chanteuse qui a du talent
III. *r V* **sich von etw ~** s'assurer [soi-même] de qc; **sich [selbst] davon ~, dass** s'assurer [soi-même] que + *indic;* **~ Sie sich selbst!** constatez par vous-même!, voyez vous-même!
überzeugend I. *Adj* convaincant(e); **~ sein** être convaincant(e); **als Schauspielerin ~ sein** être une bonne actrice
II. *Adv reden* de façon convaincante; **~ klingen** sembler convaincant(e); **sie argumentierte ~** elle a proposé une argumentation convaincante
überzeugt *Adj* ① *Anhänger, Nichtraucher* convaincu(e); **von etw ~ sein** être convaincu(e) [*o* persuadé(e)] de qc; **[davon] ~ sein, dass** être convaincu(e) [*o* persuadé(e)] que + *indic;* **er ist nicht [davon] ~, dass** il n'est pas convaincu [*o* persuadé] que + *subj*
② (*selbstbewusst*) **von sich ~ sein** être convaincu(e) de soi-même
Überzeugung <-, -en> *f* conviction *f;* **aus ~** par conviction; **der ~ sein, dass** avoir la conviction que + *indic,* être convaincu(e) [*o* persuadé(e)] que + *indic;* **zu der ~ gelangen** [*o* **kommen**], **dass** parvenir à la conviction que + *indic;* **meiner ~ nach solltest du die Finger von der Sache lassen** je suis convaincu(e) que tu ne devrais pas t'en mêler
Überzeugungsarbeit *f* effort *m* de persuasion; **~ leisten** se montrer persuasif(-ive) **Überzeugungskraft** *f kein Pl* force *m* de persuasion **Überzeugungstäter(in)** *m(f)* criminel(le) *m(f)* par conviction
überziehen*[1] *unreg* I. *tr V* ① (*bedecken*) *Rost, Schimmel:* recouvrir; **etw ~** *Rost, Schimmel:* recouvrir qc
② *fig* **eine Gegend mit Supermärkten ~** inonder une région de grandes surfaces; **ein Land mit Krieg ~** mettre un pays à feu et à sang
③ (*belasten*) **das Konto um hundert Euro ~** mettre son compte à découvert de cent euros; **mein Konto ist überzogen** mon compte est à découvert
④ (*überschreiten*) **die Sendezeit um sieben Minuten ~** dépasser le temps d'émission de sept minutes
⑤ (*zu weit treiben*) **seine Forderungen ~** pousser ses exigences trop loin; **überzogen** qui va trop loin, exagéré(e)
II. *itr V Person, Sendung:* dépasser son temps d'antenne
über|ziehen[2] I. *tr V unreg* passer, enfiler *Mantel, Pullover;* **soll ich dir einen Pullover ~?** tu veux que je t'enfile un pullover?
▸ **jdm eins ~** *fam* flanquer un coup à qn (*fam*)
II. *r V* **sich etw ~** se passer qc
Überziehung *f* FIN découvert *m*
Überziehungskredit *m* avance *f* sur compte courant **Überziehungszinsen** *Pl* agios *mpl*
überzogen *PP von* **überziehen**[1]
überzüchtet *Adj Tier* dégénéré(e), taré(e); *Motor, Rennmotor* trop poussé(e)
Überzug *m* ① (*Schicht*) couche *f*
② (*Hülle*) housse *f*
üblich ['y:plɪç] *Adj Methode, Verfahren, Preis* usuel(le), habituel(le); *Rabatt* habituellement consenti(e); **wie ~** comme d'habitude; **das ist bei uns/in Italien ~** c'est la coutume [*o* l'usage] chez nous/en Italie
Übliche(s) *nt dekl wie Adj* COM **das ~, hundert Gramm Parmaschinken** comme d'habitude [*o* toujours], cent grammes de jambon de Parme
üblicherweise ['y:plɪçɐ'vaɪzə] *Adv* d'habitude
U-Boot *nt* sous-marin *m*
U-Boot-Besatzung *f* équipage *m* d'un sous-marin
übrig ['y:brɪç] I. *Adj* ① *attr* (*restlich*) **die ~en Teilnehmer/Länder** les autres participants/pays; **die ~en Bücher** les autres livres, les livres restants; **das Übrige** le reste; **alles Übrige** tout ce qui reste
② (*übrig bleibend*) **~ sein** rester
▸ **für jdn etwas/nichts ~ haben** avoir un faible/n'avoir aucune sympathie pour qn; **für etw etwas/nichts ~ haben** être attiré(e)/ne pas être attiré(e) par qc; **ein Übriges tun** en faire encore davantage; **im Übrigen** du reste
II. *Adv* **~ behalten** garder; **~ bleiben** rester; **was ~ bleibt, essen wir morgen** le reste [*o* ce qui reste], nous le mangerons demain; **wie viel ist ~ geblieben?** combien en reste-t-il?; **[jdm] etw vom Kuchen ~ lassen** laisser qc du gâteau [à qn]; **lass noch ein paar Euro ~!** laisse quelques euros de côté!
▸ **jdm bleibt nichts [anderes] ~, als ...** il ne reste plus [rien d'autre à faire] à qn qu'à..., qn n'a plus [rien d'autre à faire] qu'à...; **ihm wird gar nichts anderes ~ bleiben** il ne pourra pas faire autrement; **was bleibt ihm [anderes] ~ als abzuwarten?** qu'est-ce-qu'il peut faire [d'autre] à part attendre?
übrig|behalten* *s.* **übrig II.**
übrig|bleiben *s.* **übrig II.**
übrigens ['y:brɪgəns] *Adv* ① (*nebenbei bemerkt*) au fait
② (*außerdem*) d'ailleurs, de toute façon
übrig|lassen *s.* **übrig II.**
Übung ['y:bʊŋ] <-, -en> *f* ① *kein Pl* (*das Üben*) exercice *m,* entraînement *m;* **zur ~** comme exercice, pour s'exercer [*o* s'entraîner]; **in ~ bleiben** (*physisch*) entretenir sa forme; (*geistig*) entretenir ses connaissances; **aus der ~ kommen** perdre la main; **aus der ~ sein** avoir perdu la main; **das ist alles nur ~** ce n'est qu'une question d'entraînement; **das macht die ~** c'est l'entraînement; **in diesen artistischen Kunststücken steckt viel ~** il y a beaucoup de travail investi dans ces tours d'adresse
② SCHULE, SPORT exercice *m*
③ UNIV travaux *mpl* dirigés
④ MIL exercice *m,* manœuvre *f*
⑤ (*Probeeinsatz*) *der Feuerwehr, des Zivilschutzes* exercice *m* d'alerte
▸ **~ macht den Meister** *Spr.* c'est en forgeant qu'on devient forgeron
Übungsarbeit *f* exercice *m* d'entraînement **Übungsaufgabe** *f* exercice *m* **Übungsbuch** *nt* livre *m* d'exercices **Übungsgelände** *nt* terrain *m* [*o* champ *m*] de manœuvres
UdSSR [u:de:ʔɛsʔɛs'ʔɛr] <-> *f Abk von* **Union der Sozialistischen Sowjetrepubliken** HIST l'U.R.S.S. *f*
UEFA-Cup [u'e:fakap] <-s, -s> *m,* **UEFA-Pokal** *m* coupe *f* de l'U.E.F.A.
Ufer ['u:fɐ] <-s, -> *nt* (*Flussufer, Seeufer*) rive *f,* bord *m;* (*Meeresufer*) littoral *m,* côte *f;* **am ~** sur la rive/le littoral; **am ~ stehen** être au bord de l'eau; **das sichere ~ erreichen** atteindre la rive [*o* côte]; **über die ~ treten** *Fluss:* sortir de son lit
▸ **vom anderen ~ sein** *fam* être pédé (*fam*)
Uferbefestigung *f* ① *kein Pl* (*das Befestigen*) défense *f* de rive, endiguement *m* ② (*Bepflanzung*) plantation *f* destinée à retenir la berge **Uferböschung** *f* berge *f* **Uferlandschaft** *f* paysage *m* fluvial [*o* côtier]
uferlos *Adj* interminable, sans fin

▶ ins Uferlose gehen (*kein Ende nehmen*) ne pas en finir; (*jeden Rahmen sprengen*) exploser
Uferpromenade *f* promenade *f* **Uferstraße** *f* voie *f* sur berge
uff [ʊf] *Interj fam* ouf!
Ufo, **UFO** <-[s], -s> *nt Abk von* **unbekanntes Flugobjekt** OVNI *m*
u-förmigRR, **U-förmig** *Adj* en [forme de] U
Uganda [u'ganda] <-s> *nt* l'Ouganda *m*
Ugander(in) [u'gandɐ] <-s, -> *m(f)* Ougandais(e) *m(f)*
ugandisch *Adj* ougandais(e)
U-Haft *f fam* détention *f* préventive
Uhr [u:ɐ] <-, -en> *f* ❶ (*Standuhr, öffentliche Uhr*) horloge *f;* (*Armbanduhr*) montre *f;* (*Wanduhr*) pendule *f;* (*Kaminuhr*) cartel *m;* **innere** ~ horloge interne [*o* physiologique]; **nach meiner** ~ d'après ma montre
❷ (*bei Zeitangaben*) **um drei** ~ à trois heures; **um zwölf** ~ **mittags** à midi; **es ist fünf** ~ **früh** il est cinq heures du matin; **um wie viel** ~**?** à quelle heure?; **wie viel** ~ **ist es?** quelle heure est-il?
▶ **jds** ~ **ist abgelaufen** *euph* l'heure de qn est venue [*o* a sonné]; **rund um die** ~ vingt-quatre heures sur vingt-quatre
Uhrarmband *nt* bracelet *m* de montre
Uhrenfabrik *f* horlogerie *f* **Uhrenindustrie** *f* industrie *f* horlogère **Uhrenmodell** *nt* modèle *m* de montre
Uhrglas *nt* verre *m* de montre **Uhrkette** *f* chaîne *f* de montre
Uhrmacher(in) *m(f)* horloger(-ère) *m(f)*
Uhrwerk *nt* mouvement *m* d'horlogerie **Uhrzeiger** *m* aiguille *f* [d'une horloge/montre/...]; **der kleine/große** ~ la petite/grande aiguille
Uhrzeigersinn *m* **im** ~ dans le sens des aiguilles d'une montre; **entgegen dem** ~ dans le sens inverse des aiguilles d'une montre
Uhrzeit *f* heure *f*
Uhu ['u:hu] <-s, -s> *m* grand duc *m*
Ukas ['u:kas, *Pl:* 'u:kasə] <-ses, -se> *m iron* [o]ukase *m;* **per** ~ par [o]ukase
Ukraine [ukra'i:nə, u'kraɪnə] <-> *f* l'Ukraine *f*
Ukrainer(in) [ukra'i:nɐ, u'kraɪnɐ] <-s, -> *m(f)* Ukrainien(ne) *m(f)*
ukrainisch [ukra'i:nɪʃ, u'kraɪnɪʃ] I. *Adj* ukrainien(ne)
II. *Adv* ~ **miteinander sprechen** discuter en ukrainien; *s. a.* **deutsch**
Ukrainisch <-[s]> *nt kein Art* ukrainien *m;* **auf** ~ en ukrainien; *s. a.* **Deutsch**
Ukrainische [ukra'i:nɪʃə, u'kraɪnɪʃə] *nt dekl wie Adj* **das** ~ l'ukrainien *m; s. a.* **Deutsche**
UKW [u:ka:'ve:] <-> *Abk von* **Ultrakurzwelle** FM *f;* **auf** ~ en FM
UKW-Empfang [u:ka:'ve:-] *m* réception *f* FM **UKW-Sender** *m* radio *f* FM
Ulk [ʊlk] <-[e]s, *selten* -e> *m fam* blague *f* (*fam*)
ulken ['ʊlkən] *itr V fam* blaguer (*fam*)
ulkig *Adj fam* ❶ (*lustig*) marrant(e) (*fam*)
❷ (*seltsam*) bizarre; ~ **sein** être bizarre; **du bist vielleicht** ~**!** t'as des idées bizarres!
Ulme ['ʊlmə] <-, -n> *f* (*Baum, Holz*) orme *m*
Ulmenkrankheit *f* graphiose *f*
ultimativ [ʊltima'ti:f] I. *Adj* *Drohung* sous forme d'ultimatum; **eine** ~**e Aufforderung/Forderung** un ultimatum
II. *Adv* **etw** ~ **von jdm verlangen** exiger qc de qn en lançant un ultimatum
Ultimatum [ʊltɪ'ma:tʊm] <-s, -s *o* Ultimaten> *nt* ultimatum *m;* **jdm ein** ~ **stellen** lancer un ultimatum à qn
Ultimo ['ʊltimo] <-s, -s> *m* dernier jour *m* du mois; **bis/vor** ~ jusqu'au/avant le dernier jour du mois
Ultra ['ʊltra] <-s, -s> *m* ultra *m*, extrémiste *m*
Ultrakurzwelle [ʊltra'kʊrtsvɛlə] *f* ❶ (*Welle*) onde *f* métrique [*o* très courte] ❷ (*Empfangsbereich*) modulation *f* de fréquence
ultralinks *Adj* d'extrême-gauche **ultramarin** [ʊltrama'ri:n] *Adj* ultramarin(e), outremer *inv* **Ultramarin** <-s> *nt* [bleu *m* d']outremer *m* **ultramodern** *Adj* ultramoderne, hyper-moderne **Ultraschall** *m* ❶ PHYS ultrason *m* ❷ MED échographie *f*
Ultraschallbehandlung *f* MED, TECH traitement *m* par ultrasons **Ultraschallbild** *nt* échographie *f*, image *f* échographique **Ultraschalldiagnostik** *f* échographie *f* **Ultraschallgerät** *nt* échographe *m* **Ultraschalluntersuchung** *f* [examen *m* par] échographie *f* **Ultraschallwellen** *Pl* ultrasons *mpl*
ultraviolett [-vi-] *Adj* ultraviolet(te)
um [ʊm] I. *Präp + Akk* ❶ (*örtlich*) ~ **die Ecke** au coin de la rue; ~ **den Park herum** autour du parc; ~ **sich schlagen/treten** se débattre; **mit Bonbons** ~ **sich werfen** lancer des bonbons dans toutes les directions
❷ (*bei Zeitangaben*) ~ **fünf Uhr/Mitternacht** à cinq heures/minuit
❸ (*ungefähr*) environ; **ihr Urlaub fängt** ~ **den 20. an** son congé commence vers le [*o* aux environs du] 20; ~ **die fünfzig Euro kosten** coûter environ [*o* dans les cinquante] euros
❹ (*hinsichtlich, wegen*) ~ **deinetwillen** [par égard] pour toi; ~ **der Freundschaft willen** par amitié; **er ist** ~ **ihr Wohlergehen besorgt** il est soucieux de son bien-être; **sich** ~ **etw streiten** se disputer au sujet [*o* à cause] de qc; **sich** ~ **jdn/etw kümmern** s'occuper de qc/qc
❺ (*zur Angabe des Ausmaßes*) ~ **zehn Zentimeter größer** [**sein**] [être] plus long(longue) de dix centimètres; ~ **hundert Gramm schwerer** [**sein**] [être] plus lourd(e) de cent grammes; ~ **einiges besser/manches schlechter** [**sein**] [être] un peu mieux/beaucoup plus mal; **das wäre** ~ **nichts besser** ça ne serait amélioré en rien; **es wäre** ~ **vieles anders** cela serait très différent
❻ (*für*) **Zentimeter** ~ **Zentimeter** centimètre par [*o* pour] centimètre; **Minute** ~ **Minute** minute après minute; **Tag** ~ **Tag** jour après jour
II. *Konj* **er kam** ~ **zu siegen** il vint pour [*o* afin de] vaincre
III. *Adv* ~ **sein** être passé(e); **die Frist ist am 14./in drei Tagen** ~ la date limite est le 14/dans trois jours; **die Pause ist gleich/in zwei Minuten** ~ la récréation va être finie/se termine dans deux minutes
um|adressieren* *tr V* changer l'adresse sur
um|ändern *tr V* retoucher *Mantel, Kleid*
um|arbeiten *tr V* ❶ (*umgestalten*) remanier *Entwurf, Manuskript*
❷ *s.* **umändern**
umarmen* *tr V* serrer dans ses bras; **jdn** ~ serrer [*o* prendre] qn dans ses bras; **lass dich** ~**, Bruderherz!** [viens] dans mes bras, mon frère adoré!
Umarmung <-, -en> *f* accolade *f; zweier Liebenden* étreinte *f*
Umbau <-[e]s, -ten> *m* ❶ *kein Pl* (*das Umbauen*) *eines Gebäudes* transformations *fpl;* **sich im** ~ **befinden** être en travaux; **während des** ~**s** pendant les travaux [de transformation]
❷ (*Gebäude*) bâtiment *m* qui a subi des transformations
um|bauen1 I. *tr V* transformer *Gebäude*
II. *itr V* faire des transformations
umbauen*2 *tr V* entourer de constructions; **etw** ~ entourer qc de constructions; **einen Park mit Häusern** ~ entourer un parc de maisons
um|benennen* *tr V unreg* rebaptiser; **ein Schwimmbad in einen Freizeitpark** ~ rebaptiser une piscine parc de loisirs
Umbenennung *f* changement *m* de nom
um|besetzen* *tr V* ❶ CINE, THEAT **eine Rolle** ~ changer la distribution d'un rôle
❷ POL remanier *Ministerium;* redistribuer *Ministerposten*
Umbesetzung *f* ❶ CINE, THEAT *einer Rolle* redistribution *f;* **eine** ~ **vornehmen** procéder à une redistribution
❷ POL *eines Postens, einer Stelle* remaniement *m;* ~ **en vornehmen** procéder à des remaniements ministériels
um|bestellen* I. *tr V* ❶ (*ändern*) *Kunde, Gast:* modifier; **etw** ~

Kunde, Gast: modifier qc
❷ (*früher oder später kommen lassen*) **jdn ~** donner rendez-vous à qn à un autre moment
II. *itr V* modifier sa commande

um|betten *tr V* ❶ MED changer de lit *Kranken;* **jdn ~** changer qn de lit
❷ *euph* transférer *Toten, Gebeine*

um|biegen *unreg* **I.** *tr V + haben* ❶ (*krümmen*) tordre, [re]courber *Draht, Nagel;* **ein umgebogener Draht** un fil de fer tordu [*o* recourbé]
❷ (*verbiegen*) tordre *Arm*
II. *itr V + sein* ❶ (*kehrtmachen*) faire demi-tour
❷ (*abbiegen*) **nach rechts ~** tourner à droite

um|bilden *tr V* POL remanier

Umbildung *f* POL remaniement *m* ministériel

um|binden *tr V unreg* mettre; **[sich** (*Dat*)**] etw ~** [se] mettre qc; **mit umgebundenem Schal** [avec] une écharpe [nouée] autour du cou

um|blättern *itr V* tourner la page

um|blicken *r V* ❶ (*nach hinten blicken*) **sich ~** regarder derrière soi, se retourner; **sich nach jdm/etw ~** se retourner en direction de qn/qc
❷ (*zur Seite blicken*) **sich nach allen Seiten ~** regarder autour de soi

Umbra ['ʊmbra] <-> *f* [terre *f* d']ombre *f*

um|brechen[1] *unreg* **I.** *tr V + haben* ❶ (*umknicken*) coucher
❷ (*umpflügen*) retourner
II. *itr V + sein* se coucher

umbrechen*[2] *tr V unreg* TYP mettre en pages; **einen Text ~** mettre un texte en pages

um|bringen *unreg* **I.** *tr V* ❶ (*töten*) tuer
❷ *fig* **diese Hitze bringt einen noch um!** il fait une chaleur à crever! (*fam*); **dieser Motor ist nicht umzubringen** *fam* ce moteur est increvable
II. *r V* ❶ (*Selbstmord begehen*) **sich ~** se suicider
❷ *fam* (*es übertreiben*) **sich [fast] ~ vor Freundlichkeit** se crever [presque] à être aimable (*fam*)

Umbruch *m* ❶ *kein Pl* (*Einteilung in Seiten*) mise *f* en pages
❷ (*umbrochener Satz*) texte *m* mis en pages
❸ (*Wandel*) changement *m* profond, bouleversement *m;* **sich im ~ befinden** *Gesellschaft:* connaître des changements profonds [*o* des bouleversements]

um|buchen I. *tr V* ❶ TOURISMUS modifier une réservation; **eine Reise ~** modifier une réservation [de voyage]
❷ FIN, COM **einen Betrag ~** virer un montant sur un autre compte
II. *itr V* TOURISMUS modifier une réservation

Umbuchung *f* ❶ TOURISMUS modification *m* de réservation
❷ FIN, COM virement *m* [de compte à compte]

um|denken *itr V unreg* réviser son opinion; **in der Umweltpolitik ist ein Umdenken erforderlich** une approche différente s'impose en matière de politique environnementale

um|dirigieren* *tr V* dévier; **etw in eine andere Stadt ~** dévier qc vers une autre ville

um|disponieren* *itr V* changer ses dispositions

umdrehen I. *tr V + haben* ❶ (*auf die andere Seite drehen*) retourner; **jdn/etw ~** retourner qn/qc
❷ (*herumdrehen*) tourner *Schalter, Schlüssel*
II. *r V + haben* **sich nach jdm/etw ~** se retourner en direction de qn/qc
III. *itr V + haben o sein* faire demi-tour

Umdrehung *f eines Motors* tour *m; einer Kurbelwelle* rotation *f*

umeinander *Adv* **sich ~ kümmern** s'occuper l'un(e) de l'autre; **sich ~ Sorgen machen** se faire du souci l'un(e) pour l'autre

um|fahren[1] *unreg tr V fam* renverser; **er wurde umgefahren** il s'est fait renverser par une voiture

umfahren*[2] *tr V unreg* contourner *Hindernis, Schlagloch;* contourner, éviter *Stau, Straßensperre*

Umfahrung CH *s.* **Umgehung 3.**

Umfall *m* POL *pej fam* retournement *m*

um|fallen *itr V unreg + sein* ❶ (*umkippen*) *Vase, Flasche, Figur:* se renverser; *Baum:* se coucher
❷ (*zu Boden fallen*) tomber [par terre]; **tot ~** tomber raide mort(e) (*fam*)
❸ *pej fam* (*die Aussage widerrufen*) se rétracter, revenir sur ses déclarations

Umfang <-[e]s, Umfänge> *m* ❶ (*Perimeter*) *einer Kugel, eines Himmelskörpers* circonférence *f*
❷ (*Ausdehnung*) *eines Gebiets, Parks, Sees* superficie *f,* surface *f; eines Verlusts, Schadens* étendue *f*
❸ (*Ausmaß*) volume *m;* **in großem ~** dans une large mesure, largement; **in vollem ~** *rehabilitieren* complètement, totalement; **er hat seine Verbrechen in vollem ~ gestanden** il a avoué tous ses crimes

umfangen* *tr V unreg geh* étreindre, enlacer; **jdn ~ halten** tenir qn enlacé(e), étreindre qn

umfangreich *Adj Bibliothek, Werk* riche et varié(e); *Berechnungen, Studien, Vorarbeiten* dans des domaines divers [*o* complexe]

umfassen* *tr V* ❶ (*umschließen*) prendre dans ses bras; **jdn ~** prendre qn dans ses bras; **etw ~** prendre qc dans ses mains [*o* dans ses bras]
❷ (*umgreifen*) *Ringer:* étreindre
❸ (*enthalten*) comprendre

umfassend I. *Adj* ❶ (*weitgehend*) *Vollmachten* étendu(e); *Maßnahmen* de grande envergure
❷ (*alles enthaltend*) complet(-ète); *Bericht, Informationen* complet(-ète), détaillé(e)
II. *Adv* **~ gestehen** faire des aveux complets; **jdn ~ informieren** fournir des informations détaillées à qn; **~ berichten** faire un rapport détaillé

Umfeld *nt* milieu *m*

umfliegen* *tr V unreg Pilot, Flugzeug:* contourner; *Insekt:* voler autour de; **etw ~** *Pilot, Flugzeug:* contourner qc; *Insekt:* voler autour de qc

um|formen *tr V* modifier

Umformer <-s, -> *m* ELEC convertisseur *m* électrique

Umformung *f* transformation *f;* ELEC conversion *f* d'énergie électrique

Umfrage *f* sondage *m;* (*auf der Straße*) micro-trottoir *m;* **eine ~ zu etw/über etw** (*Akk*) **machen** faire un sondage sur qc

umfrieden* *tr V geh* clôturer *Grundstück*

Umfriedung <-, -en> *f* ❶ *kein Pl* (*das Einzäunen*) **die ~ des Grundstücks mit ... ist am billigsten** ce qui revient le moins cher, c'est de clôturer le terrain avec ...
❷ (*Zaun*) clôture *f*

um|füllen *tr V* transvaser; **etw aus einem Gefäß in ein anderes ~** transvaser qc d'un récipient dans un autre

um|funktionieren* *tr V* transformer; **etw zu etw ~** transformer qc en qc

Umgang *kein Pl m* ❶ (*Kontakt, Beschäftigung*) **mit jdm ~ haben** fréquenter qn; **im ~ mit Kindern/Tieren** avec les enfants/animaux; **durch seinen ~ mit der Kunst** grâce à ses rapports avec l'art
❷ (*Freunde, Bekannte*) fréquentations *fpl;* **er ist kein ~ für dich** *fam* ce n'est pas une fréquentation pour toi

umgänglich ['ʊmgɛŋlɪç] *Adj* conciliant(e)

Umgangsformen *Pl* manières *fpl;* **keine ~ haben** ne pas avoir de bonnes manières, être mal élevé(e) **Umgangssprache** *f* (*im täglichen Umgang verwendet*) language *m* courant; (*nachlässige Sprache*) language familier **umgangssprachlich** *Adj* familier(-ière)

umgarnen* *tr V* embobiner (*fam*); **sich von jdm/etw ~ lassen** se faire embobiner par qn/qc

umgeben* *unreg* **I.** *tr V* entourer; **etw mit einer Mauer ~** entourer qc d'un mur; **von Menschen ~ [sein]** [être] entou-

U

ré(e) de gens
II. *r V* **sich mit Künstlern/Bildern** ~ s'entourer d'artistes/de tableaux
Umgebung <-, -en> *f* ❶ (*Gelände*) environs *mpl,* alentours *mpl;* **in unserer nächsten** ~ [tout] à proximité de [chez] nous
❷ (*Menschen*) entourage *m*
Umgegend *f fam* environs *mpl,* alentours *mpl*
um|gehen[1] *itr V unreg* + *sein* ❶ (*behandeln*) **mit jdm/etw** ~ **können** savoir s'y prendre avec qn/qc; **mit jdm rücksichtslos/einfühlsam** ~ traiter qn avec/sans égard; **ich weiß nicht, wie ich mit ihr** ~ **soll** je ne sais pas comment m'y prendre avec elle
❷ (*handhaben*) **mit etw vorsichtig** ~ manier qc avec précaution
❸ (*im Umlauf sein*) *Gerücht, Grippe:* circuler
❹ (*spuken*) **im Schloss** ~ *Gespenst:* hanter le château
umgehen*[2] *tr V unreg* ❶ (*vermeiden*) esquiver; **etw ist nicht zu** ~ qc ne peut pas être évité(e)
❷ (*nicht einhalten*) contourner *Vorschrift, Embargo;* éluder *Gesetz*
umgehend I. *Adj* immédiat(e), dans les délais les plus brefs
II. *Adv* immédiatement, dans les délais les plus brefs
Umgehung <-, -en> *f* ❶ (*das Vermeiden*) **der** ~ (*Dat*) **einer schriftlichen Vereinbarung dienen** permettre d'éviter un accord par écrit
❷ (*die Nichteinhaltung*) **die** ~ **des Embargos unterbinden** empêcher que l'embargo ne soit contourné
❸ (*Umgehungsstraße*) contournement *m*
Umgehungsstraße *f* contournement *m*
umgekehrt I. *Adj* inverse; **in** ~**er Reihenfolge** dans l'ordre inverse, à l'envers; **[es ist] genau** ~**!** [c'est] tout le contraire!
II. *Adv* (*andersherum*) dans l'autre sens
um|gestalten* *tr V* modifier, remanier; **etw grundlegend** ~ modifier [*o* remanier] qc dans ses fondements mêmes
Umgestaltung <-, -en> *f* modification *f,* remaniement *m*
um|gewöhnen* *r V* **sich** ~ changer ses habitudes; **sich schwer** ~ avoir du mal à s'y faire
um|graben *tr V unreg* bêcher
um|gruppieren* *tr V* placer autrement; **die Gäste** ~ placer les invités autrement; **die Exponate** ~ changer la disposition des pièces d'exposition; **in eine andere Tarifgruppe umgruppiert werden** changer d'échelon salarial
umgucken *s.* **umsehen**
Umhang <-[e]s, Umhänge> *m* cape *f*
um|hängen *tr V* ❶ **sich** (*Dat*) **eine Jacke** ~ se mettre une veste sur les épaules; **sich** (*Dat*) **eine Tasche** ~ mettre son sac en bandoulière
❷ (*woandershin hängen*) **etw** ~ changer qc de place, accrocher qc ailleurs
Umhängetasche *f* sac *m* à bandoulière
um|hauen *tr V unreg fam* ❶ abattre *Baum*
❷ (*verblüffen*) souffler (*fam*); **das hat mich umgehauen!** ça m'a coupé le sifflet! (*fam*); **dieses Mädchen haut einen um!** cette fille, elle dégage! (*fam*)
❸ (*unerträglich sein*) **jdn** ~ *Schwüle, Gestank:* couper le souffle à qn
umhegen* *tr V geh* entourer de soins; **jdn/etw** ~ entourer qn/qc de soins; **er wird von ihr umhegt** elle est aux petits soins pour [*o* avec] lui
umher [ʊmˈheːɐ] *Adv* **weit** ~ tout le pays à la ronde
umher|fahren *itr V unreg* + *sein* rouler au hasard [*o* sans but]; **im Viertel** ~ rouler au hasard [*o* sans but] dans le quartier **umher|gehen** *itr V unreg* + *sein* faire les cent pas; **im Zimmer** ~ faire les cent pas dans la pièce; **im Garten/in der Stadt** ~ faire un tour dans le jardin/en ville **umher|irren** *itr V* + *sein* errer, tourner en rond **umher|laufen** *itr V unreg* + *sein* tourner en rond; **im Garten** ~ tourner en rond dans le jardin **umher|wandern** *itr V* + *sein* déambuler; **am Strand** ~ déambuler sur la plage **umher|ziehen** *itr V unreg* + *sein* se déplacer continuellement; **im Land** ~ se déplacer continuellement à l'intérieur d'un pays
umhin|können *itr V unreg* **nicht** ~ **etw zu tun** ne pouvoir faire autrement que de faire qc
um|hören *r V* **sich** ~ se renseigner; **sich nach jdm/etw** ~ se renseigner à propos de qn/qc; **sich in der Stadt** ~ se renseigner en ville
umhüllen* *tr V* envelopper; **jdn/etw mit etw** ~ envelopper qn/qc dans qc
umjubeln* *tr V* acclamer
umkämpft [ʊmˈkɛmpft] *Adj Festung, Stadt* assiégé(e); *Gebiet* de combats; ~ **sein** *Festung, Stadt:* être assiégé(e); *Gebiet:* être le théâtre de combats; **heiß** ~ âprement disputé(e)
Umkehr <-> *f* retour *m;* **sich zur** ~ **entschließen** se décider à faire demi-tour
umkehrbar *Adj* réversible; **nicht** ~ irréversible
um|kehren I. *itr V* + *sein* faire demi-tour; **nach Hause** ~ retourner [*o* rentrer] à la maison
II. *tr V* + *haben geh* renverser *Mandatsverteilung*
Umkehrung <-, -en> *f geh* renversement *m*
um|kippen I. *itr V* + *sein* ❶ *Person:* tomber; *Gegenstand:* se renverser; **mit dem Stuhl/Fahrrad** ~ tomber avec la chaise/en vélo
❷ *fam* (*bewusstlos werden*) tourner de l'œil (*fam*)
❸ *fam* (*die Meinung ändern*) retourner sa veste (*fam*)
❹ ÖKOL *Gewässer:* s'asphyxier
❺ (*umschlagen*) *Stimmung:* changer
II. *tr V* + *haben* renverser
umklammern* *tr V* se cramponner à; **jdn/etw** ~ [*o* **umklammert halten**] se cramponner à qn/qc
Umklammerung <-, -en> *f* étreinte *f;* **sich aus der** ~ **eines Menschen lösen** s'arracher à l'étreinte d'une personne
um|klappen *tr V* rabattre
Umkleidekabine [ˈʊmklaɪdə-] *f* (*im Schwimmbad*) cabine *f;* (*im Geschäft*) cabine d'essayage
um|kleiden *r V geh* **sich** ~ se changer
Umkleideraum *m* vestiaire *m*
um|knicken I. *itr V* + *sein Baum, Mast:* plier; *Pflanze, Stängel:* se casser; **[mit dem Fuß]** ~ *Person, Tier:* se tordre le pied
II. *tr V* + *haben* plier *Seite, Blatt, Pappkarton;* casser *Pflanze, Stängel*
um|kommen *itr V unreg* + *sein* ❶ mourir; **bei etw/in etw** (*Dat*) ~ mourir dans qc
❷ (*verderben*) *Lebensmittel:* pourrir
❸ *fam* (*entkräftet sein*) **vor Hitze/Langeweile** ~ crever de chaud/d'ennui (*fam*); **vor Erschöpfung** ~ être crevé(e) (*fam*)
Umkreis *m* **im** ~ **der Stadt** à la périphérie de la ville; **im** ~ **von zehn Kilometern** dans un rayon de dix kilomètres
umkreisen* *tr V* tourner autour de
um|krempeln [ˈʊmkrɛmpəln] *tr V* ❶ **[sich** (*Dat*)**] die Ärmel/Hosenbeine** ~ retrousser ses manches/son bas de pantalon
❷ *fam* (*durchsuchen*) retourner (*fam*) *Haus, Wohnung*
❸ *fam* (*grundlegend verändern*) tourner la boule à (*fam*) *Person;* chambouler (*fam*) *Firma, Leben*
Umlage *f* participation *f* [financière]
umlagern* *tr V* se presser autour de
Umland *nt kein Pl* périphérie *f*
Umlauf *m* ❶ (*Rundschreiben*) circulaire *f*
❷ (*Rotation*) **der** ~ **der Erde um die Sonne** la rotation de la terre autour du soleil
❸ (*Zirkulation*) **Münzen in** ~ **bringen** mettre des pièces de monnaie en circulation; **ein Gerücht in** ~ **bringen** faire circuler une rumeur, faire courir un bruit; **im** ~ **sein** *Münze, Banknote:* être en circulation; *Gerücht, Parole:* circuler
Umlaufbahn *f* ASTRON orbite *f*
um|laufen *unreg* I. *itr V* + *sein Banknote, Gerücht:* circuler
II. *s.* **umrennen**

Umlaut *m* GRAM voyelle *f* infléchie
um|legen *tr V* ❶ **sich** *(Dat)* **einen Schal** ~ mettre une écharpe; **jdm einen Schal** ~ mettre une écharpe à qn
❷ *(kippen)* actionner *Hebel, Schalter*
❸ *(fällen)* **einen Baum/Mast** ~ *Person, Gerät:* abattre un arbre/poteau; *Sturm:* coucher un arbre/poteau
❹ *fam (zu Boden strecken)* allonger; *sl (umbringen)* zigouiller *(pop)*
❺ *(verteilen)* **die Kosten auf die Beteiligten** ~ répartir les frais entre les participants
❻ *(anders legen)* changer de position *Kabel, Leitung;* **ein Telefonat auf einen anderen Apparat** ~ passer la communication sur un autre appareil
um|leiten *tr V* dévier *Verkehr;* détourner *Fluss, Kanal*
Umleitung *f* déviation *f*
um|lernen *itr V* changer son comportement; *(einen anderen Beruf erlernen)* se reconvertir
umliegend *Adj* alentour *inv;* **die ~en Gemeinden** les communes alentour
Umluft *f kein Pl (im Backofen)* chaleur *f* tournante; *(im Auto, beim Dunstabzug)* air *m* recyclé
Umluftherd *m* four *m* à chaleur tournante
Ummantelung <-, -en> *f* TECH gaine *f*
ummauern* *tr V* entourer; **etw** ~ entourer qc d'un mur
um|melden I. *tr V* **sein Auto** ~ immatriculer sa voiture dans un autre département
II. *r V* **sich** ~ faire un changement d'adresse
Ummeldung *f einer Person* déclaration *f* de changement d'adresse
umnachtet *Adj geh* **geistig ~ sein** n'avoir plus toute sa raison
Umnachtung *f geh* **geistige** ~ démence *f;* **im Zustand der** ~ dans un état de confusion mentale
um|organisieren* *tr V* réorganiser
um|pflanzen *tr V* transplanter *Baum, Pflanze*
um|pflügen *tr V* retourner [à la charrue]; **den Acker** ~ retourner le champ [à la charrue]
um|quartieren* *tr V* faire dormir ailleurs *Person;* **jdn** ~ faire dormir qn ailleurs; **jdn in ein anderes Zimmer** ~ changer qn de chambre
umrahmen* *tr V* encadrer *Gesicht, Bild;* **eine Feier musikalisch** ~ accompagner une fête d'un fond musical
umranden* *tr V* **eine Textstelle rot** ~ entourer un passage en rouge
Umrandung <-, -en> *f* bordure *f*
um|räumen I. *itr V* changer les meubles de place
II. *tr V* changer de place
um|rechnen *tr V* convertir; **Dollars in Euro** ~ convertir des dollars en euros
Umrechnung *f* conversion *f*
Umrechnungskurs *m* cours *m* de conversion, taux *m* de change; **unwiderruflich festgelegte ~e** des taux de change définitivement fixés [*o* fixés de manière irrévocable]
um|reißen *tr V* arracher *Person, Glas*
umreißen* *tr V unreg* esquisser *Situation, Sachverhalt*
um|rennen *tr V unreg* renverser [en courant]; **jdn/etw** ~ renverser qn/qc [en courant]
umringen* *tr V* entourer *Person;* faire cercle autour de *Auto, Haus*
Umriss^RR^ *m einer Person* silhouette *f; eines Gegenstands* contours *mpl;* **im ~ erkennbar sein** *Person:* être reconnaissable à sa silhouette; *Gegenstand:* être reconnaisable à ses contours
um|rühren *tr, itr V* remuer
um|rüsten I. *itr V* MIL **auf etw** *(Akk)* ~ passer à qc
II. *tr V* ❶ **die Armee auf etw** *(Akk)* ~ équiper l'armée de qc
❷ TECH **ein Fahrzeug auf Katalysator** ~ adapter un véhicule à un catalyseur
Umrüstung *f* ❶ MIL rééquipement *m*
❷ TECH adaptation *f*

ums [ʊms] = **um das** *s.* **um**
um|satteln *itr V fam* se reconvertir; **auf einen anderen Beruf/ein anderes Studienfach** ~ se reconvertir dans une autre profession/une autre matière
Umsatz *m* chiffre *m* d'affaires; **einen ~ von zehn Millionen Euro machen** faire un chiffre d'affaires de dix millions d'euros; ~ **machen** *fam* faire du chiffre *(fam)*
Umsatzbelebung *f* ÖKON redressement *m* du chiffre d'affaires **Umsatzbeteiligung** *f* participation *f* au chiffre d'affaires **Umsatzrückgang** *m* recul *m* [*o* baisse *f*] du chiffre d'affaires **Umsatzschwankung** *f* ÖKON fluctuation *f* du chiffre d'affaires **umsatzstark** *Adj* avec un gros chiffre d'affaires **Umsatzsteigerung** *f* augmentation *f* du chiffre d'affaires **Umsatzsteuer** *f* impôt *m* sur le chiffre d'affaires
umsatzsteuerfrei *Adj* exonéré(e) d'impôt sur le chiffre d'affaires
umsäumen* *tr V geh* border *(soutenu) Weg, Fläche*
um|schalten I. *itr V* ❶ *Ampel:* changer; **auf Grün/Rot** ~ passer au vert/rouge
❷ *(den Radio-/Fernsehsender wechseln)* changer [de station] de radio/de chaîne; **wir schalten um nach Köln** nous passons l'antenne à Cologne
❸ *fam (sich umstellen)* **auf etw** *(Akk)* ~ s'adapter à qc
II. *tr V* **ein Gerät auf Wechselstrom** ~ brancher un appareil sur le courant alternatif
Umschalttaste *f* touche *f* Majuscule
Umschau *f* ▸ **nach jdm/etw ~ halten** chercher qn/qc
um|schauen *s.* **umsehen**
um|schichten I. *tr V (anders verteilen)* répartir autrement *Kosten;* **die Kosten** ~ répartir les dépenses autrement; **Kapital** ~ restructurer le passif
II. *r V* **sich** ~ *Bevölkerung:* se restructurer; *Vermögen:* se répartir autrement
Umschichtung <-, -n> *f* ❶ SOZIOL restructuration *f*
❷ ÖKON répartition *f*
umschiffen* *tr V* contourner
Umschlag *m* ❶ *(Briefumschlag)* enveloppe *f*
❷ *(Schutzumschlag) eines Buchs* jaquette *f*
❸ MED compresse *f;* **kalte Umschläge** des compresses froides; **jdm einen ~ machen** appliquer une compresse à qn
❹ *kein Pl (das Umladen) von Waren* transbordement *m*
❺ *(plötzliche Veränderung)* revirement *m; des Wetters, der Stimmung* changement *m*
um|schlagen *unreg* I. *tr V + haben* ❶ *(wenden)* rabattre *Kragen, Ärmel*
❷ *(umladen)* transborder *Güter*
II. *itr V + sein Wetter, Stimmung:* changer; *Wind:* tourner
Umschlaghafen *m* port *m* de transbordement **Umschlagplatz** *m* lieu *m* de transbordement
umschließen* *tr V unreg* ❶ *Mauer, Zaun:* entourer; **etw** ~ *Mauer, Zaun:* entourer qc
❷ *(umarmen)* **jdn/etw mit beiden Armen** ~ étreindre qn/qc de ses deux bras *(soutenu)*
❸ *(beinhalten)* **etw** ~ *Angebot, Preis:* comprendre qc
umschlingen* *tr V unreg* ❶ enlacer *(soutenu);* **jdn/etw mit beiden Armen** ~ enlacer qn/qc de ses deux bras
❷ *(sich herumschlingen)* **einen Baum** ~ *Pflanze:* enlacer un arbre
umschlungen *Adj* **eng** ~ étroitement enlacé(e)s; **jdn ~ halten** tenir qn enlacé(e); **sich ~ halten** se tenir enlacé(e)s
umschmeicheln* *tr V* ❶ *(schöntun)* flatter
❷ *(berühren)* **jdn** ~ *Stoff, Frühlingsluft:* caresser qn
um|schmeißen *tr V unreg fam* ❶ *(umwerfen)* ficher par terre *(fam) Gegenstand;* **etw** ~ ficher qc par terre
❷ *(zunichte machen)* chambouler *(fam) Plan*
um|schnallen *tr V* boucler; **sich** *(Dat)* **ein Schwert** ~ accrocher une épée à sa taille
um|schreiben[1] *tr V unreg* ❶ ré[é]crire *Text*

U

❷ JUR **etw auf jdn** ~ mettre qc au nom de qn
umschreiben*² *tr V unreg* ❶ décrire *Aufgabe, Tätigkeit*
❷ (*mit anderen Worten ausdrücken*) périphraser
Umschreibung *f* ❶ (*Beschreibung*) *einer Aufgabe, Tätigkeit* description *f*
❷ (*umschreibender Ausdruck*) circonlocutions *fpl;* (*umschreibender Satz*) périphrase *f*
Umschrift *f* [**phonetische**] ~ transcription *f* [phonétique]
um|schulden *tr V* convertir *Kredit*
Umschuldung <-, -en> *f* conversion *f* de dette; (*Verlängerung der Kreditlaufzeit*) rééchelonnement *m* de la dette
um|schulen *tr V* ❶ (*beruflich*) reconvertir; **jdn zum Buchhalter** ~ reconvertir qn en comptable; **sich** ~ **lassen** se reconvertir
❷ SCHULE **sein Kind** ~ changer son enfant d'école
Umschulung *f* ❶ (*beruflich*) reconversion *f;* ~ **zum Buchhalter** reconversion en comptable
❷ SCHULE changement *m* d'établissement scolaire
Umschulungskurs *m* cours *m* de recyclage professionnel
umschwärmen* *tr V* ❶ *Vögel, Insekten:* tournoyer autour de; **jdn/etw** ~ *Vögel, Insekten:* tournoyer autour de qn/qc
❷ (*verehren*) aduler, courtiser *Idol, Star*
Umschweife *Pl* circonlocutions *fpl;* **ohne** ~ **zur Sache kommen** ne pas y aller par quatre chemins
um|schwenken *itr V + sein* ❶ (*zur Seite schwenken*) changer de direction
❷ *pej* (*die Meinung ändern*) retourner sa veste (*péj*); **auf den Kurs des Gegners** ~ se mettre à suivre l'objectif de l'adversaire
Umschwung *m* ❶ revirement *m*
❷ SPORT soleil *m*
❸ CH (*Gelände*) terrain *m*
umsegeln* *tr V* ❶ (*ausweichend umfahren*) passer au large de
❷ (*umrunden*) **die Erde** ~ faire le tour du monde [à la voile]
um|sehen *r V unreg* ❶ (*sich informieren*) **sich** ~ regarder; **ich wollte mich nur mal im Laden** ~ je voulais juste jeter un coup d'œil dans le magasin
❷ (*nach hinten blicken*) **sich nach jdm/etw** ~ se retourner pour regarder qn/qc
❸ (*suchen*) **sich nach jdm/etw** ~ chercher qn/qc du regard
um|sein *s.* um III.
umseitig ['ʊmzaɪtɪç] *Adj, Adv* au verso
um|setzen I. *tr V* ❶ faire changer de place à *Person;* **jdn** ~ faire changer de place à qn
❷ (*anwenden*) appliquer *Erfahrungen, Wissen;* **etw in die Praxis** ~ mettre qc en application
❸ COM écouler *Waren*
II. *r V* **sich** ~ changer de place
Umsetzung <-, -en> *f* ❶ (*örtlich*) transposition *f; einer Person* déplacement *m; von Pflanzen* transplantation *f*
❷ (*Anwendung*) application *f*
❸ (*Umwandlung*) *von Daten* conversion *f*
❹ ÖKON *von Waren* écoulement *m*
Umsicht *f kein Pl* circonspection *f*
umsichtig I. *Adj* circonspect(e)
II. *Adv* avec circonspection
um|siedeln I. *tr V + haben* déplacer; **nach Deutschland umgesiedelt werden** être déplacé(e) vers l'Allemagne
II. *itr V + sein* **nach Köln** ~ aller s'installer à Cologne; **von Dresden nach Berlin** ~ quitter Dresde pour aller s'installer à Berlin
Umsiedler(in) *m(f)* personne *f* déplacée
Umsiedlung <-, -en> *f* déplacement *m*
umso^RR *Konj* ~ **mehr** d'autant plus; ~ **weniger** d'autant moins; ~ **besser** tant mieux
umsonst [ʊm'zɔnst] *Adv* ❶ (*kostenlos*) gratuitement; **das ist** ~ c'est gratuit(e); **etw** ~ **bekommen** recevoir qc gratuitement
❷ (*vergebens*) inutilement; ~ **sein** être peine perdue
❸ (*grundlos*) sans raison
umsorgen* *tr V* entourer de soins; **jdn** ~ entourer qn de soins
umspannen* *tr V* ❶ **etw mit den Armen** ~ faire le tour de qc avec les bras
❷ (*einschließen*) s'étendre sur *Wochen, Jahre*
Umspannwerk *nt* poste *m* [transformateur]
umspielen* *tr V* ❶ **die Mundwinkel** ~ *Lächeln:* se dessiner sur les lèvres; **die Klippen** ~ *Wellen:* lècher les falaises
❷ SPORT contourner, dribbler *Gegner*
um|springen *itr V unreg + sein* ❶ *Wind:* changer [de direction]; **auf Nordwest** ~ tourner au nord-ouest
❷ (*umschalten*) *Ampel, Anzeige:* changer; **auf Gelb/Rot** ~ *Ampel:* passer à l'orange/au rouge
❸ *pej* (*verfahren*) **mit jdm grob** ~ traiter grossièrement qn; **so lasse ich nicht mit mir** ~**!** je ne vais pas me laisser traiter comme ça!
um|spulen *tr V* rembobiner
umspülen* *tr V Flut, Wellen:* baigner; **etw** ~ *Flut, Wellen:* baigner qc
Umstand <-[e]s, Umstände> *m* ❶ (*Tatsache*) fait *m;* (*Bedingung*) circonstance *f;* **unter diesen Umständen** dans ces conditions; **unter allen Umständen** quoi qu'il arrive; **mildernde Umstände** JUR circonstances atténuantes; **es geht ihr den Umständen entsprechend gut** son état est satisfaisant; **das ist unter den gegebenen Umständen nicht möglich** les conditions sont telles que cela n'est pas possible
❷ *Pl* (*Schwierigkeiten*) complications *fpl;* (*Förmlichkeiten*) formalités *fpl;* [**jdm**] **Umstände machen** causer des problèmes [à qn] (*soutenu*); **ohne** [**große**] **Umstände** sans difficulté; **bitte keine Umstände!** ne te dérange pas/ne vous dérangez pas
► **in anderen Umständen sein** attendre un heureux événement; **das wird unter Umständen teuer** ça risque de coûter cher
umständehalber *Adv* en raison des circonstances
umständlich I. *Adj Person, Arbeitsweise, Methode* compliqué(e); **jdm zu** ~ **sein** être trop compliqué(e) pour qn; ~ **sein** *Person:* se compliquer [inutilement] la vie
II. *Adv* de façon compliquée
Umständlichkeit <-> *f* complexité *f*
Umstandsbestimmung *f* GRAM complément *m* circonstanciel; ~ **der Zeit/des Ortes** complément circonstanciel de temps/de lieu **Umstandskleid** *nt* robe *f* de grossesse **Umstandskleidung** *f* vêtements *mpl* de grossesse **Umstandskrämer(in)** *m(f) pej fam* personne *f* qui se complique la vie (*fam*)
Umstandswort <-wörter> *nt* GRAM adverbe *m*
umstehend I. *Adj attr* ❶ (*ringsum stehend*) *Personen* attroupé(e)s tout autour
❷ (*umseitig*) au verso
II. *Adv* (*umseitig*) au verso
um|steigen *itr V unreg + sein* ❶ (*den Zug/Bus wechseln*) changer de train/de bus; **in den Zug nach Frankfurt** ~ prendre la correspondance pour Francfort; **in die Linie drei** ~ prendre la ligne trois
❷ (*wechseln zu*) **auf ein anderes Produkt/eine andere Methode** ~ changer pour un autre produit/une autre méthode
Umsteiger(in) <-s, -> *m(f)* voyageur(-euse) *m(f)* qui prend une correspondance
um|stellen I. *tr V* ❶ déplacer *Möbelstück, Satz*
❷ (*ändern*) modifier le réglage de *Heizung, Schalter, Uhr;* changer de *Ernährung;* **die Uhren auf die Sommerzeit** ~ mettre les pendules à l'heure d'été
II. *itr V* **auf Gas** ~ passer au gaz; **auf die Produktion anderer Artikel** ~ passer à la production d'autres articles
III. *r V* **sich auf etw** (*Akk*) ~ s'adapter à qc
umstellen* *tr V* encercler
Umstellung *f* changement *m;* **die** ~ **auf ein anderes Verfah-**

ren le passage à un autre procédé
umstimmen *tr V* faire changer d'avis; **jdn** ~ faire changer qn d'avis; **sich** ~ **lassen** se laisser convaincre
umstoßen *tr V unreg* ① faire tomber
② (*rückgängig, zunichte machen*) revenir sur *Plan, Entschluss*
umstritten *Adj* controversé(e); [**als Politiker**] ~ **sein** être controversé(e) [en tant que politicien]; **in der Fachwelt** ~ **sein** *These, Methode:* être controversé(e) dans le milieu scientifique; **heiß** ~ très controversé(e)
umstrukturieren* *tr V* restructurer
Umstrukturierung *f* restructuration *f*
umstülpen ['ʊmʃtʏlpən] *tr V* retourner
Umsturz *m* coup *m* d'état
umstürzen I. *itr V + sein* se renverser
II. *tr V + haben* ① faire tomber *Säule, Mauer*
② *fig* renverser *Regime, System*
umstürzlerisch *Adj* révolutionnaire
Umsturzversuch *m* tentative *f* de coup d'état
umtaufen *tr V* rebaptiser
Umtausch *m* ① *von Waren* échange *m*; **vom** ~ **ausgeschlossen sein** ne pas pouvoir être échangé(e)
② FIN ~ **von Dollar in Euro** change *m* de dollars en euros
umtauschen *tr V* ① échanger; **etw gegen etw** ~ échanger qc contre qc; **jdm etw** ~ *Händler:* reprendre qc à qn
② FIN **Geld** ~ changer de l'argent; **Dollar in Euro** ~ changer des dollars en euros
umtopfen *tr V* rempoter *Pflanze*
Umtrieb *m* ① *Pl pej* (*Machenschaften*) intrigues *fpl*
② CH (*Mühe*) tracas *m*
umtriebig ['ʊmtriːbɪç] *Adj* entreprenant(e)
Umtrunk *m* pot *m* (*fam*); **jdn zu einem** ~ **einladen** inviter qn à prendre un pot
umtun *r V unreg fam* ① (*sich umsehen*) **sich** ~ fureter; **sich in einer Stadt/Gegend** ~ fureter dans une ville/région
② (*sich bemühen*) **sich nach einer Arbeit** ~ chercher un travail
U-Musik ['uː-] *f kein Pl* musique *f* légère
Umverpackung *f* [sur]emballage *m*
umverteilen* *tr V* redistribuer
Umverteilung *f* redistribution *f*; *von Haushaltsmitteln* répartition *f*
umwälzen *tr V* ① (*umdrehen*) retourner
② *fig* ~**de Ereignisse** des événements *mpl* bouleversants [*o* révolutionnaires]
③ TECH renouveler *Luft, Wasser*
Umwälzpumpe *f* pompe *f* de circulation
Umwälzung <-, -en> *f* ① (*Veränderung*) bouleversement *m*
② *kein Pl* TECH *von Luft* renouvellement *m*; *von Wasser* circulation *f*
umwandeln *tr V* transformer; **etw in etw** (*Akk*) ~ transformer qc en qc
▸ **wie umgewandelt sein** *Person:* être comme transformé(e)
Umwandlung *f a.* ÖKON transformation *f*; **die** ~ **einer Schule in ein Kulturzentrum** la transformation d'une école en centre culturel
umwechseln [-ks-] *tr V* **Euro in englische Pfund** ~ changer des euros en livres sterling; [**jdm**] **einen Geldschein in Münzen** ~ faire de la monnaie [à qn]
Umweg *m* détour *m*; **auf** ~**en** par des voies détournées
Umwelt *f kein Pl* ① ÖKOL environnement *m*
② (*Mitmenschen*) entourage *m*
Umweltapostel *m iron, pej* apôtre *m* de l'écologie (*iron, péj*) **Umweltauto** *nt* voiture *f* propre **Umweltbeauftragte(r)** *f(m) dekl wie Adj* chargé(e) *m(f)* de l'environnement **Umweltbedingungen** *Pl* conditions *fpl* de l'environnement **Umweltbehörde** *f* autorité *f* compétente en matière d'environnement **Umweltbelastung** *f* pollution *f* **Umweltberater(in)** *m(f)* conseiller(-ère) pour la protection de l'environnement *m* **umweltbewusst**RR *Adj, Adv* écologique; **sich** ~ **verhalten** respecter l'environnement **Umweltbewusstsein**RR *nt* conscience *f* écologique **Umweltbundesamt** *nt kein Pl* office *m* fédéral de l'environnement **Umweltdelikt** *nt* délit *m* de pollution **Umwelteinfluss**RR *m* influence *f* de l'environnement **Umweltengel** *m* label *m* écologique (*symbolisé par un ange*) **Umwelterziehung** *f* éducation *f* à l'environnement **Umweltfaktor** *m* facteur *m* écologique **umweltfeindlich** *Adj* nocif(-ive) pour l'environnement, polluant(e) **Umweltforscher(in)** *m(f)* écologiste *mf* **Umweltforschung** *kein Pl f* ① BIO écologie *f pas de pl* ② SOZIOL étude *f* du milieu **umweltfreundlich** *Adj* qui ne nuit pas à l'environnement, écologique **Umweltgift** *nt* produit *m* nocif pour l'environnement **Umweltkatastrophe** *f* catastrophe *f* écologique **Umweltkriminalität** *f* délits *mpl* en matière d'environnement **Umweltminister(in)** *m(f)* ministre *mf* de l'environnement **Umweltministerium** *nt* ministère *m* de l'Environnement **Umweltpapier** *nt* papier *m* recyclé **Umweltpolitik** *f* politique *f* pour la protection de l'environnement **Umweltrecht** *nt kein Pl* droit *m* de l'environnement **Umweltschäden** *Pl* dégâts *mpl* écologiques **umweltschädlich** *Adj* nuisible à l'environnement, polluant(e) **umweltschonend I.** *Adj* écologique **II.** *Adv* écologiquement, de manière écologique **Umweltschutz** *m* protection *f* de l'environnement **Umweltschützer(in)** *m(f)* écologiste *mf*
Umweltschutzmaßnahme *f* mesure *f* de protection de l'environnement **Umweltschutzorganisation** *f* organisation *f* pour la protection de l'environnement **Umweltschutzpapier** *nt* papier *m* recyclé
Umweltsteuer *f* impôt *m* écologique **Umweltsünder(in)** *fam* pollueur(-euse) *m(f)* **Umwelttechnik** *f kein Pl* techniques *fpl* antipollution **Umweltverschmutzer(in)** <-s, -> *m(f)* pollueur(-euse) *m(f)* **Umweltverschmutzung** *f* pollution *f* [de l'environnement] **umweltverträglich** *Adj* non polluant(e) **Umweltverträglichkeit** *f von Waschmitteln* biodégradation *f* **Umweltzeichen** *nt s.* Umweltengel **Umweltzerstörung** *f* destruction *f* de l'environnement
umwenden *unreg* **I.** *tr V* tourner *Seite, Braten*
II. *r V* **sich nach jdm/etw** ~ se retourner sur qn/vers qc
umwerben* *tr V unreg* faire les yeux doux à *Person;* **die Wähler mit Versprechungen** ~ séduire les électeurs par des promesses
umwerfen *tr V unreg* ① renverser *Glas, Vase;* bouleverser *Plan, Vorhaben*
② *fam* (*verblüffen*) **jdn** ~ *Mitteilung, Nachricht:* renverser qn (*fam*)
③ (*um die Schultern legen*) **sich/jdm einen Schal** ~ jeter une écharpe sur ses épaules/les épaules de qn
umwerfend I. *Adj* renversant(e)
II. *Adv* incroyablement
umwickeln* *tr V* ① **etw mit Papier/Draht** ~ entourer qc de papier/fil de fer
② (*verbinden*) **die Hand/den Arm** [**mit einem Verband**] ~ bander la main/le bras
umwölken *r V* **sich** ~ s'assombrir
umzäunen* *tr V* clôturer
Umzäunung <-, -en> *f* ① (*Zaun*) clôture *f*
② *kein Pl* (*das Einzäunen*) **die** ~ **des Grundstücks ist geplant** il est envisagé de clôturer la propriété
umziehen *unreg* **I.** *itr V + sein* déménager; **in eine andere Wohnung** ~ déménager dans un autre appartement
II. *r V + haben* **sich** ~ se changer
umzingeln* *tr V* encercler
Umzug *m* ① déménagement *m*
② (*Festzug*) défilé *m*
Umzugskosten *Pl* frais *mpl* de déménagement
UN [uːˈʔɛn] <-> *Pl Abk von* **United Nations: die** ~ les Nations *fpl* Unies

U

unabänderlich *Adj Entschluss, Tatsache* irrévocable
unabdingbar *Adj Voraussetzung, Forderung* absolu(e); **etw für ~ halten** tenir qc pour indispensable
unabhängig I. *Adj* ❶ *Person, Land, Staat* indépendant(e); **~ werden** *Land:* accéder à l'indépendance; **von jdm/etw ~ sein** ne pas dépendre de qn/qc
❷ (*nicht bedingt durch*) **von etw ~ sein** *Entwicklung, Ereignis:* être indépendant(e) de qc; **~ davon, wann/wie ...** sans tenir compte du fait de savoir quand/comment... + *indic*
II. *Adv leben, entscheiden* indépendamment
Unabhängigkeit *f kein Pl* indépendance *f*
Unabhängigkeitserklärung *f* déclaration *f* d'indépendance
unabkömmlich *Adj Mitarbeiter* indisponible
unablässig I. *Adj* incessant(e)
II. *Adv* sans cesse
unabsehbar *Adj Folgen, Auswirkungen* imprévisible; *Kosten* incalculable
unabsichtlich I. *Adj* involontaire
II. *Adv* involontairement
unabwendbar *Adj* inéluctable
unachtsam I. *Adj* distrait(e); **durch ~es Verhalten** en ne faisant pas attention; **sei nicht so ~!** fais donc un peu attention!
II. *Adv* **etw ~ tun** faire qc sans faire attention
Unachtsamkeit *f* inattention *f*; **durch deine ~** parce que tu ne fais pas attention
unähnlich *Adj* dissemblable; **jdm nicht ~ sein** avoir un air de ressemblance avec qn
unanfechtbar *Adj Argument, Beweis, Tatsache* incontestable; *Urteil* irrévocable
Unanfechtbarkeit <-> *f* inattaquabilité *f*
unangebracht *Adj* déplacé(e)
unangefochten I. *Adj* incontesté(e)
II. *Adv* incontestablement
unangemeldet I. *Adj Besucher* qui n'a pas annoncé sa venue; *Patient* qui n'a pas pris rendez-vous
II. *Adv* **~ kommen** venir à l'improviste; (*ohne Terminabsprache kommen*) sans [prendre] rendez-vous
unangemessen I. *Adj* ❶ *Benehmen, Kleidung* inconvenant(e); *Behandlung* peu convenable
❷ (*übertrieben*) *Preis, Forderung* exagéré(e)
II. *Adv* ❶ (*unpassend*) de façon inconvenante
❷ (*übertrieben*) *hoch, niedrig, teuer* exagérément
unangenehm I. *Adj Person, Äußeres, Geruch, Geschmack* désagréable; *Mitteilung, Tatsache* contrariant(e); *Situation, Lage* fâcheux(-se); **es ist ihm ~ das tun zu müssen** il trouve [que c'est] pénible de devoir faire ça; **das ist mir ~** ça m'est pénible; **wie ~!** [comme] c'est fâcheux!
▶ **~ werden können** pouvoir devenir désagréable
II. *Adv riechen* mauvais; **~ schmecken** avoir mauvais goût; **jdn ~ berühren** mettre qn mal à l'aise
unangepasst[RR] *Adj* inadapté(e)
unangetastet *Adj* **~ bleiben** rester intact(e); **etw ~ lassen** ne pas toucher à qc
unangreifbar *Adj* inattaquable
unannehmbar *Adj* inacceptable
Unannehmlichkeit *f meist Pl* désagrément *m*; **~en bekommen/haben** s'attirer/connaître des ennuis; **jdm ~en machen** causer des désagréments à qn
unansehnlich *Adj* ❶ *Person* insignifiant(e)
❷ (*schäbig*) *Haus* qui ne paie pas de mine; **~e Kleidung** des vêtements qui ne paient pas de mine; **~ werden/sein** perdre son éclat/ne pas payer de mine
unanständig I. *Adj* indécent(e)
II. *Adv* de façon indécente
Unanständigkeit <-, -en> *f* ❶ *kein Pl* (*das Unanständigsein*) indécence *f*
❷ (*Äußerung, Handlung*) grossièreté *f*
unantastbar *Adj* intangible
unappetitlich *Adj* ❶ *Essen* peu appétissant(e)
❷ (*schmutzig*) *Kleidung, Toiletten* dégoûtant(e)
Unart ['ʊnʔa:ɐt] *f* mauvaise habitude *f*
unartig *Adj Kind* mal élevé(e); **er ist viel ~er als seine Schwester** il est beaucoup plus mal élevé que sa sœur
unartikuliert I. *Adj* inarticulé(e)
II. *Adv* **~ sprechen** mal articuler
unästhetisch *Adj* inesthétique
unaufdringlich *Adj* discret(-ète)
Unaufdringlichkeit *f kein Pl* discrétion *f*
unauffällig I. *Adj Person, Art, Äußeres* discret(-ète); *Kratzer, Narbe, Stelle* à peine visible
II. *Adv sich benehmen, sich kleiden* avec discrétion; *verschwinden, folgen* discrètement
unauffindbar *Adj* introuvable
unaufgefordert I. *Adj* intempestif(-ive); **wir bitten um ~e Rückgabe der Unterlagen** veuillez, sans rappel de notre part, nous retourner les documents
II. *Adv* intempestivement; **jdm etw ~ zurückgeben** redonner qc à qn sans rappel; **bitte nicht ~ eintreten!** attendez qu'on vous dise d'entrer!
unaufhaltsam I. *Adj* inexorable
II. *Adv* inexorablement
unaufhörlich I. *Adj* continuel(le)
II. *Adv* continuellement; **es regnet ~** il n'arrête pas de pleuvoir; **es klingelt ~** ça n'arrête pas de sonner
unauflöslich *Adj* ❶ JUR indissoluble
❷ CHEM insoluble
unaufmerksam *Adj* ❶ *Schüler, Zuhörer* inattentif(-ive); **~ werden** relâcher son attention
❷ (*nicht zuvorkommend*) *Begleiter, Gastgeber* peu prévenant(e); **das ist ~ von dir** c'est un manque de prévenance de ta part
Unaufmerksamkeit *f kein Pl* ❶ inattention *f*
❷ (*unzuvorkommende Art*) manque *m* de prévenance
unaufrichtig *Adj* **jdm gegenüber ~ sein** ne pas être franc(franche) avec qn
Unaufrichtigkeit *f kein Pl* manque *m* de franchise
unaufschiebbar *Adj Reise* impossible à différer; **~ sein** ne pas pouvoir attendre
unausbleiblich *Adj, Adv s.* **unausweichlich**
unausgefüllt *Adj* ❶ *Formular, Seite* non rempli(e)
❷ *fig Person* insuffisamment sollicité(e); *Leben* pas assez rempli(e); **~ sein** *Person:* ne pas savoir quoi faire de son temps
unausgeglichen *Adj Person, Wesen* pas très équilibré(e)
Unausgeglichenheit *f einer Person* manque *m* d'équilibre
unausgegoren *Adj* insuffisamment mûri(e)
unausgeschlafen *Adj* **~ sein** ne pas avoir assez dormi
unausgesprochen *Adj* implicite
unausgewogen *Adj* mal équilibré(e)
unauslöschlich *Adj geh Erlebnis, Erinnerung* indélébile
unausrottbar *Adj* indéracinable
unaussprechbar *Adj Wort, Name* imprononçable
unaussprechlich *Adj* ❶ *Freude* indicible
❷ (*sehr groß*) *Elend, Freude, Qual* indescriptible
unausstehlich *Adj* insupportable
unausweichlich I. *Adj* inéluctable
II. *Adv* inéluctablement
unbändig ['ʊnbɛndɪç] I. *Adj* ❶ *Kind, Temperament* turbulent(e)
❷ (*heftig*) *Gefühl, Verlangen* irrépressible
II. *Adv* ❶ *lachen* à gorge déployée; *weinen* à chaudes larmes; **~ herumtoben** s'en donner à cœur joie
❷ (*außerordentlich*) *stolz, neugierig* extrêmement; *sich freuen* énormément
unbarmherzig I. *Adj Person* impitoyable; *Winter* très rude
II. *Adv* impitoyablement
Unbarmherzigkeit *f* cruauté *f*
unbeabsichtigt I. *Adj* involontaire
II. *Adv* sans faire exprès

unbeachtet I. *Adj* laissé(e) de côté; **etw ~ lassen** laisser qc de côté
II. *Adv* délaissé(e)
unbeanstandet I. *Adj Fehler* qu'on laisse/a laissé(e) passer; **etw ~ lassen** laisser passer qc
II. *Adv* sans protester
unbeantwortet *Adj Frage, Brief* resté(e) sans réponse; **etw ~ lassen** laisser qc sans réponse
unbearbeitet *Adj a.* INFORM brut(e)
unbebaut *Adj Grundstück* non bâti(e)
unbedacht I. *Adj* inconsidéré(e); **das war ~ von dir** c'était irréfléchi de ta part
II. *Adv* sans réfléchir
unbedarft *Adj* candide; **~ wirken** donner une impression de candeur
unbedenklich I. *Adj* **~ sein** *Aktion, Vorhaben:* être sans risques
II. *Adv* en toute tranquillité
Unbedenklichkeit <-> *f* **die ~ dieses Plans** le fait que ce plan ne présente aucun risque
unbedeutend I. *Adj* ❶ *Persönlichkeit, Ereignis, Bauwerk* insignifiant(e)
❷ (*geringfügig*) *Menge, Änderung* négligeable
II. *Adv* à peine
unbedingt I. *Adj attr Gehorsam, Treue* absolu(e)
II. *Adv* absolument; **nicht ~** pas forcément; **~!** absolument!; **du musst ~ kommen!** il faut absolument que tu viennes!
unbeeindruckt I. *Adj Gesicht, Miene* impassible; **~ sein** *Person:* ne pas être impressionné(e); **jdn ~ lassen** laisser qn de marbre
II. *Adv* impassiblement
unbefahrbar *Adj Straße, Pass* impraticable; *Kanal, Fluss* pas navigable
unbefangen I. *Adj* ❶ (*unvoreingenommen*) *Betrachter, Leser* non averti(e); *Sachverständiger, Zeuge* impartial(e)
❷ (*nicht gehemmt*) *Kind* spontané(e)
II. *Adv* ❶ (*unvoreingenommen*) sans préjugés
❷ (*nicht gehemmt*) sans complexe
Unbefangenheit *f kein Pl* ❶ (*Unvoreingenommenheit*) indépendance *f* d'esprit; *eines Sachverständigen, Zeugen* impartialité *f*
❷ (*unbefangene Art*) spontanéité *f*
unbefleckt *Adj a. fig geh* immaculé(e)
unbefriedigend I. *Adj* insatisfaisant(e)
II. *Adv* de façon peu satisfaisante
unbefriedigt *Adj* insatisfait(e); **~ sein** ne pas être satisfait(e); **sexuell ~ sein** être frustré(e) sur le plan sexuel
unbefristet I. *Adj Arbeitsverhältnis, Vertrag* à durée indéterminée; *Aufenthaltserlaubnis, Visum* permanent(e)
II. *Adv gelten* sans limitation de durée
unbefugt I. *Adj* non autorisé(e)
II. *Adv* sans autorisation
Unbefugte(r) *f(m) dekl wie Adj* personne *f* non-autorisée; **Zutritt für ~ verboten!** accès interdit aux personnes non-autorisées!
unbegabt *Adj* peu doué(e); **[handwerklich] ~ sein** ne pas être doué(e) [pour le travail manuel]; **nicht ~ sein** être pas mal doué(e)
unbegreiflich *Adj* incompréhensible; **das ist mir ~!** je ne comprends pas!
unbegreiflicherweise *Adv* inexplicablement
unbegrenzt *Adj* ❶ *Zeit, Dauer* indéterminé(e)
❷ (*grenzenlos*) *Vertrauen, Geduld* sans limites
unbegründet *Adj Angst, Bedenken* infondé(e); *Beschwerde, Klage* sans fondement
unbehaart *Adj* glabre; *Kopf* chauve
Unbehagen ['ʊnbəha:gən] *nt* gêne *f;* **etw mit ~ tun** faire qc non sans gêne
unbehaglich I. *Adj Atmosphäre* qui met mal à l'aise
II. *Adv* **sich ~ fühlen** se sentir mal à l'aise
unbehelligt ['ʊnbəhɛlɪçt] I. *Adj* **jdn ~ lassen** laisser qn tranquille; **~ bleiben** ne pas être dérangé(e)
II. *Adv zuschauen, schlafen* sans être dérangé(e); *eintreten* sans être inquiété(e), inaperçu(e)
unbeherrscht I. *Adj Person* qui s'emporte facilement; *Art, Wesen* emporté(e); **~ sein** manquer de maîtrise de soi
II. *Adv schreien, reagieren* avec emportement; *essen* gloutonnement; **sich ~ verhalten** s'emporter
unbeholfen ['ʊnbəhɔlfən] I. *Adj* gauche
II. *Adv sich bewegen* gauchement; *sich verhalten* maladroitement
Unbeholfenheit <-> *f einer Person* maladresse *f; einer Bewegung* gaucherie *f*
unbeirrbar I. *Adj* ferme
II. *Adv* fermement
unbeirrt *Adv glauben* fermement; *weitermachen* imperturbablement
unbekannt *Adj* ❶ (*nicht bekannt, nicht berühmt*) inconnu(e); **dieser Herr ist mir ~** je ne connais pas ce monsieur; **diese Details sind ihm ~** ces détails lui sont inconnus; **~ verzogen** parti(e) sans laisser d'adresse; **es ist ihm nicht ~, dass** il n'est pas sans savoir que + *indic*
❷ (*fremd*) **ich bin hier ~** je [ne] suis pas du coin (*fam*)
Unbekannte <-n, -n> *f a.* MATH inconnue *f*
Unbekannte(r) *m dekl wie Adj* inconnu *m*
unbekannterweise ['ʊnbəkantɐ'vaɪzə] *Adv* **grüße ihn ~ von mir!** donne-lui le bonjour de ma part bien que je ne le connaisse pas
unbekleidet *Adj, Adv* dévêtu(e)
unbekümmert I. *Adj* insouciant(e)
II. *Adv* avec insouciance
Unbekümmertheit <-> *f* insouciance *f;* **voller ~** plein(e) d'insouciance
unbelastet I. *Adj* ❶ (*frei*) libre; **von Sorgen/Pflichten ~** [l'esprit] libre de tout souci/devoir
❷ POL (*schuldlos*) correct(e)
❸ FIN *Gebäude, Grundstück* non grevé(e) d'hypothèques
❹ ÖKOL naturel(le), non traité(e)
II. *Adv leben, herangehen* l'esprit libre
unbelebt *Adj* ❶ *Materie* inerte
❷ (*einsam*) peu animé(e); **eine völlig ~e Gegend** un endroit totalement désert
unbelehrbar *Adj* incorrigible
Unbelehrbarkeit <-> *f* incapacité *f* de se corriger
unbeleuchtet *Adj* non éclairé(e)
unbelichtet *Adj* PHOT non exposé(e)
unbeliebt *Adj* peu apprécié(e); **bei jdm ~ sein** ne pas être apprécié(e) par qn; **sich bei jdm ~ machen** se faire mal voir de qn
Unbeliebtheit *f* impopularité *f*
unbemannt *Adj* ❶ **~e Raumfahrt** navigation *f* spatiale inhabitée; **~ sein** *Raumschiff, U-Boot:* être sans équipage
❷ *hum fam* (*nicht liiert*) **~ sein** ne pas être maqué(e) (*pop*)
unbemerkt I. *Adj Eindringen* inaperçu(e); **~ bleiben** passer inaperçu(e)
II. *Adv entkommen, eindringen* sans être aperçu(e)
unbenommen *geh* **es bleibt Ihnen ~ sich zu beschweren** il vous est loisible de vous plaindre (*soutenu*)
unbenutzbar *Adj Dusche, Toilette* inutilisable; *Weg* impraticable
unbenutzt I. *Adj* inutilisé(e); *Bett* non défait(e); *Kleidungsstück* non porté(e)
II. *Adv zurückgeben* sans l'avoir utilisé(e)
unbeobachtet *Adj Ort, Stelle* non surveillé(e); **in einem ~en Moment** dans un moment d'inattention; **sich ~ fühlen** ne pas se sentir observé(e)
unbequem *Adj* ❶ *Hose, Stuhl* inconfortable
❷ (*lästig*) *Person, Frage* gênant(e)
Unbequemlichkeit *f meist Pl* (*Schwierigkeit*) désagrément *m;* **mit ~en verbunden sein** avoir des côtés désagréables
unberechenbar *Adj* imprévisible

U

Unberechenbarkeit *f einer Person* caractère *m* imprévisible; *des Wetters, Schicksals* imprévisibilité *f*
unberechtigt I. *Adj* injustifié(e)
II. *Adv* de façon injustifiée
unberechtigterweise *Adv* sans autorisation; **etw ~ tun** faire qc sans autorisation
unberücksichtigt *Adj Faktor, Detail* non pris(e) en compte; **~ bleiben** ne pas être pris(e) en compte
unberührt *Adj* ❶ *Natur, Strand* sauvage
❷ (*nicht benutzt*) *Teller* non touché(e); *Bett* non défait(e); **etw ~ lassen** ne pas toucher à qc
❸ (*jungfräulich*) *Mädchen* vierge
❹ (*unbeeindruckt*) **von einem Ereignis ~ bleiben** rester impassible devant un événement
unbeschadet I. *Präp + Gen form* **~ aller Mahnungen** en dépit de tous les rappels
II. *Adv* **etw ~ überstehen** *Person:* bien se tirer de qc; *Möbel, Porzellan, Gläser:* supporter qc sans dommages
unbeschädigt I. *Adj* intact(e)
II. *Adv* sans dommage
unbeschäftigt *Adj* oisif(-ive), inoccupé(e)
unbescheiden *Adj Person* qui manque de modestie; *Forderung, Wunsch* exagéré(e); **~ sein** *Person:* exagérer
Unbescheidenheit *f einer Person* démesure *f*
unbescholten ['ʊnbəʃɔltən] *Adj* ❶ (*integer*) intègre
❷ JUR sans antécédents judiciaires
unbeschrankt ['ʊnbəʃraŋkt] *Adj Bahnübergang* sans barrières [ni demi-barrières]
unbeschränkt *Adj* illimité(e)
unbeschreiblich I. *Adj* indescriptible
II. *Adv schön, schnell, intelligent* infiniment; *dumm, frech* extrêmement; **sich ~ ärgern** se mettre dans une rage indescriptible
unbeschrieben *Adj Blatt, Seite* blanc(blanche)
unbeschwert I. *Adj* insouciant(e)
II. *Adv* dans l'insouciance
unbesehen *Adv* **etw ~ glauben** croire qc les yeux fermés; **etw ~ kaufen/akzeptieren** accepter/acheter qc sans examen préalable
unbesetzt *Adj* inoccupé(e)
unbesiegbar *Adj* invincible
unbesiegt *Adj* invaincu(e); **in etw** (*Dat*) **~ sein** être invaincu(e) en qc
unbesonnen I. *Adj* irréfléchi(e)
II. *Adv* sans réfléchir
Unbesonnenheit <-, -en> *f* ❶ *kein Pl* (*das Unbesonnensein*) irréflexion *f*
❷ (*Äußerung, Handlung*) inconséquence *f*
unbesorgt I. *Adj* **~ sein** ne pas se faire de souci; **seien Sie ~!** vous n'avez pas de souci à vous faire!
II. *Adv* **etw ~ tun können** pouvoir faire qc sans crainte
unbeständig *Adj* instable
Unbeständigkeit *f kein Pl* instabilité *f*
unbestätigt *Adj* non confirmé(e)
unbestechlich *Adj Person* incorruptible; *Urteil* infaillible
Unbestechlichkeit *f einer Person* incorruptibilité *f*; *eines Urteils* infaillibilité *f*
unbestimmt *Adj* ❶ *Ahnung* vague; *Gefühl* confus(e)
❷ (*nicht festgelegt*) **auf ~e Zeit/mit ~er Dauer** à durée indéterminée; **mit ~em Ziel** sans but précis; **[noch] ~ sein** ne pas être [encore] déterminé(e)
❸ GRAM indéfini(e)
Unbestimmtheit *f* ❶ (*Undeutlichkeit, Ungenauigkeit*) indétermination *f*
❷ (*Ungewissheit, Unsicherheit*) incertitude *f*
unbestreitbar I. *Adj* incontestable; **es ist ~, dass er lügt** il ment, incontestablement
II. *Adv* incontestablement
unbestritten I. *Adj* incontesté(e); **es ist ~, dass er lügt** il ment, sans conteste
II. *Adv* sans conteste
unbetamt *Adj* A *fam* (*ungeschickt*) maladroit(e)
unbeteiligt *Adj* ❶ **an einem Unfall ~ sein** ne pas être impliqué(e) dans un accident; **an einem Mord ~ sein** n'être pour rien dans un meurtre; **nur ein ~er Zuschauer sein** n'être qu'un spectateur passif
❷ (*desinteressiert*) peu intéressé(e); **~ sein** ne pas se sentir concerné(e)
Unbeteiligte(r) *f(m) dekl wie Adj* personne *f* qui n'est pas impliquée
unbetont *Adj Silbe, Satzteil* non accentué(e)
unbeträchtlich *Adj* minime; **nicht ~** non négligeable
unbeugsam *Adj* inflexible
unbewacht *Adj Gefangener* laissé(e) sans surveillance; *Gelände, Parkplatz* non surveillé(e); **jdn/etw ~ lassen** laisser qn/qc sans surveillance
unbewaffnet *Adj* sans arme; **~ sein** ne pas être armé(e)
unbewältigt *Adj Konflikt, Problem* non résolu(e); *Vergangenheit* non surmonté(e)
unbeweglich *Adj* ❶ (*starr*) *Gelenk, Konstruktion* immobile; *Miene* impassible
❷ (*geistig starr*) rigide
❸ (*festgelegt*) *Feiertag* fixe
Unbeweglichkeit *f a. fig* immobilité *f*
unbewegt *Adj* ❶ immobile
❷ (*starr*) *Miene* impassible
unbewiesen *Adj* sans preuve[s]; *Hypothese* gratuit(e); **~ sein** rester à prouver; *Hypothese:* rester à démontrer
unbewohnbar *Adj* inhabitable
unbewohnt *Adj Gebäude, Wohnung* inoccupé(e); *Gegend, Planet* inhabité(e)
unbewusstRR I. *Adj* inconscient(e)
II. *Adv* inconsciemment
Unbewusste(s)RR *nt dekl wie Adj* inconscient *m*
unbezahlbar *Adj* ❶ exorbitant(e)
❷ (*wertvoll*) *Antiquität, Kunstschatz* sans prix
❸ *hum fam* (*sehr wertvoll*) *Information, Tipp* précieux(-euse); **für jdn ~ sein** ne pas avoir de prix pour qn
unbezahlt *Adj* ❶ *Rechnung* impayé(e)
❷ (*unentgeltlich*) *Überstunde* non payé(e); *Urlaub* sans solde
unbezähmbar *Adj* irrépressible
unbezwingbar, unbezwinglich [ʊnbə'tsvɪŋlɪç, 'ʊnbətsvɪŋlɪç] *Adj* ❶ *Festung* imprenable
❷ (*nicht unterdrückbar*) *Verlangen* irrésistible; *Abneigung* insurmontable
Unbilden *Pl geh des Wetters* aléas *mpl* (*soutenu*)
unblutig I. *Adj* ❶ *Aufstand* sans effusion de sang
❷ MED *Eingriff* sans incision
II. *Adv* **~ verlaufen** *Aufstand, Geiselnahme:* se dérouler sans effusion de sang
unbotmäßig I. *Adj geh Kind* frondeur(-euse); *Mitarbeiter* insubordonné(e)
II. *Adv geh* **sich ~ benehmen [o verhalten]** faire preuve d'insubordination
unbrauchbar *Adj* inutilisable; **[als Chef] ~ sein** ne pas convenir [comme chef]
unbürokratisch I. *Adj Entscheidung, Hilfe, Handeln* qui ne passe pas par la bureaucratie
II. *Adv vorgehen, entscheiden* sans passer par la bureaucratie
unchristlich I. *Adj* ❶ non chrétien(ne)
❷ *fam* (*unpassend*) **das ist ja eine ~e Zeit!** c'est vraiment une heure indue!
II. *Adv* **sich ~ verhalten** ne pas se comporter en chrétien(ne)
und [ʊnt] *Konj* ❶ et; **du ~ ich** toi et moi
❷ MATH *fam* (*plus*) et; **eins ~ eins ist zwei** un et un font deux
❸ (*als Ausdruck der Intensivierung*) **schöner ~ schöner werden** devenir de plus en plus beau(belle); **sie redet ~**

redet elle n'arrête pas de parler
4 *(dann)* et; **wage das nur, ~ es setzt was!** essaie un peu, [et] tu vas voir!
5 *(aber)* et; **du schläfst, ~ ich soll arbeiten?** tu dors et moi, je dois travailler?
6 *(selbst wenn)* ~ **sei es noch so spät** aussi tard soit-il; ~ **wenn du noch so schreist** même si tu cries autant
7 *fam (als Einleitung von kurzen Fragen)* **Geduld, ich komme gleich! – Und wann?** patience, j'arrive! – Mais quand? *(fam)*; [**na**] ~**?** et alors? *(fam)*
Undank *m geh* ingratitude *f;* **für etw ~ ernten** ne récolter que de l'ingratitude pour qc
▶ ~ **ist der Welt Lohn** *Spr.* on ne récolte en ce bas monde qu'ingratitude
undankbar *Adj* ingrat(e)
Undankbarkeit *f* ingratitude *f*
undatiert *Adj* non daté(e)
undefinierbar *Adj Gefühl, Geräusch, Masse* indéfinissable; **etwas Undefinierbares** quelque chose d'indéfinissable
undeklinierbar *Adj* indéclinable
undemokratisch I. *Adj* antidémocratique
II. *Adv entscheiden* de façon antidémocratique
undenkbar *Adj* impensable
Underdog ['andədɔg] <-s, -s> *m* laissé(e)-pour-compte *m(f)*
Understatement [andə'steɪtmənt] <-s, -s> *nt* modestie *f*
undeutlich I. *Adj* 1 *Foto, Umrisse* flou(e); *Schrift* illisible; *Aussprache* indistinct(e)
2 *(ungenau) Begriff, Erinnerung, Vorstellung* vague
II. *Adv* 1 *erkennen, unterscheiden* indistinctement; *schreiben* de façon illisible; ~ **sprechen** ne pas parler distinctement
2 *(ungenau) formulieren* en termes vagues
undicht *Adj* non étanche; *Rohr, Ventil* qui fuit
Unding *nt* **es ist ein ~ das zu tun** c'est une aberration de faire cela
undiplomatisch I. *Adj* ~ **sein** *Person:* ne pas être diplomate; *Verhalten:* dénoter un manque de diplomatie
II. *Adv* sans [faire preuve de] diplomatie
undiszipliniert I. *Adj* indiscipliné(e)
II. *Adv* de façon indisciplinée
undogmatisch *Adj* POL, REL non dogmatique
unduldsam *Adj* intransigeant(e); ~ **gegen jdn/etw sein** être intransigeant(e) à l'égard de qn/qc
Unduldsamkeit *f* intransigeance *f*
undurchdringlich *Adj a. fig* impénétrable
undurchführbar *Adj* irréalisable
undurchlässig *Adj Folie, Stoff* imperméable; *Becken, Beton* étanche
undurchschaubar *Adj Person, Charakter* difficile à cerner; *Absicht, Plan* mystérieux(-euse)
undurchsichtig *Adj* 1 *Fenster, Stoff* opaque
2 *(zwielichtig) Person, Geschäfte* louche
uneben *Adj Boden* inégal(e); *Gelände, Straße* accidenté(e)
Unebenheit <-, -en> *f* 1 *kein Pl (unebene Beschaffenheit)* inégalité *f*
2 *(unebene Stelle)* aspérité *f*
unecht *Adj* 1 faux(fausse) *antéposé;* ~ **es Leder** similicuir *m*
2 *(unaufrichtig) Gefühl, Freude* faux(fausse)
unehelich *Adj Kind* naturel(le)
unehrenhaft I. *Adj* 1 *geh Handlung, Motiv* déshonorant(e)
2 MIL *Entlassung* dégradant(e)
II. *Adv* 1 *geh handeln* sans honneur
2 MIL ~ **entlassen werden** être dégradé(e) et radié(e)
unehrlich I. *Adj Person, Charakter, Art* pas franc(franche); *Mitarbeiter, Absicht* malhonnête
II. *Adv sich verhalten* malhonnêtement
Unehrlichkeit *f* manque *m* de franchise
uneigennützig I. *Adj* désintéressé(e)
II. *Adv helfen* avec désintéressement; ~ **denken** avoir des pensées désintéressées
uneingeschränkt *Adj, Adv* sans réserve
uneinheitlich I. *Adj* hétérogène; *Markt* irrégulier(-ière)
II. *Adv* irrégulièrement; ~ **schließen** *Börse:* clôturer sur une note irrégulière
uneinig *Adj* en désaccord; [**sich** *(Dat)*] **mit jdm ~ sein** être en désaccord avec qn; **sich über etw** *(Akk)* **~ sein** être en désaccord à propos de qc
Uneinigkeit *f* désaccord *m;* **es herrscht ~** il y a désaccord
uneinnehmbar *s.* **unbezwingbar 1.**
uneins ['ʊnʔaɪns] *s.* **uneinig**
uneinsichtig *Adj* incompréhensif(-ive)
unempfänglich *Adj* **für Schmeicheleien ~ sein** être insensible aux flatteries; **für Bestechungsversuche ~ sein** être incorruptible
unempfindlich *Adj* 1 *(wenig feinfühlig)* insensible
2 *(strapazierfähig) Material, Stoff* résistant(e)
3 *(widerstandsfähig) Person, Pflanze* résistant(e); **gegen Kälte/Hitze ~ sein** résister au froid/à la chaleur
Unempfindlichkeit *f kein Pl* 1 insensibilité *f*
2 *(Strapazierfähigkeit)* résistance *f*
3 *(Widerstandsfähigkeit)* ~ **gegen etw** résistance *f* à qc
unendlich I. *Adj (unbegrenzt, überaus groß)* infini(e); **das Objektiv auf ~ stellen** régler l'objectif sur l'infini; **das Unendliche** l'infini *m*
II. *Adv fam (unglaublich)* vachement *(fam)*; ~ **lange** cent sept ans *(fam)*; ~ **viele Leute** un monde pas possible *(fam)*; ~ **weit weg** vraiment à perpète *(fam)*; ~ **wütend** vachement en rogne *(fam)*; ~ **verliebt sein** être fou amoureux/folle amoureuse *(fam)*
Unendlichkeit *f* 1 *kein Pl (das Unendlichsein)* infinité *f*
2 *fam (sehr lange Zeit)* éternité *f (fam)*
unentbehrlich *Adj* indispensable; **für jdn/etw ~ sein** être indispensable à qn/qc; **sich ~ machen** se rendre indispensable
unentgeltlich I. *Adj Benutzung* gratuit(e); *Überlassung* gracieux(-euse); *Arbeit, Einsatz* bénévole
II. *Adv benutzen, entleihen* gratuitement; *überlassen, verleihen* gracieusement; *arbeiten* bénévolement
unentrinnbar [ʊnʔɛnt'rɪnbaːɐ, 'ʊnʔɛntrɪnbaːɐ] *Adj geh* inéluctable
unentschieden I. *Adj* 1 SPORT nul(le)
2 *(noch nicht entschieden) Angelegenheit, Prozess* en suspens
3 *(unentschlossen)* indécis(e)
II. *Adv* SPORT ~ **enden** se solder par un match nul; ~ **spielen** faire match nul
Unentschieden <-s, -> *nt* [match *m*] nul *m*
unentschlossen I. *Adj* indécis(e)
II. *Adv* sans parvenir à se décider
Unentschlossenheit *f* indécision *f*
unentschuldbar *Adj* inexcusable
unentschuldigt I. *Adj* non excusé(e)
II. *Adv* sans excuse; *(in der Schule)* sans mot d'excuse
unentwegt I. *Adj (beharrlich) Fleiß, Einsatz* constant(e), acharné(e)
II. *Adv* 1 *kämpfen, sich einsetzen* avec persévérance
2 *(ununterbrochen)* constamment
unentwirrbar *Adj* inextricable
unerbittlich I. *Adj* impitoyable
II. *Adv* impitoyablement
Unerbittlichkeit <-> *f einer Person* inflexibilité *f*
unerfahren *Adj* inexpérimenté(e); **auf einem Gebiet ~ sein** être inexpérimenté(e) [*o* manquer d'expérience] dans un domaine
Unerfahrenheit *f* inexpérience *f*
unerfindlich *Adj geh Grund* inexplicable; [**jdm**] **~ sein** être une énigme [pour qn] *(soutenu)*
unerfreulich I. *Adj* fâcheux(-euse)

U

II. *Adv ausgehen, enden* mal
unerfüllbar *Adj Traum, Wunsch* irréalisable; *Forderung* impossible à satisfaire
unerfüllt *Adj* insatisfait(e)
unergiebig *Adj Lagerstätte, Boden* maigre; *Thema, Diskussion* ingrat(e)
unergründlich *Adj Blick, Lächeln, Wesen* mystérieux(-euse); *Motiv, Geheimnis* insondable
unerheblich I. *Adj* négligeable; **nicht ~ sein** ne pas être négligeable; **es ist ~, ob ...** il importe peu que ... + *subj*
II. *Adv* faiblement; **sich nicht ~ verändern** changer sensiblement
unerhört I. *Adj* ❶ *pej (empörend) Benehmen, Frechheit* inouï(e); [**das ist ja**] **~!** [c'est] inouï!
❷ *(gewaltig) Anstrengung, Tempo* fou(folle); *Preis, Summe* exorbitant(e)
II. *Adv* ❶ *(empörend)* **sich ~ aufführen** se comporter comme un malotru
❷ *(außerordentlich) anstrengend, fleißig, heiß* incroyablement; **~ viel zu tun haben** avoir énormément de choses à faire
unerkannt *Adv* incognito; **~ bleiben** *Person:* réussir à garder l'incognito; *Krankheit:* ne pas être reconnu(e)
unerklärlich *Adj* inexplicable; **das ist mir ~** je ne me l'explique pas
unerlässlich[RR], **unerläßlich** *Adj* indispensable; **für jdn/etw ~ sein** être indispensable à qn/pour qc; **es ist ~, dass wir das tun** il faut absolument que nous fassions cela
unerlaubt I. *Adj Handlung* non autorisé(e), illicite; *Handelspraktiken* interdit(e); **~er Waffenbesitz** port *m* d'arme illégal; **wegen unerlaubten Betretens/Verlassens der Kaserne bestraft werden** être puni(e) pour avoir pénétré dans la caserne/quitté la caserne sans autorisation; **Recht der ~en Handlung** JUR droit *m* de l'acte illicite
II. *Adv* **etw ~ tun** faire qc sans autorisation
unerledigt I. *Adj* en souffrance
II. *Adv* en souffrance
unermesslich[RR], **unermeßlich** *geh* I. *Adj Ausdehnung, Dimensionen* incommensurable *(soutenu)*; *Elend, Verwüstungen* énorme; *Armut* très grand(e); *Schätze, Werte* inestimable *(soutenu)*
II. *Adv reich* immensément; **~ kostbar/wertvoll** d'une richesse/valeur inestimable *(soutenu)*
unermüdlich I. *Adj Arbeiter* infatigable; *Fleiß* inlassable
II. *Adv* inlassablement
unerreichbar *Adj* ❶ *Niveau, Ziel* inaccessible
❷ *(telefonisch nicht zu erreichen)* **~ sein** *Person:* ne pas être joignable
unerreicht *Adj* inégalé(e)
unersättlich *Adj* insatiable
unerschlossen *Adj* ❶ *(unerforscht)* inexploité(e)
❷ *(nicht besiedelt)* inexploré(e)
unerschöpflich *Adj Fantasie, Thema, Energie, Vorräte* inépuisable
unerschrocken I. *Adj* intrépide
II. *Adv kämpfen* avec bravoure
unerschütterlich I. *Adj* inébranlable
II. *Adv festhalten, glauben* de façon inébranlable
unerschwinglich *Adj* inabordable
unersetzlich *Adj Mitarbeiter, Verlust, Wert* irremplaçable; *Schaden* irréparable
unerträglich I. *Adj* insupportable
II. *Adv* **es ist ~ heiß** il fait une chaleur insupportable; **es ist ~ laut** il y a un bruit insupportable
unerwähnt *Adj* **~ bleiben** ne pas être mentionné(e); **etw ~ lassen** ne pas mentionner qc
unerwartet I. *Adj Ereignis, Reaktion, Antwort* imprévu(e)
II. *Adv besuchen, reagieren* inopinément; *sich ereignen* sans qu'on s'y attende
unerwidert *Adj Brief* sans réponse; *Besuch* non rendu(e); *Liebe* non partagé(e)
unerwünscht *Adj* indésirable; **du bist hier ~** on ne veut pas de toi ici
UNESCO [u'nɛsko] <-> *f Abk von* **United Nations Educational, Scientific and Cultural Organization** Unesco *f*
unfähig *Adj* incapable; **~ sein** être un/une incapable; **~ sein etw zu tun** être incapable de faire qc
Unfähigkeit *f kein Pl* incapacité *f*; **seine/ihre ~ Entscheidungen zu treffen** son incapacité à prendre des décisions
unfair [-fɛːɐ] I. *Adj* déloyal(e); **jdm gegenüber ~ sein** *Person, Verhalten:* être déloyal(e) envers qn; **das ist ~!** *fam* ce n'est pas juste! *(fam)*
II. *Adv spielen, sich verhalten* déloyalement
Unfall *m* accident *m*; **einen ~ haben** avoir un accident; **einen ~ bauen** *fam* provoquer un accident; **bei einem ~** dans un accident
Unfallarzt *m*, **-ärztin** *f* urgentiste *mf* **Unfallfahrer(in)** *m(f)* conducteur(-trice) *m(f)* responsable de l'accident **Unfallflucht** *f* délit *m* de fuite **Unfallfolge** *f meist Pl* séquelle *f* de l'accident **unfallfrei** I. *Adj Fahren, Zeitraum* sans accident; **seit Jahren ~ sein** *Fahrer:* ne pas avoir eu d'accident depuis des années II. *Adv* **~ fahren** rouler sans [provoquer d'] accident **Unfallgefahr** *f* risque *m* d'accident; **hier besteht erhöhte ~** ≈ attention risque d'accident **Unfallgegner(in)** *m(f)* partie *f* impliquée dans l'accident; **sein ~** celui avec qui il a eu l'accident **Unfallhaftpflicht** *f* JUR responsabilité *f* civile [du fait des] accidents **Unfallkrankenhaus** *nt* clinique *f* de traumatologie **Unfallmeldung** *f* déclaration *f* d'accident **Unfallopfer** *nt* accidenté(e) *m(f)* **Unfallort** *m* lieu *m* de l'accident **Unfallstation** *f* service *m* des urgences **Unfallstatistik** *f* statistique *f* d'accidents de la circulation **Unfallstelle** *f* endroit *m* de l'accident **Unfalltod** *m* mort *f* accidentelle **Unfallursache** *f* cause *f* d'un accident *souvent pl* **Unfallversicherung** *f* assurance-accidents *f* **Unfallwagen** *m* ❶ voiture *f* accidentée ❷ *s.* **Rettungswagen** **Unfallzeuge** *m*, **-zeugin** *f* témoin *m* de l'accident
unfassbar[RR] *Adj* ❶ *Phänomen, Wunder* inconcevable; **das ist für mich ~** je ne comprends pas
❷ *(unvorstellbar) Armut, Elend* inimaginable
unfehlbar I. *Adj Person, Gespür, Geschmack* infaillible; **niemand ist ~** nul n'est infaillible
II. *Adv* immanquablement
Unfehlbarkeit <-> *f* infaillibilité *f*
unfein *Adj* peu délicat(e)
unfertig *Adj Person* immature; *Werk, Arbeit* inachevé(e)
unflätig ['ʊnflɛːtɪç] *pej geh* I. *Adj* grossier(-ière)
II. *Adv* grossièrement
unförmig ['ʊnfœrmɪç] *Adj* informe; *Gliedmaßen* difforme
Unförmigkeit <-> *f* difformité *f*
unfrankiert *Adj* non affranchi(e)
unfrei *Adj* ❶ *Person, Volk, Leben* dépendant(e); **~ sein** ne pas être libre
❷ HIST *Leibeigener, Leben* non affranchi(e); **~ sein** ne pas être affranchi(e)
❸ *(unfrankiert)* en port dû
Unfreie(r) *f(m) dekl wie Adj* HIST serf *m*/serve *f*
Unfreiheit *f kein Pl (mangelnde Freiheit)* contraintes *fpl*; *(Unterdrückung)* servitude *f*
unfreiwillig I. *Adj* ❶ contre son/mon/... gré
❷ *(unbeabsichtigt) Komik, Witz* involontaire
II. *Adv* ❶ contre son/mon/... gré
❷ *(unbeabsichtigt) komisch* involontairement
unfreundlich I. *Adj* ❶ *Person* peu aimable; *Gesicht, Miene* rébarbatif(-ive); **~ zu jdm sein** ne pas être aimable avec qn
❷ *(nicht angenehm) Jahreszeit, Klima, Wetter* désagréable; *Tag* maussade
II. *Adv* **jdn ~ behandeln** traiter qn sans aménité; **sich jdm gegenüber ~ benehmen** se montrer désagréable avec qn

Unfreundlichkeit *f* ❶ *kein Pl* (*das Unfreundlichsein*) manque *m* d'amabilité
❷ (*Bemerkung, Handlung*) amabilité *f* (*iron*)
Unfriede *m geh kein Pl* discorde *f* (*soutenu*); **sich in ~n trennen** se quitter sur un désaccord; **in ~n leben** vivre dans la discorde (*soutenu*)
unfruchtbar *Adj* stérile
Unfruchtbarkeit *f kein Pl* stérilité *f*
Unfug ['ʊnfu:k] <-s> *m* ❶ bêtises *fpl;* ~ **machen** faire des bêtises
❷ JUR **grober** ~ délit *m* grave
Ungar(in) ['ʊŋgar] <-n, -n> *m(f)* Hongrois(e) *m(f)*
ungarisch ['ʊŋgarɪʃ] **I.** *Adj* hongrois(e)
II. *Adv* ~ **miteinander sprechen** discuter en hongrois; *s. a.* **deutsch**
Ungarisch <-[s]> *nt kein Art* (*Sprache, Schulfach*) hongrois *m;* **auf** ~ en hongrois; *s. a.* **Deutsch**
Ungarische *nt dekl wie Adj* **das** ~ le hongrois; *s. a.* **Deutsche**
Ungarn ['ʊŋgarn] <-s> *nt* la Hongrie
ungastlich **I.** *Adj* inhospitalier(-ière)
II. *Adv* de façon inhospitalière
ungeachtet *Präp + Gen geh* ~ **meiner Warnung/dieser Tatsache** en dépit de mon avertissement/ce fait; ~ **dessen, dass** bien que + *subj;* **dessen** ~ en dépit de cela
ungeahnt *Adj* insoupçonné(e)
ungebärdig ['ʊngəbɛ:ɐdɪç] *Adj Kind, Tier* rétif(-ive); *Verhalten* récalcitrant(e)
ungebeten **I.** *Adj Besucher, Gast, Besuch* indésirable; *Äußerung, Einmischung* intempestif(-ive)
II. *Adv* ~ **zu jdm zu Besuch kommen** venir chez qn à l'improviste; **sich** ~ **einmischen** s'en mêler sans y avoir été invité(e)
ungebildet *Adj* inculte
ungeboren *Adj Kind* qui n'est pas encore né(e); **der Schutz des ~en Lebens** la protection de la vie fœtale
ungebräuchlich *Adj Bezeichnung, Name, Wort* inusité(e); *Methode, Verfahren* inhabituel(le)
ungebraucht *Adj* qui n'a jamais servi; *Kleidungsstück:* qui n'a pas été porté(e)
ungebrochen *Adj Mut, Kraft* intact(e)
ungebührlich *geh* **I.** *Adj Betragen, Ton* malséant(e) (*littér*); *Forderung* exagéré(e)
II. *Adv sich betragen* avec inconvenance (*soutenu*); *sich aufregen* exagérément
ungebunden *Adj* ❶ *Buch* non relié(e)
❷ (*ohne Verpflichtungen*) indépendant(e); ~ **sein** ne pas avoir d'attaches familiales; **zeitlich relativ** ~ **sein** pouvoir gérer son temps assez librement
ungedeckt *Adj* ❶ *Tisch* qui n'est pas mis(e); *Dach* non couvert(e)
❷ FIN *Scheck* sans provision
❸ SPORT *Spieler* qui n'est pas marqué(e)
Ungeduld *f* impatience *f;* **voller** ~ plein(e) d'impatience
ungeduldig **I.** *Adj* impatient(e); ~ **werden** s'impatienter
II. *Adv* impatiemment
ungeeignet *Adj Bewerber, Mitarbeiter* incompétent(e); *Material, Mittel, Maßnahme* inadapté(e); **für etw** ~ **sein** *Person:* être incompétent(e) en matière de qc; *Mittel, Maßnahme:* être inadapté(e) à qc
ungefähr ['ʊngəfɛ:ɐ] **I.** *Adv* à peu près; ~ **dort/so** à peu près là-bas/comme ça; ~ **um acht Uhr** aux environs de huit heures; ~ **ein Pfund Mehl** à peu près une livre de farine; **das könnte** ~ **stimmen** c'est à peu près ça
II. *Adj Größe, Preis* approximatif(-ive)
ungefährdet *Adj, Adv* sans danger
ungefährlich *Adj* pas dangereux(-euse); *Erkrankung* bénin(-igne); **das ist nicht** ~ ce n'est pas sans danger
ungefärbt *Adj* naturel(le)
ungefragt *Adv* **er/sie hat das** ~ **getan** il/elle a fait cela sans qu'on le lui ait demandé
ungehalten *geh* **I.** *Adj Person* fâché(e); *Miene, Ton* acrimonieux(-euse) (*littér*); **über etw** (*Akk*) ~ **werden/sein** se fâcher/être fâché(e) à cause de qc
II. *Adv* avec acrimonie (*soutenu*)
ungeheizt ['ʊngəhaɪtst] *Adj* non chauffé(e)
ungehemmt **I.** *Adj Person* libéré(e); *Enthusiasmus, Freude* débridé(e)
II. *Adv* sans retenue
ungeheuer **I.** *Adj Masse, Vermögen, Verlust, Wert* énorme; *Schätze* immense; *Hass, Schmerz, Kraft* terrible; *Fähigkeiten, Leistung* prodigieux(-euse)
II. *Adv* extrêmement
Ungeheuer <-s, -> *nt* monstre *m*
ungeheuerlich *Adj* monstrueux(-euse); **das ist ja** ~**!** mais c'est monstrueux!
Ungeheuerlichkeit <-, -en> *f* monstruosité *f*
ungehindert **I.** *Adj* libre
II. *Adv* librement
ungehobelt *Adj* ❶ *Brett* non raboté(e)
❷ *pej* (*unhöflich*) *Person* mal dégrossi(e); *Art, Benehmen* fruste
ungehörig **I.** *Adj* inconvenant(e)
II. *Adv* **sich** ~ **aufführen** se comporter en faisant fi des convenances
Ungehörigkeit <-, -en> *f* inconvenance *f*
ungehorsam *Adj* désobéissant(e); **jdm gegenüber** ~ **sein** désobéir à qn
Ungehorsam *m* désobéissance *f;* **ziviler** ~ désobéissance civile
ungekämmt *Adj Haare* dépeigné(e); ~ **sein** *Person:* ne pas être peigné(e)
ungeklärt **I.** *Adj* ❶ *Verbrechen, Zusammenhänge* non élucidé(e)
❷ (*ungereinigt*) *Abwässer* non épuré(e)
II. *Adv* (*ungereinigt*) sans épuration
ungekündigt *Adj Arbeitsverhältnis* non résilié(e); **sich aus ~er Stellung bewerben** poser sa candidature, le contrat précédent n'étant pas résilié
ungekünstelt *Adj* naturel(le)
ungekürzt **I.** *Adj* intégral(e); *Film* en version intégrale
II. *Adv* intégralement
ungeladen *Adj* ❶ *Schusswaffe* non chargé(e)
❷ (*nicht eingeladen*) **~er Gast** personne *f* qui n'a pas été invitée
ungelegen **I.** *Adj Besucher, Besuch* gênant(e); *Zeitpunkt* mal choisi(e)
II. *Adv* [**jdm**] ~ **kommen** *Person:* déranger [qn]; *Sache:* tomber mal [pour qn]
Ungelegenheiten *Pl* ennuis *mpl;* **jdm** ~ **bereiten** causer [*o* créer] des ennuis à qn
ungelenk **I.** *Adj Bewegung, Schrift* maladroit(e)
II. *Adv* maladroitement
ungelenkig *Adj* ~ **sein** manquer de souplesse
ungelernt *Adj* non qualifié(e)
ungelogen *Adv fam* sans mentir (*fam*); ~**!** sans mentir! (*fam*); **es waren** ~ **tausend Leute da!** il y avait mille personnes, sans mentir!
ungelöst *Adj Problem, Rätsel* non résolu(e); *Fall* non éclairci(e); *Frage* sans réponse
Ungemach ['ʊngəma:x] <-s> *nt geh* désagréments *mpl*
ungemein **I.** *Adj* considérable
II. *Adv sich freuen, sich interessieren* énormément; *interessant, schwierig* extrêmement
ungemütlich **I.** *Adj* ❶ (*wenig einladend*) inconfortable; **hier ist es** ~ on n'est [*o* ne se sent] pas bien ici
❷ (*unbequem*) inconfortable
► ~ **werden können** *fam* pouvoir se mettre en rogne (*fam*)
II. *Adv eingerichtet* sans confort; **hier sitzt man** ~ on est mal assis ici

U

Ungemütlichkeit *f* inconfort *m*
ungenannt *Adj* anonyme
ungenau I. *Adj Beschreibung, Formulierung* imprécis(e); *Anzeige, Messung* inexact(e)
II. *Adv beschreiben, formulieren* avec imprécision; ~ **anzeigen/messen** donner des indications/prendre des mesures inexactes
Ungenauigkeit <-, -en> *f* ❶ *kein Pl* (*das Ungenausein*) *einer Beschreibung, Formulierung* imprécision *f; einer Anzeige, Messung* inexactitude *f*
❷ *Pl* (*Fehler*) **eine Arbeit voller ~en** un travail plein d'inexactitudes
ungeniert ['ʊnʒeniːɐt] I. *Adj* désinvolte
II. *Adv sich äußern, sich unterhalten* en toute liberté; *zugreifen* sans se gêner
Ungeniertheit ['ʊnʒeniːɐt-] <-> *f* désinvolture *f*
ungenießbar *Adj* ❶ *Beeren, Pilz* non comestible; *Essen* immangeable; *Getränk* imbuvable
❷ *hum fam* (*unausstehlich*) *Person:* invivable (*fam*)
ungenügend I. *Adj* ❶ insuffisant(e)
❷ (*Schulnote*) insuffisant
II. *Adv* insuffisamment
ungenutzt, ungenützt I. *Adj Ressourcen, Raum* inutilisé(e); *Gelegenheit* qu'on a laissé passer
II. *Adv* **Ressourcen ~ lassen** laisser des ressources inexploitées; **eine Chance ~ [verstreichen] lassen** laisser passer [*o* ne pas saisir] une chance
ungeordnet *Adj* non rangé(e)
ungepflegt *Adj Person, Äußeres* négligé(e); *Hände, Haare* mal soigné(e); *Garten, Park* mal entretenu(e)
ungeprüft I. *Adj* qui n'a pas été vérifié(e); ~ **sein** ne pas être vérifié(e)
II. *Adv* sans vérification; **einen Artikel ~ abdrucken** imprimer un article sans prendre la peine de le vérifier
ungerade *Adj* impair(e)
ungerecht I. *Adj* ❶ injuste; **jdm gegenüber ~ sein** être injuste envers qn; **es ist ~ von ihm/ihr das zu tun** c'est injuste de sa part de faire cela
❷ JUR *Richter, Urteil* injuste, inique
II. *Adv* de manière injuste
ungerechterweise *Adv* injustement
ungerechtfertigt *Adj* injustifié(e)
Ungerechtigkeit <-, -en> *f* injustice *f;* **so eine ~!** c'est vraiment injuste!
ungeregelt *Adj* déréglé(e)
ungereimt I. *Adj* ❶ (*verworren*) absurde, inepte; **~es Zeug reden** dire des inepties
❷ (*reimlos*) non rimé(e)
II. *Adv* ~ **klingen** avoir l'air absurde
Ungereimtheit <-, -en> *f* ❶ *kein Pl* (*Verworrenheit*) incohérence *f*
❷ *meist Pl* (*Widersprüchlichkeit*) incohérence *f*
ungern *Adv* ❶ (*nicht gerade gern*) **etw ~ tun** ne pas faire qc volontiers; **ich bügle recht ~** je n'aime pas [tellement] repasser; **leihst du mir dein Fahrrad? – [Höchst] ~!** tu me prêtes ton vélo? – Je n'aimerais autant pas!
❷ (*widerwillig*) *arbeiten, verreisen* à contrecœur; *zustimmen* à regret; **etw äußerst/höchst ~ tun** répugner à faire qc
ungerührt ['ʊngəryːɐt] I. *Adj Blick, Miene* impassible
II. *Adv* imperturbablement; *zusehen* sans émotion
ungesalzen *Adj Brot* sans sel; *Gericht* non salé(e); ~ **sein** ne pas être salé(e)
ungesättigt *Adj* CHEM non saturé(e)
ungeschält *Adj Kartoffel, Obst* non épluché(e); *Tomate* non pelé(e); *Reis* non décortiqué(e)
ungeschehen *Adj* **ich wünschte, ich könnte das ~ machen** j'aimerais ne pas avoir fait cela; **das kann man nicht ~ machen** ce qui est fait est fait
Ungeschick *nt kein Pl geh,* **Ungeschicklichkeit** <-, -en> *f* maladresse *f*
ungeschickt I. *Adj Person, Bewegung* maladroit(e)
II. *Adv sich verhalten* maladroitement; **sich ~ anstellen** *fam* être empoté(e) (*fam*)
ungeschlacht ['ʊngəʃlaxt] *Adj a. fig* grossier(-ière)
ungeschlechtlich *Adj* BIO asexué(e)
ungeschliffen *Adj* ❶ *Edelstein* brut(e)
❷ (*grob*) *Benehmen, Manieren* grossier(-ière), fruste; **ein ~er Kerl** un rustre
ungeschminkt I. *Adj* ❶ non maquillé(e); ~ **sein** ne pas être maquillé(e)
❷ (*ohne Beschönigung*) sans fard; *Wahrheit* tout(e) nu(e)
II. *Adv* ❶ sans être maquillé(e)
❷ (*unverblümt*) sans fard; ~ **die Wahrheit sagen** dire la vérité toute nue
ungeschoren *Adv* ~ **davonkommen** s'en tirer sans dommage; **jdn ~ lassen** laisser qn tranquille
ungeschrieben *Adj Recht* coutumier(-ière); ~ **bleiben** *Artikel, Buch:* ne pas voir le jour
ungeschützt *Adj a.* INFORM non protégé(e)
ungesellig *Adj* peu sociable
ungesetzlich *Adj* illégal(e)
ungesichert *Adj Schusswaffe* armé(e)
ungestempelt *Adj Briefmarke* non oblitéré(e)
ungestillt *Adj geh Hunger, Verlangen* inassouvi(e); *Durst* non étanché(e)
ungestört I. *Adj* tranquille; **für einen ~en Ablauf der Verhandlungen sorgen** veiller à ce que les négociations se déroulent dans le calme; **hier ist kein ~es Arbeiten möglich** on ne peut pas travailler en paix ici
II. *Adv arbeiten* en paix
ungestraft I. *Adj* impuni(e)
II. *Adv* impunément; ~ **davonkommen** s'en tirer en toute impunité
ungestüm ['ʊngəʃtyːm] *geh* I. *Adj* fougueux(-euse), impétueux(-euse) (*soutenu*)
II. *Adv* impétueusement (*soutenu*)
Ungestüm <-[e]s> *nt geh* impétuosité (*soutenu*); **mit [*o* in] jugendlichem ~** avec l'impétuosité de la jeunesse; **voller ~** plein de fougue
ungesühnt ['ʊngəzyːnt] *Adj* impuni(e)
ungesund I. *Adj* ❶ (*schädlich*) *Ernährung, Klima* malsain(e); *Rauchen* nuisible à la santé
❷ (*kränklich*) *Aussehen* maladif(-ive); *Gesichtsfarbe* blême
▶ **allzu viel ist ~** *Spr.* l'excès en tout est un défaut
II. *Adv* **sich ~ ernähren** avoir une alimentation mal équilibrée; ~ **leben** avoir un mode de vie mauvais pour la santé
ungesüßt *Adj* non sucré(e); ~ **sein** ne pas être sucré(e)
ungeteilt *Adj* ❶ (*nicht geteilt*) non divisé(e)
❷ (*ganz*) entier(-ière)
❸ JUR indivis(e)
ungetrübt *Adj Freude, Glück* sans nuage; *Tage, Zeit, Urlaub* paisible
Ungetüm ['ʊngətyːm] <-[e]s, -e> *nt* ❶ *veraltet* (*riesiges Tier*) monstre *m*
❷ *fam* (*riesiger Gegenstand*) mastodonte *m*
ungeübt *Adj Handwerker, Lehrling* inexpérimenté(e); *Sportler, Musiker* qui manque d'entraînement; **in etw (*Dat*) ~ sein** manquer d'expérience/d'entraînement dans qc
ungewiss[RR] *Adj* ❶ (*offen*) *Ausgang, Schicksal* incertain(e); **es ist noch ~, ob/wie ...** on ne sait toujours pas si/comment...
❷ (*unentschieden*) **er ist im Ungewissen** il ne sait pas ce qu'il doit faire
❸ (*unklar*) **jdn über etw (*Akk*) im Ungewissen lassen** laisser qn dans l'incertitude quant à qc; **etw im Ungewissen lassen** laisser planer l'incertitude sur qc
Ungewissheit[RR] <-, -en> *f* incertitude *f*

ụngewöhnlich I. *Adj* ❶ (*unüblich*) *Stärke, Hitze* inhabituel(le)
❷ (*seltsam*) *Bitte, Vorfall* insolite; **etwas/nichts Ungewöhnliches** quelque chose/rien d'extraordinaire
❸ (*außergewöhnlich*) exceptionnel(le)
II. *Adv* ❶ (*unüblich*) *sich verhalten* d'une manière inhabituelle
❷ (*außergewöhnlich*) *groß, heiß, stark* extrêmement; *begabt, leistungsfähig* exceptionnellement
ụngewohnt *Adj* inhabituel(le), inaccoutumé(e); **etw ist jdm** [*o* **für jdn**] ~ qn n'est pas habitué(e) à qc
ụngewollt I. *Adj* involontaire; **das war** ~ ce n'était pas intentionnel
II. *Adv* involontairement; **ich musste** ~ **grinsen** je n'ai pas pu m'empêcher de ricaner
ụngezählt *Adj* ❶ (*unzählig*) innombrable
❷ (*nicht gezählt*) non compté(e)
Ụngeziefer ['ʊngətsiːfɐ] <-s> *nt* vermine *f*
ụngezogen I. *Adj Kind* mal élevé(e); *Bemerkung* impertinent(e); *Benehmen* impoli(e); **das ist sehr** ~ **von dir** c'est très impoli de ta part
II. *Adv sich benehmen* impoliment
Ụngezogenheit <-, -en> *f* ❶ *kein Pl* (*das Ungezogensein*) impolitesse *f*
❷ (*Äußerung, Handlung*) impertinence *f*
ụngezügelt *Adj Hass, Wildheit* effréné(e); *Temperament* excessif(-ive)
ụngezwungen I. *Adj* décontracté(e) (*fam*)
II. *Adv* d'une manière décontractée (*fam*)
Ụngezwungenheit *f* décontraction *f*
Ụnglaube *m* ❶ (*Zweifel*) incrédulité *f*
❷ ECCL incroyance *f*
ụnglaubhaft I. *Adj* invraisemblable, peu crédible
II. *Adv* d'une manière peu crédible
ụngläubig I. *Adj* ❶ *Blick, Gesicht* incrédule
❷ (*gottlos*) non-croyant(e); **ein** ~**er Mensch** un incroyant
II. *Adv ansehen, fragen* d'un air incrédule
Ụngläubige(r) *f(m) dekl wie Adj* non-croyant(e) *m(f)*; (*bei Moslems*) infidèle *mf*
unglaublich I. *Adj Geschichte, Frechheit* incroyable
II. *Adv* ❶ (*unerhört*) d'une manière incroyable
❷ *fam* (*überaus*) incroyablement
ụnglaubwürdig I. *Adj Darstellung, Geschichte* invraisemblable; *Person* peu digne de foi; **er ist** ~ il n'est pas crédible [*o* digne de foi]; **sich** ~ **machen** perdre toute crédibilité
II. *Adv sich benehmen, verhalten* d'une manière peu crédible; ~ **wirken/klingen** avoir l'air peu crédible
Ụnglaubwürdigkeit *f* manque *m* de crédibilité
ụngleich I. *Adj* ❶ (*nicht gleichartig*) *Bezahlung, Belastung* inégal(e); *Gegenstände* disparate; *Socken* dépareillé(e); *Ehepaar* mal assorti(e)
❷ (*nicht gleichwertig*) *Gegner, Kontrahenten* de force inégale; *Kampf* inégal(e); **mit** ~**en Waffen kämpfen** lutter à armes inégales
II. *Adv* ❶ (*unterschiedlich*) *belasten, behandeln* inégalement; ~ **bezahlt werden** percevoir des salaires inégaux
❷ (*weitaus*) ~ **größer/billiger** largement plus grand/meilleur marché
Ụngleichgewicht *nt* déséquilibre *m*
Ụngleichheit *f kein Pl* différence *f*; (*in Bezug auf die Gehälter*) inégalité *f*
ụngleichmäßig I. *Adj* ❶ (*unregelmäßig*) *Atemzüge, Puls, Bewegungen* irrégulier(-ière)
❷ (*ungleich*) *Belastung, Verteilung* inégal(e)
II. *Adv* ❶ (*unregelmäßig*) *atmen* irrégulièrement
❷ (*ungleich*) *belasten, verteilen* de manière inégale
Ụngleichmäßigkeit <-, -en> *f* ❶ (*Unregelmäßigkeit*) irrégularité *f*
❷ (*Ungleichheit*) inégalité *f*
Ụnglück <-e> *nt* ❶ (*katastrophales Ereignis*) malheur *m*; (*Flugzeugunglück, Zugunglück*) catastrophe *f*
❷ *kein Pl* (*Pech*) malchance *f*; [**jdm**] ~ **bringen** porter malheur [à qn]
❸ *kein Pl* (*Elend*) malheur *m*; **jdn ins** ~ **stürzen** précipiter qn dans le malheur
▶ **ein** ~ **kommt selten allein** *Spr.* un malheur n'arrive jamais seul; **in sein** ~ **rennen** *fam* courir à sa perte; **das** ~ **wollte es, dass** le malheur a voulu que + *subj*; **zu allem** ~ pour comble de malheur
ụnglücklich I. *Adj* ❶ *Person, Gesicht* malheureux(-euse)
❷ (*ungünstig*) malheureux(-euse); *Umstand, Formulierung* malencontreux(-euse); *Zeitpunkt* inopportun(e), mal choisi(e)
❸ (*folgenschwer*) *Sturz* mauvais(e) *antéposé*
▶ **mach dich nicht** ~**!** tu pourrais le regretter!
II. *Adv* ❶ ~ **aussehen/dreinschauen** avoir l'air malheureux; ~ **verliebt sein** être malheureux(-euse) en amour
❷ (*ungünstig*) ~ **ausgehen** [*o* **enden**] se terminer mal
❸ (*ungeschickt*) ~ **fallen** [*o* **stürzen**] faire une mauvaise chute; **seine Worte** ~ **wählen** mal choisir ses mots
ụnglücklicherweise *Adv* malheureusement
Ụnglücksbote *m*, **-botin** *f* oiseau *m* de mauvais augure
ụnglückselig ['ʊnglʏkzeːlɪç] *Adj* ❶ (*vom Unglück verfolgt*) *Expedition* malheureux(-euse)
❷ (*verhängnisvoll*) *Ereignisse* funeste
Ụnglücksfall *m* accident *m* **Ụnglücksrabe** *m fam* malchanceux *m* **Ụnglücksstelle** *f* lieu *m* de l'accident **Ụnglückstag** *m* ❶ (*Pechtag*) jour *m* de malchance ❷ (*Tag eines Unglücks*) jour *m* de l'accident **Ụnglückszahl** *f* chiffre *m* porte-malheur
Ụngnade *f* disgrâce *f*; **bei jdm in** ~ **fallen** tomber en disgrâce auprès de qn
ụngnädig I. *Adj* mal disposé(e)
II. *Adv* avec mauvaise humeur; **etw** ~ **aufnehmen** prendre qc très mal
ụngültig *Adj* ❶ *Ausweis, Scheckkarte, Visum* périmé(e); *Fahrkarte, Eintrittskarte* non valable; ~ **werden** *Ausweis, Visum:* expirer
❷ (*nichtig*) *Abstimmung, Stimme, Wahl* nul(le); **etw für** ~ **erklären** déclarer qc nul(le)
Ụngültigkeit *f* nullité *f*
Ụngunst *f geh* **die** ~ **des Augenblicks** l'instant *m* mal choisi; **die** ~ **des Wetters** le temps inclément
▶ **zu seinen/deinen/...** ~**en** à son/ton/... détriment
ụngünstig I. *Adj Augenblick, Zeitpunkt* mal choisi(e); *Zeit* peu propice; *Wetter* défavorable
II. *Adv* **sich** ~ **auf etw** (*Akk*) **auswirken** avoir un effet défavorable sur qc
ụngustiös *Adj* A *fam* (*unappetitlich*) dégoutant(e)
ụngut *Adj Erfahrungen, Entwicklung* désagréable, mauvais(e) *antéposé*; **ein** ~**es Gefühl** un mauvais pressentiment
▶ **nichts für** ~**!** sans rancune!
ụnhaltbar *Adj* ❶ (*haltlos*) *These, Vorwurf* insoutenable
❷ (*unerträglich*) *Situation, Zustand* inadmissible
❸ SPORT *Ball, Schuss* imparable
ụnhandlich *Adj* peu pratique, peu commode
Ụnheil *nt geh* malheur *m*; ~ **anrichten** *fam Person:* faire un désastre; **viel** ~ **anrichten** *fam Vulkan, Orkan:* causer des dégâts importants
ụnheilbar I. *Adj* incurable
II. *Adv* incurablement
ụnheilvoll *Adj geh Botschaft, Zeichen* funeste
ụnheimlich I. *Adj* ❶ (*grauenerregend*) *Gestalt, Geschichte* macabre; *Haus, Gruft, Moor* lugubre; *Begegnung, Erlebnis* inquiétant(e); **er ist mir** ~ je le trouve inquiétant; **mir ist** ~ [**zumute**] je ne suis pas rassuré(e); **hier/im Keller ist es** ~ ici/à la cave, ce n'est pas rassurant
❷ *fam* (*unglaublich*) *Glück, Zufall* pas croyable (*fam*)
❸ *fam* (*sehr groß*) *Angst, Durst, Hunger* terrible; **es hat uns** ~**en Spaß gemacht** cela nous a énormément plu
II. *Adv* ❶ (*grauenerregend*) ~ **aussehen** être à faire peur;

U

sich ~ anhören être peu rassurant(e)
❷ *fam (sehr)* vachement *(fam)*
unhöflich I. *Adj Person* impoli(e); *Bemerkung, Antwort* impoli(e), désobligeant(e)
II. *Adv sich benehmen, verhalten* de manière impolie; *fragen, antworten* de manière désobligeante
Unhöflichkeit *f* impolitesse *f*
Unhold <-[e]s, -e> *m* monstre *m*
unhörbar I. *Adj Ton, Frequenz* inaudible; *Flüstern* imperceptible; **für jdn ~ sein** être imperceptible pour qn
II. *Adv seufzen* imperceptiblement
unhygienisch [-gie:nɪʃ] *Adj* qui manque d'hygiène; **~ sein** *Dusche, Toilette:* manquer d'hygiène; **es ist ~ etw zu tun** ce n'est pas hygiénique de faire qc
uni ['yni, y'ni:] *Adj unv* uni(e)
Uni[1] ['ʊni] <-, -s> *f fam Abk von* **Universität** fac *f (fam)*
Uni[2] ['yni, y'ni:] <-s, -s> *nt* uni *m;* **in ~** de couleur unie
UNICEF ['u:nitsɛf] <-> *f Abk von* **United Nations International Children's Emergency Fund** UNICEF *f*
unifarben ['yni-, y'ni:-] *Adj* uni(e), de couleur unie
Uniform [uni'fɔrm, 'ʊnifɔrm] <-, -en> *f* uniforme *m;* **in ~** en uniforme
uniformiert [unifɔr'mi:ɐt] *Adj* en uniforme
Uniformierte(r) *f(m) dekl wie Adj* homme *m*/femme *f* en uniforme
Unikat [uni'ka:t] <-[e]s, -e> *nt* pièce *f* unique
Unikum ['u:nikʊm, *Pl:* 'u:nika] <-s, -s *o* Unika> *nt fam* original(e) *m(f);* **er/sie ist ein ~** c'est un drôle de numéro *(fam)*
uninteressant *Adj* inintéressant(e), sans intérêt
uninteressiert I. *Adj Person, Gesicht* indifférent(e); **~ sein/tun** ne montrer aucun intérêt
II. *Adv* d'un air indifférent
Union [u'njo:n] <-, -en> *f* ❶ union *f;* **Europäische ~** Union européenne
❷ POL *fam* **die ~** *groupe parlementaire comprenant la CDU et la CSU*
unisono [uni'zo:no] *Adv geh* à l'unisson
universal [univɛr'za:l] *s.* **universell**
Universalerbe [-vɛ-] *m,* **-erbin** *f* légataire *mf* universel(le)
Universalschlüssel *m* clé *f* à molette
universell [univɛr'zɛl] I. *Adj* universel(le)
II. *Adv begabt* en tout; **~ verwendbares Gerät** outil *m* multi-usages
Universität [univɛrzi'tɛ:t] <-, -en> *f* université *f;* **die ~ Rostock** l'université de Rostock; **Technische ~** institut *m* universitaire de technologie; **an der ~ studieren** étudier à l'université; **die ~ besuchen** fréquenter l'université
Universitätsausbildung *f* formation *f* universitaire **Universitätsbibliothek** *f* bibliothèque *f* universitaire **Universitätsbuchhandlung** *f* librairie *f* universitaire **Universitätsgelände** *nt* campus *m* [universitaire] **Universitätsklinik** *f* centre *m* hospitalo-universitaire, C.H.U. *m* **Universitätslaufbahn** *f* carrière *f* universitaire **Universitätsprofessor(in)** *m(f)* professeur *m* d'université [*o* de faculté] **Universitätsstadt** *f* ville *f* universitaire **Universitätsstudium** *nt* études *fpl* universitaires; **mit/ohne ~** avec/sans formation universitaire
Universum [uni'vɛrzʊm] <-s> *nt* univers *m*
unkameradschaftlich I. *Adj* **ein ~er Schüler** un mauvais camarade; **das ist ~ [von dir]** tu es un mauvais camarade
II. *Adv* en mauvais camarade
Unke ['ʊŋkə] <-, -n> *f* ❶ crapaud *m*
❷ *fam (Schwarzseher)* oiseau *m* de malheur
unken ['ʊŋkən] *itr V fam* jouer les Cassandre
unkenntlich ['ʊnkɛntlɪç] *Adj Person, Gesicht* méconnaissable; *Inschrift, Kennzeichen* indéchiffrable; **sich/etw ~ machen** se rendre/rendre qc méconnaissable
Unkenntlichkeit <-> *f* **bis zur ~** au point d'être méconnaissable; **ein Gebäude bis zur ~ verändern** transformer un édifice au point de le rendre méconnaissable
Unkenntnis *f kein Pl* ignorance *f;* **in ~ über etw** *(Akk)* **sein** ne pas être au courant de qc; **jdn in ~ über etw** *(Akk)* **lassen** tenir qn dans l'ignorance de qc; **aus ~** par ignorance
▶ **~ schützt vor Strafe nicht** *Spr.* nul n'est censé ignorer la loi
Unkenruf *m fam* prévision *f* alarmiste
unklar I. *Adj* ❶ *(unverständlich)* peu clair(e); *Formulierung, Text* confus(e); *Darstellung* embrouillé(e); **mir ist** [*o* **es ist mir**] **~, warum/wie/...** je ne comprends pas très bien pourquoi/comment/...
❷ *(ungeklärt) Situation* confus(e); *Verhältnisse* ambigu(ë)
❸ *(undeutlich) Bild, Umrisse* flou(e), indistinct(e)
▶ **jdn über etw** *(Akk)* **im Unklaren lassen** laisser qn dans l'incertitude en ce qui concerne qc; **[sich** *(Dat)***] im Unklaren über etw** *(Akk)* **sein** ignorer qc
II. *Adv sich ausdrücken, formulieren* de manière ambiguë
Unklarheit <-, -en> *f* ❶ *kein Pl (Ungewissheit)* confusion *f;* **über etw** *(Akk)* **besteht** [*o* **herrscht**] **~** qc manque de clarté
❷ *(ungeklärter Tatbestand)* ambiguïté *f;* **die ~en beseitigen** lever les ambiguïtés
unklug I. *Adj* imprudent(e); **~ sein** *Person:* commettre une imprudence; **es ist ~ von dir das zu tun** c'est imprudent de ta part de faire cela
II. *Adv* de manière imprudente; **~ vorgehen** commettre une imprudence
unkollegial I. *Adj* déloyal(e)
II. *Adv sich verhalten* de manière déloyale, sans respect pour les collègues
unkompliziert I. *Adj Person, Fall, Vorgang, Gerät* simple, qui n'est pas compliqué(e)
II. *Adv* simplement
unkontrollierbar *Adj* incontrôlable
unkontrolliert I. *Adj* ❶ *(ungeprüft)* sans contrôle; **sich ~en Zugang verschaffen** pénétrer sans être contrôlé(e)
❷ *(ungehemmt)* incontrôlé(e)
II. *Adv* sans contrôle
unkonventionell [-vɛ-] I. *Adj* peu conventionnel(le)
II. *Adv* de manière peu conventionnelle
unkonzentriert *Adj* qui n'est pas concentré(e)
Unkosten *Pl* frais *mpl;* **mit/wegen etw ~ haben** avoir des frais avec qc
▶ **sich in ~** *(Akk)* **stürzen** *fam* se mettre en frais *(fam)*
Unkostenbeitrag *m* participation *f* aux frais **Unkostendeckung** *f* ÖKON couverture *f* des frais
Unkraut *nt* mauvaise herbe *f*
▶ **~ vergeht nicht** *Spr.* mauvaise herbe croît toujours
Unkrautvertilgungsmittel *nt* désherbant *m*
unkritisch I. *Adj* qui n'est pas critique
II. *Adv* avec un manque de sens critique
unkultiviert [-vi:-] I. *Adj Person* inculte; *Art, Lebensweise* primitif(-ive)
II. *Adv* de manière primitive
unkündbar *Adj Stellung* inamovible; *Vertrag* non résiliable; **~ sein** *Mitarbeiter:* être inamovible, ne pas pouvoir être licencié(e)
unkundig *Adj geh* **des Lesens/Schreibens unkundig sein** ne pas savoir lire/écrire; **des Englischen ~ sein** ne pas maîtriser l'anglais
unlängst *Adv* dernièrement, récemment
unlauter ['ʊnlaʊtɐ] *Adj* déloyal(e); **~e Machenschaften** magouilles *fpl (fam)*, tractations *fpl* douteuses; **Gesetz gegen den ~en Wettbewerb** loi *f* contre la concurrence déloyale
unleidlich ['ʊnlaɪtlɪç] *Adj* insupportable, désagréable
unleserlich I. *Adj* illisible
II. *Adv* illisiblement
unleugbar I. *Adj* incontestable, indéniable
II. *Adv* incontestablement, indéniablement
unliebsam I. *Adj* fâcheux(-euse), déplaisant; **etw ist jdm in**

~**er Erinnerung** qn garde un souvenir désagréable de qc
II. *Adv* fâcheusement, de manière déplaisante; ~ **auffallen** faire mauvaise impression
unliniert *Adj* non ligné(e)
unlogisch I. *Adj* illogique
II. *Adv* d'une manière illogique
unlösbar *Adj* insoluble
Unlust *f kein Pl* ennui *m;* [**große**] ~ **verspüren** n'avoir de goût à rien; **etw mit ~ tun** faire qc à contrecœur
unmännlich ['ʊnmɛnlɪç] *Adj a. pej* efféminé(e)
Unmasse *s.* **Unmenge**
unmaßgeblich *Adj Meinung, Urteil* qui ne sert pas de norme; ~ **sein** ne pas être déterminant(e); **nach meiner ~en Meinung** *hum* à mon humble avis
unmäßig I. *Adj Alkoholgenuss* immodéré(e); ~**es Rauchen** l'abus de tabac; ~**es Essen** l'alimentation excessive
II. *Adv* sans modération; ~ **essen/trinken/rauchen** faire des abus de table/d'alcool/de tabac
Unmäßigkeit *f* excès *m;* **seine/ihre ~ im Essen/Trinken** ses excès [*o* abus *mpl*] de table/d'alcool
Unmenge *f* **eine ~ von Fragen** une quantité énorme de questions; ~**n von Touristen** une foule de touristes; **etw in ~n verkaufen** vendre qc en quantité industrielle (*fam*); ~**n trinken** boire jusqu'à plus soif
Unmensch *m* monstre *m*
► **ich bin doch** [**schließlich**] **kein ~!** *hum fam* je ne vais pas te/vous manger! (*fam*)
unmenschlich I. *Adj* ❶ inhumain(e)
❷ *fam* (*ungeheuer*) *Hitze, Kälte, Schmerzen* épouvantable, atroce (*fam*)
II. *Adv* d'une manière inhumaine
Unmenschlichkeit *f* ❶ *kein Pl* (*das Unmenschlichsein*) cruauté *f; eines Vorgesetzten* inhumanité *f* (*soutenu*); *eines Tyrannen* férocité *f*
❷ (*Tat*) atrocité *f,* monstruosité *f*
unmerklich I. *Adj* imperceptible
II. *Adv* imperceptiblement
unmissverständlich^RR^ I. *Adj Äußerung, Formulierung, Warnung* sans équivoque; *Weigerung* catégorique; **eine klare und ~e Antwort** une réponse claire et nette; ~ **sein** *Antwort, Befehl:* ne pas laisser le moindre doute
II. *Adv sagen, sich äußern* sans équivoque, d'une manière claire et nette
unmittelbar I. *Adj* immédiat(e)
II. *Adv* immédiatement; ~ **bevorstehen** être imminent(e)
unmöbliert I. *Adj* non meublé(e); ~ **sein** ne pas être meublé(e)
II. *Adv* non meublé(e)
unmodern I. *Adj* démodé(e); ~ **werden** se démoder
II. *Adv* **sich ~ kleiden** porter des vêtements démodés
unmöglich I. *Adj* impossible; **es ist ihm/ihr ~ das zu tun** il/elle est dans l'impossibilité de faire cela; **jd/etw macht es jdm ~ zu verreisen** qn/qc empêche qn de partir en voyage; **das ist technisch ~** c'est techniquement impossible; **ich verlange doch nichts Unmögliches!** je ne te/vous demande pourtant pas l'impossible!
► **sich bei jdm ~ machen** se déconsidérer [auprès de qn]
II. *Adv* ❶ (*keinesfalls*) **er kann ~ der Täter sein** il est impossible que ce soit lui le coupable; **das kann ~ stimmen!** il est impossible que ce soit vrai!
❷ *pej fam* ~ **aussehen** avoir un air pas possible (*fam*); **sich ~ benehmen** avoir un comportement pas possible (*fam*)
Unmöglichkeit *f kein Pl a.* JUR impossibilité *f*
Unmoral *f* immoralité *f*
unmoralisch *Adj* immoral(e)
unmotiviert [-vi:-] I. *Adj Frage* gratuit(e); *Lachen, Heiterkeitsausbruch* immotivé(e); *Wutanfall* irraisonné(e)
II. *Adv* sans motif, sans raison

unmündig *Adj* ❶ (*nicht volljährig*) mineur(e)
❷ (*geistig unselbständig*) irresponsable; **jdn für ~ erklären** déclarer qn irresponsable
unmusikalisch *Adj* qui n'est pas musicien(ne); ~ **sein** ne pas être musicien(ne), ne pas avoir l'oreille musicienne
Unmut *m geh* mauvaise humeur *f;* **seinem ~ Luft machen** donner libre cours à sa mauvaise humeur
unnachahmlich *Adj* inimitable
unnachgiebig I. *Adj Person, Haltung* intransigeant(e), inflexible
II. *Adv sich verhalten* de manière intransigeante [*o* inflexible]
Unnachgiebigkeit *f* intransigeance *f,* inflexibilité *f*
unnachsichtig I. *Adj Chef, Kritiker, Richter* impitoyable; *Strenge, Kritik* impitoyable, implacable; ~ **mit den Kindern sein** être sévère [*o* intransigeant(e)] avec les enfants
II. *Adv* impitoyablement, implacablement
unnahbar *Adj* inaccessible
unnatürlich I. *Adj* ❶ (*nicht natürlich*) *Lebensweise* peu naturel(le); *Bedingungen* artificiel(le); **es ist ~ das zu tun** ce n'est pas naturel de faire cela
❷ (*gekünstelt*) *Lachen* contraint(e); *Sprache* artificiel(le)
❸ (*abnorm*) anormal(e)
II. *Adv* ❶ (*gekünstelt*) *sprechen* d'une manière artificielle; *lachen* de manière contrainte
❷ (*abnorm*) anormalement
Unnatürlichkeit *f der Lebensweise* manque *m* de naturel; *der Bedingungen* caractère *m* artificiel
unnormal *Adj* anormal(e)
unnötig I. *Adj* superflu(e), inutile; **es ist ~ etw zu tun** ce n'est pas la peine de faire qc
II. *Adv* inutilement
unnötigerweise *Adv* inutilement
unnütz I. *Adj Aufwand, Anstrengung* inutile; *Kosten* inutile, superflu(e); **es ist ~ etw zu tun** il est inutile de faire qc
II. *Adv* inutilement
UNO ['u:no] <-> *f kein Pl Abk von* **United Nations Organization** O.N.U. *f*
UNO-Friedenstruppen *Pl* casques *mpl* bleus
unordentlich I. *Adj Person* désordonné(e); *Zimmer, Büro* en désordre
II. *Adv* ❶ (*nachlässig*) *arbeiten* négligemment; ~ **gekleidet sein** être habillé(e) d'une manière négligée
❷ (*unaufgeräumt*) en désordre
Unordentlichkeit *f* manque *m* d'ordre
Unordnung *f kein Pl* désordre *m;* **etw in ~ bringen** mettre qc en désordre; **in ~ geraten** être mis(e) en désordre
unorthodox *Adj geh* pas très orthodoxe
unparteiisch I. *Adj* impartial(e)
II. *Adv* en toute impartialité
Unparteiische(r) *f(m) dekl wie Adj* ❶ personne *f* neutre
❷ SPORT arbitre *mf*
unpassend *Adj* ❶ (*unangebracht*) déplacé(e)
❷ (*ungelegen*) mal venu(e), mal choisi(e); **im ~sten Moment** au plus mauvais moment; **Samstag ist ein ~er Termin** samedi ne convient pas; **das ist jetzt wirklich ~!** ça tombe vraiment mal!
unpassierbar *Adj* impraticable
unpässlich^RR^, **unpäßlich** *Adj geh* ~ **sein** être indisposé(e); **sich ~ fühlen** se sentir indisposé(e)
Unpässlichkeit^RR^ <-, -en> *f* indisposition *f*
unpersönlich *Adj Person* froid(e), distant(e); *Art, Gespräch* impersonnel(le)
unpfändbar *Adj* insaisissable; ~ **sein** ne pouvoir faire l'objet d'une saisie
unpolitisch *Adj* apolitique
unpopulär *Adj* impopulaire
unpraktisch *Adj* ❶ *Gerät, Methode* pas pratique; **es ist ~ so vorzugehen** ce n'est pas pratique de procéder ainsi
❷ (*ungeschickt*) *Person* maladroit(e) [de ses mains]; **völlig ~**

U

sein n'être pas du tout bricoleur(-euse)
unproblematisch I. *Adj* qui ne pose aucun problème
II. *Adv* sans problème
unproduktiv *Adj* improductif(-ive)
unpünktlich I. *Adj* ❶ *Person* qui n'est pas ponctuel(le); ~ **sein** ne pas être ponctuel(le); **du bist immer ~!** tu n'es jamais à l'heure!
❷ (*verspätet*) ~ **sein** *Bus, Zug:* avoir du retard
II. *Adv ankommen, abfahren* en retard
Unpünktlichkeit *f* manque *m* de ponctualité
unqualifiziert I. *Adj* ❶ *Person* non qualifié(e); ~ **sein** ne pas être qualifié(e)
❷ *pej* (*niveaulos*) *Bemerkung, Ratschlag* sujet(te) à caution
II. *Adv* d'une manière incompétente
unrasiert *Adj* non rasé(e); ~ **sein** ne pas être rasé(e)
Unrast *f kein Pl geh* agitation *f*
Unrat <-[e]s> *m geh* immondices *fpl*
▸ ~ **wittern** flairer quelque chose [de louche]; **sie wittert überall gleich** ~ elle voit le mal partout
unrationell *Adj* ÖKON inefficace
unrealistisch I. *Adj* irréaliste
II. *Adv* d'une manière irréaliste
unrecht I. *Adj* ❶ *geh* (*nicht recht*) *Vorhaben, Weise* injuste; *Gedanke* coupable; **es ist ~ das zu tun** ce n'est pas correct de faire cela
❷ (*unpassend*) **zur ~en Zeit** au mauvais moment; **das ist mir gar nicht so ~!** cela ne tombe pas si mal!
II. *Adv handeln* injustement
Unrecht *nt kein Pl* tort *m,* injustice *f;* **ein ~ begehen** commettre une injustice; **im ~ sein** être en tort; (*vor Gericht*) être dans son tort; **sich ins ~ setzen** se mettre dans son tort; **zu ~** à tort; **jdm ~ geben** donner tort à qn; **~ haben** avoir tort; **jdm unrecht tun** causer du tort à qn
unrechtmäßig I. *Adj* illégal(e), illégitime
II. *Adv besitzen* illégalement, illégitimement; *erwerben* de manière illégale
Unrechtmäßigkeit *f* illégalité *f*
Unrechtsbewusstsein[RR] *nt* sens *m* moral
unredlich *Adj geh* malhonnête
unregelmäßig I. *Adj* irrégulier(-ière)
II. *Adv* irrégulièrement; ~ **konjugiert werden** avoir une conjugaison irrégulière
Unregelmäßigkeit <-, -en> *f* irrégularité *f*
unreif *Adj* ❶ *Frucht, Getreide* vert(e); **[noch] ~ sein** être [encore] vert(e); **Bananen werden ~ geerntet** les bananes sont cueillies vertes
❷ *fig Person* immature
unrein *Adj* ❶ *Wasser* impur(e); *Haut* peu sain(e); *Teint* brouillé(e)
❷ MUS *Ton, Klang* qui n'est pas pur(e)
❸ REL *Person, Tier* impur(e)
▸ **etw ins Unreine schreiben** écrire qc au brouillon
unrentabel I. *Adj* non rentable; ~ **sein** ne pas être rentable
II. *Adv* d'une manière non rentable
unrettbar *s.* **rettungslos**
unrichtig I. *Adj* inexact(e)
II. *Adv* de manière inexacte
Unrichtigkeit *f* ❶ *kein Pl* (*Ungenauigkeit*) inexactitude *f*
❷ (*Fehler*) erreur *f;* **offenbare ~** JUR erreur manifeste
Unruhe *f* ❶ (*Ruhelosigkeit*) agitation *f;* (*Sorge*) inquiétude *f;* **wegen etw voller ~ sein** être inquiet(-iète) [*o* anxieux(-euse)] à cause de qc
❷ (*Betriebsamkeit*) fébrilité *f,* excitation *f*
❸ *Pl* (*Tumulte*) troubles *mpl,* émeutes *fpl*
Unruhestifter(in) *m(f) pej* fauteur(-trice) *m(f)* de troubles
unruhig I. *Adj* ❶ (*ruhelos*) *Person* agité(e), nerveux(-euse); *Schritte, Bewegungen* nerveux(-euse); *Augen* toujours en mouvement; ~ **werden** commencer à s'agiter
❷ (*besorgt*) inquiet(-iète); ~ **werden** commencer à s'inquiéter
❸ (*ungleichmäßig*) *Lauf, Herzschlag* irrégulier(-ière)
❹ (*laut*) *Straße, Viertel* bruyant(e)
❺ (*gestört*) *Nacht, Schlaf* agité(e)
II. *Adv* ❶ (*ruhelos*) nerveusement; ~ **auf und ab gehen** aller et venir fébrilement; ~ **schlafen** avoir un sommeil agité
❷ (*unregelmäßig*) *laufen, schlagen* irrégulièrement
unrühmlich I. *Adj* peu glorieux(-euse), sans gloire
II. *Adv* sans gloire
unrund *Adj* TECH ovalisé(e)
uns [ʊns] I. *Pron pers, Dat von* **wir** ❶ nous; **bei/mit ~** chez/avec nous; **das gefällt ~** cela nous plaît; **er sagt es ~** il nous le dit; **sie glaubt ~** elle nous croît; **sie nähert sich ~** elle s'approche de nous; **wem hat er es gegeben? – Uns!** à qui l'a-t-il donné? – À nous!; **es geht ~ gut** nous allons bien; ~ **solltest du danken, nicht ihm!** c'est nous que tu devrais remercier, pas lui!
❷ *refl* nous; **wir haben ~ gedacht, dass** nous avons pensé que; **wir können ~ keine teuren Sachen leisten** nous ne pouvons pas nous payer des choses chères
II. *Pron pers, Akk von* **wir** ❶ nous; **er wollte ~ sprechen** il voulait nous parler; **der Brief ist an ~ gerichtet** la lettre nous est adressée
❷ *refl* nous; **wir haben ~ umgedreht** nous nous sommes retournés; **wann sehen wir ~?** quand nous voyons-nous?
unsachgemäß I. *Adj Reparatur, Transport, Behandlung* incorrect(e); *Verpackung* inadapté(e)
II. *Adv reparieren* d'une manière incorrecte; *verpacken* d'une manière inadaptée
unsachlich *Adj Person* partial(e); *Bemerkung, Einwand* subjectif(-ive); ~ **werden** commencer à faire preuve de partialité
Unsachlichkeit <-, -en> *f* ❶ (*mangelnde Objektivität*) *einer Person* manque *m* d'objectivité; *einer Bemerkung* subjectivité *f*
❷ (*unsachliche Bemerkung*) assertion *f* gratuite
unsagbar I. *Adj Freude, Trauer* indicible (*littér*)
II. *Adv* de manière indicible (*littér*)
unsäglich *geh* I. *Adj* ❶ (*unsagbar*) indicible (*littér*)
❷ (*sehr schlecht*) impossible
II. *Adv* de manière indicible (*littér*)
unsanft I. *Adj* brutal(e)
II. *Adv wecken* brutalement; *durchrütteln* sans ménagement
unsauber I. *Adj* ❶ (*schmutzig*) sale
❷ (*unordentlich*) mal fait(e)
❸ (*nicht exakt*) *Ton, Klang* qui n'est pas tout à fait juste
II. *Adv* mal
unschädlich *Adj* inoffensif(-ive); ~ **sein** être sans danger; **etw ~ machen** neutraliser qc
▸ **jdn ~ machen** *euph fam* mettre qn hors d'état de nuire
unscharf I. *Adj* ❶ (*undeutlich*) *Foto, Umrisse* flou(e), qui n'est pas net(te)
❷ (*ungenau*) *Formulierung, Einstellung, Justierung* imprécis(e); ~ **sein** ne pas être précis(e)
II. *Adv* de manière imprécise
Unschärfe *f* flou *m*
unschätzbar *Adj Mitarbeiter* très précieux(-euse); *Bedeutung, Wert* inestimable
unscheinbar I. *Adj Person, Aussehen* insignifiant(e); *Pflanze, Möbelstück* qui n'a l'air de rien
II. *Adv* ~ **aussehen/wirken** n'avoir l'air de rien
unschicklich [ˈʊnʃɪklɪç] *Adj geh* inconvenant(e)
unschlagbar *Adj* imbattable; **im Tango ~ sein** être imbattable au tango
unschlüssig I. *Adj* indécis(e), irrésolu(e); **sich** (*Dat*) ~ **über etw** (*Akk*) **sein** être indécis(e) sur qc; **ich bin mir noch ~, was ich tun soll** j'hésite encore sur ce que je dois faire
II. *Adv* d'un air indécis [*o* irrésolu]
Unschlüssigkeit *f* indécision *f,* irrésolution *f*
unschön *Adj* ❶ (*hässlich*) *Farbe, Landschaft* laid(e)
❷ (*unfreundlich, unerfreulich*) déplaisant(e); *Wetter* maussade

Unschuld *f* 1 (*Schuldlosigkeit, Naivität*) innocence *f*; **in aller** ~ en toute innocence
2 (*Jungfräulichkeit*) virginité *f*; **die** ~ **verlieren** perdre sa virginité
▶ ~ **vom Lande** *fam* oie *f* blanche (*vieilli*)
unschuldig I. *Adj* innocent(e); **an etw** (*Dat*) ~ **sein** ne pas être responsable de qc; ~ **tun** faire l'innocent(e)
II. *Adv* 1 à tort, injustement
2 (*arglos*) d'un air innocent
Unschuldige(r) *f(m) dekl wie Adj* innocent(e) *m(f)*
Unschuldsbeteuerung *f meist Pl* protestations *fpl* d'innocence **Unschuldslamm** *nt iron* innocent(e) *m(f)*; **das** ~ **spielen** faire l'innocent(e) **Unschuldsmiene** *f kein Pl* air *m* innocent [*o* d'innocence]; **mit** ~ en toute innocence; **eine** ~ **aufsetzen** prendre un air innocent **Unschuldsvermutung** *f* JUR présomption *f* d'innocence
unschwer *Adv* facilement, aisément
unselbständig *Adj* 1 *Person* dépendant(e) [*o* tributaire] des autres; ~ **sein** être dépendant(e)
2 (*nicht freiberuflich*) *Arbeit, Tätigkeit* salarié(e)
Unselbständigkeit *f* dépendance *f*
unselbstständig[RR] *s.* **unselbständig**
Unselbstständigkeit[RR] *s.* **Unselbständigkeit**
unselig *Adj geh* funeste
unser[1] ['ʊnzɐ] *Pron pers, Gen von* **wir** *veraltet poet* **sie werden** ~ **gedenken** ils/elles garderont notre souvenir
unser[2] *Pron poss* 1 notre; ~ **Bruder**/~**e Schwester** notre frère/sœur; ~**e Eltern** nos parents; **dieses Buch ist** ~**es** ce livre est à nous; **das ist alles** ~**es** c'est tout à nous; **ist das dein Ball oder** ~**er?** est-ce ton ballon ou le nôtre?
2 *substantivisch* **der/die/das** ~**e** le/la nôtre; **das sind die** ~**en** ce sont les nôtres; **wir haben das Unsere bekommen** nous avons eu notre part; **wir haben das Unsere getan** nous avons fait ce que nous avions à faire
3 (*gewohnt, üblich*) **sollen wir jetzt** ~**en Spaziergang machen?** allons-nous faire maintenant notre promenade habituelle?
unsereiner ['ʊnzɐʔaɪnɐ], **unsereins** ['ʊnzɐʔaɪns] *Pron indef fam* nous [autres]; ~ **ist immer hilfsbereit** (*wir*) nous, nous sommes toujours serviables (*fam*); (*ich*) moi, je suis toujours serviable; **unsereinem kann das egal sein** (*uns*) nous, on s'en fiche (*fam*); (*mir*) moi, je m'en fiche (*fam*)
unsererseits *Adv* 1 (*wir wiederum*) de notre côté
2 (*was uns betrifft*) de notre part; **wir** ~ **hätten gern ...** en ce qui nous concerne, nous voudrions ...
unseresgleichen *Pron unv* 1 (*Menschen unseres Schlags*) nos semblables; **wir sind unter** ~ nous sommes entre gens du même monde
2 (*Menschen wie wir*) **wir verkehren nur mit** ~ nous ne fréquentons que nos semblables; **das kann sich** ~ **nicht leisten** nous autres, nous ne pouvons pas nous le permettre
unseretwegen *s.* **unsertwegen**
unseretwillen *s.* **unsertwillen**
unseriös *Adj* pas sérieux(-euse); ~ **wirken** ne pas avoir l'air [très] sérieux(-euse); **das ist zu** ~ c'est trop peu sérieux
unsers *s.* **unser**[2]
unsertwegen *Adv* 1 (*wegen uns*) à cause de nous
2 (*uns zuliebe*) pour nous
3 (*von uns aus*) en ce qui nous concerne
unsertwillen *Adv* **um** ~ pour nous faire plaisir
unsicher I. *Adj* 1 (*gefährlich*) *Gegend, Reaktor* peu sûr(e)
2 (*gefährdet*) *Arbeitsplatz* précaire
3 (*nicht selbstsicher*) *Person* qui manque d'assurance; *Blick, Miene* perplexe; ~ **sein** *Person:* manquer d'assurance; **jdn** ~ **machen** ébranler qn
4 (*ungewiss*) *Ausgang, Zukunft* incertain(e); **sich** (*Dat*) [**noch**] ~ **sein, was/wie ...** hésiter [encore] sur ce que/sur la manière dont ...; **es ist noch** ~**, wann/wer/...** on ignore encore quand/qui/...
5 (*nicht verlässlich*) peu sûr(e); ~ **sein** *Methode, Mittel:* ne pas être très fiable
6 (*schwankend*) *Schritte, Gang* mal assuré(e); ~ **auf den Beinen sein** *Kind:* être chancelant(e)
▶ **die Gegend** ~ **machen** *Verbrecher:* sévir dans le quartier; **die Stadt/die Kneipen** ~ **machen** *hum* faire une virée en ville/au bistrot (*fam*)
II. *Adv* 1 *sich bewegen* en chancelant; **er fährt noch sehr** ~ sa conduite n'est pas encore très sûre
2 (*nicht selbstsicher*) *fragen* d'une voix hésitante; *umherblicken* l'air hésitant
Unsicherheit *f* 1 *kein Pl* (*mangelnde Selbstsicherheit*) manque *m* d'assurance
2 (*Ungewissheit, Unwägbarkeit*) incertitude *f*
3 *kein Pl* (*mangelnde Verlässlichkeit*) manque *m* de fiabilité
Unsicherheitsfaktor *m* facteur *m* d'incertitude
unsichtbar *Adj* invisible
▶ **sich** ~ **machen** *fam* se déguiser en courant d'air (*fam*)
Unsichtbarkeit *f* invisibilité *f*
Unsinn *m kein Pl* 1 (*Unsinnigkeit*) *einer Maßnahme, eines Systems* absurdité *f*; **es ist** ~ **zu behaupten/zu glauben, dass** il est absurde de prétendre/de croire que; **das ist doch** [**blanker**] ~**!** c'est [vraiment] absurde!
2 (*Unfug*) bêtises *fpl*, inepties *fpl*; ~ **machen** faire des bêtises; ~ **reden** *fam* dire des inepties; **was redest du da für einen** ~**!** qu'est-ce que c'est que ces bêtises! (*fam*); ~**!** *fam* non, mais ça va pas! (*fam*)
▶ **nur** ~ **im Kopf haben** *fam* ne penser qu'à faire des bêtises
unsinnig I. *Adj* insensé(e); *Idee* saugrenu(e); *Gerede* inepte
II. *Adv fam schnell, teuer* incroyablement
Unsitte *f* mauvaise habitude *f*
unsittlich I. *Adj* 1 (*unmoralisch*) inconvenant(e), indécent(e)
2 (*unzüchtig*) *Berührung, Handlungen* indécent(e)
II. *Adv* 1 *sich benehmen* de manière inconvenante
2 (*unzüchtig*) ~ **berührt werden** être victime d'attouchements
unsolide I. *Adj* dissolu(e)
II. *Adv* ~ **leben** mener une vie dissolue
unsozial antisocial(e)
unsportlich *Adj* 1 *Person* pas sportif(-ive); ~ **sein** ne pas être sportif(-ive)
2 (*unfair*) *Verhalten, Spiel* antisportif(-ive); ~ **sein** *Person:* être mauvais(e) joueur(-euse)
unsre *s.* **unser**[2]
unsrerseits *s.* **unsererseits**
unsresgleichen *s.* **unseresgleichen**
unsretwegen *s.* **unsertwegen**
unsretwillen *s.* **unsertwillen**
unsrige(r, s) *Pron poss geh* **der/die/das** ~ le/la nôtre; **die Unsrigen** les nôtres; **wir haben das Unsrige getan** nous avons fait ce que nous avions à faire
unstatthaft *Adj form* ~ **sein** être défendu(e)
unsterblich I. *Adj* 1 (*ewig lebend*) immortel(le); **glaubst du an die** ~**e Seele?** tu crois à l'immortalité de l'âme?
2 (*unvergänglich*) *Liebe, Musik* immortel(le), éternel(le); *Kunstwerk* impérissable; **jdn** ~ **machen** immortaliser qn
II. *Adv fam* **sich** ~ **verlieben** tomber éperdument amoureux(-euse); **sich** ~ **blamieren** se rendre totalement ridicule
Unsterblichkeit *f* immortalité *f*
unstet *Adj geh* instable, inconstant(e)
unstillbar *Adj geh Sehnsucht, Verlangen* insatiable; *Wissensdurst* inextinguible (*littér*)
Unstimmigkeit <-, -en> *f* 1 (*Ungenauigkeit*) inexactitude *f*
2 *meist Pl* (*Differenzen*) dissension *f*, désaccord *m*
unstreitig I. *Adv* incontestable, indéniable
II. *Adv* **es steht** ~ **fest, dass** il est indéniable que + *indic*
Unsummen *Pl* sommes *fpl* colossales

unsympathisch *Adj Person* antipathique; *Gedanke, Vorstellung* désagréable; **jdm ~ sein** être antipathique à qn

unsystematisch I. *Adj* non systématique; **~ sein** *Vorgehen:* manquer de méthode
II. *Adv* sans méthode

untad[e]lig I. *Adj Benehmen, Verhalten* irréprochable; *Kleidung* impeccable
II. *Adv sich benehmen, sich verhalten* irréprochablement (*soutenu*); *gekleidet* impeccablement

Untat *f* forfait *m*

untätig I. *Adj* inactif(-ive)
II. *Adv abwarten, zusehen* les bras croisés

Untätigkeit *f kein Pl* inaction *f*

untauglich *Adj* ❶ *Methode, Mittel, Versuch* inapproprié(e), inadéquat(e)
❷ *a.* MIL *Person* inapte; **für etw ~ sein** être inapte à qc

Untauglichkeit *f kein Pl a.* MIL inaptitude *f*

unteilbar *Adj* indivisible

unten ['ʊntən] *Adv* ❶ (*opp: oben*) en bas; **~ links/rechts** en bas à gauche/droite; **~ im Schrank** en bas de l'armoire; **~ im Koffer** au fond de la valise; **~ auf der Liste** en bas de la liste; **hier/dort ~** ici/là, en bas; **weiter ~** plus bas; **nach ~ zu dünner/dicker werden** devenir plus mince/épais(se) vers le bas
❷ (*an der Unterseite*) **das Auto ist ~ durchgerostet** le dessous de la voiture est rouillé; **wo ist denn ~?** où est le bas?; **„[hier] ~!"** "en bas!"
❸ (*in einem unteren Stockwerk*) **~/ganz ~ wohnen** habiter en bas/tout en bas; **~ im Keller** en bas à la cave; **nach ~ gehen** descendre; **den Tisch nach ~ tragen** descendre la table; **von ~ kommen** venir d'en bas
❹ (*in sehr niedriger Höhe*) [**tief**] **~ im Tal** tout en bas, dans la vallée; **mit der Seilbahn nach ~ fahren** descendre en téléphérique
❺ *fam* (*auf unterster Ebene*) [**ganz**] **~ sein/anfangen** être au bas/commencer [tout] en bas de l'échelle; **sich von ganz ~ hocharbeiten** partir de rien pour gravir tous les échelons
❻ (*nachher*) **~ erwähnt** mentionné(e) ci-dessous; **~ genannt** [*o* **stehend**] indiqué(e) ci-dessous; **siehe ~** voir ci-dessous
❼ *fam* (*im, nach Süden*) **~ in Baden-Württemberg** dans le sud, dans le Bade-Wurtemberg; **nach ~ fahren** aller dans le sud
▶ **jd ist bei ihm/ihr ~ durch** *fam* il/elle ne veut plus entendre parler de qn

untendrunter *Adv fam* [en] dessous

untenerwähnt *s.* **unten 6.**

untengenannt *s.* **unten 6.**

untenherum *Adv fam* **sich ~ warm anziehen** s'habiller chaudement en bas; **~ füllig/schmal sein** être fort(e)/étroit(e) des hanches

untenstehend *s.* **unten 6.**

unter ['ʊntɐ] I. *Präp + Dat* ❶ sous; **~ dem Sofa** sous le canapé; **einen Meter ~ der Decke hängen** *Lampe:* pendre à un mètre au-dessous du plafond; **~ der Jacke trägt er einen Pullover** sous la veste, il porte un pullover; **er wohnt ~ ihm** il habite au-dessous de lui
❷ (*schlechter als*) **~ dem Durchschnitt** en dessous de la moyenne
❸ (*inmitten, zwischen*) parmi; **~ den Zuschauern sitzen** être assis(e) au milieu des spectateurs; **mitten ~ uns** parmi nous; **~ Freunden** entre amis; **wir sind ~ uns** nous sommes entre nous; **~ anderem** entre autres [choses]
❹ (*untergeordnet*) **~ jdm arbeiten** travailler sous les ordres de qn; **jdn ~ sich haben** avoir qn sous ses ordres; **~ seiner Leitung** sous sa conduite
❺ (*begleitet von*) **~ Tränen** en larmes; **~ Weinen/Fluchen** en pleurant/jurant
❻ (*zugeordnet sein*) **etw steht ~ dem Motto ...** qc est placé(e) sous le signe de ...; **der Artikel steht ~ der Überschrift ...** l'article est intitulé ...
II. *Präp + Akk* sous; **~ den Schrank kriechen** ramper sous l'armoire; **bis ~s Dach** jusque sous le toit; **das Thermometer ~ den Arm stecken** mettre le thermomètre sous le bras
III. *Adv* ❶ (*weniger als*) **Einkommen ~ zehntausend Euro** des revenus de moins de dix mille euros; **bei ~ 25 Grad** en dessous de 25 degrés
❷ (*jünger als*) **etwas ~ dreißig sein** avoir un peu moins de trente ans

Unterabteilung *f* subdivision *f*

Unterarm *m* avant-bras *m*

Unterart *f* BIO sous-espèce *f*

Unterbau <-bauten> *m* ❶ (*Fundament*) soubassement *m*
❷ (*Tragschicht*) *einer Straße* infrastructure *f*

Unterbegriff *m* hyponyme *m* (*spéc*)

unterbelegt *Adj Krankenhaus, Hotel* dont la capacité n'est pas utilisée à plein; **zu zwanzig Prozent ~ sein** n'être occupé(e) qu'à quatre-vingt pour cent de sa capacité

unterbelichten* *tr V* sous-exposer

Unterbelichtung *f kein Pl* sous-exposition *f*

unterbesetzt *Adj* **~ sein** être en sous-effectif

unterbewerten* *tr V* sous-estimer

Unterbewertung *f* sous-estimation *f*

unterbewusst^RR^ I. *Adj* subconscient(e); **das Unterbewusste** le subconscient
II. *Adv* de manière subconsciente; **~ vorhanden sein** être présent(e) dans le subconscient

Unterbewusstsein^RR^ *nt* subconscient *m*

unterbezahlt *Adj* sous-payé(e)

Unterbezahlung *f* **durch ~ der Mitarbeiter hat das Unternehmen ...** en sous-payant ses employés, l'entreprise a ...

unterbieten* *tr V unreg* ❶ (*billiger sein*) vendre moins cher que *Person;* **jdn ~** vendre moins cher que qn; **sie will die Preise dieses Händlers ~** elle veut proposer des prix plus bas que ce commerçant
❷ SPORT battre *Rekord;* améliorer *Zeit*

unterbinden* *tr V unreg* mettre un terme à, faire cesser *Belästigung, Lärm;* couper court à *Diskussion, Einwände*

unterbleiben* *itr V unreg + sein geh Anruf, Beschwerde, Benachrichtigung:* ne pas être fait(e) [*o* effectué(e)]; *Skandal, Bestrafung:* ne pas avoir lieu; **das wäre besser unterblieben** cela n'aurait jamais dû se produire

Unterboden *m* ❶ CONSTR sous-plancher *m*
❷ AUT dessous *m* de caisse

Unterbodenschutz *m* protection *f* [anticorrosion] du dessous de caisse

unterbrechen* *tr V unreg* ❶ couper la parole à *Person;* interrompre *Gespräch, Arbeit, Sitzung, Fahrt*
❷ (*vorübergehend stilllegen*) couper *Leitung, Stromversorgung*

Unterbrechung <-, -en> *f* ❶ (*Pause, das Unterbrechen*) interruption *f;* **ohne ~** sans interruption; **mit ~en** avec des pauses
❷ (*vorübergehende Aufhebung*) interruption *f; der Stromversorgung* coupure *f*

unterbreiten* *tr V geh* (*vorlegen*) soumettre; **[jdm] einen Vorschlag/ein Angebot ~** soumettre une proposition/offre [à qn]

unter|bringen *tr V unreg* ❶ (*einquartieren*) loger, héberger *Person;* installer *Amt, Verwaltung;* **die Kinder bei Verwandten/in der Kinderkrippe ~** mettre les enfants chez des parents/à la crèche; **gut/schlecht untergebracht sein** *Person:* être bien/mal logé(e); *Unternehmen:* être bien/mal installé(e)
❷ (*Platz finden für*) caser *Möbel, Gerät;* **einen Bericht [noch] in den Nachrichten ~** [arriver à] placer un communiqué aux informations
❸ *fam* (*eine Arbeitsstelle finden für*) **jdn in einer Firma ~** caser qn dans une firme (*fam*)

Unterbringung <-, -en> *f von Personen* hébergement *m*

unterbrechen

• jemanden unterbrechen	• interrompre quelqu'un
Entschuldigen Sie bitte, dass ich Sie unterbreche, ...	Je suis désolé(e) de vous interrompre, ...
Wenn ich Sie einmal kurz unterbrechen dürfte: ...	Si je peux me permettre de vous interrompre un instant: ...
• anzeigen, dass man weitersprechen will	**• indiquer que l'on veut continuer de parler**
Moment, ich bin noch nicht fertig.	Un moment, je n'ai pas fini.
Lässt du mich bitte ausreden?/Könntest du mich bitte ausreden lassen?	Laisse-moi finir, s'il te plaît!/Pourrais-tu me laisser finir, s'il te plaît?
Lassen Sie mich bitte ausreden!	Laissez-moi finir, s'il vous plaît!
Lassen Sie mich bitte diesen Punkt noch zu Ende führen.	Laissez-moi terminer ce point, s'il vous plaît.
• ums Wort bitten	**• demander la parole**
Darf ich dazu etwas sagen?	Puis-je dire quelque chose à ce propos?
Wenn ich dazu noch etwas sagen dürfte: ...	Si je peux me permettre de dire quelque chose à ce propos: ...

Unterbruch CH *s.* Unterbrechung
unter|buttern *tr V fam* brimer; **sich von jdm ~ lassen** se laisser marcher sur les pieds par qn
Unterdeck *nt* pont *m* inférieur
unterderhand *s.* Hand ▸
unterdessen *Adv geh* pendant ce temps[-là], entre-temps
Unterdruck <-drücke> *m* PHYS dépressurisation *f*
unterdrücken* *tr V* ❶ (*niederhalten*) opprimer *Person, Volk;* réprimer *Unruhen, Widerstand*
❷ (*zurückhalten*) réprimer *Tränen, Gefühle, Gähnen*
Unterdrücker(in) <-s, -> *m(f)* oppresseur *m*
Unterdrückung <-, -en> *f* ❶ *der Bürger, eines Volks* oppression *f; eines Aufstands, von Unruhen* répression *f*
❷ (*Verheimlichung*) *von Vermögenswerten* dissimulation *f*
unterdurchschnittlich I. *Adj* inférieur(e) à la moyenne
II. *Adv bezahlt, verdienen* au-dessous de la moyenne; **~ intelligent/groß sein** posséder une intelligence/être d'une taille inférieure à la moyenne
untere(r, s) *Adj attr* ❶ (*unten befindlich*) inférieur(e); *Wohnung* d'en bas; **im ~n Stockwerk wohnen** habiter à l'étage d'en bas
❷ (*rangmäßig niedriger*) inférieur(e); **die ~n/untersten Klassen eines Gymnasiums** ≈ le premier cycle des études secondaires
❸ (*nachfolgend*) *Abschnitt, Kapitel* suivant(e)
❹ GEOG *Bereich, Teil, Flusslauf* inférieur(e); **die ~ Elbe/Mosel** le cours inférieur de l'Elbe/la Moselle
untereinander *Adv* ❶ (*miteinander*) *aushandeln, besprechen* entre eux/elles/nous/...
❷ (*gegenseitig*) *sich helfen* mutuellement
❸ (*räumlich*) *aufhängen, stellen* l'un(e) au-dessous de l'autre
unterentwickelt *Adj* ❶ *Organ, Körperteil, Muskulatur* atrophié(e); [**körperlich/geistig**] **~ sein** être insuffisamment développé(e) [physiquement/mentalement]
❷ ÖKON sous-développé(e)
unterernährt *Adj* sous-alimenté(e)
Unterernährung *f* sous-alimentation *f*
Unterfangen <-s, -> *nt* entreprise *f;* **ein kühnes ~** une entreprise hasardeuse
unter|fassen *tr V fam* ❶ (*stützen*) soutenir *Person*
❷ (*einhaken*) donner le bras à; **untergefasst gehen** marcher bras dessus, bras dessous

Unterführung *f* passage *m* souterrain
Unterfunktion *f* MED insuffisance *f;* **~ der Schilddrüse** hypothyroïdie *f*
Untergang <-gänge> *m* ❶ *eines Schiffs* naufrage *m*
❷ ASTRON *der Sonne, des Mondes* coucher *m*
❸ (*Zerstörung*) *eines Reiches* chute *f,* effondrement *m; einer Zivilisation, Kultur* disparition *f; der Menschheit* fin *f*
❹ *fig* (*Verderben*) **der Alkohol/die Spielsucht war sein ~** l'alcool/la passion du jeu a causé sa perte
Untergangsstimmung *f* état *m* d'abattement profond
untergeben *Adj* subalterne; **jdm ~ sein** être le/la subalterne de qn; **ihm/ihr sind zwölf Mitarbeiter ~** il/elle a douze collaborateurs sous ses ordres
Untergebene(r) *f(m) dekl wie Adj* subalterne *mf*
unter|gehen *itr V unreg + sein* ❶ (*im Wasser versinken*) *Person, Gegenstand:* couler; *Schiff:* couler, sombrer; **das Wrack eines untergegangenen Schiffs** l'épave *f* d'un bateau qui a fait naufrage
❷ ASTRON *Sonne, Mond:* se coucher
❸ (*zugrunde gehen*) *Kultur, Reich:* disparaître; **Reste untergegangener Kulturen/Reiche** des vestiges de cultures disparues/royaumes disparus
❹ (*nicht gehört werden*) **im Lärm ~** *Worte, Frage, Bitte:* se perdre dans le bruit
untergeordnet *Adj* ❶ (*zweitrangig*) secondaire
❷ (*subaltern*) subalterne
UntergeschossRR *nt* sous-sol *m*
Untergestell *nt* TECH *eines Gerätes, einer Maschine* support *m;* (*Fahrgestell*) châssis *m*
Untergewicht *nt* poids *m* insuffisant; **~ haben** avoir un poids insuffisant
untergewichtig *Adj* qui a un poids insuffisant; **~ sein** avoir un poids insuffisant
untergliedern* *tr V* structurer *Manuskript, Text, Aufsatz;* **einen Text in fünf Abschnitte ~** diviser un texte en cinq parties
untergraben*1 *tr V unreg* miner, saper *Ansehen, Autorität;* nuire à *Ruf*
unter|graben2 *tr V unreg* enfouir *Dünger, Humus*
Untergrund *m* ❶ GEOL sous-sol *m*
❷ *kein Pl* POL clandestinité *f;* **in den ~ gehen** entrer dans la clandestinité; **im ~** dans la clandestinité
❸ KUNST, CONSTR fond *m*

U

Untergrundbahn *f form* métropolitain *m* (*form*) **Untergrundbewegung** *f* mouvement *m* clandestin **Untergrundorganisation** *f* organisation *f* clandestine

unter|haken I. *tr V* prendre le bras de; **untergehakt gehen** marcher bras dessus, bras dessous
II. *r V* **sich** ~ se donner le bras; **sich bei jdm** ~ prendre qn par le bras

unterhalb I. *Präp + Gen* ~ **des Dorfes/der Schneegrenze** au-dessous du village/de la limite des neiges
II. *Adv* (*tiefer gelegen*) ~ **von der Burg** au-dessous du château fort

Unterhalt <-[e]s> *m kein Pl* ❶ (*Lebensunterhalt*) subsistance *f;* **seinen** ~ **bestreiten** subvenir à ses besoins; **seinen** ~ **verdienen** gagner sa vie; **für den** ~ **der Kinder aufkommen** subvenir aux besoins de ses enfants
❷ (*Unterhaltsgeld*) pension *f* alimentaire; **für jdn** ~ **zahlen** verser une pension alimentaire à qn
❸ (*Instandhaltung*) entretien *m*

unterhalten*¹ *tr V unreg* ❶ (*versorgen*) subvenir aux besoins de, nourrir *Familie, Verwandten*
❷ (*instand halten*) entretenir *Gebäude, Straße*
❸ (*aufrechterhalten*) entretenir *Beziehungen, Verbindungen;* maintenir *Kontakte*
❹ (*betreiben, halten*) entretenir *Kraftfahrzeug;* diriger, faire tourner *Firma;* tenir *Pension, Geschäft*

unterhalten² *unreg* I. *tr V* divertir, distraire *Person, Publikum*
II. *r V* ❶ (*sich vergnügen*) **sich** ~ s'amuser
❷ (*sprechen*) **sich mit jdm über jdn/etw** ~ s'entretenir avec qn de qn/qc; **sich mit jdm gut** ~ **können** pouvoir bien discuter avec qn; **sie** ~ **sich nur auf Japanisch** ils ne parlent entre eux que japonais

unterhaltend *Adj* divertissant(e), distrayant(e)

Unterhalter(in) *m(f)* animateur(-trice) *m(f)*

unterhaltsam *Adj* divertissant(e), distrayant(e)

Unterhaltsanspruch *m* droit *m* à une pension alimentaire **unterhaltsberechtigt** *Adj* ≈ à charge; ~ **sein** être à charge; **er hat drei** ~**e Kinder** il a trois enfants à charge **Unterhaltsklage** *f* action *f* en paiement d'une pension alimentaire **Unterhaltskosten** *Pl* ❶ coût *m* d'une pension alimentaire ❷ (*Instandhaltungs-, Betriebskosten*) frais *mpl* d'entretien **Unterhaltspflicht** *f* obligation *f* alimentaire

unterhaltspflichtig *Adj* tenu(e) à l'obligation alimentaire; **jdm gegenüber** ~ **sein** être tenu(e) de verser une pension alimentaire à qn

Unterhaltspflichtige(r) *f(m) dekl wie Adj* débiteur *m* alimentaire

Unterhaltsverzicht *m* renonciation *f* à la pension alimentaire **Unterhaltszahlung** *f* versement *m* d'une pension alimentaire

Unterhaltung <-, -en> *f* ❶ (*Gespräch*) entretien *m,* conversation *f*
❷ *kein Pl* (*Zeitvertreib*) distraction *f;* **der** ~ **dienen** servir à passer le temps; **gute** [*o* **angenehme**] ~**!** amuse-toi/amusez-vous bien!
❸ *kein Pl* (*Betreibung*) *einer Firma, eines Geschäfts* exploitation *f*
❹ *kein Pl* (*Instandhaltung*) *eines Gebäudes, Kraftfahrzeugs* entretien *m*

Unterhaltungselektronik *f* électronique *f* grand public **Unterhaltungsindustrie** *f* industrie *f* des loisirs **Unterhaltungsliteratur** *f a. pej* lectures *fpl* faciles (*péj*) **Unterhaltungsmusik** *f a. pej* musique *f* légère **Unterhaltungssendung** *f* émission *f* de variétés

Unterhändler(in) *m(f)* négociateur(-trice) *m(f)*

Unterhandlung *f* POL négociations *fpl,* pourparlers *mpl;* **mit jdm in** ~**en eintreten** engager des négociations [*o* entrer en pourparlers] avec qn

Unterhaus *nt* POL (*in Großbritannien*) Chambre *f* basse

Unterhemd *nt* (*Herrenunterhemd*) tricot *m* de corps; (*Damenunterhemd*) chemise *f* américaine

unterhöhlen* *tr V* ❶ (*aushöhlen*) miner, creuser *Ufer, Böschung, Hang*
❷ *s.* **unterminieren**

Unterholz *nt kein Pl* sous-bois *m*

Unterhose *f* (*Boxershorts*) caleçon *m;* [**kurze**] ~[**n**] slip *m;* **lange** ~[**n**] caleçon long

unterirdisch I. *Adj* souterrain(e)
II. *Adv* sous terre; ~ **verlegte Kabel** des câbles *mpl* souterrains; **der Gang verläuft** ~ le passage est souterrain

unterjochen* *tr V* mettre sous le joug; **jdn** ~ mettre qn sous le joug

Unterjochung <-, -en> *f* assujettissement *m*

unter|jubeln *tr V sl* ❶ (*verkaufen*) **jdm etw** ~ refiler qc à qn (*fam*)
❷ (*übertragen*) **jdm einen schwierigen Auftrag** ~ refiler à qn une mission difficile
❸ (*anlasten*) **jdm einen Fehler** ~ faire porter à qn le chapeau pour une erreur

unterkellern* *tr V* munir d'une cave; **etw** ~ munir qc d'une cave; [**teilweise**] **unterkellert sein** être construit(e) [en partie] sur cave

Unterkiefer *m* mâchoire *f* inférieure

Unterkleid *nt* combinaison *f*

unter|kommen *itr V unreg + sein* ❶ (*Unterkunft finden*) trouver à se loger; **bei jdm/in einem Hotel** ~ trouver à se loger chez qn/dans un hôtel
❷ *fam* (*Arbeit finden*) **in einer Firma** ~ trouver un boulot dans une entreprise
❸ DIAL (*begegnen*) **so etwas/jemand ist mir noch nicht untergekommen** je n'ai encore jamais vu cela/quelqu'un comme ça

Unterkörper *m* partie *f* inférieure du corps

unter|kriegen *tr V fam* **sich von jdm/etw nicht** ~ **lassen** ne pas se laisser abattre par qn/qc

unterkühlen* *tr V* MED mettre en hypothermie *Person;* **jdn** ~ mettre qn en hypothermie

unterkühlt *Adj* ❶ MED en hypothermie
❷ (*betont kühl*) glacial(e); ~ **wirken** avoir l'air glacial

Unterkühlung *f* hypothermie *f*

Unterkunft ['ʊntɐkʊnft, *Pl:* -kʏnftə] <-, -künfte> *f* (*Nacht-, Ferienquartier*) gîte *m;* (*für längere Zeit*) logement *m;* **freie** ~ **und Verpflegung haben** être logé(e), nourri(e) et blanchi(e)

Unterlage *f* ❶ support *m;* (*Schreibunterlage*) sous-main *m;* (*Bettenunterlage*) alèse *f,* alaise *f*
❷ *meist Pl* (*Beleg, Dokument*) document *m;* **geschäftliche** ~**n** dossiers *mpl* d'affaires

UnterlassRR, **Unterlaß** ▶ **ohne** ~ *geh* sans discontinuer, sans désemparer (*soutenu*)

unterlassen* *tr V unreg* ❶ (*nicht ausführen*) omettre [de faire]; **es** ~ **etw zu tun** négliger de faire qc
❷ (*bleiben lassen*) se dispenser de *Bemerkung, Dummheiten;* **etw nicht** ~ **können** ne pas pouvoir se dispenser de qc; **unterlass/**~ **Sie das!** arrête/arrêtez!

Unterlassung <-, -en> *f* (*Versäumnis*) omission *f*

Unterlassungsklage *f* JUR action *f* relative à une obligation de ne pas faire

Unterlauf *m* cours *m* inférieur

unterlaufen* *unreg* I. *itr V + sein* **jdm** ~ *Fehler, Irrtum:* échapper à qn; **mir ist ein Fauxpas** ~ j'ai commis un impair
II. *tr V + haben* (*umgehen*) contourner *Bestimmungen, Maßnahme*

unter|legen¹ *tr V* ❶ (*darunter legen*) mettre dessous; **etw** ~ mettre qc dessous; **jdm etw** ~ mettre qc sous qn
❷ (*abweichend interpretieren*) **einer S.** (*Dat*) **einen anderen Sinn** ~ attribuer à qc une autre signification

unterlegen*² *tr V* ❶ (*nachträglich versehen*) **einen Film mit Musik** ~ mettre de la musique sur un film; **der Text ist mit**

Glockenklängen unterlegt des sons de cloches servent de fond sonore au texte
❷ (*polstern*) **etw mit Filz/Schaumstoff** ~ mettre du feutre/de la mousse sous qc
unterlegen³ *Adj* [**jdm**] ~ **sein** être inférieur(e) [à qn]; [**jdm**] **zahlenmäßig** ~ **sein** être inférieur(e) en nombre [à qn]
Unterlegene(r) *f(m) dekl wie Adj* **der/die** ~ celui/celle qui a le dessous
Unterlegenheit <-, *selten* -en> *f* infériorité *f*
Unterlegscheibe *f* TECH rondelle *f*
Unterleib *m* bas-ventre *m*
Unterleibsoperation *f* ≈ opération *f* effectuée sur les organes génitaux internes de la femme **Unterleibsschmerzen** *Pl* douleurs *fpl* abdominales; (*bei Frauen*) douleurs du bas-ventre
unterliegen* *itr V unreg + sein* ❶ (*verlieren*) perdre; [**jdm**] ~ perdre [face à qn]
❷ (*unterworfen sein*) **Veränderungen** (*Dat*) ~ être soumis(e) à des changements; **starken Schwankungen/der Kontrolle** ~ être soumis(e) à de fortes variations/à un contrôle; **einem Irrtum/einer Täuschung** ~ être victime d'une erreur/fraude
Unterlippe *f* lèvre *f* inférieure
unterm ['ʊntɐm] = **unter dem** *s.* **unter**
untermalen* *tr V* **etw mit Musik** ~ agrémenter qc de musique; **das Essen wurde musikalisch untermalt** pendant le repas, il y avait une musique d'ambiance
Untermalung <-, -en> *f* (*Begleitmusik*) accompagnement *m* musical; (*Filmmusik*) fond *m* sonore [*o* musical]
untermauern* *tr V* étayer; **etw mit Argumenten** ~ étayer qc d'arguments
Untermiete *f* **bei jdm in/zur** ~ **wohnen** sous-louer une chambre chez qn
Untermieter(in) *m(f)* sous-locataire *mf*
unterminieren* *tr V* miner, saper
unter|mischen *tr V* ajouter
untern ['ʊntɐn] = **unter den** *s.* **unter**
unternehmen* *tr V unreg* ❶ (*machen*) entreprendre *Ausflug;* effectuer *Versuch;* entamer *Schritte*
❷ (*Vergnügliches durchführen*) **etwas mit jdm** ~ entreprendre quelque chose avec qn; **etwas zusammen** ~ faire quelque chose ensemble; **im Urlaub haben wir viel unternommen** pendant les vacances, on a fait beaucoup de choses
❸ (*eingreifen*) **etwas/nichts gegen jdn/etw** ~ entreprendre quelque chose/ne rien entreprendre contre qn/qc
❹ *geh* (*auf sich nehmen*) **es** ~ **etw zu tun** se charger de faire qc
Unternehmen <-s, -> *nt* ❶ (*Firma*) entreprise *f*
❷ (*Vorhaben*) entreprise *f,* opération *f*
Unternehmensberater(in) *m(f)* consultant(e) *m(f)* [en gestion management] **Unternehmensform** *f* JUR forme *f* d'entreprise **Unternehmensführung** *f* (*Tätigkeit*) direction *f* d'entreprise/de l'entreprise **Unternehmensleitung** *f kein Pl s.* **Unternehmensführung Unternehmensneugründung** *f* ≈ nouvelle fondation *f* d'une entreprise **Unternehmenspolitik** *f* politique *f* de l'entreprise
Unternehmer(in) <-s, -> *m(f)* chef *mf* d'entreprise, entrepreneur(-euse) *m(f)*
unternehmerisch I. *Adj* de chef d'entreprise; ~**es Denken/**~**e Fähigkeiten** le sens/le don des affaires
II. *Adv denken, handeln, entscheiden* en chef d'entreprise
Unternehmerpflicht *f* obligation *f* de l'entrepreneur
Unternehmerschaft <-, *selten* -en> *f* patronat *m*
Unternehmerverband *m* association *f* d'entreprises
Unternehmung <-, -en> *f* ❶ *s.* **Unternehmen 2.**
❷ CH *s.* **Unternehmen 1.**
Unternehmungsgeist *m kein Pl* esprit *m* d'entreprise; ~ **haben** avoir de l'initiative **Unternehmungslust** *f kein Pl* allant *m* **unternehmungslustig** *Adj* entreprenant(e), plein(e) d'allant
Unteroffizier(in) *m(f)* (*Dienstgrad*) sous-officier *m;* (*unterster Grad*) sergent *m;* ~ **vom Dienst** sous-officier de semaine; ~ **werden/sein** passer/être sous-officier
unter|ordnen I. *tr V* ❶ (*zurückstellen*) **seine Bedürfnisse/Interessen einer S.** (*Dat*) ~ subordonner ses besoins/intérêts à qc
❷ (*unterstellen*) **einer S.** (*Dat*) **untergeordnet werden** passer après qc; **jdm/einer Institution untergeordnet sein** être soumis(e) à qn/à une institution
II. *r V* **sich** [**jdm**] ~ se soumettre [à qn]
unterprivilegiert *Adj* défavorisé(e)
Unterredung <-, -en> *f* entrevue *f*
unterrepräsentiert *Adj* sous-représenté(e); **im Parlament** ~ **sein** être sous-représenté(e) au parlement
Unterricht ['ʊntɐrɪçt] <-[e]s> *m* ❶ (*Unterrichtsstunde*) cours *m;* (*Schultag*) cours *mpl;* (*in der Grundschule*) classe *f;* **in den** ~ **müssen** devoir aller en cours; **zu spät zum** ~ **kommen** arriver en retard au cours; **im** ~ **sein** *Lehrer:* être en [train de faire] cours; [**jdm**] ~ **in etw** (*Dat*) **geben** donner des cours de qc [à qn]; **bei jdm** ~ **haben** avoir cours avec qn
❷ (*Fahrschulunterricht*) **theoretischer** ~ code *m;* **praktischer** ~ conduite *f*
unterrichten* I. *tr V* ❶ (*unterweisen*) faire cours à; **jdn in Latein** ~ enseigner le latin à qn
❷ (*lehren*) enseigner
❸ *form* (*informieren*) **jdn über etw** (*Akk*)**/von etw** ~ instruire qn de qc (*soutenu*); **unterrichtet sein** être informé(e); **gut unterrichtet** bien informé(e); **wie aus gut unterrichteten Kreisen verlautet** selon les milieux bien informés
II. *itr V* **in etw** (*Dat*) ~ enseigner qc; **an einem Gymnasium/einer Hochschule** ~ enseigner dans un lycée/une université
III. *r V* **sich über etw** (*Akk*) ~ s'informer de [*o* sur] qc
Unterrichtsfach *nt* matière *f;* **das** ~ **Mathematik** les mathématiques **unterrichtsfrei** *Adj* **morgen ist** ~ demain, il n'y a pas cours **Unterrichtsministerium** *nt* A ministère *m* de l'éducation **Unterrichtsstoff** *m* programme *m* **Unterrichtsstunde** *f* heure *f* de cours
Unterrichtung <-, -en> *f form* information *f;* **ich bitte um sofortige** ~ je vous prie de m'informer immédiatement
Unterrichtungspflicht *f* JUR obligation *f* d'informer
Unterrock *m* combinaison *f;* (*Halbrock*) jupon *m*
unters ['ʊntɐs] = **unter das** *s.* **unter**
untersagen* *tr V* interdire; [**jdm**] **etw** ~ interdire qc [à qn]; **jdm** ~ **etw zu tun** interdire [*o* défendre] à qn de faire qc; **untersagt sein** être interdit(e)
Untersatz *m* (*für Töpfe, Schüsseln*) dessous-de-plat *m;* (*für Flaschen*) dessous-de-bouteille *m*
▶ **fahrbarer** ~ *hum fam* bagnole *f* (*fam*)
unterschätzen* *tr V* sous-estimer; **ein nicht zu** ~**der Gegner/Konkurrent** un adversaire/concurrent avec lequel il faut compter; **eine nicht zu** ~**de Gefahr** un danger non négligeable
Unterschätzung *f* sous-estimation *f*
unterscheidbar *Adj* distinguable; **diese zwei Fotos sind leicht** ~ ces deux photos sont facilement distinguables
unterscheiden* *unreg* I. *tr V* ❶ (*differenzieren*) différencier *Bäume, Pflanzen, Tierarten;* **etw von etw** ~ faire la différence [*o* la distinction] entre qc et qc
❷ (*auseinander halten*) distinguer; **Zwillinge voneinander** ~ distinguer des jumeaux l'un de l'autre
❸ (*einen Unterschied darstellen*) **jdn von jdm** ~ *Intelligenz, Begabung:* distinguer qn de qn
II. *itr V* **zwischen verschiedenen Dingen** ~ faire la différence [*o* distinction] entre différentes choses
III. *r V* **sich in etw** (*Dat*) ~ *Personen, Tiere:* différer par qc; **sich von jdm/etw durch etw** ~ (*Dat*) se distinguer de qn/qc par qc

U

Unterscheidung *f* distinction *f;* **~en treffen** faire des distinctions
Unterschenkel *m* jambe *f*
Unterschicht *f* classe *f* inférieure [de la société]
unterschieben*¹ *tr V unreg* **jdm etw ~** attribuer qc à qn; **er unterschiebt ihr, dass sie das getan hat** il l'accuse d'avoir fait cela
unter|schieben² *tr V unreg* **jdm ein Kissen/eine Wärmflasche ~** glisser à qn un coussin/une bouillotte
Unterschied ['ʊntɐʃiːt] <-[e]s, -e> *m* ❶ différence *f;* **im ~ zu euch** à la différence de vous; **[nur] mit dem ~, dass** à ceci près que + *indic;* **das macht keinen ~** cela revient au même; **es ist ein [großer] ~, ob man etwas geschenkt bekommt oder sich erarbeitet** il y a une [énorme] différence entre recevoir quelque chose en cadeau ou le gagner à la sueur de son front
❷ *(Unterscheidung)* distinction *f;* **ohne ~** sans distinction; **~e/einen ~ machen zwischen ... und ...** faire la différence [*o* la distinction] entre ... et ...
▸ **der kleine ~** *hum fam* ≈ la virilité apparente *(fam)*
unterschieden *PP von* **unterscheiden**
unterschiedlich I. *Adj* différent(e)
II. *Adv behandeln, einschätzen* d'une manière différente; **~ schwer/groß sein** avoir un poids différent/une taille différente
unterschiedslos *Adv* indifféremment
unterschlagen* *tr V unreg* ❶ JUR soustraire *Brief, Testament;* **Geld ~** détourner de l'argent
❷ *(vorenthalten)* dissimuler *Informationen, Beweise*
Unterschlagung <-, -en> *f von Geldern, Briefen* détournement *m; von Unterlagen* soustraction *f;* **~ von Beweismaterial** soustraction de preuves
Unterschlupf ['ʊntɐʃlʊpf] <-[e]s, -e> *m* refuge *m;* **bei jdm ~ finden** trouver refuge [*o* asile] chez qn; **jdm ~ gewähren** donner asile à qn
unter|schlüpfen *itr V + sein fam* **bei jdm ~** se réfugier chez qn
unterschreiben* *unreg* I. *tr V* ❶ signer *Brief, Dokument*
❷ *fam (gutheißen)* cautionner; **das kann ich [voll] ~** je peux cautionner cela [sans réserve]
II. *itr V* apposer sa signature; **mit vollem Namen ~** signer avec nom et prénom
unterschreiten* *tr V unreg* ❶ être inférieur(e) à
❷ *(unterbieten)* descendre au-dessous de
Unterschrift *f* ❶ signature *f;* **seine ~ unter etw** *(Akk)* **setzen** apposer sa signature au bas de qc; **etw mit seiner ~ versehen** revêtir qc de sa signature *(form);* **jdm etw zur ~ vorlegen** présenter qc à la signature de qn
❷ *(Bildunterschrift)* légende *f*
Unterschriftenliste *f,* **Unterschriftensammlung** *f* pétition *f*
unterschriftsberechtigt *Adj* autorisé(e) à signer **Unterschriftsprobe** *f* spécimen *m* de signature **unterschriftsreif** *Adj* JUR prêt(e) à être signé(e)
unterschwellig ['ʊntɐʃvɛlɪç] I. *Adj* subliminal(e)
II. *Adv* de manière subliminale
Unterseeboot *nt* sous-marin *m*
unterseeisch *Adj* sous-marin(e)
Unterseite *f eines Geräts, Tellers* dessous *m; einer Decke, Matratze* envers *m*
Untersetzer *s.* **Untersatz**
untersetzt *Adj* trapu(e), râblé(e)
unterspülen* *tr V* creuser, affouiller
Unterstand *m* abri *m*
unterstandslos *Adj* A *(obdachlos)* sans abri
unterste(r, s) *Adj Superl von* **untere(r, s)**
▸ **das Unterste zuoberst kehren** mettre tout sens dessus dessous
unterstehen* *unreg* I. *itr V (untergeben sein)* **jdm/einer S. ~** dépendre de qn/qc; **ihm ~ zehn Mitarbeiter** il a dix collaborateurs sous ses ordres; **er untersteht meinem Befehl** il est sous mes ordres
II. *r V* **sich ~ etw zu tun** avoir l'audace de faire qc; **untersteh dich [ja nicht]!** essaie un peu pour voir!; **was ~ Sie sich?** pour qui vous prenez-vous?
unterstellen*¹ *tr V* ❶ **jdm drei Mitarbeiter/eine Abteilung ~** placer trois employés/un service sous les ordres de qn; **einer Behörde unterstellt sein** *Person:* être rattaché(e) à une administration; *Dienststelle, Amt:* être placé(e) sous la tutelle d'une administration; **ihm/ihr sind vier Mitarbeiter unterstellt** il/elle a quatre collaborateurs sous ses ordres
❷ *(vorwerfen)* **jdm Nachlässigkeit ~** taxer qn de négligence
❸ *(annehmen)* **~ wir einmal, dass** supposons que + *subj*
unter|stellen² I. *tr V* rentrer *Fahrrad, Auto*
II. *r V* **sich ~** s'abriter, se mettre à l'abri
Unterstellung *f* ❶ *(falsche Behauptung)* allégation *f* [mensongère]
❷ *kein Pl* ADMIN **~ unter jdn/etw** subordination *f* à qn/qc
unterstreichen* *tr V unreg (markieren, betonen)* souligner; **etw rot ~** souligner qc en rouge
Unterstreichung <-, -en> *f* ❶ soulignage *m*
❷ *(unterstrichene Stelle)* passage *m* souligné
❸ *kein Pl (das Betonen)* **zur ~ des Gesagten** afin de souligner ce qui vient d'être dit
Unterströmung *f* lame *f* de fond
Unterstufe *f* premier cycle *m*
unterstützen* *tr V* ❶ *(helfen)* soutenir; **jdn bei etw/in etw** *(Dat)* **~** soutenir qn dans qc
❷ *(finanziell fördern)* subventionner *Projekt;* **jdn ~** soutenir qn financièrement
❸ *(sich einsetzen für)* appuyer
Unterstützung *f* ❶ *kein Pl (Hilfe)* soutien *m,* appui *m*
❷ FIN subside *m,* aide *f* financière
Untersuch CH *s.* **Untersuchung**
untersuchen* *tr V* ❶ MED examiner *Person, Organ, Verletzung;* analyser *Blut, Urin;* **sich von jdm ~ lassen** se faire examiner par qn; **jdn auf Typhus ~** faire le dépistage du typhus sur qn; **das Blut auf Erreger/Zucker ~** faire une analyse de sang bactériologique/pour déterminer le taux de glycémie
❷ *(erforschen)* étudier
❸ *(überprüfen)* examiner, procéder à l'examen de *Angelegenheit, Vorfall*
❹ *(durchsuchen)* **jdn/etw auf Waffen/Drogen ~** fouiller qn/qc à la recherche d'armes/de drogues
Untersuchung <-, -en> *f* ❶ MED *eines Patienten, Organs* examen *m; von Blut, Urin* analyse *f;* **jdn einer ~** *(Dat)* **unterziehen** faire subir un examen à qn
❷ *(Studie, Analyse)* étude *f*
❸ *(Überprüfung) einer Angelegenheit, eines Falls* examen *m; (durch die Polizei)* enquête *f*
❹ *(Durchsuchung)* fouille *f*
Untersuchungsausschuss[RR] *m* commission *f* d'enquête **Untersuchungsergebnis** *nt* MED résultat *m* de l'étude; JUR résultat *m* de l'enquête **Untersuchungsgefangene(r)** *f(m) dekl wie Adj* détenu(e) *m(f)* provisoire **Untersuchungsgefängnis** *nt* maison *f* d'arrêt *(réservée aux détenus provisoires)* **Untersuchungshaft** *f* détention *f* provisoire; **jdn in ~ nehmen** mettre qn en détention provisoire; **in ~ sein [*o* sitzen]/bleiben** être/rester en détention provisoire **Untersuchungsrichter(in)** *m(f)* juge *m* d'instruction **Untersuchungszimmer** *nt* cabinet *m* de consultation
Untertagebau *m kein Pl* exploitation *f* souterraine
untertags [ʊntɐ'taːks] A, CH, SDEUTSCH *s.* **tagsüber**
untertan ['ʊntɐtaːn] *Adj* ▸ **sich** *(Dat)* **jdn/etw ~ machen** *geh* assujettir qn/qc *(littér)*
Untertan(in) <-en, -en> *m(f)* sujet(te) *m(f)*

untertänig ['ʊntɐtɛːnɪç] *Adj pej* obséquieux(-euse)
Untertasse *f* soucoupe *f*
▶ **fliegende** ~ soucoupe *f* volante
unter|tauchen I. *itr V + sein* ❶ (*tauchen*) plonger
❷ (*sich verstecken*) se planquer (*fam*); **im Ausland/bei Freunden** ~ se réfugier à l'étranger/chez des amis
❸ (*verschwinden*) **in der Menge** (*Dat*) ~ disparaître [*o* se fondre] dans la foule
II. *tr V + haben* **sie wollten ihn** ~ ils voulaient lui mettre la tête sous l'eau
Unterteil *nt o m* partie *f* inférieure, bas *m*
unterteilen* *tr V* ❶ (*einteilen*) diviser; **etw in Spalten** ~ (*Akk*) diviser qc en colonnes; **etw noch einmal/weiter** ~ [encore] subdiviser qc
❷ (*aufteilen*) partager *Schrank, Raum*
Unterteilung <-, -en> *f* ❶ *kein Pl* (*das Unterteilen*) division *f*
❷ (*das Unterteiltsein*) subdivision *f*
Untertemperatur *f* hypothermie *f*; ~ **haben** faire de l'hypothermie
Untertitel *m* sous-titre *m*; **mit** ~**n** sous-titré(e)
Unterton <-töne> *m* pointe *f*; **mit einem spöttischen/drohenden** ~ avec une pointe de moquerie/de menace
untertourig ['ʊntɐtuːrɪç] *Adj, Adv* en sous-régime
untertreiben* *unreg* I. *tr V* minimiser
II. *itr V* rester en deçà de la vérité
Untertreibung <-, -en> *f* litote *f*; **zu** ~**en neigen** avoir tendance à tout minimiser
untertunneln* *tr V* percer un tunnel sous; **ein untertunnelter Kanal** un canal traversé par un tunnel
untervermieten* *tr, itr V* sous-louer
unterversichert *Adj* ~ **sein** être insuffisamment assuré(e)
Unterversicherung *f* assurance *f* insuffisante
Unterwalden ['ʊntɐvaldən] <-s> *nt* l'Unterwald *m*
unterwandern* *tr V* noyauter
Unterwanderung *f* noyautage *m*
Unterwäsche *f* sous-vêtements *mpl*; (*Damenunterwäsche*) lingerie *f*
Unterwasseraufnahme *f* prise *f* de vue sous-marine **Unterwasserkamera** *f* caméra *f* étanche **Unterwassermassage** *f* massage *m* subaquatique
unterwegs [ʊntɐ'veːks] *Adv* ❶ ~ **zu jdm sein** être parti(e) chez qn; ~ **nach Berlin sein** être en route pour Berlin; **für** ~ pour la route
❷ (*auf, während der Reise*) en cours de route
unterweisen* *tr V unreg geh* instruire (*soutenu*); **jdn in etw** (*Dat*) ~ instruire qn dans qc
Unterweisung *f geh* instruction *f*; **die** ~ **in Englisch** l'enseignement *m* de l'anglais
Unterwelt *f kein Pl* ❶ (*Kriminellenmilieu*) pègre *f*
❷ MYTH enfers *mpl*
unterwerfen* *unreg* I. *tr V* ❶ (*unterjochen*) soumettre
❷ (*unterziehen*) **jdn einer S.** (*Dat*) ~ soumettre qn à qc
II. *r V* **sich einer S.**(*Dat*) ~ se soumettre à qc
Unterwerfung <-, -en> *f* asservissement *m*
unterworfen *Adj* **einer S.** (*Dat*) ~ **sein** être soumis(e) à qc
unterwürfig ['ʊntɐvʏrfɪç] *Adj pej Person* obséquieux(-euse); *Verhalten* servile
Unterwürfigkeit <-> *f pej* servilité *f*, obséquiosité *f*
unterzeichnen* *tr V form* signer (*form*)
Unterzeichner(in) *m(f) form* signataire *mf*
Unterzeichnerstaat *m* État *m* signataire
Unterzeichnung *f form* signature *f*
Unterzeug *nt fam* sous-vêtements *mpl*
unterziehen*[1] *unreg* I. *r V* **sich einem harten Training/einer Operation** ~ se soumettre à un entraînement sévère/subir une opération
II. *tr V* **jdn/etw einer S.**(*Dat*) ~ soumettre qn/qc à qc
unter|ziehen[2] *tr V unreg* mettre dessous *Kleidungsstück*; [**sich** (*Dat*)] **ein T-Shirt** ~ mettre un tee-shirt dessous
Untiefe *f* ❶ (*seichte Stelle*) bas-fond *m*; (*unschiffbare Stelle*) haut-fond *m*
❷ *geh* (*große Tiefe*) abysse *m*
Untier *nt* monstre *m*
untragbar *Adj Zustand, Situation* insupportable; **er ist für die Firma** ~ l'entreprise ne peut pas le tolérer
untrennbar *Adj* inséparable; *Wort* insécable
untreu *Adj* ❶ (*nicht treu*) infidèle; **jdm** ~ **sein** tromper qn
❷ *fig geh* **sich/einer S.** (*Dat*) ~ **werden** être infidèle à soi-même/à qc; **er ist uns** ~ **geworden** *hum* on ne le voit plus
Untreue *f* ❶ infidélité *f*
❷ JUR abus *m* de confiance; *eines Beamten, Politikers* concussion *f*
untröstlich *Adj* ❶ (*traurig*) inconsolable
❷ (*voller Bedauern*) **ich bin** ~**, dass ich es vergessen habe** je suis [absolument] désolé(e) de l'avoir oublié
untrüglich *Adj* qui ne trompe pas
Untugend *f* ❶ (*schlechte Angewohnheit*) mauvaise habitude *f*
❷ (*Laster*) gros défaut *m*
untypisch *Adj* inhabituel(le); ~ **für jdn sein** ne pas ressembler à qn
unübel *Adj, Adv fam* **nicht** ~**!** pas mal! (*fam*)
unüberbrückbar *Adj Gegensätze* inconciliable; *Differenzen* insurmontable
unüberhörbar *Adj* ❶ (*laut*) **ein** ~**es Klingeln** une sonnerie qu'on ne peut pas ne pas entendre; **etw ist** ~ on ne peut pas ne pas entendre qc
❷ (*deutlich*) *Vorwurf, Spott* qu'on ne peut ignorer
unüberlegt I. *Adj Entschluss, Maßnahme* inconsidéré(e); *Handlungsweise* inconsidéré(e), irréfléchi(e)
II. *Adv handeln* inconsidérément, sans réfléchir
Unüberlegtheit <-, -en> *f* ❶ *kein Pl* (*Übereiltheit*) irréflexion *f*
❷ (*Äußerung*) parole *f* inconsidérée; (*Handlung*) démarche *f* inconsidérée, geste *m* inconsidéré
unübersehbar I. *Adj* ❶ (*nicht abzuschätzen*) *Konsequenzen, Schäden* dont on ne peut estimer la gravité; *Kosten* dont on ne peut estimer le montant
❷ (*deutlich*) *Unterschied, Mängel* qui saute/sautent aux yeux
II. *Adv* ~ **groß** immense
unübersetzbar *Adj* intraduisible
unübersichtlich *Adj* ❶ *Kurve* sans visibilité; *Gelände* sans vue dégagée
❷ (*schlecht lesbar*) confus(e), peu clair(e)
❸ (*nicht einschätzbar*) confus(e)
unübertrefflich I. *Adj* insurpassable; (*unvergleichlich*) inégalable
II. *Adv* ~ **gelungen** mieux réussi(e) que tout; **dieses** ~ **elegante Design** ce design d'une élégance inégalée
unübertroffen *Adj* inégalé(e)
unüberwindlich *Adj* insurmontable
unüblich *Adj* inhabituel(le)
unumgänglich *Adj* inéluctable, inévitable
unumschränkt I. *Adj Herrschaft, Macht* absolu(e); *Vollmacht* illimité(e)
II. *Adv* ~ **herrschen** régner en maître absolu
unumstößlich *Adj Entschluss* irrévocable; *Tatsache* irréfutable, incontestable
unumstritten I. *Adj* incontesté(e); **es ist** ~**, dass** il est incontestable que + *indic*
II. *Adv* incontestablement; **von** ~ **guter Qualität** d'une qualité incontestable
unumwunden *Adv* sans ambages
ununterbrochen I. *Adj* ❶ (*andauernd*) incessant(e)
❷ (*nicht unterbrochen*) *Dauer* ininterrompu(e)
II. *Adv* sans arrêt; ~ **reden** ne pas arrêter de parler, parler sans discontinuer
unveränderlich *Adj* ❶ (*gleich bleibend*) *Ausdauer* invariable;

U

Fleiß immuable; ~ **sein** *Zustand:* être invariable
❷ (*feststehend*) *Größe, Naturgesetz* invariable, constant(e)
unverändert I. *Adj* ❶ (*gleich bleibend*) *Einsatz, Fleiß* constant(e); *Befinden, Gesundheit* stable
❷ (*ohne Änderung*) *Nachdruck, Text* intégral(e); **der Text blieb** ~ le texte n'a pas subi de modification
II. *Adv* toujours; **morgen ist es wieder ~ kalt** pas de changement pour demain, il fera froid
unverantwortlich I. *Adj Dummheit, Leichtsinn* inexcusable, impardonnable; *Verhalten* irresponsable
II. *Adv handeln, sich verhalten* en personne irresponsable, à la légère
unverarbeitet *Adj* TECH brut(e)
unveräußerlich *Adj* inaliénable, incessible
unverbesserlich *Adj* incorrigible
unverbindlich I. *Adj* ❶ (*nicht bindend*) *Angebot, Auskunft* sans engagement; COM non contractuel(le); *Richtpreis* indicatif(-ive)
❷ (*nicht entgegenkommend*) *Person, Art* peu amène
II. *Adv* sans engagement
Unverbindlichkeit <-, -en> *f* ❶ *kein Pl* (*mangelndes Entgegenkommen*) attitude *f* peu amène
❷ (*Äußerung*) banalité *f*
unverbleit *Adj Benzin* sans plomb
unverblümt I. *Adj* direct(e), sans détour; ~ **sein** ne pas mâcher ses mots
II. *Adv* sans détour, sans mâcher ses/mes/... mots
unverbraucht *Adj* ❶ (*frisch*) *Luft* pur(e), non vicié(e); **deine Kräfte sind noch** ~ tu disposes encore de toutes tes forces
❷ *fig Mitarbeiter, Nachwuchs* encore neuf(neuve)
unverdächtig I. *Adj* non suspect(e); ~ **sein** ne pas être suspect(e)
II. *Adv* sans éveiller les soupçons
unverdaulich *Adj* non assimilable [par l'organisme]
unverdaut ['ʊnfɛɐdaʊt, ʊnfɛɐ'daʊt] I. *Adj* non digéré(e)
II. *Adv* ~ **wieder ausgeschieden werden** être éliminé(e) sans avoir été digéré(e)
unverdient I. *Adj* immérité(e)
II. *Adv zufallen, zuteil werden* indûment
unverdientermaßen, unverdienterweise *Adv* sans l'avoir mérité, à tort; (*unverschuldet*) injustement; **ich bin ~ gelobt worden** j'ai reçu des lauriers que je ne méritais pas
unverdorben *Adj* ❶ *Speisen* non gâté(e)
❷ *fig Person, Charakter* pur(e)
unverdrossen *Adv* sans se décourager
unverdünnt I. *Adj Alkohol, Sirup* pur(e); *Lösung, Säure* pur(e), non dilué(e)
II. *Adv anwenden, trinken* pur(e)
unvereinbar *Adj* incompatible, inconciliable; **mit etw ~ sein** être incompatible [*o* inconciliable] avec qc
unverfälscht *Adj Lebensmittel* non trafiqué(e); *Wein* non trafiqué(e), non frelaté(e)
unverfänglich *Adj* anodin(e), qui ne prête pas à mal
unverfroren *Adj* effronté(e); ~ **sein** être effronté(e), avoir de l'audace
Unverfrorenheit <-, -en> *f* ❶ *kein Pl* (*Dreistigkeit*) effronterie *f*, audace *f*
❷ (*Äußerung*) audace *f* verbale
unvergänglich *Adj* impérissable
unvergessen *Adj* **jdm ~ bleiben** conserver [*o* garder] le souvenir de qn/qc
unvergesslich[RR] *Adj* inoubliable; **etw ist jdm** ~ qn ne peut oublier qc; **dieser Urlaub wird mir ~ bleiben** ces vacances, je ne les oublierai pas
unvergleichbar *Adj* qu'on ne peut comparer
unvergleichlich I. *Adj* sans pareil(le), incomparable
II. *Adv gut* extrêmement; ~ **schön/wertvoll** d'une beauté/valeur incomparable [*o* sans pareille]
unverhältnismäßig *Adv* excessivement
unverheiratet *Adj* non marié(e)
unverhofft I. *Adj* inespéré(e); *Besuch* inattendu(e), inopiné(e)
II. *Adv besuchen* à l'improviste; ~ **ist dann eine Besserung eingetreten** une amélioration inespérée [*o* qu'on n'espérait pas] s'est alors produite
▶ ~ **kommt oft** il faut s'attendre à tout, tout peut arriver
unverhohlen I. *Adj* non dissimulé(e)
II. *Adv beobachten, betrachten* ouvertement, sans se cacher
unverkäuflich *Adj* qui ne peut être vendu(e); ~**es Muster** échantillon *m* gratuit; **dieses Gemälde ist ein Erbstück, daher** ~ ce tableau est un héritage, il n'est donc pas à vendre
unverkennbar *Adj* indéniable
unverletzt *Adj* indemne; **bei etw** (*Dat*) ~ **bleiben** sortir indemne de qc
unvermeidbar *Adj*, **unvermeidlich** *Adj* inévitable
unvermindert I. *Adj* non diminué(e), intact(e)
II. *Adv andauern, weiterregnen* constamment; *weitertoben* sans faiblir, sans désemparer
unvermittelt I. *Adj* soudain(e), subit(e)
II. *Adv* soudainement, subitement
Unvermögen *nt kein Pl* impuissance *f*; **sein ~ sich zu entscheiden** son impuissance de prendre des décisions
unvermögend *Adj* sans ressources, dans le besoin
unvermutet I. *Adj* inattendu(e), inopiné(e)
II. *Adv* inopinément, à l'improviste
Unvernunft *f* manque *m* de bon sens
unvernünftig I. *Adj* déraisonnable; ~ **sein** ne pas être raisonnable; **es ist ~ etw zu tun** ce n'est pas raisonnable de faire qc
II. *Adv* ~ **handeln** ne pas agir en personne raisonnable
unveröffentlicht *Adj* inédit(e)
unverpackt *Adj* sans conditionnement, non conditionné(e)
unverputzt *Adj* non crépi(e); ~ **sein** ne pas être crépi(e)
unverrichtet *Adj* ~**er Dinge zurückkehren/zurückkommen** s'en retourner/revenir bredouille
unverrichteterdinge *Adv s.* **unverrichtet**
unverschämt ['ʊnfɐʃɛːmt] I. *Adj* ❶ (*dreist*) impertinent(e), insolent(e); ~**es Benehmen** impertinence *f*, insolence *f*
❷ (*unerhört*) *Frechheit, Lüge* qui dépasse les bornes, incroyable; *Miete, Preis* scandaleux(-euse), exorbitant(e); ~**es Glück haben** *fam* avoir un sacré pot (*fam*)
II. *Adv* ❶ *grinsen, lügen* avec impertinence [*o* insolence]
❷ *fam* (*äußerst*) *hoch, teuer* vachement (*fam*); ~ **teure Preise** des prix scandaleux [*o* exorbitants]
Unverschämtheit <-, -en> *f* (*unverschämte Art, Bemerkung*) impertinence *f*, insolence *f*; **die ~ besitzen etw zu tun** avoir l'impertinence [*o* l'insolence] de faire qc; **so eine ~!** quel culot! (*fam*)
unverschlossen ['ʊnfɛɐʃlɔsən, ʊnfɛɐ'ʃlɔsən] *Adj* ❶ *Brief, Sendung* non clos(e)
❷ (*offen*) *Fenster, Tür* ouvert(e); ~ **sein** ne pas être fermé(e)
unverschuldet I. *Adj* ~**er Unfall** accident *m* dans lequel la responsabilité de l'assuré n'est pas engagée
II. *Adv* sans en être responsable
unversehens *s.* **unvermutet**
unversehrt *Adj Person* indemne; *Gegenstand* intact(e)
unversöhnlich *Adj* irréconciliable; *Widersacher, Gegner* irréductible
Unversöhnlichkeit *f* intransigeance *f*
unversorgt *Adj* sans ressources
Unverstand *m geh* inconscience *f*
unverstanden *Adj* incompris(e); **sich ~ fühlen** avoir le sentiment d'être incompris(e)
unverständig ['ʊnfɐʃtɛndɪç] *Adj Erwachsener* ignorant(e); *Kind* trop petit(e) pour comprendre
unverständlich *Adj* ❶ (*undeutlich*) *Sprache, Worte* incompréhensible, inintelligible
❷ (*unbegreifbar*) *Handlungsweise, Maßnahme* incompréhensible
Unverständnis *nt* incompréhension *f*

unversteuert *Adj Freibetrag, Verdienst* non imposé(e); *Einnahme* non taxé(e)

unversucht *Adj* **nichts ~ lassen** tout tenter

unverträglich *Adj* ❶ *Person* peu sociable, insociable; *Meinungen, Charaktere* incompatible
❷ (*unbekömmlich*) *Essen, Lebensmittel* indigeste

Unverträglichkeit *f kein Pl* ❶ SOZIOL insociabilité *f*
❷ MED incompatibilité *f*

unverwandt *geh* **I.** *Adj Blick* fixe
II. *Adv anschauen, anstarren* fixement

unverwechselbar [-ks-] *Adj Person* unique; *Gegenstand* très caractéristique; **er ist ~** il est unique [en son genre]; **die zwei Häuser sind ~** on ne peut pas confondre les deux maisons

unverwundbar *Adj* invulnérable

unverwüstlich *Adj Möbel, Material* très résistant(e), à toute épreuve; *Bodenbelag* inusable; **eine ~e Gesundheit haben** avoir une santé de fer

unverzagt **I.** *Adj* opiniâtre; **~ sein** ne pas se laisser abattre
II. *Adv* avec opiniâtreté

unverzeihlich *Adj* impardonnable; **es ist ~, dass Sie nicht angerufen haben** vous ne m'avez pas appelé, c'est impardonnable

unverzichtbar *Adj* indispensable; **für jdn ~ sein** être indispensable à qn

unverzinslich *Adj* FIN sans intérêt

unverzollt *Adj* non déclaré(e)

unverzüglich **I.** *Adj* immédiat(e)
II. *Adv abreisen* sans attendre; *eingreifen, informieren* sans tarder

unvollendet *Adj* inachevé(e)

unvollkommen *Adj Person, Kunstwerk* imparfait(e); *Arbeit* incomplet(-ète)

Unvollkommenheit *f* imperfection *f*

unvollständig **I.** *Adj* incomplet(-ète)
II. *Adv* de façon incomplète

Unvollständigkeit *f einer Aufstellung, Liste* état *m* incomplet; **aufgrund der ~ Ihrer Angaben** du fait que vos indications sont incomplètes

unvorbereitet **I.** *Adj Rede, Unterricht, Vortrag* improvisé(e); *Gespräch, Prüfung* non préparé(e); **~ sein** ne pas être préparé(e)
II. *Adv* ❶ *unterrichten* sans préparation, sans avoir préparé; **~ in eine Prüfung gehen** se présenter à un examen sans avoir révisé; **~ eine Rede halten** improviser un discours
❷ (*unerwartet*) de façon inattendue

unvoreingenommen *Adj, Adv* sans idée préconçue, sans prévention

Unvoreingenommenheit *f* absence *f* de prévention, impartialité *f*

unvorhergesehen **I.** *Adj* imprévu(e)
II. *Adv eintreten, passieren* de façon imprévue; *besuchen* à l'improviste

unvorschriftsmäßig **I.** *Adj* non réglementaire; **~ sein** ne pas être réglementaire
II. *Adv parken, handeln* non conformément à la réglementation; **etw ist ~ beleuchtet** l'éclairage de qc n'est pas réglementaire [*o* conforme à la réglementation]

unvorsichtig **I.** *Adj Person, Fahrweise, Verhalten* imprudent(e); *Bemerkung* inconsidéré(e)
II. *Adv* ❶ imprudemment
❷ (*unbedacht*) inconsidérément

unvorsichtigerweise *Adv* sans faire attention

Unvorsichtigkeit <-, -en> *f* imprudence *f*

unvorstellbar **I.** *Adj* ❶ (*undenkbar*) inimaginable, inconcevable; **es ist ~, dass** il est inimaginable [*o* inconcevable] que + *subj*
❷ (*unerhört*) *Hitze, Grausamkeit* inimaginable
II. *Adv heiß, schwül* incroyablement

unvorteilhaft *Adj* ❶ peu flatteur(-euse); **für jdn ~ sein** *Kleid, Hose, Frisur:* ne pas avantager qn
❷ (*nachteilig*) désavantageux(-euse)

unwägbar ['ʊnvɛːkbaːɐ] *Adj* difficile à évaluer, impondérable

Unwägbarkeit <-, -en> *f* impondérabilité *f*

unwahr *Adj* contraire à la vérité, faux(fausse)

Unwahrheit *f* contrevérité *f*; **die ~ sagen** mentir

unwahrscheinlich **I.** *Adj* ❶ (*kaum denkbar*) *Ereignis, Zufall* invraisemblable; **es ist ~, dass** il est peu vraisemblable que + *subj*
❷ *fam* (*unerhört*) incroyable, sacré(e) *antéposé* (*fam*)
II. *Adv fam* sacrément (*fam*), vachement (*fam*)

Unwahrscheinlichkeit *f* invraisemblance *f*

Unwandelbarkeit <-> *f a.* JUR immuabilité *f*

unwegsam *Adj Gebiet, Gelände* peu praticable

unweiblich *Adj* peu féminin(e); **~ sein** manquer de féminité

unweigerlich **I.** *Adj attr* inévitable, inéluctable
II. *Adv* inévitablement, inéluctablement

unweit *Präp + Gen* **~ des Hauses** près [*o* non loin] de la maison

Unwesen *nt* (*Missstand*) fléau *m*
► **sein ~ treiben** sévir

unwesentlich **I.** *Adj* minime, insignifiant(e)
II. *Adv* à peine

Unwetter *nt* tempête *f*

unwichtig *Adj* insignifiant(e), sans importance

unwiderlegbar **I.** *Adj* irréfutable
II. *Adv* **etw ~ beweisen** prouver qc incontestablement

unwiderruflich **I.** *Adj a.* FIN *Annahme* irrévocable
II. *Adv* irrévocablement

unwidersprochen *Adj* non démenti(e)

unwiderstehlich *Adj* irrésistible

unwiederbringlich *Adj geh Verlust* irréparable

Unwille *m geh* (*Verärgerung*) mécontentement *m*, irritation *f*; **jds ~n erregen** mettre qn de mauvaise humeur; **etw voller ~n tun** faire qc à contrecœur

unwillig **I.** *Adj* ❶ (*verärgert*) *Person, Gesicht* maussade, renfrogné(e)
❷ (*widerwillig*) *Mitarbeiter* peu coopératif(-ive); *Kind* récalcitrant(e); **~ sein** manifester de la mauvaise volonté
II. *Adv* (*widerwillig*) à contrecœur

unwillkommen *Adj* importun(e); **bei jdm/auf einer Party ~ sein** ne pas être le bienvenu/la bienvenue chez qn/à une soirée

unwillkürlich **I.** *Adj* involontaire
II. *Adv* sans le faire exprès; *lachen* sans le vouloir, involontairement

unwirklich *Adj* irréel(le)

unwirksam *Adj* ❶ (*wirkungslos*) *Maßnahme, Schritt* inefficace
❷ (*nichtig*) *Kündigung, Vertrag* nul(le)

Unwirksamkeit *f kein Pl* inefficacité *f*

unwirsch ['ʊnvɪrʃ] *Adj* ❶ (*barsch*) brusque; *Person* bourru(e)
❷ (*unzufrieden*) morose

unwirtlich *Adj* inhospitalier(-ière)

unwirtschaftlich *Adj Auto, Fahrweise* peu économique; *Methode, Verfahren* peu rentable

Unwissen *nt* ignorance *f*

unwissend *Adj* ❶ ignorant(e), ignare (*péj*)
❷ (*ahnungslos*) **~ sein** ne pas être au courant

Unwissenheit <-> *f* ignorance *f*

unwissenschaftlich *Adj* non scientifique

unwissentlich *Adv* en toute innocence

unwohl *Adj* **sich ~ fühlen** (*schlecht*) ne pas se sentir bien; (*unbehaglich*) être mal à l'aise

Unwohlsein *nt* indisposition *f*, malaise *m*

unwohnlich *Adj* inconfortable

Unwucht <-, -en> *f* TECH déséquilibre *m*, balourd *m*

unwürdig *Adj* **einer S.** (*Gen*) **~ sein** être indigne de qc

Unzahl *f* **eine ~ von etw** une multitude de qc

unzählbar [ʊn'tsɛːlbaːɐ, 'ʊntsɛːlbaːɐ] *Adj* innombrable

unzählig *Adj* ~**e Anhänger/Freunde** d'innombrables adeptes/amis; ~**e Male** maintes et maintes fois
Unze ['ʊntsə] <-, -n> *f* once *f*
Unzeit *f* ▸ **zur** ~ *geh* (*unpassend*) mal à propos; (*sehr spät oder früh*) à une heure indue
unzeitgemäß *Adj* (*überholt*) démodé(e), suranné(e); (*nicht der Jahreszeit entsprechend*) qui n'est/ne sont pas de saison
unzerbrechlich *Adj* incassable
unzerkaut *Adj* **etw** ~ **hinunterschlucken** avaler qc tout rond; **die Kapsel muss** ~ **heruntergeschluckt werden** il faut avaler la gélule sans la croquer
unzerstörbar *Adj* indestructible
unzertrennlich *Adj* inséparable
unzivilisiert [-vi-] *pej* **I.** *Adj Person* non civilisé(e); *Aussehen, Benehmen* d'un/une sauvage
II. *Adv sich benehmen* comme un sauvage
Unzucht *f veraltet* luxure *f*; ~ **mit Abhängigen/Kindern** attentat *m* à la pudeur sur des personnes dépendantes/enfants
unzüchtig *Adj* obscène
unzufrieden *Adj* mécontent(e), insatisfait(e); **mit jdm/etw** ~ **sein** être mécontent(e) de qn/qc
Unzufriedenheit *f* mécontentement *m*, insatisfaction *f*
unzugänglich *Adj* ❶ *Gegend, Ortschaft* inaccessible
❷ (*verschlossen*) *Person, Charakter* renfermé(e), impénétrable
Unzukömmlichkeit CH *s.* **Unzulänglichkeit**
unzulänglich **I.** *Adj* insuffisant(e)
II. *Adv* insuffisamment
Unzulänglichkeit <-, -en> *f* insuffisance *f*
unzulässig *Adj Maßnahme, Vorgehen* inadmissible; *Methode* illicite; *Beschluss* irrecevable
unzumutbar *Adj Belastung, Zustand* intolérable
unzurechnungsfähig *Adj* irresponsable; **jdn für** ~ **erklären** déclarer qn irresponsable
Unzurechnungsfähigkeit *f* irresponsabilité *f*
unzureichend *s.* **unzulänglich**
unzusammenhängend *Adj* incohérent(e)
unzustellbar *Adj Brief, Paket* qui ne peut être distribué(e); ~**e Sendung** rebut *m*; **„~"** "destinataire inconnu(e) à l'adresse indiquée"
unzutreffend *Adj* inexact(e); **Unzutreffendes bitte streichen** rayer les mentions inutiles
unzuverlässig *Adj* ❶ *Person* sur qui on ne peut [pas] compter, peu fiable; **er/sie ist** ~ il/elle n'est pas fiable, on ne peut pas se fier à [*o* compter sur] lui/elle
❷ (*unglaubwürdig*) *Informant, Zeuge* peu crédible
Unzuverlässigkeit *f* ❶ (*mangelnde Verlässlichkeit*) manque *m* de fiabilité
❷ (*Unglaubwürdigkeit*) manque *m* de crédibilité
unzweckmäßig *Adj* ❶ (*nicht geeignet*) *Ausrüstung, Kleidung* inapproprié(e), inadéquat(e)
❷ (*nicht zweckdienlich*) *Aktion, Maßnahme* inapproprié(e)
Unzweckmäßigkeit *f* caractère *m* inapproprié
unzweideutig *Adj, Adv* sans ambiguïté
unzweifelhaft *geh* **I.** *Adj* indubitable
II. *Adv s.* **zweifellos**
Update ['apdeɪt] <-s, -s> *nt* INFORM dernière version *f*
uploaden ['aplɔʊdən] *tr V* INFORM télécharger, uploader
üppig ['ʏpɪç] *Adj* ❶ *Mahlzeit* copieux(-euse), plantureux(-euse)
❷ (*dicht*) *Vegetation* luxuriant(e), exubérant(e)
❸ (*schwellend*) *Busen, Formen* opulent(e); *Lippen* voluptueux(-euse)
Üppigkeit <-> *f geh* luxuriance *f*, exubérance *f*
Ur [uːɐ] <-[e]s, -e> *m* aurochs *m*
Urabstimmung ['uːɐ-] *f* consultation *f* de la base **Uradel** *m* ancienne noblesse *f* **Urahn** *m*, **-ahne** *f* ancêtre *mf*, aïeul(e) *m(f)*
Ural [u'raːl] <-s> *m* **der** ~ l'Oural *m*
uralt ['uːɐ'alt] *Adj* ❶ *Person, Baum, Gebäude* très vieux(vieille); *Brauch, Tradition* très ancien(ne); **aus** ~**en Zeiten** de temps immémoriaux
❷ *fam* (*schon lange bekannt*) *Problem, Trick, Witz* archiconnu(e) (*fam*)
Uran [u'raːn] <-s> *nt* CHEM uranium *m*; ~ **ist ein Schwermetall** l'uranium est un métal lourd
Uranus ['uːranʊs] <-> *m* ASTRON [**der**] ~ [la planète] Uranus
Uranvorkommen *nt* gisement *m* uranifère
uraufführen ['uːɐʔaʊfyːrən] <uraufgeführt> *tr V nur Infin und PP* **das Stück/der Film wird im nächsten Monat uraufgeführt** la première de la pièce/du film aura lieu le mois prochain **Uraufführung** *f* première représentation *f*
urban [ʊr'baːn] *Adj geh* urbain(e)
Urban <-s> *m* HIST ~ **VI.** Urbain VI
Urbanität [ʊrbani'tɛːt] <-> *f geh* urbanité *f*
urbar ['uːɐbaːɐ] *Adj* ▸ **etw** ~ **machen** rendre qc propre à la culture, défricher
Urbarmachung <-, -en> *f* défrichement *m*
Urbevölkerung *f* population *f* autochtone
urchig ['ʊrçɪç] CH *s.* **urig**
ureigen ['uːɐ'ʔaɪgən] *Adj* personnel(le); **das ist in Ihrem** ~**en Interesse** c'est dans votre propre intérêt **Ureinwohner(in)** *m(f)* aborigène *mf*, autochtone *mf* **Urenkel(in)** *m(f)* arrière-petit-fils *m*/arrière-petite-fille *f*; **ihre/seine** ~ ses arrière-petits-enfants *mpl* **Urfassung** *f* première version *f* **urgemütlich** *Adj fam* très sympa (*fam*); **in dieser Kneipe ist es** ~ dans ce bar, l'ambiance est très sympa (*fam*) **Urgeschichte** *f kein Pl* préhistoire *f pas de pl* **urgeschichtlich** *Adj* préhistorique **Urgestein** *nt* roche *f* primitive
urgieren *tr V* A (*anmahnen*) faire avancer *Angelegenheit;* **eine Auskunft/Antwort** ~ demander d'urgence une information/réponse
Urgroßeltern *Pl* arrière-grands-parents *mpl* **Urgroßmutter** *f* arrière-grand-mère *f* **Urgroßvater** *m* arrière-grand-père *m*
Urheber(in) <-s, -> *m(f)* ❶ (*Autor*) auteur *mf*; **der geistige** ~ le père spirituel
❷ (*Initiator*) initiateur(-trice) *m(f)*; *eines Streits, einer Intrige* instigateur(-trice) *m(f)*
Urheberrecht *nt* ❶ *eines Autors* droit *m* d'auteur, copyright *m*; *eines Malers, Bildhauers* propriété *f* artistique ❷ (*Gesetz*) loi *f* sur la propriété littéraire et artistique **urheberrechtlich** **I.** *Adj* concernant le droit d'auteur [*o* le copyright] **II.** *Adv* ~ **geschützt sein** être protégé(e) [par un copyright]
Urheberschaft <-, -en> *f* JUR *eines Autors* qualité *f* d'auteur, paternité *f* littéraire; *eines Künstlers* paternité *f* artistique
Uri ['uːri] <-s> *nt* l'Uri *m*
urig ['uːrɪç] *Adj fam* ❶ (*sonderbar*) *Kauz, Kerl* folklo (*fam*), farfelu(e) (*fam*)
❷ (*urwüchsig*) *Kneipe, Weinkeller* très couleur locale, très typique
Urin [u'riːn] <-s, -e> *m* urine *f*
Urinal [uri'naːl] <-s, -e> *nt* urinoir *m*
urinieren* *itr V form* uriner
Urinstinkt ['uːɐ-] *m* instinct *m* inné **Urknall** *m* big[-]bang *m* **urkomisch** *Adj fam* tordant(e) (*fam*)
Urkunde ['uːɐkʊndə] <-, -n> *f* ❶ (*Dokument*) document *m*, pièce *f* officielle; **notarielle** ~ acte *m* notarié
❷ (*Ernennungsurkunde*) arrêté *m* de nomination
❸ (*Diplom*) diplôme *m*
Urkundenfälschung *f* faux *m* en écriture
urkundlich **I.** *Adj* **der** ~**e Beweis einer S.** (*Gen*) le document qui prouve qc; **dafür gibt es** ~**e Belege** il y a des documents qui l'attestent
II. *Adv beweisen, bezeugen, belegen* par un document, document[s] à l'appui
Urlandschaft *f* paysage *m* [resté] dans son état originel
Urlaub ['uːɐlaʊp] <-[e]s, -e> *m* congé *m*; **bezahlter/unbezahlter** ~ congés payés/non payés; ~ **haben, in** ~ **sein** être

en congé; **in ~ fahren** partir en congé; **~/ein paar Tage ~ machen** prendre des congés/quelques jours de congé; **~ in Spanien/auf Korsika machen** passer ses vacances en Espagne/Corse; **~ vom Alltag/von der Familie machen** changer d'air/s'éloigner un peu de la famille pour souffler
Urlauber(in) <-s, -> *m(f)* vacancier(-ière) *m(f)*
Urlaubsanspruch *m* jours *mpl* de congé légaux **Urlaubsgeld** *nt* prime *f* de vacances **Urlaubsort** *m* lieu *m* de vacances **urlaubsreif** *Adj fam* **~ sein** avoir besoin de vacances **Urlaubsreise** *f* voyage *m*; **vor dem Antritt einer ~** avant de partir en vacances **Urlaubsschein** *m* MIL titre *m* de permission **Urlaubstag** *m* ❶ (*Ferientag*) jour *m* de vacances ❷ *eines Arbeitnehmers* jour *m* de congé **Urlaubswoche** *f* (*Ferienwoche*) semaine *f* de vacances **Urlaubszeit** *f* ❶ (*Ferienzeit*) période *f* des vacances ❷ (*für Arbeitnehmer*) période *m* des congés
Urmensch *m* homme *m* préhistorique
Urne ['ʊrnə] <-, -n> *f* urne *f*
Urnenfriedhof *m* jardin *m* du souvenir, columbarium *m* **Urnengang** <-gänge> *m* élections *fpl* **Urnengrab** *nt* niche *f* de columbarium
Urologe [uro'lo:gə] <-n, -n> *m*, **Urologin** *f* urologue *mf*
Urologie [urolo'gi:] <-> *f* urologie *f*
urologisch *Adj* urologique
Uroma ['u:ɐ-] *s.* **Urgroßmutter Uropa** *s.* **Urgroßvater**
urplötzlich **I.** *Adj attr Auftreten, Ausbreitung* soudain(e); *Einfall, Tod* subit(e)
II. *Adv* subitement
Ursache *f* cause *f*, raison *f*; **aus ungeklärter/unbekannter ~** pour une raison inexpliquée/inconnue; **die ~ für etw sein** être la cause de qc; **~ und Wirkung** la cause et l'effet
▸ **kleine ~, große Wirkung** à petite cause grands effets; **keine ~!** [il n'y a] pas de quoi!
ursächlich *Adj* **für etw ~ sein** être la cause de qc; **diese Dinge stehen in ~em Zusammenhang** il y a une relation de cause à effet entre ces choses
Urschrift *f eines Dokuments* original *m*; *einer notariellen Urkunde* minute *f* **Ursprung** <-s, Ursprünge> *m einer Kultur, Zivilisation* origines *fpl*; *eines Wortes, einer Redensart* origine *f*; **seinen ~ in etw** (*Dat*) **haben** provenir de qc, tirer ses origines [*o* son origine] de qc; **vulkanischen/indogermanischen ~s sein** être d'origine volcanique/indogermanique
ursprünglich ['u:ɐʃprʏŋlɪç] **I.** *Adj* ❶ *attr* (*anfänglich*) *Plan, Projekt* initial(e); *Einstellung, Haltung* initial(e), premier(-ière); *Absicht, Bestreben* à l'origine
❷ (*im Urzustand befindlich*) *Landschaft* à l'état sauvage [*o* naturel]
❸ (*urtümlich*) *Brauchtum, Tradition* archaïque
II. *Adv* au début, à l'origine
Ursprünglichkeit <-> *f einer Landschaft* état *m* originel; *eines Brauchs* origine *f* [très] ancienne, ancienneté *f*
Ursprungsflughafen *m* aéroport *m* de départ **Ursprungsland** *nt* pays *m* d'origine
Urteil ['ʊrtaɪl] <-s, -e> *nt* ❶ JUR jugement *m*, arrêt *m*; **ein ~ fällen** rendre un jugement
❷ (*Meinung*) opinion *f*, jugement *m*; **ein ~ über jdn/etw fällen** porter un jugement sur qn/qc; **sich** (*Dat*) **ein ~ über etw** (*Akk*) **bilden** se faire une opinion sur qc; **sich** (*Dat*) **ein ~ über etw** (*Akk*) **erlauben** se permettre de porter un jugement sur qc; **nach dem ~ des Experten** de l'avis des experts; **nach meinem ~** à mon avis
urteilen ['ʊrtaɪlən] *itr V* juger; **über jdn/etw ~** juger qn/qc; **schnell/voreilig ~** émettre un jugement rapide/précipité; **nach seinem Aussehen zu ~, geht es ihm schlecht** à en juger par son air, il va mal
Urteilsbegründung *f* attendus *mpl* du jugement **Urteilsspruch** *m* verdict *m*, sentence *f* **Urteilsvermögen** *nt* [faculté *f* de] jugement *m* **Urteilsvollstreckung** *f* exécution *f* de jugement
Urtext *m* [texte *m*] original *m* **Urtierchen** ['u:ɐti:ɐçən] *nt* protozoaire *m*
urtümlich ['u:ɐty:mlɪç] *Adj* ancestral(e)
Uruguay [uru'guaɪ] <-s> *nt* l'Uruguay *m*
Uruguayer(in) [uru'gua:jɐ] <-s, -> *m(f)* Uruguayen(ne) *m(f)*
uruguayisch [uru'gua:jɪʃ] *Adj* uruguayen(ne)
Ururenkel(in) ['u:ɐʔu:ɐ-] *m(f)* arrière-arrière-petit-fils *m*/arrière-arrière-petite-fille *f* **Ururgroßmutter** *f* trisaïeule *f* **Ururgroßvater** *m* trisaïeul *m*
urverwandt ['u:ɐfɛɐvant] *Adj* LING de même origine; **~ mit etw sein** avoir la même origine que qc **Urvieh** *nt fam* phénomène *m* (*fam*), numéro *m* (*fam*) **Urvogel** *m* archéoptéryx *m* **Urwald** ['u:ɐvalt, *Pl:* 'u:ɐvɛldɐ] *m* forêt *f* vierge **Urwelt** *f* **die ~** le monde primitif **urweltlich** *Adj* primitif(-ive) **urwüchsig** ['u:ɐvy:ksɪç] *Adj* ❶ *Landschaft, Vegetation* primitif(-ive), à l'état originel ❷ (*nicht verbildet*) *Sprache* primitif(-ive) **Urzeit** *f* **die ~** l'ère *f* primaire ▸ **seit ~en** *fam* ça fait des lustres [que + *indic*] (*hum*); **vor ~en** *fam* y a des lustres (*hum*) **urzeitlich** *s.* **urweltlich Urzustand** *m* état *m* primitif [*o* originel]
USA [u:ʔɛs'ʔa:] *Pl Abk von* **United States of America: die ~** les USA *mpl*
US-Amerikaner(in) [u:'ʔɛs-] *m(f)* Américain(e) *m(f)* [des États-Unis d'Amérique] **US-amerikanisch** *Adj* des États-Unis d'Amérique (*form*), des USA
Usbeke [ʊs'be:kə] <-n, -n> *m*, **Usbekin** *f* Ouzbek *mf*
usbekisch [ʊs'be:kɪʃ] *Adj* ouzbek
Usbekistan [ʊs'be:kista:n] <-s> *nt* l'Ouzbékistan *m*
User(in) ['ju:zɐ] <-s, -> *m(f)* INFORM utilisateur(-trice) *m(f)*
usf. *Abk von* **und so fort** et ainsi de suite
Usurpator [uzʊr'pa:to:ɐ] <-s, -toren> *m*, **Usurpatorin** *f geh* usurpateur(-trice) *m(f)*
usurpieren* *tr V geh* usurper
Usus ['u:zʊs] <-> *m fam* **es ist hier/bei uns ~, ...** ici/chez nous, on a coutume de...
usw. *Abk von* **und so weiter** etc.
Utensil [utɛn'zi:l] <-s, -ien> *nt meist Pl* ustensile *m*
Uterus ['u:terʊs, *Pl:* 'u:teri] <-, Uteri> *m* ANAT, MED *form* utérus *m*
Utility [ju'tɪlɪti] <-s, -s> *nt* INFORM utilitaire *f*
Utopie [uto'pi:] <-, -n> *f* utopie *f*
utopisch [u'to:pɪʃ] *Adj Vorstellungen, Wunsch* utopique; *Roman* d'anticipation
Utopist(in) <-en, -en> *m(f)* utopiste *mf*
u.U. *Abk von* **unter Umständen** le cas échéant, si les circonstances s'y prêtent
UV [u:'faʊ] *Abk von* **ultraviolett**
u.v.a.[m.] *Abk von* **und vieles andere [mehr]** etc.
UV-Filter [u:'faʊ-] *m* filtre *m* anti-UV **UV-Strahlen** *Pl* rayons *mpl* UV **UV-Strahlung** *f* UV *m*
Ü-Wagen *m* véhicule *m* de reportage

Vv

V, v [faʊ] <-, -> *nt* V *m*/v *m*
▸ **V wie Viktor** v comme Victor
V ❶ *Abk von* **Volumen** v
❷ *Abk von* **Volt** V
v. *Abk von* **von** de
Vabanquespiel [va'bã:k-] *nt geh* quitte *m* ou double; **das ist ein ~** c'est [vraiment] jouer [à] quitte ou double
Vaduz [fa'dʊts, va'du:ts] <-> *nt* Vaduz
Vagabund(in) [vaga'bʊnt] <-en, -en> *m(f)* vagabond(e) *m(f)*

vage ['va:gə] I. *Adj* vague
II. *Adv* vaguement
Vagina [va'gi:na] <-, Vaginen> *f* ANAT, MED vagin *m*
vaginal [vagi'na:l] *Adj* ANAT, MED vaginal(e)
vakant [va'kant] *Adj form* vacant(e)
Vakanz [va'kants] <-, -en> *f form* vacance *f*
Vakuum ['va:kuʊm, *Pl:* 'va:kuən, 'va:kua] <-s, Vakuen *o* Vakua> *nt a. fig* vide *m*
Vakuumpackung ['va:kuʊm-] *f* conditionnement *m* sous vide **vakuumverpackt** *Adj* [conditionné(e)] sous vide **Vakuumverpackung** *f* COM emballage *m* sous vide
Valentinstag ['valɛnti:ns-] *m* [jour *m* de] la Saint Valentin
Valenz [va'lɛnts] <-, -en> *f* CHEM, LING valence *f*
Valuta [va'lu:ta] <-, Valuten> *f* ❶ (*Währung*) devise *f*
❷ (*Wertstellung*) valeur *f*
Valutakurs *m* FIN cours *m* des monnaies étrangères
Vamp [vɛmp] <-s, -s> *m* vamp *f*
Vampir [vam'pi:ɐ] <-s, -e> *m* vampire *m*
Vanadium [va'na:diʊm] <-s> *nt* CHEM vanadium *m*
Vandale [van'da:lə] <-n, -n> *m*, **Vandalin** *f* ❶ HIST Vandale *mf*
❷ *fig* vandale *mf*
Vandalismus [vanda'lɪsmʊs] <-> *m* vandalisme *m*
Vanille [va'nɪl(j)ə] <-, -en> *f* vanille *f*
Vanilleeis [va'nɪl(j)ə-] *nt* glace *f* à la vanille **Vanillepudding** *m* flan *m* à la vanille **Vanillesoße** *f* crème *f* [à la] vanille **Vanillestange** *f* gousse *f* de vanille **Vanillezucker** *m* sucre *m* vanillé
Vanillin [vanɪ'li:n] *m* vanilline *f*
variabel [vari'a:bəl] *Adj* variable
Variabilität [variabili'tɛ:t] <-, -en> *f a.* MED variabilité *f*
Variable [vari'a:blə] <-n, -n> *f* MATH, PHYS variable *f*
Variante [vari'antə] <-, -n> *f* variante *f*
Variation [varia'tsio:n] <-, -en> *f* ❶ (*Abwandlung*) variante *f*
❷ MUS variation *f*
Varietät [varie'tɛ:t] <-, -en> *f* variété *f*
Varieté, Varietee[RR] [varie'te:] <-s, -s> *nt* ❶ (*Vorführung*) spectacle *m* de variétés, music-hall *m*
❷ (*Gebäude*) music-hall *m*
variieren* [va-] *itr V* varier
Vasall [va'zal] <-en, -en> *m* vassal *m*
Vase ['va:zə] <-, -n> *f* vase *m*
Vaseline <-> *f* vaseline *f*
Vater ['fa:tɐ, *Pl:* 'fɛ:tɐ] <-s, ⸚> *m* ❶ (*Elternteil*) père *m;* ~ **werden** devenir père; **er ist ganz der** ~ c'est [tout] le portrait de son père
❷ (*Urheber*) père *m*, créateur *m*
► ~ **Staat** *hum* l'État *m;* **der Heilige** ~ le Saint-Père
Vaterhaus *nt geh* maison *f* familiale [*o* natale] **Vaterland** *nt* patrie *f*
vaterländisch *Adj geh* patriotique
Vaterlandsliebe *f kein Pl* amour *m* de la patrie, patriotisme *m* **Vaterlandsverräter(in)** *m(f)* POL traître(-esse) *m(f)* à la patrie
väterlich ['fɛ:tɐlɪç] I. *Adj* paternel(le)
II. *Adv* comme un père
väterlicherseits [-zaɪts] *Adv* du côté paternel, de son/mon/... père
Vaterliebe *f* amour *m* paternel
vaterlos *Adj* orphelin(e) de père; ~ **aufwachsen** grandir sans la présence d'un père
Vatermord *m* parricide *m* **Vatermörder(in)** *m(f)* parricide *mf*
Vaterschaft <-, -en> *f* paternité *f*
Vaterschaftsklage *f* action *f* en recherche de paternité **Vaterschaftsnachweis** *m* recherche *f* de paternité
Vaterstadt *f geh* ville *f* natale **Vaterstelle** *f* **bei** [*o* **an**] **jdm** ~ **vertreten** *geh* tenir lieu de père à qn **Vatertag** *m* fête *f* des pères **Vaterunser** <-s, -> *nt* **das/ein** ~ le/un Notre Père
Vati ['fa:ti] *s.* **Papa**
Vatikan [vati'ka:n] <-s> *m* **der** ~ le Vatican
vatikanisch *Adj* du Vatican, vaticane; **das Vatikanische Konzil** le concile du Vatican
Vatikanstadt *f* **die** ~ la cité du Vatican
V-Ausschnitt ['faʊ-] *m* encolure *f* en V
v. Chr. *Abk von* **vor Christus** av. J.-C.
VEB HIST (*in der DDR*) *Abk von* **volkseigener Betrieb** entreprise *f* nationalisée
Vegetarier(in) [vege'ta:riɐ] <-s, -> *m(f)* végétarien(ne) *m(f)*
vegetarisch [ve-] I. *Adj* végétarien(ne)
II. *Adv* ~ **leben/essen** être végétarien(ne)
Vegetation [vegeta'tsio:n] <-, -en> *f* végétation *f*
vegetativ [vegeta'ti:f] I. *Adj* ❶ BIO végétatif(-ive)
❷ MED **das** ~**e Nervensystem** le système neurovégétatif
II. *Adv* ❶ BIO *sich vermehren* de façon végétative
❷ MED ~ **bedingt sein** être d'ordre neurovégétatif
vegetieren* *itr V* végéter
vehement [vehe'mɛnt] *geh* I. *Adj* véhément(e) (*soutenu*)
II. *Adv* avec véhémence (*soutenu*)
Vehemenz [vehe'mɛnts] <-> *f geh* véhémence *f* (*soutenu*)
Vehikel [ve'hi:kəl] <-s, -> *nt fam* ❶ (*Auto*) guimbarde *f* (*fam*), tacot *m* (*fam*)
❷ (*Fahrrad*) vieux clou *m* (*fam*), bécane *f* (*fam*)
Veilchen ['faɪlçən] <-s, -> *nt* ❶ violette *f*
❷ *fam* (*blaues Auge*) œil *m* au beurre noir (*fam*), coquard *m* (*fam*)
veilchenblau *Adj* violet(te)
Veitstanz ['faɪts-] *m kein Pl* MED chorée *f*, danse *f* de Saint-Guy
Vektor ['vɛkto:ɐ] <-s, -toren> *m* MATH, PHYS vecteur *m*
Vektorrechnung *f kein Pl* calcul *m* vectoriel
Velo ['ve:lo] <-s, -s> *nt* CH vélo *m*
Velours[1] [və'lu:ɐ, ve'lu:ɐ] *s.* **Veloursleder**
Velours[2] [və'lu:ɐ, ve-] <-, -> *m* TEXTIL velours *m*
Veloursleder [və'lu:ɐ-, ve-] *nt* daim *m* **Veloursteppichboden** *m* moquette *f* velours
Vene ['ve:nə] <-, -n> *f* veine *f*
Venedig [ve'ne:dɪç] <-s> *nt* Venise
Venenentzündung ['ve:-] *f* phlébite *f*
venerisch [ve'ne:rɪʃ] *Adj* vénérien(ne)
Venezianer(in) [vene'tsia:nɐ] <-s, -> *m(f)* Vénitien(ne) *m(f)*
venezianisch [vene'tsia:nɪʃ] *Adj* vénitien(ne)
Venezolaner(in) [venetso'la:nɐ] <-s, -> *m(f)* Vénézuélien(ne) *m(f)*
venezolanisch *Adj* vénézuélien(ne)
Venezuela [venetsu'e:la] <-s> *nt* le Venezuela
Venezueler(in) *s.* **Venezolaner(in)**
venös [ve'nø:s] *Adj* veineux(-euse)
Ventil [vɛn'ti:l] <-s, -e> *nt* ❶ (*Absperrhahn*) vanne *f* [d'arrêt]
❷ (*Schlauchventil*) valve *f*
❸ AUT soupape *f*
❹ MUS piston *m*
❺ *fig* exutoire *m* (*soutenu*)
Ventilation [vɛntila'tsio:n] <-, -en> *f* ventilation *f*
Ventilator [vɛnti'la:to:ɐ] <-s, -toren> *m* ventilateur *m*
Venus ['ve:nʊs] <-> *f* ASTRON [**die**] ~ [la planète] Vénus
verabreden* I. *r V* **sich** ~ prendre rendez-vous; **mit jdm verabredet sein** avoir un rendez-vous avec qn; **sich mit jdm für den nächsten Tag/vor dem Rathaus** ~ donner [*o* fixer] rendez-vous à qn pour le lendemain/devant la mairie
II. *tr V* **mit jdm einen Ort/Termin/eine Uhrzeit** ~ fixer un endroit/rendez-vous/un horaire avec qn; **der verabredete Treffpunkt/Termin** le lieu de rendez-vous/le rendez-vous convenu; **wie verabredet** comme convenu
Verabredung <-, -en> *f* ❶ (*zu einem Treffen*) rendez-vous *m;* **eine** ~ **haben** avoir rendez-vous; **eine** ~ **mit jdm haben** avoir un rendez-vous avec qn
❷ (*Vereinbarung*) accord *m;* **eine** ~ **treffen** se mettre d'ac-

sich verabschieden

• sich verabschieden	• prendre congé
Auf Wiedersehen!	Au revoir!
Auf ein baldiges Wiedersehen!	À bientôt!
Tschüss! *(fam)*/Ciao! *(fam)*	Salut!
Mach's gut! *(fam)*	Bon courage!
(Also dann,) bis bald! *(fam)*	À bientôt (, alors)!
Bis morgen!/Bis nächste Woche!	À demain!/À la semaine prochaine!
Man sieht sich! *(fam)*	À la prochaine!
Komm gut heim! *(fam)*	Rentre bien!
Pass auf dich auf! *(fam)*	Sois prudent(e)!
Kommen Sie gut nach Hause!	Rentrez bien!
Einen schönen Abend noch!	Bonne soirée!
• sich am Telefon verabschieden	**• dire au revoir au téléphone**
Auf Wiederhören! *(form)*	Au revoir!
Also dann, bis bald wieder! *(fam)*	À bientôt, alors!
Tschüss! *(fam)*/Ciao! *(fam)*	Salut!

cord; **eine ~ einhalten** respecter un accord

verabreichen* *tr V form* **jdm ein Medikament ~** administrer un médicament à qn *(form)*

verabscheuen* *tr V* détester; **es ~ etw zu tun** avoir horreur de [*o* détester] faire qc

verabschieden* **I.** *r V* (*Abschied nehmen*) **sich ~** prendre congé (*form*), dire au revoir; **sich von jdm ~** prendre congé de qn (*form*), dire au revoir à qn; **ich muss mich [von Ihnen] ~** il faut que je vous quitte
II. *tr V* ❶ prendre congé de (*form*) *Besucher, Gast*
❷ *form* (*feierlich entlassen*) célébrer le départ de *Minister*
❸ POL voter *Gesetz;* adopter *Haushalt*

Verabschiedung <-, -en> *f* ❶ POL *eines Gesetzes* vote *m; eines Haushalts* adoption *f*
❷ (*feierliche Entlassung*) **zur ~ des Ministers** pour célébrer le départ du ministre

verachten* *tr V* mépriser; **nicht zu ~d** *iron fam Köstlichkeit, Geldbetrag* qui n'est pas à dédaigner; **etw ist nicht zu ~** *iron* il ne faut pas cracher sur qc (*fam*)

Verächter(in) <-s, -> *m(f)* **kein ~ von etw sein** ne pas dédaigner qc

verächtlich [fɛɐ'ʔɛçtlɪç] **I.** *Adj* ❶ (*Verachtung zeigend*) méprisant(e), dédaigneux(-euse)
❷ (*zu verabscheuen*) méprisable
II. *Adv* avec mépris, dédaigneusement

Verachtung *f* mépris *m,* dédain *m;* **voller ~** plein(e) de mépris; **jdn mit ~ strafen** *geh* traiter qn par le mépris

veralbern* *tr V fam* se ficher de (*fam*)

verallgemeinern* *tr, itr V* généraliser

Verallgemeinerung <-, -en> *f* généralisation *f*

veralten* *itr V + sein* vieillir; *Ansichten, Methoden:* ne plus être au goût du jour; *Wort:* tomber en désuétude; **schnell ~** *Gerät:* être vite dépassé(e)

veraltet [fɛɐ'ʔaltət] *Adj Ansichten, Methoden* qui n'est plus au goût du jour, suranné(e); *Wort* désuet(-uète); *Gerät* dépassé(e)

Veranda [ve'randa] <-, Veranden> *f* véranda *f*

veränderlich [fɛɐ'ʔɛndɐlɪç] *Adj* ❶ METEO variable, instable
❷ (*variierbar*) variable

Veränderlichkeit <-, -en> *f* variabilité *f;* (*im Wesen*) instabilité *f*

verändern* **I.** *tr V* changer; transformer *Person, Leben, Aussehen;* modifier *Ablauf, Anordnung, System*
II. *r V* ❶ **sich ~** *Klima, Wetter, Aussehen:* changer
❷ (*sein Wesen ändern*) **sich ~** *Person:* changer; **sich äußerlich ~** changer physiquement; **sich zu seinem Vorteil/Nachteil ~** changer/ne pas changer à son avantage, changer en bien/en mal
❸ (*Stellung wechseln*) **sich ~** changer d'emploi

Veränderung *f* ❶ (*Wandel, andere Gestaltung*) changement *m;* (*Änderung*) modification *f;* **eine ~ zum Besseren** un changement en bien
❷ (*Stellungswechsel*) changement *m* d'emploi; **eine ~ planen** envisager de changer d'emploi

verängstigen* *tr V* effrayer, faire peur à; **ein verängstigtes Kind/Tier** un enfant/animal effrayé [*o* apeuré]

verankern* *tr V* ancrer

Verankerung <-, -en> *f* ancrage *m*

veranlagen* *tr V* FISC établir l'assiette de l'impôt de; **jdn mit tausend Euro ~** établir le revenu imposable de qn à mille euros; **sich getrennt/gemeinsam ~ lassen** être imposé(e) séparément/en commun; **Ehegatten werden gemeinsam veranlagt** les époux font une déclaration commune de leurs revenus

veranlagt [fɛɐ'ʔanla:kt] *Adj* **künstlerisch/musikalisch ~ sein** être doué(e) pour les arts/la musique, avoir des dons artistiques/musicaux; **praktisch ~ sein** avoir le sens pratique; **für etw ~ sein** avoir des dispositions pour qc; **so ist sie nicht ~** *fam* ce n'est pas comme ça qu'elle ferait

Veranlagung <-, -en> *f* ❶ (*Eigenart*) tempérament *m;* **eine ~ zur Korpulenz/Depression haben** avoir tendance à grossir/la dépression
❷ (*Begabung, Talent*) don *m;* **eine künstlerische/musikalische ~ haben** être doué(e) pour les arts/la musique, avoir des dons artistiques/musicaux

veranlassen* *tr V* ❶ (*in die Wege leiten*) faire le nécessaire pour; **~, dass jd etw tut/dass etw getan wird** faire en sorte que qn fasse qc/que qc soit fait
❷ (*dazu bringen*) **jdn zu etw ~** amener [*o* inciter] qn à faire qc; **jdn dazu ~ etw zu tun** amener [*o* inciter] qn à faire qc

Veranlassung <-, -en> *f* ❶ **auf seine/ihre ~ [hin], auf ~ von**

ihm/ihr à son instigation [*o* demande]
❷ (*Grund*) raison *f*; **jdm ~ [dazu] geben etw zu tun** donner à qn des raisons de faire qc; **dazu besteht keine ~** il n'y a pas de raison

veranschaulichen* *tr V* illustrer; **[jdm] etw ~** illustrer qc [pour qn]

Veranschaulichung <-, -en> *f* illustration *f*; **zur ~** pour illustrer

veranschlagen* *tr V* estimer, évaluer *Kosten;* **die Kosten mit hundert Euro ~** estimer [*o* évaluer] les frais à cent euros; **fünf Stunden/tausend Euro für etw ~** prévoir cinq heures/mille euros pour qc

veranstalten* *tr V* ❶ (*durchführen*) organiser
❷ *fam* (*vollführen*) faire *Aufstand, Lärm, Zirkus*

Veranstalter(in) <-s, -> *m(f)* organisateur(-trice) *m(f)*

Veranstaltung <-, -en> *f* ❶ *kein Pl* (*das Durchführen*) organisation *f*
❷ (*Ereignis*) manifestation *f*
❸ (*feierliches Ereignis*) cérémonie *f*

Veranstaltungskalender *m* calendrier *m* des manifestations **Veranstaltungsort** *m* ❶ lieu *m* de la manifestation ❷ (*Versammlungsort*) lieu *m* de réunion

verantworten* I. *tr V* assumer la responsabilité de; **etw vor jdm ~** assumer la responsabilité de qc devant qn, répondre de qc devant qn; **das kann ich nicht ~** je ne peux pas assumer la responsabilité de cela, je ne réponds pas de cela; **ich kann es nicht ~, dass du nicht zur Schule gehst** je ne peux pas prendre sur moi de te laisser manquer l'école
II. *r V* **sich für etw vor jdm ~** se justifier de qc auprès de qn

verantwortlich *Adj* ❶ *Geschäftsführer, Leiter* responsable; **jdm gegenüber ~ sein** être responsable devant qn; **für jdn/etw ~ sein** être responsable de qn/qc, répondre de qn/qc; **~ dafür sein, dass** être responsable du fait que + *subj*
❷ (*schuldig*) responsable; **für etw ~ sein** être responsable de qc; **jdn für etw ~ machen** rendre qn responsable de qc
❸ (*mit Verantwortung verbunden*) *Stelle* à responsabilité; **die ~e Leitung dieses Projekts** la responsabilité de diriger ce projet

Verantwortliche(r) *f(m) dekl wie Adj* **der/die für das Projekt ~** le/la responsable du projet

Verantwortlichkeit <-, -en> *f a.* JUR responsabilité *f*

Verantwortung <-, -en> *f* responsabilité *f*; **~ für jdn/etw** responsabilité *f* de qn/qc; **die ~ übernehmen/tragen** assumer/avoir la responsabilité; **jdn für etw zur ~ ziehen** demander des comptes à qn pour qc; **auf eigene ~** à ses risques et périls; **auf deine/Ihre ~!** à tes/vos risques et périls!

verantwortungsbewusst[RR] I. *Adj* conscient(e) de ses responsabilités II. *Adv* en personne consciente de ses responsabilités **Verantwortungsbewusstsein**[RR] *nt* sens *m* des responsabilités

verantwortungslos I. *Adj* *Person* irresponsable, inconscient(e); *Haltung, Handeln* irresponsable
II. *Adv* **~ handeln** être irresponsable [dans ses actes]; **wie kann man sich so ~ verhalten!** quelle inconscience!

Verantwortungslosigkeit <-> *f* irresponsabilité *f*, inconscience *f*

verantwortungsvoll *Adj* ❶ *Aufgabe, Stellung* à responsabilité
❷ *s.* **verantwortungsbewusst**

veräppeln* *s.* **veralbern**

verarbeiten* *tr V* ❶ traiter *Rohstoff;* **Eisen zu Stahl/Fleisch zu Wurst ~** transformer du fer en acier/de la viande en saucisse *f*
❷ (*verbrauchen*) utiliser *Zement, Farbe, Lack*
❸ PSYCH assimiler, digérer (*fam*) *Eindrücke, Erlebnis;* assumer *Scheidung, Todesfall*

verarbeitet *Adj* **gut ~** bien fini(e); **sorgfältig/schlampig ~** de finition soignée/bâclée

Verarbeitung <-, -en> *f* ❶ (*das Verarbeiten*) transformation *f*; *von Fleisch* traitement *m*
❷ (*Fertigungsqualität*) finition *f*

verargen* *tr V geh* **jdm sein Verhalten/seine Entscheidung ~** en vouloir à qn d'avoir un tel comportement/d'avoir pris une telle décision; **sie verargt ihm, dass er sie betrogen hat** elle lui en veut [*o* tient rigueur] de l'avoir trompée

verärgern* *tr V* fâcher, irriter

verärgert I. *Adj* fâché(e), irrité(e); **~ über jdn/etw sein** être irrité(e) contre qn/à cause de qc
II. *Adv* en montrant [*o* manifestant] de l'irritation

Verärgerung <-, -en> *f* irritation *f*

verarmen* *itr V + sein* s'appauvrir; **der verarmte Adel** la noblesse appauvrie

Verarmung <-, -en> *f* appauvrissement *m*

verarschen* *tr V sl* se foutre de la gueule de (*pop*)

verarzten* *tr V fam* soigner *Person, Verletzung*

verästeln* *r V* **sich ~** *Baum, Strauch:* se ramifier; **sich in etw** (*Akk*) **~** *Fluss:* se diviser en qc; **verästelt sein** être ramifié(e)

Verästelung <-, -en> *f* ramification *f*

Verätzung *f* brûlure *f*

verausgaben* *r V* **sich ~** (*physisch*) se dépenser [*o* se donner] à fond, aller au bout de ses forces; (*finanziell*) se ruiner

verauslagen* *tr V form* avancer; **etw für jdn ~** avancer qc à qn

veräußern* *tr V form* (*verkaufen*) céder; **etw an jdn ~** céder qc à qn

Veräußerung *f* JUR *form* vente *f*, cession *f* (*form*)

Verb [vɛrp] <-s, -en> *nt* verbe *m*; **schwaches/starkes ~** verbe faible/fort

verbal [vɛrˈbaːl] I. *Adj* verbal(e)
II. *Adv* verbalement

verballhornen* *tr V* déformer, estropier

Verband <-[e]s, ¨-e> *m* ❶ MED bandage *m*
❷ (*Bund*) association *f*, groupement *m*
❸ MIL unité *f*

Verbandkasten *m* trousse *f* de secours **Verbandmaterial** *s.* **Verbandsmaterial**

Verbandskasten *s.* **Verbandkasten** **Verbandsmaterial** *nt*, **Verband[s]zeug** *nt* pansements *mpl*

verbannen* *tr V* ❶ exiler, bannir
❷ *geh* (*ausmerzen*) **etw aus etw ~** bannir qc de qc

Verbannte(r) *f(m) dekl wie Adj* exilé(e) *m(f)*, banni(e) *m(f)*

Verbannung <-, -en> *f* exil *m*

verbarrikadieren* I. *tr V* barricader
II. *r V* **sich in etw** (*Dat*) **~** se barricader dans qc

verbauen* *tr V* ❶ (*versperren*) **jdm die Sicht ~** *Haus, Mauer:* masquer [*o* boucher] la vue à qn
❷ *fig* (*vereiteln*) **sich** (*Dat*) **die Zukunft ~** compromettre son avenir
❸ (*verbrauchen*) utiliser *Baumaterial;* **für das Haus wurden ... Euro verbaut** la construction de la maison a coûté... euros

verbaut *Adj* mal conçu(e)

verbeißen* I. *r V unreg* ❶ **sich in etw** (*Akk*) **~** *Hund:* planter ses crocs dans qc et ne plus lacher prise
❷ *fig* (*hineinknien*) **sich in ein Problem/Thema ~** s'acharner sur un problème/sujet
II. *tr V unreg fam* **sich** (*Dat*) **eine Bemerkung ~** retenir [*o* réprimer] une remarque; **sich** (*Dat*) **das Lachen ~** se mordre les lèvres pour ne pas rire

Verbene [vɛrˈbeːnə] <-, -n> *f* BOT verveine *f*

verbergen* *unreg* I. *tr V* ❶ (*verstecken*) cacher; **jdn/etw vor jdm ~** cacher qn/qc à qn
❷ (*verheimlichen*) **[jdm] etw ~** cacher [*o* dissimuler] qc [à qn]; *s. a.* **verborgen**
II. *r V* **sich vor jdm ~** se cacher pour ne pas être vu(e) par qn

verbessern* I. *tr V* ❶ (*besser machen*) améliorer
❷ (*korrigieren*) corriger *Person, Text*
II. *r V* ❶ (*besser werden*) **sich in etw** (*Dat*) **~** s'améliorer

verbieten

• verbieten	• interdire
Du darfst heute **nicht** fernsehen.	**Tu n'as pas le droit de** regarder la télévision, aujourd'hui.
Das kommt gar nicht in Frage.	**Il n'en est pas question.**
Finger weg von meinem Computer! *(fam)*	**Ne touche pas à** mon ordinateur!
Lass die Finger von meinem Tagebuch! *(fam)*	**Ne touche pas à** mon journal intime!
Das kann ich nicht zulassen.	**Je ne peux pas tolérer/accepter ça.**
Ich verbiete Ihnen diesen Ton!	**Je vous interdis de me parler sur ce ton!**
Bitte unterlassen Sie das. *(form)*	**Arrêtez, je vous prie.**

dans qc
❷ (*beruflich vorwärts kommen*) **sich** ~ trouver une meilleure situation
❸ (*sich korrigieren*) **sich** ~ se corriger, se reprendre

Verbesserung <-, -en> *f* ❶ amélioration *f*
❷ (*Korrektur*) correction *f*

verbesserungsfähig *Adj* perfectible, améliorable **Verbesserungsvorschlag** *m* proposition *f* d'amélioration

verbeugen* *r V* **sich** ~ s'incliner; **sich vor jdm** ~ s'incliner [*o* faire une révérence] devant qn; **sich vor etw** (*Dat*) ~ s'incliner devant qc

Verbeugung *f* révérence *f*; **eine** ~ **vor jdm machen** s'incliner [*o* faire une révérence] devant qn; **eine** ~ **vor etw** (*Dat*) **machen** s'incliner devant qc

verbeulen* *tr V* cabosser

verbiegen* *unreg* **I.** *tr V* tordre *Draht, Nagel*
II. *r V* **sich** ~ *Nagel:* se tordre; *Lenkstange, Metallträger:* se tordre, se fausser; *Fahrradfelge:* se voiler

verbiestert [fɛɐ'biːstɐt] *Adj fam* (*dauernd*) aigri(e); (*gelegentlich*) renfrogné(e)

verbieten <verbot, verboten> **I.** *tr V* interdire; **jdm etw** ~ interdire [*o* défendre] qc à qn; **jdm** ~ **etw zu tun** interdire [*o* défendre] à qn de faire qc; **es ist verboten etw zu tun** il est/c'est interdit [*o* défendu] de faire qc; **jdm ist etw verboten** qc est interdit(e) à qn; *s. a.* **verboten**
II. *r V* **sich von selbst** ~ être exclu(e)

verbilligen* **I.** *tr V* ❶ réduire [*o* faire une réduction sur] le prix de *Artikel, Herstellung*
❷ (*herabsetzen*) diminuer, baisser *Preis, Kosten*
II. *r V* **etw verbilligt sich** le prix de qc diminue

verbilligt *Adj, Adv* à prix réduit

verbinden* *unreg* **I.** *tr V* ❶ faire un bandage à *Person;* bander *Wunde, Arm;* **jdm/sich den Arm** ~ bander le bras de qn/se bander le bras
❷ (*zubinden*) **jdm die Augen** ~ bander les yeux de qn
❸ (*zusammenfügen*) raccorder, relier; **zwei Kabel miteinander** ~ raccorder [*o* relier] deux câbles
❹ TELEC **jdn mit jdm** ~ passer qn à qn, mettre qn en communication avec qn (*form*); **einen Moment, ich verbinde Sie!** un moment, je vous passe votre correspondant!; **[Sie sind] falsch verbunden!** vous vous êtes trompé(e) de numéro!, vous avez fait un faux numéro!
❺ TRANSP **Ortschaften [miteinander]** ~ *Straße, Tunnel, Brücke:* relier des localités [entre elles]; **Berlin mit Bonn** ~ *Straße, Bahnlinie:* relier Berlin à Bonn
❻ (*verknüpfen*) **Erledigungen [miteinander]** ~ combiner des choses à faire; **einen Einkauf mit einem Besuch** ~ combiner un achat et une visite
❼ (*assoziieren*) **einen Namen mit etw** ~ associer un nom à qc
❽ (*zusammengehörig machen*) **[miteinander] verbunden sein** être uni(e)s; **uns** ~ **gemeinsame Erinnerungen** nous sommes lié(e)s par des souvenirs communs; **mit ihm verbindet mich eine enge Freundschaft** nous sommes unis par une grande amitié, une grande amitié nous unit
II. *itr V* ❶ (*zusammenhängen*) **mit Kosten verbunden sein** impliquer des frais; **das Börsengeschäft und das damit verbundene Risiko** la spéculation en Bourse et le risque lié à ce genre d'activité
❷ (*Zusammengehörigkeit schaffen*) *Erlebnisse:* créer des liens
III. *r V* ❶ CHEM **sich mit etw** ~ se combiner à qc
❷ (*sich zusammenschließen*) **sich mit jdm/etw** ~ s'associer à qn/qc

verbindlich **I.** *Adj* ❶ (*bindend*) *Auskunft, Erklärung* sûr(e), sérieux(-euse); *Kostenvoranschlag, Zusage* ferme, définitif(-ive); *Vereinbarung* contractuel(le); **keine** ~**e Erklärung abgeben können** ne pouvoir s'engager à donner une explication
❷ (*entgegenkommend*) *Person, Art, Lächeln* aimable
II. *Adv* ❶ (*bindend*) *vereinbaren* de façon ferme; **eine Arbeit** ~ **zusagen** s'engager à faire un travail
❷ (*entgegenkommend*) *lächeln* aimablement

Verbindlichkeit <-, -en> *f* ❶ *kein Pl* (*bindender Charakter*) fiabilité *f*, sérieux *m;* **die Erklärung ist von absoluter** ~ la déclaration engage expressément son auteur
❷ *kein Pl* (*entgegenkommende Art*) amabilité *f*
❸ *meist Pl* (*finanzielle Verpflichtung*) obligation *f*, engagement *m;* (*Geldschuld*) dette *f*

Verbindung *f* ❶ (*Zusammenhang*) rapport *m;* **in** ~ **mit etw** (*kombiniert mit*) associé(e) à qc; (*im Zusammenhang mit*) en relation avec qc; **zwischen diesen Ereignissen besteht eine** ~ il y a un rapport entre ces événements; **jdn mit dem Mörder/dem Mord in** ~ **bringen** établir un lien entre qn et le meurtrier/meurtre
❷ (*Verknüpfung*) *von Anlässen, Erledigungen* combinaison *f*
❸ ([*persönliche*] *Beziehung*) relation *f;* **seine** ~**en spielen lassen** *fam* faire jouer ses relations
❹ (*Kontakt*) ~ **mit jdm aufnehmen** prendre contact avec qn; **sich mit jdm in** ~ **setzen** contacter qn; ~ **zu jdm/etw haben** être en relation avec qn/qc; **mit jdm/etw in** ~ **stehen** être en relation avec qn/qc
❺ TELEC, AVIAT, EISENBAHN ~ **nach Australien/Paris** liaison *f* avec l'Australie/Paris
❻ (*Telefongespräch*) communication *f*
❼ CHEM composé *m*, combinaison *f;* **mit etw eine** ~ **eingehen** se combiner avec qc
❽ UNIV association *f* [*o* confrérie *f*] d'étudiants; **schlagende** ~ *association d'étudiants dont les membres pratiquent l'escrime à l'épée*

Verbindungskabel *nt* ELEC câble *m* de raccord [*o* jonction] **Verbindungslinie** *f* ❶ *a. fig* ligne *f;* **eine** ~ **zwischen zwei Punkten ziehen** tracer une ligne entre deux points ❷ MIL ligne *f* de communication **Verbindungsmann** <-leute *o* -männer> *m*, **-frau** *f* agent *m* de liaison, intermédiaire *m* **Verbindungsoffizier** *m* MIL officier *m* de liaison **Verbin-**

V

dungsstraße *f* voie *f* de raccordement **Verbindungsstück** *nt* raccord *m* **Verbindungstür** *f* porte *f* de communication

verbissen [fɛɐˈbɪsən] **I.** *Adj* ❶ (*hartnäckig*) *Gegner* acharné(e); *Mitarbeiter* obstiné(e)
❷ (*verkrampft*) *Gesicht, Miene* crispé(e)
II. *Adv durchhalten, weitermachen* avec acharnement

Verbissenheit <-> *f eines Gegners* acharnement *m*; *eines Mitarbeiters* obstination *f*

verbitten* *tr V unreg* **sich** (*Dat*) **etw ~** ne pas tolérer qc

verbittern* *tr V* aigrir, rendre amer(amère); **jdn ~** aigrir qn, rendre qn amer(amère)

verbittert I. *Adj* aigri(e), amer(amère)
II. *Adv* avec amertume

Verbitterung <-, *selten* -en> *f* amertume *f*

verblassen* *itr V + sein* ❶ (*blass werden*) *Farbe:* passer
❷ *geh* (*schwächer werden*) *Eindruck, Erinnerung:* s'estomper
❸ *geh* (*in den Hintergrund treten*) **neben etw** (*Dat*) **~** *Ereignis, Vorfall:* paraître bien fade comparé(e) à qc

verbläuen*RR *tr V fam* tabasser (*fam*)

Verbleib [fɛɐˈblaɪp] <-[e]s> *m form* ❶ (*Aufenthaltsort*) **der ~ einer Person/eines Gegenstands** l'endroit *m* où se trouve une personne/un objet
❷ (*das Verbleiben*) **sein/ihr ~ in dem Unternehmen** son maintien dans l'entreprise

verbleiben* *itr V unreg + sein* ❶ (*sich einigen*) **wie wollen wir ~?** sur quel point allons-nous nous mettre d'accord?; **wir sind folgendermaßen verblieben: ...** voici où nous en sommes restés: ...; **ich bin mit ihm so ~, dass** je me suis mis(e) d'accord avec lui pour que + *subj*
❷ (*übrig bleiben*) rester; **ihm ~ hundert Euro von dem Gewinn** il lui reste cent euros du gain; **die ~de Summe/die ~den hundert Euro** la somme qui reste/les cent euros qui restent
❸ *form* (*bleiben*) **der Durchschlag verbleibt beim Anwalt** l'avocat conserve le double

verbleichen *itr V unreg + sein* se décolorer; *Farbe:* passer; **verblichene Jeans** des jeans délavés

verbleit [fɛɐˈblaɪt] *Adj* contenant du plomb

verblenden* *tr V* ❶ aveugler; **vom Gold/Reichtum verblendet sein** être aveuglé(e) par l'or/la richesse
❷ CONSTR recouvrir, revêtir *Fassade*

Verblendung *f* ❶ aveuglement *m*
❷ CONSTR *einer Fassade* revêtement *m*

verbleuen* *s.* **verbläuen**

verblichen [fɛɐˈblɪçən] **I.** *PP von* **verbleichen**
II. *Adj* ❶ *Farbe* décoloré(e); *Stoff* délavé(e)
❷ *Ruhm* terni(e)

Verblichene(r) *f(m) dekl wie Adj geh* défunt(e) *m(f)* (*form*)

verblöden* *fam* **I.** *itr V + sein* devenir [complètement] abruti(e)
II. *tr V + haben* abrutir

Verblödung <-> *f fam* abrutissement *m*

verblüffen* *tr V* épater; **jdn mit einer Frage/Antwort ~** épater qn avec une question/réponse; **sich durch etwas Unerwartetes ~ lassen** se laisser décontenancer par quelque chose d'inattendu

verblüfft I. *Adj* (*bewundernd*) stupéfait(e), épaté(e); (*überrascht*) stupéfait(e), ahuri(e)
II. *Adv* **~ schauen** (*bewundernd*) être stupéfait(e) [*o* épaté(e)]; (*überrascht*) avoir l'air stupéfait [*o* ahuri]

Verblüffung <-, -en> *f* stupéfaction *f*; **zu seiner/meiner/... [großen] ~** à sa/ma/... [grande] stupéfaction

verblühen* *itr V + sein* faner

verbluten* *itr V + sein* perdre tout son sang; **innerlich ~** mourir d'[une] hémorragie interne

verbocken* *tr V fam* saboter; **er hat die ganze Sache verbockt!** c'est lui qui a fichu la merde! (*fam*)

verbohren* *r V fam* **sich in etw** (*Akk*) **~** se polariser sur qc (*fam*)

verbohrt [fɛɐˈboːɐt] *Adj pej fam* buté(e), borné(e)

Verbohrtheit <-, -en> *f pej* entêtement *m* excessif

verborgen*1 [fɛɐˈbɔrgən] *s.* **verleihen**

verborgen2 *Adj* ❶ *Gang, Tür* dérobé(e); *Hebel* caché(e); *Falltür* secret(-ète)
❷ (*nicht offen zutage tretend*) *Gefahr, Talente* caché(e); *Sehnsüchte, Wünsche* secret(-ète); **es ist mir nicht ~ geblieben, dass** je n'ignore pas que + *indic*, je ne suis pas sans savoir que + *indic*

Verborgenheit <-> *f* dissimulation *f*

verbot *Imp von* **verbieten**

Verbot [fɛɐˈboːt] <-[e]s, -e> *nt* interdiction *f*

verboten [fɛɐˈboːtən] **I.** *PP von* **verbieten**
II. *Adj* ❶ interdit(e); **es ist ~ etw zu tun** il est interdit [*o* défendu] de faire qc
❷ *fam* (*unmöglich*) *Aussehen, Frisur* pas possible (*fam*); **in etw** (*Dat*) **~ aussehen** avoir une touche pas possible avec qc (*fam*)

Verbotsschild *nt* panneau *m* d'interdiction

verbrach *Imp von* **verbrechen**

verbrämen* *tr V* ❶ *geh* (*abmildern*) édulcorer *Ablehnung, Bescheid*
❷ COUT **etw mit etw ~** border qc de qc

verbrannt *PP von* **verbrennen**

verbraten* *tr V unreg sl* claquer (*arg*) *Geld;* gaspiller *Energie*

Verbrauch <-> *m* consommation *f*; **~ von etw** consommation *f* de qc; **einen hohen/niedrigen ~ an etw** (*Dat*) **haben** consommer une grande/faible quantité de qc; **sparsam im ~ sein** être économique

verbrauchen* **I.** *tr V* ❶ (*konsumieren*) consommer *Strom, Benzin, Vorräte*
❷ (*aufwenden*) dépenser *Kräfte, Energien*
❸ (*ausgeben*) dépenser *Taschengeld, Etat*
II. *r V* **sich ~** (*sich abnutzen*) s'user

Verbraucher(in) <-s, -> *m(f)* consommateur(-trice) *m(f)*

Verbraucherberatung *f* information *f* du consommateur **verbraucherfeindlich** *Adj* qui ne prend pas en compte les besoins du consommateur **verbraucherfreundlich** *Adj* à l'écoute des besoins du consommateur **Verbrauchergruppe** *f* ÖKON groupement *m* de consommateurs **Verbrauchermarkt** *m* supermarché *m* discount **Verbraucherpreis** *m* prix *m* à la consommation **Verbraucherschutz** *m* protection *f* des consommateurs, consumérisme *m* **Verbraucherverhalten** *nt* comportement *m* du consommateur **Verbraucherzentrale** *f* association *f* de consommateurs

Verbrauchsartikel *m* article *m* de consommation courante **Verbrauchsgüter** *Pl* biens *mpl* de consommation **Verbrauchssteuer** *f* taxe *f* à la consommation

verbraucht *Adj Luft* vicié(e); *Mensch* usé(e)

verbrechen <verbricht, verbrach, verbrochen> *tr V* ❶ **ich habe nichts verbrochen** je n'ai rien fait de mal; **was hast du denn wieder verbrochen?** *fam* mais qu'est-ce que t'as encore fabriqué? (*fam*)
❷ *hum fam* (*verfertigen*) commettre (*fam*) *Gedicht, Kunstwerk*

Verbrechen <-s, -> *nt* crime *m*

Verbrechensbekämpfung *f* lutte *f* contre le crime

Verbrecher(in) <-s, -> *m(f)* criminel(le) *m(f)*

Verbrecherbande *f* gang *m*

verbrecherisch [fɛɐˈbrɛçərɪʃ] *Adj* criminel(le); **es ist ~ etw zu tun** c'est un crime de faire qc

Verbrecherkartei *f* fichier *m* de la police **Verbrechersyndikat** *nt* syndicat *m* du crime

Verbrechertum <-s> *nt* criminalité *f*

verbreiten* **I.** *tr V* ❶ propager, faire courir *Gerücht;* faire circuler *Lüge, Nachricht;* faire *Propaganda;* **weit verbreitet** *Pflanze* commun(e); *Ansicht, Irrtum, Vorurteil* [très] répandu(e)
❷ MED propager *Erreger, Krankheit*
❸ (*erwecken*) semer, répandre *Entsetzen*

II. *r V* ❶ *a.* MED **sich ~** se propager, se répandre
❷ *pej* (*sich auslassen*) **sich über jdn/etw** (*Akk*) **~** s'étendre sur qn/qc
verbreitern* *tr, r V* [**sich**] **~** [s']élargir
Verbreiterung <-, -en> *f* élargissement *m*
verbreitet *Adj* répandu(e); **weit ~ sein** être très [*o* largement] répandu(e)
Verbreitung <-, -en> *f* ❶ *kein Pl eines Gerüchts, einer Lüge* propagation *f*
❷ (*Vertrieb*) diffusion *f;* [**weite**] **~ finden** *Publikation:* être [largement] diffusé(e)
❸ MED, BOT *einer Krankheit, von Pollen* propagation *f*
Verbreitungsgebiet *nt einer Ware* zone *f* de distribution; *einer Krankheit* zone *f* de propagation
verbrennen* *unreg* I. *tr V + haben* ❶ brûler *Holz, Kohle, Papier;* brûler, incinérer *Müll;* **sich** (*Dat*) **die Hand am Backofen ~** se brûler la main en touchant le four
❷ *fam* (*einäschern*) incinérer *Toten*
❸ HIST (*hinrichten*) brûler
❹ (*verdorren lassen*) **etw ~** *Hitze, Sonne:* brûler [*o* griller] qc
II. *r V + haben* **sich ~** se brûler
III. *itr V + sein* ❶ brûler
❷ HIST (*hingerichtet werden*) mourir brûlé(e)
Verbrennung <-, -en> *f* ❶ *kein Pl* (*das Verbrennen, Einäschern*) incinération *f*
❷ AUT, TECH combustion *f*
❸ MED brûlure *f;* **~ ersten/zweiten/dritten Grades** brûlure du premier/deuxième/troisième degré
Verbrennungsmotor *m* moteur *m* à explosion **Verbrennungsofen** *m* four *m* crématoire; (*für Müll*) incinérateur *m* **Verbrennungsrückstände** *Pl* résidus *mpl* de combustion
verbricht *3. Pers Präs von* **verbrechen**
verbriefen* *tr V veraltet geh* **jdm etw ~** confirmer qc à qn par écrit; **verbriefte Rechte** des droits garantis [par écrit]
verbringen* *tr V unreg* ❶ (*zubringen*) passer; **den Tag/die Zeit/den Urlaub am Meer ~** passer la journée/son temps/ses vacances au bord de la mer; **den Tag mit Lesen ~** passer la journée à lire; **sein Leben in Armut ~** vivre dans la pauvreté
❷ *form* (*transportieren*) **den Häftling/die Ware ins Ausland ~** transférer le détenu/transporter la marchandise à l'étranger
verbrochen [fɛɐ'brɔxən] *PP von* **verbrechen**
verbrüdern* *r V* **sich ~** fraterniser; **sich mit jdm ~** fraterniser avec qn; **sich mit dem Feind ~** pactiser avec l'ennemi
Verbrüderung [fɛɐ'bry:dərʊŋ] <-, -en> *f* fraternisation *f*
verbrühen* I. *r V* **sich ~** s'ébouillanter; **sich mit etw ~** s'ébouillanter avec qc
II. *tr V* ébouillanter; **jdm die Hand ~** brûler la main de qn [avec de l'eau bouillante]; **sich** (*Dat*) **den Arm/den Mund ~** se brûler le bras/la main [avec de l'eau bouillante]
Verbrühung <-, -en> *f* (*Wunde*) brûlure *f* [causée par de l'eau bouillante]
verbuchen* *tr V* ❶ COM **etw auf ein Konto ~** enregistrer qc [*o* passer qc en écriture] sur un compte
❷ *fig* (*verzeichnen*) **einen Erfolg für sich ~** engranger un succès
verbuddeln* *tr V fam* enterrer, enfouir (*soutenu*)
Verbum ['vɛrbʊm, *Pl:* 'vɛrba] *s.* **Verb**
verbummeln* *tr V fam* ❶ passer à glander [*o* glandouiller] (*fam*) *Nachmittag, Wochenende;* **den Nachmittag/das Wochenende ~** passer l'après-midi/le week-end à glander [*o* glandouiller]
❷ (*verlieren*) paumer (*fam*)
Verbund [fɛɐ'bʊnt] <-[e]s, -e> *m* ❶ (*Firmenverbund*) groupement *f*
❷ (*Verkehrsverbund*) société *f* [*o* compagnie *f*] des transports en commun
verbunden [fɛɐ'bʊndən] *Adj form* **für Ihre Hilfe bin ich Ihnen sehr ~** je vous suis très reconnaissant(e) de m'avoir aidé(e); **ich bin Ihnen sehr ~** je vous suis très obligé(e) (*soutenu*)
verbünden* *r V a.* POL **sich ~** s'allier; **sich** [**miteinander**] **~** s'allier; **sich mit jdm ~** s'allier à qn; **verbündet sein** *Staaten, Mächte:* être allié(e)
Verbundenheit <-> *f* (*zwischen Freunden*) liens *mpl;* **uns eint eine tiefe ~** nous sommes uni(e)s par des liens étroits
Verbündete(r) *f(m) dekl wie Adj* allié(e) *m(f)*
Verbundglas *nt kein Pl* verre *m* feuilleté **Verbundmaterial** *nt* conditionnement *m* [en matériau] composite **Verbundnetz** *nt* ELEC réseau *m* d'interconnexion **Verbundwerkstoff** *m* matériau *m* composite
verbürgen* I. *r V* **sich für jdn/etw ~** se porter garant(e) de qn/qc; **sich dafür ~, dass** garantir que + *indic*
II. *tr V* garantir *Rechte, Sicherheit, Ansprüche*
verbürgt *Adj Nachricht, Information* de source sûre; *Tatsache, Ereignis, Zahl* confirmé(e)
verbüßen* *tr V* purger
Verbüßung <-> *f* JUR **zur ~ seiner Strafe** pour purger sa peine
verchromen* [-kro:mən] *tr V* chromer
Verdacht [fɛɐ'daxt] <-[e]s> *m* soupçon *m souvent pl;* **~ erregen** éveiller les soupçons; **~ schöpfen** commencer à avoir des soupçons; **einen ~ haben** avoir des soupçons; **im ~ stehen etw getan zu haben** être soupçonné(e) d'avoir fait qc; **jdn in** [*o* **im**] **~ haben etw getan zu haben** soupçonner qn d'avoir fait qc
▶ **auf ~** *fam* (*auf bloße Vermutung hin*) sur de simples présomptions; (*aufs Geratewohl*) à tout hasard
verdächtig [fɛɐ'dɛçtɪç] I. *Adj* suspect(e); **sich ~ machen** éveiller les soupçons; **einer S.** (*Gen*) **~ sein** être soupçonné(e) [*o* suspecté(e)] de qc; **jd/etw kommt jdm ~ vor** qn trouve qn/qc suspect(e), qn/qc paraît suspect(e) à qn
II. *Adv* **im Haus ist es ~ ruhig** il règne un silence suspect dans la maison
Verdächtige(r) *f(m) dekl wie Adj* suspect(e) *m(f)*
verdächtigen* *tr V* soupçonner; **jdn einer S.** (*Gen*) **~** soupçonner [*o* suspecter] qn de qc; **jdn ~ etw getan zu haben** soupçonner qn d'avoir fait qc
Verdächtigung <-, -en> *f* soupçon *m,* suspicion *f*
Verdachtsmoment *nt* JUR indice *m*
verdammen* *tr V* ❶ (*verfluchen*) maudire
❷ (*verurteilen*) réprouver, condamner *Verhalten, Handeln;* **jdn zu etw ~** condamner qn à qc; **zu etw verdammt sein** être voué(e) [*o* condamné(e)] à qc
Verdammnis <-> *f* **die ewige ~** REL la damnation éternelle
verdammt I. *Adj* ❶ *fam* (*widerwärtig*) fichu(e) *antéposé* (*fam*), foutu(e) *antéposé* (*fam*)
❷ *fam* (*sehr groß*) **einen ~en Durst haben** avoir une de ces soifs; **er hat ~es Glück gehabt!** il a eu une de ces chances!
❸ *fam* (*unerhört*) **einen ~en Blödsinn reden** dire des conneries (*fam*); **~er Mist!** eh, merde! (*fam*); **~!** *sl* nom de Dieu! (*fam*)
❹ REL **~ sein** être damné(e)
II. *Adv fam ärgerlich, heiß, teuer, gut* vachement (*fam*)
verdampfen* *itr V + sein* s'évaporer
Verdampfung <-, -en> *f* CHEM, TECH évaporation *f*
verdanken* *tr V* ❶ **jdm/einer S. etw ~** devoir qc à qn/qc; **es ist ihm zu ~, dass ich noch lebe** si je suis encore en vie, c'est grâce à lui; **das habe ich der Konkurrenz zu ~** *iron* c'est un cadeau de mes concurrents (*iron*)
❷ CH *form* (*Dank aussprechen*) **jdm etw ~** remercier qn pour qc
Verdankung <-, -en> *f* CH *form* remerciements *mpl*
verdarb [fɛɐ'darp] *Imp von* **verderben**
verdattert [fɛɐ'datɐt] *fam* I. *Adj Gesicht* ahuri(e); **~ sein** être ahuri(e), être comme deux ronds de flan (*fam*)
II. *Adv* l'air complètement ahuri

V

verdauen* *tr, itr V a. fig* digérer
verdaulich *Adj* digeste; **leicht/schwer** ~ facile/difficile à digérer
Verdaulichkeit <-> *f* digestibilité *f*
Verdauung <-> *f* digestion *f*; **eine gute/schlechte ~ haben** bien/mal digérer
Verdauungsapparat *m* appareil *m* digestif **Verdauungsbeschwerden** *Pl* problèmes *mpl* [*o* troubles *mpl*] digestifs **Verdauungsorgan** *nt* organe *m* de l'appareil digestif **Verdauungsspaziergang** *m fam* promenade *f* digestive **Verdauungsstörung** *f meist Pl* trouble *m* digestif **Verdauungstrakt** *m* appareil *m* digestif
Verdeck [fɛɐ'dɛk] <-[e]s, -e> *nt* capote *f*
verdecken* *tr V* ❶ (*verstecken*) cacher; **etw mit etw** ~ cacher qc avec qc
❷ (*der Sicht entziehen*) **[jdm] die Sicht** ~ cacher [*o* masquer] la vue [à qn]
verdeckt *Adj* ❶ (*geheim*) *Ermittler, Fahndung* secret(-ète); *Kamera* caché(e)
❷ (*verborgen*) *Kosten, Finanzierung, Erträge* occulte
verdenken* *tr V unreg geh* **jdm etw** ~ tenir rigueur [*o* en vouloir] à qn de qc; **das kann ich Ihnen nicht** ~ je ne peux [pas] vous en vouloir pour cela, je ne peux [pas] vous tenir rigueur de cela; **das kann Ihnen keiner** ~ personne ne peut vous en vouloir
Verderb [fɛɐ'dɛrp] <-[e]s> *m* ❶ *form von Lebensmitteln* altération *f*
❷ *s.* **Verderben**
verderben [fɛɐ'dɛrbən] <verdirbt, verdarb, verdorben> **I.** *tr V + haben* ❶ corrompre, pervertir *Person, Charakter*
❷ (*beschädigen*) abîmer *Kleidungsstück, Teppich*
❸ (*zunichte machen*) **jdm das Fest/den Urlaub/die Freude** ~ gâcher la fête/ses vacances/son plaisir à qn
❹ (*verscherzen*) **es sich** (*Dat*) **mit jdm** ~ perdre les faveurs de qn; **es sich** (*Dat*) **mit niemandem ~ wollen** vouloir ménager la chèvre et le chou
II. *itr V + sein Gemüse, Obst:* s'avarier, se gâter; *Fleisch:* s'avarier; *Sahne:* tourner
Verderben <-s> *nt geh* destin *m* funeste [*o* tragique]; **jds ~ sein** être la perte de qn; **in sein ~ rennen** courir à sa perte; **jdn ins ~ stürzen** causer la perte de qn
verderblich [fɛɐ'dɛrplɪç] *Adj* ❶ périssable; **~ sein** *Lebensmittel:* être périssable
❷ (*unheilvoll*) funeste
verdeutlichen* *tr V* clarifier *Sachverhalt, Theorie, Zusammenhang;* **jdm etw** ~ expliquer qc à qn; **sich** (*Dat*) **etw** ~ réfléchir à qc
Verdeutlichung <-, -en> *f* ❶ (*Veranschaulichung*) *eines Sachverhalts, einer Theorie* clarification *f*; **zur** ~ pour clarifier les choses; **zur ~ des Problems** pour clarifier le problème
❷ (*Erklärung*) explication *f*
verdichten* **I.** *tr V* PHYS comprimer
II. *r V* **sich** ~ ❶ *Bewölkung:* s'amonceler; *Nebel:* s'épaissir
❷ (*sich verstärken*) *Eindruck:* s'accentuer
verdicken* *r V* **sich** ~ *Haut:* s'épaissir; *Stelle:* enfler
Verdickung <-, -en> *f* (*in der Haut*) grosseur *f*
verdienen* **I.** *tr V* ❶ (*als Verdienst bekommen*) gagner; **ihr selbst verdientes Geld** l'argent qu'elle a gagné elle-même
❷ (*Gewinn machen*) **an etw** (*Dat*) **viel/wenig/tausend Euro** ~ gagner beaucoup/peu/mille euros sur qc
❸ (*finanzieren*) **sich** (*Dat*) **sein Studium/seinen Lebensunterhalt selbst** ~ financer ses études soi-même/gagner sa vie
❹ (*beanspruchen dürfen*) mériter *Lob, Tadel, Respekt;* **sie hat sich** (*Dat*) **diese Belohnung/den Urlaub [redlich] verdient** elle a bien mérité cette récompense/ces vacances
► **er verdient es nicht anders** [*o* **besser**] il n'a que ce qu'il mérite
II. *itr V* ❶ **gut/schlecht** ~ gagner bien/mal sa vie; **gut ~d** qui gagne bien sa vie
❷ (*Gewinn machen*) **an etw** (*Dat*) ~ faire des bénéfices sur qc
Verdiener(in) <-s, -> *m(f) personne qui gagne sa vie;* **wir sind zu Hause drei** ~ nous sommes trois à ramener un salaire à la maison
Verdienst¹ <-[e]s, -e> *m* revenu *m*
Verdienst² <-[e]s, -e> *nt* **jds ~e um etw** les mérites *mpl* de qn en matière de qc; **sich** (*Dat*) **~e um etw erwerben** rendre de grands services en faveur de qc; **es ist sein ~, dass** c'est grâce à lui que + *indic*
Verdienstausfall *m* perte *f* de salaire
verdienstvoll *Adj* ❶ *Tat* méritoire
❷ *s.* **verdient 2.**
verdient I. *Adj* ❶ (*berechtigt*) mérité(e)
❷ (*verdienstvoll*) *Person* émérite
❸ SPORT *Sieg, Führung* mérité(e)
► **sich um etw ~ machen** rendre de grands services en faveur de qc
II. *Adv* SPORT ~ **siegen** remporter une victoire [bien] méritée
verdientermaßen, verdienterweise *Adv* ❶ selon ses/mes/ ... mérites
❷ SPORT de façon méritée
verdingen* <*PP* verdungen *o* verdingt> *r V veraltet* **sich bei jdm [als Knecht]** ~ louer ses services [de valet] à qn (*vieilli*)
verdirbt [fɛɐ'dɪrpt] *3. Pers Präs von* **verderben**
verdonnern* *tr V fam* ❶ **jdn zu einer Geldstrafe** ~ coller une amende à qn (*fam*)
❷ (*anweisen*) **jdn zum Stillschweigen** ~ ordonner à qn de la boucler (*fam*); **jdn dazu ~ etw zu tun** coller à qn la corvée de faire qc (*fam*)
verdoppeln* **I.** *tr V* ❶ (*erhöhen*) doubler
❷ (*verstärken*) redoubler de *Eifer, Einsatz;* redoubler *Anstrengungen, Bemühungen*
II. *r V* **sich** ~ *Preis, Verbrauch:* doubler
Verdopp[e]lung <-, -en> *f* ❶ (*Erhöhung*) multiplication *f* par deux
❷ (*Verstärkung*) redoublement *m*
verdorben [fɛɐ'dɔrbən] **I.** *PP von* **verderben**
II. *Adj* ❶ *Fleisch, Wurst* avarié(e); *Käse, Marmelade, Pilze* moisi(e)
❷ (*moralisch*) dépravé(e)
Verdorbenheit <-> *f* dépravation *f*
verdorren* *itr V + sein* se dessécher; **verdorrt** *Ast, Gras* sec(sèche); *Baum* desséché(e)
verdrängen* *tr V* ❶ évincer; **jdn aus etw** ~ évincer qn de qc; **jdn von seinem Platz** ~ prendre la place de qn
❷ PHYS déplacer *Wasser, Luft*
❸ (*ersetzen*) supplanter
❹ PSYCH refouler
Verdrängung [fɛɐ'drɛŋʊŋ] <-, -en> *f* ❶ *eines Mitarbeiters* éviction *f*
❷ PHYS déplacement *m*
❸ (*das Ersetzen*) remplacement *m*
❹ PSYCH refoulement *m*
Verdrängungskünstler(in) *m(f) iron* as *m* du refoulement (*iron*); **ein ~/eine ~in sein** avoir l'art de refouler (*iron*) **Verdrängungswettbewerb** *m* ÖKON concurrence *f* déprédatrice
verdrecken* *fam* **I.** *itr V + sein* devenir crade (*fam*)
II. *tr V + haben* dégueulasser (*fam*)
verdreckt *Adj fam* dégueulasse (*fam*)
verdrehen* *tr V* ❶ tourner *Hals, Kopf;* **die Augen** ~ rouler des yeux; (*vor einer Ohnmacht*) tourner de l'œil
❷ (*verrenken*) **sich** (*Dat*) **den Fuß** ~ se tordre le pied
❸ *fam* (*verfälschen*) déformer *Sachverhalt, Worte*
verdreifachen* *tr, r V* **[sich]** ~ tripler
Verdreifachung *f* triplement *m*
verdreschen* *tr V unreg fam* tabasser (*fam*)
verdrießen [fɛɐ'dri:sən] <verdross, verdrossen> *tr V geh* con-

trarier; **sich nicht ~ lassen** ne pas se laisser décourager
verdrießlich *Adj geh* (*missmutig*) contrarié(e)
verdross[RR], **verdroß** *Imp von* **verdrießen**
verdrossen [fɛɐ̯ˈdrɔsən] **I.** *PP von* **verdrießen**
II. *Adj Person* renfrogné(e); *Gesicht, Miene* maussade
Verdrossenheit <-> *f geh* acrimonie *f* (*soutenu*)
verdrücken* *fam* **I.** *tr V* s'envoyer (*fam*); **etw ~** s'envoyer qc
II. *r V* **sich ~** se tirer (*fam*)
Verdruss[RR] <-es, -e>, **Verdruß** <-sses, -sse> *m meist Sing geh* dépit *m*; **jdm ~ bereiten** causer du désagrément à qn; **zu seinem [großen] ~** à son [grand] déplaisir
verduften* *itr V + sein fam Person:* se barrer (*fam*)
verdummen* **I.** *tr V + haben* abrutir
II. *itr V + sein* s'abêtir
Verdummung <-> *f* abrutissement *m*
verdunkeln* **I.** *tr V* ① masquer *Fenster;* **das Zimmer ~** faire l'obscurité dans la pièce
② (*verdüstern*) **etw ~** *Wolke:* obscurcir qc
③ JUR dissimuler *Straftat*
II. *r V* **sich ~** *Himmel:* s'assombrir
Verdunk[e]lung <-> *f* ① *eines Raums* black-out *m*; *von Fenstern* camouflage *m*
② JUR dissimulation *f*
Verdunk[e]lungsgefahr *f* JUR risque *m* de dissimulation [*o* de destruction de preuves]
verdünnen* *tr V* diluer; **etw mit Wasser ~** diluer qc avec de l'eau
Verdünner *m* diluant *m*
verdünnisieren* *r V hum fam* **sich ~** s'éclipser (*fam*)
Verdünnung <-, -en> *f* dilution *f*
verdunsten* *itr V + sein* s'évaporer
Verdunstung <-> *f* évaporation *f*
verdursten* *itr V + sein* ① mourir de soif
② *fam* (*sehr durstig sein*) [**fast**] **~** [faillir] crever de soif (*fam*)
verdüstern* *geh* **I.** *r V* **sich ~** ① *Himmel:* s'obscurcir
② (*sich verfinstern*) *Gesicht, Miene:* s'assombrir
II. *tr V* **etw ~** *Wolke:* obscurcir qc
verdutzen* *tr V* déconcerter
verdutzt [fɛɐ̯ˈdʊtst] **I.** *Adj* déconcerté(e)
II. *Adv* **jdn ~ ansehen** regarder qn l'air ahuri(e)
verebben* *itr V + sein geh Geräusche, Musik:* s'atténuer
veredeln* *tr V* ① ennoblir *Gewebe, Wolle;* affiner *Metall*
② HORT greffer
Veredelung <-, -en> *f* ① *eines Gewebes, von Wolle* ennoblissement *m*; *eines Metalls* affinage *m*
② HORT greffage *m*
verehelichen* *r V form* **sich ~** se marier; **sich mit jdm ~** se marier avec qn
Verehelichung <-, -en> *f form* mariage *m*
verehren* *tr V* ① *a.* REL vénérer
② *geh* (*schenken*) **jdm etw ~** faire présent de qc à qn (*littér*)
Verehrer(in) <-s, -> *m(f)* ① (*Bewunderer*) admirateur(-trice) *m(f)*
② REL adorateur(-trice) *m(f)*
③ *hum* (*Flirt*) soupirant *m* (*hum*)
verehrt *Adj* ① (*in mündlicher Anrede*) cher(chère)
② (*im Brief*) **~e Frau Professor** Madame le Professeur
Verehrung *f kein Pl* ① (*Bewunderung*) admiration *f*
② REL vénération *f*, culte *m*
verehrungswürdig *Adj geh* vénérable (*soutenu*)
vereidigen* *tr V* ① assermenter
② (*verpflichten*) **jdn auf etw** (*Akk*) **~** faire prêter serment à qn sur qc
vereidigt *Adj* assermenté(e)
Vereidigung <-, -en> *f* prestation *f* de serment
Verein [fɛɐ̯ˈʔaɪn] <-[e]s, -e> *m* ① association *f*; (*Sportverein*) club *m*; (*Veteranenverein*) amicale *f*; **eingetragener ~** association déclarée (*régie par la loi de 1901*)
② *pej fam* (*Leute*) **ein komischer/langweiliger ~** une clique marrante/enquiquinante (*fam*)
▸ **im ~ mit jdm** en collaboration avec qn
vereinbar *Adj* compatible
vereinbaren* *tr V* ① (*absprechen*) convenir de; **etw mit jdm ~** convenir de qc avec qn; **~, dass** convenir que + *indic;* **es wird vereinbart, dass** il est convenu que + *subj;* **wir hatten Stillschweigen vereinbart** nous avions convenu de garder le silence
② (*in Einklang bringen*) **etw mit etw ~** concilier qc avec qc; **mit etw zu ~ sein, sich mit etw ~ lassen** être conciliable avec qc
Vereinbarung <-, -en> *f* ① *kein Pl* (*das Vereinbaren*) **die ~ eines neuen Termins war schwierig** il était difficile de convenir d'un autre rendez-vous
② (*Abmachung*) accord *m*; **eine ~ treffen** passer un accord; **stillschweigende ~** JUR accord tacite; **laut ~** comme convenu; **nach ~** de gré à gré; (*bei Sprechstundenzeiten*) sur rendez-vous
vereinbarungsgemäß *Adv* comme convenu
vereinen* *tr V* ① (*zusammenführen*) regrouper
② (*vereinbaren*) **etw mit etw ~ können** pouvoir concilier qc avec qc; **miteinander zu ~/nicht zu ~ sein** *Ansichten:* être conciliable/inconciliable
vereinfachen* *tr V* simplifier
vereinfacht **I.** *Adj Darstellung, Skizze* simplifié(e); *Verfahren* expéditif(-ive)
II. *Adv* de façon simplifiée
Vereinfachung <-, -en> *f* simplification *f*
vereinheitlichen* *tr V* uniformiser
Vereinheitlichung <-, -en> *f* uniformisation *f*
vereinigen* **I.** *tr V* fusionner *Firmen;* réunir *Organisationen, Staaten;* **drei Firmen zu einem Konzern ~** fusionner trois entreprises en un groupe
II. *r V* ① **sich zu etw ~** *Personen:* s'associer pour qc; *Firmen, Verbände:* s'associer en qc; *Truppenteile, Armeen:* se regrouper en qc; **sich wieder ~** *Stadt, Land:* se réunifier
② (*zusammenfließen*) **sich zu etw ~** *Flüsse:* confluer pour former qc
③ (*bekommen*) **hundert Stimmen auf sich** (*Akk*) **~** cumuler cent voix [électorales]
vereinigt *Adj* associé(e); **wieder ~ werden** *Land, Stadt:* être réunifié(e); **das wieder ~e Deutschland** l'Allemagne réunifiée
Vereinigung <-, -en> *f* ① (*Organisation*) association *f*; **kriminelle ~** association de malfaiteurs
② *kein Pl* (*das Vereinigen*) fusion *f*
vereinnahmen* *tr V* ① accaparer *Person*
② *form* (*einnehmen*) percevoir *Geld*
vereinsamen* *itr V + sein* s'isoler
vereinsamt *Adj* isolé(e)
Vereinsamung <-> *f* (*das Vereinsamen*) isolement *m*; (*Einsamkeit*) solitude *f*
Vereinsfreiheit *f kein Pl* liberté *f* d'association **Vereinslokal** *nt* local *m* d'une association **Vereinsmitglied** *nt* membre *m* d'une association
vereinzelt [fɛɐ̯ˈʔaɪntsəlt] **I.** *Adj Rufe* sporadique; *Fälle* isolé(e); *Gewitter, Regenschauer* épars(e)
II. *Adv* METEO **~ Schauer** des averses par endroits
vereisen* **I.** *itr V + sein Fahrbahn, Straße:* devenir verglacé(e); *Fensterscheibe, Tragfläche:* se givrer; *Türschloss:* geler; **vereist** *Straße* verglacé(e); *Fensterscheibe, Tragfläche* givré(e); *Türschloss* gelé(e)
II. *tr V + haben* MED insensibiliser
Vereisung <-, -en> *f* givrage *m*
vereiteln* *tr V* déjouer
Vereitelung <-> *f* empêchement *m*
vereitern* *itr V + sein Wunde, Wurmfortsatz:* suppurer; *Mandel,*

V

Zahnwurzel: s'infecter; **vereitert** *Wunde, Wurmfortsatz* purulent(e), plein(e) de pus; *Mandel, Zahnwurzel* infecté(e)
Vereiterung <-, -en> *f* purulence *f; einer Mandel* infection *f; einer Zahnwurzel* abcès *m*
Vereitlung *s.* Vereitelung
verelenden* *itr V + sein geh* tomber dans la misère
Verelendung <-, -en> *f* appauvrissement *m,* paupérisation *f*
verenden* *itr V + sein Tier:* être en train de crever
verengen* I. *r V* **sich** ~ *Gefäße, Pupillen:* se contracter; *Fahrbahn, Straße:* se rétrécir
II. *tr V* rétrécir *Gefäße, Pupillen*
Verengung <-, -en> *f* rétrécissement *m*
vererben* *tr V* ❶ JUR léguer; **jdm etw** ~ léguer qc à qn
❷ BIO transmettre héréditairement; **jdm etw ~, etw auf jdn ~** transmettre héréditairement qc à qn
vererblich *Adj* successible; **~e Gegenstände** biens *mpl* successibles
Vererbung <-, *selten* -en> *f* hérédité *f,* transmission *f* héréditaire; **durch** ~ héréditairement
Vererbungslehre <-, *selten* -en> *f* lois *fpl* de l'hérédité
verewigen* I. *r V* ❶ **sich** ~ s'immortaliser
❷ *fam* (*malen, kritzeln*) **sich auf etw** (*Dat*) ~ s'immortaliser sur qc
II. *tr V* perpétuer
verfahren*¹ *unreg* I. *itr V + sein* ❶ procéder; **wir werden anders** ~ nous allons procéder différemment
❷ (*umgehen*) **mit jdm vorsichtig/streng** ~ agir d'une manière prudente/stricte avec qn
II. *r V* **sich** ~ se tromper de route
III. *tr V* consommer *Kraftstoff;* **viel Geld** ~ dépenser beaucoup d'argent en essence
verfahren² *Adj Angelegenheit* embrouillé(e); *Situation* sans issue
Verfahren <-s, -> *nt* ❶ procédé *m*
❷ JUR procédure *f;* **abgekürztes/anhängiges** ~ procédure sommaire/pendante; **ein ~ gegen jdn einleiten** engager une procédure contre qn; **die Kosten des ~s tragen** supporter les frais de la procédure
Verfahrensfehler *m* JUR erreur *f* de procédure **Verfahrenstechnik** *f kein Pl* ingénierie *f* des procédés techniques **Verfahrensweise** *f* procédure *f*
Verfall *m kein Pl* ❶ *eines Gebäudes* délabrement *m; der Kräfte* déclin *m; der Gesundheit, des Körpers* dégradation *f*
❷ *geh* (*Niedergang*) déclin *m*
❸ (*das Ungültigwerden*) expiration *f*
verfallen*¹ *itr V unreg + sein* ❶ *Altstadt, Gebäude:* se délabrer; *Mensch:* décliner
❷ (*sinken, Wert einbüßen*) *Kurs, Preise, Währung:* s'effondrer
❸ (*ungültig werden*) *Eintrittskarte, Fahrkarte, Gutschein:* être périmé(e); *Anspruch:* être déchu(e); *Recht:* se prescrire
❹ (*erliegen*) **jdm** ~ tomber sous l'emprise de qn; **jds Charme/Zauber** (*Dat*) ~ succomber au charme/à la magie de qn; **dem Alkohol** ~ sombrer dans l'alcool
❺ (*sich einfallen lassen*) **auf etw** (*Akk*) ~ en venir à qc; **er verfällt darauf etw zu tun** il lui vient à l'idée de faire qc
❻ (*auswählen*) **auf jdn** ~ tomber sur qn
verfallen² *Adj* ❶ délabré(e), en ruines
❷ (*abgelaufen*) périmé(e)
Verfallfrist *f* FIN délai *m* de forclusion
Verfallsdatum *nt* date *f* de péremption **Verfallserscheinung** *f* ❶ *eines Imperiums* signe *m* de décadence ❷ (*gesundheitlich*) symptôme *m* de déchéance
verfälschen* *tr V* ❶ (*falsch darstellen, wiedergeben*) déformer
❷ (*in der Qualität mindern*) frelater *Wein*
Verfälschung *f* ❶ (*Verfremdung, Verformung*) déformation *f*
❷ (*Qualitätsminderung*) *von Wein* frelatage *m*
verfangen* *unreg* I. *r V* ❶ **sich in etw** (*Dat*) ~ se prendre dans qc
❷ *fig* **sich in Lügen/Widersprüchen** ~ s'empêtrer dans des mensonges/des contradictions
II. *itr V* **bei jdm nicht/nicht mehr** ~ *Masche, Trick:* ne pas/ne plus marcher avec qn
verfänglich [fɛɐ'fɛŋlɪç] *Adj* compromettant(e)
verfärben* I. *r V* **sich** ~ *Blätter, Laub, Gesicht:* changer de couleur
II. *tr V* déteindre sur *Wäsche*
Verfärbung *f* ❶ *kein Pl* changement *m* de couleur
❷ (*abweichende Färbung*) coloration *f*
verfassen* *tr V* rédiger *Artikel, Brief, Rede;* écrire *Buch*
Verfasser(in) <-s, -> *m(f)* auteur(-trice) *m(f)*
Verfassung *f* ❶ *kein Pl* (*Befinden*) état *m;* **in einer guten/schlechten ~ sein** se sentir/ne pas se sentir bien; **in was für einer ~ befindet sie sich?** comment se sent-elle?
❷ POL constitution *f*
Verfassungsänderung *f* révision *f* constitutionnelle **Verfassungsbeschwerde** *f* recours *m* constitutionnel **verfassungsfeindlich** *Adj* anticonstitutionnel(le) **Verfassungsgericht** *nt* ≈ Cour *f* constitutionnelle **verfassungskonform** *Adj* conforme à la Constitution
verfassungsmäßig *Adj* constitutionnel(le)
Verfassungsschutz *m fam* (*Bundesamt für Verfassungsschutz*) ≈ Direction *f* de la sécurité du territoire **verfassungswidrig** *Adj* anticonstitutionnel(le)
verfaulen* *itr V + sein* ❶ *Gemüse, Obst:* se gâter; *Fleisch:* s'avarier; **verfault** *Obst, Gemüse* gâté(e); *Fleisch* avarié(e)
❷ (*verwesen*) pourrir; *Zahn:* se gâter; **verfault** *Holz* pourri(e); *Zahn* gâté(e)
verfechten* *tr V unreg* professer (*soutenu*) *Lehre, Theorie;* défendre *Meinung, Standpunkt;* préconiser *Kurs*
Verfechter(in) *m(f)* défenseur *m*
verfehlen* *tr V* ❶ (*danebentreffen*) manquer, rater; **jdn/etw** ~ manquer [*o* rater] qn/qc; **etw ist nicht zu** ~ on ne peut pas manquer [*o* rater] qc
❷ (*verpassen*) rater *Person, Zug, Bus*
❸ (*nicht erreichen*) rater *Wirkung;* ne pas atteindre *Zweck;* **das Thema** ~ s'éloigner du sujet
verfehlt *Adj Politik, Planung* raté(e); ~ **sein** être un échec; **es wäre ~ das zu tun** ce serait une erreur de faire cela
Verfehlung <-, -en> *f* faute *f;* (*im Amt*) manquement *m*
verfeinden* *r V* **sich** ~ se brouiller; **sich mit jdm** ~ se brouiller avec qn; **verfeindet** (*zerstritten*) brouillé(e); (*feindlich gesonnen*) ennemi(e)
verfeinern* *tr V* ❶ **etw mit Sahne/mit Gewürzen** ~ velouter qc avec de la crème/relever qc avec des épices
❷ (*verbessern*) améliorer *Methode, Verfahren*
Verfeinerung <-, -en> *f* amélioration *f*
verfemt *Adj geh* proscrit(e)
verfertigen* *tr V geh* élaborer *Liste, Bericht*
verfestigen* *r V* **sich** ~ ❶ *Klebstoff:* durcir; *Farbe, Lack:* sécher
❷ (*stärker werden*) *Eindruck, Tendenz:* se renforcer
verfetten* *itr V Person:* engraisser; *Organ:* être atteint(e) de dégénérescence graisseuse
Verfettung <-> *f* dégénérescence *f* graisseuse
verfeuern* *tr V* ❶ (*verschießen*) tirer
❷ (*verbrennen*) brûler
verfilmen* *tr V* porter à l'écran; **etw** ~ porter qc à l'écran
Verfilmung <-, -en> *f* adaptation *f* cinématographique
verfilzen* *itr V + sein Wollpullover:* [se] feutrer; *Haare:* s'emmêler; **verfilzt** *Wollpullover* feutré(e); *Haare* tout emmêlé(e)
verfilzt *Adj fam* embrouillé(e); **Politik und Wirtschaft sind oft miteinander** ~ la politique et l'économie sont souvent de mèche (*fam*); **mit der Mafia ~ sein** être de mèche avec la mafia (*fam*)
verfinstern* *r V* **sich** ~ *Himmel:* s'obscurcir; *Gesicht, Miene:* s'assombrir
verflechten* *tr V unreg* ❶ tresser; **etw [miteinander]** ~ tres-

ser qc
❷ *fig* **eng verflochten sein** être étroitement lié(e)
Verflechtung <-, -en> *f* ÖKON interdépendance *f*
verfliegen* *unreg* **I.** *itr V + sein Alkohol, Kohlensäure, Duft:* s'évaporer; *Heimweh, Kummer, Zorn:* s'envoler
II. *r V + haben* **sich ~** perdre le cap
verfließen* *itr V unreg + sein* ❶ *(verschwimmen) Farben:* s'estomper
❷ *geh (vergehen)* s'écouler; *s. a.* **verflossen**
verflixt [fɛɐˈflɪkst] **I.** *Adj fam* **dieser ~e Kerl/dieses ~e Gerät!** ce con de type/d'appareil! *(fam)*
II. *Adv fam* foutrement *(fam)*
III. *Interj fam* la vache! *(fam)*
verflochten *PP von* **verflechten**
verflogen *PP von* **verfliegen**
verflossen [fɛɐˈflɔsən] *Adj* ❶ *geh Tage, Jahre* écoulé(e)
❷ *fam (frühere)* **eine ~e Freundin/ein ~er Freund** une/un ex *(fam)*
Verflossene(r) *f(m) dekl wie Adj fam* **seine ~/ihr ~r** son ex *(fam)*
verfluchen* *tr V* maudire
verflucht *fam* **I.** *Adj Kerl* sale *antéposé; Computer, Auto* foutu(e) *antéposé (fam)*
II. *Adv* vachement *(fam)*
III. *Interj* nom d'un chien *(fam)*
verflüchtigen* *r V* **sich ~** ❶ *Parfüm:* s'évaporer
❷ *hum fam Mensch:* s'éclipser *(fam)*
verflüssigen* *tr V* liquéfier *Gas, Luft*
Verflüssigung <-, -en> *f* liquéfaction *f*
verfolgen* *tr V* ❶ *(nachsetzen)* poursuivre *Person; (observieren)* suivre *Person;* **jdn ~** *(nachsetzen)* poursuivre qn; *(observieren)* suivre qn
❷ *(untersuchen, beobachten)* suivre *Spur, Hinweis, Verlauf, Diskussion*
❸ *(drangsalieren)* persécuter
❹ *(erreichen wollen)* poursuivre *Strategie, Ziel*
❺ JUR poursuivre *Straftat, Vergehen*
Verfolger(in) <-s, -> *m(f)* poursuivant(e) *m(f)*
Verfolgte(r) *f(m) dekl wie Adj* persécuté(e) *m(f)*
Verfolgung <-, -en> *f* ❶ *a.* JUR poursuite *f;* **die ~ aufnehmen** commencer la poursuite
❷ *(Drangsalierung)* persécution *f*
❸ *kein Pl einer Strategie, eines Ziels* poursuite *f; einer Absicht* réalisation *f*
Verfolgungsjagd *f* [course *f*] poursuite *f* **Verfolgungsrennen** *nt* SPORT course *f* poursuite **Verfolgungswahn** *m* délire *m* [*o* manie *f*] de [la] persécution
verformen* **I.** *tr V* déformer
II. *r V* **sich ~** se déformer
Verformung *f* déformation *f*
verfrachten* *tr V* ❶ *fam* **jdn ins Bett ~** expédier qn au lit *(fam);* **jdn/etw ins Auto ~** transbahuter qn/qc dans la voiture *(fam)*
❷ COM freter
verfranzen* *r V fam* **sich ~** se paumer *(fam)*
verfremden *tr V* distancier *(pour créer l'effet de distanciation)*
Verfremdung <-, -en> *f* distanciation *f*
Verfremdungseffekt *m* LITER effet *m* de distanciation
verfressen* *Adj sl* morfal(e) *(arg)*
Verfressenheit <-> *f sl* goinfrerie *f (fam)*
verfrüht *Adj* prématuré(e); **etw für ~ halten** considérer qc comme prématuré(e)
verfügbar *Adj* disponible
Verfügbarkeit <-> *f* disponibilité *f*
verfugen* *tr V* faire les joints de *Mauer, Wand, Fliesen;* enduire *Risse*
verfügen* **I.** *itr V* **über etw** *(Akk)* **~** disposer de qc; **über etw** *(Akk)* **frei ~ können** pouvoir disposer librement [*o* à sa guise] de qc
II. *tr V* ordonner; **~, dass** ordonner que + *subj*
Verfügung <-, -en> *f* ❶ *(Disposition)* disposition *f;* **etw zur ~ haben** avoir qc à sa disposition; **zu jds** [*o* **jdm zur**] **~ stehen** être à la disposition de qn; **dieses Geld steht dir zur ~** cet argent est à ta disposition; **jdm etw zur ~ stellen** mettre qc à la disposition de qn; **sein Amt zur ~ stellen** renoncer à sa fonction
❷ *(Verordnung)* décret *m*
❸ JUR ordonnance *f;* **einstweilige ~** référé *m;* **eine ~ beantragen** demander une ordonnance; **eine ~ vorläufig aufheben** annuler une ordonnance préalablement
Verfügungsberechtigung *f* JUR capacité *f* à disposer **Verfügungsgewalt** *f form* **die ~ über etw** *(Akk)* le pouvoir de disposer de qc
verführen* *tr V* ❶ *(verleiten)* **jdn zu etw ~** *Person:* entraîner qn à faire qc; [**jdn**] **zum Kaufen ~** *Werbung:* inciter [qn] à faire des achats
❷ *(erobern)* séduire *Mann, Frau*
Verführer(in) *m(f)* séducteur(-trice) *m(f)*
verführerisch **I.** *Adj* ❶ *Mensch, Charme* séduisant(e); *Aufmachung, Duft* alléchant(e)
❷ *(interessant, viel versprechend)* alléchant(e)
II. *Adv sich räkeln* de façon aguicheuse; *angezogen* de manière séduisante; **~ riechen** avoir une odeur alléchante
Verführung *f* ❶ séduction *f*
❷ JUR **~ Minderjähriger** détournement *m* de mineur
verfünffachen* *tr, r V* quintupler
verfüttern* *tr V* donner à manger; **etw an die Tiere ~** donner qc à manger aux animaux
Vergabe *f* ❶ *einer Arbeit, eines Projekts* octroi *m; eines Auftrags* adjudication *f*
❷ *(Verleihung) einer Auszeichnung, Förderung* octroi *m; eines Preises, Stipendiums* attribution *f*
Vergaberichtlinie *f meist Pl* directive *f* sur la passation de marché public
vergällen* *tr V* ❶ **jdm die Freude** [*o* **den Spaß**] **an etw** *(Dat)* **~** gâcher sa joie/son plaisir à propos de qc à qn
❷ CHEM dénaturer *Alkohol*
vergammeln* *fam* **I.** *itr V + sein Brot, Essen, Käse:* moisir; *Wurst:* s'avarier; **vergammelt** moisi(e); *Wurst* avarié(e)
II. *tr V + haben* **den Tag/viel Zeit ~** passer la journée/beaucoup de temps à glander *(fam)*
vergangen [fɛɐˈgaŋən] *Adj* passé(e)
Vergangenheit <-, *selten* -en> *f a.* GRAM passé *m;* **die jüngste ~** le passé [tout] récent
► **eine bewegte ~ haben** avoir un passé tumultueux; **der ~** *(Dat)* **angehören** appartenir au passé
Vergangenheitsbewältigung *f* fait *m* d'assumer son passé; **sich mit der ~ schwer tun** avoir du mal à assumer son passé
vergänglich [fɛɐˈgɛŋlɪç] *Adj* éphémère
Vergänglichkeit <-> *f* caractère *m* éphémère
vergasen* *tr V* ❶ *(töten)* gazer
❷ TECH gazéifier
Vergaser <-s, -> *m* TECH carburateur *m*
vergaß [fɛɐˈgaːs] *Imp von* **vergessen**
Vergasung <-, -en> *f* ❶ *(Tötung)* gazage *m*
❷ TECH gazéification *f*
vergeben* *unreg* **I.** *itr V* pardonner; [**jdm**] **~** pardonner [à qn]
II. *tr V* ❶ *geh (verzeihen)* [**jdm**] **etw ~** pardonner qc [à qn]
❷ *(übergeben, zuteilen)* attribuer *Auftrag, Preis, Wohnung;* **eine Arbeit an jdn ~** donner un travail à faire à qn; **Eintrittskarten zu ~ für ...** billets à donner pour...
► **schon ~ sein** *(einen festen Partner haben, bereits einen Termin haben)* être déjà pris(e); **das ist ~ und vergessen** [tout ça,] c'est du passé; **er vergibt sich** *(Dat)* **nichts, wenn er das tut** cela ne lui fera aucun tort s'il le fait

sich vergewissern

• sich vergewissern	• s'assurer
Alles in Ordnung?	**Tout va bien?**
Habe ich das so richtig gemacht?	**Est-ce que je l'ai bien fait?**
Hat es Ihnen geschmeckt?	**Est-ce que c'était bon?**
Ist das der Bus nach Frankfurt?	**Est-ce que c'est le** bus pour Francfort?
(am Telefon) **Bin ich hier richtig beim** Jugendamt?	*(au téléphone)* **Je suis bien à** l'office de protection de la jeunesse?
Ist das der Film, von dem du so geschwärmt hast?	**C'est bien** le film que tu as tant adoré?
Bist du dir sicher, dass die Hausnummer stimmt?	**Es-tu sûr(e) que** c'est le bon numéro?
• jemanden versichern, beteuern	**• assurer, affirmer quelque chose à quelqu'un**
Der Zug hatte **wirklich** Verspätung gehabt.	Le train avait **vraiment** eu du retard.
Wirklich! Ich habe nichts davon gewusst.	**Vraiment!** Je n'en savais rien.
Ob du es nun glaubst oder nicht, sie haben sich **tatsächlich** getrennt.	**Que tu le croies ou non,** ils se sont **vraiment** séparés.
Ich kann Ihnen versichern, dass das Auto noch einige Jahre fahren wird.	**Je peux vous assurer que** cette voiture roulera encore quelques années.
Glaub mir, das Konzert wird ein Riesenerfolg.	**Crois-moi,** ce concert aura un grand succès.
Du kannst ganz sicher sein, er hat nichts gemerkt.	**Tu peux être sûr(e) qu'**il n'a rien remarqué.
Ich garantiere Ihnen, dass die Mehrheit dagegen stimmen wird.	**Je vous garantis que** la majorité votera contre.
Die Einnahmen sind ordnungsgemäß versteuert, **dafür lege ich meine Hand ins Feuer.**	Les recettes ont été déclarées en bonne et due forme, **j'en mets ma main au feu.**

vergebens [fɛɐˈgeːbəns] I. *Adj präd* ~ **sein** être vain(e)
II. *Adv s.* **vergeblich**
vergeblich I. *Adj* vain(e)
II. *Adv* en vain
Vergeblichkeit <-> *f* inutilité *f*
Vergebung <-, -en> *f* pardon *m;* **jdn um ~ für etw bitten** demander pardon à qn pour qc
vergegenwärtigen *r V* **sich** (*Dat*) **etw** ~ réaliser qc
vergehen* *unreg* I. *itr V + sein* ❶ *Zeit, Tag, Stunden, Sekunden:* passer
❷ (*schwinden*) *Schmerz, Hunger:* passer, disparaître; **jdm vergeht die Lust** qn [en] perd l'envie; **da vergeht einem ja der Appetit!** ça vous coupe l'appétit!
❸ (*fast umkommen*) **vor Hunger/Angst** [**fast**] ~ [faillir] mourir de faim/de peur
II. *r V + haben* **sich an jdm** ~ abuser de qn; **sich gegen Sitte und Moral** ~ transgresser les mœurs et la morale; **sich gegen das Gesetz** ~ enfreindre la loi
Vergehen <-s, -> *nt* délit *m*
vergelten *tr V unreg* ❶ (*lohnen*) récompenser *Liebe, Fürsorge;* **jdm seine Hilfe** ~ revaloir son aide à qn; **er vergilt ihre Hilfe mit Undank** il lui paie son aide d'ingratitude
❷ (*heimzahlen*) **etw mit etw** ~ répondre à qc par qc
Vergeltung <-, -en> *f* vengeance *f;* **für etw ~ üben** se venger de qc
Vergeltungsmaßnahme *f* représailles *fpl* **Vergeltungsschlag** *m* acte *m* de représailles
vergessen [fɛɐˈgɛsən] <vergisst, vergaß, vergessen> I. *tr V* oublier
► **das werde ich dir/ihr nie** [*o* **nicht**] **~!** je m'en souviendrai!
II. *r V* **sich** ~ perdre son sang-froid
Vergessenheit *f* **in ~ geraten** tomber dans l'oubli
vergesslich[RR], **vergeßlich** *Adj* étourdi(e); ~ **sein** être étourdi; ~ **werden** (*im Alter*) perdre la mémoire
Vergesslichkeit[RR], **Vergeßlichkeit** <-> *f* étourderie *f;* (*im Alter*) mémoire *f* défaillante
vergeuden* *tr V* gaspiller
Vergeudung <-, -en> *f* gaspillage *m*
vergewaltigen* *tr V* violer *Person;* faire violence à *Erbe, Kultur, Traditionen;* **die Sprache** ~ mettre la langue à mal
Vergewaltigung <-, -en> *f* viol *m*
vergewissern* *r V* **sich ~, dass** s'assurer que + *indic;* **sich der elterlichen Zustimmung** (*Gen*) ~ s'assurer de l'accord parental
vergießen* *tr V unreg* ❶ renverser *Wasser, Saft*
❷ (*absondern*) verser *Tränen*
vergiften* I. *tr V* empoisonner
II. *r V* ❶ (*Selbstmord begehen*) **sich mit etw** ~ s'empoisonner avec qc
❷ (*sich eine Vergiftung zuziehen*) **sich durch verdorbenen Fisch** ~ s'intoxiquer en mangeant du poisson rance
Vergiftung <-, -en> *f* ❶ *kein Pl* empoisonnement *m*
❷ MED intoxication *f*
Vergil [vɛrˈgiːl] <-s> *m* HIST Virgile *m*
vergilben* *itr V + sein* jaunir
Vergissmeinnicht[RR], **Vergißmeinnicht** <-[e]s, -[e]> *nt* myosotis *m*
vergisst[RR], **vergißt** *3. Pers Präs von* **vergessen**
vergittern* *tr V* pourvoir d'une grille; **etw** ~ pourvoir qc d'une grille
Vergitterung <-, -en> *f* ❶ *kein Pl* (*das Vergittern*) pose *f* d'une grille; **die ~ des Fensters** la pose d'une grille sur la fenêtre
❷ (*Gitter*) grille *f*
verglasen* *tr V* vitrer
Verglasung <-, -en> *f* (*das Verglasen, die Glasfläche*) vitrage *m*
Vergleich <-[e]s, -e> *m* ❶ comparaison *f;* **~e anstellen** faire

des comparaisons; **den ~ mit jdm/etw nicht aushalten** ne pas soutenir la comparaison avec qn/qc; **im ~ zu den anderen/zum Vorjahr** en comparaison des autres/de l'année dernière; **ein schiefer ~** une comparaison discutable; **das ist kein guter ~** ce n'est pas une bonne comparaison
❷ JUR arrangement *m;* **einen ~ schließen** conclure un arrangement
▸ **der ~ hinkt** la comparaison ne tient pas debout; **das ist doch kein ~!** ce n'est pas comparable!
vergleichbar *Adj* comparable; **mit etw ~ sein** être comparable à qc
vergleichen* *unreg* **I.** *tr V* ❶ *(gegeneinander abwägen)* comparer; **jdn mit jdm/etw mit etw ~** comparer qn à qn/qc à qc; **verglichen mit den anderen/dem Vorjahr** comparé(e) aux autres/à l'année dernière; **vergleiche S. 20** voir p. 20
❷ *(als ähnlich empfinden)* **jdn/etw mit einem Roboter ~** comparer qn/qc à un robot
II. *r V* **sich mit jdm ~** se comparer à qn
vergleichend *Adj* ❶ *Aufzählung, Überprüfung, Werbung* comparatif(-ive)
❷ LING, LITER *Sprachwissenschaft, Theaterwissenschaft* comparé(e)
Vergleichsjahr *nt* ÖKON année *f* de référence **Vergleichsmaßstab** *m* échelle *f* de comparaison **Vergleichsmiete** *f* loyer *m* de référence; **ortsübliche ~** loyer de référence local
vergleichsweise *Adv* relativement
Vergleichszahl *f meist Pl* chiffre *m* comparatif [*o* de référence]
verglimmen* *itr V unreg + sein geh* s'éteindre lentement
verglühen* *itr V + sein Kohle, Holz, Feuerwerkskörper:* se consumer; *Meteorit, Raketenstufe:* se désintégrer
vergnügen* **I.** *r V* **sich ~** s'amuser; **sich mit etw ~** s'amuser en faisant qc; **sich mit jdm ~** se divertir avec qn
II. *tr V* amuser
Vergnügen [fɛɐ'gny:gən] <-s, -> *nt* plaisir *m;* **~ an etw** *(Dat)* **finden** prendre plaisir à qc; **es macht** [*o* **bereitet** *geh*] **jdm ~ etw zu tun** cela fait plaisir à qn de faire qc; **viel ~!** amuse-toi/amusez-vous bien!; **mit ~!** avec plaisir!
▸ **ein teures** [*o* **kein billiges**] **~ sein** *fam* être un plaisir coûteux *(fam)*; **mit wem habe ich das ~?** *form* à qui ai-je l'honneur? *(form)*; **es ist/war mir ein ~** tout le plaisir est/était pour moi; **sich ins ~ stürzen** *fam* faire la bringue *(fam)*; **hinein ins ~!** *fam* allez, on va s'éclater! *(fam)*
vergnüglich *Adj geh* plaisant(e)
vergnügt **I.** *Adj Gesicht, Miene* réjoui(e); **über etw** *(Akk)* **~ sein** être content(e) de qc
II. *Adv* joyeusement
Vergnügung <-, -en> *f* divertissement *m*
Vergnügungsdampfer *m* bateau *m* de plaisance **Vergnügungspark** *m* parc *m* d'attractions **Vergnügungsreise** *f* voyage *m* d'agrément **Vergnügungssteuer** *f* impôt *m* sur les spectacles **vergnügungssüchtig** *Adj* qui ne pense qu'à s'amuser; **~ sein** n'avoir qu'une idée en tête: s'amuser **Vergnügungsviertel** *nt* quartier *m* chaud
vergolden* *tr V* ❶ dorer; **vergoldet** *Schmuckstück* plaqué(e) or; *Bilderrahmen* doré(e)
❷ *fam (gut bezahlen)* **jdm etw ~** acheter qc à prix d'or à qn
vergönnen* *tr V geh* **jdm etw ~** accorder qc à qn; **ihr war ein langes Leben vergönnt** il lui a été donné de vivre vieille *(soutenu)*
vergöttern* *tr V* idolâtrer
vergraben* *unreg* **I.** *tr V* enterrer *Leiche;* enfouir *Schatz, Knochen*
II. *r V* ❶ *(sich zurückziehen)* **sich ~** se terrer
❷ *(sich beschäftigen mit)* **sich in etw** *(Akk)* **~** se plonger dans qc
vergrämen* *tr V* contrarier
vergrämt [fɛɐ'grɛ:mt] *Adj* ravagé(e) par le chagrin
vergrätzen* *tr V fam Person:* prendre à rebrousse-poil *(fam)*; **jdn ~** *Person:* prendre qn à rebrousse-poil
vergraulen* *tr V fam* faire ficher le camp *(fam)*
vergreifen* *r V unreg* ❶ *(stehlen)* **sich an etw** *(Dat)* **~** faire main basse sur qc
❷ *(Gewalt antun)* **sich an jdm ~** s'en prendre à qn
❸ *(sich unpassend ausdrücken)* **sich in der Wortwahl ~** tenir des propos déplacés; **Sie ~ sich im Ton!** vous devriez changer de ton!
vergreisen *itr V + sein Person:* devenir sénile; *Kollegium, Gesellschaft:* vieillir
Vergreisung <-> *f einer Person* sénilité *f; eines Kollegiums, einer Gesellschaft* vieillissement *m*
vergriffen [fɛɐ'grɪfən] *Adj Buch, Titel* épuisé(e)
vergrößern **I.** *tr V* ❶ agrandir; **etw um etw/auf etw** *(Akk)* **~** agrandir qc de qc/à qc
❷ *(Distanz erhöhen)* augmenter *Abstand*
❸ *(verstärken)* **die Belegschaft ~** augmenter l'effectif du personnel; **die Zahl der Mitarbeiter um hundert ~** augmenter l'effectif des collaborateurs de cent personnes
❹ OPT grossir
❺ PHOT agrandir
❻ MED hypertrophier; **vergrößert werden** s'hypertrophier
II. *r V* ❶ MED **sich ~** grossir
❷ *fam (eine größere Wohnung nehmen)* s'agrandir *(fam)*
❸ *fam (Familienzuwachs bekommen)* **unsere Nachbarn ~ sich** la famille de nos voisins s'agrandit
III. *itr V* OPT **stark/neunfach ~** grossir énormément/au neuvième
vergrößert **I.** *Adj* agrandi(e); *Leber, Herz* hypertrophié(e)
II. *Adv abbilden, darstellen, wiedergeben* agrandi(e)
Vergrößerung <-, -en> *f* ❶ PHOT agrandissement *m;* **eine ~ auf das Doppelte** un agrandissement en deux fois plus grand; **in dreifacher ~** en trois fois plus grand
❷ MED hypertrophie *f*
Vergrößerungsapparat *m* agrandisseur *m* **Vergrößerungsglas** *nt* loupe *f*
Vergünstigung <-, -en> *f* ❶ *(finanzieller Vorteil)* avantage *m;* **~en erhalten** recevoir des avantages
❷ *(Ermäßigung)* réduction *f*
vergüten* *tr V* ❶ *(ersetzen)* **jdm etw ~** rembourser qc à qn
❷ *form (bezahlen)* [**jdm**] **etw ~** rémunérer qc [à qn]
Vergütung <-, -en> *f* ❶ *(das Ersetzen)* remboursement *m*
❷ *form (das Bezahlen, Honorar)* rémunération *f*
verh. *Abk von* **verheiratet** marié(e)
verhackstücken *tr V pej fam (kritisieren)* descendre en flammes; **etw ~** descendre en flammes qc
verhaften* *tr V* arrêter; **Sie sind verhaftet!** [au nom de la loi,] je vous arrête!
Verhaftete(r) *f(m) dekl wie Adj* détenu(e) *m(f)*
Verhaftung <-, -en> *f* arrestation *f*
verhallen* *itr V + sein* se perdre au loin
verhalten*[1] *r V unreg* ❶ **sich ~** se comporter; **sich jdm gegenüber anständig/verdächtig ~** se comporter d'une manière correcte/suspecte à l'égard de qn
❷ *(beschaffen sein)* **die Sache verhält sich folgendermaßen** l'affaire se présente de la manière suivante; **wie verhält es sich eigentlich mit unserer Wette?** on en est où avec notre pari?
❸ CHEM **sich ~** réagir
❹ *(als Relation haben)* **die Länge verhält sich zur Breite wie 2:1** le rapport de la longueur à la largeur [*o* entre la longueur et la largeur] est de 2:1
verhalten[2] **I.** *Adj* ❶ *Auftreten* circonspect(e); *Fahrweise, Tempo* modéré(e); *Markt* frileux(-euse)
❷ *(unterdrückt) Ärger, Wut* retenu(e)
II. *Adv auftreten* avec circonspection; *fahren* de façon modérée; *applaudieren* avec réserve
Verhalten <-s> *nt* ❶ comportement *m;* *(Haltung)* attitude *f*
❷ CHEM réaction *f*

Verhaltensforschung *f kein Pl* éthologie *f* **verhaltensgestört** *Adj* perturbé(e) **Verhaltenskodex** *m* code *m* de conduite **Verhaltensstörung** *f* MED, PSYCH trouble *m* du comportement **Verhaltensweise** *f* comportement *m*

Verhältnis [fɛɐ'hɛltnɪs] <-ses, -se> *nt* ❶ (*Vergleich*) **im ~ zu jdm/etw** par rapport à qn/qc; **im ~ zu heute** comparé(e) à notre époque
❷ (*Proportion*) proportion *f;* **im ~ von fünf zu eins** dans le rapport de cinq à un
❸ (*Beziehung*) **sein ~ zu seinen Eltern** ses relations *fpl* [*o* rapports *mpl*] avec ses parents; **ein gutes ~ zu jdm haben** avoir de bonnes relations [*o* de bons rapports] avec qn; **ein gestörtes** [*o* **getrübtes**] **~ zu jdm/etw haben** être en mauvais termes avec qn/avoir des problèmes avec qc [*o* être fâché(e) avec qc]
❹ (*Liebesverhältnis*) liaison *f;* **ein ~ mit jdm haben** avoir une liaison avec qn
❺ *Pl* (*Zustand*) situation *f*
❻ *Pl* (*Lebensumstand*) conditions *fpl;* **meine/seine ~se** ma/sa situation; **seine finanziellen ~se** sa situation financière; **in bescheidenen ~sen leben** vivre dans de modestes conditions; **in geordneten ~sen leben** avoir une situation stable
▸ **klare ~se schaffen, für klare ~se sorgen** clarifier la situation; **er lebt über seine ~se** il vit au-dessus de ses moyens; **in keinem ~ zu etw stehen** être disproportionné(e) à [*o* avec] qc

verhältnismäßig *Adv* relativement

Verhältniswahl *f* scrutin *m* proportionnel **Verhältniswahlrecht** *nt* proportionnelle *f* **Verhältniswahlsystem** *nt* représentation *f* proportionnelle, [mode *m* de] scrutin *m* proportionnel **Verhältniswort** <-wörter> *nt* LING préposition *f*

verhandeln* I. *itr V* ❶ négocier; **mit jdm über etw** (*Akk*) **~** négocier qc avec qn
❷ JUR **es wird gegen jdn/in etw** (*Dat*) **verhandelt** qn/qc passe en jugement
II. *tr V* JUR juger *Fall, Prozess*

Verhandlung *f* ❶ *meist Pl* négociation *f;* **~en mit jdm aufnehmen** entamer [*o* engager] des négociations avec qn; **in ~en mit jdm stehen** être en pourparlers avec qn; **sich mit jdm auf keine ~en einlassen** refuser de négocier avec qn
❷ JUR audience *f*

Verhandlungsbasis *f* base *f* de négociation **Verhandlungsbeginn** *m* (*Sitzungsbeginn*) début *m* de l'audience **verhandlungsbereit** *Adj* disposé(e) à négocier **Verhandlungsbereitschaft** *f* disposition *f* à engager des pourparlers [*o* entamer des négociations]; **~ signalisieren** manifester la volonté de négocier **verhandlungsfähig** *Adj* ❶ JUR **~ sein** être apte à comparaître en jugement ❷ (*diskussionswürdig*) négociable **Verhandlungsgegenstand** *m* ❶ ÖKON objet *m* des négociations ❷ JUR objet *m* du litige **Verhandlungsgeschick** *nt kein Pl* ÖKON habileté *f* à mener des négociations **Verhandlungspartner(in)** *m(f)* ❶ ÖKON négociateur(-trice) *m(f)* ❷ JUR (*Prozesspartei*) partie *f; eines Vertrags* cocontractant(e) *m(f),* partie *f* contractante **Verhandlungsrunde** *f* table *f* des négociations **Verhandlungsspielraum** *m* marge *f* de négociation **Verhandlungstermin** *m* ❶ JUR date *f* fixée pour l'audience ❷ ÖKON calendrier *m* des négociations **Verhandlungstisch** *m* table *f* des négociations

verhangen [fɛɐ'haŋən] *Adj Himmel* couvert(e)

verhängen* *tr V* ❶ masquer; **etw mit etw ~** masquer qc avec qc
❷ (*beschließen, verkünden*) siffler *Freistoß;* instaurer *Ausgangssperre;* **eine Strafe über jdn ~** infliger une peine à qn; **den Ausnahmezustand über eine Gegend ~** instaurer l'état de siège dans une région

Verhängnis <-, -se> *nt* désastre *m;* **das wurde sein ~, das wurde ihm zum ~** cela lui fut fatal

verhängnisvoll *Adj* fatal(e)

verharmlosen* *tr V* minimiser

verhärmt [fɛɐ'hɛrmt] *Adj* marqué(e) par le chagrin

verharren* *itr V + haben o sein geh* ❶ (*stehen bleiben*) s'arrêter
❷ (*beibehalten*) **in Ablehnung ~** persister dans son refus

verhärten* *r V* **sich ~** ❶ *Fronten, Positionen:* se durcir
❷ MED s'indurer

Verhärtung *f* ❶ *von Fronten, Positionen* durcissement *m*
❷ MED induration *f*

verhaspeln* *r V fam* ❶ (*sich versprechen*) cafouiller (*fam*)
❷ (*sich verfangen*) **sich im Gestrüpp ~** s'emberlificoter dans les fourrés (*fam*)

verhasst[RR], **verhaßt** *Adj* détesté(e); **etw ist/wird jdm ~** qn a horreur de qc/prend qc en horreur; **sich bei jdm ~ machen** se faire détester de qn

verhätscheln* *tr V* dorloter; **ein Kind ~** dorloter un enfant

Verhau [fɛɐ'haʊ] <-[e]s, -e> *m* MIL chevaux *mpl* de frise; **ein ~ aus Holz** un réseau de bois

verhauen* <verhaute, verhauen> I. *tr V fam* ❶ tabasser (*fam*); (*als Strafe*) flanquer une raclée à (*fam*)
❷ (*nicht schaffen*) louper (*fam*) *Aufsatz, Klassenarbeit*
II. *r V fam* ❶ **sich ~** se castagner (*fam*)
❷ (*sich verkalkulieren*) **sich bei der Planung/um hundert Euro ~** se planter sur le plan/de cent euros (*fam*)

verheddern* *r V fam* ❶ (*sich verfangen*) **sich ~** s'emberlificoter (*fam*); **sich in etw** (*Dat*) **~** s'emberlificoter dans qc
❷ (*sich verschlingen*) s'enchevêtrer *Garn, Wolle, Fäden*
❸ (*sich versprechen*) s'emberlificoter (*fam*)

verheeren *tr V* dévaster

verheerend I. *Adj* ❶ *Orkan* dévastateur(-trice)
❷ *fam* (*schlimm*) **~ aussehen** avoir une touche pas possible (*fam*)
II. *Adv toben* affreusement; **sich ~ auswirken** avoir des effets dévastateurs [*o* des conséquences dévastatrices]

Verheerung <-, -en> *f* ravages *mpl;* **~en anrichten** faire des ravages

verhehlen* *tr V geh* **etw nicht ~** [**können**] ne pas [pouvoir] dissimuler qc; **jdm nicht ~, dass** ne pas cacher à qn que + *indic*

verheilen* *itr V + sein* cicatriser

verheimlichen* *tr V* cacher; [**jdm**] **etw ~** cacher qc [à qn]; **jdm ~, dass** cacher à qn que + *indic*

Verheimlichung <-, -en> *f* dissimulation *f*

verheiraten* *r V* **sich ~** se marier; **sich mit jdm ~** se marier avec qn; **sich wieder ~** se remarier

verheiratet *Adj* marié(e); **mit jdm ~ sein** être marié(e) avec qn; **glücklich/unglücklich ~ sein** être heureux(-euse)/ne pas être heureux(-euse) en ménage

verheißen* *tr V unreg geh* promettre; [**jdm**] **etw ~** promettre qc [à qn]

Verheißung <-, -en> *f geh* promesse *f*

verheißungsvoll *Adj* prometteur(-euse); **wenig ~** peu prometteur(-euse); **~ klingen** avoir l'air prometteur

verheizen* *tr V* ❶ brûler
❷ *sl* (*opfern*) **jdn ~** envoyer qn se faire bousiller (*fam*)

verhelfen* *itr V unreg* **jdm zu seinem Recht ~** aider qn à obtenir son bon droit; **jdm zum Erfolg ~** contribuer au succès de qn

verherrlichen* *tr V* exalter

Verherrlichung <-, -en> *f* exaltation *f*

verhetzen* *tr V* **jdn ~** exciter qn

verheult [fɛɐ'hɔɪlt] *Adj fam Gesicht, Augen* gonflé(e) par les larmes

verhexen* *tr V* ensorceler
▸ **es ist wie verhext!** *fam* quelle guigne! (*fam*)

verhindern* *tr V* empêcher; **~, dass jd etw tut** empêcher qn de faire qc; **~, dass etw geschieht** empêcher que qc [ne] se produise

verhindert *Adj* ❶ **~ sein** avoir un empêchement; **dienstlich**

~ **sein** être empêché(e) pour des raisons professionnelles
2 *fam* (*begabt*) **ein ~er Dichter/eine ~e Dichterin sein** avoir des talents cachés de poète/poétesse (*fam*)
Verhinderung <-, -en> *f* empêchement *m*
verhohlen *Adj Gähnen* étouffé(e); *Neugier, Schadenfreude* dissimulé(e); **ein ~es Grinsen** un sourire furtif; **eine kaum ~e Neugier** une curiosité à peine dissimulé(e)
verhöhnen* *tr V* se moquer de
Verhöhnung <-, -en> *f* moquerie *f*
verhökern* *tr V fam* bazarder (*fam*); **etw an jdn ~** bazarder qc à qn
verholfen *PP von* **verhelfen**
Verhör [fɛɐ'hø:ɐ] <-[e]s, -e> *nt* interrogatoire *m; eines Zeugen* audition *f*
▸ **jdn ins ~ nehmen** faire subir un [véritable] interrogatoire à qn
verhören* **I.** *tr V* interroger, procéder à l'audition de *Beschuldigten, Täter*
II. *r V* **sich ~** entendre de travers; **sie hat sich verhört** elle a mal entendu
verhüllen* **I.** *tr V* recouvrir; **etw mit etw ~** recouvrir qc de qc; **das Gesicht mit einem Schleier ~** se voiler le visage
II. *r V* **sich mit etw ~** se couvrir de qc
verhüllt *Adj* 1 *Haupt* voilé(e); *Schultern* couvert(e)
2 (*versteckt*) *Angebot, Drohung* déguisé(e)
verhundertfachen* **I.** *tr V* **etw ~** centupler qc
II. *r V* **sich ~** centupler
verhungern* *itr V + sein* 1 mourir de faim; **jdn ~ lassen** laisser qn mourir de faim; **verhungert** affamé(e)
2 *fam* (*sehr hungrig sein*) **am Verhungern sein** crever de faim (*fam*)
3 *fam* (*sich nicht weiterbewegen*) **unterwegs ~** *Ball:* venir mourir en chemin
verhunzen* *tr V fam* défigurer
verhuscht *Adj fam* timide
verhüten* *tr V* empêcher *Unfall, Schlimmes, Empfängnis;* éviter *Unglück, Schwangerschaft*
Verhüterli <-s, -> *nt fam* capote *f* [anglaise] (*fam*)
verhütten *tr V* fondre
Verhüttung <-, -en> *f* [extraction *f* par] fusion *f*
Verhütung <-, -en> *f* 1 prévention *f*
2 (*Empfängnisverhütung*) contraception *f*
Verhütungsmittel *nt* contraceptif *m*
verhutzelt [fɛɐ'hʊtsəlt] *Adj fam* ratatiné(e)
verifizieren* [ve-] *tr V geh* vérifier
verinnerlichen* *tr V* assimiler
Verinnerlichung <-, -en> *f* assimilation *f*
verirren* *r V* **sich ~** s'égarer
verjagen* *tr V* chasser; faire fuir *Einbrecher*
verjähren* *itr V + sein* se prescrire; **verjährt** prescrit(e)
Verjährung <-, -en> *f von Straftaten* prescription *f*
Verjährungsfrist *f* délai *m* de prescription
verjubeln* *tr V fam* claquer (*fam*)
verjüngen* **I.** *itr V* rajeunir; *Präparat, Mittel:* avoir un effet rajeunissant
II. *tr V* 1 **jdn ~** *Kur, Sport:* [faire] rajeunir qn
2 IND rajeunir *Belegschaft*
III. *r V* **sich ~** 1 *Person:* rajeunir
2 (*schmaler werden*) se rétrécir
Verjüngung <-, -en> *f* 1 rajeunissement *m*
2 (*Verengung*) rétrécissement *m*
Verjüngungskur *f* cure *f* de rajeunissement
verkabeln* *tr V* câbler; **verkabelt sein** avoir le câble
Verkabelung <-, -en> *f* câblage *m*
verkalken* *itr V + sein* 1 TECH s'entartrer; **verkalkt** entartré(e)
2 PHYSIOL *Arterien:* se scléroser; **verkalkt** sclérosé(e)
3 *fam* (*vergreisen*) gâtifier (*fam*); **verkalkt** gaga (*fam*)
verkalkulieren* *r V* 1 (*sich verrechnen*) **sich ~** faire une erreur de calcul; **sich bei den Honoraren ~** se tromper dans le calcul des honoraires
2 (*sich verschätzen*) **sich bei etw/in etw** (*Dat*) **~** se tromper dans qc
3 *fam* (*sich irren*) **sich ~** se gourer (*fam*)
Verkalkung <-, -en> *f* 1 TECH entartrage *m*
2 PHYSIOL *der Gefäße* calcification *f*
3 *fam* (*Vergreisung*) ramollissement *m* (*fam*)
verkannt [fɛɐ'kant] *Adj* méconnu(e)
verkappt [fɛɐ'kapt] *Adj attr* déguisé(e)
verkarsten* *itr V + sein* prendre un caractère karstique; **verkarstet** karstique
verkatert [fɛɐ'ka:tɐt] *Adj fam* qui a la gueule de bois (*fam*); **~ sein** avoir la gueule de bois (*fam*)
Verkauf *m* 1 vente *f;* **etw zum ~ anbieten** mettre qc en vente
2 *kein Pl* (*Abteilung*) service *m* des ventes
verkaufen* **I.** *tr V* 1 vendre; **jdm etw** [*o* **etw an jdn**] **für zwanzig Euro ~** vendre qc à qn pour vingt euros; **Kinderwagen zu ~** landau à vendre
2 *sl* (*weismachen*) **jdm etw ~** faire gober qc à qn (*fam*)
II. *r V* 1 **sich gut/schlecht ~** *Ware, Artikel:* se vendre bien/mal
2 (*sich darstellen*) **sich gut/schlecht ~** savoir/ne pas savoir se vendre
Verkäufer(in) *m(f)* 1 vendeur(-euse) *m(f)*
2 JUR vendeur *m*/venderesse *f* (*spéc*)
verkäuflich *Adj* à vendre; **~/nicht ~ sein** être/ne pas être à vendre; **frei ~ sein** *Medikament:* être en vente libre; **gut / leicht ~** facile à écouler [*o* vendre]; **schwer ~** difficile à écouler [*o* vendre]
Verkaufsabteilung *f* service *m* des ventes **Verkaufsangebot** *nt* offre *f* de vente **Verkaufsausstellung** *f* exposition-vente *f* **Verkaufsautomat** *m* distributeur *m* automatique **Verkaufserlös** *m* produit *m* de la vente **Verkaufsfläche** *f* surface *f* de vente **verkaufsfördernd** *Adj* promotionnel(le) **verkaufsoffen** *Adj* **ein ~er Samstag** *un samedi où les magasins sont ouverts jusque dans l'après-midi* **Verkaufspolitik** *f* politique *f* commerciale **Verkaufspreis** *m* prix *m* de vente **Verkaufsschlager** *m* article *m* à succès; (*Buch*) best-seller *m* **Verkaufsstand** *m* stand *m* **Verkaufsvolumen** *nt* ÖKON volume *m* des ventes **Verkaufszahlen** *Pl* chiffres *mpl* de vente
Verkehr [fɛɐ'ke:ɐ] <-[e]s> *m* 1 (*Straßenverkehr*) circulation *f*
2 (*Transportverkehr*) trafic *m*
3 (*Umgang*) relations *fpl;* **er ist kein ~ für dich** ce n'est pas un garçon/un homme pour toi
4 *geh* (*Geschlechtsverkehr*) rapports *mpl;* **~ mit jdm haben** avoir des rapports avec qn
5 (*Umlauf*) **Banknoten in den ~ bringen** mettre des billets en circulation; **Banknoten aus dem ~ ziehen** retirer des billets de la circulation
▸ **jdn aus dem ~ ziehen** *fam* mettre qn à l'ombre (*fam*)
verkehren* **I.** *itr V* 1 *+ haben o sein* (*fahren*) *Zug:* circuler; **zwischen Köln und Bonn ~** *Zug:* circuler entre Cologne et Bonn; **alle fünf Stunden ~** *Bus, Fähre:* passer toutes les cinq heures
2 *+ haben* (*Gast sein*) **bei jdm/in etw** (*Dat*) **~** fréquenter qn/qc
3 *+ haben* (*Umgang pflegen*) **mit jdm ~** entretenir des relations avec qn
4 *+ haben geh* (*Geschlechtsverkehr haben*) **mit jdm ~** avoir des rapports avec qn
II. *r V + haben* **sich ins Gegenteil ~** se retourner; **sich in Sarkasmus** (*Akk*) **~** tourner au sarcasme
Verkehrsader *f* axe *m* routier, artère *f* routière **Verkehrsampel** *f* feux *mpl* de signalisation **Verkehrsamt** *nt* office *m* du tourisme **Verkehrsanbindung** *f* TRANSP desserte *f* **Verkehrsaufkommen** *nt* circulation *f;* **ein hohes/niedriges ~** une

V

circulation dense/faible **Verkehrsbehinderung** *f* entrave *f* à la circulation **verkehrsberuhigt** *Adj* à circulation réduite et vitesse limitée **Verkehrsbetriebe** *Pl* transports *mpl* en commun **Verkehrschaos** *nt* paralysie *f* du trafic **Verkehrsdelikt** *nt* infraction *f* au Code de la route **Verkehrsdichte** *f kein Pl* densité *f* [*o* intensité *f*] du trafic **Verkehrsdurchsage** *f* flash *m* d'informations routières **Verkehrserziehung** *f kein Pl* enseignement *m* du code de la route **Verkehrsflugzeug** *nt* avion *m* commercial [*o* de ligne] **Verkehrsfunk** *m* radioguidage *m* **Verkehrsgefährdung** *f* danger *m* pour la circulation **verkehrsgünstig** I. *Adj* **in ~er Lage wohnen** habiter un quartier bien desservi II. *Adv* **~ liegen** être bien desservi(e) **Verkehrshindernis** *nt* entrave *f* à la circulation **Verkehrsinfarkt** *m* paralysie *f* du trafic **Verkehrsinsel** *f* îlot *m* directionnel; (*für Fußgänger*) refuge *m* [pour piétons] **Verkehrsknotenpunkt** *m* plaque *f* tournante **Verkehrskontrolle** *f* contrôle *m* routier **Verkehrslärm** *m* bruits *mpl* de la circulation **Verkehrsleitsystem** *nt* système *m* de délestage de la circulation **Verkehrsmeldung** *f* message *m* sur le trafic routier **Verkehrsminister(in)** *m(f)* ministre *mf* des Transports **Verkehrsministerium** *nt* ministère *m* des Transports **Verkehrsmittel** *nt* moyen *m* de transport; **[privates/öffentliches] ~** moyen de transport [privé/en commun] **Verkehrsnetz** *nt* réseau *m* des voies de communication **Verkehrsopfer** *nt* victime *m* de la route **Verkehrspolitik** *f* politique *f* des transports **Verkehrspolizei** *f kein Pl* police *f* routière **Verkehrspolizist(in)** *m(f)* agent *m* de la circulation **Verkehrsregel** *f* règle *f* de conduite **verkehrsreich** *Adj Straße* à grande circulation; *Kreuzung* très passant(e); *Gegend* très fréquenté(e) **Verkehrsschild** *nt* TRANSP panneau *m* de signalisation [routière] **Verkehrssicherheit** *f kein Pl* sécurité *f* routière **Verkehrsspitze** *f* heures *fpl* de pointe **Verkehrssprache** *f* LING langue *f* véhiculaire **Verkehrsstau** *m* embouteillage *m*, bouchon *m* **Verkehrssünder(in)** *m(f) fam* chauffard(e) *m(f)* (*fam*) **Verkehrssünderkartei** *s.* Verkehrszentralregister **Verkehrsteilnehmer(in)** *m(f) form* usager(-ère) *m(f)* de la route **Verkehrstote(r)** *f(m) dekl wie Adj* victime *f* de la route **verkehrstüchtig** *Adj* en bon état de marche; **nicht ~** en mauvais état de marche **Verkehrsüberwachung** *f* surveillance *f* de la circulation routière **Verkehrsunfall** *m* accident *m* de la route [*o* de la circulation] **Verkehrsunterricht** *m* [formation *f* dispensée par la] prévention *f* routière **Verkehrsverbindung** *f* liaison *f* routière **Verkehrsverbund** *m* société *f* [*o* compagnie *f*] des transports en commun **Verkehrsverein** *s.* Verkehrsamt **Verkehrsverhältnisse** *Pl* conditions *fpl* du traffic **Verkehrsweg** *m* voie *f* de communication **Verkehrswert** *m* COM valeur *f* vénale [*o* commerciale] **Verkehrswesen** *nt kein Pl* transports *mpl* **verkehrswidrig** *Adj Benehmen* en infraction au code de la route; *Parken* en contravention; **sich ~ verhalten** enfreindre le code de la route **Verkehrszählung** *f* comptage *m* [des véhicules] **Verkehrszeichen** *s.* Verkehrsschild **Verkehrszentralregister** *nt fichier national des titulaires d'un permis de conduire dans lequel est enregistrée toute infraction importante*

verkehrt [fɛɐˈkeːɐt] I. *Adj* **der/die/das ~e ...** le mauvais/la mauvaise...; **der ~e Schlüssel** la mauvaise clé; **die ~e Telefonnummer** le mauvais numéro de téléphone; **in die ~e Richtung gehen** aller dans la direction inverse; **das ist das ~e Haus** ce n'est pas la bonne maison; **der/die Verkehrte** la mauvaise personne; **das Verkehrte tun** faire le contraire
▶ **etw ist gar nicht [so] ~** *fam* qc n'est pas si mal [que ça] (*fam*)
II. *Adv* ① *erzählen, machen* de travers; **etw wird ~ wiedergegeben** qc est faussé(e)
② (*falsch herum*) *halten, hängen, hinlegen, hinstellen* à l'envers; *aufmachen* du mauvais côté; **~ herum** à l'envers

verkeilt *Adj* encastré(e)

verkennen* *tr V unreg* méconnaître; (*unterschätzen*) sous-estimer; **~, dass** ne pas se rendre compte que + *indic;* **von jdm verkannt werden** être méconnu(e) de qn; **es ist nicht zu ~, dass** il est indéniable que + *indic*

Verkennung *f* **in [völliger] ~ der Lage** par méconnaissance [totale] de la situation

verketten* I. *tr V* (*zusammenbinden*) **etw mit etw ~** attacher qc avec une chaîne à qc
II. *r V* **sich ~** *Umstände, Unglücke, Zufälle:* s'enchaîner

Verkettung <-, -en> *f von Misserfolgen* enchaînement *m;* **durch eine ~ unglücklicher Umstände** à la suite d'incidents en chaîne

verklagen* *tr V* porter plainte contre; **jdn wegen etw ~** porter plainte contre qn à cause de qc; **jdn auf Schadenersatz** (*Akk*) **~** poursuivre qn en dommages-intérêts

verklappen* *tr V* évacuer; **etw im Meer ~** évacuer qc en mer

Verklappung <-, -en> *f* évacuation *f* en mer

verklären* I. *r V* **sich ~** ① *Blick, Miene:* s'illuminer; **verklärt** radieux(-euse)
② (*zu schön erscheinen*) *Vergangenheit:* s'enjoliver
II. *tr V* enjoliver *Vergangenheit*

verklausuliert I. *Adj* [formulé(e)] dans un jargon incompréhensible
II. *Adv* dans un jargon incompréhensible

verkleben* I. *tr V + haben* ① (*zukleben*) masquer; **etw mit einem Klebestreifen ~** masquer qc avec du papier adhésif
② (*festkleben*) coller *Teppichboden*
③ (*zusammenkleben*) **etw mit etw ~** coller qc à qc
II. *itr V + sein Wimpern:* coller; *Eileiter:* être bouché(e)

verkleiden* *tr V* ① (*kostümieren*) déguiser; **jdn/sich [als Clown] ~** déguiser qn/se déguiser [en clown]
② (*überdecken*) recouvrir *Heizkörper;* revêtir *Wand;* **etw mit etw ~** recouvrir qc de qc

Verkleidung *f* ① (*Kostümierung*) déguisement *m*
② (*Überdeckung*) *einer Wand, eines Heizkörpers* revêtement *m*

verkleinern* I. *tr V* ① rapetisser
② PHOT réduire le format de *Foto, Vorlage;* réduire *Format*
③ (*zahlenmäßig verringern*) réduire le personnel de *Betrieb, Firma*
④ MED contracter
II. *r V* ① (*sich verringern*) **sich um etw ~** rapetisser de qc
② (*schrumpfen*) **sich ~** *Warze, Tumor:* diminuer de volume

Verkleinerung <-, -en> *f* ① *kein Pl eines Formats* réduction *f; einer Vorlage* réduction *f* de format
② (*verkleinerte Vorlage*) format *m* réduit

Verkleinerungsform *f* diminutif *m*

verklemmen* *r V* **sich ~** se coincer

verklemmt *Adj* coincé(e) (*fam*)

verklickern* *tr V fam* **jdm etw ~** faire piger qc à qn (*fam*); **jdm ~, wie ...** faire piger à qn comment ... (*fam*)

verklingen* *itr V unreg + sein Lied, Ton, Musik:* se taire peu à peu

verkloppen* *tr V* DIAL *fam* ① (*verprügeln*) tabasser (*fam*)
② (*verkaufen*) [re]fourguer (*fam*)

verknacken* *tr V fam* condamner; **er wurde zu zwei Jahren [Gefängnis] verknackt** il en a pris pour deux ans (*fam*)

verknacksen* *r V fam* **sich** (*Dat*) **etw ~** se fouler qc

verknallen* *r V fam* **sich ~** s'amouracher (*fam*); **sich in jdn ~** s'amouracher de qn; **in jdn verknallt sein** être toqué(e) de qn (*fam*)

verknautschen* *tr V fam* chiffoner *Mantel*

verkneifen* *r V unreg fam* **sich** (*Dat*) **eine Bemerkung ~** se retenir de faire une remarque; **sich** (*Dat*) **den Nachtisch ~ müssen** devoir faire une croix sur le dessert (*fam*)

verkniffen [fɛɐˈknɪfən] *pej* I. *Adj Gesicht, Miene* pincé(e)
II. *Adv grinsen* d'un air pincé

verknöchert [fɛɐˈknœçɐt] *Adj* fossilisé(e) (*fam*), sclérosé(e); **er ist alt und ~** c'est un vieux fossile (*fam*)

verknoten* I. *tr V* nouer *Schnüre, Drähte;* **[miteinander] ~** nouer *Schnüre, Drähte*

II. *r V* **sich** ~ s'emmêler [et faire des nœuds]

verknüpfen* *tr V* ① (*verknoten*) nouer, attacher; [**miteinander**] ~ nouer, attacher
② (*verbinden*) **eine Reise mit etw** ~ profiter d'un voyage pour faire qc; **etw mit der Bedingung ~, dass** associer qc à la condition que + *subj*
③ INFORM **eine Datei mit einem Programm** ~ associer un fichier à un programme

Verknüpfung <-, -en> *f* ① *der Ereignisse* relation *f*, lien *m*; **zur ~ von Geschäftlichem und Privatem** pour lier le domaine professionnel et la vie privée
② INFORM association *f*

verkochen* *itr V + sein* ① (*verdampfen*) s'évaporer en bouillant
② (*breiig werden*) cuire trop

verkohlen* I. *itr V + sein* se carboniser
II. *tr V fam* **jdn** ~ faire marcher qn (*fam*)

verkommen* *itr V unreg + sein* ① *Person:* tomber bien bas, tourner mal; *Garten:* ne plus être entretenu(e), être à l'abandon; *Gebäude:* se délabrer, tomber en ruine; **im Elend** ~ s'enfoncer dans la misère; **zum Säufer** ~ sombrer dans l'alcool; **zu einem Schlagwort** ~ tomber au rang de cliché, n'être plus qu'un cliché
② (*ungenießbar werden*) *Lebensmittel:* s'abîmer

Verkommenheit <-> *f* déchéance *f*

verkoppeln* *tr V* **etw** [**mit etw**] ~ accrocher qc [à qc]

verkorken* *tr V* boucher

verkorksen* *r V fam* **sich** (*Dat*) **den Magen** ~ avoir l'estomac barbouillé (*fam*); **verkorkst** *Magen* barbouillé(e), détraqué(e) (*fam*); *Abend, Ehe* gâché(e), foutu(e) (*fam*); *Kind* mal élevé(e)

verkörpern* *tr V* incarner

Verkörperung <-, -en> *f* incarnation *f*

verkosten* *tr V* déguster *Wein*

verköstigen* *tr V* nourrir

verkrachen* *r V fam* **sich** ~ se brouiller (*fam*); **sich mit jdm** ~ se brouiller avec qn

verkracht *Adj fam* raté(e) (*fam*)

verkraften* *tr V Person:* faire face à; *Stromnetz, Straße:* supporter; **etw** ~ *Person:* faire face à qc; *Stromnetz, Straße:* supporter qc

verkrampfen* *r V* **sich** ~ se contracter; **meine Hand verkrampft sich** j'ai une crampe dans la main

verkrampft I. *Adj* contracté(e); *Gesicht, Lächeln* crispé(e)
II. *Adv* ~ **lächeln** avoir un sourire crispé; ~ **dasitzen** être assis(e) tout(e) contracté(e)

Verkrampfung <-, -en> *f* contraction *f*

verkriechen* *r V unreg* ① **sich** ~ *Tier:* se terrer; **sich in ein Loch** [*o* **einem Loch**] ~ aller se terrer dans un trou
② *fam* (*sich verstecken, zurückziehen*) **sich unter der Decke** ~ se fourrer sous les draps (*fam*); **sich ins Bett** ~ [aller] se pieuter (*pop*)

verkrümeln* *r V fam* **sich** ~ se tirer (*pop*)

verkrümmen* I. *tr V* déformer *Finger, Gelenke;* dévier *Wirbelsäule*
II. *r V* **sich** ~ *Wirbelsäule:* se déformer

Verkrümmung <-, -en> *f* déformation *f*

verkrüppeln* I. *tr V + haben* estropier *Person, Füße*
II. *itr V + sein Baum, Strauch:* se rabougrir

verkrüppelt *Adj Arm, Fuß* difforme; *Baum* rabougri(e)

verkrustet *Adj* ① *Wunde* croûteux(-euse)
② *fig System, Strukturen* sclérosé(e)

verkühlen* *r V* DIAL *fam* **sich** ~ prendre [*o* attraper] froid

verkümmern* *itr V + sein Person, Tier, Pflanze:* dépérir; *Muskel:* s'atrophier; *Fähigkeit, Talent:* s'étioler

verkünden* *tr V* ① *geh* (*mitteilen*) annoncer; [**jdm**] **etw** ~ annoncer qc [à qn]; [**jdm**] **~, dass** annoncer [à qn] que + *indic*
② JUR prononcer, rendre
③ *geh* (*verheißen*) *Blick, Miene:* présager (*littér*)

Verkünder(in) <-s, -> *m(f) geh* annonciateur(-trice) *m(f)* (*soutenu*)

verkündigen* *tr V geh* annoncer; [**jdm**] **etw** ~ annoncer qc [à qn]

Verkündigung <-, -en> *f geh* proclamation *f*

Verkündung <-> *f* JUR proclamation *f*

verkuppeln* *tr V* **eine Freundin** ~ faire rencontrer quelqu'un à une amie; **sie wollen ihn mit ihr** ~ ils veulent jouer les entremetteurs [entre elle et lui] (*fam*)

verkürzen* I. *tr V* ① raccourcir *Schnur;* réduire, diminuer *Abstand, Entfernung;* **etw um einen Meter** ~ raccourcir qc d'un mètre; **etw auf zwei Meter** ~ ramener qc à deux mètres
② (*zeitlich*) réduire, diminuer *Arbeitszeit, Dauer;* écourter *Urlaub;* **etw um zehn Tage** ~ écourter qc de dix jours; **etw auf eine Woche** ~ ramener qc à une semaine
③ (*kurzweiliger machen*) **er wollte mir die Wartezeit** ~ il voulait me faire paraître l'attente moins longue
II. *r V* **sich** ~ *Abstand:* diminuer

Verkürzung *f* raccourcissement *m; der Arbeitszeit, Distanz* réduction *f*, diminution *f*

Verladebahnhof *m* gare *f* de chargement [*o* d'embarquement] **Verladebrücke** *f* pont *m* d'embarquement

verladen* *tr V unreg* ① (*umladen*) charger; **etw auf/in etw** (*Akk*) ~ charger [*o* embarquer] qc sur/dans qc
② *fam* (*hinters Licht führen*) entuber (*fam*), baiser (*fam*); **~ werden** se faire entuber [*o* baiser] (*fam*)

Verladerampe *f* rampe *f* de chargement

Verlag [fɛɐ'la:k] <-[e]s, -e> *m* maison *f* d'édition; **in einem ~ erscheinen** paraître chez un éditeur

verlagern* I. *tr V* ① déplacer *Gewicht*
② (*verlegen*) **etw ins Ausland** ~ transférer qc à l'étranger
③ *fig* **den Schwerpunkt auf etw** (*Akk*) ~ donner la priorité à qc
II. *r V* METEO **sich nach Norden** ~ se déplacer vers le nord

Verlagerung *f* ① *des Gewichts* déplacement *m*
② (*Verlegung*) transfert *m*
③ METEO déplacement *m*

Verlagsbuchhandel *m* commerce *m* de libraire-éditeur **Verlagsbuchhändler(in)** *m(f) s.* Verleger(in) **Verlagshaus** *nt* maison *f* d'édition **Verlagsleiter(in)** *m(f)* directeur(-trice) *m(f)* de maison d'édition **Verlagsredakteur(in)** *m(f)* rédacteur-éditeur *m*/rédactrice-éditrice *f* **Verlagswesen** *nt kein Pl* édition *f*; **im ~ arbeiten** travailler dans l'édition

verlanden* *itr V + sein* GEOG se combler de dépôts alluvionnaires

verlangen* I. *tr V* ① (*fordern, erwarten*) réclamer *Geld, Summe, Preis;* exiger *Bestrafung, Bezahlung;* demander *Fleiß, Pünktlichkeit;* **etw von jdm** ~ exiger qc de/demander qc à qn; **~, dass jd etw tut** exiger que qn fasse qc
② (*sehen wollen, haben wollen*) demander *Ausweis, Fahrkarte;* réclamer *Rechnung*
③ (*zu sprechen wünschen*) demander
④ (*erfordern*) **Mut** ~ exiger [*o* requérir] du courage
▶ **das ist ein bisschen viel verlangt!** c'est demander beaucoup!
II. *itr V geh* **nach jdm** ~ réclamer qn; **nach etw** ~ demander qc
III. *tr V unpers geh* **es verlangt jdn nach jdm/etw** qn aspire à revoir qn/qc (*littér*)

Verlangen <-s> *nt* ① (*Wunsch*) désir *m*
② (*Forderung*) exigence *f*, revendication *f*; **die Koffer sind auf ~ zu öffnen** il faut ouvrir les valises si on [vous] le demande

verlängern* I. *tr V* ① [r]allonger; **etw um zwei Meter** ~ [r]allonger qc de deux mètres
② (*andauern lassen*) prolonger
II. *r V* **sich um einen Monat** ~ se prolonger d'un mois

Verlängerung <-, -en> *f* ① *kein Pl* (*das Verlängern*) *einer Frist* prolongation *f*

❷ SPORT prolongations *fpl*
❸ *s.* Verlängerungskabel

Verlängerungskabel *nt*, **Verlängerungsschnur** *f* rallonge *f*

verlangsamen* I. *tr V* ❶ ralentir *Gang, Lauf;* réduire *Fahrt, Tempo;* **seine Schritte ~** ralentir sa marche
❷ (*aufhalten*) freiner *Entwicklung, Verlauf*
II. *r V* **sich ~** se ralentir; *Fahrt:* diminuer

Verlangsamung <-, -en> *f* ralentissement *m*

VerlassRR, **Verlaß** ▶ **auf jdn/etw ist ~** on peut compter sur qn/qc; **auf jdn/etw ist kein ~** on ne peut pas compter sur qn/qc

verlassen*1 *unreg* I. *tr V* ❶ quitter, abandonner *Ehepartner, Familie*
❷ (*hinaus-, fortgehen*) quitter *Haus, Stadt, Land;* **~ Sie sofort mein Haus!** sortez d'ici immédiatement!
❸ (*verloren gehen*) **jdn ~** *Glaube, Hoffnung:* abandonner qn, quitter qn
▶ **und da verließen sie ihn!** *fam* et puis c'était le trou! (*fam*)
II. *r V* **sich auf jdn/etw ~** compter sur qn/qc, se fier à qn/qc; **ich verlasse mich darauf, dass du kommst** je compte sur toi pour venir
▶ **worauf du dich ~ kannst!** là-dessus, tu peux me faire confiance!

verlassen2 *Adj Haus, Strand* abandonné(e), à l'abandon; *Gegend* désert(e)

Verlassenheit <-> *f eines Menschen* délaissement *m; einer Gegend* abandon *m*

Verlassenschaft <-, -en> *f* A (*Nachlass*) succession *f*

verlässlichRR, **verläßlich** *Adj Freund, Informant* sur lequel/laquelle on peut compter; *Zeuge* digne de foi; **~ sein** *Person:* être digne de confiance, être sûr(e)

VerlässlichkeitRR, **Verläßlichkeit** <-> *f* fiabilité *f*

Verlaub [fɛɐ̯ˈlaʊp] *m* ▶ **mit ~** *geh* sauf votre respect

Verlauf *m* ❶ (*Linie, Richtung*) tracé *m; eines Flusses* cours *m*
❷ (*Entwicklung*) déroulement *m; von Gesprächen, Verhandlungen* cours *m; einer Krankheit* évolution *f;* **einen unerwarteten ~ nehmen** prendre une tournure inattendue

verlaufen* *unreg* I. *itr V + sein* ❶ (*sich erstrecken*) **am Seeufer ~** passer au bord du lac; **parallel zur Autobahn ~** être parallèle à l'autoroute
❷ (*ablaufen*) **wie geplant ~** se dérouler comme prévu
II. *r V + haben* **sich ~** ❶ (*sich verirren*) se perdre, s'égarer
❷ (*auseinander gehen*) se disperser

verlaust [fɛɐ̯ˈlaʊst] *Adj Person* pouilleux(-euse), couvert(e) de poux; *Haare* plein(e) de poux

verlautbaren* I. *tr V + haben form* rendre public(-ique); **wurde schon etwas verlautbart?** est-ce qu'on a déjà rendu public quelque chose?
II. *itr V + sein unpers form* **es verlautbarte, dass** il a été annoncé que + *indic*

Verlautbarung <-, -en> *f form* ❶ *kein Pl* (*Bekanntgabe*) communication *f*
❷ (*Mitteilung*) communiqué *m*

verlauten* *itr V + sein* **wie verlautet** comme on l'a appris; **wie aus dem Ministerium verlautet** selon des informations émanant du ministère; **kein Wort ~ lassen** ne pas laisser filtrer un seul mot

verleben* *tr V* passer *Zeit, Urlaub*

verlebt I. *Adj Gesicht* de quelqu'un qui a vécu
II. *Adv* **~ aussehen** avoir l'air d'avoir vécu

verlegen*1 I. *tr V* ❶ égarer *Brille, Schlüssel*
❷ (*verschieben*) **etw auf einen anderen Tag ~** reporter qc à un autre jour
❸ (*legen*) poser
❹ (*publizieren*) éditer, publier
❺ (*umquartieren*) transférer *Patienten, Behörde;* transporter *Truppen*
II. *r V* **sich auf den Kunsthandel ~** se mettre au marché de l'art

verlegen2 *Adj* gêné(e), embarrassé(e); **~ werden** être gagné(e) par l'embarras

Verlegenheit <-, -en> *f* ❶ *kein Pl* (*Betretenheit*) gêne *f*, embarras *m;* **jdn in ~ bringen** mettre qn dans l'embarras
❷ (*Unannehmlichkeit*) **jdm aus der ~ helfen** sortir qn de l'embarras; **in finanzieller ~ sein** avoir des ennuis d'argent

Verleger(in) <-s, -> *m(f)* éditeur(-trice) *m(f)*

Verlegung <-> *f* ❶ (*Verschiebung*) report *m;* **jdn um ~ des Termins bitten** demander à qn de reporter le rendez-vous
❷ (*das Legen*) pose *f*
❸ (*Umquartierung*) *von Patienten, Behörden* transfert *m; von Truppen* transport *m*

verleiden* *tr V* **jdm etw ~** gâcher qc à qn; **mir ist die Freude am Kochen verleidet** je n'ai plus de plaisir à faire la cuisine

Verleih [fɛɐ̯ˈlaɪ] <-[e]s, -e> *m* ❶ *kein Pl* (*das Verleihen*) location *f*
❷ (*Verleihfirma*) magasin *m* de location

verleihen* *tr V unreg* ❶ prêter; (*gegen Entgelt*) louer; **etw an jdn ~** prêter/louer qc à qn
❷ (*zuerkennen*) décerner *Orden, Preis, Titel*
❸ (*geben, verschaffen*) **jdm Kraft ~** donner de la force à qn; **einer S.** (*Dat*) **ein neues Aussehen ~** donner une nouvelle apparence à qc; **einer S.** (*Dat*) **eine persönliche Note ~** customiser qc

Verleiher(in) <-s, -> *m(f)* loueur(-euse) *m(f)*

Verleihung <-, -en> *f* ❶ *kein Pl* (*das Verleihen*) location *f*
❷ (*Zuerkennung*) attribution *f*

verleiten* *tr V* inciter; **jdn zum Glücksspiel ~** inciter qn au jeu de hasard; **jdn zu einer riskanten Unternehmung ~** inciter qn à entreprendre quelque chose de risqué

Verleitung *f kein Pl* JUR incitation *f*

verlernen* *tr V* oublier

verlesen* *unreg* I. *tr V* donner lecture de *Namen*
II. *r V* **sich ~** se tromper en lisant

verletzbar *Adj* susceptible

verletzen* I. *tr V* ❶ blesser; **jdn/ein Tier am Kopf ~** blesser qn/un animal à la tête; **leicht verletzt** légèrement blessé(e); **schwer verletzt** gravement [*o* grièvement] blessé(e)
❷ (*kränken*) blesser
❸ (*nicht befolgen*) enfreindre, violer *Gesetz, Vorschrift*
II. *r V* **sich an der Hand ~** se blesser à la main; **sich am Zaun ~** s'érafler contre la clôture

verletzend *Adj* blessant(e)

verletzlich *Adj* susceptible, sensible

Verletzte(r) *f(m) dekl wie Adj* blessé(e) *m(f)*

Verletzung <-, -en> *f* ❶ (*Wunde*) blessure *f;* **innere ~** lésion *f* interne
❷ *kein Pl* JUR (*das Nichtbefolgen*) **~ der Bestimmungen** infraction *f* au règlement, violation *f* du règlement

verleugnen* *tr V* renier; **nicht ~ können, dass** ne [pas] pouvoir nier que + *indic;* **er hat sich ~ lassen** il a fait dire qu'il n'était pas là

verleumden* *tr V* calomnier, diffamer

Verleumder(in) <-s, -> *m(f)* diffamateur(-trice) *m(f)*

verleumderisch *Adj* calomnieux(-euse), diffamatoire

Verleumdung <-, -en> *f* calomnie *f*, diffamation *f*

Verleumdungskampagne *f* POL campagne *f* de dénigrement

Verleumdungsklage *f* JUR action *f* en justice relative à une diffamation, plainte *f* en diffamation

verlieben* *r V* **sich ~** tomber amoureux(-euse); **sich in jdn ~** tomber amoureux(-euse) de qn

verliebt *Adj Person, Blick* amoureux(-euse); **in jdn ~ sein** être amoureux(-euse) de qn

Verliebte(r) *f(m) dekl wie Adj* amoureux(-euse) *m(f)*

verlieren [fɛɐ̯ˈliːrən] <verlor, verloren> I. *tr V* ❶ perdre; **wir dürfen keine Zeit ~!** il ne faut pas perdre de temps!

❷ (*entweichen lassen*) laisser s'échapper *Öl, Wasser;* **Luft** ~ *Reifen:* fuir
▸ **du hast/das hat hier nichts verloren!** *fam* tu n'as/ça n'a rien à faire ici! (*fam*); **jd hat nichts mehr/hat nichts zu** ~ qn n'a plus rien/n'a rien à perdre
II. *r V* **sich** ~ *Begeisterung, Spontaneität:* diminuer; *Nervosität, Angst:* passer
III. *itr V* **an Wert** (*Dat*) ~ perdre en valeur; **an Bedeutung** (*Dat*) ~ être moins important(e)
Verlierer(in) <-s, -> *m(f)* perdant(e) *m(f)*; (*eines Kriegs*) vaincu(e) *m(f)*
Verlies [fɛɐ'liːs] <-es, -e> *nt* oubliettes *fpl*
verlischt *3. Pers Präs von* **verlöschen**
verloben* *r V* **sich** ~ se fiancer; **sich mit jdm** ~ se fiancer avec qn
verlobt *Adj* fiancé(e); **mit jdm** ~ **sein** être fiancé(e) à qn
Verlobte(r) *f(m) dekl wie Adj* fiancé(e) *m(f)*
Verlobung <-, -en> *f* fiançailles *fpl*
Verlobungsanzeige *f* avis *m* de fiançailles **Verlobungsring** *m* bague *f* de fiançailles
verlocken* *itr V geh* **zum Wandern** ~ inviter à la promenade
verlockend *Adj* attrayant(e), séduisant(e); ~ **klingen, sich** ~ **anhören** être attrayant(e), être séduisant(e)
Verlockung <-, -en> *f* attrait *m*
verlogen [fɛɐ'loːgən] *Adj Person* menteur(-euse); *Gesellschaft* hypocrite; *Moral* mensonger(-ère)
Verlogenheit <-> *f einer Person* fausseté *f; der Gesellschaft* hypocrisie *f; einer Moral* caractère *m* mensonger
verlor [fɛɐ'loːɐ] *Imp von* **verlieren**
verloren [fɛɐ'loːrən] **I.** *PP von* **verlieren**
II. *Adj* perdu(e)
III. *Adv* ~ **gehen** *Brief, Unterlagen:* se perdre; **dadurch ist ihm viel Zeit** ~ **gegangen** cela lui a fait perdre beaucoup de temps
▸ **an ihr ist eine Journalistin** ~ **gegangen** *fam* elle aurait fait une bonne journaliste
verloren|gehen *s.* **verloren III.**
verlöschen* <verlischt, verlosch, verloschen> *itr V + sein geh* s'éteindre
verlosen* *tr V* tirer au sort
Verlosung *f* tirage *m* au sort
verlöten* *tr V* souder *Loch;* **Drähte miteinander** ~ souder des fils
verlottern* *itr V + sein pej Person:* tomber dans la déchéance; *Wohnung, Garten:* ne plus être entretenu(e), être laissé(e) à l'abandon; **etw** ~ **lassen** laisser qc à l'abandon, ne plus entretenir qc
Verlust [fɛɐ'lʊst] <-[e]s, -e> *m* ❶ perte *f;* **hohe** ~**e machen** essuyer [*o* subir] des pertes importantes; **einen** ~ **decken** ÖKON couvrir une perte; **mit** ~ à perte
❷ *Pl* MIL pertes *fpl;* ~**e haben** avoir subi des pertes
Verlustanzeige *f* déclaration *f* de perte **Verlustgeschäft** *nt* opération *f* à perte
verlustieren* *r V hum fam* **sich [mit jdm]** ~ s'amuser [avec qn], prendre son pied [avec qn] (*fam*)
verlustig *Adj form* **eines Titels/eines Rechts** ~ **gehen** perdre un titre/être déchu(e) d'un droit
Verlustmeldung *f* déclaration *f* de perte **Verlustspanne** *f* ÖKON marge *f* de perte **Verlustzone** *f* zone *f* déficitaire; **aus der** ~ **kommen** revenir dans le positif
vermachen* *tr V* ❶ JUR **jdm etw** ~ léguer qc à qn
❷ *fam* (*schenken*) **jdm etw** ~ faire cadeau de qc à qn
Vermächtnis [fɛɐ'mɛçtnɪs] <-ses, -se> *nt a. fig* héritage *m,* legs *m*
vermählen* *r V geh* **sich** ~ se marier; **sich mit jdm** ~ se marier avec qn
Vermählung <-, -en> *f geh* mariage *m,* noces *fpl*
vermarkten* *tr V* ❶ commercialiser *Produkt;* **ein Produkt** ~ commercialiser un produit, mettre un produit sur le marché; **sich gut** ~ **lassen** se vendre bien
❷ (*zu Geld machen*) **etw** ~ se faire de l'argent avec qc
Vermarktung <-, -en> *f* commercialisation *f*
vermasseln* *tr V sl* ❶ **jdm den Urlaub/das Geschäft** ~ foutre en l'air les vacances/l'affaire de qn (*pop*)
❷ (*schlecht machen*) louper (*fam*) *Prüfung*
vermehren* **I.** *r V* **sich** ~ ❶ (*sich fortpflanzen*) se reproduire
❷ (*zunehmen*) augmenter
II. *tr V* ❶ multiplier *Pflanzen, Stauden*
❷ (*vergrößern*) accroître, augmenter *Besitz*
Vermehrung <-, -en> *f* ❶ (*Fortpflanzung*) reproduction *f*
❷ HORT multiplication *f*
❸ (*das Vergrößern*) *des Besitzes* accroissement *m*
vermeidbar *Adj* évitable; **nicht** ~ **sein** être inévitable
vermeiden* *tr V unreg* éviter; **sich nicht/kaum** ~ **lassen** être inévitable/pratiquement inévitable; **es wird sich nicht** ~ **lassen, dass du ihm begegnest** tu ne pourras pas faire autrement que [de] le rencontrer
Vermeidung <-, -en> *f* **zur** ~ **eines Skandals/von Missverständnissen** pour éviter un scandale/des malentendus; **zur** ~ **weiterer Verluste** pour éviter des pertes supplémentaires
vermeintlich [fɛɐ'maɪntlɪç] **I.** *Adj attr* présumé(e), supposé(e)
II. *Adv* apparemment, soi-disant
vermelden* *tr V* annoncer; **etwas/nichts zu** ~ **haben** avoir quelque chose/n'avoir rien à signaler
vermengen* *tr V* ❶ (*vermischen*) **das Mehl mit der Hefe** ~ mélanger la farine avec [*o* à] [*o* et] la levure
❷ (*verwechseln*) **zwei Begriffe miteinander** ~ confondre [*o* faire l'amalgame entre] deux notions
vermenschlichen* *tr V* personnifier *Tier, Gegenstand*
Vermerk <-[e]s, -e> *m* note *f,* annotation *f*
vermerken* *tr V* ❶ (*notieren*) noter; **etw auf etw** (*Dat*)/**in etw** (*Dat*) ~ noter qc sur qc/dans qc
❷ (*zur Kenntnis nehmen*) **etw peinlich** ~ relever qc avec embarras
vermessen*¹ *unreg* **I.** *tr V* mesurer *Gelände, Platz*
II. *r V* **sich** ~ se tromper en mesurant [*o* dans ses mesures]
vermessen² *Adj geh* présomptueux(-euse) (*soutenu*); **es ist** ~ **das zu sagen** il est présomptueux de dire cela (*soutenu*)
Vermessenheit <-, -en> *f* prétention *f,* présomption *f* (*soutenu*)
Vermessung *f* mesurage *m*
Vermessungsingenieur(in) [-ɪnʒeniøːɐ] *m(f)* ingénieur *mf* des travaux publics, géomètre *mf*
vermiesen* *tr V fam* **jdm die Freude am Fußballspielen** ~ faire passer à qn l'envie de jouer au foot, dégoûter qn de jouer au foot (*fam*); **sie hat ihm die Party vermiest** elle lui a foutu la fête en l'air (*fam*), elle lui a gâché la fête; **sich** (*Dat*) **den Urlaub nicht** ~ **lassen** ne pas se faire gâcher les vacances
vermietbar *Adj* **eine schwer** ~**e Wohnung** un appartement difficile à louer
vermieten* *tr, itr V* louer; **jdm** [*o* **an jdn**] **eine Wohnung** ~ louer un appartement à qn; **zu** ~ à louer
Vermieter(in) *m(f)* ❶ (*Hauswirt*) propriétaire *mf*
❷ (*Verleiher*) loueur(-euse) *m(f)*
Vermietung <-, -en> *f* location *f*
vermindern* **I.** *tr V* réduire *Geschwindigkeit, Risiko*
II. *r V* **sich** ~ *Belastung, Einfluss, Risiko:* diminuer; *Geschwindigkeit:* baisser
Verminderung *f* réduction *f,* diminution *f*
verminen* *tr V* miner
Verminung <-, -en> *f* minage *m*
vermischen* **I.** *tr V* mélanger; **etw mit etw** ~ mélanger qc à [*o* avec] qc
II. *r V* ❶ **sich [miteinander]** ~ *Stoffe, Zutaten:* se mélanger
❷ *fig* **sich** ~ *Völkergruppen:* se mêler
Vermischung *f* ❶ *von Stoffen, Zutaten* mélange *m*
❷ *fig* fusion *f*

❸ (*Verwechslung*) confusion *f*
vermissen* *tr V* ❶ ne plus retrouver *Schlüssel;* **vermisst jemand sein Feuerzeug?** est-ce que quelqu'un a perdu son briquet?
❷ (*jds Abwesenheit bedauern*) **ich vermisse dich** [**so**] tu me manques [tellement]
❸ (*als abwesend feststellen*) **vermisst werden** *Kind:* être porté(e) disparu(e)
❹ (*wünschenswert finden*) **bei jdm den Sinn für Humor** ~ déplorer que qn n'ait pas d'humour; **an einem Auto jeden Komfort** ~ déplorer le manque total de confort dans une voiture
Vermisste(r)RR, **Vermißte(r)** *f(m) dekl wie Adj* disparu(e) *m(f)*
VermisstenanzeigeRR *f* déclaration *f* de disparition; **eine** ~ **aufgeben** établir une déclaration de disparition
vermittelbar *Adj* **schwer** ~ **sein** *Arbeitssuchende(r)* être difficile à placer
vermitteln* **I.** *tr V* ❶ fournir *Arbeitsstelle;* [**jdm**] **eine Stelle/eine Wohnung** ~ fournir un emploi/un logement [à qn]; **jdm Arbeitskräfte** ~ recruter des effectifs pour [le compte de] qn; **jdm einen Partner** ~ mettre qn en contact avec un partenaire
❷ (*beibringen*) transmettre *Lehrstoff, Wissen*
❸ TELEC **ein Gespräch** ~ établir une communication [téléphonique]
❹ *geh* (*geben*) [**jdm**] **einen Überblick/Eindruck** ~ donner un aperçu/une impression [à qn]
II. *itr V* **in etw** (*Dat*) ~ servir d'intermédiaire dans qc
vermittelnd I. *Adj Bemühungen* de médiation, de conciliation
II. *Adv* comme intermédiaire, en médiateur/médiatrice
Vermittler(in) <-s, -> *m(f)* ❶ (*Schlichter*) médiateur(-trice) *m(f)*, conciliateur(-trice) *m(f)*
❷ (*Makler*) intermédiaire *mf*
Vermittlung <-, -en> *f* ❶ *kein Pl* (*das Vermitteln*) **die** ~ **von Arbeitskräften** le placement de la main-d'œuvre; **für die** ~ **der Wohnung verlangt er ...** sa commission de courtier s'élève à...
❷ *kein Pl* (*Schlichtung*) médiation *f*
❸ TELEC (*Servicestelle*) transmission *f*
❹ *kein Pl* TELEC (*das Schalten*) **die** ~ **eines Gesprächs** l'établissement *f* d'une communication [téléphonique]
VermittlungsausschussRR *m* commission *f* mixte paritaire **Vermittlungsprovision** *f* commission *f* de courtage **Vermittlungsstelle** *f* TELEC standard *m*
vermöbeln* *tr V fam* tabasser (*fam*)
vermocht *PP von* **vermögen**
vermodern* *itr V + sein* se décomposer
vermöge [fɛɐ'møːgə] *Präp + Gen geh* en vertu de (*soutenu*)
vermögen *tr V unreg geh* [**es**] ~ **etw zu tun** être à même de faire qc (*soutenu*); **viel/wenig** ~ *Vertrauen, Glaube:* agir beaucoup/peu
Vermögen [fɛɐ'møːgən] <-s, -> *nt* ❶ fortune *f*, biens *mpl*
❷ *kein Pl geh* **sein** ~ [**etw zu tun**] sa capacité [à faire qc]
vermögend *Adj geh* fortuné(e); ~ **sein** avoir des biens
Vermögensabgabe *f* FIN impôt *m* sur la fortune **Vermögensanspruch** *m* FIN, JUR prétention *f* d'ordre patrimoniale **Vermögensberater(in)** *m(f)* conseiller(-ère) *m(f)* en investissement **Vermögensbildung** *f* constitution *f* d'un capital **Vermögenssteuer** *f*, **Vermögensteuer** *f* FISC impôt *m* sur la fortune **Vermögensverhältnisse** *Pl* état *m* de la fortune, situation *f* financière **Vermögensverwalter(in)** *m(f)* administrateur(-trice) *m(f)* de biens **vermögenswirksam** *Adj* ~**e Leistungen** *prestations de l'employeur favorisant l'épargne et faisant partie du salaire*
vermummen* *r V* **sich** ~ dissimuler [*o* masquer] son visage; **total vermummt sein** être encagoulé(e)
Vermummung <-, -en> *f* déguisement *m*, travestissement *m;* (*bei Demonstrationen*) fait *m* de dissimuler son visage
Vermummungsverbot *nt* interdiction *f* de dissimuler son visage
vermuten* *tr V* supposer; ~ [**, dass**] supposer [que + *indic*]; **Bestechung** ~ soupçonner des pots-de-vin; **jdn im Büro** ~ *geh* penser que qn est au bureau
vermutlich I. *Adj attr* probable
II. *Adv* probablement
Vermutung <-, -en> *f* supposition *f*, présomption *f;* **die** ~ **nahe legen, dass** laisser supposer que + *indic;* **eine** ~ **haben, wer hinter dem Komplott steckt** avoir une idée sur l'auteur probable du complot
vernachlässigen* **I.** *tr V* délaisser *Kind, Partner;* négliger *Pflicht, Kleidung;* **sich vernachlässigt fühlen** *Person:* se sentir délaissé(e)
II. *r V* **sich** ~ se négliger, se laisser aller
Vernachlässigung <-, -en> *f* ❶ **zur** ~ **des Äußeren neigen** avoir tendance à se négliger; **jdm die** ~ **seiner Pflichten vorwerfen** reprocher à qn de négliger ses obligations
❷ (*Nichtbeachtung*) *eines Details* omission *f*
vernadern *tr V* A *fam* dénoncer; **jdn an den Feind** ~ dénoncer qn à l'ennemi
vernageln* *tr V* clouer *Kiste, Sarg;* **das Fenster mit Brettern** ~ condamner la fenêtre en clouant des planches
vernagelt *Adj fam* **völlig** ~ complètement abruti(e) (*fam*)
vernähen* *tr V* ❶ (*zunähen*) recoudre *Riss, Loch, Wunde*
❷ (*einnähen*) reprendre *Faden*
❸ (*nähen*) **einen Saum gut/schlecht** ~ coudre bien/mal un ourlet
vernarben* *itr V + sein Wunde:* se cicatriser; **ein vernarbtes Gesicht** un visage couturé
vernarren* *r V fam* **sich in jdn/etw** ~ s'enticher de qn/qc; **in jdn/etw vernarrt sein** s'être entiché(e) de qn/qc
vernaschen* *tr V* ❶ **das Taschengeld** ~ dépenser son argent de poche dans des sucreries
❷ *fam* **jdn** ~ se faire qn (*fam*)
vernebeln* *tr V* ❶ (*als Nebel versprühen*) pulvériser
❷ *fig* voiler, masquer *Tatbestand;* dissimuler *Umstand*
vernehmbar *Adj* perceptible, audible
vernehmen* *tr V unreg* ❶ (*verhören*) entendre *Zeugen;* interroger *Beschuldigten;* **jdn zu etw** ~ entendre [*o* interroger] qn à propos de qc
❷ *geh* (*hören*) percevoir
❸ *geh* (*erfahren*) apprendre; **sie hatte es schon vernommen** elle le savait déjà, elle était déjà au courant
Vernehmen ▶ **dem** ~ **nach** à ce qu'on dit, selon les dires
Vernehmlassung CH *s.* **Verlautbarung**
vernehmlich I. *Adj geh* audible; *Stimme* clair(e), intelligible
II. *Adv geh* **er räusperte sich/hüstelte** ~ on l'entendit se racler la gorge/toussoter
Vernehmung <-, -en> *f eines Zeugen* audition *f;* (*Verhör*) interrogatoire *m*
vernehmungsfähig *Adj Zeuge* en état d'être entendu(e); *Angeklagter, Täter* en état d'être interrogé(e), interrogeable
verneigen* *r V geh* **sich** ~ s'incliner; **sich vor jdm/etw** ~ s'incliner devant qn/qc
Verneigung *f geh* révérence *f*
verneinen* *tr V* ❶ donner une réponse négative à *Frage*
❷ (*leugnen*) nier
verneinend I. *Adj Antwort* négatif(-ive); *Kopfschütteln* en signe de négation
II. *Adv* ~ **den Kopf schütteln** faire un signe de tête négatif
Verneinung <-, -en> *f* ❶ *einer Frage* réponse *f* négative; **die** ~ **einer Frage** la réponse négative à une question
❷ (*Leugnung*) négation *f*
❸ GRAM négation *f;* **doppelte** ~ double négation
vernetzen *tr V* ❶ INFORM mettre en réseau; **Rechner** [**miteinander**] ~ mettre des ordinateurs en réseau
❷ (*verbinden*) **Biotope** [**miteinander**] ~ mettre des biotopes

en relation, associer des biotopes
Vernetzung <-, -en> *f* ❶ INFORM mise *f* en réseau, interconnexion *f*
❷ (*Verbindung*) imbrication *f*
vernichten* *tr V* ❶ (*beseitigen*) détruire *Akten, Beweise, Foto;* supprimer *Arbeitsplätze*
❷ (*zerstören*) détruire *Ernte, Gebäude;* anéantir *Stadt*
❸ (*ausrotten*) exterminer *Personen, Unkraut*
vernichtend I. *Adj* ❶ *Niederlage* écrasant(e)
❷ *fig* **ein ~er Blick** un regard haineux [*o* mauvais]; **jdm einen ~en Blick zuwerfen** foudroyer qn du regard
II. *Adv* **jdn ~ schlagen** battre qn à plate[s] couture[s]
Vernichtung <-, -en> *f* ❶ (*Beseitigung*) *von Akten, Beweisen* destruction *f; von Arbeitsplätzen* suppression *f*
❷ (*Zerstörung*) *einer Ernte, eines Gebäudes* destruction *f; einer Stadt* anéantissement *m*
❸ (*Ausrottung*) extermination *f*
Vernichtungslager *nt* camp *m* d'extermination **Vernichtungswaffe** *f* arme *f* de destruction massive
vernickeln* *tr V* nickeler
verniedlichen* *tr V* minimiser [l'importance de]
Vernissage [vɛrnɪ'sa:ʒə] <-, -n> *f* vernissage *m*
Vernunft [fɛɐ'nʊnft] <-> *f* raison *f*
▶ **~ annehmen** entendre raison; **nimm doch ~ an!** allons, sois raisonnable!; **jdn zur ~ bringen** ramener qn à la raison; **zur ~ kommen** se rendre à la raison
Vernunftehe *f* mariage *m* de raison
vernünftig [fɛɐ'nʏnftɪç] I. *Adj* ❶ *Person* raisonnable
❷ (*sinnvoll*) *Argument, Grund, Idee* raisonnable, sensé(e)
❸ *fam* (*akzeptabel*) potable (*fam*); **etwas Vernünftiges essen** manger quelque chose de potable (*fam*)
II. *Adv* ❶ raisonnablement
❷ *fam* (*akzeptabel*) convenablement
Vernunftmensch *m* homme *m* de raison
veröden* I. *itr V + sein Ortschaft, Gegend:* se dépeupler; **eine verödete Innenstadt** un centre ville déserté
II. *tr V + haben* MED scléroser *Krampfader*
Verödung <-, -en> *f* ❶ *einer Ortschaft, Region, Innenstadt* désertion *f*
❷ MED sclérose *f*
veröffentlichen* *tr V* ❶ publier *Artikel, Buch, CD*
❷ (*bekannt machen*) rendre public(-ique)
Veröffentlichung <-, -en> *f* publication *f*
verordnen* *tr V* (*verschreiben*) prescrire; **jdm etw ~** prescrire qc à qn
Verordnung <-, -en> *f* ❶ *kein Pl* (*das Verschreiben*) prescription *f*
❷ *form* (*Verfügung*) disposition *f;* **städtische ~** arrêté *m* municipal
verpachten* *tr V* affermer *Bauernhof, Wiese;* **ein Lokal ~** donner un établissement à bail; **jdm einen Garten ~, einen Garten an jdn ~** donner à qn un jardin à bail
Verpächter(in) *m(f)* bailleur/-eresse *m/f*
Verpachtung <-, -en> *f von Bauernhöfen, Wiesen* affermage *m; eines Lokals* location *f* à bail
verpacken* *tr V* emballer; **etw in einen** [*o* **einem**] **Karton ~** emballer qc dans un carton
Verpacken *nt* emballage *m*, packaging *m*
Verpackung *f* emballage *m*
Verpackungsindustrie *f* industrie *f* de l'emballage **Verpackungsmaterial** *nt* matériau *m* d'emballage **Verpackungsmüll** *m* emballages *mpl* usagés
verpassen* *tr V* ❶ manquer, rater *Bus, Anschluss, Gelegenheit;* laisser passer *Chance*
❷ *fam* (*geben*) **jdm eine Ohrfeige ~** coller [*o* flanquer] une baffe à qn (*fam*)
verpatzen* *tr V fam* louper (*fam*) *Auftritt, Klassenarbeit, Rede;* **du hast ihr den Abend/das Geschäft verpatzt!** tu lui as gâché la soirée/as fait rater l'affaire! (*fam*)
verpennen* I. *tr V fam* ❶ (*verpassen*) louper (*fam*) *Zug, Bus*
❷ (*vergessen*) oublier carrément
II. *itr V fam* avoir une panne d'oreiller (*fam*)
verpesten* *tr V* ❶ polluer *Luft*
❷ *fam* (*mit Rauch füllen*) **verpeste mir nicht die Wohnung!** ne m'empeste pas l'appartement!
verpetzen* *tr V fam* cafter (*fam*); **jdn bei jdm ~** cafter qn auprès de qn
verpfänden* *tr V* hypothéquer *Grundstück, Haus;* **das Auto/den Schmuck ~** donner la voiture/les bijoux en gage
Verpfändung *f eines Grundstücks, Hauses* hypothèque *f; eines Autos, Schmuckstücks* mise *f* en gage
verpfeifen* *tr V unreg fam* balancer (*fam*), donner (*fam*); **jdn bei jdm ~** balancer qn à qn, donner qn à qn
verpflanzen* *tr V* ❶ transplanter *Baum, Busch*
❷ MED greffer, transplanter; **jdm eine Niere ~** greffer [*o* transplanter] un rein à qn
Verpflanzung *f* ❶ transplantation *f*
❷ MED greffe *f*, transplantation *f*
verpflegen* *tr V* nourrir; **jdn/sich ~** nourrir qn/se nourrir
Verpflegung <-, *selten* -en> *f* ❶ *kein Pl* (*das Verpflegen*) ravitaillement *m*
❷ (*Kost*) alimentation *f*
verpflichten* I. *tr V* ❶ (*festlegen*) obliger, contraindre; **jdn ~ etw zu tun** obliger [*o* contraindre] qn à faire qc; **zur Verschwiegenheit verpflichtet sein** être tenu(e) à la discrétion, s'être engagé(e) à être discret(-ète); **sich verpflichtet fühlen etw zu tun** se sentir obligé(e) de faire qc; **gesetzlich verpflichtet sein etw zu tun** être tenu(e) par la loi de faire qc; **das verpflichtet dich zu gar nichts** cela ne t'engage à rien
❷ (*engagieren*) engager *Künstler, Sportler;* **jdn als Trainer ~** engager qn en tant qu'entraîneur [*o* comme entraîneur]
II. *itr V Erfolg, Versprechen:* constituer un engagement; **nicht zum Kauf ~** être sans obligation d'achat
III. *r V* ❶ (*zusagen*) **sich zu etw ~** s'engager à qc
❷ (*Arbeitsvertrag abschließen*) **sich für fünf Jahre ~** *Künstler, Sportler:* signer pour cinq ans; *Soldat:* s'engager [*o* s'enrôler] pour cinq ans
verpflichtet *Adj* **jdm ~ sein** être l'obligé(e) de qn; **sich jdm ~ fühlen** se sentir l'obligé(e) de qn
Verpflichtung <-, -en> *f* ❶ *meist Pl* (*Pflicht*) engagement *m*, obligation *f;* **finanzielle ~en** engagements financiers; **dienstliche ~en** obligations de service; **die ~ haben etw zu tun** être tenu(e) [*o* avoir l'obligation] de faire qc
❷ *kein Pl* (*das Verpflichten*) *eines Künstlers, Sportlers* engagement *m*
verpfuschen* *tr V a. fig fam* bousiller (*fam*)
verpissen* *r V sl* **sich ~** foutre le camp (*fam*); **verpiss dich!** casse-toi! (*fam*), dégage! (*fam*)
verplanen* *tr V* ❶ prévoir *Summe, Geld, Gehalt;* programmer *Zeit, Woche*
❷ *fam* (*ausbuchen*) **für die ganze Woche verplant sein** être pris(e) toute la semaine
verplappern* *r V fam* **sich ~** se trahir; **pass auf, dass du dich nicht verplapperst!** fais attention à ne pas en dire trop!
verplempern* *tr V fam* ❶ (*verschwenden*) claquer (*fam*); **viel Geld/Zeit für etw ~** claquer beaucoup d'argent/de temps dans qc (*fam*)
❷ DIAL (*verschütten*) renverser
verplomben* *tr V* plomber
verpönt [fɛɐ'pø:nt] *Adj geh* mal vu(e)
verprassen* *tr V* dilapider; **etw ~** dilapider qc, jeter qc par les fenêtres
verprellen* *tr V* irriter
verprügeln* *tr V* rouer de coups; **jdn ~** rouer qn de coups
verpuffen* *itr V + sein* ❶ (*explodieren*) déflagrer
❷ *fam* (*wirkungslos sein*) *Aktion, Maßnahme:* ne rien donner;

V

Elan: foutre le camp (*fam*); *Pointe:* être un pétard mouillé (*fam*)
Verpuffung <-, -en> *f* déflagration *f*
verpulvern* [-fɐn, -vɐn] *tr V fam* claquer (*fam*)
verpumpen* *tr V fam* prêter (*fam*)
verpuppen* *r V* ZOOL **sich** ~ se transformer en chrysalide
Verputz *m* crépi *m*
verputzen* *tr V* ❶ crépir *Fassade, Haus;* enduire *Wand, Decke*
❷ *fam* (*aufessen*) avaler
verqualmen* *tr V fam* enfumer *Zimmer;* **sie haben mir das Zimmer verqualmt** ils ont enfumé ma pièce
verqualmt *Adj* enfumé(e)
verquast [fɛɐ'kva:st] *Adj Idee, Theorie* confus(e)
verquer I. *Adj* ❶ *Lage, Position* de travers
❷ (*merkwürdig*) tordu(e)
II. *Adv* ❶ *sitzen, liegen* de travers
❷ (*merkwürdig*) de manière étrange
▶ **jdm geht etw** ~ *fam* qn rate son coup (*fam*)
verquicken* *tr V* **zwei Fragen [miteinander]** ~ mener deux questions de front
verquirlen* *tr V* battre [au fouet]; **Eier** ~ battre des œufs [au fouet]; **die Eier mit der Milch** ~ battre les œufs avec le lait [au fouet]
verquollen [fɛɐ'kvɔlən] *Adj* gonflé(e)
verrammeln* *tr V fam* barricader
verramschen* *tr V fam* brader (*fam*)
verrannt *PP von* **verrennen**
Verrat [fɛɐ'ra:t] <-[e]s> *m* ❶ (*das Verraten*) *von militärischen Geheimnissen* livraison *f;* **der** ~ **militärischer Geheimnisse** la livraison de secrets militaires
❷ (*Tat*) ~ **begehen** commettre une trahison
verraten <verrät, verriet, verraten> I. *tr V* ❶ (*ausplaudern*) trahir *Geheimnis, Versteck;* se rendre coupable de trahison en dévoilant *Absicht, Plan;* **etw an jdn** ~ se rendre coupable de trahison en révélant qc à qn; **nichts** ~! motus et bouche cousue!
❷ (*Verrat üben an, preisgeben*) trahir *Freund, Ideal, Ziel*
❸ *iron fam* (*sagen*) **sie hat mir nicht** ~ **wollen, wer ...** elle n'a pas voulu me dire qui...
❹ (*erkennen lassen*) **seine wahren Absichten nicht** ~ ne pas laisser entrevoir ses intentions; **ihre Stimme hat sie** ~ sa voix l'a trahie
▶ ~ **und verkauft sein** *fam* être abandonné(e) de tous
II. *r V* **sich** ~ se trahir; **sie hat sich durch ihre Frage** ~ sa question l'a trahie
Verräter(in) [fɛɐ'rɛ:tɐ] <-s, -> *m(f)* traître(-esse) *m(f)*
verräterisch I. *Adj* ❶ *Machenschaften, Umtriebe* de trahison
❷ (*verdächtig*) *Blick, Handbewegung* qui trahit
II. *Adv* **jdm** ~ **zuzwinkern** faire un clin d'œil traître à qn
verrauchen* I. *itr V + sein Qualm, Ärger:* se dissiper, s'évanouir
II. *tr V + haben* ❶ (*verbrauchen*) fumer
❷ (*verräuchern*) **ein verrauchtes Lokal** un bistro[t] enfumé
verräuchern* *s.* **verqualmen**
verrechnen* I. *r V* ❶ (*falsch rechnen*) **sich** ~ se tromper en comptant; **sich um zehn Euro** ~ se tromper de dix euros en comptant
❷ (*sich irren*) **sich** ~ faire une erreur [dans ses calculs]; **sich in jdm** ~ se tromper sur le compte de qn
II. *tr V* ❶ **die Anzahlung mit dem Gesamtbetrag** ~ déduire l'acompte du montant total
❷ (*gutschreiben*) encaisser *Scheck*
Verrechnung *f* ❶ (*Anrechnung*) compensation *f*
❷ (*Gutschrift*) encaissement *m*
Verrechnungsscheck *m* chèque *m* barré **Verrechnungszeitraum** *m* FIN période *f* de calcul
verrecken* *itr V + sein sl* ❶ *Person, Tier:* crever (*pop*)
❷ (*kaputtgehen*) *Gerät, Motor:* lâcher (*fam*)
▶ **nicht ums Verrecken** pas pour tout l'or du monde, à aucun prix
verregnet *Adj* très pluvieux(-euse)
verreiben* *tr V unreg* appliquer; **etw in/auf etw** (*Dat*) ~ appliquer qc sur qc
verreisen* *itr V + sein* partir en voyage; **privat/geschäftlich** ~ partir en voyage privé/d'affaires; **mit dem Zug** ~ partir en voyage par le train; **verreist sein** être en voyage
verreißen* *tr V unreg* descendre en flammes; **jdn/etw** ~ descendre qn/qc en flammes
verrenken* *r V* **sich** (*Dat*) **den Hals** ~ se tordre [*o* se démettre] le cou; **sich** (*Dat*) **den Fuß/den Arm** ~ se faire une entorse au pied/au bras
Verrenkung <-, -en> *f* entorse *f;* ~**en machen [müssen]** [devoir] se contorsionner
verrennen* *r V unreg* **sich in etw** (*Akk*) ~ s'obstiner dans qc
verrichten* *tr V* exécuter, accomplir, faire *Arbeit;* faire *Gebet*
Verrichtung *f* ❶ *kein Pl* (*Ausführung*) exécution *f,* accomplissement *m*
❷ (*Arbeit*) tâche *f*
verriegeln* *tr V* verrouiller
verriet *Imp von* **verraten**
verringern* I. *tr V* diminuer; **den Abstand um zwei Meter** ~ réduire la distance de deux mètres
II. *r V* **sich** ~ ❶ *Abstand, Geschwindigkeit, Druck:* diminuer
❷ (*sich verschlechtern*) s'amenuiser
Verringerung <-> *f* diminution *f,* réduction *f*
verrinnen* *itr V unreg + sein* ❶ *geh* (*vergehen*) s'écouler
❷ (*versickern*) **im Sand** ~ s'infiltrer dans le sable
VerrissRR *m* mauvaise critique *f;* **diese Filmkritik ist ein klarer** ~ le film est véritablement descendu en flammes
verrohen* I. *itr V + sein Person:* devenir une brute; *Gesellschaft:* devenir un monde de brutes; **verroht sein** *Person:* être abruti(e)
II. *tr V* **jdn** ~ *Haft:* abrutir qn
verrosten* *itr V + sein* rouiller
verrotten* *itr V + sein* ❶ (*sich zersetzen*) se décomposer, pourrir
❷ (*verwahrlosen*) se délabrer, tomber en ruine
verrucht [fɛɐ'ru:xt] *Adj* ❶ *Schurke, Tat* infâme
❷ (*lasterhaft*) *Blick, Aussehen* vicieux(-euse); *Lokal, Viertel* de débauche
verrücken* *tr V* pousser *Möbelstück*
verrückt *Adj fam* ❶ fou(folle); **jdn** ~ **machen** *fam* rendre qn cinglé(e) [*o* marteau] (*fam*); **du bist wohl** ~**!, bist du** ~**?** *fam* t'es malade [ou quoi]? (*fam*), ça va pas la tête? (*fam*)
❷ (*ausgefallen*) *Haus, Auto, Kleidung* dingue (*fam*); *Idee, Plan, Vorschlag* farfelu(e)
❸ (*versessen*) **nach jdm** ~ **sein** être fou(folle) [*o* dingue *fam*] de qn; **auf etw** (*Akk*)/**nach etw** ~ **sein** raffoler de qc
▶ **ich werd'** ~**!** *fam* c'est pas vrai, je rêve! (*fam*); **wie** ~ *fam rennen, schreien* comme un fou/une folle; **es regnet wie** ~ il pleut à seaux [*o* à verse]; **es schneit wie** ~ il y a une tempête de neige de tous les diables; **es stürmt wie** ~ il fait un vent à décorner les bœufs (*fam*)
Verrückte(r) *f(m) dekl wie Adj fam* fou/folle *m/f*
Verrücktheit <-, -en> *f* ❶ *kein Pl* (*Zustand*) folie *f*
❷ *fam* (*ausgefallene Idee, Überspanntheit*) **jdn wegen/trotz seiner** ~**en lieben** aimer qn pour/malgré ses folies
Verrücktwerden ▶ **es ist zum** ~**!** *fam* c'est à devenir cinglé(e) [*o* marteau]! (*fam*)
Verruf *m* **in** ~ **geraten** [*o* **kommen**] se discréditer, compromettre sa réputation; **jdn in** ~ **bringen** compromettre [*o* salir] la réputation de qn
verrufen *Adj Lokal, Gegend, Viertel* mal famé(e), malfamé(e), louche
verrühren* *tr V* mélanger; **etw [mit etw]** ~ mélanger qc [avec qc]
verrußen* *itr V + sein* s'encrasser
verrutschen* *itr V + sein* glisser
Vers [fɛrs] <-es, -e> *m* ❶ POES vers *m*

❷ (*Strophe*) strophe *f*
❸ (*Bibelvers*) verset *m*
versachlichen* *tr V* **die Diskussion** ~ s'en tenir aux faits dans la discussion
versacken* *itr V + sein fam* ❶ (*versinken*) *Wagen, Räder:* s'enliser; **in etw** (*Dat*) ~ *Wagen, Räder:* s'enliser dans qc
❷ *fig* (*feiern, trinken*) faire la bringue (*fam*)
versagen* **I.** *itr V* ❶ échouer; **im Leben/in der Schule** ~ échouer dans la vie/à l'école; **aus Angst zu** ~ par peur d'échouer [*o* de l'échec]
❷ (*nicht wirken*) *Erziehung, Politik:* être un échec
❸ (*nicht funktionieren*) *Alarmanlage:* ne pas fonctionner; **seine Stimme versagte, ihm versagte die Stimme** sa voix lui fit défaut, il [en] perdit la voix; **meine Beine versagten, mir versagten die Beine** je sentis mes jambes se dérober sous moi
II. *tr V geh* **jdm etw** ~ refuser qc à qn
III. *r V* **sich** (*Dat*) **etw** ~ s'interdire qc
Versagen <-s> *nt* ❶ (*Scheitern*) échec *m*
❷ (*Fehlfunktion*) défaillance *f; eines Herzens* arrêt *m*
❸ (*Fehlverhalten*) **menschliches** ~ défaillance *f* humaine
Versager(in) <-s, -> *m(f)* raté(e) *m(f)*
versalzen* **I.** *tr V unreg* ❶ trop saler *Nudeln, Essen*
❷ *fam* (*verderben*) **diese Freude werde ich ihm ~!** je vais lui gâcher ce plaisir!
II. *itr V Boden, See:* se saler
versammeln* **I.** *r V* **sich** ~ se rassembler
II. *tr V* rassembler, regrouper
Versammlung *f* ❶ (*Zusammenkunft*) réunion *f*
❷ (*die versammelten Menschen*) assemblée *f*
Versammlungsfreiheit *f kein Pl* liberté *f* de réunion **Versammlungslokal** *nt* lieu *m* de réunion
Versand [fɛɐ'zant] <-[e]s> *m* ❶ (*das Versenden*) envoi *m*, expédition *f;* **etw zum ~ fertig machen** apprêter qc pour l'expédition
❷ *s.* **Versandabteilung**
❸ *s.* **Versandhaus**
Versandabteilung *f* expédition *f;* **in der ~ arbeiten** travailler à l'expédition
versanden* *itr V + sein* ❶ s'ensabler
❷ *fam* (*aufhören*) finir [*o* s'en aller] en eau de boudin (*fam*)
versandfertig *Adj* prêt(e) à être expédié(e) **Versandhandel** *m* vente *f* par correspondance **Versandhaus** *nt* entreprise *f* de vente par correspondance
Versandhauskatalog *m* catalogue *m* de vente par correspondance
Versandkosten *Pl* COM, ÖKON frais *mpl* d'expédition [*o* d'envoi]; **zuzüglich Porto und** ~ port et frais d'expédition en sus
versauen* *tr V sl* ❶ dégueulasser (*pop*) *Boden, Kleid*
❷ (*verderben*) **jdm den Abend** ~ foutre en l'air [*o* bousiller] la soirée de qn (*fam*)
versaufen* *tr V unreg sl* claquer dans la boisson (*fam*); **sein ganzes Gehalt** ~ claquer tout son salaire dans la boisson
versäumen* *tr V* ❶ (*verpassen*) manquer, rater *Bus, Termin, Film;* laisser passer *Gelegenheit, Zeitpunkt*
❷ (*unterlassen*) [**es**] ~ **etw zu tun** omettre de faire qc
Versäumnis <-ses, -se> *nt geh* omission *f*
Versäumnisurteil *nt* JUR jugement *m* par défaut
verschachern* *tr V pej* brader (*péj*)
verschaffen* **I.** *tr V* **jdm eine Stellung** ~ procurer une place à qn; **jdm einen Vorteil** ~ donner un avantage à qn; **das wird dir Respekt** ~ ainsi, tu te feras respecter
II. *r V* **sich** (*Dat*) **Geld** ~ se procurer de l'argent; **sich** (*Dat*) **einen Vorteil** ~ acquérir un avantage; **sich** (*Dat*) **Respekt** ~ s'attirer le respect, se faire respecter
verschalen* **I.** *itr V* faire un coffrage
II. *tr V* coffrer
Verschalung <-, -en> *f* coffrage *m*
verschämt [fɛɐ'ʃɛːmt] **I.** *Adj* gêné(e), intimidé(e)
II. *Adv* avec gêne, timidement
verschandeln* *tr V fam* défigurer *Landschaft, Gesicht*
Verschand[e]lung <-, -en> *f fam* enlaidissement *m*
verschanzen* *r V* ❶ MIL **sich** ~ se protéger dans des retranchements
❷ *fig* **sich hinter den Vorschriften** ~ se retrancher derrière le règlement
verschärfen* **I.** *r V* **sich** ~ s'aggraver, s'envenimer
II. *tr V* ❶ renforcer *Bestimmung, Vorschriften;* aggraver, alourdir *Strafe;* intensifier, renforcer *Kontrollen*
❷ (*zuspitzen*) aggraver, envenimer
Verschärfung <-, -en> *f* ❶ *der Bestimmungen, Kontrollen* renforcement *m*, intensification *f*
❷ (*Zuspitzung*) aggravation *f*
verscharren* *tr V* enfouir, enterrer
verschätzen* *r V* ❶ (*sich beim Schätzen irren*) **sich** ~ se tromper dans son estimation; **sich um zehn Meter** ~ se tromper dans son estimation de dix mètres
❷ (*sich täuschen*) **sich** ~ se tromper
verschaukeln* *tr V fam* **jdn** ~ rouler qn [dans la farine] (*fam*); **sich nicht ~ lassen** ne pas se faire rouler [dans la farine]
verscheiden* *itr V unreg + sein geh* trépasser (*littér*)
verscheißen* *tr V vulg* chier dans (*vulg*) *Windel, Toilette*
► **bei jdm verschissen haben** *sl* être grillé(e) auprès de qn (*fam*)
verschenken* *tr V* ❶ donner, faire cadeau de *Kleider, Geld;* faire don de *Besitz*
❷ (*ungenutzt lassen*) ne pas tirer profit de *Gelegenheit*
verscherbeln* *tr V fam* brader (*fam*)
verscherzen* *r V* **sich** (*Dat*) **jds Freundschaft/Wohlwollen** ~ perdre l'amitié/la bienveillance de qn par sa faute
verscheuchen* *tr V* chasser, faire fuir *Person, Tier*
verscheuern* *tr V fam* brader (*fam*)
verschicken* *tr V* ❶ (*versenden*) envoyer
❷ (*zur Erholung schicken*) **jdn ins Gebirge** ~ envoyer qn à la montagne
verschiebbar *Adj* ❶ *Möbel* mobile; *Tür* coulissant(e)
❷ *Treffen, Termin* que l'on peut déplacer [*o* différer]
Verschiebebahnhof *m* gare *f* de triage
verschieben* *unreg* **I.** *tr V* ❶ (*verrücken*) déplacer; **etw um einen Meter** ~ déplacer qc d'un mètre
❷ (*verlegen*) reporter; **etw auf die nächste Woche** ~ remettre qc à la semaine prochaine; **etw um eine Woche** ~ repousser qc d'une semaine
❸ *fam* (*illegal verkaufen*) **etw ins Ausland** ~ exporter illégalement qc à l'étranger
II. *r V* ❶ **sich um zwei Stunden** ~ être retardé(e) de deux heures; **sich auf die nächste Woche** ~ être reporté(e) à la semaine prochaine
❷ (*verrutschen*) **sich** ~ glisser
Verschiebung *f* report *m*
verschieden [fɛɐ'ʃiːdən] **I.** *Adj* ❶ (*unterschiedlich*) différent(e); **das ist** ~ c'est variable, ça dépend
❷ (*unterschiedlich geartet*) *Personen, Charaktere* dissemblable
❸ (*abweichend*) divergent(e)
❹ *attr* (*einige*) **~e Leute** plusieurs personnes; **~e Bücher kaufen** acheter divers livres; **sich über Verschiedenes** [*o* **~e Dinge**] **unterhalten** discuter de choses diverses
II. *Adv* ~ **breit/hoch sein** *Tische:* être de largeurs/hauteurs différentes
verschiedenartig *Adj* de différentes sortes, varié(e)s
Verschiedenartigkeit <-> *f* ❶ (*Unterschiedlichkeit*) disparité *f*
❷ (*Vielfalt*) diversité *f*
verschiedenerlei *Adj unv* ~ **Pflanzen/Speisen** différentes sortes de plantes/de plats; ~ **Gründe haben** avoir toutes sortes de [*o* maintes] raisons (*soutenu*); **über ~ sprechen** discuter de choses diverses

Verschiedenheit <-, -en> *f* ❶ (*Unterschiedlichkeit*) différence *f*
❷ (*Charakter-, Wesensunterschied*) dissemblance *f*
verschiedentlich *Adv* à diverses [*o* maintes] reprises (*soutenu*)
verschießen* *unreg* **I.** *tr V + haben* ❶ (*verbrauchen*) tirer *Kugeln;* **die ganze Munition ~** épuiser toutes ses munitions
❷ (*abschießen*) lancer *Steine;* tirer *Pfeile*
❸ (*danebenschießen*) **den Ball ~** rater le but
❹ *fam* (*belichten*) **viele Filme ~** bouffer beaucoup de rouleaux de pellicule (*fam*)
II. *itr V + sein Stoff, Vorhang:* ternir; *Farbe:* passer
verschiffen* *tr V* transporter par voie maritime [*o* par bateau]; **etw nach Japan ~** transporter qc par voie maritime [*o* par bateau] au Japon
Verschiffung <-, -en> *f* transport *m* par voie maritime [*o* par bateau]
verschimmeln* *itr V + sein* moisir
verschlafen*¹ *unreg* **I.** *itr V* se réveiller trop tard; **ich habe ~** je n'ai pas entendu le réveil, je ne me suis pas réveillé(e)
II. *tr V* ❶ *fam* (*vergessen*) oublier carrément
❷ (*verbringen*) **den Nachmittag ~** passer l'après-midi à dormir
verschlafen² *Adj* ❶ *Person* mal réveillé(e), encore [tout(e)] endormi(e)
❷ (*ruhig*) *Dorf* peu animé(e); **eine ~e Gegend** un coin tranquille; **[ziemlich] ~ sein** être [assez] calme
Verschlag <-[e]s, -̈e> *m* réduit *m*
verschlagen*¹ *tr V unreg* ❶ (*schlagen*) battre
❷ (*woandershin führen*) **jdn verschlägt es nach Paris** qn atterrit [*o* se retrouve] à Paris
❸ (*schlecht schlagen*) rater, manquer *Ball, Aufschlag*
verschlagen² **I.** *Adj* sournois(e)
II. *Adv* sournoisement
Verschlagenheit <-> *f* sournoiserie *f*
verschlammen* *itr V + sein* s'envaser
verschlampen* *tr V fam* paumer (*fam*)
verschlanken* *tr V euph* dégraisser (*fam*) *Belegschaft, Unternehmen*
verschlechtern* **I.** *tr V* aggraver, détériorer
II. *r V* **sich ~** ❶ *Lage, Zustand:* s'aggraver, se détériorer; *Wetter:* se dégrader, se détériorer
❷ (*beruflich*) être bien moins loti(e)
Verschlechterung <-, -en> *f einer Lage, eines Zustands* aggravation *f*, détérioration *f; des Wetters* dégradation *f*, détérioration *f*
verschleiern* **I.** *tr V* ❶ *a. fig* (*bedecken*) voiler
❷ (*verheimlichen*) masquer, dissimuler *Missstand, Sachverhalt, Umstände*
II. *r V* **sich ~** *Moslime, Witwe, Braut:* se voiler; **verschleiert** *Braut, Moslime* voilée
Verschleierung <-, -en> *f* JUR *eines Missstandes, Skandals* dissimulation *f;* **jdm die ~ seiner Absichten vorwerfen** reprocher à qn de dissimuler ses intentions
verschleimen* *itr V + sein* s'encombrer
Verschleiß [fɛɐ'ʃlaɪs] <-es, -e> *m* ❶ (*Abnutzung*) usure *f;* **einem starken ~ unterliegen** subir une forte usure
❷ (*Verbrauch*) consommation *f;* **ein hoher ~ an Zahnbürsten** une forte consommation de brosses à dents
verschleißen [fɛɐ'ʃlaɪsən] <verschliss, verschlissen> **I.** *itr V + sein Material, Maschine:* s'user
II. *tr V + haben* user
III. *r V + haben* **sich ~** *Person:* s'user
Verschleißerscheinung *f einer Person* signe *m* de fatigue; *einer Sache* signe *m* d'usure **verschleißfest** *Adj* résistant(e) **Verschleißstelle** *f* A (*Verkaufsstelle*) économat *m* **Verschleißteil** *nt* pièce *f* soumise à une forte usure
verschleppen* *tr V* ❶ déplacer, déporter *Personen*
❷ JUR faire traîner *Prozess, Verfahren*
❸ MED traîner *Krankheit;* **eine verschleppte Infektion** une infection qui traîne
Verschleppung <-, -en> *f* ❶ déplacement *m*, déportation *f*
❷ JUR retardement *m*
❸ MED **die ~ einer Grippe** le fait de traîner une grippe
Verschleppungstaktik *f* ❶ POL obstructionnisme *m*
❷ JUR tactique *f* dilatoire
verschleudern* *tr V* ❶ (*verkaufen*) liquider
❷ (*verschwenden*) dilapider
verschließbar *Adj* ❶ *Gefäß* hermétique
❷ (*abschließbar*) qui ferme à clé
verschließen* *unreg* **I.** *tr V* ❶ (*abschließen*) fermer [à clé]
❷ (*zumachen*) boucher *Flasche;* fermer *Glas*
❸ (*wegschließen*) **etw in einer Kommode ~** mettre sous clé qc dans une commode
II. *r V* **sich einer Überlegung ~** se fermer à une réflexion; **sich einer Erkenntnis/Einsicht ~** refuser de reconnaître un fait/se refuser à voir un fait
verschlimmbessern* *tr V hum* massacrer [à la relecture] *Text;* **einen Text ~** massacrer un texte [à la relecture]
verschlimmern* **I.** *tr V* aggraver
II. *r V* **sich ~** s'aggraver
Verschlimmerung <-, -en> *f* aggravation *f*
verschlingen*¹ *tr V unreg* ❶ (*essen*) dévorer
❷ (*lesen*) dévorer
❸ (*kosten*) engloutir *Unsummen, Millionen*
verschlingen² *tr V unreg* croiser; **sie stand mit verschlungenen Armen da** elle était là, les bras croisés; **ein verschlungener Weg** un chemin sinueux [*o* tortueux]
verschliss *Imp von* **verschleißen**
verschlissen [fɛɐ'ʃlɪsən] **I.** *PP von* **verschleißen**
II. *Adj* usé(e)
verschlossen [fɛɐ'ʃlɔsən] *Adj* ❶ (*abgeschlossen*) *Zimmer, Haus* fermé(e) [à clé]
❷ (*geschlossen*) *Dose* fermé(e); *Flasche* bouché(e)
❸ (*zurückhaltend*) *Person* renfermé(e)
❹ (*unverständlich*) **jdm ~ bleiben** rester un mystère [*o* une énigme] pour qn
Verschlossenheit <-> *f* caractère *m* renfermé
verschlucken* **I.** *tr V* ❶ avaler
❷ (*dämpfen*) amortir, étouffer
II. *r V* **sich an etw** (*Dat*) **~** avaler qc de travers
verschlungen [fɛɐ'ʃlʊŋən] **I.** *PP von* **verschlingen**
II. *Adj Weg* sinueux(-euse), tortueux(-euse)
Verschluss^RR *m* ❶ *einer Dose, eines Glases* couvercle *m; einer Flasche* bouchon *m*
❷ (*Schließe*) fermoir *m*
▶ **etw unter ~ halten** garder qc sous clé
verschlüsseln* *tr V* coder; **das Programm ~** *Fernsehsender:* diffuser le programme crypté; **das Verschlüsseln** le codage
verschlüsselt **I.** *Adj Daten* codé(e)
II. *Adv* en message codé; **das Programm ~ senden** *Fernsehsender:* diffuser le programme crypté
Verschlüsselung <-, -en> *f* codage *m*
Verschlüsselungstechnik *f* INFORM technique *f* d'encodage
Verschlusskappe^RR *f* capuchon *m* **Verschlusslaut^RR** *m* occlusive *f* **Verschlusssache^RR** *f* affaire *f* interne
verschmachten* *itr V + sein geh* mourir d'épuisement; **vor Durst/Hunger [fast] ~** [faillir] mourir de soif/faim
verschmähen* *tr V geh* dédaigner (*soutenu*)
verschmelzen* *itr V unreg + sein* **mit etw ~** fondre et se mélanger à [*o* avec] qc
verschmerzen* *tr V* surmonter, encaisser (*fam*) *Fehlschlag, Absage;* se consoler de *Verlust;* **hundert Euro kann ich ~** cent euros, je ne vais pas en faire un drame [*o* une maladie]
verschmieren* **I.** *tr V* ❶ (*verstreichen*) étaler *Salbe, Creme*
❷ (*beschmieren*) salir
❸ (*verwischen*) tacher *Unterschrift;* **seine Hausaufgaben ~** faire des taches sur ses devoirs; **ihr Lippenstift war ganz ver-**

schmiert elle avait la bouche barbouillée de rouge à lèvres
④ (*verspachteln*) colmater *Fuge, Riss*
II. *itr V Lippenstift, Tinte:* baver
verschmitzt [fɛɐ'ʃmɪtst] I. *Adj* malicieux(-euse)
II. *Adv* ~ **lächeln** arborer un sourire malicieux
verschmutzen* I. *tr V + haben* ① salir *Kleidung*
② (*belasten*) polluer *Luft, Wasser, Umwelt*
II. *itr V + sein* **schnell** [*o* **leicht**] ~ se salir facilement
Verschmutzung <-, -en> *f* pollution *f*
verschnaufen* *itr, r V fam* reprendre son souffle; [**sich**] ~ reprendre son souffle
Verschnaufpause *f* [petite] pause *f* pour souffler
▸ **eine** ~ **einlegen** souffler un peu
verschneiden* *tr V unreg* ① couper *Wein, Rum*
② (*falsch schneiden*) mal couper *Stoff, Papier, Haare*
verschneit [fɛɐ'ʃnaɪt] *Adj* enneigé(e)
Verschnitt *m* ① (*Alkohol*) mélange *m*
② (*Abfall*) restes *mpl*
verschnitten *PP von* **verschneiden**
verschnörkelt *Adj* chargé(e) de fioritures
verschnupft [fɛɐ'ʃnʊpft] *Adj* ① enrhumé(e)
② *fam* (*verärgert*) en rogne (*fam*)
verschnüren* *tr V* ficeler
verschoben *PP von* **verschieben**
verschollen [fɛɐ'ʃɔlən] *Adj Person, Flugzeug, Schiff* [porté(e)] disparu(e); *Akte, Manuskript* disparu(e); **in Afrika** ~ **sein** avoir disparu en Afrique
verschonen* *tr V* ① *Person, Naturkatastrophe:* épargner; **jdn/etw** ~ *Person, Naturkatastrophe:* épargner qn/qc
② *fam* (*nicht behelligen*) **jdn mit etw** ~ épargner qc à qn
verschönern* *tr V* embellir
Verschönerung <-, -en> *f* embellissement *m*
Verschonung *f einer Person, Stadt* ménagement *m*; **jdn um** ~ **seines Kindes anflehen** prier qn d'épargner son enfant
verschossen I. *PP von* **verschießen**
II. *Adj* ▸ **in jdn** ~ **sein** en pincer pour qn (*fam*)
verschrammen* I. *tr V + haben* rayer
II. *itr V + sein* se rayer
verschränken* *tr V* croiser *Arme, Beine*
verschrauben* *tr V* visser; **etw mit etw** ~ visser qc à qc
verschreckt *Adj* effrayé(e)
verschreiben* *unreg* I. *tr V* ① prescrire; **jdm etw gegen den Husten** ~ prescrire qc contre la toux à qn; **sich** (*Dat*) **etw gegen die Schmerzen** ~ **lassen** se faire prescrire qc contre les douleurs
② (*verbrauchen*) user *Bleistift, Mine;* noircir *Notizblock, Papier*
II. *r V* ① (*falsch schreiben*) **sich** ~ faire une faute [d'orthographe]
② (*sich widmen*) **sich einer S.** (*Dat*) ~ se vouer à qc
Verschreibung *f* (*das Verordnen*) prescription *f*
verschreibungspflichtig *Adj* délivré(e) sur ordonnance
verschrie[e]n *Adj Gegend, Lokal* mal famé(e); ~ **sein** *Gegend, Lokal:* avoir [une] mauvaise réputation; **als Choleriker** ~ **sein** être un coléreux notoire
verschroben [fɛɐ'ʃroːbən] I. *Adj* extravagant(e)
II. *Adv sich kleiden* de manière extravagante
verschrotten* *tr V* mettre à la ferraille; **etw** ~ mettre qc à la ferraille; **etw** ~ **lassen** mettre qc à la casse
Verschrottung <-, -en> *f* TECH (*Ausschlachten*) démontage *m;* (*Pressen*) broyage *m*
verschrumpeln* *itr V + sein fam* se ratatiner (*fam*)
verschüchtert [fɛɐ'ʃʏçtɐt] *Adj, Adv* effarouché(e)
verschulden* I. *tr V + haben* être responsable de *Unfall*
II. *itr V + sein* s'endetter; **verschuldet sein** être endetté(e)
III. *r V + haben* **sich bei jdm** ~ s'endetter auprès de qn
Verschulden <-s> *nt* responsabilité *f;* **der Unfall ist ohne sein** ~ **passiert** l'accident s'est produit sans que ce soit sa faute; **das ist durch dein eigenes** ~ **so gekommen** c'est de ta faute si les choses se sont passées ainsi
Verschuldung <-, -en> *f* endettement *m;* **die öffentliche** ~ la dette publique
verschütten* *tr V* ① (*vergießen*) renverser
② (*begraben*) ensevelir
verschwägert [fɛɐ'ʃvɛːgɐt] *Adj* parent(e) par alliance; **mit jdm** ~ **sein** être parent(e) par alliance avec qn; **sie sind** [**miteinander**] ~ ils/elles sont parent(e)s par alliance
verschweigen* *tr V unreg* taire; **etw** ~ taire qc; **jdm etw** ~ cacher qc à qn; **jdm** ~, **dass** cacher à qn que + *indic*
Verschweigen <-s> *nt von Tatsachen* dissimulation *f*
verschwenden* *tr V* ① gaspiller; **Geld/Zeit/Energie** ~ gaspiller de l'argent/du temps/de l'énergie
② *fig* **keinen einzigen Gedanken an jdn/etw** ~ ne pas accorder la moindre pensée à qn/qc
Verschwender(in) <-s, -> *m(f)* gaspilleur(-euse) *m(f)*
verschwenderisch I. *Adj* ① *Person, Gruppe* gaspilleur(-euse); **sein** ~**er Umgang mit Energie** sa manie de gaspiller l'énergie
② (*üppig*) *Luxus, Pracht* opulent(e); **in** ~**er Fülle** à profusion
II. *Adv leben* dans le gaspillage; **mit Geld/Energie** ~ **umgehen** jeter l'argent par la fenêtre/gaspiller l'énergie
Verschwendung <-, -en> *f* gaspillage *m*
Verschwendungssucht *f* prodigalité *f* **verschwendungssüchtig** *Adj* follement dépensier(-ière), qui ne pense qu'à gaspiller
verschwiegen [fɛɐ'ʃviːgən] *Adj* ① (*diskret*) discret(-ète)
② (*still*) *Bucht* retiré(e); *Lokal* discret(-ète)
Verschwiegenheit <-> *f* ① (*verschwiegene Art*) discrétion *f*
② (*das Stillschweigen*) secret *m* professionnel, silence *m*
verschwimmen* *itr V unreg + sein Aquarellfarben:* se fondre; *Konturen, Umrisse:* s'estomper; **jdm verschwimmt alles vor den Augen** tout se brouille devant les yeux de qn
verschwinden* *itr V unreg + sein* ① disparaître; **im Wald/in der Dunkelheit** ~ disparaître dans la forêt/l'obscurité; **unsere Katze/das ganze Geld ist verschwunden** notre chat/tout l'argent a disparu; **etw in der Schublade** ~ **lassen** faire disparaître qc dans le tiroir
② (*sich davonmachen*) **durch die Tür/in den Keller** ~ disparaître par la porte/à la cave; **rasch** ~ s'esquiver; **verschwinde!** *fam* fiche le camp! (*fam*)
③ (*sich auflösen*) *Geist, Erscheinung, Gespenst:* disparaître
▸ **mal** ~ **müssen** *euph fam* devoir s'en aller deux secondes (*euph fam*)
Verschwinden <-s> *nt einer Person, eines Gegenstands* disparition *f*
verschwindend *Adj, Adv* infime
verschwistert [fɛɐ'ʃvɪstɐt] *Adj* [**miteinander**] ~ **sein** *zwei Personen:* être frère et sœur; *mehrere Personen:* être frères et sœurs
verschwitzen* *tr V* ① mouiller de sueur; **etw** ~ mouiller qc de sueur; **verschwitzt sein** *Person:* être en nage; *Hemd:* être trempé(e) de sueur
② *fam* (*vergessen*) **einen Termin** ~ foirer un rendez-vous (*fam*)
verschwollen [fɛɐ'ʃvɔlən] *Adj* gonflé(e)
verschwommen [fɛɐ'ʃvɔmən] *Adj* flou(e)
verschworen [fɛɐ'ʃvoːrən] *Adj Gemeinschaft* de conspirateurs/conspiratrices
verschwören* *r V unreg* ① (*konspirieren*) conspirer; **sich gegen jdn** ~ conspirer [*o* comploter] contre qn
② (*sich verschreiben*) **sich einer S.** (*Dat*) ~ se vouer [corps et âme] à qc
▸ **alles hat sich gegen mich verschworen!** tout s'est ligué(e) contre moi!
Verschwörer(in) <-s, -> *m(f)* conspirateur(-trice) *m(f)*
Verschwörung <-, -en> *f* conspiration *f*
verschwunden *PP von* **verschwinden**
versechsfachen* [-'zɛks-] I. *tr V* multiplier par six; **etw** ~ mul-

V

tiplier qc par six
II. *r V* **sich ~** sextupler

versehen* *unreg* **I.** *tr V* ❶ *form* (*ausstatten*) **jdn mit etw ~** munir qn de qc (*form*); **etw mit einem Stempel/einer Unterschrift ~** apposer un tampon/une signature sur qc (*form*); **den Ausweis mit einem Vermerk ~** annoter la pièce d'identité d'une remarque (*form*); **mit etw ~ sein** *Person:* être muni(e) de qc; *Dokument, Gegenstand:* être pourvu de qc
❷ (*ausüben*) remplir *Amt, Pflicht;* assurer *Dienst*
II. *r V* **sich mit etw ~** se munir de qc
▶ **ehe man sich's versieht** sans même que l'on s'en rende compte

Versehen <-s, -> *nt* méprise *f;* **aus ~** par mégarde

versehentlich **I.** *Adj attr* accidentel(le); **ein ~er Anruf** une erreur de numéro
II. *Adv* par erreur

versẹlbständigen*, **versẹlbstständigen***[RR] *r V* **sich ~**
❶ *Firma, Betrieb, Abteilung:* se rendre indépendant(e)
❷ (*außer Kontrolle geraten*) *Verhalten, Verhaltensweisen:* se cristalliser en ayant perdu sa raison d'être

versẹnden* *tr V unreg o reg* expédier

Versẹndung *f* expédition *f*

versẹngen* *tr V* roussir; **den Stoff ~** (*mit einem Bügeleisen, einer Glühbirne*) roussir le tissu; (*am Ofen*) brûler le tissu; **sich** (*Dat*) **die Haare an etw** (*Dat*) **~** se brûler les cheveux avec qc

versẹnkbar *Adj Fernseher, Nähmaschine, Scheinwerfer* escamotable; *Verdeck, Fensterscheibe* coulissant(e)

versẹnken* **I.** *tr V* ❶ couler *Schiff*
❷ (*hineintun*) **etw in den Boden/in ein Loch ~** descendre qc sous la terre/dans un trou
❸ (*einklappen*) escamoter *Gerät, Scheinwerfer, Verdeck;* **sich ~ lassen** s'escamoter
II. *r V* **sich in etw** (*Akk*) **~** se plonger dans qc; **sich in sich selbst ~** plonger en soi-même

Versẹnkung *f* **die ~ eines Schiffs befehlen** ordonner de couler un bateau
▶ **in der ~ verschwinden** *fam* disparaître de la circulation (*fam*); **aus der ~ auftauchen** *fam* refaire surface (*fam*)

versẹssen [fɛɐ'zɛsən] *Adj* **auf Süßigkeiten** (*Akk*) **~ sein** raffoler des sucreries; **auf Geld ~ sein** être vraiment porté(e) sur l'argent; **darauf ~ sein etw zu tun** brûler d'envie de faire qc

Versẹssenheit <-> *f* **~ auf etw** (*Akk*) engouement *m* pour qc

versẹtzen* **I.** *tr V* ❶ ADMIN muter; **jdn ins Ausland ~** muter qn à l'étranger; **sich ~ lassen** se faire muter
❷ *fig* **sich wie ins Mittelalter versetzt fühlen** se sentir transporté(e) dans le Moyen Âge
❸ SCHULE **jdn in die höhere Klasse ~** faire passer qn dans la classe supérieure
❹ SPIEL déplacer *Spielstein, Spielfigur*
❺ (*umsetzen*) transplanter *Baum, Busch*
❻ (*verpfänden*) **etw ~** mettre qc en gage
❼ *fam* (*verkaufen*) fourguer (*fam*)
❽ *fam* (*umsonst warten lassen*) **jdn ~** poser un lapin à qn (*fam*)
❾ (*geben*) **jdm einen Stoß/Tritt ~** donner un coup/un coup de pied à qn
❿ (*bringen*) **jdn in Unruhe/Angst** (*Akk*) **~** provoquer l'inquiétude/la peur de qn; **etw in Bewegung/Schwingung** (*Akk*) **~** mettre qc en marche/faire vibrer qc
⓫ (*mischen*) **etw mit Wasser ~** mélanger qc avec de l'eau
II. *itr V geh* rétorquer, répliquer; **„Auf keinen Fall!" versetzte sie** "En aucun cas!" rétorqua-t-elle
III. *r V* ❶ (*sich einfühlen*) **sich in die Lage seines Freundes ~** se mettre à la place de son ami
❷ *fig* **sich in die Antike ~ [lassen]** se [laisser] transporter dans l'Antiquité

Versẹtzung <-, -en> *f* ❶ ADMIN mutation *f;* **~ in den Ruhestand** mise *f* à la retraite
❷ (*Erreichung des Klassenziels*) passage *m;* **seine ~ ist gefährdet** son passage est compromis

Versẹtzungszeugnis *nt* avis *m* de passage [dans la classe supérieure]

verseuchen* *tr V* ❶ (*vergiften*) contaminer *Lebensmittel, Wild, Blutkonserven;* polluer *Luft, Wasser, Umwelt*
❷ INFORM **etw ~** *Virus:* contaminer qc

Verseuchung <-, -en> *f* contamination *f*

Vẹrsfuß *m* POES pied *m*

Versịcherer [fɛɐ'zɪçərɐ] <-s, -> *m* assurance *f*

versịchern* **I.** *tr V* ❶ (*durch eine Versicherung schützen*) assurer; **jdn/etw gegen etw ~** assurer qn/qc contre qc; **gegen etw versichert sein** être assuré(e) contre qc; **privat versichert sein** avoir une assurance privée
❷ (*beteuern*) **jdm ~, dass** donner l'assurance à qn que + *indic;* **das kann ich dir ~** je peux te l'assurer
❸ *geh* (*zusichern*) **jdn seiner Freundschaft/Treue** (*Gen*) **~** répondre de son amitié/de sa fidélité à qn (*soutenu*)
II. *r V* ❶ **sich gegen etw ~** s'assurer contre qc
❷ *geh* (*sich vergewissern*) **sich der Unterstützung** (*Gen*) **eines Freundes ~** s'assurer du soutien d'un ami

Versịcherte(r) *f(m) dekl wie Adj* assuré(e) *m(f)*

Versịchertenkarte *f* carte *f* d'assuré

Versịcherung *f* ❶ (*Sachversicherung, Lebensversicherung*) assurance *f*
❷ (*Beteuerung*) assurance *f;* JUR déclaration *f;* **eidliche/eidesstattliche ~** déclaration sous serment/sur l'honneur; **Ihre [mündlichen] ~en genügen mir nicht** les assurances que vous m'avez données [oralement] ne me suffisent pas

Versịcherungsagent(in) *m(f)* agent *m* d'assurances **Versịcherungsanspruch** *m* JUR droit *m* à une prestation de l'assurance **Versịcherungsbeitrag** *m* cotisation *f* d'assurance **Versịcherungsbetrug** *m* escroquerie *f* à l'assurance **Versịcherungsfall** *m* sinistre *m* **Versịcherungsgesellschaft** *f* compagnie *f* d'assurances **Versịcherungskarte** *f* carte *f* d'[immatriculation de l']assuré; **[internationale] ~** AUT carte verte **Versịcherungskauffrau** *f* commerciale *f* dans les assurances **Versịcherungskaufmann** *m* commercial *m* dans les assurances **Versịcherungsmathematik** *f* actuariat *m* **Versịcherungsnehmer(in)** <-s, -> *m(f)* assuré(e) *m(f)*

versịcherungspflichtig *Adj Angestellter, Mitarbeiter* obligé(e) de s'assurer; *Beschäftigung, Tätigkeit* assujetti(e) à l'assurance

Versịcherungspolice *f* police *f* d'assurance **Versịcherungsprämie** *f* prime *f* d'assurance **Versịcherungsschutz** *m* couverture *f* [*o* garanties *fpl*] d'assurance **Versịcherungssumme** *f* montant *m* de l'assurance **Versịcherungsvertreter(in)** *m(f)* représentant(e) *m(f)* dans les assurances

versịckern* *itr V + sein* s'infiltrer; **im Boden ~** s'infiltrer dans le sol

versiebenfachen* **I.** *tr V* multiplier par sept; **etw ~** multiplier qc par sept
II. *r V* **sich ~** septupler

versiegeln* *tr V* ❶ (*verschließen*) cacheter *Brief;* sceller *Tür, Wohnung, Zimmer*
❷ (*beschichten*) vitrifier *Parkett*

versiegen* *itr V + sein* [se] tarir

versiert [vɛr'ziːɐt] *Adj* expert(e); **auf einem Gebiet/in Rechtsfragen** (*Dat*) **~ sein** être expert(e) dans un domaine/le domaine juridique

Versiertheit [vɛr'ziːɐt-] <-> *f* professionnalisme *m*

versifft *Adj sl* cradingue (*pop*)

versịlbern* *tr V* ❶ (*mit Silber überziehen*) argenter; **versilbert** argenté(e)
❷ *fam* (*zu Geld machen*) monnayer (*fam*)

versịnken *itr V unreg + sein* ❶ *Schiff:* sombrer; **im Meer ~** *Schiff:* sombrer au fond de la mer; **versunken** *Schiff, Schatz*

englouti(e)
❷ (*untergehen*) **hinter dem Horizont ~** *Sonne:* disparaître à l'horizon
❸ (*einsinken*) **im Schnee ~** s'enfoncer dans la neige; **im Schlamm ~** s'embourber; **im Moor versunken** englouti(e) dans le marécage; *s. a.* **versunken**

versinnbildlichen* *tr V* symboliser

Version [vɛrˈzioːn] <-, -en> *f* version *f*

versippt [fɛɐˈzɪpt] *Adj* parent(e) par alliance; **mit jdm ~ [sein]** [être] parent(e) par alliance avec qn

versklaven* [-vn] *tr V* réduire en esclavage; **jdn ~** réduire qn en esclavage

Versklavung [-vʊŋ] <-, -en> *f* asservissement *m*

Verslehre *f* LITER, LING métrique *f*

verslumen* [fɛɐˈslamən] *itr V + sein* devenir un bidonville

Versmaß *nt* POES mètre *m*

versnobt [fɛɐˈsnɔpt] *Adj* snob

versoffen [fɛɐˈzɔfən] *Adj sl* brindezingue (*arg*); **ein ~er Kerl** un pochard (*arg*)

versohlen* *tr V fam* tanner le cuir à (*fam*)

versöhnen* **I.** *r V* **sich ~** se réconcilier; **sich [miteinander] ~** se réconcilier; **sich mit jdm ~** se réconcilier avec qn
II. *tr V* ❶ (*aussöhnen*) **jdn mit jdm ~** réconcilier qn avec qn
❷ (*besänftigen*) **jdn ~** *Angebot, Geschenk:* rendre qn [plus] conciliant(e); **jdn mit etw ~** amadouer qn par qc

versöhnlich *Adj Geste, Worte* conciliant(e); *Ausklang, Schluss* de réconciliation; **jdn ~ stimmen** rendre qn conciliant(e)

Versöhnung <-, -en> *f* réconciliation *f;* **zur ~** en guise de réconciliation

versonnen [fɛɐˈzɔnən] **I.** *Adj* songeur(-euse)
II. *Adv* pensivement

versorgen* **I.** *tr V* ❶ (*betreuen*) s'occuper de *Person, Tier, Haushalt*
❷ (*versehen*) **jdn mit etw ~** fournir qc à qn [*o* qn en qc]; **mit etw versorgt sein** avoir ce qu'il faut de qc; **regelmäßig versorgt werden** *Truppen:* être régulièrement ravitaillé(e); **ein Organ mit Sauerstoff ~** alimenter un organe en oxygène
❸ (*medizinisch behandeln*) soigner *Patienten, Wunde*
II. *r V* **sich mit Reiseproviant ~** faire des provisions pour le voyage; **sich mit allem Nötigen ~** se munir de tout ce qui est nécessaire; **er kann sich selbst ~** il peut subvenir à ses besoins

Versorger(in) *m(f)* ÖKON soutien *m* de famille

Versorgung <-> *f* ❶ (*das Versorgen*) **die ~ des Haushalts** les tâches ménagères; **sich um die ~ der Tiere/Pflanzen kümmern** s'occuper des animaux/soigner les plantes
❷ (*das Ausstatten*) l'approvisionnement *m*

Versorgungsanspruch *m* droit *m* à une assistance **versorgungsberechtigt** *Adj* qui a droit à une pension **Versorgungsgüter** *Pl* biens *mpl* d'approvisionnement **Versorgungsheim** *nt* A (*Altersheim*) maison *f* de retraite **Versorgungskonvoi** *m* convoi *m* de ravitaillement **Versorgungslücke** *f* carence *f* de l'approvisionnement, pénurie *f* **Versorgungsnetz** *nt* réseau *m* d'approvisionnement **Versorgungsschiff** *nt* [navire *m*] ravitailleur *m*

verspannen* *r V* **sich ~** *Hals, Muskel:* se contracter; **verspannt** contracté(e)

Verspannung *f* contraction *f*

verspäten* *r V* **sich ~** *Person:* se mettre en retard; *Zug, Flugzeug:* être en retard; **sich um eine Stunde ~** *Person:* se mettre en retard d'une heure; *Zug, Flugzeug:* être en retard d'une heure

verspätet **I.** *Adj Flugzeug, Zug* en retard; *Ankunft, Abflug* retardé(e); *Sommer* tardif(-ive)
II. *Adv* en [*o* avec du] retard

Verspätung <-, -en> *f* retard *m;* **~ haben** *Zug, Flugzeug:* avoir du retard; **mit ~** en [*o* avec du] retard; **mit dreistündiger/siebentägiger/einem Monat ~** avec trois heures/sept jours/un mois de retard

verspeisen* *tr V geh* ingurgiter (*soutenu*)

verspekulieren* **I.** *r V* ❶ BÖRSE **sich ~** faire des spéculations malheureuses
❷ *fam* (*sich irren*) **sich ~** se foutre dedans (*fam*)
II. *tr V* BÖRSE **etw ~** perdre qc en spéculations malheureuses

versperren* *tr V* ❶ (*blockieren*) couper *Straße;* **jdm den Weg ~** barrer le chemin à qn
❷ (*nehmen*) **jdm die Aussicht ~** boucher la vue à qn
❸ DIAL (*abschließen*) **etw ~** fermer qc à clé

verspielen* *tr V* ❶ (*beim Glücksspiel*) perdre au jeu; **viel Geld ~** perdre beaucoup d'argent au jeu
❷ (*einbüßen*) gâcher *Chance, Vorteil;* galvauder *Sieg*
▶ **verspielt haben** avoir perdu la partie; **bei jdm verspielt haben** être discrédité(e) auprès de qn

verspielt *Adj* ❶ *Kind, Hund:* joueur(-euse); **~ sein** *Kind, Hund:* être joueur(-euse)
❷ (*nicht streng*) *Dekor, Muster* fantaisie *inv*

versponnen [fɛɐˈʃpɔnən] *Adj Gelehrter* excentrique; *Gedankenwelt, Ideen* bizarre

verspotten* *tr V* se moquer de

Verspottung <-, -en> *f* raillerie *f*

versprechen* *unreg* **I.** *tr V* ❶ (*zusagen*) promettre; **[jdm] etw ~** promettre qc [à qn]; **[jdm] ~ vorsichtig zu fahren** promettre [à qn] de rouler avec prudence; **[jdm] ~, dass** promettre [à qn] que + *indic*
❷ (*erwarten lassen*) promettre; **etw verspricht ein Erfolg zu werden** qc promet de devenir un succès
II. *r V* ❶ (*sich erhoffen*) **sich** (*Dat*) **von einer Reise viel ~** attendre beaucoup d'un voyage
❷ (*sich beim Sprechen vertun*) **sich ~** faire un lapsus; **ich habe mich versprochen** la langue m'a fourché

Versprechen <-s, -> *nt* promesse *f;* **jdm das ~ geben etw zu tun** faire la promesse à qn de faire qc; **jdm das ~ abnehmen etw zu tun** faire promettre à qn de faire qc

Versprecher <-s, -> *m fam* lapsus *m;* **ein freudscher ~** un lapsus révélateur

Versprechung <-, -en> *f meist Pl* promesse *f;* **leere ~en** des promesses en l'air

versprengen* *tr V* ❶ (*auseinander treiben*) disperser *Truppen, Herde*
❷ (*verspritzen*) **Wasser ~** asperger de l'eau

verspritzen* *tr V* ❶ (*versprengen*) faire gicler *Wasser;* **Wasser ~** faire gicler de l'eau; **etw über jdn/etw ~** asperger qn/qc de qc
❷ (*versprühen*) pulvériser *Farbe, Tinte*
❸ (*ausstoßen*) cracher
❹ (*voll spritzen*) **[jdm] den Mantel/die Scheibe ~** éclabousser le manteau/la vitre [de qn]

versprühen* *tr V* ❶ pulvériser; **Wasser/ein Pflanzenschutzmittel ~** pulvériser de l'eau/un produit phytosanitaire
❷ *fig* **Optimismus ~** regorger d'optimisme; **Geist ~** pétiller d'esprit

verspüren* *tr V geh* ressentir, éprouver

verstaatlichen* *tr V* nationaliser

Verstaatlichung <-, -en> *f* nationalisation *f*

Verstädterung [fɛɐˈʃtɛ(ː)tərʊŋ] <-, -en> *f* urbanisation *f*

verstand [fɛɐˈʃtant] *Imp von* **verstehen**

Verstand <-[e]s> *m* raison *f;* **bei klarem/nicht bei klarem ~ sein** avoir/ne pas avoir toute sa raison [*o* sa tête]; **seinen ~ anstrengen** prendre le temps de réfléchir; **bist du noch bei ~?** as-tu bien toute ta raison? (*fam*)
▶ **jdn um den ~ bringen** rendre qn fou(folle); **etw mit ~ essen/trinken** manger/boire qc en savourant; **über jds ~** (*Akk*) **gehen** dépasser l'entendement de qn; **den ~ verlieren** perdre la raison

verstanden [fɛɐˈʃtandən] *PP von* **verstehen**

Verstandeskraft *f* facultés *fpl* intellectuelles **verstandesmäßig** *Adj* ❶ (*auf Verstand beruhend*) rationnel(le) ❷ (*intellek-*

V

tuell) intellectuel(le) **Verstandesmensch** *s.* Vernunftmensch
verständig [fɛɐˈʃtɛndɪç] *Adj* raisonnable
verständigen* I. *tr V* informer; **jdn von etw/über etw** (*Akk*) ~ informer qn de qc
II. *r V* ❶ (*sich verständlich machen*) **sich durch etw** ~ *Fremder, Tourist:* se faire comprendre par qc
❷ (*sich unterhalten*) **sich auf Italienisch** ~ communiquer en italien
❸ (*sich einigen*) **sich** [**miteinander**] ~ s'entendre; **sich mit jdm über etw** (*Akk*) ~ s'entendre avec qn sur qc
Verständigkeit <-> *f* bon sens *m*
Verständigung <-, *selten* -en> *f* ❶ (*Benachrichtigung*) information *f;* **sich um die ~ des Arztes kümmern** se charger de prévenir le médecin
❷ (*Kommunikation*) communication *f;* **eine ~ war kaum möglich** il était difficile de se faire comprendre
❸ (*Einigung*) accord *m;* **mit jdm zu einer ~ kommen** *form* trouver un terrain d'entente avec qn (*form*)
verständigungsbereit *Adj* prêt(e) à s'entendre **Verständigungsbereitschaft** *f kein Pl* esprit *m* de conciliation **Verständigungsschwierigkeiten** *Pl* difficultés *fpl* à se faire comprendre; ~ [**haben**] [avoir des] difficultés *fpl* à se faire comprendre
verständlich [fɛɐˈʃtɛntlɪç] I. *Adj* ❶ (*begreiflich*) compréhensible; **jdm etw ~ machen** faire comprendre qc à qn; **sich ~ machen** se faire comprendre; **leicht ~** facile à comprendre; **schwer ~** *Entscheidung, Verhalten* assez incompréhensible; *Formulierung, Sprache, Stil* peu intelligible
❷ (*hörbar*) intelligible; **nicht ~** inintelligible
II. *Adv* ❶ (*verstehbar*) d'une manière compréhensible
❷ (*hörbar*) de façon intelligible
verständlicherweise *Adv* ce qui est bien compréhensible
Verständlichkeit <-> *f* ❶ (*Nachvollziehbarkeit*) **trotz der ~ Ihrer Erregung** bien que votre irritation soit [tout à fait] compréhensible
❷ (*Vernehmbarkeit*) intelligibilité *f*
❸ (*Klarheit*) compréhensibilité *f*
Verständnis [fɛɐˈʃtɛntnɪs] <-ses, *selten* -se> *nt* compréhension *f;* **für etw ~ haben** [*o* **aufbringen**] être plein(e) de compréhension envers qc; **für alles/vieles ~ haben** être capable de tout comprendre/de comprendre beaucoup de choses; **für etw kein ~ haben** [*o* **aufbringen**] ne pas arriver à comprendre qc
verständnislos I. *Adj* d'incompréhension
II. *Adv* avec un air d'incompréhension
Verständnislosigkeit *f kein Pl* manque *m* de compréhension
verständnisvoll *Adj* compréhensif(-ive)
verstärken* I. *tr V* ❶ consolider *Mauer, Decke*
❷ (*vergrößern*) **die Belegschaft um fünf Personen/auf zwanzig Mitarbeiter ~** renforcer les effectifs de cinq/jusqu'à vingt personnes
❸ (*intensivieren*) renforcer *Eindruck, Einsatz;* intensifier *Anstrengungen, Bemühungen*
❹ PHYS augmenter *Druck, Zufuhr*
❺ AUDIOV amplifier
II. *r V* **sich ~** se renforcer
Verstärker <-s, -> *m* amplificateur *m*
Verstärkung *f kein Pl* ❶ *einer Mauer, Decke* consolidation *f*
❷ (*das Vergrößern*) *eines Teams, einer Truppe* renforcement *m*
❸ (*zur Verstärkung dienende Person, Personen*) renfort *m*
❹ (*Intensivierung*) *der Anstrengungen* intensification *f; des Einsatzes* renforcement *m*
❺ PHYS *des Drucks* augmentation *f*
verstauben* *itr V + sein* se [re]couvrir de poussière; **verstaubt** [**sein**] [être] empoussiéré(e)
verstaubt [fɛɐˈʃtaʊpt] *Adj Ansichten* poussiéreux(-euse)
verstauchen* *tr V* **sich** (*Dat*) **etw ~** se fouler qc
Verstauchung <-, -en> *f* foulure *f*
verstauen* *tr V* mettre; **etw im Auto/in der Wohnung ~** mettre qc dans la voiture/dans l'appartement; **etw in Kisten ~** ranger qc dans des caisses
Versteck [fɛɐˈʃtɛk] <-[e]s, -e> *nt* cachette *f; eines Kriminellen* cache *f*
verstecken* I. *tr V* cacher; **etw vor jdm ~** cacher qc à qn; *s. a.* **versteckt**
II. *r V* **sich auf dem Speicher ~** se cacher au grenier; **sich vor jdm ~** se cacher pour échapper à qn
▸ **sich vor** [*o* **neben**] **jdm/etw nicht zu ~ brauchen** ne rien avoir à envier à qn/qc
Verstecken ▸ **mit jdm ~ spielen** jouer à cache-cache avec qn
Versteckspiel *nt* jeu *m* de cache-cache
▸ **lass dieses ~!** arrête de jouer à cache-cache!
versteckt I. *Adj* ❶ (*verborgen*) caché(e)
❷ (*abgelegen*) très à l'écart
❸ (*unausgesprochen*) voilé(e)
II. *Adv* **~ liegen** se trouver à l'écart
verstehen <verstand verstanden> I. *tr V* ❶ (*akustisch wahrnehmen*) comprendre; **kaum zu ~ sein** être presque inintelligible
❷ (*begreifen*) comprendre; **jdn richtig/falsch ~** comprendre qn bien/mal [*o* de travers]; **nicht ~ können, warum/wie ...** ne pas arriver à comprendre pourquoi/comment...; **kaum zu ~ sein** *Vorfall:* être presque incompréhensible; **jdm zu ~ geben, dass** faire comprendre à qn que + *indic;* [**ist das**] **verstanden?** [c'est] compris?
❸ (*mitempfinden, nachvollziehen*) comprendre; **~, dass** comprendre que + *subj*
❹ (*beherrschen, wissen*) comprendre *Fremdsprache;* **es ~ etw zu tun** s'y entendre pour faire qc; **etwas/viel von etw ~** s'y connaître pas mal/bien en qc; **nichts von etw ~** ne rien comprendre à qc
❺ (*interpretieren*) **unter Freundschaft verstehe ich Vertrauen** par amitié, j'entends confiance; **ich weiß nicht, wie ich das ~ soll** je ne sais pas comment interpréter cela; **wie darf** [*o* **soll**] **ich das ~?** comment dois-je comprendre cela?
II. *r V* ❶ (*auskommen*) **sich mit jdm** [**gut**] **~** s'entendre [bien] avec qn; **sie ~ sich** ils/elles s'entendent
❷ (*beherrschen*) **sich auf etw** (*Akk*) **~** être doué(e) pour qc
❸ (*sich einschätzen*) **sich als Künstler ~** se considérer comme artiste
❹ COM **sich netto/mit Mehrwertsteuer ~** *Preis, Angebot:* être net/toutes taxes comprises
▸ **sich von selbst ~** aller de soi; **versteht sich!** *fam* naturellement! (*fam*)
III. *itr V* comprendre; **wenn ich recht verstehe** si je comprends bien; [**hast du**] **verstanden?** [c'est] compris?
versteifen* I. *r V* ❶ (*beharren*) **sich auf etw** (*Akk*) **~** s'obstiner dans qc; **sich darauf ~, dass** s'obstiner à croire que + *indic*
❷ (*steif werden*) **sich ~** *Penis:* se raidir
II. *tr V* renforcer *Mauer, Konstruktion*
Versteifung <-, -en> *f* ❶ *von Gelenken* raidissement *m*
❷ (*Beharren*) durcissement *m*
versteigen* *r V unreg geh* **sich zu etw ~** se laisser aller à qc
versteigern* *tr V* vendre aux enchères; **etw ~** vendre qc aux enchères; **etw ~ lassen** faire vendre qc aux enchères
Versteigerung *f* vente *f* aux enchères; **zur ~ kommen** être mis(e) aux enchères
versteinern *itr V + sein* ❶ GEOL se fossiliser; **versteinert** fossilisé(e)
❷ *fig* **er saß mit versteinertem Gesicht da** il était là, le visage pétrifié
Versteinerung <-, -en> *f* fossile *m*
verstellbar *Adj* réglable; **in der Höhe/der Neigung ~** [**sein**] [être] réglable en hauteur/inclinable

verstehen

• Verstehen signalisieren	• signaler la compréhension
(Ja, ich) verstehe!	(Oui,) je comprends!
Genau!	Exactement!
Ja, das kann ich nachvollziehen.	Oui, je comprends cela.

• Nicht-Verstehen signalisieren	• signaler l'incompréhension
Was meinen Sie damit?	Que voulez-vous dire par là?
Wie bitte? – Das habe ich eben akustisch nicht verstanden.	Pardon? – Je n'ai pas entendu ce que vous disiez à l'instant.
Könnten Sie das bitte noch einmal wiederholen?	Pourriez-vous répéter, s'il vous plaît?
Versteh ich nicht!/Kapier ich nicht! *(fam)*	Je comprends pas!/Je pige pas! *(fam)*
Das verstehe ich nicht (ganz).	Je ne comprends pas (très bien).
(Entschuldigen Sie bitte, aber) das habe ich eben nicht verstanden.	(Excusez-moi, mais) je n'ai pas compris.
Ich kann Ihnen nicht ganz folgen.	Je ne vous suis pas vraiment.

• kontrollieren, ob man akustisch verstanden wird	• s'assurer qu'on a bien été entendu
(an ein Publikum) Verstehen Sie mich alle?	*(à un public)* Vous m'entendez tous?
(am Telefon) Können Sie mich hören?	*(au téléphone)* Vous m'entendez?
(am Telefon) Verstehen Sie, was ich sage?	*(au téléphone)* Vous comprenez ce que je dis?

verstellen* I. *tr V* ❶ régler *Stuhl, Höhe, Neigung*
❷ *(woandershin stellen)* déplacer
❸ *(unzugänglich machen)* **[jdm] den Weg** ~ *Person:* barrer le chemin [à qn]; *Fahrrad:* encombrer le chemin [à qn]
❹ *(verändern)* contrefaire *Stimme;* modifier *Akzent*
II. *r V* **sich** ~ simuler

Verstellung *f kein Pl (Heuchelei)* simulation *f;* **das ist doch alles nur ~!** tout cela n'est qu'hypocrisie!

versterben* *itr V unreg + sein form* décéder *(form);* **an etw** *(Dat)* ~ mourir de qc

versteuern* *tr V* payer des impôts sur *Einkommen;* **das zu ~de Einkommen** le revenu imposable

Versteuerung *f* déclaration *f* aux impôts

verstiegen *PP von* **versteigen**

verstimmen* *tr V (verärgern)* fâcher *Person;* **jdn** ~ *Person:* fâcher qn; **es verstimmt ihn, dass/wenn ...** ça le contrarie qn que + *subj*/si...

verstimmt I. *Adj* ❶ *Instrument* désaccordé(e)
❷ *(verärgert)* fâché(e); **über etw** *(Akk)* ~ **sein** être mécontent(e) de qc
II. *Adv hinausgehen* avec humeur

Verstimmung *f* mauvaise humeur *f*

verstockt [fɛɐˈʃtɔkt] *Adj* buté(e)

Verstocktheit <-> *f* entêtement *m*

verstohlen [fɛɐˈʃtoːlən] I. *Adj* furtif(-ive)
II. *Adv sich umblicken, lächeln* furtivement; *winken, zeigen* en cachette

verstopfen* I. *tr V + haben* boucher *Abfluss;* **den Abfluss mit etw** ~ boucher le siphon avec qc
II. *itr V + sein* se boucher

verstopft *Adj* ❶ *(blockiert) Rohr, Leitung* bouché(e); *Straße, Innenstadt* encombré(e)
❷ MED *Nase, Nebenhöhle* bouché(e); **er ist** ~ *fam* il est constipé

Verstopfung <-, -en> *f* MED constipation *f*

verstorben [fɛɐˈʃtɔrbən] *Adj geh* défunt(e) *(soutenu);* ~ **sein** être décédé(e) *(form)*

Verstorbene(r) *f(m) dekl wie Adj* défunt(e) *m(f) (soutenu)*

verstören* *tr V* bouleverser

verstört [fɛɐˈʃtøːɐt] *Adj, Adv* bouleversé(e)

Verstoß *m* infraction *f;* ~ **gegen die Verkehrsordnung** infraction au code de la route; ~ **gegen die guten Sitten** JUR, COM atteinte *f* aux bonnes mœurs

verstoßen* *unreg* I. *itr V* **gegen ein Gesetz/eine Vorschrift** ~ transgresser une loi/un règlement; **gegen die Disziplin** ~ manquer à la discipline
II. *tr V* **jdn** ~ rejeter qn

verstrahlen *tr V* irradier; **jdn/etw** ~ irradier qn/qc

Verstrebung [fɛɐˈʃtreːbʊŋ] <-, -en> *f* ARCHIT contre[-]fiche *f*

verstreichen* *unreg* I. *tr V + haben* étaler; **Farbe/Creme auf etw** *(Dat)* ~ étaler de la peinture/de la crème sur qc
II. *itr V + sein Frist, Ultimatum:* expirer; *Zeit, Tage:* s'écouler; **etw ~ lassen** laisser passer qc

verstreuen* *tr V* ❶ *(ausstreuen)* répandre *Streusalz;* **Streusalz auf der Straße** ~ répandre du sel sur la route
❷ *(achtlos hinwerfen)* **etw auf dem Boden/im Zimmer** ~ éparpiller qc par terre/dans la pièce
❸ *(verschütten)* **Zucker** ~ renverser du sucre

verstreut [fɛɐˈʃtrɔɪt] *Adj Gehöfte, Ortschaften* disséminé(e)

verstricken* I. *tr V* ❶ *(verwickeln)* **jdn in etw** *(Akk)* ~ entraîner qn dans qc
❷ *(verbrauchen)* **hundert Gramm Wolle** ~ tricoter cent grammes de laine
II. *r V* **sich in etw** *(Akk)* ~ s'empêtrer dans qc

Verstrickung <-, -en> *f* implication *f;* **seine ~ in diesen Skandal** son implication dans ce scandale

verströmen* *tr V geh* exhaler *(soutenu) Duft, Aroma*

verstümmeln* *tr V* ❶ *(verletzen)* mutiler; **jdn/sich** ~ mutiler qn/se mutiler
❷ *(verfälschen, kürzen)* écorcher *Namen;* tronquer *Text, Botschaft*

Verstümmelung <-, -en> *f (Verletzung)* mutilation *f*

verstummen* *itr V + sein* ❶ *Person:* se taire; **alle verstumm-**

V

ten ils se sont tous tus
② (*sich legen*) *Gerede, Vorwürfe:* cesser
Versuch [fɛɐ̯'zu:x] <-[e]s, -e> *m* ① (*Bemühung*) tentative *f;* **einen ~ machen** [*o* **starten**] faire une tentative; **mit jdm/etw einen ~ machen** faire un essai avec qn/qc; **beim ~, der Katze vom Baum zu helfen** en tentant d'aider le chat à descendre de l'arbre
② (*Experiment*) expérience *f;* **~e an Tieren machen** se livrer à des expériences sur des animaux
③ SPORT essai *m*
▶ **es auf einen ~ ankommen lassen** tenter le coup; **das käme auf einen ~ an** ça vaudrait [peut-être] la peine d'essayer
versuchen* I. *tr V* ① (*einen Versuch unternehmen*) tenter; **er versucht den Rechner zu bedienen** il tente [*o* essaie] de faire fonctionner l'ordinateur; **~ Sie keine Tricks!** n'essayez pas d'user de subterfuges!
② (*ausprobieren*) essayer; **es mit jdm ~** faire un essai avec qn; **es mit einem Werkzeug/Schlüssel ~** essayer avec un outil/une clef; **~, ob** essayer de voir si
③ (*kosten*) goûter *Kuchen, Wurst*
▶ **versucht sein etw zu tun** être tenté(e) de faire qc
II. *r V* **sich auf einem Gebiet ~** s'essayer dans un domaine; **sich in der Malerei ~** s'essayer à faire de la peinture
Versucher(in) <-s, -> *m(f)* REL tentateur(-trice) *m(f)*
Versuchsanlage *f* station *f* d'essais **Versuchsanordnung** *f a.* CHEM, PHYS dispositions *fpl* prises pour une expérience **Versuchsanstalt** *f* laboratoire *m* [d'essai]; **eine landwirtschaftliche ~** une ferme expérimentale **Versuchsballon** [-balɔŋ, -balo:n] *m* ballon *m* [d'essai] ▶ **einen ~ starten** lancer un ballon d'essai **Versuchsgelände** *nt* terrain *m* d'essai **Versuchskaninchen** *nt fam* cobaye *m* **Versuchsperson** *f personne volontaire pour des expériences* **Versuchsreihe** *f* série *f* d'expériences **Versuchsstadium** *nt* stade *m* expérimental **Versuchstier** *nt* animal *m* de laboratoire
versuchsweise [-vaɪzə] *Adv einführen* à titre expérimental; *einstellen, beschäftigen* à l'essai
Versuchszweck *m* **zu ~en** à des fins expérimentales
Versuchung <-, -en> *f* tentation *f;* **jdn in ~ führen** tenter qn; **in ~ geraten** [*o* **kommen**] [**etw zu tun**] être tenté(e) [de faire qc]; **„und führe uns nicht in ~"** "et ne nous soumets pas à la tentation"
versumpfen* *itr V + sein* ① GEOG se transformer en marais
② *fig sl* (*zu viel trinken*) passer la nuit à se murger la gueule (*arg*); (*sich gehen lassen*) mener une vie de branquignol (*arg*)
versündigen* *r V geh* ① REL **sich ~** pécher
② (*misshandeln*) **sich an jdm/etw** (*Dat*) **~** pécher contre qn/qc
versunken [fɛɐ̯'zʊŋkən] I. *PP von* **versinken**
II. *Adj* ① (*untergegangen*) *Kultur, Reich* disparu(e)
② (*vertieft*) **in etw** (*Akk*) **~ sein** être plongé(e) dans qc
versüßen* *tr V fig* **jdm den Abschied mit einem Geschenk ~** rendre les adieux moins amers à qn avec un cadeau
vertagen* I. *tr V* reporter *Sitzung;* **etw auf einen späteren Zeitpunkt ~** ajourner qc à plus tard
II. *r V* **sich ~** *Komitee, Ausschuss:* ajourner sa réunion; *Gericht:* ajourner sa session
Vertagung *f* ajournement *m*
vertäuen* *tr V* NAUT amarrer
vertauschen* *tr V* ① (*verwechseln*) prendre pour le sien/la sienne; **etw ~** prendre qc pour le sien/la sienne; **jemand hat meine Jacke vertauscht** quelqu'un a pris ma veste pour la sienne; **wer hat unsere Regenschirme vertauscht?** qui a pris mon parapluie à la place du sien?
② (*austauschen*) **den Stuhl mit dem** [*o* **gegen den**] **Sessel ~** échanger la chaise contre le fauteuil
verteidigen* I. *tr V* ① *a.* JUR défendre *Person, Land, Grenze;* **jdn gegen jdn/etw ~** défendre qn contre qn/qc
② (*beibehalten*) maintenir *Vorsprung*
II. *r V* **sich gegen jdn/etw ~** se défendre contre qn/qc
III. *itr V Spieler, Mannschaft:* jouer défenseur
Verteidiger(in) <-s, -> *m(f)* ① JUR avocat(e) *m(f)* de la défense
② SPORT défenseur *m*
Verteidigung <-, -en> *f* défense *f;* **etw zu seiner ~ vorbringen** dire qc pour se défendre
Verteidigungsbündnis *nt* alliance *f* défensive **Verteidigungskrieg** *m* guerre *f* défensive **Verteidigungsmaßnahme** *f* mesure *f* de défense **Verteidigungsminister(in)** *m(f)* ministre *mf* de la Défense; (*in Frankreich*) ministre de la Défense nationale **Verteidigungsministerium** *nt* ministère *m* de la Défense; (*in Frankreich*) ministère de la Défense nationale **Verteidigungspolitik** *f* politique *f* de défense **Verteidigungsrede** *f* ① JUR plaidoierie *f,* plaidoyer *m* ② (*Apologie*) défense *f,* apologie *f*
verteilen* I. *tr V* ① (*austeilen*) distribuer *Prospekte, Fotokopien;* **Lebensmittel an die Flüchtlinge ~** distribuer des aliments aux réfugiés
② (*platzieren*) **etw im Haus/auf dem Platz ~** disposer qc dans la maison/sur la place
③ (*auftragen*) étaler *Butter, Marmelade;* **die Creme [gleichmäßig] auf der Haut ~** [bien] étaler la crème sur la peau
④ (*verstreuen*) répandre *Erde, Sand;* épandre *Dünger, Kompost*
II. *r V* ① **sich ~** *Personen:* se répartir
② (*umgelegt werden*) **sich auf die Teilnehmer ~** *Kosten:* se répartir entre les participants
Verteiler *m* ① AUT distributeur *m*
② (*Verteilerschlüssel*) liste *f* des destinataires
Verteilerkasten *m* ELEC boîtier *m* de distribution **Verteilernetz** *nt* ELEC réseau *m* de distribution **Verteilerschlüssel** *m* liste *f* des destinataires
Verteilung *f* ① (*Austeilung*) distribution *f*
② (*das Ausstreuen*) *von Dünger* épandage *m; von Humus, Erde* répartition *m*
Verteilungskampf *m* **~ um etw** (*Akk*) lutte pour la répartition de qc; **~ auf dem Arbeitsmarkt** lutte pour la répartition du travail [sur le marché de l'emploi]; **einen ~ um etw** (*Akk*) **führen** lutter pour la répartition de qc
verteuern* I. *tr V* augmenter [le prix de] *Waren, Produkte;* majorer *Kredite;* **etw auf das Doppelte ~** augmenter le prix de qc du simple au double
II. *r V* **sich ~** augmenter; **das Benzin hat sich auf das Doppelte verteuert** le prix de l'essence a été multiplié par deux
Verteuerung *f* majoration *f*
verteufeln* *tr V* damner
verteufelt I. *Adj fam* foutu(e) *antéposé* (*fam*)
II. *Adv fam* diablement (*fam*)
Verteufelung <-, -en> *f* damnation *f*
vertiefen* I. *tr V* ① approfondir *Graben;* **etw um einen Meter ~** approfondir qc d'un mètre
② (*vergrößern, ausbauen*) creuser [encore plus] *Kluft, Spalt;* approfondir *Kenntnisse, Lehrstoff, Wissen*
II. *r V* **sich in etw** (*Akk*) **~** se plonger dans qc; **in etw** (*Akk*) **vertieft sein** être plongé(e) dans qc
Vertiefung <-, -en> *f* ① *kein Pl* (*das Vertiefen*) approfondissement *m*
② (*tiefe Stelle*) creux *m*
③ (*Vergrößerung, Ausbau*) aggravation *f; von Kenntnissen* approfondissement *m*
vertikal [vɛrti'ka:l] I. *Adj* vertical(e)
II. *Adv* à la verticale
Vertikale [vɛrti'ka:lə] <-, -n> *f* verticale *f;* **in der ~n** à la verticale
vertilgen* *tr V* ① (*ausrotten*) détruire *Unkraut;* exterminer *Ungeziefer*
② *fam* (*aufessen*) liquider (*fam*)
Vertilgung *f von Unkraut* destruction *f; von Ungeziefer* extermination *f*

Vertilgungsmittel *nt* (*gegen Ungeziefer*) insecticide *m*; (*gegen Unkraut*) désherbant *m*
vertippen* *r V fam* **sich** ~ faire une faute de frappe
vertonen* *tr V* mettre en musique; **etw** ~ mettre qc en musique
Vertonung <-, -en> *f* ❶ *kein Pl* (*das Vertonen*) mise *f* en musique
❷ (*vertonte Fassung*) version *f* musicale
vertrackt [fɛɐ'trakt] *Adj fam* embrouillé(e), coton (*fam*); [**besonders**] ~ **sein** être un [vrai] sac de nœuds (*fam*)
Vertrag [fɛɐ'tra:k, *Pl:* fɛɐ'trɛ:gə] <-[e]s, -̈e> *m* ❶ JUR contrat *m*; **Dauer eines** ~**s** durée *f* d'un contrat; **jdn unter** ~ **nehmen/haben** prendre/employer qn sous contrat
❷ POL traité *m*; ~ **über die Europäische Union** traité sur l'Union européenne; **der Versailler** ~ HIST le traité de Versailles
vertragen* *unreg* **I.** *tr V* ❶ (*verkraften*) supporter *Hitze, Aufregung, Kritik;* **Hitze/Aufregung/Kritik nicht gut** ~ ne supporter guère la chaleur/l'excitation/la critique; **kein direktes Sonnenlicht** ~ *Pflanze, Stoff:* ne pas résister aux rayons du soleil
❷ (*bekömmlich finden*) **keinen Kaffee/Alkohol** ~ ne pas supporter le café/l'alcool
❸ *fam* (*nötig haben*) **ich könnte ein Bier/etwas Ruhe** ~ une bière/un peu de calme ne me ferait pas de mal (*fam*); **die Fenster könnten einen neuen Anstrich** ~ les fenêtres pourraient supporter un coup de pinceau (*fam*)
II. *r V* ❶ (*auskommen*) **sich** [**miteinander**] ~ s'entendre [entre eux/elles]; **sich mit jdm** ~ s'entendre avec qn; **vertragt euch wieder!** réconciliez vous!
❷ (*zusammenpassen*) **sich mit etw** ~ *Farbe, Krawatte:* aller avec qc
vertraglich **I.** *Adj* contractuel(le); **sich an die** ~**en Vereinbarungen halten** respecter les clauses du contrat
II. *Adv* ~ **verpflichtet** tenu(e) par contrat; **sich** ~ **absichern** se garantir par un contrat
verträglich [fɛɐ'trɛ:klɪç] *Adj* ❶ (*umgänglich*) accommodant(e)
❷ (*bekömmlich*) *Essen* digeste; *Medikament* bien toléré(e); **gut/schlecht** ~ **sein** *Essen:* se digérer bien/mal; *Medikament:* être bien/mal toléré(e); **für die Umwelt** ~ compatible avec l'environnement
Verträglichkeit <-> *f eines Essens* digestibilité *f*
VertragsabschlussRR *m* signature *f* du contrat **vertragsbrüchig** *Adj* qui rompt un contrat; ~ **werden/sein** rompre le contrat/être en rupture de contrat
vertragschließend *Adj* contractant(e); ~**e Partei** partie contractante **Vertragsentwurf** *m* projet *m* de contrat **vertragsgemäß** **I.** *Adj Bedingung* conforme au contrat [*o* aux termes du contrat] **II.** *Adv* conformément au contrat **Vertragshändler(in)** *m(f)* concessionnaire *mf* **Vertragspartner(in)** *m(f)* cocontractant *m*, partie *f* contractante **Vertragsstaat** *m* État *m* contractant **Vertragswerk** *nt* protocole *m* **Vertragswerkstatt** *f*, **Vertragswerkstätte** *f* atelier *m* agréé, garage *m* agréé **vertragswidrig** **I.** *Adj* non conforme aux termes du contrat **II.** *Adv* contrairement au contrat; **sich** ~ **verhalten** violer les termes du contrat
vertrauen* *itr V* ❶ (*glauben*) **jdm** ~ faire confiance à qn
❷ (*sich verlassen auf*) **auf etw** (*Akk*) ~ se fier à qc; **darauf** ~, **dass** compter sur le fait que + *indic*
Vertrauen <-s> *nt* ❶ confiance *f*; **zu jdm** ~ **haben** avoir confiance en qn; **jdm** ~ **schenken** *geh* accorder sa confiance à qn; ~ **erweckend** qui inspire confiance; ~ **erweckend sein** inspirer confiance; **sein** ~ **in uns** sa confiance en nous; **sie hat** [*o* **genießt** *geh*] **unser** ~ elle a [*o* jouit de] notre confiance; **sein** ~ **in jdn setzen** placer sa confiance dans qn; **jdn ins** ~ **ziehen** mettre qn dans la confidence; **etw voller** ~ **tun** faire qc plein(e) de confiance; **im** ~ **darauf, dass** confiant(e) dans le fait que + *indic*
❷ PARL **jdm das** ~ **aussprechen/entziehen** accorder/retirer sa confiance à qn
▶ **im** ~ [**gesagt**] tout à fait confidentiellement
vertrauenerweckend *s.* Vertrauen 1.
Vertrauensarzt *m*, **-ärztin** *f* médecin-conseil *mf* **vertrauensbildend** *Adj Maßnahme* de confiance **Vertrauensbruch** *m* abus *m* de confiance **Vertrauensfrage** *f* PARL question *f* de confiance ▶ **die** ~ **stellen** poser la question de confiance **Vertrauensfrau** *f* ❶ *einer Gewerkschaft* déléguée *f* syndicale ❷ (*Vermittlerin*) médiatrice *f*; (*Interessenvertreterin*) représentante *f* [du personnel] **Vertrauensmann** <-leute *o* -männer> *m* ❶ *einer Krankenkasse, Rentenversicherung* délégué[-conseil] *m* ❷ (*persönlicher Vertrauter*) homme *m* de confiance **Vertrauensperson** *f* personne *f* de confiance **Vertrauenssache** *f* (*Vertrauensfrage*) question *f* de confiance **vertrauensselig** *Adj* crédule **Vertrauensstellung** *f* poste *m* de confiance **Vertrauensverhältnis** *nt* relation *f* de confiance **vertrauensvoll** **I.** *Adj* basé(e) sur la confiance **II.** *Adv* en toute confiance **Vertrauensvotum** [-vo:tʊm] *nt* vote *m* de confiance **vertrauenswürdig** *Adj* digne de confiance
vertraulich *Adj* ❶ (*Diskretion erfordernd*) confidentiel(le); **streng** ~ strictement confidentiel(le)
❷ (*kameradschaftlich*) familier(-ière)
Vertraulichkeit <-, -en> *f* ❶ *kein Pl* (*Diskretion*) *einer Angelegenheit, eines Gesprächs* caractère *m* confidentiel
❷ *Pl* (*Zudringlichkeit*) familiarités *fpl*
verträumt [fɛɐ'trɔɪmt] *Adj* ❶ (*idyllisch*) idyllique
❷ (*realitätsfern*) rêveur(-euse)
vertraut [fɛɐ'traʊt] *Adj* ❶ *Gesicht, Gegend, Bild* familier(-ière); *Freund, Umgang, Verhältnis* intime
❷ (*bekannt, bewandert*) **mit etw** ~ **sein** connaître bien qc; **sich mit etw** ~ **machen** se familiariser avec qc
Vertraute(r) *f(m) dekl wie Adj* intime *mf*
Vertrautheit <-, -en> *f* ❶ *kein Pl* (*Bewandertheit*) **seine/ihre** ~ **mit diesem Problem** sa bonne connaissance de ce problème
❷ (*vertraute Art*) familiarité *f*
vertreiben* *tr V unreg* ❶ expulser *Bewohner, Minderheit;* chasser *Tier*
❷ (*schwinden lassen*) chasser *Müdigkeit, Sorgen, Unmut*
❸ COM commercialiser
Vertreibung <-, -en> *f* expulsion *f*
vertretbar *Adj* ❶ (*berechtigt*) *Argument, Einstellung, Standpunkt* défendable; *Haltung* justifiable; ~ **sein** se défendre
❷ (*akzeptabel*) *Kosten, Zeitraum* acceptable
vertreten* *tr V unreg* ❶ remplacer *Kollegen;* **sich durch jdn** ~ **lassen** se faire remplacer par qn
❷ JUR défendre [les intérêts de] *Angeklagten;* représenter *Anklage*
❸ (*repräsentieren*) représenter; **sich durch jdn** ~ **lassen** se faire représenter par qn
❹ (*verfechten*) soutenir
❺ (*repräsentiert sein*) **bei einer Veranstaltung** ~ **sein** *Journalisten, Ehrengäste:* être représenté(e) lors d'une manifestation; **in einem Museum** ~ **sein** *Werke, Bilder:* figurer dans un musée
❻ (*verstauchen*) **sich** (*Dat*) **etw** ~ se fouler qc
❼ *fam* (*bewegen*) **sich** (*Dat*) **die Beine** ~ se dégourdir les jambes
Vertreter(in) <-s, -> *m(f)* ❶ (*Stellvertreter*) remplaçant(e) *m(f)*
❷ (*Volksvertreter, Handelsvertreter, Rechtsvertreter*) représentant(e) *m(f)*
Vertretung <-, -en> *f* ❶ *kein Pl* (*das Vertreten*) suppléance *f*; **die** ~ **von jdm** [*o* **für jdn**] **übernehmen** prendre la suppléance de qn; **in** ~ **der Chefin** en qualité de représentant(e) de la chef; **etw in** ~ **tun** faire qc par procuration
❷ (*Stellvertreter*) remplaçant(e) *m(f)*; **während meines Urlaubs ist sie meine** ~ elle assure mon intérim pendant mon congé

❸ (*Handelsvertretung*) **die ~ für eine Marke haben** être le représentant/la représentante d'une marque
❹ (*Handelsniederlassung*) agence *f*
❺ JUR, POL représentation *f;* **diplomatische ~** représentation diplomatique
vertretungsweise *Adv* par délégation; **~ unterrichten** donner des cours en remplacement
Vertrieb [fɛɐ'tri:p] <-[e]s> *m* COM ❶ (*das Vertreiben*) distribution *f*
❷ (*Vertriebsrecht*) **den ~ für etw haben** être le distributeur de qc
❸ (*Vertriebsabteilung*) service *m* commercial
Vertriebene(r) *f(m) dekl wie Adj* expatrié(e) *m(f)*
Vertriebsabteilung *f* service *m* commercial [*o* de distribution] [*o* de vente] **Vertriebsgesellschaft** *f* société *f* de distribution **Vertriebsleiter(in)** *m(f)* directeur *m* des ventes **Vertriebsleitung** *f* direction *f* des ventes **Vertriebsnetz** *nt* réseau *m* de distribution **Vertriebssystem** *nt* système *m* de distribution
vertrimmen* *tr V fam* flanquer une raclée à (*fam*); **jdn ~** flanquer une raclée à qn
vertrocknen* *itr V + sein Pflanze, Ast, Holz:* sécher; *Brot:* rassir; **vertrocknet** sec(sèche)
vertrödeln* *tr V fam* passer à glander (*fam*) *Zeit;* **viel Zeit ~** passer beaucoup de temps à glander; **den Tag ~** buller toute la journée (*fam*)
vertrösten* *tr V* faire patienter; **jdn auf den nächsten Tag ~** faire patienter qn jusqu'au jour suivant
vertrottelt [fɛɐ'trɔtəlt] *Adj* gâteux(-euse)
vertun* *unreg* **I.** *r V fam* **sich ~** se gourer (*fam*); **sich um zehn Euro/einen Tag ~** se planter de dix euros/d'un jour (*fam*)
► **da gibt es kein Vertun!** y a pas de lézard! (*fam*)
II. *tr V* ❶ (*ungenutzt lassen*) laisser passer; **eine vertane Gelegenheit** une occasion ratée
❷ (*vergeuden*) **Zeit ~** gaspiller son temps
vertuschen* *tr V* dissimuler; **~, dass** dissimuler que + *indic*
verübeln* *tr V* **jdm eine Bemerkung ~** en vouloir à qn d'une remarque; **man verübelt ihr, dass sie dagegen gestimmt hat** on lui en veut d'avoir voté contre; **ich kann ihm sein Verhalten nicht ~** je ne peux pas lui en vouloir de son comportement
verüben* *tr V* commettre; **Selbstmord ~** se suicider
verunfallen* *itr V + sein* CH avoir un accident
verunglimpfen* *tr V geh* vilipender (*littér*)
Verunglimpfung <-, -en> *f* diffamation *f*
verunglücken* *itr V + sein* ❶ avoir un accident; **mit dem Auto ~** avoir un accident de voiture; **verunglückt** accidenté(e)
❷ *fam* (*misslingen*) louper (*fam*); **das Bild ist mir verunglückt** j'ai loupé la photo (*fam*)
Verunglückte(r) *f(m) dekl wie Adj* accidenté(e) *m(f)*
verunmöglichen* *tr V* CH rendre impossible; **etw ~** rendre qc impossible; **es jdm ~ etw zu tun** empêcher qn de faire qc
verunreinigen* *tr V* ❶ *geh* (*beschmutzen*) souiller (*littér*)
❷ ÖKOL polluer *Luft, Wasser*
Verunreinigung *f* ❶ *geh* (*das Verschmutzen*) **sich über die ~ des Teppichbodens ärgern** se mettre en colère à cause des taches sur la moquette
❷ ÖKOL *der Luft, des Wassers* pollution *f*
❸ (*Schmutz*) salissure *f*
verunsichern* *tr V Person:* inquiéter; *Situation, Aussage:* ébranler; **jdn ~** *Person:* inquiéter qn; *Situation, Aussage:* ébranler qn
Verunsicherung <-, -en> *f* inquiétude *f*
verunstalten* *tr V* défigurer
Verunstaltung <-, -en> *f* ❶ *kein Pl* (*das Verunstalten*) défiguration *f*
❷ (*Missgestaltung*) malformation *f*
veruntreuen* *tr V* détourner
Veruntreuung <-, -en> *f* détournement *m*
verursachen* *tr V* provoquer
Verursacher(in) <-s, -> *m(f)* responsable *mf*
Verursacherprinzip <-> *nt* ÖKOL principe *m* pollueur-payeur
verurteilen* *tr V* ❶ JUR condamner; **jdn zu einer Haftstrafe/Geldstrafe ~** condamner qn à une peine d'emprisonnement/une amende
❷ (*verdammen*) condamner
❸ (*bestimmen*) **zum Scheitern verurteilt sein** être voué(e) à l'échec
Verurteilte(r) *f(m) dekl wie Adj* condamné(e) *m(f)*
Verurteilung <-, -en> *f* condamnation *f*
vervielfachen* **I.** *tr V* multiplier
II. *r V* **sich ~** se multiplier
Vervielfachung <-, -en> *f* fort accroissement *m*
vervielfältigen* *tr V* faire des copies de
Vervielfältigung <-, -en> *f* ❶ *kein Pl* (*das Vervielfältigen*) reproduction *f*
❷ (*Kopie*) copie *f*
vervierfachen* **I.** *tr V* quadrupler
II. *r V* **sich ~** quadrupler
vervollkommnen* **I.** *tr V* perfectionner *Methode;* parfaire *Werk*
II. *r V* **sich in Französisch** (*Dat*)/**auf dem Gebiet der EDV ~** se perfectionner en français/dans le domaine informatique
Vervollkommnung <-, -en> *f von Kenntnissen* perfectionnement *m*
vervollständigen* *tr V* compléter
Vervollständigung <-, -en> *f* **~ einer Sammlung** fait *m* de compléter une collection; **zur ~ meiner Sammlung** pour compléter ma collection
verw. *Abk von* **verwitwet** veuf(veuve)
verwachsen* [-'vaksn] *unreg* **I.** *itr V + sein* ❶ *Narbe, Wunde:* se résorber
❷ (*zusammenwachsen*) [**miteinander**] **~** *Organe, Knochen:* se souder [ensemble]
❸ *fig* **zu einer Einheit ~ sein** être unis comme les [deux] doigts de la main
II. *r V + haben fam* **sich ~** *Fehlstellung:* se corriger (*fam*)
verwackeln* *tr V fam* **die Aufnahme ~** bouger en prenant la photo; **verwackelt** flou(e)
verwählen* *r V* **sich ~** faire un faux numéro
verwahren* **I.** *tr V* garder *Schlüssel, Papiere;* **etw für jdn ~** garder qc à qn; **etw in der Brieftasche/einer Kassette ~** garder qc dans son portefeuille/[en lieu sûr] dans une cassette
II. *r V geh* **sich gegen etw ~** s'indigner contre qc (*soutenu*)
verwahrlosen* *itr V + sein Erwachsener, Jugendlicher:* tomber bien bas; *Kind, Zögling:* se transformer en sauvageon/sauvageonne; *Kleidung:* s'abîmer; *Gebäude, Wohnung:* se délabrer; *Grundstück, Park:* être [laissé(e)] à l'abandon; **den Garten ~ lassen** laisser le jardin à l'abandon
verwahrlost [fɛɐ'va:ɐlo:st] *Adj* ❶ (*vernachlässigt, ungepflegt*) négligé(e); **ein ~es Kind** un sauvageon
❷ (*moralisch*) déchu(e)
Verwahrlosung <-> *f einer Person* déchéance *f; eines Gebäudes* délabrement *m; eines Grundstücks, Parks* état *m* d'abandon
Verwahrung <-> *f* ❶ (*das Verwahren*) garde *f;* **jdm etw** [*o* **etw bei jdm**] **in ~ geben** donner qc en dépôt [*o* à garder] à qn; **etw in ~ nehmen** prendre qc en dépôt; **gerichtliche/sichere ~** dépôt judiciaire/assuré
❷ (*Beaufsichtigung*) *eines Patienten, Angeklagten* placement *m;* **jdn in ~ nehmen** prendre qn sous sa garde
verwaisen* *itr V + sein* ❶ *Kind, Jugendlicher:* devenir [*o* se retrouver] orphelin(e)
❷ *fig Ort, Innenstadt, Hotel:* se vider; **verwaist** déserté(e)
verwalten* *tr V* ❶ ADMIN administrer
❷ AGR, FIN, INFORM gérer
Verwalter(in) <-s, -> *m(f)* FIN administrateur(-trice) *m(f);* AGR

régisseur(-euse) *m(f)*
Verwaltung <-, -en> *f* ❶ *kein Pl* (*das Verwalten*) administration *f*
❷ FIN, INFORM gestion *f*
❸ (*Verwaltungsabteilung*) service *m* administratif; **die städtische ~** les services administratifs municipaux
Verwaltungsabteilung *f* service *m* administratif **Verwaltungsakt** *m* acte *m* administratif **Verwaltungsangestellte(r)** *f(m) dekl wie Adj* employé(e) *m(f)* de l'administration **Verwaltungsapparat** *m* appareil *m* administratif **Verwaltungsaufwand** *m* frais *mpl* de gestion **Verwaltungsbeamte(r)** *m dekl wie Adj*, **Verwaltungsbeamtin** *f* fonctionnaire *mf* [administratif(-ive)] **Verwaltungsbezirk** *m* circonscription *f* administrative **Verwaltungsgericht** *nt* tribunal *m* administratif **Verwaltungskosten** *Pl* frais *mpl* de gestion **Verwaltungsreform** *f* réforme *f* administrative **verwaltungstechnisch** *Adj* administratif(-ive); **aus ~en Gründen** pour des raisons d'ordre administratif **Verwaltungszentrale** *f* centrale *f* administrative
verwandelbar *Adj* transformable
verwandeln* I. *tr V* ❶ (*verzaubern*) transformer, changer; **jdn in ein Tier ~** transformer [*o* changer] qn en un animal
❷ PHYS **etw in Wärme ~** transformer qc en chaleur
❸ (*anders erscheinen lassen*) **das Arbeitszimmer in einen Partyraum ~** transformer le bureau en salle des fêtes
❹ FBALL transformer *Eckball, Strafstoß;* **er verwandelte den Freistoß zum 3:2** il transforma le score en 3 à 2
▶ **wie verwandelt sein** être comme métamorphosé(e)
II. *r V* ❶ (*verzaubert werden*) **sich in ein Pferd ~** se transformer en cheval
❷ (*sich verändern*) **sich in einen reißenden Strom ~** se transformer en un fleuve rapide
Verwandlung *f* ❶ (*Verzauberung*) métamorphose *f*
❷ PHYS, CHEM transformation *f*
verwandt[1] [fɛɐ'vant] *Adj* ❶ **mit jdm ~ sein** être parent(e) avec qn; **diese beiden Männer/Frauen sind miteinander ~** ces deux hommes sont parents [entre eux]/ces deux femmes sont parentes [entre elles]; **sie ist [entfernt] mit ihm/ihr ~** ils sont parents [éloignés]/elles sont parentes [éloignées]
❷ (*artverwandt*) **miteinander ~ sein** *Tiere, Pflanzen:* être de la même famille
❸ *fig Völker, Sprachen, Religionen* apparenté(e); **Italienisch und Spanisch sind miteinander ~** l'italien et l'espagnol sont apparentés [entre eux]
❹ (*ähnlich geartet*) *Formen, Ideen* analogue
verwandt[2] *PP von* **verwenden**
verwandte [fɛɐ'vantə] *Imp von* **verwenden**
Verwandte(r) *f(m) dekl wie Adj* parent(e) *m(f)*
Verwandtschaft <-, -en> *f* ❶ (*die Verwandten*) parents *mpl;* **die [nähere] ~** les [proches] parents *mpl;* **meine ~** ma famille
❷ (*gemeinsamer Ursprung*) parenté *f*
verwandtschaftlich I. *Adj* de parenté
II. *Adv* **~ verbunden sein** avoir un lien de parenté
Verwandtschaftsgrad *m* degré *m* de parenté
verwanzen *tr V* ❶ (*von Wanzen befallen werden*) être infesté(e) de punaises
❷ *sl* mettre sur écoute *Raum;* **einen Raum ~** mettre une pièce sur écoute; **das Telefon ist verwanzt** le téléphone est sur écoute
verwarnen* *tr V* ❶ (*tadeln*) avertir
❷ (*bestrafen*) **jdn gebührenpflichtig ~** mettre une contravention à qn
Verwarnung *f* ❶ *kein Pl* (*das Verwarnen*) avertissement *m;* **eine mündliche ~** un avertissement verbal
❷ (*Strafmandat*) **[gebührenpflichtige] ~** contravention *f* [payable sur place]
verwaschen *Adj Farbe* délavé(e)
verwässern* *tr V* ❶ couper *Wein, Saft*
❷ (*abschwächen*) édulcorer *Gesetz, Reform*
verweben* *tr V unreg* tisser
verwechseln* [-'vɛksln] *tr V* confondre; **er hat sie mit ihrer Schwester verwechselt** il l'a confondue avec sa sœur; **jdm zum Verwechseln ähnlich sehen** ressembler à qn à s'y méprendre
Verwechslung [-'vɛks-] <-, -en> *f* confusion *f;* **das muss eine ~ sein** ça doit être une méprise
verwegen [fɛɐ've:gən] *Adj* audacieux(-euse)
Verwegenheit <-> *f* audace *f*
verwehen* *tr V* éparpiller *Papiere, Laub;* effacer *Fußspuren*
verwehren* *tr V geh* **jdm etw ~** proscrire qc à qn (*soutenu*); **jdm ~ etw zu tun** proscrire à qn de faire qc (*soutenu*)
Verwehung <-, -en> *f* ❶ *kein Pl* (*das Verwehen*) effacement *m*
❷ (*Schneeverwehung*) congère *f*
verweichlichen* I. *itr V + sein* s'amollir; **verweichlicht** amolli(e)
II. *tr V + haben* **jdn ~** amollir qn
verweichlicht *Adj* amolli(e)
Verweichlichung <-> *f* amollissement *m*
Verweigerer <-s, -> *m des Militärdienstes* objecteur *m* de conscience
verweigern* *tr V* refuser; **jdm etw ~** refuser qc à qn; **den Gehorsam/den Befehl ~** refuser d'obéir/d'obtempérer
Verweigerung *f* refus *m*
verweilen* *itr V geh* ❶ (*sich aufhalten*) séjourner; **in einer Stadt/bei Freunden ~** séjourner dans une ville/chez des amis; **ich kann nicht länger ~** je ne peux pas rester plus longtemps
❷ (*sich beschäftigen*) **bei etw ~** s'attarder sur qc
verweint [fɛɐ'vaɪnt] *Adj Augen* gonflé(e) par les larmes; *Gesicht* gonflé(e) d'avoir pleuré
Verweis [fɛɐ'vaɪs] <-es, -e> *m* ❶ (*Tadel*) blâme *m;* **jdm einen ~ erteilen** infliger un blâme à qn
❷ (*Hinweis*) renvoi *m*, référence *f;* **ein ~ auf den Anhang** un renvoi [*o* une référence] à l'appendice
verweisen* *unreg* I. *tr V* ❶ (*weiterleiten*) renvoyer; **jdn an eine andere Abteilung ~** renvoyer qn à un autre service
❷ (*hinweisen*) **jdn auf etw** (*Akk*) **~** renvoyer qn à qc
❸ SPORT **jdn vom Platz ~** expulser qn du terrain
❹ JUR **etw an ein anderes Gericht ~** renvoyer qc devant un autre tribunal
II. *itr V* **auf etw** (*Akk*) **~** renvoyer à qc
verwelken* *itr V + sein Blume:* se faner; **verwelkt** fané(e)
verwendbar *Adj Nahrungsmittel* consommable; *Gegenstand* utilisable; **wieder ~** (*weiterhin verwendbar*) réutilisable; (*recycelbar*) recyclable
verwenden <verwendete *o* verwandte, verwendet *o* verwandt> I. *tr V* utiliser; **etw [als Putzlappen] ~** utiliser qc [comme chiffon]; **wieder ~** réutiliser; **etw im [*o* für den] Unterricht ~** utiliser qc en classe; **kann man das Brot noch ~?** est-ce que ce pain est encore consommable?
II. *r V* **sich bei jdm für jdn ~** intervenir [*o* intercéder] auprès de qn pour qn
Verwendung <-, -en> *f* utilisation *f*, emploi *m;* **missbräuchliche/unsachgemäße ~** utilisation abusive/incorrecte; **für jdn/etw ~ finden** trouver à employer qn/une utilisation à qc; **für jdn/etw ~ haben** avoir un emploi pour qn/l'usage de qc
verwendungsfähig *s.* **verwendbar** **Verwendungsmöglichkeit** *f* ❶ (*Benutzungsmöglichkeit*) occasion *f* d'utilisation ❷ (*Beschäftigungsmöglichkeit*) possibilité *f* d'embauche [*o* d'emploi] **Verwendungszweck** *m* but *m*, destination *f;* (*auf einem Überweisungsformular*) référence *f*
verwerfen* *unreg* I. *tr V* ❶ (*ablehnen*) rejeter *Vorschlag, Gedanken*
❷ JUR rejeter
II. *r V* **sich ~** *Rahmen, Holz:* gauchir; *Gesteinsschichten:* subir un plissement

V

verwerflich *Adj geh* blâmable (*soutenu*)
Verwerflichkeit <-> *f geh* caractère *m* blâmable (*soutenu*)
Verwerfung <-, -en> *f* ❶ *kein Pl a.* JUR rejet *m*
❷ GEOL plissement *m*
verwertbar *Adj Nahrungsbestandteil, Faserstoffe* assimilable; *Abfälle, Materialien* récupérable; *Beweis, Material, Zeugenaussage* exploitable
Verwertbarkeit <-> *f* caractère *m* recyclable
verwerten* *tr V* assimiler *Nahrungsbestandteil, Faserstoffe;* utiliser *Abfälle;* exploiter *Zeugenaussage, Erfahrung, Idee;* **wieder** ~ (*recyceln*) recycler
Verwertung <-, -en> *f von Faserstoffen, Vitaminen* assimilation *f; von Abfällen, Resten* utilisation *f; eines Beweises, einer Anregung* exploitation *f*
verwesen* *itr V + sein* se décomposer; ~**d** en décomposition
Verwesung <-> *f* décomposition *f;* **in ~ übergehen** entrer en décomposition
verwetten* *tr V* perdre en pariant
verwickeln* I. *tr V* **jdn in ein Gespräch/eine Auseinandersetzung ~** mêler qn à une conversation/une dispute; **jdn in einen Skandal ~** impliquer qn dans un scandale; **in etw** (*Akk*) **verwickelt sein** être impliqué(e) dans qc
II. *r V* **sich in Widersprüche ~** s'emmêler [*o* s'enchevêtrer] dans des contradictions
verwickelt *Adj Angelegenheit* embrouillé(e)
Verwick[e]lung <-, -en> *f* ❶ (*Verstrickung*) implication *f;* **seine ~ in den Fall** son implication dans l'affaire
❷ *Pl* (*Komplikationen*) complications *fpl*
verwiesen *PP von* **verweisen**
verwildern* *itr V + sein* ❶ *Garten, Park:* tomber en friche; **verwildert** *Garten, Park* en friche
❷ (*zum Wildtier werden*) redevenir sauvage; **verwildert** redevenu(e) sauvage
❸ (*undiszipliniert werden*) *Person:* se laisser aller; *Kind:* devenir un vrai sauvageon/une vraie sauvageonne; *Umgangsformen:* se dégrader; **die Klasse ist ziemlich verwildert** la classe est devenue assez dissipée
Verwilderung <-> *f* ❶ *eines Tiers, Gartens* retour *m* à l'état sauvage
❷ (*Verlust von Disziplin*) *eines Kindes, einer Klasse* indiscipline *f; der Moral* dégradation *f*
verwinden* *tr V unreg geh* triompher de (*soutenu*); **etw ~** triompher de qc; **es ~, dass** parvenir à accepter que + *subj* (*soutenu*)
verwinkelt [fɛɐ'vɪŋkəlt] *Adj Gebäude, Altstadt* tout(e) en coins et recoins; *Gasse, Flur* tortueux(-euse)
verwirken *tr V geh* ruiner (*soutenu*) *Gunst, Vertrauen;* perdre *Recht;* **sein Leben verwirkt haben** avoir encouru la peine de mort
verwirklichen* I. *tr V* réaliser *Traum, Vorhaben;* concrétiser *Gedanken, Idee*
II. *r V* **sich ~** se réaliser
Verwirklichung <-, -en> *f eines Traums, Vorhabens* réalisation *f; einer Idee* concrétisation *f*
verwirren* *tr V* déconcerter; **jdn mit etw ~** déconcerter qn avec qc
verwirrend *Adj* troublant(e), déconcertant(e)
verwirrt *Adj* ❶ *Fäden* emmêlé(e)
❷ *Person* embrouillé(e)
Verwirrung <-, -en> *f* désarroi *m;* **jdn in ~ bringen** désarçonner [*o* déconcerter] qn
verwischen* I. *tr V* ❶ (*verschmieren*) étaler
❷ (*beseitigen*) effacer *Spur*
II. *r V* **sich ~** *Umrisse, Grenze:* s'estomper
verwittern* *itr V + sein* s'éroder; **verwittert** érodé(e)
Verwitterung *f* érosion *m*
verwitwet [fɛɐ'vɪtvət] *Adj* veuf(veuve)
verwoben *PP von* **verweben**

verwöhnen* I. *tr V* gâter; **von jdm verwöhnt werden** être choyé(e) par qn; **sich von jdm ~ lassen** se laisser choyer par qn; *s. a.* **verwöhnt**
II. *r V* **sich ~** s'accorder une petite gâterie
verwohnt [fɛɐ'vo:nt] *Adj Wohnung* en piteux état; *Einrichtung* défraîchi(e); *Möbel* usagé(e)
verwöhnt [fɛɐ'vø:nt] *Adj* exigeant(e); *Kind* gâté(e)
verworfen [fɛɐ'vɔrfən] *Adj geh Person* dépravé(e); *Blick* voluptueux(-euse) (*soutenu*)
verworren [fɛɐ'vɔrən] *Adj* embrouillé(e); **immer ~er werden** *Lage:* s'embrouiller toujours plus
verwundbar *Adj* vulnérable
verwunden* [fɛɐ'vʊndən] *tr V* blesser; **jdn am Kopf/am Knie ~** blesser qn à la tête/au genou; **an der Schulter verwundet werden/sein** être blessé(e) à l'épaule; **leicht verwundet** légèrement blessé(e); **schwer verwundet** gravement [*o* grièvement] blessé(e); *s. a.* **Verwundete(r)**
verwunderlich [fɛɐ'vʊndɐlɪç] *Adj* surprenant(e); **es ist ~, dass** il est étonnant [*o* surprenant] que + *subj;* **das ist nicht ~** ça n'a rien de surprenant [*o* d'étonnant]; **was ist daran ~?** qu'est-ce que ça a de surprenant [*o* d'étonnant]?
verwundern* I. *tr V* étonner; **es verwundert mich, dass** je suis étonné(e) que + *subj*
II. *r V* **sich über etw** (*Akk*) **~** s'étonner de qc
verwundert *Adv* étonné(e)
Verwunderung <-> *f* étonnement *m;* **voller ~** avec stupéfaction; **zu ihrer großen ~** à son grand étonnement
Verwundete(r) *f(m) dekl wie Adj* blessé(e) *m(f)*
Verwundung <-, -en> *f* blessure *f*
verwunschen [fɛɐ'vʊnʃən] *Adj Prinz* victime d'un sortilège; *Schloss* enchanté(e)
verwünschen* *tr V* ❶ (*verfluchen*) maudire
❷ (*verzaubern*) **jdn/etw ~** jeter un sort à qn/ensorceler qc
verwünscht *Adj* maudit(e) *antéposé*
Verwünschung <-, -en> *f* juron *m;* **~en ausstoßen** se répandre en invectives
verwurzelt *Adj* ❶ enraciné(e); **gut** [*o* **fest**] **~ sein** *Pflanze:* être bien enraciné(e)
❷ (*eingebunden*) **fest in der Tradition ~ sein** être solidement enraciné(e) dans la tradition
verwüsten* *tr V* ❶ *Armee:* ravager; *Sturm:* dévaster; **ein Land ~** *Armee, Truppen:* ravager un pays; *Sturm:* dévaster un pays
❷ (*demolieren*) **eine Wohnung ~** mettre un logement à sac
Verwüstung <-, -en> *f meist Pl* ravages *mpl;* **~en anrichten** faire des ravages
verzagen* *itr V + sein o selten haben geh* se laisser abattre
verzagt [fɛɐ'tsa:kt] I. *Adj* abattu(e)
II. *Adv* l'air abattu
verzählen* *r V* **sich ~** se tromper en comptant
verzahnen* *tr V* emboîter *Teile;* **mehrere Teile [miteinander] ~** emboîter plusieurs pièces [les unes dans les autres]; **[miteinander] verzahnt sein** être emboîté(e)s [les un(e)s dans les autres]
verzanken* *r V fam* **sich ~** se brouiller (*fam*); **sich wegen etw ~** se brouiller pour qc
verzapfen* *tr V fam* **Blödsinn** [*o* **Unsinn**] **~** débiter des bêtises (*fam*)
verzärteln* *tr V pej* dorloter
verzaubern* *tr V* ❶ (*verhexen*) ensorceler; **jdn in einen Riesen/Baum ~** changer qn en un géant/arbre; **ein verzauberter Prinz** un prince ensorcelé
❷ (*bezaubern*) **jdn ~** *Person:* ensorceler qn; *Anblick, Klänge:* envoûter qn
Verzauberung <-, -en> *f* enchantement *m,* ensorcellement *m*
verzehnfachen* I. *tr V* décupler *Gewinn, Honorar;* **das Angebot an Produkten/die Kosten ~** multiplier l'offre des produits/les coûts par dix
II. *r V* **sich ~** décupler

Verzehr [fɛɐ'tseːɐ] <-[e]s> *m form* consommation *f;* **zum baldigen ~ bestimmt** [**sein**] [être] à consommer rapidement; **zum ~ nicht geeignet** [**sein**] [être] impropre à la consommation
verzehren* I. *tr V geh* consommer
II. *r V geh* ❶ (*sich zermürben*) **sich vor Sorge** (*Dat*) ~ être dévoré(e) d'inquiétude
❷ (*intensiv verlangen*) **sich nach jdm ~** se languir de qn
verzeichnen* *tr V* répertorier; **in einer Liste verzeichnet sein** être mentionné(e) [*o* répertorié(e)] sur une liste
▸ **einen Erfolg ~ können** [*o* **zu ~ haben**] enregistrer un succès
Verzeichnis <-ses, -se> *nt* ❶ (*Auflistung*) *von Personen, Inventar* liste *f; von Waren, Titeln* inventaire *m*
❷ INFORM répertoire *m*
verzeigen* *tr V* CH porter plainte contre
verzeihen [fɛɐ'tsaɪən] <verzieh, verziehen> I. *tr V* pardonner; [**jdm**] **etw ~** pardonner qc [à qn]; **nicht zu ~ sein** être impardonnable
II. *itr V* [**jdm**] ~ pardonner [à qn]; **~ Sie!** excusez-moi!; **~ Sie, ...?** [je vous demande] pardon, ...?
verzeihlich *Adj* pardonnable; **nicht ~ sein** être impardonnable
Verzeihung <-> *f* ❶ (*Vergebung*) pardon *m;* [**jdn**] **um ~ für etw bitten** demander pardon [à qn] pour qc; **ich bitte um ~!** je vous demande pardon!
❷ (*Entschuldigung*) **~!** pardon!; **~, wie viel Uhr ist es?** excuse-moi/excusez-moi, quelle heure est-il?
verzerren* I. *tr V* ❶ (*verziehen*) tordre *Mund;* **das Gesicht vor Schmerz/Wut ~** grimacer de douleur/colère
❷ (*entstellen*) **jds Gesicht ~** *Hass, Schmerz:* déformer le visage de qn
❸ (*verfälschen*) déformer *Ereignisse, Tatsachen;* fausser *Wettbewerb;* **etw verzerrt wiedergeben/darstellen** donner une version déformée de qc
❹ OPT, PHOT déformer
II. *r V* **sich zu einer Grimasse ~** *Gesicht, Gesichtszüge:* se déformer en grimace; **sich vor Wut/Schmerz ~** se distordre sous la colère/douleur
Verzerrung *f* ❶ *des Gesichts, der Gesichtszüge* torsion *f*
❷ *a.* OPT, PHOT (*Verfälschung*) déformation *f*
verzetteln* *r V* **sich ~** s'égarer; **sich bei etw ~** s'égarer en faisant qc
Verzicht [fɛɐ'tsɪçt] <-[e]s, -e> *m* renoncement *m;* **~ auf etw** (*Akk*) renoncement *m* à qc; **der ~ auf Süßigkeiten fällt ihm schwer** il a du mal à renoncer aux sucreries
verzichten* *itr V* renoncer; **auf etw** (*Akk*) **~** renoncer à qc; **auf jdn/etw ~ können** pouvoir se passer de qn/qc
Verzichtserklärung *f* déclaration *f* de renonciation
verzieh [fɛɐ'tsiː] *Imp von* **verzeihen**
verziehen*[1] *unreg* I. *tr V + haben* ❶ tordre *Mund;* **den Mund zu einem Lächeln ~** sourire en coin; **das Gesicht ~** faire une grimace; **das Gesicht vor Wut ~** grimacer de colère
❷ (*verwöhnen*) élever mal *Kind*
II. *itr V + sein* **sie sind nach Bonn/ins Ausland verzogen** ils ont déménagé à Bonn/sont partis à l'étranger
III. *r V + haben* **sich ~** ❶ *Holz, Rahmen, Tür:* travailler; *T-Shirt, Pullover:* se déformer
❷ (*weiterziehen*) *Gewitter, Wolken:* disparaître
❸ *fam* (*verschwinden*) se casser (*fam*)
verziehen[2] *PP von* **verzeihen**
verzieren* *tr V* décorer; **einen Tisch mit etw ~** décorer une table avec qc; **einen Kuchen mit etw ~** décorer un gâteau de qc
Verzierung <-, -en> *f* décoration *f;* **zur ~ einer S.** (*Gen*) **dienen** servir à la décoration de qc
▸ **brich dir keine ~en ab!** *fam* fais pas de chichi! (*fam*)
verzinsen* I. *tr V* payer des intérêts sur *Kapital, Spareinlagen;* **niedrig/hoch verzinst werden** rapporter peu/beaucoup d'intérêts
II. *r V* **sich gut/schlecht ~** rapporter des intérêts élevés/bas; **sich mit drei Prozent ~** rapporter un intérêt de trois pour cent
verzinslich *Adj Darlehen* à intérêts; **~ sein** rapporter des intérêts; **mit vier Prozent ~ sein** rapporter quatre pour cent d'intérêts
Verzinsung <-, -en> *f* intérêts *mpl*
verzogen [fɛɐ'tsoːgən] *Adj* mal élevé(e)
verzögern* I. *tr V* retarder; **etw um eine Stunde ~** retarder qc d'une heure
II. *r V* **sich um eine Stunde ~** être retardé(e) [*o* différé(e)] d'une heure
Verzögerung <-, -en> *f* retard *m*
Verzögerungstaktik *f* atermoiements *mpl*
verzollen* *tr V* dédouaner; **haben Sie etwas zu ~?** avez-vous quelque chose à déclarer?
verzückt [fɛɐ'tsʏkt] I. *Adj geh* extasié(e) (*soutenu*)
II. *Adv geh* comme en extase (*soutenu*)
Verzückung [fɛɐ'tsʏkʊŋ] <-, -en> *f geh* extase *f;* **über etw** (*Akk*) **in ~ geraten** tomber en extase devant qc (*fam*)
Verzug [fɛɐ'tsuːk] <-[e]s> *m* retard *m;* **mit der Rückzahlung in ~ geraten** [*o* **kommen**] prendre du retard dans le remboursement; **mit der Arbeit/einer Rate im ~ sein** être en retard dans le travail/remboursement; **etw ohne ~ tun** faire qc sans délai; **bei ~** en cas de retard
Verzugszinsen *Pl* FIN intérêts *mpl* moratoires
verzweifeln* *itr V + sein* désespérer; **an einer Aufgabe ~** désespérer d'une tâche; **dieser Fall ist zum Verzweifeln** ce cas est désespérant; **es ist zum Verzweifeln mit ihm** c'est à désespérer de lui; [**nur**] **nicht ~!** il ne faut pas désespérer!
verzweifelt I. *Adj Person, Lage, Situation* désespéré(e)
II. *Adv versuchen, kämpfen* désespérément; *entgegnen, fragen* d'un ton désespéré; *blicken* d'un air désespéré
Verzweiflung <-> *f* désespoir *m;* **in ~ geraten** sombrer dans le désespoir; **jdn zur ~ bringen** [*o* **treiben**] mettre qn au désespoir; **vor** [**lauter**] **~** de désespoir; **aus ~** par désespoir
Verzweiflungstat *f* acte *m* de désespoir
verzweigen* *r V* **sich ~** se ramifier; **verzweigt** [**sein**] [être] ramifié(e); **weit verzweigt** *Verwandtschaft* qui a beaucoup de ramifications; *Beziehungen, Verbindungen* dans des milieux divers; *Verkehrsnetz* très ramifié(e)
Verzweigung <-, -en> *f* ❶ (*Astwerk*) ramure *f*
❷ (*Ausbreitung*) *eines Netzes, Systems* ramification *f*
❸ CH (*Autobahndreieck*) échangeur *m*
verzwickt [fɛɐ'tsvɪkt] *Adj fam* inextricable; **eine ~e Angelegenheit** un sac de nœuds (*fam*)
Vesper[1] ['fɛspɐ] <-, -n> *f* REL vêpres *fpl*
Vesper[2] <-s, -> *nt* DIAL casse-croûte *m*
vespern ['fɛspɐn] *itr V* DIAL casser la croûte (*fam*)
Vesuv [ve'zuːf] <-s> *m* **der ~** le Vésuve
Veteran [vete'raːn] <-en, -en> *m* ❶ MIL vétéran *m*
❷ *s.* **Oldtimer**
Veterinär(in) [veteri'nɛːɐ] <-s, -e> *m(f) form* vétérinaire *mf*
Veterinärmedizin *f form* médecine *f* vétérinaire
Veto ['veːto] <-s, -s> *nt* veto *m;* **gegen etw sein ~ einlegen** opposer son veto à qc
Vetorecht *nt* droit *m* de veto
Vetter ['fɛtɐ] <-s, -n> *m* cousin *m*
Vetternwirtschaft *f kein Pl fam* népotisme *m,* favoritisme *m* (*fam*)
V-Form ['faʊ-] *f* forme *f* en V; **in ~** en V **v-förmig[RR], V-förmig** *Adj* en [forme de] V **V-Frau** *f fam* indic *m* (*fam*)
vgl. *Abk von* **vergleiche** cf.
v.H. *Abk von* **vom Hundert**
VHS [faʊhaː'ʔɛs] <-> *f Abk von* **Volkshochschule**
via ['viːa] *Adv* ❶ (*über*) **~ Köln nach London fliegen** aller en avion à Londres via Cologne
❷ (*per*) **~ Fernsehen** par télévision; **~ Anwalt kommuni-**

V

zieren communiquer par l'intermédiaire d'un avocat
Viadukt [via'dʊkt] <-[e]s, -e> *m o nt* viaduc *m*
Viagra® [vi'a:gra] *nt o f kein Pl* MED viagra® *m*
Vibration [vibra'tsio:n] <-, -en> *f* vibration *f*
Vibrator [vi'bra:to:ɐ] <-, -toren> *m* vibromasseur *m*
vibrieren* *itr V* vibrer
Video ['vi:deo] <-s, -s> *nt* ❶ (*Videofilm*) [film *m*] vidéo *f*; (*Videoclip*) clip *m*; (*Videokassette*) cassette *f* vidéo; **etw auf ~ aufnehmen/haben** enregistrer qc sur/avoir qc en [cassette] vidéo
❷ *kein Pl* (*Medium*) vidéo *f*
Videoaufnahme *f* enregistrement *m* vidéo **Videoband** <-bänder> *nt* bande *f* vidéo **Videoclip** <-s, -s> *m* [vidéo]clip *m*, clip *m* vidéo **Videofilm** *m* film *m* vidéo **Videogerät** *s.* Videorecorder **Videokamera** *f* caméscope *m* **Videokassette** *f* cassette *f* vidéo **Videokonferenz** *f* vidéoconférence *f*, visioconférence *f* **Videorecorder** *m* magnétoscope *m* **Videospiel** *nt* jeu *m* vidéo **Videotext** *m kein Pl* Télétex® *m* **Videothek** [video'te:k] <-, -en> *f* vidéoclub *m* **Videothekar(in)** <-s, -e> *m(f)* loueur(-euse) *m(f)* de cassettes vidéo **Videoüberwachung** *f* télésurveillance *f*
Viech [fi:ç] <-[e]s, -er> *nt fam* bestiau *m* (*fam*); (*Insekt*) bestiole *f* (*fam*)
Vieh [fi:] <-[e]s> *nt* ❶ (*Rinder*) bétail *m*
❷ *fam* (*Tier*) bestiau *m* (*fam*)
❸ *pej fam* (*roher Mensch*) brute *f*
Viehbestand *m* cheptel *m* **Viehfutter** *nt* aliments *mpl* pour bétail **Viehhaltung** *f* élevage *m* de bétail; **artgerechte ~** élevage qui respecte le rythme biologique du bétail **Viehhändler(in)** *m(f)* marchand(e) *m(f)* de bestiaux
viehisch ['fi:ɪʃ] **I.** *Adj* ❶ (*sehr stark*) *Schmerzen, Jucken* atroce
❷ (*bestialisch*) *Benehmen, Manieren* bestial(e)
II. *Adv* ❶ (*sehr*) *weh tun, jucken* atrocement
❷ (*bestialisch*) *sich benehmen, hausen* bestialement
Viehmarkt *m* foire *f* aux bestiaux **Viehstall** *m* étable *f* **Viehtränke** *f* abreuvoir *m* **Viehwaggon, Viehwagon^RR** [-vagɔŋ, -vago:n] *m* wagon *m* à bestiaux **Viehzeug** *nt fam* bêtes *fpl* **Viehzucht** *f* élevage *m* **Viehzüchter(in)** *m(f)* éleveur(-euse) *m(f)*
viel [fi:l] **I.** <mehr, meiste> *Pron indef* ❶ beaucoup; **~ Salz/Mehl** beaucoup de sel/farine; **~ Zeit/Arbeit** beaucoup de temps/travail; **~ Geld** beaucoup d'argent; **~ Schönes/Neues** beaucoup de belles/nouvelles choses; **~es Gute** beaucoup de [*o* bien des] bonnes choses; **~es Unangenehme** beaucoup de [*o* bien des] choses désagréables; **so ~ Arbeit** tellement de travail; **so ~ Salz wie nötig** autant de sel que nécessaire; **halb/doppelt so ~ Zucker [wie ...]** deux fois moins/plus de sucre [que...]; **wir tun so ~ wir können** nous faisons tout ce que nous pouvons; **sie weiß so ~** elle sait tellement de choses; **zu ~** trop; **zu ~ Arbeit/Geld** trop de travail/d'argent; **sie hat sich zu ~ vorgenommen** elle s'est surestimée; **mit ~ Mühe** avec bien du mal; **~ Spaß!** amuse-toi/amusez-vous bien!; **~ erleben/erzählen** vivre/raconter beaucoup de choses; **nicht ~/zu ~ einkaufen** ne pas acheter grand-chose/trop acheter; **er hält ~/nicht ~ davon** il en pense beaucoup/peu de bien; **~ versprechend** *Künstler, Anfang* prometteur(-euse); *Nachricht* encourageant(e); **~ versprechend klingen, sich ~ versprechend anhören** paraître prometteur(-euse)
❷ *substantivisch* **~es** beaucoup de choses; **~es [von dem], was ...** beaucoup de ce qui/que...; **um ~es besser/jünger sein** être beaucoup mieux/largement plus jeune; **um ~es anders sein** être tout autre[ment]; **und ~es andere mehr** et bien d'autres choses encore; (*Gegenstände*) et beaucoup d'autres choses [encore]; **in ~em** à bien des égards
► **was zu ~ ist, ist zu ~** trop, c'est trop; **ihr Brief war so ~ wie eine Einladung** sa lettre équivalait à une invitation
II. *Adj* ❶ **~e Leute** beaucoup de gens; **unglaublich ~e Anrufe** un nombre incroyable de coups de fil; **~e sind dieser Meinung** beaucoup [de gens] sont de cet avis
❷ (*diese große Menge*) **der ~e Ärger** toutes ces contrariétés; **die ~e Arbeit** tout ce travail; **das ~e Essen** tous ces repas; **vom ~en Biertrinken** à force de boire de la bière
III. <mehr, am meisten> *Adv* ❶ (*häufig*) *besuchen, sich aufhalten* beaucoup
❷ (*wesentlich*) beaucoup, bien; **~ zu kurz/lang sein** beaucoup [*o* bien] trop court/long; **dieser Computer ist ~ billiger** cet ordinateur est beaucoup moins cher
► **~ zu ~** beaucoup trop
vielbefahren *s.* **befahren 1.**
vielbeschäftigt *s.* **beschäftigt 1.**
vielbesucht *s.* **besucht**
vieldeutig ['fi:ldɔɪtɪç] **I.** *Adj* ambigu(ë)
II. *Adv* avec ambiguïté
Vieldeutigkeit <-> *f* ambiguïté *f*
vieldiskutiert *s.* **diskutieren I.**
Vieleck ['fi:lʔɛk] *nt* GEOM polygone *m* **vieleckig** *Adj* GEOM polygonal(e) **Vielehe** *f* polygamie *f*
vielerlei ['fi:lɐ'laɪ] *Adj unv* **~ Sorten Käse** toutes sortes de fromage; **~ Fragen** toutes sortes de questions; **sich für ~ interessieren** s'intéresser à toutes sortes de choses
vielerorts ['fi:lɐ'ʔɔrts] *Adv* un peu partout
vielfach ['fi:lfax] **I.** *Adj* ❶ **die ~e Menge** une quantité bien plus grande
❷ (*mehrfach*) *Variationen, Hinsicht* multiple; **ein ~er Millionär** un multimillionnaire
II. *Adv* ❶ (*häufig*) très souvent
❷ (*mehrfach*) *falten, variieren* plusieurs fois; *beschädigen* à plusieurs endroits
Vielfache(s) *nt dekl wie Adj* **das ~, ein ~s** bien plus; **das ~ [*o* ein ~s] des ursprünglichen Preises bezahlen** payer un prix bien plus élevé; **um ein ~s teurer/schöner sein** être largement plus cher(chère)/beau(belle)
Vielfahrer(in) *m(f)* personne *f* qui fait beaucoup de route; **[ein] ~ sein** faire beaucoup de route
Vielfalt ['fi:lfalt] <-, -en> *f* diversité *f*; **eine ~/große ~ von Blumen** une multiplicité/grande diversité de fleurs
vielfältig ['fi:lfɛltɪç] *Adj* varié(e)
Vielfältigkeit *s.* **Vielfalt**
vielfarbig *Adj Druck, Zeichnung* polychrome; *Kleidungsstück* multicolore **Vielflieger(in)** *m(f)* personne *f* qui prend souvent l'avion; **[ein] ~ sein** prendre souvent l'avion
Vielfraß ['fi:lfra:s] <-es, -e> *m* ❶ *fam* (*Mensch*) morfal(e) *m(f)* (*fam*)
❷ ZOOL glouton *m*
vielgekauft *s.* **kaufen I.1.**
vielgeliebt *s.* **geliebt**
vielgereist *s.* **reisen 1.**
vielköpfig *Adj fam* nombreux(-euse)
vielleicht [fi'laɪçt] *Adv* ❶ (*eventuell*) peut-être; **~, dass** peut-être que + *indic*
❷ (*ungefähr*) à peu près; **er war ~ fünfzig** il avait à peu près cinquante ans
❸ *fam* (*etwa*) par hasard; **erwarten Sie ~, dass ...?** vous n'imaginez pas par hasard que ... ? + *indic*
❹ *fam* (*wirklich*) **das ist ~ ein Idiot!** quelle espèce d'idiot!; **das ist ~ schwierig!** que c'est difficile!
vielmals [-ma:ls] *Adv geh* de nombreuses fois; **sich ~ bedanken** formuler de nombreux remerciements
vielmehr **I.** *Adv* ❶ (*im Gegenteil*) au contraire
❷ (*genauer gesagt*) plutôt
II. *Konj* mais
vielsagend *s.* **sagen I.5.**
vielschichtig *Adj* ❶ (*aus vielen Schichten*) composé(e) de couches multiples
❷ (*komplex*) complexe, hétérogène
Vielschreiber(in) *m(f) pej* auteur *mf* prolifique

vielseitig I. *Adj* ❶ *Person* polyvalent(e); *Künstler, Talent* protéiforme
❷ (*breit gefächert*) *Angebot, Interessen* varié(e)
❸ (*mehrfach einsetzbar*) *Gerät, Maschine* à usages [*o* fonctions] multiples; ~ **sein** avoir de multiples usages [*o* fonctions]
II. *Adv* ❶ ~ **interessiert sein** avoir des intérêts variés; ~ **gebildet sein** avoir une culture polyvalente [*o* éclectique]
❷ (*für unterschiedliche Zwecke*) ~ **verwendbar sein** servir à de multiples usages
vielsprachig *Adj* polyglotte
vielstimmig *Adj* MUS polyphonique
vielversprechend *s.* viel I.1.
Vielvölkerstaat *m* État *m* pluriethnique
Vielweiberei [-vaɪbəˈraɪ] <-> *f* polygamie *f*
Vielzahl *f kein Pl* multitude *f;* **eine** ~ **von Briefen** une multitude de lettres; **eine** ~ **bunter Blumen** une multitude de fleurs multicolores
Vielzweckwerkzeug *nt* outil *m* à usages multiples
vier [fiːɐ] *Num* quatre; *s. a.* **acht**[1]
▸ **alle ~e von sich strecken** *fam Person:* se mettre les doigts de pied en éventail (*fam*); *Tier:* être crevé(e) (*fam*); **auf allen ~en** *fam* à quatre pattes
Vier <-, -en> *f* ❶ (*Zahl, Spielkarte, Augenzahl*) quatre *m*
❷ (*Schulnote*) ≈ dix *m*
❸ *kein Pl* (*U-Bahn-Linie, Bus-, Straßenbahnlinie*) quatre *m*
vierachsig *Adj* EISENBAHN à quatre essieux
vierarmig *Adj Leuchter* à quatre branches; ~ **sein** avoir quatre branches
Vieraugengespräch *nt* tête-à-tête *m*
vierbändig [ˈfiːɐbɛndɪç] *Adj* en quatre volumes
Vierbeiner <-s, -> *m hum* **die** [**lieben**] ~ nos compagnons *mpl* à quatre pattes (*hum*)
vierbeinig *Adj Tisch* à quatre pieds; ~ **sein** avoir quatre pieds; *Tier* quadrupède
vierblätt[e]rig *Adj Klee* à quatre feuilles; *Blume, Blüte* à quatre pétales
vierdimensional [ˈ-dimɛnzionaːl] *Adj* à quatre dimensions; ~ **sein** être en quatre dimensions **Viereck** [ˈfiːɐʔɛk] *nt* quadrilatère *m* **viereckig** *Adj* rectangulaire
viereinhalb *Num* ~ **Kilometer** quatre kilomètres et demi; *s. a.* **achteinhalb**
Vierer [ˈfiːrɐ] <-s, -> *m* ❶ *fam* (*Schulnote*) ≈ dix *m*
❷ *fam* (*Lottogewinn*) quatre bons numéros *mpl*
❸ (*Ruderboot*) quatre *m*
Viererbob *m* bob *m* à quatre
viererlei [ˈfiːrɐˈlaɪ] *Adj unv* ~ **Sorten Käse** quatre sortes de fromage; *s. a.* **achterlei**
Viererreihe *f* **in ~n** en rang[s] par quatre
vierfach [ˈfiːɐfax], **4fach** I. *Adj* **das ~e Gewicht** quatre fois le poids
II. *Adv falten* par quatre; *s. a.* **achtfach**
Vierfache(s) *nt dekl wie Adj* quadruple *m;* **das ~ bezahlen** payer quatre fois plus; *s. a.* **Achtfache(s)**
Vierfarbendruck <-drucke> *m* ❶ *kein Pl* (*Verfahren*) quadrichromie *f*
❷ (*Abbildung*) tirage *m* en quadrichromie
Vierfüßer <-s, -> *m* tétrapode *m*
vierfüßig *Adj* ❶ *Leuchter, Schale* à quatre pieds; ~ **sein** avoir quatre pieds
❷ POES *Jambus* de quatre pieds; ~ **sein** avoir quatre pieds
Vierganggetriebe *nt* boîte *f* [à] quatre vitesses
viergeschossig *Adj* à quatre étages
vierhändig [ˈfiːɐhɛndɪç] *Adj, Adv* MUS à quatre mains
vierhundert *Num* quatre cents **vierhundertjährig** *Adj* de quatre cents ans **vierhundertste(r, s)** *Adj* quatre centième **vierhunderttausend** *Num* quatre cent mille
Vierjahresplan *m* plan *m* quadriennal
vierjährig [ˈ-jɛːrɪç] *Adj Kind, Amtszeit* de quatre ans
Vierjährige(r) *f(m) dekl wie Adj* garçon *m*/fille *f* de quatre ans
Vierkant [ˈ-kant] *m o nt* TECH carré *m*
Vierkanteisen *nt* fer *m* à quatre pans
vierkantig *Adj* carré(e), à quatre pans
Vierkantschlüssel *m* clé *f* à quatre pans
vierköpfig *Adj Familie* de quatre [personnes]
Vierling <-s, -e> *m* quadruplé(e) *m(f)*
viermal *Adv* quatre fois; *s. a.* **achtmal**
viermalig *Adj* **nach ~em Anruf/Versuch** après quatre appels/essais; *s. a.* **achtmalig**
Viermaster <-s, -> *m* quatre-mâts *m*
viermotorig *Adj* quadrimoteur
Vierradantrieb *m* quatre roues *fpl* motrices
vierräd[e]rig *Adj* à quatre roues
vierschrötig [ˈ-ʃrøːtɪç] *Adj* trapu(e)
vierseitig *Adj* ❶ *Brief* de quatre pages
❷ GEOM à quatre côtés
vierspaltig *Adj* de [*o* sur] quatre colonnes
vierspurig [ˈ-ʃpuːrɪç] *Adj, Adv* à quatre voies
vierstellig *Adj* à quatre chiffres
Viersternehotel *nt* hôtel *m* quatre étoiles
vierstimmig *Adj, Adv* à quatre voix
vierstrahlig *Adj* quadriréacteur
Vierstromzug *m* EISENBAHN quadricourant *m*
viert *Adv* **zu ~ sein** être quatre; *s. a.* **acht**[2]
Viertagewoche *f* semaine *f* de quatre jours
viertägig *Adj* de quatre jours
Viertaktmotor *m* AUT moteur *m* à quatre temps
viertausend *Num* quatre mille **Viertausender** *m* montagne *f* de quatre mille mètres
vierte(r, s) *Adj* ❶ quatrième
❷ (*bei Datumsangaben*) **der ~ Mai** *écrit:* **der 4. Mai** le quatre mai *geschrieben:* le 4 mai
❸ SCHULE **die ~ Klasse** [*o* **die ~** *fam*] le cours moyen 2 [*o* le CM 2 *fam*]; *s. a.* **achte(r, s)**
Vierte(r) *f(m) dekl wie Adj* ❶ quatrième
❷ (*Datumsangabe*) **der ~/am ~n** *écrit:* **der 4./am 4.** le quatre *geschrieben:* le 4
❸ (*Namenszusatz*) **Heinrich der ~** *écrit:* **Heinrich IV.** Henri quatre *geschrieben:* Henri IV
❹ (*Sinfonie*) **Bruckners ~** la Quatrième Symphonie de Bruckner; *s. a.* **Achte(r)**
vierteilen *tr V* HIST **gevierteilt werden** être écartelé(e)
viertel [ˈfɪrtəl] *Num* **ein/drei ~ Liter** un quart/trois quarts de litre; **um drei ~ sieben/zehn** DIAL à sept/dix heures moins le quart; *s. a.* **achtel**
Viertel [ˈfɪrtəl] <-s, -> *nt* ❶ *a.* MATH quart *m;* **ein ~ Wein** un quart de vin
❷ (*15 Minuten*) **es ist ~ vor elf** il est onze heures moins le quart; **um ~ nach fünf** à cinq heures et quart
❸ (*Stadtbezirk*) quartier *m*
▸ **das akademische ~** le quart d'heure académique
Vierteldrehung [ˈfɪrtəl-] *f* quart *m* de tour **Viertelfinale** *nt* SPORT quart *m* de finale **Vierteljahr** *nt* trimestre *m* **Vierteljahresschrift** *f* revue *f* trimestrielle **Vierteljahrhundert** [fɪrtəliaːɐˈhʊndɐt] *nt* quart *m* de siècle
vierteljährig [ˈfɪrtəljɛːrɪç, fɪrtəlˈjɛːrɪç] *Adj attr* de trois mois
vierteljährlich I. *Adj* trimestriel(le) II. *Adv* trimestriellement; **einmal ~** une fois tous les trois mois **Viertelliter** *m o nt* quart *m* de litre
vierteln [ˈfɪrtln] *tr V* couper en quatre; **etw ~** couper qc en quatre
Viertelnote [ˈfɪrtl-] *f* noire *f* **Viertelpause** *f* soupir *m* **Viertelpfund** [ˈfɪrtəlpfʊnt, fɪrtəlˈpfʊnt] *nt* quart *m* de livre; **ein ~ Butter** 125 g *mpl* de beurre **Viertelstunde** *f* quart *m* d'heure; **in/nach einer ~** dans un/au bout d'un quart d'heure
viertelstündig [-ʃtʏndɪç] *Adj attr* d'un quart d'heure

V

viertelstündlich I. *Adj attr* tous les quarts d'heure; **in ~em Abstand** à un quart d'heure d'intervalle II. *Adv* tous les quarts d'heure **Viertelton** *m* quart *m* de ton
viertens ['fi:ɐtəns] *Adv* quatrièmement
viertletzte(r, s) ['fɪrt-] *Adj* **die ~ Seite** la quatrième page avant la fin
Viertürer [-ty:rɐ] <-s, -> *m fam* quatre portes *f* (*fam*)
viertürig [-ty:rɪç] *Adj* à quatre portes
Vierviertelttakt [-'fɪrtəl-] *m* mesure *f* à quatre temps
Vierwaldstätter See [-ʃtɛtɐ'ze:] *m* **der ~** le lac des Quatre-Cantons
vierwertig *Adj* quadrivalent(e)
vierwöchentlich *Adj, Adv* toutes les quatre semaines
vierwöchig *Adj* de quatre semaines
vierzehn ['fɪrtse:n] *Num* quatorze; **~ Tage dauern** durer quinze jours; *s. a.* **acht**[1]
vierzehntägig ['fɪrtse:ntɛ:gɪç] *Adj* de quinze jours
vierzehntäglich I. *Adj* tous les quinze jours; **unsere ~e Konferenz** notre conférence bimensuelle
II. *Adv* tous les quinze jours
vierzehnte(r, s) *Adj* quatorzième; *s. a.* **achte(r, s)**
Vierzeiler <-s, -> *m* quatrain *m*
vierzeilig *Adj Gedicht, Strophe* de quatre vers; *Nachricht* de quatre lignes
vierzig ['fɪrtsɪç] *Num* quarante; *s. a.* **achtzig**
Vierzig <-, -en> *f* ① (*Zahl*) quarante *m*
② (*Alter*) quarantaine *f*; **auf die ~ zugehen** aller sur ses quarante ans
vierziger, 40er ['fɪrtsɪgɐ] *Adj unv* **die ~ Jahre** les années *fpl* quarante; *s. a.* **achtziger**
Vierziger[1] <-s, -> *m* ① (*Mann in den Vierzigern*) quadragénaire *m*
② *s.* **Vierzigjährige(r)**
③ *fam* (*Wein*) 1940 *m*
Vierziger[2] <-, -> *f* HIST *fam* (*Briefmarke*) timbre *m* à quarante pfennigs
Vierziger[3] *Pl* ① **die ~** *eines Jahrhunderts* les années *fpl* quarante
② (*Lebensalter*) **in den ~n sein** être quadragénaire; *s. a.* **Achtziger**[3]
Vierzigerin ['fɪrtsɪgərɪn] <-, -nen> *f* ① (*Frau in den Vierzigern*) quadragénaire *f*
② *s.* **Vierzigjährige(r)**
Vierzigerjahre ['fɪrtsɪgɐ-] *Pl* **die ~** les années *fpl* quarante
vierzigjährig ['fɪrtsɪç-] *Adj attr Person* quadragénaire; *Baum* de quarante ans; *s. a.* **achtzigjährig**
Vierzigjährige(r) ['vɪrtsɪç-] *f(m) dekl wie Adj* homme *m*/femme *f* de quarante ans; **etw als ~(r) tun** faire qc à quarante ans
vierzigmal *Adv* quarante fois
vierzigste(r, s) ['fɪrtsɪçstə] *Adj* quarantième; *s. a.* **achtzigste(r, s)**
Vierzigstundenwoche [fɪrtsɪç-], **40-Stunden-Woche** *f* semaine *f* de quarante heures
Vierzimmerwohnung *f* quatre-pièces *m*
Vierzylindermotor *m* moteur *m* [à] quatre cylindres
vierzylindrig *Adj* [à] quatre cylindres
Vietcong [viɛt'kɔŋ, 'viɛtkɔŋ] <-, -[s]> *m* ① *kein Pl* (*Guerillabewegung*) **der ~** le Viêt-cong
② (*Mitglied*) Viet *m* (*péj*)
Vietnam [viɛt'nam] <-s> *nt* le Viêt-nam
Vietnamese [viɛtna'me:zə] <-n, -n> *m*, **Vietnamesin** *f* Vietnamien(ne) *m(f)*
vietnamesisch [viɛtna'me:zɪʃ] I. *Adj* vietnamien(ne)
II. *Adv* **~ miteinander sprechen** discuter en vietnamien; *s. a.* **deutsch**
Vietnamesisch <-[s]> *nt kein Art* vietnamien *m*; **auf ~** en vietnamien; *s. a.* **Deutsch**
Vietnamesische [viɛtna'me:zɪʃə] *nt dekl wie Adj* **das ~** le vietnamien; *s. a.* **Deutsche**
Viewer ['vju:ɐ] <-s, -> *m* INFORM visionneuse *f*
Vignette [vɪn'jɛtə] <-, -n> *f* KUNST, TRANSP vignette *f*
Vikar(in) [vi'ka:ɐ] <-s, -e> *m(f)* vicaire *m*
Villa ['vɪla] <-, Villen> *f* villa *f*
Villenviertel ['vɪlənfɪrtl] *nt* quartier *m* résidentiel
violett [vio'lɛt] *Adj* violet(te)
Violett <-s, -> *nt* violet *m*
Violine [vio'li:nə] <-, -n> *f* MUS violon *m*
Violinist(in) [violi'nɪst] *m(f)* violoniste *mf*
Violinkonzert [vio-] *nt* concert *m* pour violon[s] **Violinschlüssel** *m* clé *f* de sol
Violoncello [violɔn'tʃɛlo] <-s, -celli> *nt* violoncelle *m*
VIP [vi:ʔaɪ'pi:, vɪp] <-, -s> *m Abk von* **very important person** V.I.P. *mf* (*fam*)
Viper ['vi:pɐ] <-, -n> *f* vipère *f*
Viren ['vi:rən] *Pl von* **Virus**
Virensuchprogramm ['vi:rən-] *nt* [programme *m*] antivirus *m*
Virologe [viro'lo:gə] <-n, -n> *m*, **Virologin** *f* virologiste *mf*
Virologie [virolo'gi:] <-> *f* virologie *f*
virologisch *Adj* BIO, MED virologique
virtuell [vɪr'tuɛl] *Adj* virtuel(le)
virtuos [vɪr'tuo:s] I. *Adj geh Musiker* virtuose; *Leistung, Spiel* brillant(e)
II. *Adv geh* avec virtuosité
Virtuose [vɪrtu'o:zə] <-n, -n> *m*, **Virtuosin** *f* virtuose *mf*
virulent [viru'lɛnt] *Adj* ① MED virulent(e)
② *geh* (*gefährlich*) pernicieux(-euse)
Virus ['vi:rʊs] <-, Viren> *nt o m* BIO, MED, INFORM virus *m*
Viruserkrankung ['vi:rʊs-] *f* maladie *f* virale **Virusinfektion** *f* infection *f* virale **Viruskrankheit** *f* maladie *f* virale
Visa ['vi:za] *Pl von* **Visum**
Visage [vi'za:ʒə] <-, -n> *f pej sl* tronche *f* (*péj pop*)
Visagist(in) [viza'ʒɪst] <-en, -en> *m(f)* visagiste *mf*
vis-a-vis[RR], **vis-à-vis** [viza'vi:] I. *Adv geh* en face; **~ von jdm/etw** en face de qn/qc; **jdm ~ sitzen/wohnen** être assis(e)/habiter en face de qn; **der Nachbar von ~** le voisin d'en face
II. *Präp + Dat* **~ dem Turm** en face de la tour
Visavis <-, -> *nt geh* vis-à-vis *m*
Visen ['vi:zən] *Pl von* **Visum**
Visier [vi'zi:ɐ] <-s, -e> *nt einer Schusswaffe* viseur *m*; *eines Helms* visière *f*
► **jdn/etw im ~ haben** avoir qn/qc dans le collimateur; **jdn/etw ins ~ nehmen** avoir qn à l'œil/envisager qc
Vision [vi'zio:n] <-, -en> *f geh* ① (*Erscheinung*) vision *f*
② (*Vorstellung*) anticipation *f*
► **~en haben** (*halluzinieren*) avoir des visions; (*Zukunftsentwürfe machen*) savoir anticiper
visionär [vizio'nɛ:ɐ] *Adj* visionnaire
Visionär(in) <-s, -e> *m(f) geh* visionnaire *mf*
Visite [vi'zi:tə] <-, -n> *f a.* MED visite *f*; **~ machen** *Arzt:* faire ses visites
Visitenkarte *f* carte *f* de visite
viskos *Adj* CHEM visqueux(-euse)
Viskose [vɪs'ko:zə] <-> *f* viscose *f*
Viskosität [vɪskozi'tɛ:t] <-> *f* CHEM, TECH viscosité *f*
visuell [vizu'ɛl] *Adj geh* visuel(le)
Visum ['vi:zʊm] <-s, Visa *o* Visen> *nt* visa *m*
Visumzwang ['vi:zʊm-] *m* visa *m* obligatoire
Vita ['vi:ta] <-, Viten *o* Vitae> *f geh* vie *f*
vital [vi'ta:l] *Adj geh* ① *Person* plein(e) de vitalité
② (*lebenswichtig*) *Interessen, Bedeutung* vital(e)
Vitalität <-> *f* vitalité *f*
Vitamin [vita'mi:n] <-s, -e> *nt* vitamine *f*
► **~ B** *fam* piston *m* (*fam*)
vitaminarm I. *Adj* pauvre en vitamines II. *Adv* **sich [zu] ~ ernähren** consommer des aliments [trop] pauvres en vitamines **Vitaminbedarf** *m* besoin *m* en vitamines **Vitamin-**

gehalt *m* teneur *f* en vitamines **Vitaminmangel** *m* carence *f* en vitamines **Vitaminmangelkrankheit** *f* avitaminose *f* **vitaminreich** I. *Adj* riche en vitamines II. *Adv* **sich ~ ernähren** consommer des aliments riches en vitamines **Vitamintablette** *f* comprimé *m* de vitamines; **~n nehmen** prendre des vitamines [en comprimés]

Vitrine [vi'tri:nə] <-, -n> *f* vitrine *f*

Vivisektion [vivi-] <-, -en> *f* vivisection *f*

Vize ['fi:tsə, 'vi:-] <-s, -> *m fam* bras *m* droit

Vizeadmiral(in) ['fi:tsə-, 'vi:-] *m(f)* vice-amiral *m* d'escadre **Vizekanzler** *m* vice-chancelier *m* **Vizekönig** *m* vice-roi *m* **Vizepräsident** *m* vice-président *m*

Vlies [fli:s] <-es, -e> *nt* ❶ (*Wolle eines Schafs*) toison *f* ❷ (*Fasermaterial*) rembourrage *m*

V-Mann ['faʊ-] <-[e]s, -leute> *m fam* indic *m* (*fam*)

Vogel ['fo:gəl, *Pl:* 'fø:gəl] <-s, ⸚> *m* ❶ oiseau *m* ❷ *fam* (*Mensch*) **ein schräger/linker ~** un drôle d'oiseau (*fam*)

▶ **mit etw den ~ abschießen** *fam* avoir le pompon en faisant qc (*fam*); **der ~ ist ausgeflogen** *fam* l'oiseau s'est envolé; **friss, ~, oder stirb** *Spr.* marche ou crève; **einen ~ haben** *fam* avoir une araignée au plafond (*fam*); **jdm den ~ zeigen** *fam* traiter qn de cinglé(e) (*fam*)

Vogelbauer *nt o m* cage *f*

Vogelbeerbaum *m* BOT sorbier *m*

Vogelbeere *f* ❶ (*Frucht*) sorbe *f* ❷ (*Eberesche*) sorbier *m* [des oiseleurs]

Vögelchen <-s, -> *nt* petit oiseau *m*, oisillon *m*

Vogeldreck *m fam* fiente *f* **Vogelei** ['fo:gəlʔaɪ] *nt* œuf *m* d'oiseau **Vogelfänger(in)** <-s, -> *m(f)* oiseleur(-euse) *m(f)* **vogelfrei** *Adj* HIST hors la loi **Vogelfutter** *nt* graines *fpl* pour les oiseaux **Vogelkäfig** *m* cage *f* **Vogelkirsche** *f* BOT merise *f* **Vogelkunde** *f* ornithologie *f* **Vogelmännchen** *nt* oiseau *m* mâle

vögeln ['fø:gəln] *itr V sl* baiser (*fam*); **mit jdm ~** baiser qn (*fam*); **das Vögeln** la baise (*pop*)

Vogelnest *nt* nid *m* d'oiseau **Vogelperspektive** *f* perspective *f* à vol d'oiseau; **aus der ~** à vue d'oiseau; PHOT en plongée **Vogelscheiße** *f fam* merde *f* d'oiseau (*fam*) **Vogelscheuche** <-, -n> *f a. fig* épouvantail *m* **Vogelschutz** *m* protection *f* des oiseaux **Vogelspinne** *f* mygale *f*

Vogel-Strauß-Politik *f kein Pl fam* politique *f* de l'autruche

Vogelwarte [-vartə] *f* station *f* ornithologique **Vogelweibchen** *nt* oiseau *m* femelle **Vogelzug** *m* migration *f* des oiseaux

Vogerlsalat *m* A mâche *f*

Vogesen [vo'ge:zən] *Pl* **die ~** les Vosges *fpl*

Vöglein <-s, -> *nt liter* oiselet *m* (*littér*)

Voice-Recorder ['vɔɪs-] <-s, -> *m* enregistreur *m* de vol

Vokabel [vo'ka:bəl] <-, -n> *f* ❶ mot *m* de vocabulaire; **die lateinischen ~n** le vocabulaire latin ❷ *geh* (*Begriff*) terme[-clé] *m*

Vokabelheft *nt* carnet *m* de vocabulaire

Vokabular [vokabu'la:ɐ] <-s, -e> *nt geh* (*Wortschatz*) vocabulaire *m*

Vokal [vo'ka:l] <-s, -e> *m* voyelle *f*

vokalisch *Adj* vocalique

Vokalmusik *f* MUS musique *f* vocale

Vokativ ['vo:kati:f] <-s, -e> *m* LING vocatif *m*

Volant [vo'lã:] <-s, -s> *m o nt* volant *m*

Volk [fɔlk, *Pl:* 'fœlkɐ] <-[e]s, ⸚er> *nt* ❶ (*Nation*) peuple *m* ❷ *kein Pl* (*die Menschen*) **das ~** le peuple ❸ *kein Pl pej* (*die arme Bevölkerung*) faune *f* (*péj*) ❹ *kein Pl fam* (*Menschenmenge*) **viel ~** du populo (*fam*); **zu viel ~** trop de populo (*fam*)

▶ **das ~ der Dichter und Denker** le peuple des poètes et des penseurs; **dem ~ aufs Maul schauen** parler comme le peuple; **das auserwählte ~** le peuple élu; **das fahrende ~** *veraltet* les gens *mpl* du voyage; **etw unters ~ bringen** divulguer qc; **sich unters ~ mischen** *fam* prendre un bain de foule

Völkchen <-s, -> *nt fam* **ein lustiges ~** des joyeux drilles *mpl;* **sie sind ein ~ für sich** ce sont des gens à part [*o* pas comme les autres] (*fam*)

Völkerball *m kein Pl* ballon *m* prisonnier **Völkerbund** *m* HIST **der ~** la Société des Nations **Völkerkunde** *f kein Pl* ethnologie *f* **Völkermord** *m* génocide *m* **Völkerrecht** *nt kein Pl* droit *m* international public **völkerrechtlich** I. *Adj Anerkennung* en vertu du droit des peuples à disposer d'eux-mêmes; **vom ~en Standpunkt her** sur le plan du droit international public II. *Adv* en droit international **Völkerverständigung** *f kein Pl* entente *f* entre les peuples, rapprochement *m* des peuples **Völkerwanderung** *f* ❶ HIST **die ~** les grandes invasions *fpl* ❷ *fam* (*Menschenmengen*) ruée *f*

völkisch NS *s.* **national**

Volksabstimmung *f* référendum *m* **Volksarmee** *f* armée *f* populaire **Volksbefragung** *f* plébiscite *m* **Volksbegehren** *nt* initiative *f* populaire **Volksbelustigung** *f* ❶ (*Ereignis*) festivités *fpl* populaires ❷ *kein Pl* (*Belustigtsein*) divertissement *m* populaire; **der ~ dienen** servir à divertir le peuple **Volksdemokratie** *f* république *f* populaire [*o* socialiste] **volkseigen** *Adj* nationalisé(e); **~er Betrieb** entreprise *f* nationalisée [*o* d'État] **Volkseinkommen** *nt* revenu *m* national **Volksempfinden** *nt* ▶ **das gesunde ~** le bon sens populaire **Volksentscheid** *m* vote *m* populaire **Volksetymologie** *f kein Pl* LING étymologie *f* populaire **Volksfest** *nt* fête *f* populaire

i Land & Leute

La **Volksfest** est une fête traditionnelle qui a lieu en plein air et souvent durant plusieurs jours. Elle propose différentes attractions comme une grande roue, des montagnes russes et des tentes sous lesquelles on peut boire de la bière. L'une des plus célèbres **Volksfeste** est la *Münchner Oktoberfest* c'est-à-dire la "Fête de la bière" à Munich.

Volksfront *f* POL front *m* populaire **Volksgerichtshof** *m* NS **der ~** le Tribunal du Peuple **Volksgesundheit** *f* santé *f* publique **Volksglaube[n]** *m* croyance *f* populaire **Volksgruppe** *f* groupe *m* ethnique **Volksheld(in)** *m(f)* héros *m* national/héroïne *f* nationale **Volkshochschule** *f* université *f* populaire

i Land & Leute

La **Volkshochschule** est un centre public de formation continue en Allemagne. Les cours sont ouverts, indépendemment du statut social, à toutes les classes d'âges de la population. Les cours sont reconnus comme cours de formation professionnelle continue.

Volksinitiative CH *s.* **Volksbegehren** **Volkskammer** *f kein Pl* HIST Chambre *f* du peuple **Volkskrankheit** *f* maladie *f* endémique **Volkskunde** *f* étude *f* des folklores

Volkskundler(in) <-s, -> *m(f)* folkloriste *mf*

volkskundlich *Adj* relatif(-ive) au folklore

Volkskunst *f kein Pl* art *m* populaire **Volkslauf** *m* course *f* populaire **Volkslied** *nt* chanson *f* populaire **Volksmärchen** *nt* conte *m* populaire **Volksmehr** <-s> *nt* CH majorité *f* confédérale **Volksmund** *m* langage *m* populaire; **im ~** dans le langage populaire **Volksmusik** *f* musique *f* folklorique **Volkspartei** *f* parti *m* populaire **Volkspolizei** *f kein Pl* HIST (*DDR*) police *f* populaire **Volksrede** *f* ▶ **~n über etw** (*Akk*) **halten** *fam* faire de grands laïus [sur qc] (*fam*); **halte keine ~n!** *fam* pas [tant] de laïus! (*fam*) **Volksrepublik** *f* république *f* populaire **Volksschicht** *f meist Pl* couche *f* de la population **Volksschule** *f* A (*Grundschule*) ≈ école *f* primaire **Volkssport** *m*

V

sport *m* populaire **Volksstamm** *m* peuplade *f* **Volksstück** *nt* pièce *f* populaire **Volkssturm** *m* NS **der ~** le Volkssturm (*milice populaire levée en 1945 pour défendre l'Allemagne*) **Volkstanz** *m* danse *f* folklorique **Volkstracht** *f* costume folklorique *m*
volkstümlich ['fɔlksty:mlɪç] *Adj* ❶ *Brauch, Tracht* traditionnel(le); *Fest* populaire; *Bezeichnung* usuel(le)
❷ (*populär*) *Autor, Theaterstück* populaire
Volksverdummung *f pej fam* crétinisation de la masse (*péj*)
Volksverhetzung <-, -en> *f* incitation *f* à la haïne [raciale]; **man hat ihm/ihr den Vorwurf der ~ gemacht** on lui a reproché d'être un fauteur/une fautrice de troubles **Volksvertreter(in)** *m(f)* représentant(e) *m(f)* du peuple **Volksvertretung** *f* représentation *f* nationale **Volkswirt(in)** *m(f)* économiste *mf* **Volkswirtschaft** *f* ❶ (*Nationalökonomie*) économie *f* [nationale] ❷ *s.* **Volkswirtschaftslehre Volkswirtschaftler(in)** <-s, -> *m(f)* économiste *mf* **volkswirtschaftlich I.** *Adj* ❶ (*der nationalen Wirtschaft*) économique ❷ (*wissenschaftlich*) d'économie politique **II.** *Adv* d'un point de vue économique **Volkswirtschaftslehre** *f* économie *f* politique **Volkszählung** *f* recensement *m*
voll [fɔl] **I.** *Adj* ❶ (*gefüllt*) plein(e); **halb ~** à moitié plein(e); **~ werden** se remplir; **~ sein** être plein(e); **~ [mit] Wasser/Sand sein** être plein(e) d'eau/de sable
❷ (*bedeckt*) **~[er] Schnee/Flecken sein** être recouvert(e) de neige/de taches
❸ (*ganz*) *Jahr, Monat, Woche* entier(-ière); **jede ~e Stunde fahren** *Bus:* partir aux heures pleines; **er hat eine ~e Stunde warten müssen** il lui a fallu attendre une bonne heure
❹ (*vollständig*) **die ~e Summe** la totalité de la somme; **den ~en Preis bezahlen** payer comptant; **in ~er Ausrüstung** équipé(e) de pied en cap; **in ~er Uniform erscheinen** apparaître en uniforme
❺ (*ungeschmälert*) *Erfolg, Gewissheit* total(e); **das ~e Ausmaß** [*o* **der ~e Umfang**] **der Katastrophe** l'ampleur de la catastrophe; **die ~e Tragweite erkennen** reconnaître la portée
❻ (*prall*) *Gesicht, Wangen* plein(e); *Busen* opulent(e); *Po, Hüften* rebondi(e); **er ist ~er geworden** il a pris des rondeurs
❼ (*voll tönend*) *Stimme, Bariton, Bass* bien timbré(e)
❽ (*dicht*) *Bart* fourni(e); **~es Haar haben** avoir des cheveux épais
❾ *fam* (*satt*) **~ sein** être gavé(e) [*o* repu(e)]
❿ *sl* (*betrunken*) **~ sein** être plein(e) (*fam*)
▶ **jdn nicht für ~ nehmen** ne pas prendre qn au sérieux; **aus dem Vollen schöpfen** taper dans le tas (*fam*)
II. *Adv* ❶ (*vollkommen*) *ausnutzen, befriedigen* pleinement; *sperren, wiederherstellen* totalement
❷ (*mit aller Wucht*) *aufprallen* de plein fouet; *treffen, zuschlagen* très violemment
❸ (*rückhaltlos*) *dahinter stehen, unterstützen* totalement
❹ *sl* (*sehr, äußerst*) *gut, schnell* vachement (*fam*); **jdn ~ anmachen/fertigmachen** allumer/casser qn à fond (*fam*); **~ doof sein** être complètement nul(le) (*fam*)
▶ **~ und ganz** à cent pour cent
vollabern *s.* **labern I.**
volladen *s.* **laden[1] I.1.**
vollauf *Adv genügen, zufrieden* tout à fait, totalement; **mit etw ~ beschäftigt sein** être entièrement occupé(e) avec qc
vollaufen *s.* **laufen I.4., I.▶**
vollautomatisch I. *Adj* entièrement automatique
II. *Adv* de façon entièrement automatique
vollautomatisiert *Adj* entièrement automatisé(e)
Vollbad *nt* bain *m*; **ein ~ nehmen** prendre un bon bain
Vollbart *m* barbe *f*
vollbeschäftigt *Adj* employé(e) à temps plein
Vollbeschäftigung *f kein Pl* plein emploi *m*
Vollbesitz *m* **im ~ der geistigen Kräfte** en pleine possession des facultés mentales
Vollblut *nt kein Pl* ❶ (*Pferd*) pur-sang *m*
❷ MED sang *m*
Vollblüter <-s, -> *m* pur-sang *m*
vollblütig *Adj* pur-sang
Vollblutpferd *nt* pur-sang *m* **Vollblutpolitiker(in)** *m(f)* personne *f* qui a la politique dans le sang
Vollbremsung *f* freinage *m* brusque; **eine ~ machen** bloquer les freins
vollbringen* *tr V unreg geh* accomplir; **eine gute Tat ~** faire une bonne action
vollbusig *Adj* qui a de la poitrine; **~ sein** avoir de la poitrine
Volldampf *m* NAUT **[mit] ~ voraus!** à toute vapeur!
▶ **mit ~ arbeiten** *fam* en mettre un coup (*fam*); **~ hinter etw** (*Akk*) **machen** *fam* mettre le paquet sur qc (*fam*)
voll|dröhnen *s.* **dröhnen II.**
Völlegefühl ['fœlə-] *nt kein Pl* lourdeurs *fpl* d'estomac
vollenden* *tr V geh* achever
vollendet [fɔl'ʔɛndət] *Adj* ❶ (*makellos*) *Kunstwerk, Schönheit, Eleganz* parfait(e)
❷ (*vorbildlich*) *Gastgeber* accompli(e)
vollends ['fɔlɛnts] *Adv* complètement
Vollendung <-, -en> *f* ❶ achèvement *m*; **mit** [*o* **nach**] **~ des 18. Lebensjahres** après avoir atteint sa majorité
❷ *kein Pl* (*Perfektion*) perfection *f*; **Kunst/Schönheit in höchster ~** de l'art/de la beauté dans toute sa perfection
voller ['fɔlɐ] *Adj + Gen* **eine Schachtel ~ Kekse** une boîte pleine de petits gâteaux; **ein Buch ~ bunter Bilder** un livre plein d'illustrations multicolores
Völlerei [fœlə'raɪ] <-, -en> *f pej* gloutonnerie *f* (*péj*)
Volley ['vɔli] <-s, -s> *m* volée *f*
Volleyball ['vɔlibal] *m* ❶ *kein Pl* (*Spiel*) volley[-ball] *m*
❷ (*Ball*) ballon *m* [de volley]
vollfett *Adj* riche en matières grasses
voll|fressen *s.* **fressen III.2.**
voll|füllen *s.* **füllen I.1.**
Vollgas *nt* **~ geben** accélérer à fond
▶ **etw mit ~ tun** faire qc à pleins gaz
Vollgefühl ▶ **im ~ des Triumphs** totalement conscient(e) [*o* sûr(e)] du triomphe
voll|gießen *s.* **gießen I.2.**
Vollidiot(in) *m(f) fam* triple idiot(e) *m(f)* (*fam*)
völlig ['fœlɪç] **I.** *Adj* total(e)
II. *Adv betrunken, durcheinander, gelassen* totalement; *genügen, Recht haben, übereinstimmen* parfaitement; **es ist ~ still** le silence est total
Vollinvalidität [-va-] *f* invalidité *f* à cent pour cent
volljährig [-jɛːrɪç] *Adj* majeur(e); **~ werden** atteindre sa majorité

i Land & Leute

En Allemagne, en Suisse comme en France, on atteint sa majorité à 18 ans; c'est l'âge auquel on a le droit de vote et auquel on est responsable devant la loi. C'est aussi l'âge auquel on est autorisé à se marier sans avoir besoin de l'accord de ses parents. En Autriche, depuis 2001, on est **volljährig**, c'est-à-dire majeur, également à l'âge de 18 ans.

Volljährigkeit <-> *f* majorité *f*
vollkaskoversichert *Adj* assuré(e) tous risques; **~ [sein]** [être] assuré(e) tous risques **Vollkaskoversicherung** *f* assurance *f* tous risques
voll|kleckern I. *tr V s.* **kleckern I.**
II. *r V s.* **kleckern III.**
vollklimatisiert *Adj* [entièrement] climatisé(e)
vollkommen I. *Adj* ❶ (*perfekt*) *Werk, Harmonie, Stille, Glück* parfait(e)

❷ (*völlig*) *Zufriedenheit, Übereinstimmung* total(e); *Schwachsinn, Katastrophe* complet(-ète); **das ist ja der ~e Wahnsinn!** c'est vraiment de la folie pure!
II. *Adv zufrieden, ruhig, einverstanden* parfaitement; *unmöglich, schwachsinnig, erschöpft* complètement
Vollkommenheit <-> *f* perfection *f*
Vollkornbrot *nt* pain *m* complet
voll|machen *s.* **machen I.1., I.30., I.31.**
Vollmacht <-, -en> *f* (*Bankvollmacht*) procuration *f;* (*Verhandlungsvollmacht*) plein[s]-pouvoir[s] *mpl;* **[die] ~ haben [etw zu tun]** avoir pleins pouvoirs [pour faire qc]; **keine ~ haben** ne pas avoir de délégation; **jdm eine ~ erteilen** donner procuration à qn
Vollmatrose *m*, **-matrosin** *f* matelot *m*
Vollmilch *f* lait *m* entier
Vollmilchschokolade *f* chocolat *m* au lait
Vollmitglied *nt* JUR membre *m* à part entière [*o* de plein droit]
Vollmond *m kein Pl* pleine lune *f;* **bei ~** à la pleine lune; **es ist** [*o* **wir haben**] ~ c'est la pleine lune
vollmundig I. *Adj* ❶ *Wein, Bier* qui a du corps
❷ (*großspurig*) *Versprechung, Slogan* ronflant(e)
II. *Adv* ❶ **~ schmecken** *Wein:* avoir du corps; *Bier:* être fort(e)
❷ (*großspurig*) *versprechen, tönen* pompeusement
Vollnarkose *f* anesthésie *f* générale; **in ~** sous anesthésie générale
voll|packen *s.* **packen I.1.**
Vollpension [-pãzio:n, -paŋzio:n, -pɛnzio:n] *f* pension *f* complète; **mit ~** en pension complète
voll|pfropfen *s.* **pfropfen 2.**
voll|pumpen *s.* **pumpen I.1.**
Vollrausch *m* ébriété *f* (*form*); **einen ~ haben** être en état d'ébriété avancée (*form*)
voll|saugen *s.* **saugen III.**
voll|schlagen I. *itr V s.* **schlagen II.10.**
II. *r V s.* **schlagen III.4.**
vollschlank *Adj* rondelet(te)
voll|schmieren *s.* **schmieren I.2., I.3.**
voll|schreiben *s.* **schreiben I.2.**
vollständig I. *Adj* complet(-ète); **etw ~ machen** compléter qc; **etw ~ haben** avoir qc complet(-ète)
II. *Adv* complètement; *besiegen, schlagen* à plate couture; **nicht mehr ~ vorhanden sein** ne plus être complet(-ète)
Vollständigkeit <-> *f einer Sammlung, eines Service[s]* intégrité *f; einer Adresse, von Angaben* caractère *m* complet; **auf die ~ der Unterlagen achten** veiller à ce que les documents soient complets
▶ **der ~ halber** pour être complet(-ète)
voll|stopfen *s.* **stopfen I.1.**
vollstreckbar [fɔlˈʃtrɛkbaːɐ] *Adj* JUR exécutoire; **~er Titel** acte *m* [*o* titre *m*] en forme exécutoire
vollstrecken* *tr V* JUR exécuter; **ein Urteil an jdm ~** exécuter un jugement sur la personne de qn
Vollstrecker(in) <-s, -> *m(f)* JUR exécuteur(-trice) *m(f)*
Vollstreckung <-, -en> *f* JUR ❶ *eines Urteils* exécution *f*
❷ (*Zwangsvollstreckung*) saisie-exécution *f*
voll|tanken I. *itr V s.* **tanken I.1.**
II. *tr V s.* **tanken II.1.**
volltönend *Adj* ❶ *Stimme, Bass* sonore
❷ (*großspurig*) *Phrasen, Versprechungen* ronflant(e)
Volltreffer *m* ❶ (*Treffer*) coup *m* au but [*o* dans le mille]; **~!** en plein dans le mille!
❷ *fam* (*Erfolg*) coup *m* de maître; **das ist/wird ein ~** ça fait/va faire un tabac (*fam*)
volltrunken [fɔlˈtrʊŋkən] *Adj form* complètement ivre; **in ~em Zustand** en état d'ébriété avancée (*form*)
Vollverlust *m* ÖKON, FIN perte *f* totale
Vollversammlung *f* assemblée *f* générale
Vollwaise *f* orphelin(e) *m(f)* [de père et de mère]; **~ sein** être orphelin(e) [de père et de mère]
Vollwaschmittel *nt* lessive *f* tous textiles
vollwertig *Adj* ❶ *Ernährung, Lebensmittel* complet(-ète)
❷ (*gleichwertig*) *Ersatz, Vertreter* tout à fait à la hauteur; **kein ~er Ersatz für jdn sein** ne pas remplacer totalement qn
Vollwertkost *f* nourriture *f* complète
vollzählig [ˈfɔltsɛːlɪç] **I.** *Adj* complet(-ète); **~ sein** *Gruppe, Mannschaft:* être au complet; *Sammlung, Service:* être complet(-ète)
II. *Adv* **~ erschienen/versammelt sein** être apparu(e)s/rassemblé(e)s au complet; **~ anwesend sein** être tous présents/toutes présentes
vollziehen* *unreg* **I.** *tr V geh* exécuter *Befehl, Urteil;* consommer *Ehe*
II. *r V geh* **sich ~** *Drama, Schauspiel:* se dérouler; *Wandel:* s'accomplir
Vollzug *m kein Pl form* ❶ (*Ausführung*) *eines Befehls, Urteils, einer Handlung* exécution *f;* **nationaler ~ des Europarechts** application *f* nationale du droit européen
❷ (*Strafvollzug*) détention *f;* **offener ~** régime *m* de semi-liberté
Vollzugsanstalt *f form* maison *m* d'arrêt, établissement *m* pénitentiaire
Volontär(in) [volɔnˈtɛːɐ] <-s, -e> *m(f)* (*bei einer Zeitung, einem Sender*) [journaliste *mf*] stagiaire *mf;* (*in einem Verlag*) [rédacteur *m*/rédactrice *f*] stagiaire *mf*
Volontariat [volɔntariˈaːt] <-[e]s, -e> *nt* ❶ (*Ausbildungszeit*) (*bei einer Zeitung, einem Sender*) stage *m* de journalisme; (*in einem Verlag*) stage de rédacteur
❷ (*Stelle*) stage *m*
volontieren* *itr V* travailler comme stagiaire; **bei einem Verlag/einer Zeitung ~** travailler comme stagiaire dans une maison d'édition/un journal
Volt [vɔlt] <-[e]s, -> *nt* volt *m*
voltigieren [vɔltiˈʒiːrən] *itr V* SPORT faire de la voltige
Volumen [voˈluːmən] <-s, - *o* Volumina> *nt* volume *m*
voluminös [volumiˈnøːs] *Adj geh* volumineux(-euse)
vom [fɔm] = **von dem** *s.* **von**
von [fɔn] *Präp + Dat* ❶ (*räumlich*) de; **~ der Leiter steigen/fallen** descendre/tomber de l'échelle; **das Glas vom Tisch nehmen** prendre le verre sur la table; **die Krümel vom Tisch wischen** (*mit einem Lappen aufnehmen*) ramasser les miettes sur la table; (*mit der Hand wegfegen*) balayer les miettes de la table; **links/rechts ~ ihm** à gauche/droite de lui; **~ Paris nach Brüssel** de Paris à Bruxelles; **~ wo kommt dieser Zug?** *fam* d'où vient ce train?
❷ (*zeitlich*) **die Zeitung ~ gestern** le journal d'hier; **~ wann ist dieser Brief?** de quand date cette lettre?; **in der Nacht ~ Montag auf Dienstag** dans la nuit de lundi à mardi; **~ heute/morgen an** à partir d'aujourd'hui/de demain; **Kinder ~ fünf bis acht Jahren** des enfants de cinq à huit ans
❸ (*zur Angabe der Abstammung, Urheberschaft*) **ein Brief ~ den Eltern** une lettre des parents; **ein Bild ~ Frida Kahlo** un tableau de Frida Kahlo; **etw ~ jdm erben** hériter qc de qn; **die Augen hat er ~ der Mutter** il a les yeux de sa mère; **der Kuchen ist ~ mir** c'est moi qui ai fait ce gâteau; **das ist nett ~ ihm** c'est gentil de sa part
❹ *fam* (*zur Angabe des Besitzes*) **das Auto ~ meiner Schwester** la voiture de ma sœur; **ein Foto ~ dem Garten** une photo du jardin
❺ (*zur Angabe der Eigenschaft*) **ein Kind ~ vier Jahren** un enfant de quatre ans; **ein Flug ~ acht Stunden** un vol de huit heures
❻ (*über, wegen*) **~ etw erzählen/träumen** raconter qc/rêver de qc; **~ etw begeistert sein** être enthousiasmé(e) par qc; **~ dieser Sache weiß ich nichts** je ne sais rien de cette affaire; **~ was redet er?** *fam* de quoi parle-t-il?
❼ (*zur Angabe der handelnden Person*) par; **~ allen/der Mehrheit abgelehnt werden** *Vorschlag:* être refusé(e) de

V

tous/par la majorité
8 (*in Bezug auf*) ~ **Beruf ist sie Ärztin** elle est médecin de profession
9 (*als Adelsprädikat*) **Otto ~ Bismarck** Otto von Bismarck; **der Prinz ~ Wales** le Prince de Galles
▶ **etw ~ sich aus tun** faire qc de son plein gré; ~ **wegen!** *fam* des clous! (*fam*)
voneinander *Adv* l'un(e) de l'autre; ~ **lernen** *zwei Personen:* apprendre l'un(e) de l'autre; *mehrere Personen:* apprendre les un(e)s des autres; ~ **abschreiben** *zwei Personen:* copier l'un(e) sur l'autre; *mehrere Personen:* copier les un(e)s sur les autres; **fünf Kilometer ~ entfernt sein** *zwei Personen:* être à cinq kilomètres l'un(e) de l'autre; *mehrere Personen:* être à cinq kilomètres les un(e)s des autres
vonnöten [fɔn'nø:tən] *Adj* ~ **sein** être nécessaire
vonseitenRR [fɔn'zaɪtən] de la part de, du côté de; ~ **der Regierung** du côté du gouvernement
vonstatten [fɔn'ʃtatən] *Adv* ~ **gehen** se dérouler
vor [fo:ɐ] I. *Präp + Dat* 1 (*räumlich*) devant; ~ **mir/dem Haus** devant moi/la maison; **die Schafe ~ sich** (*Dat*) **her treiben** mener les moutons devant soi
2 (*zeitlich*) ~ **drei Tagen/einer Woche** il y a trois jours/une semaine; **das war schon ~ Jahren** ça remonte à loin
3 (*in Bezug auf eine Reihenfolge*) ~ **jdm ins Ziel kommen** arriver au but avant qn; ~ **dem Urlaub** avant les vacances
4 (*bedingt durch*) ~ **Angst zittern** trembler de peur; ~ **Hunger/Durst umkommen** mourir de faim/soif
II. *Präp + Akk* 1 (*räumlich*) ~ **das Haus gehen** aller devant la maison; ~ **das Publikum treten** se placer devant le public
2 (*gegen*) ~ **die Mauer prallen** *Auto:* s'écraser contre le mur
▶ ~ **sich hin gehen/summen** marcher tranquillement/fredonner tout(e) seul(e)
III. *Adv* ~ **und zurück** d'avant en arrière
vorab [fo:ɐ'ʔap] *Adv* au préalable
Vorabend *m* veille *f*
▶ **am ~ eines Ereignisses** la veille d'un événement
Vorabinformation *f* information *f* préalable
Vorahnung *f* pressentiment *m;* ~**en/eine ~ haben** avoir des pressentiments/un pressentiment
voran [fo'ran] *Adv* 1 (*vorwärts*) en avant
2 (*vorn befindlich*) en tête
voran|bringen *tr V unreg* faire avancer **voran|gehen** *unreg* I. *itr V + sein* 1 *Person:* marcher devant [*o* en tête]; **jdm ~** précéder qn; **jdn ~ lassen** faire [*o* laisser] passer qn devant
2 (*Fortschritte machen*) *Arbeit:* avancer II. *itr V unpers + sein* **es geht voran** ça avance; **mit dem Projekt geht es voran** le projet avance **voran|kommen** *itr V unreg + sein* 1 (*vorwärts kommen*) progresser 2 (*Fortschritte machen*) **mit etw ~** avancer dans qc
Vorankündigung *f* annonce *f* préliminaire
Voranmeldung ['fo:ɐʔan-] *f* 1 (*für einen Kurs, eine Reise*) inscription *f* préalable
2 (*für einen Gesprächstermin*) **um ~ wird gebeten** prière de prendre rendez-vous au préalable; **hatten Sie eine ~?** aviez-vous pris rendez-vous au préalable?
Voranschlag *m* devis *m* [estimatif]
Voranzeige *f* (*für Filme*) bande-annonce *f*
Vorarbeit *f* travail *m* préliminaire; ~ **zu etw leisten** effectuer des préparatifs pour qc; **sie hat gute ~ geleistet** elle a bien préparé le travail
vor|arbeiten I. *itr V* 1 (*im Voraus arbeiten*) s'avancer [dans son travail]
2 (*Vorarbeit leisten*) **[jdm] ~** préparer le travail [à qn]
II. *tr V* **[einen Tag] ~** récupérer [une journée]
III. *r V* **sich durch etw ~** se frayer un passage dans qc; **sich auf den ersten Platz ~** se hisser au premier rang à force d'efforts
Vorarbeiter(in) *m(f)* contremaître(-esse) *m(f)*
Vorarlberg ['fo:ɐʔarlbɛrk] <-s> le Vorarlberg
voraus [fo'raʊs] *Adv* (*räumlich*) devant; **er ist schon weit ~** il est déjà loin devant nous
▶ **jdm auf einem Gebiet ~ sein** avoir de l'avance sur qn dans un domaine; **im Voraus** *abrechnen, bezahlen* d'avance; *bestimmen, wissen* à l'avance
voraus|berechnen* *tr V* calculer d'avance; **etw ~** calculer qc d'avance; **sich ~ lassen** pouvoir être calculé(e) d'avance
Vorausbestellung *f* commande *f* d'avance **voraus|bestimmen*** *tr V* déterminer à l'avance; **etw ~** déterminer qc à l'avance; **[jdm] vorausbestimmt sein** *Geschick, Schicksal:* être prédéterminé(e) [à qn] **vorausblickend** *s.* **vorausschauend**
voraus|fahren *itr V unreg + sein* partir devant; **zu jdm/an den Strand ~** partir devant chez qn/à la plage **voraus|gehen** *itr V unreg + sein* partir devant **vorausgesetzt** [fo'raʊsgəzɛtst] *Adj* ~, **[dass]** ... à condition que + *subj;* ~, **es klappt!** à supposer que ça marche! **voraus|haben** *tr V unreg* **jdm etw ~** avoir un avantage de qc sur qn; **sie hat ihm viel an Erfahrung voraus** elle a une bien plus grande expérience que lui
Voraussage *f* prédiction *m;* **eine ~ machen** faire un pronostic
voraus|sagen *tr V* prédire; **[jdm] etw ~** prédire qc [à qn]; **das lässt sich nicht ~** on ne peut pas prédire cela **vorausschauend** I. *Adj* prévoyant(e); ~**es Denken** sens *m* de l'anticipation II. *Adv* en anticipant **voraus|schicken** *tr V* 1 (*losschicken*) envoyer en avant *Person;* expédier à l'avance *Gepäck;* **jdn ~** envoyer qn en avant; **das Gepäck ~** expédier les bagages à l'avance 2 (*sagen*) **eine Warnung ~** *Redner:* prévenir les auditeurs; *Autor:* prévenir le lecteur; ~, **dass** indiquer au préalable que + *indic* **voraus|sehen** *tr V unreg* prévoir; ~**[, dass]** prévoir [que + *indic*]; **nicht vorauszusehen sein** être imprévisible; **das war vorauszusehen!** c'était à prévoir! **voraus|setzen** *tr V* 1 **etw als bekannt ~** partir du principe que qc est connu(e); **etw als selbstverständlich ~** considérer qc comme une évidence; **vorausgesetzt [*o* wenn man voraussetzt], dass** à supposer que + *subj* 2 (*erfordern*) **Erfahrung/Geduld ~** supposer de l'expérience/la patience
Voraussetzung <-, -en> *f* 1 (*Vorbedingung*) condition *f* préalable; **etw unter gewissen ~en tun** faire qc à certaines conditions; **unter der ~, dass** à condition que + *subj*
2 (*Erfordernis*) condition *f* requise; **die richtigen ~en für etw haben** remplir les conditions requises pour qc
3 (*Prämisse*) hypothèse *f;* **von falschen ~en ausgehen** partir des mauvaises hypothèses
Voraussicht *f kein Pl* prévoyance *f;* **aller ~ nach** selon toute probabilité
▶ **etw in weiser ~ tun** faire qc par sage précaution **voraussichtlich** I. *Adj* prévu(e) II. *Adv* selon les prévisions; *sich verspäten* probablement; **wir werden ~ um 18 Uhr ankommen** notre arrivée est prévue à 18 heures; **das Buch wird ~ im Mai erscheinen** la parution du livre est prévue pour le mois de mai **Vorauszahlung** *f* paiement *m* d'avance
Vorbau <-bauten> *m* 1 ARCHIT avancée *f,* avant-corps *m* (*spéc*)
2 *fig* **sie hat einen ziemlichen ~** *hum fam* il y a du monde au balcon (*fam*)
vor|bauen *itr V* 1 (*Vorkehrungen treffen*) prendre ses dispositions
2 (*vorbeugen*) **einer S.** (*Dat*) ~ prévenir qc
3 CONSTR **eine Terrasse ~** construire une terrasse sur le devant
Vorbedacht ['-bədaxt] *m* **mit ~** de propos délibéré; **ohne ~** sans réflexion préalable
Vorbedeutung *f* présage *m,* augure *m*
Vorbedingung *f* condition *f* préalable
Vorbehalt ['-bəhalt] <-[e]s, -e> *m* réserve *f;* **ohne ~** sans réserve; **unter ~** sous réserve [*o* toutes réserves]; **unter dem ~, dass** sous réserve que + *subj*
vor|behalten* *tr V unreg* **sich** (*Dat*) ~ **etw zu tun** se réserver la possibilité de faire qc; **dieses Recht/die Entscheidung**

bleibt [*o* **ist**] **ihr** ~ ce droit/la décision lui revient

vorbehaltlich *form* **I.** *Präp* + *Gen* ~ **einer S.** sous réserve de qc
II. *Adj, Adv* sous toutes réserves

vorbehaltlos **I.** *Adj Genehmigung* sans restriction; *Zustimmung* sans réserve
II. *Adv genehmigen* sans restriction; *zustimmen, lieben* sans réserve

Vorbehaltserklärung *f* déclaration *f* de réserve

vorbei [foːɐ'baɪ, fɔr'baɪ] *Adv* ❶ (*räumlich*) **an jdm/etw** ~ à côté de qn/le long de qc
❷ (*zeitlich*) ~ **sein** être fini(e); **mit der Faulenzerei ist es** ~ c'en est fini de la paresse
▸ ~ **ist** ~ le passé, c'est le passé

vorbei|bringen *tr V unreg fam* apporter en passant; [**jdm**] **etw** ~ apporter qc [à qn] en passant

vorbei|dürfen *itr V unreg fam* avoir le droit de passer; **darf ich bitte vorbei?** pourriez-vous vous écarter, s'il vous plaît?

vorbei|fahren *unreg* **I.** *itr V* + *sein* ❶ (*vorüberfahren*) passer; **an jdm/etw** ~ passer devant qn/qc; **dicht an jdm** ~ passer tout près de qn; **im Vorbeifahren** en passant [devant]
❷ (*aufsuchen*) **bei jdm/beim Supermarkt** ~ passer chez qn/au supermarché
II. *tr V* + *haben fam* **jdn bei seinen Freunden** ~ déposer qn chez ses copains en passant

vorbei|gehen *itr V unreg* + *sein* ❶ (*vorübergehen*) passer; **an jdm/etw** ~ passer devant qn/qc; **dicht an jdm** ~ passer tout près de qn; **im Vorbeigehen** en passant
❷ *fam* (*aufsuchen*) **bei jdm/der Apotheke** ~ passer chez qn/à la pharmacie
❸ *fig* (*außer Acht lassen*) **an etw** (*Dat*) ~ passer sur qc; **am Kern der Sache** ~ passer le point essentiel de l'affaire
❹ (*vergehen*) *Erregung, Gefühl, Wut:* passer
❺ (*danebengehen*) **an jdm/etw** ~ *Schuss, Wurf:* passer à côté de qn/qc

vorbei|kommen *itr V unreg* + *sein* ❶ *fam* (*kurz besuchen*) passer; **bei jdm** ~ passer chez qn
❷ (*vorbeigehen können*) **an etw** (*Dat*) ~ arriver à passer le long de qc; **kommst du daran/hier vorbei?** tu peux passer?
❸ *fig* (*vermeiden*) **an etw** (*Dat*) **nicht** ~ ne pas pouvoir éviter qc; **nicht daran** ~**, dass** ne rien pouvoir contre le fait que + *indic*

vorbei|können *itr V unreg* pouvoir passer; **an jdm** ~ pouvoir passer devant qn

vorbei|lassen *tr V unreg* laisser passer; **jdn/etw an sich** (*Dat*) ~ laisser passer qn/qc devant soi

Vorbeimarsch *m* défilé *m*

vorbei|marschieren *itr V* + *sein* MIL défiler; **an etw** (*Dat*) ~ défiler devant qc

vorbei|reden *itr V* **aneinander** ~ avoir un dialogue de sourds

vorbei|schauen *itr V* passer; **bei jdm** ~ passer chez qn

vorbei|schießen *itr V unreg* ❶ + *haben* (*danebenschießen*) tirer à côté; **an jdm/etw** ~ tirer à côté de qn/qc
❷ + *sein* (*eilig vorbeilaufen*) **an jdm** ~ passer en coup de vent devant qn

vorbei|sehen *itr V unreg* ❶ (*besuchen*) passer; **bei jdm** ~ passer chez qn
❷ (*ignorieren*) **an jdm** ~ faire semblant de ne pas voir qn

vorbei|ziehen *itr V unreg* + *sein* ❶ (*vorüberziehen*) défiler; **an jdm/etw** ~ défiler devant qn/qc
❷ (*überholen*) *Fahrzeug, Läufer:* doubler; **an jdm** ~ *Fahrzeug, Läufer:* doubler qn

vorbelastet *Adj* ~ **sein** être désavantagé(e)

Vorbemerkung *f* (*gesprochen*) remarque *f* préliminaire; (*geschrieben*) avant-propos *m*

vor|bereiten* **I.** *tr V* ❶ préparer; **etw für jdn** ~ préparer qc pour qn
❷ (*einstimmen*) **jdn auf etw** (*Akk*) ~ préparer qn à qc
II. *r V* **sich auf etw** (*Akk*) ~ se préparer pour qc

vorbereitend *Adj attr* préliminaire

vorbereitet *Adj* ❶ *Mahlzeit, Gericht* préparé(e)
❷ (*eingestellt*) **auf etw** (*Akk*) ~ **sein** être prêt(e) pour qc; **auf das Schlimmste** ~ **sein** s'attendre au pire

Vorbereitung <-, -en> *f* préparation *f*; **die** ~**en für die Reise** les préparatifs *mpl* pour le voyage; ~**en für etw treffen** faire les préparatifs pour qc; **in** ~ **sein** être en préparation

Vorbesitzer(in) *m(f)* propriétaire *mf* antérieur(e) [*o* précédent(e)]

Vorbesprechung *f* réunion *f* préparatoire

vor|bestellen* *tr V* réserver

Vorbestellung *f* réservation *f*

vorbestraft *Adj* ayant des antécédents judiciaires; **wegen etw** ~ **sein** avoir déjà été condamné(e) pour qc; **nicht** ~ **sein** ne pas avoir d'antécédents judiciaires; **mehrfach** ~ **sein** être récidiviste

Vorbestrafte(r) *f(m) dekl wie Adj* repris(e) *m(f)* de justice

vor|beten **I.** *itr V* faire les répons
II. *tr V fam* **jdm etw** ~ débiter qc à qn (*péj*)

Vorbeter(in) *m(f)* officiant(e) *m(f)*

Vorbeugehaft *f* détention *f* préventive; **in** ~ **nehmen** procéder à une arrestation préventive

vor|beugen **I.** *itr V* ❶ MED prévenir le mal
❷ (*unterbinden*) **einer S.** (*Dat*) ~ prévenir qc
▸ ~ **ist besser als heilen** *Spr.* mieux vaut prévenir que guérir
II. *tr V* **den Kopf/sich** ~ pencher la tête/se pencher en avant

vorbeugend **I.** *Adj* préventif(-ive)
II. *Adv* à titre préventif

Vorbeugung <-, -en> *f* prévention *f*; ~ **gegen Krankheiten** prévention *f* des maladies; **zur** ~ à titre préventif

Vorbild *nt* modèle *m*; **ein leuchtendes/schlechtes** ~ **sein** être un modèle à suivre/à ne pas suivre; **jdm als** ~ **dienen** servir de modèle à qn; **sich** (*Dat*) **jdn zum** ~ **nehmen** prendre modèle sur qn

vorbildlich **I.** *Adj Ehepartner, Kollege* modèle; *Verhalten, Ordnung, Ehe* exemplaire
II. *Adv sich benehmen, verhalten* de façon exemplaire

Vorbildung *f kein Pl* formation *f* préalable

Vorbote *m* signe *m* avant-coureur

vor|bringen *tr V unreg* présenter *Fakten;* avancer *Argument;* formuler *Frage;* émettre *Meinung;* **gegen etw Bedenken** ~ émettre des réserves à l'encontre de qc

vorchristlich *Adj* avant Jésus-Christ [*o* l'ère chrétienne]

Vordach *nt* auvent *m*; **gläsernes** ~ marquise *f*

vor|datieren* *tr V* ❶ (*vorausdatieren*) postdater
❷ (*zurückdatieren*) antidater

Vordenker(in) *m(f)* maître *m* à penser; **sie ist die** ~**in ihrer Partei** elle est le maître à penser de son parti

Vorderachse ['fɔrdɐ-] *f* essieu *m* avant **Vorderansicht** *f* vue *f* de face **Vorderbein** *nt* patte *f* avant [*o* de devant] **Vorderdeck** *nt* pont *m* avant

vordere(r, s) *Adj Zimmer, Reihe* de devant; **der** ~ **Teil/Bereich** la partie avant

Vorderfront *f* façade *f* **Vordergrund** *m* premier plan *m*; **im** ~ au premier plan ▸ **sich in den** ~ **drängen** se mettre en avant; **etw in den** ~ **rücken** [*o* **stellen**] mettre qc au premier plan; **im** ~ **stehen** occuper le devant de la scène

vordergründig ['fɔrdɐgrʏndɪç] **I.** *Adj* cousu(e) de fil blanc
II. *Adv* de prime abord

Vorderlader *m arme à feu qui se charge par le canon*

vorderlastig *Adj Schiff, Flugzeug* plus chargé(e) à l'avant

Vorderlauf *m* patte *f* avant [*o* de devant] **Vordermann** <-männer> *m* **sein/mein** ~ son/mon voisin de devant ▸ **jdn auf** ~ **bringen** *fam* remettre qn à sa place (*fam*); **etw auf** ~ **bringen** *fam* remettre qc en état **Vorderpfote** *f* patte *f* avant [*o* de devant] **Vorderrad** *nt* roue *f* avant

Vorderradantrieb *m* traction *f* avant; **mit** ~ à traction avant

V

Vorderreifen *m* pneu *m* avant **Vorderschinken** *m* jambon *m* dans l'épaule **Vorderseite** *f eines Schranks* face *f* avant; *eines Gebäudes* façade *f; eines Blatts* recto *m; einer Münze* avers *m* **Vordersitz** *m* siège *m* avant

vorderste(r, s) *Adj Superl von* **vordere(r, s)** *Bereich, Gebäude, Stelle, Teil* le plus avancé/la plus avancée; **die ~n Reihen** les tout premiers rangs; **in der ~n Reihe sitzen** être assis(e) au tout premier rang; **der ~ Platz** la toute première place; **an der ~n Stelle unserer Forderungen** au tout premier rang de nos exigences

Vorderste(r) *f(m) dekl wie Adj* **der/die ~** le tout premier/la toute première

Vorderteil *m o nt eines Gebäudes* partie *f* frontale; *eines Pullovers* devant *m*

Vordiplom *nt examen intermédiaire entre le premier et le second cycle des études universitaires*

vor|drängeln *r V fam* **sich ~** resquiller *(fam)*

vor|drängen *r V* **sich ~** ❶ *Wartender:* passer devant
❷ *fig* se mettre en avant

vor|dringen *itr V unreg + sein* ❶ *Truppen:* avancer, gagner du terrain; **[bis] zum Fluss ~** parvenir [jusqu']à la rivière
❷ *(gelangen)* **bis zu jdm ~** arriver jusqu'à qn; **bis zur Seite 200 ~** arriver à la page 200

vordringlich I. *Adj* [très] urgent(e)
II. *Adv besprechen, erledigen* en priorité

Vordruck <-drucke> *m* imprimé *m*

vorehelich *Adj attr Geschlechtsverkehr, Beziehung* préconjugal(e); *Zusammenleben* prénuptial(e)

voreilig I. *Adj Ablehnung, Entschluss, Urteil* hâtif(-ive), précipité(e)
II. *Adv ablehnen, sich entschließen, erfolgen* de façon précipitée; *folgern, urteilen* hâtivement

voreinander [foːɐʔaɪˈnandɐ] *Adv* **~ Angst haben** *zwei Personen:* avoir peur l'un/l'une de l'autre; *zwei Gruppen:* avoir peur les uns/les unes des autres; **~ Geheimnisse haben** *zwei Personen:* avoir des secrets l'un/l'une pour l'autre; *zwei Gruppen:* avoir des secrets les uns/les unes des autres

voreingenommen *Adj Mensch* plein(e) d'idées préconçues; *Haltung* foncièrement hostile; **jdm gegenüber ~ sein** avoir un parti pris contre qn

Voreingenommenheit <-> *f* parti *m* pris

Voreinstellung *f* INFORM paramétrage *m* par défaut

vor|enthalten* *tr V unreg* **jdm etw ~** cacher qc à qn

Vorentscheidung *f* ❶ *(Beschluss)* décision *f* préliminaire
❷ SPORT **dieses Tor/dieser Satzgewinn ist die ~** ce but/cette manche préfigure la victoire; **die ~ war gefallen** la partie était jouée d'avance

vorerst [ˈfoːɐʔeːɐst] *Adv* pour le moment, dans un premier temps

Vorfahr(in) [ˈfoːɐfaːɐ] <-en, -en> *m(f)* ancêtre *mf*

vor|fahren *unreg* I. *itr V + sein* ❶ se présenter; **mit einem Kabrio/Taxi ~** arriver en décapotable/taxi; **den Wagen ~ lassen** faire avancer la voiture
❷ *(weiterfahren)* **etwas ~** avancer un peu
❸ *fam (früher fahren)* partir devant
II. *tr V + haben* avancer *Wagen*

Vorfahrt *f* priorité *f;* **~ haben** avoir la priorité; **jdm die ~ nehmen** refuser la priorité à qn

Vorfahrtsschild *nt* panneau *m* de priorité **Vorfahrtsstraße** *f* route *f [o* voie *f]* prioritaire **Vorfahrtszeichen** *s.* **Vorfahrtsschild**

Vorfall *m (Geschehnis)* incident *m*

vor|fallen *itr V unreg + sein* ❶ *(sich ereignen)* se passer, arriver
❷ *(nach vorn fallen)* **immer wieder ~** *Strähne:* retomber toujours dans les yeux

Vorfeld ▸ **im ~** au préalable; **im ~ der Verhandlungen** préalablement aux négociations

Vorfilm *m* court métrage *m* [qui précède le film]

vor|finanzieren* *tr V* préfinancer

vor|finden *tr V unreg* trouver, se trouver devant *Chaos, Durcheinander;* **jdn völlig aufgelöst ~** trouver qn complètement désemparé(e)

Vorfreude *f* **seine ~ auf die Party** sa joie à la perspective de la boum; **jdm die ~ auf ein Geschenk anmerken** voir que qn se réjouit [à l'avance] de recevoir un cadeau

vorfristig *Adj, Adv* avant le délai

Vorfrühling *m* premiers beaux jours *mpl* du printemps

vor|fühlen *itr V* tâter le terrain; **~[, ob ...]** tâter le terrain [pour savoir si...]; **bei jdm ~** sonder qn

vor|führen *tr V* ❶ projeter *Film;* présenter *Modell*
❷ JUR amener, faire comparaître *Häftling*
❸ *fam (bloßstellen)* ridiculiser; **[von jdm] vorgeführt werden** se faire ridiculiser par qn

Vorführgerät *nt* ❶ *(Projektor)* projecteur *m* ❷ *(zu Demonstrationszwecken)* appareil *m* de démonstration **Vorführraum** *m* cabine *f [o* salle *f]* de projection

Vorführung *f eines Films* projection *f; von Kleidern* présentation *f*

Vorführwagen *m* voiture *f* de démonstration

Vorgabe *f* ❶ *meist Pl (Norm, Ziel)* prescriptions *fpl*
❷ SPORT avantage *m*

Vorgang <-gänge> *m* ❶ *(Geschehnis)* événement *m;* **schildern Sie mir den ~!** racontez-moi ce qui s'est passé [*o* les faits]!
❷ *(Prozess)* processus *m*
❸ *form (Akte)* dossier *m*

Vorgänger(in) [ˈ-gɛŋɐ] <-s, -> *m(f)* prédécesseur *m*

Vorgarten *m* jardin *m* de devant

vor|gaukeln [ˈ-gaʊkəln] *tr V* **jdm etw ~** faire miroiter qc à qn

vor|geben *tr V unreg* ❶ *(vorschützen)* prétexter
❷ *fam (nach vorn geben)* **etw ~** faire passer qc [devant]
❸ *(festlegen)* **jdm eine Frist ~** fixer [à l'avance] un délai à qn

Vorgebirge *nt* contrefort *m gén pl*

vorgeblich [ˈ-geːplɪç] *s.* **angeblich**

vorgefasstRR, **vorgefaßt** *Adj* **eine ~e Meinung** une opinion toute faite

vorgefertigt [ˈ-gəfɛrtɪçt] *Adj* préfabriqué(e)

Vorgefühl *s.* **Vorahnung**

vor|gehen *itr V unreg + sein* ❶ *(vorausgehen)* partir devant
❷ *(zu schnell gehen)* **[fünf Minuten] ~** avancer [de cinq minutes]
❸ *(Priorität haben)* passer avant
❹ *(vorrücken)* **gegen jdn/etw ~** *Polizei, Truppen:* avancer sur qn/qc
❺ *(aktiv werden)* **gerichtlich gegen jdn ~** intenter une action en justice contre qn; **gegen das organisierte Verbrechen ~** s'attaquer au crime organisé
❻ *(sich abspielen)* **was geht hier vor?** que se passe-t-il ici?; **was mag wohl in ihr ~?** que se passe-t-il dans sa tête?
❼ *(verfahren)* **systematisch ~** procéder de manière systématique; **wie sollen wir ~?** comment devons-nous procéder?

Vorgehen *nt* ❶ *(Einschreiten)* intervention *f;* **sich zum ~ gegen das organisierte Verbrechen entschließen** décider de s'attaquer au crime organisé
❷ *(Verfahrensweise)* manière *f* d'agir

vorgelagert *Adj* **einer S.** *(Dat)* **~ sein** être situé(e) devant qc

Vorgeschichte *f* ❶ antécédents *mpl*
❷ *kein Pl (Prähistorie)* préhistoire *f*

vorgeschichtlich *Adj* préhistorique

Vorgeschmack *m* ▸ **einen [kleinen] ~ von etw bekommen** avoir un [petit] avant-goût de qc

vorgeschrieben *Adj a.* JUR prescrit(e), obligatoire; **~es Formblatt** formule légale

Vorgesetzte(r) *f(m) dekl wie Adj* supérieur(e) *m(f)* [hiérarchique]; **seine ~** sa chef *(fam)*

vorgestern *Adv* avant-hier; **~ Abend** avant-hier soir; **~ Nacht**

dans la nuit d'avant-hier

▸ von ~ d'avant-hier; *pej fam* (*antiquiert*) dépassé (*iron*)

vorgestrig *Adj* ❶ d'avant-hier; **am ~en Abend** avant-hier soir

❷ *pej fam* (*antiquiert*) dépassé (*iron*)

vor|greifen *itr V unreg* **jdm ~** devancer qn; **dem Ergebnis ~** anticiper sur le résultat

Vorgriff ▸ **im ~ auf etw** (*Akk*) en anticipant sur qc

vor|haben *tr V unreg* **~ zu verreisen** avoir l'intention de partir en voyage; **was habt ihr vor?** qu'avez-vous l'intention de faire?; **ich habe morgen Abend schon etwas vor** j'ai déjà prévu quelque chose pour demain soir; **wir haben Großes mit Ihnen vor** nous avons de grands projets en ce qui vous concerne

Vorhaben <-s, -> *nt* projet *m*

Vorhalle *f* hall *m* d'entrée

vor|halten *unreg* **I.** *tr V* ❶ (*vorwerfen*) **jdm etw ~** reprocher qc à qn

❷ (*davor halten*) **halt dir die Hand vor, wenn du hustest!** mets la main devant la bouche quand tu tousses!; **etw mit vorgehaltener Pistole tun** faire qc en agitant un pistolet

II. *itr V* **einige Zeit ~** *Vorräte:* suffir un certain temps

Vorhaltung *f meist Pl* reproche *m;* **jdm wegen etw ~en machen** faire des remontrances à qn à cause de qc

Vorhand <-> *f* SPORT coup *m* droit; **mit der ~** en coup droit

vorhanden [foːɐ'handən] *Adj* ❶ (*verfügbar*) disponible; **es waren ausreichend Vorräte ~** il y avait suffisamment de réserves

❷ (*existierend*) existant(e); **es sind gewisse Bedenken ~** il y a une certaine réticence

Vorhandensein <-> *nt* (*Verfügbarkeit*) disponibilité *f*

Vorhang <-s, Vorhänge> *m* rideau *m*

▸ **der Eiserne ~** HIST le rideau de fer

Vorhängeschloss^RR *nt* cadenas *m*

Vorhaut *f* prépuce *m*

vorher [foːɐ'heːɐ] *Adv* avant, auparavant; **kurz ~** peu de temps avant

vorher|bestimmen* *tr V* déterminer à l'avance; **etw ~** déterminer qc à l'avance; **sein Unglück war ihm vorherbestimmt** il était prédestiné au malheur; **das war vorherbestimmt!** c'était écrit!

vorhergehend *Adj* précédent(e)

vorherig *Adj attr* ❶ (*zuvor erfolgend*) préalable

❷ *s.* **vorhergehend**

Vorherrschaft *f* suprématie *f*

vor|herrschen *itr V Meinung, Überzeugung:* prévaloir; *Steppe, Wald:* être prédominant(e)

vorherrschend I. *Adj* dominant(e); **die unter den Experten ~e Ansicht ist folgende: ...** comme le pensent la plupart des experts, ...

II. *Adv* **morgen ~ Regen** demain prédominance des pluies, demain les pluies l'emporteront

Vorhersage *f* ❶ METEO prévisions *fpl* [météo]

❷ (*Voraussage*) prédiction *f*

vorher|sagen *s.* **voraussagen**

vorhersehbar *Adj* prévisible

vorher|sehen *tr V unreg* prévoir

vorhin [foːɐ'hɪn] *Adv* à l'instant, tout à l'heure; **Stefan hat ~ angerufen** Stefan vient d'appeler

vorhinein *Adv* **im Vorhinein** à l'avance

Vorhof *m* ❶ ARCHIT avant-cour *f*

❷ ANAT *des Herzens* oreillette *f*

Vorhölle *f* limbes *mpl*

Vorhut ['foːɐhuːt] <-, -en> *f* MIL avant-garde *f*

vorig *Adj attr* ❶ (*vergangen*) *Jahr, Wochenende, Urlaub* dernier(-ière); *Konferenz, Mal* dernier(-ière) *antéposé;* **im ~en Jahr** l'an dernier

❷ (*früher*) *Eigentümer, Wohnsitz* précédent(e)

Vorjahr *nt* (*letztes Jahr*) année *f* dernière; (*vorhergehendes Jahr*) année précédente; **im ~** l'année dernière/précédente

Vorjahresergebnis *nt* résultat *m* de l'exercice précédent **Vorjahresvergleich** *m* ÖKON comparaison *f* avec l'exercice précédent **Vorjahreszeitraum** *m* ÖKON période *f* de l'exercice précédent

vorjährig *Adj* de l'année dernière

vor|jammern *tr V fam* **jdm etwas ~** venir pleurer dans le giron de qn (*fam*); **er jammert mir immer vor, wie viel er zu tun hätte** il vient toujours pleurer [*o* j'ai droit à des jérémiades continuelles *fam*] parce qu'il a beaucoup à faire

Vorkämpfer(in) *m(f)* pionnier(-ière) *m(f)*

vor|kauen *tr V fam* **jdm etw ~** mâcher qc à qn (*fam*)

Vorkaufsrecht *nt* droit *m* de préemption, option *f* [d'achat]

Vorkehrung ['foːɐkeːrʊŋ] <-, -en> *f* mesure *f* [préventive]; **~en treffen** prendre des mesures [préventives] [*o* des dispositions]

Vorkenntnis *f meist Pl* connaissance *f* préalable; **es werden bestimmte ~se vorausgesetzt** certaines connaissances sont exigées au départ

vor|knöpfen *r V fam* **sich** (*Dat*) **jdn ~** faire sa fête à qn (*fam*)

vor|kommen *unreg* **I.** *itr V + sein* ❶ (*passieren*) *Fehler, Irrtum:* se produire; *Zwischenfall:* arriver, se produire; **es kommt vor, dass** il arrive que + *subj;* **das soll nicht wieder ~!** ça ne se reproduira plus!; **das kommt [schon mal] vor!** ce sont des choses qui arrivent!; **so etwas ist mir noch nie vorgekommen!** je n'ai jamais vu ça!

❷ (*anzutreffen sein*) **diese Pflanze/Krankheit kommt nur in Asien vor** on ne trouve [*o* rencontre] cette plante/maladie qu'en Asie; **das Wort kommt in dem Text nur einmal vor** on rencontre [*o* trouve] ce mot seulement une fois dans le texte

❸ (*erscheinen*) **das kommt mir komisch vor** cela me semble [*o* paraît] bizarre; **das kommt mir bekannt vor** j'ai l'impression de connaître; **das kommt dir/Ihnen nur so vor** ce n'est qu'une impression

❹ (*nach vorn kommen*) venir devant; **hinter dem Vorhang ~** sortir de derrière le rideau

▸ **wie kommst du mir eigentlich vor?** *fam* non, mais qu'est-ce que tu crois? (*fam*)

II. *r V* **sich** (*Dat*) **dumm ~** se sentir bête; **du kommst dir wohl [sehr] schlau vor?** tu te crois [vraiment] malin(-igne)?

Vorkommen <-s, -> *nt* ❶ *meist Pl* MIN, MINER gisement *m*

❷ (*das Auftreten*) *von Erregern, Pflanzen* apparition *f*

Vorkommnis <-ses, -se> *nt* événement *m;* (*unangenehm*) incident *m;* **keine besonderen ~se!** rien à signaler!

Vorkriegszeit *f* avant-guerre *m o f;* **aus der ~ stammen** dater d'avant [la] guerre; **in der ~** avant la guerre

vor|laden *tr V unreg* citer, convoquer

Vorladung *f* ❶ *kein Pl* (*das Vorladen*) citation *f,* assignation *f;* **gerichtliche ~** mandat *m* de comparution; **einer ~** (*Dat*) **Folge leisten** *form* obtempérer à une assignation

❷ (*Schreiben*) citation *f*

Vorlage *f* ❶ (*Zeichenvorlage*) modèle *m*

❷ *kein Pl* (*das Vorlegen*) présentation *f;* **gegen ~ des Ausweises** sur présentation de la carte d'identité

❸ (*Gesetzesvorlage*) projet *m* [de loi]

❹ FBALL occasion *f*

Vorland *nt kein Pl der Alpen, einer Bergkette* contrefort *m gén pl*

vor|lassen *tr V unreg* ❶ *fam* (*Vortritt lassen*) laisser passer devant; **jdn ~** laisser passer qn devant

❷ *fam* (*nach vorn durchlassen*) laisser passer *Redner, Sanitäter*

❸ (*Zutritt gewähren*) laisser passer; **er wurde zum Präsidenten vorgelassen** il a été autorisé à voir le président

Vorlauf *m* ❶ SPORT [course *f*] éliminatoire *f;* **im ~** lors des éliminatoires

❷ AUDIOV **schneller ~** avance *f* rapide

vor|laufen *itr V unreg + sein fam* partir devant; **zum Bahnhof ~** partir le premier/la première à la gare; **nach Hause ~** rentrer le premier/la première [à la maison]

Vorläufer(in) *m(f)* précurseur *m*
vorläufig I. *Adj* provisoire
II. *Adv festnehmen* provisoirement; *reichen, ausreichen* pour l'instant
vorlaut I. *Adj* impertinent(e), insolent(e); ~ **sein** la ramener un peu trop (*fam*)
II. *Adv antworten, dazwischenreden* de manière impertinente
Vorleben *nt kein Pl* passé *m;* **ein ~ haben** avoir déjà vécu
Vorlegegabel *f* GASTR grande fourchette *f*
vor|legen *tr V* ❶ (*einreichen*) produire *Beweis, Unterlagen, Zeugnisse;* **jdm etw ~** présenter qc à qn
❷ (*anbringen*) mettre *Bremsklotz, Kette*
Vorleger <-s, -> *m* ❶ (*Bettvorleger*) descente *f* de lit
❷ (*WC-Vorleger*) tapis *m* [de] W.-C.
vor|lehnen *r V* **sich ~** se pencher en avant
Vorleistung *f* contribution *f* préalable
vor|lesen *unreg* I. *tr V* lire
II. *itr V* lire à haute voix; [**jdm**] **aus einem Buch/der Zeitung ~** lire tout haut un livre/le journal [à qn]
Vorlesung *f* UNIV cours *m;* **eine ~ über etw** (*Akk*) **halten** faire un cours sur qc
vorlesungsfrei *Adj* exempt(e) de cours **Vorlesungsverzeichnis** *nt* programme *m* des cours
vorletzte(r, s) *Adj* avant-dernier(-ière); **als Vorletzte(r)** en avant-dernière position
vorlieb[RR] *Adv* **mit jdm/etw ~ nehmen** se contenter de qn/qc
Vorliebe *f* prédilection *f,* préférence *f;* **~n/eine ~ für jdn/etw haben** avoir des préférences/une préférence [*o* une prédilection] pour qn/qc; **mit ~** de préférence; **diesen Wein trinke ich mit ~** c'est ce vin que je préfère boire
vorlieb|nehmen *s.* vorlieb
vor|liegen *itr V unreg* ❶ (*eingereicht sein*) **es liegen keine Beweise vor** il n'y a pas de preuves; **es liegt eine Beschwerde gegen Sie vor** une plainte a été déposée contre vous; **bisher liegt nichts gegen Sie vor** pour le moment, il n'y a aucune plainte contre vous; **sobald uns Ihre Bewerbung vorliegt, ...** dès que votre candidature nous sera parvenue, ...
❷ (*publiziert sein*) *Ausgabe, Band:* être disponible
❸ (*bestehen*) **hier muss ein Irrtum ~** il doit y avoir une erreur; **es liegt ein Versehen vor** il y a méprise
vorliegend *Adj attr* existant(e); *Fall* présent(e); **die mir ~en Unterlagen** les documents dont je dispose; **nach den bisher ~en Erkenntnissen** d'après les premiers éléments de l'enquête
vor|lügen *tr V unreg* **jdm etwas ~** raconter des histoires à qn; **jdm ~, dass** faire croire à qn que + *indic;* **er lässt sich nichts ~** il ne s'en laisse pas conter
vor|machen *tr V* ❶ (*demonstrieren*) montrer; **jdm ~, wie ...** montrer à qn comment ...
❷ (*täuschen*) **jdm etwas ~** jouer la comédie à qn; **jdm nichts ~** ne pas mentir à qn; **sich** (*Dat*) **etwas ~** se faire des idées; **sich** (*Dat*) **nichts ~** ne pas se faire d'illusions; **sich** (*Dat*) **nichts ~ lassen** ne s'en laisser pas conter; **mach dir nichts vor!** ne te fais pas d'illusions!
▸ **jdm noch etwas ~ können** pouvoir en remontrer à qn
Vormacht *f kein Pl a.* POL hégémonie *f,* puissance *f* prépondérante
Vormachtstellung *f kein Pl* suprématie *f;* **eine ~ innehaben** exercer une suprématie
vormalig *Adj attr* ancien(ne) *antéposé*
vormals ['fo:ɐma:ls] *Adv geh* autrefois
Vormarsch *m* avance *f;* **der ~ in feindliches Gebiet** l'avance [*o* la progression] en territoire ennemi
▸ **im** [*o* **auf dem**] **~ sein** *Truppen:* avancer; *Mode:* avoir le vent en poupe
vor|merken *tr V* ❶ (*eintragen*) noter *Termin;* **jdn für einen Kurs ~** inscrire qn dans un cours; **sich für den nächsten Kurs ~ lassen** se faire inscrire dans le cours suivant
❷ (*reservieren*) **sich** (*Dat*) **ein Zimmer ~ lassen** réserver une chambre
Vormieter(in) *m(f)* locataire *mf* précédent(e)
vormittag *s.* Vormittag
Vormittag *m* matinée *f;* **am ~** dans la matinée, le matin; **am frühen/späten ~** en début/en fin de matinée; **heute/Samstag ~** ce/samedi matin
vormittags *Adv* le matin
Vormonat *m* mois *m* précédent
Vormund <-[e]s, -e *o* Vormünder> *m eines Minderjährigen* tuteur(-trice) *m(f); eines Entmündigten* curateur(-trice) *m(f)*
▸ **ich brauche keinen ~!** *fam* je suis assez grand(e) pour me débrouiller tout(e) seul(e)! (*fam*)
Vormundschaft <-, -en> *f* (*für einen Minderjährigen*) tutelle *f;* (*für einen Entmündigten*) curatelle *f*
Vormundschaftsgericht *nt* JUR tribunal *m* de tutelle
vorn [fɔrn] *Adv* ❶ (*im vorderen Bereich*) devant; **~ im Bus** à l'avant du bus; **~ im Schrank** devant, dans l'armoire; **ich sitze nicht gern ~ im Kino** au cinéma, je n'aime pas être [assis(e)] devant; **nach ~ deuten** indiquer devant; **nach ~ gehen** s'avancer, aller devant
❷ (*auf der Vorderseite*) devant; **etw von ~ betrachten/darstellen** regarder/représenter qc de face; **der Eingang ist nicht ~, sondern seitlich** l'entrée n'est pas devant [*o* en façade], mais sur le côté
❸ (*zu Beginn*) **~ im Buch** au début du livre; **noch einmal von ~ anfangen** recommencer depuis le début
❹ (*an der Vorderfront*) devant, à l'avant; **~ am Wagen** à l'avant de la voiture; **~ am Gerät** sur le devant de l'appareil
▸ **sie hat ihn von ~ bis hinten belogen** *fam* elle lui a menti sur toute la ligne (*fam*)
Vorname *m* prénom *m*
vorne *s.* vorn
vornehm ['fo:ɐne:m] I. *Adj* ❶ (*elegant*) *Dame, Herr* distingué(e); *Erscheinung, Kleidung* distingué(e), élégant(e); **~ tun** *pej fam* se donner de grands airs
❷ (*luxuriös*) *Gegend, Viertel, Villa* chic; *Limousine* élégant(e)
❸ (*adlig*) *Abkunft, Familie* aristocratique
▸ **sich** (*Dat*) **zu ~ für etw sein** se croire trop bien pour faire qc
II. *Adv gekleidet* de manière élégante; *lächeln* de manière distinguée
vor|nehmen *unreg tr V* ❶ (*planen*) **sich** (*Dat*) **etw ~** prévoir qc; **sich** (*Dat*) **~ etw zu tun** prévoir [*o* se proposer] de faire qc
❷ (*sich beschäftigen mit*) **sich** (*Dat*) **ein Manuskript ~** s'attaquer à un manuscrit
❸ *fam* (*zur Rede stellen*) **sich** (*Dat*) **jdn ~** faire sa fête à qn (*iron fam*)
❹ (*erledigen*) effectuer *Änderung, Messung, Überprüfung*
Vornehmheit <-> *f des Äußeren, der Kleidung* élégance *f,* distinction *f*
vornehmlich *Adv geh* essentiellement
vorneweg ['fɔrnəvɛk] *Adv* ❶ (*zuerst*) d'abord, d'avance
❷ (*an der Spitze*) *marschieren* en tête
vornherein *Adv* **von ~** d'emblée, dès le départ
vornüber *Adv* vers l'avant
Vorort *m* faubourg *m;* **die ~e** la banlieue
Vorplatz *m eines Schlosses* esplanade *f; einer Kirche* parvis *m*
Vorposten *m* MIL avant-poste *m;* **auf ~ stehen** être aux avant-postes
vor|programmieren* *tr V* ❶ (*unausweichlich machen*) ouvrir la voie à *Konflikt, Missverständnis;* **vorprogrammiert sein** *Erfolg:* être programmé(e); *Karriere:* être tout(e) tracé(e); **die Auseinandersetzung ist dadurch vorprogrammiert** avec cela, on va tout droit à la dispute
❷ (*programmieren*) programmer *Videorecorder*
Vorrang ['fo:ɐraŋ] *m* priorité *f;* **~ vor jdm/etw haben** primer

vorschlagen

• **vorschlagen**	• **proposer**
Wie wär's, wenn wir heute mal ins Kino gehen würden?	**Et si nous allions** au cinéma, aujourd'hui?
Wie wär's mit einer Tasse Tee?	Une tasse de thé, **ça te/vous dirait**?
Was hältst du davon, wenn wir mal eine Pause machen würden?	**Si nous faisions** une petite pause maintenant? **Qu'en penses-tu?**
Hättest du Lust, spazieren zu gehen?	**Est-ce que tu as envie de** faire une promenade?
Ich schlage vor, wir vertagen die Sitzung.	**Je propose de** reporter la réunion.

[*o* avoir la priorité] sur qn/qc; **einer S.** (*Dat*) **den ~ vor etw** (*Dat*) **einräumen** donner la priorité à qc sur qc

vorrangig I. *Adj* prioritaire
II. *Adv* en priorité, prioritairement

Vorrangstellung *f* primauté *f*

Vorrat ['fo:ɐra:t, *Pl:* 'fo:ɐrɛ:tə] <-[e]s, Vorräte> *m* réserves *fpl*, stock *m; meist Pl* (*Lebensmittel*) provisions *fpl;* **ein ~ an Lebensmitteln** des provisions *fpl;* **etw auf ~ haben** avoir qc en stock [*o* en réserve]; **etw auf ~ kaufen** faire des provisions de qc; **Vorräte anlegen** faire des stocks [*o* des provisions]; **solange der ~ reicht** jusqu'à épuisement des stocks

vorrätig ['fo:ɐrɛ:tɪç] *Adj* en stock; **etw ~ haben** avoir qc en stock; **nicht ~ sein** être épuisé

Vorratsbehälter *m* réservoir *m* **Vorratskammer** *f* cellier *m* **Vorratsraum** *m* réserve *f*

Vorraum *m* entrée *f*, antichambre *f*

vor|rechnen *tr V* **jdm eine Rechenaufgabe ~** montrer à qn comment résoudre un problème [de mathématiques]; **jdm ~, wie viel er täglich ausgibt** faire le compte à qn de ses dépenses journalières

Vorrecht *nt* privilège *m*, prérogative *f;* **~e genießen** jouir de privilèges

Vorrede *f* (*einleitende Worte*) avant-propos *m*

Vorredner(in) *m(f)* **sein ~/seine ~in** l'orateur(-trice) *m(f)* qui l'a précédé; **sich seinem ~/seiner ~in anschließen** reprendre les propos de l'orateur(-trice) *m(f)* précédent(e)

Vorreiter(in) *m(f) fam* précurseur *m;* **der ~ sein, den ~ machen** essuyer les plâtres (*fam*)

Vorrichtung <-, -en> *f* dispositif *m*

vor|rücken I. *itr V + sein* ❶ (*nach vorn rücken*) avancer; **mit dem Stuhl ~** avancer sa chaise
❷ MIL progresser; **auf die Hauptstadt ~** marcher sur la capitale
❸ SPORT remonter au classement; **auf den zweiten Platz ~** remonter à la deuxième place
❹ SPIEL avancer; **mit dem Stein fünf Felder ~** avancer son pion de cinq cases
II. *tr V + haben* avancer *Stuhl, Spielstein*

Vorruhestand *m* préretraite *f;* **in den ~ gehen** [*o* **treten**] aller en préretraite

Vorrunde *f* premier tour *m*

vor|sagen I. *tr V* ❶ (*zuflüstern*) souffler; **jdm etw ~** souffler qc à qn
❷ (*vor sich hin sprechen*) **sich** (*Dat*) **einen Text laut ~** se réciter un texte
II. *itr V* souffler; **nicht ~!** ne soufflez pas!

Vorsaison [-zɛzõ:, -zɛzɔŋ] *f* avant-saison *f*

Vorsatz <-es, Vorsätze> *m* ❶ (*Absicht*) résolution *f;* **den ~ fassen etw zu tun** prendre la résolution de faire qc
❷ JUR dol *m*
❸ TYP *eines Buchs* garde *f*

vorsätzlich ['fo:ɐzɛtslɪç] I. *Adj Falschaussage* intentionnel(le), délibéré(e); *Körperverletzung* volontaire
II. *Adv kränken, belügen* intentionnellement

Vorschau <-, -en> *f* ❶ TV présentation *f* des programmes; **die ~ auf etw** (*Akk*) la présentation de qc
❷ CINE bandes-annonces *fpl*

Vorschein *m* ▶ **etw zum ~ bringen** faire apparaître qc; **zum ~ kommen** *Gegenstand:* apparaître; *Hass, Neid:* se manifester; **mein verlorener Geldbeutel kam nie wieder zum ~** le porte-monnaie que j'ai perdu n'a jamais réapparu

vor|schieben *tr V unreg* ❶ (*nach vorn schieben*) avancer
❷ (*vorlegen*) pousser *Riegel*
❸ (*für sich agieren lassen*) **jdn ~** s'abriter derrière qn
❹ (*vorschützen*) prétexter *Unpässlichkeit, Verhinderung;* invoquer *Ausrede;* **ein vorgeschobener Grund** une fausse raison

vor|schießen *unreg fam* I. *itr V + sein* bondir en avant; **aus einem Gebüsch/hinter einem Baum ~** surgir de derrière des buissons/derrière un arbre
II. *tr V + haben* **jdm hundert Euro ~** avancer cent euros à qn

Vorschlag *m* proposition *f;* [**jdm**] **einen ~ machen** faire une proposition [à qn]; **auf euren ~** [**hin**] sur votre proposition; **auf ~ der Chefin** sur proposition de la responsable
▶ **ein ~ zur Güte** *hum* une proposition pour couper la poire en deux

vor|schlagen *tr V unreg* ❶ (*anregen*) proposer; [**jdm**] **etw ~** proposer qc [à qn]; [**jdm**] **~ etw zu tun** proposer [à qn] de faire qc
❷ (*empfehlen*) **jdn** [**als Geschäftsführer**] **~** recommander [*o* proposer] qn [comme gérant]

Vorschlaghammer *m* masse *f*

vorschnell *s.* **voreilig**

vor|schreiben *tr V unreg* ❶ (*niederschreiben*) écrire en modèle; **etw ~** écrire qc en modèle
❷ (*befehlen*) **jdm etw ~** dicter qc à qn; **jdm ~ etw zu tun** prescrire à qn de faire qc
❸ (*anordnen*) prescrire *Frist, Höchstgeschwindigkeit;* **~, dass** *Gesetz:* stipuler que + *indic*

Vorschrift *f* consigne *f*, directive *f;* **etw ist ~** qc fait partie du règlement; **das ist ~** c'est le règlement; **jdm ~en machen** dicter sa conduite à qn; **sich** (*Dat*) **von jdm keine ~en machen lassen** ne pas avoir d'ordre à recevoir de qn; **nach ~** conformément au règlement

vorschriftsmäßig I. *Adj Fahrweise, Parken* réglementaire; *Dosis* prescrit(e); *Verhalten* conforme au règlement; **bei ~er Einnahme des Medikaments** si le médicament est pris conformément à la dose prescrite
II. *Adv fahren, parken, sich verhalten* réglementairement; **ein Medikament ~ einnehmen** prendre un médicament en suivant la posologie

vorschriftswidrig I. *Adj* non réglementaire; **~ sein** être contraire au règlement
II. *Adv* en violation du règlement; *fahren, parken* en infraction au code de la route

Vorschub ▶ **jdm/einer S. ~ leisten** encourager qn/ouvrir la voie à qc

Vorschulalter *nt* âge *m* préscolaire (*avant six ans*); **im ~ sein** être d'âge préscolaire
Vorschule *f* école *f* maternelle
Vorschulerziehung *f* éducation *f* préscolaire
Vorschuss[RR] *m* avance *f*; **ein ~ auf etw** (*Akk*) une avance sur qc; **sich** (*Dat*) **einen ~ geben lassen** se faire donner une avance
Vorschusslorbeeren[RR] *Pl* ▸ **~ bekommen** recevoir des éloges *mpl* anticipés; **~ für etw ernten** se faire encenser avant l'heure pour qc
vor|schützen *tr V* prétexter
vor|schwärmen *itr V* **jdm von jdm/etw ~** parler à qn avec enthousiasme de qn/qc; **jdm ~, wie ...** raconter à qn avec enthousiasme comment ...
vor|schweben *itr V* **jdm schwebt etw vor** qn a qc en tête, qc trotte dans la tête de qn; **ihm schwebt vor sich selbständig zu machen** il a l'intention de se mettre à son compte
vor|schwindeln *s.* **vorlügen**
vor|sehen *unreg* **I.** *r V* **sich ~** se tenir sur ses gardes; **sich vor jdm/etw ~** prendre garde à qn/qc; **sich ~, dass** prendre garde que + *subj*; **sieh dich/sehen Sie sich [bloß] vor!** gare à toi/vous!
II. *tr V* prévoir; **jdn für etw ~** envisager de faire appel à qn pour qc; **für etw vorgesehen sein** être destiné(e) à qc; **es ist vorgesehen, dass/etw zu tun** il est prévu que + *subj*/de faire qc
Vorsehung <-> *f* **die ~** la Providence
vor|setzen **I.** *tr V* ❶ (*anbieten*) **jdm eine Suppe ~** servir une soupe à qn
❷ *fam* (*zumuten*) **jdm Schund/ein schlechtes Programm ~** présenter de la crotte *fam*/un mauvais programme à qn
❸ (*nach vorn setzen*) **jdn ~** faire asseoir qn devant
II. *r V* **sich ~** aller s'asseoir devant; **sich ein paar Reihen ~** avancer de quelques rangs
Vorsicht <-> *f* (*vorsichtiges Verhalten*) prudence *f*; (*in der Handhabung*) précautions *fpl*; **größte ~ walten lassen** prendre un maximum de précautions; **zur ~ einen Regenschirm mitnehmen** prendre un parapluie par précaution; **~!** attention!
▸ **~ ist die Mutter der Porzellankiste** *Spr. fam* prudence est mère de sûreté; **~ ist besser als Nachsicht** *Spr.* mieux vaut prévenir que guérir; **etw ist mit ~ zu genießen** *fam* qc ne doit pas être pris(e) pour argent comptant
vorsichtig **I.** *Adj* prudent(e)
II. *Adv* ❶ (*umsichtig*) *vorgehen, fahren* prudemment; *handhaben, transportieren* avec précaution
❷ (*zurückhaltend*) *sich äußern, ausdrücken* avec prudence; *schätzen, veranschlagen* raisonnablement
vorsichtshalber [-halbɐ] *Adv* par [mesure de] précaution
Vorsichtsmaßnahme *f* [mesure *f* de] précaution *f*; **als ~** par [mesure de] précaution; **~n treffen** prendre des précautions
Vorsichtsmaßregel *s.* **Vorsichtsmaßnahme**
Vorsilbe *f* préfixe *m*
vor|singen *unreg* **I.** *tr V* chanter; **[jdm] etw ~** chanter qc [à qn]
II. *itr V* **[jdm] ~** auditionner [devant qn]
vorsintflutlich *Adj fam* antédiluvien(ne) (*fam*)
Vorsitz *m* présidence *f*; **den ~ bei etw haben** présider qc; **unter dem ~ von ...** sous la présidence de ...
vor|sitzen *itr V unreg form* **einer S.** (*Dat*) **~** présider qc
Vorsitzende(r) *f(m) dekl wie Adj* président(e) *m(f)*
Vorsorge *f* ❶ prévoyance *f*; **~ fürs Alter treffen** préparer sa retraite; **~ für den Krankheitsfall treffen** s'assurer contre la maladie
❷ (*Altersversicherung*) **private ~** assurance *f* vieillesse complémentaire
vor|sorgen *itr V* prendre des précautions; **fürs Alter ~** préparer sa retraite; **für den Notfall ~** se prémunir contre les cas d'urgence
Vorsorgeuntersuchung *f* examen *m* de dépistage
vorsorglich **I.** *Adj* préventif(-ive)
II. *Adv* à titre préventif
Vorspann ['foːɐʃpan] <-[e]s, -e> *m* générique *m* [de début]
Vorspeise *f* (*erster Gang*) hors-d'œuvre *m*; (*Eingangsgericht*) entrée *f*
vor|spiegeln *tr V* simuler; **jdm Interesse ~** faire semblant d'être intéressé face à qn
Vorspiegelung *f* simulation *f*; **durch ~ von Krankheit** en simulant une maladie
▸ **das ist [eine] ~ falscher Tatsachen** tout ça, ce sont des allégations mensongères
Vorspiel *nt* ❶ MUS (*Komposition*) prélude *m*; (*das Vorspielen*) audition *f*
❷ THEAT prologue *m*
❸ (*Zärtlichkeiten*) préliminaires *mpl* [amoureux]
▸ **das ist nur das ~** ce n'est que le début
vor|spielen **I.** *tr V* ❶ MUS jouer; **[jdm] etw ~** jouer qc [à qn]
❷ (*vorheucheln*) **jdm Unwissenheit ~** faire croire à qn qu'on ne sait rien; **jdm eine Komödie ~** jouer la comédie à qn
II. *itr V* MUS **[jdm] ~** auditionner [devant qn]
vor|sprechen *unreg* **I.** *tr V* **[jdm] etw ~** montrer [à qn] comment on prononce qc
II. *itr V* ❶ *form* (*offiziell aufsuchen*) **bei jdm/einem Amt ~** se présenter chez qn/à un service
❷ THEAT, TV **[jdm] ~** auditionner [devant qn]
vor|springen *itr V unreg + sein* ❶ *Uhrzeiger:* avancer; **hinter dem Auto/Baum ~** surgir de derrière la voiture/l'arbre
❷ (*hervorragen*) faire saillie
vorspringend *Adj Wangenknochen, Kinn* saillant(e)
Vorsprung *m* ❶ (*Distanz*) avance *f*; **einen ~ vor jdm haben** avoir de l'avance sur qn
❷ ARCHIT saillie *f*
vor|spulen **I.** *itr V* avancer la cassette
II. *tr V* avancer *Kassette, Film*
Vorstadt *f* faubourg *m*; **in der ~ wohnen** habiter en banlieue
vorstädtisch *Adj* suburbain(e), de banlieue
Vorstand *m* ❶ (*Gremium*) comité *m* directeur, conseil *m* d'administration
❷ (*Vorstandsmitglied*) membre *m* du comité directeur [*o* du conseil d'administration]
Vorstandsmitglied *nt* membre *m* du comité directeur [*o* du conseil d'administration] **Vorstandsvorsitzende(r)** *f(m) dekl wie Adj* président *m* du comité directeur [*o* du conseil d'administration]
vor|stehen *itr V unreg + haben o sein* ❶ (*hervorstehen*) *Wangenknochen, Kinn, Rippen:* être saillant(e); *Zähne:* avancer
❷ *veraltet form* (*leiten*) **einer Abteilung** (*Dat*) **~** être à la tête d'un service
vorstehend *Adj* ADMIN susmentionné(e), susdit(e); **das ~ bereits Gesagte** ce qui a été dit précédemment
Vorsteher(in) <-s, -> *m(f)* directeur(-trice) *m(f)*
Vorsteherdrüse *f* ANAT prostate *f*
vorstellbar *Adj* concevable; **kaum ~ sein** être à peine imaginable, dépasser l'entendement; **eine nicht ~e Entfernung** une distance inimaginable
vor|stellen **I.** *r V* ❶ (*sich bekannt machen*) **sich ~** se présenter; **sich [jdm] ~** se présenter [à qn]
❷ (*vorstellig werden*) **sich in der Augenklinik ~** se présenter à la clinique ophtalmologique
❸ (*vergegenwärtigen*) **sich** (*Dat*) **etw ~** [s']imaginer qc; **darunter kann ich mir etwas/nichts ~** ça me dit quelque chose/ne me dit rien
❹ (*erwarten*) **sich** (*Dat*) **ein Gehalt in Höhe von ... ~** envisager un salaire de...
▸ **stell dir mal vor!** *fam* tu te rends compte! (*fam*)
II. *tr V* ❶ (*bekannt machen*) **[jdm] jdn ~** présenter qn [à qn]; **wir [beide] sind uns noch nicht vorgestellt worden** nous

n'avons pas encore été présenté(e)s [l'un(e) à l'autre]; **darf ich ~?** puis-je faire les présentations?
❷ *(präsentieren)* présenter *Modell, Produkt*
❸ *(vorrücken)* avancer *Uhrzeiger, Uhr*

vorstellig *Adj* ▸ **bei jdm/einer Behörde ~ werden** *form* s'adresser à qn/un service

Vorstellung *f* ❶ *kein Pl (das Bekanntmachen)* **die ~ der neuen Kollegin übernehmen** se charger de présenter la nouvelle collègue
❷ *(gedankliches Bild)* idée *f;* **welche ~ hast du bei diesem Wort?** qu'est-ce que ce mot évoque pour toi?; **entspricht das deinen ~en?** est-ce que cela correspond à ton attente ?; **sich völlig falsche ~en von etw machen** se faire une fausse idée de qc; **alle ~en übertreffen** dépasser l'entendement
❸ *(Phantasie)* **in meiner ~** dans mon esprit [*o* ma tête]
❹ *(Theateraufführung)* représentation *f*
❺ *(Filmvorführung)* séance *f*
❻ *(Präsentation) eines Produkts, Modells* présentation *f*
▸ **du machst dir keine ~, wie kalt es dort ist** tu n'imagines [*o* ne t'imagines] pas comme il fait froid là-bas

Vorstellungsgespräch *nt* entretien *m* [d'embauche] **Vorstellungskraft** *f kein Pl* imagination *f;* **die ~ übersteigen** dépasser l'imagination [*o* l'entendement] **Vorstellungsvermögen** *s.* **Vorstellungskraft**

Vorsteuer *f* FISC TVA *f* déductible

Vorstopper(in) *m(f)* SPORT défenseur *m*

Vorstoß *m* MIL offensive *f*
▸ **einen ~ bei jdm machen** intervenir auprès de qn

vor|stoßen *unreg* **I.** *itr V + sein Truppen:* avancer; **in die Wildnis ~** faire une incursion en région sauvage
II. *tr V + haben* **jdn/etw ~** pousser qn/qc [en avant]

Vorstrafe *f* condamnation *f* antérieure

Vorstrafenregister *nt* casier *m* judiciaire

vor|strecken *tr V* ❶ *(leihen)* avancer; **[jdm] etwas Geld/hundert Euro ~** avancer un peu d'argent/cent euros [à qn]
❷ *(nach vorn strecken)* tendre *Arm, Hand;* avancer *Kopf, Oberkörper*

Vorstufe *f* stade *m* préliminaire

Vortag *m* **am ~ des Balls** la veille du bal; **die Zeitung vom ~** le journal de la veille

vor|täuschen *tr V* simuler; **Interesse ~** faire semblant d'être intéressé(e); **jdm Arglosigkeit ~** faire le candide [face à qn]

Vortäuschung *f* simulation *f;* **durch ~ einer Erkrankung** en feignant d'être malade
▸ **das ist [eine] ~ falscher Tatsachen** tout ça ne sont que des allégations mensongères

Vorteil ['fɔrtaɪl] <-s, -e> *m* ❶ *(Vorzug)* avantage *m;* **den ~ haben, dass** présenter l'avantage [*o* l'intérêt] que + *indic;* **für jdn von ~ sein** être avantageux(-euse) pour qn
❷ *(Nutzen, Gewinn)* intérêt *m;* **immer auf seinen ~ bedacht sein** toujours voir son intérêt
❸ SPORT **~ Aufschläger/Rückschläger** avantage service/dehors
▸ **er hat sich zu seinem ~ verändert** *(im Aussehen)* il a changé à son avantage; *(im Wesen)* il a changé en mieux; **jdm gegenüber im ~ sein** être avantagé(e) par rapport à qn

vorteilhaft I. *Adj* ❶ *(günstig) Angebot, Geschäft* avantageux(-euse)
❷ *(ansprechend) Kleidung* seyant(e); **für jdn wenig ~ sein** n'avantager guère qn
II. *Adv* ❶ *(günstig) erwerben, kaufen* à des conditions avantageuses
❷ *(ansprechend)* **sich ~ kleiden** s'habiller à son avantage; **in diesem Pulli siehst du nicht sehr ~ aus** ce pull ne t'avantage guère

Vortrag ['foːɐtraːk, *Pl:* 'foːɐtrɛːgə] <-[e]s, Vorträge> *m* *(längeres Referat)* conférence *f;* *(auf einem Kongress)* communication *f;* **einen ~ über etw** *(Akk)* **halten** tenir une conférence sur qc
▸ **halt keine Vorträge!** *fam* fais pas de blabla[bla]! *(fam)*

vor|tragen *tr V unreg* ❶ *(rezitieren)* réciter *Gedicht;* interpréter *Lied, Musikstück*
❷ *(vorbringen)* exposer *Bitte, Wunsch*

Vortragsreihe *f* cycle *m* de conférences

vortrefflich [foːɐ'trɛflɪç] *geh* **I.** *Adj Gericht, Wein* exquis(e); *Gedanke, Idee* excellent(e)
II. *Adv* à la perfection; **~ schmecken/munden** être exquis(e)

vor|treten *itr V unreg + sein* ❶ *(nach vorn treten)* [s']avancer
❷ *fam (vorstehen) Augen:* ressortir; *Ader:* saillir

Vortritt *m kein Pl* ❶ **jdm den ~ lassen** *(zuerst gehen lassen)* céder le passage à qn; *(zuerst agieren lassen)* s'effacer devant qn
❷ CH *s.* **Vorfahrt**

vorüber [vo'ryːbɐ] *Adv* ❶ *(räumlich)* **der Läufer ist schon ~** le coureur est déjà passé; **wir sind an dem Geschäft schon ~** nous avons déjà dépassé le magasin
❷ *(zeitlich)* **~ sein** *Veranstaltung:* être terminé(e); *Schmerz:* avoir cessé

vorüber|gehen *itr V unreg + sein* ❶ *(vorbeigehen)* **an jdm/etw ~** passer devant qn/qc; **im Vorübergehen** en passant
❷ *(ein Ende finden) Kummer, Liebe, Schmerz:* [se] passer

vorübergehend I. *Adj Erscheinung* passager(-ère), temporaire; *Abwesenheit* momentané(e); *Wetterbesserung* provisoire
II. *Adv abwesend, geschlossen, stocken* momentanément; *sich bessern* provisoirement

Vorurteil *nt* préjugé *m;* **~e gegen jdn haben** avoir des préjugés contre qn; **das ist ein ~** ce sont des préjugés

vorurteilsfrei *Adj* sans préjugés

vorurteilslos I. *Adj* exempt(e) de préjugés
II. *Adv* sans idée préconçue

Vorväter ['foːɐfɛːtɐ] *Pl geh* aïeux *mpl (littér)*

Vorverkauf *m* location *f*

Vorverkaufsstelle *f* point *m* de vente [de places de concerts]

vor|verlegen* *tr V* avancer *Termin, Treffen;* **etw auf [den] Dienstag ~** avancer qc à mardi; **etw wird zwei Monate vorverlegt** qc est avancé(e) de deux mois

vorvorgestern *Adv fam* avant avant-hier *(fam)*

vorvorig *Adj fam* **[im] ~en Monat** il y a deux mois

vorvorletzte(r, s) *Adj* avant-avant-dernier(-ière); **der/die Vorvorletzte** l'avant-avant-dernier/l'avant-avant-dernière

vor|wagen *r V* **sich ~** ❶ *(hervorkommen)* se risquer [*o* s'aventurer] dehors; **sich aus der Deckung ~** se risquer hors de son abri
❷ *(sich exponieren)* oser s'avancer; **sich mit einer Forderung ~** oser émettre une revendication; **sich mit etw zu weit ~** aller trop loin avec qc

Vorwahl *f* ❶ *(vorherige Auswahl)* présélection *f*
❷ POL [élection *f*] primaire *f*
❸ *s.* **Vorwahlnummer**

vor|wählen *tr V* TELEC **[die] 02 ~** composer l'indicatif 02

Vorwahlnummer *f* indicatif *m*

Vorwand <-[e]s, Vorwände> *m* prétexte *m;* **unter einem ~** sous un prétexte; **unter dem ~ etw tun zu müssen** sous prétexte de faire qc

vor|wärmen *tr V* préchauffer

vor|warnen *tr V* avertir

Vorwarnung *f* mise *f* en garde
▸ **ohne ~** *auftreten, losschimpfen* sans crier gare; *passieren, sich ereignen* de façon imprévue

vorwärts ['foːɐvɛrts, 'fɔrvɛrts] *Adv* ❶ *(nach vorn)* en avant; **~!** en avant!; **nur immer weiter ~!** continue/continuez à avancer!; **nicht weiter ~!** n'avance/n'avancez plus!
❷ *(mit der Vorderseite voran)* **eine Rolle/einen Salto ~ machen** faire une roulade/un salto avant; **eine steile Treppe ~ heruntersteigen** descendre de face un escalier raide
❸ *(weiter)* **jdn ~ bringen** *Erfolg, Neuerung:* faire avancer qn;

V

~ **kommen** progresser; **mit den Bauarbeiten geht es ~** les travaux avancent; **es geht ~** ça avance
vorwärts|bringen *s.* **vorwärts 3.**
Vorwärtsgang <-gänge> *m* marche *f* avant; **im ~** en marche avant
vorwärts|gehen *s.* **vorwärts 3.**
vorwärts|kommen *s.* **vorwärts 3.**
Vorwäsche *f* prélavage *m*
Vorwaschgang *m kein Pl* prélavage *m*
vorweg [foːɐ'vɛk] *Adv* ❶ (*zuvor*) préalablement
❷ (*an der Spitze*) *fahren, gehen* en tête
Vorwegnahme <-> *f form von Gedanken, einer Zahlung* anticipation *f; einer Entscheidung, eines Ergebnisses* préfiguration *f*
vorweg|nehmen *tr V unreg* **die Pointe ~** trahir la chute de l'histoire; **den Ausgang des Films ~** *Szene:* préfigurer la fin du film
vor|weisen *tr V unreg* ❶ (*nachweisen*) **Fähigkeiten/Kenntnisse ~ können** pouvoir faire valoir de capacités/connaissances
❷ *geh* (*vorzeigen*) présenter *Ausweispapiere*
vor|werfen *tr V unreg* ❶ (*vorhalten*) **jdm etw ~** reprocher qc à qn; **sich** (*Dat*) **in etw** (*Dat*) **nichts vorzuwerfen haben** n'avoir rien à se reprocher au sujet de qc
❷ (*hinwerfen*) **einem Tier etw zum Fraß ~** jeter qc à manger à un animal; **jdn den wilden Tieren [zum Fraß] ~** jeter qn en pâture aux fauves
vorwiegend *Adv* ❶ (*hauptsächlich*) principalement
❷ METEO le plus souvent
vorwitzig *Adj* ❶ (*neugierig*) hardi(e), dégourdi(e); **diese Kind ist sehr ~** cet enfant n'a pas froid aux yeux
❷ (*vorlaut*) effronté(e)
Vorwort <-worte> *nt* préface *f*
Vorwurf <-[e]s, Vorwürfe> *m* reproche *m;* **jdm wegen etw Vorwürfe/einen ~ machen** faire des reproches/un reproche à qn à cause de qc; **das kann mir niemand zum ~ machen** personne ne peut me le reprocher
vorwurfsvoll I. *Adj* réprobateur(-trice)
II. *Adv* d'un air réprobateur
vor|zählen *tr V* **jdm Geld ~** compter de l'argent devant qn
Vorzeichen *nt* ❶ (*Omen*) présage *m;* **ein gutes/böses ~ sein** être de bon/mauvais augure
❷ (*Anzeichen*) indice *m,* signe *m* avant-coureur
❸ MUS altération *f*
▶ **positives/negatives ~** MATH signe *m* positif/négatif; *fig* bon/mauvais signe; **mit umgekehrtem ~** MATH de signe inverse; *fig* en inversant les choses
vor|zeichnen *tr V* ❶ (*vormalen*) dessiner
❷ (*vorherbestimmen*) **jdm den Lebensweg ~** déterminer l'avenir de qn; **vorgezeichnet sein** être tout(e) tracé(e)
vorzeigbar *Adj fam* présentable
Vorzeigefrau *f* femme *f* représentative
vor|zeigen *tr V* présenter
Vorzeigeprodukt *nt* produit *m* de présentation **Vorzeigeunternehmen** *nt* entreprise *f* modèle
Vorzeit *f* passé *m* [très] lointain
▶ **in grauer ~** dans la nuit des temps
vorzeitig I. *Adj* prématuré(e)
II. *Adv beenden* prématurément; **~ in den Ruhestand treten** prendre une retraite anticipée
vorzeitlich *Adj* préhistorique
Vorzensur *f kein Pl* JUR censure *f* préalable
vor|ziehen *tr V unreg* ❶ (*begünstigen*) préférer; **jdn [jdm] ~** préférer qn [à qn]
❷ (*den Vorrang geben*) **etw einer S.** (*Dat*) **~** préférer qc à qc; **es ~ etw zu tun** préférer faire qc
❸ (*früher erfolgen lassen*) avancer; **den Ruhestand ~** avancer son départ en retraite; **vorgezogener Ruhestand** retraite *f* anticipée; **vorgezogene Wahlen** des élections *fpl* anticipées
Vorzimmer *nt* (*Sekretariat*) secrétariat *m*
Vorzimmerdame *f fam* hôtesse *f* d'accueil, secrétaire *f*
Vorzug <-[e]s, Vorzüge> *m* ❶ (*Vorteil*) avantage *m;* **etw hat den ~, [dass]** qc a l'avantage de + *infin*/que + *indic*
❷ (*gute Eigenschaft*) qualité *f;* **er hat seine Vorzüge** il a ses qualités
❸ *form* (*Vorrang*) **jdm/einer S. den ~ geben** donner la préférence à qn/qc
vorzüglich [foːɐ'tsyːklɪç] I. *Adj Qualität, Wein* excellent(e); *Gericht* délicieux(-euse)
II. *Adv* ❶ *speisen, untergebracht sein* merveilleusement
❷ (*hauptsächlich*) en premier lieu
Vorzugsaktie [-aktsiə] *f* ÖKON action *f* privilégiée [*o* préférentielle] **Vorzugsbehandlung** *f* traitement *m* de faveur **Vorzugsmilch** *f* ≈ lait *m* cru sélectionné **Vorzugspreis** *m* prix *m* de faveur **Vorzugstarif** *m* tarif *m* préférentiel
vorzugsweise *Adv* de préférence
votieren [vo:-] *itr V geh* ❶ (*abstimmen*) **für/gegen jdn ~** voter pour/contre qn
❷ (*sich entscheiden*) **für jdn/etw ~** opter pour qn/qc
Votivbild [vo'tiːf-] *nt* ex-voto *m*
Votum ['voːtʊm] <-s, Voten *o* Vota> *nt geh* ❶ PARL vote *m*
❷ (*Entscheidung*) verdict *m*
Voyeur(in) [voa'jøːɐ] <-s, -e> *m(f)* voyeur(-euse) *m(f)*
vulgär [vʊl'gɛːɐ] I. *Adj pej geh Wort* vulgaire, grossier(-ière); *Aussehen, Pose* vulgaire
II. *Adv* grossièrement; **~ aussehen** avoir l'air vulgaire
Vulgarität [vʊlgari'tɛːt] <-, -en> *f pej geh* ❶ *kein Pl* (*vulgäre Art*) *eines Wortes* vulgarité *f,* grossièreté *f; des Aussehens, einer Pose* vulgarité *f*
❷ *meist Pl* (*Bemerkung*) grossièreté *f*
Vulkan [vʊl'kaːn] <-[e]s, -e> *m* volcan *m;* **erloschener/tätiger ~** volcan éteint/en activité
Vulkanausbruch *m* éruption *f* volcanique
vulkanisch [vʊlka:nɪʃ] *Adj* volcanique
vulkanisieren *tr V* vulcaniser
Vulkanismus [vʊlka'nɪsmʊs] <-> *m* GEOL volcanisme *m*
v.u.Z. *Abk von* **vor unserer Zeitrechnung** av. J.-C.

Ww

W, w [veː] <-, -> *nt* W *m*/w *m*
▶ **W wie Wilhelm** w comme William
W *Abk von* **Westen** O
WAA [veːʔaː'ʔaː] <-, -s> *f Abk von* **Wiederaufarbeitungsanlage**
Waadt [va(ː)t] <-> *f* canton *m* de Vaud
Waage ['vaːgə] <-, -n> *f* ❶ (*Gerät*) balance *f*
❷ ASTROL **die ~** la Balance; **[eine] ~ sein** être Balance
▶ **sich** (*Dat*) **die ~ halten** s'équilibrer
waag[e]recht I. *Adj* horizontal(e)
II. *Adv* horizontalement
Waag[e]rechte <-n, -n> *f* horizontale *f;* **in der ~n sein** être à l'horizontale; **in die ~ bringen** mettre en position horizontale
Waagschale *f* plateau *m* de [la] balance
▶ **etw in die ~ werfen** *geh* mettre qc dans la balance
wabbelig *Adj fam Gelee, Pudding* gélatineux(-euse); *Qualle, Bauch* flasque
wabbeln ['vabəln] *itr V fam Gelee, Qualle:* avoir une consistance gélatineuse; *Bauch:* ballotter
wabblig *s.* **wabbelig**
Wabe ['vaːbə] <-, -n> *f* rayon *m* [de miel]

wabenförmig *Adj* [en] nid-d'abeilles
Wabenhonig *m* miel *m* en rayons
wach [vax] *Adj* ① éveillé(e); **halb** ~ à moitié réveillé(e); **in halb ~em Zustand** dans un demi-sommeil; ~ **werden** se réveiller; ~ **sein/bleiben** être/rester éveillé(e); ~ **liegen** ne pas dormir; **jdn/sich** ~ **halten** maintenir qn/se maintenir éveillé(e); **ich war schon halb** ~, **als ...** j'étais déjà à moitié réveillé(e) quand ...
② (*aufgeweckt*) *Person:* éveillé(e); *Geist, Verstand* vif(-ive)
③ (*lebendig*) ~ **halten** entretenir *Hoffnung;* **die Erinnerung an etw** (*Akk*) ~ **halten** entretenir le souvenir de qc; **das Interesse der Bürger an etw** (*Dat*) ~ **halten** faire de sorte que les citoyens continuent à s'intéresser à qc
Wachablösung *f* ① relève *f* de la garde
② (*Führungswechsel*) alternance *f*
Wache ['vaxə] <-, -n> *f* ① *kein Pl* (*Wachdienst*) [service *m* de] garde *f;* ~ **haben** [*o* **schieben** *fam*] être de garde; **bei jdm ~ halten** monter la garde auprès de qn; ~ **stehen** monter la garde
② MIL (*Wachposten*) sentinelle *f*
③ (*Polizeiwache*) poste *m* [de police]
wacheln *itr V* A *fam* (*gestikulieren*) gesticuler
wachen ['vaxən] *itr V* ① (*Wache halten*) monter la garde, veiller; **bei einem Kranken** ~ veiller un malade
② *geh* (*wach sein*) être éveillé(e)
③ (*beaufsichtigen*) **über etw** (*Akk*) ~ surveiller qc
wachhabend *Adj attr Offizier* de quart; *Beamter* de garde
Wachhabende(r) *f(m) dekl wie Adj* MIL officier *m* de garde [*o* de quart]; ADMIN responsable *mf* de garde
wach|halten *s.* **wach 3.**
Wachhund *m* chien *m* de garde
wach|küssen *tr V hum, fig* **jdn** ~ ressusciter qn
Wachlokal *nt* poste *m* de garde **Wachmacher** *m fam* excitant *m* **Wachmann** <-leute *o* -männer> *m* ① (*Wächter*) gardien(ne) *m(f)* ② A *s.* **Polizist** **Wachmannschaft** *f* [service *m* de] garde *f*
Wacholder [va'xɔldɐ] <-s, -> *m* (*Busch*) genévrier *m*
Wacholderbeere *f* baie *f* de genièvre **Wacholderschnaps** *m* genièvre *m*
Wachposten *m* sentinelle *f*
wach|rufen *tr V unreg* **etw in jdm** ~ réveiller qc en qn
wach|rütteln *tr V* **jdn** ~ secouer qn pour le réveiller
Wachs [vaks] <-es, -e> *nt* ① (*Bienenwachs*) cire *f* [d'abeille]
② (*Bohnerwachs, Möbelwachs*) cire *f*
③ (*Skiwachs*) fart *m*
► ~ **in jds Händen sein** être totalement malléable entre les mains de qn
Wachsabdruck *m* empreinte *f* sur [de la] cire
wachsam [-za:m] **I.** *Adj* vigilant(e)
II. *Adv* attentivement
Wachsamkeit <-> *f* vigilance *f*
Wachsbohne *f* haricot *m* beurre
wachsen[1] ['vaksən] <wächst, wuchs, gewachsen> *itr V + sein*
① (*größer werden*) *Kind:* grandir; *Baum, Pflanze, Wurzeln:* pousser; **in die Breite** ~ pousser en largeur; **hoch gewachsen** élancé(e)
② MED *Geschwulst:* grossir
③ (*länger werden*) *Haare, Nägel:* pousser; **sich** (*Dat*) **einen Bart ~ lassen** se laisser pousser la barbe
④ (*intensiver werden*) *Begeisterung, Spannung:* augmenter
⑤ (*sich vermehren*) *Bevölkerung, Vermögen:* augmenter, s'accroître
► **gut gewachsen sein** *Frau:* avoir de belles proportions
wachsen[2] *tr V* cirer *Holzfußboden;* farter *Ski*
wächsern ['vɛksɐn] *Adj* cireux(-euse)
Wachsfigur *f* poupée *f* [*o* figure *f*] de cire
Wachsfigurenkabinett *nt* cabinet *m* de cires
Wachskerze *f* bougie *f* de [*o* en] cire **Wachsmalkreide** *f,* **Wachsmalstift** *m* crayon *m* gras, craie *f* grasse **Wachspapier** *nt* papier *m* paraffiné
wächst [vɛkst] *3. Pers Präs von* **wachsen**[1]
Wachstation *f* MED service *m* de réanimation [*o* de soins intensifs] sous surveillance permanente **Wachstube** *s.* **Wachlokal**
Wachstuch *nt* ① (*Gewebe*) toile *f* cirée
② (*Tischdecke*) nappe *f* en toile cirée
Wachstum ['vakstu:m] <-[e]s> *nt kein Pl* ① (*das Wachsen*) *eines Menschen, einer Pflanze* croissance *f; einer Geschwulst* développement *m*
② (*Wirtschaftswachstum*) croissance *f;* **hohes** ~ forte croissance
③ (*das Anwachsen*) *der Bevölkerung* accroissement *m; einer Ortschaft* croissance *f*
Wachstumsbranche [-ks-, -brã:ʃə] *f* secteur *m* en [pleine] expansion **wachstumsfördernd** *Adj* favorable à la croissance **Wachstumshormon** *nt* hormone *f* de croissance **Wachstumsmarkt** *m* ÖKON marché *m* de croissance **Wachstumsprognose** *f* ÖKON perspective *f* de croissance **Wachstumsrate** *f* taux *m* de croissance **Wachstumsstörung** *f* MED trouble *m* de la croissance
Wachtel ['vaxtəl] <-, -n> *f* caille *f*
Wächter(in) ['vɛçtɐ] <-s, -> *m(f)* ① *veraltet* (*Wachmann*) gardien(ne) *m(f); einer Anstalt* surveillant(e) *m(f)*
② (*Hüter*) gardien(ne) *m(f)*
Wachtmeister(in) *m(f)* gardien(ne) *m(f)* de la paix, agent *m* de police **Wachtposten** *m* sentinelle *f*
Wachtraum *m* rêve *m* éveillé
Wach[t]turm *m* mirador *m*
Wachzustand *m* **im** ~ en état de veille
wackelig **I.** *Adj* ① *Stuhl, Hocker* bancal(e); *Konstruktion* branlant(e)
② *fam* (*nicht solide*) *Kredit, Finanzplan* boiteux(-euse), bancal(e); *Finanzlage* précaire
II. *Adv sitzen* de manière branlante; *umherlaufen* de manière chancelante
Wackelkontakt *m* faux *m* contact
wackeln ['vakəln] *itr V* ① + *haben* (*wackelig sein*) *Stuhl, Konstruktion:* être bancal(e)
② + *haben* (*sich bewegen*) vaciller
③ + *haben* (*hin und her bewegen*) **mit dem Stuhl** ~ se balancer sur sa chaise; **mit dem Kopf** ~ dodeliner de la tête; **mit den Ohren** ~ remuer des oreilles
④ + *sein fam* (*unsicher gehen*) **nach Hause** ~ aller à la maison d'un pas vacillant [*o* chancelant]
Wackelpudding *m fam dessert à base de gélatine*
wacker ['vakɐ] *Adj veraltet* (*tapfer, tüchtig, anständig*) brave; **du hast dich ~ gehalten!** *hum fam* tu t'es bien défendu!
wacklig *s.* **wackelig**
Wade ['va:də] <-, -n> *f* mollet *m*
Wadenbein *nt* péroné *m* **Wadenkrampf** *m* crampe *f* au mollet
Waffe ['vafə] <-, -n> *f* arme *f*
► **jdn mit seinen eigenen ~n schlagen** battre qn sur son terrain; **zu den ~n greifen** prendre les armes; **jdn zu den ~n rufen** *veraltet* appeler qn sous les drapeaux
Waffel ['vafəl] <-, -n> *f* gaufre *f;* (*klein*) gaufrette *f;* (*Eistüte*) cornet *f*
► **einen an der ~ haben** *fam* être toqué(e) (*fam*)
Waffeleisen *nt* gaufrier *m*
Waffenarsenal *nt* arsenal *m* **Waffenbesitz** *m* détention *f* d'armes **Waffenembargo** *nt* embargo *m* sur les armes **waffenfähig** *Adj Plutonium* utilisable pour fabriquer des armes atomiques **Waffengattung** *f* arme *f;* **bei welcher ~ warst du?** dans quelle arme tu as servi? **Waffengewalt** ► **mit** ~ par la force des armes **Waffenhandel** *m* commerce *m* d'armes; (*illegal*) trafic *m* d'armes **Waffenhändler(in)** *m(f)* armurier *m;* (*illegal*) trafiquant(e) *m(f)* d'armes **Waffenlager** *nt* entre-

pôt *m* d'armes **Waffenlieferung** *f* livraison *f* d'armes **Waffenruhe** *f* cessez-le-feu *m* **Waffenschein** *m* permis *m* de port d'armes **Waffenschmied(in)** *m(f)* armurier *m* **Waffenschmuggel** *m* trafic *m* d'armes **Waffen-SS** [-ɛsʔɛs] *f* NS **die** ~ la Waffen SS **Waffenstillstand** *m* armistice *m*
Waffenstillstandsverhandlungen *Pl* POL négociations *fpl* en vue d'un cessez-le-feu
Wagemut ['va:gəmu:t] *m geh* hardiesse *f* (*littér*) **wagemutig** I. *Adj* audacieux(-euse) II. *Adv* de manière audacieuse
wagen ['va:gən] I. *tr V* ❶ (*riskieren*) risquer; **den Angriff/den ersten Schritt** ~ oser attaquer/faire le premier pas
❷ (*sich getrauen*) [**es**] ~ **etw zu tun** oser [*o* se risquer à] faire qc; **wage nicht mir zu widersprechen!** tu n'as pas intérêt à me contredire!
▸ **wer nicht wagt, gewinnt nicht** *Spr.* qui ne risque rien n'a rien
II. *r V* ❶ (*sich heranmachen*) **sich an ein Projekt** ~ oser entreprendre un projet
❷ (*sich trauen*) **sich auf die Straße** ~ se risquer [*o* se hasarder] hors de la maison
Wagen <-s, - *o* SDEUTSCH, A ⸚> *m* ❶ (*Auto*) voiture *f*; **mit dem** ~ en voiture
❷ (*Fahrzeug mit Deichsel*) voiture *f*
❸ (*Eisenbahnwagen*) wagon *m*
❹ (*Kinderwagen*) poussette *f*
❺ ASTRON **der Große** ~ la Grande Ourse, le Grand Chariot; **der Kleine** ~ la Petite Ourse
wägen <wog *o* wägte, gewogen *o* gewägt> *tr V geh* peser
Wagenburg *f* HIST cercle *f* de chariots; **eine** ~ **bilden** former le cercle **Wagenführer(in)** *m(f)* conducteur(-trice) *m(f)* **Wagenheber** <-s, -> *m* cric *m* **Wagenladung** *f* chargement *m*; **eine** ~ **Sand** un chargement [*o* un camion] de sable **Wagenlenker** *m* aurige *m* **Wagenpark** *s.* **Fuhrpark** **Wagenpflege** *f* entretien *m* [de la voiture] **Wagenrad** *nt* roue *f* de/de la voiture **Wagenschlag** *m veraltet* portière *f* **Wagenschmiere** *f* graisse *f* **Wagentür** *f* portière *f* [de voiture] **Wagenwäsche** *f* lavage *m* de [la] voiture
Waggon [va'gõ:, va'gɔŋ, va'go:n] <-s, -s> *m* wagon *m*
Waggonladung *f* wagonnée *f*
waggonweise *Adv* par wagons
waghalsig ['va:khalzɪç] I. *Adj Mensch* intrépide; *Versuch* périlleux(-euse); *Unternehmen, Manöver* hasardeux(-euse); **ein** ~**er Bursche** un casse-cou (*fam*)
II. *Adv fahren* de manière risquée
Wagnis ['va:knɪs] <-ses, -se> *nt* ❶ (*riskantes Vorhaben*) entreprise *f* hasardeuse; **ein großes** ~ une entreprise très risquée
❷ (*Risiko*) risque *m*
WagonRR [va'gõ:, va'gɔŋ, va'go:n] *s.* **Waggon**
Wahl [va:l] <-, -en> *f* ❶ (*Wahlmöglichkeit*) choix *m*; **die** ~ **haben etw zu tun** pouvoir choisir de faire qc; **keine andere** ~ **haben** ne pas avoir d'autre choix; **jdm keine** ~ **lassen** ne pas laisser le choix à qn
❷ (*Abstimmung*) élection *f souvent pl,* scrutin *m*; **zur** ~ **gehen** aller voter; **die** ~**en zum Bundestag/Landtag** les [élections] législatives/régionales; **direkte/indirekte** ~**en** élections au suffrage direct/indirect; **freie** ~**en** élections libres; **geheime** ~**en** vote *m* à bulletins secrets; **drei Kandidaten stehen zur** ~ on a le choix entre trois candidats
❸ *kein Pl* (*das Gewähltwerden*) élection *f*; **die** ~ **zum Präsidenten** l'élection à la présidence *f*; **die** ~ **in den Vorstand** l'élection au poste de président du comité directeur
❹ *kein Pl* (*das Auswählen*) choix *m*; **erste/zweite** ~ premier/deuxième choix; **eine/seine** ~ **treffen** faire un/son choix; **meine** ~ **ist auf ihn gefallen** mon choix s'est porté sur lui
❺ (*Wahlergebnis*) **die** ~ **annehmen** accepter le verdict des urnes
▸ **wer die** ~ **hat, hat die Qual** *Spr.* choisir est toujours un dilemme
Wahlaufruf *m* appel *m* aux urnes **Wahlausgang** *m* résultat *m* des élections [*o* du scrutin] **Wahlausschuss**RR *m* commission *f* électorale
wählbar ['vɛ:lba:ɐ] *Adj* PARL éligible; **in ein Amt** ~ **sein** être éligible à une fonction
Wahlbenachrichtigung *f* ≈ carte *f* d'électeur (*qui tient lieu de convocation pour une élection précise*) **wahlberechtigt** *Adj* qui a le droit de vote; ~ **sein** avoir le droit de vote **Wahlbeteiligung** *f* participation *f* [électorale] **Wahlbezirk** *m* circonscription *f* électorale **Wahlbündnis** *nt* alliance *f* électorale
wählen ['vɛ:lən] I. *tr V* ❶ PARL voter pour *Kandidaten, Partei;* **jdn zum Kanzler/in ein Amt** ~ élire qn chancelier/à une fonction; **wieder** ~ réélire
❷ TELEC faire *Telefonnummer, Ziffer*
❸ (*aussuchen*) choisir; **seine Worte** ~ choisir ses mots; *s. a.* **gewählt**
II. *itr V* ❶ PARL voter; ~ **gehen** aller voter; **sozialistisch** ~ voter socialiste
❷ (*auswählen*) **unter etw** (*Dat*) ~ choisir parmi qc
❸ (*eingeben*) composer *Nummer*
Wahlenthaltung *f* abstention *f*
Wähler(in) <-s, -> *m(f)* électeur(-trice) *m(f)*
Wählerauftrag *m* POL mandat *m* accordé par les électeurs
Wahlerfolg *m* succès *m* électoral **Wahlergebnis** *nt* résultat *m* des élections [*o* du scrutin]
wählerisch *Adj* difficile; **sie ist, was das Essen betrifft, sehr** ~ elle est très difficile sur la nourriture
WählerpotenzialRR [-potɛntsia:l] *nt* potentiel *m* électoral
Wählerschaft <-, -en> *f form* électorat *m*
Wählerstimme *f* voix *f*
Wahlfach *nt* option *f* **Wahlfälschung** *f* fraude *f* électorale **Wahlgang** <-gänge> *m* tour *m* [de scrutin]; **im ersten** ~ au premier tour **Wahlgeheimnis** *nt kein Pl* secret *m* du vote **Wahlgeschenk** *nt fam* cadeau *m* électoral **Wahlgesetz** *nt* loi *f* électorale **Wahlheimat** *f* patrie *f* d'adoption, terre *f* d'élection **Wahlhelfer(in)** *m(f)* ❶ (*Aufsicht*) assesseur *m*; (*bei der Stimmenauszählung*) scrutateur(-trice) *m(f)* ❷ (*Wahlkampfhelfer*) assistant(e) *m(f)*; **seine** ~ son équipe *f* de campagne **Wahlkabine** *f* isoloir *f* **Wahlkampf** *m* campagne *f* électorale; **einen fairen** ~ **führen** mener une campagne fair-play **Wahlkreis** *m form* circonscription *f* électorale **Wahllokal** *nt* bureau *m* de vote
wahllos I. *Adj* au hasard; *Beschimpfung, Schimpfwort* gratuit(e)
II. *Adv* au hasard; *beschimpfen, durcheinander trinken* sans discernement
Wahlmann *m* POL grand électeur *m* **Wahlmöglichkeit** *f a.* INFORM option *f* **Wahlniederlage** *f* défaite *f* électorale **Wahlperiode** *f* période *f* électorale **Wahlpflicht** *f* obligation *f* de vote **Wahlpflichtfach** *nt* option *f* obligatoire **Wahlplakat** *nt* affiche *f* électorale **Wahlprogramm** *nt* programme *m* électoral **Wahlpropaganda** *f* propagande *f* électorale **Wahlrecht** *nt kein Pl* ❶ (*Recht*) droit *m* de vote; **aktives** ~ droit de vote; **passives** ~ éligibilité *f*; **allgemeines** ~ suffrage *m* universel ❷ JUR (*Gesetze*) loi *f* électorale **Wahlrede** *f* discours *m* électoral
Wählscheibe *f* cadran *m* d'appel
Wahlschein *m* bulletin *m* de vote par correspondance **Wahlschlappe** *f fam* défaite *f* électorale; **eine schwere** ~ un bide [aux élections] (*fam*) **Wahlsieg** *m* victoire *f* électorale **Wahlspruch** *m* devise *f* **Wahlsystem** *nt* mode *m* de scrutin **Wahltag** *m* journée *f* électorale [*o* des élections]
Wählton *m* tonalité *f*
Wahlurne *f* urne *f* **Wahlversammlung** *f* réunion *f* électorale
wahlweise *Adv* au choix
Wahlwiederholung *f* TELEC (*das Wiederholen*) rappel *m* du

dernier numéro [composé]; (*Wiederholungstaste*) touche *f* bis

Wahn [vaːn] <-[e]s> *m* ❶ *geh* (*irrige Vorstellung*) chimère *f* (*soutenu*); **in dem ~ leben, dass** vivre dans l'illusion que + *indic*
❷ MED folie *f*

wähnen ['vɛːnən] **I.** *tr V geh* croire; **jdn glücklich ~** s'imaginer que qn est heureux(-euse); **jdn daheim ~** croire qn à la maison
II. *r V geh* **sich in Sicherheit ~** se croire en sécurité

Wahnsinn ['vaːnzɪn] *m kein Pl* ❶ *fam* (*Unsinn*) folie *f*, aberration *f*; **das wäre ~!** ça serait de la folie!
❷ MED aliénation *f* mentale
▶ **etw ist heller ~** *fam* qc est complètement dingue (*fam*); **jdn zum ~ treiben** *fam* rendre qn cinglé(e) [*o* dingue] (*fam*); **~!** *sl* c'est dingue! (*pop*)

wahnsinnig **I.** *Adj* ❶ MED fou(folle), dément(e); **~ werden/sein** devenir/être fou(folle)
❷ *attr fam* (*gewaltig*) *Arbeit, Geld, Aufgabe* fou(folle), dingue (*fam*); *Hitze, Kälte* sacré(e) *antéposé* (*fam*); *Sturm* terrible
❸ *pej fam* (*wahnwitzig*) *Forderung, Idee* fou(folle), délirant(e)
❹ *sl* (*herrlich*) *Mensch, Haus, Auto* super (*fam*)
▶ **jdn ~ machen** *fam* finir par rendre qn cinglé(e) (*fam*); **ich werde [noch] ~!** *fam* [il] y a de quoi devenir cinglé(e)! [*o* dingue] (*fam*); **wie ~** *fam rennen, sich anstrengen* comme un(e) cinglé(e) [*o* un(e) dingue]; *schreien* comme un(e) malade
II. *Adv fam* (*äußerst*) *heiß, teuer* vachement (*fam*); **das ist ~ viel** ça fait vachement beaucoup (*fam*)

Wahnsinnige(r) *f(m) dekl wie Adj* fou *m*/folle *f*, dément(e) *m(f)*

Wahnsinnigwerden ▶ **es ist zum ~!** *fam* il y a de quoi devenir cinglé(e) [*o* dingue]! (*fam*)

Wahnvorstellung *f* ❶ (*Obsession*) obsession *f* ❷ MED hallucination *f* **Wahnwitz** *m kein Pl* folie *f* **wahnwitzig** *Adj* fou(folle) [*o* délirant(e)]

wahr [vaːɐ] *Adj* ❶ *Geschichte, Begebenheit* vrai(e); *Aussage* véridique; **seine Drohungen ~ machen** mettre ses menaces à exécution; **sein Versprechen ~ machen** tenir sa promesse; **etw für ~ halten** considérer qc comme véridique; **ich halte das für ~** j'estime que c'est la vérité; **da ist etwas Wahres dran** *fam* [il] y a du vrai là-dedans (*fam*); **wie ~!** *fam* oh! Que oui! (*fam*); **das ist nur zu ~!** ce n'est que trop vrai!; **das darf [*o* kann] doch nicht ~ sein!** *fam* mais c'est pas vrai! (*fam*); **nicht ~?** n'est-ce pas?
❷ *attr* (*wirklich, tatsächlich*) *Schuldige, Verantwortliche* vrai(e) *antéposé;* **er ist der ~e Verantwortliche** c'est lui le vrai responsable
❸ *attr* (*echt, wirklich*) *Freund, Liebe, Treue* véritable *antéposé; Glück* vrai(e) *antéposé; Kultur, Kunst* à l'état pur; **das ~e Glück** le vrai bonheur; **das ist ~e Kunst** c'est vraiment de l'art; **das ist ein ~es Vergnügen/eine ~e Schande** c'est un vrai plaisir/une vraie honte; **sein ~es Können beweisen** montrer tout son savoir-faire
▶ **das ist das einzig Wahre** *fam* [il n']y a que ça de vrai (*fam*); **das ist [auch] nicht das Wahre** *fam* c'est pas vraiment ça (*fam*); **das ist schon gar nicht mehr ~** *fam* c'est de la vieille histoire (*fam*); **so ~ ich lebe [*o* hier stehe]** *fam* aussi vrai que je m'appelle...

wahren ['vaːrən] *tr V* ❶ (*wahrnehmen*) préserver *Interessen, Rechte, Vorteile*
❷ (*aufrechterhalten*) conserver *Autorität, Fassung, Ruf;* garder *Geheimnis*

währen ['vɛːrən] *itr V geh* durer; **es währte nicht lange, da ...** ça n'a pas duré longtemps, déjà ...
▶ **was lange währt, wird endlich gut** *Spr.* tout vient à point à qui sait attendre

während ['vɛːrənt] **I.** *Präp + Gen* pendant; **~ des Urlaubs** pendant les congés
II. *Konj* ❶ (*wohingegen*) alors que + *indic*
❷ (*in der Zeit als*) pendant que + *indic*

währenddessen [vɛːrənt'dɛsən] *Adv* pendant ce temps[-là]

wahrhaben *tr V unreg* vouloir admettre; **etw nicht ~ wollen** ne pas vouloir admettre qc; **[es] nicht ~ wollen, dass** ne pas vouloir admettre que + *indic*

wahrhaft ['vaːɐhaft] *s.* **wahr 3.**

wahrhaftig **I.** *Adj veraltet geh* véritable
II. *Adv geh* vraiment

Wahrheit <-, -en> *f* ❶ vérité *f*; **[jdm] die ~ sagen** dire la vérité [à qn]; **die ganze [*o* volle] ~** toute la vérité; **das ist nur die halbe ~** ce n'est que la moitié de la vérité; **in ~** en réalité
❷ *kein Pl* (*Richtigkeit*) *einer Aussage, Bemerkung* véracité *f*
▶ **es mit der ~ nicht so genau nehmen** *fam* avoir une conception élastique de la vérité; **wer einmal lügt, dem glaubt man nicht, und wenn er auch die ~ spricht** *Spr.* on ne croit pas un menteur, même lorsqu'il dit la vérité; **um die ~ zu sagen** à vrai dire

Wahrheitsfindung <-> *f* établissement *m* de la vérité; **sich** (*Dat*) **mit der ~ schwer tun** avoir du mal à établir la vérité

Wahrheitsgehalt *m* véracité *f* **wahrheitsgemäß** *Adj, Adv* conforme à la vérité **wahrheitsgetreu** **I.** *Adj* fidèle **II.** *Adv* fidèlement **Wahrheitsliebe** *f* sincérité *f* **wahrheitsliebend** *Adj* sincère

wahrlich *Adv geh* en vérité

wahrnehmbar *Adj* perceptible

wahr|nehmen *tr V unreg* ❶ percevoir *Geräusch, Geruch, Licht*
❷ (*nutzen*) profiter de *Chance, Gelegenheit, Vorteil*
❸ (*einhalten*) **einen Termin ~** se rendre à un rendez-vous
❹ (*vertreten*) défendre *Interessen*

Wahrnehmung <-, -en> *f* ❶ *eines Geräuschs* perception *f*
❷ (*Einhaltung*) **die ~ dieses Termins ist mir nicht möglich** il m'est impossible de me rendre à ce rendez-vous
❸ (*Vertretung*) *von Interessen* défense *f; von Angelegenheiten* prise *f* en charge; **ich bitte Sie um die ~ meiner Angelegenheiten** je vous demande de prendre mes affaires en charge

wahr|sagen **I.** *itr V* prédire l'avenir; **jdm ~** dire la bonne aventure à qn; **[jdm] aus den Karten ~** tirer les cartes [à qn]; **sich** (*Dat*) **von jdm ~ lassen** se faire dire la bonne aventure par qn
II. *tr V* **jdm etw ~** prédire qc à qn

Wahrsager(in) <-s, -> *m(f)* voyant(e) *m(f)*

Wahrsagerei <-, -en> *f pej* ❶ *kein Pl* (*das Wahrsagen*) prédiction *f* de l'avenir
❷ (*Äußerung*) prédictions *fpl*

währschaft ['vɛːɐʃaft] *Adj* CH ❶ (*gediegen*) *Material, Ware* de bonne qualité; *Arbeit* bien fait(e); **das ist nichts Währschaftes** c'est de la camelote (*fam*)
❷ (*tüchtig*) *Essen* consistant(e); *Geschäftsmann* solide

wahrscheinlich [vaːɐ'ʃaɪnlɪç] **I.** *Adj* probable; **es ist ~, dass** il est probable que + *subj;* **es ist nicht ~, dass** il est peu probable que + *subj*
II. *Adv* probablement

Wahrscheinlichkeit <-, -en> *f* probabilité *f;* **mit hoher ~** très probablement; **aller ~ nach** selon toute probabilité

Wahrscheinlichkeitsgrad *m* degré *m* de probabilité **Wahrscheinlichkeitsrechnung** *f* MATH calcul *m* des probabilités

Wahrung ['vaːrʊŋ] <-> *f von Rechten, Vorteilen* préservation *f; von Interessen* défense *f*

Währung ['vɛːrʊŋ] <-, -en> *f* monnaie *f*

Währungsabkommen *nt* accord *m* monétaire **Währungseinheit** *f* unité *f* monétaire **Währungsfonds** [-fõː] *m* fonds *m* monétaire; **der Internationale ~** le Fonds monétaire international **Währungsgebiet** *nt* ÖKON zone *f* monétaire **Währungsinstitut** *nt* institut monétaire *m;* **das Europäische ~** l'Institut *m* monétaire européen **Währungskrise** *f* crise *f* monétaire **Währungskurs** *m* cours *m* du change **Währungspolitik** *f* politique *f* monétaire **Währungsreform** *f* réforme *f* monétaire **Währungsreserven** *Pl* FIN réserves *fpl* de devises **Währungsstabilität** *f* stabilité *f* monétaire [*o* de la monnaie] **Währungssystem** *nt* système *m* monétaire; **das**

Europäische ~ le Système monétaire européen **Währungsumstellung** *f* FIN conversion *f* d'une monnaie **Währungsunion** *f* union *f* monétaire; **die Europäische** ~ l'Union monétaire européenne; **die Teilnahme an der** ~ la participation à l'Union monétaire
Wahrzeichen *nt* emblème *m*
Waise ['vaɪzə] <-, -n> *f* orphelin(e) *m(f)*
Waisenhaus *nt* orphelinat *m* **Waisenkind** *nt* [petit] orphelin *m*/[petite] orpheline *f* **Waisenknabe** ▸ **gegen dich/ihn ist er ein** ~ [*o* **Waisenkind**] *fam* c'est un amateur à côté de toi/lui (*fam*) **Waisenrente** *f* pension *f* d'orphelin
Wal [va:l] <-[e]s, -e> *m* baleine *f*
Wald [valt, *Pl:* 'vɛldɐ] <-[e]s, ¨er> *m* forêt *f;* (*kleiner*) bois *m;* **im ~ spazieren gehen** aller se promener dans la forêt [*o* les bois]; **der Bayrische/Thüringer** ~ la Forêt bavaroise/de Thuringe ▸ **er/sie sieht den ~ vor lauter Bäumen nicht** *fam* les arbres lui cachent la forêt; **ich glaub', ich steh' im ~!** *fam* j'ai l'impression d'être en plein délire! (*fam*); **wie man in den ~ hineinruft, so schallt es heraus** *Spr.* on récolte ce qu'on a semé
Waldameise *f* fourmi *f* rouge **Waldarbeiter(in)** *m(f)* garde *m* forestier **Waldbestand** *m* patrimoine *m* forestier **Waldboden** *m* sol *m* forestier **Waldbrand** *m* incendie *m* de forêt
Wäldchen ['vɛltçən] <-s, -> *nt Dim von* **Wald** bosquet *m*
Walderdbeere *f* BOT fraise *f* sauvage [*o* des bois] **Waldgrenze** *f* limite *f* des forêts **Waldhorn** *nt* cor *m* de chasse
waldig *Adj* boisé(e)
Waldland *nt* zone *f* forestière **Waldlauf** *m* footing *m* en forêt; **einen ~ machen** faire un footing en forêt **Waldlehrpfad** *m* parcours *m* forestier pédagogique **Waldmeister** *m* aspérule *f* [odorante]
Waldorfschule ['valdɔrf-] *f* école *f* Rudolf-Steiner (*école privée dont la méthode d'enseignement est basée sur la pédagogie anthroposophique*)
Waldrand *m* lisière *f* du bois [*o* de la forêt] **waldreich** *Adj* très boisé(e), riche en bois [*o* forêts] **Waldschaden** *m* dégâts *mpl* forestiers **Waldsterben** *nt* dépérissement *m* des forêts
Waldung <-, -en> *f geh* domaine *m* forestier (*soutenu*)
Waldweg *m* chemin *m* forestier
Wales [weɪlz] <-> *nt* le pays de Galles
Walfang *m kein Pl* pêche *f* à la baleine **Walfänger** *m* ❶ (*Person*) pêcheur *m* de baleine ❷ (*Schiff*) baleinier *m* **Walfisch** *m fam* baleine *f*
Walhall[a] [val'hala] <-s> *f* Walhalla *m*
Waliser(in) [va'li:zɐ] <-s> *m(f)* Gallois(e) *m(f)*
walisisch [va'li:zɪʃ] *Adj* gallois(e)
walken ['valkən] *tr V* ❶ fouler *Leder, Stoff*
❷ DIAL (*durchkneten*) pétrir *Teig*
Walkie-Talkie[RR] ['wɔ:kɪ'tɔ:kɪ] <-[s], -s> *nt* talkie-walkie *m*
Walkman® ['wɔ:kmæn] <-s, -men> *m* baladeur *m*
Walküre [val'ky:rə] <-, -n> *f* Walkyrie *f*
Wall [val, *Pl:* 'vɛlə] <-[e]s, ¨e> *m* talus *m*
Wallach ['valax] <-[e]s, -e> *m* hongre *m*
wallen ['valən] *itr V Suppe, Wasser:* bouillonner
wallend *Adj geh Bart, Haar* ondoyant(e) et abondant(e) (*soutenu*); *Gewänder* ondulant(e) (*soutenu*); *Kleidung* ondoyant(e) (*soutenu*)
Wallfahrer(in) *m(f)* pèlerin *m* **Wallfahrt** *f* pèlerinage *m*
Wallfahrtskirche *f* REL église *f* de pèlerinage **Wallfahrtsort** *m* [lieu *m* de] pèlerinage *m*
Wallis ['valɪs] <-> *nt* **das** ~ le Valais
Walliser(in) ['valizɐ] <-s> *m(f)* Valaisan(ne) *m(f)*
Wallone [va'lo:nə] <-n, -n> *m*, **Wallonin** *f* Wallon(ne) *m(f)*
Wallung ['valʊŋ] <-, -en> *f* (*Hitzewallung*) bouffée *f* de chaleur
❷ (*Erregung*) **in ~ geraten** *Person:* entrer en transe; *Blut:* bouillir; **jdn in ~ bringen** *Person:* faire bouillir qn; *Vorfall, Bemerkung:* mettre qn en rage

Walmdach ['valm-] *nt* toit *m* en croupe
Walnuss[RR] *f* ❶ (*Frucht*) noix *f*
❷ *s.* **Walnussbaum**
Walnussbaum[RR] *m* noyer *m* **Walnussholz**[RR] *nt* [bois *m* de] noyer *m*
Walpurgisnacht [val'pʊrgɪs-] *f* nuit *f* de Walpurgis
Walross[RR] *nt* morse *m*
▸ **wie ein ~ schnaufen** *fam* souffler comme un phoque
walten ['valtən] *itr V geh* ❶ (*herrschen*) *Geist, Zustände:* régner; *Kräfte:* se manifester
❷ (*üben*) **Gnade/Nachsicht ~ lassen** faire montre [*o* preuve] de grâce/d'indulgence
Walzblech *nt* tôle *f*
Walze ['valtsə] <-, -n> *f* ❶ GEOM, TECH cylindre *m*
❷ (*Straßenwalze*) rouleau *m* compresseur
walzen ['valtsən] *tr V* ❶ damer *Piste, Schnee*
❷ METAL [glatt] ~ laminer *Stahl, Metall*
wälzen ['vɛltsən] **I.** *tr V* ❶ tourner; **jdn auf die Seite/etw zur Seite** ~ tourner qn sur le côté/[faire] rouler qc sur le côté
❷ (*rollen*) **etw in Mehl** ~ rouler qc dans la farine
❸ *fam* (*durchblättern*) compulser (*fam*) *Akten, Buch, Unterlagen*
❹ *fam* (*sich beschäftigen mit*) ruminer (*fam*) *Gedanken, Probleme*
II. *r V* **sich im Bett hin und her** ~ se tourner et retourner dans son lit; **sich auf dem Boden/im Gras** ~ se rouler par terre/dans l'herbe; **sich im Schlamm** ~ *Schwein:* se vautrer dans la boue
walzenförmig *Adj* cylindrique
Walzer ['valtsɐ] <-s, -> *m* valse *f;* **Wiener** ~ valse viennoise
Wälzer ['vɛltsɐ] <-s, -> *m fam* pavé *m* (*fam*)
Walzermusik *f* air *m* de valse
Wälzlager *nt* TECH palier *m* à rouleaux
Walzstahl *m* TECH acier *m* laminé **Walzstraße** *f* train *m* de laminoirs **Walzwerk** *nt* laminoir *m*
Wampe ['vampə] <-, -n> *f* DIAL *fam* brioche *f* (*fam*)
Wams [vams, *Pl:* 'vɛmzɐ] <-es, ¨er> *nt* DIAL gilet *m* [sans manches]
wand [vant] *Imp von* **winden**[1]
Wand [vant, *Pl:* 'vɛndə] <-, ¨e> *f* ❶ (*Mauer*) mur *m; einer Schleuse* bajoyer *m;* ~ **an ~ wohnen** habiter porte à porte [*o* sur le même palier]
❷ (*dünne Trennwand*) cloison *f*
❸ (*Wandschirm*) **spanische** ~ paravent *m*
❹ (*Wandung*) *eines Behälters, Schiffs* paroi *f; eines Schranks* fond *m*
❺ (*Felswand*) paroi *f*
▸ **die Wände haben Ohren** les murs ont des oreilles; **in meinen/seinen/... vier Wänden** dans mon chez-moi/son chez-soi/...; **weiß wie eine ~ werden** devenir blanc(blanche) comme un linge; **jdn an die ~ drücken** évincer qn; **ich könnte die ~** [*o* **die Wände**] **hochgehen** *fam* c'est à se taper la tête contre les murs (*fam*); **gegen eine ~ reden** parler à un mur; **bei ihm redet man gegen eine ~** [avec lui,] autant parler à un mur; **jdn an die ~ spielen** SPORT écraser qn; MUS surclasser qn; THEAT éclipser qn; **jdn an die ~ stellen** *fam* coller qn au mur (*fam*); **dass die Wände wackeln** *fam* à faire trembler les murs (*fam*)
Wandale [van'da:lə] <-n, -n> *m*, **Wandalin** *f* ❶ HIST Vandale *mf*
❷ (*Zerstörer*) vandale *mf*
▸ **wie die ~n** comme des vandales
Wandalismus [vanda'lɪsmʊs] *s.* **Vandalismus**
Wandbehang *s.* **Wandteppich**
Wandel ['vandəl] <-s> *m geh* changement *m;* **einem ~ unterliegen** subir un changement; **eine Gesellschaft im ~** une société en mutation; **im ~ der Zeiten** au fil du temps
wandelbar *Adj geh* changeant(e); **kaum/schwer** ~ peu susceptible de changer

Wandelgang <-gänge> *m* promenoir *m* **Wandelhalle** *f* *eines Theaters* foyer *m; eines Kurhauses* hall *m*
wandeln ['vandəln] *geh* **I.** *tr V + haben* modifier
II. *r V + haben* **sich** ~ changer
III. *itr V + sein* **auf und ab** ~ déambuler
Wanderausstellung *f* exposition *f* itinérante **Wanderbühne** *f* troupe *f* de comédiens ambulants **Wanderdüne** *f* dune *f* mouvante
Wanderer <-s, -> *m*, **Wanderin** *f* randonneur(-euse) *m(f)*
Wanderfalke *m* ORN faucon *m* pèlerin **Wanderheuschrecke** *f* criquet *m* pèlerin **Wanderhütte** *s.* Berghütte **Wanderkarte** *f* guide *m* des sentiers de grande randonnée
wandern ['vandɐn] *itr V + sein* ❶ *(eine Wanderung machen)* faire de la marche [*o* de la randonnée]; **in den Bergen** ~ faire de la randonnée en montagne; **von Altena bis zur Ostsee** ~ aller d'Altena à la mer Baltique à pied; **drei Stunden/zehn Kilometer** ~ faire une marche [*o* randonnée] de trois heures/dix kilomètres; **das Wandern** la marche; **sich zum Wandern treffen** se retrouver pour faire de la marche [*o* de la randonnée]
❷ *(gehen)* **durch die Stadt/das Museum** ~ déambuler dans la ville/le musée
❸ *(sich bewegen) Gletscher, Wanderdüne, Geschoss:* se déplacer; *Wolken:* passer; ~**de Düne** dune *f* mouvante; **ihr Blick wandert durch den Saal** elle promène son regard dans la salle
❹ *fam (geworfen werden)* **in den Papierkorb/ins Feuer** ~ passer à la corbeille à papier/au feu (*fam*)
❺ *(in großer Zahl umherziehen) Völker, Lachse:* migrer
Wanderniere *f* MED rein *m* flottant **Wanderpokal** *m* [coupe *f* du] challenge *m* **Wanderprediger** *m* prédicateur *m* itinérant **Wanderratte** *f* rat *m* d'égout
Wanderschaft <-, *selten* -en> *f kein Pl eines Gesellen* ≈ tour *m* de France *(effectué par un compagnon)*; **auf** ~ **gehen** *Geselle:* ≈ partir faire le tour de France; *fam (umherstreifen)* partir vadrouiller (*fam*); **auf** ~ **sein** *Geselle:* ≈ faire le tour de France; *fam (umherstreifen)* être en vadrouille (*fam*)
Wanderschuhe *Pl* chaussures *fpl* de marche
Wandersmann <-leute> *m veraltet* randonneur *m*
Wandertag *m* journée *f* d'excursion; **morgen ist** ~ demain on fait une excursion; **hat Ihnen der** ~ **gefallen?** est-ce que l'excursion vous a plu?
Wanderung <-, -en> *f* ❶ *(Fußmarsch)* randonnée *f*
❷ *(Standortwechsel) von Völkern, Lachsen* migration *f*
Wandervogel *m fam* ❶ *(Wanderer)* randonneur(-euse) *m* ❷ *(unsteter Mensch)* courant *m(f)* d'air (*fig*) **Wanderweg** *m* sentier *m* de [grande] randonnée **Wanderzirkus** *m* cirque *m* ambulant
Wandgemälde *nt* peinture *f* murale **Wandkalender** *m* calendrier *m* mural **Wandkarte** *f* carte *f* murale **Wandlampe** *f* applique *f*
Wandlung ['vandlʊŋ] <-, -en> *f* ❶ *geh (Veränderung)* transformation *f*
❷ ECCL transsubstantiation *f; (Teil der Messe)* consécration *f*
❸ JUR rédhibition *f (spéc)*
wandlungsfähig *Adj* transformable; *Schauspieler* prompt(e) à changer de personnage; *Betrüger* prompt(e) à changer de visage
Wandrer(in) *s.* Wanderer, Wanderin
Wandschrank *m* placard *m* **Wandspiegel** *m* miroir *m* mural **Wandtafel** *f* tableau *m* noir
wandte ['vantə] *Imp von* **wenden**
Wandteller *m* assiette *f* décorative **Wandteppich** *m* tapis *m* mural; *(gewebt)* tapisserie *f* **Wanduhr** *f* horloge *f* murale **Wandverkleidung** *f (auf Innenwänden)* lambris *m; (auf Außenwänden)* revêtement *m* mural **Wandzeitung** *f* journal *m* mural
Wange ['vaŋə] <-, -n> *f geh* joue *f;* ~ **an** ~ **tanzen** danser joue contre joue
Wankelmotor ['vaŋkəl-] *m* [moteur *m*] rotatif *m*
Wankelmut ['vaŋkəlmu:t] *m geh* versatilité *f (soutenu)*
wankelmütig *Adj geh* versatile *(soutenu)*; ~ **werden** commencer à être indécis(e)
Wankelmütigkeit *s.* Wankelmut
wanken ['vaŋkən] *itr V* ❶ *+ haben (schwanken) Person:* chanceler; *Turm, Gebäude:* vaciller; *Knie:* flageoler
❷ *+ sein (schwankend gehen)* **nach Hause/ins Bett** ~ tituber jusqu'à la maison/jusqu'au lit
▸ **etw ins Wanken bringen** faire vaciller qc; **ins Wanken geraten** se mettre à vaciller
wann [van] *Adv interrog* quand; ~ **etwa** [*o* **ungefähr**] quand à peu près; **seit** ~ depuis quand; **von** ~ **an** à partir de quand; ~ [**auch**] **immer** n'importe quand; ~ **immer Sie wollen** quand vous voulez; **bis** ~ jusqu'à quand; **bis** ~ **muss die Arbeit fertig sein?** pour quand faut-il finir le travail?
Wanne ['vanə] <-, -n> *f* ❶ *(Badewanne)* baignoire *f;* **in die** ~ **gehen** prendre un bain
❷ *(längliches Gefäß)* bassine *f*
❸ *(Ölwanne)* carter *m*
Wannenbad *nt* bain *m*
Wanst [vanst, *Pl:* 'vɛnstə] <-[e]s, ¨-e> *m fam* panse *f;* **sich** *(Dat)* **den** ~ **vollschlagen** s'en mettre plein la panse (*fam*)
Want [vant] <-, -en> *f meist Pl* NAUT hauban *m*
Wanze ['vantsə] <-, -n> *f* ❶ punaise *f*
❷ *fam (Abhörgerät)* micro *m*
WAP-Handy *nt* TELEC portable *m* WAP
Wappen ['vapən] <-s, -> *nt* armoiries *fpl;* **ein** ~ **führen** avoir des armoiries; **er führt eine Lilie im** ~ le lis figure dans ses armoiries
Wappenkunde *f kein Pl* blason *m*, [science *f*] héraldique *f* **Wappenschild** <-schilde *o* -schilder> *m o nt* blason *m* **Wappentier** *nt* animal *m* héraldique
wappnen ['vapnən] *r V geh* **sich** ~ se mettre sur ses gardes; **sich gegen etw** ~ se prémunir contre qc; **gewappnet sein** être paré(e); **gegen solch einen Zwischenfall ist man nie gewappnet** on n'est jamais à l'abri d'un tel incident
war [va:ɐ] *Imp von* **sein**[1]
warb [varp] *Imp von* **werben**
ward [vart] *Imp von* **werden**
Ware ['va:rə] <-, -n> *f* ❶ marchandise *f*
❷ *(Lebensmittel)* denrées *fpl;* **leicht verderbliche** ~**n** des denrées périssables
▸ **heiße** ~ *fam* marchandise *f* suspecte
Warenangebot *nt* choix *m* d'articles **Warenannahme** *f* réception *f* de la marchandise **Warenausgabe** *f* délivrance *f* de la marchandise **Warenauslage** *f* étalage *m* de marchandises **Wareneingang** *m* ÖKON ❶ *kein Pl (Abteilung)* arrivage *m* ❷ *(eingehende Waren)* entrée *f* de marchandises **Warenhaus** *s.* Kaufhaus **Warenkorb** *m* panier *m* de la ménagère **Warenlager** *nt* ❶ *(Lagerraum)* entrepôt *m*, dépôt *m* ❷ *(Vorrat)* stock *m* de marchandises **Warenpreis** *m* prix *m* des marchandises **Warenprüfung** *f* contrôle *m* des marchandises **Warensendung** *f* envoi *m* des marchandises **Warensortiment** *nt* assortiment *m* **Warentest** *m* test *m* de qualité **Warenumsatzsteuer** *f* CH taxe *f* à la valeur ajoutée **Warenzeichen** *nt* marque *f* de fabrication; **eingetragenes** ~ marque déposée
warf [varf] *Imp von* **werfen**
warm [varm] <¨-er, ¨-ste> **I.** *Adj* ❶ chaud(e); **es ist** ~ **hier** il fait chaud ici; **28 Grad** ~**es Wasser** de l'eau à 28 degrés; **jdm ist/wird** ~ qn a/commence à avoir chaud; ~ **werden** *Heizkörper:* chauffer; **etw** ~ **halten** tenir qc au chaud; [**jdm**] **etw** [**wieder**] ~ **machen** faire [ré]chauffer qc [à qn]; **ins Warme kommen/im Warmen sitzen** venir/être au chaud
❷ METEO chaud(e); ~ **werden** *Temperatur, Wetter:* se réchauffer
❸ *(wärmend) Kleidung, Decke* chaud(e)
❹ *geh (herzlich) Anteilnahme, Worte, Interesse* chaleureux(-euse)

W

❺ SPORT **sich ~ laufen/spielen** s'échauffer
❻ TECH ~ **laufen** *Motor, Wagen:* chauffer; **etw ~ laufen lassen** faire chauffer qc
▸ **sich** (*Dat*) **jdn ~ halten** rester bien avec qn (*fam*); **mit jdm ~ werden** *fam* accrocher avec qn (*fam*)
II. *Adv* ❶ *liegen, schlafen* au chaud; *trinken* chaud; *waschen* à l'eau chaude; ~ **duschen** prendre une douche chaude
❷ (*gegen Kälte schützend*) *sich anziehen, zudecken* chaudement
❸ (*nachdrücklich, von ganzem Herzen*) **jdn wärmstens empfehlen** recommander très chaleureusement qn; [**jdm**] **etw wärmstens empfehlen** recommander tout particulièrement qc [à qn]
Warmblut *nt* demi-sang *m*
Warmblüter [ˈ-blyːtɐ] <-s, -> *m* animal *m* à sang chaud
warmblütig *Adj* homéotherme (*spéc*), à sang chaud
Wärme [ˈvɛrmə] <-> *f* chaleur *f*
Wärmeaustauscher *m* TECH échangeur *m* de chaleur **Wärmebelastung** *f* ÖKOL pollution *f* thermique **wärmebeständig** *Adj* TECH résistant(e) à la chaleur **wärmedämmend** *Adj* isolant(e) **Wärmedämmung** *f* isolation *f* [thermique] **wärmeempfindlich** *Adj* sensible à la chaleur **Wärmeenergie** *f* énergie *f* thermique **Wärmehaushalt** *m kein Pl* équilibre *m* thermique **Wärmeisolierung** *f* isolation *f* thermique **Wärmekraftwerk** *nt* centrale *f* thermique **Wärmelehre** *f kein Pl* PHYS thermique *f*, thermodynamique *f* **Wärmeleitfähigkeit** *f kein Pl* TECH conductibilité *f* thermique
wärmen [ˈvɛrmən] I. *tr V* (*aufwärmen*) chauffer *Suppe, Milch;* **sich** (*Dat*) **die Hände/Füße ~** se réchauffer les mains/pieds
II. *itr V Decke, Kleidungsstück:* tenir chaud; *Heizofen, Sonne:* chauffer; *Getränk:* réchauffer
III. *r V* **sich ~** se réchauffer; **sich** [**gegenseitig**] ~ se réchauffer [l'un(e) l'autre]
Wärmepumpe *f* pompe *f* à chaleur **Wärmequelle** *f* source *f* de chaleur **Wärmespeicher** *m* récupérateur *m* de chaleur **Wärmestrahlung** *f* rayonnement *m* thermique **Wärmetauscher** <-s, -> *m* échangeur *m* de chaleur **Wärmetechnik** *f kein Pl* technologie *f* thermique **Wärmeverlust** *m* déperdition *f* thermique **Wärmezufuhr** *f kein Pl* TECH adduction *f* de chaleur
Wärmflasche *f* bouillotte *f*
Warmfront *f* METEO front *m* chaud
warm|halten *s.* warm I.▸
Warmhalteplatte *f* chauffe-plat *m*
warmherzig *Adj* chaleureux(-euse)
warm|laufen *s.* warm I.6.
Warmluft *f* air *m* chaud **Warmmiete** *f* loyer *m* charges comprises **Warmstart** *m* INFORM démarrage *m* à chaud
Warmwasserbereiter <-s, -> *m* chauffe-eau *m* **Warmwasserheizung** *f* TECH chauffage *m* [central] à eau chaude **Warmwasserleitung** *f* conduit *m* d'eau chaude **Warmwasserspeicher** *m* ballon *m* d'eau chaude **Warmwasserversorgung** *f* approvisionnement *m* en eau chaude
Warnanlage *f* TECH système *m* d'alarme **Warnblinkanlage** *f* feux *mpl* de détresse **Warnblinkleuchte** *f* lampe *m* de détresse **Warndreieck** *nt* triangle *m* de signalisation
warnen [ˈvarnən] I. *tr V* prévenir; **jdn vor jdm/etw ~** mettre qn en garde contre qn/qc; **jdn** [**davor**] **~ etw zu tun** dissuader qn de faire qc; **ich kann Sie nur ~!** je ne peux que vous mettre en garde!
II. *itr V* **vor jdm/etw ~** mettre en garde contre qn/qc
warnend I. *Adj Blick, Zeichen, Anzeichen* d'avertissement; *Zuruf* de mise en garde; *Signal* avertisseur(-euse); **mit ~er Stimme** sur le ton de la mise en garde
II. *Adv* à titre d'avertissement
Warnkreuz *nt* croix *f* de Saint-André (*signal de position à un passage à niveau sans barrière*) **Warnlicht** *nt* signal *m* lumineux **Warnruf** *m* avertissement *m* **Warnschild** <-schilder> *nt* panneau *m* avertisseur; (*Verkehrsschild*) panneau de danger **Warnschuss**[RR] *m* tir *m* de sommation **Warnsignal** *nt* (*optisches Zeichen*) signal *m* lumineux; (*akustisches Zeichen*) signal sonore **Warnstreik** *m* grève *f* d'avertissement
Warnung <-, -en> *f* avertissement *m;* ~ **vor etw** (*Dat*) mise *f* en garde contre qc; **etw als ~ verstehen** prendre qc à titre d'avertissement; **lass dir das eine ~ sein!** que ça te serve d'avertissement!
Warnzeichen *nt* ❶ (*Warnschild*) signal *m*
❷ (*Anzeichen*) avertissement *m*
Warschau [ˈvarʃaʊ] <-s> *nt* Varsovie
Warte [ˈvartə] <-, -n> *f* ▸ **von seiner/meiner/... ~** [**aus**] de son/mon/... point de vue
Wartefrist *s.* Wartezeit **Wartehalle** *f* hall *m* d'attente **Warteliste** *f* liste *f* d'attente
warten [ˈvartən] I. *itr V* ❶ attendre; **auf jdn/etw ~** attendre qn/qc; **jd/etw kann ~** qn/qc peut attendre; **auf sich** (*Akk*) **~ lassen** se faire attendre; **nicht** [**lange**] **auf sich** (*Akk*) **~ lassen** *Antwort, Reaktion:* ne pas se faire attendre; **das Warten auf etw** (*Akk*) l'attente *f* de qc; **ich kann ~!** j'ai tout mon temps!; **warte mal!** attends voir!; **bitte ~!** veuillez patienter quelques instants!; **worauf wartest du noch?** *fam* t'attends quoi? (*fam*)
❷ (*hinausschieben*) **mit etw ~** remettre qc; **mit dem Essen auf jdn ~** attendre qn pour manger; **mit seiner Frage ~, bis alle da sind** attendre que tout le monde soit là pour poser sa question
▸ **da kannst du lange ~!** tu peux toujours courir!; **na warte!** *fam* attends un peu!
II. *tr V* TECH réviser *Auto;* assurer la maintenance de *Gerät, Heizung;* **etw ~ lassen** faire réviser qc
Wärter(in) [ˈvɛrtɐ] <-s, -> *m(f) veraltet* gardien(ne) *m(f)*
Warteraum *m* salle *f* d'attente **Wartesaal** *m* (*in Bahnhöfen*) salle *f* d'attente **Warteschlange** *f* file *f* d'attente **Warteschleife** *f* AVIAT circuit *m* d'attente (*en cas de saturation aérienne, au-dessus d'un aéroport*); **~n drehen** *Pilot:* attendre l'autorisation d'atterrir ▸ **in eine ~ kommen** être inscrit(e) sur une liste d'attente **Wartezeit** *f* ❶ (*Zeit des Wartens*) attente *f*; **erhebliche/lange ~en** une attente prolongée/longue attente
❷ (*Karenzzeit*) délai *m* de carence **Wartezimmer** *nt* salle *f* d'attente
Wartung <-, -en> *f eines Autos* entretien *m; eines Geräts, einer Heizung* maintenance *f*
Wartungsaufwand *m* entretien *m* **wartungsfrei** *Adj* sans entretien; **~ sein** ne nécessiter aucun entretien
warum [vaˈrʊm] *Adv interrog* pourquoi; **~ nicht?** (*wieso nicht*) [et] pourquoi pas?; (*meinetwegen*) pourquoi pas?; **das Warum** le pourquoi
▸ **~ nicht gleich so?** *fam* [ah,] quand même! (*fam*)
Warze [ˈvartsə] <-, -n> *f* ❶ MED verrue *f*
❷ (*Brustwarze*) mamelon *m*
Warzenhof *m* aréole *f*
was [vas] I. *Pron interrog* ❶ que; **~ funktioniert nicht?** qu'est-ce qui ne fonctionne pas?; **~ ist gefährlicher?** qu'est-ce qui est plus dangereux?; **~ bringt dich hierher?** qu'est-ce qui t'amène?; **~ ist** [**denn**] **das?** qu'est-ce que c'est [que ça]?; **~ ist** [*o* **gibt's**]**?** qu'est-ce qu'il y a?; **~ willst du/sagst du?** qu'est-ce que tu veux/dis?; **sag mir, ~ du willst** dis-moi ce que tu veux; **sie weiß nicht, ~ sie will** elle ne sait pas ce qu'elle veut; **~ für ein Mensch ist er?** c'est quel type d'homme?; **~ für ein Buch/einen Comic willst du?** tu veux quel livre/quelle bande dessinée?; **~ für ein Glück/eine Erleichterung!** quelle chance/quel soulagement!
❷ *fam* (*wie viel*) **~ kostet das?** qu'est-ce que ça coûte?; **~ schulde ich Ihnen dafür?** qu'est-ce que je vous dois?
❸ *fam* (*wie bitte*) **~?** quoi?
❹ *fam* (*warum*) **~ rennst/schreist du so?** qu'est-ce que tu as à courir/gueuler comme ça? (*fam*)
❺ *fam* (*woran, worauf*) **an ~ denkst du?** à quoi penses-tu?;

auf ~ wartet er? qu'est-ce qu'il attend?
⑥ *fam* (*nicht wahr*) **schmeckt gut, ~?** c'est bon, hein? (*fam*)
⑦ (*wie sehr*) **~ habe ich gearbeitet!** qu'est-ce que j'ai bossé!; **~ ist dieser Mensch dumm!** qu'est-ce qu'il est bête!
II. *Pron rel* **sie bekommt immer** [**das**], **~ sie will** elle obtient toujours ce qu'elle veut; **das Teuerste/Schönste, ~ auf dem /Markt ist** ce qu'il y a de plus cher/plus beau sur le marché; **das einzige/wenige, ~ es gibt** la seule chose/le peu de chose qu'il y ait
III. *Pron indef fam* (*etwas, irgendetwas*) quelque chose; **das ist ~ Besonderes/Leckeres** c'est quelque chose de particulier/succulent; **hast du ~ von ihm gehört?** est-ce que tu as des nouvelles de lui?; **hat er ~ gemerkt?** est-ce qu'il a remarqué quelque chose?; **kann ich ~ helfen?** je peux donner un coup de main?

Waschanlage *f* ① (*Autowaschanlage*) station *f* de lavage ② *fig sl* (*Geldwaschanlage*) officine *f* de blanchiment (*fam*) **Waschanleitung** *f* instructions *fpl* de lavage **Waschautomat** *m* lave-linge *m*

waschbar *Adj* lavable

Waschbär *m* raton *m* laveur **Waschbecken** *nt* lavabo *m* **Waschbrett** *nt* planche *f* à laver

Wäsche ['vɛʃə] <-, -en> *f* ① *kein Pl* (*das Waschen, die Schmutzwäsche*) lessive *f*; **~ waschen, die ~ machen** faire la lessive; **in der ~ sein** être au sale (*fam*); **etw in die ~ tun** mettre qc au sale (*fam*); **bei der ~ einlaufen** rétrécir au lavage
② *kein Pl* (*Textilien*) linge *m*; (*Unterwäsche*) sous-vêtements *mpl*; (*für Frauen*) dessous *mpl*; **seidene ~** de la lingerie de soie
③ (*Wagenwäsche*) lavage *m*
▶ **dumm aus der ~ gucken** *fam* faire une drôle de tête (*fam*); **man wäscht seine schmutzige ~ nicht vor anderen Leuten** [*o* **in der Öffentlichkeit**] il faut laver son linge sale en famille; **jdm an die ~ wollen** *fam* vouloir sauter sur qn (*fam*)

Wäscheberg *m fam* montagne *f* de linge (*fam*) **Wäschebeutel** *m* sac *m* à linge sale

waschecht *Adj* ① *Kleidungsstück, Farbe* grand teint
② *fam* (*typisch*) pur jus (*fam*); **ein ~er Berliner** un Berlinois pur jus

Wäschegeschäft *nt* magasin *m* de blanc **Wäscheklammer** *f* pince *f* à linge **Wäschekorb** *m* panier *m* à linge **Wäscheleine** *f* corde *f* à linge **Wäschemangel** *f* machine *f* à repasser

waschen ['vaʃən] <wäscht, wusch, gewaschen> **I.** *tr, r V* ① (*reinigen*) laver; [**sich** (*Dat*)] **die Hände/Haare ~** [se] laver les mains/cheveux; **sich warm/kalt ~** se laver à l'eau chaude/froide
② *sl* (*legalisieren*) blanchir (*fam*) *Geld*
▶ **..., der/die/das sich gewaschen hat** *fam* ... qui n'est pas piqué(e) des vers [*o* des hannetons] (*fam*)
II. *itr V* faire une lessive

Wäschepuff *m* coffre *m* à linge

Wäscher(in) <-s, -> *m(f)* blanchisseur(-euse) *m(f)*

Wäscherei [vɛʃə'raɪ] <-, -en> *f* blanchisserie *f*

Wäscheschleuder *f* essoreuse *f* **Wäscheschrank** *m* armoire *f* à linge **Wäschespinne** *f* séchoir *m* parapluie **Wäscheständer** *m* séchoir *m* [à linge] **Wäschestärke** *f* empois *m* **Wäschetrockner** *m* sèche-linge *m*

Waschgang *m* programme *m* de lavage **Waschgelegenheit** *f* cabinet *m* de toilette; (*im Zimmer*) coin *m* toilette **Waschhandschuh** *m* gant *m* de toilette **Waschkessel** *m* lessiveuse *f* **Waschküche** *f* ① buanderie *f* ② *fam* (*dichter Nebel*) purée *f* de pois (*fam*) **Waschlappen** *m* ① gant *m* de toilette ② *fam* (*Feigling*) lavette *f* (*fam*) **Waschlauge** *f* lessive *f* **Waschleder** *nt* peau *f* de chamois **Waschmaschine** *f* machine *f* à laver, lave-linge *m* **waschmaschinenfest** *Adj* lavable en machine **Waschmittel** *nt* lessive *f* **Waschpulver** [-fɐ, -vɐ] *nt* lessive *f* en poudre **Waschraum** *m* lavabos *mpl*; **der ~ ist im Erdgeschoss** les lavabos sont au rez-de-chaussée **Waschrumpel** [-rʊmpl] <-, -n> *f* A planche *f* à laver **Waschsalon** [-zalõ:, -zalɔŋ] *m* laverie *f* [automatique] **Waschschüssel** *f* cuvette *f* **Waschstraße** *f* tunnel *m* de lavage

wäscht [vɛʃt] *3. Pers Präs von* **waschen**

Waschtag *m* jour *m* de lessive; **~ haben** avoir son jour de lessive; **mittwochs habe ich ~** le mercredi est mon jour de lessive **Waschtisch** *m* [dessus *m* de] meuble *m* sous vasque; HIST table *f* de toilette

Waschung <-, -en> *f* ① MED lotion *f*
② REL ablution *f*

Waschwasser *nt* eau *f* de lavage **Waschweib** *nt fam* commère *f* (*fam*) **Waschzettel** *m pej* (*Klappentext*) notice *f* de l'éditeur **Waschzeug** *nt fam* affaires *fpl* de toilette **Waschzwang** *m* hygiène *f* obsessionnelle

Wasser ['vasɐ] <-s, - *o* ¨> *nt* ① *kein Pl* (*Trinkwasser, Brauchwasser*) eau *f*; **fließend ~** eau courante; **~ heiß machen** faire chauffer de l'eau; **etw unter ~ setzen** inonder qc; **unter ~ stehen** être inondé(e); **stilles ~** eau plate; **schweres ~** eau lourde; **~ treten** faire du pédiluve; **~ abstoßend** [*o* **abweisend**] hydrofuge
② *kein Pl* (*opp: Land, Festland*) eau *f*; **ein Boot zu ~ lassen** mettre un bateau à l'eau; **zu ~ und zu Land** sur terre comme sur mer; **etw zu ~ befördern** acheminer qc par voie d'eau
③ *Pl geh* (*Fluten*) **die ~** les eaux *fpl*
④ <Wässer> (*Tinktur*) **duftendes ~** eau *f* de parfum
⑤ *euph* (*Urin*) **das ~ nicht halten können** ne pas pouvoir se retenir; **~ lassen** uriner; **sein ~ abschlagen** *sl* se soulager (*fam*)
▶ **bis dahin fließt noch viel ~ den Bach** [*o* **Rhein**] **hinunter** *fam* d'ici là, il coulera de l'eau [*o* encore beaucoup d'eau] sous les ponts; **bei ~ und Brot** sur la paille humide des cachots; **jdm steht das ~ bis zum Hals** *fam* qn est dans la panade (*fam*); **~ auf jds Mühle** (*Akk*) **sein** apporter de l'eau au moulin de qn; **jdm läuft das ~ im Mund**[**e**] **zusammen** qn en a l'eau à la bouche; **nah am ~ gebaut haben** avoir la larme facile; **reinsten ~s** *fam Kapitalist, Idealist* invétéré(e); **stille ~ sind tief** *Spr.* il faut se méfier de l'eau qui dort; **jdm das ~ abgraben** prendre qn à la gorge; **ins ~ fallen** tomber à l'eau; **ins ~ gehen** *euph* se jeter à l'eau; **mit allen ~n gewaschen sein** *fam* avoir plus d'un tour dans son sac; **sich über ~ halten** garder la tête hors de l'eau; **jdm das ~ reichen können** ne rien avoir à envier à qn; **auch nur mit ~ kochen** *fam* ne pas être plus malin(-igne) que les autres

wasserabstoßend, wasserabweisend *Adj s.* Wasser 1.

Wasserader *f* veine *f* d'eau [souterraine] **Wasseranschluss**RR *m* prise *f* d'eau **wasserarm** *Adj* aride **Wasseraufbereitung** *f* traitement *m* de l'eau **Wasserbad** *nt* bain-marie *m* **Wasserball** *m* ① *kein Pl* (*Sportart*) water-polo *m* ② (*Ball*) ballon *m* [de water-polo] ③ (*Spielball*) ballon *m* [de plage] **Wasserbecken** *nt* bassin *m* **Wasserbehälter** *m* réservoir *m* d'eau **Wasserbett** *nt* matelas *m* à eau **Wasserbombe** *f* ① MIL grenade *f* sous-marine ② *fam* (*Sprung*) bombe *f* d'eau **Wasserburg** *f* château *m* fort entouré d'eau

Wässerchen ['vɛsɐçən] <-s, -> *nt* (*Duftwasser*) eau *f* de parfum
▶ **er sieht aus, als ob er kein ~ trüben könnte** *fam* on lui donnerait le bon Dieu sans confession

Wasserdampf *m* vapeur *f* d'eau **wasserdicht** *Adj* ① *Gehäuse, Uhr* étanche; *Stoff, Anorak* imperméable ② *fam Alibi, Klage, Vertrag* en béton (*fam*); **etw ~ machen** bétonner qc (*fam*) **Wasserdruck** *m* pression *f* hydraulique **wasserdurchlässig** *Adj* perméable **Wassereimer** *m* seau *m* d'eau **Wasserenthärter** <-s, -> *m* adoucisseur *m* **Wassererhitzer** <-s, -> *m* chauffe-eau *m* **Wasserfahrzeug** *nt* bateau *m*; (*klein*) embarcation *f* **Wasserfall** *m* cascade *f* ▶ **wie ein ~ reden** *fam* être un vrai moulin à paroles (*fam*) **Wasserfarbe** *f* peinture *f* à l'eau; **mit ~n** avec de la peinture à l'eau **wasserfest** *Adj* ① *Beschichtung, Farbe, Tapete* lavable ② *s.* **wasserdicht** **Wasserfloh** *m* daphnie *f* **Wasserflugzeug** *nt* hydravion *m* **Wasserfrosch** *m* grenouille *f* verte **wassergekühlt** *Adj* à refroidissement par eau **Wasserglas** *nt* (*Trinkglas*) verre *m* à eau **Wasserglätte** *f* aquaplaning *m* **Wassergraben** *m* ① GEOG rigole *f* ② SPORT rivière *f* ③ (*Burggraben*) douve *f* **Wasserhahn** *m* robinet *m* **Wasserhärte** *f* dureté *f* de l'eau **Wasserhaushalt** *m* ① MED, BIO réserves *fpl* d'eau ② ÖKOL équilibre *m* hydraulique

wässerig ['vɛsərɪç] *s.* **wässrig**

Wasserkessel *m* bouilloire *f* **Wasserklosett** <-s, -s *o* -e> *nt* waters *mpl*, WC *mpl* **Wasserkocher** <-s> *m* bouilloire *f* **Wasserkopf** *m* ① MED hydrocéphalie *f* ② *fig* **sich zu einem ~ entwickeln** s'hypertrophier **Wasserkraft** *f kein Pl* énergie *f* hydraulique **Wasserkraftwerk** *nt* centrale *f* hydroélectrique **Wasserkreislauf** *m* circulation *f* de l'eau **Wasserkühlung** *f* refroidissement *m* par eau; **mit ~** à refroidissement par eau **Wasserlassen** <-s> *nt kein Pl* miction *f* **Wasserlauf** *m* cours *m* d'eau **Wasserleiche** *f* cadavre *m* [*o* corps *m*] d'un(e) noyé(e) **Wasserleitung** *f* conduite *f* d'eau; **Wasser aus der ~** de l'eau du robinet **Wasserlinie** [-liːniə] *f* ligne *f* de flottaison **Wasserloch** *nt* trou *m* d'eau **wasserlöslich** *Adj Pulver* soluble; *Farbe* hydrosoluble **Wassermangel** *m* pénurie *f* d'eau **Wassermann** <-männer> *m* ① ASTROL Verseau *m*; **[ein] ~ sein** être Verseau ② MYTH génie *m* des eaux **Wassermelone** *f* pastèque *f* **Wassermühle** *f* moulin *m* à eau

wassern ['vasɐn] *itr V + haben o sein* amerrir

wässern ['vɛsɐn] *tr V* ① **Linsen/Salzheringe ~** faire tremper des lentilles/harengs saurs [dans l'eau]
② (*gießen*) arroser

Wassernixe *s.* **Nixe** **Wasseroberfläche** *f* surface *f* de l'eau **Wasserpfeife** *f* narguilé *m* **Wasserpflanze** *f* plante *f* aquatique **Wasserpistole** *f* pistolet *m* à eau **Wasserpumpe** *f* pompe *f* hydraulique [*o* à eau] **Wasserrad** *nt* roue *f* hydraulique **Wasserratte** *f* ① ZOOL rat *m* d'eau ② *fam* (*begeisterter Schwimmer*) vrai poisson *m* **wasserreich** *Adj* bien arrosé(e) **Wasserreservoir** *nt* ① réservoir *m* d'eau ② *s.* **Wasservorrat** **Wasserrohr** *nt* tuyau *m* d'eau **Wasserschaden** *m* dégâts *mpl* des eaux **Wasserscheide** *f* ligne *f* de partage des eaux **wasserscheu** *Adj* qui a peur de l'eau; **~ sein/werden** avoir/se mettre à avoir peur de l'eau **Wasserschildkröte** *f* tortue *f* des marais **Wasserschlange** *f* serpent *m* d'eau **Wasserschlauch** *m* tuyau *m* d'arrosage **Wasserschloss**^RR^ *nt* château *m* entouré d'eau

Wasserschutzgebiet *nt* zone *f* de protection des eaux **Wasserschutzpolizei** *f* police *f* fluviale; (*im Hafen*) police du port; (*auf dem Meer*) police maritime

Wasserski[1] *nt kein Pl* (*Sportart*) ski *m* nautique

Wasserski[2] *m* (*Sportgerät*) ski *m* [pour pratiquer le ski nautique]

Wasserspeicher *m* réservoir *m* d'eau **Wasserspeier** <-s, -> *m* ARCHIT gargouille *f* **Wasserspiegel** *m* ① (*Wasseroberfläche*) surface *f* de l'eau ② (*Wasserstand*) niveau *m* d'eau **Wasserspiele** *Pl* jeux *mpl* d'eau **Wassersport** *m* sport *m* aquatique **Wassersportler(in)** *m(f)* sportif(-ive) *m(f)* nautique **Wasserspülung** *f* chasse *f* d'eau **Wasserstand** *m* niveau *m* d'eau; **niedriger/hoher ~** basses/hautes eaux *fpl*

Wasserstandsanzeiger *m* échelle *f* des eaux **Wasserstandsmeldung** *f* information *f* sur le niveau des eaux

Wasserstoff *m* hydrogène *m*

Wasserstoffbombe *f* bombe *f* H [*o* à hydrogène] **Wasserstoffperoxid** *nt* peroxyde *m* d'hydrogène (*spéc*), eau *f* oxygénée

Wasserstrahl *m* jet *m* d'eau **Wasserstraße** *f* voie *f* navigable **Wassersucht** *f kein Pl* MED hydropisie *f* **Wassertank** *m* réservoir *m* d'eau **Wassertemperatur** *f* température *f* de l'eau **Wassertreten** <-s> *nt* MED pédukive *m*; **~ ist gesund** il est bon pour la santé de faire du pédiluve **Wassertropfen** *m* goutte *f* d'eau **Wasserturm** *m* château *m* d'eau **Wasseruhr** *f* compteur *m* d'eau

Wasserung <-, -en> *f* amerrissage *m*

Wässerung <-, -en> *f von Pflanzen* arrosage *m*

Wasserverbrauch *m* consommation *f* d'eau **Wasserverdrängung** *f kein Pl* NAUT déplacement *m* **Wasserverschmutzung** *f* pollution *f* des eaux **Wasserversorgung** *f* approvisionnement *m* en eau **Wasservogel** *m* oiseau *m* aquatique **Wasservorrat** *m* réserve *f* d'eau **Wasserwaage** *f* niveau *m* à bulle **Wasserweg** *m* voie *f* d'eau; **auf dem ~** par voie d'eau **Wasserwerfer** *m* canon *m* à eau **Wasserwerk** *nt* centre *m* de distribution des eaux **Wasserwirtschaft** *f kein Pl* gestion *f* des eaux **Wasserzähler** *m* compteur *m* d'eau **Wasserzeichen** *nt* filigrane *m*

wässrig^RR^, **wäßrig** *Adj* ① *Kaffee, Suppe* clairet(te)
② CHEM *Aufschwemmung, Lösung* aqueux(-euse)
③ (*blass*) *Farbe* glauque; **ein ~es Blau** un bleu d'eau

waten ['vaːtən] *itr V + sein* patauger; **durch das Wasser/den Bach ~** passer [*o* traverser] l'eau/le ruisseau à gué; **durch den Sumpf/im Schlamm ~** patauger dans le marais/la boue

Waterkant ['vaːtɐkant] <-> *f* NDEUTSCH **die ~** *la côte de la mer du Nord*

watscheln ['vatʃəln] *itr V + sein Ente, Gans:* se dandiner; **einen ~den Gang haben** *Person:* avoir une démarche dandinante

Watschen <-, -> *f* A, SDEUTSCH *fam* baffe *f* (*fam*)

Watt[1] [vat] <-s, -> *nt* PHYS watt *m*

Watt[2] <-[e]s, -en> *nt* GEOG Watt *m*

Watte ['vatə] <-, *selten* -n> *f* ① (*Kosmetikwatte, Verbandwatte*) coton *m*
② (*Futter-, Polstermaterial*) ouate *f*
▶ **jdn in ~ packen** *fam* traiter qn comme s'il était en sucre (*fam*); **du solltest dein Kind nicht so in ~ packen** tu ne devrais pas élever ton enfant dans du coton

Wattebausch *m* [morceau *m* de] coton *m*

Wattenmeer *nt kein Pl* **das ~** le [*o* la] Wattenmeer (*eaux qui recouvrent le Watt à marée haute*)

Wattestäbchen [-ʃtɛːpçən] *nt* coton-tige® *m*

wattieren* *tr V* ouatiner *Jacke;* **wattiert** molletonné(e)

Wattierung <-, -en> *f* rembourrage *m*

Wattstunde *f* PHYS, ELEC watt-heure *m*

wau wau *Interj* ouah! ouah!, ouaf! ouaf!

WC [veː'tseː] <-s, -s> *nt* W.-C. *mpl*

WDR *m* TV, RADIO *Abk von* **Westdeutscher Rundfunk** *radio et télévision de l'Allemagne du Sud-Ouest*

Web [wɛb] <-s> *nt* INFORM **das ~** le Web

weben ['veːbən] <webte *o geh* wob, gewebt *o geh* gewoben>
I. *tr V* tisser; **ein Muster in etw** (*Akk*) **~** tisser un motif sur qc
II. *itr V* ① faire du tissage; **an etw** (*Dat*) **~** tisser qc
② *geh* (*geheimnisumwittert sein*) **um jdn/etw ~** *Sage, Legende:* flotter autour de qn/qc
III. *r V geh* **sich um jdn/etw ~** *Geschichte, Gerücht:* courir [*o* se raconter] à propos de qn/qc

Weber(in) <-s, -> *m(f)* tisserand(e) *m(f)*

Weberei <-, -en> *f* [usine *f* de] tissage *m*

Weberknecht *m* ZOOL faucheux *m*

Webfehler *m* défaut *m* de tissage

Webmaster ['wɛbmaːstɐ] <-s, -> *m* INFORM Webmestre *m*, gestionnaire *m* Web **Webseite** ['wɛbzaɪtə] *f* INFORM page *f* Web **Website** ['wɛbsaɪt] <-, -s> *f* INFORM site *m* sur Internet; **sich** (*Dat*) **eine ~ einrichten** installer un site sur Internet

Webstuhl *m* métier *m* à tisser

Wechsel ['vɛksəl] <-s, -> *m* ① changement *m*; **in monatlichem/stündlichem ~** à raison d'un changement par mois/heure; **in stündlichem ~ erfolgen** *Wachablösung:* avoir lieu toutes les heures; **in buntem ~** se succédant pêle-mêle; **etw im ~ tun** *Personen:* faire qc à tour de rôle; *Gerät, Anlage:* faire qc en alternance
② (*Geldwechsel*) change *m*
③ SPORT (*Stabwechsel*) passage *m*
④ FIN (*Schuldurkunde*) lettre *f* de change, effet *m*

Wẹchselbad *nt* bain *m* alterné ▸ **jdn einem ~ der Gefühle aussetzen** infliger une douche écossaise à qn **Wẹchselbeziehung** *f* corrélation *f;* **die ~ zwischen zwei Sachen** l'interdépendance de deux choses; **die Probleme stehen in ~ zueinander** les problèmes sont étroitement liés entre eux **Wẹchselfälle** *Pl* fluctuations *fpl;* **die ~ des Lebens** les vicissitudes de la vie **Wẹchselgeld** *nt* monnaie *f*

wẹchselhaft [-ks-] *Adj Klima, Wetter* instable; *Leben, Schicksal* mouvementé(e)

Wẹchseljahre *Pl* ménopause *f,* retour *m* d'âge; **in die ~ kommen** atteindre l'âge de la ménopause; **in den ~n sein** être à l'âge de la ménopause **Wẹchselkurs** *m* taux *m* de change; **einen ~ festlegen** mettre en place un taux de change

wẹchselkursbedingt *Adj* déterminé(e) par les taux de change **Wẹchselkursmechanismus** *m* mécanisme *m* de change **Wẹchselkurspolitik** *f* politique *f* en matière de taux de change

wẹchseln ['vɛksəln] **I.** *tr V + haben* ① *(ersetzen, ändern)* changer de; changer *Bettbezüge, Reifen, Motoröl;* **das Thema ~** changer de sujet
② *(austauschen)* échanger *Worte, Briefe, Blicke, Ringe*
③ *(umtauschen)* **Geld ~** changer de l'argent; **Euro gegen** [*o* **in**] **Dollar ~** changer des euros en dollars; [**jdm**] **zehn Euro ~** *(in Kleingeld umtauschen)* faire de la monnaie de dix euros [à qn]
II. *itr V* ① *+ haben* [**jdm**] **~** faire le change [*o* de la monnaie] [à qn]
② *+ haben (eine neue Stelle antreten)* changer d'employeur
③ *+ sein (woandershin gehen)* **auf die andere Straßenseite/Spur ~** changer de trottoir/de voie; **nach München/zur Konkurrenz ~** partir à Munich/chez la concurrence
④ *+ haben (sich ändern) Wetter:* changer

wẹchselnd **I.** *Adj* ① *(im Wechsel)* changeant(e); *(schwankend) Stimmung* instable, changeant(e)
② *(unterschiedlich)* variable
II. *Adv* **~ bewölkt** nuageux à ensoleillé

Wẹchselobjektiv *nt* PHOT objectif *m* interchangeable **Wẹchselrahmen** *m* passe-partout *m*

wẹchselseitig **I.** *Adj* réciproque
II. *Adv* mutuellement

Wẹchselstrom *m* courant *m* alternatif **Wẹchselstube** *f* bureau *m* de change **wẹchselvoll** *Adj* mouvementé(e); *Leben* agité(e) **Wẹchselwähler(in)** *m(f)* électeur *m* indécis/électrice *f* indécise; **die ~** les indécis *mpl*

wẹchselweise *Adv* en alternance; *(in Bezug auf Menschen)* à tour de rôle

Wẹchselwirkung *f* interaction *f*

Wẹchsler ['vɛkslɐ] <-s, -> *m* ① *(CD-Wechsler)* changeur *m* de disques compacts
② *veraltet (Plattenwechsler)* changeur *m* [automatique] de disques

wẹcken ['vɛkən] *tr V* ① *(aufwecken)* réveiller; **sich von jdm/etw ~ lassen** se faire réveiller par qn/qc; **das Wecken** le réveil
② *(hervorrufen)* éveiller *Erinnerung, Wunsch, Neugier;* susciter *Abneigung, Interesse*

Wẹcken <-s, -> *m* A, SDEUTSCH petit pain *m*

Wẹcker <-s, -> *m* réveil *m*
▸ **jdm auf den ~ gehen** [*o* **fallen**] *fam* taper sur le système [*o* sur les nerfs] à qn *(fam)*

Wẹckglas® *s.* **Einmachglas Wẹckring®** *m* caoutchouc *m* [pour bocaux]

Wedel ['ve:dəl] <-s, -> *m* ① *(Blatt) eines Farns* feuille *f* pennée; *einer Palme* palme *f*
② *(Staubwedel)* plumeau *m*

wedeln ['ve:dəln] **I.** *itr V* ① *+ haben (hin und her bewegen)* **mit etw ~** remuer qc
② *+ sein* SKI godiller; **über den Hang/ins Tal ~** descendre la pente/dans la vallée en godille
II. *tr V + haben* **die Krümel/den Staub vom Tisch ~** épousseter les miettes/la poussière sur la table

weder ['ve:dɐ] *Konj* ni; **~ dumm noch arrogant sein** [n'] être ni bête ni arrogant; **~ so noch so** ni d'une façon ni de l'autre; **kennst du meinen Onkel und meinen Cousin/Anne und Nathalie? – Weder noch!** tu connais mon oncle et mon cousin/Anne et Nathalie? – Ni l'un/l'une ni l'autre!

wẹg [vɛk] *Adv* ① *(fort)* **~ sein** *(abwesend sein)* ne pas être là; *(weggegangen, -gefahren sein)* être parti(e); *(verloren, verschwunden sein)* avoir disparu; **ich bin gleich ~!** je suis déjà parti(e)!; **du bist noch nicht ~?** tu n'es pas encore parti(e)?; **das ganze Geld ist ~** *(ist verschwunden, gestohlen)* tout l'argent a disparu; *(ist verspielt, ausgegeben)* il n'y a plus d'argent; **bloß** [*o* **nichts wie**] **~** [**hier**]! *fam* tirons-nous! *(fam)*; **~ da!** *fam* [allez,] dégage/dégagez! *(fam)*; **~ mit dir/euch!** fous/foutez le camp! *(fam)*; **~ damit!** du balai!; **~ mit dieser Regierung!** à bas le gouvernement!
② *fam (hinweggekommen)* **über einen Misserfolg/Verlust ~ sein** avoir digéré un échec/une perte *(fam)*; **ich bin jetzt über die Trennung/seinen Tod ~** j'ai réussi à tourner la page sur la séparation/sa mort
③ *fam (begeistert)* **er ist ganz ~ von ihr/von ihrem Parfum** elle/son parfum le fait complètement craquer *(fam)*
④ *fam (direkt nach)* **von der Schule ~ eingezogen werden** être appelé tout de suite après l'école

Weg [ve:k] <-[e]s, -e> *m* ① chemin *m;* *(Route)* itinéraire *m;* *(Strecke)* trajet *m;* **auf dem ~ zu jdm sein** être en route pour chez qn; **auf dem ~ ins Kino sein** être en route pour le ciné; **sich auf den ~ zu jdm machen** partir chez qn; **das liegt auf dem ~** c'est sur le chemin; **jdm den ~ versperren** barrer la route à qn; **aus dem ~!** dégage/dégagez le passage!; **geh mir aus dem ~!** ôte-toi de mon chemin!
② *(Methode)* moyen *m;* **es gibt nur diesen ~** il n'y a que ce moyen; **wissen Sie einen ~, wie man ihm helfen könnte?** voyez-vous un moyen de l'aider?
③ *(Art, Weise)* **auf diesem ~e** de cette façon; **auf friedlichem ~e** à l'amiable; **auf schriftlichem ~e** *form* par écrit *(form)*; **auf illegalem/unbekanntem ~e** par des moyens illégaux/inconnus
▸ **auf dem ~e der Besserung sein** *geh* être en voie de guérison *(soutenu)*; **viele ~e führen nach Rom** *Spr.* tous les chemins mènent à Rome; **den ~ des geringsten Widerstandes gehen** choisir la solution de facilité; **auf dem besten ~e sein etw zu tun** être bien parti(e) pour faire qc; **jdm auf halbem ~e entgegenkommen** faire des concessions à qn; **vom rechten ~ abkommen** s'écarter du droit chemin; **jdm/einer S. den ~ bahnen** ouvrir le chemin à qn/qc; **jdm gute Ratschläge mit auf den ~ geben** donner des bons conseils à qn pour la route; **seinen ~ gehen** vivre sa vie; **seiner ~e gehen** *geh* aller son petit bonhomme de chemin *(soutenu)*; **jdm/einer S. aus dem ~ gehen** *(jdn/etw meiden)* éviter qn/qc; **des ~es kommen** *geh* se présenter *(littér)*; **jdm über den ~ laufen** croiser qn; **etw in die ~e leiten** engager qc; **jdn/etw aus dem ~ räumen** écarter qn/qc; **jdm/einer S. im ~ stehen** faire obstacle à qn/qc; **sich** *(Dat)* **selbst im ~ stehen** se mettre des bâtons dans les roues; **ich stelle mich dir nicht in den ~** je ne t'en empêche pas; **jdm nicht über den ~ trauen** *fam* se méfier de qn comme de la peste *(fam)*; **hier trennen sich unsere ~e** c'est ici que nos chemins se séparent; **sich** *(Dat)* **den ~ verbauen** se barrer la route; **woher des ~[e]s?** *geh* d'où viens-tu/venez-vous?; **wohin des ~[e]s?** *geh* où te conduisent tes/vous conduisent vos pas? *(soutenu)*

wẹg|bekommen* *tr V unreg fam* réussir à enlever *Fleck, Kratzer*

Wegbereiter(in) ['ve:k-] <-s, -> *m(f)* précurseur *m;* **~ einer S.** *(Gen)* **sein** être le précurseur de qc **Wegbiegung** *f* virage *m*

wẹg|blasen ['vɛk-] *tr V unreg* **etw ~** enlever qc en soufflant
▸ **wie weggeblasen sein** avoir disparu comme par enchante-

W

ment

weg|bleiben *itr V unreg + sein* (*nicht kommen*) ne pas venir; (*nicht zurückkommen*) ne pas revenir; **die ganze Nacht/bis Mitternacht** ~ ne pas rentrer de la nuit/avant minuit; **lange** ~ s'absenter longtemps; **bleib nicht zu lange weg!** ne t'absente pas trop longtemps!; **dein/sein Wegbleiben** ton/son absence *f;* (*Verspätung*) ton/son retard *m*

weg|bringen *tr V unreg* ❶ emmener *Person*
❷ (*fortschaffen*) aller jeter *Abfall;* **die Schuhe zur Reparatur** ~ donner les chaussures à réparer

weg|denken *tr V unreg* **sich** (*Dat*) **etw** ~ faire abstraction de qc
▶ **jd/etw ist nicht mehr wegzudenken** on ne peut plus se passer de qn/qc; **sie ist aus unserem Team nicht mehr wegzudenken** notre équipe ne peut plus se passer d'elle

weg|diskutieren* *tr V* éluder *Problem, Differenzen;* **das Problem ist nicht wegzudiskutieren** on ne peut pas éluder le problème; **es lässt sich nicht ~, dass ...** qu'on le veuille ou non, ...

weg|dürfen *itr V unreg fam* pouvoir partir; (*ausgehen dürfen*) avoir le droit de sortir

Wegelagerer ['ve:gəla:gərɐ] <-s> *m* voleur *m* de grand chemin

wegen ['ve:gən] **I.** *Präp + Gen* ❶ (*aufgrund von, infolge*) à cause de; ~ **des Regens** à cause de la pluie; ~ **Umbau[s] geschlossen** fermé(e) pour travaux; **jdn ~ Fahrlässigkeit verurteilen** condamner qn pour négligence
❷ (*bezüglich*) ~ **einer S.** à propos de qc; **kann ich dich etwas ~ der Arbeit fragen?** je peux te demander quelque chose à propos du travail?
❸ (*um ... willen*) à cause de; ~ **der Kinder zu Hause bleiben** rester à la maison à cause des enfants
II. *Präp + Dat fam* ❶ (*aufgrund von*) ~ **dem Staub** à cause de la poussière
❷ (*bezüglich*) **jdn ~ einem Vorschlag anrufen** téléphoner à qn à propos d'une proposition
❸ (*um ... willen*) ~ **dem Kind zu Hause bleiben** rester à la maison à cause de l'enfant

Wegerich ['ve:gərɪç] <-s, -e> *m* BOT plantain *m*

weg|fahren *unreg* **I.** *itr V + sein* ❶ (*verreisen*) partir [en voyage]
❷ (*abfahren*) partir; **ein Auto ~ hören** entendre une voiture démarrer; **mir ist der Bus vor der Nase weggefahren** le bus a démarré sous mes yeux
II. *tr V + haben* ❶ (*wegbringen*) **etw** ~ emmener qc [en voiture]
❷ (*woandershin fahren*) déplacer *Fahrzeug;* enlever *Bauschutt, Müll*

Wegfahrsperre *f* AUT sytème *m* anti-démarrage; **elektronische** ~ anti-démarreur *m* électronique

Wegfall *m kein Pl* JUR disparition *f,* suppression *f*

weg|fallen *itr V unreg + sein* devenir caduc(-uque); **etw ~ lassen** supprimer qc

weg|fliegen *itr V unreg + sein Person:* prendre l'avion; *Flugzeug, Luftballon, Hut:* s'envoler; **wieder** ~ (*Person, Flugzeug*) repartir; **ihm ist der Hut weggeflogen** son chapeau s'est envolé

weg|führen I. *tr V* (*fortbringen*) emmener
II. *tr, itr V* **[jdn] vom Thema** ~ éloigner [qn] du sujet

Weggabelung *f* bifurcation *f*

Weggang ['vɛkgaŋ] *m kein Pl form* départ *m*

weg|geben *tr V unreg* ❶ (*fortgeben*) se débarrasser de
❷ (*adoptieren lassen*) abandonner *Kind* (*consentant à son adoption par un tiers*)

Weggefährte *m,* **-gefährtin** *f a. fig* compagnon *m*/compagne *f* de route

weg|gehen *itr V unreg + sein* ❶ (*fortgehen*) partir; **geh weg!** va-t'en!; **gehen Sie bitte noch nicht weg!** ne partez pas maintenant!
❷ (*fortziehen*) **aus Ulm** ~ quitter Ulm
❸ *fam* (*verschwinden*) *Fleck, Kratzer:* s'en aller; *Fieber:* tomber; *Schmerzen:* disparaître
❹ *fam* (*verkauft werden*) partir; **sehr gut** ~ *Erdbeeren, Spielzeug:* partir comme des petits pains
❺ *fam* (*hinweggehen*) **über etw** (*Akk*) ~ ignorer qc
▶ **geh mir weg damit!** *fam* lâche-moi avec ça! (*fam*)

weg|gießen *tr V unreg* jeter

weg|gucken *s.* **wegsehen**

weg|haben *tr V unreg fam* ❶ avoir réussi à faire partir *Fleck, Dreck*
❷ (*fortwünschen*) **er will ihn** ~ il veut le faire dégager (*fam*); (*will ihn beseitigen lassen*) il veut le faire descendre (*fam*)
❸ (*bewandert sein*) **auf einem Gebiet viel** ~ en connaître un rayon dans un domaine (*fam*)
❹ (*bekommen haben*) **seine Strafe** ~ écoper d'une peine
▶ **einen** ~ *fam* être pété(e) (*fam*)

weg|jagen *tr V* chasser *Person, Tier*

weg|kommen *itr V unreg + sein fam* ❶ (*weggehen können*) pouvoir partir; **aus dem Büro/von der Sitzung** ~ pouvoir quitter le bureau/la réunion; **ich bin nicht früher weggekommen** je n'ai pas pu partir plus tôt; **wir müssen versuchen hier wegzukommen** nous devons essayer de partir d'ici
❷ (*loskommen*) **von jdm/etw** ~ se défaire de qn/qc
❸ (*abhanden kommen*) disparaître; **das gesamte Geld ist weggekommen** tout l'argent a disparu
❹ (*abschneiden*) **gut/schlecht** ~ bien/mal s'en sortir [*o* se débrouiller]; **bei der Kritik gut/schlecht** ~ être bien/mal accueilli(e) par la critique; **er ist bei der Prüfung gut weggekommen** il s'en est bien sorti lors de l'examen
▶ **mach, dass du wegkommst!** fiche[-moi] le camp! (*fam*)

Wegkreuz *nt* calvaire *m* **Wegkreuzung** *f* croisement *m*

weg|kriegen *s.* **wegbekommen**

weg|lassen *tr V unreg* ❶ *fam* (*auslassen*) laisser tomber (*fam*); (*versehentlich*) omettre
❷ (*fortgehen lassen*) laisser partir
❸ (*verzichten auf*) renoncer à; **den Zucker/Alkohol** ~ renoncer au sucre/à l'alcool

weg|laufen *itr V unreg + sein* ❶ (*fortlaufen*) se sauver; **vor jdm** ~ fuir devant qn
❷ *fam* (*verschwinden*) *Katze:* se sauver; **von zu Hause** ~ faire une fugue; **seine Frau ist ihm weggelaufen** sa femme l'a laissé tomber
▶ **das/die Arbeit läuft dir nicht weg** *fam* ça/le travail peut bien attendre

weg|legen *tr V* ❶ (*beiseite legen*) poser
❷ (*aufbewahren*) **etw [für jdn]** ~ mettre qc de côté [pour qn]

weg|leugnen *tr V fam* nier

weg|loben *tr V* **jdn** ~ offrir un poste intéressant à qn pour s'en débarrasser

weg|machen I. *tr V fam* enlever; **[jdm] etw** ~ enlever qc [à qn]
II. *r V fam* **sich** ~ s'éclipser (*fam*)

weg|müssen *itr V unreg fam* **ich muss weg** il faut que je me barre (*fam*); **der Brief muss heute noch weg** il faut que la lettre parte aujourd'hui; **der Müll muss weg** il faut vider les ordures (*fam*)

weg|nehmen *tr V unreg* ❶ (*entfernen*) enlever; **ein Buch vom Regal** ~ enlever un livre de l'étagère
❷ (*fortnehmen*) **[jdm] etw** ~ enlever qc [à qn]; (*zur Strafe*) confisquer qc [à qn]

weg|packen *tr V fam* **etw** ~ caser qc ailleurs (*fam*)

weg|putzen *tr V fam* nettoyer (*fam*)

Wegrand *m* bord *m* du chemin

weg|rasieren* *tr V* raser; **[sich** (*Dat*)**] etw** ~ [se] raser qc

weg|rationalisieren* *tr V fam* licencier *Personal;* **Arbeitsplätze** ~ supprimer des emplois pour cause de restructuration

wẹg|räumen *tr V* évacuer
wẹg|reißen *tr V unreg* ❶ (*entreißen*) arracher; **sie riss ihm die Tasche weg** elle lui a arraché le sac [de la main]
❷ (*abreißen*) **die Granate riss ihm den Arm weg** l'obus lui a arraché le bras
wẹg|rennen *itr V unreg + sein* (*rennen*) courir à toutes jambes; (*Reißaus nehmen*) décamper; **renn doch nicht weg!** ne te sauve pas!
wẹg|retuschieren* *tr V* faire disparaître
wẹg|rücken **I.** *itr V + sein* s'écarter; **von jdm/etw** ~ s'écarter de qn/qc
II. *tr V + haben* pousser *Schrank, Stuhl*
wẹg|rutschen *itr V + sein* s'écarter
wẹg|schaffen *tr V* enlever *Gepäck, Kisten;* emporter *Beute, Geld*
wẹg|schauen *s.* **wegsehen**
wẹg|schenken *tr V fam* **etw** ~ refiler qc (*fam*)
wẹg|schicken *tr V* ❶ (*abschicken*) envoyer *Brief*
❷ (*beauftragen*) **jdn** ~ **etw zu tun** envoyer qn faire qc
❸ (*fortschicken*) renvoyer *Person;* **schickt den Kerl weg!** débarrassez-moi de ce type!
wẹg|schleppen *fam* **I.** *tr V* traîner
II. *r V* **sich** ~ se traîner
wẹg|schließen *tr V unreg* **etw** ~ mettre qc sous clé
wẹg|schmeißen *tr V unreg fam* balancer (*fam*)
wẹg|schnappen *tr V fam* souffler; **jdm etw** ~ souffler qc à qn (*fam*)
wẹg|schütten *s.* **weggießen**
wẹg|schwemmen *tr V* emporter
wẹg|sehen *itr V unreg* ❶ (*nicht hinsehen*) détourner les yeux
❷ *fam* (*hinwegsehen*) **über etw** (*Akk*) ~ fermer les yeux sur qc (*fam*)
wẹg|setzen **I.** *tr V* changer de place; **ich muss euch jetzt voneinander** ~ maintenant, je dois vous changer de place
II. *r V* **sich** ~ changer de place
wẹg|sollen *itr V unreg fam Person:* devoir partir [*o* s'en aller]; *Gegenstand:* devoir disparaître
wẹg|spülen *tr V* emporter
wẹg|stecken *tr V fam* ❶ (*einstecken*) ranger; **etw blitzschnell** ~ faire disparaître qc en vitesse
❷ (*verkraften*) encaisser (*fam*); **schwer wegzustecken sein** *Rückschlag, Misserfolg:* être dur(e) à encaisser
wẹg|stellen *tr V* déplacer
Wegstrecke ['ve:k-] *f* trajet *m,* parcours *m* **Wegstunde** *f* **eine** ~ **entfernt** à une heure de marche
wẹg|tauchen *itr V + sein fam* (*verschwinden*) disparaître de la circulation (*fam*)
wẹg|tragen *tr V unreg* emporter
wẹg|treiben *unreg* **I.** *tr V + haben* ❶ emporter *Boot, Schiff*
❷ (*vertreiben*) **jdn von etw** ~ chasser qn de qc
II. *itr V + sein Boot:* dériver
wẹg|treten *itr V unreg + sein* ❶ MIL rompre les rangs; [**jdn**] ~ **lassen** faire rompre les rangs [à qn]; **weggetreten!** rompez!
❷ (*beiseite treten*) **von der Unfallstelle** ~ s'éloigner du lieu de l'accident
► [**geistig**] **weggetreten sein** *fam* être à côté de ses pompes (*fam*)
wẹg|tun *tr V unreg* ❶ (*weglegen*) enlever
❷ (*wegwerfen*) jeter
wegweisend ['ve:kvaɪzənt] *Adj* porteur(-euse) d'avenir; ~ **sein** ouvrir des perspectives
Wegweiser ['ve:k-] <-s, -> *m* ❶ poteau *m* indicateur
❷ (*Handbuch*) guide *m*
wẹg|werfen *tr V unreg* jeter
wẹgwerfend *Adj* dédaigneux(-euse)
Wẹgwerfflasche *f* bouteille *f* non consignée **Wẹgwerfgesellschaft** *f pej* société *f* de gaspillage **Wẹgwerfkamera** *f* [appareil photo *m*] jetable *m* **Wẹgwerfverpackung** *f* emballage *m* jetable **Wẹgwerfwindel** *f* couche *f* jetable

wẹg|wollen *itr V unreg fam* ❶ (*weggehen wollen*) vouloir partir [*o* s'en aller]; **von zu Hause/der Party** ~ vouloir quitter la maison/la fête
❷ (*verreisen wollen*) vouloir partir [en voyage]
Wegzehrung *f geh* provisions *fpl* de voyage
wẹg|ziehen *unreg* **I.** *itr V + sein* ❶ (*fortziehen*) déménager; **aus der Stadt** ~ quitter la ville
❷ (*den Standort wechseln*) *Vögel:* migrer
II. *tr V + haben* entraîner *Person;* retirer *Hand;* **jdn vom Schaufenster** ~ entraîner qn loin de la vitrine
weh [ve:] *Adj* douloureux(-euse); **zeig mal deinen** ~**en Finger!** montre voir le doigt qui te fait mal!
► **o** ~! aïe, aïe, aïe!
Weh <-[e]s, -e> *nt geh* mal *m,* douleur *f*
wehe ['ve:ə] *Interj* malheureux(-euse)!; ~ **dem, der ...!** malheur à [celui] qui...!; ~ [**dir**], **wenn ...!** gare à toi si...!
Wehe <-, -n> *f* ❶ (*Schneewehe*) congère *f*
❷ *meist Pl* (*Geburtswehe*) contraction *f;* [**stundenlang**] **in den** ~**n liegen** avoir des contractions [pendant des heures]
wehen ['ve:ən] **I.** *itr V* ❶ + *haben Brise, Luftzug, Wind:* souffler; **es weht eine schwache Brise** il souffle une légère brise
❷ + *haben* (*flattern*) [**im Wind**] ~ *Haare, Fahne:* flotter [au vent]; **mit** ~**den Fahnen marschieren** marcher bannières au vent
❸ + *sein* (*getragen werden*) **ins Zimmer** ~ *Papier, Blatt:* voler dans la pièce; *Duft, Klang:* flotter dans la pièce; **der Sand wehte ihm ins Gesicht** le sable balayait son visage
II. *tr V + haben* **etw vom Schreibtisch/auf den Boden** ~ faire s'envoler qc du bureau/par terre
Wehklage *f geh* lamentations *fpl* **wehklagen** *itr V geh* se lamenter; **die** ~**den Frauen** les femmes en pleurs
wehleidig *Adj* douillet(te)
Wehleidigkeit <-> *f kein Pl* douilletterie *f* (*rare*); **es liegt alles an deiner** ~ tout ça parce que tu es douillet(te)
Wehmut <-> *f geh* nostalgie *f;* **voller** ~ **an jdn denken** penser avec nostalgie à qn
wehmütig *geh* **I.** *Adj Erinnerungen, Gedanken* empreint(e) de nostalgie (*soutenu*); *Blick, Seufzer* nostalgique (*soutenu*); ~ **klingen** *Stimme:* être plein(e) de nostalgie
II. *Adv* avec nostalgie
Wehr¹ [ve:ɐ] <-, -en> *f fam* (*Feuerwehr*) pompiers *mpl*
Wehr² *f* ► **sich** [**gegen jdn/etw**] **zur** ~ **setzen** se défendre [contre qn/qc]
Wehr³ <-[e]s, -e> *nt* (*Stauanlage*) digue *f*
Wehrbeauftragte(r) *f(m) dekl wie Adj* médiateur(-trice) *m(f)* parlementaire auprès des armées (*qui défend les droits des soldats*) **Wehrdienst** *m kein Pl* service *m* militaire; (*in Frankreich*) service militaire [*o* national *form*]; **den/seinen** ~ [**ab**]**leisten** faire son service [militaire]; **den** ~ **verweigern** refuser de faire son service militaire
Wehrdienstverweigerer <-s, -> *m,* **-verweigerin** *f* objecteur *m* de conscience **Wehrdienstverweigerung** *f* objection *f* de conscience
wehren ['ve:rən] **I.** *r V* ❶ se défendre; **sich gegen etw** ~ (*sich verteidigen*) se défendre contre qc; (*opponieren, sich widersetzen*) s'opposer [à qc]
❷ (*sich sträuben*) **sich dagegen** ~ **etw zu tun** se refuser à faire qc
II. *itr V geh* **einer S.** (*Dat*) ~ faire obstacle à qc (*soutenu*)
Wehrersatzdienst *m* service *m* civil **Wehrexperte** *m,* **-expertin** *f* expert(e) *m(f)* en matière de défense **wehrfähig** *Adj* en âge de porter les armes
wehrhaft *Adj* ❶ *Person, Tier* qui peut se défendre; (*tapfer*) brave
❷ (*befestigt*) fortifié(e)
Wehrkraftzersetzung *f kein Pl* MIL démoralisation *f* des troupes
wehrlos **I.** *Adj* sans défense; **gegen jdn/etw** ~ **sein** être sans

défense contre qn/qc
II. *Adv* sans défense
Wehrlosigkeit <-> *f* impuissance *f*
Wehrmacht *f* HIST **die** ~ la Wehrmacht **Wehrmann** <-männer> *m* CH militaire *m* **Wehrpass**RR *m* livret *m* [militaire] individuel **Wehrpflicht** *f kein Pl* **[allgemeine]** ~ service *m* militaire obligatoire; **der** ~ **unterliegen** être soumis(e) aux obligations militaires

i Land & Leute

Il existe en Allemagne, en Autriche et en Suisse un service militaire obligatoire appelé le **Wehrpflicht**. Il oblige les jeunes hommes à aller à l'armée pendant un certain temps. En Allemagne, ce service militaire dure 9 mois, en Autriche 8 mois et en Suisse 280 jours. Les objecteurs de conscience doivent faire un *Zivildienst*. En France, le service militaire qui durait 12 mois, n'existe plus depuis juillet 2001. Il a cédé la place à une armée de métier.

wehrpflichtig *Adj* astreint(e) au service militaire; *Reservist* mobilisable; ~ **sein** être mobilisable
Wehrpflichtige(r) *f(m) dekl wie Adj* conscrit(e) *m(f)*
Wehrsold *m* solde *f* **wehrtauglich** *Adj* apte au service militaire **Wehrübung** *f eines Soldaten* exercice *m; eines Reservisten* période *f*
weh|tunRR *itr V* **[jdm]** ~ *Verletzung, Bein, Kopf:* faire mal [à qn]; *Person, Worte, Vorwurf:* faire mal [*o* de la peine] [à qn]; **sich** (*Dat*) ~ se faire mal; **mir tut der Rücken weh** j'ai mal au dos; **du hast ihr damit sehr wehgetan** tu lui as fait très mal [*o* beaucoup de peine] avec ça
Wehweh ['ve:ve:, ve:'ve:] <-s, -s> *nt Kinderspr.* bobo *m* (*enfantin*)
Wehwehchen [ve(:)'ve:çən] <-s, -> *nt fam* bobo *m* (*fam*); **ein** ~ **haben** avoir bobo (*fam*)
Weib [vaɪp] <-[e]s, -er> *nt fam* bonne femme *f* (*fam*)
▸ ~ **und Kind haben** *hum* avoir femme et enfant
Weibchen ['vaɪpçən] <-s, -> *nt* femelle *f*
Weiberfastnacht *f* DIAL *carnaval réservé aux femmes qui a lieu le dernier jeudi qui précède le carême* **Weiberheld** *m pej* bourreau *m* des cœurs (*hum*)
weibisch *Adj* efféminé(e)
Weiblein <-s, -> *nt* petite vieille *f*
weiblich *Adj* ❶ *a.* GRAM féminin(e); **eine ~e Person** une personne de sexe féminin
❷ BOT femelle
Weiblichkeit <-> *f* féminité *f*
▸ **die holde** ~ *hum* le beau sexe
Weibsbild *nt* SDEUTSCH, A *fam* bonne femme *f* (*fam*) **Weibsstück** *nt pej sl* garce *f* (*fam*)
weich [vaɪç] I. *Adj* ❶ *Haut, Wolle, Stoff, Pelz* doux(douce); *Boden, Matratze* mou(molle); *Bett, Teppich, Kissen* moelleux(-euse); *Leder, Kontaktlinse* souple; *Holz* tendre
❷ (*nicht hart*) *Butter, Brot, Frucht* mou(molle); *Fleisch* tendre; *Käse* souple [au toucher]; **ein Ei** ~ **kochen** faire cuire un œuf à la coque; **Gemüse** ~ **kochen** faire bien cuire des légumes
❸ (*sanft*) *Landung, Bremsung* en douceur; *Droge, Technik, Wasser* doux(douce)
❹ (*nachsichtig*) *Person* doux(douce); ~ **werden** se laisser attendrir; **zu** ~ **mit jdm sein** ne pas être assez sévère avec qn
❺ (*Milde ausstrahlend*) *Mund* mou(molle); *Gesicht, Gesichtszüge* doux(douce)
❻ FIN *Währung* faible
II. *Adv sitzen, liegen* confortablement; **ich liege nicht gerne so** ~ je n'aime pas les matelas aussi mous
▸ **sich** ~ **betten** avoir la belle vie
Weichbild *nt geh* périphérie *f*
Weiche ['vaɪçə] <-, -n> *f* aiguillage *m;* **die** ~ **stellen** changer l'aiguillage
▸ **die ~n [für etw] stellen** poser des jalons [pour qc]
weichen ['vaɪçən] <wich, gewichen> *itr V + sein* ❶ (*schwinden*) *Spannung, Unruhe, Angst:* s'apaiser
❷ (*nachgeben*) **einer S.** (*Dat*) ~ céder à qc
❸ (*weggehen*) **zur Seite** ~ s'écarter; **nicht von der Stelle** ~ ne pas bouger
Weichensteller(in) <-s> *m(f)* EISENBAHN aiguilleur *m*
weichgekocht *s.* **kochen II.1.**
Weichheit <-, *selten* -en> *f* ❶ *einer Decke, eines Pelzes* douceur *f; eines Betts, Teppichs, Bodens* mollesse *f; eines Kissens* moelleux *m;* **ein Holz von besonderer** ~ un bois particulièrement tendre
❷ (*Sanftheit*) *einer Person* douceur *f*
❸ *geh* (*milde Ausstrahlung*) *eines Mundes* mollesse *f; eines Gesichts, der Gesichtszüge* douceur *f*
weichherzig *Adj* sensible; ~ **sein** être sensible
Weichherzigkeit <-, *selten* -en> *f* sensibilité *f*
Weichholz *nt* bois *m* tendre **Weichkäse** *m* fromage *m* à pâte molle
weich|klopfen *s.* **klopfen III.**▸
weich|kriegen *s.* **kriegen I.**▸
weichlich *Adj* mou(molle)
Weichling <-s, -e> *m pej* mollasse *mf* (*péj*)
Weichmacher *m* ❶ (*für Wasser*) adoucissant *m*
❷ (*für Plastik*) plastifiant *m*
Weichsel ['vaɪksəl] <-> *f* **die** ~ la Vistule
Weichspüler <-s, -> *m* assouplissant *m* **Weichteile** *Pl* ❶ (*Eingeweide*) parties *fpl* molles ❷ *fam* (*Geschlechtsteile*) parties *fpl* (*pop*) **Weichtier** *nt* mollusque *m* **Weichzeichner** *m* PHOT filtre *m* flou
Weide ['vaɪdə] <-, -n> *f* ❶ (*Baum*) saule *m*
❷ (*Viehweide*) pâturage *m;* **die Kühe auf die** ~ **treiben** mener les vaches au pâturage [*o* en pâture]
Weideland *nt* pâturages *mpl*
weiden ['vaɪdən] I. *itr V Vieh:* paître
II. *tr V* faire paître *Vieh*
III. *r V* ❶ (*sich erfreuen*) **sich an etw** (*Dat*) ~ se délecter [*o* se régaler] de qc
❷ *pej* (*schadenfroh genießen*) **sich an jds Angst** (*Dat*) ~ se délecter de la peur de qn (*fam*)
Weidenkätzchen [-kɛtsçən] *nt* chaton *m* de saule **Weidenkorb** *m* panier *m* d'osier **Weidenrute** *f* baguette *f* d'osier
Weideplatz *m* pâturage *m*
weidgerecht ['vaɪt-] I. *Adj* selon les règles de la chasse
II. *Adv* dans les règles de la chasse
weidlich *Adv geh ausnutzen* abondamment; **sich** ~ **bemühen** se donner un mal considérable
Weidmann ['vaɪtman] <-[e]s, -männer> *m* JAGD chasseur *m*
weidmännisch ['vaɪtmɛnɪʃ] *Adj* de chasseur/des chasseurs; **auf ~e Weise** à la manière des chasseurs
Weidmannsdank [vaɪtmans'daŋk] *Interj* merci (*réponse au souhait de bonne chasse*) **Weidmannsheil** *Interj* bonne chasse
weidwund *Adj* JAGD blessé(e) à mort
weigern ['vaɪgɐn] *r V* **sich** ~ refuser; **sich** ~ **etw zu tun** refuser de faire qc
Weigerung <-, -en> *f* refus *m*
Weihbischof *m* coadjuteur *m*
Weihe1 ['vaɪə] <-, -n> *f* REL ❶ *kein Pl* (*das Weihen*) consécration *f*
❷ (*Sakrament*) *eines Priesters* ordination *f;* **die niederen/höheren ~n** les ordres *mpl* mineurs/majeurs; **die [geistlichen] ~n empfangen** *Priester:* recevoir l'ordination; *Ordensgeistlicher:* prendre l'habit; *Nonne:* prendre le voile
Weihe2 <-, -n> *f* ORN busard *m*
weihen ['vaɪən] *tr V* ❶ consacrer *Altar, Kapelle;* **einer Heiligen**

geweiht sein *Kapelle:* être consacré(e) à une sainte
2 (*die Weihe erteilen*) **jdn zum Priester** ~ ordonner qn prêtre; **jdn zum Bischof** ~ sacrer qn évêque
3 (*widmen*) **sein Leben der Wissenschaft** ~ consacrer sa vie à la science

Weiher ['vaɪɐ] <-s, -> *m* étang *m*

weihevoll *Adj geh* solennel(le)

Weihnacht *s.* Weihnachten

weihnachten *itr V unpers* **es weihnachtet** (*das Weihnachtsfest naht*) Noël approche; (*es herrscht weihnachtliche Stimmung*) ça sent Noël

Weihnachten ['vaɪnaxtən] <-, -> *nt* Noël *m;* **fröhliche** [*o* **gesegnete** *geh*] ~**!** joyeux Noël!; **zu** [*o* **an**] ~ à Noël; **was habt ihr** ~ **vor?** qu'avez vous prévu pour Noël?; **weiße/grüne** ~ un Noël blanc/au balcon

i Land & Leute

En Allemagne, on fête **Weihnachten** du 24 au 26 décembre. Le jour du reveillon, les gens travaillent jusqu'à midi. La plupart du temps, on installe le sapin de Noël et on le décore l'après-midi. Les deux jours de Noël (le 25 et le 26 décembre) sont fériés.

weihnachtlich **I.** *Adj* de Noël
II. *Adv geschmückt* pour Noël

Weihnachtsabend *m* réveillon *m* [de Noël] **Weihnachtsbaum** *m* arbre *m* de Noël **Weihnachtseinkäufe** *Pl* achats *mpl* de Noël **Weihnachtsfeier** *f* fête *f* de Noël **Weihnachtsfeiertag** *s.* Weihnachtstag **Weihnachtsfest** *nt kein Pl* jour *m* de Noël **Weihnachtsgans** *f oie rôtie comme repas traditionnel de Noël* ▸ **jdn ausnehmen wie eine** ~ *sl* plumer qn [comme un pigeon] (*fam*) **Weihnachtsgebäck** *nt* biscuits *mpl* de Noël **Weihnachtsgeld** *nt* étrennes *fpl* **Weihnachtsgeschenk** *nt* cadeau *m* de Noël **Weihnachtsgeschichte** *f* conte *m* de Noël **Weihnachtsgratifikation** *f* prime *f* de fin d'année **Weihnachtskarte** *f* carte *f* de Noël **Weihnachtslied** *nt* chant *m* de Noël **Weihnachtsmann** <-männer> *m* père *m* Noël **Weihnachtsmarkt** *m* marché *m* de Noël

i Land & Leute

En Allemagne, de fin novembre ou début décembre à Noël, les villes organisent des marchés de Noël, des **Weihnachtsmärkte** autour des mairies. Ce sont de véritables marchés avec des cabanes en bois en guise de stands, joliment décorées et illuminées. On peut y acheter toutes sortes de produits artisanaux: jouets en bois, décorations de Noël, gants, chapeaux, etc. On y respire un mélange d'odeurs de vin sucré, de cannelle, de chocolat, de noisettes et d'épices à partir desquelles sont faits les biscuits de Noël, indispensables sur les marchés comme l'immense sapin érigé en leur centre.

Weihnachtstag *m meist Pl* fête *f* de Noël; **der erste** ~ le jour de Noël; **der zweite** ~ le lendemain de Noël *m* (*26 décembre*); **über die** ~**e** pour les fêtes de Noël **Weihnachtsteller** *m assiette* [*garnie*] *de Noël composée de friandises* **Weihnachtszeit** *f* **die** ~ la période de Noël

Weihrauch *m* encens *m*

Weihrauchfass^RR *nt* encensoir *m*

Weihwasser *nt* eau *f* bénite

Weihwasserbecken *nt* bénitier *m*

weil [vaɪl] *Konj* 1 (*da*) parce que
2 (*da ... nun*) comme

Weilchen ['vaɪlçən] <-s> *nt* **ein** ~ un petit moment

Weile ['vaɪlə] <-> *f* moment *m;* **vor einer** ~ il y a un moment; **nach einer** ~ au bout d'un moment; **eine** [**ganze**] ~ **dauern** durer un [bon] moment; **eine** [**ganze**] ~ **warten** attendre [pendant] un [bon] moment; **das ist schon eine** [**ganze**] ~ **her** ça fait déjà un [bon] moment

weilen ['vaɪlən] *itr V geh* séjourner; **in Paris** ~ séjourner à Paris
▸ **er weilt nicht mehr unter uns** *euph* il nous a quitté(e)s (*euph*)

Weiler ['vaɪlɐ] <-s, -> *m geh* hameau *m*

Weimarer Republik ['vaɪmaːrɐ-] *f* HIST **die** ~ la République de Weimar

Wein [vaɪn] <-[e]s, -e> *m* 1 (*Getränk*) vin *m;* **offener** ~ vin en carafe; **neuer** ~ vin nouveau (*à faible teneur en alcool ou peu fermenté*)
2 *kein Pl* (*Weinrebe*) vigne *f;* **wilder** ~ vigne vierge
3 *kein Pl* (*Weintrauben*) **der** ~ **wird im Oktober geerntet** les vendanges se font en octobre
▸ **im** ~ **ist Wahrheit** *Spr.* in vino veritas; **jdm reinen** ~ **einschenken** parler franchement à qn

Weinanbau *m kein Pl,* **Weinbau** *m kein Pl* viticulture *f* **Weinbauer(in)** *s.* Winzer(in) **Weinbeere** *f* 1 (*einzelne Beere*) grain *m* de raisin; ~**n kaufen** acheter du raisin 2 SDEUTSCH, A, CH *s.* Rosine **Weinberg** *m* vignoble *m*

Weinbergschnecke *f* escargot *m* de Bourgogne

Weinbrand *m* cognac *m*

weinen ['vaɪnən] **I.** *itr V* pleurer; [**vor Freude/Schmerz**] ~ pleurer [de joie/douleur]; **um jdn/etw** ~ pleurer qn/qc; **das Weinen** les pleurs *mpl*
▸ **es ist zum Weinen!** c'est triste à pleurer!
II. *tr V* pleurer *Freudentränen;* **bittere Tränen** ~ pleurer d'amertume

weinerlich **I.** *Adj Person* pleurnichard(e) (*fam*); *Stimme* pleurnicheur(-euse); **ein** ~**es Gesicht machen** avoir un air pleurnicheur
II. *Adv reden* avec des larmes dans la voix

Weinessig *m* vinaigre *m* de vin **Weinfass**^RR *nt* tonneau *m* de vin **Weinflasche** *f* bouteille *f* à vin **Weingarten** *m* SDEUTSCH vigne *f* **Weingegend** *f* région *f* viticole **Weingeist** *m kein Pl* esprit-de-vin *m* **Weinglas** *nt* verre *m* à vin **Weingummi** *nt o m* bonbon *m* gélifié **Weingut** *nt* domaine *m* viticole **Weinhändler(in)** *m(f)* négociant(e) *m(f)* en vins **Weinhandlung** *f* commerce *m* de vins **Weinhauer(in)** <-s, -> *m(f)* A vigneron(ne) *m(f)* **Weinjahr** *nt* **ein gutes/schlechtes** ~ une bonne/mauvaise année pour le vin **Weinkarte** *f* carte *f* des vins **Weinkeller** *m* 1 (*Keller*) cave *f* à vins 2 (*Lokal*) cave *f* [de dégustation] **Weinkenner(in)** *m(f)* connaisseur(-euse) *m(f)* en vins; ~ **sein** être connaisseur(-euse) en vins

Weinkrampf *m* crise *f* de larmes

Weinlage *f* cru *m* **Weinlaune** *f kein Pl hum* griserie *f;* **etw in einer** ~ **tun** faire qc grisé(e) par le vin **Weinlese** *f* vendanges *fpl* **Weinlokal** *nt* bar *m* à vin[s] **Weinprobe** *f* dégustation *f* [de vins]; **eine** ~ **machen** faire une dégustation de vin[s] **Weinrebe** *f* (*Pflanze*) vigne *f;* (*Rebsorte*) cépage *m* **weinrot** *Adj* bordeaux *inv;* ~**e Socken** des chaussettes bordeaux **Weinschaumcreme** *f* GASTR mousse *f* au vin **weinselig** *Adj Zecher* grisé(e); *Stimmung* de [joyeuse] beuverie (*fam*) **Weinstein** *m* tartre *m* **Weinstock** *m* cep *m* **Weinstube** *f* bar *m* à vin[s] **Weintraube** *f* (*einzelne Beere*) grain *m* de raisin; (*Fruchtstand*) grappe *f* de raisin; **blaue** ~**n kaufen** acheter du raisin noir

weise ['vaɪzə] **I.** *Adj geh Person, Gedanke, Entscheidung* sage; *Antwort* pertinent(e); *Entschluss, Plan* judicieux(-euse)
II. *Adv* avec sagesse

Weise <-, -n> *f* 1 (*Art*) manière *f;* **auf geheimnisvolle/unerklärliche** ~ de façon mystérieuse/inexplicable; **auf meine/deine** ~ à ma/ta manière; **auf diese** ~ de cette manière [*o* façon]; **auf andere** ~ d'une autre manière; **in der** ~**, dass** (*auf diese Art*) de telle manière [*o* façon] que + *indic;* (*so dass*)

de manière [*o* façon] que + *subj;* **auf jede [erdenkliche] ~** par tous les moyens [possibles et imaginables]; **die ~, wie er sich verhalten hat** la manière [*o* façon] dont il s'est comporté; **in gewisser ~** d'une certaine manière [*o* façon]; **in keinster ~** *fam* en aucune manière [*o* façon]
❷ *geh (Melodie)* air *m*

Weise(r) *f(m) dekl wie Adj* sage *m*/femme *f* sage; **die [drei] ~n aus dem Morgenland** les [trois] Rois *mpl* mages
❷ FIN **die fünf ~n** *comité de cinq experts allemands publiant chaque année une étude de conjoncture ainsi qu'une étude prévisionnelle*

weisen ['vaɪzən] <wies, gewiesen> **I.** *tr V geh* ❶ indiquer *Weg, Richtung*
❷ *(fortschicken)* **jdn aus dem Haus ~** chasser qn de la maison; **jdn von der Schule ~** expulser qn de l'école
► **etw [weit] von sich ~** rejeter qc
II. *itr V* **auf etw** *(Akk)* **~** *Person:* désigner qc; **nach Norden ~** *Wegweiser, Magnetnadel:* indiquer le nord

Weisheit <-, -en> *f* ❶ *kein Pl (Klugheit)* sagesse *f*
❷ *meist Pl (Erkenntnis, Rat)* conseil *m* de bon sens; **eine alte ~** une sagesse populaire; **behalte deine ~[en] für dich!** *fam* on ne t'a pas demandé ton avis! *(fam)*
► **mit seiner ~ am Ende sein** ne plus savoir que faire; **er glaubt, er habe die ~ mit Löffeln gegessen** [*o* **gefressen** *sl*] il se croit plus malin que tout le monde *(fam)*; **sie hat die ~ [auch] nicht [gerade] mit Löffeln gegessen** [*o* **gefressen** *sl*] elle n'a pas inventé la poudre *(fam)*; **das ist/das ist nicht der ~ letzter Schluss** c'est/ce n'est pas la meilleure des solutions; **er glaubt, die ~ für sich gepachtet zu haben** *fam* il se prend pour le plus malin *(fam)*

Weisheitszahn *m* dent *f* de sagesse

weis|machen *tr V fam* **jdm ~, dass** faire gober à qn que + *indic (fam)*; **das kannst du mir nicht ~!** tu ne peux pas me faire avaler [*o* gober] ça! *(fam)*; **lass dir von ihm/ihr bloß nichts ~!** ne crois pas à toutes ses salades! *(fam)*

weiß[1] [vaɪs] *1. und 3. Pers Präs von* **wissen**

weiß[2] **I.** *Adj* ❶ blanc(blanche)
❷ *(bleich, grau)* **~ werden** *Haare, Haut:* blanchir; *Gesicht:* pâlir
II. *Adv streichen, sich kleiden* en blanc

Weiß <-[es]> *nt* blanc *m;* **~ tragen** porter du blanc; **[ganz] in ~** [tout] en blanc

weissagen *tr V* **~[, dass]** prédire [que + *indic*]; **ihr ist geweissagt worden, dass** on lui a prédit que + *indic*

Weissagung <-, -en> *f* prédiction *f*

Weißbier *nt* bière *f* blanche **weißblau** *Adj (bayrisch)* bavarois(e) **Weißblech** *nt* fer-blanc *m* **weißblond** *Adj* blond(e) très clair **Weißbrot** *nt* pain *m* blanc **Weißbuch** *nt* livre *m* blanc **Weißdorn** *m* aubépine *f*

Weiße <-, -n> *f* ❶ *kein Pl (weiße Farbe) der Haut, von Papier* blancheur *f; eines Gesichts* pâleur *f*
❷ *(Weißbier)* **Berliner ~ [mit Schuss]** *bière blanche berlinoise [additionnée de sirop de framboise]*

Weiße(r) *f(m) dekl wie Adj* Blanc *m*/Blanche *f*

weißeln SDEUTSCH, **weißen** ['vaɪsən] *tr V* blanchir

weißglühend *s.* glühen 1.

Weißglut *f kein Pl* incandescence *f* ► **jdn zur ~ bringen** [*o* **treiben**] échauffer les oreilles à qn **Weißgold** *nt* or *m* blanc **weißhaarig** *Adj Greis* aux cheveux blancs; **~ sein** avoir les cheveux blancs **Weißherbst** *m variété de vin rosé allemand* **Weißkäse** *m* DIAL ≈ fromage *m* blanc **Weißkohl** *m,* **Weißkraut** *nt kein Pl* SDEUTSCH, A chou *m* blanc

weißlich *Adj* blanchâtre

Weißmacher *m* agent *m* de blanchiment, produit *m* blanchissant

weißrussisch *Adj* biélorusse **Weißrussland**[RR] *nt* la Biélorussie **Weißtanne** *f* sapin *m* blanc [*o* des Vosges] **Weißwandreifen** *m* pneu *m* à flanc blanc **Weißwein** *m* vin *m* blanc **Weißwurst** *f* boudin *m* blanc, saucisse *f* blanche

Weisung ['vaɪzʊŋ] <-, -en> *f* directive *f;* **~ haben etw zu tun** avoir ordre de faire qc; **auf ~ des Vorgesetzten handeln** exécuter les ordres de son supérieur

Weisungsbefugnis *f* pouvoir *m* de donner des instructions

weisungsgemäß I. *Adj Vorgehen* conforme aux directives; **nicht ~ sein** *Verhalten:* être non conforme aux directives
II. *Adv* conformément aux directives

weit [vaɪt] **I.** *Adj* ❶ *(nicht eng) Kleidungsstück, Schuhe* large; **etw ~er machen** élargir qc; **~er werden** *Gefäße:* se dilater
❷ *(räumlich ausgedehnt) Marsch, Strecke, Sprung, Reise* long(longue) *antéposé; Meer, Wüste, Land* vaste *antéposé;* **ist es noch ~ [bis zum Hotel]?** c'est encore loin [jusqu'à l'hôtel]?; **wie ~ ist es noch bis Ulm?** c'est à quelle distance, Ulm?; **der Wurf müsste ~er als 80 Meter sein** ce jet [de javelot] devrait être supérieur à 80 mètres
❸ *(zeitlich entfernt)* **es ist noch ~ [bis zum Sommer]** [l'été,] c'est encore loin
II. *Adv* ❶ *(in räumlicher Hinsicht) gehen, springen* loin; **~ im Landesinneren/ins Landesinnere** loin à l'intérieur des terres/très avant à l'intérieur des terres; **von ~em/~ her** de loin; **ist das ~ [weg/von hier]?** c'est très loin [d'ici]?; **~ offen [stehend]** grand(e) ouvert(e); **~ geöffnet werden** être ouvert(e) en grand; **sich nicht ~ genug öffnen lassen** ne pas s'ouvrir assez; **fünf Meter ~ springen** sauter à cinq mètres; **zehn Kilometer ~ marschieren** parcourir dix kilomètres à pied; **müssen wir noch ~ gehen?** c'est encore loin?; **haben Sie es noch sehr ~?** vous allez encore loin?; **ich habe es noch/nicht ~** j'ai encore un bon bout de chemin à faire/je n'ai pas une longue distance à parcourir; **wie ~ bist du gekommen?** jusqu'où es-tu arrivé(e)?; **er wohnt jetzt zwölf Kilometer ~er weg** il habite maintenant douze kilomètres plus loin
❷ *(in zeitlicher Hinsicht)* **so ~ sein** être prêt(e); **es ist noch ~ [hin]** il faudra du temps; **~ nach zehn Uhr/Mitternacht** bien après dix heures/minuit; **bis ~ in den Morgen/Vormittag** jusqu'à une heure avancée du matin/de la matinée; **bis ~ in den März/Sommer** une bonne partie du mois de mars/de l'été; **er schmökert immer bis ~ in die Nacht** il bouquine toujours jusqu'à tard dans la nuit; **~ zurückliegen** être il y a longtemps; **wie ~ liegt dein Examen jetzt zurück?** il y a combien de temps que tu as passé ton examen?
❸ *fig* **es ~ bringen [im Leben]** aller loin [dans la vie]; **es ~ gebracht haben** avoir réussi; **zu ~ gehen/es zu ~ treiben** aller trop loin; **das geht [entschieden] zu ~!** c'en est trop!; **ich würde so ~ gehen ihn anzuzeigen** j'irais jusqu'à porter plainte contre lui; **das würde zu ~ führen** ça nous mènerait trop loin; **du bringst mich noch so ~, dass ich schreie!** tu vas finir par me faire crier!; **du wirst es noch so ~ bringen, dass** tu vas faire tant et si bien que + *indic;* **wie ~ bist du [gekommen]?** où en es-tu?; **das ist ~ hergeholt** c'est tiré par les cheveux; **so ~ hergeholt finde ich das gar nicht** je ne trouve pas ça improbable du tout; **hat das Geld so ~ gereicht?** *fam* il y a eu assez d'argent jusqu'ici?; **damit ist es nicht ~ her** *fam* ça ne vaut pas grand-chose
❹ *(erheblich) schöner, schlechter* bien [plus]; *fortgeschritten, gediehen sein* bien; *übertreffen* de beaucoup; *hinter sich lassen* loin; **~ besser** bien mieux; **mit etw ist es ~ gediehen** qc a fait du chemin
► **~ und breit** à cent lieues à la ronde; **so ~, so gut** bon, jusque là, tout va; **~ gefehlt!** *geh* tant s'en faut! *(soutenu)*; **so ~ kommt es [noch]!** *fam* et puis quoi encore! *(fam)*; **bei ~em** bien [plus]; **es wäre bei ~em besser gewesen abzureisen** il aurait bien mieux valu partir; **das ist bei ~em [noch] nicht alles!** ce n'est pas tout!

weitab ['vaɪtʔap] *Adv* loin [de tout]; **~ vom Dorf** loin du village

weitaus *Adv* ❶ *(viel) schöner, schlechter, teurer* bien [plus]; **es wäre ~ besser gewesen, wenn ...** il aurait bien mieux valu que... + *subj* ❷ *(eindeutig)* **er ist der ~ beste/schlechteste**

Schüler il est de loin le meilleur/plus mauvais élève **Weitblick** *m kein Pl* clairvoyance *f;* **das zeugt von ~** c'est une preuve de clairvoyance **weitblickend** *Adj Person* clairvoyant(e)
Weite[1] ['vaɪtə] <-, -n> *f* ❶ (*Ausdehnung*) *einer Landschaft, eines Meeres* étendue *f;* **die endlose ~ der Wüste** l'immensité du désert
❷ (*Breite, weiter Schnitt*) largeur *f*
❸ SPORT *eines Stoßes, Wurfs* distance *f; eines Sprungs* longueur *f*
Weite[2] ▶ **das ~ suchen** *geh* prendre la clé des champs (*soutenu*)
weiten ['vaɪtən] **I.** *tr V* élargir *Schuhe*
II. *r V* **sich ~** *Pupillen, Augen:* se dilater
weiter ['vaɪtɐ] *Adv* ❶ *Komp von* **weit: ~ oben** plus haut; **~!** on continue!
❷ (*sonst*) **~ keine Beschwerden?** pas d'autres problèmes [de santé]?; **es war ~ keiner da** il n'y avait personne d'autre; **es weiß ~ niemand Bescheid** personne d'autre n'est au courant; **~ nichts?** c'est tout?; **das hat ~ nichts zu sagen** ça ne veut rien dire; **~ weiß ich nichts von der Sache** je n'en sais pas plus; **das ist nichts ~ als eine Ausrede** ce n'est rien d'autre qu'un prétexte; **und ~?** et après?; **und was ~?** et quoi d'autre?
▶ **wenn es ~ nichts ist** si ce n'est que ça; **nicht ~ wissen** ne plus savoir quoi faire; **das ist nicht ~ schlimm** ce n'est pas bien grave; **und so ~ [und so fort]** et cætera; **was fehlt Ihnen denn? – Kopfweh, Übelkeit, Mattigkeit und so ~** qu'est-ce qui ne va pas? – J'ai mal à la tête, j'ai mal au cœur, je suis sans forces, vous voyez le genre
weiter|arbeiten *itr V* continuer son/le travail; (*sich wieder an die Arbeit machen*) se remettre à travailler; **an etw** (*Dat*) **~** continuer à travailler à qc
weiter|befördern* *tr V* transporter; **jdn zum Hotel ~** acheminer qn à l'hôtel; **im Bus weiterbefördert werden** poursuivre son/le voyage en bus
Weiterbeschäftigung *f kein Pl* maintien *m;* **die ~ aller Mitarbeiter fordern** revendiquer le maintien de tous les emplois
weiter|bestehen* *itr V unreg Institut:* continuer d'exister; *Verdacht:* être toujours présent(e); *Verpflichtung:* devoir être assumé(e); **diese Verpflichtung besteht für sie weiter** elle doit toujours assumer cette obligation
Weiterbestehen *nt* continuance *f;* **das ~ des Instituts ist nicht gesichert** il n'est pas assuré que l'institut puisse continuer d'exister
weiter|bilden *r V* **sich ~** compléter sa formation; **sich in Informatik ~** se perfectionner en informatique
Weiterbildung *f* formation *f* continue
weiter|bringen *tr V unreg* faire avancer
weiter|denken *unreg* **I.** *itr V* (*noch länger denken*) y penser plus longuement; (*noch weiter nachdenken*) mener une réflexion plus approfondie; **da muss man doch ~!** il faut réfléchir aux suites!
II. *tr V* réfléchir plus longuement sur *Idee, Vorschlag*
weitere(r, s) *Adj* autre *antéposé;* **jdn über alle ~n Maßnahmen informieren** informer qn de toute mesure ultérieure; **alles Weitere besprechen wir morgen** on discutera des détails demain
▶ **bis auf ~s** momentanément; **ohne ~s** (*ohne Schwierigkeiten*) sans problèmes; (*einfach so*) *voraussetzen* d'emblée; *sagen, behaupten* de but en blanc
weiter|empfehlen* *tr V unreg* recommander
weiter|entwickeln* **I.** *tr V* perfectionner *Auto, Gerät, Verfahren;* développer *Idee, Plan, Theorie;* **weiterentwickelt** *Verfahren* perfectionné(e); *Theorie* évolué(e)
II. *r V* **sich ~** évoluer
Weiterentwicklung *f* ❶ (*Vorgang*) développement *m*
❷ (*Ergebnis*) progression *f;* TECH perfectionnement *m* technique
weiter|erzählen* **I.** *tr V* répéter *Neuigkeit*
II. *itr V* continuer à raconter
weiter|fahren *unreg* **I.** *itr V + sein* continuer; **[nach Basel] ~** continuer sa route [vers Bâle]; **halt, Sie können hier nicht ~!** stop, vous ne pouvez pas passer par ici!
II. *tr V + haben* déplacer *Auto*
Weiterfahrt *f* poursuite *f* du voyage; **die ~ verzögert sich** la poursuite du voyage est retardée
weiter|fliegen *itr V unreg + sein* **[nach Montreal] ~** poursuivre son voyage en avion [à destination de Montréal]; (*das Flugzeug wechseln*) reprendre l'avion [pour aller à Montréal]
Weiterflug *m kein Pl* correspondance *f;* **der ~ verzögert sich** la correspondance est retardée; **bis zum ~** avant de reprendre l'avion
weiter|führen *tr V* ❶ (*fortsetzen*) poursuivre *Projekt, Vorhaben*
❷ (*weiterbringen*) **jdn ~** *Alternative, Vorschlag:* faire avancer qn
weiterführend *Adj* **die ~en Schulen** ≈ les établissements d'enseignement secondaire
Weitergabe *f von Unterlagen* transmission *f;* **die ~ dieser Informationen ist untersagt** il est interdit de transmettre ces informations
weiter|geben *tr V unreg* faire passer; **etw [an jdn] ~** (*weiterreichen*) faire passer qc [à qn]; (*mitteilen, vermitteln*) transmettre qc [à qn]
weiter|gehen *itr V unreg + sein* ❶ *Person:* poursuivre son chemin; **bitte ~!** circulez, s'il vous plaît!; **lass uns ~!** allez, on continue!
❷ (*seinen Fortgang nehmen*) continuer; **wie soll es nun ~?** qu'est-ce qu'on va faire?; **so kann es nicht ~!** ça ne peut plus durer ainsi [*o* continuer comme ça]!; **es geht [wieder] weiter!** (*mit der Fahrt/der Arbeit*) on repart!/on reprend [le travail]!
weiter|helfen *itr V unreg* aider; **jdm [in einer Angelegenheit] ~** aider qn [dans une affaire]; **kann ich Ihnen ~?** puis-je vous être utile?
weiterhin *Adv* ❶ (*immer noch*) encore; **~ optimistisch sein** continuer d'être optimiste; **der Verdacht besteht ~** les soupçons persistent
❷ (*auch zukünftig*) dans l'avenir
❸ (*außerdem*) en outre
weiter|kämpfen *itr V* continuer à se battre
weiter|kommen *itr V unreg + sein* ❶ (*vorankommen*) avancer; **Sie kommen hier nicht weiter!** vous ne pouvez pas aller plus loin!
❷ (*Fortschritte machen*) **mit etw ~** avancer dans qc
weiter|können *itr V unreg fam* ❶ (*weitergehen, -fahren*) pouvoir continuer [son chemin]; **Sie können hier nicht weiter!** vous ne pouvez pas passer par ici [*o* aller plus loin!]!
❷ (*weitermachen*) **nicht ~** n'en pouvoir plus (*fam*)
weiter|laufen *itr V unreg + sein* ❶ *Person:* continuer à courir; **lass uns noch einen Kilometer ~!** allez, encore un kilomètre!
❷ (*in Gang bleiben*) *Uhr:* continuer de marcher; *Maschine, Motor:* continuer de tourner
❸ (*anfallen*) *Gehalt:* continuer d'être versé(e); *Kosten, Zinsen:* continuer à courir
weiter|leben *itr V Person:* vivre encore; **in jdm/etw ~** se survivre dans qn/qc
weiter|leiten *tr V* transmettre *Information, Anfrage, Antrag;* faire suivre *Brief;* **etw an jdn ~** transmettre qc à qn
weiter|machen *itr V fam* continuer; **wenn er so weitermacht, wird er bald krank** à ce train-là, il tombera bientôt malade
weiter|reden *itr V* continuer de parler; **jdn am Weiterreden hindern** empêcher qn de poursuivre son discours
weiter|reichen *tr V geh* passer; **etw an jdn ~** faire passer qc à qn
Weiterreise *f kein Pl* poursuite *f* du voyage; **jdn an der ~ hindern** empêcher qn de continuer [*o* poursuivre] sa route
weiters ['vaɪtɐs] *Adv* A de plus

W

weiter|sagen *tr V* répéter; **nicht ~!** motus et bouche cousue!
weiter|verarbeiten* *tr V* transformer qc; **etw zu etw ~** transformer qc en qc; **die ~de Industrie** l'industrie de transformation
Weiterverarbeitung *f* transformation *f,* traitement *m*
weiter|verfolgen* *tr V* poursuivre *Ziel;* donner suite à *Plan;* suivre *Idee, Vorschlag*
Weiterverkauf *m* revente *f*
weiter|verkaufen* I. *tr V* revendre
II. *itr V* vendre au détail
weiter|vermieten* *tr V* sous-louer *Wohnung*
weiter|verwenden* *tr V* réutiliser
weiter|verwerten* *tr V* retraiter
weiter|wissen *itr V unreg* savoir comment faire; **nicht mehr ~** ne plus savoir quoi faire
weiter|wollen *itr V unreg fam* ❶ (*weitergehen wollen*) vouloir continuer son chemin
❷ (*mehr erreichen wollen*) vouloir toujours plus
weitestgehend I. *Adj Superl von* **weitgehend** *Übereinstimmung* très étendu(e); **~e Übereinstimmung erzielen** obtenir un large consensus
II. *Adv* à quelques détails près
weitgehend <weitgehender *o* A weitergehend, weitestgehend *o* weitgehendste> I. *Adj Übereinstimmung, Unterstützung, Vollmacht* étendu(e); *Zusammenarbeit* très étroit(e)
II. *Adv* à quelques détails près
weitgereist *s.* **reisen 1.**
weither *Adv geh* de loin
weitherzig ['vaɪthɛrtsɪç] *Adj* (*tolerant*) généreux(-euse)
weithin *Adv* ❶ *geh* (*ringsumher*) *hörbar, sichtbar* alentour
❷ (*weitgehend*) **es herrscht ~ Einverständnis** l'accord est quasi général
weitläufig I. *Adj* ❶ (*ausgedehnt*) *Gebäude, Anwesen, Park* vaste *antéposé*
❷ (*entfernt*) *Verwandtschaft* éloigné(e); **ein ~er Verwandter** un parent très éloigné
II. *Adv* **~ [miteinander] verwandt sein** être parents éloignés
Weitläufigkeit <-> *f* immensité *f*
weitmaschig *Adj* à grosses mailles
weiträumig I. *Adj Umleitung* dans un vaste périmètre; **ein ~es Spiel betreiben** couvrir suffisamment le terrain de jeu
II. *Adv absperren, umleiten* dans un vaste périmètre; **~ spielen** couvrir suffisamment le terrain de jeu
weitreichend *s.* **reichen I.2., I.4.**
weitschweifig I. *Adj* diffus(e); **das ist mir zu ~** c'est trop diffus pour moi
II. *Adv* de façon diffuse
Weitsicht *s.* **Weitblick**
weitsichtig *Adj* ❶ MED presbyte
❷ *s.* **weitblickend**
Weitsichtigkeit <-> *f* presbytie *f*
Weitspringer(in) *m(f)* sauteur(-euse) *m(f)* en longueur
Weitsprung *m* ❶ *kein Pl* (*Disziplin*) saut *m* en longueur
❷ (*Sprung*) saut *m*
weitverbreitet *s.* **verbreiten I.1.**
weitverzweigt *s.* **verzweigen**
Weitwinkelobjektiv *nt* grand-angle *m*
Weizen[1] ['vaɪtsən] <-s> *m* blé *m;* (*verarbeiteter Weizen*) froment *m*
Weizen[2] <-s, -> *nt,* **Weizenbier** *nt* bière *f* blanche
Weizenbrot *nt* pain *m* de froment **Weizenkeim** *m* germe *m* de blé **Weizenkeimöl** *nt* huile *f* de germes de blé **Weizenmehl** *nt* farine *f* de froment [*o* blé]
welch *Pron interrog geh* quel(le); **~ eine Enttäuschung!** quelle déception!; **~ große Ehre!** que d'honneur! (*soutenu*)
welche(r, s) I. *Pron interrog* ❶ quel(le); **~n Apfel/~ Aprikose möchtest du?** quelle pomme/quel abricot est-ce que tu veux?; **~s von den beiden Fahrrädern ist deins?** lequel des deux vélos est le tien?; **~s ist dein Schal?** c'est quelle écharpe, la tienne?; **~s ist deine Jacke?** c'est quel blouson, le tien?
❷ *geh* (*was für ein*) **~r Zufall!** quelle coïncidence!
II. *Pron rel* **derjenige, ~r/diejenige, ~ das gesagt hat** celui/celle qui a dit cela; **das Programm, mit ~m sie arbeitet** le logiciel avec lequel elle travaille
III. *Pron indef* ❶ en; **ich brauche Zucker, haben wir noch ~n im Haus?** il me faut du sucre, est-ce qu'on en a encore?; **wenn du Erdbeeren möchtest, dann nimm dir ~!** si tu veux [manger] des fraises, prends-en!; **brauchst du Streichhölzer? Hier sind ~!** tu as besoin d'allumettes? en voici!
❷ *Pl fam* (*einige Leute*) **vor dem Haus stehen ~** devant la maison, il y a du monde; **es gibt ~, die ...** il y en a qui ... (*fam*)
welk [vɛlk] *Adj Blume, Salat, Haut* flétri(e); **~ werden/sein** se flétrir/être flétri(e)
welken ['vɛlkən] *itr V + sein geh* se flétrir
Wellblech ['vɛl-] *nt* tôle *f* ondulée
Wellblechhütte *f* cabane *f* en tôle ondulée
Welle ['vɛlə] <-, -n> *f* ❶ *a. fig* vague *f;* **eine ~ von Beschwerden** une vague de réclamations
❷ (*Locke*) ondulation *f*
❸ PHYS, RADIO onde *f*
❹ (*Unebenheit*) (*im Teppich, Boden, Papier*) pli *m;* (*im Gelände*) ondulation *f*
❺ (*Tendenz, Mode*) tendance *f;* **die/eine neue ~** la/une tendance actuelle
❻ TECH arbre *m*
► **[die] grüne ~** *feux de signalisation parfaitement synchronisés;* **[hohe] ~n schlagen** faire des vagues (*fam*)
wellen ['vɛlən] *r V* **sich ~** onduler
Wellenbad *nt* piscine *f* à vagues **Wellenbereich** *m* gamme *f* d'ondes, bande *f* de fréquences **Wellenbrecher** <-s, -> *m* brise-lame[s] *m*
wellenförmig [-fœrmɪç] I. *Adj* ondulé(e)
II. *Adv* **sich ~ verziehen** onduler
Wellengang *m kein Pl* houle *f* **Wellenkamm** *m* crête *f* d'une/de la vague **Wellenlänge** *f* longueur *f* d'onde ► **die gleiche ~ haben** *fam,* **auf der gleichen ~ liegen** *fam* être sur la même longueur d'onde (*fam*) **Wellenlinie** [-liːniə] *f* ligne *f* ondulée **Wellenreiten** *nt* surf *m* **Wellensittich** *m* perruche *f*
wellig *Adj Haar, Papier, Teppich, Gelände* ondulé(e); **~ werden** onduler; **von Natur aus ~es Haar haben** avoir des cheveux qui ondulent naturellement
Wellpappe *f* carton *m* ondulé
Welpe ['vɛlpə] <-n, -n> *m* (*junger Hund/Wolf/Fuchs*) chiot *m*/louveteau *m*/renardeau *m;* **die Hündin und ihre ~n** la chienne et ses chiots
Wels [vɛls] <-es, -e> *m* poisson-chat *m*
welsch [vɛlʃ] *Adj* CH romand(e)
Welschland *nt kein Pl* CH **das ~** la Suisse romande **Welschschweiz** *f* CH **die ~** la Suisse romande **Welschschweizer(in)** *m(f)* CH Romand(e) *m(f)* **welschschweizerisch** *Adj* CH romand(e)
Welt [vɛlt] <-, -en> *f* ❶ *kein Pl* (*die Erde*) monde *m;* **die/unsere ~** le/notre monde; **auf der ~** sur la terre; **in aller ~** dans le monde entier; **die große [*o* weite] ~** le vaste monde; **ein Kind zur ~ bringen** mettre un enfant au monde; **zur [*o* auf die] ~ kommen** venir au monde
❷ *kein Pl fam* (*die Menschen*) **alle ~** tout le monde; **vor aller ~** devant tout le monde
❸ *kein Pl* (*Weltall*) **die Entstehung der ~** la naissance de l'univers *m*
❹ (*Planetensystem*) **ferne ~en** d'autres univers *mpl*
❺ (*Lebensbereich*) monde *m;* **die ~ der Mode** le monde de la mode; **in seiner eigenen ~ leben** vivre dans son [propre] monde

⑥ *geh* (*Gesellschaftsschicht*) **die vornehme** ~ le beau monde
⑦ (*Leben, Lebensverhältnisse*) **die antike** ~, **die** ~ **der Antike** l'Antiquité *f;* **die heile** ~ le monde parfait
⑧ (*politische Sphäre*) **die westliche** ~ l'Occident *m;* **die Alte/Neue** ~ l'Ancien/le Nouveau monde *m;* **die Dritte/Vierte** ~ le tiers-monde/quart-monde
▶ **die** ~ **aus den Angeln heben** changer le monde; **nobel geht die** ~ **zugrunde** *fam* on ne se refuse rien (*fam*); **für ihn bricht eine** ~ **zusammen** pour lui, c'est comme si le monde s'écroulait; **davon** [*o* **deswegen**] **geht die** ~ **nicht unter** *fam* ce n'est pas la fin du monde (*fam*); **nicht die** ~ **kosten** *fam* ne pas coûter les yeux de la tête (*fam*); **etw aus der** ~ **schaffen** mettre fin à qc; **nicht aus der** ~ **sein** *fam Person, Ort:* ne pas être à l'autre bout du monde; **etw in die** ~ **setzen** répandre qc; **sie trennen** ~**en** un monde les sépare; **warum in aller** ~ **macht er das?** *fam* [mais] par tous les diables, pourquoi fait-il cela? (*fam*); **mit sich und der** ~ **zufrieden sein** être vraiment satisfait(e); **nicht um alles in der** ~, **um nichts in der** ~ pas pour tout l'or du monde

Weltall *nt* univers *m* **weltanschaulich** *Adj* idéologique **Weltanschauung** *f* weltanschauung *f,* conception *f* du monde **Weltatlas** *m* atlas *m* du monde **Weltausstellung** *f* exposition *f* universelle **Weltbank** *f* Banque *f* mondiale **weltbekannt** *Adj* mondialement connu(e) **weltberühmt** *Adj* célèbre dans le monde entier **weltbeste(r, s)** *Adj attr* **die** ~ **Schwimmerin** la meilleure nageuse du monde **Weltbestleistung** *f* record *m* du monde **Weltbestzeit** *f* SPORT record *m* mondial; **die 100-m in** ~ **laufen** tenir le record du monde au 100 mètres **Weltbevölkerung** *f kein Pl* population *f* mondiale **weltbewegend** *Adj Beschluss, Neuerung, Vorgang* d'importance capitale; *Nachricht, Idee* d'intérêt capital; **das ist nicht** ~ *fam* ce n'est pas ça qui va changer la face du monde (*fam*) **Weltbild** *nt* vision *f* du monde **Weltbürger(in)** *m(f)* citoyen(ne) *m(f)* du monde

Weltenbummler(in) [-bʊmlɐ] *m(f)* bourlingueur(-euse) *m(f)* (*fam*)

Welterfolg *m* succès *m* mondial

Weltergewicht ['vɛltɐ-] *nt kein Pl* (*Gewichtsklasse*) mi-moyen *m,* catégorie *f* welter

Weltergewichtler(in) <-s, -> *m(f)* mi-moyen(ne) *m(f)*

welterschütternd *Adj Entdeckung, Ereignis* révolutionnaire; *Katastrophe, Tragödie* bouleversant(e) **weltfremd** *Adj Person, Ansicht, Theorie* irréaliste; ~ **sein** *Person:* ne pas avoir le sens des réalités **Weltfriede(n)** *m* paix *f* mondiale **Weltgeltung** *f* renommée *f* mondiale **Weltgeschichte** *f kein Pl* histoire *f* universelle ▶ **in der** ~ **herumfahren** *hum fam* rouler sa bosse (*hum fam*) **weltgeschichtlich** *Adj Ereignis* qui fait date **Weltgesundheitsorganisation** *f* Organisation *f* mondiale de la santé **weltgewandt** *Adj Person:* courtois(e); ~ **sein** avoir de l'entregent **weltgrößte(r, s)** *Adj* **die** ~ **Solaranlage** la plus grande station solaire du monde **Welthandel** *m* commerce *m* mondial [*o* international]

Welthandelskonjunktur *f* conjoncture *f* du commerce mondial **Welthandelsorganisation** *f kein Pl* Organisation *f* mondiale du commerce **Welthandelswährung** *f* monnaie *f* internationale

Weltherrschaft *f kein Pl* hégémonie *f* mondiale **Weltkarte** *f* mappemonde *f* **Weltklasse** *f kein Pl* classe *f* internationale; ~ **sein** *fam Sportler:* être un/une pro (*fam*) **Weltkonjunktur** *f* conjoncture *f* internationale [*o* mondiale] **Weltkrieg** *m* guerre *f* mondiale; **der Erste/Zweite** ~ la Première/Seconde Guerre mondiale

weltlich *Adj geh* ① (*irdisch*) *Freuden, Genüsse* terrestre
② (*nicht geistlich*) *Bauwerk, Kunst* profane

Weltliteratur *f kein Pl* littérature *f* mondiale **Weltmacht** *f* grande puissance *f* **weltmännisch** ['vɛltmɛnɪʃ] *Adj Auftreten* mondain(e) **Weltmarkt** *m* marché *m* international

weltmarktfähig *Adj* commercialisable sur le marché mondial

Weltmeer *nt* océan *m* **Weltmeister(in)** *m(f)* champion(ne) *m(f)* du monde; ~ **in im Hochsprung** championne du monde du saut en hauteur **Weltmeisterschaft** *f* championnat *m* du monde; **die** ~ **im Eiskunstlaufen** le championnat du monde du patinage artistique **weltoffen** *Adj* ouvert(e) [au monde] **Weltöffentlichkeit** *f kein Pl* opinion *f* mondiale **Weltpolitik** *f* politique *f* mondiale [*o* internationale] **weltpolitisch** **I.** *Adj Entscheidung* de politique mondiale; *Bedeutung, Konsequenzen* au niveau de la politique mondiale **II.** *Adv bedeutsam* au niveau de la politique mondiale **Weltrang** *m kein Pl* rang *m* [*o* niveau *m*] mondial [*o* international] **Weltraum** *m kein Pl* espace *m*

Weltraumteleskop *nt* télescope *m* spatial

Weltreich *nt* empire *m* **Weltreise** *f* tour *m* du monde; **eine** ~ **machen** faire le tour du monde **Weltrekord** *m* record *m* du monde; **der** ~ **im Weitsprung** le record du monde du saut en longueur

Weltrekordler(in) [-rekɔrtlɐ] <-s, -> *m(f)* recordman *m/* recordwoman *f* du monde

Weltreligion *f* grande religion *f* **Weltruf** *m kein Pl* réputation *f* internationale; **eine Physikerin von** ~ une physicienne de renommée mondiale **Weltschmerz** *m kein Pl* mal *m* du siècle **Weltsicherheitsrat** *m* Conseil *m* de sécurité de l'O.N.U. **Weltsprache** *f* langue *f* internationale **Weltstadt** *f* grande ville *f* de renommée mondiale **weltstädtisch** *Adj* d'une grande ville de renommée mondiale **Weltstar** *m* vedette *f* internationale **Weltumsegelung** *f* NAUT tour *m* du monde en bateau à voile **weltumspannend** *Adj* universel(le), global(e); ~**es Computernetz** réseau *m* informatique mondial **Weltuntergang** *m* fin *f* du monde

Weltuntergangsstimmung *f* morosité *f*

Welturaufführung *f* THEAT première *f* mondiale **Weltverbesserer** *m,* **-verbesserin** *f* redresseur(-euse) *m(f)* de torts **Weltwährungsfonds** *m* Fonds *m* monétaire international **weltweit** **I.** *Adj Katastrophe, Rezession* mondial(e) **II.** *Adv zunehmen, tätig sein* dans le monde entier; *bedeutsam sein* pour le monde entier **Weltwirtschaft** *f* économie *f* mondiale [*o* internationale]

Weltwirtschaftsgipfel *m* sommet *m* économique mondial **Weltwirtschaftskrise** *f* crise *f* économique mondiale [*o* internationale]

Weltwunder *nt* **die sieben** ~ les Sept Merveilles *fpl* du monde **Weltzeituhr** *f* horloge *f* universelle

wem [veːm] **I.** *Pron interrog, Dat von* **wer:** ~ **gehört ...?** à qui appartient...?; ~ **soll ich glauben?** qui [dois-je] croire?; ~ **kann ich helfen?** qui puis-j'aider?; ~ **kann ich trauen, ihm oder ihr?** en qui puis-j'avoir confiance, en lui ou en elle?; **mit** ~ avec qui; **von** ~ de qui
II. *Pron rel, Dat von* **wer:** ~ **der Vorschlag nicht gefällt, der kann gehen** celui à qui la proposition ne plaît pas peut s'en aller
III. *Pron indef, Dat von* **wer** *fam* **hast du** ~ **davon erzählt?** tu en as parlé à quelqu'un?

Wemfall *m* datif *m*

wen [veːn] **I.** *Pron interrog, Akk von* **wer:** ~ **hast du gesehen?** qui as-tu vu?; ~ **möchten Sie sprechen?** à qui voulez-vous parler?; ~ **möchtest du anrufen?** à qui veux-tu téléphoner?; **durch/für** ~ par/pour qui
II. *Pron rel, Akk von* **wer:** ~ **das nicht interessiert, der kann gehen** celui que cela n'intéresse pas peut s'en aller; ~ **das betrifft, der möge sich bitte melden** que celui qui est concerné se manifeste
III. *Pron indef, Akk von* **wer** *fam* **hast du** ~ **gesehen?** tu as vu quelqu'un?

Wende ['vɛndə] <-, -n> *f* ① (*Veränderung*) tournant *m;* **eine** ~ **zum Besseren** l'amorce *f* d'une amélioration; **wir stehen an der** ~ **zu einem neuen Zeitalter** nous sommes au seuil

W

d'une ère nouvelle
② POL revirement *m;* (*Regierungswechsel*) chambardement *m* (*fam*)
③ HIST **die** ~ le tournant (*désigne la réunification allemande*)
④ SPORT (*beim Segeln*) virement *m* de bord; (*beim Schwimmen*) changement *m* de face
Wendekreis *m* ① *eines Autos* rayon *m* de braquage
② GEOG **der nördliche ~, der ~ des Krebses** le tropique du Cancer; **der südliche ~, der ~ des Steinbocks** le tropique du Capricorne
Wendeltreppe *f* escalier *m* en colimaçon
Wendemantel *m* manteau *m* réversible
wenden¹ ['vɛndən] <wendete *o geh* wandte, gewendet *o geh* gewandt> *r V* ① (*sich drehen*) se tourner; **sich zur Tür** ~ se tourner vers la porte; **sich zur Seite/nach rechts** ~ se tourner sur le côté/à droite
② (*sich richten an*) **sich an jdn** ~ *Person, Buch:* s'adresser à qn
③ (*entgegentreten*) **sich gegen jdn** ~ se retourner contre qn; **sich gegen etw** ~ réfuter qc
④ (*sich entwickeln*) **sich zum Besseren** ~ s'arranger; **sich nicht zum Schlechteren** ~ ne pas s'aggraver
wenden² <wendete, gewendet> **I.** *tr V* retourner *Blatt, Tischdecke;* **bitte ~!** tournez, s'il vous plaît!
II. *itr V* faire demi-tour
Wendeplatz *m* espace *m* pour faire demi-tour **Wendepunkt** *m* tournant *m*
wendig *Adj Person* souple d'esprit; *Auto* manœuvrable
Wendigkeit <-> *f einer Person* souplesse *f* d'esprit; *eines Autos* manœuvrabilité *f*
Wendung <-, -en> *f* ① (*Veränderung*) retournement *m;* **eine überraschende ~ nehmen** prendre une tournure étonnante
② LING tournure *f*
Wenfall *m* accusatif *m*
wenig ['veːnɪç] **I.** *Adj, Pron indef* ① (*nicht viel*) peu; **~ Brot/Obst/Zeit** peu de pain/de fruits/de temps; **~ Lust haben etw zu tun** n'avoir guère envie de faire qc; **~ [Geld] verdienen/ausgeben** gagner/dépenser peu [d'argent]; **~ haben/lernen** ne pas avoir/apprendre grand-chose; **das ~e Geld, das er hat** le peu d'argent qu'il a; **zu ~** trop peu; **zu ~ Arbeit/Geld/Zeit** trop peu de travail/d'argent/de temps; **das ist ~/[viel] zu ~** c'est peu/trop peu; **das ist nicht [gerade] ~!** ce n'est pas qu'un peu!; **das ~e, das er hat** le peu qu'il a; **mit ~em zufrieden sein** se contenter de peu
② (*nicht viele*) **~[e] Gläser/Leute** peu de verres/de gens; **mit ~[en] Worten** en peu de mots; **die ~en Fehler, die sie gemacht hat** les quelques fautes [*o* le peu de fautes] qu'elle a faites; **es kamen nur ~e** peu de gens sont venus; **nicht ~ kamen** beaucoup sont venus
③ (*etwas*) **ein ~ Zucker/Zeit** un peu de sucre/de temps
II. *Adv* ① (*kaum, nicht sehr*) **~ erfreulich/hilfreich** guère réjouissant/secourable; **~ besser** guère mieux; **nicht ~ überrascht sein** ne pas être peu surpris(e)
② (*nicht viel*) **so ~ Salz wie möglich** aussi peu de sel que possible; **wir wissen darüber so ~ wie Sie** nous n'en savons pas plus que vous, ich kann mir das so ~ leisten wie du, je ne peux pas me le permettre plus que toi
③ (*selten*) **~ ausgehen** sortir peu
④ (*etwas*) **ein ~ verärgert** un peu irrité(e)
weniger ['veːnɪgɐ] **I.** *Adj, Pron indef, Komp von* **wenig** moins; **~ Brot/Obst/Zeit** moins de pain/de fruits/de temps; **~ [Geld] ausgeben** dépenser moins; **~ Fehler machen** faire moins de fautes; **er verdient ~ als ich/als tausend Euro im Monat** il gagne moins que moi/de mille euros par mois; **mit ~ rechnen** s'attendre à moins; **etwas ~** un peu moins; **~ werden** *Vorräte:* diminuer; *Geld, Vermögen:* s'amenuiser
► **~ wäre mehr gewesen** le mieux est l'ennemi du bien
II. *Adv Komp von* **wenig** ① **~ interessant** moins intéressant(e); **für uns zählt ~ die Schnelligkeit als die Qualität** pour nous, la rapidité compte moins que la qualité; **je mehr er erzählte, desto ~ interessierte es mich** plus il racontait et moins ça m'intéressait
② (*seltener*) **sie geht jetzt ~ aus** en ce moment, elle sort moins souvent
III. *Konj* moins; **21 ~ 4 ist 17** 21 moins 4 égale 17
Wenigkeit <-> ► **meine ~** *hum fam* mon humble personne (*hum*)
wenigste(r, s) ['veːnɪçstə, 'veːnɪkstə] **I.** *Adj, Pron Superl von* **wenig: das ~ Geld** le moins d'argent; **die ~n Fehler** le moins de fautes; **die ~n [Menschen] wissen, dass** rares sont ceux [*o* les gens] qui savent que + *indic;* **das ~, was man tun kann** le moins qu'on puisse faire
II. *Adv Superl von* **wenig: das interessiert mich am ~n** c'est ce qui m'intéresse le moins; **sie hat sich [von allen] am ~n gefreut/verändert** c'est elle qui s'est le moins réjouie/qui a le moins changé
wenigstens ['veːnɪçstəns, 'veːnɪkstəns] *Adv* ① (*mindestens*) au moins
② (*zumindest*) du moins; **~ hat er das behauptet** c'est du moins ce qu'il a affirmé
wenn [vɛn] *Konj* ① (*falls*) si; **~ das so ist** si c'est comme ça
② (*sobald*) dès que; **~ man auf den Knopf drückt** quand on appuie sur le bouton; **[immer] ~ Weihnachten naht** à l'approche de Noël
③ (*obwohl*) **~ sie auch Recht hat** même si elle a raison
④ (*in Wunschsätzen*) **~ ich das geahnt hätte!** si seulement je l'avais su à l'avance!; **~ es morgen bloß nicht regnet!** si seulement il ne pleuvait pas demain!
Wenn <-s, *fam* -> *nt* ► **ohne ~ und Aber** sans barguigner
wenngleich *Konj geh* bien que + *subj*
wennschon *Adv fam* **[na] ~!, [und] ~!** et alors! (*fam*)
► **~, dennschon!** tant qu'à faire!
wer [veːɐ] **I.** *Pron interrog* qui [est-ce qui]; **~ ist da?** qui est là?; **~ kann mir sagen, wie viel Uhr es ist?** qui [est-ce qui] peut me donner l'heure?; **ich kann nicht sagen, ~ von euch gewonnen hat** je ne peux pas dire lequel/laquelle d'entre vous est le gagnant/la gagnante; **~ von den Bewerbern hätte die besten Aussichten?** lequel des postulants ferait l'affaire?; **~ da?** MIL qui va là?
II. *Pron rel* **~ keine Lust hat, [der] sollte zu Hause bleiben** celui qui n'a pas envie ferait mieux de rester à la maison
III. *Pron indef fam* **wenn ~ anruft** s'il y a quelqu'un qui téléphone; **es muss ~ von diesen Kerlen gewesen sein** il doit s'agir de l'un de ces types
► **er/sie ist ~** il/elle n'est pas n'importe qui
Werbeabteilung *f* service *m* [*o* département *m*] [de la] publicité **Werbeagentur** *f* agence *f* de publicité [*o* de pub *fam*] **Werbeaktion** *f* opération *f* [*o* campagne *f*] publicitaire **Werbebeilage** *f* encart *m* publicitaire **Werbeblock** <-blöcke> *m* page *f* de publicité **Werbebroschüre** *f* prospectus *m* **Werbefachmann** <-fachleute> *m,* **-fachfrau** *f* publicitaire *mf* **Werbefernsehen** *nt* publicité *f* à la télévision **Werbefilm** *m* film *m* [*o* spot *m*] publicitaire **Werbefläche** *f* panneau *m* [*o* espace *m*] publicitaire **Werbefunk** *m* publicité *f* à la radio **Werbegeschenk** *nt* cadeau *m* publicitaire **Werbekosten** *Pl* frais *mpl* de publicité **Werbeleiter(in)** *m(f)* chef *m* de publicité **Werbematerial** *nt* matériel *m* publicitaire
werben ['vɛrbən] <wirbt, warb, geworben> **I.** *tr V* parrainer *Abonnenten, Kunden;* **für die Partei ein neues Mitglied ~** parrainer un nouveau membre [et le faire adhérer au parti]
II. *itr V* ① (*Reklame machen*) **für etw ~** faire de la publicité pour qc
② (*zu erhalten suchen*) **um Vertrauen/neue Sponsoren ~** chercher à gagner la confiance/de nouveaux sponsors
Werbesendung *f* émission *f* publicitaire **Werbeslogan** *m* slogan *m* publicitaire **Werbespot** [-spɔt, -ʃpɔt] *m* spot *m* publicitaire; **die ~s** la publicité **Werbetext** *m* texte *m* publicitaire

Werbetexter(in) *m(f)* publicitaire *mf* **Werbeträger(in)** *m(f)* support *m* publicitaire **Werbetrommel** *f* ▸ **die ~ [für jdn/etw] rühren** *fam* faire de la pub [pour qn/qc] (*fam*) **werbewirksam** *Adj* qui fait de l'effet; **ein ~er Slogan** un slogan publicitaire qui fait de l'effet

Werbung <-> *f* ① publicité *f;* **für etw ~ machen** faire de la publicité pour qc
② (*das Anwerben*) *eines Abonnenten, Kunden, Mitglieds* parrainage *m*

Werbungskosten *Pl* frais *mpl* professionnels

Werdegang <-gänge> *m* ① parcours *m;* **beruflicher/künstlerischer ~** parcours *m* professionnel/artistique
② (*Lebenslauf*) curriculum *m* vitæ

werden ['ve:ɐdən] **I.** <wird, wurde *o liter* ward, geworden> *itr V + sein* ① (*seinen Zustand, Status verändern*) devenir; **reich/blind ~** devenir riche/aveugle; **alt/älter ~** devenir vieux(vieille); **krank ~** tomber malade; **schlimmer ~** *Zustand:* empirer; **Lehrer/Rechtsanwältin ~** devenir enseignant/avocate; **Mutter ~** devenir mère; **was möchtest du später einmal ~?** qu'est-ce que tu veux faire plus tard?; **seine Augen ~ immer schlechter** sa vue baisse de plus en plus; **der Kleine ist dick geworden** le petit a grossi; **es wird schon dunkel/hell** il commence déjà à faire sombre/jour; **morgen soll es heiß/kalt ~** demain, il devrait faire chaud/froid; **in den Nächten kann es sehr kalt ~** il peut faire très froid la nuit; **es wird spät** il se fait tard; **gestern ist es sehr spät geworden** la soirée d'hier s'est prolongée tard; **es wird wärmer/schöner ~** il va faire plus chaud/plus beau; **es wird bald Tag** le jour va bientôt se lever; **es wird Abend** le soir tombe; **es wird bald Frühling** c'est bientôt le printemps; **es wird gleich sieben [Uhr]** il sera bientôt [*o* va être] sept heures; **dein Kaffee wird kalt!** ton café refroidit!
② (*seine Befindlichkeit verändern*) **jdm wird besser/wohler** qn se sent mieux; **jdm wird schwindlig** qn a des vertiges; **jdm wird schlecht/kalt** qn se sent mal/commence à avoir froid; **jdm wird ganz heiß** qn est brûlant(e); **da wird einem ja übel!** ça te/vous donne la nausée!
③ (*sich entwickeln*) **zum Dieb ~** devenir un voleur; **zur Gewohnheit/Gewissheit ~** devenir une habitude/certitude; **zur fixen Idee ~** devenir une idée fixe; **zum Alptraum ~** tourner au cauchemar; **Wirklichkeit ~** devenir réalité; **aus ihr ist eine ausgezeichnete Architektin geworden** elle est devenue une excellente architecte; **aus ihm wird nie ein guter Lehrer** il ne sera jamais un bon enseignant; **aus diesem Jungen wird noch etwas** ce garçon ira loin; **was soll nur aus ihm ~?** que va-t-il devenir?; **aus seiner Liebe ist Hass geworden** son amour s'est transformé en haine; **aus unserem Urlaub ist nichts geworden** nos vacances sont tombées à l'eau; **daraus wird nichts!** il n'en est pas [*o* plus] question!; **was soll nun ~?** que va-t-il advenir?
④ (*ein Alter erreichen*) **er wird zehn [Jahre alt]** il va avoir dix ans; **sie ist zwölf [Jahre alt] geworden** elle a eu douze ans
▸ **jd wird nicht mehr** *sl* qn [ne] s'en remet pas (*fam*); **ich werd' nicht mehr!** *sl* pince/pincez-moi, je rêve! (*fam*); **es wird schon [wieder] ~!** *fam* ça va [bientôt] aller [mieux]!
II. <*PP* worden> *Hilfsv* ① (*zur Bildung des Futurs*) **sie wird ihm bald schreiben** elle va lui écrire bientôt; **er wird ihr sicherlich schreiben** il lui écrira certainement; **ich werde abnehmen** je vais maigrir; **es wird gleich regnen** il va bientôt pleuvoir; **ob er wohl kommen wird?** tu crois qu'il va venir?; **bis Ende Mai werde ich das Manuskript bearbeitet haben** d'ici la fin mai, j'aurai remanié ce manuscrit
② (*zur Bildung des Passivs*) **gesehen/fotografiert ~** être vu(e)/photographié(e); **oft verlangt ~** *Artikel, Produkt:* être très demandé(e); **gern gekauft ~** se vendre bien; **das Buch ist veröffentlicht worden** le livre a été publié; **sie ist befördert worden** elle a eu de l'avancement; **ich schlage vor, dass jetzt weitergemacht wird** je propose de continuer; **jetzt wird gearbeitet!** au travail, maintenant!
③ (*zur Bildung des Konjunktivs*) **ich würde das Angebot annehmen** j'accepterais l'offre; **ich würde dir raten den Mund zu halten** si je puis te donner un conseil, tais-toi; **würdest du mir kurz helfen?** tu pourrais m'aider un instant?
④ (*als Ausdruck der Mutmaßung*) **das wird Tante Anne sein** ça doit être tante Anne; **der Wagen wird viel gekostet haben** la voiture a dû coûter cher
▸ **wer wird denn gleich weinen/aufgeben!** *fam* pourquoi tout de suite pleurer/abandonner?

Werden <-s> *nt geh* réalisation *f;* **im ~ sein** être en cours de réalisation

werdend *Adj Vater, Mutter* futur(e); **die Mode für ~e Mütter** la mode future maman

Werfall *m* nominatif *m*

werfen ['vɛrfən] <wirft, warf, geworfen> **I.** *tr V* ① lancer *Ball, Stein, Messer;* **den Ball über die Mauer ~** lancer le ballon par-dessus le mur; **etw nach jdm ~** lancer qc dans la direction de qn
② (*tun*) jeter; **etw auf einen Haufen/in den Mülleimer ~** jeter qc en tas/à la poubelle; **das Licht an die Decke ~** projeter la lumière au plafond
③ (*erzielen*) marquer *Tor*
④ (*ruckartig bewegen*) **die Arme nach oben ~** lever les bras; **den Kopf nach hinten ~** rejeter la tête en arrière; **die Beine nach vorne/hinten ~** lancer les jambes en avant/arrière
⑤ (*bilden*) faire *Blasen, Falten, Schatten;* **lange Schatten ~** *Bäume:* faire des grandes ombres
⑥ (*gebären*) **Junge ~** faire des petits
II. *itr V* ① *Person:* lancer; **18 Meter weit ~** faire un lancer de 18 mètres; **wie weit wirfst du?** à quelle distance [*o* à combien de mètres] lances-tu?; **mit Pfeilen [auf jdn/etw] ~** lancer des flèches [à qn/sur qc]
② (*Junge bekommen*) mettre bas
III. *r V* ① (*sich stürzen*) **sich auf jdn/auf den Boden ~** se jeter sur qn/par terre
② (*sich verziehen*) **sich ~** *Holz:* travailler

Werfer(in) <-s, -> *m(f)* SPORT lanceur(-euse) *m(f)*

Werft [vɛrft] <-, -en> *f* chantier *m* naval

Werftarbeiter(in) *m(f)* ouvrier(-ière) *m(f)* d'un chantier naval

Werg [vɛrk] <-[e]s> *nt* étoupe *f*

Werk <-[e]s, -e> *nt* ① (*Fabrik*) usine *f;* **ab ~** départ d'usine
② (*gesamtes Schaffen*) *eines Künstlers* œuvre *f*
③ (*Kunstwerk*) œuvre *f* d'art
④ (*Buch*) ouvrage *m*
⑤ *kein Pl geh* (*Arbeit, Tat*) ouvrage *m;* **Gottes ~** l'œuvre *f* de Dieu; **gute ~e tun** faire de bonnes œuvres; **das ist Marcs ~** *pej* c'est signé Marc (*péj*); **sich ans ~ machen** se mettre à l'œuvre; **am ~ sein** *pej Personen, Kräfte:* être à l'œuvre
▸ **vorsichtig zu ~e gehen** *geh* s'y prendre prudemment

Werkarzt *m*, **-ärztin** *f* médecin *m* du travail

Werkbank <-bänke> *f* établi *m*

Werkel ['vɛrkl] <-s, -n> *nt* A (*Drehorgel*) orgue *m* de Barbarie

werkeln ['vɛrkəln] *itr V fam* bidouiller (*fam*)

Werken ['vɛrkən] *s.* **Werkunterricht**

werkgetreu *Adj* conforme à l'original; **eine ~e Wiedergabe** une reproduction fidèle **Werklehrer(in)** *m(f)* professeur *m* de technologie **Werkleitung** *s.* **Werksleitung** **Werkmeister(in)** *m(f)* chef *mf* d'atelier

Werksarzt *m*, **-ärztin** *f* A *s.* **Werkarzt**

Werkschutz *m kein Pl* (*Arbeitsschutz*) sécurité *f* dans l'entreprise; (*Personal*) service *m* de gardiennage

Werksfeuerwehr *f* pompiers *mpl* de l'usine **Werksgelände** *nt* enceinte *f* de l'usine **Werkskantine** *f* cantine *f* de l'entreprise **Werksleiter(in)** *m(f)* directeur(-trice) *m(f)* de l'usine [*o* l'entreprise] **Werksleitung** *f* direction *f* de l'entreprise [*o* l'usine]

Werkstatt ['-ʃtat] *f*, **Werkstätte** *f geh* (*Schreinerwerkstatt*) atelier *m;* (*Autowerkstatt*) garage *m* **Werkstoff** *m* (*Rohmaterial, Leder*) matériau *m;* (*Kunststoff*) matériau manufacturé **Werkstück** *nt* pièce *f* à façonner **Werktag** *m* jour *m* ouvrable **werktags** *Adv* en semaine **werktätig** *Adj* actif(-ive); **die ~e Bevölkerung** la population active **Werkunterricht** *m* cours *m* de technologie **Werkzeug** <-[e]s, -e> *nt* ❶ (*einzelnes Werkzeug*) outil *m;* (*Gesamtheit*) outils *mpl* ❷ *geh* (*gefügiger Helfer*) instrument *m*

Werkzeugkasten *m* caisse *f* à outils **Werkzeugmacher(in)** *m(f)* outilleur *m*/ouvrière *f* outilleur **Werkzeugmaschine** *f* machine-outil *f* **Werkzeugtasche** *f* trousse *f* à outils

Wermut ['veːɐmuːt] <-[e]s> *m* ❶ BOT absinthe *f*
❷ (*Wein*) vermout[h] *m*

Wermutstropfen *m geh* ombre *f* au tableau

wert [veːɐt] *Adj* ❶ **viel/nichts ~ sein** valoir beaucoup/ne rien valoir; **tausend Euro ~ sein** valoir mille euros; **wie viel ist dir dieses Bild ~?** combien es-tu prêt(e) à payer pour ce tableau?
❷ *fig* **deine Meinung ist mir viel ~** je tiens beaucoup à ton opinion; **deine Hilfe ist ihm sehr viel ~** ton aide lui est très précieuse; **der Erwähnung** (*Gen*) **~ sein** *geh* mériter d'être mentionné(e); **das ist nicht der Mühe** (*Gen*) **~** ça ne vaut pas la peine [*o* le coup]
❸ *veraltet geh* (*geschätzt*) **die ~en Damen und Herren** ces très chers mesdames et messieurs; **wie ist Ihr ~er Name?** à qui ai-je l'honneur de parler? (*soutenu*)

Wert <-[e]s, -e> *m* ❶ (*Preis*) valeur *f;* **einen ~ von hundert Euro haben** avoir une valeur de cent euros; **Möbel im ~ von ... Euro** des meubles d'une valeur de... euros; **im ~ steigen, an ~ zunehmen** prendre de la valeur; **im ~ sinken, an ~ verlieren** perdre de sa valeur; **ideellen ~ haben** avoir une valeur idéale; **sächlicher ~** ÖKON valeur neutre
❷ (*Wertvorstellung*) valeur *f;* **die sittlichen/moralischen ~e** les valeurs morales; **meine persönlichen ~e** mes idéaux
❸ *Pl* (*Untersuchungsergebnis*) résultats *mpl*
❹ (*wertvolle Eigenschaft*) qualité *f;* **die inneren ~e** les qualités morales
❺ (*Bedeutung*) valeur *f;* **einer S.** (*Dat*) **viel/wenig ~ beimessen** *geh* attacher [*o* accorder] beaucoup/peu d'importance à qc; **gesteigerten ~ auf etw** (*Akk*) **legen** tenir particulièrement à qc
❻ (*Wertpapier*) titre *m*
► **das hat keinen ~** *fam* c'est pas la peine (*fam*); **über/unter ~** au-dessus/au-dessous de la valeur réelle

Wertarbeit *f* travail *m* de qualité **wertbeständig** *Adj* à valeur stable; **~ sein** avoir une valeur stable **Wertbeständigkeit** *f kein Pl* stabilité *f* [de la valeur] **Wertbrief** *m* lettre *f* chargée

werten ['veːɐtən] *tr V* ❶ noter, donner une note à *Klassenarbeit, Prüfung, Kür;* **etw mit acht Punkten ~** attribuer huit points à qc; **der Sprung wurde nicht ~** le saut n'a pas été compté
❷ (*bewerten*) considérer *Aussage, Faktor;* juger *Ereignis, Sachverhalt, Umstand*

wertfrei *Adj* impartial(e) **Wertgegenstand** *m* objet *m* de valeur

Wertigkeit <-, -en> *f* valence *f*

wertlos *Adj Gegenstand, Information, Wissen* sans valeur; **für jdn ~ sein** ne servir à rien à qn

Wertmaßstab *m* critère *m* [d'appréciation]; **hohe Wertmaßstäbe/einen hohen ~ anlegen** avoir des critères élevés/un critère élevé [d'appréciation]; **nach ihren Wertmaßstäben** d'après ses critères [d'appréciation] **Wertminderung** *f* FIN diminution *f* de valeur, dépréciation *f* **Wertpaket** *nt* colis *m* avec valeur déclarée **Wertpapier** *nt* FIN titre *m*, valeur *f* **Wertsache** *f meist Pl* objet *m* de valeur **Wertschätzung** *f geh* estime *f* **Wertschrift** CH *s.* **Wertpapier** **Wertsteigerung** *f* plus-value *f* **Wertstoff** *m* matériau *m* recyclable **Wertstoffhof** *m* déchetterie *f*

Wertung <-, -en> *f* ❶ *kein Pl* (*Bewertung*) *einer Klassenarbeit, Kür, Übung* notation *f*
❷ *kein Pl* (*Einschätzung*) *von Aussagen, Faktoren, Sachverhalten* appréciation *f*
❸ (*Note*) note *f*

Werturteil *nt* jugement *m* de valeur; **ein ~ über etw** (*Akk*) **abgeben** porter un jugement de valeur sur qc **wertvoll** *Adj* de grande valeur; **~ sein** avoir de la valeur

Werwolf ['veːɐ-] *m* loup-garou *m*

Wesen ['veːzən] <-s, -> *nt* ❶ (*Geschöpf*) créature *f;* **kleines ~** petite créature; **menschliches ~** être *m* humain; **das höchste ~** l'Être suprême
❷ *kein Pl* (*Grundzüge*) *einer Demokratie, Ideologie* essence *f*

wesenhaft *Adj* ❶ (*im Wesen begründet*) déterminant(e)
❷ (*real existent*) réel(le)

Wesensart *f* nature *f* **wesensfremd** *Adj* inapproprié(e); **das Feilschen ist ihm völlig ~** le marchandage lui est totalement étranger **wesensgleich** *Adj* identique **Wesenszug** *m* trait *m* de caractère

wesentlich ['veːzəntlɪç] **I.** *Adj Teil, Bestandteil, Grund, Argument* essentiel(le); *Bedeutung, Gesichtspunkt, Unterschied* fondamental(e); *Mangel* d'une grande importance; *Organ* vital(e); **~e Teile der Produktionsanlage** le cœur de l'unité de production; **sich** (*Dat*) **im Wesentlichen einig sein** être d'accord sur l'essentiel; **das ist im Wesentlichen alles** c'est tout pour l'essentiel; **wir haben nichts Wesentliches geändert** nous n'avons rien changé d'essentiel
II. *Adv schöner, kleiner, dümmer* bien plus; *beitragen* pour une large part

Wesfall *m* génitif *m*

weshalb [vɛs'halp] **I.** *Adv interrog* pourquoi
II. *Adv rel* **der Grund, ~ ...** la raison pour laquelle...

Wesir [ve'ziːɐ] <-s, -e> *m* vizir *m*

Wespe ['vɛspə] <-, -n> *f* guêpe *f*

Wespennest *nt* nid *m* de guêpes ► **in ein ~ stechen** *fam* [sou]lever un lièvre **Wespenstich** *m* piqûre *f* de guêpe **Wespentaille** [-taljə] *f* taille *f* de guêpe

wessen ['vɛsən] **I.** *Pron interrog, Gen von* **wer: ~ Geldbörse ist das?** à qui appartient ce porte-monnaie?; **~ wurde gestern gedacht?** qui est-ce qu'on commémorait hier?; **ich weiß nicht, ~ Idee das gewesen ist** je ne sais pas qui était l'auteur de cette idée
II. *Pron interrog, Gen von* **was: ~ klagt man ihn an?** de quoi l'accuse-t-on?; **~ auch immer ich angeklagt werde** quel que soit le fait dont on m'accuse

Wessi ['vɛsi] <-s, -s> *m*, <-, -s> *f fam surnom des habitants de l'ex-Allemagne de l'Ouest*

Westafrika <-s> *nt* l'Afrique *f* occidentale **Westberlin** <-s> *nt* HIST Berlin-Ouest *m* **Westbürger(in)** *m(f)* (*Westdeutscher*) Allemand(e) *m(f)* de l'Ouest **westdeutsch** *Adj Stadt, Dialekt, Mentalität* de l'Allemagne de l'Ouest; HIST *Regierung* ouest-allemand(e) **Westdeutschland** *nt* GEOG l'Allemagne *f* occidentale; HIST l'Allemagne *f* de l'Ouest

Weste <-, -n> *f* (*Strickweste, Anzugweste*) gilet *m*
► **eine saubere** [*o* **weiße**] **~ haben** *fam* avoir les mains propres

Westen <-s> *m* ❶ (*Himmelsrichtung*) ouest *m*
❷ (*westliche Gegend*) Ouest *m*
❸ POL **der ~** l'Occident *m; s. a.* **Norden**
► **der Wilde ~** le Far West

Westentasche *f* petite poche *f;* (*Tasche für eine Uhr*) gousset *m*
► **etw wie seine ~ kennen** *fam* connaître qc comme sa poche

Western <-[s], -> *m* western *m*

Westeuropa *nt* GEOG l'Europe *f* occidentale; POL l'Europe *f* de l'Ouest **westeuropäisch** *Adj* de l'Europe de l'Ouest

Westfale <-n, -n> *m,* **Westfälin** *f* Westphalien(ne) *m(f)*
Westfalen <-s> *nt* la Westphalie
westfälisch *Adj* de Westphalie
westgermanisch *Adj* germanique occidental(e) **Westgote** *m,* **-gotin** *f* Wisigoth(e) *m(f)* **westindisch** *Adj* HIST des Indes Occidentales **Westküste** *f* côte *f* ouest
westlich I. *Adj* ❶ *Land, Stadt, Lage* [situé(e)] à l'ouest; *Wind, Luftströmung* [en provenance] de l'ouest; **in ~er Richtung** en direction de l'ouest
❷ POL occidental(e)
II. *Adv* à l'ouest
III. *Präp + Gen* à l'ouest de; ~ **der Alpen** à l'ouest des Alpes
Westmächte *Pl* puissances *fpl* occidentales **Westniveau** [-nivo:] *nt* ÖKON niveau de l'Allemagne de l'Ouest *m;* **auf ~** *Löhne, Gehälter, Preise* équivalent(e) [*o* identique] aux tarifs de l'Allemagne de l'Ouest; **unter [dem] ~** *Löhne, Gehälter, Preise* en dessous des tarifs de l'Allemagne de l'Ouest **Westrom** *nt* l'Empire *m* d'Occident **weströmisch** *Adj* HIST **das Weströmische Reich** l'Empire *m* romain d'Occident **Westseite** *f* face *f* [*o* côté] ouest
westwärts *Adv* vers l'ouest
Westwind *m* vent *m* d'ouest
weswegen *s.* **weshalb**
Wettannahme *f* prise *f* des paris **Wettbewerb** <-[e]s, -e> *m* ❶ *kein Pl* (*wirtschaftliche Konkurrenz*) concurrence *f;* **mit jdm in ~ treten** entrer en concurrence avec qn; **miteinander im ~ stehen** se faire concurrence; **unlauterer ~** concurrence déloyale ❷ (*Veranstaltung*) concours *m;* **sportlicher ~** compétition *f* sportive **Wettbewerber(in)** *m(f)* concurrent(e) *m(f)*
wettbewerbsfähig *Adj* concurrentiel(le), compétitif(-ive) **Wettbewerbsrecht** *nt kein Pl* législation *f* relative à la concurrence **Wettbewerbsvorteil** *m* ÖKON avantage *m* par rapport à la concurrence
Wettbüro *nt* bureau *m* des paris, ≈ P.M.U. *m*
Wette <-, -n> *f* pari *m;* **eine ~ abschließen** faire un pari; **um was/wie viel geht es bei dieser ~?** sur quoi porte/à combien se monte le pari?; **ich gehe jede ~ ein, dass er lügt** je parie qu'il ment; **darauf gehe ich jede ~ ein!** *fam* j'en fais le pari!; **was gilt die ~?** *fam* (*wollen wir wetten?*) on parie? (*fam*); (*worum wetten wir?*) qu'est-ce que tu paries/vous pariez? (*fam*); **die ~ gilt!** *fam* pari tenu!
▶ **um die ~ rennen** parier à qui court le plus vite
Wetteifer *m kein Pl* émulation *f,* esprit *m* de compétition **wetteifern** *itr V geh* **miteinander ~** faire à qui mieux mieux; **mit jdm um den ersten Platz ~** rivaliser avec qn pour la première place
wetten I. *itr V* parier; **mit jdm um zehn Euro ~** parier dix euros avec qn; **ich wette mit dir, dass** je parie avec toi que + *indic;* **[wollen wir] ~?** *fam* on parie?; **~, dass ...?** *fam* on parie que...? + *indic* (*fam*)
▶ **so haben wir nicht gewettet!** *fam* ben, faut pas se gêner! (*fam*)
II. *tr V* parier *Summe, Geld*
Wetter <-s, -> *nt* ❶ *kein Pl* temps *m;* **es ist schönes/schlechtes ~** il fait beau/mauvais; **bei günstigem ~** si le temps le permet; **bei jedem ~** par tous les temps; **wie ist das ~?** quel temps fait-il?
❷ DIAL (*Unwetter*) orage *m*
❸ MIN **schlagende ~** grisou *m*
▶ **bei jdm gut ~ machen** *fam* essayer de radoucir qn
Wetteramt *nt* service *m* météorologique **Wetteraussichten** *Pl* prévisions *fpl* météo[rologiques] **wetterbedingt** *Adj* dû(due) au temps **Wetterbericht** *m* bulletin *m* météo[rologique] **Wetterbesserung** *f* amélioration *f* [du temps] **wetterbeständig** *Adj* résistant(e) aux imtempéries **Wetterdienst** *m* service *m* météorologique **Wetterfahne** *f* girouette *f* **wetterfest** *Adj* résistant(e) aux intempéries; **~ sein** résister aux intempéries **Wetterfrosch** *m* ❶ *fam* (*Laubfrosch*) grenouille *f* servant à prédire le temps ❷ *hum* (*Meteorologe*) monsieur *m* Météo (*hum*)
wetterfühlig *Adj* sensible aux changements de temps
Wetterhahn *m* girouette *f* en forme de coq **Wetterkarte** *f* carte *f* météo[rologique] **Wetterleuchten** <-s> *nt kein Pl* éclair *m* de chaleur
wettern *itr V geh* **[gegen jdn/etw] ~** pester [contre qn/qc]
Wettersatellit *m* satellite *m* météorologique **Wetterscheide** *f* démarcation *f* météorologique **Wetterseite** *f* face *f* exposée aux intempéries **Wetterstation** *f* station *f* météorologique **Wetterumschlag** *m,* **Wetterumschwung** *m* brusque changement *m* de temps **Wetterverhältnisse** *Pl* conditions *fpl* météorologiques **Wetterverschlechterung** *f* détérioration *f* du temps **Wettervoraussage** *f,* **Wettervorhersage** *f* prévisions *fpl* météo[rologiques], météo *f* (*fam*) **Wetterwarte** *f* station *f* météo[rologique]
wetterwendisch *Adj* lunatique
Wettkampf *m* compétition *f* **Wettkämpfer(in)** *m(f)* compétiteur(-trice) *m(f)* **Wettlauf** *m* course *f* à pied ▶ **ein ~ mit der [*o* gegen die] Zeit** une course contre la montre **Wettläufer(in)** *m(f)* coureur(-euse) *m(f)* **wett\|machen** *tr V* rattraper *Rückstand, Zeit;* réparer *Fehler, Versäumnis* **Wettrennen** *nt* course *f;* **ein ~ mit den Skateboards machen** faire une course de skate-board **Wettrüsten** *nt* course *f* aux armements **Wettschwimmen** *nt* course *f* à la nage **Wettstreit** *m* concours *m;* **mit jdm in ~ treten** entrer en rivalité avec qn
wetzen I. *tr V + haben* aiguiser *Klinge, Messer;* **den Schnabel an etw** (*Dat*) **~** s'aiguiser le bec sur qc
II. *itr V + sein fam* **nach Hause ~** filer à la maison (*fam*); **über die Straße ~** traverser la rue comme une flèche (*fam*)
Wetzstein *m* pierre *f* à aiguiser
WEU <-> *f Abk von* **Westeuropäische Union** U.E.O. *f*
WEZ [ve:ʔe:'tsɛt] <-> *f Abk von* **Westeuropäische Zeit** heure *f* [du méridien] de Greenwich
WG [ve:'ge:] <-, -s> *f Abk von* **Wohngemeinschaft** communauté *f* (*personnes partageant un appartement*); **mit jdm in einer ~ leben** vivre en communauté avec qn
Whg. *Abk von* **Wohnung** appt.
Whirlpool ['wə:lpu:l] <-s, -s> *m* jacuzzi® *m,* bain *m* à remous
Whisky ['vɪski] <-s, -s> *m* whisky *m*
wich *Imp von* **weichen**
Wichse ['vɪksə] <-, -n> *f fam* ❶ (*Schuhcreme*) cirage *m*
❷ *kein Pl* (*Prügel*) raclée *f* (*fam*)
wichsen [-ks-] I. *itr V vulg* se branler (*vulg*)
II. *tr V* DIAL frotter *Leder, Stiefel;* **etw blank ~** lustrer qc
Wichser <-s, -> *m pej vulg* ❶ (*Onanist*) branleur *m* (*fam*)
❷ (*Mistkerl*) enfoiré *m* (*vulg*)
Wicht <-[e]s, -e> *m* freluquet *m* (*fam*); **kleiner ~** mouflet *m* (*fam*); **er ist ein armer ~** il n'est pas gâté
Wichtel <-s, -> *m,* **Wichtelmännchen** ['vɪçtəlmɛnçən] *nt* (*Kobold*) lutin *m,* gnome *m*
wichtig *Adj* important(e); **es ist ~ sich gesund zu ernähren** il est important de se nourrir sainement; **etw ~ nehmen** prendre qc au sérieux; **das ist nichts Wichtiges** ce n'est rien d'important; **das Wichtigste ist, dass dir nichts passiert ist** le plus important, c'est qu'il ne te soit rien arrivé; **hat er/sie nichts Wichtigeres zu tun?** n'a-t-il/n'a-t-elle rien de mieux à faire?
▶ **sich ~ machen** *fam* faire l'important(e); **sich zu ~ nehmen** se prendre trop au sérieux; **~ tun** *fam* se donner des airs importants; **sich** (*Dat*) **sehr ~ vorkommen** *fam* se croire sorti(e) de la cuisse de Jupiter (*fam*)
Wichtigkeit <-> *f* importance *f;* **von größter ~ sein** être de la plus grande importance; **einer S.** (*Dat*) **größte ~ beimessen** attacher la plus grande importance à qc
Wichtigmacher(in) *m(f)* A, **Wichtigtuer(in)** [-tu:ɐ] <-s, -> *m(f) pej* frimeur(-euse) *m(f)* (*fam*)

widersprechen, einwenden

• widersprechen	• contredire
Das stimmt (doch) gar nicht. *(fam)*	Ce n'est pas vrai du tout.
Ach was!/Unsinn!/Blödsinn!/Quatsch! *(fam)*	Allons donc!/C'est absurde!/C'est des conneries! *(fam)*
Das sehe ich anders.	Je ne vois pas ça comme ça.
Nein, das finde ich nicht.	Non, je ne trouve pas.
Da muss ich Ihnen widersprechen.	Là, je suis obligé(e) de vous contredire.
Das entspricht nicht den Tatsachen.	Cela ne correspond pas à la réalité.
So kann man das nicht sehen.	On ne peut pas voir les choses ainsi.
Davon kann gar nicht die Rede sein.	Il ne peut pas en être question.
• einwenden	**• objecter**
Ja, aber ...	Oui, mais ...
Du hast vergessen, dass ...	Tu as oublié que ...
Das siehst du aber völlig falsch.	Là, tu te trompes complètement.
Sie haben schon Recht, aber bedenken Sie doch auch ...	Vous avez raison, mais pensez aussi que/à ...
Das ist ja alles schön und gut, aber ...	D'accord, mais ...
Ich habe dagegen einiges einzuwenden.	J'ai quelques objections à faire à ce sujet.
Das ist aber weit hergeholt.	Vous avez/Tu as été chercher ça loin. *(fam)*

Wichtigtuerei <-> *f pej* frime *f* (*fam*)

wichtigtuerisch ['vɪçtɪçtu:ərɪʃ] *Adj pej* **ein ~er Kerl** un frimeur (*fam*), un crâneur (*fam*)

Wicke <-, -n> *f* pois *m* de senteur

Wickel <-s, -> *m* MED compresse *f*

▶ **jdn am** [*o* **beim**] **~ nehmen** [*o* **packen**] *fam* (*jdn am Kragen packen*) attraper qn par le colback (*fam*); (*jdn zur Rede stellen*) montrer à qn de quel bois il se chauffe

Wickelkommode *f* meuble *m* à langer

wickeln I. *tr V* ❶ (*herumbinden*) s'enrouler; **sich** (*Dat*) **einen Schal um den Hals ~** s'enrouler une écharpe autour du col ❷ (*einwickeln*) **etw in Papier** (*Akk*) **~** envelopper qc dans du papier
❸ (*aufwickeln*) **den Draht auf etw** (*Akk*) **~** enrouler le fil de fer autour de qc
❹ (*abwickeln*) **das Garn von etw ~** enlever le fil enroulé autour de qc
❺ (*in Windeln wickeln*) langer *Baby*
II. *r V* **sich um etw ~** *Pflanze, Schlange, Garn:* s'enrouler autour de qc

Wickelrock *m* jupe *f* portefeuille

Wickeltisch *m* table *f* à langer

Widder <-s, -> *m* ❶ bélier *m*
❷ ASTROL Bélier *m;* [**ein**] **~ sein** être Bélier

wider *Präp + Akk geh* contre; **~ jdn/etw kämpfen** lutter contre qn/qc; **etw ~ alle Vernunft tun** faire qc en dépit du bon sens; **~ besseres Wissen schweigen** se taire sciemment

widerborstig *Adj* rebelle **Widerborstigkeit** <-> *f* humeur *f* rebelle **widerfahren*** *itr V unreg + sein geh* **jdm ~** arriver à qn **Widerhaken** *m* barbillon *m* **Widerhall** *m geh* écho *m* **wider|hallen** *itr V* résonner, retentir **Widerhandlung** *f* CH (*gegen eine Anordnung*) infraction *f;* (*gegen ein Verbot*) transgression *f*

widerlegbar *Adj* réfutable

widerlegen* *tr V* réfuter; **sich ~ lassen** pouvoir être réfuté(e)

Widerlegung <-, -en> *f* réfutation *f*

widerlich *Adj Person, Aussehen, Geruch* répugnant(e); *Gefühl* horripilant(e)

widernatürlich *Adj* contre nature **widerrechtlich** I. *Adj* illégal(e) II. *Adv* illégalement; **sich** (*Dat*) **etw ~ aneignen** usurper qc **Widerrede** *f* objection *f;* **keine ~!** pas de discussion!; **ohne ~** sans qu'il y ait d'objection **Widerruf** *m a.* JUR révocation *f;* **bis auf ~** jusqu'à nouvel ordre **widerrufen*** *unreg* I. *tr V* révoquer *Genehmigung, Nutzung;* revenir sur *Aussage, Geständnis* II. *itr V* se rétracter

widerruflich I. *Adj* révocable
II. *Adv* à titre révocable

Widerrufsrecht *nt kein Pl* JUR droit *m* de révocation

Widersacher(in) <-s, -> *m(f)* adversaire *mf*

Widerschein *m* reflet *m* **widersetzen*** *r V* résister; **sich jdm ~** résister à qn; **sich einer S.** (*Dat*) **~** s'opposer à qc

widersetzlich *Adj* insubordonné(e), rebelle

Widersetzlichkeit <-, -en> *f* insubordination *f,* caractère *m* rebelle

widersinnig *Adj* absurde

widerspenstig *Adj Schüler, Mitarbeiter, Haare* rebelle; *Kind, Zugtier* rétif(-ive)

Widerspenstigkeit <-> *f eines Schülers, Mitarbeiters* caractère *m* rebelle; *eines Kindes, Zugtiers* caractère *m* rétif

wider|spiegeln *geh* I. *tr V* renvoyer l'image de (*soutenu*) II. *r V* **sich in etw** (*Dat*)**/auf etw** (*Dat*) **~** se refléter dans/sur qc

widersprechen* *itr V unreg* ❶ **jdm ~** contredire qn; **einem Vorwurf ~** réfuter un reproche; **Sie ~?** vous n'êtes pas d'accord? ❷ (*nicht übereinstimmen*) **sich** (*Dat*) [**selbst**] **~** se contredire [soi-même]; **das widerspricht deinen Behauptungen** cela contredit tes affirmations **widersprechend** *Adj* contradictoire; **sich** [*o* **einander**] **~e Schilderungen** des descriptions *fpl* contradictoires **Widerspruch** *m* ❶ *kein Pl* (*opp: Zustimmung, Übereinstimmung*) contradiction *f;* **der freche ~ eines Schülers** la réplique insolente d'un écolier; **in** [*o* **im**] **~ zu** [*o* **mit**] **etw stehen** être en contradiction avec qc ❷ JUR opposition *f;* **~ gegen etw einlegen** faire opposition à qc

widersprüchlich I. *Adj Aussagen, Meldungen* contradictoire; *Theorie, Verhalten* plein(e) de contradictions

II. *Adv* contradictoirement; **sich ~ äußern** faire des déclarations contradictoires; **sich ~ verhalten** avoir un comportement [*o* une attitude] contradictoire
widerspruchslos I. *Adj* exempt(e) de protestations
II. *Adv* sans protester
Widerstand *m* ❶ résistance *f;* **gegen etw ~ leisten** opposer [*o* faire] de la résistance à qc; **passiver ~** résistance passive; **trotz aller Widerstände** malgré toutes résistances; **~ gegen die Staatsgewalt** résistance à l'autorité de l'État
❷ *kein Pl* PHYS résistance *f* [électrique]
❸ ELEC rhéostat *m*
Widerstandsbewegung *f* [mouvement *m* de] résistance *f;* **bewaffnete ~** mouvement de lutte armée **widerstandsfähig** *Adj Person, Körper* robuste; *Konstitution, Konstruktion* solide; *Material* résistant(e); **~ gegen etw sein/werden** être résistant(e)/s'endurcir à qc **Widerstandsfähigkeit** *f* résistance *f;* **jds ~ gegen etw** la résistance de qn à qc **Widerstandskämpfer(in)** *m(f)* résistant(e) *m(f)* **Widerstandskraft** *f* résistance *f*
widerstandslos I. *Adj* sans résistance
II. *Adv* sans [opposer aucune] résistance
widerstehen* *itr V unreg* [**jdm/einer S.**] **~** résister [à qn/qc]
widerstreben* *itr V geh* répugner; **es widerstrebt ihm dorthin zu gehen** ça le répugne d'y aller; **obwohl mir das eigentlich widerstrebt** bien que cela me répugne **Widerstreben** *nt geh* répugnance *f;* **nach anfänglichem ~** après l'aversion des premiers jours **widerstrebend** *s.* **widerwillig**
Widerstreit *m* conflit *m,* divergence *f;* **im ~ mit etw** (*Dat*) **stehen** être en conflit avec qc
widerwärtig I. *Adj* répugnant(e)
II. *Adv* de façon répugnante; **~ schmecken/riechen** avoir un goût répugnant/une odeur répugnante
Widerwärtigkeit <-, -en> *f* ❶ (*Unannehmlichkeit*) désagrément *m*
❷ (*Ekelhaftigkeit*) aspect *m* écœurant
Widerwille *m* répugnance *f,* dégoût *m;* **mit ~n** à contrecœur; **gegen etw einen ~n haben** avoir du dégoût pour qc **widerwillig** *Adj, Adv* à contrecœur
widmen I. *tr V* ❶ dédier; **jdm etw ~** dédier qc à qn
❷ (*verwenden für*) **jede freie Minute dem Sport ~** consacrer tout son temps libre au sport
II. *r V* **sich jdm/einer S. ~** se consacrer à qn/qc
Widmung <-, -en> *f* (*Zueignung*) dédicace *f*
widrig *Adj geh Verhältnisse, Umstände* défavorable; *Geschick* contraire
Widrigkeit <-, -en> *f* contrariété *f*
wie I. *Adv interrog* ❶ comment; **~ heißt du?** comment t'appelles-tu?; **~ geht es dir?** comment vas-tu?; **ich weiß nicht, ~ es ihm geht** je ne sais pas comment il va; **~ war das Wetter in eurem Urlaub?** quel temps a-t-il fait pendant vos vacances?; **~ ist es, kommst du mit?** *fam* [bon,] alors tu viens ?; **~ wär's mit einem Kaffee?** *fam* qu'est-ce que tu dirais/vous diriez d'un café?; **~ bitte?** (*Bitte um Wiederholung*) comment?; *fam* (*Ausdruck der Entrüstung*) quoi?, comment?
❷ (*auf welche Weise*) comment; **~ hast du das gemacht?** comment est-ce que tu as fait?; **ich weiß nicht, ~ das passieren konnte** je ne sais pas comment cela a pu arriver
❸ (*in welchem Maße*) **~ alt bist du?** quel âge as-tu?; **~ groß bist du?** combien mesures-tu?; **~ viel Uhr ist es?**, **~ spät ist es?** quelle heure est-il?; **~ oft gehst du ins Kino?** tu vas au cinéma tous les combien? (*fam*); **~ oft warst du schon in Amerika?** combien de fois es-tu déjà allé(e) en Amérique?; **~ viele Bücher hast du?** combien de livres as-tu?; **~ schnell darf man auf der Autobahn fahren?** quelle est la vitesse autorisée sur l'autoroute?; **~ viel größer ist das andere Grundstück?** de combien l'autre terrain est-il plus grand?; **~ viel schöner wäre es doch, wenn ...** comme ce serait mieux si ...
❹ (*welche Menge*) **~ viel** combien; **~ viel Zucker nimmst du?** tu prends combien de sucre?; **~ viel verdient sie?** combien gagne-t-elle?; **du glaubst nicht, ~ viel Autos heute unterwegs waren!** tu ne peux pas t'imaginer le nombre de voitures qui circulaient aujourd'hui!
❺ *fam* (*nicht wahr*) **das stört dich, ~?** ça te gêne, non?
❻ (*in Ausrufen*) **~ schön!** comme [*o* que] c'est beau!; (*sehr gut*) c'est bien!; **~ schade!** comme c'est dommage!; **~ kalt es heute ist!** qu'est-ce qu'il fait froid aujourd'hui!; **~ groß du geworden bist!** comme tu as grandi!; **wenn du wüsstest, ~ sehr ich dich liebe!** si tu savais combien [*o* comme] je t'aime!; **magst du Schokolade? – Und ~!** *fam* tu aimes le chocolat? – Oh oui et comment!
II. *Adv rel* **die Art/der Stil, ~ ...** la façon dont ..., la manière dont ...; **mich stört [die Art], ~ er sich benimmt** la façon dont il se comporte [*o* sa façon de se comporter] me dérange
III. *Konj* ❶ (*vergleichend*) **weiß ~ Schnee** blanc comme neige; **so groß ~ ein Fass** aussi grand(e) qu'un tonneau; **er ist so alt ~ ich** il a le même âge que moi; **es kam, ~ es kommen musste** il est arrivé ce qui devait arriver
❷ (*beispielsweise*) comme
❸ (*entsprechend dem, was*) **~ ich höre** d'après ce que j'entends dire
❹ (*und*) comme, et; **Junge ~ Alte** [les] jeunes et [les] vieux
❺ (*dass*) **ich spüre, ~ es kälter wird** je sens qu'il fait plus froid; **er sah, ~ der Krug umkippte** il a vu la cruche basculer [*o* que la cruche basculait]
Wie <-s> *nt* comment *m*
Wiedehopf <-[e]s, -e> *m* huppe *f*
wieder *Adv* ❶ (*erneut*) de nouveau; **es regnet schon ~** il pleut encore, la pluie recommence; **schön, Sie ~ mal zu sehen!** ça fait plaisir de vous revoir!; **du hast mich ja schon ~ belogen!** tu m'as encore menti!; **nie ~** plus jamais
❷ (*allerdings*) en tout cas; **das ist ~ ein ganz neuer Gesichtspunkt** voilà en tout cas un point de vue totalement différent
Wiederaufbau *m kein Pl* reconstruction *f*
wieder|auf|bauen *s.* **aufbauen I.2.**
Wiederaufbaukredit *m* crédit *m* à la reconstruction
wieder|auf|bereiten* *s.* **aufbereiten 1.**
Wiederaufbereitung <-, -en> *f* ÖKOL retraitement *m*
Wiederaufbereitungsanlage *f* ÖKOL usine *f* de traitement des déchets radioactifs
Wiederaufforstung *f* reboisement *m*
Wiederaufnahme *f* (*Wiederbeginn*) reprise *f*
wieder|auf|nehmen *s.* **aufnehmen 5.**
Wiederaufrüstung *f* réarmement *m*
wieder|bekommen* *tr V unreg* récupérer
wieder|beleben* *s.* **beleben I.2.**
Wiederbelebung *f einer Person* r[é]animation *f; einer Tradition* renaissance *f*
Wiederbelebungsversuch *m meist Pl* tentative *f* de r[é]animation; **bei jdm ~e anstellen** tenter de r[é]animer qn
wieder|beschaffen* *tr V* **etw ~** retrouver [*o* racheter] qc
wiederbeschreibbar *Adj CD* regravable
Wiedereinfuhr *f* réimportation *f*
Wiedereinführung *f* ❶ *von Bräuchen* rétablissement *m*
❷ *von Waren* réintroduction *f*
Wiedereingliederung *f* réintrégration *f*
Wiedereinstellung *f* réemploi *m*
wieder|entdecken* *s.* **entdecken I.2.**
Wiederentdeckung *f* redécouverte *f*
wieder|erhalten* *s.* **wiederbekommen**
wieder|erkennen* *s.* **erkennen I.2.**
wieder|erlangen* *tr V geh* recouvrir (*littér*); récupérer *Eigentum*
wieder|eröffnen* *s.* **eröffnen I.1.**
Wiedereröffnung *f* réouverture *f*

W

wieder|finden *s.* finden I.1.
Wiedergabe *f* ❶ (*Reproduktion*) *von Klängen, Bildern, Texten* reproduction *f*
❷ (*Schilderung*) compte *m* rendu, description *f*
wieder|geben *tr V unreg* ❶ (*zurückgeben, reproduzieren, schildern*) rendre; **jdm ein Buch ~** rendre un livre à qn
❷ (*zitieren*) **etw wörtlich/sinngemäß ~** citer qc mot pour mot/rendre qc en substance
Wiedergeburt *f* réincarnation *f*
wieder|gewinnen* *tr V unreg* ❶ ÖKOL **etw aus Abfällen ~** obtenir [*o* produire] qc en retraitant des déchets
❷ *s.* **wiedererlangen**
Wiedergewinnung <-> *f* récupération *f* [après traitement]
wieder|gut|machen *s.* **gutmachen 1.**
Wiedergutmachung <-, -en> *f* réparation *f*
wieder|haben *tr V unreg fam* récupérer (*fam*)
wieder|her|stellen *tr V* ❶ (*erneut schafffen*) rétablir *Kontakt, Ordnung, Frieden*
❷ (*heilen*) **wiederhergestellt sein** être rétabli(e)
❸ (*restaurieren*) **etw ~** remettre qc en état, restaurer qc
Wiederherstellung *f* ❶ (*das erneute Schaffen*) *eines Kontakts, des Friedens* rétablissement *m*
❷ (*Restaurierung*) restauration *f*, rénovation *f*
wiederholbar *Adj* renouvelable
wiederholen*¹ I. *tr V* ❶ (*noch einmal sagen, vorbringen*) répéter *Satz, Wort, Frage;* renouveler *Angebot, Forderung*
❷ (*noch einmal durchführen*) recommencer *Experiment, Test*
❸ (*noch einmal ausstrahlen*) repasser, rediffuser *Film, Sendung*
❹ (*erneut durchlaufen*) redoubler *Klasse;* suivre à nouveau *Kurs;* repasser *Prüfung*
❺ (*lernen*) réviser *Lektion, Vokabeln*
II. *r V* **sich ~** se répéter
wieder|holen² *tr V* rattraper; rapporter *Ball, Gegenstand;* **sich** (*Dat*) **etw ~** récupérer qc
wiederholt I. *Adj* répété(e), renouvelé(e)
II. *Adv* à plusieurs reprises
Wiederholung <-, -en> *f* ❶ *eines Worts, einer Frage* répétition *f*; *eines Angebots, einer Forderung* renouvellement *m*
❷ (*erneute Durchführung*) *eines Experiments, Tests* recommencement *m*
❸ (*erneutes Ausstrahlen*) *eines Films, einer Sendung* rediffusion *f*
❹ (*erneutes Durchlaufen*) *einer Klasse* redoublement *m;* **eine ~ dieser Prüfung ist nicht möglich** il n'est pas possible de repasser cet examen
❺ (*das Lernen*) *einer Lektion, von Vokabeln* révision *f*
Wiederholungsfall *m* **im ~** *form* en cas de récidive **Wiederholungstäter(in)** *m(f)* récidiviste *mf*
Wiederhören [**auf**] **~!** au revoir!
wieder|käuen I. *tr V* ❶ ruminer *Gras*
❷ *pej* (*ständig wiederholen*) rabâcher
II. *itr V* ruminer
Wiederkäuer <-s, -> *m* ruminant *m*
Wiederkehr <-> *f geh* retour *m*
wieder|kehren *itr V + sein geh* ❶ (*zurückkehren*) revenir
❷ (*sich wiederholen*) se répéter; **ein ständig ~des Thema** un sujet qui revient toujours
wieder|kommen *itr V unreg + sein* ❶ (*zurückkommen, erneut kommen*) revenir
❷ (*sich noch einmal bieten*) *Gelegenheit:* se représenter
wieder|kriegen *s.* **wiederbekommen**
Wiederschauen [**auf**] **~!** A, SDEUTSCH au revoir!
wieder|sehen *unreg* I. *tr V s.* **sehen I.1.**
II. *r V s.* **sehen III.1.**
Wiedersehen <-s, -> *nt* [nouvelle] rencontre *f;* **auf ~ sagen** dire au revoir; [**auf**] **~!** au revoir!
Wiedersehensfreude *f kein Pl* joie *f* des retrouvailles
Wiedertäufer(in) <-s, -> *m(f)* anabaptiste *mf*
wieder|tun *s.* **tun I.1.**
wiederum *Adv* ❶ (*abermals*) de nouveau, encore [une fois]
❷ (*dagegen*) en revanche
❸ (*seinerseits*) **er ~** lui pour sa part [*o* de son côté]; **ich ~** moi pour ma part [*o* de mon côté]; **ich weiß das von Brigitte und sie ~ von ihrem Chef** je le sais par Brigitte et elle, de son côté [*o* pour sa part], par son patron
wieder|vereinigen* *s.* **vereinigen II.1.**
wiedervereinigt *s.* **vereinigt**
Wiedervereinigung *f* réunification *f*

i Land & Leute

Après la guerre froide, qui avait vu la séparation de l'Allemagne en deux États (avec la RFA – république fédérale allemande – à l'ouest et la RDA – république démocratique allemande – à l'est) et la construction du mur de Berlin, une politique de détente s'est amorcée. Le 9 novembre 1989 a vu la chute du mur de Berlin et le début de grands changements, qui ont abouti, le 3 octobre 1990, à la signature d'un traité d'union et à la **Wiedervereinigung**, c'est-à-dire la réunification. Après la chute de l'État de la RDA, l'ancien territoire de l'Allemagne de l'Est a été intégré à la RFA.

wieder|verheiraten* *s.* **verheiraten**
wiederverwendbar *s.* **verwendbar**
wieder|verwenden* *s.* **verwenden I.**
Wiederverwendung *f* réutilisation *f*
Wiederverwendungsverpackung *f* emballage *m* consigné
wieder|verwerten* *s.* **verwerten**
Wiederverwertung *f* recyclage *m*
Wiederwahl *f* réélection *f*
wieder|wählen *s.* **wählen I.1.**
Wiege <-, -n> *f a. fig geh* (*Geburtsort*) berceau *m;* **Napoleons ~ stand in Korsika** la Corse fut le berceau de Napoléon (*soutenu*)
► **jdm ist etw in die ~ gelegt worden** qn a qc de naissance
Wiegemesser *nt* hachoir *m*
wiegen¹ <wog, gewogen> I. *tr V* peser; **hundert Kilo ~** peser cent kilos
II. *r V* **sich ~** se peser
wiegen² I. *tr V* ❶ (*hin und her bewegen*) bercer *Kind;* dodeliner de *Kopf, Oberkörper;* **ein ~der Gang** une démarche chaloupée
❷ (*fein hacken*) **Petersilie** [**fein**] **~** hacher le persil [menu]
II. *r V* ❶ (*sich bewegen*) **sich** [**zur Musik**] **~** se balancer [au rythme de la musique]; **sich in den Hüften ~** balancer les hanches
❷ (*sich wähnen*) **sich in Sicherheit ~** s'imaginer être en sécurité; **sich in der Hoffnung ~, dass** caresser l'espoir que + *subj*
Wiegenlied *nt* berceuse *f*
wiehern *itr V* ❶ *Pferd* hennir
❷ *fam* (*lachen*) s'esclaffer [bruyamment]
Wien <-s> *nt* Vienne
Wiener *Adj attr Innenstadt, Geschäfte* de Vienne, viennois(e); *Spezialität* viennois(e)
Wiener(in) <-s, -> *m(f)* Viennois(e) *m(f)*
wienern *tr V fam* astiquer (*fam*) *Kacheln, Möbel;* cirer *Schuhe*
wies [viːs] *Imp von* **weisen**
Wiese <-, -n> *f* prairie *f*, pré *m*
► **auf der grünen ~** en pleine nature
wiesehr *Konj* A *s.* **wie I.6.**
Wiesel <-s, -> *nt* belette *f*
► **flink wie ein ~ sein** *fam* être vif(vive) comme un écureuil
Wiesenschaumkraut *nt* cardamine *f* [des prés], cressonnette *f*
wieso I. *Adv interrog* pourquoi, pour quelle raison

II. *Adv rel* **der Grund, ~ sie nichts gesagt hat** la raison pour laquelle elle n'a rien dit
wieviel *s.* **wie I.3., I.4.**
wievielmal *Adv interrog* combien de fois
wievielt *Adv* **zu ~ wart ihr?** à combien étiez-vous?
wievielte(r, s) *Adj interrog* **der/die/das ~ ...?** le/la combientième...? (*fam*); **der ~ Anruf war das heute?** combien de coups de fil avons-nous eu aujourd'hui?; **beim ~n Versuch hat es geklappt?** au bout de combien de tentatives ça a marché?; **der Wievielte ist heute, den Wievielten haben wir heute?** le combien sommes-nous aujourd'hui? (*fam*)
wieweit *s.* **inwieweit**
Wikinger(in) <-s, -> *m(f)* HIST Viking *mf*
wild I. *Adj* ❶ (*ursprünglich, in freier Natur vorkommend*) *Volk, Tier, Pflanze, Gegend* sauvage
❷ (*rauh, hemmungslos*) *Bursche, Leidenschaft, Kampf* sauvage; *Fahrt* effréné(e)
❸ (*illegal*) *Zelten, Streik, Müllkippe* sauvage
❹ (*maßlos*) *Gerücht, Spekulation* fou(folle) *antéposé;* **unter ~en Flüchen** en jurant sauvagement
❺ *fam* (*versessen*) **ganz ~ auf etw** (*Akk*) **sein** raffoler de qc
❻ *fam* (*wütend*) furieux(-euse); **jdn ~ machen** foutre qn en pétard (*fam*); **~ geworden** en furie
▶ **wie ~** comme un(e) enragé(e); **das ist halb** [*o* **nicht**] **so ~!** *fam* c'est pas un drame! (*fam*)
II. *Adv* ❶ (*in freier Natur*) à l'état sauvage; **~ lebend** *Tier* qui vit à l'état sauvage; **~ wachsend** *Pflanze* sauvage
❷ (*ungeordnet*) *herumliegen* pêle-mêle
❸ (*unkontrolliert*) sauvagement; *fluchen* comme un charretier; **~ um sich schauen** regarder autour de soi comme un fou/une folle; **~ um sich schlagen** se débattre comme un(e) forcené(e)
Wild <-[e]s> *nt* gibier *m*
Wildbach *m* torrent *m* **Wildbahn** *f* **in freier ~** en liberté **Wildbret** <-s> *nt* gibier *m* **Wilddieb** *s.* **Wilderer**
Wilde(r) *f(m) dekl wie Adj* sauvage *mf*
▶ **wie ein ~r/eine ~** *fam brüllen, toben, sich gebärden* comme un(e) sauvage; *rasen, fahren* comme un(e) cinglé(e) (*fam*)
Wildente *f* canard *m* sauvage
Wilderei <-, -en> *f* braconnage *m*
Wilderer <-s, -> *m* braconnier *m*
wildern *itr V* ❶ *Person:* braconner; **das Wildern** le braconnage
❷ (*streunend jagen*) *Tier:* chasser
Wildfang *m* **unser Kind ist ein richtiger ~!** notre enfant est un vrai petit diable!
wildfremd *Adj fam* totalement inconnu(e); **Menschen, die mir ~ sind** des gens que je ne connais ni d'Ève ni d'Adam
Wildgans *f* oie *f* sauvage
Wildheit <-, -en> *f* ❶ (*Ungezügeltheit*) *eines Volks, Stammes* sauvagerie *f*
❷ (*wildes Toben*) *eines Kampfs, Sturms, einer Leidenschaft* violence *f*
❸ (*Unberührtheit*) *einer Landschaft* caractère *m* sauvage
Wildhüter(in) *m(f)* garde-chasse *mf* **Wildkaninchen** *nt* lapin *m* de garenne **Wildkatze** *f* chat *m* sauvage
wildlebend *s.* **wild II.1.**
Wildleder *nt* daim *m* **wildledern** *Adj* en [*o* de] daim
Wildnis <-, *selten* -se> *f* contrée *f* sauvage
Wildpark *m* parc *m* [*o* réserve *f*] à gibier **Wildpferd** *nt* cheval *m* sauvage **wildreich** *Adj* giboyeux(-euse) **wildromantisch** *Adj* d'un romantisme sauvage **Wildsau** *f* laie *f* **Wildschaden** *m* dégâts *mpl* causés par le gibier **Wildschwein** *nt* sanglier *m* **Wildtaube** *f* [pigeon *m*] ramier *m*
wildwachsend *s.* **wild II.1.**
Wildwasser *nt* torrent *m*
Wildwasserrennen *nt* descente *f* en kayak
Wildwechsel [-ks-] *m* ❶ *kein Pl* (*das Queren von Wild*) passage *m* de gibier, traversée *f* d'animaux
❷ (*Pfad des Wildes*) passée *f*
Wildwestfilm *s.* **Western**
Wildwuchs *m kein Pl* croissance *f* sauvage, développement *m* non réglementé
Wilhelm <-s> *m* ❶ Guillaume
❷ HIST **~ der Eroberer** Guillaume le Conquérant
will [vɪl] *1. und 3. Pers Präs von* **wollen**
Wille <-ns, -n> *m* ❶ volonté *f;* **den festen ~n haben etw zu tun** être résolu(e) à [*o* avoir la ferme intention de] faire qc; **seinen eigenen ~n haben** savoir ce qu'on veut; **etw aus freiem ~n tun** faire qc de sa propre initiative; **seinen ~n durchsetzen** imposer sa volonté; **gegen den ~n der Kinder** contre la volonté [*o* le gré] des enfants; **etw wider ~n tun** faire qc sans le vouloir
❷ (*Absicht*) volonté *f;* **der gute ~** la bonne volonté; **das war kein böser ~** ce n'était pas intentionnel
▶ **es geht beim besten ~n nicht** ce n'est pas possible même avec la meilleure volonté du monde; **sein/ihr letzter ~** *geh* ses dernières volontés; **lass ihm doch seinen ~n!** *fam* laisse-le faire comme il veut! (*fam*); **jdm zu ~n sein** accéder aux désirs de qn
willen *Präp + Gen* pour l'amour de; **um ihres Kindes ~** pour l'amour de leur/son enfant; **um seiner/deiner ~** pour l'amour de lui/de toi; **um der Freiheit ~** pour la liberté
willenlos *Adj* sans la moindre volonté
willens *Adj geh* **~ sein etw zu tun** être disposé(e) à faire qc
Willensäußerung *f* manifestation *f* de sa/ma/... volonté **Willenserklärung** *f* JUR déclaration *f* de volonté; **ausdrückliche ~** volonté *f* expresse [*o* déclarée] **Willensfreiheit** *f kein Pl* libre arbitre *m* **Willenskraft** *f kein Pl* volonté *f* **willensschwach** *Adj* sans volonté, faible; **~ sein** manquer [*o* ne pas avoir] de volonté **Willensschwäche** *f kein Pl* manque *f* de volonté **willensstark** *Adj* volontaire; **~ sein** avoir de la volonté **Willensstärke** *f kein Pl* volonté *f*
willentlich *geh* I. *Adj* intentionnel(le)
II. *Adv* intentionnellement, exprès
willfährig ['vɪlfɛːrɪç] *Adj geh* complaisant(e)
willig *Adj* [qui fait preuve] de bonne volonté; *Kind* docile
willkommen *Adj* ❶ *Gast, Besucher* bienvenu(e); *Besuch* qui fait plaisir; **[jdm] ~ sein** être bienvenu(e) [chez qn]; **jdn ~ heißen** *geh* souhaiter la bienvenue à qn; **seien Sie herzlich ~!** soyez le bienvenu/la bienvenue/les bienvenus!
❷ (*erwünscht*) *Abwechslung* vraiment bienvenu(e); *Anlass, Gelegenheit* rêvé(e), opportun(e); **~ sein** être bienvenu(e), tomber bien
Willkommen <-s, -> *nt* bienvenue *f;* **jdm ein herzliches ~ bereiten** réserver à qn un accueil chaleureux; **jdm ein kühles ~ bereiten** recevoir qn froidement
Willkommenstrunk *m geh* verre *m* de bienvenue
Willkür <-> *f* arbitraire *m;* **der ~** (*Dat*) **eines Tyrannen ausgesetzt sein** être à la merci de la volonté d'un tyran
Willkürherrschaft *f* despotisme *m*, tyrannie *f*
willkürlich I. *Adj* arbitraire
II. *Adv* arbitrairement
wimmeln *itr V* ❶ *unpers + haben* grouiller; **es wimmelt von Blattläusen** ça grouille [*o* fourmille] de pucerons; **auf dem Platz wimmelte es nur so von Menschen** la place grouillait de monde
❷ *+ sein* (*sich bewegen*) grouiller; **Ameisen ~ um den Baum** des fourmis grouillent autour de l'arbre
❸ *fam* (*voll sein von*) **von Fehlern ~** *Text:* fourmiller de fautes
Wimmerl <-s, -n> *nt* A (*Pickel*) bouton *m*
wimmern *itr V* geindre, gémir; *Baby:* vagir
Wimmern <-s> *nt* gémissements *mpl; eines Babys* vagissements *mpl*
Wimpel <-s, -> *m* fanion *m*
Wimper <-, -n> *f a.* BIO cil *m*
▶ **nicht mit der ~ zucken** ne pas sourciller; **ohne mit der ~ zu**

W

zucken sans sourciller
Wịmperntusche *f* mascara *m*
Wịmpertierchen *Pl* ZOOL ciliés *mpl*
Wịnd <-[e]s, -e> *m* vent *m*
▸ **jdm den ~ aus den Segeln nehmen** couper l'herbe sous le[s] pied[s] de qn; **bei** [*o* **in**] **~ und Wetter** par tous les temps; **~ von etw bekommen** [*o* **kriegen**] *fam* avoir vent de qc; **viel ~ um etw machen** *fam* faire tout un plat de qc (*fam*); **etw in den ~ schlagen** faire fi de qc; **jetzt weht ein anderer** [*o* **scharfer**] **~** *fam* maintenant, l'atmosphère a bien changé; **daher weht** [**also**] **der ~!** *fam* voilà le fin mot de l'histoire!; **in alle** [**vier**] **~e zerstreut sein** être dispersé(e)s aux quatre vents
Wịndbeutel *m* chou *m* à la crème
Wịnde <-, -n> *f* ❶ TECH treuil *m*
❷ BOT liseron *m*
Wịndei ['vɪntʔaɪ] *nt* (*schalenloses Ei*) œuf *m* sans coquille
▸ **sein Plan war ein ~** son projet était voué à l'échec
Wịndel <-, -n> *f* couche *f*
Wịndelhöschen [-hø:sçən] *nt* couche-culotte *f*
wịndelweich *Adj* ▸ **jdn ~ schlagen** *fam* tabasser qn (*fam*)
wịnden <wạnd, gewụnden> **I.** *r V* ❶ (*sich krümmen*) se tordre; **sich** [**vor Schmerzen**] **~** se tordre [de douleur]
❷ (*sich vorwärts bewegen*) **sich ~** *Schlange, Wurm:* se faufiler
❸ (*in Kurven verlaufen*) **sich ~** serpenter; **sich durchs Tal ~** *Bach:* serpenter à travers la vallée
❹ (*sich wickeln*) **sich um etw ~** s'enrouler autour de qc
❺ (*nach Ausflüchten suchen*) **sich ~** chercher des faux-fuyants
II. *tr V* ❶ (*herumschlingen*) **etw um etw ~** enrouler qc autour de qc; **sich** (*Dat*) **ein Tuch um den Kopf ~** s'enrouler un foulard autour de la tête
❷ (*entwinden*) **jdm etw aus der Hand ~** arracher qc des mains de qn
❸ (*flechten*) **Blumen zu einem Kranz ~** faire une couronne de fleurs tressées
Wịndenergie *f* énergie *f* éolienne
Wịndenergieanlage *f* centrale *f* éolienne
Wịndeseile ▸ **in** [*o* **mit**] **~** à toute vitesse; **sich in** [*o* **mit**] **~ verbreiten** se répandre comme une traînée de poudre
Wịndfang <-s, -̈e> *m* tambour *m*
wịndgeschützt *Adj, Adv* à l'abri du vent **Wịndgeschwindigkeit** *f* vitesse *f* du vent **Wịndhauch** *m* souffle *m* de vent **Wịndhose** *f* METEO tornade *f* **Wịndhund** *m* ❶ lévrier *m* ❷ *pej* (*unzuverlässiger Mensch*) fumiste *m* (*fam*); (*Schürzenjäger*) coureur *m* de jupons
wịndig *Adj* ❶ (*mit viel Wind*) venteux(-euse); **ein ~er Tag** un jour de vent; **es ist ~** il y a du vent
❷ *fam* (*unseriös*) *Bursche, Vertreter* pas sérieux(-euse); *Angelegenheit, Geschäft, Sache* foireux(-euse) (*fam*)
Wịndjacke *f* blouson *m* **Wịndjammer** <-s, -> *m* grand voilier *m* **Wịndkanal** *m* tunnel *m* aérodynamique **Wịndkraft** *f kein Pl* énergie *f* éolienne
Wịndkraftanlage *f*, **Wịndkraftwerk** *nt* éolienne *f*
Wịndlicht *nt* photophore *m*
Wịndmesser *m* METEO anémomètre *m*
Wịndmühle *f* moulin *m* à vent
▸ **gegen** [*o* **mit**] **~n kämpfen** se battre contre des moulins à vent
Wịndmühlenflügel *m* aile *f* de moulin à vent
▸ **gegen ~ ankämpfen** se battre en pure perte
Wịndpark *m* parc *m* d'aérogénérateurs **Wịndpocken** *Pl* MED varicelle *f* **Wịndrad** *nt* éolienne *f* **Wịndrichtung** *f* direction *f* du vent **Wịndrose** *f* rose *f* des vents **Wịndschatten** *m* ❶ côté *m* abrité du vent ❷ *fig* **im ~ eines Menschen/einer Entwicklung** dans le sillage d'une personne/évolution **wịndschief** *Adj Holzhaus, Hütte* tout(e) tordu(e), tout(e) de travers; *Dach* déjeté(e) **wịndschnittig** *Adj* aérodynamique **Wịndschutzscheibe** *f* pare-brise *m* **Wịndseite** *f* côté *m* exposé au vent **Wịndstärke** *f* force *f* du vent; **ein Orkan mit ~ 11** un ouragan avec des vents de force 11 **wịndstill** *Adj* sans [le moindre souffle de] vent **Wịndstille** *f* absence *f* de vent, calme *m* plat; **es herrscht** [**völlige**] **~** il n'y a pas le moindre [souffle de] vent **Wịndstoß** *m* bourrasque *f*, rafale *f*
wịndsurfen ['vɪntzø:ɐfən] *itr V* faire de la planche à voile; **Windsurfen** planche *f* à voile **Wịndsurfer(in)** [-sø:ɐfɐ] *m(f)* [véli]planchiste *mf* **Wịndsurfing** [-sø:ɐfɪŋ] *nt* planche *f* à voile
Wịndung <-, -en> *f* *eines Wasserlaufs* méandre *m*; *einer Passstraße, eines Pfads* lacet *m*
Wịnk <-[e]s, -e> *m* ❶ (*Hinweis*) indication *f*, tuyau *m* (*fam*); **jdm einen ~ geben** avertir qn, donner un tuyau à qn (*fam*)
❷ (*Bewegung*) signe *m*
▸ **ein ~ mit dem Zaunpfahl** *fam* un appel du pied (*fam*)
Wịnkel <-s, -> *m* ❶ GEOM angle *m*; **rechter/spitzer/stumpfer ~** angle droit/aigu/obtus
❷ (*Ecke, abgelegenes Plätzchen*) coin *m*
❸ *s.* **Winkelmaß**
▸ **toter ~** angle *m* mort
Wịnkeladvokat(in) [-vo-] *m(f)* *pej* avocaillon *m* (*fam*) **Wịnkeleisen** *nt* TECH équerre *f* en fer **Wịnkelfunktion** *f* MATH fonction *f* trigonométrique
wịnkelig *s.* **winklig**
Wịnkelmaß *nt* équerre *f* **Wịnkelmesser** <-s, -> *m* rapporteur *m* **Wịnkelzug** *m* *pej* combine *f*
wịnken <gewinkt *o* DIAL gewụnken> **I.** *itr V* ❶ (*mit der Hand*) [**jdm**] **~** faire signe [à qn]; **jdm zum Abschied ~** dire à qn au revoir de la main; **einem Taxi ~** faire signe à un taxi
❷ (*wedeln*) **mit etw ~** faire signe en agitant qc
❸ (*in Aussicht stehen*) **jdm winkt etw** qc attend qn
II. *tr V* **sie winkte ihn zu sich** elle lui fit signe de s'approcher d'elle
wịnklig *Adj Altstadt, Gasse* tortueux(-euse); *Haus* plein(e) de recoins
wịnseln *itr V* ❶ (*jaulen*) gémir, geindre; **das Winseln** les gémissements
❷ *pej* (*flehen*) **um Gnade ~** demander grâce en pleurnichant
Wịnter <-s, -> *m* hiver *m*; **im** [**tiefen**] **~** en [plein] hiver; **es wird/ist ~** l'hiver arrive/c'est l'hiver
Wịnterabend *m* soir *m* d'hiver **Wịnteranfang** *m* début *m* de l'hiver **Wịntereinbruch** *m* irruption *f* de l'hiver **Wịnterfahrplan** *m* horaires *mpl* d'hiver **Wịnterfell** *nt* fourrure *f* [*o* pelage *m*] d'hiver **Wịnterferien** *Pl* vacances *fpl* d'hiver **wịnterfest** *Adj Kleidung, Schuhe* pour l'hiver, d'hiver; **~ sein** *Auto:* être équipé(e) pour l'hiver; **sein Auto ~ machen** équiper sa voiture pour l'hiver **Wịntergarten** *m* jardin *m* d'hiver **Wịntergetreide** *nt* semis *mpl* d'automne, céréales *fpl* d'hiver **Wịnterhalbjahr** *nt* semestre *m* [*o* six mois *mpl*] d'hiver **wịnterhart** *Adj* résistant(e) à l'hiver **Wịnterkälte** *f* froid *m* d'hiver [*o* hivernal] **Wịnterlandschaft** *f* paysage *m* d'hiver [*o* hivernal]
wịnterlich **I.** *Adj* d'hiver, hivernal(e)
II. *Adv gekleidet* pour affronter l'hiver; **es ist ~ kalt** il fait un froid hivernal
Wịntermantel *m* manteau *m* d'hiver **Wịnterolympiade** *f* Jeux *mpl* olympiques d'hiver **Wịnterquartier** *nt* quartier *m* d'hiver **Wịnterreifen** *m* pneu *m* d'hiver [*o* neige]
wịnters *Adv* en hiver; *s. a.* **sommers**
Wịntersaison [-zɛzõ:, -zɛzɔŋ] *f* saison *f* d'hiver **Wịnterschlaf** *m* hibernation *f*, sommeil *m* hibernal; **~ halten** hiberner **Wịnterschlussverkauf**[RR] *m* soldes *mpl* d'hiver **Wịntersemester** *nt* semestre *m* d'hiver **Wịntersonnenwende** *f* solstice *m* d'hiver **Wịnterspeck** *m* *fam* bourrelets *mpl* d'hiver (*hum*) **Wịnterspiele** *Pl* **die** [**Olympischen**] **~** les Jeux *mpl* [olympiques] d'hiver **Wịntersport** *m* sports *mpl* d'hiver; (*Sportart*) sport *m* d'hiver; **in den ~ fahren** aller aux sports d'hiver
Wịnterzeit *f* hiver *m*

Winzer(in) <-s, -> *m(f)* vigneron(ne) *m(f),* viticulteur(-trice) *m(f)*

winzig *Adj* ❶ *(sehr klein) Baby, Tier, Gegenstand* minuscule, tout(e) petit(e); ~ **klein** minuscule
❷ *(sehr gering) Menge, Spur, Unterschied* infime

Winzigkeit <-, -en> *f* ❶ *kein Pl (geringe Größe)* extrême petitesse *f,* taille *f* minuscule
❷ *fam (unwichtige Sache)* babiole *f (fam)*
❸ *(winzige Menge)* quantité *f* infinitésimale

Wipfel <-s, -> *m* cime *f,* sommet *m*

Wippe <-, -n> *f* bascule *f*

wippen *itr V Person, Pferdeschwanz:* se balancer; **auf den Zehen/in den Knien** ~ se balancer sur la pointe des pieds/en pliant les genoux; **mit dem Fuß** ~ balancer son pied

wir *Pron pers* nous; **wer ist draußen? – Wir!** qui est là? – C'est nous!; ~ **Armen!** pauvres de nous!; ~ **nicht** pas nous, nous non

Wirbel <-s, -> *m* ❶ ANAT vertèbre *f*
❷ *fam (Trubel)* remue-ménage *m;* **[einen] großen** ~ **machen** [*o* **verursachen**] faire des vagues [*o* remous]
❸ *(Wasserwirbel)* remous *m; (Luftwirbel)* tourbillon *m*
❹ *(Haarwirbel)* épi *m*
❺ *(Teil eines Saiteninstruments)* cheville *f*
❻ *(Trommelwirbel)* roulement *m* de tambours

wirbellos *Adj* BIO *Tier* invertébré(e); **die Wirbellosen** les invertébrés *mpl*

wirbeln I. *itr V* ❶ + *sein (geweht werden)* tourbillonner, tournoyer; **durch die Luft** ~ *Laub, Bätter:* tourbillonner
❷ + *sein fig* **die Gedanken wirbelten ihm/ihr durch den Kopf** les idées se bousculaient dans sa tête
❸ + *sein (aufgewirbelt sein) Strudel, Wasser:* faire des tourbillons
❹ + *haben fam (geschäftig sein)* s'activer
II. *tr V* + *haben* ❶ **den Staub durch die Luft** ~ *Wind:* faire tourbillonner la poussière; **die Unterlagen durcheinander** ~ *Wind:* faire virevolter les documents
❷ *fig fam* **durcheinander** ~ semer la pagaille dans *(fam),* mettre le boxon dans *(pop) Branche, Politik*

Wirbelsäule *f* colonne *f* vertébrale **Wirbelsturm** *m* cyclone *m* **Wirbeltier** *nt* vertébré *m* **Wirbelwind** *m* tourbillon *m* ► wie ein ~ comme une tornade

wirbt *3. Pers Präs von* **werben**

wird *3. Pers Präs von* **werden**

wirft *3. Pers Präs von* **werfen**

wirken I. *itr V* ❶ *Medikament, Substanz:* agir, faire effet; **gut/nicht** ~ être efficace/inefficace; **schmerzstillend/anregend** ~ être analgésique/avoir un effet stimulant
❷ *(eine Wirkung haben) Drohung, Ermahnung:* produire de l'effet, faire effet; **ansteckend** ~ *Heiterkeit:* être contagieux(-ieuse); **meine Vorhaltungen haben nicht gewirkt** mes remontrances n'ont eu aucun effet
❸ *(erscheinen)* **sympathisch/müde** ~ avoir l'air sympathique/fatigué(e); **lächerlich** ~ être ridicule; **unecht** ~ *Freundlichkeit:* sonner faux
❹ *(zur Geltung kommen)* **gut** ~ rendre bien; **an der anderen Wand würde das Bild besser** ~ sur l'autre mur, le tableau rendrait mieux [*o* ferait meilleur effet]; **etw auf sich** *(Akk)* ~ **lassen** laisser qc agir sur soi
❺ *(tätig sein)* **Pfarrer Nabuk hat hier zehn Jahre gewirkt** le Père Nabuk a exercé son ministère ici durant dix ans
II. *tr V* **Wunder** ~ faire des miracles

Wirken <-s> *nt geh* activité *f;* **die Stätte seines ~s** le lieu où il exerce son activité

wirklich I. *Adj* ❶ *(tatsächlich) Begebenheit, Umstände, Sachverhalt* véritable, réel(le); **sein ~er Name** son vrai nom
❷ *(echt) Hilfe, Erleichterung, Verbesserung* réel(le)
II. *Adv* ❶ *(tatsächlich)* réellement; **~?** c'est vrai?; **nicht** ~ pas en vrai, pas réellement; ~ **nicht?** vraiment pas?
❷ *(aufrichtig, sehr)* vraiment; **das tut mir** ~ **Leid** je suis vraiment désolé(e)

Wirklichkeit <-, -en> *f* réalité *f;* ~ **werden** devenir réalité; **in** ~ en réalité

wirklichkeitsfremd *Adj* irréaliste **wirklichkeitsgetreu** I. *Adj* fidèle à la réalité; *Zeichnung* réaliste II. *Adv berichten, schildern* en restant fidèle à la réalité; *zeichnen* de façon très réaliste **Wirklichkeitssinn** *m kein Pl* sens *m* des réalités

wirksam I. *Adj* ❶ *Medikament, Mittel* efficace; *Inhaltsstoff, Droge* actif(-ive)
❷ *(seinen Zweck erfüllend)* efficace
❸ *(rechtskräftig, verbindlich)* ~ **werden** entrer en vigueur, prendre effet
II. *Adv* efficacement

Wirksamkeit <-> *f* efficacité *f*

Wirkstoff *m* substance *f* active

Wirkung <-, -en> *f a.* JUR effet *m; einer Droge* effets *mpl;* **eine schnelle/wohltuende** ~ **[auf jdn/etw] haben** agir rapidement/avoir un effet bienfaisant [sur qn/qc]; **ohne** ~ **bleiben, seine** ~ **verfehlen** rester sans effet; **Ursache und** ~ les causes et effets; **mit** ~ **vom 15. Oktober** avec effet au 15 octobre

Wirkungsbereich *m kein Pl* ❶ *(Tätigkeitsbereich)* champ *m* [*o* sphère *f*] d'activité; **der** ~ **der Kaltfront** la zone d'influence du front froid ❷ MIL portée *f* effective **Wirkungsdauer** *f kein Pl* durée *f* de l'effet **Wirkungsgrad** *m* degré *m* d'efficacité

wirkungslos *Adj Medikament, Substanz, Drohung* inefficace; ~ **bleiben** rester sans effet, être inefficace

Wirkungslosigkeit *f kein Pl* inefficacité *f*

wirkungsvoll *Adj Maßnahme, Mittel* efficace; *Rede, Bild* impressionnant(e); *Argument* convaincant(e) **Wirkungsweise** *f* mode *m* d'action

wirr I. *Adj* ❶ *(unentwirrbar) Geflecht* emmêlé(e); *Haar* en désordre
❷ *(verworren) Gedanken, Gefasel* embrouillé(e); *Traum* confus(e); *Blick* hagard(e); **~es Zeug reden** dire n'importe quoi; **mir war ganz** ~ **im Kopf** tout s'était embrouillé dans ma tête
II. *Adv* en désordre; ~ **durcheinander liegen** être pêle-mêle

Wirren *Pl einer Revolution* désordres *mpl,* troubles *mpl; eines Krieges* troubles *mpl*

Wirrkopf *m pej* esprit *m* confus

Wirrwarr <-s> *m (Durcheinander)* fouillis *m; von Manuskripten, Papieren* fatras *m; von Stimmen* mélange *m* confus

Wirsing <-s> *m,* **Wirsingkohl** *m* chou *m* frisé

Wirt(in) <-[e]s, -e> *m(f)* ❶ *(Gastwirt)* patron(ne) *m(f); einer Landgaststätte* aubergiste *mf;* **Herr ~, noch zwei Bier!** patron, deux autres bières!
❷ BIO hôte *m*

Wirtschaft <-, -en> *f* ❶ *(Ökonomie)* économie *f*
❷ *(Wirtschaftszweig)* **die freie** [*o* **private**] ~ le secteur privé; **in der freien** [*o* **privaten**] ~ **tätig sein** travailler dans le [secteur] privé
❸ *(Gastwirtschaft)* bistro[t] *m; (Landgaststätte)* [petite] auberge *f*
❹ *fam (Zustände)* pagaille *f (fam),* bazar *m (fam);* **was ist denn das für eine** ~ **in deiner Küche?** qu'est-ce que c'est que ce bordel dans ta cuisine? *(fam)*

wirtschaften *itr V* ❶ *(Geld, Mittel verwalten)* gérer son budget; **wir müssen sparsamer** ~ nous devons serrer notre budget; **eine Firma/ein Land zugrunde** ~ ruiner une entreprise/mener un pays à la ruine
❷ *(sich betätigen)* **in der Küche** ~ être occupé(e) [*o* s'activer] à la cuisine

Wirtschafterin <-, nen> *f* intendante *f*

Wirtschaftler(in) <-s, -> *m(f)* économiste *mf*

wirtschaftlich I. *Adj* ❶ *(ökonomisch, rentabel)* économique
❷ *(finanziell)* économique; **seine ~en Verhältnisse** sa situation financière

nicht wissen

• Nichtwissen ausdrücken	• exprimer son ignorance
Das weiß ich (auch) nicht./Weiß nicht. *(fam)*	Je ne sais pas (non plus)./Je sais pas. *(fam)*
Keine Ahnung. *(fam)*	Aucune idée.
Hab keinen blassen Schimmer. *(fam)*	Aucune idée.
Ich kenne mich da leider nicht aus.	Je regrette, mais je n'y connais rien.
Da bin ich überfragt.	Là, tu m'en demandes/vous m'en demandez trop.
Darüber weiß ich nicht Bescheid.	Je ne suis pas au courant.
Die genaue Anzahl **entzieht sich meiner Kenntnis.** *(geh)*	**Je n'ai pas connaissance du** nombre exact.
Woher soll ich das wissen?	Comment pourrais-je le savoir?

❸ (*sparsam*) *Hausfrau, Verwalter* économe; *Denken, Handeln* en termes d'économie
II. *Adv* ❶ (*ökonomisch*) économiquement; (*finanziell*) financièrement; ~ **unselbstständig** dépendant(e) d'un point de vue financier
❷ (*sparsam*) *arbeiten* de façon rentable; **mit den Vorräten ~ umgehen** économiser les provisions

Wirtschaftlichkeit <-> *f* ❶ (*Sparsamkeit im Verbrauch*) *eines Autos, Haushaltsgeräts* fonctionnement *m* économique
❷ (*Rentabilität*) rentabilité *f*

Wirtschaftsberater(in) *m(f)* conseiller(-ère) *m(f)* économique **Wirtschaftsbeziehungen** *Pl* relations *fpl* commerciales [*o* économiques] **Wirtschaftsentwicklung** *f kein Pl* développement *m* économique **Wirtschaftsfaktor** *m* facteur *m* économique **Wirtschaftsflüchtling** *m* réfugié(e) *m(f)* pour raisons économiques **Wirtschaftsform** *f* système *m* économique **Wirtschaftsgebäude** *nt meist Pl* bâtiments *mpl* [d'exploitation] **Wirtschaftsgeld** *nt kein Pl* argent *m* [pour les dépenses] du ménage **Wirtschaftsgemeinschaft** *f* **Europäische** ~ HIST Communauté *f* économique européenne **Wirtschaftsgymnasium** *nt* lycée *m* [avec sections] à dominante économique **Wirtschaftshilfe** *f* aide *f* économique **Wirtschaftskriminalität** *f* délits *mpl* en matière économique, criminalité *f* économique **Wirtschaftskrise** *f* crise *f* économique **Wirtschaftslage** *f* situation *f* économique **Wirtschaftsleben** *nt kein Pl* vie *f* économique **Wirtschaftsmacht** *f* puissance *f* économique **Wirtschaftsminister(in)** *m(f)* ministre *mf* de l'Economie **Wirtschaftsministerium** *nt* ministère *m* de l'Economie **Wirtschaftsordnung** *f* système *m* économique **Wirtschaftsplanung** *f* planification *f* économique **Wirtschaftspolitik** *f* politique *f* économique **wirtschaftspolitisch** I. *Adj Frage, Problem* de politique économique II. *Adv* en matière de politique économique **Wirtschaftsprüfer(in)** *m(f)* expert-comptable *m* **Wirtschaftsprüfung** *f* commissariat *m* aux comptes **Wirtschaftsredakteur(in)** *m(f)* chroniqueur(-euse) *m(f)* économique **Wirtschaftsreform** *f* réforme *f* économique **Wirtschaftssanktionen** *Pl* sanctions *fpl* [*o* représailles *fpl*] économiques **Wirtschaftssystem** *nt* système *m* économique; **kapitalistisches** ~ capitalisme *m*; **staatlich gelenktes** ~ dirigisme *m* **Wirtschaftsteil** *m* (*in einer Zeitung*) rubrique *f* économique

Wirtschafts- und Währungsunion *f* **die** ~ l'Union *f* économique et monétaire; **der** ~ (*Dat*) **beitreten** rejoindre l'Union économique et monétaire

Wirtschaftsunternehmen *nt* entreprise *f* **Wirtschaftswachstum** *nt* croissance *f* économique **Wirtschaftswissenschaft** *f meist Pl* sciences *fpl* économiques **Wirtschaftswissenschaftler(in)** *m(f)* économiste *mf* **Wirtschaftswunder** *nt fam* miracle *m* économique **Wirtschaftszeitung** *f* journal *m* économique **Wirtschaftszweig** *m* branche *f* de l'économie

Wirtshaus *nt* auberge *f* **Wirtsleute** *Pl* couple *m* d'hôteliers **Wirtspflanze** *f* BIO [plante *f*] hôte *m* **Wirtstier** *nt* BIO [animal *m*] hôte *m*

Wisch <-[e]s, -e> *m pej fam* papelard *m* (*fam*)

wischen *tr V* ❶ (*säubern*) passer la [*o* un coup de] serpillière sur *Fußboden, Treppe*
❷ (*entfernen*) **die Krümel vom Tisch ~** enlever les miettes sur la table; **sich** (*Dat*) **den Schweiß von der Stirn ~** essuyer la sueur sur son front
► **[von jdm] eine gewischt bekommen** [*o* **kriegen**] *sl* se prendre une baffe [de qn] (*fam*); **einen gewischt bekommen** [*o* **kriegen**] *sl* prendre un coup de jus (*fam*)

Wischer <-s, -> *m* (*Scheibenwischer*) essuie-glace *m*

Wischerblatt *nt* balai *m* d'essuie-glace

Wischiwaschi <-s> *nt pej fam* blabla[bla] *m*

Wischlappen *m* serpillière *f* **Wischtuch** *nt* chiffon *m*, torchon *m*

Wisent <-s, -e> *m* bison *m*

Wismut ['vɪsmuːt] <-[e]s> *nt* CHEM bismuth *m*

wispern I. *tr V* chuchoter
II. *itr V* parler en chuchotant [*o* tout bas]

Wispern <-s> *nt* chuchotement *m*

Wissbegier[de]RR, **Wißbegier[de]** *f kein Pl* besoin *m* de savoir; *von Schülern* curiosité *f* intellectuelle

wissbegierigRR, **wißbegierig** *Adj* extrêmement curieux(-euse); *Schüler* qui a soif d'apprendre, qui a envie de s'instruire; ~ **sein** faire preuve d'une grande curiosité

wissen <weiß, wusste, gewusst> I. *tr V* ❶ (*als Kenntnisse besitzen*) savoir; connaître *Fakten, Zahlen;* **viel** ~ avoir beaucoup de connaissances; **jdn in Sicherheit/in guten Händen** ~ *geh* savoir qn en sécurité/en [de] bonnes mains; **er weiß, was er will** il sait ce qu'il veut; **davon weiß ich nichts** je ne suis absolument pas au courant; **da weiß ich nichts von** *fam* je suis pas au courant (*fam*); **dass du es nur [gleich] weißt** autant que tu le saches [dès maintenant]; **ich wüsste nicht, dass ich das je gesagt hätte** je ne me rappelle pas avoir jamais dit quelque chose de ce genre; **wenn ich das gewusst hätte!** si j'avais su!; **wenn ich das wüsste!** si [seulement] je le savais!; **woher soll ich das ~?** comment je le saurais?; **ich weiß gar nicht, was du willst!** je ne sais [vraiment] pas ce que tu as!; **weißt du was? Wir gehen heute aus!** *fam* tu sais quoi? On sort ce soir! (*fam*)
❷ (*kennen*) connaître *Adresse, Bezeichnung, Weg;* **etw noch ~** savoir encore qc; **etw nicht mehr ~** ne plus savoir qc
❸ (*können*) **sich** (*Dat*) **zu helfen ~** savoir se débrouiller; **etw zu schätzen ~** savoir apprécier qc; **sich** (*Dat*) **nicht anders zu helfen ~ [als etw zu tun]** ne plus savoir quoi faire d'autre [sinon faire qc]; **sich** (*Dat*) **nicht mehr zu helfen ~** ne plus savoir que faire

❹ (*erfahren*) **jdn etw ~ lassen** faire savoir qc à qn
▸ **was ich nicht weiß, macht mich nicht heiß** *Spr.* moins j'en sais et mieux je me porte (*fam*); **es ~ wollen** vouloir prouver qu'on en est capable; **von jdm/etw nichts mehr ~ wollen** *fam* ne plus vouloir entendre parler de qn/qc; **er hat ihr wer weiß was erzählt** il lui a raconté Dieu sait quoi, tu veux que je te dise?; **und was weiß ich noch alles** *fam* j'en passe et des meilleures; **wer weiß wie** *fam* vachement (*fam*); **wer weiß wo** *fam* Dieu sait où
II. *itr V* ❶ **von** [*o* **um** *geh*] **etw ~** avoir connaissance [*o* être au courant] de qc; **er tat, als wüsste er von nichts** il a fait comme s'il n'était pas au courant; **ich möchte nicht ~, ...** je préfère [*o* j'aime autant] ne pas savoir...; **soviel** [*o* **soweit**] **ich weiß** autant que je sache; [**ach,**] **weißt du/~ Sie, ...** tu sais/vous savez,...
❷ (*sich erinnern*) **weißt du/~ Sie noch?** tu te rappelles/vous vous rappelez?, tu te souviens/vous vous souvenez?
▸ **man kann nie ~!** *fam* on sait jamais! (*fam*); **nicht mehr aus noch ein ~** ne plus savoir quoi faire; **nicht, dass ich wüsste** *fam* pas que je sache

Wissen <-s> *nt* connaissances *fpl*, savoir *m*; **meines/unseres ~s** pour autant que je [le] sache/nous [le] sachions; **ohne ~ der Eltern** à l'insu des parents
▸ **nach bestem ~ und Gewissen** *form* en son/mon/... âme et conscience; **wider besseres ~** sciemment, délibérément

wissend *geh* I. *Adj Blick, Lächeln* entendu(e)
II. *Adv lächeln, nicken* d'un air entendu

Wissenschaft <-, -en> *f* ❶ (*Fachgebiet*) science *f*
❷ *kein Pl fam* (*Gesamtheit der Wissenschaftler*) science *f*, scientifiques *mpl*
▸ **eine ~ für sich sein** être tout un art

Wissenschaftler(in) <-s, -> *m(f)* scientifique *mf*

wissenschaftlich I. *Adj* scientifique
II. *Adv* **~ tätig sein** faire de la recherche

Wissenschaftlichkeit <-> *f* caractère *m* scientifique

Wissensdrang *m*, **Wissensdurst** *m geh* soif *f* de savoir **Wissensgebiet** *nt* discipline *f* **Wissenslücke** *f* lacune *f* **wissenswert** *Adj* très intéressant(e), d'un grand intérêt

wissentlich I. *Adj* délibéré(e), intentionnel(le)
II. *Adv* délibérément, en toute connaissance de cause

wittern *tr V* flairer

Witterung <-, -en> *f* ❶ METEO temps *m*
❷ JAGD flair *m*; **die ~ aufnehmen** prendre le vent
❸ *kein Pl* (*Ahnungsvermögen*) flair *m*
▸ **~ von etw bekommen** avoir vent de qc

witterungsbedingt *Adj* lié(e) aux conditions météorologiques **Witterungsumschlag** *m* changement *m* de temps soudain **Witterungsverhältnisse** *Pl* conditions *fpl* atmosphériques [*o* météorologiques]

Witwe <-, -n> *f* veuve *f*
▸ **grüne ~** *hum femme qui ne voit son mari que le week-end*

Witwenrente *f* pension *f* de veuve

Witwer <-s, -> *m* veuf *m*

Witz <-es, -e> *m* ❶ (*Geschichte*) histoire *f* drôle; **einen ~ erzählen** raconter une blague
❷ (*Scherz*) plaisanterie *f*, blague *f*
❸ *kein Pl geh* (*Esprit*) esprit *m*; **er hat ~!** il a beaucoup d'esprit!
❹ (*Besonderheit, Pfiff*) **der ~ an diesem Rechner ist, dass** l'intérêt de cet ordinateur, c'est que + *indic*
▸ **dieser ~ hat einen Bart** c'est une plaisanterie éculée; **mach keine ~e!** *fam* allez, arrête tes conneries! (*fam*); **das ist doch wohl ein ~!, das soll doch wohl ein ~ sein!** *fam* c'est une blague ou quoi ?; **~e reißen** *fam* sortir des blagues (*fam*); **ein ~ sein** *fam Prüfung, Klassenarbeit:* être de la rigolade (*fam*)

Witzblatt *nt* journal *m* satirique

Witzbold <-[e]s, -e> *m* ❶ (*Spötter*) plaisantin *m*
❷ *iron fam* (*Dummkopf*) **du ~!** t'en as de bonnes, toi! (*fam*)

Witzelei <-, -en> *f* plaisanterie *f*

witzeln ['vɪtsəln] *itr V* plaisanter; **über jdn/etw ~** faire des plaisanteries sur qn/qc

Witzfigur *f pej fam* caricature *f*

witzig *Adj* ❶ (*lustig*) amusant(e), drôle; **das ist alles andere als ~** il n'y a vraiment pas de quoi rire
❷ (*geistreich*) spirituel(le), plein(e) d'esprit; **sehr ~!** *iron fam* très marrant! (*fam*)

witzlos *Adj fam* (*sinnlos*) **~ sein** ne servir à rien (*fam*)

WM [veː'ʔɛm] <-, -s> *f Abk von* **Weltmeisterschaft**

wo I. *Adv interrog* où; **~ bist du?** où es-tu?; **ich weiß nicht, ~ sie ist** je ne sais pas où elle est
▸ **ach** [*o* **i**] **~!** *fam* penses-tu! (*fam*)
II. *Adv rel* **die Stelle, ~ es passierte** l'endroit où c'est arrivé; **jetzt, ~ wir alle zusammen sind** maintenant que nous sommes tous réunis
III. *Konj* ❶ (*zumal*) d'autant que + *indic*
❷ (*obwohl*) alors que + *indic*

woanders *Adv* ❶ (*räumlich*) ailleurs
❷ *fig* [**mit seinen Gedanken**] **ganz ~ sein** avoir la tête complètement ailleurs

woandershin *Adv* ailleurs

wob *Imp von* **weben**

wobei I. *Adv interrog* comment; **~ hat er sich verletzt?** comment s'est-il blessé?
II. *Adv rel* ❶ (*bei welcher Sache, Angelegenheit*) au cours duquel/de laquelle; **er gab mir die Hand, ~ er mich nicht anschaute** il me donna la main sans me regarder; **morgen kommen Kellers zu Besuch, ~ mir gerade einfällt, dass ...** on a demain la visite des Keller et voilà que je me rappelle que ...
❷ (*während welcher Sache, Angelegenheit*) pendant lequel/laquelle; **abends sieht er fern, ~ er oft einschläft** le soir, il regarde la télévision, mais il s'endort souvent devant le poste
❸ (*aber, jedoch*) mais, cependant

Woche <-, -n> *f* semaine *f*; **diese** [*o* **in dieser**] **~** cette semaine; **nächste** [*o* **in der nächsten**] **~** la semaine prochaine; **jede ~** chaque semaine; **Anfang der ~** au début de la semaine; **pro** [*o* **in der**] **~** par semaine; **während** [*o* **unter**] **der ~** durant [*o* pendant] la semaine

Wochenarbeitszeit *f* durée *f* hebdomadaire du travail **Wochenbett** *nt* **im ~** en couches **Wochenbettfieber** *nt kein Pl* fièvre *f* puerpérale **Wochenblatt** *nt* hebdomadaire *m*

Wochenendausgabe *f* édition *f* de fin de semaine [*o* du week-end] **Wochenendbeilage** *f* supplément *m* de fin de semaine [*o* du week-end] **Wochenendbeziehung** *f* relation *f* de fin de semaine

Wochenende *nt* week-end *m*, fin *f* de semaine; **am ~** le week-end; **ein langes** [*o* **verlängertes**] **~** un week-end prolongé; **übers ~ wegfahren** partir le week-end; **schönes ~!** bon week-end!

Wochenendehe *f* **eine ~ führen** ≈ ne se voir que le week-end **Wochenendhaus** *nt* résidence *f* secondaire (*surtout pour le week-end*)

Wochenkarte *f* carte *f* hebdomadaire **wochenlang** I. *Adj* de plusieurs semaines II. *Adv* pendant plusieurs semaines; **schon ~** depuis plusieurs semaines **Wochenlohn** *m* salaire *m* hebdomadaire **Wochenmarkt** *m* marché *m* **Wochentag** *m* jour *m* de la semaine; **an ~en** en semaine **wochentags** *Adv* en semaine

wöchentlich I. *Adj* hebdomadaire
II. *Adv* chaque semaine; **zweimal ~** deux fois par semaine

Wochenzeitschrift *f* [revue *f*] hebdomadaire *m* **Wochenzeitung** *f* hebdomadaire *m*

Wöchnerin <-, -nen> *f* accouchée *f*

Wodka <-s, -s> *m* vodka *f*

wodurch I. *Adv interrog* comment; **~ wurde der Krieg ausgelöst?** qu'est-ce qui a déclenché la guerre?; **er weiß nicht, ~**

er sich verraten hat il ne sait pas par quoi il s'est trahi
II. *Adv rel* ce qui explique que + *subj;* **er liest jeden Tag die Zeitung, ~ er gut informiert ist** il lit chaque jour le journal, ce qui explique qu'il soit bien informé; **ich habe eine Anzeige aufgegeben, ~ ich eine Stelle gefunden habe** j'ai mis une petite annonce, ce qui m'a permis de trouver un emploi [*o* grâce à quoi j'ai trouvé un emploi]
wofür I. *Adv interrog* pour quoi; **~ brauchst du das?** pour quoi en as-tu besoin?; **~ hast du dich entschieden?** pour quoi t'es-tu décidé(e)?; **~ hast du dein ganzes Geld ausgegeben?** à quoi as-tu dépensé tout ton argent?; **~ halten Sie mich eigentlich?** pour qui me prenez-vous?; **~ interessieren Sie sich?** à quoi vous intéressez-vous?; **~ kämpfen sie?** pour quoi se battent-ils?; **er weiß nicht, ~ sie die Batterie braucht** il ne sait pas pour quoi elle a besoin de la pile
II. *Adv rel* **das Match, ~ sie trainiert** le match pour lequel elle s'entraîne; **er hat mir geholfen, ~ ich ihm sehr dankbar bin** il m'a beaucoup aidé, ce pour quoi je lui suis très reconnaissant
wog *Imp von* **wägen, wiegen**[1]
Woge <-, -n> *f* ❶ *geh* (*große Welle*) vague *f;* **die ~n** les flots *mpl*
❷ *fig* **eine ~ der Empörung** une vague d'indignation; **die ~n der Begeisterung** les débordements *mpl* d'enthousiasme
▸ **wenn sich die ~n geglättet haben** lorsque les esprits se seront calmés, quand les choses se seront tassées (*fam*)
wogegen I. *Adv interrog* contre quoi; **~ hilft dieses Mittel?** contre quoi agit ce médicament?; **er weiß nicht, ~ wir protestieren** il ne sait pas contre quoi nous protestons
II. *Adv rel* contre lequel/laquelle; **er will ausziehen, ~ ich nichts einzuwenden habe** il veut déménager, ce à quoi je n'ai rien à objecter
III. *Konj* alors que, tandis que; *s. a.* **wohingegen**
wogen *itr V geh* ❶ *Meer, See:* rouler des vagues; **das Getreide wogt im Wind** les blés ondoient au vent
❷ (*toben*) *Kampf, Schlacht:* faire rage
wogend *Adj geh Meer, See, Fluten* agité(e); *Brust* ondoyant(e)
woher I. *Adv interrog* d'où; **~ weißt du das?** d'où le sais-tu?; **ich weiß nicht, ~ sie kommt** je ne sais pas d'où elle vient
▸ **ach ~!** DIAL *fam* penses-tu/pensez-vous! (*fam*)
II. *Adv rel* d'où; **ich gehe dorthin zurück, ~ ich gekommen bin** je retourne à l'endroit d'où je suis venu
wohin I. *Adv interrog* où; **~ gehst du?** où vas-tu?
▸ **ich muss mal ~** *euph fam* il faut que j'aille au petit coin (*fam*)
II. *Adv rel* où; **geh, ~ du willst!** va où tu veux!
wohingegen *Konj geh* alors que, tandis que
wohl *Adv* ❶ (*gesund, wohlauf*) sentir bien; **sich ~ fühlen** se sentir bien; **jdm ist nicht ~** qn ne se sent pas bien
❷ (*gut, behaglich*) **es sich** (*Dat*) **~ ergehen lassen** prendre un peu de bon temps; **jdm ist nicht ~ bei etw** qc met qn mal à l'aise; **im Jogginganzug fühle ich mich am ~sten** c'est en jogging que je suis le plus à l'aise
❸ (*wahrscheinlich*) vraisemblablement, probablement; **sie ist ~ schon zu Hause** elle est sûrement déjà rentrée; **ob sie mir helfen wird? – Wohl kaum!** est-ce qu'elle va m'aider? – Il y a peu de chances!
❹ (*durchaus, doch, schon*) tout à fait; **das ist ~ wahr!** c'est tout à fait [*o* très] vrai!; **das kann man ~ sagen!** ça, tu peux/vous pouvez le dire!; **siehst du ~!** tu vois bien!, qu'est-ce que je t'avais dit!
❺ (*zwar*) **es regnet ~, aber das macht mir nichts aus** c'est vrai qu'il pleut, mais la pluie ne me gêne pas
❻ (*zirka*) en gros; **es waren ~ hundert Besucher da** il y avait environ cent visiteurs
❼ (*überhaupt*) **ob das ~ genügt?** ça suffira, vraiment?
❽ (*sofort, endlich*) **willst du ~ gehorchen!** alors, tu te décides à obéir!
▸ **~ oder übel** bon gré mal gré; **~ bekomm's!** *geh* à ta/votre santé!; **leb ~/leben Sie ~!** adieu!, au revoir!
Wohl <-[e]s> *nt* ❶ (*Nutzen*) bien *m;* **zum ~e der Menschheit** pour le bien de l'humanité
❷ (*Wohlbefinden*) bien-être *m;* **für das leibliche ~ der Gäste sorgen** *geh* pourvoir au bien-être matériel des invités; **auf das ~ des Gastgebers trinken** boire à la santé de l'hôte; **auf dein/Ihr ~!** à ta/votre santé; **zum ~!** à ta/votre santé!
wohlauf *Adj geh* **~ sein** se porter bien **Wohlbefinden** <-s> *nt geh* bien-être *m;* **sich nach jds ~ erkundigen** s'enquérir de la santé de qn (*soutenu*) **Wohlbehagen** <-s> *nt geh* délectation *f* **wohlbehalten** *Adv* ❶ (*wohlauf*) en bon état; **~ bei jdm eintreffen** bien arriver chez qn ❷ (*unverletzt*) sain(e) et sauf(sauve)
wohlbekannt *s.* **bekannt 1.**
wohldurchdacht *s.* **durchdacht**
Wohlergehen <-s> *nt* bien-être *m*
wohlerzogen <besser erzogen, besterzogen> *Adj geh* bien élevé(e)
Wohlfahrtseinrichtung *f* institution *f* sociale **Wohlfahrtsmarke** *f* timbre-poste *m* [surtaxé] au profit d'une œuvre **Wohlfahrtsstaat** *m* État-providence *m* (*fam*)
Wohlgefallen *nt geh* satisfaction *f;* **mit** [*o* **voller**] **~** avec [une grande] satisfaction; **zu seinem/ihrem ~** à sa grande satisfaction
▸ **sich in ~ auflösen** *hum* (*verschwinden*) s'envoler, s'évanouir
wohlgefällig I. *Adj* satisfait(e)
II. *Adv* avec satisfaction
wohlgeformt <besser geformt, bestgeformt> *Adj geh* bien proportionné(e)
wohlgelitten <wohlgelittener, wohlgelittenste> *Adj geh Person* [très] bien vu(e), [très] apprécié(e)
wohlgemeint *s.* **meinen I.5.**
wohlgemerkt *Adv* il faut le souligner **wohlgenährt** <wohlgenährter, wohlgenährteste> *Adj iron geh* replet(-ète) **wohlgeraten** *Adj geh* ❶ (*gut gelungen*) réussi(e) ❷ (*gut erzogen*) bien éduqué(e) **Wohlgeruch** *m geh einer Blüte, Essenz* parfum *m,* senteur *f* (*soutenu*) **Wohlgeschmack** *m geh* saveur *f*
wohlgesinnt <wohlgesinnter, wohlgesinnteste> *Adj geh* bine intentionné(e); **jdm ~ sein** être bien intentionné(e) à l'égard de qn
wohlhabend <wohlhabender, wohlhabendste> *Adj* fortuné(e), cossu(e); **~ sein** avoir de la fortune, être fortuné(e)
wohlig I. *Adj Wärme* agréable; **ein ~es Gefühl** un sentiment de bien-être
II. *Adv sich ausstrecken, sich rekeln* voluptueusement
Wohlklang *m geh* son *m* mélodieux **wohlklingend** <wohlklingender, wohlklingendste> *Adj geh Stimme, Instrument* mélodieux(-euse) **wohlmeinend** <wohlmeinender, wohlmeinendste> *Adj* bien intentionné(e) **wohlriechend** <wohlriechender, wohlriechendste> *Adj geh* odorant(e), qui sent bon **wohlschmeckend** <wohlschmeckender, wohlschmeckendste> *Adj geh* savoureux(-euse) **Wohlsein** *nt* **zum** [*o* **auf Ihr**] **~!** à votre santé! **Wohlstand** *m kein Pl* aisance *f*
Wohlstandsgefälle *nt* écart *m* entre les pays riches et les pays pauvres **Wohlstandsgesellschaft** *f* société *f* d'abondance **Wohlstandsmüll** *m pej* rebus *mpl* de la société de consommation (*péj*)
Wohltat *f kein Pl* (*Erleichterung*) délice *m* **Wohltäter(in)** *m(f)* bienfaiteur(-trice) *m(f)* **wohltätig** *Adj Hilfe, Unterstützung* charitable; **ein ~er Zweck** un but caritatif **Wohltätigkeit** *f veraltet* bienfaisance *f,* charité *f*
Wohltätigkeitsbasar *m* vente *f* de charité **Wohltätigkeitskonzert** *nt* concert *m* de bienfaisance **Wohltätigkeitsveranstaltung** *f* manifestation *f* organisée au profit d'une œuvre
wohltuend [-tuːənt] <wohltuender, wohltuendste> *Adj* bienfaisant(e); **~ sein** faire du bien

wohltun *s.* tun III.3.
wohlüberlegt *s.* überlegt I.
wohlverdient *Adj geh* bien mérité(e)
wohlweislich *Adv* en toute connaissance de cause; **..., was ich ~ nicht tat** ..., ce que je me suis bien gardé(e) de faire
Wohlwollen <-s> *nt* bienveillance *f* **wohlwollend** <wohlwollender, wohlwollendste> **I.** *Adj* bienveillant(e); **jdm ~ gegenüberstehen** montrer de la bienveillance à qn **II.** *Adv* avec bienveillance, de façon bienveillante
Wohnanhänger *m* caravane *f* **Wohnanlage** *f* résidence *f* **Wohnblock** <-blocks> *m* pâté *m* de maisons **Wohncontainer** [-kɔnteɪnɐ] *m* préfabriqué *m*
wohnen *itr V* habiter; **ich wohne in Dresden** j'habite [à] Dresden; **das Wohnen** le logement
Wohnfläche *f* surface *f* habitable **Wohngebäude** *nt* immeuble *m* d'habitation **Wohngebiet** *nt* zone *f* résidentielle; **dies ist ein reines ~** c'est une zone uniquement résidentielle **Wohngegend** *f* zone *f* résidentielle **Wohngeld** *nt* aide *f* personnalisée au logement
Wohngeldempfänger(in) *m(f)* bénéficiaire *mf* de l'allocation logement
Wohngemeinschaft *f* communauté *f* (*personnes partageant un appartement ou une maison*)**;** **in einer ~ wohnen** vivre en communauté

i Land & Leute

Habiter une **Wohngemeinschaft** consiste à partager le même logement avec des personnes qui ne sont pas de sa famille ou dont on ne partage pas la vie. Cette cohabitation est très appréciée des étudiants, car elle leur permet de réduire les frais de loyer. Chaque membre de la **WG** – c'est l'abréviation utilisée pour **Wohngemeinschaft** – a sa chambre à coucher, mais partage avec ses colocataires une cuisine, une salle de bain, des toilettes et éventuellement un salon et une salle manger.

Wohngift *nt* produit *m* toxique (*contenu dans les matériaux de construction*)
wohnhaft *Adj form* domicilié(e); **in Berlin ~ sein** être domicilié(e) à Berlin
Wohnhaus *nt* immeuble *m* d'habitation **Wohnheim** *nt* (*Studentenwohnheim*) foyer *m* pour étudiants, résidence *f* universitaire; (*Arbeiterwohnheim*) foyer de travailleurs **Wohnküche** *f* grande cuisine *f* (*qui fait salle à manger*) **Wohnkultur** *f kein Pl* style *m* d'aménagement de l'habitat **Wohnlage** *f* quartier *m*
wohnlich I. *Adj* agréable à habiter
II. *Adv einrichten* avec confort
Wohnmobil <-s, -e> *nt* camping-car *m* **Wohnort** *m* domicile *m;* **sie hat den ~ gewechselt** elle a déménagé [ailleurs] **Wohnraum** *m* ❶ (*Raum*) pièce *f* d'habitation ❷ *kein Pl* (*Wohnungen*) [parc *m* de] logements *mpl* **Wohnsiedlung** *f* lotissement *m* **Wohnsilo** *m o nt pej* cage *f* à lapins (*fam*) **Wohnsitz** *m* domicile *m;* **fester ~** domicile fixe; **erster/zweiter ~** résidence *f* principale/secondaire
Wohnung <-, -en> *f* appartement *m,* logement *m*
Wohnungsamt *nt* office *m* du logement **Wohnungsbau** *m kein Pl* construction *f* de logements; **sozialer ~** construction de logements sociaux [*o* de H.L.M.]; **öffentlicher ~** construction de logements publiques **Wohnungseigentümer(in)** *m(f)* propriétaire *mf* **Wohnungseinrichtung** *f* ameublement *m* **Wohnungsinhaber(in)** *m(f)* (*Besitzer*) propriétaire *m* de l'appartement; (*Bewohner*) occupant(e) *m(f)* de l'appartement **Wohnungsmangel** *m kein Pl* pénurie *f* [*o* manque *m*] de logements **Wohnungsmarkt** *m* marché *m* du logement [*o* de l'immobilier] **Wohnungsmiete** *f* loyer *m* **Wohnungsnot** *f kein Pl* crise *f* du logement **Wohnungssuche** *f* recherche *f* d'un logement [à louer]; **auf ~ sein** être à la recherche d'un logement [*o* d'un appartement] **Wohnungstausch** *m* échange *m* de logement [*o* d'appartement] **Wohnungstür** *f* porte *f* de l'appartement **Wohnungswechsel** [-ks-] *m* changement *m* d'appartement
Wohnviertel *nt* quartier *m* résidentiel **Wohnwagen** *m* ❶ (*Campinganhänger*) caravane *f* ❷ (*mobile Wohnung*) roulotte *f* **Wohnzimmer** *nt* salon *m,* [salle *f* de] séjour *m*
Wok <-, -s> *m* wok *m*
wölben *r V* ❶ (*sich biegen*) **sich ~** bomber; *Holzfußboden:* bomber, gondoler; **eine gewölbte Stirn** un front bombé
❷ (*überspannen*) **sich über etw** (*Akk*) **~** *Dach, Zeltdach:* former une voûte au-dessus de qc; *Brücke:* former un arc au-dessus de qc
Wölbung <-, -en> *f* CONSTR voûte *f*
Wolf <-[e]s, Wölfe> *m* ❶ loup *m*
❷ (*Fleischwolf*) hachoir *m;* **etw durch den ~ drehen** passer qc au hachoir
▶ **ein ~ im Schafspelz** un loup déguisé en agneau; **hungrig wie ein ~ sein** avoir une faim de loup; **mit den Wölfen heulen** hurler avec les loups
Wölfin <-, -nen> *f* louve *f*
Wolfram ['vɔlfram] <-s> *nt* CHEM tungstène *m*
Wolfshund *m* ZOOL chien-loup *m*
Wolga ['vɔlga] <-> *f* **die ~** la Volga
Wolke <-, -n> *f* nuage *m*
▶ **aus allen ~n fallen** tomber des nues; **über den ~n schweben** *geh* vivre sur son nuage
Wolkenbank <-bänke> *f* traînée *f* de nuages
Wolkenbruch *m* pluie *f* torrentielle [*o* diluvienne]
wolkenbruchartig *Adj* torrentiel(le), diluvien(ne)
Wolkendecke *f* plafond *m* [nuageux], couche *f* nuageuse
Wolkenkratzer *m* gratte-ciel *m*
wolkenlos *Adj* sans nuages, totalement dégagé(e)
Wolkenschicht *f* METEO couche *f* de nuages **wolkenverhangen** *Adj* très nuageux(-euse), couvert(e)
wolkig *Adj* nuageux(-euse), couvert(e)
Wolldecke *f* couverture *f* en laine
Wolle <-, -n> *f* laine *f;* **aus ~** en [*o* de] laine
▶ **sich mit jdm in der ~ haben** *fam* se crêper le chignon avec qn (*fam*); **sich [wegen etw] in die ~ kriegen** *fam* se voler dans les plumes [à cause de qc] (*fam*)
wollen[1] *Adj attr* TEXTIL de [*o* en] laine
wollen[2] <will, wollte, wollen> **I.** *Hilfsv modal* ❶ vouloir; **arbeiten/[sich] ausruhen ~** vouloir travailler/se reposer; **ich will nach Hause gehen** je veux rentrer [à la maison]; **wir wollten gerade gehen/essen** nous nous apprêtions à partir/manger; **diesen Film will ich schon lange sehen** ça fait longtemps que je voulais [*o* j'avais l'intention de] voir ce film; **ich wollte Sie fragen, ob Sie etwas dagegen haben, wenn ...** (*Höflichkeitsfloskel*) je voulais vous demander si cela vous dérange si ...; **willst du lieber eine Kassette oder eine CD haben?** tu préfères avoir une cassette ou un CD?; **das Auto will nicht anspringen** la voiture ne veut pas démarrer
❷ (*in Aufforderungssätzen*) **~ Sie einen Moment Platz nehmen?** auriez-vous l'obligeance de prendre place un instant?; **willst du wohl still sein!** tu vas te taire!, veux-tu te taire!
❸ (*behaupten*) **sie will diesen Brief geschrieben haben** elle prétend avoir écrit cette lettre; **er will davon nichts gewusst haben** il prétend n'avoir pas été au courant
❹ (*müssen*) **Reiten will gelernt sein** l'équitation, ça s'apprend
❺ (*werden*) **es sieht aus, als wolle es gleich ein Gewitter geben** on dirait qu'il va bientôt faire de l'orage
II. <will, wollte, gewollt> *itr V* ❶ vouloir; **es gibt jetzt kein Eis! – Ich will aber!** il n'y a pas de glace maintenant! – Mais j'en veux!; **wenn du willst** si tu veux

W

❷ (*gehen, reisen wollen*) **zu jdm ~** vouloir voir qn; **zu wem ~ Sie?** qui voulez-vous voir?; **in die Stadt ~** vouloir aller en ville; **wir ~ dieses Jahr nach Kenia** cette année, nous voulons aller au Kénya
❸ *fam* (*funktionieren*) **das Radio will nicht mehr** la radio n'en peut plus; **das Herz will nicht mehr so richtig** le cœur est très fatigué
❹ (*wünschen*) [**ganz**] **wie du willst/Sie ~** c'est comme tu veux/vous voulez; **ich wollte, du würdest dir die Sache noch einmal überlegen** j'aimerais que tu reconsidères la chose une nouvelle fois; **jdm übel ~** *fam* vouloir du mal à qn
▶ **dann ~ wir mal!** eh bien allons-y!; **ob du willst oder nicht** que tu le veuilles ou non; **wenn man so will** pour ainsi dire
III. *tr V* ❶ (*haben wollen, wünschen*) vouloir; **er will, dass ich zu ihm zurückkomme** il veut que je revienne à ses côtés; **er hat alles bekommen, was er wollte** il a eu tout ce qu'il voulait; **willst du lieber Kaffee oder Tee?** tu préfères du café ou du thé?; **was hat sie von dir gewollt?** qu'est-ce qu'elle te voulait?; **ohne es zu ~** sans le vouloir
❷ (*bezwecken*) **was willst du mit dem Hammer?** que veux-tu faire avec ce marteau?; **was ~ Sie eigentlich mit Ihren ewigen Klagen?** mais qu'est-ce que vous voulez avec vos sempiternelles plaintes ?
❸ *fam* (*brauchen*) **Kinder ~ viel Liebe** les enfants ont besoin de beaucoup d'amour
▶ [**und**] **keiner** [*o* **niemand**] **will es gewesen sein** et bien sûr personne n'est responsable, c'est la faute à personne (*fam*); **da ist nichts zu ~** *fam* y a pas moyen (*fam*); **etwas von jdm ~** *fam* (*böse Absichten haben*) en avoir après qn (*fam*); (*sexuelles Interesse haben*) en pincer pour qn (*fam*); **was will man mehr!** que demande le peuple! (*fam*); **was willst du mehr!** qu'est-ce que tu veux de plus!
Wollfaden *m* fil *m* de laine
wollig *Adj* laineux(-euse)
Wolljacke *f* veste *f* en laine **Wollknäuel** *nt* pelote *f* de laine **Wollsachen** *Pl fam* lainages *mpl* **Wollstoff** *m* lainage *m*
Wollust <-> *f geh* volupté *f* (*littér*)
wollüstig **I.** *Adj geh Blick* lascif(-ive); *Schauder, Stöhnen* de volupté
II. *Adv geh* voluptueusement; *blicken* lascivement
womit *Adv* ❶ **~ sollen wir anfangen?** par quoi devons-nous commencer?; **~ hattest du gerechnet?** à quoi t'attendais-tu ?; **ich weiß, ~ wir ihn überraschen können** je sais ce qui pourrait lui faire une surprise
❷ (*mit welchem Gegenstand*) **~ hast du die Flasche aufbekommen?** tu as ouvert la bouteille avec quoi?; **~ waren sie bewaffnet?** de quoi étaient-ils armés?; **ich weiß, ~ du die Hecke schneiden kannst** je sais avec quoi tu peux couper la haie
❸ (*wie, mit welchem Mittel*) **~ kann man diesen Fleck entfernen?** comment peut-on enlever cette tache?; **ich frage mich, ~ er sein Geld verdient** je me demande comment il gagne sa vie; **ich weiß nicht, ~ ich das verdient habe!** en quoi ai-je mérité ça?
❹ (*mit dem, mit der*) **das, ~ alle einverstanden sind** ce avec quoi tous sont d'accord
❺ (*woraufhin*) **sie sagte: „Blödsinn!", ~ das Gespräch beendet war** elle dit: "C'est stupide!", ce par quoi elle clôtura la conversation
womöglich *Adv* peut-être [même]; **~ schneit es morgen** il pourrait bien neiger demain
wonach *Adv* ❶ qu'est-ce que/à quoi; **~ suchst du?** qu'est-ce que tu cherches?; **~ riecht es hier?** qu'est-ce que ça sent ici?; **~ soll ich mich richten?** à quoi dois-je me conformer?; **ich weiß, ~ er sich sehnt** je sais à quoi il aspire; **hast du gefunden, ~ du gesucht hast?** tu as trouvé ce que tu cherchais?
❷ (*nach dem, nach denen*) **es gibt Gerüchte, ~ er ein Spieler sein soll** il y a un bruit qui court qui dit qu'il serait un joueur
Wonne <-, -n> *f geh* exaltation *f* (*littér*); **etw mit ~ tun** *fam* faire qc à son grand plaisir (*fam*); **es ist eine** [**wahre**] **~ das Baby anzuschauen** *fam* il fait [vraiment] plaisir à voir ce bébé (*fam*)
wonnig *Adj* adorable
woran *Adv* ❶ à quoi; **~ denkst du gerade?** à quoi penses-tu en ce moment?; **~ erinnerst du dich noch?** de quoi te souviens-tu encore?; **ich weiß nicht, ~ es liegt** je ne sais pas à quoi ça tient
❷ (*an welchem Gegenstand*) **~ kann ich mich festhalten?** à quoi est-ce que je peux me tenir?; **ich weiß nicht, ~ er sich verletzt hat** je ne sais pas après quoi il s'est blessé
❸ (*aus welchem Grund, Anlass*) **~ ist er gestorben?** de quoi est-il mort?
❹ (*an dem, an der*) **der Artikel, ~ er gerade arbeitet** l'article sur lequel il travaille en ce moment; **das Einzige, ~ ich mich erinnere** la seule chose dont je me souviens
worauf *Adv* ❶ qu'est-ce que; **~ wartest du?** qu'est-ce que tu attends?; **~ freust du dich so?** qu'est-ce qui te rend si heureux?; **~ will er eigentlich hinaus?** mais où veut-il en venir?; **ich habe nicht verstanden, ~ er sich bezieht** je n'ai pas compris ce à quoi il se réfère; **wirst du dich beim Kellner beschweren? – Worauf du dich verlassen kannst!** tu vas te plaindre au garçon? – Tu peux compter là-dessus!
❷ (*auf was*) **~ kann ich mich setzen?** je peux m'asseoir sur quoi?
❸ (*auf dem/den, auf die, auf das*) **der Stuhl, ~ er saß** la chaise sur laquelle il était assis; **die Thesen, ~ er sich stützt** les thèses sur lesquelles il s'appuie; **etwas, ~ ich nicht gefasst war** ce à quoi je ne m'attendais pas; **eine kurze Friedenszeit, ~ sofort wieder Krieg folgte** une courte période de paix à laquelle a succédé aussitôt la guerre
woraufhin *Adv* ❶ en réponse à quoi; **~ hat er das gesagt?** en réponse à quoi a-t-il dit cela?
❷ (*worauf*) **er schrie sie an, ~ sie das Zimmer verließ** il hurla tant après elle qu'elle en quitta la pièce
woraus *Adv* ❶ (*aus welchem Material*) de quoi; **~ besteht diese Legierung?** de quoi est fait cet alliage?; **er fragte sich, ~ die Skulptur gemacht war** il se demandait en quoi était faite la sculpture
❷ (*aus welchen Anzeichen*) **~ schließen Sie das?** d'où tirez-vous cette conclusion?
❸ (*aus dem, aus der*) **die Pflanze, ~ dieses Öl gewonnen wird** la plante de laquelle est extraite cette huile; **etwas, ~ ich nicht klug werde** quelque chose qui me laisse perplexe; **er rief nicht an, ~ ich schloss, dass er beleidigt sein müsste** il ne téléphona pas, ce qui me laissa penser qu'il devait être vexé
worden *PP von* **werden**
worin *Adv* ❶ où; **~ liegt das Problem?** où est le problème?; **ich verstehe nicht, ~ der Unterschied besteht** je ne comprends pas où est la différence
❷ (*in welchem Raum, Versteck*) où; **~ hat er sich versteckt?** dans quoi s'est-il caché?
❸ (*in dem, in der*) **die Kiste, ~ die Waren transportiert wurden** la caisse dans laquelle ont été transportées les marchandises; **etwas, ~ sich die Angebote unterscheiden** ce en quoi les offres diffèrent; **sie meint, der Preis sei zu hoch, ~ ich ihr Recht gebe** elle pense que le prix est trop élevé, ce en quoi je lui donne raison
Workaholic [wɜ:kəˈhɔlɪk] <-s, -s> *m fam* stakhano *mf* (*fam*), accro *mf* du travail (*fam*); **ein ~ sein** être un(e) vrai(e) stakhano (*fam*)
Workshop [ˈwɜ:kʃɔp] <-s, -s> *m* atelier *m* **Workstation** [-steɪʃn] <-, -s> *f* INFORM station *f* de travail
World Wide Web [wɜ:ldwaɪdˈwɛb] <-> *nt* World Wide Web *m*
Wort <-[e]s, -e> *nt* ❶ <¨er *o selten* -e> mot *m*; **etw ~ für ~**

wiederholen répéter qc mot pour mot; mit anderen ~en en d'autres termes; in ~en: hundert Euro en toutes lettres: cent euros
❷ (*Begriff*) ein großes ~ un [bien] grand mot; das treffende ~ suchen chercher le terme approprié; etw in ~e fassen [*o* kleiden] rendre qc par des mots; keine ~e für etw finden ne pas avoir de mot[s] pour qualifier qc; mir fehlen die ~e! j'en reste coi(te)!
❸ (*Äußerung*) parole *f;* ein ~ des Dankes/der Entschuldigung un mot de remerciement/d'excuse; mit knappen ~en en quelques mots [brefs]; viele ~e machen faire des discours; kein ~ verstehen ne pas comprendre un [seul] mot; kein ~ herausbringen ne pas pouvoir sortir un mot; jdm kein ~ glauben ne pas croire un mot de ce que dit qn; kein ~ miteinander reden ne pas s'adresser la parole; kein ~ über jdn/etw verlieren ne pas dire un mot au sujet de qn/qc; etw mit keinem ~ erwähnen n'en souffler mot à personne; seinen ~en Taten folgen lassen passer de la parole à l'acte; daran ist kein wahres ~, daran ist kein ~ wahr il n'y a pas un mot de vrai dans toute cette histoire; davon hat man mir kein ~ gesagt on ne m'en a pas soufflé mot; hättest du doch ein ~ gesagt! si seulement tu m'en avais touché un mot!
❹ *kein Pl* (*Versprechen, Ehrenwort*) parole *f;* jdm sein ~ geben donner sa parole à qn; jdn beim ~ nehmen prendre qn au mot; sein ~ halten/brechen tenir [sa]/manquer à sa parole
❺ *kein Pl* (*Rede*) ums ~ bitten/sich (*Akk*) zu ~ melden demander la parole; das ~ an jdn richten *geh* adresser la parole à qn; jdm das ~ erteilen passer la parole à qn; das ~ ergreifen/haben prendre/avoir la parole; jdm ins ~ fallen couper la parole à qn; jdm das ~ entziehen retirer la parole à qn; jdn nicht zu ~ kommen lassen ne pas laisser qn dire un seul mot; sein eigenes ~ nicht mehr verstehen ne plus s'entendre parler
❻ (*Text*) etw ohne ~e darstellen exprimer qc sans l'aide de la parole; etw in ~ und Bild zeigen *Film:* montrer qc par l'image et le son; *Buch:* montrer qc par le texte et l'image
❼ (*Ausspruch*) ein ~ Molières/Goethes un mot de Molière/de Goethe
▶ jedes ~ [*o* alles] auf die Goldwaage legen peser chacune de ses paroles; nicht jedes ~ [*o* alles] auf die Goldwaage legen dürfen ne pas devoir prendre chaque mot au pied de la lettre; jdm das ~ im Mund [her]umdrehen déformer les paroles de qn; du nimmst mir das ~ aus dem Mund[e] enlever le mot de la bouche à qn; ein ernstes ~ mit jdm reden dire deux mots à qn; geflügeltes ~ mot *m* célèbre; [bei jdm] ein gutes ~ für jdn einlegen intercéder pour [*o* en faveur de] qn [auprès de qn]; das letzte ~ ist noch nicht gesprochen tout n'est pas dit; jd hat das letzte ~ qn a le dernier mot; immer das letzte ~ haben [wollen] [vouloir] toujours avoir le dernier mot; aufs ~ gehorchen obéir au doigt et à l'œil; ein ~ gibt das andere un mot en entraîne un autre; jdm aufs ~ glauben croire qn sur parole; hast du [*o* hat man] da noch ~e! *fam* c'est à vous en clouer le bec! (*fam*); einer S. (*Dat*) das ~ reden prôner une chose; spar dir deine ~e! n'essaie pas de discuter!; [bei jdm] im ~ stehen avoir [pris] des engagements [envers qn]; mit einem ~ en un mot

Wortart *f* catégorie *f* grammaticale **Wortbildung** *f* LING formation *f* des mots **Wortbruch** *m geh* manquement *m* à la parole donnée, parjure *m* (*soutenu*) **wortbrüchig** *Adj geh* parjure (*soutenu*); ~ werden se parjurer (*littér*)

Wörtchen <-s, -> *nt Dim von* Wort *fam* mot *m*
▶ ein ~ mitzureden haben *fam* avoir son mot à dire; noch ein ~ mit jdm zu reden haben *fam* avoir encore deux mots à dire à qn; wenn das ~ wenn nicht wär'[, wär' mein Vater Millionär] avec des si, on mettrait Paris en bouteille

Wörterbuch *nt* dictionnaire *m*

Worterkennung *f* INFORM écriture *f* intuitive

Wörterverzeichnis *nt* glossaire *m*

Wortfamilie *f* LING famille *f* de mots **Wortfetzen** *Pl* bribes *fpl* de conversation **Wortführer(in)** *m(f)* porte-parole *m;* sich zum ~ einer S. (*Gen*) machen se faire le porte-parole de qc **Wortgefecht** *nt geh* joute *f* oratoire (*soutenu*) **wortgetreu** I. *Adj Übersetzung* littéral(e); *Wiedergabe* textuel(le) II. *Adv übersetzen* littéralement; *wiedergeben, zitieren* textuellement **wortgewandt** I. *Adj* éloquent(e) II. *Adv* avec éloquence **wortkarg** *Adj Mensch* peu loquace; *Antwort* laconique **Wortlaut** *m kein Pl* contenu *m; eines Vertrages* termes *mpl;* etw im vollen ~ veröffentlichen éditer le texte intégral de qc

Wörtlein <-s, -> *nt Dim von* Wort *s.* Wörtchen

wörtlich I. *Adj* ❶ *Übersetzung* littéral(e)
❷ GRAM ~e Rede discours *m* direct
II. *Adv* ❶ *wiedergeben, zitieren* textuellement; *übersetzen* littéralement
❷ (*in der eigentlichen Bedeutung*) etw ~ nehmen prendre qc au pied de la lettre

wortlos I. *Adj Blick, Verstehen* muet(te)
II. *Adv* sans mot dire

Wortmeldung *f* demande *f* de la parole; es gab drei ~en trois personnes demandèrent la parole; gibt es keine ~en mehr? plus personne ne demande la parole? **wortreich** I. *Adj* volubile II. *Adv* avec volubilité; *erklären* en long, en large et en travers (*fam*) **Wortschatz** *m kein Pl* vocabulaire *m;* aktiver/passiver ~ vocabulaire actif/passif **Wortschwall** *m pej* flot *m* de paroles; jdn mit einem ~ überschütten submerger qn de paroles **Wortspiel** *nt* jeu *m* de mots **Wortstamm** *m* LING radical *m*, racine *f* **Wortstellung** *f* ordre *m* des mots **Wortwahl** *f kein Pl* choix *m* des mots **Wortwechsel** *m* altercation *f* **wortwörtlich** I. *Adj* textuel(le) II. *Adv* mot pour mot

worüber *Adv* ❶ de quoi; ~ habt ihr gesprochen? de quoi avez-vous parlé?; ~ ist er so glücklich? qu'est-ce qui le rend si heureux?; ich weiß, ~ ihr lacht je sais de quoi vous rigolez
❷ (*über welchen/welchem Gegenstand*) ~ bist du gestolpert? sur quoi as-tu trébuché?
❸ (*über dem, über das*) ein Sofa, ~ ein Bild hängt un canapé au-dessus duquel est accroché un tableau; etwas, ~ wir sprechen müssen quelque chose dont nous devons parler; das Theater, ~ wir uns neulich unterhalten haben le théâtre à propos duquel nous avons discuté l'autre jour

worum *Adv* ❶ sur quoi; ~ streiten sie sich? sur quoi se disputent-ils ?; ich habe keine Ahnung, ~ es geht [*o* sich handelt] je n'ai aucune idée de quoi il s'agit
❷ (*um den, um das*) der Stein, ~ die Schnur gewickelt war la pierre autour de laquelle la ficelle était enroulée; alles, ~ du mich bittest tout ce que tu me demandes

worunter *Adv* ❶ ~ leidet er? de quoi souffre-t-il?; ich frage mich, ~ ich das einordnen soll je me demande sous quelle catégorie je dois ranger cela
❷ (*unter was*) ~ soll ich den Karton schieben? où dois-je mettre la boîte?
❸ (*unter den, unter die*) der Schrank, ~ sie den Karton gestellt hatte l'armoire sous laquelle elle avait mis la boîte
❹ (*unter dem, unter der*) ein Bündel Geldscheine, ~ auch Falschgeld war une liasse de billets parmi lesquels il y avait des faux billets; die Krankheit, ~ sie leidet la maladie dont elle souffre; ein Begriff, ~ ich mir nichts vorstellen kann une notion qui n'évoque rien pour moi

wovon *Adv* ❶ qu'est-ce qui; ~ ist sie aufgewacht? qu'est-ce qui l'a réveillée?; ~ ist er krank geworden? qu'est-ce qui l'a rendu malade?; ich weiß nicht, ~ du sprichst je ne sais pas de quoi tu parles
❷ (*von dem, von der*) ein Problem, ~ ich keine Ahnung hatte un problème dont je n'avais pas la moindre idée; eine Reise, ~ sie noch heute schwärmt un voyage dont elle parle aujourd'hui encore avec enthousiasme
❸ (*wodurch*) er redete viel, ~ er Halsschmerzen bekam il

parla beaucoup ce qui lui donna des maux de gorge
wovor *Adv* ❶ de quoi; ~ **hat er Angst?** de quoi a-t-il peur?; **ich frage mich, ~ sie auszuweichen versucht** je me demande ce qu'elle cherche à éviter
❷ (*vor was*) ~ **soll ich den Stuhl stellen?** devant quoi faut-il que je mette la chaise?
❸ (*vor dem*) **das Haus, ~ er geparkt hatte** la maison devant laquelle il s'est garé; **das Einzige, ~ sie sich fürchtet** la seule chose qui lui fait peur
wozu *Adv* ❶ (*warum, wofür*) pourquoi; ~ **willst du das wissen?** pourquoi est-ce que tu veux le savoir?; ~ **brauchst du das Geld?** tu as besoin de l'argent pour quoi faire?; **ich weiß nicht, ~ das gut ist** je ne sais pas à quoi ça sert
❷ (*zu dem, zu der*) **der Sieg, ~ er ihr gratulierte** la victoire pour laquelle il la félicitait; **die Miete, ~ noch die Heizkosten kommen** le loyer auquel s'ajoutent les frais de chauffage; **ich soll mein Zimmer aufräumen, ~ ich aber keine Lust habe** il faut que je range ma chambre, ce dont je n'ai pourtant aucune envie
Wrack <-s, -s> *nt* ❶ épave *f*
❷ *fig* loque *f*; **ein körperliches/seelisches ~ sein** être usé(e) physiquement/moralement
wringen <wrang, gewrungen> *tr V* tordre; **das Wasser aus etw ~** essorer qc
WS UNIV *Abk von* **Wintersemester** semestre *m* d'hiver
WTO [ve:te:'ʔo:] <-> *f Abk von* **World Trade Organization** O.M.C. *f*
Wucher <-s> *m pej* (*zu hoher Preis*) prix *mpl* exorbitants; (*zu hohe Zinsen*) usure *f*; **das ist [doch/ja] ~!** *fam* c'est du vol! (*fam*); ~ **treiben** pratiquer l'usure
wucherisch *Adj Zinsen* usuraire; *Miete, Preis* exorbitant(e)
Wuchermiete *f pej* loyer *m* usuraire [*o* exorbitant]
wuchern *itr V + haben o sein Pflanzen, Unkraut:* proliférer; *Geschwulst, Tumor:* grossir; ~ **des Unkraut** de la mauvaise herbe envahissante
Wucherpreis *m pej* prix *m* exorbitant [*o* prohibitif]
Wucherung <-, -en> *f* néoplasme *m*
Wucherzinsen *Pl pej* intérêt *m* [*o* taux *m*] usuraire
wuchs *Imp von* **wachsen**[1]
Wuchs <-es> *m* ❶ (*Wachstum*) croissance *f*
❷ (*Gestalt*) taille *f*; **eine Frau von schlankem ~** une femme mince
Wucht <-> *f eines Aufpralls, Schlags, Stoßes* violence *f*; **mit voller ~** de plein fouet
► **eine ~ sein** *fam* (*toll sein*) être d'enfer (*fam*)
wuchten *tr V* **eine Truhe auf den Speicher ~** traîner un coffre [jusqu'] au grenier
wuchtig *Adj* ❶ (*mit Wucht*) violent(e)
❷ (*massig*) *Gegenstand, Möbelstück* imposant(e)
Wühlarbeit *f* menées *fpl* subversives, travail *m* de sape
wühlen I. *itr V* ❶ (*kramen, graben*) fouiller; **in etw** (*Dat*) ~ fouiller dans qc; **in der Tasche nach den Schlüsseln ~** fouiller dans son sac pour trouver les clés; **im Schlamm ~** *Schwein:* fouiller dans la boue
❷ *pej fam* (*hetzen*) **gegen jdn/etw ~** grenouiller contre qn/qc (*fam*)
II. *r V* ❶ (*sich bewegen*) **sich durch den Acker ~** *Maulwurf:* creuser une galerie sous le champ; *Wagen:* avancer dans le champ en s'embourbant; **sich in die Erde ~** *Maulwurf:* s'enfouir dans la terre
❷ *fam* (*arbeiten*) **sich durch etw ~** liquider qc (*fam*)
Wühlmaus *f* campagnol *m* **Wühltisch** *m fam* table *f* à farfouille (*fam*)
Wulst <-es, =e> *m* bourrelet *m*
wulstig *Adj Lippen* épais(se); *Nacken* massif(-ive); *Narbe, Rand* boursouflé(e)
wund [vʊnt] *Adj Haut, Lippen, Ferse* écorché(e); **das Baby ist am Po ~** le bébé a les fesses irritées; **sich ~ liegen** attraper des escarres; **sich** (*Dat*) **den Rücken ~ liegen** attraper des escarres au dos; ~ **gelegen** *Rücken, Gesäß* couvert(e) d'escarres; **eine ~ gelegene Stelle** une escarre; **sich ~ reiben** se frotter à s'en écorcher; **sich** (*Dat*) **die Fersen ~ laufen** s'écorcher les talons en marchant
Wundbrand *m* MED gangrène *f*
Wunde ['vʊndə] <-, -n> *f* plaie *f*; **tödliche ~** plaie mortelle
► **alte ~n wieder aufreißen** *geh* rouvrir une plaie
wunder *s.* **Wunder 2.**
Wunder ['vʊndɐ] <-s, -> *nt* ❶ miracle *m*; **es ist ein ~, dass** *fam* c'est un miracle que + *subj*; **es ist kein ~, dass** *fam* c'est pas étonnant que + *subj*; **ist es ein ~, dass ...?** *fam* quoi d'étonnant à ce que...? + *subj* (*fam*)
❷ (*Besonderes*) **er dachte, sie sei ~ wer** *fam* il pensait qu'elle était Dieu sait qui (*fam*); **er bildet sich ein, er sei ~ wer** il se croit sorti de la cuisse de Jupiter (*fam*); **ich glaubte, es sei ~ was geschehen** *fam* je croyais qu'il s'était passé Dieu sait quoi (*fam*)
► **sein blaues ~ erleben** *fam* avoir une drôle de surprise (*fam*); **an ein ~ grenzen** tenir du miracle; ~ **wirken** faire des miracles; **wie durch ein ~** comme par miracle
wunderbar I. *Adj* ❶ (*großartig*) *Person* fantastique; *Abend, Geschenk, Urlaub* merveilleux(-euse); **[das ist ja] ~!** [c'est vraiment] fantastique!
❷ (*übernatürlich erscheinend*) miraculeux(-euse)
II. *Adv* tellement
wunderbarerweise *Adv* miraculeusement
Wunderglaube *m kein Pl* croyance *f* aux miracles **Wunderheiler(in)** <-s, -> *m(f)* guérisseur(-euse) *m(f)* **wunderhübsch** *Adj* ravissant(e); ~ **aussehen** être ravissant(e) **Wunderkerze** *f* cierge *m* magique **Wunderkind** *nt* enfant *m* prodige **Wunderland** *nt* pays *m* merveilleux [*o* des merveilles]
wunderlich I. *Adj Mensch, Einfall, Vorschlag* bizarre; **ein ~er alter Kauz** un vieil olibrius (*fam*)
II. *Adv* de façon bizarre
Wundermittel *nt* remède *m* miracle
wundern ['vʊndɐn] I. *tr V* étonner; **jdn ~** *Verhalten, Frage:* étonner qn; **es wundert mich [*o* mich wundert], dass** ça m'étonne que + *subj*; **es würde mich nicht ~, wenn ...** ça ne m'étonnerait pas si [*o* que + *subj*]...; **es sollte mich ~, wenn sie käme** ça m'étonnerait qu'elle vienne
II. *r V* **sich ~** être étonné(e); **sich über etw** (*Akk*) ~ s'étonner de qc
► **ich muss mich doch sehr ~!** je suis très choqué(e)!; **du wirst dich [noch] ~!** tu vas avoir des surprises!
wunder|nehmen *tr V unreg, unpers* **es nimmt mich wunder, dass** c'est étonnant que + *subj*
wundersam *Adj geh* insolite (*littér*)
wunderschön I. *Adj* superbe II. *Adv* superbement **wundervoll** I. *Adj* merveilleux(-euse) II. *Adv* merveilleusement
Wundfieber *nt* MED fièvre *f* traumatique
wundgelegen *s.* **wund**
Wundinfektion *f* MED infection *f* de la plaie
wund|liegen *s.* **wund**
Wundsalbe *f* pommade *f* cicatrisante **Wundstarrkrampf** *m* MED tétanos *m*
Wunsch [vʊnʃ, *Pl:* 'vʏnʃə] <-[e]s, =e> *m* ❶ souhait *m*; **der ~ nach Stille** le souhait d'avoir du silence; **einen ~ haben** avoir un souhait; **jdm einen ~ erfüllen** exaucer un souhait à qn; **das war immer schon mein größter ~** ça a toujours été mon souhait le plus cher; **haben Sie sonst noch einen ~?** vous désirez autre chose?; **auf ~** sur demande; **auf seinen ~ [hin]** à sa demande; **auf vielfachen ~** à la demande générale; **nach ~** à souhait; **war alles nach ~?** tout était-il conforme à tes/vos vœux?
❷ (*Glückwunsch*) vœux *mpl*, souhaits *mpl*; **jdm die besten/alle guten Wünsche zum Geburtstag aussprechen** souhai-

ter ses meilleurs/tous ses meilleurs vœux à qn pour son anniversaire

► **jdm jeden ~ von den Augen ablesen** aller au-devant des désirs [*o* des souhaits] de qn; **da ist der ~ der Vater des Gedankens** *Spr.* il ne faut pas prendre ses désirs pour des réalités; **nur ein frommer ~ sein** n'être qu'un vœu pieux; **jds letzten ~ erfüllen** exaucer la dernière volonté de qn; **hast du sonst noch Wünsche?** *iron* et avec ça, ce sera tout? (*iron*)

Wụnschbild *nt* idéal *m* **Wụnschdenken** *nt* illusion *f;* **das ist reines ~ der Geschäftsleute** ce sont des désirs des hommes d'affaires qu'ils prennent pour la réalité

Wụ̈nschelrute ['vʏnʃəlru:tə] *f* baguette *f* de sourcier

Wụ̈nschelrutengänger(in) <-s, -> *m(f)* sourcier(-ière) *m(f)*

wụ̈nschen [vʏnʃən] **I.** *r V* vouloir; **sich** (*Dat*) **etw ~** vouloir qc; **sich von den Eltern zu Weihnachten ein Buch ~** demander à ses parents un livre pour Noël; **was wünschst du dir?** qu'est-ce que tu veux?; **sich** (*Dat*) **ein Kind ~** vouloir un enfant; **sich** (*Dat*) **jdn zum Freund ~** bien aimer avoir qn comme ami; **alles, was man sich nur ~ kann** tout ce qu'on peut souhaiter; **man könnte sich kein besseres Wetter ~!** on ne pourrait pas espérer avoir meilleur temps!

II. *tr V* ❶ (*als Glückwunsch sagen*) **jdm Glück/Gesundheit ~** souhaiter bonne chance/une bonne santé à qn; **wir ~ dir zum Geburtstag alles Gute** nous t'adressons nos meilleurs vœux pour ton anniversaire

❷ (*erhoffen*) souhaiter; **~, dass** souhaiter que + *subj;* **er wünschte, er hätte das nie gesagt** il voudrait n'avoir jamais dit cela; **ich wünschte, der Regen würde aufhören** je souhaiterais que la pluie cesse; **ich wünsche ihr, dass alles gut klappt** je lui souhaite que tout se passe bien

❸ (*verlangen*) demander *Erklärung, Entschuldigung;* **Sie können bleiben, solange Sie ~** vous pouvez rester aussi longtemps que vous le désirez; **ich wünsche, dass sofort Ruhe herrscht!** je demande le silence immédiat!; **was ~ Sie?** que désirez-vous?; **wie gewünscht** comme souhaité

III. *itr V* **Sie ~?** vous désirez?; [**ganz**] **wie Sie ~** comme vous voulez

► **zu ~ übrig lassen** laisser à désirer; **nichts zu ~ übrig lassen** être irréprochable [*o* impeccable]

wụ̈nschenswert *Adj* souhaitable; **etw für ~ halten** considérer qc comme souhaitable

Wụnschform *f* LING optatif *m* **wụnschgemäß** **I.** *Adj* (*erwünscht*) souhaité(e) **II.** *Adv* selon ses/mes/... désirs **Wụnschkind** *nt* enfant *m* désiré **Wụnschkonzert** *nt* émission *f* musicale à la carte

wụnschlos *Adj* comblé(e); **~ glücklich sein** être parfaitement heureux(-euse)

Wụnschsatz *m* LING phrase *f* optative; (*Satzteil*) proposition *f* optative **Wụnschtraum** *m* rêve *m; pej* chimère *f* **Wụnschvorstellung** *f* rêves *mpl* **Wụnschzettel** *m* liste *f* de cadeaux

► **auf jds ~ stehen** faire partie des choses que qn voudrait acheter

wụrde ['vʊrdə] *Imp von* **werden**

Wụ̈rde ['vʏrdə] <-, -n> *f* ❶ *kein Pl* (*innerer Wert*) dignité *f;* **die ~ des Menschen ist unantastbar** la dignité de l'homme est inviolable

❷ (*würdevolle Haltung*) **etw mit ~ tragen** accepter qc avec dignité

❸ (*Rang*) dignité *f;* **akademische ~n** titres *mpl* universitaires

► **das ist unter seiner/ihrer ~** ce serait lui faire injure; **unter aller ~ sein** être au-dessous de tout

wụ̈rdelos **I.** *Adj Auftreten, Benehmen* indigne; *Behandlung* dégradant(e)

II. *Adv* de manière indigne

Wụ̈rdenträger(in) *m(f) geh* dignitaire *m*

wụ̈rdevoll **I.** *Adj geh* digne

II. *Adv* avec dignité

wụ̈rdig **I.** *Adj* ❶ (*ehrwürdig*) digne

❷ (*angemessen*) *Empfang, Feier, Rahmen* adéquat(e); **ein ~er Nachfolger** un digne successeur

❸ (*wert*) **eines Gelehrten/Großunternehmens ~ sein** être digne d'un savant/d'une grande entreprise; **sich eines Amtes/einer Auszeichnung ~ erweisen** se montrer digne d'une fonction/d'une décoration

II. *Adv* ❶ (*mit Würde*) avec dignité

❷ (*gebührend*) dignement

wụ̈rdigen ['vʏrdɪgən] *tr V* ❶ (*anerkennen*) rendre hommage à *Person*

❷ (*schätzen*) **etw ~** apprécier qc à sa juste valeur; **etw zu ~ wissen** savoir apprécier qc à sa juste valeur

❸ *geh* (*für würdig befinden*) **jdn keines Blickes ~** ne pas daigner jeter un seul regard à qn (*soutenu*)

Wụ̈rdigung <-, -en> *f einer Person, Sache* reconnaissance *f;* **in ~ Ihrer Arbeit** en reconnaissance de votre travail

Wụrf [vʊrf, *Pl:* 'vʏrfə] <-[e]s, -̈e> *m* ❶ (*mit einem Ball*) lancer *m;* (*mit einem Stein, Schneeball*) jet *m*

❷ SPORT (*beim Hammerwerfen, Speerwerfen, Diskuswerfen*) lancer *m*

❸ (*beim Würfeln*) coup *m*

❹ (*Jungtiere*) portée *f*

► **jdm gelingt mit etw ein großer ~** qn réussit un coup de maître avec qc

Wụ̈rfel ['vʏrfəl] <-s, -> *m* ❶ dé *m;* **~ spielen** jouer aux dés

❷ GEOM cube *m*

❸ (*kleines Stück*) dé *m;* **etw in ~ schneiden** couper qc en dés

► **die ~ sind gefallen** les dés sont jetés

Wụ̈rfelbecher *m* cornet *m* à dés

wụ̈rfeln **I.** *itr V* [**um etw**] **~** jouer [qc] aux dés

II. *tr V* ❶ **eine Fünf ~** faire un cinq

❷ (*in Würfel schneiden*) **den Speck ~** couper le lard en dés

Wụ̈rfelspiel *nt* jeu *m* de dés **Wụ̈rfelspieler(in)** *m(f)* joueur(-euse) *m(f)* de dés **Wụ̈rfelzucker** *m kein Pl* sucre *m* en morceaux

Wụrfgeschoss[RR] *nt* projectile *m* **Wụrfpfeil** *m* fléchette *f* **Wụrfsendung** *f* courrier *m* publicitaire **Wụrfspieß** *m* SPORT javelot *m*

Wụ̈rgegriff *m* ❶ (*Griff*) étranglement *m;* **jdn im ~ halten** serrer la gorge à qn ❷ *fig* étau *m;* **ein Land im ~ halten** tenir l'étau serré sur un pays **Wụ̈rgemal** *nt* traces *fpl* d'étranglement

wụ̈rgen ['vʏrgən] **I.** *tr V* étrangler; **jdn ~** *Kragen, Krawatte:* étrangler qn

II. *itr V* ❶ (*nicht schlucken können*) **an etw** (*Dat*) **~** s'étrangler avec qc

❷ (*Brechreiz haben*) être pris(e) de nausée[s]

Wụ̈rger(in) ['vʏrgɐ] <-s, -> *m(f)* étrangleur(-euse) *m(f)*

Wụrm[1] [vʊrm, *Pl:* 'vʏrmɐ] <-[e]s, -̈er> *m* ver *m;* **Würmer haben** avoir des vers

► **jdm die Würmer aus der Nase ziehen** *fam* tirer les vers du nez à qn (*fam*); **da ist** [*o* **sitzt**] **der ~ drin** *fam* c'est un sac de nœuds (*fam*); (*es kriselt in der Ehe*) ça bat de l'aile

Wụrm[2] <-[e]s, -̈er> *nt fam* (*kleines, hilfloses Kind*) bout *m* de chou

Wụ̈rmchen ['vʏrmçən] <-s> *nt Dim von* **Wurm**[1] vermisseau *m*

wụrmen ['vʊrmən] *tr V fam* **jdn ~** enquiquiner qn (*fam*)

Wụrmfarn *m* BOT fougère *f* mâle

wụrmförmig [-fœrmɪç] *Adj* vermiculaire

Wụrmfortsatz *m* ANAT appendice *m*

wụrmig, wụrmstichig *Adj Obst* véreux(-euse); *Holz* vermoulu(e)

Wụrst [vʊrst, *Pl:* 'vʏrstə] <-, -̈e> *f* ❶ *kein Pl* (*Wurstwaren*) charcuterie *f*

❷ (*Würstchen*) saucisse *f;* (*geräuchert*) saucisson *m*

► **jetzt geht es um die ~** *fam* c'est maintenant que tout se joue (*fam*); **das ist mir/ihm ~** [*o* **Wurscht**] *fam* j'en ai/il en a

W

rien à cirer (*fam*)

Wurstbrot *nt* sandwich *m* au saucisson

Würstchen ['vʏrstçən] <-s, -> *nt* ❶ saucisse *f*; (*Bratwurst*) saucisse grillée; **Frankfurter/Wiener ~** saucisse de Francfort; **heiße** [*o* **warme**] **~** saucisses chaudes
❷ *pej fam* (*jämmerlicher Mensch*) mauviette *m* (*fam*); **ein armes ~** un pauvre type (*fam*)

Würstchenbude *f*, **Würstchenstand** *m* stand *m* de saucisses grillées

Wurstel <-s, -n> *m* A (*Hanswurst*) polichinelle *m*

wursteln ['vʊrstəln] *itr V fam* bidouiller (*fam*); (*pfuschen*) bousiller (*fam*)

Wurstfinger *Pl fam* doigts *mpl* boudinés **Wursthaut** *f* peau *f* de saucisse [*o* saucisson]

wurstig *Adj fam* je-m'en-foutiste

Wurstigkeit *f kein Pl fam* je-m'en-foutisme

Wurstsalat *m* ≈ cervelas *m* en salade **Wurstwaren** *Pl* charcuterie *f* **Wurstzipfel** *m* bout *m* du saucisson [*o* de la saucisse]

Württemberg ['vʏrtəmbɛrk] <-s> *nt* le Wurtemberg

Würzburg ['vʏrtsbʊrk] <-s> *nt* Wurtzbourg

Würze ['vʏrtsə] <-, -n> *f* ❶ (*Würzmischung*) condiment *m*
❷ (*Aroma*) *eines Gerichts* saveur *f*; *eines Weins* montant *m*

Wurzel ['vʊrtsəl] <-, -n> *f* ❶ (*Teil einer Pflanze, Zahnwurzel, Haarwurzel, Wortwurzel*) racine *f*
❷ MATH **die ~ aus 16 ziehen** extraire la racine [carrée] de 16; **die dritte ~ aus 27** la racine cubique de 27
❸ *geh* (*Ursprung*) **die ~n einer S.** (*Gen*) l'origine *f* de qc; **die ~ allen Übels** la cause de tous les maux
❹ *meist Pl* NDEUTSCH (*Karotte*) carotte *f*
▸ **etw mit der ~ ausrotten** attaquer qc à la racine; **~n schlagen** *Person:* s'enraciner; *Pflanze:* faire des racines; **wollt ihr hier ~n schlagen?** *fam* vous n'allez tout de même pas prendre racine ici! (*fam*)

Wurzelballen *m* motte *f* **Wurzelbehandlung** *f* traitement *m* de la racine

wurzeln ['vʊrtsln] *itr V geh* **in etw** (*Dat*) **~** *Krise, Streit:* avoir son origine dans qc; **tief in jdm ~** *Angst, Misstrauen:* être profondément enraciné(e) en qn

Wurzelstock *m* souche *f* **Wurzelwerk** *nt kein Pl* racines *fpl* **Wurzelzeichen** *nt* MATH radical *m*

würzen ['vʏrtsən] *tr V* ❶ épicer; **etw** [**mit etw**] **~** assaisonner [*o* épicer] qc [avec qc]
❷ *fig* **ein mit Anekdoten gewürzter Vortrag** un discours assaisonné d'anecdotes

würzig I. *Adj Duft, Geruch, Geschmack, Essen* épicé(e); *Bier, Wein* corsé(e)
II. *Adv* **~ schmecken** *Wein:* avoir du montant; **ein ~ duftender Tabak** un tabac aromatique

wusch[1] [vu:ʃ] *Imp von* **waschen**

wusch[2] [vʊʃ] *Interj* A (*Ausruf des Erstaunens*) **~!** oh là là!

Wuschelhaar *nt fam* cheveux *mpl* bouclés

wuschelig *Adj fam* tout(e) crépu(e) (*fam*)

Wuschelkopf *m fam* ❶ (*Haare*) frisettes *fpl*
❷ (*Mensch*) tête *f* moutonnée

wusste[RR], **wußte** *Imp von* **wissen**

Wust[1] [vu:st] <-[e]s> *m fam* tas *m*; **ein ~ von Akten** un tas *m* de dossiers (*fam*)

Wust[2] [vʊst] *f kein Pl Abk von* **Warenumsatzsteuer** CH T.V.A. *f*

wüst [vy:st] I. *Adj* ❶ (*öde*) *Gegend, Landschaft* désert(e)
❷ (*übel*) *Beschimpfung, Fluch* grossier(-ière)
❸ *fam* (*heillos*) *Unordnung* dingue (*fam*); **ein ~es Durcheinander** un foutoir pas possible (*fam*)
II. *Adv beschimpfen, fluchen* grossièrement; *zurichten* salement (*fam*)

Wüste ['vy:stə] <-, -n> *f* désert *m*; **die ~ Gobi** le désert de Gobi
▸ **jdn in die ~ schicken** *fam* limoger qn (*fam*); (*entlassen*) virer qn (*fam*)

Wüstenklima *nt kein Pl* climat *m* désertique **Wüstensand** *m* sable *m* du désert

Wüstling ['vy:stlɪŋ] <-s, -e> *m pej* débauché *m*

Wut [vu:t] <-> *f* rage *f*; **in ~ geraten** entrer en rage; **jdn in ~ bringen** mettre qn en rage; **eine fürchterliche ~** [**auf jdn**] **haben** *fam* être furax [contre qn] (*fam*); **voller ~** en proie à la fureur; **vor ~** de rage
▸ **eine ~ im Bauch haben** *fam* avoir la haine (*fam*); **vor ~ kochen** bouillir de colère

Wutanfall *m* accès *m* de fureur; **einen ~ bekommen** [*o* **kriegen** *fam*] piquer sa crise (*fam*)

wüten ['vy:tən] *itr V* ❶ (*toben*) se déchaîner
❷ (*Zerstörung verursachen*) [**an der Küste**] **~** *Sturm, Waldbrand:* faire des ravages [sur la côte]

wütend I. *Adj* ❶ (*zornig*) furieux(-euse); **auf jdn ~ sein** être furieux(-euse) contre qn; **über etw** (*Akk*) **~ sein** être furieux(-euse) [à cause] de qc
❷ (*heftig*) *Hass, Gefecht, Kampf* acharné(e); *Schmerzen, Hunger* atroce
II. *Adv* furieusement

wutentbrannt ['vu:tʔɛnt'brant] I. *Adj* saisi(e) de furie
II. *Adv* comme une furie

Wüterich ['vy:tərɪç] <-s, -e> *m pej veraltet* forcené *m*

Wutgeheul *nt*, **Wutgeschrei** *nt* cris *mpl* de fureur [*o* de rage] **wutschnaubend** *Adj, Adv* écumant(e) de rage **wutverzerrt** *Adj* grimaçant(e) de colère

WWW [ve:ve:'ve:] *nt Abk von* **World Wide Web** WWW *m*, TAM *f*

Wz *Abk von* **Warenzeichen**

Xx

X, x [ɪks] <-, -> *nt* ❶ X *m*/x *m*
❷ *fam* (*unzählige*) **x Briefe schreiben** écrire trente-six lettres (*fam*)
▸ **jdm ein X für ein U vormachen** *fam* faire gober n'importe quoi à qn (*fam*); **X wie Xanthippe** x comme Xavier

x-Achse ['ɪksʔaksə] *f* MATH axe *m* des x

Xanthippe [ksan'tɪpə] <-, -n> *f fam* mégère *f*

X-Beine ['ɪks-] *Pl* jambes *fpl* en [forme de] x; **~ haben** avoir les jambes en x

x-beinig[RR], **X-beinig** *Adj* aux jambes en forme de x

x-beliebig I. *Adj fam* n'importe quel(le); **ein ~er Käse/eine ~e Soße** n'importe quel fromage/quelle sauce; **jeder ~e Supermarkt** n'importe quelle grande surface; **jeder/jede x-Beliebige** n'importe qui
II. *Adv fam* de n'importe quelle façon

X-Chromosom ['ɪkskromozo:m] *nt* chromosome *m* X

Xenon ['kse:nɔn] <-s> *nt* CHEM xénon *m*

xenophob [kseno'fo:p] *Adj geh* xénophobe (*soutenu*)

x-fach ['ɪks-] I. *Adj fam* multiple
II. *Adv fam* trente-six fois (*fam*)

x-fache(s) *nt dekl wie Adj fam* cent fois plus; **das ~ bezahlen** payer cent fois plus

x-förmig[RR] ['ɪksfœrmɪç], **X-förmig** *Adj* en [forme de] X

x-mal ['ɪks-] *Adv fam* x fois plus une (*fam*)

x-te(r, s) ['ɪkstə, -tɐ] *Adj fam* ixième; **der ~ Anruf** le ixième appel; **die ~ Bewerbung** la ixième candidature; **das ~ Mal** la ixième fois

x-temal ['ɪkstə-] *Adv fam* ixième; **das ~** la ixième fois; **beim/zum x-tenmal** à/pour la ixième fois

Xylophon [ksylo'fo:n] <-s, -e> *nt* xylophone *m*

Yy

Y, y ['ʏpsilɔn] <-, -> *nt* Y *m*/y *m*
y-Achse ['ʏpsilɔnʔaksə] *f* MATH axe *m* des y
Yacht [jaxt] <-, -en> *f* yacht *m*
Yak [jak] <-s, -s> *m* ZOOL ya[c]k *m*
Yang [jaŋ] <-[s]> *nt* PHILOS yang *m*
Yard [ja:ɐt] <-s, -s> *nt* yard *m*
Y-Chromosom ['ʏpsilɔnkromozo:m] *nt* chromosome *m* Y
Yen [jɛn] <-[s], -[s]> *m* yen *m*
Yeti ['ie:ti] <-s, -s> *m* yéti *m*
Yin [jɪn] <-[s]> *nt* PHILOS yin *m*; ~ **und Yang** le ying et le yang
Yoga ['jo:ga] <-[s]> *m o nt* yoga *m*
Yoghurt *s.* Joghurt
Yogi ['jo:gi] <-s, -s> *m* yogi *m*
Yo-Yo [jo'jo:] <-s, -s> *nt* yo-yo *m*
Ypsilon ['ʏpsilɔn] <-[s], -s> *nt* i grec *m*
Yucca ['jʊka] <-, -s> *f* yucca *m*
Yuppie ['jʊpi] <-s, -s> *m*, <-, -s> *f* yuppie *mf*

Zz

Z, z [tsɛt] <-, -> *nt* Z *m*/z *m*
► **Z wie Zeppelin** z comme Zoé
zack *Interj fam* aussi sec (*fam*); ~, ~! et que ça saute! (*fam*); **bei ihm muss alles ~, ~ gehen** avec lui il faut que ça saute (*fam*)
Zack [tsak] ► **auf ~ sein** *fam Person:* avoir la pêche (*fam*)
Zacke ['tsakə] <-, -n> *f eines Kamms, einer Briefmarke, Säge* dent *f*; *einer Krone, eines Sterns* pointe *f*
Zacken ['tsakən] DIAL *s.* Zacke
► **jdm bricht** [*o* **fällt**] **kein ~ aus der Krone** *fam* qn ne va pas en mourir (*fam*)
zackig ['tsakɪç] **I.** *Adj* ❶ (*gezackt*) déchiqueté(e)
❷ *fam* (*schneidig*) *Bursche* qui pète le feu (*fam*); *Musik, Marsch* qui chauffe (*fam*); *Bewegung* crâne
II. *Adv salutieren* crânement
zagen ['tsa:gən] *itr V* ❶ (*zaudern*) hésiter
❷ (*verzagt sein*) manquer de cœur
zaghaft I. *Adj* timide
II. *Adv* timidement
Zaghaftigkeit <-> *f* timidité *f*
zäh [tsɛ:] **I.** *Adj* ❶ *Fleisch* dur(e); *Leder* résistant(e)
❷ (*zähflüssig*) visqueux(-euse)
❸ (*schleppend*) ardu(e)
❹ (*widerstandsfähig*) *Mensch* résistant(e)
❺ (*hartnäckig*) obstiné(e)
II. *Adv* ❶ (*schleppend*) péniblement
❷ (*hartnäckig*) obstinément
Zäheit *s.* Zähheit
zähflüssig *Adj Flüssigkeit, Honig* visqueux(-euse); *Verkehr* dense **Zähflüssigkeit** *f* ❶ *kein Pl von Flüssigkeiten* viscosité *f* ❷ *fig des Verkehrs* densité *f*
Zähheit[RR] ['tsɛ:haɪt] <-> *f von Fleisch* dureté *f*; *von Leder* résistance *f*
Zähigkeit <-> *f* ❶ (*Widerstandsfähigkeit*) *eines Menschen, von Leder* résistance *f*
❷ (*Hartnäckigkeit*) ténacité *f*
Zahl [tsa:l] <-, -en> *f* ❶ nombre *m*; **die ~ 37** le nombre 37; **gerade/ungerade ~** nombre pair/impair
❷ (*Ziffer*) chiffre *m*
❸ *kein Pl* (*Anzahl*) nombre *m*; **in großer ~** en grand nombre
► **in den roten ~en stecken** être dans le rouge; **wieder in die schwarzen ~en kommen** dégager de nouveau des bénéfices
zahlbar *Adj* payable; ~ **bei Lieferung** payable à la livraison
zählbar *Adj* dénombrable
zählebig *Adj Tier, Pflanze* vivace; ~ **sein** *Gerücht:* être tenace
zahlen ['tsa:lən] **I.** *itr V* payer; **für jdn/etw ~** payer pour qn/qc; **lassen Sie nur, ich zahle!** laissez, c'est moi qui paye!; [**ich möchte/wir möchten**] **bitte ~!** l'addition, s'il vous plaît!
II. *tr V* payer *Preis, Betrag;* **Steuern/eine Strafe ~** payer des impôts/une amende; **jdm 200 Euro für eine alte Vase ~** donner 200 euros pour un vase ancien à qn; **jdm nur ein durchschnittliches Gehalt ~** ne payer qu'un salaire moyen à qn
zählen ['tsɛ:lən] **I.** *itr V* ❶ compter; **bis zehn ~** compter jusqu'à dix
❷ (*zugerechnet werden*) **zu den Konservativen/den Hülsenfrüchten ~** faire partie des conservateurs/des légumineux; **zu den beliebtesten Kollegen/Kneipen ~** faire partie des collègues/des bars les plus appréciés
❸ (*sich verlassen*) **auf jdn/etw ~** compter sur qn/qc
❹ (*wichtig sein, gültig sein*) compter
II. *tr V* ❶ compter *Besucher, Geld, Wählerstimmen*
❷ *geh* (*umfassen*) **hundert Mitglieder/tausend Einwohner ~** compter cent membres/mille habitants; **dreißig Jahre ~** avoir trente ans
❸ *geh* (*dazurechnen*) **jdn zu seinen Freunden ~** compter qn au nombre de ses amis (*soutenu*); **sich zu den Künstlern ~** se compter au nombre des artistes (*soutenu*)
❹ (*wert sein*) valoir
Zahlenangabe *f* donnée *f* chiffrée; **keine ~n machen** ne pas donner de chiffres **Zahlenfolge** *f* série *f* de chiffres **Zahlengedächtnis** *nt* mémoire *f* des chiffres; **kein gutes ~ haben** ne pas avoir la mémoire des chiffres **Zahlenkombination** *f* combinaison *f* [chiffrée]
zahlenmäßig I. *Adj* numérique
II. *Adv* ❶ (*die Anzahl betreffend*) numériquement
❷ (*in Zahlen*) par des chiffres; ~ **nicht zu erfassen sein** ne pas être chiffrable
Zahlenmaterial *nt* données *fpl* chiffrées **Zahlenreihe** *f* série *f* de chiffres **Zahlenschloss**[RR] *nt eines Safes* serrure *f* à combinaison; *eines Fahrradschlosses* cadenas *m* à chiffres
Zahler(in) <-s, -> *m(f)* payeur(-euse) *m(f)*; **ein pünktlicher/säumiger ~** un bon/mauvais payeur
Zähler <-s, -> *m* ❶ (*Messgerät*) compteur *m*
❷ MATH numérateur *m*
Zählerstand *m* consommation *f* compteur
Zahlgrenze *f* AUT, EISENBAHN section *f* **Zahlkarte** *f* mandat *m* de versement
zahllos *Adj* innombrable
Zahlmeister(in) *m(f)* trésorier *m* **zahlreich I.** *Adj* nombreux(-euse); **~e Kunden** de nombreux clients; **~e Briefe** de nombreuses lettres; **eine ~e Nachkommenschaft** une grande descendance **II.** *Adv* en grand nombre **Zahlstelle** *f* caisse *f* **Zahltag** *m* jour *m* de paie
Zahlung <-, -en> *f* ❶ (*das Bezahlen*) paiement *m*; **eine ~ leisten** *form* effectuer un paiement; **bei ~ mit Scheck** en cas de paiement par chèque; **zur ~ eines Schmerzensgeldes verurteilt werden** être condamné(e) à payer des dommages et intérêts; **die ~en einstellen** *euph Person:* cesser les paiements; *Firma:* être en cessation de paiement, déposer son bilan; ~ **bei Eingang der Ware** COM paiement à réception de la marchandise
❷ (*Betrag*) versement *m*
► **etw in ~ geben** donner qc en paiement; **etw in ~ nehmen** reprendre qc comme acompte

X Y Z

Zählung <-, -en> *f* (*das Zählen*) comptage *m;* (*Volkszählung*) recensement *m*
Zahlungsabkommen *nt* ÖKON accord *m* de paiement **Zahlungsart** *f* COM mode *m* de paiement **Zahlungsaufforderung** *f* rappel *m* de paiement **Zahlungsaufschub** *m* report *m* d'échéance; (*bei Staaten*) moratoire *m* **Zahlungsbedingungen** *Pl* conditions *fpl* de paiement **Zahlungsbeleg** *m* reçu *m* [*o* récépissé *m*] de paiement **Zahlungsbilanz** *f* balance *f* des paiements; (*in Bezug auf den Außenhandel*) balance des comptes **Zahlungserinnerung** *f* rappel *m* de paiement **zahlungsfähig** *Adj* solvable **Zahlungsfähigkeit** *f kein Pl* solvabilité *f* **Zahlungsfrist** *f* délai *m* de paiement **zahlungskräftig** *Adj Kunde, Firma* financièrement solide **Zahlungsmittel** *nt* moyen *m* de paiement; **gesetzliches ~** monnaie *f* légale
Zahlungsmoral *f* principes *mpl* en matière de paiements **Zahlungsrückstand** *m* retard *m* de paiement **Zahlungsschwierigkeiten** *Pl* difficultés *fpl* de paiement **zahlungsunfähig** *Adj* insolvable **Zahlungsunfähigkeit** *f* insolvabilité *f* **Zahlungsverkehr** *m* opérations *fpl* [*o* transactions *fpl*] financières; **im internationalen ~** au niveau des transactions financières internationales **Zahlungsweise** *f* modalités *fpl* de paiement
Zählwerk *nt* compteur *m*
Zahlwort <-wörter> *nt* numéral *m* **Zahlzeichen** *nt* chiffre *m*
zahm [tsa:m] *Adj* ❶ (*zutraulich*) apprivoisé(e)
❷ (*gefügig*) docile
zähmbar *Adj* apprivoisable; **kaum ~ sein** *Tier:* être à peine apprivoisable
zähmen ['tsɛ:mən] *tr V* ❶ apprivoiser *Tier*
❷ (*zügeln*) refréner *Neugier, Leidenschaft, Ungeduld*
Zahmheit <-> *f a. fig* docilité *f*
Zähmung <-, -en> *f* apprivoisement *m*
Zahn [tsa:n, *Pl:* 'tsɛ:nə] <-[e]s, ¨-e> *m* dent *f;* **einen ~ bekommen** [*o* **kriegen** *fam*] faire une dent; **sich** (*Dat*) **die Zähne putzen** se brosser les dents; **ein fauler ~** une dent gâtée; **vorstehende Zähne** des dents en avant; **sich** (*Dat*) **einen ~ ziehen lassen** se faire arracher une dent; **falsche Zähne** des fausses dents; **künstliche Zähne** des dents artificielles; **mit den Zähnen klappern** claquer des dents; **mit den Zähnen knirschen** grincer des dents; **die Zähne fletschen** [*o* **zeigen**] *Tier:* montrer les crocs
► **der ~ der Zeit** *fam* l'usure *f* du temps; **bis an die Zähne bewaffnet** *fam* armé(e) jusqu'aux dents; **die dritten Zähne** la prothèse dentaire; **sich** (*Dat*) **an jdm/etw die Zähne ausbeißen** se casser les dents sur qn/qc; **einen ziemlichen ~ draufhaben** *sl* rouler vraiment comme un/une dingue (*fam*); **jdm auf den ~ fühlen** sonder qn; **jdm die Zähne zeigen** *fam Person:* montrer les dents à qn; **den ~ kannst du dir ziehen lassen!** *fam* tu peux faire une croix dessus! (*fam*); **einen ~ zulegen** *sl* appuyer un peu sur le champignon (*fam*); **die Zähne zusammenbeißen** serrer les dents
Zahnarzt *m*, **-ärztin** *f* [chirurgien *m*] dentiste *mf*
Zahnarzthelfer(in) *m(f)* assistant(e) *m(f)* dentaire
zahnärztlich I. *Adj Arbeit, Behandlung, Praxis* dentaire
II. *Adv* par un dentiste
Zahnarztpraxis *f* cabinet *m* dentaire **Zahnarzttermin** *m* rendez-vous *m* chez le/la dentiste
Zahnausfall *m* chute *f* des dents **Zahnbehandlung** *f* soin *m* dentaire **Zahnbein** *nt kein Pl* BIO dentine *f* **Zahnbelag** *m* plaque *f* dentaire **Zahnbürste** *f* brosse *f* à dents **Zahncreme** [-kre:m] *f* dentifrice *m*
zähnefletschend I. *Adj attr* montrant les crocs II. *Adv knurren* en montrant les crocs **Zähneklappern** <-s> *nt* claquement *m* de dents; **unter ~** [en] claquant des dents **zähneklappernd** I. *Adj attr* claquant des dents II. *Adv* [en] claquant des dents **Zähneknirschen** <-s> *nt* grincement *m* de dents; **unter ~** en grinçant des dents **zähneknirschend** *Adv* en grinçant des dents
zahnen ['tsa:nən] *itr V* faire ses dents; **das Zahnen** le percement des dents
Zahnersatz *m* dentier *m* **Zahnfäule** *f* carie *f* [dentaire] **Zahnfleisch** *nt* gencive *f* ► **auf dem ~ gehen** [*o* **kriechen**] *sl* être sur les rotules (*fam*)
Zahnfleischbluten <-s> *nt* saignement *m* des gencives
Zahnfleischentzündung *f* MED gingivite *f*
Zahnfüllung *f form* plombage *m* **Zahnhals** *m* collet *m* **Zahnheilkunde** *f geh* odontologie *f* (*spéc*) **Zahnklammer** *s.* Zahnspange **Zahnklinik** *f* clinique *f* dentaire **Zahnkranz** *m* TECH couronne *f* dentée **Zahnkrone** *f* couronne *f* [dentaire] **Zahnlaut** *m* [consonne *f*] dentale *f*
zahnlos *Adj* édenté(e)
Zahnlücke *f* dent *f* manquante **Zahnmedizin** *f* médecine *f* dentaire **Zahnpasta** ['tsa:npasta] *s.* Zahncreme **Zahnpflege** *f* soins *mpl* dentaires **Zahnprothese** *f* prothèse *f* dentaire **Zahnputzglas** *nt* verre *m* à dents **Zahnrad** *nt* roue *f* dentée **Zahnradbahn** *f* chemin *m* de fer à crémaillère **Zahnschmelz** *m* émail *m* **Zahnschmerzen** *Pl* mal *m* de dents; **starke ~** rage *f* de dents **Zahnseide** *f* fil *m* dentaire **Zahnspange** *f* appareil *m* [dentaire] **Zahnstange** *f* TECH crémaillère *f* **Zahnstein** *m kein Pl* tartre *m* **Zahnstocher** [-ʃtɔxɐ] <-s, -> *m* cure-dent *m* **Zahnstummel** *m*, **Zahnstumpf** *m* chicot *m* **Zahntechniker(in)** *m(f)* mécanicien-dentiste *m*/mécanicienne-dentiste *f* **Zahnwal** *m* ZOOL odontocète *m* **Zahnweh** *s.* Zahnschmerzen **Zahnwurzel** *f* racine *f* [d'une/de la dent]
Zaire [za'i:ɐ] <-s> *nt* le Zaïre
Zander ['tsandɐ] <-s, -> *m* sandre *m*
Zange ['tsaŋə] <-, -n> *f* pince *f*
► **jdn in der ~ haben** *fam* tenir qn à sa merci; **jdn in die ~ nehmen** *fam* cuisiner qn (*fam*)
zangenförmig [-fœrmɪç] *Adj* en forme de pince
Zangengeburt *f* accouchement *m* aux forceps
Zank [tsaŋk] <-[e]s> *m* dispute *f;* **bei ihnen gab es immer ~ und Streit** ils ne cessaient de se disputer
Zankapfel *m* pomme *f* de discorde
zanken ['tsaŋkən] I. *itr V* se disputer; *Kinder:* se chamailler; **mit jdm ~** attraper qn
II. *r V* **sich ~** se disputer; *Kinder:* se chamailler; **sich um etw ~** se disputer [pour] qc
zänkisch ['tsɛŋkɪʃ] *Adj Mann, Frau* acariâtre; **ein ~es Weib** un dragon
zanksüchtig *Adj pej* querelleur(-euse)
Zäpfchen ['tsɛpfçən] <-s, -> *nt* ❶ MED suppositoire *m*
❷ ANAT luette *f*
zapfen ['tsapfən] *tr V* tirer; **jdm/sich ein Bier ~** se tirer une bière/tirer une bière à qn
Zapfen <-s, -> *m* ❶ (*von Nadelbäumen*) pomme *f* de pin
❷ (*Eiszapfen*) stalactite *f*
❸ (*Stöpsel*) bondon *m*
Zapfenstreich *m* ❶ MIL couvre-feu *m*
❷ *kein Pl fig fam* (*Nachtruhe*) extinction *f* des feux
Zapfenzieher <-s, -> *m* CH tire-bouchon *m*
Zapfhahn *m* chantepleure *f* **Zapfpistole** *f* pistolet *m* [de distribution] **Zapfsäule** *f* pompe *f* à essence
zappelig *Adj Kind* agité(e); **vor Ungeduld ganz ~ sein** être tout(e) frétillant(e) d'impatience; **sei doch nicht so ~!** arrête de gigoter! (*fam*)
zappeln ['tsapəln] *itr V* gigoter; **mit den Armen/Beinen ~** gigoter des bras/jambes (*fam*); **an der Angel/im Netz ~** *Fisch:* frétiller au bout de la ligne/dans le filet
► **jdn ~ lassen** *fam* laisser qn mijoter (*fam*)
Zappelphilipp ['tsapəlfɪlɪp] <-s, -e *o* -s> *m fam* asticot *m* (*fam*); **ein ~ sein** avoir la danse de Saint-Guy (*fam*)
zappen ['tsapən, 'zæpən] *itr V sl* zapper (*arg*)
zappenduster ['tsapən'du:stɐ] *Adj* ► **damit sieht es ~ aus** *sl*

pour cela, ça a l'air d'être mal barré *(arg)*
Zapping ['tsapɪŋ, 'zæpɪŋ] <-s> *nt sl* zapping *m (arg)*
zapplig *s.* zappelig
Zar(in) [tsaːɐ] <-en, -en> *m(f)* tsar *m*/tsarine *f*
Zarathustra [tsara'tʊstra] <-s> *m* HIST Zarathoustra *m*
Zarge ['tsargə] <-, -n> *f* TECH encadrement *m*
zart [tsaːɐt] I. *Adj* ❶ *(weich) Haut* doux(douce)
❷ *(fein, leicht) Blatt, Knospe* délicat(e); *Gewebe, Stoff* moelleux(-euse); *Farbton, Rosa* tendre
❸ *(mürbe) Fleisch, Gebäck, Gemüse* tendre
❹ *(empfindlich) Gesundheit* délicat(e)
❺ *(zärtlich) Kuss, Berührung* tendre
II. *Adv (zärtlich)* tendrement
zartbesaitet *Adj attr* délicat(e) **zartbitter** *Adj Schokolade* noir(e) **Zartbitterschokolade** *f* chocolat *m* noir **zartfühlend** *Adj* ❶ *(fein)* délicat(e) ❷ *(taktvoll)* ~ **sein** avoir du tact **Zartgefühl** *nt kein Pl* ❶ *(Feinheit)* délicatesse *f* ❷ *(Taktgefühl)* tact *m*
Zartheit <-> *f* ❶ *der Haut, eines Gewebes, Stoffs* douceur *f*
❷ *(Mürbheit) von Fleisch* tendreté *f*
❸ *(Feinheit, Dünnheit) eines Blatts, einer Knospe* délicatesse *f*
❹ *(Empfindlichkeit) der Gesundheit* fragilité *f*
❺ *(Zärtlichkeit) einer Berührung, eines Kusses* tendresse *f*
zärtlich ['tsɛːɐtlɪç] I. *Adj* tendre
II. *Adv* tendrement
Zärtlichkeit <-, -en> *f* ❶ *kein Pl (zärtliche Art)* tendresse *f*
❷ *Pl (Liebkosung)* caresses *fpl*
zartrosa *Adj unv* rose tendre; ~ **Söckchen** socquettes *fpl* rose tendre
Zaster ['tsastɐ] <-s> *m sl* pèze *m (arg)*
Zäsur [tsɛ'zuːɐ] <-, -en> *f geh* hiatus *m (soutenu)*
Zauber ['tsaʊbɐ] <-s, -> *m* ❶ *kein Pl (das Zaubern)* sortilège *m*
❷ *(Zauberwirkung)* sort *m*
❸ *kein Pl (Faszination)* charme *m*
❹ *pej fam (Zeug)* **der ganze** ~ tout ce bazar *(fam)*
❺ *pej fam (Getue)* chiqué *m (fam)*
▶ **das ist faul**er ~ *fam* c'est de la poudre de perlimpinpin
Zauberei [tsaʊbə'raɪ] <-, -en> *f* ❶ *kein Pl (Magie)* magie *f*; **an ~ grenzen** tenir du miracle
❷ *s.* Zauberkunststück
Zauberer ['tsaʊbərɐ] <-s, -> *m*, **Zauberin** *f* ❶ *(Hexer)* magicien(ne) *m(f)*
❷ *(Zauberkünstler)* prestidigitateur(-trice) *m(f)*
Zauberflöte *f* flûte *f* enchantée **Zauberformel** *f* ❶ *(Formel)* formule *f* magique ❷ *(Patentmittel)* remède *m* miracle
zauberhaft I. *Adj Person, Abend* merveilleux(-euse); *Foto, Frisur, Kleidungsstück* ravissant(e)
II. *Adv* merveilleusement [bien]
Zauberhand *f* ▶ **wie von** [*o* **durch**] ~ comme par magie **Zauberkunst** *f* ❶ *kein Pl (Magie)* magie *f* ❷ *(Trick)* tour *m* de magie **Zauberkünstler(in)** *m(f)* prestidigitateur(-trice) *m(f)* **Zauberkunststück** *nt* tour *m* de prestidigitation [*o* de magie]
zaubern ['tsaʊbɐn] I. *itr V* ❶ *Fee:* faire de la magie
❷ *(Zauberkunststücke vorführen)* faire des tours de prestidigitation [*o* de magie]
▶ **ich kann doch nicht ~!** *fam* ça ne se fait pas d'un coup de baguette [magique]! *(fam)*
II. *tr V* ❶ *(erscheinen lassen)* **etw aus dem Zylinder** ~ faire sortir qc du chapeau comme par enchantement [*o* d'un coup de baguette [magique]]
❷ *fam (kochen)* mitonner
Zauberspruch *s.* Zauberformel 1. **Zauberstab** *m* baguette *f* magique **Zaubertrank** *m* potion *f* magique **Zaubertrick** *s.* Zauberkunststück **Zauberwort** <-worte> *nt (magisches Wort)* parole *f* magique ▶ **wie heißt das ~?** qu'est-ce qu'on dit?
Zauderer <-s, -> *m*, **Zauderin** *f* indécis(e) *m(f)*
zaudern ['tsaʊdɐn] *itr V* hésiter; ~ **etw zu tun** hésiter à faire qc; **ohne zu** ~ sans hésiter
Zaudern <-s> *nt* indécision *f*; **nach langem** ~ après bien des hésitations
Zaudrer(in) <-s, -> *m(f) s.* Zauderer
Zaum [tsaʊm, *Pl:* 'tsɔɪmə] <-[e]s, Zäume> *m* bride *f*
▶ **etw in ~ halten** mettre un frein à qc; **sich im ~ halten** se contenir
zäumen ['tsɔɪmən] *tr V* brider
Zaumzeug <-zeuge> *nt* bride *f*
Zaun [tsaʊn, *Pl:* 'tsɔɪnə] <-[e]s, Zäune> *m* clôture *f*
▶ **etw vom ~ brechen** provoquer qc pour un oui pour un non
Zaungast *m* badaud *m* **Zaunkönig** *m* roitelet *m* **Zaunpfahl** *m* piquet *m*
zausen ['tsaʊzən] *tr V geh* ébouriffer
z.B. *Abk von* **zum Beispiel** par ex.
ZDF [tsɛtde:'ʔɛf] <-s> *nt Abk von* **Zweites Deutsches Fernsehen** *deuxième chaîne publique de la télévision allemande*
Zebra ['tse:bra] <-s, -s> *nt* zèbre *m*
Zebrastreifen *m* passage *m* clouté [*o* pour piétons]
Zebu ['tse:bu] <-s, -s> *nt* ZOOL zébu *m*
Zeche ['tsɛçə] <-, -n> *f* ❶ MIN mine *f* [de charbon]
❷ *(Rechnung)* addition *f*
▶ **die ~ bezahlen** [*o* **zahlen**] **müssen** *fam* payer les pots cassés *(fam)*; **die ~ prellen** partir sans payer
zechen ['tsɛçən] *itr V hum* biberonner *(hum fam)*
Zecher(in) <-s, -> *m(f) hum* poivrot(e) *m(f) (fam)*
Zechgelage *nt* beuverie *f* **Zechkumpan(in)** *m(f)* compagnon *m*/compagne *f* de beuverie **Zechpreller(in)** <-s, -> *m(f)* resquilleur(-euse) *m(f)* **Zechprellerei** <-> *f* resquille *f* **Zechtour** *f* tournée *f* des grands-ducs
Zeck [tsɛk] <-[e]s, -en> *m* A, **Zecke** ['tsɛkə] <-, -n> *f* tique *f*
Zeder ['tse:dɐ] <-, -n> *f (Baum, Holz)* cèdre *m*
Zedernholz *nt* bois *m* de cèdre
Zeh [tse:] <-s, -en> *m*, **Zehe** ['tse:ə] <-, -n> *f* ❶ ANAT orteil *m*; **großer/kleiner** ~ gros/petit orteil
❷ *(Teil einer Knolle)* gousse *f*
Zehennagel *m* ongle *m* de l'orteil **Zehenspitze** *f* pointe *f* de/du pied; **sich auf die ~n stellen** se hausser sur la pointe des pieds; **auf [den] ~n** sur la pointe des pieds
zehn [tse:n] *Num* dix; *s. a.* **acht**[1]
Zehn <-, -en> *f* dix *m*; *s. a.* **Acht**[1]
Zehn-, zehn- *s. a.* **Acht-, acht-**
Zehner <-s, -> *m* ❶ HIST *fam (Zehnpfennigstück)* pièce *f* de dix pfennigs
❷ *fam (Zehneuroschein)* billet *m* de dix euros
❸ MATH dizaine *f*
Zehnerkarte *f (Mehrfahrtenkarte)* carnet *m* [*o* carte *f*] de dix voyages; *(Eintrittskarte)* carnet [*o* carte] de dix entrées
zehnerlei *Adj unv* dix sortes; ~ **Sorten Brot** dix sortes de pain
Zehnerpackung *f* paquet *m* de dix **Zehnerstelle** *f* MATH dizaine *f*
Zehneuroschein *m* billet *m* de dix euros
zehnfach, 10fach I. *Adj* dix fois; **die ~e Menge nehmen** [en] prendre dix fois plus
II. *Adv kopieren* en dix exemplaires; *s. a.* **achtfach**
Zehnfache(s) *nt dekl wie Adj* décuple *m*; **um das ~ steigen** décupler; *s. a.* **Achtfache(s)**
Zehnfingersystem *nt kein Pl* système *m* à dix doigts
zehnjährig *Adj Kind, Amtszeit* de dix ans
Zehnjährige(r) *f(m) dekl wie Adj* garçon *m*/fille *f* de dix ans
Zehnkampf *m* décathlon *m* **Zehnkämpfer** *m* décathlonien *m*
zehnmal *Adv* dix fois; *s. a.* **achtmal**
Zehnmeterbrett *nt* tremplin *m* de dix mètres
zehnt *Adv* **zu ~ sein** être dix; *s.* **acht**[2]
zehntausend *Num* dix mille
▶ **die oberen Zehntausend** le gotha; *(in Frankreich)* les deux cents familles *fpl*

Zehnte *f dekl wie Adj* ❶ dixième *f*
❷ (*Namenszusatz*) **Sophie die ~** *écrit:* **Sophie X.** Sophie dix *geschrieben:* Sophie X
❸ (*Sinfonie*) **Mahlers ~** la Dixième Symphonie de Mahler; *s. a.* **Achte(r)**
zehnte(r, s) *Adj* ❶ dixième
❷ (*bei Datumsangaben*) **der ~ März** *écrit:* **der 10. März** le dix mars *geschrieben:* le 10 mars
❸ SCHULE **die ~ Klasse** [*o* **die ~** *fam*] ≈ la seconde; *s. a.* **achte(r,s)**
Zehnte(r) *m dekl wie Adj* ❶ dixième *m*
❷ (*Datumsangabe*) **der ~/am ~n** *écrit:* **der 10./am 10.** le dix *geschrieben:* le 10
❸ HIST **der ~** la dîme
❹ (*Namenszusatz*) **Karl der ~** *écrit:* **Karl X.** Charles dix *geschrieben:* Charles X; *s. a.* **Achte(r)**
zehntel ['tse:ntəl] *Adj* dixième; *s. a.* **achtel**
Zehntel <-s, -> *nt a.* MATH dixième
zehntens ['tse:ntəns] *Adv* dixièmement
zehren ['tse:rən] *itr V* ❶ (*erschöpfen*) miner qn; **an jdm/etw ~** miner qn/qc
❷ *geh* (*verbrauchen*) **von etw ~** vivre sur qc
Zeichen ['tsaɪçən] <-s, -> *nt* ❶ (*Piktogramm, Geste, Anzeichen, Hinweis*) signe *m;* **jdm ein ~ geben** faire un signe à qn; **das ~ zu etw geben** donner le signal de qc; **ein ~ der Schwäche** un signe de faiblesse; **als** [*o* **zum**] **~ der Dankbarkeit/der Freundschaft** en signe de remerciement/en gage d'amitié
❷ (*Markierung*) marque *f*
❸ (*Schriftzeichen*) signe *m*
❹ MATH, MUS signe *m*
❺ CHEM symbole *m*
❻ INFORM caractère *m*
❼ ASTROL signe *m* [du zodiaque]; **im ~ des Krebses geboren sein** être né(e) sous le signe du Cancer
▶ **die ~ stehen auf Sturm** il y a de l'orage dans l'air; **es geschehen noch ~ und Wunder!** *hum* ça tient du miracle!; **die ~ der Zeit** les signes *mpl* des temps; **es ist ein ~ unserer Zeit, dass** c'est un signe de notre temps que + *subj;* **~ setzen** ouvrir la voie
Zeichenblock <-blöcke *o* -blocks> *m* bloc *m* à dessin **Zeichenbrett** *nt* planche *f* à dessin **Zeichendreieck** *nt* équerre *f* **Zeichenerklärung** *f* légende *f* **Zeichenfeder** *f* plume *f* à dessin **Zeichenheft** *nt* cahier *m* de dessin **Zeichenkette** *f* INFORM chaîne *f* de caractères **Zeichenlehrer(in)** *m(f)* professeur *m* de dessin **Zeichenpapier** *nt* papier *m* à dessin **Zeichensaal** *m* salle *f* de dessin **Zeichensatz** *m* jeu *m* de caractères **Zeichensetzung** <-> *f* ponctuation *f* **Zeichensprache** *f* langage *m* des signes **Zeichenstift** *m* crayon *m* à dessin **Zeichenstunde** *f* cours *m* de dessin **Zeichensystem** *nt* système *m* de signes **Zeichentrickfilm** *m* dessin *m* animé **Zeichenunterricht** *m* cours *m* de dessin
zeichnen ['tsaɪçnən] I. *tr V* ❶ dessiner
❷ (*markieren, erkennbar prägen, schwächen*) marquer; **von etw gezeichnet sein** être marqué(e) par qc
❸ (*unterzeichnen*) signer; **gezeichnet: Mey** signé: Mey
II. *itr V* [**mit Tusche**] **~** dessiner [à l'encre de Chine]; **an etw** (*Dat*) **~** travailler sur qc
Zeichnen <-s> *nt* ❶ (*Tätigkeit*) dessin *m*
❷ (*Schulfach*) [cours *m* de] dessin *m*
Zeichner(in) <-s, -> *m(f)* ❶ (*Beruf*) dessinateur(-trice) *m(f);* **technischer ~/technische ~in** dessinateur industriel/dessinatrice industrielle
❷ FIN *eines Wertpapiers* souscripteur(-trice) *m(f)*
zeichnerisch I. *Adj Darstellung, Wiedergabe* graphique; *Begabung, Können* pour dessiner
II. *Adv darstellen, festhalten* graphiquement
Zeichnung <-, -en> *f* ❶ dessin *m;* **eine ~ von jdm/etw anfertigen** faire un dessin de qn/qc
❷ (*Muster*) *eines Fells, Gefieders* dessin *m*
❸ FIN *eines Wertpapiers* souscription *f*
zeichnungsberechtigt *Adj* COM habilité(e) à signer
Zeigefinger *m* index *m*
zeigen ['tsaɪgən] I. *tr V* ❶ montrer; [**jdm**] **etw ~** montrer qc [à qn]; **jdm ~, wie man ein Mikroskop bedient** montrer à qn comment manier un microscope
❷ (*im Kino, Fernsehen bringen*) passer
❸ (*zum Ausdruck bringen*) **Interesse/Verständnis ~** montrer de l'intérêt/de la compréhension; **seine Gefühle nicht ~** ne pas montrer ses sentiments
❹ (*darstellen*) **jdn/etw ~** *Bild, Foto:* montrer qn/qc
❺ (*anzeigen*) **10 °C/ein Uhr ~** indiquer 10° C/une heure
❻ (*erkennen lassen*) **~, dass** *Vorfall, Rede:* [dé]montrer que + *indic*
▶ **dem/der werd' ich's ~!** *fam* je vais lui montrer de quel bois je me chauffe!; **es jdm ~** *fam* montrer à qn ce qu'il/qu'elle sait faire
II. *itr V* ❶ (*deuten*) montrer; **zur Tür ~** montrer la porte; **mit dem Finger auf jdn/etw ~** montrer qn/qc du doigt; **zeig mal!** montre!; **zeig mal, was du kannst!** *fam* montre voir ce que tu sais faire! (*fam*)
❷ (*weisen*) **nach Norden ~** *Nadel, Pfeil:* indiquer le nord; **auf halb sechs** [**Uhr**] **~** indiquer cinq heures et demie
III. *r V* ❶ (*sich sehen lassen*) **sich ~** *Person, Tier:* se montrer; **sich mit jdm/etw ~** se montrer avec qn/qc; **im Westen zeigten sich die ersten Wolken** les premiers nuages commençaient à apparaitre à l'ouest
❷ (*sich erweisen*) **sich großzügig/verständnisvoll ~** se montrer généreux(-euse)/compréhensif(-ve)
❸ (*sich herausstellen*) **es zeigt sich, dass** il s'avère que + *indic;* **das wird sich ~** on verra bien avec le temps
Zeiger <-s, -> *m* aiguille *f;* **der große/kleine ~** la grande/petite aiguille
Zeigestock *m* baguette *f*
Zeile ['tsaɪlə] <-, -n> *f* ligne *f;* **neue ~!** à la ligne!
▶ **zwischen den ~n lesen** lire entre les lignes
Zeilenabstand *m,* **Zeilendurchschuss**[RR] *m* TYP interligne *m*
Zeilengießmaschine *f* TYP linotype *f* **Zeilenhonorar** *nt* pige *f;* **mit einem ~ bezahlt werden** être payé(e) à la pige **Zeilenlänge** *f* longueur *f* de [la] ligne **Zeilensprung** *m* ❶ (*Enjambement*) enjambement *m* ❷ INFORM, TV (*Bildschirm*) saut *m* de ligne
zeilenweise *Adv* par lignes
Zeisig ['tsaɪzɪç] <-s, -e> *m* serin *m*
zeit [tsaɪt] *Präp* + *Gen* pendant; **~ meines/seines Lebens** (*Gen*) toute ma/sa vie durant
Zeit <-, -en> *f* ❶ temps *m;* **die ~ vergeht** le temps passe; **im Laufe der ~, mit der ~** avec le temps
❷ (*zur Verfügung stehende Zeit*) temps *m* disponible; **~/keine ~ haben** *Person:* avoir/ne pas avoir le temps; **~ haben sich auszuschlafen** avoir le temps de faire la grasse matinée; **ich habe noch zehn Minuten ~** j'ai encore dix minutes; **das hat noch ~** ça ne presse pas; **das hat noch bis morgen ~** ça peut attendre [jusqu'à] demain; **~ gewinnen** gagner du temps; **sich** (*Dat*) [**mit etw**] **~ lassen** prendre son temps [pour faire qc]; **sich** (*Dat*) **für jdn/etw ~ nehmen** consacrer du temps à qn/qc; **seine ~ mit etw vergeuden** perdre son temps avec qc; **jdm wird die ~ lang** qn trouve le temps long; **wir dürfen keine ~ verlieren!** nous ne pouvons pas perdre du temps!
❸ (*Uhrzeit*) heure *f;* **die genaue ~** l'heure exacte; **jdn nach der ~ fragen** demander l'heure [qu'il est] à qn
❹ (*Zeitspanne, -raum*) **nur kurze ~ dauern** n'être que de courte durée; **in letzter ~** ces derniers temps; **in nächster ~** prochainement; **seit dieser** [*o* **der**] **~** depuis ce temps-là; **zur gleichen ~** (*gleichzeitig*) en même temps; (*in der Vergangenheit*) à la même époque; **die ganze ~** [**über**] tout le temps;

eine ~ **lang** un certain temps; **wo warst du denn die ganze ~?** où étais-tu pendant tout ce temps?; **drei Jahre sind eine lange ~!** trois ans, c'est long!; **eine schwierige ~ durchmachen** traverser une période difficile
5 (*Epoche*) époque *f;* **in alter ~** au temps jadis; **aus vergangenen ~en** du [temps] passé; **die gute alte ~** le bon vieux temps; **das waren noch ~en!** c'était le bon temps!; **in ihrer besten ~ war sie unschlagbar** dans ses meilleures années elle était imbattable; **das war vor meiner ~** (*ich war noch sehr klein*) c'était avant mon époque; **die beste Erfindung aller ~en** la meilleure invention de tous les temps
6 (*Zeitpunkt*) **es ist/wird ~ zu gehen** il est/serait temps de partir; **zur rechten ~** au bon moment; **zu gegebener ~** en temps opportun; **zu nachtschlafender ~** en pleine nuit; **auf unbestimmte ~** à une date indéterminée; **es ist an der ~ etw zu tun** le moment est venu de faire qc
7 (*Normalzeit*) temps *m;* **mitteleuropäische ~** heure *f* de l'Europe centrale
▶ **~ ist Geld** le temps, c'est de l'argent; **kommt ~, kommt Rat** *Spr.* ≈ le temps porte conseil; **die ~ heilt alle Wunden** *Spr.* le temps panse les blessures; **ach du liebe ~!** *fam* c'est pas Dieu possible! (*fam*); **die ~ arbeitet für/gegen jdn** le temps travaille pour/contre qn; **die ~ drängt** le temps presse; **mit der ~ gehen** vivre avec son temps; **~ schinden** essayer de gagner du temps; **jdm die ~ stehlen** *fam* faire perdre son temps à qn; **die ~ totschlagen** *fam* tuer le temps; **sich** (*Dat*) **die ~ vertreiben** passer le temps; **auf ~** *beschäftigen, einstellen* à durée déterminée; **für alle ~en** pour toujours; **von ~ zu ~** de temps en temps; **alles zu seiner ~** chaque chose en son temps; **zur ~** actuellement

Zeitabschnitt *m* période *f* **Zeitalter** *nt* époque *f;* **das ~ der Moderne** l'ère moderne **Zeitangabe** *f* 1 (*Angabe der Uhrzeit*) horaire *m* 2 (*Angabe des Zeitpunktes*) date *f* 3 GRAM complément *m* de temps **Zeitansage** *f* heure *f* [exacte]; **die telefonische ~** l'horloge *f* parlante **Zeitarbeit** *f kein Pl* travail *m* temporaire **Zeitaufwand** *m* temps *m* de travail nécessaire **zeitaufwendig** *Adj* qui nécessite beaucoup de temps; **~ sein** nécessiter beaucoup de temps **Zeitbombe** *f* bombe *f* à retardement **Zeitdauer** *f* durée *f* **Zeitdokument** *nt* document *m* d'époque **Zeitdruck** *m kein Pl* course *f* contre la montre; **unter ~ stehen** mener une course contre la montre **Zeiteinteilung** *f* organisation *f* du temps

Zeitenfolge *f kein Pl* LING concordance *f* des temps; **die ~ einhalten** accorder les temps

Zeitersparnis *f* économie *f* [*o* gain *m*] de temps **Zeitfrage** *f* 1 *kein Pl* (*Problem ausreichender Zeit*) question *f* de temps; **eine reine ~ sein** être une pure question de temps 2 (*epochenabhängige Frage*) problème *m* de l'époque **zeitgebunden** *Adj* 1 (*abhängig von der Zeit*) lié(e) au temps 2 (*vorübergehend*) provisoire **Zeitgefühl** *nt kein Pl* sens *m* de l'heure **Zeitgeist** *m kein Pl* esprit *m* du temps **zeitgemäß** I. *Adj* moderne II. *Adv* au goût du jour **Zeitgenosse** *m*, **-genossin** *f* 1 contemporain(e) *m(f)* 2 *fam* (*Typ*) **ein merkwürdiger/unangenehmer ~** un drôle de type (*fam*) **zeitgenössisch** *Adj* 1 (*heutig*) contemporain(e) 2 (*der damaligen Epoche*) de l'époque **Zeitgeschehen** *nt kein Pl* actualité *f* **Zeitgeschichte** *f kein Pl* histoire *f* contemporaine **zeitgeschichtlich** *Adj* de l'histoire contemporaine **Zeitgeschmack** *m kein Pl* goût *m* [de l'époque] **Zeitgewinn** *m* gain *m* de temps **zeitgleich** I. *Adj* simultané(e) II. *Adv* simultanément **Zeitgründe** *Pl* question de temps *f;* **aus ~n** pour une question de temps

zeitig *Adv aufstehen, fortgehen* de bonne heure; **jdn ~ benachrichtigen** informer qn à temps; **sich ~ anmelden** s'inscrire assez [*o* suffisamment] tôt

zeitigen ['tsaɪtɪgən] *tr V geh* **erste Erfolge/Konsequenzen ~** *Plan, Initiative:* commencer à porter ses fruits (*soutenu*)

Zeitkarte *f* [carte *f* d']abonnement *m;* (*für die Pariser Metro*) carte *f* orange **Zeitkritik** *f* critique *f* du temps **zeitkritisch** I. *Adj* critique à l'égard de son époque II. *Adv* avec un regard critique [sur son époque]

Zeitlang *s.* Zeit 4.

zeitlebens [tsaɪt'le:bəns] *Adv* durant toute sa/ma/... vie

zeitlich I. *Adj Reihenfolge, Ablauf* chronologique; *Planung* du temps; **ein großer ~er Abstand** un long intermède
▶ **das Zeitliche segnen** *euph* rendre l'âme
II. *Adv einrichten, passen* au niveau de l'heure/du jour [*o* de la date]; *begrenzen* dans le temps; **das wird ~ eng!** ça va être juste!

Zeitlimit *nt* délai *m*

zeitlos *Adj* classique

Zeitlupe *f kein Pl* ralenti *m;* **in ~** au ralenti

Zeitlupentempo *nt* ▶ **im ~** au ralenti

Zeitmangel *m kein Pl* manque *m* de temps; **aus ~** faute de temps **Zeitmaschine** *f* machine *f* à remonter le temps **zeitnah** *Adj* moderne

Zeitnehmer(in) <-s, -> *m(f)* SPORT chronométreur(-euse) *m(f)*

Zeitnot *f kein Pl* manque *m* extrême de temps; **in ~ sein/geraten** être acculé(e)/bousculé(e) par le temps **Zeitplan** *m* calendrier *m* **Zeitpunkt** *m* (*Moment, Termin*) date *f;* (*Stunde*) heure *f;* **zu diesem** [*o* **dem**] **~** (*zu dieser Uhrzeit*) à cette heure; (*an diesem Tag*) à cette date-là; **zu einem früheren ~** (*zu einer früheren Stunde*) à une heure antérieure; (*an einem anderen Tag*) à une date antérieure; **jetzt ist nicht der** [**richtige**] **~ um lange zu diskutieren** le moment est mal choisi pour débattre pendant des heures

Zeitraffer [-rafɐ] <-s> *m* accéléré *m;* **im ~** en accéléré

zeitraubend *Adj* qui exige [*o* prend] beaucoup de temps; **~ sein** prendre beaucoup de temps **Zeitraum** *m* période *f;* **im ~ von einer Stunde** en l'espace d'une heure **Zeitrechnung** *f kein Pl* ère *f;* **vor/nach unserer ~** avant/après notre ère **Zeitschaltuhr** *f* minuteur *m* **Zeitschrift** *f* magazine *m* **Zeitsoldat(in)** *m(f)* engagé(e) *m(f)* **Zeitspanne** *f* laps *m* de temps **zeitsparend** I. *Adj* qui fait gagner du temps II. *Adv* en gagnant du temps **Zeittafel** *f* tableau *m* chronologique **Zeittakt** *m* (*beim Telefonieren*) unité *f* [téléphonique]; TRANSP rythme *m* [de passage]; **in einem ~ von zehn Minuten fahren** passer toutes les dix minutes **Zeitumstellung** *f* (*zwischen Winter- und Sommerzeit*) changement *m* d'heure; (*bei verschiedenen Zeitzonen*) décalage *m* horaire

Zeitung ['tsaɪtʊŋ] <-, -en> *f* journal *m;* **regionale/überregionale ~** journal régional/départemental; **in der ~ stehen** être dans le journal; **bei einer ~ arbeiten** [*o* **sein** *fam*] travailler dans un journal

Zeitungsabonnement *nt* abonnement *m* à un journal **Zeitungsannonce** *f*, **Zeitungsanzeige** *f* petite annonce *f* **Zeitungsartikel** *m* article *m* de journal **Zeitungsausschnitt** *m* coupure *f* de presse **Zeitungsausträger(in)** *m(f)* porteur(-euse) *m(f)* de journaux **Zeitungsbaron** *m fam* magnat *m* de la presse **Zeitungsbeilage** *f* (*Magazin*) supplément *m* [d'un/du journal]; (*Werbung*) encart *m* publicitaire **Zeitungsente** *f fam* canard *m* (*vieilli fam*) **Zeitungsfritze** *m fam* journaleux *m* (*fam*) **Zeitungskiosk** *m* kiosque *m* à journaux **Zeitungskorrespondent(in)** *m(f)* correspondant(e)(e) *m(f)* **Zeitungsleser(in)** *m(f)* lecteur(-trice) *m(f)* [de journal/de journaux] **Zeitungsmeldung** *f* annonce *f* de presse **Zeitungsnotiz** *f* entrefilet *m* **Zeitungspapier** *nt* papier *m* journal **Zeitungsstand** *m* kiosque *m* à journaux **Zeitungsständer** *m* porte-revues *m* **Zeitungsverkäufer(in)** *m(f)* vendeur(-euse) *m(f)* de journaux

Zeitunterschied *m* décalage *m* horaire; **zwischen Europa und den Kanaren besteht ein ~ von einer Stunde** il y a une heure de décalage horaire entre l'Europe et les Canaries **Zeitvergeudung** *s.* Zeitverschwendung **Zeitverlust** *m kein Pl* perte *f* de temps **Zeitverschiebung** *f* décalage *m* horaire **Zeitverschwendung** *f kein Pl* gaspillage *m* de temps

zeitversetzt *Adj* différé(e) **Zeitvertrag** *m* contrat *m* à durée déterminée **Zeitvertreib** <-[e]s, -e> *m* passe-temps *m;* **zum ~** pour passer le temps
zeitweilig ['tsaɪtvaɪlɪç] **I.** *Adj* ① *(vorübergehend) Probleme, Schwierigkeiten* temporaire; *Bedenken* momentané(e)
② *(gelegentlich) Regenfälle, Schneefall* passager(-ère)
II. *Adv s.* **zeitweise**
zeitweise ['tsaɪtvaɪzə] *Adv* ① *(gelegentlich)* par intermittence
② *(eine Zeit lang)* par moments
Zeitwert *m* valeur *f* vénale **Zeitwort** <-wörter> *nt* verbe *m* **Zeitzeichen** *nt* top *m* **Zeitzeuge** *m,* **-zeugin** *f* témoin *m* de l'époque **Zeitzone** *f* fuseau *m* horaire **Zeitzünder** *m* détonateur *m* à retardement
zelebrieren* *tr V* ① ECCL célébrer
② *geh (feierlich gestalten)* **etw ~** solenniser qc *(soutenu)*
Zelle ['tsɛlə] <-, -n> *f* ① *a.* BIO cellule *f*
② *(Telefonzelle)* cabine *f*
▶ **die [kleinen] grauen ~n** *hum* la matière grise *(fam)*
Zellengenosse *m,* **-genossin** *f* compagnon *m*/compagne *f* de cellule
Zellgewebe *nt* BIO tissu *m* cellulaire **Zellgift** *nt* BIO, MED cytolytique *m* **Zellkern** *m* BIO noyau *m* cellulaire
Zellophan [tsɛlo'fa:n] *s.* **Cellophan**
Zellstoff *s.* **Zellulose** **Zellteilung** *f* BIO division *f* cellulaire
zellular, zellulär *Adj* BIO cellulaire
Zellulitis [tsɛlu'li:tɪs] <-, Zellulitiden> *f* MED cellulite *f*
Zelluloid [tsɛlu'lɔɪt] <-s> *nt* celluloïd *m*
Zellulose [tsɛlu'lo:zə] <-, -n> *f* cellulose *f*
Zellwolle *f kein Pl* viscose *f*
Zelt [tsɛlt] <-[e]s, -e> *nt* tente *f;* **ein ~ aufstellen** monter une tente; **im ~ übernachten** passer la nuit sous la tente
▶ **seine ~e abbrechen** *hum* plier bagage
Zeltbahn *f* toile *f* de tente **Zeltdach** *nt eines Stadions* vélum *m*
zelten ['tsɛltən] *itr V* camper; **das Zelten** le camping
Zeltlager *nt* campement *m* **Zeltmast** *m* mât *m* **Zeltpflock** *m* piquet *m* de tente **Zeltplane** *f* toile *f* de tente **Zeltplatz** *m* terrain *m* de camping **Zeltstange** *f* mât *m* de tente [*o* de toit]
Zement [tse'mɛnt] <-[e]s, -e> *m* ciment *m;* **woraus besteht ~?** de quoi se compose le ciment?
Zementfußboden *m* sol *m* cimenté
zementieren* *tr V* cimenter
Zenit [tse'ni:t] <-[e]s> *m* ① ASTRON zénith *m;* **im ~ stehen** être au zénith
② *geh (Höhepunkt) einer Karriere* zénith *m (soutenu); der Macht* apogée *m;* **im ~ des Ruhms stehen** être au zénith de la célébrité
zensieren* *tr V* ① *(benoten)* noter
② *(der Zensur unterwerfen)* censurer
Zensor ['tsɛnzo:ɐ] <-s, -soren> *m,* **Zensorin** *f* censeur *m*
Zensur [tsɛn'zu:ɐ] <-, -en> *f* ① note *f;* **jdm eine gute ~ geben** donner une bonne note à qn
② *kein Pl (Kontrolle)* censure *f;* **der ~** *(Dat)* **unterliegen** être soumis(e) à la censure
zensurieren* CH, A *s.* **zensieren**
Zensus ['tsɛnzʊs] <-, -> *m* recensement *m*
Zentigramm [tsɛnti'gram, 'tsɛntigram] *nt* centigramme *m* **Zentiliter** [tsɛnti'li:tɐ, 'tsɛntili:tɐ] *m o nt* centilitre *m* **Zentimeter** [tsɛnti-, 'tsɛnti-] *m o nt* centimètre *m* **Zentimetermaß** *nt* mètre *m*
Zentner ['tsɛntnɐ] <-s, -> *m* ① demi-quintal *m;* **zwei ~** un quintal
② A, CH *(hundert Kilogramm)* quintal *m*
Zentnerlast *f a. fig* [lourd] fardeau *m* **zentnerschwer** *Adj* ① *Last* lourd(e) comme du plomb; **~ sein** peser une tonne [*o* des tonnes] ② *fig Sorge* accablant(e)
zentnerweise *Adv* en masse
zentral [tsɛn'tra:l] **I.** *Adj* central(e); **von ~er Bedeutung sein** être d'une importance primordiale
II. *Adv liegen, wohnen* au centre; *erfassen, koordinieren* de manière centralisée
Zentralabitur *nt* ≈ baccalauréat *m* régional; *(in Frankreich)* baccalauréat national **Zentralafrika** *nt* l'Afrique *f* centrale **zentralafrikanisch** *Adj* centrafricain(e); **die Zentralafrikanische Republik** la République Centrafricaine **Zentralbank** <-banken> *f* banque *f* centrale; **die Europäische ~** la Banque centrale européenne; **die unabhängige nationale ~** la Banque centrale nationale indépendante; **Europäisches System der ~en** Système *m* européen des banques centrales
Zentralbankpräsident(in) *m(f)* président *m* de la BCE
Zentrale [tsɛn'tra:lə] <-, -n> *f* ① *einer Bank, Firma* siège *m*
② *(Telefonzentrale) eines Unternehmens* standard *m*
Zentraleinheit *f* INFORM unité *f* centrale **Zentralgewalt** *f* POL pouvoir *m* central **Zentralheizung** *f* chauffage *m* central
Zentralisation [tsɛntraliza'tsio:n] *s.* **Zentralisierung**
zentralisieren* *tr V* centraliser
Zentralisierung <-, -en> *f* centralisation *f*
Zentralismus [tsɛntra'lɪsmʊs] <-> *m* centralisme *m*
zentralistisch **I.** *Adj* centraliste
II. *Adv* de façon centraliste
Zentralkomitee *nt* POL comité *m* central **Zentralmassiv** *nt* GEOG **das ~** le Massif central **Zentralnervensystem** *nt* BIO, MED système *m* nerveux central **Zentralnotenbank** *f* FIN banque *f* centrale **Zentralregierung** *f* gouvernement *m* central **Zentralverband** *m* confédération *f* **Zentralverriegelung** <-, -en> *f* verrouillage *m* central[isé] **Zentralverwaltung** *f* centre *m* administratif
Zentren ['tsɛntrən] *Pl von* **Zentrum**
zentrieren* *tr V* centrer
Zentrierung <-, -en> *f a.* TECH centrage *m*
zentrifugal [tsɛntrifu'ga:l] *Adj* centrifuge
Zentrifugalkraft *f* PHYS force *f* centrifuge **Zentrifugalpumpe** *f* TECH pompe *f* centrifuge
Zentrifuge [tsɛntri'fu:gə] <-, -n> *f* centrifugeuse *f*
zentripetal [tsɛntripe'ta:l] *Adj* centripète
Zentripetalkraft *f* PHYS force *f* centripète
Zentrum ['tsɛntrʊm] <-s, Zentren> *nt* centre *m;* **im ~ des Interesses stehen** *Person:* être le point de mire; *Frage, Problem:* être au centre des préoccupations
Zeppelin ['tsɛpəli:n] <-s, -e> *m* dirigeable *m*
Zepter ['tsɛptɐ] <-s, -> *nt* sceptre *m*
▶ **das ~ führen** [*o* **schwingen**] *fam* mener la barque *(fam)*
zerbeißen* *tr V unreg* ① croquer *Bonbon, Nuss, Kapsel*
② *(kaputtbeißen)* mordiller *Bleistift, Schuh*
③ *fam (stechen)* **jdn ~** *Floh, Insekt:* dévorer qn *(fam)*
zerbersten* *itr V unreg + sein* voler en éclats
Zerberus ['tsɛrberʊs] <-> *m* ① MYTH Cerbère *m*
② *hum (Mensch)* cerbère *m*
▶ **wie ein ~** comme un cerbère
zerbeult *s.* **verbeulen**
zerbomben* *tr V* bombarder; **ein zerbombtes Haus** une maison [qui a été] bombardée
zerbrechen* *unreg* **I.** *tr V + haben* casser
II. *itr V + sein* ① *Teller, Vase:* se casser; *Schiff:* se briser
② *fig Ehe, Freundschaft:* se briser; **an etw** *(Dat)* **~** *Person:* être brisé(e) par qc
zerbrechlich *Adj* fragile
zerbröckeln* **I.** *tr V + haben* émietter *Brot, Käse;* effriter *Erde, Ton*
II. *itr V + sein Kuchen:* s'émietter; *Fassade, Putz:* s'effriter
zerdeppern* *tr V fam* fracasser
zerdrücken* *tr V* ① écraser *Kartoffeln, Banane*
② *s.* **zerknittern**
zerebral [tsere'bra:l] *Adj* MED cérébral(e)
Zeremonie [tseremo'ni:, tsere'mo:niə] <-, -n> *f* cérémonie *f*
zeremoniell [tseremo'njɛl] **I.** *Adj geh* cérémonieux(-euse)
II. *Adv geh* cérémonieusement

Zeremoniell <-s, -e> *nt geh* cérémonial *m*
Zeremonienmeister *m* maître *m* de cérémonie
zerfahren *Adj* distrait(e)
Zerfall *m kein Pl* ❶ (*das Zerfallen*) dégradation *f*
❷ (*Niedergang*) décadence *f*
❸ PHYS désintégration *f*
zerfallen* *itr V unreg + sein* ❶ *Fassade, Gebäude, Zaun:* se délabrer, tomber en ruine; **~e Häuser** des maisons en ruine
❷ PHYS se désintégrer
❸ (*sich gliedern*) **in etw** (*Akk*) ~ se diviser en qc
Zerfallsprodukt *nt* PHYS produit *m* de désintégration
zerfetzen* *tr V* ❶ déchirer *Zeitung, Hemd;* déchiqueter *Fleisch, Stoff*
❷ (*verletzen, verstümmeln*) **jdn/etw** ~ *Explosion, Granate:* déchiqueter qn/qc
zerfleddern*, **zerfledern*** *tr V fam* esquinter (*fam*) *Buch, Schulheft;* **eine zerfledderte Zeitung** un journal en piteux état
zerfleischen* I. *tr V* déchiqueter
II. *r V* **sich** ~ (*sich selbst quälen*) se torturer; (*sich gegenseitig quälen*) s'entre-déchirer
zerfließen* *itr V unreg + sein* ❶ *Butter, Salbe:* fondre; *Make-up:* couler
❷ *fig* **vor Mitleid** [**fast**] ~ se confondre en apitoiements
zerfranst [tsɛɐ'franst] *Adj* effiloché(e)
zerfressen* *tr V unreg* ❶ manger; **etw** ~ *Rost, saurer Regen:* manger qc; *Lauge, Säure, Krankheit:* ronger qc
❷ (*fressen*) **etw** ~ *Motten:* manger qc
zerfurchen* *tr V* ❶ creuser des ornières dans *Boden, Weg*
❷ *fig* **zerfurcht** *Gesicht, Stirn* sillonné(e) de rides
zergehen* *itr V unreg + sein Butter, Tablette:* fondre; **etw ~ lassen** faire fondre qc; **im Mund** ~ *Praline, Gebäck, Fleisch:* fondre dans la bouche
zergliedern* *tr V* décomposer *Satz, Text*
zerhacken* *tr V* couper; **etw** ~ couper qc [en morceaux]
zerkauen* *tr V* ❶ mâcher *Fleisch, Bissen;* croquer *Tablette*
❷ (*zerbeißen*) ronger *Fingernägel, Leine*
zerkleinern* *tr V* **etw** ~ couper qc en petits morceaux
zerklüftet [tsɛɐ'klʏftət] *Adj Berg, Felsen* crevassé(e); *Küste, Landschaft* craquelé(e)
zerknautschen* *tr V fam* chiffonner *Stoff, Kleidungsstück*
zerknautscht *Adj fam* ❶ *Mantel* chiffonné(e)
❷ *fig Gesicht* fripé(e)
zerknirscht *Adj, Adv* bourrelé(e) de remords
Zerknirschtheit <-> *f*, **Zerknirschung** <-> *f* contrition *f*
zerknittern* *tr V* chiffonner
zerknittert *Adj* ❶ *Hemd* chiffonné(e)
❷ *fig Gesicht* fripé(e)
zerknüllen* *tr V* chiffonner, froisser *Brief, Papier*
zerkochen* *itr V + sein Fleisch, Gemüse:* se défaire à la cuisson; **zerkocht** en bouillie
zerkratzen* *tr V* ❶ rayer *Glasplatte, Oberfläche*
❷ (*verletzen*) **jd/eine Katze hat ihm das Gesicht zerkratzt** qn/un chat lui a griffé le visage
zerkrümeln* *tr V* émietter
zerlassen* *tr V unreg* faire fondre
zerlaufen* *s.* **zerfließen 1.**
zerlegen* *tr V* ❶ démonter *Motor, Schrank*
❷ (*tranchieren*) découper *Gans, Hasen*
Zerlegung <-, -en> *f* ❶ démontage *m*
❷ (*das Tranchieren*) découpage *m*
zerlesen *Adj Buch, Zeitschrift* fatigué(e)
zerlumpt *Adj Bettler* déguenillé(e); *Kleidung* en lambeaux
zermahlen* *tr V* moudre qc; **etw** [**zu Mehl**] ~ moudre qc [pour en faire de la farine]
zermalmen* *tr V* écraser
zermürben* *tr V* épuiser; **~d** [**sein**] [être] usant(e)
zernagen* *tr V* ronger
zerpflücken* *tr V fig* démolir; **jds Argumente** ~ démolir les arguments de qn [point par point]
zerplatzen* *itr V + sein* ❶ éclater; *Luftballon, Seifenblase:* éclater, crever
❷ *fig* **vor Wut fast** ~ faillir exploser de colère
zerquetschen* *tr V* écraser
▶ **... und ein paar Zerquetschte** *fam* ... et des poussières (*fam*)
Zerrbild ['tsɛrbɪlt] *nt* caricature *f*
zerreden* *tr V* ressasser
zerreiben* *tr V unreg* piler *Gewürze;* **etw zwischen den Fingern** ~ réduire qc en poudre entre ses doigts
zerreißen* *unreg* I. *tr V + haben* ❶ déchirer *Brief, Foto, Hose*
❷ (*durchreißen*) déchirer *Netz;* casser *Strick*
❸ (*zerfetzen*) **jdn/ein Tier** ~ déchiqueter qn/un animal
▶ **ich könnte ihn ~!** *fam* je le boufferais! (*fam*)
II. *itr V + sein Kleidungsstück, Stoff:* se déchirer; *Faden, Seil:* se casser
III. *r V + haben* ▶ **sich für jdn fast** ~ *fam* se mettre en quatre pour qn; **ich kann mich doch nicht ~!** *fam* je peux pas être partout! (*fam*); **ich könnte mich ~!** *fam* je me boufferais! (*fam*)
Zerreißprobe *f* épreuve *f* de vérité
zerren ['tsɛrən] I. *tr V* tirer; **jdn ins Zimmer** ~ tirer qn dans la pièce; **etw aus dem Schrank** ~ tirer qc de l'armoire
II. *itr V* **an etw** (*Dat*) ~ tirer sur qc
III. *r V* MED **sich** (*Dat*) **einen Muskel** ~ se froisser un muscle
zerrinnen* *itr V unreg + sein geh Hoffnungen, Pläne, Träume:* partir [*o* s'en aller] en fumée; *Erbschaft, Vermögen:* fondre comme neige au soleil
zerrissen [tsɛɐ'rɪsən] *Adj fig* déchiré(e)
Zerrissenheit <-> *f* déchirement *m* [intérieur]
Zerrspiegel *m* miroir *m* déformant
Zerrung ['tsɛrʊŋ] <-, -en> *f* MED élongation *f*
zerrütten* *tr V* altérer *Gesundheit;* démolir *Nerven;* briser *Ehe*
zersägen* *tr V* scier
zerschellen* *itr V + sein Krug, Vase:* se fracasser; **an etw** (*Dat*) ~ *Schiff:* se briser contre qc; **am Boden/an einem Berg** ~ *Flugzeug:* s'écraser au sol/contre une montagne
zerschießen* *tr V unreg* cribler qc; **etw** ~ (*durchlöchern*) cribler qc de balles; **ein von Granaten zerschossenes Haus** une maison criblée d'impacts d'obus
zerschlagen*[1] *unreg* I. *tr V* ❶ casser *Glas, Vase, Stuhl*
❷ (*besiegen*) démanteler *Kartell, Spionagering*
II. *r V* **sich** ~ *Hoffnung, Plan:* tomber à l'eau
zerschlagen[2] *Adj* fourbu(e); [**ganz**] ~ **sein** être [complètement] fourbu(e); **sich** [**wie**] ~ **fühlen** se sentir lessivé(e)
Zerschlagung <-, *selten* -en> *f* démantèlement *m*
zerschlissen [tsɛɐ'ʃlɪsən] *s.* **verschlissen**
zerschmeißen* *tr V unreg fam* péter (*fam*) *Glas, Fensterscheibe*
zerschmettern* *tr V* fracasser *Schädel;* briser *Knochen, Kiefer*
zerschneiden* I. *tr V unreg* découper *Foto, Zeitung;* couper *Faden;* **den Braten/Kuchen** ~ couper le rôti/gâteau [en morceaux]; **er wollte ihm die Reifen** ~ il a voulu lui crever les pneus
II. *r V* **sich** (*Dat*) **die Hand** ~ se couper la main
zerschrammen* I. *tr V* rayer
II. *r V* **sich** (*Dat*) **etw** ~ s'égratigner qc; **er hatte zerschrammte Knie** il avait les genoux écorchés
zersetzen* I. *tr V* ❶ (*auflösen*) décomposer
❷ (*untergraben*) saper *Moral, Ansehen*
II. *r V* **sich** ~ se décomposer
zersetzend *Adj Artikel, Kritik* subversif(-ive)
Zersetzung <-> *f* ❶ décomposition *f*
❷ (*Untergrabung*) dégradation *f*; ~ **der Wehrkraft** démoralisation *f* des troupes
Zersetzungsprozess[RR] *m* processus *m* de décomposition
zersiedeln* *tr V* ARCHIT, SOZIOL **die Landschaft wird zersiedelt** le paysage est mité (*spéc*)

Z

Zersied[e]lung <-> *f* ARCHIT, SOZIOL mitage *m* (*spéc*)
zerspalten* *tr V* fendre
zersplittern* I. *tr V + haben* faire éclater *Brett, Mast;* **zersplittert werden** voler en éclats
II. *itr V + sein Glas, Glasscheibe, Mast:* voler en éclats; **die Knochen sind zersplittert** les os sont fracturés en plusieurs endroits
Zersplitterung <-, -en> *f* ❶ (*Zersplittern*) fragmentation *f; eines Geländes* morcellement *m*
❷ *fig* éclatement *m*
zersprengen* *tr V* ❶ faire sauter *Felsen*
❷ (*auseinander treiben*) disperser *Truppen*
zerspringen* *itr V unreg + sein* éclater
zerstampfen* *tr V* écraser
zerstäuben* *tr V* vaporiser *Parfüm*
Zerstäuber <-s, -> *m* brumatisateur® *m;* (*Parfümzerstäuber*) vaporisateur *m*
zerstechen* *tr V unreg* ❶ trouer *Leder, Polster;* crever *Reifen*
❷ (*mehrfach stechen*) **jdn/ein Tier** ~ *Stechmücke, Wespe:* couvrir qn/un animal de piqûres; **von den Moskitos völlig zerstochen werden** être dévoré(e) par les moustiques
zerstieben* *itr V unreg + sein geh Menschenmenge:* se disperser
zerstörbar *Adj* destructible
zerstören* *tr V* ❶ (*kaputtmachen*) détruire *Ortschaft, Gebäude*
❷ (*zunichte machen*) détruire *Ehe, Partnerschaft;* ruiner *Gesundheit, Glück*
Zerstörer <-s, -> *m* ❶ destructeur *m*
❷ NAUT destroyer *m,* contre-torpilleur *m*
Zerstörerin <-, -nen> *f* destructrice *f*
zerstörerisch I. *Adj* destructeur(-trice)
II. *Adv handeln* de façon destructrice [*o* destructive]; ~ **wirken** avoir des effets dévastateurs
Zerstörung <-, -en> *f* ❶ *kein Pl* (*das Zerstören*) destruction *f*
❷ (*Verwüstung*) dévastation *f*
Zerstörungstrieb *m kein Pl* instinct *m* de destruction **Zerstörungswut** *f* vandalisme *m*
zerstoßen* *tr V unreg* concasser
zerstreiten* *r V unreg* se disputer avec qn; **sich mit jdm [über etw** (*Akk*)**]** ~ se disputer avec qn [à propos de qc]; (*für längere Zeit*) se brouiller avec qn [à cause de qc]; **ein zerstrittenes Paar** un couple fâché
zerstreuen* I. *tr V* ❶ (*auseinander treiben*) disperser
❷ (*verstreuen*) disséminer *Truppen;* éparpiller *Papiere, Akten*
❸ (*unterhalten*) distraire
II. *r V* **sich** ~ ❶ (*sich amüsieren*) se distraire
❷ (*auseinander gehen, auseinander treiben*) *Menschenmenge, Wolken:* se disperser
❸ (*sich auflösen*) *Sorgen:* s'envoler; *Bedenken, Verdacht:* se dissiper
zerstreut [tsɛɐ'ʃtrɔɪt] *Adj* ❶ (*unkonzentriert*) distrait(e)
❷ (*verstreut*) éparpillé(e)
Zerstreutheit <-> *f* distraction *f*
Zerstreuung <-, -en> *f* distraction *f;* **etw zur ~ tun** faire qc pour se distraire
zerstritten [tsɛɐ'ʃtrɪtən] *PP von* **zerstreiten**
zerstückeln* *tr V* morceler *Land, Grundbesitz;* dépecer *Leiche, Kadaver*
Zerstückelung <-, -en> *f von Grundbesitz, Land* morcellement *m; einer Leiche* dépeçage *m*
zerteilen* I. *tr V* ❶ découper qc; **etw [in gleich große Stücke]** ~ découper qc [en morceaux égaux]
❷ *fig* **die Wellen** ~ *Boot:* sillonner les vagues
II. *r V* **sich** ~ *Nebel:* se dissiper
Zertifikat [tsɛrtifi'ka:t] <-[e]s, -e> *nt* ❶ certificat *m*
❷ FIN (*Investmentzertifikat*) certificat *m* d'investissement
zertrampeln* *tr V* piétiner
zertreten* *tr V unreg* écraser *Käfer;* piétiner *Blumen, Gras*
zertrümmern* *tr V* ❶ démolir *Gebäude, Fahrzeug;* défoncer *Tür, Fensterscheibe;* **das Mobiliar** ~ réduire le mobilier en pièces
❷ (*verletzen*) **er hat ihm den Schädel zertrümmert** il lui a fracassé le crâne
❸ MED détruire *Nierenstein*
Zervelatwurst [tsɛrvə'la:t-] *f* cervelas *m*
zerwühlen* *tr V* ❶ (*durchwühlen*) labourer *Boden, Acker*
❷ (*in Unordnung bringen*) défaire *Bett;* froisser *Laken;* **ein zerwühltes Bett** un lit défait
Zerwürfnis [tsɛɐ'vyrfnɪs] <-ses, -se> *nt geh* discorde *f* (*soutenu*)
zerzausen* *tr V* **jdm die Frisur** ~ *Person:* décoiffer qn; **der Wind hat ihm die Haare zerzaust** le vent l'a ébouriffé
Zeter ['tse:tɐ] ▶ ~ **und Mordio schreien** *fam* crier comme un putois (*fam*)
zetern ['tse:tɐn] *itr V* ❶ *pej Person:* brailler (*fam*)
❷ (*zwitschern*) *Spatz:* piailler (*fam*)
Zettel ['tsɛtəl] <-s, -> *m* ❶ (*für eine Notiz*) [bout *m* de] papier *m;* (*mit einer Notiz*) note *f*
❷ (*Einkaufszettel*) liste *f*
Zettelkasten *m* fichier *m*
Zeug [tsɔɪk] <-[e]s> *nt fam* ❶ (*mehrere Gegenstände, Sachen*) bazar *m* (*fam*); **ist das dein ~?** c'est ton fourbi? (*fam*)
❷ (*Substanz, Nahrungsmittel*) truc *m* (*fam*), machin *m* (*fam*); **ich mag dieses süße ~ nicht!** je n'aime pas ce truc sucré! (*fam*)
❸ (*Unsinn*) **dummes ~ reden** raconter des conneries (*fam*); **das ist [doch] dummes ~!** c'est des conneries! (*fam*)
▶ **jdm [etwas] am ~ flicken** *fam* casser du sucre sur le dos de qn; **das ~ zur Chefin/zum Diplomaten haben** *fam* avoir l'étoffe d'un chef/diplomate; **sich ins ~ legen** *fam* en mettre un coup (*fam*)
Zeuge ['tsɔɪgə] <-n, -n> *m,* **Zeugin** *f* témoin *m;* ~ **eines Unfalls werden/sein** être témoin d'un accident; **unter** [*o* **vor**] ~**n** devant témoins
▶ **die ~n Jehovas** les Témoins de Jéhovah
zeugen¹ ['tsɔɪgən] *tr V geh* engendrer *Kind*
zeugen² *itr V* ❶ **von Humor/Erfahrung** ~ faire preuve d'humour/d'expérience; **von großer Erfahrung** ~ témoigner d'une grande expérience
❷ JUR **[für/gegen jdn]** ~ témoigner [en faveur de/contre qn]
Zeugenaussage *f* témoignage *m;* **eine/seine ~ machen** faire une/sa déposition **Zeugenbank** <-bänke> *f* banc *m* des témoins **Zeugenladung** *f* JUR convocation *f* de témoin **Zeugenstand** *m* barre *f;* **jdn in den ~ rufen** appeler qn à la barre; **in den ~ treten** s'avancer à la barre des témoins
Zeughaus *nt* MIL *veraltet* arsenal *m*
Zeugin *s.* Zeuge
Zeugnis ['tsɔɪknɪs] <-ses, -se> *nt* ❶ (*Schulzeugnis*) bulletin *m* [scolaire]
❷ (*Arbeitszeugnis*) certificat *m* de travail
❸ *geh* (*Beweis*) preuve *f;* **ein ~ einer S.** (*Gen*) **sein** attester de qc
Zeugs [tsɔɪks] <-> *nt pej fam* bazar *m* (*fam*)
Zeugung <-, -en> *f geh* procréation *f* (*soutenu*)
Zeugungsakt *m* acte *m* de procréation **zeugungsfähig** *Adj form* apte à procréer (*soutenu*) **Zeugungsfähigkeit** *f kein Pl form* capacité *f* à procréer (*soutenu*) **zeugungsunfähig** *Adj form* inapte à procréer (*soutenu*) **Zeugungsunfähigkeit** *f kein Pl form* incapacité *f* de procréer (*soutenu*)
z.H[d]. *Abk von* **zu Händen** à l'attention de
Zichorie [tsɪ'ço:riə] <-, -n> *f* chicorée *f*
Zicke ['tsɪkə] <-, -n> *f pej fam* bique *f* (*péj fam*)
Zicken *Pl fam* conneries *fpl;* ~ **machen** (*Unsinn/Schwierigkeiten*) faire des conneries/emmerder (*fam*); **mach keine ~!** (*Unsinn/Schwierigkeiten*) fais pas le con!/fais pas chier! (*fam*)
zickig *Adj fam* chiant(e) (*fam*)

Zicklein <-s, -> *nt* chevreau *m*
zickzack ['tsɪktsak] *Adv* en zigzag; ~ **fahren** faire des zigzags en conduisant
Zickzack *m* **im** ~ en zigzag
zickzackförmig [-fœrmɪç] *Adj, Adv* en zigzag
Zickzackkurs *m* (1) *eines Fahrzeugs, Schiffs* zigzags *mpl;* **im** ~ en zigzag
(2) *fig einer Person, Partei* volte-face *fpl* continuelles
Ziege ['tsi:gə] <-, -n> *f* (1) chèvre *f*
(2) *pej fam* (*Schimpfwort*) **diese** [**blöde**] ~**!** cette conne! (*fam*)
Ziegel ['tsi:gəl] <-s, -> *m* (1) (*Ziegelstein*) brique *f*
(2) (*Dachziegel*) tuile *f*
Ziegelbau <-bauten> *m* construction *f* en briques **Ziegeldach** *nt* toit *m* de tuiles
Ziegelei [tsi:gə'laɪ] <-, -en> *f* briqueterie *f;* (*für Dachziegel*) tuilerie *f*
ziegelrot *Adj* rouge brique *inv;* ~**e Blüten** des fleurs *fpl* rouge brique **Ziegelstein** *m* brique *f*
Ziegenbart *m* (1) barbe *f* de chèvre (2) *fam* (*Spitzbart*) barbichette *f* (*fam*) **Ziegenbock** *m* bouc *m* **Ziegenfell** *nt* peau *f* de chèvre **Ziegenhirt**[**e**] *m,* **-hirtin** *f* chevrier(-ière) *m(f)* **Ziegenkäse** *m* [fromage *m* de] chèvre *m* **Ziegenleder** *nt* chevreau *m* **Ziegenmilch** *f* lait *m* de chèvre **Ziegenpeter** [-pe:tɐ] <-s, -> *m fam* oreillons *mpl*
Ziehbrunnen *m* puits *m*
ziehen ['tsi:ən] <zog, gezogen> **I.** *tr V + haben* (1) tirer *Pflug, Wagen*
(2) (*bewegen*) **nach oben** ~ monter *Rolläden;* **sich** (*Dat*) **die Decke über die Ohren** ~ s'enfouir sous les couvertures; **jdn/etw aus dem Auto** ~ tirer qn/qc de la voiture; **jdn an sich** (*Akk*) ~ tirer qn vers soi
(3) (*zerren*) **jdn an den Haaren** ~ tirer qn par les cheveux
(4) (*opp: drücken*) tirer *Tür*
(5) (*steuern*) **das Flugzeug nach oben** ~ cabrer l'appareil
(6) (*entfernen*) retirer *Fäden;* arracher *Zahn;* **den Ring vom/den Dorn aus dem Finger** ~ retirer la bague/l'épine du doigt
(7) (*hervorholen*) sortir *Revolver, Degen*
(8) (*herausnehmen, wählen*) tirer *Spielkarte, Los;* **Zigaretten** ~ *fam* prendre des cigarettes au distributeur
(9) (*betätigen*) tirer *Notbremse, Wasserspülung*
(10) (*verlegen, anlegen*) installer *Kabel, Rohr, Zaun;* creuser *Graben;* construire *Mauer*
(11) (*durchziehen*) **den Gürtel durch etw** ~ faire passer la ceinture dans qc
(12) (*aufziehen*) **eine Leinwand auf etw** (*Akk*) ~ coller une toile sur qc
(13) (*züchten*) cultiver *Pflanzen*
(14) (*zeichnen*) tirer *Linie;* tracer *Kreis*
(15) (*dehnen*) tirer sur *Gummiband;* allonger *Laute, Wort, Silbe;* **etw glatt** ~ défroisser qc
(16) (*anziehen*) **alle Blicke auf sich** (*Akk*) ~ attirer tous les regards sur soi
(17) (*zur Folge haben*) **Veränderungen nach sich** (*Akk*) ~ entraîner des changements
(18) (*machen*) faire *Grimassen*
(19) *fam* (*schlagen*) **jdm eins über die Rübe** ~ en mettre une à qn (*fam*)
II. *itr V* (1) *+ haben* (*zerren*) [**an etw** (*Dat*)] ~ tirer [sur qc]
(2) *+ sein* (*umziehen*) **nach Berlin/Italien** ~ déménager [*o* partir] à Berlin/en Italie; **zu jdm** ~ emménager chez qn
(3) *+ sein* (*unterwegs sein*) **durch die Stadt/den Wald** ~ traverser la ville/la forêt; **über die Grenze** ~ passer la frontière
(4) *+ sein* ZOOL *Vögel:* migrer; **flussaufwärts** ~ *Lachse:* remonter la rivière
(5) (*sich bewegen*) **nach rechts/links** ~ *Fahrzeug:* tirer à droite/gauche
(6) *+ haben* (*funktionieren*) **gut/schlecht** ~ *Kamin, Pfeife, Motor:* tirer bien/mal
(7) *+ haben* (*beim Rauchen*) **an etw** (*Dat*) ~ tirer sur qc; **willst du mal** ~**?** tu veux une taffe? (*fam*)
(8) *+ sein* (*dringen*) **durchs Haus** ~ *Duft, Rauch:* se répandre dans la maison
(9) *+ sein* (*einziehen*) **in die Haut/das Holz** ~ pénétrer dans la peau/le bois
(10) *+ haben* GASTR *Tee:* infuser; *Knödel:* cuire
(11) *+ haben fam* (*Eindruck machen*) **bei jdm** ~ marcher avec qn (*fam*); **diese Masche zieht bei mir nicht!** ce truc ne prend pas avec moi! (*fam*)
(12) (*Spielzug machen*) jouer; **mit dem Turm** ~ avancer la tour
(13) (*zur Waffe greifen*) dégainer
III. *itr V unpers + haben* (1) **es zieht!** il y a un courant d'air!; **mir zieht es** [**im Rücken**] j'ai un courant d'air [dans le dos]
(2) (*schmerzen*) **es zieht** [**mir**] **in den Beinen** ça [me] tire dans les jambes; **ein** ~**der Schmerz** une douleur lancinante
IV. *tr V unpers + haben* **jdn zieht es in die Ferne/nach Hause** qn est attiré(e) par les contrées lointaines/a [vraiment] envie de rentrer
V. *r V + haben* (1) **sich** ~ *Gespräch, Verhandlungen:* traîner en longueur
(2) (*sich erstrecken*) **sich durch den Wald/das Tal** ~ *Straße, Grenze:* s'étendre à travers la forêt/la vallée
(3) (*sich hochziehen*) **sich** [**am Seil**] **in die Höhe** ~ se hisser en haut [à l'aide d'une corde]
(4) (*sich verziehen*) **sich** ~ *Holz, Rahmen:* travailler
Ziehen <-s> *nt* (*Schmerz*) élancements *mpl*
Ziehharmonika *f* accordéon *m*
Ziehung <-, -en> *f* tirage *m*
Ziel [tsi:l] <-[e]s, -e> *nt* (1) (*Reiseziel*) destination *f;* **mit unbekanntem** ~ **abreisen** partir sans laisser d'adresse
(2) (*opp: Start*) [ligne *f* d']arrivée *f;* **als Erster durchs** ~ **gehen** passer [*o* franchir] premier la ligne d'arrivée
(3) (*Zielscheibe*) cible *f*
(4) *fig* but *m,* objectif *m;* **sich** (*Dat*) **ein** ~**/etw zum** ~ **setzen** se fixer un objectif [*o* but]/qc comme objectif
(5) (*Zahlungsziel*) délai *m* de paiement
(6) (*Produktionsziel*) objectif *m*
▸ **über das** ~ **hinausschießen** faire de l'excès de zèle; **zum** ~ **kommen** [*o* **gelangen**] arriver à ses fins; **am** ~ **sein** avoir atteint son but
Zielbahnhof *m* gare *f* d'arrivée **Zielband** *nt* SPORT fil *m* d'arrivée **zielbewusst**[RR] *Adj* résolu(e)
zielen *itr V* (1) viser qn; [**auf jdn/etw**] ~ *Person:* viser [qn/qc]
(2) (*gerichtet, bestimmt sein*) **auf jdn/etw** ~ *Waffe:* être pointé(e) sur qn/qc; *Bemerkung, Kritik:* viser qn/qc; *Werbung:* cibler qn/qc; *s. a.* **gezielt**
Zielfernrohr *nt* lunette *f* de visée **Zielfoto** *nt* photo-finish *f* **Zielgerade** *f* dernière ligne *f* droite **zielgerichtet I.** *Adj* fait(e) dans un but précis; *Frage* bien précis(e) **II.** *Adv planen* dans un but précis **Zielgruppe** *f* [groupe *m*] cible *f* **Zielhafen** *m* port *m* de destination **Zielkamera** *f* SPORT photo-finish *f* **Ziellinie** [-li:niə] *f* ligne *f* d'arrivée **ziellos** *Adj, Adv* sans but [précis] **Zielort** *m* [lieu *m* de] destination *f* **Zielperson** *f* personne *f* cible **Zielscheibe** *f* cible *f* **Zielsetzung** <-, -en> *f* but *m,* objectif *m* **zielsicher I.** *Adj* **ein** ~**er Schütze/eine** ~**e Schützin** un fin tireur/une fine tireuse **II.** *Adv* ~ **auf jdn/etw zugehen** se diriger sans hésiter vers qn/qc **Zielsprache** *f* LING langue *f* cible
zielstrebig I. *Adj* déterminé(e)
II. *Adv* avec détermination
Zielstrebigkeit <-> *f* détermination *f*
Zielvorgabe *f* objectif *m*
ziemen ['tsi:mən] *r V geh* être de mise; **es ziemt sich nicht für jdn etw zu tun** il n'est pas de mise pour qn de faire qc (*soutenu*); **wie es sich ziemt** comme il est de mise (*soutenu*)
ziemlich ['tsi:mlɪç] **I.** *Adv* assez; ~ **viel essen/kosten** manger pas mal de choses/coûter pas mal; **er musste sich** ~ **beeilen**

il a dû pas mal se dépêcher

II. *Adj fam* **eine ~e Entfernung** une jolie [*o* bonne petite] distance (*fam*); **~en Ärger/eine ~e Wut haben** avoir pas mal d'ennuis/être drôlement en colère (*fam*); **etw mit ~er Sicherheit vorhersagen können** pouvoir prévoir qc avec une certaine certitude

Zierat <-[e]s, -e> *m s.* Zierrat

Zierde ['tsi:ɐdə] <-, -n> *f* ❶ (*Schmuck*) parure *f;* **als** [*o* **zur**] ~ comme [*o* pour] décoration

❷ *fig* **die ~ des Dorfs** [*o* **eine ~ für das Dorf**] **sein** *Schloss:* être le joyau du village

zieren ['tsi:rən] I. *tr V* orner

II. *r V* **sich ~** faire des manières; **ohne sich zu ~** sans faire de manières; *s. a.* **geziert**

Zierfisch ['tsi:ɐ-] *m* poisson *m* [exotique] d'aquarium **Ziergarten** *m* jardin *m* d'agrément (*vieilli*) **Zierleiste** *f* (*an Fahrzeugen*) baguette *f* latérale

zierlich *Adj* menu(e)

Zierlichkeit <-> *f* finesse *f* du corps, sveltesse *f*

Ziernaht *f* surpiqûre *f* **Zierpflanze** *f* plante *f* ornementale **Zierrat**[RR] ['tsi:ra:t] <-[e]s, -e> *m geh* ornement *m* **Zierstrauch** *m* buisson *m* ornemental

Ziffer ['tsɪfɐ] <-, -n> *f* ❶ chiffre *m;* **römische/arabische ~** chiffre romain/arabe

❷ (*Abschnitt*) *eines Paragraphen* alinéa *m*

Zifferblatt *nt* cadran *m*

Ziffernblock *nt* INFORM pavé *m* numérique

zig [tsɪç] *Adj fam* trente-six (*fam*)

Zigarette [tsiga'rɛtə] <-, -n> *f* cigarette *f*

Zigarettenanzünder *m* allume-cigare *m* **Zigarettenautomat** *m* distributeur *m* de cigarettes **Zigarettenetui** [-ɛtvi:] *nt* porte-cigarettes *m* **Zigarettenlänge** *f* ► **auf eine ~** *fam* juste le temps de fumer une clope (*fam*) **Zigarettenpackung** *f s.* Zigarettenschachtel **Zigarettenpapier** *nt* papier *m* à cigarette **Zigarettenpause** *f fam* pause *f* cigarette **Zigarettenraucher(in)** *m(f)* fumeur(-euse) *m(f)* de cigarettes **Zigarettenschachtel** *f* paquet *m* de cigarettes **Zigarettenspitze** *f* fume-cigarette *m* **Zigarettenstummel** *m* mégot *m*

Zigarillo [tsiga'rɪlo] <-s, -s> *m o nt* cigarillo *m*

Zigarre [tsi'garə] <-, -n> *f* cigare *m*

Zigarrenabschneider *m* coupe-cigare *m* **Zigarrenkiste** *f* (*mit Zigarren*) boîte *f* de cigares; (*für Zigarren*) boîte à cigares **Zigarrenraucher(in)** *m(f)* fumeur(-euse) *m(f)* de cigares **Zigarrenstummel** *m* mégot *m* [de cigare]

Zigeuner(in) [tsi'gɔɪnɐ] <-s, -> *m(f)* tzigane *mf;* (*in Südfrankreich, Spanien lebend*) gitan(e) *m(f)*

Zigeunerlager *nt* campement *m* de gitans **Zigeunerleben** *nt kein Pl* vie *f* de bohémien **Zigeunermusik** *f* musique *f* tzigane **Zigeunerschnitzel** *nt* escalope *f* sauce piquante **Zigeunersprache** *f* **die ~** le tzigane **Zigeunerwagen** *m* roulotte *f* [de bohémien]

zigfach ['tsɪçfax] I. *Adj fam* multiplié(e) par mille; **~e Variationen** trente-six variations (*fam*); **~e Höhe/Menge** cent fois la hauteur/la quantité II. *Adv fam* cent fois plus **zigmal** ['tsɪçma:l] *Adv fam* x fois (*fam*), trente-six fois (*fam*) **zigtausend** *Adj fam* milliers de; **~ Briefe** je sais pas combien de milliers de lettres (*fam*)

Zikade [tsi'ka:də] <-, -n> *f* cigale *f*

Zille ['tsɪlə] <-, -n> *f* A (*Kahn*) barque *f*

Zimbel ['tsɪmbəl] <-, -n> *f* cymbale *f*

Zimmer ['tsɪmɐ] <-s, -> *nt* ❶ pièce *f;* **meine Wohnung hat drei ~, Küche und Bad** j'ai un trois-pièces cuisine [salle de bains], j'ai un F3

❷ (*zum Schlafen*) chambre *f;* **~ frei** chambres libres

Zimmerantenne *f* antenne *f* intérieure **Zimmerdecke** *f* plafond *m*

Zimmerei [tsɪmə'raɪ] <-, -en> *f* menuiserie *f*

Zimmereinrichtung *f* aménagement *m*

Zimmerer <-s, -> *m s.* Zimmermann

Zimmerflucht *f* enfilade *f* de pièces **Zimmerhandwerk** *nt* charpenterie *f* **Zimmerkellner(in)** *m(f)* garçon *m*/serveuse *f* d'étage **Zimmerlautstärke** *f* sourdine; **etw auf ~** (*Akk*) **stellen** mettre qc en sourdine **Zimmerlinde** *f* tilleul *m* d'appartement **Zimmermädchen** *nt* femme *f* de chambre **Zimmermann** <-leute> *m* charpentier *m*

zimmern ['tsɪmɐn] I. *tr V* fabriquer

II. *itr V* **an etw** (*Dat*) **~** bricoler qc

Zimmerpflanze *f* plante *f* d'appartement **Zimmerservice** [-søːɐvɪs] *m* service *m* d'étage **Zimmersuche** *f* recherche *f* d'une chambre; **auf ~ sein** être à la recherche d'une chambre **Zimmertemperatur** *f* température *f* ambiante **Zimmertheater** *nt* théâtre *m* de chambre **Zimmervermittlung** *f* location *f* de chambres **Zimmerwerkstatt** *f* atelier *m* de charpentier

zimperlich ['tsɪmpɐlɪç] *Adj* douillet(te)

Zimperlichkeit <-> *f* douilletterie *f*

Zimperliese *f pej* mijaurée *f*

Zimt [tsɪmt] <-[e]s, *selten* -e> *m* ❶ cannelle *f*

❷ *fam* (*Unsinn*) **ach, ~!** n'importe quoi!

Zimtstange *f* bâton *m* de cannelle **Zimtzicke** *f pej* pimbêche *f*

Zink [tsɪŋk] <-[e]s> *nt* zinc *m;* **~ ist ein helles Metall** le zinc est un métal clair

Zinkblech *nt* [tôle *f* de] zinc *m*

Zinke ['tsɪŋkə] <-, -n> *f* dent *f*

zinken *tr V* biseauter *Karten*

Zinken ['tsɪŋkən] <-s, -> *m* ❶ (*Zeichen*) signe *m*

❷ *fam* (*Nase*) pif *m*

zinkhaltig *Adj* zincifère; **dieses Metall ist stark ~** ce métal contient beaucoup de zinc

Zinksalbe *f* pommade *f* à l'oxyde de zinc **Zinkweiß** *nt* blanc *m* de zinc

Zinn [tsɪn] <-[e]s> *nt* étain *m;* **~ ist ein weiches Metall** l'étain est un métal malléable

Zinnbecher *m* gobelet *m* en étain

Zinne ['tsɪnə] <-, -n> *f* créneau *m*

Zinnfigur *f* figurine *f* en étain

Zinnie ['tsɪniə] <-, -n> *f* BOT zinnia *m*

Zinnober [tsɪ'no:bɐ] <-s> *m* (*Farbe*) vermillon *m*

zinnoberrot *Adj* [rouge] vermillon *inv;* **~e Blüten** des fleurs *fpl* [rouge] vermillon

Zinnsoldat *m* soldat *m* de plomb

Zins[1] [tsɪns] <-es, -en> *m* FIN intérêt *m;* **gesetzliche ~en** taux *m* d'intérêt réglementé; **~en bringen** [*o* **tragen**] rapporter des intérêts

► **jdm etw mit ~ und Zinseszins heimzahlen** [*o* **zurückzahlen**] rendre à qn la monnaie de sa pièce

Zins[2] <-es, -e> *m* SDEUTSCH, A, CH (*Miete*) loyer *m*

Zinsabschlagsteuer *f* FISC ≈ impôt *m* sur les intérêts des capitaux placés **Zinsbesteuerung** *f* fiscalité *f* des placements à revenu fixe **Zinserhöhung** *f* relèvement *m* du taux d'intérêt **Zinsertrag** *m meist Pl* FIN produit *m* d'intérêts

Zinseszins ['tsɪnzəs-] *m* intérêts *mpl* cumulés [*o* composés]

zinsfrei *Adj Darlehen* sans intérêts **Zinsfuß** *m* FIN taux *m* d'intérêt **zinsgünstig** *Adj, Adv* avec un taux [d'intérêt] avantageux **zinslos** *Adj, Adv* sans intérêts **Zinspolitik** *f kein Pl* politique *f* des taux d'intérêt **Zinsrechnung** *f* FIN calcul *m* des intérêts **Zinssatz** *m* taux *m* d'intérêt **Zinssenkung** *f* abaissement *m* du taux d'intérêt **Zinswucher** *m* FIN usure *f*

Zionismus [tsio'nɪsmʊs] <-> *m* sionisme *m*

Zionist(in) [tsio'nɪst] <-en, -en> *m(f)* sioniste *mf*

zionistisch *Adj* sioniste

Zipfel ['tsɪpfəl] <-s, -> *m eines Kissens, Tischtuchs* coin *m; einer Schürze* pan *m; einer Mütze* pointe *f; einer Wurst* entame *f*

Zipfelmütze *f* bonnet *m* à pointe

Zipp® <-s, -s> *m* A fermeture *f* éclair®

Zipperlein <-s, -> *nt fam* ❶ (*Gebrechen*) pépin *m* de santé

(*fam*)
② (*Gicht*) goutte *f*
ZippverschlussRR A *s.* Zipp
Zirbeldrüse ['tsɪrbəl-] *f* ANAT épiphyse *f* **Zirbelkiefer** *f* pin *m* montagnard
zirka ['tsɪrka] *Adv* environ
Zirkapreis *nt* prix *m* approximatif
Zirkel ['tsɪrkəl] <-s, -> *m* ① (*Gerät*) compas *m*
② (*Personengruppe*) cercle *m*
Zirkelkasten *m* boîte *f* à compas **Zirkelschluss**RR *m* cercle *m* vicieux
Zirkonium [tsɪr'ko:niʊm] <-s> *nt* CHEM zirconium *m*
Zirkulation [tsɪrkula'tsio:n] <-, -en> *f* circulation *f*
zirkulieren* *itr V* circuler
Zirkumflex ['tsɪrkʊmflɛks] <-es, -e> *m* LING accent *m* circonflexe
Zirkus ['tsɪrkʊs] <-, -se> *m* ① cirque *m*
② *pej fam* (*großes Aufheben*) cirque *m* (*fam*); **jetzt mach keinen ~!** tu vas pas en faire tout un plat [*o* un fromage]! (*fam*)
Zirkusartist(in) *m(f)* artiste *mf* de cirque **Zirkusdirektor(in)** *m(f)* directeur(-trice) *m(f)* de cirque **Zirkuszelt** *nt* chapiteau *m*
zirpen ['tsɪrpən] *itr V* *Grille:* chanter; **das Zirpen** le chant
Zirrhose [tsɪ'ro:zə] <-, -n> *f* MED cirrhose *f*
Zirruswolke ['tsɪrʊs-] *f* METEO cirrus *m*
zischeln ['tsɪʃəln] *itr V* (*flüstern*) chuchoter
zischen ['tsɪʃən] **I.** *itr V* ① + *haben* *Schlange, Gans, Gas:* siffler; *Fett:* grésiller
② + *sein* (*laut strömen*) **aus etw ~** *Gas, Dampf:* chuinter en sortant de qc; *Bier, Wasser:* jaillir de qc
③ + *haben* (*Unmut äußern*) siffler
④ + *sein fam* (*schnell laufen, fliegen*) **über den Hof ~** filer à travers la cour (*fam*); **ins Tor ~** filer dans les buts (*fam*)
II. *tr V* ① **eine Bemerkung/ein Schimpfwort ~** faire une remarque/lancer une injure entre ses dents
② *fam* (*trinken*) **ein Bier ~** siffler une bière (*fam*)
Zischen <-s> *nt* sifflement *m; von Gas, Dampf* chuintement *m*
Zischlaut *m* PHON chuintante *f*
ziselieren* *tr V* ciseler
Ziselierung <-, -en> *f* ciselure *f*
Zisterne [tsɪs'tɛrnə] <-, -n> *f* citerne *f*
Zitadelle [tsita'dɛlə] <-, -n> *f* citadelle *f*
Zitat [tsi'ta:t] <-[e]s, -e> *nt* citation *f*
Zitatenlexikon *nt* dictionnaire *m* de citations
Zither ['tsɪtɐ] <-, -n> *f* cithare *f*
Zitherspieler(in) *m(f)* joueur(-euse) *m(f)* de cithare, cithariste *mf*
zitieren* *tr V* ① citer; **aus etw ~** citer de qc
② (*kommen lassen*) **ich wurde zum Chef zitiert** le chef m'a convoqué(e); **jdn vor Gericht ~** citer qn à comparaître
Zitronat [tsitro'na:t] <-[e]s, -e> *nt* citron *m* confit
Zitrone [tsi'tro:nə] <-, -n> *f* citron *m*
▸ **jdn wie eine ~ auspressen** [*o* **ausquetschen**] *fam* (*ausfragen*) tirer les vers du nez à qn (*fam*); (*finanziell ausnehmen*) soutirer de l'argent à qn
Zitronenbaum *m* citronnier *m* **Zitronenbonbon** [-bɔŋbɔŋ, -bõbõ:] *nt* bonbon *m* au citron **Zitroneneis** *nt* glace *f* au citron **Zitronenfalter** *m* citron *m* de Provence **zitronengelb** *Adj* jaune citron *inv;* **~e Socken** des chaussettes *fpl* jaune citron **Zitronenlimonade** *f* citronnade *f* **Zitronenmelisse** *f* citronnelle *f* **Zitronenpresse** *f* presse-citron *m* **Zitronensaft** *m* jus *m* de citron **Zitronensäure** *f* CHEM acide *m* citrique **Zitronenschale** *f* écorce *f* de citron
Zitrusfrucht ['tsi:trʊs-] *f* agrume *m* **Zitruspresse** *f* presse-agrumes *m*
Zitteraal *m* ZOOL anguille *f* électrique
zitterig *s.* zittrig
zittern ['tsɪtɐn] *itr V* ① (*beben, vibrieren*) *Person, Stimme, Hand, Wände:* trembler; **vor Angst/Aufregung ~** trembler de peur/d'excitation; **vor Kälte ~** trembler [*o* grelotter] de froid
② *fam* (*Angst haben*) **vor jdm/etw ~** avoir la frousse de qn/qc (*fam*)
Zittern <-s> *nt* tremblement *m*
Zitterpappel *f* tremble *m* **Zitterpartie** *f* partie *f* de poker **Zitterrochen** *m* [poisson *m*] torpille *f*
zittrig *Adj* tremblant(e)
Zitze ['tsɪtsə] <-, -n> *f einer Kuh, Ziege, Sau* mamelle *f; einer Katze, Hündin, Maus* tétine *f*
Zivi ['tsi:vi] <-s, -s> *m fam Abk von* **Zivildienstleistende(r)** *objecteur de conscience qui effectue son service civil*
zivil [tsi'vi:l] *Adj* ① civil(e); **im ~en Leben** dans le civil
② *fam* (*akzeptabel*) **~e Preise** des prix potables (*fam*)
Zivil [tsi'vi:l] <-s> *nt* tenue *f* civile; **~ tragen** être en civil; **in ~** en civil
Zivilbehörde *f* autorité *f* civile **Zivilberuf** [-'vi:l-] *m* profession *f* dans le civil; **im ~** dans le civil **Zivilbevölkerung** *f* population *f* civile **Zivilcourage** [-kura:ʒə] *f* courage *m* de ses opinions; (*politisch*) courage civique; **~ haben** avoir le courage de ses opinions [*o* du courage civique] **Zivildienst** *m kein Pl* service *m* civil

i Land & Leute

En Allemagne, les objecteurs de conscience – les *Kriegsdienstverweigerer* – doivent effectuer un **Zivildienst** de 10 mois. Depuis 1997, ce service civil existe aussi en Suisse. En Autriche, il dure 12 mois. On l'effectue la plupart du temps dans des services de santé.

Zivildienstleistende(r) *f(m) dekl wie Adj objecteur de conscience qui effectue son service civil*
Zivilehe *f* JUR mariage *m* civil **Zivilfahnder(in)** <-s, -> *m(f)* enquêteur(-euse) *m(f)* de police **Zivilgesellschaft** *f* société *f* civile **Zivilgesetzbuch** *nt* CH code *m* civil
Zivilisation [tsiviliza'tsio:n] <-, -en> *f* civilisation *f*
Zivilisationskrankheit *f maladie fréquente découlant de la vie dans les pays industrialisés*
zivilisatorisch [tsiviliza'to:rɪʃ] *Adj* civilisateur(-trice)
zivilisieren* [-vi-] *tr V* civiliser
zivilisiert [tsivili'zi:ɐt] **I.** *Adj* civilisé(e)
II. *Adv* **sich ~ benehmen** se comporter en personne civilisée
Zivilist(in) [tsivi'lɪst] <-en, -en> *m(f)* civil(e) *m(f)*
Zivilkammer [-'vi:-] *f* tribunal *m* civil **Zivilklage** *f* JUR action *f* civile **Zivilkleidung** *s.* Zivil **Zivilleben** *nt* civil *m;* **im ~** dans le civil **Zivilperson** *s.* Zivilist(in) **Zivilprozess**RR *m* procès *m* civil **Zivilprozessordnung**RR *f* code *m* de procédure civile, disposition *f* relative à la procédure civile
Zivilrecht *nt* droit *m* civil **zivilrechtlich** **I.** *Adj* de droit civil **II.** *Adv* civilement; **~ relevant sein** relever du droit civil **Zivilrichter(in)** *m(f)* juge *mf* [au tribunal] civil **Zivilsache** *f* affaire *f* civile **Zivilschutz** *m* ① (*Schutz*) sécurité *f* [*o* protection *f*] civile ② (*Hilfstruppe*) service *m* de sécurité civile
zizerlweis(e) *Adv* A, SDEUTSCH *fam* peu à peu; **etw ~ essen** manger qc peu à peu; **mit der Wahrheit ~ herausrücken** ne révéler la vérité que peu à peu
Zloty ['zlɔti, 'slɔti] <-s, -> *m* zloty *m*
Znüni ['tsny:ni] <-, -> *m* CH casse-croûte *m*
Zobel ['tso:bəl] <-s, -> *m* ZOOL zibeline *f*
zockeln ['tsɔkəln] *s.* **zuckeln**
zocken ['tsɔkən] *itr V fam* jouer; (*um hohe Beträge spielen*) flamber (*fam*)
Zocker(in) ['tsɔkɐ] <-s, -> *m(f) fam* joueur(-euse) *m(f);* (*um hohe Beträge spielend*) flambeur(-euse) *m(f)* (*arg*)
Zofe ['tso:fə] <-, -n> *f* HIST femme *f* de chambre
Zoff ['tsɔf] <-s> *m fam* engueulade *f* (*fam*); **~ machen** gueuler

zögern

• zögern	• hésiter
Ich weiß nicht so recht.	Je ne sais pas trop.
Ich kann Ihnen noch nicht sagen, ob ich Ihr Angebot annehmen werde.	Je ne peux pas encore vous dire si j'accepterai votre offre.
Ich muss darüber noch nachdenken.	Je dois y réfléchir encore.
Ich kann Ihnen noch nicht zusagen.	Je ne peux pas encore vous donner de réponse positive.

(*fam*); **mit jdm ~ haben** être en bisbille avec qn (*fam*)
zog [tso:k] *Imp von* **ziehen**
zögerlich ['tsø:gəlɪç] **I.** *Adj* hésitant(e)
II. *Adv* de façon hésitante
zögern ['tsø:gən] *itr V* hésiter; ~ **etw zu tun** hésiter à faire qc; **mit einer Entscheidung** ~ hésiter à prendre une décision; **ohne zu** ~ sans hésiter
Zögern <-s> *nt* hésitation *f*; **etw ohne ~ tun** faire qc sans hésiter; **nach langem** ~ après longue hésitation
zögernd I. *Adj* hésitant(e)
II. *Adv* en hésitant
Zögling ['tsø:klɪŋ] <-s, -e> *m veraltet* (*Schüler*) élève *m*; (*Internatsschüler*) pensionnaire *m*
Zölibat [tsøli'ba:t] <-[e]s, -e> *nt o m* célibat *m*
Zoll[1] [tsɔl] <-[e]s, -> *m* pouce *m*; **drei ~ dick sein** avoir trois pouces d'épaisseur; **17-~-Monitor** écran *m* 17 pouces
▸ **jeder** ~ [*o* ~ **für** ~] **ein Kavalier** *veraltet geh* en parfait gentleman
Zoll[2] [tsɔl, *Pl:* 'tsœlə] <-[e]s, ¨-e> *m* ❶ (*Einfuhrabgabe*) droit *m* [*o* droits *mpl*] de douane
❷ *kein Pl* (*Zollverwaltung*) **der** ~ la Douane
❸ *kein Pl fam* (*Zollkontrolle*) **durch den ~ müssen** devoir passer la douane; **durch den ~ kommen** passer la douane
Zollabfertigung *f* formalités *fpl* de douane **Zollabgaben** *Pl* FIN droits *mpl* de douane **Zollamt** *nt* service *m* des douanes **Zollbeamte(r)** *m dekl wie Adj*, **Zollbeamtin** *f* douanier(-ière) *m(f)* **Zollbestimmungen** *Pl* législation *f* douanière
zollen ['tsɔlən] *tr V geh* **jdm Dank** ~ remercier qn; **jdm/einer S. Beifall** ~ applaudir qn/qc; **jdm/einer S. Anerkennung** ~ témoigner sa reconnaissance à qn/qc (*soutenu*)
Zollerklärung *f* déclaration *f* en douane **Zollfahnder(in)** *m(f)* contrôleur(-euse) *m(f)* des douanes **Zollfahndung** *f* ❶ (*Überprüfung*) répression *f* des fraudes douanières ❷ (*Behörde*) service *m* de répression des fraudes douanières **Zollformalitäten** *Pl* formalités *fpl* douanières [*o* de douanes]; **die ~ erledigen** accomplir les formalités douanières **zollfrei** *Adj, Adv* en franchise **Zollfreiheit** *f kein Pl* ÖKON franchise *f* douanière **Zollfreizone** *f* ÖKON zone *f* franche **Zollgebiet** *nt* zone *f* douanière **Zollgebühren** *Pl* droits *mpl* de douane **Zollgrenzbezirk** *m* zone *f* frontalière **Zollgrenze** *f* frontière *f* douanière **Zollhoheit** *f kein Pl* souveraineté *f* douanière **Zollinhaltserklärung** *f* déclaration *f* en douane **Zollkontrolle** *f* contrôle *m* douanier [*o* de douane]
Zöllner(in) ['tsœlnɐ] <-s, -> *m(f) fam* douanier(-ière) *m(f)*
zollpflichtig *Adj* à déclarer, soumis(e) aux droits de douane
Zollstation *f* poste *m* de douane
Zollstock *m* mètre *m* [pliant]
Zollunion *f* ÖKON union *f* douanière **Zollvergehen** *nt* JUR infraction *f* [*o* délit *m*] de douane
Zombie ['tsɔmbi] <-[s], -s> *m* zombie *m*
Zone ['tso:nə] <-, -n> *f* zone *f*
Zonengrenze *f* ❶ (*zwischen Besatzungszonen*) limite *f* de zone
❷ HIST (*zur Ex-DDR*) frontière *f* avec l'Allemagne de l'Est
❸ AUT (*Zahlgrenze*) fin *f* de section
Zoo [tso:] <-s, -s> *m* zoo *m*
Zoologe [tsoo'lo:gə] <-n, -n> *m*, **Zoologin** *f* zoologiste *mf*
Zoologie [tsoolo'gi:] <-> *f* zoologie *f*
zoologisch I. *Adj* zoologique
II. *Adv* du point de vue zoologique
Zoom [zu:m] *s.* **Zoomobjektiv**
zoomen ['zu:mən] *tr, itr V* zoomer
Zoomobjektiv ['zu:m-] *nt* zoom *m*
Zootier *nt* animal *m* de zoo **Zoowärter(in)** *m(f)* gardien(ne) *m(f)* de zoo
Zopf [tsɔpf, *Pl:* 'tsœpfə] <-[e]s, ¨-e> *m* ❶ (*Haarzopf*) natte *f*; (*klein*) tresse *f*; [**sich** (*Dat*)] **einen ~ flechten** [se] faire une natte/une tresse
❷ (*Hefezopf*) brioche *f* tressée
▸ **das ist ein alter** ~ *fam* c'est complètement ringard (*fam*)
Zopfmuster *nt* torsades *fpl*; **ein Pullover mit** ~ un pull à torsades **Zopfspange** *f* barrette *f*
Zorbing [zɔrbɪŋ] <-s> *nt* SPORT zorbing *m*
Zorn [tsɔrn] <-[e]s> *m* colère *f*; (*heftig*) fureur *f*; **in ~ geraten** se mettre en colère; [**einen**] **großen ~ auf jdn haben** être très en colère contre qn; **etw im ~ tun** faire qc dans un accès de colère
Zornesröte *geh* ▸ **das treibt einem die ~ ins Gesicht!** on en devient rouge de colère!
zornig I. *Adj* en colère, furieux(-euse); ~ **werden** se mettre en colère; ~ **auf jdn sein** être furieux(-euse) [*o* en colère] contre qn
II. *Adv* en colère
Zote ['tso:tə] <-, -n> *f pej* histoire *f* paillarde
▸ **~n reißen** *fam* raconter des histoires cochonnes (*fam*)
zotig ['tso:tɪç] *Adj Geschichte, Lied* paillard(e); *Bemerkung, Äußerung* grivois(e)
Zottel ['tsɔtl] <-, -n> *f meist Pl fam* ❶ *pej* (*Haare*) tignasse *f* (*péj fam*)
❷ (*Hundefell*) touffes *fpl* de poils
Zottelhaar *nt fam eines Tiers* poils *mpl* en broussaille
zottelig ['tsɔtəlɪç] *Adj fam Frisur, Haar, Bart* hirsute; *Fell* touffu(e)
zotteln *itr V + sein fam* trottiner *Tier*
zottig ['tsɔtɪç] *s.* **zottelig**
ZPO JUR *Abk von* **Zivilprozessordnung** CPC *m*
z.T. *Abk von* **zum Teil**
Ztr. *Abk von* **Zentner**
zu [tsu:] **I.** *Präp + Dat* ❶ (*bei Richtungsangaben*) **~m Arzt/~r Post gehen** aller chez le médecin/à la poste; ~ **jdm hinsehen** regarder en direction de qn; **etw ~m Fenster hinauswerfen** jeter qc par la fenêtre; **setz dich ~ uns!** assieds-toi avec nous!
❷ *fig* **sich ~ jdm hingezogen fühlen** se sentir attiré(e) par qn; **Vertrauen ~ jdm haben** avoir confiance en qn; **seine Liebe/Freundschaft ~ ihr** son amour/amitié pour elle

❸ (*bei Entfernungs-, Fristangaben*) **von hier bis ~r Schule** d'ici [jusqu']à l'école; **ich habe bis ~m 10. März Zeit um das fertig zu machen** j'ai jusqu'au 10 mars pour finir ça; (*muss diese Frist einhalten*) je dois finir ça pour le 10 mars
❹ *veraltet* (*bei Ortsangaben*) **das Schloss ~ Heidelberg** le château de Heidelberg
❺ (*in Eigennamen*) **die Gräfin ~ Hohenlohe** la Comtesse de Hohenlohe; **„Gasthaus ~r Sonne"** "Auberge *f* du Soleil"
❻ (*bei Zeitangaben*) **~ Ostern/Weihnachten** à Pâques/Noël
❼ (*anlässlich*) **etw ~m Frühstück essen** manger qc au [*o* pour le] petit-déjeuner; **jdm ~m Geburtstag gratulieren** souhaiter l'anniversaire à qn
❽ (*gemeinsam, gleichzeitig mit*) **Milch ~m Kaffee nehmen** prendre du lait avec [*o* dans] le café; **~m Wild Rotwein trinken** boire du vin rouge avec le gibier; **gut ~ etw passen** *Bluse:* aller bien avec qc; **~ Jeans Sandalen tragen** porter des sandales avec un jean; **der Korken ~ dieser Flasche** le bouchon de [*o* qui va avec] cette bouteille
❾ (*bezüglich*) **jdn ~ etw befragen** questionner qn au sujet de qc [*o* sur qc]; **Informationen ~ diesem Artikel** des renseignements concernant [*o* traitant de] cet article
❿ (*bei Angaben des Zwecks, Ziels*) **der Knopf ~m Ausstellen** le bouton pour éteindre; **hast du etwas ~m Schreiben?** tu as quelque chose pour écrire?; **jdn ~ einem Spaziergang überreden** réussir à convaincre qn de faire une promenade; **~ deiner Beruhigung** pour te rassurer; **~r Information** pour information; **~ seiner Entlastung** à sa décharge; **~ meiner Freude** à ma joie; **das ist ja ~m Lachen!** il y a vraiment de quoi rire!
⓫ (*eine Veränderung ausdrückend*) **jdn ~m Sprecher wählen** élire qn porte-parole; **~m Verbrecher werden** devenir malfaiteur; **etw ~ Asche verbrennen/~ Pulver zermahlen** réduire qc en cendres/en poudre
⓬ (*eine Relation ausdrückend*) **im Verhältnis eins ~ zehn** dans la proportion de un pour dix; **eins ~ null gewinnen** gagner un à zéro; **es steht zwei ~ zwei** il y a deux à deux; **das Stück ~ zehn Euro** dix euros la pièce; **~ zweit/~ mehreren spielen** jouer à deux/à plusieurs; **~r Hälfte fertig sein** *Arbeit:* être à moitié terminé(e)
⓭ *fam* (*für*) **~ was brauchst du das ?** c'est pour quoi ça? (*fam*); **~ was soll das gut sein?** c'est censé servir à quoi?
II. *Adv* ❶ (*allzu*) trop; **sich ~ sehr aufregen** s'énerver trop; **~ viele Fehler** trop de fautes; **[es ist] ~ dumm, dass** c'est trop bête, que + *subj;* **ich würde ja ~ gern abreisen** j'aimerais tant partir
❷ (*geschlossen*) **~ sein** *Geschäft, Tür, Deckel:* être fermé(e); **Tür ~!** [ferme/fermez] la porte!
❸ *sl* (*betrunken*) **~ sein** être raide (*fam*)
❹ (*bei Orts-, Richtungsangaben*) **nach hinten/vorne ~** vers l'arrière/l'avant; **nach Süden ~** vers le sud
III. *Konj* ❶ **jdn bitten ~ helfen** prier qn d'aider; **sie hat vor ~ kommen** elle a l'intention de venir; **ohne ~ zögern** sans hésiter
❷ (*als Ausdruck des Könnens*) **er ist nicht ~ sprechen** il ne peut pas recevoir; **das ist ~ schaffen** c'est faisable; **es ist nicht ~ fassen!** ce n'est pas croyable!
❸ (*als Ausdruck des Müssens*) **ich habe viel ~ tun/erledigen** j'ai beaucoup à faire/régler; **du hast ~ gehorchen** tu dois obéir; **die Tür ist ~ schließen** il faut fermer la porte; **die ~ bezahlenden Rechnungen** les factures [qui sont] à payer
zuallererst *Adv* tout d'abord, avant toute chose
zuallerletzt *Adv* en tout dernier lieu
zu|bauen *tr V* boucher *Lücke;* construire sur *Platz*
Zubehör ['tsu:bəhø:ɐ] <-[e]s, *selten* -e> *nt o m eines Autos, Geräts* accessoires *mpl; eines Raums* équipement *m*
Zubehörteil *nt* accessoire *m*
zu|beißen *itr V unreg* mordre; **fest ~** *Hund:* mordre profondément
zu|bekommen* *tr V unreg fam* arriver à fermer *Koffer, Tür*
Zuber ['tsu:bɐ] <-s, -> *m* DIAL baquet *m*
zu|bereiten* *tr V* préparer
Zubereitung <-, -en> *f* préparation *f*
Zubettgehen <-s> *nt* coucher *m;* **etw vor dem ~ tun** faire qc avant de se coucher
zu|billigen *tr V* accorder; **jdm eine Entschädigung ~** accorder une indemnisation à qn; **jdm mildernde Umstände ~** accorder des circonstances atténuantes à qn
zu|binden *tr V unreg* fermer *Bündel, Sack;* nouer *Schnürsenkel, Schürze;* lacer *Schuh;* **sich** (*Dat*) **die Schuhe ~** lacer ses chaussures
zu|bleiben *itr V unreg + sein fam* rester fermé(e)
zu|blinzeln I. *itr V* faire un clin d'œil; **jdm ~** faire un clin d'œil à qn
II. *r V* **sich** (*Dat*) **~** se faire un clin d'œil
zu|bringen *tr V unreg* ❶ passer; **den Tag am Strand/mit Lesen ~** passer la journée sur la plage/à lire
❷ DIAL *s.* **zubekommen**
Zubringer <-s, -> *m* ❶ (*Straße*) bretelle *f* d'accès
❷ (*Fahrzeug*) navette *f*
Zubringerbus *m* navette *f* **Zubringerdienst** *m* service *m* de correspondance; **der ~ zum Flughafen** la navette jusqu'à l'aéroport **Zubringerstraße** *f* bretelle *f* d'accès
Zubrot *nt kein Pl* revenu *m* d'appoint; **sich** (*Dat*) **ein ~ verdienen** arrondir ses fins de mois
zu|buttern *tr V fam* **viel ~** mettre beaucoup de sa poche (*fam*)
Zucchini [tsʊ'ki:ni] *f* courgette *f*
Zucht [tsʊxt] <-, -en> *f* ❶ *kein Pl* (*das Züchten*) *von Tieren* élevage *m; von Pflanzen* culture *f*
❷ (*gezüchtete Tiere*) race *f;* (*gezüchtete Pflanzen*) variété *f;* (*gezüchtete Bakterien*) souche *f*
❸ *kein Pl* (*Disziplin*) discipline *f;* **~ und Ordnung** [l']ordre *m* et [la] discipline
Zuchtbulle *m* taureau *m* reproducteur **Zuchteber** *m* verrat *m*
züchten ['tsʏçtən] *tr V* élever, faire l'élevage de *Tiere;* cultiver *Pflanzen*
Züchter(in) <-s, -> *m(f) von Tieren* éleveur(-euse) *m(f); von Pflanzen* cultivateur(-trice) *m(f)*
Zuchthaus *nt veraltet* ❶ (*Strafanstalt*) établissement *m* pénitentiaire
❷ *kein Pl* (*Strafe*) réclusion *f* [criminelle]
Zuchthäusler(in) [-hɔɪslɐ] *m(f)* réclusionnaire *mf*
Zuchthausstrafe *f* réclusion *f*
Zuchthengst *m* étalon *m*
züchtig ['tsʏçtɪç] *veraltet* **I.** *Adj* vertueux(-euse) (*vieilli*)
II. *Adv* vertueusement (*vieilli*)
züchtigen ['tsʏçtɪgən] *tr V geh* châtier (*soutenu*); **jdn mit dem Stock ~** infliger à qn des coups de bâton (*soutenu*)
Züchtigung <-, -en> *f geh* châtiment *m*
Zuchtperle *f* perle *f* de culture **Zuchtstute** *f* jument *f* poulinière **Zuchttier** *nt* animal *m* d'élevage
Züchtung <-, -en> *f* ❶ *kein Pl* (*das Züchten*) *von Tieren* élevage *m; von Pflanzen* culture *f*
❷ (*gezüchtete Tiere*) race *f;* (*gezüchtete Pflanzen*) variété *f;* (*gezüchtete Bakterien*) souche *f*
Zuchtwahl *f* BIO sélection *f*
zuckeln ['tsʊkəln] *itr V + sein fam* **über die Landstraße ~** rouler tranquillement sur la route de campagne
zucken ['tsʊkən] *itr V* ❶ *+ haben Augenlid:* tressaillir; *Mundwinkel:* frémir; **das leichte Zucken ihrer Lippen** le léger frémissement de ses lèvres
❷ *+ haben* (*aufleuchten*) *Flamme:* jaillir; *Blitz:* fulgurer
❸ *+ sein* (*sich plötzlich bewegen*) **über den Himmel ~** *Blitz:* sillonner le ciel
zücken ['tsʏkən] *tr V* ❶ *geh* (*ziehen*) sortir *Messer;* dégainer *Degen;* **er stand mit gezücktem Schwert da** il était là, l'épée au clair

❷ *fam* (*hervorholen*) sortir
Zucker ['tsʊkɐ] <-s, -> *m* ❶ sucre *m;* **brauner** ~ sucre roux
❷ *fam* (*Zuckerkrankheit*) diabète *m;* ~ **haben** avoir du diabète
▸ ~ **sein** *sl* être génial(e) (*fam*)
Zuckerbäcker(in) *m(f)* A, SDEUTSCH (*Konditor*) pâtissier(-ière) *m(f)* **Zuckerbrot** ▸ **mit** ~ **und Peitsche** en maniant la carotte et le bâton **Zuckerdose** *f* sucrier *m* **Zuckerfabrik** *f* sucrerie *f* **Zuckerguss**^RR *m* glaçage *m* **Zuckerhut** *m* pain *m* de sucre
zuckerig *s.* zuckrig
zuckerkrank *Adj Person* diabétique **Zuckerkranke(r)** *f(m) dekl wie Adj* diabétique *mf* **Zuckerkrankheit** *f* diabète *m*
Zuckerl ['tsʊkɐl] <-s, -[n]> *nt* SDEUTSCH, A bonbon *m*
Zuckerlecken ▸ **das ist kein** ~ *fam* c'est pas du gâteau [*o* de la tarte] (*fam*)
zuckern ['tsʊkɐn] *tr V* sucrer
Zuckerraffinerie *f* raffinerie *f* sucrière **Zuckerrohr** *nt* canne *f* à sucre **Zuckerrübe** *f* betterave *f* sucrière [*o* à sucre] **Zuckerschlecken** *s.* Zuckerlecken **Zuckerstange** *f* sucre *m* d'orge **Zuckerstreuer** *m* sucrier *m* **zuckersüß** *Adj* ❶ (*süß*) extrêmement sucré(e) ❷ *pej* (*überfreundlich*) mielleux(-euse); ~ **zu jdm sein** être tout sucre tout miel avec qn **Zuckerwatte** *f* barbe *f* à papa **Zuckerzange** *f* pince *f* à sucre
zuckrig *Adj* ❶ (*süß*) sucré(e)
❷ (*mit Zucker bedeckt*) recouvert(e) de sucre
Zuckung <-, -en> *f meist Pl eines Epileptikers* convulsion *f; der Augenlider* tressaillement *m; der Mundwinkel* frémissement *m;* **nervöse** ~**en** des tics *mpl*
▸ **die letzten** ~**en** les derniers spasmes *mpl*
Zudecke ['tsuːdɛkə] *f* DIAL couverture *f*
zu|decken *tr V* couvrir; **jdn/sich mit einem Mantel** ~ couvrir qn/se couvrir avec un [*o* d'un] manteau; **sich mit einer Zeitung** ~ se recouvrir d'un journal; **das Kind wieder** ~ recouvrir l'enfant
zudem [tsu'deːm] *Adv geh* de surcroît
zu|denken *tr V unreg geh* destiner [*o* réserver]; **man hatte ihm/ihr ein schönes Geschenk zugedacht** on lui avait réservé [*o* destiné] un beau cadeau; **welcher Platz ist mir zugedacht?** quelle est la place qui m'est réservée?
zu|drehen *tr V* ❶ fermer *Wasserhahn*
❷ (*zuwenden*) **jdm den Kopf/den Rücken** ~ tourner la tête vers/le dos à qn; **sich jdm** ~ se tourner vers qn
zudringlich ['tsuːdrɪŋlɪç] *Adj* importun(e) (*soutenu*), collant(e) (*fam*); (*sexuell aufdringlich*) [trop] entreprenant(e)
Zudringlichkeit <-, -en> *f* ❶ *kein Pl* (*zudringliche Art*) insistance *f* [déplacée]
❷ *meist Pl* (*Handlung*) avance *f*
zu|dröhnen *r V sl* **sich** ~ (*Alkohol trinken*) se shooter [à l'alcool] (*fam*); (*Drogen nehmen*) se shooter (*fam*); **sich [mit Musik]** ~ se soûler [de musique]; **zugedröhnt sein** (*betrunken sein*) être bourré(e) (*fam*); (*unter Drogen stehen*) être shooté(e) (*fam*)
zu|drücken I. *tr V* fermer; **etw** ~ fermer qc [en appuyant dessus]; **jdm die Kehle** ~ serrer la gorge à qn
II. *itr V* **ziemlich fest** ~ (*beim Händeschütteln*) serrer assez fort[ement]
zueinander [tsuʔaɪ'nandɐ] *Adv* **ihr Verhältnis** ~ leurs relations réciproques; ~**/nicht** ~ **passen** aller/ne pas aller ensemble
zu|erkennen* *tr V unreg form* reconnaître *Anspruch;* accorder *Summe, Entschädigung;* décerner *Preis, Platz*
zuerst *Adv* ❶ (*als Erster*) ~ **durchs Ziel gehen** franchir le premier/la première la ligne d'arrivée
❷ (*als Erstes*) *erledigen, machen* en premier
❸ (*anfangs*) d'abord, au départ
▸ **wer** ~ **kommt, mahlt** ~ *Spr.* les premiers arrivés sont les premiers servis
zu|fächeln *tr V* **jdm/sich Luft** [*o* **Kühlung**] ~ éventer qn/s'éventer
zu|fahren *itr V unreg + sein* ❶ se diriger; **auf jdn/etw** ~ se diriger vers qn/qc; **der Wagen fuhr auf mich zu** la voiture venait sur moi
❷ *fam* (*losfahren*) **fahr zu!** allez, vas-y! (*fam*); (*fahr schneller*) vas-y, fonce!
Zufahrt *f* accès *m;* **die** ~ **zur Garage** l'accès au garage
Zufahrtsstraße *f* voie *f* [*o* route *f*] d'accès
Zufall *m* ❶ hasard *m;* **durch** ~ par hasard; **das ist** ~**!** c'est le hasard!; **es ist kein** ~**, dass** ce n'est pas par hasard que + *indic;* **es ist bloßer** ~**, dass** c'est par pur hasard que + *indic;* **es ist ein glücklicher** ~**, dass** c'est par un heureux hasard que + *indic;* **es dem** ~ **überlassen, ob/wann/...** s'en remettre au hasard pour ce qui est de savoir si/quand/...; **etw dem** ~ **verdanken** devoir qc au hasard
❷ *fam* (*Überraschung*) **so ein** ~**!** quel hasard!
▸ **der** ~ **wollte es, dass** le hasard a voulu que + *subj*
zu|fallen *itr V unreg + sein* ❶ *Tür, Klappe:* se refermer [brusquement]; **ihm ist die Tür zugefallen** la porte s'est refermée sur lui; **mir fallen gleich die Augen zu** j'ai les yeux qui se ferment
❷ (*zuteil werden*) **jdm** ~ *Erbe, Gewinn:* revenir à qn; *Idee:* venir [facilement] à qn; **ihr fällt alles zu** elle a de la facilité
❸ (*zugewiesen werden*) **jdm** ~ *Rolle:* revenir à qn; **ihr fiel diese wichtige Aufgabe zu** c'est à elle qu'a incombé cette tâche importante
zufällig I. *Adj* fortuit(e)
II. *Adv* par hasard
zufälligerweise *s.* zufällig
Zufälligkeit <-, -en> *f* ❶ *kein Pl* (*das Zufälligsein*) caractère *m* fortuit
❷ (*Ereignis*) hasard *m*
Zufallsbekanntschaft *f* ❶ rencontre fortuite *f;* **eine** ~ **machen** faire une rencontre fortuite ❷ (*Person*) personne *f* rencontrée par hasard **Zufallstreffer** *m* but *m* marqué par hasard
zu|fassen *itr V* s'agripper; **[kräftig]** ~ s'agripper [vigoureusement]
zufleiß *Adv* A *fam* (*absichtlich*) intentionellement
zu|fliegen *itr V unreg + sein* ❶ (*fliegen*) voler; **auf jdn/etw** ~ *Pilot, Flugzeug, Rakete:* voler en direction de qn/qc; *Vogel, Ball:* se diriger sur qn/qc
❷ (*geflogen kommen*) **jdm** ~ *Vogel:* venir s'installer chez qn
❸ *fam* (*zufallen*) *Tür, Fenster:* se refermer [brusquement]
❹ (*zuteil werden*) **ihm fliegen die Ideen [nur so] zu** les idées lui viennent toutes seules; **ihr flog [in der Schule] alles zu** elle avait [à l'école] de grandes facilités
zu|fließen *itr V unreg + sein* ❶ (*münden*) se jeter dans; **dem Meer** ~ se jeter dans la mer; **dem See** ~ *Frischwasser:* alimenter le lac
❷ (*zugute kommen*) **einer Organisation/einem karitativen Zweck** ~ être destiné(e) [*o* revenir] à une organisation/œuvre caritative
Zuflucht <-, -en> *f* refuge *m;* **im Keller [vor jdm/etw]** ~ **finden** trouver refuge dans la cave [pour échapper à qn/qc]
▸ **jds letzte** ~ **sein** être le dernier recours de qn; **zu etw** ~ **nehmen** recourir [*o* avoir recours] à qc
Zufluchtsort *m* refuge *m*
Zufluss^RR *m* ❶ *kein Pl* (*das Zufließen*) afflux *m*
❷ (*Gewässer*) affluent *m*
zu|flüstern *tr V* chuchoter; **jdm etw** ~ chuchoter qc à qn; (*vorsagen*) souffler qc à qn
zufolge [tsu'fɔlgə] *Präp + Dat* d'après; **dem Lexikon** ~ d'après [*o* selon] le dictionnaire
zufrieden [tsu'friːdən] **I.** *Adj* ❶ satisfait(e); **mit jdm/etw** ~ **sein** être satisfait(e) [*o* content(e)] de qn/qc; **sich mit etw** ~ **geben** se contenter de qc; **jdn** ~ **stellen** satisfaire qn
❷ (*in Ruhe*) **jdn/ein Tier** ~ **lassen** laisser qn/un animal tranquille [*o* en paix]; **jdn mit etw** ~ **lassen** laisser qn tranquille

[*o* en paix] avec qc
II. *Adv lächeln* d'un air satisfait; *nicken, sich setzen* en signe de satisfaction
zufrieden|geben *s.* zufrieden **I.1.**
Zufriedenheit <-> *f* [sentiment *m* de] satisfaction *f;* **zu Ihrer ~** à votre satisfaction
zufrieden|lassen *s.* zufrieden **I.2.**
zufrieden|stellen *s.* zufrieden **I.1.**
zu|frieren *itr V unreg + sein* geler complètement
zu|fügen *tr V* ❶ fair subir; **jdm etw ~** infliger [*o* faire subir] qc à qn
❷ *geh* (*hinzufügen*) **dem Teig Mehl ~** additionner de la farine à la pâte
Zufuhr ['tsu:fu:ɐ] <-, -en> *f* ❶ (*Versorgung*) **~ von Ersatzteilen/Versorgungsgütern** approvisionnement *m* en pièces de rechange/biens d'approvisionnement
❷ (*das Zuströmen*) *von Kraftstoff, Frischluft* arrivée *f*
zu|führen I. *tr V* ❶ (*bringen*) adresser; **einem Verein neue Mitglieder ~** adresser [*o* envoyer] de nouveaux membres à une association
❷ (*zufließen lassen*) **einer Firma** (*Dat*) **Kapital ~** alimenter une entreprise avec des fonds; **etw einem wohltätigen Zweck ~** verser [*o* affecter] qc à une œuvre de bienfaisance
❸ (*übergeben*) **jdn seiner gerechten Strafe** (*Dat*) **~** donner à qn la punition qu'il mérite; **etw seiner Bestimmung** (*Dat*) **~** rendre qc à sa destination; **etw einer neuen Verwendung** (*Dat*) **~** affecter qc à un nouvel usage
II. *itr V* **auf ein Dorf ~** *Straße, Weg:* conduire [*o* mener] à un village
Zuführung *f* ❶ (*Zufuhr*) arrivée *f*
❷ (*Einrichtung*) *von Strom* câble *m* d'alimentation; *von Wasser* conduite *f* d'alimentation
Zug[1] [tsu:k] <-s> *nt* GEOG canton *m* de Zoug
Zug[2] [tsu:k, *Pl:* 'tsy:gə] <-[e]s, ¨-e> *m* ❶ train *m;* **auf den fahrenden ~ [auf]springen** prendre le train en marche
❷ (*Lastzug*) semi-remorque *m*
❸ (*Inhalieren des Rauchs*) bouffée *f;* **einen ~ machen** tirer une bouffée
❹ (*Schluck*) gorgée *f;* **etw in einem ~ leeren** vider qc d'un trait
❺ *kein Pl* (*Luftzug*) courant *m* d'air
❻ *kein Pl* PHYS traction *f; eines Schlägers* tension *f*
❼ (*Spielzug*) coup *m;* **einen ~ machen** jouer un coup
❽ (*lange Kolonne*) *von Demonstranten* cortège *m*
❾ MIL section *f*
❿ (*Gesichtszug*) trait *m*
⓫ (*Charakterzug*) trait *m* de caractère
► **in großen** [*o* **groben**] **Zügen** dans les grandes lignes; **in den letzten Zügen liegen** *fam* être en train de casser sa pipe (*fam*); **das ist kein schöner ~ von ihm/ihr** ce n'est pas un beau trait de caractère de sa personne; **etw in vollen Zügen genießen** jouir pleinement de qc; **der ~ ist abgefahren** *fam* il aurait fallu s'y prendre avant (*fam*); **sie ist am ~** c'est à elle de jouer; **bei jdm zum ~e/nicht zum ~e kommen** *fam* avoir une chance/n'avoir aucune chance avec qn; **im ~e der Ermittlungen/Verhandlungen** au fil [*o* au cours] de l'enquête/des négociations; **~ um ~** coup sur coup
Zugabe *f* ❶ MUS bis *m;* **nach der dritten ~** à l'issue du troisième rappel; **~, ~!** une autre, une autre! (*fam*)
❷ (*Dreingabe*) cadeau *m* [publicitaire]
❸ *kein Pl* (*das Zufügen*) addition *f;* **unter ~ von Sahne** tout en ajoutant de la crème
Zugabteil *nt* compartiment *m*
Zugang <-gänge> *m* ❶ (*Eingang*) accès *m*, entrée *f*
❷ *kein Pl* (*Zutritt*) **~ zu etw** accès *m* à qc
❸ *kein Pl* (*Zugriff*) **~ zu allen Daten/Informationen haben** avoir accès à toutes les données/informations
❹ *form* (*neuer Patient, neues Buch*) arrivée *f;* (*neues Mitglied*) adhésion *f*
zugange [tsu'gaŋə] *Adj fam* [**im Garten**] **~ sein** être occupé(e) [au jardin] (*fam*)
zugänglich ['tsu:gɛŋlɪç] *Adj* ❶ (*erreichbar*) accessible; **leicht ~ sein** être facilement accessible [*o* d'accès facile]; **kaum ~ sein** *Festung:* être quasiment inaccessible
❷ (*verfügbar*) **etw ist allen ~** tout le monde a accès à qc; **etw der Öffentlichkeit** (*Dat*) **~ machen** rendre public l'accès à qc; **schwer ~e Informationen** des informations auxquelles il est difficile d'avoir accès
❸ (*aufgeschlossen*) *Person* d'un abord facile; **wenig/kaum ~ sein** être d'un abord difficile; **für moderne Kunst** [*o* **moderner Kunst gegenüber**] **~ sein** être sensible à l'art moderne
Zugänglichkeit <-> *f* ❶ (*Verfügbarkeit*) accès *m;* **die ~ der Daten garantieren** garantir l'accès *m* aux données
❷ (*Aufgeschlossenheit*) abord *m* facile
Zugbegleiter *m* ❶ contrôleur *m* ❷ (*Faltblatt*) guide *m* pour les voyageurs **Zugbegleiterin** <-, -nen> *f* contrôleuse *f* **Zugbrücke** *f* pont-levis *m*
zu|geben *tr V unreg* ❶ (*eingestehen*) admettre, reconnaître; **~, dass** admettre [*o* reconnaître] que + *indic;* **~, gelogen/sich getäuscht zu haben** reconnaître avoir menti/s'être trompé(e)
❷ (*zugestehen*) **jdm ~, dass er teilnimmt** accorder à qn qu'il participe [*o* de participer]
zugedacht *s.* zudenken
zugegebenermaßen *Adv* je le concède, je le reconnais
zugegen *Adj geh* être présent(e); **bei etw ~ sein** être présent(e) à qc
zu|gehen *unreg* **I.** *itr V + sein* ❶ (*sich schließen lassen*) fermer; *Klappe:* se [re]fermer
❷ (*sich schließen*) [**von allein**] **~** se fermer [automatiquement]
❸ (*zusteuern, losgehen*) **auf jdn/etw ~** s'avancer [*o* se diriger] vers qn/qc
❹ (*sich nähern*) **auf die vierzig ~** approcher de la quarantaine
❺ (*übermittelt werden*) **jdm ~** *Nachricht, Brief:* parvenir à qn; **jdm etw ~ lassen** faire parvenir [*o* transmettre] qc à qn
II. *itr V unpers + sein* **hier geht es lustig zu** on s'amuse bien ici; **es ging sehr laut zu** c'était très bruyant
Zu|gehfrau *f* SDEUTSCH, A femme *f* de ménage
zu|gehören* *itr V geh* faire partie de; **einer Gruppe** (*Dat*) **~** faire partie d'un groupe
zugehörig *Adj* ❶ *attr Unterlagen* qui vont avec
❷ (*nicht ausgeschlossen*) **sich ~ fühlen** se sentir bien intégré(e)
Zugehörigkeit <-> *f* appartenance *f*
zugekifft *Adj fam* défoncé(e) (*fam*)
zugeknöpft *Adj fam* **ziemlich ~ sein** ne pas être très causant(e) (*fam*); **sehr ~ bleiben** se fermer comme une huître
Zügel ['tsy:gəl] <-s, -> *m* rêne *f*
► **die ~ [fest] in der Hand halten** tenir [fermement] les rênes; **die ~ anziehen** tenir la bride haute; **die ~ schleifen lassen** lâcher la bride
zügellos *Adj Person* excessif(-ive); *Genusssucht* effréné(e), débridé(e)
Zügellosigkeit <-, -en> *f* perte *f* de retenue, débauche *f*
zügeln I. *tr V + haben* ❶ (*im Zaum halten*) tenir la bride haute [*o* courte] à *Pferd*
❷ (*beherrschen*) refréner *Neugierde*
II. *r V + haben* **sich ~** se refréner
III. *itr V + sein* CH [**nach Basel**] **~** déménager [à Bâle]
Zugereiste(r) SDEUTSCH *s.* **Zugezogene(r)**
zu|gesellen* *r V* se joindre; **sich jdm ~** se joindre à qn
Zugeständnis *nt* concession *f*
zu|gestehen* *tr V unreg* accorder, concéder; **jdm ~, dass er Recht hat** concéder [*o* accorder] à qn qu'il a raison

Z

zugetan ['tsu:gəta:n] *Adj* **jdm ~ sein** avoir de l'affection pour qn
Zugewinn *m* gain *m*
Zugewinngemeinschaft *f* JUR communauté *f* réduite aux acquêts
Zugezogene(r) *f(m) dekl wie Adj* nouveau venu *m*/nouvelle venue *f*
Zugfahrkarte *f* billet *m* [de train] **Zugfahrplan** *m* horaire *m* des trains **Zugfeder** *f* TECH ressort *m* de traction **zugfest** *Adj* PHYS, TECH résistant(e) à la traction **Zugführer(in)** *m(f)* ❶ chef *mf* de train ❷ MIL chef *mf* de section
zu|gießen *tr V unreg* [r]ajouter; **etwas Wasser ~** [r]ajouter [*o* [re]mettre] un peu d'eau; **soll ich Ihnen Kaffee/Tee ~?** je vous rajoute [*o* remets] un peu de café/de thé?; **soll ich Ihnen ~?** je vous en rajoute [*o* remets] un peu?
zugig *Adj* plein(e) de courants d'air; **hier ist es ~** il y a des courants d'air par ici
zügig ['tsy:gɪç] **I.** *Adj* rapide
II. *Adv* rapidement
zu|gipsen *tr V* **etw ~** [re]boucher qc avec du plâtre
Zugkraft *f* ❶ PHYS force *f* [*o* puissance *f*] de traction
❷ *kein Pl* (*Anziehungskraft*) *eines Slogans* pouvoir *m* de séduction
zugkräftig *Adj Slogan, Werbung* attractif(-ive)
zugleich *Adv* en même temps
Zugluft *f kein Pl* courant *m* d'air **Zugmaschine** *f* tracteur *m* **Zugnummer** *f* ❶ EISENBAHN numéro *m* du train ❷ (*Hauptattraktion*) attraction *f* **Zugpersonal** *nt* personnel *m* du train **Zugpferd** *nt* ❶ (*Pferd*) cheval *m* de trait ❷ (*Attraktion*) attraction *f* **Zugpflaster** *nt* MED vésicatoire *m*
zu|greifen *itr V unreg* ❶ (*zupacken*) [s']agripper
❷ (*sich bedienen*) se servir; **bitte greifen Sie zu!** je vous en prie, servez-vous!
❸ (*ein Angebot wahrnehmen*) **sofort ~** sauter sur l'occasion (*fam*)
❹ INFORM **auf etw** (*Akk*) **~** avoir accès à qc
Zugrestaurant *nt* wagon-restaurant *m*
Zugriff *m* ❶ INFORM accès *m*; **~ auf etw** (*Akk*) accès à qc
❷ (*Zugreifen*) **sich dem ~ der Finanzbehörden entziehen** échapper au fisc
Zugriffsgeschwindigkeit *f*, **Zugriffszeit** *f* INFORM vitesse *f* d'accès
zugrunde [tsu'grʊndə] *Adv* **~ gehen** *Person:* se perdre; *Kultur, Zivilisation:* disparaître; *Reich:* s'effondrer; **am Alkohol ~ gehen** sombrer dans l'alcool; **jdn ~ richten** (*gesundheitlich ruinieren*) ruiner la santé à qn; (*sozial, finanziell ruinieren*) causer la perte de qn; **sich [selbst] ~ richten** creuser sa [propre] tombe; **seinem Aufsatz eine Hypothese ~ legen** fonder sa dissertation sur une hypothèse; **dieser Politik** (*Dat*) **liegt das Prinzip ~, dass** cette politique est fondée sur le principe que
Zugrundelegung *f* sur la base de; **unter ~ dieser Fakten** sur la base de [*o* en se fondant sur] ces faits
Zugschaffner(in) *m(f)* contrôleur(-euse) *m(f)* **Zugtelefon** *nt* téléphone *m* **Zugtier** *nt* bête *f* de trait
zu|gucken *itr V fam s.* **zusehen**
Zugunglück *nt* accident *m* de chemin de fer
zugunsten *Präp + Gen o Dat* en faveur de; **~ seines Kindes/von Flüchtlingen** en faveur [*o* au profit] de son enfant/des réfugiés
zugute *Adv* **jdm ~ kommen** *Kenntnisse, Erfahrung:* se révéler être un avantage pour qn; **einer Organisation** (*Dat*) **~ kommen** *Spenden:* être [versé(e)] au profit d'une organisation; **jdm seine Unerfahrenheit ~ halten** tenir compte de [*o* prendre en compte] l'inexpérience de qn
Zugverbindung *f* liaison *f* [ferroviaire] **Zugverkehr** *m* trafic *m* ferroviaire **Zugvogel** *m* oiseau *m* migrateur **Zugzwang** *m* au pied du mur; **in ~ geraten** se retrouver au pied du mur; **unter ~ stehen** être au pied du mur; **jdn in ~ bringen** mettre qn au pied du mur
zu|haben *unreg* **I.** *itr V Geschäft, Restaurant:* être fermé(e)
II. *tr V* avoir fermé *Kleid, Reißverschluss, Koffer*
zu|halten *unreg* **I.** *tr V fam* maintenir qc fermé(e); **die Tür [von innen] ~** maintenir la porte fermée [de l'intérieur]; **sich** (*Dat*) **die Nase/die Ohren ~** se boucher le nez/les oreilles; **sie hielt ihm die Augen zu** elle lui a bouché les yeux
II. *itr V* **auf jdn/etw ~** *Fahrer, Schiff:* aller [*o* se diriger] droit sur qn/qc
Zuhälter(in) ['tsu:hɛltɐ] <-s, -> *m(f)* proxénète *mf*
Zuhälterei <-> *f* proxénétisme *m*
zuhanden [tsu'handən] *Adv* A, CH **~ Herrn Braun** à l'attention de M. Braun
zu|hauen *unreg* **I.** *tr V* ❶ *fam* claquer *Tür*
❷ (*behauen*) dégrossir *Holz, Stein*
II. *s.* **zuschlagen**
zuhauf *Adv geh* en grand nombre
zuhause[RR] *Adv* A, CH à la maison
Zuhause [tsu'haʊzə] <-s> *nt* maison *f*; **ich habe/er hat kein ~** je n'ai pas de chez-moi/il n'a pas de chez-soi
zu|heilen *itr V + sein Wunde:* se refermer, [se] cicatriser
Zuhilfenahme <-> *f* à l'aide de; **unter ~ eines Hammers** à l'aide d'un marteau; **unter ~ eines Lexikons** en recourant à un dictionnaire
zu|hören *itr V* **[jdm] ~** écouter [qn]
Zuhörer(in) *m(f)* auditeur(-trice) *m(f)*
Zuhörerschaft *f* auditoire *m*
zu|jubeln *itr V* **jdm ~** acclamer qn, ovationner qn
zu|kaufen *tr V a.* BÖRSE **etw ~** [r]acheter qc [en complément]
zu|klappen **I.** *tr V + haben* fermer; **den Kofferraum ~** [re]fermer le coffre [en le claquant]
II. *itr V + sein* se [re]fermer [en claquant]
zu|kleben *tr V* cacheter *Umschlag, Brief*
zu|knallen *fam* **I.** *tr V + haben* claquer *Tür, Fenster*
II. *itr V + sein* se fermer en claquant
zu|kneifen *tr V unreg* fermer; **die Augen ~** fermer les yeux [très fort]; **den Mund ~** pincer les lèvres
zu|knöpfen *tr V* boutonner; **sich** (*Dat*) **das Hemd ~** boutonner sa chemise; *s. a.* **zugeknöpft**
zu|knoten *tr V* nouer
zu|kommen *itr V unreg + sein* ❶ (*näher kommen*) **auf jdn/etw ~** *Person:* venir [*o* se diriger] vers qn/qc
❷ *fig* **alles auf sich** (*Akk*) **~ lassen** laisser faire les choses; **lass einfach alles auf dich ~!** tu n'as qu'à [attendre et] voir venir!
❸ (*bevorstehen*) **auf jdn ~** *Aufgabe:* attendre qn; **auf uns kommt Ärger zu** nous allons avoir des ennuis
❹ (*gebühren*) **jdm ~** *Aufgabe, Rolle:* revenir à qn; **es kommt dir nicht zu das zu tun** il ne t'appartient pas de faire cela; **diesem Ereignis kommt eine große Bedeutung zu** une grande importance est à accorder à cet événement
❺ *geh* (*zuteil werden*) **jdm etw ~ lassen** (*schenken, übermitteln*) faire parvenir qc à qn; (*gewähren*) accorder qc à qn
zu|kriegen *s.* **zubekommen**
Zukunft ['tsu:kʊnft] <-> *f* ❶ avenir *m*; **in ~** à l'avenir; **in naher/ferner ~** dans un proche avenir/un avenir lointain; **an die/seine ~ denken** penser à l'avenir/son avenir
❷ GRAM futur *m*
▸ **skeptisch in die ~ blicken** [*o* **schauen**] voir venir l'avenir avec inquiétude; **~ haben** avoir de l'avenir; **keine ~ haben** n'avoir aucun avenir; **ein Beruf mit/ohne ~** un métier d'avenir/sans avenir
zukünftig **I.** *Adj* ❶ *Generation* futur(e), à venir
❷ (*designiert*) **die ~e Ministerin/Präsidentin** la future ministre/la future présidente
II. *Adv* à l'avenir
Zukunftsangst *f* peur *f* de l'avenir **Zukunftsaussichten** *Pl* perspectives *fpl* d'avenir **Zukunftsbranche** *f* secteur *m*

d'avenir **Zukunftsforscher(in)** *m(f)* futurologue *mf* **Zukunftsforschung** *f kein Pl* futurologie *f* **Zukunftsmusik** *f* ▶ **das ist [noch]** ~ *fam* c'est pas [encore] pour demain *(fam)* **zukunftsorientiert** *Adj* orienté(e) vers l'avenir **Zukunftsperspektive** *f* perspective *f* d'avenir **Zukunftspläne** *Pl* projets *mpl* [d'avenir] **Zukunftsroman** *m* LITER roman *m* d'anticipation **zukunftsträchtig** *Adj Beruf, Verfahren* d'avenir; *Erfindung* plein(e) d'avenir; ~/**nicht sehr** ~ **sein** avoir de l'avenir/ne pas être très prometteur(-euse)

zu|lächeln *itr V* **jdm** ~ sourire à qn

Zulage <-, -n> *f* prime *f*, complément *m* [de salaire]

zulande *s.* **Land** ▶

zu|langen *itr V fam* ❶ *(sich bedienen)* **kräftig** ~ se servir copieusement

❷ *(in Bezug auf Geld)* matraquer le client *(fam)*

❸ *(zuschlagen)* cogner *(fam)*

zu|lassen *tr V unreg* ❶ *(dulden)* tolérer; ~, **dass** tolérer [*o* permettre] que + *subj*

❷ *(ermöglichen)* **wenn die Situation es zulässt** si la situation le permet

❸ *(nahe legen)* autoriser *Deutung, Schluss*

❹ *(amtliche Erlaubnis erteilen)* **jdn zum Studium/zur Prüfung** ~ autoriser qn à faire des études/à passer un examen; **jdn als Arzt** ~ autoriser qn à exercer comme médecin; **zugelassen** *Anwalt, Heilpraktiker* agréé(e); **bei Gericht zugelassen** agréé(e) auprès du tribunal

❺ *(amtlich anmelden)* faire immatriculer *Kraftfahrzeug;* **zugelassen** *Kraftfahrzeug* immatriculé(e); *(in Frankreich)* déclaré(e) en préfecture; **in Mainz zugelassen sein** être immatriculé(e) à Mayence

❻ *fam (geschlossen lassen)* **etw** ~ laisser qc fermé(e); *(nicht aufknöpfen)* garder qc boutonné(e) [*o* fermé(e)]

zulässig ['tsu:lɛsɪç] *Adj* autorisé(e); *Abweichung* autorisé(e), toléré(e); **es ist** ~ **etw zu tun** il est autorisé [*o* permis] de faire qc

Zulässigkeit <-> *f* JUR admissibilité *f*

Zulassung <-, -en> *f* ❶ *kein Pl (Genehmigung)* autorisation *f;* ~ **zum Studium/zur Prüfung** admission *f* à faire des études/à l'examen; **ihre** ~ **als Anwältin** son autorisation d'exercer comme avocat

❷ *kein Pl (Anmeldung) eines Kraftfahrzeugs* immatriculation *f*

❸ *fam (Fahrzeugschein)* carte *f* grise

Zulassungsbeschränkung *f (bei Studiengängen) restriction de l'accès à certaines études* **Zulassungsnummer** *f* AUT *fam* numéro *m* d'immatriculation **Zulassungspapiere** *Pl* papiers *mpl* du véhicule **Zulassungsstelle** *f* service *m* des cartes grises [*o* des immatriculations] **Zulassungsverfahren** *nt* procédure *f* d'agrément [*o* d'admission]

zulasten[RR] *Präp* ~ **einer S.** *(Gen)* à la charge de qc

Zulauf *m* ❶ *(Rohr, Schlauch)* arrivée *f* [d'eau]

❷ *(Zufluss)* **einen unterirdischen** ~ **haben** *See:* être alimenté(e) par des sources souterraines

❸ *(Zuspruch)* ~ **haben** *Arzt:* avoir une grosse clientèle; *Lokal, Museum:* être très fréquenté(e)

zu|laufen *itr V unreg + sein* ❶ *(sich nähern)* courir vers; **auf jdn/etw** ~ *Person, Tier:* courir vers [*o* en direction de] qn/qc; **sie kam auf mich zugelaufen** elle s'approcha de moi en courant

❷ *(hineinfließen) Wasser:* arriver; **kaltes Wasser** ~ **lassen** rajouter de l'eau froide

❸ *(enden)* **spitz** ~ *Schere:* se terminer en pointe; **[an den Knöcheln] schmal** ~ se rétrécir [aux chevilles]

❹ *(gelaufen kommen)* **jdm** ~ *Hund, Katze:* trouver refuge chez qn; **der Hund ist uns zugelaufen** ce chien nous est arrivé

zu|legen I. *tr V fam* ❶ *(dazutun, -legen)* rajouter

❷ *(dazuzahlen)* **noch etwas** ~ en rajouter un peu

❸ *(zunehmen)* **fünf Kilo** ~ prendre cinq kilos

II. *itr V* ❶ *fam (zunehmen)* **[ziemlich]** ~ prendre du poids

❷ *(sich steigern) Branche, Partei:* progresser; *Währung:* remonter

❸ *fam (das Tempo steigern)* en mettre un coup *(fam)*

III. *r V fam* **sich** *(Dat)* **ein Fahrrad/eine neue Frisur** ~ se payer un vélo/une nouvelle coiffure; **sich** *(Dat)* **einen Geliebten** ~ prendre un amant

zuleide *Adv* **jdm etwas/nichts** ~ **tun** faire du mal/ne pas faire de mal à qn

zu|leiten *tr V* ❶ faire parvenir qc à qn; **jdm etw** ~ transmettre [*o* faire parvenir] qc à qn

❷ *(zuführen)* **dem See frisches Wasser** ~ amener de l'eau fraîche au lac

Zuleitung *f* ❶ *kein Pl geh (das Übermitteln)* envoi *m*

❷ *(Leitungsrohr für Wasser/Benzin)* tuyau *m* d'amenée/d'alimentation

Zuleitungsrohr *nt s.* **Zuleitung 2.**

zuletzt *Adv* ❶ *(als Letzter)* le dernier/la dernière; ~ **ins Ziel kommen** passer la ligne d'arrivée le dernier/la dernière

❷ *(zum Schluss)* **[ganz]** ~ [tout] à la fin; **bis** ~ jusqu'au bout, jusqu'à la fin

❸ *(schließlich)* finalement; ~ **kam sie dann doch noch** elle a tout de même fini par arriver

❹ *fam (letztmalig) sehen, treffen* pour la dernière fois

▶ **nicht** ~ notamment; **nicht** ~, **weil wir ein Zeichen setzen wollen** d'autant plus que nous voulons donner l'exemple

zuliebe *Adv* **etw jdm** ~ **tun** faire qc pour [faire plaisir à] qn; **etw der Wahrheit** *(Dat)* ~ **tun** faire qc par amour de la vérité

Zulieferbetrieb *m* entreprise *f* sous-traitante

Zulieferer <-s, -> *m*, **Zulieferin** *f* sous-traitant(e) *m(f)*

Zuliefererindustrie *f*, **Zulieferindustrie** *f* industrie *f* de sous-traitance

zu|liefern *itr V* faire de la sous-traitance

Zulu ['tsu:lu] <-[s], -[s]> *m* Zoulou *mf*

zum [tsʊm] = **zu dem** *s.* **zu**

zu|machen I. *tr V* ❶ fermer *Deckel, Fenster, Klappe;* [re]fermer *Dose, Flasche;* fermer, boutonner *Hemd, Mantel;* lacer *Schuh;* **sich** *(Dat)* **das Hemd/die Schuhe** ~ boutonner sa chemise/lacer ses chaussures

❷ *(stilllegen, schließen)* fermer *Firma, Laden*

II. *itr V* ❶ fermer

❷ *fam (sich beeilen)* se grouiller *(fam)*

zumal I. *Konj* d'autant plus que + *indic*

II. *Adv* surtout

zu|mauern *tr V* murer *Fenster, Einfahrt*

zumeist *Adv* la plupart du temps

zumindest *Adv* ❶ *(wenigstens)* au moins

❷ *(jedenfalls)* en tout cas

zumutbar *Adj* tolérable, supportable; **für jdn nicht** ~ **sein** *Stelle, Bedingung:* être inacceptable pour qn; **ist dieser Lärm für die Mieter** ~**?** les locataires sont-ils censés tolérer [*o* supporter] ce bruit?; **ist es für Arbeitslose** ~ **das zu tun?** est-on en droit d'attendre des chômeurs qu'ils fassent cela?

Zumutbarkeit <-, -en> *f* tolérable *m;* **die Grenzen der** ~ les limites *fpl* du tolérable

zumute *Adv* **jdm ist zum Lachen/Weinen** ~ qn a envie de [*o* le cœur à] rire/pleurer; **mir ist nicht zum Scherzen** ~ je ne suis pas d'humeur à plaisanter; **jdm ist seltsam** ~ qn se sent bizarre

zu|muten ['tsu:mu:tən] I. *tr V* exiger; **jdm viel/wenig** ~ exiger beaucoup/peu de qn

II. *r V* **sich** *(Dat)* **eine schwere Arbeit** ~ s'imposer un travail difficile; **sich zu viel** ~ présumer de ses forces

Zumutung *f* **eine** ~ **sein** être plus qu'on ne peut en supporter

zunächst *Adv* ❶ *(anfangs)* au début, [tout] d'abord

❷ *(vorläufig)* pour l'instant, pour le moment

zu|nageln *tr V* **etw** ~ fermer qc avec des clous

zu|nähen *tr V* [re]coudre

Zunahme ['tsu:na:mə] <-, -n> *f der Arbeitslosigkeit, Inflation* hausse *f*, augmentation *f; der Erkrankungen, Umweltverschmutzung* progression *f*, recrudescence *f*

Z

Zuname *m* nom *m* patronymique (*form*)
zündeln ['tsʏndəln] *itr V* SDEUTSCH, A jouer avec des allumettes
zünden ['tsʏndən] I. *itr V* ❶ *Rakete, Triebwerk:* être mis(e) à feu
❷ *fig Witz, Pointe:* enthousiasmer
II. *tr V* procéder à la mise à feu de *Rakete, Triebwerk*
zündend *Adj Idee* de génie, lumineux(-euse) (*fam*); *Rede* enflammé(e)
Zunder ['tsʊndɐ] <-s, -> *m* ▶ **wie ~ brennen** s'enflammer comme une allumette
Zünder ['tsʏndɐ] <-s, -> *m* détonateur *m*
Zündfunke *m* AUT étincelle *f* d'allumage **Zündholz** *nt* A, SDEUTSCH allumette *f* **Zündhütchen** ['tsʏnthy:tçən] *nt* amorce *f* **Zündkabel** *nt* câble *m* d'allumage **Zündkerze** *f* bougie *f* **Zündplättchen** <-s, -> *nt* amorce *f* **Zündschloss**^RR *nt* contact *m* **Zündschlüssel** *m* clé *f* de contact **Zündschnur** *f* mèche *f* **Zündspule** *f* bobine *f* [d'allumage] **Zündstoff** *m* ▶ **viel ~ enthalten** *Film, Rede:* aborder un sujet explosif
Zündung <-, -en> *f* ❶ (*Zündanlage*) allumage *m*
❷ *kein Pl* (*das Zünden*) *einer Rakete* mise *f* à feu; *eines Triebwerks* allumage *m*
Zündungsschlüssel *m* CH clé *f* de contact
Zündverteiler *m* AUT delco *m* **Zündvorrichtung** *f* TECH allumage *m*
zu|nehmen *unreg* I. *itr V* ❶ (*dick werden*) *Person, Tier:* grossir, prendre du poids
❷ (*wachsen*) *Ärger, Spannung:* grandir; *Schmerzen, Arbeitslosigkeit, Umweltverschmutzung:* augmenter
❸ (*stärker werden*) gagner en intensité; *Wind, Orkan:* gagner en intensité, forcir; **an Heftigkeit ~** *Wind:* redoubler de violence
II. *tr V* **[wieder] zehn Kilo ~** [re]prendre dix kilos
zunehmend I. *Adj* croissant(e); **mit ~em Alter** en vieillissant
II. *Adv sich bessern, verschlechtern* constamment, sans cesse; **es geht ~ besser** c'est de mieux en mieux
zu|neigen I. *itr V* avoir tendance à; **der Ansicht** (*Dat*) **~, dass** avoir tendance [*o* être enclin(e)] à penser que
II. *r V* **sich dem Ende ~** toucher à sa fin
Zuneigung *f* sympathie *f*, penchant *m* (*littér*); **die ~ eines Menschen gewinnen** gagner la sympathie d'une personne
Zunft [tsʊnft, *Pl:* 'tsʏnftə] <-, ¨-e> *f* corporation *f*
zünftig ['tsʏnftɪç] *Adj veraltet fam* bon vieux/bonne vieille *antéposé* (*fam*); *Blasmusik* très couleur locale (*fam*); *Bekleidung* comme il faut
Zunge ['tsʊŋə] <-, -n> *f* ❶ *a.* GASTR langue *f*; **auf der ~ brennen** *Chili, Schnaps:* arracher la bouche; **auf der ~ zergehen** fondre dans la bouche; **[jdm] die ~ herausstrecken** tirer la langue [à qn]; **eine belegte ~ haben** avoir la langue chargée
❷ (*Mundwerk*) **eine scharfe/spitze ~ haben** avoir la langue bien pendue/affilée
❸ (*Geschmack*) **eine feine ~ haben** avoir le palais fin
❹ *geh* (*Sprache*) **Menschen fremder ~** (*Gen*) des personnes de langue étrangère
▶ **jdm hängt die ~ zum Hals[e] heraus** *fam* (*jd ist außer Atem*) qn est complètement essoufflé(e) [*o* à bout de souffle]; (*jd ist durstig*) qn tire la langue; **seine ~ im Zaum halten** *geh* tenir sa langue; **böse ~n** des mauvaises langues; **mit gespaltener ~ sprechen** avoir un double langage; **eine schwere ~ haben** avoir la bouche pâteuse; **sich** (*Dat*) **eher** [*o* **lieber**] **die ~ abbeißen, als die anderen zu verraten** se faire couper [*o* arracher] la langue plutôt que de trahir les autres; **sich** (*Dat*) **die ~ an etw** (*Dat*) **abbrechen** buter en prononçant qc; **mit der ~ anstoßen** avoir un cheveu sur la langue; **das brennt ihr auf der ~** elle brûle d'envie de le dire; **etw hat ihm/ihr die ~ gelöst** qc lui a délié la langue; **seine ~ hüten** [*o* **zügeln**] tenir sa langue; **etw liegt ihm/ihr auf der ~** il/elle a qc sur le bout de la langue
züngeln ['tsʏŋəln] *itr V* ❶ *Reptil:* darder sa langue
❷ (*emporschlagen*) *Flammen:* jaillir
Zungenbrecher <-s, -> *m* (*schwer auszusprechender Satz*) phrase *f* difficile à prononcer; (*unaussprechlicher Name*) nom *m* imprononçable [*o* à coucher dehors *fam*]
Zungenkuss^RR *m* baiser *m* langue en bouche; **jdm einen ~ geben** rouler une pelle à qn (*fam*) **Zungenspitze** *f* bout *m* de la langue **Zungenwurst** *f* GASTR *pâté de langue de porc*
Zünglein ['tsʏŋlaɪn] <-s, -> *nt* ▶ **das ~ an der Waage sein** faire pencher la balance
zunichte *Adv* **etw ~ machen** réduire qc à néant
zu|nicken *itr V* **jdm ~** faire un signe de tête à qn
zunutze *Adv* **sich** (*Dat*) **etw ~ machen** tirer profit de qc
zuoberst [tsu'ʔo:bɐst] *Adv* tout en haut
zu|ordnen *tr V* classer qn; **jdn einer politischen Richtung** (*Dat*) **~** classer [*o* ranger] qn dans un courant politique; **etw einer Kategorie** (*Dat*) **~** catégoriser qc
Zuordnung *f* ❶ *von Tieren, Pflanzen* classement *m*
❷ (*Einschätzung*) **die politische ~ dieses Parteimitglieds/der Punks** le classement politique de ce membre du parti/des punks
zu|packen *itr V* ❶ (*zugreifen*) serrer; **[fest] ~** serrer fort[ement]
❷ (*mithelfen*) donner un coup de main; **kräftig** [*o* **tüchtig**] **~** donner un sérieux coup de main
zu|parken *tr V* **etw ~** bloquer qc en stationnant devant
zupass^RR, **zupaß** *Adv geh* à pont nommé; **jdm ~ kommen** arriver à point nommé pour qn
zupfen ['tsʊpfən] *tr V* ❶ (*ziehen*) tirer; **jdn am Ärmel/an den Haaren ~** tirer qn par la manche/les cheveux
❷ (*herausziehen*) **jdm/sich die Augenbrauen ~** épiler les sourcils à qn/s'épiler les sourcils; **Unkraut [aus dem Beet] ~** enlever les mauvaises herbes [de la plate-bande]
Zupfinstrument *nt* instrument *m* à cordes pincées
zu|prosten ['tsu:pro:stən] *itr V* lever son verre; **jdm ~** trinquer [*o* lever son verre] à la santé de qn
zur [tsu:ɐ] = **zu der** *s.* **zu**
zurande^RR *Adv* **mit jdm/etw** (*Dat*) **[nicht] ~ kommen** *fam* [ne pas] venir à bout de qn/qc
zurate^RR *Adv* **etw/jdn ~ ziehen** consulter qc/qn
zu|raten *itr V unreg* conseiller; **jdm zu einer Bewerbung ~** conseiller [*o* recommander] [fortement] à qn de poser sa candidature; **jdm ~ etw zu tun** conseiller [*o* recommander] [fortement] à qn de faire qc
Zürcher ['tsʏrçɐ] *Adj* de Zurich, zurichois(e)
Zürcher(in) <-s, -> *m(f)* Zurichois(e) *m(f)*
zu|rechnen *tr V* ❶ (*zuweisen*) imputer; **jdm die Schuld ~** attribuer [*o* imputer] la faute à qn
❷ *s.* **zuordnen**
zurechnungsfähig *Adj* responsable de ses actes **Zurechnungsfähigkeit** *f kein Pl* JUR responsabilité *f* pleine et entière
zurecht|finden *r V unreg* **sich ~** avoir ses repères; **sich in Paris ~/nicht ~** avoir/ne pas avoir ses repères à Paris
zurecht|kommen *itr V unreg + sein* ❶ (*auskommen*) s'entendre; **mit den Kollegen ~** s'entendre avec les collègues; **mit den Schülern ~** s'en tirer avec les élèves ❷ (*klarkommen*) **mit der Technik ~** se débrouiller bien avec la technique (*fam*); **mit einem Gerät nicht ~** ne pas s'en sortir avec un appareil **zurecht|legen** *tr V* ❶ préparer *Dokumente, Werkzeuge;* **sich** (*Dat*) **frische Wäsche ~** préparer du linge propre
❷ (*sich überlegen*) **sich** (*Dat*) **eine Ausrede ~** préparer une excuse à l'avance **zurecht|machen** *tr V fam* ❶ (*vorbereiten*) faire; **[jdm] das Bett ~** faire le lit [à qn] ❷ (*schminken*) **jdn/sich ~** se faire une beauté (*fam*); (*ankleiden*) pomponner qn/se pomponner **zurecht|rücken** *tr V* rajuster *Krawatte, Hut;* remettre en place *Stuhl;* **sich** (*Dat*) **die Brille ~** rajuster ses lunettes; **sich** (*Dat*) **den Tisch ~** remettre sa table en place **zurecht|weisen** *tr V unreg* réprimander **Zurechtweisung** *f* réprimande *f*
zu|reden *itr V* exhorter qn; **jdm gut/lange ~** essayer de raisonner qn; **jdm ~ etw zu tun** exhorter qn à faire qc; **auf sein Zureden [hin]** sur ses exhortations

zurechtweisen

• zurechtweisen	• réprimander
Ihr Verhalten lässt einiges zu wünschen übrig.	Votre comportement laisse à désirer.
Ich verbitte mir diesen Ton!	Je vous défends de me parler sur ce ton!
Das brauche ich mir von Ihnen nicht gefallen zu lassen!	Je ne tolérerai pas cela de votre part!
Unterstehen Sie sich!	Essayez un peu pour voir!
Was erlauben Sie sich!	Pour qui vous prenez-vous?
Was fällt Ihnen ein!	Qu'est-ce qui vous prend?

zu|reiten *unreg* **I.** *tr V + haben* débourrer *Pferd*
II. *itr V + sein* **auf jdn/etw ~** galoper vers [*o* en direction de] qn/qc

Zürich ['tsy:rɪç] <-s> *nt* Zurich

Züricher(in) ['tsy:rɪçɐ] *s.* **Zürcher(in)**

Zürichsee *m* **der ~** le lac de Zurich

zu|richten *tr V* ❶ **jdn furchtbar ~** mettre qn dans un état effrayant; **jdn übel ~** mettre qn dans un état épouvantable
❷ (*beschädigen*) **etw schlimm ~** mettre qc dans un état pitoyable

zürnen ['tsʏrnən] *itr V geh* se courroucer; **jdm** [*o* **mit jdm**] **~** se courroucer contre qn (*littér*); **die Götter zürnten Odysseus** les dieux poursuivirent Ulysse de leur courroux (*littér*)

Zurschaustellung *f* exhibition *f*

zurück [tsu'rʏk] *Adv* ❶ (*zurückgekehrt*) [**von einer Reise**] **~ sein** être de retour [d'un voyage]
❷ (*in Bezug auf den Rückweg*) **einmal Stuttgart-Nancy und ~, bitte!** un aller et retour Stuttgart-Nancy, s'il vous plaît!; **~!** demi-tour!
❸ *fam* (*rückständig*) **~ sein** *Gegend, Vegetation:* avoir du retard
❹ (*rückwärts*) **drei Schritte/Meter ~!** trois pas/mètres en arrière!

Zurück <-s> *nt* **es gibt kein ~** il n'est pas possible de faire machine arrière

zurück|behalten* *tr V unreg* ❶ garder *Narbe, Schaden*
❷ (*einbehalten*) garder *Pfand;* **einen Betrag ~** garder un montant [en gage]

zurück|bekommen* *tr V unreg* rentrer en possession de, récupérer (*fam*)

zurück|berufen* *tr V unreg* rappeler *Botschafter*

zurück|beugen *tr V* renverser; **den Kopf ~** renverser [*o* rejeter] la tête en arrière; **den Oberkörper/sich ~** pencher le buste/se pencher en arrière

zurück|bilden *r V* s'atrophier; **sich ~** *Drüse:* s'atrophier; *Geschwulst:* se résorber

zurück|bleiben *itr V unreg + sein* ❶ (*bleiben*) rester; [**im Hotel**] **~** rester [à l'hôtel]
❷ (*langsam sein*) rester en arrière
❸ (*folgen*) **von etw ~** *Narbe, Schaden:* rester de qc
❹ (*geringer ausfallen*) **hinter etw** (*Dat*) **~** *Inflation, Entwicklung:* rester en deçà [*o* en dessous] de qc

zurück|blicken *itr V* ❶ (*sich umsehen*) jeter un regard en arrière, regarder derrière soi
❷ (*betrachten*) **auf etw** (*Akk*) **~** jeter un regard [*o* coup d'œil] rétrospectif sur qc
▸ **auf etw** (*Akk*) **~ können** pouvoir faire un examen rétrospectif de qc

zurück|bringen *tr V unreg* ramener *Person;* rapporter *Gegenstand;* **jdn** [**ins Haus**] **~** ramener qn [à la maison]

zurück|datieren* *tr V* antidater

zurück|denken *itr V unreg* repenser; **an etw** (*Akk*) **~** repenser à qc

zurück|drängen I. *tr V* ❶ repousser, refouler *Person*
❷ (*unterdrücken*) refouler *Angst*
II. *itr V* **in den Saal ~** *Personen:* se bousculer pour rentrer dans la salle

zurück|drehen *tr V* ❶ tourner à l'envers; **den Knopf ~** tourner le bouton à l'envers [*o* en arrière]; **den Regler auf „1" ~** ramener le régulateur sur "1"
❷ (*einstellen*) baisser *Lautstärke, Heizung*

zurück|dürfen *itr V unreg fam* **zu jdm ~** pouvoir rentrer/retourner chez qn

zurück|erhalten* *s.* **zurückbekommen**

zurück|erinnern* *r V* se reppeler; **sich an jdn/etw ~** se rappeler qn/qc, se souvenir de qn/qc

zurück|erobern* *tr V* reconquérir *Region, Fans*

zurück|erstatten* *tr V* rembourser

zurück|erwarten* *tr V* attendre [le retour de]

zurück|fahren *unreg* **I.** *itr V + sein* ❶ (*zum Ausgangspunkt fahren*) *Person, Fahrzeug:* repartir
❷ (*zurückweichen*) **vor jdm/etw ~** reculer brusquement [*o* avoir un mouvement de recul] devant qn/pour éviter qc
II. *tr V + haben* ❶ (*zurückbewegen*) reculer *Fahrzeug;* **den Film ~** revenir en arrière
❷ (*zurückbringen*) ramener, reconduire *Person;* rapporter *Gegenstand*
❸ *fam* (*reduzieren*) réduire, freiner

zurück|fallen *itr V unreg + sein* ❶ (*fallen*) **sich** [**in die Kissen**] **~ lassen** se laisser tomber [*o* s'affaler] [dans les coussins]
❷ (*zurückbleiben*) *Läufer, Radfahrer:* être distancé(e) [*o* décroché(e)]
❸ (*absteigen*) [**auf den vierten Platz**] **~** *Sportler, Verein:* retomber [au quatrième rang]
❹ (*wieder verfallen in*) **in eine alte Gewohnheit/einen alten Fehler ~** retomber dans une vieille habitude/une ancienne erreur
❺ (*erneut entfallen auf*) **an jdn ~** *Besitz, Vermögen:* revenir à qn
❻ (*angelastet werden*) **auf jdn ~** *Verhalten:* retomber sur qn

zurück|finden *itr V unreg* retrouver; **zum Hotel ~** retrouver le chemin de l'hôtel; **ich würde niemals allein aus diesem Wald ~** je ne pourrais jamais sortir seul(e) de cette forêt

zurück|fliegen *unreg* **I.** *itr V + sein* repartir par avion; [**nach Kanada**] **~** *Person:* repartir [par avion] [au Canada]; *Flugzeug:* repartir [*o* reprendre l'air] [pour le Canada]; **zur Erde ~** *Astronaut:* revenir sur terre
II. *tr V + haben* **jdn/etw ~** ramener qn/qc [en avion]

zurück|fließen *itr V unreg + sein* ❶ (*fließen*) revenir à son point de départ; **in den Teich ~** repartir dans l'étang
❷ FIN **an jdn ~** *Gelder, Mittel:* être reversé(e) à qn

zurück|fordern *tr V* exiger; **einen Kredit von jdm ~** exiger de qn le remboursement d'un crédit; **ein Buch von jdm ~** exiger de qn la restitution d'un livre

zurück|fragen *itr V* ❶ (*eine Gegenfrage stellen*) répondre par une question

Z

❷ (*rückfragen*) demander des précisions

zurück|führen I. *tr V* ❶ être dû; **der Unfall ist auf einen technischen Fehler zurückzuführen** l'accident est dû à une erreur technique; **das ist darauf zurückzuführen, dass** cela vient de ce que + *indic*
❷ (*zurückbringen*) **jdn ins Zimmer** ~ reconduire [*o* ramener] qn dans la pièce
II. *itr V* **zur Hauptstraße** ~ *Route, Weg:* revenir à la route principale

zurück|geben *tr V unreg* ❶ (*wiedergeben*) rendre
❷ (*reklamieren*) rendre, rapporter *Waren*
❸ (*erwidern*) rendre, retourner *Kompliment, Beleidigung*
❹ (*erneut verleihen*) **jdm sein Selbstvertrauen** ~ redonner de l'assurance à qn

zurückgeblieben *Adj Kind, Schüler* retardé(e)

zurück|gehen *itr V unreg + sein* ❶ rentrer; **nach Hause** ~ rentrer à la maison; **ins Hotel** ~ retourner à l'hôtel; **ins Ausland** ~ retourner [vivre] à l'étranger; **wir sollten lieber wieder** ~ nous ferions mieux de rentrer
❷ (*abnehmen, sinken*) *Hochwasser, Produktion, Umsatz:* diminuer, reculer; *Fieber, Temperatur, Wert:* baisser
❸ (*sich zurückbilden*) *Bluterguss, Schwellung:* se résorber

zurückgezogen *Adj* retiré(e); ~ **leben** vivre retiré(e)

Zurückgezogenheit <-> *f* solitude *f*; **sie leben in [völliger]** ~ ils vivent complètement isolés

zurück|greifen *itr V unreg* **auf etw** (*Akk*) ~ avoir recours [*o* recourir] à qc

zurück|haben *tr V unreg fam* récupérer (*fam*); **etw** ~ **wollen** vouloir récupérer qc (*fam*)

zurück|halten *unreg* I. *r V* ❶ (*sich beherrschen*) **sich** ~ se contenir
❷ (*sich vorsichtig äußern*) **sich mit seiner Kritik** ~ rester mesuré(e) dans sa critique; **sich etwas** ~ faire preuve d'une certaine réserve
II. *tr V* ❶ (*festhalten*) retenir *Person*
❷ (*nicht mitteilen*) faire de la rétention de, ne pas communiquer *Beweise, Informationen*

zurückhaltend I. *Adj* ❶ (*reserviert*) réservé(e), distant(e); **eine ~e Art haben** faire preuve d'une certaine retenue
❷ (*vorsichtig*) mesuré(e)
II. *Adv* (*vorsichtig*) avec circonspection

Zurückhaltung *f kein Pl* retenue *f*, réserve *f*; **mit äußerster/großer** ~ **auf etw** (*Akk*) **reagieren** réagir avec la plus grande/une grande réserve à qc

zurück|holen *tr V* ramener; **jdn** ~ ramener qn [ici]; **jdn** ~ **lassen** faire revenir qn [ici]; **[sich** (*Dat*)**] etw** ~ récupérer qc (*fam*)

zurück|kämmen *tr, r V* se peigner en arrière; **[sich** (*Dat*)**] die Haare** ~ [se] peigner les cheveux en arrière; **kämm dir mal die Haare zurück!** coiffe-toi voir les cheveux en arrière!

zurück|kehren *itr V + sein geh* revenir; **von einer Reise** ~ revenir d'un voyage; **aufs Land** ~ retourner [vivre] à la campagne; **zu jdm** ~ retourner vivre avec qn

zurück|kommen *itr V unreg + sein* ❶ (*kommen*) revenir; **[aus Köln]** ~ revenir [de Cologne]; **nach Hause** ~ retourner à la maison
❷ (*erneut aufgreifen*) **auf etw** (*Akk*) ~ revenir sur qc

zurück|kriegen *tr V fam* récupérer (*fam*)

zurück|lassen *tr V unreg* abandonner; laisser *Adresse, Brief*

zurück|legen *tr V* ❶ (*legen*) reposer; **etw auf den Tisch** ~ remettre qc sur la table
❷ (*reservieren*) **jdm etw** ~ mettre qc de côté pour qn
❸ (*bewältigen*) parcourir, effectuer *Strecke, Weg;* couvrir *Entfernung*
❹ (*sparen*) **[sich** (*Dat*)**] Geld** ~ mettre de l'argent de côté

zurück|lehnen *r V* **sich** ~ se pencher en arrière

zurück|liegen *itr V unreg* dater de; **lang/drei Jahre** ~ dater de longtemps/trois ans; **so weit ~, dass** remonter à si loin que + *indic;* **wie lange mag dieses Ereignis jetzt ~?** de quand peut bien dater cet événement?

zurück|melden *r V* ❶ MIL se faire porter rentrant(e); **sich [bei jdm]** ~ se faire porter rentrant(e) [auprès de qn]
❷ *fam* (*wieder von sich reden machen*) **sich** ~ *Künstler:* faire sa rentrée

Zurücknahme [-na:mə] <-, -n> *f einer Ware* reprise *f*

zurück|nehmen *tr V unreg* ❶ reprendre, faire la reprise de *Ware, Artikel*
❷ (*widerrufen*) revenir sur *Behauptung;* retirer *Vorwurf*
❸ MIL (*zurückziehen*) replier *Truppen*

zurück|pfeifen *tr V unreg* ❶ siffler *Hund*
❷ *fig fam* **jdn** ~ rappeler qn à l'ordre; **zurückgepfiffen werden** se faire taper sur les doigts

zurück|prallen *itr V + sein* ❶ rebondir; **von der Wand** ~ rebondir contre le mur
❷ (*zurückschrecken*) **vor etw** (*Dat*) ~ reculer devant qc

zurück|reichen I. *itr V* remonter à; **ins Mittelalter** ~ remonter au Moyen Âge
II. *s.* **zurückgeben**

zurück|reisen *itr V + sein* rentrer; **[nach Hause]** ~ rentrer [à la maison]; **zu den Eltern** ~ retourner chez ses parents

zurück|rollen I. *itr V + sein Fahrzeug:* se mettre à reculer; *Ball, Billardkugel:* rouler en arrière; **etw** ~ **lassen** reculer qc
II. *tr V* **die Regentonne hinter das Haus** ~ repousser la citerne derrière la maison en la faisant rouler

zurückrufen *tr, itr V unreg a.* TELEC rappeler

zurück|schalten *itr V* rétrograder; **[in den zweiten Gang]** ~ *Fahrer, Radfahrer:* rétrograder [en deuxième]

zurück|schauen *s.* **zurückblicken**

zurück|scheuen *s.* **zurückschrecken**

zurück|schicken *tr V* ❶ (*schicken*) renvoyer, réexpédier *Brief, Waren, Muster*
❷ (*abweisen*) renvoyer *Kind*
❸ (*nicht einreisen lassen*) refouler

zurück|schieben *tr V unreg* pousser en arrière; **etw** ~ pousser qc en arrière; **den Schrank an die Wand** ~ repousser l'armoire contre le mur

zurück|schlagen *unreg* I. *tr V* ❶ SPORT renvoyer *Ball*
❷ (*umschlagen*) rabattre *Kragen;* rejeter *Bettdecke*
❸ MIL repousser *Truppen, Feind*
II. *itr V* ❶ (*schlagen*) riposter; **er gab ihr eine Ohrfeige, sie schlug zurück** il lui donna une gifle, elle la lui rendit
❷ (*sich zurückbewegen*) *Pendel:* revenir
❸ (*sich nachteilig auswirken*) **auf jdn/etw** ~ *Fehler:* se répercuter sur qn/qc
❹ MIL riposter

zurück|schrauben *tr V fam* réduire *Erwartungen, Bedürfnisse*

zurück|schrecken *itr V unreg + haben o sein* ❶ (*Bedenken haben*) reculer; **vor etw** (*Dat*) ~ reculer devant qc; **vor nichts** ~ ne reculer devant rien; (*furchtlos sein*) n'avoir peur de rien
❷ (*zurückweichen*) reculer d'effroi [*o* de frayeur]; **er schreckte entsetzt zurück** effrayé, il fit un bond en arrière

zurück|sehen *s.* **zurückblicken**

zurück|sehnen *r V* **sich zu jdm/nach etw** ~ avoir la nostalgie de qn/qc

zurück|senden *s.* **zurückschicken 1.**

zurück|setzen I. *tr V* ❶ (*benachteiligen*) désavantager *Kollegen, Schüler;* **sich zurückgesetzt fühlen** se sentir désavantagé(e)
❷ (*zurückfahren*) reculer *Fahrzeug*
II. *r V* ❶ **sich [eine Reihe]** ~ reculer [d'un rang]
❷ (*sich wieder setzen*) **sich an den Tisch** ~ se remettre à table
III. *itr V Fahrer, Fahrzeug:* reculer

Zurücksetzung *f* INFORM réinitialisation *f*

zurück|spulen *tr, itr V* rembobiner

zurück|stecken I. *tr V* remettre; **etw in die Hosentasche/**

das Portmonee ~ remettre qc dans sa poche/son porte-monnaie; **etw in die Handtasche** ~ ranger qc dans son sac
II. *itr V* ① (*nachgeben*) céder
② (*sich bescheiden*) se montrer moins exigeant; ~ **müssen** devoir en rabattre (*fam*)

zurück|stehen *itr V unreg* ① (*zurückgesetzt sein*) [**ein wenig**] ~ être [un peu] en retrait
② (*verzichten*) [**hinter jdm**] ~ céder la place [à qn]
③ (*weniger gelten*) [**hinter jdm**] ~ être en reste [par rapport à qn]

zurück|stellen *tr V* ① (*wegräumen*) remttre; **etw** [**ins Regal**] ~ remettre [*o* reposer] qc [dans l'étagère]
② (*zurückschieben*) reculer *Möbelstück*
③ (*regulieren*) reculer *Zeiger;* retarder *Uhr*
④ (*hintanstellen*) retarder la scolarisation de *Kind;* reporter, repousser *Plan, Projekt;* faire taire *Bedenken;* **einen Wunsch/eine Anschaffung** ~ remettre un souhait/un achat à plus tard

zurück|stoßen *tr V unreg* repousser *Person, Gegenstand*

zurück|stufen *tr V* rétrograder *Mitarbeiter;* appliquer un malus à *Kfz-Versicherten*

zurück|tragen *tr V unreg* ramener; **jdn/etw** [**ins Haus**] ~ ramener qn/remporter qc [à la maison]

zurück|treten *itr V unreg + sein* ① (*zurückgehen*) reculer; **von etw** ~ reculer [*o* s'écarter] de qc
② (*seinen Rücktritt erklären*) [**von seinem Amt**] ~ démissonner [de son poste]; **als Minister** ~ se démettre de ses fonctions de ministre
③ (*rückgängig machen*) **von einem Kauf** ~ annuler un achat; **von einem Vertrag** ~ résilier un contrat

zurück|verfolgen* *tr V* remonter *Entwicklung, Spur;* **eine Tradition** ~ remonter dans le passé d'une tradition; **diese Tradition lässt sich bis ins letzte Jahrhundert** ~ cette tradition remonte jusqu'au siècle dernier

zurück|versetzen* **I.** *tr V* renvoyer; **jdn** ~ réintégrer qn dans son poste; **jdn nach Frankfurt** ~ renvoyer qn à Francfort
II. *r V* **sich in die Kindheit** ~ se reporter dans son enfance

zurück|weichen *itr V unreg + sein* reculer; **vor etw** (*Dat*) ~ reculer devant qc; MIL battre en retraite [*o* se replier] devant qc

zurück|weisen *tr V unreg* ① (*abweisen*) refouler *Asylbewerber, Staatenlosen*
② (*von sich weisen*) repousser *Forderung;* récuser *Unterstellung*

Zurückweisung *f* rejet *m*

zurück|werfen *tr V unreg* ① (*werfen*) renvoyer *Ball, Frisbeescheibe*
② (*in Rückstand bringen*) **jdn/etw** [**um Jahre**] ~ faire faire à qn/qc un bond en arrière [de quelques années]

zurück|zahlen *tr V* rembourser *Kredit*

zurück|ziehen *unreg* **I.** *tr V + haben* ① (*ziehen*) retirer *Hand;* rouvrir *Vorhang;* **das Kind** [**vom Bordstein**] ~ tirer l'enfant en arrière [pour l'éloigner du bord du trottoir]
② (*widerrufen*) retirer *Kandidatur, Vorschlag;* annuler *Angebot*
II. *r V + haben* ① **sich** [**in sein Zimmer**] ~ se retirer [dans sa chambre]
② MIL **sich** [**aus der Stadt**] ~ se retirer [de la ville]
III. *itr V + sein* revenir; **nach Ulm/ins Ausland** ~ retourner s'installer à Ulm/à l'étranger

zurück|zucken *itr V + sein Person:* faire un bond en arrière; **vor etw** (*Dat*) ~ reculer brusquement devant qc

Zuruf *m* appel *m; eines Zuschauers* acclamation *f*

zu|rufen *tr V unreg* **jdm einen Gruß** ~ crier bonjour à qn; **sie rief ihm zu, dass er stehen bleiben solle** elle lui cria de s'arrêter

zurzeit [tsuːɐ'tsaɪt] *Adv* A, CH pour le moment

Zusage *f* accord *m,* réponse *f* positive; **die** ~ **der Stadtverwaltung die Kosten zu übernehmen** l'engagement *m* de la municipalité de prendre les frais en charge; [**jdm**] **die** ~ **geben etw zu tun** s'engager [auprès de qn] à faire qc

zu|sagen **I.** *tr V* accorder; [**jdm**] **Hilfe** ~ promettre de l'aide [à qn]; [**jdm**] **einen Kredit** ~ accorder un crédit [à qn]; [**jdm**] **sein Kommen** ~ confirmer sa venue [à qn]
II. *itr V* ① (*bestätigen*) répondre positivement; **sie will noch nicht** ~ elle ne veut pas encore s'engager
② (*gefallen*) **jdm** ~ *Angebot, Artikel:* plaire à qn; *Getränk, Essen:* être au goût de qn; **das sagt mir nicht zu** ça ne me dit rien

zusammen [tsu'tsamən] *Adv* ① (*gemeinsam*) ensemble; ~ **sein** être ensemble; **mit jdm** ~ **sein** (*befreundet sein*) être [*o* sortir *fam*] avec qn; **etw mit jdm** ~ **tun** faire qc avec qn
② (*zusammengerechnet*) au total

Zusammenarbeit *f kein Pl* collaboration *f,* coopération *f;* **in** ~ **mit jdm** en collaboration [*o* coopération] avec qn

zusammen|arbeiten *itr V* travailler ensemble, collaborer; **mit jdm** ~ travailler en collaboration avec qn

zusammen|bauen *tr V* monter; **etw wieder** ~ remonter qc

zusammen|bekommen* *tr V unreg fam* ① arriver à dégoter (*fam*) *Geld, Betrag;* arriver à réunir *Besucherzahl, Punktzahl*
② (*zusammenbauen können*) arriver à monter *Puzzle, Bauteile;* arriver à reconstituer *Geschichte, Ablauf*

zusammen|binden *tr V unreg* se nouer; [**sich** (*Dat*)] **die Haare** ~ se nouer [*o* s'attacher] les cheveux; **Blumen zu einem Strauß** ~ mettre des fleurs en bouquet

zusammen|bleiben *itr V unreg + sein* rester ensemble; **mit jdm** ~ rester avec qn

zusammen|brauen **I.** *tr V fam* concocter (*hum*)
II. *r V* **sich** ~ *Unwetter:* se préparer
▶ **da braut sich was zusammen** il y a quelque chose qui se prépare; *fig* il se trame quelque chose

zusammen|brechen *itr V unreg + sein* ① *Person:* s'écrouler; *Brücke, Gerüst:* s'effondrer
② (*stillstehen*) *Verkehr:* s'immobiliser; *Kommunikation:* s'interrompre; *Markt:* s'effondrer; *Rechnernetz:* se planter; **die Stromversorgung bricht zusammen** l'alimentation en courant ne peut plus être assurée

zusammen|bringen *tr V unreg* ① *fam* (*zusammenbekommen*) rassembler *Geld, Summe;* **keinen vernünftigen Satz** ~ ne pas arriver à sortir une phrase correcte (*fam*)
② (*in Kontakt bringen*) **Menschen** ~ mettre des personnes en contact; **jdn mit jdm** ~ mettre qn en contact avec qn; **das Schicksal hat uns zusammengebracht** le destin nous a réuni(e)s

Zusammenbruch *m* ① *der Wirtschaft, eines Systems* effondrement *m; eines Unternehmens* faillite *f*
② MED (*Kollaps*) syncope *f;* (*Nervenzusammenbruch*) dépression *f* nerveuse
③ *s.* **Einsturz**

zusammen|drängen **I.** *tr V* entasser *Personen, Menschenmenge*
II. *r V* **sich** [**auf dem Marktplatz**] ~ s'entasser [sur la place du marché]

zusammen|drücken *tr V* ① comprimer
② (*aneinander drücken*) **die Hände** ~ presser les mains l'une contre l'autre

zusammen|fahren *unreg* **I.** *itr V + sein* (*erschrecken*) sursauter
II. *tr V + haben fam* écraser (*pop*) *Person, Tier;* esquinter (*fam*) *Fahrzeug*

zusammen|fallen *itr V unreg + sein* ① *Bauwerk:* s'effondrer
② (*sich ereignen*) **mit etw** ~ *Ereignis:* coïncider avec qc
③ (*körperlich verfallen*) dépérir

zusammen|falten *tr V* plier

zusammen|fassen **I.** *tr V* ① résumer; **das lässt sich in drei Sätzen** ~ ça se résume en quelques mots
② (*vereinigen*) **alle Teilnehmer in** [*o* **zu**] **einer Gruppe** ~ réunir tous les participants dans un groupe; **Verschiedenes unter einem Oberbegriff** ~ regrouper des choses diverses sous un terme générique
II. *itr V* résumer

zusammenfassend **I.** *Adj* récapitulatif(-ive)

Z

II. *Adv* en résumé
Zusammenfassung *f* résumé *m*
zusammen|fegen *tr V* balayer
zusammen|finden *r V unreg geh* **sich** ~ (*sich treffen*) se retrouver; (*sich zusammenschließen*) se réunir
zusammen|flicken *tr V fam* rafistoler (*fam*)
zusammen|fließen *itr V unreg + sein Flüsse:* confluer; *Informationen, Geldströme:* converger; **bei Koblenz fließen Rhein und Mosel zusammen** Coblence est au confluent de la Moselle et du Rhin
ZusammenflussRR *m* confluent *m*
zusammen|fügen *tr V geh* assembler
zusammen|gehen *itr V unreg + sein* faire alliance; **mit einer Gruppierung** ~ *Partei, Gewerkschaft:* faire alliance avec un groupement
zusammen|gehören* *itr V Ehepartner:* être faits l'un pour l'autre; *Freunde:* être fait(e)s pour s'entendre; *Gleichgesinnte:* s'accorder; *Socken, Teile:* aller ensemble
zusammengehörig I. *Adj Teile* qui vont ensemble
II. *Adv* **sich** ~ **fühlen** se sentir uni(e)s
Zusammengehörigkeit <-> *f* union *f*; **das Gefühl der** ~ le sentiment d'union
Zusammengehörigkeitsgefühl *nt* sentiment *m* d'union
zusammengesetzt *Adj* composé(e)
zusammengewürfelt *Adj Gruppe, Mobiliar* hétéroclite
zusammen|haben *tr V unreg fam* avoir rassemblé
Zusammenhalt *m kein Pl* cohésion *f*
zusammen|halten *unreg* I. *itr V* ❶ *Verbindung, Teile:* tenir ensemble
❷ (*zueinander halten*) être solidaire(s)
II. *tr V* ❶ **sein Geld/seine Ersparnisse** ~ être assis(e) sur son argent/ses économies
❷ (*nebeneinander halten*) **die Fotos** ~ mettre les photos côte à côte
Zusammenhang <-[e]s, -hänge> *m* ❶ (*Verbindung*) rapport *m*; **mit etw im** [*o* **in**] ~ **stehen** être en rapport avec qc; **jdn/etw mit einem Vorfall in** ~ **bringen** établir un lien entre qn/qc et un incident; **ein ursächlicher** ~ une relation de cause à effet
❷ (*Kontext*) contexte *m*; **in diesem** ~ dans ce contexte; **im** ~ **mit diesen Ereignissen muss man sich fragen, warum ...** eu égard à ces événements, la question se pose pourquoi ...; **etw aus dem** ~ **reißen** sortir qc de son contexte
zusammen|hängen *itr V unreg* ❶ être en rapport; **mit etw** ~ être en rapport [*o* relation] avec qc
❷ (*aneinander befestigt sein*) *Teile:* être collé(e)s
zusammenhängend I. *Adj* ❶ **mit etw** ~ lié(e) à qc
❷ (*schlüssig*) *Bericht* cohérent(e)
II. *Adv berichten, darlegen* de façon cohérente
zusammenhang[s]los I. *Adj Äußerungen* incohérent(e)
II. *Adv sich äußern, darstellen* de façon incohérente
zusammen|hauen *tr V unreg fam* ❶ démolir (*pop*) *Person, Einrichtung*
❷ (*nachlässig, in Eile herstellen*) bâcler (*fam*)
zusammen|heften *tr V* agrafer *Unterlagen;* **die Fotokopien** ~ agrafer les fotocopies [ensemble]; **Stoffteile** ~ (*nähen*) faufiler des morceaux de tissu; (*stecken*) épingler des morceaux de tissu
zusammen|kehren *s.* **zusammenfegen**
zusammenklappbar *Adj* pliant(e)
zusammen|klappen I. *tr V + haben* [re]fermer *Taschenmesser, Schirm;* [re]plier *Klapptisch, Klappstuhl*
II. *itr V + sein* ❶ se replier
❷ *fam* (*kollabieren*) tomber dans les pommes (*fam*)
zusammen|kleben I. *tr V + haben* coller; **sich wieder** ~ **lassen** pouvoir être recollé(e)
II. *itr V + haben o sein* coller; **zusammengeklebt sein** être collé(e) [ensemble]
zusammen|kneifen *tr V unreg* plisser *Augen;* pincer *Mund, Lippen*
zusammen|knoten *tr V* **etw** [**wieder**] ~ [re]nouer qc
zusammen|kommen *itr V unreg + sein* ❶ *Personen:* se retrouver; **mit jdm** ~ rencontrer qn; **wir werden erst wieder im April** ~ on ne se reverra qu'en avril
❷ (*sich anhäufen*) s'accumuler
zusammen|krachen *itr V + sein fam* ❶ (*einstürzen*) s'effondrer
❷ (*zusammenstoßen*) *Fahrzeuge:* se rentrer dedans (*fam*)
zusammen|kratzen *tr V fam* racler; **seine letzten Ersparnisse** ~ racler les fonds de tiroirs (*fam*)
zusammen|kriegen *s.* **zusammenbekommen**
Zusammenkunft [tsu'zamənkʊnft, *Pl:* -kʏnftə] <-, -künfte> *f* rencontre *f*
zusammen|läppern [-lɛpɐn] *r V fam* **sich** ~ s'accumuler [petit à petit]
zusammen|laufen *itr V unreg + sein* ❶ *Linien, Straßen:* se rencontrer; **in einem Punkt** ~ converger vers un point
❷ (*zusammenströmen*) *Neugierige:* s'attrouper
zusammen|leben *itr V* vivre ensemble; **mit jdm** ~ vivre avec qn
Zusammenleben *nt kein Pl* ❶ (*Zusammenwohnen*) vie *f* commune; **das** ~ **mit ihm/ihr ist nicht leicht** vivre avec lui/elle n'est pas facile
❷ (*Koexistenz*) cohabitation *f*
zusammen|legen I. *tr V* ❶ [re]plier *Wäsche, Wolldecke*
❷ (*organisatorisch vereinigen*) regrouper *Behörden, Abteilungen, Klassen, Termine;* mettre ensemble *Patienten, Häftlinge*
II. *itr V* se cotiser
Zusammenlegung <-, -en> *f* regroupement *m*
zusammen|nähen *tr V* **Stoffteile** ~ coudre des morceaux de tissu [ensemble]
zusammen|nehmen *unreg* I. *tr V* rassembler *Kraft, Mut;* **seinen ganzen Mut** ~ prendre son courage à deux mains; **nehmt mal euren Verstand zusammen!** reprenez vos esprits!; **alles zusammengenommen** tout compte fait
II. *r V* **sich** ~ se maîtriser
zusammen|packen *tr V* ❶ emballer *Kleidung, Sachen*
❷ (*zusammen einpacken*) **alles** ~ emballer tout ensemble
❸ (*aufräumen*) ranger
zusammen|passen *itr V* ❶ *Einzelteile:* s'accorder
❷ (*harmonieren*) *Personen, Farben, Kleidungsstücke:* aller bien ensemble; **diese Farben passen nicht zusammen** ces couleurs jurent entre elles
zusammen|pferchen *tr V* parquer
Zusammenprall *m* ❶ collision *f*, choc *m*; **der** ~ **der beiden Züge** la collision entre les deux trains
❷ *fig* choc *m*
zusammen|prallen *itr V + sein Fahrzeuge:* entrer en collision; **mit den Köpfen** ~ se cogner la tête
zusammen|pressen *tr V* serrer *Lippen, Faust*
zusammen|raffen *tr V* ❶ (*eilig einpacken*) ramasser; **ein paar Sachen** ~ ramasser à la hâte quelques affaires; **alles** ~ tout rafler
❷ *pej* (*anhäufen*) amasser *Geld, Vermögen*
zusammen|raufen *r V fam* **sich** ~ trouver un terrain d'entente
zusammen|rechnen *tr V* faire le total de, additionner
zusammen|reimen *r V fam* **sich** (*Dat*) **etw** ~ s'expliquer qc; **was du dir wieder alles zusammenreimst!** qu'est-ce que tu vas pas imaginer! (*fam*)
zusammen|reißen *r V unreg fam* **sich** ~ se resaisir; **jetzt reiß dich** [**mal**] **zusammen!** tâche voir de faire un effort! (*fam*)
zusammen|rollen I. *tr V* [en]rouler
II. *r V* **sich** ~ *Person:* se pelotonner; *Igel, Katze:* se mettre en boule; *Schlange:* se lover; **zusammengerollt daliegen** être pelotonné(e)
zusammen|rotten [-rɔtən] *r V pej* **sich** ~ s'ameuter (*péj*)

zusammen|rücken I. *itr V + sein* ❶ *zwei Personen:* se rapprocher [l'un(e) de l'autre]; *mehrere Personen:* se rapprocher [les un(e)s des autres]; **immer dichter ~** *Verliebte:* se rapprocher de plus en plus [l'un de l'autre]
❷ *fig (enger zusammenhalten)* se rapprocher
II. *tr V + haben* rapprocher *Gegenstände, Möbel*
zusammen|rufen *tr V unreg* convoquer
zusammen|sacken *itr V + sein fam* s'effondrer
zusammen|scharen [-ʃa:rən] *r V* **sich ~** s'attrouper
zusammen|scheißen *tr V unreg sl* **jdn ~** engueuler qn comme du poisson pourri *(fam)*
zusammen|schlagen *unreg* I. *tr V + haben* ❶ *(verprügeln)* rouer de coups *Person*
❷ *(zertrümmern)* mettre en pièces *Einrichtung, Mobiliar*
II. *itr V + sein* **über jdm ~** *Brecher, Woge:* s'abattre sur qn; *Meer:* engloutir qn
zusammen|schließen *r V unreg* **sich ~** ❶ *Personen:* s'associer; **sich zu einer Band ~** se mettre ensemble pour former un groupe; **sich gegen jdn ~** se liguer [*o* faire alliance] contre qn
❷ *(fusionieren)* fusionner; **sich zu einem Konzern ~** fusionner en un groupe
Zusammenschluss^RR^ *m von Gleichgesinnten* regroupement *m; von Firmen* fusion *f*
zusammen|schmelzen *itr V unreg + sein a. fig* fondre
zusammen|schneiden *tr V unreg* monter *Film, Tonband*
zusammen|schrecken *itr V unreg + sein* sursauter
zusammen|schreiben *tr V unreg* ❶ écrire en un seul mot; **etw ~** écrire qc en un seul mot
❷ *(zusammenstellen)* compiler
❸ *pej fam (Unsinn schreiben)* **was hast du denn da zusammengeschrieben?** qu'est-ce que tu nous as pondu là? *(fam)*
zusammen|schrumpfen *itr V + sein* ❶ *Obst, Käse:* se ratatiner
❷ *(verbraucht werden) Ersparnisse, Vermögen:* fondre [comme neige au soleil]
zusammen|sein *s.* **zusammen 1.**
Zusammensein *nt* ❶ le temps passé; **das ~ mit jdm** le temps passé avec qn
❷ *(Zusammenkunft)* rencontre *f*
zusammen|setzen I. *tr V* ❶ assembler *Stücke;* **ein Puzzle wird aus vielen Teilen zusammengesetzt** un puzzle est un assemblage de nombreuses pièces
❷ *(zusammenbauen)* **[wieder] ~** remonter *Gerät, Gewehr*
❸ *(nebeneinander setzen)* mettre [*o* placer] l'un(e) à côté de l'autre
II. *r V* ❶ **sich aus einzelnen Teilen ~** se composer [*o* être composé(e)] de différentes pièces
❷ *(sich zueinander setzen)* **sich ~** s'asseoir l'un(e) à côté de l'autre; **sich mit jdm ~** *(nebeneinander)* s'asseoir à côté de qn; *(gegenüber)* s'asseoir en face de qn
❸ *(sich zur Beratung treffen)* s'asseoir ensemble
Zusammensetzung <-, -en> *f* composition *f*
zusammen|sinken *itr V unreg + sein* s'effondrer; **[in sich** *(Akk)***] ~** s'effondrer; **nach und nach in sich** *(Akk)* **~** s'affaisser petit à petit
Zusammenspiel *nt kein Pl einer Mannschaft* jeu *m* d'équipe; *von Kräften* interaction *f*
zusammen|stauchen *tr V fam* engueuler qn; **jdn ~** engueuler qn *(fam)*; **zusammengestaucht werden** se faire engueuler *(fam)*
zusammen|stecken I. *tr V* épingler
II. *itr V fam Kameraden, Freunde:* être fourré(e)s ensemble *(fam)*
zusammen|stehen *itr V unreg* ❶ *Personen, Gegenstände:* se trouver ensemble
❷ *(zusammenhalten)* se serrer les coudes
zusammen|stellen *tr V* rassembler, regrouper *Möbel, Ideen, Daten;* établir *Liste, Programm;* composer *Sammelband*
Zusammenstellung *f* ❶ *(Aufstellung) von Namen, Adressen* liste *f* [par écrit]
❷ *kein Pl (das Zusammenstellen) einer Liste, eines Programms* établissement *m; von Daten, Fakten* rassemblement *m; eines Sammelbandes* rédaction *f*
Zusammenstoß *m* ❶ collision *f*
❷ *fam (Auseinandersetzung)* échauffourée *f*
zusammen|stoßen *itr V unreg + sein Fahrzeuge:* entrer en collision; *Personen:* se heurter; **mit jdm ~** heurter qn
zusammen|strömen *itr V + sein Demonstranten, Zuschauer:* affluer
zusammen|stürzen *itr V + sein* s'écrouler
zusammen|suchen *tr V* **[sich** *(Dat)***] etw ~** rassembler qc
zusammen|tragen *tr V unreg* recueillir
zusammen|treffen *itr V unreg + sein* ❶ *Personen:* se rencontrer; **mit jdm ~** rencontrer qn
❷ *(gleichzeitig eintreten) Faktoren, Umstände:* coïncider; **Umstände, die zufällig ~** un concours de circonstances
Zusammentreffen *nt* ❶ *(Zusammenkunft)* rencontre *f*
❷ *(gleichzeitiges Eintreten)* coïncidence *f;* **das ~ günstiger/ungünstiger Umstände** un bon/malheureux concours de circonstances
zusammen|treten *itr V unreg + sein Gremium, Versammlung:* se réunir
zusammen|trommeln *tr V fam* rameuter *Anhänger, Mitglieder*
zusammen|tun *r V unreg fam* **sich ~** se mettre ensemble; **sich mit jdm ~** se mettre avec qn *(pop)*
zusammen|wachsen [-ks-] *itr V unreg + sein* ❶ se souder; **wieder ~** *Knochen:* se ressouder
❷ *fig Ortschaften, Ortsteile:* finir par ne faire qu'un; **Ost- und Westdeutschland wachsen zusammen** l'Allemagne de l'Est et de l'Ouest s'intègrent mutuellement
zusammen|wirken *itr V geh Personen:* œuvrer ensemble *(soutenu); Faktoren, Umstände:* être concomitant(e)s
zusammen|zählen *tr V* additionner
zusammen|ziehen *unreg* I. *tr V + haben* ❶ [res]serrer *Schlinge, Netz*
❷ *(konzentrieren)* amasser *Truppen;* concentrer *Polizeiaufgebot*
❸ *(addieren)* additionner *Zahlen, Summen*
II. *r V + haben* **sich ~** ❶ *Mund:* se rétracter; *Pupillen:* [se] rétrécir; *Muskel, Gummiband:* se contracter; *Schlinge, Netz:* se resserrer
❷ *(sich ansammeln) Wolken:* s'amasser; *Gewitter:* se préparer
III. *itr V + sein Personen:* s'installer ensemble; **mit seiner Freundin/seinem Freund ~** s'installer avec son ami(e)
zusammen|zucken *itr V + sein* tressaillir
Zusatz *m* ❶ *(Ergänzung)* ajout *m; eines Gesetzes* additif *m; eines Paragraphen* adjonction *f; eines Vertrages* avenant *m*
❷ *(Zusatzstoff)* additif *m*
❸ *kein Pl (das Hinzufügen)* addition *f;* **ohne ~ von Farb- und Konservierungsstoffen** sans adjonction de colorants ni conservateurs
Zusatzbestimmung *f* clause *f* complémentaire **Zusatzgerät** *nt* périphérique *m* **Zusatzinformation** *f* information *f* complémentaire
zusätzlich ['tsu:zɛtslɪç] I. *Adj Bemerkungen, Kosten, Ausstattung* supplémentaire; *Ausführungen, Hinweis, Versicherung* complémentaire
II. *Adv* en plus; **das kostet zehn Euro ~** pour cela, il y a un supplément de dix euros
Zusatzstoff *m* additif *m* **Zusatzteil** *nt* pièce *f* supplémentaire **Zusatzurlaub** *m* congé *m* supplémentaire **Zusatzversicherung** *f* assurance *f* complémentaire **Zusatzzahl** *f* numéro *m* complémentaire
zuschanden [tsu'ʃandən] ▶ **etw ~ fahren** démolir qc; **etw ~ machen** réduire qc à néant
zu|schanzen ['tsu:ʃantsən] *tr V fam* pistonner; **jdm einen Posten ~** pistonner qn pour un poste *(pop)*
zu|schauen *s.* **zusehen**
Zuschauer(in) <-s, -> *m(f)* spectateur(-trice) *m(f)*
Zuschauerraum *m* salle *f* **Zuschauertribüne** *f* tribune *f*

zu|schicken *tr V* envoyer; **jdm etw** ~ envoyer qc à qn; **sich** (*Dat*) **etw** ~ **lassen** se faire envoyer qc; **von jdm etw zugeschickt bekommen** recevoir qc de qn

zu|schieben *tr V unreg* ❶ passer; **jdm etw** ~ passer qc à qn
❷ (*zur Last legen*) **jdm die Verantwortung** ~ faire endosser la responsabilité à qn
❸ (*zukommen lassen*) **jdm einen Auftrag** ~ refiler un contrat à qn; **jdm einen Posten** ~ pistonner qn pour un poste (*pop*)
❹ (*schließen*) fermer *Schublade, Schiebetür*

zu|schießen *unreg* **I.** *tr V + haben* ❶ passer; **jdm den Ball** ~ passer le ballon à qn
❷ FIN [**jdm**] **Geld** ~ verser [à qn] de l'argent en supplément; **man hat mir etwas Geld zugeschossen** on m'a donné une petite rallonge (*fam*)
II. *itr V + sein fam* **auf jdn/etw** ~ foncer sur qn/qc

Zuschlag *m* ❶ (*zum Lohn*) majoration *f;* (*zum Porto*) surtaxe *f;* (*zum Fahrpreis*) supplément *m*
❷ (*Annahme eines Höchstgebotes*) adjudication *f;* **jdm den** ~ **erteilen** adjuger le marché à qn

zu|schlagen *unreg* **I.** *tr V + haben* ❶ claquer *Deckel, Fenster, Tür;* refermer *Buch*
❷ (*zuerkennen*) **jdm etw** ~ *Auktionator:* adjuger qc à qn
❸ (*zuspielen*) **jdm den Ball** ~ envoyer le ballon à qn
II. *itr V* ❶ *+ sein* (*zufallen*) *Deckel, Fenster, Tür:* claquer
❷ *+ haben* (*schlagen*) [**mit einem Knüppel**] ~ donner un coup [de matraque]
❸ *+ haben* (*eingreifen*) *Armee, Polizei:* intervenir; *Schicksal:* frapper; *fam Presse, Kritiker:* faire donner l'artillerie (*fam*)
❹ *+ haben fam* (*ein Angebot nutzen*) saisir l'occasion; **bei einem Angebot** ~ saisir une offre; **schlagen Sie zu!** topez là! (*fam*)
❺ *+ haben fam* (*viel essen*) **beim kalten Büfett kräftig** ~ vraiment faire honneur au buffet froid

zuschlagfrei *Adj Zug, Fahrt* sans supplément

zuschlagpflichtig *Adj Zug, Fahrt* à supplément

Zuschlagstoff *m* TECH fondant *m*

zu|schließen *tr, itr V unreg* fermer; [**etw**] ~ fermer [qc] à clé

zu|schnappen *itr V* ❶ *+ haben Hund, Krokodil:* happer
❷ *+ sein* (*sich schließen*) *Deckel, Tür, Falle:* se refermer

zu|schneiden *tr V unreg* couper *Stoff;* découper *Brett;* débiter *Holz, Marmor*
▸ **auf jdn zugeschnitten sein** *Posten, Aufgabe, Rolle:* être fait(e) [sur mesure] pour qn; *Produkt:* cibler qn

zu|schneien *itr V + sein* se [re]couvrir de neige; **zugeschneit sein** *Person:* être bloqué(e) par la neige; *Landschaft, Gebäude:* être [re]couvert(e) de neige

Zuschnitt *m* ❶ *kein Pl* (*das Zuschneiden*) *von Stoff* [dé]coupe *f; von Brettern* découpage *m;* **eine Maschine für den** ~ **des Stoffs** une machine qui coupe le tissu
❷ (*Schnittform*) *eines Kostüms* coupe *f*
❸ (*Niveau, Format*) envergure *f;* **Leute dieses** ~**s** des gens *mpl* de cette trempe

zu|schnüren *tr V* lacer *Schuhe, Korsett;* ficeler *Paket, Bündel*

zu|schrauben *tr V* visser; [**wieder**] ~ [re]visser

zu|schreiben *tr V unreg* ❶ (*zutrauen*) attribuer; **jdm besondere Fähigkeiten** ~ attribuer des capacités particulières à qn; **jdm ein Werk** ~ attribuer une œuvre à qn; **einer Quelle** (*Dat*) **Heilkräfte** ~ attribuer des propriétés thérapeutiques à une source
❷ (*anlasten*) **jdm die Schuld an einem Misserfolg** ~ rendre qn responsable d'un échec; **das schreibe ich ihrer Jugend** (*Dat*) **zu** je le mets sur le compte de sa jeunesse; **das hat er sich** (*Dat*) **selbst zuzuschreiben** il n'a qu'à s'en prendre à lui-même

Zuschrift *f* (*Leser-, Hörerbrief*) lettre *f;* **zehn** ~**en auf eine Annonce bekommen** recevoir dix lettres de réponse à une annonce

zuschulden **sich** (*Dat*) **etwas/nichts** ~ **kommen lassen** avoir quelque chose/n'avoir rien à se reprocher

Zuschuss^RR *m* aide *f* financière; (*vom Staat*) subvention *f*

Zuschussbetrieb^RR *m,* **Zuschussgeschäft**^RR *nt,* **Zuschussunternehmen**^RR *nt* entreprise *f* subventionnée

zu|schustern ['tsu:ʃu:stɐn] *s.* **zuschanzen**

zu|schütten *tr V* ❶ combler *Grube, Loch, Graben*
❷ *fam* (*hinzugießen*) **Wasser** ~ rajouter de l'eau

zu|sehen *itr V unreg* ❶ regarder; **jdm beim Arbeiten** ~ regarder qn travailler; ~**, wie jd den Reifen wechselt** regarder comment qn change de roue; **bei näherem Zusehen** en y regardant de plus près
❷ (*tatenlos bleiben*) **einem Unrecht tatenlos** ~ assister à une injustice sans rien faire
❸ (*dafür sorgen*) ~**, dass alles rechtzeitig fertig wird** veiller à ce que tout soit terminé à temps
▸ **sieh zu, wo du bleibst!** *fam* débrouille-toi [tout(e) seul(e)]!; **sieh zu, dass du rauskommst!** *fam* fais en sorte de sortir!

zusehends ['tsu:ze:ənts] *Adv* à vue d'œil; ~ **schwächer werden** diminuer à vue d'œil

zu|sein *s.* **zu II.2., II.3.**

zu|senden *s.* **zuschicken**

Zusendung *f kein Pl* ❶ (*das Zusenden*) envoi *m*
❷ (*das Zugesandte*) livraison *f*

zu|setzen **I.** *itr V* ❶ éprouver qn; **jdm** ~ *Krankheit:* éprouver qn; *Überanstrengung:* mettre qn à rude épreuve
❷ (*bedrängen*) **jdm** ~ harceler qn
II. *tr V* **den Lebensmitteln etw** ~ [r]ajouter qc aux aliments
▸ **nichts zuzusetzen haben** *fam* ne plus pouvoir allonger (*fam*)

zu|sichern *tr V* assurer; **jdm etw** ~ assurer qn de qc; **jdm** ~**, dass** donner à qn l'assurance que + *indic*

Zusicherung *f* ❶ *kein Pl* (*das Zusichern*) assurance *f*
❷ (*Zusage*) promesse *f*

zu|sperren *tr V* SDEUTSCH, A fermer *Wasserhahn, Ventil;* **die Tür/das Schloss** ~ fermer la porte/la serrure à clé

Zuspiel *nt* SPORT passe *f*

zu|spielen *tr V* ❶ passer; **jdm den Ball** ~ passer le ballon à qn; **der zugespielte Ball** la passe
❷ (*zukommen lassen*) **jdm eine Information/ein Foto** ~ faire parvenir une information/une photo à qn

zu|spitzen **I.** *r V* **sich** ~ s'aggraver
II. *tr V* ❶ (*spitz machen*) **etw** ~ tailler qc en pointe
❷ *fig* aiguiser *Frage;* **eine These zugespitzt formulieren** présenter une thèse acérée
❸ (*verschlechtern*) **die Lage** [**weiter**] ~ aggraver la situation [encore plus]

Zuspitzung <-, -en> *f* (*Verschlimmerung*) aggravation *f*

zu|sprechen *unreg* **I.** *tr V* ❶ prodiguer qc à qn; **jdm Trost** ~ prodiguer des paroles de consolations à qn (*soutenu*)
❷ JUR **jdm einen Anspruch/ein Recht** ~ reconnaître un droit à qn; **das Kind wurde der Mutter zugesprochen** la garde de l'enfant a été confiée à la mère
II. *itr V geh* **dem Wein/dem gutem Essen** ~ priser le vin/le bon repas (*littér*)

Zuspruch *m kein Pl geh* ❶ (*Trost*) paroles *fpl* de réconfort
❷ (*Interesse*) ~ **finden** avoir du succès; **sich großen/regen** ~**s erfreuen** être très en vogue
❸ (*Zustimmung*) approbation *f;* **auf** ~ **treffen** recevoir l'approbation

Zustand <-[e]s, -stände> *m* ❶ état *m;* **der momentane/damalige** ~ l'état actuel/de l'époque; **Waren in beschädigtem** ~ des marchandises endommagées
❷ (*Gesundheitszustand*) état *m;* **wie ist der** ~ **von Herrn Müller?** dans quel état se trouve Monsieur Müller?; **in Ihrem** ~ **sollten Sie weniger arbeiten** dans votre état, vous devriez veiller à travailler moins
❸ *Pl pej* (*Gegebenheit*) **die Zustände** la situation; **katastro-**

Zuständigkeit

• nach Zuständigkeit fragen	• demander la compétence
Sind Sie die behandelnde Ärztin?	Êtes-vous le médecin traitant?
Sind Sie dafür zuständig?	En êtes-vous responsable?
• Zuständigkeit ausdrücken	**• exprimer la compétence**
Ja, bei mir sind Sie richtig.	Oui, cela relève de ma compétence.
Ich bin für die Organisation des Festes verantwortlich/zuständig.	Je suis responsable de l'organisation de la fête.
• Nicht-Zuständigkeit ausdrücken	**• exprimer sa non-compétence**
Da sind Sie bei mir an der falschen Adresse. *(fam)*	Vous n'avez pas frappé à la bonne porte.
Dafür bin ich (leider) nicht zuständig.	(Je regrette, mais) cela ne relève pas de ma compétence.
Dazu bin ich (leider) nicht berechtigt/befugt.	(Je regrette, mais) je n'y suis pas autorisé(e)/je n'en ai pas le droit.
Das fällt nicht in unseren Zuständigkeitsbereich. *(form)*	Ce n'est pas de notre ressort.

phale Zustände des conditions *fpl* de vie catastrophiques ▸ **das sind ja Zustände wie im alten Rom!** *Spr.* c'est vraiment la pagaille! (*pop*); **Zustände bekommen** [*o* **kriegen**] *fam* piquer sa crise (*fam*), se mettre dans tous ses états; **ich kriege noch Zustände!** *fam* je sens que je vais craquer! (*fam*)

zustande *Adv* **eine Einigung ~ bringen** parvenir à un accord; **ein Buch ~ bringen** mener un livre à bien; **nichts Vernünftiges ~ bringen** n'arriver à rien de bon; **es ~ bringen, dass jd etw tut** parvenir à ce que qn fasse qc; **~ kommen** *Treffen:* avoir lieu; *Abmachung, Vertrag:* être conclu(e)

Zustandekommen <-s> *nt eines Vertrags* conclusion *f; eines Treffens* réalisation *f*

zuständig *Adj* compétent(e); **für etw ~ sein** être responsable de qc; *Gericht, Instanz:* être compétent(e) pour juger qc

Zuständigkeit <-, -en> *f a.* JUR compétence *f;* **in die ~ des Justizministeriums fallen** être de la compétence du ministère de la Justice; **das fällt in Ihre ~** c'est de votre compétence

zustatten bien utile; **jdm ~ kommen** être bien utile à qn

zu|stechen *itr V unreg* donner un coup; [**mit einem Messer**] ~ donner un coup [de couteau]

zu|stecken *tr V* glisser qc; **jdm etw ~** glisser qc à qn

zu|stehen *itr V unreg* ❶ revenir à qn; **jdm ~** *Anspruch, Erbschaft:* revenir [de droit] à qn
❷ (*zukommen*) **eine solche Äußerung steht Ihnen nicht zu** il ne vous appartient pas de tenir de tel propos; **es steht dir nicht zu ihn zu kritisieren** il ne t'appartient pas de le critiquer

zu|steigen *itr V unreg + sein Fahrgast:* monter [en cours de voyage]; [**ist hier**] **noch jemand zugestiegen?** ≈ vos billets, s'il vous plaît!

Zustellbezirk *m* POST secteur *m* de distribution **Zustelldienst** *m* service *m* de livraison

zu|stellen *tr V* ❶ *form* (*bringen*) distribuer; **etw ~** *Briefträger:* distribuer qc; **jdm etw ~** *Gerichtsvollzieher:* notifier [*o* signifier] qc à qn
❷ (*blockieren*) encombrer *Eingang, Tür*

Zusteller(in) <-s, -> *m(f) form* préposé(e) *m(f)* (*form*)

Zustellgebühr *f* [droit *m* de] factage *m*

Zustellung *f form eines Briefs, Päckchens* distribution *f; einer Klageschrift, eines Urteils* notification *f;* (*eines Vollstreckungsbescheids*) signification *f*

zu|steuern *itr V + sein* ❶ **auf jdn/etw ~** *Person:* se diriger vers qn/qc; *Fahrzeug:* faire route sur qn/qc; *Schiff:* mettre le cap sur qn/qc
❷ *fig* **auf eine Katastrophe ~** aller au-devant d'une catastrophe

zu|stimmen *itr V* ❶ (*gleicher Meinung sein*) **jdm ~** être du même avis que qn
❷ (*einverstanden sein*) **jdm/einer S. ~** être d'accord avec qn/qc

zustimmend **I.** *Adj Kopfnicken* approbateur(-trice), d'approbation; *Äußerung* favorable
II. *Adv nicken* d'un air approbateur; **sich ~ äußern** exprimer son approbation

Zustimmung *f* approbation *f,* assentiment *m;* **mit/ohne ~ der Eltern** avec/sans l'assentiment des parents; **einer S.** (*Dat*) **seine ~ geben/verweigern** donner/refuser son assentiment à qc

zu|stoßen *unreg* **I.** *itr V* ❶ + *haben* frapper; **mit einer Waffe ~** frapper avec une arme; **mit den Hörnern ~** donner un coup de cornes
❷ + *sein* (*passieren*) **jdm ~** *Unglück:* arriver à qn
II. *tr V* + *haben* **etw** [**mit dem Fuß**] ~ fermer qc [d'un coup de pied]

Zustrom *m kein Pl a. fig* afflux *m*

zutage **etw ~ fördern** étaler qc au grand jour; **~ treten** *Wasser:* suinter; *Versäumnis, Betrug:* apparaître au grand jour

Zutat <-, -en> *f meist Pl* ingrédient *m*

zuteil *geh* imparti(e); **jdm ~ werden** *gute Behandlung, Ehre:* être imparti(e) à qn; *schlechte Behandlung:* être infligé(e) à qn; *schweres Schicksal:* échoir à qn; **jdm etw ~ werden lassen** impartir qc à qn (*soutenu*)

zu|teilen *tr V* distribuer *Anteil, Portion;* attribuer *Arbeit, Rolle, Mitarbeiter;* **jdm etw ~** distribuer/attribuer qc à qn; **die mir zugeteilte Aufgabe** la tâche qui m'est impartie

Zuteilung *f* ❶ (*das Zuteilen*) *eines Anteils* distribution *f; einer Arbeit* attribution *f; einer Hilfskraft* affectation *f*
❷ (*zugeteilte Portion*) rationnement *m*

zuteilungsreif *Adj* ÖKON arrivé(e) à échéance; **Ihr Vertrag ist im kommenden Jahr ~** votre contrat arrive à échéance l'année prochaine

zutiefst *Adv* au plus haut point

zu|tragen *unreg geh* **I.** *tr V* rapporter qc; **jdm etw ~** rapporter qc à qn
II. *r V* **sich ~** se passer

Zuträger(in) *m(f) pej* informateur(-trice) *m(f); der Polizei*

Z

zustimmen

• zustimmen, beipflichten	• être d'accord, approuver
Ja, das denke ich auch.	Oui, je le pense aussi.
Da bin ich ganz deiner Meinung.	Je suis tout à fait de ton avis.
Dem schließe ich mich an.	Je suis d'accord.
Ich stimme Ihnen voll und ganz zu.	Je suis totalement de votre avis.
Ja, das sehe ich (ganz) genauso.	Oui, je le vois (tout à fait) comme ça.
Ich sehe es nicht anders.	Je ne le vois pas autrement.
Ich gebe Ihnen da vollkommen Recht.	Vous avez absolument raison.
Da kann ich Ihnen nur Recht geben.	Je ne peux que vous donner raison.
(Das) habe ich ja (auch) gesagt.	C'est ce que j'ai dit (aussi).
Finde ich auch. *(fam)*	Je trouve aussi.
Genau!/Stimmt! *(fam)*	Exact!/C'est juste!

indicateur(-trice) *m(f)*

zuträglich ['tsu:trɛ:klɪç] *Adj geh* sain(e); **jdm/einer S. ~ sein** convenir à qn/qc; **der Gesundheit** *(Dat)* **nicht ~ sein** être insalubre

zu|trauen *tr V* croire qn capable; **jdm etw ~** croire qn capable de qc; **das hätte ich ihm nicht zugetraut** je ne l'aurais pas cru capable de cela; **sich** *(Dat)* **zu viel ~** présumer de soi-même; **sich** *(Dat)* **nichts ~** n'avoir aucune confiance en soi ▸ **jdm alles ~** *iron* croire qn capable de tout; **das ist ihm/ihr** [**durchaus**] **zuzutrauen** *iron* il/elle en est [tout à fait] capable

Zutrauen <-s> *nt* confiance *f*; **~ zu jdm haben** *(jdn für fähig halten)* faire confiance à qn; *(jdn für ehrlich halten)* avoir confiance en qn

zutraulich *Adj Kind* confiant(e); *Hund, Katze* familier(-ière)

zu|treffen *itr V unreg Annahme, Vermutung:* être juste [*o* exact(e)]; *Vorwurf:* être fondé(e); **auf jdn/etw ~** *Beschreibung, Eigenschaft:* correspondre à qn/s'appliquer à qc; **es trifft zu, dass** il est vrai [*o* exact] que + *indic*

zutreffend **I.** *Adj Behauptung, Vermutung* exact(e), juste; *Vorwurf* fondé(e); **~ sein** *Beschreibung, Eigenschaft:* être applicable; **sich als ~ erweisen** s'avérer [être] exact(e); **Zutreffendes bitte unterstreichen** souligner la mention exacte
II. *Adv darstellen* avec exactitude; **wie du schon ganz ~ sagtest** comme tu le disais très justement

zu|trinken *itr V unreg* saluer qn; **jdm ~** saluer qn de son verre; **sich** *(Dat)* **~** trinquer ensemble

Zutritt *m kein Pl* accès *m*; **freien ~ zu etw haben** avoir libre accès à qc; **sich** *(Dat)* **~ zu etw verschaffen** forcer l'accès de qc; **~ verboten!, kein ~!** accès interdit!

Zutun *nt* **ohne ~ der Belegschaft** sans que le personnel y soit/y ait été pour rien; **das geschah ohne mein ~** je n'y suis pour rien

zuungunsten [tsu'ʔʊngʊnstən] *Adv, Präp + Gen o Dat* **~ einer S./von etw** au préjudice de qc

zuunterst [tsu'ʔʊntɐst] *Adv* tout [à fait] en dessous; **auf dem Stapel ~ liegen** se trouver en-dessous de la pile

zuverlässig ['tsu:fɛɐlɛsɪç] *Adj* fiable

Zuverlässigkeit <-> *f* fiabilité *f*

Zuversicht ['tsu:fɛɐzɪçt] <-> *f* confiance *f*; **voller ~ sein** être pleinement confiant(e); **etw voller ~ tun** faire qc en toute confiance

zuversichtlich *Adj* confiant(e); **ich bin ganz ~** je suis plutôt confiant(e); **~ sein, dass** avoir bon espoir que + *subj*

zuviel *s.* **viel I.1., I.**▸

zuvor *Adv* ❶ *(früher, vorher)* auparavant, avant; **in der Woche/im Jahr ~** la semaine/l'année précédente; **am Tag ~** la veille
❷ *(zunächst)* au préalable

zuvor|kommen *itr V unreg + sein* **jdm** [**mit einem Brief**] **~** devancer qn [en écrivant une lettre]

zuvorkommend **I.** *Adj* prévenant(e); **das ist sehr ~ von Ihnen** c'est très attentionné de votre part
II. *Adv* avec prévenance

Zuvorkommenheit <-> *f* prévenance *f*

Zuwachs ['tsu:vaks] <-es, Zuwächse> *m* ❶ progression *f*; **~ an Einkommen** progression *f* des revenus; **~ der Beschäftigtenzahlen** accroissement *m* de la population active; **ein ~ um zehn Prozent** une progression/un accroissement de dix pour cent
❷ *hum fam (Kind)* **die Familie bekommt ~** il va y avoir une naissance dans la famille
▸ **etw auf ~ kaufen** acheter qc en prévision

zu|wachsen *itr V unreg + sein* ❶ *Garten, Weg:* se [re]couvrir de végétation; *Tor, Fassade:* être envahi(e) par la végétation; **mit Unkraut ~** se [re]couvrir de mauvaises herbes
❷ *(zuheilen) Wunde:* se refermer
❸ *geh (zuteil werden)* **jdm ~** *Verantwortung, Aufgabe:* échoir à qn *(soutenu)*

Zuwachsrate *f* taux *m* de croissance

Zuwanderer *m*, **Zuwanderin** *f* immigrant(e) *m(f)*

zu|wandern *itr V + sein* immigrer

Zuwanderung *f* immigration *f*

zuwege *Adv* mener qc; **etw ~ bringen** mener qc à bien; **es ~ bringen, dass jd etw tut** parvenir à obtenir que qn fasse qc; **nichts** [**Vernünftiges**] **~ bringen** n'arriver à plus rien [de bon]

zuweilen *Adv geh* de temps à autre *(soutenu)*

zu|weisen *tr V unreg* assigner *Aufgabe;* attribuer *Arbeitsplatz, Studienplatz;* **jdm etw ~** assigner/attribuer qc à qn

Zuweisung *f* attribution *f*

zu|wenden *unreg* **I.** *tr V* ❶ tourner; **jdm das Gesicht ~** tourner le visage vers qn; **jdm den Rücken ~** tourner le dos à qn
❷ FIN **jdm Geld ~** verser de l'argent à qn
II. *r V* ❶ **sich jdm ~** se tourner vers qn
❷ *(sich widmen)* **sich jdm/einer S. ~** se consacrer à qn/qc

Zuwendung *f* ❶ *kein Pl (Beachtung)* attention *f*; **zu wenig ~ erhalten** recevoir trop peu d'attention
❷ *(finanzielle Unterstützung) (seitens des Staats, einer Behörde)* allocation *f*; *(seitens einer Privatperson)* aide *f*; *(in Form eines Geschenks)* don *m*

zuwenig *Pron s.* **wenig I.1.**

zu|werfen *tr V unreg* ❶ lancer; **jdm etw ~** lancer qc à qn
❷ *(schließen)* claquer *Tür, Deckel*

❸ (*zuschütten*) combler *Graben, Grube;* **etw wieder** ~ reboucher qc

zuwider *Adj* **jdm** ~ **sein** inspirer de la répugnance à qn; **dieser Mensch ist mir höchst** ~ cette personne me répugne au plus haut point

zuwider|handeln *itr V* **einer S.** (*Dat*) ~ contrevenir à qc **Zuwiderhandelnde(r)** *f(m) dekl wie Adj form* contrevenant(e) *m(f)* **Zuwiderhandlung** *f form* (*gegen eine Anordnung*) infraction *f;* (*gegen ein Verbot*) transgression *f* **zuwider|laufen** *itr V unreg* être contraire à; **jds Interessen** (*Dat*) ~ être contraire aux intérêts de qn

zu|winken *itr V* **jdm** ~ faire un signe [de la main] à qn

zu|zahlen I. *tr V* **etw** ~ payer qc en supplément; **zehn Euro** ~ payer dix euros en sus
II. *itr V* payer un supplément

zuzeln ['tsu:tsln] *itr V* A *fam* ❶ (*saugen*) **an etw** (*Dat*) ~ sucer qc
❷ (*lispeln*) zézayer

zu|ziehen *unreg* **I.** *tr V* + *haben* ❶ serrer *Gürtel, Knoten, Schlinge;* tirer *Vorhang, Tür;* fermer *Reißverschluss*
❷ (*hinzuziehen*) **einen Sachverständigen** ~ mettre un expert sur l'affaire
II. *r V* + *haben* ❶ *Knoten, Schlinge:* se serrer
❷ (*auf sich ziehen*) **sich** (*Dat*) **jds Zorn/Neid** ~ s'attirer la colère/la jalousie de qn
❸ (*bekommen*) **sich** (*Dat*) **eine Erkältung/schwere Krankheit** ~ attraper un rhume/être victime d'une maladie grave; **sich** (*Dat*) **eine Verletzung** ~ se faire une blessure
III. *itr V* + *sein Einwohner:* [venir] s'installer, [venir] s'établir

Zuzug *m* arrivée *f*

zuzüglich ['tsu:tsy:klɪç] *Präp* + *Gen* en sus; ~ **aller Gebühren** [avec] tous les frais en sus; **hundert Euro** ~ **Mehrwertsteuer/Versandkosten** cent euros la T.V.A./les frais d'envoi en sus

zu|zwinkern *itr V* **jdm** ~ faire un clin/des clins d'œil à qn

ZVS [tsɛtfaʊ'ʔɛs] <-> *f Abk von* **Zentralstelle für die Vergabe von Studienplätzen** *centre de répartition des inscriptions dans les universités allemandes*

zwacken ['tsvakən] **I.** *itr V fam Kleidung* serrer
II. *tr V fam* pincer

zwang [tsvaŋ] *Imp von* **zwingen**

Zwang [tsvaŋ, *Pl:* 'tsvɛŋə] <-[e]s, ¨-e> *m* contrainte *f;* **die gesellschaftlichen/wirtschaftlichen Zwänge** les contraintes sociales/économiques; **auf jdn** ~ **ausüben** faire pression sur qn; **etw ohne ~/unter ~ tun** faire qc sans contrainte/sous la contrainte
▶ **sich** (*Dat*) **keinen** ~ **antun** ne pas se gêner

zwängen ['tsvɛŋən] **I.** *tr V* **etw in den Schrank/den Koffer** ~ entasser qc dans l'armoire/la valise
II. *r V* **sich in den Bus/durch die Tür** ~ se faufiler dans le bus/à travers la porte

zwanghaft I. *Adj Verhalten* maladif(-ive), maniaque
II. *Adv* **sich** ~ **verhalten** être maniaque; ~ **arbeiten** être un maniaque du travail

zwanglos I. *Adj Beisammensein, Treffen* sans cérémonie; *Gespräch* libre
II. *Adv sich treffen, verlaufen* sans cérémonie; *sich unterhalten* librement

Zwanglosigkeit <-> *f* décontraction *f*

Zwangsabgabe *f* redevance *f* obligatoire **Zwangsabschiebung** *f* expulsion *f* d'office **Zwangsanleihe** *f* emprunt *m* obligatoire **Zwangsarbeit** *f* ❶ travail *m* obligatoire ❷ (*Strafe*) travaux *mpl* forcés; **zu zehn Jahren** ~ **verurteilt werden** être condamné(e) à dix ans de travaux forcés **Zwangsarbeiter(in)** *m(f)* forçat *m,* condamné(e) *m(f)* au travail forcé **Zwangseinweisung** *f* internement *m* d'office **Zwangsenteignung** *f* JUR expropriation *f* forcée **Zwangsernährung** *f* alimentation *f* forcée **Zwangshandlung** *f* PSYCH acte *m* obsessionnel **Zwangsjacke** *f* camisole *f* [de force]; **jdn in eine** ~ **stecken** passer la camisole [de force] à qn **Zwangslage** *f* situation *f* [très] embarrassante; **in eine** ~ **geraten** se retrouver dans une situation très embarrassante

zwangsläufig I. *Adj* inévitable
II. *Adv* inévitablement

Zwangsläufigkeit <-, -en> *f* force *f* des choses

Zwangsmaßnahme *f* mesure *f* coercitive **Zwangsneurose** *f* PSYCH névrose *f* obsessionnelle **Zwangsräumung** *f* [mesure *f* d']expulsion *f* **Zwangssterilisation** *f* stérilisation *f* forcée **Zwangsumtausch** *m fam* change *m* obligatoire **Zwangsversteigerung** *f* vente *f* judiciaire **Zwangsverwaltung** *f* JUR administration-séquestre *f* **Zwangsvollstreckung** *f* exécution *f* forcée **Zwangsvorstellung** *f* obsession *f*

zwangsweise I. *Adj Räumung* forcé(e); *Einweisung* d'office
II. *Adv einweisen* d'office; **einen Zeugen** ~ **vorführen lassen** contraindre un témoin à comparaître

zwanzig ['tsvantsɪç] *Num* vingt; *s. a.* **achtzig**

Zwanzig <-, -en> *f* vingt *m*

Zwanzig-, zwanzig- *s. a.* **Achtzig-, achtzig-**

zwanziger, 20er *Adj unv* vingt; **die** ~ **Jahre** les années *fpl* vingt; *s. a.* **achtziger**

Zwanziger¹ ['tsvantsɪɡɐ] <-s, -> *m* ❶ (*Mann in den Zwanzigern*) jeune homme *m* d'une vingtaine d'années
❷ *s.* **Zwanzigjährige(r)**
❸ *fam* (*Zwanzigeuroschein*) billet *m* de vingt euros

Zwanziger² <-, -> *f* HIST *fam* (*Briefmarke*) timbre *m* à vingt pfennigs

Zwanziger³ *Pl* ❶ **die** ~ *eines Jahrhunderts* années *fpl* vingt
❷ (*Lebensalter*) **in den ~n sein** avoir vingt et quelques années; **Mitte der** ~ **sein** avoir dans les vingt-cinq ans; *s. a.* **Achtziger³**

Zwanzigerin <-, -nen> *f* ❶ (*Frau in den Zwanzigern*) jeune femme *f* d'une vingtaine d'années
❷ *s.* **Zwanzigjährige(r)**

Zwanzigerjahre *Pl* **die** ~ les années *fpl* vingt

Zwanzigeuroschein *m* billet *m* de vingt euros

zwanzigjährig *Adj attr* de vingt ans; *s. a.* **achtzigjährig**

Zwanzigjährige(r) *f(m) dekl wie Adj* jeune homme *m*/jeune femme *f* de vingt ans; **etw als ~r/~ tun** faire qc à vingt ans

zwanzigmal *Adv* vingt fois

Zwanzigpfennigmarke, 20-Pfennig-Marke *f* HIST timbre *m* à vingt pfennigs

zwanzigste(r, s) *Adj* vingtième; *s. a.* **achtzigste(r, s)**

zwanzigstel *Adj* vingtième; *s. a.* **achtel**

Zwanzigstel <-s, -> *nt a.* MATH vingtième *m*

Zwanziguhrnachrichten *Pl* RADIO, TV journal *m* de vingt heures

zwar [tsva:ɐ] *Adv* ❶ (*einschränkend*) certes; **ich weiß es ~, aber ich sage es nicht** certes je le sais, mais ne le dirai pas
❷ (*präzisierend*) **und** ~ à savoir; **ich bin dagegen, und ~ deswegen: ...** je suis contre, et cela pour cette raison:...

Zweck ['tsvɛk] <-[e]s, -e> *m* ❶ (*Ziel*) objectif *m,* but *m;* **zu diesem** ~ dans ce but, à cette fin; **für einen guten** [*o* **wohltätigen**] ~ pour une bonne cause; **einem bestimmten** ~ **dienen** viser à un [certain] objectif; **welchem** ~ **soll diese Maßnahme dienen?** à quoi vise cette mesure?
❷ (*Sinn*) raison *f* d'être; **zu welchem** ~ pour quelle raison; **das hat keinen** ~ ça ne sert à rien; **es hat keinen** ~ **noch länger zu warten** ça ne sert à rien de continuer à attendre; **was soll das für einen** ~ **haben?** à quoi bon?
❸ (*Verwendungszweck*) fonction *f,* usage *m;* **für berufliche ~e** à usage professionnel; **einen bestimmten** ~ **haben** avoir une certaine fonction; **seinen** ~ **erfüllen** remplir sa fonction; **welchem** ~ **dient dieses Werkzeug?** à quoi sert cet outil?
▶ **der** ~ **heiligt die Mittel** *Spr.* la fin justifie les moyens

Zweckbau <-bauten> *m* bâtiment *m* fonctionnel **zweckdienlich** *Adj* utile **zweckentfremden*** *tr V* **etw** ~ détourner qc

Z

zweifeln

• Zweifel ausdrücken	• exprimer un doute
Ich bin mir da nicht so sicher.	**Je n'en suis pas très sûr(e).**
Es fällt mir schwer, das zu glauben.	**J'ai du mal à le croire.**
Das kaufe ich ihm nicht ganz ab. *(fam)*	**Je ne le crois pas vraiment.**
So ganz kann ich da nicht dran glauben.	**Je ne peux pas vraiment y croire.**
Ich weiß nicht so recht.	**Je ne sais pas trop.**
Ob die Kampagne die gewünschten Ziele erreichen wird, **ist (mehr als) zweifelhaft.**	**Il est (plus que) douteux que** la campagne atteigne les objectifs souhaités.
Ich hab da so meine Zweifel, ob er es wirklich ernst gemeint hat.	**Je doute qu'**il ait été vraiment sérieux.
Ich glaube kaum, dass wir noch diese Woche damit fertig werden.	**Je ne pense pas que** nous l'aurons fini(e) cette semaine.

de sa fonction; **etw als Blumenvase** ~ détourner qc de sa fonction pour l'utiliser en vase **Zweckentfremdung** *f* utilisation *f* détournée **zweckentsprechend** I. *Adj* approprié(e) II. *Adv nützen* de manière appropriée **zweckgebunden** I. *Adj Mittel, Gelder* affecté(e) à un usage précis II. *Adv* ~ **verwendet werden** *Steuergelder, Spendengelder:* être affecté(e) selon les critères établis

zwecklos *Adj Versuch, Unterfangen* inutile; **es ist** ~ **das zu tun** il ne sert à rien de faire ça

Zwecklosigkeit <-> *f* inutilité *f*

zweckmäßig *Adj* approprié(e); **es ist** ~ **das so zu machen** il est indiqué de faire cela comme ça

Zweckmäßigkeit <-> *f* utilité *f*

Zweckoptimismus *m* optimisme *m* de circonstance **Zweckpessimismus** *m* pessimisme *m* de circonstance

zwecks [tsvɛks] *Präp + Gen form* en vue de; ~ **genauerer Prüfung** en vue d'une révision plus juste

zweckwidrig *Adj* inapproprié(e)

zwei [tsvaɪ] *Num* deux; *s. a.* **acht**[1]

▸ **für** ~ **arbeiten** travailler pour deux; **für** ~ **essen** manger comme quatre

Zwei <-, -en> *f* ❶ (*Zahl, Spielkarte, Augenzahl*) deux *m;* **eine** ~ **würfeln** faire un deux

❷ (*Schulnote*) *bonne note située entre quatorze et seize sur vingt;* CH *mauvaise note située entre trois et six sur vingt*

❸ *kein Pl* (*U-Bahn-Linie, Bus-, Straßenbahnlinie*) deux *m*

zweiachsig *Adj* à deux essieux; ~ **sein** avoir deux essieux

Zweibeiner <-s, -> *m hum fam* bipède *m*

Zweibettzimmer *nt* chambre *f* double; (*im Krankenhaus*) chambre à deux lits

zweideutig ['tsvaɪdɔɪtɪç] I. *Adj* ❶ ambigu(ë)

❷ (*anzüglich*) *Bemerkung, Witz* équivoque

II. *Adv* ❶ de façon ambiguë

❷ (*anzüglich*) de façon équivoque

Zweideutigkeit <-, -en> *f* ❶ *kein Pl* (*zweideutiger, anzüglicher Charakter*) ambiguïté *f*

❷ (*Äußerung*) propos *m* équivoque

zweidimensional ['tsvaɪdimɛnziona:l] I. *Adj* bidimensionnel(le)

II. *Adv* en deux dimensions

Zweidrittelmehrheit *f* majorité *f* des deux tiers; **mit** ~ à la majorité des deux tiers

zweieiig ['tsvaɪʔaɪɪç] *Adj* bivitellin(e); ~**e Zwillinge** faux jumeaux

Zweier ['tsvaɪɐ] <-s, -> *m* ❶ HIST *fam* (*Zweipfennigstück*) pièce *f* de deux pfennigs

❷ *fam* (*Schulnote*) *bonne note située entre quatorze et seize sur vingt*

❸ (*Ruderboot*) deux *m*

Zweierbeziehung *f* relation *f* [à deux] **Zweierbob** *m* bob[sleigh *m*] *m* à deux

zweierlei ['tsvaɪɐ'laɪ] *Adj unv attr* ~ **Sorten Wein** deux sortes de vin; *s. a.* **achterlei**

Zweierreihe *f* double rangée *f;* **in** ~**n** en rang par deux; ~**n bilden** se mettre en rang par deux

Zweieurostück *nt* pièce *f* de deux euros

zweifach, 2fach I. *Adj* double; **die** ~**e Summe** deux fois la somme, le double

II. *Adv* ❶ *falten* deux fois

❷ (*in zwei Exemplaren*) en double, en deux exemplaires

❸ (*paarweise*) par deux; *s. a.* **achtfach**

Zweifache(s) *nt dekl wie Adj* **das** ~ **kosten** coûter le double; *s. a.* **Achtfache(s)**

Zweifamilienhaus *nt* maison *f* de deux appartements

zweifarbig I. *Adj* bicolore

II. *Adv streichen* de deux couleurs; *drucken* en deux couleurs

Zweifel ['tsvaɪfəl] <-s, -> *m meist Pl* doute *m;* **jdm kommen** ~ qn commence à avoir des doutes; **im** ~ **sein** avoir des doutes, être dans le doute; **es bestehen** ~ **an etw** (*Dat*) un doute plane sur qc; **es besteht kein** ~ **[daran], dass er lügt** nul doute qu'il mente; **sie ist ohne** ~ **eine interessante Bewerberin** pas de doute qu'elle soit une postulante intéressante

▸ **seine** ~ **haben** avoir des doutes; **außer** ~ **stehen** ne faire aucun doute; **das steht für mich außer** ~ cela ne fait aucun doute; **für mich steht außer** ~, **dass** il ne fait aucun doute que + *indic;* **etw in** ~ **ziehen** mettre qc en doute

zweifelhaft *Adj* ❶ *Wert, Entscheidung* douteux(-euse); **es ist** ~, **ob ...** il est douteux que + *subj*

❷ *pej* (*dubios*) *Geschäft, Bursche* douteux(-euse) (*péj*)

zweifellos *Adv* incontestablement

zweifeln ['tsvaɪfəln] *itr V* douter; **[daran]** ~, **ob ...** se demander vraiment si ... + *indic;* **nicht [daran]** ~, **dass** ne douter pas que + *subj;* **an jdm/etw** ~ douter de qn/qc

Zweifelsfall *m* ▸ **im** ~ dans le doute **zweifelsfrei** I. *Adj* indubitable II. *Adv* indubitablement **zweifelsohne** *s.* **zweifellos**

Zweifler(in) <-s, -> *m(f)* sceptique *mf;* **ein ewiger** ~ une personne qui doute de tout

Zweifrontenkrieg *m* guerre *f* sur deux fronts

Zweig [tsvaɪk] <-[e]s, -e> *m* ❶ *a.* COM branche *f*

❷ (*Fachrichtung*) option *f*

▸ **auf keinen grünen** ~ **kommen** *fam* ne pas [aller] faire fortune (*fam*)

Zweigbetrieb *m* filiale *f*

Zweigespann *nt fig* tandem *m* (*fig*) **zweigeteilt** *Adj* coupé(e)

en deux

zweigleisig I. *Adj* ❶ *Strecke* à double voie
❷ *fig* ~**e Verhandlungen** des négociations sur deux fronts
II. *Adv* ❶ *verkehren, fahren* à double voie
❷ *fig* ~ **verhandeln** négocier sur deux fronts; ~ **verfahren** avoir deux fers au feu

Zweigstelle *f* succursale *f; der Post* bureau *m*

zweihändig ['tsvaɪhɛndɪç] *Adj, Adv* à deux mains; ~ **Klavier spielen** jouer du piano à deux mains

zweihundert *Num* deux cents **zweihundertjährig** *Adj Gebäude, Herrschaft* bicentenaire; **nach** ~**er fremder Herrschaft** après deux cents ans de domination étrangère **zweihundertste(r, s)** *Adj* deux centième **zweihunderttausend** *Num* deux cent mille

zweijährig ['tsvaɪjɛːrɪç] *Adj Kind* de deux ans; *Pflanze, Ausstellung* bisannuel(le)

Zweijährige(r) *f(m) dekl wie Adj* garçon *m*/fille *f* de deux ans

Zweikammersystem *nt* POL bicaméralisme *m*, système *m* bicaméral

Zweikampf *m* duel *m*; **jdn zum** ~ **herausfordern** provoquer qn en duel

Zweikanalton *m kein Pl* TV *système permettant de capter un programme en version originale*

zweimal *Adv* deux fois, à deux reprises; *s. a.* **achtmal**
▸ **sich** (*Dat*) **etw nicht** ~ **sagen lassen** ne se faire pas dire qc deux fois; **sich** (*Dat*) **etw** ~ **überlegen** réfléchir à deux fois à qc

zweimalig *Adj attr* répété(e); **nach** ~**em Versuch** après deux essais; **nach** ~**em Klingeln** après le deuxième coup de sonnette; *s. a.* **achtmalig**

Zweimaster <-s, -> *m* deux-mâts *m*

zweimonatig *Adj attr Kind, Frist, Verhandlungen* de deux mois

zweimonatlich I. *Adj* bimestriel(le), tous les deux mois
II. *Adv* tous les deux mois

zweimotorig *Adj* bimoteur

Zweiparteiensystem *nt* bipartisme *m*

Zweipfennigstück *nt* HIST pièce *f* de deux pfennigs

Zweirad *nt form meist Pl* deux-roues *m* (*form*)

zweiräd[e]rig *Adj* à deux roues

Zweireiher <-s, -> *m* (*Anzug*) costume *m* croisé; (*Jacke*) veston *m* croisé

zweireihig I. *Adj* à deux rangées; *Anzug* croisé(e)
II. *Adv* en deux rangées

Zweisamkeit <-, -en> *f geh* intimité *f* [à deux]; **die** ~ **eines Paares stören** troubler les moments d'intimité d'un couple; **in trauter** ~ intimement uni(e)s

zweischneidig *Adj* à double tranchant

zweiseitig, **2-seitig**[RR] *Adj* ❶ *Brief* de deux pages
❷ POL, ÖKON *Vertrag* bilatéral(e)
❸ GEOM à deux côtés

zweisilbig *Adj* de deux syllabes

Zweisitzer <-s, -> *m* deux places *f*

zweisitzig *Adj* [à] deux places

zweispaltig *Adj, Adv* sur deux colonnes

zweisprachig I. *Adj* bilingue
II. *Adv* ~ **aufwachsen** avoir une éducation bilingue

Zweisprachigkeit <-> *f* bilinguisme *m*

zweispurig *Adj* à deux voies

zweistellig *Adj* à deux chiffres

zweistimmig *Adj, Adv* à deux voix

zweistöckig [-ʃtœkɪç] I. *Adj* de [*o* à] deux étages; ~ **sein** avoir deux étages
II. *Adv bauen* sur deux étages

zweistrahlig *Adj* biréacteur; **ein** ~**es Flugzeug** un biréacteur; ~ **sein** être un biréacteur

Zweistromland *nt kein Pl* **das** ~ la Mésopotamie

zweistufig *Adj* à deux niveaux; *Plan* en deux étapes; *Scheibenwischer* à deux vitesses

zweistündig [-ʃtʏndɪç] *Adj attr* de deux heures

zweistündlich *Adj, Adv* toutes les deux heures

zweit [tsvaɪt] *Adv* à deux; **zu** ~ **sein** être [à] deux; *s. a.* **acht²**

zweitägig [-tɛːgɪç] *Adj attr* de deux jours

Zweitakter <-s, -> *m* véhicule *m* deux-temps

Zweitaktmotor *m* [moteur *m*] deux-temps *m*

zweitälteste(r, s) *Adj* ❶ *Einwohner, Mitarbeiter* second(e) [par rang d'âge]
❷ (*zweitgeboren*) *Kind* cadet(te); **sein Zweitältester/seine Zweitälteste** son [fils] cadet/sa [fille] cadette

zweitausend *Num* deux mille **Zweitausender** <-s, -> *m* sommet *m* de [plus de] deux mille mètres

Zweitausfertigung *f* copie *f* **Zweitbesetzung** *f* THEAT remplaçants *mpl* **zweitbeste(r, s)** *Adj* deuxième meilleur(e); **Zweitbester werden/sein** prendre la deuxième place/être deuxième

zweite(r, s) *Adj* ❶ deuxième, second(e)
❷ (*bei Datumsangaben*) **der** ~ **März** *écrit:* **der 2. März** le deux mars *geschrieben:* le 2 mars
❸ SCHULE **die** ~ **Klasse** [*o* **die** ~ *fam*] le CE1; *s. a.* **achte(r, s)**

Zweite(r) *f(m) dekl wie Adj* ❶ deuxième
❷ (*Datumsangabe*) **der** ~/**am** ~**n** *écrit:* **der 2./am 2.** le deux *geschrieben:* le 2
❸ (*Namenszusatz*) **Friedrich der** ~ *écrit:* **Friedrich II.** Frédéric deux *geschrieben:* Frédéric II
❹ (*Sinfonie*) **Mahlers** ~ la Deuxième Symphonie de Mahler
▸ **wie kein** ~**r** comme personne; *s. a.* **Achte(r)**

Zweiteiler *m fam* deux-pièces *m*

zweiteilig *Adj* en deux parties

zweitens ['tsvaɪtəns] *Adv* deuxièmement

Zweitfrisur *f* perruque *f* **Zweitgerät** *nt* RADIO, TV second appareil *m* **zweitgrößte(r, s)** *Adj Person* deuxième en taille; *Stadt* deuxième **zweithöchste(r, s)** *Adj* ❶ *Berg, Gebäude* deuxième [plus haut(e)] ❷ (*Rang*) *Beamter, Stellung* deuxième dans la hiérarchie; *Politiker* deuxième par rang d'importance

zweitklassig *Adj pej Künstler* de second ordre; *Film* de série B; *Restaurant* de deuxième catégorie

zweitletzte(r, s) *Adj* avant-dernier(-ière)

Zweitplazierte(r) *f(m) dekl wie Adj* deuxième *mf*

zweitrangig *Adj* ❶ *Problem, Frage* de second ordre
❷ *s.* **zweitklassig**

Zweitschlüssel *m* double *m* **Zweitschrift** *f form* duplicata *m* (*form*) **Zweitstimme** *f* POL deuxième voix *f* (*accordée à une liste nationale lors des élections au Bundestag ou au Landtag*)

Zweitürer <-s, -> *m fam* deux portes *f* (*fam*)

zweitürig *Adj* [à] deux portes

Zweitwagen *m* deuxième voiture *f* **Zweitwohnung** *f* résidence *f* secondaire

zweiwertig *Adj* bivalent(e)

zweiwöchentlich *Adj, Adv* toutes les deux semaines, tous les quinze jours

zweiwöchig [-vœçɪç] *Adj Dauer, Urlaub* de deux semaines, de quinze jours

Zweizeiler <-s, -> *m* distique *m*

zweizeilig *Adj Gedicht* de deux vers; *Mitteilung* de deux lignes

Zweizimmerwohnung *f* deux-pièces *m*, F 2 *m*

Zweizylindermotor *m* moteur *m* à deux cylindres

Zwerchfell ['tsvɛrçfɛl] *nt* ANAT diaphragme *m*

zwerchfellerschütternd *Adj* désopilant(e)

Zwerg(in) [tsvɛrk] <-[e]s, -e> *m(f) a. fig, pej* nain(e) *m(f)*

zwergenhaft *Adj* de nain

Zwerghuhn *nt* poule *f* naine **Zwergpudel** *m* caniche *m* nain **Zwergschule** *f* école *f* à classe unique **Zwergwuchs** *m* nanisme *m* **zwergwüchsig** [-ks-] *Adj* nain(e)

Zwetschge <-, -n> *f* ❶ (*Frucht*) quetsche *f*
❷ (*Baum*) prunier *m*

Zwetschgenkuchen *m* tarte *f* aux quetsches **Zwetschgenmus** *nt* ≈ pâte *f* de quetsches **Zwetschgenwasser** *nt* eau de vie *f* de quetsche

Zwetschke ['tsvɛtʃkə] <-, -n> *f* A *s.* Zwetschge
Zwickel ['tsvɪkəl] <-s, -> *m* soufflet *m*
zwicken ['tsvɪkən] A, SDEUTSCH **I.** *itr V Hose, Kragen:* serrer
II. *tr V* pincer; **jdn in den Arm** ~ pincer le bras de qn
Zwicker SDEUTSCH, A *s.* Kneifer
Zwickmühle *f* ► **in der** ~ **sein** *fam* être coincé(e) (*fam*)
zwider *Adj* A *fam* (*mürrisch*) grincheux(-euse)
Zwieback ['tsvi:bak] <-[e]s, -e *o* -̈e> *m* biscotte *f*
Zwiebel ['tsvi:bəl] <-, -n> *f* ❶ oignon *m*
❷ BOT bulbe *m*
zwiebelförmig *Adj Kirchturm, Kuppel* en forme de bulbe
Zwiebelkuchen *m* tarte *f* à l'oignon
zwiebeln *tr V fam* asticoter (*fam*)
Zwiebelring *m* rondelle *f* d'oignon **Zwiebelschale** *f* pelure *f* d'oignon **Zwiebelsuppe** *f* soupe *f* à l'oignon **Zwiebelturm** *m* clocher *m* à bulbe
zwiefach ['tsvi:fax] *Adj, Adv veraltet geh s.* zweifach
Zwiegespräch ['tsvi:-] *nt geh* tête-à-tête *m;* **mehrere** ~**e führen** avoir plusieurs entretiens en tête-à-tête **Zwielicht** *nt kein Pl* pénombre *f* ► **ins** ~ **geraten** être entraîné(e) dans une affaire douteuse
zwielichtig *Adj pej* louche
Zwiespalt *m kein Pl* tiraillement *m* [intérieur]; **in einem** ~ **sein** être tiraillé(e)
zwiespältig ['tsvi:ʃpɛltɪç] *Adj geh Gefühle* partagé(e); *Charakter* ambivalent(e); ~**e Gefühle hegen** être écartelé(e) entre divers sentiments
Zwietracht <-> *f geh* discorde *f* (*soutenu*)
► ~ **säen** semer la discorde (*soutenu*)
Zwillich ['tsvɪlɪç] <-s, -e> *m* coutil *m*
Zwilling ['tsvɪlɪŋ] <-s, -e> *m* ❶ jumeau *m*/jumelle *f;* **eineiige** ~**e** des vrais jumeaux/vraies jumelles; **zweieiige** ~**e** des faux jumeaux/fausses jumelles; **siamesische** ~**e** des frères *mpl* siamois/sœurs *fpl* siamoises
❷ ASTROL **die** ~**e** les Gémeaux *mpl;* [**ein**] ~ **sein** être Gémeaux
Zwillingsbruder *m* [frère *m*] jumeau *m* **Zwillingsgeburt** *f* accouchement *m* gémellaire **Zwillingspaar** *nt* jumeaux *mpl*/jumelles *fpl* **Zwillingsreifen** *m* roue *f* jumelée **Zwillingsschwester** *f* [sœur *f*] jumelle *f*
Zwingburg ['tsvɪŋbʊrk] *f* château *m* fort
Zwinge ['tsvɪŋə] <-, -n> *f* serre-joint *m*
zwingen ['tsvɪŋən] <zwang, gezwungen> **I.** *tr V* ❶ forcer qn; **jdn** ~ [**etw zu tun**] forcer [*o* obliger] qn [à faire qc]; **gezwungen sein etw zu tun** être forcé(e) [*o* obligé(e)] de faire qc; **sich gezwungen sehen etw zu tun** se voir contraint(e) de faire qc; **ich lasse mich nicht** ~**!** vous ne me forcerez/tu ne me forceras pas!
❷ *geh* (*drängen*) **jdn in ein Auto** ~ forcer qn de monter dans une voiture; **seinen Gegner zu Boden** ~ faire toucher le sol à son adversaire
II. *r V* **sich zu einer Arbeit** ~ (*sich überwinden*) se forcer à [faire] un travail; (*sich bemühen*) s'imposer un travail; **ich musste mich dazu** ~ j'ai dû me forcer; *s. a.* **gezwungen**
zwingend **I.** *Adj Notwendigkeit* impératif(-ive); *Logik* impérieux(-euse); ~**e Gründe** JUR motifs *mpl* contraignants
II. *Adv sich ergeben* forcément; *vorschreiben* impérativement
Zwinger <-s, -> *m* chenil *m*
zwinkern ['tsvɪŋkɐn] *itr V* [**mit den Augen**] ~ cligner des yeux/de l'œil
zwirbeln ['tsvɪrbəln] *tr V* tortiller *Bart, Faden*
Zwirn [tsvɪrn] <-s, -e> *m,* **Zwirnsfaden** *m* fil *m* [retors]
zwischen ['tsvɪʃən] **I.** *Präp + Dat* entre; ~ **den Häusern** entre les maisons
II. *Präp + Akk* entre; **etw** ~ **die Seiten legen** mettre qc entre les feuilles
Zwischenablage *f* INFORM presse-papier[s] *m* **Zwischenakt** *m* THEAT, HIST entracte *m* **Zwischenaufenthalt** *m* escale *f;* (*kurz*) halte *f;* **einen** ~ **in Rom einlegen** faire une escale/une halte à Rome **Zwischenbemerkung** *f* parenthèse *f* **Zwischenbericht** *m* rapport *m* provisoire **Zwischenbescheid** *m* réponse *f* provisoire; ADMIN avis *m* provisoire **Zwischenbilanz** *f* bilan *m* intermédiaire **Zwischenblutung** *f* MED saignement *m* intermédiaire **Zwischendeck** *nt* entrepont *m* **Zwischendecke** *f* faux plafond *m* **Zwischending** *s.* Mittelding
zwischendrin *Adv* au milieu **zwischendurch** *Adv* ❶ (*gelegentlich*) de temps en temps; (*inzwischen*) entre-temps ❷ (*außer der Reihe*) **nichts** ~ **essen** ne manger rien entre les repas ❸ (*örtlich*) au milieu **Zwischenergebnis** *nt* résultat *m* intermédiaire **Zwischenfall** *m* incident *m;* **ohne** ~ **verlaufen** se dérouler sans incident[s] **Zwischenfinanzierung** *f* ÖKON préfinancement *m* **Zwischenfrage** *f* question *f* [incidente]; **bitte keine** ~**n während des Vortrags** s'il vous plaît, pas de questions pendant la conférence **Zwischengas** *nt* AUT double débrayage *m* **Zwischengericht** *nt* GASTR entremets *m* **Zwischengeschoss**[RR] *nt* entresol *m* **Zwischengröße** *f* demi-taille *f* **Zwischenhalt** CH *s.* Zwischenaufenthalt **Zwischenhändler** *m* intermédiaire *m* **Zwischenhirn** *nt* ANAT diencéphale *m* **Zwischenlager** *nt* [lieu *m* de] stockage *m* provisoire; **atomares** ~ lieu de stockage provisoire des déchêts nucléaires
zwischen|lagern *tr V* stocker qc; **etw** ~ stocker qc provisoirement **Zwischenlagerung** *f* stockage *m* provisoire **zwischen|landen** *itr V + sein* faire escale **Zwischenlandung** *f* escale *f;* **eine** ~ **machen** faire [une] escale **Zwischenlösung** *f* solution *f* provisoire **Zwischenmahlzeit** *f* collation *f* **zwischenmenschlich** *Adj* entre les personnes; ~**e Beziehungen** des relations avec les autres **Zwischenprüfung** *f* examen *m* intermédiaire **Zwischenraum** *m* ❶ (*räumlicher Abstand*) intervalle *m;* (*eng*) interstice *m* ❷ (*Zeilenabstand*) interligne *m* ❸ (*zeitlicher Abstand*) intervalle *m,* laps *m* de temps **Zwischenruf** *m* interpellation *f,* apostrophe *f;* ~**e machen** pousser des vociférations, manifester à haute voix **Zwischenrunde** *f* SPORT éliminatoires *fpl* **Zwischensaison** *f* DIAL, A mi-saison *f* **Zwischenspiel** *nt* intermède *m* **Zwischenspurt** *m* accélération *f;* **einen** ~ **einlegen** produire une accélération **zwischenstaatlich** *Adj attr* entre États **Zwischenstadium** *nt* stade *m* intermédiaire **Zwischenstation** *f* halte *f;* ~ **machen** faire [une] halte **Zwischenstopp** *m* escale *f* **Zwischenstück** *nt einer Leitung, eines Rohrs* raccord *m* **Zwischenstufe** *f* niveau *m* intermédiaire **Zwischensumme** *f* total *m* intermédiaire **Zwischenton** *m* demi-ton *m* **Zwischenwand** *f* cloison *f* **Zwischenwirt** *m* BIO, MED hôte *m* intermédiaire **Zwischenzeit** *f* ❶ intervalle *f;* **in der** ~ dans l'intervalle ❷ SPORT temps *m* intermédiaire **zwischenzeitlich** *Adv* dans l'intervalle **Zwischenzeugnis** *nt* ❶ (*Schulzeugnis*) bulletin *m* intermédiaire; (*in Frankreich*) bulletin trimestriel ❷ (*Arbeitszeugnis*) attestation *f* provisoire de travail
Zwist [tsvɪst] <-es, -e> *m,* **Zwistigkeit** <-, en> *f meist Pl geh* dissension *f*
zwitschern ['tsvɪtʃɐn] *itr V Vogel:* gazouiller; **das Zwitschern** le gazouillement
► **einen** ~ *fam* s'en jeter un [derrière la cravate] (*fam*)
Zwitter ['tsvɪtɐ] <-s, -> *m* hermaphrodite *m*
zwo [tsvo:] *Num fam* deux
zwölf [tsvœlf] *Num* douze; *s. a.* **acht**[1]
Zwölfender [-ʔɛndɐ] <-s, -> *m* [cerf *m* de] douze cors *m*
zwölffach, 12fach **I.** *Adj* douze fois; **die** ~**e Menge nehmen** prendre douze fois plus
II. *Adv falten* douze fois; *s. a.* **achtfach**
Zwölffingerdarm *m* ANAT duodénum *m*
Zwölfkampf *m* SPORT concours *m* à douze épreuves
zwölfmal *Adv* douze fois; *s. a.* **achtmal**
Zwölfmeilenzone *f* zone *f* de douze milles
zwölft *Adv* **zu** ~ **sein** être douze; *s. a.* **acht**[2]
zwölfte(r, s) *Adj* ❶ douzième
❷ (*bei Datumsangaben*) **der** ~ **März** *écrit:* **der 12. März** le douze mars *geschrieben:* le 12 mars; *s. a.* **achte(r, s)**

❸ SCHULE **die ~ Klasse** [*o* **die** ~ *fam*] la première

Zwölfte(r) *f(m) dekl wie Adj* ❶ douzième *mf*
❷ (*bei Datumsangaben*) **der ~/am ~n** *écrit:* **der 12./am 12.** le douze *geschrieben:* le 12
❸ (*als Namenszusatz*) **Ludwig der ~** *écrit:* **Ludwig XII.** Louis douze *geschrieben:* Louis XII

zwölftel ['tsvœlftəl] *Adj* douzième; *s. a.* **achtel**

Zwölftel <-s, -> *nt a.* MATH douzième *m*

zwölftens ['tsvœlftəns] *Adv* douzièmement

Zwölftonmusik *f* musique *f* dodécaphonique

zwote(r, s) *Adj fam s.* **zweite(r, s)**

Zyanid [tsya'ni:t] <-s, -e> *nt* CHEM cyanure *m*

Zyankali [tsyan'ka:li] <-s> *nt* CHEM cyanure *m* de potassium; (*Gift*) cyanure

zyklisch ['tsy:klɪʃ] **I.** *Adj a.* CHEM, ÖKON cyclique
II. *Adv verlaufen* cycliquement

Zyklon [tsy'klo:n] <-s, -e> *m* cyclone *m*

Zyklop [tsy'klo:p] <-en, -en> *m* MYTH cyclope *m*

Zyklotron ['tsy:klotro:n, tsyklo'tro:n] <-s, -s *o* -e> *nt* PHYS cyclotron *m*

Zyklus ['tsy:klʊs] <-, Zyklen> *m* ❶ *a.* PHYSIOL cycle *m*
❷ (*Folge, Reihe*) *von Gedichten, Bildern* série *f*

Zylinder [tsi'lɪndɐ, tsy'lɪndɐ] <-s, -> *m* ❶ GEOM, TECH, AUT cylindre *m*
❷ (*Hut*) haut-de-forme *m*

zylinderförmig [-fœrmɪç] *s.* **zylindrisch**

Zylinderkopf *m* culasse *f*

Zylinderkopfdichtung *f* joint *m* de culasse

Zylinderschloss[RR] *nt* serrure *f* à mortaiser

zylindrisch *Adj* cylindrique

Zyniker(in) ['tsy:nikɐ] <-s, -> *m(f)* cynique *mf*

zynisch ['tsy:nɪʃ] **I.** *Adj* cynique
II. *Adv* avec cynisme, cyniquement

Zynismus [tsy'nɪsmʊs] <-, -ismen> *m* ❶ *kein Pl* cynisme *m*
❷ (*Bemerkung*) remarque *f* cynique

Zypern ['tsy:pɐn] <-s> *nt* Chypre *f*; **auf ~** à Chypre

Zyprer(in) <-s, -> *m(f)* Chypriote *mf,* Cypriote *mf*

Zypresse [tsy'prɛsə] <-, -n> *f* cyprès *m*

Zyprier(in) <-s, -> *m(f),* **Zypriot(in)** <-en, -en> *m(f) s.* **Zyprer(in)**

zypriotisch *Adj,* **zyprisch** ['tsy:prɪʃ] *Adj* chypriote, cypriote

Zyste ['tsʏstə] <-, -n> *f* MED, BIO kyste *m*

Zytologie [tsytolo'gi:] <-> *f* MED cytologie *f*

Zytoplasma [tsyto'plasma] *nt* BIO cytoplasme *m*

Zytostatikum [tsyto'sta:tikʊm, *Pl:* -'sta:tika] <-s, -statika> *nt* MED [antinéoplasique *m*] cytostatique *m*

z.Z[t]. *Abk von* **zur Zeit**

Französische Kurzgrammatik
Précis de grammaire française

1 *L'article* – Der Artikel

1.1 Der bestimmte Artikel

Die Formen des bestimmten Artikels

		vor Konsonant		vor stummem h		vor Vokal	
männliche Formen	**Singular**	**le**	train	**l'**	hôtel	**l'**	arbre
	Plural	**les**	trains	**les**	hôtels	**les**	arbres
weibliche Formen	**Singular**	**la**	ville	**l'**	heure	**l'**	autoroute
	Plural	**les**	villes	**les**	heures	**les**	autoroutes

Die Präpositionen *à* und *de* und der bestimmte Artikel

à + le	=	au	de + le	=	du
à + les	=	aux	de + les	=	des

Der Gebrauch des bestimmten Artikels

Der bestimmte Artikel wird verwendet bei:

– der Gesamtheit einer Menge:

J'aime **les** livres.

– Eigennamen:

Les Noblet habitent à Paris.

– Titeln:

Le docteur Lacroix est parti en vacances.

– Körperteilen:

Géraldine a **les** yeux verts.

– festen Wendungen:

J'apprends **le** français.

1.2 Der unbestimmte Artikel

	männlich		weiblich	
Singular	**un**	livre	**une**	voiture
Plural	**des**	livres	**des**	voitures

1.3 Der Teilungsartikel

Die Formen des Teilungsartikels

Der Teilungsartikel besteht aus der Präposition **de** und dem bestimmten Artikel.

Der Gebrauch des Teilungsartikels

1. Der Teilungsartikel wird verwendet, wenn man eine **unbestimmte Menge**, d. h. unzählbare Dinge, bezeichnen möchte. Er gibt einen Teil eines Ganzen an.
2. Nach **sans** und **de** steht kein Teilungsartikel. Sollte jedoch eine bestimmte Menge gemeint sein, dann steht bei **de** der bestimmte Artikel:

   Jean a besoin **de l'**argent **qu'il a gagné**.

3. Nach **avec** wird der Teilungsartikel verwendet:

   Jean prend son pain **avec de la** confiture.

4. Außerdem steht der Teilungsartikel bei einigen festen Wendungen:

faire **du** volley/**du** sport	*Volleyball spielen/Sport treiben*
jouer **du** piano	*Klavier spielen*
avoir **de** la chance	*Glück haben*

5. Die Verneinung wird beim Teilungsartikel mit **ne ... pas de** gebildet.

Mengenangaben mit *de*

An Mengenangaben wird das nachfolgende Substantiv nur mit der Präposition **de** angeschlossen:

Il faut acheter	un litre	**de**	vin,
	un kilo	**de**	tomates,
	une bouteille	**d'**	eau minérale,
	beaucoup	**de**	fruits,
	un peu	**de**	fromage,
	assez	**de**	limonade.

2 *Le substantif* – Das Substantiv

2.1 Das Geschlecht der Substantive

2.1.1 Das Geschlecht bei Lebewesen

1. Bei Personen oder Tieren gibt es in der Regel für jedes Geschlecht eine Form.

männlich	→	**weiblich**			
un ami	→	une amie	–	→	**-e**
un employ**é**	→	une employ**ée**	**-é**	→	**-ée**
un ac**teur**	→	une ac**trice**	**-teur**	→	**-trice**
			Ausnahme: un chant**eur**	→	une chant**euse**
un vend**eur**	→	une vend**euse**	**-eur**	→	**-euse**
			Ausnahme: un pêch**eur**	→	une pêch**eresse**
un boulang**er**	→	une boulang**ère**	**-er**	→	**-ère**
un vois**in**	→	une vois**ine**	**-in**	→	**-ine**
			Ausnahme: un cop**ain**	→	une cop**ine**
un pays**an**	→	une pays**anne**	**-an**	→	**-anne**
un espi**on**	→	une espi**onne**	**-on**	→	**-onne**
un Ital**ien**	→	une Ital**ienne**	**-ien**	→	**-ienne**
un veu**f**	→	une veu**ve**	**-f**	→	**-ve**
un tigr**e**	→	une tigr**esse**	**-e**	→	**-esse**

2. Bei einigen Substantiven kann man das Geschlecht nur am Artikel erkennen, da die männlichen und die weiblichen Formen identisch sind:

un/une élève, **un/une** enfant, **un/une** journaliste, **un/une** secrétaire

3. Aber es gibt auch Bezeichnungen, bei denen die **männliche** und **weibliche** Form aus zwei verschiedenen Substantiven bestehen:

un homme – **une** femme	**un** garçon – **une** fille	**un** frère – **une** sœur
un coq – **une** poule		

2.1.2 Das Geschlecht bei Sachen und Dingen

Das Geschlecht von Wortgruppen

Männlich sind	– Wochentage:	**le** lundi, **le** vendredi;
	– Jahreszeiten:	**le** printemps, **l'**automne;
	– Himmelsrichtungen:	**le** sud, **le** nord;
	– Sprachen:	**le** portugais, **l'**italien;
	– Bäume:	**le** chêne, **le** sapin;
	– Metalle:	**l'**or, **le** platine;
	– chemische Elemente:	**le** mercure, **le** soufre, **l'**uranium;
	– Transportmittel:	**le** bus, **le** train, **l'**avion.
Weiblich sind	– Länder:	**la** France, **la** Pologne, *aber:* **le** Portugal, **le** Danemark, **le** Luxembourg;
	– Flüsse:	**la** Saône, **la** Moselle, *aber:* **le** Rhône, **le** Danube;
	– Wissenschaften:	**la** géographie, **la** médecine, *aber:* **le** droit;
	– Autonamen:	**la** BMW, **la** Citroën

2.2 Der Plural der Substantive

Singular	Plural	Ausnahmen		
le train	les train**s**			
la voiture	les voiture**s**			
le pri**x**	les pri**x**			
le ne**z**	les ne**z**			
le Françai**s**	les Françai**s**			
le gât**eau**	les gâteau**x**			
le j**eu**	les jeu**x**	le pneu	→	les pneu**s**
le bij**ou**	les bijou**x**	le cou	→	les cou**s**
le jour**nal**	les journ**aux**	le bal	→	les bal**s**
le trav**ail**	les trav**aux**	le détail	→	les détail**s**

3 *L'adjectif* – Das Adjektiv

3.1 Die Stellung des Adjektivs

Das Adjektiv als Attribut

1. Die meisten Adjektive, insbesondere mehrsilbige Adjektive stehen in der Regel **hinter** dem Substantiv.
2. Kurze und häufig gebrauchte Adjektive stehen **vor** dem Substantiv:

grand, gros, petit, jeune, vieux, bon, mauvais, beau, joli

3. Bei einigen Adjektiven ändert sich die Bedeutung je nachdem, ob sie **vor** oder **hinter** dem Substantiv stehen:

un pauvre homme (*ein* ***bedauernswerter*** *Mann*)
un homme pauvre (ein **armer** Mann)

3.2 Das Adjektiv im Singular und im Plural

	männlich	weiblich
Singular	le petit jardin	la petit**e** maison
	le jardin est petit	la maison est petit**e**
Plural	les petit**s** jardins	les petit**es** maisons
	les jardins sont petit**s**	les maisons sont petit**es**

Die weibliche Form des Adjektivs bildet man, indem man an die männliche Form ein **-e** anhängt. Endet die männliche Form bereits auf **-e,** so bleibt die weibliche Form unverändert:

le livre rouge	la voiture rouge

Der Plural wird durch Anhängen von **-s** an die jeweilige Form des Singulars gebildet.

Es gibt einige wenige Adjektive, die grundsätzlich **nicht verändert** werden:

bon marché, marron, orange, super, chic

3.3 Sonderfälle bei den Femininformen

Regel			männlich		weiblich	Ausnahme		
-er	→	**-ère**	cher	→	chère			
-et	→	**-ète**	complet	→	complète	muet	→	muette
-c	→	**-que**	turc	→	turque	blanc	→	blanche
						sec	→	sèche
						grec	→	grecque
-f	→	**-ve**	actif	→	active			
-g	→	**-gue**	long	→	longue			
-eux	→	**-euse**	heureux	→	heureuse			
-el	→	**-elle**	naturel	→	naturelle			
-il	→	**-ille**	gentil	→	gentille			
-en	→	**-enne**	européen	→	européenne			
-on	→	**-onne**	bon	→	bonne			
-os	→	**-osse**	gros	→	grosse			
-teur	⇉	**-teuse**	menteur	→	menteuse			
		-trice	conservateur	→	conservatrice			
-eur	⇉	**-eure**	meilleur	→	meilleure			
		-euse	rieur	→	rieuse			

3.4 Sonderfälle bei der Pluralbildung

	männlich			weiblich		
Singular	un homme		brut**al**	une femme		brut**ale**
Plural	des hommes		brut**aux**	des femmes		brut**ales**
Singular	un un	beau gros	jour sac	une une	belle grosse	surprise valise
Plural	de(s) de(s)	beau**x** gro**s**	jours sacs	de(s) de(s)	belle**s** grosse**s**	surprises valises

3.5 Die Adjektive *beau, nouveau* und *vieux*

beau, nouveau, vieux — vor männlichen Substantiven im Singular, die mit **Konsonant** beginnen.

bel, nouvel, vieil — vor männlichen Substantiven im Singular, die mit **Vokal** oder **stummem h** beginnen.

Bei prädikativem Gebrauch stehen im Singular männlicher Substantive nur die Formen **beau, nouveau** und **vieux** zur Verfügung:

L'hôtel est **beau.**

L'ordinateur est **nouveau.**

L'ordinateur est **vieux.**

3.6 Die Steigerung der Adjektive

Der Positiv und der Komparativ

Positiv	Pierre est **grand.** *(Pierre ist groß.)*
Komparativ	Pierre est **plus grand que** moi. *(Pierre ist größer als ich.)*
	Pierre est **moins grand que** moi. *(Pierre ist kleiner als ich.)*
	Pierre est **aussi grand que** moi. *(Pierre ist genauso groß wie ich.)*

Der Superlativ

Quel est	le	fleuve	**le**	**plus**	**long**	**d'**Europe?
Quelle est	la	ville	**la**	**plus**	**grande**	**du** monde?
Quels sont	les	trains	**les**	**plus**	**rapides**	**de la** France?
Quelles sont	les	montagnes	**les**	**plus**	**hautes**	**du** monde?

Unregelmäßige Steigerungsformen:

bon, bonne *(gut)*	meilleur, e *(besser)*	le/la meilleur, e *(der/die/das beste)*
mauvais, e *(schlecht)*	pire *(schlechter)*	le/la pire *(der/die/das schlechteste)*

4 *L'adverbe* – Das Adverb

4.1 Die Formen

Die abgeleiteten Adverbien

Adjektiv		**Adverb**
männlich	weiblich	
fort	fort**e**	fort**ement**
sérieux	séri**euse**	séri**eusement**
terrib**le**	terrib**le**	terrib**lement**
pratiq**ue**	pratiq**ue**	pratiq**uement**

Bei Adjektiven, die auf einem **hörbaren Vokal**, aber nicht auf **-e** enden, wird **-ment** an die männliche Form angehängt:

Adjektiv		**Adverb**
männlich	weiblich	
vra**i**	vraie	vra**iment**
absol**u**	absolue	absol**ument**

Ausnahmen sind:

gai, gai**e** → gai**ement**
nouveau, nouv**elle** → nouv**ellement**
fou, f**olle** → f**ollement**

Adjektive, die auf **-ant** oder **-ent** enden, bilden ihr Adverb auf **-amment** und **-emment**.

Adjektiv		**Adverb**
männlich	weiblich	
élég**ant**	élégante	élég**amment**
évid**ent**	évidente	évid**emment**

Es gibt außerdem unregelmäßige Adverbformen:

précis – précise – **précisément**
gentil – gentille – **gentiment**
bref – brève – **brièvement**
bon – bonne – **bien**
meilleur – meilleure – **mieux**
mauvais – mauvaise – **mal**

4.2 Die Stellung der Adverbien

Die Adverbien des Ortes und der bestimmten Zeit stehen am **Satzanfang** oder am **Satzende**.

Aujourd'hui il fait beau. *oder:* Il fait beau **aujourd'hui.**

Die meisten anderen Adverbien stehen direkt **hinter** dem konjugierten Verb.

Philippe regarde **toujours** la télé.
Hier, il a **beaucoup** travaillé.
Aujourd'hui, il ne fait **pratiquement** rien.

Tôt, tard und **ensemble** stehen in zusammengesetzten Zeiten immer **hinter** dem *Participe passé* und bei Infinitivkonstruktionen **hinter** dem Infinitiv.

Nous sommes arrivés **tôt**.
Nous voulons manger **ensemble.**

Adverbien, die sich auf den ganzen Satz beziehen, stehen in der Regel am Anfang oder am Ende des Satzes. Sie werden durch ein Komma vom restlichen Satz getrennt.

Malheureusement, je n'ai pas trouvé l'hôtel.

4.3 Die Steigerung der Adverbien

Positiv	Elle court	**vite**. *(Sie rennt schnell.)*
Komparativ	Elle court	**plus vite que** son mari. *(Sie rennt schneller als ihr Mann.)*
	Elle court	**moins vite que** son mari. *(Sie rennt langsamer als ihr Mann.)*
	Elle court	**aussi vite que** son mari. *(Sie läuft genauso schnell wir ihr Mann.)*
Superlativ	Elle court	**le plus vite de** tous. *(Sie rennt von allen am schnellsten.)*
	Elle court	**le moins vite de** tous. *(Sie rennt von allen am langsamsten.)*

Unregelmäßige Steigerungsformen

bien *(gut)* – mieux *(besser)* – le mieux *(am besten)*
beaucoup *(viel)* – plus *(mehr)* – le plus *(am meisten)*
peu *(wenig)* – moins *(weniger)* – le moins *(am wenigsten)*

5 *Les pronoms* – Die Pronomen

5.1 Die verbundenen Personalpronomen

Singular	1. Person	**je/j'** (vor Vokal und stummem h)	*ich*
	2. Person	**tu**	*du*
	3. Person	**il/elle**	*er/sie*
Plural	1. Person	**nous**	*wir*
	2. Person	**vous**	*ihr, Sie*
	3. Person	**ils** (männlich)/**elles** (weiblich)	*sie*

Der Gebrauch der verbundenen Personalpronomen *il(s), elle(s)*

männlich	weiblich
Monsieur Pasquali est d'où?	**Madame Pasquali** est d'où?
Il est de Montpellier.	**Elle** est aussi de Montpellier.
Le livre est où?	**La clé** est où?
Il est sur la table.	**Elle** est sur la table.
Les garçons sont d'où?	**Les filles** sont d'où?
Ils sont de Lyon.	**Elles** sont de Paris.
Les livres sont où?	**Les clés** sont où?
Ils sont sur la table.	**Elles** sont sur la table.

Les filles et les garçons sont où ? – **Ils** sont dans le jardin.

Die Höflichkeitsform *vous*

Monsieur Noblet, **vous** êtes fatigué?	*Sind Sie müde, Herr Noblet?*
Voulez-**vous** entrer, Madame?	*Wollen Sie eintreten, meine Dame?*
Mesdames et Messieurs, voulez-**vous** entrer?	*Meine Damen und Herren wollen Sie eintreten?*

5.2 Die unverbundenen Personalpronomen

Die Formen der unverbundenen Personalpronomen

Singular	1. Person	**moi**	*ich*
	2. Person	**toi**	*du*
	3. Person	**lui/elle**	*er/sie*
Plural	1. Person	**nous**	*wir*
	2. Person	**vous**	*ihr, Sie*
	3. Person	**eux** (männlich)/**elles** (weiblich)	*sie*

Der Gebrauch der unverbundenen Personalpronomen

Die unverbundenen oder betonten Personalpronomen werden verwendet

- nach einer Präposition:

Est-ce que tu sors **avec moi**, ce soir? – Non, je préfère sortir **sans toi.**

- zur Hervorhebung eines Subjekts:

Qu'est-ce-que vous faites dans la vie? – **Moi**, je suis pharmacienne.

- allein:

Qui veut apprendre le français? – **Moi**!

- nach *c'est* und *ce sont:*

Qui est-ce qui a pris les photos? – **C'est lui** qui a pris les photos.

- beim bejahten Imperativ

Donnez-**moi** le livre, s'il vous plaît.

5.3 Die direkten Objektpronomen

Die Formen der direkten Objektpronomen

Singular	1. Person	**me/m'**	(vor Vokal und stummem h)	*mich*
	2. Person	**te/t'**	(vor Vokal und stummem h)	*dich*
	3. Person	**le/l'**	(vor Vokal und stummem h)	*ihn, es*
		la/l'	(vor Vokal und stummem h)	*sie*
Plural	1. Person	**nous**		*uns*
	2. Person	**vous**		*euch, Sie*
	3. Person	**les**		*sie*

Der Gebrauch der direkten Objektpronomen

Die direkten Objektpronomen ersetzen ein **Akkusativobjekt** und stimmen in Zahl und Geschlecht mit ihm überein:

männlich	weiblich
Est-ce que tu as vu **Jean**?	Est-ce que tu as vu **Brigitte**?
Oui, je **l'**ai vu.	Oui, je **l'**ai vue.
Est-ce que tu as vu **les garçons**?	Est-ce que tu as vu **les filles**?
Oui, je **les** ai vus.	Oui, je **les** ai vues.
Est-ce que Eric lit **ce livre**?	Est-ce que vous lisez **cette revue**?
Oui, il **le** lit.	Non, nous ne **la** lisons pas.
Est-ce que vous lisez **ces livres**?	Est-ce que vous lisez **ces revues**?
Oui, nous **les** lisons.	Non, nous ne **les** lisons pas.

Die Stellung der direkten Objektpronomen

1. Die direkten Objektpronomen stehen **vor dem konjugierten Verb.** Wird der Satz verneint, so umschließt die Verneinung das Objektpronomen und das konjugierte Verb. Steht der Satz im *Passé composé* oder im Plusquamperfekt, dann stehen die Objektpronomen vor dem konjugierten Hilfsverb.

La télé t'intéresse?	– Oui, elle **m'**intéresse. – Non, elle ne **m'**intéresse pas.
Est-ce que vous avez acheté les journaux?	– Oui, nous **les** avons achetés. – Non, nous ne **les** avons pas achetés.

2. Bei Verben, die einen Infinitiv bei sich haben, steht das direkte Objektpronomen **vor dem Infinitiv**.

Est-ce que tu vas écouter la radio?	– Oui, je vais l'écouter. – Non, je ne vais pas **l'**écouter.
Est-ce que tu peux ranger ta chambre?	– Oui, je peux **la** ranger. – Non, je ne peux pas **la** ranger.

3. Bei Imperativen wird das Objektpronomen **an den bejahten Imperativ** mit Hilfe eines Bindestrichs angehängt.

Maman, est-ce que je peux inviter mes amis? – Oui, invite-**les**.

5.4 Die indirekten Objektpronomen

Die Formen der indirekten Objektpronomen

Singular	1. Person	**me/m'**	(vor Vokal und stummem h)	*mir*
	2. Person	**te/t'**	(vor Vokal und stummem h)	*dir*
	3. Person	**lui**		*ihm, ihr*
Plural	1. Person	**nous**		*uns*
	2. Person	**vous**		*euch, Ihnen*
	3. Person	**leur**		*ihnen*

Der Gebrauch der indirekten Objektpronomen

Die indirekten Objektpronomen ersetzen Dativobjekte, die in der Zahl mit dem Dativobjekt übereinstimmen.

männlich	**weiblich**
Tu donnes ton adresse **à Jean**?	Tu vas répondre **à Sandra**?
Oui, je **lui** donne mon adresse.	Non, je ne vais pas **lui** répondre.
Vous écrivez **à vos amis**?	Vous pouvez téléphoner **à mes amies**?
Oui, nous **leur** écrivons.	Oui, nous pouvons **leur** téléphoner.

Die Stellung der indirekten Objektpronomen

1. Die indirekten Objektpronomen stehen **vor dem konjugierten Verb.** Wird der Satz verneint, so umschließt die Verneinung das Objektpronomen und das konjugierte Verb. Steht der Satz im *Passé composé* oder im Plusquamperfekt, dann steht das Objektpronomen vor dem konjugierten Hilfsverb.

Brigitte, tu téléphones à tes amies?	– Oui, je **leur** téléphone. – Non, je ne **leur** téléphone pas.
Est-ce que tu as montré les photos à ton copain?	– Oui, je **lui** ai montré les photos. – Non, je ne **lui** ai pas montré les photos.

2. Bei Verben, die einen Infinitiv bei sich haben, steht das indirekte Objektpronomen **vor dem Infinitiv.**

Est-ce que tu vas écrire à ta grand-mère?	– Oui, je vais **lui** écrire. – Non, je ne vais pas **lui** écrire.

5.5 Die Reflexivpronomen

Je	**m'**	appelle Annie.
Tu	**t'**	appelles Jean.
Il/Elle	**se**	promène en ville.
Nous	**nous**	lavons les mains.
Vous	**vous**	douchez ce soir.
Ils/Elles	**s'**	habillent.

5.6 Das Adverbialpronomen *en*

Der Gebrauch von *en*

1. ***En*** ist ein Pronomen, das bestimmte Ergänzungen, meist Mengen, vertritt und in diesem Zusammenhang oft mit *davon* übersetzt wird. Es vertritt

– *des* + Substantiv:

Est-ce que tu achètes **des fruits**?
Oui, j'**en** achète.

– den Teilungsartikel + Substantiv:

Est-ce que tu prends **de la limonade**?
Oui, j'**en** prends.

– Mengenangabe + Substantiv:

Tu veux **une bouteille de coca**?
Oui, j'**en** veux **une.**

– Zahlwort + Substantiv:

Tu prends **dix pommes**?
Non, j'**en** prends seulement **six.**

– *un/une* + Substantiv:

Est-ce que tu prends **une pomme**?
Oui, j'**en** prends **une**.

2. ***En*** vertritt auch andere Ergänzungen mit ***de***.
In diesen Fällen wird ***en*** oft mit *davon, darüber, von dort* und *dorther* übersetzt.

Tu es déjà rentré **du Portugal**? Oui, j'**en** suis rentré hier, mais j'**en** rêve encore.

Folgt jedoch auf die Präposition ***de*** ein Personensubstantiv, so übernehmen die betonten Personalpronomen seine Vertretung:

Tu te souviens **d'Annette**? Non, je ne me souviens pas **d'elle**.

Die Stellung von *en*

1. Das Pronomen ***en*** steht **vor dem konjugierten Verb**. Wird der Satz verneint, so umschließt die Verneinung ***en*** und das konjugierte Verb. Steht der Satz im *Passé composé* oder im Plusquamperfekt, dann steht ***en*** vor dem konjugierten Hilfsverb.

Est-ce que tu prends du beurre?	Oui, j'**en** prends.
Est-ce que Martin a acheté du beurre hier?	Oui, il **en** a acheté. Non, il n'en a pas acheté.

2. Bei Verben, die einen Infinitiv bei sich haben, steht ***en* vor dem Infinitiv**.

Il me manque du café. Alors je vais **en** acheter tout de suite.

3. Bei Imperativen wird ***en* an den bejahten Imperativ** mit Hilfe eines Bindestrichs angehängt.

Est-ce que je peux prendre du fromage? – Oui, prends-**en**.

5.7 Das Adverbialpronomen *y*

Der Gebrauch von *y*

Das Pronomen *y* vertritt

– Ortsbestimmungen, die durch Präpositionen wie *à, dans, en, chez, sur* und *sous* eingeleitet werden:

Est-ce que vous habitez **à Paris**? – Oui, nous **y** habitons.

– Ergänzungen mit à + Sachsubstantiven:

Est-ce que tu penses **à Noël**? – Oui, j'**y** pense toujours.

Die Stellung von *y*

1. Das Pronomen ***y*** steht **vor dem konjugierten Verb**. Wird der Satz verneint, so umschließt die Verneinung ***y*** und das konjugierte Verb. Steht der Satz im *Passé composé* oder im Plusquamperfekt, dann steht ***y*** vor dem konjugierten Hilfsverb.

Est-ce que vous allez en France?	– Oui, nous **y** allons. – Non, nous n'**y** allons pas.

2. Bei Verben, die einen Infinitiv bei sich haben, steht ***y* vor dem Infinitiv**.

J'ai oublié mon porte-monnaie à la boulangerie. Alors je vais **y** aller tout de suite.

3. Bei Imperativen wird ***y* an den bejahten Imperativ** mit Hilfe eines Bindestrichs angehängt. Bei den Verben auf *-er* sowie bei dem unregelmäßigen Verb *aller* wird an den Imperativ Singular jedoch ein *-s* angehängt.

Vas-**y**.

5.8 Die Stellung der Pronomen bei mehreren Pronomen im Satz

me					
te	le				
		lui			
se	la		y	en	+ konjugierte Verbform oder Infinitiv
		leur			
nous	les				
vous					

Es können bis zu zwei Pronomen vor dem konjugierten Verb oder Infinitiv, wie folgt, stehen:

Maman, est-ce que tu me racontes l'histoire?	Oui, je **te la** raconte tout de suite.
Est-ce que vous lui avez donné le livre?	Non, je ne **le lui** ai pas encore donné.
Est-ce que tu peux nous parler des vacances?	Oui, je vais **vous en** parler tout de suite.
Il y a encore du café?	Oui, il **y en** a encore.

5.9 Die Demonstrativpronomen

Die Formen der Demonstrativpronomen

	vor Konsonant		vor Vokal		vor stummem h	
männlich						
Singular	**ce**	train	**cet**	arbre	**cet**	hôtel
Plural	**ces**	trains	**ces**	arbres	**ces**	hôtels
weiblich						
Singular	**cette**	ville	**cette**	information	**cette**	histoire
Plural	**ces**	villes	**ces**	informations	**ces**	histoires

Der Gebrauch der Demonstrativpronomen

Die Demonstrativpronomen werden benutzt, um auf bestimmte Gegenstände oder Personen hinzuweisen.

Il faut lire **ce** livre.	*Dieses Buch muss man lesen.*

Die Demonstrativpronomen gebraucht man auch in folgenden Wendungen:

ce matin	***heute** Morgen*
cet après-midi	***heute** Nachmittag*
ce soir	***heute** Abend*

5.10 Die Possessivpronomen

Die Formen der Possessivpronomen

	Singular		Plural
	männlich	**weiblich**	**männlich + weiblich**
Ein Besitzer			
1. Person	**mon** frère	**ma** sœur	**mes** frères/amis
	mon ami	**mon** amie	**mes** sœurs/amies
2. Person	**ton** frère	**ta** sœur	**tes** frères/amis
	ton ami	**ton** amie	**tes** sœurs/amies
3. Person	**son** frère	**sa** sœur	**ses** frères/amis
	son ami	**son** amie	**ses** sœurs/amies
Mehrere Besitzer			
1. Person	**notre** frère	**notre** sœur	**nos** frères/sœurs
2. Person	**votre** frère	**votre** sœur	**vos** frères/sœurs
3. Person	**leur** frère	**leur** sœur	**leurs** frères/sœurs

Der Gebrauch der Possessivpronomen

Die Possessivpronomen werden verwendet, um ein Besitz- oder ein Zugehörigkeitsverhältnis zum Ausdruck zu bringen.

Sur la table, il y a **mon** livre.	*Auf dem Tisch befindet sich mein Buch.*
Je vais passer les vacances avec **mes** parents.	*Ich werde die Ferien mit meinen Eltern verbringen.*

5.11 Die Indefinitpronomen

5.11.1 *aucun*

Aucun stimmt im Genus mit seinem Bezugselement überein. Es wird in **verneinten** Sätzen von der Negation ***ne*** begleitet und mit **kein** übersetzt:

Est-ce qu'il y a un problème?	*Gibt es ein Problem?*
Non, nous n'avons **aucun** problème.	*Nein, wir haben kein Problem.*

5.11.2 *certain*

***certain* als Begleiter des Substantivs**

		männlich		weiblich	
Singular	Il y a	**un certain**	problème avec	**une certaine**	personne.
Plural	Il y a	**certains**	problèmes avec	**certaines**	personnes.

Wenn ***certain*** als Begleiter des Substantivs verwendet wird, so gleicht es sich in Zahl und Geschlecht dem Substantiv an, auf das es sich bezieht. Im Singular steht vor ***certain, certaine*** der unbestimmte Artikel ***un*** oder ***une***, der im Plural entfällt.

***certains* als Stellvertreter des Substantivs**

Wenn ***certains*** als Stellvertreter des Substantivs gebraucht wird, ist es unveränderlich. Das Verb wird dann in der 3. Person Plural angeschlossen:

> Tous mes amis veulent faire une fête, mais **certains** ne veulent pas m'aider à la préparer.

5.11.3 *chaque, chacun*

Chaque ist unveränderlicher Begleiter des Substantivs:

On a besoin de **chaque** client et de **chaque** cliente.	Wir brauchen jeden Kunden und jede Kundin.

Chacun und ***chacune*** ersetzen ein Substantiv. Sie werden nur im Singular gebraucht. ***Chacun*** steht für männliche Substantive. ***Chacune*** ersetzt weibliche Substantive:

Il dit bonjour à **chacun** et à **chacune**.	*Er sagt jedem und jeder guten Tag.*

5.11.4 Das unpersönliche *on*

On wird in der Umgangssprache häufig für ***nous*** verwendet und wird mit **wir** übersetzt:

Vous êtes où?	**Nous** sommes ici.	*Wir sind hier.*
	On est ici.	*Wir sind hier.*

On kann auch für das deutsche **man** stehen:

On dit que …	*Man sagt, dass …*

5.11.5 *plusieurs*

Plusieurs in der Bedeutung von **mehrere** ist unveränderlich und steht als

- Begleiter des Substantivs:

> On a vendu **plusieurs** jupes et pantalons.

- Stellvertreter des Substantivs:

> **Plusieurs** sont bon marché.

5.11.6 *quelqu'un/quelque chose – personne/rien*

Quelqu'un est venu. *(Jemand ist gekommen.)* **Personne n'**est venu. *(Niemand ist gekommen.)*	
Quelque chose me fait plaisir. *(Etwas macht mir Spaß.)* **Rien** ne me fait plaisir. *(Nichts macht mir Spaß.)*	
J'ai vu **quelqu'un.** *(Ich habe jemanden gesehen.)* Je **n'**ai vu **personne.** *(Ich habe niemanden gesehen.)*	
J'ai trouvé **quelque chose.** *(Ich habe etwas gefunden.)* Je **n'**ai **rien** trouvé. *(Ich habe nichts gefunden.)*	

5.11.7 *quelque(s)*

Il me faut **quelque** temps pour terminer le livre. *Ich benötige einige Zeit, um das Buch zu beenden.*	
Je vais acheter **quelques** livres. *Ich werde einige Bücher kaufen.*	
Plus tard, je vais acheter aussi **quelques** pommes. *Später werde ich auch einige Äpfel kaufen.*	

5.11.8 *tout*

Die Formen von *tout* als Begleiter des Substantivs

	männlich		**weiblich**	
Singular	**tout**	le monde	**toute**	la France
Plural	**tous**	les pays	**toutes**	les capitales

Der Gebrauch von *tout* als Begleiter des Substantivs

Tout **+ bestimmter Artikel** wird gebraucht, um **der/die/das ganze** oder **alle** zum Ausdruck zu bringen.

Das unveränderliche *tout*

Tout ist in der Bedeutung von **alles** unveränderlich:

Est-ce que tu as **tout** mangé?	*Hast du alles gegessen?*

6 *Le verbe* – Das Verb

6.1 Die Bildung der Verben auf *-er* im Präsens

Die regelmäßigen Verben auf *-er*

parler	je	parle		nous	parl**ons**
	tu	parl**es**		vous	parl**ez**
	il/elle	parle		ils/elles	parl**ent**

Die Verben auf *-er* mit Besonderheiten in der Schreibweise

commencer				**manger**			
je	commence	nous	commen**ç**ons	je	mange	nous	mang**e**ons
tu	commences	vous	commencez	tu	manges	vous	mangez
il/elle	commence	ils/elles	commencent	il/elle	mange	ils/elles	mangent

Damit die Aussprache des Stammes immer erhalten bleibt, wird bei den Verben:

– auf **-cer** in der 1. Person Plural **-c-** zu **-ç-**.
– auf **-ger** in der 1. Person Plural **-g-** zu **-ge-**.

Die Verben auf *-ayer, -oyer* und *-uyer*

payer	je	paie/paye	nous	payons
	tu	paies/payes	vous	payez
	il/elle	paie/paye	ils/elles	paient/payent

nettoyer				**essuyer**			
je	nettoie	nous	nettoyons	j'	essuie	nous	essuyons
tu	nettoies	vous	nettoyez	tu	essuies	vous	essuyez
il/elle	nettoie	ils/elles	nettoient	il/elle	essuie	ils/elles	essuient

Verben auf *-er* mit stamm- und endungsbetonten Formen

Bei Verben mit stammbetonten und endungsbetonten Formen sind immer die 1., 2. und 3. Person Singular sowie die 3. Person Plural stammbetont und die 1. und 2. Person Plural endungsbetont.

acheter				**jeter**			
j'	achète	nous	achetons	je	jette	nous	je **t** ons
tu	achètes	vous	achetez	tu	jettes	vous	je **t** ez
il/elle	achète	ils/elles	achètent	il/elle	jette	ils/elles	jettent

préférer	je	préfère	nous	préférons
	tu	préfères	vous	préférez
	il/elle	préfère	ils/elles	préfèrent

6.2 Die Bildung der Verben auf *-ir* im Präsens

ohne Stammerweiterung				mit Stammerweiterung			
partir				**finir**			
je	par**s**	nous	part**ons**	je	fini**s**	nous	fini**ssons**
tu	par**s**	vous	part**ez**	tu	fini**s**	vous	fini**ssez**
il/elle	par**t**	ils/elles	part**ent**	il/elle	fini**t**	ils/elles	fini**ssent**

6.3 Die Bildung der Verben auf *-re* im Präsens

lire	je	li**s**	nous	lis**ons**
	tu	li**s**	vous	lis**ez**
	il/elle	li**t**	ils/elles	lis**ent**

Die Verben auf *-dre* im Präsens

attendre	j'	attend**s**	nous	attend**ons**
	tu	attend**s**	vous	attend**ez**
	il/elle	attend	ils/elles	attend**ent**

6.4 Die Bildung der reflexiven Verben

s'habiller			**se laver**		
je	**m'**	habille	je	**me**	lave
tu	**t'**	habilles	tu	**te**	laves
il/elle	**s'**	habille	il/elle	**se**	lave
nous	**nous**	habillons	nous	**nous**	lavons
vous	**vous**	habillez	vous	**vous**	lavez
ils/elles	**s'**	habillent	ils/elles	**se**	lavent

6.5 Die Bildung des Imperfekts

regarder	je	regard**ais**	nous	regard**ions**
	tu	regard**ais**	vous	regard**iez**
	il/elle	regard**ait**	ils/elles	regard**aient**

Das Imperfekt wird gebildet, indem man an den Stamm der 1. Person Plural Präsens die Imperfektendungen ***-ais, -ais, -ait, -ions, -iez*** und ***-aient*** anhängt.

Im Imperfekt ist nur ***être*** unregelmäßig.

Damit die Aussprache des Stammes immer erhalten bleibt, wird bei den Verben:
– auf ***-cer*** bei *je, tu, il, elle, on, ils* und *elles* ***-c-*** zu ***-ç-***.
– auf ***-ger*** bei *je, tu, il, elle, on, ils* und *elles* ***-g-*** zu ***-ge-***.

6.6 Die Bildung des *Passé composé*

6.6.1 Die Formen des *Passé composé* mit *avoir* und *être*

parler	j'	**ai**	**parlé**	nous	**avons**	**parlé**
	tu	**as**	**parlé**	vous	**avez**	**parlé**
	il/elle	**a**	**parlé**	ils/elles	**ont**	**parlé**

arriver	je	**suis**	**arrivé(e)**	nous	**sommes**	**arrivé(e)s**
	tu	**es**	**arrivé(e)**	vous	**êtes**	**arrivé(e)s**
	il	**est**	**arrivé**	ils	**sont**	**arrivés**
	elle	**est**	**arrivée**	elles	**sont**	**arrivées**
	on	**est**	**arrivé(e)(s)**			

Bei der Bildung des *Passé composé* mit ***avoir*** bleibt das Partizip Perfekt in der Regel unveränderlich.

Wird das *Passé composé* jedoch mit ***être*** gebildet, so gleicht sich das Partizip Perfekt in Geschlecht und Zahl dem Subjekt des Satzes an. Bezieht sich das Partizip Perfekt auf ein Subjekt, das aus unterschiedlichem Genus besteht, so richtet es sich nach dem Männlichen:

Marc et Marie sont all**és** à la piscine.

6.6.2 Die Bildung des *Passé composé* mit *avoir* oder *être*

Die meisten Verben bilden das *Passé composé* mit ***avoir:***

Hier, Pierre **a** préparé le repas. Puis, il **a** mangé.

Einige wenige Verben bilden das *Passé composé* mit ***être:*** dazu gehören einige Verben der Bewegungsrichtung oder des Verweilens, z. B. ***aller, arriver, entrer, partir, rester, rentrer, tomber, venir und revenir:***

Hier, je **suis** allé(e) à Paris. Je **suis** arrivé(e) vers dix heures.

Die Verben ***naître, devenir, mourir*** und ***décéder*** bilden das *Passé composé* mit ***être:***

Il **est** né en 1960.

Die **reflexiven Verben** bilden das *Passé composé* stets mit ***être:***

Elle s'**est** réveillée. Puis, elle s'**est** levée.

6.6.3 Besonderheiten beim Partizip Perfekt im *Passé composé* mit *avoir*

Geht dem *Passé composé* ein **direktes Objekt** voraus, so wird das Partizip Perfekt in Geschlecht und Zahl dem direkten Objekt angeglichen. Das direkte Objekt kann ein **direktes Objektpronomen**, z. B. ***me, te, le, la, nous, vous*** oder ***les*** sein. Es kann aber auch in Form des Relativpronomens ***que*** vorausgehen:

Est-ce que vous avez **vu Julie**? Oui, nous **l'**avons **vue**. C'est **Julie que** nous avons **vue.**

J'ai acheté **les** livres. Je **les** ai achet**és**. Ce sont **les** livres que j'ai achet**és**.

6.7 Die Bildung des Plusquamperfekts

lire			**rester**		
j'	**avais**	**lu**	j'	**étais**	**resté/restée**
tu	**avais**	**lu**	tu	**étais**	**resté/restée**
il			il	**était**	**resté**
elle	**avait**	**lu**	elle	**était**	**restée**
on			on	**était**	**resté(s)/restée(s)**
nous	**avions**	**lu**	nous	**étions**	**restés/restées**
vous	**aviez**	**lu**	vous	**étiez**	**restés/restées**
ils			ils	**étaient**	**restés**
elles	**avaient**	**lu**	elles	**étaient**	**restées**

6.8 Die Bildung des *Passé simple*

	parler	**attendre**	**choisir**	**croire**
je/j'	parl**ai**	attend**is**	chois**is**	cr**us**
tu	parl**as**	attend**is**	chois**is**	cr**us**
il/elle/on	parl**a**	attend**it**	chois**it**	cr**ut**
nous	parl**âmes**	attend**îmes**	chois**îmes**	cr**ûmes**
vous	parl**âtes**	attend**îtes**	chois**îtes**	cr**ûtes**
ils/elles	parl**èrent**	attend**irent**	chois**irent**	cr**urent**

6.9 Die Bildung des *Futur composé*

je	**vais**	**aller**	**nous**	**allons**	**rester**
tu	**vas**	**chercher**	**vous**	**allez**	**boire**
il/elle	**va**	**prendre**	**ils/elles**	**vont**	**faire**

6.10 Die Bildung des Futurs I

regarder		**attendre**		**écrire**	
je	regarder**ai**	j'	attendr**ai**	j'	écrir**ai**
tu	regarder**as**	tu	attendr**as**	tu	écrir**as**
il/elle/on	regarder**a**	il/elle/on	attendr**a**	il/elle/on	écrir**a**
nous	regarder**ons**	nous	attendr**ons**	nous	écrir**ons**
vous	regarder**ez**	vous	attendr**ez**	vous	écrir**ez**
ils/elles	regarder**ont**	ils/elles	attendr**ont**	ils/elles	écrir**ont**

6.11 Die Bildung des Futurs II

parler			**arriver**		
j'	**aurai**	**parlé**	je	**serai**	**arrivé/arrivée**
tu	**auras**	**parlé**	tu	**seras**	**arrivé/arrivée**
il			il	**sera**	**arrivé**
elle	**aura**	**parlé**	elle	**sera**	**arrivée**
on			on	**sera**	**arrivé(s)/arrivée(s)**
nous	**aurons**	**parlé**	nous	**serons**	**arrivés/arrivées**
vous	**aurez**	**parlé**	vous	**serez**	**arrivés/arrivées**
ils			ils	**seront**	**arrivés**
elles	**auront**	**parlé**	elles	**seront**	**arrivées**

6.12 Die Bildung des Konditionals I

regarder		**attendre**		**écrire**	
je	regarder**ais**	j'	attendr**ais**	j'	écrir**ais**
tu	regarder**ais**	tu	attendr**ais**	tu	écrir**ais**
ils/elle/on	regarder**ait**	ils/elle/on	attendr**ait**	ils/elle/on	écrir**ait**
nous	regarder**ions**	nous	attendr**ions**	nous	écrir**ions**
vous	regarder**iez**	vous	attendr**iez**	vous	écrir**iez**
ils/elles	regarder**aient**	ils/elles	attendr**aient**	ils/elles	écrir**aient**

6.13 Die Bildung des Konditionals II

parler			**arriver**		
j'	**aurais**	**parlé**	je	**serais**	**arrivé/arrivée**
tu	**aurais**	**parlé**	tu	**serais**	**arrivé/arrivée**
il			il	**serait**	**arrivé**
elle	**aurait**	**parlé**	elle	**serait**	**arrivée**
on			on	**serait**	**arrivé(e)(s)**
nous	**aurions**	**parlé**	nous	**serions**	**arrivés/arrivées**
vous	**auriez**	**parlé**	vous	**seriez**	**arrivés/arrivées**
ils			ils	**seraient**	**arrivés**
elles	**auraient**	**parlé**	elles	**seraient**	**arrivées**

6.14 Die Bildung des Partizips Perfekt

Das Partizip Perfekt der Verben auf ***-er*** wird gebildet, indem die Endung des Infinitivs, ***-er,*** durch ***-é*** ersetzt wird:

parl**er** – parl**é**

Das Partizip Perfekt der Verben auf ***-ir*** wird gebildet, indem die Endung des Infinitivs, ***-ir,*** durch ***-i*** ersetzt wird:

dorm**ir** – dorm**i**
chois**ir** – chois**i**

Das Partizip Perfekt der Verben auf -**re** wird gebildet, indem die Endung des Infinitivs, ***-re,*** durch ***-u*** ersetzt wird:

attend**re** – attend**u**

6.15 Die Bildung des Partizips Präsens

Infinitiv	1. Person Plural Präsens			Partizip Präsens
parler	nous	**parl**	ons	**parlant**
dormir	nous	**dorm**	ons	**dormant**
choisir	nous	**choisiss**	ons	**choisissant**
attendre	nous	**attend**	ons	**attendant**

Es gibt nur ganz wenige unregelmäßige Formen:

avoir – **ayant**
être – **étant**
savoir – **sachant**

6.16 Die Bildung des Gerundiums

Infinitiv	Gerundium	Infinitiv	Gerundium
être	**en étant**	attendre	**en attendant**
avoir	**en ayant**	dormir	**en dormant**
regarder	**en regardant**	finir	**en finissant**

6.17 Die Bildung des Imperativs

Infinitiv	Du-Form	Wir-Form	Sie-Form/Ihr-Form
parler	parle	parlons	parlez
descendre	descends	descendons	descendez
dormir	dors	dormons	dormez
choisir	choisis	choisissons	choisissez
faire	fais	faisons	faites

Der Imperativ verfügt nur über wenige unregelmäßige Formen:

Infinitiv	Du-Form	Wir-Form	Sie-Form/Ihr-Form
avoir	aie	ayons	ayez
être	sois	soyons	soyez
savoir	sache	sachons	sachez

6.18 Die Bildung des *Subjonctif*

Die *Subjonctif*-Endungen

Il veut que j'	attend**e**.	Il veut que nous	attend**ions**.
Il veut que tu	attend**es**.	Il veut que vous	attend**iez**.
Il veut qu'il/elle/on	attend**e**.	Il veut qu'ils/elles	attend**ent**.

Die Ableitung des *Subjonctif*

Infinitiv	3. Person Plural Präsens			*Subjonctif*		
parler	ils	**parl**	ent	que je	**parl**	e
mettre	ils	**mett**	ent	que tu	**mett**	es
partir	ils	**part**	ent	qu'il/elle/on	**part**	e
connaître	ils	**connaiss**	ent	que nous	**connaiss**	ions
plaire	ils	**plais**	ent	que vous	**plais**	iez
vivre	ils	**viv**	ent	qu'ils/elles	**viv**	ent

6.19 Die Bildung des *Subjonctif passé*

	travailler			**sortir**	
Il faut	que j'/je	**aie**	**travaillé.**	**sois**	**sorti/sortie.**
	que tu	**aies**	**travaillé.**	**sois**	**sorti/sortie.**
	qu'il			**soit**	**sorti.**
	qu'elle	**ait**	**travaillé.**	**soit**	**sortie.**
	qu'on			**soit**	**sorti(s)/sortie(s).**
	que nous	**ayons**	**travaillé.**	**soyons**	**sortis/sorties.**
	que vous	**ayez**	**travaillé.**	**soyez**	**sortis/sorties.**
	qu'ils/qu'elles	**aient**	**travaillé.**	**soient**	**sortis/sorties.**

6.20 Die Bildung des Passivs

Die Passivformen im Präsens

je	**suis**	**interrogé/interrogée**	nous	**sommes**	**interrogé(e)s**
tu	**es**	**interrogé/interrogée**	vous	**êtes**	**interrogé(e)s**
il	**est**	**interrogé**	ils	**sont**	**interrogés**
elle	**est**	**interrogée**	elles	**sont**	**interrogées**
on	**est**	**interrogé(s)/interrogée(s)**			

Das Passiv in anderen Zeiten und Modi

Il	**a été**	interrogé.	*Passé composé*	Il	**sera**	interrogé	Futur I
Il	**était**	interrogé.	Imperfekt	Il	**serait**	interrogé.	Konditional I
Il	**fut**	interrogé.	*Passé simple*	Il faut qu'il	**soit**	interrogé.	*Subjonctif*

Die Nennung des Urhebers im Passiv

Der **Urheber** der Handlung wird einfach mit der Präposition ***par*** als präpositionale Ergänzung angeschlossen:

Il sera interrogé **par** la police.	*Er wird von der Polizei verhört.*

7 *Les types de phrases* – Satzarten

7.1 Der Aussagesatz

Adverbiale Bestimmung Zeit/Ort	Subjekt	Prädikat	direktes Objekt	indirektes Objekt	Adverbiale Bestimmung Zeit/Ort
	J'	achète	un livre.		
	Je	donne	un livre	à Jean.	
Hier,	j'	ai donné	un livre	à Jean.	
Hier, à l'école,	j'	ai donné	un livre	à Jean.	
	Il	habite			en France.

7.2 Der Fragesatz

7.2.1 Die Intonationsfrage

Die Intonationsfrage wird im gesprochenen Französisch als Gesamtfrage häufig benutzt. Sie behält die Stellung der Satzglieder des Aussagesatzes bei, wird aber mit steigender Intonation gesprochen:

Luc va au bureau?	*Geht Luc ins Büro?*

7.2.2 Die Frage mit *est-ce que* als Gesamtfrage

Est-ce que	**Aussagesatz**	
Est-ce que	tu vas au bureau?	*Gehst du ins Büro?*
Est-ce qu'	on va au cinéma ce soir?	*Gehen wir heute Abend ins Kino?*

7.2.3 Die Frage mit Fragepronomen

Die Frage mit *est-ce que* + Fragepronomen

Fragewort	est-ce que	Subjekt	Prädikat	Objekte	Adverbiale Bestimmungen
Quand	**est-ce que**	tu	ranges	ta chambre?	
Où	**est-ce que**	tu	as trouvé	ton sac?	
Pourquoi	**est-ce que**	vous	étudiez	le français?	
Qu'	**est-ce qu'**	il	fait		demain?

Die Frage mit nachgestelltem Fragepronomen

Aussagesatz	Fragepronomen
Tu t'appelles	**comment?**
Tu pars	**quand?**
Tu arrives	**d'où?**

7.2.4 Die Frage mit *qui*

Die Frage nach dem Subjekt

Qui habite à Paris?	*Wer wohnt in Paris?*
Qui est-ce qui habite à Paris?	*Wer wohnt in Paris?*

Die Frage nach dem Objekt

A qui est-ce que tu donnes le livre?	*Wem gibst du das Buch?*

Die Frage – nach dem direkten Objekt lautet:

Qui est-ce que vous cherchez?

– nach dem indirekten Objekt lautet:

A qui est-ce que tu penses?

7.2.5 Die Frage mit *que*

Die Frage nach dem Objekt

Que fait Paul?	*Was macht Paul?*

Mit ***que*** können Sachen erfragt werden. Wenn nach dem direkten Objekt gefragt werden soll, verwendet man ***que*** oder ***qu'est-ce que:***

Qu'est-ce que tu cherches?	*Was suchst du?*
Que cherches-tu?	*Was suchst du?*

Bei der Frage nach dem indirekten Objekt wird ***à quoi*** verwendet:

A quoi est-ce qu'il pense?	*Woran denkt er?*

7.2.6 Die Inversionsfrage

Die Inversionsfrage wird im gesprochenen Französisch nicht sehr häufig verwendet. Man trifft sie hauptsächlich in schriftlich fixierten Texten an, z. B. in Briefen usw.

Fragewort	Verb + Subjektpronomen	Ergänzungen
Quand	**pars-tu**	en vacances?
Comment	**vas-tu**	en vacances?
Comment	**va-t-il?**	
Où	**habite-t-elle?**	
	Veux-tu	prendre le train?

Bei der Inversionsfrage steht das **Subjektpronomen hinter dem Verb**. Zwischen Verb und Subjekt wird ein **Bindestrich** eingefügt. In der 3. Person Singular bei ***il, elle*** oder ***on*** tritt zwischen Verb und Subjektpronomen ein ***-t-***, wenn die Verbform auf ***-e*** oder ***-a*** endet. Die **Fragewörter** stehen bei Inversionsfragen **vor dem Verb.**

7.3 Der Relativsatz

7.3.1 Der Relativsatz mit *qui*

Das Relativpronomen ***qui*** leitet einen Relativsatz ein, bei dem ***qui*** gleichzeitig **Subjekt** des Relativsatzes ist. ***Qui*** ist unveränderlich und kann sich im Singular und Plural

– auf Personen beziehen:	J'ai **une amie**	**qui**	m'aide toujours.
– auf Sachen beziehen:	J'ai reçu **un livre**	**qui**	me plaît beaucoup.

7.3.2 Der Relativsatz mit *que*

Das Relativpronomen ***que*** leitet einen Relativsatz ein, bei dem ***que*** gleichzeitig **direktes Objekt** des Relativsatzes ist. ***Que,*** das sich vor Vokal und stummem h in ***qu'*** verwandelt, kann sich im Singular und Plural

– auf Personen beziehen:

J'ai **une amie**	**que**	j'aime beaucoup.

– auf Sachen beziehen:

J'ai reçu **un livre**	**que**	j'aime beaucoup.

7.3.3 Der Relativsatz mit *dont*

Das Relativpronomen ***dont*** vertritt **Ergänzungen mit *de*** in einem Relativsatz. ***Dont*** bezieht sich im Singular und Plural

– auf Personen:

C'est Paul	**dont**	Marie est amoureuse.

– auf Sachen:

Il cherche la maison	**dont**	il a besoin.

7.3.4 Der Relativsatz mit *lequel, laquelle, lesquels, lesquelles*

	männlich	weiblich
Singular	**lequel**	**laquelle**
Plural	**lesquels**	**lesquelles**

Der Gebrauch von *lequel* im Relativsatz

Die Relativpronomen *lequel, laquelle, lesquels* und *lesquelles* vertreten in der Regel in einem Relativsatz **Sachen** oder **Personen**, die nach

– Präpositionen stehen:

C'était un hiver	**pendant lequel**	il neigeait
C'était la raison	**pour laquelle**	il y avait beaucoup d'accidents.

– präpositionalen Ausdrücken stehen:

Il a une maison	**à côté de laquelle**	se trouve la gare.

à + lequel	= **auquel**	de + lequel	= **duquel**
à + laquelle	= **à laquelle**	de + laquelle	= **de laquelle**
à + lesquels	= **auxquels**	de + lesquels	= **desquels**
à + lesquelles	= **auxquelles**	de + lesquelles	= **desquelles**

Die Formen ***duquel, de laquelle*** usw. finden nur dann Verwendung, wenn ihnen eine **Präposition**, z. B. *près de,* vorausgeht. Einfache **Ergänzungen mit *de*** werden im Relativsatz durch ***dont*** vertreten.

7.3.5 Der Relativsatz mit *où*

Das Relativpronomen ***où*** vertritt **Ortsbestimmungen** im Relativsatz:

Montpellier est la ville **où** Jean fait ses études.

7.3.6 Der Relativsatz mit *ce qui, ce que*

Die Relativpronomen ***ce qui*** und ***ce que*** haben kein direktes Bezugswort:

Ce qui ist Subjekt:

Je sais bien	**ce qui**	m'intéresse.

Ce que ist Objekt:

Je sais bien	**ce que**	Julien a dit.

7.4 Der Bedingungssatz

7.4.1 Der reale Bedingungssatz

Der Gebrauch des realen Bedingungssatzes

Der reale Bedingungssatz wird verwendet, wenn es sich um eine **Bedingung** handelt, die **tatsächlich** erfüllt werden kann:

Si j'ai le temps, je lirai un livre.	*Wenn ich Zeit habe, lese ich ein Buch.*

Die Bildung des realen Bedingungssatzes

***Si*-Satz im Präsens**	**Hauptsatz im Futur I/Präsens**
Si tu **as** le temps,	nous **ferons** les courses.
S'il **fait** beau,	je **vais** à la piscine.

7.4.2 Der irreale Bedingungssatz

Der Gebrauch des irrealen Bedingungssatzes

Der irreale Bedingungssatz wird verwendet, wenn eine Bedingung der Wirklichkeit nicht entspricht und ihre Erfüllung fraglich oder unmöglich ist:

Si j'étais riche, je ferais le tour du monde.	*Wenn ich reich wäre, würde ich eine Weltreise machen.*

Die Bildung des irrealen Bedingungssatzes

Im ***si*-Satz** darf **nie** der **Konditional** verwendet werden, sondern nur das **Imperfekt**.

***Si*-Satz im Imperfekt**	**Hauptsatz im Konditional**
S'il **avait** plus d'argent,	il **achèterait** une maison.
Si je **faisais** le tour du monde,	je **ferais** beaucoup de connaissances.

7.5 Die indirekte Rede

7.5.1 Die Bildung der indirekten Rede/Frage

Die indirekte Rede

Die indirekte Rede wird durch ***que*** eingeleitet; vor Vokal wird ***que*** zu ***qu'***:

Elle dit	**que**	la jupe est bon marché.
Elle dit	**qu'**	il a raison.

Die indirekte Frage

Die indirekte Frage wird durch
- ***si*** eingeleitet:

Elle demande	**si**	Luc veut aller au cinéma.

- ***s'*** vor Vokal eingeleitet:

Elle demande	**s'**	il veut aller au cinéma.

- das entsprechende **Fragewort** eingeleitet:

Paul veut savoir	**où**	son copain travaille.
Elle veut savoir	**pourquoi**	Nicole habite à Lyon.
Il me demande	**quand**	j'ai commencé à travailler.

7.5.2 Die Zeitenfolge in der indirekten Rede/Frage

Die Zeitenfolge in der Gegenwart

Steht das redeeinleitende Verb im **Präsens**, so steht das Verb im Nebensatz, d. h. in der indirekten Rede/Frage, in der gleichen Zeit wie in der direkten Rede/Frage.

Direkte Rede:	Marie dit: «Je **vais partir** en vacances.»
Indirekte Rede:	Marie dit qu'elle **va partir** en vacances.

Die Zeitenfolge in der Vergangenheit

Bei der indirekten Rede in der **Vergangenheit** gilt es einige Besonderheiten im Hinblick auf die Verwendung der Zeiten zu beachten.

1. Zeit in der	– direkten Rede:	Präsens		
	Il a dit:	«Elle	**va**	au cinéma.»
	– indirekten Rede:	Imperfekt		
	Il a dit	qu'elle	**allait**	au cinéma.
2. Zeit in der	– direkten Rede:	Perfekt		
	Il avait dit:	«Elle	**est allée**	au cinéma.»
	– indirekten Rede:	Plusquamperfekt		
	Il avait dit	qu'elle	**était allée**	au cinéma.
3. Zeit in der	– direkten Rede:	Imperfekt		
	Il disait:	«Elle	**allait**	au cinéma.»
	– indirekten Rede:	Imperfekt		
	Il disait	qu'elle	**allait**	au cinéma.
4. Zeit in der	– direkten Rede:	Plusquamperfekt		
	Il a dit:	«Elle	**était allée**	au cinéma.»
	– indirekten Rede:	Plusquamperfekt		
	Il a dit	qu'elle	**était allée**	au cinéma.
5. Zeit in der	– direkten Rede:	Futur I		
	Il disait:	«Elle	**ira**	au cinéma.»
	– indirekten Rede:	Konditional I		
	Il disait	qu'elle	**irait**	au cinéma.
6. Zeit in der	– direkten Rede:	Futur II		
	Il a dit:	«Elle	**sera allée**	au cinéma.»
	– indirekten Rede:	Konditional II		
	Il a dit	qu'elle	**serait allée**	au cinéma.
7. Zeit in der	– direkten Rede:	Konditional I		
	Il disait:	«Elle	**irait**	au cinéma.»
	– indirekten Rede:	Konditional I		
	Il disait	qu'elle	**irait**	au cinéma.
8. Zeit in der	– direkten Rede:	Konditional II		
	Il a dit:	«Elle	**serait allée**	au cinéma.»
	– indirekten Rede:	Konditional II		
	Il a dit	qu'elle	**serait allée**	au cinéma.

Diese Zeitenverschiebung gilt nicht nur in der indirekten Rede/Frage, sondern auch in anderen Nebensätzen:

Präsens	Je crois	que tu	**es**	en vacances.
Imperfekt	Je croyais	que tu	**étais**	en vacances.

8 *L'emploi des temps et des modes –* Der Gebrauch der Zeiten und Modi

8.1 Die wichtigsten Zeiten in der Übersicht

Vergangenheit		Gegenwart	Zukunft	
Plusquamperfekt	*Passé composé* *Passé simple* Imperfekt	Präsens	Futur II Futur I	*Futur composé*

8.2 Der Gebrauch des Präsens

Das Präsens wird benutzt um

– **Vorgänge** oder **Zustände** in der Gegenwart auszudrücken:	Il **fait** les courses. Il **a** beaucoup d'argent.
– **Wiederholungen** und **Gewohnheiten** zu bezeichnen:	Tous les jours, je **me lève** à 6 heures. Il ne **prend** jamais de petit-déjeuner.
– **allgemeingültige Dinge** zu beschreiben:	Paris **est** la capitale de la France.

8.3 Der Gebrauch des Imperfekts

Das Imperfekt wird benutzt um

– **Beschreibungen** in der Vergangenheit zu geben:	Le restaurant **était** bon marché. Il **pleuvait** toute la journée.
– **Zustände** in der Vergangenheit zu beschreiben:	Autrefois, on n'**avait** pas de voitures.
– **gewohnheitsmäßige Handlungen** in der Vergangenheit auszudrücken:	Quand j'**étais** petite, je **jouais** dans le jardin.

Wenn Sie die **Begleitumstände, Hintergrundinformationen, Kommentare** oder **Erklärungen** eines Geschehens zum Ausdruck bringen möchten, so ist das Imperfekt angesagt.

8.4 Der Gebrauch des Passé composé

Das *Passé composé* wird benutzt um

– **einmalige Handlungen** und **Ereignisse** in der Vergangenheit zu erzählen:	Hier, je **suis allé** au cinéma. Je **suis née** le 10 mars 1962.
– **aufeinander folgende Handlungen**, sogenannte **Handlungsketten**, in der Vergangenheit zu erzählen:	La semaine dernière, Pierre **est allé** à Strasbourg. Il **a fait** des courses. Vers 20 heures, il **est rentré**.

Wenn Sie die **eigentliche Handlung** bzw. die **Ereignisse** ausdrücken möchten, die im **Vordergrund** stehen, so benützen Sie einfach das *Passé composé.*

8.5 Der Gebrauch des Plusquamperfekts

Das Plusquamperfekt wird benutzt um ein Ereignis oder einen Zustand zu bezeichnen, der **vor einem anderen Geschehen oder Zustand** in der Vergangenheit bereits abgeschlossen war:

Il voulait rendre visite à Christine, mais elle **était** déjà **partie.**

Die folgende Grafik veranschaulicht die Regel:

Vorvergangenheit	Vergangenheit	Gegenwart
→ Plusquamperfekt →	Imperfekt *Passé composé* *Passé simple* →	Präsens →

8.6 Der Gebrauch des Passé simple

Das *Passé simple* wird im modernen Französisch der Gegenwart immer seltener benutzt. Es wird fast nur in der geschriebenen Sprache gebraucht. Es kommt hauptsächlich vor

- in literarischen Texten, z. B. Romanen, Märchen, Erzählungen;
- in historischen Texten, z. B. Geschichtsbüchern, Biographien;
- in Zeitungsartikeln.

Das *Passé simple* hat eine ähnliche Funktion wie das *Passé composé.*

Es wird verwendet um

– **einmalige Handlungen** und **Ereignisse** in der Vergangenheit zu erzählen:	Napoléon **naquit** en 1769. Il **devint** empereur en 1804.
– **aufeinander folgende Handlungen**, sogenannte **Handlungsketten**, in der Vergangenheit zu erzählen:	Elle **alla** au bar. Là, elle **but** un café crème.

8.7 Der Gebrauch des Futur composé

Das *Futur composé* wird verwendet um **Handlungen in der Zukunft** bzw. **nahen Zukunft** zum Ausdruck zu bringen:

– Qu'est-ce que tu **vas faire** maintenant?	– *Was wirst du jetzt machen?*
– Je **vais me coucher**.	– *Ich werde mich hinlegen.*

8.8 Der Gebrauch des Futurs I

Das Futur steht

– um **künftige Ereignisse** auszudrücken:	Demain, je **lirai** un livre. J'éspère que tu **viendras** demain.
– im **Hauptsatz eines realen Bedingungssatzes**:	Si tu réussis au bac, tu **feras** des études.

In der Regel wird das Futur in der geschriebenen Sprache verwendet. In der gesprochenen Sprache begegnet man meist dem *Futur composé.*

8.9 Der Gebrauch des Futurs II

Das Futur II wird verwendet um eine Handlung in der Zukunft auszudrücken, die bereits vor einem anderen zukünftigen Ereignis abgeschlossen ist:

Demain je me reposerai quand j'**aurai terminé** mon travail.	*Morgen werde ich mich ausruhen,* *wenn ich meine Arbeit erledigt haben werde.*

8.10 Der Gebrauch des Konditionals I

Der Konditional I steht

– bei **Ratschlägen**:	A ta place, j'**achèterais** une voiture.
– bei **Wünschen**:	Il **aimerait** avoir un chien.
– bei **Bitten**:	**Pourriez**-vous m'aider?
– bei **Möglichkeiten**:	On **pourrait** faire une excursion.
– bei **Vermutungen**:	Gavarnie **serait** à 100 kilomètres d'ici.
– im **Hauptsatz eines irrealen Bedingungssatzes**:	Si j'étais riche, je ne **travaillerais** pas.

8.11 Der Gebrauch des Konditionals II

Der Konditional II steht im **Hauptsatz eines irrealen Bedingungssatzes in der Vergangenheit:**

Si j'avais été riche, j'**aurais fait** le tour du monde.
Wenn ich reich gewesen wäre, hätte ich eine Weltreise gemacht.

8.12 Der Gebrauch des Partizips Präsens

Das Partizip Präsens wird hauptsächlich in der Schriftsprache verwendet.

Es wird anstelle eines

– **Relativsatzes mit qui** verwendet:

Elle regarde un film **racontant** la vie d'un étudiant.	Partizip Präsens
Elle regarde un film **qui raconte** la vie d'un étudiant.	Relativsatz

– **Kausalsatzes** benutzt:

Partant tôt, nous sommes arrivés à l'heure.	Partizip Präsens
Comme nous sommes partis tôt, nous sommes arrivés à l'heure.	Kausalsatz

8.13 Der Gebrauch des Gerundiums

Das Gerundium wird sowohl in der gesprochenen als auch in der geschriebenen Sprache verwendet um Sätze zu verkürzen. Es kann einem zweiten Hauptsatz oder einem Nebensatz entsprechen. Jedoch kann das Gerundium einen Nebensatz nur dann ersetzen, wenn der Neben- und der Hauptsatz **dasselbe Subjekt** haben.

Das Gerundium kann anstelle eines **Temporalsatzes** die Gleichzeitigkeit zweier Ereignisse/Geschehnisse zum Ausdruck bringen:

Gerundium:	**En travaillant**, il pense qu congé.
Temporalsatz:	**Pendant qu'il travaille**, il pense au congé.

Das Gerundium kann für einen **Bedingungssatz** stehen:

Gerundium:	**En regardant** la télé, il ne pourra pas lire de livre.
Bedingungssatz:	**S'il regarde** la télé, il ne pourra pas lire de livre.
Gerundium:	**En regardant** la télé, il me pourrait pas lire de livre.
Bedingungssatz:	**S'il regardait** la télé, il ne pourrait pas lire de livre.

Das Gerundium kann für einen **Modalsatz** stehen, der die Art und Weise ausdrückt:

Elle a gagné beaucoup de l'argent **en travaillant** comme mannequin.

8.14 Der Gebrauch des Subjonctif

1. Der *Subjonctif* steht nach Verben des **Wünschens, Verlangens, Wollens** und **Verbietens** im Nebensatz, der durch **que** eingeleitet wird, z. B.:

Je **veux que** tu **ailles** à l'école.	*Ich will, dass du in die Schule gehst.*

Verben, die zu dieser Gruppe gehören, sind u. a.:

aimer mieux que	*lieber mögen*	interdire que	*verbieten*
aimer que	*mögen*	ordonner que	*befehlen*
attendre que	*(er)warten*	permettre que	*erlauben, gestatten*
avoir envie que	*gern wollen, Lust haben*	préférer que	*vorziehen*
demander que	*verlangen*	souhaiter que	*wünschen*
désirer que	*wünschen*	vouloir que	*wollen*
exiger que	*fordern*		

2. Der *Subjonctif* steht nach Verben des **Vorschlagens, Zustimmens, Ablehnens** und **Verhinderns** im Nebensatz, der durch **que** eingeleitet wird, z. B.:

Il **propose qu'**ils **fassent** une excursion.	*Er schlägt vor, dass sie einen Ausflug machen.*

Verben, die zu dieser Gruppe gehören, sind u. a.:

accepter que	*akzeptieren*	refuser que	*ablehnen*
approuver que	*billigen*	souffrir que	*ertragen*
désapprouver que	*missbilligen*	supporter que	*ertragen*
empêcher que	*verhindern*	tolérer que	*ertragen, dulden*
éviter que	*vermeiden*	vouloir bien que	*einverstanden sein*
proposer que	*vorschlagen*		
recommander que	*empfehlen*		

3. Der *Subjonctif* steht nach Verben und Ausdrücken des **subjektiven Empfindens** und der **wertenden Stellungnahme** im Nebensatz, der durch **que** angeschlossen wird. Der *que*-Satz ist in diesem Fall nur möglich, wenn der einleitende Satz und der *que*-Satz **verschiedene Subjekte** haben:

Je **regrette que** mon chef ne **puisse** pas venir.	*Ich bedauere, dass mein Chef nicht kommen kann.*

Verben, die zu dieser Gruppe gehören, sind u. a.:

admirer que	*bewundern*	craindre que	*fürchten*
adorer que	*furchtbar gerne mögen*	critiquer que	*kritisieren*
aimer que	*(es) gern haben*	déplorer que	*bedauern, beklagen*
apprécier que	*(es) zu schätzen wissen*	détester que	*verabscheuen*
avoir honte que	*sich schämen*	regretter que	*bedauern*
avoir peur que	*Angst haben*	s'étonner que	*sich wundern, staunen*
(ne pas) comprendre que	*(nicht) verstehen können*	s'indigner que	*sich entrüsten*
		se réjouir que	*sich freuen*

Zu beachten ist, dass nach **espérer que** (hoffen) der **Indikativ** steht und nach **se plaindre que** (sich beklagen) der ***Subjonctif*** oder der **Indikativ** stehen kann.

4. Auch nach Ausdrücken mit **être** oder **trouver + Adjektiv**, die das **subjektive Empfinden** oder die **wertende Stellungnahme** zum Ausdruck bringen, steht ebenfalls der *Subjonctiv* im Nebensatz, der durch **que** eingeleitet wird, z. B.:

Il est important que vous **fassiez** vos devoirs.	*Es ist wichtig, dass ihr eure Hausaufgaben macht.*

Ausdrücke, die zu dieser Gruppe gehören, sind u. a.:

être content que	*zufrieden sein*	trouver bizarre que	*komisch finden*
être déçu que	*enttäuscht sein*	trouver bon que	*gut finden*
être désolé que	*untröstlich sein*	trouver curieux que	*seltsam finden*
être étonné que	*verwundert sein*	trouver important que	*wichtig finden*
être heureux que	*glücklich sein*	trouver mauvais que	*schlecht finden*
être satisfait que	*zufrieden sein*		
être surpris que	*überrascht sein*		
être triste que	*traurig sein*		

5. Der *Subjonctif* steht nach **unpersönlichen Verben** und **unpersönlichen Ausdrücken**, z. B.:

Il est bon que tu **viennes.**	*Es ist gut, dass du kommst.*

Dazu gehören u. a.:

il est	bizarre que	*es ist seltsam*	cela	m'amuse que	*es amüsiert mich*
il est	bon que	*es ist gut*	cela	me gêne que	*es stört mich*
il est	important que	*es ist wichtig*	cela	m'inquiète que	*es beunruhigt mich*
il est	mauvais que	*es ist schlecht*	cela	me plaît que	*es gefällt mir*
il est	nécessaire que	*es ist notwendig*	cela	me surprend que	*es überrascht mich*
il est	normal que	*es ist normal*			
il est	temps que	*es ist Zeit*			
il est	utile que	*es ist nützlich*			
il	convient que	*es ist angebracht*			
il	faut que	*es ist nötig/man muss*			
il	importe que	*es ist wichtig*			
il	suffit que	*es genügt*			
il	vaut mieux que	*es ist besser*			

6. Der *Subjonctif* steht **in der Regel** nach Ausdrücken und Verben des **Meinens** und **Denkens**, die **verneint** sind und im Nebensatz mit **que** angeschlossen sind:

Je **ne crois pas qu'**ils **sachent** faire de la voile.	*Ich glaube nicht, dass sie segeln können.*

Zu dieser Gruppe gehören u. a.:

ne pas croire que	*nicht glauben*
ne pas espérer que	*nicht hoffen*
ne pas estimer que	*nicht meinen*
ne pas s'imaginer que	*sich nicht vorstellen*
ne pas penser que	*nicht denken*
ne pas se rappeler que	*sich nicht erinnern*
ne pas trouver que	*nicht finden*

7. Der *Subjonctif* steht **in der Regel** nach Ausdrücken und Verben des **Bezweifelns**, die im Nebensatz mit **que** angeschlossen sind:

Personne ne **doute que** le chômage **soit** un grand problème.	*Niemand bezweifelt, dass die Arbeitslosigkeit ein großes Problem ist.*

Zu dieser Gruppe gehören u. a.:

douter que	*bezweifeln*
contester que	*bestreiten*
nier que	*verneinen*

8. Der *Subjonctif* steht nach Ausdrücken und Verben des **Sagens** und **Erklärens**, die verneint und im Nebensatz mit **que** angeschlossen sind:

Il **ne dit pas** qu'elle **sache** nager.	*Er sagt nicht, dass sie schwimmen kann.*

Zu dieser Gruppe gehören u.a.:

affirmer que	*behaupten, versichern*	dire que	*sagen, behaupten*
assurer que	*versichern*	jurer que	*schwören*
avouer que	*gestehen*	prétendre que	*vorgeben*
constater que	*feststellen*	soutenir que	*behaupten*
déclarer que	*erklären*		

Mit **promettre que** (versprechen) steht immer der **Indikativ.**

9. Der *Subjonctif* steht in einem **Relativsatz**, wenn etwas als **wünschenswert** oder **hypothetisch** erachtet wird. Handelt es sich hingegen um eine **Tatsache**, so steht der **Indikativ**:

Il cherche une maison **qui soit** bon marché.	Wunsch
Il a une maison **qui est** bon marché.	Tatsache

10. Der *Subjonctif* steht nach einigen **Konjunktionen**, z.B:

Marc a acheté du pain **sans que** sa mère le **sache.**
Marc aide sa mère **pour qu'**elle **soit** heureuse.

Zu den *Subjonctif* auslösenden Konjunktionen gehören u.a.:

à condition que	*unter der Bedingung, dass*
afin que	*damit*
avant que … (ne)	*bevor*
bien que	*obwohl, obgleich*
de peur que … (ne)	*damit nicht*
de crainte que … (ne)	*damit nicht*
jusqu'à ce que	*solange bis*
malgré que	*obwohl, obgleich*
pour que	*damit*
pourvu que	*vorausgesetzt, dass*
quoique	*obwohl, obgleich*
sans que	*ohne dass*
supposé que	*angenommen, dass*

9 *La négation* – Die Verneinung

9.1 Die Verneinungselemente

Die Verneinung wird aus dem Verneinungselement **ne** und einem weiteren Verneinungswort gebildet.
Steht **ne** vor Vokal oder stummem h, so verkürzt es sich zu **n'**. Die Verneinung besteht aus zwei Wörtern.
Folgende Verneinungselemente gibt es im Französischen:

ne … pas	*nicht*
ne … plus	*nicht mehr*
ne … jamais	*nie*
ne … plus jamais	*nie mehr*
ne … rien	*nichts*
ne … plus rien	*nichts mehr*
ne … personne	*niemand*
ne … plus personne	*niemand mehr*
ne … pas encore	*noch nicht*
ne … toujours pas	*immer noch nicht*
ne … pas toujours	*nicht immer*
ne … ni … ni	*weder … noch*
ne … pas … ni	*weder … noch*
ne … pas … du tout	*überhaupt nicht*

In der Umgangssprache wird im Gespräch das Element **ne** auch oft weggelassen. In der Schriftsprache muss **ne** allerdings immer benutzt werden.

9.2 Die Stellung der Verneinungselemente

Im Folgenden wird aufgeführt, wie sich die Verneinungselemente in einem Satz verhalten.

Le pauvre Luc!

Il	**ne**	sait	**pas**	conduire.		
Il	**n'**	habite	**plus**	ici.		
Il	**ne**	va	**jamais**	au théâtre.		
Il	**ne**	mange	**plus jamais**	dans un restaurant.		
Il	**ne**	lit	**rien.**			
Il	**ne**	fait	**plus rien.**			
Il	**ne**	voit	**personne.**			
Il	**ne**	connaît	**plus personne.**			
Il	**ne**	sait	**pas encore**	faire la cuisine.		
Il	**n'**	est	**toujours pas**	heureux.		
Il	**n'**	a	**pas toujours**	envie de se lever.		
Il	**n'**	aime	**ni**	sa femme	**ni**	son fils.
Il	**n'**	aime	**pas**	sa femme	**ni**	son fils d'ailleurs!
Il	**ne**	veut	**ni**	faire les courses	**ni**	manger.
Il	**ne**	veut	**pas**	boire,	**ni**	manger d'ailleurs!
Il	**n'**	est	**pas**	content	**du tout.**	

1. Die Verneinungselemente umschließen in einfachen Zeiten und im Imperativ das konjugierte Verb:

ne n'	konjugiertes Verb	pas plus rien jamais personne etc.

2. Dies gilt auch bei Infinitivkonstruktionen, außer bei der Verneinung mit ne … personne:

ne n'	konjugiertes Verb	pas plus rien jamais etc.	Infinitiv

Ne … personne umschließt das konjugierte Verb und den Infinitiv:

ne n'	konjugiertes Verb	Infinitiv	personne

3. Steht ein Reflexivpronomen, ein direktes oder indirektes Objektpronomen bzw. en oder y vor dem konjugierten Verb, so umschließt die Verneinung die Gruppe aus Pronomen und Verb:

ne n'	Pronomen	konjugiertes Verb	pas plus rien jamais personne etc.

4. In zusammengesetzten Zeiten umschließen die Verneinungselemente das Hilfsverb, außer bei der Verneinung ne … personne.

ne n'	avoir/être	pas plus rien jamais etc.	Partizip

Ne … personne umschließt das Hilfsverb und das Partizip:

ne n'	avoir/être	Partizip	personne

Generell steht **ne** immer links von dem konjugierten Verb und **pas, plus, jamais** usw. rechts davon.

9.3 Die Verneinung in Verbindung mit Mengen

Bei Verneinungen in Verbindung mit Mengenangaben drückt die Verneinung die **„Menge Null“** aus. Zwischen der Verneinung und dem folgenden Substantiv steht **de**. Vor Vokal und stummem h wird **de** zu **d'**:

Je	**n'**	ai	**pas**	**d'**	oranges.	*keine*
			plus	**de**	pommes.	*keine … mehr*
			jamais	**de**	viande.	*nie*

Un, une oder **des** werden in der Verneinung zu **de**:

	un	restaurant	
Est-ce qu'il y a	**une**	école	près d'ici ?
	des	hôtels	
	de	restaurant	

Non, monsieur, il **n'**y a pas	**d'**	école	près d'ici.
	d'	hôtels	

Werden jedoch die Verben **être, aimer** oder **détester** verneint, so steht kein **de.**
Bei **aimer** und **détester** folgt **der bestimmte Artikel:**

Je	**n'**	aime	**pas**	**les**	oranges.
Je	**ne**	déteste	**pas**	**les**	poires.

Bei **être** folgt **der unbestimmte Artikel, des** oder ein **anderer Begleiter:**

Est-ce que c'est un chien?	Non, ce **n'**est **pas un** chien. C'est un chat.
Est-ce que ce sont **des** fraises bon marché?	Non, ce **ne** sont **pas des** fraises bon marché. Elles sont chères.
Est-ce que c'est **ton** copain?	Non, ce **n'**est **pas mon** copain.

10 *Les prépositions* – Die Präpositionen

10.1 Die Präpositionen des Ortes

Die Präposition à: in, nach

Die Präposition **à** dient der Angabe von **Zielen** oder **Aufenthaltsorten** in abstrakter, allgemeiner Weise.

Mit dem bestimmten Artikel geht **à** folgende Verbindungen ein:

à + le = **au**
à + les = **aux**

Maria habite **à** Lisbonne **au** Portugal. Elle va souvent **à** la plage. Cet été, elle veut aller **aux** Etats-Unis.

Die Präposition *chez:* bei, zu

Die Präposition **chez** dient der Angabe von **Zielen** und **Aufenthaltsorten** bei **Personen** oder belebten Wesen, z. B. bei Firmennamen.

> On va **chez** Paul ?
> Non, j'ai rendez-vous **chez** le dentiste.
> M. Dubois travaille **chez** Renault.

Die Präposition *dans:* in, in ... hinein

Die Präposition **dans** dient der Angabe von **konkreten Ortsangaben,** z. B. in Räumen.

> Elle habite **dans** un quartier de Paris où les enfants ne peuvent pas jouer **dans** la rue.

Die Präposition *de:* von, aus

Die Präposition **de** gibt die **Herkunft**, den **Ursprung** oder den **Ausgangspunkt** an.
Mit dem bestimmten Artikel geht **de** folgende Verbindungen ein:

de + le = **du**
de + les = **des**

Vor Vokal und stummem h wird **de** zu **d'.**

> Moi, je suis **de** France mais mon mari est **d'**Allemagne. Maintenant nous venons **de** Suisse.

Die Präposition *en:* in, nach

Die Präposition **en** steht bei **Aufenthaltsorten** und **Zielen** von weiblichen Ländernamen, bei Provinzen und Regionen und in bestimmten Ausdrücken.

> J'habite **en** France. Je vais partir **en** vacances **en** Provence.

Die Präposition *par:* durch

Die Präposition **par** bezeichnet das **Durchqueren** eines Raumes und steht meist in Verbindung mit Verben der Bewegung.

> Pour aller en Italie, on passe **par** la Suisse.

Die Präposition *pour:* nach

Die Präposition **pour** bezeichnet den **Zielpunkt** einer Reise, z. B. ein Land oder eine Stadt in Verbindung mit dem Verb *partir* und *s'embarquer.*

> Ce matin, ils sont partis **pour** Paris.

Die Präposition *vers:* in Richtung, nach

Die Präposition **vers** bezeichnet das **Ziel einer Bewegung,** z. B. ein Land, eine Stadt, eine Himmelsrichtung oder eine Person.

On va **vers** l'ouest.

Weitere örtliche Präpositionen

Folgende weitere örtliche Präpositionen stehen zur Verfügung:

à côté de	*neben*	Le garage est **à côté de** la maison.
à droite de	*rechts*	**A droite du** garage, il y a la boulangerie.
à gauche de	*links*	**A gauche de** la voiture, il y a un arbre.
au bout de	*am Ende von*	**Au bout de** la rue, il y a l'école de Luc.
au fond de	*hinten*	**Au fond du** garage, il y a le vélo de Luc.
derrière	*hinter*	Le chien est **derrière** la voiture.
devant	*vor*	Luc est **devant** la maison.
en face de	*gegenüber*	La maison est **en face de** l'hôtel.
entre	*zwischen*	Le petit frère de Luc est **entre** la voiture et la maison.
loin de	*weit von*	La maison est **loin de** la piscine.
près de	*nahe bei*	La maison est **près de** la gare.
sous	*unter*	Le ballon est **sous** la voiture.
sur	*auf*	Le chat est **sur** le toit.

10.2 Die Präpositionen der Zeit

Die Präposition *à:* um, an, in

Die Präposition **à** bezeichnet **genaue Zeitpunkte.**

Le train arrive **à** six heures.
Il fait froid **à** Noël.
Elle s'est mariée **à** 30 ans.
Es heißt **au** *printemps* aber **en** *été*, **en** *automne*, **en** *hiver.*

Die Präposition *à partir de:* von ... an, ab

Die Präposition **à partir de** gibt den **Anfangspunkt** einer Handlung in der **Gegenwart** oder in der **Zukunft** an.

A partir d'aujourd'hui il ne travaille plus.
A partir de demain elle fait des études.

Die Präposition *après:* nach

Die Präposition **après** gibt einen **Zeitpunkt** an, der **nach einem anderen Zeitpunkt** oder **Zeitraum** in der **Vergangenheit** oder **Zukunft** liegt.

Je vais terminer mon travail **après** Noël.

Die Präposition *avant:* vor

Die Präposition **avant** gibt einen **Zeitpunkt** an, der **vor einem anderen Zeitpunkt** oder **Zeitraum** in der **Vergangenheit** oder **Zukunft** liegt.

Je vais terminer mon travail **avant** Noël.

Die Präposition *dans:* in, nach Ablauf von

Die Präposition **dans** wird verwendet, um einen **zukünftigen Zeitpunkt** auszudrücken.

Paul rentre **dans** dix minutes.

Die Präposition *dès:* seit, von ... an

Die Präposition **dès** bezeichnet den **Anfangszeitpunkt** einer Handlung in der **Vergangenheit, Gegenwart** oder **Zukunft.**

Il est chef **dès** l'âge de 30 ans.
Il m'énerve **dès** son arrivée.

Die Präposition *depuis:* seit

Die Präposition **depuis** bezeichnet den **Anfangszeitpunkt** eines Zeitraumes, der in der **Vergangenheit beginnt** und **an die Vergangenheit oder Gegenwart heranreicht.**

Il est chez Renault **depuis** dix ans.

Die Präposition *en:* im (Monat), im Jahre, innerhalb von

Die Präposition **en** steht vor den **Jahreszeiten**, die mit Vokal beginnen, sowie vor **Monatsnamen** und **Jahreszahlen**. Außerdem bezeichnet **en** einen **bestimmten Zeitraum,** innerhalb dessen sich eine **Handlung vollzieht**.

Marie est née **en** 1996.
Il fait froid **en** hiver.
Noël est **en** décembre.
Pierre a fait ses études **en** 5 ans.

Bei **Monatsnamen** kann man statt **en** auch **au mois de** verwenden, z. B.:

Tout le monde part en vacances **au mois d'août/en** août.

Die Präposition *entre ... et:* zwischen ... und

Die Präposition **entre ... et** bezeichnet einen **Zeitraum**, der **zwischen zwei Zeitpunkten** liegt.

Je vais travailler **entre** 8 heures **et** 10 heures.

Die Präposition *il y a:* vor

Die Präposition **il y a** bezeichnet einen **vergangenen Zeitpunkt.**

Pierre a passé son bac **il y a** un an.

Die Präposition *jusque:* bis

Die Präposition **jusque** bezeichnet den **Endpunkt** eines **ununterbrochenen Zeitraumes,** der in der **Zukunft** stattfindet oder in der **Vergangenheit abgeschlossen** wurde.

Nous attendons **jusqu'à** demain.
Nous restons **jusqu'au** 10 mars.

Der Präposition **jusque** folgt gerne die Präposition **à,** woraufhin *jusque* sein *-e* verliert und zu **jusqu'à** wird.

Die Präposition *pendant:* während

Die Präposition **pendant** bezeichnet einen **Zeitraum**, der von einer Handlung ausgefüllt ist.

Il faisait beau **pendant** notre séjour.

Die Präposition *pour:* für (die Dauer von)

Die Präposition **pour** bezeichnet einen **befristeten Zeitraum,** der einem bestimmten Ziel unterworfen ist.

Il va à Paris **pour** deux semaines.

Die Präposition *vers:* gegen, um

Die Präposition **vers** bezeichnet einen **ungefähren Zeitpunkt.**

J'arrive **vers** dix heures.
Il termine son travail **vers** le 18 février.

10.3 Modale Präpositionen

Die Präposition *à:* mit

Die Präposition **à** bringt Folgendes zum Ausdruck:

– Zweck	C'est un verre **à** vin.
– Art und Weise	Il faut écrire **au** crayon.
– Preisangabe	Le kilo est **à** dix francs.
– Fortbewegungsart mit oder ohne Verkehrsmittel	On va **à** pied/**à** vélo au cinéma.
– Entfernung	L'hôtel est **à** dix kilomètres d'ici.

Die Präposition *avec:* mit

Die Präposition **avec** bringt Folgendes zum Ausdruck:

– Mittel/Werkzeug	Il ouvre la porte **avec** la clé.

Die Präposition *de:* mit, aus, vor

Die Präposition **de** bringt Folgendes zum Ausdruck:

- Körperteil — Il fait signe **de** la tête.
- Materialangabe — Regardez ! C'est **du** bois massif.
- Ursache — Ils ont crié **de** peur.
- Mengenangabe — Il faut acheter deux litres **de** lait.

Die Präposition *en:* mit, aus

Die Präposition **en** bringt Folgendes zum Ausdruck:

- Fortbewegung mit einem Transportmittel — J'y vais **en** avion.
- Materialangabe — J'ai une montre **en** or.

Bei der Fortbewegung mit dem Fahrrad sollte die Präposition **à** verwendet werden:

J'y vais **à** vélo.

Die Präposition *par:* mit, durch, aus, pro

Die Präposition *par* bringt Folgendes zum Ausdruck:

- Mittel — Cette lettre est arrivée **par** avion.
- Urheberbezeichnung — J'ai appris la nouvelle **par** le journal.
- Beweggrund — Il a avoué **par** peur d'aller en prison.
- Verteilung — La chambre coûte 100 F **par** personne.

Die Präposition *pour:* für

Die Präposition **pour** bringt Folgendes zum Ausdruck:

- Zweck — Il travaille **pour** gagner de l'argent.
- Preisangabe — J'ai acheté ce livre **pour** 20 F.

11 *Les conjonctions* – Die Konjunktionen

Mithilfe von Konjunktionen kann man Sätze oder Satzteile miteinander verbinden. Man unterscheidet zwischen beiordnenden und unterordnenden Konjunktionen.

11.1 Beiordnende Konjunktionen

Beiordnende Konjunktionen verbinden gleichrangige Sätze, d. h. Hauptsätze, miteinander, z. B.:

Il pleut **et** Marc reste à la maison.	*Es regnet und Marc bleibt zu Hause.*
J'avais rendez-vous avec Jean, **mais** il n'est pas venu.	*Ich hatte eine Verabredung mit Jean, aber er ist nicht gekommen.*

Zu den beiordnenden Konjunktionen zählen u. a.:

car	*denn*	ni … ni	*weder … noch*
donc	*also*	ou	*oder*
et	*und*	ou … ou	*entweder … oder*
mais	*aber*	ou bien	*oder*

11.2 Unterordnende Konjunktionen

Unterordnende Konjunktionen verbinden Haupt- und Nebensätze.

Il n'a pas le temps **parce qu'**il doit travailler	*Er hat keine Zeit, weil er arbeiten muss.*
Quand j'aurai terminé le bac, je ferai des études.	*Wenn ich das Abitur gemacht habe, werde ich studieren.*

Zu den unterordnenden Konjunktionen zählen u. a.:

à condition que*	*unter der Bedingung, dass*
afin que*	*damit*
après que	*nachdem*
avant que*	*bevor*
bien que*	*obwohl*
comme	*da*
de peur que*	*damit nicht*
depuis que	*seit, seitdem*
dès que	*sobald*
jusqu'à ce que*	*bis*
lorsque	*als, wenn*
malgré que*	*obwohl, obgleich*
parce que	*weil*
pendant que	*während*
pour que*	*damit*
pourvu que*	*vorausgesetzt, dass*
puisque	*da*
quand	*als, wenn*
quoique*	*obwohl*
sans que*	*ohne dass*
si	*wenn*
si bien que	*so dass*
supposé que*	*angenommen, dass*
tant que	*solange*

Nach den mit * gekennzeichneten Konjunktionen folgt der *Subjonctif*, z. B.:

Marie reste au lit **jusqu'à ce que** sa mère vienne.	*Marie bleibt im Bett, bis ihre Mutter kommt.*
Elle travaille **pour que** sa famille puisse vivre mieux.	*Sie arbeitet, damit ihre Familie besser leben kann.*

Französische Verben – Verbes français

Innerhalb der Konjugationsmuster für die Verb-Endungen **-er**, **-ir** und **-re** gibt es wiederkehrende Besonderheiten, die im Folgenden an 14 Musterverben dargestellt werden. Aus Platzgründen wurden die Verben im Wörterbuchteil mit Ziffern in Spitzklammern versehen; diese Ziffern zeigen den Konjugationstyp des betreffenden Verbs an und verweisen auf diese Musterverben hier.

Verben, die sehr viele Besonderheiten aufweisen, sind im Wörterbuchteil mit *<irr>* gekennzeichnet. Diese Verben sind im Anschluss an die 14 Musterverben in alphabetischer Reihenfolge aufgeführt. Wenn bei den Musterverben nur die erste Person Singular angegeben ist, folgen alle weiteren Personen dem Muster der ersten, wobei nur die entsprechende Endung angehängt werden muss.

Bei den meisten Verben werden zusammengesetzte Zeiten mit *avoir* gebildet, mit Ausnahme des pronominalen Gebrauchs, der immer mit *être* gebildet wird. Bei den Verben, deren zusammengesetzte Zeiten mit *être* bzw. *avoir* und *être* gebildet werden, erfolgt ein entsprechender Hinweis beim Eintrag.

avoir

INDICATIF		CONDITIONNEL	SUBJONCTIF
Présent	**Passé composé**	**Présent**	**Présent**
j'ai tu as il/elle a nous avons vous avez ils/elles ont	j'ai eu tu as eu il/elle a eu nous avons eu vous avez eu ils/elles ont eu	j'aurais tu aurais il/elle aurait nous aurions vous auriez ils/elles auraient	que j'aie que tu aies qu'il/elle ait que nous ayons que vous ayez qu'ils/elles aient
Imparfait	**Plus-que-parfait**	**Passé 1ère forme**	**Imparfait**
j'avais tu avais il/elle avait nous avions vous aviez ils/elles avaient	j'avais eu tu avais eu il/elle avait eu nous avions eu vous aviez eu ils/elles avaient eu	j'aurais eu tu aurais eu il/elle aurait eu nous aurions eu vous auriez eu ils/elles auraient eu	que j'eusse que tu eusses qu'il/elle eût que nous eussions que vous eussiez qu'ils/elles eussent
Passé simple	**Passé antérieur**	**Passé 2ème forme**	**Passé**
j'eus tu eus il/elle eut nous eûmes vous eûtes ils/elles eurent	j'eus eu tu eus eu il/elle eut eu nous eûmes eu vous eûtes eu ils/elles eurent eu	j'eusse eu tu eusses eu il/elle eût eu nous eussions eu vous eussiez eu ils/elles eussent eu	que j'aie eu que tu aies eu qu'il/elle ait eu que nous ayons eu que vous ayez eu qu'ils/elles aient eu
Futur simple	**Futur antérieur**		**Plus-que-parfait**
j'aurai tu auras il/elle aura nous aurons vous aurez ils/elles auront	j'aurai eu tu auras eu il/elle aura eu nous aurons eu vous aurez eu ils/elles auront eu		que j'eusse eu que tu eusses eu qu'il/elle eût eu que nous eussions eu que vous eussiez eu qu'ils/elles eussent eu

PARTICIPE		IMPÉRATIF	
Présent	**Passé**	**Présent**	**Passé**
ayant	eu/ayant eu	aie ayons ayez	aie eu ayons eu ayez eu

être

INDICATIF		CONDITIONNEL	SUBJONCTIF
Présent	**Passé composé**	**Présent**	**Présent**
je suis tu es il/elle est nous sommes vous êtes ils/elles sont	j'ai été tu as été il/elle a été nous avons été vous avez été ils/elles ont été	je serais tu serais il/elle serait nous serions vous seriez ils/elles seraient	que je sois que tu sois qu'il/elle soit que nous soyons que vous soyez qu'ils/elles soient
Imparfait	**Plus-que-parfait**	**Passé 1ère forme**	**Imparfait**
j'étais tu étais il/elle était nous étions vous étiez ils/elles étaient	j'avais été tu avais été il/elle avait été nous avions été vous aviez été ils/elles avaient été	j'aurais été tu aurais été il/elle aurait été nous aurions été vous auriez été ils/elles auraient été	que je fusse que tu fusses qu'il/elle fût que nous fussions que vous fussiez qu'ils/elles fussent
Passé simple	**Passé antérieur**	**Passé 2ème forme**	**Passé**
je fus tu fus il/elle fut nous fûmes vous fûtes ils/elles furent	j'eus été tu eus été il/elle eut été nous eûmes été vous eûtes été ils/elles eurent été	j'eusse été tu eusses été il/elle eût été nous eussions été vous eussiez été ils/elles eussent été	que j'aie été que tu aies été qu'il/elle ait été que nous ayons été que vous ayez été qu'ils/elles aient été
Futur simple	**Futur antérieur**		**Plus-que-parfait**
je serai tu seras il/elle sera nous serons vous serez ils/elles seront	j'aurai été tu auras été il/elle aura été nous aurons été vous aurez été ils/elles auront été		que j'eusse été que tu eusses été qu'il/elle eût été que nous eussions été que vous eussiez été qu'ils/elles eussent été

PARTICIPE		IMPÉRATIF	
Présent	**Passé**	**Présent**	**Passé**
étant	été/ayant été	sois soyons soyez	aie été ayons été ayez été

aller

INDICATIF		CONDITIONNEL	SUBJONCTIF
Présent	**Passé composé**	**Présent**	**Présent**
je vais tu vas il/elle va nous allons vous allez ils/elles vont	je suis allé(e) ...	j'irais tu irais il/elle irait nous irions vous iriez ils/elles iraient	que j'aille que tu ailles qu'il/elle aille que nous allions que vous alliez qu'ils/elles aillent

Imparfait	**Plus-que-parfait**	**Passé 1ère forme**	**Imparfait**
j'allais …	j'étais allé(e) …	je serais allé(e) …	que j'allasse que tu allasses qu'il/elle allât que nous allassions que vous allassiez qu'ils/elles allassent
Passé simple	**Futur simple**		**Passé**
j'allai …	j'irai tu iras il/elle ira nous irons vous irez ils/elles iront		que je sois allé(e) …

PARTICIPE		**IMPÉRATIF**	
Présent	**Passé**	**Présent**	**Passé**
allant	allé(e)/étant allé(e)	va allons allez	sois allé(e) soyons allé(e)s soyez allé(e)s

faire

INDICATIF		**CONDITIONNEL**	**SUBJONCTIF**
Présent	**Passé simple**	**Présent**	**Présent**
je fais tu fais il/elle fait nous faisons vous faites ils/elles font	je fis tu fis il/elle fit nous fîmes vous fîtes ils/elles firent	je ferais tu ferais il/elle ferait nous ferions vous feriez ils/elles feraient	que je fasse que tu fasses qu'il/elle fasse que nous fassions que vous fassiez qu'ils/elles fassent
Imparfait	**Passé composé**		**Imparfait**
je faisais tu faisais il/elle faisait nous faisions vous faisiez ils/elles faisaient	j'ai fait …		que je fisse que tu fisses qu'il/elle fît que nous fissions que vous fissiez qu'ils/elles fissent
	Futur simple		**Passé**
	je ferai tu feras il/elle fera nous ferons vous ferez ils/elles feront		que j'aie fait …

PARTICIPE		**IMPÉRATIF**	
Présent	**Passé**	**Présent**	**Passé**
faisant	fait/ayant fait	fais faisons faites	aie fait ayons fait ayez fait

1 chanter

INDICATIF		CONDITIONNEL	SUBJONCTIF
Présent	**Passé composé**	**Présent**	**Présent**
je chante tu chantes il/elle chante nous chantons vous chantez ils/elles chantent	j'ai chanté tu as chanté il/elle a chanté nous avons chanté vous avez chanté ils/elles ont chanté	je chanterais tu chanterais il/elle chanterait nous chanterions vous chanteriez ils/elles chanteraient	que je chante que tu chantes qu'il/elle chante que nous chantions que vous chantiez qu'ils/elles chantent
Imparfait	**Plus-que-parfait**	**Passé 1ère forme**	**Imparfait**
je chantais tu chantais il/elle chantait nous chantions vous chantiez ils/elles chantaient	j'avais chanté tu avais chanté il/elle avait chanté nous avions chanté vous aviez chanté ils/elles avaient chanté	j'aurais chanté tu aurais chanté il/elle aurait chanté nous aurions chanté vous auriez chanté ils/elles auraient chanté	que je chantasse que tu chantasses qu'il/elle chantât que nous chantassions que vous chantassiez qu'ils/elles chantassent
Passé simple	**Futur simple**		**Passé**
je chantai tu chantas il/elle chanta nous chantâmes vous chantâtes il/elles chantèrent	je chanterai tu chanteras il/elle chantera nous chanterons vous chanterez ils/elles chanteront		que j'aie chanté que tu aies chanté qu'il/elle ait chanté que nous ayons chanté que vous ayez chanté qu'ils/elles aient chanté

PARTICIPE		IMPÉRATIF	
Présent	**Passé**	**Présent**	**Passé**
chantant	chanté/ayant chanté	chante chantons chantez	aie chanté ayons chanté ayez chanté

1a parier

INDICATIF		CONDITIONNEL	SUBJONCTIF
Présent	**Passé simple**	**Présent**	**Présent**
je parie tu paries il/elle parie nous parions vous pariez ils/elles parient	je pariai tu parias il/elle paria nous pariâmes vous pariâtes ils/elles parièrent	je parierais …	que je parie que tu paries qu'il/elle parie que nous pariions que vous pariiez qu'ils/elles parient
Imparfait	**Passé composé**		**Imparfait**
je pariais tu pariais il/elle pariait nous pariions vous pariiez ils/elles pariaient	j'ai parié …		que je pariasse …
Futur simple			**Passé**
je parierai …			que j'aie parié …

PARTICIPE		IMPÉRATIF	
Présent	**Passé**	**Présent**	**Passé**
pariant	parié/ayant parié	parie parions pariez	aie parié ayons parié ayez parié

2 commencer

INDICATIF		CONDITIONNEL	SUBJONCTIF
Présent	**Passé simple**	**Présent**	**Présent**
je commence tu commences il/elle commence nous commençons vous commencez ils/elles commencent	je commençai tu commenças il/elle commença nous commençâmes vous commençâtes ils/elles commencèrent	je commencerais …	que je commence que tu commences qu'il/elle commence que nous commencions que vous commenciez qu'ils/elles commencent
Imparfait	**Passé composé**		**Imparfait**
je commençais tu commençais il/elle commençait nous commencions vous commenciez ils/elles commençaient	j'ai commencé …		que je commençasse que tu commençasses qu'il/elle commençât que nous commençassions que vous commençassiez qu'ils/elles commençassent
	Futur simple		**Passé**
	je commencerai …		que j'aie commencé …

PARTICIPE		IMPÉRATIF	
Présent	**Passé**	**Présent**	**Passé**
commençant	commencé/ayant commencé	commence commençons commencez	aie commencé ayons commencé ayez commencé

2a changer

INDICATIF		CONDITIONNEL	SUBJONCTIF
Présent	**Passé simple**	**Présent**	**Présent**
je change tu changes il/elle change nous changeons vous changez ils/elles changent	je changeai tu changeas il/elle changea nous changeâmes vous changeâtes ils/elles changèrent	je changerais …	que je change que tu changes qu'il/elle change que nous changions que vous changiez qu'ils/elles changent
Imparfait	**Passé composé**		**Imparfait**
je changeais tu changeais il/elle changeait nous changions vous changiez ils/elles changeaient	j'ai changé …		que je changeasse que tu changeasses qu'il/elle changeât que nous changeassions que vous changeassiez qu'ils/elles changeassent
	Futur simple		**Passé**
	je changerai …		que j'aie changé …

PARTICIPE		IMPÉRATIF	
Présent	**Passé**	**Présent**	**Passé**
changeant	changé/ayant changé	change changeons changez	aie changé ayons changé ayez changé

3 rejeter

INDICATIF		CONDITIONNEL	SUBJONCTIF
Présent	**Passé simple**	**Présent**	**Présent**
je rejette tu rejettes il/elle rejette nous rejetons vous rejetez ils/elles rejettent	je rejetai …	je rejetterais …	que je rejette que tu rejettes qu'il/elle rejette que nous rejetions que vous rejetiez qu'ils/elles rejettent
Imparfait	**Passé composé**		**Imparfait**
je rejetais …	j'ai rejeté …		que je rejetasse …
	Futur simple		**Passé**
	je rejetterai …		que j'aie rejeté …

PARTICIPE		IMPÉRATIF	
Présent	**Passé**	**Présent**	**Passé**
rejetant	rejeté/ayant rejeté	rejette rejetons rejetez	aie rejeté ayons rejeté ayez rejeté

4 peler

INDICATIF		CONDITIONNEL	SUBJONCTIF
Présent	**Passé simple**	**Présent**	**Présent**
je pèle tu pèles il/elle pèle nous pelons vous pelez ils/elles pèlent	je pelai …	je pèlerais tu pèlerais il/elle pèlerait nous pèlerions vous pèleriez ils/elles pèleraient	que je pèle que tu pèles qu'il/elle pèle que nous pelions que vous peliez qu'ils/elles pèlent
Imparfait	**Passé composé**		**Imparfait**
je pelais …	j'ai pelé …		que je pelasse …
	Futur simple		**Passé**
	je pèlerai tu pèleras il/elle pèlera nous pèlerons vous pèlerez ils/elles pèleront		que j'aie pelé …

PARTICIPE		IMPÉRATIF	
Présent	**Passé**	**Présent**	**Passé**
pelant	pelé/ayant pelé	pèle pelons pelez	aie pelé ayons pelé ayez pelé

5 préférer

INDICATIF		CONDITIONNEL	SUBJONCTIF
Présent	**Imparfait**	**Présent**	**Présent**
je préfère tu préfères il/elle préfère nous préférons vous préférez ils/elles préfèrent	je préférais …	je préférerais …	que je préfère que tu préfères qu'il/elle préfère que nous préférions que vous préfériez qu'ils/elles préfèrent
	Passé simple		**Imparfait**
	je préférai …		que je préférasse …
	Passé composé		**Passé**
	j'ai préféré …		que j'aie préféré …
	Futur simple		
	je préférerai …		

PARTICIPE		IMPÉRATIF	
Présent	**Passé**	**Présent**	**Passé**
préférant	préféré/ayant préféré	préfère préférons préférez	aie préféré ayons préféré ayez préféré

6 appuyer

INDICATIF		CONDITIONNEL	SUBJONCTIF
Présent	**Imparfait**	**Présent**	**Présent**
j'appuie tu appuies il/elle appuie nous appuyons vous appuyez ils/elles appuient	j'appuyais …	j'appuierais …	que j'appuie que tu appuies qu'il/elle appuie que nous appuyions que vous appuyiez qu'ils/elles appuient
	Passé simple		**Imparfait**
	j'appuyai …		que j'appuyasse …
	Passé composé		**Passé**
	j'ai appuyé …		que j'aie appuyé …
	Futur simple		
	j'appuierai …		

PARTICIPE		IMPÉRATIF	
Présent	**Passé**	**Présent**	**Passé**
appuyant	appuyé/ayant appuyé	appuie appuyons appuyez	aie appuyé ayons appuyé ayez appuyé

7 essayer

INDICATIF		CONDITIONNEL	SUBJONCTIF
Présent	**Imparfait**	**Présent**	**Présent**
j'essaie/essaye tu essaies/essayes il/elle essaie/essaye nous essayons vous essayez ils/elles essaient/essayent	j'essayais …	j'essaierais/essayerais …	que j'essaie/essaye que tu essaies/essayes qu'il/elle essaie/essaye que nous essayions que vous essayiez qu'ils/elles essaient/essayent
	Passé simple		**Imparfait**
	j'essayai …		que j'essayasse …
	Passé composé		**Passé**
	j'ai essayé …		que j'aie essayé …
	Futur simple		
	j'essaierai/essayerai …		

PARTICIPE		IMPÉRATIF	
Présent	**Passé**	**Présent**	**Passé**
essayant	essayé/ayant essayé	essaie/essaye essayons essayez	aie essayé ayons essayé ayez essayé

8 agir

INDICATIF		CONDITIONNEL	SUBJONCTIF
Présent	**Passé simple**	**Présent**	**Présent**
j'agis tu agis il/elle agit nous agissons vous agissez ils/elles agissent	j'agis tu agis il/elle agit nous agîmes vous agîtes ils/elles agirent	j'agirais …	que j'agisse que tu agisses qu'il/elle agisse que nous agissions que vous agissiez qu'ils/elles agissent
Imparfait j'agissais tu agissais il/elle agissait nous agissions vous agissiez ils/elles agissaient	**Passé composé**		**Imparfait**
	j'ai agi …		que j'agisse que tu agisses qu'il/elle agît que nous agissions que vous agissiez qu'ils/elles agissent
	Futur simple		**Passé**
	j'agirai tu agiras il/elle agira nous agirons vous agirez ils/elles agiront		que j'aie agi …

PARTICIPE		IMPÉRATIF	
Présent	**Passé**	**Présent**	**Passé**
agissant	agi/ayant agi	agis agissons agissez	aie agi ayons agi ayez agi

9 devenir

INDICATIF		CONDITIONNEL	SUBJONCTIF
Présent	**Passé composé**	**Présent**	**Présent**
je deviens tu deviens il/elle devient nous devenons vous devenez ils/elles deviennent	je suis devenu(e) ...	je deviendrais ...	que je devienne que tu deviennes qu'il/elle devienne que nous devenions que vous deveniez qu'ils/elles deviennent
Imparfait	**Futur simple**		**Imparfait**
je devenais ...	je deviendrai tu deviendras il/elle deviendra nous deviendrons vous deviendrez ils/elles deviendront		que je devinsse que tu devinsses qu'il/elle devînt que nous devinssions que vous devinssiez qu'ils/elles devinssent
Passé simple			**Passé**
je devins tu devins il/elle devint nous devînmes vous devîntes ils/elles devinrent			que je sois devenu(e) ...

PARTICIPE		IMPÉRATIF	
Présent	**Passé**	**Présent**	**Passé**
devenant	devenu(e)/étant devenu(e)	deviens devenons devenez	sois devenu(e) soyons devenu(e)s soyez devenu(e)s

10 sortir

INDICATIF		CONDITIONNEL	SUBJONCTIF
Présent	**Imparfait**	**Présent**	**Présent**
je sors tu sors il/elle sort nous sortons vous sortez ils/elles sortent	je sortais ...	je sortirais ...	que je sorte que tu sortes qu'il/elle sorte que nous sortions que vous sortiez qu'ils/elles sortent
	Passé simple		**Imparfait**
	je sortis...		que je sortisse ...
	Passé composé		**Passé**
	je suis sorti(e) ...		que je sois sorti(e) ...
	Futur simple		
	je sortirai ...		

PARTICIPE		IMPÉRATIF	
Présent	**Passé**	**Présent**	**Passé**
sortant	sorti(e)/étant sorti(e)	sors sortons sortez	sois sorti(e) soyons sorti(e)s soyez sorti(e)s

11 ouvrir

INDICATIF		CONDITIONNEL	SUBJONCTIF
Présent	**Imparfait**	**Présent**	**Présent**
j'ouvre tu ouvres il/elle ouvre nous ouvrons vous ouvrez ils/elles ouvrent	j'ouvrais …	j'ouvrirais …	que j'ouvre que tu ouvres qu'il/elle ouvre que nous ouvrions que vous ouvriez qu'ils/elles ouvrent
	Passé simple		**Imparfait**
	j'ouvris …		que j'ouvrisse …
	Passé composé		**Passé**
	j'ai ouvert …		que j'aie ouvert …
	Futur simple		
	j'ouvrirai …		

PARTICIPE		IMPÉRATIF	
Présent	**Passé**	**Présent**	**Passé**
ouvrant	ouvert/ayant ouvert	ouvre ouvrons ouvrez	aie ouvert ayons ouvert ayez ouvert

12 apercevoir

INDICATIF		CONDITIONNEL	SUBJONCTIF
Présent	**Passé simple**	**Présent**	**Présent**
j'aperçois tu aperçois il/elle aperçoit nous apercevons vous apercevez ils/elles aperçoivent	j'aperçus tu aperçus il/elle aperçut nous aperçûmes vous aperçûtes ils/elles aperçurent	j'apercevrais …	que j'aperçoive que tu aperçoives qu'il/elle aperçoive que nous apercevions que vous aperceviez qu'ils/elles aperçoivent
Imparfait	**Passé composé**		**Imparfait**
j'apercevais …	j'ai aperçu …		que j'aperçusse que tu aperçusses qu'il/elle aperçût que nous aperçussions que vous aperçussiez qu'ils/elles aperçussent
	Futur simple		**Passé**
	j'apercevrai …		que j'aie aperçu …

PARTICIPE		IMPÉRATIF	
Présent	**Passé**	**Présent**	**Passé**
apercevant	aperçu/ayant aperçu	aperçois apercevons apercevez	aie aperçu ayons aperçu ayez aperçu

13 comprendre

INDICATIF		CONDITIONNEL	SUBJONCTIF
Présent	**Passé simple**	**Présent**	**Présent**
je comprends tu comprends il/elle comprend nous comprenons vous comprenez ils/elles comprennent	je compris tu compris il/elle comprit nous comprîmes vous comprîtes ils/elles comprirent	je comprendrais ...	que je comprenne que tu comprennes qu'il/elle comprenne que nous comprenions que vous compreniez qu'ils/elles comprennent
Imparfait	**Passé composé**		**Imparfait**
je comprenais tu comprenais il/elle comprenait nous comprenions vous compreniez ils/elles comprenaient	j'ai compris ...		que je comprisse que tu comprisses qu'il/elle comprît que nous comprissions que vous comprissiez qu'ils/elles comprissent
	Futur simple		**Passé**
	je comprendrai tu comprendras il/elle comprendra nous comprendrons vous comprendrez ils/elles comprendront		que j'aie compris ...

PARTICIPE		IMPÉRATIF	
Présent	**Passé**	**Présent**	**Passé**
comprenant	compris/ayant compris	comprends comprenons comprenez	aie compris ayons compris ayez compris

14 vendre

INDICATIF		CONDITIONNEL	SUBJONCTIF
Présent	**Passé simple**	**Présent**	**Présent**
je vends tu vends il/elle vend nous vendons vous vendez ils/elles vendent	je vendis tu vendis il/elle vendit nous vendîmes vous vendîtes ils/elles vendirent	je vendrais ...	que je vende que tu vendes qu'il/elle vende que nous vendions que vous vendiez qu'ils/elles vendent
Imparfait	**Passé composé**		**Imparfait**
je vendais tu vendais il/elle vendait nous vendions vous vendiez ils/elles vendaient	j'ai vendu ... **Futur simple** je vendrai ...		que je vendisse ... **Passé** que j'aie vendu ...

PARTICIPE		IMPÉRATIF	
Présent	**Passé**	**Présent**	**Passé**
vendant	vendu/ayant vendu	vends vendons vendez	aie vendu ayons vendu ayez vendu

Französische unregelmäßige Verben – Verbes français irréguliers

Infinitif	Présent	Imparfait	Futur	Passé simple	Subjonctif présent	Subjonctif imparfait	Part. présent	Part. passé
abattre *siehe battre*								
absoudre	j'absous	j'absolvais	j'absoudrai	j'absolus	que j'absolve	que j'absolusse	absolvant	absous, -oute
	nous absolvons	nous absolvions	nous absoudrons	nous absolûmes	que nous absolvions	que nous absolussions		
	ils absolvent	ils absolvaient	ils absoudront	ils absolurent	qu'ils absolvent	qu'ils absolussent		
abstraire *siehe extraire*		**accourir** *siehe courir*						
accroître	j'accrois	j'accroissais	j'accroîtrai	j'accrus	que j'accroisse	que j'accrusse	accroissant	accru, e
	nous accroissons	nous accroissions	nous accroîtrons	nous accrûmes	que nous accroissions	que nous accrussions		
	ils accroissent	ils accroissaient	ils accroîtront	ils accrurent	qu'ils accroissent	qu'ils accrussent		
accueillir *siehe cueillir*								
acquérir	j'acquiers	j'acquérais	j'acquerrai	j'acquis	que j'acquière	que j'acquisse	acquérant	acquis, e
	il acquiert	il acquérait	il acquerra	il acquit	qu'il acquière	qu'il acquît		
	nous acquérons	nous acquérions	nous acquerrons	nous acquîmes	que nous acquérions	que nous acquissions		
	ils acquièrent	ils acquéraient	ils acquerront	ils acquirent	qu'ils acquièrent	qu'ils acquissent		
admettre *siehe mettre*		**apparaître** *siehe paraître*		**assaillir** *siehe défaillir*				
aller	je vais	j'allais	j'irai	allé, e	que j'aille			
	tu vas	tu allais	tu iras		que tu ailles			
	il va	il allait	il ira		qu'il aille			
	nous allons	nous allions	nous irons		que nous allions			
	vous allez	vous alliez	vous irez		que vous alliez			
	ils vont	ils allaient	ils iront		qu'ils aillent			
asseoir	j'assieds	j'asseyais	j'assiérai	j'assis	que j'asseye	que j'assisse	asseyant	assis, e
	il assied	il asseyait	il assiéra	il assit	qu'il asseye	qu'il assît	*o* assoyant	
	nous asseyons	nous asseyions	nous assiérons	nous assîmes	que nous asseyions	que nous assissions		
	ils asseyent	ils asseyaient	ils assiéront	ils assirent	qu'ils asseyent	qu'ils assissent		
	o j'assois	*o* j'assoyais	*o* j'assoirai		*o* que j'assoie			
	il assoit	il assoyait	il assoira		qu'il assoie			
	nous assoyons	nous assoyions	nous assoirons		que nous assoyions			
	ils assoient	ils assoyaient	ils assoiront		qu'ils assoient			
astreindre *siehe peindre*		**atteindre** *siehe peindre*						
battre	je bats	je battais	je battrai	je battis	que je batte	que je battisse	battant	battu, e
	il bat	il battait	il battra	il battit	qu'il batte	qu'il battît		
	nous battons	nous battions	nous battrons	nous battîmes	que nous battions	que nous battissions		
	ils battent	ils battaient	ils battront	ils battirent	qu'ils battent	qu'ils battissent		
boire	je bois	je buvais	je boirai	je bus	que je boive	que je busse	buvant	bu, e
	il boit	il buvait	il boira	il but	qu'il boive	qu'il bût		
	nous buvons	nous buvions	nous boirons	nous bûmes	que nous buvions	que nous bussions		
	ils boivent	ils buvaient	ils boiront	ils burent	qu'ils boivent	qu'ils bussent		
bouillir	je bous	je bouillais	je bouillirai	je bouillis	que je bouille	que je bouillisse	bouillant	bouilli, e
	nous bouillons	nous bouillions	nous bouillirons	nous bouillîmes	que nous bouillions	que nous bouillissions		
	ils bouillent	ils bouillaient	ils bouilliront	ils bouillirent	qu'ils bouillent	qu'ils bouillissent		

Infinitif	Présent	Imparfait	Futur	Passé simple	Subjonctif présent	Subjonctif imparfait	Part. présent	Part. passé
braire *siehe extraire*								
bruire	il bruit	il bruissait	*fehlt*	*fehlt*	qu'il bruisse	*fehlt*	bruissant	*fehlt*
	nous/vous fehlt							
	ils bruissent							
ceindre *siehe peindre*								
choir	je chois	*fehlt*	je choirai *o* cherrai	je chus	*fehlt*	*nur:* qu'il chût	*fehlt*	chu, e
	il choit			il chut				
	nous/vous fehlt			nous chûmes				
	ils choient		ils choiront *o* cherront	ils churent				
circonscrire *siehe écrire*								
clore	je clos	*fehlt*	je clorai	*fehlt*	que je close	*fehlt*	closant	clos, e
	il clôt		il clora		qu'il close			
	nous closons		nous clorons		que nous closions			
	ils closent		ils cloront		qu'ils closent			
comparaître *siehe paraître*		**complaire** *siehe plaire*		**compromettre** *siehe mettre*				
conclure	je conclus	je concluais	je conclurai	je conclus	que je conclue	que je conclusse	concluant	conclu, e
concourir *siehe courir*								
conduire	je conduis	je conduisais	je conduirai	je conduisis	que je conduise	que je conduisisse	conduisant	conduit, e
connaître *siehe paraître*		**conquérir** *siehe acquérir*		**construire** *siehe conduire*		**contraindre** *siehe craindre*		
contredire *siehe dire*		**contrefaire** *siehe faire*		**convaincre** *siehe vaincre*				
corrompre *siehe rompre*								
coudre	je couds	je cousais	je coudrai	je cousis	que je couse	que je cousisse	cousant	cousu, e
	il coud	il cousait	il coudra	il cousit	qu'il couse	qu'il cousît		
	nous cousons	nous cousions	nous coudrons	nous cousîmes	que nous cousions	que nous cousissions		
	ils cousent	ils cousaient	ils coudront	ils cousirent	qu'ils cousent	qu'ils cousissent		
courir	je cours	je courais	je courrai	je courus	que je coure	que je courusse	courant	couru, e
	il court	il courait	il courra	il courut	qu'il coure	qu'il courût		
	nous courons	nous courions	nous courrons	nous courûmes	que nous courions	que nous courussions		
	ils courent	ils couraient	ils courront	ils coururent	qu'ils courent	qu'ils courussent		
craindre	je crains	je craignais	je craindrai	je craignis	que je craigne	que je craignisse	craignant	craint, e
	nous craignons	nous craignions	nous craindrons	nous craignîmes	que nous craignions	que nous craignissions		
	ils craignent	ils craignaient	ils craindront	ils craignirent	qu'ils craignent	qu'ils craignissent		
croire	je crois	je croyais	je croirai	je crus	que je croie	que je crusse	croyant	cru, e
	il croit	il croyait	il croira	il crut	qu'il croie	qu'il crût		
	nous croyons	nous croyions	nous croirons	nous crûmes	que nous croyions	que nous crussions		
	ils croient	ils croyaient	ils croiront	ils crurent	qu'ils croient	qu'ils crussent		
croître	je croîs	je croissais	je croîtrai	je crûs	que je croisse	que je crûsse	croissant	crû, crue, cru(e)s
	nous croissons	nous croissions	nous croîtrons	nous crûmes	que nous croissions	que nous crûssions		
	ils croissent	ils croissaient	ils croîtront	ils crûrent	qu'ils croissent	qu'ils crûssent		

Infinitif	Présent	Imparfait	Futur	Passé simple	Subjonctif présent	Subjonctif imparfait	Part. présent	Part. passé
cueillir	je cueille il cueille nous cueillons ils cueillent	je cueillais il cueillait nous cueillions ils cueillaient	je cueillerai il cueillera nous cueillerons ils cueilleront	je cueillis il cueillit nous cueillîmes ils cueillirent	que je cueille qu'il cueille que nous cueillions qu'ils cueillent	que je cueillisse qu'il cueillît que nous cueillissions qu'ils cueillissent	cueillant	cueilli, e
cuire *siehe conduire*		**débattre** *siehe battre*						
déchoir	je déchois nous déchoyons ils déchoient	*fehlt*	je déchoirai nous déchoirons ils déchoiront	je déchus nous déchûmes ils déchurent	que je déchoie que nous déchoyions qu'ils déchoient	que je déchusse que nous déchussions qu'ils déchussent	*fehlt*	déchu, e
découdre *siehe coudre*		**décrire** *siehe écrire*		**décroître** *siehe accroître*		**dédire** *siehe contredire*	**déduire** *siehe conduire*	
défaillir	je défaille	je défaillais	je défaillirai	je défaillis	que je défaille	que je défaillisse	défaillant	défailli
défaire *siehe faire*		**démettre** *siehe mettre*		**dépeindre** *siehe peindre*		**déplaire** *siehe plaire*		
desservir *siehe servir*		**déteindre** *siehe peindre*		**détruire** *siehe conduire*		**dévêtir** *siehe vêtir*		
devoir	je dois il doit nous devons ils doivent	je devais il devait nous devions ils devaient	je devrai il devra nous devrons ils devront	je dus il dut nous dûmes ils durent	que je doive qu'il doive que nous devions qu'ils doivent	que je dusse qu'il dût que nous dussions qu'ils dussent	devant	dû, due, du(e)s
dire	je dis nous disons vous dites ils disent	je disais nous disions vous disiez ils disaient	je dirai nous dirons vous direz ils diront	je dis nous dîmes vous dîtes ils dirent	que je dise que nous disions que vous disiez qu'ils disent	que je disse que nous dissions que vous dissiez qu'ils dissent	disant	dit, e
discourir *siehe courir*		**disjoindre** *siehe joindre*		**disparaître** *siehe paraître*		**dissoudre** *siehe absoudre*	**distraire** *siehe extraire*	
dormir	je dors nous dormons ils dorment	je dormais nous dormions ils dormaient	je dormirai nous dormirons ils dormiront	je dormis nous dormîmes ils dormirent	que je dorme que nous dormions qu'ils dorment	que je dormisse que nous dormissions qu'ils dormissent	dormant	dormi
ébattre *siehe battre*								
échoir	il échoit ils échoient	il échoyait ils échoyaient	il échoira *o* écherra ils échoiront *o* écherront	il échut ils échurent	qu'il échoit qu'ils échoient	qu'il échût qu'ils échussent	échéant	échu, e
éclore *siehe clore*								
écrire	j'écris il écrit nous écrivons ils écrivent	j'écrivais il écrivait nous écrivions ils écrivaient	j'écrirai il écrira nous écrirons ils écriront	j'écrivis il écrivit nous écrivîmes ils écrivirent	que j'écrive qu'il écrive que nous écrivions qu'ils écrivent	que j'écrivisse qu'il écrivît que nous écrivissions qu'ils écrivissent	écrivant	écrit, e
élire *siehe lire*		**émettre** *siehe mettre*						
émouvoir *wie mouvoir, Ausnahme:*								ému, e
empreindre *siehe peindre*		**enclore** *siehe clore*		**encourir** *siehe courir*		**endormir** *siehe dormir*	**enduire** *siehe conduire*	
enfreindre *siehe peindre*		**enfuir** *siehe fuir*		**enjoindre** *siehe joindre*		**enquérir** *siehe acquérir*	**ensuivre** *siehe suivre*	
entremettre *siehe mettre*		**entrevoir** *siehe voir*						

Infinitif	Présent	Imparfait	Futur	Passé simple	Subjonctif présent	Subjonctif imparfait	Part. présent	Part. passé
envoyer	j'envoie	j'envoyais	j'enverrai	j'envoyai	que j'envoie	que j'envoyasse	envoyant	envoyé, e
	nous envoyons	nous envoyions	nous enverrons	nous envoyâmes	que nous envoyions	que nous envoyassions		
	ils envoient	ils envoyaient	ils enverront	ils envoyèrent	qu'ils envoient	qu'ils envoyassent		
équivaloir *siehe valoir*		**éteindre** *siehe peindre*						
être	je suis	j'étais	je serai	été	que je sois			
	tu es	tu étais	tu seras		que tu sois			
	il est	il était	il sera		qu'il soit			
	nous sommes	nous étions	nous serons		que nous soyons			
	vous êtes	vous étiez	vous serez		que vous soyez			
	ils sont	ils étaient	ils seront		qu'ils soient			
étreindre *siehe peindre*								
exclure	j'exclus	j'excluais	j'exclurai	j'exclus	que j'exclue	que j'exclusse	excluant	exclu, e
	il exclut	il excluait	il exclura	il exclut	qu'il exclue	qu'il exclût		
	nous excluons	nous excluions	nous exclurons	nous exclûmes	que nous excluions	que nous exclussions		
	ils excluent	ils excluaient	ils excluront	ils exclurent	qu'ils excluent	qu'ils exclussent		
extraire	j'extrais	j'extrayais	j'extrairai	*fehlt*	que j'extraie	*fehlt*	extrayant	extrait, e
	nous extrayons	nous extrayions	nous extrairons		que nous extrayions			
	ils extraient	ils extrayaient	ils extrairont		qu'ils extraient			
faillir	je faillis	je faillissais	je faillirai	je faillis	que je faillisse	que je faillisse	faillissant	failli
	nous faillissons	nous faillissions	nous faillirons	nous faillîmes	que nous faillissions	que nous faillissions	*o* faillant	
	ils faillissent	ils faillissaient	ils failliront	ils faillirent	qu'ils faillissent	qu'ils faillissent		
		o je faillais	*o* je faudrai		*o* que je faille			
		nous faillions	nous faudrons		que nous faillions			
		ils faillaient	ils faudront		qu'ils faillent			
faire	je fais	je faisais	je ferai	fait, e	que je fasse			
	tu fais	tu faisais	tu feras		que tu fasses			
	il fait	il faisait	il fera		qu'il fasse			
	nous faisons	nous faisions	nous ferons		que nous fassions			
	vous faites	vous faisiez	vous ferez		que vous fassiez			
	ils font	ils faisaient	ils feront		qu'ils fassent			
falloir	il faut	il fallait	il faudra	il fallut	qu'il faille	qu'il fallût	*fehlt*	fallu
feindre *siehe peindre*								
frire	je fris	*fehlt*	je frirai	*fehlt*	*fehlt*	*fehlt*	*fehlt*	frit, e
	nous/vous/ils *fehlt*		nous frirons					
			ils friront					
fuir	je fuis	je fuyais	je fuirai	je fuis	que je fuie	que je fuisse	fuyant	fui, e
	il fuit	il fuyait	il fuira	il fuit	qu'il fuie	qu'il fuît		
	nous fuyons	nous fuyions	nous fuirons	nous fuîmes	que nous fuyions	que nous fuissions		
	ils fuient	ils fuyaient	ils fuiront	ils fuirent	qu'ils fuient	qu'ils fuissent		
geindre *siehe peindre*								

Infinitif	Présent	Imparfait	Futur	Passé simple	Subjonctif présent	Subjonctif imparfait	Part. présent	Part. passé
gésir	je gis	je gisais						
	tu gis	tu gisais						
	il gît	il gisait						
	nous gisons	nous gisions						
	vous gisez	vous gisiez						
	ils gisent	ils gisaient						
haïr	je hais	je haïssais	je haïrai	je haïs	que je haïsse	que je haïsse	haïssant	haï, e
	il hait	il haïssait	il haïra	il haït	qu'il haïsse	qu'il haït		
	nous haïssons	nous haïssions	nous haïrons	nous haïmes	que nous haïssions	que nous haïssions		
	ils haïssent	ils haïssaient	ils haïront	ils haïront	qu'ils haïssent	qu'ils haïssent		
inclure *siehe conclure*		**induire** *siehe conduire*		**inscrire** *siehe écrire*	**instruire** *siehe conduire*			
interdire *siehe contredire*		**interrompre** *siehe rompre*		**introduire** *siehe conduire*				
joindre	je joins	je joignais	je joindrai	je joignis	que je joigne	que je joignisse	joignant	joint, e
	il joint	il joignait	il joindra	il joignit	qu'il joigne	qu'il joignît		
	nous joignons	nous joignions	nous joindrons	nous joignîmes	que nous joignions	que nous joignissions		
	ils joignent	ils joignaient	ils joindront	ils joignirent	qu'ils joignent	qu'ils joignissent		
lire	je lis	je lisais	je lirai	je lus	que je lise	que je lusse	lisant	lu, e
	il lit	il lisait	il lira	il lut	qu'il lise	qu'il lût		
	nous lisons	nous lisions	nous lirons	nous lûmes	que nous lisions	que nous lussions		
	ils lisent	ils lisaient	ils liront	ils lurent	qu'ils lisent	qu'ils lussent		
luire *siehe nuire*		**méconnaître** *siehe paraître*		**médire** *siehe contredire*				
mettre	je mets	je mettais	je mettrai	je mis	que je mette	que je misse	mettant	mis, e
	il met	il mettait	il mettra	il mit	qu'il mette	qu'il mît		
	nous mettons	nous mettions	nous mettrons	nous mîmes	que nous mettions	que nous missions		
	ils mettent	ils mettaient	ils mettront	ils mirent	qu'ils mettent	qu'ils missent		
moudre	je mouds	je moulais	je moudrai	je moulus	que je moule	que je moulusse	moulant	moulu, e
	il moud	il moulait	il moudra	il moulut	qu'il moule	qu'il moulût		
	nous moulons	nous moulions	nous moudrons	nous moulûmes	que nous moulions	que nous moulussions		
	ils moulent	ils moulaient	ils moudront	ils moulurent	qu'ils moulent	qu'ils moulussent		
mourir	je meurs	je mourais	je mourrai	je mourus	que je meure	que je mourusse	mourant	mort, e
	il meurt	il mourait	il mourra	il mourut	qu'il meure	qu'il mourût		
	nous mourons	nous mourions	nous mourrons	nous mourûmes	que nous mourions	que nous mourussions		
	ils meurent	ils mouraient	ils mourront	ils moururent	qu'ils meurent	qu'ils mourussent		
mouvoir	je meus	je mouvais	je mouvrai	je mus	que je meuve	que je musse	mouvant	mû, mue, mu(e)s
	il meut	il mouvait	il mouvra	il mut	qu'il meuve	qu'il mût		
	nous mouvons	nous mouvions	nous mouvrons	nous mûmes	que nous mouvions	que nous mussions		
	ils meuvent	ils mouvaient	ils mouvront	ils murent	qu'ils meuvent	qu'ils mussent		
naître	je nais	je naissais	je naîtrai	je naquis	que je naisse	que je naquisse	naissant	né, e
	il naît	il naissait	il naîtra	il naquit	qu'il naisse	qu'il naquît		
	nous naissons	nous naissions	nous naîtrons	nous naquîmes	que nous naissions	que nous naquissions		
	ils naissent	ils naissaient	ils naîtront	ils naquirent	qu'ils naissent	qu'ils naquissent		

Infinitif	Présent	Imparfait	Futur	Passé simple	Subjonctif présent	Subjonctif imparfait	Part. présent	Part. passé
nuire	je nuis	je nuisais	je nuirai	je nuisis	que je nuise	que je nuisisse	nuisant	nui
	nous nuisons	nous nuisions	nous nuirons	nous nuisîmes	que nous nuisions	que nous nuisissions		
	ils nuisent	ils nuisaient	ils nuiront	ils nuisirent	qu'ils nuisent	qu'ils nuisissent		
occire *nur Infinitiv und Participe passé und zusammengesetzte Zeiten*								occis, e
oindre *siehe joindre*		**omettre** *siehe mettre*						
ouïr	j'ouïs	j'ouïssais	j'ouïrai	j'ouïs	que j'ouïsse	que j'ouïsse	oyant	ouï, e
	nous ouïssons	nous ouïssions	nous ouïrons	nous ouïmes	que nous ouïssions	que nous ouïssions		
	ils ouïssent	ils ouïssaient	ils ouïront	ils ouïrent	qu'ils ouïssent	qu'ils ouïssent		
	o j'ois	*o* j'oyais	*o* j'orrai		o que j'oie			
	nous oyons	nous oyions	nous orrons		que nous oyions			
	ils oient	ils oyaient	ils orront		qu'ils oient			
paître *siehe paraître*								
paraître	je parais	je paraissais	je paraîtrai	je parus	que je paraisse	que je parusse	paraissant	paru, e
	il paraît	il paraissait	il paraîtra	il parut	qu'il paraisse	qu'il parût		
	nous paraissons	nous paraissions	nous paraîtrons	nous parûmes	que nous paraissions	que nous parussions		
	ils paraissent	ils paraissaient	ils paraîtront	ils parurent	qu'ils paraissent	qu'ils parussent		
parcourir *siehe courir*		**parfaire** *siehe faire*						
peindre	je peins	je peignais	je peindrai	je peignis	que je peigne	que je peignisse	peignant	peint, e
	nous peignons	nous peignions	nous peindrons	nous peignîmes	que nous peignions	que nous peignissions		
	ils peignent	ils peignaient	ils peindront	ils peignirent	qu'ils peignent	qu'ils peignissent		
permettre *siehe mettre*								
plaindre	je plains	je plaignais	je plaindrai	je plaignis	que je plaigne	que je plaignisse	plaignant	plaint, e
	il plaint	il plaignait	il plaindra	il plaignit	qu'il plaigne	qu'il plaignît		
	nous plaignons	nous plaignions	nous plaindrons	nous plaignîmes	que nous plaignions	que nous plaignissions		
	ils plaignent	ils plaignaient	ils plaindront	ils plaignirent	qu'ils plaignent	qu'ils plaignissent		
plaire	je plais	je plaisais	je plairai	je plus	que je plaise	que je plusse	plaisant	plu
	il plaît	il plaisait	il plaira	il plut	qu'il plaise	qu'il plût		
pleuvoir	il pleut	il pleuvait	il pleuvra	il plut	qu'il pleuve	qu'il plût	pleuvant	plu
fig	ils pleuvent	ils pleuvaient	ils pleuvront	ils plurent	qu'ils pleuvent	qu'ils plussent		
poursuivre *siehe suivre*								
pourvoir	je pourvois	je pourvoyais	je pourvoirai	je pourvus	que je pourvoie	que je pourvusse	pourvoyant	pourvu, e
	il pourvoit	il pourvoyait	il pourvoira	il pourvut	qu'il pourvoie	qu'il pourvût		
	nous pourvoyons	nous pourvoyions	nous pourvoirons	nous pourvûmes	que nous pourvoyions	que nous pourvussions		
	ils pourvoient	ils pourvoyaient	ils pourvoiront	ils pourvurent	qu'ils pourvoient	qu'ils pourvussent		
pouvoir	je peux	je pouvais	je pourrai	je pus	que je puisse	que je pusse	pouvant	pu
	il peut	il pouvait	il pourra	il put	qu'il puisse	qu'il pût		
	nous pouvons	nous pouvions	nous pourrons	nous pûmes	que nous puissions	que nous pussions		
	ils peuvent	ils pouvaient	ils pourront	ils purent	qu'ils puissent	qu'ils pussent		
prédire	je prédis	je prédisais	je prédirai	je prédis	que je prédise	que je prédisse	prédisant	prédit, e
	il prédit	il prédisait	il prédira	il prédit	qu'il prédise	qu'il prédît		
	nous prédisons	nous prédisions	nous prédirons	nous prédîmes	que nous prédisions	que nous prédissions		

Infinitif	Présent	Imparfait	Futur	Passé simple	Subjonctif présent	Subjonctif imparfait	Part. présent	Part. passé
prescrire *siehe écrire*								
prévaloir *wie valoir, Ausnahme:*					que je prévale			
prévoir *wie voir, Ausnahme:*			je prévoirai					
produire *siehe conduire*		**promettre** *siehe mettre*						
promouvoir *wie mouvoir, Ausnahme:*								promu, e
proscrire *siehe écrire*		**rabattre** *siehe battre*		**rasseoir** *siehe asseoir*		**réadmettre** *siehe mettre*		
réapparaître *siehe paraître*		**recomparaître** *siehe paraître*		**reconduire** *siehe conduire*		**reconnaître** *siehe paraître*		
reconquérir *siehe acquérir*		**reconstruire** *siehe conduire*		**recoudre** *siehe coudre*		**recourir** *siehe courir*		
récrire *siehe écrire*		**recueillir** *siehe cueillir*		**recuire** *siehe conduire*		**redéfaire** *siehe faire*		
redire *siehe dire*		**redormir** *siehe dormir*		**réduire** *siehe conduire*		**réécrire** *siehe écrire*		
réélire *siehe lire*		**réinscrire** *siehe écrire*		**réintroduire** *siehe conduire*		**rejoindre** *siehe joindre*		
relire *siehe lire*		**reluire** *siehe nuire*		**remettre** *siehe mettre*		**renaître** *siehe naître*		
rendormir *siehe dormir*		**reparaître** *siehe paraître*		**repeindre** *siehe peindre*		**reproduire** *siehe conduire*		
requérir *siehe acquérir*								
résoudre	je résous	je résolvais	je résoudrai	je résolus	que je résolve	que je résolusse	résolvant	résolu, e
	il résout	il résolvait	il résoudra	il résolut	qu'il résolve	qu'il résolût		
	nous résolvons	nous résolvions	nous résoudrons	nous résolûmes	que nous résolvions	que nous résolussions		
	ils résolvent	ils résolvaient	ils résoudront	ils résolurent	qu'ils résolvent	qu'ils résolussent		
restreindre *siehe peindre*		**retraduire** *siehe traduire*		**retranscrire** *siehe écrire*		**retransmettre** *siehe mettre*		
revaloir *siehe valoir*		**revêtir** *siehe vêtir*		**revivre** *siehe vivre*		**revoir** *siehe voir*		
revouloir *siehe vouloir*								
rire	je ris	je riais	je rirai	je ris	que je rie	que je risse	riant	ri
	il rit	il riait	il rira	il rit	qu'il rie	qu'il rît		
	nous rions	nous riions	nous rirons	nous rîmes	que nous riions	que nous rissions		
	ils rient	ils riaient	ils riront	ils rirent	qu'ils rient	qu'ils rissent		
rompre	je romps	je rompais	je romprai	je rompis	que je rompe	que je rompisse	rompant	rompu, e
	il rompt	il rompait	il rompra	il rompit	qu'il rompe	qu'il rompît		
	nous rompons	nous rompions	nous romprons	nous rompîmes	que nous rompions	que nous rompissions		
	ils rompent	ils rompaient	ils rompront	ils rompirent	qu'ils rompent	qu'ils rompissent		
saillir	il saille	il saillait	il saillera	il saillit	qu'il saille	qu'il saillît	saillant	sailli, e
= être en saillie	ils saillent	ils saillaient	ils sailleront	ils saillirent	qu'ils saillent	qu'ils saillissent		
satisfaire *siehe faire*								
savoir	je sais	je savais	je saurai	je sus	que je sache	que je susse	sachant	su, e
	il sait	il savait	il saura	il sut	qu'il sache	qu'il sût		
	nous savons	nous savions	nous saurons	nous sûmes	que nous sachions	que nous sussions		
	ils savent	ils savaient	ils sauront	ils surent	qu'ils sachent	qu'ils sussent		
secourir *siehe courir*		**séduire** *siehe conduire*						

Infinitif	Présent	Imparfait	Futur	Passé simple	Subjonctif présent	Subjonctif imparfait	Part. présent	Part. passé
seoir	il sied	il seyait	il siéra	*fehlt*	qu'il siée	*fehlt*	seyant	*fehlt*
	ils siéent	ils seyaient	ils siéront		qu'ils siéent			
servir	je sers	je servais	je servirai	je servis	que je serve	que je servisse	servant	servi, e
	il sert	il servait	il servira	il servit	qu'il serve	qu'il servît		
	nous servons	nous servions	nous servirons	nous servîmes	que nous servions	que nous servissions		
	ils servent	ils servaient	ils serviront	ils servirent	qu'ils servent	qu'ils servissent		
sourire *siehe rire*		**souscrire** *siehe écrire*		**soustraire** *siehe extraire*				
suffire	je suffis	je suffisais	je suffirai	je suffis	que je suffise	que je suffisse	suffisant	suffi
	nous suffisons	nous suffisions	nous suffirons	nous suffîmes	que nous suffisions	que nous suffissions		
	ils suffisent	ils suffisaient	ils suffiront	ils suffirent	qu'ils suffisent	qu'ils suffissent		
suivre	je suis	je suivais	je suivrai	je suivis	que je suive	que je suivisse	suivant	suivi, e
	il suit	il suivait	il suivra	il suivit	qu'il suive	qu'il suivît		
	nous suivons	nous suivions	nous suivrons	nous suivîmes	que nous suivions	que nous suivissions		
	ils suivent	ils suivaient	ils suivront	ils suivirent	qu'ils suivent	qu'ils suivissent		
surseoir	je sursois	je sursoyais	je surseoirai	je sursis	que je sursoie	que je sursisse	sursoyant	sursis, e
	nous sursoyons	nous sursoyions	nous surseoirons	nous sursîmes	que nous sursoyions	que nous sursissions		
	ils sursoient	ils sursoyaient	ils surseoiront	ils sursirent	qu'ils sursoient	qu'ils sursissent		
survivre *siehe vivre*								
taire	je tais	je taisais	je tairai	je tus	que je taise	que je tusse	taisant	tu, e
	il tait	il taisait	il taira	il tut	qu'il taise	qu'il tût		
	nous taisons	nous taisions	nous tairons	nous tûmes	que nous taisions	que nous tussions		
	ils taisent	ils taisaient	ils tairont	ils turent	qu'ils taisent	qu'ils tussent		
teindre	je teins	je teignais	je teindrai	je teignis	que je teigne	que je teignisse	teignant	teint, e
	il teint	il teignait	il teindra	il teignit	qu'il teigne	qu'il teignît		
	nous teignons	nous teignions	nous teindrons	nous teignîmes	que nous teignions	que nous teignissions		
	ils teignent	ils teignaient	ils teindront	ils teignirent	qu'ils teignent	qu'ils teignissent		
traduire	je traduis	je traduisais	je traduirai	je traduisis	que je traduise	que je traduisisse	traduisant	traduit, e
	il traduit	il traduisait	il traduira	il traduisit	qu'il traduise	qu'il traduisît		
	nous traduisons	nous traduisions	nous traduirons	nous traduisîmes	que nous traduisions	que nous traduisissions		
	ils traduisent	ils traduisaient	ils traduiront	ils traduisirent	qu'ils traduisent	qu'ils traduisissent		
traire	je trais	je trayais	je trairai	*fehlt*	que je traie	*fehlt*	trayant	trait, e
	il trait	il trayait	il traira		qu'il traie			
	nous trayons	nous trayions	nous trairons		que nous trayions			
	ils traient	ils trayaient	ils trairont		qu'ils traient			
transcrire *siehe écrire*		**transmettre** *siehe mettre*		**transparaître** *siehe paraître*		**tressaillir** *siehe défaillir*		
vaincre	je vaincs	je vainquais	je vaincrai	je vainquis	que je vainque	que je vainquisse	vaincant	vaincu, e
	il vainc	il vainquait	il vaincra	il vainquit	qu'il vainque	qu'il vainquît		
	nous vainquons	nous vainquions	nous vaincrons	nous vainquîmes	que nous vainquions	que nous vainquissions		
	ils vainquent	ils vainquaient	ils vaincront	ils vainquirent	qu'ils vainquent	qu'ils vainquissent		

Infinitif	Présent	Imparfait	Futur	Passé simple	Subjonctif présent	Subjonctif imparfait	Part. présent	Part. passé
valoir	je vaux	je valais	je vaudrai	je valus	que je vaille	que je valusse	valant	valu, e
	il vaut	il valait	il vaudra	il valut	qu'il vaille	qu'il valût		
	nous valons	nous valions	nous vaudrons	nous valûmes	que nous valions	que nous valussions		
	ils valent	ils valaient	ils vaudront	ils valurent	qu'ils vaillent	qu'ils valussent		
vêtir	je vêts	je vêtais	je vêtirai	je vêtis	que je vête	que je vêtisse	vêtant	vêtu, e
	il vêt	il vêtait	il vêtira	il vêtit	qu'il vête	qu'il vêtît		
	nous vêtons	nous vêtions	nous vêtirons	nous vêtîmes	que nous vêtions	que nous vêtissions		
	ils vêtent	ils vêtaient	ils vêtiront	ils vêtirent	qu'ils vêtent	qu'ils vêtissent		
vivre	je vis	je vivais	je vivrai	je vécus	que je vive	que je vécusse	vivant	vécu, e
	il vit	il vivait	il vivra	il vécut	qu'il vive	qu'il vécût		
	nous vivons	nous vivions	nous vivrons	nous vécûmes	que nous vivions	que nous vécussions		
	ils vivent	ils vivaient	ils vivront	ils vécurent	qu'ils vivent	qu'ils vécussent		
voir	je vois	je voyais	je verrai	je vis	que je voie	que je visse	voyant	vu, e
	il voit	il voyait	il verra	il vit	qu'il voie	qu'il vît		
	nous voyons	nous voyions	nous verrons	nous vîmes	que nous voyions	que nous vissions		
	ils voient	ils voyaient	ils verront	ils virent	qu'ils voient	qu'ils vissent		
vouloir	je veux	je voulais	je voudrai	je voulus	que je veuille	que je voulusse	voulant	voulu, e
	il veut	il voulait	il voudra	il voulut	qu'il veuille	qu'il voulût		
	nous voulons	nous voulions	nous voudrons	nous voulûmes	que nous voulions	que nous voulussions		
	ils veulent	ils voulaient	ils voudront	ils voulurent	qu'ils veuillent	qu'ils voulussent		

Deutsche Kurzgrammatik
Précis de grammaire allemande

Der Artikel – L'article

Un substantif allemand peut être **masculin**, **féminin** ou **neutre**.
C'est grâce aux articles suivants (*der*, *die* ou *das*) que l'on reconnaît le **genre** du substantif.

	article défini				article indéfini			
	m	f	nt	pl	m	f	nt	pl
nom.	**der**	**die**	das	die	**ein**	eine	ein	il n'existe pas de forme du pluriel en allemand
acc.	**den**	**die**	das	die	**einen**	eine	ein	
gén.	**des**	**der**	des	der	**eines**	einer	eines	
datif	**dem**	**der**	dem	den	**einem**	einer	einem	

Das Substantiv – Le substantif

Il existe en allemand trois types de déclinaison du substantif: la déclinaison faible, la déclinaison forte et la déclinaison mixte (voir aussi la déclinaison des adjectifs).

On reconnaît les substantifs forts à leur terminaison en *-s*, *-sch*, *ß* et *z*. Ils prennent au génitif singulier la terminaison *-es*.

Hals – Halses, Busch – Busches, Fuß – Fußes, Reiz – Reizes, Kuss – Kusses

1. Déclinaison forte: masculin et neutre

	pluriel en ~e	**pluriel en ⍨e**	**pluriel en ~er**	**pluriel en ⍨er**
singulier				
nominatif	der Tag	der Traum	das Kind	das Dach
accusatif	den Tag	den Traum	das Kind	das Dach
génitif	des Tag(e)s	des Traum(e)s	des Kind(e)s	des Dach(e)s
datif	dem Tag(e)	dem Traum(e)	dem Kind(e)	dem Dach(e)
pluriel				
nominatif	die Tage	die Träume	die Kinder	die Dächer
accusatif	die Tage	die Träume	die Kinder	die Dächer
génitif	der Tage	der Träume	der Kinder	der Dächer
datif	den Tagen	den Träumen	den Kindern	den Dächern

	pluriel en ~s	**pluriel sans terminaison ⍨**	**pluriel sans terminaison**	**pluriel sans terminaison**
singulier				
nominatif	das Auto	der Vogel	der Tischler	der Lappen
accusatif	das Auto	den Vogel	den Tischler	den Lappen
génitif	des Autos	des Vogels	des Tischlers	des Lappens
datif	dem Auto	dem Vogel	dem Tischler	dem Lappen
pluriel				
nominatif	die Autos	die Vögel	die Tischler	die Lappen
accusatif	die Autos	die Vögel	die Tischler	die Lappen
génitif	der Autos	der Vögel	der Tischler	der Lappen
datif	den Autos	den Vögeln	den Tischlern	den Lappen

2. Déclinaison forte: féminin

	pluriel en ¨e	pluriel sans terminaison ¨	pluriel en ~s
singulier			
nominatif	die Wand	die Mutter	die Bar
accusatif	die Wand	die Mutter	die Bar
génitif	der Wand	der Mutter	der Bar
datif	der Wand	der Mutter	der Bar
pluriel			
nominatif	die Wände	die Mütter	die Bars
accusatif	die Wände	die Mütter	die Bars
génitif	der Wände	der Mütter	der Bars
datif	den Wänden	den Müttern	den Bars

3. Déclinaison faible: masculin

	pluriel en ~n	pluriel en ~en	pluriel en ~n
singulier			
nominatif	der Bauer	der Bär	der Hase
accusatif	den Bauern	den Bären	den Hasen
génitif	des Bauern	des Bären	des Hasen
datif	dem Bauern	dem Bären	dem Hasen
pluriel			
nominatif	die Bauern	die Bären	die Hasen
accusatif	die Bauern	die Bären	die Hasen
génitif	der Bauern	der Bären	der Hasen
datif	den Bauern	den Bären	den Hasen

4. Déclinaison faible: féminin

	pluriel en ~en	pluriel en ~n	pluriel en ~n	pluriel en ~nen
singulier				
nominatif	die Uhr	die Feder	die Gabe	die Ärztin
accusatif	die Uhr	die Feder	die Gabe	die Ärztin
génitif	der Uhr	der Feder	der Gabe	der Ärztin
datif	der Uhr	der Feder	der Gabe	der Ärztin
pluriel				
nominatif	die Uhren	die Federn	die Gaben	die Ärztinnen
accusatif	die Uhren	die Federn	die Gaben	die Ärztinnen
génitif	der Uhren	der Federn	der Gaben	der Ärztinnen
datif	den Uhren	den Federn	den Gaben	den Ärztinnen

5. Déclinaison mixte: masculin et féminin

Ils se déclinent au singulier comme des substantifs *forts,* au pluriel comme des substantifs *faibles.*

	pluriel en ~n	pluriel en ~en	pluriel en ~n	pluriel en ~en
singulier				
nominatif	das Auge	das Ohr	der Name	das Herz
accusatif	das Auge	das Ohr	den Namen	das Herz

génitif	des Auges	des Ohr(e)s	des Namens	des Herzens
datif	dem Auge	dem Ohr(e)	dem Namen	dem Herzen

pluriel

nominatif	die Augen	die Ohren	die Namen	die Herzen
accusatif	die Augen	die Ohren	die Namen	die Herzen
génitif	der Augen	der Ohren	der Namen	der Herzen
datif	den Augen	den Ohren	den Namen	den Herzen

6. Déclinaison des adjectifs substantivés

masculin

singulier

nominatif	der Reisende	ein Reisender
accusatif	den Reisenden	einen Reisenden
génitif	des Reisenden	eines Reisenden
datif	dem Reisenden	einem Reisenden

pluriel

nominatif	die Reisenden	Reisende
accusatif	die Reisenden	Reisende
génitif	der Reisenden	Reisender
datif	den Reisenden	Reisenden

féminin

singulier

nominatif	die Reisende	eine Reisende
accusatif	die Reisende	eine Reisende
génitif	der Reisenden	einer Reisenden
datif	der Reisenden	einer Reisenden

pluriel

nominatif	die Reisenden	Reisende
accusatif	die Reisenden	Reisende
génitif	der Reisenden	Reisender
datif	den Reisenden	Reisenden

neutre

singulier

nominatif	das Neugeborene	ein Neugeborenes
accusatif	das Neugeborene	ein Neugeborenes
génitif	des Neugeborenen	eines Neugeborenen
datif	dem Neugeborenen	einem Neugeborenen

pluriel

nominatif	die Neugeborenen	Neugeborene
accusatif	die Neugeborenen	Neugeborene
génitif	der Neugeborenen	Neugeborener
datif	den Neugeborenen	Neugeborenen

7. Déclinaison des noms propres

Les noms propres forment leur forme génitive selon les règles suivantes:

nom propre avec article	**nom propre sans article**	**nom propre qui se termine en *-s, -ß, -x, -z***	**plusieurs noms propres qui se suivent**	**nom propre avec apposition**
est invariable	**prend un *-s***	**prend une apostrophe**	**le dernier nom prend un *-s***	**est décliné comme un substantif**
des Aristoteles	Marias Auto	Aristoteles' (Schriften)	Johann Sebastian Bachs (Musik)	**nominatif** Karl der Große **accusatif** Karl den Großen **génitif** Karls des Großen **datif** Karl dem Großen
des (schönen) Berlin	die Straßen Berlins	die Straßen Calais'		

Les noms de famille prennent un *-s* au pluriel:

die Schneider**s**.

S'ils se terminent par *–s, –ß, –x* ou *–z*, ils peuvent avoir un pluriel en *–ens*:

die Schmitz**ens**.

Les noms propres de rues, d'édifices, d'entreprises, de bateaux, de journaux et d'organisations sont toujours déclinés.

Die Adjektive – Les adjectifs

Lorsqu'un adjectif se situe devant un substantif, il s'accorde en **cas**, en **genre** et en **nombre** avec ce substantif. Ainsi l'adjectif est décliné. Et comme pour le substantif, l'adjectif connaît une déclinaison *forte*, une déclinaison *faible* et une déclinaison *mixte*.

1. La déclinaison forte

- lorsque l'adjectif est relié à un substantif sans article,
- lorsque l'adjectif est précédé d'un mot qui ne donne aucune indication de genre:

mehrere liebe Kinder, manch guter Wein

- après des nombres cardinaux et *ein paar, ein bisschen:*

Sie hörte zwei laute Schritte.
Wir machen eine Reise mit ein paar guten Freunden.
Mit einem bisschen guten Willen schaffst du das.

	m	**f**	**nt**
singulier			
nominatif	guter Wein	schöne Frau	liebes Kind
accusatif	guten Wein	schöne Frau	liebes Kind
génitif	guten Wein(e)s	schönen Frau	lieben Kindes
datif	gutem Wein(e)	schönen Frau	liebem Kind(e)
pluriel			
nominatif	gute Weine	schöne Frauen	liebe Kinder
accusatif	gute Weine	schöne Frauen	liebe Kinder
génitif	guter Weine	schöner Frauen	lieber Kinder
datif	guten Weinen	schönen Frauen	lieben Kindern

2. La forme faible

- est employée lorsque l'adjectif est relié au substantif avec l'article défini *der, die, das,*
- avec des pronoms qui donnent une indication de genre du substantif, p.ex. *diese(r), folgende(r), jede(r), welche(r, s).*

	m	**f**	**nt**
singulier			
nominatif	der gute Wein	die schöne Frau	das liebe Kind

accusatif	den guten Wein	die schöne Frau	das liebe Kind
génitif	des guten Wein(e)s	der schönen Frau	des lieben Kindes
datif	dem guten Wein	der schönen Frau	dem lieben Kind
pluriel			
nominatif	die guten Weine	die schönen Frauen	die lieben Kinder
accusatif	die guten Weine	die schönen Frauen	die lieben Kinder
génitif	der guten Weine	der schönen Frauen	der lieben Kinder
datif	den guten Weinen	den schönen Frauen	den lieben Kindern

3. La forme mixte

– est employée lorsque l'adjectif est relié à un substantif avec l'article indéfini *ein, kein* (au singulier pour les substantifs masculins et neutres),
– avec les pronoms possessifs *mein, dein, sein, unser, euer, ihr.*

	m	**nt**
singulier		
nominatif	ein guter Wein	ein liebes Kind
accusatif	einen guten Wein	ein liebes Kind
génitif	eines guten Wein(e)s	eines lieben Kindes
datif	einem guten Wein(e)	einem lieben Kind

4. Les adjectifs en *-abel, -ibel, -el*

Déclinés, ces adjectifs perdent le *–e* de la syllabe finale.

	miserabel	**penibel**	**heikel**
singulier			
nominatif	ein miserabler Stil	eine penible Frau	ein heikles Problem
accusatif	einen miserablen Stil	eine penible Frau	ein heikles Problem
génitif	eines miserablen Stils	einer peniblen Frau	eines heiklen Problems
datif	einem miserablen Stil	einer peniblen Frau	einem heiklen Problem
pluriel			
nominatif	miserable Stile	penible Frauen	heikle Probleme
accusatif	miserable Stile	penible Frauen	heikle Probleme
génitif	miserabler Stile	penibler Frauen	heikler Probleme
datif	miserablen Stilen	peniblen Frauen	heiklen Problemen

5. Les adjectifs en *-er, -en*

En règle générale, déclinés, ces adjectifs conservent le *-e* de la syllabe finale, sauf dans le style littéraire:

finster	seine finstren Züge

L'exception concerne aussi les adjectifs d'origine étrangère:

makaber	eine makabre Geschichte
integer	ein integrer Beamter

6. Les adjectifs en *-auer, -euer*

En règle générale, déclinés, ils perdent le *-e* de la syllabe finale:

teuer	ein teures Geschenk
sauer	saure Gurken

7. Les degrés de l'adjectif

Les qualités peuvent être soumises à des comparaisons. On distingue alors trois formes ou trois degrés de comparaison:

	m	f	nt
positif	schön	schöne	schönes
comparatif	schöner	schönere	schöneres
superlatif	der schönste	die schönste	das schönste

Si l'on veut mettre l'une des formes de la comparaison au génitif, au datif ou à l'accusatif, alors les mêmes règles de déclinaison doivent être appliquées que pour un adjectif positif accompagné d'un substantif:

der Garten mit den schönsten Blumen (datif, pluriel)

Particularités:

1. Les adjectifs et les adverbes prennent un *e* devant la terminaison du superlatif

- lorsqu'ils sont monosyllabiques,
- si l'accent tombe sur la dernière syllabe,
- s'ils se terminent en *–s, –ß, –st, –x, –z* (toujours),
- s'ils se terminent en *–d, –t, –sch* (presque toujours):

spitz	adj.	spitze(r, s)
	adv.	am spitzesten
beliebt	adj.	beliebteste(r, s)
	adv.	am beliebtesten

La même règle est valable pour les adjectifs et les adverbes composés et ceux qui détiennent un préfixe, sans tenir compte de la syllabe sur laquelle l'accent tombe:

unsanft	adj.	unsanfteste(r, s)
	adv.	am unsanftesten

2. Les adjectifs monosyllabiques qui ont au radical un *a, o* ou un *u* prennent au comparatif et au superlatif une inflexion *(Umlaut):*

arm	ärmer	ärmste(r, s)
groß	größer	größte(r, s)
klug	klüger	klügste(r, s)

3. Les groupes des adjectifs suivants ne prennent jamais d'inflexion *(Umlaut)* au superlatif et au comparatif:

- avec une **diphtongue** (p.ex. *au*):

faul	fauler	faulste(r, s)

- avec les **suffixes** *–bar, –haft, –ig, –lich, –sam:*

dankbar	dankbarer	dankbarste(r, s)
schwatzhaft	schwatzhafter	schwatzhafteste(r, s)
schattig	schattiger	schattigste(r, s)
stattlich	stattlicher	stattlichste(r, s)
sorgsam	sorgsamer	sorgsamste(r, s)

- lorsqu'ils sont employés comme des **participes**:

überrascht	überraschter	überraschteste(r, s)

- lorsqu'ils sont **d'origine étrangère:**

banal	banaler	banalste(r, s)
interessant	interessanter	interessanteste(r, s)
grandios	grandioser	grandioseste(r, s)

4. Formes irrégulières du comparatif et du superlatif de certains adjectifs et adverbes:

gut	besser	beste(r, s)
viel	mehr	meiste(r, s)
gern	lieber	am liebsten
bald	eher	am ehesten

Das Adverb – L'adverbe

Lorsque les adjectifs ont un emploi adverbial, ils sont invariables:

Er singt gut.	
Sie schreibt schön.	
Er läuft schnell.	

Les adverbes employés à la forme comparative suivent les mêmes règles que pour l'adjectif:

Er singt besser.	
Sie schreibt schöner.	
Er läuft schneller.	

La plupart des adverbes forment leur superlatif selon la structure suivante: *am …sten*:

Er singt am besten.	
Sie schreibt am schönsten.	
Er läuft am schnellsten.	

Die Verben – Les verbes

Le présent

Le présent permet d'exprimer en allemand **une action qui est en train de se dérouler au moment de l'énonciation, un fait établi** ou **un déroulement avenir**.

Was machst du? Ich lese.
Die Erde dreht sich um die Sonne.
Morgen habe ich frei.

1. Les verbes réguliers (verbes faibles)

	machen	**legen**	**sagen**	**sammeln**
ich	mache	lege	sage	sammle
du	machst	legst	sagst	sammelst
er sie es	macht	legt	sagt	sammelt
wir	machen	legen	sagen	sammeln
ihr	macht	legt	sagt	sammelt
sie	machen	legen	sagen	sammeln

Les verbes dont le radical se termine en *s, ss, ß* und *z*.

	rasen	**passen**	**küssen**	**grüßen**	**reizen**
ich	rase	passe	küsse	grüße	reize
du	rast	passt	küsst	grüßt	reizt
er sie es	rast	passt	küsst	grüßt	reizt
wir	rasen	passen	küssen	grüßen	reizen
ihr	rast	passt	küsst	grüßt	reizt
sie	rasen	passen	küssen	grüßen	reizen

Les verbes dont le radical se termine en *d* ou *t*, avec une consonne + *m*, ou une consonne + *n*, prennent un *-e* à la deuxième personne du singulier.

	reden	**wetten**	**atmen**	**trocknen**
ich	rede	wette	atme	trockne
du	redest	wettest	atmest	trocknest
er sie es	redet	wettet	atmet	trocknet
wir	reden	wetten	atmen	trocknen
ihr	redet	wettet	atmet	trocknet
sie	reden	wetten	atmen	trocknen

Les verbes dont le radical se termine par *e* oder *er* atone perdent le *e* à la première personne du singulier:

angeln	ich angle
zittern	ich zittre

2. En ce qui concerne les verbes irréguliers (verbes forts), ils changent pour la plupart leur voyelle du radical.

	tragen	**blasen**	**laufen**	**essen**
ich	trage	blase	laufe	esse
du	trägst	bläst	läufst	isst

er sie es	trägt	bläst	läuft	isst
wir	tragen	blasen	laufen	essen
ihr	tragt	blast	lauft	esst
sie	tragen	blasen	laufen	essen

→ Se reporter dans le dictionnaire aux verbes irréguliers et à la liste page 1043.

Le prétérit

Le prétérit exprime **une action passée.**

Letztes Jahr reisten wir nach Spanien.

1. Les verbes réguliers

	machen	sammeln	küssen	grüßen	reizen
ich	machte	sammelte	küsste	grüßte	reizte
du	machtest	sammeltest	küsstest	grüßtest	reiztest
er sie es	machte	sammelte	küsste	grüßte	reizte
wir	machten	sammelten	küssten	grüßten	reizten
ihr	machtet	sammeltet	küsstet	grüßtet	reiztet
sie	machten	sammelten	küssten	grüßten	reizten

Les verbes dont le radical se termine par *d, t,* une consonne + *m* ou une consonne + *n*

	reden	wetten	atmen	trocknen
ich	redete	wettete	atmete	trocknete
du	redetest	wettetest	atmetest	trocknetest
er sie es	redete	wettete	atmete	trocknete
wir	redeten	wetteten	atmeten	trockneten
ihr	redetet	wettetet	atmetet	trocknetet
sie	redeten	wetteten	atmeten	trockneten

2. Les verbes irréguliers

	tragen	blasen	laufen	essen
ich	trug	blies	lief	aß
du	trugst	bliest	liefst	aßt
er sie es	trug	blies	lief	aß
wir	trugen	bliesen	liefen	aßen
ihr	trugt	bliest	lieft	aßt
sie	trugen	bliesen	liefen	aßen

→ Se reporter dans le dictionnaire aux verbes irréguliers et à la liste page 1043.

Le passé composé

Le passé composé exprime **une action totalement révolue** ou **un état.**

Der Zug ist abgefahren.
Heute Nacht hat es geregnet.

Le passé composé est formé des formes du présent des auxiliaires *haben* ou *sein* et du participe passé du verbe conjugué.

1. Les verbes qui expriment un mouvement ou un changement d'état forment le passé composé avec l'auxiliaire *sein.*

	radeln	**fahren**	**verstummen**	**sterben**
ich	bin geradelt	bin gefahren	bin verstummt	bin gestorben
du	bist geradelt	bist gefahren	bist verstummt	bist gestorben
er sie es	ist geradelt	ist gefahren	ist verstummt	ist gestorben
wir	sind geradelt	sind gefahren	sind verstummt	sind gestorben
ihr	seid geradelt	seid gefahren	seid verstummt	seid gestorben
sie	sind geradelt	sind gefahren	sind verstummt	sind gestorben

2. Les verbes transitifs, réfléchis et impersonnels forment le passé composé avec l'auxiliaire *haben*, alors que la plupart des verbes intransitifs qui expriment un état qui dure, forment le passé composé avec l'auxiliaire *sein.*

	legen	**sich freuen**	**regnen**	**leben**
ich	habe gelegt	habe mich gefreut		habe gelebt
du	hast gelegt	hast dich gefreut		hast gelebt
er sie es	hat gelegt	hat sich gefreut	es hat geregnet	hat gelebt
wir	haben gelegt	haben uns gefreut		haben gelebt
ihr	habt gelegt	habt euch gefreut		habt gelebt
sie	haben gelegt	haben sich gefreut		haben gelebt

Pour les verbes auxiliaires les mêmes règles que pour le passé composé sont valables.

Le plus-que-parfait

Le plus-que-parfait exprime **une action accomplie et antérieure à une autre action passée.**

Als er im Kino ankam, hatte der Film schon begonnen.

Il est formé des formes du prétérit des auxiliaires *haben* ou *sein* et du participe passé du verbe conjugué.
Les règles concernant l'emploi des auxiliaires sont les mêmes que pour le prétérit.

	fahren	**sterben**	**legen**	**leben**
ich	war gefahren	war gestorben	hatte gelegt	hatte gelebt
du	warst gefahren	warst gestorben	hattest gelegt	hattest gelebt
er sie es	war gefahren	war gestorben	hatte gelegt	hatte gelebt
wir	waren gefahren	waren gestorben	hatten gelegt	hatten gelebt
ihr	wart gefahren	wart gestorben	hattet gelegt	hattet gelebt
sie	waren gefahren	waren gestorben	hatten gelegt	hatten gelebt

Les verbes auxiliaires *haben, sein* et *werden*

On les appelle verbes auxiliaires, car ils permettent de construire certaines formes de temps des verbes (p.ex. le passé composé, le plus-que-parfait, le futur) ainsi que le passif.

Présent

	sein	haben	werden
ich	bin	habe	werde
du	bist	hast	wirst
er sie es	ist	hat	wird
wir	sind	haben	werden
ihr	seid	habt	werdet
sie	sind	haben	werden

Prétérit et participe

	sein	haben	werden
ich	war	hatte	wurde
du	warst	hattest	wurdest
er sie es	war	hatte	wurde
wir	waren	hatten	wurden
ihr	wart	hattet	wurdet
sie	waren	hatten	wurden
Participe	gewesen	gehabt	geworden

Les verbes modaux

Présent

	können	dürfen	mögen	müssen	sollen	wollen
ich	kann	darf	mag	muss	soll	will
du	kannst	darfst	magst	musst	sollst	willst
er sie es	kann	darf	mag	muss	soll	will
wir	können	dürfen	mögen	müssen	sollen	wollen
ihr	könnt	dürft	mögt	müsst	sollt	wollt
sie	können	dürfen	mögen	müssen	sollen	wollen

Prétérit

	können	dürfen	mögen	müssen	sollen	wollen
ich	konnte	durfte	mochte	musste	sollte	wollte
du	konntest	durftest	mochtest	musstest	solltest	wolltest
er sie es	konnte	durfte	mochte	musste	sollte	wollte
wir	konnten	durften	mochten	mussten	sollten	wollten
ihr	konntet	durftet	mochtet	musstet	solltet	wolltet
sie	konnten	durften	mochten	mussten	sollten	wollten

Passé composé

können	ich habe gekonnt
dürfen	ich habe gedurft
mögen	ich habe gemocht
müssen	ich habe gemusst
sollen	ich habe gesollt
wollen	ich habe gewollt

Le participe passé des verbes modaux (p.ex. *gekonnt*) est remplacé par l'infinitif (*können*) s'il est précédé par un autre verbe à l'infinitif:

Ich habe gehen können.
Ich habe fragen dürfen.

Participe I (participe présent)

On forme le participe I ou participe présent en ajoutant un *-d* à l'infinitif du verbe.

singen**d**, lachen**d**, etc.

Il exprime de manière brève une proposition subordonnée.

Er saß in der Badewanne und sang.	– Er saß singen**d** in der Badewanne.
Sie öffnete die Tür und lachte.	– Sie öffnete lachen**d** die Tür.

Participe II (participe passé)

Le participe passé des verbes réguliers est formé selon les règles suivantes:

	préfixe	**+ radical**	**+ terminaison**
machen	– ge	+ mach	+ t

legen	**ge**leg**t**
sagen	**ge**sag**t**
vierteln	**ge**viertel**t**
rasen	**ge**ras**t**
hassen	**ge**hass**t**
küssen	**ge**küss**t**
rußen	**ge**ruß**t**
reizen	**ge**reiz**t**
reden	**ge**rede**t**
wetten	**ge**wette**t**
trocknen	**ge**trockne**t**

Aux verbes qui se terminent en *-ieren* ainsi qu'aux verbes qui commencent par *be–*, *em–*, *ent–*, *er–*, *ge–*, *miss–*, *ver–*, et *zer–* on ne rajoute pas le préfixe *ge–*. Ils sont marqués d'un * dans la partie allemand-français du dictionnaire. Ils suivent les règles suivantes:

	radical	**+ terminaison**
manövrieren*	– manövrier	+ t

empören*	empör**t**
entgiften*	entgifte**t**
ersetzen*	ersetz**t**
vertrösten*	vertröste**t**
zerreden*	zerrede**t**

Le préfixe *ge–* tombe aussi pour les verbes composés à particule inséparable. Ces verbes sont aussi marqués d'un *.

übersetzen*	übersetz**t**
unterlegen*	unterleg**t**
umarmen*	umarm**t**

Le participe passé des verbes composés à particule séparable (p.ex. *durchmachen*) se forme selon les règles suivantes:

préfixe verbe	+ Préfixe ppII ge-	+ radical du verbe	+ terminaison *t*
durch	+ ge	+ mach	+ t

anbeten	an**ge**bete**t**	
überschnappen	über**ge**schnapp**t**	
umdeuten	um**ge**deute**t**	

Tous les verbes composés à particule séparable sont marqués dans le dictionnaire du signe |. Les formes irrégulières sont données à l'infinitif. Les verbes composés dont les formes correspondantes à celles du verbe de base irrégulier sont signalisés par la mention *irreg*. Les verbes irréguliers les plus importants sont à consulter dans la liste page 1043.

Futur

Avec le futur on exprime **des états de choses qui se rapportent au futur**, p.ex. des déclarations, des intentions, des suppositions ou des promesses.
Il est formé des formes du présent de l'auxiliaire *werden* et de l'infinitif du verbe conjugué.

Morgen wird es schneien.	(indication de date)
Er wird noch im Urlaub sein.	(supposition)
Ich werde dich immer lieben.	(promesse, intention)

	legen	fahren	sein	haben	können
ich	werde legen	werde fahren	werde sein	werde haben	werde können
du	wirst legen	wirst fahren	wirst sein	wirst haben	wirst können
er sie es	wird legen	wird fahren	wird sein	wird haben	wird können
wir	werden legen	werden fahren	werden sein	werden haben	werden können
ihr	werdet legen	werdet fahren	werdet sein	werdet haben	werdet können
sie	werden legen	werden fahren	werden sein	werden haben	werden können

Le *Konjunktiv I* (mode du potentiel)

Le *Konjunktif I* se forme à partir du radical du verbe au présent et auquel on ajoute les terminaisons *–e*, *–est*, *–e*, *–en*, *–et*, *–en*. Le *Konjunktiv I* permet de s'exprimer au **discours indirect**.

Kannst du mir helfen?	(discours direct)
Er fragt sie, ob sie ihm helfen könne.	(discours indirect)

Certains verbes irréguliers changent leur inflexion *(Umlaut)* ou leur voyelle à l'indicatif (mode du réel) mais pas au *Konjunktiv I.*

infinitif	présent de l'indicatif	Konjunktiv I
fallen	du fällst	du fallest
geben	du gibst	du gebest

Le *Konjunktiv I* est non seulement employé dans le discours indirect mais aussi dans certaines locutions figées.

Er lebe hoch! Gott sei Dank! Man nehme Salz, Mehl und Butter ...

	legen	hassen	küssen	reden
ich	lege	hasse	küsse	rede
du	legst	hassest	küssest	redest
er sie es	lege	hasse	küsse	rede
wir	legen	hassen	küssen	reden
ihr	leget	hasset	küsset	redet
sie	legen	hassen	küssen	reden

Le *Konjunktiv I* des auxiliaires *sein*, *haben* et *werden*

	sein	haben	werden
ich	sei	habe	werde
du	seist	habest	werdest
er sie es	sei	habe	werde
wir	seien	haben	werden
ihr	seiet	habet	werdet
sie	seien	haben	werden

Le *Konjunktiv I* des verbes modaux

	können	dürfen	mögen	müssen	sollen	wollen
ich	könne	dürfe	möge	müsse	solle	wolle
du	könnest	dürfest	mögest	müssest	sollest	wollest
er sie es	könne	dürfe	möge	müsse	solle	wolle
wir	können	dürfen	mögen	müssen	sollen	wollen
ihr	könn(e)t	dürf(e)t	mög(e)t	müss(e)t	soll(e)t	woll(e)t
sie	können	dürfen	mögen	müssen	sollen	wollen

Le *Konjunktiv II*

Le *Konjunktiv II* est formé à partir du radical du verbe au prétérit auquel on ajoute les terminaisons *–e*, *–(e)st*, *–e*, *–en*, *–(e)t*, *–en*. Pour les verbes réguliers, les formes du *Konjunktiv II* et du prétérit de l'indicatif sont identiques. En ce qui concerne les verbes irréguliers en *i* ou *ie* dans leur forme du prétérit, ils conservent le *i* et *ie* dans les formes du *Konjunktiv II*.

Le *Konjunktiv II* est le mode du **discours irréel**, il est aussi employé dans **les comparaisons** et dans **les formules de politesse**.

Wenn ich Zeit hätte, ginge ich heute mit dir ins Kino.	(irréel)
Die Leiter schwankte so, als fiele sie gleich um.	(comparaison)
Könnten Sie uns bitte eine Auskunft geben?	(politesse)

	gehen/ging	rufen/rief	greifen/griff
ich	ginge	riefe	griffe
du	ging(e)st	rief(e)st	griff(e)st
er sie es	ginge	riefe	griffe
wir	gingen	riefen	griffen
ihr	gin(e)t	rief(e)t	griff(e)t
sie	gingen	riefen	griffen

Les verbes qui ont la voyelle *a*, *o* ou *u* au prétérit de l'indicatif prennent au *Konjunktiv II* une inflexion (*Umlaut*).

	singen/sang	fliegen/flog	fahren/fuhr	sein/ war	haben/hatte	werden/ wurde
ich	sänge	flöge	führe	wäre	hätte	würde
du	säng(e)st	flög(e)st	führ(e)st	wär(e)st	hättest	würdest
er sie es	sänge	flöge	führe	wäre	hätte	würde
wir	sängen	flögen	führen	wären	hätten	würden
ihr	säng(e)t	flög(e)t	führ(e)t	wär(e)t	hättet	würdet
sie	sängen	flögen	führen	wären	hätten	würden

Les formes les plus importantes du *Konjunktiv II*

befehlen	- beföhle	**haben**	- hätte	**sehen**	- sähe
beginnen	- begänne	**heben**	- höbe	**sein**	- wäre
bergen	- bärge	**helfen**	- hülfe	**singen**	- sänge
bersten	- bärste	**klingen**	- klänge	**sinken**	- sänke
bewegen	- bewöge	**kommen**	- käme	**sinnen**	- sänne
biegen	- böge	**können**	- könne	**sitzen**	- säße
bieten	- böte	**kriechen**	- kröche	**spinnen**	- spänne
binden	- bände	**laden**	- lüde	**sprechen**	- spräche
bitten	- bäte	**lesen**	- läse	**sprießen**	- sprösse
brechen	- bräche	**liegen**	- läge	**springen**	- spränge
brennen	- brennte	**löschen**	- lösche	**stechen**	- stäche
bringen	- brächte	**lügen**	- löge	**stehen**	- stände/stünde
denken	- dächte	**melken**	- mölke	**stehlen**	- stähle
dreschen	- drösche	**messen**	- mäße	**sterben**	- stürbe
dringen	- dränge	**misslingen**	- misslänge	**stinken**	- stänke
dürfen	- dürfte	**mögen**	- möchte	**tragen**	- trüge
empfehlen	- empföhle	**müssen**	- müsste	**treffen**	- träfe
empfinden	- empfände	**nehmen**	- nähme	**treten**	- träte
essen	- äße	**quellen**	- quölle	**trinken**	- tränke
fahren	- führe	**riechen**	- röche	**trügen**	- tröge
finden	- fände	**ringen**	- ränge	**tun**	- täte
flechten	- flöchte	**rinnen**	- ränne	**verderben**	- verdürbe
fliegen	- flöge	**saufen**	- söffe	**vergessen**	- vergäße
fliehen	- flöhe	**schaffen**	- schüfe	**verlieren**	- verlöre
fließen	- flösse	**schelten**	- schölte	**wachsen**	- wüchse
fressen	- fräße	**scheren**	- schöre	**wiegen**	- wöge
frieren	- fröre	**schieben**	- schöbe	**waschen**	- wüsche
gären	- gäre	**schießen**	- schösse	**werben**	- würbe
gebären	- gebäre	**schinden**	- schünde	**werden**	- würde
geben	- gäbe	**schlagen**	- schlüge	**werfen**	- würfe
gelingen	- gelänge	**schließen**	- schlösse	**wiegen**	- wörfe
gelten	- gälte	**schlingen**	- schlänge	**winden**	- wände
genießen	- genösse	**schmelzen**	- schmölze	**wissen**	- wüsste
geschehen	- geschähe	**schwellen**	- schwölle	**ziehen**	- zöge
gewinnen	- gewönne	**schwimmen**	- schwömme	**zwingen**	- zwänge
gießen	- gösse	**schwinden**	- schwände		
glimmen	- glömme	**schwingen**	- schwänge		
graben	- grübe	**schwören**	- schwüre		

La phrase au conditionnel

Le *Konjunktiv II* de *werden* ajouté à l'*infinitif* du verbe conjugué exprime **un état de chose** subordonné à quelque condition ou éventualité. Il est donc le mode de l'hypothétique.

Wenn ihr uns einladen würdet, würden wir fahren (au lieu de: *führen*).

Certaines formes du *Konjunktiv II* particulièrement inusitées ou vieillies sont remplacées aujourd'hui par l'emploi de la structure suivante: *werden* au *Konjunktiv II* + infinitif du verbe.

Wenn nicht so viele umweltfreundliche Flugzeuge fliegen würden (au lieu de: *flögen*), würde es bald keine saubere Luft mehr geben (au lieu de: *gäbe*).

	legen	**fahren**
ich	würde legen	würde fahren
du	würdest legen	würdest fahren
er sie es	würde legen	würde fahren
wir	würden legen	würden fahren
ihr	würdet legen	würdet fahren
sie	würden legen	würden fahren

L'impératif

L'impératif sert à exprimer **une sommation, une requête, un avertissement,** etc. ou **une interdiction.** Il ne connaît que deux formes: la deuxième personne du singulier et celle du pluriel.

1. Aux verbes réguliers on ajoute au singulier un *e* et au pluriel un *t* au radical du verbe. La forme du pluriel de l'impératif est identique à la deuxième personne du pluriel de l'indicatif présent.

Dans la forme de politesse avec *Sie* on a un phénomène **d'inversion** (c'est-à-dire que le prédicat est placé avant le sujet). L'ordre

Sie schreiben einen Brief.	(constat/indicatif)
Schreiben Sie einen Brief!	(sommation/impératif)

normal des mots inversé.

infinitif	**singulier**	**pluriel**	**forme de politesse**
schreiben	schreibe	schreibt	schreiben Sie
singen	singe	singt	singen Sie
trinken	trinke	trinkt	trinken Sie
atmen	atme	atmet	atmen Sie
reden	rede	redet	reden Sie

Particularités:
Les verbes qui se terminent en *–eln, –ern* peuvent perdre le *–e* au singulier.

infinitif	**singulier**	**pluriel**	**forme de politesse**
sammeln	samm(e)le	sammelt	sammeln Sie
fördern	förd(e)re	fördert	fördern Sie
handeln	hand(e)le	handelt	handeln Sie

Si le radical du verbe se termine en *m* ou *n* précédé *d'un m, n, r, l, h,* il peut perdre le *–e* final au singulier.

infinitiv	**singulier**	**pluriel**	**forme de politesse**
kämmen	kämm(e)	kämmt	kämmen Sie
rennen	renn(e)	rennt	rennen Sie
lernen	lern(e)	lernt	lernen Sie
qualmen	qualm(e)	qualmt	qualmen Sie
rühmen	rühm(e)	rühmt	rühmen Sie

Exceptions:
Si on trouve une autre consonne devant le *-m* ou le *-n*, alors la terminaison *–e* doit absolument être conservée.

atme, rechne

2. Les verbes irréguliers qui ne changent pas leur voyelle en *–i* ou *–ie* au présent suivent à l'impératif les mêmes règles que les verbes réguliers.
→ Les formes de l'impératif sont indiquées dans la liste des verbes irréguliers page 1043.

Changement vocalique en *-i* ou *-ie*

infinitif	singulier	pluriel
lesen	lies	lest
werfen	wirf	werft
sterben	stirb	sterbt
essen	iss	esst
sehen	sieh	seht

Les auxiliaires *sein*, *haben* et *werden*

infinitif	singulier	pluriel
sein	sei	seid
haben	habe	habt
werden	werde	werdet

La voix active et la voix passive

La voix active **décrit un déroulement qui est vu du point de vue du sujet agissant.** Au passif **c'est le déroulement même qui est au centre de l'énoncé**, sans que le sujet agissant n'ait besoin d'être nommé.

Die Parlamentarier wählen den Präsidenten.	(voix active)
Der Präsident wird von den Parlamentariern gewählt.	(voix passive)

Le passif est formé de l'auxiliaire *werden* et du participe passé du verbe conjugué.

	lieben	schlagen
présent	ich werde geliebt	ich werde geschlagen
prétérit	ich wurde geliebt	ich wurde geschlagen

Das Pronomen – Le pronom

Les pronoms en allemand sont déclinés comme les articles, les substantifs, les adjectifs et les adverbes.

1. Le pronom personnel

Il désigne la personne qui parle ou dont il est question dans la phrase.

nominatif	accusatif	génitif	datif
ich	mich	meiner	mir
du	dich	deiner	dir
er	ihn	seiner	ihm
sie	sie	ihrer	ihr
es	es	seiner	ihm
wir	uns	unser	uns
ihr	euch	euer	euch
sie	sie	ihrer	ihnen

2. Le pronom réfléchi

Il se rapporte au sujet de la phrase et doit s'accorder en **personne** et en **nombre** avec lui.

Ich wasche mich.
Du wäschst dich.
Er/Sie/Es wäscht sich.
Wir waschen uns.
Ihr wascht euch.
Sie waschen sich.

3. Le pronom possessif

Il indique **une relation d'appartenance** ou **un rapport de possession** et s'accorde en **cas**, en **genre** et en **nombre** avec le substantif auquel il se rapporte.
Il peut se trouver comme un adjectif devant le substantif ou remplacer le substantif.

a) Emploi adjectival

	m	**f**	**nt**	**pl**
1. personne du singulier				
nominatif	mein	meine	mein	meine
accusatif	meinen	meine	mein	meine
génitif	meines	meiner	meines	meiner
datif	meinem	meiner	meinem	meinen
2. personne du singulier (décliné comme *mein*)				
nominatif	dein	deine	dein	deine
3. personne du singulier (m) (décliné comme *mein*)				
nominatif	sein	seine	sein	seine
3. personne du singulier (f) (décliné comme *mein*)				
nominatif	ihr	ihre	ihr	ihre
3. personne du singulier (nt) (décliné comme *mein*)				
nominatif	sein	seine	sein	seine
1. personne du pluriel				
nominatif	unser	uns(e)re	unser	uns(e)re
accusatif	uns(e)ren	uns(e)re	unser	uns(e)re
génitif	uns(e)res	uns(e)rer	uns(e)res	uns(e)rer
datif	uns(e)rem unserm	uns(e)rer	uns(e)rem unserm	uns(e)ren unsern
2. personne du pluriel				
nominatif	euer	eure	euer	eure
accusatif	euren	eure	euer	eure
génitif	eures	eurer	eures	eurer
datif	eurem	eurer	eurem	euren
3. personne du pluriel				
nominatif	ihr	ihre	ihr	ihre
accusatif	ihren	ihre	ihr	ihre
génitif	ihres	ihrer	ihres	ihrer
datif	ihrem	ihrer	ihrem	ihren

b) Employé à la place du substantif

se référant à	**m**	**f**	**nt**	**pl**
1. p. du sing.	meiner	meine	mein(e)s	meine
2. p. du sing.	deiner	deine	dein(e)s	deine
3. p. du sing. m, nt	seiner	seine	sein(e)s	seine
3. p. du sing. f	ihrer	ihre	ihr(e)s	ihre
1. p. du pl.	uns(e)rer	uns(e)re	uns(e)res	uns(e)re

2. p. du pl.	eurer	eure	eures, euers	eure
3. p. du pl.	ihrer	ihre	ihr(e)s	ihre

4. Le pronom démonstratif

Il reprend ou montre dans la phrase un élément dont il vient d'être question dans l'énoncé.

	m	**f**	**nt**	**pl**
nominatif	dieser	diese	dieses	diese
accusatif	diesen	diese	dieses	diese
génitif	dieses	dieser	dieses	dieser
datif	diesem	dieser	diesem	diesen
nominatif	jener	jene	jenes	jene
accusatif	jenen	jene	jenes	jene
génitif	jenes	jener	jenes	jener
datif	jenem	jener	jenem	jenen
nominatif	derjenige	diejenige	dasjenige	diejenigen
accusatif	denjenigen	diejenige	dasjenige	diejenigen
génitif	desjenigen	derjenigen	desjenigen	derjenigen
datif	demjenigen	derjenigen	demjenigen	denjenigen
nominatif	derselbe	dieselbe	dasselbe	dieselben
accusatif	denselben	dieselben	dasselbe	dieselben
génitif	desselben	derselben	desselben	derselben
datif	demselben	derselben	demselben	denselben

Dieser renvoie à un élément **proche**; *jener* à un élément **éloigné**.
L'article défini *der, die, das* peut être employé aussi comme un pronom démonstratif.

5. Le pronom relatif

Les pronoms relatifs les plus usités sont *der, die, das;* moins courants sont *welcher, welche, welches.* Tous introduisent une proposition subordonnée dans laquelle il est donné un nouvel énoncé qui complète celui de la phrase principale. Le pronom relatif s'accorde en **genre** et en **nombre** avec le mot de la principale auquel il se rapporte.

Er putzt sein neues Auto, das/welches er sich gekauft hat.

	m	**f**	**nt**	**pl**
nominatif	welcher	welche	welches	welche
accusatif	welchen	welche	welches	welche
génitif	dessen	deren	dessen	deren
datif	welchem	welcher	welchem	welchen

Wer et *was* peuvent aussi être employés comme des pronoms relatifs.

Wer das behauptet, lügt.
Mach doch, was du willst!

6. Le pronom interrogatif

Le pronom interrogatif se distingue selon qu'il se rapporte à une **personne** *(Wer?)* ou à une **chose** *(Was?)*. Il ne possède que des formes du singulier.

	personne	**chose**
nominatif	***Wer*** **spielt mit?**	***Was*** **ist das?**
accusatif	***Wen*** **liebst du?**	***Was*** **höre ich da?**
génitif	***Wessen*** **Haus ist das?**	
datif	***Wem*** **gehört das Haus?**	

Le génitif du pronom interrogatif *wessen* est de plus en plus remplacé par le datif *wem.*

Wem gehört das Haus?

Par l'expression *was für ein(er)* la question porte sur les caractéristiques d'une personne ou d'une chose.

Was für ein Mensch ist Peter eigentlich?
Was für einen Anzug möchten Sie?

Avec les pronoms interrogatifs *welcher, welche* et *welches* la question porte sur une personne ou une chose concrète parmi un ensemble ou groupe.

Welche Schuhe soll ich nehmen?	(Die braunen oder die schwarzen?)
Mit welchem Bus kommst du?	(Mit dem um 16 oder um 17 Uhr?)
Welches Eis schmeckt dir besser?	(Erdbeer- oder Schokoladeneis?)

	m	f	nt	pl
nominatif	welcher	welche	welches	welche
accusatif	welchen	welche	welches	welche
génitif	welches	welcher	welches	welcher
datif	welchem	welcher	welchem	welchen

Die Präpositionen – Les prépositions

Des prépositions qui régissent

– l'**accusatif**:	bis	wider
	durch	für
	gegen	je
	ohne	pro
	um	
– le **datif**:	ab	aus
	außer	bei
	binnen	entgegen
	entsprechend	gegenüber
	gemäß	mit
	nach	nächst
	nahe	nebst
	samt	seit
	von	zu
	zufolge	zuwider
– l'**accusatif** ou le **datif** * :	an	auf
	entlang	hinter
	in	neben
	über	unter
	vor	zwischen

* Lorsqu'elles décrivent un mouvement ou un changement de direction *(Wohin?)* elles régissent l'accusatif; lorsqu'elles donnent une indication de lieu *(Wo?)* elles régissent le datif.

Er hängt die Uhr an die Wand.	*(Wohin?)*
Die Uhr hängt an der Wand.	*(Wo?)*

→ Dans le dictionnaire on trouve pour chaque préposition une indication concernant leur rection.

Certaines prépositions peuvent s'agglutiner à certaines formes grammaticales de l'article pour former un seul mot.

an/in	+ dem	devient	am/im
bei	+ dem		beim
von	+ dem		vom
zu	+ dem/der		zum/zur
an/in	+ das		ans/ins

Deutsche unregelmäßige Verben

Die unregelmäßigen Formen der mit *auf-, ab-, be-, er-, zer-* usw. präfigierten Verben entsprechen denen ihrer Grundform. Neben dem Infinitiv wird zusätzlich die 2. Person Singular angegeben, wenn diese gegenüber der Grundform einen Umlaut aufweist oder eine Vokalveränderung erfährt. Ebenso wird zum Partizip Perfekt das Hilfsverb aufgeführt, mit welchem es gebildet wird.

Verbes allemands irréguliers

La conjugaison des verbes dérivés à partir des préfixes *auf-, ab-, be-, er-, zer-* etc. correspond à celle du verbe de base. En plus de la forme infinitive, la liste suivante donne la 2e personne du singulier du verbe si celui-ci prend une inflexion *(Umlaut)* ou change de voyelle. La liste indique aussi pour chaque participe passé l'auxiliaire avec lequel il est formé.

1. Infinitiv **1. Infinitif**	**2. Imperfekt** **2. Prétérit**	**3. Partizip Perfekt** **3. Participe passé**	**4. Imperativ – Sing/Pl** **4. Impératif – sing/pl**
backen bäckst, backst	backte	hat gebacken	back[e]/backt
befehlen befiehlst	befahl	hat befohlen	befiehl/befehlt
beginnen	begann	hat begonnen	beginn[e]/beginnt
beißen	biss	hat gebissen	beiß[e]/beißt
bergen birgst	barg	hat geborgen	birg/bergt
bersten birst	barst	ist geborsten	birst/berstet
bewegen	bewog	hat bewogen	beweg[e]/bewegt
biegen	bog	hat/ist gebogen	bieg[e]/biegt
bieten	bot	hat geboten	biet[e]/bietet
binden	band	hat gebunden	bind[e]/bindet
bitten	bat	hat gebeten	bitt[e]/bittet
blasen bläst	blies	hat geblasen	blas[e]/blast
bleiben	blieb	ist geblieben	bleib[e]/bleibt
bleichen	bleichte blich	hat gebleicht hat geblichen	bleich[e]/bleicht
braten brätst	briet	hat gebraten	brat[e]/bratet
brechen brichst	brach	hat/ist gebrochen	brich/brecht
brennen	brannte	hat gebrannt	brenn[e]/brennt
bringen	brachte	hat gebracht	bring/bringt
denken	dachte	hat gedacht	denk[e]/denkt
dreschen drischst	drosch	hat/ist gedroschen	drisch/drescht
dringen	drang	ist gedrungen	dring[e]/dringt
dürfen darfst	durfte	hat gedurft	
empfangen empfängst	empfing	hat empfangen	empfang[e]/empfangt
empfehlen empfiehlst	empfahl	hat empfohlen	empfiehl/empfehlt
empfinden	empfand	hat empfunden	empfind[e]/empfindet
erlöschen erlischst	erlosch	hat erloschen	erlisch/erlöscht
erschrecken erschrickst	erschrak	ist erschrocken	erschrick/erschreckt
essen isst	aß	hat gegessen	iss/esst
fahren fährst	fuhr	hat/ist gefahren	fahr[e]/fahrt
fallen fällst	fiel	ist gefallen	fall[e]/fallt
fangen fängst	fing	hat gefangen	fang[e]/fangt

fechten fichtst	focht	hat gefochten	ficht/fechtet
finden	fand	hat gefunden	find[e]/findet
flechten flichtst	flocht	hat geflochten	flicht/flechtet
fliegen	flog	hat/ist geflogen	flieg[e]/fliegt
fliehen	floh	ist geflohen	flieh[e]/flieht
fließen	floss	ist geflossen	fließ[e]/fließt
fressen frisst	fraß	hat gefressen	friss/fresst
frieren	fror	hat gefroren	frier[e]/friert
gären	gor gärte	hat/ist gegoren hat/ist gegärt	gär[e]/gärt
gebären gebierst	gebar	ist geboren	gebier[e]/gebärt
geben gibst	gab	hat gegeben	gib/gebt
gedeihen	gedieh	ist gediehen	gedeih[e]/gedeiht
gefallen gefällst	gefiel	hat gefallen	gefall[e]/gefallt
gehen	ging	ist gegangen	geh[e]/geht
gelingen	gelang	ist gelungen	geling[e]/gelingt
gelten giltst	galt	hat gegolten	gilt/geltet
genesen	genas	ist genesen	genese/genest
genießen	genoss	hat genossen	genieß[e]/genießt
geraten gerätst	geriet	ist geraten	gerat[e]/geratet
gerinnen	gerann	ist geronnen	gerinn[e]/gerinnt
geschehen geschieht	geschah	ist geschehen	geschieh/gescheht
gestehen	gestand	hat gestanden	gesteh[e]/gesteht
gewinnen	gewann	hat gewonnen	gewinn[e]/gewinnt
gießen	goss	hat gegossen	gieß[e]/gießt
gleichen	glich	hat geglichen	gleich[e]/gleicht
gleiten	glitt	ist geglitten	gleit[e]/gleitet
glimmen	glomm	hat geglommen	glimm[e]/glimmt
graben gräbst	grub	hat gegraben	grab[e]/grabt
greifen	griff	hat gegriffen	greif[e]/greift
haben hast	hatte	hat gehabt	hab[e]/habt
halten hältst	hielt	hat gehalten	halt[e]/haltet
hängen	hing	hat gehangen	häng[e]/hängt
hauen	haute hieb	hat gehauen	hau[e]/haut
heben	hob	hat gehoben	heb[e]/hebt
heißen	hieß	hat geheißen	heiß[e]/heißt
helfen hilfst	half	hat geholfen	hilf/helft
kennen	kannte	hat gekannt	kenn[e]/kennt
klingen	klang	hat geklungen	kling[e]/klingt
kneifen	kniff	hat gekniffen	kneif[e]/kneift
kommen	kam	ist gekommen	komm[e]/kommt
können kannst	konnte	hat gekonnt	
kriechen	kroch	ist gekrochen	kriech[e]/kriecht
küren	kürte	hat gekürt	kür[e]/kürt

laden lädst	lud	hat geladen	lad[e]/ladet
lassen lässt	ließ	hat gelassen	lass/lasst
laufen läufst	lief	ist gelaufen	lauf[e]/lauft
leiden	litt	hat gelitten	leid[e]/leidet
leihen	lieh	hat geliehen	leih[e]/leiht
lesen liest	las	hat gelesen	lies/lest
liegen	lag	hat gelegen	lieg[e]/liegt
lügen	log	hat gelogen	lüg[e]/lügt
mahlen	mahlte	hat gemahlen	mahl[e]/mahlt
meiden	mied	hat gemieden	meid[e]/meidet
melken	molk melkte	hat gemolken hat gemelkt	melk[e], milk/melkt
messen misst	maß	hat gemessen	miss/messt
misslingen	misslang	ist misslungen	
mögen magst	mochte	hat gemocht	
müssen musst	musste	hat gemusst	
nehmen nimmst	nahm	hat genommen	nimm/nehmt
nennen	nannte	hat genannt	nenn[e]/nennt
pfeifen	pfiff	hat gepfiffen	pfeif[e]/pfeift
preisen	pries	hat gepriesen	preis[e]/preist
quellen quillst	quoll	ist gequollen	quill/quellt
raten rätst	riet	hat geraten	rat[e]/ratet
reiben	rieb	hat gerieben	reib[e]/reibt
reißen	riss	hat/ist gerissen	reiß/reißt
reiten	ritt	hat/ist geritten	reit[e]/reitet
rennen	rannte	ist gerannt	renn[e]/rennt
riechen	roch	hat gerochen	riech[e]/riecht
ringen	rang	hat gerungen	ring[e]/ringt
rinnen	rann	ist geronnen	rinn[e]/rinnt
rufen	rief	hat gerufen	ruf[e]/ruft
salzen	salzte	hat gesalzen hat gesalzt	salz[e]/salzt
saufen säufst	soff	hat gesoffen	sauf[e]/sauft
schaffen	schuf	hat geschaffen	schaff[e]/schafft
schallen	schallte scholl	hat geschallt	schall[e]/schallt
scheiden	schied	hat/ist geschieden	scheid[e]/scheidet
scheinen	schien	hat geschienen	schein[e]/scheint
scheißen	schiss	hat geschissen	scheiß[e]/scheißt
schelten schiltst	schalt	hat gescholten	schilt/scheltet
scheren	schor	hat geschoren hat geschert	scher[e]/schert
schieben	schob	hat geschoben	schieb[e]/schiebt
schießen	schoss	hat geschossen	schieß[e]/schießt
schinden	schindete	hat geschunden	schind[e]/schindet
schlafen schläfst	schlief	hat geschlafen	schlaf[e]/schlaft

schlagen schlägst	schlug	hat geschlagen	schlag[e]/schlagt
schleichen	schlich	ist geschlichen	schleich[e]/schleicht
schleifen	schliff	hat geschliffen	schleif[e]/schleift
schließen	schloss	hat geschlossen	schließ[e]/schließt
schlingen	schlang	hat geschlungen	schling[e]/schlingt
schmeißen	schmiss	hat geschmissen	schmeiß[e]/schmeißt
schmelzen schmilzt	schmolz	ist geschmolzen	schmilz/schmelzt
schnauben	schnaubte schnob	hat geschnaubt hat geschnoben	schnaub[e]/schnaubt
schneiden	schnitt	hat geschnitten	schneid[e]/schneidet
schreiben	schrieb	hat geschrieben	schreib[e]/schreibt
schreien	schrie	hat geschrie[e]n	schrei[e]/schreit
schreiten	schritt	ist geschritten	schreit[e]/schreitet
schweigen	schwieg	hat geschwiegen	schweig[e]/schweigt
schwellen schwillst	schwoll	ist geschwollen	schwill/schwellt
schwimmen	schwamm	hat/ist geschwommen	schwimm[e]/schwimmt
schwinden	schwand	ist geschwunden	schwind[e]/schwindet
schwingen	schwang	hat geschwungen	schwing[e]/schwingt
schwören	schwor	hat geschworen	schwör[e]/schwört
sehen siehst	sah	hat gesehen	sieh/seht
sein *1. Präs Sing* bin *2. Präs Sing* bist *3. Präs Sing* ist *1. Präs Pl* sind *2. Präs Pl* seid *3. Präs Pl* sind	war	ist gewesen	sei/seid
senden	sendete CH sandte	hat gesendet CH hat gesandt	send[e]/sendet
sieden	siedete sott	hat gesiedet hat gesotten	sied[e]/siedet
singen	sang	hat gesungen	sing[e]/singt
sinken	sank	ist gesunken	sink[e]/sinkt
sinnen	sann	hat gesonnen	sinn[e]/sinnt
sitzen	saß	hat gesessen	sitz[e]/sitzt
sollen	sollte	hat gesollt	
spalten	spaltete	hat gespalten hat gespaltet	spalt[e]/spaltet
speien	spie	hat gespie[e]n	spei[e]/speit
spinnen	spann	hat gesponnen	spinn[e]/spinnt
sprechen sprichst	sprach	hat gesprochen	sprich/sprecht
sprießen	spross sprießte	ist gesprossen ist gesprießt	sprieß[e]/sprießt
springen	sprang	ist gesprungen	spring[e]/springt
stechen stichst	stach	hat gestochen	stich/stecht
stecken	steckte stak	hat gesteckt	steck[e]/steckt
stehen	stand	hat gestanden	steh[e]/steht
stehlen stiehlst	stahl	hat gestohlen	stiehl/stehlt
steigen	stieg	ist gestiegen	steig[e]/steigt
sterben stirbst	starb	ist gestorben	stirb/sterbt
stinken	stank	hat gestunken	stink[e]/stinkt

stoßen stößt	stieß	hat gestoßen	stoß[e]/stoßt
streichen	strich	hat gestrichen	streich[e]/streicht
streiten	stritt	hat gestritten	streit[e]/streitet
tragen trägst	trug	hat getragen	trag[e]/tragt
treffen triffst	traf	hat getroffen	triff/trefft
treiben	trieb	hat getrieben	treib[e]/treibt
treten trittst	trat	hat getreten	tritt/tretet
triefen	triefte troff	hat getrieft hat getroffen	trief[e]/trieft
trinken	trank	hat getrunken	trink[e]/trinkt
trügen	trog	hat getrogen	trüg[e]/trügt
tun *1. Präs Sing* tue *2. Präs Sing* tust *3. Präs Sing* tut	tat	hat getan	tu[e]/tut
überessen überisst	überaß	hat übergegessen	überiss/überisst
verbieten	verbot	hat verboten	verbiet[e]/verbietet
verbrechen verbrichst	verbrach	hat verbrochen	verbrich/verbrecht
verderben verdirbst	verdarb	hat verdorben	verdirb/verderbt
vergessen vergisst	vergaß	hat vergessen	vergiss/vergesst
verlieren	verlor	hat verloren	verlier[e]/verliert
verraten verrätst	verriet	hat verraten	verrat[e]/verratet
verschleißen	verschliss	hat verschlissen	verschleiß[e]/verschleißt
verstehen	verstand	hat verstanden	versteh[e]/versteht
verwenden	verwendete verwandt	hat verwendet hat verwandt	verwend[e]/verwendet
verzeihen	verzieh	hat verziehen	verzeih[e]/verzeiht
wachsen wächst	wuchs	ist gewachsen	wachs[e]/wachst
waschen wäschst	wusch	hat gewaschen	wasch[e]/wascht
weben	wob webte	hat gewoben hat gewebt	web[e]/webt
weichen	wich	ist gewichen	weich[e]/weicht
weisen	wies	hat gewiesen	weis[e]/weist
wenden	wendete wandte	hat gewendet hat gewandt	wend[e]/wendet
werben wirbst	warb	hat geworben	wirb/werbt
werden wirst	wurde ward	ist geworden	werd[e]/werdet
werfen wirfst	warf	hat geworfen	wirf/werft
wiegen	wog	hat gewogen	wieg[e]/wiegt
winden	wand	hat gewunden	wind[e]/windet
wissen weißt	wusste	hat gewusst	wiss[e]/wisset
wollen willst	wollte	hat gewollt	woll[e]/wollt
ziehen	zog	hat/ist gezogen	zieh[e]/zieht
zwingen	zwang	hat gezwungen	zwing[e]/zwingt

Die französische Silbentrennung – La coupe syllabique en français

1. Folgende Regeln müssen beachtet werden:
   - Einzelne Konsonanten zwischen zwei Vokalen treten zur nächsten Silbe, z. B.

     mo-di-fi-ca-tion, ca-mé-ra, pa-ra-pluie.
   - Bei Konsonantengruppen tritt der letzte Konsonant zur folgenden Silbe, z. B.

     abs-ti-nence, subs-tan-tif, cons-cience, com-mis-sion.
   - Nicht getrennt werden:
     - *ch*, *gn*, *ph*, *th*, *ll* (wenn es wie [j] ausgesprochen wird), z. B.

       branche-ment, soi-gner, té-lé-phone, athée, tour-billon (aber: vil-la)
     - Konsonant + *r* oder *l*, z. B.

       en-trer, suf-frage, an-glais, re-cy-clage
     - aufeinanderfolgende Vokale, z. B.

       théatre, cuir, hé-roïque
     - Apostrophierungen, z. B.

       l'of-fice, au-jour-d'hui, lors-qu'elle.
2. Folgende Trennungen sollten nach Möglichkeit vermieden werden:
   - Eine Abtrennung tonloser Silben ist nicht zu empfehlen, z. B.

     prendre, co-mique, bi-zarre, peuple, rouge

Die französische Zeichensetzung – La ponctuation française

1. Die Satzzeichen werden im Französischen überwiegend so wie im Deutschen verwendet.
   Ausnahmen:
   - Ein Punkt kann innerhalb einer Abkürzung stehen, z. B.
     M. Leroc, C.N.R.S., H.L.M.
   - Kein Punkt wird gesetzt, wenn der letzte Buchstabe eines Wortes die Abkürzung abschließt, z. B.
     Mme Leroc, Mlle Meunier, Dr Dupont, bd (boulevard), n^o (numéro).
   - Bei Ordnungszahlen wird kein Punkt gesetzt, z. B.
     Elisabeth Ire, 2e étage.
   - Das Datum wird mit Schräg- oder Trennstrichen geschrieben, z. B.
     24/04/2003, 17-11-1966
   - Als Anführungszeichen werden doppelte Spitzklammern gesetzt,
     «Je viens demain.»

2. Lediglich bei der Kommasetzung gibt es größere Abweichungen:
   a) Das Komma wird gesetzt
   - bei adverbialen Bestimmungen am Satzanfang:
     Hier soir, je suis allé au cinéma.
   - vor *etc.*:
     café, chocolat, alcool, etc.

   b) Kein Komma steht vor
   - nachgestellten Adverbialsätzen:
     Je pars avant qu'il ne se mette à pleuvoir.
   - Relativsätzen, die für das Satzverständnis notwendig sind:
     C'est le livre que je suis en train de lire.
   - Objektsätzen:
     Tu sais bien qu'elle a raison.
   - indirekten Fragesätzen:
     Je me demande s'ils viendront.

Die deutsche Silbentrennung – La coupe syllabique en allemand

1. Coupe après la syllabe sonore
   - Une consonne seule à l'intérieur d'un mot est rattachée à la syllabe qui suit,

     Ge-ne-tik, lau-fen, grö-ßer.
   - Pour un groupe de consonnes, la dernière consonne est rattachée à la syllabe qui suit,

     Kom-mis-sion, all-ge-mein, schät-zen, Wes-te.
   - La coupe après une voyelle seule est possible si celle-ci se trouve au début du mot (mais: impossible à la fin du mot!),

     A-gen-tin (mais: Reue).
   - Les diphtongues sont indivisibles,

     mei-nen, Häu-ser, schau-en, Spoi-ler.

   Exception:
   - Pas de coupe pour les groupes de consonnes qui forment un son (ch, ck, sch; pour les mots étrangers: ph, rh, sh, th),

     na-schen, Ma-cke, Wo-che, Stro-phe, sym-pa-thisch.
2. Coupe entre les différents éléments constituant un mot:
   - La coupe pour un mot composé s'effectue entre les éléments qui le composent (ceci vaut aussi pour les préfixes et les suffixes),

     Spiel-wa-ren, wahr-ne-hmen, Vor-teil, dank-bar.
3. Coupe pour les mots étrangers:
   - La coupe pour un mot étranger peut s'effectuer aussi bien entre les éléments qui le composent qu'après la syllabe sonore,

At-mo-sphä-re	Ma-gnet	Sym-ptom
At-mos-phä-re	Mag-net	Symp-tom.

Die deutsche Zeichensetzung – La ponctuation allemande

1. L'utilisation des signes de ponctuation en allemand est dans l'ensemble la même qu'en français:
   Exceptions:
   - les guillemets:

     „Kommst du morgen?"
   - l'apostrophe en allemand marque
     - une ellipse:

       Wenn's denn sein muss. (au lieu de *es*)
     - ou un génitif avec -s:

       Aristoteles' Schriften
     - ou un suffixe adjectival:

       der Woolf'sche Roman
   - le point après
     - les ordinaux:

       2. Band, 3. Etage
     - le jour et le mois pour une date:

       10.12.2003
   - le point d'exclamation après l'impératif:

     „Mach die Tür zu!"

2. La virgule:

   a) on met une virgule pour séparer
   - la proposition principale de la proposition subordonnée:

     Ich freue mich, wenn die Sonne scheint.
   - différentes propositions subordonnées:

     Sie weiß, dass alles nass wird, wenn es regnet.
   - les éléments d'une énumération:

     Der Korb enthielt Äpfel, Birnen, Pflaumen und Mirabellen.

   b) on met une virgule au début et à la fin
   - d'une proposition relative:

     Die Reisetasche, die er neu gekauft hatte, war voll gepackt.
   - d'une apposition (précision apportée à un nom) ou d'une date:

     Frau Weiß, die Direktorin, hielt eine Rede.
     Wir kommen am Mittwoch, den 14. April, an.
   - d'un groupe adjectival ou participial:

     Er schlief, ganz erschöpft, ein.
     Sie schloss, tief Atem holend, die Augen.

   c) pas de virgule
   - avec les conjonctions (und, oder, bzw., entweder – oder, sowie, weder – noch, sowohl – als auch etc.):

     Ihr müsst die Rechnung bezahlen oder eure Rechtsanwältin um Rat fragen.

   Exception:
   - avec les conjonctions introduisant une restriction, une correction ou une précision (aber, sondern etc.):

     Das ist ein verlockendes Angebot, aber riskant.
     Meine Augen sind nicht blau, sondern grün.

Französische Musterbriefe – Modèles de lettres en français

An das Fremdenverkehrsamt: Anforderung von Prospekten
A l'office du tourisme : demande de documentation

M. et Mme Norbert Petit
5, rue du Dr Chaussier
21000 Dijon

Comité Départemental
du Tourisme du Finistère
11, rue Théodore-Le-Hars
29104 Quimper cedex

Dijon, le 2 février 2004

Messieurs,

Je désire passer mes vacances avec ma famille dans la région de Quimper en juillet.

C'est pourquoi je vous serais reconnaissant de bien vouloir m'envoyer une documentation sur les sites touristiques et les hôtels de cette région.

D'avance, je vous remercie de votre réponse.

Je vous prie de croire, Messieurs, à ma considération distinguée.

N. Petit

Norbert Petit

Je désire passer mes vacances…
Ich möchte meinen Urlaub … verbringen
envoyer une documentation
Prospekte zuschicken

Ein Hotelzimmer reservieren
Réserver une chambre d'hôtel

M. et Mme Norbert Petit
5, rue du Dr Chaussier
21000 Dijon

Hôtel Armorique
35, rue des Promenades
29118 Benodet

Dijon, le 1er mars 2004

Monsieur,

Je vous remercie de votre dépliant me donnant tous les détails sur les conditions de séjour dans votre hôtel.

Je vous prie de réserver pour ma femme, moi-même et nos deux filles deux chambres avec douche et W.-C., l'une à deux lits, l'autre à un grand lit, en demi-pension, du 2 au 15 juillet compris.

D'avance, je vous remercie de votre confirmation.

Veuillez recevoir, Monsieur, l'assurance de mes sentiments distingués.

N. Petit

Norbert Petit

votre dépliant me donnant tous les détails
Ihr Faltblatt, das mich über alle Einzelheiten informiert

Je vous prie de réserver…
Ich bitte Sie, … zu reservieren.

Deutsche Musterbriefe – Modèles de lettres en allemand

An das Fremdenverkehrsamt: Anforderung von Prospekten
A l'office du tourisme : demande de documentation

P. Unger
Schneiderstr. 6
28717 Bremen

An das
Fremdenverkehrsamt
Postfach
82211 Herrsching

Bremen, den 12.2.2004

Sehr geehrte Damen und Herren,

wir möchten in diesem Sommer unseren Urlaub am Ammersee verbringen und bitten Sie um Zusendung eines Hotelverzeichnisses und weiterer Informationen.

Für Ihre Bemühungen danken wir Ihnen im Voraus.

Mit freundlichen Grüßen

Peter Unger

Wir bitten um Zusendung von …
Nous vous prions de nous faire parvenir …

Für Ihre Bemühungen danken wir Ihnen im Voraus.
Vous en remerciant par avance, …

Ein Hotelzimmer reservieren
Réserver une chambre d'hôtel

Monika Ottke
Düsseldorfer Tennisclub DTC 05
Rüdigerstr. 56
40472 Düsseldorf
0211/306263

Madame Malo
Hôtel de Paris
24, rue du Général Lupine
44000 Nantes
Frankreich

Düsseldorf, den 25. Juni 2003

Reservierung

Sehr geehrte Frau Malo,

vielen Dank für Ihren freundlichen Brief vom 17. Juni sowie den Prospekt, der uns einen Einblick in Ihr Haus gegeben hat. Alle Clubmitglieder waren begeistert.

Entsprechend Ihrer Preisliste bitten wir Sie um die Reservierung von:

6 Doppelzimmern mit Dusche und WC,
4 Einzelzimmern mit Dusche und WC.

Wir gehen davon aus, dass sich die Preise jeweils auf die Übernachtung mit Frühstück beziehen.

Wir werden voraussichtlich am 2. Oktober gegen 14 Uhr eintreffen.

Beiliegend schicken wir Ihnen die genaue Teilnehmerliste.

Wir freuen uns auf unseren Aufenthalt und danken Ihnen für Ihre Mühe.

Mit freundlichen Grüßen

Monika Ottke

... hat uns einen Einblick in Ihr Haus gegeben.
... nous a donné un aperçu de votre hôtel.
Wir werden voraussichtlich am 2. Oktober gegen 14 Uhr eintreffen.
Nous pensons arriver le 2 octobre vers les 14 heures.

Bewerbungsschreiben, Lebenslauf – Lettres de candidature, curriculum vitæ

Bernard Brasier
56, rue Berlioz
33000 Bordeaux
Tél. : 56 03 51 59

Bordeaux, le 10 octobre 2003

Ref. : Votre annonce parue dans «Le Figaro» du 29 septembre

Messieurs,

Votre offre d'emploi citée en référence m'intéresse vivement. En effet, la nature du poste que vous proposez, correspond à celui que je recherche.

J'ai particulièrement retenu dans les termes de votre annonce la perspective de travailler pour une entreprise leader de son marché et la possibilité de mettre en pratique mes connaissances et mes expériences dans ce domaine.

Depuis 5 ans, je dirige le service de Contrôle de gestion d'une entreprise basée à Rome. Entre autres, j'ai mis en place une stratégie informatisée qui s'est révélée très vite opérationnelle.

Le C. V. ci-joint vous permettra de mieux apprécier mon parcours professionnel.

Je serais heureux de pouvoir vous donner plus de détails dans un prochain entretien et dans cette attente, je vous prie de croire, Messieurs, à l'assurance de mes sentiments distingués.

B Brasier

la perspective de travailler pour une entreprise leader de son marché
die Perspektive, für ein marktführendes Unternehmen zu arbeiten

(de) mettre en pratique mes connaissances et mes expériences
meine Kenntnisse und Erfahrungen in die Praxis umzusetzen

Chantal Leroy
10, rue St. Léonard
17000 La Rochelle

La Rochelle, le 3 novembre 2003

Objet : Lettre de candidature au
poste de secrétaire-assistante

Madame, Monsieur,

Comme suite à votre annonce parue dans «le Monde» de ce jour, je pose ma candidature au poste de secrétaire-assistante des ventes que vous proposez au sein de votre entreprise.

Je suis actuellement à la recherche d'un emploi à temps complet qui puisse me permettre de développer mes qualités d'organisation et d'utiliser mes connaissances en anglais et en allemand que j'ai pu approfondir au cours de plusieurs séjours ou stages à l'étranger. De par mon emploi actuel, j'ai acquis une bonne maîtrise de l'informatique.

Veuillez trouver ci-joint mon curriculum vitae.

Je me tiens à votre disposition pour un entretien au jour et à l'heure qui vous conviendront.

Je vous prie de croire, Madame, Monsieur, à l'expression de mes sentiments distingués.

Chantal Leroy

je pose ma candidature au poste de...
ich bewerbe mich um die Stelle als ...

De par mon emploi actuel, j'ai acquis une bonne maîtrise de l'informatique.
Durch meine gegenwärtige Stelle habe ich gute EDV-Kenntnisse erworben.

Caroline Bison
21, rue Thiers
80000 Amiens
Tél.: 22 32 46 13

Amiens, le 10 octobre 2003

Ref.: Votre annonce parue dans «Le Monde» du 29 septembre

Mesdames, Messieurs,

Votre offre d'emploi citée en référence m'intéresse vivement. En effet, la nature du poste que vous proposez correspond à celui que je recherche.

J'ai particulièrement retenu dans les termes de votre annonce la perspective de travailler pour une entreprise leader sur le marché européen.

Depuis six ans, je suis secrétaire-assistante à mi-temps et je recherche actuellement un poste à plein temps qui me permettrait de mettre en pratique mes compétences en langues étrangères ainsi que mes expériences acquises au cours des sept dernières années dans le domaine rédactionnel.

Le C. V. ci-joint vous permettra de mieux apprécier mon parcours professionnel.

Je serais heureuse de pouvoir vous donner plus de détails dans un prochain entretien et dans cette attente, je vous prie de croire, Mesdames, Messieurs, à l'assurance de mes sentiments distingués.

pièce jointe: curriculum vitæ

Curriculum vitæ

Caroline Bison
21, rue Thiers
80000 Amiens
Tél.: 22.32.46.13

Née le 3 octobre 1976 à Berlin
Nationalité française
Célibataire

Trilingue (français, allemand, anglais):
Cinq années d'école primaire en RFA.
Six mois de stage chez HASGA en RFA.
Fréquents séjours en Grande-Bretagne.

Formation:

1994	Baccalauréat
1996	École supérieure de commerce
1997	B.T.S. Commerce International Cours du soir intensifs d'informatique à la Chambre de Commerce d'Amiens.

Expériences professionnelles:

Depuis janvier 1999	Secrétaire-assistante à mi-temps au service financier du Groupe H 2 E (installations électriques industrielles et tertiaires) à Saint-Quentin.
septembre–décembre 1998	Stagiaire chez PUBLICAT, agence de presse à Strasbourg, au secrétariat de rédaction (maîtrise de la mise en page informatique)
avril–juillet 1998	Stagiaire à la société Sodog (groupe autmobile), Paris: secrétariat à la direction des opérations internationales.
octobre 1997–mars 1998	Stagiaire chez HASGA à Lüdenscheid en RFA: correspondancière (allemand et français)

Divers:

Animatrice du club informatique à la Maison des Jeunes d'Amiens.

sports:	gymnastique, judo
hobby:	peinture d'icônes

Inititativbewerbung
Lettre de candidature spontanée

Heiner Ludwig
Gerhardstr. 110
40468 Düsseldorf
0211/457856

Düsseldorf Express
Königsallee 27
40212 Düsseldorf

Düsseldorf, den 2. April 2004

Biete: Engagement und Vielseitigkeit
Suche: interessantes Tätigkeitsfeld

Sehr geehrte Damen und Herren,

Sie sind eine der erfolgreichsten Zeitungen in Düsseldorf, bei der auch ich gerne arbeiten würde. Sicher suchen Sie immer engagierte und kreative Redakteure für Ihre Kultur-Redaktion.

Seit 6 Jahren arbeite ich als freier Journalist für verschiedene Zeitungen im Düsseldorfer Raum und verfüge daher über einen reichhaltigen Erfahrungsschatz. Ich habe mich bei meiner Arbeit nicht auf ein Ressort festgelegt, sondern war stets bemüht, mich mit den unterschiedlichsten Bereichen und Aufgabengebieten bekannt zu machen. So habe ich im Lokalteil über regionale Begebenheiten in und um Düsseldorf sowie in der Kultur-Redaktion über Theaterveranstaltungen oder Kinofilme berichtet. Hier – im Kulturbereich – liegt auch meine Stärke.

Durch die diesem Schreiben beigefügten Arbeitsproben möchte ich Sie mit meinem Schreibstil vertraut machen. Sie sehen hier, dass ich in der Lage bin, über ganz verschiedene Themenbereiche in angemessener Form zu berichten, und ein Gespür dafür entwickelt habe, kulturelle Themen auf interessante und unterhaltsame Weise zu präsentieren.

Ich kann mir gut vorstellen, Ihre Kultur-Redaktion baldmöglichst zu ergänzen.

Sind Sie interessiert? Rufen Sie mich an und laden Sie mich zu einem persönlichen Gespräch ein!

Mit freundlichen Grüßen

Heiner Ludwig

Anlagen
Tabellarischer Lebenslauf
Zeugnisse
5 Arbeitsproben

Ich verfüge daher über einen reichhaltigen Erfahrungsschatz.
J'ai donc (acquis) une très grande expérience.

Bewerbungsschreiben
Lettre de candidature

Petra Müller
Droste-Hülshoff-Str. 56
50968 Köln
Tel.: 0221/683871

Henkel KGaA
Personalabteilung
Henkelstr. 67
40589 Düsseldorf

Köln, den 12. März 2004

Sie suchen eine engagierte und zuverlässige Chefsekretärin!

Sehr geehrte Damen und Herren,

Sie benötigen eine zuverlässige und kompetente Fachkraft für die Geschäftsführung.

So steht es in Ihrer Anzeige (Rheinische Post, 28. Februar 2004). Ich würde gern dazu beitragen, dass sich Ihre Geschäftsführung optimal betreut fühlt. Da ich bereits als Chefsekretärin in einem großen Kölner Unternehmen beschäftigt bin, habe ich die notwendigen Erfahrungen sammeln können.

Nach meiner Ausbildung zur Industriekauffrau arbeitete ich zunächst 6 Jahre als Abteilungssekretärin und anschließend – seit nunmehr 4 Jahren – als Chefsekretärin. Im Rahmen dieser Tätigkeit besuchte ich mehrere Weiterbildungsseminare (u. a. Rhetorik-Seminare, Arbeit am PC, Textverarbeitung), sodass ich in jeder Hinsicht Ihrem beschriebenen Anforderungsprofil entspreche.

Die vielseitige Tätigkeit einer Chefsekretärin spricht mich sehr an. Vor allem die direkte Terminabsprache mit der Geschäftsführung, die Vorbereitung von Entscheidungen, aber auch die Erledigung von allgemeinen Sekretariatsaufgaben machen Ihre Stellenbeschreibung für mich so reizvoll, zumal einige der von Ihnen aufgeführten Tätigkeiten auch heute schon zu meinen täglichen Aufgaben gehören.

Aus privaten Gründen möchte ich mich verändern und wäre deshalb über einen Ortswechsel sehr erfreut. Es stellt für mich auch kein Problem dar, die Stelle am 1. April 2004 anzutreten.

Für ein persönliches Vorstellungsgespräch stehe ich jederzeit zur Verfügung. Bei dieser Gelegenheit würde ich auch gerne mit Ihnen über Ihre und meine Gehaltsvorstellungen sprechen.

Mit freundlichen Grüßen

Petra Müller

Anlagen

Lebenslauf
Lichtbild
Zeugnisse

Ich habe die notwendigen Erfahrungen sammeln können.	J'ai pu acquérir l'expérience requise.
… sodass ich Ihrem beschriebenen Anforderungsprofil entspreche.	…. de sorte que je corresponds au profil exigé pour ce poste.
Aus privaten Gründen möchte ich mich verändern.	Je désire, pour des raisons personnelles, trouver un nouvel emploi.
… die Stelle am 1. April antreten.	… commencer le 1er avril.
Gehaltsvorstellungen	prétentions salariales

Claudia Schröder
Hahnemannstr.8
70191 Stuttgart

Max-Planck-Institut
für Metallforschung
Institut für Werkstoffwissenschaft
Seestraße 92
70174 Stuttgart

Stuttgart, den 12.02.2004

Bewerbung als Fremdsprachensekretärin

Sehr geehrte Damen und Herren,

Ihre Anzeige in der „Stuttgarter Zeitung“ hat mich sehr angesprochen, und ich habe großes Interesse an der von Ihnen ausgeschriebenen Stelle als Fremdsprachensekretärin.

Meine Ausbildung zur Europa-Sekretärin an der Akademie für Bürokommunikation und Welthandelssprachen (ABW) werde ich Ende März d. J. mit dem Diplom abschließen. Nach Beendigung der Ausbildung möchte ich möglichst sofort ins Berufsleben einsteigen, sodass ich die Stelle zum 01.04.2004 antreten könnte.

Ich hatte schon immer ein großes Interesse an Sprachen und an anderen Kulturen und verfüge über sehr gute Englisch- und Französischkenntnisse sowie über gute Griechischkenntnisse und über Grund-kenntnisse in Spanisch.

Der Umgang mit moderner Textverarbeitung am PC und die selbständige Erledigung der im Sekretariat anfallenden Arbeiten sowie organisatorischer Aufgaben bereiten mir großen Spaß; ferner verfüge ich über sehr gute Stenografie- und Maschinenschreibkenntnisse in Deutsch, Englisch und Französisch und habe viel Freude an der schriftlichen und mündlichen Kommunikation in Fremdsprachen sowie am Kontakt mit Menschen.

Während meines zweisemestrigen Anglistik- und Romanistikstudiums an der Universität Heidelberg konnte ich meine Englisch- und Französischkenntnisse weiter vertiefen und durch die Teilnahme an Kursen Spanisch- und Griechischkenntnisse erwerben. Letztendlich habe ich dem Studium dann jedoch eine praxisnahe Ausbildung an der ABW vorgezogen.

Durch meine frühere Ferientätigkeit als Bürokraft habe ich bereits einen Einblick in den Büroalltag gewinnen können. Meine Nebentätigkeit als IGA-Hostess im Sommer 97 hat mir durch den Kontakt mit einem internationalen Publikum ebenfalls viel Spaß bereitet.

Ich würde mich sehr über eine Einladung zu einem Vorstellungsgespräch freuen und verbleibe

mit freundlichen Grüßen

Claudia Schröder

Anlagen

Zeugniskopie
Lebenslauf
Lichtbild

ins Berufsleben einsteigen
entrer dans la vie active

... habe ich einen Einblick in den Büroalltag gewinnen können.
... j'ai pu me familiariser avec le travail de bureau.

Lebenslauf

Name:	Claudia Schmid
Geburtstag:	10.6.1978
Geburtsort:	Karlsruhe
Staatsangehörigkeit:	deutsch
Eltern:	Rolf Schmid, Verwaltungsangestellter Martha Schmid, geb. Schultze, Verwaltungsangestellte
Familienstand:	verheiratet, ein Kind
Schulbildung:	1984–1988 Rennbuckel-Grundschule in Karlsruhe
	1988–1994 Humboldt-Gymnasium in Karlsruhe
	1994–1997 Hölderlin-Gymnasium in Stuttgart Abschluss: Abitur
Ausbildung:	1998–2001 Akademie für Bürokommunikation und Welthandelssprachen – ABW in Stuttgart Abschluss: Diplom-Europasekretärin
Tätigkeiten:	September 1997 bis August 1998: Au-pair-Stelle in Paris
	Seit Mai 2001: Redaktionsassistentin beim EFG Verlag, Stuttgart
Sprachkenntnisse:	Englisch, Französisch, Spanisch, Italienisch

Stuttgart, den 20.10.2003

Die Zahlwörter

Les nombres

die Grundzahlen

les nombres cardinaux

null	0	zéro
einer, eine, eins; ein, eine, ein	1	un, une
zwei	2	deux
drei	3	trois
vier	4	quatre
fünf	5	cinq
sechs	6	six
sieben	7	sept
acht	8	huit
neun	9	neuf
zehn	10	dix
elf	11	onze
zwölf	12	douze
dreizehn	13	treize
vierzehn	14	quatorze
fünfzehn	15	quinze
sechzehn	16	seize
siebzehn	17	dix-sept
achtzehn	18	dix-huit
neunzehn	19	dix-neuf
zwanzig	20	vingt
einundzwanzig	21	vingt et un
zweiundzwanzig	22	vingt-deux
dreiundzwanzig	23	vingt-trois
vierundzwanzig	24	vingt-quatre
fünfundzwanzig	25	vingt-cinq
dreißig	30	trente
einunddreißig	31	trente et un
zweiunddreißig	32	trente-deux
dreiunddreißig	33	trente-trois
vierzig	40	quarante
einundvierzig	41	quarante et un
zweiundvierzig	42	quarante-deux
fünfzig	50	cinquante
einundfünfzig	51	cinquante et un
zweiundfünfzig	52	cinquante-deux
sechzig	60	soixante
einundsechzig	61	soixante et un
zweiundsechzig	62	soixante-deux
siebzig	70	soixante-dix
einundsiebzig	71	soixante et onze
zweiundsiebzig	72	soixante-douze
fünfundsiebzig	75	soixante-quinze
neunundsiebzig	79	soixante-dix-neuf
achtzig	80	quatre-vingt(s)
einundachtzig	81	quatre-vingt-un
zweiundachtzig	82	quatre-vingt-deux
fünfundachtzig	85	quatre-vingt-cinq
neunzig	90	quatre-vingt-dix
einundneunzig	91	quatre-vingt-onze
zweiundneunzig	92	quatre-vingt-douze
neunundneunzig	99	quatre-vingt-dix-neuf
hundert	100	cent

hundert(und)eins	101	cent un
hundert(und)zwei	102	cent deux
hundert(und)zehn	110	cent dix
hundert(und)zwanzig	120	cent vingt
hundert(und)neunundneunzig	199	cent quatre-vingt-dix-neuf
zweihundert	200	deux cents
zweihundert(und)eins	201	deux cent un
zweihundert(und)zweiundzwanzig	222	deux cent vingt-deux
dreihundert	300	trois cents
vierhundert	400	quatre cents
fünfhundert	500	cinq cents
sechshundert	600	six cents
siebenhundert	700	sept cents
achthundert	800	huit cents
neunhundert	900	neuf cents
tausend	1 000	mille
tausend(und) eins	1 001	mille un
tausend(und) zehn	1 010	mille dix
tausend(und) einhundert	1 100	mille cent
zweitausend	2 000	deux mille
zehntausend	10 000	dix mille
hunderttausend	100 000	cent mille
eine Million	1 000 000	un million
zwei Millionen	2 000 000	deux millions
zwei Millionen fünfhunderttausend	2 500 000	deux millions cinq cent mille
eine Milliarde	1 000 000 000	un milliard
eine Billion	1 000 000 000 000	mille milliard

die Ordnungszahlen

les nombres ordinaux

(der, die, das)			
erste	1.	1er, 1ère	premier, ère
zweite	2.	2nd, 2nde, 2^{e}	second, e deuxième
dritte	3.	3^{e}	troisième
vierte	4.	4^{e}	quatrième
fünfte	5.	5^{e}	cinquième
sechste	6.	6^{e}	sixième
siebte	7.	7^{e}	septième
achte	8.	8^{e}	huitième
neunte	9.	9^{e}	neuvième
zehnte	10.	10^{e}	dixième
elfte	11.	11^{e}	onzième
zwölfte	12.	12^{e}	douzième
dreizehnte	13.	13^{e}	treizième
vierzehnte	14.	14^{e}	quatorzième
fünfzehnte	15.	15^{e}	quinzième
sechzehnte	16.	16^{e}	seizième
siebzehnte	17.	17^{e}	dix-septième
achtzehnte	18.	18^{e}	dix-huitième
neunzehnte	19.	19^{e}	dix-neuvième
zwanzigste	20.	20^{e}	vingtième
einundzwanzigste	21.	21^{e}	vingt et unième
zweiundzwanzigste	22.	22^{e}	vingt-deuxième
dreiundzwanzigste	23.	23^{e}	vingt-troisième
dreißigste	30.	30^{e}	trentième
einunddreißigste	31.	31^{e}	trente et unième

zweiunddreißigste	32.	32^e	trente-deuxième
vierzigste	40.	40^e	quarantième
fünfzigste	50.	50^e	cinquantième
sechzigste	60.	60^e	soixantième
siebzigste	70.	70^e	soixante-dixième
einundsiebzigste	71.	71^e	soixante et onzième
zweiundsiebzigste	72.	72^e	soixante-douzième
neunundsiebzigste	79.	79^e	soixante-dix-neuvième
achtzigste	80.	80^e	quatre-vingtième
einundachtzigste	81.	81^e	quatre-vingt-unième
zweiundachtzigste	82.	82^e	quatre-vingt-deuxième
neunzigste	90.	90^e	quatre-vingt-dixième
einundneunzigste	91.	91^e	quatre-vingt-onzième
neunundneunzigste	99.	99^e	quatre-vingt-dix-neuvième
hundertste	100.	100^e	centième
hundertunderste	101.	101^e	cent unième
hundertundzehnte	110.	110^e	cent dixième
hundertundfünfundneunzigste	195.	195^e	cent quatre-vingt-quinzième
zweihundertste	200.	200^e	deux(-)centième
dreihundertste	300.	300^e	trois(-)centième
fünfhundertste	500.	500^e	cinq(-)centième
tausendste	1 000.	$1\,000^e$	millième
zweitausendste	2 000.	$2\,000^e$	deux(-)millième
millionste	1 000 000.	$1\,000\,000^e$	millionième
zehnmillionste	10 000 000.	$10\,000\,000^e$	dix(-)millionième

die Bruchzahlen — les fractions

ein halb	$^1/_2$	un demi
ein Drittel	$^1/_3$	un tiers
ein Viertel	$^1/_4$	un quart
ein Fünftel	$^1/_5$	un cinquième
ein Zehntel	$^1/_{10}$	un dixième
ein Hundertstel	$^1/_{100}$	un centième
ein Tausendstel	$^1/_{1000}$	un millième
ein Millionstel	$^1/_{1\,000\,000}$	un millionième
zwei Drittel	$^2/_3$	deux tiers
drei Viertel	$^3/_4$	trois quarts
zwei Fünftel	$^2/_5$	deux cinquièmes
drei Zehntel	$^3/_{10}$	trois dixièmes
anderthalb, ein(und)einhalb	$1\,^1/_2$	un et demi
zwei(und)einhalb	$2\,^1/_2$	deux et demi
fünf drei Achtel	$5\,^3/_8$	cinq trois huitièmes
eins Komma eins	1,1	un virgule un

Maße und Gewichte

Poids et mesures

Dezimalsystem

système décimal

Mega	1 000 000	M	méga
Hektokilo	100 000	hk	hectokilo
Myria	10 000	ma	myria
Kilo	1 000	k	kilo
Hekto	100	h	hecto
Deka	10	da	déca
Dezi	0,1	d	déci
Zenti	0,01	c	centi
Milli	0,001	m	milli
Dezimilli	0,000 1	dm	décimilli
Zentimilli	0,000 01	cm	centimilli
Mikro	0,000 001	µ	micro

Längenmaße

mesures de longueur

Seemeile	1 852 m	–	mille marin
Kilometer	1 000 m	km	kilomètre
Hektometer	100 m	hm	hectomètre
Dekameter	10 m	dam	décamètre
Meter	1 m	m	mètre
Dezimeter	0,1 m	dm	décimètre
Zentimeter	0,01 m	cm	centimètre
Millimeter	0,001 m	mm	millimètre
Mikron, My	0,000 001 m	µ	micron
Millimikron, -my	0,000 000 001 m	mµ	millimicron
Ångströmeinheit	0,000 000 000 1 m	Å	Angstrœm

Flächenmaße

mesures de surface

Quadratkilometer	1 000 000 m^2	km^2	kilomètre carré
Quadrathektometer	10 000 m^2	hm^2	hectomètre carré
Hektar		ha	hectare
Quadratdekameter	100 m^2	dam^2	décamètre carré
Ar		a	are
Quadratmeter	1 m^2	m^2	mètre carré
Quadratdezimeter	0,01 m^2	dm^2	décimètre carré
Quadratzentimeter	0,000 1 m^2	cm^2	centimètre carré
Quadratmillimeter	0,000 001 m^2	mm^2	millimètre carré

Kubik- und Hohlmaße

mesures de volume

Kubikkilometer	1 000 000 000 m^3	km^3	kilomètre cube
Kubikmeter	1 m^3	m^3	mètre cube
Ster		st	stère
Hektoliter	0,1 m^3	hl	hectolitre
Dekaliter	0,01 m^3	dal	décalitre
Kubikdezimeter	0,001 m^3	dm^3	décimètre cube
Liter		l	litre
Deziliter	0,000 1 m^3	dl	décilitre
Zentiliter	0,000 01 m^3	cl	centilitre
Kubikzentimeter	0,000 001 m^3	cm^3	centimètre cube
Milliliter	0,000 001 m^3	ml	millilitre
Kubikmillimeter	0,000 000 001 m^3	mm^3	millimètre cube

Gewichte **poids**

Tonne	1 000 kg	t	tonne
Doppelzentner	100 kg	q	quintal
Kilogramm	1 000 g	kg	kilogramme
Hektogramm	100 g	hg	hectogramme
Dekagramm	10 g	dag	décagramme
Gramm	1 g	g	gramme
Karat	0,2 g	–	carat
Dezigramm	0,1 g	dg	décigramme
Zentigramm	0,01 g	cg	centigramme
Milligramm	0,001 g	mg	milligramme
Mikrogramm	0,000 001 g	µg, g	microgramme

Frankreich

Regionen (und Regierungsstädte)

La France

régions (et préfectures)

das Elsass (Straßburg)	l'Alsace (Strasbourg)
Aquitanien *nt* (Bordeaux)	l'Aquitaine (Bordeaux)
die Auvergne (Clermont-Ferrand)	l'Auvergne (Clermont-Ferrand)
Burgund *nt* (Dijon)	la Bourgogne (Dijon)
die Bretagne (Rennes)	la Bretagne (Rennes)
das Centre (Orleans)	le Centre (Orléans)
(die Region) Champagne-Ardennen (Châlons en Champagne)	la Champagne-Ardenne (Châlons-en-Champagne)
Korsika *nt* (Ajaccio)	la Corse (Ajaccio)
die Franche-Comté (Besançon)	la Franche-Comté (Besançon)
die Ile de France (Paris)	l'Île-de-France (Paris)
das Languedoc-Roussillon (Montpellier)	le Languedoc-Roussillon (Montpellier)
das Limousin (Limoges)	le Limousin (Limoges)
Lothringen *nt* (Metz)	la Lorraine (Metz)
(die Region) Midi-Pyrénées (Toulouse)	le Midi-Pyrénées (Toulouse)
der Nord-Pas de Calais (Lille)	le Nord-Pas-de-Calais (Lille)
die (westliche) Normandie (Caen)	la Basse-Normandie (Caen)
die (östliche) Normandie (Rouen)	la Haute-Normandie (Rouen)
(die Region) Pays de la Loire (Nantes)	les Pays de la Loire (Nantes)
die Picardie (Amiens)	la Picardie (Amiens)
(die Region) Poitou-Charentes (Poitiers)	le Poitou-Charentes (Poitiers)
(die Region) Provence-Alpes-Côte d'Azur (Marseille)	(la région) Provence-Alpes-Côte d'Azur (Marseille)
(die Region) Rhône-Alpes (Lyon)	(la région) Rhône-Alpes (Lyon)

Belgien / La Belgique

Regionen / régions

Flandern *nt*	la Flandre
Wallonien *nt*	la Wallonie

Provinzen (und Hauptstädte) in Flandern / provinces (et chefs-lieux) en Flandre

(die Provinz) Antwerpen (Antwerpen)	(la province d') Anvers (Anvers)
das flämische Brabant (Brüssel)	le Brabant flamand (Bruxelles)
Westflandern *nt* (Brügge)	la Flandre occidentale (Bruges)
Ostflandern *nt* (Gent)	la Flandre orientale (Gand)
(die Provinz) Limburg (Hasselt)	le Limbourg (Hasselt)

Provinzen (und Hauptstädte) in Wallonien / provinces (et chefs-lieux) en Wallonie

das wallonische Brabant (Brüssel)	le Brabant wallon (Bruxelles)
der Hennegau (Bergen)	le Hainaut (Mons)
(die Provinz) Lüttich (Lüttich)	(la province) de Liège (Liège)
(die Provinz) Luxemburg (Arlon)	(la province de) Luxembourg (Arlon)
(die Provinz) Namur (Namur)	(la province de) Namur (Namur)

Quebec / Le Québec

Provinz (und Hauptstadt) / province (et capitale)

Quebec *nt* (Quebec)	le Québec (Québec)

Deutschland

L'Allemagne

Länder (und Hauptstädte) / **Länder (et capitales)**

Baden-Württemberg (Stuttgart)	le Bade-Wurtemberg (Stuttgart)
Bayern (München)	la Bavière (Munich)
Berlin (Berlin)	Berlin (Berlin)
Brandenburg (Potsdam)	le Brandebourg (Potsdam)
Bremen (Bremen)	l'Etat de Brême (Brême)
Hamburg (Hamburg)	l'Etat de Hambourg (Hambourg)
Hessen (Wiesbaden)	la Hesse (Wiesbaden)
Mecklenburg-Vorpommern (Schwerin)	le Mecklembourg-Poméranie-Antérieure (Schwerin)
Niedersachsen (Hannover)	la Basse-Saxe (Hanovre)
Nordrhein-Westfalen (Düsseldorf)	la Rhénanie-du-Nord-Westphalie (Düsseldorf)
Rheinland-Pfalz (Mainz)	la Rhénanie-Palatinat (Mayence)
Saarland (Saarbrücken)	la Sarre (Sarrebruck)
Sachsen (Dresden)	la Saxe (Dresde)
Sachsen-Anhalt (Magdeburg)	la Saxe-Anhalt (Magdebourg)
Schleswig-Holstein (Kiel)	le Schleswig-Holstein (Kiel)
Thüringen (Erfurt)	la Thuringe (Erfurt)

Österreich

L'Autriche

Bundesländer (und Hauptstädte) / **provinces (et capitales)**

Burgenland (Eisenstadt)	le Burgenland (Eisenstadt)
Kärnten (Klagenfurt)	la Carinthie (Klagenfurt)
Niederösterreich (St. Pölten)	la Basse-Autriche (St. Pölten)
Oberösterreich (Linz)	la Haute-Autriche (Linz)
Salzburg (Salzburg)	la province de Salzbourg (Salzbourg)
Steiermark (Graz)	la Styrie (Graz)
Tirol (Innsbruck)	le Tyrol (Innsbruck)
Vorarlberg (Bregenz)	le Vorarlberg (Bregenz)
Wien (Wien)	Vienne (Vienne)

Die Schweiz

La Suisse

Kantone (und Hauptorte)	cantons (et chefs-lieux)
Aargau (Aarau)	l'Argovie (Aarau)
Appenzell Außerrhoden (Herisau)	le demi-canton d'Appenzell Rhodes-Extérieures (Herisau)
Appenzell Innerrhoden (Appenzell)	le demi-canton d'Appenzell Rhodes-Intérieures (Appenzell)
Basel-Land (Liestal)	le demi-canton de Bâle-Campagne (Liestal)
Basel-Stadt (Basel)	le demi-canton de Bâle-Ville (Bâle)
Bern (Bern)	le canton de Berne (Berne)
Freiburg (Freiburg)	le canton de Fribourg (Fribourg)
Genf (Genf)	le canton de Genève (Genève)
Glarus (Glarus)	le canton de Glaris (Glaris)
Graubünden (Chur)	le canton des Grisons (Coire)
Jura (Delsberg)	le canton du Jura (Delémont)
Luzern (Luzern)	le canton de Lucerne (Lucerne)
Neuenburg (Neuenburg)	le canton de Neuchâtel (Neuchâtel)
Sankt Gallen (Sankt Gallen)	le canton de Saint-Gall (Saint-Gall)
Schaffhausen (Schaffhausen)	le canton de Schaffhouse (Schaffhouse)
Schwyz (Schwyz)	le canton de Schwyz (Schwyz)
Solothurn (Solothurn)	le canton de Soleure (Soleure)
Tessin (Bellinzona)	le Tessin (Bellinzona)
Thurgau (Frauenfeld)	la Thurgovie (Frauenfeld)
Nidwalden (Stans)	le demi-canton de Nidwald Unterwald (Stans)
Obwalden (Sarnen)	le demi-canton d'Obwald Unterwald (Sarnen)
Uri (Altdorf)	le canton d'Uri (Altdorf)
Waadt (Lausanne)	le canton de Vaud (Lausanne)
Wallis (Sitten)	le Valais (Sion)
Zug (Zug)	le canton de Zoug (Zoug)
Zürich (Zürich)	le canton de Zurich (Zurich)

Frankreich: Departements und Hauptstädte
La France: départements et chefs-lieux

01	l'Ain *m*	Bourg-en-Bresse
02	l'Aisne *f*	Laon
03	l'Allier *m*	Moulins
04	les Alpes-de-Haute-Provence *f*	Digne
05	les Hautes-Alpes *f*	Briançon
06	les Alpes-Maritimes *f*	Nice (Nizza)
07	l'Ardèche *f*	Privas
08	les Ardennes *f*	Charleville-Mézières
09	l'Ariège *f*	Foix
10	l'Aube *f*	Troyes
11	l'Aude *f*	Carcassonne
12	l'Aveyron *m*	Rodez
13	les Bouches-du-Rhône *f*	Marseille
14	le Calvados	Caen
15	le Cantal	Aurillac
16	la Charente	Angoulême
17	la Charente-Maritime	La Rochelle
18	le Cher	Bourges
19	la Corrèze	Tulle
20a	la Corse-du-Sud	Ajaccio
20b	la Haute-Corse	Bastia
21	la Côte-d'Or	Dijon
22	les Côtes-d'Armor *f*	Saint-Brieuc
23	la Creuse	Guéret
24	la Dordogne	Périgueux
25	le Doubs	Besançon
26	la Drôme	Montélimar
27	l'Eure *f*	Evreux
28	l'Eure-et-Loir *m*	Chartres
29	le Finistère	Quimper
30	le Gard	Nîmes
31	la Haute-Garonne	Toulouse
32	le Gers	Auch
33	la Gironde	Bordeaux
34	l'Hérault *m*	Montpellier
35	l'Ille-et-Vilaine *f*	Rennes
36	l'Indre *f*	Châteauroux
37	l'Indre-et-Loire *f*	Tours
38	l'Isère *f*	Grenoble
39	le Jura	Lons-le-Saunier
40	les Landes *f*	Mont-de-Marsan
41	le Loir-et-Cher	Blois
42	la Loire	Saint-Etienne
43	la Haute-Loire	Le Puy
44	la Loire-Atlantique	Nantes
45	le Loiret	Orléans
46	le Lot	Cahors
47	le Lot-et-Garonne	Agen
48	la Lozère	Mende
49	le Maine-et-Loire	Angers
50	la Manche	Saint-Lô

51	la Marne	Châlons-sur-Marne
52	la Haute-Marne	Chaumont
53	la Mayenne	Laval
54	la Meurthe-et-Moselle	Nancy
55	la Meuse	Bar-le-Duc
56	le Morbihan	Vannes
57	la Moselle	Metz
58	la Nièvre	Nevers
59	le Nord	Lille
60	l'Oise *f*	Beauvais
61	l'Orne *f*	Alençon
62	le Pas-de-Calais	Arras
63	le Puy-de-Dôme	Clermont-Ferrand
64	les Pyrénées-Atlantiques *f*	Pau
65	les Hautes-Pyrénées	Tarbes
66	les Pyrénées-Orientales	Perpignan
67	le Bas-Rhin	Strasbourg (Straßburg)
68	le Haut-Rhin	Colmar
69	le Rhône	Lyon
70	la Haute-Saône	Vesoul
71	la Saône-et-Loire	Mâcon
72	la Sarthe	Le Mans
73	la Savoie	Chambéry
74	la Haute-Savoie	Annecy
75	la Ville de Paris	Paris
76	la Seine-Maritime	Rouen
77	la Seine-et-Marne	Melun
78	les Yvelines *f*	Versailles
79	les Deux-Sèvres *f*	Niort
80	la Somme	Amiens
81	le Tarn	Albi
82	le Tarn-et-Garonne	Montauban
83	le Var	Toulon
84	le Vaucluse	Avignon
85	la Vendée	La-Roche-sur-Yon
86	la Vienne	Poitiers
87	la Haute-Vienne	Limoges
88	les Vosges *f*	Epinal
89	l'Yonne *f*	Auxerre
90	le Territoire de Belfort	Belfort
91	l'Essonne *f*	Evry
92	les Hauts-de-Seine *m*	Nanterre
93	la Seine-Saint-Denis	Bobigny
94	le Val-de-Marne	Créteil
95	le Val-d'oise	Pontoise

Überseedepartements
Départements d'outre-mer

971	la Guadeloupe	Basse-Terre
972	la Martinique	Fort-de-France
973	la Guyane	Cayenne
974	la Réunion	Saint-Denis
975	Saint-Pierre-et-Miquelon *m*	Saint-Pierre

Das Buchstabieralphabet

Deutsch

A	wie	Anton
B	wie	Berta
C	wie	Cäsar
D	wie	Dora
E	wie	Emil
F	wie	Friedrich
G	wie	Gustav
H	wie	Heinrich
I	wie	Ida
J	wie	Johannes
K	wie	Kaufmann
L	wie	Ludwig
M	wie	Martha
N	wie	Nordpol
O	wie	Otto
P	wie	Paula
Q	wie	Quelle
R	wie	Richard
S	wie	Siegfried
T	wie	Theodor
U	wie	Ulrich
V	wie	Viktor
W	wie	Wilhelm
X	wie	Xanthippe
Y	wie	Ypsilon
Z	wie	Zeppelin

L'alphabet télégraphique

Français

a	comme	Anatole
b	comme	Berthe
c	comme	Célestin
d	comme	Désiré
e	comme	Eugène
f	comme	François
g	comme	Gaston
h	comme	Henri
i	comme	Irma
j	comme	Joseph
k	comme	Kléber
l	comme	Louis
m	comme	Marcel
n	comme	Nicolas
o	comme	Oscar
p	comme	Pierre
q	comme	Quintal
r	comme	Raoul
s	comme	Suzanne
t	comme	Thérèse
u	comme	Ursule
v	comme	Victor
w	comme	William
x	comme	Xavier
y	comme	Yvonne
z	comme	Zoé

Aufbau des Wörterbuchs

Angabe des Hilfsverbs, mit dem die zusammengesetzten Zeiten gebildet werden	**verschleißen** [fɛɐ̯ˈʃlaɪsən] <verschliss, verschlissen> **I.** *itr V + sein Material, Maschine:* s'user …
Angabe der unregelmäßigen Formen der Steigerung oder anderer Besonderheiten der Adjektive	**oft** [ɔft] <¨er> *Adv* souvent; …
Kennzeichnung eines unveränderlichen Adjektivs	**verschiedenerlei** *Adj unv* ~ **Pflanzen/Speisen** différentes sortes de plantes/de plats; …
Angabe der Endungen des Genitivs Singular (Wessenfall) und des Nominativs Plural (Werfall) bei deutschen Substantiven; der Bindestrich steht für die unveränderte Form des Substantivs, der Strich mit Trema steht für das Stichwort mit Umlaut	**Gans** [gans, *Pl:* ˈgɛnzə] <-, ¨e> *f* ❶ oie *f* …
Kennzeichnung eines Substantivs, das nur im Plural vorkommt	**Geschwister** [gəˈʃvɪstɐ] *Pl* frères et sœurs *mpl;* …
Angabe unregelmäßiger Pluralformen bei französischen Substantiven	**cheval** [ʃ(ə)val, o] <-aux> *m* ❶ (*animal*) Pferd *nt;* …
Angabe der Stammformen bei den unregelmäßigen deutschen Verben	**trinken** [ˈtrɪŋkən] <trank, getrunken> **I.** *tr V* boire; …
Bei französischen Verben verweist eine Zahl auf ein Musterverb im Anhang, während die Markierung *irr* bedeutet, dass dieses unregelmäßige Verb mit all seinen Hauptformen im Anhang dargestellt ist	**boiser** [bwɑze] <1> *vt* aufforsten, bewalden *région* **boire** [bwaʀ] <*irr*> **I.** *vt* ❶ trinken; …
Kennzeichnung der abtrennbaren Vorsilbe bei deutschen Verben	**klar|kommen** *itr V unreg + sein fam* s'en sortir (*fam*); **mit jdm/etw** ~ s'en sortir avec qn/qc
Kennzeichnung eines deutschen Verbs, dessen Partizip Perfekt ohne *ge-* gebildet wird	**verkraften*** *tr V Person:* faire face à; *Stromnetz, Straße:* supporter; **etw** ~ *Person:* faire face à qc; *Stromnetz, Straße:* supporter qc
Kasusangabe im deutschen Text, damit keine Verwechslung mit dem gleich lautenden Akkusativ möglich ist	**grapschen** *fam* **I.** *tr V* choper (*fam*); **[sich** (*Dat*)**] jdn/etw** ~ choper qn/qc …
Angabe des grammatischen Falls, der auf eine deutsche Präposition folgt	**zwischen** [ˈtsvɪʃən] **I.** *Präp + Dat* entre; ~ **den Häusern** entre les maisons …